1 9 9 5

全国总书目

QUANGUO ZONGSHUMU

（上　册）

新闻出版署信息中心
中国版本图书馆　编

中　华　书　局

二〇〇〇年·北京

1995年《全国总书目》收书分类统计

单位:种

类别	总计			汉文图书		少数民族文字图书		外国文字图书	
	合计	初版	改版	初版	改版	初版	改版	初版	改版
马克思主义、列宁主义、毛泽东思想	113	97	16	95	15	2	1		
其中:原著	(19)	(19)		(19)					
哲学	878	841	37	807	37	30		4	
社会科学总论	866	848	18	837	18	6		5	
政治、法律	3304	3215	89	2800	68	53	10	362	11
军事	355	350	5	346	5	4			
经济	5377	5210	167	5179	167	16		15	
文化、科学、教育、体育	12884	10486	2398	9989	2357	493	40	4	1
语言、文字	2230	2146	84	2098	84	46		2	
文学	6538	6429	109	6143	107	261	1	25	1
艺术	3381	3317	64	3248	64	54		15	
其中:图片、画页	(608)	(608)		(608)					
连环画	(369)	(355)	(14)	(350)	(14)	(3)		(2)	
历史、地理	3021	2962	59	2891	58	43		28	1
自然科学	2004	1918	86	1824	86	46		48	
医药、卫生	2164	2063	101	2006	101	37		20	
农业科学	1123	1064	59	1030	59	24		10	
工业技术	5417	5153	264	5095	264	9		49	
交通运输	513	474	39	474	39				
航空、航天	63	62	1	61	1			1	
环境科学、劳动保护科学(安全科学)	187	184	3	179	3			5	
综合性图书	268	261	7	252	7	5		4	
总计	50686	47080	3606	45354	3540	1129	52	597	14

上列统计数字,是1995年《全国总书目》收录的图书种数(同一种书有不同版次、开本、装帧的各作一种计算),与实际出书的种数不尽相同,仅供参考。

编 辑 说 明

一、本书目是一本图书年鉴性质的综合性、系列性图书目录。自建国以来，逐年编纂。它依据全国各正式出版单位每一年度向中国版本图书馆缴送的出版物样本编纂而成。比较全面、系统地反映了每一年度我国图书出版的概貌。

二、本书目(1995年本)收录了1995年(以图书版权页记载的出版时间为准)出版的初版和改版图书(不包括重印书)共计50686种，其中初版图书47080种，改版图书3606种。分为上、下两册。上册从《中图法》A至I类；下册从《中图法》J至Z类，以及“专门目录”和“附录”。

三、本书目由“分类目录”、“专门目录”和“附录”三部分组成。“分类目录”所收录的均为汉文图书(包括我国译成汉文出版的外文图书)，除一般书籍外，还包括画册、画辑、图片、画页、年历、挂历、歌谱、碑帖、地图、旅游图、技术标准、线装古籍、影印书刊等。“专门目录”包括少数民族文字图书目录和外国文字图书目录。“附录”包括全国出版社名录和书名索引。

四、本书目依据《中国图书馆图书分类法》(第3版)的分类体系进行编排，对个别不适应的类目作了订正或扩充(如“艺术”类的“图片、画页”等类目)。分类类目均列出类目标题，并标示每本图书的类号。同一类目所收图书，则按书名款目的汉语拼音音序排列。

五、本书目依据国家标准《普通图书著录规则》(GB3792.2－85)著录。著录项目包括：书名与责任者项、版本项、出版项、载体形态项、丛书项、附注项、装订形式和价格项、提要及版本说明项。基本著录格式如下：

书名＝并列书名：副书名及说明文字/第一责任者；其他责任者．－版次及其他版本形式/与本版有关的责任者．－出版地：出版者，出版年．月．－页数或卷(册)数：图；开本＋附件．－(丛书名；丛书编号/编者)

附注

国际标准书号(装订)：价格

提要及版本说明

六、1995年《全国总书目》，我们是采用计算机编排，在技术上有待进一步完善，有不当之处，望请读者谅解。

全国总书目(1995)
主　编　顾永高
副主编　金玉玲　王鸿津
编辑人员　(按姓氏笔画为序)
王素英　祁　静　杨育芬
李文惠　吴素蓉　金玉玲
封面设计　曹　洁

图书在版编目(CIP)数据

全国总书目. 1995/顾永高主编;新闻出版署信息中心,中国版本图书馆编. -北京:中华书局,2000.5
ISBN 7-101-02435-1

Ⅰ.全… Ⅱ.①顾… ②新…③中… Ⅲ.国家书目-中国-1995 Ⅳ.Z812.1

中国版本图书馆 CIP 数据核字(2000)第06189号

1995
全国总书目
新闻出版署信息中心
中国版本图书馆
编

中华书局出版
(北京市丰台区太平桥西里38号)
新华书店北京发行所发行
南宫市印刷有限责任公司印装

开本:787×1092毫米 1/16 印张:157
2000年5月第1版 字数:6752千字
2000年5月第1版第1次印刷 印数:1000册

ISBN 7-101-02435-1/Z·378 定价:388.00元(精装:全套二册)

分类目录目次

A 马克思主义、列宁主义、毛泽东思想

B 哲 学

C 社会科学总论

D 政治、法律

E 军　事

F 经　济

G 文化、科学、教育、体育

H 语言、文字

I 文　学

J 艺　术

K 历史、地理

N　自然科学总论

O　数理科学和化学

P 天文学、地球科学

Q 生物科学

R 医药、卫生

S　农业科学

T 工业技术

U 交通运输

V 航空、航天

X 环境科学、劳动保护科学(安全科学)

Z 综合性图书

专门目录目次

少数民族文字图书目录

外国文字图书目录

附　录

A 马克思主义、列宁主义、毛泽东思想

A1 马克思、恩格斯著作

A1 000001

马克思恩格斯全集 第三十卷/中共中央马克思恩格斯列宁斯大林著作编译局编.—2版.—北京:人民出版社,1995.6.—748页;20cm

ISBN 7-01-001292-X(精装):¥44.00

A1 000002

马克思恩格斯全集 第十一卷/中共中央马克思恩格斯列宁斯大林著作编译局编.—2版.—北京:人民出版社,1995.6.—1047页;20cm

ISBN 7-01-001984-3(精装):¥63.00

A1 000003

马克思恩格斯全集 第一卷/中共中央马克思恩格斯列宁斯大林著作编译局编.—2版.—北京:人民出版社,1995.6.—1142页;20cm

ISBN 7-01-001866-9(精装):¥68.00

A11 000004

马克思恩格斯选集 第二卷/中共中央马克思恩格斯列宁斯大林著作编译局编.—2版.—北京:人民出版社,1995.6.—753页;20cm

ISBN 7-01-001944-4(精装):¥36.00

A11 000005

马克思恩格斯选集 第三卷/中共中央马克思恩格斯列宁斯大林著作编译局编.—2版.—北京:人民出版社,1995.6.—943页;20cm

ISBN 7-01-001998-3(精装):¥44.00

A11 000006

马克思恩格斯选集 第四卷 /中共中央马克思恩格斯列宁斯大林著作编译局编.—2版.—北京:人民出版社,1995.6.—993页;20cm

ISBN 7-01-002006-X(精装):¥37.00

A11 000007

马克思恩格斯选集 第一卷/中共中央马克思恩格斯列宁斯大林著作编译局编.—2版.—北京:人民出版社,1995.6.—974页;20cm

ISBN 7-01-001943-6(精装):¥40.00

A169.1 000008

马克思主义文艺理论发展简史/刘庆福主编;李春青等编.—北京:北京师范大学出版社,1995.9.—250页;20cm

高等院校汉语言文学专业必修课系列教材

ISBN 7-303-03464-1:¥8.40

A2 列宁著作

A21 000009

列宁选集 第二卷/中共中央马克思恩格斯列宁斯大林著作编译局编.—3版.—北京:人民出版社,1995.6.—942页;20cm

ISBN 7-01-001501-5(精装):¥42.00

A21 000010

列宁选集 第三卷/中共中央马克思恩格斯列宁斯大林著作编译局编.—3版.—北京:人民出版社,1995.6.—988页;20cm

ISBN 7-01-001502-3(精装):¥45.00

A21 000011

列宁选集 第四卷/中共中央马克思恩格斯列宁斯大林著作编译局编.—3版.—北京:人民出版社,1995.6.—1153页;20cm

ISBN 7-01-001503-1(精装):¥48.00

A21 000012

列宁选集 第一卷/中共中央马克思恩格斯列宁斯大林著作编译局编.—3版.—北京:人民出版社,1995.6.—931页;20cm

ISBN 7-01-001500-7(精装):¥44.00

A4 毛泽东著作

A45 000013

毛泽东诗词手迹选/中南海画册编辑委员会编辑.—北京:西苑出版社,1995.6.—73页;26cm

ISBN 7-80108-038-6:¥9.80

A45 000014

毛泽东手书古诗词选/中南海画册编辑委员会编辑.—北京:西苑出版社,1995.6.—73页;26cm

ISBN 7-80108-036-X:¥9.80

A45 000015

毛泽东书信手迹选/中南海画册编辑委员会编辑.—北京:西苑出版社,1995.6.—73页;26cm

ISBN 7-80108-039-4:¥9.80

A45 000016

毛泽东题词手迹选/中南海画册编辑委员会编辑.—北京:西苑出版社,1995.6.—73页;26cm

ISBN 7-80108-037-8:¥9.80

①A45②J292.34 000017

毛泽东诗词墨迹选/樊士晋主编;毛主席纪念堂,中央档案馆编.—北京:中国档案出版社,1995.6.—212页;36cm

ISBN 7-80019-558-9:¥118.00

①A45②J292.34 000018

毛泽东书法墨迹精选/中央档案馆编.—北京:中国档案出版社,1995.6.—492页;26cm

ISBN 7-80019-515-5(精装):¥118.00

①A469.1②I0　000019
毛泽东 邓小平 江泽民论文学艺术/总政治部文化部编.—北京:解放军文艺出版社,1995.5.—294页;20cm
内部发行
ISBN 7-5033-0632-7:¥10.50

A7 马克思、恩格斯、列宁、斯大林、毛泽东的生平和传记

A7　000020
巨星光环:马克思恩格斯的坎坷生涯/钟立恒,周杰著.—长春:长春出版社,1995.2.—339页;20cm.—(世界史精览;20/申晨星主编)
ISBN 7-80604-220-2(精装):¥14.50

A75 毛泽东

A751　000021
军事家毛泽东/徐焰著.—北京:中央文献出版社,1995.2.—242页;20cm
ISBN 7-5073-0246-6:¥10.00

A751　000022
毛泽东对我的教育/何载著.—2版.—西安:陕西人民出版社,1995.3.—132页;20cm
ISBN 7-224-03222-0:¥6.20

A752　000023
八载干戈仗延安:抗战时期的毛泽东/刘益涛著.—桂林:广西师范大学出版社,1995.12.—560页;20cm.—(抗日战争史丛书续编·人物系列/王桧林主编)
ISBN 7-5633-2180-2:¥24.00

A752　000024
毛泽东的文艺美学活动/董学文,魏国英编著.—北京:高等教育出版社,1995.12.—262页;20cm
ISBN 7-04-005454-X:¥9.05

A752　000025
毛泽东国际交往录/《毛泽东国际交往录》编辑组编.—北京:中共党史出版社,1995.3.—283页;20cm
ISBN 7-80023-779-6:¥10.50

A752　000026
毛泽东和"三国"/盛巽昌编著.—上海:文汇出版社,1995.9.—129页;19cm
ISBN 7-80531-341-5:¥7.00

A752　000027
毛泽东幽默趣谈/许祖范等编著.—济南:山东人民出版社,1995.12.—392页;20cm.—(伟人幽默趣谈丛书)
ISBN 7-209-01275-3:¥15.00

A752　000028
毛泽东与开国上将/李智舜编著.—北京:中共中央党校出版社,1995.6.—300页;20cm
ISBN 7-5035-1174-5:¥10.00

A752　000029
毛泽东与四川/陈文书主编;中共四川省委党史研究室编写.—成都:四川人民出版社,1995.1.—341页;20cm.—(老一辈无产阶级革命家与四川丛书)
ISBN 7-220-02696-X:¥12.00

A752　000030
说不尽的毛泽东　(下):百位名人学者访谈录/张素华等编著.—沈阳:辽宁人民出版社,1995.5.—622页;20cm
ISBN 7-205-02839-6:¥18.00

A752　000031
说不尽的毛泽东　(下):百位名人学者访谈录/张素华等编著.—沈阳:辽宁人民出版社;北京:中央文献出版社,1995.5.—622页;20cm
ISBN 7-205-02836-1(精装):¥22.00

A752　000032
万方乐奏/揣振宇著.—北京:中央文献出版社,1995.1.—213页:照片;20cm.—(中国出了个毛泽东/毛岸青,邵华主编)
ISBN 7-5073-0241-5:¥6.90

A752　000033
伟人毛泽东/周国全等主编.—北京:中共中央党校出版社;中央民族大学出版社,1995.10.—1372页;20cm
ISBN 7-5035-0796-9(精装):¥65.00

A752　000034
我眼中的毛泽东:续集/郭思敏,华一民编.—石家庄:河北人民出版社,1995.5.—312页;20cm
ISBN 7-202-01740-7:¥9.80

A752　000035
忆毛主席:我亲身经历的若干重大历史事件片断/吴冷西著.—北京:新华出版社,1995.2.—167页:照片;20cm
ISBN 7-5011-2786-7:¥9.80

A752　000036
走出困境的毛泽东:土地革命战争的历史报告/蒋伯英著.—福州:福建人民出版社,1995.5.—607页;20cm
ISBN 7-211-02267-1:¥17.40

①A752②I25　000037
巨人的情怀:毛泽东与中国作家/武在平编著.—北京:中共中央党校出版社,1995.11.—210页;20cm
ISBN 7-5035-1193-1:¥7.20

①A752②I287.5　000038
毛泽东故事100则/卢弘主编.—2版.—合肥:安徽少年儿童出版社,1995.5.—405页;19cm.—(小学生精品书库·思想品德类)
ISBN 7-5397-1217-1:¥8.80

①A752②K825.2　000039
毛泽东与十大将/李智舜编著.—北京:中共中央党校出版社,1995.3.—304页;20cm
ISBN 7-5035-1172-9:¥10.50

①A752②K827.7　000040

邓小平与毛泽东/余世诚著.—北京:中共中央党校出版社,1995.12.—372页;20cm
ISBN 7-5035-1318-7:¥14.00
①A752②K827.7　000041
毛泽东、王稼祥在我的生活中/朱仲丽著.—北京:中共中央党校出版社,1995.10.—262页:照片;20cm
ISBN 7-5035-1167-2:¥12.00
①A752②K827.7　000042
毛泽东与邓小平/邓谦主编.—长沙:湖南出版社,1995.10.—348页;20cm
ISBN 7-5438-1078-6:¥14.70
①A752②K827.7　000043
张治中与毛泽东:随从毛主席视察大江南北日记/张治中,余湛邦著.—西安:陕西人民出版社,1995.6.—170页:照片;20cm
ISBN 7-224-03819-9:¥9.30
①A752②TJ9　000044
神火之光:毛泽东和中国的特种武器/陈晓东著.—北京:中共中央党校出版社,1995.1.—244页:照片;20cm.—(中国出了个毛泽东丛书/毛岸青,邵华主编)
ISBN 7-5035-1120-6:¥9.00
①A752②TJ9　000045
神火之光:毛泽东和中国的特种武器/陈晓东著.—北京:中共中央党校出版社,1995.1.—244页:照片;20cm.—(中国出了个毛泽东丛书/毛岸青,邵华主编)
ISBN 7-5035-1120-6(精装):¥12.00
A754　000046
毛泽东与中国农业:专家学者纪念毛泽东诞辰100周年文集/郭书田主编.—北京:新华出版社,1995.1.—267页;20cm
ISBN 7-5011-2893-6:¥10.00
A754　000047
世纪之光/岑应奎选编.—贵阳:贵州人民出版社,1995.9.—284页;20cm
ISBN 7-221-03895-3:¥9.00
A755　000048
毛泽东研究史论/侯且岸著.—北京:北京出版社,1995.12.—233页;20cm
ISBN 7-200-02789-8:¥9.40
A756　000049
毛泽东和国际友人:国际友谊博物馆藏品选/国际友谊博物馆编.—北京:西苑出版社,1995.1.—206页;29cm
ISBN 7-80108-030-0(精装):¥150.00

A8 马克思主义、列宁主义、毛泽东思想的学习和研究

A8　000050
《马克思主义著作选编》讲解/中共中央党校教务部编.—北京:中共中央党校出版社,1995.8.—241页;20cm
中共中央党校教材
ISBN 7-5035-1253-9:¥10.00
①A8②D2-0③D61　000051
高扬迈向二十一世纪光辉旗帜:学习马列主义、毛泽东著作和邓小平文选论文集/云南大学马列主义教学研究部编.—昆明:云南大学出版社,1995.11.—355页;20cm
ISBN 7-81025-568-1:¥8.00
A81　000052
《马克思主义原理教程》学习指导/徐汉田等主编.—广州:广东高等教育出版社,1995.6.—216页;19cm
ISBN 7-5361-1673-X:¥6.50
A81　000053
马克思主义常识/吴厚全主编.—昆明:云南大学出版社,1995.5.—240页;19cm
云南省中等职业技术学校教材
ISBN 7-81025-553-3:¥4.30
A81　000054
马克思主义基本理论/夏同义主编.—北京:中国人事出版社,1995.12.—387页;20cm.—(安徽省国家公务员录用考试丛书)
ISBN 7-80076-824-4:¥16.00
A81　000055
马克思主义基本理论导读/杨建培,王力编著.—北京:新华出版社,1995.4.—765页;20cm
ISBN 7-5011-2833-2:¥18.00
A81　000056
马克思主义基本原理/高庆禄主编.—修订本.—上海:华东师范大学出版社,1995.5.—330页;20cm
高等师专教材
ISBN 7-5617-1323-1:¥6.80
A81　000057
马克思主义来源研究论丛　第十七辑/胡企林等编.—北京:商务印书馆,1995.5.—534页;20cm
ISBN 7-100-01779-3:¥20.00
A81　000058
马克思主义原理/张启,吴学敏主编.—沈阳:辽宁人民出版社,1995.7.—301页;20cm
全国电力高等专科学校教学委员会推荐教材
ISBN 7-205-03360-8:¥7.80
A81　000059
马克思主义原理/孙显元主编;安徽省教委高教一处组编.—2版.—合肥:中国科学技术大学出版社,1995.7.—460页;20cm
ISBN 7-312-00711-2:¥12.80
A81　000060
马克思主义原理/谭希培主编.—长沙:中南工业大学出版社,1995.4.—344页;20cm
ISBN 7-81020-740-7:¥10.50
A81　000061
马克思主义原理/周成岗,李鸿军主编.—昆明:云南民族出版社,1995.6.—327页;20cm
ISBN 7-5367-1029-1:¥6.90
A81　000062
马克思主义原理教程/韦翰飞,杜慎凡主编.—大连:

大连海事大学出版社,1995.8.—397页;20cm
ISBN 7-5632-0896-8:¥10.80

A81 000063
马克思主义原理学习指导/刘道镛等主编.—北京:中国检察出版社,1995.5.—321页;20cm
高等学校马克思主义理论课通用教材
ISBN 7-80086-306-9:¥8.80

A81 000064
马克思主义原理研究/刘道镛,江德兴主编.—南京:东南大学出版社,1995.12.—2册;20cm
包括《马克思主义理论教育简编》、《东方社会形态论》。
ISBN 7-81050-073-2:¥24.00

A81 000065
新编马克思主义原理/朱冬英主编.—南京:江苏人民出版社,1995.8.—343页;19cm
ISBN 7-214-01535-8:¥9.80

A81 000066
中国当代马克思主义研究/周绍禄主编.—杭州:杭州大学出版社,1995.8.—280页;20cm
ISBN 7-81035-831-6:¥8.50

①A81②D2-0 000067
第二次飞跃:当代中国的马克思主义/刘贤奇等主编.—长春:吉林大学出版社,1995.12.—330页;19cm
ISBN 7-5601-1853-4:¥8.00

①A81②F12 000068
马克思主义在当代/黄卓炎主编.—北京:中国统计出版社,1995.7.—410页;20cm
工商管理硕士(MBA)系列教材
ISBN 7-5037-1928-1:¥17.80

A81-43 000069
马克思主义原理简明教程/柳纯忠,王九军主编.—石家庄:河北人民出版社,1995.8.—292页;20cm
ISBN 7-202-01779-2:¥10.60

A81-43 000070
马克思主义原理教程/中共上海市教育卫生工作委员会,上海市教育委员会编.—上海:上海人民出版社,1995.7.—431页;20cm
高校马克思主义理论课通用教材
ISBN 7-208-02042-6:¥11.00

A81-43 000071
马克思主义原理教程/葛长林等主编.—大连:大连出版社,1995.9.—331页;19cm
ISBN 7-80612-187-0:¥9.00

A81-43 000072
马克思主义原理教程/张金桃,李友松主编.—武汉:武汉大学出版社,1995.7.—436页;20cm
ISBN 7-307-01993-0:¥10.50

A81-53 000073
马克思主义来源研究论丛　第十八辑:纪念恩格斯逝世100周年论文集特辑/许征帆等著.—北京:商务印书馆,1995.5.—555页;20cm
ISBN 7-100-01801-3:¥20.80

A811.21 000074
马克思早期著作选析/李文成编著.—开封:河南大学出版社,1995.8.—308页;20cm
ISBN 7-81041-176-4:¥8.50

A811.22 000075
马克思主义的歌中之歌:《共产党宣言》研究/张兴杰著.—兰州:兰州大学出版社,1995.4.—371页;20cm
ISBN 7-311-00847-6:¥13.80

A811.23 000076
《资本论》节选·导读/《资本论》节选·导读编写组主编.—成都:西南财经大学出版社,1995.8.—777页;20cm
ISBN 7-81055-005-5:¥23.80

A811.23 000077
《资本论》续篇探索:关于马克思计划写的六册经济学著作/汤在新主编.—北京:中国金融出版社,1995.9.—723页;20cm
ISBN 7-5049-1397-9:¥18.00

A811.23-64 000078
画说《资本论》/顾海良等编文;丁世弼等绘.—南昌:21世纪出版社,1995.12.—1299页;20cm
ISBN 7-5391-0802-9(精装):¥100.00

A811.24 000079
《反杜林论》哲学编学习纲要/朱传棨编著.—武汉:武汉大学出版社,1995.6.—167页;20cm
ISBN 7-307-01975-2:¥4.10

A811.25 000080
国际共运史上的一大论战:关于恩格斯的《马克思〈法兰西阶级斗争〉导言》的争论和评论/季丰等编.—北京:社会科学文献出版社,1995.7.—288页;20cm
ISBN 7-80050-576-6:¥14.60

A811.64 000081
马克思主义妇女观学习纲要/徐明,贾秀总著.—北京:北京出版社,1995.2.—157页;20cm
ISBN 7-200-02647-6:¥6.00

A811.64 000082
马克思主义社会理论/瞿铁鹏著.—上海:上海社会科学院出版社,1995.6.—258页;20cm
ISBN 7-80618-022-2:¥8.00

①A811.66②F014.4 000083
马克思分配理论与财政/邓子基主编.—厦门:厦门大学出版社,1995.9.—324页;20cm.—(马克思财政理论研究丛书)
ISBN 7-5615-1061-6:¥11.00

A82 000084
列宁后期思想探要/俞良早著.—武汉:湖北人民出版社,1995.10.—555页;20cm
ISBN 7-216-01765-X:¥26.00

A821.66 000085
新版《列宁选集》导读:列宁主义与社会主义建设/宋洪训,张中云主编.—北京:中央编译出版社,1995.8.—428页;20cm
ISBN 7-80109-041-1:¥14.80

①A821.66②F091.92 000086
列宁经济发展思想研究/王元璋著.—武汉:武汉大

学出版社,1995.4.—395页;20cm.—(经济发展理论研究丛书/谭崇台主编)
ISBN 7-307-01953-1:¥11.60

A84 000087
理想·历史·现实:毛泽东与中国农村经济之变革/温锐著.—太原:山西高校联合出版社,1995.9.—274页;20cm
ISBN 7-81032-803-4:¥12.00

A84 000088
毛泽东·公文·档案/李荣忠等著.—成都:四川大学出版社,1995.1.—202页;19cm
ISBN 7-5614-1123-5:¥5.40

A84 000089
毛泽东——抗日战争的光辉旗手/陈淑敏等编著.—石家庄:河北人民出版社,1995.10.—265页;20cm
ISBN 7-202-01887-X:¥9.20

A84 000090
毛泽东人生理论与实践/罗秉森主编.—昆明:云南人民出版社,1995.6.—298页;19cm
ISBN 7-222-01747-X:¥10.00

A84 000091
毛泽东思想史/中国人民大学马列主义发展史研究所编.—北京:中国人民大学出版社,1995.1.—510页;20cm
ISBN 7-300-02012-7:¥12.00

A84 000092
毛泽东与中国现代化:中南地区党史界纪念毛泽东诞辰100周年学术讨论会论文选/何一成主编;湖南省中共党史学会编.—长沙:湖南出版社,1995.5.—299页;19cm
ISBN 7-5438-0974-5(精装):¥8.80

A84 000093
中国革命的认识逻辑:毛泽东认识论学说的结构和特征/李恒瑞主编;叶志华等著.—北京:中共中央党校出版社,1995.5.—283页;20cm
ISBN 7-5035-1089-7:¥8.00

①A841②D2-0 000094
毛泽东思想科社名著导论/赵永宪等主编.—济南:山东大学出版社,1995.12.—362页;20cm
ISBN 7-5607-1561-3:¥11.80

A841.3 000095
毛泽东与甘肃/魏其荣主编;中共甘肃省委党史研究室编.—北京:中共党史出版社,1995.7.—606页;20cm
ISBN 7-80023-871-7:¥18.00

A841.4 000096
毛泽东诗词新探/何联华著.—武汉:武汉出版社,1995.12.—361页;20cm
ISBN 7-5430-1450-5:¥11.80

A841.4 000097
毛泽东楹联艺术鉴赏/吴直雄著.—北京:当代世界出版社,1995.8.—320页;20cm
ISBN 7-80115-029-5(精装):¥23.80

A841.4 000098
毛泽东楹联艺术鉴赏/吴直雄著.—北京:当代世界出版社,1995.8.—320页;20cm
ISBN 7-80115-019-8:¥16.80

A841.6 000099
毛泽东独立自主思想的历史发展/王庭科主编.—成都:四川大学出版社,1995.8.—498页;20cm
ISBN 7-5614-1173-1:¥16.00

A841.64 000100
毛泽东廉政思想研究/周启先著.—武汉:武汉大学出版社,1995.12.—252页;20cm
ISBN 7-307-02084-X:¥10.50

A841.64 000101
毛泽东民族理论研究/杨荆楚主编.—北京:民族出版社,1995.5.—274页;20cm
ISBN 7-105-02190-X:¥7.50

①A841.64②D035 000102
毛泽东行政管理思想概论/张安庆主编.—武汉:武汉大学出版社,1995.3.—349页;20cm
ISBN 7-307-01938-8:¥6.95

A841.65 000103
毛泽东军事方法论/夏征难著.—北京:军事科学出版社,1995.7.—274页;20cm
ISBN 7-80021-855-4:¥15.00

A841.65 000104
毛泽东军事思想原理/刘继贤,张全启主编.—北京:解放军出版社,1995.5.—680页;20cm
ISBN 7-5065-2781-2(精装):¥30.00

①A841.65②E20 000105
毛泽东与古田会议/韩荣璋等著.—福州:福建人民出版社,1995.3.—191页;20cm
ISBN 7-211-02194-2:¥5.90

A841.66 000106
毛泽东经济思想新论/寿思华著.—南宁:广西民族出版社,1995.3.—328页;20cm
ISBN 7-5363-2976-8:¥7.00

①A841.67②G239.20 000107
毛泽东邓小平与中国出版/袁亮著.—北京:中国书籍出版社,1995.11.—171页;20cm
ISBN 7-5068-0477-8:¥7.00

①A841.691②I0 000108
毛泽东文艺思想研究　(10)/许子清主编.—重庆:西南师范大学出版社,1995.10.—388页;19cm
ISBN 7-5621-1425-0:¥9.80

A841.692 000109
毛泽东对历史的考察/邹兆辰著.—北京:首都师范大学出版社,1995.12.—288页;20cm
ISBN 7-81039-608-0:¥13.00

A843 000110
毛泽东著作版本述录与考订/施金炎主编.—海口:海南国际新闻出版中心,1995.5.—781页;20cm
ISBN 7-80609-135-1(精装):¥49.80

B 哲　　学

B－41　000111
广播电视大学高等专科注册视听生哲学课程考试说明/国家教育委员会高等教育自学考试办公室编.—北京:高等教育出版社,1995.12.—26页;19cm
ISBN 7－04－005756－5:¥1.50

B－44　000112
政治理论课问题解答:哲学题解/李学丽主编.—哈尔滨:哈尔滨工业大学出版社,1995.10.—172页;19cm
ISBN 7－5603－1105－9:¥6.50

B－49　000113
在哲学的地平线上/湖南师范大学政治系哲学教研室编.—长沙:湖南出版社,1995.12.—238页;20cm
ISBN 7－5438－1120－0:¥10.00

B－49　000114
哲学并不神秘/李秋零编著.—北京:中国华侨出版社,1995.12.—230页;19cm.—(现代科技与人文大观/崔惟琳,潘承洞主编)
ISBN 7－80120－037－3:¥11.20

B－49　000115
哲学与当代现实/马玉屏等主编.—乌鲁木齐:新疆人民出版社,1995.3.—206页;19cm
ISBN 7－228－03246－2:¥6.00

B－52　000116
金岳霖文集/金岳霖学术基金会学术委员会编.—兰州:甘肃人民出版社,1995.7.—4册;20cm
ISBN 7－226－01510－2(精装):¥260.00

B－53　000117
无尽的学与思:叶秀山哲学论文集/叶秀山著.—昆明:云南大学出版社,1995.6.—319页;20cm
ISBN 7－81025－555－X:¥12.00

B－53　000118
衣俊卿集/衣俊卿著.—哈尔滨:黑龙江教育出版社,1995.12.—437页;20cm.—(开放丛书·中青年学者文库)
ISBN 7－5316－2828－7:¥16.00

B－53　000119
真知·躬行·创新:中共中央党校培训部部分学员哲学论文集/周熙民主编.—北京:中国林业出版社,1995.6.—271页;20cm
ISBN 7－5038－1508－6:¥15.00

B0 哲学理论

B0　000120
比较哲学概论/薛忠贤,王化友主编.—郑州:河南人民出版社,1995.1.—424页;20cm
ISBN 7－215－2771－6:¥13.80

B0　000121
宇宙精神:人类生命观引论/章韶华著.—北京:中国广播电视出版社,1995.12.—918页;20cm.—(章韶华新思考系列著作;6)
ISBN 7－5043－2780－8:¥34.80

B0　000122
哲学新编/周立成主编.—北京:中国检察出版社,1995.10.—291页;20cm
法学教材
ISBN 7－80086－318－2:¥16.00

B0－0 马克思主义哲学(总论)

B0－0　000123
辩证唯物主义历史唯物主义/杨翰卿等主编.—2版.—北京:中共中央党校出版社,1995.5.—324页;20cm
ISBN 7－5035－1063－3:¥6.50

B0－0　000124
大学哲学教程/姚伯茂主编.—上海:上海人民出版社,1995.8.—318页;20cm
ISBN 7－208－02049－3:¥10.00

B0－0　000125
当代中国的马克思主义哲学/王之波主编.—福州:海峡文艺出版社,1995.11.—224页;19cm
ISBN 7－80534－831－6:¥10.00

B0－0　000126
马克思恩格斯哲学思想比较研究/朱传启等著.—郑州:河南人民出版社,1995.7.—380页;20cm.—(马克思主义研究丛书/林基洲主编)
ISBN 7－215－03509－3:¥18.00

B0－0　000127
马克思主义世界观和方法论/毕志国主编.—大连:辽宁师范大学出版社,1995.12.—317页;19cm
高等学校马克思主义理论课教材
ISBN 7－81042－115－8:¥12.00

B0－0　000128
马克思主义原理与教改实践研究/张峰,阳作华主编.—武汉:中国地质大学出版社,1995.4.—469页;19cm
ISBN 7－5625－0989－1:¥7.50

B0－0　000129
马克思主义哲学/奚洁人,周兆茂主编.—上海:华东师范大学出版社,1995.8.—305页;20cm
ISBN 7－5617－1418－1:¥11.00

B0－0　000130

马克思主义哲学/孙金华等主编 .—郑州:河南人民出版社,1995.6.—360 页;20cm
ISBN 7-215-03539-5:¥12.00
B0-0 000131
马克思主义哲学纲要/杨继昭等主编.—天津:天津人民出版社,1995.7.—302 页;20cm
ISBN 7-201-02316-0:¥11.80
B0-0 000132
马克思主义哲学纲要/江汀生编写.—北京:中国政法大学出版社,1995.8.—144 页;19cm
成人高等法学教育教学指导书
ISBN 7-5620-1396-9:¥4.50
B0-0 000133
马克思主义哲学基本原理/徐永长,徐少锦主编.—西安:陕西人民出版社,1995.6.—361 页;20cm
ISBN 7-224-03834-2:¥8.50
B0-0 000134
马克思主义哲学基础:世界观方法论/孟宪俊主编;《马克思主义哲学基础:世界观方法论》编写组编.—西安:陕西人民出版社,1995.8.—406 页;20cm
陕西省高等院校统编教材
ISBN 7-224-03065-1:¥10.90
B0-0 000135
马克思主义哲学简明教程/王守刚等主编.—济南:山东人民出版社,1995.1.—339 页;20cm
ISBN 7-209-01689-9:¥9.50
B0-0 000136
马克思主义哲学教程/李庆祥主编.—大连:大连出版社,1995.8.—273 页;19cm
ISBN 7-80612-199-4:¥9.60
B0-0 000137
马克思主义哲学教程/阚宗耀,宋启林主编.—长春:吉林人民出版社,1995.9.—387 页;19cm
ISBN 7-206-02318-5:¥14.80
B0-0 000138
马克思主义哲学题库精编/李宗兴主编.—北京:国际文化出版公司,1995.11.—360 页;19cm
ISBN 7-80105-334-6:¥9.80
B0-0 000139
马克思主义哲学应试指南/王正威等编.—长沙:湖南出版社,1995.6.—315 页;19cm.—(应试指南丛书)
ISBN 7-5438-1001-8:¥9.30
B0-0 000140
马克思主义哲学与现时代/陈建军等主编;《马克思主义哲学与现时代》编写组编.—济南:黄河出版社,1995.5.—369 页;20cm
山东省高等学校"两课"教改试用教材
ISBN 7-80558-600-4:¥10.80
B0-0 000141
马克思主义哲学与现时代/张念丰,刘贤奇主编.—长春:吉林教育出版社,1995.3.—314 页;20cm
吉林省高等院校马克思主义理论课试用教材
ISBN 7-5383-2495-X:¥8.00
B0-0 000142
马克思主义哲学原理/丁惟臣主编.—北京:中国商业出版社,1995.6.—347 页;20cm
ISBN 7-5044-2772-1:¥12.50
B0-0 000143
马克思主义哲学原理/孙永宁,史开来主编.—贵阳:贵州教育出版社,1995.12.—388 页;19cm
ISBN 7-80583-741-4:¥8.50
B0-0 000144
马克思主义哲学原理/谢龙主编.—北京:人民出版社,1995.8.—428 页;20cm
ISBN 7-01-002233-X:¥17.50
B0-0 000145
马克思主义哲学原理/王仰德等主编.—北京:社会科学文献出版社,1995.8.—384 页;19cm
ISBN 7-80050-680-0:¥10.30
B0-0 000146
马克思主义哲学原理/王兴嘉等主编.—兰州:甘肃文化出版社,1995.4.—321 页;20cm
中共甘肃省委党校统一教材
ISBN 7-80608-075-9:¥9.80
B0-0 000147
马克思主义哲学原理/朱有志等主编.—北京:中国商业出版社,1995.2.—412 页;19cm
ISBN 7-5044-2971-6:¥12.50
B0-0 000148
马克思主义哲学原理/施锐琴,张凤阳主编.—南京:南京大学出版社,1995.10.—344 页;20cm
ISBN 7-305-02860-6:¥13.50
B0-0 000149
马克思主义哲学原理/虞明甫等主编.—北京:中国农业出版社,1995.8.—339 页;20cm
ISBN 7-109-04100-X:¥14.00
B0-0 000150
马克思主义哲学原理/吴吉喜,姚昌俊主编.—广州:华南理工大学出版社,1995.6.—378 页;19cm
ISBN 7-5623-0871-3:¥10.80
B0-0 000151
马克思主义哲学原理/崔矗主编.—长沙:湖南大学出版社,1995.9.—248 页;20cm
湖南省普通高等学校规划教材
ISBN 7-81053-000-3:¥11.80
B0-0 000152
马克思主义哲学原理/章辉美等主编 .—长沙:湖南师范大学出版社,1995.7.—361 页;20cm
湖南省普通高等学校规划教材
ISBN 7-81031-429-7:¥11.80
B0-0 000153
马克思主义哲学原理新编/陈锡喜主编.—上海:华东师范大学出版社,1995.3.—273 页;20cm
公共政治课系列教材
ISBN 7-5617-1301-0:¥6.30
B0-0 000154
马克思主义哲学原理新编/陈新汉,吴惠之主编.—上海:上海财经大学出版社,1995.7.—380 页;20cm.—

（高校公共课丛书·思想理论）
ISBN 7-81049-004-4：￥10.80

B0-0　　000155
马克思主义哲学专题/梁中义等主编.—北京：金城出版社，1995.6.—323页；20cm
高等院校公共哲学课使用教材
ISBN 7-80084-102-2：￥9.00

B0-0　　000156
马列哲学著作学习指要/艾福成等编.—长春：吉林大学出版社，1995.8.—396页；20cm
ISBN 7-5601-1776-7：￥10.00

B0-0　　000157
人道主义到唯物史观：马克思世界的飞跃/徐亦让著.—天津：天津人民出版社，1995.10.—390页；20cm
ISBN 7-201-02188-5：￥12.80

B0-0　　000158
新编党政干部哲学教程/王振勋，杨启胜主编.—银川：宁夏人民出版社，1995.7.—261页；20cm
ISBN 7-227-01499-1：￥9.00

B0-0　　000159
新编马克思主义哲学教程/肖安枢等主编.—贵阳：贵州教育出版社，1995.3.—330页；19cm
ISBN 7-80583-689-2：￥8.00

B0-0　　000160
哲学/黄卓炎主编.—武汉：武汉测绘科技大学出版社，1995.6.—362页；19cm
湖北省中等专业教育自学考试教材
ISBN 7-81030-391-0：￥10.00

B0-0　　000161
哲学/西北师范大学马列教学部编写组编.—兰州：甘肃人民出版社，1995.9.—217页；19cm.—（全国高等教育自学考试辅导丛书）
ISBN 7-226-01555-2：￥9.00

B0-0　　000162
哲学/布日诺主编 .—北京：光明日报出版社，1995.10.—109页；26cm
临床医学专业自学考试用书
ISBN 7-80091-737-1：￥6.90

B0-0　　000163
哲学常识　（上）/杨启楠主编.—石家庄：河北教育出版社，1995.8.—67页；26cm.—（中等师范学校思想政治学科综合能力培养丛书）
ISBN 7-5434-2471-1：￥2.60

B0-03　　000164
中西哲学与文化比较新论：北京大学名教授演讲录/谢龙编.—北京：人民出版社，1995.4.—292页；20cm
ISBN 7-01-002089-2：￥14.20

B0-43　　000165
新编哲学原理教程/李永华，黄炎平主编.—北京：中国经济出版社，1995.4.—299页；19cm
ISBN 7-5017-3149-7：￥8.00

B0-43　　000166
哲学学习指要/赵凤平编著 .—大连：辽宁师范大学出版社，1995.1.—318页；19cm
ISBN 7-81042-045-3：￥8.00

B0-44　　000167
哲学自学考试新题型：习题、解答、说明/胡寿鹤，黄德华编著.—修订版.—武汉：华中理工大学出版社，1995.2.—254页；19cm
ISBN 7-5609-1037-8：￥6.00

B0-53　　000168
陈先达文集/陈先达著.—北京：当代中国出版社，1995.9.—491页；20cm
ISBN 7-80092-122-0：￥15.00

B0-53　　000169
思想者的足迹：哲学论文集/董德刚著.—北京：文津出版社，1995.5.—280页；20cm
ISBN 7-80554-275-9：￥9.80

B01　哲学基本问题

①B01②N94　　000170
宇宙全息统一论/王存臻，严春友著.—2版.—济南：山东人民出版社，1995.11.—442页；20cm
ISBN 7-209-00118-2（精装）：￥19.80

B016　　000171
人的尺度：主体尺度研究/陈新夏著.—长沙：湖南出版社，1995.3.—313页；20cm
ISBN 7-5438-0937-0：￥10.10

B016　　000172
主体论：从马克思到毛泽东/商英伟，徐梦秋主编.—厦门：厦门大学出版社，1995.12.—315页；20cm
ISBN 7-5615-1064-0：￥10.00

B017　　000173
辩证思维认识之论纲：作为认识论的黑格尔《逻辑学》/蒋年云，程立顺著.—合肥：安徽人民出版社，1995.9.—214页；20cm
ISBN 7-212-01250-5：￥7.00

B017　　000174
当代与未来的认识方法/陈智祥著.—广州：中山大学出版社，1995.11.—411页；20cm
ISBN 7-306-01057-3：￥13.00

B017　　000175
决策认识论导论：优秀博士论文选/刘李胜著.—太原：山西经济出版社，1995.10.—227页；20cm
ISBN 7-80577-896-5：￥9.80

B017　　000176
评价论导论：认识论的一个新领域/陈新汉著.—上海：上海社会科学院出版社，1995.3.—429页；20cm.—（学者书库·论丛）
ISBN 7-80618-005-2：￥14.80

B017　　000177
统计认识论/蒋志著.—北京：华夏出版社，1995.10.—340页；20cm
ISBN 7-5080-0901-0：￥28.00

B017　　000178
自我认识论/旷三平著.—郑州：河南人民出版社，

1995.1.—187页;20cm
ISBN 7-215-02915-8:¥8.00

①B017②G0　000179
文化认识论引论:对认识的文化透视/郭天海著.—西安:陕西人民出版社,1995.3.—285页;20cm
ISBN 7-224-03414-2:¥7.20

①B017②N02　000180
科学认识史论/萧焜焘主编.—南京:江苏人民出版社,1995.8.—806页;20cm
ISBN 7-214-01362-2(精装):¥30.00

①B017②N09　000181
科学认识思想史/林德宏等著.—南京:江苏教育出版社,1995.12.—660页;20cm
ISBN 7-5343-2632-X(精装):¥29.80

B02 辩证唯物主义

B02　000182
辩证唯物主义基本原理/石瑞峰,王洵主编;国家教委成人教育司编.—北京:高等教育出版社,1995.4.—202页;19cm
全国成人中专政治理论课统编教材
ISBN 7-04-005329-2:¥3.70

B02-44　000183
辩证唯物主义常识习题/于铭松等主编.—北京:中国商业出版社,1995.5.—78页;26cm
中华会计函授学校教材
ISBN 7-5044-2022-0:¥3.70

B02-44　000184
辩证唯物主义常识习题参考答案/于铭松等主编.—北京:中国商业出版社,1995.6.—27页;26cm
中华会计函授学校教材
ISBN 7-5044-2023-9:¥1.20

B022　000185
物质·意识·场/任恢忠著.—修订本.—上海:学林出版社,1995.9.—441页;20cm
ISBN 7-80510-986-9:¥23.00

B022　000186
物质·意识·场:非生命世界、生命世界、人类世界存在的哲学沉思/任恢忠著.—上海:学林出版社,1995.9.—407页;20cm
ISBN 7-80510-986-9:¥19.00

B022.2　000187
实事求是论/房殿武,王伟著.—哈尔滨:黑龙江教育出版社,1995.4.—215页;19cm
ISBN 7-5316-2592-X:¥4.00

B023.2　000188
感性的荒野:寻找人的存在根基/周春生著.—上海:学林出版社,1995.6.—182页;19cm
ISBN 7-80510-973-7:¥6.50

B023.3　000189
超越错误:医错哲学及其应用研究/文援朝等著.—长沙:中南工业大学出版社,1995.11.—312页;20cm
ISBN 7-81020-802-0:¥10.00

B023.3　000190
真理问题纵横谈　下集/姚传旺主编.—北京:中共中央党校出版社,1995.10.—307页;20cm
ISBN 7-5035-1210-5:¥12.00

B024　000191
辩证法核心研究/邓贤科著.—长沙:湖南师范大学出版社,1995.8.—257页;20cm
ISBN 7-81031-452-1:¥9.00

B024　000192
辩证法之谜的比较研究/刘景泉著.—深圳:海天出版社,1995.12.—619页;19cm
ISBN 7-80615-184-2:¥29.80

B024　000193
当代中国的唯物辩证法:邓小平著作中的哲学思想/袁贵仁著.—北京:中国青年出版社,1995.2.—255页;20cm
ISBN 7-5006-1950-2:¥8.90

B024　000194
对立统一学说新论/姚伯茂著.—杭州:浙江人民出版社,1995.3.—293页;20cm
ISBN 7-213-01128-6:¥9.20

B024　000195
方法论新探:一分为二·一分为三·一分为多/雷正良,杨远富著.—桂林:广西师范大学出版社,1995.4.—320页;19cm
ISBN 7-5633-2021-0:¥15.00

B024　000196
毛泽东一元论辩证法/孙继田主编.—昆明:云南人民出版社,1995.2.—226页;20cm
ISBN 7-222-01719-4:¥5.80

B024　000197
矛盾存在形态论/张景荣著.—北京:中国人民大学出版社,1995.11.—180页;20cm
ISBN 7-300-02156-5:¥7.50

①B024②D61　000198
唯物辩证法的运用与发展/刘景泉,周薇著.—广州:广东人民出版社,1995.12.—417页;20cm.—(邓小平理论与广东实践研究丛书/于幼军主编)
ISBN 7-218-02062-3:¥29.80

B026　000199
走出书斋的哲学/陆魁宏著.—北京:知识出版社,1995.12.—467页;20cm
ISBN 7-5015-1312-0:¥15.00

B03 历史唯物主义(唯物史观)

B03　000200
"危机"中的重建:历史唯物主义的现代阐释/杨耕著.—北京:中国人民大学出版社,1995.4.—329页;20cm
ISBN 7-300-02052-6:¥9.10

B03　000201

马克思历史辩证法的主体向度/张一兵著.—郑州:河南人民出版社,1995.6.—468页;20cm.—(马克思主义研究丛书/林基洲主编)

ISBN 7-215-03440-2: ¥15.00

B03-53 000202

历史观·真理观·价值观:中日《唯物史观和价值观的统一》研讨会论文集/陈筠泉,(日)岩崎允胤主编.—北京:北京出版社,1995.2.—192页;20cm

ISBN 7-200-02444-9: ¥5.40

B037 000203

论社会主义社会人民内部矛盾/梁周敏主编.—郑州:河南人民出版社,1995.1.—254页;20cm

ISBN 7-215-00890-8: ¥8.00

B038 000204

人的存在论/杨金海著.—南宁:广西人民出版社,1995.10.—285页;20cm.—(当代哲学丛书)

ISBN 7-219-02952-7: ¥16.00

B038 000205

人性的光辉 伟大的人物/(美)卡耐基著;于川,小文编译.—北京:中国文联出版公司,1995.12.—338页;19cm.—(卡耐基:成功之路丛书)

著者原题:戴尔·卡耐基

ISBN 7-5059-0230-X: ¥15.30

B038 000206

人性的优点 人性的弱点/(美)卡耐基著;谢彦,郑荣编译.—北京:中国文联出版公司,1995.12.—276页;19cm.—(卡耐基:成功之路丛书)

著者原题:戴尔·卡耐基

ISBN 7-5059-0232-6: ¥12.80

B038 000207

实践人类学:马克思主义哲学人类学引论/董武清著.—北京:当代中国出版社,1995.8.—301页;20cm

ISBN 7-80092-439-4: ¥12.50

①B038②C960 000208

人的发展与学习/刘典平,于云才著.—北京:新华出版社,1995.12.—696页;20cm

ISBN 7-5011-2806-5(精装): ¥34.60

B08 哲学流派及其研究

B08 000209

发展:在哲学人类学的视野内/丁立群著.—哈尔滨:黑龙江教育出版社,1995.6.—218页;20cm.—(发展与改革丛书/熊映梧主编)

ISBN 7-5316-2559-8: ¥7.00

B08 000210

熊十力的新唯识论与胡塞尔的现象学/张庆熊著.—上海:上海人民出版社,1995.11.—326页;20cm.—(当代中国哲学丛书/张汝伦,陈昕主编)

ISBN 7-208-02070-1: ¥24.00

B08 000211

中国·日本·朝鲜实学比较/李甦平等著.—合肥:安徽人民出版社,1995.10.—359页;20cm

ISBN 7-212-01200-9: ¥11.00

B081.1 000212

形而上学的现代困境/李朝东,卓杰著.—兰州:甘肃人民出版社,1995.11.—273页;20cm

ISBN 7-226-01542-0: ¥12.80

B085 000213

新实在论:新思维方式的合理结果/(德)伏格曼(Vogelmann,B.)著;张丹忱译.—北京:中国世界语出版社,1995.10.—166页;20cm

ISBN 7-5052-0239-1: ¥16.50

B086 000214

非理性的人:存在主义哲学研究/(美)巴雷特(Barret,W.)著;杨照明,艾平译.—北京:商务印书馆,1995.2.—312页;20cm

据纽约达布尔代有限公司1962年版译出

ISBN 7-100-01479-4: ¥10.70

B089 000215

"人道主义马克思主义"辨析/张伟著.—上海:上海社会科学院出版社,1995.11.—142页;20cm

ISBN 7-80618-100-8: ¥5.00

B089 000216

后现代科学:科学魅力的再现/(美)格里芬(Griffin,D.R.)著;马季方译.—北京:中央编译出版社,1995.8.—211页;20cm.—(建设性的后现代主义译丛)

ISBN 7-80109-062-4: ¥12.00

B089 000217

现象学运动/(美)施皮格伯格(Spiegelberg,H.)著;王炳文,张金言译.—北京:商务印书馆,1995.10.—1017页;20cm

ISBN 7-100-01283-X(精装): ¥40.00

B089 000218

中国现象学与哲学评论　第一辑:现象学的基本问题/王炜等著.—上海:上海译文出版社,1995.9.—521页;20cm

ISBN 7-5327-1790-9: ¥24.00

B1 世界哲学

B1 000219

天人之际:中西哲学的困惑与选择/张世英著.—北京:人民出版社,1995.5.—443页;20cm

ISBN 7-01-002012-4: ¥22.00

B1 000220

外国著名思想家　(二):合订本.—北京:商务印书馆,1995.9.—384页;19cm.—(外国历史小丛书)

ISBN 7-100-01347-X: ¥13.70

B1 000221

外国著名思想家　(一):合订本.—北京:商务印书馆,1995.4.—360页;19cm.—(外国历史小丛书)

ISBN 7-100-01346-1: ¥10.70

B1 000222

中西哲学源流/林可济著.—福州:福建教育出版社,1995.3.—158页;19cm.—(当代中学生丛书)

ISBN 7－5334－1393－8：￥3.30

①B1②B821 **000223**

真实与超越：现代西方四大思想家人生论探析/刘传广著.—广州：广东高等教育出版社，1995.7.—317页；20cm.—（人生科学研究丛书）

ISBN 7－5361－1632－2：￥14.80

B1－53 **000224**

陈修斋哲学与哲学史论文集/段德智选编.—武汉：武汉大学出版社，1995.11.—656页；20cm

ISBN 7－307－02073－4：￥21.10

B14 **000225**

近代科学中机械论自然观的兴衰/林定夷著.—广州：中山大学出版社，1995.4.—410页；20cm

ISBN 7－306－00978－8：￥13.00

①B15②K815.1 **000226**

现代世界十大思想家/易杰雄主编.—南京：江苏人民出版社，1995.1.—1718页；20cm

ISBN 7－214－01366－5（精装）：￥44.80

B15－53 **000227**

寻找新的价值坐标：世纪之交的哲学文化反思/俞吾金著.—上海：复旦大学出版社，1995.5.—532页；20cm.—（复旦大学博士丛书）

ISBN 7－309－01491－X：￥20.00

B17 **000228**

马克思主义哲学当代史探微/王仲士等主编.—成都：四川大学出版社，1995.12.—312页；20cm

ISBN 7－5614－1272－X：￥10.00

B17 **000229**

马克思主义哲学发展史教程/杨春贵主编.—北京：中共中央党校出版社，1995.9.—528页；20cm

ISBN 7－5035－1254－7：￥22.50

B2 中国哲学

B2 **000230**

大道运行论：关于中国民族魂或最高精神的研究/司马云杰著.—济南：山东人民出版社，1995.12.—746页；20cm.—（文化价值哲学；4）

ISBN 7－209－01625－2（精装）：￥35.00

B2 **000231**

汉宋学术与现代思想/陈少明著.—广州：广东人民出版社，1995.12.—274页；20cm

ISBN 7－218－01491－7：￥15.80

B2 **000232**

汉英对照中国哲学名著选读 下卷/石峻主编.—北京：中国人民大学出版社，1995.12.—408页；20cm

ISBN 7－300－01946－3：￥32.20

B2 **000233**

狂与逸：中国古代知识分子的两种人格特征/张节末著.—北京：东方出版社，1995.1.—157页；20cm.—（东方书林之旅·清平乐书系）

ISBN 7－5060－0528－X：￥8.00

B2 **000234**

历代大儒传/周月亮主编.—济南：山东人民出版社，1995.11.—789页；20cm

ISBN 7－209－01809－3（精装）：￥34.50

B2 **000235**

鲁迅郭沫若与中国传统文化/王骏骥著.—天津：百花文艺出版社，1995.10.—304页；20cm

ISBN 7－5306－2139－4：￥14.00

B2 **000236**

名著精华的现代应用 第三卷/张振德，黄葵主编.—成都：四川人民出版社，1995.12.—4册；20cm

ISBN 7－220－03076－2（合装）：￥64.80

B2 **000237**

潜龙之梦：中国哲学复兴的展望/程宜山著.—北京：中国社会科学出版社，1995.6.—313页；19cm

ISBN 7－5004－1684－9：￥12.00

B2 **000238**

思辨智慧/钱世明著.—北京：中国青年出版社，1995.12.—207页；20cm.—（中华智慧集粹丛书/刘志琴，郑一奇主编）

ISBN 7－5006－1864－6：￥12.50

B2 **000239**

思想先哲/刘重日主编.—北京：龙门书局，1995.3.—210页；20cm.—（中华骄子/张国祚主编）

ISBN 7－80111－011－0：￥5.80

B2 **000240**

一百位杰出思想家/胡伟希主编.—北京：中国青年出版社，1995.4.—362页；19cm.—（爱国主义教育丛书）

ISBN 7－5006－1771－2：￥8.60

B2 **000241**

一分为三：中国传统思想考释/庞朴著.—深圳：海天出版社，1995.6.—355页；20cm.—（现代与传统学术丛书）

ISBN 7－80615－182－6：￥19.50

B2 **000242**

中国的思想/（日）沟口雄三著；赵士林译.—北京：中国社会科学出版社，1995.12.—130页；20cm

ISBN 7－5004－1779－9：￥7.00

B2 **000243**

中国古代符号思想史纲要/苟志效等著.—西安：三秦出版社，1995.5.—172页；19cm

ISBN 7－80546－880－X：￥6.90

B2 **000244**

中国古代十大诡辩家：十子平议/陈成国著.—长沙：岳麓书社，1995.6.—281页；20cm

ISBN 7－80520－605－8：￥9.00

B2 **000245**

中国古代思想家/朱昌彻，张祥浩编著.—北京：北京科学技术出版社，1995.1.—143页；19cm.—（中国历史知识全书·重要人物/朱仲玉主编）

ISBN 7－5304－1641－3：￥3.90

B2 **000246**

中国少数民族哲学·宗教·儒学/肖万源等主编.—北京：当代中国出版社，1995.12.—309页；20cm

ISBN 7-80092-429-7:￥16.50

B2　000247

中国思想简史/何建章著.—北京:中国国际广播出版社,1995.2.—330页;19cm

北京外国语大学国际交流学院对外汉语教材

全套定价:80.00元

ISBN 7-5078-0855-6:￥0.00

B2　000248

中国哲学范畴发展史:人道篇/张立文著.—北京:中国人民大学出版社,1995.8.—804页;20cm.—(中国人民大学丛书)

ISBN 7-300-01831-9(精装):￥57.00

B2　000249

中国哲学史通/陈庆坤主编.—长春:吉林大学出版社,1995.3.—692页;20cm

ISBN 7-5601-1689-2:￥18.50

B2　000250

中国智慧透析:中国传统哲学的现代意义及未来展望/赵向东编.—北京:华夏出版社,1995.5.—495页;20cm

ISBN 7-5080-0759-X:￥26.00

B2-53　000251

论浙东学术/方祖猷,滕复主编.—北京:中国社会科学出版社,1995.2.—493页;20cm

ISBN 7-5004-1617-2:￥21.00

B2-53　000252

人文精神的承传与重建/李锦全著.—广州:广东人民出版社,1995.9.—403页;20cm

ISBN 7-218-02042-0:￥17.00

B2-53　000253

中国传统思想与思维方式论集:中国文化的"共生"精神/李禹阶著.—成都:西南交通大学出版社,1995.7.—270页;19cm

ISBN 7-81022-823-4:￥8.20

①B2-53②R247.4　000254

中国奇门功法哲学文选　(一)/鲁扬才著.—北京:新华出版社,1995.9.—256页;19cm

ISBN 7-5011-2995-9:￥12.80

B22 先秦哲学

B22　000255

话说诸子百家丛书/谭继和主编.—成都:四川少年儿童出版社,1995.10.—10册;20cm

本套书包括:话说兵家等10册

ISBN 7-5365-1489-1:￥82.00

B22　000256

圣贤语录/张荣华等编译.—上海:上海古籍出版社,1995.—8册(1盒);14cm

本套书包括:《孔子语录》、《孟子语录》、《管子语录》、《韩非子语录》、《荀子语录》、《老庄语录》、《孙子语录》、《墨子语录》8册。

ISBN 7-5325-1915-5(精装):￥46.00

B22　000257

易经与孔子的蝉蜕龙变/谢宝笙著.—北京:华夏出版社,1995.7.—181页;20cm

ISBN 7-5080-0798-0:￥9.80

B22　000258

怎样超凡入圣/鲍希福著.—2版.—成都:四川大学出版社,1995.10.—231页;19cm.—(中国传统文化怎样丛书/陈咏明主编)

ISBN 7-5614-0779-3:￥6.50

B22　000259

中国四大宝典:易经　老子　论语　庄子:白话译注/孟泽译注.—海口:海南出版社,1995.12.—1202页;20cm

ISBN 7-80617-208-4(精装):￥48.00

B220.1　000260

诸子妙语/曹木主编.—上海:上海文艺出版社,1995.6.—282页;20cm

ISBN 7-5321-0960-7(精装):￥15.00

B220.3　000261

诸子笺校商补/刘如瑛著.—济南:山东教育出版社,1995.9.—285页;20cm

ISBN 7-5328-2218-4:￥13.70

B220.4　000262

圣贤语录/杨宝发编.—北京:光明日报出版社,1995.1.—90页;20cm.—(光明文库·中国优秀传统文化点睛丛书/杨宝发主编)

ISBN 7-80091-615-4:￥3.80

B220.5　000263

名著精华的现代应用　第二卷/张振德,黄葵主编.—成都:四川人民出版社,1995.10.—4册;20cm

包括《<诗经>的生活艺术》等4册。

ISBN 7-220-03006-1(盒装):￥64.80

B220.5　000264

名著精华的现代应用　第一卷/张振德,黄葵主编.—成都:四川人民出版社,1995.9.—4册;20cm

包括《<论语>今读》等4册。

ISBN 7-220-02937-3(盒装):￥59.50

B220.5　000265

先秦哲人与哲学/丁祯彦,吾敬东著.—沈阳:辽宁古籍出版社,1995.5.—194页;19cm.—(中华民族优秀传统文化丛书·哲学卷/丁祯彦,王思义主编)

本卷9册,总定价:54.00元

ISBN 7-80507-281-7:￥0.00

B220.5　000266

中国传统哲学与教育/崔宜明等著.—上海:上海教育出版社,1995.9.—238页;20cm.—(中国文化与教育研究丛书/丁钢主编)

ISBN 7-5320-4231-6:￥8.50

B220.5　000267

中华民族价值导向的选择:先秦义利论及其现代意义/张国钧著.—北京:中国人民大学出版社,1995.7.—305页;20cm

ISBN 7-300-02132-8:￥12.50

B220.5　000268

诸子学述/罗焌著;罗书慎点校.—长沙:岳麓书社,1995.3.—412页;20cm

ISBN 7-80520-561-2(精装):¥15.80

B221 000269

插图本易经/(美)Wing,R.L.译著;吴铮,魏效荣编译.—西安:陕西科学技术出版社,1995.8.—183页;26cm

ISBN 7-5369-2335-X:¥20.00

B221 000270

学易必读/房松令著.—大连:大连理工大学出版社,1995.10.—3册;19cm

ISBN 7-5611-0779-X:¥24.00

B221 000271

易经杂说/南怀瑾著.—2版.—北京:中国世界语出版社,1995.1.—341页;20cm

ISBN 7-5052-0202-2:¥11.80

B221 000272

中国易学史话/商国君编著.—哈尔滨:黑龙江人民出版社,1995.12.—126页;19cm.—(中国文明史话丛书/吴荣曾主编)

ISBN 7-207-02498-3:¥2.90

B221 000273

周易/(宋)朱熹注;李剑雄标点.—上海:上海古籍出版社,1995.12.—175页;19cm.—(十大古典哲学名著丛书)

ISBN 7-5325-1863-9(精装):¥11.00

B221.2 000274

周易评注/唐明邦主编;黄钊等编著.—北京:中华书局,1995.8.—293页;20cm

ISBN 7-101-00984-0:¥14.00

B221.4 000275

白话帛书周易/邓球柏著.—长沙:岳麓书社,1995.1.—346页;19cm

ISBN 7-80520-554-X(精装):¥11.30

B221.4 000276

易经新译/罗志野译;土贤才审校.—青岛:青岛出版社,1995.3.—258页;20cm

ISBN 7-5436-1242-9(精装):¥20.00

B221.4 000277

周易古经白话解:汉英对照/刘大钧,林忠军著;傅有德译.—济南:山东友谊出版社,1995.2.—141页;20cm

ISBN 7-80551-696-0:¥25.00

B221.4 000278

诸子名言荟萃/任维清,唐限文编著.—济南:齐鲁书社,1995.2.—334页;20cm

ISBN 7-5333-0421-7:¥10.00

B221.5 000279

《易经》之谜是如何打开的/谢宝笙著.—北京:北京出版社,1995.1.—232页;19cm

ISBN 7-200-02449-X:¥5.90

B221.5 000280

《周易》与当代自然科学/徐道一著.—广州:广东教育出版社,1995.5.—180页;20cm.—(天地生人丛书·第一辑/宋正海,孙关龙主编)

ISBN 7-5406-2868-5:¥6.70

B221.5 000281

本土与域外:超越的周易文化/杨宏声编著.—上海:上海社会科学院出版社,1995.7.—231页;20cm.—(华夏思维研究系列·易学)

ISBN 7-80618-039-7:¥12.00

B221.5 000282

易经大侃/王晓强著.—长沙:岳麓书社,1995.3.—558页;20cm

ISBN 7-80520-562-0(精装):¥17.30

B221.5 000283

易经中的法律现象/从希斌著.—天津:天津古籍出版社,1995.4.—183页;19cm

ISBN 7-80504-428-7:¥5.20

B221.5 000284

易学解难/邹学熹等编著.—成都:四川科学技术出版社,1995.2.—237页;19cm.—(易学精化丛书/邹学喜主编)

ISBN 7-5364-2872-3:¥7.80

B221.5 000285

易学与道教文化/詹石窗,连镇标著.—福州:福建人民出版社,1995.12.—401页;20cm

ISBN 7-211-02548-4:¥17.00

B221.5 000286

易学哲学史/朱伯崑著.—北京:华夏出版社,1995.1.—4册;20cm

ISBN 7-5080-0590-2:¥88.00

B221.5 000287

周易辨证/马恒君著.—石家庄:河北人民出版社,1995.12.—652页;20cm

ISBN 7-202-01830-6:¥25.60

B221.5 000288

周易探秘/朱渊青著.—上海:上海古籍出版社,1995.8.—139页;19cm.—(中华文明宝库/李国章,马樟根主编)

ISBN 7-5325-1961-9:¥7.60

B221.5 000289

周易宇宙代数学:河洛易数学体系/焦蔚芳著.—上海:上海科学技术文献出版社,1995.9.—198页;20cm

ISBN 7-5439-0783-6:¥12.00

①B221.5②E89 000290

易学与兵法/邹学熹编著.—成都:四川科学技术出版社,1995.2.—201页;19cm.—(易学精华丛书/邹学喜主编)

ISBN 7-5364-2873-1:¥7.20

①B221.5②K203 000291

中华第一经:《周易》与中国文化/宋会群,苗雪兰著.—开封:河南大学出版社,1995.6.—336页;20cm.—(元典文化丛书/李振宏主编)

ISBN 7-81041-177-2:¥12.00

①B221.5②K825.4 000292

宋祚胤论集/羊春秋主编.—长沙:岳麓书社,1995.8.—350页;20cm

ISBN 7-80520-611-2(精装):¥18.00

①B221.5②R151　000293
《易经》与东方营养学/谢文伟著.—北京:华夏出版社,1995.7.—273页;19cm
ISBN 7-5080-0533-3:￥12.00

①B221.5②R226　000294
《易》与生命奥妙:医易相关探秘/余先莹,余良编著.—北京:中国医药科技出版社,1995.5.—213页;19cm
ISBN 7-5067-1291-1:￥8.80

B222　000295
中国儒学史话/刘孟骧著.—哈尔滨:黑龙江人民出版社,1995.9.—160页;19cm.—(中国文明史话丛书/吴荣曾主编)
ISBN 7-207-02499-1:￥3.35

B222-53　000296
国际儒学研究　第一辑/国际儒学联合会编.—北京:人民出版社,1995.10.—354页;20cm
ISBN 7-01-002356-5:￥22.80

B222-53　000297
儒学与廿一世纪:纪念孔子诞辰2545周年暨国际儒学讨论会会议文集/中国孔子基金会编.—北京:华夏出版社,1995.11.—2册(1607页);20cm
ISBN 7-5080-0810-3(精装):￥125.00

B222.01　000298
中国儒家文化名著/盛广智主编.—延吉:延边大学出版社,1995.9.—628页;20cm.—(中国文化经典名著大系 /张岱年,石翔主编)
ISBN 7-5634-0780-4(精装):￥32.90

B222.05　000299
和谐天下:儒学与现代公关/杨立武著.—成都:四川人民出版社,1995.2.—211页;19cm.—(中华儒学文化系列)
ISBN 7-220-02677-3:￥6.65

B222.05　000300
华夏圣学:儒学与中国文化/蔡方鹿著.—成都:四川人民出版社,1995.2.—233页;19cm.—(中华儒学文化系列)
ISBN 7-220-02677-3:￥6.65

B222.05　000301
尽善尽美:儒学艺术精神/李明泉著.—成都:四川人民出版社,1995.2.—210页;19cm.—(中华儒学文化系列)
ISBN 7-220-02677-3:￥6.65

B222.05　000302
内圣外王:儒学人生哲理/阎钢著.—成都:四川人民出版社,1995.2.—247页;19cm.—(中华儒学文化系列)
ISBN 7-220-02677-3:￥6.65

B222.05　000303
儒学研究与现代化/马勇主编.—桂林:广西师范大学出版社,1995.10.—314页;20cm
ISBN 7-5633-2094-6:￥15.50

B222.05　000304
儒学与社会文明/李书有著.—南京:江苏教育出版社,1995.10.—452页;20cm
ISBN 7-5343-2476-9:￥12.95

B222.05　000305
儒学与现代化:中韩日儒学比较研究/(韩)黄秉泰著;刘李胜等译.—北京:社会科学文献出版社,1995.1.—507页;20cm
ISBN 7-80050-583-9(精装):￥24.00

B222.05　000306
儒言治世:儒学治国之术/俞荣根著.—成都:四川人民出版社,1995.2.—223页;19cm.—(中华儒学文化系列)
ISBN 7-220-02677-3:￥6.65

B222.05　000307
盛德大业:儒学与企业管理/陈德述著.—成都:四川人民出版社,1995.2.—206页;19cm.—(中华儒学文化系列)
ISBN 7-220-02677-3:￥6.65

B222.05　000308
世纪之交的历史反思:儒家文化与当代世界文化走向国际学术讨论会论文集/湖南孔子学会编.—长沙:岳麓书社,1995.6.—346页;20cm
ISBN 7-80520-597-3:￥10.80

B222.05　000309
天人合一:儒学与生态环境/张云飞著.—成都:四川人民出版社,1995.2.—221页;19cm.—(中华儒学文化系列)
ISBN 7-220-02677-3:￥6.65

B222.05　000310
学海之舟:儒学治学方法/钟杨著.—成都:四川人民出版社,1995.2.—211页;19cm.—(中华儒学文化系列)
ISBN 7-220-02677-3:￥6.65

B222.05　000311
源远流长的儒道思想/李坚著.—沈阳:辽宁古籍出版社,1995.5.—177页;19cm.—(中华民族优秀传统文化丛书·哲学卷/丁祯彦,王思义主编)
本卷9册,总定价:54.00元
ISBN 7-80507-281-7:￥0.00

B222.05　000312
智慧之光:儒学思维艺术/王成儒著.—成都:四川人民出版社,1995.2.—199页;19cm.—(中华儒学文化系列)
ISBN 7-220-02677-3:￥6.65

B222.05　000313
中华儒学精髓/张继缅著.—北京:中国物资出版社,1995.7.—324页;20cm.—(爱我中华系列丛书)
ISBN 7-5047-0893-3:￥11.80

①B222.05②F131.341　000314
儒家思想与日本的现代化/王家骅著.—杭州:浙江人民出版社,1995.5.—310页;20cm
ISBN 7-213-01157-X:￥12.00

B222.1　000315
四书/(宋)朱熹集注;顾美华标点.—上海:上海古籍出版社,1995.12.—436页;19cm.—(十大古典哲学名

著丛书）
ISBN 7－5325－1735－7（精装）：￥18.30

①B222.2②B83 **000316**
孔子与中国美学/邓承奇著.—济南：齐鲁书社，1995.7.—271页；20cm
ISBN 7－5333－0464－0：￥7.80

B222.21 **000317**
论语类纂/刘振东，孔庆常编撰.—济南：山东友谊出版社，1995.11.—225页；19cm
ISBN 7－80551－771－1：￥7.00

B222.22 **000318**
论语浅疏/韦支陆著.—开封：河南大学出版社，1995.12.—243页；19cm
ISBN 7－81041－277－9：￥9.50

B222.24 **000319**
论语精华录古文今译/孔继寰主编.—济南：山东友谊出版社，1995.11.—161页；19cm
ISBN 7－80551－770－3：￥5.00

B222.24 **000320**
论语外编：孔子佚语汇编/裴传永汇释.—济南：济南出版社，1995.12.—617页；20cm
ISBN 7－80629－003－6：￥21.50

B222.24 **000321**
论语译注/金良年撰.—上海：上海古籍出版社，1995.12.—292页；20cm.—（中华古籍译注丛书）
ISBN 7－5325－1998－8：￥13.70

B222.25 **000322**
孔学初探：中原孔子学会第一次学术研讨会论文集/骆承烈，李玉洁主编.—开封：河南大学出版社，1995.6.—291页；20cm
ISBN 7－81041－213－2：￥12.00

B222.25 **000323**
孔学研究　第一辑/云南孔子学术研究会编.—昆明：云南人民出版社，1995.7.—344页；20cm
ISBN 7－222－01802－6：￥8.80

B222.25 **000324**
孔子的处世之道/孔健著.—北京：中国国际广播出版社，1995.9.—184页；20cm.—（东方太阳丛书）
ISBN 7－5078－1143－3：￥7.50

B222.25 **000325**
孔子的管理之道/孔健著.—北京：中国国际广播出版社，1995.9.—166页；20cm.—（东方太阳丛书）
ISBN 7－5078－1146－8：￥6.50

B222.25 **000326**
孔子的经营之道/孔健著.—北京：中国国际广播出版社，1995.9.—168页；20cm.—（东方太阳丛书）
ISBN 7－5078－1145－X：￥6.50

B222.25 **000327**
孔子的人生之道/孔健著.—北京：中国国际广播出版社，1995.9.—166页；20cm.—（东方太阳丛书）
ISBN 7－5078－1134－4：￥6.50

B222.25 **000328**
孔子学说初探/孟贵民著.—北京：首都师范大学出版社，1995.4.—271页；20cm
ISBN 7－81039－564－5：￥8.00

①B222.35②K203 **000329**
圣人箴言录：《论语》与中国文化/李振宏著.—开封：河南大学出版社，1995.6.—383页；20cm.—（元典文化丛书/李振宏主编）
ISBN 7－81041－159－4：￥13.50

B222.52 **000330**
孟子译注/金良年撰.—上海：上海古籍出版社，1995.12.—361页；20cm.—（中华古籍译注丛书）
ISBN 7－5325－2022－6：￥16.20

B222.55 **000331**
孟子性善论研究/杨泽波著.—北京：中国社会科学出版社，1995.5.—331页；20cm.—（中国社会科学博士论文文库/胡绳主编）
ISBN 7－5004－1671－7（精装）：￥19.50

①B222.55②K203 **000332**
亚圣思辨录：《孟子》与中国文化/何晓明著.—开封：河南大学出版社，1995.6.—261页；20cm.—（元典文化丛书/李振宏主编）
ISBN 7－81041－158－6：￥9.80

B222.62 **000333**
荀子译注/张觉撰.—上海：上海古籍出版社，1995.12.—699页；20cm.—（中华古籍译注丛书）
ISBN 7－5325－1963－5：￥28.60

B222.64 **000334**
荀子全译/（战国）荀况著；蒋南华等注译.—贵阳：贵州人民出版社，1995.2.—639页；20cm.—（中国历代名著全译丛书）
ISBN 7－221－03571－7：￥21.50

B222.64 **000335**
荀子全译/（战国）荀况著；蒋南华等注译.—贵阳：贵州人民出版社，1995.2.—659页；20cm.—（中国历代名著全译丛书）
ISBN 7－221－03789－2（精装）：￥26.50

①B222.65②K203 **000336**
外王之学：《荀子》与中国文化/张曙光著.—开封：河南大学出版社，1995.6.—298页；20cm.—（元典文化丛书/李振宏主编）
ISBN 7－81041－160－8：￥10.80

B223 **000337**
老子 庄子/（魏）王弼，（晋）郭象注；（唐）陆德明音义；章行标校.—上海：上海古籍出版社，1995.12.—364页；19cm.—（十大古典哲学名著丛书）
ISBN 7－5325－1953－8（精装）：￥18.30

①B223②B958 **000338**
道家与传统文化研究/王明著.—北京：中国社会科学出版社，1995.4.—305页；20cm
ISBN 7－5004－1589－3：￥14.80

①B223－03②B516.47－03 **000339**
老庄与尼采的文化比较/冯晓虎著.—北京：知识出版社，1995.5.—234页；20cm
ISBN 7－5015－1292－2：￥10.00

B223－53 **000340**
道家文化研究　第八辑/陈鼓应主编.—上海：上海

古籍出版社,1995.11.—397页;20cm
ISBN 7-5325-2013-7:¥21.60

B223-53 000341
道家文化研究 第六辑/陈鼓应主编.—上海:上海古籍出版社,1995.6.—410页;20cm
ISBN 7-5325-1950-3:¥18.20

B223-53 000342
道家文化研究 第七辑:道教研究专号/陈鼓应主编.—上海:上海古籍出版社,1995.6.—398页;20cm
ISBN 7-5325-1951-1:¥18.00

①B223.05②N092 000343
道家文化与科学/祝亚平著.—合肥:中国科学技术大学出版社,1995.7.—515页;20cm
ISBN 7-312-00623-X(精装):¥27.50

B223.1 000344
老子/许啸天编著.—北京:光明日报出版社,1995.1.—257页;20cm.—(光明文库·中国优秀传统文化点睛丛书/杨宝发主编)
ISBN 7-80091-613-8:¥7.80

B223.11 000345
道德经/(春秋)老子著;陈国庆,张爱东注译.—西安:三秦出版社,1995.8.—325页;19cm.—(中国古代哲学精典)
ISBN 7-80546-884-2:¥12.60

B223.11 000346
老子道德经/(春秋)老子著;辜正坤译.—北京:北京大学出版社,1995.11.—320页;19cm.—(汉英对照古典名著丛书·汉语拼音标调注音)
ISBN 7-301-02815-6:¥14.00

B223.11 000347
老子格言/关立勋选评.—北京:中国妇女出版社,1995.7.—152页;19cm
ISBN 7-80016-648-1:¥6.00

B223.12 000348
老子本原/黄瑞云校注.—北京:人民文学出版社,1995.6.—162页;19cm
ISBN 7-02-001973-0:¥5.60

B223.12 000349
老子新编译解/王垶译解.—沈阳:辽宁古籍出版社,1995.7.—370页;20cm
ISBN 7-80507-306-6:¥16.00

B223.15 000350
中国老学史/熊铁基等著.—福州:福建人民出版社,1995.7.—526页;20cm.—(中国学术史系列)
ISBN 7-211-02531-X:¥25.30

①B223.15②K203 000351
哲人的智慧:《老子》与中国文化/高秀昌,龚力著.—开封:河南大学出版社,1995.8.—305页;20cm.—(元典文化丛书/李振宏主编)
ISBN 7-81041-194-2:¥11.00

B223.5 000352
从超迈到随俗:庄子与中国美学/陶东风著.—北京:首都师范大学出版社,1995.10.—217页;20cm
ISBN 7-81039-421-5:¥12.40

B223.5 000353
南华经:中国古代哲学经典/(战国)庄子著;周苏平,张克平译注.—西安:三秦出版社,1995.12.—488页;19cm
ISBN 7-80546-950-4:¥18.80

B223.51 000354
庄子格言/关立勋等选评.—北京:中国妇女出版社,1995.7.—261页;19cm
ISBN 7-80016-647-3:¥8.00

B223.55 000355
庄子教程/李庆珍,史晓平著.—北京:民族出版社,1995.8.—282页;20cm
ISBN 7-105-02511-5:¥13.50

B223.55 000356
庄子探微/李志慧著.—西安:三秦出版社,1995.5.—235页;20cm.—(文史研究丛书)
ISBN 7-80546-658-0:¥8.00

B223.55 000357
庄子通论/孙以楷,甄长松著.—北京:东方出版社,1995.10.—185页;20cm
ISBN 7-5060-0588-3:¥10.40

①B223.55②I206.2 000358
庄子与中国文学/宋效永著.—南京:江苏教育出版社,1995.6.—422页;20cm
ISBN 7-5343-2363-0:¥15.95

①B223.55②K203 000359
逍遥之祖:《庄子》与中国文化/白本松,王利锁著.—开封:河南大学出版社,1995.8.—295页;20cm.—(元典文化丛书/李振宏主编)
ISBN 7-81041-195-0:¥10.60

B224 000360
兼爱非攻的墨家思想/王思义,谢丹著.—沈阳:辽宁古籍出版社,1995.5.—163页;19cm.—(中华民族优秀传统文化丛书·哲学卷/丁祯彦,王思义主编)
本卷9册,总定价:54.00元
ISBN 7-80507-281-7:¥0.00

B224 000361
墨家逻辑论/梁周敏著.—开封:河南大学出版社,1995.8.—263页;20cm
ISBN 7-81041-257-4:¥10.00

B224 000362
墨者的智慧:《墨子说粹》/孙中原著.—北京:三联书店,1995.9.—281页;20cm.—(中华文库/许力以,林言椒主编)
ISBN 7-108-00777-0:¥31.20

B224 000363
墨子/(清)毕沅校注;吴旭民标点.—上海:上海古籍出版社,1995.12.—271页;19cm.—(十大古典哲学名著丛书)
ISBN 7-5325-1840-X(精装):¥13.70

B224.4 000364
墨子全译/周才珠,齐瑞端译注.—贵阳:贵州人民出版社,1995.8.—769页;20cm.—(中国历代名著全译丛书)

ISBN 7-221-03908-9:¥32.00

B224.5 000365

墨子研究/谭家健著.—贵阳:贵州教育出版社,1995.8.—511页;20cm

ISBN 7-80583-695-7:¥20.00

B224.5 000366

墨子研究论丛　(三)/张知寒主编.—济南:山东人民出版社,1995.10.—695页:彩照;20cm

ISBN 7-209-01859-X:¥28.00

B225 000367

别开生面的名家思想/朱浩,王冬炽著.—沈阳:辽宁古籍出版社,1995.5.—188页;19cm.—(中华民族优秀传统文化丛书·哲学卷/丁祯彦,王思义主编)

本卷9册,总定价:54.00元

ISBN 7-80507-281-7:¥0.00

B226 000368

功不可没的法家思想/晋荣东编著.—沈阳:辽宁古籍出版社,1995.5.—159页;19cm.—(中华民族优秀传统文化丛书·哲学卷/丁祯彦,王思义主编)

本卷9册总定价:54.00元

ISBN 7-80507-281-7:¥0.00

B226.01 000369

中国法家文化名著/姜玉山,吕庆业主编.—延吉:延边大学出版社,1995.9.—630页;20cm.—(中国文化经典名著大系 /张岱年,石翔主编)

ISBN 7-5634-0781-2(精装):¥32.90

B226.15 000370

管子新探/胡家聪著.—北京:中国社会科学出版社,1995.5.—428页;20cm

ISBN 7-5004-1648-2:¥20.00

①B226.55②K203 000371

中国帝王术:《韩非子》与中国文化/王宏斌著.—开封:河南大学出版社,1995.6.—315页;20cm.—(元典文化丛书/李振宏主编)

ISBN 7-81041-196-9:¥11.40

B227 000372

独具特色的阴阳思想/施炎平著.—沈阳:辽宁古籍出版社,1995.5.—186页;19cm.—(中华民族优秀传统文化丛书·哲学卷/丁祯彦,王思义主编)

本卷9册,总定价:54.00元

ISBN 7-80507-281-7:¥0.00

B228 000373

能辩善斗:中国古代纵横家论/郑杰文著.—济南:山东人民出版社,1995.5.—608页;20cm

ISBN 7-209-01634-1(精装):¥23.50

B228 000374

纵横家全书/房立中主编.—北京:学苑出版社,1995.6.—1115页;20cm

ISBN 7-5077-0927-2(精装):¥66.00

①B228.04②E892 000375

白话鬼谷子/(周·楚)鬼谷子著;徐德欢译注·**黄石公三略**/黄石公著;陈中琼译注.—长沙:岳麓书社,1995.6.—269页;19cm.—(古典名著今译读本)

ISBN 7-80520-602-3(精装):¥10.80

B229.25 000376

吕不韦评传/洪家义著.—南京:南京大学出版社,1995.9.—545页;20cm.—(中国思想家评传丛书/匡亚明主编)

ISBN 7-305-02655-7(精装):¥28.00

B229.25 000377

吕氏春秋通论/李家骧著.—长沙:岳麓书社,1995.4.—502页;20cm

ISBN 7-80520-581-7:¥14.30

B234　汉代哲学

B234.55 000378

董仲舒评传:独尊儒术　奠定汉魂/周桂钿著.—南宁:广西教育出版社,1995.1.—192页;20cm.—(中华历史文化名人评传·儒家系列/张立文主编)

ISBN 7-5435-2211-X:¥7.10

B235　三国、晋、南北朝哲学

B235.74 000379

抱朴子内篇全译/(晋)葛洪著;顾久译注.—贵阳:贵州人民出版社,1995.3.—507页;20cm.—(中国历代名著全译丛书)

ISBN 7-221-03791-4(精装):¥22.80

B235.74 000380

抱朴子内篇全译/(晋)葛洪著;顾久译注.—贵阳:贵州人民出版社,1995.3.—507页;20cm.—(中国历代名著全译丛书)

ISBN 7-221-03862-7:¥17.80

B244　宋、元哲学

B244 000381

贯通天人的理学思想/沈顺福,董根洪著.—沈阳:辽宁古籍出版社,1995.5.—169页;19cm.—(中华民族优秀传统文化丛书·哲学卷/丁祯彦,王思义主编)

本卷9册,总定价:54.00元

ISBN 7-80507-281-7:¥0.00

B244 000382

新儒学批判/启良著.—上海:三联书店上海分店,1995.10.—466页;20cm.—(上海三联文库)

ISBN 7-5426-0880-0:¥19.20

B244 000383

挣扎中的儒学:论海峡彼岸的新儒学思想/黄克剑著.—福州:海峡文艺出版社,1995.2.—252页;20cm.—(台湾文化研究丛书)

ISBN 7-80534-761-1:¥7.00

B244-53 000384

宋明思想和中华文明/祝瑞开主编.—上海:学林出版社,1995.10.—494页;20cm

ISBN 7-80510-911-7:¥18.00

B244－61　000385
中国理学大辞典/董玉整主编.—广州:暨南大学出版社,1995.12.—692页;20cm
ISBN 7－81029－397－4:￥54.00

B244.05　000386
宋学在中国近现代的嬗变/杨翰卿著.—郑州:河南人民出版社,1995.12.—263页;20cm
ISBN 7－215－03663－4:￥8.00

B244.7　000387
朱熹传/黄玉石著.—福州:海峡文艺出版社,1995.8.—807页;20cm.—(广东省朱熹学术思想研究会研究丛书)
ISBN 7－80534－796－4:￥25.00

B248　明代哲学

B248.995　000388
傅山评传/魏宗禹著.—南京:南京大学出版社,1995.9.—477页;20cm.—(中国思想家评传丛书/匡亚明主编)
ISBN 7－305－02415－5(精装):￥26.80

B249　清代哲学

B249　000389
榕村语录　榕村续语录/(清)李光地著;陈祖武点校.—北京:中华书局,1995.6.—2册(907页);20cm.—(理学丛书)
ISBN 7－101－01154－3:￥39.00

B249.21　000390
船山全书　第十五册:文集·诗集·词集·诗话·杂剧·诗文拾遗/王夫之著.—长沙:岳麓书社,1995.6.—1036页;20cm
ISBN 7－80520－603－1(精装):￥36.80

B249.25　000391
王夫之研究文集/夏剑钦著.—石家庄:河北教育出版社,1995.10.—174页;20cm
ISBN 7－5434－2500－9:￥8.20

B249.3　000392
黄宗羲年谱/徐定宝主编;俞信芳等撰稿.—上海:华东师范大学出版社,1995.8.—258页;20cm
ISBN 7－5617－1317－7:￥15.00

B25　近代哲学

B25　000393
被解释的传统:近代思想史新论/陈少明等著.—广州:中山大学出版社,1995.5.—308页;20cm
ISBN 7－306－00987－7:￥10.00

B25　000394
中国近代思想家/陈卫平,陈晓龙编著.—北京:北京科学技术出版社,1995.1.—130页;19cm.—(中国历史知识全书·重要人物/朱仲玉主编)
ISBN 7－5304－1649－9:￥3.90

B256－53　000395
'93严复国际学术研讨会论文集/福建省严复研究会编.—福州:海峡文艺出版社,1995.12.—609页:彩照;20cm
ISBN 7－80534－846－4:￥24.00

B256.5　000396
严复学术思想研究/张志建著.—北京:商务印书馆国际有限公司,1995.12.—362页;20cm
ISBN 7－80103－039－7:￥20.00

B258.5　000397
维新之梦:康有为传/何一民著.—成都:四川人民出版社,1995.7.—404页;20cm.—(强国之梦系列丛书/隗瀛涛主编)
ISBN 7－220－02862－8:￥14.20

B259.1　000398
国性与民德:梁启超文选/王德峰编选.—上海:上海远东出版社,1995.7.—376页;20cm.—(中国近现代思想家论道丛书)
ISBN 7－80613－026－8:￥19.00

B259.15　000399
新民之梦:梁启超传/杨天宏著.—成都:四川人民出版社,1995.7.—365页;20cm.—(强国之梦系列丛书/隗瀛涛主编)
ISBN 7－220－02862－8:￥14.20

B259.25　000400
章太炎评传/姜义华著.—南昌:百花洲文艺出版社,1995.12.—380页;20cm.—(国学大师丛书·第二辑)
ISBN 7－80579－572－X(精装):￥20.00

B26　现代哲学

B26　000401
贺麟评传/王思隽,李肃东著.—南昌:百花洲文艺出版社,1995.11.—281页;20cm.—(国学大师丛书·第二辑)
ISBN 7－80579－554－1(精装):￥17.00

B26　000402
理性与良知:张东荪文选/张汝伦编选.—上海:上海远东出版社,1995.6.—678页;20cm.—(中国近现代思想家论道丛书)
ISBN 7－80613－015－2:￥22.00

B26　000403
理有固然:纪念金岳霖先生百年诞辰/中国社会科学院哲学所逻辑室编.—北京:社会科学文献出版社,1995.8.—327页;20cm
ISBN 7－80050－661－4:￥15.60

B26　000404
历史与实践/张汝伦著.—上海:上海人民出版社,1995.11.—487页;20cm.—(当代中国哲学丛书/张汝伦,陈昕主编)
ISBN 7－208－02002－7:￥30.00

B26　000405
梁漱溟评传/景海峰,徐业明著.—南昌:百花洲文艺出版社,1995.5.—262页;20cm.—(国学大师丛书·第一辑)
ISBN 7-80579-571-1(精装):¥14.80

B26　000406
现代新儒家人物与著作/方克立,郑家栋主编.—天津:南开大学出版社,1995.2.—399页;20cm
ISBN 7-310-00798-0:¥11.50

B26　000407
现代新儒家学案/方克立,李锦全主编.—北京:中国社会科学出版社,1995.9.—3册;20cm
ISBN 7-5004-1264-9(精装):¥130.00

B26　000408
新儒家评论　第二辑/郑家栋,叶海烟主编.—北京:中国广播电视出版社,1995.7.—399页;20cm
ISBN 7-5043-2750-6:¥17.00

B26-092　000409
再造文明之梦:胡适传/罗志田著.—成都:四川人民出版社,1995.7.—380页;20cm.—(强国之梦系列丛书/隗瀛涛主编)
ISBN 7-220-02862-8:¥14.20

B26-51　000410
胡适研究丛刊　第一辑/耿云志主编.—北京:北京大学出版社,1995.5.—359页;20cm
ISBN 7-301-02716-8:¥16.00

B26-53　000411
学而思集/阎佩公编著.—银川:宁夏人民出版社,1995.9.—281页;19cm
ISBN 7-227-01516-5:¥7.20

B26-53　000412
张岱年文集　第六卷/张岱年著;刘鄂培主编.—北京:清华大学出版社,1995.11.—699页;20cm
ISBN 7-302-01877-4:¥25.00

B26-53　000413
张岱年文集　第六卷/张岱年著;刘鄂培主编.—北京:清华大学出版社,1995.11.—699页;20cm
ISBN 7-302-01876-6(精装):¥30.00

B26-53　000414
中国当代哲学问题研究/齐振海著.—北京:中共中央党校出版社,1995.12.—377页;20cm
ISBN 7-5035-1273-3:¥16.80

B260.2　000415
义云高大师哲言选浅释/义云高大师哲言原文;陈一筠释文.—北京:社会科学文献出版社,1995.7.—104页;20cm
ISBN 7-80050-674-6:¥5.80

B27　马克思主义哲学在中国的传播与发展

B27　000416
当代社会主义发展哲学:社会发展动力新论/戴向文,曹志军主编.—长沙:中南工业大学出版社,1995.12.—268页;19cm
ISBN 7-81020-826-8:¥11.20

B27　000417
邓小平哲学思想/杨文极主编.—西安:陕西人民教育出版社,1995.6.—254页;20cm
ISBN 7-5419-6181-7:¥9.50

B27　000418
邓小平哲学思想:摘编/中共中央党校哲学教研部编.—2版(增订本).—北京:中共中央党校出版社,1995.5.—363页;20cm
ISBN 7-5035-0757-8:¥11.50

B27　000419
邓小平哲学思想十论/邱少全等主编.—上海:上海社会科学院出版社,1995.8.—214页;20cm
ISBN 7-80618-113-X:¥11.00

B27　000420
邓小平哲学思想研究/付建世主编.—长春:吉林大学出版社,1995.6.—272页;19cm
ISBN 7-5601-1722-8:¥6.80

B27　000421
伟大实践的理性思维:邓小平哲学思想研究/王增喜著.—南宁:广西人民出版社,1995.12.—361页;20cm
ISBN 7-219-03237-4:¥15.00

B3　亚洲哲学

B3　000422
中国·朝鲜·日本传统哲学比较研究/朱七星主编.—延吉:延边人民出版社,1995.5.—490页;19cm
ISBN 7-80599-246-0:¥12.80

B313.5　000423
良知之道:探求永生的哲学/(日)矢崎胜彦著;将来世代国际财团生命文化研究所,中国社会科学研究所组织翻译.—北京:三联书店,1995.5.—168页;20cm.—(将来世代文库)
ISBN 7-108-00793-2:¥8.00

B371　000424
阿拉伯哲学/陈中耀著.—上海:上海外语教育出版社,1995.10.—374页;20cm
ISBN 7-81046-006-4(精装):¥20.00

B5　欧洲哲学

B5-43　000425
西方哲学简明教程/中央党校哲学部中外哲学教研室编著.—北京:中共中央党校出版社,1995.10.—343页;20cm
ISBN 7-5035-1267-9:¥15.40

B5-61　000426
现代西方哲学辞典/(苏)列克托尔斯基等编;贾泽林等译.—北京:东方出版社,1995.4.—562页;19cm
著者原题:B.A.列克托尔斯基

ISBN 7-5060-0419-4(精装):¥20.00

B502.233-52 000427

亚里士多德全集　第六卷/苗力田主编.—北京:中国人民大学出版社,1995.12.—578页;20cm

ISBN 7-300-02016-X(精装):¥45.00

B505 000428

历史主义科学哲学/夏基松,沈斐凤著.—北京:高等教育出版社,1995.10.—469页;20cm

ISBN 7-04-005421-3:¥18.80

B505 000429

现代西方哲学概论/杨振贤,黄汝坦主编.—厦门:厦门大学出版社,1995.9.—235页;20cm

ISBN 7-5615-1080-2:¥7.80

B505 000430

现代西方哲学三大思潮述评/濮良贤编著.—乌鲁木齐:新疆人民出版社,1995.8.—175页;19cm

ISBN 7-228-03291-8:¥6.50

B512.5 000431

俄罗斯思想:十九世纪末到二十世纪初俄罗斯思想的主要问题/(俄)别尔嘉耶夫(Бердяев,Н.)著;雷永生,邱守娟译.—北京:三联书店,1995.8.—251页;20cm.—(现代西方学术文库)

ISBN 7-108-00723-1:¥13.00

B516-53 000432

德国哲学论文集　第十四辑/湖北大学哲学研究所《德国哲学》编委会编.—北京:北京大学出版社,1995.6.—292页;20cm

ISBN 7-301-02438-X:¥9.00

B516.22 000433

自主与和谐:莱布尼茨形而上学研究/江畅著.—武汉:武汉大学出版社,1995.11.—286页;21cm.—(德国哲学与文化丛书/江畅主编)

ISBN 7-307-02035-1:¥15.00

B516.3 000434

康德和费希特的自我学说/温纯如著.—北京:社会科学文献出版社,1995.9.—233页;20cm

ISBN 7-80050-567-7:¥12.60

B516.33 000435

费希特耶拿时期的思想体系/梁志学著.—北京:中国社会科学出版社,1995.10.—224页;20cm

ISBN 7-5004-1752-7:¥10.00

B516.35 000436

黑格尔和黑格尔主义/(法)敦德(D'Hondt,J.)著;栾栋译.—北京:商务印书馆,1995.12.—146页;19cm.—(我知道什么?)

据法国大学出版社1982年版译出

ISBN 7-100-01963-X:¥7.50

B516.47 000437

尼采文集:悲剧的诞生卷/(德)尼采著;周国平等译.—西宁:青海人民出版社,1995.11.—406页;20cm.—(西方现代诗性哲人文丛/王岳川主编)

著者原题:弗里德里希·尼采

ISBN 7-225-01126-X:¥18.00

B516.47 000438

尼采文集:查拉斯图拉卷/(德)尼采著;周国平等译.—西宁:青海人民出版社,1995.11.—398页;20cm.—(西方现代诗性哲人文丛/王岳川主编)

著者原题:弗里德里希·尼采

ISBN 7-225-01126-X:¥18.00

B516.47 000439

尼采文集:权力意志卷/(德)尼采著;周国平等译.—西宁:青海人民出版社,1995.11.—402页;20cm.—(西方现代诗性哲人文丛/王岳川主编)

著者原题:弗里德里希·尼采

ISBN 7-225-01126-X:¥18.00

B516.52 000440

胡塞尔思想的发展/(荷)德布尔(Boer,T.d.)著;李河译.—北京:三联书店,1995.4.—656页;20cm.—(现代西文学术文库)

ISBN 7-108-00722-3:¥25.00

B516.54 000441

海德格尔与现代哲学/张汝伦著.—上海:复旦大学出版社,1995.2.—315页;20cm.—(复旦大学博士丛书)

ISBN 7-309-01456-1:¥15.00

B516.54 000442

海德格尔早期思想研究/靳希平著.—上海:上海人民出版社,1995.12.—341页;20cm.—(当代中国哲学丛书/张汝伦,陈昕主编)

ISBN 7-208-02097-3:¥22.00

B516.54 000443

海德格尔哲学概论/陈嘉映著.—北京:三联书店,1995.4.—416页;20cm.—(三联·哈佛燕京学术丛书)

ISBN 7-108-00131-4:¥16.80

B516.54 000444

人,诗意地安居:海德格尔语要/(德)海德格尔著;郜元宝译.—上海:上海远东出版社,1995.3.—150页;20cm.—(火凤凰文库)

ISBN 7-80613-070-5:¥12.00

B521 000445

自由与繁荣的国度/(奥)米瑟斯(Von Mises,L.)著;韩光明等译.—北京:中国社会科学出版社,1995.1.—216页;20cm.—(西方现代思想丛书;1)

ISBN 7-5004-1649-0(精装):¥13.40

B534 000446

沉沦与拯救:克尔凯戈尔的精神哲学研究/杨大春著.—北京:人民出版社,1995.10.—259页;20cm

ISBN 7-01-002138-4:¥13.80

B561.21 000447

培根论说文集/(英)培根(Bacon,F.)著;东旭等译.—海口:海南出版社,1995.6.—242页;20cm

ISBN 7-80617-021-9:¥9.80

B561.291 000448

理性的创造与超越:人类认识之谜/尹星凡著.—北京:人民出版社,1995.12.—143页;20cm

ISBN 7-01-002248-8:¥12.80

B561.291 000449

人性的探究:休谟哲学述评/罗中枢著.—成都:四川

大学出版社,1995.10.—397页;20cm
ISBN 7-5614-1179-0:¥14.00

B561.47　　000450
关于国家的哲学理论/(英)鲍桑葵(Bosanquet,B.)著;汪淑钧译.—北京:商务印书馆,1995.1.—326页;20cm
书名原文:The Philosophical Theory of the State
ISBN 7-100-01522-7:¥12.10

①B565.21②B516.52　　000451
自我的觉悟:论笛卡尔与胡塞尔的自我学说/汪堂家著.—上海:复旦大学出版社,1995.2.—190页;20cm.—(复旦大学博士丛书)
ISBN 7-309-01454-5:¥10.00

B80 思维科学(总论)

B80　　000452
人类的世界/何跃著.—重庆:西南师范大学出版社,1995.8.—211页;20cm
ISBN 7-5621-1170-7:¥9.98

B80　　000453
实用思维/张云鹤著.—南京:江苏人民出版社,1995.12.—291页;19cm
ISBN 7-214-01597-8:¥12.00

B80　　000454
思维艺术引论/金建国著.—昆明:云南大学出版社,1995.9.—244页;20cm
ISBN 7-81025-560-6:¥10.00

①B80②G02　　000455
灵感思维与原始文化/朱存明著.—上海:学林出版社,1995.7.—419页;20cm.—(青年学者丛书)
ISBN 7-80616-066-3:¥15.50

B81 逻辑学(论理学)

B81　　000456
逻辑学/黄士平主编.—大连:大连海事大学出版社,1995.—392页;20cm
ISBN 7-5632-0920-4:¥15.50

B81　　000457
逻辑学辅导/张仕金主编.—北京:法律出版社,1995.3.—274页;20cm
高等学校政治课教材辅导
ISBN 7-5036-1635-0:¥7.60

B81　　000458
中介哲学的逻辑起点/季国清,张旭著.—哈尔滨:黑龙江教育出版社,1995.9.—310页;19cm
ISBN 7-5316-2672-1:¥10.00

B81-05　　000459
语言逻辑与认识论逻辑/胡泽洪著.—广州:暨南大学出版社,1995.3.—217页;20cm
ISBN 7-81029-394-X:¥5.60

B81-06　　000460
反本质主义与知识问题:维特根斯坦后期哲学扩展研究/张志林,陈少明著.—广州:广东人民出版社,1995.5.—217页;20cm.—(现代与传统丛书)
ISBN 7-218-01956-0:¥11.50

B81-092　　000461
中国逻辑史研究/张忠义著.—哈尔滨:黑龙江教育出版社,1995.4.—244页;19cm
ISBN 7-5316-2552-0:¥6.80

B811　　000462
动态逻辑学/姜井水著.—北京:中国广播电视出版社,1995.6.—335页;19cm
ISBN 7-5043-2669-0:¥11.50

B812　　000463
公安实用逻辑/周继祥主编.—北京:中国人民公安大学出版社,1995.3.—314页;20cm
内部发行
ISBN 7-81011-700-9:¥9.50

B812　　000464
简明现代逻辑/张则幸,吴寅华编著.—杭州:杭州大学出版社,1995.12.—278页;20cm
ISBN 7-81035-855-3:¥11.50

B812　　000465
逻辑学新编/徐锦中,李坤玉主编.—天津:天津大学出版社,1995.8.—330页;20cm
ISBN 7-5618-0789-9:¥11.00

B812　　000466
逻辑与方法/朱志凯主编.—北京:人民出版社,1995.8.—420页;20cm
ISBN 7-01-002201-1:¥15.60

B812　　000467
普通逻辑/陈准主编;张建国等编.—新1版.—长沙:湖南科学技术出版社,1995.11.—206页;19cm
中等职业技术学校教材
ISBN 7-5357-1034-1:¥4.50

B812　　000468
普通逻辑应试导学/苏江主编.—石家庄:河北人民出版社,1995.12.—410页;19cm.—(全国高等教育自学考试良师辅导丛书)
ISBN 7-202-01821-7:¥13.80

B812　　000469
普通逻辑应试指南/王明祥编著.—贵阳:贵州教育出版社,1995.8.—247页;19cm
ISBN 7-80583-714-7:¥6.00

B812　　000470
形式逻辑/包愚勤,于维同主编.—沈阳:东北大学出版社,1995.3.—319页;19cm
ISBN 7-81006-954-3:¥9.60

B812　　000471
形式逻辑/袁永椿主编;江苏省小学教师自学考试小学教育专业教材编写组编.—苏州:苏州大学出版社,1995.3.—319页;20cm
江苏省中小学幼儿园教师自学考试系列教材
ISBN 7-81037-128-2:¥6.95

B812　　000472

形式逻辑导引/龚启荣主编.—贵阳:贵州人民出版社,1995.10.—250页;26cm
ISBN 7-221-03471-0: ¥18.00

B812　　000473
形式逻辑纲要/郁慕镛,俞瑾主编.—修订本.—南京:江苏科学技术出版社,1995.4.—439页;20cm
ISBN 7-5345-1914-4: ¥11.50

B812　　000474
形式逻辑原理/王天敏等主编.—郑州:河南人民出版社,1995.5.—288页;20cm
ISBN 7-215-03456-9: ¥8.50

B812　　000475
怎样提高逻辑思维能力:逻辑训练导引/何应灿主编.—上海:华东师范大学出版社,1995.3.—225页;20cm
ISBN 7-5617-1278-2: ¥7.30

B812-43　　000476
普通逻辑简明教程/王法学,孙霖主编.—东营:石油大学出版社,1995.7.—229页;20cm
ISBN 7-5636-0649-1: ¥7.90

B812-43　　000477
形式逻辑简明教程/谢林平编著.—广州:华南理工大学出版社,1995.8.—237页;19cm
ISBN 7-5623-0892-6: ¥6.20

B812-43　　000478
形式逻辑教程/陈小玲主编.—北京:北京农业大学出版社,1995.7.—272页;20cm
ISBN 7-81002-699-2: ¥8.50

B812-61　　000479
现代逻辑辞典/杨百顺,李志刚主编.—武汉:湖北教育出版社,1995.2.—848页;20cm
ISBN 7-5351-1009-6(精装): ¥25.20

B812.2　　000480
思维艺术学/贺善侃等编著.—上海:中国纺织大学出版社,1995.12.—294页;19cm
ISBN 7-81038-066-4: ¥16.00

B815.3　　000481
相似·同构·认知/张铁声著.—南京:江苏科学技术出版社,1995.6.—200页;20cm
ISBN 7-5345-1943-8: ¥10.00

B82　伦理学(道德哲学)

B82　　000482
道德接受论/张琼,马尽举著.—北京:中国社会科学出版社,1995.10.—325页;20cm
ISBN 7-5004-1814-0: ¥12.00

B82　　000483
德性之后/(美)麦金泰尔(MacIntyre,A.)著;龚群等译.—北京:中国社会科学出版社,1995.1.—367页;20cm.—(外国伦理学名著译丛/罗国杰,郑文林主编)
ISBN 7-5004-1499-4: ¥18.80

B82　　000484
简明伦理学/王秉中主编.—北京:中国人民公安大学出版社,1995.12.—275页;20cm
ISBN 7-81011-754-8: ¥12.00

B82　　000485
伦理学概论/杨浩文,赵爱华主编.—东营:石油大学出版社,1995.3.—249页;20cm
山东省高校统编教材
ISBN 7-5636-0684-X: ¥7.50

B82　　000486
伦理学原理/郭广银主编 .—南京:南京大学出版社,1995.2.—440页;20cm
ISBN 7-305-02762-6: ¥11.00

B82　　000487
论人的责任/(意)马志尼(Mazzini,J.)著;吕志士译.—北京:商务印书馆,1995.12.—351页;20cm
据英国伦敦J.M.登特父子出版公司1907年版译出
ISBN 7-100-01701-7: ¥13.30

B82　　000488
世代相承的伦理思想/杨秀香著.—沈阳:辽宁古籍出版社,1995.5.—149页;19cm.—(中华民族优秀传统文化丛书·哲学卷/丁祯彦,王思义主编)
本卷9册,总定价:54.00元
ISBN 7-80507-281-7: ¥0.00

B82　　000489
市场·科技·婚姻与道德/张学曾,陈善卿编.—南京:南京大学出版社,1995.8.—249页;20cm
ISBN 7-305-02319-1: ¥9.80

B82　　000490
现代价值观念的追求/李嗣水,刘森林著.—北京:中国科学技术出版社,1995.1.—310页;20cm
ISBN 7-5046-1400-9: ¥8.95

B82　　000491
中国传统道德:德行卷/罗国杰主编;唐凯麟,杨丙安分卷主编 .—北京:中国人民大学出版社,1995.12.—709页;20cm
ISBN 7-300-02187-5: ¥27.50

B82　　000492
中国传统道德:规范卷/罗国杰主编;罗国杰,宋希仁分卷主编 .—北京:中国人民大学出版社,1995.11.—661页;20cm
ISBN 7-300-02180-8: ¥26.70

B82　　000493
中国传统道德:简编本/罗国杰主编.—北京:中国人民大学出版社,1995.12.—427页;20cm
ISBN 7-300-02189-1: ¥13.00

B82　　000494
中国传统道德:教育修养卷/罗国杰主编;许抗生分卷主编 .—北京:中国人民大学出版社,1995.12.—541页;20cm
ISBN 7-300-02185-9: ¥22.80

B82　　000495
中国传统道德:理论卷/罗国杰主编;钱逊,陈瑛分卷主编 .—北京:中国人民大学出版社,1995.11.—368

页;20cm
ISBN 7-300-02171-9:¥14.60

B82 000496
中国传统道德:名言卷/罗国杰主编;朱贻庭,张锡勤分卷主编.—北京:中国人民大学出版社,1995.11.—712页;20cm
ISBN 7-300-02173-5:¥29.50

B82 000497
中华传统美德集粹/辛华主编.—济南:山东人民出版社,1995.2.—433页;20cm
ISBN 7-209-01668-6:¥18.80

B82 000498
注音·注解·今释·插图古训格言五百篇/么书君,李林选注;叶向阳,钟小季插图.—大连:大连出版社,1995.1.—614页;19cm.—(青少年古典文学修养丛书)
ISBN 7-80612-053-X:¥12.00

①B82②B516.33 000499
伦理学体系/(德)费希特(Fichte,J.G.)著;梁志学,李理译.—北京:中国社会科学出版社,1995.2.—388页;20cm.—(外国伦理学名著译丛/罗国杰,郑文林主编)
据斯图加特弗洛曼出版社1977年《费希特全集》第1集第5卷译出
ISBN 7-5004-1579-6:¥19.50

①B82②D633 000500
西北少数民族伦理道德研究/马进著.—银川:宁夏人民出版社,1995.8.—356页;19cm
ISBN 7-227-01431-2:¥8.60

①B82②D647 000501
传统美德古今谈/李峰等编著.—北京:教育科学出版社,1995.10.—119页;19cm.—(爱我中华教育丛书/思穗主编)
ISBN 7-5041-1528-2:¥3.90

B82-02 000502
道德范畴与当代中国伦理建设/乔法容著.—兰州:甘肃人民出版社,1995.9.—244页;20cm
ISBN 7-226-01541-2:¥10.00

B82-05 000503
道德心理学与道德教育学:柯尔伯格研究/魏贤超著.—杭州:浙江大学出版社,1995.6.—490页;20cm
ISBN 7-308-01593-9:¥17.00

B82-05 000504
道德与人生实践/孙朝晖主编.—兰州:兰州大学出版社,1995.7.—235页;20cm
ISBN 7-311-00901-4:¥8.50

B82-05 000505
现代科学伦理精神的生长/陈爱华著.—南京:东南大学出版社,1995.8.—211页;20cm
研究生教材
ISBN 7-81050-046-5:¥6.00

B82-052 000506
伦理道德与社会文明/许启贤著.—北京:中国劳动出版社,1995.8.—410页;20cm
ISBN 7-5045-1734-8:¥13.50

B82-053 000507
经济人与道德人:市场经济与道德建设/李权时,章海山主编.—北京:人民出版社,1995.10.—304页;20cm
ISBN 7-01-002355-7:¥15.50

B82-056 000508
伦理学与文化 (一)/陈少峰主编.—郑州:河南人民出版社,1995.5.—292页;20cm
ISBN 7-215-03450-X:¥10.00

B82-057 000509
西方科技伦理思想史/徐少锦主编.—南京:江苏教育出版社,1995.10.—543页;20cm
ISBN 7-5343-2489-0:¥14.55

B82-059 000510
惩罚中的醒悟:走向生态伦理学/余谋昌著.—广州:广东教育出版社,1995.5.—210页;20cm.—(天地生人丛书·第一辑/宋正海,孙关龙主编)
ISBN 7-5406-2872-3:¥7.55

B82-061 000511
中国传统文化中的人道主义/陈明主编.—北京:华夏出版社,1995.12.—307页;20cm.—(人道主义研究丛书)
ISBN 7-5080-0849-9:¥12.00

B82-063 000512
中国传统人格批判/刘广明,王志跃编著.—南京:江苏人民出版社,1995.6.—341页;20cm
ISBN 7-214-01480-7:¥12.70

B82-24 000513
幸福之门:日本国社团法人伦理研究所的组织、理论和实践/龚颖,余涌编.—北京:社会科学文献出版社,1995.7.—335页;彩照;20cm
ISBN 7-80050-676-2:¥16.50

B82-4 000514
德育教育概论/蔡文斌,张文臣主编.—西安:西北工业大学出版社,1995.9.—316页;19cm
ISBN 7-5612-0797-2:¥10.00

B82-49 000515
新道德经/李铁城著.—北京:华夏出版社,1995.10.—222页;19cm
ISBN 7-5080-0883-9:¥7.80

①B82-49②H194.3 000516
新道德经/夏时雨著.—北京:中国国际广播出版社,1995.9.—144页;19cm
ISBN 7-5078-1253-7:¥6.50

B82-62 000517
道德建设实用指南/吴伯民等主编.—北京:石油工业出版社,1995.11.—246页;20cm.—(中国当代思想教育艺术精华丛书/李燕杰,公方彬主编)
ISBN 7-5021-1625-7:¥10.00

B82-62 000518
中国古代德行新典/陈国恩,袁晖主编.—北京:中国工人出版社,1995.10.—737页;19cm
ISBN 7-5008-1162-4:¥21.00

B821 人生观、人生哲学

B821　000519
处世智慧/阙道隆著.—北京:中国青年出版社,1995.12.—282页;20cm.—(中华智慧集粹丛书/刘志琴,郑一奇主编)
ISBN 7-5006-2097-7:¥14.50

B821　000520
道德理想与现时代/周中之著.—上海:上海社会科学院出版社,1995.9.—183页;20cm
ISBN 7-80618-038-9:¥7.80

B821　000521
邓小平的价值观/王玉樑著.—西安:陕西人民出版社,1995.12.—536页;20cm
ISBN 7-224-03964-0(精装):¥29.00

B821　000522
华艺语论/田峰编.—北京:当代中国出版社,1995.10.—161页;20cm
ISBN 7-80092-449-1:¥9.80

B821　000523
积极的人生 智慧的锦囊/(美)裴尔,卡耐基著;宋子生,荣刚编译.—北京:中国文联出版公司,1995.12.—347页;19cm.—(卡耐基:成功之路丛书)
著者原题:亚瑟·裴尔,朵乐蒂·卡耐基
ISBN 7-5059-0229-6:¥15.60

B821　000524
美好的人生 快乐的人生/(美)卡耐基著;肖云闲,冯明编译.—北京:中国文联出版公司,1995.12.—386页;19cm.—(卡耐基:成功之路丛书)
著者原题:戴尔.卡耐基
ISBN 7-5059-0231-8:¥16.90

B821　000525
男人成功的黄金律/(日)新将命著;王在琦译.—成都:四川人民出版社,1995.6.—156页;19cm
ISBN 7-220-02785-0:¥8.80

B821　000526
人生科学新论/张培强主编.—北京:新华出版社,1995.10.—353页;20cm
ISBN 7-5011-3010-8:¥14.20

B821　000527
人生探幽/张春明著.—北京:中国社会出版社,1995.7.—214页;19cm
ISBN 7-80088-618-2:¥5.80

B821　000528
人生哲理/齐宪代,陈红编著.—北京:科学出版社,1995.11.—146页;19cm
北京市中小学教师进修高等师范教育教材
ISBN 7-03-005122-X:¥7.50

B821　000529
人生哲理新编/潘有荣主编.—北京:中国农业出版社,1995.5.—310页;19cm
北京高等学校思想教育课程教材
ISBN 7-109-04110-7:¥9.90

B821　000530
人生哲理新论/高建军主编.—北京:中国政法大学出版社,1995.8.—349页;20cm
ISBN 7-5620-1377-2:¥14.50

B821　000531
人生智慧/黄新亚著.—北京:中国青年出版社,1995.12.—248页;20cm.—(中华智慧集粹丛书/刘志琴,郑一奇主编)
ISBN 7-5006-1870-0:¥13.50

B821　000532
人生箴言/(日)池田大作著;卞立强译.—北京:中国文联出版公司,1995.5.—245页;19cm
ISBN 7-5059-2248-3:¥8.60

B821　000533
人生箴言/(日)池田大作著;卞立强译.—北京:中国文联出版公司,1995.8.—227页;20cm
ISBN 7-5059-2248-3(精装):¥39.80

B821　000534
人性·人权·人生/姜玲玉主编.—大连:大连理工大学出版社,1995.7.—210页;19cm
ISBN 7-5611-1022-7:¥7.00

B821　000535
少年人生宝典/林子云,金本主编.—2版.—合肥:安徽少年儿童出版社,1995.5.—281页;19cm.—(小学生精品书库·思想品德类)
ISBN 7-5397-1222-8:¥6.80

B821　000536
呻吟语:趋吉避凶大全/(明)刘伯温原著;唐汉编译.—西安:三秦出版社,1995.9.—302页;20cm.—(中国古代智谋精典)
ISBN 7-80546-918-0:¥12.60

B821　000537
外国文化名人论人生真义/老品编.—北京:中央编译出版社,1995.8.—500页;20cm.—(中外文化名人谈丛)
ISBN 7-80109-078-0:¥17.80

B821　000538
先与自己交朋友/陈彰仪等著.—北京:中国友谊出版公司,1995.2.—174页;19cm.—(潇洒丛书)
ISBN 7-5057-0841-4:¥5.80

B821　000539
一股奇妙的力/(美)皮尔博士著;李台莺,林淑贞译.—北京:中国友谊出版公司,1995.2.—215页;19cm.—(潇洒丛书)
ISBN 7-5057-0842-2:¥6.80

B821　000540
影响我一生的一句话:40位名人谈人生/梁玉玲编.—上海:三联书店上海分店,1995.12.—194页;19cm.—(三联文库·青草地丛书)
ISBN 7-5426-0900-9:¥6.90

B821　000541
愚人心语:人生狭义面面观/林蔚人编著.—北京:华龄出版社,1995.12.—242页;20cm
ISBN 7-80082-611-2:¥9.80

B821 000542
怎样做人:一种不能"太····"的说法/邵道生著.—北京:解放军出版社,1995.10.—375页;19cm
ISBN 7-5065-2681-6:¥15.00

B821 000543
中国处世文化名著/吕庆业,伍振忠主编.—延吉:延边大学出版社,1995.11.—630页;20cm.—(中国文化经典名著大系/张岱年,石翔主编)
ISBN 7-5634-0785-5(精装):¥32.90

B821 000544
中国文化名人论人生真义/老品编.—北京:中央编译出版社,1995.1.—446页;20cm
ISBN 7-80109-049-7:¥12.50

B821 000545
中华之星与民族之魂:中国人生哲学对话录/周中之著.—郑州:河南人民出版社,1995.9.—258页;20cm
ISBN 7-215-03444-5:¥9.80

B821 000546
周恩来谈人生/中共中央文献研究室周恩来研究组编.—北京:中国青年出版社,1995.12.—222页;19cm.—(名人谈人生丛书)
ISBN 7-5006-1825-5:¥8.70

B821 000547
醉古堂:处世待人大全/(明)陆绍珩原著;唐汉编译.—西安:三秦出版社,1995.9.—410页;20cm.—(中国古代智谋精典)
ISBN 7-80546-883-4:¥16.80

B821 000548
潇洒快乐过一生/(美)舒勒著;郑凯云译.—北京:中国友谊出版公司,1995.2.—136页;19cm.—(潇洒丛书)
著者原题:罗勃·舒勒
ISBN 7-5057-0840-6:¥4.80

①B821②F270 000549
创业 守业 人生/杨钊著;广东中华民族凝聚力研究会编.—广州:广东人民出版社,1995.4.—328页;20cm
ISBN 7-218-01613-8(精装):¥32.60

B821-43 000550
人生哲学教程/萧成勇,崔景明主编.—合肥:中国科学技术大学出版社,1995.8.—299页;20cm
ISBN 7-312-00730-9:¥8.50

B821-44 000551
《世界观·人生观》习题集/习题丛书编写组编.—北京:中国商业出版社,1995.6.—2册;19cm.—(中等职业技术学校政治教材习题丛书)
ISBN 7-5044-2367-X:¥6.00

B821-44 000552
《世界观·人生观》学习问答/宋公志等主编.—武汉:武汉大学出版社,1995.7.—125页;19cm.—(领导与管理科学丛书)
ISBN 7-307-01994-9:¥4.90

B821-61 000553
汉英对照人生哲理描述辞典/袁家驹等编纂.—西安:陕西人民出版社,1995.3.—1874页;20cm
ISBN 7-224-02030-3(精装):¥50.00

B821.1 000554
人的价值问题探索/齐振海,袁贵仁主编.—北京:教育科学出版社,1995.4.—256页;19cm
ISBN 7-5041-1478-2:¥8.80

B821.1 000555
人生观和价值观新论/刘忠礼等著.—北京:中国青年出版社,1995.5.—242页;20cm
ISBN 7-5006-1960-X:¥8.00

B821.2 000556
民间劝善书/袁啸波编.—上海:上海古籍出版社,1995.11.—387页;20cm
ISBN 7-5325-1993-7:¥13.90

B822 国家道德

B822 000557
中国人学史:古代卷/尚明著.—北京:对外贸易教育出版社,1995.7.—396页;20cm
ISBN 7-81000-757-2:¥19.50

B822.9 职业道德(工作道德)

B822.9 000558
宝钢人的道德修养与行为规范/朱煜善主编.—上海:上海古籍出版社,1995.2.—173页;19cm
ISBN 7-5325-1929-5:¥4.00

B822.9 000559
窗口行业文明用语手册/高挺先等编.—济南:山东人民出版社:山东画报出版社,1995.10.—161页;19cm
ISBN 7-80603-051-4:¥7.80

B822.9 000560
行业职业道德规范:试用本/陈代梧主编;上海市中专思想政治教育研究会编.—上海:上海教育出版社,1995.11.—277页;19cm
ISBN 7-5320-4637-0:¥6.80

B822.9 000561
职业道德/危国华主编.—武汉:武汉大学出版社,1995.7.—218页;19cm
湖北省中等职业技术学校政治课教材:试用
ISBN 7-307-01992-2:¥4.50

B822.9 000562
职业道德/曹思文等主编.—2版.—哈尔滨:黑龙江教育出版社,1995.4.—191页;19cm
黑龙江省高等学校思想政治教育课统编教材
ISBN 7-5316-1475-8:¥4.30

B822.9-42 000563
中等职业技术学校政治课《职业道德》教学参考书/中等职业技术学校政治课教参编写组编.—北京:教育科学出版社,1995.8.—237页;20cm
ISBN 7-5041-1509-6:¥7.00

B822.9-43 000564
职业道德简明教程/危国华主编.—武汉:华中理工

大学出版社,1995.6.—267页;19cm

ISBN 7-5609-1107-2:¥6.50

B822.9-44 000565

《职业道德》习题集/习题丛书编写组编.—北京:中国商业出版社,1995.6.—2册;19cm.—(中等职业技术学校政治教材习题丛书)

ISBN 7-5044-2368-8:¥4.50

B823 家庭、婚姻道德

B823 000566

人口、婚育、家庭/王秀银编著.—海口:南海出版公司,1995.8.—297页;19cm

ISBN 7-80570-959-9:¥6.60

B823.1 000567

家政四字歌:新治家格言/《家政四字歌》编写组编.—北京:时事出版社,1995.12.—74页;19cm

ISBN 7-80009-302-6:¥6.80

B823.1 000568

新编二十四孝/卓生著.—北京:光明日报出版社,1995.9.—228页;19cm

ISBN 7-80091-725-8:¥9.80

B824 社会公德

B824 000569

民规/于利中,夏世华主编.—南京:江苏人民出版社,1995.12.—217页;20cm

ISBN 7-214-01625-7:¥9.98

B824.5 000570

社会主义市场经济与精神文明/魏继让等主编.—北京:中共中央党校出版社,1995.6.—208页;20cm.—(当代哲学前沿问题研究丛书/邢贲思主编)

ISBN 7-5035-1146-X:¥9.60

B824.5-61 000571

精神文明大典/郭建模,王智钧主编.—北京:华夏出版社,1995.1.—1171页;26cm

ISBN 7-5080-0103-6(精装):¥118.00

B825 个人修养

B825 000572

白话菜根谭/普颖华编著.—北京:时事出版社,1995.8.—360页;19cm

ISBN 7-80009-287-9:¥10.80

B825 000573

白话菜根谭·幽梦影/(明)冯应明,(清)张潮著;穆易译注.—长沙:岳麓书社,1995.4.—302页;19cm.—(古典名著今译读本)

ISBN 7-80520-572-8(精装):¥10.30

B825 000574

菜根谭/(明)洪应明著;刘乾先注译.—长春:吉林文史出版社,1995.1.—201页;19cm

ISBN 7-80528-926-3:¥6.50

B825 000575

菜根谭评译/(明)洪应明著;戈瑾编译.—西安:三秦出版社,1995.7.—286页;20cm

ISBN 7-80546-886-9:¥12.98

B825 000576

菜根谭世情新语/(明)洪应明原著;陈德中编译.—成都:四川人民出版社,1995.9.—391页;20cm

ISBN 7-220-03005-3:¥14.80

B825 000577

陈独秀:人生哲语/沈寂,朱晓凯选编.—合肥:安徽人民出版社,1995.12.—243页;19cm.—(品味人生文丛)

ISBN 7-212-01248-3:¥8.80

B825 000578

吃亏是福/刘墨著.—2版.—沈阳:辽宁人民出版社,1995.5.—210页;19cm.—(钝斧丛书/冯静主编)

ISBN 7-205-02934-1:¥6.50

B825 000579

古训新编/李时人编著.—上海:上海科技教育出版社,1995.8.—337页;20cm

ISBN 7-5428-0257-7(精装):¥23.50

B825 000580

胡适:人生坦言/闻纪宁,胡晓选编.—合肥:安徽人民出版社,1995.12.—233页;19cm.—(品味人生文丛)

ISBN 7-212-01244-0:¥8.80

B825 000581

李大钊:人生寄语/唐锡强,朱强娣选编.—合肥:安徽人民出版社,1995.12.—186页;19cm.—(品味人生文丛)

ISBN 7-212-01246-7:¥6.80

B825 000582

李鸿章:人生畅吟/王健,方英选编.—合肥:安徽人民出版社,1995.12.—264页;19cm.—(品味人生文丛)

ISBN 7-212-01247-5:¥9.30

B825 000583

灵丹心语/张奇著.—大连:辽宁师范大学出版社,1995.11.—82页;20cm

ISBN 7-81042-107-7:¥8.00

B825 000584

灵之舞——中西人格的表演性/邓晓芒著.—北京:东方出版社,1995.5.—260页;20cm.—(东方书林之旅·西江月书系)

ISBN 7-5060-0543-3:¥12.00

B825 000585

明心宝训:菜根谭·小窗幽记·围炉夜话/(明)洪应明等著;丁洁等评译.—成都:四川人民出版社,1995.5.—2册(1185页);20cm

ISBN 7-220-02836-9:¥38.80

B825 000586

能忍则安/郭永红,李书田著.—2版.—沈阳:辽宁人民出版社,1995.5.—188页;19cm.—(钝斧丛书/冯静主编)

ISBN 7-205-02937-6: ¥6.40

B825 000587

宁静致远/清人著.—2版.—沈阳:辽宁人民出版社,1995.5.—233页;19cm.—(钝斧丛书/冯静主编)

ISBN 7-205-02935-X: ¥6.60

B825 000588

青少年礼仪修养/朱再新主编.—长春:北方妇女儿童出版社,1995.4.—119页;19cm

ISBN 7-5385-1048-6: ¥3.00

B825 000589

人格与人格塑造/朱深潮主编.—杭州:浙江大学出版社,1995.12.—276页;20cm

ISBN 7-308-01684-6: ¥9.00

B825 000590

人格之美:诚信好礼篇/黄丽珊,陈因编著.—成都:四川教育出版社,1995.5.—140页;19cm.—(中华传统美德丛书/肖子辉,阎钢主编)

ISBN 7-5408-2695-9: ¥3.50

B825 000591

人生的修养/曾今抒编著.—成都:西南交通大学出版社,1995.10.—57页;19cm

ISBN 7-81022-862-5: ¥3.40

B825 000592

人生乐:醒世七字歌/王兴民著.—西安:陕西人民出版社,1995.10.—235页;19cm

ISBN 7-224-03928-4: ¥9.80

B825 000593

少年修养100题/余心言著.—修订版.—合肥:安徽少年儿童出版社,1995.5.—233页;19cm.—(小学生精品书库·思想品德类)

ISBN 7-5397-1223-6: ¥5.80

B825 000594

顺其自然/春容著.—2版.—沈阳:辽宁人民出版社,1995.5.—188页;19cm.—(钝斧丛书/冯静主编)

ISBN 7-205-02936-8: ¥6.40

B825 000595

外国名人修身治家宝典/毕唐书,陶继新主编.—北京:中华工商联合出版社,1995.1.—1047页;20cm

ISBN 7-80100-047-1(精装): ¥32.40

B825 000596

新菜根谭:中国智谋全书:文白对照全译/(明)大围山人等纂;萧悟了编译.—广州:广东人民出版社,1995.9.—2册(938页);20cm

ISBN 7-218-02025-9: ¥39.80

B825 000597

新忍经/何力,李成主编;《新忍经》编写组编著.—北京:学苑出版社,1995.5.—259页;19cm

ISBN 7-5077-0432-7: ¥10.25

B825 000598

修身经/杨会军编著.—北京:中国经济出版社,1995.1.—238页;19cm.—(枭雄老板经)

ISBN 7-5017-3082-2: ¥8.00

B825 000599

曾国藩:人生苦语/徐善长选编.—合肥:安徽人民出版社,1995.12.—245页;19cm.—(品味人生文丛)

ISBN 7-212-01249-1: ¥8.80

B825 000600

中华名人修身治家宝典/毕唐书,陶继新主编.—北京:中华工商联合出版社,1995.1.—1084页;20cm

ISBN 7-80100-046-3(精装): ¥33.20

B825 000601

中华修身名言:从孔夫子到孙中山/宋衍申主编.—长春:吉林教育出版社,1995.10.—381页;19cm

ISBN 7-5383-2654-5: ¥10.80

B825 000602

中华修身事迹:从孔夫子到孙中山/宋衍申主编.—长春:吉林教育出版社,1995.10.—304页;19cm

ISBN 7-5383-2653-7: ¥8.20

B825 000603

魅力:修身、成才、建功、立业/张平等著.—北京:北京教育出版社,1995.8.—243页;19cm

ISBN 7-5303-0716-9: ¥6.20

B825-61 000604

古今中外人格事典/桑逢文等主编.—长春:东北师范大学出版社,1995.8.—490页;26cm

ISBN 7-5602-1631-5(精装): ¥58.00

B83 美学

B83 000605

简明美学原理/王怀通主编.—开封:河南大学出版社,1995.10.—339页;20cm

ISBN 7-81041-270-1: ¥11.50

B83 000606

美的形态学/柯汉琳著.—广州:中山大学出版社,1995.8.—426页;20cm

ISBN 7-306-01017-4: ¥16.00

B83 000607

美学/(法)于斯曼(Huismann, D.)著;栾栋,关宝艳译.—北京:商务印书馆,1995.12.—194页;19cm.—(我知道什么?)

据法国大学出版社1992年版译出

ISBN 7-100-01950-8: ¥7.50

B83 000608

美学概论/杨家安编著.—长春:吉林大学出版社,1995.6.—301页;19cm

ISBN 7-5601-1732-5: ¥7.90

B83 000609

美学基本范畴/刘隆民著.—贵阳:贵州教育出版社,1995.3.—203页;19cm

ISBN 7-80583-552-7: ¥5.90

B83 000610

审美幻象研究:现代美学导论/王杰著.—桂林:广西师范大学出版社,1995.10.—289页;20cm

ISBN 7-5633-2104-7: ¥15.00

B83 000611

外国美学　第十一辑/《外国美学》编委会编.—北

京:商务印书馆,1995.8.—462页;20cm
ISBN 7-100-01592-8:¥18.90

B83　000612
新美学　第三卷/蔡仪著.—改写本.—北京:中国社会科学出版社,1995.12.—363页;20cm
ISBN 7-5004-1698-9:¥17.00

B83　000613
寻美探幽:美学初鸣集/李丕显著.—北京:中国铁道出版社,1995.11.—405页;20cm
ISBN 7-113-02017-8:¥11.20

B83-02　000614
美的逻辑哲学论/孟宪堂著.—增订版.—天津:百花文艺出版社,1995.9.—416页;20cm
ISBN 7-5306-2114-9:¥20.00

B83-05　000615
绿色文化与绿色美学通论/郭因等著.—合肥:安徽人民出版社,1995.2.—478页;20cm.—(绿色文化与绿色美学丛书;1)
ISBN 7-212-01194-0:¥13.50

B83-06　000616
反美学:在阐释中理解当代审美文化/潘知常著.—上海:学林出版社,1995.12.—449页;20cm.—(学林文库)
ISBN 7-80616-176-7:¥17.50

B83-092　000617
华夏民族审美精神鸟瞰/许明主编.—郑州:河南人民出版社,1995.9.—258页;20cm
ISBN 7-215-03462-3:¥10.00

B83-092　000618
境生象外:华夏审美与艺术特征考察/韩林德著.—北京:三联书店,1995.4.—318页;20cm.—(三联·哈佛燕京学术丛书·第二辑)
ISBN 7-108-00753-3:¥14.20

B83-092　000619
诗性逻辑与诗化美学:中国古典美学的思维结构/何明著.—昆明:云南大学出版社,1995.8.—183页;19cm
ISBN 7-81025-582-7:¥6.80

B83-092　000620
中华美学发展论略/殷杰著.—武汉:华中师范大学出版社,1995.11.—454页;20cm.—(华中师范大学出版基金丛书)
ISBN 7-5622-1519-7:¥17.50

B83-092　000621
中华美学史/张涵,史鸿文著.—北京:西苑出版社,1995.8.—766页;20cm
ISBN 7-80108-013-0(精装):¥32.00

B83-095　000622
西方古代美学主潮/袁鼎生著.—桂林:广西师范大学出版社,1995.8.—466页;20cm.—(西方美学主潮:古代部分/周来祥主编)
ISBN 7-5633-2061-X(精装):¥21.80

B83-095.16　000623
康德美学研究/马新国著.—北京:北京师范大学出版社,1995.2.—288页;20cm
ISBN 7-303-03620-2:¥14.00

B83-49　000624
美学基础/姚军编著.—北京:兵器工业出版社,1995.7.—117页;19cm
ISBN 7-80038-897-2:¥5.00

B83-49　000625
走向美的家园:青年审美哲学/陈祥明主编.—北京:中国青年出版社,1995.12.—422页;19cm
ISBN 7-5006-1765-8:¥14.50

B83-61　000626
中国美学范畴辞典/成复旺主编.—北京:中国人民大学出版社,1995.6.—717页;20cm
ISBN 7-300-01921-8:¥26.00

B832.1　000627
实用美学:技术美学/金易,夏芒编著.—长春:吉林大学出版社,1995.12.—212页:彩图;19cm
ISBN 7-5601-1866-6:¥11.20

B832.3　000628
商品美学/邓家林主编.—北京:中国统计出版社,1995.10.—428页;19cm
ISBN 7-5037-1948-6:¥13.60

B832.3　000629
实用技术美学:产品审美设计/徐恒醇主编;马觉民等撰写;刘万鸣,王德芳插图.—天津:天津科学技术出版社,1995.2.—164页;26cm.—(当代建筑·城市设计·技术美学丛书)
ISBN 7-5308-1232-7(精装):¥36.00

B834　000630
审美现象学/罗安宪著.—西安:三秦出版社,1995.5.—319页;20cm
ISBN 7-80546-881-8:¥9.80

B834　000631
审美要论/黄治正著.—长沙:湖南出版社,1995.4.—315页;20cm
ISBN 7-5438-0957-5(精装):¥15.20

B834　000632
审美应用学/罗筠筠著.—北京:社会科学文献出版社,1995.6.—376页:彩照;20cm.—(中国社会科学院青年学者文库/胡绳主编)
ISBN 7-80050-539-1:¥17.80

B834　000633
实用美学/庞景平编著.—北京:地质出版社,1995.12.—248页;19cm
ISBN 7-116-01917-0:¥9.80

B834　000634
自然美欣赏:山情水韵出自然/罗筠筠著.—太原:山西教育出版社,1995.12.—260页;19cm.—(美育丛书·其他艺术系列;1/李凌主编)
ISBN 7-5440-0798-7:¥9.30

B834.3　000635
家庭审美/陈超南著.—上海:上海社会科学院出版社,1995.2.—170页;20cm
ISBN 7-80618-000-1:¥6.00

①B834.3②D441　000636

当代职业女性的着装及美容艺术/刘诚主编.—北京:中国检察出版社,1995.1.—165页;19cm.—(当代职业女性丛书/侯梅先,赵健杰主编)
全套8册,总定价:38.80元
ISBN 7-80086-264-X:¥0.00

B84 心理学

B84　000637
基础心理学增编/张述祖,沈德立编著.—北京:教育科学出版社,1995.12.—249页;20cm
高等学校教育类专业教学参考书
ISBN 7-5041-1535-5:¥9.60

B84　000638
简明心理学/翟洪昌,王欣主编.—北京:科学普及出版社,1995.1.—351页;19cm
ISBN 7-110-03273-6:¥12.00

B84　000639
普通心理学/喻国华,徐俊贤主编.—北京:中国科学技术出版社,1995.9.—374页;20cm
ISBN 7-5046-2014-9:¥14.80

B84　000640
普通心理学/李铮,张履祥主编.—合肥:中国科学技术大学出版社,1995.4.—347页;20cm
ISBN 7-312-00689-2:¥9.00

B84　000641
实验心理学/韩玉昌,于爱华编著.—大连:大连出版社,1995.12.—275页;20cm
ISBN 7-80612-190-0:¥13.00

B84　000642
心理文化论要:中西心理学传统跨文化解析/葛鲁嘉著.—大连:辽宁师范大学出版社,1995.11.—302页;20cm
ISBN 7-81042-102-6:¥18.00

B84　000643
心理学/沈阳主编.—桂林:广西师范大学出版社,1995.10.—370页;20cm
ISBN 7-5633-2105-5:¥12.00

B84　000644
心理学/徐厚道主编.—2版.—长沙:湖南师范大学出版社,1995.7.—259页;20cm
湖南省师范高等专科学校教材
ISBN 7-81031-430-0:¥8.80

B84　000645
心理学/陈娉美主编.—长沙:中南工业大学出版社,1995.3.—364页;20cm
ISBN 7-81020-738-5:¥9.50

B84　000646
心理学/黄珉珉主编.—合肥:中国科学技术大学出版社,1995.1.—276页;20cm
ISBN 7-312-00618-3:¥6.00

B84　000647
心理学教程学习用书/王振宇主编.—南京:江苏科学技术出版社,1995.6.—91页;20cm
中等师范学校教科书:试用本
ISBN 7-5345-1929-2:¥2.50

B84　000648
心理学学习指南/曹国棠,全德主编.—广州:广东高等教育出版社,1995.1.—252页;19cm
ISBN 7-5361-1250-5:¥6.40

B84-069　000649
认知发展心理学导论:新皮亚杰派的理论及其观点/李雅林著.—广州:广州出版社,1995.3.—306页;20cm.—(教育心理学研究丛书/许尚侠,莫雷主编)
ISBN 7-80592-294-2:¥8.80

B84-43　000650
高等师范心理学教程/李铮主编.—2版(修订版).—合肥:中国科学技术大学出版社,1995.8.—392页;20cm
ISBN 7-312-00694-9:¥9.80

B84-43　000651
心理学教程/郭亨杰,宋月丽主编.—南京:南京师范大学出版社,1995.7.—434页;20cm
高等学校教学用书
ISBN 7-81047-002-7:¥12.00

B84-43　000652
心理学教程学习指要/蒋崇才主编.—重庆:西南师范大学出版社,1995.6.—264页;19cm
ISBN 7-5621-1209-6:¥7.10

B84-49　000653
心理学趣谈/王本法等编著.—北京:中国华侨出版社,1995.12.—232页;19cm.—(现代科技与人文大观/崔惟琳,潘承洞主编)
ISBN 7-80120-041-1:¥8.50

B84-53　000654
胡寄南心理学论文选/胡寄南著.—新1版(增补本).—上海:学林出版社,1995.8.—558页:彩照;20cm
ISBN 7-80616-031-0:¥28.00

B84-61　000655
心理学百科全书/《心理学百科全书》编辑委员会编.—杭州:浙江教育出版社,1995.8.—3册(2835页):照片;26cm
ISBN 7-5338-1695-1(精装):¥150.00

B842 心理过程与心理状态

①B842.1②R338　000656
认知神经科学导论/沈政,林庶芝著.—呼和浩特:内蒙古教育出版社,1995.2.—506页;20cm.—(高科技教育丛书)
ISBN 7-5311-2385-1:¥15.50

B842.3　000657
记忆/(法)弗洛雷(Flores,C.)著;姜志辉译.—北京:商务印书馆,1995.12.—128页;18cm.—(我知道什么?)
据法国大学出版社1992年6月版译出

ISBN 7-100-01928-1:¥7.50

B842.4 000658

乌有之乡:神秘的想象世界/林大雄,王光著.—北京:中国文联出版公司,1995.4.—235页;19cm.—(神秘的智慧丛书/顾晓鸣主编)

ISBN 7-5059-1866-4:¥6.40

B842.6 000659

冲出压抑:心理自我调节术/乐国安编著.—天津:南开大学出版社,1995.9.—326页;19cm

ISBN 7-310-00831-6:¥9.00

B842.6 000660

痛苦论/郭淑新,王建华著.—合肥:安徽人民出版社,1995.8.—182页;20cm

ISBN 7-212-01227-0:¥6.98

B844 发展心理学(人类心理学)

B844-44 000661

妇女儿童心理咨询100例/胡近,赵苹和主编.—上海:学林出版社,1995.8.—192页;19cm

ISBN 7-80616-130-9:¥7.50

B844.1 000662

独生子女与心理健康/孙云晓主编.—重庆:重庆出版社,1995.2.—247页;20cm

ISBN 7-5366-2988-5:¥5.85

B844.1 000663

儿童社会化/周宗奎著.—武汉:湖北少年儿童出版社,1995.10.—574页;20cm

ISBN 7-5353-1471-6(精装):¥17.70

B844.1 000664

了解孩子的科学方法:幼儿心理研究指导手册/陈帼眉主编.—北京:中国农业出版社,1995.7.—69页;26cm

幼教新观念系列

ISBN 7-109-04043-7:¥10.00

B844.1 000665

如何对孩子进行心理训练/赵尔鉴等编.—沈阳:辽宁科学技术出版社,1995.10.—139页;19cm.—(教子成龙文库)

ISBN 7-5381-2255-9:¥4.90

B844.1 000666

小学生心理与教育/陈梦璋主编.—南京:江苏教育出版社,1995.5.—338页;19cm

ISBN 7-5343-2332-0:¥5.45

B844.11 000667

小"皇帝"不是皇帝:婴幼儿心理与教育方法/傅安球,李红著.—北京:华夏出版社,1995.1.—240页;19cm.—(母爱丛书/冯淑芝主编)

ISBN 7-5080-0496-5:¥6.80

B844.12 000668

幼儿心理学/王忠民主编.—兰州:甘肃人民出版社,1995.11.—295页;20cm

ISBN 7-226-01570-6:¥9.80

①B844.12②G610 000669

幼儿教育心理学/谷淑梅主编;部分省市职业高中幼儿教育专业课程结构总体改革实验教材编写委员会编.—北京:高等教育出版社,1995.5.—226页;20cm

中等职业学校幼儿教育专业实验教材

ISBN 7-04-005289-X:¥5.75

B844.2 000670

大学生心理卫生/宋斐等主编.—大连:大连理工大学出版社,1995.3.—309页;19cm

ISBN 7-5611-0982-2:¥7.40

B844.2 000671

大学生心理学/陈庆良等编著.—贵阳:贵州教育出版社,1995.7.—241页;20cm

云贵川高校教师教育科学理论培训教材

ISBN 7-80583-719-8:¥7.80

B844.2 000672

大学生心理与调适/郁景祖主编.—上海:复旦大学出版社,1995.9.—256页;20cm

大学德育系列教材

ISBN 7-309-01560-6:¥7.50

B844.2 000673

当代大学生心理健康与调适/陶国富,邢邦志主编.—海口:南海出版公司,1995.5.—289页;20cm

ISBN 7-5442-0126-0:¥10.00

B844.2 000674

青春期集体心理咨询与治疗的理论和实践:一种解决社交焦虑的模式/杨眉著.—北京:文津出版社,1995.7.—331页;20cm

ISBN 7-80554-289-9:¥9.90

B844.2 000675

青春期学生心理健康指导/陈恩辉编著.—海口:海南出版社,1995.1.—268页;19cm

ISBN 7-80617-086-3:¥7.50

B844.2 000676

青少年心理案例分析/谭欣主编.—大连:辽宁师范大学出版社,1995.7.—438页;19cm

ISBN 7-81042-082-8:¥13.50

B844.2 000677

青少年心理辅导/徐学俊编著.—武汉:湖北人民出版社,1995.3.—361页;19cm

ISBN 7-216-01645-9:¥8.50

B844.2 000678

青少年心理健康问答/孟宪平,苏开育主编.—徐州:中国矿业大学出版社,1995.11.—177页;19cm

ISBN 7-81040-433-4:¥5.80

B844.2 000679

青少年心理与德育/朱爱所等主编;《青少年心理与德育》编写组编写.—成都:西南交通大学出版社,1995.1.—228页;19cm.—(青少年教育丛书;2)

本丛书2册,总定价:9.80元

ISBN 7-81022-780-7:¥0.00

B844.2 000680

青少年学生心理教育/沈贵鹏,孙鸿展著.—徐州:中国矿业大学出版社,1995.3.—263页;20cm

ISBN 7－81021－924－3：¥5.90

B844.2 000681

咬耳朵丛书/权朝鲁等主编.—济南：明天出版社，1995.9.—4册；19cm

本套书包括：代沟间的彩虹等4册

ISBN 7－5332－2040－4：¥5.50

B844.2 000682

亦新亦旧的一代/南怀瑾著.—上海：复旦大学出版社，1995.12.—185页；20cm

ISBN 7－309－01577－0：¥9.00

B844.2 000683

中学生的心理与追求：家长、教师、学生必读/冉乃彦等著.—北京：中国文联出版公司，1995.7.—246页；19cm

ISBN 7－5059－2220－3：¥8.60

①B844.2②G641 000684

大学生心理与思想修养/陈业平主编.—长沙：中南工业大学出版社，1995.7.—382页；19cm

ISBN 7－81020－760－1：¥9.80

B844.2－44 000685

大学生心理咨询/冯国斌，刘玉玲主编.—北京：中国社会出版社，1995.9.—292页；20cm

ISBN 7－80088－698－0：¥9.00

B844.2－62 000686

青少年心理辅导手册/贾晓波等主编.—天津：天津教育出版社，1995.8.—207页；19cm

ISBN 7－5309－2365－X：¥4.80

B844.2－62 000687

青少年心理健康指南/杨智主编.—北京：中国戏剧出版社，1995.5.—308页；19cm

ISBN 7－104－00696－6：¥6.90

B844.5 000688

女性心理与性别差异/钱铭怡等编著.—北京：北京大学出版社，1995.8.—301页；19cm.—(女性研究丛书)

ISBN 7－301－02857－1：¥10.50

B844.5 000689

现代女性成功奥秘/贺正时著.—北京：中国妇女出版社，1995.8.—156页；20cm

ISBN 7－80016－409－8：¥6.50

B845 生理心理学

B845 000690

养生心理学：性·智慧与潇洒/杨仲明著.—北京：农村读物出版社，1995.3.—324页；19cm

ISBN 7－5048－2456－9：¥9.40

B846 变态心理学、病态心理学、超意识心理学

B846 000691

心理保健：通向心身健康之路/马绍斌著.—广州：暨南大学出版社，1995.9.—332页；20cm

ISBN 7－81029－432－6：¥13.80

B846 000692

心理症学/荣宋著.—沈阳：沈阳出版社，1995.4.—401页；20cm

ISBN 7－5441－0350－1：¥16.00

B848 个性心理学、人格心理学

B848 000693

20位西方哲学家个性心理窥密/张峰等编著.—北京：北京出版社，1995.2.—337页；20cm

ISBN 7－200－01839－2：¥8.40

B848 000694

男人应变术/君葳编译.—海口：海南出版社，1995.2.—142页；19cm.—(现代人智慧系列)

ISBN 7－80590－047－7：¥4.40

B848 000695

现代心理自测自修术/张剑荆，汪大海编著.—北京：农村读物出版社，1995.4.—333页；19cm

ISBN 7－5048－1862－3：¥9.80

B848 000696

心术智慧/刘潼福著.—北京：中国文联出版公司，1995.1.—262页；19cm.—(神秘的智慧丛书/顾晓鸣主编)

ISBN 7－5059－2048－0：¥7.50

B848 000697

纵观术——交际雷达/左干编著.—西宁：青海人民出版社，1995.9.—158页；19cm.—(口才一点通)

ISBN 7－225－01120－0：¥5.30

B848.5 000698

长短经：奇谋妙计大全/(唐)赵蕤原著；唐汉注译.—西安：三秦出版社，1995.7.—456页；20cm.—(中国古代智谋精典)

ISBN 7－80546－885－0：¥15.60

B848.5 000699

情场谋略库/豫人，张瑛主编；赵丰玉等编.—郑州：河南人民出版社，1995.12.—370页；20cm.—(点子文库)

ISBN 7－215－03572－7：¥14.80

B848.5 000700

犹太人韬略大全/贺雄飞编著.—郑州：河南人民出版社，1995.12.—2册；20cm.—(点子文库)

ISBN 7－215－03573－5：¥25.00

①B848.5②K103 000701

世界智慧大观/顾晓鸣主编.—杭州：浙江人民出版社，1995.8.—3册；20cm

ISBN 7－213－01178－2(精装)：¥80.00

B848.6 000702

个性论纲/李为民著.—兰州：甘肃人民出版社，1995.5.—415页；20cm

ISBN 7－226－01394－0：¥14.50

B849 应用心理学

B849 000703
意识的限度:关于时间与意识的新见解/(德)波佩尔(Poppel,E.)著;李百涵,韩力译.—北京:北京大学出版社,1995.7.—148页;20cm.—(心理学丛书)
ISBN 7-301-02750-8:¥6.85

B9 无神论、宗教

B9 000704
佛道文化通览/张映勤著.—天津:天津社会科学院出版社,1995.3.—338页;20cm
ISBN 7-80563-455-6:¥9.85

B9-51 000705
宗教与文化论丛 1994/陈村富主编.—北京:东方出版社,1995.5.—349页;20cm
ISBN 7-5060-0570-0:¥15.60

B9-61 000706
儒佛道百科辞典/劳子,盛励主编.—桂林:漓江出版社,1995.1.—738页;26cm
ISBN 7-5407-1643-6(精装):¥52.00

B91-4 000707
人·世界·宗教:无神论教育参考资料/林崇明,曹胜利主编.—南宁:广西教育出版社,1995.8.—186页;20cm
ISBN 7-5435-2329-9:¥7.50

B92 宗教

B92 000708
宗教起源探索/( )特朗普(Trompf,G.)著;孙善玲,朱代强译.—成都:四川人民出版社,1995.12.—310页;20cm.—(宗教与世界丛书/何光沪主编)
ISBN 7-220-02466-5:¥12.50

B92-49 000709
方方面面说宗教/何光沪等编著.—北京:中国华侨出版社,1995.12.—278页;19cm.—(现代科技与人文大观/崔惟琳,潘承洞主编)
ISBN 7-80120-038-1:¥13.60

B92-53 000710
宗教论文选集:1979~1994/徐如雷主编.—南京:南京大学出版社,1995.6.—360页;20cm
ISBN 7-305-02843-6:¥17.50

B920 000711
论"神圣":对神圣观念中的非理性因素及其与理性之关系的研究/(德)奥托(Otto,R.)著;成穷,周邦宪译.—成都:四川人民出版社,1995.12.—290页;20cm.—(宗教与世界丛书/何光沪主编)
ISBN 7-220-03095-9:¥12.50

B920 000712
人·社会·宗教/罗竹风主编.—上海:上海社会科学院出版社,1995.2.—564页;20cm
ISBN 7-80515-963-7:¥17.80

B920 000713
儒教与道教/(德)韦伯(Weber,M.)著;王容芬译.—北京:商务印书馆,1995.10.—341页;20cm
根据图宾根J.C.B.莫尔(保尔·希贝克)出版社1920年版译出
ISBN 7-100-01709-2:¥13.00

B920 000714
世界宗教警语宝库/陈麟书,张泽洪主编.—成都:四川人民出版社,1995.9.—624页;20cm
ISBN 7-220-02873-3:¥23.00

B920 000715
怎样得道成仙/李申著.—2版.—成都:四川大学出版社,1995.10.—243页;19cm.—(中国传统文化怎样丛书/陈咏明主编)
ISBN 7-5614-0779-3:¥6.50

B920 000716
走向神圣:现代宗教学的问题与方法/张志刚著.—北京:人民出版社,1995.12.—328页;20cm
ISBN 7-01-002314-X:¥18.00

B922 000717
成都寺观与教堂/吴世先,帅培业编.—成都:四川科学技术出版社,1995.2.—188页;19cm
ISBN 7-5364-1289-4:¥12.00

B928 000718
当今世界宗教热/邢东田编著.—北京:华夏出版社,1995.1.—326页;19cm
ISBN 7-5080-0226-1:¥9.60

B928.2 000719
新疆宗教问题研究/王文衡著.—乌鲁木齐:新疆人民出版社,1995.2.—195页;19cm
ISBN 7-228-03209-8:¥5.00

B928.2 000720
宗教改革:1517~1564/(法)斯托非(Stauffer,R.)著;高煜译.—北京:商务印书馆,1995.12.—134页;19cm.—(我知道什么?)
据法国大学出版社1993年第5版译出
ISBN 7-100-01936-2:¥7.50

B929.2 000721
加拿大传教士在中国/宋家珩主编.—北京:东方出版社,1995.1.—295页;20cm
ISBN 7-5060-0520-4:¥9.50

B93 神话与原始宗教

B932 000722
神话考古/陆思贤著.—北京:文物出版社,1995.12.—370页;20cm
ISBN 7-5010-0843-4:¥15.00

B932 000723
中国神仙传/王兆祥等著.—太原:山西古籍出版社,1995.7.—432页;20cm

ISBN 7-80598-074-8:￥26.50

B932-49　000724

人类文明的摇篮:古代世界神话巡礼/李宋远等著.—长春:长春出版社,1995.2.—330页;20cm.—(世界史精览;1/申晨星主编)

ISBN 7-80604-220-2(精装):￥13.00

B933　000725

哈尼族自然宗教形态研究/为则著.—昆明:云南民族出版社,1995.8.—207页;20cm

ISBN 7-5367-1141-7:￥12.00

B933　000726

客家民间信仰/汪毅夫著.—福州:福建教育出版社,1995.10.—168页;20cm.—(客家文化丛书/谢重光主编)

ISBN 7-5334-1939-1:￥9.60

B933　000727

萨满教女神/富育光,王宏刚著.—沈阳:辽宁人民出版社,1995.11.—337页;20cm.—(萨满教文化研究丛书)

ISBN 7-205-03378-0(精装):￥36.00

B933　000728

神秘的清宫萨满祭祀/姜相顺著.—沈阳:辽宁人民出版社,1995.11.—234页:彩照;20cm.—(萨满教文化研究丛书)

ISBN 7-205-03393-4(精装):￥30.00

B933　000729

图腾制与原始文明/张岩著.—上海:上海文艺出版社,1995.4.—305页;20cm

ISBN 7-5321-1311-6:￥10.80

B933　000730

西南石崇拜:生命本原的追思/章海荣著.—昆明:云南教育出版社,1995.11.—316页:照片;20cm.—(西南研究书系/张诗亚主编)

ISBN 7-5415-0975-2:￥12.90

B933　000731

阴曹地府鬼神谱/周健强等编著.—重庆:重庆出版社,1995.8.—143页;19cm

ISBN 7-5366-2990-7:￥12.00

B933　000732

原始生命神与生命观/杨福泉著.—昆明:云南人民出版社,1995.10.—232页:彩图;19cm.—(东巴文化丛书)

ISBN 7-222-01765-8:￥9.20

B933　000733

原始宗教/谢宝耿编著.—上海:三联书店上海分店,1995.10.—93页;20×18cm.—(中华文明图库)

ISBN 7-5426-0458-9:￥8.50

B933　000734

中国民间信仰/乌丙安著.—上海:上海人民出版社,1995.12.—304页;20cm.—(中国文化史丛书/周谷城主编)

ISBN 7-208-02012-4:￥16.00

①B933②K825.2　000735

关帝文献汇编/鲁愚等编.—影印本.—北京:国际文化出版公司,1995.8.—10册;26cm

ISBN 7-80105-020-7(精装):￥3800.00

B94 佛教

B94　000736

藏要/欧阳竟无编.—2版.—上海:上海书店,1995.12.—10册;19cm

ISBN 7-80569-355-2(精装):￥450.00

B94　000737

敦煌佛学:佛事篇/王书庆编撰.—兰州:甘肃民族出版社,1995.3.—294页;20cm

ISBN 7-5421-0356-3:￥15.00

B94　000738

观世音菩萨经咒集刊/郑喜明编.—上海:上海古籍出版社,1995.2.—94页;26cm.—(佛学名著丛刊)

ISBN 7-5325-1862-0:￥12.90

B94　000739

观音菩萨宝卷/李淼编著.—长春:吉林人民出版社,1995.11.—330页;20cm

ISBN 7-206-02343-6:￥14.80

B94　000740

满汉蒙藏合璧大藏全咒/(清)章嘉国师编著.—北京:中国民族摄影艺术出版社,1995.12.—8册;26cm

ISBN 7-80069-100-4(精装):￥2980.00

B94　000741

茫茫归途:弘一大师印光大师绝世真言/白郎编.—成都:四川人民出版社,1995.8.—298页;19cm

ISBN 7-220-02969-1:￥12.00

B94　000742

仙佛奇踪/(明)洪应明著;林岩,田宝来校点.—长春:吉林文史出版社,1995.1.—299页;20cm

ISBN 7-80528-934-4:￥8.50

B94　000743

玉佛丈室集　(9)/真禅著.—上海:百家出版社,1995.10.—463页;20cm

ISBN 7-80576-555-3(精装):￥0.00

B94　000744

中国佛禅文化名著/李淼主编.—延吉:延边大学出版社,1995.9.—629页;20cm.—(中国文化经典名著大系/张岱年,石翔主编)

ISBN 7-5634-0783-9(精装):￥32.90

B94　000745

做个喜悦的人:念处今论/苟嘉陵著.—广州:花城出版社,1995.8.—275页;20cm.—(佛教与人生丛书)

ISBN 7-5360-2077-5:￥12.40

B94-05　000746

佛法·社会·人生/真禅著.—上海:华东师范大学出版社,1995.6.—136页:彩照;20cm

ISBN 7-5617-1335-5:￥0.00

B94-43　000747

藏密实修初级教程/邱陵编著.—北京:北京工业大学出版社,1995.3.—225页;19cm

ISBN 7-5639-0418-2: ¥7.50

B94-49　000748

安闲恬静/果亮法师编.—长春:时代文艺出版社,1995.2.—223页;20cm.—(悠闲禅系列;4·太虚大师集)

ISBN 7-5387-0867-7: ¥9.80

B94-49　000749

大自在/果亮法师编.—长春:时代文艺出版社,1995.2.—194页;20cm.—(悠闲禅系列;3·慧明法师集)

ISBN 7-5387-0866-9: ¥9.80

B94-49　000750

涧水湛如蓝/果亮法师编.—长春:时代文艺出版社,1995.2.—221页;20cm.—(悠闲禅系列;5·广钦和尚集)

ISBN 7-5387-0868-5: ¥9.80

B94-49　000751

山无限碧层层/果亮法师编.—长春:时代文艺出版社,1995.2.—229页;20cm.—(悠闲禅系列;6·弘一大师集)

ISBN 7-5387-0869-3: ¥9.80

B94-49　000752

无梦/果亮法师编.—长春:时代文艺出版社,1995.2.—223页;20cm.—(悠闲禅系列;2·印光大师集)

ISBN 7-5387-0865-0: ¥9.80

B94-61　000753

佛经知识宝典/韩廷杰著.—成都:四川人民出版社,1995.9.—562页;19cm.—(宗教经书宝典系列/雷镇阊主编)

ISBN 7-220-02901-2: ¥21.00

B94-64　000754

佛法图说/韦巽工编著.—西安:三秦出版社,1995.11.—2册;20cm

ISBN 7-80546-926-1: ¥31.60

B941　000755

中华大藏经:汉文部分　第91册/《中华大藏经》编辑局编.—北京:中华书局,1995.10.—1083页;26cm

ISBN 7-101-01433-X(精装): ¥300.00

B941　000756

中华大藏经:汉文部分　第92册/《中华大藏经》编辑局编.—北京:中华书局,1995.10.—928页;26cm

ISBN 7-101-01434-8(精装): ¥300.00

B941　000757

中华大藏经:汉文部分　第93册/《中华大藏经》编辑局编.—北京:中华书局,1995.10.—966页;26cm

ISBN 7-101-01435-6(精装): ¥300.00

B941　000758

中华大藏经:汉文部分　第94册/《中华大藏经》编辑局编.—北京:中华书局,1995.10.—952页;26cm

ISBN 7-101-01436-4(精装): ¥300.00

B941　000759

中华大藏经:汉文部分　第95册/《中华大藏经》编辑局编.—北京:中华书局,1995.10.—976页;26cm

ISBN 7-101-01437-2(精装): ¥300.00

B941　000760

中华大藏经:汉文部分　第96册/《中华大藏经》编辑局编.—北京:中华书局,1995.10.—924页;26cm

ISBN 7-101-01449-6(精装): ¥300.00

B941　000761

中华大藏经:汉文部分　第97册/《中华大藏经》编辑局编.—北京:中华书局,1995.10.—938页;26cm

ISBN 7-101-01450-X(精装): ¥300.00

B941　000762

卓尼版《丹珠尔》大藏经序目/久美昂波著;杨世宏译.—兰州:甘肃民族出版社,1995.9.—271页;20cm

ISBN 7-5421-0386-5: ¥10.00

①B941②K879.4　000763

大藏经万佛图鉴/李森,刘群主编.—太原:山西古籍出版社,1995.12.—1202页;26cm

ISBN 7-80598-059-4(精装): ¥198.00

B942　000764

白话佛经大典/李淼主编.—延吉:延边人民出版社,1995.2.—1220页;26cm

ISBN 7-80599-091-3(精装): ¥120.00

B942　000765

弥勒四经集刊/(南朝宋)沮渠京声等译.—影印本.—上海:上海古籍出版社,1995.5.—106页;26cm

据清末刻本影印

ISBN 7-5325-1715-2: ¥12.70

B942　000766

杂阿含经/(南朝宋)求那跋陀罗译.—影印本.—上海:上海古籍出版社,1995.5.—336页;26cm

ISBN 7-5325-1239-8: ¥26.90

B942.1　000767

地藏三经集刊/(唐)宝叉难陀等译.—上海:上海古籍出版社,1995.2.—178页;26cm

ISBN 7-5325-1888-4: ¥20.30

B942.1　000768

华严义海/(唐)释智俨等撰.—西安:三秦出版社,1995.10.—406页;26cm

ISBN 7-80546-906-7(精装): ¥58.00

B942.1　000769

楞伽经注释/王树海注释;中国佛教文化研究所编.—长春:长春出版社,1995.3.—213页;20cm.—(佛教文化通俗读物丛书)

ISBN 7-80604-270-9: ¥6.50

B942.2　000770

长阿含经/(后秦)佛陀耶舍,竺佛念译.—影印本.—上海:上海古籍出版社,1995.5.—138页;26cm

ISBN 7-5325-0039-X: ¥14.40

B942.2　000771

增壹阿含经/(前秦)昙摩难提译.—影印本.—上海:上海古籍出版社,1995.5.—259页;26cm

ISBN 7-5325-1251-7: ¥21.90

B942.2　000772

正法眼藏注释/(宋)宗杲集、著语;张天昱注释;中国佛教文化研究所编.—长春:长春出版社,1995.3.—336页;20cm.—(佛教文化通俗读物丛书)

ISBN 7-80604-267-9: ¥8.60

B942.2 000773

中阿含经/(东晋)僧伽提婆译.—影印本.—上海:上海古籍出版社,1995.5.—360页;26cm

ISBN 7-5325-1119-7: ¥28.70

B945 000774

通灵达神:佛教修持术/向世山著.—成都:四川人民出版社,1995.4.—234页;19cm.—(中华佛学文化系列/龙晦,万本根主编)

ISBN 7-220-02755-9: ¥8.00

B946.1 000775

摩诃止观辅行传弘诀/(唐)释湛然撰.—西安:三秦出版社,1995.5.—1032页;26cm

ISBN 7-80546-864-8(精装): ¥82.00

B946.3 000776

成唯识论/(唐)玄奘纂译·**成唯识论述记**/(唐)窥基撰.—影印本.—上海:上海古籍出版社,1995.5.—492页;26cm

《成唯识论》据清末刻本影印;《成唯识论述记》据日本《大正新修大藏经》影印

ISBN 7-5325-1917-1: ¥41.70

B946.5 000777

参礼心佛:中国禅宗纪实/洪丕谟著.—南昌:百花洲文艺出版社,1995.4.—417页;20cm

ISBN 7-80579-580-0: ¥13.60

B946.5 000778

佛光禅髓:东方哲学的圆融精神/卢升法,何青著.—北京:华夏出版社,1995.10.—192页;19cm

ISBN 7-5080-0853-7: ¥12.00

B946.5 000779

幻/果亮法师编;虚云大师集.—长春:时代文艺出版社,1995.2.—219页;20cm.—(悠闲禅系列;1)

ISBN 7-5387-0864-2: ¥9.80

B946.5 000780

入禅之门/李元松著.—北京:中国友谊出版公司,1995.12.—343页;20cm.—(现代禅丛书)

ISBN 7-5057-1270-5: ¥14.00

B946.5 000781

生活禅话/涤尘居士著.—上海:上海三联书店,1995.9.—368页;20cm

ISBN 7-5426-0894-0: ¥18.00

B946.5 000782

我有明珠一颗/李元松著.—北京:中国友谊出版公司,1995.12.—237页;20cm.—(现代禅丛书)

ISBN 7-5057-1275-6: ¥10.00

B946.5 000783

现代人如何学禅/李元松著.—北京:中国友谊出版公司,1995.12.—368页;20cm.—(现代禅丛书)

ISBN 7-5057-1274-8: ¥14.00

B946.5 000784

新编白话禅宗妙语/洪丕谟编撰.—北京:中国文联出版公司,1995.5.—633页;20cm

ISBN 7-5059-2117-7: ¥23.50

B946.5 000785

禅的修行/李元松著.—北京:中国友谊出版公司,1995.12.—208页;20cm.—(现代禅丛书)

ISBN 7-5057-1271-3: ¥10.00

B946.5 000786

禅露集　(一)/释永信著.—北京:宗教文化出版社,1995.7.—169页:照片;20cm

ISBN 7-80123-002-7: ¥12.00

B946.5 000787

禅外禅/李庆西著;莫小不图.—上海:上海三联书店,1995.9.—201页;20cm

ISBN 7-5426-0898-3: ¥15.00

B946.5 000788

禅与悟　(上):每日一禅/正言编著.—2版.—北京:中国世界语出版社,1995.8.—202页;20cm

ISBN 7-5052-0208-1: ¥7.30

B946.5 000789

禅与悟　(下):每日一悟/正言编著.—2版.—北京:中国世界语出版社,1995.8.—146页;20cm

ISBN 7-5052-0208-1: ¥7.30

B946.5 000790

禅语三百则/钟学梓选注.—南昌:江西人民出版社,1995.9.—280页;20cm.—(禅文化丛书·第一辑/袁宾主编)

ISBN 7-210-01322-9: ¥11.60

B946.5 000791

禅宗史话/梁晓虹著.—南昌:江西人民出版社,1995.9.—180页;20cm.—(禅文化丛书·第一辑/袁宾主编)

ISBN 7-210-01319-9: ¥7.60

B946.5 000792

禅宗语言和文献/于谷著.—南昌:江西人民出版社,1995.9.—165页;20cm.—(禅文化丛书·第一辑/袁宾主编)

ISBN 7-210-01323-7: ¥6.80

①B946.5②R247.4 000793

禅·内劲-指禅·500罗汉/钱云主编.—天津:天津科技翻译出版公司,1995.1.—344页;20cm

ISBN 7-5433-0416-3: ¥9.20

B946.6 000794

藏密大手印探奥/邱陵编著.—北京:北京工业大学出版社,1995.5.—272页;19cm

ISBN 7-5639-0434-4: ¥8.80

B946.6 000795

日本密宗大典/土登班玛,赵晓梅主编.—影印本.—北京:国际文化出版公司,1995.10.—10册;26cm

ISBN 7-80049-499-3(精装): ¥3800.00

B946.6 000796

生命再造之光:藏密修持精义与揭秘/倖怀邦著.—兰州:甘肃民族出版社,1995.11.—229页;19cm.—(密宗文化修持丛书)

ISBN 7-5421-0393-8: ¥9.80

B946.6 000797

西藏度亡经/莲华生著;徐进夫译.—北京:宗教文化出版社,1995.8.—254页;20cm

本书原名：中阴得度
ISBN 7-80123-010-8：￥15.00

①B946.6②I25　000798

圆照法师与金刚心法/李安纲著.—北京：国际文化出版公司，1995.3.—298页：照片；20cm
ISBN 7-80049-926-X：￥11.80

B946.6-092　000799

中国密教史/吕建福著.—北京：中国社会科学出版社，1995.8.—718页；19cm
ISBN 7-5004-1718-7：￥22.00

B946.8　000800

极乐莲邦：中国净土宗纪实/洪丕谟著.—南昌：百花洲文艺出版社，1995.2.—207页；20cm
ISBN 7-80579-551-7：￥7.50

B947　000801

高丽寺与高丽王子/鲍志成著.—杭州：杭州大学出版社，1995.12.—157页：彩图；20cm.—(韩国研究丛书；3/沈善洪主编)
ISBN 7-81035-740-9(精装)：￥8.00

B947.2　000802

安多古刹禅定寺/觉乃·洛桑丹珠，冰角·婆帕次仁著.—兰州：甘肃民族出版社，1995.1.—304页；20cm
ISBN 7-5421-0319-9：￥13.80

B947.2　000803

法门寺志/李发良著.—西安：陕西人民出版社，1995.6.—278页；20cm
ISBN 7-224-03821-0：￥16.00

B947.2　000804

高明寺志/朱封鳌，韦彦铎编.—北京：当代中国出版社，1995.12.—257页；20cm
ISBN 7-80092-488-2：￥18.00

B947.2　000805

归元寺/《归元寺》编辑委员会编.—武汉：武汉出版社，1995.1.—162页；20cm
ISBN 7-5430-1329-0：￥7.80

B947.2　000806

国清寺志/丁天魁主编.—上海：华东师范大学出版社，1995.10.—495页；彩照；20cm
ISBN 7-5617-1344-4(精装)：￥0.00

B947.2　000807

拉卜楞寺与黄氏家族/陈中义，洲塔主编.—兰州：甘肃民族出版社，1995.9.—410页；20cm
ISBN 7-5421-0411-X：￥12.00

B947.2　000808

普乐寺/陈振远撰文；侯桂兰，刘爱民摄影.—天津：天津人民美术出版社，1995.8.—28页：图；19cm.—(承德外八庙系列丛书)
ISBN 7-5305-0518-1：￥3.00

B947.2　000809

普宁寺/蒋秀丹撰文；侯桂兰，刘爱民摄影.—天津：天津人民美术出版社，1995.8.—29页：图；19cm.—(承德外八庙系列丛书)
ISBN 7-5305-0517-3：￥3.00

B947.2　000810

普陀宗乘之庙/李海涛撰文；侯桂兰，刘爱民摄影.—天津：天津人民美术出版社，1995.8.—44页：图；19cm.—(承德外八庙系列丛书)
ISBN 7-5305-0519-X：￥3.80

B947.2　000811

须弥福寿之庙/刘爱民撰文；刘爱民摄影.—天津：天津人民美术出版社，1995.8.—28页：图；19cm.—(承德外八庙系列丛书)
ISBN 7-5305-0520-3：￥3.00

B947.2　000812

中国佛教寺院/萧秉权主编；中国佛教协会《中国佛教寺院》编辑组编.—北京：中国世界语出版社，1995.5.—292页：彩图；29cm
ISBN 7-5052-0273-1(精装)：￥240.00

B947.2　000813

中国著名佛教寺庙/罗哲文等编.—北京：中国城市出版社，1995.8.—313页：彩图；19cm
ISBN 7-5074-0727-6：￥11.80

B947.2-64　000814

色拉大乘洲：藏、汉、英对照/次旺仁青编、摄影.—北京：民族出版社，1995.10.—191页；29cm
ISBN 7-105-02534-4(精装)：￥0.00

B947.313　000815

创价学会的理念与实践/何劲松著.—北京：中国社会科学出版社，1995.12.—267页；20cm
ISBN 7-5004-1802-7：￥18.00

B948　000816

白马东来：佛教东传揭秘/屈小强著.—成都：四川人民出版社，1995.4.—261页；19cm.—(中华佛学文化系列/龙晦，万本根主编)
ISBN 7-220-02755-9：￥8.00

B948　000817

棒喝截流：禅林奇韵/冯学成著.—成都：四川人民出版社，1995.4.—254页；19cm.—(中华佛学文化系列/龙晦，万本根主编)
ISBN 7-220-02755-9：￥8.00

B948　000818

佛教箴言感悟/阿冉等编著.—北京：中国友谊出版公司，1995.3.—236页；19cm
ISBN 7-5057-0789-2：￥6.60

B948　000819

观色悟空：佛教中观智慧/黄德昌著.—成都：四川人民出版社，1995.4.—310页；19cm.—(中华佛学文化系列/龙晦，万本根主编)
ISBN 7-220-02755-9：￥8.00

B948　000820

红尘觉悟：佛法与人生/袁阳著.—成都：四川人民出版社，1995.4.—271页；19cm.—(中华佛学文化系列/龙晦，万本根主编)
ISBN 7-220-02755-9：￥8.00

B948　000821

华藏法露：吴泽恒谈华藏心法与生命科学/吴泽恒著.—北京：中国社会出版社，1995.8.—198页；19cm.—(中华禅藏与生命科学丛书)

内部发行
ISBN 7-80088-669-7：¥12.00

B948 000822
南海寄归内法传校注/(唐)义淨原著；王邦维校注.—北京：中华书局，1995.4.—268页；19cm.—(中外交通史籍丛刊)
ISBN 7-101-01152-7：¥9.50

B948 000823
圣凡世界：佛教神灵谱系/郭丹著.—成都：四川人民出版社，1995.4.—258页；19cm.—(中华佛学文化系列/龙晦，万本根主编)
ISBN 7-220-02755-9：¥8.00

B948 000824
索性做了和尚：弘一大师演讲、格言集/圆明编.—上海：上海三联书店，1995.9.—274页；20cm
ISBN 7-5426-0895-9：¥16.00

B948 000825
心灵锁钥：佛教心理世界/冯学成著.—成都：四川人民出版社，1995.4.—263页；19cm.—(中华佛学文化系列/龙晦，万本根主编)
ISBN 7-220-02755-9：¥8.00

B948-53 000826
陈垣集/陈垣著.—北京：中国社会科学出版社，1995.12.—246页；19cm.—(近现代著名学者佛学文集/黄夏年主编)
ISBN 7-5004-1789-6：¥11.00

B948-53 000827
胡适集/胡适著.—北京：中国社会科学出版社，1995.12.—342页；19cm.—(近现代著名学者佛学文集/黄夏年主编)
ISBN 7-5004-1788-8：¥15.00

B948-53 000828
巨赞集/巨赞著.—北京：中国社会科学出版社，1995.12.—481页；19cm.—(近现代著名学者佛学文集/黄夏年主编)
ISBN 7-5004-1824-8：¥18.00

B948-53 000829
梁启超集/梁启超著.—北京：中国社会科学出版社，1995.12.—251页；19cm.—(近现代著名学者佛学文集/黄夏年主编)
ISBN 7-5004-1793-4：¥11.00

B948-53 000830
吕澂集/吕澂著.—北京：中国社会科学出版社，1995.12.—320页；19cm.—(近现代著名学者佛学文集/黄夏年主编)
ISBN 7-5004-1798-5：¥14.00

B948-53 000831
太虚集/太虚著.—北京：中国社会科学出版社，1995.12.—441页；19cm.—(近现代著名学者佛学文集/黄夏年主编)
ISBN 7-5004-1786-1：¥17.00

B948-53 000832
汤用彤集/汤用彤著.—北京：中国社会科学出版社，1995.12.—242页；19cm.—(近现代著名学者佛学文集/黄夏年主编)
ISBN 7-5004-1762-4：¥11.00

B948-53 000833
杨仁山集/杨仁山著.—北京：中国社会科学出版社，1995.12.—224页；19cm.—(近现代著名学者佛学文集/黄夏年主编)
ISBN 7-5004-1787-X：¥10.00

B948-53 000834
印顺集/印顺著.—北京：中国社会科学出版社，1995.12.—219页；19cm.—(近现代著名学者佛学文集/黄夏年主编)
ISBN 7-5004-1777-2：¥10.00

B948-53 000835
圆瑛集/圆瑛著.—北京：中国社会科学出版社，1995.12.—166页；19cm.—(近现代著名学者佛学文集/黄夏年主编)
ISBN 7-5004-1799-3：¥8.00

B948-53 000836
章太炎集·杨度集/章太炎著·杨度集/杨度著.—北京：中国社会科学出版社，1995.12.—230页；19cm.—(近现代著名学者佛学文集/黄夏年主编)
ISBN 7-5004-1792-6：¥10.00

B948-53 000837
周叔迦集/周叔迦著.—北京：中国社会科学出版社，1995.12.—315页；19cm.—(近现代著名学者佛学文集/黄夏年主编)
ISBN 7-5004-1842-6：¥15.00

B949 000838
佛国记注译/(晋)法显著；郭鹏等注译；中国佛教文化研究所编.—长春：长春出版社，1995.2.—163页；20cm.—(佛教文化通俗读物丛书)
ISBN 7-80604-269-5：¥5.20

B949.2 000839
江西佛教史/韩溥著.—北京：光明日报出版社，1995.2.—405页；19cm
ISBN 7-80091-601-4(精装)：¥25.00

B949.2 000840
中国佛教思想史　下卷：宋元明清佛教思想/郭朋著.—福州：福建人民出版社，1995.9.—513页；20cm
ISBN 7-211-02409-7(精装)：¥23.50

B949.2 000841
中国佛教文化历程/洪修平著.—南京：江苏教育出版社，1995.12.—559页；20cm
ISBN 7-5343-2575-7：¥17.30

B949.2 000842
中国禅思想史：从6世纪到9世纪/葛兆光著.—北京：北京大学出版社，1995.12.—366页；20cm.—(学术史研究丛书/陈平原主编)
ISBN 7-301-02902-0：¥20.50

B949.312.6 000843
韩国禅教史/(日)忽滑谷快天著；朱谦之译.—北京：中国社会科学出版社，1995.3.—490页；20cm
ISBN 7-5004-1515-X：¥18.00

B949.313 000844

日本当代佛教与政治/高洪著.—北京:东方出版社,1995.1.—196 页;20cm.—(日本研究博士丛书)

ISBN 7-5060-0549-2:¥8.00

B949.313　**000845**

日本佛教史/杨曾文著.—杭州:浙江人民出版社,1995.9.—664 页:照片;20cm

ISBN 7-213-01100-6:¥40.00

B949.92　**000846**

法藏评传/方立天著.—北京:京华出版社,1995.9.—157 页;19cm.—(佛门大师评传丛书·第一辑/方立天主编)

ISBN 7-80600-125-5:¥6.50

B949.92　**000847**

芳草碧连天:弘一大师传/陈星著.—石家庄:河北人民出版社,1995.12.—228 页;20cm

ISBN 7-202-01812-8:¥12.80

B949.92　**000848**

孤云野鹤——苏曼殊/陈星著.—济南:山东画报出版社,1995.12.—145 页;20cm.—(名人照相簿丛书;2)

ISBN 7-80603-050-6:¥11.50

B949.92　**000849**

弘一法师年谱/林子青编著.—北京:宗教文化出版社,1995.8.—332 页;20cm.—(中国近现代高僧年谱系列)

ISBN 7-80123-009-4:¥15.00

B949.92　**000850**

吉藏评传/华方田著.—北京:京华出版社,1995.9.—202 页;19cm.—(佛门大师评传丛书·第一辑/方立天主编)

ISBN 7-80600-123-9:¥9.00

B949.92　**000851**

女儿国诞生的活佛:罗桑益世活佛回忆录/罗桑益世口述;马继典记录整理.—昆明:云南民族出版社,1995.10.—347 页:彩照;20cm

ISBN 7-5367-1098-4:¥22.00

B949.92　**000852**

欧阳竟无评传/徐清祥,王国炎著.—南昌:百花洲文艺出版社,1995.11.—215 页;20cm.—(国学大师丛书·第二辑)

ISBN 7-80579-541-X(精装):¥14.00

B949.92　**000853**

太虚法师年谱/释印顺编著.—北京:宗教文化出版社,1995.10.—302 页;20cm.—(中国近现代高僧年谱系列)

ISBN 7-80123-006-X:¥15.00

B949.92　**000854**

虚云法师年谱/岑学吕编著.—北京:宗教文化出版社,1995.8.—299 页;20cm.—(中国近现代高僧年谱系列)

ISBN 7-80123-008-6:¥12.00

B949.92　**000855**

玄奘评传/陈扬炯著.—北京:京华出版社,1995.9.—224 页;19cm.—(佛门大师评传丛书·第一辑/方立天主编)

ISBN 7-80600-124-7:¥9.00

B949.92　**000856**

应慈老法师圆寂三十周年纪念文集/真禅主编.—上海:百家出版社,1995.10.—341 页:照片;20cm

ISBN 7-80576-553-7:¥0.00

B949.92　**000857**

云水行脚记/释定根上人口述;林湘雄居士整理.—汕头:汕头大学出版社,1995.8.—177 页:彩照;20cm

ISBN 7-81036-111-2:¥12.50

B949.92　**000858**

直贡法嗣/直贡·丹增白玛坚参著;克珠群培译.—拉萨:西藏人民出版社,1995.9.—275 页;20cm

ISBN 7-223-00861-X:¥6.00

B949.92　**000859**

智颛评传/张风雷著.—北京:京华出版社,1995.9.—227 页;19cm.—(佛门大师评传丛书·第一辑/方立天主编)

ISBN 7-80600-122-0:¥9.00

B949.92　**000860**

中国近现代佛教人物志/于凌波著.—北京:宗教文化出版社,1995.9.—643 页;20cm

ISBN 7-80123-004-3:¥26.00

B949.92　**000861**

中国历代名僧/何兹全主编.—郑州:河南人民出版社,1995.1.—718 页;20cm

ISBN 7-215-03085-7(精装):¥26.00

B949.92　**000862**

中国名尼/洪丕谟著.—上海:上海人民出版社,1995.4.—407 页;20cm

ISBN 7-208-01915-0:¥12.50

B949.92　**000863**

宗喀巴评传/班班多杰著.—北京:京华出版社,1995.9.—254 页;19cm.—(佛门大师评传丛书·第一辑/方立天主编)

ISBN 7-80600-126-3:¥10.00

B949.92　**000864**

禅宗六祖惠能大师传/丘均著.—广州:广州出版社,1995.11.—268 页;19cm

ISBN 7-80592-349-3:¥11.00

B949.92　**000865**

禅宗祖师——慧能/吴平著.—南昌:江西人民出版社,1995.9.—166 页;20cm.—(禅文化丛书·第一辑/袁宾主编)

ISBN 7-210-01321-0:¥6.60

B949.92-52　**000866**

玄奘研究文集/黄心川,葛黔君主编.—郑州:中州古籍出版社,1995.12.—553 页;20cm

ISBN 7-5348-1424-3(精装):¥26.00

B949.92-64　**000867**

中国民间四百宝相图说:观音百图/王树村编著.—广州:岭南美术出版社,1995.9.—115 页;25×26cm

ISBN 7-5362-1263-1:¥80.00

B949.931.3　**000868**

空海入唐线路考察/陈维平著.—福州:福建省地图

出版社,1995.5.—126页;19cm
ISBN 7-80516-246-8:¥5.00

B949.931.3　　000869
日莲论/何劲松著.—北京:东方出版社,1995.1.—318页;20cm.—(日本研究博士丛书)
ISBN 7-5060-0534-4:¥11.00

B949.935.1　　000870
释迦牟尼成佛秘录/郑孝时著.—上海:上海人民出版社,1995.4.—487页;20cm
ISBN 7-208-01950-9:¥14.50

B949.935.1　　000871
释迦如来应化事迹/(清)永珊编.—上海:上海古籍出版社,1995.2.—431页;26cm.—(佛学名著丛刊)
ISBN 7-5325-1861-2:¥37.90

B95　道教

B95　　000872
中国道学文化名著/赵永春主编.—延吉:延边大学出版社,1995.9.—632页;20cm.—(中国文化经典名著大系/张岱年,石翔主编)
ISBN 7-5634-0782-0(精装):¥32.90

B95-61　　000873
道经知识宝典/田诚阳著.—成都:四川人民出版社,1995.9.—747页;19cm.—(宗教经书宝典系列/雷镇阊主编)
ISBN 7-220-02902-0:¥25.00

B95-61　　000874
中华道教大辞典/胡孚琛主编.—北京:中国社会科学出版社,1995.8.—2207页:彩图;26cm
ISBN 7-5004-1794-2(精装):¥198.00

B952　　000875
道经精华/张清华主编;张焕武等编著.—长春:时代文艺出版社,1995.1.—2册;20cm
ISBN 7-5387-0849-9(精装):¥90.00

B956.3　　000876
金元全真道内丹心性学/张广保著.—北京:三联书店,1995.4.—307页;20cm.—(三联·哈佛燕京学术丛书·第二辑)
ISBN 7-108-00767-3:¥14.80

B956.5　　000877
元极堂人天科学探记/玉泉等编著.—大连:大连理工大学出版社,1995.6.—83页:照片;20cm.—(元极学海系列丛书)
ISBN 7-5611-1005-7:¥8.80

B958　　000878
道国仙都探秘/母学勇著.—成都:四川大学出版社,1995.10.—125页;19cm
ISBN 7-5614-1221-5:¥10.00

B958　　000879
道教经史论稿/李养正原著;张继禹编订.—北京:华夏出版社,1995.10.—537页;20cm
ISBN 7-5080-0854-5:¥28.00

B958　　000880
汉魏两晋南北朝道教伦理论稿/姜生著.—成都:四川大学出版社,1995.12.—218页;20cm
ISBN 7-5614-1265-7:¥12.00

B959.2　　000881
汉代道教哲学/李刚著.—成都:巴蜀书社,1995.5.—291页;20cm
ISBN 7-80523-652-6:¥13.00

B959.92　　000882
赤松黄大仙/石夫主编.—海口:南海出版公司,1995.10.—176页:彩照;20cm
ISBN 7-5442-0586-X:¥10.00

B959.92　　000883
道教养生家陆西星与他的《方壶外史》/阳明著.—成都:四川大学出版社,1995.8.—171页;19cm
ISBN 7-5614-1206-1:¥6.00

B96　伊斯兰教(回教)

B96　　000884
伊斯兰哲学/沙宗平著.—北京:中国社会科学出版社,1995.8.—119页;19cm.—(伊斯兰文化丛书/吴云贵等主编)
ISBN 7-5004-1691-1:¥5.00

B961-61　　000885
古兰经知识宝典/林松著.—成都:四川人民出版社,1995.9.—845页;19cm.—(宗教经书宝典系列/雷镇阊主编)
ISBN 7-220-02900-4:¥28.00

B963　　000886
伊斯兰教义学/吴云贵著.—北京:中国社会科学出版社,1995.8.—125页;19cm.—(伊斯兰文化丛书/吴云贵等主编)
ISBN 7-5004-1654-7:¥5.00

B966　　000887
伊斯兰教的苏非神秘主义/金宜久著.—北京:中国社会科学出版社,1995.8.—113页;19cm.—(伊斯兰文化丛书/吴云贵等主编)
ISBN 7-5004-1652-0:¥5.00

B967.2　　000888
中国清真寺综览/吴建伟主编.—银川:宁夏人民出版社,1995.8.—490页;19cm
ISBN 7-227-01448-7(精装):¥25.00

B969-49　　000889
驼背上的帝国:伊斯兰教兴衰录/宋智明等著.—长春:长春出版社,1995.2.—336页;20cm.—(世界史精览;8/申晨星主编)
ISBN 7-80604-220-2(精装):¥14.50

B969.1　　000890
当代伊斯兰教/金宜久主编.—北京:东方出版社,1995.1.—349页;20cm.—(当代世界宗教丛书/冯嘉芳主编)
ISBN 7-5060-0523-9:¥13.00

B969.2　000891
中国伊斯兰传统文化研究/孙振玉著.—兰州:甘肃民族出版社,1995.7.—332页;20cm
ISBN 7-5421-0380-6:¥10.00

B969.2　000892
中国伊斯兰教派门宦溯源/马通著.—2版.—银川:宁夏人民出版社,1995.3.—229页;20cm
ISBN 7-227-00870-3:¥6.50

B969.2　000893
中国伊斯兰教派与门宦制度史略/马通著.—2版.—银川:宁夏人民出版社,1995.1.—368页;20cm
ISBN 7-227-00869-X:¥9.20

B969.2　000894
中国伊斯兰教与传统文化/秦惠彬著.—北京:中国社会科学出版社,1995.8.—126页;19cm.—(伊斯兰文化丛书/吴云贵等主编)
ISBN 7-5004-1653-9:¥5.00

B97　基督教

B97　000895
基督教箴言隽语录/(意大利)阿奎那(Aquinas,T.)著;周丽萍,薛汉喜编译.—南昌:百花洲文艺出版社,1995.11.—304页;20cm
ISBN 7-80579-660-2:¥12.50

B97　000896
现代属灵人/赫连召选著.—北京:宗教文化出版社,1995.10.—54页;19cm
内部发行
ISBN 7-80123-012-4:¥2.00

B97-44　000897
基督教千问/乐峰,文庸著.—北京:红旗出版社,1995.1.—566页:照片;20cm
ISBN 7-80068-329-X:¥19.00

B971　000898
圣经次经/赵沛林等译.—长春:时代文艺出版社,1995.10.—644页;20cm
ISBN 7-5387-0929-0:¥25.00

B971-6　000899
经文字词索引/(巴西)马守道主编.—修订版.—天津:百花文艺出版社,1995.4.—553页;20cm
ISBN 7-5306-1974-8(精装):¥19.00

B971-61　000900
圣经知识宝典/段琦著.—成都:四川人民出版社,1995.9.—663页;19cm.—(宗教经书宝典系列/雷镇阊主编)
ISBN 7-220-02743-5:¥24.00

B972　000901
女性主义神学景观:那片流淌着奶和蜜的土地/(德)温德尔(Wendel,E.M.)著;刁承俊译.—北京:三联书店,1995.8.—204页;20cm.—(历代基督教学术文库/刘小枫主编)
ISBN 7-108-00798-3:¥9.90

B975-44　000902
圣经要道问答/河南省基督教协会编.—北京:宗教文化出版社,1995.10.—60页;19cm
内部发行
ISBN 7-80123-011-6:¥2.50

B977.2　000903
基督教会与近代山东社会/陶飞亚,刘天路著.—济南:山东大学出版社,1995.5.—385页;20cm
ISBN 7-5607-1372-6:¥11.80

B978　000904
"道"与"言":华夏文化与基督文化相遇/刘小枫主编.—上海:上海三联书店,1995.2.—767页;20cm.—(基督教学术研究文库/刘小枫主编)
ISBN 7-5426-0753-7:¥27.00

B978　000905
爱的秩序/(德)舍勒(Scheler,M.)著;林克等译.—北京:三联书店,1995.8.—264页;20cm.—(历代基督教学术文库/刘小枫主编)
ISBN 7-108-00810-6:¥12.50

B978　000906
基督教箴言感悟/昝瑞礼等编著.—北京:中国友谊出版公司,1995.3.—284页;19cm
ISBN 7-5057-0788-4:¥7.70

B978　000907
论基督徒　(上)/(瑞士)昆(Kung,H.)著;杨德友译.—北京:三联书店,1995.8.—410页;20cm.—(历代基督教学术文库/刘小枫主编)
ISBN 7-108-00712-6:¥19.00

B978　000908
论基督徒　(下)/(瑞士)昆(Kung,H.)著;杨德友译.—北京:三联书店,1995.8.—411~925页;20cm.—(历代基督教学术文库/刘小枫主编)
ISBN 7-108-00717-7:¥19.00

B978　000909
圣经精语及灵花/蒿志强等选编.—昆明:云南人民出版社,1995.9.—292页;20cm.—(圣经文化研究丛书/弘文主编)
ISBN 7-222-01761-5:¥9.00

B978　000910
圣经中的女性/蒿志强等选编.—昆明:云南人民出版社,1995.9.—184页;20cm.—(圣经文化研究丛书/弘文主编)
ISBN 7-222-01759-3:¥5.90

B978　000911
死论/(德)云格尔(Jungel,E.)著;林克译.—上海:上海三联书店,1995.4.—121页;20cm.—(基督教学术研究文库/刘小枫主编)
ISBN 7-5426-0799-5:¥7.50

B978　000912
喻道故事集/蒿志强等选编.—昆明:云南人民出版社,1995.9.—538页;20cm.—(圣经文化研究丛书/弘文主编)
ISBN 7-222-01763-1:¥16.80

B978　000913

云彩集/蒿志强等选编.—昆明:云南人民出版社,1995.9.—587 页;20cm.—(圣经文化研究丛书/弘文主编)

ISBN 7-222-01758-5:¥17.30

B978 000914

罪恶与救赎:基督教文化精神论/杨慧林著.—北京:东方出版社,1995.8.—210 页;20cm.—(东方书林之旅·西江月书系)

ISBN 7-5060-0619-7:¥11.80

B979 000915

牛津基督教史:插图本/(英)麦克曼勒斯(Mcmanners,J.)主编;张景龙等译.—贵阳:贵州人民出版社,1995.3.—676 页;26cm

ISBN 7-221-03755-8(精装):¥168.00

B979-49 000916

合不上的圣经:伊甸园的美梦和罪恶/张永春等著.—长春:长春出版社,1995.2.—268 页;20cm.—(世界史精览;6/申晨星主编)

ISBN 7-80604-220-2(精装):¥11.00

B979.9 000917

罗马教皇列传/刘明翰著.—北京:东方出版社,1995.11.—312 页;19cm

ISBN 7-5060-0583-2:¥14.00

B979.9 000918

圣经人物/陈终道著.—昆明:云南人民出版社,1995.9.—3 册;20cm.—(圣经文化研究丛书/弘文主编)

ISBN 7-222-01762-3:¥20.70

B979.9 000919

汤若望传/李兰琴著.—北京:东方出版社,1995.9.—193 页;20cm

ISBN 7-5060-0578-6:¥9.50

B979.92 000920

在华耶稣会士列传及书目/(法)费赖之(Pfister,S.L.)著;冯承钧译.—北京:中华书局,1995.11.—2 册(1215 页);19cm.—(中外关系史名著译丛)

ISBN 7-101-01035-0:¥44.00

B979.92 000921

在华耶稣会士列传及书目补编/(法)荣振华著;耿译.—北京:中华书局,1995.1.—2 册(1011 页);19cm.—(中外关系史名著译丛)

ISBN 7-101-01036-9:¥36.00

B98 其他宗教

B98 000922

摩教与摩文化/周国茂著.—贵阳:贵州人民出版社,1995.2.—260 页;20cm

ISBN 7-221-03835-X:¥7.80

B982 000923

五十奥义书/徐梵澄译.—修订本.—北京:中国社会科学出版社,1995.8.—1133 页;20cm

ISBN 7-5004-1459-5(精装):¥37.00

B99 迷信术数

B99 000924

人类在劫难逃吗?:评所谓"一九九九年人类大劫难"/卞德培著.—广州:广东教育出版社,1995.5.—190 页;20cm.—(天地生人丛书·第一辑/宋正海,孙关龙主编)

ISBN 7-5406-2867-7:¥7.10

B99 000925

神峰通考/(明)张楠著;邵伟华点较.—兰州:兰州大学出版社,1995.1.—384 页;20cm.—(中华稀见易学术数丛书)

ISBN 7-311-00817-4:¥12.60

B99 000926

中国神秘文化名著/雷庆主编.—延吉:延边大学出版社,1995.11.—625 页;20cm.—(中国文化经典名著大系/张岱年,石翔主编)

ISBN 7-5634-0789-8(精装):¥32.90

B992 000927

魂灵超度——巫师术士/杨年强编著.—南宁:广西教育出版社,1995.10.—282 页;20cm.—(中国古代野史精华丛书/郭英德,张铭心主编)

ISBN 7-5435-2241-1:¥12.55

B992 000928

星象·风水·运道:中国古代天地智道透析/高寿仙著.—南宁:广西教育出版社,1995.8.—262 页;20cm.—(中国古代智道丛书/王熹主编)

ISBN 7-5435-2233-0:¥11.55

B992.1 000929

邵伟华四柱预测学入门/陈园著.—广州:广州出版社,1995.5.—244 页;19cm

ISBN 7-80592-251-9:¥10.00

B992.2 000930

卜筮易知/(清)凤生阁著;邵伟华点校.—兰州:兰州大学出版社,1995.5.—438 页;20cm.—(中华稀见易学术数丛书)

ISBN 7-311-00858-1:¥14.60

B992.2 000931

大六壬精解:最高预测学·术数三式之最/曹福倞,张月明编著.—哈尔滨:黑龙江人民出版社,1995.8.—733 页;20cm

ISBN 7-207-02586-6:¥28.00

B992.2 000932

历史上的星占学/江晓原著.—上海:上海科技教育出版社,1995.1.—397 页;20cm.—(颠倒丛书)

ISBN 7-5428-1044-8:¥19.30

B992.2 000933

纳甲筮法/刘大钧著.—济南:齐鲁书社,1995.3.—171 页;20cm

ISBN 7-5333-0457-8:¥9.80

B992.2 000934

你的星座:白羊座:3 月 21 日~4 月 20 日/金鑫编著.—西宁:青海人民出版社,1995.10.—124 页;19cm

ISBN 7-225-01084-0: ¥4.50

B992.2 000935

你的星座:宝瓶座:1月21日~2月19日/金鑫编著.—西宁:青海人民出版社,1995.10.—124页;19cm

ISBN 7-225-01084-0: ¥4.50

B992.2 000936

你的星座:金牛座:4月21日~5月21日/金鑫编著.—西宁:青海人民出版社,1995.10.—124页;19cm

ISBN 7-225-01084-0: ¥4.50

B992.2 000937

你的星座:巨蟹座:6月22日~7月23日/金鑫编著.—西宁:青海人民出版社,1995.10.—124页;19cm

ISBN 7-225-01084-0: ¥4.50

B992.2 000938

你的星座:摩羯座:12月23日~1月20日/金鑫编著.—西宁:青海人民出版社,1995.10.—124页;19cm

ISBN 7-225-01084-0: ¥4.50

B992.2 000939

你的星座:人马座:11月23日~12月22日/金鑫编著.—西宁:青海人民出版社,1995.10.—124页;19cm

ISBN 7-225-01084-0: ¥4.50

B992.2 000940

你的星座:狮子座:7月24日~8月23日/金鑫编著.—西宁:青海人民出版社,1995.10.—121页;19cm

ISBN 7-225-01084-0: ¥4.50

B992.2 000941

你的星座:室女座:8月24日~9月23日/金鑫编著.—西宁:青海人民出版社,1995.10.—124页;19cm

ISBN 7-225-01084-0: ¥4.50

B992.2 000942

你的星座:双鱼座:2月20日~3月20日/金鑫编著.—西宁:青海人民出版社,1995.10.—124页;19cm

ISBN 7-225-01084-0: ¥4.50

B992.2 000943

你的星座:双子座:5月22日~6月21日/金鑫编著.—西宁:青海人民出版社,1995.10.—124页;19cm

ISBN 7-225-01084-0: ¥4.50

B992.2 000944

你的星座:天秤座:9月24日~10月23日/金鑫编著.—西宁:青海人民出版社,1995.10.—124页;19cm

ISBN 7-225-01084-0: ¥4.50

B992.2 000945

你的星座:天蝎座:10月24日~11月22日/金鑫编著.—西宁:青海人民出版社,1995.10.—124页;19cm

ISBN 7-225-01084-0: ¥4.50

B992.2 000946

易学通解/李友仁著.—沈阳:辽宁人民出版社,1995.7.—673页;20cm

ISBN 7-205-03401-9: ¥29.80

B992.2 000947

张果星宗/(明)陆位著.—兰州:兰州大学出版社,1995.4.—2册(779页);20cm.—(中华稀见易学术数丛书)

ISBN 7-311-00857-3: ¥25.00

B992.4 000948

地理汇宗:管氏地理指蒙篇.—广州:广州出版社,1995.1.—422页;19cm.—(古今图书集成艺术典堪舆部全译)

ISBN 7-80592-220-9: ¥11.80

B992.4 000949

地理汇宗:水龙经篇.—广州:广州出版社,1995.1.—400页;19cm.—(古今图书集成艺术典堪舆部全译)

ISBN 7-80592-220-9: ¥11.80

B992.4 000950

地理汇宗:元女青囊海角经篇.—广州:广州出版社,1995.1.—378页;19cm.—(古今图书集成艺术典堪舆部全译)

ISBN 7-80592-220-9: ¥11.80

B992.4 000951

风水:中国人的环境观/刘沛林著.—上海:三联书店上海分店,1995.12.—423页;20cm.—(中华本土文化丛书)

ISBN 7-5426-0896-7: ¥18.00

B992.4 000952

风水史/何晓昕,罗隽著.—上海:上海文艺出版社,1995.7.—258页;图;19cm.—(中国社会民俗史丛书)

ISBN 7-5321-1192-X(精装): ¥11.60

B992.4 000953

沈氏玄空学:玄空精要:中国古代风水术注评/(清)沈竹礽著.—广州:广州出版社,1995.5.—2册;19cm.—(术数丛书)

ISBN 7-80592-255-1: ¥21.80

B992.5 000954

彝巫列传:禹步,巫步;步虚声,巫歌声/李世康著.—昆明:云南人民出版社,1995.4.—180页;20cm.—(彝族文化研究丛书/刘尧汉主编)

ISBN 7-222-01754-2: ¥8.80

C 社会科学总论

C0 社会科学理论与方法论

C0 000955
社会科学理论探索：文史哲篇/战继发，王义祥主编.—哈尔滨：黑龙江人民出版社，1995.12.—463 页；20cm
ISBN 7-207-03369-9：¥15.00

C03 000956
人文学科中的结构方法/顾建光，杨柳著.—海口：南海出版公司，1995.2.—169 页；19cm
ISBN 7-5442-0473-1：¥7.00

①C03②N03 000957
科学方法论新探/刘建能主编.—北京：中共中央党校出版社，1995.4.—425 页；20cm.—(当代哲学前沿问题研究丛书/邢贲思主编)
ISBN 7-5035-1131-1：¥13.00

C1 社会科学现状、概况

C12 000958
河南社会科学规划调研成果选编　第二辑/张文彬等主编.—郑州：河南人民出版社，1995.12.—2 册(1136 页)；20cm
ISBN 7-215-02859-3：¥40.00

C12 000959
人文社会科学研究现状与发展趋势：高校"八五"科研规划咨询报告选 /国家教育委员会社会科学司组编.—北京：高等教育出版社，1995.10.—581 页；20cm
内部发行
ISBN 7-04-004964-3：¥22.85

C12 000960
上海市哲学社会科学"七五"规划成果选介/上海市哲学社会科学规划办公室编.—上海：上海社会科学院出版社，1995.2.—344 页；20cm
ISBN 7-80618-152-0：¥10.00

C12 000961
中国学术通览/程裕祯主编.—北京：北京语言学院出版社，1995.2.—618 页；20cm
ISBN 7-5619-0401-0：¥19.80

①C12②D619.5 000962
上海社会科学 15 年/陈燮君等著.—上海：上海社会科学院出版社，1995.3.—123 页；20cm.—(上海改革 15 年丛书/姚锡棠主编)
ISBN 7-80618-059-1：¥3.50

C19 000963
改革与发展对策研究：山东省社会科学规划重点研究课题 1994 年成果汇编/山东省社会科学规划管理办公室编.—济南：山东人民出版社，1995.5.—300 页；20cm
ISBN 7-209-01750-X(精装)：¥11.00

C2 机关、团体、会议

C2 000964
深圳中介组织要览/深圳市社会科学研究中心编.—广州：华南理工大学出版社，1995.11.—254 页：彩照；20cm
ISBN 7-5623-0933-7：¥18.00

C2 000965
议事规则/(美)罗伯特(Robert，H.M.)著；王宏昌译.—北京：商务印书馆，1995.2.—164 页；17×10cm
ISBN 7-100-01714-9：¥6.00

C232-61 000966
中国社会团体大辞典/范宝俊主编.—北京：警官教育出版社，1995.8.—1565 页；26cm
ISBN 7-81027-614-X(精装)：¥198.00

C3 社会科学研究方法

C3 000967
社会科学新方法大系/李惠国主编.—重庆：重庆出版社，1995.4.—1333 页；20cm
ISBN 7-5366-2624-X(精装)：¥51.20

C3 000968
社会科学研究方法论/徐志明主编.—北京：当代中国出版社，1995.9.—517 页；20cm
ISBN 7-80092-424-6：¥17.00

C31 000969
社会调查方法与实践/刘修春，郭卫主编.—大连：大连理工大学出版社，1995.6.—325 页；19cm
ISBN 7-5611-1013-8：¥11.00

C31 000970
社会调查研究的理论与方法/张友琴，胡荣编著.—厦门：厦门大学出版社，1995.10.—238 页；20cm.—(社会工作丛书/张善城主编)
ISBN 7-5615-1100-0：¥9.80

C31 000971
社会调查研究方法/仇雨临，何凡兴编.—北京：中国劳动出版社，1995.7.—337 页；20cm
劳动经济管理专业高等教育教材

ISBN 7-5045-1702-X: ¥12.00

C31　000972

社会调查研究学/陆友斌编著.—上海:同济大学出版社,1995.12.—215页;20cm

ISBN 7-5608-1630-4: ¥11.00

C31　000973

现代调查理论与方法/王洪著.—北京:中国社会出版社,1995.8.—384页;19cm

ISBN 7-80088-668-9: ¥12.00

C5　社会科学丛书、文集、连续性出版物

C52　000974

柯升著作选/柯升著.—北京:中国气象出版社,1995.12.—4册;20cm

ISBN 7-5029-2096-X: ¥135.00

C52　000975

宁静的涛声:吴乾翔自选集/吴乾翔著.—海口:南海出版公司,1995.12.—184页;20cm

ISBN 7-5442-0647-5: ¥8.00

C52　000976

汤用彤选集/汤一介编选.—天津:天津人民出版社,1995.12.—442页;20cm.—(中国现代社会科学家选集丛书)

ISBN 7-201-02281-4(精装): ¥27.50

C52　000977

吴大琨选集/吴大琨著.—太原:山西经济出版社,1995.6.—575页;20cm.—(中国当代经济学家文丛)

ISBN 7-80577-811-6(精装): ¥23.00

C52　000978

杨贤江全集/任钟印主编;杨贤江著.—郑州:河南教育出版社,1995.3.—6册;20cm

ISBN 7-5347-1386-2(精装): ¥180.00

C52　000979

韬奋全集/中国韬奋基金会韬奋著作编辑部编.—上海:上海人民出版社,1995.10.—14册;20cm

ISBN 7-208-01983-5(精装): ¥600.00

C53　000980

百家论文集稿/孙瑞英等主编.—北京:警官教育出版社,1995.7.—480页;19cm

ISBN 7-81027-663-8: ¥23.00

C53　000981

陈黻宸集/陈德溥编.—北京:中华书局,1995.6.—2册(1234页);20cm.—(中国近代人物文集丛书)

ISBN 7-101-01139-X(精装): ¥57.00

C53　000982

楚雄师专学术论文选/张毓吉等主编;马旷源编.—昆明:云南教育出版社,1995.12.—328页;20cm.—(楚雄师专学术丛书;4)

ISBN 7-5415-1136-6: ¥12.00

C53　000983

从历史走向现实:周文彰哲学文选/周文彰著.—海口:南海出版公司,1995.9.—433页;20cm

ISBN 7-5442-0012-4: ¥15.00

C53　000984

改革·发展·稳定/范元浩,徐建设主编.—东营:石油大学出版社,1995.3.—258页;20cm

ISBN 7-5636-0694-7: ¥8.00

C53　000985

改革者的思考/陈福祥,柴树良主编.—哈尔滨:黑龙江人民出版社,1995.12.—437页;19cm

ISBN 7-207-03360-5: ¥8.80

C53　000986

港台海外新闻评论/郭伟锋主编.—北京:中国财政经济出版社,1995.4.—458页;20cm

ISBN 7-5005-2760-8: ¥15.50

C53　000987

耕夫的足迹/郃尚贤著.—西安:陕西人民出版社,1995.10.—365页;20cm

ISBN 7-224-03802-4: ¥14.50

C53　000988

耕耘·收获:党校函授学员论文精选/中共中央党校函授学院,安徽分院安庆学区主编.—合肥:安徽人民出版社,1995.12.—339页;20cm

ISBN 7-212-01284-X: ¥10.00

C53　000989

红雨集/张宏煜著.—呼和浩特:远方出版社,1995.12.—109页;19cm

ISBN 7-80595-155-1: ¥5.19

C53　000990

侯绍裘文集/中共上海市委党史研究室,中共松江县委党史研究室编 .—上海:上海远东出版社,1995.5.—293页;20cm

ISBN 7-80514-039-1: ¥12.00

C53　000991

胡先骕文存　上卷/张大为等编.—南昌:江西高校出版社,1995.8.—744页;20cm

ISBN 7-81033-474-3: ¥35.00

C53　000992

季羡林文集　第二十二卷:罗摩衍那(六上)/《季羡林文集》编辑委员会编.—南昌:江西教育出版社,1995.10.—466页;20cm

ISBN 7-5392-2289-1(精装): ¥47.00

C53　000993

季羡林文集　第二十卷:罗摩衍那(四)/《季羡林文集》编辑委员会编.—南昌:江西教育出版社,1995.10.—444页;20cm

ISBN 7-5392-2286-7(精装): ¥46.00

C53　000994

季羡林文集　第二十三卷:罗摩衍那(六下)/《季羡林文集》编辑委员会编.—南昌:江西教育出版社,1995.10.—467~973页;20cm

ISBN 7-5392-2290-5(精装): ¥49.00

C53　000995

季羡林文集　第二十四卷:罗摩衍那(七)/《季羡林文集》编辑委员会编.—南昌:江西教育出版社,1995.

10.—610 页;20cm
ISBN 7-5392-2291-3(精装):¥56.00

C53 000996
季羡林文集　第二十一卷:罗摩衍那(五)/《季羡林文集》编辑委员会编.—南昌:江西教育出版社,1995.10.——559 页;20cm
ISBN 7-5392-2304-9(精装):¥52.00

C53 000997
季羡林文集　第十八卷:罗摩衍那(二)/《季羡林文集》编辑委员会编.—南昌:江西教育出版社,1995.10.—709 页;20cm
ISBN 7-5392-2299-9(精装):¥62.00

C53 000998
季羡林文集　第十九卷:罗摩衍那(三)/《季羡林文集》编辑委员会编.—南昌:江西教育出版社,1995.10.—460 页;20cm
ISBN 7-5392-2300-6(精装):¥47.00

C53 000999
季羡林文集　第十七卷:罗摩衍那(一)/《季羡林文集》编辑委员会编.—南昌:江西教育出版社,1995.10.—449 页;20cm
ISBN 7-5392-2298-0(精装):¥47.00

C53 001000
稼穑集/张虎生著.—太原:北岳文艺出版社,1995.12.—447 页;20cm
ISBN 7-5378-1508-9:¥21.80

C53 001001
金华集/杨应彬,郑黎亚著.—广州:广东人民出版社,1995.11.—549 页:照片;20cm
ISBN 7-218-02015-1:¥33.00

C53 001002
景晓村文集/景晓村著.—北京:中共党史出版社,1995.6.—550 页;20cm
ISBN 7-80023-891-1(精装):¥25.00

C53 001003
理论思考与探索/白玛朗杰著.—拉萨:西藏人民出版社,1995.1.—248 页;19cm
ISBN 7-223-00790-7:¥4.00

C53 001004
历史与社会　第一辑:苏州大学社会学院学术论文集/王国平主编.—苏州:苏州大学出版社,1995.9.—372 页;20cm
ISBN 7-81037-143-6:¥16.00

C53 001005
林焕平文集　第三卷/林焕平著.—桂林:广西师范大学出版社,1995.11.—442 页;20cm
ISBN 7-5633-2108-X:¥15.00

C53 001006
六十年思绪/姜思毅著.—贵阳:贵州教育出版社,1995.10.—788 页;20cm
ISBN 7-80583-702-3:¥25.00

C53 001007
鹿苑求是文选/张得鸣主编.—呼和浩特:内蒙古人民出版社,1995.12.—258 页;19cm
ISBN 7-204-02902-X:¥6.90

C53 001008
潘光旦文集　第三卷/潘乃穆,潘乃和编.—北京:北京大学出版社,1995.9.—409 页;20cm
ISBN 7-301-02704-4:¥19.80

C53 001009
求索集/匡亚明著.—北京:人民出版社,1995.12.—802 页:照片;20cm
ISBN 7-01-002253-4(精装):¥48.00

C53 001010
求索集/乌云必力格著.—呼和浩特:远方出版社,1995.12.—242 页;19cm
ISBN 7-80595-170-5:¥6.80

C53 001011
人文理性的展望/许明著.—郑州:河南人民出版社,1995.9.—340 页;20cm
ISBN 7-215-03443-7:¥13.50

C53 001012
人文与管理论丛　1995(1)/《文与管理》论丛编辑委员会编.—武汉:中国地质大学出版社,1995.4.—170 页;26cm
ISBN 7-5625-0985-9:¥10.80

C53 001013
人文与管理论丛　(2)/张锦高主编.—武汉:中国地质大学出版社,1995.12.—171 页;26cm
ISBN 7-5625-1045-8:¥10.80

C53 001014
师苑文萃/孙景浩主编.—汕头:汕头大学出版社,1995.8.—476 页;20cm
ISBN 7-81036-112-0:¥15.00

C53 001015
实践·探索·求知:中央党校函授学院湖南分院优秀毕业论文集/张松业主编.—北京:警官教育出版社,1995.8.—383 页;20cm
ISBN 7-81027-436-8:¥12.00

C53 001016
世界名人演说精萃/王建华,蒋荣钧主编.—3 版.—南昌:江西人民出版社,1995.11.—598 页;20cm
ISBN 7-210-01503-5:¥19.80

C53 001017
市场经济与文化发展/新疆维吾尔自治区文化厅编.—乌鲁木齐:新疆人民出版社,1995.3.—206 页;19cm
ISBN 7-228-03344-2:¥8.50

C53 001018
思维的年轮:1977~1995/于光远著.—长沙:湖南出版社,1995.5.—443 页;20cm
ISBN 7-5438-0983-4:¥16.00

C53 001019
王首道文集/《王首道文集》编辑委员会编.—北京:中国大百科全书出版社,1995.8.—840 页:照片;20cm
ISBN 7-5000-5622-2(精装):¥38.00

C53 001020
为你打开一扇窗:流行与古典 /曹正文著.—上海:

上海古籍出版社,1995.5.—82页;19cm.—(学生乐园/吕型伟主编)
ISBN 7-5325-1903-1: ¥3.30

C53 001021
文化的眼睛:教科文采珠/周庆著.—南京:江苏教育出版社,1995.6.—336页;20cm
ISBN 7-5343-2417-3: ¥10.15

C53 001022
文化短长说/楚庄著.—北京:民主与建设出版社,1995.8.—223页;20cm
ISBN 7-80112-004-3: ¥8.80

C53 001023
文化密码破译/俞吾金著.—上海:上海远东出版社,1995.11.—387页;20cm
ISBN 7-80613-113-2: ¥13.00

C53 001024
文化与哲学/宛小平,魏群著.—合肥:安徽人民出版社,1995.9.—216页;19cm
ISBN 7-212-01258-0: ¥8.50

C53 001025
文学 修辞 教育:郑子瑜学术讲演集/龙协涛编.—北京:北京大学出版社,1995.6.—283页;20cm
ISBN 7-301-02476-2: ¥12.00

C53 001026
文苑纵横:楚雄师专学术讨论会论文集/张毓吉等主编;马旷源编.—昆明:云南人民出版社,1995.12.—304页;20cm.—(楚雄师专学术丛书;3)
ISBN 7-222-01894-8: ¥12.00

C53 001027
我心爱的篇章:南方日报记者编辑自选集/南方日报编委会编.—广州:广东人民出版社,1995.10.—2册(1225页);20cm.—(南方日报丛书)
ISBN 7-218-01672-3: ¥28.00

C53 001028
萧功秦集/萧功秦著.—哈尔滨:黑龙江教育出版社,1995.11.—568页;20cm.—(开放丛书·中青年学者文库)
ISBN 7-5316-2826-0: ¥17.50

C53 001029
徐士瑚著译选集/徐士瑚著.—太原:北岳文艺出版社,1995.12.—646页;20cm
ISBN 7-5378-1307-8: ¥28.80

C53 001030
许士杰文集/中共广州市委党史研究室编.—广州:广东人民出版社,1995.12.—655页;20cm
ISBN 7-218-01606-5: ¥21.00

C53 001031
学人　第7辑/陈平原等主编.—南京:江苏文艺出版社,1995.5.—648页;20cm
ISBN 7-5399-0777-0: ¥15.80

C53 001032
学术集林　卷六:繁体字本/王元化主编.—上海:上海远东出版社,1995.12.—359页;20cm.—(学术集林丛书)
ISBN 7-80613-196-5: ¥20.00

C53 001033
学术集林　卷三/王元化主编.—上海:上海远东出版社,1995.4.—335页;20cm.—(学术集林丛书)
ISBN 7-80613-051-9: ¥16.00

C53 001034
学术集林　卷四:繁体字本/王元化主编.—上海:上海远东出版社,1995.9.—356页;20cm.—(学术集林丛书)
ISBN 7-80613-099-3: ¥20.00

C53 001035
学术集林　卷五:繁体字本/王元化主编.—上海:上海远东出版社,1995.12.—369页;20cm.—(学术集林丛书)
ISBN 7-80613-170-1: ¥20.00

C53 001036
学习与思考/王开忠著.—北京:中国工人出版社,1995.1.—356页;20cm
ISBN 7-5008-1812-2: ¥14.00

C53 001037
杨泽江文存/杨泽江著.—石家庄:河北人民出版社,1995.4.—1144页:照片;20cm
ISBN 7-202-01732-6: ¥50.80

C53 001038
疑古与开新:胡适文选/俞吾金编选.—上海:上海远东出版社,1995.12.—662页;20cm.—(中国近现代思想家论道丛书/谢遐龄主编)
ISBN 7-80613-023-3: ¥25.00

C53 001039
银雀山房文选/唐士文著.—天津:天津人民出版社,1995.11.—554页;20cm
ISBN 7-201-02421-3: ¥18.30

C53 001040
勇攀高峰:翁寒松自选集/翁寒松著.—广州:广东高等教育出版社,1995.3.—227页;20cm
ISBN 7-5361-1726-4: ¥6.00

C53 001041
虞愚文集/刘培育主编.—兰州:甘肃人民出版社,1995.5.—3册(1368页);20cm
ISBN 7-226-01470-X: ¥70.00

C53 001042
俞吾金集/俞吾金著.—哈尔滨:黑龙江教育出版社,1995.12.—554页;20cm.—(开放丛书·中青年学者文库)
ISBN 7-5316-2825-2: ¥19.80

C53 001043
约园著作选辑/张寿镛著,张芝联编.—北京:中华书局,1995.4.—532页;20cm
ISBN 7-101-01411-9(精装): ¥38.00

C53 001044
曾国藩智谋全书:文白对照全译/伊力主编,戴庞海等编译.—郑州:中州古籍出版社,1995.3.—2册(1017页);20cm.—(中华智慧经典丛书)
ISBN 7-5348-1334-4: ¥29.80

C53 001045
张志让文集/最高人民法院政治部、办公厅、研究室编.—北京:人民法院出版社,1995.3.—348页;20cm
ISBN 7-80056-268-9:¥12.80

C53 001046
征鸿片羽集/温济泽著.—北京:当代中国出版社,1995.4.—801页:照片;20cm
ISBN 7-80092-355-X:¥26.00

C53 001047
中国典籍与文化论丛 第二辑/《中国典籍与文化》编辑部编.—北京:中华书局,1995.2.—425页;20cm
ISBN 7-101-01384-8:¥23.30

C53 001048
中国社会发展与文化研究的探索:社会与发展研究论文集(一) /北京大学社会学人类学研究所编.—北京:北京大学出版社,1995.5.—231册;20cm
ISBN 7-301-02540-8:¥8.50

C53 001049
中华心:胡秋原政治·文艺·哲学文选/李敏生编.—北京:社会科学文献出版社,1995.7.—568页;20cm
ISBN 7-80050-677-0:¥28.00

C53 001050
著名思想家演讲鉴赏/刘春鹏主编.—济南:山东人民出版社,1995.8.—305页;20cm.—(世界名人演讲鉴赏丛集 /葛谷,武传涛主编)
ISBN 7-209-01762-3(精装):¥16.80

C53 001051
壮心集续集/杨泽江主编;中共河北省顾问委员会编.—石家庄:河北人民出版社,1995.4.—433页:彩照;20cm
ISBN 7-202-01731-8:¥24.60

C53 001052
冼玉清文集/黄炳炎,赖达观主编;广东省文史馆,佛山大学佛山文史研究室编.—广州:中山大学出版社,1995.8.—884页;20cm
ISBN 7-306-00988-5(精装):¥35.00

C53 001053
蓼源文集/李蓼源著.—太原:山西古籍出版社,1995.5.—425页;20cm
ISBN 7-80598-068-3(精装):¥25.00

C53 001054
瞿秋白文集:政治理论编 第五卷/瞿秋白著.—北京:人民出版社,1995.5.—774页;20cm
ISBN 7-01-002136-8:¥28.00

①C53②D61 001055
中华学术文库:震颤中的稳定与发展/穆怀中著.—沈阳:辽宁大学出版社,1995.5.—527页;20cm.—(中国官僚政治研究丛书)
ISBN 7-5610-2569-6:¥10.00

C533 001056
昌潍师专建校35周年纪念学术论文集:社会科学卷/张广恂主编.—济南:山东大学出版社,1995.9.—774页;20cm
ISBN 7-5607-1553-2:¥22.00

C533 001057
中央党校函授学习优秀毕业论文选/沈阳军区政治部宣传部编.—沈阳:白山出版社,1995.12.—392页;20cm
ISBN 7-80566-450-1:¥14.00

C539 001058
'94湖南省优秀理论文章集/文选德主编;中共湖南省委宣传部编.—长沙:湖南出版社,1995.9.—484页;20cm
ISBN 7-5438-1066-2:¥20.00

C539 001059
曹操全书:文白对照全译/张海雨主编.—北京:金城出版社,1995.3.—387页;20cm
ISBN 7-80084-097-2:¥14.80

C539 001060
晨露集/夏善晨著.—北京:群众出版社,1995.1.—399页;19cm
ISBN 7-5014-0065-2(精装):¥30.00

C539 001061
时代潮:东陆演讲录/金子强,石鹏飞主编.—昆明:云南大学出版社,1995.7.—126页;19cm
ISBN 7-81025-573-8:¥4.50

C539 001062
陶白文集/陶白著.—南京:江苏人民出版社,1995.9.—879页;20cm
ISBN 7-214-01540-4(精装):¥40.00

C539 001063
中国文化泛言/南怀瑾著.—上海:复旦大学出版社,1995.12.—374页;20cm
ISBN 7-309-01578-9:¥16.00

C55 001064
东方丛刊 1995年 第2辑/梁潮主编.—桂林:广西师范大学出版社,1995.6.—267页;20cm
ISBN 7-5633-2037-7:¥7.50

C55 001065
东方丛刊 1995年 第3辑/梁潮主编.—桂林:广西师范大学出版社,1995.9.—259页;20cm
ISBN 7-5633-2038-5:¥7.50

C55 001066
东方丛刊 1995年 第4辑/梁潮主编.—桂林:广西师范大学出版社,1995.12.—252页;20cm
ISBN 7-5633-2039-3:¥7.50

C55 001067
锡伯文化 第二十三期.—乌鲁木齐:新疆人民出版社,1995.8.—90页;26cm
包括锡伯文、汉文两部分
ISBN 7-228-03473-2:¥3.00

C55 001068
锡伯文化 第二十一期.—乌鲁木齐:新疆人民出版社,1995.2.—85页;26cm
ISBN 7-228-03369-8:¥3.00

C55 001069
燕京学报:新一期 一九九五年/侯仁之,周一良主编;燕京研究院编.—北京:北京大学出版社,1995.

8.—493 页;26cm
ISBN 7-301-02748-6: ¥58.00

C55　001070
中国社会科学辑刊:1995 年夏季卷/《中国社会科学辑刊》编委会编.—北京:三联书店,1995.5.—186 页;29cm
ISBN 7-108-00801-7: ¥15.00

C6 社会科学参考工具书

C61　001071
当代社会科学大词典/张海鹏等主编;《当代社会科学大词典》编委会编.—南京:南京大学出版社,1995.7.—1125 页;26cm
ISBN 7-305-02697-2(精装): ¥108.00

C61　001072
古今中外争鸣集粹/王东等主编.—北京:中国社会科学出版社,1995.2.—1269 页;26cm
ISBN 7-5004-1327-0(精装): ¥145.00

C61　001073
社会科学新术语词典:英、德、法、俄、日、汉对照/刘仲亨,陆象淦主编.—北京:社会科学文献出版社,1995.5.—1000 页;20cm
ISBN 7-80050-634-7(精装): ¥48.60

C61　001074
新五经/乔继堂等著.—沈阳:辽宁古籍出版社,1995.7.—740 页;20cm
ISBN 7-80507-276-0: ¥28.00

C61　001075
主义大辞典/刘建国主编.—北京:人民出版社,1995.9.—562 页;20cm
ISBN 7-01-002139-2(精装): ¥48.00

C8 统计学

C8　001076
社会经济统计原理/张文焕主编.—北京:中国财政经济出版社,1995.5.—392 页;19cm
中等财经类学校教材
ISBN 7-5005-2813-2: ¥12.00

C8　001077
社会主义市场经济与统计改革/李庭钧著.—北京:中国统计出版社,1995.12.—318 页;20cm
ISBN 7-5037-2064-6: ¥15.00

C8　001078
实用统计学基础/邢如其等编著 .—北京:中国铁道出版社,1995.4.—247 页;20cm
ISBN 7-113-02028-3: ¥8.00

C8　001079
统计行为学/杨仲元主编;中国化工情报信息协会,浙江省石油化学工业统计学会编 .—北京:化学工业出版社,1995.9.—220 页;19cm
ISBN 7-5025-1577-1: ¥11.00

C8　001080
统计学/马树才等主编.—沈阳:辽宁大学出版社,1995.5.—2 册(642 页);20cm
ISBN 7-5610-2988-8: ¥18.50

C8　001081
统计学/宋光辉,许鹏主编.—2 版.—长沙:湖南出版社,1995.4.—452,94 页;19cm
ISBN 7-5438-0592-8: ¥14.00

C8　001082
统计学/倪永祥,肖传桂主编.—昆明:云南人民出版社,1995.5.—336 页;20cm
ISBN 7-222-01776-3: ¥12.65

C8　001083
统计学/许飞琼,曾玉平编著.—北京:中国统计出版社,1995.9.—440 页;20cm
ISBN 7-5037-1937-0: ¥19.00

C8　001084
统计学基础/胡文,叶森主编.—广州:广东高等教育出版社,1995.6.—315 页;19cm
广东省高中职业技术教材
ISBN 7-5361-1623-3: ¥7.00

C8　001085
统计学基础/赵新浩,李永良主编.—2 版.—北京:中国统计出版社,1995.11.—319 页;20cm
ISBN 7-5037-1413-1: ¥7.80

C8　001086
统计学教程/颜小龙,潘洪楠主编.—广州:华南理工大学出版社,1995.2.—352 页;19cm
高等院校试用教材 非统计专业适用
ISBN 7-5623-0815-2: ¥9.60

C8　001087
统计学新编/李晶,孙英编著.—成都:四川大学出版社,1995.9.—287 页;20cm
ISBN 7-5614-1203-7: ¥9.50

C8　001088
统计学原理/田中禾,邵建平编写.—兰州:兰州大学出版社,1995.1.—315 页;20cm
ISBN 7-311-00834-4: ¥9.50

C8　001089
统计学原理/高崇之主编.—2 版(修订本).—武汉:武汉大学出版社,1995.2.—365 页;20cm
ISBN 7-307-00892-0: ¥12.60

C8　001090
统计学原理/游玲杰,宋玉兰主编;交通部电视中专教材编审委员会编.—北京:人民交通出版社,1995.12.—217 页;19cm
交通电视中等专业学校试用教材
ISBN 7-114-02256-5: ¥7.80

C8　001091
统计学原理/李玉凤,刘世发主编.—哈尔滨:黑龙江科学技术出版社,1995.7.—366 页;19cm
ISBN 7-5388-2809-5: ¥14.00

C8　001092
统计学原理/栗方忠主编.—2 版.—大连:东北财经

大学出版社,1995.7.—298页;19cm
高等财经管理干部院校试用教材
ISBN 7-81005-573-9:¥10.00

C8 001093
统计学原理/靳光华,孙文生主编.—北京:中国工人出版社,1995.5.—326页;20cm
ISBN 7-5008-1778-9:¥12.00

C8 001094
统计学原理/薛珊荣,唐织星主编.—长沙:湖南科学技术出版社,1995.1.—355页;19cm
本书与《统计学原理学习指导》配套 二册定价为:18.00元
ISBN 7-5357-1380-7:¥0.00

C8 001095
统计学原理/吴明礼主编 .—北京:中国商业出版社,1995.5.—348页;19cm
国内贸易部教育司推荐教材
ISBN 7-5044-1482-4:¥8.95

C8 001096
统计学原理/冯海湘,邹新月主编 .—长沙:湖南科学技术出版社,1995.8.—450页;19cm
ISBN 7-5357-1831-0:¥13.80

C8 001097
统计学原理/赵敏,齐天会主编.—郑州:中原农民出版社,1995.12.—438页;19cm
ISBN 7-80538-806-7:¥13.50

C8 001098
统计学原理/王治方主编.—北京:北京农业大学出版社,1995.1.—309页;20cm
ISBN 7-81002-693-3:¥9.30

C8 001099
统计学原理/李洁明,祁新娥著 .—上海:复旦大学出版社,1995.8.—350页;20cm
ISBN 7-309-01532-0:¥11.00

C8 001100
统计学原理/张永固主编.—成都:西南财经大学出版社,1995.3.—319页;19cm
ISBN 7-81017-901-3:¥9.40

C8 001101
统计学原理学习指导/薛珊荣,唐织星主编.—长沙:湖南科学技术出版社,1995.2.—176页;19cm
本书与《统计学原理》配套 二册定价为:18.00元
ISBN 7-5357-1380-7:¥0.00

C8 001102
统计学原理与金融统计/周好文,罗建章编著.—昆明:云南人民出版社,1995.1.—326页;19cm
ISBN 7-222-01721-6:¥11.80

C8 001103
统计原理/湖南省中等职业技术教育教材编审委员会编.—2版(修订版).—长沙:湖南科学技术出版社,1995.6.—179页;19cm
中等职业学校教材
ISBN 7-5357-1188-X:¥3.80

C8 001104
现代统计学/谢忠秋等编著.—合肥:安徽人民出版社,1995.7.—320页;20cm
ISBN 7-212-01204-1:¥9.50

C8 001105
新编统计学/刘德智主编.—北京:地质出版社,1995.8.—323页;26cm
高等学校教材
ISBN 7-116-01908-1:¥19.50

C8 001106
新编统计学原理/颜世廉,涂光华主编.—长沙:中南工业大学出版社,1995.11.—363页;20cm
现代会计学系列教材
ISBN 7-81020-805-5:¥13.00

①C8②F222 001107
统计学原理·经济统计应用/李连友,王晓林主编.—北京:法律出版社,1995.8.—463页;20cm
ISBN 7-5036-1710-1:¥16.80

①C8②O212 001108
推断统计学/刘定平编著.—开封:河南大学出版社,1995.6.—388页;20cm
ISBN 7-81041-153-5:¥11.00

C8-33 001109
统计实验及测试/王涛等编著.—哈尔滨:哈尔滨工程大学出版社,1995.3.—235页;20cm
财经类核心课程《统计学》配套教材
ISBN 7-81007-531-4:¥11.50

C8-43 001110
统计学教程/刘汉良主编.—上海:上海财经大学出版社,1995.8.—437页;20cm.—(统计学专业教材系列)
ISBN 7-81049-007-9:¥19.00

C8-43 001111
统计学原理教程/王伯安编 .—北京:兵器工业出版社,1995.10.—217页;19cm
ISBN 7-80038-932-4:¥10.00

C8-43 001112
统计学原理教程/周子恂主编.—上海:上海人民出版社,1995.9.—288页;20cm
ISBN 7-208-02116-3:¥12.00

C8-44 001113
统计基础知识习题/刘厚甫,杨世玉主编.—北京:中国商业出版社,1995.11.—110页;26cm
中华会计函授学校教材
ISBN 7-5044-3079-X:¥6.00

C8-44 001114
统计学原理解题指南/陈仁恩,熊应进编 .—2版(修订本).—北京:中国统计出版社,1995.5.—372页;20cm
ISBN 7-5037-1103-5:¥9.80

C8-44 001115
统计学原理习题集/赵喜仓,路正南主编.—北京:企业管理出版社,1995.2.—224页;19cm
ISBN 7-80001-504-1:¥6.80

C8-61 001116

统计大辞典/郑家亨主编.—北京:中国统计出版社,1995.3.—1575 页;26cm
ISBN 7-5037-1353-4(精装):¥240.00

C8-62　001117
统计工作实务学习指南/姜万钧主编.—北京:中国统计出版社,1995.9.—220 页;19cm
ISBN 7-5037-2034-4:¥9.00

C8-62　001118
统计基础理论及相关知识培训学习指南/刘立强主编;《统计基础理论及相关知识培训学习指南》编写组编.—北京:中国统计出版社,1995.8.—441 页;19cm
ISBN 7-5037-2015-8:¥9.00

C8-62　001119
统计学应试指南/彭念一等编.—长沙:湖南出版社,1995.6.—305 页;19cm.—(应试指南丛书)
ISBN 7-5438-0978-8:¥9.10

C81 统计方法

C81　001120
试验设计/苏均和编著.—上海:立信会计出版社,1995.4.—246 页;19cm.—(上海财经大学统计系列丛书)
ISBN 7-5429-0284-9:¥8.00

①C81②TP399　001121
计算机统计/姜灵敏等编著.—长沙:中南工业大学出版社,1995.11.—304 页;20cm
现代会计学系列教材
ISBN 7-81020-800-4:¥12.00

C811　001122
高等教育自学考试社会经济调查方法与应用自学考试大纲/全国高等教育自学考试指导委员会制订.—北京:中国财政经济出版社,1995.12.—59 页;19cm
高等教育自学考试会计与统计核算专业 含考核目标
ISBN 7-5005-3018-8:¥2.50

C811　001123
统计调查理论方法与实务/何光瑶等主编.—北京:中国经济出版社,1995.1.—442 页;20cm
ISBN 7-5017-3174-8:¥10.80

C811-53　001124
抽样调查理论与实践:全国抽样调查理论与实践研讨会论文集/全国统计教材编审委员会编.—北京:中国统计出版社,1995.7.—290 页;19cm
ISBN 7-5037-1670-3:¥12.00

C83 世界各国统计资料

C832　001125
数据/赵丰编.—北京:中国经济出版社,1995.6.—418 页;20cm
国家政治经济公务人员重要读物
ISBN 7-5017-1220-4:¥14.50

C832　001126
一九九五年全国统计工作会议文件汇编/国家统计局编.—北京:中国统计出版社,1995.2.—144 页;19cm
ISBN 7-5037-1668-1:¥7.80

C832　001127
中国统计摘要　1995/国家统计局编.—北京:中国统计出版社,1995.5.—129 页;20cm
ISBN 7-5037-1807-2:¥12.80

C832-54　001128
中国统计年鉴　1995/国家统计局编.—北京:中国统计出版社,1995.8.—810 页;26cm
ISBN 7-5037-1808-0(精装):¥118.00

C832.1-54　001129
北京统计年鉴　1995/范国柱主编;北京市统计局编.—北京:中国统计出版社,1995.7.—653 页:彩照;26cm
ISBN 7-5037-1821-8(精装):¥95.00

C832.21　001130
天津市千户城市居民户卷调查/王辉主编.—天津:天津社会科学院出版社,1995.1.—603 页;20cm
ISBN 7-80563-424-6:¥18.00

C832.21-54　001131
天津统计年鉴　1995/梁兆新主编;天津市统计局编.—北京:中国统计出版社,1995.7.—421 页:彩照;26cm
ISBN 7-5037-1822-6(精装):¥70.00

C832.223-54　001132
邯郸统计年鉴　1995/邯郸统计局编.—北京:中国统计出版社,1995.6.—625 页:彩图;26cm
ISBN 7-5037-1854-4(精装):¥95.00

C832.223-54　001133
唐山统计年鉴　1995/陈光佑主编;唐山市统计局编.—北京:中国统计出版社,1995.7.—590 页;26cm
ISBN 7-5037-1852-8(精装):¥50.00

C832.25-54　001134
山西统计年鉴　1995/李庭钧主编;山西省统计局编.—北京:中国统计出版社,1995.6.—677 页:彩图;26cm
ISBN 7-5037-1824-2(精装):¥80.00

C832.26-54　001135
内蒙古统计年鉴　1995/陈元涛主编;内蒙古自治区统计局编.—北京:中国统计出版社,1995.7.—605 页:彩照;26cm
ISBN 7-5037-1825-0(精装):¥60.00

C832.31-54　001136
辽宁统计年鉴　1995/张本勃主编;辽宁省统计局编.—北京:中国统计出版社,1995.8.—456 页;26cm
ISBN 7-5037-1827-7(精装):¥75.00

C832.34-54　001137
吉林统计年鉴　1995/李哲禹主编;吉林省统计局编.—北京:中国统计出版社,1995.8.—530 页:彩照;26cm
ISBN 7-5037-1828-5(精装):¥80.00

C832.343-54　001138

延吉统计年鉴 1995/李忠福主编；延吉市统计局编.—北京：中国统计出版社，1995.6.—320页：彩照；26cm
ISBN 7-5037-1857-9(精装)：¥80.00

C832.35-54 001139
黑龙江垦区统计年鉴 1995/黑龙江省国营农场总局统计局编.—北京：中国统计出版社，1995.4.—576页；26cm
ISBN 7-5037-1863-3(精装)：¥50.00

C832.35-54 001140
黑龙江统计年鉴 1995/贺全宾主编；黑龙江省统计局编.—北京：中国统计出版社，1995.8.—591页；26cm
ISBN 7-5037-1829-3(精装)：¥150.00

C832.351-54 001141
哈尔滨统计年鉴 1995/杨瑶山主编；哈尔滨市统计局编.—北京：中国统计出版社，1995.7.—487页：彩照；26cm
ISBN 7-5037-1859-5(精装)：¥68.00

C832.41-09 001142
延安地区统计志/刘彩奕主编.—北京：中国统计出版社，1995.12.—235页：彩照；26cm.—(陕西地方志丛书)
ISBN 7-5037-1954-0(精装)：¥48.00

C832.41-54 001143
陕西统计年鉴 1995/杨永善主编；陕西省统计局编.—北京：中国统计出版社，1995.7.—477页；26cm
ISBN 7-5037-1847-1(精装)：¥80.00

C832.411-54 001144
西安统计年鉴 1995/丁芙英主编；西安市统计局编.—北京：中国统计出版社，1995.8.—438页：图；26cm
ISBN 7-5037-1895-1(精装)：¥58.00

C832.43-54 001145
宁夏统计年鉴 1995/潘纪民主编；宁夏回族自治区统计局编.—北京：中国统计出版社，1995.8.—390页；26cm
ISBN 7-5037-1850-1(精装)：¥88.00

C832.44-54 001146
青海统计年鉴 1995/宋秀岩主编；青海省统计局编.—北京：中国统计出版社，1995.9.—486页；26cm
ISBN 7-5037-1849-8(精装)：¥75.00

C832.45-54 001147
新疆统计年鉴 1995/新疆统计局编.—北京：中国统计出版社，1995.7.—536页：彩照；26cm
ISBN 7-5037-1851-X(精装)：¥86.00

C832.452-54 001148
吐鲁番统计年鉴 1995：吐鲁番地区三十年光辉历程专辑/吐鲁番地区统计处编.—北京：中国统计出版社，1995.7.—572页；26cm
ISBN 7-5037-1897-8(精装)：¥80.00

C832.453-54 001149
奎屯统计年鉴 1995/吕德奎主编；新疆维吾尔自治区奎屯市统计局编.—北京：中国统计出版社，1995.7.—181页；26cm
ISBN 7-5037-1899-4(精装)：¥50.00

C832.5-54 001150
华东地区统计年鉴 1995/俞明主编；华东地区统计信息网络编.—北京：中国统计出版社，1995.9.—293页；26cm
ISBN 7-5037-1901-X：¥48.00

C832.51-54 001151
上海浦东新区统计年鉴 1995/张耀伦主编；上海市浦东新区统计局编.—北京：中国统计出版社，1995.8.—286页：彩照；26cm
ISBN 7-5037-1865-X(精装)：¥80.00

C832.51-54 001152
上海统计年鉴 1995/孙祖尧主编；上海市统计局编.—北京：中国统计出版社，1995.8.—428页；26cm
ISBN 7-5037-1830-7(精装)：¥120.00

C832.52-54 001153
山东统计年鉴 1995/张义国主编；山东省统计局编.—北京：中国统计出版社，1995.6.—580页；26cm
ISBN 7-5037-1836-6(精装)：¥85.00

C832.521-54 001154
济南统计年鉴 1995/高军主编；济南市统计局编.—北京：中国统计出版社，1995.8.—395页：彩照；26cm
ISBN 7-5037-1874-9(精装)：¥86.50

C832.523-54 001155
青岛统计年鉴 1995/邹吉兴主编；青岛市统计局编.—北京：中国统计出版社，1995.7.—410页；26cm
ISBN 7-5037-1875-7(精装)：¥75.00

C832.523-54 001156
泰安统计年鉴 1995/张洪训主编；泰安市统计局编.—北京：中国统计出版社，1995.8.—306页；26cm
ISBN 7-5037-1878-1(精装)：¥68.00

C832.53-54 001157
江苏统计年鉴 1995/赵锦欣主编；江苏省统计局编.—北京：中国统计出版社，1995.7.—477页；26cm
ISBN 7-5037-1831-5(精装)：¥70.00

C832.533-54 001158
苏州统计年鉴 1995/许晓廉主编；苏州市统计局编.—北京：中国统计出版社，1995.7.—458页：彩照；26cm
ISBN 7-5037-1866-8(精装)：¥85.00

C832.533-54 001159
无锡统计年鉴 1995/谢文娟主编；无锡市统计局编.—北京：中国统计出版社，1995.7.—444页：彩照；26cm
ISBN 7-5037-1867-6(精装)：¥80.00

C832.54-54 001160
安徽统计年鉴 1995/宣林主编；安徽省统计局编.—北京：中国统计出版社，1995.8.—530页：彩照；26cm
ISBN 7-5037-1833-1(精装)：¥85.00

C832.55-54 001161
浙江统计年鉴 1995/叶长法，陈大信主编；浙江省统计局编.—北京：中国统计出版社，1995.7.—484页；

彩照;26cm

ISBN 7-5037-1832-3(精装):￥88.00

C832.551-54 001162

杭州统计年鉴 1995/孙景森主编;杭州市统计局编.—北京:中国统计出版社,1995.6.—360页;26cm

ISBN 7-5037-1869-2(精装):￥65.00

C832.56-54 001163

江西统计年鉴 1995/游会龙主编;江西省统计局编.—北京:中国统计出版社,1995.7.—615页;26cm

ISBN 7-5037-1835-8(精装):￥68.00

C832.561-54 001164

南昌统计年鉴 1995/陈金梅主编;南昌市统计局编.—北京:中国统计出版社,1995.7.—378页:彩图;26cm

ISBN 7-5037-1942-7(精装):￥80.00

C832.57-54 001165

福建统计年鉴 1995/冯声康主编;福建省统计局编.—北京:中国统计出版社,1995.6.—421页;26cm

ISBN 7-5037-1834-X(精装):￥78.00

C832.571-54 001166

福州年鉴 1995/黄序和主编;《福州年鉴》编辑委员会编.—北京:中国统计出版社,1995.7.—516页:彩照;26cm

书名原名:福州经济年鉴 总第8期

ISBN 7-5037-1870-6(精装):￥56.00

C832.573-54 001167

厦门经济特区年鉴 1995/朱亚衍主编;《厦门经济特区年鉴》编委会编.—北京:中国统计出版社,1995.8.—499页:彩照;26cm

ISBN 7-5037-1871-4(精装):￥70.00

C832.573-54 001168

厦门市统计年鉴 1995/欧阳大千主编;厦门市统计局编.—北京:中国统计出版社,1995.8.—364页;26cm

ISBN 7-5037-1872-2(精装):￥60.00

C832.61-54 001169

河南统计年鉴 1995/王光鹏主编;河南省统计局编.—北京:中国统计出版社,1995.7.—617页:彩照;26cm

ISBN 7-5037-1837-4(精装):￥88.00

C832.613-54 001170

平顶山统计年鉴 1994/沈新治主编;河南省平顶山市统计局编.—北京:中国统计出版社,1995.7.—578页:彩图;26cm

ISBN 7-5037-1882-X(精装):￥70.00

C832.613-54 001171

三门峡统计年鉴 1995/河南省三门峡市统计委员会编.—北京:中国统计出版社,1995.7.—576页;20cm

ISBN 7-5037-1880-3(精装):￥40.00

C832.63-54 001172

湖北统计年鉴 1995/吴勉坚主编;湖北省统计局编.—北京:中国统计出版社,1995.7.—530页;26cm

ISBN 7-5037-1838-2(精装):￥80.00

C832.631-54 001173

武汉统计年鉴 1995/武汉市统计局编.—北京:中国统计出版社,1995.6.—436页:彩照;26cm

ISBN 7-5037-1941-9(精装):￥98.00

C832.633-54 001174

襄樊统计年鉴 1995/襄樊市统计局编.—北京:中国统计出版社,1995.9.—192页:彩图;26cm

ISBN 7-5037-1986-9(精装):￥88.00

C832.64-54 001175

湖南统计年鉴 1995/湖南省统计局编.—北京:中国统计出版社,1995.7.—410页;26cm

ISBN 7-5037-1839-0(精装):￥100.00

C832.641-54 001176

长沙统计年鉴 1995/长沙市统计局编.—北京:中国统计出版社,1995.7.—309页:彩照;26cm

ISBN 7-5037-1886-2(精装):￥80.00

C832.65-54 001177

广东统计年鉴 1995/翟锦云主编;广东省统计局编.—北京:中国统计出版社,1995.6.—602页:彩照;26cm

ISBN 7-5037-1840-4(精装):￥90.00

C832.651-54 001178

广州统计年鉴 1995/黎诶林主编;广州市统计局编.—北京:中国统计出版社,1995.8.—468页:图;26cm

ISBN 7-5037-1888-9(精装):￥80.00

C832.653-54 001179

惠州统计年鉴 1995/陈友莲主编;惠州市统计局编.—北京:中国统计出版社,1995.9.—260页;29cm

ISBN 7-5037-1889-7(精装):￥100.00

C832.653-54 001180

深圳统计年鉴 1995/詹兰芳主编;深圳市统计局编.—北京:中国统计出版社,1995.6.—518页;26cm

ISBN 7-5037-1890-0(精装):￥90.00

C832.653-54 001181

珠海统计年鉴 1995/颜秋新主编;珠海市统计局编.—北京:中国统计出版社,1995.7.—363页:彩图;26cm

ISBN 7-5037-1988-5(精装):￥0.00

C832.66-54 001182

海南统计年鉴 1995/吴多琛主编;海南省统计局编.—北京:中国统计出版社,1995.7.—562页;26cm

ISBN 7-5037-1844-7(精装):￥80.00

C832.67-54 001183

广西统计年鉴 1995/梁祥胜主编;广西壮族自治区统计局编.—北京:中国统计出版社,1995.8.—542页;26cm

ISBN 7-5037-1841-2(精装):￥50.00

C832.671-54 001184

南宁经济社会统计年鉴 1995/林明主编;《南宁经济社会统计年鉴》编委会编.—北京:中国统计出版社,1995.7.—616页;26cm

ISBN 7-5037-1971-0(精装):￥0.00

C832.673-54 001185

桂林经济社会统计年鉴 1995/桂林经济社会统计年鉴编委会编.—北京:中国统计出版社,1995.7.—

464页:彩照;26cm
ISBN 7-5037-1891-9(精装):¥58.00

C832.71-54 001186
四川统计年鉴 1995/黄国芹主编;四川省统计局编.—北京:中国统计出版社,1995.7.—593页;26cm
ISBN 7-5037-1845-5(精装):¥80.00

C832.73-54 001187
贵州统计年鉴 1995/甘寿国主编;贵州省统计局编.—北京:中国统计出版社,1995.8.—533页;26cm
ISBN 7-5037-1842-0(精装):¥68.00

C832.74-54 001188
云南统计年鉴 1995/张耀宗主编;云南省统计局编.—北京:中国统计出版社,1995.6.—704页;26cm
ISBN 7-5037-1843-9(精装):¥90.00

C832.75-54 001189
西藏统计年鉴 1995/王韶泉主编;西藏自治区统计局编.—北京:中国统计出版社,1995.9.—329页;26cm
ISBN 7-5037-1846-3(精装):¥0.00

C91 社会学

C91 001190
大学生社会学/宋秦年编著.—北京:清华大学出版社,1995.7.—301页;19cm
ISBN 7-302-01728-X:¥6.50

C91 001191
发展社会学概论/王义祥编著.—上海:华东师范大学出版社,1995.12.—267页;20cm
ISBN 7-5617-1357-6:¥10.10

C91 001192
社会机制论/严家明等著.—北京:知识出版社,1995.1.—240页;19cm
ISBN 7-5015-1121-7:¥7.50

C91 001193
社会研究中的计算机定量分析:SPSS/PC+统计分析软件的运用/朱玲怡编著.—武汉:武汉测绘科技大学出版社,1995.3.—146页;26cm
ISBN 7-81030-378-3:¥11.00

C91 001194
西方社会学说史纲/何景熙,王建敏主编.—成都:四川大学出版社,1995.10.—513页;19cm
ISBN 7-5614-1168-5:¥14.50

C91 001195
现代社会学/李迎生编著.—北京:首都师范大学出版社,1995.5.—357页;20cm
中国人民大学劳动人事学院系列教材
ISBN 7-81039-559-9:¥16.00

C91 001196
写给女孩子/(美)卡耐基著;闻勉之编译.—北京:中国文联出版公司,1995.12.—196页;19cm.—(卡耐基:成功之路丛书)
著者原题:姚乐丝·卡耐基
ISBN 7-5059-0227-X:¥9.60

C91 001197
新编社会学概论/张美彩,杨玉梅主编.—大连:大连海事大学出版社,1995.9.—278页;20cm
ISBN 7-5632-0910-7:¥16.00

C91 001198
旋转的历史:社会运动论/王海光著.—上海:上海人民出版社,1995.9.—362页;20cm
ISBN 7-208-02011-6:¥18.00

C91 001199
一致与冲突/(美)李普塞特(Lipset,S.M.)著;张华青等译.—上海:上海人民出版社,1995.6.—380页;20cm
本书据美国特伦萨克辛股份有限公司1985年版译出
ISBN 7-208-01972-X:¥16.00

C91 001200
应用社会学/李强主编.—北京:中国人民大学出版社,1995.11.—505页;20cm
ISBN 7-300-02088-7:¥19.00

①C91②G40-052 001201
高校社会学在发展/国家教委高教司文科处编.—北京:高等教育出版社,1995.10.—175页;20cm
ISBN 7-04-005338-1:¥6.45

C91-03 001202
比较社会学/包智明著.—北京:知识出版社,1995.9.—137页;20cm
ISBN 7-5015-1306-6:¥9.80

C91-03 001203
社会学的方法/(法)布东(Boudon,R.)著;殷世才译.—北京:商务印书馆,1995.12.—128页;18cm.—(我知道什么?百科知识丛书)
据法国大学出版社1993年9月版译出
ISBN 7-100-01948-6:¥7.50

C91-03 001204
社会学方法的准则/(法)迪尔凯姆(Durkheim,E.)著;狄玉明译.—北京:商务印书馆,1995.12.—157页;20cm
据法国巴黎费利克斯·阿尔冈出版社1919年版译出
ISBN 7-100-01989-3:¥7.10

C91-55 001205
现代与传统 1995年第2辑 总第7辑/何博传主编.—广州:岭南美术出版社,1995.6.—96页:图;29cm
ISBN 7-5362-1252-6:¥5.00

C912 社会结构和社会关系

C912 001206
交际哲学/张宝琪,董洪波著.—济南:山东大学出版社,1995.12.—256页;20cm
ISBN 7-5607-1589-3:¥10.80

C912 001207
论社会有机体的性质、结构与动态/阎孟伟著.—天津:天津人民出版社,1995.12.—236页;20cm
ISBN 7-201-02449-3:¥12.00

C912　001208
中国多民族认知活动方式的跨文化研究/陈中永,郑雪著.—沈阳:辽宁民族出版社,1995.3.—152页;26cm
ISBN 7-80527-485-1:¥15.68

C912　001209
中国社会结构转型:经济体制改革的社会学分析/李培林著.—哈尔滨:黑龙江人民出版社,1995.11.—234页;20cm.—(站在世纪之交的思考:中国市场经济与社会发展丛书;2/邓伟志,张琢主编)
ISBN 7-207-03303-6:¥7.50

C912.1　001210
"放谈"东北人/杨军,周树兴主编.—北京:中国社会出版社,1995.10.—341页;19cm.—(闲话中国人系列·第一辑/倪健中,辛向阳主编)
ISBN 7-80088-704-9:¥15.60

C912.1　001211
"品评"广东人/李文飞,周树兴主编.—北京:中国社会出版社,1995.10.—402页;19cm.—(闲话中国人系列·第一辑/倪健中,辛向阳主编)
ISBN 7-80088-702-2:¥18.00

C912.1　001212
"剖析"上海人/骆爽主编.—北京:中国社会出版社,1995.10.—366页;19cm.—(闲话中国人系列·第一辑/倪健中,辛向阳主编)
ISBN 7-80088-701-4:¥15.60

C912.1　001213
"说道"山东人/辛向阳主编.—北京:中国社会出版社,1995.10.—353页;19cm.—(闲话中国人系列·第一辑/倪健中,辛向阳主编)
ISBN 7-80088-703-0:¥15.60

C912.1　001214
把事办好的点子/蒋星五等主编.—北京:农村读物出版社,1995.5.—148页;19cm.—(金点子策划丛书)
ISBN 7-5048-2405-4:¥5.50

C912.1　001215
处理复杂人际关系100术/杨哲编著.—北京:中国国际广播出版社,1995.3.—273页;19cm.—(百术丛书/吴绪彬主编)
ISBN 7-5078-0151-9:¥7.70

C912.1　001216
处世百题/余心言著.—沈阳:辽宁人民出版社,1995.4.—527页;20cm
ISBN 7-205-03286-5:¥16.50

C912.1　001217
处世交友自卫术/金光林编.—广州:广州出版社,1995.12.—135页;19cm
ISBN 7-80592-337-X:¥4.80

C912.1　001218
待人处世100术/杨君游,刘建华编著.—北京:中国国际广播出版社,1995.3.—266页;19cm.—(百术丛书/吴绪彬主编)
ISBN 7-5078-0815-7:¥8.20

C912.1　001219
当代中国社会利益群体分析/顾杰善等主编.—哈尔滨:黑龙江教育出版社,1995.11.—532页;20cm.—(发展与改革丛书/熊映梧主编)
ISBN 7-5316-2532-6:¥13.50

C912.1　001220
动人的风采——职业妇女形象的自我设计/蒋爱群编著.—北京:农村读物出版社,1995.9.—112页;19cm.—(女性与发展丛书)
ISBN 7-5048-2648-0:¥8.00

C912.1　001221
风采人生:好人缘/梁永玲编.—成都:四川文艺出版社,1995.10.—219页;19cm
ISBN 7-5411-1366-2:¥5.90

C912.1　001222
个人成功策划的学问/郑培敏等编著.—北京:中国经济出版社,1995.6.—163页;19cm.—(现代成功策划实用丛书;1)
ISBN 7-5017-3304-X:¥7.00

C912.1　001223
攻心为上100术/杨君编著.—北京:中国国际广播出版社,1995.3.—263页;19cm.—(百术丛书/吴绪彬主编)
ISBN 7-5078-0229-9:¥7.70

C912.1　001224
和睦生活在同一空间:妇女热线的回答/乐平等编著.—北京:海豚出版社,1995.1.—186页;19cm.—(妇女热线丛书/王行娟主编)
ISBN 7-80051-294-0:¥6.20

C912.1　001225
糊涂学/李梦悟著.—郑州:河南人民出版社,1995.10.—304页;19cm
ISBN 7-215-03505-0:¥11.00

C912.1　001226
慧眼识人的点子/蒋星五等主编.—北京:农村读物出版社,1995.5.—138页;19cm.—(金点子策划丛书)
ISBN 7-5048-2406-2:¥5.35

C912.1　001227
计划人与市场人/韩庆祥,宫敬才著.—北京:当代中国出版社,1995.3.—280页;20cm
ISBN 7-80092-277-4:¥12.00

C912.1　001228
交际大师:卡耐基交际艺术精华/韩娅,晓石编著.—成都:四川人民出版社,1995.10.—436页;20cm.—(大师系列)
全套共3册,总定价:48.00元
ISBN 7-220-03017-7:¥0.00

C912.1　001229
交际礼仪知识/袁汝英主编.—郑州:河南人民出版社,1995.8.—294页;19cm
ISBN 7-215-03487-9:¥9.50

C912.1　001230
交际与口才/郝银,刘新编著.—开封:河南大学出版社,1995.12.—339页;20cm
ISBN 7-81041-280-9:¥8.00

C912.1　001231

交际与礼貌/毕裕华编.—上海:上海译文出版社,1995.1.—262页;19cm.—(广角丛书)

ISBN 7-5327-1569-8:¥7.40

C912.1 001232

精明的说话技巧:成功不求人(6)/潘红编著.—石家庄:河北人民出版社,1995.11.—168页;19cm

ISBN 7-202-01611-7:¥4.60

C912.1 001233

精明的做人技巧:成功不求人(8)/潘红编著.—石家庄:河北人民出版社,1995.11.—168页;19cm

ISBN 7-202-01611-7:¥4.60

C912.1 001234

科学与人生:人天、人机、人际、人心、人与自身关系论/苑金龙著.—南京:江苏教育出版社,1995.5.—339页;20cm

ISBN 7-5343-2311-8:¥7.95

C912.1 001235

礼仪全书/畅力编著.—成都:四川辞书出版社,1995.5.—112页;26cm

ISBN 7-80543-497-2:¥17.80

C912.1 001236

魔法人生/金槐编.—广州:广州出版社,1995.12.—329页;19cm

ISBN 7-80592-346-9:¥12.80

C912.1 001237

青年社交指南/吴世和等编著.—北京:金盾出版社,1995.9.—181页;19cm

ISBN 7-5082-0079-9:¥5.00

C912.1 001238

人的全面发展理论与教育/赵卫著.—兰州:甘肃文化出版社,1995.2.—343页;20cm

ISBN 7-80608-051-1:¥10.00

C912.1 001239

人际关系基础/四川省教委职教中心教材教研部编.—2版.—成都:四川教育出版社,1995.9.—155页;19cm

职业高级中学专业教材

ISBN 7-5408-2528-6:¥4.10

C912.1 001240

人际关系心理/黄仁发,汤建南编著.—合肥:中国科学技术大学出版社,1995.4.—292页;20cm

ISBN 7-312-00669-8:¥7.80

C912.1 001241

人际关系心理学/胡卫东编著.—沈阳:辽宁大学出版社,1995.8.—374页;20cm

ISBN 7-5610-3041-X:¥9.80

C912.1 001242

人际关系艺术/郑召利主编.—银川:宁夏人民出版社,1995.4.—216页;19cm.—(公共关系丛书/朱传贤主编)

ISBN 7-227-01460-6:¥5.70

C912.1 001243

人际交往:谈吐与举止/张继缅著.—2版.—北京:中国物资出版社,1995.3.—313页;19cm

ISBN 7-5047-0967-0:¥11.80

C912.1 001244

人际交往理论与实践/罗世福,鄢平原主编.—南昌:江西高校出版社,1995.11.—212页;19cm

ISBN 7-81033-546-4:¥7.00

C912.1 001245

人际交往礼貌必读/吴显能,李松龙编著.—昆明:云南人民出版社,1995.2.—287页;19×11cm

ISBN 7-222-01742-9:¥6.80

C912.1 001246

人际交往艺术/王玉鹏等主编.—济南:山东大学出版社,1995.6.—208页;19cm

ISBN 7-5607-1511-7:¥11.80

C912.1 001247

人情锁链:中国送礼风/钟青著.—北京:中华工商联合出版社,1995.7.—276页;19cm

ISBN 7-80100-122-2:¥12.00

C912.1 001248

人生99个瞬间命运策划/张自文著.—北京:中国青年出版社,1995.11.—439页;20cm

ISBN 7-5006-1920-0:¥18.30

C912.1 001249

人生成功的阶梯:简明人际关系学/周源,司纹编著.—济南:山东教育出版社,1995.12.—284页;20cm

ISBN 7-5328-2271-0:¥11.50

C912.1 001250

人生失误录/孙昕光等编著.—济南:山东人民出版社,1995.3.—156页;20cm.—(失误丛书/王世农等主编)

ISBN 7-209-01695-3:¥6.00

C912.1 001251

人生指南百事通/邓长琚编著.—2版.—广州:华南理工大学出版社,1995.7.—199页;19cm

ISBN 7-5623-0515-3:¥6.20

C912.1 001252

洒脱人生/杨楚民著.—广州:广州出版社,1995.6.—212页;19cm

ISBN 7-80592-250-0:¥6.20

C912.1 001253

少女交友与风度/新潮女性杂志编.—延吉:延边人民出版社,1995.3.—152页;19cm.—(新潮少女系列书·少女修养;2)

ISBN 7-80599-216-9:¥3.95

C912.1 001254

少女气质与礼仪/新潮女性杂志编.—延吉:延边人民出版社,1995.3.—167页;19cm.—(新潮少女系列书·少女修养;1)

ISBN 7-80599-216-9:¥3.95

C912.1 001255

少女与修养/新潮女性杂志编.—延吉:延边人民出版社,1995.3.—153页;19cm.—(新潮少女系列书·少女修养;3)

ISBN 7-80599-216-9:¥3.95

C912.1 001256

社会变革与人生/张光成著.—石家庄:河北教育出版社,1995.2.—300页;19cm

ISBN 7-5434-2067-8:¥7.30

C912.1　001257

社会你我他:个人与社会的探索/张秋生,杨善民著.—济南:山东教育出版社,1995.5.—135页;19cm.—(走向社会丛书/徐经泽等主编)

全套共5册,总定价:27.00元

ISBN 7-5328-2108-0:¥0.00

C912.1　001258

社交礼仪/袁革主编.—北京:中国商业出版社,1995.7.—289页;19cm

ISBN 7-5044-2282-7:¥7.85

C912.1　001259

社交与礼仪/王树海等编著.—长春:吉林大学出版社,1995.11.—433页;19cm

ISBN 7-5601-1827-5:¥12.80

C912.1　001260

生活礼仪/陈全友编文;凯军,张帆绘.—杭州:浙江人民美术出版社,1995.12.—145页;19cm

ISBN 7-5340-0637-6:¥6.50

C912.1　001261

市场经济与人际关系/石秀印著.—哈尔滨:黑龙江人民出版社,1995.11.—292页;20cm.—(站在世纪之交的思考:中国市场经济与社会发展丛书;5/邓伟志,张琢主编)

ISBN 7-207-03306-0:¥8.50

C912.1　001262

孙子兵法与处世/檀明山编著.—北京:农村读物出版社,1995.6.—142页;19cm.—(孙子兵法现代应用丛书)

ISBN 7-5048-2619-7:¥4.65

C912.1　001263

孙子兵法与攻心/檀明山编著.—北京:农村读物出版社,1995.9.—126页;19cm.—(孙子兵法现代应用丛书)

ISBN 7-5048-2640-5:¥4.20

C912.1　001264

现代礼仪学/黄士平主编.—武汉:武汉测绘科技大学出版社,1995.10.—408页;20cm

公共关系系列教材

ISBN 7-81030-420-8:¥12.80

C912.1　001265

现代人际关系学/黄华新,朱法贞主编.—杭州:浙江大学出版社,1995.12.—321页;20cm.—(现代公共关系丛书)

ISBN 7-308-01643-9:¥12.00

C912.1　001266

应酬学　(上):男人应酬学/秋子编著.—北京:中华工商联合出版社,1995.12.—280页;19cm

ISBN 7-80100-172-9:¥9.50

C912.1　001267

应酬学　(下):女人应酬学/秋子编著.—北京:中华工商联合出版社,1995.12.—l279页;19cm

ISBN 7-80100-172-9:¥9.50

C912.1　001268

应急应变的点子/蒋星五等主编.—北京:农村读物出版社,1995.5.—147页;19cm.—(金点子策划丛书)

ISBN 7-5048-2404-6:¥5.50

C912.1　001269

职业女性的社交礼仪/钱晓斐编著.—北京:中国妇女出版社,1995.12.—158页;19cm.—(职业女性丛书/张默主编)

ISBN 7-80131-007-1:¥7.00

C912.1　001270

中外社交技巧/祝秉权著.—贵阳:贵州人民出版社,1995.4.—305页;19cm

ISBN 7-221-03746-9:¥8.40

C912.1　001271

中专生人际关系常识/蒋忠孝,陈安荣主编.—哈尔滨:哈尔滨工程大学出版社,1995.8.—213页;19cm

ISBN 7-81007-571-3:¥6.30

C912.1　001272

潇洒人生/董淑瑞主编.—天津:天津大学出版社,1995.12.—152页;20cm

ISBN 7-5618-0826-7:¥8.00

C912.1　001273

潇洒与敬畏:中国士人的处世心态/张毅著.—长沙:岳麓书社,1995.8.—241页;19cm

ISBN 7-80520-615-5:¥7.80

①C912.1②D441　001274

当代职业女性交际、仪态与礼仪艺术/贾桂兰主编.—北京:中国检察出版社,1995.1.—159页;19cm.—(当代职业女性丛书/侯梅先,赵健杰主编)

全套8册,总定价:38.80元

ISBN 7-80086-264-X:¥0.00

①C912.1②K891　001275

社交礼仪学/黑龙江省教育学院成人教育研究部编.—哈尔滨:黑龙江教育出版社,1995.3.—488页;19cm

黑龙江省成人高等院校试用教材

ISBN 7-5316-2579-2:¥9.50

C912.1-61　001276

人学大辞典/孙鼎国,李中华主编.—石家庄:河北人民出版社,1995.2.—664页;26cm

ISBN 7-202-01708-3(精装):¥60.00

C912.1-62　001277

新编应酬手册/吕梁等编著.—北京:中国商业出版社,1995.9.—312页;19cm

ISBN 7-5044-2337-8:¥9.80

C912.2-34　001278

承继与嬗变:当代菲律宾华人社团比较研究/宋平著.—厦门:厦门大学出版社,1995.8.—158页;20cm

ISBN 7-5615-1075-6:¥6.00

C912.3　001279

36小时谈判课程/(美)斯科恩菲尔德(Schoenfield,M.K.),(美)斯科恩菲尔德(Schoenfield,R.M.)著;施宗靖等译.—上海:上海人民出版社,1995.4.—319页;

20cm.—(36小时学经济丛书)
书名原文:The Mcgraw Hill 36 - Hour Negotiation Course
据麦格罗——希尔公司授权翻译出版
ISBN 7 - 208 - 01997 - 5: ¥9.40

C912.3 001280
创业与公共关系/殷正坤等编著.—北京:中国青年出版社,1995.12.—272页;20cm.—(成功创业丛书)
ISBN 7 - 5006 - 1922 - 7: ¥11.80

C912.3 001281
当代公共关系/郑正元,范珂主编.—昆明:云南民族出版社,1995.11.—320页;19cm
ISBN 7 - 5367 - 1112 - 3: ¥16.80

C912.3 001282
公共关系策划/程旭兰主编.—银川:宁夏人民出版社,1995.4.—205页;19cm.—(公共关系丛书/朱传贤主编)
ISBN 7 - 227 - 01450 - 9: ¥5.70

C912.3 001283
公共关系策划与技巧/曹献存等编著.—郑州:中原农民出版社,1995.1.—319页;19cm
ISBN 7 - 80538 - 700 - 1: ¥8.40

C912.3 001284
公共关系概论/方正松主编.—北京:中国商业出版社,1995.8.—304页;19cm
中等财经类学校教材
ISBN 7 - 5044 - 2966 - X: ¥9.00

C912.3 001285
公共关系理论与技巧/徐书华,涂德钧主编.—成都:西南交通大学出版社,1995.1.—309页;19cm
高等学校试用教材
ISBN 7 - 81022 - 779 - 3: ¥5.98

C912.3 001286
公共关系实务/汪启明,牟明文主编;李映龙等编写.—成都:成都科技大学出版社,1995.12.—347页;19cm
ISBN 7 - 5616 - 3160 - X: ¥13.80

C912.3 001287
公共关系实务/梁敬贤主编.—北京:机械工业出版社,1995.10.—149页;26cm
中等专业学校试用教材
ISBN 7 - 111 - 04688 - 9: ¥7.10

C912.3 001288
公共关系实务/俞任远主编.—银川:宁夏人民出版社,1995.4.—196页;19cm.—(公共关系丛书/朱传贤主编)
ISBN 7 - 227 - 01461 - 4: ¥5.70

C912.3 001289
公共关系实用技巧/陈文叔编著.—海口:南海出版公司,1995.9.—255页;19cm
ISBN 7 - 5442 - 0420 - 0: ¥9.50

C912.3 001290
公共关系心理学/于璨主编.—北京:中国商业出版社,1995.8.—299页;20cm
国内贸易部推荐教材
ISBN 7 - 5044 - 2360 - 2: ¥10.80

C912.3 001291
公共关系心理学/乔建中主编;徐群等编.—南京:南京师范大学出版社,1995.11.—245页;19cm
ISBN 7 - 81047 - 029 - 9: ¥9.50

C912.3 001292
公共关系心理学/劳动部教材办公室组织编写.—北京:中国劳动出版社,1995.10.—229页;19cm
全国职业技能培训教材 公共关系专业
ISBN 7 - 5045 - 1726 - 7: ¥9.80

C912.3 001293
公共关系学/宋湘华等编著.—哈尔滨:黑龙江教育出版社,1995.8.—223页;19cm
ISBN 7 - 5316 - 2818 - X: ¥8.80

C912.3 001294
公共关系学/纪新青等主编.—大连:大连海事大学出版社,1995.9.—313页;20cm
ISBN 7 - 5632 - 0922 - 0: ¥11.80

C912.3 001295
公共关系学/晁连成,郭显举主编.—哈尔滨:黑龙江教育出版社,1995.3.—300页;19cm
ISBN 7 - 5316 - 2639 - X: ¥8.00

C912.3 001296
公共关系学/孔秀娥,吕有林编著.—沈阳:辽宁大学出版社,1995.7.—338页;19cm
国家公务员培训教材
ISBN 7 - 5610 - 2240 - 9: ¥8.80

C912.3 001297
公共关系学/秦园珠主编.—修订版.—南京:江苏科学技术出版社,1995.4.—343页;19cm
全国广播电视中专教材
ISBN 7 - 5345 - 1908 - X: ¥6.90

C912.3 001298
公共关系学/刘淑琼等编著.—西安:西安电子科技大学出版社,1995.9.—277页;19cm
中等专业学校教材
ISBN 7 - 5606 - 0376 - 9: ¥8.20

C912.3 001299
公共关系学/秦立春,周志宏编著.—长沙:湖南科学技术出版社,1995.8.—408页;20cm
ISBN 7 - 5357 - 1814 - 0: ¥13.80

C912.3 001300
公共关系学/王桂芝编写.—北京:中国农业出版社,1995.5.—119页;26cm
中央农业广播电视学校教材 经济类专业
ISBN 7 - 109 - 03667 - 7: ¥4.85

C912.3 001301
公共关系学/顾锴主编;交通部电视中专教材编审委员会编.—北京:人民交通出版社,1995.11.—302页;19cm
交通电视中等专业学校试用教材
ISBN 7 - 114 - 02204 - 2: ¥10.10

C912.3 001302
公共关系学概论/邓麟庆,郑传鼎主编.—贵阳:贵

州教育出版社,1995.7.—293页;19cm
ISBN 7-80583-639-6:¥6.50

C912.3　001303
公共关系学简明教程/李洪基,黄正泉主编.—北京:中国农业出版社,1995.5.—288页;20cm
ISBN 7-109-03889-0:¥9.80

C912.3　001304
公共关系学新编/姜宗伦主编.—昆明:云南人民出版社,1995.5.—268页;19cm
ISBN 7-222-01787-9:¥8.80

C912.3　001305
公共关系原理与实务/劳动部教材办公室组织编写.—北京:中国劳动出版社,1995.7.—188页;19cm
全国职业技能培训教材 公共关系专业
ISBN 7-5045-1731-3:¥7.80

C912.3　001306
公关策划之道/翟向东主编;中国公共关系协会学术委员会编.—北京:中国商业出版社,1995.12.—345页;20cm
ISBN 7-5044-3065-X:¥16.80

C912.3　001307
公关交际礼仪/朱宪玲,王以祥编著.—济南:山东友谊出版社,1995.12.—264页;20cm
ISBN 7-80551-798-3:¥10.80

C912.3　001308
公关交际学/姚宪弟等编著.—北京:机械工业出版社,1995.6.—229页;19cm
ISBN 7-111-04752-4:¥8.00

C912.3　001309
公关口才教程/陈大海编著.—广州:中山大学出版社,1995.11.—387页;20cm.—(公共关系与广告系列丛书/廖为建主编)
ISBN 7-306-01059-X:¥19.00

C912.3　001310
公关礼仪/赵景卓主编.—北京:中国财政经济出版社,1995.5.—248页;19cm
国内贸易部教育司推荐中等专业学校教材
ISBN 7-5005-2707-1:¥6.60

C912.3　001311
公关礼仪/杨启辰等著.—银川:宁夏人民出版社,1995.2.—187页;19cm.—(公共关系丛书)
ISBN 7-227-01432-0:¥5.70

C912.3　001312
公关礼仪/张敬慈等编著.—成都:四川大学出版社,1995.9.—322页;19cm
ISBN 7-5614-1214-2:¥8.50

C912.3　001313
公关礼仪/晓燕著.—南昌:百花洲文艺出版社,1995.6.—270页;20cm
ISBN 7-80579-608-4:¥9.00

C912.3　001314
公关实例典范集成/关立勋主编.—天津:天津人民出版社,1995.10.—2册(2365页);19cm
ISBN 7-201-02315-2(精装):¥98.00

C912.3　001315
公关实务操作与技巧/余尚清等编著.—郑州:河南人民出版社,1995.1.—353页;19cm
ISBN 7-215-02933-6:¥12.80

C912.3　001316
公关心理学/王信琳等著.—贵阳:贵州教育出版社,1995.6.—238页;19cm
ISBN 7-80583-704-X:¥6.50

C912.3　001317
公关心理学/刘亮如主编.—北京:中国商业出版社,1995.11.—331页;20cm
ISBN 7-5044-2914-7:¥9.80

C912.3　001318
公关心理学/戚学森主编.—北京:中国财政经济出版社,1995.5.—210页;19cm
国内贸易部教育司推荐中等专业学校教材
ISBN 7-5005-2706-3:¥5.80

C912.3　001319
公关信息学/谢俊贵编著.—长沙:中南工业大学出版社,1995.1.—279页;20cm
ISBN 7-81020-736-9:¥8.50

C912.3　001320
公关艺术77题/裘正义编著.—北京:金盾出版社,1995.8.—177页;19cm
ISBN 7-5082-0072-1:¥4.90

C912.3　001321
公关幽默妙用/刘卫国编著.—汕头:汕头大学出版社,1995.10.—182页;19cm
ISBN 7-81036-109-0:¥6.60

C912.3　001322
公关语言妙用/刘卫国编著.—汕头:汕头大学出版社,1995.10.—193页;19cm
ISBN 7-81036-110-4:¥7.00

C912.3　001323
简明公共关系学/毛经权主编.—上海:复旦大学出版社,1995.8.—241页;20cm
ISBN 7-309-01496-0:¥8.00

C912.3　001324
精明的发财技巧:成功不求人(3)/潘红编著.—石家庄:河北人民出版社,1995.11.—168页;19cm
ISBN 7-202-01611-7:¥4.60

C912.3　001325
精明的经商技巧:成功不求人(2)/潘红编著.—石家庄:河北人民出版社,1995.11.—168页;19cm
ISBN 7-202-01611-7:¥4.60

C912.3　001326
精明的社交技巧:成功不求人(7)/潘红编著.—石家庄:河北人民出版社,1995.11.—170页;19cm
ISBN 7-202-01611-7:¥4.60

C912.3　001327
精明的谈判技巧:成功不求人(9)/潘红编著.—石家庄:河北人民出版社,1995.11.—170页;19cm
ISBN 7-202-01611-7:¥4.60

C912.3　001328

精明的推销技巧:成功不求人(4)/潘红编著.—石家庄:河北人民出版社,1995.11.—172页;19cm

ISBN 7-202-01611-7:¥4.60

C912.3　　001329

精明的幽默技巧:成功不求人(10)/潘红编著.—石家庄:河北人民出版社,1995.11.—172页;19cm

ISBN 7-202-01611-7:¥4.60

C912.3　　001330

精明的赚钱技巧:成功不求人(1)/潘红编著.—石家庄:河北人民出版社,1995.11.—170页;19cm

ISBN 7-202-01611-7:¥4.60

C912.3　　001331

经济谈判/张隆华,王荣生等编著.—北京:经济科学出版社,1995.10.—176页;19cm.—(谈判系列丛书·实务篇/张勤主编)

ISBN 7-5058-0857-5:¥8.00

C912.3　　001332

理性谈判制胜术:哈佛谈判教案/(美)费希尔(Fisher,R.),(美)美尤里(Ury,W.)著;李小刚,李宝屏译.—成都:四川人民出版社,1995.8.—183页;19cm.—(全球畅销图书文库·财经系列)

ISBN 7-220-02104-6:¥7.10

C912.3　　001333

偶拾人间情一束:公共关系面面观/陈诗博,卢国汉主编.—天津:百花文艺出版社,1995.2.—352页;20cm

ISBN 7-5306-1851-2:¥13.80

C912.3　　001334

实用公共关系学/周晓主编.—北京:地质出版社,1995.10.—241页;19cm

北京社会函授大学教科书

ISBN 7-116-02017-9:¥9.80

C912.3　　001335

实用公共关系学/李华伦,何作诗主编.—2版.—昆明:云南大学出版社,1995.10.—238页;19cm

ISBN 7-81025-392-1:¥7.80

C912.3　　001336

实用公关语言/张觉文著.—成都:西南交通大学出版社,1995.8.—315页;20cm

ISBN 7-81022-825-0:¥9.20

C912.3　　001337

孙子兵法与公关/檀明山编著.—北京:农村读物出版社,1995.9.—135页;19cm.—(孙子兵法现代应用丛书)

ISBN 7-5048-2639-1:¥4.40

C912.3　　001338

谈判控制/张晓豪,焦志忠编著.—北京:经济科学出版社,1995.10.—167页;19cm.—(谈判系列丛书·技巧篇/张勤主编)

ISBN 7-5058-0860-5:¥8.00

C912.3　　001339

谈判礼仪/张爱文,张德江编著.—北京:经济科学出版社,1995.10.—155页;19cm.—(谈判系列丛书·技巧篇/张勤主编)

ISBN 7-5058-0861-3:¥8.00

C912.3　　001340

谈判谋略/齐宪代等编著.—北京:经济科学出版社,1995.10.—168页;19cm.—(谈判系列丛书·技巧篇/张勤主编)

ISBN 7-5058-0875-3:¥8.00

C912.3　　001341

谈判与对策/刘伟,聂玉河编著.—北京:经济科学出版社,1995.10.—107页;19cm.—(谈判系列丛书·技巧篇/张勤主编)

ISBN 7-5058-0858-3:¥6.00

C912.3　　001342

谈判与法律法规/李恩慈,王纪平编著.—北京:经济科学出版社,1995.10.—185页;19cm.—(谈判系列丛书·原理篇/张勤主编)

ISBN 7-5058-0874-5:¥8.00

C912.3　　001343

谈判与社会心理/冯娟娟,孙秀兰编著.—北京:经济科学出版社,1995.10.—181页;19cm.—(谈判系列丛书·原理篇/张勤主编)

ISBN 7-5058-0862-1:¥8.00

C912.3　　001344

谈判与思维方式/孔昭林,赵久河编著.—北京:经济科学出版社,1995.10.—186页;19cm.—(谈判系列丛书·原理篇/张勤主编)

ISBN 7-5058-0856-7:¥8.00

C912.3　　001345

谈判与行为选择/张勤,赵玉芹编著.—北京:经济科学出版社,1995.10.—167页;19cm.—(谈判系列丛书·原理篇/张勤主编)

ISBN 7-5058-0859-1:¥8.00

C912.3　　001346

谈判语言/姜小欣,张士光编著.—北京:经济科学出版社,1995.10.—177页;19cm.—(谈判系列丛书·技巧篇/张勤主编)

ISBN 7-5058-0873-7:¥8.00

C912.3　　001347

谈判致胜术/谢承志编著.—上海:学林出版社,1995.11.—257页;19cm

ISBN 7-80616-147-3:¥10.00

C912.3　　001348

危机公关/(英)里杰斯特著;陈向阳,陈宁译.—上海:复旦大学出版社,1995.6.—138页;20cm.—(海外公关译丛/郭惠民主编)

著者原题:迈克尔·里杰斯特

ISBN 7-309-01422-7:¥7.00

C912.3　　001349

现代公共关系学/冯志亮,傅锦锋主编.—郑州:河南人民出版社,1995.1.—286页;20cm

ISBN 7-215-02694-9:¥9.80

C912.3　　001350

现代公共关系学/曾磊主编.—重庆:重庆大学出版社,1995.9.—424页;19cm

ISBN 7-5624-1092-5:¥10.00

C912.3　　001351

现代公共关系原理与实务/钱明霞主编;沈雅芬等编.—北京:机械工业出版社,1995.8.—255页;20cm
高等学校试用教材
ISBN 7-111-04806-7:¥10.90

C912.3 001352
现代公共关系战略/张建明著.—北京:中国人民大学出版社,1995.9.—258页;20cm
ISBN 7-300-02067-4:¥9.90

C912.3 001353
现代公关实务指南/单振运,苏勤主编;李莉等编写.—南京:江苏人民出版社,1995.3.—480页;20cm
ISBN 7-214-01451-3:¥15.00

C912.3 001354
现代经济谈判/曹家谋,董鸿鸣编著.—南京:南京大学出版社,1995.8.—301页;20cm
ISBN 7-305-02809-6:¥10.00

C912.3 001355
现代青年公共关系案例精选/张斯忠主编.—合肥:中国科学技术大学出版社,1995.11.—325页;20cm.—(中国现代青年公共关系丛书/张斯忠主编)
ISBN 7-312-00726-0:¥11.00

C912.3 001356
新编公共关系学/郑渊,李燕萍主编.—北京:金城出版社,1995.9.—398页;19cm
ISBN 7-80084-120-0:¥16.00

C912.3 001357
新编公共关系学教程/薄绍信等主编.—北京:警官教育出版社,1995.7.—327页;20cm
ISBN 7-81027-648-4:¥12.00

C912.3 001358
行政谈判/张勤编著.—北京:经济科学出版社,1995.10.—209页;19cm.—(谈判系列丛书·实务篇/张勤主编)
ISBN 7-5058-0877-X:¥10.00

C912.3 001359
中国实用公共关系学/杨富斌主编.—石家庄:河北人民出版社,1995.3.—223页;20cm
ISBN 7-202-01707-5:¥6.80

C912.3 001360
中国优秀公关案例选评:首届中国最佳公关案例大赛获奖案例集/朱传贤等主编.—上海:复旦大学出版社,1995.6.—216页;20cm
ISBN 7-309-01420-0:¥8.00

C912.3 001361
中外著名公关范例精萃/一川编著.—南昌:江西科学技术出版社,1995.1.—145页;19cm
ISBN 7-5390-0884-9:¥4.00

C912.3 001362
最新公关实务/夏建中著.—北京:中国人民大学出版社,1995.3.—277页;20cm
ISBN 7-300-02046-1:¥6.30

①C912.3②D035 001363
政府公共关系学/徐万珉,窦泽秀主编.—青岛:青岛海洋大学出版社,1995.12.—219页;20cm.—(当代公务员系列丛书)
ISBN 7-81026-786-8:¥8.50

①C912.3②F045.5 001364
公共关系与市场经济/丁济沧主编;中国公共关系学术委员会编.—海口:南海出版公司,1995.8.—340页;19cm.—(公共关系文集;4)
ISBN 7-5442-0576-2:¥12.00

①C912.3②F713.3 001365
公关·礼仪·推销与谈判/阮美菊等主编.—北京:中国商业出版社,1995.8.—3册;19cm
ISBN 7-5044-2004-2:¥27.26

①C912.3②G206 001366
传播与公关/孙顺华主编.—青岛:青岛出版社,1995.11.—241页;20cm
高校公关专业用书
ISBN 7-5436-1326-3:¥9.80

①C912.3②H0 001367
现代公关语言学/哈森主编;李秀等编著.—呼和浩特:内蒙古人民出版社,1995.10.—300页;20cm
ISBN 7-204-03072-9:¥12.50

①C912.3②K891 001368
公关礼仪/丛杭青编著.—北京:东方出版社,1995.8.—327页;20cm
ISBN 7-5060-0641-3:¥16.00

①C912.3②K891 001369
公关礼仪学/周裕新,张弘著.—上海:上海社会科学院出版社,1995.7.—262页;20cm
ISBN 7-80618-097-4:¥10.00

C912.3-05 001370
公共关系心理学/王国富,朱锡城主编.—武汉:武汉测绘科技大学出版社,1995.10.—295页;20cm
公共关系系列教材
ISBN 7-81030-419-4:¥9.80

C912.3-42 001371
教学与辅导:1995级公共关系学专辑/中央农业广播电视学校主办.—北京:中国农业出版社,1995.12.—48页;26cm
市场营销、企业经营管理专业用
ISBN 7-109-04276-6:¥2.00

C912.3-43 001372
公共关系学教程/王新玺,于健慧主编.—哈尔滨:黑龙江人民出版社,1995.11.—293页;19cm
ISBN 7-207-03348-6:¥12.00

C912.3-43 001373
公共关系学教程/王金栋主编.—哈尔滨:东北林业大学出版社,1995.12.—357页;19cm
ISBN 7-81008-626-X:¥11.80

C912.3-43 001374
公共关系学教程自学考试指南/蒋春堂主编.—武汉:武汉测绘科技大学出版社,1995.9.—208页;19cm
高等教育自学考试辅导教材
ISBN 7-81030-416-X:¥7.00

C912.3-61 001375
公关交际用语词典/许正元,王丽琴编著.—北京:中

国青年出版社,1995.9.—927 页;19cm
ISBN 7-5006-1727-5(精装):¥30.00

C912.4 001376
传统与转型:江西泰和农村宗族形态:一项社会人类学的研究/钱杭,谢维扬著.—上海:上海社会科学院出版社,1995.6.—310 页:照片;20cm.—(学者书库·史丛)
ISBN 7-80618-094-X:¥12.50

C912.4 001377
结构人类学/(法)莱维-斯特劳斯(Leui-Strauss, C.)著;谢维扬,俞宣孟译.—上海:上海译文出版社,1995.12.—412 页;20cm.—(二十世纪西方哲学译丛)
ISBN 7-5327-1463-2:¥22.20

C912.4 001378
来自地球村的报告:文化·生态·经济/石中元著.—青岛:青岛出版社,1995.8.—356 页;20cm
ISBN 7-5436-1168-6:¥12.80

C912.4 001379
人类文化之谜/李宏图等编著.—上海:上海远东出版社,1995.10.—172 页;19cm.—(二十一世纪人才文库·科学馆)
ISBN 7-80613-163-9:¥8.00

C912.4 001380
人类之谜/朱长超编著.—上海:上海远东出版社,1995.10.—262 页;19cm.—(二十一世纪人才文库·科学馆)
ISBN 7-80613-158-2:¥12.00

C912.4 001381
重建人类社会/(韩)赵永植著;清玉,姜日天译.—北京:东方出版社,1995.3.—197 页;20cm
据韩国庆熙大学校出版局 90 年第 6 版译出
ISBN 7-5060-0553-0:¥8.50

①C912.4②I16 001382
冬旅——你所错过的机会/《冬旅——你所错过的机会》编委会编.—南京:江苏人民出版社,1995.7.—435 页;20cm.—(名人话人生丛书/刘勇坚主编)
ISBN 7-214-01503-X:¥17.00

C912.4-49 001383
人,怎样跨入新世纪:21 世纪的教育/王长沛等编著.—北京:科学技术文献出版社,1995.7.—219 页;19cm.—(21 世纪科普教育丛书/卢嘉锡等主编)
ISBN 7-5023-2506-9:¥10.50

C912.4-53 001384
文化人类学辑刊　第一辑/新疆师范大学文化人类学研究所编.—乌鲁木齐:新疆人民出版社,1995.9.—146 页;26cm
ISBN 7-228-03674-3:¥12.00

C912.5 001385
民族学与民族文化发展研究:庆祝林耀华教授从教六十二周年纪念文集/马启成,白振声主编.—北京:中国社会科学出版社,1995.8.—411 页;20cm
ISBN 7-5004-1760-8(精装):¥25.00

C912.5 001386
中国的民族识别/黄光学主编.—北京:民族出版社,1995.1.—369 页;20cm
ISBN 7-105-02217-5:¥7.25

①C912.5②K28 001387
中国的民族识别/黄光学主编.—北京:民族出版社,1995.1.—369 页;20cm
ISBN 7-105-02210-8(精装):¥11.60

C912.5-53 001388
潘光旦民族研究文集/潘乃穆,王庆恩选编.—北京:民族出版社,1995.4.—368 页;20cm
ISBN 7-105-02156-X(精装):¥10.70

C912.5-53 001389
潘光旦民族研究文集/潘乃穆,王庆恩选编.—北京:民族出版社,1995.4.—368 页;20cm
ISBN 7-105-02157-8:¥7.50

C912.6 001390
代价论:一个社会学的新视角/郑也夫著.—北京:三联书店,1995.4.—177 页;20cm.—(三联·哈佛燕京学术丛书·第二辑)
ISBN 7-108-00770-3:¥9.00

C912.6 001391
当代社会心理学导论/金盛华,张杰编著.—北京:北京师范大学出版社,1995.3.—415 页;20cm
ISBN 7-303-03869-8:¥10.20

C912.6 001392
揭开庐山真面目:社会行为探微/马广海,林存瑛著.—济南:山东教育出版社,1995.5.—144 页;19cm.—(走向社会丛书/徐经泽等主编)
全套共 5 册,总定价:27.00 元
ISBN 7-5328-2108-0:¥0.00

C912.6 001393
现代应用社会心理学/乐国安主编.—兰州:兰州大学出版社,1995.9.—385 页;20cm
ISBN 7-311-00895-6:¥12.80

C912.6 001394
心域探步/韦群著.—上海:复旦大学出版社,1995.10.—173 页;20cm
ISBN 7-309-01559-2:¥10.00

C912.6 001395
中国:掀起你的盖头来:中国文化现象解密/易中天著.—海口:海南出版社,1995.11.—378 页;20cm
ISBN 7-80617-342-0:¥16.80

C912.63 001396
误区与超越:当代中国的社会舆论/李良栋著.—北京:中共中央党校出版社,1995.3.—234 页;20cm
ISBN 7-5035-1133-8:¥7.00

C912.67 001397
西方社会与西方思潮/刘道镛主编.—南京:东南大学出版社,1995.12.—384 页;20cm
研究生教材
ISBN 7-81050-115-1:¥15.00

C912.8 001398
社区导论/罗萍主编.—武汉:武汉大学出版社,1995.12.—289 页;20cm
ISBN 7-307-02085-8:¥7.00

C912.8　001399
社区概论/董泉增,王庆功主编.—济南:山东友谊出版社,1995.11.—288页;19cm
ISBN 7-80551-784-3:¥9.00

C912.8　001400
社区研究的理论与方法/丁元竹著.—北京:北京大学出版社,1995.6.—343页;20cm
ISBN 7-301-02633-1:¥13.50

C912.8　001401
新视角下的政治:关于社区政治发展的专题研究/王振海,王存慧主编.—北京:中国社会科学出版社,1995.4.—254页;20cm
ISBN 7-5004-1570-2:¥8.60

C912.8　001402
一九四九前潮州宗族村落社区的研究/陈礼颂著.—上海:上海古籍出版社,1995.12.—135页;20cm.—(潮汕历史文化丛书)
ISBN 7-5325-1979-1:¥14.90

C912.81　001403
城市社会学/魏新文,姚继韵著.—广州:华南理工大学出版社,1995.9.—263页;20cm
ISBN 7-5623-0814-4:¥12.00

C912.81　001404
城市史研究　第10辑/天津社会科学院历史研究所,天津市城市科学研究会编.—天津:天津古籍出版社,1995.1.—182页;20cm
ISBN 7-80504-425-2:¥5.80

C912.81　001405
传统与变革:哈尔滨近代社会文明转型研究/石方,高凌著.—哈尔滨:黑龙江人民出版社,1995.10.—465页;20cm
ISBN 7-207-03371-0:¥20.00

C912.82　001406
农村社会学/谷中原主编.—北京:中国农业出版社,1995.9.—209页;20cm.—(高等农业院校人文社会科学教育丛书/屈林岩主编)
ISBN 7-109-04192-1:¥9.80

C912.82　001407
农村社会学/苏俊峰,宋明爽主编.—北京:中国农业出版社,1995.12.—288页;20cm
ISBN 7-109-04252-9:¥14.00

C913　社会生活与社会问题

C913　001408
大洋彼岸的震荡:从美国看西方现代社会与文化/高鉴国著.—济南:山东教育出版社,1995.5.—185页;19cm.—(走向社会丛书/徐经泽等主编)
全套共5册,总定价:27.00元
ISBN 7-5328-2108-0:¥0.00

C913　001409
繁难的超越:市场经济与生活方式建构/王雅林著.—哈尔滨:黑龙江人民出版社,1995.11.—205页;20cm.—(站在世纪之交的思考:中国市场经济与社会发展丛书;8/邓伟志,张琢主编)
ISBN 7-207-03309-5:¥7.50

C913　001410
警钟长鸣:当代社会问题评说/庄平著.—济南:山东教育出版社,1995.5.—195页;19cm.—(走向社会丛书/徐经泽等主编)
全套共5册,总定价:27.00元
ISBN 7-5328-2108-0:¥0.00

C913　001411
开放大潮下的生活方式/童星等著.—北京:中国青年出版社,1995.4.—390页;19cm
ISBN 7-5006-1752-6:¥10.30

C913　001412
青年男女处世密码/苏军著.—上海:上海远东出版社,1995.5.—186页;19cm.—(海浪丛书)
ISBN 7-80613-074-8:¥8.00

C913　001413
趣味人生/高云岗等编.—北京:中国农业出版社,1995.8.—190页;19cm.—(海外博览丛书)
ISBN 7-109-03891-2:¥8.05

C913　001414
生活的秘密:汉英对照/(美)沃尔特斯(Walters,J.D.)著;蒋晓云,张玮译.—北京:机械工业出版社,1995.4.—12册;12×10cm
ISBN 7-111-04539-4(精装):¥78.00

C913　001415
生活陷阱212/金峰主编;赵林涛等编.—北京:中国经济出版社,1995.4.—168页;19cm.—(生活好运说丛书)
ISBN 7-5017-3383-X:¥4.50

C913　001416
心理追踪:误区与超越/张世和著.—成都:西南交通大学出版社,1995.1.—204页;19cm
社会心理与教育研究
ISBN 7-81022-740-8:¥5.30

①C913②I25　001417
法制时空:北京青年报精华本.—成都:四川人民出版社,1995.10.—76页;26cm
ISBN 7-220-02972-1:¥4.80

①C913②I253　001418
社会大特写:北京青年报精华本.—成都:四川人民出版社,1995.10.—76页;26cm
ISBN 7-220-02972-1:¥4.80

C913-05　001419
现代生活心理学/(美)威顿著;吴存民等译.—郑州:河南人民出版社,1995.1.—642页;20cm
著者原题:威尼·威顿
ISBN 7-215-02478-4:¥22.50

C913.1　001420
爱河:少男少女百事通/白韵琴编.—兰州:甘肃民族出版社,1995.5.—231页;20cm
ISBN 7-5421-0337-7:¥7.48

C913.1　001421

爱情处方/林蕙瑛著.—北京:中国青年出版社,1995.2.—239页;19cm.—(婚恋咨询丛书)

ISBN 7-5006-1728-3:¥8.00

C913.1　001422

婚恋心理指南/肖彬著.—南京:江苏科学技术出版社,1995.7.—245页;19cm

ISBN 7-5345-1955-1:¥8.40

C913.1　001423

家庭·婚姻·青春期教育/联合国科教文组织亚太地区总部编写;高桂芳等译.—北京:中国人口出版社,1995.8.—201页;19cm

ISBN 7-80079-222-6:¥7.00

C913.1　001424

家庭婚姻备忘录/胡祥明主编;朱晓军编.—北京:科学普及出版社,1995.1.—98页;26cm.—(家庭生活指南系列丛书;1)

ISBN 7-110-03849-1:¥5.90

C913.1　001425

精明的求爱技巧:成功不求人(5)/潘红编著.—石家庄:河北人民出版社,1995.11.—170页;19cm

ISBN 7-202-01611-7:¥4.60

C913.1　001426

恋爱·结婚·离婚:婚姻家庭400问/王金安编著.—呼和浩特:内蒙古人民出版社,1995.1.—323页;19cm

ISBN 7-204-02626-8:¥7.50

C913.1　001427

巧过情关/陈怡魁著.—北京:中国青年出版社,1995.2.—145页;19cm.—(婚恋咨询丛书)

ISBN 7-5006-1730-5:¥5.20

C913.1　001428

情海生波/曹敏诲著.—北京:中国青年出版社,1995.2.—234页;19cm.—(婚恋咨询丛书)

ISBN 7-5006-1731-3:¥7.70

C913.1　001429

柔情无敌/曹敏诲著.—北京:中国青年出版社,1995.2.—168页;19cm.—(婚恋咨询丛书)

ISBN 7-5006-1729-1:¥5.70

C913.1　001430

少女恋爱与幸福/新潮女性杂志编.—延吉:延边人民出版社,1995.3.—163页;19cm.—(新潮少女系列书·少女修养;4)

ISBN 7-80599-216-9:¥3.95

C913.1　001431

我用一生守候你:写给女人,也写给男人/任守春主编.—北京:中国妇女出版社,1995.7.—277页;19cm.—(中国妇女报刊精粹丛书/姚维斗主编)

ISBN 7-80016-110-2:¥9.80

C913.1　001432

营造一个温馨的家/马喜真等编著.—广州:暨南大学出版社,1995.12.—268页;20cm

ISBN 7-81029-459-8:¥12.00

①C913.1②D441　001433

当代职业女性的恋爱、婚姻与家庭/侯梅先著.—北京:中国检察出版社,1995.1.—189页;19cm.—(当代职业女性丛书/侯梅先,赵健杰主编)

全套8册,总定价:38.80元

ISBN 7-80086-264-X:¥0.00

①C913.1②J228.2　001434

爱情十句话　(Ⅰ)/蔡志忠编绘.—北京:三联书店,1995.3.—111页;20cm.—(十句话丛书)

ISBN 7-108-00763-0:¥5.00

C913.11　001435

家庭学/许万敬,刘向信主编.—济南:山东友谊出版社,1995.9.—450页;19cm

ISBN 7-80551-739-8:¥14.00

C913.11　001436

家政学导论/周海乐等编著.—苏州:苏州大学出版社,1995.9.—203页;20cm.—(家政家教丛书/周海乐,李兰芬主编)

ISBN 7-81037-141-X:¥8.50

C913.11　001437

客家宗族社会/孔永松,李小平编著.—福州:福建教育出版社,1995.10.—140页;20cm.—(客家文化丛书/谢重光主编)

ISBN 7-5334-1943-X:¥8.70

C913.11　001438

人子之情:尊师敬长篇/郭娅编著.—成都:四川教育出版社,1995.5.—147页;19cm.—(中华传统美德丛书/肖子辉,阎钢主编)

ISBN 7-5408-2695-9:¥4.00

C913.11　001439

社会细胞之谜:漫话家庭/李芹著.—济南:山东教育出版社,1995.5.—178页;19cm.—(走向社会丛书/徐经泽等主编)

全套共5册,总定价:27.00元

ISBN 7-5328-2108-0:¥0.00

C913.11　001440

温馨的港湾——职业女性的理家之道/张蓉编著.—北京:农村读物出版社,1995.9.—113页;19cm.—(女性与发展丛书)

ISBN 7-5048-2647-2:¥8.00

C913.11　001441

现代家庭文化建设/宋秀美,王爱英主编.—济南:山东人民出版社,1995.4.—382页;20cm

ISBN 7-209-01743-7:¥8.80

C913.11　001442

行为与家庭:异常行为的家庭因素研究/郑希付著.—长沙:湖南师范大学出版社,1995.4.—216页;20cm

ISBN 7-81031-411-4:¥6.80

C913.11　001443

幸福家庭成功术/林俞编.—广州:广州出版社,1995.12.—137页;19cm

ISBN 7-80592-336-1:¥4.80

C913.13　001444

当你面对离婚的难题:妇女热线的回答/丁宁等编著.—北京:海豚出版社,1995.1.—277页;19cm.—(妇

女热线丛书/王行娟主编）

ISBN 7－80051－204－5：¥7.80

C913.13 001445

夫妻恩爱之道/林君雄等著.—北京：中国青年出版社，1995.4.—168页；19cm.—（新婚礼品丛书/柳宁主编）

ISBN 7－5006－1835－2：¥7.00

C913.13 001446

夫妻生活和谐的秘诀/胡祥明主编；李岩编.—北京：科学普及出版社，1995.1.—101页；26cm.—（家庭生活指南系列丛书；5）

ISBN 7－110－03942－0：¥5.90

C913.13 001447

婚姻：一条空船/云天等编译.—南昌：江西人民出版社，1995.1.—467页；20cm

ISBN 7－210－01401－2：¥14.80

C913.13 001448

婚姻急诊/林蕙瑛著.—北京：中国青年出版社，1995.2.—234页；19cm.—（婚恋咨询丛书）

ISBN 7－5006－1732－1：¥7.70

C913.13 001449

心理健康顾问：恋爱、择偶、性格/祝利，高琳主编.—天津：南开大学出版社，1995.4.—419页；19cm

ISBN 7－310－00817－0：¥9.80

C913.14 001450

变性的困惑/邵传烈著.—天津：天津人民出版社，1995.2.—187页；19cm

ISBN 7－201－02035－8：¥7.00

C913.14 001451

两性天地　第一卷/《两性天地》编委会编.—兰州：甘肃科学技术出版社，1995.9.—74页；26cm

ISBN 7－5424－0517－9：¥4.98

C913.14 001452

男性生活禁忌/遥见编著.—天津：天津科学技术出版社，1995.4.—208页；19cm

ISBN 7－5308－1680－2：¥7.00

C913.14 001453

女性性防范/肖建国，杨忠孝编著.—上海：上海文化出版社，1995.11.—89页；19cm.—（五角丛书；147）

ISBN 7－80511－796－9：¥3.20

C913.14 001454

让性生活美满和谐：妇女热线的回答/王行娟等编著.—北京：海豚出版社，1995.1.—208页；19cm.—（妇女热线丛书/王行娟主编）

ISBN 7－80051－273－8：¥6.20

C913.14 001455

性爱哲言/何春耕等编.—桂林：漓江出版社，1995.4.—455页；19cm

ISBN 7－5407－1680－0：¥10.00

C913.14 001456

亚当与夏娃　A卷/曼生主编.—西宁：青海人民出版社，1995.4.—77页；26cm

ISBN 7－225－01025－5：¥3.80

C913.14 001457

亚当与夏娃　B卷/曼生主编.—西宁：青海人民出版社，1995.4.—76页；26cm

ISBN 7－225－01025－5(1)：¥3.80

C913.14 001458

阳刚与阴柔的变奏：两性关系和社会模式/闵家胤主编；中国伙伴关系研究小组著.—北京：中国社会科学出版社，1995.9.—446页；20cm

ISBN 7－5004－1739－X（精装）：¥30.00

C913.14 001459

中国性现状：潘绥铭性学专题/潘绥铭著.—北京：光明日报出版社，1995.4.—630页；20cm

ISBN 7－80091－670－7：¥19.90

①C913.14②H033 001460

男性珍言/蔡昌卓译.—桂林：漓江出版社，1995.7.—214页；19cm

ISBN 7－5407－1738－6：¥7.70

C913.2 001461

毕业生就业指导/韩晓峰等主编.—武汉：中国地质大学出版社，1995.5.—286页；20cm

ISBN 7－5625－0991－3：¥6.40

C913.2 001462

成功之路——当代女性求职择业艺术/朱启臻编著.—北京：农村读物出版社，1995.9.—146页；19cm.—（女性与发展丛书）

ISBN 7－5048－2649－9：¥8.00

C913.2 001463

大学生就业学/余仰涛主编.—武汉：武汉测绘科技大学出版社，1995.5.—284页；20cm

ISBN 7－81030－388－0：¥7.00

C913.2 001464

大学生就业指导/梁振豫等主编.—西安：西北大学出版社，1995.4.—262页；19cm

ISBN 7－5604－0887－7：¥7.80

C913.2 001465

大中专学生择业就业纵横谈/孙慕骞主编.—长春：吉林大学出版社，1995.6.—303页；19cm

ISBN 7－5601－1728－7：¥7.00

C913.2 001466

求职必读/学志编.—2版.—广州：华南理工大学出版社，1995.9.—194页；19cm

ISBN 7－5623－0280－4：¥6.50

C913.2 001467

求职必读：如何有效地推销自己/陈少君等著.—青岛：青岛出版社，1995.5.—348页；20cm

ISBN 7－5436－1306－9：¥12.80

C913.2 001468

求职谋生术/郑航著.—广州：广东人民出版社，1995.8.—222页；19cm

ISBN 7－218－01977－3：¥8.00

C913.2 001469

下辈子还当女人吗：职业女性的困惑与希望/张琪著.—北京：中华工商联合出版社，1995.2.—164页；19cm.—（职业与人丛书；4/王通讯等主编）

ISBN 7－80100－113－3：¥7.00

C913.2　001470
怎样求职、谋业、调动:职业问题面面观/姚裕群著.—北京:中华工商联合出版社,1995.2.—218页;19cm.—(职业与人丛书;1/王通讯等主编)
ISBN 7-80100-113-3:¥7.00

C913.2　001471
怎样向老板讨公道:求职者权益的自我保护/甄源泰著.—北京:中华工商联合出版社,1995.2.—153页;19cm.—(职业与人丛书;2/王通讯等主编)
ISBN 7-80100-113-3:¥7.00

C913.2　001472
职业结构与流动/陈婴婴著.—北京:东方出版社,1995.3.—208页;20cm.—(日本研究博士丛书)
ISBN 7-5060-0586-7:¥8.00

C913.2　001473
职业女性的就业指导/林燕玲编著.—北京:中国妇女出版社,1995.12.—164页;19cm.—(职业女性丛书/张默主编)
ISBN 7-80131-005-5:¥7.00

C913.2　001474
职业生活处事要则/(美)托马塞特(Thomsett,M.C.)著;赖月珍译.—上海:上海人民出版社,1995.10.—214页;20cm.—(美国管理协会·斯米克管理丛书/汪熙,李慈雄主编)
ISBN 7-208-02067-1:¥10.70

C913.2　001475
职业指导/林洪平,陶正官主编.—上海:上海社会科学院出版社,1995.7.—238页;19cm
ISBN 7-80618-091-5:¥8.50

C913.2　001476
职业指导/王珍等主编.—北京:地质出版社,1995.10.—352页;20cm
ISBN 7-116-01980-4:¥9.60

C913.2　001477
职业指导概论/黄中益编著.—长沙:湖南教育出版社,1995.7.—370页;20cm
ISBN 7-5355-2238-6:¥15.00

C913.2　001478
走向明天:大学毕业生的职业与事业/梁桂麟,梅树德主编.—广州:广东高等教育出版社,1995.10.—223页;19cm
ISBN 7-5361-1352-8:¥8.50

①C913.2②C962　001479
职业设计与优选人才/孙彤,李悦主编.—济南:山东人民出版社,1995.12.—334页;20cm
ISBN 7-209-01821-2:¥10.80

①C913.2②D441　001480
当代职业女性再次就业与择业技巧/侯梅先著.—北京:中国检察出版社,1995.1.—196页;19cm.—(当代职业女性丛书/侯梅先,赵健杰主编)
全套8册,总定价:38.80元
ISBN 7-80086-264-X:¥0.00

①C913.2②F270　001481
生财有道/李炽良等编.—北京:中国农业出版社,1995.8.—344页;19cm.—(海外博览丛书)
ISBN 7-109-03893-9:¥12.90

C913.2-62　001482
当代大学生择业指南/刘家琦主编.—哈尔滨:哈尔滨工业大学出版社,1995.11.—308页;19cm
ISBN 7-5603-1113-X:¥10.00

C913.2-62　001483
医学毕业生就业指南/丁鲁省等主编.—青岛:青岛海洋大学出版社,1995.12.—223页;19cm
ISBN 7-81026-815-5:¥8.18

C913.2-64　001484
长大了干什么:360行(上)/黎文,杰天编;徐纯中,马坚绘.—上海:上海教育出版社,1995.12.—110页;23×19cm
ISBN 7-5320-4754-7:¥12.00

C913.2-64　001485
长大了干什么:360行(下)/黎文,杰天编;徐纯中,马坚绘.—上海:上海教育出版社,1995.12.—110页;23×19cm
ISBN 7-5320-4753-9:¥12.00

C913.3　001486
金钱的位置:200名人谈金钱/陈立思主编.—北京:华夏出版社,1995.1.—348页;19cm
ISBN 7-5080-0448-5:¥7.80

C913.3　001487
实用消费心理学/张亚辉主编.—银川:宁夏人民出版社,1995.4.—265页;19cm.—(公共关系丛书/朱传贤主编)
ISBN 7-227-01451-7:¥5.70

C913.32　001488
交通与社会/黄先耀,刘庆珍主编.—大连:大连海事大学出版社,1995.9.—272页;19cm
ISBN 7-5632-0877-1:¥12.80

C913.5　001489
当代青少年心理与行为透视/刘守旗主编.—合肥:安徽人民出版社,1995.5.—299页;19cm
ISBN 7-212-01182-7:¥8.00

C913.6　001490
话说临终关怀/孟宪武编著.—上海:上海文化出版社,1995.12.—112页;19cm.—(五角丛书;150)
ISBN 7-80511-804-3:¥3.90

C913.6　001491
辉煌晚年卷/薛振宇等编.—西安:陕西人民教育出版社,1995.8.—161页;20cm.—(老花镜丛书/张力主编)
ISBN 7-5419-6244-9:¥10.00

C913.6　001492
跨世纪老人的通信/金国正主编.—上海:上海文化出版社,1995.7.—352页;20cm
ISBN 7-80511-763-2:¥9.50

C913.6　001493
年龄与工作能力/世界卫生组织编;刘新月等译.—北京:人民卫生出版社,1995.5.—43页;24cm.—(世界卫生组织技术报告丛书;835)

ISBN 7-117-02239-6: ¥0.00

C913.6 001494

热点咨询卷/王丹等编.—西安:陕西人民教育出版社,1995.8.—210页;20cm.—(老花镜丛书/张力主编)

ISBN 7-5419-6228-7: ¥11.80

C913.6 001495

审美人生卷/张力主编.—西安:陕西人民教育出版社,1995.8.—159页;20cm.—(老花镜丛书/张力主编)

ISBN 7-5419-6226-0: ¥10.00

C913.6 001496

生活情趣卷/刘春翎等编.—西安:陕西人民教育出版社,1995.8.—255页;20cm.—(老花镜丛书/张力主编)

ISBN 7-5419-6227-9: ¥13.50

C913.6 001497

中国老年社会学/王少哲主编.—天津:南开大学出版社,1995.9.—373页;20cm

ISBN 7-310-00701-8(精装): ¥15.00

C913.69-62 001498

盲人生活指南/徐白仑主编.—北京:华夏出版社,1995.9.—119页;19cm

ISBN 7-5080-0758-1: ¥4.00

C913.7 001499

全球社会保障制度考察/陈东琪主编.—广州:广东人民出版社,1995.12.—221页;19cm

ISBN 7-218-02049-6: ¥11.80

C913.7 001500

社会保障/国际劳工局编;李东林,余炳荣译.—北京:中国劳动出版社,1995.6.—116页;19cm

职工教育读本

ISBN 7-5045-1735-6: ¥4.00

C913.7 001501

社会保障论/高静娟等编著.—沈阳:沈阳出版社,1995.12.—385页;20cm

ISBN 7-5441-0441-9: ¥15.00

C913.7 001502

世界主要国家社会保障制度概观/顾海良,张雷声编著.—北京:中国大百科全书出版社,1995.10.—144页;19cm.—(百卷本世界市场全书/顾海良等主编)

ISBN 7-5000-5527-7: ¥9.80

C913.7 001503

市场经济条件下的社会保障/王珏等主编.—哈尔滨:黑龙江人民出版社,1995.10.—402页;19cm.—(社会主义市场经济论坛)

ISBN 7-207-02997-7: ¥10.80

C913.7 001504

市场经济与老年保障/袁缉辉编著.—上海:学林出版社,1995.1.—122页;19cm.—(老年学丛书)

ISBN 7-80510-824-2: ¥4.50

①C913.7②F840 001505

社会保险和社会福利/张友琴编著.—厦门:厦门大学出版社,1995.7.—313页;20cm.—(社会工作丛书/张善城主编)

ISBN 7-5615-1049-1: ¥10.00

C913.7-62 001506

社会保障实用手册/胡逢云主编.—上海:上海辞书出版社,1995.10.—530页;19cm

ISBN 7-5326-0363-6(精装): ¥20.10

C913.8 001507

当代世界毒品大战/张文峰主编.—北京:当代世界出版社,1995.9.—223页;20cm

ISBN 7-80115-037-6: ¥12.80

C913.8 001508

广东省全民禁毒教育大型挂图:缩印本/广东省禁毒委员会,中共广东省委宣传部编 .—广州:广东高等教育出版社,1995.7.—1册;42×29cm

ISBN 7-5361-1715-9: ¥25.00

C913.8 001509

剿杀白色幽灵:国际武装缉毒大扫描/高厚满编著.—北京:解放军出版社,1995.5.—197页;19cm.—(世界军警行动纪实丛书)

ISBN 7-5065-2657-3: ¥7.60

C913.8 001510

禁毒/新疆维吾尔自治区公安厅编.—乌鲁木齐:新疆人民出版社,1995.5.—207页;20cm

ISBN 7-228-03449-X: ¥8.80

C913.8 001511

禁毒:现实与决策/李长兴主编.—贵阳:贵州教育出版社,1995.8.—127页;20cm

ISBN 7-80583-724-4: ¥4.40

C913.8 001512

青少年防毒禁毒教育读本.—广州:广东科技出版社,1995.6.—184页;19cm

ISBN 7-5359-1544-2: ¥7.80

①C913.8②I25 001513

白魔祭坛上的童男童女 /谷应著.—天津:百花文艺出版社,1995.12.—243页;20cm

ISBN 7-5306-1868-7: ¥9.50

①C913.8②R996 001514

毒品·成瘾·戒毒/刘志民等编著.—天津:天津科学技术出版社,1995.10.—289页;19cm

ISBN 7-5308-1336-6: ¥12.00

C913.8-62 001515

戒毒禁毒手册/洛湃编著.—广州:华南理工大学出版社,1995.5.—236页;20cm

ISBN 7-5623-0861-6: ¥13.80

C915 001516

中国单位现象研究资料集/李汉林等著.—北京:中央文献出版社,1995.5.—96页;20cm

ISBN 7-5073-0262-8: ¥2.00

C916 001517

社会管理学概论/商英伟等编著.—厦门:厦门大学出版社,1995.10.—270页;20cm.—(社会工作丛书/张善城主编)

ISBN 7-5615-1094-2: ¥10.00

C92 人口学

C92　001518
历史视野中的人口与现代化/王渊明著.—杭州:浙江人民出版社,1995.2.—356页;20cm
ISBN 7-213-01164-2:¥10.50

C92　001519
人口理论概论/张怀宇等编著.—北京:中共中央党校出版社,1995.11.—128页;20cm
ISBN 7-5035-1330-6:¥4.60

C92　001520
人口与发展/原华荣著.—兰州:兰州大学出版社,1995.3.—404页;20cm
ISBN 7-311-00916-2:¥12.50

C92　001521
人口与发展国际文献汇编/国家计划生育委员会外事司编.—北京:中国人口出版社,1995.5.—405页;20cm
ISBN 7-80079-255-2:¥20.00

C92　001522
人口知识基础/李明泰主编.—长春:长春出版社,1995.7.—178页;19cm
ISBN 7-80604-347-0:¥4.00

C92　001523
适度人口与控制/毛志锋著.—西安:陕西人民出版社,1995.3.—382页;20cm.—(系统与管理科学研究文库)
ISBN 7-224-03599-8:¥11.00

C92-05　001524
非线性人口学导论/王放,李后强著.—成都:四川大学出版社,1995.7.—317页;20cm
ISBN 7-5614-1134-0:¥15.00

C92-05　001525
怪圈之谜初探:贫困人口问题的透视与思考/韦惠兰,张志良主编.—兰州:甘肃科学技术出版社,1995.5.—322页;19cm
ISBN 7-5424-0546-2:¥10.50

C92-05　001526
人口经济导论/万克德著.—北京:中国物价出版社,1995.6.—264页;20cm
ISBN 7-80070-475-0:¥9.80

C92-05　001527
人口增长与经济发展:对若干政策问题的思考/美国"人口增长与经济发展"课题组等编著;于学军译.—北京:商务印书馆,1995.1.—171页;20cm
据美国国家科学院出版社华盛顿1986年版译出
ISBN 7-100-01633-9:¥7.50

C92-05　001528
市场经济与人口发展/王冰,朱农主编.—武汉:湖北教育出版社,1995.3.—218页;19cm.—(市场经济系列丛书/郭吴新等主编)
ISBN 7-5351-1564-0:¥6.70

C92-05　001529
市场经济与人口运行/杜世卫等主编.—北京:中国人口出版社,1995.5.—193页;19cm
新编人口理论教程
ISBN 7-80079-248-X:¥4.50

C92-09　001530
西方人口思想史纲要/倪跃峰著.—北京:中国人民大学出版社,1995.5.—307页;20cm
ISBN 7-300-01990-0:¥11.00

C92-53　001531
田雪原文集　(二)/田雪原著.—北京:中国经济出版社,1995.1.—398页;20cm
ISBN 7-5017-3442-9:¥14.00

C921　001532
人口死亡学/赵锦辉,乔国良主编.—哈尔滨:黑龙江教育出版社,1995.10.—173页;26cm
ISBN 7-5316-2850-3:¥12.00

C921　001533
生命统计实用指南/栾伟等主编.—哈尔滨:黑龙江科学技术出版社,1995.3.—337页;19cm
ISBN 7-5388-2784-6:¥13.00

C922　001534
人口与生态平衡/李倬民,张英济著.—济南:山东科学技术出版社,1995.10.—168页;19cm
ISBN 7-5331-1588-0:¥3.50

C922.2-66　001535
中国人口迁移数据集/庄亚儿编.—北京:中国人口出版社,1995.11.—289页;20cm.—(数据用户服务系列;5)
ISBN 7-80079-303-6:¥12.00

C923　001536
跨世纪的行动——生殖健康/陈剑,张世琨编著.—北京:中国人口出版社,1995.10.—104页;20cm
ISBN 7-80079-288-9:¥4.00

C924　001537
人口与我们/桂世勋,张宜霖编著.—上海:上海科技教育出版社,1995.10.—149页;20cm.—(国民科技教育丛书/邓伟志主编)
ISBN 7-5428-0880　X:¥8.30

C924.2　001538
跨世纪的人口流动浪潮/李德滨著.—哈尔滨:黑龙江人民出版社,1995.11.—240页;20cm.—(站在世纪之交的思考:中国市场经济与社会发展丛书;3/邓伟志,张琢主编)
ISBN 7-207-03304-4:¥7.50

C924.2　001539
中国人口流动态势与管理/冀党生,邵秦主编.—北京:中国人口出版社,1995.8.—400页;20cm
ISBN 7-80079-263-3:¥24.00

C924.2　001540
中国人口普查方法科学研究/孙怀阳,张为民主编;国家统计局人口与就业统计司编.　北京:中国统计出版社,1995.10.—548页;20cm
ISBN 7-5037-1699-1:¥28.00

C924.2　001541
中国人口史/王育民编著.—南京:江苏人民出版社,1995.11.—566页;20cm
ISBN 7-214-01580-3(精装):¥25.00

C924.2 001542
中华人民共和国全国分县市人口统计资料:1994年度/中华人民共和国公安部编.—北京:群众出版社,1995.6.—313页;26cm
ISBN 7-5014-1345-2:¥25.00

①C924.2②F124.5 001543
人口·资源与环境协调发展研究:山东师范大学地理系系庆45周年论文集/赵善伦等主编.—济南:山东省地图出版社,1995.8.—548页;20cm
ISBN 7-80532-201-5:¥20.00

①C924.2②X32 001544
中国历史时期的人口变迁与环境保护/罗桂环,舒俭民编著.—北京:冶金工业出版社,1995.9.—289页;20cm
ISBN 7-5024-1736-2:¥15.00

C924.21 001545
计划生育行政管理/张克勤,刘杉主编.—北京:光明日报出版社,1995.5.—322页;19cm
ISBN 7-80091-687-1:¥7.80

C924.21 001546
人口管理和经济改革的探索与实践/戴得云主编.—北京:中国社会出版社,1995.10.—309页;19cm
ISBN 7-80088-722-7:¥9.80

C924.21 001547
人口与计划生育/张锦中,王道云主编.—开封:河南大学出版社,1995.1.—231页;19cm
ISBN 7-81041-174-8:¥4.80

C924.21 001548
中国计划生育服务站建设/吕海清,徐才万主编.—北京:中国人口出版社,1995.10.—370页;26cm
ISBN 7-80079-165-3:¥60.00

C924.21 001549
中国计划生育工作纲要:1995～2000年/国家计划生育委员会办公厅编.—北京:中国人口出版社,1995.2.—84页;19cm
ISBN 7-80079-249-8:¥2.20

C924.21 001550
中国人口的盛衰与对策:中国封建社会人口政策研究/王跃生著.—北京:社会科学文献出版社,1995.6.—441页;20cm.—(中国社会科学院青年学者文库/胡绳主编)
ISBN 7-80050-534-0:¥19.60

C924.21 001551
中国少数民族计划生育概论/续西发著 .—乌鲁木齐:新疆人民出版社,1995.7.—302页;20cm
ISBN 7-228-03501-1:¥12.00

①C924.21②R169 001552
人口与计划生育知识普及读本/吴晓春,吴亚平主编.—南京:江苏人民出版社,1995.5.—134页;19cm
ISBN 7-214-01485-8:¥4.50

C924.21-53 001553
市场经济下人口控制探索/高庆英主编.—北京:中国人口出版社,1995.10.—263页;20cm
ISBN 7-80079-285-4:¥9.90

C924.21-62 001554
计划生育协会工作手册/徐宝善主编.—天津:百花文艺出版社,1995.5.—214页;19cm
ISBN 7-5306-2004-5:¥5.80

C924.21-62 001555
人口计划生育工作效率手册/国家计划生育委员会人事司编.—北京:中国人口出版社,1995.10.—180页;19cm
ISBN 7-80079-298-6(精装):¥10.00

C924.24 001556
'95中国人口资源环境报告/国家计委国土开发与地区经济研究所,国家计委国土地区司编.—北京:中国环境科学出版社,1995.12.—180页;26cm
ISBN 7-80093-855-7:¥14.50

C924.24 001557
当代中国人口发展与家庭户的变迁/郭志刚著.—北京:中国人民大学出版社,1995.3.—262页;20cm
ISBN 7-300-01950-1:¥6.70

C924.24 001558
跨世纪的课题:外来流动人口问题探索/欧辉成,刘傅海主编.—广州:广东人民出版社,1995.3.—285页;20cm
ISBN 7-218-01772-X:¥12.00

C924.24 001559
人口学原理与中国人口问题/杜守东著.—北京:中国人口出版社,1995.7.—459页;20cm
ISBN 7-80079-216-1:¥15.60

C924.24 001560
市场经济与人口老龄化:献给浙江省老龄事业发展10周年/黄雪行主编;浙江省老年学学会编.—杭州:杭州大学出版社,1995.3.—287页;20cm
ISBN 7-81035-754-9:¥7.50

C924.24 001561
中国50乡镇流动人口调查研究/张庆五主编.—北京:中国人民公安大学出版社,1995.2.—157页;20cm
ISBN 7-81011-686-X:¥4.70

C924.24 001562
中国各民族人口的增长:分析与预测/黄荣清著.—北京:北京经济学院出版社,1995.12.—160页;19cm
ISBN 7-5638-0532-X:¥7.70

C924.24 001563
中国女性人口问题与发展/郑晓瑛主编.—北京:北京大学出版社,1995.8.—349页;19cm.—(女性研究丛书)
ISBN 7-301-02735-4:¥13.50

C924.24 001564
中国人口发展与经济发展关系研究/孙文生,靳光华著.—北京:中国人口出版社,1995.2.—220页;20cm
ISBN 7-80079-262-5:¥12.00

C924.24 001565
中国人口老化的经济学研究/于学军著.—北京:中国人口出版社,1995.11.—213页;20cm
ISBN 7-80079-300-1:¥13.00

C924.24 001566

中国少数民族人口/杨魁孚主编.—北京:中国人口出版社,1995.7.—431页;20cm
ISBN 7-80079-256-0:¥20.00

C924.24　001567
走向新世纪的中国人口/肖自力主编.—北京:中国人口出版社,1995.6.—379页;20cm
ISBN 7-80079-268-4:¥30.00

C924.25　001568
1992年中国生育率抽样调查:数据卷/蒋正华主编.—北京:中国人口出版社,1995.5.—885页;26cm
ISBN 7-80079-254-4:¥70.00

C924.25　001569
全国生育节育抽样调查报告集:图卷:汉英对照/陈胜利,邵伟主编.—北京:中国人口出版社,1995.5.—203页;19×27cm
ISBN 7-80079-247-1:¥98.00

C924.25　001570
中国1992年家庭经济与生育10省市抽样调查资料/田雪原主编.—北京:中国经济出版社,1995.1.—181页;26cm
ISBN 7-5017-2655-8(精装):¥26.50

C924.25-54　001571
中国人口统计年鉴　1995/国家统计局人口与就业统计司编.—北京:中国统计出版社,1995.11.—467页;26cm
ISBN 7-5037-2003-4:¥60.00

C924.25-66　001572
中国人口年龄性别结构/范菁菁编.—北京:中国人口出版社,1995.12.—514页;20cm.—(数据用户服务系列;6)
ISBN 7-80079-306-0:¥25.00

C924.25-66　001573
中国人口死亡数据集/黄荣清,刘琰编著.—北京:中国人口出版社,1995.12.—307页;20cm.—(数据用户服务系列;4)
ISBN 7-80079-250-1:¥15.00

C924.255.1　001574
90年代上海流动人口/王午鼎主编.—上海:华东师范大学出版社,1995.12.—565页;20cm
ISBN 7-5617-1475-0:¥20.00

C924.255.34　001575
铜山县人口教育/李君岗等主编.—重庆:重庆大学出版社,1995.8.—194页;19cm
ISBN 7-5624-1088-7:¥6.80

C93　管理学

C93　001576
风采人生:好谋略/梁永玲编.—成都:四川文艺出版社,1995.10.—219页;19cm
ISBN 7-5411-1367-0:¥5.90

C93　001577
管理场论纲/张福墀著.—北京:企业管理出版社,1995.11.—251页;20cm
ISBN 7-80001-679-X:¥12.00

C93　001578
管理大师/东达西著.—南宁:广西民族出版社,1995.10.—312页;19cm.—(人生点子库)
ISBN 7-5363-3051-0:¥10.80

C93　001579
管理决策/刘大镕主编.—北京:人民交通出版社,1995.3.—358页;26cm
高等学校试用教材　水运管理工程、经济专业用
ISBN 7-114-02000-7:¥11.00

C93　001580
管理科学/周听祥,梁素云编著.—北京:企业管理出版社,1995.9.—257页;20cm
ISBN 7-80001-509-2:¥13.50

C93　001581
管理科学/国家自然科学基金委员会编.—北京:科学出版社,1995.12.—209页;20cm.—(自然科学学科发展战略调研报告)
ISBN 7-03-004722-2:¥11.95

C93　001582
管理学:理论与实务/何似龙编著.—北京:水利电力出版社,1995.10.—303页;19cm.—(经营管理丛书/张阳,何似龙主编)
高等学校、干部培训教材
ISBN 7-120-02261-X:¥10.60

C93　001583
管理学概论/张剑,张全新主编.—北京:中国人事出版社,1995.1.—290页;20cm
山东干部函授大学教材
ISBN 7-80076-625-X:¥7.40

C93　001584
管理学概论/尤建新编著.—上海:同济大学出版社,1995.9.—252页;20cm
ISBN 7-5608-1460-3:¥5.30

C93　001585
管理学基础/范厚明主编.—大连:大连海事大学出版社,1995.2.—250页;20cm
ISBN 7-5632-0852-6:¥12.80

C93　001586
管理学原理/王积俭编著.—广州:华南理工大学出版社,1995.10.—566页;19cm
ISBN 7-5623-0947-7:¥14.80

C93　001587
管理学原理/王德中主编.—成都:西南财经大学出版社,1995.5.—258页;20cm
ISBN 7-81017-940-3:¥8.50

C93　001588
世界管理经典著作精选/石含英,王荣祯主编.—北京:企业管理出版社,1995.11.—495页;20cm
ISBN 7-80001-675-7:¥18.00

C93　001589
现代管理概论/牛银栓,刘溢海主编.—西安:陕西科学技术出版社,1995.1.—520页;19cm

ISBN 7-5369-2239-6: ¥13.50

C93　　001590

现代管理教程/刘文普主编;湖南省人事厅组织编写.—海口:海南出版社,1995.4.—243页;19cm

ISBN 7-80617-195-9: ¥6.60

C93　　001591

现代管理科学基础/范鹏飞编著.—北京:中国人事出版社,1995.3.—287页;19cm

ISBN 7-80076-661-6: ¥9.90

C93　　001592

现代管理理论与方法/刘俊生著.—北京:中国政法大学出版社,1995.3.—314页;20cm

ISBN 7-5620-1345-4: ¥9.50

C93　　001593

新编管理学/严学丰,夏健明主编.—上海:立信会计出版社,1995.9.—353页;20cm.—(现代经营管理系列)

ISBN 7-5429-0311-X: ¥13.50

C93-02　　001594

管理哲学/许杰主编.—济南:黄河出版社,1995.11.—312页;20cm

ISBN 7-80558-666-7: ¥11.60

C93-02　　001595

现代管理哲学/刘长明等编著.—北京:企业管理出版社,1995.12.—309页;19cm

ISBN 7-80001-683-8: ¥11.50

①C93-02②B226.5　　001596

韩非子与现代管理/潘乃樾著.—北京:中国经济出版社,1995.6.—222页;19cm

ISBN 7-5017-3480-1: ¥7.50

C93-03　　001597

追求和谐:东方管理探微/陈荣耀著.—上海:上海社会科学院出版社,1995.6.—377页;20cm

ISBN 7-80515-885-1: ¥12.00

①C93-03②N94　　001598

自组织管理理论/姜璐,时龙主编.—北京:北京师范大学出版社,1995.6.—169页;20cm

ISBN 7-303-03775-6: ¥6.40

C93-05　　001599

管理伦理学/张文贤等编著.—上海:复旦大学出版社,1995.12.—171页;20cm.—(大学管理类教材丛书)

ISBN 7-309-01484-7: ¥7.00

C93-05　　001600

管理心理学/王春福,刘兰芬主编.—哈尔滨:黑龙江人民出版社,1995.12.—293页;19cm

ISBN 7-207-03407-5: ¥10.00

C93-05　　001601

管理心理学/余智敏主编;南昌市广播电视中等专业学校组编.—北京:高等教育出版社,1995.4.—291页;19cm

成人中等专业学校试用教材

ISBN 7-04-005225-3: ¥5.05

C93-05　　001602

管理心理学/张桂敏,李进主编.—北京:中国商业出版社,1995.5.—324页;19cm

ISBN 7-5044-2335-1: ¥10.80

C93-05　　001603

管理心理学/尹家声等编.—西安:西安电子科技大学出版社,1995.9.—290页;19cm

中等专业学校教材

ISBN 7-5606-0369-6: ¥7.90

C93-05　　001604

管理心理学/赵国祥,杨巍峰编著.—开封:河南大学出版社,1995.12.—519页;20cm.—(现代应用心理学丛书/赵国祥主编)

ISBN 7-81041-295-7: ¥15.00

C93-05　　001605

管理心理学/金魁和主编;卫生部科教司组织编写.—北京:人民卫生出版社,1995.7.—203页;20cm

卫生管理干部岗位培训通用教材

ISBN 7-117-02225-6: ¥5.90

C93-05　　001606

管理心理学/李福成编著.—沈阳:辽宁大学出版社,1995.7.—321页;19cm

国家公务员培训教材

ISBN 7-5610-2239-5: ¥8.80

C93-05　　001607

管理心理学/李丹福等主编.—济南:山东大学出版社,1995.9.—323页;20cm

ISBN 7-5607-1482-X: ¥7.35

C93-05　　001608

管理心理学/廖明明主编.—北京:中国物资出版社,1995.6.—355页;19cm

中等专业学校商贸系列教材

ISBN 7-5047-1059-8: ¥9.20

C93-05　　001609

管理心理学笔谈/徐长山主编.—成都:西南交通大学出版社,1995.7.—246页;19cm

ISBN 7-81022-820-X: ¥7.00

C93-05　　001610

管理心理学概论/潘军,刘野主编.—沈阳:辽宁人民出版社,1995.5.—349页;19cm

ISBN 7-205-03328-4: ¥9.20

C93-05　　001611

管理心理学教程/袁勇志主编.—苏州:苏州大学出版社,1995.8.—289页;20cm

ISBN 7-81037-144-4: ¥9.50

C93-05　　001612

管理心理学新探/宋俐娟,施臻主编.—郑州:河南人民出版社,1995.5.—330页;20cm

ISBN 7-215-02969-7: ¥13.80

C93-05　　001613

现代管理心理学/苗慧兰,夏泳久编著.—哈尔滨:黑龙江科学技术出版社,1995.3.—272页;19cm

ISBN 7-5388-2753-6: ¥9.00

C93-05　　001614

现代管理心理学/宋岩主编.—哈尔滨:黑龙江教育出版社,1995.12.—235页;19cm

ISBN 7－5316－2923－2：¥9.30

C93－05 001615

组织管理心理学/方益寿主编.—济南：山东大学出版社，1995.9.—464页；20cm

ISBN 7－5607－1529－X：¥15.80

C93－05 001616

组织管理心理学/曹立安，尹志刚编著.—北京：中国广播电视出版社，1995.9.—313页；20cm

ISBN 7－5043－2793－X：¥14.00

C93－092 001617

东方管理名著提要/孙耀君等主编.—南昌：江西人民出版社，1995.5.—481页；20cm

ISBN 7－210－01496－9（精装）：¥17.00

①C93－53②N94－53 001618

管理科学与系统科学进展：全国青年管理科学与系统科学论文集　第3卷/吴冲锋等主编；中国系统工程学会编.—上海：上海交通大学出版社，1995.5.—632页；26cm

ISBN 7－313－01496－1：¥85.00

C931 管理技术与方法

C931 001619

管理技能评价与开发/付亚和等编著.—北京：企业管理出版社，1995.8.—737页；26cm

ISBN 7－80001－568－8（精装）：¥158.00

C931 001620

现代管理技术/毛国庆等主编.—沈阳：东北大学出版社，1995.2.—281页；19cm

ISBN 7－81006－940－3：¥9.00

C931 001621

现代管理原理/范煦编著.—上海：上海交通大学出版社，1995.2.—276页；20cm

ISBN 7－313－01339－6：¥9.20

C931 001622

综合系统管理法：一二三四五领导艺术/张光复著.—兰州：甘肃人民出版社，1995.7.—84页；19cm

ISBN 7－226－01502－1：¥3.80

①C931②F270－61 001623

现代管理技术经济大辞典/董福忠主编.—北京：中国经济出版社，1995.8.—1623页；26cm

ISBN 7－5017－3113－6（精装）：¥185.00

C931.1 001624

管理数学/许国柱，吴桃娥主编 .—南昌：江西科学技术出版社，1995.12.—310页；20cm

ISBN 7－5390－0988－8：¥13.60

C931.1 001625

管理统计学/吴世农著.—南昌：江西人民出版社，1995.2.—356页；20cm.—（工商管理（MBA）系列教程）

ISBN 7－210－01424－1：¥9.60

C931.1 001626

管理统计学/徐国祥主编.—上海：上海财经大学出版社，1995.12.—432页；20cm.—（工商管理丛书）

ISBN 7－81049－011－7：¥29.00

C931.1 001627

管理统计学/孙枫林编著.—成都：电子科技大学出版社，1995.11.—398页；20cm

工商与行政管理硕士（MBA）系列教材

ISBN 7－81043－271－0：¥12.00

C931.1 001628

管理运筹学/韩大卫编著.—大连：大连理工大学出版社，1995.9.—556页；26cm

经济管理系列教材

ISBN 7－5611－1032－4：¥29.00

C931.1 001629

量化管理的理论与实践/许允编著.—北京：知识出版社，1995.10.—263页；20cm

ISBN 7－5015－1272－8：¥8.50

C931.1 001630

实用管理运筹学/范贻昌主编.—天津：天津大学出版社，1995.9.—468页；20cm

ISBN 7－5618－0727－9：¥19.50

C931.2 001631

公共行政管理/尤京文等编.—哈尔滨：哈尔滨船舶工程学院出版社，1995.5.—213页；19cm

ISBN 7－81007－533－0：¥6.90

C931.2 001632

机关工作协调艺术/骆少明，杨春发编著.—北京：科学出版社：龙门书局，1995.5.—203页；19cm

ISBN 7－03－004870－9：¥9.00

C931.2 001633

现代管理学/马郑刚著.—修订本.—昆明：云南大学出版社，1995.10.—141页；19cm

行政管理学系列教材

ISBN 7－81025－605－X：¥5.50

C931.2 001634

新编行政管理学/陶菊怀，吴长春主编.—大连：大连理工大学出版社，1995.5.—333页；20cm

ISBN 7－5611－1009－X：¥11.80

C931.2－53 001635

统计行政管理学术论文集/中国统计行政管理学会秘书处编.—北京：中国统计出版社，1995.4.—359页；19cm

ISBN 7－5037－1671－1：¥10.00

C931.4 001636

MICROSOFT OFFICE 入门捷径/（美）Kulik，R. N.，（美）Scott，R.著；宋建云，陈晓明译.—北京：电子工业出版社，1995.3.—128页；26cm

ISBN 7－5053－2885－9：¥17.00

C931.4 001637

Microsoft Office **应用与开发**/（美）Solomon，C.著；赵军等译.—北京：清华大学出版社，1995.10.—395页；26cm　附软盘一张

ISBN 7－302－02110－4：¥59.00

C931.4 001638

Microsoft Office **中文版超级手册**/詹凤莲编著；倪群，张咏林改编.—北京：人民邮电出版社，1995.7.—667

页;26cm.—(计算机技术入门提高精通系列丛书)
ISBN 7-115-05580-7:¥62.00

C931.4 001639
办公室工作实务/张成纪,李三冷主编.—北京:中国人事出版社,1995.1.—341页;20cm
ISBN 7-80076-211-4:¥12.00

C931.4 001640
办公室工作新论/张国钧主编.—石家庄:河北人民出版社,1995.12.—311页;20cm
ISBN 7-202-01877-2:¥13.80

C931.4 001641
办公室实务基础/傅宪斌,赵广廷主编.—北京:中共中央党校出版社,1995.4.—234页;19cm
ISBN 7-5035-1200-8:¥6.50

C931.4 001642
办公自动化/常士剑,柳渊主编.—大连:东北财经大学出版社,1995.12.—253页;20cm
中等财经学校试用教材
ISBN 7-81044-019-5:¥13.00

C931.4 001643
办公自动化/陈信主编;上海市计算机应用能力考核办公室编.—上海:复旦大学出版社,1995.5.—374页;26cm.—(90年代上海紧缺人才培训工程教学系列丛书)
ISBN 7-309-01488-X:¥25.00

C931.4 001644
办公自动化基础/王雷,赵淑素编著.—杭州:杭州大学出版社,1995.7.—202页;20cm
ISBN 7-81035-815-4:¥7.50

C931.4 001645
办公自动化及文字处理技术/赵渭钧主编.—2版.—南京:河海大学出版社,1995.7.—312页;26cm
ISBN 7-5630-0517-X:¥18.00

C931.4 001646
办公自动化设备教程/赵显富编.—长沙:中南工业大学出版社,1995.5.—188页;26cm
办公自动化系列教材
ISBN 7-81020-777-6:¥11.50

C931.4 001647
办公自动化实用教程/房质文等编.—长春:吉林大学出版社,1995.4.—188页;26cm
ISBN 7-5601-1704-X:¥12.80

C931.4 001648
程控交换与办公自动化技术/彭永法编著.—北京:人民邮电出版社,1995.1.—234页;20cm
ISBN 7-115-05409-6:¥8.50

C931.4 001649
督促检查工作/毛林坤主编.—北京:高等教育出版社,1995.4.—179页;20cm.—(中国秘书理论与实践丛书/徐瑞新,安成信主编)
ISBN 7-04-005373-X:¥5.95

C931.4 001650
计算机与办公自动化/张思发等编著.—武汉:武汉出版社,1995.12.—285页;26cm
地质矿产部计算机培训教材
ISBN 7-5430-1454-8:¥28.00

①C931.4②TP39 001651
办公自动化与微机应用/王德炜主编.—西安:陕西科学技术出版社,1995.5.—170页;26cm
ISBN 7-5369-2368-6:¥14.00

C931.4-43 001652
电脑办公自动化实用教程/邓平之主编.—济南:山东人民出版社,1995.2.—345页;20cm
ISBN 7-209-01588-4:¥10.80

C931.4-44 001653
现代办公与管理自动化技术500问/谭伟贤主编.—南宁:广西科学技术出版社,1995.5.—820页;19cm
ISBN 7-80619-196-8:¥22.95

C931.4-61 001654
办公室电子计算机使用大全/陈力等编写.—北京:企业管理出版社,1995.9.—759页;26cm
ISBN 7-80001-601-3(精装):¥148.00

C931.4-62 001655
Microsoft OFFICE4.3 **中文版实用手册**/詹凤莲编著;陈勤改编.—北京:清华大学出版社,1995.9.—456页;26cm
ISBN 7-302-02081-7:¥42.00

C931.4-62 001656
现代办公室实务全书/石永义主编.—北京:九洲图书出版社,1995.6.—1357页;26cm
ISBN 7-80114-062-1(精装):¥188.00

C931.4-62 001657
中国公务活动实用手册/王长胜主编;杜文龙等编.—北京:社会科学文献出版社,1995.12.—482页;20cm
ISBN 7-80050-728-9:¥21.00

C931.46 001658
财经行政文秘通览/孙志强主编.—北京:蓝天出版社,1995.8.—714页;26cm
ISBN 7-80081-586-2(精装):¥88.00

C931.46 001659
公关与文秘/史玉峤主编.—青岛:青岛出版社,1995.1.—286页;20cm
高校公关专业用书
ISBN 7-5436-1057-4:¥8.90

C931.46 001660
杰出秘书/中华征信所编.—太原:山西经济出版社,1995.3.—120页;19cm.—(企业成功之钥丛书)
ISBN 7-80577-806-X:¥5.50

C931.46 001661
秘书理论与实务/朱传忠,叶明主编.—杭州:杭州大学出版社,1995.7.—284页;20cm.—(秘书业务知识丛书/余莻等主编)
ISBN 7-81035-843-X:¥10.00

C931.46 001662
秘书学基础/蒋学林,李久红编著.—成都:成都科技大学出版社,1995.12.—257页;19cm

中等职业技术学校试用教材
ISBN 7-5616-3205-3: ¥6.20

C931.46　　**001663**
企业秘书实务/王银清,瞿麦生编著.—北京:中国人民大学出版社,1995.10.—374页;20cm
ISBN 7-300-02092-5: ¥14.00

C931.46　　**001664**
文秘人员职业道德/王景生主编;厦门市职业道德丛书编委会编.—北京:高等教育出版社,1995.7.—60页;19cm.—(中等职业技术学校职业道德教育丛书)
ISBN 7-04-005097-8: ¥1.95

C931.46　　**001665**
文书基础/杨家烈主编.—新1版.—长沙:湖南科学技术出版社,1995.12.—216页;19cm
中等职业技术学校教材
ISBN 7-5357-1927-9: ¥4.80

C931.46　　**001666**
文书学/松世勤编著.—北京:首都师范大学出版社,1995.5.—295页;20cm
ISBN 7-81039-354-5: ¥7.00

C931.46　　**001667**
文书学基础/谭力贤编著.—成都:成都科技大学出版社,1995.12.—317页;19cm
中等职业技术学校试用教材
ISBN 7-5616-3204-5: ¥9.90

C931.46　　**001668**
现代秘书工作概论/常崇宜主编.—成都:四川人民出版社,1995.10.—433页;20cm
高等教育自学考试用书
ISBN 7-220-03028-2: ¥12.00

C931.46　　**001669**
现代秘书学/史玉峤,陶菊怀主编.—青岛:青岛出版社,1995.9.—288页;20cm.—(现代文秘丛书/史玉峤主编)
ISBN 7-5436-1180-5: ¥10.30

C931.46　　**001670**
现代秘书学基础/湖北省教委组编.—北京:高等教育出版社,1995.4.—246页;20cm
全国成人中等专业学校教材 现代文秘专业系列教材
ISBN 7-04-005321-7: ¥5.20

C931.46　　**001671**
现代企业经济管理文书精编/邱伟铭,王勇主编.—哈尔滨:黑龙江教育出版社,1995.8.—2册(617页);20cm
ISBN 7-5316-2832-5: ¥20.88

C931.46　　**001672**
现代企业秘书/闵振环主编.—北京:中国石化出版社,1995.12.—180页;20cm
ISBN 7-80043-613-6: ¥8.00

C931.46　　**001673**
现代企业文秘学/郑孝敏主编.—北京:中国商业出版社,1995.11.—420页;20cm
ISBN 7-5044-2908-2: ¥9.80

C931.46　　**001674**
现代涉外文秘/彭望蘅,郭逸萍编著.—青岛:青岛出版社,1995.10.—319页;20cm.—(现代文秘丛书/史玉峤主编)
ISBN 7-5436-1184-8: ¥12.30

C931.46　　**001675**
新编秘书学/石耿立等主编.—天津:天津社会科学院出版社,1995.8.—430页;20cm
ISBN 7-80563-321-9: ¥13.60

①C931.46②F276.43　　**001676**
外企秘书/张述编著.—北京:中国统计出版社,1995.2.—269页;19cm
ISBN 7-5037-1741-6: ¥6.50

①C931.46②H31　　**001677**
英文秘书指南/张拥军等编.—上海:上海译文出版社,1995.8.—276页;19cm
ISBN 7-5327-1621-X: ¥9.30

C931.46-41　　**001678**
文书学教学大纲/国家教委高教司编.—北京:高等教育出版社,1995.3.—66页;19cm
ISBN 7-04-005000-5: ¥1.70

C931.46-43　　**001679**
公安文书写作教程/翁昌年主编.—南京:江苏人民出版社,1995.1.—456页;20cm
内部教材
ISBN 7-214-01437-8: ¥12.80

C931.46-43　　**001680**
秘书学教程/鲍庆林主编.—贵阳:贵州教育出版社,1995.12.—315页;19cm
ISBN 7-80583-740-6: ¥7.80

C931.46-43　　**001681**
商务文秘教程/刘翔飞主编.—长沙:中南工业大学出版社,1995.12.—364页;19cm.—(商务文秘系列丛书/刘翔飞主编)
ISBN 7-81020-810-1: ¥12.00

C931.46-62　　**001682**
机关公文处理实用手册/许云昭主编.—北京:地质出版社,1995.11.—256页;19cm
ISBN 7-116-02004-7: ¥9.80

C931.46-62　　**001683**
军事文书工作手册/陈俊峰著.—北京:解放军出版社,1995.12.—247页;19cm
ISBN 7-5065-3050-3: ¥9.60

C931.46-62　　**001684**
现代企业应用文书手册/贺强等主编.—北京:企业管理出版社,1995.2.—1293页;26cm.—(现代企业经营运作大系)
ISBN 7-80001-372-3(精装): ¥198.00

C931.5　　**001685**
恩波智业:敢对自己说我　第一卷/王力著.—北京:北京大学出版社,1995.1.—472页;20cm
ISBN 7-301-02764-8: ¥15.00

C931.5　　**001686**
信息咨询机构/孔祥智,胡铁成编著.—北京:中国经

济出版社,1995.8.—276页;20cm.—(热门知识系列丛书·第二套,市场中介组织/栾建民主编)
ISBN 7-5017-3342-2:¥8.50

C931.6 001687
管理信息系统/朴顺玉,陈禹编著.—北京:中国人民大学出版社,1995.4.—319页;20cm.—(中国人民大学麦吉尔大学合作出版管理学丛书/施礼明,Crowston,W.B.主编)
ISBN 7-300-01972-2:¥9.00

C931.6 001688
管理信息系统导论/黄梯云主编.—2版.—北京:机械工业出版社,1995.2.—165页;26cm
普通高等教育规划教材
ISBN 7-111-04423-1:¥6.75

C931.6 001689
管理信息系统及实践/周煦主编.—上海:上海交通大学出版社,1995.4.—209页;26cm
ISBN 7-313-01396-5:¥20.00

C931.6 001690
现代管理信息技术/张金隆编写.—武汉:华中理工大学出版社,1995.5.—283页;20cm.—(工商管理硕士(MBA)系列)
ISBN 7-5609-1109-9:¥5.30

C931.6 001691
信息管理导论/党跃武编著.—成都:四川大学出版社,1995.9.—334页;20cm
ISBN 7-5614-1237-1:¥10.80

C931.6 001692
信息系统设计原理与应用/刘鲁主编.—北京:北京航空航天大学出版社,1995.3.—269页;26cm
ISBN 7-81012-543-5:¥14.50

C931.6 001693
中国管理信息系统研究与实践新进展:第十届全国管理信息系统学术年会论文集/刘伯龙,蒋白桦主编.—长沙:湖南大学出版社,1995.10.—443页;26cm
ISBN 7-81053-002-X(精装):¥90.00

C931.9 001694
实用管理电脑/夏勇等编.—长沙:湖南出版社,1995.8.—182页;26cm.—(实用电脑丛书)
ISBN 7-5438-1046-8:¥12.00

C931.9 001695
用户文档的写作/(英)(Low,R.)等著;欧阳丹,田楠译.—北京:北京大学出版社,1995.11.—116页;26cm
ISBN 7-301-02965-9:¥18.00

C933 领导学

C933 001696
当代领导干部社会心理分析/孙凤武著.—呼和浩特:内蒙古人民出版社,1995.12.—234页;20cm
ISBN 7-204-03042-7:¥13.50

C933 001697
管理者的现代意识/杨沛霆著.—北京:中国环境科学出版社,1995.4.—388页;20cm
科技与管理学习辅导材料
ISBN 7-80093-757-7:¥17.00

C933 001698
经济领导学/廖雄军著.—南宁:广西民族出版社,1995.1.—433页;20cm
ISBN 7-5363-2872-9:¥13.80

C933 001699
领导法则/王德辉主编.—北京:企业管理出版社,1995.12.—3册;26cm
ISBN 7-80001-673-0(精装):¥580.00

C933 001700
领导科学/马正明,姜子华主编.—修订本.—昆明:云南大学出版社,1995.12.—161页;19cm
行政管理学系列教材
ISBN 7-81025-606-8:¥6.50

C933 001701
领导科学/马振凤,戴承江主编.—哈尔滨:哈尔工程大学出版社,1995.4.—271页;19cm
ISBN 7-81007-548-9:¥6.50

C933 001702
领导科学/陕直顿著.—昆明:云南科技出版社,1995.9.—193页;20cm
ISBN 7-5416-0757-6:¥11.00

C933 001703
领导科学概论/毛志明编著.—成都:西南财经大学出版社,1995.8.—256页;19cm
ISBN 7-81055-023-3:¥9.50

C933 001704
领导科学新编/吴振芳等主编.—哈尔滨:黑龙江教育出版社,1995.6.—253页;19cm
ISBN 7-5316-2702-7:¥8.70

C933 001705
领导科学新论/赵震宇,高伟江主编.—苏州:苏州大学出版社,1995.12.—210页;20cm
成人教育系列教材
ISBN 7-81037-199-1:¥10.00

C933 001706
领导科学原理/孙立樵等主编.—哈尔滨:黑龙江人民出版社,1995.12.—302页;19cm
ISBN 7-207-03357-5:¥10.00

C933 001707
领导形象学/陈林清主编.—哈尔滨:黑龙江人民出版社,1995.12.—250页;20cm
ISBN 7-207-03350-8:¥8.90

C933 001708
领导学概论/王凤胜,岳增瑞主编.—济南:山东人民出版社,1995.7.—289页;20cm
山东干部函授大学教材
ISBN 7-209-01780-1:¥9.00

C933 001709
领导与决策艺术/许传福等主编;王翠云等编写.—开封:河南大学出版社,1995.9.—246页;20cm
河南省国家公务员培训系列教材

ISBN 7-81041-258-2: ¥8.00

C933　001710
领导者素质概论/杨义民主编.—北京:中共中央党校出版社,1995.11.—222页;20cm
ISBN 7-5035-1293-8: ¥13.60

C933　001711
实用领导谋略/李恩,李洋著.—北京:蓝天出版社,1995.4.—352页;19cm
ISBN 7-80081-575-7: ¥9.80

C933　001712
市场经济条件下领导工作专题研究/邹华玉等主编.—哈尔滨:黑龙江人民出版社,1995.12.—246页;19cm
ISBN 7-207-03395-8: ¥9.80

C933　001713
孙子兵法与现代领导科学/刘学启主编.—济南:山东大学出版社,1995.12.—303页;20cm
ISBN 7-5607-1592-3: ¥12.80

C933　001714
为官者忌:领导的误区/何宾主编.—南宁:广西教育出版社,1995.3.—256页;19cm
ISBN 7-5435-2219-5: ¥6.25

C933　001715
现代领导科学/戚扬,刘恒兴主编.—大连:大连出版社,1995.7.—326页;19cm
ISBN 7-80612-188-9: ¥14.50

C933　001716
现代领导学/梁素贞等主编.—石家庄:河北人民出版社,1995.10.—432页;20cm
ISBN 7-202-01797-0: ¥18.00

C933　001717
现代领导与实践/范以茂,沈学明主编.—北京:企业管理出版社,1995.6.—351页;20cm
ISBN 7-80001-581-5: ¥12.00

①C933②D035　001718
行政领导学/王义,徐继华主编.—青岛:青岛海洋大学出版社,1995.12.—251页;20cm.—(当代公务员系列丛书)
ISBN 7-81026-786-8: ¥8.50

C933-43　001719
领导科学教程/田夫主编.—北京:人民出版社,1995.12.—338页;20cm
ISBN 7-01-002147-3: ¥15.00

C933-43　001720
领导学简明教程/马志政主编.—杭州:杭州大学出版社,1995.11.—221页;20cm
ISBN 7-81035-820-0: ¥8.00

C933.2　001721
城区领导科学化/韩孟邦著.—沈阳:辽宁人民出版社,1995.8.—431页;20cm
ISBN 7-205-03366-7: ¥12.00

C933.2　001722
官僚主义:历史综合症/李敬德主编.—北京:文津出版社,1995.7.—213页;20cm
ISBN 7-80554-263-5: ¥6.50

C933.2　001723
基层领导艺术/周永生主编.—北京:中共中央党校出版社,1995.12.—308页;19cm
ISBN 7-5035-1353-5: ¥11.00

C933.2　001724
林肯的领导艺术:困难时期的经营战略/(美)菲利浦斯著;汤德馨,郭艳如译.—北京:中国青年出版社,1995.11.—166页;20cm
著者原题:唐纳德·菲利浦斯
ISBN 7-5006-2123-X: ¥8.80

C933.2　001725
领导方法艺术精选/张兴民等主编.—北京:中国档案出版社,1995.7.—636页;20cm
ISBN 7-80019-500-7: ¥20.00

C933.2　001726
领导艺术与实践/孟宪忠,瞿怀明主编.—沈阳:辽宁教育出版社,1995.4.—397页;20cm
ISBN 7-5382-4014-4: ¥9.80

C933.2　001727
面向二十一世纪的领导决策艺术/刘成胜主编.—南昌:江西人民出版社,1995.12.—365页;20cm
ISBN 7-210-01601-5: ¥19.00

C933.2　001728
谋政/戴海春主编.—长沙:湖南出版社,1995.9.—543页;20cm
ISBN 7-5438-1086-7: ¥19.80

C933.2　001729
女领导风范录/汪琦等主编.—济南:山东人民出版社,1995.7.—267页;20cm
ISBN 7-209-01789-5: ¥8.80

C933.2　001730
为官36忌/王卉编著;郭良,张颜绘.—北京:中国经济出版社,1995.8.—217页;19cm.—(新编36忌丛书)
ISBN 7-5017-1945-4: ¥8.80

C933.2　001731
现代领导艺术/李运霄,王安平主编.—哈尔滨:黑龙江人民出版社,1995.12.—284页;19cm
ISBN 7-207-03429-6: ¥15.60

C933.2-62　001732
现代领导能力手册/王岁悦主编.—北京:中国人事出版社,1995.10.—655页;20cm
ISBN 7-80076-775-2: ¥28.00

C933.3　001733
现代领导用权通论/赵文禄等著.—北京:中国国际广播出版社,1995.10.—352页;20cm.—(用人科学研究丛书/赵文禄主编)
ISBN 7-5078-1092-5: ¥14.00

C933.4　001734
领导班子合力论/黄文麟主编.—北京:中共中央党校出版社,1995.9.—255页;20cm
ISBN 7-5035-1271-7: ¥12.00

C933.4　001735
走向成熟:跨世纪领导人才研究/李啸,徐元善主

编.—济南:黄河出版社,1995.10.—366页;20cm
ISBN 7-80558-647-0:¥11.00

C934 决策学

C934　001736
策划学/赵承宗,徐云望著.—上海:中国纺织大学出版社,1995.12.—286页;20cm
ISBN 7-81038-072-9:¥18.00

C934　001737
处世奇术智囊补/(明)冯梦龙编纂;贺欣郎等译.—武汉:华中理工大学出版社,1995.1.—408页;19cm
ISBN 7-5609-1074-2:¥9.40

C934　001738
第三十七计——贿赂计/许响洪著.—桂林:漓江出版社,1995.3.—222页;19cm
ISBN 7-5407-1679-7:¥6.30

C934　001739
法势·权术·君道:中国古代君臣智道透析/罗筠筠著.—南宁:广西教育出版社,1995.5.—231页:图;20cm.—(中国古代智道丛书/王熹主编)
ISBN 7-5435-2225-X:¥8.70

C934　001740
古代谋略大全/赵海智编著.—天津:百花文艺出版社,1995.10.—2册(860页);20cm
ISBN 7-5306-2102-5:¥38.60

C934　001741
管理决策的定量化模型与方法/刘信生,严喜祖编著.—兰州:甘肃民族出版社,1995.12.—193页;26cm
ISBN 7-5421-0405-5:¥16.80

C934　001742
管理决策基础/侯文超,罗朝能编著.—北京:中华工商联合出版社,1995.1.—319页;20cm
北京商学院教材委员会推荐教材
ISBN 7-80100-108-7:¥11.50

C934　001743
奸佞·诈伪·诡道:中国古代权奸智道透析/沈黎,沈厚著.—南宁:广西教育出版社,1995.5.—261页:图;20cm.—(中国古代智道丛书/王熹主编)
ISBN 7-5435-2227-6:¥9.45

C934　001744
决策 面向新世纪:来自贵阳市领导干部的调研报告/辛维光主编.—贵阳:贵州教育出版社,1995.5.—516页;20cm
ISBN 7-80583-685-X:¥20.00

C934　001745
决策系统工程/宁宣熙主编.—北京:航空工业出版社,1995.12.—149页;20cm
ISBN 7-80046-092-4:¥7.95

C934　001746
决策行为与决策心理/黄孟藩,王凤彬编著.—北京:机械工业出版社,1995.6.—451页;19cm
ISBN 7-111-04477-0:¥18.00

C934　001747
决策支持系统理论与实践/冯耕中等著.—西安:陕西人民出版社,1995.12.—273页;20cm.—(系统与管理科学研究文库/汪应洛主编)
ISBN 7-224-04052-5:¥10.50

C934　001748
流血的政治与不流血的战争:奇谋制胜99/黄彬,王树林等著.—太原:北岳文艺出版社,1995.1.—457页;20cm
ISBN 7-5378-1369-8:¥12.50

C934　001749
论战略研究/冯之浚著.—北京:群言出版社,1995.11.—392页;20cm
ISBN 7-80080-173-X:¥15.00

C934　001750
谋略绝招101/陈卫斌等编著.—福州:福建科学技术出版社,1995.6.—287页;19cm
ISBN 7-5335-0896-3:¥7.80

C934　001751
谋略求实集/张保振著.—郑州:河南人民出版社,1995.7.—535页;20cm
ISBN 7-215-03212-4:¥16.20

C934　001752
求才·辩能·技道:中国古代用人智道透析/柯尊全著.—南宁:广西教育出版社,1995.5.—299页:图;20cm.—(中国古代智道丛书/王熹主编)
ISBN 7-5435-2221-7:¥10.30

C934　001753
权略决胜100术/杨君游,赵甲明编著.—北京:中国国际广播出版社,1995.11.—247页;19cm.—(百术丛书·第二辑/吴绪彬主编)
ISBN 7-5078-0182-9:¥9.50

C934　001754
权谋大师/东达西编著.—南宁:广西民族出版社,1995.10.—325页;19cm.—(人生点子库)
ISBN 7-5363-3051-0:¥10.80

C934　001755
世界谋略宝典/白贵民,姚露主编.—北京:国际文化出版公司,1995.10.—2册(800页);20cm
ISBN 7-80105-283-8:¥31.80

C934　001756
孙子兵法与计谋/檀明山编著.—北京:农村读物出版社,1995.9.—166页;19cm.—(孙子兵法现代应用丛书)
ISBN 7-5048-2637-5:¥5.40

C934　001757
孙子制胜术大观:从战场到商场/雷鸣著.—广州:广东人民出版社,1995.9.—2册(766页);20cm
ISBN 7-218-02009-7:¥31.50

C934　001758
天理·人伦·世道:中国古代人际智道透析/卞修跃著.—南宁:广西教育出版社,1995.5.—257页:图;20cm.—(中国古代智道丛书/王熹主编)
ISBN 7-5435-2230-6:¥9.35

C934　001759
天时·物候·节道：中国古代节令智道透析/佟辉著.—南宁：广西教育出版社，1995.5.—265页：图；20cm.—(中国古代智道丛书/王熹主编)
ISBN 7-5435-2229-2：¥9.45

C934　001760
县长决策支持系统设计与应用/县长决策支持系统研究组编.—北京：中国农业科技出版社，1995.9.—211页；26cm
ISBN 7-80119-119-6：¥15.00

C934　001761
新潮·旧势·治道：中国古代治国智道透析/晋圣斌著.—南宁：广西教育出版社，1995.6.—247页：图；20cm.—(中国古代智道丛书/王熹主编)
ISBN 7-5435-2232-2：¥9.00

C934　001762
郁离子：醒世谋略大全/(明)刘伯温原著；唐汉编译.—西安：三秦出版社，1995.9.—367页；20cm.—(中国古代智谋精典)
ISBN 7-80546-917-2：¥14.60

C934　001763
在人生的岔路口：选择的奥秘/陈继安著.—北京：军事科学出版社，1995.6.—166页；20cm
ISBN 7-80021-856-2：¥7.20

C934　001764
曾国藩谋略宝典：文白对照：珍藏版/汪润元，刘运才主编.—汕头：汕头大学出版社，1995.12.—2册(1224页)；20cm
ISBN 7-81036-149-X：¥49.80

C934　001765
战阵·韬略·谋道：中国古代军事智道透析/翁惠明著.—南宁：广西教育出版社，1995.5.—276页：图；20cm.—(中国古代智道丛书/王熹主编)
ISBN 7-5435-2228-4：¥9.75

C934　001766
震惊世界的100项策划/刘可主编.—北京：中国经济出版社，1995.5.—318页；19cm.—(现代成功策划实用丛书；3)
ISBN 7-5017-3306-6：¥9.00

C934　001767
智谋通鉴/唐彦生，周正舒主编.—北京：蓝天出版社，1995.1.—784页；20cm
ISBN 7-80081-560-9(精装)：¥36.00

C934　001768
中外权谋趣典/张星久，陈必达主编.—兰州：甘肃人民出版社，1995.11.—331页；20cm
ISBN 7-226-01581-1：¥14.80

①C934②I247.8　001769
巧借地利/王树连编著.—北京：星球地图出版社，1995.3.—285页；20cm
ISBN 7-80104-008-2：¥9.80

C934-49　001770
古今逆境奇谋/仁照，来凤编著.—北京：西苑出版社，1995.1.—219页；19cm
ISBN 7-80108-031-9：¥9.90

C934-61　001771
决策科学辞典/萧浩辉主编.—北京：人民出版社，1995.6.—833页；20cm
ISBN 7-01-002178-3(精装)：¥20.00

C935　管理计划和控制

C935　001772
追求效率的赢家/(日)黑川康正著；吴穗祯译.—北京：外文出版社，1995.—163页；19cm
ISBN 7-119-01381-5：¥4.80

C936　管理组织学

C936　001773
心理·激励·行为/沈蕾编著.—上海：华东理工大学出版社，1995.8.—309页；20cm
ISBN 7-5628-0560-1：¥11.80

C936　001774
组织行为理论多维探源与应用/尹毅夫等编著.—北京：企业管理出版社，1995.7.—434页；20cm
ISBN 7-80001-548-3：¥15.00

C936　001775
组织行为学/刘慧罗主编；黄国青等编.—西安：西北工业大学出版社，1995.5.—239页；19cm
高等学校教材
ISBN 7-5612-0741-7：¥6.00

C936　001776
组织行为学/高贤峰等编著.—成都：西南财经大学出版社，1995.4.—381页；20cm
ISBN 7-81017-920-9：¥12.00

C936　001777
组织行为学/张阳，钱旭潮编著.—北京：水利电力出版社，1995.11.—264页；19cm.—(经营管理丛书/张阳，何似龙主编)
高等学校、干部培训教材
ISBN 7-120-02258-X：¥8.50

C936　001778
组织行为学/刘凤霞主编.—哈尔滨：哈尔滨工程大学出版社，1995.2.—327页；20cm
北方高等院校管理类专业协编教材
ISBN 7-81007-529-2：¥10.90

C96　人才学

C96　001779
成功学/刘照坤著.—北京：中国劳动出版社，1995.4.—238页；20cm
ISBN 7-5045-1714-3：¥12.80

C96　001780
大学生与人才市场/肖兰芬等主编.—武汉：中国地

质大学出版社,1995.5.—298页;19cm
ISBN 7-5625-0965-4:¥5.30

C96　001781
脚踏实地走向成功:从学会英语和电脑谈起/钟道隆著.—沈阳:辽宁人民出版社,1995.10.—258页;19cm
ISBN 7-205-03501-5:¥8.00

C96　001782
金桥/胡和平主编.—北京:冶金工业出版社,1995.6.—356页;19cm
ISBN 7-5024-1724-9:¥7.90

C96　001783
起用一代新人/李锐编著.—海口:海南出版社,1995.8.—353页;20cm
ISBN 7-80617-191-6:¥12.00

C96　001784
人才开发的新世纪/王通讯著.—成都:四川人民出版社,1995.6.—499页;20cm
ISBN 7-220-02657-9:¥28.00

C96　001785
人才学概论/娄礼生主编.—北京:中国人事出版社,1995.1.—289页;20cm
山东干部函授大学教材
ISBN 7-80076-626-8:¥6.50

C96　001786
人力资源开发与管理/郑绍濂等著.—上海:复旦大学出版社,1995.7.—322页;20cm.—(大学管理类教材丛书)
ISBN 7-309-01518-5:¥10.00

C96　001787
现代社会胜任工作的能力:能力的鉴别、发展和发挥/(英)瑞文著;钱兰英等译.—厦门:厦门大学出版社,1995.9.—320页;20cm
著者原题:约翰·瑞文
ISBN 7-5615-1035-7:¥10.00

C96　001788
新世纪人才学:跨世纪人才工程之参酌/薛永武著.—济南:山东友谊出版社,1995.7.—322页;20cm
ISBN 7-80551-719-3:¥12.00

C96　001789
用人论/庞庆海,单煜著.—沈阳:辽宁大学出版社,1995.8.—260页;20cm.—(用人科学研究丛书)
ISBN 7-5610-3013-4:¥10.00

C96　001790
中国识人学:《人物志》全译/李子焘译.—石家庄:河北人民出版社,1995.6.—219页;19cm
ISBN 7-202-01756-3:¥8.50

①C96②G645.5　001791
做人与成才导论/姜海亭,李如意主编.—沈阳:东北大学出版社,1995.6.—285页;20cm
ISBN 7-81006-978-0:¥8.40

①C96②I207.411　001792
读红楼话人才/孙宝义著.—北京:知识出版社,1995.5.—285页;19cm
ISBN 7-5015-1207-8:¥9.00

C960　001793
成才的奥秘/银立民,黄葵藿著.—桂林:漓江出版社,1995.7.—279页;19cm
ISBN 7-5407-1774-2:¥10.00

C960　001794
成功的策略/(美)道南(Dornan,J.),(美)麦克斯韦尔(Maxwell,J.C.)著;黄焕猷译.—广州:中山大学出版社,1995.12.—196页;20cm
ISBN 7-306-01075-1:¥25.00

C960　001795
卡耐基成功之道全书/胡旋主编.—沈阳:沈阳出版社,1995.8.—2册(1162页);20cm.—(卡耐基著作文库)
ISBN 7-5441-0427-3:¥39.80

C960　001796
少数民族地区人才问题研究/王文科等著.—贵阳:贵州民族出版社,1995.11.—124页;19cm
ISBN 7-5412-0623-7:¥5.50

C960　001797
走向创业成功之路/《走向创业成功之路》编写组编.—南京:江苏科学技术出版社,1995.11.—241页;19cm
ISBN 7-5345-2019-3:¥5.80

①C960②F240　001798
人力学引论/张楚廷著.—长沙:湖南出版社,1995.1.—332页;20cm
ISBN 7-5438-0930-3(精装):¥14.10

C960-53　001799
新世纪的呼唤:广东省"培养跨世纪青年人才研讨会"论文集/潘逸阳主编;共青团广东省委员会,广东省青年联合会编.—广州:广东人民出版社,1995.7.—300页;20cm
ISBN 7-218-01938-2:¥8.50

C961　001800
成功不求人/亿军编.—北京:国际文化出版公司,1995.11.—10册;19cm
ISBN 7-80105-394-X:¥65.00

C961　001801
创造型人才的培养/孟天雄编著.—北京:中国轻工业出版社,1995.3.—157页;19cm
ISBN 7-5019-1738-8:¥6.60

C961　001802
发展智慧与培养人才/陈家麟,许仲槐著.—广州:广东高等教育出版社,1995.5.—118页;19cm
ISBN 7-5361-1659-4:¥4.00

C961　001803
女性人才开发/余衍漪主编;重庆市女性人才研究会编.—重庆:重庆出版社,1995.8.—291页;19cm
ISBN 7-5366-3243-6:¥8.80

C961-53　001804
高层次人才培养的研究/林功实,白永毅主编;国家教委直属高等工业学校教育研究协作组《高层次人才培养的研究》课题组编 .—北京:清华大学出版社,1995.11.—288页;20cm

ISBN 7-302-01990-8:￥12.00

C962 **001805**

充分发挥现有人才作用的研究/望山主编;江苏省人才学会《充分发挥现有人才作用的研究》课题组编著.—南京:河海大学出版社,1995.2.—281页;20cm

ISBN 7-5630-0801-2:￥9.50

C962 **001806**

现代人员素质测评/萧鸣政著.—北京:北京语言学院出版社,1995.5.—501页;19cm

ISBN 7-5619-0517-3:￥15.60

C962-49 **001807**

中国名家用人之道/李春光,张俊银著.—北京:中国劳动出版社,1995.12.—190页;19cm

ISBN 7-5045-1824-7:￥10.00

C964 **001808**

巨人的心灵磨难/范春萍主编.—北京:国际文化出版公司,1995.12.—2册;20cm

ISBN 7-80049-688-0:￥36.60

①C964.2②G7 **001809**

学知识、学科学、学技术之窗/朱才根主编;中共上海市闵行区委宣传部编.—上海:华东理工大学出版社,1995.4.—210页:彩照;19cm

ISBN 7-5628-0569-5:￥9.00

D 政治、法律

D0 政治理论

D0 001810
马克思主义理论课学习指导/张传亭等主编.—北京:中国检察出版社,1995.8.—458页;20cm
ISBN 7-80086-321-2:¥12.00

D0 001811
硕士研究生入学考试政治理论课复习指导 1996/国家教委高校学生司编.—北京:航空工业出版社,1995.8.—272页;26cm
ISBN 7-80046-873-9:¥12.00

D0 001812
现代西方政治理论/房宁,赵会民著.—北京:北京出版社,1995.3.—283页;19cm
ISBN 7-200-02469-4:¥7.50

D0 001813
政治社会学/孙晓春著.—长春:吉林大学出版社,1995.5.—249页;19cm
ISBN 7-5601-1713-9:¥6.40

D0 001814
政治学/庄民舜,李民安编著.—北京:中国人事出版社,1995.1.—261页;20cm
山东干部函授大学教材
ISBN 7-80076-632-2:¥6.50

D0 001815
政治学论纲——兼论中国特色社会主义政治/文晓明著.—南京:河海大学出版社,1995.2.—243页;20cm
ISBN 7-5630-0824-1:¥4.30

D0 001816
政治中的人性/(英)沃拉斯(Wsllas,G.)著;朱曾汶译.—北京:商务印书馆,1995.1.—189页;20cm
书名原文:Human Nature in Politics
据霍顿-米夫林出版公司1915年第3版译出
ISBN 7-100-01512-X:¥7.80

D0 001817
走向新世界的航路:社会主义篇/孟宪东主编.—北京:清华大学出版社,1995.3.—290页;19cm.—(大学生思想热点探讨丛书/胡显章主编)
ISBN 7-302-01716-6:¥7.80

D0-0 科学社会主义理论

D0-0 001818
百年沧桑:科学社会主义理论与实践/倪国良编著.—兰州:甘肃文化出版社,1995.8.—375页;20cm
ISBN 7-80608-112-7:¥14.80

D0-0 001819
科学社会主义的理论与实践概论/伍德昌主编.—2版.—广州:华南理工大学出版社,1995.6.—322页;20cm
硕士研究生用书
ISBN 7-5623-0584-6:¥8.00

D0-0 001820
科学社会主义的新发展/曹学成著.—北京:法律出版社,1995.6.—201页;20cm
ISBN 7-5036-1715-2:¥8.60

D0-0 001821
科学社会主义理论与实践/黄亮宜等主编.—北京:中共中央党校出版社,1995.5.—296页;20cm
ISBN 7-5035-1212-1:¥6.90

D0-0 001822
科学社会主义在当代中国的新发展/宋士昌主编.—北京:中共中央党校出版社,1995.10.—298页;20cm
山东省党校系统教材
ISBN 7-5035-1299-7:¥8.00

D0-0 001823
社会主义真理的光辉/林承钧著.—海口:南海出版公司,1995.8.—496页;20cm
ISBN 7-5442-0558-4:¥15.00

D0-0 001824
新编科学社会主义教程/焦玲,王国忠主编.—哈尔滨:黑龙江教育出版社,1995.8.—327页;19cm
ISBN 7-5316-2820-1:¥8.40

D0-0 001825
新时期基层党政干部理论学习纲要/赵宇航等主编.—成都:西南交通大学出版社,1995.11.—350页;19cm
ISBN 7-81022-891-9:¥12.00

①D0-0②D61 001826
科学社会主义新论:基本原理与中国特色/李爱华等主编.—成都:西南交通大学出版社,1995.3.—350页;20cm
ISBN 7-81022-775-0:¥8.90

D0-42 001827
1996年全国硕士研究生入学考试政治理论考试大纲/中华人民共和国国家教育委员会制订.—北京:高等教育出版社,1995.8.—83页;19cm
ISBN 7-04-005515-5:¥3.45

D0-42 001828
理论教育热点难点:马克思主义理论课教学辅导/阳

作华等主编.—北京:中国人民大学出版社,1995.12.—279页;20cm
ISBN 7-300-02153-0:¥10.50

D0-42 001829
中等师范学校思想政治(试用本)政治常识教学参考书/朱明光主编;人民教育出版社政治室编.—北京:人民教育出版社,1995.12.—262页;19cm
ISBN 7-107-11428-X:¥6.40

D0-43 001830
研究生入学考试政治理论课复习专用教材/索爱群主编.—北京:北京教育出版社,1995.8.—354页;26cm
ISBN 7-5303-0802-5:¥24.80

D0-43 001831
政治常识/朱明光主编;人民教育出版社政治室编.—北京:人民教育出版社,1995.12.—210页;19cm
中等师范学校思想政治教科书:试用本
ISBN 7-107-11427-1:¥5.00

D0-44 001832
1996年研究生入学考试政治理论课考点分析及全真模拟训练/何伟主编.—北京:京华出版社,1995.7.—521页;20cm
ISBN 7-80600-107-7:¥18.00

D0-44 001833
全国各类成人高等学校专科起点本科班招生(非师范类)考试模拟试题集:政治/《全国各类成人高等学校专科起点本科班招生(非师范类)考试模拟试题集》编写组编.—北京:中央广播电视大学出版社,1995.7.—260页;26cm
ISBN 7-304-01192-0:¥19.00

D0-44 001834
硕士研究生入学政治考试指南/刘景泉,杨永志主编.—天津:南开大学出版社,1995.12.—346页;20cm
ISBN 7-310-00897-9:¥11.50

D0-44 001835
研究生入学考试政治理论复习指南与模拟试题1996/肖灼基主编.—北京:北京大学出版社,1995.5.—749页;20cm
ISBN 7-301-02818-0:¥22.80

D03 国家理论

D032 001836
民族与国家:民族关系与民族政策的国际比较/宁骚著.—北京:北京大学出版社,1995.5.—633页;20cm
ISBN 7-301-02610-2:¥22.50

D033 001837
代议制度比较研究/周叶中著.—武汉:武汉大学出版社,1995.3.—359页;20cm
ISBN 7-307-01939-6:¥12.00

D033.3 001838
法西斯体制研究/朱庭光主编.—上海:上海人民出版社,1995.4.—740页;20cm
ISBN 7-208-01918-5(精装):¥29.00

D033.3 001839
现代资本主义发展引论/房宁著.—北京:首都师范大学出版社,1995.12.—258页;20cm.—(当代中国学者文库)
ISBN 7-81039-606-4:¥13.00

D033.3 001840
资本主义概论/黄民成主编.—长沙:湖南师范大学出版社,1995.7.—204页;19cm
ISBN 7-81031-431-9:¥6.50

D033.4 001841
论"三个时间差":与两代人谈社会主义/喻权域著.—2版.—沈阳:辽宁人民出版社,1995.10.—376页;20cm
ISBN 7-205-02787-X:¥13.00

D033.4 001842
社会主义实践与马克思主义/张汉清,张康琴主编.—北京:北京大学出版社,1995.5.—333页;20cm
内部发行
ISBN 7-301-02832-6:¥17.30

D034.5 001843
权力政治学/李景鹏著.—哈尔滨:黑龙江教育出版社,1995.8.—250页;20cm.—(开放丛书·思想文化系列)
ISBN 7-5316-2696-9:¥8.00

D035 001844
比较行政学/钱振明,钱志荣主编.—苏州:苏州大学出版社,1995.12.—367页;20cm
ISBN 7-81037-183-5:¥17.80

D035 001845
公共行政管理/彭和平著.—北京:中国人民大学出版社,1995.11.—375页;20cm.—(中国人民大学、麦吉尔大学合作出版管理学丛书)
ISBN 7-300-02108-5:¥15.00

D035 001846
社会主义市场经济中的政府职能/赵龙跃著.—青岛:青岛出版社,1995.12.—267页;20cm.—(社会主义市场经济论丛/徐长聚等主编)
ISBN 7-5436-1298-4:¥9.80

D035 001847
社会主义行政管理读本/李善岳等编著.—北京:中共中央党校出版社,1995.8.—309页;19cm
ISBN 7-5035-1230-X:¥11.00

D035 001848
现代行政管理学/郭永军等主编.—济南:济南出版社,1995.7.—342页;20cm.—(社会主义市场经济与现代管理丛书)
ISBN 7-80572-998-0:¥9.80

D035 001849
现代行政管理学/昂永生编著.—合肥:安徽人民出版社,1995.2.—339页;19cm
ISBN 7-212-01181-9:¥7.80

D035 001850
现代行政管理学/张跃雄,赵达军主编.—长沙:湖南大学出版社,1995.12.—342页;19cm

ISBN 7-81053-017-8:¥12.00

D035　001851

行政管理/洪芳宾主编.—北京:中国人事出版社,1995.12.—266页;20cm.—(安徽省国家公务员录用考试丛书)

ISBN 7-80076-822-8:¥11.40

D035　001852

行政管理学/邢宪学等主编.—济南:山东大学出版社,1995.2.—430页;20cm

ISBN 7-5607-1359-9:¥8.00

D035　001853

行政管理学/陈志平主编.—北京:北京工业大学出版社,1995.3.—262页;19cm

ISBN 7-5639-0428-X:¥7.20

D035　001854

行政领导学/马义,孙丹主编.—沈阳:东北大学出版社,1995.4.—363页;20cm

国家公务员培训教材

ISBN 7-81006-968-3:¥13.80

D035　001855

行政学/(法)古尔内(Gournay,B.)著;江振霄译.—北京:商务印书馆,1995.12.—120页;19cm.—(我知道什么?)

据法国大学出版社1986年第7版译出

ISBN 7-100-01957-5:¥7.50

D035　001856

政府行为学概论/马孝扬,赵玲主编.—沈阳:辽宁人民出版社,1995.11.—353页;20cm

ISBN 7-205-03496-5:¥13.50

D035　001857

中国行政文化/陈尤文等著.—北京:国际文化出版公司,1995.11.—239页;19cm

ISBN 7-80105-321-4:¥9.00

①D035②B82　001858

行政道德论纲/罗德刚主编.—重庆:西南师范大学出版社,1995.6.—382页;19cm

ISBN 7-5621-1295-9:¥8.90

D035.1　001859

政府职能研究/邹伟等著.—北京:人民日报出版社,1995.1.—127页;19cm

ISBN 7-80002-745-7:¥5.00

D035.2　001860

公务员法概论/丁乐超主编.—北京:中国检察出版社,1995.2.—316页;20cm

国家公务员培训教材

ISBN 7-80086-287-9:¥15.00

D035.2　001861

公务员行为规范/张延黎主编.—青岛:青岛海洋大学出版社,1995.12.—239页;20cm.—(当代公务员系列丛书)

ISBN 7-81026-786-8:¥8.50

D035.2　001862

人事管理概论/王琪,冀怀栋主编.—济南:黄河出版社,1995.8.—325页;20cm

ISBN 7-80558-612-8:¥11.80

D035.2　001863

人事管理实务/廖泉文主编.—厦门:厦门大学出版社,1995.12.—531页;20cm

ISBN 7-5615-1109-4:¥19.50

D035.2　001864

人事管理学/赵立波,窦泽秀主编.—青岛:青岛海洋大学出版社,1995.12.—273页;20cm.—(当代公务员系列丛书)

ISBN 7-81026-786-8:¥8.50

D035.2　001865

如何走好从政之路:公务员职业纵横谈/孔昌生,贺刚著.—北京:中华工商联合出版社,1995.2.—194页;19cm.—(职业与人丛书;3/王通讯等主编)

ISBN 7-80100-113-3:¥7.00

D035.2　001866

外国公务员制度概述/刘连超,吕传文主编.—郑州:河南人民出版社,1995.3.—456页;20cm

ISBN 7-215-03466-6:¥11.80

D035.2-43　001867

国家公务员制度教程/傅礼白编著.—南宁:广西教育出版社,1995.7.—347页;20cm

山东大学法学院系列教材

ISBN 7-5435-2333-7:¥12.90

D035.3　001868

公安信息理论与实践/《公安信息理论与实践》编审组编.—北京:中国人民公安大学出版社,1995.9.—534页;20cm

内部发行

ISBN 7-81011-292-9:¥17.50

D035.3　001869

公安学基础理论教程/《公安学基础理论教程》编写组编.—北京:中国人民公安大学出版社,1995.9.—272页;20cm

人民警察高等教育规划教材　内部发行

ISBN 7-81011-762-9:¥9.50

D035.3　001870

公安学通论/潘长兴编著.—北京:中国人民公安大学出版社,1995.8.—500页;20cm

内部发行

ISBN 7-81011-724-6:¥16.80

D035.3　001871

公安指挥学概论/周良洪编著.—北京:中国人民公安大学出版社,1995.10.—346页;20cm

内部发行

ISBN 7-81011-777-7:¥15.80

D035.3　001872

国家安全地理/沈伟烈等编著.—北京:时事出版社,1995.9.—332页;19cm

内部发行

ISBN 7-80009-281-X:¥10.80

D035.3　001873

英美警察科学:热点、改革与启迪/王大伟编著.—北京:中国人民公安大学出版社,1995.1.—382页;20cm

ISBN 7-81011-682-7: ¥12.00

D035.3-43　　001874

公安管理与公安领导教程/王明新主编;公安部政治部编.—北京:中国人民公安大学出版社,1995.7.—305页;20cm

人民警察中级培训统编教材 内部发行

ISBN 7-81011-723-8: ¥9.50

D035.3-61　　001875

警察实用知识全书/李建和主编;《警察实用知识全书》编写组编.—北京:中国人民公安大学出版社,1995.9.—961页;20cm

ISBN 7-81011-719-X: ¥48.00

D035.34　　001876

治安防范技术与对策/余松龄编著.—北京:中国人民公安大学出版社,1995.9.—388页;20cm

内部发行

ISBN 7-81011-768-8: ¥13.00

D035.34-43　　001877

治安管理业务教程/扈庆英主编.—北京:煤炭工业出版社,1995.8.—181页;19cm

北京军地两用人才培训学院教材 内部发行

ISBN 7-5020-1219-2: ¥7.60

D035.4　　001878

外国监督制度与实践:纪检监察机关国外考察报告专辑/中央纪委外事局,监察部外事局编.—北京:中国方正出版社,1995.10.—229页;20cm

ISBN 7-80107-048-8: ¥9.50

D035.4　　001879

行政监察学原理/王长铭,李和中主编.—武汉:武汉大学出版社,1995.8.—328页;20cm

ISBN 7-307-01997-3: ¥13.00

D035.5　　001880

市政管理学/徐理明主编.—北京:中共中央党校出版社,1995.10.—298页;19cm

ISBN 7 5035 1301-2: ¥6.30

D035.5　　001881

外国农村基层建制/项继权著.—武汉:华中师范大学出版社,1995.12.—242页;20cm.—(华中师范大学出版基金丛书)

ISBN 7-5622-1525-1: ¥8.00

D04 无产阶级革命与无产阶级专政理论

D04　　001882

当代社会主义的历史命运/李武林等著.—济南:山东大学出版社,1995.3.—365页;20cm

ISBN 7-5607-1437-4: ¥9.80

D04　　001883

社会主义胜利问题研究/李心华著.—北京:华龄出版社,1995.7.—309页;20cm

ISBN 7-80082-480-2: ¥19.80

D05 政党理论

D05-62　　001884

各国民族民主政党手册/钟清清,曾宪法主编;中共中央对外联络部《各国民族民主政党手册》编辑委员会编.—北京:人民出版社,1995.12.—1130页;20cm

ISBN 7-01-001950-9(精装): ¥70.00

D053　　001885

马克思主义党的建设原理/牛安生主编.—郑州:河南人民出版社,1995.11.—267页;20cm

ISBN 7-215-03585-9: ¥7.70

D06 民族、殖民地问题理论

D06　　001886

社会主义时期民族问题论纲/薛焕章著.—大连:大连海事大学出版社,1995.3.—162页;19cm

ISBN 7-5632-0871-2: ¥6.80

D07 政治流派和思潮

D07　　001887

西方"马克思学"研究/叶卫平著.—北京:北京出版社,1995.9.—315页;20cm

ISBN 7-200-02700-6: ¥14.00

D07-61　　001888

当代西方思潮词典/王淼洋,张华金主编.—上海:华东师范大学出版社,1995.10.—595页;19cm

ISBN 7-5617-1329-0(精装): ¥25.00

D08 其它政治理论问题

D08　　001889

新时期民主论纲/王玉海主编.—济南:山东人民出版社,1995.10.—624页;20cm

ISBN 7-209-01830-1: ¥20.00

D082　　001890

当代中国的人权理论与实践/孟宪良,鲜开林主编.—北京:国防大学出版社,1995.5.—342页;19cm

ISBN 7-5626-0671-4: ¥9.50

D082　　001891

论马克思主义人权观/冯卓然主编.—南京:江苏教育出版社,1995.5.—264页;20cm

ISBN 7-5343-2351-7: ¥3.95

D082　　001892

论民主的自由内涵/韩冬雪编著.—长春:吉林大学出版社,1995.11.—185页;19cm

ISBN 7-5601-1847-X: ¥6.50

D082　　001893

人权的理论与实践/韩德培主编.—武汉:武汉大学出版社,1995.12.—1160页;26cm

ISBN 7-307-02065-3(精装): ¥98.00

D082　001894
人权史话/郑杭生,谷春德主编.—2版(修订本).—北京:北京出版社,1995.12.—476页;20cm
ISBN 7-200-02937-8(精装):¥19.60

D082　001895
社会主义民主论/那仁敖其尔,崔纯璞主编.—呼和浩特:内蒙古人民出版社,1995.12.—162页;20cm
ISBN 7-204-03012-5:¥6.50

D09 政治学史、政治思想史

D091　001896
西方政治思想史概述/陈培基主编.—北京:中国商业出版社,1995.10.—383页;20cm
ISBN 7-5044-3054-4:¥15.80

D091.4　001897
政府片论/(英)边沁著;沈叔平等译.—北京:商务印书馆,1995.4.—240页;20cm.—(汉译世界学术名著丛书)
据牛津克莱顿出版社1891年版译出
ISBN 7-100-01639-8:¥9.40

D091.5　001898
当代资本主义评析/何孝明主编.—北京:蓝天出版社,1995.6.—213页;20cm
空军飞行院校思想政治教育教材 内部发行
ISBN 7-80081-581-1:¥0.00

D091.6　001899
艰难玉成:社会主义与20世纪/张式谷著.—武汉:武汉出版社,1995.10.—340页;20cm
ISBN 7-5430-1420-3:¥12.80

D091.6　001900
民主社会主义评析/徐崇温著.—重庆:重庆出版社,1995.12.—402页;20cm.—(国外马克思主义和社会主义研究丛书/徐崇温主编)
ISBN 7-5366-3252-5:¥20.00

D091.6　001901
社会主义的历史、现状与未来/张雷克,胥立平著.—北京:世界知识出版社,1995.11.—186页;19cm.—(世界知识青年丛书)
ISBN 7-5012-0687-2:¥6.50

①D091.6②K835.617　001902
欧文传/(英)柯尔(Cole,M.)著;何世鲁,马爱农译.—北京:商务印书馆,1995.4.—220页;20cm.—(世界名人传记丛书)
据伦敦巴奇沃思出版公司1953年第一版译出
ISBN 7-100-01749-1:¥9.20

D092　001903
古代治国方略/田广清主编.—成都:四川大学出版社,1995.12.—541页;20cm
ISBN 7-5614-1241-X:¥22.00

D092　001904
华魂　第三卷:中华民族大一统/肖君和著.—哈尔滨:黑龙江教育出版社,1995.4.—363页;20cm.—(开放丛书·思想文化系列/何新主编)
ISBN 7-5316-2528-8:¥9.80

D092　001905
中国变革文化名著/张惠诚主编.—延吉:延边大学出版社,1995.11.—619页;20cm.—(中国文化经典名著大系 /张岱年,石翔主编)
ISBN 7-5634-0784-7(精装):¥32.90

D092.2　001906
怎样出将入相/惟悟著.—2版.—成都:四川大学出版社,1995.10.—223页;19cm.—(中国传统文化怎样丛书/陈咏明主编)
ISBN 7-5614-0779-3:¥6.50

D092.2　001907
主术——中国古代政治艺术之研究/(美)安乐哲著;滕复译.—北京:北京大学出版社,1995.6.—244页;20cm
ISBN 7-301-02722-2:¥21.50

①D092.2-53②D691.3　001908
金榜题名大手笔/王毅编著.—长沙:湖南师范大学出版社,1995.8.—265页;20cm
ISBN 7-81031-447-5:¥10.00

①D092.36②K827.36　001909
《草庐对》研究新编/李兆钧主编.—天津:百花文艺出版社,1995.5.—440页;20cm
ISBN 7-5306-1454-1:¥16.00

D092.5　001910
20世纪上半叶中国政治思潮/韦杰廷著.—长沙:湖南教育出版社,1995.5.—412页;20cm
ISBN 7-5355-2075-8:¥16.00

D092.5　001911
中国近代政治思想史:1840~1949/谭双泉编著.—长沙:湖南师范大学出版社,1995.12.—496页;20cm
ISBN 7-81031-475-0:¥19.50

D092.52　001912
晚清民族主义思潮/陶绪著.—北京:人民出版社,1995.10.—265页;20cm
ISBN 7-01-002177-5:¥16.20

D093　001913
东方社会政治形态史论/刘学灵著.—上海:上海远东出版社,1995.12.—389页;20cm
ISBN 7-80514-088-X:¥22.00

D1 国际共产主义运动

D1　001914
20~21世纪:社会主义的回顾与瞻望/江流,徐崇温主编.—北京:中国社会科学出版社,1995.8.—429页;20cm
ISBN 7-5004-1732-2:¥16.00

D1　001915
世界社会主义的历史和理论/黄宗良等主编.—北京:中央编译出版社,1995.9.—441页;20cm
ISBN 7-80109-081-0:¥16.80

①D1②K565.41　001916
社会主义史·法国革命　第一卷:制宪议会(下)/(法)饶勒斯(Jaures,J.)著;陈祚敏译.—北京:商务印书馆,1995.4.—478页;20cm
据巴黎社会出版社1969年版译出
ISBN 7-100-01463-8:¥17.00

D18　001917
在低谷中奋斗:80年以来资本主义各国共产党变化评介/郭建平等著.—哈尔滨:黑龙江教育出版社,1995.5.—421页;20cm
内部发行
ISBN 7-5316-2504-0:¥12.00

D2 中国共产党

D2　001918
新时期党的领导和党的建设/孟祥馨主编.—北京:中共中央党校出版社,1995.8.—203页;20cm
河北省市(地)党校统用系列教材之二
ISBN 7-5035-1261-X:¥7.30

D2　001919
新时期党的领导和党的建设简论/靳丰龄主编.—北京:中共中央党校出版社,1995.8.—161页;20cm
河北省县(区)党校统用系列教材之二
ISBN 7-5035-1262-8:¥5.40

①D2②F045.5　001920
共产党员与市场经济/王生全主编.—西安:陕西人民出版社,1995.1.—154页;19cm
ISBN 7-224-02883-5:¥4.60

D2-0　001921
《邓小平文选》导读/文选德主编;中共湖南省委宣传部编.—长沙:湖南师范大学出版社,1995.1.—275页;20cm
ISBN 7-81031-404-1:¥6.50

D2-0　001922
陈云论党的建设/中共中央文献研究室编.—北京:中央文献出版社,1995.5.—319页;20cm
ISBN 7-5073-0271-7:¥14.50

D2-0　001923
陈云文选　第二卷/陈云著.—2版.—北京:人民出版社,1995.5.—372页;22cm
ISBN 7-01-002195-3(精装):¥34.00

D2-0　001924
陈云文选　第三卷/陈云著.—2版.—北京:人民出版社,1995.5.—423页;22cm
ISBN 7-01-002199-6(精装):¥37.50

D2-0　001925
陈云文选　第一卷/陈云著.—2版.—北京:人民出版社,1995.5.—444页;22cm
ISBN 7-01-002192-9:¥39.00

D2-0　001926
当代中国的马克思主义:邓小平建设有中国特色社会主义理论教程/徐耀新主编.—南京:南京师范大学出版社,1995.10.—304页;20cm
ISBN 7-81047-030-2:¥8.90

D2-0　001927
当代中国的马克思主义:邓小平同志建设有中国特色社会主义理论.—北京:国防大学出版社,1995.10.—2册;20cm
大众读本
ISBN 7-5626-0713-3:¥96.00

D2-0　001928
当代中国马克思主义的理论与实践:邓小平建设有中国特色社会主义/蒋士逵,陆云主编.—上海:文汇出版社,1995.8.—300页;19cm
ISBN 7-80531-353-9:¥9.80

D2-0　001929
邓小平——当代中国马克思主义的创立者/李君如著.—上海:上海人民出版社,1995.12.—330页;20cm
ISBN 7-208-02155-4:¥18.00

D2-0　001930
邓小平——走自己的路/郭加复主编.—上海:上海社会科学院出版社,1995.12.—331页;20cm
ISBN 7-80618-142-3:¥13.00

D2-0　001931
邓小平党建理论在深圳的探索与实践/郭祥焰,林炎琴主编.—深圳:海天出版社,1995.10.—307页;20cm
ISBN 7-80615-276-8:¥13.00

D2-0　001932
邓小平的思想方法和工作方法/金羽主编.—北京:华夏出版社,1995.8.—279页;19cm
ISBN 7-5080-0610-0:¥10.00

D2-0　001933
邓小平的重大突破与建树/岳华庭主编.—北京:中共中央党校出版社,1995.12.—197页;20cm
ISBN 7-5035-1322-5:¥7.80

D2-0　001934
邓小平改革开放思想研究/孙克强,李秉乐主编.—上海:华东理工大学出版社,1995.4.—280页;20cm
ISBN 7-5628-0552-0:¥8.50

D2-0　001935
邓小平价值论/苏希胜等主编.—北京:国防大学出版社,1995.11.—144页;20cm
ISBN 7-5626-0742-7:¥5.00

D2-0　001936
邓小平建设有中国特色社会主义理论/王春峰等主编.—郑州:河南人民出版社,1995.8.—239页;20cm
ISBN 7-215-03490-9:¥9.80

D2-0　001937
邓小平建设有中国特色社会主义理论问题/任从辉等主编.—延吉:延边人民出版社,1995.12.—330页;19cm
ISBN 7-80599-354-8:¥8.00

D2-0　001938
邓小平建设有中国特色社会主义理论研究/徐超著.—北京:改革出版社,1995.7.—304页;20cm
ISBN 7-80072-703-3:¥12.50

D2－0　001939
邓小平建设有中国特色社会主义理论研究/张广智主编.—兰州:兰州大学出版社,1995.10.—262页;20cm
ISBN 7－311－00936－7:¥8.50

D2－0　001940
邓小平建设有中国特色社会主义理论研讨会优秀论文集/中共广西壮族自治区委员会宣传部理论处编.—南宁:广西人民出版社,1995.12.—482页;19cm
ISBN 7－219－03022－3:¥17.50

D2－0　001941
邓小平建设有中国特色社会主义论述专题摘编:新编本/中共中央文献研究室编.—北京:中央文献出版社,1995.2.—498页;20cm
ISBN 7－5073－0249－0:¥17.00

D2－0　001942
邓小平经济思想研究/王天玺,何耀华主编.—昆明:云南人民出版社,1995.11.—359页;20cm
ISBN 7－222－01775－5:¥15.50

D2－0　001943
邓小平经济特区建设理论与实践/彭立勋主编.—武汉:湖北人民出版社,1995.3.—416页;20cm.—(中国经济特区研究系列·中国经济特区建设丛书)
ISBN 7－216－01653－X(精装):¥24.00

D2－0　001944
邓小平理论:当代中国的马克思主义/刘歌德等著.—广州:中山大学出版社,1995.4.—300页;20cm
ISBN 7－306－01010－7:¥14.50

D2－0　001945
邓小平理论的科学体系/刘建武著.—长沙:湖南出版社,1995.4.—465页;20cm
ISBN 7－5438－0968－0:¥12.90

D2－0　001946
邓小平理论教程/王邦佐主编;邓小平建设有中国特色社会主义理论教程编写组编.—上海:上海财经大学出版社,1995.7.—354页;20cm
上海市高校马克思主义理论课通用教材
ISBN 7－81049－000－1:¥12.80

D2－0　001947
邓小平理论与广东改革开放/中共广东省委宣传部理论处编.—广州:广东人民出版社,1995.1.—473页;20cm
ISBN 7－218－01763－0:¥15.00

D2－0　001948
邓小平理论与跨世纪中国/罗匡,洪咸友主编.—合肥:安徽人民出版社,1995.7.—323页;20cm
ISBN 7－212－01215－7:¥12.80

D2－0　001949
邓小平理论与实践研究/中国科学社会主义学会编.—北京:法律出版社,1995.9.—254页;20cm
ISBN 7－5036－1711－X:¥16.00

D2－0　001950
邓小平理论与中国现代化/王巨才主编.—西安:陕西人民教育出版社,1995.6.—305页;20cm
ISBN 7－5419－5722－4:¥12.50

D2－0　001951
邓小平社会主义理论初探/中共广东省委党校科研办编.—广州:华南理工大学出版社,1995.6.—352页;19cm
ISBN 7－5623－0854－3:¥8.00

D2－0　001952
邓小平社会主义思想研究/倪大奇主编.—上海:复旦大学出版社,1995.9.—276页;20cm
ISBN 7－309－01497－9:¥12.00

D2－0　001953
邓小平设计中国改革开放实录/高屹主编.—沈阳:辽宁人民出版社,1995.12.—568页;20cm
ISBN 7－205－03536－8(精装):¥23.00

D2－0　001954
邓小平思想研究大辞典/向洪,邓洪平主编.—成都:四川人民出版社,1995.9.—996页;26cm
ISBN 7－220－02974－8(精装):¥118.00

D2－0　001955
邓小平同志建设有中国特色社会主义理论辅导讲话/阳国亮主编.—南宁:广西人民出版社,1995.9.—213页;19cm
ISBN 7－219－02993－4:¥4.50

D2－0　001956
邓小平同志建设有中国特色社会主义理论学习纲要/中共中央宣传部编.—北京:学习出版社,1995.5.—116页;19cm
ISBN 7－80116－050－9:¥3.80

D2－0　001957
邓小平同志建设有中国特色社会主义理论学习纲要/中共中央宣传部编.—北京:学习出版社,1995.5.—116页;20cm
ISBN 7－80116－047－9:¥4.50

D2－0　001958
邓小平与改革开放:中南六省区《邓小平与改革开放》学术研讨会论文选/郑应洽主编;广东省中共党史学会编.—北京:中共党史出版社,1995.12.—463页;20cm
ISBN 7－80023－995－0:¥18.00

D2－0　001959
邓小平与中国文化现代化/丁晓强等著.—南昌:江西人民出版社,1995.7.—326页;20cm
ISBN 7－210－01534－5:¥15.00

D2－0　001960
邓小平哲学思想与中国特色社会主义理论/张江明等主编.—广州:广东高等教育出版社,1995.3.—480页;20cm
ISBN 7－5361－1665－9:¥12.00

D2－0　001961
邓小平哲学思想专题研究/项武生等著.—北京:中共中央党校出版社,1995.10.—298页;19cm
ISBN 7－5035－1294－6:¥10.00

D2－0　001962
邓小平政治思想论纲/毕宪顺,张子礼著.—东营:石

油大学出版社,1995.6.—353页;20cm
ISBN 7-5636-0706-4(精装):¥12.00

D2-0　001963
邓小平智慧论/蔡祖鹏主编.—北京:国防大学出版社,1995.11.—257页;20cm
ISBN 7-5626-0743-5:¥8.50

D2-0　001964
邓小平治国思想研究/朱荣主编.—南宁:广西教育出版社,1995.3.—431页;20cm
ISBN 7-5435-2133-4:¥11.20

D2-0　001965
第三次飞跃:论邓小平理论的新贡献/董晓阳主编.—天津:天津社会科学院出版社,1995.10.—293页;20cm
ISBN 7-80563-563-3:¥12.60

D2-0　001966
基层军官理论学习读本/中国人民解放军总政治部编印.—北京:解放军出版社,1995.11.—442页;19cm
ISBN 7-5065-2986-6:¥0.00

D2-0　001967
坚定不移地学习和实践党的基本理论基本路线:甘肃省地主要领导干部学习《邓小平文选》第三卷体会/石宗源主编.—兰州:甘肃人民出版社,1995.8.—469页;20cm
ISBN 7-226-01517-X:¥12.00

D2-0　001968
江泽民同志倡导的64字创业精神/成志伟编.—重庆:重庆出版社,1995.5.—60页;20cm
ISBN 7-5366-3200-2:¥3.70

D2-0　001969
巨人的智慧:邓小平建设有中国特色社会主义理论的哲学思想探索/潘宝卿主编.—南宁:广西人民出版社,1995.11.—532页;20cm
ISBN 7-219-03128-9:¥19.50

D2-0　001970
跨世纪的特色理论:邓小平科学社会主义思想研究/钟启泉著.—南宁:广西人民出版社,1995.12.—450页;20cm
ISBN 7-219-03235-8:¥15.00

D2-0　001971
旗帜与指南:学习《邓小平文选》第三卷论文集 /顾春明主编.—沈阳:沈阳出版社,1995.3.—336页;19cm
ISBN 7-80556-929-0:¥5.60

D2-0　001972
全国省级检察长论文集:学习《邓小平文选》体会/最高人民检察院政治部宣传部编.—北京:中国检察出版社,1995.6.—324页;20cm
ISBN 7-80086-295-X:¥18.00

D2-0　001973
社会主义中国不可战胜:邓小平国家安全指导艺术/牛力,倪齐生主编.—北京:解放军出版社,1995.2.—265页;20cm.—(邓小平改革思想研究丛书)
ISBN 7-5065-2549-6(精装):¥18.00

D2-0　001974
社会主义中国不可战胜:邓小平国家安全指导艺术/牛力,倪齐生主编.—北京:解放军出版社,1995.2.—265页;20cm.—(邓小平改革思想研究丛书)
ISBN 7-5065-2549-6:¥15.25

D2-0　001975
探索的火花:学习邓小平建设有中国特色社会主义理论心得体会:"神州第一郊"理论文选/唐振甫主编.—天津:天津古籍出版社,1995.12.—220页;19cm
ISBN 7-80504-478-3:¥10.80

D2-0　001976
同一旗帜下:全区学习邓小平同志建设有中国特色社会主义理论和重大现实问题研讨会入选文章选编/黄玉生主编.—拉萨:西藏人民出版社,1995.7.—245页;20cm
ISBN 7-223-00829-6:¥4.90

D2-0　001977
万里文选/万里著.—北京:人民出版社,1995.9.—658页;21cm
ISBN 7-01-002268-2:¥29.00

D2-0　001978
伟大实践的科学指南:学习《邓小平文选》辅导/兰州军区政治部宣传部编.—兰州:甘肃人民出版社,1995.6.—181页;19cm
ISBN 7-226-01499-8:¥7.50

D2-0　001979
向着新的理想社会:李大钊文选/高瑞泉编选 .—上海:上海远东出版社,1995.7.—489页;20cm.—(中国近现代思想家论道丛书/谢遐龄主编)
ISBN 7-80613-025-X:¥22.00

D2-0　001980
新的跨越:市县委中心组学习《邓小平文选》体会文章/刘庆泽主编.—海口:南海出版公司,1995.8.—353页;20cm
ISBN 7-5442-0559-2:¥12.50

D2-0　001981
学习《邓小平文选》简明读本/陈登才主编.—沈阳:辽宁人民出版社,1995.3.—136页;19cm
ISBN 7-205-03281-4:¥2.80

D2-0　001982
学习邓小平建设有中国特色社会主义理论/《学习邓小平建设有中国特色社会主义理论》编写组编.—北京:中共党史出版社,1995.6.—212页;19cm
ISBN 7-80023-848-2:¥6.70

D2-0　001983
学习理论指导实践:全区县处级以上党委中心组成员学习《邓小平文选》第三卷征文活动获奖论文选编/中共广西壮族自治区委员会宣传部理论处编.—南宁:广西人民出版社,1995.8.—406页;20cm
ISBN 7-219-03069-X:¥15.00

D2-0　001984
用科学的理论武装人:全国教育系统学习《邓小平文选》和建设有中国特色社会主义理论研讨会论文集/国家教委建设有中国特色社会主义理论研究中心编.—北京:高等教育出版社,1995.8.—571页;20cm

ISBN 7－04－005460－4：¥16.85

D2－0　001985

在首都各界纪念抗日战争暨世界反法西斯战争胜利五十周年大会上的讲话：1995年9月3日／江泽民著.—北京：人民出版社，1995.9.—12页；20cm

ISBN 7－01－002299－2：¥1.00

D2－0　001986

张闻天文集　第四卷／张闻天文集编辑组编.—北京：中共党史出版社，1995.7.—519页；20cm

ISBN 7－80023－875－X：¥19.80

D2－0　001987

政治的嘱托 振兴的指南：云南省县以上主要领导干部学习《邓小平文选》第三卷的体会与思考(下)／编辑工作小组编.—昆明：云南人民出版社，1995.6.—329页；19cm

内部发行

ISBN 7－222－01791－7：¥10.80

D2－0　001988

政治的嘱托 振兴的指南：云南省县以上主要领导干部学习《邓小平文选》第三卷的体会与思考：续编／编辑工作小组编.—昆明：云南人民出版社，1995.5.—217页；19cm

内部发行

ISBN 7－222－01788－7：¥7.75

D2－0　001989

瞿秋白论文集／瞿秋白著.—重庆：重庆出版社，1995.4.—1254页；20cm

ISBN 7－5366－2725－4(精装)：¥64.00

①D2－0②D26　001990

邓小平新时期执政党建设理论研究／杨或，陈浙闽主编.—天津：天津教育出版社，1995.10.—325页；19cm

ISBN 7－5309－2429－X：¥16.80

①D2－0②D26　001991

邓小平执政党建设理论学习纲要／胡敬豪编著.—南昌：江西人民出版社，1995.6.—206页；19cm

ISBN 7－210－01517－5：¥5.60

①D2－0②D61　001992

邓小平的社会主义观／古杰一等主编.—郑州：河南人民出版社，1995.8.—385页；20cm

ISBN 7－215－03506－9：¥14.80

①D2－0②D61　001993

伟大的理论光辉的实践：福建省省、厅级领导干部学习《邓小平文选》第三卷论文选编之二／中共福建省委办公厅等编.—福州：福建人民出版社，1995.10.—382页；20cm

ISBN 7－211－02547－6：¥14.00

①D2－0②D618　001994

邓小平论祖国统一／中国国民党革命委员会中央委员会祖国和平统一促进委员会编.—北京：团结出版社，1995.2.—208页；20cm

ISBN 7－80061－638－X(精装)：¥8.30

①D2－0②D820　001995

邓小平外交思想研究／王锦侠，张奇著.—郑州：河南人民出版社，1995.11.—387页；20cm

ISBN 7－215－03544－1：¥18.00

①D2－0②D920.1　001996

邓小平法制思想研究／张瑞生等著.—西安：西安出版社，1995.5.—328页；20cm

ISBN 7－80594－208－0(精装)：¥14.00

①D2－0②F120.2　001997

邓小平经济理论与实践／袁竞雄等编著.—桂林：广西师范大学出版社，1995.4.—206页；20cm

ISBN 7－5633－2009－1：¥5.60

①D2－0②F120.2　001998

邓小平市场经济理论与实践／王珏，林祖基主编.—哈尔滨：黑龙江教育出版社，1995.6.—444页；20cm

ISBN 7－5316－2576－8：¥13.50

①D2－0②F120.2　001999

刘少奇经济思想研究／刘少奇纪念馆等编.—长沙：湖南出版社，1995.3.—303页；20cm

ISBN 7－5438－0946－X：¥11.00

①D2－0②F123.13－53　002000

学习《邓小平文选》和社会主义市场经济理论研讨会论文集／宁宝才主编.—呼和浩特：远方出版社，1995.5.—446页；20cm

ISBN 7－80595－133－0：¥8.00

①D2－0②F127.65　002001

邓小平对外开放理论与广东实践／廖建祥主编.—广州：广东人民出版社，1995.12.—335页；20cm.—(邓小平理论与广东实践研究丛书／于幼军主编)

ISBN 7－218－02066－6：¥25.00

①D2－0②F127.65　002002

邓小平共同富裕理论与广东山区建设／钟文菁等著.—广州：广东人民出版社，1995.12.—331页；20cm.—(邓小平理论与广东实践研究丛书／于幼军主编)

ISBN 7－218－02063－1：¥25.00

①D2－0②F127.65　002003

邓小平市场经济理论与广东实践／曾牧野等著.—广州：广东人民出版社，1995.12.—374页；20cm.—(邓小平理论与广东实践研究丛书／于幼军主编)

ISBN 7－218－02065－8：¥27.00

①D2－0②F8　002004

邓小平财政思想研究／谢贤星编著.—广州：中山大学出版社，1995.8.—179页；19cm

ISBN 7－306－01036－0：¥8.90

①D2－0②K827.7　002005

邓小平与河北／费妙兴主编；中共河北省委党史研究室编.—北京：中共党史出版社，1995.6.—305页：照片；20cm

ISBN 7－80023－826－1：¥13.50

D2－62　002006

新时期青年入党指南／杨书范等主编.—哈尔滨：黑龙江教育出版社，1995.4.—238页；19cm

ISBN 7－5316－2578－4：¥5.00

D20　002007

刘少奇建党思想／周琳等编著.—成都：四川人民出版社，1995.12.—204页；20cm

ISBN 7-220-03070-3:¥9.00

D219　002008

党的基本知识读本/苏晋生,李焕全主编.—西安:西安电子科技大学出版社,1995.6.—230页;19cm

ISBN 7-5606-0386-6:¥5.00

D219　002009

党的基本知识简明教程/黄绥泉主编.—广州:广东人民出版社,1995.5.—348页;20cm

ISBN 7-218-01882-3:¥8.80

D219　002010

党的基本知识问答/中共汕头市委组织部编.—汕头:汕头大学出版社,1995.5.—178页;20cm

ISBN 7-81036-116-3:¥6.00

D219　002011

党的基础知识教程/林兆义,姜法魁主编.—济南:山东人民出版社,1995.8.—265页;19cm

ISBN 7-209-01815-8:¥9.60

D219　002012

党章学习讲话/中共中央宣传部宣传教育局组织编写.—北京:中共党史出版社,1995.7.—182页;19cm

ISBN 7-80023-849-0:¥6.30

D219　002013

党章知识读本/赵绍敏主编.—昆明:云南人民出版社,1995.12.—161页;19cm

ISBN 7-222-01901-4:¥5.90

D219　002014

建设有中国特色社会主义理论和党章学习辅导教材/《建设有中国特色社会主义理论和党章学习辅导教材》编写组编.—沈阳:白山出版社,1995.4.—181页;19cm

ISBN 7-80566-434-X:¥5.50

D219　002015

十四大党章导读/张明楚等主编.—北京:中国妇女出版社,1995.6.—225页;19cm

ISBN 7-80016-927-8:¥5.20

D219　002016

新编党的基本知识读本/贾崇瑞,张序江主编.—东营:石油大学出版社,1995.6.—262页;20cm

高校党校系列教材之一

ISBN 7-5636-0621-1:¥6.20

D219　002017

学习党章党课教材/《学习党章党课教材》编写组编写.—沈阳:辽宁教育出版社,1995.4.—112页;19cm

ISBN 7-5382-4103-5:¥3.40

D219　002018

学习中国共产党章程百题问答/中共贵州省纪律检查委员会等编.—贵阳:贵州人民出版社,1995.5.—183页;19cm

ISBN 7-221-03840-6:¥3.00

D219　002019

中国共产党党章教程/中共中央党校党建教研部编著.—北京:中共中央党校出版社,1995.8.—279页;20cm

ISBN 7-5035-1183-4:¥12.00

D220　002020

建国以来重要文献选编　第11册/中共中央文献研究室编.—北京:中央文献出版社,1995.1.—682页;20cm

ISBN 7-5073-0227-X(精装):¥26.50

D220　002021

新的征程新的纲领:学习党的十四届五中全会文件/魏礼群,郑新立主编.—北京:新华出版社,1995.10.—280页;19cm

ISBN 7-5011-2991-6:¥9.95

D220　002022

中国共产党第十四届中央委员会第五次全体会议文件.—北京:人民出版社,1995.10.—104页;20cm

ISBN 7-01-002312-3:¥4.30

D220　002023

遵义会议:决定中国历史命运的三天/侯保重著.—上海:上海人民出版社,1995.4.—258页;20cm

ISBN 7-208-01961-4:¥8.00

D229　002024

跨世纪的宏伟蓝图:学习党的十四届五中全会文件/王维澄,王梦奎主编.—北京:中国言实出版社,1995.10.—266页;20cm

ISBN 7-80128-000-8:¥9.80

D229　002025

十四届五中全会文件学习讲话/《十四届五中全会文件学习讲话》编写组编.—北京:中央编译出版社,1995.10.—178页;19cm

ISBN 7-80109-089-6:¥7.00

D229　002026

学习党的十四届五中全会文件辅导/沈柏年等主编.—北京:中国言实出版社,1995.10.—234页;20cm

ISBN 7-80128-001-6:¥8.80

①D229②F123.3　002027

学习《中共中央关于制定国民经济和社会发展"九五"计划和2010年远景目标的建议》辅导讲座/钟财主编.—北京:中国计划出版社,1995.11.—294页;20cm

ISBN 7-80058-433-X:¥14.00

①D229②F123.3　002028

中国迈向21世纪的宏伟纲领:学习《中共中央关于制定国民经济和社会发展"九五"计划和2010年远景目标的建议》/李连仲主编.—北京:中共中央党校出版社,1995.10.—198页;19cm

ISBN 7-5035-1314-4:¥7.90

D229-61　002029

《中共中央关于制定国民经济和社会发展"九五"计划和2010年远景目标的建议》名词术语解释/钟财主编.—北京:人民出版社,1995.11.—292页;20cm

ISBN 7-01-002341-7:¥11.80

D23　002030

唯物史观与中共党史学/张静如著.—长沙:湖南出版社,1995.7.—225页;20cm

ISBN 7-5438-1015-8(精装):¥10.80

D23　002031

中共党史新编/王金池,裴志宏主编.—北京:改革出

版社,1995.12.—261 页;20cm
ISBN 7-80072-753-X:¥8.50

D23　002032
中共党史重要专题研究/伊胜利等主编.—北京:中共中央党校出版社,1995.9.—331 页;20cm
ISBN 7-5035-1284-9:¥13.20

D23　002033
中共党史专题讲座/鲁启魁,谌贻琴主编.—贵阳:贵州教育出版社,1995.4.—214 页;19cm
ISBN 7-80583-638-8:¥4.80

D23　002034
中国共产党历史讲义/上海市高校《中国共产党历史讲义》编写组编.—5 版.—上海:上海人民出版社,1995.4.—475 页;19cm
ISBN 7-208-00134-0:¥8.20

D23　002035
中国共产党通史　第一卷:中国共产党的创建/沙健孙主编.—长沙:湖南教育出版社,1995.7.—488 页;20cm
ISBN 7-5355-2197-5(精装):¥20.00

①D23②F121.1　002036
中国共产党与私人资本主义/王炳林主编.—北京:北京师范大学出版社,1995.10.—415 页;20cm
ISBN 7-303-04131-1:¥13.50

D23-31　002037
新视角:史志改革纵横谈/吴仲炎著.—武汉:武汉大学出版社,1995.1.—379 页;20cm
ISBN 7-307-00894-7:¥14.00

D23-43　002038
中国共产党历史教程/蒋绍椿,冯正钦主编 .—修订本.—上海:华东师范大学出版社,1995.5.—316 页;20cm
全国高等师范专科学校教材
ISBN 7-5617-1299-5:¥6.40

D231　002039
中共东北军党史概述/中共东北军党史组编著.—北京:中共党史出版社,1995.3.—261 页;20cm.—(中共东北军党史丛书)
ISBN 7-80023-828-8:¥10.70

D232　002040
城市的接管与社会改造:重庆卷/钟修文主编;中共重庆市委党史研究室编.—重庆:西南师范大学出版社,1995.12.—310 页;20cm.—(中国共产党历史资料丛书)
ISBN 7-5621-1389-0(精装):¥15.00

D235　002041
冀鲁豫边区敌军工作/张玉鹏,张文杰主编.—郑州:河南人民出版社,1995.7.—739 页;20cm
ISBN 7-215-03515-8:¥25.00

D235　002042
中国共产党组织史资料汇编:领导机构沿革和成员名录:从一大至十四大/王健英编著.—增订本.—北京:中共中央党校出版社,1995.9.—1352 页;26cm
ISBN 7-5035-0928-7(精装):¥125.00

D235.1　002043
社会主义时期中共北京党史记事　第二辑/中共北京市委党史研究室编.—北京:人民出版社,1995.3.—402 页;20cm
ISBN 7-01-002093-0:¥12.00

D235.14　002044
中国共产党北京市平谷县大事记:1938~1994/中共平谷县委党史办公室编著.—北京:文津出版社,1995.8.—267 页;20cm
ISBN 7-80554-293-7:¥8.50

D235.2　002045
中共中央华北局城工部/中共北京市委党史研究室编.—北京:中共党史出版社,1995.8.—434 页:照片;20cm
ISBN 7-80023-911-X:¥20.00

D235.223　002046
中国共产党河北省石家庄市新华区组织史资料:1987.11~1992.12/侯新建,冯书明主编;中共河北省石家庄市新华区委员会组织部,河北省石家庄市新华区档案局编.—石家庄:河北人民出版社,1995.1.—232 页;26cm
ISBN 7-202-01690-7:¥20.00

D235.224　002047
中共井陉党史人物传/霍献文,邢宝顺主编;中共井陉县委史志办公室编.—北京:中共党史出版社,1995.3.—286 页;20cm
ISBN 7-80023-853-9:¥10.00

D235.224　002048
中国共产党河北省丰南县组织史资料:1987~1994/中共丰南县委组织部编.—北京:中共党史出版社,1995.5.—446 页;26cm
ISBN 7-80023-861-X:¥30.00

D235.224　002049
中国共产党河北省广平县组织史资料:1987~1992/中共广平县委组织部编.—石家庄:河北人民出版社,1995.1.—387 页;20cm
ISBN 7-202-01692-3:¥15.00

D235.224　002050
中国共产党河北省广宗县组织史资料:1927~1987/中共广宗县委组织部等编.—石家庄:河北人民出版社,1995.4.—301 页;26cm
内部发行
ISBN 7-202-01738-5:¥24.00

D235.224　002051
中国共产党河北省乐亭县组织史资料:1987~1992/中共乐亭县委组织部编.—石家庄:河北人民出版社,1995.3.—332 页;26cm
ISBN 7-202-01711-3:¥28.00

D235.224　002052
中国共产党河北省赞皇县组织史资料:1930~1987/中共赞皇县委组织部等编.—石家庄:河北人民出版社,1995.4.—295 页;26cm
内部发行
ISBN 7-202-01734-2:¥20.00

D235.25 002053
西雁北革命斗争史/党洪恩，刘福斌编著.—太原：山西人民出版社，1995.7.—202页：照片；20cm
ISBN 7-203-00622-0：¥9.80

D235.25 002054
中共吕梁地方组织的创建和早期活动/邢竞川主编；中共吕梁地委党史研究室编.—太原：山西高校联合出版社，1995.10.—364页；20cm
ISBN 7-81032-831-X：¥18.90

D235.25 002055
中国共产党左权县简史：1937～1949/邢晓寿主编.—太原：山西人民出版社，1995.2.—378页：照片；20cm.—(太行革命根据地历史丛书)
ISBN 7-203-03318-X：¥28.00

D235.25-54 002056
中国共产党山西历史大事记述：1976.10～1992.12/叶更生主编；山西省史志研究院编.—太原：山西人民出版社，1995.7.—425页；20cm
ISBN 7-203-00623-9：¥16.00

D235.253 002057
中国共产党高平历史大事记述：1926.12～1949.9/张春旦主编；中共高平市委党史研究室编.—北京：中共党史出版社，1995.6.—168页；20cm
ISBN 7-80023-209-3：¥15.00

D235.254 002058
中共山西省交城县历史大事记述：1927～1949/中共交城县委党研究室编.—太原：山西人民出版社，1995.12.—129页；20cm
ISBN 7-203-03414-3：¥8.80

D235.26 002059
中国共产党内蒙古自治区组织史资料：1925.3～1987.12/中共内蒙古自治区委员会组织部等编.—呼和浩特：内蒙古人民出版社，1995.1.—986页；26cm
内部发行
ISBN 7-204-02847-3(精装)：¥75.00

D235.263 002060
中共包头党史大事记：1924～1993/张和增主编；中共包头市委党史资料征集研究办公室编.—呼和浩特：内蒙古人民出版社，1995.2.—314页；20cm
ISBN 7-204-02758-2：¥9.80

D235.3 002061
中共东北军地下党工作回忆/中共东北军党史组编.—北京：中共党史出版社，1995.8.—724页；20cm.—(中共东北军党史丛书)
ISBN 7-80023-863-6：¥24.50

D235.31 002062
解放战争时期中共辽南一地委/邢德昶主编.—沈阳：辽宁人民出版社，1995.6.—540页：照片；20cm
ISBN 7-205-03340-3(精装)：¥15.80

D235.31 002063
中共辽宁党史大事记：1949.10～1989.12/高峰主编.—沈阳：辽宁人民出版社，1995.3.—683页；20cm
ISBN 7-205-03301-2：¥20.00

D235.31 002064
中国共产党阜新地方史简编：新民主主义革命时期/柳宝荣主编；中共阜新市委党史研究室编.—北京：中共党史出版社，1995.3.—191页；20cm
ISBN 7-80023-846-6：¥8.50

D235.313 002065
中共鞍山地方史：新民主主义时期/邢德昶主编.—沈阳：辽宁人民出版社，1995.6.—206页；20cm
ISBN 7-205-03339-X：¥10.00

D235.341 002066
中共长春党史人物传　第六卷/耿新主编；中共长春市党史研究室编.—长春：长春出版社，1995.12.—333页：照片；20cm
ISBN 7-80604-484-1：¥10.00

D235.351 002067
中国共产党黑龙江省哈尔滨市组织史资料：1987～1993/于兴洋，董绍卿主编；中共哈尔滨市委组织部，中共哈尔滨市委党史研究室编 .—哈尔滨：黑龙江人民出版社，1995.10.—546页；20cm
ISBN 7-207-03533-0(精装)：¥55.00

D235.354 002068
中共宁安党史大事记：1919年5月～1993年5月/赵新华主编；中共宁安市委党史研究室编.—牡丹江：黑龙江朝鲜民族出版社，1995.12.—425页；19cm
ISBN 7-5389-0616-9：¥13.00

D235.354 002069
中国共产党黑龙江省林口县组织史资料：1987～1994/中共林口县委组织部，林口县档案局编.—牡丹江：黑龙江朝鲜民族出版社，1995.5.—305页；20cm
ISBN 7-5389-0587-1：¥10.00

D235.41 002070
中国共产党陕西省渭南地区组织史资料：1925.12～1987.10/中共渭南地委组织部等编.—西安：陕西人民出版社，1995.3.—683页；26cm
内部发行
ISBN 7-224-03400-2(精装)：¥50.00

D235.41 002071
中外记者团和美军观察组在延安/熊美杰，袁武振主编；中共陕西省委党史研究室编.—西安：陕西人民出版社，1995.7.—545页；20cm
ISBN 7-224-03877-6：¥15.00

D235.412 002072
中国共产党陕西省商洛地区组织史资料：1927.4～1987.10/王景杰主编；中共商洛地委组织部等编.—西安：陕西人民出版社，1995.4.—488页；26cm
内部发行
ISBN 7-224-03509-2(精装)：¥38.00

D235.413 002073
播火者在渭南/田东阳，张登岳主编；中共渭南市委党史研究室编.—西安：陕西人民出版社，1995.12.—243页；20cm
ISBN 7-224-04001-0：¥8.50

D235.413 002074
中国共产党陕西省铜川市城区组织史资料：1949.2～1987.10/吕世杰主编；中共铜川市城区委员会组织

部等编.—西安:陕西人民出版社,1995.6.—141 页;26cm
内部发行
ISBN 7-224-02503-8(精装):¥30.00

D235.413　　002075
中国共产党陕西省延安市组织史资料:1926.7~1987.10/胡恒洲等主编;中共延安市委组织部等编.—西安:陕西人民出版社,1995.1.—671 页;26cm
内部发行
ISBN 7-224-02782-0(精装):¥48.00

D235.414　　002076
中国共产党陕西省白河县组织史资料:1946.9~1987.10/中共白河县委组织部等编.—西安:陕西人民出版社,1995.5.—268 页;26cm
内部发行
ISBN 7-224-03136-4(精装):¥45.00

D235.414　　002077
中国共产党陕西省澄城县组织史资料:1927.8~1987.10/贾生武,雷晓峰主编;中共澄城县委组织部等编.—西安:陕西人民出版社,1995.9.—248 页;26cm
内部发行
ISBN 7-224-02452-X(精装):¥39.50

D235.414　　002078
中国共产党陕西省淳化县组织史资料:1927.7~1987.10/王有辉主编;中共淳化县委组织部等编.—西安:陕西人民出版社,1995.4.—265 页;26cm
内部发行
ISBN 7-224-03303-0(精装):¥45.00

D235.414　　002079
中国共产党陕西省蓝田县组织史资料:1927.4~1987.10/贾陆阳主编;中共蓝田县委组织部等编.—西安:陕西人民出版社,1995.6.—625 页;26cm
内部发行
ISBN 7-224-02836-3(精装):¥60.00

D235.414　　002080
中国共产党陕西省礼泉县组织史资料:1927.6~1987.10/王恩良主编;中共礼泉县委组织部等编.—西安:陕西人民出版社,1995.7.—216 页;26cm
内部发行
ISBN 7-224-03522-X(精装):¥26.00

D235.414　　002081
中国共产党陕西省略阳县组织史资料:1947.8~1987.10/彭尚智主编;中共略阳县委组织部等编.—西安:陕西人民出版社,1995.3.—253 页;26cm
内部发行
ISBN 7-224-02793-6(精装):¥50.00

D235.414　　002082
中国共产党陕西省洛川县组织史资料:1937~1987.10/屈东海主编;中共洛川县委组织部等编.—西安:陕西人民出版社,1995.9.—425 页;26cm
内部发行
ISBN 7-224-03937-3(精装):¥55.50

D235.414　　002083
中国共产党陕西省米脂县组织资料:1926 冬~1987.10/中共米脂县委组织部等编.—西安:陕西人民出版社,1995.7.—418 页;26cm
内部发行
ISBN 7-224-03188-7(精装):¥55.00

D235.414　　002084
中国共产党陕西省宁陕县组织史资料:1935.12~1987.10/中共宁陕县委组织部等编.—西安:陕西人民出版社,1995.7.—261 页;26cm
内部发行
ISBN 7-224-03133-X(精装):¥45.00

D235.414　　002085
中国共产党陕西省平利县组织史资料:1946.9~1987.10/王勇主编;中共平利县委组织部等编.—西安:陕西人民出版社,1995.6.—270 页;26cm
内部发行
ISBN 7-224-02904-1(精装):¥45.00

D235.414　　002086
中国共产党陕西省乾县组织史资料:1926.8~1987.10/殷思远主编;中共乾县县委组织部等编.—西安:陕西人民出版社,1995.3.—407 页;26cm
内部发行
ISBN 7-224-03081-3(精装):¥30.40

D235.414　　002087
中国共产党陕西省清涧县组织史资料:1926.4~1987.10/王世泰主编;中共清涧县委组织部等编.—西安:陕西人民出版社,1995.3.—499 页;26cm
内部发行
ISBN 7-224-03132-1(精装):¥55.00

D235.414　　002088
中国共产党陕西省三原县组织史资料:1925.12~1987.10/邢心一主编;中共三原县委组织部等编.—西安:陕西人民出版社,1995.7.—314 页;26cm
内部发行
ISBN 7-224-03114-3(精装):¥50.00

D235.414　　002089
中国共产党陕西省商南县组织史资料:1935.5~1987.10/孙传武主编;中共商南县委组织部等编.—西安:陕西人民出版社,1995.8.—427 页;26cm
内部发行
ISBN 7-224-03916-0(精装):¥55.50

D235.414　　002090
中国共产党陕西省石泉县组织史资料:1938.12~1987.10/郭军主编;中共石泉县委组织部等编.—西安:陕西人民出版社,1995.4.—273 页;26cm
内部发行
ISBN 7-224-03302-2(精装):¥50.00

D235.414　　002091
中国共产党陕西省吴堡县组织史资料:1926 夏~1987.10/中共吴堡县委组织部等编.—西安:陕西人民出版社,1995.8.—226 页;26cm
ISBN 7-224-02396-5(精装):¥42.00

D235.414　　002092
中国共产党陕西省吴旗县组织史资料:1934.12~1987.10/康景鹏主编;中共吴旗县委组织部等编.—西

安:陕西人民出版社,1995.8.—387页;26cm
内部发行
ISBN 7-224-03260-3(1精装):¥53.00

D235.414　**002093**
中国共产党陕西省武功县组织史资料:1927.7~1987.10/刘志玉,徐兴昌主编;中共武功县委组织部等编.—西安:陕西人民出版社,1995.5.—423页;26cm
内部发行
ISBN 7-224-02399-X(精装):¥50.00

D235.414　**002094**
中国共产党陕西省西乡县组织史资料:1932.6~1987.10/陈顺元主编;中共西乡县委组织部等编.—西安:陕西人民出版社,1995.5.—324页;26cm
内部发行
ISBN 7-224-02606-9(精装):¥50.00

D235.414　**002095**
中国共产党陕西省旬阳县组织史资料:1927.8~1987.10/中共旬阳县委组织部等编.—西安:陕西人民出版社,1995.7.—669页;26cm
内部发行
ISBN 7-224-03134-8(精装):¥70.00

D235.414　**002096**
中国共产党陕西省旬邑县组织史资料:1926春~1987.10/罗秉岐主编;中共旬邑县委组织部等编.—西安:陕西人民出版社,1995.4.—287页;26cm
内部发行
ISBN 7-224-03259-X(精装):¥45.00

D235.414　**002097**
中国共产党陕西省延长县组织史资料:1927.1~1987.10/冯德荣主编;中共延长县委组织部等编.—西安:陕西人民出版社,1995.4.—303页;26cm
内部发行
ISBN 7-224-03425-8(精装):¥50.00

D235.414　**002098**
中国共产党陕西省宜川县组织史资料:1926初~1987.10/赵兴祯主编;中共宜川县委组织部等编.—西安:陕西人民出版社,1995.7.—254页;26cm
内部发行
ISBN 7-224-03028-7(精装):¥42.00

D235.414　**002099**
中国共产党陕西省镇坪县组织史资料:1949.5~1987.10/张国清主编;中共镇坪县委组织部等编.—西安:陕西人民出版社,1995.6.—294页;26cm
内部发行
ISBN 7-224-03131-3(精装):¥46.00

D235.414　**002100**
中国共产党陕西省志丹县组织史资料:1927.5~1987.10/王志岗主编;中共志丹县委组织部等编.—西安:陕西人民出版社,1995.7.—242页;26cm
内部发行
ISBN 7-224-02797-9(精装):¥42.00

D235.414　**002101**
中国共产党陕西省紫阳县组织史资料:1949.5~1987.10/祝师林主编;中共紫阳县委组织部等编.—西安:陕西人民出版社,1995.9.—374页;26cm
内部发行
ISBN 7-224-03056-2(精装):¥55.00

D235.414　**002102**
中国共产党陕西省岐山县组织史资料　第二卷:1987.11~1993.5/索富平主编;中共岐山县委组织部编.—西安:陕西人民出版社,1995.12.—342页;26cm
内部发行
ISBN 7-224-04013-4(精装):¥38.00

D235.414　**002103**
中国共产党陕西省岚皋县组织史资料:1938.5~1987.10/黄秀贵主编;中共岚皋县委组织部等编.—西安:陕西人民出版社,1995.5.—339页;26cm
内部发行
ISBN 7-224-02928-9(精装):¥50.00

D235.414　**002104**
中国共产党陕西省泾阳县组织史资料:1926.11~1987.10/第五旭,王维亮主编;中共泾阳县委组织部等编.—西安:陕西人民出版社,1995.9.—443页;26cm
内部发行
ISBN 7-224-03113-5(精装):¥65.00

D235.43　**002105**
中共石嘴山市党史大事记/中共石嘴山市委党史研究室等编.—银川:宁夏人民出版社,1995.9.—275页;20cm
ISBN 7-227-01521-1:¥21.80

D235.44　**002106**
河湟星火/张博编著.—西宁:青海人民出版社,1995.10.—268页;20cm
ISBN 7-225-01134-0:¥14.00

D235.45　**002107**
抗日战争时期中共党人在和田/中共和田地委党史办公室编.—乌鲁木齐:新疆人民出版社,1995.6.—205页:照片;20cm
ISBN 7-228-03349-3:¥13.00

D235.51　**002108**
中共闵行区党史大事记:1959.12~1964.6、1981.2~1992.11/中共闵行区委党史办公室编.—上海:上海社会科学院出版社,1995.3.—153页:照片;26cm
ISBN 7-80618-082-6(精装):¥20.00

D235.52　**002109**
红色战旗:中共苏鲁豫皖边区特委专辑/姜宜秀主编;中共枣庄市委党史办公室编.—济南:山东友谊出版社,1995.12.—382页;20cm
ISBN 7-80551-787-8:¥12.00

D235.52　**002110**
中共博山党史大事记:1949~1993/王世庆主编;淄博市博山区史志档案局,博山区档案馆编.—济南:山东人民出版社,1995.12.—412页;20cm
ISBN 7-209-01852-2:¥15.80

D235.52　**002111**
中共胶南党史大事记:1949~1989/徐继华等主编;中共胶南市委党校编.—北京:中共党史出版社,1995.12.—230页;20cm

ISBN 7－80023－964－0：¥22.00

D235.52　002112

中共历城党史大事记：1949.10～1992.10/展昭星主编；中共济南市历城区委党史资料征集研究委员会编.—济南：济南出版社，1995.4.—378页；20cm

ISBN 7－80572－949－2(精装)：¥9.50

D235.52　002113

中共临沂党史大事记：1949.10～1994.12/李先建等主编；中共临沂市委党史资料征集委员会编著.—北京：中共党史出版社，1995.3.—290页；20cm

ISBN 7－80023－639－0：¥10.00

D235.52　002114

中共中央山东分局在王庄/中共临沂市委党史资料征集委员会，中共沂水县委党史资料征集委员会编著.—北京：中共党史出版社，1995.9.—329页；20cm

ISBN 7－80023－914－4：¥12.00

D235.52　002115

中共峄城党史大事记：1949.10～1994.12/高胜金主编；中共峄城区委党史研究会编.—济南：山东人民出版社，1995.1.—568页；20cm

ISBN 7－209－01825－5：¥30.00

D235.52　002116

中国共产党山东省德州市组织史资料：1987.10～1994.12/王树瑜主编；中共德州市委办公室等编.—北京：中共党史出版社，1995.4.—413页；26cm

ISBN 7－80023－865－2：¥28.00

D235.521　002117

中共历下党史大事记：1948.9～1989.9/谷瑞良，姜兆坤主编；中共济南市历下区委党史资料征集办公室编.—济南：济南出版社，1995.5.—383页；20cm.—(中共济南党史大事记丛书)

ISBN 7－80572－949－2(精装)：¥11.50

D235.523　002118

中共泰安地方党史：1926～1949/牛之营等主编；中共泰安市委党史资料征集研究委员会编.—济南：山东大学出版社，1995.6.—451页；20cm

ISBN 7－5607－1393－9(精装)：¥16.50

D235.523　002119

中共滕州党史大事记：1921.7～1994.12/宋致元，王长华主编；中共滕州市委党史办公室编.—济南：山东友谊出版社，1995.12.—716页；20cm

ISBN 7－80551－801－7：¥29.00

D235.523　002120

中国共产党山东省德州市组织史资料：1987.10～1994.12/王树瑜主编；中共德州市委办公室等编.—北京：中共党史出版社，1995.4.—413页；26cm

ISBN 7－80023－865－2(精装)：¥35.00

D235.524　002121

中国共产党山东省海阳县组织史资料：1926年～1993年/刘舒秋主编；中共山东省海阳县委组织部等编.—北京：中共党史出版社，1995.8.—444页；26cm

ISBN 7－80023－735－4(精装)：¥30.00

D235.524　002122

中国共产党泗水县历史大事记：1949.10～1993.10/中共泗水县委组织部地方党史研究室，中共泗水县委党校地方党史研究室编.—济南：山东人民出版社，1995.9.—372页；20cm

ISBN 7－209－01817－4：¥15.80

D235.533　002123

海角之春：启东建国后头七年史料选集/中共启东市委党史办公室编.—南京：南京出版社，1995.4.—258页；20cm

ISBN 7－80614－112－X：¥12.50

D235.533　002124

中国共产党江苏省常熟市组织史资料　第二卷：1987.10～1994.12/中共常熟市委组织部，中共常熟市委党史工作委员会编.—北京：中共党史出版社，1995.11.—308页；26cm

ISBN 7－80023－943－8(精装)：¥45.00

D235.533　002125

中国共产党江苏省苏州市组织史资料　第二卷：1987.10～1994.12/中共苏州市组织部编.—北京：中共党史出版社，1995.12.—464页；26cm

内部发行

ISBN 7－80023－941－1(精装)：¥60.00

D235.544　002126

霍邱革命史/周永年，李玉林主编；中共霍邱县委党史工作委员会编.—合肥：安徽人民出版社，1995.5.—157，70页；20cm

ISBN 7－212－01202－5：¥7.90

D235.544　002127

六安革命史/中共六安县委党史工作委员会编.—合肥：安徽人民出版社，1995.8.—326页：图；20cm.—(安徽省中共党史资料丛书/鲍劲夫主编)

ISBN 7－212－01236－X：¥13.00

D235.554　002128

中共嘉善地方史略：1926～1949/凌传基主编；中共嘉善县委党史研究室编.—北京：中国书籍出版社，1995.11.—229页；20cm

ISBN 7－5068－0491－3：¥7.00

D235.57　002129

中共晋江地方史主要事件：1919～1949/陈文敬主编；中共晋江市委党史研究室编.—福州：福建人民出版社，1995.7.—206页；19cm.—(八闽风雷事件)

ISBN 7－211－02504－2：¥7.25

D235.57　002130

中国共产党福建省福州市组织史资料：1926年4月～1987年12月/陈水金，何世保主编；中共福州市委组织部等编.—福州：福建人民出版社，1995.7.—370页；26cm

内部资料

ISBN 7－211－02147－0：¥15.60

D235.574　002131

中国共产党福建省霞浦县组织史资料：1933年3月～1990年12月/陈冰坚主编；中共霞浦县委组织部等编.—厦门：鹭江出版社，1995.9.—251页；26cm

ISBN 7－80610－049－0：¥16.00

D235.61　002132

中国共产党南阳地区历史大事记:1925.2~1992.10/李兆钧主编;中共南阳地委党史工作委员会编.—北京:中共党史出版社,1995.7.—382页;20cm
ISBN 7-80023-801-6(精装):¥18.00

D235.61 002133
中国共产党平顶山矿务局组织史资料:1954.4~1993.12/孙广盛,潘佐春主编;《中国共产党平顶山矿务局组织史资料》编委会编.—北京:煤炭工业出版社,1995.8.—206页;26cm
ISBN 7-5020-1233-8(精装):¥45.00

D235.611 002134
中共郑州党史 上卷/邵其政主编;中共郑州市委党史工作委员会编著.—北京:中共党史出版社,1995.5.—304页;20cm
ISBN 7-80023-902-0:¥13.00

D235.611 002135
中共郑州党史 上卷/邵其政主编;中共郑州市委党史工作委员会编著.—北京:中共党史出版社,1995.5.—304页;20cm
ISBN 7-80023-902-0(精装):¥18.00

D235.613 002136
丰碑:中共灵宝党史专题集/韩世平主编.—郑州:中州古籍出版社,1995.9.—339页;20cm
ISBN 7-5348-1390-5:¥25.00

D235.613 002137
中共焦作历史:1925~1949/路振乐主编;中共焦作市委党史办公室著.—北京:中共党史出版社,1995.8.—358页;20cm
ISBN 7-80023-912-8(精装):¥18.00

D235.613 002138
中共洛阳党史大事记:1949.10~1991.12/韩中秋,李修宽主编;中共洛阳市委党史办公室编.—北京:中共党史出版社,1995.12.—411页;20cm
ISBN 7-80023-955-1:¥16.50

D235.613 002139
中共商丘市历史大事记:1948.11~1993.3/杨永安,李敬修主编;中共商丘市委党史征编办公室编.—郑州:河南人民出版社,1995.8.—357页;20cm
ISBN 7-215-03844-0(精装):¥20.00

D235.613 002140
中共漯河党史大事记 下篇:1949~1992/陈庭苕主编;漯河市史志档案办公室编.—郑州:河南人民出版社,1995.12.—359页;20cm
ISBN 7-215-03857-2:¥11.00

D235.614 002141
新民主主义革命时期中共民权党史资料选/牛思勋等主编;中共民权县委党史办公室编著.—北京:中共党史出版社,1995.10.—823页:图表;20cm
ISBN 7-80023-917-9:¥29.00

D235.614 002142
中共南召县地方史 第一卷/中共南召县委党史工作委员会编著.—北京:中共党史出版社,1995.9.—326页:照片;20cm
ISBN 7-80023-859-8:¥14.00

D235.614 002143
中共栾川党史:1938~1949/吴芸波主编;中共栾川县委党史办公室编.—北京:中国档案出版社,1995.4.—184页;20cm
ISBN 7-80019-528-7:¥8.89

D235.614 002144
中国共产党方城县党史大事记/中共方城县委党史工作委员会编.—郑州:河南人民出版社,1995.1.—202页;20cm
ISBN 7-215-02296-X:¥7.00

D235.614 002145
中国共产党河南省商丘县组织史资料:1927.1~1987.11/李金亮等主编;中共商丘县委组织部等编.—郑州:中州古籍出版社,1995.6.—440页;26cm
ISBN 7-5348-1379-4(精装):¥36.50

D235.62 002146
中共平原省简史/李振华,段德文主编;中共河南省委党史研究室编.—郑州:河南人民出版社,1995.12.—542页:照片;20cm
ISBN 7-215-03856-4:¥22.00

D235.632 002147
中国共产党湖北省咸宁地区组织史资料:1925年春~1987年10月/中共咸宁地委组织部等编.—武汉:湖北人民出版社,1995.8.—383页;26cm
内部发行
ISBN 7-216-01749-8(精装):¥60.00

D235.633 002148
中国共产党湖北省武穴市(广济县)组织史资料:1924~1988.1/中共武穴市委组织部等编.—武汉:湖北人民出版社,1995.3.—319页;26cm
内部发行
ISBN 7-216-01652-1(精装):¥40.00

D235.633 002149
中国共产党湖北省孝感市组织史资料:续编本:1987.11~1993.6/中共孝感市委组织部,中共孝感市委党史办公室编.—武汉:武汉大学出版社,1995.5.—178页;26cm
ISBN 7-307-01973-6(精装):¥28.00

D235.634 002150
中国共产党湖北省当阳县史:1919.5~1949.10/魏鹄立主编;中共当阳市委党史办公室编.—武汉:湖北人民出版社,1995.6.—376页;20cm
ISBN 7-216-01684-X:¥13.00

D235.65 002151
广东党史资料 第二十七辑/中共广东省委党史研究室编.—广州:广东人民出版社,1995.5.—345页;20cm
ISBN 7 218-01961-7:¥9.80

D235.653 002152
中国共产党佛山市组织史资料:1921~1987/中共佛山市委组织部等编.—广州:广东人民出版社,1995.12.—383页;26cm
ISBN 7-218-01645-6(精装):¥158.00

D235.654 002153

中共海丰党史大事记:1919~1949/中共海丰县委党史研究室,中共汕尾市城区党史研究室编 .—广州:广东人民出版社,1995.6.—224页;20cm

ISBN 7-218-01866-1:¥15.00

D235.66　　002154

红旗不倒:中共琼崖地方史/中共海南省委党史研究室编著.—北京:中共党史出版社,1995.8.—562页;20cm

ISBN 7-80023-900-4(精装):¥18.00

D235.71　　002155

中国共产党四川省达县地区组织史资料:1926.8~1987.10/中共达川地委组织部等编.—重庆:重庆出版社,1995.12.—950页;26cm

ISBN 7-5366-3232-0(精装):¥68.50

D235.71　　002156

中国共产党四川省攀枝花市组织史资料:1950.3~1987.10/中共四川省攀枝花市委组织部等编 .—成都:四川人民出版社 ,1995.2.—340页;26cm

ISBN 7-220-02588-2(精装):¥52.00

D235.713　　002157

中国共产党四川省攀枝花市仁和区组织史资料:1950.1~1993.12/中共四川省攀枝花市仁和区委组织部等编.—成都:四川人民出版社,1995.12.—383页;26cm

ISBN 7-220-03098-3(精装):¥80.00

D235.713　　002158

中国共产党四川省攀枝花市西区组织史资料:1973.2~1993.12/中共四川省攀枝花市西区区委组织部等编.—成都:四川人民出版社,1995.12.—153页;26cm

ISBN 7-220-03164-5(精装):¥74.00

D235.714　　002159

民主革命时期的武隆/李胜主编;中共武隆县委党史研究室编.—重庆:重庆出版社,1995.1.—179页:照片;19cm

ISBN 7-5366-3071-9:¥6.50

D235.714　　002160

中共普格县地方史稿/陈洪禄主编;《中共普格县地方史稿》编委会编.—成都:四川大学出版社,1995.9.—242页;19cm

ISBN 7-5614-1190-1:¥8.00

D235.73　　002161

中国共产党黔东南州历史大事记:1919~1989/岳松林主编;中共黔东南州委党史研究室编.—贵阳:贵州人民出版社,1995.4.—412页;20cm

ISBN 7-221-03863-5:¥15.00

D235.743　　002162

中共大理市党史资料　第二辑/薛琳主编;中共大理市委党史征集研究室编.—芒市:德宏民族出版社,1995.9.—326页:照片;20cm

ISBN 7-80525-272-6:¥9.00

D235.743　　002163

中国共产党云南省东川市组织史资料·云南省东川市政权系统、军事系统、统战系统、群团系统组织史资料:1987.11~1993.11:续编本(一)/周育贤主编;中共东川市委组织部编.—昆明:云南人民出版社,1995.10.—221页;26cm

内部资料

ISBN 7-222-01867-0(精装):¥23.50

D235.744　　002164

新的篇章:马龙改革十五年/高加明主编;马龙县史志编纂室编.—昆明:云南民族出版社,1995.7.—695页:彩照;20cm.—(中共马龙县社会主义时期党史资料丛书)

ISBN 7-5367-1094-1:¥14.00

D235.744　　002165

中国共产党云南省福贡县组织史资料·云南省福贡县政权、军事、统战、群团系统组织史资料:1949.6~1987.10/赵春红等主编;中共福贡县委组织部等编.—昆明:云南民族出版社,1995.12.—181页;26cm

内部发行

ISBN 7-5367-1133-6(精装):¥48.00

D235.744　　002166

中国共产党云南省巍山彝族回族自治县组织史资料·云南省巍山彝族回族自治县政权、军事、统战、群团系统组织史资料:1928.12~1987.12/中共巍山彝族回族自治县委组织部等编 .—昆明:云南民族出版社,1995.11.—293页;26cm

内部发行

ISBN 7-5367-1099-2(精装):¥50.00

D235.75　　002167

和平解放西藏/倪扶汉,黄河主编;西藏自治区党史资料征集委员会,西藏军区党史资料征集领导小组编.—拉萨:西藏人民出版社,1995.8.—272页:照片;19cm.—(中共西藏党史资料丛书)

内部发行

ISBN 7-223-00882-2:¥8.00

D235.75　　002168

西藏的民主改革/杜清明主编;西藏自治区党史资料征集委员会编.—拉萨:西藏人民出版社,1995.8.—405页;19cm.—(中共西藏党史资料丛书)

内部发行

ISBN 7-223-00887-3:¥11.30

D235.75　　002169

中共西藏党史大事记:1949~1994/赵慎应主编;西藏自治区党史资料征集委员会编.—拉萨:西藏人民出版社,1995.7.—476页:照片;20cm

ISBN 7-223-00798-2:¥12.50

D239　　002170

古城号角:《西安评论》报资料专辑/中共西安市委党史研究室编.—西安:陕西人民出版社,1995.1.—434页;20cm.—(西安党史资料丛书;第二十二期)

ISBN 7-224-04071-1:¥13.80

D239　　002171

怀旧集/郑超麟著.—北京:东方出版社,1995.3.—354页;19cm

内部发行

ISBN 7-5060-0527-1:¥15.80

D239　　002172

中共党史资料　第五十三辑/中共中央党史研究室编.—北京:中共党史出版社,1995.2.—209页;20cm
ISBN 7-80023-867-9:¥5.50

D239　002173
中国共产党抗日文件选编/中央档案馆编.—北京:中国档案出版社,1995.8.—486页;20cm
ISBN 7-80019-548-1:¥20.80

D24　002174
中国共产党的历史经验/范香保主编.—北京:中共中央党校出版社,1995.8.—231页;20cm
河北省市(地)党校统用系列教材之四
ISBN 7-5035-1258-X:¥7.70

D24　002175
中国共产党的历史经验简明读本/莘亦宾主编.—北京:中共中央党校出版社,1995.8.—178页;20cm
河北省县(区)党校统用系列教材之三
ISBN 7-5035-1257-1:¥6.00

D25　002176
党的领导与社会主义/于德龙等主编.—哈尔滨:哈尔滨工业大学出版社,1995.6.—213页;19cm
ISBN 7-5603-1088-5:¥7.40

D25　002177
执政党建设论纲/陈浙闽编著.—天津:天津教育出版社,1995.12.—278页;19cm
ISBN 7-5309-2428-1:¥15.80

D252　002178
密切党群关系的创举:辽阳市领导干部同贫困户建立联系点制度活动纪实/辽宁省党建研究会中共辽宁省委党校联合调查组编.—沈阳:辽宁人民出版社,1995.5.—319页:彩照;20cm
ISBN 7-205-03332-2:¥18.00

D252　002179
新时期党的群众工作概论/李甡主编.—北京:北京出版社,1995.3.—288页;20cm
ISBN 7-200-02555-0:¥6.60

D26　002180
把党建设成为更加坚强的工人阶级先锋队/高广温主编.—北京:当代中国出版社,1995.5.—331页;20cm.—(政策研究荟萃丛书)
全套五册,总定价:70.00元
ISBN 7-80092-382-7:¥0.00

D26　002181
从十一届三中全会到十四届四中全会党的建设大事记/赵子平等主编.—北京:红旗出版社,1995.7.—1207页;20cm
ISBN 7-80068-777-5(精装):¥88.00

D26　002182
当代共产党人的时代精神与作风/赵明富等主编.—成都:西南交通大学出版社,1995.3.—239页;20cm
ISBN 7-81022-786-6:¥6.90

D26　002183
党的建设/张清学,刘颖主编.—北京:中共中央党校出版社,1995.10.—279页;20cm
ISBN 7-5035-1316-0:¥9.80

D26　002184
党的建设教程新编/刘道福等著.—北京:工商出版社,1995.8.—346页;19cm
党校教材
ISBN 7-80012-170-4:¥13.00

D26　002185
党的建设若干问题的理论与实践/佟延成著.—北京:新华出版社,1995.12.—323页;20cm
ISBN 7-5011-3056-6:¥12.00

D26　002186
党的建设问题研究/赵大义著.—沈阳:东北大学出版社,1995.2.—275页;20cm
ISBN 7-81006-215-8:¥10.00

D26　002187
党的建设新的伟大工程/柴鸥林等主编.—济南:山东大学出版社,1995.11.—210页;19cm
ISBN 7-5607-1548-6:¥7.90

D26　002188
党的建设新探/杨杰主编.—广州:华南理工大学出版社,1995.8.—311页;20cm.—(学术论丛)
ISBN 7-5623-0897-7:¥8.50

D26　002189
党的建设与宣传思想工作/戴舟编著.—北京:中共党史出版社,1995.8.—418页;20cm
ISBN 7-80023-888-1:¥15.90

D26　002190
党建工作的实践与创新/李为健,王震主编;中共徐州市委组织部编著.—南京:江苏人民出版社,1995.3.—234页;20cm
ISBN 7-214-01447-5:¥8.00

D26　002191
党建理论纵横/罗小凡主编.—太原:山西人民出版社,1995.8.—300页;20cm
ISBN 7-203-03378-3:¥11.80

D26　002192
党建若干理论前沿问题/杨茂昌等主编.—天津:天津教育出版社,1995.9.—291页;19cm
ISBN 7-5309-2404-4:¥9.80

D26　002193
党建若干问题理论研究/陆建洪著.—天津:天津人民出版社,1995.10.—306页;20cm
ISBN 7-201-02381-0:¥9.80

D26　002194
党建新论/王发文,张建国主编.—济南:山东人民出版社,1995.7.—456页;20cm
ISBN 7-209-01769-0:¥13.80

D26　002195
党支部与党员/陈立旭著.—兰州:甘肃人民出版社,1995.8.—110页;19cm
ISBN 7-226-01437-8:¥3.80

D26　002196
机关党建理论与实践:续集/邹纲仁主编;中共云南省省级国家机关工作委员会编.—昆明:云南人民出版社,1995.2.—308页;19cm

ISBN 7-222-01726-7: ¥5.80

D26 002197

来自先进县市委的报告/中共湖北省委组织部编.—武汉:湖北人民出版社,1995.10.—115页:照片;19cm

ISBN 7-216-01759-5: ¥6.80

D26 002198

论基层党的建设/朱文辉主编.—深圳:海天出版社,1995.9.—251页;20cm

ISBN 7-80615-230-X: ¥8.00

D26 002199

社会主义市场经济条件下党的建设/李恒仁主编.—贵阳:贵州教育出版社,1995.3.—308页;19cm

ISBN 7-80583-632-9: ¥6.00

D26 002200

社会主义市场经济条件下党的建设/卜广坡,彭启胜主编.—西宁:青海人民出版社,1995.11.—199页;20cm

ISBN 7-225-01191-X: ¥8.00

D26 002201

社会主义市场经济与党的建设/左迅生,刘振华主编.—北京:中国人事出版社,1995.1.—370页;20cm

ISBN 7-80076-583-0: ¥9.60

D26 002202

社会主义市场经济与党的建设/余隽主编.—天津:天津人民出版社,1995.11.—285页;20cm

ISBN 7-201-02407-8: ¥9.80

D26 002203

社会主义市场经济中的党的建设/舒刚著.—青岛:青岛出版社,1995.12.—228页;20cm.—(社会主义市场经济论丛/徐长聚等主编)

ISBN 7-5436-1279-8: ¥8.80

D26 002204

市场经济与党的优良传统/孙保定等主编.—郑州:河南人民出版社,1995.10.—201页;20cm

ISBN 7-215-03547-6: ¥9.00

D26 002205

铁路党的建设工作会议文件汇编/铁道部政治部编.—北京:中国铁道出版社,1995.4.—213页;19cm

ISBN 7-113-01961-7: ¥5.50

D26 002206

新时期党的建设/马庆生主编.—南宁:广西人民出版社,1995.6.—381页;20cm

ISBN 7-219-02969-1: ¥12.80

D26 002207

新时期党的建设/赵凤平等主编.—成都:西南交通大学出版社,1995.1.—293页;19cm

ISBN 7-81022-776-9: ¥6.30

D26 002208

新时期党的建设教程/范平主编.—4版.—北京:中共中央党校出版社,1995.5.—263页;20cm

ISBN 7-5035-0067-0: ¥8.50

D26 002209

新时期党的建设理论/杨胜等著.—北京:中国物价出版社,1995.1.—342页;19cm

ISBN 7-80070-449-1: ¥9.60

D26 002210

新时期执政党建设理论/王发文主编.—北京:中共中央党校出版社,1995.9.—197页;20cm

山东省党校系统教材

ISBN 7-5035-1286-5: ¥6.00

D26 002211

用改革精神建设党:邓小平执政党建设的理论与实践/曹子镰等著.—广州:广东人民出版社,1995.12.—295页;20cm.—(邓小平理论与广东实践研究丛书/于幼军主编)

ISBN 7-218-02071-2: ¥24.00

D26 002212

中国共产党廉政建设史/陈文斌主编.—北京:中共党史出版社,1995.9.—339页;20cm

ISBN 7-80023-895-4: ¥14.50

D26-34 002213

新的伟大工程:党的建设理论研究/薛春生主编.—北京:新华出版社,1995.12.—331页;19cm

ISBN 7-5011-3025-6: ¥13.00

D26-53 002214

建设新的伟大工程:湖南省高等学校党的建设论文集/周惠恒,刘泽远主编.—长沙:湖南出版社,1995.11.—501页;20cm

ISBN 7-5438-1099-9(精装): ¥25.00

D26-53 002215

论新时期党的建设/张严,戴有斌主编.—北京:人民日报出版社,1995.4.—305页;20cm

ISBN 7-80002-767-8: ¥15.00

D26-53 002216

思考·探索·创新:厦门大学党建与思想政治工作研讨论文集/郑冬斯,王豪杰主编.—厦门:厦门大学出版社,1995.12.—257页;20cm

ISBN 7-5615-1062-4: ¥9.00

D26-61 002217

新编党务工作全书/张蔚萍主编.—北京:中国言实出版社,1995.10.—1807页;26cm

ISBN 7-80128-003-2(精装): ¥258.00

D261 002218

党建思想政治工作新探/张树平主编.—北京:石油工业出版社,1995.9.—546页;20cm

ISBN 7-5021-1497-1: ¥15.00

D261 002219

市场经济条件下的党性教育读本/中共甘肃省委宣传部党员教育处,中共甘肃省委组织部组织处编.—兰州:甘肃人民出版社,1995.5.—128页;19cm

ISBN 7-226-01476-9: ¥2.80

D261 002220

中国共产党思想政治工作史/张耀灿等主编;国家教委思想政治工作司编.—北京:红旗出版社,1995.5.—526页;20cm

ISBN 7-80068-764-3: ¥18.00

D261.3 002221

党风:历史·现状·思考/周为号主编;王世谊等编.—贵阳:贵州人民出版社,1995.5.—364 页;20cm.—(党风科学研究系列丛书)

ISBN 7-221-03747-7:¥9.60

D261.3 002222

邓小平新时期党风廉政思想研究/中央纪委监察部研究室编.—北京:中国方正出版社,1995.9.—470 页;20cm

ISBN 7-80107-034-8:¥17.50

D261.3 002223

实事求是/陈中华著.—南京:河海大学出版社,1995.10.—201 页;19cm

ISBN 7-5630-0900-0:¥7.50

D261.4 002224

党员教育十讲/孙殿林主编;王佩玉等撰稿.—上海:上海交通大学出版社,1995.4.—258 页;19cm.—(党员教育丛书)

ISBN 7-313-01476-7:¥8.50

D261.4 002225

市场经济与党员教育新编/沈培新主编.—北京:中共党史出版社,1995.9.—240 页;20cm

ISBN 7-80023-876-8:¥10.00

D261.4-52 002226

挚爱与追求/彭峰著.—长沙:湖南出版社,1995.2.—247 页;19cm

ISBN 7-5438-0984-2:¥7.00

D261.4-53 002227

探索:中共中央党校函授学院海南分院学员毕业论文选/邢植朝,周琦英主编.—海口:南海出版公司,1995.10.—315 页;20cm

ISBN 7-5442-0584-3:¥12.00

D261.4-53 002228

燧石之光:优秀论文选/周永锡主编.—长沙:湖南出版社,1995.6.—433 页;19cm

ISBN 7-5438-0999-0:¥12.00

D261.41 002229

教育·素质·人才:党校函授教育经验集/中央党校函授学院安徽分院主编.—合肥:安徽人民出版社,1995.9.—289 页;20cm.—(安徽党校函授教育八周年丛书)

ISBN 7-212-01242-4:¥9.80

D261.41 002230

实践 探索 发展/中央党校函授学院延边分院编.—延吉:东北朝鲜民族教育出版社,1995.8.—193 页;20cm

ISBN 7-5437-2242-9:¥6.00

D261.41-53 002231

新视角:党校学员论文集/中共广东省委党校编.—广州:广东人民出版社,1995.11.—293 页;19cm

ISBN 7-218-02032-1:¥9.80

D261.41-53 002232

学习·思考·对策　第二卷:党校函授学员论文集/中央党校函授学院安徽分院主编.—合肥:安徽人民出版社,1995.9.—352 页;20cm.—(安徽党校涵授教育八周年丛书)

ISBN 7-212-01252-1:¥10.60

D261.42 002233

大学生入党读本/李国荣主编.—海口:南海出版公司,1995.9.—244 页;19cm

ISBN 7-5442-0560-6:¥8.00

D261.42 002234

大学生入党教材/宋玉岫主编.—北京:红旗出版社,1995.6.—303 页;19cm

ISBN 7-80068-776-7:¥7.80

D261.42 002235

大学生入党教程/李潮江等主编.—哈尔滨:黑龙江教育出版社,1995.5.—320 页;19cm

高等院校党课教材

ISBN 7-5316-2575-X:¥7.00

D261.42 002236

当代中国的马克思主义党员读本/熊泽成等主编.—长沙:湖南出版社,1995.8.—254 页;19cm

ISBN 7-5438-1056-5:¥9.80

D261.42 002237

党员学习建设有中国特色社会主义理论和党章辅导/《党员学习建设有中国特色社会主义理论和党章辅导》编写组编.—北京:中共中央党校出版社,1995.2.—210 页;19cm

ISBN 7-5035-1179-6:¥6.00

D261.42 002238

干部必备知识读本/杨伯亚主编 .—北京:中共中央党校出版社,1995.8.—383 页;20cm

河北省市(地)党校统用系列教材之五

ISBN 7-5035-1263-6:¥12.50

D261.42 002239

高校党课教程/王运章等主编.—重庆:西南师范大学出版社,1995.11.—176 页;20cm

ISBN 7-5621-1450-1:¥6.50

D261.42 002240

高校入党积极分子培训教程/丁文裔等主编.—长沙:湖南出版社,1995.3.—240 页;19cm

ISBN 7-5438-0942-7:¥6.00

D261.42 002241

共产党员日志/侯少文,陈凯龙编著.—北京:中国妇女出版社,1995.6.—350 页;19cm

ISBN 7-80016-885-9(精装):¥22.00

D261.42 002242

基层干部必备知识读本/王宝琦主编 .—北京:中共中央党校出版社,1995.8.—311 页;20cm

河北省县(区)党校统用系列教材之四

ISBN 7-5035-1264-4:¥10.30

D261.42 002243

马克思主义建党理论与中国共产党建设 /何理主编.—北京:国防大学出版社,1995.5.—370 页;20cm

ISBN 7-5626-0676-5:¥15.00

D261.42 002244

社会主义市场经济条件下党员教育读本/刘振兴,俞炯玲主编 .—2 版.—北京:华夏出版社,1995.4.—318 页;20cm

ISBN 7-5080-0391-8:￥8.00

D261.42　　002245

新编高校党课教程/杨萃吉等主编.—长春:吉林大学出版社,1995.5.—275页;19cm

ISBN 7-5601-1711-2:￥6.90

D261.42　　002246

新的伟大工程党员读本/罗昭义,谭运宏主编.—北京:中国商业出版社,1995.3.—257页;19cm

ISBN 7-5044-2331-9:￥7.80

D261.42　　002247

新时期大学生党课教材/金沛然,陈波升主编.—长春:吉林大学出版社,1995.2.—274页;19cm

ISBN 7-5601-1680-9:￥5.80

D261.42　　002248

新时期党员必备/叶永年等主编.—南京:河海大学出版社,1995.1.—436页;19cm

ISBN 7-5630-0764-4:￥8.80

D261.42　　002249

新时期企业党员学习手册/张俊瑞等主编.—太原:山西人民出版社,1995.7.—264页;19cm

ISBN 7-203-03366-X:￥15.00

D261.42　　002250

新时斯党员教育读本/胡全德,刘耀法主编.—郑州:河南人民出版社,1995.9.—233页;19cm

ISBN 7-215-03523-9:￥5.50

D261.42　　002251

学理论学党章党员通俗读本/于利中,王宜民主编;中共盐城市委宣传部编.—南京:河海大学出版社,1995.3.—138页;19cm

ISBN 7-5630-0825-X:￥2.95

D261.42　　002252

学习建设有中国特色社会主义理论和党章/刘炎家等主编.—郑州:河南人民出版社,1995.5.—124页;19cm

党员教育讲座

ISBN 7-215-01214-X:￥3.50

D261.42　　002253

学习建设有中国特色社会主义理论和党章读本/闵裕道,魏兴柱主编;中共大庆市委宣传部,中共大庆市委组织部编.—哈尔滨:黑龙江人民出版社,1995.10.—251页;19cm

ISBN 7-207-03153-X:￥6.50

D261.42-43　　002254

党员教程新编/中共广东省委党校党建教研室组织编写.—广州:广东高等教育出版社,1995.4.—256页;20cm

ISBN 7-5361-1653-5:￥7.20

D261.42-43　　002255

高校学生党课教程/谢炳炎,陈业平主编.—长沙:中南工业大学出版社,1995.7.—304页;19cm

ISBN 7-81020-759-8:￥8.60

D261.42-43　　002256

新编党课教程/王明福等主编.—东营:石油大学出版社,1995.5.—308页;19cm

ISBN 7-5636-0696-3:￥6.60

D261.42-62　　002257

入党指南/卢宏明著.—武汉:武汉工业大学出版社,1995.11.—416页;20cm

ISBN 7-5629-1034-0:￥15.00

D261.5　　002258

宣传工作概论/《宣传工作概论》编写组编;薛启亮编著.—北京:中共中央党校出版社,1995.6.—270页;20cm.—(党群工作丛书)

ISBN 7-5035-1052-8:￥7.50

D262　　002259

当好党委的助手和参谋/黄展鹏主编.—北京:当代中国出版社,1995.5.—148页;20cm.—(政策研究荟萃丛书)

全套5册,总定价:70.00元

ISBN 7-80092-382-7:￥0.00

D262　　002260

党的基层组织建设500问/田炳臣主编;《党的基层组织建设500问》编写组编.—北京:国际文化出版公司,1995.2.—369页;19cm

ISBN 7-80049-896-4:￥8.50

D262　　002261

农村基层组织建设工作问答:学习中共中央《关于加强农村基层组织建设的通知》/《农村基层组织建设工作问答》编写组编.—北京:中共中央党校出版社,1995.2.—124页;19cm

ISBN 7-5035-1162-1:￥3.80

D262　　002262

闪光的宗旨:上海市基层党组织建设“凝聚力工程”经验汇编/姜斯宪主编;中共上海市委组织部编.—上海:上海人民出版社,1995.10.—213页;19cm

ISBN 7-208-02126-0:￥10.50

D262　　002263

深圳党的组织建设实践与探索/中共深圳市委组织部编.—深圳:海天出版社,1995.3.—359页;20cm

ISBN 7-80615-140-0:￥16.80

D262　　002264

实践与思考:市场经济条件下的组织保证/程惠明主编;中共吴江市委组织部编.—苏州:苏州大学出版社,1995.12.—384页;20cm

ISBN 7-81037-187-8:￥18.50

D262.11　　002265

坚持和健全民主集中制/中共山东省纪委宣传教育室编.—济南:山东人民出版社,1995.8.—243页;19cm

ISBN 7-209-01806-9:￥6.25

D262.11　　002266

论民主和民主集中制/王贵秀著.—北京:中国社会科学出版社,1995.8.—229页;20cm

ISBN 7-5004-1688-1:￥12.00

D262.11　　002267

民主集中制教育读本/李守玉主编;中共临沂市委组织部编.—南宁:广西人民出版社,1995.5.—282页;20cm

ISBN 7-219-02959-4:￥6.80

D262.13－62 **002268**
党纪处分知识手册/范杰，唐春干编著.—上海：上海人民出版社，1995.1.—260页；19cm
ISBN 7－208－01832－4：￥7.90

D262.2 **002269**
'94组织工作调研成果荟萃/中共中央组织部研究室编.—北京：华文出版社，1995.7.—170页；20cm
ISBN 7－5075－0452－2：￥5.40

D262.2 **002270**
党的组织工作程序/张昌和主编.—北京：中国社会科学出版社，1995.1.—931页；20cm
ISBN 7－5004－1670－9(精装)：￥40.00

D262.2 **002271**
上海组织工作调研文选 1994/中共上海市委组织部研究室编.—上海：上海人民出版社，1995.6.—357页；20cm
ISBN 7－208－02021－3：￥25.00

D262.2 **002272**
市场经济条件下党的组织工作研究/何顺民主编.—广州：广东人民出版社，1995.2.—342页；20cm
ISBN 7－218－01771－1：￥8.00

D262.2－53 **002273**
组织工作研究文选 1994/中共中央组织部研究室编.—北京：华文出版社，1995.7.—526页；20cm
ISBN 7－5075－0453－0：￥14.40

D262.3 **002274**
广东农村管理区党支部书记、办事处主任任职资格培训教材/傅锐主编；中共广东省委组织部组织编写.—广州：广东人民出版社，1995.3.—196页；19cm
ISBN 7－218－01793－2：￥4.30

D262.4－31 **002275**
战斗力凝聚力：新疆生产建设兵团基层党建工作调查/王梁，王云华主编.—乌鲁木齐：新疆人民出版社，1995.6.—26页；20cm
ISBN 7－228－03492－8：￥8.60

D262.6 **002276**
党内违纪案件查处工作教程/胡基祥，杨世英主编.—武汉：湖北人民出版社，1995.2.—387页；20cm
ISBN 7－216－01510－X：￥8.00

D262.6 **002277**
高等学校纪检监察工作研究/张恒生主编.—北京：北京航空航天大学出版社，1995.10.—157页；19cm
ISBN 7－81012－610－5：￥6.00

D262.6 **002278**
纪检控告申诉案件受理范例/熊胜安著.—石家庄：河北人民出版社，1995.3.—357页；19cm
ISBN 7－202－01643－5：￥6.80

D262.6 **002279**
在中央纪委第五次全会上的讲话：1995年1月23日/江泽民著.—北京：人民出版社，1995.3.—14页；20cm
ISBN 7－01－002183－X：￥1.00

D262.6 **002280**
中国共产党纪律检查概论/曾繁茂主编.—北京：中国方正出版社，1995.10.—382页；20cm
全国纪检监察干部培训教材
ISBN 7－80107－016－X：￥11.80

D262.6 **002281**
中央纪委中央监委工作纪实/孙彤辉，张珉主编；《中央纪委中央监委工作纪实》编写组编.—北京：中国方正出版社，1995.7.—125页；20cm
ISBN 7－80107－025－9：￥6.00

①D262.6－62②D630.9－62 **002282**
共产党员、干部行为规范手册/中央纪委驻化学工业部纪检组等编.—北京：化学工业出版社，1995.12.—463页；20cm
内部发行
ISBN 7－5025－1632－8：￥14.00

D263 **002283**
不朽的丰碑：领导干部的楷模——孔繁森/西藏自治区党委宣传部编.—拉萨：西藏人民出版社，1995.4.—295页：照片；19cm
ISBN 7－223－00757－5：￥5.80

D263 **002284**
党的好干部杨东海/中共浙江省委宣传部编.—杭州：浙江人民出版社，1995.10.—83页；19cm
ISBN 7－213－01283－5：￥2.50

D263 **002285**
风采/毛亦冰等主编.—沈阳：东北大学出版社，1995.2.—306页；19cm
ISBN 7－81006－944－6：￥7.00

D263 **002286**
公仆的辉煌：黄静波省长开拓青海纪实/李顺国编.—北京：人民出版社，1995.2.—203页：彩照；20cm
ISBN 7－01－002032－9：￥10.00

D263 **002287**
孔繁森的故事/李印中主编.—济南：山东人民出版社，1995.6.—262页；19cm
ISBN 7－209－01771－2：￥7.80

D263 **002288**
领导干部的楷模——孔繁森/王克玉主编；中共中央组织部研究室等编.—济南：山东画报出版社，1995.4.—1册；29cm
ISBN 7－80603－024－7：￥22.00

D263 **002289**
论党员干部的道德修养/张可尧著.—桂林：广西师范大学出版社，1995.8.—103页；19cm.—(独秀社会科学丛书/钟文典，王定国主编)
ISBN 7－5633－2073－3：￥3.95

D263 **002290**
努力做新时期合格共产党员：党员经常性思想教育六十讲/空军政治部组织部编.—北京：蓝天出版社，1995.5.—272页；20cm
ISBN 7－80081－579－X：￥0.00

D263 **002291**
人民的好公仆：学习孔繁森、王炳俊文集/中共贵州省委宣传部编.—贵阳：贵州人民出版社，1995.5.—120页；19cm
ISBN 7－221－03839－2：￥3.90

D263　002292
人民公仆的榜样——孔繁森/《人民公仆的榜样——孔繁森》编辑组编.—北京:中共中央党校出版社,1995.5.—160页;19cm
ISBN 7-5035-1219-9:¥5.00

D263　002293
人民好公仆裴庆生/叶相周,毕怀恕主编.—太原:山西人民出版社,1995.9.—173页;20cm
ISBN 7-203-03390-2:¥9.80

D263　002294
山东有个王廷江/王光明等著.—济南:山东人民出版社,1995.6.—148页;19cm
ISBN 7-209-01753-4:¥5.50

D263　002295
为党旗增辉的人们:中央国家机关优秀共产党员事迹选编/张敖荣主编;中共中央国家机关工作委员会组织部编.—北京:中国法制出版社,1995.1.—278页;20cm
ISBN 7-80083-213-9:¥8.00

D263　002296
先锋的辉煌/马寿德主编;中共云南省委组织部,云南省总工会编.—昆明:云南美术出版社,1995.7.—168页:彩照;20cm
ISBN 7-80586-191-9:¥16.80

D263　002297
向党的优秀领导干部杰桑·索南达杰学习/中共青海省委宣传部编.—西宁:青海人民出版社,1995.7.—126页:彩照;19cm
ISBN 7-225-01072-7:¥5.00

D263　002298
新时期党员干部的楷模:记山东省援藏干部孔繁森/中共山东省委组织部,中共山东省委宣传部编.—济南:山东文艺出版社,1995.2.—260页;19cm
ISBN 7-5329-1238-8:¥5.20

D263　002299
心系田野:农村工作队员的风采/薛荣哲,徐廷柱主编.—太原:山西人民出版社,1995.9.—234页;20cm
ISBN 7-203-03381-3:¥12.50

D263　002300
鱼水情深/邢文福,赵红星主编;中共滨州地委组织部,中共滨州地委党史委编.—北京:中共党史出版社,1995.4.—222页;20cm
ISBN 7-80023-180-1:¥6.50

D263　002301
鸢都楷模/贺惠邦主编.—济南:山东人民出版社,1995.3.—365页;20cm
爱国主义教育·党性教育教材
ISBN 7-209-01696-1:¥9.50

①D263②K826.3　002302
英雄本色/王继训主编.—北京:新华出版社,1995.12.—555页;20cm
ISBN 7-5011-3005-1(精装):¥20.00

①D263②K827.7　002303
阎秀峰纪念文集/中共四川省委党史研究室,中共大同市委党史研究室编.—成都:四川人民出版社,1995.7.—453页:照片;20cm
ISBN 7-220-02599-8:¥22.50

①D263②K827.7　002304
忠诚的共产主义战士:回忆赵辛初/中共黄冈地委党史征集编研委员会,中国共产党黄梅县委员会编.—北京:中共党史出版社,1995.12.—254页:照片;20cm
ISBN 7-80023-930-6:¥13.80

D263-64　002305
丹心碧血为人民——孔繁森/新华出版社编.—北京:新华出版社,1995.5.—32张;26cm
展览图片
¥66.00

D263-64　002306
领导干部的楷模——孔繁森/中共山东省委组织部党员干部之友杂志社,山东画报编辑部编;庞守义等摄.—济南:山东画报出版社,1995.4.—29张;23×30cm
¥13.00

D263.3　002307
社会主义市场经济条件下的共产党员党性修养/侯百索著.—太原:山西人民出版社,1995.4.—112页;19cm
ISBN 7-203-03334-1:¥7.20

D267　002308
党的基层建设初探/黄绥泉著.—广州:广东人民出版社,1995.8.—358页;20cm
ISBN 7-218-01989-7:¥8.80

D267　002309
党支部工作指导　第二十八辑/《党支部工作指导》编写组编.—北京:国际文化出版公司,1995.8.—97页;19cm
内部发行
ISBN 7-80105-309-5:¥2.70

D267　002310
党支部工作指导　第二十九辑/《党支部工作指导》编写组编.—北京:国际文化出版公司,1995.10.—100页;19cm
内部发行
ISBN 7-80105-315-X:¥2.70

D267　002311
党支部工作指导　第二十六辑/《党支部工作指导》编写组编.—北京:国际文化出版公司,1995.2.—94页;19cm
内部发行
ISBN 7-80049-881-6:¥2.70

D267　002312
党支部工作指导　第二十七辑/《党支部工作指导》编写组编.—北京:国际文化出版公司,1995.5.—106页;19cm
内部发行
ISBN 7-80105-207-2:¥2.85

D267　002313
基层工作散论/卢在权著.—南宁:广西人民出版社,

1995.12.—220页;19cm

ISBN 7-219-03160-2:¥7.50

D267　　002314

新形势下基层党员教育释疑/尚志东编.—北京:国防大学出版社,1995.7.—247页;19cm

内部发行

ISBN 7-5626-0703-6:¥12.00

D267　　002315

中国共产党基层组织建设/中央党校党的建设原理教研室编著.—北京:中国方正出版社,1995.10.—206页;20cm

ISBN 7-80107-053-4:¥9.00

D267　　002316

做一个合格的党支部书记/冯东升编著.—北京:长征出版社,1995.7.—312页;20cm

ISBN 7-80015-313-4:¥9.20

D267.1　　002317

堡垒的作用:北京铁路局基层党支部作用百例/北京铁路局党委组织部编.—北京:北京出版社,1995.3.—285页;19cm

ISBN 7-200-02674-3:¥5.60

D267.1　　002318

大型公司制企业党的建设探析/王俊超,李云乡主编.—成都:四川大学出版社,1995.12.—276页;20cm

ISBN 7-5614-1277-0:¥12.00

D267.1　　002319

党务思想政治工作文集/刘林主编.—成都:西南交通大学出版社,1995.10.—498页;20cm

ISBN 7-81022-839-0:¥15.00

D267.1　　002320

煤炭企业党的建设/王明治编著.—哈尔滨:东北林业大学出版社,1995.12.—213页;19cm

ISBN 7-81008-607-3:¥7.00

D267.1　　002321

企业党的建设新探:深圳现代企业制度试点党建工作经验汇编/中共深圳市委组织部,中共深圳市委市属企业工委编.—深圳:海天出版社,1995.12.—227页;19cm

ISBN 7-80615-342-X:¥8.80

D267.1　　002322

企业党支部工作教程/铁道部政治组织部编.—修订本.—北京:中国工人出版社,1995.5.—330页;20cm

ISBN 7-5008-1784-3:¥7.50

D267.1　　002323

市场经济与企业党的建设新论/蒋广源,何建东主编.—北京:中共中央党校出版社,1995.3.—250页;20cm

ISBN 7-5035-1199-0:¥8.00

D267.1　　002324

现代企业制度与加强企业党建/胡绍生主编.—南昌:江西人民出版社,1995.10.—222页;20cm

ISBN 7-210-01561-2:¥8.50

D267.1-62　　002325

最新企业党务工作实务指南/马俊杰,秦志辉主编.—北京:企业管理出版社,1995.4.—1042页;26cm

ISBN 7-80001-448-7(精装):¥125.00

D267.2　　002326

加强农村党的基层组织建设/孟庆祥主编.—北京:新华出版社,1995.1.—152页;19cm

ISBN 7-5011-1995-3:¥4.80

D267.2　　002327

推进"五个好工程"全面加强农村基层组织建设/王建功主编.—北京:新华出版社,1995.6.—278页;19cm

ISBN 7-5011-2904-5:¥8.50

D267.2　　002328

乡镇党委领导班子建设的实践与探索/中共山东省委组织部编.—济南:济南出版社,1995.12.—256页;20cm

ISBN 7-80629-000-1:¥7.80

D267.2　　002329

新时期县级党政领导班子的素质与效能研究/吴志远,姜凌主编.—成都:西南财经大学出版社,1995.4.—230页;19cm

ISBN 7-81017-943-8:¥7.50

D267.2　　002330

一个好班子/吴汉等编著.—南宁:广西教育出版社,1995.6.—208页;19cm.—(全国农村基层组织建设五个好丛书/马庆生,杨基常主编)

ISBN 7-5435-2305-1:¥4.95

D267.2　　002331

一套好制度/康能成,赵之惠编著.—南宁:广西教育出版社,1995.6.—192页;19cm.—(全国农村基层组织建设五个好丛书/马庆生,杨基常主编)

ISBN 7-5435-2307-8:¥4.60

D267.2　　002332

一支好队伍/冯秋婷编著.—南宁:广西教育出版社,1995.6.—217页;19cm.—(全国农村基层组织建设五个好丛书/马庆生,杨基常主编)

ISBN 7-5435-2304-3:¥5.10

D267.3　　002333

军队后勤基层党支部建设/张国才主编;沈阳军区后勤部政治部编.—沈阳:白山出版社,1995.7.—208页;19cm

ISBN 7-80566-438-2:¥6.90

D267.3　　002334

新时期连队党支部建设初探/王藻华编著.—广州:广东人民出版社,1995.3.—412页;19cm

ISBN 7-218-01797-5:¥5.90

D267.3　　002335

中国共产党军队政治工作七十年史　第六卷:在"文化大革命"中受损害、在改革开放中创造新局面/姜思毅主编.—北京:解放军出版社,1995.7.—250页;20cm

ISBN 7-5065-2556-9:¥11.00

D267.3　　002336

中国共产党军队政治工作七十年史　第六卷:在"文化大革命"中受损害、在改革开放中创造新局面/姜思毅主编.—北京:解放军出版社,1995.7.—250页;20cm

ISBN 7-5065-2555-0(精装):¥15.00

D267.6　002337
高校党建工作研究/戴益民等编著.—西安:西北工业大学出版社,1995.4.—273页;20cm
ISBN 7-5612-0781-6:￥7.80

D267.6　002338
加强学校党的建设:南京交通高等专科学校党组织工作制度文件汇编/孔炳庆主编.—南京:江苏人民出版社,1995.3.—54页;19cm
ISBN 7-214-01351-7:￥2.00

D267.6　002339
师专党建工作实践与探索/左林瑞主编.—济南:山东大学出版社,1995.8.—265页;20cm
ISBN 7-5607-1523-0:￥11.00

D267.6　002340
新的伟大工程与高校党的建设/张明芸,王兴亚主编.—长春:东北师范大学出版社,1995.5.—248页;20cm.—(高校党建丛书)
ISBN 7-5602-1626-9:￥6.00

D267.6　002341
学习·实践·探索/顾荣福主编.—上海:上海交通大学出版社,1995.2.—225页;19cm
ISBN 7-313-01437-6:￥9.50

D267.6-53　002342
高校党建新探:江苏省高校党建研究会年会优秀论文专辑　1994年/江苏省高校党建研究会编.—南京:河海大学出版社,1995.10.—235页;19cm
ISBN 7-5630-0902-7:￥7.00

①D267.6-53②G641-53　002343
开拓与创新:五校党建思想政治教育论文选编/王球主编.—南京:河海大学出版社,1995.8.—535页;19cm
ISBN 7-5630-0946-9:￥17.00

D275.12　002344
苏联、共产国际与中国革命的关系新探/黄修荣主编;中共中央党史研究室第一研究部编.—北京:中共党史出版社,1995.9.—535页;20cm
ISBN 7-80023-889-X:￥18.00

D29 中国共产主义青年团

D29　002345
德育教程:团学基础/吴金秋等主编.—哈尔滨:黑龙江人民出版社,1995.1.—295页;19cm
ISBN 7-207-03416-4:￥7.50

D29-62　002346
团员应知手册/吴建东主编.—上海:华东师范大学出版社,1995.4.—193页;19cm
ISBN 7-5617-1334-7:￥4.20

D292　002347
团代表大会工作手册/王铁强,杨志威主编.—哈尔滨:哈尔滨工程大学出版社,1995.6.—370页;19cm
ISBN 7-81007-581-0:￥12.00

D293　002348
新民主主义革命时期甘肃共青团和甘肃青年运动/中国共产主义青年团甘肃省团校编.—兰州:甘肃人民出版社,1995.11.—287页;20cm
ISBN 7-226-01546-3:￥10.00

D296.19　002349
高校团课新编教程/董广芝等主编.—哈尔滨:哈尔滨工程大学出版社,1995.9.—210页;19cm
ISBN 7-81007-603-5:￥6.50

D296.19　002350
新编大学团课教程/迟秀敏等主编.—哈尔滨:哈尔滨船舶工程学院出版社,1995.7.—224页;19cm
ISBN 7-81007-579-9:￥10.80

D296.19　002351
新编团课教材/彭良圣,邱东生编著.—广州:中山大学出版社,1995.5.—297页;19cm
ISBN 7-306-00983-4:￥7.95

D296.19-62　002352
学校团员知识手册/杨泽宇主编.—昆明:云南大学出版社,1995.2.—194页;19cm
ISBN 7-81025-533-9:￥5.50

D296.3　002353
新时期共青团员修养/《新时期共青团员修养》编写组编.—成都:西南交通大学出版社,1995.7.—306页;19cm
ISBN 7-81022-824-2:￥7.90

D297-53　002354
求索　(上)/王洪钟著.—北京:中国人事出版社,1995.8.—224页;20cm
ISBN 7-80076-751-5:￥8.50

D4 工人、农民、青年、妇女运动与组织

D41 工人运动与组织

D41　002355
当代国际工运新趋势/沈兴宝等编.—延吉:延边大学出版社,1995.12.—343页;20cm
ISBN 7-5634-0838-X:￥16.00

D41-61　002356
最新工会工作全书:市场经济与工会改革实务指南/王江松,徐建川主编.—北京:中国物价出版社,1995.11.—1402页;26cm
ISBN 7-80070-525-0(精装):￥228.00

D411　002357
国际工会运动的历史与现状/孟庆义,于海君主编.—延吉:延边大学出版社,1995.5.—334页;19cm
ISBN 7-5634-0757-X:￥12.80

D411　002358
世界工人运动中的国际性组织史纲/林建华等著.—北京:中央编译出版社,1995.8.—388页;20cm
ISBN 7-80109-082-9:￥14.80

D412 002359

工会干部岗位培训教材/李盛华等主编.—济南:山东人民出版社,1995.5.—378页;20cm

ISBN 7-209-01755-0:¥9.30

D412 002360

工运理论与实践探索集/包信宝等主编.—上海:上海社会科学院出版社,1995.7.—238页;20cm

ISBN 7-80618-096-6:¥12.00

D412-54 002361

中国工会年鉴 1995/肖振邦主编;中华全国总工会编.—北京:中国工人出版社,1995.6.—461页:照片;26cm

ISBN 7-5008-1779-7(精装):¥60.00

D412.3 002362

中华全国总工会七十年/中华全国总工会著.—北京:中国工人出版社,1995.7.—655页;20cm

ISBN 7-5008-1782-7:¥30.00

D412.6 002363

工会干部修养概论/佟建寅主编.—北京:中国物资出版社,1995.4.—283页;19cm

ISBN 7-5047-0819-4:¥10.00

D412.6 002364

基层工会工作的理论与方法/胡建壮著.—乌鲁木齐:新疆青少年出版社,1995.12.—160页;19cm

ISBN 7-5371-2185-0:¥8.80

D412.6 002365

新时期高校工会工作理论与实践/罗花英等主编.—武汉:武汉工业大学出版社,1995.10.—278页;19cm

ISBN 7-5629-1030-8:¥5.00

D412.6-53 002366

走向社会主义市场经济的中国工会:一九九四年全国工会理论政策研究优秀论文集/李永海主编;中华全国总工会政策研究室编.—北京:中国言实出版社,1995.12.—662页;20cm

ISBN 7-80128-006-7(精装):¥55.00

①D412.6-62②F121-62 002367

工会工作与经济体制改革手册/辛明等主编.—北京:中国档案出版社,1995.3.—580页;26cm

ISBN 7-80019-463-9(精装):¥78.00

D412.6-64 002368

改革开放大潮中的中国工人阶级/中国画报出版社北京华夏专题图片资料中心,中华全国总工会政策研究室编.—北京:中国画报出版社,1995.3.—300页;33×26cm

ISBN 7-80024-217-X(精装):¥0.00

D412.62 002369

爱国主义实践行:职工学习每周一题/张子鹏主编;天津市总工会编.—天津:天津社会科学院出版社,1995.1.—131页;19cm

ISBN 7-80563-479-3:¥2.80

D412.62 002370

保证·动力·服务:大庆油田政研成果集锦/李凤歧主编.—哈尔滨:黑龙江人民出版社,1995.12.—467页;20cm

ISBN 7-207-03343-5:¥15.00

D412.62 002371

大庆精神带头人/孙业松,白执松主编.—哈尔滨:黑龙江人民出版社,1995.8.—220页:彩照;26cm

ISBN 7-207-03146-7(精装):¥70.00

D412.62 002372

改革开放中企业思想政治工作/马忠朴主编.—北京:中共中央党校出版社,1995.7.—351页;20cm

ISBN 7-5035-1228-8:¥15.50

D412.62 002373

钢铁脊梁 (1):全国冶金系统劳动模范事迹汇编/赵喜子主编;冶金工业部办公厅编.—北京:冶金工业出版社,1995.12.—310页;20cm

ISBN 7-5024-1757-5:¥13.00

D412.62 002374

钢铁脊梁 (2):全国冶金系统劳动模范事迹汇编/赵喜子主编;冶金工业部办公厅编.—北京:冶金工业出版社,1995.12.—435页;20cm

ISBN 7-5024-1759-1:¥17.80

D412.62 002375

钢铁脊梁 (4):全国冶金系统劳动模范事迹汇编/赵喜子主编;冶金工业部办公厅编.—北京:冶金工业出版社,1995.12.—314页;20cm

ISBN 7-5024-1758-3:¥13.20

D412.62 002376

钢铁脊梁 (6):全国冶金系统劳动模范事迹汇编/赵喜子主编;冶金工业部办公厅编.—北京:冶金工业出版社,1995.12.—489页;20cm

ISBN 7-5024-1743-5:¥20.00

D412.62 002377

观察与思考/杜康富主编.—沈阳:辽宁人民出版社,1995.9.—269页;19cm

ISBN 7-205-03474-4:¥7.80

D412.62 002378

历史的重任:社会主义市场经济条件下国有企业职工思想教育研究/王岁悦等主编.—北京:中国工人出版社,1995.9.—252页;20cm

ISBN 7-5008-1813-0:¥9.80

D412.62 002379

立体思维与实践/刘庆和著.—哈尔滨:黑龙江人民出版社,1995.1.—332页;19cm

ISBN 7-207-02807-5:¥9.80

D412.62 002380

市场经济条件下企业思想政治工作/徐鸿飞,倪天成主编.—郑州:河南人民出版社,1995.12.—501页;20cm

ISBN 7-215-03602-2:¥16.00

D412.62 002381

思想政治工作研究与实践/鲁克端主编.—郑州:河南人民出版社,1995.11.—429页;20cm

ISBN 7-215-03521-2:¥15.00

D412.62 002382

探索与结晶:宁夏工商银行职工思想政治工作论文

集/宁夏工商银行思想政治工作研究会编.—银川:宁夏人民出版社,1995.12.—460页;20cm
ISBN 7-227-01544-0:¥16.00

D412.62　**002383**
铁路职工爱国主义教育读本/曾祥瑞,吴贵春编.—北京:中国铁道出版社,1995.5.—288页;19cm
ISBN 7-113-02075-5:¥6.60

D412.62　**002384**
铁路职工政治教育读本:爱祖国爱铁路爱岗位/刘日平主编.—济南:山东人民出版社,1995.6.—193页;19cm
ISBN 7-209-01779-8:¥4.65

D412.62　**002385**
乡镇企业成功的思想保证/冯逸庭等主编.—北京:学习出版社,1995.4.—248页;20cm.—(新时期思想政治工作丛书:续集)
ISBN 7-80116-045-2:¥9.80

D412.62-34　**002386**
大庆思想政治工作研究与探索/闵裕道主编.—哈尔滨:黑龙江人民出版社,1995.9.—489页;19cm
ISBN 7-207-03311-7:¥14.50

D412.62-62　**002387**
企业政治工作手册/陈赞东主编;沈阳军区后勤部政治部,沈阳军区后勤部生产管理部编.—沈阳:白山出版社,1995.12.—119页;19cm
ISBN 7-80566-460-9:¥5.40

D412.62-64　**002388**
今日中国的脊梁:'95全国劳动模范和先进工作者表彰大会纪念画册/滕一龙,李永安主编.—北京:中国工人出版社,1995.10.—109页;29cm
ISBN 7-5008-1810-6(精装):¥116.00

D412.63　**002389**
现代企业员工入门教材/杨维驿编著.—北京:中信出版社,1995.6.—128页;19cm
ISBN 7-80073-094-8:¥6.50

D412.67　**002390**
工会财务制度文件选编　(四)/山东省总工会财务部编.—济南:山东人民出版社,1995.10.—552页;19cm
内部发行
ISBN 7-209-01790-9:¥13.80

①D412.7②F426.9　**002391**
夹缝中的星辰:云南省建五公司奋斗启示录/李英著.—昆明:云南教育出版社,1995.8.—234页;20cm
ISBN 7-5415-0964-7:¥7.20

D412.831.3-54　**002392**
大连市工会年鉴:1992~1995/刘功成主编;大连市总工会编.—大连:大连出版社,1995.8.—1册;20cm
ISBN 7-80612-194-3:¥25.00

D412.853　**002393**
海安县工会志/《海安县工会志》编纂委员会编著.—苏州:苏州大学出版社,1995.8.—335页:照片;26cm
ISBN 7-81037-158-4:¥35.00

D412.853.3　**002394**
无锡市工会志/叶建兴主编;无锡工人运动史志编纂委员会编.—南京:江苏科学技术出版社,1995.9.—798页:彩照;26cm
ISBN 7-5345-1986-1(精装):¥90.00

D412.853.4　**002395**
启东县工会志/赵越,刘汉成主编;《启东县工会志》编纂委员会编.—北京:中国工人出版社,1995.6.—331页:照片;20cm
ISBN 7-5008-1767-3:¥20.00

D412.853.4　**002396**
吴江工会志/沈国平主编;吴江工会志编纂委员会编著.—南京:江苏人民出版社,1995.6.—197页;26cm
ISBN 7-214-01494-7:¥28.00

D412.854　**002397**
安徽工人运动大事记:1861~1993/杨文友主编;安徽省总工会编.—合肥:安徽人民出版社,1995.9.—493页;20cm
ISBN 7-212-01254-8:¥15.50

D412.855.4　**002398**
乐清工人运动史:1925~1990/南孔球主编;乐清县总工会编.—北京:中国工人出版社,1995.4.—189页:照片;19cm
ISBN 7-5008-1761-4:¥15.25

D412.861　**002399**
河南工运大事记:1879~1992/张殿选主编;河南省总工会编.—郑州:河南人民出版社,1995.3.—401页;20cm
ISBN 7-215-03473-9(精装):¥19.00

D412.861　**002400**
郑州工人运动史/王宝善主编.—郑州:河南人民出版社,1995.6.—393页;20cm
ISBN 7-215-03442-9:¥12.00

D412.865.3　**002401**
湛江市工会志/梁方元主编;《湛江市工会志》编委会编.—广州:广东人民出版社,1995.5.—378页:照片;20cm
ISBN 7-218-01687-1:¥23.00

D42　农民运动与组织

D422.6　**002402**
当代农民教育新探/祁崇岳,于利中主编.—南京:江苏人民出版社,1995.11.—235页;20cm
ISBN 7-214-01626-5:¥12.80

D422.6　**002403**
农村群体冲突事件及对策探讨/王彬主编.—北京:群众出版社,1995.2.—165页;19cm
内部发行
ISBN 7-5014-1188-3:¥5.20

D422.62　**002404**
农村社会主义教育读本/中共湖南省委宣传部,中共湖南省委讲师团编.—长沙:湖南出版社,1995.12.—152页;19cm

ISBN 7-5438-1126-X:￥5.00

D422.62 002405

农民思想政治教育读本/中华人民共和国农业部编.—北京:中国农业出版社,1995.10.—231页;20cm

ISBN 7-109-04238-3:￥7.80

D422.85 002406

苏南农村的精神文明建设/王霞林主编.—南京:江苏人民出版社,1995.10.—314页;20cm.—(江南农村发展研究丛书/王霞林,张渭英主编)

ISBN 7-214-01567-6:￥16.80

D422.864.2 002407

妇女团体志/《妇女团体志》编写组编写.—长沙:湖南出版社,1995.6.—196页;20cm.—(湘西土家族苗族自治州志丛书)

ISBN 7-5438-1004-2(精装):￥25.00

D43 青年、学生运动与组织

D430 002408

青年学通论/熊建生编著.—武汉:武汉大学出版社,1995.12.—274页;20cm

ISBN 7-307-02109-9:￥7.95

D432-62 002409

青年新知识手册/赵喜明主编.—北京:中国青年出版社,1995.8.—554页;20cm

ISBN 7-5006-1962-6:￥23.20

D432.5 002410

《雏鹰行动》读读做做/刘锋主编.—天津:天津科技翻译出版公司,1995.10.—131页;19cm.—(跨世纪中国少年雏鹰行动科技小丛书;1)

ISBN 7-5433-0854-1:￥4.20

D432.5 002411

雏鹰 爱国 成才:湖北少儿必读/刘铌,曾庆宏主编.—武汉:华中理工大学出版社,1995.8.—281页;19cm

ISBN 7-5609-1180-3:￥6.60

D432.5 002412

雏鹰行动论简/陆士桢著.—郑州:海燕出版社,1995.5.—263页;20cm

ISBN 7-5350-1318-X:￥6.20

D432.5 002413

给雏鹰一片蓝天:雏鹰行动经验、论文集/张先翱主编;中国少年先锋队全国工作委员会编.—郑州:海燕出版社,1995.5.—230页;20cm

ISBN 7-5350-1317-1:￥5.50

D432.5 002414

少年假日博览:星星广场/范希春,王谦编写.—济南:明天出版社,1995.7.—12册;19cm

本套包括木星卷、水星卷等十二册

ISBN 7-5332-2298-9(盒装):￥45.00

D432.5 002415

手拉手奔向新世纪:活动篇/中国少年先锋队全国工作委员会编.—天津:新蕾出版社,1995.9.—149页;19cm

中国少年儿童"手拉手"互助活动指定参考书

ISBN 7-5307-1661-1:￥5.00

D432.5 002416

手拉手奔向新世纪:书信篇/中国少年先锋队全国工作委员会编.—天津:新蕾出版社,1995.9.—147页;19cm

ISBN 7-5307-1662-X:￥5.00

D432.5 002417

中国少年先锋队第三次全国代表大会文件选编/中国少年先锋队全国工作委员会办公室编.—北京:中国少年儿童出版社,1995.9.—86页;19cm

ISBN 7-5007-2718-6:￥4.00

D432.5 002418

自护篇:我是自己的小卫士/徐岫茹编著.—济南:明天出版社,1995.4.—209页;19cm.—(雏鹰行动五自学习实践活动丛书)

ISBN 7-5332-2053-6:￥4.80

D432.5 002419

自理篇:我是自己的小主人/秦润华著.—济南:明天出版社,1995.4.—195页;19cm.—(雏鹰行动五自学习实践活动丛书)

ISBN 7-5332-2132-X:￥4.80

D432.5 002420

自律篇:我是自己的小法官/钟秉琴编著.—济南:明天出版社,1995.4.—209页;19cm.—(雏鹰行动五自学习实践活动丛书)

ISBN 7-5332-2133-8:￥4.80

D432.5 002421

自强篇:我是自己的小教练/仝慧铭编著.—济南:明天出版社,1995.4.—211页;19cm.—(雏鹰行动五自学习实践活动丛书)

ISBN 7-5332-2251-2:￥4.80

D432.5 002422

自学篇:我是自己的小导师/黄喆生编著.—济南:明天出版社,1995.4.—207页;19cm.—(雏鹰行动五自学习实践活动丛书)

ISBN 7-5332-1982-1:￥4.80

D432.51 002423

张小春少先队辅导艺术/张小春,郭文郦编著.—北京:大众文艺出版社,1995.6.—142页;19cm

ISBN 7-80094-141-8:￥5.00

D432.51 002424

中国少年先锋队全国十佳队员 1995/中国少年先锋队全国工作委员会编.—天津:新蕾出版社,1995.11.—134页;19cm

ISBN 7-5307-1698-0:￥4.50

D432.51 002425

中国少年先锋队英雄中队风采录/唐云增,顾岫荫主编.—合肥:安徽少年儿童出版社,1995.6.—312页;19cm

ISBN 7-5397-1138-8:￥9.80

D432.51 002426

中国少年先锋队章程:中国少年跨世纪宣言.—北

京:中国少年儿童出版社,1995.8.—1册;19cm
ISBN 7-5007-2766-6:¥1.00

D432.6 002427
18岁,扬帆起航/李亚主编.—开封:河南大学出版社,1995.4.—127页;19cm
ISBN 7-81041-197-7:¥3.60

D432.6 002428
首届中国青年奥林匹克技能竞赛/首届中国青年奥林匹克技能竞赛组织委员会办公室编.—长沙:湖南科学技术出版社,1995.1.—304页;26cm
ISBN 7-5357-0514-6:¥20.00

D432.6 002429
中国青年社会发展的现状与对策/李晨主编;中国青少年研究中心编写.—天津:天津人民出版社,1995.9.—252页;19cm
ISBN 7-201-02361-6:¥12.00

①D432.6-43②E221 002430
军队青年工作教程/李新道等主编.—北京:军事科学出版社,1995.12.—380页;20cm
ISBN 7-80021-964-X:¥13.60

D432.6-61 002431
中国知青事典/刘小萌等著.—成都:四川人民出版社,1995.9.—926页:照片;26cm
ISBN 7-220-02763-X(精装):¥98.00

D432.6-62 002432
浦东新区外来务工青年文明手册/张根元主编.—上海:百家出版社,1995.5.—91页;17×9cm
ISBN 7-80576-535-9:¥1.60

D432.62 002433
成功者:新疆优秀青联委员成长纪实/罗忆主编.—乌鲁木齐:新疆青少年出版社,1995.6.—181页;20cm
ISBN 7-5371-1993-7:¥4.50

D432.62 002434
当代青年楷模:中国十大杰出青年风采/巴音朝鲁,俞贵麟主编;中华全国青年联合会编.—南昌:江西教育出版社,1995.5.—117页;26cm
ISBN 7-5392-2556-4(精装):¥20.00

D432.62 002435
假如再上一次大学/梅子涵著.—上海:上海远东出版社,1995.5.—154页;19cm.—(二十一世纪人才文库·励志馆)
ISBN 7-80514-621-7:¥8.50

D432.62 002436
哭笑人生/秦文君著.—上海:上海远东出版社,1995.5.—141页;19cm.—(二十一世纪人才文库·励志馆)
ISBN 7-80514-623-3:¥8.00

D432.62 002437
跨世纪的精神:雷锋精神与当代青少年/贾仁亨,魏贤超主编.—杭州:杭州大学出版社,1995.2.—208页;20cm
ISBN 7-81035-742-5:¥4.90

D432.62 002438
青春排行榜/张友珊著.—上海:上海远东出版社,1995.6.—193页;19cm.—(二十一世纪人才文库·励志馆)
ISBN 7-80514-622-5:¥9.50

D432.62 002439
青春闪烁:广东省青年联合会第六届委员会委员先进事迹集/潘逸阳主编.—广州:广东人民出版社,1995.7.—200页;19cm
ISBN 7-218-01947-1:¥6.80

D432.62 002440
青年英杰/钟树人主编.—太原:希望出版社,1995.8.—249页;19cm
ISBN 7-5379-1666-7:¥6.80

D432.62 002441
托起明天的太阳:献给拥抱21世纪的青年朋友/王树泽,张大民主编.—天津:天津人民出版社,1995.12.—316页;20cm
ISBN 7-201-02423-X:¥12.40

D432.62 002442
希望:托起明天的太阳/苗增瑞主编.—天津:天津社会科学院出版社,1995.2.—238页;19cm
ISBN 7-80563-504-8:¥6.40

D432.62 002443
新三字经/《新三字经》编写委员会编.—广州:广东教育出版社,1995.3.—125页;20cm
ISBN 7-5406-2852-9:¥4.20

D432.62 002444
中国传统文化与当代青年修养/徐天民主编.—北京:北京广播学院出版社,1995.2.—293页;19cm
ISBN 7-81004-568-7:¥7.50

D432.62 002445
中华美德三字经/王绍仁等主编.—北京:中国人事出版社,1995.7.—73页;19cm
ISBN 7-80076-763-9:¥2.50

D432.62-43 002446
青年爱国主义教育简明教程/汪连天主编;湖北省省直学校团的工作研究会编.—北京:民族出版社,1995.8.—291页;19cm
ISBN 7-105-02519-0:¥7.80

D432.63 002447
青年修养大观/徐延庆等主编.—延吉:延边大学出版社,1995.2.—474页;20cm
ISBN 7-5634-0756-1:¥12.20

D432.63 002448
人生航道的灯塔:做有理想的一代新人/杨百成著.—太原:山西教育出版社,1995.8.—192页;19cm.—(四有教育丛书;1/周之良主编)
ISBN 7-5440-0563-1:¥4.90

D432.63 002449
为人生缀上绚丽的彩云:做有道德的一代新人/扈文华,李春秋著.—太原:山西教育出版社,1995.8.—252页;19cm.—(四有教育丛书;2/周之良主编)
ISBN 7-5440-0564-X:¥6.20

D432.63 002450
修身成才赖纲纪:做有纪律的一代新人/戴军,梁中

义著.—太原：山西教育出版社，1995.8.—237页；19cm.—(四有教育丛书；4/周之良主编)
ISBN 7-5440-0565-8：¥5.80

D432.63　002451
学习能力与成才：做有文化的一代新人/郎好成著.—太原：山西教育出版社，1995.8.—247页；19cm.—(四有教育丛书；3/周之良主编)
ISBN 7-5440-0562-3：¥6.10

D432.63　002452
张闻天论青年修养与待人接物/张闻天选集传记组，共青团中央宣传部编.—北京：中共党史出版社，1995.7.—66页；19cm
ISBN 7-80023-909-8：¥2.50

①D432.63②C912.1　002453
青春风采竞赛指南/孙玉春主编.—合肥：安徽科学技术出版社，1995.7.—325页；20cm
ISBN 7-5337-1117-3：¥12.50

D432.64　002454
清水出芙蓉：如花如诗的少女美/张平治著.—上海：上海人民出版社，1995.6.—209页；19cm.—(少女系列/吉传仁主编)
ISBN 7-208-01904-5：¥6.00

D432.64　002455
少女服饰设计/名远编辑部编.—延吉：延边人民出版社，1995.10.—174页；19cm.—(新潮少女系列书·少女技巧；5)
ISBN 7-80599-341-6：¥6.80

D432.64　002456
少女技能五百招/名远编辑部编.—延吉：延边人民出版社，1995.10.—187页；19cm.—(新潮少女系列书·少女技巧；8)
ISBN 7-80599-341-6：¥6.80

D432.64　002457
少女健美小百科/名远编辑部编.—延吉：延边人民出版社，1995.10.—182页；19cm.—(新潮少女系列书·少女技巧；4)
ISBN 7-80599-341-6：¥6.80

D432.64　002458
少女结绳与技巧/西田彻著；林立编译.—延吉：延边人民出版社，1995.10.—191页；19cm.—(新潮少女系列书·少女技巧；6)
ISBN 7-80599-341-6：¥6.80

D432.64　002459
少女美姿妙法/施予编.—延吉：延边人民出版社，1995.10.—151页；19cm.—(新潮少女系列书·少女技巧；3)
ISBN 7-80599-341-6：¥6.80

D432.64　002460
少女时髦发型设计/何君编.—延吉：延边人民出版社，1995.10.—179页；19cm.—(新潮少女系列书·少女技巧；7)
ISBN 7-80599-341-6：¥6.80

D432.64　002461
少女时髦休闲服饰/名远编辑部编.—延吉：延边人民出版社，1995.10.—180页；19cm.—(新潮少女系列书·少女技巧；2)
ISBN 7-80599-341-6：¥6.80

D432.64　002462
少女装扮与美容/名远编辑部编.—延吉：延边人民出版社，1995.10.—158页；19cm.—(新潮少女系列书·少女技巧；1)
ISBN 7-80599-341-6：¥6.80

D432.865　002463
硕果：广东省青年联合会第六届委员会工作纪实/潘逸阳主编.—广州：广东人民出版社，1995.7.—371页；19cm
ISBN 7-218-01948-X：¥12.00

D432.9　002464
解放战争时期北平学生运动史/张大中等主编.—北京：北京出版社，1995.10.—323页：照片；20cm
ISBN 7-200-02753-7：¥13.60

D432.9　002465
解放战争时期北平学生运动史/张大中等主编.—北京：北京出版社，1995.10.—323页：照片；20cm
ISBN 7-200-02753-7(精装)：¥18.60

D432.9　002466
上海学生运动史/王敏，闵小益主编；上海市青运史研究会，共青团上海市委青运史研究室编.—上海：学林出版社，1995.10.—314页；20cm
ISBN 7-80616-092-2：¥12.00

D432.9　002467
暨南风云：解放战争时期暨南大学学生运动史/《暨南风云》编写组编.—广州：暨南大学出版社，1995.4.—145页；20cm
ISBN 7-81029-212-9：¥3.80

D44　妇女运动与组织

D440　002468
当代农村妇女发展与对策：'94农村妇女发展与对策研讨会专辑/《农家女百事通》杂志社，天津师范大学妇女研究中心编.—北京：中国妇女出版社，1995.6.—265页；20cm
ISBN 7-80016-942-1：¥12.00

D440　002469
妇女权益论：关于保护妇女权益的理论与实践/万鄂湘主编.—太原：山西人民出版社，1995.7.—336页；20cm
ISBN 7-203-03362-7：¥16.80

D440　002470
妇女问题杂议/邓伟志著.—昆明：云南科技出版社，1995.10.—268页；19cm
ISBN 7-5416-0776-2：¥12.00

D440　002471
妇女与法律/中国女检察官协会编.—北京：中国检察出版社，1995.8.—279页；19cm
ISBN 7-80086-267-4：¥12.80

D440　002472
妇女与社会主义/(德)倍倍尔(Bebel,A.)著;葛斯,朱霞译.—北京:中央编译出版社,1995.9.—505页;20cm
ISBN 7-80109-088-8:¥19.80

D440　002473
给女人讨个说法/牧原编.—北京:华龄出版社,1995.1.—297页;20cm
ISBN 7-80082-577-9:¥9.00

D440　002474
加强妇女参与经济发展:联合国世界银行政策报告/石子译.—北京:大众文艺出版社,1995.6.—79页;20cm
ISBN 7-80094-142-6:¥5.00

D440　002475
角色的困惑与女人的出路:众学者谈当代职业妇女角色冲突与妇女发展/童芍素主编.—杭州:浙江人民出版社,1995.6.—323页;20cm
ISBN 7-213-01265-7:¥9.80

D440　002476
女权辩护/(英)沃斯通克拉夫特(Wollstonecraft,M.)著;王蓁译·**妇女的屈从地位**/(英)穆勒(Mill,J.S.)著;汪溪译.—北京:商务印书馆,1995.9.—352页;20cm
据J·M登特父子出版公司1929年版译出
ISBN 7-100-01462-X:¥13.40

D440　002477
女性独白:汉英对照/汪永晨等著.—海口:海南出版社,1995.8.—369页;20cm
ISBN 7-80617-278-5:¥18.00

D440　002478
女性领导干部成长论/陈瑞生主编.—北京:中国社会科学出版社,1995.11.—240页;20cm
ISBN 7-5004-1825-6:¥14.50

D440　002479
女性研究采撷/上海社会科学院妇女研究中心编.—上海:上海社会科学院出版社,1995.8.—146页;20cm
ISBN 7-80618-123-7:¥6.00

D440　002480
女性自尊与性攻击/( )莫罗-科克伦(Mauro-Cochrane,J.)著;吴显沪,陈泽加译.—上海:上海科学普及出版社,1995.11.—295页;19cm
ISBN 7-5427-1007-9:¥8.50

D440　002481
平等·发展:当代国际妇女的目标与实践/蔡磊编著.—太原:山西经济出版社,1995.1.—319页;20cm
ISBN 7-80577-783-7:¥13.80

D440　002482
西方女性主义研究评介/鲍晓兰主编.—北京:三联书店,1995.5.—306页;20cm
ISBN 7-108-00772-X:¥12.80

D440　002483
知识妇女之声/中国民主同盟中央妇女委员会编.—北京:群言出版社,1995.11.—211页;20cm
ISBN 7-80080-165-9:¥8.00

D440　002484
中外女性文化比较/余亚平主编.—上海:华东理工大学出版社,1995.9.—299页;19cm
ISBN 7-5628-0601-2:¥15.00

D440　002485
做个大方女人/邓蔡玉娥编.—成都:四川科学技术出版社,1995.1.—147页;19cm
ISBN 7-5364-2938-X:¥5.00

D440-53　002486
走向明天:兰州大学迎接第四次世界妇女大会"妇女问题研究"论文集:汉、英文对照/张志良,韦惠兰主编.—兰州:兰州大学出版社,1995.8.—322页;20cm
ISBN 7-311-00896-4:¥10.50

D441　002487
当代职业女性的业余文化生活/赵健杰著.—北京:中国检察出版社,1995.1.—168页;19cm.—(当代职业女性丛书/侯梅先,赵健杰主编)
全套8册,总定价:38.80元
ISBN 7-80086-264-X:¥0.00

D441　002488
世界妇女发明活动/( )穆萨(Moussa,F.)著;何额红等译.—北京:中国铁道出版社,1995.8.—105页;20cm
ISBN 7-113-02130-1:¥7.00

D441　002489
世界妇女研究概览/蒋永萍主编;中国妇女研究所编译.—北京:中国妇女出版社,1995.8.—347页;20cm
ISBN 7-80016-596-5:¥9.00

D441　002490
世界妇女运动大系/王森然著.—北京:大众文艺出版社,1995.8.—633页;20cm
ISBN 7-80094-153-1:¥28.00

D441　002491
域外女性/陶洁编.—北京:北京大学出版社,1995.6.—283页;19cm.—(女性研究丛书)
ISBN 7-301-02734-6:¥11.50

D441.3　002492
95北京迎接联合国第四次世界妇女大会/第四次世界妇女大会中国组委会宣传动员委员会暨北京周报社编.—北京:新星出版社,1995.—23页;18cm
ISBN 7-80102-419-2:¥2.76

D441.3　002493
北京·联合国第四次世界妇女大会/轩东伟编.—北京:五洲传播出版社,1995.11.—37页;19cm
ISBN 7-80113-096-0:¥0.00

D441.3　002494
北京:迎接联合国第四次世界妇女大会(二)/第四次世界妇女大会中国组委会宣传动员委员会编.—北京:民主与建设出版社,1995.6.—36页;20cm
ISBN 7-80112-024-8:¥0.00

D441.3　002495
非政府论坛在北京/杜正春主编.—北京:中国人事出版社,1995.11.—263页:彩照;20cm
ISBN 7-80076-787-6:¥15.80

D441.3　002496

世界妇女大会与世界妇女问题/贾秀总编著.—北京:中国妇女出版社,1995.9.—160页;19cm
ISBN 7-80016-870-0:¥7.00

D441.3-62 002497
第四次世界妇女大会保卫手册/公安部教育局警卫局编.—北京:群众出版社,1995.3.—321页;19cm
内部发行
ISBN 7-5014-1314-2:¥16.00

D441.7 002498
妇女与发展:发展中国家妇女生活剖析/陈少君等主编.—青岛:青岛出版社,1995.8.—219页;20cm
ISBN 7-5436-1307-7:¥9.80

D441.7 002499
国外职业女性透视/孙青著.—北京:中国妇女出版社,1995.12.—149页;19cm.—(职业女性丛书/张默主编)
ISBN 7-80131-012-8:¥7.00

D441.7 002500
女人40岁以后:心理、生理与生活/(日)铃木雅子著;顾克礼译.—上海:上海科学普及出版社,1995.2.—124页;19cm
ISBN 7-5427-0947-X:¥5.00

D441.7-64 002501
今日世界妇女:汉英对照/戴惠坤主编.—北京:新华出版社,1995.8.—176页:彩图;29cm
ISBN 7-5011-2946-0(精装):¥0.00

D442 002502
告别昨天:新时期妇女运动回顾/李小江著.—郑州:河南人民出版社,1995.11.—189页;20cm
ISBN 7-215-02935-2:¥8.50

D442 002503
贵州少数民族妇女问题研究/翁家烈主编;贵州省民族研究所编.—贵阳:贵州民族出版社,1995.7.—234页;20cm
ISBN 7-5412-0566 4:¥8.50

D442 002504
职业女性的权利义务/康稚平编著.—北京:中国妇女出版社,1995.12.—152页;19cm.—(职业女性丛书/张默主编)
ISBN 7-80131-006-3:¥7.00

D442 002505
中国的妇女人权/董云虎,张世平主编 .—成都:四川人民出版社,1995.8.—258页;20cm
ISBN 7-220-02943-8:¥10.00

D442 002506
中国妇女参政的行动/王行娟主编.—北京:海豚出版社,1995.3.—410页;20cm
ISBN 7-80051-276-2:¥15.80

D442 002507
中国女市长 1995/王荫萍,张英主编;中国市长协会女市长联谊会编.—北京:中国人口出版社,1995.8.—394页:彩照;20cm
ISBN 7-80079-286-2:¥20.00

D442 002508
走向女人:新时期妇女研究纪实/李小江著.—郑州:河南人民出版社,1995.1.—128页;20cm
ISBN 7-215-0853-4:¥6.50

D442-53 002509
改革开放与妇女解放/罗琼著.—北京:中国妇女出版社,1995.9.—230页;19cm
ISBN 7-80016-163-3:¥10.00

D442-53 002510
中国少数民族妇女发展论文集/王福临等主编.—北京:中国广播电视出版社,1995.9.—282页;20cm
ISBN 7-5043-2791-3:¥10.80

D442-61 002511
中国妇女百科全书/蔡翔,张跃铭主编.—合肥:安徽人民出版社,1995.8.—1222页;26cm
ISBN 7-212-01145-2(精装):¥95.00

D442-61 002512
中国妇女大百科全书/邓仲华等主编;中国妇女大百科全书编委会,中国婚姻家庭建设协会编.—长春:北方妇女儿童出版社,1995.8.—1239页:彩图;26cm
ISBN 7-5385-1078-8(精装):¥98.00

D442-61 002513
中国女性百科全书:婚姻家庭卷/卢乐山主编;何立婴分卷主编.—沈阳:东北大学出版社,1995.6.—509页:照片;26cm
本套书共4卷,总定价:268.00元
ISBN 7-81006-287-5(精装):¥0.00

D442-61 002514
中国女性百科全书:社会生活卷/卢乐山主编;李路分卷主编.—沈阳:东北大学出版社,1995.6.—441页:照片;26cm
本套书共4卷,总定价:268.00元
ISBN 7-81006-287-5(精装):¥0.00

D442-61 002515
中国女性百科全书:文化教育卷/卢乐山主编;裴娣娜,刘翔平分卷主编.—沈阳:东北大学出版社,1995.6.—562页:照片;26cm
本套书共4卷,总定价:268.00元
ISBN 7-81006-287-5(精装):¥0.00

D442-61 002516
中国女性百科全书:医药保健卷/卢乐山主编;周树森分卷主编.—沈阳:东北大学出版社,1995.6.—525页:照片;26cm
本套书共4卷,总定价:268.00元
ISBN 7-81006-287-5(精装):¥0.00

D442-62 002517
中国妇女文化通览/宋瑞芝主编.—济南:山东文艺出版社,1995.6.—1061页;20cm
ISBN 7-5329-1249-3:¥39.00

①D442-64②J426 002518
二十世纪中华妇女:汉、英文对照/陶春芳主编.—北京:改革出版社,1995.8.—199页;29cm
ISBN 7-80072-695-9(精装):¥238.00

D442.6 002519
民族妇女:传统与发展/严汝娴主编.—昆明:云南人

民出版社,1995.12.—252 页;20cm
ISBN 7-222-01774-7:¥10.80

D442.6 002520
延安女性/寇雪楼主编.—西安:三秦出版社,1995.8.—306 页;20cm
ISBN 7-80546-638-6:¥14.00

D442.6 002521
中国妇女教育的现状与展望/韦钰,郝克明著.—苏州:苏州大学出版社,1995.8.—36 页:图;20cm
ISBN 7-81037-153-3:¥10.00

D442.6 002522
中国女性角色发展与角色冲突/沙莲香主编.—北京:民族出版社,1995.8.—163 页;20cm
ISBN 7-105-02515-8:¥8.80

D442.6 002523
中国政坛女性分析/沈殿忠,赵子祥著.—沈阳:辽宁人民出版社,1995.8.—314 页;20cm.—(当代中国杰出妇女丛书/黄启璪主编)
ISBN 7-205-03391-8(精装):¥34.00

D442.62 002524
慈怀报国贤母心:爱国拥军模范姚慈贤事迹报道选编/羊城晚报社主编.—广州:新世纪出版社,1995.12.—156 页;21cm
ISBN 7-5405-1119-2:¥18.00

D442.62 002525
电视巾帼风采录/于广华,李建主编.—北京:人民出版社,1995.9.—264 页;彩照;20cm
ISBN 7-01-002300-X:¥15.00

D442.62 002526
东莞巾帼之光/黄碧莲主编;东莞市妇联编.—北京:中国文联出版公司,1995.9.—304 页;19cm
ISBN 7-5059-2299-8:¥10.50

D442.62 002527
哈尼弄潮女:市场经济大潮中哈尼妇女十杰:汉哈尼文对照/王家彬著;白学光,车金明译.—昆明:云南民族出版社,1995.6.—157 页;19cm
ISBN 7-5367-1040-2:¥10.00

D442.62 002528
好军嫂韩素云/肖石桥主编;广西南宁军分区编.—南宁:广西人民出版社,1995.4.—233 页:彩照;20cm
ISBN 7-219-02953-5:¥8.90

D442.62 002529
黑龙江巾帼英杰:汉英对照/于清贤,杨明远主编.—哈尔滨:黑龙江人民出版社,1995.4.—93 页;29cm
ISBN 7-207-03126-2:¥42.00

D442.62 002530
江山代有女杰出:汉英对照/第四次世界妇女大会非政府组织论坛"妇女参与企业管理"论坛编.—北京:航空工业出版社,1995.8.—218 页;26cm
ISBN 7-80046-946-8:¥29.00

D442.62 002531
巾帼群星/蔡作云主编.—长沙:湖南出版社,1995.7.—566 页;19cm
ISBN 7-5438-1040-9:¥16.20

D442.62 002532
莱州巾帼风采/孙树杰主编.—济南:黄河出版社,1995.9.—395 页;20cm
ISBN 7-80558-655-1:¥12.00

D442.62 002533
联颂巾帼第一人/巫祖才,周树仁编著.—南京:河海大学出版社,1995.8.—327 页;19cm
ISBN 7-5630-0866-7:¥13.00

D442.62 002534
农村妇女参与发展论文集:全国农村妇女参与发展暨"双学双比"活动研讨会论文汇编/全国妇联城乡工作部编.—北京:中国妇女出版社,1995.11.—186 页;19cm
ISBN 7-80016-837-9:¥8.00

D442.62 002535
农村妇女教育读本/贾秀总主编;中华女子学院编著.—北京:中国妇女出版社,1995.9.—555 页;20cm
ISBN 7-80016-958-8:¥50.00

D442.62 002536
女性银河系/胡升秀,胡以德主编.—济南:山东人民出版社,1995.7.—274 页;20cm
ISBN 7-209-01788-7:¥9.50

D442.62 002537
太行烽火铸女杰/李志宽,李东光主编.—太原:山西人民出版社,1995.8.—513 页;20cm
ISBN 7-203-03374-0:¥24.00

D442.62 002538
武汉妇女 100 杰/武汉市妇女联合会编.—武汉:武汉出版社,1995.8.—215 页;20cm
ISBN 7-5430-1393-2(精装):¥25.00

D442.62 002539
学府女英/陈丽卿主编.—昆明:云南大学出版社,1995.9.—168 页;20cm
ISBN 7-81025-585-1:¥6.00

D442.62 002540
云岭巾帼谱新章/朱玉华主编;云南省妇女运动史编纂委员会编.—昆明:云南人民出版社,1995.3.—313 页:彩照;20cm
ISBN 7-222-01735-6(精装):¥16.80

D442.62 002541
中国妇女教育资料选编/安树芬,耿淑珍编.—北京:中国妇女出版社,1995.9.—399 页;19cm
ISBN 7-80016-486-1:¥18.00

D442.62 002542
中国妇女与科技发展:汉英对照/朱丽兰主编;国家科学技术委员会等编辑.—北京:中国画报出版社,1995.7.—200 页;29cm
ISBN 7-80024-269-2:¥120.00

D442.62 002543
中国妇女与社会林业/北京林业大学"妇女与林业"课题组编.—北京:中国林业出版社,1995.8.—327 页;20cm
ISBN 7-5038-1530-2:¥12.00

D442.62 002544

中华巾帼风采:人物画册/何建明主编.—北京:新华出版社,1995.3.—1册:彩照;26cm
ISBN 7-5011-2816-2:¥100.00

①D442.62②H194.3　002545
新女儿经/张小平主编;刘本辉等编.—武汉:湖北教育出版社,1995.8.—74页;20cm
ISBN 7-5351-1885-2:¥6.00

①D442.62②J426.731　002546
贵阳巾帼/朱政坤主编.—贵阳:贵州教育出版社,1995.8.—1册:照片;26×13cm
ISBN 7-80583-733-3:¥21.80

D442.62-61　002547
中国历代女名人辞典/卢瑞莲编.—长沙:湖南师范大学出版社,1995.8.—358页;19cm
ISBN 7-81031-453-X:¥18.00

D442.62-63　002548
云岭巾帼名人录 /云南省妇联宣传部编.—昆明:云南人民出版社,1995.8.—451页;20cm
ISBN 7-222-01804-2:¥15.00

D442.63　002549
中国妇女教育/韦钰主编.—杭州:浙江教育出版社,1995.7.—470页;20cm.—(中国教育国际交流协会丛书)
ISBN 7-5338-2080-0(精装):¥22.00

D442.64　002550
当代女性生活热点20问/陈惠芬主编.—上海:三联书店上海分店,1995.10.—134页;20cm.—(当代女性丛书/冰心主编)
ISBN 7-5426-0892-4:¥6.70

D442.64　002551
当代中国妇女家庭地位研究/沙吉才主编.—天津:天津人民出版社,1995.2.—389页;20cm
ISBN 7-201-02177-X:¥14.50

D442.64　002552
妇女热线100问/丁娟等编著.—北京:海豚出版社,1995.1.—291页;19cm.—(妇女热线丛书/王行娟主编)
ISBN 7-80051-192-8:¥7.80

D442.64　002553
美之苑:中国女性美大全/邢至康主编;马水申等撰稿.—上海:上海古籍出版社,1995.2.—526页;20cm
ISBN 7-5325-1744-6(精装):¥26.80

D442.64　002554
女子兵法/任大力主编.—武汉:湖北人民出版社,1995.3.—660页;19cm
ISBN 7-216-01660-2:¥15.80

D442.64　002555
我是中国单身女性:30名未婚单身女性自传及思考/伊诺等著.—北京:光明日报出版社,1995.8.—296页;19cm
ISBN 7-80091-726-6:¥12.50

①D442.64②TS974　002556
夏之梦/中国少女之春集团公司编.—北京:中国档案出版社,1995.8.—64页;26cm.—(少女之春丛书)
ISBN 7-80019-553-8:¥3.60

D442.69-53　002557
城镇妇女就业与发展论文集:全国城镇妇女就业与发展暨"巾帼建功"活动研讨会论文汇编 /全国妇联城乡工作部编.—北京:中国妇女出版社,1995.11.—218页;19cm
ISBN 7-80016-926-X:¥9.00

D442.7　002558
改革大潮中的中国女性/孟宪范著.—北京:中国社会科学出版社,1995.1.—313页;19cm.—(蜻蜓丛书·文化与社会/郑天一主编)
ISBN 7-5004-1665-2:¥11.00

D442.7　002559
职业女性的发展、参与及社会地位:中国社会科学院知识女性调查/中国社会科学院"职业女性研究"课题组编.—北京:社会科学文献出版社,1995.12.—224页;20cm
ISBN 7-80050-700-9:¥9.40

D442.7　002560
中国妇女的现状/张萍主编.—北京:红旗出版社,1995.2.—296页;19cm
ISBN 7-80068-690-6:¥9.00

①D442.7②J426.74　002561
中国云南农村妇女自我写真集:汉英对照/王承乐等摄.—昆明:云南民族出版社,1995.5.—118页:彩照;29cm
ISBN 7-5367-1004-6:¥168.00

D442.7-64　002562
深圳特区打工妹:汉英对照/黄扬略主编.—北京:新华出版社,1995.9.—108页:照片;21×19cm
ISBN 7-5011-2939-8:¥40.00

D442.825　002563
山西妇女社会地位调查/朱明媚主编.—北京:中国妇女出版社,1995.9.—363页;20cm.—(中国妇女社会地位调查丛书)
ISBN 7-80016-035-1:¥8.00

D442.835.3　002564
大庆妇女志/李长荣主编;《大庆妇女志》编纂委员会编.—北京:方志出版社,1995.10.—653页:照片;26cm
ISBN 7-80122-023-4(精装):¥98.00

D442.845　002565
新疆妇女风采:汉、英文对照/柴怀吉主编;《新疆妇女风采》编辑委员会编.—乌鲁木齐:新疆美术摄影出版社,1995.8.—190页;29cm
ISBN 7-80547-322-6:¥168.00

D442.851　002566
妇女研究在上海 /上海市妇女学学会,上海市婚姻家庭研究会编.—上海:上海科学普及出版社,1995.7.—283页;20cm
ISBN 7-5427-0987-9:¥15.00

D442.851　002567
改革开放中的上海郊区妇女/费娟洪,薛素珍著.—上海:上海社会科学院出版社,1995.11.—202页;19cm
ISBN 7-80618-128-8:¥8.50

D442.853　002568
江苏妇女发展论稿:妇女发展理论及其在江苏的实践/彭燕如主编.—北京:中国妇女出版社,1995.8.—268页;20cm.—(中国妇女社会地位调查丛书·江苏卷)
ISBN 7-80016-643-0:¥9.80

D442.857　002569
漳州妇女运动史/范华龄主编;漳州市妇女联合会编.—厦门:厦门大学出版社,1995.11.—380页;20cm
ISBN 7-5615-1067-5:¥17.00

D442.863　002570
当代武汉妇女/杨付华,顾瑶池主编.—武汉:武汉出版社,1995.6.—261页;20cm
ISBN 7-5430-1367-3:¥7.30

D442.865　002571
广东妇女社会地位调查/张怡妮主编;广东省妇联,广东妇女学研究会编.—北京:中国妇女出版社,1995.4.—316页;20cm.—(中国妇女社会地位调查丛书·广东卷)
ISBN 7-80016-645-7:¥11.50

D442.871　002572
四川妇女社会地位调查/罗彤主编.—北京:中国妇女出版社,1995.2.—358页;20cm.—(中国妇女社会地位调查丛书·四川卷)
ISBN 7-80016-976-6:¥13.00

D442.871　002573
彝族妇女文化/马林英著.—成都:四川民族出版社,1995.1.—165页;19cm
ISBN 7-5409-1440-8:¥4.50

D442.874　002574
云南农村妇女现状研究/和钟华,乔亨瑞主编.—昆明:云南教育出版社,1995.12.—308页;19cm.—(云南省社会科学院妇女与发展研究中心妇女研究辑丛;1)
ISBN 7-5415-1098-X:¥7.80

D442.9　002575
苦难与抗争:三十年代中叶中国经济与妇女/罗琼著.—北京:中国妇女出版社,1995.7.—171页;19cm
ISBN 7-80016-388-1:¥6.00

D442.9　002576
中国近代妇女史/马庚存著.—青岛:青岛出版社,1995.10.—312页;20cm
ISBN 7-5436-1176-7:¥11.80

D442.9　002577
中国历代名女:宫女卷/车水编著.—北京:中国三峡出版社,1995.1.—409页;20cm
ISBN 7-80099-080-X:¥11.80

D442.9　002578
中国历代名女:名妓卷/车水编著.—北京:中国三峡出版社,1995.1.—409页;20cm
ISBN 7-80099-080-X:¥11.80

D442.9　002579
中国历代名女:奇女卷/车水编著.—北京:中国三峡出版社,1995.1.—409页;20cm
ISBN 7-80099-080-X:¥11.80

D442.9　002580
中国历代名女:情女卷/车水编著.—北京:中国三峡出版社,1995.1.—409页;20cm
ISBN 7-80099-080-X:¥11.80

D443.13　002581
日本妇女的现状与政策的实施:关于新国内行动计划的报告书/日本内阁总理大臣官房男女共同参与规划室编;郝玉珍等译.—沈阳:辽宁人民出版社,1995.10.—280页;20cm.—(外国妇女丛书)
ISBN 7-205-03451-5(精装):¥35.00

D445.16　002582
德国妇女/德意志联邦共和国驻华大使馆编.—沈阳:辽宁人民出版社,1995.8.—160页;20cm.—(外国妇女丛书)
ISBN 7-205-03427-2:¥15.00

D447.129　002583
女性的崛起:当代美国的女权运动/王政著.—北京:当代中国出版社,1995.6.—230页;20cm
ISBN 7-80092-240-5:¥14.50

D447.129　002584
为自由而生:美国妇女历史/( )埃文斯(Evans,S.M.)著;杨俊峰译.—沈阳:辽宁人民出版社,1995.9.—358页;20cm.—(外国妇女丛书)
ISBN 7-205-03483-3(精装):¥32.00

D5 世界政治

D5　002585
当代国际政治析论/王逸舟著.—上海:上海人民出版社,1995.8.—482页;20cm.—(当代国际政治丛书)
ISBN 7-208-02033-7:¥21.50

D5　002586
当代世界经济政治教程/世界经济政治教研室编著.—北京:国防大学出版社,1995.7.—338页;20cm
国防大学政治理论教材
ISBN 7-5626-0732-X:¥8.60

D5　002587
国际政治概论/朱文忠主编.—上海:同济大学出版社,1995.2.—381页;20cm
中央广播电视大学教材
ISBN 7-5608-1562-6:¥10.00

D5　002588
国际政治概论导读/朱文忠,胡金星主编.—上海:同济大学出版社,1995.2.—269页;20cm
中央广播电视大学教材
ISBN 7-5608-1563-4:¥8.00

D5　002589
国际政治学/畅征等编著.—北京:中国人民大学出版社,1995.3.—416页;20cm
ISBN 7-300-01977-3:¥10.30

D5　002590
国际纵横策论:争强权,求和平/(美)摩根索(Morgenthau,H.J.)著;卢明华等译.—上海:上海译文出版

社,1995.1.—694 页;20cm.—(现代政治学译丛)
书名原文:Politics Among Nations:The Struggle for Power and Peace
ISBN 7-5327-1115-3:¥25.20

D5　002591
海外归来谈经济:南京名界人士出访归来访谈录/张治宗等主编.—南京:江苏文艺出版社,1995.4.—227页;20cm
ISBN 7-5399-0770-3:¥8.80

D5　002592
和平与发展——当代世界的主题/钟康模,苏戎安编著.—广州:广东高等教育出版社,1995.3.—145 页;19cm
建设有中国特色社会主义理论系列教材
ISBN 7-5361-1619-5:¥4.90

D5　002593
世界政治经济与国际关系/潘筱萍等主编.—北京:首都师范大学出版社,1995.8.—244 页;20cm
ISBN 7-81039-614-5:¥9.90

D5　002594
世界政治经济与国际关系/许杰,王维通主编.—济南:黄河出版社,1995.9.—358 页;20cm
ISBN 7-80558-636-5:¥12.60

D5　002595
世界政治经济与国际关系/都培炎主编.—上海:华东师范大学出版社,1995.2.—281 页;20cm
公共政治课系列教材
ISBN 7-5617-1316-9:¥6.50

D5　002596
世界政治经济与国际关系辅导/西南政法学院国际政治教研室编著.—北京:法律出版社,1995.3.—268页;20cm
高等学校政治课教材辅导
ISBN 7-5036-1631-8:¥7.70

D5　002597
世界政治经济与国际关系概论/邱丹阳著.—广州:广东人民出版社,1995.7.—399 页;20cm
ISBN 7-218-01964-1:¥13.80

D5　002598
写在历史的转折时期/黄宏著.—北京:解放军出版社,1995.3.—445 页;20cm
ISBN 7-5065-2661-1:¥22.80

①D5②E0　002599
国际政治与军事问题若干数量化分析方法/李洪志编著.—北京:军事科学出版社,1995.10.—107 页;20cm.—(军事新视野丛书)
ISBN 7-80021-907-0:¥8.00

D5-53　002600
何新政治经济论集/何新著.—哈尔滨:黑龙江教育出版社,1995.10.—657 页:彩照;20cm
ISBN 7-5316-2698-5:¥19.80

D5-53　002601
世界国家元首政府首脑演说精粹/朱根主编.—南昌:百花洲文艺出版社,1995.12.—305 页;20cm.—(世界著名演说文库/陈燮君等主编)
ISBN 7-80579-596-7(精装):¥17.20

D5-54　002602
国际形势年鉴　1995/上海国际问题研究所编.—上海:上海教育出版社,1995.9.—415 页;20cm
ISBN 7-5320-3964-1(精装):¥28.00

D50　002603
大失控与大混乱/(美)布热津斯基(Brzezinski,Z.)著;潘嘉玢,刘瑞祥译.—北京:中国社会科学出版社,1995.7.—247 页;20cm
原名:失去控制:21 世纪前夕的全球混乱
ISBN 7-5004-1546-X:¥15.00

D50　002604
当代国际政治析论/王逸舟著.—上海:上海人民出版社,1995.8.—482 页;20cm.—(当代国际政治丛书/冯绍雷,陈昕主编)
ISBN 7-208-02121-X(精装):¥24.90

D50　002605
分化·组合·一体:当代世界政治经济概论/邹海涛等编著.—天津:天津社会科学院出版社,1995.8.—289页;20cm
ISBN 7-80563-495-5:¥12.00

D50　002606
面向二十一世纪的中国周边形势/薛君度,陆忠伟主编.—北京:时事出版社,1995.6.—440 页;20cm
ISBN 7-80009-276-3:¥18.00

D50　002607
一九四五年以来的世界/(法)佐尔格比伯(Zorgbibe,C.)著;朱邦造译.—北京:商务印书馆,1995.12.—140页;19cm.—(我知道什么?)
据法国大学出版社 1989 年第 4 版译出
ISBN 7-100-01937-0:¥7.50

D50-43　002608
英美概况自学辅导教程/张传杰等主编.—大连:辽宁师范大学出版社 ,1995.2.—406 页;19cm
ISBN 7-81042-058-5:¥9.80

D509　002609
当代资本主义概论/柯明中,邓焕芬主编.—修订版.—北京:中国政法大学出版社,1995.7.—281 页;19cm
ISBN 7-5620-1057-9:¥8.50

D518　002610
文明与国际政治:中国学者评亨廷顿的文明冲突论/王缉思主编.—上海:上海人民出版社,1995.12.—394页;20cm.—(当代国际政治丛书/冯绍雷,陈昕主编)
ISBN 7-208-02062-0:¥19.00

D518　002611
文明与国际政治:中国学者评亨廷顿的文明冲突论/王缉思主编.—上海:上海人民出版社,1995.12.—394页;20cm.—(当代国际政治丛书/冯绍雷,陈昕主编)
ISBN 7-208-02194-5(精装):¥22.00

D52　世界政治制度与国家机构

D52　002612
功过是非/李澍等编.—北京:中国农业出版社,1995.8.—376页;19cm.—(海外博览丛书)
ISBN 7-109-03894-7:¥13.90

①D52②F11　002613
东方文化圈内的不同趋向:十九世纪六十年代前后中日两国发展道路之比较/王少普著.—北京:华龄出版社,1995.6.—260页;19cm
ISBN 7-80082-586-8:¥9.20

D521　002614
当代发达国家政治制度/曾辉尧编著.—广州:广东人民出版社,1995.9.—304页;20cm
ISBN 7-218-02038-0:¥11.00

D521　002615
当代西方政治制度/高金海,曹玉海著.—北京:中共中央党校出版社,1995.9.—296页;19cm
ISBN 7-5035-1287-3:¥6.40

D521　002616
世界各国国旗/王玉辉编辑、设计.—昆明:云南人民出版社,1995.5.—1张;53×77cm
¥5.00

D523　002617
廉政学/谭世贵著.—北京:法律出版社,1995.4.—364页;20cm
ISBN 7-5036-1642-3:¥16.00

D523.2　002618
世界主要国家公务员制度/秦宣编著.—北京:中国大百科全书出版社,1995.10.—131页;19cm.—(百卷本世界市场全书/顾海良等主编)
ISBN 7-5000-5529-3:¥9.80

D523.2　002619
外国公务员制度/中华人民共和国人事部国际交流与合作司编.—北京:中国人事出版社,1995.6.—552页;20cm
ISBN 7-80076-681-0(精装):¥28.00

D523.3　002620
国家安全行政管理/罗祥意,陈尤文编著.—北京:时事出版社,1995.3.—326页;19cm
内部发行
ISBN 7-80009-275-5:¥9.50

D523.3　002621
孙子兵法与国家安全/孙厚洋等编著.—北京:金城出版社,1995.7.—435页;20cm
内部发行
ISBN 7-80084-111-1:¥16.50

D523.3-62　002622
国际刑警工作手册/国际刑警组织中国国家中心局编.—北京:群众出版社,1995.9.—138页;20cm
内部发行
ISBN 7-5014-1384-3:¥7.80

D523.4　002623
大梦谁先觉/赵黎平著.—呼和浩特:内蒙古人民出版社,1995.5.—457页;20cm
ISBN 7-204-02735-3:¥14.50

D523.4　002624
当代资本主义国家监督制约机制/赵宝云著.—福州:福建人民出版社,1995.12.—251页;20cm.—(当代资本主义研究丛书)
ISBN 7-211-02569-7:¥10.95

D523.8　002625
战后各国华侨华人政策/廖小健著.—广州:暨南大学出版社,1995.12.—386页;20cm.—(华侨华人丛书/郭瑞,丘进主编)
ISBN 7-81029-386-9:¥23.80

D526　002626
二战反谍之王/越秀,阿辛编译.—沈阳:沈阳出版社,1995.2.—402页:照片;20cm
ISBN 7-5441-0328-5:¥13.80

D526　002627
反间谍侦察谋略学/张革新著.—北京:时事出版社,1995.1.—342页;19cm
内部发行
ISBN 7-80009-244-5:¥9.00

D526　002628
诡道:国际间谍窃密手段面面观/张殿清著.—北京:金城出版社,1995.11.—269页;20cm
ISBN 7-80084-113-8:¥10.00

D526　002629
间谍就在身边:国际卧底行动大曝光/高厚满编著.—北京:解放军出版社,1995.5.—201页;19cm.—(世界军警行动纪实丛书)
ISBN 7-5065-2658-1:¥7.50

D526　002630
情报与安全概览　1993年/卫安,达新主编.—北京:时事出版社,1995.3.—306页;20cm
内部发行
ISBN 7-80009-259-3:¥12.00

①D526②K815.7　002631
世界间谍人物纪事大全/卫安,达新主编.—北京:时事出版社,1995.1.—799页;20cm
ISBN 7-80009-255-0:¥23.50

D55 世界政治事件

D55　002632
国际政坛刀光剑影/范新宇编著.—北京:华夏出版社,1995.1.—309页;19cm
ISBN 7-5080-0227-X:¥9.60

D55　002633
和平天使:世界各国反恐布纪实/鲅虢编著.—成都:四川人民出版社,1995.6.—366页;20cm.—(世界警察特工丛书)
ISBN 7-220-02787-7:¥12.00

D55　002634
人类长河的九道湾:影响人类发展的93个政治事件/梁中义主编.—北京:中国青年出版社,1995.12.—601页;20cm.—(人类纵览)

ISBN 7-5006-1915-4:¥24.20

D55 002635

世界著名大案奇案选 (下)/佩瑶编著.—成都:四川人民出版社,1995.9.—368页;20cm.—(世界警察特工丛书)

ISBN 7-220-02877-6:¥12.00

D55 002636

血腥战争:当代国际战争风云录/张忠,乔杨主编.—北京:金城出版社,1995.2.—388页:照片;20cm

ISBN 7-80084-094-8:¥12.80

D56 世界社会结构

D562 002637

当今世界的民族关系与民族问题/赵锦元等著.—桂林:广西师范大学出版社,1995.10.—337页;19cm

ISBN 7-5633-2028-8:¥12.00

D564 002638

当代西欧社会民主党论纲/林建华,董泉增著.—北京:中国工人出版社,1995.8.—336页;20cm

ISBN 7-5008-1794-0:¥12.80

D564 002639

世界政党纵横谈/吴锡山,肖益民著.—北京:党建读物出版社,1995.12.—270页;19cm

ISBN 7-80098-173-8:¥12.00

D57 社会福利与社会救济

D57 002640

古今中外退休养老制度/佟宝贵编著.—北京:中国大百科全书出版社,1995.5.—299页;20cm

ISBN 7-5000-5465-3:¥15.00

D58 社会问题

D58 002641

国外腐败丑闻与廉政之鉴/丁品余主编.—北京:中国劳动出版社,1995.5.—311页;19cm

ISBN 7-5045-1722-4:¥9.00

D59 世界政治制度史

D59 002642

西方政治制度史简编/董建萍著.—北京:东方出版社,1995.8.—231页;20cm

ISBN 7-5060-0635-9:¥9.50

D6 中国政治

D6 002643

中华人民共和国政府与政治:1949.10~1992/王敬松著.—北京:中共中央党校出版社,1995.1.—455页;20cm

ISBN 7-5035-1049-8:¥11.80

D60 政策、政论

D60 002644

为政者说/朱宏轩著.—北京:中国社会出版社,1995.10.—317页;19cm

ISBN 7-80088-761-8:¥8.80

D60 002645

形势政策学习导论/石廷轩等主编.—郑州:河南人民出版社,1995.6.—419页;20cm

ISBN 7-215-03448-8:¥10.50

D60 002646

中国特色的决策科学概论/陶颐等主编.—贵阳:贵州教育出版社,1995.12.—418页;19cm

ISBN 7-80583-724-4:¥13.00

D60-43 002647

形势政策教程/武清海主编.—武汉:湖北人民出版社,1995.8.—309页;19cm

ISBN 7-216-01742-0:¥9.80

①D60-53②C933.2-53 002648

努力提高执政水平和领导能力/罗海藩主编.—北京:党建读物出版社,1995.8.—537页;20cm

ISBN 7-80098-148-7:¥19.60

①D60-53②K827.7 002649

管文蔚文集/《管文蔚文集》编辑组编辑.—北京:中共党史出版社,1995.12.—589页;20cm

ISBN 7-80023-950-0:¥21.40

D601 002650

改革开放政策概论/于忠孝等主编.—长春:吉林大学出版社,1995.6.—308页;19cm

ISBN 7-5601-1719-8:¥7.20

①D601-62②F120-62 002651

改革开放知识指南/和平,郑利华主编;丁文秀等编.—北京:北京语言学院出版社,1995.2.—445页;19cm

ISBN 7-5619-0340-5:¥8.50

D602 002652

当代领导干部思想宝库 (二)/叶连松主编.—北京:中国国际广播出版社,1995.2.—685页;20cm

ISBN 7-5078-1212-X(精装):¥40.00

D602 002653

改革纵横谈/张令主编.—北京:海潮出版社,1995.8.—2册;20cm.—(中华创业者丛书;13/张令主编)

ISBN 7-80054-728-0(精装):¥96.00

D602 002654

跨世纪的思考/蔺欣荣等主编.—北京:中国工人出版社,1995.8.—466页;19cm

ISBN 7-5008-1781-9:¥15.00

D602 002655

评论员札记/于宁著.—北京:蓝天出版社,1995.

2.—239页;19cm
ISBN 7-80081-538-2:¥7.50
D602 002656
政治意识论/戚珩等著.—杭州:浙江人民出版社,1995.12.—303页;20cm.—(中国特色社会主义政治研究)
ISBN 7-213-01282-7:¥11.50
D602 002657
政治主体论/汪玉凯等著.—杭州:浙江人民出版社,1995.12.—304页;20cm.—(中国特色社会主义政治研究)
ISBN 7-213-01281-9:¥11.80
①D602②D621 002658
政治制度论/洋龙著.—杭州:浙江人民出版社,1995.12.—204页;20cm.—(中国特色社会主义政治研究)
ISBN 7-213-01280-0:¥8.80
D602-53 002659
科学的理论 行动的指南/人民日报理论部编.—北京:中国工人出版社,1995.5.—293页;20cm
ISBN 7-5008-1776-2:¥12.00
D609.9 002660
跨世纪之路/于宁著.—北京:东方出版社,1995.9.—367页;20cm
ISBN 7-5060-0595-6:¥14.90
D609.9 002661
外国人的中国观/吕超著.—2版.—沈阳:辽宁教育出版社,1995.11.—286页;19cm
ISBN 7-5382-1718-5:¥8.20

D61　中国革命和建设问题

D61 002662
1995～1996年中国发展状况与趋势/翁杰明等主编.—北京:中国社会科学出版社,1995.11.—371页;20cm
ISBN 7-5004-1827-2:¥18.50
D61 002663
'95中国发展报告/国家统计局编.—北京:中国统计出版社,1995.10.—306页;27cm
ISBN 7-5037-2020-4:¥80.00
D61 002664
《中国社会主义建设教程》学习指导/叶煜荣等主编.—4版.—广州:广东高等教育出版社,1995.6.—230页;19cm
ISBN 7-5361-0869-9:¥6.80
D61 002665
边陲儿女的指路灯:学习建设有中国特色社会主义的理论/李建平,张建文主编.—昆明:云南大学出版社,1995.4.—154页;19cm
ISBN 7-81025-550-9:¥7.50
D61 002666
部长眼中的未来中国/于珍等著.—长沙:湖南出版社,1995.11.—279页;20cm
ISBN 7-5438-1104-9(精装):¥14.80
D61 002667
从黄金海岸到黄土高坡:改革开放中的沿海与内陆/李若建著.—广州:广东教育出版社,1995.5.—236页;20cm.—(天地生人丛书·第一辑/宋正海,孙关龙主编)
ISBN 7-5406-2870-7:¥8.40
D61 002668
当代中国的马克思主义/李保林,梁周敏主编.—郑州:河南人民出版社,1995.7.—237页;20cm
ISBN 7-215-03519-0:¥9.00
D61 002669
当代中国热点问题透视/谢京师,王桂兰主编.—汕头:汕头大学出版社,1995.10.—325页;20cm
ISBN 7-81036-147-3:¥12.00
D61 002670
独创性的科学理论体系:第二届全国邓小平与毛泽东思想的新发展理论研讨会文集/李官生,刘建武主编.—北京:军事科学出版社,1995.7.—2册;20cm
ISBN 7-80021-870-8:¥38.00
D61 002671
改革实践的理论探讨:中共四川省委第二党校函授学院学员毕业论文选/韩寿编.—重庆:重庆大学出版社,1995.8.—216页;19cm
ISBN 7-5624-1108-5:¥8.00
D61 002672
构建新体制:1994中国发展报告/复旦发展研究院编著.—上海:上海人民出版社,1995.4.—321页;26cm
ISBN 7-208-02083-3:¥28.70
D61 002673
建设有中国特色的社会主义理论/武绍春等主编.—长春:吉林大学出版社,1995.3.—295页;19cm
ISBN 7-5601-1702-3:¥7.00
D61 002674
建设有中国特色社会主义的理论与实践/霍乃义,宋连群主编.—上海:上海人民出版社,1995.6.—339页;20cm
ISBN 7-208-02023-X:¥12.00
D61 002675
建设有中国特色社会主义的理论与实践/徐毅鹏,程喜田主编.—长春:吉林教育出版社,1995.6.—252页;20cm
吉林省高等院校马克思主义理论课试用教材
ISBN 7-5383-2589-1:¥7.50
D61 002676
建设有中国特色社会主义概论/励永庆主编.—北京:蓝天出版社,1995.8.—339页;20cm
ISBN 7-80081-597-8:¥11.20
D61 002677
建设有中国特色社会主义概论/刘洪彬,刘静珠主编.—北京:华夏出版社,1995.6.—302页;19cm
ISBN 7-5080-0705-0:¥7.70
D61 002678
建设有中国特色社会主义和市场经济理论专题教程

(上)/孟昭星,林志宽主编.—哈尔滨:哈尔滨工程大学出版社,1995.12.—228页;20cm
ISBN 7-81007-658-2:¥17.50

D61 002679
建设有中国特色社会主义理论/张广立等主编;湖北省编写组编.—武汉:湖北人民出版社,1995.8.—272页;20cm
ISBN 7-216-01743-9:¥9.60

D61 002680
建设有中国特色社会主义理论/王允平,韩洪章主编;《建设有中国特色社会主义理论》编写组编.—济南:黄河出版社,1995.5.—166页;20cm
山东省高等学校"两课"教改试用教材
ISBN 7-80558-646-2:¥5.60

D61 002681
建设有中国特色社会主义理论/黄亮宜等主编.—2版.—北京:中共中央党校出版社,1995.5.—280页;20cm
ISBN 7-5035-1062-5:¥7.00

D61 002682
建设有中国特色社会主义理论常识读本/沈阳市技工培训教研室编.—北京:中国书籍出版社,1995.5.—138页;19cm
ISBN 7-5068-0452-2:¥5.00

D61 002683
建设有中国特色社会主义理论导读/吴云立主编.—成都:西南交通大学出版社,1995.8.—260页;20cm
ISBN 7-81022-847-1:¥8.00

D61 002684
建设有中国特色社会主义理论的哲学基础/李光耀主编.—北京:中共中央党校出版社,1995.10.—181页;20cm
山东省党校系统教材
ISBN 7-5035-1295-4:¥6.00

D61 002685
建设有中国特色社会主义理论读本/袁宗久主编.—青岛:青岛海洋大学出版社,1995.3.—257页;20cm
ISBN 7-81026-716-7:¥5.90

D61 002686
建设有中国特色社会主义理论概要/刘土尧主编.—北京:中共中央党校出版社,1995.8.—191页;20cm
河北省市(地)党校统用系列教材之一
ISBN 7-5035-1259-8:¥6.30

D61 002687
建设有中国特色社会主义理论简明读本/朱贵玉主编.—北京:中共中央党校出版社,1995.8.—155页;20cm
河北省县(区)党校统用系列教材之一
ISBN 7-5035-1260-1:¥5.20

D61 002688
建设有中国特色社会主义理论教程/刘文普主编;湖南省人事厅组织编写.—海口:海南出版社,1995.4.—244页;19cm
ISBN 7-80617-198-3:¥6.60

D61 002689
建设有中国特色社会主义理论教程/申喜平等主编.—西宁:青海人民出版社,1995.10.—269页;19cm
ISBN 7-225-01179-0:¥9.80

D61 002690
建设有中国特色社会主义理论学习纲要/温继武主编.—长春:吉林大学出版社,1995.3.—303页;19cm
ISBN 7-5601-1685-X:¥7.80

D61 002691
建设有中国特色社会主义理论学习纲要/张剑等主编.—武汉:武汉出版社,1995.3.—265页;19cm
ISBN 7-5430-1350-9:¥6.40

D61 002692
建设有中国特色社会主义理论研究/《建设有中国特色社会主义理论研究》编辑组编.—北京:中共中央党校出版社,1995.10.—591页;20cm
ISBN 7-5035-1159-1:¥24.00

D61 002693
建设有中国特色社会主义理论研究:社会主义理论发展的新阶段/张鸿文主编.—天津:天津社会科学院出版社,1995.6.—345页;20cm
ISBN 7-80563-544-7:¥9.00

D61 002694
建设有中国特色社会主义理论与实践/熊万兴等主编.—昆明:云南民族出版社,1995.12.—301页;19cm
ISBN 7-5367-1130-1:¥8.00

D61 002695
建设有中国特色社会主义理论与实践解题指导/钱松年主编.—北京:高等教育出版社,1995.4.—99页;19cm
全国成人中专政治理论课统编教材
ISBN 7-04-005331-4:¥2.25

D61 002696
建设有中国特色社会主义理论专题研究/于书林等主编.—北京:中共中央党校出版社,1995.2.—567页;20cm
ISBN 7-5035-1187-7:¥15.80

D61 002697
建设有中国特色社会主义通论/刘德骥,周治滨主编.—成都:四川人民出版社,1995.2.—434页;20cm.—(社会主义理论与实践丛书)
ISBN 7-220-02742-7:¥12.00

D61 002698
建设中国特色社会主义概论/柯明中等主编;王鑫鳌等编写.—修订本.—北京:中国政法大学出版社,1995.8.—387页;20cm
ISBN 7-5620-1120-8:¥12.00

D61 002699
理论学习读本/樊来喜,王长生主编.—长春:吉林人民出版社,1995.5.—212页;19cm
ISBN 7-206-02228-6:¥5.50

D61 002700
论体制创新/刘诗白著.—成都:西南财经大学出版社,1995.2.—475页;20cm

ISBN 7-81017-887-3:¥12.00

D61　002701

毛泽东唯物史观与现代中国/李善辉主编.—桂林:广西师范大学出版社,1995.8.—270页;19cm

ISBN 7-5633-2084-9:¥11.50

D61　002702

求索集/宋寿金著.—广州:广东人民出版社,1995.6.—533页;20cm

ISBN 7-218-01940-4:¥16.80

D61　002703

塞外朔州在崛起/薛军著.—北京:中共中央党校出版社,1995.11.—401页;20cm

ISBN 7-5035-1245-8:¥11.00

D61　002704

社会主义初级阶段理论/吴恩壮,吴智棠主编.—广州:广东高等教育出版社,1995.5.—170页;19cm

建设有中国特色社会主义理论系列教材

ISBN 7-5361-1674-8:¥6.70

D61　002705

社会主义理论专题研究/中共中央党校科学社会主义教研室编著.—大连:大连出版社,1995.9.—330页;20cm

ISBN 7-80612-200-1:¥14.00

D61　002706

社会主义民主政治建设/邱金用,陈文椿主编.—广州:广东高等教育出版社,1995.4.—248页;19cm

建设有中国特色社会主义理论系列教材

ISBN 7-5361-1658-6:¥8.20

D61　002707

社会主义新论/杨杰主编.—广州:华南理工大学出版社,1995.8.—495页;20cm.—(学术论丛)

ISBN 7-5623-0898-5:¥12.00

D61　002708

社会主义学说的第三次飞跃:建设有中国特色的社会主义理论的历史地位和贡献/于幼军著.—广州:广东人民出版社,1995.12.—584页;20cm.—(邓小平理论与广东实践研究丛书/于幼军主编)

ISBN 7-218-02070-4:¥38.00

D61　002709

探索中国革命和建设道路中的两次历史性飞跃/安德才等编著.—成都:西南交通大学出版社,1995.6.—326页;19cm

ISBN 7-81022-815-3:¥7.90

D61　002710

新编中国社会主义建设/姚桂荣,刘文浩主编.—大连:大连海事大学出版社,1995.12.—385页;19cm

ISBN 7-5632-0942-5:¥17.50

D61　002711

新中国的国情与发展道路/周鸿,朱玉湘主编;国家教委高等学校社会科学发展研究中心组编.—济南:山东大学出版社,1995.12.—287页;20cm

ISBN 7-5607-1565-6:¥9.80

D61　002712

学习建设有中国特色的社会主义理论讲座/陈政绍编著.—广州:广东高等教育出版社,1995.4.—217页;19cm

ISBN 7-5361-1635-7:¥6.50

D61　002713

学习建设有中国特色社会主义理论通俗读本/邓万,陈守信主编.—银川:宁夏人民出版社,1995.4.—169页;19cm

基层党校系列教材

ISBN 7-227-01468-1:¥4.50

D61　002714

学习建设有中国特色社会主义理论文献选编/国家教委社会科学司组编.—北京:高等教育出版社,1995.8.—453页;20cm

ISBN 7-04-005334-9:¥12.15

D61　002715

有中国特色的社会主义:中国历史发展的必然选择/刘英骥主编.—北京:北京经济学院出版社,1995.10.—330页;20cm

ISBN 7-5638-0515-X:¥14.80

D61　002716

有中国特色社会主义的基本理论和基本路线/康电,马富武主编.—成都:西南交通大学出版社,1995.5.—304页;20cm

ISBN 7-81022-804-8:¥7.00

D61　002717

有中国特色社会主义的基本理论和实践/陈强林等编著.—北京:中国农业出版社,1995.2.—371页;19cm

ISBN 7-109-03875-0:¥12.00

D61　002718

中国改革开放大事要览:1978.12~1993.11/王振玮主编;哈尔滨市档案馆编.—哈尔滨:哈尔滨工业大学出版社,1995.6.—395页;20cm

ISBN 7-5603-1095-8:¥15.00

D61　002719

中国改革开放与展望/王永仁主编.—济南:山东大学出版社,1995.11.—377页;20cm

ISBN 7-5607-1557-5:¥13.80

D61　002720

中国革命和建设的三大创举/吴耀华著.—长沙:湖南出版社,1995.4.—283页;19cm

ISBN 7-5438-0952-4:¥8.00

D61　002721

中国革命与建设/曾长秋等主编.—长沙:湖南师范大学出版社,1995.7.—362页;20cm

湖南省普通高等学校规划教材

ISBN 7-81031-428-9:¥11.80

D61　002722

中国革命与建设论纲/曹文光等主编.—开封:河南大学出版社,1995.9.—361页;20cm

ISBN 7-81041-262-0:¥12.50

D61　002723

中国社会主义改革论纲/王青苏等著.—哈尔滨:哈尔滨工业大学出版社,1995.12.—266页;20cm.—(建

设有中国特色社会主义理论丛书）
ISBN 7-5603-1161-X: ¥13.00

D61 **002724**
中国社会主义建设/《中国社会主义建设》编写组编.—南京:河海大学出版社,1995.7.—350页;20cm
ISBN 7-5630-0877-2: ¥7.40

D61 **002725**
中国社会主义建设/薛福林等主编.—2版.—北京:北京医科大学、中国协和医科大学联合出版社,1995.8.—255页;20cm
ISBN 7-81034-510-9: ¥9.50

D61 **002726**
中国社会主义建设/谢志诚等主编.—南昌:江西高校出版社,1995.6.—213页;20cm
ISBN 7-81033-503-0: ¥7.00

D61 **002727**
中国社会主义建设/吉铁肩主编.—5版.—成都:四川教育出版社,1995.7.—379页;20cm
四川省高校思想政治教育课统编教材
ISBN 7-5408-1601-6: ¥9.97

D61 **002728**
中国社会主义建设/卢烈英主编;《中国社会主义建设》编写组编.—西安:陕西人民出版社,1995.7.—375页;20cm
陕西省高等院校统编教材
ISBN 7-224-03064-3: ¥10.00

D61 **002729**
中国社会主义建设/吴鸣等主编.—长沙:中南工业大学出版社,1995.7.—319页;20cm
湖南省普通高等学校规划教材
ISBN 7-81020-754-7: ¥11.00

D61 **002730**
中国社会主义建设/薛贵昌等主编.—天津:天津大学出版社,1995.9.—299页;20cm
ISBN 7-5618-0768-6: ¥9.80

D61 **002731**
中国社会主义建设/张鸿文等主编.—天津:天津社会科学院出版社,1995.7.—340页;20cm
ISBN 7-80563-290-1: ¥9.00

D61 **002732**
中国社会主义建设/王淑敏,赵秦莲主编.—北京:经济科学出版社,1995.7.—253页;20cm
全国电力高等专科学校教学委员会推荐教材
ISBN 7-5058-0824-9: ¥8.50

D61 **002733**
中国社会主义建设的理论与实践/樊佺;马玉树主编;宁夏高教学会马克思主义理论课研究会组编.—银川:宁夏人民出版社,1995.8.—300页;20cm
ISBN 7-227-01522-X: ¥9.80

D61 **002734**
中国社会主义建设概论/郑焕章,孙长友主编.—石家庄:河北人民出版社,1995.7.—286页;20cm
ISBN 7-202-01768-7: ¥10.40

D61 **002735**
中国社会主义建设理论与实践/贺建时,林坚强主编.—宁波:宁波出版社,1995.6.—337页;20cm
ISBN 7-80602-053-5: ¥8.90

D61 **002736**
中国社会主义建设史纲/范朝敬等主编.—2版.—北京:中共中央党校出版社,1995.5.—227页;20cm
ISBN 7-5035-1051-0: ¥5.90

D61 **002737**
中国社会主义建设问题/穆伟山等编著.—开封:河南大学出版社,1995.9.—338页;20cm
ISBN 7-81041-260-4: ¥11.80

D61 **002738**
中国特色的社会主义理论/张文化,刘淑芬主编.—银川:宁夏人民出版社,1995.7.—348页;20cm
ISBN 7-227-01485-1: ¥10.00

D61 **002739**
中国特色社会主义的理论与实践/宋改义等主编.—西安:陕西人民出版社,1995.6.—316页;20cm
ISBN 7-224-03922-5: ¥9.80

D61 **002740**
中国特色社会主义概论/冯东晓等主编.—南宁:广西民族出版社,1995.5.—309页;19cm
ISBN 7-5363-3016-2: ¥6.50

D61 **002741**
中国特色社会主义概论/林森等主编.—长春:吉林大学出版社,1995.12.—297页;19cm
吉林省中小学校长继续教育教材
ISBN 7-5601-1865-8: ¥8.50

D61 **002742**
中国特色社会主义建设/李永胜,胡建刚主编.—昆明:云南民族出版社,1995.6.—312页;20cm
ISBN 7-5367-1030-5: ¥6.90

D61 **002743**
中国特色社会主义理论/王永华主编.—济南:山东人民出版社,1995.2.—417页;20cm
高等学校管理专业系列教材
ISBN 7-209-01722-4: ¥12.00

D61 **002744**
中国特色社会主义理论/李敬德,连俊沛主编.—北京:中国物价出版社,1995.8.—200页;20cm
ISBN 7-80070-495-5: ¥9.80

D61 **002745**
中国特色社会主义理论:毛泽东、邓小平的艰辛探索/李安增等著.—天津:天津社会科学院出版社,1995.5.—310页;20cm
ISBN 7-80563-524-2: ¥9.40

D61 **002746**
中国特色社会主义理论学习与研究/李天森,郑立中主编.—厦门:厦门大学出版社,1995.8.—314页;20cm
ISBN 7-5615-1027-6: ¥11.00

D61 **002747**
中国特色社会主义论二十题/龚育之著.—北京:中共中央党校出版社,1995.12.—348页;20cm
ISBN 7-5035-1352-7: ¥13.50

D61　002748
中国特色社会主义研究新论/周正藏著.—上海:华东理工大学出版社,1995.9.—169页;20cm
ISBN 7-5628-0589-X:¥6.50

D61　002749
中国下一步:胡鞍钢博士的最新国情报告/胡鞍钢著.—成都:四川人民出版社,1995.10.—239页;19cm.—(跨世纪丛书)
ISBN 7-220-02990-X:¥8.00

D61　002750
中国现代化导论/刘永佶著.—保定:河北大学出版社,1995.12.—484页;20cm.—(马克思主义与中国现代化系列专著)
ISBN 7-81028-358-8:¥16.00

D61　002751
中国现代化建设的哲学基础/刘嵘主编.—广州:广东人民出版社,1995.12.—334页;20cm.—(邓小平理论与广东实践研究丛书/于幼军主编)
ISBN 7-218-02067-4:¥25.00

D61　002752
主题论形象论/中共长沙市委宣传部,中共长沙市委组织部编.—长沙:湖南出版社,1995.12.—164页;19cm
ISBN 7-5438-1131-6:¥5.00

①D61②I253　002753
南北写真/许光辉著.—广州:广东人民出版社,1995.10.—436页;20cm
ISBN 7-218-02031-3:¥13.00

①D61②K26　002754
中国革命与建设史论/李振亚主编.—天津:天津大学出版社,1995.9.—317页;20cm
ISBN 7-5618-0764-3:¥10.80

D61-34　002755
中国社会主义建设基本问题研究/赵显钧等主编.—长春:吉林大学出版社,1995.4.—394页;20cm
ISBN 7-5601-1703-1:¥11.50

D61-4　002756
中国社会主义建设教学要点/国家教委社会科学司编.—4版.—北京:高等教育出版社,1995.7.—99页;19cm
ISBN 7-04-005499-X:¥2.80

D61-43　002757
建设有中国特色社会主义理论简明教程/张联祝等主编.—北京:警官教育出版社,1995.6.—327页;19cm
ISBN 7-81027-642-5:¥9.80

D61-43　002758
建设有中国特色社会主义理论教程/卢振环主编.—哈尔滨:黑龙江教育出版社,1995.3.—328页;19cm
黑龙江省高等学校形势政策课统编教材
ISBN 7-5316-2663-2:¥5.50

D61-43　002759
建设有中国特色社会主义理论教程/建设有中国特色社会主义理论编写组编著.—北京:国防大学出版社,1995.7.—373页;20cm
国防大学政治理论教材
ISBN 7-5626-0726-5:¥9.80

D61-43　002760
新时期中国社会主义建设理论教程/陈红,聂荣华主编;国家机械工业部高等院校《新时期中国社会主义建设理论教程》编写组编.—上海:同济大学出版社,1995.11.—307页;20cm
ISBN 7-5608-1606-1:¥12.30

D61-43　002761
中国社会主义建设教程/中共上海市教育卫生工作委员会,上海市教育委员会编.—上海:上海人民出版社,1995.6.—302页;20cm
高校马克思主义理论课通用教材
ISBN 7-208-02009-4:¥8.50

D61-43　002762
中国社会主义建设教程/郝勇劳等主编.—修订本.—哈尔滨:哈尔滨工程大学出版社,1995.9.—376页;19cm
ISBN 7-81007-559-4:¥10.80

D61-44　002763
《建设有中国特色社会主义的理论与实践》习题集/中等职业技术学校政治教材习题丛书编写组编.—北京:中国商业出版社,1995.7.—2册;19cm.—(中等职业技术学校政治教材习题丛书)
ISBN 7-5044-2951-1:¥7.00

D61-44　002764
建设有中国特色社会主义理论学习问答/《建设有中国特色社会主义理论学习问答》编写组编.—北京:改革出版社,1995.6.—151页;19cm
ISBN 7-80072-602-9:¥5.00

D61-44　002765
建设有中国特色社会主义理论学习问答/王飞主编.—乌鲁木齐:新疆人民出版社,1995.9.—72页;19cm
ISBN 7-228-03754-8:¥3.60

D61-53　002766
《中国21世纪议程》高级国际圆桌会议文集/中国21世纪议程管理中心编.—北京:科学出版社,1995.4.—146页;26cm
ISBN 7-03-004729-X(精装):¥25.00

D61-53　002767
当代中国马克思主义研究巡礼/中共中央宣传部理论局编.—北京:人民出版社,1995.4.—3册(1780页);20cm
ISBN 7-01-002185-6:¥60.00

D61-53　002768
改革纵横谈/张令主编.—北京:海潮出版社,1995.8.—2册;20cm.—(中华创业者丛书;15)
ISBN 7-80054-754-X:¥96.00

D61-53　002769
回顾与思考:黑龙江省中共党史学会纪念中华人民共和国成立45周年学术讨论会论文集/邹洪学,王诚宏主编.—哈尔滨:哈尔滨工程大学出版社,1995.9.—309页;20cm

ISBN 7-81007-618-3: ¥12.00

D61-53　　002770

可持续发展之路:北京大学首次可持续发展科学讨论会文集/叶文虎,承继成主编;北京大学中国持续发展研究中心编.—北京:北京大学出版社,1995.2.—299页;26cm

ISBN 7-301-02612-9: ¥42.00

D61-53　　002771

求索:建设有中国特色社会主义理论学习文集/孙建粹,许传鹏主编.—大连:大连海事大学出版社,1995.10.—306页;20cm

ISBN 7-5632-0927-1: ¥12.80

D61-53　　002772

学习与实践:领导干部学习建设有中国特色社会主义理论论文集/马顺强,姜成厚主编.—哈尔滨:黑龙江教育出版社,1995.4.—280页;19cm

ISBN 7-5316-2524-5: ¥5.40

D61-53　　002773

在科学理论指引下:北京市领导干部学习体会文章选编(二)/李志坚,陈广文主编;中共北京市委组织部、宣传部编.—北京:北京出版社,1995.12.—429页;20cm

ISBN 7-200-02929-7: ¥18.20

D61-53　　002774

中国大趋势:当代改革论文集/谭伟,王朋琦主编.—济南:黄河出版社,1995.8.—430页;20cm.—(党风科学研究系列丛书)

ISBN 7-80558-582-2: ¥13.00

D61-53　　002775

中国共产党与中国现代化/陕西省教委宣教处编.—西安:三秦出版社,1995.11.—192页;20cm

ISBN 7-80546-778-1: ¥10.00

D61-61　　002776

建设有中国特色社会主义理论汇典/董凤基主编.—济南:山东人民出版社,1995.1.—851页;26cm

ISBN 7-209-01691-0(精装): ¥85.00

D613　　002777

爱国统一战线与深圳统战工作/王拓著.—广州:广东科技出版社,1995.9.—263页;19cm

ISBN 7-5359-1592-2: ¥15.00

D613　　002778

当代中国政党制度与民主政治建设/宋春等主编.—延吉:延边大学出版社,1995.12.—347页;20cm

ISBN 7-5634-0843-6: ¥15.50

D613　　002779

风雨同舟肝胆情/孙晓华,宋士忠主编.—北京:中共中央党校出版社,1995.7.—309页;20cm

ISBN 7-5035-1156-7: ¥8.80

D613　　002780

肝胆相照荣辱与共:中国共产党领导的多党合作制度的历史考察/王顺生著.—福州:福建人民出版社,1995.11.—438页;20cm

ISBN 7-211-02222-1(精装): ¥23.00

D613　　002781

合作共事谱新篇/王生洪主编;中共上海市委统战部编.—上海:上海交通大学出版社,1995.11.—149页;20cm

ISBN 7-313-01566-6: ¥8.10

D613　　002782

统一战线理论与实践/陈则刚,欧可平主编.—重庆:重庆大学出版社,1995.7.—281页;20cm

ISBN 7-5624-1036-4: ¥12.00

D613　　002783

新时期统一战线概论/曾叔葵著.—长沙:湖南出版社,1995.7.—248页;20cm

ISBN 7-5438-0994-X: ¥10.50

D613　　002784

新时期统战民族宗教工作思考录/吴廷富著.—兰州:甘肃民族出版社,1995.4.—228页;20cm

ISBN 7-5421-0366-0: ¥6.80

D613　　002785

映日钢花分外红:酒钢统战工作 /酒钢公司编.—兰州:甘肃人民出版社,1995.7.—221页;19cm

ISBN 7-226-01504-8: ¥6.60

D613　　002786

中国统战学/蔡世藩,肖阳明主编.—天津:天津教育出版社,1995.12.—287页;20cm

ISBN 7-5309-2430-3: ¥12.00

D613-09　　002787

中国共产党和民主党派关系史/马维政等主编.—长春:吉林文史出版社,1995.3.—471页;20cm

ISBN 7-80528-960-3: ¥15.00

D613-43　　002788

新编中国统一战线基本教程/任涛等主编.—北京:华文出版社,1995.9.—439页;20cm

ISBN 7-5075-0470-0: ¥15.80

D614　　002789

张闻天社会主义论稿/张闻天选集传记组,中共上海市委党史研究室编.—北京:中共党史出版社,1995.2.—279页;20cm

ISBN 7-80023-840-7: ¥11.00

D614　　002790

中国革命和建设史论/贺伯清主编;陕西省高等院校《中国革命和建设史论》编写组编.—西安:陕西人民出版社,1995.8.—405页;20cm

陕西省高等院校统编教材

ISBN 7-224-03861-X: ¥10.80

D614　　002791

中国与世界/于长洪,曲振轩著.—北京:世界知识出版社,1995.11.—141页;19cm.—(世界知识青年丛书)

ISBN 7-5012-0688-0: ¥5.00

D618　　002792

"一国两制"与香港/施汉荣著.—广州:广东人民出版社,1995.12.—338页;20cm.—(邓小平理论与广东实践研究丛书/于幼军主编)

ISBN 7-218-02068-2: ¥25.00

D618　　002793

海峡两岸关系四十年/马建离等主编.—武汉:湖北

教育出版社,1995.2.—527页;20cm
ISBN 7-5351-1374-5:¥12.20

D618 002794
海峡漫笔/陈斌发著.—北京:中国工人出版社,1995.4.—217页;19cm.—(台湾经济研究丛书)
内部发行
ISBN 7-5008-1770-3:¥6.80

D618 002795
两岸关系与和平统一:一九九四年重要谈话和文章选编/国务院台湾事务办公室新闻局编.—北京:九洲图书出版社,1995.2.—236页;20cm
ISBN 7-80114-059-1:¥5.00

D618 002796
实现国家统一大业的重要宣示.—福州:海风出版社,1995.5.—67页;20cm
ISBN 7-80597-088-2:¥2.50

D618 002797
迎接香港回归祖国:干部读本/陈多等著.—北京:学习出版社;深圳:海天出版社,1995.12.—154页;19cm
ISBN 7-80116-056-8:¥5.00

D618 002798
迎接香港回归祖国:青少年读本/陈隆涛主编;姜林等编写.—深圳:海天出版社;北京:学习出版社,1995.12.—124页;19cm
ISBN 7-80615-297-0:¥3.95

D618 002799
迎接香港回归祖国:少年读本/沈兆平主编.—深圳:海天出版社;北京:学习出版社,1995.12.—116页;19cm
ISBN 7-80615-298-9:¥3.90

D618 002800
迎接香港回归祖国:职工读本/陈多等著.—北京:学习出版社;深圳:海天出版社,1995.12.—138页;19cm
ISBN 7-80116-058-4:¥4.50

①D618②J228.4 002801
迎接香港回归祖国:少儿连环画读本/吴晓哲主编;陈静,吴菲编文;刘孔喜,刘家峰绘.—深圳:海天出版社;北京:学习出版社,1995.12.—92页;19cm
ISBN 7-80615-299-7:¥2.95

D618-53 002802
台湾研究论文集　第八辑/余克礼主编.—北京:华艺出版社,1995.8.—360页;20cm
ISBN 7-80039-000-4:¥13.80

D618-53 002803
台湾研究论文集　第七辑/姜殿铭主编.—北京:华艺出版社,1995.5.—402页;20cm
ISBN 7-80039-910-9:¥13.00

D619 002804
当代中国省情/邵宗明主编.—长春:吉林文史出版社,1995.1.—1056页;26cm
ISBN 7-80528-939-5(精装):¥90.00

D619 002805
辉煌十五年:江苏卷/陈焕友主编.—北京:光明日报出版社,1995.7.—278页;20cm.—(中国改革系列丛书/徐光春主编)
ISBN 7-80091-629-4(精装):¥26.00

D619 002806
辉煌十五年:连云港卷/徐光春总主编;徐守盛主编.—北京:光明日报出版社,1995.5.—369页:照片;20cm.—(中国改革系列丛书/徐光春主编)
ISBN 7-80091-631-6(精装):¥26.00

D619 002807
辉煌十五年:龙岩卷/徐光春总主编;马承佳主编.—北京:光明日报出版社,1995.2.—193页:照片;20cm.—(中国改革系列丛书/徐光春主编)
ISBN 7-80091-626-X(精装):¥24.00

D619 002808
辉煌十五年:信阳卷/徐光春总主编;张本乐主编.—北京:光明日报出版社,1995.5.—362页:照片;20cm.—(中国改革系列丛书/徐光春主编)
ISBN 7-80091-715-0(精装):¥25.00

D619 002809
辉煌十五年:永定卷/黄坤明,江棣章主编.—北京:光明日报出版社,1995.2.—260;27页:彩照;20cm.—(中国改革系列丛书/徐光春主编)
ISBN 7-80091-628-6(精装):¥24.00

D619 002810
辉煌十五年:珠江三角洲卷/徐光春总主编;梁灵光主编.—北京:光明日报出版社,1995.7.—497页:照片;20cm.—(中国改革系列丛书/徐光春主编)
ISBN 7-80091-627-8(精装):¥98.00

D619 002811
外国人眼里的中国　第三集/施友义主编.—福州:海风出版社,1995.4.—291页;19cm
ISBN 7-80597-087-4:¥7.60

D619 002812
新中国光辉的第一/龙德,李祖锡编写.—修订版.—合肥:安徽少年儿童出版社,1995.5.—284页;19cm.—(小学生精品书库·思想品德类)
ISBN 7-5397-1225-2:¥6.50

D619 002813
中国　1995/秦石编.—北京:新星出版社,1995.—1册;20×11cm
ISBN 7-80102-365-X:¥0.00

D619 002814
中国:事实与数字　1995/北京周报社编 .—北京:新星出版社,1995.—78页;19cm
ISBN 7-80102-341-2:¥3.75

D619 002815
中国改革十五年成就概览:1979~1993/董福长等编著.—哈尔滨:黑龙江教育出版社,1995.7.—253页;19cm
ISBN 7-5316-2465-6:¥5.00

D619 002816
中国星火计划:把科技恩惠洒向神州大地/陈涌主编;中华人民共和国国家科学技术委员会编著.—北京:中国画报出版社,1995.4.—216页;37cm
ISBN 7-80024-243-9(精装):¥320.00

D619　　002817
中国一瞥　(201):农村经济发展的曙光/人民画报社编辑.—北京:新星出版社,1995.5.—1册:彩照;25cm
¥0.00

D619　　002818
中国一瞥　(202):新疆开拓对外贸易/人民画报社编辑.—北京:新星出版社,1995.5.—1册:彩照;25cm
¥0.00

D619　　002819
中国一瞥　(203):'95金秋,相聚在北京/人民画报社编辑.—北京:新星出版社,1995.5.—1册:彩照;25cm
¥0.00

D619　　002820
中国一瞥　(204):卢沟桥畔/人民画报社编辑.—北京:新星出版社,1995.5.—1册:彩照;25cm
¥0.00

D619　　002821
中国一瞥　(205):北京人的住房/人民画报社编辑.—北京:新星出版社,1995.7.—1册:彩照;25cm
¥0.00

D619　　002822
中国一瞥　(206):世界屋脊上的日光城——拉萨/人民画报社编辑.—北京:新星出版社,1995.7.—1册:彩照;25cm
¥0.00

D619　　002823
中国一瞥　(207):北京的名人故居/人民画报社编辑.—北京:新星出版社,1995.7.—1册:彩照;25cm
¥0.00

D619　　002824
中国一瞥　(208):民族人才的摇篮/人民画报社编辑.—北京:新星出版社,1995.7.—1册:彩照;25cm
¥0.00

D619　　002825
中国一瞥　(209):邮票上的中国古典文学名著/人民画报社编辑.—北京:新星出版社,1995.8.—1册:彩照;25cm
¥0.00

D619　　002826
中国一瞥　(210):西子湖畔博物苑/人民画报社编辑.—北京:新星出版社,1995.8.—1册:彩照;25cm
¥0.00

D619　　002827
中国一瞥　(211):世界文化与自然遗产:中国部分/人民画报社编辑.—北京:新星出版社,1995.8.—1册:彩照;25cm
¥0.00

D619　　002828
中国一瞥　(212):北京胡同风景线/人民画报社编辑.—北京:新星出版社,1995.8.—1册:彩照;25cm
¥0.00

D619　　002829
中国一瞥　(213):彩笔绘中国/人民画报社编辑.—北京:新星出版社,1995.8.—1册:彩照;25cm
¥0.00

D619　　002830
中国一瞥　(214):中国——一个巨大的市场/人民画报社编辑.—北京:新星出版社,1995.9.—1册;25cm
¥0.00

D619　　002831
中国一瞥　(215):中国民间美术/人民画报社编辑.—北京:新星出版社,1995.10.—1册;25cm
¥0.00

D619　　002832
中国一瞥　(216):开放的中国/人民画报社编辑.—北京:新星出版社,1995.9.—1册:彩照;25cm
¥0.00

D619　　002833
中国一瞥　(217):中国生态农业第一村/人民画报社编辑.—北京:新星出版社,1995.9.—1册;25cm
¥0.00

D619　　002834
中国一瞥　(218):京城的异国风味/人民画报社编辑.—北京:新星出版社,1995.9.—1册;25cm
¥0.00

D619　　002835
中国一瞥　(219):藏北草原/人民画报社编辑.—北京:新星出版社,1995.10.—1册;25cm
¥0.00

D619　　002836
中国一瞥　(220):新兴的经济技术开发区/人民画报社编辑.—北京:新星出版社,1995.10.—1册;25cm
¥0.00

D619　　002837
中国一瞥　(221):乐在天涯海角游/人民画报社编辑.—北京:新星出版社,1995.11.—1册;25cm
¥0.00

D619　　002838
中国一瞥　(222):中国电影九十周年/人民画报社编辑.—北京:新星出版社,1995.11.—1册;25cm
¥0.00

D619　　002839
中国一瞥　(223):为了人类共同的朋友/人民画报社编辑.—北京:新星出版社,1995.11.—1册;25cm
¥0.00

①D619②B222　　002840
中国简况:孔子和他的儒学.—北京:新星出版社,1995.—16页:彩照;18cm
ISBN 7-80102-444-3:¥2.82

①D619②D442　　002841
中国简况:中国妇女的国际交往.—北京:新星出版社,1995.—20页:彩照;18cm
ISBN 7-80102-281-5:¥2.82

①D619②D619.1　　002842
中国简况:迈向二十一世纪的北京.—北京:新星出版社,1995.—16页:彩照;18cm

ISBN 7-80102-381-1: ¥2.82

①D619②D619.45 002843

中国简况:古丝绸之路新貌——新疆维吾尔自治区的40年.—北京:新星出版社,1995.—24页;18cm

ISBN 7-80102-290-4: ¥2.82

①D619②D619.75 002844

中国简况:西藏人眼中的西藏——五人五话.—北京:新星出版社,1995.—19页:彩照;18cm

ISBN 7-80102-264-5: ¥2.82

①D619②D669.1 002845

中国简况:当代中国人的恋爱、婚姻和家庭.—北京:新星出版社,1995.—21页:彩照;18cm

ISBN 7-80102-397-8: ¥2.82

①D619②D669.7 002846

中国简况:活跃的中国社区志愿服务.—北京:新星出版社,1995.—18页:彩照;18cm

ISBN 7-80102-333-1: ¥2.82

①D619②D822 002847

中国简况:中国重视与联合国的合作.—北京:新星出版社,1995.—26页:彩照;18cm

ISBN 7-80102-318-8: ¥2.82

①D619②D922.2 002848

中国简况:改革开放与经济立法.—北京:新星出版社,1995.—17页:彩照;18cm

ISBN 7-80102-372-2: ¥2.82

①D619②F12 002849

中国简况:交通、通信、能源基础设施建设.—北京:新星出版社,1995.—18页:彩照;18cm

ISBN 7-80102-348-X: ¥2.82

①D619②F12 002850

中国简况:中国的经济为什么能快速发展.—北京:新星出版社,1995.—16页:彩照;18cm

ISBN 7-80102-304-8: ¥2.82

①D619②F126 002851

中国简况:城乡居民的收入与支出.—北京:新星出版社,1995.—17页:彩照;18cm

ISBN 7-80102-311-0: ¥2.82

①D619②F127 002852

中国简况:环渤海经济圈的崛起.—北京:新星出版社,1995.—21页:彩照;18cm

ISBN 7-80102-451-6: ¥2.82

①D619②F127.4 002853

中国简况:具有广阔开发前景的中西部地区.—北京:新星出版社,1995.—20页:彩图;19cm

ISBN 7-80102-416-8: ¥2.82

①D619②F276.7 002854

中国简况:跨国公司在中国.—北京:新星出版社,1995.—21页:彩图;19cm

ISBN 7-80102-466-4: ¥2.82

①D619②F279.21 002855

中国简况:国有企业的改革.—北京:新星出版社,1995.—20页:彩图;19cm

ISBN 7-80102-458-3: ¥2.82

①D619②F592 002856

中国简况:如何到中国旅游.—北京:新星出版社,1995.—27页:彩照;18cm

ISBN 7-80102-388-9: ¥2.82

①D619②F752.61 002857

中国简况:"九五"进口目标:10000亿美元.—北京:新星出版社,1995.—18页:彩图;19cm

ISBN 7-80102-477-X: ¥2.82

①D619②G203 002858

中国简况:得到精心保护的少数民族文化.—北京:新星出版社,1995.—19页:彩照;18cm

ISBN 7-80102-429-X: ¥2.82

①D619②G649.21 002859

中国简况:跨世纪的中国高教改革.—北京:新星出版社,1995.—19页:彩照;18cm

ISBN 7-80102-356-0: ¥2.82

①D619②J12 002860

中国简况:中国书画文化.—北京:新星出版社,1995.—17页:彩照;18cm

ISBN 7-80102-437-0: ¥2.82

①D619②K152 002861

中国简况:中国与第二次世界大战.—北京:新星出版社,1995.—24页:彩照;18cm

ISBN 7-80102-274-2: ¥2.82

①D619②K854.3 002862

中国简况:文明古国的文物保护.—北京:新星出版社,1995.—20页:彩照;18cm

ISBN 7-80102-297-1: ¥2.82

①D619②X3 002863

中国简况:12亿中国人的环境保护.—北京:新星出版社,1995.—19页:彩照;18cm

ISBN 7-80102-326-9: ¥2.82

D619-49 002864

新中国光辉的第一/龙德,李祖锡编著.—合肥:安徽少年儿童出版社,1995.4.—391页;20cm

ISBN 7-5397-1131-0: ¥3.00

D619.21 002865

中国天津走向世界/袁迎春主编.—北京:中国华侨出版社,1995.5.—40页:彩图;28cm

ISBN 7-80074-935-5: ¥13.90

D619.221 002866

石家庄改革开放实录:1978.12~1992.12/中共石家庄市委党史研究室编.—北京:中共党史出版社,1995.3.—423页;20cm

ISBN 7-80023-803-2: ¥13.00

D619.25 002867

讲真话　办实事　作表率:再创三晋辉煌/胡富国著.—北京:中共中央党校出版社,1995.12.—613页;20cm.—(党政高级干部文库)

ISBN 7-5035-1333-0: ¥30.00

D619.313 002868

大连五十年/王会全主编.—大连:大连出版社,1995.8.—680页:照片;20cm

ISBN 7-80612-173-0: ¥58.00

D619.34-53 002869

掌握基本理论加快吉林发展:吉林省县以上领导干部读书报告会文选/吉林省委宣传部理论处编.—长春:吉林人民出版社,1995.12.—254页;20cm
ISBN 7-206-02377-0:¥7.00

D619.343　002870
和龙市情读本/车光铁主编.—延吉:延边人民出版社,1995.10.—106页;19cm
ISBN 7-80599-403-X:¥4.40

D619.35-64　002871
中国哈尔滨/赵连城主编.—哈尔滨:哈尔滨出版社,1995.6.—7册:彩照;29cm
ISBN 7-80557-841-9:¥68.00

①D619.35-64②J426.35　002872
北大荒:汉英文对照/邓灿主编;黑龙江省国营农场总局编.—哈尔滨:黑龙江人民出版社,1995.10.—206页;29cm
ISBN 7-207-03297-8:¥140.00

D619.45　002873
汗水给大地的注释　(上):敬献给喀什地区三百万各族人民/陈才来主编.—乌鲁木齐:新疆人民出版社,1995.5.—533页:彩照;20cm
ISBN 7-228-03244-6:¥15.80

D619.45　002874
今日新疆/陈大俊主编;新疆对外文化交流协会编.—乌鲁木齐:新疆人民出版社,1995.8.—382页;18cm
ISBN 7-228-03619-0:¥18.00

D619.45　002875
新疆概览/刘宇生等主编.—乌鲁木齐:新疆人民出版社,1995.9.—306页:照片;20cm
ISBN 7-228-03579-8:¥25.00

①D619.45②J426.45　002876
发展中的新疆:汉、英文对照/丁晓仑主编;新疆日报画册编辑室编辑.—乌鲁木齐:新疆美术摄影出版社,1995.1.—128页;29cm
ISBN 7-80547-283-1:¥68.00

①D619.453②J426.453　002877
今日吐鲁番:汉、英文对照/中共吐鲁番地委宣传部编.—乌鲁木齐:新疆美术摄影出版社,1995.8.—112页;29cm
ISBN 7-80547-311-0:¥78.00

①D619.453②J426.453　002878
奎屯:汉、哈、英文对照/杨任志主编;《奎屯》画册编委会编纂.—乌鲁木齐:新疆美术摄影出版社;香港:香港现代出版社,1995.6.—1册:照片;29cm
ISBN 7-80547-294-7:¥65.00

D619.51-64　002879
图录上海大趋势　1994/上海人民出版社编.—上海:上海人民出版社,1995.5.—205页;27×21cm
ISBN 7-208-02018-3(精装):¥98.00

D619.52　002880
科教兴鲁:科技篇/何宗贵主编.—济南:山东科学技术出版社,1995.7.—478页;20cm
ISBN 7-5331-1593-7(精装):¥19.80

D619.52　002881
中国德州:汉、英文对照/官延水主编.—北京:中国三峡出版社,1995.—1册:照片;26cm
ISBN 7-80099-005-2:¥9.20

D619.52-64　002882
迈向新世纪的莱芜:汉英对照/莱芜市新闻出版办公室,山东画报社编.—济南:山东画报出版社,1995.8.—67页;24×21cm
画册
ISBN 7-80603-043-3:¥48.00

D619.52-64　002883
中国山东/山东省人民政府新闻办公室,山东省人民政府外事办公室编.—济南:山东画报出版社,1995.8.—1册:彩照;29cm
ISBN 7-80603-039-5:¥15.80

D619.524　002884
在现实与未来的交叉点上/孙家友主编.—济南:山东文艺出版社,1995.8.—701页;20cm
ISBN 7-5329-1266-3:¥19.50

D619.53　002885
江苏历史和现状/张寿春著.—修订本.—南京:河海大学出版社,1995.7.—319页;19cm
中央党校函授教材
ISBN 7-5630-0853-5:¥9.50

D619.533　002886
张家港之路/中共张家港市委宣传部编著.—北京:新华出版社,1995.10.—177页;20cm
ISBN 7-5011-2987-8:¥9.80

D619.55　002887
建设有中国特色社会主义理论在浙江的实践/中共浙江省委宣传部编.—杭州:浙江人民出版社,1995.2.—322页;20cm
ISBN 7-213-01173-1:¥10.00

D619.55　002888
丽水——开发中的宝地/徐仁俊,焦光华主编.—杭州:浙江人民出版社,1995.10.—175页;20cm.—(浙江改革潮系列丛书)
ISBN 7-213-01248-7:¥8.20

D619.554　002889
金华县十年创业:1985~1994/《金华县十年创业》编纂委员会编.—杭州:浙江人民出版社,1995.4.—300页:彩照;26cm
ISBN 7-213-01254-1(精装):¥40.00

D619.554　002890
衢县艰苦创业十年间/中共衢县县委办公室,中共衢县县委党史办公室编.—杭州:浙江人民出版社,1995.10.—138页;20cm
ISBN 7-213-01249-5:¥7.50

D619.56-53　002891
走向21世纪兴赣《隆中对》文集/江西省社联等编.—南昌:江西人民出版社,1995.12.—232页;20cm
ISBN 7-210-01588-4:¥12.50

D619.613　002892
开封大观/李学文主编.—开封:河南大学出版社,

1995.6.—341页;19cm
ISBN 7-81041-201-9:¥13.50

D619.633 002893
在改革中崛起的硚口/宋环芝主编;《在改革中崛起的硚口》编委会编.—武汉:中国地质大学出版社,1995.2.—233页;20cm
ISBN 7-5625-0971-9:¥8.00

D619.644 002894
衡岳纵论/刘增科著.—长沙:湖南出版社,1995.11.—167页;19cm
ISBN 7-5438-1097-2:¥5.80

D619.65 002895
广东改革开放探索/谢非著.—北京:中共中央党校出版社,1995.3.—497页;20cm.—(高级干部文库)
ISBN 7-5035-1154-0:¥19.00

D619.65 002896
广东社会发展回顾与展望:1994~1995/周进源主编;广东省计划委员会编.—广州:广东人民出版社,1995.3.—324页;20cm.—(社会发展白皮书)
ISBN 7-218-01798-3:¥18.00

D619.65 002897
深圳的哥德巴赫猜想/王星著.—北京:人民出版社,1995.11.—352页;20cm
ISBN 7-01-001888-X:¥16.80

D619.65 002898
深圳十五年:1980~1995:汉英对照/中共深圳市委宣传部,深圳画报社编 .—深圳:海天出版社,1995.10.—143页:彩照;29cm
ISBN 7-80615-302-0:¥80.00

D619.65 002899
走向世界的坎坷之路:广东改革开放反思录/彭祖康,罗康宁主编;张元元等撰著.—广州:广东教育出版社,1995.12.—249页;20cm
ISBN 7-5406-3420-0:¥9.00

D619.652-53 002900
汕头经济与社会研究/蔡奕明主编.—汕头:汕头大学出版社,1995.8.—231页;20cm
ISBN 7-81036-115-5:¥12.00

D619.653 002901
改革纵横/刘远清主编.—广州:华南理工大学出版社,1995.1.—307页;20cm
ISBN 7-5623-0813-6:¥8.30

D619.653 002902
深圳社会发展回顾与展望:1995~1996/李万寿主编;深圳市计划局编.—深圳:海天出版社,1995.12.—213页;20cm.—(社会发展白皮书)
ISBN 7-80615-357-8:¥30.00

D619.653 002903
深圳文思录/刘文韶著.—深圳:海天出版社,1995.11.—861页;20cm
ISBN 7-80615-323-3:¥50.00

D619.653 002904
探索者之路/邵汉青主编.—深圳:海天出版社,1995.12.—281页;20cm
ISBN 7-80615-336-5:¥29.00

D619.653 002905
特区十五年:生命的承诺/彭建林主编.—深圳:海天出版社,1995.3.—286页:彩照;29cm
ISBN 7-80615-186-9:¥128.00

D619.66-53 002906
海南省理论研讨会论文集 1995/阮崇武等著.—海口:海南出版社,1995.5.—763页;20cm
ISBN 7-80617-249-1:¥24.00

D619.67 002907
南宁概览:汉英对照/广西南宁新闻办公室编.—北京:中国世界语出版社,1995.7.—119页;18cm
ISBN 7-5052-0247-2:¥0.00

D619.71 002908
四川省情:概要/中共四川省委政策研究室编.—成都:四川人民出版社,1995.3.—669页;20cm
ISBN 7-220-02744-3:¥16.80

D619.713-64 002909
中国四川南充市/彭修昌主编.—重庆:重庆出版社,1995.9.—96页:彩照;29cm
ISBN 7-5366-3274-6:¥46.80

①D619.713-64②J426.713 002910
广元风采:1985~1995/唐全林主编;中共广元市委员会,广元市人民政府编.—成都:四川美术出版社,1995.—235页:彩照;29cm
ISBN 7-5410-1058-8:¥168.00

D619.74 002911
辉煌十五年:云南改革开放纪实(上)/徐亚莉主编.—昆明:云南美术出版社,1995.2.—1册;37cm
ISBN 7-80586-161-7:¥180.00

D619.74 002912
辉煌十五年:云南改革开放纪实(下)/徐亚莉主编.—昆明:云南美术出版社,1995.2.—1册;37cm
ISBN 7-80586-161-7:¥180.00

D619.741-64 002913
西山:汉英对照/张中宁主编.—昆明:云南美术出版社,1995.7.—54页:彩照;29cm
ISBN 7-80586-190-0:¥80.00

D619.744 002914
横断山中的绿宝石 /吕宝成主编;维西傈僳族自治县县庆筹备小组编.—昆明:云南民族出版社,1995.12.—199页:彩照;26cm
ISBN 7-5367-1102-6(精装):¥80.00

D619.744 002915
马龙县情与发展/卯稳国,向翔主编;中共马龙县委、县人民政府云南省社会科学院马列研究所编著.—昆明:云南大学出版社,1995.1.—312页;20cm
ISBN 7-81025-531-2:¥12.00

①D619.744②F127.744 002916
2000年的元江/杨世华著.—北京:中国民族摄影艺术出版社,1995.1.—395页:彩照;20cm
ISBN 7-80069-101-2:¥9.50

D619.75 002917
甘孜州稳定与发展研究/杨嘉铭,金学文主编;康定

民族师专课题组编.—成都:四川大学出版社,1995.4.—250页;20cm
ISBN 7-5614-1166-9:¥12.00

D619.75　　002918
西藏巨变:纪念西藏自治区成立三十周年专辑/西藏自治区政协文史资料研究委员会编.—北京:民族出版社,1995.8.—389页:照片;20cm
ISBN 7-105-02483-6:¥14.00

D619.75　　002919
中国西藏/钟藏文著.—北京:五洲传播出版社,1995.—79页:彩照;18cm
ISBN 7-80113-064-2:¥0.00

D619.75　　002920
崛起在雪域高原:西藏三十年巨变/李凯,赵新兵著.—北京:五洲传播出版社,1995.—71页:彩照;19×9cm.—(西藏丛书/金晖主编)
ISBN 7-80113-074-X:¥0.00

D62　政治制度与国家机构

D62　　002921
论中国民主政治/陈荷夫著.—北京:社会科学文献出版社,1995.2.—301页;20cm
ISBN 7-80050-543-X:¥12.00

D62　　002922
中国政府体制分析/燕继荣等著.—北京:中国广播电视出版社,1995.10.—284页;20cm.—(中国地方政府管理丛书;1/谢庆奎主编)
ISBN 7-5043-1806-X:¥12.80

D621　　002923
人民代表大会制度的理论与实践/中国法学会宪法学研究会编著.—北京:中国人民公安大学出版社,1995.10.—502页;20cm
ISBN 7-81011-741-6:¥19.20

D621　　002924
人民代表大会制度讲话/刘政等著.—增订本.—北京:中国民主法制出版社,1995.5.—368页;20cm
全国人大干部培训教材
ISBN 7-80078-134-8:¥11.50

D621.4-62　　002925
乡镇换届选举手册/吴辉主编.—南昌:江西人民出版社,1995.9.—188页;19cm
ISBN 7-210-01455-1:¥5.20

D621.6　　002926
中华人民共和国国旗、国歌、国徽/湖北美术出版社编.—武汉:湖北美术出版社,1995.6.—58页;19cm
ISBN 7-5394-0584-8:¥2.60

D622　　002927
全国人大常务委员会名录/尹中卿著.—北京:解放军出版社,1995.12.—781页;20cm
ISBN 7-5065-2717-0(精装):¥40.00

D622　　002928
人大制度建设探讨/黑龙江省宪法和人大建设理论研究会编.—哈尔滨:黑龙江教育出版社,1995.10.—381页;20cm
ISBN 7-5316-2804-X:¥11.60

D622　　002929
中国人大议案学/李玉梅主编.—武汉:湖北人民出版社,1995.3.—272页;20cm
ISBN 7-216-01659-9:¥9.50

D622　　002930
中华人民共和国第八届全国人民代表大会第三次会议文件汇编/全国人民代表大会常务委员会办公厅编.—北京:人民出版社,1995.4.—243页;19cm
ISBN 7-01-002204-6:¥6.80

D622-53　　002931
人民代表大会成立四十周年纪念文集/全国人大常委会办公厅研究室编.—北京:中国民主法制出版社,1995.2.—400页;20cm
ISBN 7-80078-130-5:¥11.80

D623　　002932
学习全国人大八届三次会议《政府工作报告》辅导/王梦奎等编著.—北京:中共中央党校出版社:中国言实出版社,1995.3.—255页;19cm
ISBN 7-5035-1195-8:¥7.00

D623　　002933
政府工作报告:1995年3月5日在第八届全国人民代表大会第三次会议上/李鹏报告.—北京:人民出版社,1995.3.—42页;19cm
ISBN 7-01-002184-8:¥1.60

D623　　002934
中央政府组织机构/国务院办公厅秘书局,中央编委办公室综合司编.—北京:中国发展出版社,1995.2.—442页;20cm
ISBN 7-80087-197-5(精装):¥22.00

①D623②F120　　002935
当前经济发展与体制改革的主要任务:全国人大八届三次会议《政府工作报告》二十四讲/《当前经济发展与体制改革的主要任务》编写组编.—北京:中共中央党校出版社,1995.3.—264页;19cm
ISBN 7-5035-1196-6:¥6.80

D624　　002936
地方人大工作讲座/朱广新主编.—济南:山东人民出版社,1995.8.—331页;20cm
ISBN 7-209-01778-X:¥12.80

D624　　002937
乡镇人大建设的理论与实践/徐秀义主编.—北京:中国人民公安大学出版社,1995.6.—418页;20cm
ISBN 7-81011-758-0:¥14.00

D624　　002938
中国乡镇人大制度的理论与实践/陈夷苗主编.—重庆:重庆出版社,1995.12.—297页;20cm
ISBN 7-5366-3411-0:¥14.00

D624-62　　002939
地方人大会务操作手册/介满盈编著.—北京:中国民主法制出版社,1995.4.—299页;20cm
ISBN 7-80078-128-3:¥8.80

D624-62　002940
乡镇人大工作实用手册/四川省人大常委会研究室主编.—成都:四川大学出版社,1995.9.—214页;19cm
ISBN 7-5614-1226-6:¥7.00

D624.223　002941
邯郸人大志/程连星主编.—北京:中国档案出版社,1995.9.—430页;20cm
ISBN 7-80019-574-0:¥20.00

D624.53　002942
县乡人大工作实践/邵道生主编.—南京:江苏人民出版社,1995.4.—232页;20cm
ISBN 7-214-01464-5:¥10.00

D624.534　002943
如东县人大志/谢振东等编著.—南京:江苏人民出版社,1995.10.—353页:照片;26cm
ISBN 7-214-01573-0(精装):¥50.00

D624.534　002944
以民为本:如皋人大工作撷实/郭载荣主编.—南京:江苏人民出版社,1995.2.—198页;19cm
ISBN 7-214-01282-0:¥6.00

D624.554　002945
青田县人民代表大会大事记:1949~1993/朱松槐等主编;浙江省青田县人大常委会办公室编.—杭州:杭州大学出版社,1995.6.—227页;26cm
ISBN 7-81035-777-8(精装):¥39.00

D624.713　002946
成都市金牛区人民代表大会志:1942.6~1991.3/梁万川主编;金牛区人民代表大会志编纂委员会编.—成都:四川人民出版社,1995.12.—322页:彩照;26cm
ISBN 7-220-02764-8(精装):¥45.00

D625　002947
当代中国基层政权建设/李秀琴,王金华著.—北京:中国社会出版社,1995.4.—351页;20cm
ISBN 7-80088-483-X:¥14.80

D625　002948
香湾採贝:珠海特区城市街道工作谈/严作明著.—广州:广东旅游出版社,1995.11.—335页;19cm
ISBN 7-80521-620-7:¥8.80

D625　002949
新视野与大思路:中国山区乡镇政权建设研究/张立荣著.—武汉:武汉大学出版社,1995.1.—314页;20cm
ISBN 7-307-01898-5:¥9.90

D625　002950
依法治村 /余定东,樊文贵主编.—武汉:湖北人民出版社,1995.6.—149页;19cm
ISBN 7-216-01721-8:¥4.00

D625　002951
中国农村基层政权研究/彭向刚著.—长春:吉林大学出版社,1995.12.—268页;20cm
ISBN 7-5601-1869-0:¥10.50

D625　002952
中国社区工作/刘继同著.—北京:中国社会出版社,1995.8.—401页;20cm
ISBN 7-80088-583-6:¥18.00

D625.43　002953
宁夏党政群机关机构编制沿革:1949~1993/宁夏回族自治区机构编制委员会编.—银川:宁夏人民出版社,1995.10.—52页;20cm
ISBN 7-227-01514-9:¥1.50

D625.522　002954
地方政府职能转变新探/韩广洁等主编.—济南:山东人民出版社,1995.12.—272页;20cm
ISBN 7-209-01963-4:¥10.00

D625.54　002955
行署管理:阜阳行署调查/江荣海等著.—北京:中国广播电视出版社,1995.11.—268页;20cm.—(中国地方政府管理丛书;5/谢庆奎主编)
ISBN 7-5043-1901-5:¥13.80

D625.553　002956
开创宁波城区工作新局面/中共宁波市委政策研究室编.—宁波:宁波出版社,1995.3.—265页;19cm
ISBN 7-80602-048-9:¥11.80

D63 国家行政管理

D63　002957
中国行政管理学/陈志平,郎佩娟主编.—北京:中国政法大学出版社,1995.8.—267页;20cm
ISBN 7-5620-1378-0:¥9.00

D63　002958
中国行政史自学考试指导/祝马鑫主编.—北京:高等教育出版社,1995.2.—283页;19cm
全国高等教育自学考试行政管理专业
ISBN 7-04-005247-4:¥5.65

D630　002959
邓小平论人事与人才/中华人民共和国人事部编.—北京:中国人事出版社,1995.10.—146页;20cm
ISBN 7-80076-785-x:¥6.50

D630.1　002960
保密工作论文选/国家保密局宣传处编.—北京:金城出版社,1995.1.—237页;20cm.—(保密工作业务培训参考读物;4)
ISBN 7-80084-091-3:¥6.00

D630.1　002961
国家环境保护局"三定"工作材料汇编/国家环境保护局编.—北京:中国环境科学出版社,1995.5.—90页;20cm
ISBN 7-80093-714-3:¥7.50

D630.1　002962
国家环境保护局直属单位"三定"方案汇编/国家环境保护局行政体制与人事司编.—北京:中国环境科学出版社,1995.5.—156页;20cm
ISBN 7-80093-773-9:¥9.50

D630.1　002963
省市机械改革理论研究与探讨/张瑞凤主编.—济南:山东人民出版社,1995.7.—363页;20cm
ISBN 7-209-01796-8:¥11.00

D630.1 002964
市场经济条件下的政府领导行为/周继尧著.—成都:四川辞书出版社,1995.7.—245页;20cm
ISBN 7-80543-487-5(精装):¥18.00

D630.1 002965
中国地方政府机构改革/《中国地方政府机构改革》编辑组编.—北京:新华出版社,1995.10.—581页;20cm
ISBN 7-5011-2981-9(精装):¥36.00

①D630.1②H152.3 002966
现代公文撰制与管理/王立维主编.—长春:吉林大学出版社,1995.9.—299页;19cm
ISBN 7-5601-1803-8:¥8.50

D630.3 002967
处长科长公务指南/朱克民等主编.—长春:吉林人民出版社,1995.12.—331页;20cm
ISBN 7-206-02394-0:¥15.00

D630.3 002968
对口扶持与挂职锻炼论谈/中共深圳市委组织部,深圳市经济协作办公室编.—深圳:海天出版社,1995.3.—174页;19cm
ISBN 7-80542-126-5:¥5.60

D630.3 002969
干部考核学/张光畹著.—北京:中国档案出版社,1995.7.—272页;19cm
ISBN 7-80019-479-5:¥9.80

D630.3 002970
公共科目/刘嘉林主编;人事部考试录用司组织编写.—北京:国际文化出版公司,1995.4.—543页;20cm
国家公务员录用考试全国统编教材
ISBN 7-80105-243-9:¥16.20

D630.3 002971
公共科目辅导/胡冶岩主编.—北京:国际文化出版公司,1995.5.—337页;20cm
国家公务员录用考试全国统编教材自学用书
ISBN 7-80105-273-0:¥15.80

D630.3 002972
公仆论/王新民著.—北京:中共中央党校出版社,1995.12.—294页;20cm
ISBN 7-5035-1247-4:¥11.80

D630.3 002973
公务员培训管理案例教学/赵伟鹏著.—天津:天津人民出版社,1995.8.—180页;19cm
ISBN 7-201-02353-5:¥8.90

D630.3 002974
公务员修养/阎保光,韦廷柒主编.—桂林:广西师范大学出版社,1995.1.—160页;19cm
ISBN 7-5633-1971-9:¥2.80

D630.3 002975
国家公务员管理概论/张传玺等主编.—郑州:河南人民出版社,1995.9.—324页;20cm
ISBN 7-215-03529-8:¥11.50

D630.3 002976
国家公务员培训实务/李如海主编.—北京:经济日报出版社,1995.2.—241页;19cm.—(公务员管理实务丛书/初尊贤主编)
ISBN 7-80036-966-8:¥7.80

D630.3 002977
国家公务员职业道德教程/于泽滨等主编.—贵阳:贵州教育出版社,1995.12.—299页;19cm
ISBN 7-80583-742-2:¥12.00

D630.3 002978
国家公务员制度概要/张善涵,杨忠斌主编.—济南:山东大学出版社,1995.9.—338页;20cm
行政学院经济干院系列教材
ISBN 7-5607-1487-0:¥7.70

D630.3 002979
国家公务员制度通论/周大仁主编.—北京:经济科学出版社,1995.2.—269页;20cm
ISBN 7-5058-0791-9:¥9.00

D630.3 002980
国家公务员制度问答/朱侗荣,刘作启主编.—南京:江苏人民出版社,1995.9.—295页;20cm
ISBN 7-214-01555-2:¥12.50

D630.3 002981
跨世纪领导干部德才论/徐联兴著.—兰州:兰州大学出版社,1995.11.—241页;20cm
ISBN 7-311-00969-3:¥11.00

D630.3 002982
领导干部自律手册/中共山东省纪委,山东省监察厅编.—济南:山东人民出版社,1995.3.—253页;19×11cm
ISBN 7-209-01715-1:¥5.80

D630.3 002983
农村基层领导素质研究/张永武等主编.—青岛:青岛出版社,1995.4.—235页;19cm
ISBN 7-5436-1167-8:¥6.00

D630.3 002984
培养选拔党外干部/王北新主编;中央统战部干部局编.—北京:中华工商联合出版社,1995.11.—209页;19cm
ISBN 7-80100-166-4:¥12.00

D630.3 002985
人事管理学/李广斌主编.—西宁:青海人民出版社,1995.11.—285页;20cm
ISBN 7-225-01193-6:¥8.50

D630.3 002986
深圳考试实务/陈安仁等编著.—深圳:海天出版社,1995.7.—373页;19cm
ISBN 7-80615-213-X:¥20.80

D630.3 002987
微观干部考核/丁宝俊编著.—长春:吉林人民出版社,1995.7.—309页;20cm
ISBN 7-206-02021-6:¥8.00

D630.3 002988
职改评聘管理/张双久主编.—西安:陕西人民出版社,1995.11.—215页;19cm
内部发行

ISBN 7-224-03955-1: ¥7.85

D630.3 002989

中国国家公务员制度概论/刘俊生主编.—北京:中国政法大学出版社,1995.8.—253页;20cm

ISBN 7-5620-1383-7: ¥8.50

D630.3 002990

中国国家公务员制度简明教程/袁功学主编;邓海勇等编.—武汉:武汉大学出版社,1995.2.—260页;19cm

ISBN 7-307-01921-3: ¥4.80

D630.3 002991

中国县乡推行公务员制度理论、实践与对策/陈文权主编.—成都:四川人民出版社,1995.12.—364页;20cm

ISBN 7-220-03175-0: ¥15.00

D630.3 002992

组织人事工作者论用人/冷兴城等主编.—成都:西南交通大学出版社,1995.8.—282页;19cm

ISBN 7-81022-812-9: ¥7.50

D630.3-43 002993

国家公务员制度基本知识教材/王寿亭主编;贵州省人事厅编.—贵阳:贵州人民出版社,1995.2.—252页;19cm

ISBN 7-221-03719-1: ¥5.50

D630.3-62 002994

1996~1997年度国家公务员、党群机关工作人员考核记实手册 /中共辽宁省委组织部,辽宁省人事厅制.—沈阳:沈阳出版社,1995.11.—199页;19cm

ISBN 7-5441-0468-0: ¥5.00

D630.3-62 002995

国家公务员考试实用手册/国家公务员考试课题研究组组织编写.—北京:企业管理出版社,1995.3.—483页;20cm

ISBN 7-80001-539-4: ¥22.80

D630.9 002996

邓小平论反腐败斗争/中国检察理论研究所编.—北京:中国检察出版社,1995.10.—187页;20cm

ISBN 7-80086-323-9: ¥9.80

D630.9 002997

反腐败工作文件汇编/金融系统反腐败斗争领导小组办公室编.—北京:中国金融出版社,1995.5.—180页;19cm

ISBN 7-5049-1438-X: ¥7.00

D630.9 002998

反腐败重要文件选编:1993.8~1995.3/中共山东省纪律检查委员会研究室编.—济南:山东人民出版社,1995.4.—296页;20cm

内部发行

ISBN 7-209-01744-5: ¥8.00

D630.9 002999

反腐倡廉基本思路与对策讲座/常延廷编著.—北京:群众出版社,1995.8.—228页;19cm

ISBN 7-5014-1334-7: ¥6.80

D630.9 003000

反腐倡廉纪实/宋长铎著.—大连:辽宁师范大学出版社,1995.6.—327页;19cm

ISBN 7-81042-079-8: ¥10.00

D630.9 003001

反腐倡廉聚焦谈/邵青山,甄其云编著.—北京:中共中央党校出版社,1995.10.—244页;19cm

ISBN 7-5035-1303-9: ¥8.60

D630.9 003002

反贪廉政大案要案录/赵汝琨主编.—南宁:广西人民出版社,1995.2.—383页;19cm

ISBN 7-219-02942-X: ¥9.00

D630.9 003003

腐败现象原因探析/高国安等主编.—北京:中国检察出版社,1995.5.—235页;20cm

ISBN 7-80086-297-6: ¥8.00

D630.9 003004

覆辙可鉴/马少新主编.—乌鲁木齐:新疆人民出版社,1995.2.—264页;20cm

ISBN 7-228-03396-5: ¥7.00

D630.9 003005

廉政风暴:中国反腐倡廉纪实/鲜琦著.—成都:四川人民出版社,1995.7.—375页;20cm

ISBN 7-220-02869-5: ¥13.80

D630.9 003006

廉政建设思想宝库/侯少文,宋新斌主编.—济南:济南出版社,1995.1.—860页;26cm

ISBN 7-80572-918-2(精装): ¥98.00

D630.9 003007

领导干部收入申报、礼品登记、廉洁自律规定释义/中央纪委法规室,监察部法规司编写.—北京:中国方正出版社,1995.10.—241页;19cm

ISBN 7-80107-052-6: ¥9.00

D630.9 003008

论反腐败:学习《邓小平文选》第三卷的一点体会/郑天翔著.—北京:人民法院出版社,1995.9.—68页;20cm

ISBN 7-80056-338-3: ¥2.50

D630.9 003009

论反腐败斗争 /郑社奎著.—北京:新华出版社,1995.2.—229页;20cm

ISBN 7-5011-2808-1: ¥11.00

D630.9 003010

市场经济条件下廉政制度建设概论/吉文桥等著.—南京:江苏人民出版社,1995.6.—300页;20cm

ISBN 7-214-01477-7: ¥11.95

D630.9 003011

新形势下的反腐败斗争/董雷,冯文元主编.—郑州:河南人民出版社,1995.11.—314页;20cm

ISBN 7-215-03593-X: ¥10.00

D630.9 003012

震惊国人的大贪案/连正编著.—北京:中共中央党校出版社,1995.1.—226页;20cm

ISBN 7-5035-1086-2: ¥8.60

D630.9 003013

正气千秋:廉政故事选/刘堡编.—兰州:兰州大学出

版社，1995.7.—263页；20cm
ISBN 7-311-00878-6：¥8.80

D630.9 **003014**
中央和国家机关狠刹公款吃喝玩乐歪风的规定/中央纪委监察综合室编.—北京：中国方正出版社，1995.7.—436页；20cm
ISBN 7-80107-037-2：¥15.80

D630.9 **003015**
走出"周期率"：关于腐败与反腐败的思考/彭文德，杨麻主编.—北京：法律出版社，1995.3.—247页；19cm
ISBN 7-5036-1604-0：¥9.60

①D630.9-43②D262.6-43 **003016**
纪检监察案件检查教程/左连璧，徐炳煦主编.—北京：中国方正出版社，1995.12.—414页；20cm
全国纪检监察干部培训教材
ISBN 7-80107-057-7：¥14.80

D630.9-61 **003017**
廉政建设大辞典/胡富国主编.—太原：山西人民出版社，1995.2.—857页；20cm
ISBN 7-203-03328-7(精装)：¥68.00

D630.9-62 **003018**
国家公务员廉政勤政手册/文言政主编.—北京：中共中央党校出版社，1995.6.—305页；20cm
内部发行
ISBN 7-5035-1041-2：¥8.00

D631 **003019**
公安工作方法论/胡能文主编.—武汉：武汉大学出版社，1995.7.—364页；20cm
ISBN 7-307-01986-8：¥13.20

D631 **003020**
公安信息科学技术 /刘明彦编著.—沈阳：东北大学出版社，1995.2.—203页；19cm
ISBN 7-81006-946-2：¥8.00

D631 **003021**
桂林市公安志/桂林市公安局编.—桂林：漓江出版社，1995.11.—352页：照片；26cm
内部发行
ISBN 7-5407-1841-2(精装)：¥65.00

D631 **003022**
辉煌的历程：画册：1945～1995：汉英对照/大连市公安局主编.—大连：大连出版社，1995.10.—100页；29cm
ISBN 7-80612-214-1：¥98.00

D631 **003023**
靖江公安志/王裕朴主编；靖江市公安局编纂.—南京：江苏人民出版社，1995.9.—456页；20cm
ISBN 7-214-01565-X：¥35.00

D631 **003024**
连云港市公安志/张立国主编；连云港市公安局编纂.—北京：中国城市出版社，1995.9.—478页：照片；20cm
ISBN 7-5074-0776-4(精装)：¥25.00

D631 **003025**
绵阳市公安志/薛金厚主编；绵阳市公安局编.—成都：四川辞书出版社，1995.9.—401页：照片；20cm
ISBN 7-80543-499-9(精装)：¥45.00

D631 **003026**
内江地区公安志/四川省内江市公安局编.—成都：四川大学出版社，1995.7.—203页；26cm.—(内江地区地方志丛书；42)
ISBN 7-5614-0793-9(精装)：¥30.00

D631 **003027**
三台县公安局志/三台县公安局编.—成都：四川辞书出版社，1995.5.—531页；20cm
ISBN 7-80543-472-7(精装)：¥35.00

D631 **003028**
中国警察学会科研成果辑 (一)/中国警察学会编.—北京：中国人民公安大学出版社，1995.9.—102页；20cm.—(中国警察学会丛书)
内部发行
ISBN 7-81011-761-0：¥4.00

D631-54 **003029**
上海公安年鉴 1995/《上海公安年鉴》编辑部编.—北京：中国人民公安大学出版社，1995.11.—501页：彩图；20cm
内部发行
ISBN 7-81011-501-4(精装)：¥20.00

D631-62 **003030**
公安保卫干部手册/李振立等主编.—北京：中国人民公安大学出版社，1995.5.—346页；20cm
内部发行
ISBN 7-81011-705-X：¥10.50

D631-62 **003031**
警官手册/《警官手册》编写组编.—太原：山西人民出版社，1995.2.—984页；20cm.—(法律工作业务丛书)
ISBN 7-203-03321-X：¥28.00

D631-62 **003032**
深圳警民办事指南/武强主编；深圳市公安局编.—深圳：海天出版社，1995.10.—339页；20cm
ISBN 7-80615-256-3：¥25.00

D631.1 **003033**
公安统计基础/云芬秀编著.—呼和浩特：内蒙古人民出版社，1995.9.—334页；20cm
ISBN 7-204-02875-9：¥12.00

D631.15 **003034**
公安院校概览/公安部教育局编.—北京：中国人民公安大学出版社，1995.4.—422页；20cm
ISBN 7-81011-691-6：¥14.00

D631.15-41 **003035**
警衔晋升培训教学大纲/张竹等主编；公安部政治部编.—北京：中国人民公安大学出版社，1995.8.—219页；20cm
人民警察中级培训统编教材 内部发行
ISBN 7-81011-760-2：¥5.80

D631.15-43 **003036**
现代公安科学技术知识教程/苏志真主编；公安部政治部编.—北京：中国人民公安大学出版社，1995.

11.—232 页;20cm
人民警察中级培训统编教材 内部发行
ISBN 7-81011-767-X:¥9.50

D631.15-44　　003037
公安院校实习指导/管曙光,袁广林主编.—北京:中国人民公安大学出版社,1995.3.—273 页;19cm
内部发行
ISBN 7-81011-713-0:¥8.00

D631.15-53　　003038
公安教育与实践/熊裕武主编.—北京:警官教育出版社,1995.6.—270 页;19cm
内部发行
ISBN 7-81027-623-9:¥9.80

D631.15-62　　003039
全国公安院校通讯录/公安部教育局编.—北京:中国人民公安大学出版社,1995.4.—73 页;19cm
ISBN 7-81011-716-5:¥3.50

D631.19　　003040
监狱人民警察道德教程/杨仁忠主编.—北京:群众出版社,1995.3.—302 页;20cm
ISBN 7-5014-1313-4:¥9.80

D631.19　　003041
全国优秀县(市)公安局城市公安分局事迹汇编 1994 年度/公安部政治部编.—北京:群众出版社,1995.11.—331 页;19cm
内部发行
ISBN 7-5014-1358-4:¥10.80

D631.19　　003042
人民警察道德概论/郗丙义主编;《人民警察道德概论》编写组编.—北京:中国人民公安大学出版社,1995.5.—157 页;20cm
人民警察中等教育规划教材 内部发行
ISBN 7-81011-736-X:¥4.50

D631.19-43　　003043
公安伦理学教程/陈文治主编.—南昌:江西高校出版社,1995.8.—229 页;19cm
ISBN 7-81033-522-7:¥7.00

①D631.2②I25　　003044
热血防线/孙彪主编.—北京:新华出版社,1995.8.—237 页;20cm
ISBN 7-5011-2883-9:¥13.80

D631.3　　003045
边防心理学/刘光著.—北京:警官教育出版社,1995.12.—146 页;19cm
ISBN 7-81027-657-3:¥10.00

D631.3　　003046
当代情报窃密案例选/《保密工作》编辑部编.—北京:金城出版社,1995.11.—120 页;20cm
ISBN 7-80084-122-7:¥4.40

D631.3　　003047
银行安全保卫知识/杜建中,张国盛主编.—哈尔滨:哈尔滨出版社,1995.4.—368 页;19cm
ISBN 7-80557-814-1:¥7.86

D631.4　　003048
大治安/武和平著.—北京:群众出版社,1995.2.—142 页;20cm
内部发行
ISBN 7-5014-1308-8:¥6.00

D631.4　　003049
当代中国小城镇社区犯罪控制/应勇,周长康主编.—北京:中国发展出版社,1995.4.—292 页;19cm
ISBN 7-80087-204-1:¥8.80

D631.4　　003050
社会治安综合治理通论/窦正森著.—太原:山西人民出版社,1995.4.—343 页;20cm
ISBN 7-203-03335-X:¥8.90

D631.4　　003051
巡警勤务指南/李增春著.—北京:警官教育出版社,1995.2.—255 页;19cm
内部发行
ISBN 7-81027-596-8:¥7.50

D631.4　　003052
有中国特色的治安之道/全国人民代表大会内务司法委员会司法室编.—北京:法律出版社,1995.4.—347 页;20cm
ISBN 7-5036-1602-4:¥15.00

D631.4　　003053
跃上新台阶:陕西省社会治安综合治理先进单位经验选编/乔文华主编;中国陕西省委政法委员会,陕西省社会治安综合治理委员会编.—西安:陕西人民出版社,1995.6.—164 页;19cm
ISBN 7-224-03792-3:¥4.80

D631.4　　003054
怎样防盗防窃/宋斌兵,陈瑞芳编.—上海:上海文化出版社,1995.9.—117 页;19cm.—(怎么办丛书)
ISBN 7-80511-786-1:¥4.80

D631.4　　003055
治安行政管理/苏联睦等主编.—北京:中国人民公安大学出版社,1995.1.—229 页;20cm
人民警察学校试用教材 内部发行
ISBN 7-81011-693-2:¥8.00

D631.4　　003056
治安忧思录/刘傅海著.—广州:广东人民出版社,1995.9.—332 页;19cm
ISBN 7-218-02018-6:¥16.00

D631.4　　003057
中心城区警务理论与实践/周国雄主编.—北京:群众出版社,1995.7.—312 页;20cm
内部发行
ISBN 7-5014-1357-6:¥14.00

D631.4-62　　003058
治安保卫手册:农村乡镇街道治保人员必读/华乃强,张遵强编著.—北京:农村读物出版社,1995.9.—480 页;20cm
ISBN 7-5048-1920-4:¥16.80

D631.4-65　　003059
社会公共安全标准汇编:安全防范报警系统部分(1)/公安部技术监督委员会办公室编.—北京:中国标准

出版社,1995.6.—229 页;30cm
ISBN 7-5066-1109-0:¥25.00

D631.41 **003060**

新时期治保会建设/张平夫,赵小卫主编;中共北京市委研究室编.—北京:中国人民公安大学出版社,1995.8.—350 页;20cm
内部发行
ISBN 7-81011-749-1:¥12.00

D631.44 **003061**

易燃易爆化学物品安全管理技术/庄文遥编著.—福州:福建科学技术出版社,1995.9.—245 页;19cm
ISBN 7-5335-0936-6:¥8.10

D631.46 **003062**

外国人入出境须知/北京市公安局外国人管理、出入境管理处编.—北京:外文出版社,1995.—159 页:彩图;20×11cm
ISBN 7-119-01800-0:¥10.00

D631.46 **003063**

中国公民出入境须知/北京市公安局出入境管理处编.—北京:外文出版社,1995.—82 页:彩图;20×11cm
ISBN 7-119-01801-9:¥8.00

D631.46 **003064**

中华人民共和国出境入境边防检查条例/公安部边防局编.—北京:群众出版社,1995.9.—12 页;19cm
ISBN 7-5014-1383-5:¥1.40

①D631.46②F752.5 **003065**

口岸管理简明教程:试用本/翁宗勇主编.—广州:中山大学出版社,1995.11.—253 页;20cm
ISBN 7-306-01081-6:¥6.80

D631.46-43 **003066**

出入境管理教程/向党主编;公安部政治部编.—北京:中国人民公安大学出版社,1995.12.—244 页;20cm
人民警察中级培训统编教材 内部发行
ISBN 7-81011-775-0:¥9.60

D631.46-62 **003067**

出国人员手册/中国人民银行人事司外派干部处编.—北京:中国金融出版社,1995.5.—135 页;19cm
ISBN 7-5049-1442-8:¥5.50

D631.46-62 **003068**

出入境服务指南/张祖华主编;福建省公安厅出入境管理处编.—福州:海风出版社,1995.11.—117 页;19cm
ISBN 7-80597-101-3:¥5.00

D631.46-62 **003069**

进出境动植物检疫自动化报检手册/中华人民共和国厦门动植物检疫局编.—厦门:鹭江出版社,1995.5.—151 页;26cm
ISBN 7-80610-179 9:¥16.00

D631.5 **003070**

祝你平安:沈阳市道路交通安全教育展览画册 /祖连生主编.—沈阳:东北大学出版社,1995.12.—59 页;29cm
ISBN 7-81054-036-X:¥19.60

D631.6 **003071**

当代消防管理工作实践与认识/季俊贤著.—上海:上海科学技术出版社,1995.1.—188 页;19cm
ISBN 7-5323-3806-1:¥7.10

D631.6 **003072**

中国消防单位人物名录/史东辉,朱吕通主编.—北京:警官教育出版社,1995.5.—712 页;19cm
ISBN 7-81027-608-5:¥19.80

①D631.6-62②TU998.1-62 **003073**

简明消防安全实用手册/江苏省公安厅消防局编著.—南京:江苏人民出版社,1995.5.—350 页:图;19cm
ISBN 7-214-01475-0:¥10.00

D632 **003074**

长治市民政志/陈雪田,申旭峰主编.—北京:中国社会出版社,1995.12.—340 页;26cm
ISBN 7-80088-781-2(精装):¥69.00

D632 **003075**

江阴市民政志/鲁汝华主编;江阴市民政局编.—上海:上海社会科学院出版社,1995.3.—455 页;20cm
ISBN 7-80618-043-5(精装):¥28.00

D632 **003076**

京华大地孺子牛/北京市民政局组织处人事处编.—北京:北京出版社,1995.1.—219 页;19cm
ISBN 7-200-02631-X:¥6.00

D632 **003077**

军转安置论/陈树荣著.—西安:三秦出版社,1995.12.—276 页;19cm
ISBN 7-80546-963-6:¥12.00

D632 **003078**

民政工作文件选编 1994/民政部法制办公室编.—北京:中国社会出版社,1995.10.—590 页;20cm
ISBN 7-80088-654-9(精装):¥15.00

D632 **003079**

民政散论/韩京承著.—北京:中国社会出版社,1995.1.—245 页;20cm
ISBN 7-80088-521-6:¥9.00

D632 **003080**

民政史新编/杨根来,段凤东主编.—郑州:河南人民出版社,1995.1.—507 页;20cm
ISBN 7-215-03019-9:¥14.00

D632 **003081**

青岛民政志/青岛市民政局编志办公室编.—北京:新华出版社,1995.2.—542 页;20cm
ISBN 7-5011-2738-7(精装):¥55.00

D632 **003082**

襄樊市民政志/湖北省襄樊市民政局编.—北京:中国文史出版社,1995.5.—421 页;26cm
ISBN 7-5034-0617-8(精装):¥80.00

D632 **003083**

玉环县民政志/张定宝主编;浙江省玉环县民政局编.—杭州:浙江人民出版社,1995.5.—325 页:照片;26cm
ISBN 7-213-01192-8(精装):¥48.00

D632 **003084**

中国民政三字经/胡旭编著.—南昌:江西教育出版社,1995.10.—74页;19cm

ISBN 7-5392-2582-3:¥5.00

D632-54 003085

黑龙江民政年鉴 1995/耿煜主编;黑龙江民政年鉴编辑委员会编.—哈尔滨:黑龙江人民出版社,1995.11.—571页;20cm

ISBN 7-207-03323-0(精装):¥14.00

①D632-62②F812-62 003086

民政计财手册 1995/民政部计划财务司编著.—北京:中国社会出版社,1995.9.—140页;17×8cm

ISBN 7-80088-688-3:¥6.00

D632.2 003087

全国从事经贸科技工作离退休干部通讯录/高广庆主编.—北京:新华出版社,1995.1.—867页;20cm

ISBN 7-5011-2810-3(精装):¥38.0

D632.2 003088

石油金秋/中国石油天然气总公司离退休职工管理局编.—北京:石油工业出版社,1995.9.—241页;20cm

ISBN 7-5021-1593-5:¥9.00

D632.2-62 003089

离退休政策实用手册/吴荣才,杨淑兰主编.—大连:辽宁师范大学出版社,1995.3.—431页;20cm

ISBN 7-81042-059-3:¥13.50

D632.4 003090

开发性移民与扶贫/陈俊生著.—北京:中国三峡出版社,1995.5.—181页;20cm

ISBN 7-80099-059-1:¥13.50

D632.4 003091

中国特色的移民之路:水库移民工作研究/徐和森编著.—南京:河海大学出版社,1995.6.—236页;20cm

ISBN 7-5630-0844-6:¥15.00

D632.5-54 003092

广东省防灾减灾年鉴 1995/广东省防灾减灾年鉴编纂委员会编.—广州:广东人民出版社,1995.12.—222页;图;29cm

ISBN 7-218-02061-5(精装):¥68.00

D633 003093

民族、宗教、统战理论和政策/格桑培杰主编.—拉萨:西藏人民出版社,1995.3.—278页;20cm

ISBN 7-223-00768-0:¥6.80

D633 003094

民族常识/河北省教育学会少数民族教育研究会编.—2版.—石家庄:河北人民出版社,1995.6.—97页;19cm

ISBN 7-202-00210-3:¥1.85

D633 003095

少数民族政治经济文化发展概论/邹和平等编著.—成都:四川民族出版社,1995.12.—345页;19cm

ISBN 7-5409-1631-1:¥12.80

D633 003096

心连心:国务院第二次全国民族团结进步表彰大会新疆典型事迹材料专辑/齐文礼主编.—乌鲁木齐:新疆人民出版社,1995.11.—368页;19cm

ISBN 7-228-03964-5:¥19.50

D633 003097

云南边疆少数民族问题研究/马裕兴等编著.—昆明:云南大学出版社,1995.5.—243页;19cm

ISBN 7-81025-525-8:¥7.80

D633 003098

云南民族工作的实践和理论探讨/王连芳主编.—昆明:云南人民出版社,1995.12.—523页;20cm

ISBN 7-222-01906-5(精装):¥18.00

D633 003099

云南民族工作探索/马品珍编著.—昆明:云南民族出版社,1995.6.—251页;20cm

ISBN 7-5367-1043-7:¥9.80

D633-53 003100

马寅民族工作文集/马寅著.—北京:民族出版社,1995.5.—302页;20cm

ISBN 7-105-02209-4(精装):¥11.00

D633-53 003101

马寅民族工作文集/马寅著.—北京:民族出版社,1995.5.—302页;20cm

ISBN 7-105-02398-8:¥7.90

D633-53 003102

民族问题理论研究探索集/茂敖海著.—上海:三联书店上海分店,1995.1.—252页;19cm

ISBN 7-5426-0771-5:¥12.90

D633-53 003103

张养吾民族工作文集/张养吾著.—北京:民族出版社,1995.8.—268页;20cm

ISBN 7-105-02514-X:¥7.90

D633-54 003104

中国民族统计年鉴 1995/国家民委经济司,国家统计局国民经济综合统计司编.—北京:民族出版社,1995.10.—428页;26m

ISBN 7-105-02427-5(精装):¥80.00

D633-54 003105

中国民族研究年鉴 1993/于宝林,华祖根主编.—北京:民族出版社,1995.12.—264页;20cm

ISBN 7-105-02522-0:¥12.50

D633.0 003106

民族理论和民族政策/赵绍敏主编.—昆明:云南人民出版社,1995.1.—205页;20cm

中央党校函授教材

ISBN 7-222-01715-1:¥7.00

D633.2 003107

中国民族区域自治史纲/张尔驹著.—北京:民族出版社,1995.1.—310页;20cm

ISBN 7-105-02195-0:¥5.55

D633.3 003108

金平少数民族的历史和文化/晏红兴著.—昆明:云南民族出版社,1995.11.—184页;19cm.—(金平苗族瑶族傣族自治县志辅助丛书;4)

ISBN 7-5367-1103-4:¥15.00

D633.313 003109

回族/马启成等著.—北京:民族出版社,1995.11.—

164 页;20cm.—(民族知识丛书)
ISBN 7-105-02446-1:¥5.90

D633.313 003110
圣洁的心旅/林艺著.—昆明:云南教育出版社,1995.5.—35 页:照片;20cm.—(云南民族女性文化丛书·回族/高发元主编)
ISBN 7-5415-0902-7:¥13.80

D633.314 003111
藏族/褚俊杰等著.—北京:民族出版社,1995.1.—188 页;20cm.—(民族知识丛书)
ISBN 7-105-02192-6:¥4.90

D633.344 003112
俄罗斯族/邓波著.—北京:民族出版社,1995.2.—94 页;20cm.—(民族知识丛书)
ISBN 7-105-02191-8:¥3.30

D633.356 003113
峡谷封不住的女性/杨光民著.—昆明:云南教育出版社,1995.5.—34 页:照片;20cm.—(云南民族女性文化丛书·傈僳族/高发元主编)
ISBN 7-5415-0924-8:¥13.80

D633.359 003114
树叶信与草桥/金黎燕著.—昆明:云南教育出版社,1995.2.—43 页:照片;20cm.—(云南民族女性文化丛书·景颇族/高发元主编)
ISBN 7-5415-0908-6:¥13.80

D634 003115
海外赤子情/方雄普编著.—北京:西苑出版社,1995.8.—129 页;19cm.—(百种爱国主义教育图书)
ISBN 7-80108-058-0:¥3.85

D634 003116
华侨华人研究　第三辑/暨南大学华侨华人研究所,香港中文大学海外华人研究社编.—广州:暨南大学出版社,1995.11.—254 页;19cm
ISBN 7-81029-443-1:¥10.00

D634.3 003117
海外侨团寻踪/方雄普,许振礼编著.—北京:中国华侨出版社,1995.10.—561 页:照片;20cm
ISBN 7-80120-018-7:¥27.00

D634.3 003118
华夏赤子数风流/同心出版社编辑部,北京市政府侨务办公室编.—北京:同心出版社,1995.9.—201 页:彩照;20cm.—(海外华侨华人港澳同胞创业发展丛书)
ISBN 7-80593-156-9(精装):¥38.00

D634.31 003119
当代海外华人社团研究/李明欢著.—厦门:厦门大学出版社,1995.1.—418 页;20cm
ISBN 7-5615-0987-1:¥10.50

D634.371.2 003120
唐人街:深具社会经济潜质的华人社区/(美)周敏著;鲍霭斌译.—北京:商务印书馆,1995.11.—304 页;20cm
据费城坦普尔大学出版社 1992 年版译出
ISBN 7-100-01724-6:¥13.10

D635.0 003121
新时期宗教工作文献选编/中共中央文献研究室综合研究组,国务院宗教事务局政策法规司编.—北京:宗教文化出版社,1995.8.—298 页;20cm
ISBN 7-80123-000-0:¥10.00

D635.0 003122
宗教政策学习纲要/张声作主编;国务院宗教事务局编.—北京:宗教文化出版社,1995.6.—133 页;20cm
ISBN 7-80123-001-9:¥6.00

D64 思想政治教育

D64 003123
冲撞与选择:社会主义市场经济条件下宣传思想工作研究/王丽华等编.—北京:学习出版社,1995.6.—296 页;20cm
内部发行
ISBN 7-80116-051-7:¥10.00

D64 003124
当代英魂　(中):改革开放以来山东烈士事迹选/山东省民政厅编.—济南:黄河出版社,1995.9.—327 页;20cm.—(光照千秋;第 14 集)
ISBN 7-80558-635-7:¥8.00

D64 003125
当代英模/陈守朴主编.—南昌:江西高校出版社,1995.5.—279 页;19cm
ISBN 7-81033-465-4(精装):¥6.20

D64 003126
革命家书选/杨培明编.—上海:上海教育出版社,1995.5.—206 页;19cm
ISBN 7-5320-3349-X:¥3.80

D64 003127
科学理论武装人/崔光祖主编.—太原:山西人民出版社,1995.12.—439 页;20cm.—(崇高的使命丛书)
ISBN 7-203-03428-3:¥18.00

D64 003128
旅游企业政工干部素质教育/刘云帆著.—北京:中国旅游出版社,1995.4.—151 页;19cm
ISBN 7-5032-0833-3:¥5.00

D64 003129
梦想与奋斗:特区人的价值观研究/章海山,施国胜主编.—广州:中山大学出版社,1995.8.—187 页;19cm
ISBN 7-306-01028-X:¥8.50

D64 003130
名家新论:新时期思想政治工作若干问题/刘吉主编.—北京:中共中央党校出版社,1995.1.—260 页;20cm
ISBN 7-5035-1108-7:¥7.00

D64 003131
求索集/邢万生著.—长春:吉林大学出版社,1995.12.—283 页;20cm
ISBN 7-5601-1858-5:¥9.50

D64 003132
思想政治工作探索与实践/李松柏著.—北京:京华

出版社,1995.8.—236页;20cm
ISBN 7-80600-029-1:¥12.00

D64 003133
思想政治教育实践方法论/何干强著.—南京:南京师范大学出版社,1995.8.—266页;20cm
ISBN 7-81047-007-8:¥9.80

D64 003134
投向新视野:深圳宣传思想工作随感录/杨广慧著.—北京:人民出版社,1995.11.—285页;20cm
ISBN 7-01-002373-5:¥18.00

D64 003135
心灵的建构:思想政治教育新论/杨怀中著.—北京:当代世界出版社,1995.7.—323页;20cm
ISBN 7-80115-041-4:¥15.80

D64 003136
一个政工干部的足迹/李鉴娃著.—太原:山西人民出版社,1995.10.—474页;20cm
ISBN 7-203-03391-0(精装):¥28.00

D64 003137
一枝引来百花妍:山西省全方位思想政治工作经验荟萃/崔光祖主编.—太原:山西人民出版社,1995.10.—368页;20cm
ISBN 7-203-03392-9:¥9.80

D64 003138
怎样做个深圳人/高兴烈主编.—深圳:海天出版社,1995.4.—413页;20cm
ISBN 7-80615-143-5:¥25.00

D64 003139
政治思想教育概要/朱企泰等主编.—北京:中共党史出版社,1995.8.—326页;20cm
ISBN 7-80023-894-6:¥11.00

D64 003140
铸魂求悟集/黄治军著.—广州:广东人民出版社,1995.12.—331页;20cm
ISBN 7-218-01028-8:¥16.80

D64-05 003141
铸魂育人的学问:论思想政治工作学与相关学科/姚松柏,翁世平主编.—北京:海潮出版社,1995.7.—300页;19cm
ISBN 7-80054-741-8:¥8.90

D64-43 003142
思想品德简明教程/任继文主编.—北京:学苑出版社,1995.7.—247页;19cm
北京市成人中等专业学校试用教材
ISBN 7-80060-109-9:¥6.60

D64-43 003143
政工理论教程:试用本/中共湖北省委宣传部,湖北省职工思想政治工作研究室编著.—武汉:武汉出版社,1995.12.—314页;26cm
ISBN 7-5430-1453-X:¥24.00

D64-53 003144
'95湖南省优秀理论文章集/文选德主编;中共湖南省委宣传部编.—长沙:湖南出版社,1995.12.—421页;20cm
ISBN 7-5438-1206-1:¥20.00

D64-53 003145
加强和改进思想政治工作的新思路:全国思想政治工作科学专业委员会第一次特约研究员会议论文集/赵中天主编.—北京:中国金融出版社,1995.7.—396页;20cm
ISBN 7-5049-1454-1:¥16.00

D64-53 003146
建材政工研究文集/朱明暹主编.—北京:中国建材工业出版社,1995.7.—363页;20cm
ISBN 7-80090-419-9:¥19.80

D64-53 003147
森工企业思想政治工作论文汇编/荆庆军主编.—牡丹江:黑龙江朝鲜民族出版社,1995.2.—261页;19cm
ISBN 7-5389-0581-2:¥6.50

D64-53 003148
实践与探索:高校思想政治工作论文集/张裕全等主编.—合肥:安徽人民出版社,1995.8.—484页;20cm
ISBN 7-212-01230-0:¥18.50

D64-53 003149
新视野/陈光科主编.—长沙:湖南出版社,1995.12.—248页;20cm
ISBN 7-5438-1147-2:¥11.80

D64-53 003150
宣传思想工作的理论与实践/全国宣传干部培训中心编.—北京:学习出版社,1995.11.—404页;20cm
ISBN 7-80116-053-3:¥15.00

D64-53 003151
学习活页文选　1995年　第2、3期.—北京:学习出版社,1995.9.—77页;19cm
内部发行
¥2.00

D64-53 003152
学习活页文选　1995年　第4期.—北京:学习出版社,1995.10.—35页;19cm
内部发行
¥1.00

D64-53 003153
学习文选　1995年　第10集(总第75集)/中共北京市委宣传部研究室编.—北京:北京出版社,1995.9.—124页;19cm
内部发行
ISBN 7-200-02810-X:¥2.50

D64-53 003154
学习文选　1995年　第11期(总第76期)/中共北京市委宣传部研究室编.—北京:北京出版社,1995.10.—122页;19cm
内部发行
ISBN 7-200-02872-X:¥2.50

D64-53 003155
学习文选　1995年　第12集(总第77集)/中共北京市委宣传部研究室编.—北京:北京出版社,1995.11.—124页;19cm
内部发行

ISBN 7－200－02871－1：￥2.50

D64－53 003156

学习文选 1995年 第1集（总第66集）/中共北京市委宣传部研究室编.—北京：北京出版社，1995.1.—128页；19cm

内部发行

ISBN 7－200－02656－5：￥2.50

D64－53 003157

学习文选 1995年 第2集（总第67集）/中共北京市委宣传部研究室编.—北京：北京出版社，1995.1.—124页；19cm

内部发行

ISBN 7－200－02660－3：￥2.50

D64－53 003158

学习文选 1995年 第3集（总第68期）/中共北京市委宣传部研究室编.—北京：北京出版社，1995.2.—122页；19cm

内部发行

ISBN 7－200－02670－0：￥2.50

D64－53 003159

学习文选 1995年 第4集（总第69集）/中共北京市委宣传部研究室编.—北京：北京出版社，1995.4.—128页；19cm

内部发行

ISBN 7－200－02686－7：￥2.50

D64－53 003160

学习文选 1995年 第5集（总第70集）/中共北京市委宣传部研究室编.—北京：北京出版社，1995.4.—128页；19cm

内部发行

ISBN 7－200－02709－X：￥2.50

D64－53 003161

学习文选 1995年 第6集（总第71集）/中共北京市委宣传部研究室编.—北京：北京出版社，1995.6.—127页；19cm

内部发行

ISBN 7－200－02731－6：￥2.50

D64－53 003162

学习文选 1995年 第7集（总第72集）/中共北京市委宣传部研究室编.—北京：北京出版社，1995.6.—106页；19cm

内部发行

ISBN 7－200－02744－8：￥2.50

D64－53 003163

学习文选 1995年 第8集（总第73集）/中共北京市委宣传部研究室编.—北京：北京出版社，1995.7.—128页；19cm

内部发行

ISBN 7－200－02778－2：￥2.50

D64－53 003164

学习文选 1995年 第9集（总第74集）/中共北京市委宣传部研究室编.—北京：北京出版社，1995.8.—124页；19cm

内部发行

ISBN 7－200－02794－4：￥2.50

D64－53 003165

学习文选 1996年 第1期（总第78期）/中共北京市委宣传部研究室编.—北京：北京出版社，1995.12.—120页；19cm

内部发行

ISBN 7－200－02887－8：￥3.00

D64－53 003166

植根实践的探索：南阳电力职工思想政治工作论文集/杜海滨主编.—郑州：黄河水利出版社，1995.5.—252页；20cm

ISBN 7－80621－008－3：￥10.18

D643 003167

时事政策复习资料 1995/军队院校招生统考命题组编.—北京：军事谊文出版社，1995.4.—64页；19cm ￥3.50

D643 003168

形势与政策教程/李如意主编；辽宁教育委员会思想政治教育处编.—沈阳：辽宁教育出版社，1995.3.—285页；19cm

辽宁省普通高等学校思想政治教育课教材

ISBN 7－5382－4099－3：￥6.85

D647 003169

“中华精神”爱国主义教育活动指南/双传学著.—北京：教育科学出版社，1995.7.—289页；19cm.—（爱我中华教育丛书/思穗主编）

ISBN 7－5041－1495－2：￥9.80

D647 003170

爱国主义——永恒的主题/于洪波等主编.—南京：江苏古籍出版社，1995.4.—269页；19cm

ISBN 7－80519－626－5：￥7.80

D647 003171

爱国主义教程/宋公志等主编.—武汉：华中理工大学出版社，1995.10.—197页；19cm.—（领导与管理科学丛书）

ISBN 7－5609－1250－8：￥6.80

D647 003172

爱国主义教育100例/王桐等编.—北京：大众文艺出版社，1995.6.—156页；20cm

ISBN 7－80094－114－0：￥3.80

D647 003173

爱国主义教育导论/陈慧等主编.—保定：河北大学出版社，1995.5.—216页；19cm

ISBN 7－81028－303－0：￥4.80

D647 003174

爱国主义教育读本/林建民等主编；《爱国主义教育读本》编写组编.—福州：福建人民出版社，1995.2.—210页；19cm

ISBN 7－211－02408－9：￥5.00

D647 003175

爱国主义教育读本/张学福主编.—银川：宁夏人民出版社，1995.4.—194页；19cm

ISBN 7－227－01463－0：￥5.40

D647 003176

爱国主义教育读本/黄定元主编;刘锡忠等编写.—北京:北京科学技术出版社,1995.8.—274页;19cm
江西省中等师范学校补充教材
ISBN 7-5304-1785-1:￥8.00

D647　003177
爱国主义教育读本:黑龙江省首批爱国主义教育基地介绍/赵秀丽,于万长主编.—哈尔滨:东北林业大学出版社,1995.3.—178页;20cm
ISBN 7-81008-525-5:￥3.80

D647　003178
爱国主义教育概论/邓万主编.—银川:宁夏人民教育出版社,1995.1.—254页;19cm
ISBN 7-80596-129-8:￥5.50

D647　003179
爱国主义教育概论/乔根锁主编.—拉萨:西藏人民出版社,1995.8.—160页;20cm.—(爱国主义教育丛书)
ISBN 7-223-00888-1:￥5.00

D647　003180
爱国主义教育简编/相桂发,史义成主编.—哈尔滨:东北林业大学出版社,1995.12.—167页;19cm
黑龙江省中等专业学校德育辅助教材
ISBN 7-81008-600-6:￥5.50

D647　003181
爱国主义教育简明读本/孔心田主编;中共青岛市委宣传部编.—青岛:青岛海洋大学出版社,1995.6.—431页;20cm
ISBN 7-81026-732-9:￥10.00

D647　003182
爱国主义教育讲演集/刁振玉主编.—长春:吉林大学出版社,1995.3.—174页;19cm
ISBN 7-5601-1700-7:￥5.00

D647　003183
爱国主义教育手册/《爱国主义教育手册》编写组编写.—广州:广东高等教育出版社,1995.1.—207页;19cm
ISBN 7-5361-1544-X:￥4.80

D647　003184
爱国主义教育通俗读本/中共四川省委宣传部编.—成都:四川人民出版社,1995.6.—149页;19cm
ISBN 7-220-02891-1:￥2.80

D647　003185
爱国主义教育专题讲座/贺昌主编 .—延吉:延边大学出版社,1995.7.—216页;19cm
ISBN 7-5634-0797-9:￥9.00

D647　003186
爱国主义论纲/袁庆祥编著.—长春:吉林大学出版社,1995.8.—223页;19cm
ISBN 7-5601-1773-2:￥7.00

D647　003187
爱国纵横谈/任理德编著.—长沙:湖南出版社,1995.2.—281页;20cm
ISBN 7-5438-0932-X:￥9.80

D647　003188
爱我中华/宫自杰等主编.—西安:西北大学出版社,1995.8.—228页;20cm
ISBN 7-5604-0953-9:￥9.50

D647　003189
爱我中华 爱我双鸭山/苏玉范主编.—长春:东北师范大学出版社,1995.7.—152页;19cm.—(爱我中华全国系列知识丛书/刘绍棠主编)
ISBN 7-5602-1610-2:￥5.00

D647　003190
赤子之心:热爱祖国篇/陈青编著.—成都:四川教育出版社,1995.5.—145页;19cm.—(中华传统美德丛书/肖子辉,阎钢主编)
ISBN 7-5408-2695-9:￥4.00

D647　003191
方寸图谱话国情/刘晓明主编.—成都:四川辞书出版社,1995.10.—105页:彩图;20cm.—(特区中小学历史与国情教育丛书/赵祝武,刘晓明主编)
ISBN 7-80543-504-9:￥15.80

D647　003192
古老的军魂:中国历史上爱国军人的思想轨迹/张之著.—北京:解放军出版社,1995.1.—236页;20cm
ISBN 7-5065-2682-4:￥14.00

D647　003193
历史·国情·爱国主义教育挂图/韩业广编著;韩明等摄影.—济南:山东人民出版社,1995.8.—194张;52×38cm
ISBN 7-209-01794-1:￥598.00

D647　003194
龙吟/姚秋杰,韩晓峰主编.—长春:吉林大学出版社,1995.7.—372页;20cm
ISBN 7-5601-1755-4:￥12.00

D647　003195
千秋国魂/李甫才主编.—沈阳:辽宁民族出版社,1995.8.—419页;20cm.—(爱国主义教育读本)
ISBN 7-80527-545-9:￥12.50

D647　003196
青少年爱国主义教育/朱爱所等主编;《青少年爱国主义教育》编写组编写.—成都:西南交通大学出版社,1995.1.—231页;19cm.—(青少年教育丛书;1)
本丛书2册,总定价:9.80元
ISBN 7-81022-780-7:￥0.00

D647　003197
神圣国魂/董杰英主编.—太原:山西高校联合出版社,1995.7.—346页;20cm.—(爱国主义教育读本)
ISBN 7-81032-798-4:￥15.50

D647　003198
塑造国魂:全国思想政治教育工作者谈爱国主义教育/魏丕植主编.—北京:同心出版社,1995.11.—297页;20cm
ISBN 7-80593-158-5:￥12.00

D647　003199
我爱你 祖国/李政主编;中国老教授协会编写.—海口:海南出版社,1995.2.—251页;19cm
ISBN 7-80590-430-8:￥5.60

D647　003200
我的祖国/温达文等主编.—南宁:广西民族出版社,1995.2.—212页;19cm.—(爱国主义教育读本)
ISBN 7-5363-2962-8:¥4.85

D647　003201
我的祖国:爱国主义教育读本/章岩主编.—北京:人民日报出版社,1995.5.—252页;19cm
ISBN 7-80002-770-8:¥4.80

D647　003202
献给高原的爱/中共西藏自治区委员会宣传部,共青团西藏自治区委员会编.—拉萨:西藏人民出版社,1995.8.—193页;20cm.—(爱国主义教育丛书)
ISBN 7-223-00780-X:¥5.80

D647　003203
写在祖国的史册上:国旗下讲话资料汇编/邵建华主编.—杭州:杭州大学出版社,1995.12.—296页;20cm
ISBN 7-81035-769-7:¥11.80

D647　003204
新编爱国主义教育读本/李振纲,雷韶梅主编.—重庆:西南师范大学出版社,1995.4.—197页;19cm
ISBN 7-5621-1292-4:¥4.95

D647　003205
雪域风云/邹开华主编;西藏自治区教育委员会、西藏大学编 .—拉萨:西藏人民出版社,1995.8.—191页;20cm.—(爱国主义教育丛书)
ISBN 7-223-00889-X:¥5.80

D647　003206
知国·爱国·卫国:人民警察爱国主义教育读本/蒋先进主编.—北京:群众出版社,1995.11.—248页;20cm
ISBN 7-5014-1367-3:¥9.50

D647　003207
知我中华 爱我中华:基层爱国主义教育读本/窦永记,吴本星主编.—合肥:安徽教育出版社,1995.10.—329页;20cm
ISBN 7-5336-1870-X:¥12.00

D647　003208
中华爱国魂:革命烈士分册/钱均,鲁越主编;于泉玉等撰.—北京:光明日报出版社,1995.2.—151页;19cm
全套书五册,总定价:20.00元
ISBN 7-80091-581-6:¥0.00

D647　003209
中华爱国魂:归国学人分册/钱均,鲁越主编;于泉玉等撰.—北京:光明日报出版社,1995.2.—150页;19cm
全套书五册,总定:价20.00元
ISBN 7-80091-581-6:¥0.00

D647　003210
中华爱国魂:巾帼英雄分册/钱均,鲁越主编;于泉玉等撰.—北京:光明日报出版社,1995.2.—152页;19cm
全套书五册,总定价:20.00元
ISBN 7-80091-581-6:¥0.00

D647　003211
中华爱国魂:民族英雄分册/钱均,鲁越主编;于泉玉等撰.—北京:光明日报出版社,1995.2.—131页;19cm
全套书五册,总定价:20.00元
ISBN 7-80091-581-6:¥0.00

D647　003212
中华爱国魂:人民领袖分册/钱均,鲁越主编;于泉玉等撰.—北京:光明日报出版社,1995.2.—169页;19cm
全套书五册,总定价:20.00元
ISBN 7-80091-581-6:¥0.00

D647　003213
中华民族凝聚力论纲/孔庆榕,李权时主编;广东中华民族文化促进会等编.—广州:广东人民出版社,1995.2.—379页;20cm.—(中华民族凝聚力研究丛书)
ISBN 7-218-01788-6:¥16.00

D647　003214
祖国在我心中:中华人民共和国国旗·国徽·国歌/赵利剑等主编.—天津:天津人民出版社,1995.3.—152页;20cm.—(爱国主义教育丛书/于友西,藏嵘主编)
ISBN 7-201-02214-8:¥5.90

D647　003215
莘莘学子 赤心报国:近代海外学子报国谱/陈宁生主编.—武汉:武汉大学出版社,1995.3.—316页;19cm.—(爱国主义教育文库·历史/朱雷,王承仁主编)
ISBN 7-307-01889-6:¥4.80

①D647②I22　003216
一百首爱国诗词/周振甫编选.—北京:中国青年出版社,1995.4.—310页;19cm.—(爱国主义教育丛书)
ISBN 7-5006-1740-2:¥7.70

D647-43　003217
爱国主义教育简明教程/廖良初主编;《爱国主义教育简明教程》编写组编写.—长沙:湖南教育出版社,1995.8.—248页;20cm
ISBN 7-5355-2253-X:¥7.25

D647-43　003218
爱国主义教育教程/姚电主编.—南昌:江西高校出版社,1995.11.—200页;19cm
ISBN 7-81033-544-8:¥8.10

D647-44　003219
爱国主义基本知识简答/马翔雪主编.—银川:宁夏人民出版社,1995.12.—233页;19cm
ISBN 7-227-01545-9:¥6.80

D647-44　003220
爱国主义教育知识问答300题/陕西省精神文明建设指导委员会办公室编 .—西安:陕西人民出版社,1995.6.—147页;19cm
ISBN 7-224-03853-9:¥3.70

D647-61　003221
爱国主义教育辞典/韩振峰主编.—北京:北京语言学院出版社,1995.6.—642页;19cm
ISBN 7-5619-0526-2(精装):¥39.00

D647-61　003222
中国国情教育全书/韩健鹏主编;《中国国情教育全书》编辑委员会编.—北京:中国大百科全书出版社,1995.6.—950页;26cm
ISBN 7-5000-5098-4(精装):¥98.00

D647-62　003223
爱国主义知识手册/赵绍敏主编.—昆明:云南教育

出版社,1995.7.—392页;20cm.—(爱国主义教育系列丛书)
ISBN 7-5415-1049-1:¥9.80

D648　003224
成功之路:自强不息篇/刘朝谦编著.—成都:四川教育出版社,1995.5.—143页;19cm.—(中华传统美德丛书/肖子辉,阎钢主编)
ISBN 7-5408-2695-9:¥4.00

D648　003225
大地的丰收:烟台市精神文明建设经验选编/潘玉耕主编.—济南:山东人民出版社,1995.12.—209页;19cm
ISBN 7-209-01832-8:¥8.00

D648　003226
邓小平精神文明建设理论在广东的实践/蓝红主编.—广州:广东人民出版社,1995.12.—310页;20cm.—(邓小平理论与广东实践研究丛书/于幼军主编)
ISBN 7-218-02072-0:¥25.00

D648　003227
建设高度的社会主义精神文明/李宁主编.—沈阳:东北大学出版社,1995.12.—274页;20cm.—(辽宁省党校系统科研协作丛书)
本套书共六册,总定价:60.00元
ISBN 7-81054-046-7:¥0.00

D648　003228
精神文明建设系统工程论:深化改革与建立社会主义市场经济体制论坛/高树文,张辉民主编.—哈尔滨:黑龙江人民出版社,1995.8.—433页;20cm
ISBN 7-207-03138-6:¥12.80

D648　003229
精神文明建设在海南/林坚主编;中共海南省委宣传部精神文明建设办公室编.—海口:海南出版社,1995.3.—504页:彩图;20cm
ISBN 7-80617-153-3:¥28.00

D648　003230
历史文化与精神文明建设/河北省历史学会,河北大学历史系编.—保定:河北大学出版社,1995.4.—305页;19cm
ISBN 7-81028-306-5:¥8.80

D648　003231
立业之本:勤劳俭朴篇/王耀荣,周斌编著.—成都:四川教育出版社,1995.5.—169页;19cm.—(中华传统美德丛书/肖子辉,阎钢主编)
ISBN 7-5408-2695-9:¥4.00

D648　003232
面向二十一世纪的选择:三明市精神文明建设研究/董承耕主编.—厦门:厦门大学出版社,1995.5.—282页;20cm
ISBN 7-5615-1065-9:¥9.50

D648　003233
农村文明论/林国良主编.—厦门:厦门大学出版社,1995.1.—207页;20cm
ISBN 7-5615-0995-2:¥7.30

D648　003234
深圳市民行为道德规范/《深圳市民行为道德规范》编写委员会编;岳昕等绘.—深圳:海天出版社,1995.9.—127页;20cm
ISBN 7-80615-229-6:¥8.50

D648　003235
生命之光:见义勇为篇/阎钢编著.—成都:四川教育出版社,1995.5.—172页;19cm.—(中华传统美德丛书/肖子辉,阎钢主编)
ISBN 7-5408-2695-9:¥4.50

D648　003236
时代的强音:社会主义市场经济与弘扬雷锋精神/胡俊卿,韩茂全主编.—沈阳:白山出版社,1995.12.—326页;19cm
ISBN 7-80566-455-2:¥11.90

D648　003237
市场经济与时代精神/福建省精神文明建设研究会编.—福州:福建教育出版社,1995.9.—320页;20cm
ISBN 7-5334-1944-8:¥7.50

D648　003238
思想道德修养/何道祥主编.—兰州:甘肃人民出版社,1995.7.—396页;19cm
ISBN 7-226-01482-3:¥15.00

D648　003239
思想道德修养/黄中贵主编.—武汉:湖北人民出版社,1995.10.—363页;20cm
高等师范学校试用教材
ISBN 7-216-01766-8:¥11.60

D648　003240
思想品德修养/匡珊吉主编.—4版.—成都:四川教育出版社,1995.7.—300页;20cm
四川省高校思想政治教育课统编教材
ISBN 7-5408-1802-6:¥7.87

D648　003241
文明之光:全国精神文明建设经验交流会材料汇编/中共中央宣传部宣传教育局编.—北京:学习出版社,1995.12.—280页;20cm
ISBN 7-80116-061-4:¥11.00

D648　003242
延安精神新论/周述武,郑志飚主编;陕西省延安精神研究会理论委员会编.—西安:陕西人民出版社,1995.11.—277页;20cm
ISBN 7-224-04003-7:¥12.00

D648　003243
医学院校精神文明建设理论与实践/朱兴根,冷明祥主编.—南京:河海大学出版社,1995.12.—369页;20cm
ISBN 7-5630-0976-0:¥14.80

D648　003244
张家港经验/中共中央宣传部宣传教育局编.—北京:学习出版社,1995.12.—154页;20cm
ISBN 7-80116-057-6:¥5.50

D648　003245
振兴中华 爱我税收/河南省国家税务局编.—北京:

中国税务出版社,1995.7.—358页;19cm
ISBN 7-80117-021-0:¥12.00

D648　003246
中华美德贤文/李启瑞主编.—南宁:广西人民出版社,1995.11.—150页;19cm
ISBN 7-219-03157-2(精装):¥10.60

D648　003247
中外学雷锋寄语/华东方编著.—沈阳:辽宁教育出版社,1995.2.—347页:照片;19cm
ISBN 7-5382-4073-X:¥8.00

D648　003248
做人·自律·奋斗/李志远著.—西安:陕西人民出版社,1995.1.—269页;19cm
ISBN 7-224-03739-7:¥5.70

D648-43　003249
思想道德修养教程/顾国楷,黄少琴主编.—南宁:广西人民出版社,1995.10.—276页;19cm
ISBN 7-219-03062-2:¥8.60

D648-54　003250
中国精神文明年鉴:1993~1994/李泽主编;中国精神文明年鉴编辑部编.—北京:学习出版社,1995.12.—636页:照片;26cm
ISBN 7-80116-049-5(精装):¥120.00

D648.3　003251
爱心献给社会/梁婕编著.—北京:教育科学出版社,1995.8.—139页;19cm.—(五心教育丛书/王建宗主编)
本套书共5册,总定价:20.00元
ISBN 7-5041-1482-0:¥0.00

D648.3　003252
关心献给他人/张恕,张绍仁编著.—北京:教育科学出版社,1995.4.—145页;19cm.—(五心教育丛书/王建宗主编)
本套书共5册,总定价:20.00元
ISBN 7-5041-1482-0:¥0.00

D648.3　003253
文明市民简明读本/《文明市民简明读本》编写组编.—南京:江苏人民出版社,1995.10.—82页;19cm
ISBN 7-214-01581-1:¥3.50

D648.3　003254
孝心献给父母/聂振伟,向守方编著.—北京:教育科学出版社,1995.4.—140页;19cm.—(五心教育丛书/王建宗主编)
本套书共5册,总定价:20.00元
ISBN 7-5041-1482-0:¥0.00

D648.3　003255
新编文明市民读本/许启贤主编;首都文明办组编.—北京:人民出版社,1995.8.—303页:彩照;20cm
ISBN 7-01-002277-1:¥15.60

D648.3　003256
信心留给自己/徐岫茹,王文雄编著.—北京:教育科学出版社,1995.3.—174页;19cm.—(五心教育丛书/王建宗主编)
本套书共5册,总定价:20.00元
ISBN 7-5041-1482-0:¥0.00

D648.3　003257
忠心献给祖国/童学仪编著.—北京:教育科学出版社,1995.6.—164页;19cm.—(五心教育丛书/王建宗主编)
本套书共5册,总定价:20.00元
ISBN 7-5041-1482-0:¥0.00

D648.3-51　003258
文明市民教育丛书/杭州市精神文明建设委员会办公室编.—北京:新华出版社,1995.12.—3册;19cm
包括《市民思想道德读本》、《市民文明用语手册》、《市民日常外语会话100句》
ISBN 7-5011-3040-X:¥9.60

D65　政治运动

D65　003259
共和国重大决策的来龙去脉:1949~1965/杨胜群,田松年主编.—南京:江苏人民出版社,1995.5.—540页;20cm
ISBN 7-214-01468-8:¥24.80

D651.2　003260
平息西藏叛乱/李沛生,李国珍主编;西藏自治区党史资料征集委员会,西藏军区党史资料征集领导小组编.—拉萨:西藏人民出版社,1995.6.—236页;19cm.—(中共西藏党史资料丛书)
内部发行
ISBN 7-223-00883-0:¥7.20

D66　阶级结构与社会结构

D663　003261
中国新时期阶级阶层报告/李培林主编.—沈阳:辽宁人民出版社,1995.12.—547页;20cm.—(中国国情与发展丛书)
ISBN 7-205-03531-7:¥24.00

D663　003262
中国新时期阶级阶层报告/李培林主编.—沈阳:辽宁人民出版社,1995.12.—545页;20cm.—(中国国情与发展丛书)
ISBN 7-205-03575-9(精装):¥55.00

D663.5　003263
迷茫的跋涉者:中国当代知识分子心态录/张志忠著.—郑州:河南人民出版社,1995.12.—369页;20cm.—(中国知识分子丛书/许明主编)
ISBN 7-215-03436-4:¥16.50

D663.5　003264
市场经济与知识分子/王长楷主编.—重庆:西南师范大学出版社,1995.8.—253页;20cm
ISBN 7-5621-1356-4:¥11.00

D663.5　003265
市场经济与中国科技知识分子/张彦著.—郑州:河南人民出版社,1995.12.—265页;20cm.—(中国知识

分子丛书/许明主编)
ISBN 7-215-03500-X: ¥13.50

D663.5　　003266
学术救国:知识分子历史观与中国政治/黄敏兰著.—郑州:河南人民出版社,1995.12.—290页;20cm.—(中国知识分子丛书/许明主编)
ISBN 7-215-03510-7: ¥16.00

D663.5　　003267
中国共产党知识分子政策史/曲峡等著.—东营:石油大学出版社,1995.4.—274页;20cm
ISBN 7-5636-0630-0: ¥10.00

D663.5　　003268
嬗变与回归:近代中国知识分子参与意识和模式研究/王继平著.—武汉:华中理工大学出版社,1995.1.—259页;20cm
ISBN 7-5609-1097-1: ¥6.00

D664　　003269
学习与探索:新时期人民政协理论研讨会论文选/周溪舞,卞晋平主编.—北京:中国文史出版社,1995.8.—299页;20cm
ISBN 7-5034-0750-6: ¥17.80

D664　　003270
政协全国委员会常委会名录/郑万通,卢之超主编.—北京:解放军出版社,1995.12.—1139页;20cm
ISBN 7-5065-2683-2(精装): ¥60.00

D664.0　　003271
中国人民政治协商会议第八届全国委员会第三次会议文件/中国人民政治协商会议全国委员会办公厅编.—北京:人民出版社,1995.4.—57页;20cm
ISBN 7-01-002205-4: ¥2.80

D664.313　　003272
协商议政集　1995/政协沈阳市委员会办公厅编.—沈阳:沈阳出版社,1995.12.—536页;20cm
ISBN 7-5441-0551-2: ¥13.00

D664.742　　003273
政协玉溪地区志/杨世清主编;中国人民政治协商会议,云南省玉溪地区工作委员会编.—昆明:云南科技出版社,1995.7.—417页:彩照;20cm.—(玉溪地区方志丛书)
ISBN 7-5416-0840-8(精装): ¥18.00

D665　　003274
中国参政党建设概论/牛旭光主编.—北京:华文出版社,1995.7.—243页;20cm
ISBN 7-5075-0478-6: ¥9.60

D665　　003275
中国国民党一百年/肖恩芳编著.—西宁:青海人民出版社,1995.7.—301页;20cm
ISBN 7-225-00994-X: ¥15.00

D665　　003276
中国民主党派简史/林治理等主编.—南昌:江西人民出版社,1995.8.—345页;20cm
ISBN 7-210-01545-0: ¥11.00

D665.1　　003277
蒋台特工简史/张卫编著.—北京:国际文化出版公司,1995.10.—179页;19cm
ISBN 7-80105-320-6: ¥7.50

D665.4　　003278
中国民主建国会五十年/中国民主建国会中央委员会宣传部编.—北京:民主与建设出版社,1995.2.—209页;20cm
ISBN 7-80112-001-9: ¥4.60

D665.4-64　　003279
中国民主建国会五十年:1945~1995/中国民主建国会中央委员会宣传部编.—北京:民主与建设出版社,1995.10.—92页;29cm
ISBN 7-80112-002-7(精装): ¥0.00

D665.7　　003280
湖北省九三学社史/陈锋主编.—武汉:华中理工大学出版社,1995.8.—378页:照片;20cm
ISBN 7-5609-1179-X(精装): ¥16.50

D665.7　　003281
九三学社五十年:1945~1995/九三学社中央宣传部编.—北京:学苑出版社,1995.8.—109页:照片;29cm
ISBN 7-5077-1033-5(精装): ¥70.00

D668　　003282
党政信息调研文集/牟兴德等编著.—西安:陕西人民出版社,1995.11.—207页;19cm
ISBN 7-224-03818-0: ¥8.50

D668　　003283
双重利益论/古杰一主编.—开封:河南大学出版社,1995.9.—181页;20cm
ISBN 7-81041-261-2: ¥8.30

D668　　003284
中国1992年家庭经济与生育10省市抽样调查资料/田雪原主编.—北京:中国经济出版社,1995.1.—181页;26cm
ISBN 7-5017-2655-8(精装): ¥26.50

D668　　003285
中国调查研究学/程继隆,向宏著.—长春:吉林大学出版社,1995.8.—314页;20cm
ISBN 7-5601-1768-6: ¥10.50

D668　　003286
中国国情丛书:百县市经济社会调查:富平卷/丁伟志主编;富平县情调查组编.—北京:中国大百科全书出版社,1995.10.—495页;20cm
ISBN 7-5000-5603-6: ¥19.00

D668　　003287
中国国情丛书:百县市经济社会调查:海城卷/丁伟志主编;海城市情调查组编.—北京:中国大百科全书出版社,1995.8.—774页;20cm
ISBN 7-5000-5601-X: ¥30.50

D668　　003288
中国国情丛书:百县市经济社会调查:贺兰卷/丁伟志主编;贺兰市情调查组编.—北京:中国大百科全书出版社,1995.5.—461页;20cm
ISBN 7-5000-5396-7: ¥16.00

D668　　003289
中国国情丛书:百县市经济社会调查:库车卷/丁伟

志主编;库车县情调查组编.—北京:中国大百科全书出版社,1995.12.—442页:彩照;20cm
ISBN 7-5000-5392-4:¥20.00

D668 **003290**

中国国情丛书:百县市经济社会调查:拉萨卷/丁伟志主编;拉萨市情调查组编.—北京:中国大百科全书出版社,1995.8.—690页;20cm
ISBN 7-5000-5624-9(精装):¥38.00

D668 **003291**

中国国情丛书:百县市经济社会调查:绍兴卷/丁伟志主编;绍兴市情调查组编.—北京:中国大百科全书出版社,1995.6.—412页;20cm
ISBN 7-5000-5276-6:¥15.00

D668 **003292**

中国国情丛书:百县市经济社会调查:松江卷/丁伟志主编;松江县情调查组编.—北京:中国大百科全书出版社,1995.9.—532页;20cm
ISBN 7-5000-5310-X:¥22.00

D668 **003293**

中国国情丛书:百县市经济社会调查:桐乡卷/丁伟志主编;李家骏分主编.—北京:中国大百科全书出版社,1995.12.—750页:彩照;20cm
ISBN 7-5000-5477-7:¥28.00

D668 **003294**

中国国情丛书:百县市经济社会调查:西青卷/丁伟志主编;西青区情调查组编.—北京:中国大百科全书出版社,1995.9.—605页;20cm
ISBN 7-5000-5306-1:¥25.00

D668 **003295**

中国国情丛书:百县市经济社会调查:永昌卷/丁伟志主编;支克坚等分主编.—北京:中国大百科全书出版社,1995.3.—620页:彩照;20cm
ISBN 7-5000-5388-6:¥20.00

D668 **003296**

中国国情丛书:百县市经济社会调查:珲春卷/丁伟志主编;王德民等分主编.—北京:中国大百科全书出版社,1995.12.—514页:彩照;20cm
ISBN 7-5000-5307-X:¥23.00

D668 **003297**

中国人的观念与行为:第四届现代化与中国文化国际研讨会论文集/乔健,潘乃谷主编.—天津:天津人民出版社,1995.10.—456页;20cm
ISBN 7-201-02195-8:¥18.00

D669 **003298**

城市文明话题/邵启发著.—长沙:湖南文艺出版社,1995.4.—268页;19cm
ISBN 7-5404-1359-X:¥6.40

D669 **003299**

当代农村五大社会问题/余红等著.—南昌:江西人民出版社,1995.6.—261页;20cm
ISBN 7-210-01537-X:¥11.00

D669 **003300**

活中国的姿态/(日)内山完造著;尤炳圻译.—兰州:敦煌文艺出版社,1995.12.—163页;20cm.—(外国人的中国观)
ISBN 7-80587-306-2:¥7.80

D669 **003301**

留住的对话/章茜主编.—上海:上海人民出版社,1995.9.—284页:彩照;20cm
ISBN 7-208-01958-4:¥12.80

D669 **003302**

社会弱者权利论/万鄂湘主编.—武汉:武汉大学出版社,1995.8.—275页;20cm.—(人权系列书)
ISBN 7-307-01998-1:¥9.80

D669 **003303**

世纪末的挑战:当代中国社会问题研究/童星著.—南京:南京大学出版社,1995.6.—439页;20cm.—(中美文化研究中心学术丛书)
ISBN 7-305-02797-9:¥17.50

D669 **003304**

中国古代的家/王玉波著.—北京:商务印书馆国际有限公司,1995.6.—187页;20cm.—(中国古代生活丛书/李学勤,冯尔康主编)
ISBN 7-80103-019-2:¥10.00

D669 **003305**

中国人气质/(美)史密斯著;张梦阳,王丽娟译.—兰州:敦煌文艺出版社,1995.12.—309页;20cm.—(外国人的中国观)
著者原题:亚瑟·亨·史密斯
ISBN 7-80587-305-4:¥13.80

D669.1 **003306**

当代中国城市家庭研究:七城市调查报告和资料汇编/沈崇麟,杨善华主编.—北京:中国社会科学出版社,1995.8.—464页;20cm
ISBN 7-5004-1807-8:¥15.50

D669.1 **003307**

当代中国离婚档案/叶敏主编.—上海:华东师范大学出版社,1995.10.—249页;20cm
ISBN 7-5617-1371-1:¥9.40

D669.1 **003308**

第三只眼看离婚/左心平著.—北京:人民法院出版社,1995.9.—307页;19cm.—(社会热点问题系列)
ISBN 7-80056-330-8:¥10.00

D669.1 **003309**

寻常人家/江霞主编.—北京:中国妇女出版社,1995.7.—110页;19cm
ISBN 7-80016-787-9:¥4.80

D669.1 **003310**

优化"细胞"工程:烟台市牟平区家庭建设探索/王天仁,李建兰编著.—2版.—济南:山东文艺出版社,1995.10.—517页;20cm
ISBN 7-5329-1019-9:¥16.80

D669.1 **003311**

中国21世纪的婚姻家庭/高健生著.—太原:山西人民出版社,1995.9.—332页;20cm
ISBN 7-203-03384-8:¥9.80

D669.1 **003312**

中国800万大男大女婚恋实录/杨志宏著.—北京:

中国档案出版社,1995.9.—210 页;19cm

ISBN 7-80019-554-6:¥8.60

D669.1　003313

中国八十年代离婚研究/曾毅主编.—北京:北京大学出版社,1995.8.—238 页;19cm.—(女性研究丛书)

ISBN 7-301-02737-0:¥10.80

D669.1　003314

中国的征婚/马世瑞著.—长春:北方妇女儿童出版社,1995.12.—296 页;20cm.—(中国婚恋潮丛书)

ISBN 7-5385-0950-X:¥9.80

D669.1　003315

中国婚姻家庭及其变迁/李银河著.—哈尔滨:黑龙江人民出版社,1995.11.—202 页;20cm.—(站在世纪之交的思考:中国市场经济与社会发展丛书;4/邓伟志,张琢主编)

ISBN 7-207-03305-2:¥7.50

D669.1　003316

走向21世纪的中国婚姻家庭/巫昌祯,杨大文主编.—长春:吉林人民出版社,1995.12.—228 页;19cm

ISBN 7-206-02371-1:¥9.80

①D669.1②I25　003317

半个世界咏叹调/王灵书著.—北京:华艺出版社,1995.1.—285 页;19cm

ISBN 7-80039-668-1:¥9.80

D669.2　003318

成才教育与就业指导/刘俊坤主编.—昆明:云南科技出版社,1995.12.—261 页;19cm

ISBN 7-5416-0785-1:¥7.00

D669.2　003319

打工指南/牛耀宗,孟庆丰主编.—济南:山东友谊出版社,1995.2.—167 页;19cm

ISBN 7-80551-698-7:¥5.00

D669.2　003320

打工指南/侯爵良著.—北京:中国世界语出版社,1995.11.—197 页;19cm

ISBN 7-5052-0269-3:¥8.00

D669.2　003321

就业指导/上海市教育委员会职业技术教育办公室编.—上海:上海科技教育出版社,1995.6.—95 页;19cm

职业技术教育课本

ISBN 7-5428-1170-3:¥2.60

D669.2　003322

再就业指南/王水官主编.—上海:同济大学出版社,1995.6.—227 页;19cm

ISBN 7-5608-1465-4:¥5.80

D669.2　003323

职业分类介绍/张树桂主编.—2 版.—杭州:浙江教育出版社,1995.11.—444 页;20cm.—(职业指导系列读物)

ISBN 7-5338-0834-7:¥9.60

D669.2　003324

走向成功:求职的选择与技巧/赵建清编著.—北京:中国人事出版社,1995.11.—237 页;19cm

ISBN 7-80076-792-2:¥8.00

D669.2-61　003325

中国三百六十行大全/龙刚,韦兵编著.—成都:四川辞书出版社,1995.6.—561 页;20cm

ISBN 7-80543-473-5:¥18.80

D669.6　003326

开创人生第二个春天:乐观主义养老学/王兴华著.—北京:中国财政经济出版社,1995.7.—327 页;20cm

ISBN 7-5005-2769-1:¥17.00

D669.69　003327

残疾人就业指南/董淼章主编;广东省残疾人劳动就业服务中心编.—广州:中山大学出版社,1995.12.—284 页;20cm

ISBN 7-306-01086-7:¥12.00

D669.69　003328

职业康复概论/何青著.—北京:华夏出版社,1995.11.—295 页;20cm

ISBN 7-5080-0869-3:¥16.00

D669.7　003329

社会保障概论/董泉增,魏中立主编.—济南:山东友谊出版社,1995.11.—223 页;19cm

ISBN 7-80551-782-7:¥8.00

D669.7　003330

社会保障制度改革/杜俭,郑维桢主编.—上海:立信会计出版社,1995.10.—556 页;20cm

ISBN 7-5429-0300-4:¥22.00

D669.7　003331

社会福利的变奏:中国社会保障问题/朱勇,潘屹著.—北京:中共中央党校出版社,1995.1.—215 页;20cm.—(中国:迈向新世纪丛书;2)

ISBN 7-5035-1023-4:¥5.80

D669.7　003332

市场经济与社会保障/唐钧著.—哈尔滨:黑龙江人民出版社,1995.11.—257 页;20cm.—(站在世纪之交的思考·中国市场经济与社会发展丛书;6/邓伟志,张琢主编)

ISBN 7-207-03307-9:¥7.50

D669.7　003333

云南社会保障制度改革研究/任佳主编.—昆明:云南大学出版社,1995.2.—268 页;20cm.—(云南发展研究丛书)

ISBN 7-81025-497-9:¥9.00

D669.7　003334

中国社会保障概论/郭纲,葛银苏编著.—北京:中信出版社,1995.1.—154 页;20cm

ISBN 7-80073-086-7:¥6.80

D669.7　003335

中国社会保障制度总览/《中国社会保障制度总览》编辑委员会编.—北京:中国民主法制出版社,1995.6.—1672 页;26cm

ISBN 7-80078-135-6(精装):¥228.00

D669.7　003336

中国社会主义的社会福利:民政福利工作研究/黄黎

若莲著;唐钧等译.—北京:中国社会科学出版社,1995.2.—292页;19cm
ISBN 7-5004-1643-1: ¥13.00

D669.7　003337
中国走向市场经济中的社会保障制度改革:中国社会保障与经济改革国际研讨会文集/中国(海南)改革发展研究院编.—北京:民主与建设出版社,1995.10.—358页;20cm
ISBN 7-80112-043-4: ¥14.00

D669.9　003338
神功内幕/司马南著.—北京:中国社会出版社,1995.7.—2册(668页):照片;20cm
ISBN 7-80088-641-7: ¥26.80

D669.9　003339
刑满释放人员回归社会问题专论:回归社会学研究/杨世光,沈恒炎主编.—北京:社会科学文献出版社,1995.2.—233页;20cm
ISBN 7-80050-582-0: ¥8.80

D669.9　003340
中国现阶段犯罪问题研究:四川省分卷/刘述哲主编.—北京:中国人民公安大学出版社,1995.1.—192页;20cm
内部发行
ISBN 7-81011-869-2: ¥8.50

D669.9　003341
中国娼妓:过去和现在/单光鼐著.—北京:法律出版社,1995.2.—714页;20cm
ISBN 7-5036-1605-9(精装): ¥29.00

D669.9　003342
醉生梦死:美丽岛新怪录/晓炜等著.—北京:群众出版社,1995.10.—270页;19cm
ISBN 7-5014-1266-9: ¥9.50

D67 地方政治概况

D67　003343
中国省制/张文范主编;中国行政区划研究会编.—北京:中国大百科全书出版社,1995.5.—858页;19cm.—(行政区划系列丛书)
ISBN 7-5000-5463-7: ¥38.00

D674.5　003344
新疆三区革命领导人向中共中央的报告及文选/徐玉圻,杜瀚主编;新疆三区革命史编纂委员会编.—乌鲁木齐:新疆人民出版社,1995.12.—168页;20cm
ISBN 7-228-03644-1: ¥9.50

D675.1　003345
'95浦东新区社会发展报告/浦东新区社会发展局等编.—上海:上海人民出版社,1995.12.—173页;26cm
ISBN 7-208-02157-0: ¥60.00

D675.33　003346
走向现代化的苏州/徐国保主编.—苏州:苏州大学出版社,1995.12.—382页;20cm
ISBN 7-81037-200-9: ¥15.00

D675.8　003347
当代台湾大事典/姜殿铭等编.—太原:山西教育出版社,1995.8.—898页;26cm
ISBN 7-5440-0807-X(精装): ¥90.00

D675.8　003348
当代台湾研究文汇　第一辑/崔之清主编.—南京:东南大学出版社,1995.6.—293页;20cm
ISBN 7-81050-022-8: ¥15.00

D675.8　003349
台湾一九九四/姜殿铭主编.—北京:北京出版社,1995.8.—532页;20cm
ISBN 7-200-02743-X: ¥19.20

D676.4　003350
1995～1996年湖南社会形势分析与预测/罗小凡主编.—长沙:湖南科学技术出版社,1995.12.—245页;20cm.—(社会蓝皮书)
ISBN 7-5357-1986-4: ¥14.80

D676.4　003351
湖南暂住人员手册/《湖南暂住人员手册》编委会编著.—长沙:湖南出版社,1995.12.—262页;19cm
ISBN 7-5438-1122-7: ¥11.80

D676.58　003352
20世纪的香港/余绳武,刘蜀永主编.—北京:中国大百科全书出版社;香港:麒麟书业有限公司,1995.12.—335页:彩照;20cm
ISBN 7-5000-5678-8: ¥28.80

D676.58　003353
你想认识香港吗:献给九七的礼物/杨春沛,田俊江主编.—北京:华文出版社,1995.11.—162页;19cm
ISBN 7-5075-0492-1: ¥6.50

D676.58　003354
香港:回归前的思考/雷达等著.—北京:中国人民大学出版社,1995.6.—125页;20cm.—(香港社会经济丛书/吴大琨主编)
ISBN 7-300-01846-7: ¥5.00

D676.58　003355
香港政制、公务员与廉政/王建新等编著.—北京:中国经济出版社,1995.12.—209页;19cm.—(港澳台实用经济丛书/谢明干,杨松华主编)
ISBN 7-5017-3475-5: ¥8.80

D676.58　003356
中国明珠香港/胡东洋,王金岗主编;傅国钧等编写.—北京:华文出版社,1995.10.—380页;19cm
ISBN 7-5075-0487-5: ¥16.80

D677.4　003357
杜文秀帅府秘录　上卷:杜文秀及其部属遗稿/张世庆等编注.　成都:四川人民出版社,1995.9.—552页;20cm
ISBN 7-220-02980-2: ¥24.80

D677.4　003358
民主政治建设研究:对云南民主政治建设历史和现实的考察/马啸原主编.—昆明:云南大学出版社,1995.6.—291页;20cm

ISBN 7-81025-546-0:¥7.00

D677.4　003359

云南省社会治安综合治理条例学习手册/范仁本,周鹄昌编.—昆明:云南人民出版社,1995.2.—436页;20cm

ISBN 7-222-01723-2:¥9.80

D677.5　003360

西藏地方与中央政府关系史/黄玉生等编著.—拉萨:西藏人民出版社,1995.8.—696页:图;20cm

ISBN 7-223-00781-8:¥21.30

①D677.5②K297.5　003361

西藏历史地位辨:评夏格巴《藏区政治史》和范普拉赫《西藏的地位》/王贵等著.—北京:民族出版社,1995.9.—746页;20cm

ISBN 7-105-02457-7:¥25.00

D69 政治制度史

D69　003362

分分合合三千年:论中国行政区划及其改革的总体构想/孙关龙著.—广州:广东教育出版社,1995.5.—243页;20cm.—(天地生人丛书·第一辑/宋正海,孙关龙主编)

ISBN 7-5406-2866-9:¥8.60

D69　003363

明清行政管理制度/毛佩琦,陈金陵著.—太原:山西人民出版社,1995.1.—274页;20cm

ISBN 7-203-03232-9:¥7.40

D69　003364

治国古鉴/田广清主编.—2版(修订本).—成都:四川大学出版社,1995.10.—929页;20cm

ISBN 7-5614-0350-X:¥35.80

D69　003365

中国行政管理史/李坚,王本浩编著.—沈阳:辽宁大学出版社,1995.12.—379页;19cm

ISBN 7-5610-3118-1:¥10.00

D69　003366

中国政党制度史/朱汉国著.—合肥:安徽人民出版社,1995.4.—294页;20cm

ISBN 7-212-01160-6:¥8.90

D69　003367

中国政治制度史/史远芹编著.—北京:中共中央党校出版社,1995.8.—321页;19cm

中共中央党校函授学院教材

ISBN 7-5035-1288-1:¥6.90

D69　003368

中国政治制度史纲/王国平等编著.—南京:江苏教育出版社,1995.11.—412页;20cm

ISBN 7-5343-2503-X:¥26.60

D691　003369

汉唐行政管理/刘太祥著.—开封:河南大学出版社,1995.6.—306页;20cm

ISBN 7-81041-225-6:¥12.50

D691　003370

康熙治国圣训:文白对照全译/魏在田等编译.—北京:中国华侨出版社,1995.3.—465页;20cm.—(中国历代帝王训政丛书/周永章,徐学初主编)

本套丛书共5册,总定价:78.00元

ISBN 7-80074-958-4:¥

D691　003371

明太祖治国圣训:文白对照全译/梁吉充,王玉林编译.—北京:中国华侨出版社,1995.3.—425页;20cm.—(中国历代帝王训政丛书/周永章,徐学初主编)

本套丛书共5册,总定价:78.00元

ISBN 7-80074-958-4:¥

D691　003372

乾隆治国圣训:文白对照全译/徐昌义,李跃武编译.—北京:中国华侨出版社,1995.3.—429页;20cm.—(中国历代帝王训政丛书/周永章,徐学初主编)

本套丛书共5册,总定价:78.00元

ISBN 7-80074-958-4:¥

D691　003373

清末新知识界的社团与活动/桑兵著.—北京:三联书店,1995.4.—371页;20cm.—(三联·哈佛燕京学术丛书)

ISBN 7-108-00761-4:¥16.00

D691　003374

权力场:中国人的政治智慧/霍存福著.—2版.—沈阳:辽宁人民出版社,1995.7.—356页;20cm

ISBN 7-205-02045-X:¥13.20

D691　003375

权力与罪恶/黄坤编著.—上海:学林出版社,1995.4.—263页;19cm

ISBN 7-80616-051-5:¥9.50

D691　003376

人海孤舟:汉魏六朝士的孤独意识/袁济喜著.—郑州:河南人民出版社,1995.4.—225页;20cm.—(中国知识分子丛书/许明主编)

ISBN 7-215-03417-8:¥10.00

D691　003377

世纪之交的晚清社会/李文海著.—北京:中国人民大学出版社,1995.5.—487页;20cm

ISBN 7-300-02062-3:¥18.50

D691　003378

逝去的启蒙:明清之际启蒙学者的文化心态/朱义禄著.—郑州:河南人民出版社,1995.4.—361页;20cm.—(中国知识分子丛书/许明主编)

ISBN 7-215-03416-X:¥16.00

D691　003379

宋太祖治国圣训:文白对照全译/赖琪,陈琛编译.—北京:中国华侨出版社,1995.3.—386页;20cm.—(中国历代帝王训政丛书/周永章,徐学初主编)

本套丛书共5册,总定价:78.00元

ISBN 7-80074-958-4:¥

D691　003380

唐太宗治国圣训:文白对照全译/徐天春,李亚伟编译.—北京:中国华侨出版社,1995.3.—467页;20cm.—(中国历代帝王训政丛书/周永章,徐学初主编)
本套丛书共5册,总定价:78.00元
ISBN 7-80074-958-4:¥

D691　003381
通典/(唐)杜佑著.—长沙:岳麓书社,1995.11.—3册(2861页);20cm
ISBN 7-80520-621-X(精装):¥98.00

D691　003382
中国古代的乞丐/岑大利,高永建著.—北京:商务印书馆国际有限公司,1995.1.—169页;20cm.—(中国古代生活丛书/李学勤,冯尔康主编)
ISBN 7-80103-012-5:¥10.00

D691　003383
中国古代亡国之君/刘淑英编著.—北京:北京科学技术出版社,1995.1.—151页;19cm.—(中国历史知识全书·重要人物/朱仲玉主编)
ISBN 7-5304-1640-5:¥3.90

D691　003384
壮族土司制度/谈琪著.—南宁:广西人民出版社,1995.10.—283页;20cm
ISBN 7-219-03078-9:¥8.60

D691　003385
资政智慧/赵秀玲著.—北京:中国青年出版社,1995.12.—222页;20cm.—(中华智慧集粹丛书/刘志琴,郑一奇主编)
ISBN 7-5006-1867-0:¥13.00

D691-49　003386
中国政治:风云际会的兴亡史/何德章著.—武汉:湖北人民出版社,1995.4.—145页;19cm.—(青少年文史库/王余光,王三山主编)
ISBN 7-216-01671-8:¥4.80

D691.2　003387
清代荒政研究/李向军著.—北京:农业出版社,1995.3.—238页;19cm
ISBN 7-109-03371-6:¥8.65

D691.2　003388
政治制度与近代中国/谢俊美著.—上海:上海人民出版社,1995.3.—336页;20cm
ISBN 7-208-01892-8:¥17.00

D691.2　003389
中国后妃制度研究:唐宋卷/吴以宁,顾吉辰著.—上海:华东理工大学出版社,1995.8.—408页;20cm
ISBN 7-5628-0602-0:¥28.00

D691.4　003390
官经:施政权谋经典/(清)汪龙庄,万枫江原著;唐汉编译.—西安:三秦出版社,1995.10.—338页;20cm
ISBN 7-80546-930-X:¥14.80

D691.4　003391
历代权臣发迹的奥秘/董书城编著.—北京:中国国际广播出版社,1995.9.—325页;19cm
ISBN 7-5078-0448-8:¥12.20

D691.4　003392
魏晋南北朝选官体制研究/汪征鲁著.—福州:福建人民出版社,1995.1.—606页;26cm
ISBN 7-211-02400-3(精装):¥38.80

D691.4　003393
中国的师爷/李乔著.—北京:商务印书馆国际有限公司,1995.6.—164页;20cm.—(中国古代生活丛书/李学勤,冯尔康主编)
ISBN 7-80103-015-X:¥10.00

D691.42　003394
汉——唐门荫制度研究/张兆凯著.—长沙:岳麓书社,1995.5.—248页;20cm
ISBN 7-80520-497-7:¥7.80

D691.42　003395
孽阉录/唐浩主编.—北京:国际文化出版公司,1995.11.—412页;20cm
ISBN 7-80105-327-3:¥19.80

D691.42　003396
隋唐官制:公元581~907年/王颖楼著.—成都:四川大学出版社,1995.9.—383页;20cm
ISBN 7-5614-1223-1:¥18.00

D691.46　003397
历代金殿殿试鼎甲朱卷/仲光军主编.—石家庄:花山文艺出版社,1995.3.—2册(1098页);26cm
ISBN 7-80611-211-1(精装):¥188.00

D691.9　003398
赌博史/戈春源著.—上海:上海文艺出版社,1995.7.—231页:照片;19cm.—(中国社会民俗史丛书)
ISBN 7-5321-1086-9(精装):¥10.80

D691.9　003399
妓女史/徐君,杨海著.—上海:上海文艺出版社,1995.7.—256页:图;19cm.—(中国社会民俗史丛书)
ISBN 7-5321-1327-2(精装):¥11.20

D691.9　003400
流氓史/陆德阳著.—上海:上海文艺出版社,1995.7.—226页:图;19cm.—(中国社会民俗史丛书)
ISBN 7-5321-1321-3(精装):¥11.20

D691.9　003401
宋明家族制度史论/徐扬杰著.—北京:中华书局,1995.11.—556页;19cm
ISBN 7-101-01210-8:¥23.00

D691.9　003402
中国古代的恶霸/郭英德,过常宝著.—北京:商务印书馆国际有限公司,1995.6.—132页;20cm.—(中国古代生活丛书/李学勤,冯尔康主编)
ISBN 7-80103-018-4:¥10.00

D691.9　003403
中国古代婚姻史研究/董家遵著;卞恩才整理.—广州:广东人民出版社,1995.9.—363页;20cm
ISBN 7-218-01067-9:¥14.80

D691.9　003404
中国吸烟史话/袁庭栋著.—北京:商务印书馆国际有限公司,1995.1.—189页;20cm.—(中国古代生活丛书/李学勤,冯尔康主编)

ISBN 7-80103-013-3:¥10.00

D691.9　003405

中华赌博史/郭双林,肖梅花著.—北京:中国社会科学出版社,1995.10.—425页;20cm

ISBN 7-5004-1719-5:¥15.80

D693　003406

从孙中山到蒋介石:民国最高权力的交替与争夺/郭宝平著.—上海:上海人民出版社,1995.4.—318页;20cm

ISBN 7-208-01942-8:¥10.00

D693.0　003407

三民主义与中国政治/贺渊著.—北京:社会科学文献出版社,1995.2.—257页;20cm.—(中国社会科学院青年学者文库/胡绳主编)

ISBN 7-80050-538-3:¥9.40

D693.0　003408

孙中山民权主义探微/韦杰廷,陈先初著.—桂林:广西师范大学出版社,1995.1.—291页;20cm

ISBN 7-5633-1993-X:¥9.80

D693.2　003409

中华民国政治制度史/林炯如等编著.—上海:华东师范大学出版社,1995.1.—371页;20cm

ISBN 7-5617-1172-7:¥12.60

D693.6　003410

"行政三联制"研究/李琪著.—上海:上海人民出版社,1995.7.—146页;20cm

ISBN 7-208-02010-8:¥8.70

D693.63　003411

民国职官年表/刘寿林等编.—北京:中华书局,1995.8.—1531页;26cm

ISBN 7-101-01320-1(精装):¥140.00

D693.65　003412

军统实录/曹英编.—北京:团结出版社,1995.7.—324页;20cm.—(民国风云秘录丛书)

ISBN 7-80061-735-1:¥13.40

D693.7　003413

西藏封建农奴制度/袁莎著.—北京:五洲传播出版社,1995.9.—43页:照片;19×11cm.—(西藏丛书/金晖主编)

ISBN 7-80113-093-6:¥0.00

D693.71　003414

蒋家王朝的女人外交/南风编著.—北京:中国社会出版社,1995.8.—319页;19cm

ISBN 7-80088-640-9:¥11.60

D693.75　003415

江湖行帮趣话/李玉川著.—北京:北京出版社,1995.4.—304页;19cm

ISBN 7-200-02393-0:¥8.00

D693.75　003416

神棍列传/闻涅主编.—北京:中国文史出版社,1995.1.—185页;19cm.—(近代风云实录)

ISBN 7-5034-0706-9:¥5.50

D693.75　003417

中国帮会大揭秘/张子汉,周永亮主编.—武汉:湖北人民出版社,1995.7.—449页;19cm.—(近现代写真系列)

ISBN 7-216-01741-2:¥15.00

D693.75　003418

镖行述史/方彪著.—北京:现代出版社,1995.6.—321页;19cm

ISBN 7-80028-286-4:¥10.50

D693.9　003419

江湖丛谈/云游客著述;黄秀娴点校.—广州:广东高等教育出版社,1995.9.—422页:图;20cm

ISBN 7-5361-1615-2:¥18.00

D693.9　003420

江湖丛谈/连阔如遗著;贾建国,连丽如整理.—北京:当代中国出版社,1995.4.—557页;20cm

ISBN 7-80092-371-1:¥18.00

D693.9　003421

人在江湖/闻涅主编.—北京:中国文史出版社,1995.1.—183页;19cm.—(近代风云实录)

ISBN 7-5034-0704-2:¥5.40

D696　003422

新民主主义革命理论与三民主义比较研究/董世明著.—长春:东北师范大学出版社,1995.7.—283页;20cm.—(东北师范大学文库)

ISBN 7-5602-1779-6(精装):¥10.00

D73/77 各国政治

D731.260　003423

韩国概论/刘李胜编著.—北京:东方出版社,1995.8.—175页;19cm.—(韩国研究系列丛书/高佩义主编)

ISBN 7-5060-0638-3:¥7.40

D731.260　003424

韩国现代政治论/赵炜编著.—北京:东方出版社,1995.6.—138页;19cm.—(韩国研究系列丛书/高佩义主编)

ISBN 7-5060-0611-1:¥7.00

D731.260-34　003425

韩国研究　第二辑/杭州大学韩国研究所编.—杭州:杭州大学出版社,1995.7.—353页;20cm.—(韩国研究丛书/沈善洪主编)

ISBN 7-81035-839-1(精装):¥18.00

D731.30　003426

大和"超霸"梦/唐晖,梁明著.—北京:时事出版社,1995.8.—167页;19cm.—(新世纪之窗丛书/郭传玲,郭震远主编)

ISBN 7-80009-264-X:¥7.20

D731.30　003427

跨世纪的日本:政治、经济、外交新趋势/刘江永主编.—北京:时事出版社,1995.7.—706页;20cm

ISBN 7-80009-277-1:¥23.40

D731.30　003428

日本改造计划/(日)小泽一郎著;冯正虎,王少普译.—上海:上海远东出版社,1995.3.—181页;20cm

ISBN 7-80514-410-9: ¥15.00

D731.30 003429

日本政治概论/蒋立峰主编.—北京:东方出版社,1995.2.—593页;20cm

ISBN 7-5060-0569-7: ¥21.00

D731.30 003430

世界各国概览系列:日本/孟传良编.—广州:广东教育出版社,1995.10.—163页;19cm

ISBN 7-5406-2802-2: ¥5.50

D731.32 003431

日本资本主义形态研究/严立贤著.—北京:中国社会科学出版社,1995.11.—278页;20cm.—(中国社会科学博士论文文库)

ISBN 7-5004-1748-9(精装): ¥18.00

D731.333 003432

日本公务员制度与经济发展/文海英主编.—北京:中国人事出版社,1995.3.—330页;19cm

ISBN 7-80076-680-2: ¥12.00

D731.38 003433

当代日本社会百面观/(日)镰田慧著;赵平,阿部治平译.—北京:商务印书馆,1995.10.—133页;20cm

ISBN 7-100-01506-5: ¥6.00

①D733.0②F133 003434

腾飞的东盟六国/金湘主编;丁传英等著.—北京:时事出版社,1995.1.—218页;19cm

ISBN 7-80009-257-7: ¥7.20

D733.321 003435

越南的社会主义/古小松著.—北京:人民出版社,1995.10.—236页;20cm

ISBN 7-01-002286-0: ¥15.00

D733.931 003436

新加坡公共行政/陈尤文等主编.—北京:时事出版社,1995.3.—309页;19cm

ISBN 7-80009-274-7: ¥9.50

①D735②F135.04 003437

南亚政治经济发展研究/高鲲,张敏秋主编.—北京:北京大学出版社,1995.3.—413页;20cm

ISBN 7-301-02707-9: ¥13.50

D735.121 003438

印度政治制度研究/林良光主编.—北京:北京大学出版社,1995.12.—276页;20cm

ISBN 7-301-02875-X: ¥14.50

D736.109 003439

探索之路:自传·反思·立场答出版社问/(苏)纳扎尔巴耶夫著;陆兵,王嘉琳译.—乌鲁木齐:新疆人民出版社,1995.8.—228页;19cm

著者原题:努·阿·纳扎尔巴耶夫 内部发行

ISBN 7-228-03629-8: ¥11.88

D737.0 003440

海湾战争后的中东格局/赵国忠主编.—北京:中国社会科学出版社,1995.10.—347页;20cm

ISBN 7-5004-1821-3: ¥18.00

D751.0 003441

东欧剧变的根源与教训/刘祖熙主编.—北京:东方出版社,1995.12.—580页;20cm

ISBN 7-5060-0643-X: ¥25.00

D751.2 003442

克里姆林宫70年内幕/沙舟著.—济南:山东人民出版社,1995.4.—601页:照片;20cm

ISBN 7-209-01731-3: ¥20.80

D751.2 003443

莫斯科落日/刘立云,姜跃著.—兰州:敦煌文艺出版社,1995.4.—2册(753页);20cm

本书包括:上集"红色帝国的崩溃",下集"白宫,最后的炮轰"

ISBN 7-80587-278-3: ¥28.80

D751.20 003444

双头鹰飞向何处:国际舞台上的俄罗斯/闫瑾等著.—北京:时事出版社,1995.8.—223页;19cm.—(新世纪之窗丛书/郭传玲,郭震远主编)

ISBN 7-80009-265-8: ¥9.80

D751.20 003445

总统笔记/(俄)叶利钦(Ельчцн,Б.)著;李垂发等译.—北京:东方出版社,1995.10.—465页:彩照;19cm

书名原文:Заицскй ирезидента　内部发行

ISBN 7-5060-0610-3: ¥35.00

D751.209 003446

俄罗斯的命运/(俄)日里诺夫斯基(Жириновский,В.В.)著;李惠生等译.—北京:新华出版社,1995.2.—289页;20cm

书名原文:О судьбах России

据莫斯科"赖特"出版新闻社1993年版译出

ISBN 7-5011-2707-7: ¥11.00

D751.22 003447

苏联解体前后/俞邃著.—南京:江苏人民出版社,1995.5.—427页:彩照;20cm

ISBN 7-214-01473-4: ¥17.80

D751.236 003448

铁幕:前苏联克格勃人扫描/罗乎编著.—成都:四川人民出版社,1995.6.—367页;20cm.—(世界警察特工丛书)

ISBN 7-220-02880-6: ¥12.00

D751.609 003449

最后的华尔兹:德国统一的回顾与反思/(德)卢夫特(Luft,C.);朱章才译.—北京:中央编译出版社,1995.2.—213页;20cm.—(当代世界与社会主义丛书)

据柏林建设袖珍书籍出版社1992年第2版译出

ISBN 7-80109-057-8: ¥8.50

D751.8 003450

中欧莱茵之邦——德国/陈文奎,李翔德编.—太原:山西人民出版社,1995.11.—96页:彩图;29cm.—(中国人看德国丛书/李翔德,全立祥主编)

ISBN 7-203-03398-8: ¥118.00

D751.809 003451

行动起来,为了德国:走出困境/(德)施密特(Schmidt,H.)著;刘芳本等译.—北京:外语教学与研究出版社,1995.3.—230页;20cm

ISBN 7-5600-0926-3: ¥30.00

D753.069　003452
北欧福利国家剖析/刘玉安著.—济南:山东大学出版社,1995.12.—257页;20cm
ISBN 7-5607-1559-1: ¥9.80

D755.22　003453
葡萄牙的机构及实事/(葡萄牙)马丁斯著(Martins, G.D.O.)著;黄徽现译.—北京:中国文联出版公司,1995.4.—227页;20cm.—(葡萄牙文化丛书)
ISBN 7-5059-2236-X: ¥9.10

D756.09　003454
权力之争:中世纪西欧的君权与教权/王亚平著.—北京:东方出版社,1995.12.—351页;20cm
ISBN 7-5060-0676-6: ¥16.00

D756.123　003455
英国都铎王朝议会研究/刘新成著.—北京:首都师范大学出版社,1995.7.—337页;20cm.—(当代中国学者文库)
ISBN 7-81039-539-4: ¥16.50

D756.164　003456
英国政党制度与主要政党研究/刘建飞著.—北京:中国审计出版社,1995.10.—305页;19cm
ISBN 7-80064-403-0: ¥13.00

D756.19　003457
英国政治制度史/程汉大著.—北京:中国社会科学出版社,1995.7.—435页;20cm
ISBN 7-5004-1790-X: ¥19.60

D756.564　003458
法国左翼联盟的兴衰/侯玉兰著.—北京:中央编译出版社,1995.6.—339页;20cm
ISBN 7-80109-076-4: ¥12.00

①D756.59②K835.657.53　003459
密特朗掌权十年　第二卷:考验:1984~1988年/(法)法维埃(Favier, P.),(法)马丹罗朗(Martin-Rolnd, M.)著;宇泉等译.—北京:世界知识出版社,1995.8.—732页;20cm
ISBN 7-5012-0528-0: ¥30.00

D771.2　003460
给山姆大叔算一卦/林会生著.—北京:时事出版社,1995.8.—231页;19cm.—(新世纪之窗丛书/郭传玲,郭震远主编)
ISBN 7-80009-266-6: ¥9.80

D771.209　003461
超越和平/(美)尼克松(Nixon, R.M.)著;范建民等译.—北京:世界知识出版社,1995.4.—219页;20cm
ISBN 7-5012-0685-6: ¥8.00

D771.22　003462
美国官僚政治:政府机构的行为及其动因/(美)威尔森(Wilson, J.Q.)著;张海涛等译.—北京:中国社会科学出版社,1995.2.—450页;20cm.—(美国研究丛书/资中筠,刘颖主编)
ISBN 7-5004-1639-3(精装): ¥17.50

D771.224　003463
入主白宫之路:美国总统竞选内幕/田作高著.—上海:上海人民出版社,1995.11.—230页;19cm
ISBN 7-208-02054-X: ¥9.50

D771.236　003464
美利坚魔影/华约夫编著.—成都:四川人民出版社,1995.10.—393页;20cm
ISBN 7-220-02986-1: ¥13.80

D771.236　003465
危机:美国国家安全局透视/梁梓编著.—成都:四川人民出版社,1995.9.—373页;20cm.—(世界警察特工丛书)
ISBN 7-220-02878-4: ¥12.00

D771.27　003466
美国的社会保障/(美)罗伯逊(Robertson, A.H.)著;金勇进等译.—北京:中国人民大学出版社,1995.10.—247页;20cm
ISBN 7-300-02050-X: ¥9.80

D771.28　003467
从纽约看美国/程荣进著.—厦门:鹭江出版社,1995.7.—237页;19cm
ISBN 7-80610-190-X: ¥7.00

D771.28　003468
美国社会透视/刘元珍著.—东营:石油大学出版社,1995.6.—376页;20cm
ISBN 7-5636-0701-3: ¥9.80

D8 外交、国际关系

D8-49　003469
概说外交/黄金祺著.—北京:世界知识出版社,1995.11.—167页;19cm.—(世界知识青年丛书)
ISBN 7-5012-0693-7: ¥6.00

D80　003470
国际关系概论/甘肃省马克思主义理论课改革试验教材编写组编.—兰州:甘肃人民出版社,1995.8.—292页;20cm
ISBN 7-226-01529-3: ¥8.50

D80　003471
国际关系学简编/张培义主编.—北京:中国人事出版社,1995.1.—212页;20cm
山东干部函授大学教材
ISBN 7-80076-624-1: ¥6.50

D80　003472
国际战略学概论/高金钿主编.—北京:国防大学出版社,1995.12.—340页;20cm.—(国防大学学科理论文库)
ISBN 7-5626-0725-7: ¥14.50

D80　003473
外事概说/赵丕涛编著.—上海:上海社会科学院出版社,1995.9.—224页;19cm
内部版
ISBN 7-80618-121-0: ¥8.80

D801　003474
广义大战略/吴春秋著.—北京:时事出版社,1995.1.—249页;19cm

ISBN 7-80009-254-2:¥8.50

D81 国际关系

D81 003475

亚太地区国际关系概论/林辉基主编.—济南:山东人民出版社,1995.5.—664页;20cm

ISBN 7-209-01748-8:¥22.00

D813.2 003476

国际风云中的联合国/郭隆隆,俞冠敏编著.—上海:上海教育出版社,1995.7.—251页;19cm

ISBN 7-5320-3950-1:¥6.20

D813.2 003477

联合国机制与改革/袁士槟,钱文荣主编.—北京:北京语言学院出版社,1995.10.—338页;20cm

ISBN 7-5619-0504-1:¥22.00

D813.2 003478

联合国论坛演说精粹/王德华等主编.—南昌:百花洲文艺出版社,1995.12.—528页;20cm.—(世界著名演说文库/陈燮君等主编)

ISBN 7-80579-659-9(精装):¥25.90

D813.2 003479

联合国五十年/李铁城著.—北京:中国书籍出版社,1995.9.—428页;20cm

ISBN 7-5068-0495-6:¥20.00

D813.2 003480

联合国新论/郭隆隆等著.—上海:上海教育出版社,1995.12.—323页;20cm

ISBN 7-5320-4759-8:¥17.90

D813.2 003481

联合国遭逢挑战/王杰主编.—北京:中央编译出版社,1995.1.—331页;20cm

ISBN 7-80109-024-1:¥10.80

①D813.2②D829.1 003482

中国与联合国/甄言主编.—成都:四川人民出版社,1995.10.—206页:照片;29cm

ISBN 7-220-02928-4(精装):¥268.00

D813.7 003483

国际货币基金组织/刘宇飞编著.—北京:中国大百科全书出版社,1995.10.—160页;19cm.—(百卷本世界市场全书/顾海良等主编)

ISBN 7-5000-5586-2:¥9.80

D813.7-65 003484

国际货币基金组织附则和规章:第五版/国际货币基金组织编;中国金融出版社国际金融图书编辑部译.—北京:中国金融出版社,1995.6.—47页;23cm

书名原文:By-Laws Rules and Regulations-International Monetary Fund

ISBN 7-5049-1433-9:¥5.00

D813.7-65 003485

国际货币基金组织协定/国际货币基金组织编;中国金融出版社国际金融图书编辑部译.—北京:中国金融出版社,1995.6.—133页;23cm

书名原文:Articles of Agreement-International Monetary Fund

ISBN 7-5049-1434-7:¥12.00

D814.1 003486

泛非主义与非洲统一组织文选:1900~1990/唐大盾选编.—上海:华东师范大学出版社,1995.9.—334页;20cm

非洲通史资料选辑

ISBN 7-5617-0971-4:¥15.00

D815 003487

全球研究及其哲学思考:"地球村"工程/余谋昌,王兴成著.—北京:中共中央党校出版社,1995.2.—233页;20cm.—(当代哲学前沿问题研究丛书)

ISBN 7-5035-1117-6:¥6.60

D815 003488

争民主的浪潮:1939年的国际/乔冠华著.—北京:中国发展出版社,1995.3.—386页;19cm

ISBN 7-80087-187-8:¥9.80

①D815②I25 003489

联合国出兵纪实/赵兴胜著.—济南:山东画报出版社,1995.12.—246页;照片;20cm

ISBN 7-80603-036-0:¥9.80

D815.2 003490

核扩散:危险与防止/朱明权著.—上海:上海科学技术文献出版社,1995.7.—210页;20cm

ISBN 7-5439-0782-8:¥14.80

D815.2 003491

核危机秘闻录/黄甫生等编著.—上海:上海人民出版社,1995.8.—295页;19cm

ISBN 7-208-02084-1:¥11.50

D815.2 003492

无核武器世界探索/(英)罗特布莱特(Rotblat,J.)等编辑;吴克生等译.—北京:当代世界出版社,1995.4.—200页;20cm

ISBN 7-80115-008-2:¥19.80

D815.4 003493

烽烟散尽看海湾:世界各国对海湾战争和冷战后国际安全的看法/滕建群等编著.—北京:军事科学出版社,1995.11.—142页;20cm.—(军事新视野丛书)

ISBN 7-80021-862-7:¥13.00

D815.5 003494

给地球系上安全带/李庆功著.—北京:时事出版社,1995.8.—249页;19cm.—(新世纪之窗丛书/郭传玲,郭震远主编)

ISBN 7-80009-263-1:¥9.80

D819 003495

西方外交思想史/陈乐民主编.—北京:中国社会科学出版社,1995.9.—414页;20cm

ISBN 7-5004-1726-8:¥20.00

D82 中国外交

D82 003496

中国外交概览　1995/中华人民共和国外交部政策研究室编.—北京:世界知识出版社,1995.12.—722页;20cm

ISBN 7-5012-0751-8(精装):¥40.00

①D82②I25　003497

出使岛国:在南太的风雨岁月/符浩,李同成主编;徐明远著.—北京:中国华侨出版社,1995.4.—218页;19cm.—(中国外交官丛书)

本套丛书6册,总定价:54.00元

ISBN 7-80074-960-6:¥

①D82②I25　003498

第七大陆:外交官世界纪行/符浩,李同成主编.—北京:中国华侨出版社,1995.4.—318页;19cm.—(中国外交官丛书)

本套丛书6册,总定价:54.00元

ISBN 7-80074-960-6:¥

①D82②I25　003499

经天纬地:外交官在联合国/符浩,李同成主编.—北京:中国华侨出版社,1995.4.—282页;19cm.—(中国外交官丛书)

本套丛书6册,总定价:54.00元

ISBN 7-80074-960-6:¥

①D82②I25　003500

开启国门:外交官的风采/符浩,李同成主编.—北京:中国华侨出版社,1995.4.—323页;19cm.—(中国外交官丛书)

本套丛书6册,总定价:54.00元

ISBN 7-80074-960-6:¥

①D82②I25　003501

鹿死谁手:中国外交官在美国/符浩,李同成主编.—北京:中国华侨出版社,1995.4.—288页;19cm.—(中国外交官丛书)

本套丛书6册,总定价:54.00元

ISBN 7-80074-960-6:¥

①D82②I25　003502

外交风云:外交官海外秘闻/符浩,李同成主编.—北京:中国华侨出版社,1995.4.—364页;19cm.—(中国外交官丛书)

本套丛书6册,总定价:54.00元

ISBN 7-80074-960-6:¥

D820　003503

中国的外交政策/张光著.—北京:世界知识出版社,1995.11.—177页;19cm.—(世界知识青年丛书)

ISBN 7-5012-0689-9:¥6.00

①D822②K827.6　003504

两个伟人和两个大国/刘德喜著.—北京:中国档案出版社,1995.10.—469页:照片;20cm

ISBN 7-80019-580-5:¥36.00

D822.33　003505

风雨同舟:东南亚与华人问题/周南京著.—北京:中国华侨出版社,1995.12.—633页;20cm.—(新加坡南洋学会丛书:37)

ISBN 7-80120-021-7:¥28.00

D822.335　003506

90年代中国与南亚国家关系:汉英对照/陈和丰等编.—成都:四川人民出版社,1995.10.—541页;19cm

ISBN 7-220-03001-0:¥16.80

D822.351.2　003507

中苏关系内幕纪实:1949~1984/(英)琼斯(Jones,P.),(英)凯维尔(Kevil,S.)著;郭学德等译.—北京:中国经济出版社,1995.5.—313页:照片;19cm

ISBN 7-5017-2443-1:¥8.50

D822.351.6　003508

亚洲背景下的中德关系/裘元伦,刘立群主编.—北京:社会科学文献出版社,1995.12.—385页;20cm

ISBN 7-80050-714-9:¥18.00

D822.371.1　003509

新开端:加拿大与中华人民共和国:1949~1970/(加拿大)包义文,傅尧乐编;天津师大加研中心译.—郑州:河南人民出版社,1995.9.—373页;19cm

ISBN 7-215-03433-X:¥12.00

D822.371.2　003510

朝鲜战争中的美国与中国/赵学功著.—太原:山西高校联合出版社,1995.11.—321页;20cm

ISBN 7-81032-865-4:¥12.00

D822.371.2　003511

中美关系的新思想和新概念/丁幸豪,(美)罗宾逊主编.—上海:上海教育出版社,1995.12.—275页;20cm

著者原题:托马斯·罗宾逊

ISBN 7-5320-4757-1:¥17.00

D822.371.2　003512

中美交往实录/席来旺编著.—北京:京华出版社,1995.8.—252页;20cm

ISBN 7-80600-105-0:¥9.60

D826　003513

中华人民共和国条约集　第三十八集　1991/中华人民共和国外交部编.—北京:世界知识出版社,1995.10.—483页;20cm

ISBN 7-5012-0739-9(精装):¥24.00

D826　003514

中华人民共和国条约集　第三十六集　1989/中华人民共和国外交部编.—北京:世界知识出版社,1995.10.—534页;20cm

ISBN 7-5012-0617-1(精装):¥26.00

D826　003515

中华人民共和国与公安工作有关的条约汇编/中华人民共和国公安部编.—北京:群众出版社,1995.10.—675页;20cm

ISBN 7-5014-1305-3(精装):¥32.00

D827.58　003516

台湾与前苏联交往秘录/李健编著.—北京:中国社会出版社,1995.9.—2册(757页);20cm

ISBN 7-80088-705-7:¥32.00

D827.61　003517

改革开放中的河南外事/蔡流海主编;改革开放中的河南外事画册编辑委员会编辑.—郑州:河南美术出版社,1995.1.—160页:照片;29cm

ISBN 7-5401-0421-X:¥160.00

D829 003518
没有硝烟的战线:抗战时期的中共外交/王真著.—桂林:广西师范大学出版社,1995.12.—313 页;20cm.—(抗日战争史丛书续编·外交系列/王桧林主编)
ISBN 7-5633-2107-1:¥14.75

D829 003519
中国外交史:中华人民共和国时期:1979~1994/谢益显主编.—郑州:河南人民出版社,1995.7.—277 页;20cm
ISBN 7-215-03470-4(精装):¥13.80

D829 003520
中国外交演义:民国时期/李连庆主编;王俊彦著.—北京:世界知识出版社,1995.8.—548 页:图;20cm
ISBN 7-5012-0634-1:¥21.00

D829 003521
中国外交演义:晚清时期/李连庆主编;高士华,卞修跃著 .—北京:世界知识出版社,1995.8.—327 页;20cm
ISBN 7-5012-0743-7:¥15.00

D829 003522
中国外交演义:新中国时期/李连庆主编;王俊彦著.—北京:世界知识出版社,1995.8.—491 页:图;20cm
ISBN 7-5012-0742-9:¥20.00

D829 003523
中国与联合国:纪念联合国成立五十周年/王杏芳主编.—北京:世界知识出版社,1995.9.—426 页;20cm
ISBN 7-5012-0744-5:¥16.00

D829 003524
崛起的前奏:中共抗战时期对外交往纪实/王庭岳著.—北京:世界知识出版社,1995.2.—427 页;20cm
ISBN 7-5012-0684-8:¥12.50

D829.1 003525
抗日战争时期中国对外关系/陶文钊等著.—北京:中共党史出版社,1995.7.—536 页:照片;20cm.—(国际战略研究基金会战略研究丛书/浦山主编)
ISBN 7-80023-884-9:¥19.50

D829.12 003526
中国抗战损失与战后索赔始末/孟国祥,喻德文著.—合肥:安徽人民出版社,1995.2.—310 页;20cm
ISBN 7-212-01159-2:¥8.50

D829.13 003527
边疆忧患录/车明怀等著.—拉萨:西藏人民出版社,1995.8.—321 页;20cm.—(爱国主义教育丛书)
ISBN 7-223-00890-3:¥11.50

D829.15 003528
国耻备忘录:中国近代史上的不平等条约/何瑜,华立著.—北京:北京教育出版社,1995.2.—476 页;20cm
ISBN 7-5303-0593-X:¥12.00

D829.15 003529
近代中国的条约制度/李育民著 .—长沙:湖南师范大学出版社,1995.9.—464 页;20cm
ISBN 7-81031-455-6:¥11.00

D829.3 003530
中朝韩日关系史研究论丛 (1)/金龟春主编.—延吉:延边大学出版社,1995.8.—315 页;20cm
ISBN 7-5634-0799-5:¥13.00

D829.312 003531
朝鲜的儒化情境构造:朝鲜王朝与满清王朝的关系形态论/黄枝连著.—北京:中国人民大学出版社,1995.1.—518 页;20cm.—(天朝礼治体系研究;下卷)
ISBN 7-300-02006-2:¥15.50

D829.313 003532
当代中日关系:1945~1994/吴学文等著.—北京:时事出版社,1995.8.—468 页;20cm
ISBN 7-80009-273-9:¥18.00

D829.313 003533
唐代中日友好史话/董长君,孔正一编著.—西安:陕西人民出版社,1995.4.—417 页:照片;20cm
ISBN 7-224-00873-7:¥18.00

D829.313 003534
中日关系史考/王勇著.—北京:中央编译出版社,1995.1.—243 页;20cm
ISBN 7-80109-048-9:¥12.00

D829.337 003535
四个时期的中缅关系/(缅)戚基耶基纽著;李秉年,南珍译.—芒市:德宏民族出版社,1995.10.—264 页;19cm
ISBN 7-80525-274-2:¥10.00

D829.5 003536
欧洲与中国/(英)赫德逊(Hudson,G.F.)著;王遵仲等译.—北京:中华书局,1995.4.—303 页;19cm.—(中外关系史名著译丛/谢方主编)
ISBN 7-101-01237-X:¥12.00

D829.512 003537
中俄关系史略:1917 年前/王希隆著.—兰州:甘肃文化出版社,1995.8.—418 页;20cm
ISBN 7-80608-120-8:¥15.00

D829.565 003538
从黄埔条约到巴拉迪尔访华:中法关系:1844~1994/杨元华著.—福州:福建人民出版社,1995.12.—274 页:照片;20cm
ISBN 7-211-02415-1:¥12.80

D829.712 003539
敌对与冲突的由来:美国对新中国的政策与中美关系:1949~1950/时殷弘著.—南京:南京大学出版社,1995.9.—277 页;20cm
ISBN 7-305-02844-4:¥15.00

D829.712 003540
美国对亚太政策的演变:1776~1995/王玮主编;赵学功等著.—济南:山东人民出版社,1995.12.—470 页;20cm
ISBN 7-209-01860-3:¥18.80

D829.712 003541
争吵不休的伙伴:美援与中美抗日同盟/任东来著.—桂林:广西师范大学出版社,1995.12.—287 页;20cm.—(抗日战争史丛书续编·外交系列/王桧林主

编）
ISBN 7-5633-2242-6：￥10.00

D829.712　003542
中国与美国：迈向新世纪的回顾/熊志勇著.—郑州：河南人民出版社，1995.10.—367页；20cm
ISBN 7-215-03545-X：￥16.00

D829.712　003543
中美关系的轨迹：建交以来大事纵览/刘连弟，汪大为编著.—北京：时事出版社，1995.5.—567页；19cm
ISBN 7-80009-258-5：￥15.00

D83/87　各国外交

D831-53　003544
国外学者评斯大林模式/（俄）马尔科维奇等著；李宗禹等译.—北京：中央编译出版社，1995.9.—2册（969页）；20cm.—（当代世界与社会主义丛书）
ISBN 7-80109-018-7：￥38.00

D831.30　003545
从协调外交到自主外交：日本在推行对华政策中与西方列强的关系/武寅著.—北京：中国社会科学出版社，1995.12.—243页；20cm.—（中国社会科学博士论文文库）
ISBN 7-5004-1750-0（精装）：￥16.00

D831.39　003546
战后日本外交史：1945～1994/宋成有等著.—北京：世界知识出版社，1995.12.—635页；20cm.—（战后大国外交史丛书）
ISBN 7-5012-0672-4：￥31.00

D851.22　003547
费德林回忆录：我所接触的中苏领导人/（俄）费德林（Федоренко，Н.Т.）著；周爱琦译.—北京：新华出版社，1995.7.—187页；20cm
ISBN 7-5011-2873-1：￥8.80

D851.29　003548
苏联外交简史/（苏）伊瓦辛（Ивашин，И.Ф.）著；春华等译.—北京：商务印书馆，1995.2.—478页；20cm.—（苏联丛书）
据苏联国家政治书籍出版局1958年版译出
ISBN 7-100-01561-8：￥19.70

D871.12　003549
加拿大与美国关系史纲/杨令侠著.—天津：天津社会科学院出版社，1995.10.—229页；20cm
ISBN 7-80563-374-X：￥12.00

D871.20　003550
梦想与现实：威尔逊"理想主义"外交研究/王晓德著.—北京：中国社会科学出版社，1995.8.—312页；20cm.—（中国社会科学博士论文文库）
ISBN 7-5004-1743-8（精装）：￥19.50

D871.29　003551
美国和拉丁美洲关系史/徐世澄主编.—北京：社会科学文献出版社，1995.4.—320页；20cm
ISBN 7-80050-616-9：￥11.00

D9　法律

D9　003552
1995年全国律师资格考试60天速成/江伟主编.—北京：红旗出版社，1995.4.—829页；26cm
ISBN 7-80068-770-8：￥58.00

D9　003553
上海市技工学校法律常识读本/上海市职业技术培训教研室编.—上海：上海科学普及出版社，1995.6.—207页；19cm
ISBN 7-5427-0996-8：￥5.50

D9-05　003554
法律文化研究/姜剑云主编；上海大学法学院法律文化研究中心编.—西安：陕西人民出版社，1995.12.—288页；20cm.—（上海司法研究所法学丛书）
ISBN 7-224-04011-8：￥11.00

D9-44　003555
《法律》习题集/习题丛书编写组编.—北京：中国商业出版社，1995.6.—2册；19cm.—（中等职业技术学校政治教材习题丛书）
ISBN 7-5044-2366-1：￥6.00

D9-44　003556
法律常识习题册参考答案/全国就业训练统编教材习题册编审组编.—2版.—北京：中国劳动出版社，1995.12.—24页；19cm
全国就业训练统编教材
ISBN 7-5045-1769-0：￥2.00

D9-49　003557
利剑与天平：法律/乔伟主编.—北京：中国华侨出版社，1995.12.—195页；19cm.—（现代科技与人文大观/崔惟琳，潘承洞主编）
ISBN 7-80120-039-X：￥7.60

D9-53　003558
世界著名法庭论辨演说精粹/陈金桂主编.—南昌：百花洲文艺出版社，1995.12.—320页；20cm.—（世界著名演说文库/陈燮君等主编）
ISBN 7-80579-634-3（精装）：￥17.60

D9-53　003559
著名法学家演讲鉴赏/匡吉立主编.—济南：山东人民出版社，1995.10.—240页；20cm.—（世界名人演讲鉴赏丛集/葛谷，武传涛主编）
ISBN 7-209-01768-2（精装）：￥16.80

①D9-53②G649.28-53　003560
中国政法大学中青年教师及学生优秀论文选集/《中国政法大学中青年教师及学生优秀论文选集》编辑组编.—北京：中国政法大学出版社，1995.8.—536页；20cm
ISBN 7-5620-1381-0：￥22.50

D9-61　003561
汉英法律词典/《汉英法律词典》编写组编.—北京：中国商业出版社，1995.4.—1029页；19cm
ISBN 7-5044-2638-5（精装）：￥48.00

D9-62　003562

法官手册/《法官手册》编写组编.—太原:山西人民出版社,1995.2.—928页;20cm.—(法律工作业务丛书)

ISBN 7-203-03319-8:¥26.00

D9-62　　003563

仲裁员手册/赵钧主编;《仲裁员手册》编写组编.—太原:山西人民出版社,1995.2.—776页;20cm.—(法律工作业务丛书)

ISBN 7-203-03324-4:¥21.00

D90　法的理论(法学)

D90　　003564

大学法律基础/肖燕主编.—杭州:杭州大学出版社,1995.8.—449页;20cm

ISBN 7-81035-832-4:¥13.80

D90　　003565

大学生学法简明教程/王久德,杜广春主编.—哈尔滨:黑龙江教育出版社,1995.1.—162页;19cm

ISBN 7-5316-2466-4:¥4.20

D90　　003566

法的现象与观念/孙笑侠著.—北京:群众出版社,1995.9.—278页;19cm

ISBN 7-5014-1360-6:¥10.30

D90　　003567

法理学/马新福主编.—长春:吉林大学出版社,1995.12.—494页;20cm

ISBN 7-5601-1857-7:¥13.50

D90　　003568

法理学/胡秋江,李权主编;西南政法大学教材编委会编.—成都:四川人民出版社,1995.11.—479页;19cm

成人高等法学教材　四川省高等教育自学考试法律专业教材(1)

ISBN 7-220-02965-9:¥12.30

D90　　003569

法律基础/国广泰,王振甲主编.—2版.—哈尔滨:黑龙江教育出版社,1995.8.—279页;19cm

黑龙江省高等学校思想政治教育课统编教材

ISBN 7-5316-1478-2:¥5.20

D90　　003570

法律基础习题与案例分析/李克荣等主编.—北京:北京农业大学出版社,1995.8.—188页;20cm

ISBN 7-81002-718-2:¥6.50

D90　　003571

法律基础知识/易俊主编.—北京:中国人事出版社,1995.12.—369页;20cm.—(安徽省国家公务员录用考试丛书)

ISBN 7-80076-825-2:¥15.40

D90　　003572

法律基础知识教程/刘文普主编;湖南省人事厅组织编写.—海口:海南出版社,1995.4.—250页;19cm

ISBN 7-80617-196-7:¥6.80

D90　　003573

法律逻辑导论/曾庆华著.—贵阳:贵州人民出版社,1995.5.—304页;20cm

ISBN 7-221-03842-2:¥8.00

D90　　003574

法律语言概论/华尔赓等著.—北京:中国政法大学出版社,1995.1.—444页;20cm

ISBN 7-5620-0322-X:¥12.50

D90　　003575

法学概论/公培华等主编.—济南:黄河出版社,1995.8.—341页;20cm

"两课"改革系列教材

ISBN 7-80558-625-X:¥10.60

D90　　003576

法学概论/王太高等主编.—南京:江苏人民出版社,1995.5.—360页;20cm

ISBN 7-214-01476-9:¥12.40

D90　　003577

法学概论/施修华等编著.—上海:中国纺织大学出版社,1995.8.—336页;20cm

ISBN 7-81038-061-3:¥11.00

D90　　003578

法学概论/王志亮等主编.—东营:石油大学出版社,1995.8.—399页;20cm

ISBN 7-5636-0654-8:¥12.80

D90　　003579

法学基础/王世海,王凌云主编.—北京:经济科学出版社,1995.7.—272页;20cm

全国电力高等专科学校教学委员会推荐教材

ISBN 7-5058-0826-5:¥8.50

D90　　003580

法学基础/马占奎主编.—天津:天津人民出版社,1995.10.—207页;20cm

ISBN 7-201-02340-3:¥7.50

D90　　003581

法学基础概论/邹茂仁,高世纲主编.—北京:中国物价出版社,1995.7.—352页;20cm

ISBN 7-80070-483-1:¥9.80

D90　　003582

法学精要:十五年法学研究撷英/沈德咏著.—北京:华艺出版社,1995.10.—362页;20cm

ISBN 7-80039-725-4(精装):¥17.00

D90　　003583

法与公平论/邵诚,刘作翔主编.—西安:西北大学出版社,1995.4.—258页;20cm

ISBN 7-5604-0885-0:¥10.00

D90　　003584

架起法系间的桥梁:东吴比较法研究所成立一周年纪念论文集/杨海坤主编;东吴比较法研究所编.—苏州:苏州大学出版社,1995.3.—322页;20cm.—(东吴法学丛书)

ISBN 7-81037-132-0:¥8.50

D90　　003585

世界法学之最:外国部分/李東主编.—北京:中国法

制出版社，1995.8.—398页；20cm.—（人与法丛书；8/李束主编）
ISBN 7-80083-279-1：￥15.00

D90　003586
市场经济法律基础/钟永城主编.—上海：华东理工大学出版社，1995.12.—351页；20cm
ISBN 7-5628-0640-3：￥14.00

D90　003587
市场经济与法律/魏振瀛，王贵国主编.—北京：北京大学出版社，1995.9.—291页；20cm
ISBN 7-301-02916-0：￥17.50

D90　003588
现代法理学：历史与理论/王果纯著.—长沙：湖南出版社，1995.9.—385页；20cm
ISBN 7-5438-1058-1：￥14.20

D90　003589
新编大学法律通论/朱荣庭等主编.—上海：同济大学出版社，1995.10.—304页；20cm
ISBN 7-5608-1616-9：￥10.50

D90　003590
新编法律基础/卜再元主编.—长沙：湖南科学技术出版社，1995.8.—350页；19cm
ISBN 7-5357-1834-5：￥10.00

D90　003591
新编法学概论/李刚等主编.—北京：群众出版社，1995.10.—381页；19cm
ISBN 7-5014-1329-0：￥11.00

①D90②H0　003592
法律语言与言语研究/姜剑云著.—北京：群众出版社，1995.6.—334页；19cm
ISBN 7-5014-1309-6：￥11.00

D90-05　003593
经济学分析法学：评介及其比较/张乃根著.—上海：三联书店上海分店，1995.1.—255页；20cm.—（当代经济学系列丛书·当代经济学文库/陈昕主编）
ISBN 7-5426-0684-0：￥13.80

D90-34　003594
法制现代化研究　第一卷/公丕祥主编；南京师范大学法制现代化研究中心编.—南京：南京师范大学出版社，1995.6.—451页；20cm
ISBN 7-81047-008-6：￥18.80

D90-41　003595
广播电视大学高等专科注册视听生法学基础理论（法理学）课程考试说明/国家教育委员会高等教育自学考试办公室编.—北京：高等教育出版社，1995.12.—33页；19cm
ISBN 7-04-005758-1：￥1.80

D90-41　003596
四川省高等教育自学考试法学类课程自学考试大纲/四川省高等教育自学考试委员会编审.—成都：四川人民出版社，1995.10.—272页；19cm
ISBN 7-220-02966-7：￥8.00

D90-43　003597
大学法律基础教程/张永烈主编.—上海：上海人民出版社，1995.8.—314页；20cm
ISBN 7-208-02052-3：￥10.00

D90-43　003598
大学法律基础教程/金城等主编.—上海：华东理工大学出版社，1995.9.—434页；20cm
ISBN 7-5628-0603-9：￥15.00

D90-43　003599
大学基础法律教程/韩兆柱等编.—郑州：河南人民出版社，1995.7.—326页；19cm
ISBN 7-215-03512-3：￥10.80

D90-43　003600
法律基础教程/谷春德，陈劳志主编；王承继等撰稿.—2版.—北京：高等教育出版社，1995.8.—319页；20cm
全国高等学校通用教材
ISBN 7-04-005467-1：￥9.00

D90-43　003601
法律基础教程/陈兴华主编.—沈阳：东北大学出版社，1995.8.—277页；19cm
ISBN 7-81006-984-5：￥7.90

D90-43　003602
法律基础教程/邓演平等主编.—长沙：湖南大学出版社，1995.12.—394页；19cm
ISBN 7-81053-018-6：￥16.80

D90-43　003603
法律基础教程/王兆纶主编.—青岛：青岛出版社，1995.12.—294页；20cm
ISBN 7-5436-1360-3：￥11.00

D90-43　003604
法律基础学教程/宋世杰主编.—长沙：国防科技大学出版社，1995.8.—438页；20cm
湖南省普通高等学校规划教材
ISBN 7-81024-342-X：￥14.00

D90-43　003605
简明法学教程/王晓明，孙权主编.—北京：中国档案出版社，1995.7.—341页；20cm
ISBN 7-80019-563-5：￥12.00

D90-43　003606
新编法律基础教程/孙元化等主编.—兰州：甘肃人民出版社，1995.3.—469页；20cm
高等院校试用教材
ISBN 7-226-01461-0：￥12.80

D90-43　003607
新编法律教程/彭新安等主编.—东营：石油大学出版社，1995.4.—302页；20cm
ISBN 7-5636-0602-5：￥9.00

D90-43　003608
新编法学教程/郝隐芳等主编.—沈阳：东北大学出版社，1995.7.—372页；19cm
ISBN 7-81006-971-3：￥8.50

D90-44　003609
法学基础问题解答/李克坚，王平主编.—哈尔滨：黑龙江人民出版社，1995.12.—394页；19cm
法学基础辅导教材

ISBN 7-207-03418-0: ¥12.90

D90-53 **003610**

现代法学论集/李双元主编.—长沙:湖南师范大学出版社,1995.5.—330页;26cm.—(中华法商论丛;1)

ISBN 7-81031-416-5: ¥12.00

D90-61 **003611**

汉维法学词典/艾合买提·马木提主编;吾斯曼·木合买提等编.—乌鲁木齐:新疆人民出版社,1995.12.—912页;20cm

ISBN 7-228-03687-5(精装): ¥29.80

D901 **003612**

立法学/刘和海,李玉福主编.—北京:中国人事出版社,1995.1.—266页;20cm

山东干部函授大学教材

ISBN 7-80076-630-6: ¥6.50

D901 **003613**

立法学教程/周旺生主编.—北京:法律出版社,1995.9.—328页;20cm

成人高等法学教育通用教材

ISBN 7-5036-1160-X: ¥11.50

D904.2 **003614**

中国习惯法论/高其才著.—长沙:湖南出版社,1995.4.—484页;20cm

ISBN 7-5438-0961-3: ¥15.50

D905.1 **003615**

法律责任研究/杜飞进编著 .—西安:陕西人民教育出版社,1995.1.—450页;20cm

ISBN 7-5419-3857-2: ¥12.50

D905.1 **003616**

社会主义法治意识/黄稻主编.—北京:人民出版社,1995.3.—499页;20cm

ISBN 7-01-002035-3: ¥19.00

D909.22 **003617**

中国古代法苑/金钟著.—沈阳:辽宁古籍出版社,1995.5.—189页;19cm.—(中华民族优秀传统文化丛书·常识卷 /胡阿祥,丁炳麟主编)

全套共8册,总定价52.00元

ISBN 7-80507-279-5: ¥0.00

D91 法学各部门

D911-41 **003618**

广播电视大学高等专科注册视听生宪法学课程考试说明/国家教育委员会高等教育自学考试办公室编.—北京:高等教育出版社,1995.12.—24页;19cm

ISBN 7-04-005757-3: ¥1.50

D911.01 **003619**

宪法简明教程/许清主编;国务院军队转业干部安置工作小组办公室组织编写.—北京:中国农业出版社,1995.4.—358页;19cm

ISBN 7-109-04004-6: ¥9.20

D911.01 **003620**

宪法学/王月明主编.—上海:华东理工大学出版社,1995.9.—297页;20cm

ISBN 7-5628-0628-4: ¥11.00

D911.01 **003621**

宪法学/魏定仁主编;全国高等教育自学考试指导委员会组编.—北京:北京大学出版社,1995.12.—264页;20cm

全国高等教育自学考试教材 律师专业

ISBN 7-301-02982-9: ¥9.80

D912.1 **003622**

国际卫生条例 1969:第三次诠释版/世界卫生组织编.—北京:法律出版社,1995.3.—58页;20cm

ISBN 7-5036-1641-5: ¥4.00

D912.1-61 **003623**

国际商务旅行指南:各国入出境须知/彭世勇,曾亦沙编著.—广州:广东人民出版社,1995.5.—202页;19cm.—(跨国生意经)

ISBN 7-218-01750-9: ¥6.80

D912.101 **003624**

道路交通法学概论/张柱庭主编;交通部电视中专教材编审委员会编.—北京:人民交通出版社,1995.12.—269页;19cm

交通部电视中等专业学校试用教材

ISBN 7-114-02285-9: ¥14.20

D912.101 **003625**

戒严与戒严法/刘小兵编著.—北京:中国人民公安大学出版社,1995.5.—298页;19cm

ISBN 7-81011-712-2: ¥7.80

D912.101 **003626**

经济行政法论/王克稳著.—苏州:苏州大学出版社,1995.3.—269页;20cm.—(东吴法学丛书)

ISBN 7-81037-130-4: ¥8.50

D912.101 **003627**

警察法概论/陈肇国,何炬主编.—南宁:广西民族出版社,1995.9.—268页;19cm

学习《人民警察法》教材

ISBN 7-5363-3071-5: ¥7.80

D912.101 **003628**

科技法教程/曹昌祯主编;司法部法学教材编辑部编审.—北京:中国政法大学出版社,1995.1.—378页;20cm

成人高等法学教育通用教材

ISBN 7-5620-1246-6: ¥10.50

D912.101 **003629**

科学技术法学原理/曹昌祯编著.—上海:上海科学技术出版社,1995.10.—229页;19cm

ISBN 7-5323-4095-3: ¥12.90

D912.101 **003630**

平衡与制约——20世纪的教育法/张维平主编.—济南:山东教育出版社,1995.3.—348页;20cm.—(20世纪教育回顾与前瞻丛书/陆有铨主编)

ISBN 7-5328-2135-8(精装): ¥11.35

D912.101 **003631**

行政法学/王恒春主编.—北京:中国人事出版社,1995.1.—288页;20cm

山东干部函授大学教材
ISBN 7-80076-633-0: ¥6.80

D912.101　003632
行政法学/张树义主编.—北京:中国政法大学出版社,1995.8.—313页;19cm
ISBN 7-5620-1387-X: ¥9.50

D912.101　003633
行政法学自学考试题解/姜明安,湛中乐主编.—修订本.—北京:中国政法大学出版社,1995.1.—248页;20cm.—(高等教育法律专业自学考试题解丛书/张国华等主编)
ISBN 7-5620-0975-9: ¥9.50

D912.101　003634
行政法与行政诉讼法学/王恒春编著.—济南:山东大学出版社,1995.12.—379页;20cm
山东干部函授大学教材
ISBN 7-5607-1602-4: ¥12.50

D912.101　003635
行政法与行政诉讼法原理/刘琳,郑来诚主编.—长沙:湖南科学技术出版社,1995.2.—423页;20cm
ISBN 7-5357-1268-1: ¥12.80

D912.101　003636
行政权探索/谢晖著 .—昆明:云南人民出版社,1995.4.—232页;19cm
ISBN 7-222-00980-9: ¥7.00

D912.101　003637
艺术法概要/(美)杜博夫(Duboff, L.D.)著;周林等译.—北京:中国社会科学出版社,1995.4.—200页;20cm.—(美国法学精选丛书/刘颖,吴新平主编)
ISBN 7-5004-1566-4: ¥11.00

D912.101　003638
政府法制论纲:行政法学原理研究/武步云著.—西安:陕西人民出版社,1995.1.—290页;20cm
ISBN 7-224-03773-7: ¥8.40

D912.109　003639
外国保护文化遗产法律文件选编/国家文物局法制处编.—北京:紫禁城出版社,1995.8.—327页;20cm
ISBN 7-80047-166-7: ¥11.00

D912.2　003640
反金融欺诈与金融诈骗/孙丁杰主编.—北京:中国检察出版社,1995.7.—787页;20cm
ISBN 7-80086-298-4: ¥32.00

D912.2　003641
海外基金法规/欧阳卫民主编.—北京:中国国际广播出版社,1995.1.—243页;19cm
ISBN 7-5078-1208-1: ¥8.50

D912.2　003642
金融法实务与规则/《金融法实务与规则》编委会编.—北京:现代出版社,1995.1.—1806页;26cm
ISBN 7-80028-255-4(精装): ¥220.00

D912.201　003643
保险法原理/吴勇敏著.—杭州:杭州大学出版社,1995.11.—394页;20cm
ISBN 7-81035-717-4: ¥13.50

D912.201　003644
财税法教程/刘剑文主编.—北京:法律出版社,1995.7.—318页;20cm
成人高等法学教育通用教材
ISBN 7-5036-1165-0: ¥11.30

D912.201　003645
金融法教程/朱崇实主编.—北京:法律出版社,1995.9.—334页;20cm
成人高等法学教育通用教材
ISBN 7-5036-1167-7: ¥11.70

D912.201　003646
金融法教程/强力主编.—北京:中国政法大学出版社,1995.2.—477页;20cm
政法院校法学通用教材
ISBN 7-5620-1248-2: ¥15.00

D912.201　003647
金融法教程/强力主编.—北京:中国政法大学出版社,1995.2.—477页;20cm
政法院校法学通用教材
ISBN 7-5620-1248-2: ¥13.50

D912.201　003648
金融法通论/裴群国,胡国瑞主编.—郑州:河南人民出版社,1995.12.—890页;20cm
ISBN 7-215-03581-6: ¥40.00

D912.201　003649
商业银行法律实务/《商业银行法律实务》编委会编.—北京:中国商业出版社,1995.5.—435页;19cm
岗位培训系列教材
ISBN 7-5044-3140-0: ¥14.80

D912.201　003650
税法概论/王国华,黄立君编著 .—北京:中国财政经济出版社,1995.3.—425页;19cm
注册会计师自学系列教材
ISBN 7-5005-2814-0: ¥14.30

D912.201　003651
所得税法导论/刘剑文著.—武汉:武汉大学出版社,1995.2.—298页;20cm
ISBN 7-307-01922-1: ¥6.05

D912.201　003652
所得税法实用教程/肖汉奇,郑国生主编.—北京:中国法制出版社,1995.8.—237页;19cm
ISBN 7-80083-230-9: ¥10.00

D912.201　003653
现代银行法律制度/李凌燕著.—北京:中国社会出版社,1995.10.—374页;20cm
ISBN 7-80088-764-2: ¥15.60

D912.201　003654
现代证券法律与实务/李双元,李晓阳主编.—长沙:湖南师范大学出版社,1995.5.—563页;20cm
ISBN 7-81031-418-1: ¥19.80

D912.201　003655
预算法实用教程/肖汉奇,郑国生主编.—北京:中国法制出版社,1995.7.—219页;19cm
ISBN 7-80083-232-5: ¥10.00

D912.201 003656
证券法律制度研究/杨志华著.—北京:中国政法大学出版社,1995.1.—345页;20cm
ISBN 7-5620-1170-2:¥12.00

D912.201 003657
证券交易法教程/顾肖荣主编.—北京:法律出版社,1995.7.—306页;20cm
成人高等法学教育通用教材
ISBN 7-5036-1166-9:¥11.00

D912.29 003658
对外贸易合同及履行/王健编著.—北京:对外贸易教育出版社,1995.3.—204页;19cm
《对外贸易实务运作》系列教学录像片教材
ISBN 7-81000-727-0:¥7.80

D912.29 003659
广告法与广告人/陈全保主编.—武汉:湖北人民出版社,1995.10.—321页;20cm
ISBN 7-216-01763-3:¥14.00

D912.29 003660
宏观经济调控法律制度/王守渝,弓孟谦著.—北京:中国经济出版社,1995.9.—257页;20cm
ISBN 7-5017-3505-0:¥12.50

D912.29 003661
商业秘密法制现状分析及案例/商业秘密法制丛书编辑委员会编.—北京:中国法制出版社,1995.10.—237页;19cm
ISBN 7-80083-273-2:¥10.00

D912.29 003662
英美商法指南/张文博等著.—上海:复旦大学出版社,1995.4.—183页;20cm
ISBN 7-309-01464-2:¥6.00

D912.29 003663
有序运转的规则:论社会主义市场经济法律制度/李学斌主编.—石家庄:河北人民出版社,1995.9.—208页;20cm.(走向市场经济丛书/王东进主编)
ISBN 7-202-01787-3:¥8.80

D912.29 003664
怎样避开商海中的陷阱:商法活用/(日本)LEC·东京法思株式会社编著.—上海:复旦大学出版社,1995.6.—225页;20cm.—(企业、市场与法系列·走向规范:市场经济经营管理技法丛书)
ISBN 7-309-01524-X:¥8.80

D912.29 003665
正当竞争与不正当竞争/雷兴义等编著.—西安:陕西科学技术出版社,1995.11.—255页;19cm
ISBN 7-5369-2386-4:¥9.50

D912.29-44 003666
经济法概论习题集/何香凝主编. 西安:西北大学出版社,1995.9.—348页;19cm
ISBN 7-5604-0941-5:¥11.95

①D912.29-44②F270 003667
企业与市场竞争106问/刘秀山,陈永民主编.—北京:人民法院出版社,1995.9.—320页;19cm.—(现代经济制度与法律丛书;8)
ISBN 7-80056-343-X:¥12.00

D912.29-62 003668
电气与机械工程合同条件应用指南:第三版/国际咨询工程师联合会编;周可荣等译.—北京:航空工业出版社,1995.4.—155页;26cm
ISBN 7-80046-885-2:¥12.00

D912.290.1 003669
产品质量法学研究/李昌麒主编.—成都:四川人民出版社,1995.12.—390页;20cm
ISBN 7-220-03077-0:¥14.50

D912.290.1 003670
各国公平竞争国际惯例/李骏阳,江建清著.—贵阳:贵州人民出版社,1995.12.—304页;20cm.—(国际经济惯例丛书/周成启主编)
ISBN 7-221-03600-4:¥13.90

D912.290.1 003671
各国公司法/朱崇实,李抗著.—贵阳:贵州人民出版社,1995.12.—235页;20cm.—(国际经济惯例丛书/周成启主编)
ISBN 7-221-04033-8:¥9.90

D912.290.1 003672
公司法教程/史际春主编.—北京:中国政法大学出版社,1995.8.—328页;20cm
成人高等法学教育通用教材
ISBN 7-5620-1355-1:¥11.00

D912.290.1 003673
公司法原理/张貌编著.—天津:南开大学出版社,1995.5.—263页;20cm.—(现代公司经济丛书)
ISBN 7-310-00823-5:¥9.00

D912.290.1 003674
广告法实用教程/肖汉奇,郑国生主编.—北京:中国法制出版社,1995.6.—213页;19cm
ISBN 7-80083-229-5:¥10.00

D912.290.1 003675
简明经济法教程/张义国,冯殿美主编.—济南:山东人民出版社,1995.12.—358页;20cm
ISBN 7-209-01856-5:¥12.00

D912.290.1 003676
经济法/中国注册会计师教育教材编审委员会编.—北京:经济科学出版社,1995.8.—456页;20cm
注册会计师专门化系列教材
ISBN 7-5058-0845-1:¥18.10

D912.290.1 003677
经济法/全国注册资产评估师考试辅导教材编写组编.—北京:经济科学出版社,1995.10.—245页;20cm
全国注册资产评估师考试辅导教材之四
ISBN 7-5058-0880-X:¥12.00

D912.290.1 003678
经济法/湖南省中等职业教育教材编审委员会编.—2版(修订版).—长沙:湖南科学技术出版社,1995.10.—351页;19cm
中等职业学校教材
ISBN 7-5357-1164-2:¥8.00

D912.290.1 003679

经济法/陈久奎等主编.—重庆:重庆大学出版社,1995.9.—423页;19cm

ISBN 7-5624-1126-3:¥12.50

D912.290.1　　003680

经济法——国家干预经济的基本法律形式/李昌麒著.—成都:四川人民出版社,1995.12.—503页;20cm

ISBN 7-220-03129-7:¥16.80

D912.290.1　　003681

经济法概论/余子新等主编.—北京:机械工业出版社,1995.3.—399页;19cm

大中专院校试用教材 工科类

ISBN 7-111-04622-6:¥13.80

D912.290.1　　003682

经济法概论/徐士英主编;上海市电视中等专业学校组编.—北京:高等教育出版社,1995.4.—326页;19cm

成人中等专业学校试用教材

ISBN 7-04-005273-3:¥5.70

D912.290.1　　003683

经济法概论/徐杰主编.—北京:北京经济学院出版社,1995.3.—356页;20cm

ISBN 7-5638-0482-X:¥10.00

D912.290.1　　003684

经济法概论/陈书钧等编.—北京:人民邮电出版社,1995.10.—264页;19cm

邮电中等专业学校教材

ISBN 7-115-05594-7:¥7.50

D912.290.1　　003685

经济法概论/葛余敏,邓丽明主编.—北京:金城出版社,1995.9.—379页;20cm

ISBN 7-80084-119-7:¥16.00

D912.290.1　　003686

经济法概论/钟穗珍主编;程倩,蔡彤宇编.—广州:华南理工大学出版社,1995.7.—282页;19cm

高校专科教材

ISBN 7-5623-0883-7:¥8.80

D912.290.1　　003687

经济法概论/贾萌主编.—沈阳:东北大学出版社,1995.10.—265页;20cm

财政系统在职干部培训系列教材

ISBN 7-81006-765-6:¥9.80

D912.290.1　　003688

经济法概论/曲振涛主编.—北京:中国财政经济出版社,1995.8.—365页;20cm

高等财经专科学校试用教材

ISBN 7-5005-2782-9:¥10.80

D912.290.1　　003689

经济法概论/郭庆荪等主编;游训龙等编著.—北京:中国科学技术出版社,1995.9.—428页;19cm

ISBN 7-5046-2023-8:¥15.80

D912.290.1　　003690

经济法概论/李光绪,林淑珍主编.—成都:西南交通大学出版社,1995.9.—304页;19cm

ISBN 7-81022-852-8:¥9.50

D912.290.1　　003691

经济法概论/李振华主编.—北京:中国商业出版社,1995.1.—370页;20cm

ISBN 7-5044-1862-5:¥9.80

D912.290.1　　003692

经济法概论:新编本/任庆功,于华钦主编.—北京:中国轻工业出版社,1995.10.—549页;20cm

中等专业学校轻工专业试用教材

ISBN 7-5019-1771-X:¥17.60

D912.290.1　　003693

经济法概论:重编本/董启培主编;西南政法大学教材编委会编.—成都:四川人民出版社,1995.10.—536页;19cm

成人高等法学教材 四川省高等教育自学考试法律专业教材(7)

ISBN 7-220-02925-X:¥13.60

D912.290.1　　003694

经济法基础/孙春伟主编.—哈尔滨:哈尔滨工程大学出版社,1995.2.—486页;19cm

ISBN 7-81007-530-6:¥11.00

D912.290.1　　003695

经济法教程/庄晓方等主编.—南京:河海大学出版社,1995.9.—399页;19cm

成人大、中专试用教材

ISBN 7-5630-0886-1:¥14.90

D912.290.1　　003696

经济法学/陶和谦主编.—5版.—北京:群众出版社,1995.6.—601页;20cm

高等学校法学教材

ISBN 7-5014-0248-5:¥15.50

D912.290.1　　003697

经济法学/陈善彬等主编.—2版.—北京:中共中央党校出版社,1995.5.—301页;20cm

ISBN 7-5035-1050-1:¥5.80

D912.290.1　　003698

经济法学/郭鸥一主编.—北京:中国商业出版社,1995.4.—375页;20cm

ISBN 7-5044-2769-1:¥11.00

D912.290.1　　003699

票据法的理论与实务/谢石松著.—广州:中山大学出版社,1995.7.—368页;20cm

ISBN 7-306-00992-3:¥12.80

D912.290.1　　003700

票据法知识问答/王连洲等编.—北京:经济科学出版社,1995.7.—301页;20cm

ISBN 7-5058-0833-8:¥12.20

D912.290.1　　003701

破产程序和破产法实体制度比较研究/邹海林著.—北京:法律出版社,1995.1.—408页;20cm.—(中国民商法专题研究丛书/梁慧星主编)

ISBN 7-5036-1606-7:¥20.00

D912.290.1　　003702

破产法教程/顾培东主编.—北京:法律出版社,1995.10.—343页;20cm

高等学校法学教材

ISBN 7-5036-1175-8: ¥11.90

D912.290.1 **003703**

企业法律制度通论/郑家平著.—上海:复旦大学出版社,1995.12.—268页;20cm.—(东吴法学丛书)

ISBN 7-309-01660-2: ¥12.00

D912.290.1 **003704**

实用商法/房绍坤,丁海湖主编.—济南:山东人民出版社,1995.8.—398页;20cm.—(商战法律丛书)

ISBN 7-209-01745-3: ¥15.00

D912.290.1 **003705**

市场法学/董延林等编著.—哈尔滨:黑龙江教育出版社,1995.9.—300页;20cm

ISBN 7-5316-2761-2: ¥12.80

D912.290.1 **003706**

市场管理法概论/万可佳主编.—北京:中国检察出版社,1995.10.—303页;20cm

法学教材

ISBN 7-80086-319-0: ¥16.00

D912.290.1 **003707**

市场经济法概论 上册/刘辉,赵子寅编著.—大连:辽宁师范大学出版社,1995.7.—435页;20cm

ISBN 7-81042-090-9: ¥14.50

D912.290.1 **003708**

现代公司董事法律制度/苏祖耀著.—广州:广州出版社,1995.12.—260页;19cm

ISBN 7-80592-345-0: ¥18.00

D912.290.1 **003709**

现代企业法教程/张刚等著.—西安:陕西人民出版社,1995.8.—354页;19cm

ISBN 7-224-03944-6: ¥8.90

D912.290.1 **003710**

新编经济法概论/安徽财贸学院法学系编.—合肥:安徽大学出版社,1995.8.—317页;20cm

ISBN 7-81052-008-3: ¥11.30

D912.290.1 **003711**

新编经济法概论/贺荣芳主编.—北京:中国政法大学出版社,1995.7.—379页;20cm

ISBN 7-5620-1353-5: ¥13.00

D912.290.1 **003712**

新编经济法基础知识/李明泉主编.—北京:中国财政经济出版社,1995.7.—286页;19cm

国内贸易部教育司推荐中等专业学校教材

ISBN 7-5005-2978-3: ¥8.40

D912.290.1 **003713**

新编经济法教程/李先龙,王建平主编.—成都:西南财经大学出版社,1995.3.—338页;19cm

中等职业技术学校教材

ISBN 7-81017-886-5: ¥7.60

D912.290.1 **003714**

新编经济法教程/韩兴春,翟庆家主编.—武汉:湖北科学技术出版社,1995.8.—422页;20cm

ISBN 7-5352-1727-3: ¥14.80

D912.290.1 **003715**

新编经济法教程/严玉康,金维幸主编.—上海:华东理工大学出版社,1995.12.—356页;20cm

ISBN 7-5628-0621-7: ¥15.00

D912.290.1 **003716**

新编经济法学/王吉法,周延主编.—济南:济南出版社,1995.7.—489页;20cm.—(社会主义市场经济与现代管理丛书)

ISBN 7-80572-990-5: ¥12.00

D912.290.1 **003717**

新编经济法学/徐建国,徐中起主编.—北京:法律出版社,1995.7.—407页;20cm

ISBN 7-5036-1713-6: ¥15.30

D912.290.1 **003718**

新编经济法学/刘汉山,傅冰主编;《新编经济法学》编写组编.—乌鲁木齐:新疆人民出版社,1995.1.—337页;20cm

成人高校试用教材

ISBN 7-228-03238-1: ¥9.80

D912.290.1 **003719**

新编涉外经济法/徐剑红等主编.—北京:法律出版社,1995.7.—336页;20cm

ISBN 7-5036-1723-3: ¥13.40

D912.290.1 **003720**

新编市场经济法/刘士颖主编.—沈阳:东北大学出版社,1995.11.—355页;19cm

ISBN 7-81054-026-2: ¥14.90

D912.290.9 **003721**

当代外国公司法/卞耀武主编.—北京:法律出版社,1995.4.—947页;20cm

ISBN 7-5036-1600-8: ¥31.40

D912.5-62 **003722**

平等协商和集体合同实务手册/郑启清主编.—北京:中国铁道出版社,1995.12.—271页;20cm

ISBN 7-113-02270-7: ¥8.90

D912.501 **003723**

劳动法教程/王昌硕主编.—北京:中国政法大学出版社,1995.9.—327页;20cm

成人高等法学教育通用教材

ISBN 7-5620-1356-X: ¥11.00

D912.501 **003724**

劳动法学/李景森,贾俊玲主编.—北京:北京大学出版社,1995.8.—317页;20cm

高等教育法学教材

ISBN 7-301-02891-1: ¥11.00

①D912.6-53②D913-53 **003725**

民法和环境法的诸问题/王家福,(日)加藤一郎主编.—北京:中国人民大学出版社,1995.12.—413页;20cm

ISBN 7-300-02158-1: ¥15.00

D912.601 **003726**

环境法教程/蔡守秋主编.—北京:法律出版社,1995.8.—328页;20cm

成人高等法学教育通用教材

ISBN 7-5036-1163-4: ¥11.60

D913 **003727**

产权效率论/李会明著.—上海:立信会计出版社,1995.7.—98页;20cm.—(经济新论文丛/伍柏麟主编)
ISBN 7-5429-0294-6:¥6.10

D913　003728
人格权与新闻侵权/王利明,杨立新主编.—北京:中国方正出版社,1995.10.—638页;20cm
ISBN 7-80107-045-3:¥23.50

D913　003729
世界各国知识产权的保护与转让/王振东编著.—北京:中国大百科全书出版社,1995.10.—133页;19cm.—(百卷本世界市场全书/顾海良等主编)
ISBN 7-5000-5536-6:¥9.80

D913　003730
世界各国著作权和邻接权的基本原则:比较法研究/(法)科隆贝著;高凌瀚译.—上海:上海外语教育出版社,1995.7.—198页;20cm
著者原题:克洛德·科隆贝
ISBN 7-81009-983-3:¥10.00

D913　003731
知识产权的法律保护/李强著.—北京:中国政法大学出版社,1995.5.—379页;20cm
ISBN 7-5620-1349-7:¥15.00

D913　003732
知识产权及其价值评估/俞兴保等编著.—北京:中国审计出版社,1995.9.—360页;20cm
ISBN 7-80064-376-X:¥15.00

D913　003733
知识产权与仲裁法律制度/李中正主编.—郑州:河南人民出版社,1995.10.—906页;20cm
ISBN 7-215-03840-8:¥18.00

D913　003734
仲裁法概要/河山,肖水著.—北京:中国法制出版社,1995.6.—185页;19cm
ISBN 7-80083-275-9:¥8.50

D913　003735
仲裁法释论/李汉生等编写.—北京:中国法制出版社,1995.7.—177页;19cm
ISBN 7-80083-281-3:¥13.80

D913-41　003736
高等教育自学考试法律专业民法学自学考试大纲:含考核目标/全国高等教育自学考试指导委员会制订.—北京:北京大学出版社,1995.6.—192页;19cm
ISBN 7-301-02859-8:¥5.20

D913-41　003737
民法学教学大纲/国家教委高教司编.—2版.—北京:北京大学出版社,1995.6.—222页;19cm
高等学校法学教学大纲
ISBN 7-301-02863-6:¥6.50

D913.01　003738
比较民法/靳宝兰著.—北京:中国人民公安大学出版社,1995.6.—275页;20cm
ISBN 7-81011-727-0:¥9.50

D913.01　003739
担保法原理与实务/郭明瑞著.—北京:中国方正出版社,1995.11.—371页;20cm
ISBN 7-80107-055-0:¥15.00

D913.01　003740
合同法比较研究/岳彩申著.—成都:西南财经大学出版社,1995.9.—325页;20cm
ISBN 7-81055-003-9:¥12.80

D913.01　003741
合同法学/刘尧主编.—昆明:云南大学出版社,1995.8.—408页;20cm
ISBN 7-81025-578-9:¥12.50

D913.01　003742
合同法学/刘寿昌主编.—南昌:江西高校出版社,1995.10.—437页;19cm.—(法学丛书/利子平,胡济群主编)
ISBN 7-81033-538-3:¥13.00

D913.01　003743
经济合同法教程/徐杰主编;司法部法学教材编辑部编审.—北京:中国政法大学出版社,1995.3.—264页;20cm
成人高等法学教育通用教材
ISBN 7-5620-1256-3:¥7.90

D913.01　003744
经济合同法教程/高瑞雪编著.—西安:陕西科学技术出版社,1995.8.—396页;20cm
ISBN 7-5369-2353-8:¥12.90

D913.01　003745
民法:重编本/黄名述,黄维惠主编;西南政法大学教材编委会编.—成都:四川人民出版社,1995.10.—556页;19cm
成人高等法学教材·四川省高等教育自学考试法律专业教材(5)
ISBN 7-220-02957-8:¥14.30

D913.01　003746
民法简明教程/张俊浩主编;国务院军队转业干部安置工作小组办公室组织编写.—北京:中国农业出版社,1995.4.—463页;19cm
ISBN 7-109-03990-0:¥12.00

D913.01　003747
民法学/郑立,王作堂主编.—2版.—北京:北京大学出版社,1995.6.—712页;20cm
高等学校文科教材
ISBN 7-301-02870-9:¥16.00

D913.01　003748
民法学/王利明主编.—北京:中央广播电视大学出版社,1995.3.—559页;20cm
中央广播电视大学教材
ISBN 7-304-01165-3:¥13.80

D913.01　003749
民事行为论/万勇,李晓明著.—北京:中国人民公安大学出版社,1995.4.—204页;19cm
ISBN 7-81011-710-6:¥6.00

D913.01　003750
实用民法学/金秀芹,包凤才主编.—哈尔滨:黑龙江教育出版社,1995.9.—542页;19cm

ISBN 7－5316－2759－0：￥9.80

D913.01　003751

世界各国市场合同管理/艾春岐编著.—北京：中国大百科全书出版社，1995.10.—153页；19cm.—(百卷本世界市场全书/顾海良等主编)

ISBN 7－5000－5572－2：￥9.80

D913.01　003752

现代民法学/余能斌，马俊驹主编.—武汉：武汉大学出版社，1995.12.—789页；20cm

ISBN 7－307－02113－7：￥21.80

D913.01　003753

现代民法总论/谢邦宇主编.—长沙：湖南师范大学出版社，1995.7.—283页；20cm.—(湖南师范大学民商法学丛书)

ISBN 7－81031－439－4：￥9.80

D913.01　003754

新经济合同法实用教程/郑国生，肖汉奇主编.—北京：中国法制出版社，1995.7.—306页；19cm

ISBN 7－80083－231－7：￥10.00

D913.01　003755

知识产权：问答与案例/上海市知识产权联席会议办公室编.—上海：百家出版社，1995.7.—160页；20cm

ISBN 7－80576－539－1：￥8.50

D913.01　003756

知识产权保护实务全书/郑成思主编.—北京：中国言实出版社，1995.11.—1614页；26cm

ISBN 7－80128－004－0(精装)：￥258.00

D913.01　003757

知识产权常识读本/宋延军，穆子砺编著.—北京：中国财政经济出版社，1995.6.—322页；19cm

ISBN 7－5005－2837－X：￥9.80

D913.01　003758

知识产权法教程/刘春田主编.—北京：中国人民大学出版社，1995.5.—464页；20cm

ISBN 7－300－01980－3：￥13.50

D913.01　003759

知识产权法新论/吴汉东主编.—武汉：湖北人民出版社，1995.10.—493页；20cm

ISBN 7－216－01762－5：￥16.60

D913.01　003760

知识产权法学/杨荣浩主编.—修订版.—武汉：武汉大学出版社，1995.3.—438页；20cm

ISBN 7－307－01932－9：￥10.00

D913.01　003761

知识产权法学/李永明著.—杭州：杭州大学出版社，1995.12.—588页；20cm

ISBN 7－81035－739－5：￥20.00

D913.01　003762

知识产权法学/刘新熙主编.—南昌：江西高校出版社，1995.10.—399页；19cm.—(法学丛书/利子平，胡济群主编)

ISBN 7－81033－537－5：￥12.00

D913.01　003763

知识产权概论/梅宪华编著.—上海：上海人民出版社，1995.10.—363页；19cm

ISBN 7－208－02053－1：￥13.90

D913.01　003764

知识产权经营管理培训教程/郑成思主编；《知识产权经营管理培训教程》编委会编.—北京：测绘出版社，1995.10.—4册；20cm

ISBN 7－5030－0826－1：￥40.00

①D913.01②F74　003765

知识产权与国际贸易/郑成思著.—北京：人民出版社，1995.8.—572页；20cm

ISBN 7－01－002122－8：￥25.00

D913.01－51　003766

民商法论丛　第3卷　1995年　第1号/梁慧星主编.—北京：法律出版社，1995.10.—505页；20cm

ISBN 7－5036－1722－5：￥26.00

D913.9　003767

西方婚姻法律透析/李益前著.—西安：陕西人民出版社，1995.5.—234页；19cm

ISBN 7－224－00109－0：￥5.30

D913.901　003768

婚姻法学/王歌雅，刘滨编著.—哈尔滨：黑龙江人民出版社，1995.1.—290页；20cm

高等教育法学系列教材

ISBN 7－207－03096－7：￥7.70

D913.901　003769

婚姻家庭法教程/张贤钰主编.—北京：法律出版社，1995.8.—283页；20cm

成人高等法学教育通用教材

ISBN 7－5036－1169－3：￥10.50

D913.901　003770

婚姻家庭法学/陈小君主编.—北京：中国检察出版社，1995.12.—307页；20cm

中南政法学院新编系列教材

ISBN 7－80086－338－7：￥15.00

D914　003771

惩腐反贪各国政府关注的焦点：中外反贪法分解比较/最高人民检察院反贪污贿赂法研究起草小组编.—北京：经济科学出版社，1995.7.—485页；20cm

ISBN 7－5058－0830－3：￥18.80

D914　003772

经济犯罪和侵犯人身权利犯罪研究：中法刑法合作研究项目/高铭暄，(法)戴尔玛斯－玛蒂主编.—北京：中国人民公安大学出版社，1995.9.—416页；20cm.—(中国人民大学国际刑法研究所文库；1)

著者原题：米海依尔·戴尔玛斯－马蒂

ISBN 7－81011－752－1：￥20.50

D914　003773

刑法的修改与完善/马克昌，丁慕英主编.—北京：人民法院出版社，1995.6.—702页；20cm

ISBN 7－80056－246－8：￥20.00

D914　003774

刑法知识/王仲兴编著.—广州：中山大学出版社，1995.3.—331页；19cm.—(法律知识丛书/杨贤坤主编)

ISBN 7-306-00973-7: ¥7.60

D914.01 003775

罚金刑研究/孙力著.—北京:中国人民公安大学出版社,1995.10.—225页;20cm.—(刑事法研究丛书)

ISBN 7-81011-744-0: ¥14.00

D914.01 003776

各国刑法比较研究/朱华荣主编.—武汉:武汉出版社,1995.11.—469页;20cm

ISBN 7-5430-1423-8(精装): ¥18.00

D914.01 003777

死刑通论/胡云腾著.—北京:中国政法大学出版社,1995.1.—331页;20cm

ISBN 7-5620-1165-6: ¥11.50

D914.01 003778

现代刑法学/赵秉志,鲍遂献著.—长沙:湖南师范大学出版社,1995.6.—526页;20cm.—(湖南师范大学民商法学丛书)

ISBN 7-81031-426-2: ¥18.00

D914.01 003779

刑罚通论/马克昌主编.—武汉:武汉大学出版社,1995.12.—862页;20cm.—(武汉大学学术丛书)

ISBN 7-307-02123-4: ¥27.80

D914.01 003780

刑罚专论/赵炳寿主编.—成都:四川大学出版社,1995.4.—392页;20cm

ISBN 7-5614-1147-2: ¥12.00

D914.01 003781

刑法:重编本/董鑫,张炳明主编;西南政法大学教材编委会编.—成都:四川人民出版社,1995.11.—772页;19cm

成人高等法学教材·四川省高等教育自学考试法律专业教材(3)

ISBN 7-220-02818-0: ¥19.60

D914.01 003782

刑法的基础观念/张明楷著.—北京:中国检察出版社,1995.7.—386页;20cm

ISBN 7-80086-312-3: ¥17.00

D914.01 003783

刑法教程/李夕思主编.—重庆:重庆出版社,1995.3.—368页;19cm

ISBN 7-5366-3113-8: ¥12.30

D914.01 003784

刑法教科书/何秉松主编;裴广川等著.—修订版.—北京:中国法制出版社,1995.2.—895页;20cm

ISBN 7-80083-212-0: ¥28.00

D914.01 003785

刑法解释论/李希慧著.—北京:中国人民公安大学出版社,1995.10.—246页;20cm.—(刑事法研究丛书)

ISBN 7-81011-746-7: ¥14.00

D914.01 003786

刑法理论探索/马克昌著.—北京:法律出版社,1995.5.—442页:照片;20cm

ISBN 7-5036-1645-8: ¥29.50

D914.01 003787

刑法学研究新视野/鲍遂献主编.—北京:中国人民公安大学出版社,1995.9.—572页;20cm

ISBN 7-81011-738-6: ¥28.00

D914.01 003788

刑事责任通论/张智辉著.—北京:警官教育出版社,1995.9.—503页;20cm

ISBN 7-81027-684-0: ¥24.00

D914.01-53 003789

刑事立法与司法新问题:全国法院系统第七届学术讨论会优秀论文选/第七届学术讨论会论文评选委员会编.—北京:人民法院出版社,1995.11.—602页;19cm

ISBN 7-80056-370-7: ¥21.00

D915 003790

司法会计学/于朝编著.—太原:山西经济出版社,1995.9.—512页;20cm

ISBN 7-80577-893-0: ¥16.00

D915-61 003791

汉朝法律诉讼用语词典/《汉朝法律诉讼用语词典》编委会编.—延吉:延边人民出版社,1995.7.—721页;20cm

ISBN 7-80599-101-4(精装): ¥30.00

D915.13 003792

诉讼证据学通论/胡锡庆主编.—上海:华东理工大学出版社,1995.9.—306页;20cm

ISBN 7-5628-0619-5: ¥11.50

D915.13 003793

证据学/胡祥福主编.—南昌:江西高校出版社,1995.5.—314页;19cm.—(法学丛书/利子平,胡济群主编)

ISBN 7-81033-497-2: ¥8.10

D915.16 003794

海南省优秀公诉词评析/张连才主编.—海口:海南出版社,1995.10.—293页;20cm

ISBN 7-80617-139-8: ¥20.00

D915.16 003795

经济审判实务/徐五林主编.—北京:中国法制出版社,1995.9.—387页;19cm

ISBN 7-80083-289-9: ¥18.00

D915.16 003796

审讯学/散运贵著.—北京:群众出版社,1995.11.—553页;19cm

内部发行

ISBN 7-5014-1332-0: ¥19.80

D915.16 003797

新编预审学教程/周彤编著.—北京:警官教育出版社,1995.2.—220页;19cm

内部发行

ISBN 7-81027-610-7: ¥6.00

D915.16 003798

刑事附带民事诉讼与自诉案件的审判/王永臣,范春明著.—北京:中国法制出版社,1995.4.—313页;19cm

ISBN 7-80083-219-8: ¥11.00

D915.16 003799

预审学教程/王在山主编.—北京:警官教育出版社,1995.6.—300页;20cm
内部发行
ISBN 7-81027-638-7:¥9.60

D915.18 003800
现代民商程序法原理与实务/毕玉谦主编.—北京:中国法制出版社,1995.11.—613页;20cm
ISBN 7-80083-285-6:¥24.00

D915.201 003801
民事诉讼法简明教程/王敬藩主编;国务院军队转业干部安置工作小组办公室组织编写.—北京:中国农业出版社,1995.4.—388页;19cm
ISBN 7-109-03992-7:¥10.00

D915.3 003802
外国刑事诉讼法学参考资料/王以真主编.—北京:北京大学出版社,1995.11.—569页;20cm
高等学校文科教材
ISBN 7-301-02724-9:¥19.00

D915.3 003803
刑事强制措施制度研究/李忠诚著.—北京:中国人民公安大学出版社,1995.10.—289页;20cm.—(刑事法研究丛书)
ISBN 7-81011-747-5:¥16.00

D915.3 003804
刑事诉讼目的论/宋英辉著.—北京:中国人民公安大学出版社,1995.10.—257页;20cm.—(刑事法研究丛书)
ISBN 7-81011-745-9:¥14.00

D915.301 003805
现代刑事诉讼法学/赵秉志等著.—长沙:湖南师范大学出版社,1995.6.—357页;20cm.—(湖南师范大学民商法学丛书)
ISBN 7-81031-426-2:¥13.80

D915.301 003806
刑事诉讼法简明教程/郑禄主编;国务院军队转业干部安置工作小组办公室组织编写.—北京:中国农业出版社,1995.4.—444页;19cm
ISBN 7-109-03993-5:¥11.40

D915.301 003807
刑事诉讼法教程/陆良民主编.—北京:中国人事出版社,1995.1.—310页;20cm
山东干部函授大学教材
ISBN 7-80076-629-2:¥6.50

D915.33 003808
刑事证据实践研究/薛喜堂著.—北京:法律出版社,1995.2.—221页;20cm.—(东吴法学丛书)
ISBN 7-5036-1506-0:¥11.00

D915.36 003809
刑事审判理论与实践/梁宝俭主编.—北京:中国人事出版社,1995.7.—625页;20cm.—(中国高级法官丛书)
ISBN 7-80076-476-1:¥28.00

D915.36 003810
罪案诉程实务:刑事告诉、申诉、再审问题释解/张文学主编.—北京:人民法院出版社,1995.10.—409页;20cm
ISBN 7-80056-329-4:¥17.00

D915.4 003811
行政案例的方法与应用/万鹏飞编著.—北京:北京大学出版社,1995.10.—286页;19cm
ISBN 7-301-02914-4:¥8.00

D915.401 003812
行政诉讼法学/张国明主编.—南昌:江西高校出版社,1995.5.—340页;19cm.—(法学丛书/利子平,胡济群主编)
ISBN 7-81033-498-0:¥8.70

D916 003813
西方司法制度/王德志,徐进著 .—济南:山东大学出版社,1995.6.—282页;20cm
山东大学法学院系列教材
ISBN 7-5607-1486-2:¥9.80

D916.1-53 003814
全国司法行政获奖论文集/中华人民共和国司法部编.—北京:中国政法大学出版社,1995.1.—465页;20cm
ISBN 7-5620-1184-2:¥16.50

D916.5 003815
律师辩护论/周国均著.—北京:中国人民公安大学出版社,1995.1.—230页;19cm
ISBN 7-81011-667-3:¥6.80

D916.5 003816
律师学/徐静村主编.—成都:四川人民出版社,1995.1.—357页;20cm
高等学校法学教材
ISBN 7-220-00399-4:¥11.50

D916.5 003817
律师职业道德与执业纪律/肖胜喜等编著.—北京:中国政法大学出版社,1995.5.—145页;20cm
全国律师资格考试复习指导用书
ISBN 7-5620-1385-3:¥6.00

D916.5 003818
中外律师制度比较研究/陈宝权等著.—北京:法律出版社,1995.3.—159页;19cm
ISBN 7-5036-1601-6:¥12.00

D916.5-62 003819
律师手册/《律师手册》编写组编.—太原:山西人民出版社,1995.2.—742页;20cm.—(法律工作业务丛书)
ISBN 7-203-03322-8:¥21.00

D916.6 003820
公证新概念/曲永富等著.—哈尔滨:黑龙江人民出版社,1995.1.—152页;19cm
ISBN 7-207-02806-7:¥10.00

D916.7 003821
《监狱学概论》参考资料/邵名正主编.—北京:中国政法大学出版社,1995.4.—358页;20cm
中央广播电视大学教材
ISBN 7-5620-1379-9:¥12.00

D916.7　　003822
监狱法学/潘国和主编.—上海:华东师范大学出版社,1995.10.—214页;20cm
ISBN 7-5617-1448-3:¥10.00

D916.7　　003823
监狱经济管理学/李凤德,律希林主编.—北京:社会科学文献出版社,1995.6.—473页;20cm
ISBN 7-80050-662-2:¥17.50

D916.7　　003824
监狱学概论/邵名正主编.—北京:中国政法大学出版社,1995.4.—260页;20cm
中央广播电视大学教材
ISBN 7-5620-1380-2:¥9.00

D917　　003825
大众法制心理应用/孙毅著.—北京:警官教育出版社,1995.9.—138页;19cm
ISBN 7-81027-691-3:¥7.80

D917　　003826
当代实证犯罪学/周路主编.—天津:天津社会科学院出版社,1995.6.—411页;20cm
ISBN 7-80563-550-1:¥20.00

D917　　003827
德国犯罪学研究探要/徐久生编著.—北京:中国人民公安大学出版社,1995.4.—193页;19cm.—(犯罪与改造研究丛书)
ISBN 7-81011-706-8:¥6.00

D917　　003828
法人犯罪学:现代企业制度下的经济犯罪和超经济犯罪/谢勇著.—长沙:湖南出版社,1995.9.—326页;20cm
ISBN 7-5438-0982-6:¥12.80

D917　　003829
犯罪防治新论/李玉臻著.—太原:山西人民出版社,1995.5.—319页;20cm
ISBN 7-203-03343-0:¥9.00

D917　　003830
犯罪构成系统论/何秉松著.—北京:中国法制出版社,1995.5.—523页;20cm
ISBN 7-80083-268-6:¥25.00

D917　　003831
犯罪新论/熊秉权主编.—武汉:武汉大学出版社,1995.9.—236页;20cm
ISBN 7-307-02030-0:¥7.80

D917　　003832
犯罪心理学/张保平编著.—北京:警官教育出版社,1995.8.—386页;20cm
内部发行
ISBN 7-81027-379-5:¥16.00

D917　　003833
犯罪心理学综合练习手册/程兵,陈华主编.—北京:中国人民公安大学出版社,1995.8.—223页;20cm
内部发行
ISBN 7-81011-358-5:¥5.98

D917　　003834
犯罪学/张绍彦主编.—成都:四川大学出版社,1995.12.—392页;20cm.—(刑事司法专业学术丛书)
ISBN 7-5614-1257-6:¥12.50

D917　　003835
市场经济条件下犯罪与对策/魏平雄等主编.—北京:群众出版社,1995.4.—556页;20cm
ISBN 7-5014-1263-4:¥19.80

D917　　003836
职务犯罪问题研究/黎煜昌等主编.—郑州:河南人民出版社,1995.6.—440页;20cm
ISBN 7-215-00212-8:¥15.00

D917　　003837
罪犯行为学/杜军,钟德馨著.—成都:四川大学出版社,1995.11.—285页;20cm.—(刑事司法专业学术丛书)
ISBN 7-5614-1257-6:¥12.50

D917-61　　003838
犯罪学大辞书 /康树华等主编.—兰州:甘肃人民出版社,1995.4.—1274页;26cm
ISBN 7-226-01435-1(精装):¥198.00

D918　　003839
白衣侦探/叶永烈著.—上海:文汇出版社,1995.1.—161页;19cm.—(叶永烈专列)
ISBN 7-80531-335-0:¥6.70

D918　　003840
犯罪情报学教程/王志华主编.—北京:警官教育出版社,1995.10.—293页;20cm
人民警察高等教育规划教材 内部发行
ISBN 7-81027-700-6:¥13.50

D918　　003841
外国犯罪侦查制度/何家弘编著.—北京:中国人民大学出版社,1995.10.—360页;20cm
ISBN 7-300-02089-5:¥13.30

D918　　003842
刑事侦察学/高福德等主编.—哈尔滨:哈尔滨工程大学出版社,1995.8.—312页;19cm
ISBN 7-81007-583-7:¥10.80

D918　　003843
刑事侦察学通论/程小白,阮国平主编.—北京:群众出版社,1995.10.—554页;19cm
内部发行
ISBN 7-5014-1366-5:¥19.40

D918　　003844
刑侦协作理论与实践/杨海峰,李新科主编.—乌鲁木齐:新疆人民出版社,1995.7.—398页;20cm
ISBN 7-228-03569-0:¥12.00

D918　　003845
侦查与围捕/杨闯主编.—沈阳:白山出版社,1995.12.—195页;19cm
ISBN 7-80566-454-4:¥7.10

D918　　003846
侦查语言学/邱大任著.—北京:中国人民公安大学出版社,1995.12.—421页;20cm
内部发行

ISBN 7-81011-769-6: ¥16.20

①D918②D919　003847

中国法庭科学实用技术新方法/伊婉华编.—北京:中国人民公安大学出版社,1995.11.—581页;20cm

内部发行

ISBN 7-81011-773-4(精装): ¥86.00

D918-41　003848

犯罪情报学自学考试大纲:含考核目标/全国高等教育自学考试指导委员会制订.—北京:警官教育出版社,1995.10.—55页;19cm

人民警察高等教育规划教材 高等教育自学考试刑事侦察专业 内部发行

ISBN 7-81027-714-6: ¥3.90

D918-43　003849

刑事侦察工作教程/董钟行主编;公安部政治部编.—北京:中国人民公安大学出版社,1995.10.—311页;20cm

人民警察中级培训统编教材 内部发行

ISBN 7-81011-764-5: ¥12.20

D918-43　003850

刑事侦察学教程/高春兴,姚寿岭主编.—北京:中国人民公安大学出版社,1995.10.—312页;20cm

内部发行

ISBN 7-81011-772-6: ¥10.00

D918-53　003851

越境犯罪与控制对策:'95香港"越境犯罪与控制对策研讨会"论文集/郭翔等编著.—北京:中国社会科学出版社,1995.10.—135页;20cm

ISBN 7-5004-1822-1: ¥8.00

D918-61　003852

简明刑事侦察实务百科/谷福生等编著.—北京:警官教育出版社,1995.7.—459页;20cm

内部发行

ISBN 7-81027-646-8: ¥18.00

D918-62　003853

侦察预审办案大全/刘焕林主编.—北京:警官教育出版社,1995.4.—1101页;20cm

内部发行

ISBN 7-81027-593-3(精装): ¥59.00

D918.2　003854

刑事技术实验指导/张永胜,高勇主编.—北京:群众出版社,1995.6.—423页;26cm

内部发行

ISBN 7-5014-1310-X: ¥28.00

D918.2　003855

侦查策略与技术学/刘兰芬,许江主编.—北京:中国检察出版社,1995.3.—2册;20cm.—(法律学全书)

ISBN 7-80086-286-0: ¥21.00

D918.3　003856

现代痕迹技术通论/孔春晓主编.—济南:黄河出版社,1995.12.—461页;20cm

内部发行

ISBN 7-80558-639-X: ¥19.80

D918.3-53　003857

'95全国痕迹检验学术研讨会论文集/张书杰主编.—北京:警官教育出版社,1995.8.—573页;20cm

内部发行

ISBN 7-81027-222-5: ¥16.50

D918.4　003858

司法鉴定学/金光正主编.—北京:中国政法大学出版社,1995.7.—367页;20cm

高等政法院校规划教材

ISBN 7-5620-1384-5: ¥12.50

D919　003859

法医临床学/朱小曼主编;顾学安等编著.—广州:暨南大学出版社,1995.12.—337页;26cm

ISBN 7-81029-352-4: ¥28.00

D919　003860

法医学/刘宝城,吴法尧主编.—2版.—长春:长春出版社,1995.12.—211页;26cm

高等医学院校教材

ISBN 7-80604-416-7: ¥18.50

D919　003861

法医学/杨绿君主编.—北京:中国政法大学出版社,1995.8.—319页;20cm

ISBN 7-5620-1354-3: ¥12.00

D919　003862

实用法医人类学简明读本/高生发编著.—北京:中国检察出版社,1995.6.—367页;19cm

ISBN 7-80086-276-3: ¥18.00

D919　003863

应用法医学总论/陈康颐著.—北京:群众出版社,1995.5.—359页;26cm

ISBN 7-5014-1245-6: ¥30.00

D919-62　003864

法医学数据手册/陈禄仕编写.—贵阳:贵州科技出版社,1995.3.—260页;19cm

ISBN 7-80584-451-8: ¥9.00

D919.2　003865

伤残鉴定与保险赔偿/庄洪胜,刘志新主编.—北京:人民法院出版社,1995.11.—351页;20cm.—(伤残鉴定与赔偿实务丛书/庄洪胜,刘志新主编)

ISBN 7-80056-331-6: ¥16.00

D919.4　003866

伤残鉴定与国家赔偿/庄洪胜,刘志新著.—北京:人民法院出版社,1995.11.—512页;20cm.—(伤残鉴定与赔偿实务丛书/庄洪胜,刘志新主编)

ISBN 7-80056-332-4: ¥24.00

D92 中国法律

D92　003867

95律考模拟试卷集解及重点题示/隋健,王旗主编.—北京:中国计划出版社,1995.7.—323页;26cm

ISBN 7-80058-407-0: ¥24.00

D92　003868

法律常识读本/广西壮族自治区劳动厅,广西壮族自

治区司法厅编.—南宁:广西人民出版社,1995.5.—232页;19cm
广西技工学校、就业训练通用教材
ISBN 7-219-02957-8:¥4.00

D92　003869
举报常识/最高人民检察院举报中心编.—北京:中国检察出版社,1995.1.—165页;19cm
ISBN 7-80086-266-6:¥5.80

D92　003870
司法理论与实践/樊期俊等著.—贵阳:贵州人民出版社,1995.6.—192页;19cm
ISBN 7-221-03710-8:¥5.80

①D92②D630.3　003871
国家公务员须知法律及行为规范/游国经,唐代望主编.—北京:人民日报出版社,1995.9.—250页;20cm
ISBN 7-80002-774-0:¥9.80

D92-42　003872
中等师范学校思想政治(试用本)法律常识教学参考书/杨启楠主编;人民教育出版社政治室编.—北京:人民教育出版社,1995.8.—279页;19cm
ISBN 7-107-08180-2:¥5.70

①D92-49②G634.26　003873
少年学法醒世钟/张殿民著.—合肥:安徽少年儿童出版社,1995.12.—296页;19cm
ISBN 7-5397-1192-2:¥8.50

D92-61　003874
新编中国法律日用全书/李昌道主编.—上海:上海人民出版社,1995.10.—1742页;26cm
ISBN 7-208-02037-X(精装):¥140.00

D92-61　003875
中华法学大辞典:民法学卷/佟柔主编.—北京:中国检察出版社,1995.6.—911,64,64页;26cm
ISBN 7-80086-282-8(精装):¥168.00

D92-61　003876
中华法学大辞典:诉讼法学卷/陈光中主编.—北京:中国检察出版社,1995.6.—843,50,64页;26cm
ISBN 7-80086-281-X(精装):¥168.00

D92-61　003877
中华人民共和国法制百科全书/顾明等主编.—长春:吉林人民出版社,1995.9.—2510页;26cm
ISBN 7-206-02326-6(精装):¥185.00

D92-62　003878
新编法律知识实用手册:反腐倡廉/汪永清主编.—北京:中国法制出版社,1995.9.—253页;19cm
ISBN 7-80083-247-3:¥10.00

D92-62　003879
新编法律知识实用手册:房地产、土地管理/杨炳芝,马军编著.—北京:中国法制出版社,1995.9.—290页;19cm
ISBN 7-80083-249-X:¥10.00

D92-62　003880
新编法律知识实用手册:工商、税务/董葆霖主编.—北京:中国法制出版社,1995.9.—443页;19cm
ISBN 7-80083-248-1:¥16.00

D92-62　003881
新编法律知识实用手册:公司、股票、债券/庄穆主编.—北京:中国法制出版社,1995.9.—272页;19cm
ISBN 7-80083-244-9:¥10.00

D92-62　003882
新编法律知识实用手册:国内贸易与市场经济/汪锋主编.—北京:中国法制出版社,1995.9.—328页;19cm
ISBN 7-80083-243-0:¥13.00

D92-62　003883
新编法律知识实用手册:环境与资源保护/孙佑海主编.—北京:中国法制出版社,1995.9.—255页;19cm
ISBN 7-80083-246-5:¥10.00

D92-62　003884
新编法律知识实用手册:金融、审计、会计/赵振华等编著.—北京:中国法制出版社,1995.9.—268页;19cm
ISBN 7-80083-242-2:¥10.00

D92-62　003885
新编法律知识实用手册:民事、行政、刑事诉讼/陈卫东主编.—北京:中国法制出版社,1995.5.—331页;19cm
ISBN 7-80083-251-1:¥13.00

D92-62　003886
新编法律知识实用手册:知识产权/夏叔华,李新新编著.—北京:中国法制出版社,1995.9.—286页;19cm
ISBN 7-80083-245-7:¥10.00

D92-62　003887
政法业务工作指南/王金山等主编.—延吉:东北朝鲜民族教育出版社,1995.11.—1784页;26cm
内部发行
ISBN 7-5437-2466-9(精装):¥160.00

D92-63　003888
中华人民共和国现行法律行政法规目录:1949～1994/国务院法制局编.—北京:中国法制出版社,1995.10.—246页;20cm
ISBN 7-80083-295-3:¥12.00

D920.0　003889
法律的理想与法制理论/刘作翔著.—西安:西北大学出版社,1995.4.—247页;20cm
ISBN 7-5604-0881-8:¥9.60

D920.0　003890
法律基础/清华大学经济法教研室编.—北京:清华大学出版社,1995.3.—247页;20cm
ISBN 7-302-01809-X:¥9.00

D920.0　003891
法律基础/黎军主编.—兰州:甘肃教育出版社,1995.5.—243页;20cm
ISBN 7-5423-0512-3:¥8.50

D920.0　003892
法律基础/郭正清,李建强主编.—保定:河北大学出版社,1995.5.—258页;20cm
河北省高校思想政治教育统编教材
ISBN 7-81028-302-2:¥7.00

D920.0　003893
法律基础/张龙光主编.—5版.—成都:四川教育出

版社,1995.7.—333页;20cm
四川省高校思想政治教育课统编教材
ISBN 7-5408-1158-7: ¥9.17
D920.0 003894
法律基础/何勇,段中旺主编.—广州:华南理工大学出版社,1995.3.—254页;20cm
ISBN 7-5623-0827-6: ¥7.85
D920.0 003895
法律基础教程/许江,冷祥初主编.—修订再版.—苏州:苏州大学出版社,1995.8.—265页;20cm
ISBN 7-81037-152-5: ¥6.30
D920.0 003896
法律基础教程/郑玉田主编.—北京:中国商业出版社,1995.12.—314页;19cm
高等学校教程
ISBN 7-5044-2354-8: ¥9.40
D920.0 003897
法制纵横谈/吴振汉著.—长沙:湖南出版社,1995.11.—282页;20cm
ISBN 7-5438-1107-3: ¥11.50
D920.0 003898
社会主义市场经济法律概要/史浩林等主编.—长春:吉林大学出版社,1995.11.—239页;19cm
ISBN 7-5601-1837-2: ¥7.00
D920.0 003899
新法理学:中国社会主义法制建设的基本理论/王建东著.—杭州:杭州大学出版社,1995.6.—304页;20cm
ISBN 7-81035-687-9: ¥12.00
D920.0 003900
新中国立法概述/顾昂然著.—北京:法律出版社,1995.10.—85页;19cm
ISBN 7-5036-1668-7: ¥5.00
D920.0 003901
中国民主政治的法律化探析/陈绍兴等编著.—北京:法律出版社,1995.12.—268页;20cm
ISBN 7-5036-1804-3: ¥14.50
D920.0 003902
中华法系研究/杨振洪著.—长沙:岳麓书社,1995.4.—330页;20cm
ISBN 7-80520-578-7: ¥12.00
D920.0-53 003903
市场经济与中国法律文化的变革/郝铁川著.—合肥:安徽人民出版社,1995.7.—145页;20cm
ISBN 7-212-01214-9: ¥5.60
D920.5 003904
"二五"普法商品流通专业法规考核验收指南/国内贸易部编.—北京:中国商业出版社,1995.3.—214页;19cm
ISBN 7-5044-1782-3: ¥4.90
D920.5 003905
大学生实用法律知识读本/苏一星编著.—兰州:甘肃民族出版社,1995.8.—237页;19cm
ISBN 7-5421-0391-1: ¥8.20
D920.5 003906
大众法律/杨鹏等编.—福州:福建人民出版社,1995.3.—195页;19cm
ISBN 7-211-02209-4: ¥4.70
D920.5 003907
当前民法经济法的热点问题/梁书文主编.—北京:人民法院出版社,1995.2.—480页;20cm
ISBN 7-80056-283-2: ¥15.00
D920.5 003908
法制化:社会主义市场经济的科学轨道/王尧德等主编.—兰州:甘肃人民出版社,1995.9.—329页;20cm
ISBN 7-226-01551-X: ¥9.80
D920.5 003909
个体私营经济实用法律问答/辽宁省工商行政管理局法制处编.—沈阳:辽宁人民出版社,1995.6.—174页;19cm
ISBN 7-205-03348-9: ¥8.00
D920.5 003910
公民法律全书/王牧主编.—北京:中国大百科全书出版社,1995.3.—765页;26cm
ISBN 7-5000-5464-5(精装): ¥68.00
D920.5 003911
联系与区别:新编法律知识400题/王占军主编.—北京:中国人民大学出版社,1995.6.—430页;20cm
ISBN 7-300-02110-7: ¥12.00
D920.5 003912
女性面临的法律问题/李明舜等编著.—北京:中国妇女出版社,1995.9.—132页;19cm
ISBN 7-80016-752-6: ¥5.50
D920.5 003913
企业家法律实务手册/倪维尧主编;上海市人民检察院编.—上海:上海远东出版社,1995.12.—483页;28cm.—(社会主义市场经济实务手册系列)
ISBN 7-80613-195-7(精装): ¥90.00
D920.5 003914
人民法院案例选　1994年　第四辑(总第10辑)/最高人民法院中国应用法学研究所编.—北京:人民法院出版社,1995.3.—198页;20cm
ISBN 7-80056-287-5: ¥7.00
D920.5 003915
人民法院案例选　1995年　第二辑(总第12辑)/最高人民法院中国应用法学研究所编.—北京:人民法院出版社,1995.10.—195页;20cm
ISBN 7-80056-314-6: ¥7.00
D920.5 003916
人民法院案例选　1995年　第三辑(总第13辑)/最高人民法院中国应用法学研究所编.—北京:人民法院出版社,1995.12.—196页;20cm
ISBN 7-80056-349-9: ¥9.00
D920.5 003917
人民法院案例选　1995年　第一辑(总第11辑)/最高人民法院中国应用法学研究所编.—北京:人民法院出版社,1995.6.—197页;20cm
ISBN 7-80056-297-2: ¥7.00
D920.5 003918

人与法的故事/秦茹,翌翔编著.—兰州:甘肃教育出版社,1995.11.—197页;19cm

ISBN 7-5423-0568-9:¥6.50

D920.5　　003919

涉法行为简析/王振甲主编.—哈尔滨:哈尔滨出版社,1995.9.—224页;19cm

黑龙江省高等学校思想教育课程统编教材 教学参考用书

ISBN 7-80557-919-9:¥7.00

D920.5　　003920

社会主义市场经济基本法律概览/徐杰主编.—北京:中国方正出版社,1995.10.—572页;20cm

ISBN 7-80107-042-9:¥17.80

D920.5　　003921

随身律师/伍春明,赵金编著.—广州:暨南大学出版社,1995.12.—468页;19cm

ISBN 7-81029-456-3:¥20.00

D920.5　　003922

未雨绸缪/邹庚壬主编.—济南:黄河出版社,1995.4.—267页;20cm

基层法纪系列教育讲座

ISBN 7-80558-588-1:¥6.80

D920.5　　003923

新中国司法解释大全:1992~1994/梁国庆主编.—北京:中国检察出版社,1995.1.—1231页;26cm

ISBN 7-80086-255-0(精装):¥89.00

D920.5　　003924

以案说法630例/朱购良等编著.—长沙:湖南出版社,1995.10.—459页;20cm

ISBN 7-5438-1077-8:¥16.80

D920.5　　003925

中华人民共和国法律集注新编:1992~1994/杨炳芝等主编;全国人大常委会法制工作委员会刑法室,国务院法制局研究室编.—北京:中国法制出版社,1995.9.—1335页;26cm

ISBN 7-80083-225-2(精装):¥200.00

D920.5　　003926

中华人民共和国法律释义全书:民商法律卷/邹瑜主编.—北京:法律出版社,1995.11.—1022页;20cm

ISBN 7-5036-1587-7(精装):¥58.00

①D920.5②D441　　003927

当代职业女性犯罪录/王爱平编著.—北京:中国检察出版社,1995.1.—214页;19cm.—(当代职业女性丛书/侯梅先,赵健杰主编)

全套8册,总定价:38.80元

ISBN 7-80086-264-X:¥0.00

①D920.5②D924.02　　003928

中国古代断案智谋/陈霞村编著.—北京:北京科学技术出版社,1995.1.—126页;19cm.—(中国历史知识全书·灿烂文化/朱仲玉主编)

ISBN 7-5304-1669-3:¥3.90

D920.9　　003929

常用法律手册/《常用法律手册》编辑组编.—修订版.—北京:中国政法大学出版社,1995.8.—345页;19cm

ISBN 7-5620-0633-4:¥8.80

D920.9　　003930

党纪政纪法纪常用法规　(四)/李振喜主编;中共陕西省纪律检查委员会,陕西省监察厅编.—西安:陕西人民出版社,1995.7.—2册;20cm

ISBN 7-224-03921-7:¥50.00

D920.9　　003931

法人手册:全民、集体、个体公司经营活动及劳动者权益保护实用法规/《法人手册》编辑组编.—成都:西南交通大学出版社,1995.10.—274页;19cm

ISBN 7-81022-850-1:¥9.80

D920.9　　003932

干部常用法律学习手册/山东省普及法律常识办公室编.—济南:山东人民出版社,1995.2.—539页;20cm

ISBN 7-209-01690-3:¥10.00

D920.9　　003933

公民常用法律手册:1995年版/司法部宣传司编.—北京:法律出版社,1995.3.—835页;13cm

ISBN 7-5036-1623-7:¥10.50

D920.9　　003934

化学危险物品安全管理法规标准选编/公安部消防局编.—北京:中国人民公安大学出版社,1995.6.—293页;20cm

ISBN 7-81011-740-8:¥9.50

D920.9　　003935

破坏性地震应急条例.—北京:地震出版社,1995.3.—12页;20cm

ISBN 7-5028-1220-2:¥1.50

D920.9　　003936

全国律师资格考试必读法律法规汇编/中国律师资格考试中心审定.—北京:法律出版社,1995.5.—2册(1663页);20cm

全国律师资格考试复习指导用书

ISBN 7-5036-1584-2:¥53.00

D920.9　　003937

人民警察常用法规选编/中华人民共和国公安部编.—北京:警官教育出版社,1995.4.—736页;13cm

ISBN 7-81027-592-5(精装):¥13.60

D920.9　　003938

审判工作常用法律司法解释汇编/人民法院出版社书籍编辑室手册编写组编.—修订本.—北京:人民法院出版社,1995.3.—1015页;19cm

ISBN 7-80056-289-1:¥30.00

D920.9　　003939

司法文件选:1993年1月~12月/最高人民法院研究室编.—北京:人民法院出版社,1995.7.—577页;19cm.—(司法工作丛书)

ISBN 7-80056-294-8(精装):¥18.00

D920.9　　003940

司法文件选:1994年1月~12月/最高人民法院研究室编.—北京:人民法院出版社,1995.4.—584页;19cm.—(司法工作丛书)

ISBN 7-80056-295-6(精装)：¥18.00

D920.9　　003941

司法文件选：1995年1月~12月/最高人民法院研究室编.—北京：人民法院出版社，1995.12.—1册；19cm.—(司法工作丛书)

ISBN 7-80056-374-X(精装)：¥25.00

D920.9　　003942

新编厂长经理实用经济法律全书/苏德永主编；《新编厂长经理实用经济法律全书》编委会编.—2版(修订本.—北京：中国检察出版社，1995.8.—1812页；26cm

ISBN 7-80086-275-5(精装)：¥198.00

D920.9　　003943

新编中华人民共和国常用法律法规全书/司法部法学教材编辑部审定.—北京：中国法制出版社，1995.4.—1496页；20cm

ISBN 7-80083-218-X(精装)：¥58.00

D920.9　　003944

新法选编　第三辑/宁夏法制建设领导小组办公室编.—兰州：兰州大学出版社，1995.5.—144页；20cm

全区普法教育统一教材

ISBN 7-311-00876-X：¥3.00

D920.9　　003945

新法选编　第一辑/宁夏法制建设领导小组办公室编.—2版.—银川：宁夏人民出版社，1995.6.—150页；19cm

全区普法教育统一教材

ISBN 7-227-01486-X：¥2.80

D920.9　　003946

中华人民共和国法规汇编：1994年1月~12月/国务院法制局编.—北京：中国法制出版社，1995.6.—1053页；20cm

ISBN 7-80083-238-4(精装)：¥86.00

D920.9　　003947

中华人民共和国法律法规：活页/全国人大常委法制工作委员会编.—北京：法律出版社，1995.12.—9卷；24cm

ISBN 7-5036-1588-5(羊皮精装)：¥10400.00

D920.9　　003948

中华人民共和国法律汇编　1994/全国人民代表大会常务委员会法制工作委员会编.—北京：人民出版社，1995.2.—217页；22cm

ISBN 7-01-002165-1：¥19.00

D920.9　　003949

中华人民共和国法律全书：增编本　1994(5)/王怀安等主编.—长春：吉林人民出版社，1995.9.—1732页；26cm

ISBN 7-206-02275-8(精装)：¥168.00

D920.9　　003950

中华人民共和国新法规汇编　1995　第三辑/国务院法制局编.—北京：中国法制出版社，1995.11.—295页；19cm

ISBN 7-80083-236-8：¥10.00

D920.9　　003951

最新单行法合订本　(一).—北京：法律出版社，1995.4.—113页；20cm

ISBN 7-5036-1659-8：¥4.50

D920.9　　003952

最新民事商事法律实务/栾兆安，刘新华主编.—北京：企业管理出版社，1995.1.—515页；20cm

ISBN 7-80001-494-0：¥20.00

D921　　003953

公民的权利与义务/全国人大常委会法制工作委员会审定.—北京：法律出版社，1995.4.—516页；19cm

ISBN 7-5036-1629-6：¥14.80

D921　　003954

中华人民共和国全国人民代表大会和地方各级人民代表大会选举法·中华人民共和国地方各级人民代表大会和地方各级人民政府组织法.—北京：法律出版社，1995.3.—72页；20cm

ISBN 7-5036-1648-2：¥3.50

D921　　003955

中华人民共和国宪法·中华人民共和国国旗法·中华人民共和国国徽法.—北京：中国法制出版社，1995.1.—52页；19cm

ISBN 7-80083-216-3：¥3.00

D921-62　　003956

中国公民手册/王晨主编.—北京：光明日报出版社，1995.12.—145页；19cm

ISBN 7-80091-749-5：¥4.80

D921.01　　003957

宪法学/王月明主编.—上海：华东理工大学出版社，1995.9.—297页；20cm

ISBN 7-5628-0628-4：¥11.00

D921.01　　003958

中国宪法教程/徐至善主编.—昆明：云南大学出版社，1995.8.—333页；20cm

ISBN 7-81025-524-X：¥9.50

D921.01-41　　003959

宪法学自学考试大纲：含考核目标/全国高等教育自学考试指导委员会制订.—北京：北京大学出版社，1995.12.—46页；19cm

全国高等教育自学考试教材 律师专业

ISBN 7-301-02983-7：¥2.50

D921.04　　003960

宪法/李新民主编；《宪法》编写组编.—北京：群众出版社，1995.6.—135页；20cm

人民警察中等教育规划教材 内部发行

ISBN 7-5014-1323-1：¥4.50

D921.04　　003961

宪法：重编本/郑全咸，姚登魁主编；西南政法大学教材编委会编.—成都：四川人民出版社，1995.11.—445页；19cm

成人高等法学教材·四川省高等教育自学考试法律专业教材(2)

ISBN 7-220-02837-7：¥11.60

D921.05　　003962

选举法和地方组织法释义与解答/乔晓阳，张春生主

编.—北京:北京出版社,1995.8.—609页;20cm
ISBN 7-200-02737-5:¥22.00

D921.11 003963
论人大代表的作用/广东省人民代表大会制度研究会,深圳市宝安区万丰村村委会主编.—广州:广东高等教育出版社,1995.2.—240页;20cm
ISBN 7-5361-1598-9:¥11.00

D921.114 003964
人大代表工作手册/徐志成主编.—贵阳:贵州人民出版社,1995.8.—323页;19cm
ISBN 7-221-03844-9:¥8.75

D921.115 003965
人民代表大会制度法律问答/全国人大常委会办公厅研究室编.—北京:中国民主法制出版社,1995.9.—111页;19cm
ISBN 7-80078-147-X:¥5.00

D921.29 003966
选举工作法律法规选编/山东省人大常委会法制工作室、人事代表工作室编.—济南:山东人民出版社,1995.10.—140页;20cm
ISBN 7-209-01827-1:¥4.50

D921.8 003967
辉煌的十年:纪念《中华人民共和国民族区域自治法》颁布实施十周年/全国人大民族委员会编.—北京:中国民主法制出版社,1995.3.—403页;20cm
ISBN 7-80078-131-3:¥16.80

D922.1 003968
人大与妇女权益保障/全国人大内务司法委员会妇女儿童专门小组、妇女儿童室编.—北京:中国妇女出版社,1995.7.—451页;19cm
ISBN 7-80016-734-8:¥18.00

D922.101 003969
《进出境动植物检疫法》的理论和实务/房维廉主编.—北京:中国农业出版社,1995.3.—662页;20cm
ISBN 7-109-03938-2:¥22.00

D922.104 003970
海峡两岸法律制度比较:行政法/陈章干主编.—厦门:厦门大学出版社,1995.12.—400页;20cm.—(台湾研究丛书)
ISBN 7-5615-1143-4:¥14.50

①D922.105②D922.145 003971
中华人民共和国国家赔偿法、中华人民共和国治安管理处罚条例问答/刘伯祥等编.—北京:警官教育出版社,1995.4.—144页;13cm
ISBN 7-81027-621-2:¥3.60

D922.109 003972
"三乱"治理与收费管理法规汇编/审计署法规司编.—北京:中国审计出版社,1995.6.—677页;20cm
ISBN 7-80064-369-7:¥19.50

D922.109 003973
中华人民共和国现行法律行政法规汇编:1949~1994/国务院法制局编.—北京:中国法制出版社,1995.8.—2册(2376页);26cm
ISBN 7-80083-204-X(精装):¥400.00

D922.11 003974
党政领导干部选拔任用、收入申报、礼品登记及最新反腐败政策法规手册/"干部人事及廉政法制建设研究"课题组编.—北京:中国人事出版社,1995.7.—274页;19cm
内部发行
ISBN 7-80076-704-3:¥9.80

D922.11 003975
国家公务员暂行条例·国家公务员奖励暂行规定·国家公务员辞职辞退暂行规定.—北京:中国法制出版社,1995.9.—52页;19cm
ISBN 7-80083-293-7:¥3.00

D922.111 003976
保密法学总论/高格,韩立朝主编.—北京:金城出版社,1995.1.—225页;20cm
ISBN 7-80084-092-1:¥6.00

D922.111-43 003977
国家赔偿法教程/田敏全等主编.—北京:警官教育出版社,1995.4.—252页;19cm
ISBN 7-81027-616-6:¥10.00

D922.114 003978
国家赔偿法实用全书/罗干等编著.—北京:中国商业出版社,1995.10.—583页;20cm
ISBN 7-5044-1836-6(精装):¥58.00

D922.114 003979
国家刑事赔偿手册/最高人民法院赔偿委员会办公室编.—北京:人民法院出版社,1995.11.—1158页;20cm
ISBN 7-80056-350-2:¥48.00

D922.115 003980
《中华人民共和国国家赔偿法》释义/杨向荣主编.—天津:天津教育出版社,1995.10.—88页;19cm
ISBN 7-5309-2331-5:¥5.00

D922.115 003981
国家赔偿法实用题解/陈永达主编.—南京:南京出版社,1995.1.—236页;20cm
ISBN 7-80614-082-4:¥7.90

D922.12 003982
国防法立法理论研究/雷渊深,朱阳明主编.—北京:军事科学出版社,1995.10.—312页;20cm
ISBN 7-80021-885-6:¥15.50

D922.14 003983
高速公路交通管理办法/公安部交通管理局编.—北京:中国人民公安大学出版社,1995.1.—58页;13×10cm
ISBN 7-81011-695-9:¥2.60

D922.14 003984
中华人民共和国公民出境入境管理法实施细则·中华人民共和国外国人入境出境管理法实施细则.—北京:法律出版社,1995.3.—25页;20cm
ISBN 7-5036-1650-4:¥2.00

D922.14 003985
中华人民共和国人民警察法.—北京:群众出版社,1995.7.—16页;19cm

ISBN 7－5014－1362－2：¥1.00

①D922.14②U471　003986

交通法规与安全驾驶/杨庆文，李兵主编.—北京：人民交通出版社，1995.3.—228页；26cm

汽车驾驶员培训教材

ISBN 7－114－02075－9：¥12.50

D922.141　003987

人民警察法导论/惠生武主编.—西安：西北大学出版社，1995.5.—294页；20cm

ISBN 7－5604－0903－2：¥9.80

D922.141　003988

人民警察法教程/毛志斌主编.—郑州：河南人民出版社，1995.8.—249页；19cm

ISBN 7－215－03485－2：¥7.80

D922.144　003989

监狱法问答/朱济民主编.—上海：上海社会科学院出版社，1995.5.—216页；19cm

ISBN 7－80618－092－3：¥6.30

D922.144　003990

学习人民警察法问答/郝赤勇主编.—北京：警官教育出版社，1995.4.—350页；19cm

ISBN 7－81027－615－8：¥9.80

D922.144　003991

中华人民共和国人民警察法讲话/徐秀义主编.—北京：警官教育出版社，1995.4.—270页；19cm

ISBN 7－81027－617－4：¥10.00

D922.144　003992

中华人民共和国人民警察法讲话/高浣月主编.—北京：中国检察出版社，1995.3.—208页；19cm

ISBN 7－80086－288－7：¥8.00

D922.145　003993

《中华人民共和国人民警察法》实用问题解析/全国人大常委会法工委刑法室编写.—北京：中国民主法制出版社，1995.4.—301页；19cm

ISBN 7－80078　133－X：¥10.00

D922.145　003994

治安案件立案处罚标准和处罚依据的解释及常用法规汇览/王凤海等主编.—北京：中国人民公安大学出版社，1995.12.—540页；20cm

内部发行

ISBN 7－81011－766－1：¥18.60

D922.145　003995

治安管理处罚新编/夏公义编著.—郑州：河南人民出版社，1995.1.—369页；19cm

ISBN 7－215－00144－8：¥8.90

D922.145　003996

中华人民共和国人民警察法释义/罗锋主编.—北京：群众出版社，1995.4.—234页；19cm

ISBN 7－5014－1315－0：¥8.00

D922.149　003997

中华人民共和国交通法规汇编　1993/中华人民共和国交通部编.—北京：人民交通出版社，1995.12.—787页；20cm

ISBN 7－114－02157－7(精装)：¥50.00

D922.151　003998

民族区域自治法教程/杨侯第主编.—北京：法律出版社，1995.6.—297页；20cm

成人高等法学教育通用教材

ISBN 7－5036－1161－8：¥10.70

D922.16　003999

浙江省文化市场管理条例.—杭州：浙江人民出版社，1995.11.—13页；19cm

ISBN 7－213－01324－6：¥0.90

D922.16　004000

中华人民共和国教育法.—北京：法律出版社，1995.4.—20页；20cm

ISBN 7－5036－1658－X：¥2.00

D922.16　004001

中华人民共和国教育法.—北京：教育科学出版社，1995.4.—74页；20cm

ISBN 7－5041－1522－3：¥4.00

D922.16　004002

中华人民共和国教育法·中华人民共和国义务教育法·中华人民共和国教师法.—北京：中国法制出版社，1995.4.—100页；19cm

ISBN 7－80083－262－7：¥4.00

D922.16　004003

中华人民共和国食品卫生法/全国人大常委会法制工作委员会经济法室等编.—北京：中国商业出版社，1995.11.—17页；19cm

ISBN 7－5044－3087－0：¥2.00

D922.16　004004

中华人民共和国体育法.—北京：法律出版社，1995.10.—13页；20cm

ISBN 7－5036－1745－4：¥2.00

D922.16　004005

中华人民共和国体育法·全民健身计划纲要.—北京：中国法制出版社，1995.9.—28页；19cm

ISBN 7－80083－304－6：¥2.00

D922.161　004006

教育法学/周在人主编；江苏省中小学教师自学考试中小学教育管理专业教材编写组编.—苏州：苏州大学出版社，1995.9.—325页；20cm

江苏省中小学幼儿园教师自学考试系列教材

ISBN 7－81037－171－1：¥9.80

D922.164　004007

《中华人民共和国教育法》学习讲座/贾本乾，王可植主编.—成都：四川教育出版社，1995.5.—188页；19cm

ISBN 7－5408－2714－9：¥3.00

D922.164　004008

教育法学习宣传辅导/全国人大教科文卫委员会教育研究室编.—北京：高等教育出版社，1995.4.—309页；19cm

ISBN 7－04－005471－X：¥6.50

D922.164　004009

深圳经济特区文化市场管理手册：管理者、经营者和演职人员必读/王跃编著.—北京：科学出版社：龙门书局，1995.6.—323页；20cm

ISBN 7-03-004924-1: ¥12.40

D922.164 004010

中国教育的法律基石:《中华人民共和国教育法》知识教程/尹宗利,刘旺洪主编.—南京:南京师范大学出版社,1995.5.—207页;19cm

ISBN 7-81047-000-0: ¥4.50

D922.164 004011

中华人民共和国教育法辅导讲话/全国人大常委会法制工作委员会研究室编写组编.—北京:教育科学出版社,1995.5.—251页;19cm

ISBN 7-5041-1523-1: ¥7.80

D922.165 004012

《中华人民共和国教育法》释义/国家教委政策法规司组织编写.—北京:科学普及出版社,1995.5.—255页;19cm

ISBN 7-110-03987-0: ¥8.00

D922.165 004013

教育法实务全书/崔相录,劳凯声主编.—北京:宇航出版社,1995.6.—1909页;26cm

ISBN 7-80034-790-0(精装): ¥198.00

D922.165 004014

依法治教:《中华人民共和国教育法》学习问答/唐朝纪,金汉杰主编.—北京:人民出版社,1995.5.—329页;19cm

ISBN 7-01-002214-3: ¥12.00

D922.165 004015

中华人民共和国教育法释义/国务院法制局教科文卫司编写.—北京:北京广播学院出版社,1995.4.—175页;19cm

ISBN 7-81004-570-9: ¥6.80

D922.169 004016

建国以来教育同生产劳动相结合法规文献汇编/王卫国主编.—北京:教育科学出版社,1995.9.—537页;20cm.—(教育同生产劳动相结合的研究与实验丛书/卓晴君主编)

ISBN 7-5041-1529-0: ¥17.00

D922.169 004017

教育基本法规手册:中小学幼儿教师必备/中国中小学幼儿教师奖励基金会编.—北京:中国方正出版社,1995.7.—172页;19cm

ISBN 7-80107-044-5: ¥5.40

D922.169 004018

文化市场管理法规选编/辽宁省文化市场管理办公室,辽宁省整顿清理书报刊和音像市场工作小组办公室编.—沈阳:辽宁人民出版社,1995.1.—225页;19cm

ISBN 7-205-03196-6: ¥7.30

D922.169 004019

现行教育法规辑要/蒋文良主编;中国教育工会全国委员会编.—北京:中国商业出版社,1995.4.—302页;20cm

ISBN 7-5044-2026-3: ¥9.60

D922.17 004020

中华人民共和国计量法、计量法实施细则、强制检定的工作计量器具检定管理办法/中国计量出版社编.—北京:中国计量出版社,1995.3.—25页;19cm

ISBN 7-5026-0764-1: ¥1.50

D922.17-63 004021

中华人民共和国国家计量技术法规目录 1995/国家技术监督局计量司量值传递处编.—北京:中国计量出版社,1995.4.—198页;20cm

¥6.00

D922.174 004022

技术监督法律基础讲座/国家技术监督局政法宣教司编.—修订本.—北京:企业管理出版社,1995.3.—519页;19cm

全国技术监督行政执法人员培训教材·全国技术监督专业普法教材

ISBN 7-80001-508-4: ¥19.80

D922.174 004023

技术监督法律基础讲座:标准化补充教材/国家技术监督局标准化司编.—北京:中国计量出版社,1995.6.—116页;19cm

全国技术监督行政执法人员培训教材·全国技术监督专业普法教材

ISBN 7-5026-0814-1: ¥6.00

D922.174 004024

中国产品质量法讲座/刘文华,周珂主编.—北京:改革出版社,1995.3.—326页;19cm.—(中国市场经济法律讲座丛书·第一辑/关怀主编)

ISBN 7-80072-568-5: ¥9.00

D922.174 004025

专利法研究/中国专利局专利法研究所编.—北京:专利文献出版社,1995.12.—235页;23cm

ISBN 7-80011-184-9: ¥28.00

D922.175 004026

快通专利法:天才之火的"助燃器"/周长玲编著.—北京:中国政法大学出版社,1995.8.—180页;19cm.—(中国市场经济法律快通丛书)

ISBN 7-5620-1405-1: ¥6.50

D922.175 004027

中国处理专利纠纷案例选编/中国专利局专利工作管理部编.—北京:中国人民公安大学出版社,1995.1.—218页;20cm

ISBN 7-81011-690-8: ¥9.00

D922.179 004028

中华人民共和国技术监督法规汇编:1993~1994/国家技术监督局政法宣教司编.—北京:中国计量出版社,1995.8.—332页;19cm

ISBN 7-5026-0771-4: ¥13.50

D922.179 004029

中华人民共和国技术监督法规汇编:计量法规分册:1984~1994/国家技术监督局政法宣教司编.—北京:中国计量出版社,1995.6.—236页;19cm

ISBN 7-5026-0783-8: ¥10.00

D922.181.1 004030

房地产法论/赵红梅著.—北京:中国政法大学出版社,1995.8.—305页;19cm

ISBN 7-5620-1390-X: ¥13.00

D922.181.1 004031
房地产经营管理法律导论/马小方,李明甲主编;高寒等编.—北京:中国物价出版社,1995.7.—341 页;20cm
ISBN 7-80070-471-8:¥12.00

D922.181.1 004032
中国房地产法学/李邨著.—深圳:海天出版社,1995.11.—324 页;20cm
ISBN 7-80615-310-1:¥26.00

D922.181.4 004033
城市房地产管理法理解与运作/杨爱斌等编著.—广州:华南理工大学出版社,1995.10.—132 页;19cm.—(社会主义市场经济法律丛书/沈乐平,何旭军主编)
ISBN 7-5623-0829-2:¥4.20

D922.181.4 004034
房地产法律实务/何红锋等编著.—北京:测绘出版社,1995.10.—280 页;19cm
ISBN 7-5030-0799-0:¥15.00

D922.181.4 004035
房地产法律制度/何伯洲,邹玉平编著.—北京:中国建筑工业出版社,1995.9.—227 页;26cm
房地产经营与管理系列教材
ISBN 7-112-02515-X:¥19.20

D922.181.4 004036
中国房地产法研究/崔建远等著.—北京:中国法制出版社,1995.3.—286 页;20cm
ISBN 7-80083-203-1:¥17.00

D922.181.5 004037
《中华人民共和国城市房地产管理法》释义/叶金荣主编.—北京:文津出版社,1995.5.—291 页;20cm
ISBN 7-80554-283-X:¥9.20

D922.181.5 004038
城市房地产管理法释解/陈信勇著.—北京:中国城市出版社,1995.5.—301 页;19cm
ISBN 7-5074-0715-2:¥14.00

D922.181.5 004039
城市供水条例释义/中华人民共和国建设部编写.—北京:中国法制出版社,1995.12.—73 页;19cm.—(法规释义丛书)
ISBN 7-80083-310-0:¥6.00

D922.181.5 004040
房地产法案精选/珠海市中级人民法院民庭,珠海市非凡律师事务所编.—贵阳:贵州人民出版社,1995.11.—281 页;20cm
ISBN 7-221-03966-6:¥10.00

D922.181.5 004041
中国房地产法律制度/张临伟等著.—长春:吉林科学技术出版社,1995.11.—420 页;20cm
ISBN 7-5384-1575-0:¥15.00

D922.181.5 004042
中国最新房地产法律实务通典:中华人民共和国房地产管理法应用手册/寇孟良主编.—成都:四川辞书出版社,1995.1.—848 页;19cm
ISBN 7-80543-431-X:¥26.00

D922.181.5 004043
中华人民共和国城市房地产管理法条文释义/建设部房地产业司、体改法规司编.—北京:中国建筑工业出版社,1995.3.—111 页;20cm
¥5.00

D922.181.9 004044
《中华人民共和国城市房地产管理法》应用手册/孙佑海主编.—北京:机械工业出版社,1995.2.—334 页;19cm
ISBN 7-111-04459-2:¥16.00

D922.181.9 004045
最新房地产实用法规汇编/房地产法学会编.—北京:中国建筑工业出版社,1995.8.—656 页;26cm
ISBN 7-112-02604-0(精装):¥48.00

D922.182.5 004046
社会保障法全书/王占臣,任凡主编.—北京:改革出版社,1995.4.—2 册(1843 页);26cm
ISBN 7-80072-656-8(精装):¥180.00

D922.194 004047
中国人口法律制度研究/杨遂全著.—北京:法律出版社,1995.12.—297 页;20cm
ISBN 7-5036-1749-7:¥16.50

D922.194 004048
宗教法律制度初探/龙敬儒著.—北京:中国法制出版社,1995.10.—191 页;19cm
ISBN 7-80083-297-X:¥8.00

D922.204 004049
新财政法规知识讲座/陈兴主编.—哈尔滨:哈尔滨工程大学出版社,1995.7.—452 页;20cm
ISBN 7-81007-584-5:¥18.80

D922.205 004050
会计、税收法规基础知识/丁时勇主编.—重庆:西南师范大学出版社,1995.6.—195 页;19cm
会计上岗培训教材之三
ISBN 7-5621-1319-X:¥6.50

D922.209 004051
国有商品流通企业与金融保险企业财会制度汇编 1994 年/财政部商贸金融司编.—北京:经济科学出版社,1995.6.—418 页;19cm
内部发行
ISBN 7-5058-0823-0:¥15.80

D922.209 004052
中华人民共和国财政法规汇编:1994 年 1 月~1994 年 12 月/财政部条法司编.—北京:中国财政经济出版社,1995.5.—653 页;20cm
ISBN 7-5005-2825-6:¥22.50

D922.215 004053
预算法理解与运作/谢晓尧,雷锦华编著.—广州:华南理工大学出版社,1995.6.—152 页;19cm.—(社会主义市场经济法律丛书/沈乐平,何旭军主编)
ISBN 7-5623-0828-4:¥4.80

D922.22 004054
地方税法规问答:绘图本/柳州市地方税务局等编绘.—桂林:漓江出版社,1995.4.—58 页;19cm

ISBN 7-5407-1751-3: ¥4.00

D922.22 004055

地方税收征收管理规程/冯佳根主编.—太原:山西经济出版社,1995.10.—281页;26cm

ISBN 7-80577-904-X: ¥29.50

D922.22 004056

税制改革与新税法实用全书/李培传主编.—北京:中国法制出版社,1995.1.—489页;26cm

ISBN 7-80083-167-1: ¥80.00

D922.22 004057

中华人民共和国税收征收管理法.—北京:法律出版社,1995.3.—22页;20cm

ISBN 7-5036-1651-2: ¥2.20

D922.22 004058

中华人民共和国税收征收管理法·中华人民共和国增值税暂行条例.—北京:中国法制出版社,1995.9.—48页;19cm

ISBN 7-80083-292-9: ¥3.00

①D922.22②F752.5 004059

中华人民共和国海关关税:政策、法规、实务、税则:1995年版/中华人民共和国海关总署关税司编纂.—北京:经济管理出版社,1995.6.—661页;26cm

ISBN 7-80118-059-3(精装): ¥160.00

D922.22-61 004060

地方税新税法大全/温荣琨主编.—济南:济南出版社,1995.5.—554页;26cm

ISBN 7-80572-950-6(精装): ¥68.00

D922.22-62 004061

中国工商税收指南:1995年版/国家税务总局办公厅编.—北京:中国税务出版社,1995.4.—199页;19cm

ISBN 7-80117-003-2: ¥9.80

D922.221 004062

税法/财政部注册会计师全国考试委员会办公室编.—大连:东北财经大学出版社,1995.4.—354页;19cm

'95年度注册会计师全国统考指定辅导教材

ISBN 7-81044-050-0: ¥11.50

D922.221 004063

税法/中国注册会计师教育教材编审委员会编.—大连:东北财经大学出版社,1995.8.—483页;20cm

注册会计师专门化系列教材

ISBN 7-81044-071-3: ¥20.00

D922.221 004064

中国税法概论/刘隆亨著.—3版.—北京:北京大学出版社,1995.2.—347页;20cm

ISBN 7-301-02044-9: ¥12.50

D922.221 004065

中国税法原理/许建国等编著.—武汉:武汉大学出版社,1995.8.—315页;20cm

ISBN 7-307-02028-9: ¥9.60

D922.224 004066

新税制纳税问答图解/孟庆顺主编;哈尔滨市地方税务局编绘.—北京:中国税务出版社,1995.5.—391页;26cm

ISBN 7-80117-005-9(精装): ¥98.00

D922.224 004067

中国税法讲座/刘隆亨主编.—北京:改革出版社,1995.1.—390页;19cm.—(中国市场经济法律讲座丛书·第一辑编/关怀主编)

ISBN 7-80072-565-0: ¥10.00

D922.225 004068

快通税法:纳税双方行为准则/付昕,魏敬森编著.—北京:中国政法大学出版社,1995.8.—166页;19cm.—(中国市场经济法律快通丛书)

ISBN 7-5620-1408-6: ¥6.00

D922.225 004069

企业所得税操作实务/国家税务总局所得税管理司编著.—北京:中国商业出版社,1995.9.—325页;20cm

ISBN 7-5044-3034-X: ¥11.60

D922.225 004070

税法新编/郑树模,刘立达主编.—沈阳:辽宁科学技术出版社,1995.7.—476页;19cm

辽宁省普及税收法律法规广播培训教材

ISBN 7-5381-2227-3: ¥10.00

D922.229 004071

新税收制度法规集/《新税收制度法规集》编审组编.—北京:中国商业出版社,1995.12.—1015页;20cm

ISBN 7-5044-3100-1(精装): ¥79.50

D922.229 004072

中华人民共和国工商税收基本法规汇编:1995年版/国家税务总局办公厅编.—北京:中国税务出版社,1995.4.—348页;20cm

ISBN 7-80117-010-5(精装): ¥23.00

D922.229 004073

中华人民共和国工商税收基本法规汇编:1995年版/国家税务局办公厅编.—北京:中国税务出版社,1995.4.—348页;20cm

ISBN 7-80117-006-7: ¥15.80

D922.229 004074

中华人民共和国涉外税收法律法规汇编/国家税务总局涉外税务管理司编.—北京:中国税务出版社,1995.10.—879页;20cm

ISBN 7-80117-019-9: ¥39.00

D922.229 004075

中华人民共和国涉外税收法律法规汇编/国家税务总局涉外税务管理司编.—北京:中国税务出版社,1995.10.—879页;20cm

ISBN 7-80117-019-9(精装): ¥60.00

D922.23 004076

中华人民共和国商业银行法.—北京:法律出版社,1995.5.—34页;20cm

ISBN 7-5036-1698-9: ¥2.50

D922.23 004077

中华人民共和国商业银行法:汉英对照/中国人民银行条法司编译.—北京:中国法制出版社,1995.5.—58页;19cm

ISBN 7-80083-271-6: ¥4.70

D922.23 004078

中华人民共和国中国人民银行法 .—北京：法律出版社，1995.3.—12 页；20cm
ISBN 7-5036-1657-1：¥1.80
D922.23-43　004079
中国人民银行法实用教程/郑国生，肖汉奇主编.—北京：中国法制出版社，1995.7.—228 页；19cm
ISBN 7-80083-227-9：¥10.00
D922.23-61　004080
证券法与证券会计全书/阎达五，刘文华主编.—北京：中国物价出版社，1995.4.—1780 页；26cm
ISBN 7-80070-418-1(精装)：¥238.00
D922.23-61　004081
中国商业银行法业务全书/赵海宽，王克华主编.—北京：中国商业出版社，1995.7.—1483 页；26cm
ISBN 7-5044-2597-4(精装)：¥196.00
D922.23-61　004082
中华人民共和国银行法全书/魏盛鸿，周升业主编.—北京：中国金融出版社，1995.9.—1617 页；26cm
ISBN 7-5049-1348-0(精装)：¥198.00
D922.23-61　004083
中华人民共和国银行法全书/马能泽主编.—北京：企业管理出版社，1995.3.—2193 页；26cm
ISBN 7-80001-514-9(精装)：¥258.00
D922.23-61　004084
中华人民共和国银行法实务全书/裴群国等主编.—北京：国际文化出版公司，1995.4.—2213 页；26cm
ISBN 7-80105-241-2(精装)：¥268.00
D922.231　004085
金融法通论/陈支宝等主编.—武汉：武汉测绘科技大学出版社，1995.11.—372 页；20cm
ISBN 7-81030-409-7：¥16.80
D922.231　004086
中国商业银行法通论/刘定华；夏图强主编.—长沙：湖南出版社，1995.10.—416 页；20cm
ISBN 7-5438-1081-6：¥15.80
D922.231　004087
中华人民共和国商业银行法教程/李殿君主编.—北京：中国金融出版社，1995.9.—312 页；20cm
ISBN 7-5049-1512-2：¥14.00
D922.234　004088
《中华人民共和国中国人民银行法》实用问答/岳彩申主编.—成都：西南财经大学出版社，1995.9.—292 页；19cm.—(金融法实用丛书)
ISBN 7-81055-001-2：¥10.80
D922.234　004089
财产权的革新：信托法论/周小明著.—贵阳：贵州人民出版社，1995.4.—211 页；20cm.—(中国市场经济法律问题丛书/江平主编)
ISBN 7-221-03587-3：¥6.80
D922.234　004090
股票买卖法律问答/钟斌主编.—上海：立信会计出版社，1995.7.—185 页；20cm.—(立信法律丛书)
ISBN 7-5429-0293-8：¥7.50
D922.234　004091
规范的证券市场：证券的法律分析/宁晨新，刘俊海著.—贵阳：贵州人民出版社，1995.4.—183 页；20cm.—(中国市场经济法律问题丛书/江平主编)
ISBN 7-221-03582-2：¥5.50
D922.234　004092
合作银行法规概要/黄向阳主编.—北京：中国金融出版社，1995.12.—167 页；19cm
合作银行系列教材 (3)
ISBN 7-5049-1542-4：¥7.10
D922.234　004093
金融法律实务/刘寿昌主编.—南昌：江西人民出版社，1995.9.—489 页；20cm
ISBN 7-210-01550-7：¥16.80
D922.234　004094
金融犯罪透视/陈正云主编.—北京：中国法制出版社，1995.12.—388 页；19cm
ISBN 7-80083-309-7：¥18.60
D922.234　004095
商业银行法律基础与操作实务/史树林编著 .—北京：人民法院出版社，1995.6.—276 页；19cm.—(商业银行法律实用丛书)
ISBN 7-80056-306-5：¥9.50
D922.234　004096
商业银行法律问答三百例/史树林主编.—北京：人民法院出版社，1995.8.—326 页；19cm.—(商业银行法律实用丛书)
ISBN 7-80056-335-9：¥14.00
D922.234　004097
商业银行法普及读本/肖胜喜，严军兴主编.—北京：中国民航出版社，1995.11.—185 页；20cm
ISBN 7-80110-042-5：¥7.80
D922.234　004098
商业银行法实用讲话/肖汉奇等主编；许崇苗等撰稿.—北京：中国方正出版社，1995.10.—325 页；20cm
ISBN 7-80107-047-X：¥12.50
D922.234　004099
银行经营实用法律知识/邓晓龙等主编.—大连：东北财经大学出版社，1995.5.—348 页；19cm
ISBN 7-81005-066-4：¥12.00
D922.234　004100
银行业务法概要/王禹主编.—长春：吉林大学出版社，1995.6.—310 页；20cm
ISBN 7-5601-1734-1：¥9.20
D922.234　004101
中华人民共和国中国人民银行法系列讲座/中国人民银行教育司，中国人民银行条法司编.—北京：中国金融出版社，1995.6.—152 页；19cm
ISBN 7-5049-1462-2：¥6.50
D922.235　004102
《中华人民共和国商业银行法》实用问答/岳彩申主编.—成都：西南财经大学出版社，1995.9.—278 页；19cm.—(金融法实用丛书)
ISBN 7-81055-017-9：¥10.50
D922.235　004103

输赢之间:股票诉讼指南及案例分析/顾雷著.—上海:三联书店上海分店,1995.6.—208页;19cm
ISBN 7-5426-0849-5:¥8.25

D922.235 004104
银行法全书 /王国乡,樊志刚主编.—北京:中国商业出版社,1995.4.—2070页;26cm
ISBN 7-5044-2694-6(精装):¥298.00

D922.235 004105
中华人民共和国商业银行法解说/胡康生主编;全国人大常委会法制工作委员会民法室编著.—北京:中国商业出版社,1995.6.—375页;20cm
ISBN 7-5044-2014-X:¥16.00

D922.235 004106
中华人民共和国银行法实务全书/王敏,钟真真主编.—北京:华夏出版社,1995.4.—958页;26cm.—(市场经济法律通释丛书)
ISBN 7-5080-0419-1(精装):¥128.00

D922.235 004107
中华人民共和国银行法实用操作指南/谢平主编.—北京:中国商业出版社,1995.6.—470页;19cm
ISBN 7-5044-2596-6:¥18.00

D922.239 004108
固定资产投资管理法规文件汇编 1994/国家计划委员会固定资产投资司编.—北京:中国轻工业出版社,1995.9.—737页;19cm
内部发行
ISBN 7-5019-1830-9:¥30.00

D922.239 004109
固定资产投资管理法规选编:财务会计卷:1994.1~1994.12/中国人民建设银行编.—北京:中国金融出版社,1995.7.—665页;19cm
内部文件
ISBN 7-5049-1385-5:¥20.00

D922.239 004110
固定资产投资管理法规选编:投资管理卷:1994年1月~1994年12月/中国人民建设银行编.—北京:中国金融出版社,1995.4.—835页;19cm
ISBN 7-5049-1393-6:¥21.70

D922.239 004111
中华人民共和国银行法全书/魏盛鸿等主编.—北京:宇航出版社,1995.6.—1736页;26cm
ISBN 7-80034-751-6(精装):¥198.00

D922.239 004112
中央银行政策法规汇编 1995(上)/中国人民银行山东省分行编.—济南:山东人民出版社,1995.8.—303页;20cm
ISBN 7-209-01810-7:¥12.00

D922.24 004113
中华人民共和国保险法.—北京:法律出版社,1995.7.—46页;20cm
ISBN 7-5036-1720-9:¥3.20

D922.24 004114
中华人民共和国保险法 /中国人民银行保险司、条法司编译 .—北京:中国商业出版社,1995.8.—91页;19cm
ISBN 7-5044-2933-3:¥4.50

D922.24-61 004115
中华人民共和国保险法实务全书/傅安平等主编.—北京:企业管理出版社,1995.8.—1851页;26cm
ISBN 7-80001-592-0(精装):¥268.00

D922.24-62 004116
《中华人民共和国保险法》实务手册/中国太平洋保险公司上海分公司等编著.—上海:上海财经大学出版社,1995.10.—241页;20cm
ISBN 7-81049-016-8:¥15.00

D922.241 004117
中国保险法简明教程/《中国保险法简明教程》编写组编.—北京:中国金融出版社,1995.10.—285页;20cm
ISBN 7-5049-1521-1:¥12.90

D922.245 004118
《中华人民共和国保险法》实用问答/岳彩申,陈朝先主编.—成都:西南财经大学出版社,1995.9.—250页;19cm.—(金融法实用丛书)
ISBN 7-81055-019-5:¥9.50

D922.245 004119
《中华人民共和国保险法》释义/董开军主编.—北京:中国计划出版社,1995.9.—316页;19cm
ISBN 7-80058-421-6:¥12.00

D922.245 004120
保险法与保险实务全书/李适时,骆鹏主编.—北京:中国商业出版社,1995.8.—1338页;26cm
ISBN 7-5044-2537-0(精装):¥228.00

D922.245 004121
保险诈骗查处方法与技巧/张嘉陵,钟运良著.—北京:中国金融出版社,1995.3.—296页;20cm
ISBN 7-5049-1372-3:¥16.00

D922.245 004122
中华人民共和国保险法释义/邹海林,常敏著.—北京:中国检察出版社,1995.8.—328页;19cm
ISBN 7-80086-314-X:¥12.00

D922.245 004123
最新保险法条文释义/于新年,高圣平编著.—北京:人民法院出版社,1995.8.—332页;19cm.—(中华人民共和国保险法理论与实务丛书/于新年等主编)
ISBN 7-80056-323-5:¥12.80

D922.249 004124
中华人民共和国社会保险法规选编.—北京:中国法制出版社,1995.9.—257页;19cm
ISBN 7-80083-296-1:¥11.00

D922.26 004125
财会法规/赵智显主编 .—北京:中国财政经济出版社,1995.6.—473页;19cm
国内贸易部部编中等专业学校财会系列教材
ISBN 7-5005-2691-1:¥12.00

D922.264 004126
会计法与会计准则实用教程/肖汉奇,郑国生主编.—北京:中国法制出版社,1995.6.—280页;19cm

ISBN 7-80083-276-7: ¥10.00

D922.269 004127

财务会计法规/周重揆,周迪三编著.—海口:海南国际新闻出版中心,1995.1.—256页;19cm.—(会计证考试丛书/夏凤德,王广明主编)

ISBN 7-80609-088-6: ¥7.00

D922.269 004128

社会文教行政财务制度选编:1993.1~1994.12/财政部文教行政司编.—北京:中国财政经济出版社,1995.5.—662页;19cm

ISBN 7-5005-2807-8: ¥22.00

D922.271 004129

中国审计法/曹平主编.—桂林:漓江出版社,1995.1.—246页;19cm

ISBN 7-5407-1674-6: ¥8.50

D922.274 004130

学习宣传《审计法》文选/审计署办公厅编.—北京:中国审计出版社,1995.1.—281页;20cm

ISBN 7-80064-325-5: ¥10.00

D922.279 004131

财经审计法规　1995年　第10册/中华人民共和国审计署法规司编.—北京:中国审计出版社,1995.10.—119页;19cm

ISBN 7-80064-338-7: ¥2.20

D922.279 004132

财经审计法规　1995年　第11册/中华人民共和国审计署法规司编.—北京:中国审计出版社,1995.11.—114页;19cm

ISBN 7-80064-339-5: ¥2.20

D922.279 004133

财经审计法规　1995年　第12册/中华人民共和国审计署法规司编.—北京:中国审计出版社,1995.12.—112页;19cm

ISBN 7-80064-340-9: ¥2.20

D922.279 004134

财经审计法规　1995年　第2册/中华人民共和国审计署法规司编.—北京:中国审计出版社,1995.2.—111页;19cm

ISBN 7-80064-330-1: ¥2.20

D922.279 004135

财经审计法规　1995年　第3册/中华人民共和国审计署法规司编.—北京:中国审计出版社,1995.3.—101页;19cm

ISBN 7-80064-331-X: ¥2.20

D922.279 004136

财经审计法规　1995年　第6册/中华人民共和国审计署法规司编.—北京:中国审计出版社,1995.6.—116页;19cm

ISBN 7-80064-334-4: ¥2.20

D922.279 004137

财经审计法规　1995年　第7册/中华人民共和国审计署法规司编.—北京:中国审计出版社,1995.7.—101页;19cm

ISBN 7-80064-335-2: ¥2.20

D922.279 004138

财经审计法规　1995年　第8册/中华人民共和国审计署法规司编.—北京:中国审计出版社,1995.8.—110页;19cm

ISBN 7-80064-336-0: ¥2.20

D922.279 004139

财经审计法规　1995年　第9册/中华人民共和国审计署法规司编.—北京:中国审计出版社,1995.9.—107页;19cm

ISBN 7-80064-337-9: ¥2.20

D922.279 004140

财经审计法规1994年合订本/中华人民共和国审计署法规司编.—北京:中国审计出版社,1995.2.—2册;19cm

ISBN 7-80064-327-1: ¥25.00

D922.279 004141

工交财经审计法规汇编/中华人民共和国审计署工业交通审计司、法规司编.—北京:中国审计出版社,1995.8.—732页;20cm

ISBN 7-80064-373-5: ¥23.00

D922.279 004142

行政事业审计法规汇编/中华人民共和国审计署行政事业审计司、法规司编.—北京:中国审计出版社,1995.10.—665页;20cm

ISBN 7-80064-383-2: ¥25.80

D922.29 004143

建设经济法律制度/何伯洲编著.—北京:中国建筑工业出版社,1995.2.—397页;19cm

ISBN 7-112-02549-4: ¥12.80

D922.29 004144

经济法规信息系统/谢悦平等编.—石家庄:河北人民出版社,1995.5.—135页;26cm

全套共8册总定价为:150.00元

ISBN 7-202-01743-1: ¥0.00

D922.29 004145

市场经济的法律规范/谭伟等主编.—北京:中共中央党校出版社,1995.3.—267页;20cm.—(市场经济规范与运作丛书)

ISBN 7-5035-1170-2: ¥7.80

D922.29 004146

市场经济立法与运作实务/毛信庄,谷运章编著.—上海:华东理工大学出版社,1995.12.—630页;20cm

ISBN 7-5628-0635-7: ¥29.00

D922.29 004147

中国经济审判/金俊银主编.—石家庄:河北人民出版社,1995.12.—1255页;26cm

ISBN 7-202-01823-3(精装): ¥130.00

D922.29 004148

中国市场经济法/许笠主编.—贵阳:贵州人民出版社,1995.6.—472页;19cm

ISBN 7-221-03869-4: ¥14.00

D922.29-44 004149

经济法概论习题:新编本/任庆功,于华钦主编.—北京:中国轻工业出版社,1995.9.—598页;20cm

中等专业学校轻工专业试用教材
ISBN 7-5019-1769-8: ¥19.05

D922.29-61 004150
经济审判实用全书/徐瑞柏,汤树华主编.—北京:中国经济出版社,1995.1.—1688页;26cm
ISBN 7-5017-3402-X(精装): ¥218.00

D922.29-62 004151
社会主义市场经济法律知识手册/王福如主编.—天津:天津教育出版社,1995.12.—952页;20cm
全国普法办公室推荐读物
ISBN 7-5309-2402-8: ¥32.00

D922.29-62 004152
市场经济法律法规应用指南/解伟明主编.—北京:中国言实出版社,1995.12.—1089页;26cm
ISBN 7-80128-005-9(精装): ¥180.00

D922.290.1 004153
经济法/财政部注册会计师全国考试委员会办公室编.—北京:中国财政经济出版社,1995.4.—467页;20cm
1995年度注册会计师全国统考指定辅导教材(四)
ISBN 7-5005-2810-8: ¥12.50

D922.290.1 004154
经济法/高程德著.—6版.—上海:上海人民出版社,1995.5.—500页;20cm
ISBN 7-208-00560-5: ¥11.60

D922.290.1 004155
经济法概论/李继忠等主编 .—济南:黄河出版社,1995.7.—311页;20cm
ISBN 7-80558-619-5: ¥11.50

D922.290.1 004156
经济法概论/李健青主编.—2版(修订版).—大连:东北财经大学出版社,1995.6.—323页;19cm
高等财经管理干部院校试用教材
ISBN 7-81005-566-6: ¥11.00

D922.290.1 004157
经济法概论/蔺翠牌编著.—北京:中国财政经济出版社,1995.3.—437页;19cm
注册会计师自学系列教材
ISBN 7-5005-2796-9: ¥14.60

D922.290.1 004158
经济法概论/凌苏霞,韦力主编.—西安:陕西人民教育出版社,1995.8.—469页;19cm
ISBN 7-5419-6236-8: ¥15.60

D922.290.1 004159
经济法概论/方宝林主编.—沈阳:辽宁人民出版社,1995.2.—362页;19cm
成人高等教育会计学专业(专科)统编教材
ISBN 7-205-03259-8: ¥8.20

D922.290.1 004160
经济法教程/中南财经大学经济法教研室编.—武汉:武汉工业大学出版社,1995.12.—483页;20cm
高等学校教材
ISBN 7-5629-1066-9: ¥15.50

D922.290.1 004161
经济法教程/罗荣,黄南平主编.—5版.—广州:华南理工大学出版社,1995.10.—454页;20cm
工商管理系列教材
ISBN 7-5623-0831-4: ¥15.50

D922.290.1 004162
社会主义市场经济法概论/黄河等主编.—西安:西北大学出版社,1995.8.—377页;19cm
ISBN 7-5604-0948-2: ¥11.00

D922.290.1 004163
社会主义市场经济法概论/陈士进,周伯政主编.—重庆:西南师范大学出版社,1995.8.—408页;19cm
ISBN 7-5621-1367-X: ¥9.30

D922.290.1 004164
社会主义市场经济法律基础知识/侯玉琪,李洪生主编.—杭州:浙江人民出版社,1995.2.—257页;19cm
ISBN 7-213-01200-2: ¥6.00

D922.290.1 004165
社会主义市场经济法律体系/卞耀武,俞敏声主编.—青岛:青岛出版社,1995.12.—259页;20cm.—(社会主义市场经济论丛/徐长聚等主编)
1996·1印
ISBN 7-5436-1300-X: ¥9.80

D922.290.1 004166
社会主义市场经济法通论/段书臣,张炳昌主编.—济南:山东人民出版社,1995.10.—363页;20cm
ISBN 7-209-01736-4: ¥14.80

D922.290.1 004167
实用经济法新编/韩兆柱等编著.—郑州:河南人民出版社,1995.8.—393页;20cm
ISBN 7-215-03486-0: ¥12.80

D922.290.1 004168
市场经济法/罗一新,肖海军主编.—乌鲁木齐:新疆人民出版社,1995.8.—472页;19cm
ISBN 7-228-03542-9: ¥12.85

D922.290.1 004169
市场经济法教程/刘建宏主编.—长沙:湖南出版社,1995.1.—400页;19cm
ISBN 7-5438-0912-5: ¥9.80

D922.290.1 004170
市场经济法论/魏文章,元爱农主编.—西安:西北大学出版社,1995.—354页;20cm
ISBN 7-5604-0945-8: ¥12.50

D922.290.1 004171
新编经济法/胡正祥等主编.—南京:江苏人民出版社,1995.9.—474页;20cm
ISBN 7-214-01545-5: ¥19.80

D922.290.1 004172
新编经济法学/刘文华主编;高等教育出版社组编.—2版.—北京:高等教育出版社,1995.9.—755页;20cm
高等学校法学教材
ISBN 7-04-005419-1: ¥21.10

D922.290.1 004173
新编实用经济法/黄劭邦主编.—大连:大连海事大

学出版社,1995.8.—462 页;20cm
ISBN 7-5632-0916-6: ¥12.80

D922.290.1 **004174**
中国经济法概论/黄勤南,王昌硕主编.—修订本.—北京:煤炭工业出版社,1995.5.—371 页;19cm
北京军地两用人才培训学院教材
ISBN 7-5020-1185-4: ¥11.00

D922.290.1 **004175**
中国经济法教程/潘静成,刘文华主编.—2 版(修订本).—北京:中国人民大学出版社,1995.12.—678 页;20cm
ISBN 7-300-02090-9: ¥24.00

D922.290.1 **004176**
中国经济法学/漆长全,施青年主编;全国政法院校经济法研究会编.—天津:天津人民出版社,1995.9.—635 页;20cm
ISBN 7-201-02372-1: ¥19.80

D922.290.4 **004177**
《经济法》学习指导/孙成祐,谢定远主编.—北京:经济科学出版社,1995.5.—283 页;19cm
财经类各专业
ISBN 7-5058-0817-6: ¥7.50

D922.290.4 **004178**
法与市场秩序:市场经济法律机制研究/周小明等著.—贵阳:贵州人民出版社,1995.4.—218 页;20cm.—(中国市场经济法律问题丛书/江平主编)
ISBN 7-221-03584-9: ¥7.90

D922.290.4 **004179**
国有资产立法研究/刘仪舜主编;《国有资产法》起草工作组编.—北京:经济科学出版社,1995.8.—420 页;20cm
ISBN 7-5058-0841-9: ¥19.50

D922.290.4 **004180**
教学与辅导:经济法概论专辑:1995 级/中央农业广播电视学校主办.—北京:中国农业出版社,1995.8.—48 页;26cm
农业经济与管理、企业经营管理、贸易经济、市场营销、会计统计与审计专业用
ISBN 7-109-04114-X: ¥2.00

D922.290.4 **004181**
经济法/王华杰,朱登臣主编.—郑州:河南人民出版社,1995.1.—310 页;20cm
ISBN 7-215-02641-8: ¥12.50

D922.290.4 **004182**
经济法概论学习指导/林清高主编.—大连:东北财经大学出版社,1995.6.—178 页;19cm
ISBN 7-81044-056-X: ¥6.50

D922.290.4 **004183**
经济法基础/全国会计专业技术资格考试领导小组办公室编.—北京:中国财政经济出版社,1995.8.—492 页;19cm
全国会计专业技术资格考试指定用书 助理会计师资格考试
ISBN 7-5005-2917-1: ¥17.00

D922.290.4 **004184**
经济法基础知识/职业高中金融专业教材编写组编.—上海:上海科技教育出版社,1995.7.—193 页;19cm
职业高中金融专业教材:试用本
ISBN 7-5428-1162-2: ¥4.60

D922.290.4 **004185**
社会主义市场经济法律讲座 第一集/房维廉著.—北京:中国农业出版社,1995.8.—518 页;20cm
ISBN 7-109-04199-9: ¥25.00

D922.290.4 **004186**
实用经济法/王宗廷主编.—武汉:武汉大学出版社,1995.10.—371 页;20cm
ISBN 7-307-02054-8: ¥12.80

D922.290.4 **004187**
市场秩序的守护神:公平竞争法研究/文海兴,王艳林著.—贵阳:贵州人民出版社,1995.4.—162 页;20cm.—(中国市场经济法律问题丛书/江平主编)
ISBN 7-221-03581-4: ¥5.30

D922.290.4 **004188**
于联合中求发展:企业集团的法律透视/龙卫球,陈发启著.—贵阳:贵州人民出版社,1995.4.—258 页;20cm.—(中国市场经济法律问题丛书/江平主编)
ISBN 7-221-03589-X: ¥7.90

D922.290.5 **004189**
经济法案例集锦/吴东振等编.—北京:气象出版社,1995.3.—258 页;19cm
ISBN 7-5029-1918-X: ¥6.80

D922.290.5 **004190**
经济法案例评析/尹良培,杨林瑞主编.—沈阳:东北大学出版社,1995.9.—319 页;19cm
ISBN 7-81006-834-2: ¥12.80

D922.290.5 **004191**
经济法教学案例分析/余子新,张瑞方主编.—北京:机械工业出版社,1995.2. 207 页;19cm
大中专院校试用教材 工科类
ISBN 7-111-04612-9: ¥7.80

D922.290.5 **004192**
社会主义市场经济法律知识解答/黄华昌主编.—2 版.—北京:中国大百科全书出版社,1995.2.—605 页;20cm
ISBN 7-5000-5337-1: ¥13.80

D922.290.9 **004193**
北京市工商行政管理规范性文件汇编:1989~1994/杨再学,陈红主编;北京市工商行政管理局编.—北京:金城出版社,1995.5.—2 册(860 页);20cm
ISBN 7-80084-103-0: ¥30.00

D922.290.9 **004194**
工商行政管理法规汇编 1994/国家工商行政管理局法制司编.—北京:工商出版社,1995.4.—535 页;19cm
ISBN 7-80012-161-5: ¥12.00

D922.290.9 **004195**
工商行政管理监督检查规范性文件选编/《工商行政

管理监督检查规范性文件选编》编写组编.—石家庄:河北人民出版社,1995.8.—1205页;26cm

内部发行

ISBN 7-202-01777-6(精装):¥200.00

D922.290.9 **004196**

经济法规汇编/财政部注册会计师全国考试委员会办公室编.—大连:东北财经大学出版社,1995.4.—536页;19cm

'95年度注册会计师全国统考指定参考用书

ISBN 7-81044-051-9:¥16.00

D922.290.9 **004197**

经济法规汇编/财政部注册会计师全国考试委员会办公室编.—大连:东北财经大学出版社,1995.4.—536页;19cm

'95年度注册会计师全国统考指定参考用书

ISBN 7-81044-051-9:¥16.00

D922.290.9 **004198**

经济法律法规选编/饶杰编.—北京:中国民主法制出版社,1995.9.—362页;26cm

ISBN 7-80078-148-8:¥19.80

D922.290.9 **004199**

实用国有资产管理法律法规汇编/《实用国有资产管理法律法规汇编》编辑组编.—北京:经济科学出版社,1995.12.—725页;26cm

ISBN 7-5058-0819-2:¥53.50

D922.290.9 **004200**

实用经济法规汇编/中国农业银行北京市分行法律顾问室编.—北京:中国水利水电出版社,1995.10.—618页;19cm

ISBN 7-80124-068-5:¥30.00

D922.290.9 **004201**

市场经济法律法规/中共哈尔滨市委依法治市办公室编.—哈尔滨:哈尔滨工程大学出版社,1995.4.—195页;19cm

"二五"普法知识

ISBN 7-81007-551-9:¥3.95

D922.290.9 **004202**

新编企业事业实用法规总览/方昕编.—北京:华文出版社,1995.4.—1534页;26cm

ISBN 7-5075-0438-7(精装):¥220.00

D922.290.9 **004203**

有关社会主义市场经济法规与政策汇编:1992.1~1994.7/国务院法制局办公室编.—北京:中国社会科学出版社,1995.1.—1574页;26cm

ISBN 7-5004-1624-5(精装):¥185.00

D922.290.9 **004204**

资产评估工作法规制度汇编:1986~1995/国家国有资产管理局资产评估中心编.—北京:经济科学出版社,1995.7.—702页;20cm

ISBN 7-5058-0843-5:¥26.00

D922.291.9 **004205**

中华人民共和国计划投资价格法规全书/国家计划委员会政策研究室编.—北京:中国检察出版社,1995.11.—1415页;26cm

ISBN 7-80086-308-5(精装):¥198.00

D922.292 **004206**

产品质量法理论与实务/赵红英主编.—北京:北京出版社,1995.1.—842页;20cm

ISBN 7-200-02474-0:¥27.00

D922.292 **004207**

电力工业投资融资政策法规摘编/电力工业部政策法规体制司编.—北京:中国电力出版社,1995.12.—405页;19cm

ISBN 7-80125-111-3:¥20.00

D922.292 **004208**

福建省商品质量监督条例/福建省人民代表大会常务委员会财经委员会编.—福州:福建人民出版社,1995.3.—49页;19cm

ISBN 7-211-02422-4:¥1.60

D922.292 **004209**

公司法律制度/石卫祥编著.—海口:海南出版社,1995.8.—138页;20cm.—(经济法律知识丛书;2/贾绍华主编)

全套共15册,总定价:178.00元

ISBN 7-80617-193-2:¥0.00

D922.292 **004210**

股东权法律保护概论/刘俊海著.—北京:人民法院出版社,1995.8.—322页;19cm.—(股东权法律保护丛书;1)

ISBN 7-80056-327-8:¥11.50

D922.292 **004211**

企业法公司法/郭鸥一,秦何森主编.—北京:中国商业出版社,1995.10.—610页;20cm

ISBN 7-5044-3049-8:¥19.80

D922.292 **004212**

企业破产运作与案例/胡忠,赵忠主编.—呼和浩特:内蒙古人民出版社,1995.3.—309页;20cm

ISBN 7-204-02792-2:¥13.50

D922.292 **004213**

怎样创设公司/陈爱君,杨登彬编著.—北京:人民法院出版社,1995.7.—433页;19cm

ISBN 7-80056-316-2:¥12.50

D922.292 **004214**

中国公司法/王保树,崔勤之著.—北京:中国工人出版社,1995.4.—451页;19cm

ISBN 7-5008-1677-4:¥12.50

D922.292 **004215**

中国公司法/林秀芹编著.—厦门:厦门大学出版社,1995.8.—340页;20cm

ISBN 7-5615-1090-X:¥15.00

D922.292 **004216**

中国公司法理论与实务研究/漆多俊主编.—武汉:武汉大学出版社,1995.2.—265页;20cm

ISBN 7-307-01918-3:¥8.00

D922.292 **004217**

中华人民共和国公司法.—北京:法律出版社,1995.3.—89页;20cm

ISBN 7-5036-1655-5:¥3.60

①D922.292②F271 004218
《公司法》与企业股份制改组/袁绍义等主编.—郑州:河南人民出版社,1995.11.—382页;20cm
ISBN 7-215-03597-2:¥14.80

D922.292.1 004219
工业经济法基础/牛洪光主编.—北京:机械工业出版社,1995.5.—158页;26cm
普通中等教育规划教材
ISBN 7-111-04427-4:¥6.45

D922.292.1 004220
企业产权交易的法律与实务:公司收购与兼并 /孙礼鹏主编.—北京:经济科学出版社,1995.5.—333页;20cm
ISBN 7-5058-0803-6:¥14.00

D922.292.1 004221
企业法通论/沈志坤著.—杭州:杭州大学出版社,1995.5.—607页;20cm
ISBN 7-81035-790-5:¥17.20

D922.292.1 004222
企业合法权益的法律保护/阎学英编著.—海口:海南出版社,1995.8.—100页;20cm.—(经济法律知识丛书;6/贾绍华主编)
全套共15册,总定价:178.00元
ISBN 7-80617-193-2:¥0.00

D922.292.4 004223
《关于惩治违反公司法的犯罪的决定》讲话/朗胜等著.—北京:法律出版社,1995.7.—194页;19cm
ISBN 7-5036-1706-3:¥8.20

D922.292.4 004224
公司登记必读:公司法问答和公司登记注册有关法律法规/国家工商行政管理局企业注册局编著.—北京:工商出版社,1995.8.—554页;26cm
ISBN 7-80012-176-3:¥70.00

D922.292.4 004225
公司设立与登记指南/靳万森,徐景和主编.—北京:法律出版社,1995.6.—369页;20cm
ISBN 7-5036-1696-2:¥13.80

D922.292.4 004226
国有企业财产监督管理条例学习辅导教材/国家经贸委企业司、培训司编.—北京:中国经济出版社,1995.4.—181页;19cm
ISBN 7-5017-3479-8:¥5.00

D922.292.4 004227
企业法人财产权/胡静林主编.—北京:经济科学出版社,1995.3.—349页;19cm
产权运营机构和企业法人财产权培训班教材
ISBN 7-5058-0796-X:¥9.80

D922.292.4 004228
优胜劣汰的法律机制:破产法要义/汤维建著.—贵阳:贵州人民出版社,1995.4.—253页;20cm.—(中国市场经济法律问题丛书/江平主编)
ISBN 7-221-03586-5:¥7.90

D922.292.4 004229
中国公司法讲座/刘文华主编.—北京:改革出版社,1995.2.—322页;19cm.—(中国市场经济法律讲座丛书/关怀主编)
ISBN 7-80072-564-2:¥10.00

D922.292.5 004230
关于惩治违反公司法的犯罪的决定释义 /滕炜主编.—北京:中国计划出版社,1995.6.—181页;19cm
ISBN 7-80058-402-X:¥8.00

D922.292.5 004231
快通产品质量法:企业的"紧箍咒"与"护身符"/王淑焕,李弘编著 .—北京:中国政法大学出版社,1995.8.—149页;19cm.—(中国市场经济法律快通丛书)
ISBN 7-5620-1399-3:¥5.50

D922.292.5 004232
快通公司法:公司经营活动的"准绳"/方华生编著.—北京:中国政法大学出版社,1995.8.—213页;19cm.—(中国市场经济法律快通丛书)
ISBN 7-5620-1402-7:¥7.50

D922.292.5 004233
破产案件审判实务/王东敏著.—北京:人民法院出版社,1995.8.—330页;19cm
ISBN 7-80056-319-7:¥13.00

D922.292.5 004234
企业兼并破产案例/张邦辉等主编;王玉英等编著.—北京:中国物价出版社,1995.1.—294页;19cm.—(企业兼并、收购、破产丛书)
ISBN 7-80070-400-9:¥12.00

D922.292.5 004235
企业经济纠纷典型案例通览/朱焘,王保树主编.—北京:企业管理出版社,1995.3.—1236页;26cm
ISBN 7-80001-529-7(精装):¥186.00

D922.292.9 004236
现代企业制度法规汇集/刘雨宏,伍第政主编.—广州:广东人民出版社,1995.4.—313页;20cm
ISBN 7-218-01860-2:¥25.00

D922.294 004237
海商法详论/司玉琢等编著.—大连:大连海事大学出版社,1995.10.—624页;20cm
ISBN 7-5632-0888-7:¥25.80

D922.294 004238
新编海商法/宋春林编著.—青岛:青岛海洋大学出版社,1995.12.—380页;20cm
ISBN 7-81026-809-0:¥12.00

D922.294 004239
中华人民共和国票据法.—北京:法律出版社,1995.5.—36页;20cm
ISBN 7-5036-1699-7:¥2.50

D922.294 004240
中华人民共和国票据法/中国人民银行条法司编.—北京:中国法制出版社,1995.5.—27页;19cm
ISBN 7-80083-274-0:¥2.20

D922.294-61 004241
中华人民共和国票据法实务全书/国务院研究室财金贸易研究司编.—北京:企业管理出版社,1995.6.—1158页;26cm

ISBN 7-80001-585-8(精装):￥166.00

D922.294-61　004242

中华人民共和国外贸法实务全书/肖学文等主编.—北京:中国经济出版社,1995.2.—2册(3523页);26cm

ISBN 7-5017-3297-3(精装):￥398.00

D922.294-64　004243

《中华人民共和国票据法》实用图册/梁英武主编;中国人民银行编.—北京:新华出版社,1995.—71页;29cm

ISBN 7-5011-2970-3:￥38.00

D922.294.01　004244

市场管理法教程/吴宏伟主编.—北京:法律出版社,1995.9.—225页;20cm

成人高等法学教育通用教材

ISBN 7-5036-1164-2:￥8.60

D922.294.1　004245

票据法原理与实务/李永军,王闻越主编.—北京:经济科学出版社,1995.9.—412页;20cm

ISBN 7-5058-0832-X:￥19.20

D922.294.1　004246

中国商事法/李玉泉,何绍军主编.—武汉:武汉大学出版社,1995.1.—489页;20cm

ISBN 7-307-01907-8:￥13.60

D922.294.4　004247

公平交易监督管理/杜欣然主编.—长春:吉林大学出版社,1995.9.—160页;19cm.—(工商行政管理教学指南;4)

ISBN 7-5601-1797-X:￥6.80

D922.294.4　004248

广告监督管理/姚殿林,徐向阳主编.—长春:吉林大学出版社,1995.9.—122页;19cm.—(工商行政管理教学指南;7)

ISBN 7-5601-1797-X:￥6.80

D922.294.4　004249

票据法——基础与应用/卞耀武著.—北京:中国商业出版社,1995.7.—408页;19cm

ISBN 7-5044-2927-9:￥16.00

D922.294.4　004250

票据法普及读本/肖胜喜,严军兴主编.—北京:中国民航出版社,1995.11.—146页;20cm

ISBN 7-80110-043-3:￥6.80

D922.294.4　004251

票据法实用指南/尹俠主编.—长沙:湖南出版社,1995.10.—274页;19cm

ISBN 7-5438-1087-5:￥10.50

D922.294.4　004252

商业法规知识/全国职业高中商品营销专业教材编写组编.—2版.—上海:上海科技教育出版社,1995.6.—155页;20cm

全国职业高中国家教委规划教材 商品营销专业:试用本

ISBN 7-5428-0928-8:￥3.70

D922.294.4　004253

中国反暴利法实用问答/《中国反暴利法实用问答》编写组编.—北京:新华出版社,1995.3.—162页;19cm.—(市场经济法律丛书)

ISBN 7-5011-2825-1:￥4.20

D922.294.4　004254

中国反不正当竞争法讲座/黄勤南主编.—北京:改革出版社,1995.2.—265页;19cm.—(中国市场经济法律讲座丛书·第一辑/关怀主编)

ISBN 7-80072-567-7:￥9.00

D922.294.4　004255

中华人民共和国票据法实用问答/李飞主编,全国人大常委会法制工作委员会经济法室编著.—北京:中国商业出版社,1995.6.—258页;20cm

ISBN 7-5044-2053-0:￥11.00

D922.294.5　004256

《中华人民共和国广告法》释义/曹康泰主编.—北京:法律出版社,1995.1.—306页;19cm

ISBN 7-5036-1610-5:￥8.30

D922.294.5　004257

《中华人民共和国票据法》解析/王永华,罗扬眉主编.—北京:中国金融出版社,1995.12.—421页;20cm

ISBN 7-5049-1535-1:￥29.00

D922.294.5　004258

海事海商案例选编/中国国际律师交流中心,北京市华通律师事务所编.—北京:人民交通出版社,1995.12.—350页;20cm

ISBN 7-114-02240-9:￥18.00

D922.294.5　004259

快通反不正当竞争法:商海"红绿灯"/管晓峰编著.—北京:中国政法大学出版社,1995.8.—122页;19cm.—(中国市场经济法律快通丛书)

ISBN 7-5620-1401-9:￥5.00

D922.294.5　004260

快通商标法:保护商品"脸面"的"法宝"/孙虹,魏敬森编著.—北京:中国政法大学出版社,1995.8.—116页;19cm.—(中国市场经济法律快通丛书)

ISBN 7-5620-1406-X:￥5.00

D922.294.5　004261

商法案例评析　(上)/江平主编.—北京:中国人民公安大学出版社,1995.8.—446页;20cm

ISBN 7-81011-739-4:￥13.00

D922.294.5　004262

中华人民共和国广告法100问/唐见林,五超英主编.—武汉:武汉大学出版社,1995.1.—233页;19cm

ISBN 7-307-01909-4:￥6.00

D922.294.5　004263

中华人民共和国广告法释义及相关法律法规/卞耀武主编.—北京:中国方正出版社,1995.3.—317页;20cm

ISBN 7-80107-041-0:￥11.50

D922.294.5　004264

中华人民共和国海商法诠释/傅旭梅主编.—北京:人民法院出版社,1995.9.—506页;20cm.—(中华人民共和国法律诠释丛书)

ISBN 7-80056-310-3(精装):￥24.00

D922.294.5　004265
中华人民共和国票据法释论/梁英武主编.—上海:立信会计出版社,1995.8.—306 页;20cm
ISBN 7-5429-0323-3: ¥12.60

D922.294.5　004266
中华人民共和国票据法释义/卞耀武主编.—北京:企业管理出版社,1995.7.—292 页;19cm
ISBN 7-80001-588-2: ¥16.00

D922.294.5　004267
中华人民共和国商标法 100 问/石静遐等编著.—武汉:武汉大学出版社,1995.3.—239 页;19cm
ISBN 7-307-01949-3: ¥6.10

D922.294.5　004268
中华人民共和国商标法诠释/沈关生主编.—北京:人民法院出版社,1995.9.—218 页;20cm.—(中华人民共和国法律诠释丛书)
ISBN 7-80056-318-9(精装): ¥9.50

①D922.294.5②F710　004269
商业防骗面面观/陈如春等编.—北京:旅游教育出版社,1995.1.—276 页;19cm
ISBN 7-5637-0505-8: ¥7.90

D922.295　004270
对外经济贸易新规范/阮家栻,杨立平主编;上海对外贸易协会编.—上海:复旦大学出版社,1995.6.—433 页;26cm
ISBN 7-309-01507-X(精装): ¥40.00

D922.295　004271
中华人民共和国对外贸易法:中英文对照/中华人民共和国对外贸易经济合作部条约法律司编;董毅译.—北京:中国检察出版社,1995.11.—27 页;20cm
ISBN 7-80086-337-9: ¥6.80

D922.295-61　004272
对外经济贸易实用法律文本全书:汉英对照/张泸,刘凤桢主编.—北京:人民法院出版社,1995.11.—1475 页;26cm
ISBN 7-80056-366-9(精装): ¥198.00

D922.295.1　004273
涉外经济法/肖慈方等主编.—成都:四川大学出版社,1995.9.—308 页;20cm.—(国际经贸实务丛书)
ISBN 7-5614-1202-9: ¥10.00

D922.295.1　004274
涉外经济法/宋世成主编.—北京:中国财政经济出版社,1995.11.—290 页;20cm
高等财经院校试用教材
ISBN 7-5005-2783-7: ¥8.60

D922.295.1　004275
涉外经济法学/李象存主编.—济南:山东人民出版社,1995.7.—324 页;20cm
山东干部函授大学教材
ISBN 7-209-01784-4: ¥10.50

D922.295.1　004276
中国涉外经济法/刘宁仁著.—济南:山东人民出版社,1995.12.—451 页;20cm.—(商战法律丛书)
ISBN 7-209-01858-1: ¥16.00

D922.295.4　004277
对外贸易法理解与运作/沈乐平,黄丽萍编著.—广州:华南理工大学出版社,1995.3.—148 页;19cm.—(社会主义市场经济法律丛书/沈乐平,何旭军主编)
ISBN 7-5623-0760-1: ¥4.50

D922.295.4　004278
海外直接投资法律问题比较研究/曹建明,丁伟著.—上海:华东理工大学出版社,1995.4.—197 页;20cm
ISBN 7-5628-0561-X: ¥10.00

D922.295.4　004279
中国对外贸易法讲座/刘文华,吴宏伟主编.—北京:改革出版社,1995.5.—208 页;19cm.—(中国市场经济法律讲座丛书·第一辑/关怀主编)
ISBN 7-80072-631-2: ¥9.00

D922.295.5　004280
当代中国涉外经济纠纷案精析/郭国汀主编 .—北京:中国政法大学出版社,1995.1.—527 页;20cm
ISBN 7-5620-1208-3: ¥19.50

D922.295.5　004281
对外贸易法及其释义/李牧主编.—北京:中国对外经济贸易出版社,1995.8.—266 页;20cm
ISBN 7-80004-454-8: ¥15.00

D922.295.9　004282
1994 年对外经济贸易财会制度选编/对外贸易经济合作部计划财务司编.—北京:中国财政经济出版社,1995.6.—845 页;19cm
内部发行
ISBN 7-5005-2789-6: ¥25.00

D922.295.9　004283
中华人民共和国对外经济贸易法律实务全书/罗锐韧主编.—北京:企业管理出版社,1995.1.—2 册(4309 页);26cm
ISBN 7-80001-525-4(精装): ¥518.00

D922.296　004284
中华人民共和国民用航空法.—北京:法律出版社,1995.11.—64 页;20cm
ISBN 7-5036-1775-6: ¥3.60

D922.296　004285
中华人民共和国民用航空法/全国人大常委会通过.—北京:中国民航出版社,1995.11.—48 页;20cm
ISBN 7-80110-050-6: ¥2.60

D922.296.4　004286
《铁路经济法规》自学指导书/刘天善主编.—北京:中国铁道出版社,1995.3.—216 页;19cm.—(铁道财务会计高等教育自学考试系列丛书)
ISBN 7-113-01898-X: ¥7.50

D922.296.4　004287
公路路政管理法律实务/钱金龙主编;江苏省交通厅公路局编.—苏州:苏州大学出版社,1995.10.—179 页;19cm
ISBN 7-81037-174-6: ¥8.90

D922.296.4　004288
国际集装箱多式联运实务与法规/杨志刚主编.—上

海:上海科学技术出版社,1995.5.—569 页;20cm
ISBN 7-5323-3881-9:¥20.00

D922.296.5　004289
道路运政执法案例选编/郭生海主编.—北京:人民交通出版社,1995.1.—245 页;20cm
ISBN 7-114-02040-6:¥8.00

D922.296.5　004290
铁路经济法规/冯林祥主编.—北京:中国铁道出版社,1995.3.—190 页;19cm.—(铁道财务会计高等教育自学考试系列丛书)
ISBN 7-113-01898-X:¥7.50

D922.296.5　004291
最新水运法规运用解答/望作信,卢兆基主编.—天津:天津大学出版社,1995.12.—281 页;19cm
ISBN 7-5618-0813-5:¥12.80

D922.296.9　004292
中华人民共和国邮电法规汇编　第八辑　1993/中华人民共和国邮电部政策法规司编.—北京:中国法制出版社,1995.8.—421 页;20cm
ISBN 7-80083-290-2:¥15.00

D922.297.9　004293
基本建设规章制度选编/中华人民共和国财政部基本建设司编.—北京:地质出版社,1995.6.—643 页;19cm
ISBN 7-116-01912-X:¥18.00

D922.297.9　004294
建制镇规划建设管理法规文件汇编/建设部村镇建设司编.—北京:中国建筑工业出版社,1995.9.—390 页;19cm
ISBN 7-112-02699-7:¥12.00

D922.297.9　004295
建筑法规全书/和宏明主编;《建筑法规全书》编委会编.—北京:地震出版社,1995.6.—2 册(2127 页);26cm
ISBN 7-5028-0861-2(精装):¥286.00

D922.299.9　004296
深圳经济特区法规汇编:1992～1993/深圳市人民代表大会常务委员会办公厅编.—深圳:海天出版社,1995.2.—290 页;22cm
ISBN 7-80615-133-8:¥28.00

D922.3　004297
中华人民共和国土地增值税法规/国家税务总局地方税务司编.—北京:中国税务出版社,1995.2.—20 页;19cm
ISBN 7-80117-004-0:¥1.50

D922.3-61　004298
中国地政法规政策全书/李元主编;国家土地管理局编.—北京:中国物价出版社,1995.6.—1681 页;26cm
ISBN 7-80070-452-1(精装):¥350.00

D922.301　004299
走向市场的土地:地产法新论/吕来明著.—贵阳:贵州人民出版社,1995.4.—261 页;20cm.—(中国市场经济法律问题丛书 /江平主编)
ISBN 7-221-03585-7:¥8.00

D922.321　004300
水土保持监督执法概论/茹建峰等编著.—北京:中国法制出版社,1995.4.—236 页;20cm
全国水土保持监督执法人员培训教材
ISBN 7-80083-260-0:¥8.50

D922.41　004301
农业法制概论/姜洪学等主编.—济南:山东大学出版社,1995.9.—408 页;20cm
ISBN 7-5607-1534-6:¥11.00

D922.5　004302
《中华人民共和国劳动法》配套法规规章/中华全国总工会法律工作部编.—北京:中国工人出版社,1995.3.—234 页;19cm
ISBN 7-5008-1758-4:¥5.80

D922.5　004303
《中华人民共和国劳动法》配套法规规章:续编/中华全国总工会法律工作部编.—北京:中国工人出版社,1995.10.—281 页;19cm
ISBN 7-5008-1806-8:¥8.50

D922.5　004304
《中华人民共和国劳动法》配套规章手册/中国劳动学会编.—北京:法律出版社,1995.3.—86 页;20cm
ISBN 7-5036-1646-6:¥4.20

D922.5-61　004305
企业劳动法规大全/《企业劳动法规大全》编写组编.—北京:中国政法大学出版社,1995.5.—815 页;26cm
ISBN 7-5620-1350-0(精装):¥95.00

D922.5-62　004306
劳动者权益保护与劳动争议处理实用法规手册/中国方正出版社编写.—北京:中国方正出版社,1995.11.—300 页;19cm
ISBN 7-80107-056-9:¥9.80

D922.501　004307
劳动法的理论与实践/刘任武,王凤芝著.—北京:中国法制出版社,1995.8.—314 页;19cm
ISBN 7-80083-269-4:¥18.00

D922.501　004308
劳动法实用教程/郑国生,肖汉奇主编.—北京:中国法制出版社,1995.7.—248 页;19cm
ISBN 7-80083-228-7:¥10.00

D922.501　004309
中国劳动法/王全兴主编.—北京:中国政法大学出版社,1995.10.—337 页;20cm
全国司法学校法学教材
ISBN 7-5620-1364-0:¥11.00

D922.501-43　004310
新劳动法教程/王彩莲等主编.—青岛:青岛海洋大学出版社,1995.8.—379 页;20cm
ISBN 7-81026-756-6:¥13.00

D922.504　004311
劳动法常识:法制教育补充教材/劳动部职业技能开发司组织编写.—北京:中国劳动出版社,1995.1.—103 页;19cm
全国职业培训通用教材

ISBN 7-5045-1689-9: ¥2.60

D922.504 004312

劳动法普及读本/石宏广编著.—北京:企业管理出版社,1995.4.—267页;19cm

ISBN 7-80001-549-1: ¥9.80

D922.505 004313

劳动安全卫生培训教材:《劳动法》劳动安全卫生部分/王玉振,袁玉宝主编;汪冬等编写.—济南:山东人民出版社,1995.12.—237页;19cm

ISBN 7-209-01924-3: ¥8.00

D922.505 004314

劳动法及配套法规案例精选　1995 /刘杰三主编;《劳动法及配套法规案例精选》编委会编.—北京:中国商业出版社,1995.12.—676页;26cm

ISBN 7-5044-3133-8(精装): ¥128.00

D922.505 004315

劳动法实用简明解答手册/杨振珑主编;王晖等编.—北京:中国人事出版社,1995.6.—324页;19cm

ISBN 7-80076-725-6: ¥13.20

D922.505 004316

劳动用工制度法律问题解答/远方主编.—北京:法律出版社,1995.8.—217页;19cm

ISBN 7-5036-1705-5: ¥9.50

D922.505 004317

劳动者权利的运用与保护/李忱主编.—延吉:延边人民出版社,1995.7.—246页;19cm

就业训练必修课教材

ISBN 7-80599-330-0: ¥7.00

D922.505 004318

实施劳动法案例解说/中国劳动报社服务热线专家组编.—北京:中国人事出版社,1995.10.—372页;19cm

ISBN 7-80076-782-5: ¥16.00

D922.505 004319

怎样打劳动争议官司/陈扬,徐军编著.—南京:河海大学出版社,1995.12.—313页;19cm

ISBN 7-5630-0953-1: ¥11.00

D922.509 004320

《劳动法》配套规章 17 种/劳动部政策法规司编.—北京:中国劳动出版社,1995.2.—84页;19cm

ISBN 7-5045-1721-6: ¥4.00

D922.509 004321

劳动行政解释与最新劳动规章汇编/劳动部政策法规司编.—北京:中国劳动出版社,1995.9.—543页;19cm

ISBN 7-5045-1830-1: ¥24.00

D922.509 004322

劳动争议处理工作手册　第三辑/劳动部劳动关系与监察司编.—北京:中国劳动出版社,1995.8.—491页;26cm

ISBN 7-5045-1789-5: ¥54.00

D922.509 004323

劳动政策法规汇编　1994/劳动部政策法规司编.—北京:中国劳动出版社,1995.8.—693页;19cm

内部发行

ISBN 7-5045-1737-2(精装): ¥24.00

D922.509 004324

与实施《劳动法》相关的法律法规和配套规章汇编/劳动部政策法规司编.—北京:中国劳动出版社,1995.3.—712页;19cm

ISBN 7-5045-1720-8(精装): ¥30.00

D922.524 004325

集体合同实用手册/辽宁省总工会民主管理部编.—沈阳:辽宁人民出版社,1995.8.—224页;19cm

ISBN 7-205-03464-7: ¥7.00

D922.524 004326

集体协商与集体合同制度/刘继臣编著.—北京:中国工人出版社,1995.3.—131页;19cm

ISBN 7-5008-1768-1: ¥4.40

D922.524 004327

劳动合同集体合同签订与劳动争议处理的方法/王龙雨,吴福新主编.—南昌:江西人民出版社,1995.5.—222页;19cm

ISBN 7-210-01450-0: ¥6.90

D922.524 004328

劳动合同与集体合同范本/劳动部劳动关系与监察司编.—北京:中国劳动出版社,1995.5.—564页;19cm

ISBN 7-5045-1741-0: ¥22.00

D922.54 004329

福建省劳动安全卫生条例/福建省人大常委会财经委员会编.—福州:福建人民出版社,1995.1.—34页;19cm

ISBN 7-211-02402-X: ¥1.20

D922.549 004330

职业安全卫生现行法规汇编/劳动部职业安全卫生与锅炉压力容器监察局编.—北京:民族出版社,1995.4.—473页;20cm

ISBN 7-105-02428-3: ¥14.00

D922.62 004331

煤炭生产许可证管理办法实施细则及乡镇煤矿管理条例实施办法等法规选编　(一)/煤炭工业部生产协调司编.—北京:煤炭工业出版社,1995.7.—119页;19cm

ISBN 7-5020-1206-0: ¥5.00

D922.625 004332

《中华人民共和国矿产资源法实施细则》条文释解/地质矿产部矿产开发管理局编.—北京:地质出版社,1995.3.—158页;19cm

ISBN 7-116-01845-X: ¥4.80

D922.625 004333

违反矿产资源法规案例选编/傅鸣珂,王燕国主编.—北京:地质出版社,1995.1.—341页;19cm

ISBN 7-116-01832-8: ¥11.00

D922.629 004334

地质矿产经营管理法规汇辑　第四卷/地质矿产部财务司编.—北京:地质出版社,1995.12.—852页;26cm

ISBN 7-116-01982-0(精装): ¥140.00

D922.629　004335
地质矿产经营管理法规汇辑　第五卷/地质矿产部财务司编.—北京:地质出版社,1995.12.—905页;26cm
ISBN 7-116-01981-2(精装):¥140.00

D922.679　004336
中华人民共和国核安全法规汇编/国家核安全局编.—北京:中国法制出版社,1995.12.—470页;26cm
ISBN 7-80083-308-9:¥32.00

D922.68　004337
中华人民共和国大气污染防治法.—北京:法律出版社,1995.10.—15页;20cm
ISBN 7-5036-1744-6:¥2.00

D922.68-61　004338
环境保护法规大全/吕淑萍主编;上海市环境保护局编.—上海:上海科学技术文献出版社,1995.4.—1453页;26cm
ISBN 7-5439-0718-6(精装):¥120.00

D922.684　004339
环境保护法/张梓太编著.—南京:河海大学出版社,1995.2.—345页;20cm.—(南京大学法学丛书)
ISBN 7-5630-0768-7:¥11.00

D922.684　004340
环境法基本问题新探/王灿发著.—北京:中国环境科学出版社,1995.10.—256页;19cm
ISBN 7-80093-816-6:¥10.00

D922.684　004341
中华人民共和国固体废物污染环境防治法学习材料/国家环境保护局编.—北京:中国环境科学出版社,1995.11.—36页;20cm
ISBN 7-80093-883-2:¥2.00

D922.689　004342
工业环保员手册/王岑生主编.—南宁:广西人民出版社,1995.12.—790页;19cm
ISBN 7-219-03380-X:¥25.00

D922.699　004343
四川省野生动物保护管理法规汇编/四川省林业厅编著.—成都:四川科学技术出版社,1995.10.—462页;19cm
ISBN 7-5364-3176-7:¥12.00

D923　004344
海峡两岸法律制度比较:民法/柳经纬等编著.—厦门:厦门大学出版社,1995.9.—403页;20cm.—(台湾研究丛书)
ISBN 7-5615-1017-9:¥15.00

D923　004345
中国仲裁法/曹平主编.—桂林:漓江出版社,1995.1.—243页;19cm
ISBN 7-5407-1682-7:¥9.50

D923　004346
仲裁法实用指南/段庆余等主编.—济南:山东人民出版社,1995.2.—343页;19cm
ISBN 7-209-01724-0:¥8.00

D923-61　004347
中国民法实用全书/袁晓霖主编.—北京:法律出版社,1995.3.—1771页;26cm
ISBN 7-5036-1403-X(精装):¥125.00

D923-61　004348
中华人民共和国仲裁法全书/胡康生主编;全国人大常委会法制工作委员会民法室,中国国际经济贸易仲裁委员会秘书局编著.—北京:法律出版社,1995.2.—789页;26cm
ISBN 7-5036-1569-9(精装):¥80.00

D923-62　004349
民事法律适用手册:民事办案700问/黄太云等编著.—北京:人民法院出版社,1995.2.—1015页;20cm
ISBN 7-80056-277-8:¥28.00

D923.01　004350
民法学/郑立,王作堂主编.—2版.—北京:北京大学出版社,1995.6.—712页;20cm
高等学校文科教材
ISBN 7-301-02870-9:¥20.00

D923.01　004351
中国民法教程/杨振山主编.—北京:中国政法大学出版社,1995.9.—642页;20cm
成人高等法学教育通用教材
ISBN 7-5620-1391-8:¥20.00

D923.01　004352
中国民法教程/杨振山主编.—北京:中国政法大学出版社,1995.9.—642页;20cm
成人高等法学教育通用教材
ISBN 7-5620-1391-8:¥20.00

D923.01　004353
中国民法学教程/赵喜臣,张正平主编.—北京:中国人事出版社,1995.1.—387页;20cm
山东干部函授大学教材
ISBN 7-80076-631-4:¥7.40

D923.01　004354
中国民法学教程/谭佩莲主编.—北京:法律出版社,1995.8.—505页;20cm
ISBN 7-5036-1735-7:¥14.20

D923.04　004355
海峡两岸债与合同制度比较/王克衷主编.—上海:上海社会科学院出版社,1995.1.—410页;20cm
ISBN 7-80618-058-3:¥11.50

D923.04　004356
中国民事立法专论/房绍坤等著.—青岛:青岛海洋大学出版社,1995.5.—287页;20cm
ISBN 7-81026-727-2:¥12.50

D923.05　004357
新类型民事案例分析/周水森主编.—上海:华东理工大学出版社,1995.12.—299页;20cm
ISBN 7-5628-0622-5:¥12.00

D923.05　004358
中国民法教学案例评析/张佩霖主编.—北京:中国政法大学出版社,1995.4.—226页;20cm
全国司法学校法学教学参考书
ISBN 7-5620-1343-8:¥7.00

D923.05 004359
专利、商标、技术合同疑难案例评析/杨金琪编著.—北京:中国物资出版社,1995.1.—728页;19cm
ISBN 7-5047-0852-6:¥20.00

D923.1 004360
中国侵权行为法/张新宝著.—北京:中国社会科学出版社,1995.8.—433页;20cm
ISBN 7-5004-1804-3:¥22.00

D923.104 004361
市场交易的第三主体:非法人团体研究/贾桂茹等著.—贵阳:贵州人民出版社,1995.4.—221页;20cm.—(中国市场经济法律问题丛书/江平主编)
ISBN 7-221-03584-9:¥7.00

D923.2 004362
产权关系与劳动关系/宋晓梧著.—北京:企业管理出版社,1995.2.—288页;19cm
ISBN 7-80001-503-3:¥9.20

D923.2 004363
乡镇企业产权制度改革要论/王元才,汪丛林编著.—重庆:重庆出版社,1995.1.—153页;19cm
ISBN 7-5366-3057-3:¥4.80

D923.2 004364
中国产权交易理论与实务/曾志泉主编.—长沙:湖南出版社,1995.8.—233页;20cm
ISBN 7-5438-1048-4:¥16.00

D923.2-62 004365
中国企业产权交易指南/王开国主编.—北京:经济科学出版社,1995.2.—472页;20cm
ISBN 7-5058-0777-3:¥15.60

D923.24 004366
现代建筑物区分所有权制度研究/陈华彬著.—北京:法律出版社,1995.3.—325页;20cm.—(中国民商法专题研究丛书/梁慧星主编)
ISBN 7-5036-1637-7:¥16.80

D923.25 004367
产权交易:超级投资与超级商战/吴甘霖,邓小兰著.—北京:中国社会科学出版社,1995.8.—326页;18cm
ISBN 7-5004-1803-5:¥13.50

①D923.35②F812.5 004368
中国债权债务实务全书:讨债与负债经营操作大观/陈炎兵主编;中国政策科学研究会编.—北京:工商出版社,1995.6.—1478页;26cm
ISBN 7-80012-169-0(精装):¥228.00

D923.4 004369
市场经济与知识产权保护/刘月娥,刘曼朗编著.—北京:专利文献出版社,1995.1.—424页;20cm
ISBN 7-80011-152-0:¥10.00

D923.4-53 004370
著作权的管理和行使文论集/国家版权局编.—上海:上海译文出版社,1995.1.—475页;19cm
ISBN 7-5327-1526-4:¥12.00

D923.41 004371
新编知识产权法教程/黄勤南主编.—北京:中国政法大学出版社,1995.3.—498页;20cm
ISBN 7-5620-1341-1:¥14.00

D923.41 004372
知识产权导论/谢文楷等编.—成都:电子科技大学出版社,1995.9.—336页;20cm
ISBN 7-81043-273-7:¥8.80

D923.41 004373
知识产权法教程/来小鹏主编.—北京:中国政法大学出版社,1995.1.—312页;20cm
全国司法学校法学教材
ISBN 7-5620-1249-0:¥10.00

D923.41 004374
著作权法概论/沈仁干,钟颖科著.—沈阳:辽宁教育出版社,1995.12.—364页;20cm
普通高等教育编辑出版类规划教材
ISBN 7-5382-4299-6:¥16.00

D923.44 004375
版权研究文选/中国版权研究会编.—北京:商务印书馆,1995.4.—266页;20cm
ISBN 7-100-01607-X:¥8.60

D923.45 004376
快通著作权法:智力创造成果的"保护神"/沈诤编著.—北京:中国政法大学出版社,1995.8.—139页;19cm.—(中国市场经济法律快通丛书)
ISBN 7-5620-1407-8:¥5.00

D923.6 004377
合同的签订、履行及纠纷处理/张世琦主编.—北京:中国计量出版社,1995.12.—295页;20cm
ISBN 7-5026-0835-4:¥12.00

D923.6 004378
合同陷阱及其防范/栾兆安主编.—北京:法律出版社,1995.12.—370页;20cm
ISBN 7-5036-1747-0:¥15.80

D923.6 004379
中华人民共和国担保法.—北京:法律出版社,1995.7.—30页;20cm
ISBN 7-5036-1719-5:¥2.80

D923.6 004380
中华人民共和国担保法.—北京:中国法制出版社,1995.7.—19页;19cm
ISBN 7-80083-280-5:¥2.00

①D923.6②F284 004381
合同法与工程合同管理/尹贻林主编.—天津:天津大学出版社,1995.11.—567页;20cm
ISBN 7-5618-0831-3:¥22.00

D923.6-43 004382
经济合同法规教程/彭虹等主编.—长沙:湖南出版社,1995.9.—329页;19cm
ISBN 7-5438-1059-X:¥10.60

D923.6-62 004383
工商企业经济合同指南/仇志荣编著.—北京:新时代出版社,1995.6.—240页;20cm
ISBN 7-5042-0238-X:¥10.80

D923.6-62 004384

新编合同实用手册/王新农,程开源主编.—天津:天津大学出版社,1995.8.—806页;19cm
ISBN 7-5618-0644-2(精装):¥28.80

D923.61　004385
《中华人民共和国担保法》理论与实务/汪贻祥主编.—北京:中国政法大学出版社,1995.8.—499页;19cm
ISBN 7-5620-1395-0:¥15.00

D923.61　004386
担保法实用教程/周新荣,骆冠新主编.—北京:中国法制出版社,1995.12.—279页;19cm.—(法律实用教程系列)
ISBN 7-80083-306-2:¥14.00

D923.61　004387
合同法概论/郭鸥一,程并强主编.—北京:中国商业出版社,1995.12.—548页;20cm
ISBN 7-5044-3081-1:¥18.00

D923.61　004388
经济合同法新论/张宇霖,金涛著.—大连:辽宁师范大学出版社,1995.1.—259页;19cm
大连海事大学经济法学院、东北大学文法学院法律系系列教材丛书
ISBN 7-81042-052-6:¥7.20

D923.61　004389
经济合同法新论/窦玉珍等编著.—西安:陕西人民出版社,1995.8.—395页;20cm
ISBN 7-224-03943-8:¥11.20

D923.61　004390
经济合同运行概论/米德超等主编.—成都:四川大学出版社,1995.12.—433页;20cm
ISBN 7-5614-1270-3:¥16.50

D923.61　004391
新经济合同法的理论与实务/张亚芸编著.—北京:中国人民公安大学出版社,1995.8.—327页;20cm
ISBN 7-81011-742-4:¥15.00

D923.61　004392
中国合同法新论/叶知年,靳学忍编著.—福州:福建人民出版社,1995.7.—318页;19cm
ISBN 7-211-02492-5:¥10.00

D923.61-43　004393
中国合同法教程/罗伯森等编著.—广州:中山大学出版社,1995.9.—398页;20cm
ISBN 7-306-01058-1:¥18.00

D923.64　004394
《中华人民共和国担保法》讲话/肖峋,皇甫景山著.—北京:中国社会出版社,1995.9.—295页;19cm
ISBN 7-80088-648-4:¥12.80

D923.64　004395
订合同必读/李益然,苏惠渔主编.—上海:文汇出版社,1995.9.—349页;19cm
ISBN 7-80531-345-8:¥15.00

D923.64　004396
合同法理解与运作/沈乐平编著.—广州:华南理工大学出版社,1995.1.—116页;19cm.—(社会主义市场经济法律丛书/沈乐平,何旭军主编)
ISBN 7-5623-0697-4:¥3.50

D923.64　004397
经济"游戏"的规则:合同法的发展与完善/施天涛著.—贵阳:贵州人民出版社,1995.4.—193页;20cm.—(中国市场经济法律问题丛书/江平主编)
ISBN 7-221-03583-0:¥6.20

D923.64　004398
经济合同法必读/朱亚洲编著.—北京:中国石化出版社,1995.3.—224页;19cm.—(石化企业管理干部培训丛书)
ISBN 7-80043-575-X:¥7.00

D923.64　004399
经济合同写作与履行/刘永章编著.—北京:金盾出版社,1995.4.—261页;19cm
ISBN 7-80022-943-2:¥5.40

D923.64　004400
实用合同范本/陈忠槐,刘丹冰主编.—西安:西北大学出版社,1995.2.—635页;20cm
ISBN 7-5604-0858-3:¥19.80

D923.64　004401
实用经济合同格式大全/文化林编著.—南昌:江西高校出版社,1995.3.—798页;20cm
ISBN 7-81033-454-9:¥22.00

D923.64　004402
新编中国合同全书/金瑞主编.—北京:国际文化出版公司,1995.1.—1264页;26cm
ISBN 7-80105-194-7(精装):¥128.00

D923.64　004403
中国合同范本/国家工商行政管理局经济合同司编著.—修订本.—北京:法律出版社,1995.9.—525页;20cm
ISBN 7-5036-1729-2:¥25.60

D923.64　004404
中国经济合同法讲座/刘忠亚主编.—北京:改革出版社,1995.1.—309页;19cm.—(中国市场经济法律讲座丛书·第一辑/关怀主编)
ISBN 7-80072-563-4:¥9.00

D923.64　004405
最新担保法实用问答/刘俊海等著.—北京:人民法院出版社,1995.8.—267页;19cm.—(中华人民共和国担保法理论与实务丛书/唐德华主编)
ISBN 7-80056-325-1:¥10.00

①D923.64-62②D922.294.4　004406
经济合同与海商法律问题实践指南/蔡丹岩,于维兰主编.—北京:航空工业出版社,1995.10.—540页;20cm.—(法律实践丛书)
ISBN 7-80046-945-X:¥21.00

D923.65　004407
《中华人民共和国担保法》原理与条文释义/董开军主编.—北京:中国计划出版社,1995.9.—296页;19cm
ISBN 7-80058-420-8:¥12.00

D923.65　004408
经济合同法实例说/肖钢编著.—长沙:湖南出版社,

1995.9.—254页;19cm.—(法律法规实例说系列)

ISBN 7-5438-1071-9:¥8.30

D923.65　　004409

经济合同纠纷案件审判实务/王学礼,郭华主编.—北京:人民法院出版社,1995.2.—271页;19cm

ISBN 7-80056-290-5:¥9.00

D923.65　　004410

快通经济合同法:商品交易的"保险锁"/夏国强等编著.—北京:中国政法大学出版社,1995.8.—130页;19cm.—(中国市场经济法律快通丛书)

ISBN 7-5620-1403-5:¥5.00

D923.65　　004411

快通涉外经济合同法:对外经济交往的"工具"/胡利玲,刘艳敏编著.—北京:中国政法大学出版社,1995.8.—116页;19cm.—(中国市场经济法律快通丛书)

ISBN 7-5620-1404-3:¥4.50

D923.65　　004412

中华人民共和国担保法释义/孙礼海主编;全国人大常委会法制工作委员会民法室编著.—北京:法律出版社,1995.8.—144页;20cm

ISBN 7-5036-1712-8:¥6.80

D923.65　　004413

中华人民共和国经济合同法大全/李春林主编;周永舫等撰稿.—北京:人民出版社,1995.1.—1294页;26cm

ISBN 7-01-002021-3(精装):¥90.00

D923.65　　004414

最新担保法条文释义/唐德华等编著.—北京:人民法院出版社,1995.11.—272页;19cm.—(中华人民共和国担保法理论与实务丛书/唐德华主编)

ISBN 7-80056-326-X:¥10.00

D923.65　　004415

最新经济合同实用手册/王黎晨编著.—济南:山东友谊出版社,1995.9.—395页;19cm

ISBN 7-80551-720-7(精装):¥18.00

①D923.65②F273.7　　004416

合同与签约知识/张学国编著.—海口:海南出版社,1995.8.—158页;20cm.—(经济法律知识丛书;7/贾绍华主编)

全套共15册,总定价:178.00元

ISBN 7-80617-193-2:¥0.00

D923.69　　004417

新编中国合同法律全书/屈万学主编.—北京:中国铁道出版社,1995.2.—1384页;20cm

ISBN 7-113-01934-X(精装):¥48.00

D923.8　　004418

公安机关与国家赔偿法/李晓明主编.—北京:中国书籍出版社,1995.10.—341页;20cm

ISBN 7-5068-0482-4:¥15.00

D923.81　　004419

妇女诸权利怎样行使与保护/刘俊海,于新年主编.—北京:人民法院出版社,1995.8.—444页;19cm.—(妇女权益法律保护丛书)

ISBN 7-80056-321-9:¥15.00

D923.84　　004420

北京市保护消费者合法权益手册/北京市人大常委会财经委员会等编著.—北京:金城出版社,1995.8.—115页;19cm

ISBN 7-80084-110-3:¥4.00

D923.84　　004421

公民合法权益保护实用问答/曾芳文主编.—北京:人民法院出版社,1995.11.—449页;19cm

ISBN 7-80056-356-1:¥18.00

D923.84　　004422

消费者和消费者保护法律研究/徐澜波著.—上海:上海远东出版社,1995.6.—172页;20cm

ISBN 7-80514-065-0:¥14.00

D923.84　　004423

消费者权益保护热点问题160问/国靖等编著.—北京:人民法院出版社,1995.10.—285页;19cm.—(消费者权益法律保护实务丛书)

ISBN 7-80056-334-0:¥10.00

D923.84　　004424

怎样寻求国家赔偿/李飞坤等著.—南京:河海大学出版社,1995.7.—300页;19cm

ISBN 7-5630-0872-1:¥10.00

D923.84　　004425

中国消费者权益保护法讲座/贾俊玲,张智勇著.—北京:改革出版社,1995.2.—309页;19cm.—(中国市场经济法律讲座丛书/关怀主编)

ISBN 7-80072-566-9:¥9.00

D923.84　　004426

中国消费者权益保护规则研究/严学军等著.—北京:中国商业出版社,1995.1.—338页;20cm

ISBN 7-5044-2846-9:¥12.00

D923.85　　004427

产品责任与消费者权益102问/刘秀山,陈永民主编;张少龙等编著.—北京:人民法院出版社,1995.9.—347页;19cm.—(现代经济制度与法律丛书;5)

ISBN 7-80056-347-2:¥12.00

D923.85　　004428

快通消费者权益保护法:拿起你的"尚方宝剑"/吴景明,陈茂云编著.—北京:中国政法大学出版社,1995.8.—163页;19cm.—(中国市场经济法律快通丛书)

ISBN 7-5620-1400-0:¥5.50

D923.85　　004429

婴幼儿与法/全国人大内务司法委员会等编.—北京:中国妇女出版社,1995.4.—316页;19cm

ISBN 7-80016-429-2:¥11.50

D923.85　　004430

中华人民共和国妇女和未成年人权益保护法律规范全集/《中华人民共和国妇女和未成年人权益保护法律规范全集》编写组编.—北京:人民法院出版社,1995.8.—982页;26cm

ISBN 7-80056-315-4(精装):¥98.00

D923.85　　004431

中华人民共和国消费者权益保护法案例评析与实务/李守荣,左凤莲著.—北京:经济日报出版社,1995.

7.—254 页;19cm.—(经济法案例评析与实务丛书)
ISBN 7-80036-958-7:¥8.00

D923.9 004432
中华人民共和国婚姻法 中国妇女发展纲要:1995~2000年.—北京:中国法制出版社,1995.9.—49 页;19cm
ISBN 7-80083-301-1:¥3.00

①D923.9②C913.13 004433
涉外婚姻家庭与法/孟宪伟,王玉洁著.—广州:广东人民出版社,1995.9.—327 页;20cm
ISBN 7-218-01652-9:¥13.80

D923.94 004434
人工生育及其法律道德问题研究/廖雅慈著;赵淑慧,何家弘译.—北京:中国法制出版社,1995.4.—123 页;19cm
本书据作者的英文稿译出
ISBN 7-80083-263-5:¥12.00

D923.95 004435
婚姻纠纷诉讼指南/惠熙荃主编.—上海:上海人民出版社,1995.11.—203 页;19cm
ISBN 7-208-02032-9:¥8.30

D923.95 004436
离婚法律咨询 253 例/冯晓光,路政闽著.—北京:中国和平出版社,1995.6.—321 页;20cm
ISBN 7-80101-367-0:¥12.00

D923.95 004437
律师百谈离婚案/爱新觉罗(金)葆瑶著.—北京:科学普及出版社,1995.1.—268 页;19cm
ISBN 7-110-03233-7:¥8.80

D923.95 004438
中华人民共和国婚姻法诠释/梁书文主编.—北京:人民法院出版社,1995.5.—243 页;20cm.—(中华人民共和国法律诠释丛书)
ISBN 7-80056-298-0(精装):¥12.00

D924 004439
刑法补充规定适用/周其华,何苏民编著.—北京:中国检察出版社,1995.11.—670 页;20cm
ISBN 7-80086-325-5:¥30.00

D924 004440
刑法分解集成/何访拔主编.—北京:法律出版社,1995.7.—905 页;20cm
ISBN 7-5036-1700-4(精装):¥38.00

D924 004441
刑法新罪法律实用/郑志林等编著.—合肥:安徽人民出版社,1995.4.—566 页;20cm
ISBN 7-212-01199-1:¥15.60

D924 004442
刑法新罪理论与实务/关向应,吉雅杰主编.—北京:警官教育出版社,1995.4.—537 页;20cm
内部发行
ISBN 7-81027-591-7:¥15.00

D924.01 004443
刑法简明教程/马登民主编;国务院军队转业干部安置工作小组办公室组织编写.—北京:中国农业出版社,1995.4.—437 页;19cm
ISBN 7-109-03991-9:¥11.40

D924.01 004444
刑法教程/梁华仁编.—北京:煤炭工业出版社,1995.5.—353 页;19cm
北京军地两用人才培训学院教材
ISBN 7-5020-1190-0:¥10.50

D924.01 004445
刑法原理/利子平主编.—南昌:江西高校出版社,1995.4.—518 页;20cm
ISBN 7-81033-469-7:¥17.00

D924.01 004446
刑事法律基础知识/张仲芳主编;最高人民检察院政治部警务部编.—北京:中国检察出版社,1995.12.—259 页;20cm
人民检察院司法警察培训试用教材 第二册
ISBN 7-80086-313-1:¥9.00

D924.01 004447
中国刑法/周道鸾主编.—修订本.—北京:中国政法大学出版社,1995.11.—606 页;20cm
全国司法学校法学教材
ISBN 7-5620-0597-4:¥18.00

D924.01 004448
中国刑法 /谢家友主编.—北京:中国检察出版社,1995.10.—518 页;20cm
法学教材
ISBN 7-80086-317-4:¥19.80

D924.01 004449
中国刑法概论/刘艺乒主编.—昆明:云南大学出版社,1995.4.—440 页;19cm
ISBN 7-81025-532-0:¥9.60

D924.05 004450
中国刑法教学案例评析/梁华仁,张泗汉主编.—北京:中国政法大学出版社,1995.1.—289 页;20cm
全国司法学校法学教学参考书
ISBN 7-5620-1342-X:¥8.90

D924.11 004451
惩治法人犯罪法规适用/杨香源主编.—南昌:江西人民出版社,1995.4.—468 页;20cm
ISBN 7-210-01499-3:¥14.80

D924.11 004452
罪与非罪、罪与罪的界限/欧阳涛等主编.—北京:人民法院出版社,1995.12.—596 页;20cm
ISBN 7-80056-359-6:¥24.50

D924.131 004453
中国缓刑制度理论与实务/张文学等编著.—北京:人民法院出版社,1995.4.—278 页;19cm
ISBN 7-80056-292-1:¥9.00

D924.33 004454
经济犯罪学/费贵廉主编.—天津:天津社会科学院出版社,1995.11.—496 页;20cm
ISBN 7-80563-568-4:¥20.00

D924.334 004455
市场经济下的经济犯罪与对策/张明楷著.—北京:

中国检察出版社,1995.7.—453 页;20cm
ISBN 7-80086-311-5:¥20.00

D924.335 004456
《关于惩治破坏金融秩序犯罪的决定》释义/郎胜主编;全国人大常委会法工委刑法室编写.—北京:中国计划出版社,1995.9.—304 页;19cm
ISBN 7-80058-423-2:¥12.00

D924.335 004457
中国金融警世录/叶青,周杰编著.—武汉:湖北人民出版社,1995.11.—392 页;19cm
ISBN 7-216-01775-7:¥14.00

D924.384 004458
海南特区反贪污贿赂的理论与实践/刘建主编.—北京:中国检察出版社,1995.8.—344 页;19cm
ISBN 7-80086-227-5:¥14.00

D924.384 004459
新中国反贪污贿赂理论与实践/钟澍钦主编.—北京:中国检察出版社,1995.8.—1710 页;26cm
ISBN 7-80086-293-3(精装):¥188.00

D924.385 004460
当前贪污贿赂、非法所得违法违纪犯罪的政策法律界限与认定处理/陈兴良主编.—北京:中国方正出版社,1995.10.—495 页;20cm
ISBN 7-80107-046-1:¥17.80

①D924.385②I25 004461
特案追踪/俭苑著.—北京:中国方正出版社,1995.6.—322 页;20cm
ISBN 7-80107-032-1:¥11.50

D925.04 004462
打官司必读/苏惠渔,李益然主编.—上海:文汇出版社,1995.1.—490 页;19cm
ISBN 7-80531-319-9:¥15.40

D925.04 004463
怎样打经济官司/楚石编著.—北京:中国建材工业出版社,1995.5.—258 页;19cm
ISBN 7-80090-328-1:¥8.80

D925.04 004464
怎样打民事官司和经济官司/王学琛编著.—增订本.—广州:广东人民出版社,1995.5.—429 页;19cm
ISBN 7-218-01712-6:¥12.00

D925.04 004465
怎样审理刑事附带民事案件/范方平主编.—北京:人民法院出版社,1995.8.—257 页;19cm
ISBN 7-80056-313-8:¥12.00

①D925.04②D926 004466
对执法与司法有关问题的研究/姚仁安编著.—北京:人民法院出版社,1995.12.—370 页;20cm
ISBN 7-80056-373 1:¥15.00

D925.05 004467
当今诉讼名案大观/曾小平编著.—福州:福建人民出版社,1995.7.—376 页;19cm
ISBN 7-211-02503-4:¥8.90

D925.05 004468
企业诉讼行为规范/方治刚等编著.—北京:中国计量出版社,1995.9.—207 页;20cm.—(现代企业行为规范丛书;10/刘文华主编)
ISBN 7-5026-0831-1:¥10.50

D925.05 004469
中国审判案例要览:1994 年综合本/增宪义,单长宗主编;中国高级法官培训中心,中国人民大学法学院编.—北京:中国人民公安大学出版社,1995.5.—1623 页;26cm
ISBN 7-81011-730-0(精装):¥160.00

D925.1 004470
经济合同官司胜诉技巧/安秀莲,林日华主编.—南宁:广西人民出版社,1995.10.—334 页;19cm
ISBN 7-219-03035-5:¥9.80

D925.1 004471
民事审判若干问题的理论与实务讲座/最高人民法院涉外著作权司法保护培训班编.—北京:法律出版社,1995.11.—310 页;20cm
ISBN 7-5036-1731-4:¥13.50

D925.1-43 004472
民事诉讼法教程/谭佩莲主编.—济南:山东人民出版社,1995.7.—331 页;20cm
山东干部函授大学教材
ISBN 7-209-01800-X:¥10.70

D925.1-62 004473
婚姻继承诉讼指南/沈诤,冯文利主编.—太原:山西教育出版社,1995.10.—279 页;19cm.—(实用打官司丛书)
ISBN 7-5440-0614-X:¥10.80

D925.1-62 004474
经济纠纷诉讼指南/沈诤,冯文利主编.—太原:山西教育出版社,1995.10.—235 页;19cm.—(实用打官司丛书)
ISBN 7-5440-0612-3:¥9.50

D925.1-62 004475
民事诉讼指南/沈诤,冯文利主编.—太原:山西教育出版社,1995.10.—195 页;19cm.—(实用打官司丛书)
ISBN 7-5440-0609-3:¥8.10

D925.14 004476
改进民事审判方式实务与研究/最高人民法院民事审判庭编.—北京:人民法院出版社,1995.1.—341 页;19cm
ISBN 7-80056-269-7:¥11.50

D925.14 004477
预防和处理经济纠纷知识问答/沈阳军区军事法院编.—沈阳:白山出版社,1995.4.—87 页;19cm
ISBN 7-80566-432-3:¥3.30

D925.14 004478
中国民事审判/梁书文主编.—石家庄:河北人民出版社,1995.7.—1565 页;26cm
ISBN 7-202-01835-7(精装):¥170.00

D925.14 004479
最新经济合同诉讼及其实务/陈建军编著.—海口:海南出版社,1995.9.—424 页;19cm
ISBN 7-80617-201-7:¥16.20

D925.15　004480
金融诉讼与判例/宋玉泉,张聪梅主编.—西安:陕西人民出版社,1995.9.—248页;19cm
ISBN 7-224-03881-4:¥10.80

D925.2　004481
中华人民共和国刑事诉讼法修改建议稿与论证/陈光中,严端主编.—北京:中国方正出版社,1995.7.—415页;20cm
ISBN 7-80107-043-7:¥14.70

D925.2-43　004482
刑事诉讼法教程/楚林智主编.—昆明:云南大学出版社,1995.4.—263页;19cm
ISBN 7-81025-526-6:¥7.80

D925.2-43　004483
刑事诉讼法教程 /王新堂等编著.—哈尔滨:黑龙江人民出版社,1995.12.—320页;20cm
ISBN 7-207-03188-2:¥13.80

D925.2-62　004484
刑事诉讼指南/沈诤,冯文利主编.—太原:山西教育出版社,1995.10.—209页;19cm.—(实用打官司丛书)
ISBN 7-5440-0624-7:¥8.60

D925.21　004485
刑事诉讼法通论/钟永年主编.—广州:中山大学出版社,1995.6.—419页;20cm
ISBN 7-306-00981-8:¥14.00

D925.21　004486
中国刑事诉讼法/张正德主编.—重庆:重庆出版社,1995.3.—321页;19cm
ISBN 7-5366-3114-6:¥10.75

D925.24　004487
中国刑事审判/甘明秀主编.—石家庄:河北人民出版社,1995.7.—1426页;26cm
ISBN 7-202-01834-9(精装):¥150.00

D925.3　004488
行政行为的司法审查/最高人民法院培训中心教研室,中国人民大学宪法行政法教研室编.—北京:中国商业出版社,1995.12.—390页;20cm
ISBN 7-5044-3066-8:¥23.00

D925.3-43　004489
行政诉讼法实用教程/席卫东主编.—银川:宁夏人民教育出版社,1995.9.—269页;19cm
ISBN 7-80596-173-5:¥7.80

D925.31　004490
行政诉讼法概论/李书芳,刘朋飞主编.—天津:天津人民出版社,1995.5.—275页;20cm
ISBN 7-201-02278-4:¥8.80

D925.34　004491
行政诉讼与行政执法的法律适用/姜明安主编.—北京:人民法院出版社,1995.9.—690页;19cm
ISBN 7-80056-311-1:¥24.00

D925.35　004492
中国行政诉讼法教学案例选编/江必新主编.—北京:中国政法大学出版社,1995.8.—199页;19cm
ISBN 7-5620-1397-7:¥7.00

D925.39　004493
行政审判手册　第十辑/最高人民法院行政审判庭编.—北京:人民法院出版社,1995.8.—744页;19cm
ISBN 7-80056-307-3:¥25.00

D925.39　004494
行政审判手册　第十一辑/最高人民法院行政审判庭编 .—北京:人民法院出版社,1995.8.—817页;19cm
ISBN 7-80056-308-1:¥29.00

D926　004495
经济法经济审判司法与行政解释 /邢宜哲等编.—长春:吉林人民出版社,1995.11.—636页;19cm.—(司法与行政解释丛书)
ISBN 7-206-02345-2:¥28.00

D926　004496
新中国检察审判制度演进研究/雷铣,张培田著.—北京:中国检察出版社,1995.5.—513页;20cm
ISBN 7-80086-294-1:¥15.00

D926　004497
行政法行政诉讼法司法与行政解释/李艳萍,邢宜哲编.—长春:吉林人民出版社,1995.10.—778页;19cm.—(司法与行政解释丛书)
ISBN 7-206-02345-2:¥31.00

D926　004498
中国司法制度/祝晓玲,李金星主编.—郑州:河南人民出版社,1995.12.—395页;20cm
ISBN 7-215-03683-9:¥14.80

D926-62　004499
司法手册　第十辑/最高人民法院研究室编.—北京:人民法院出版社,1995.2.—1058页;19cm
ISBN 7-80056-284-0(精装):¥32.00

D926-62　004500
司法手册　第十一辑/最高人民法院研究室编.—北京:人民法院出版社,1995.9.—853页;19cm
ISBN 7-80056-312-X(精装):¥38.00

D926.1-53　004501
司法行政八年:蔡诚同志文集/蔡诚著.—北京:法律出版社,1995.6.—737页;20cm
ISBN 7-5036-1627-X:¥31.00

D926.13　004502
当代中国的司法行政工作/《当代中国》丛书编辑部编.—北京:当代中国出版社,1995.9.—616页;20cm.—(当代中国丛书/邓力群等主编)
ISBN 7-80092-132-8:¥35.90

D926.13　004503
当代中国司法行政工作/《当代中国》丛书编辑部编.—北京:当代中国出版社,1995.9.—616页;20cm.—(当代中国丛书/邓力群等主编)
ISBN 7-80092-131-X(精装):¥39.80

D926.13　004504
中华人民共和国司法行政规章汇编　1994/中华人民共和国司法部编.—北京:法律出版社,1995.10.—186页;20cm
ISBN 7-5036-1730-6(精装):¥12.00

D926.13　　004505

最新法律文书写作·格式·实例应用大全/于绍元主编.—北京:中国法制出版社,1995.1.—1085页;26cm

ISBN 7-80083-189-2:¥98.00

D926.13-43　　004506

新编法律文书教程/朱伟瑾,程永健编著.—北京:人民法院出版社,1995.9.—525页;20cm

ISBN 7-80056-351-0:¥22.00

D926.13-53　　004507

法律文书写作论文选/阳述周主编;贵州省司法行政文书研究会编.—贵阳:贵州教育出版社,1995.7.—336页;19cm

ISBN 7-80583-715-5:¥10.00

D926.13-61　　004508

新编中国法律文书写作大全/蒙永山主编;周信权等编著.—南宁:广西人民出版社,1995.2.—1063页;19cm

ISBN 7-219-02941-1:¥25.00

D926.15-09　　004509

探索的轨迹:中国法学教育发展史略/汤能松等编著.—北京:法律出版社,1995.9.—644页;20cm

ISBN 7-5036-1667-9:¥25.00

D926.17　　004510

绿海星光/吴景信,邱洪泉主编.—哈尔滨:东北林业大学出版社,1995.12.—362页;20cm

ISBN 7-81008-621-9:¥12.60

D926.17　　004511

民事办案艺术与审判纪要/张柏峰主编.—北京:人民法院出版社,1995.10.—258页;19cm

ISBN 7-80056-354-5:¥10.00

D926.17　　004512

人民检察院司法警察素质/丁慕英,王高生主编.—太原:山西教育出版社,1995.5.—247页;19cm.—(政法战线队伍素质教育丛书)

ISBN 7-5440-0629-8:¥8.90

D926.17　　004513

司法警察执法基础技能教程/张铉主编;最高人民检察院政治部警务部编.—北京:中国检察出版社,1995.10.—502页;20cm

人民检察院司法警察培训教材 第四册

ISBN 7-80086-324-7:¥18.00

①D926.17②D922.14　　004514

中华人民共和国检察官法、法官法、人民警察法.—北京:中国检察出版社,1995.3.—45页;19cm

ISBN 7-80086-292-5:¥2.00

D926.2　　004515

办案规范/盛连刚主编;北京市高级人民法院编.—北京:人民法院出版社,1995.5.—600页;19cm

ISBN 7-80056-293-X:¥19.50

D926.2　　004516

法官法讲义/周道鸾主编.—北京:人民法院出版社,1995.6.—295页;19cm.—(中华人民共和国法官法学习丛书)

ISBN 7-80056-303-0:¥10.00

D926.2　　004517

人民法院管理学/宇培杲主编.—济南:山东人民出版社,1995.8.—317页;20cm

ISBN 7-209-01719-4:¥14.00

D926.2　　004518

审判与思考/陈炳棠主编;深圳市宝安区人民法院编写.—北京:人民法院出版社,1995.1.—284页:彩照;20cm

ISBN 7-80056-288-3:¥10.00

D926.2　　004519

学习中华人民共和国法官法资料汇编/周道鸾主编.—北京:人民法院出版社,1995.5.—481页;19cm.—(中华人民共和国法官法学习丛书)

ISBN 7-80056-302-2:¥15.00

D926.2-54　　004520

人民法院年鉴　1992/回沪明主编;《人民法院年鉴》编辑部编.—北京:人民法院出版社,1995.2.—1065页:照片;26cm

ISBN 7-80056-244-1(精装):¥92.00

D926.2-63　　004521

中华人民共和国人民法院机构名录/最高人民法院政治部编.—北京:民族出版社,1995.6.—335页;20cm

ISBN 7-105-02475-5:¥10.00

D926.21　　004522

中华人民共和国最高人民法院公报全集:1985~1994/最高人民法院公报编辑部编.—北京:人民法院出版社,1995.11.—1030页;26cm

ISBN 7-80056-336-7(精装):¥160.00

D926.3　　004523

《中华人民共和国检察官法》实用问题解析/徐鹤喃主编.—北京:中国计划出版社,1995.7.—246页;19cm

ISBN 7-80058-403-8:¥9.00

D926.3　　004524

《中华人民共和国检察官法》释义/陈明枢主编;《检察官法》释义编写组编.—北京:中国检察出版社,1995.5.—200页;19cm

ISBN 7-80086-299-2:¥6.00

D926.3　　004525

检察官素质/丁慕英主编.—太原:山西教育出版社,1995.1.—176页;19cm.—(政法战线队伍素质教育丛书)

ISBN 7-5440-0608-5:¥6.50

D926.3　　004526

检察书记官素质/丁慕英主编.—太原:山西教育出版社,1995.4.—238页;19cm.—(政法战线队伍素质教育丛书)

ISBN 7-5440-0784-7:¥8.50

D926.3　　004527

人民检察院司法警察概论/最高人民检察院政治部警务部编.—北京:中国检察出版社,1995.6.—266页;20cm

人民检察院司法警察培训试用教材 第一册

ISBN 7-80086-300-X:¥9.00

D926.3　　004528

中华人民共和国人民检察院概览/张思卿主编;中国检察理论研究所编.—北京:中国检察出版社,1995.12.—3册(5111页);26cm
ISBN 7-80086-331-X(精装):¥498.00

D926.3-53　004529
海口检察官论文集/李金山主编.—北京:中国检察出版社,1995.3.—301页;19cm
ISBN 7-80086-290-9:¥6.00

D926.3-54　004530
中国检察年鉴　1994/《中国检察年鉴》编辑部编.—北京:中国检察出版社,1995.6.—666页;26cm
ISBN 7-80086-269-0(精装):¥69.00

D926.3-54　004531
中国检察年鉴　1995/孙文禄主编;《中国检察年鉴》编辑部编.—北京:中国检察出版社,1995.4.—479页;26cm
ISBN 7-80086-336-0(精装):¥70.00

D926.3-62　004532
检察官手册/左祥,扆耀光主编;《检察官手册》编写组编.—太原:山西人民出版社,1995.2.—744页;20cm.—(法律工作业务丛书)
ISBN 7-203-03320-1:¥21.00

D926.3-62　004533
检察手册　1993/最高人民检察院研究室编.—北京:中国检察出版社,1995.1.—890页;20cm
ISBN 7-80086-218-6(精装):¥28.50

D926.3-63　004534
当代湖南检察长名录:1949～1994/吕赵龙,吴建雄主编.—北京:中国检察出版社,1995.2.—419页;20cm
ISBN 7-80086-284-4(精装):¥66.80

D926.34　004535
《中华人民共和国监狱法》学习辅导讲座/王明迪主编.—北京:中国检察出版社,1995.2.—107页;19cm
ISBN 7-80086-291-7:¥4.00

D926.34　004536
论审判方式的改革/王怀安著.—北京:人民法院出版社,1995.5.—84页;20cm
ISBN 7-80056-404-5:¥4.00

D926.34　004537
审判监督案例评析/纪敏,杨聚章主编.—郑州:河南人民出版社,1995.9.—311页;20cm
ISBN 7-215-03552-2:¥13.80

D926.34　004538
政府法制监督理论与实践/国务院法制局政府法制监督司编.—北京:中国法制出版社,1995.5.—402页;20cm
ISBN 7-80083-207-4:¥15.00

D926.34　004539
中国审判学/鄢玉星等编著.—乌鲁木齐:新疆人民出版社,1995.12.—500页;19cm
ISBN 7-228-03842-8:¥28.00

D926.34-53　004540
审判调研论集/鄢玉星主编;乌鲁木齐市中级人民法院编.—乌鲁木齐:新疆人民出版社,1995.3.—347页;20cm
ISBN 7-228-03382-5:¥11.80

D926.5　004541
1995年全国律师资格考试复习要点及模拟题/肖胜喜等主编.—北京:新华出版社,1995.6.—362页;26cm
ISBN 7-5011-2908-8:¥32.00

D926.5　004542
成渝两地法律咨询指南/鑫龙,孙云主编;成都市司法局等编.—成都:四川辞书出版社,1995.11.—213页;19cm
ISBN 7-80543-506-5:¥12.40

D926.5　004543
大案名案辩护词代理词精选　(四)/李辛,董服民主编.—杭州:杭州大学出版社,1995.9.—459页;20cm.—(律师与法制丛书)
ISBN 7-81035-819-7:¥15.00

D926.5　004544
律师答疑要览:行政分册/牟信勇主编.—北京:中国人民大学出版社,1995.3.—477页;20cm.—(律师必备丛书)
ISBN 7-300-02061-5:¥12.80

D926.5　004545
律师工作典型案例与理论探索/杨伟程,董焕章主编.—北京:新华出版社,1995.2.—190页;19cm
ISBN 7-5011-2811-1:¥6.80

D926.5　004546
全国律师资格考试法规总览总释:倍速记忆/宋冰心等编著.—北京:中国人民公安大学出版社,1995.6.—735页;20cm
ISBN 7-81011-734-3:¥28.00

D926.5　004547
全国律师资格考试指南复习精华与超前预测/白洪涛主编.—北京:中国环境科学出版社,1995.6.—688页;26cm
ISBN 7-80093-807-7:¥55.00

D926.5　004548
全国律师资格统考复习要点与案例评析/袁树理,杨永富编著.—北京:中国统计出版社,1995.3.—684页;20cm
ISBN 7-5037-1795-5:¥23.00

D926.5　004549
中国涉外律师实务/马宏俊主编.—北京:中国检察出版社,1995.4.—655页;20cm
ISBN 7-80086-278-X:¥22.00

D926.5　004550
著名律师辨护词赏析/李智平,马和宁主编.—长沙:湖南出版社,1995.3.—304页;20cm
ISBN 7-5438-0939-7:¥9.50

D926.5-41　004551
全国律师资格考试大纲/中华人民共和国司法部律师司审定.—北京:法律出版社,1995.6.—514页;20cm
全国律师资格考试复习指导用书
ISBN 7-5036-1583-4:¥17.00

D926.5-43　004552

中国律师学教程/陈学会主编.—西安:西安出版社,1995.7.—349页;20cm
ISBN 7-80594-219-6:￥9.80

D926.5-44　004553
全国律师资格考试模拟试卷集/中国政法大学全国律师资格考试辅导班编.—北京:中国检察出版社,1995.6.—372页;26cm
ISBN 7-80086-301-8:￥23.00

D926.5-62　004554
全国律师资格考试复习指南/张国华主编.—修订本.—北京:北京大学出版社,1995.5.—2册(1249页);20cm
ISBN 7-301-01861-4:￥38.60

D926.6　004555
怎样办公证/叶港,王学琛编著.—广州:广东人民出版社,1995.5.—318页;19cm
ISBN 7-218-01440-2:￥10.00

D926.6-62　004556
公证员手册/王希文,刘全义主编;《公证员手册》编写组编.—太原:山西人民出版社,1995.2.—753页;20cm.—(法律工作业务丛书)
ISBN 7-203-03323-6:￥21.00

D926.7　004557
监狱法概论/金川主编.—南昌:江西人民出版社,1995.8.—287页;20cm
ISBN 7-210-01454-3:￥7.80

D926.7　004558
监狱警察职业道德/张秀夫主编;中华人民共和国司法部编.—北京:新华出版社;南宁:广西人民出版社,1995.6.—211页;19cm.—(中华职业道德教育丛书/翟泰丰等主编)
ISBN 7-5011-2889-8:￥7.20

D926.7　004559
论上海监狱工作/朱济民主编.—上海:上海人民出版社,1995.12.—614页;20cm
ISBN 7-208-02039-6:￥18.00

D926.7　004560
中国监狱法概论/鲁加伦主编.—北京:中国人民公安大学出版社,1995.3.—320页;19cm
ISBN 7-81011-708-4:￥9.00

D926.7-41　004561
成人高等教育入学考试监狱(劳教)基础 狱政(所政)管理复习考试大纲/国家教育委员会成人教育司编.—北京:法律出版社,1995.12.—35页;20cm
ISBN 7-5036-1793-4:￥5.00

D926.7-42　004562
成人高等教育入学考试监狱(劳教)基础 狱政(所政)管理复习参考资料/司法部法学教育司等编.—北京:法律出版社,1995.12.—316页;20cm
ISBN 7-5036-1718-7:￥15.00

D926.7-62　004563
《中华人民共和国监狱法》学习手册/《<中华人民共和国监狱法>学习手册》编委会编.—北京:中国法制出版社,1995.5.—240页;19cm
内部发行
ISBN 7-80083-261-9:￥9.50

D926.8　004564
出狱人保护/夏宗素主编.—成都:四川大学出版社,1995.11.—219页;20cm.—(刑事司法专业学术丛书)
ISBN 7-5614-1258-4:￥9.80

D926.8　004565
共和国特赦战犯始末/任海生著.—北京:华文出版社,1995.12.—236页;20cm
ISBN 7-5075-0451-4:￥11.50

D926.8　004566
监管改造罪犯研究文集/金鉴著.—北京:社会科学文献出版社,1995.6.—533页;20cm
ISBN 7-80050-665-7:￥17.80

D927.1　004567
北京市地方性法规汇编:1993～1994/北京市人民代表大会常务委员会法制室编.—北京:北京出版社,1995.1.—307页;20cm
ISBN 7-200-02646-8:￥7.80

D927.1　004568
北京市外地来京务工经商人员管理文件汇编/北京市人民政府法制办公室,北京市外来人口管理工作领导小组办公室编.—北京:京华出版社,1995.10.—56页;19cm
ISBN 7-80600-030-5:￥2.00

D927.42　004569
甘肃省地方性法规汇编:1993～1994/甘肃省人民代表大会常务委员会法制工作委员会编.—兰州:甘肃人民出版社,1995.9.—241页;20cm
ISBN 7-226-01534-X:￥6.80

①D927.51②F23　004570
上海律师会计师事务所综览/王文正,顾树桢主编.—上海:华东师范大学出版社,1995.3.—143页;29cm
ISBN 7-5617-1327-4:￥60.00

①D927.51②F299.275.1　004571
上海市房地产开发经营实用法规/皋玉凤主编;上海市建设委员会编.—上海:上海远东出版社,1995.12.—428页;28cm
ISBN 7-80613-224-4(精装):￥150.00

D927.51-64　004572
炼魂:今日上海监狱/薛明仁主编.—北京:新华出版社,1995.11.—187页:彩照;29cm
ISBN 7-5011-3008-6(精装):￥240.00

D927.523　004573
青岛市地方性法规汇编　(二)/青岛市人民代表大会常务委员会法制工作室编.—青岛:青岛出版社,1995.7.—427页;20cm
ISBN 7-5436-1323-9(精装):￥19.00

D927.55　004574
浙江省地方性法规汇编:1992～1994年/浙江省人民代表大会法制委员会编.—杭州:浙江人民出版社,1995.4.—509页;19cm
ISBN 7-213-01235-5:￥11.50

D927.55 004575
浙江省建设工程招标投标管理条例.—杭州:浙江人民出版社,1995.7.—13页;19cm
ISBN 7-213-01274-6:￥0.75

D927.55 004576
浙江省建设工程质量管理条例.—杭州:浙江人民出版社,1995.11.—15页;19cm
ISBN 7-213-01332-7:￥1.10

D927.56 004577
《江西省合理化建议和技术改进活动组织办法》释义/江西省合理化建议委员会办公室编.—南昌:江西高校出版社,1995.2.—89页;19cm
ISBN 7-81033-446-8:￥2.00

D927.57 004578
福建省环境保护条例/福建省人民代表大会常务委员会财经委员会编.—福州:福建人民出版社,1995.9.—37页;19cm
ISBN 7-211-02556-5:￥1.60

D927.58 004579
港台澳法律实务/侯放,王晓群编著.—上海:上海科学技术出版社,1995.2.—239页;20cm.—(市场经济实务丛书)
ISBN 7-5323-3724-3:￥8.00

D927.58 004580
台湾法概论/郝守才主编.—开封:河南大学出版社,1995.9.—471页;20cm
ISBN 7-81041-170-5:￥10.50

D927.65 004581
广东法规全书:1979~1993/麦崇楷主编.—广州:广东人民出版社,1995.2.—2册(2722页);26cm
ISBN 7-218-01598-0(精装):￥280.00

D927.65 004582
广东省地方性法规汇编:1994.2~1995.1/广东省人民代表大会常务委员会法律委员会编.—广州:广东人民出版社,1995.7.—297页;20cm
ISBN 7-218-01640-5:￥9.90

D927.653 004583
广州检察志/广州市人民检察院编志办公室编.—广州:广东人民出版社,1995.7.—260页:照片;20cm
ISBN 7-218-01949-8:￥20.00

D927.653 004584
深圳经济特区法规汇编　1994/深圳市人民代表大会常务委员会办公厅编.—深圳:海天出版社,1995.3.—244页;22cm
ISBN 7-80615-146-X:￥28.00

D927.658 004585
香港担保法/何美欢著.—北京:北京大学出版社,1995.11.—2册(811页);20cm.—(涉外实用法律丛书)
ISBN 7-301-02879-2(精装):￥44.50

D927.658 004586
香港法律概论/刘宪权主编.—上海:华东理工大学出版社,1995.11.—419页;20cm
ISBN 7-5628-0617-9:￥15.50

D927.658 004587
香港法律浅谈/谭广魁,孙立文主编.—北京:中国经济出版社,1995.12.—211页;19cm.—(港澳台实用经济丛书/谢明干,杨松华主编)
ISBN 7-5017-3477-1:￥8.80

D927.658 004588
香港合同法/何美欢著.—北京:北京大学出版社,1995.5.—2册(1018页);20cm.—(涉外实用法律丛书)
ISBN 7-301-02829-6:￥36.00

D927.658 004589
香港合约法纲要:汉、英文对照/罗德立,王贵国主编.—北京:北京大学出版社,1995.8.—299页;20cm.—(比较法研究丛书)
ISBN 7-301-02887-3(精装):￥32.00

D927.658 004590
香港特别行政区基本法ABC/刘清泉编写.—北京:五洲传播出版社,1995.11.—152页:彩照;19cm
ISBN 7-80113-095-2:￥0.00

D927.66 004591
海南省地方性法规汇编:1994/海南省人民代表大会常务委员会法制工作委员会编.—海口:海南出版社,1995.1.—195页;20cm
ISBN 7-80617-144-4:￥10.00

D927.73 004592
贵州省地方性法规汇编:1993~1994/贵州省人民代表大会常务委员会办公厅编.—贵阳:贵州人民出版社,1995.12.—214页;20cm
ISBN 7-221-03991-7:￥8.00

D929 004593
中国法制史/刘和海主编.—济南:山东大学出版社,1995.2.—391页;20cm
ISBN 7-5607-1451-X:￥9.80

D929 004594
中国法制史/刘晶军主编.—北京:中国政法大学出版社,1995.6.—345页;20cm
ISBN 7-5620-0241-X:￥13.00

D929 004595
中国古代的告状与判案/吕伯涛,孟向荣著.—北京:商务印书馆国际有限公司,1995.6.—181页;20cm.—(中国古代生活丛书/李学勤,冯尔康主编)
ISBN 7-80103-021-4:￥10.00

D929-43 004596
新编中国法制史教程/薛梅卿主编.—北京:中国政法大学出版社,1995.3.—498页;20cm
ISBN 7-5620-1374-8:￥14.50

D929.3 004597
断案智谋全书:文白对照/陈霞村主编.—太原:山西古籍出版社,1995.12.—603页;20cm
ISBN 7-80598-094-2:￥25.80

D929.46 004598
金律研究/曾代伟著.—成都:四川民族出版社,1995.9.—228页;20cm
ISBN 7-5409-1578-1:￥8.80

D929.49 004599
中国近代法律的变迁:1689~1911 = The Law Revolu-

tion of China in Ch'ing Dynasty：1689～1911/王涛著.—北京：法律出版社，1995.5.—231页；20cm

ISBN 7－5036－1694－6：￥13.50

D93/97　各国法律

D931.321　004600

日本的新闻法律制度/日本新闻协会修订；甄西译.—修订版.—北京：中共中央党校出版社，1995.2.—88页；19cm

ISBN 7－5035－1040－4：￥3.00

D931.321　004601

日本国教育及文化法规要览/中华人民共和国国家教育委员会政策法规司组织编译.—长春：吉林教育出版社，1995.5.—1341页；26cm

ISBN 7－5383－2523－9(精装)：￥148.00

D931.322　004602

怎样避免在金融交易中陷于被动：金融法活用/(日本)LEC·东京法思株式会社编著.—上海：复旦大学出版社，1995.5.—188页；20cm.—(企业、市场与法系列·走向规范：市场经济经营管理技法丛书)

ISBN 7－309－01525－8：￥8.00

D931.322.9　004603

破产法：新版/(日)伊藤真著；刘荣军，鲍荣振译.—北京：中国社会科学出版社，1995.5.—338页；20cm

ISBN 7－5004－1736－5(精装)：￥25.00

D931.322.9　004604

日本破产法/(日)石川明著；何勤华，周桂秋译.—上海：上海社会科学院出版社，1995.9.—309页；20cm

ISBN 7－80618－095－8：￥14.80

D931.33　004605

日本民法概论/邓曾甲著.—北京：法律出版社，1995.4.—412页；20cm

ISBN 7－5036－1613－X：￥23.00

①D933.322.9②F279.333－63　004606

越南涉外经济法规汇编及主要工商企业名录/韩裕家等译.—南宁：广西民族出版社，1995.8.—660页；20cm

ISBN 7－5363－3046－4：￥32.00

D936.022.9　004607

乌兹别克斯坦、吉尔吉斯斯坦、塔吉克斯坦、土库曼斯坦经济贸易法规选编/连振华主编.—乌鲁木齐：新疆人民出版社，1995.8.—397页；19cm.—(丝绸之路文库丛书)

ISBN 7－228－03272－1：￥14.80

D950.6　004608

欧洲联盟法律制度/刘世元等编著.—长春：吉林大学出版社，1995.11.—252页；19cm

ISBN 7－5601－1833－X：￥7.00

D951.222.9　004609

俄罗斯强制认证商品法规及标准汇编　第六册(下)/中国国家进出口商品检验局编译.—北京：中国轻工业出版社，1995.7.—659页；26cm

ISBN 7－5019－1835－X：￥65.00

D951.652　004610

德国刑事诉讼法典/李昌珂译.—北京：中国政法大学出版社，1995.4.—189页；20cm.—(外国刑事诉讼法典系列)

ISBN 7－5620－1375－6：￥11.00

D956.522.9　004611

法国公司法典/罗结珍译.—北京：国际文化出版公司，1995.10.—646页；20cm

ISBN 7－80105－330－3：￥45.00

D956.522.9　004612

法国商法典/金邦贵译.—北京：国际文化出版公司，1995.11.—489页；20cm

ISBN 7－80105－331－1：￥35.00

D971.21　004613

美国宪法概论/(美)巴伦(Barron，J.A.)，(美)迪恩斯(Dienes，C.T.)著；刘瑞祥等译.—北京：中国社会科学出版社，1995.3.—396页；20cm.—(美国法学精选丛书/刘颖，吴新平主编)

ISBN 7－5004－1433－1：￥19.30

D971.221　004614

美国行政法/王名扬著.—北京：中国法制出版社，1995.1.—2册(1303页)；20cm

ISBN 7－80083－201－5：￥58.00

D971.222　004615

美国银行业务法/沈达明编著.—北京：对外贸易教育出版社，1995.5.—247页；20cm

ISBN 7－81000－703－3：￥8.50

D971.222.9　004616

美国商法浅谈/高榕，李舒著.—上海：上海人民出版社，1995.10.—189页；20cm.—(现代工商管理丛书/尹尊声，海闻主编)

ISBN 7－208－02089－2：￥10.00

D971.265　004617

美国律师制度/青锋编著.—北京：中国法制出版社，1995.5.—177页；19cm

ISBN 7－80083－257－0：￥8.00

D99　国际法

D99　004618

奥本海国际法　第一卷　第一分册/(英)詹宁斯(Jennings，R.)，( )瓦茨(Watts，A.)修订；王铁崖等译.—北京：中国大百科全书出版社，1995.12.—590页；20cm.—(外国法律文库/江平主编)

据英国伦敦朗曼集团英国有限公司的授权译出

ISBN 7－5000－5629－X：￥29.00

D99　004619

国(区)际民商事法律适用法/余先予主编.—北京：人民日报出版社，1995.2.—714页；20cm

ISBN 7－80002－710－4：￥22.00

D99　004620

国际民商事程序法/金彭年著.—杭州：杭州大学出

版社,1995.8.—297页;20cm
ISBN 7-81035-842-1:¥13.80

D99　004621
国际刑法通论/冯殿美,周静著.—济南:山东大学出版社,1995.7.—324页;20cm
ISBN 7-5607-1509-5:¥11.80

D99-61　004622
国际法词典/(苏)克里缅科(Клименко,Б.М.)等编;刘莎等译.—北京:商务印书馆,1995.5.—251页;19cm
ISBN 7-100-00744-5:¥11.50

D99-61　004623
国际法律大辞典/余先予主编.—长沙:湖南出版社,1995.1.—944页;26cm
ISBN 7-5438-0913-3(精装):¥80.00

D990　004624
国际法/王铁崖主编.—北京:法律出版社,1995.8.—661页;20cm
ISBN 7-5036-1147-2:¥21.00

D990　004625
国际强行法论/张潇剑著.—北京:北京大学出版社,1995.10.—217页;20cm
ISBN 7-301-02905-5:¥10.50

D990-43　004626
国际法教程/赵喜臣主编.—济南:山东人民出版社,1995.7.—329页;20cm
山东干部函授大学教材
ISBN 7-209-01792-5:¥10.50

D993.5　004627
1993年船舶优先权和抵押权国际公约释义/何建华编著.—北京:人民交通出版社,1995.6.—161页;19cm
ISBN 7-114-00366-8:¥9.50

D993.5　004628
船舶优先权/徐新铭著.—大连:大连海事大学出版社,1995.12.—230页;19cm
ISBN 7-5632-0893-3:¥10.80

D993.5　004629
海洋法与渔业法规/黄硕琳编.—北京:中国农业出版社,1995.5.—150页;26cm
全国高等农业院校教材 海洋渔业和渔业资源专业用
ISBN 7-109-03384-8:¥5.90

①D993.5②U675.86　004630
国际海上人命安全公约:1992综合文本:中英文合订本/国际海事组织编;中华人民共和国船舶检验局译.—北京:人民交通出版社,1995.12.—433页;26cm
ISBN 7-114-02264-6:¥46.00

D996　004631
国际公平交易法律与实务/陆效龙著.—北京:中国社会出版社,1995.7.—240页;20cm
ISBN 7-80088-667-0:¥16.80

D996　004632
国际经济法/张鲁生等主编.—2版.—北京:中国林业出版社,1995.6.—196页;26cm
涉外经济类专业系列教材
ISBN 7-5038-1370-9:¥13.50

D996　004633
国际经济法/孙南申编著.—南京:河海大学出版社,1995.2.—494页;20cm.—(南京大学法学丛书)
ISBN 7-5630-0767-9:¥14.00

D996　004634
国际经济法/刘振江主编.—乌鲁木齐:新疆人民出版社,1995.11.—529页;20cm
ISBN 7-228-03647-6:¥18.90

D996　004635
国际经济法案例评析/盛红生,左海聪主编.—南昌:江西人民出版社,1995.11.—433页;20cm
ISBN 7-210-01558-2:¥16.00

D996　004636
国际经济法成案研究/姚梅镇,余劲松主编.—武汉:武汉大学出版社,1995.3.—316页;20cm
高等学校文科教学参考书
ISBN 7-307-01946-9:¥9.80

D996　004637
国际经济法概论/胡济群主编.—南昌:江西高校出版社,1995.5.—306页;19cm.—(法学丛书/利子平,胡济群主编)
ISBN 7-81033-496-4:¥7.90

D996　004638
国际破产法研究/程清波著.—长沙:湖南师范大学出版社,1995.5.—256页;20cm.—(湖南师范大学民商法学丛书)
ISBN 7-81031-419-X:¥9.00

D996-41　004639
高等教育自学考试法律专业国际经济法概论自学考试大纲:含考核目标/全国高等教育自学考试指导委员会制订.—北京:北京大学出版社,1995.7.—92页;19cm
ISBN 7-301-02878-4:¥3.20

D996.1　004640
船舶碰撞法/司玉琢,吴兆麟著.—2版.—大连:大连海事大学出版社,1995.5.—734页;20cm
ISBN 7-5632-0209-9:¥25.80

D996.1　004641
国际货物买卖合同中的法律问题/钟建华著.—北京:人民法院出版社,1995.4.—612页;20cm
ISBN 7-80056-286-7:¥20.00

D996.1　004642
国际经济贸易仲裁法/郭寿康,赵秀文主编.—北京:中国法制出版社,1995.8.—357页;20cm
高等学校法学教材
ISBN 7-80083-287-2:¥14.00

D996.1　004643
国际贸易法/冯大同编著.—北京:北京大学出版社,1995.8.—417页;20cm
高等学校法学试用教材
ISBN 7-301-02890-3:¥14.00

D996.1　004644
国际贸易法/周汉民主编.—上海:上海教育出版社,

1995.10.—740页;20cm
ISBN 7-5320-4236-7:¥23.00

D996.1 004645
国际贸易法/王传丽主编.—北京:中国政法大学出版社,1995.8.—521页;20cm
ISBN 7-5620-1389-6:¥17.00

D996.1 004646
国际贸易法实务/任荣明主编.—上海:上海远东出版社,1995.12.—437页;20cm
ISBN 7-80613-212-0:¥15.50

D996.1 004647
国际商法/曹建明主编.—上海:华东理工大学出版社,1995.6.—194页;20cm
ISBN 7-5628-0581-4:¥7.50

D996.1 004648
国际商法/张圣翠主编.—上海:上海财经大学出版社,1995.8.—391页;20cm
ISBN 7-81049-001-X:¥15.00

D996.1 004649
国际商法/邹建华主编.—北京:中国金融出版社,1995.9.—478页;19cm
ISBN 7-5049-1496-7:¥15.60

D996.1 004650
国际商法/唐炳洪,朱立芬主编.—北京:中国商业出版社,1995.7.—338页;19cm
ISBN 7-5044-2362-9:¥11.00

D996.1 004651
国际商法/牟少岩,吴海主编.—青岛:青岛海洋大学出版社,1995.7.—344页;20cm
ISBN 7-81026-747-7:¥11.50

D996.1 004652
国际商法实务/任荣明编著.—上海:上海交通大学出版社,1995.8.—326页;20cm
ISBN 7-313-01484-8:¥12.50

D996.1 004653
国际商法学习指导/邹建华主编.—北京:中国金融出版社,1995.9.—264页;19cm
ISBN 7-5049-1497-5:¥9.00

D996.1 004654
国际商法与国际惯例/陶立新主编.—南昌:江西高校出版社,1995.7.—357页;19cm.—(企业经营国际化丛书/吴照云,杨慧主编)
ISBN 7-81033-507-3:¥9.90

D996.1 004655
国际商贸法规/邱询民编著.—长春:吉林大学出版社,1995.2.—259页;19cm.—(国际商务丛书;4/池元吉主编)
ISBN 7-5601-1673-6:¥6.70

D996.1 004656
国际商事法律理论与实务/张菊辉等编著.—广州:中山大学出版社,1995.9.—454页;20cm.—(市场经济法律丛书/董立坤主编)
ISBN 7-306-00853-6:¥18.00

D996.1 004657
国际商事仲裁法通论/曾建国编著.—上海:百家出版社,1995.7.—400页;20cm
ISBN 7-80576-482-4:¥25.00

D996.1 004658
简明国际商法教程/李象存主编.—北京:中国人事出版社,1995.1.—261页;20cm
山东干部函授大学教材
ISBN 7-80076-628-4:¥7.40

D996.1 004659
商事仲裁国际惯例/张圣翠,屠天峰著.—贵阳:贵州人民出版社,1995.12.—291页;20cm.—(国际经济惯例丛书/周成启主编)
ISBN 7-221-04028-1:¥13.70

D996.1 004660
新编国际贸易法/何祥编著.—北京:中国商业出版社,1995.5.—239页;19cm
ISBN 7-5044-2121-9:¥8.40

D996.1-61 004661
国际贸易法大辞典/黎学玲主编.—广州:广东人民出版社,1995.7.—1108页;26cm
ISBN 7-218-01503-4(精装):¥158.00

D996.2 004662
国际金融法专论/李仁真主编.—武汉:湖北人民出版社,1995.3.—306页;20cm
ISBN 7-216-01656-4:¥12.00

D996.4 004663
国际投资法/蔡曙涛编著.—北京:北京大学出版社,1995.5.—470页;20cm
北京大学经济类教材
ISBN 7-301-02709-5:¥19.50

D996.4 004664
国际投资法/杜新力,曹俊编著.—北京:中国政法大学出版社,1995.8.—306页;20cm
ISBN 7-5620-1386-1:¥10.00

D996.4 004665
国际投资法概论/曾华群著.—厦门:厦门大学出版社,1995.6.—275页;20cm.—(南强丛书)
ISBN 7-5615-1022-5:¥12.00

D996.5 004666
国际技术转让法/白映福,黄瑞著.—武汉:武汉大学出版社,1995.12.—389页;20cm
ISBN 7-307-02094-7:¥12.90

D996.5 004667
国际技术转让法律与实务/江前良著.—北京:法律出版社,1995.10.—324页;20cm
ISBN 7-5036-1726-8:¥13.00

D996.5 004668
国际技术转让法专论/胡充寒著.—长沙:湖南科学技术出版社,1995.12.—324页;20cm
ISBN 7-5357-2030-7:¥34.80

D996.9 004669
国际环境法/欧阳鑫,吕忠梅著.—西安:陕西科学技术出版社,1995.9.—415页;20cm
ISBN 7-5369-2396-1:¥20.50

D997　004670

国际私法概论/胡晓红,郭丽红编著.—兰州:兰州大学出版社,1995.12.—283页;20cm

ISBN 7-311-01056-X:¥11.60

D997　004671

国际私法教程/赵喜臣,王瑞洲主编.—济南:山东人民出版社,1995.7.—368页;20cm

山东干部函授大学教材

ISBN 7-209-01787-9:¥12.00

D997　004672

国际私法新论/浦伟良,郭延曦著.—上海:立信会计出版社,1995.4.—333页;20cm.—(立信法律丛书)

ISBN 7-5429-0275-X:¥12.00

D997　004673

现代国际私法/江伟钰等著.—兰州:甘肃文化出版社,1995.9.—344页;20cm

ISBN 7-80608-141-0:¥14.00

D997　004674

中国国际私法立法理论与实践/刘卫翔等著.—武汉:武汉大学出版社,1995.10.—496页;21cm

ISBN 7-307-02063-7:¥16.80

D997.1　004675

国际商务合同/李达编著.—长春:吉林大学出版社,1995.2.—291页;19cm.—(国际商务丛书;3/池元吉主编)

ISBN 7-5601-1672-8:¥7.40

D998.2　004676

国际人权法概论/(美)伯根索尔(Buergenthal,T.)著;潘维煌,顾世荣译.—北京:中国社会科学出版社,1995.9.—155页;20cm.—(美国法学精选丛书/刘颖,吴新平主编)

ISBN 7-5004-1610-5:¥9.00

D998.371.2-62　004677

入境美国:最新美国移民法指南/周继洲著.—北京:法律出版社,1995.4.—146页;26cm

ISBN 7-5036-1595-8:¥12.00

E 军 事

①E－49②G8－49　004678
军事体育的奇观/张英,成菊华编著.—南宁:接力出版社,1995.9.—202页;20cm.—(少年百科知识丛书/王寿山,张中主编)
ISBN 7－80581－933－5:¥8.00

E－53　004679
著名军事家演讲鉴赏/尹洪滨主编.—济南:山东人民出版社,1995.9.—307页;20cm.—(世界名人演讲鉴赏丛集/葛谷,武传涛主编)
ISBN 7－209－01763－1(精装):¥16.80

E－61　004680
现代军事知识辞典/曹建等编.—成都:四川辞书出版社,1995.12.—486页;26cm
ISBN 7－80543－500－6(精装):¥89.00

E0 军事理论

E0　004681
列宁斯大林军事思想/俞世福等主编.—北京:解放军出版社,1995.9.—280页;20cm
ISBN 7－5065－2693－X:¥15.00

E0　004682
毛泽东军事思想新论/陈继安主编.—北京:军事科学出版社,1995.12.—482页;20cm
ISBN 7－80021－931－3:¥27.50

E0　004683
毛泽东军事思想原理/刘继贤,张全启主编.—北京:解放军出版社,1995.5.—680页;20cm
ISBN 7－5065－2780－4:¥20.00

E0－02　004684
高技术战争哲理/梁必骎,赵鲁杰著.—北京:解放军出版社,1995.3.—360页;20cm
ISBN 7－5065－2649－2:¥18.00

E0－02　004685
军事哲学/梁必骎主编.—北京:军事科学出版社,1995.4.—707页;20cm
ISBN 7－80021－843－0:¥25.00

①E0－05②E251　004686
军事运筹学应用研究与人材培养:'95军事运筹学学术年会论文集/常显奇主编.—北京:军事科学出版社,1995.10.—271页;26cm
ISBN 7－80021－921－6:¥40.00

E0－054　004687
军事经济学说史/刘业础主编.—北京:军事科学出版社,1995.9.—407页;20cm
ISBN 7－80021－909－7:¥16.00

E0－054　004688
军事学与市场经济/黄福祥编著.—北京:长征出版社,1995.10.—373页;20cm
ISBN 7－80015－315－0:¥15.00

E0－43　004689
军事学教程/宋尽贤主编;《军事学教程》编辑委员会组织编写.—北京:高等教育出版社,1995.7.—366页;20cm
高等学校教材 内部发行
ISBN 7－04－005537－6:¥7.80

E07　004690
外军基层管理简介/于化庭,程钢著.—北京:国防大学出版社,1995.8.—124页;19cm.—(现代军队基层管理操作丛书;8/李志革主编)
ISBN 7－5626－0637－4:¥4.20

E075　004691
军队后勤管理学/吴希来主编.—北京:国防大学出版社,1995.11.—343页;19cm
ISBN 7－5626－0730－3:¥12.00

①E08②E154　004692
杜黑理论与空军/董文先,胡思远著.—北京:军事科学出版社,1995.12.—239页;20cm
ISBN 7－80021－897－X:¥12.50

E092.2　004693
贞观玉镜将研究/陈炳应著.—银川:宁夏人民出版社,1995.7.—102页;26cm
ISBN 7－227－00502－5(精装):¥30.00

E1 世界军事

E115　004694
国防高技术产业化运行机制/李仲篪主编.—北京:国防工业出版社,1995.3.—311页;20cm
ISBN 7－118－01379－X(精装):¥15.10

E115　004695
国防科学技术论/温熙森,匡兴华著.—长沙:国防科技大学出版社,1995.12.—527页;20cm
ISBN 7－81024－365－9(精装):¥32.00

E118　004696
工业动员模型系统/陈德弟主编.—北京:军事科学出版社,1995.8.—138页;20cm
ISBN 7－80021－895－3:¥8.00

E123　004697
从士兵到元帅:古今中外军阶知识/完颜绍元,郭永生著.—上海:上海古籍出版社,1995.5.—94页;19cm.—(学生乐园/吕型伟主编)
ISBN 7－5325－1913－9:¥3.40

E123　　004698
现代战争与军事人才/谭友鹏著.—北京:解放军出版社,1995.4.—279页;19cm
ISBN 7-5065-2570-4:¥13.50

E125　　004699
外国预备役概览/田小文主编.—北京:军事科学出版社,1995.6.—349页;20cm.—(外国军队建设系列丛书;2)
ISBN 7-80021-798-1:¥15.00

E126　　004700
军队预防犯罪新题新思/侯殿忠,于祖范主编.—北京:中国人民公安大学出版社,1995.2.—211页;19cm
内部发行
ISBN 7-81011-709-2:¥5.90

E126　　004701
军事后勤立法简论/张子谦,张振江主编.—北京:金盾出版社,1995.10.—201页;20cm
内部发行
¥0.00

E13-43　　004702
军事教育工艺学教程/鄢慕先等编著.—北京:军事科学出版社,1995.11.—532页;20cm
ISBN 7-80021-886-4:¥26.00

E14　　004703
高技术战争后勤保障/余用哲主编.—北京:军事科学出版社,1995.9.—429页;20cm
ISBN 7-80021-891-0:¥16.00

E14　　004704
军械经济效益理论研究/池俊等著.—北京:军事科学出版社,1995.9.—223页;20cm
ISBN 7-80021-913-5:¥9.00

E151　　004705
"贝雷"春秋:世界特种部队大扫描/达施沾编著.—北京:大地出版社,1995.3.—221页;19cm.—(跨世纪军事瞭望丛书/焦国力主编)
ISBN 7-80068-713-9:¥7.80

E151-61　　004706
汉英装甲兵词汇/唐萍主编.—北京:化学工业出版社,1995.12.—393页;20cm
ISBN 7-5025-1494-5(精装):¥25.42

E153　　004707
世界海军知识/施友群主编.—北京:世界知识出版社,1995.8.—869页;20cm
ISBN 7-5012-0615-5(精装):¥38.00

E154　　004708
王牌飞行员/王昉,玉文主编.—北京:知识出版社,1995.1.—322页:照片;20cm.—(世界军旅王牌系列)
ISBN 7-5015-1243-4:¥9.80

E157　　004709
惊险与智谋的较量:外国军警处置突发事件选评/高厚满著.—北京:解放军出版社,1995.3.—191页;19cm.—(世界军警行动纪实丛书;1)
ISBN 7-5065-2655-7:¥7.80

E157　　004710
天涯海角寻踪:国际罪犯追捕趣闻录/高厚满著.—北京:解放军出版社,1995.5.—165页;19cm.—(世界军警行动纪实丛书)
ISBN 7-5065-2656-5:¥6.50

E159　　004711
动物部队/胥士詹编著.—北京:大地出版社,1995.3.—214页;19cm.—(跨世纪军事瞭望丛书/焦国力主编)
ISBN 7-80068-713-9:¥7.80

E159　　004712
特殊部队/苏清,云舟编.—北京:大地出版社,1995.3.—242页;19cm.—(跨世纪军事瞭望丛书/焦国力主编)
ISBN 7-80068-713-9:¥7.80

E159　　004713
战争闪电:世界特种部队精锐传奇/叶童,叶欢著.—成都:四川人民出版社,1995.6.—357页;20cm.—(名军名将系列;2)
ISBN 7-220-02846-6:¥12.80

E159-49　　004714
诡秘的特种部队/国力,士詹编著.—北京:科学普及出版社,1995.6.—203页;20cm.—(跨世纪战争知识丛书/林仁华,金涛主编)
ISBN 7-110-03947-1:¥7.80

E19　　004715
世界战争通鉴/吴春秋主编;丁梦奇等编著.—北京:国际文化出版公司,1995.1.—2册(1754页);26cm
ISBN 7-80049-838-7(精装):¥180.00

E19　　004716
外国古今奇战/王乃新等主编.—大连:大连海事大学出版社,1995.7.—315页;20cm
ISBN 7-5632-0879-8:¥13.80

E19　　004717
影响世界的100次战争/邓蜀生等主编.—南宁:广西人民出版社,1995.8.—519页;20cm.—(世界100系列丛书)
ISBN 7-219-02989-6:¥16.00

E19　　004718
中外海战大全/赵振愚主编.—北京:海潮出版社,1995.4.—1501页;20cm
ISBN 7-80054-697-7(精装):¥78.00

E19　　004719
著名战役失误录/徐庆光编著.—济南:山东人民出版社,1995.3.—209页;20cm.—(失误丛书/王世农等主编)
ISBN 7-209-01694-5:¥7.50

①E19②K815.2　　004720
中外名将实战录/王虎等著.—北京:京华出版社,1995.3.—269页;19cm
ISBN 7-80600-079-8:¥8.00

E195　　004721
20世纪重大军事危机述评/崔金久,步伟利编著.—北京:军事科学出版社,1995.12.—428页;20cm
ISBN 7-80021-914-3:¥23.00

E195 004722
地下战争/沙力编著.—西宁:青海人民出版社,1995.11.—304页;19cm
ISBN 7-225-01097-2:¥9.00

E195.2 004723
百舸蔽天:诺曼底登陆战/崔长琦著.—北京:中国社会科学出版社,1995.2.—177页:照片;13cm.—(20世纪著名战役纪实丛书/马骏主编)
ISBN 7-5004-1640-7:¥2.20

E195.2 004724
戴高乐与战争面对面/赵青海,牛新春著.—长春:吉林大学出版社,1995.8.—178页;19cm.—(世界二战珍闻丛书;5)
ISBN 7-5601-1795-3:¥6.00

E195.2 004725
登陆战/赖小刚主编.—北京:知识出版社,1995.3.—299页:照片;20cm.—(第二次世界大战兵种作战系列/王昉,赖小刚主编)
ISBN 7-5015-0919-0:¥12.00

E195.2 004726
第二次世界大战海战史/翁赛飞,时平编著.—北京:海潮出版社,1995.3.—362页;20cm
ISBN 7-80054-656-X:¥12.80

E195.2 004727
第二次世界大战中的15种特殊作战/王伟力等主编.—济南:黄河出版社,1995.5.—494页;20cm
ISBN 7-80558-598-9:¥16.00

E195.2 004728
第二次世界大战重大战事/孙丽霜,王瑜编译.—哈尔滨:黑龙江人民出版社,1995.9.—368页;19cm
ISBN 7-207-03121-1:¥10.80

E195.2 004729
帝巢覆灭:柏林战役/吴广权著.—北京:中国社会科学出版社,1995.2.—193页:照片;13cm.—(20世纪著名战役纪实丛书/马骏主编)
ISBN 7-5004-1628-8:¥2.20

E195.2 004730
二战著名战役实录/赵润生主编.—济南:山东人民出版社,1995.6.—252页;20cm
ISBN 7-209-01749-6:¥8.90

E195.2 004731
海战/朱军主编.—北京:知识出版社,1995.3.—300页:照片;20cm.—(第二次世界大战兵种作战系列/王昉,赖小刚主编)
ISBN 7-5015-0918-2:¥13.00

E195.2 004732
辉煌与暗淡:第二次世界大战指挥杰作与失误/郭若冰,杨树旗编著.—北京:中共中央党校出版社,1995.2.—392页;20cm
ISBN 7-5035-1144-3:¥10.80

E195.2 004733
空降战/宋友杰等主编.—北京:知识出版社,1995.3.—259页:照片;20cm.—(第二次世界大战兵种作战系列/王昉,赖小刚主编)
ISBN 7-5015-1100-4:¥12.00

E195.2 004734
空战/黄苏建等主编.—北京:知识出版社,1995.3.—279页:照片;20cm.—(第二次世界大战兵种作战系列/王昉,赖小刚主编)
ISBN 7-5015-1097-0:¥11.00

E195.2 004735
旷古未闻的战争奇观/刘卫国,邢连杰编著.—北京:中国经济出版社,1995.4.—266页;19cm.—(二战启示录丛书/刘卫国主编)
ISBN 7-5017-3352-X:¥7.80

E195.2 004736
罗斯福舰队转进太平洋/朱玉瑶,刘娟著.—长春:吉林大学出版社,1995.9.—176页;19cm.—(世界二战珍闻丛书;2)
ISBN 7-5601-1792-9:¥6.00

E195.2 004737
毛泽东重塑东方/李子文著.—长春:吉林大学出版社,1995.9.—156页;19cm.—(世界二战珍闻丛书;3)
ISBN 7-5601-1793-7:¥5.50

E195.2 004738
启示将才的战争失误/刘威,叶明编著.—北京:中国经济出版社,1995.4.—205页;19cm.—(二战启示录丛书/刘卫国主编)
ISBN 7-5017-3352-X:¥6.80

E195.2 004739
丘吉尔牵引英国狮/徐萍,赵文飞著.—长春:吉林大学出版社,1995.9.—173页;19cm.—(世界二战珍闻丛书;4)
ISBN 7-5601-1794-5:¥6.00

E195.2 004740
色彩纷呈的谋略战/苑士军编著.—北京:中国经济出版社,1995.4.—196页;19cm.—(二战启示录丛书/刘卫国主编)
ISBN 7-5017-3352-X:¥6.80

E195.2 004741
沙场饮恨:名将在这里战败/沙颂等编著.—北京:知识出版社,1995.5.—226页:图;20cm
ISBN 7-5015-1153-5:¥8.00

E195.2 004742
斯大林坦克挥师远东/王家福著.—长春:吉林大学出版社,1995.8.—179页;19cm.—(世界二战珍闻丛书;1)
ISBN 7-5601-1791-0:¥6.00

E195.2 004743
坦克战/赖小刚主编.—北京:知识出版社,1995.3.—323页:照片;20cm.—(第二次世界大战兵种作战系列/王昉,赖小刚主编)
ISBN 7-5015-1095-4:¥12.00

E195.2 004744
旭日西沉:中途岛大海战/贺新城著.—北京:中国社会科学出版社,1995.2.—161页:照片;13cm.—(20世纪著名战役纪实丛书/马骏主编)
ISBN 7-5004-1641-5:¥2.20

①E195.2②K152-64　　004745

第二次世界大战实录/沈永兴,世华主编.—重庆:重庆出版社,1995.6.—381页:照片;26cm

ISBN 7-5366-3065-4(精装):¥47.50

E2 中国军事

E2-49　　004746

中国军事:火与剑书写的故事/李爱民,云启栋著.—武汉:湖北人民出版社,1995.4.—149页;19cm.—(青少年文史库/王余光,王三山主编)

ISBN 7-216-01668-8:¥4.80

E2-49　　004747

中国军事精粹/陈墨著.—合肥:安徽少年儿童出版社,1995.10.—362页;20cm.—(中国传统文化精粹丛书/钱念孙主编)

ISBN 7-5397-1159-0(精装):¥9.50

①E2-53②G269.2　　004748

军事博物馆学术论文集　第一集/袁伟,周岩主编;军事博物馆学术委员会编.—北京:军事科学出版社,1995.12.—476页;20cm

ISBN 7-80021-927-5:¥18.00

E20　　004749

邓小平新时期军队建设思想科学体系研究/侯树栋主编.—北京:国防大学出版社,1995.7.—286页;20cm

ISBN 7-5626-0724-9:¥14.00

E20　　004750

军队建设思想的新发展:邓小平新时期军队建设思想基本观点学习提要/王建民等主编;兰州军区政治部宣传部编.—兰州:兰州大学出版社,1995.1.—253页;20cm

ISBN 7-311-00842-5:¥8.00

E20　　004751

新时期军事经济理论研究/李霖,赵勤轩主编.—北京:军事科学出版社,1995.10.—387页;20cm

ISBN 7-80021-892-9:¥22.50

E20-44　　004752

邓小平新时期军队建设思想学习问答/姚延进,姜普敏主编.—北京:解放军出版社,1995.—319页;19cm

ISBN 7-5065-2813-4:¥18.50

E211　　004753

作战指挥概论/杨金华,黄彬主编;马金生等撰稿.—北京:国防大学出版社,1995.6.—273页;20cm

国家哲学社会科学"八五"规划军事学重点课题

ISBN 7-5626-0701-X:¥10.00

E212　　004754

总参谋部·回忆史料:1927～1987/中国人民解放军历史资料丛书编审委员会编.—北京:解放军出版社,1995.12.—758页;26cm.—(中国人民解放军历史资料丛书)

ISBN 7-5065-2761-8(精装):¥58.00

E212-62　　004755

参谋标图指南/康月田,李贵霞编著.—北京:军事科学出版社,1995.2.—171页;20cm

ISBN 7-80021-845-7:¥5.50

E22　　004756

部队"四个教育"学习对话/解放军报理论部编.—北京:长征出版社,1995.4.—63页;19cm

ISBN 7-80015-310-X:¥2.00

E22　　004757

基层军官素质修养/姜福安主编.—北京:军事科学出版社,1995.1.—307页;20cm

ISBN 7-80021-826-0:¥8.00

E22　　004758

新兵漫谈/沈丁永编著.—杭州:浙江人民出版社,1995.11.—184页;19cm

ISBN 7-213-01284-3:¥7.50

E22　　004759

政治机关现代战时政治工作/武怀堂主编;万年春等编著.—北京:星球地图出版社,1995.9.—493页;20cm

ISBN 7-80104-020-1:¥18.80

E22-43　　004760

飞行大队政治工作教程/茅献鹏主编.—北京:蓝天出版社,1995.8.—286页;20cm

ISBN 7-80081-598-6:¥14.20

E22-43　　004761

新时期军队政治工作教程/党史党建政工教研室编著.—北京:国防大学出版社,1995.7.—321页;20cm

ISBN 7-5626-0731-1:¥8.40

E220　　004762

《中国人民解放军政治工作条例》辅导讲话/修改《中国人民解放军政治工作条例》课题组著.—北京:军事科学出版社,1995.6.—310页;20cm

ISBN 7-80021-887-2:¥14.00

E221　　004763

创造有价值的军旅人生:空军部队人生观、价值观教育热点难点问题解答/空军政治部宣传部编.—北京:蓝天出版社,1995.12.—227页;20cm

空军部队"四个教育"系列教材

ISBN 7-80081-615-X:¥0.00

E221　　004764

当兵的美法:军营美与力的旋律/高学训著.—北京:国防大学出版社,1995.5.—140页;19cm

ISBN 7-5626-0537-8:¥3.40

E221　　004765

当代中国军人价值启示录/张国林,董兴华主编.—沈阳:白山出版社,1995.8.—136页;19cm

ISBN 7-80566-442-0:¥5.20

E221　　004766

二十世纪中国女兵:献给1995年世界妇女大会:汉英对照/刘代文,刘迪云主编;江林编著.—北京:解放军出版社,1995.7.—200页:照片;30cm

ISBN 7-5065-2650-6:¥188.00

E221　　004767

风流后备军/辽宁省军区编.—沈阳:白山出版社,1995.8.—325页;20cm

ISBN 7-80566-445-5:¥10.80

E221 004768
革命军人思想品德修养/钮汉章,吴启炎主编;总政治部宣传部组编.—北京:解放军出版社,1995.7.—215页;20cm
军队院校政治理论教材
ISBN 7-5065-2858-4:¥7.60

E221 004769
弘扬光荣传统 立志爱国奉献/张生枝,罗振宇主编.—西安:西北大学出版社,1995.5.—177页;19cm
ISBN 7-5604-0897-4:¥4.20

E221 004770
军队思想政治建设探讨/兰保景著.—北京:解放军出版社,1995.11.—196页;20cm.—(中国当代思想教育艺术精华丛书/李燕杰,公方彬主编)
ISBN 7-5065-2956-4:¥8.50

E221 004771
军旅杂谈/刘荣东著.—乌鲁木齐:新疆人民出版社,1995.6.—168页;19cm
ISBN 7-228-03431-7:¥7.00

E221 004772
军人修养纵横谈/崔凤鸣等主编.—天津:百花文艺出版社,1995.8.—210页;20cm
ISBN 7-5306-2088-6:¥9.00

E221 004773
军人应该这样生活/南京军区空军政治部编.—济南:黄河出版社,1995.9.—241页;19cm
ISBN 7-80558-651-9:¥9.60

E221 004774
军营三字经/郑复新主编;兰州军区政治部编.—北京:解放军出版社,1995.12.—84页;19cm
ISBN 7-5065-2939-4:¥4.50

E221 004775
军中骄子/戴建国主编.—石家庄:河北人民出版社,1995.4.—232页;19cm
ISBN 7-202-01736-9:¥5.00

E221 004776
落实的艺术/史俊和著.—天津:天津社会科学院出版社,1995.9.—111页;19cm
ISBN 7-80563-309-X:¥5.30

E221 004777
社会主义市场经济条件下军队思想政治建设/洪保秀著.—重庆:重庆出版社,1995.8.—169页;20cm
ISBN 7-5366-3229-0:¥6.60

E221 004778
实践的感悟/连耀廷著.—北京:军事科学出版社,1995.9.—172页:彩照;20cm.—(中国当代思想教育艺术精华丛书/李燕杰,公方彬主编)
ISBN 7-80021-896-1:¥10.00

E221 004779
写好当兵史 走好人生路:以艰苦奋斗爱国奉献为主要内容的革命人生观教育通俗讲话/王建民,王启厚主编;兰州军区政治部宣传部编.—兰州:兰州大学出版社,1995.4.—238页;19cm
ISBN 7-311-00867-0:¥6.90

E221 004780
学英雄 树正气:学习徐洪刚文集/云南省精神文明建设办公室编.—昆明:云南民族出版社,1995.2.—283页;20cm
ISBN 7-5367-0984-6:¥10.00

E221 004781
与你同行:和新战友交心/陈业明主编.—桂林:漓江出版社,1995.11.—261页;19cm
ISBN 7-5407-1852-8:¥10.80

E221-53 004782
金钥匙:武警边防部队政委轮训班文稿集/武警边防部队政治部著.—北京:军事谊文出版社,1995.8.—545页;20cm.—(武警边防部队政治工作丛书)
ISBN 7-80027-837-9:¥7.30

E221.3 004783
革命军人思想品德修养教程/赵继峰等主编.—乌鲁木齐:新疆人民出版社,1995.10.—395页;19cm
ISBN 7-228-03748-0:¥12.85

①E221.3②I247.8 004784
不怕牺牲/总政治部宣传部编.—北京:解放军出版社,1995.5.—189页:照片;19cm.—(红星闪耀/赵可铭,秦怀保主编)
ISBN 7-5065-2750-2:¥0.00

①E221.3②I247.8 004785
党指挥枪/总政治部宣传部编.—北京:解放军出版社,1995.5.—155页:照片;19cm.—(红星闪耀/赵可铭,秦怀保主编)
ISBN 7-5065-2745-6:¥0.00

①E221.3②I247.8 004786
敢打必胜/总政治部宣传部编.—北京:解放军出版社,1995.5.—211页:照片;19cm.—(红星闪耀/赵可铭,秦怀保主编)
ISBN 7-5065-2752-9:¥0.00

①E221.3②I247.8 004787
官兵一致/总政治部宣传部编.—北京:解放军出版社,1995.5.—156页:照片;19cm.—(红星闪耀/赵可铭,秦怀保主编)
ISBN 7-5065-2748-0:¥0.00

①E221.3②I247.8 004788
坚贞不屈/总政治部宣传部编.—北京:解放军出版社,1995.5.—171页:照片;19cm.—(红星闪耀/赵可铭,秦怀保主编)
ISBN 7-5065-2751-0:¥0.00

①E221.3②I247.8 004789
艰苦奋斗/总政治部宣传部编.—北京:解放军出版社,1995.5.—169页:照片;19cm.—(红星闪耀/赵可铭,秦怀保主编)
ISBN 7-5065-2749-9:¥0.00

①E221.3②I247.8 004790
为人民服务/总政治部宣传部编.—北京:解放军出版社,1995.5.—153页:照片;19cm.—(红星闪耀/赵可铭,秦怀保主编)
ISBN 7-5065-2747-2:¥0.00

①E221.3②I247.8 004791

信念的力量/总政治部宣传部编.—北京:解放军出版社,1995.5.—137页:照片;19cm.—(红星闪耀/赵可铭,秦怀保主编)
ISBN 7-5065-2746-4:¥0.00

①E221.3②I247.8　　004792
严守纪律/总政治部宣传部编.—北京:解放军出版社,1995.5.—170页:照片;19cm.—(红星闪耀/赵可铭,秦怀保主编)
ISBN 7-5065-2753-7:¥0.00

E223-43　　004793
军队基层文化工作教程/许峰,叶怀真主编.—桂林:广西师范大学出版社,1995.3.—401页;19cm
ISBN 7-5633-1259-5:¥7.50

E224　　004794
"一线指挥部"与基层建设纵横/张德才著.—沈阳:白山出版社,1995.12.—289页;19cm
ISBN 7-80566-451-X:¥8.60

E224　　004795
管理的方法/李志革编著.—北京:国防大学出版社,1995.8.—131页;19cm.—(现代军队基层管理操作丛书;5/李志革主编)
ISBN 7-5626-0635-8:¥4.30

E224　　004796
管理实例评点/高存,于泰林编著.—北京:国防大学出版社,1995.8.—178页;19cm.—(现代军队基层管理操作丛书;7/李志革主编)
ISBN 7-5626-0636-6:¥5.80

E224　　004797
计划的筹策/白金华编著.—北京:国防大学出版社,1995.6.—164页;19cm.—(现代军队基层管理操作丛书;1/李志革主编)
ISBN 7-5626-0630-7:¥5.30

E224　　004798
军队基层政治工作研究/单俊华,吕品主编.—沈阳:白山出版社,1995.12.—272页;19cm
ISBN 7-80566-457-9:¥9.60

E224　　004799
控制的技巧/白金华等编著.—北京:国防大学出版社,1995.9.—140页;19cm.—(现代军队基层管理操作丛书;3/李志革主编)
ISBN 7-5626-0633-1:¥4.50

E224　　004800
适度——管理的最佳状态/李志革著.—北京:国防大学出版社,1995.7.—302页;19cm.—(现代军队基层管理操作丛书;6/李志革主编)
ISBN 7-5626-0606-4:¥9.80

E224　　004801
协调的艺术/贾斌等编著.—北京:国防大学出版社,1995.7.—149页;19cm.—(现代军队基层管理操作丛书;4/李志革主编)
ISBN 7-5626-0634-X:¥5.00

E224　　004802
中国志愿兵/孙克勤著.—南京:江苏人民出版社,1995.9.—336页;19cm
ISBN 7-214-01527-7:¥12.00

E224　　004803
组织的要领/尚杰等编著.—北京:国防大学出版社,1995.8.—166页;19cm.—(现代军队基层管理操作丛书;2/李志革主编)
ISBN 7-5626-0631-5:¥5.40

E224-43　　004804
中国人民解放军陆军学院军队基层管理教材/总参谋部军训部著.—长沙:国防科技大学出版社,1995.8.—245页;19cm
内部发行
ISBN 7-81024-343-8:¥0.00

E225　　004805
爱国拥军模范姚慈贤/汕头日报社主编.—汕头:汕头大学出版社,1995.10.—172页:彩照;19cm
ISBN 7-81036-092-2:¥8.00

E225　　004806
爱舟竞珠江:社会各界救助韩素云纪实 /张伟程,吴志帆编著.—广州:广州出版社,1995.4.—85页:照片;19cm
ISBN 7-80592-246-2:¥5.60

E225　　004807
军地协调论:当代中国军地关系研究/丛培德著.—济南:黄河出版社,1995.5.—305页;20cm
ISBN 7-80558-567-9:¥6.80

E225　　004808
上海双拥潮/许俊文主编;上海市拥军优属拥政爱民工作领导小组办公室编.—上海:上海人民出版社,1995.2.—321页:照片;20cm
ISBN 7-208-01948-7:¥10.60

①E225②③I25　　004809
情满江夏/袁家新主编.—武汉:湖北人民出版社,1995.12.—225页:彩照;20cm
ISBN 7-216-01788-9:¥12.00

①E225②D632.3　　004810
基层双拥:全国基层双拥工作座谈会文件汇编/全国双拥工作领导小组办公室编.—北京:中国社会出版社,1995.11.—500页;20cm
ISBN 7-80088-621-2:¥18.00

E227　　004811
来自安全保卫工作模范连的报告/南京军区政治部保卫部编.—福州:海风出版社,1995.12.—154页:彩照;19cm
ISBN 7-80597-103-X:¥6.80

E23　　004812
邓小平新时期军队后勤建设思想研究/王向阳,陈卫平主编.—北京:金盾出版社,1995.12.—318页;20cm.—(新时期军事后勤理论丛书)
ISBN 7-5082-0323-2:¥10.00

E23　　004813
军事后勤改革新尝试:与市场经济接轨初探/解放军报社军事部编.—北京:长征出版社,1995.3.—216页;19cm
ISBN 7-80015-336-3:¥7.00

E233 004814
军队财务计算机实用教程/金耀辉等主编.—长沙:国防科技大学出版社,1995.1.—456页;26cm
ISBN 7-81024-318-7:¥26.00

E233 004815
中国人民解放军87式服装的研制与装备/张翠举主编;总后勤部军需部编.—北京:金盾出版社,1995.11.—135页;20cm
内部发行
(精装):¥0.00

E233 004816
中国人民武装警察部队审计十年:1984~1993/严广俊主编;《中国人民武装警察部队审计十年》编辑委员会编.—北京:中国审计出版社,1995.11.—408页;26cm
内部发行
ISBN 7-80064-410-3(精装):¥46.00

E24 004817
农二师志/农二师史志编纂委员会编.—乌鲁木齐:新疆人民出版社,1995.7.—773页:照片;26cm.—(新疆生产建设兵团史志丛书)
ISBN 7-228-03558-5(精装):¥120.00

E24 004818
新疆生产建设兵团改革与发展/杨发仁,杨振华主编.—乌鲁木齐:新疆人民出版社,1995.9.—206页;20cm.—(新疆市场经济研究)
ISBN 7-228-03643-3:¥8.00

E24 004819
新疆生产建设兵团建立市场经济新体制的探索/新疆兵团党委政策研究室,新疆兵团经济体制改革委员会编.—乌鲁木齐:新疆科技卫生出版社,1995.7.—414页;20cm
ISBN 7-5372-1106-X:¥14.80

E24 004820
新疆生产建设兵团农业40年/韦仝生主编;《新疆生产建设兵团农业40年》编委会编.—乌鲁木齐:新疆科技卫生出版社,1995.12.—395页:彩照;26cm
ISBN 7-5372-1125-6:¥50.00

E24 004821
新疆生产建设兵团史料选辑 (5)/新疆生产建设兵团史志编纂委员会编.—乌鲁木齐:新疆人民出版社,1995.6.—352页:照片;20cm
ISBN 7-228-03502-X:¥12.50

E24 004822
扎根记:中国人民解放军二十万官兵在新疆/张明儒著.—乌鲁木齐:新疆人民出版社,1995.8.—307页:照片;20cm
ISBN 7-228-03259-4:¥15.00

E24-54 004823
新疆生产建设兵团年鉴 1995/新疆生产建设兵团史志编纂委员会《新疆生产建设兵团年鉴》编辑部编.—乌鲁木齐:新疆人民出版社,1995.10.—376页:彩图;26cm
ISBN 7-228-03562-3(精装):¥45.00

E24-66 004824
新疆生产建设兵团统计年鉴 1995/谭平祥主编;《新疆生产建设兵团统计年鉴》编辑委员会编.—北京:中国统计出版社,1995.7.—652页:彩照;26cm
ISBN 7-5037-1898-6(精装):¥120.00

E25 004825
干部国防教育读本/吴海坤主编;曲靖地委宣传部等编.—昆明:云南民族出版社,1995.12.—250页;20cm
ISBN 7-5367-1072-0:¥12.00

E25 004826
国防后备力量后勤建设概论/胡福文主编.—北京:国防大学出版社,1995.12.—279页;20cm
¥13.00

E25 004827
国防教育教程/马新民主编.—长沙:湖南师范大学出版社,1995.2.—258页;19cm
ISBN 7-81031-406-8:¥6.00

E25 004828
军队工程建设计划管理/总后勤部基建营房部编.—北京:金盾出版社,1995.10.—366页;20cm
内部发行
(精装):¥0.00

E25 004829
军队现代化建设探微/肖力著.—北京:解放军出版社,1995.5.—213页;20cm
ISBN 7-5065-2814-2:¥0.00

E25 004830
新时期全民国防教育/杨奇松主编.—成都:四川人民出版社,1995.9.—314页;19cm
ISBN 7-220-02961-6:¥9.00

E25 004831
中国国防经济历史形态/姜鲁鸣著.—北京:国防大学出版社,1995.9.—480页;19cm
ISBN 7-5626-0678-1:¥16.00

E25-43 004832
高等学校国防基础理论教程/李士杰,魏虎林主编.—哈尔滨:黑龙江教育出版社,1995.9.—384页;19cm
ISBN 7-5316-2348-X:¥8.50

①E25-53②G641 004833
绿色从这里延伸:大学生国防教育硕果撷萃/杨邵愈,范宝龙主编;清华大学武装部编.—北京:测绘出版社,1995.6.—179页;19cm
ISBN 7-5030-0796-6:¥6.00

E251 004834
中国现代军事教育思想研究/陆林治主编.—北京:军事科学出版社,1995.10.—352页;20cm
ISBN 7-80021-857-0:¥22.00

E251-53 004835
筑起心中的长城:国防教育优秀作品选/张燕丽主编.—北京:测绘出版社,1995.5.—267页;19cm
ISBN 7-5030-0792-3:¥7.00

E251.1 004836
内蒙古自治区国防教育条例讲话/孙继文,巴特尔主

编.—呼和浩特:内蒙古人民出版社,1995.12.—103页;19cm
ISBN 7-204-02962-3:¥3.85

E251.3 004837
高技术局部战争与军校教育/鄢慕先,朱如珂主编.—北京:军事科学出版社,1995.5.—225页;20cm
ISBN 7-80021-878-3:¥7.20

E251.3 004838
院校·回忆史料/中国人民解放军历史资料丛书编审委员会编.—北京:解放军出版社,1995.8.—1043页;26cm.—(中国人民解放军历史资料丛书)
ISBN 7-5065-2777-4(精装):¥73.00

E251.8 004839
一代精兵:"三手"分册/总参谋部军训部编 .—北京:解放军出版社,1995.4.—385页;20cm
内部发行
ISBN 7-5065-2823-1:¥0.00

E251.8 004840
一代精兵:优秀"四会"教练员分册/总参谋部军训部编 .—北京:解放军出版社,1995.4.—310页;20cm
内部发行
ISBN 7-5065-2823-1:¥0.00

E258 004841
毛泽东战争动员思想概论/韩永录主编.—北京:军事科学出版社,1995.12.—250页;20cm
ISBN 7-80021-941-0:¥12.00

E26 004842
邓小平军队制度建设思想研究/王法安,王高计著.—北京:军事科学出版社,1995.5.—206页;20cm
ISBN 7-80021-852-X:¥8.50

E26 004843
中国兵制史话/李元著.—哈尔滨:黑龙江人民出版社,1995.8.—132页;19cm.—(中国文明史话丛书/吴荣曾主编)
ISBN 7-207-02503-3:¥2.90

E263 004844
再铸辉煌:献给即将转业、复员的空军战友/王爱华主编;空军政治部干部部编.—北京:蓝天出版社,1995.11.—282页;19cm
内部发行
ISBN 7-80081-617-6:¥0.00

E263 004845
中国军人二次就业指南/刘小平,原明芳主编.—兰州:甘肃文化出版社,1995.1.—2册(560页);20cm
ISBN 7-80608-044-9:¥18.60

E266 004846
士兵纪律养成初探/胡成均,徐建钧主编.—北京:蓝天出版社,1995.8.—140页;19cm.—(培育四有军人丛书)
ISBN 7-80081-593-5:¥6.00

E271.3 004847
装甲兵:回忆史料/中国人民解放军历史资料丛书编审委员会编.—北京:解放军出版社,1995.12.—792页;26cm.—(中国人民解放军历史资料丛书)
ISBN 7-5065-2776-6(精装):¥62.00

E271.5 004848
防化兵:回忆史料/中国人民解放军历史资料丛书编审委员会编.—北京:解放军出版社,1995.12.—719页;26cm.—(中国人民解放军历史资料丛书)
ISBN 7-5065-2766-9(精装):¥54.00

E273 004849
海军基层建设经验荟萃/王兆海主编.—北京:海潮出版社,1995.4.—263页;19cm
内部发行
ISBN 7-80054-683-7:¥6.00

E274.4 004850
雷达兵职业道德/黄贵清,潘林祥主编.—武汉:武汉出版社,1995.9.—222页;20cm
ISBN 7-5430-1047-X:¥12.60

E277-64 004851
第一支队:中国人民武装警察部队福建省总队第一支队建队五周年纪念/潘崇奎,李祥春主编.—福州:海风出版社,1995.3.—31页;29cm
ISBN 7-80597-075-0:¥0.00

E28 004852
国防后备军知识新编/刘兆祥,刘桂桐主编.—济南:山东大学出版社,1995.8.—417页;20cm
ISBN 7-5607-1503-6:¥11.80

E283 004853
风雨润武魂:"国防魂"人物特写征文获奖作品选/郑双成主编 .—北京:解放军出版社,1995.4.—337页;20cm
ISBN 7-5065-2767-7:¥14.60

E283 004854
民兵政治教育课本/总政治部群众工作部编.—北京:解放军出版社,1995.4.—68页;19cm
补充教材之一
ISBN 7-5065-2793-6:¥0.00

E284 004855
预备役工作手册/肖海洲等编.—北京:军事科学出版社,1995.11.—324页;20cm
ISBN 7-80021-877-5:¥13.00

E29 004856
平泉军事志/田恩华主编.—北京:中共党史出版社,1995.12.—481页:照片;20cm
ISBN 7-80023-944-6:¥32.00

E29 004857
中国人民军队建设纵览/姚延进编著.—北京:国防大学出版社,1995.2.—518页;20cm
内部发行
ISBN 7-5626-0610-2(精装):¥20.00

E29 004858
中国战争通鉴/李英主编.—北京:国际文化出版公司,1995.1.—2册;26cm
ISBN 7-80049-837-9(精装):¥180.00

①E29②K292.63 004859
包头战争史话/张炽敦主编;政协包头市东河区文史资料研究委员会编.—呼和浩特:内蒙古人民出版社,

1995.10.—221页;19cm
ISBN 7-204-02900-3: ¥6.70

E292 004860
中国古代的重大战役/汪受宽,江湄编著.—北京:北京科学技术出版社,1995.1.—127页;19cm.—(中国历史知识全书·重大事件/朱仲玉主编)
ISBN 7-5304-1629-4: ¥3.90

E292 004861
中国古代士兵生活与征战/刘洪涛著.—北京:商务印书馆国际有限公司,1995.6.—191页:彩图;20cm.—(中国古代生活丛书/李学勤,冯尔康主编)
ISBN 7 80103-016-8: ¥10.00

E292 004862
中国上古军事史/高锐著.—北京:军事科学出版社,1995.8.—604页:图;20cm
ISBN 7-80021-814-7: ¥24.00

E296 004863
龙吟虎啸:黄埔将星血战录/张军赋编著.—西宁:青海人民出版社,1995.10.—419页:照片;20cm
ISBN 7-225-01090-5: ¥18.00

E296 004864
民国军事史略稿　第四卷:国共两军第二次国内战争/姜克夫编著.—北京:中华书局,1995.6.—2册(874页);19cm.—(中华民国史资料丛稿)
ISBN 7-101-01181-0: ¥38.00

E296.3 004865
龙吟虎啸:黄埔军校秘史/王辉强主编.—西宁:青海人民出版社,1995.10.—476页:照片;20cm
ISBN 7-225-01088-3: ¥21.60

①E296.3②K825.2 004866
龙吟虎啸:黄埔军校百将传/姜廷玉,黄亦兵主编.—西宁:青海人民出版社,1995.10.—453页:照片;20cm
ISBN 7-225-01089-1: ¥19.20

E296.93 004867
中国抗日战争全书/王桧林主编.—太原:山西人民出版社,1995.6.—1996页;26cm
ISBN 7-203-03355-4(精装): ¥150.00

E296.93 004868
中国抗战军事史/罗焕章,高培主编;中国抗日战争史学会,中国人民抗日战争纪念馆编.—北京:北京出版社,1995.7.—745页;20cm.—(中国抗日战争史丛书)
ISBN 7-200-02682-4: ¥24.20

E296.93 004869
砥柱中流:抗战中的解放区战场/王淇主编.—桂林:广西师范大学出版社,1995.12.—561页;20cm.—(抗日战争史丛书续编·军事系列/王桧林主编)
ISBN 7-5633-2182-9: ¥24.00

E297 004870
血战寻踪:1927~1949/陈浩良等编.—北京:军事科学出版社,1995.6.—863页;26cm
ISBN 7-80021-789-2(精装): ¥86.00

①E297②I25 004871
中国"铁军"传奇:五十四军征战实录/志斌等著.—北京:中国文联出版公司,1995.2.—431页;20cm
ISBN 7-5059-2208-4: ¥15.60

E297.2 004872
南方三年游击战争:琼崖游击区/中国人民解放军历史资料丛书编审委员会著.—北京:解放军出版社,1995.6.—397页;26cm.—(中国人民解放军历史资料丛书)
ISBN 7-5065-2610-7(精装): ¥40.00

E297.2 004873
南方三年游击战争:综合篇/中国人民解放军历史资料丛书编审委员会编.—北京:解放军出版社,1995.12.—1463页;26cm.—(中国人民解放军历史资料丛书)
ISBN 7-5065-2863-0(精装): ¥120.00

E297.2 004874
天殇:红色抗日先遣队殉难始末/郜建辉著.—北京:中国社会出版社,1995.10.—337页:照片;19cm
ISBN 7-80088-690-5: ¥12.90

E297.2 004875
中国工农红军第二方面军战史资料选编　(二)/中国工农红军第二方面军战史编辑委员会编著.—北京:解放军出版社,1995.12.—896页;20cm
内部发行
ISBN 7-5065-2738-3: ¥28.00

E297.2 004876
中国工农红军第二方面军战史资料选编　(一)/中国工农红军第二方面军战史编辑委员会编著.—北京:解放军出版社,1995.10.—780页;20cm
内部发行
ISBN 7-5065-2737-5: ¥25.00

E297.3 004877
东江纵队史/《东江纵队史》编写组编.—2版.—广州:广东人民出版社,1995.10.—418页;20cm
ISBN 7-218-01740-1: ¥20.00

E297.3 004878
韩江纵队史/中共汕头市委党史研究室,中共梅州市委党史研究室编著.—广州:广东人民出版社,1995.6.—281页;20cm
ISBN 7-218-01647-2: ¥15.00

E297.3 004879
韩江纵队史/中共汕头市委党史研究室,中共梅州市委党史研究室编著.—广州:广东人民出版社,1995.6.—281页:照片;20cm
ISBN 7-218-01647-2(精装): ¥21.30

E297.3 004880
抗日战争战役战斗史话/荣国章,王莉编著.—北京:华龄出版社,1995.7.—229页;19cm
ISBN 7-80082-600-7: ¥8.80

E297.3 004881
闽粤赣边纵队史/《闽粤赣边纵队史》编写组编.—广州:广东人民出版社,1995.9.—289页:照片;20cm
ISBN 7-218-01646-4: ¥19.00

E297.3 004882
南路人民抗日解放军史/中共湛江市委党史研究室

编著.—广州:广东人民出版社,1995.6.—207 页;20cm
ISBN 7-218-01638-3:¥12.00

E297.3　004883
山河呼啸:八路军一二 0 师征战实录/孙科佳著.—长沙:湖南出版社,1995.6.—278 页;20cm.—(中国共产党武装力量抗战纪实丛书)
ISBN 7-5438-0990-7(精装):¥18.40

E297.3　004884
山河呼啸:八路军一一五师征战实录/李文著.—长沙:湖南出版社,1995.6.—348 页;20cm.—(中国共产党武装力量抗战纪实丛书)
ISBN 7-5438-0986-9(精装):¥20.70

E297.3　004885
山河呼啸:东北抗联征战实录/全勇著.—长沙:湖南出版社,1995.6.—321 页;20cm.—(中国共产党武装力量抗战纪实丛书)
ISBN 7-5438-0995-8(精装):¥19.70

E297.3　004886
山河呼啸:新四军征战实录/蔡仁照,孙科佳著.—长沙:湖南出版社,1995.6.—283 页;20cm.—(中国共产党武装力量抗战纪实丛书)
ISBN 7-5438-0992-3(精装):¥18.40

E297.3　004887
山西新军决死第三纵队/吴殿甲主编;山西新军历史资料丛书编审委员会编.—北京:中共党史出版社,1995.11.—2 册;20cm.—(山西新军历史资料丛书;第四卷)
ISBN 7-80023-633-1:¥37.50

E297.3　004888
吴中烽火/《吴中烽火》编写组编著.—南京:江苏人民出版社,1995.8.—195 页;19cm
ISBN 7-214-01528-5:¥4.90

E297.3　004889
新四军:文献(4)/中国人民解放军历史资料丛书编审委员会编.—北京:解放军出版社,1995.2.—1092 页;26cm.—(中国人民解放军历史资料丛书)
ISBN 7-5065-2506-2(精装):¥57.50

E297.3　004890
新四军:文献(5)/中国人民解放军历史资料丛书编审委员会编.—北京:解放军出版社,1995.3.—703 页;26cm.—(中国人民解放军历史资料丛书)
ISBN 7-5065-2507-0(精装):¥40.60

E297.3　004891
新四军抗战在安徽/安徽省新四军历史研究会编.—合肥:安徽人民出版社,1995.10.—500 页;20cm.—(安徽省新四军历史丛书/王传厚,刘以顺主编)
ISBN 7-212-01260-2:¥14.60

E297.3　004892
新四军联抗部队/周晨觉,刘顺发主编;中共江苏省委党史工委编.—南京:江苏人民出版社,1995.10.—548 页:图;20cm.—(新四军丛书)
ISBN 7-214-01568-4:¥22.00

E297.3　004893
血路:新四军征战纪实/任才著.—北京:当代中国出版社,1995.3.—2 册(782 页);20cm
ISBN 7-80092-377-0:¥28.80

E297.3　004894
鏖兵华北:震惊中外的百团大战/岳思平著.—桂林:广西师范大学出版社,1995.12.—269 页;20cm.—(抗日战争史丛书续编·军事系列/王桧林主编)
ISBN 7-5633-2184-5:¥12.60

①E297.3②I247.8　004895
中原雄师:新四军第五师战斗故事集/屈德骞主编;新四军第五师战例纪实编纂室编著.—武汉:武汉出版社,1995.8.—615 页;20cm
ISBN 7-5430-1391-6:¥20.00

①E297.3②I251　004896
西路军沉浮录/董汉河著.—兰州:甘肃人民出版社,1995.10.—488 页;20cm
ISBN 7-226-01530-7:¥19.80

①E297.3②K152　004897
中国远征军战史/徐康明著.—北京:军事科学出版社,1995.7.—499 页:照片;20cm.—(纪念抗日战争及世界反法斯战争胜利五十周年丛书)
ISBN 7-80021-861-9:¥22.00

①E297.3②K265　004898
抗战在淮北　第一辑/新四军第四师老战士回忆录编委会编.—北京:长征出版社,1995.9.—559 页:照片;20cm
ISBN 7-80015-316-9:¥20.00

E297.4　004899
碧血红花/中共惠阳市委党史研究室,东纵、边纵惠阳市老战士联谊会编.—广州:广东人民出版社,1995.9.—246 页;20cm
ISBN 7-218-02027-5:¥15.70

E297.4　004900
陈粟铁军横扫千里:三野纵横纪实/张智强,陈勇编著.—成都:四川人民出版社,1995.1.—415 页;20cm
ISBN 7-220-02625-0:¥12.80

E297.4　004901
从渤海到大上海:渤海纵队、三十三军征战纪实/李晓黎主编.—北京:军事科学出版社,1995.4.—411 页:照片;20cm
渤海子弟兵出征记
ISBN 7-80021-880-5:¥12.00

E297.4　004902
第三野战军征战日志/《第三野战军战史》编辑室编著.—南京:江苏人民出版社,1995.9.—397 页;20cm
ISBN 7-214-01536-6:¥25.00

E297.4　004903
渡江战役/中国人民解放军历史资料丛书编审委员会编.—北京:解放军出版社,1995.3.—940 页;26cm.—(中国人民解放军历史资料丛书)
ISBN 7-5065-2551-8(精装):¥75.00

E297.4　004904
革命熔炉:中原军大、二野军大、西南军大、二高步校校史/刘琰主编.—重庆:重庆出版社,1995.3.—691 页:照片;20cm

ISBN 7-5366-3089-1(精装)：￥33.50

E297.4　　004905

广东人民武装斗争史　第四卷：解放战争时期/广东省人民武装斗争史编纂委员会编著.—广州：广东人民出版社，1995.10.—470页；20cm

ISBN 7-218-01675-8：￥21.00

E297.4　　004906

解放战争时期国民党军起义投诚：海军/中国人民解放军历史资料丛书编审委员会编.—北京：解放军出版社，1995.6.—763页；26cm.—(中国人民解放军历史资料丛书)

ISBN 7-5065-2602-6(精装)：￥54.00

E297.4　　004907

解放战争时期国民党军起义投诚：空军/中国人民解放军历史资料丛书编审委员会编.—北京：解放军出版社，1995.5.—695页；26cm.—(中国人民解放军历史资料丛书)

ISBN 7-5065-2586-0(精装)：￥56.00

E297.4　　004908

解放战争时期国民党军起义投诚：鲁豫地区/中国人民解放军历史资料丛书编审委员会编.—北京：解放军出版社，1995.7.—744页；26cm.—(中国人民解放军历史资料丛书)

ISBN 7-5065-2742-1(精装)：￥56.00

E297.4　　004909

解放战争时期国民党军起义投诚：陕甘宁青新地区/中国人民解放军历史资料丛书编审委员会编.—北京：解放军出版社，1995.12.—738页：照片；26cm.—(中国人民解放军历史资料丛书)

ISBN 7-5065-2826-6(精装)：￥60.00

E297.4　　004910

莱芜战役纪实/王汝柏主编；山东省政协文史资料委员会，莱芜市政协文史资料委员会编.—北京：中国文史出版社，1995.1.—289页；20cm

ISBN 7-5034-0717-4：￥10.00

E297.4　　004911

连江支队史/《连江支队史》编写领导小组，中共清远市委党史研究室编.—广州：广东人民出版社，1995.11.—212页；20cm

ISBN 7-218-01804-1：￥14.00

E297.4　　004912

吴瑞林回忆录　(中)：鸭绿江——嘉陵江：解放战争中的辽南人民子弟兵/吴瑞林著.—北京：中国档案出版社，1995.2.—258页；19cm

ISBN 7-80019-480-9：￥18.80

E297.4　　004913

新式整军运动/中国人民解放军历史资料丛书编审委会员编著.—北京：解放军出版社，1995.2.—825页：照片；26cm.—(中国人民解放军历史资料丛书)

ISBN 7-5065-2530-5(精装)：￥68.00

E297.4　　004914

血红的黑土地：锦州战役纪实/阚金山等编著.—沈阳：沈阳出版社，1995.5.—327页：照片；20cm

ISBN 7-5441-0317-X：￥11.80

E297.5　　004915

抗美援朝中的第42军/吴瑞林著.—北京：金城出版社，1995.11.—279页；20cm

ISBN 7-80084-118-9：￥12.00

E297.5　　004916

日出日落三八线：抗美援朝纪实/徐京跃著.—北京：军事科学出版社，1995.2.—246页；20cm.—(中国人民解放军当代战史丛书/殷学润，赵长山主编)

ISBN 7-80021-813-9：￥6.50

E297.5　　004917

石破天惊：抗美援朝第一次战役/全勇著.—北京：中国社会科学出版社，1995.2.—169页：照片；13cm.—(20世纪著名战役纪实丛书/马骏主编)

ISBN 7-5004-1627-X：￥2.20

E297.5　　004918

援越抗美：中国支援部队在越南/曲爱国等编.—北京：军事科学出版社，1995.2.—315页；20cm.—(中国人民解放军当代战史丛书)

ISBN 7-80021-820-1：￥11.00

E297.5　　004919

昨日的硝烟/冯祥坚等主编；《昨日的硝烟》编写组编著.—南京：江苏人民出版社，1995.1.—234页；19cm

ISBN 7-214-01373-8：￥7.00

E3/7　各国军事

①E313.9②I25　　004920

“武士道”的覆灭：天虐/张智强编著.—成都：四川人民出版社，1995.6.—414页；20cm

ISBN 7-220-02765-6：￥14.80

E516.9　　004921

军官团血史/张志毅著.—北京：当代世界出版社，1995.6.—412页：照片；20cm

ISBN 7-80115-035-X：￥15.80

E712.0　　004922

美国有限战争理论与实践/王国强编著.—北京：国防大学出版社，1995.8.—221页；19cm.—(现代美军研究丛书/杨旭华，潘振强主编)

ISBN 7-5626-0644-7：￥7.50

E712.4　　004923

现代美军后勤/王卓编著.—北京：国防大学出版社，1995.8.—232页；19cm.—(现代美军研究丛书/杨旭华，潘振强主编)

ISBN 7-5626-0638-2：￥7.50

E712.5　　004924

美军联合作战/崔师增，王勇男著.—北京：国防大学出版社，1995.9.—280页；19cm.—(现代美军研究丛书/杨旭华，潘振强主编)

ISBN 7-5626-0641-2：￥9.00

E712.51　　004925

现代美国陆军/王仲春等编著.—北京：国防大学出版社，1995.6.—246页；19cm.—(现代美军研究丛书/杨旭华，潘振强主编)

ISBN 7-5626-0642-0: ¥8.00

E712.53 004926

现代美国海军/尹顾等著.—北京:国防大学出版社,1995.6.—275页;19cm.—(现代美军研究丛书/杨旭华,潘振强主编)

ISBN 7-5626-0629-3: ¥9.00

E712.54 004927

现代美国空军/胡思远,戴金宇编著.—北京:国防大学出版社,1995.8.—167页;19cm.—(现代美军研究丛书/杨旭华,潘振强主编)

ISBN 7-5626-0640-4: ¥6.00

E712.55 004928

美国核力量与核战略/王仲春,夏立平著.—北京:国防大学出版社,1995.8.—291页;19cm.—(现代美军研究丛书/杨旭华,潘振强主编)

ISBN 7-5626-0639-0: ¥9.50

E712.59 004929

美国特种作战部队与特种作战/王宝付著.—北京:国防大学出版社,1995.6.—181页;19cm.—(现代美军研究丛书/杨旭华,潘振强主编)

ISBN 7-5626-0643-9: ¥6.00

E8 战略、战役、战术

E8 004930

21世纪的战争/西尔鸟编著.—成都:四川人民出版社,1995.7.—388页:彩图;20cm

ISBN 7-220-02858-X: ¥14.80

E8 004931

电子战/兰黄明等编著.—哈尔滨:黑龙江人民出版社,1995.2.—220页;20cm.—(20世纪特殊战丛书)

ISBN 7-207-03254-4: ¥8.80

E8 004932

后勤战/兰黄明等编著.—哈尔滨:黑龙江人民出版社,1995.2.—251页;20cm.—(20世纪特殊战丛书)

ISBN 7-207-03255-2: ¥8.80

E8 004933

经济制裁战/兰黄明等编著.—哈尔滨:黑龙江人民出版社,1995.2.—231页;20cm.—(20世纪特殊战丛书)

ISBN 7-207-03257-9: ¥8.80

E8 004934

空战启示录:空战的今天与明天/杨立忠,张智善主编.—福州:福建教育出版社,1995.3.—247页;18cm.—(国防教育小丛书/高启乾,郭开铎主编)

ISBN 7-5334-1572-8: ¥6.00

E8 004935

情报战/兰黄明等编著.—哈尔滨:黑龙江人民出版社,1995.1.—278页;20cm.—(20世纪特殊战丛书)

ISBN 7-207-03256-0: ¥8.80

E8 004936

三十六计的典范:战役和战术/叶敏著.—上海:上海古籍出版社,1995.5.—119页;19cm.—(学生乐园/吕型伟主编)

ISBN 7-5325-1797-7: ¥4.00

E8 004937

信息战争与军事革命/王普丰著.—北京:军事科学出版社,1995.12.—214页;20cm.—(军事新视野丛书)

ISBN 7-80021-917-8: ¥13.00

①E8②H019 004938

舌战韬略:斗智伐谋大全/阿程主编;张琳等编著.—2版.—北京:中国华侨出版社,1995.1.—504页;20cm

ISBN 7-80074-628-3: ¥16.20

E81 004939

希特勒的战争谋略:乖戾的军事天才/李巨廉著.—上海:上海人民出版社,1995.4.—239页:照片;20cm

ISBN 7-208-01999-1: ¥8.20

E816 004940

空军战略学/戴金宇主编.—北京:国防大学出版社,1995.7.—286页;19cm

ISBN 7-5626-0721-4: ¥10.00

E82 004941

帷幄与决胜:第二次世界大战中决定性会战述评/倪乐雄著.—上海:上海人民出版社,1995.4.—230页;20cm

ISBN 7-208-02078-7: ¥8.00

E824-49 004942

高技术空战/李大中,张昌治编著.—北京:科学普及出版社,1995.6.—219页;20cm.—(跨世纪战争知识丛书/林仁华,金涛主编)

ISBN 7-110-03314-7: ¥8.60

E835-49 004943

地雷战之光/于守诚编著.—北京:科学普及出版社,1995.6.—234页;20cm.—(跨世纪战争知识丛书/林仁华,金涛主编)

ISBN 7-110-03296-5: ¥8.50

E839 004944

新军事革命与高技术战争/李庆山著.—北京:军事科学出版社,1995.2.—203页;20cm

ISBN 7-80021-940-2: ¥11.60

E861 004945

末日大决战/张晖,向东著.—北京:中国档案出版社,1995.6.—257页:照片;20cm

ISBN 7-80019-529-5: ¥9.80

E864 004946

美军航天战/胡思远,陈虎编著.—北京:国防大学出版社,1995.9.—168页;19cm.—(现代美军研究丛书/杨旭华,潘振强主编)

ISBN 7-5626-0628-5: ¥6.00

E869-49 004947

神奇的电子战/卜枚等编著.—北京:科学普及出版社,1995.6.—169页;20cm.—(跨世纪战争知识丛书/林仁华,金涛主编)

ISBN 7-110-03943-9: ¥7.50

E87 004948

中国间谍奇书:《间书》译析/(清)朱逢甲原著.—乌

鲁木齐:新疆青少年出版社,1995.10.—274 页;19cm
ISBN 7-5371-2059-5:¥7.80

①E87②K152　004949
神秘莫测的间谍战/朱宁,雪卫宁编著.—北京:中国经济出版社,1995.4.—209 页;19cm.—(二战启示录丛书/刘卫国主编)
ISBN 7-5017-3352-X:¥6.80

E87-49　004950
间谍战/达砾,施沾编著.—北京:科学普及出版社,1995.6.—182 页;20cm.—(跨世纪战争知识丛书/林仁华,金涛主编)
ISBN 7-110-03945-5:¥7.50

E892　004951
传世藏书·子库·兵书/《传世藏书·子库·兵书》编委会整理.—海口:海南国际新闻出版中心,1995.7.—2 册(1677 页);19cm
ISBN 7-80609-167-X(精装):¥88.80

E892　004952
古代军事格言赏析/运希,衣非编.—北京:军事科学出版社,1995.7.—189 页;19cm
ISBN 7-80021-854-6:¥8.50

E892　004953
三十六计解说/于汝波,于泽民编著.—北京:金盾出版社,1995.7.—216 页;19cm.—(旅途文化小丛书)
ISBN 7-5082-0026-8:¥5.60

E892　004954
制胜智慧/吴如嵩著.—北京:中国青年出版社,1995.12.—231 页;20cm.—(中华智慧集粹丛书/刘志琴,郑一奇主编)
ISBN 7-5006-1865-4:¥13.00

E892　004955
中国兵书史话/冯辉编著.—哈尔滨:黑龙江人民出版社,1995.3.—130 页;19cm.—(中国文明史话丛书/吴荣曾主编)
ISBN 7-207-02501-7:¥2.90

E892　004956
中国兵学文化名著/雷庆主编.—延吉:延边大学出版社,1995.11.—631 页;20cm.—(中国文化经典名著大系/张岱年,石翔主编)
ISBN 7-5634-0787-1(精装):¥32.90

①E892②F27　004957
三十六计古今谈:珍藏版/中央电视台军事部,海军政治部宣传部主编.—2 版.—济南:黄河出版社,1995.10.—184 页;19cm
珍藏版
ISBN 7-80558-670-5:¥6.60

E892-49　004958
三十六计趣谈/刘铁铮编写.—北京:语文出版社,1995.9.—172 页;19cm.—(少年百科趣味知识丛书/张伯华主编)
ISBN 7-80006-992-3:¥6.70

E892.2　004959
誉满中外的兵法思想/王贵忠,谢晴著.—沈阳:辽宁古籍出版社,1995.5.—191 页;19cm.—(中华民族优秀传统文化丛书·哲学卷/丁祯彦,王思义主编)
本卷 9 册,总定价 54.00 元
ISBN 7-80507-281-7:¥0.00

E892.25　004960
《孙子》古本研究/李零著.—北京:北京大学出版社,1995.7.—327 页;20cm.—(国学研究丛刊;4)
ISBN 7-301-02746-X:¥18.50

E892.25　004961
白话孙子兵法/普颖华,黄启宝编著.—北京:时事出版社,1995.6.—241 页;19cm
ISBN 7-80009-283-6:¥8.00

E892.25　004962
孙子/(三国)曹操等注;袁啸波标校.—上海:上海古籍出版社,1995.12.—202 页;19cm.—(十大古典哲学名著丛书)
ISBN 7-5325-1928-7(精装):¥11.70

E892.25　004963
孙子兵法博议/朱军著.—北京:海潮出版社,1995.1.—209 页;20cm
ISBN 7-80054-594-6:¥6.00

E892.25　004964
孙子兵法实用大典/刘伶,吴绪彬主编.—北京:中国国际广播出版社,1995.10.—497 页;26cm
ISBN 7-5078-1131-X(精装):¥50.00

E892.25-61　004965
孙子兵法辞典/吴如嵩主编.—2 版.—沈阳:白山出版社,1995.7.—637 页;20cm
ISBN 7-80566-306-8(精装):¥32.50

E892.25-61　004966
孙子兵法辞典/赵国华等主编.—2 版.—武汉:湖北人民出版社,1995.12.—843 页;20cm
ISBN 7-216-01449-9(精装):¥32.00

E892.3　004967
白话吴子/吴起著·**司马法**/司马穰苴著;黄朴民译注.—长沙:岳麓书社,1995.7.—282 页;19cm
ISBN 7-80520-607-4(精装):¥7.80

E892.31　004968
白话鬼谷子/普颖华编著.—北京:时事出版社,1995.8.—256 页;19cm
ISBN 7-80009-286-0:¥9.80

E892.31　004969
白话六韬/(周)吕尚著;毛元佑译注.—长沙:岳麓书社,1995.4.—278 页;19cm.—(古典名著今译读本)
ISBN 7-80520-571-X(精装):¥9.80

E892.31　004970
白话孙膑兵法/普颖华,郑吟韬编著.—北京:时事出版社,1995.8.—273 页;19cm
ISBN 7-80009-282-8:¥11.50

E892.31　004971
白话尉缭子/(周)尉缭著;邓林译注.—长沙:岳麓书社,1995.5.—200 页;19cm.—(古典名著今译读本)
ISBN 7-80520-588-4(精装):¥8.80

E892.31　004972
新编鬼谷子全书/房立中主编.—北京:学苑出版社,

1995.6.—1045页;20cm

ISBN 7-5077-1026-2(精装):¥66.00

E892.36　　004973

白话诸葛亮兵法/(三国)诸葛亮著;毛元佑译注.—长沙:岳麓书社,1995.7.—275页;19cm.—(古典名著今译读本)

ISBN 7-80520-608-2(精装):¥10.90

E892.48　　004974

白话百战奇略/(明)刘基著;张文才译注.—长沙:岳麓书社,1995.4.—400页;19cm.—(古典名著今译读本)

ISBN 7-80520-582-5(精装):¥12.80

E892.7　　004975

决胜万里将帅魂:毛泽东兵法/谭一青著.—郑州:中原农民出版社,1995.7.—349页;20cm.—(一代名将兵法丛书)

ISBN 7-80538-688-9:¥14.50

E892.7　　004976

龙韬虎略纵天下:朱德兵法/胡哲峰著.—郑州:中原农民出版社,1995.7.—255页;20cm.—(一代名将兵法丛书)

ISBN 7-80538-688-9:¥11.50

E892.7　　004977

帅星自有深韬略:徐向前兵法/江波,李原著.—郑州:中原农民出版社,1995.7.—322页;20cm.—(一代名将兵法丛书)

ISBN 7-80538-688-9:¥14.00

E892.7　　004978

万里疆场任我行:贺龙兵法/沈晓阳著.—郑州:中原农民出版社,1995.7.—356页;20cm.—(一代名将兵法丛书)

ISBN 7-80538-688-9:¥14.50

E892.7　　004979

文韬武略冠江淮:粟裕兵法/陈舟著.—郑州:中原农民出版社,1995.7.—292页;20cm.—(一代名将兵法丛书)

ISBN 7-80538-688-9:¥13.00

E892.7　　004980

渊渊韬略新孙吴:刘伯承兵法/黄迎旭著.—郑州:中原农民出版社,1995.7.—258页;20cm.—(一代名将兵法丛书)

ISBN 7-80538-688-9:¥11.50

E9 军事技术

E9　　004981

当代中国的国防科技事业/谢光主编.—北京:当代中国出版社,1995.4.—312页;26cm

ISBN 7-80092-378-9:¥15.80

E9　　004982

世纪制高点:高技术武器与战争理论导引/王勇,李杰著.—北京:星球地图出版社,1995.5.—236页;20cm

ISBN 7-80104-010-4:¥9.50

E9　　004983

太空魔星/庞之浩编著.—北京:大地出版社,1995.3.—249页;19cm.—(跨世纪军事瞭望丛书/焦国力主编)

ISBN 7-80068-713-9:¥7.80

E9-49　　004984

军事世界神游/杨月强,袁静伟编著.—北京:中国华侨出版社,1995.12.—215页:彩图;19cm.—(现代科技与人文大观/崔惟琳,潘承洞主编)

ISBN 7-80120-032-2:¥14.80

E917　　004985

决胜千里:电子战的过去与未来/刘庆国等编著.—福州:福建教育出版社,1995.3.—243页;19cm.—(国防教育小丛书/高启乾,郭开铎主编)

ISBN 7-5334-1766-6:¥5.90

E919-49　　004986

机器人上战场/叶路,别拓仑编著.—北京:科学普及出版社,1995.6.—120页;20cm.—(跨世纪战争知识丛书/林仁华,金涛主编)

ISBN 7-110-03313-9:¥6.20

E92　　004987

层出不穷的新式武器/王炳臣编著.—北京:中国经济出版社,1995.4.—194页;19cm.—(二战启示录丛书/刘卫国主编)

ISBN 7-5017-3352-X:¥6.80

E92　　004988

辉耀千秋的科技火焰/杭长钊等编著.—北京:中国经济出版社,1995.4.—244页;19cm.—(二战启示录丛书/刘卫国主编)

ISBN 7-5017-3352-X:¥7.80

E92　　004989

迈向新世纪/王者香,张建耕编著.—西安:陕西人民教育出版社,1995.7.—28页;26×15cm.—(中国兵器丛书/杨叶玉,张补友主编)

ISBN 7-5419-5480-2:¥1.60

E92　　004990

美军高技术武器装备应用与发展/尹承魁等编著.—北京:国防大学出版社,1995.6.—229页;19cm.—(现代美军研究丛书/杨旭华,潘振强主编)

ISBN 7-5626-0645-5:¥7.70

E92　　004991

现代兵器秘闻录/陈汉忠等著.—南京:江苏人民出版社,1995.7.—351页;20cm

ISBN 7-214-01510-2:¥13.50

E92　　004992

中国武器库/杨晓安编著.—南宁:广西民族出版社,1995.5.—92页;26cm

ISBN 7-5363-2998-9:¥6.90

E92　　004993

装备系统工程/陈学楚主编.—北京:国防工业出版社,1995.3.—342页;20cm

ISBN 7-118-01423-0(精装):¥15.00

E92　　004994

追杀坦克/里土编著.—北京:大地出版社,1995.

3.—208页;19cm.—(跨世纪军事瞭望丛书/焦国力主编)

ISBN 7-80068-713-9:¥7.80

①E92②J522 **004995**

现代兵器图集/焦莉宁等编绘.—西安:陕西人民美术出版社,1995.3.—235页;26cm.—(造型丛书)

ISBN 7-5368-0586-1:¥19.50

①E92②K152 **004996**

神威武器/李力钢,苏雨生著.—北京:社会科学文献出版社,1995.2.—205页:照片;19cm.—(第二次世界大战风云录/张海麟主编)

ISBN 7-80050-622-3:¥8.80

E92-49 **004997**

兵器的故事/魏臻编著;刘静绘.—济南:明天出版社,1995.4.—121页;20cm.—(全国小学生课外丛书/李仲汉主编)

全套120册,总定价:385.00元

ISBN 7-5332-2142-7:¥0.00

E92-49 **004998**

兵器库:兵器万花筒/仇言瑾著.—上海:上海古籍出版社,1995.5.—111页;19cm.—(学生乐园/吕型伟主编)

ISBN 7-5325-1901-5:¥3.70

E92-49 **004999**

兵器王国大观/李俊亭主编;许华等编著.—北京:金盾出版社,1995.8.—262页:彩照;19cm

ISBN 7-5082-0019-5:¥8.40

E92-62 **005000**

高技术兵器纵览/苏庆谊,张国育主编.—北京:宇航出版社,1995.8.—118页:彩图;26cm

ISBN 7-80034-754-0(精装):¥68.00

E92-64 **005001**

兵器图鉴:珍藏画册/开元,刘鑫主编.—昆明:云南科技出版社,1995.1.—85页;26cm

ISBN 7-5416-0692-8:¥28.80

E92-64 **005002**

兵器王国/刘丽菲主编;陈军等编文;张中良等绘图.—上海:百家出版社,1995.5.—142页;17×19cm.—(儿童知识金典)

ISBN 7-80576-487-5(精装):¥12.80

E92-64 **005003**

超级兵器:精选本/平远编.—北京:中国档案出版社,1995.10.—40页;26cm

ISBN 7-80019-572-4:¥7.20

E92-64 **005004**

世界兵器图库/唐岩编.—北京:国际文化出版公司,1995.9.—2册:彩图;26cm

ISBN 7-80105-297-8:¥32.00

E920.8 **005005**

目标毁伤工程计算/崔秉贵编.—北京:北京理工大学出版社,1995.1.—183页;26cm

普通高等教育兵工类规划教材

ISBN 7-81013-932-0:¥7.20

E922-64 **005006**

枪霸珍品/姚红摘编.—沈阳:沈阳出版社,1995.4.—80页:彩照;26cm

ISBN 7-5441-0359-5:¥26.80

E923 **005007**

陆地雄狮:世界军用战车揭秘/徐志伟编著.—北京:大地出版社,1995.2.—236页;19cm.—(跨世纪军事瞭望丛书/焦国力主编)

ISBN 7-80068-713-9:¥7.80

E923 **005008**

战车/王者香等编著.—西安:陕西人民教育出版社,1995.8.—48页;26×15cm.—(中国兵器丛书/杨叶玉,张补友主编)

ISBN 7-5419-5478-0:¥2.30

E923-49 **005009**

高科技进入铁甲阵/里土编著.—北京:科学普及出版社,1995.6.—167页;20cm.—(跨世纪战争知识丛书/林仁华,金涛主编)

ISBN 7-110-03944-7:¥7.80

E923-61 **005010**

英汉装甲兵词汇/唐萍主编.—北京:化学工业出版社,1995.5.—405页;20cm

ISBN 7-5025-1401-5(精装):¥24.50

E924 **005011**

火炮/崔兵编.—西安:陕西人民教育出版社,1995.8.—30页;26×15cm.—(中国兵器丛书/杨叶玉,张补友主编)

ISBN 7-5419-5479-9:¥1.60

E924 **005012**

世界火炮精选/《世界火炮精选》选编组编.—北京:兵器工业出版社,1995.11.—248页:彩图;26cm

ISBN 7-80038-881-6:¥9.95

E924.5 **005013**

高炮射击效率评定/俞开堂主编.—北京:兵器工业出版社,1995.9.—459页;26cm

内部发行

ISBN 7-80132-034-4:¥69.20

E925 **005014**

国外海军装备性能手册/林贺新,赵荣丽主编.—北京:国防工业出版社,1995.9.—427页;19×26cm

ISBN 7-118-01525-3:¥33.00

E925 **005015**

海上幽灵:世界隐秘作战舰艇揭秘/迎南,李杰编著.—北京:大地出版社,1995.3.—202页;19cm.—(跨世纪军事瞭望丛书/焦国力主编)

ISBN 7-80068-713-9:¥7.80

E925 **005016**

世界现代舰载武器图集/周炜骅主编.—北京:海潮出版社,1995.2.—96页;17×18cm

ISBN 7-80054-657-8:¥16.80

E925-62 **005017**

海军武器装备手册/刘海鹰,张召忠主编;海军装备论证研究中心编.—北京:海洋出版社,1995.12.—1514页:照片;26cm

内部发行

ISBN 7-5027-3858-4：¥235.00

E925.2　005018

水中兵器概论：鱼雷部分/石秀华主编；宋保维等编.—西安：西北工业大学出版社，1995.12.—262页；26cm

高等学校教材

ISBN 7-5612-0824-3：¥13.20

E925.23　005019

现代鱼雷——水下导弹/李溢池主编.—北京：海洋出版社，1995.8.—404页；26cm

ISBN 7-5027-4112-7：¥38.00

E925.6　005020

当代军用快艇大观/唐志拔，凌翔著.—北京：世界知识出版社，1995.8.—199页：彩图；17×19cm.—（当代军舰大观系列丛书；6/凌翔主编）

ISBN 7-5012-0596-5：¥16.00

E925.6　005021

王牌战舰/王昉等主编.—北京：知识出版社，1995.1.—262页：图；20cm.—（世界军旅王牌系列）

ISBN 7-5015-1246-9：¥9.80

E925.66-49　005022

大洋深处巨无霸：潜艇/曹志荣，王凌编.—哈尔滨：哈尔滨工程大学出版社，1995.6.—77页；26cm.—（现代舰艇科普丛书；1）

ISBN 7-81007-492-X：¥4.80

E925.671　005023

浮动的钢铁巨人——航空母舰/林尧清，田治喜编.—哈尔滨：哈尔滨工程大学出版社，1995.12.—63页；26cm

ISBN 7-81007-587-X：¥5.80

E926　005024

蓝天神翼/达砾著.—北京：大地出版社，1995.3.—233页；19cm.—（跨世纪军事瞭望丛书/焦国力主编）

ISBN 7-80068-713-9：¥7.80

E926.3　005025

军机/张建耕等编.—西安：陕西人民教育出版社，1995.7.—46页；26×15cm.—（中国兵器丛书/杨叶玉，张补友主编）

ISBN 7-5419-4358-4：¥2.30

E927　005026

新世纪的矛与盾：导弹及导弹战今昔/谢储生编著.—福州：福建教育出版社，1995.3.—240页；19cm.—（国防教育小丛书/高启乾，郭开铎主编）

ISBN 7-5334-1203-6：¥5.85

E96　005027

无线谍报/颜春连编著.—北京：金城出版社，1995.7.—496页；20cm

ISBN 7-80084-116-2：¥18.00

E993　005028

军事地理学/姜春良主编.—北京：军事科学出版社，1995.12.—456页；20cm

ISBN 7-80021-945-3：¥27.00

F 经　　济

F-41　005029

全国职业高级中学财经类专业教学计划及部分专业课程教学大纲汇编/国家教育委员会职业技术教育司编.—北京:高等教育出版社,1995.6.—65页;19cm

ISBN 7-04-005444-2:¥1.85

F-43　005030

经济常识/杨启楠主编.—石家庄:河北教育出版社,1995.8.—100页;26cm.—(中等师范学校思想政治学科综合能力培养丛书)

ISBN 7-5434-2428-2:¥2.90

F-44　005031

1993~1994年全国经济专业技术资格考试试题集:初级/人事部人事考试中心编.—北京:机械工业出版社,1995.1.—288页;19cm

ISBN 7-111-04659-5:¥6.50

F-44　005032

《经济·政治》习题集/习题丛书编写组编.—北京:中国商业出版社,1995.6.—2册;19cm.—(中等职业技术学校政治教材习题丛书)

ISBN 7-5044-2015-8:¥6.00

F-44　005033

《经济基础知识》复习指导:初级(上)/何绿野等编写.—太原:山西经济出版社,1995.1.—228页;26cm

全国经济专业技术资格考试指定辅导用书

ISBN 7-80577-669-5:¥0.00

F-44　005034

《经济基础知识》复习指导:初级(下)/何绿野等撰稿.—太原:山西经济出版社,1995.4.—56页;26cm

全国经济专业技术资格考试指定辅导用书

ISBN 7-80577-669-5:¥0.00

F-49　005035

经济理论浅说集/邱兆祥著.—北京:中国财政经济出版社,1995.2.—175页;20cm

ISBN 7-5005-2712-8:¥6.00

F-52　005036

冯子标选集/冯子标著.—太原:山西经济出版社,1995.6.—713页;20cm.—(中国当代经济学家文丛)

ISBN 7-80577-864-7(精装):¥29.80

F-52　005037

胡乃武选集/胡乃武著.—太原:山西经济出版社,1995.6.—492页;20cm.—(中国当代经济学家文丛)

ISBN 7-80577-746-2(精装):¥22.00

F-53　005038

白钦先经济金融论文集/白钦先著.—北京:中国金融出版社,1995.3.—587页;20cm

ISBN 7-5049-1380-4(精装):¥42.80

F-53　005039

戴启斌经济金融文稿集/戴启斌著.—海拉尔:内蒙古文化出版社,1995.1.—183页;19cm.—(长城文丛;10)

ISBN 7-80506-348-6:¥6.50

F-53　005040

樊纲集/樊纲著.—哈尔滨:黑龙江教育出版社,1995.12.—527页;20cm.—(开放丛书·中青年学者文库)

ISBN 7-5316-2852-X:¥18.00

F-53　005041

胡寄窗文集/胡寄窗著.—北京:中国财政经济出版社,1995.3.—1051页;20cm

ISBN 7-5005-2075-1:¥42.00

F-53　005042

经济·资源·社会:东北农业大学经济贸易学院建院学术研讨会论文集/梁学庆主编.—哈尔滨:黑龙江人民出版社,1995.11.—375页;20cm

ISBN 7-207-03370-2:¥18.88

F-53　005043

经济科学探索/邱兆祥著.—北京:经济科学出版社,1995.3.—353页;20cm

ISBN 7-5058-0786-2:¥12.00

F-53　005044

刘伟集/刘伟著.—哈尔滨:黑龙江教育出版社,1995.12.—473页;20cm.—(开放丛书·中青年学者文库)

ISBN 7-5316-2831-7:¥16.70

F-53　005045

吕东经济文集/吕东著.—北京:冶金工业出版社,1995.5.—511页;20cm

ISBN 7-5024-1702-8:¥18.00

F-53　005046

迈向全球化经济的思索:陈彪如论文自选集/陈彪如著.—上海:华东师范大学出版社,1995.10.—614页;20cm

ISBN 7-5617-1340-1(精装):¥32.30

F-53　005047

迈向全球化经济的思索:陈彪如论文自选集/陈彪如著.—上海:华东师范大学出版社,1995.10.—614页;20cm

ISBN 7-5617-1340-1:¥29.80

F-53　005048

魏杰集/魏杰著.—哈尔滨:黑龙江教育出版社,1995.12.—580页;20cm.—(开放丛书·中青年学者文库)

ISBN 7-5316-2853-8:¥19.80

F-53　　005049
钟朋荣集/钟朋荣著.—哈尔滨:黑龙江教育出版社,1995.12.—447页;20cm.—(开放丛书·中青年学者文库)
ISBN 7-5316-2837-6:¥15.70

F-55　　005050
教学与辅导:1994级公共关系学专辑/中央农业广播电视学校主办.—北京:中国农业出版社,1995.9.—48页;26cm
贸易经济、企业经营管理专业用
ISBN 7-109-04158-1:¥2.00

F-61　　005051
德汉经济词典/国家计委培训中心,德国技术合作公司编.—北京:中国物价出版社,1995.3.—441页;20cm
ISBN 7-80070-446-7(精装):¥18.00

F-61　　005052
汉-英、英-汉外贸经济金融会计综合词典/范松鹤主编.—上海:上海交通大学出版社,1995.10.—541页;20cm.—(外贸英语系列)
ISBN 7-313-01523-2:¥25.00

F-61　　005053
经济与金融词典/洪阳等编.—北京:中国金融出版社,1995.3.—303页;19cm
ISBN 7-5049-1356-1:¥12.00

F-61　　005054
经济知识辞典/赵生章,王齐茂主编.—济南:济南出版社,1995.9.—731页;20cm.—(学生工具书系列/施国等主编)
ISBN 7-80572-962-X:¥18.00

F-61　　005055
日英中经济贸易用语大词典/(日)中村正编.—北京:世界图书出版公司北京公司,1995.9.—958页;20cm
据日本东方书店版重印
ISBN 7-5062-2592-1(精装):¥49.00

F-61　　005056
英汉国际贸易与经济管理详解词典/袁恩恒编著.—北京:经济科学出版社,1995.6.—1966页;20cm
ISBN 7-5058-0719-6(精装):¥89.00

F-61　　005057
英汉市场经济辞典:财务会计分册/王连生主编.—北京:中国发展出版社,1995.1.—487页;19cm
ISBN 7-80087-174-6(精装):¥17.50

F0 政治经济学

F0　　005058
集体行动的逻辑/(美)奥尔森(Olson,M.)著;陈郁等译.—上海:上海人民出版社:三联书店上海分店,1995.4.—225页;20cm.—(当代经济学系列丛书·当代经济学译库/陈昕主编)
书名原文:The Logic of Collective Action
据美国哈佛大学出版社1980年版译出
ISBN 7-208-01971-1:¥12.00

F0　　005059
简明政治经济学/王英辉,赵旭亮主编.—北京:中国商业出版社,1995.5.—376页;20cm
ISBN 7-5044-2768-3:¥14.00

F0　　005060
经济学　(上)/魏杰主编.—北京:高等教育出版社,1995.9.—607页;20cm
全国高等学校经济类各专业通用基础课教材
ISBN 7-04-005462-0(精装):¥18.00

F0　　005061
经济学　(上)/魏杰主编.—北京:高等教育出版社,1995.9.—607页;20cm
全国高等学校经济类各专业通用基础课教材
ISBN 7-04-005417-5:¥13.00

F0　　005062
经济学　(下)/魏杰主编.—北京:高等教育出版社,1995.9.—628页;20cm
全国高等学校经济类各专业通用基础课教材
ISBN 7-04-005418-3:¥13.00

F0　　005063
经济学　(下)/魏杰主编.—北京:高等教育出版社,1995.9.—628页;20cm
全国高等学校经济类各专业通用基础课教材
ISBN 7-04-005463-9(精装):¥18.00

F0　　005064
经济学方法通览/陈宪主编.—北京:中国经济出版社,1995.2.—911页;20cm
ISBN 7-5017-1874-1(精装):¥51.00

F0　　005065
经济学基础教程/张占春,秦瑞齐主编.—天津:天津古籍出版社,1995.10.—239页;19cm
ISBN 7-80504-472-4:¥12.00

F0　　005066
经济学基础理论/刘以昌,刘长龙著.—北京:中国计划出版社,1995.10.—279页;20cm
ISBN 7-80058-425-9:¥11.80

F0　　005067
经济学教程/潘振民著.—上海:三联书店上海分店:上海人民出版社,1995.3.—231页;20cm.—(当代经济学系列丛书·当代经济学教学参考书系)
ISBN 7-208-01990-8:¥11.70

F0　　005068
经济学原理/张岑晟主编.—北京:中国经济出版社,1995.5.—514页;19cm
国内贸易部部编中等专业学校教材
ISBN 7-5017-3410-0:¥13.90

F0　　005069
企业的企业家:契约理论/张维迎著.—上海:上海人民出版社:三联书店上海分店,1995.9.—313页;20cm.—(当代经济学系列丛书·当代经济学文库/陈昕主编)
ISBN 7-208-02112-0(精装):¥23.00

F0　　005070

现代经济学/谭崇台,伍海华主编.—青岛:青岛出版社,1995.3.—468页;20cm.—(现代经济理论丛书)
ISBN 7-5436-1202-X:¥16.40

F0 005071
新编政治经济学教程/李英主编.—昆明:云南人民出版社,1995.2.—382页;20cm
中共云南省委党校、云南行政学院教材
ISBN 7-222-01736-4:¥11.25

F0 005072
政治经济学/田乃信等主编.—东营:石油大学出版社,1995.3.—350页;20cm
"两课"改革系列教材
ISBN 7-5636-0699-8:¥10.40

F0 005073
政治经济学/姜吉发,于福润主编.—大连:大连理工大学出版社,1995.8.—276页;19cm
ISBN 7-5611-1020-0:¥9.50

F0 005074
政治经济学/李培荣,王文峰主编.—郑州:中原农民出版社,1995.8.—391页;20cm
中等专业学校试用教材
ISBN 7-80538-789-3:¥11.90

F0 005075
政治经济学/谢敏,杨炳君编著.—大连:大连理工大学出版社,1995.2.—353页;19cm
ISBN 7-5611-0974-1:¥9.80

F0 005076
政治经济学/孙仲炎等主编.—苏州:苏州大学出版社,1995.9.—419页;20cm
ISBN 7-81037-155-X:¥14.50

F0 005077
政治经济学/何春德,谭志惠主编.—重庆:西南师范大学出版社,1995.9.—557页;19cm
ISBN 7-5621-1412-9:¥16.20

F0 005078
政治经济学/张佩常等主编.—武汉:武汉出版社,1995.7.—325页;19cm
ISBN 7-5430-1375-4:¥9.80

F0 005079
政治经济学/胡明星,谢望礼主编.—北京:中国商业出版社,1995.9.—365页;20cm
大中等专业学校教材
ISBN 7-5044-2969-4:¥11.00

F0 005080
政治经济学/王时杰主编.—武汉:武汉测绘科技大学出版社,1995.6.—366页;19cm
湖北省中等专业教育自学考试教材
ISBN 7-81030-393-7:¥10.00

F0 005081
政治经济学/尚满春等主编;《政治经济学》编写组编.—武汉:武汉出版社,1995.7.—365页;20cm
高等院校教材
ISBN 7-5430-1378-9:¥15.00

F0 005082
政治经济学/李裕宜,陈恕祥编著.—2版(修订版).—北京:中国统计出版社,1995.4.—483页:照片;20cm
ISBN 7-5037-1939-7:¥19.20

F0 005083
政治经济学/喻国华等主编.—北京:中国科学技术出版社,1995.8.—502页;20cm
ISBN 7-5046-1973-6:¥15.80

F0 005084
政治经济学/胡祖余主编.—重庆:重庆出版社,1995.6.—350页;20cm
ISBN 7-5366-3226-6:¥12.00

F0 005085
政治经济学/刘书东,张家禄主编 .—广州:华南理工大学出版社,1995.8.—368页;20cm
ISBN 7-5623-0896-9:¥13.00

F0 005086
政治经济学:北京市自学考试指导/程凤全编著.—2版.—北京:宇航出版社,1995.9.—210页;19cm
ISBN 7-80034-811-3:¥6.90

F0 005087
政治经济学:社会主义部分/谷书堂,宋则行主编;北方十六所高等院校编写组编 .—修订本.—西安:陕西人民出版社,1995.11.—396页;20cm
高等学校文科教材
ISBN 7-224-02811-8:¥9.30

F0 005088
政治经济学:社会主义部分/王岩等编.—呼和浩特:远方出版社,1995.3.—263页;20cm
ISBN 7-80595-115-2:¥9.80

F0 005089
政治经济学:资本主义部分/魏埙主编.—修订本.—西安:陕西人民出版社,1995.7.—496页;20cm
高等学校文科教材
ISBN 7-224-02025-7:¥10.10

F0 005090
政治经济学:资本主义部分/陈文玉主编.—北京:中华工商联合出版社,1995.9.—302页;20cm
ISBN 7-80100-155-9:¥13.80

F0 005091
政治经济学:资本主义部分/赖师勛等编.—呼和浩特:远方出版社,1995.3.—259页;20cm
ISBN 7-80595-114-4:¥9.50

F0 005092
政治经济学教材/蒋学模主编.—8版.—上海:上海人民出版社,1995.5.—414页;19cm
ISBN 7-208-00135-9:¥7.20

F0 005093
政治经济学教程/宋涛主编.—4版.—北京:中国人民大学出版社,1995.5.—511页;20cm
ISBN 7-300-01978-1:¥13.80

F0 005094
政治经济学新编/蹇光伦等主编.—西安:西北大学出版社,1995.5.—347页;20cm

ISBN 7-5604-0921-0: ¥12.50

F0　**005095**

政治经济学与当代资本主义/苏曼江，姜列新主编.—大连：大连海事大学出版社，1995.9.—391页；19cm

ISBN 7-5632-0908-5: ¥16.90

F0　**005096**

政治经济学专题/赵建华，刘瑞芝主编.—开封：河南大学出版社，1995.6.—308页；20cm

ISBN 7-81041-178-0: ¥9.80

F0　**005097**

政治经济学自学考试辅导与训练/孟范昆，陈红兰编.—武汉：华中理工大学出版社，1995.6.—284页；20cm

ISBN 7-5609-1114-5: ¥8.00

F0　**005098**

资本主义经济与社会主义经济概论 /韩洪章主编；《资本主义经济与社会主义经济概论》编写组编.—济南：黄河出版社，1995.5.—257页；20cm

山东省高等学校"两课"教改试用教材

ISBN 7-80558-601-2: ¥7.70

F0-0　**005099**

当代政治经济学教学大纲与辅导/曹钢主编.—西安：西北大学出版社，1995.9.—281页；19cm

ISBN 7-5604-0946-6: ¥8.90

F0-0　**005100**

马克思主义经济理论与当代实践/吴善麟等编著.—南京：南京大学出版社，1995.9.—349页；20cm

ISBN 7-305-02868-1: ¥12.50

F0-0　**005101**

马克思主义政治经济学原著选编及导读/龙步元等编.—贵阳：贵州教育出版社，1995.12.—307页；19cm

ISBN 7-80583-744-9: ¥7.00

F0-0　**005102**

新编马克思主义政治经济学/任忠伦，王友主编.—北京：海潮出版社，1995.9.—393页；19cm

ISBN 7-80054-743-4: ¥12.60

F0-0　**005103**

政治经济学原理/沈滨，张志军主编.—兰州：兰州大学出版社，1995.12.—343页；21cm

ISBN 7-311-00974-X: ¥12.00

F0-05　**005104**

经济相关文化/畅志仁著.—太原：山西古籍出版社，1995.5.—263页；20cm

ISBN 7-80598-069-1: ¥10.00

F0-4　**005105**

萨缪尔森和诺德豪斯《经济学》(第12版)学习指南/(美)约埃著；汪祖杰，汪燕崃译.—上海：复旦大学出版社，1995.2.—968页；20cm

著者原题：卡里·W.约埃

ISBN 7-309-01381-6: ¥26.00

F0-41　**005106**

广播电视大学高等专科注册视听生政治经济学课程考试说明/国家教育委员会高等教育自学考试办公室编.—北京：高等教育出版社，1995.12.—31页；19cm

ISBN 7-04-005755-7: ¥1.80

F0-43　**005107**

大学经济学教程/张南保主编.—上海：上海人民出版社，1995.8.—320页；20cm

ISBN 7-208-02063-9: ¥10.00

F0-43　**005108**

新编政治经济学教程/张建民编著.—武汉：武汉工业大学出版社，1995.5.—309页；20cm

ISBN 7-5629-0931-8: ¥7.80

F0-43　**005109**

政治经济学教程/万钧等主编.—北京：北京教育出版社，1995.9.—373页；20cm

ISBN 7-5303-0836-X: ¥12.80

F0-43　**005110**

政治经济学教程：资本主义部分/刘诗白主编；全国十二所高等院校编写组编.—成都：四川人民出版社，1995.9.—379页；20cm

ISBN 7-220-02434-7: ¥13.00

F0-43　**005111**

政治经济学教程新编/裘逸娟主编.—上海：上海财经大学出版社，1995.8.—451页；20cm.—(高校公共课丛书)

ISBN 7-81049-010-9: ¥18.00

①F0-43②K25-43　**005112**

政治经济学·中国革命史/西北师范大学马列教学部编写组编.—兰州：甘肃人民出版社，1995.9.—2册(413页)；19cm.—(全国高等教育自学考试辅导丛书)

ISBN 7-226-01556-0: ¥16.00

F0-44　**005113**

政治经济学原理应试题解/杨代玖，郑兴碧主编.—贵阳：贵州人民出版社，1995.6.—364页；19cm

高等教育自学考试辅导用书

ISBN 7-221-03845-7: ¥9.80

F0-49　**005114**

芝麻开门：启蒙经济学/赵晓康，王维红编著.—北京：中国华侨出版社，1995.12.—152页；19cm.—(现代科技与人文大观/崔惟琳，潘承洞主编)

ISBN 7-80120-040-3: ¥5.90

F0-53　**005115**

经济述评自析集/艾丰著.—北京：人民日报出版社，1995.2.—405页；20cm

ISBN 7-80002-729-5: ¥11.50

F0-53　**005116**

经济文论/樊纲著.—北京：三联书店，1995.9.—284页；19cm.—(读书文丛)

ISBN 7-108-00802-5: ¥10.80

F0-53　**005117**

现代国外经济学论文选　第十六辑/外国经济学说研究会编.—北京：商务印书馆，1995.9.—193页；20cm

ISBN 7-100-01456-5: ¥8.50

F0-62　**005118**

政治经济学应试指南/明燕飞主编.—长沙：湖南出版社，1995.6.—364页；19cm.—(应试指南丛书)

ISBN 7-5438-1002-6: ¥10.50

F01 概论

F01 005119
经济基础理论及相关知识:中级/《经济基础理论及相关知识》编写组编.—2版(修订本).—北京:中国商业出版社,1995.1.—470页;19cm
全国经济专业技术资格考试指定用书
ISBN 7-5044-1962-1: ¥11.50

F01 005120
经济学基本理论/傅殷才著.—北京:中国经济出版社,1995.4.—453页;20cm.—(当代西方经济理论研究丛书)
ISBN 7-5017-3436-4: ¥18.00

F01 005121
漫谈竞赛论·漫谈聪明学/于光远著.—北京:国际文化出版公司,1995.6.—133,129页;19cm
ISBN 7-80105-284-6: ¥9.50

F01-44 005122
宏微观经济学学习指南与习题解答/邵国良,贺浪萍编著.—广州:暨南大学出版社,1995.12.—332页;20cm
ISBN 7-81029-422-9: ¥13.00

①F014②F121 005123
公平与效率:制度分析/李风圣,吴云亭著.—北京:经济科学出版社,1995.9.—291页;19cm
ISBN 7-5058-0844-3: ¥13.00

①F014②F20 005124
无形资产价值确认与估价/汤湘希著.—武汉:武汉大学出版社,1995.9.—196页;20cm
ISBN 7-307-02029-7: ¥9.80

F014.1 005125
混合经济/(法)拉费(Lafay, J. D.),(法)勒卡荣(Lecaillon, J.)著;宇泉译.—北京:商务印书馆,1995.12.—133页;19cm.—(我知道什么?)
据法国大学出版社1992年第1版译出
ISBN 7-100-01968-0: ¥7.50

F014.1 005126
论共有制与私有制/潘强恩主编.—北京:中华工商联合出版社,1995.9.—323页;20cm
ISBN 7-80100-158-3: ¥8.50

F014.1 005127
生产力经济论/薛永应等著.—北京:人民出版社,1995.10.—386页;20cm
ISBN 7-01-002236-4: ¥17.50

F014.1 005128
生产力经济学概论/王振铎主编.—北京:中国统计出版社,1995.5.—283页;20cm
ISBN 7-5037-1923-0: ¥6.20

F014.2 005129
劳动关系需要与文化/阎春芝著.—北京:企业管理出版社,1995.8.—223页;19cm
ISBN 7-80001-559-9: ¥9.80

F014.2 005130
劳动论纲/余金成著.—天津:天津社会科学院出版社,1995.8.—243页;20cm
ISBN 7-80563-537-4: ¥11.00

F014.3 005131
近代价格理论的逻辑发展/徐大方,谢邦俊著.—上海:上海科学技术文献出版社,1995.6.—166页;19cm
ISBN 7-5439-0753-4: ¥9.80

F014.3 005132
流通经济学/张绪昌,丁俊发主编.—北京:人民出版社,1995.5.—518页;20cm
ISBN 7-01-002173-2: ¥22.00

F014.3 005133
市场机制与经济效率/樊纲著.—上海:三联书店上海分店:上海人民出版社,1995.4.—209页;20cm.—(当代经济学系列丛书·当代经济学新知文丛)
ISBN 7-208-01988-6: ¥10.40

F014.3 005134
市场经济300年/陈万里等编著.—北京:中国发展出版社,1995.1.—417页;19cm.—(发展文库/马洪,孙尚清主编)
ISBN 7-80087-182-7: ¥10.30

F014.3 005135
市场经济论/李培茂主编;张有恒等编.—成都:西南交通大学出版社,1995.11.—309页;19cm
ISBN 7-81022-863-3: ¥9.30

F014.3 005136
市场经济学/陈源生等主编.—南昌:江西高校出版社,1995.11.—348页;19cm
ISBN 7-81033-533-2: ¥11.80

F014.3 005137
市场经济学/马奇凡,张明义著.—合肥:安徽大学出版社,1995.8.—208页;20cm
ISBN 7-81052-006-7: ¥7.70

F014.3 005138
市场经济中的非理性世界/张雄著.—上海:立信会计出版社,1995.12.—165页;20cm.—(经济新论文丛/伍柏麟主编)
ISBN 7-5429-0369-1: ¥9.00

F014.3 005139
市场经济中的政府行为/陈宪著.—上海:立信会计出版社,1995.4.—227页;20cm.—(经济新论文丛/伍柏麟主编)
ISBN 7-5429-0263-6: ¥11.00

F014.3 005140
西方市场经济理论/郭熙保编著.—武汉:湖北教育出版社,1995.3.—252页;19cm.—(市场经济系列丛书/郭吴新等主编)
ISBN 7-5351-1632-9: ¥7.50

F014.3 005141
西方市场经济理论/储东涛主编.—南京:南京出版社,1995.9.—411页;20cm
ISBN 7-80614-164-2: ¥12.00

①F014.3②B82　005142
现代人论:市场经济与人的问题/邓兆明主编.—兰州:甘肃人民出版社,1995.6.—229页;19cm
ISBN 7-226-01431-9:¥6.40

①F014.3②B82-053　005143
市场道德论/吴灿新,孙志东主编.—广州:广东人民出版社,1995.7.—357页;19cm
ISBN 7-218-01963-3:¥12.00

F014.3-43　005144
市场经济学教程/辜胜阻,简新华主编.—武汉:湖北人民出版社,1995.5.—481页;20cm
ISBN 7-216-01683-1:¥15.80

F014.3-62　005145
市场经济实用手册/胡中录主编.—哈尔滨:黑龙江人民出版社,1995.5.—510页;19cm
ISBN 7-207-03107-6:¥11.80

F014.3-62　005146
现代市场经济常用语手册/顾海良等主编.—上海:上海人民出版社,1995.5.—359页;19cm
ISBN 7-208-01838-3(精装):¥14.00

F014.4　005147
收入分配不均等性的数量分析/欧阳植,于维生编著.—长春:吉林大学出版社,1995.2.—179页;20cm
ISBN 7-5601-1081-9:¥5.50

F014.4　005148
收入分配理论/( )阿西马科普洛斯(Asimakopulos, A.)编;赖德胜等译.—北京:商务印书馆,1995.8.—273页;20cm
据美国克鲁瓦学术出版社1988年版译出
ISBN 7-100-01627-4:¥10.60

F014.5　005149
市场消费引导/张少龙著.—北京:中华工商联合出版社,1995.8.—285页;20cm
ISBN 7-80100-102-8:¥15.00

F014.5　005150
消费经济学/伊志宏编著.—北京:机械工业出版社,1995.11.—306页;19cm
高等教育自学考试用书
ISBN 7-111-04801-6:¥15.00

F014.5　005151
需要层次论及其在经济管理中的应用/李保润编著.—东营:石油大学出版社,1995.6.—209页;19cm
ISBN 7-5636-0723-4:¥7.00

F014.5　005152
尹世杰消费经济思想研究/湖南师范大学消费经济研究所编.—长沙:湖南出版社,1995.7.—272页;20cm
ISBN 7-5438-1034-4:¥10.50

F014.6　005153
工业化进程中的产业结构研究/刘伟主笔.—北京:中国人民大学出版社,1995.12.—293页;20cm.—(经济科学文库/黄达主编)
ISBN 7-300-02128-X:¥24.00

F014.6　005154
生产要素密集型产业论/李耀新著.—北京:中国计划出版社,1995.9.—259页;20cm
ISBN 7-80058-390-2:¥12.00

F014.6　005155
现代经济增长中的结构效应/周振华著.—上海:三联书店上海分店:上海人民出版社,1995.3.—514页;20cm.—(当代经济学系列丛书·当代经济学文库)
ISBN 7-208-01991-6:¥25.00

F014.9　005156
特权与优惠的经济学分析/张军著.—上海:立信会计出版社,1995.9.—117页;20cm.—(经济新论文丛/伍柏麟主编)
ISBN 7-5429-0279-2:¥7.00

F015　005157
宏观经济发展分析与调控通论/张怀富,王长城著.—武汉:湖北科学技术出版社,1995.11.—521页;20cm
ISBN 7-5352-1755-9:¥19.60

F015　005158
宏观经济分析/潘介人编.—上海:上海交通大学出版社,1995.8.—350页;20cm
ISBN 7-313-01406-6:¥7.80

F015　005159
宏观经济学/朱延福等主编.—北京:中国统计出版社,1995.4.—333页;20cm
工商管理硕士(MBA)系列教材
ISBN 7-5037-1739-4:¥15.00

F015　005160
宏观经济学/吕荣华编著.—上海:上海交通大学出版社,1995.5.—213页;20cm
ISBN 7-313-01444-9:¥8.10

F015　005161
宏观经济学/刘富华,易江编著.—武汉:华中理工大学出版社,1995.10.—374页;20cm
ISBN 7-5609-1209-5:¥12.50

F015　005162
宏观经济预测系统/王凤英等编.—石家庄:河北人民出版社,1995.5.—257页;26cm
全套共8册,总定价:150.00元
ISBN 7-202-01743-1:¥0.00

F015　005163
市场经济宏观管理概论/张金才等主编.—长春:吉林大学出版社,1995.6.—387页;20cm
吉林大学经济管理学院系列教材
ISBN 7-5601-1729-5:¥10.50

F015　005164
通俗宏观经济学/黄海潮等编著.—2版.—广州:华南理工大学出版社,1995.2.—207页;20cm.—(市场经济丛书)
ISBN 7-5623-0103-4:¥9.50

①F015②F224.0　005165
宏观经济模型的解析/潘介人编.—上海:上海交通大学出版社,1995.9.—296页;20cm
ISBN 7-313-01525-9:¥7.10

F016　005166

微观经济学/汤石章编著.—上海:上海交通大学出版社,1995.5.—260页;20cm
ISBN 7-313-01443-0:¥5.80

F016　　005167
微观经济学/史晋川等编著.—杭州:浙江人民出版社,1995.10.—262页;20cm.—(现代经济学丛书/史晋川主编)
ISBN 7-213-01239-8:¥10.00

F016　　005168
微观数理经济学/杨辉耀编著.—广州:华南理工大学出版社,1995.8.—226页;19cm
ISBN 7-5623-0890-X:¥13.00

F016　　005169
现代微观经济学/杨玉生,张凤林编著.—沈阳:辽宁大学出版社,1995.6.—447页;20cm
ISBN 7-5610-3021-5:¥15.20

F016-43　　005170
微观经济学教程/詹明安著.—昆明:云南大学出版社,1995.7.—291页;20cm
市场经济基础理论系列教科书
ISBN 7-81025-549-5:¥11.60

F016-43　　005171
微观经济学教程/黄亚钧,姜纬著.—上海:复旦大学出版社,1995.11.—401页;20cm
新编经济学系列教材
ISBN 7-309-01533-9:¥15.00

F016-62　　005172
微观经济学常用术语英汉对照手册/(加)高洁编.—天津:天津大学出版社,1995.5.—22页;20cm
著者原题:日乐·高洁
ISBN 7-5618-0750-3:¥18.00

F019　　005173
和谐经济论/(法)巴斯夏(Bastiat,C.F.)著;许明龙等译校.—北京:中国社会科学出版社,1995.10.—508页;20cm.—(西方现代思想丛书;2/郭永才主编)
据巴黎吉约曼出版公司1870年版译出
ISBN 7-5004-1834-5(精装):¥25.20

F019　　005174
经济发展与制度创新/汪丁丁著.—上海:上海人民出版社,1995.11.—175页;20cm
ISBN 7-208-02041-8:¥14.60

F019.3　　005175
经济学的伦理问题/厉以宁著.—北京:三联书店,1995.5.—259页;20cm
ISBN 7-108-00778-9:¥10.80

F019.6　　005176
经济政策的理论基础/(日)长谷川启之著;梁小民,刘甦朝译.—北京:中国计划出版社,1995.9.—312页;20cm
ISBN 7-80058-392-9:¥14.00

F019.6　　005177
经济政策论/朱东平著.—上海:立信会计出版社,1995.11.—191页;20cm.—(经济新论文丛/伍柏麟主编)
ISBN 7-5429-0314-4:¥10.00

F03　资本主义社会生产方式

F03　　005178
当代资本主义经济/万有志等主编.—武汉:武汉大学出版社,1995.8.—311页;19cm
高等院校教材
ISBN 7-307-02026-2:¥9.50

F03　　005179
资本主义经济概论/张六琥,刘淑珍主编.—北京:中国商业出版社,1995.10.—415页;19cm
ISBN 7-5044-3062-5:¥14.50

F03　　005180
资本主义经济教程/白暴力主编;陕西省高等院校《资本主义经济教程》编写组编.—西安:陕西人民出版社,1995.8.—332页;20cm
陕西省高等院校统编教材
ISBN 7-224-03910-1:¥8.90

F031　　005181
现代资本主义市场经济运行机制/陈耀庭,巫宁耕主编.—北京:军事科学出版社,1995.8.—415页;20cm
ISBN 7-80021-836-8:¥19.00

F032　　005182
共有制与剩余价值/潘强恩等编著.—北京:知识出版社,1995.11.—208页;20cm
ISBN 7-5015-1309-0:¥6.50

F032.1　　005183
西方资本理论研究/张凤林著.—沈阳:辽宁大学出版社,1995.10.—406页;20cm.—(辽宁大学博士论丛)
ISBN 7-5610-3049-5(精装):¥26.50

F032.2　　005184
论一般利润率下降规律/陈恕祥著.—武汉:武汉大学出版社,1995.3.—233页;20cm
ISBN 7-307-01933-7:¥7.00

F035.4　　005185
当代西方国家的市场经济体制:中国构建市场经济体制的借鉴/毛蓉芳等主编.—北京:人民出版社,1995.2.—350页;20cm
ISBN 7-01-002117-1:¥12.00

F035.4　　005186
资本主义条件下的市场经济/陈恕祥著.—武汉:湖北教育出版社,1995.4.—236页;19cm.—(市场经济系列丛书/郭吴新等主编)
ISBN 7-5351-1511-X:¥7.30

①F037②F820.5　　005187
经济波动与通货膨胀的结构性分析/徐诺金著.—北京:中国金融出版社,1995.11.—314页;20cm
ISBN 7-5049-1357-X:¥19.00

F038　　005188
垄断竞争与一般均衡理论/(比)特里芬(Triffin,R.)著;于慕英,陈尚霖译.—北京:商务印书馆,1995.4.—172页;20cm

据坎布里奇哈佛大学出版社 1941 年版译出
ISBN 7-100-01605-3: ¥7.00

F04 社会主义社会生产方式

F04 005189
干部经济读本/宋涛主编.—南京:江苏人民出版社,1995.10.—887 页;20cm
ISBN 7-214-01487-4(精装): ¥42.00

F04 005190
社会主义经济学新论/谷书堂等著.—北京:人民出版社,1995.3.—553 页;20cm
ISBN 7-01-002059-0(精装): ¥25.00

F04 005191
社会主义微观经济均衡论/潘振民,罗首初著.—上海:三联书店上海分店:上海人民出版社,1995.4.—369 页;20cm.—(当代经济学系列丛书·当代经济学文库)
ISBN 7-208-01986-X: ¥18.80

F04 005192
主体经济论/王永锡等著.—北京:人民出版社,1995.3.—243 页;20cm
ISBN 7-01-002146-5: ¥7.80

F04 005193
转轨中的政治经济学:社会主义由计划经济向市场经济的过渡/张大军著.—北京:中共中央党校出版社,1995.12.—455 页;20cm
ISBN 7-5035-1252-0: ¥19.50

F04-53 005194
科学攀登的历程:评介于光远《政治经济学社会主义部分探索(1~5 卷)》/齐翔延编.—北京:人民出版社,1995.1.—354 页;20cm
ISBN 7-01-002090-6: ¥12.00

F044 005195
社会主义劳动论/董建才著.—济南:山东人民出版社,1995.2.—386 页;20cm
ISBN 7-209-01656-2: ¥15.00

F045.3 005196
价格宏观调控论/陈学彬著.—上海:上海财经大学出版社,1995.12.—330 页;20cm.—(财经学术文库)
ISBN 7-81049-012-5: ¥23.00

F045.3 005197
社会主义社会价值论:"三个有利于"的正确认识与应用/余育德等著.—武汉:武汉出版社,1995.11.—288 页;20cm
ISBN 7-5430-1437-8: ¥10.80

F045.3 005198
社会主义市场价格概论/白连志,杨树正主编.—北京:中国农业科技出版社,1995.7.—277 页;19cm
培训教材
ISBN 7-80026-959-0: ¥8.80

F045.4 005199
低效率经济学:集权体制理论的重新思考/胡汝银著.—上海:三联书店上海分店:上海人民出版社,1995.3.—218 页;20cm.—(当代经济学系列丛书·当代经济学文库)
ISBN 7-208-01985-1: ¥11.40

F045.4 005200
资本收益通论/张云德著.—杭州:浙江大学出版社,1995.11.—221 页;20cm
ISBN 7-308-01651-X: ¥11.00

F045.5 005201
服刑人员市场经济知识讲座/郭英主编.—北京:法律出版社,1995.1.—185 页;19cm
ISBN 7-5036-1609-1: ¥5.70

F045.5 005202
简明社会主义市场经济学/王向晨主编.—济南:山东人民出版社,1995.12.—255 页;20cm
ISBN 7-209-01840-9: ¥9.80

F045.5 005203
社会市场经济/(德)克劳斯著;张仲福译.—重庆:重庆出版社,1995.4.—132 页;20cm
著者原题:维利·克劳斯
ISBN 7-5366-3138-3: ¥7.50

F045.5 005204
社会主义市场经济:理论、运行与政策/李维宁,汤为本编著.—武汉:武汉测绘科技大学出版社,1995.9.—440 页;19cm
ISBN 7-81030-414-3: ¥14.00

F045.5 005205
社会主义市场经济读本/魏杰主编.—北京:人民出版社,1995.12.—500 页;20cm
ISBN 7-01-001996-7: ¥19.80

F045.5 005206
社会主义市场经济读本/贾华强等主编.—2 版.—北京:中国大百科全书出版社,1995.9.—449 页;20cm
ISBN 7-5000-5615-X: ¥14.80

F045.5 005207
社会主义市场经济概论/李立等主编.—济南:山东友谊出版社,1995.4.—321 页;20cm
ISBN 7-80551-704-5: ¥11.00

F045.5 005208
社会主义市场经济概论/李希文等主编.—桂林:漓江出版社,1995.5.—262 页;19cm
ISBN 7-5407-1762-9: ¥7.80

F045.5 005209
社会主义市场经济概论/黄建湘,邓真惠主编.—长沙:湖南出版社,1995.1.—303 页;19cm
ISBN 7-5438-0927-3: ¥6.80

F045.5 005210
社会主义市场经济概论/王云志,李皓编著;国务院军队转业干部安置工作小组办公室组织编写.—北京:中国人事出版社,1995.4.—326 页;19cm
ISBN 7-80076-683-7: ¥8.50

F045.5 005211
社会主义市场经济概论/郭翔宇主编.—哈尔滨:哈尔滨工程大学出版社,1995.4.—340 页;20cm

ISBN 7-81007-553-5: ¥10.80

F045.5 005212

社会主义市场经济概论/《社会主义市场经济概论》编写组编.—济南:山东人民出版社,1995.6.—303页;19cm

ISBN 7-209-01772-0: ¥8.00

F045.5 005213

社会主义市场经济概论/韩宝清主编.—大连:大连海事大学出版社,1995.8.—327页;19cm

ISBN 7-5632-0911-5: ¥10.00

F045.5 005214

社会主义市场经济概论/陈宝金,庞明义主编.—兰州:兰州大学出版社,1995.2.—289页;20cm

ISBN 7-311-00859-X: ¥8.80

F045.5 005215

社会主义市场经济概论/曹嘉斌等著.—青岛:青岛出版社,1995.12.—242页;20cm.—(社会主义市场经济论丛/徐长聚等主编)

ISBN 7-5436-1254-2: ¥8.80

F045.5 005216

社会主义市场经济概论/陆林主编.—重庆:西南师范大学出版社,1995.7.—317页;20cm

ISBN 7-5621-1352-1: ¥11.00

F045.5 005217

社会主义市场经济概论/赵继峰等主编.—乌鲁木齐:新疆人民出版社,1995.5.—309页;19cm

ISBN 7-228-03258-6: ¥9.50

F045.5 005218

社会主义市场经济概论/尹力平,郭淑芬主编.—北京:文津出版社,1995.6.—280页;20cm

ISBN 7-80554-282-1: ¥10.80

F045.5 005219

社会主义市场经济概论/冯春明主编.—石家庄:河北人民出版社,1995.9.—167页;20cm.—(走向市场经济丛书/王东进主编)

ISBN 7-202-01785-7: ¥7.80

F045.5 005220

社会主义市场经济简明教程/辛守良主编.—北京:中共中央党校出版社,1995.12.—298页;19cm

ISBN 7-5035-1336-5: ¥7.30

F045.5 005221

社会主义市场经济理论/蔡秉玺主编.—北京:中共中央党校出版社,1995.8.—189页;20cm

河北省市(地)党校统用系列教材(三)

ISBN 7-5035-1265-2: ¥6.20

F045.5 005222

社会主义市场经济理论导读/周福顺主编.—呼和浩特:内蒙古人民出版社,1995.4.—221页;20cm

ISBN 7-204-02796-5: ¥7.95

F045.5 005223

社会主义市场经济理论讲座/徐雷主编.—济南:山东大学出版社,1995.4.—170页;20cm

ISBN 7-5607-1465-X: ¥5.00

F045.5 005224

社会主义市场经济理论讲座/唐文华,张正翔主编.—兰州:兰州大学出版社,1995.7.—125页;19cm

ISBN 7-311-00813-1: ¥4.20

F045.5 005225

社会主义市场经济理论与基础知识/王德元等主编.—昆明:云南科技出版社,1995.4.—268页;19cm

ISBN 7-5416-0700-2: ¥8.76

F045.5 005226

社会主义市场经济理论与实践/董兆武著.—乌鲁木齐:新疆人民出版社,1995.9.—238页;20cm

ISBN 7-228-03632-8: ¥10.00

F045.5 005227

社会主义市场经济理论与实践/冯硕余主编.—北京:中共中央党校出版社,1995.9.—216页;20cm

山东省党校系统教材

ISBN 7-5035-1285-7: ¥6.00

F045.5 005228

社会主义市场经济论/林述舜主编.—福州:福建人民出版社,1995.4.—300页;19cm

ISBN 7-211-02457-7: ¥6.50

F045.5 005229

社会主义市场经济论/上海市经济学会编.—上海:文汇出版社,1995.6.—411页;20cm

ISBN 7-80531-348-2: ¥31.00

F045.5 005230

社会主义市场经济论纲/刘炳瑛主编.—北京:中共中央党校出版社,1995.10.—366页;19cm

ISBN 7-5035-1289-X: ¥7.70

F045.5 005231

社会主义市场经济体制的基本理论与实践/卫兴华等编.—北京:经济科学出版社,1995.4.—491页;20cm

ISBN 7-5058-0798-6: ¥16.00

F045.5 005232

社会主义市场经济通论/李连仲,李连第著.—北京:中国金融出版社,1995.3.—394页;20cm

ISBN 7-5049-1199-2: ¥11.80

F045.5 005233

社会主义市场经济新论:公共价值论 第二卷/陈宝琪著.—沈阳:辽宁人民出版社,1995.9.—307页;20cm

ISBN 7-205-03469-8(精装): ¥12.00

F045.5 005234

社会主义市场经济学/邹月华,王兴宪主编.—武汉:华中理工大学出版社,1995.5.—260页;19cm

ISBN 7-5609-1105-6: ¥8.00

F045.5 005235

社会主义市场经济学/唐汉初编著.—桂林:漓江出版社,1995.8.—278页;19cm

ISBN 7-5407-1803-X: ¥8.50

F045.5 005236

社会主义市场经济学/喻国华著.—北京:中国科学技术出版社,1995.8.—406页;20cm

ISBN 7-5046-1971-X: ¥14.80

F045.5 005237

社会主义市场经济学/王广信等主编.—济南:山东

友谊出版社,1995.12.—334 页;19cm
ISBN 7-80551-797-5:¥8.80

F045.5 **005238**
社会主义市场经济学/曾令香等著.—北京:中国农业出版社,1995.6.—321 页;20cm
ISBN 7-109-04047-X:¥8.90

F045.5 **005239**
社会主义市场经济学/朱国栋编著.—上海:同济大学出版社,1995.8.—370 页;19cm
ISBN 7-5608-1474-3:¥15.00

F045.5 **005240**
社会主义市场经济学/周嘉兴,刘建主编.—北京:中国商业出版社,1995.8.—336 页;20cm
ISBN 7-5044-2953-8:¥11.30

F045.5 **005241**
社会主义市场经济学/张宗斌等主编.—济南:济南出版社,1995.7.—344 页;20cm.—(社会主义市场经济与现代管理丛书)
ISBN 7-80572-991-3:¥9.80

F045.5 **005242**
社会主义市场经济学/陈东琪,李茂生主编.—长沙:湖南出版社,1995.8.—621 页;20cm
ISBN 7-5438-1042-5:¥22.00

F045.5 **005243**
社会主义市场经济学/张泽元等主编.—2 版(修订本).—北京:中国档案出版社,1995.9.—357 页;19cm
ISBN 7-80019-426-4:¥9.80

F045.5 **005244**
社会主义市场经济学概论/刘兴斌编著.—武汉:武汉测绘科技大学出版社,1995.3.—345 页;19cm
ISBN 7-81030-377-5:¥8.80

F045.5 **005245**
社会主义市场经济学概论/于树元主编.—哈尔滨:黑龙江人民出版社,1995.12.—284 页;20cm.—(社会主义市场经济理论新探)
ISBN 7-207-03403-2:¥11.50

F045.5 **005246**
社会主义市场经济学教程/龚所定,钱芬琴主编;危怀安等编.—武汉:华中理工大学出版社,1995.5.—266 页;19cm
ISBN 7-5609-1149-8:¥6.50

F045.5 **005247**
社会主义市场经济与传统文化/傅云龙等著.—北京:中共中央党校出版社,1995.3.—335 页;20cm.—(当代哲学前沿问题研究丛书)
ISBN 7-5035-1160-5:¥11.00

F045.5 **005248**
社会主义市场经济专论 /蔺子荣等著.—济南:山东大学出版社,1995.9.—363 页;20cm
ISBN 7-5607-1520-6:¥12.80

F045.5 **005249**
社会主义市场经济专题/王光甫,赵宇明主编.—开封:河南大学出版社,1995.5.—440 页;20cm
ISBN 7-81041-155-1:¥13.00

F045.5 **005250**
市场经济 15 题/丁长青主编.—南京:河海大学出版社,1995.4.—270 页;19cm
ISBN 7-5630-0795-4:¥6.80

F045.5 **005251**
市场经济概论/曹长青主编.—郑州:河南人民出版社,1995.7.—400 页;19cm
ISBN 7-215-03538-7:¥15.00

F045.5 **005252**
市场经济理论新思维/谢京师著.—开封:河南大学出版社,1995.4.—187 页;20cm
ISBN 7-81041-204-3:¥6.00

F045.5 **005253**
市场经济理论与实践/朱勇主编.—北京:中国气象出版社,1995.4.—273 页;20cm
ISBN 7-5029-1960-0:¥9.80

F045.5 **005254**
市场经济下的计划调控/马红霞著.—武汉:湖北教育出版社,1995.3.—232 页;19cm.—(市场经济系列丛书/郭吴新等主编)
ISBN 7-5351-1565-9:¥7.10

F045.5 **005255**
市场经济与两个文明建设/李涛主编.—长沙:中南工业大学出版社,1995.1.—267 页;20cm
ISBN 7-81020-727-X:¥8.00

F045.5 **005256**
市场经济制度创新论/房汉廷著.—北京:中国金融出版社,1995.12.—316 页;20cm
ISBN 7-5049-1414-2:¥18.00

F045.5 **005257**
市场体系及其运作/薛仲章主编.—天津:天津大学出版社,1995.6.—341 页;20cm.—(当代市场营销丛书;2/万成林主编)
ISBN 7-5618-0693-0:¥12.00

F045.5 **005258**
市场预测基础分析原理/罗源潮编著.—西安:陕西科学技术出版社,1995.12.—134 页;19cm
ISBN 7-5369-0400-2:¥6.00

F045.5 **005259**
现代市场经济概论/李世广等主编.—哈尔滨:哈尔滨工程大学出版社,1995.4.—350 页;19cm
ISBN 7-81007-563-2:¥9.20

F045.5 **005260**
现代市场经济理论与实务/陈赞晓主编.—广州:中山大学出版社,1995.6.—328 页;20cm
ISBN 7-306-01008-5:¥16.50

F045.5 **005261**
招标竞争机制与社会主义市场经济/蒋瑞忠主编.—北京:电子工业出版社,1995.8.—210 页;20cm
ISBN 7-5053-2952-9:¥14.00

F045.5 **005262**
中国著名经济学家论社会主义市场经济/张世英等主编.—郑州:河南人民出版社,1995.3.—824 页;20cm
ISBN 7-215-03427-5:¥28.00

F045.5　　005263

走向社会主义市场经济的理论思考/蒋学模著.—长沙:湖南出版社,1995.11.—383页;20cm.—(社会主义市场经济理论研究丛书)

ISBN 7-5438-1115-4(精装):¥18.20

①F045.5②D920.0　　005264

市场经济与法制建设/高绍先主编.—重庆:重庆出版社,1995.1.—268页;19cm

ISBN 7-5366-3063-8:¥8.00

①F045.5②D922.290.1　　005265

市场经济与政府法制/王曙江编著.—海口:海南出版社,1995.8.—104页;20cm.—(经济法律知识丛书;14/贾绍华主编)

全套共15册,总定价:178.00元

ISBN 7-80617-193-2:¥0.00

①F045.5②F27　　005266

市场经济与现代企业营运/李卫东主编.—北京:中国商业出版社,1995.6.—346页;20cm

ISBN 7-5044-2370-X:¥12.80

F045.5-05　　005267

'94中日《市场经济与文化》学术研讨会论文集:中、日文对照/(日)伊东光晴等著;'94中日"市场经济与文化"学术研讨会论文集编委会编.—北京:中国经济出版社,1995.10.—227页;26cm

ISBN 7-5017-3515-8(精装):¥80.00

F045.5-05　　005268

市场经济是法治经济/孙国华主编.—天津:天津人民出版社,1995.12.—288页;20cm

ISBN 7-201-02404-3:¥12.00

F045.5-43　　005269

社会主义市场经济简明教程/《社会主义市场经济简明教程》编写组编.—石家庄:河北人民出版社,1995.9.—194页;20cm

ISBN 7-202-01783-0:¥10.00

F045.5-43　　005270

社会主义市场经济简明教程/汤国辉等主编.—昆明:云南科技出版社,1995.10.—232页;19cm

ISBN 7-5416-0754-1:¥8.00

F045.5-44　　005271

社会主义市场经济基本知识问答/郭新义主编.—北京:中国铁道出版社,1995.7.—161页;19cm

ISBN 7-113-02144-1:¥5.80

F045.5-53　　005272

市场经济纵论/许毅著.—北京:经济科学出版社,1995.4.—278页;20cm

ISBN 7-5058-0758-7:¥11.00

F06　经济学分支科学

F06　　005273

人本经济学:经济学应有的科学状态/(日)山本二三丸著;王处辉译.—北京:东方出版社,1995.8.—163页;20cm

ISBN 7-5060-0665-0:¥8.80

F061.2　　005274

工业化和经济增长的比较研究/(英)钱纳里(Chenery,H.)等著;吴奇等译.—上海:上海人民出版社:三联书店上海分店,1995.2.—526页;20cm.—(当代经济学系列丛书·当代经济学译库/陈昕主编)

书名原文:Industrialization And Growth:A Comparative Study

据牛津大学出版社1986年版译出

ISBN 7-208-01987-8:¥22.70

F061.2　　005275

软投入与经济增长/李国璋编著.—兰州:兰州大学出版社,1995.2.—356页;20cm

ISBN 7-311-00590-6:¥10.30

F061.2　　005276

现代经济增长模型比较研究/郭庆旺编著.—大连:东北财经大学出版社,1995.7.—247页;20cm

ISBN 7-81044-065-9:¥9.80

F061.2　　005277

追赶型经济增长理论与实践:一种组织经济增长的新理论和新思路/钟阳胜著.—广州:广东高等教育出版社,1995.7.—389页;20cm

ISBN 7-5361-1664-0:¥15.00

①F061.2②F014.4　　005278

增长与分配:发展中经济面临的选择/陈广汉著.—武汉:武汉大学出版社,1995.1.—319页;20cm.—(经济发展理论研究丛书/谭崇台主编)

ISBN 7-307-01989-2:¥12.00

F061.3　　005279

发展经济学/周文骞,许庆明著.—杭州:浙江大学出版社,1995.12.—405页;20cm

ISBN 7-308-01662-5:¥10.00

F061.3　　005280

发展经济学:发展理论与中国经济发展/张光照等主编.—成都:西南财经大学出版社,1995.4.—449页;20cm

ISBN 7-81017-910-1:¥17.80

F061.3　　005281

发展经济学的先驱理论/(美)迈耶(Meier,G.M.)主编;谭崇台等译.—昆明:云南人民出版社,1995.6.—265页;20cm.—(发展经济学与中国经济发展/谭崇台主编)

据牛津大学出版社1987年版译出

ISBN 7-222-01777-1:¥8.85

F061.3　　005282

发展与结构:关于一种发展观的探索/孟宪昌著.—郑州:河南人民出版社,1995.9.—354页;20cm

ISBN 7-215-03546-8:¥12.50

F061.3　　005283

现代经济发展/伍海华著.—青岛:青岛出版社,1995.9.—472页;20cm.—(现代经济理论丛书/谭崇台,伍海华主编)

ISBN 7-5436-1299-2:¥17.80

F061.3　　005284

战后发展理论研究/陈晓律著.—成都:四川人民出版社,1995.9.—390页;19cm
ISBN 7-220-02908-X:¥13.00
①F061.3②F127.64　　005285
发展经济学与湖南经济发展/彭明朗,王云清主编.—长沙:湖南科学技术出版社,1995.9.—394页;20cm
ISBN 7-5357-1869-8:¥14.80
F061.5　　005286
岛屿经济概论/吴志冲,季学明著.—上海:上海科学技术文献出版社,1995.6.—174页;19cm
ISBN 7-5439-0767-4:¥9.00
F061.5　　005287
经济空间秩序:经济财货与地理间的关系/(德)勒施(Losch,A.)著;王守礼译.—北京:商务印书馆,1995.4.—572页;20cm
据美国耶鲁大学出版社1954年英文版译出
ISBN 7-100-01443-3:¥18.30
F061.5　　005288
区域环境经济规划:案例与操作/蔡红枫著.—上海:上海科学技术文献出版社,1995.11.—121页;20cm
ISBN 7-5439-0869-7:¥7.40
F061.5　　005289
区域经济发展与我国社会主义市场经济/高玉芳著.—武汉:湖北教育出版社,1995.3.—183页;19cm.—(市场经济系列丛书/郭吴新等主编)
ISBN 7-5351-1631-0:¥6.00
F061.5　　005290
区域生态经济系统研究/孙曰瑶,宋宪华编著.—济南:山东大学出版社,1995.6.—176页;20cm
ISBN 7-5607-1469-2:¥5.50
①F061.5②③F127　　005291
区域经济发展的新格局/魏后凯著.—昆明:云南人民出版社,1995.7.—347页;20cm.—(发展经济学与中国经济发展/谭崇台主编)
ISBN 7-222-01778-X:¥12.20
F062.2　　005292
经济生态学引论/陈大珂著.—哈尔滨:东北林业大学出版社,1995.12.—308页;26cm
ISBN 7-81008-612-X:¥19.50
F062.2　　005293
资源生态经济学/马传栋著.—济南:山东人民出版社,1995.7.—414页;20cm
ISBN 7-209-01730-5:¥19.50
F062.3　　005294
科技经济学/桑赓陶,郑绍濂著.—上海:复旦大学出版社,1995.12.—302页;20cm.—(理工科研究生丛书/李大潜主编)
ISBN 7-309-01555-X:¥12.00
F062.4　　005295
高技术经济论/蔡莉著.—长春:吉林科学技术出版社,1995.8.—296页;20cm.—(青年科学家文库)
ISBN 7-5384-1522-X:¥10.00
F062.4　　005296
技术经济学/许本忠,齐瑜主编.—济南:山东人民出版社,1995.4.—376页;20cm
高等学校管理专业系列教材
ISBN 7-209-01735-6:¥12.00
F062.4　　005297
技术经济学/张玉华主编.—徐州:中国矿业大学出版社,1995.6.—237页;26cm
高等学校规划教材
ISBN 7-81040-351-6:¥8.70
F062.4　　005298
技术经济学的理论与方法/田春林等编著.—大连:大连海事大学出版社,1995.10.—402页;20cm
ISBN 7-5632-0928-X:¥15.80
F062.4　　005299
技术经济学原理与方法/唐元虎主编.—上海:上海交通大学出版社,1995.7.—424页;20cm
ISBN 7-313-01432-5:¥9.30
①F062.4②F120　　005300
科技富国论/李京文著.—北京:社会科学文献出版社,1995.5.—488页;20cm
ISBN 7-80050-648-7:¥19.80
F062.4-05　　005301
技术社会化引论:一种对技术的社会学研究/陈凡著.—北京:中国人民大学出版社,1995.7.—230页;20cm.—(中国人民大学博士文库/罗国杰主编)
ISBN 7-300-02053-4:¥9.00
F062.5　　005302
微观信息经济学/谢康编著.—广州:中山大学出版社,1995.11.—259页;20cm.—(国际贸易与国际金融系列丛书/许罗丹,陈平主编)
ISBN 7-306-01039-5:¥15.00
F062.5　　005303
信息经济学/陈景艳主编.—北京:中国铁道出版社,1995.7.—234页;20cm
高等学校教学参考书
ISBN 7-113-01963-3:¥9.20
F062.5-53　　005304
信息产业与社会发展战略研讨会论文集/易文杰等主编.—武汉:湖北科学技术出版社,1995.7.—371页;20cm
ISBN 7-5352-1699-4:¥7.20
F063.4　　005305
家庭理财小百科/高旺贵等编.—北京:企业管理出版社,1995.11.—174页;20cm
ISBN 7-80001-678-1:¥8.50
F069　　005306
新编股份制经济学/张中秀编著.—北京:地质出版社,1995.11.—362页;19cm
北京社会函授大学教科书
ISBN 7-116-02018-7:¥12.00
F069　　005307
政府调节经济学/蔡玉峰著.—北京:中国发展出版社,1995.1.—402页;19cm.—(发展文库/马洪,孙尚清主编)

ISBN 7－80087－181－9：¥10.30

F069　　005308

政府经济学：走向社会主义市场经济的政府理财理论与政策/马国贤著.—北京：中国财政经济出版社，1995.11.—417页；20cm

ISBN 7－5005－2859－0：¥25.00

①F069②D631.6　　005309

消防经济学/徐凤臣著.—沈阳：辽宁人民出版社，1995.6.—388页；20cm

ISBN 7－205－03410－8：¥19.80

①F069②D913　　005310

产权经济学导论/黄少安著.—济南：山东人民出版社，1995.6.—399页；20cm

ISBN 7－209－01756－9：¥14.80

F09 经济思想史

F09　　005311

简明经济学说史/陈扬，宋亚中主编.—贵阳：贵州教育出版社，1995.3.—347页；19cm

ISBN 7－80583－697－3：¥6.00

F091　　005312

外国经济管理思想史简编/孙钱章主编.—北京：中共中央党校出版社，1995.10.—304页；19cm

ISBN 7－5035－1275－X：¥6.60

F091.3　　005313

当代西方经济学/傅殷才主编.—北京：经济科学出版社，1995.8.—473页；20cm

ISBN 7－5058－0840－0：¥16.00

F091.3　　005314

当代西方经济学概论/胡希宁编著.—北京：中共中央党校出版社，1995.3.—458页；20cm

ISBN 7－5035－1132－X：¥13.80

F091.3　　005315

当代西方经济学说评价/李连中等主编.—北京：中国统计出版社，1995.5.—289页；20cm

ISBN 7－5037－1922－2：¥9.00

F091.3　　005316

人类行为的经济分析/（美）贝克尔（Becker，G.S.）著；王业宇，陈琪译.—上海：三联书店上海分店：上海人民出版社，1995.4.—376页；20cm.—（当代经济学系列丛书·当代经济学译库/陈昕主编）

书名原文：The Economic Approach to Human Behavior

ISBN 7－208－01986－X：¥17.20

F091.3　　005317

西方经济学/汪祥春，夏德仁主编.—大连：东北财经大学出版社，1995.3.—784页；20cm

高等财经院校试用教材

ISBN 7－81044－040－3：¥26.00

F091.3　　005318

西方经济学/张国富，段云平主编.—郑州：河南人民出版社，1995.7.—398页；20cm

ISBN 7－215－03483－6：¥12.80

F091.3　　005319

西方经济学/杨晓达主编.—北京：中国财政经济出版社，1995.7.—323页；20cm

高等财经专科学校试用教材

ISBN 7－5005－2768－3：¥9.60

F091.3　　005320

西方经济学概论/陈扬主编.—贵阳：贵州教育出版社，1995.9.—244页；19cm

ISBN 7－80583－708－2：¥6.50

F091.3　　005321

西方经济学简明教程/李冰编著.—海口：海南出版社，1995.6.—307页；20cm

ISBN 7－80617－250－5：¥10.00

F091.3　　005322

西方经济学学习指导/梁小民著.—北京：中国统计出版社，1995.1.—213页；20cm

ISBN 7－5037－1786－6：¥5.80

F091.3　　005323

西方经济学原理/喻国华等主编；陈小平等编著.—北京：中国科学技术出版社，1995.9.—508页；19cm

ISBN 7－5046－2013－0：¥15.80

F091.3　　005324

西方经济学原理/蒋献光，姜怀洋主编.—武汉：武汉测绘科技大学出版社，1995.8.—356页；19cm

ISBN 7－81030－411－9：¥9.35

F091.3　　005325

西方经济学原理：宏观与微观经济学/章昌裕，李青编著.—北京：对外贸易教育出版社，1995.7.—358页；20cm

经贸专业培训系列教材

ISBN 7－81000－748－3：¥17.60

F091.3　　005326

现代西方经济学/宋承先著.—上海：复旦大学出版社，1995.9.—1105页；20cm

ISBN 7－309－01371－9（精装）：¥44.00

F091.3　　005327

现代西方经济学/张远超等主编.—济南：山东人民出版社，1995.7.—644页；20cm

高等财经院校教材

ISBN 7－209－01807－7：¥24.00

F091.3　　005328

现代西方经济学/王勇，张国忠主编.—哈尔滨：哈尔滨出版社，1995.8.—451页；19cm

ISBN 7－80557－855－9：¥13.80

F091.3　　005329

现代西方经济学/聂希斌主编.—北京：中共中央党校出版社，1995.10.—308页；19cm

ISBN 7－5035－1300－4：¥6.55

F091.3　　005330

现代西方经济学/杨树勋等主编.—昆明：云南大学出版社，1995.2.—2册；20cm

ISBN 7－81025－554－1：¥18.00

F091.3　　005331

现代西方经济学说/丁冰主编.—北京：中国经济出

版社,1995.12.—553页;20cm
ISBN 7-5017-3536-0: ¥24.00

F091.3　　005332
现代西方经济学原理/李松龄,刘辉煌主编.—长沙:湖南师范大学出版社,1995.8.—434页;20cm
ISBN 7-81031-443-2: ¥14.00

F091.3　　005333
新编西方经济学:微观宏观经济学/杨君昌著.—修订本.—上海:上海社会科学院出版社,1995.6.—524页;20cm
ISBN 7-80618-155-5: ¥19.00

F091.3　　005334
自由经营还是国家干预:西方两大经济思潮概论/傅殷才,颜鹏飞著.—北京:经济科学出版社,1995.10.—477页;20cm
ISBN 7-5058-0839-7: ¥21.00

F091.3-43　　005335
西方经济学简明教程/尹伯成主编.—上海:上海人民出版社,1995.8.—500页;20cm
ISBN 7-208-02008-6: ¥15.00

F091.3-61　　005336
现代西方经济学辞典/宋则行主编.—沈阳:辽宁人民出版社,1995.11.—692页;20cm
ISBN 7-205-03061-7: ¥26.00

F091.348　　005337
凯恩斯主义经济学/傅殷才主编.—北京:中国经济出版社,1995.9.—338页;20cm.—(当代西方经济理论研究丛书)
ISBN 7-5017-3437-2: ¥15.00

①F091.348②K835.615.3　　005338
凯恩斯传/(英)哈罗德(Harrod,R.F.)著;刘精香译.—北京:商务印书馆,1995.4.—697页;20cm.—(世界名人传记丛书)
据伦敦麦克米伦出版公司1951年版译出
ISBN 7-100-01604-5: ¥23.80

F091.9　　005339
马克思主义经济学史/颜鹏飞著.—武汉:武汉大学出版社,1995.10.—372页;20cm
ISBN 7-307-02055-6: ¥12.80

F092　　005340
中国经济管理思想史简编/孙钱章主编.—北京:中共中央党校出版社,1995.8.—261页;19cm
ISBN 7-5035-1251-2: ¥5.70

F092　　005341
中国经济思想简史/姚家华,孙引著.—上海:三联书店上海分店,1995.1.—369页;20cm
ISBN 7-5426-0734-0: ¥12.90

F092　　005342
中国经济思想通史　第二卷/赵靖主编.—北京:北京大学出版社,1995.2.—403页;20cm
ISBN 7-301-02450-9: ¥14.80

F092　　005343
中国历代经济思想今鉴/王莘耕等主编.—南昌:江西高校出版社,1995.8.—246页;19cm
ISBN 7-81033-521-9: ¥7.00

F092.6　　005344
中国近代改革开放经济思想探索:从林则徐到孙中山/施增平,陈文亮编著.—厦门:厦门大学出版社,1995.11.—211页;20cm
ISBN 7-5615-1057-8: ¥8.50

F092.6　　005345
中国近代振兴经济之道的比较/郭庠林等编著.—上海:上海财经大学出版社,1995.10.—161页;20cm
ISBN 7-81049-009-5: ¥11.00

F092.7　　005346
邓小平经济思想研究/王宽让等主编.—西安:陕西人民出版社,1995.7.—319页;20cm
ISBN 7-224-03930-6: ¥11.50

F1　世界各国经济概况、经济史、经济地理

F1-53　　005347
世界著名富豪巨贾演说精粹/郜红华主编.—南昌:百花洲文艺出版社,1995.12.—434页;20cm.—(世界著名演说文库/陈燮君等主编)
ISBN 7-80579-632-7(精装): ¥22.00

F11　世界经济、国际经济关系

F11　　005348
世界经济概论/王有生主编.—成都:西南财经大学出版社,1995.6.—305页;20cm
ISBN 7-81017-875-X: ¥11.80

F11　　005349
世界经济概论/陶继侃等主编.—修订版.—天津:天津人民出版社,1995.11.—444页;20cm
ISBN 7-201-02336-5: ¥15.80

F11　　005350
世界经济信息系统/杜国平等编.—石家庄:河北人民出版社,1995.5.—154页;26cm
全套共8册,总定价:150.00元
ISBN 7-202-01743-1: ¥0.00

F11　　005351
西方混合经济体制研究/华民著.—上海:复旦大学出版社,1995.4.—353页;20cm.—(复旦大学博士丛书)
ISBN 7-309-01424-3: ¥16.00

F11-0　　005352
国际经济理论问题探索/赵儒煜,尹小平著.—长春:吉林大学出版社,1995.5.—185页;20cm
ISBN 7-5601-1709-0: ¥5.60

F11-0　　005353
国际经济理论与实务/黄素蕙主编.—厦门:厦门大学出版社,1995.12.—341页;20cm
ISBN 7-5615-1122-1: ¥14.00

F11－0　**005354**

国际贸易与国际投资中的利益分配/王新奎著.—上海:三联书店上海分店:上海人民出版社,1995.3.—330页;20cm.—(当代经济学系列丛书·当代经济学文库)

ISBN 7－208－01985－1:￥18.00

F11－0　**005355**

世界市场经济体制六种模式/顾钰民编著.—上海:同济大学出版社,1995.12.—261页;20cm

ISBN 7－5608－1599－5:￥16.00

F11－61　**005356**

世界经济大事典/游光中,冯宗容主编.—北京:中国经济出版社,1995.9.—666页;26cm

ISBN 7－5017－3212－4(精装):￥110.00

①F110②X196　**005357**

结构调整与环境/(美)里德(Reed,D.W.)主编;樊万选等译.—开封:河南大学出版社,1995.11.—225页;20cm

ISBN 7－81041－221－3:￥18.00

F110－53　**005358**

东北亚经济开发战略研究:国际学术讨论会文集(四)/李绍庚主编.—长春:吉林人民出版社,1995.10.—282页;20cm

ISBN 7－206－02038－0:￥12.00

F112　**005359**

当代世界经济/戎殿新等著.—北京:世界知识出版社,1995.11.—155页;19cm.—(世界知识青年丛书)

ISBN 7－5012－0692－9:￥5.50

F112－54　**005360**

华人经济年鉴　1995年版/《华人经济年鉴》编辑委员会编.—北京:中国社会科学出版社,1995.11.—765页;26cm

ISBN 7－5004－1806－X(精装):￥138.00

F112－54　**005361**

世界华商经济年鉴　1995/李琮主编;世界华商经济年鉴编辑委员会编.—北京:企业管理出版社,1995.10.—464页;26cm

ISBN 7－80001－614－5(精装):￥118.00

F112.1　**005362**

发展中国家的贸易与就业/(美)克鲁格(Krueger,A.O.)著;李实,刘小玄译.—上海:上海人民出版社:三联书店上海分店,1995.11.—277页;20cm.—(当代经济学系列丛书·当代经济学译库/陈昕主编)

据芝加哥大学出版社1983年版译出

ISBN 7－208－02036－1:￥14.80

F112.1　**005363**

走向21世纪的发展中国家经济:挑战和对策/卢韦等著.—北京:世界知识出版社,1995.1.—282页;20cm

ISBN 7－5012－0701－1:￥11.00

F112.2　**005364**

海外经济管理/王文超,曹代颖主编.—郑州:河南人民出版社,1995.3.—333页;20cm

ISBN 7－215－03411－9:￥8.90

F112.2　**005365**

现代市场经济理论与实践:"瑞典模式"的经验与教训/(瑞典)埃克隆德(EKlund,K.)著;刘国来译.—北京:北京经济学院出版社,1995.12.—369页;20cm

ISBN 7－5638－0526－5:￥17.00

F112.2　**005366**

政府应该干什么:西方政府经济职能考察/魏杰,杜朝晖编著.—北京:人民出版社,1995.8.—270页;19cm.—(海外经济管理运作丛书/吕东,徐惟诚主编)

ISBN 7－01－002129－5:￥6.20

F112.2　**005367**

政府与市场:美、英、法、德、日市场经济模式研究/陈建著.—北京:经济管理出版社,1995.3.—338页;20cm

ISBN 7－80025－989－7:￥13.50

F112.7　**005368**

当代资本主义经济/陆钟祥主编.—重庆:重庆大学出版社,1995.12.—227页;19cm

ISBN 7－5624－1144－1:￥6.50

F113＋F121　**005369**

国际经济环境与中国经济改革/孙发平著.—西宁:青海人民出版社,1995.3.—202页;19cm

ISBN 7－225－01006－9:￥6.50

F113.1　**005370**

变化世界中的经济体制:90年代的比较经济体制学/王跃生著.—北京:北京大学出版社,1995.6.—327页;19cm

ISBN 7－301－02674－9:￥13.60

F113.1　**005371**

东欧中亚国家私有化问题/赵乃斌,姜士林主编.—北京:当代世界出版社,1995.8.—624页;20cm

ISBN 7－80115－014－7:￥26.00

F113.1　**005372**

市场经济模式选择:国际比较及其借鉴/周振华主编.—上海:上海社会科学院出版社,1995.6.—200页;20cm

ISBN 7－80618－021－4:￥6.50

F113.2　**005373**

国际经济合作的理论与应用/杨松华,刘仲仁编著.—呼和浩特:内蒙古人民出版社,1995.1.—297页;20cm

ISBN 7－204－02756－6:￥8.80

F113.2　**005374**

国际经济技术合作/孔德堋主编.—济南:山东大学出版社,1995.9.—260页;20cm

ISBN 7－5607－1485－4:￥5.90

F113.2　**005375**

国际经济技术合作/徐永林主编.—2版.—北京:中国林业出版社,1995.6.—198页;26cm

涉外经济类专业系列教材

ISBN 7－5038－1378－4:￥13.80

F113.2　**005376**

国际经济技术合作/傅家政主编.—天津:天津大学出版社,1995.5.—248页;20cm

ISBN 7－5618－0751－1:￥9.00

F113.3－51　**005377**

世界资源报告:1994～1995　第六卷:人与环境/世界资源研究所等编;夏堃堡等译.—北京:中国环境科学出版社,1995.8.—497页;26cm
ISBN 7-80093-800-X(精装):￥48.00

F113.4　　005378
1996经济展望:中国经济展望、中国市场展望、世界经济展望/国家信息中心编.—北京:中国计划出版社,1995.12.—3册;26cm
ISBN 7-80058-439-9:￥240.00

F113.4　　005379
世界经济展望:1994年10月/国际货币基金组织编.—北京:中国金融出版社,1995.3.—192页;28cm.—(世界经济与金融概览)
ISBN 7-5049-1377-4:￥20.00

F113.4　　005380
世界经济展望:1995年5月/国际货币基金组织编.—北京:中国金融出版社,1995.9.—194页;28cm.—(世界经济与金融概览)
ISBN 7-5049-1491-6:￥20.00

F113.4　　005381
西太平洋经济性特区透视/娄学萃等著.—北京:北京大学出版社,1995.4.—266页;19cm
ISBN 7-301-02711-7:￥9.00

F113.7　　005382
泡沫经济:奇妙的世界景观/国应升编著.—武汉:湖北人民出版社,1995.7.—240页;19cm
ISBN 7-216-01729-3:￥9.80

F114.4　　005383
创业与国际合作/吕洪良等编著.—北京:中国青年出版社,1995.12.—235页;20cm.—(成功创业丛书)
ISBN 7-5006-1965-0:￥10.80

F114.4　　005384
国际经济合作新论/杨春主编.—南昌:江西高校出版社,1995.4.—336页;20cm
ISBN 7-81033-466-2:￥16.80

F114.46　　005385
海湾战争后的中东经济与政治/安和芬等著.—北京:中国物价出版社,1995.1.—258页;20cm
ISBN 7-80070-434-3:￥9.80

F114.46　　005386
西太平洋的曙光:亚太经济纵论/吴令瑜等编著.—南昌:江西高校出版社,1995.1.—383页;20cm
ISBN 7-81033-435-2:￥12.00

F114.46　　005387
亚太地区经济发展多元化研究/赵春明著.—北京:北京师范大学出版社,1995.9.—412页;20cm
ISBN 7-303-03788-8:￥13.00

F114.46　　005388
亚太经济合作的新局面和中日关系/俞彭年主编.—上海:上海教育出版社,1995.10.—163页;19cm
ISBN 7-5320-4439-4:￥10.00

F114.46　　005389
走向21世纪的亚太经济格局/高连福,周小兵著.—厦门:鹭江出版社,1995.10.—228页;20cm.—(亚太经济丛书/张蕴岭主编)
ISBN 7-80610-137-3:￥18.30

①F114.46②F416.22　　005390
石油·发展·挑战:走向二十一世纪的中东经济/马秀卿主编.—北京:石油工业出版社,1995.2.—209页;20cm
ISBN 7-5021-1331-2:￥9.00

F116.2　　005391
亚洲市场组织/樊会文,石菁编著.—北京:中国大百科全书出版社,1995.10.—136页;19cm.—(百卷本世界市场全书/顾海良等主编)
ISBN 7-5000-5594-3:￥9.80

F116.7　　005392
经济合作与发展组织/朱立南等编著.—北京:中国大百科全书出版社,1995.10.—135页;19cm.—(百卷本世界市场全书/顾海良等主编)
ISBN 7-5000-5599-4:￥9.80

F116.7　　005393
欧盟十五国概览/刘杰峰,郭学坤主编;文藻等编.—哈尔滨:黑龙江人民出版社,1995.9.—495页;20cm
经贸必读
ISBN 7-207-03081-9:￥18.80

F116.7　　005394
欧洲市场组织/陈卫东,武京闽编著.—北京:中国大百科全书出版社,1995.10.—138页;19cm.—(百卷本世界市场全书/顾海良等主编)
ISBN 7-5000-5591-9:￥9.80

F117　　005395
国际经济惯例操作实务/刘贵锋等主编.—长春:吉林人民出版社,1995.7.—945页;20cm
ISBN 7-206-02274-X(精装):￥38.90

F117　　005396
重要的国际经济条约/吴焕宁等著.—贵阳:贵州人民出版社,1995.12.—246页;20cm.—(国际经济惯例丛书/周成启主编)
ISBN 7-221-04025-7:￥12.50

F117-61　　005397
经济活动国际惯例大辞典/邹振旅主编.—北京:当代世界出版社,1995.4.—1271页;28cm
ISBN 7-80115-023-6(精装):￥188.80

F119.4　　005398
欧美近代经济史/刘云龙编著.—昆明:云南大学出版社,1995.8.—328页;20cm
ISBN 7-81025-515-0:￥14.50

F119.9　　005399
世界经济地理结构/陆卓明著.—北京:中国物价出版社,1995.12.—222页;26cm
ISBN 7-80070-493-9:￥22.50

F119.9　　005400
中国周边经济合作地理研究/陈长春著.—长沙:湖南科学技术出版社,1995.5.—262页;20cm
ISBN 7-5357-1754-3:￥12.50

F12 中国经济

F12 005401
变化中的中国经济生活/张志雄主编.—上海:上海财经大学出版社,1995.11.—148页;26cm.—(财经丛书;1)
ISBN 7-81049-021-4:¥19.80

F12 005402
建国以来十大经济观/刘朝明,张衔编著.—北京:中国经济出版社,1995.1.—269页;19cm.—(中国经济的历史与未来)
ISBN 7-5017-3215-9:¥10.00

F12 005403
建国以来十大经济热点/杨江著.—北京:中国经济出版社,1995.1.—161页;19cm.—(中国经济的历史与未来)
ISBN 7-5017-3216-7:¥8.00

F12 005404
经济理论与管理知识读本/郭怀林等主编.—北京:新华出版社,1995.9.—298页;19cm
ISBN 7-5011-2978-9:¥8.50

F12 005405
经济社会发展重大问题研究/国家计委宏观经济研究院编.—北京:中国计划出版社,1995.9.—363页;20cm
ISBN 7-80058-399-6:¥16.00

F12 005406
经济运行机制与宏观调控体系/吴佩钧主编.—武汉:武汉大学出版社,1995.8.—345页;20cm.—(武汉大学学术丛书)
ISBN 7-307-01999-X:¥12.80

F12 005407
诺贝尔经济学奖得主专访录:评说中国经济与经济学发展/经济学消息报社编.—北京:中国计划出版社,1995.1.—145页;20cm
ISBN 7-80058-377-5:¥8.50

F12 005408
社会主义经济文论/肖梦著.—沈阳:辽宁人民出版社,1995.10.—197页;19cm
ISBN 7-205-03471-X:¥10.00

F12 005409
市场经济启迪/罗焕彰主编.—广州:华南理工大学出版社,1995.3.—389页;19cm
ISBN 7-5623-0801-2:¥9.80

F12 005410
县市委如何领导经济建设与改革/中共中央政策研究室党建组等编.—北京:中共党史出版社,1995.11.—446页;20cm
ISBN 7-80023-845-8:¥16.80

F12 005411
政府经济职能和体制改革/朱光华主编.—天津:天津人民出版社,1995.11.—568页;20cm
ISBN 7-201-02362-4:¥22.00

F12 005412
中国宏观经济:理论·模型·预测/张守一,葛新权著.—北京:社会科学文献出版社,1995.12.—332页;20cm
ISBN 7-80050-712-2:¥29.00

F12 005413
中国经济"热点"追踪/邱晓华著.—北京:中国统计出版社,1995.9.—400页;20cm
ISBN 7-5037-1962-1:¥20.00

F12 005414
中国经济波动研究/张塞主编.—北京:中国统计出版社,1995.6.—252页;20cm
ISBN 7-5037-1965-6:¥9.80

F12 005415
中国经济的发展、改革与借鉴/杨德明著.—北京:当代中国出版社,1995.8.—459页;20cm
ISBN 7-80092-241-3:¥19.80

F12 005416
中国经济发展前景:海峡两岸学者论中国腾飞之路/刘诗白等主编.—成都:西南财经大学出版社,1995.8.—530页;20cm.—(经济学家丛书)
ISBN 7-81017-276-X:¥13.80

F12 005417
中国经济速度、结构、效益问题的研究/郑家亨主编.—北京:中国统计出版社,1995.6.—134页;20cm
ISBN 7-5037-1817-X:¥7.00

F12 005418
中国经济周期波动问题研究/孙可娜著.—天津:天津人民出版社,1995.5.—421页;20cm
ISBN 7-201-02208-3:¥13.00

F12 005419
中国社会主义经济建设/曹文满,费培根主编.—北京:当代世界出版社,1995.2.—348页;20cm
ISBN 7-80115-003-1:¥7.50

F12 005420
中国社会主义经济建设问题浅析/窦传诚主编.—天津:天津人民出版社,1995.8.—266页;19cm
ISBN 7-201-02327-6:¥8.40

F12 005421
中国未来十大经济趋势/李宏明主编.—北京:中国经济出版社,1995.1.—221页;19cm.—(中国经济的历史与未来)
ISBN 7-5017-3217-5:¥9.00

F12 005422
中国未来十大经济热点/陈高林等著.—北京:中国经济出版社,1995.1.—210页;19cm.—(中国经济的历史与未来)
ISBN 7-5017-3218-3:¥9.00

F12 005423
中国隐性经济问题研究/宫希魁,金红炜著.—大连:大连理工大学出版社,1995.12.—228页;20cm.—(跨世纪中国经济社会发展研究文库)
ISBN 7-5611-1002-2:¥12.00

F12 005424

追求超越的时代:经济篇/宁向东,潘福祥主编.—北京:清华大学出版社,1995.12.—307页;19cm.—(大学生思想热点探讨丛书/胡显章主编)
ISBN 7-302-01918-5:¥10.00

F12　　005425
走出山坳的中国/程超泽著.—深圳:海天出版社,1995.5.—458页;20cm
ISBN 7-80615-157-7:¥18.80

F12-03　　005426
中国式比较经济学简论/林卓群主编.—南宁:广西人民出版社,1995.12.—278页;20cm
ISBN 7-219-03116-5:¥13.80

F12-05　　005427
华夏文明振兴之路:经济与文化协同发展论/仇保兴主编.—北京:人民出版社,1995.5.—389页;20cm.—(跨世纪经济文化文库)
ISBN 7-01-002174-0:¥13.80

F12-43　　005428
《经济·政治》学习指导/关侠等主编.—长春:吉林大学出版社,1995.8.—241页;19cm
ISBN 7-5601-1769-4:¥5.80

F12-49　　005429
中国经济:从刀耕火种开始/张岩,田强著.—武汉:湖北人民出版社,1995.4.—151页;19cm.—(青少年文史库/王余光,王三山主编)
ISBN 7-216-01673-4:¥4.80

F12-53　　005430
当今中国经济学八大理论热点:全国高校社会主义经济理论与实践研讨会第八次会议论文集/冯子标主编.—太原:山西人民出版社,1995.5.—649页;20cm
ISBN 7-203-03342-2:¥28.00

F12-53　　005431
中国职工经济论文选　第四卷/刘典斌主编.—北京:中国商业出版社,1995.3.—1317页;20cm.—(中国当代企业家心理丛书)
ISBN 7-5044-2758-6(精装):¥58.00

F12-54　　005432
中华经济年鉴　1994年/中华经济年鉴社编.—香港:长城(香港)文化出版公司,1995.—396页;26cm
(精装):¥150.00

F12-62　　005433
经济资料简明手册/中华人民共和国农业部编.—北京:中国农业出版社,1995.7.—104页;20cm
供内部参考
ISBN 7-109-04136-0:¥0.00

F120　　005434
国情研究第4号报告:机遇与挑战:中国走向21世纪的经济发展目标和基本发展战略研究/中国科学院国情分析研究小组编.—北京:科学出版社,1995.12.—268页;19cm
ISBN 7-03-004752-4(精装):¥22.00

F120　　005435
跨世纪的命题:加快中国经济发展问题研究/郭代模,陈志楣著.—北京:经济科学出版社,1995.8.—355页;20cm
ISBN 7-5058-0835-4:¥17.00

F120　　005436
论中国对外开放的战略和政策/季崇威著.—北京:社会科学文献出版社,1995.4.—648页;20cm
ISBN 7-80050-615-0:¥24.60

F120　　005437
中国经济运行中的政府行为分析/杨再平著.—北京:经济科学出版社,1995.4.—191页;19cm
ISBN 7-5058-0755-2:¥6.00

F120.2　　005438
经济转型时期的理论与实践/侯宗宾著.—北京:中国青年出版社,1995.12.—324页;20cm
ISBN 7-5006-2100-0:¥13.40

F120.2　　005439
开放经济论/郭先登著.—北京:中国纺织出版社,1995.5.—262页;20cm
ISBN 7-5064-1152-0:¥16.80

F120.2　　005440
张闻天建议开放市场的报告:专题资料集/张闻天选集传记组,中共无锡市委党史工作委员会编.—北京:中共党史出版社,1995.8.—245页;20cm
ISBN 7-80023-899-7:¥11.80

F120.2　　005441
中国经济热点透视/萧灼基著.—北京:中华工商联合出版社,1995.11.—298页;20cm.—(经济金皮书)
ISBN 7-80100-163-X:¥18.00

F120.2　　005442
中国经济运行机制探索/管延春等主编.—济南:山东大学出版社,1995.6.—339页;19cm
ISBN 7-5607-1538-9:¥9.80

F120.2　　005443
中国社会主义经济建设研究/张忠江等主编.—哈尔滨:哈尔滨工程大学出版社,1995.4.—305页;19cm
ISBN 7-81007-476-8:¥10.80

F120.2　　005444
中国社会主义市场经济建设概论/李五四等编著.—北京:现代出版社,1995.7.—375页;19cm
ISBN 7-80028-283-X:¥11.00

F120.2　　005445
中国特色社会主义经济/袁恩桢主编;汤静波等编写.—上海:上海人民出版社,1995.2.—317页;20cm
ISBN 7-208-01848-0:¥11.90

F120.2　　005446
重塑中国:若干经济热点问题探讨/程坦,张晓东著.—北京:中国物资出版社,1995.3.—454页;20cm
ISBN 7-5047-0718-X:¥12.80

F120.3　　005447
中国经济区与经济一体化:中国大陆、台湾、香港、澳门经济发展与合作/张鸿文主编.—天津:天津社会科学院出版社,1995.7.—362页;20cm
ISBN 7-80563-264-2:¥9.00

F120.3-53　　005448
实践与思考:安徽省社会主义市场经济与企业党建

研讨会论文选编/窦永记主编.—合肥:黄山书社,1995.6.—253页;19cm
ISBN 7-80535-889-3:¥7.00

F120.4 005449
开辟经济发展第二战场/王华放主编.—哈尔滨:哈尔滨出版社,1995.6.—286页;20cm
ISBN 7-80557-847-8:¥6.80

F120.4 005450
跨世纪的发展思路研究/林兆木,邵宁主编.—北京:中国计划出版社,1995.9.—385页;20cm
ISBN 7-80058-404-6:¥17.00

F120.4 005451
三步走发展战略与广东现代化建设/吴奕新著.—广州:广东人民出版社,1995.12.—335页;20cm.—(邓小平理论与广东实践研究丛书/于幼军主编)
ISBN 7-218-02069-0:¥25.00

F120.4 005452
中国——向高速经济增长挑战/(日)小林实,吴敬琏编著;孔凡静,孔军译.—北京:中国计划出版社,1995.4.—264页;19cm
ISBN 7-80058-375-9:¥9.80

F120.4 005453
中国工业化思想及发展战略研究/赵晓蕾著.—上海:上海社会科学院出版社,1995.1.—453页;20cm
ISBN 7-80515-979-3:¥13.00

F120.4 005454
中国经济的运行与发展/罗德明著.—北京:社会科学文献出版社,1995.3.—394页;20cm.—(中国社会科学院青年学者文库/胡绳主编)
ISBN 7-80050-533-2:¥14.60

F120.4 005455
中国经济发展战略理论研究/刘光杰主编.—武汉:武汉大学出版社,1995.2.—494页;20cm.—(经济发展理论研究丛书/谭崇台主编)
ISBN 7 307-01916-7:¥14.20

F120.4 005456
中国区域经济发展战略选/胡平主编.—北京:改革出版社,1995.5.—612页;26cm
ISBN 7-80072-672-X(精装):¥88.00

F121 005457
'95改革问答录:重点 难点 热点/国家经济体制改革委员会编.—北京:改革出版社,1995.3.—193页;19cm
ISBN 7-80072-661-4:¥5.00

F121 005458
'95中国转轨经济研究报告/中国(海南)改革发展研究院编.—北京:改革出版社,1995.12.—303页;20cm
ISBN 7-80072-758-0:¥18.00

F121 005459
对策论及其对中国经济改革的启示/张元庆著.—上海:上海社会科学院出版社,1995.8.—83页;20cm
ISBN 7-80618-103-2:¥3.50

F121 005460
改革·发展·协同/魏礼群,李金早著.—北京:中国发展出版社,1995.5.—313页;20cm
ISBN 7-80087-156-8:¥11.00

F121 005461
改革开放刍议/周光春著.—北京:中国审计出版社,1995.8.—200页;19cm
ISBN 7-80064-380-8:¥7.00

F121 005462
改革与发展:论大转变中的中国经济/董辅礽著.—北京:中华工商联合出版社,1995.12.—342页;20cm
ISBN 7-80100-152-4:¥18.00

F121 005463
改革中的探求/尚昌华著.—上海:华东师范大学出版社,1995.9.—171页;20cm
ISBN 7-5617-1430-0:¥6.90

F121 005464
建立社会主义市场经济体制:企业、市场与政府/魏杰主编.—北京:企业管理出版社,1995.4.—314页;20cm
ISBN 7-80001-545-9:¥12.00

F121 005465
劫后余稿:试办初级社文存/王谦著;中共山西省党史研究室编.—太原:山西人民出版社,1995.1.—216页;20cm
ISBN 7-203-03316-3:¥7.20

F121 005466
经济体制改革研究/董辅礽著.—北京:经济科学出版社,1995.3.—2册(1017页);20cm
ISBN 7-5058-0785-4:¥35.00

F121 005467
经济体制六大改革/郑新立主编.—北京:中共中央党校出版社,1995.1.—194页;20cm
ISBN 7-5035-1072-2:¥7.00

F121 005468
巨人的步伐:百家改革采风录 (上)/汤佩林编著.—北京:中央文献出版社,1995.5.—158页:彩照;29cm.—(巨人的步伐丛书/汤佩林,镡德山主编)
ISBN 7-5073-0270-9(精装):¥108.00

F121 005469
路在脚下:县委书记谈改革/张德江著.—北京:中国物资出版社,1995.1.—411页:照片;20cm
ISBN 7-5047-0968-9:¥13.80

F121 005470
社会主义本质与广东所有制改革/张振宇等著.—广州:广东人民出版社,1995.12.—345页;20cm.—(邓小平理论与广东实践研究丛书/于幼军主编)
ISBN 7-218-02064-X:¥26.00

F121 005471
社会主义市场经济体制框架研究/许北海,田玉梅主编.—北京:首都师范大学出版社,1995.10.—191页;20cm
ISBN 7-81039-569-6:¥12.00

F121 005472
市场经济的若干社会功能/邓伟志著.—哈尔滨:黑

龙江人民出版社,1995.11.—74页;20cm.—(站在世纪之交的思考:中国市场经济与社会发展丛书;1/邓伟志,张琢主编)
ISBN 7-207-03302-8:¥6.50

F121　　005473
新体制的探索与思考/吉炳轩著.—北京:中共中央党校出版社,1995.10.—323页;20cm
ISBN 7-5035-1249-0:¥14.50

F121　　005474
中国的道路:中国改革与发展报告:1978~1994/《中国改革与发展报告》专家组编著.—北京:中国财政经济出版社,1995.5.—324页;26cm
ISBN 7-5005-2828-0:¥30.00

F121　　005475
中国改革之路/袁木主编.—北京:中国言实出版社,1995.12.—2册;26cm
ISBN 7-80128-002-4(精装):¥458.00

F121　　005476
中国改革箴言/张鸿文主编.—天津:天津人民出版社,1995.11.—375页;20cm
ISBN 7-201-02402-7:¥14.50

F121　　005477
中国经济发展与改革的两难问题研究/王誉达著.—兰州:甘肃人民出版社,1995.8.—221页;20cm
ISBN 7-226-01481-5:¥9.80

F121　　005478
中国经济改革的新阶段/(美)曾旺达等著;彭刚等译.—北京:中国金融出版社,1995.4.—81页;28cm
ISBN 7-5049-1398-7:¥12.00

F121　　005479
中国经济学　1994/北京天则经济研究所编.—上海:上海人民出版社,1995.12.—297页;20cm
ISBN 7-208-02102-3:¥16.80

F121　　005480
中国走向开放经济的万里长征/(日)深作喜一郎,(英)华大伟著;吴明远译.—北京:改革出版社,1995.5.—137页;20cm
ISBN 7-80072-669-X:¥8.00

F121　　005481
走出滞胀困境:中国发展改革与宏观调控/陈宗胜等著.—北京:中国经济出版社,1995.9.—260页;19cm.—(跨世纪中国市场经济热点丛书/李金早,刘李胜主编)
ISBN 7-5017-3496-8:¥7.80

①F121②C913.1　　005482
经济体制改革和中国农村的家庭与婚姻/杨善华著.—北京:北京大学出版社,1995.11.—196页;20cm
ISBN 7-301-02896-2:¥9.80

①F121②D63　　005483
转变政府职能 加强宏观调控/邵桂芳主编.—济南:山东人民出版社,1995.3.—247页;20cm
ISBN 7-209-01727-5:¥7.00

①F121②K825.3　　005484
当代中国市场经济英才　第二集/宋诚明主编;中国物资出版社经济技术丛书编辑部编.—北京:中国国际广播出版社,1995.8.—662页;26cm
ISBN 7-5078-0624-3(精装):¥60.00

①F121-05②D64-05　　005485
经济体制改革与思想政治教育探讨/王军编.—兰州:甘肃教育出版社,1995.10.—306页:彩照;20cm
ISBN 7-5423-0565-4:¥16.80

F121-53　　005486
回顾——参与经济体制改革工作十五年/宋一峰著.—北京:改革出版社,1995.8.—347页;19cm
ISBN 7-80072-701-7:¥6.00

F121-53　　005487
经济学与中国经济改革:北京大学中国经济研究中心经济学前沿系列讲座/北京大学中国经济研究中心编.—上海:上海人民出版社,1995.9.—368页;20cm
ISBN 7-208-02074-4:¥17.00

F121-53　　005488
论转型时期的经济改革/迟福林著.—北京:改革出版社,1995.11.—305页;20cm
ISBN 7-80072-738-6:¥14.00

F121-53　　005489
思索·求实·开拓:中共中央党校培训部部分学员经济学论文集/张大军主编.—北京:中国林业出版社,1995.10.—327页;20cm
ISBN 7-5038-1556-6:¥20.00

F121-53　　005490
为改革鼓劲:《新世纪》评论集/迟道著.—北京:改革出版社,1995.12.—286页;20cm
ISBN 7-80072-759-9:¥13.00

F121-53　　005491
中国党政人士论改革/何伟,魏杰主编.—西安:陕西人民出版社,1995.12.—812页;26cm
ISBN 7-224-03892-X(精装):¥55.00

F121-53　　005492
中国经济改革与发展新论:广东青年经济研究会"中国经济改革与发展理论"征文获奖论文集/广东经济学会,广东青年经济研究会编.—广州:广州出版社,1995.3.—491页;20cm
ISBN 7-80592-254-3:¥18.00

F121-53　　005493
中国经济体制改革论文集　1995/中国经济体制改革研究会主编.—北京:中国人事出版社,1995.10.—355页;20cm
ISBN 7-80076-791-4:¥14.80

F121-54　　005494
中国经济体制改革年鉴　1995/国家经济体制改革委员会编.—北京:改革出版社,1995.11.—646页:彩图;26cm
ISBN 1005-703X(精装):¥150.00

F121-61　　005495
新编经济体制改革辞典/陶德清,徐云鹏主编.—武汉:湖北教育出版社,1995.4.—481页;20cm
ISBN 7-5351-1566-7:¥16.40

F121-61　　005496

中国经济体制改革总览/王瑞璞主编.—北京:解放军出版社,1995.4.—1928页;20cm
ISBN 7-5065-2611-5(精装):¥120.00

①F121-61②D922.290.9-61 **005497**
中国改革开放经济政策法律全书/王维澄,滕文生主编.—长春:吉林人民出版社,1995.10.—2册(3417页);26cm
ISBN 7-206-02352-5(精装):¥258.00

F121-62 **005498**
对外开放实用百科/张德修主编.—北京:北京大学出版社,1995.11.—901页;20cm
ISBN 7-301-02652-8:¥46.00

F121-62 **005499**
经济改革实用手册/李海波,秦子敏主编.—上海:立信会计出版社,1995.4.—385页;20cm.—(立信财经丛书)
ISBN 7-5429-0285-7:¥12.00

F121.2 **005500**
所有制结构现代化与市场经济/李克强,韩文金编.—石家庄:河北人民出版社,1995.9.—153页;20cm.—(走向市场经济丛书/王东进主编)
ISBN 7-202-01786-5:¥6.80

F121.2 **005501**
增长的活力:中国民私营经济的兴起与发展/高尚全,迟福林主编.—海口:海南出版社,1995.7.—253页;20cm.—(走向市场经济的中国丛书)
ISBN 7-80617-279-3:¥10.00

F121.2 **005502**
中国的所有制问题/虞毅伟等主编.—上海:上海交通大学出版社,1995.4.—257页;20cm
ISBN 7-313-01457-0:¥9.60

F121.2 **005503**
中国所有制结构的变动趋势与对策/陈琏等著.—天津:天津大学出版社,1995.11.—203页;19cm
ISBN 7-5618-0807 0:¥6.00

F121.23 **005504**
市场经济与个体私营经济/江传喜等主编 .—武汉:湖北人民出版社,1995.7.—261页;20cm.—(市场纵横丛书)
ISBN 7-216-01727-7:¥8.00

F121.23 **005505**
私营经济研究:上海嘉定区私营经济的崛起与发展/张德昌,夏军主编.—上海:上海科学普及出版社,1995.12.—194页;20cm
ISBN 7-5427-1031-1:¥18.00

F121.23 **005506**
拓展新的经济增长点:个体私营经济的社会学与法学研究/周显志著. 长沙:中南工业大学出版社,1995.10.—264页;20cm
ISBN 7-81020-788-1:¥9.80

F121.23 **005507**
中国的私营经济与私营企业主/张厚义,刘文璞著.—北京:知识出版社,1995.8.—450页;19cm
ISBN 7-5015-1155-1:¥19.80

F121.23 **005508**
中国民私营经济的发展:中国民私营经济90年代发展方向与政策研讨会文集/中国(海南)改革发展研究院编.—北京:民主与建设出版社,1995.12.—213页;20cm
ISBN 7-80112-044-2:¥15.00

①F121.23②D922.290.4 **005509**
个体私营经济监督管理/夏沛海等主编.—长春:吉林大学出版社,1995.9.—175页;19cm.—(工商行政管理教学指南;5)
ISBN 7-5601-1797-X:¥6.80

F121.25 **005510**
中国吸收外资问答/王永钧等编著.—北京:中信出版社,1995.9.—289页;19cm.—(实务问答系列)
ISBN 7-80073-093-X:¥14.00

F121.29 **005511**
股份合作制实务 /赵何编著.—合肥:安徽人民出版社,1995.7.—233页;19cm
ISBN 7-212-01217-3:¥6.80

F121.29 **005512**
股份经济/刘国良,刘伟良编著 .—南京:江苏科学技术出版社,1995.1.—335页;19cm
全国广播电视中专教材
ISBN 7-5345-1881-4:¥6.80

F121.29 **005513**
股份制的安定性研究/李维安著.—西安:陕西人民出版社,1995.12.—231页;20cm
ISBN 7-224-03893-8(精装):¥14.00

F121.29 **005514**
股份制经济与证券交易/王代敬著.—成都:西南财经大学出版社,1995.12.—493页;20cm
ISBN 7-81055-038-1:¥18.80

F121.29 **005515**
简明实用股份经济学/鹿青山主编.—北京:北京经济学院出版社,1995.8. 219页;19cm
ISBN 7-5638-0507-9:¥6.30

F121.29 **005516**
漫谈股份制/肖全德,贾卓鼎主编.—北京:大众文艺出版社,1995.6.—337页;19cm
ISBN 7-80094-144-2:¥8.95

F121.29 **005517**
农村股份制企业经济管理/陕西省仪祉农业学校主编.—北京:中国农业出版社,1995.10.—247页;19cm
全国中等农业学校教材 农业经济管理专业用
ISBN 7-109-03685-5:¥4.60

①F121.29②F832.5 **005518**
股份经济与证券市场/张瀛等主编.—2版.—北京:中国统计出版社,1995.5.—152页;20cm
ISBN 7-5037-1770-X:¥5.40

F123 **005519**
《中国经济管理概论(修订本)》自学指导/余广华,靳晓黎编著.—2版.—北京:中国人民大学出版社,1995.8.—361页;20cm
全国高等教育自学考试辅导用书

ISBN 7-300-02112-3: ¥14.50

F123 005520

中国经济管理概论/余广华,刘宗时主编.—2版(修订本).—北京:中国人民大学出版社,1995.3.—518页;20cm.—(全国高等教育自学考试教材)

ISBN 7-300-02030-5: ¥12.60

F123 005521

走向21世纪经济管理/尧平辉等主编.—南昌:江西高校出版社,1995.1.—535页;20cm

ISBN 7-81033-460-3: ¥10.80

F123.13 005522

毕竟走出来了:中国的市场经济导势/苏东斌著.—哈尔滨:黑龙江教育出版社,1995.9.—229页;20cm

ISBN 7-5316-2851-1: ¥8.50

F123.13 005523

换个活法:市场经济与平民百姓/孙蚌珠,李顺荣编著.—北京:人民交通出版社,1995.5.—251页;19cm

ISBN 7-114-02044-9: ¥8.90

F123.13 005524

社会主义市场经济的哲学问题研究/吴振海,马俊迈主编.—天津:天津人民出版社,1995.12.—289页;20cm

ISBN 7-201-02433-7: ¥12.80

F123.13 005525

社会主义市场经济基本知识/王云昌,郑峋如编著.—北京:水利电力出版社,1995.10.—205页;19cm.—(经营管理丛书/张阳,何似龙主编)

高等学校、干部培训教材

ISBN 7-120-02252-0: ¥6.60

F123.13 005526

社会主义市场经济简论/朱慧,侯保中主编.—沈阳:辽宁大学出版社,1995.2.—164页;19cm

ISBN 7-5610-2957-8: ¥5.60

F123.13 005527

社会主义市场经济热点问题及对策/刘儒主编.—北京:中共党史出版社,1995.12.—215页;19cm

ISBN 7-80023-947-0: ¥8.00

F123.13 005528

社会主义市场经济体制探索/柯明中,胡天赐主编.—北京:清华大学出版社,1995.7.—272页;19cm

ISBN 7-302-01837-5: ¥6.80

F123.13 005529

社会主义市场经济条件下的价值观建设/郑国玺主编.—成都:四川人民出版社,1995.12.—300页;20cm.—(社会主义理论与实践丛书)

ISBN 7-220-02409-6: ¥12.00

F123.13 005530

社会主义市场经济中的科技体制/邹力行著.—青岛:青岛出版社,1995.5.—185页;20cm.—(社会主义市场经济论丛/徐长聚等主编)

ISBN 7-5436-1144-9: ¥6.80

F123.13 005531

社会主义市场体系概要/陈文婷,罗淑英主编.—哈尔滨:黑龙江教育出版社,1995.3.—284页;19cm

ISBN 7-5316-2551-2: ¥9.80

F123.13 005532

市场经济透视:株洲市广播电视系统征文获奖作品集/高雄飞主编.—广州:广州出版社,1995.4.—257页;19cm

ISBN 7-80592-262-4: ¥6.80

F123.13 005533

市场经济与机制转换/张钟汝,范明林主编.—上海:学林出版社,1995.12.—168页;19cm

ISBN 7-80616-136-8: ¥7.00

F123.13 005534

市场经济与企业经营机制转换/谭仁杰,景新华编著.—武汉:湖北教育出版社,1995.3.—192页;19cm.—(市场经济系列丛书/郭吴新等主编)

ISBN 7-5351-1517-9: ¥6.20

F123.13 005535

市场运作与政府调控80问/刘秀山,陈永民主编.—北京:人民法院出版社,1995.9.—409页;19cm.—(现代经济制度与法律丛书;4)

ISBN 7-80056-346-4: ¥14.50

F123.13 005536

腾飞的思考:云南省社会主义市场经济问题理论讨论会文选/中共云南省委宣传部编.—昆明:云南人民出版社,1995.3.—528页;20cm

ISBN 7-222-01739-9: ¥21.00

F123.13 005537

我们对市场经济的再认识/翟新华著.—北京:当代中国出版社,1995.2.—400页;20cm.—(中农信企业文化丛书)

ISBN 7-80092-374-6: ¥13.80

F123.13 005538

怎样提高领导市场经济能力/戚和平主编.—北京:改革出版社,1995.1.—414页;20cm

ISBN 7-80072-646-0: ¥10.00

F123.13 005539

中国流通改革与发展/胡怀邦著.—西安:陕西人民出版社,1995.9.—374页;20cm

ISBN 7-224-03919-5: ¥12.00

F123.13 005540

中国社会主义市场经济/陈国琳等主编.—武汉:武汉大学出版社,1995.8.—347页;19cm

高等院校教材

ISBN 7-307-02025-4: ¥9.50

F123.13 005541

中国社会主义市场经济/李裕宜著.—武汉:湖北教育出版社,1995.4.—282页;19cm.—(市场经济系列丛书/郭吴新等主编)

ISBN 7-5351-1514-4: ¥8.20

F123.13 005542

中国社会主义市场经济概论/姜国祥主编.—上海:华东师范大学出版社,1995.2.—307页;20cm

公共政治课系列教材

ISBN 7-5617-1302-9: ¥6.90

F123.13 005543

中国社会主义市场经济专题研究/王宽让等主编.—西安:陕西人民出版社,1995.9.—358页;20cm
ISBN 7-224-03954-3:¥12.80

F123.13 005544
中国市场体系建设通论/吴振坤主编.—广州:广东教育出版社,1995.12.—584页;20cm
ISBN 7-5406-3389-1:¥19.00

①F123.13②D648 005545
市场经济与精神文明/张伯铭等主编.—乌鲁木齐:新疆青少年出版社,1995.8.—272页;19cm
ISBN 7-5371-2064-1:¥8.50

①F123.13②D922.294.4 005546
市场监督管理/刘凤江等主编.—长春:吉林大学出版社,1995.10.—211页;19cm.—(工商行政管理教学指南;3)
ISBN 7-5601-1797-X:¥6.80

F123.16 005547
1990~1994年中国宏观经济运行轨迹/李强主编;国家统计局国民经济核算司编.—北京:中国统计出版社,1995.8.—498页;20cm
ISBN 7-5037-1979-6:¥19.80

F123.16 005548
宏观经济调控/王惠忠,庄卫民主编.—上海:立信会计出版社,1995.5.—366页;20cm.—(现代经营管理系列)
ISBN 7-5429-0267-9:¥14.00

F123.16 005549
宏观经济调控/国家计委培训中心宏观经济管理编辑部编.—北京:中国计划出版社,1995.7.—356页;20cm
宏观经济管理人员培训教材
ISBN 7-80058-411-9:¥16.00

F123.16 005550
宏观经济改革:1992~1994背景设想方案操作/楼继伟主编;国家经济体制改革委员会宏观调控体制司编.—北京:企业管理出版社,1995.10.—253页;20cm
ISBN 7-80001-560-2:¥20.80

F123.16 005551
宏观经济管理学应试指南/吴兴庶等编著.—沈阳:东北大学出版社,1995.10.—353页;19cm.—(经济管理类全国高教自学考试应试指南丛书)
ISBN 7-81054-006-8:¥11.00

F123.16 005552
宏观经济政策分析:1994~1995/郑新立主编.—北京:中国计划出版社,1995.9.—266页;20cm
ISBN 7-80058-398-8:¥12.00

F123.16 005553
社会主义市场经济宏观调控理论/罗季荣,李文溥著.—北京:中国计划出版社,1995.2.—378页;20cm
ISBN 7-80058-373-2:¥12.50

F123.16 005554
社会主义市场经济宏观管理概论/陈蔚东主编;全国企业管理干部学历教育(大专)教材编审委员会编.—北京:中国劳动出版社,1995.1.—466页;20cm
全国企业管理干部培训系列教材
ISBN 7-5045-1684-8:¥18.00

F123.16 005555
政府对市场的宏观调控:理论与政策/赵锡斌等著.—武汉:武汉大学出版社,1995.10.—326页;20cm.—(中国社会主义市场研究丛书/甘碧群主编)
ISBN 7-307-02057-2:¥11.00

F123.16 005556
中国宏观经济运行分析/国家计委经济研究所宏观经济形势分析课题组编.—北京:经济科学出版社,1995.9.—374页;20cm
ISBN 7-5058-0812-5:¥14.40

F123.16 005557
中国宏观经济运行及其调控/袁志刚著.—上海:立信会计出版社,1995.7.—154页;20cm.—(经济新论文丛/伍伯麟主编)
ISBN 7-5429-0296-2:¥8.50

F123.16 005558
中国市场经济的宏观调控/逄锦聚等著.—北京:中国物资出版社,1995.5.—376页;19cm
ISBN 7-5047-1068-7:¥12.50

F123.16 005559
总揽全局强化国家宏观调控/张德成主编.—北京:当代中国出版社,1995.5.—367页;20cm.—(政策研究荟萃丛书)
全套五册,总定价:70·00元
ISBN 7-80092-382-7:¥0.00

F123.17 005560
产权交易理论与运作/常修泽主笔;李学峰等著.—北京:经济日报出版社,1995.2.—407页;20cm
ISBN 7-80036-942-0:¥12.00

F123.17 005561
国有资产产权运营机构的理论与实践/倪吉祥主编.—北京:经济科学出版社,1995.3.—278页;19cm
产权运营机构和企业法人财产权培训班教材
ISBN 7-5058-0795-1:¥8.50

F123.17 005562
国有资产管理/曹长明等主编.—东营:石油大学出版社,1995.11.—413页;20cm
ISBN 7-5636-0740-4:¥12.00

F123.17 005563
国有资产管理ABC/国资宣编.—北京:经济科学出版社,1995.1.—113页;19cm
ISBN 7-5058-0797-8:¥3.00

F123.17 005564
国有资产管理规章制度选编 1994年/国家国有资产管理局办公室编.—北京:中国商业出版社,1995.9.—371页;19cm
内部发行
ISBN 7-5044-3045-5:¥14.00

F123.17 005565
国有资产管理和运营/丁烽峻等编著.—合肥:安徽人民出版社,1995.1.—233页;20cm.—(现代企业制度丛书/吴天林主编)

ISBN 7-212-01171-1:¥5.80

F123.17 **005566**

清产核资实用手册/《清产核资实用手册》编写组编.—杭州:浙江人民出版社,1995.3.—381页;20cm

ISBN 7-213-01243-6:¥14.00

F123.17 **005567**

全国国有资产管理暨全国清产核资工作会议文件汇编/国家国有资产管理局办公室编.—北京:经济科学出版社,1995.2.—238页;20cm

ISBN 7-5058-0794-3:¥15.00

F123.17 **005568**

市场经济运行的宏观调控 /戴天顺编著.—北京:机械工业出版社,1995.8.—175页;26cm

ISBN 7-111-04768-0:¥12.50

F123.17 **005569**

无形资产管理与评估/金乃成等编著.—北京:中信出版社,1995.4.—346页;20cm

ISBN 7-80073-089-1:¥17.00

F123.17 **005570**

无形资产评估案例选编与评述 /郭民生等主编 .—北京:中国物资出版社,1995.1.—357页;19cm.—(无形资产市场中介丛书)

ISBN 7-5047-0898-4:¥11.80

F123.17 **005571**

无形资产评估导论/陈仲主编.—北京:经济科学出版社,1995.3.—349页;20cm

ISBN 7-5058-0793-5:¥14.00

F123.17 **005572**

无形资产评估原理与方法/万君康,魏纪林主编.—北京:企业管理出版社,1995.11.—335页;20cm

ISBN 7-80001-644-7:¥14.60

F123.17 **005573**

无形资产评估知识与范例/安心正,刘国良主编.—北京:企业管理出版社,1995.7.—451页;20cm

ISBN 7-80001-586-6:¥17.00

F123.17 **005574**

香港资产评估概论/王居福编著.—北京:中国物价出版社,1995.5.—247页;19cm

ISBN 7-80070-461-0:¥7.80

F123.17 **005575**

行政事业单位国有资产管理指南/王学伦,王福柱主编.—济南:山东教育出版社,1995.9.—207页;19cm

ISBN 7-5328-2223-0:¥8.00

F123.17 **005576**

资产评估/王加春,安心正编著.—北京:企业管理出版社,1995.7.—185页;20cm.—(北京大学财务与会计丛书)

ISBN 7-80001-512-2:¥8.50

F123.17 **005577**

资产评估/胡维松主编.—南京:河海大学出版社,1995.8.—270页;26cm

ISBN 7-5630-0869-1:¥18.00

F123.17 **005578**

资产评估操作实务/吕发钦等编著.—北京:北京科学技术出版社,1995.3.—360页;19cm

ISBN 7-5304-1711-8:¥12.00

F123.17 **005579**

资产评估方法与实例/陆野编著.—北京:电子工业出版社,1995.12.—153页;19cm

ISBN 7-5053-3183-3:¥8.00

F123.17 **005580**

资产评估方法与应用/姚长辉,张一驰著.—北京:经济日报出版社,1995.8.—377页;20cm

ISBN 7-80036-968-4:¥13.20

F123.17 **005581**

资产评估概论/国家国有资产管理局资产评估中心《资产评估概论》编写组编.—2版.—北京:经济科学出版社,1995.4.—364页;20cm

ISBN 7-5058-0802-8:¥13.00

F123.17 **005582**

资产评估国际惯例/余长国著.—贵阳:贵州人民出版社,1995.12.—255页;20cm.—(国际经济惯例丛书/周成启主编)

ISBN 7-221-03599-7:¥12.90

F123.17 **005583**

资产评估基础知识/郑峋如,史安娜编著.—北京:水利电力出版社,1995.10.—211页;19cm.—(经营管理丛书/张阳,何似龙主编)

高等学校、干部培训教材

ISBN 7-120-02256-3:¥8.00

F123.17 **005584**

资产评估理论与方法/宗刚等编著.—北京:中国审计出版社,1995.9.—358页;20cm

ISBN 7-80064-395-6:¥14.00

F123.17 **005585**

资产评估实务操作与案例/江苏省国有资产管理研究中心编.—北京:经济科学出版社,1995.4.—346页;20cm

ISBN 7-5058-0813-3:¥13.50

①F123.17②D922.2 **005586**

国有资产管理法规汇编/国家国有资产管理局政策法规司编.—北京:经济科学出版社,1995.10.—651页;20cm

内部发行

ISBN 7-5058-0863-X:¥29.00

F123.17-29 **005587**

中国资产评估机构名录/中国资产评估协会编.—北京:经济科学出版社,1995.6.—612页;20cm

ISBN 7-5058-0821-4:¥50.00

F123.17-41 **005588**

全国注册资产评估师资格考试大纲:试行/国家国有资产管理局组织编写.—北京:经济科学出版社,1995.11.—26页;19cm

ISBN 7-5058-0885-0:¥1.50

F123.17-61 **005589**

国有资产管理实务全书/王开国主编.—北京:宇航出版社,1995.3.—1374页;26cm

ISBN 7-80034-756-7(精装):¥198.00

F123.17－62 005590
资产评估业务手册/和宏明,孔鹏主编.—北京:企业管理出版社,1995.7.—1086页;26cm
ISBN 7－80001－580－7(精装):¥194.00

①F123.17－62②D923.2 005591
国有资产产权管理手册/国家国有资产管理局政策法规司编.—北京:经济科学出版社,1995.7.—475页;20cm
ISBN 7－5058－0828－1:¥21.50

F123.2 005592
1996年中国经济形势分析与预测/刘国光等主编.—北京:中国社会科学出版社,1995.12.—328页;20cm.—(经济蓝皮书)
ISBN 7－5004－1831－0:¥18.00

F123.2 005593
中国的经济发展/(澳)蒂斯坦尔(Tisdell,C.)著;杨瑞龙等译.—北京:中国发展出版社,1995.1.—246页;19cm.—(发展文库/马洪,孙尚清主编)
ISBN 7－80087－183－5:¥7.20

F123.2 005594
中国生产力总体布局研究/刘再兴主编.—北京:中国物价出版社,1995.4.—852页;20cm
ISBN 7－80070－448－3:¥29.50

①F123.5②D619 005595
1995年中国国民经济和社会发展报告/陈锦华主编.—北京:中国计划出版社,1995.3.—395页;20cm
ISBN 7－80058－381－3(精装):¥18.00

F123.6 005596
开放与合作:中国基础设施和基础产业/程天权主编.—上海:学林出版社,1995.11.—120页;20cm
ISBN 7－80616－170－8:¥6.50

F124 005597
经济跳跃论/林康著.—长沙:湖南出版社,1995.12.—292页;19cm
ISBN 7－5438－1072－7:¥13.80

F124 005598
经济系统素质与技术变化的经济分析/李垣等著.—西安:陕西人民出版社,1995.11.—294页;20cm.—(系统与管理科学研究文库/汪应洛主编)
ISBN 7－224－03843－1:¥12.00

F124 005599
走出山坳的中国/程超泽著.—深圳:海天出版社,1995.5.—458页;20cm
ISBN 7－80615－157－7:¥18.80

F124－64 005600
让世界了解中国:汉英文对照/郭道夫主编.—北京:中国统计出版社,1995.8.—188页;29cm
ISBN 7－5037－2001－8(精装):¥88.00

F124.3 005601
创业与高新技术/姜红志等编著.—北京:中国青年出版社,1995.12.—197页;20cm.—(成功创业丛书)
ISBN 7－5006－1925－1:¥9.50

F124.3 005602
高技术产业化道路探索/雷德森,黄敬前编著.—北京:人民出版社,1995.12.—264页;20cm.—(科学·技术·经济·社会(STES)文库/关士续主编)
ISBN 7－01－002220－8:¥13.80

F124.3 005603
技术创新:国家系统的改革与重组/齐建国等著.—北京:社会科学文献出版社,1995.12.—233页;20cm
ISBN 7－80050－724－6:¥18.80

F124.3 005604
跨世纪:技术进步与产业发展/郑友敬主编.—北京:社会科学文献出版社,1995.11.—369页;20cm
ISBN 7－80050－715－7:¥29.80

F124.5 005605
中国的一百种资源/郎文白编著.—北京:中国青年出版社,1995.4.—332页;19cm.—(爱国主义教育丛书)
ISBN 7－5006－1768－2:¥8.00

F124.5 005606
中国生态环境补偿费的理论与实践/国家环境保护局自然保护司编.—北京:中国环境科学出版社,1995.10.—264页;20cm
ISBN 7－80093－838－7:¥10.50

F124.6 005607
加快转变经济增长方式/曾培炎主编.—北京:中国计划出版社,1995.10.—296页;20cm
ISBN 7－80058－434－8:¥12.00

F124.7 005608
市场经济、发展差距与社会公平/李强等著.—哈尔滨:黑龙江人民出版社,1995.11.—243页;20cm.—(站在世纪之交的思考:中国市场经济与社会发展丛书;7/邓伟志,张琢主编)
ISBN 7－207－03308－7:¥7.50

F125 005609
涉外经济概论/周元良主编.—2版.—北京:中国林业出版社,1995.6.—137页;26cm
涉外经济类专业系列教材
ISBN 7－5038－1374－1:¥10.50

F125 005610
涉外经济通论/袁志刚编著.—上海:立信会计出版社,1995.4.—159页;20cm.—(涉外经济丛书)
ISBN 7－5429－0254－7:¥6.00

F125 005611
涉外经济学概论/董化庭,王建瑞主编.—北京:地质出版社,1995.11.—264页;20cm
ISBN 7－116－01942－1:¥10.00

F125 005612
涉外经营知识:试用本/全国职业高中商品营销专业教材编写组编.—上海:上海科技教育出版社,1995.6.—92页;20cm
全国职业高中国家教委规划教材 商品营销专业用
ISBN 7－5428－1120－7:¥2.50

F125－62 005613
上海市台商投资手册/张志群主编;上海市台湾同胞投资企业协会,上海市台湾研究会编.—上海:上海远东出版社,1995.11.—971页:彩图;28cm

ISBN 7-80613-169-8(精装):¥198.00

F125.4　005614

经济发展与利用外资规模/伍海华著.—武汉:武汉大学出版社,1995.5.—269页;20cm.—(经济发展理论研究丛书/谭崇台主编)

ISBN 7-307-01947-7:¥9.40

F125.4　005615

中国利用外资基础知识/李岚清主编.—北京:中共中央党校出版社:中国对外经济贸易出版社,1995.6.—401页;20cm

ISBN 7-5035-1173-7(精装):¥32.00

F125.531.3　005616

技术发展的政治经济背景:中日技术现代化比较/(日)星野芳郎著;刘玉劲等译.—沈阳:沈阳出版社,1995.6.—529页;20cm

ISBN 7-5441-0401-X:¥40.00

F125.536.1　005617

中国新疆与哈萨克斯坦经济互补性与竞争性研究/新疆维吾尔自治区国土整治农业区划局编.—乌鲁木齐:新疆科技卫生出版社,1995.7.—157页;19cm

内部发行

ISBN 7-5372-1153-1:¥8.00

F126　005618

中国贫困与反贫困理论/康晓光著.—南宁:广西人民出版社,1995.12.—336页;20cm

ISBN 7-219-03158-0(精装):¥15.00

F126.2　005619

个人收入分配比较研究/曾令华著.—武汉:华中理工大学出版社,1995.12.—294页;20cm

ISBN 7-5609-1139-0:¥8.50

F126.2　005620

我国居民收入分配问题/王春正主编.—北京:中国计划出版社,1995.12.—291页;20cm

ISBN 7-80058-438-0:¥19.00

F127　005621

'95环北部湾经济开发报告/夏明文,陶伯华著.—海口:南海出版公司,1995.1.—258页;20cm

ISBN 7-5442-0093-0:¥7.80

F127　005622

'94中国地区经济发展报告/沈龙海,夏宪民主编;国家计委国土地区司,国家计委国土开发与地区经济研究所编.—北京:中国环境科学出版社,1995.12.—248页;26cm

ISBN 7-80093-869-7:¥19.50

F127　005623

'94中国省委书记省长纵论经济大势/张选国,张万舒主编.—北京:新华出版社,1995.2.—481页;20cm

ISBN 7-5011-2697-6:¥16.50

F127　005624

港澳台经济简论/杨松华著.—北京:中国经济出版社,1995.12.—238页;19cm.—(港澳台实用经济丛书/谢明干,杨松华主编)

ISBN 7-5017-3467-4:¥8.80

F127　005625

黄河三角洲开发战略研究/杨玉珍著.—北京:海洋出版社,1995.5.—329页;20cm

ISBN 7-5027-4094-5:¥8.00

F127　005626

内陆地区改革开放研究/辛文主编.—成都:四川大学出版社,1995.6.—314页;20cm

ISBN 7-5614-1194-4:¥12.00

F127　005627

贫困地区经济开发学/王文臣,陈铭书主编.—北京:中国农业出版社,1995.1.—309页;20cm

ISBN 7-109-03564-6:¥10.50

F127　005628

浦东崛起与长江流域经济发展/姚锡棠著.—上海:上海科学技术出版社,1995.11.—294页;20cm

ISBN 7-5323-3824-X:¥14.50

F127　005629

倾斜的国土:中国区域经济不平衡发展的现实与趋势/吴浙等著.—北京:中国经济出版社,1995.9.—214页;19cm.—(跨世纪中国市场经济热点丛书/李金早,刘李胜主编)

ISBN 7-5017-3495-X:¥6.80

F127　005630

山区发展概论/赵文智主编.—长沙:湖南出版社,1995.12.—404页;20cm

ISBN 7-5438-1164-2(精装):¥19.80

F127　005631

县域发展战略学/赵俊臣编著.—北京:人民出版社,1995.8.—367页;20cm

ISBN 7-01-002228-3:¥16.80

F127　005632

县域经济研究/胡悌云主编.—郑州:中原农民出版社,1995.12.—258页;20cm

ISBN 7-80538-820-2:¥9.80

F127　005633

中国城市综合实力五十强丛书:长沙市/魏建明主编;《中国城市综合实力五十强丛书·长沙市》编委会编.—北京:中国城市出版社,1995.3.—153页:彩图;26cm

ISBN 7-5074-0721-7(精装):¥38.00

F127　005634

中国城市综合实力五十强丛书:广州市/魏建明主编;《中国城市综合实力五十强丛书·广州市》编委会编.—北京:中国城市出版社,1995.3.—211页:照图;26cm

ISBN 7-5074-0730-6(精装):¥68.00

F127　005635

中国城市综合实力五十强丛书:海口市/魏建明主编;《中国城市综合实力五十强丛书·海口市》编委会编.—北京:中国城市出版社,1995.3.—296页:彩图;26cm

ISBN 7-5074-0737-3(精装):¥75.00

F127　005636

中国城市综合实力五十强丛书:宁波市/魏建明主编;《中国城市综合实力五十强丛书·宁波市》编委会

编.—北京:中国城市出版社,1995.12.—347页:彩照;26cm
ISBN 7-5074-0794-2(精装):¥98.00

F127　005637
中国城市综合实力五十强丛书:烟台市/魏建明主编;《中国城市综合实力五十强丛书·烟台市》编委会编.—北京:中国城市出版社,1995.4.—319页:彩图;26cm
ISBN 7-5074-0731-4(精装):¥90.00

F127　005638
中国地区差距报告/胡鞍钢等著.—沈阳:辽宁人民出版社,1995.12.—547页;20cm.—(中国国情与发展丛书)
ISBN 7-205-03546-5:¥26.00

F127　005639
中国经济发展的区域研究/吴柏均著.—上海:上海远东出版社,1995.6.—255页;20cm
ISBN 7-80514-321-8:¥18.00

F127　005640
中国经济发展中的区域差异与区域协调/韦伟著.—合肥:安徽人民出版社,1995.10.—282页;20cm
ISBN 7-212-01229-7:¥10.00

F127　005641
中国区域经济管理概论/李世华主编.—北京:中共中央党校出版社,1995.10.—273页;19cm
ISBN 7-5035-1302-0:¥5.85

F127　005642
中国区域开发研究/康庆禹等编.—北京:中国科学技术出版社,1995.12.—208页;26cm
ISBN 7-5046-1307-X:¥20.00

F127　005643
中国行政区经济与行政区划研究/舒庆著.—北京:中国环境科学出版社,1995.6.—258页;20cm
ISBN 7-80093-767-4:¥11.00

F127　005644
中国自由经济区的难题与求解/刘李胜等著.—北京:中国经济出版社,1995.9.—397页;19cm.—(跨世纪中国市场经济热点丛书/李金早,刘李胜主编)
ISBN 7-5017-3498-4:¥10.00

F127-53　005645
区域经济论丛/林凌主编.—北京:人民出版社,1995.12.—370页;20cm
ISBN 7-01-002344-1:¥17.00

F127-54　005646
中国黄金海岸年鉴　1995/《中国黄金海岸年鉴》编辑部编.—北京:群言出版社,1995.10.—711页:照片;26cm
ISBN 7-80080-166-7(精装):¥120.00

F127-54　005647
中国中西部地区开发年鉴　1995/陈耀邦主编.—北京:改革出版社,1995.12.—824页;26cm
ISBN 7-80072-721-1(精装):¥150.00

F127.1　005648
经济蓝皮书:1994~1995年北京经济形势分析与预测/景体华主编.—北京:首都师范大学出版社,1995.6.—343页;20cm
ISBN 7-81039-558-0:¥14.00

F127.1　005649
迈向21世纪的北京/《迈向21世纪的北京》编委会编.—北京:北京科学技术出版社,1995.12.—499页;26cm
ISBN 7-5304-1819-X(精装):¥60.00

F127.2　005650
黄河流域经济:构建黄河-亚欧大陆桥经济带/杨承训等主编.—郑州:河南人民出版社,1995.11.—571页;20cm
ISBN 7-215-03628-6(精装):¥28.00

F127.21-54　005651
天津经济年鉴　1995/魏炳坤主编;《天津经济年鉴》编辑部编.—天津:天津经济年鉴社,1995.9.—619页:彩照;26cm
(精装):¥65.00

F127.22　005652
二○○○年的邯郸:邯郸市七年经济发展纲要与规划:1994~2000/张三发主编.—石家庄:河北人民出版社,1995.3.—746页;20cm
ISBN 7-202-01709-1:¥30.00

F127.22　005653
区域发展战略研究:沧州篇/费孝通,钱伟长主编.—北京:群言出版社,1995.9.—291页;20cm
ISBN 7-80080-164-0:¥10.00

F127.22-54　005654
河北经济年鉴:1995年卷　总第11卷/郭文书等主编;《河北经济年鉴》编辑部编.—北京:中国统计出版社,1995.9.—830页;26cm
ISBN 7-5037-1823-4(精装):¥80.00

F127.223-66　005655
保定经济统计年鉴　1995/保定市统计局编.—北京:中国统计出版社,1995.10.—634页:彩图;26cm
ISBN 7-5037-1858-7(精装):¥85.00

F127.25-54　005656
山西经济年鉴　1995/孙文盛主编;《山西经济年鉴》编辑委员会编.—太原:山西经济出版社,1995.10.—382页:彩图;26cm
ISBN 7-80577-879-5(精装):¥100.00

F127.252　005657
临汾地区国土开发整治总体规划:1991~2010/张国彦主编;临汾行署计划委员会,临汾地区国土规划办公室编.—北京:中国计划出版社,1995.12.—115页;26cm.—(国土综合开发规划研究丛书)
ISBN 7-80058-442-9:¥38.00

F127.26　005658
内蒙古兴安盟经济持续发展战略与决策研究/陆大道主编.—北京:中国科学技术出版社,1995.9.—170页;26cm
ISBN 7-5046-2037-8:¥15.00

F127.26　005659
朔漠集/邢亦尘著.—呼和浩特:内蒙古人民出版社,

1995.11.—344 页;20cm.—(内蒙古地区开发史研究;2/邢亦尘主编)
ISBN 7-204-02798-1:¥11.50

F127.26　　005660
瀚海集/舒振邦等著.—呼和浩特:内蒙古人民出版社,1995.11.—256 页;20cm.—(内蒙古地区开发史研究;1/邢亦尘主编)
ISBN 7-204-02858-9:¥9.50

①F127.26②D619.26　　005661
内蒙古经济社会发展概要/牛玉儒主编.—呼和浩特:远方出版社,1995.12.—463 页;20cm
ISBN 7-80595-165-9:¥16.00

F127.261-54　　005662
呼和浩特经济统计年鉴　1995/呼和浩特市统计局编.—北京:中国统计出版社,1995.8.—370 页;26cm
ISBN 7-5037-1855-2(精装):¥58.00

F127.262　　005663
锡林郭勒盟经济社会发展战略规划研究/内蒙古科学技术协会,内蒙古锡林郭勒盟行政公署编.—呼和浩特:内蒙古人民出版社,1995.10.—540 页;26cm
ISBN 7-204-03048-6:¥45.00

F127.262　　005664
锡盟经济探索/乌力吉巴图主编;张重阳等著.—呼和浩特:内蒙古人民出版社,1995.12.—224 页;19cm
ISBN 7-204-03030-3:¥12.00

F127.31　　005665
辽宁经济发展思路之探索/岳岐峰著.—北京:中共中央党校出版社,1995.3.—548 页;20cm.—(高级干部文库)
ISBN 7-5035-1123-0:¥20.00

F127.31-64　　005666
半岛明珠:大连经济技术开发区规划与建设/钱谷主编.—北京:中国工人出版社,1995.4.—111 页:彩照;24×26cm
ISBN 7-5008-1753-3:¥100.00

F127.313　　005667
成功的选择:大连市引资嫁接的理论与实践/张佩霞,李尚华主编.—沈阳:辽宁人民出版社,1995.12.—313 页;20cm
ISBN 7-205-03539-2:¥11.50

F127.34　　005668
吉林少数民族经济/车哲九主编.—北京:民族出版社,1995.7.—706 页:彩图;20cm
ISBN 7-105-02471-2:¥38.00

F127.341-54　　005669
长春经济统计年鉴　1995/傅铁实主编;长春市统计局编.—北京:中国统计出版社,1995.8.—290 页;26cm
ISBN 7-5037-1856-0(精装):¥60.00

F127.342　　005670
让延边走向世界:'95 中国图们江地区国际投资贸易洽谈会:汉英对照/柏广新主编.—延吉:延边人民出版社,1995.9.—120 页;29cm
ISBN 7-80599-390-4:¥98.00

F127.342　　005671
延边——面向未来的抉择/国家科委科技促进发展研究中心,延边州规划课题组编.—北京:中国大百科全书出版社,1995.5.—2 册(653 页);20cm.—(区域可持续发展研究丛书)
ISBN 7-5000-5609-5:¥30.00

F127.35　　005672
开辟经济发展第二战场/王爱民主编.—哈尔滨:黑龙江人民出版社,1995.7.—488 页;20cm
ISBN 7-207-03140-8:¥16.80

F127.35　　005673
实力与实效:黑龙江省科技综合实力研究/刘军,柳宏秋著.—哈尔滨:黑龙江教育出版社,1995.4.—212 页;20cm.—(振兴龙江研究丛书/周文华,单荣范主编)
ISBN 7-5316-2490-7:¥5.80

F127.35-54　　005674
双鸭山社会经济统计年鉴　1995/卞凤海主编;双鸭山市统计局编.—北京:中国统计出版社,1995.8.—396 页:彩照;26cm
ISBN 7-5037-1864-1(精装):¥80.00

F127.353　　005675
大庆区域经济调整规划研究/大庆区域经济调整规划项目组著;李秀果等主笔.—北京:中国社会科学出版社,1995.10.—415 页;20cm
ISBN 7-5004-1755-1(精装):¥50.00

F127.353　　005676
七台河经济统计年鉴　1994/高学仲主编;七台河统计局编.—北京:中国统计出版社,1995.8.—356 页:彩图;26cm
ISBN 7-5037-1946-X(精装):¥98.00

F127.353　　005677
太阳城——鸡西/王志斌,符风春主编;鸡西市对外宣传办公室,鸡西市政府新闻办公室编.—北京:中国世界语出版社,1995.10.—20 页:彩照;18cm
ISBN 7-5052-0271-5:¥5.00

F127.353-54　　005678
齐齐哈尔经济统计年鉴　1995/齐齐哈尔统计局编.—北京:中国统计出版社,1995.6.—551 页:照片;26cm
ISBN 7-5037-1860-9(精装):¥80.00

F127.4　　005679
丝绸之路贸易与西北社会研究/蒋致洁著.—兰州:兰州大学出版社,1995.11.—190 页;19cm
ISBN 7-311-00938-3:¥6.50

F127.41　　005680
龙跃金水:合阳经济发展基础、现状和战略展望/庄长兴主编.—西安:陕西人民出版社,1995.12.—157 页:彩照;20cm
ISBN 7-224-04028-2:¥16.50

F127.41　　005681
陕西经济发展战略研究/冯在才主编.—西安:陕西人民出版社,1995.7.—266 页;19cm
中共中央党校函授学院教材(本科)
ISBN 7-224-03851-2:¥6.60

F127.413　　005682

延安国土规划/霍凤梅等主编;《延安国土规划》编委会编著.—西安:陕西人民出版社,1995.2.—347页;26cm
ISBN 7-224-03110-0(精装):¥40.00

F127.414　　005683
摆脱贫困之路:丹凤县脱贫思路探索/王贵宸等主编.—北京:中国林业出版社,1995.11.—250页;20cm
ISBN 7-5038-1575-2:¥15.00

F127.42　　005684
西部明珠:甘肃投资贸易指南:兰州卷/甘肃省现代产业研究会编著.—兰州:甘肃民族出版社,1995.12.—582页;20cm
ISBN 7-5421-0412-8:¥38.00

F127.42　　005685
小康之路/郭承录,李强主编.—兰州:甘肃人民出版社,1995.11.—323页;20cm
ISBN 7-226-01550-1:¥9.00

F127.423　　005686
武威市国土开发规划研究/陈为一主编;甘肃省计划委员会,武威市人民政府编.—兰州:兰州大学出版社,1995.12.—244页;26cm.—(国土综合开发规划研究丛书)
ISBN 7-311-00978-2:¥18.00

F127.43　　005687
宁夏回汉民族经济行为发展取向研究/胡月星,马清贵主编.—兰州:甘肃文化出版社,1995.3.—461页;20cm
ISBN 7-80608-052-X:¥12.00

F127.43　　005688
西海固改革与发展研究文集/何琮,刘俊德主编.—银川:宁夏人民出版社,1995.7.—381页;20cm
ISBN 7-227-01504-1:¥10.00

F127.44　　005689
青海产业结构及产品结构研究:1995~2010年/张伟主编.—西宁:青海人民出版社,1995.12.—168页;19cm
ISBN 7-225-01218-5:¥6.80

F127.44　　005690
青海跨世纪经济社会发展研究/刘忠著.—西宁:青海人民出版社,1995.5.—269页;20cm
ISBN 7-225-01067-0:¥8.00

F127.443　　005691
改革开放话海北/刘启甲,蔡勇主编;中共海北州委宣传部编.—西宁:青海人民出版社,1995.9.—130页;19cm
ISBN 7-225-01112-X:¥5.00

F127.45　　005692
辉煌历程四十年:献给新疆建设战线的英雄儿女/《西部建设报》编.—乌鲁木齐:新疆青少年出版社,1995.9.—230页;20cm
ISBN 7-5371-2073-0:¥6.20

F127.45　　005693
绿洲经济论/刘甲金等主编.—乌鲁木齐:新疆人民出版社,1995.11.—342页;20cm
ISBN 7-228-03597-6:¥15.00

F127.45　　005694
新疆建设40年/阿不来提·阿不都热西提,韩学琦主编.—乌鲁木齐:新疆人民出版社,1995.8.—421页:彩照;29cm
ISBN 7-228-03503-8(精装):¥150.00

F127.45　　005695
新疆经济四十年/刘湾,祁协玉主编;新疆维吾尔自治区党委经济部,新疆美术摄影出版社编.—乌鲁木齐:新疆美术摄影出版社,1995.—150页:彩照;29cm
ISBN 7-80547-320-X:¥118.00

F127.45　　005696
新疆经济四十年——西部明珠:中英文对照/祁协玉主编;新疆美术摄影出版社,新疆改革成就集锦编辑部编.—乌鲁木齐:新疆美术摄影出版社,1995.8.—126页:彩照;29cm
ISBN 7-80547-321-8:¥98.00

F127.45　　005697
新疆十二县市改革与发展的轨迹/马少新,李小勤编著.—乌鲁木齐:新疆人民出版社,1995.12.—122页;20cm
ISBN 7-228-03706-5:¥12.00

F127.45　　005698
新疆市场经济发展研究/王拴乾等主编.—乌鲁木齐:新疆人民出版社,1995.8.—308页;20cm
ISBN 7-228-03622-0:¥10.00

F127.45　　005699
亚欧第二大陆桥与新疆经济发展/伍成等主编.—乌鲁木齐:新疆人民出版社,1995.8.—385页;20cm.—(新疆经济研究丛书)
ISBN 7-228-03524-0:¥20.00

F127.45-64　　005700
改革之路:汉英文对照/《改革中的新疆》系列丛书编委会编.—乌鲁木齐:新疆美术摄影出版社,1995.9.—166页:彩照;29cm
ISBN 7-80547-323-4:¥160.00

F127.453　　005701
乌鲁木齐市经济体制改革十四年/姚宗灿主编;中共乌鲁木齐市委党史工作委员会,乌鲁木齐市档案局编.—乌鲁木齐:新疆人民出版社,1995.3.—568页;20cm.—(中国共产党乌鲁木齐市历史资料丛书)
ISBN 7-228-03315-9:¥16.80

①F127.453②I25　　005702
今日克拉玛依/周道荣等主编.—北京:新华出版社,1995.9.—330页:彩图;20cm
ISBN 7-5011-2957-6(精装):¥36.00

F127.5　　005703
长江流域经济发展报告:1990~1994/施岳群主编.—上海:复旦大学出版社,1995.9.—138页;20cm
ISBN 7-309-01582-7:¥10.00

F127.5　　005704
长江中游沿江产业带建设/郎一环等主编.—北京:中国科学技术出版社,1995.9.—369页;26cm
ISBN 7-5046-1944-2:¥30.00

F127.5　005705
鄱阳湖流域开发探源/魏嵩山,肖华忠著.—南昌:江西教育出版社,1995.12.—184页;19cm.—(中国江南区域开发研究丛书/魏嵩山主编)
ISBN 7-5392-2614-5(精装):¥14.55

F127.5-53　005706
长江——二十一世纪的发展:长江沿江地区跨世纪持续发展学术讨论会论文集/中国科学技术协会学会工作部编.—北京:测绘出版社,1995.11.—476页;26cm
中国科学技术协会论文选集
ISBN 7-5030-0820-2(精装):¥65.00

F127.51　005707
创造辉煌:浦东开发开放五周年理论概述/姚锡棠等著.—上海:上海社会科学院出版社,1995.9.—141页;20cm
ISBN 7-80618-126-1:¥6.50

F127.51　005708
东上海经济信息大全/解放日报实业公司等主编.—上海:上海科学技术出版社,1995.4.—303页;29cm
ISBN 7-5323-3874-6(精装):¥158.00

F127.51　005709
沪京港专家纵论上海发展/潘名山等主编.—上海:上海人民出版社,1995.5.—193页;19cm
ISBN 7-208-01981-9:¥9.80

F127.51　005710
跨世纪的工程:上海经济、社会与城市发展规划研究/华建敏主编.—上海:上海人民出版社,1995.3.—286页;20cm
ISBN 7-208-01979-7:¥20.00

F127.51　005711
迈向21世纪的上海:1996~2010年上海经济、社会发展战略研究/上海市《迈向21世纪的上海》课题领导小组编.—上海:上海人民出版社,1995.2.—641页;20cm
ISBN 7-208-01957-6(精装):¥30.00

F127.51　005712
迈向21世纪的上海:1996~2010年上海经济、社会发展战略研究/上海市《迈向21世纪的上海》课题领导小组编.—上海:上海人民出版社,1995.2.—641页;20cm
ISBN 7-208-01957-6:¥22.00

F127.51　005713
浦东开发开放之路:2020瞻望/庄峻编著.—上海:上海远东出版社,1995.12.—225页;20cm
ISBN 7-80613-228-7:¥30.00

F127.51　005714
浦东开发开放之路:战略研究与调查/王健刚著.—上海:上海远东出版社,1995.12.—291页;20cm
ISBN 7-80613-222-8:¥30.00

F127.51　005715
浦东开发与迈向新世纪的中国经济/张仲礼等主编.—上海:上海社会科学院出版社,1995.7.—305页;20cm
ISBN 7-80618-093-1:¥12.00

F127.51　005716
上海:创建新的国际经济中心城市/蔡来兴主编.—上海:上海人民出版社,1995.6.—409页;20cm
ISBN 7-208-02014-0:¥20.80

F127.51　005717
上海:创建新的国际经济中心城市/蔡来兴主编.—上海:上海人民出版社,1995.6.—409页;20cm
ISBN 7-208-02015-9(精装):¥24.20

F127.51　005718
上海发展报告:跨世纪的上海经济/高汝熹主编;复旦发展研究院编.—上海:复旦大学出版社,1995.4.—486页;20cm
ISBN 7-309-01500-2:¥20.00

F127.51　005719
上海发展研究:高新技术及其产业论/林起章著.—上海:上海远东出版社,1995.9.—220页;20cm
ISBN 7-80613-171-X:¥22.00

F127.51　005720
上海发展研究:个体私营经济论/周玉伟等编著.—上海:上海远东出版社,1995.11.—214页;20cm
ISBN 7-80613-202-3:¥22.00

F127.51　005721
上海发展研究:国有资产管理论/谢玲丽等编著.—上海:上海远东出版社,1995.12.—265页;20cm
ISBN 7-80613-227-9:¥22.00

F127.51　005722
上海发展研究:郊区农村发展论/吴振兴等编著.—上海:上海远东出版社,1995.11.—243页;20cm
ISBN 7-80613-214-7:¥22.00

F127.51　005723
上海发展研究:商业银行制度论/周伟民等著.—上海:上海远东出版社,1995.11.—257页;20cm
ISBN 7-80613-204-X:¥22.00

①F127.51②D619.51　005724
上海改革15年/徐周祚,顾存伟著.—上海:上海社会科学院出版社,1995.3.—120页;20cm.—(上海改革15年丛书/姚锡棠主编)
ISBN 7-80618-064-8:¥3.50

①F127.51②D619.51　005725
上海开放15年/王日庠,戴月明著.—上海:上海社会科学院出版社,1995.3.—122页;20cm.—(上海改革15年丛书/姚锡棠主编)
ISBN 7-80618-060-5:¥3.50

F127.51-54　005726
上海经济年鉴　1995/《上海经济年鉴》编审委员会编.—上海:上海经济年鉴社出版,1995.9.—607页;26cm
(精装):¥98.00

F127.513　005727
谈浦东开发的战略、政策及其管理/黄奇帆著.—上海:上海人民出版社,1995.4.—350页;20cm
ISBN 7-208-02001-9:¥18.80

F127.52　005728
跨世纪的工程:“海上山东”建设:汉、英文对照/山东省人民政府新闻办公室,山东省人民政府外事办公室编.—济南:山东画报出版社,1995.4.—1册;21cm
ISBN 7-80603-022-0:¥8.80

F127.52　005729
跨世纪的工程:黄河三角洲开发:汉、英文对照/山东省人民政府新闻办公室,山东省人民政府外事办公室编.—济南:山东画报出版社,1995.4.—1册;21cm
ISBN 7-80603-023-9:¥8.80

F127.52　005730
山东名优特产大观/王贵贤主编;席玉坤等编.—济南:山东友谊出版社,1995.12.—698页:彩图;20cm
ISBN 7-80551-773-8(精装):¥45.00

F127.52　005731
走向21世纪的东方文化圣地:济宁城市群综合开发战略研究/李战文等著.—济南:山东人民出版社,1995.7.—268页;20cm
ISBN 7-209-01785-2:¥15.00

F127.52-66　005732
泰安工业交通邮电:1980～1994/泰安市统计局编.—北京:中国统计出版社,1995.12.—367页:彩照;26cm
ISBN 7-5037-2061-1(精装):¥78.00

F127.523　005733
黄河三角洲的中心城市——东营:汉英对照/房得志主编;东营市人民政府新闻办公室编.—济南:山东画报出版社,1995.8.—56页:彩照;21×11cm
ISBN 7-80603-042-5:¥10.80

F127.523　005734
辉煌:烟台开放十年/柳新华,尹其超主编.—济南:山东人民出版社,1995.5.—407页:彩照;20cm
ISBN 7-209-01751-8:¥24.00

F127.523-64　005735
烟台市经济图集/烟台日报社,山东省地图出版社编制.—济南:山东省地图出版社,1995.5.—315页;29cm
ISBN 7-80532-184-1(精装):¥236.00

F127.524　005736
费县经济社会发展研究/刘君钦主编.—济南:山东人民出版社,1995.12.—310页;20cm
ISBN 7-209-01826-3:¥15.00

F127.53　005737
发展道路的选择:浙江温岭研究/陈剑,戴星翼主编.—北京:中国人口出版社,1995.3.—236页;20cm
ISBN 7-80079-257-9:¥10.00

F127.53　005738
发展中的江苏滩涂经济/江苏省沿海滩涂开发利用管理局,江苏省统计局编著.—北京:海洋出版社,1995.3.—280页;20cm
ISBN 7-5027-4088-0:¥10.00

F127.53　005739
江苏经济发展战略/储东涛主编.—南京:河海大学出版社,1995.6.—272页;19cm
本科教材
ISBN 7-5630-0841-1:¥9.50

F127.53　005740
京口区城乡一体化发展规划/何腾高主编.—合肥:中国科学技术大学出版社,1995.10.—115页;26cm
ISBN 7-312-00740-6:¥12.00

F127.53　005741
实施区域共同发展战略 加快发展苏北/戴立泉,冒名芳主编.—南京:江苏人民出版社,1995.9.—562页;20cm
ISBN 7-214-01547-1:¥18.50

F127.53　005742
体制·机制与发展:江苏省经济体制改革的一些启示/江苏省经济体制改革委员会,企业管理杂志社编.—北京:企业管理出版社,1995.4.—251页:彩图;29cm
ISBN 7-80001-507-6:¥56.00

F127.53　005743
走向21世纪的江苏/张锋主编.—南京:江苏人民出版社,1995.10.—309页;20cm
ISBN 7-214-01559-5:¥15.80

F127.531　005744
东山再起/王柏森主编.—南京:江苏人民出版社,1995.9.—170页:彩照;20cm
ISBN 7-214-01558-7:¥22.00

F127.533　005745
奔向新世纪的通州/周通生主编.—北京:中国城市出版社,1995.10.—187页;20cm
ISBN 7-5074-0792-6:¥15.00

F127.533　005746
连云港市投资环境图集/连云港市人民政府,南京大学主编.—福州:福建省地图出版社,1995.9.—1册;26cm
ISBN 7-80516-250-6(精装):¥68.00

F127.533　005747
迎接新世纪 奔向现代化:无锡跨世纪发展构想/贡培兴主编.—北京:中国计划出版社,1995.9.—147页;20cm
ISBN 7-80058-422-4:¥18.00

F127.533　005748
中国昆山的崛起与可持续发展/刘维新主编.—北京:科学出版社,1995.12.—377页:照片;26cm
ISBN 7-03-005066-5(精装):¥68.00

①F127.533②I25　005749
世纪之举/姜滇著.—北京:新华出版社,1995.8.—161页;20cm.—(发展丛书/江广生主编)
ISBN 7-5011-2953-3:¥6.80

①F127.533②K992.5　005750
江阴市经济贸易地图册/江苏省全方地图应用开发中心,《江阴市经济贸易地图册》编委会编.—广州:广东省地图出版社,1995.8.—1册;20cm
ISBN 7-80522-297-5:¥25.00

F127.534　005751
星光璀璨:盐城市明星、先进乡镇集锦/徐广荣主编;中共盐城市委宣传部,盐城市民政局编.—南京:江苏人民出版社,1995.11.—191页;20cm

ISBN 7-214-01596-X:¥12.80

F127.54　005752

1996年安徽经济展望/朱先发主编;安徽省计划委员会,安徽省经济信息中心编.—合肥:安徽人民出版社,1995.12.—268页;26cm

ISBN 7-212-01285-8:¥20.00

F127.54　005753

皖江开发的历史性跨越/汪洋主编.—合肥:安徽人民出版社,1995.12.—389页;20cm

ISBN 7-212-01291-2:¥20.00

F127.54-64　005754

古皖新潮:汉、英、日文对照/宋廉主编.—福州:海风出版社,1995.10.—100页;29cm

画册

ISBN 7-80597-096-3:¥50.00

F127.55　005755

绍兴县县域总体规划/宋小棣主编.—杭州:杭州大学出版社,1995.5.—130页;26cm

ISBN 7-81035-693-3:¥50.00

F127.55　005756

文化力:横店的启示/孙是炎著.—北京:中共中央党校出版社,1995.6.—296页;20cm

ISBN 7-5035-1211-3:¥15.00

F127.55　005757

浙江海岛资源综合调查与研究/浙江省海岛资源综合调查领导小组,《浙江海岛资源综合调查与研究》编委会编.—杭州:浙江科学技术出版社,1995.12.—482页;26cm

ISBN 7-5341-0887-X(精装):¥50.00

F127.55　005758

浙西南开发论/黄勇主编;浙西南综合开发规划研究课题组编.—杭州:浙江人民出版社,1995.3.—283页;20cm

ISBN 7-213-01225-8:¥9.80

F127.553　005759

湖州市经济纵横地图/杭州之江测绘技术开发部编制.—上海:中华地图学社,1995.10.—2张;77×53cm

ISBN 7-80031-167-8:¥6.50

F127.553　005760

温州市国土规划:资源篇/戴振韬主编;温州市计划委员会,温州市国土整治规划办公室编.—杭州:浙江大学出版社,1995.11.—273页;20cm

ISBN 7-308-01637-4:¥30.00

F127.56　005761

迈向新世纪:振兴江西大政方略回顾与展望/朱英培主编.—南昌:江西人民出版社,1995.3.—267页;20cm

ISBN 7-210-01430-6:¥6.00

F127.562　005762

县域经济纵横谈/黄晓华,丁兆祥主编.—南昌:江西人民出版社,1995.7.—328页;19cm

ISBN 7-210-01538-8:¥13.80

F127.563-54　005763

九江经济统计年鉴　1995/王经铎主编;九江市统计局编.—北京:中国统计出版社,1995.8.—472页:彩照;26cm

ISBN 7-5037-1873-0(精装):¥60.00

F127.57　005764

福建省区域资源投资开发指南/冯声康主编;《福建省区域资源投资开发指南》编委会编.—北京:中国统计出版社,1995.12.—169页:彩照;26cm

ISBN 7-5037-1956-7:¥60.00

F127.57　005765

加快建设海峡西岸繁荣带:闽东南开放开发研究专集/吴吕和主编.—北京:人民出版社,1995.7.—598页;20cm

ISBN 7-01-002200-3:¥27.80

F127.57　005766

实现新的跨越:"华榕杯"增创新优势征文优秀文集/陈桂宗主编.—福州:福建人民出版社,1995.3.—321页;20cm

ISBN 7-211-02426-7:¥9.80

F127.57　005767

汀江流域综合开发规划研究/黄小晶主编.—北京:中国农业科技出版社,1995.12.—235页;26cm

ISBN 7-80119-101-3:¥30.00

F127.57　005768

厦门特区市场经济与精神文明研究/李鸿烈主编.—厦门:厦门大学出版社,1995.2.—346页;20cm

ISBN 7-5615-1005-5:¥7.50

F127.57　005769

增创新优势 更上一层楼:'95中国厦门"特贸杯"征文获奖文集/"特贸杯"征文组委会编.—厦门:厦门大学出版社,1995.8.—318页;20cm

ISBN 7-5615-1078-0:¥9.80

F127.57-53　005770

战略·规划·市场/张瑞尧著.—福州:福建人民出版社,1995.4.—500页;20cm

ISBN 7-211-02414-3:¥10.00

F127.58　005771

台湾经济现代化模式/李非著.—厦门:鹭江出版社,1995.8.—254页;20cm.—(台湾研究丛书·经济)

ISBN 7-80610-186-1:¥19.50

F127.58　005772

台湾经济研究/范爱军等著.—济南:济南出版社,1995.11.—458页;19cm.—(亚太经济研究丛书)

ISBN 7-80572-993-X(精装):¥19.50

F127.58　005773

台湾经济总览/李家泉主编.—北京:中国财政经济出版社,1995.4.—1039页;26cm

ISBN 7-5005-2677-6(精装):¥95.00

F127.58　005774

现代台湾经济/张茂法著.—南昌:江西人民出版社,1995.11.—360页;20cm

ISBN 7-210-01586-8:¥14.80

F127.6　005775

华南地区经济发展方向及与香港、台湾、日本经济关系展望/马洪,星野进保主编.—深圳:海天出版社,1995.5.—357页;20cm

ISBN 7-80615-174-5(精装): ¥30.00

F127.6 005776

两湖平原开发探源/梅莉等著.—南昌:江西教育出版社,1995.9.—295页;20cm.—(中国江南区域开发研究丛书)

ISBN 7-5392-1712-X(精装): ¥16.00

F127.61 005777

大别山之路:大别山区以科技为先导建立区域性支柱产业纪实/许林枫主编.—北京:中国农业出版社,1995.12.—463页;20cm

ISBN 7-109-04128-X: ¥17.50

F127.61 005778

改革大潮在中州/李喜安主编.—郑州:河南人民出版社,1995.1.—171页:彩图;20cm

ISBN 7-215-00880-0: ¥15.00

F127.61 005779

河南的过去、现在与未来/徐玉坤主编.—郑州:河南人民出版社,1995.6.—161页;19cm

ISBN 7-215-03477-1: ¥3.00

F127.61 005780

河南经济投入产出分析/王光鹏主编.—开封:河南大学出版社,1995.12.—295页;20cm

ISBN 7-81041-254-X: ¥13.80

F127.612 005781

改革开放发展的新抉择:安阳商丘发展研究/冯宛平等主编.—郑州:河南人民出版社,1995.1.—239页;20cm

ISBN 7-215-03428-3: ¥8.00

F127.63 005782

湖北国民经济和社会发展报告:1994~1995/高瑞科主编.—北京:中国计划出版社,1995.6.—205页;20cm.—(经济白皮书)

ISBN 7-80058-410-0: ¥20.00

F127.63 005783

湖北经济管理文萃/李启明主编.—武汉:武汉出版社,1995.9.—1094页;26cm

ISBN 7-5430-1406-8(精装): ¥98.00

F127.63 005784

湖北省经济(九五)及2010年发展战略研究/肖安民,马大强主编.—武汉:湖北人民出版社,1995.12.—344页;20cm

ISBN 7-216-01794-3: ¥15.00

F127.63 005785

湖北省经济大事记:1988~1994/湖北省计划委员会编.—武汉:湖北人民出版社,1995.10.—400页;26cm
内部发行

ISBN 7-216-01773-0(精装): ¥50.00

F127.63-54 005786

湖北社会经济评价年鉴 1994/湖北省统计局,湖北省社会经济评价中心编.—武汉:湖北人民出版社,1995.4.—170页;29cm

ISBN 7-216-01679-3(精装): ¥90.00

F127.631-62 005787

武汉投资指南/孙怀玉主编;武汉市人民政府编.—武汉:武汉出版社,1995.5.—2册;29cm

ISBN 7-5430-1358-4: ¥68.00

F127.64 005788

湖南中部崛起的新战略:湖南省第二条经济走廊开发研究/赵世荣主编.—长沙:湖南出版社,1995.4.—323页;20cm

ISBN 7-5438-0998-2: ¥16.80

F127.64 005789

内陆开发区的探索/向力力著.—北京:华夏出版社,1995.5.—112页:彩图;19cm

ISBN 7-5080-0516-3: ¥7.80

F127.643-62 005790

岳阳指南/曹晓滨主编.—北京:企业管理出版社,1995.5.—79页;21×10cm.—(中国城市指南系列丛书)

ISBN 7-80001-062-7: ¥12.00

F127.644 005791

山区之路:科技兴县/杨裕利等编著.—北京:地震出版社,1995.3.—279页;19cm

ISBN 7-5028-0713-6: ¥16.80

F127.65 005792

1995**广州经济形势分析与预测**/伍亮主编.—广州:广州出版社,1995.3.—452页;20cm

ISBN 7-80592-238-1: ¥25.00

F127.65 005793

改革开放大发展/梁广大主编.—北京:改革出版社,1995.3.—260页;19cm

ISBN 7-80072-659-2: ¥8.80

F127.65 005794

改革纵横:续集/刘远清主编.—广州:华南理工大学出版社,1995.10.—476页;20cm

ISBN 7-5623-0913-2: ¥13.80

F127.65 005795

广东海岛社会经济与开发/黄远略等著.—广州:广东科技出版社,1995.3.—172页;26cm.—(广东海岛资源综合调查/马应良主编)

ISBN 7-5359-1451-9: ¥20.00

F127.65 005796

广东招商:汉英对照/温兰基主编;大山,宇宁摄.—深圳:海天出版社,1995.11.—140页:彩照;29cm

ISBN 7-80615-303-9: ¥68.00

F127.65 005797

广东走向二十一世纪:发展新思路/陈镇宏主编;《南方日报》理论部编.—广州:广东人民出版社,1995.2.—460页;20cm

ISBN 7-218-01702-9: ¥16.80

F127.65 005798

惠来县情与发展研究/詹兴利主编.—汕头:汕头大学出版社,1995.6.—274页;20cm

ISBN 7-81036-047-7: ¥11.00

F127.65 005799

建设珠江三角洲经济区:策划篇/王利文等编.—广州:广州出版社,1995.7.—239页;20cm.—(建设珠江三角洲经济区丛书/张伯鉴等主编)

ISBN 7－80592－276－4：¥18.00

F127.65　005800

建设珠江三角洲经济区：概况篇/广东年鉴编写组编.—广州：广州出版社，1995.6.—170页；20cm.—（建设珠江三角洲经济区系列丛书/张柏鉴等主编）

ISBN 7－80592－244－6：¥9.00

F127.65　005801

迈向新世纪的汕头经济特区/何佳声等主编.—武汉：湖北人民出版社，1995.7.—165页；20cm.—（中国经济特区研究系列）

ISBN 7－216－01726－9（精装）：¥12.00

F127.65　005802

深圳经济特区创业史/黄崇岳，莫小堷主编.—北京：人民出版社，1995.6.—372页；20cm

ISBN 7－01－002196－1：¥15.00

F127.65　005803

新时期的挑战与突破：珠江三角洲经济区改革与发展研讨会论文选/曾牧野等主编.—广州：广州出版社，1995.9.—611页；20cm

ISBN 7－80592－318－3：¥32.00

F127.65　005804

珠海发展道路探索/宋国有主编.—北京：人民出版社，1995.11.—289页；19cm

ISBN 7－01－002227－5：¥10.00

F127.65　005805

珠海经济研究/包于黄著.—北京：改革出版社，1995.3.—366页；19cm

ISBN 7－80072－660－6：¥9.80

F127.65　005806

珠江三角洲经济发展新透视/中山大学珠江三角洲经济发展与管理研究中心编.—广州：中山大学出版社，1995.4.—413页；26cm

ISBN 7－306－01014－X：¥80.00

F127.651　005807

广州通用百科事典 /曹源主编；粤港信息日报社，叁人行资讯传播有限公司编 .—广州：华南理工大学出版社，1995.10.—561页：彩照；29cm

ISBN 7－5623－0665－6：¥168.00

F127.651　005808

开放的广州与世界：广州建设国际化大都市的战略与策略问题研究/林作歆编著.—广州：花城出版社，1995.8.—368页；20cm

ISBN 7－5360－2105－4：¥13.80

F127.653　005809

华南第二出海点的形成：关于开发南澳的研究/方宁生，刘志坚著.—汕头：汕头大学出版社，1995.6.—241页；20cm

ISBN 7－81036－095－7：¥22.00

F127.653　005810

跨世纪的改革工程：深圳市建立社会主义市场经济体制总体构想/张思平主编.—北京：改革出版社，1995.12.—239页；20cm

ISBN 7－80072－728－9：¥25.00

F127.653　005811

汕头经济特区——龙湖：1992～1993/《汕头经济特区·龙湖》编辑部编.—汕头：汕头大学出版社，1995.11.—278页；26cm

ISBN 7－81036－113－9（精装）：¥50.00

F127.653　005812

深圳经济回顾与展望：1995～1996/李万寿主编；深圳市计划局编.—深圳：海天出版社，1995.12.—272页；20cm.—（经济白皮书）

ISBN 7－80615－357－8：¥30.00

F127.653　005813

深圳经济特区的探索之路/厉有为，邵汉青主编.—广州：广东人民出版社，1995.12.—317页；20cm.—（邓小平理论与广东实践研究丛书/于幼军主编）

ISBN 7－218－02073－9：¥26.00

F127.653　005814

新跨越：汕头经济特区改革开放新探索/杜松年著.—广州：广东科技出版社，1995.3.—307页；20cm

ISBN 7－5359－1491－8：¥10.80

F127.658　005815

香港：东西方文化的交汇处/钱益兵，贺耀敏著.—北京：中国人民大学出版社，1995.3.—175页；20cm.—（香港社会经济丛书/吴大琨主编）

ISBN 7－300－01845－9：¥6.10

F127.658　005816

香港经济概论/李梦梅，罗清和编著.—广州：广东高等教育出版社，1995.7.—455页；20cm

ISBN 7－5361－1718－3：¥15.80

F127.66　005817

'94海南社会经济发展研究/廖逊主编.—海口：南海出版公司，1995.4.—725页；20cm

ISBN 7－5442－0487－1：¥15.00

F127.66　005818

海南产业发展论：兼论开放条件下多元经济社会的产业发展/黄德明著.—海口：南海出版公司，1995.1.—250页；20cm

ISBN 7－5442－0451－0：¥9.00

F127.66　005819

海南股份制改革与三大新兴市场：证券市场、期货市场、产权市场的实践与探索/任峻根主编.—海口：南海出版公司，1995.9.—260页；20cm

ISBN 7－5442－0337－9：¥12.00

F127.66　005820

海南开发与建设：汉英对照/郭绍明主编.—海口：海南出版社，1995.11.—203页：彩图；29cm

ISBN 7－80590－748－X：¥40.00

F127.66　005821

海南特区改革开放与发展/钟业昌著.—北京：中国社会科学出版社，1995.1.—489页；20cm

ISBN 7－5004－1616－4（精装）：¥19.60

F127.66　005822

天涯时评　1994/廖逊著.—海口：南海出版公司，1995.5.—223页；20cm

ISBN 7－5442－0191－0：¥5.00

F127.66　005823

走向大开放:海南发展道路的探索/迟福林著.—北京:改革出版社,1995.12.—459 页;20cm
ISBN 7-80072-760-2:¥15.00

F127.66-62　005824
海南投资旅游服务指南　1995/王厚宏主编;中共海南省委办公厅编.—海口:海南出版社,1995.12.—448 页;26cm
ISBN 7-80617-371-4:¥68.00

F127.67　005825
广西经济与社会发展战略研究　1992 年/洪普洲主编.—南宁:广西人民出版社,1995.10.—236 页;20cm.—(广西经济与社会发展战略研究丛书:综合卷)
ISBN 7-219-02956-X:¥11.00

F127.67　005826
南珠之乡:广西海洋渔业与沿海经济投资开发导览:汉英对照/庞彩盛主编;《南珠之乡》编委会编著.—北京:海洋出版社,1995.12.—92 页:照片;28cm
ISBN 7-5027-3859-2:¥40.00

F127.67-54　005827
柳州经济统计年鉴　1995/《柳州经济统计年鉴》编辑部主编.—北京:中国统计出版社,1995.7.—538 页;26cm
ISBN 7-5037-1892-7(精装):¥88.00

F127.673　005828
北海市对外开放十年大事记:1984~1994/北海市档案馆,北海市党史研究室编.—南宁:广西人民出版社,1995.8.—175 页:彩照;20cm
ISBN 7-219-02991-8:¥3.00

F127.673　005829
商海竞辉:玉林市个体私营经济要览/尹福伦,陈相强主编.—南宁:广西人民出版社,1995.12.—471 页:照片;20cm
ISBN 7-219-03127-0:¥20.00

F127.673-62　005830
桂林市场指南/肖建刚等主编.—桂林:漓江出版社,1995.12.—262 页:彩图;19cm
ISBN 7-5407-1867-6:¥15.00

F127.674　005831
跨越贫困/温日丛主编.—南宁:广西人民出版社,1995.12.—225 页;20cm
ISBN 7-219-03156-4:¥11.60

F127.71　005832
1996 四川经济展望/龙光俊主编.—成都:四川人民出版社,1995.12.—514 页;20cm.—(经济蓝皮书)
ISBN 7-220-03097-5:¥25.00

F127.71　005833
奔向 2000 年的县级经济:泸州市发展县级经济调研与思考/唐坚主编.—成都:四川大学出版社,1995.7.—257 页;19cm
ISBN 7-5614-1181-2:¥8.50

F127.71　005834
加快攀西地区经济开发研究/杨超,周振华主编.—成都:西南财经大学出版社,1995.2.—591 页;20cm
ISBN 7-81017-891-1:¥19.80

F127.71　005835
攀西裂谷上的生长点:攀枝花经济辐射及民族关系/李星星,罗勇执笔.—成都:四川民族出版社,1995.2.—276 页;20cm
ISBN 7-5409-1448-3:¥6.80

F127.71　005836
宜宾地区国土综合开发规划/王永武主编;宜宾地区国土局编.—成都:四川科学技术出版社,1995.10.—157 页;26cm
ISBN 7-5364-3196-1:¥30.00

F127.71　005837
中国西部之星:科教兴川的回顾与展望/姜涛主编;四川省科学技术委员会,企业管理杂志社编.—北京:企业管理出版社,1995.12.—163 页:照片;29cm
ISBN 7-80001-567-X:¥56.00

F127.713　005838
科技兴绵的理论与实践/余相国,刘易主编.—成都:四川科学技术出版社,1995.10.—228 页;20cm
ISBN 7-5364-1343-2:¥10.00

F127.713　005839
重庆军转民与地区经济发展/戴祯龙主编.—重庆:重庆出版社,1995.10.—153 页;20cm
ISBN 7-5366-3282-7(精装):¥25.00

F127.714　005840
县富论与科学管理/傅志康著.—重庆:西南师范大学出版社,1995.12.—452 页;20cm
ISBN 7-5621-1467-6:¥18.00

F127.73　005841
贵阳经济技术开发区发展战略初探/吕茂廷主编;贵阳经济技术开发区管理委员会编.—贵阳:贵州民族出版社,1995.5.—158 页;19cm
ISBN 7-5412-0563-X:¥7.80

F127.73　005842
前进的脚印:贵阳经济技术开发区文件、资料汇编/吕茂廷主编;贵阳经济技术开发区管理委员会编.—贵阳:贵州民族出版社,1995.5.—359 页;19cm
内部发行
ISBN 7-5412-0564-8:¥9.80

F127.73-62　005843
法人录　(三)/《法人录》丛书编委会编.—贵阳:贵州人民出版社,1995.12.—160 页:彩照;20cm
ISBN 7-221-03874-0:¥15.00

F127.734　005844
娄山魂:改革开放的一片热土/杨洋等著.—贵阳:贵州人民出版社,1995.9.—244 页;20cm
ISBN 7-221-03953-4:¥9.70

F127.74　005845
解放思想实事求是建设云南/普朝柱著.—北京:中共中央党校出版社,1995.3.—430 页;20cm.—(高级干部文库)
ISBN 7-5035-1137-0:¥17.00

F127.74　005846
澜沧江——湄公河结合部发展战略及关累港建设研究/刘大清,何大明主编.—昆明:云南民族出版社,

1995.6.—168页;26cm
附件一袋
ISBN 7-5367-1053-4:¥65.00

F127.74　　005847
社会经济发展理论透视/郑宝华著.—昆明:云南大学出版社,1995.9.—151页;20cm.—(云南发展研究丛书)
ISBN 7-81025-518-5:¥10.00

F127.74　　005848
云南的改革开放与发展/和志强编著.—北京:中共中央党校出版社,1995.10.—523页;20cm.—(高级干部文库)
ISBN 7-5035-1306-3:¥22.00

F127.74　　005849
云南省跨世纪发展战略研究/李伯敬等主编.—昆明:云南科技出版社,1995.9.—2册;20cm
ISBN 7-5416-0718-5:¥28.00

F127.74　　005850
云南省跨世纪发展战略研究:基础设施篇/周乃国主编.—昆明:云南科技出版社,1995.9.—292页;20cm
全套28.00元
ISBN 7-5416-0718-5:¥0.00

F127.74　　005851
云南省跨世纪发展战略研究:贸易篇/车志敏主编.—昆明:云南科技出版社,1995.9.—285页;20cm
全套28.00元
ISBN 7-5416-0718-5:¥0.00

F127.74　　005852
云南外向型经济发展问题研究/程厚思主编.—昆明:云南大学出版社,1995.12.—239页;20cm.—(云南发展研究丛书)
ISBN 7-81025-541-X:¥9.60

F127.74　　005853
云南沿边开放:战略和措施研究/汤国辉主编.—昆明:云南大学出版社,1995.12.—296页;20cm
ISBN 7-81025-628-9:¥15.00

F127.74　　005854
中国云南对外招商投资总览　第一卷/云南省计划委员会,经贸世界杂志社编.—昆明:云南科技出版社,1995.8.—328页;29cm
ISBN 7-5416-0735-5:¥180.00

F127.74-53　　005855
培育新的经济增长点:调整云南经济结构理论研讨论文集/徐体义,江汉主编;云南日报理论部编.—昆明:云南人民出版社,1995.12.—291页;20cm
ISBN 7-222-01919-7:¥16.80

F127.744　　005856
丹凤湖/王廷尧等编著.—昆明:云南民族出版社,1995.12.—151页;19cm
ISBN 7-5367-1069-0:¥7.00

F127.744　　005857
双柏县经济志/张存浥主编;云南省双柏县计划经济委员会,双柏县地方志办公室编.—昆明:云南大学出版社,1995.4.—280页:彩图;20cm
ISBN 7-81025-514-2:¥18.00

F127.744　　005858
云南省施甸县经济发展战略与规划研究/彭永岸等著.—昆明:云南科技出版社,1995.12.—262页;26cm
ISBN 7-5416-0795-9:¥16.00

①F127.744②I253　　005859
普洱春早/刘祖武著.—昆明:云南民族出版社,1995.12.—222页;20cm
ISBN 7-5367-1106-9:¥13.00

F127.75　　005860
西藏经济概述/吴健礼著.—北京:中国藏学出版社,1995.12.—142页;19cm.—(西藏知识小丛书/江平主编)
ISBN 7-80057-248-X:¥6.30

F127.75-64　　005861
民族之光:中英文对照:1965~1995/杨水利主编.—拉萨:西藏人民出版社,1995.7.—1册:彩图;29cm
ISBN 7-223-00854-7:¥160.00

F127.8　　005862
多民族地区:资源、贫困与发展:社会与发展研究论文集　(二)/潘乃谷,周星主编.—天津:天津人民出版社,1995.12.—339页;20cm
ISBN 7-201-02310-1:¥12.00

F127.8　　005863
论民族经济/扎舍著.—成都:四川民族出版社,1995.10.—394页;20cm
ISBN 7-5409-1623-0:¥19.00

F127.8　　005864
右江流域壮族经济史稿/杨业兴,黄雄鹰主编.—南宁:广西人民出版社,1995.9.—293页;19cm
ISBN 7-219-03073-8:¥6.80

F127.8　　005865
中国民族地区市场经济的理论与实践/马飚著.—南宁:广西人民出版社,1995.10.—243页;20cm
ISBN 7-219-03096-7:¥9.80

F127.8-05　　005866
相际经营原理:跨民族经济活动的理论与实践/杨庭硕著.—贵阳:贵州民族出版社,1995.11.—568页;20cm
ISBN 7-5412-0651-2:¥28.00

F127.9　　005867
保税区发展理论与实践/施欣,徐大振编著.—兰州:兰州大学出版社,1995.12.—259页;20cm
ISBN 7-311-00970-7:¥13.10

F127.9　　005868
城市开发区的理论与实践/何兴刚著.—西安:陕西人民出版社,1995.4.—339页;20cm.—(青年经济学博士研究丛书)
ISBN 7-224-03557-2:¥8.70

F127.9　　005869
大试验:跨世纪的中国经济特区/钟坚著.—武汉:武汉出版社,1995.5.—266页;19cm
ISBN 7-5430-1357-6:¥8.20

F127.9　　005870

邓小平经济特区思想研究/毛立言,陈永民著.—厦门:鹭江出版社,1995.12.—294页;20cm
ISBN 7-80610-314-7:¥13.00

F127.9 005871
跨世纪的中国经济特区:政策回顾与展望/朱崇实等著.—厦门:鹭江出版社,1995.12.—367页;20cm.—(特区经济丛书;9)
ISBN 7-80610-234-5(精装):¥24.00

F127.9 005872
跨世纪的中国经济特区:政策回顾与展望/朱崇实等著.—厦门:鹭江出版社,1995.12.—367页;20cm.—(特区经济丛书;9)
ISBN 7-80610-234-5:¥14.00

F127.9 005873
历史性的跨越:邓小平特区理论与深圳改革开放实践/余其铨,董本建主编.—北京:改革出版社,1995.12.—243页;20cm
ISBN 7-80072-841-2:¥15.00

F127.9 005874
特区导论/周文彰著.—海口:海南出版社,1995.10.—296页;20cm
ISBN 7-80617-322-6:¥15.00

F127.9-53 005875
大有希望的事业:经济技术开发区十周年纪念文集/国务院特区办公室编.—北京:中国法制出版社,1995.9.—560页:彩照;20cm
ISBN 7-80083-291-0(精装):¥58.00

F127.9-54 005876
中国经济特区开发区年鉴 1995/胡平主编.—北京:改革出版社,1995.12.—550页:彩照;26cm
ISBN 7-80072-747-5(精装):¥150.00

F129 005877
富国智慧/吴慧著.—北京:中国青年出版社,1995.12.—313页;20cm.—(中华智慧集粹丛书/刘志琴,郑一奇主编)
ISBN 7-5006-1868-9:¥15.50

F129 005878
宋辽夏金经济史研究/乔幼梅著.—济南:齐鲁书社,1995.5.—330页;20cm
ISBN 7-5333-0475-6:¥15.00

F129 005879
中国古代文学作品中的经济问题/沈端民著.—成都:西南财经大学出版社,1995.2.—334页;20cm
ISBN 7-81017-890-3:¥10.90

F129 005880
中国近现代经济热点及重大事件/冯宗容,游光中主编.—北京:中国经济出版社,1995.3.—625页;19cm
ISBN 7-5017-3269-8:¥30.00

F129 005881
中国近现代经济史纲/蒋立文,邱信利主编.—长春:吉林大学出版社,1995.11.—293页;19cm
ISBN 7-5601-1836-4:¥8.00

F129 005882
中国经济通史/朱伯康,施正康著.—北京:中国社会科学出版社,1995.5.—2册;20cm
ISBN 7-5004-1207-X:¥67.40

F129.2 005883
盐铁论译注/王贞珉注译.—长春:吉林文史出版社,1995.1.—526页;20cm.—(中国古代名著今译丛书)
ISBN 7-80528-915-8(精装):¥21.00

F129.31 005884
商品经济与战国社会变迁/邵鸿著.—南昌:江西人民出版社,1995.9.—357页;20cm
ISBN 7-210-01584-1:¥15.00

F129.42 005885
唐代工商业/张泽咸著.—北京:中国社会科学出版社,1995.12.—498页;20cm.—(唐研究基金会丛书)
ISBN 7-5004-1795-0:¥38.00

F129.5 005886
北洋政府时期经济/黄逸平,虞宝棠主编.—上海:上海社会科学院出版社,1995.5.—366页;20cm.—(学者书库·史丛)
ISBN 7-80618-049-4:¥12.80

F129.5 005887
山西近代经济史/刘建生等著.—太原:山西经济出版社,1995.10.—964页;20cm
ISBN 7-80577-832-9(精装):¥35.00

F129.5 005888
十八世纪中国的经济发展和政府政策/高王凌著.—北京:中国社会科学出版社,1995.4.—269页;20cm.—(东方历史学术文库/沈志华主编)
ISBN 7-5004-1724-1:¥12.00

F129.5 005889
中国工商界四大家族/赵云声主编.—北京:中共中央党校出版社,1995.3.—490页;20cm
ISBN 7-5035-1149-4:¥15.00

F129.5 005890
中国工商行会史料集/彭泽益主编.—北京:中华书局,1995.1.—2册(1048页);20cm.—(中国近代经济史参考资料丛刊)
ISBN 7-101-00967-0:¥38.00

F129.5 005891
中国近代经济简史/刘银生,乔培华主编.—2版.—北京:中国统计出版社,1995.11.—225页;20cm
ISBN 7-5037-0520-5:¥6.20

F129.6 005892
烽火映方舟:抗战时期大后方经济/李平生著.—桂林:广西师范大学出版社,1995.12.—354页;20cm.—(抗日战争史丛书:续编·经济系列/王桧林主编)
ISBN 7-5633-2241-8:¥11.00

F129.6 005893
抗战时期的经济/清庆瑞主编;中国抗日战争史学会,中国人民抗日战争纪念馆编.—北京:北京出版社,1995.7.—628页;20cm.—(中国抗日战争史丛书)
ISBN 7-200-02675-1:¥20.20

F129.6 005894
中央苏区经济史/余伯流著.—南昌:江西人民出版社,1995.4.—475页;20cm.—(中央苏区历史研究丛

书）
ISBN 7-210-01410-1(精装)：¥18.00

F129.7　005895
中华人民共和国经济建设简史：1949～1994/陈国权等主编.—北京：中国物资出版社，1995.3.—389页；20cm
ISBN 7-5047-1094-6：¥12.60

F129.9　005896
区域经济地理学：理论基础与中国区域经济地理/安成谋，周盛基主编.—兰州：甘肃教育出版社，1995.7.—378页；20cm
高等学校教学用书
ISBN 7-5423-0509-3：¥11.50

F129.9　005897
新编中国经济地理/严金城主编.—北京：中国财政经济出版社，1995.7.—445页；19cm
国内贸易部教育司推荐中等专业学校教材
ISBN 7-5005-2979-1：¥13.00

F129.9　005898
中国经济地理/刘秀丽，潘华编著.—银川：宁夏人民出版社，1995.7.—302页；20cm
ISBN 7-227-01507-6：¥10.00

F129.9　005899
中国经济地理 /谢光辉，熊小兰编著.—修订本.—北京：中国财政经济出版社，1995.10.—342页；19cm
ISBN 7-5005　2889-2：¥9.50

F129.9　005900
中国经济地理填充图册/王钰筱主编.—北京：中国商业出版社，1995.8.—22页；19×26cm
ISBN 7-5044-2575-3：¥3.80

F129.931.3-64　005901
辽阳工商交通地图册/沈德玉主编.—沈阳：辽宁民族出版社，1995.10.—60页；20cm
ISBN 7-80527-581-5：¥18.00

F129.945.2　005902
博尔塔拉国土资源/博尔塔拉蒙古自治州国土整治农业区划委员会编.—乌鲁木齐：新疆人民出版社，1995.11.—388页；26cm
ISBN 7-228-03792-8(精装)：¥130.00

F129.957.3　005903
厦门经济特区地理/厦门市地理学会编.—厦门：厦门大学出版社，1995.12.—192页：彩照；26cm
ISBN 7-5615-1116-7：¥16.00

F13/17　各国经济

F130.4　005904
亚洲"四小龙"经济起飞新探索/叶耀明编著.—上海：同济大学出版社，1995.4.—255页；20cm
ISBN 7-5608-1569-3：¥9.00

F131　005905
东亚之锋/(美)霍夫亨兹(Hofheinz，R.)，(美)柯德尔(Calder，K. E.)著；黎鸣译.—南京：江苏人民出版社，1995.8.—323页；20cm.—(海外中国研究丛书)
据美国基本图书公司1982年版译出
ISBN 7-214-01361-4：¥13.00

①F131②F127.34　005906
东北亚地域与延边经济开发研究论文集/延边大学，国际地域间交流中心编.—延吉：延边人民出版社，1995.2.—201页；19cm
ISBN 7-80599-248-7：¥10.50

F131.04　005907
东亚奇迹：经济增长与公共政策/世界银行政策调研报告；财政部世界银行业务司译.—北京：中国财政经济出版社，1995.2.—250页；26cm
ISBN 7-5005-2663-6：¥20.00

F131.26　005908
韩国经济发展的政治分析/任晓著.—上海：上海人民出版社，1995.3.—222页；20cm.—(复旦大学韩国研究丛书/陈昕主编)
ISBN 7-208-01930-4：¥12.00

F131.26　005909
韩国经济发展论　上册/韩国经济发展研究课题组编著.—北京：社会科学文献出版社，1995.1.—189页；20cm.—(北京大学韩国学研究中心韩国学丛书)
ISBN 7-80050-627-4：¥8.40

F131.26　005910
战后韩国经济与中韩经贸关系/韩立民，吴刚主编.—青岛：青岛海洋大学出版社，1995.5.—257页；19cm
ISBN 7-81026-726-4：¥6.20

F131.263.1　005911
韩国经济宏观调控/逄锦聚等编著.—北京：东方出版社，1995.6.—126页；19cm.—(韩国研究系列丛书/高佩义主编)
ISBN 7-5060-0601-4：¥6.10

F131.264　005912
韩国经济发展之路/刘旭明编著.—北京：东方出版社，1995.6.—124页；19cm.—(韩国研究系列丛书/高佩义主编)
ISBN 7-5060-0600-6：¥5.90

F131.264　005913
韩国现代化研究/李庆臻，金吉龙著.—济南：济南出版社，1995.12.—293页；20cm
ISBN 7-80572-992-1：¥15.00

F131.3　005914
日本经济高速增长战略/孙凡静著.—厦门：鹭江出版社，1995.12.—239页；20cm.—(亚太经济丛书/张蕴岭主编)
ISBN 7-80610-097-0：¥19.00

F131.3　005915
日本资本主义精神/(日)山本七平著；莽景石译.—北京：三联书店，1995.6.—215页；19cm.—(新知文库；53)
ISBN 7-108-00760-6：¥7.80

F131.3　005916
现代日本经济/张钦先，逄秀贞主编.—济南：济南出

版社,1995.1.—412页;19cm.—(亚太经济研究丛书)
ISBN 7-80572-900-X:¥8.20

F131.3　　005917
走向政治大国的日本/赵阶琦,周季华主编.—厦门:鹭江出版社,1995.11.—308页;20cm.—(亚太经济丛书/张蕴岭主编)
ISBN 7-80610-117-9:¥23.30

F131.3-54　　005918
日本的经济发展与对外经济关系/(日)市村真一著;色文等译.—北京:北京大学出版社,1995.5.—278页;20cm
ISBN 7-301-02726-5:¥14.50

F131.30　　005919
竞争政策与产业政策:日本型市场经济分析/余著.—长春:吉林大学出版社,1995.9.—421页;20cm
ISBN 7-5601-1812-7:¥14.00

F131.33　　005920
日本型市场经济:形成、发展与改革/陈庄著.—北京:时事出版社,1995.8.—255页;19cm.—(外国市场经济模式丛书)
ISBN 7-80009-269-0:¥9.80

F131.33　　005921
日本政府在经济现代化过程中的作用/复旦大学日本研究中心编.—上海:复旦大学出版社,1995.4.—358页;20cm.—(日本研究丛书)
ISBN 7-309-01425-1:¥12.00

F131.33　　005922
现代日本市场经济/黄磷等编著.—广州:广东人民出版社,1995.10.—255页;20cm
ISBN 7-218-02098-4:¥16.00

F131.34　　005923
日本的资本主义:以战败为契机的战后经济发展/(日)都留重人著;复旦大学日本研究中心译.—上海:复旦大学出版社,1995.6.—286页;20cm
ISBN 7-309-01514-2:¥18.00

F131.341　　005924
日本现代化研究:日本现代化的奥秘何在?/刘天纯著.—北京:东方出版社,1995.5.—385页;20cm
ISBN 7-5060-0548-4:¥14.50

F131.35　　005925
日本经济国际化/于永达主编.—长春:吉林大学出版社,1995.11.—291页;19cm
ISBN 7-5601-1848-8(精装):¥14.50

F131.39　　005926
日本通商产业政策史　第11卷　第Ⅲ期:高速增长时期(4)/(日)通商产业省通商产业政策史编纂委员会编;日本通商产业政策史编译委员会译.—北京:中国青年出版社,1995.6.—524页;26cm
ISBN 7-5006-1840-9(精装):¥0.00

F131.39　　005927
日本通商产业政策史　第12卷　第Ⅳ期:多样化时期　(1)/日本通商产业省通商产业政策史编纂委员会编;中国日本通商产业政策史编译委员会译.—北京:中国青年出版社,1995.11.—454页;26cm
ISBN 7-5006-1927-8(精装):¥0.00

F131.39　　005928
日本通商产业政策史　第3卷/日本通商产业政策史编纂委员会编;马兴国等译.—北京:中国青年出版社,1995.12.—658页;26cm
ISBN 7-5006-1934-0(精装):¥0.00

F131.39　　005929
日本通商产业政策史　第7卷　第Ⅱ期:奠定基础时期　(3)/日本通商产业省通商产业政策史编纂委员会编;中国日本通商产业政策史编译委员会译.—北京:中国青年出版社,1995.6.—487页;26cm
ISBN 7-5006-1839-5(精装):¥0.00

F131.39　　005930
日本通商产业政策史　第8卷　第Ⅲ期:高速增长时期　(1)/通商产业政策史编纂委员会编;朱福来等译.—北京:中国青年出版社,1995.6.—408页;26cm
ISBN 7-5006-1726-7(精装):¥0.00

①F131.54②D912.29　　005931
东北亚经济合作与开发法律法规研究/王树春主编.—延吉:延边大学出版社,1995.12.—424页;20cm
ISBN 7-5634-0845-2:¥15.00

F133.03　　005932
东南亚国家市场经济/马加力主编.—北京:时事出版社,1995.8.—210页;19cm.—(外国市场经济模式丛书)
ISBN 7-80009-272-0:¥8.70

F133.3　　005933
越南经济的发展/赵和曼编著.—北京:中国华侨出版社,1995.6.—377页;20cm
ISBN 7-80120-019-5:¥19.00

F133.6　　005934
泰国经济的腾飞/韩锋著.—厦门:鹭江出版社,1995.12.—253页;20cm.—(亚太经济丛书/张蕴岭主编)
ISBN 7-80610-099-7:¥20.00

F133.94　　005935
新加坡经济发展研究/王勤著.—厦门:厦门大学出版社,1995.10.—188页;20cm
ISBN 7-5615-1107-8:¥7.20

F134.24　　005936
发展中的印度尼西亚经济/汤平山等著.—厦门:鹭江出版社,1995.10.—222页;20cm.—(亚太经济丛书/张蕴玲主编)
ISBN 7-80610-098-9:¥18.00

F151　　005937
东欧经济大转轨/赵乃斌,朱晓中主编.—北京:中国经济出版社,1995.5.—384页;20cm
ISBN 7-5017-1810-5:¥12.50

F151.12　　005938
俄罗斯经济/李广和,白庆泰主编.—哈尔滨:黑龙江教育出版社,1995.12.—398页;20cm
ISBN 7-5316-2884-8:¥15.50

F151.12　　005939
俄罗斯远东经济概览/(俄)米纳基尔主编;对外贸易

经济合作部东欧中亚经贸合作研究咨询组译.—北京:中国对外经济贸易出版社,1995.12.—621页;20cm
著者原题:П.А.米纳基尔
ISBN 7-80004-455-6:¥28.00

F151.20 005940
独联体国家向市场经济过渡研究/陆南泉主编.—北京:中共中央党校出版社,1995.4.—293页;20cm
ISBN 7-5035-1185-0:¥9.00

F151.60 005941
大众的福利/(德)艾哈德(Erhard,L.)著;丁安新译.—武汉:武汉大学出版社,1995.10.—275页;20cm
ISBN 7-307-02053-X:¥9.80

F151.61 005942
德国经济:管理与市场/(德)罗尔(Rohr,U.)主编;顾俊礼等译.—北京:中国社会科学出版社,1995.12.—454页;20cm
据德国慕尼黑贝克出版社1994年版译出
ISBN 7-5004-1832-9:¥20.00

F153.03 005943
北欧市场经济/李占五,吴强著.—北京:时事出版社,1995.8.—165页;19cm.—(外国市场经济模式丛书)
ISBN 7-80009-271-2:¥7.10

F156.03 005944
西欧市场经济/陈朝高等著.—北京:时事出版社,1995.8.—192页;19cm.—(外国市场经济模式丛书)
ISBN 7-80009-270-4:¥8.00

①F156.14②F171.24 005945
英美现代化研究/张金鹏著.—昆明:云南大学出版社,1995.11.—231页;20cm
ISBN 7-81025-608-4:¥8.50

F156.193.3 005946
英国16世纪经济变革与政策研究/陈曦文著.—北京:首都师范大学出版社,1995.10.—254页;20cm.—(当代中国学者文库)
ISBN 7-81039-556-4:¥12.00

F171.2 005947
美国经济/(美)麦卡恩等著;王尚胜译.—沈阳:辽宁人民出版社,1995.10.—130页:照片;20cm.—(美国概况丛书)
著者原题:罗伯特·L.麦卡恩
ISBN 7-205-03428-0:¥18.00

F171.21 005948
塑造美国现代经济制度之路:美国国家垄断资本主义制度的形成/胡国成著.—北京:中国经济出版社,1995.6.—346页;20cm.—(美国系列丛书)
ISBN 7-5017-3200-0:¥19.00

F171.23 005949
美国微观经济运行机制:成熟的市场与现代企业制度考察/萧琛著.—北京:北京大学出版社,1995.5.—413页;20cm
ISBN 7-301-02713-3:¥18.50

F171.23 005950
美国自由市场经济/陶坚著.—北京:时事出版社,1995.8.—215页;19cm.—(外国市场经济模式丛书)
ISBN 7-80009-268-2:¥9.00

F171.254 005951
美国经济中的外国投资/宿景祥著.—北京:时事出版社,1995.1.—221页;20cm
ISBN 7-80009-261-5:¥8.40

F171.294 005952
美国"棉花王国"史:南部社会经济结构探索/何顺果著.—北京:中国社会科学出版社,1995.8.—337页;20cm
ISBN 7-5004-1622-9:¥15.60

F2 经济计划与管理

F2 005953
电算化会计与审计/崔也光主编.—北京:北京经济学院出版社,1995.12.—419页;20cm
会计学专业系列教材
ISBN 7-5638-0519-2:¥17.70

F2 005954
估价师操作实务/刘佳胜主编.—广州:华南理工大学出版社,1995.11.—201页;20cm.—(世联地产顾问丛书;1/刘佳胜主编)
ISBN 7-5623-0941-8:¥18.80

F2 005955
管理经济学/高汝熹等编著.—上海:上海远东出版社,1995.7.—332页;20cm.—(应用经济学丛书)
ISBN 7-80613-048-9:¥16.00

F2 005956
管理经济学导论/张英奎,哈力群编著.—北京:当代世界出版社,1995.5.—171页;19cm
ISBN 7-80115-022-8:¥7.40

F2 005957
国民经济动员:基本理论和历史经验的研究/陈德第,库桂生主编.—北京:长征出版社,1995.4.—508页;20cm
ISBN 7-80015-308-8:¥14.50

F2 005958
经济发展与现代企业/谢树华,江华主编.—广州:华南理工大学出版社,1995.9.—284页;20cm
ISBN 7-5623-0884-5:¥12.00

F20 国民经济管理

F20 005959
《宏观经济管理学》自学考试指南/刘成瑞,靳晓黎编著.—北京:中国人民大学出版社,1995.4.—372页;20cm
ISBN 7-300-02077-1:¥9.60

F20 005960
国民经济管理学/中国国民经济管理研究会《国民经济管理学》编写组编.—5版.—济南:山东人民出版社,1995.6.—566页;20cm

ISBN 7－209－00009－7：¥15.80

F20　005961

国民经济管理学/康德瑄主编.—北京：中国政法大学出版社，1995.9.—284页；20cm

ISBN 7－5620－1376－4：¥9.50

F20　005962

国民经济学基础/(德)欧肯(Eucken，W.)著；左大培译.—北京：商务印书馆，1995.1.—353页；20cm

据施普林格出版社1989年版译出

ISBN 7－100－01781－5：¥12.60

F20　005963

国有资产管理概论/彭成洪编著.—武汉：武汉工业大学出版社，1995.10.—303页；19cm

ISBN 7－5629－1006－5：¥13.50

F20　005964

宏观经济管理/王兴喜，陈训敬主编；福建省人事厅组织编写.—福州：福建人民出版社，1995.3.—297页；19cm

国家公务员培训教材

ISBN 7－211－02418－6：¥6.80

F20　005965

宏观经济管理概论/周世廉等主编.—成都：西南财经大学出版社，1995.4.—359页；20cm

ISBN 7－81017－912－8：¥11.50

F20　005966

宏观经济管理概论/王凤胜主编.—济南：山东大学出版社，1995.12.—283页；20cm

山东干部函授大学教材

ISBN 7－5607－1606－7：¥9.50

F20　005967

宏观经济管理概论释疑/李一鸣，刘军主编.—成都：西南财经大学出版社，1995.5.—228页；19cm

ISBN 7－81017－939－X：¥7.50

F20　005968

宏观经济管理学/刘潮主编.—沈阳：沈阳出版社，1995.6.—282页；19cm

刊授党校教材

ISBN 7－5441－0408－7：¥9.00

F20　005969

经济调查预测与决策/喻国华等著.—北京：中国科学技术出版社，1995.9.—398页；19cm

ISBN 7－5046－2042－4：¥15.80

F20　005970

经济管理基础/汤国辉，黄海峰主编.—北京：中国商业出版社，1995.7.—339页；19cm

ISBN 7－5044－2961－9：¥8.80

F20　005971

经济管理学/喻新安，焦国栋主编.—2版.—北京：中国统计出版社，1995.11.—294页；20cm

ISBN 7－5037－1417－4：¥7.10

F20　005972

经济管理学原理/孙钱章等主编.—北京：中共中央党校出版社，1995.7.—322页；19cm

中共中央党校函授学院教材

ISBN 7－5035－1246－6：¥6.85

F20　005973

经济预测与决策/冯忠铨主编.—北京：中国财政经济出版社，1995.10.—388页；20cm

高等财经院校试用教材

ISBN 7－5005－2766－7：¥11.20

F20－52　005974

田江海选集/田江海著.—太原：山西经济出版社，1995.6.—658页；20cm

ISBN 7－80577－747－0(精装)：¥27.20

F20－53　005975

现代经济管理研究/戴正德等主编.—昆明：云南大学出版社，1995.7.—200页；20cm

ISBN 7－81025－572－X：¥12.00

F201　005976

1994～1995经济分析与预测/萧灼基主编.—北京：中华工商联合出版社，1995.1.—452页；20cm.—(经济金皮书)

ISBN 7－80100－110－9：¥18.80

F202　005977

产业政策论/夏大慰，史东辉著.—上海：复旦大学出版社，1995.5.—296页；20cm

ISBN 7－309－01502－9：¥10.00

F203　005978

公司登记制度/王安霖编著.—海口：海南出版社，1995.8.—90页；20cm.—(经济法律知识丛书；1/贾绍华主编)

全套共15册，总定价：178.00元

ISBN 7－80617－193－2：¥0.00

F203.9　005979

肥东县工商行政管理志/陈发德，阚毓龙主编；《肥东县工商行政管理志》编纂委员会编.—北京：方志出版社，1995.12.—235页：彩图；26cm.—(安徽省工商行政管理志系列丛书；24)

ISBN 7－80122－015－3(精装)：¥50.00

F203.9　005980

工程师工商管理基础教程/曾宝昌，李长青主编.—呼和浩特：内蒙古人民出版社，1995.5.—579页；19cm

ISBN 7－204－02595－4：¥16.80

F203.9　005981

工商管理与市场经济/余兴常主编.—北京：工商出版社，1995.10.—396页；19cm

ISBN 7－80012－171－2：¥13.00

F203.9　005982

工商行政管理概论/汪欣然等主编.—长春：吉林大学出版社，1995.12.—187页；19cm.—(工商行政管理教学指南；1)

ISBN 7－5601－1797－X：¥6.80

F203.9　005983

工商行政管理通论/冯大立，史小红主编.—天津：天津科学技术出版社，1995.10.—435页；20cm

ISBN 7－5308－1945－3：¥16.80

F203.9　005984

工商行政管理新论/曲德森著.—北京：法律出版

社,1995.1.—277页;20cm

ISBN 7-5036-1608-3:¥9.80

F203.9　　005985

工商行政管理学/张永桃,孙亚忠主编.—南京:南京大学出版社,1995.9.—345页;20cm

ISBN 7-305-02846-0:¥13.50

F203.9　　005986

界首市工商行政管理志/吕全福主编;《界首市工商行政管理志》编纂委员会编.—合肥:黄山书社,1995.3.—256页:彩图;26cm.—(安徽省工商行政管理志系列丛书)

ISBN 7-80535-940-7(精装):¥58.00

F203.9　　005987

内江地区工商行政管理志/林仲权主编;四川省内江地区工商行政管理志编纂委员会编.—成都:四川大学出版社,1995.12.—256页:照片;26cm.—(内江地区地方志丛书;34)

ISBN 7-5614-1254-1(精装):¥57.50

F203.9　　005988

商会:通向世界市场的桥梁/何伟文著.—北京:中国经济出版社,1995.4.—162页;20cm.—(热门知识系列丛书·第二套:市场中介组织)

ISBN 7-5017-3343-0:¥8.50

F203.9-41　　005989

国际工商管理学科主干课程教学大纲/对外贸易经济合作部人事教育劳动司编.—北京:中国对外经济贸易出版社,1995.12.—891页;20cm

ISBN 7-80004-471-8:¥33.00

F203.9-61　　005990

工商行政管理实务全书/刘希明等主编.—北京:中国统计出版社,1995.8.—1425页;26cm.—(中国商务实用手册)

ISBN 7-5037-1995-8(精装):¥226.00

F204　　005991

发展中的机会　(I):一种技术转移的新模式ERC/宁玉田等主编.—北京:科学出版社,1995.12.—364页;19cm

ISBN 7-03-004796-6:¥20.00

F204　　005992

高技术开发区比较研究/谢富纪等编著.—济南:山东大学出版社,1995.9.—285页;19cm

ISBN 7-5607-1533-8:¥8.80

F204　　005993

高新技术管理/华宏鸣,郑绍濂编著.—上海:复旦大学出版社,1995.10.—583页;20cm

ISBN 7-309-01542-8:¥22.00

F204　　005994

国家技术监督局重要文件汇编　(六)/国家技术监督局办公室编.—北京:中国标准出版社,1995.10.—586页;26cm

ISBN 7-5066-1147-3:¥60.00

F204　　005995

技术成果转让价格模型及咨询系统/刘东升主编.—西安:陕西科学技术出版社,1995.4.—103页;19cm

全国技术市场培训教材

ISBN 7-5369-1173-4:¥11.80

F204　　005996

技术管理:开发和贸易/尹尊声,姜彦福著.—上海:上海人民出版社,1995.10.—299页;20cm.—(现代工商管理丛书/尹尊声,海闻主编)

ISBN 7-208-02073-6:¥15.00

F204　　005997

技术监督/艾利俊主编.—成都:四川大学出版社,1995.11.—209页;19cm.—(第三产业发展指南丛书/许述生主编)

ISBN 7-5614-1213-4:¥9.00

F204　　005998

科技转化方法论/谷兴荣等著.—长沙:湖南科学技术出版社,1995.7.—308页;19cm

ISBN 7-5357-1797-7:¥9.80

F204　　005999

社会主义市场经济中的科技体制/邹力行著.—青岛:青岛出版社,1995.12.—185页;20cm.—(社会主义市场经济论丛/徐长聚等主编)

ISBN 7-5436-1144-9:¥7.20

F205　　006000

经济转轨与环境保护/郝吉功,陈秉林主编.—武汉:湖北科学技术出版社,1995.5.—220页;20cm

ISBN 7-5352-1683-8(精装):¥12.50

F205　　006001

中国资源流失研究/李含琳编.—兰州:甘肃人民出版社,1995.7.—285页;19cm

ISBN 7-226-01465-3:¥7.50

F205　　006002

资源、环境与持续发展战略/中国环境科学学会等编.—北京:中国环境科学出版社,1995.8.—681页;26cm

ISBN 7-80093-843-3:¥95.00

F206　　006003

能源规划与系统分析/邱大雄主编.—北京:清华大学出版社,1995.9.—390页;26cm

ISBN 7-302-01812-X:¥25.00

F207　　006004

区域发展及其空间结构/陆大道著.—北京:科学出版社,1995.4.—206页;26cm

ISBN 7-03-004576-9(精装):¥25.00

F270　　006005

现代企业管理学/孙慧中主编.—天津:天津社会科学院出版社,1995.4.—356页;20cm

ISBN 7-80563-523-4:¥13.00

F208　　006006

世界各国技术信息咨询业/孔祥智等编著.—北京:中国大百科全书出版社,1995.10.—142页;19cm.—(百卷本世界市场全书/顾海良等主编)

ISBN 7-5000-5537-4:¥9.80

F208　　006007

世界市场信息传递的现代化/韩朝,刘士杰编著.—北京:中国大百科全书出版社,1995.10.—130页;

19cm.—(百卷本世界市场全书/顾海良等主编)
ISBN 7-5000-5539-0: ¥9.80

F208 006008
世界信息咨询市场/孔祥智著.—北京:中国大百科全书出版社,1995.10.—139页;19cm.—(百卷本世界市场全书/顾海良等主编)
ISBN 7-5000-5531-5: ¥9.80

F208 006009
信息产业管理/高洁主编.—哈尔滨:黑龙江教育出版社,1995.8.—377页;19cm
ISBN 7-5316-2655-1: ¥13.00

F208 006010
信息管理科学导论/胡昌平著.—北京:科学技术文献出版社,1995.8.—389页;20cm
ISBN 7-5023-2473-9: ¥15.50

F208 006011
中国咨询业发展研究/杨永志著.—太原:山西经济出版社,1995.8.—288页;20cm
ISBN 7-80577-834-5: ¥14.80

F208 006012
中外经济技术信息查询指南/刘敏,陈捷主编.—北京:企业管理出版社,1995.7.—308页;26cm
ISBN 7-80001-499-1: ¥26.80

①F208②F719 006013
信息产业与国际合作/张胜光主编.—汕头:汕头大学出版社,1995.1.—299页:照片;21cm
ISBN 7-81036-093-0: ¥20.00

F21 经济计划

F210 006014
国家计划学/吕汝良等主编.—北京:中国计划出版社,1995.10.—367页;20cm
ISBN 7-80058-405-4: ¥17.00

F217.653 006015
深圳的今天是西藏的明天/陈泽水主编.—拉萨:西藏人民出版社,1995.8.—205页:照片;20cm
ISBN 7-223-00891-1: ¥16.00

F22 经济计算、经济数学方法

F222 006016
经济统计学/褚可邑编著.—广州:广东高等教育出版社,1995.3.—388页;20cm
ISBN 7-5361-1612-8: ¥12.00

F222 006017
社会经济统计学原理/宋力编著.—沈阳:辽宁科学技术出版社,1995.1.—282页;19cm
ISBN 7-5381-2119-6: ¥8.00

F222 006018
社会经济统计学原理/王芸,陈汉章主编.—成都:西南财经大学出版社,1995.4.—383页;20cm
ISBN 7-81017-914-4: ¥12.40

F222 006019
社会经济统计学原理/李天剑等主编.—长春:吉林大学出版社,1995.6.—352页;19cm
ISBN 7-5601-1731-7: ¥9.85

F222 006020
社会经济统计学原理/龚自力等主编.—昆明:云南大学出版社,1995.7.—374页;20cm
ISBN 7-81025-566-5: ¥16.80

F222 006021
社会经济统计学原理/朱祯玺,张学忠主编.—大连:大连理工大学出版社,1995.9.—512页;19cm
ISBN 7-5611-1021-9: ¥17.00

F222 006022
社会经济统计学原理教程/胡国强主编.—北京:中国商业出版社,1995.8.—343页;20cm
ISBN 7-5044-2944-9: ¥17.00

F222 006023
社会经济统计学原理学习指南/梁亚民,王仁曾编著.—兰州:甘肃民族出版社,1995.4.—229页;20cm
ISBN 7-5421-0368-7: ¥8.50

F222 006024
社会经济统计学原理自学考试指导书/汤健等主编.—贵阳:贵州教育出版社,1995.2.—436页;19cm
ISBN 7-80583-627-2: ¥8.80

F222 006025
统计学原理/王忠联主编.—沈阳:辽宁人民出版社,1995.3.—282页;19cm
成人高等教育会计学专业(专科)统编教材
ISBN 7-205-03262-8: ¥6.50

F222 006026
现代经济统计学/马恒运,熊克勤主编.—郑州:河南人民出版社,1995.1.—401页;20cm
附《现代经济统计学》学习指导1册
ISBN 7-215-02416-4: ¥16.60

F222 006027
现代统计/宋光辉,胡锦梅主编.—青岛:青岛出版社,1995.4.—328页;20cm.—(现代经济理论丛书/谭崇台,伍海华主编)
ISBN 7-5436-1212-7: ¥11.80

F222-44 006028
社会经济统计学原理标准化练习/刘志林,张炜主编.—乌鲁木齐:新疆青少年出版社,1995.3.—106页;26cm
教学参考书
ISBN 7-5371-1295-9: ¥6.00

F222-53 006029
集粹园:"走向市场"征文获奖文集/中国统计杂志社编.—北京:中国统计出版社,1995.6.—357页;19cm
ISBN 7-5037-1667-3: ¥12.80

F222-64 006030
社会经济统计学原理图释/杨凤虎主编.—西安:陕西人民出版社,1995.8.—140页;19×26cm
ISBN 7-224-03918-7: ¥7.90

F222.32 006031

劳动统计知识概览/孙学范等编.—北京:测绘出版社,1995.11.—363页;19cm
ISBN 7-5030-0825-3:¥12.80

F222.32-44　　006032
劳动统计550问/周继申,刘小平主编.—北京:测绘出版社,1995.11.—249页;19cm
ISBN 7-5030-0828-8:¥9.60

F222.33　　006033
《国民经济统计概论》学习指导/向蓉美,李载卿主编.—成都:西南财经大学出版社,1995.7.—208页;19cm
ISBN 7-81017-948-9:¥6.80

F222.33　　006034
《国民经济统计概论》自学指导/刘厚甫,黄书田主编.—北京:中国人民大学出版社,1995.8.—310页;20cm
ISBN 7-300-02123-9:¥11.50

F222.33　　006035
国民经济核算体系/联合国等编;国家统计局国民经济核算司译.—北京:中国统计出版社,1995.6.—718页;26cm
本书据1993年版本译出
ISBN 7-5037-1799-8:¥78.00

F222.33　　006036
国民经济统计概论/向蓉美,李载卿主编.—成都:西南财经大学出版社,1995.4.—408页;20cm
ISBN 7-81017-909-8:¥11.80

F222.33　　006037
国民经济统计概论/陈允明主编;全国高等教育自学考试指导委员会组编.—北京:中国人民大学出版社,1995.7.—523页;20cm
全国高等教育自学考试教材
ISBN 7-300-02116-6:¥17.00

F222.33　　006038
国民经济统计学:国民经济核算原理/钱伯海主编.—北京:中国统计出版社,1995.2.—411页;20cm
高等院校统计学专业规划教材
ISBN 7-5037-1787-4:¥9.00

F222.33-41　　006039
国民经济统计概论自学考试大纲:含考核目标/全国高等教育自学考试指导委员会编.—北京:中国人民大学出版社,1995.7.—96页;19cm
高等教育自学考试经济管理类专业
ISBN 7-300-02124-7:¥3.20

F223　　006040
软投入及产出数量分析/李国璋著.—兰州:甘肃科学技术出版社,1995.10.—332页;20cm
ISBN 7-5424-0564-0:¥14.80

F223　　006041
冶金企业投入产出/郑记芬编著.—北京:冶金工业出版社,1995.4.—138页;19cm
ISBN 7-5024-1681-1:¥5.80

F224　　006042
经济管理中的数学方法/李少斌主编.—武汉:武汉工业大学出版社,1995.8.—467页;20cm
ISBN 7-5629-1000-6:¥24.00

F224　　006043
经济数学及其应用/刘玉忠,王长玉主编.—郑州:河南人民出版社,1995.11.—328页;20cm
ISBN 7-215-03586-7:¥10.70

F224　　006044
经济应用数学/周观亮主编;重庆商学院数学教研室编.—重庆:重庆大学出版社,1995.8.—288页;20cm
ISBN 7-5624-1060-7:¥7.80

F224-39　　006045
FoxPro及其在经济管理中的应用/周鸿年等编著.—北京:电子工业出版社,1995.11.—248页;26cm
ISBN 7-5053-3182-5:¥20.00

F224-39　　006046
计算机在社会经济领域中的应用/曾庆伟,刘宝棠主编.—武汉:武汉大学出版社,1995.6.—298页;26cm
ISBN 7-307-02019-X:¥17.60

F224-39　　006047
使用统计软件的经营管理统计/丁伯金主编.—上海:上海科学技术文献出版社,1995.8.—198页;26cm
ISBN 7-5439-0792-5:¥18.00

①F224-39②TP311.13　　006048
汉字FoxBASE+在经济管理中的应用/梁成华主编.—北京:电子工业出版社,1995.2.—337页;26cm.—(财金贸现代化管理丛书)
ISBN 7-5053-2880-8:¥22.00

F224.0　　006049
管理数学:民航管理定量方法/瞿钧,贾中裕编著.—北京:中国商业出版社,1995.8.—2册;20cm
中国民航管理干部学院教材
ISBN 7-5044-2935-X:¥34.00

F224.0　　006050
管理数学基础/申兰珍编著.—北京:中国统计出版社,1995.8.—350页;19cm
ISBN 7-5037-1931-1:¥10.50

F224.0　　006051
基层商业银行应用数学/范德勇编著.—北京:北京教育出版社,1995.7.—263页;19cm
ISBN 7-5303-0992-7:¥7.50

F224.0　　006052
经济管理数学　(2):线性代数/刘生锋,惠凤莲主编.—西安:陕西科学技术出版社,1995.8.—270页;19cm
陕西省成人高校统编教材
ISBN 7-5369-2336-8:¥7.50

F224.0　　006053
经济管理应用数学/桑敏兰,张晓凤编著.—银川:宁夏人民教育出版社,1995.3.—501页;19cm
ISBN 7　80596-135-2:¥11.00

F224.0　　006054
经济管理中的模糊数学方法/常大勇,张丽丽编著.—北京:北京经济学院出版社,1995.2.—190页;19cm

ISBN 7－5638－0481－1：¥6.50

F224.0 006055

经济计量学：理论、方法和应用/韩廷春编著.—济南：山东大学出版社，1995.8.—286页；20cm

ISBN 7－5607－1501－X：¥9.80

F224.0 006056

经济数学/韩业岚主编.—北京：中国物资出版社，1995.2.—460页；19cm

国内贸易部教育司推荐教材 中等专业学校经贸管理专业通用

ISBN 7－5047－0934－4：¥11.80

F224.0 006057

经济数学/刘恭民，魏增岩主编.—济南：山东大学出版社，1995.6.—449页；19cm

ISBN 7－5607－1518－4：¥12.80

F224.0 006058

经济数学：微积分/孙有泰主编.—北京：中华工商联合出版社，1995.10.—336页；20cm

北京商学院教材委员会推荐教材

ISBN 7－80100－156－7：¥13.20

F224.0 006059

经济数学基础/李英觉主编.—重庆：重庆出版社，1995.5.—281页；19cm

ISBN 7－5366－3115－4：¥9.60

F224.0 006060

经济数学基础/于云鹏等编.—沈阳：东北大学出版社，1995.6.—3册；19cm

包括《线性代数》等3册

ISBN 7－81006－976－4：¥29.80

F224.0 006061

经济数学基础　(二)：线性代数/刘书田主编.—北京：北京工业大学出版社，1995.8.—345页；19cm

高等学校财经类专业核心课程教材

ISBN 7－5639－0458－1：¥7.70

F224.0 006062

经济数学基础　(一)：微积分/刘书田主编.—北京：北京工业大学出版社，1995.8.—511页；19cm

高等学校财经类专业核心课程教材

ISBN 7－5639－0457－3：¥11.30

F224.0 006063

经济数学基础　第二分册：线性代数/龚德恩主编；胡显佑，靳云汇编写.—修订本.—成都：四川人民出版社，1995.6.—302页；20cm

高等学校财经类专业核心课程教材

ISBN 7－220－01727－8：¥11.00

F224.0 006064

经济数学基础　第三分册：概率统计/龚德恩主编；范培华，袁荫棠编写.—修订本.—成都：四川人民出版社，1995.7.—331页；20cm

高等学校财经类专业核心课程教材

ISBN 7－220－01799－5：¥12.00

F224.0 006065

经济数学基础· 第三分册：概率统计/龚德恩主编；范培华，袁荫棠编写.—修订本.—成都：四川人民出版社，1995.7.—331页；20cm

高等学校财经类专业核心课程教材

ISBN 7－220－03207－2：¥13.00

F224.0 006066

经济数学基础　第一分册：微积分/龚德恩主编；龚德恩，张学贞编写.—修订本.—成都：四川人民出版社，1995.7.—500页；20cm

高等学校财经类专业核心课程教材

ISBN 7－220－01699－9：¥16.00

F224.0 006067

经济数学基础重点内容与解题指导/刘文奇主编.—北京：学苑出版社，1995.8.—402页；19cm

ISBN 7－5077－1013－0：¥10.00

F224.0 006068

经济数学模型及其应用/吴江主编.—南昌：江西高校出版社，1995.7.—337页；20cm

ISBN 7－81033－519－7：¥12.50

F224.0 006069

经济数学难点剖析及例题选讲：微积分·线性代数·概率论/韩立岩，刘长乃编著.—北京：北京经济学院出版社，1995.1.—379页；19cm

ISBN 7－5638－0461－7：¥9.90

F224.0 006070

经济应用数学基础/宋清岳，王龙波主编.—东营：石油大学出版社，1995.7.—278页；20cm

ISBN 7－5636－0713－7：¥9.80

F224.0 006071

经济应用数学基础：微积分/刘原等编著.—武汉：武汉大学出版社，1995.1.—290页；20cm

ISBN 7－307－01905－1：¥9.20

F224.0 006072

经济与管理应用数学基础/王瑞林著.—西安：陕西科学技术出版社，1995.8.—305页；19cm

ISBN 7－5369－2374－0：¥11.80

F224.0 006073

企业经济线性规划与投入产出方法/温盛儒编著.—成都：西南交通大学出版社，1995.10.—211页；19cm

ISBN 7－81022－856－0：¥7.00

F224.0 006074

实用经济数学/张诚一等主编.—北京：军事医学科学出版社，1995.8.—374页；20cm

ISBN 7－80121－015－8：¥14.00

F224.0 006075

损失分布/(美)Hogg，R.V.著；罗雨编译.—天津：南开大学出版社，1995.9.—239页；20cm

ISBN 7－310－00625－9：¥9.00

F224.0 006076

统计质量控制：数据收集和整理/陈国铭主编；杨丽春编.—北京：中国石化出版社，1995.3.—141页；20cm

ISBN 7－80043－554－7：¥5.50

F224.0 006077

微积分：经济数学基础/王桂兰，周显道主编.—西安：西北大学出版社，1995.5.—440页；20cm

ISBN 7－5604－0898－2：¥15.00

F224.0 006078

线性经济模型及其数学方法/胡显佑,龚德恩编著.—北京:中国人民大学出版社,1995.5.—343页;20cm

ISBN 7-300-01993-5:¥11.90

F224.0 006079

中国企业活力定量评价/刘树人等著.—北京:中国国际广播出版社,1995.1.—356页;20cm

ISBN 7-5078-1147-6:¥18.20

①F224.0②F019.1 006080

数理经济:一般经济均衡理论与方法/李子江著.—北京:中国社会科学出版社,1995.10.—285页;19cm

ISBN 7-5004-1805-1:¥13.50

F224.0-41 006081

广播电视大学高等专科注册视听生经济数学基础课程考试说明/国家教育委员会高等教育自学考试办公室编.—北京:高等教育出版社,1995.12.—13页;19cm

ISBN 7-04-005759-X:¥1.20

F224.1 006082

河北省经济信息系统/王凤兰等编.—石家庄:河北人民出版社,1995.5.—280页;26cm

全套共8册,总定价为:150.00元

ISBN 7-202-01743-1:¥0.00

F224.1 006083

经济控制论基础/曾祥金编著.—北京:科学出版社,1995.12.—254页;20cm

ISBN 7-03-004656-0:¥18.00

F224.13 006084

经济信息学/王光甫,丁玉国编著.—郑州:河南人民出版社,1995.12.—2册;20cm

ISBN 7-215-03620-0:¥32.00

F224.31 006085

线性规划与经济分析/佟吉森等主编.—北京:兵器工业出版社,1995.6.—179页;19cm

ISBN 7-80038-848-4:¥7.00

F224.5 006086

可行性研究国际惯例/苏为华,强赤华著.—贵阳:贵州人民出版社,1995.12.—221页;20cm.—(国际经济惯例丛书/周成启主编)

ISBN 7-221-04035-4:¥10.80

F224.5 006087

项目评估/张延民主编.—北京:中国商业出版社,1995.10.—415页;19cm

全国财经类高等专科学校投资经济(管理)学科教材

ISBN 7-5044-3084-6:¥15.80

F224.5 006088

项目评估学/曹尔阶主编.—武汉:武汉大学出版社,1995.3.—480页;20cm

全国高等教育自学考试教材 经济管理类专业

ISBN 7-307-01925-6:¥10.60

F224.5-62 006089

建设项目经济评价方法与参数应用讲座/于守法主编.—北京:中国计划出版社,1995.10.—310页;26cm

ISBN 7-80058-401-1:¥26.00

F224.5-62 006090

建设项目评估手册/周承伦主编.—北京:中国建筑工业出版社,1995.12.—653页;26cm

ISBN 7-112-02650-4(精装):¥48.00

F224.7 006091

统计质量控制:概率和数理统计基础/陈国铭主编;郭耀曾编.—北京:中国石化出版社,1995.3.—180页;20cm

ISBN 7-80043-555-5:¥7.00

F23 会计

F23 006092

1996会计师资格考试全真模拟试题/刘永泽等主编.—大连:东北财经大学出版社,1995.12.—338页;19cm

ISBN 7-81044-090-X:¥15.00

F23 006093

1996会计员资格考试全真模拟试题/陈国辉等主编.—大连:东北财经大学出版社,1995.12.—271页;19cm

ISBN 7-81044-092-6:¥15.00

F23 006094

1996助理会计师资格考试全真模拟试题/刘光辉等主编.—大连:东北财经大学出版社,1995.12.—370页;19cm

ISBN 7-81044-091-8:¥15.00

F23 006095

《新编会计原理》学习指导书/苏淑欢主编.—广州:广东高等教育出版社,1995.8.—178页;26cm

ISBN 7-5361-1644-6:¥7.50

F23 006096

比较会计研究/李孝林等著.—成都:西南财经大学出版社,1995.3.—315页;20cm.—(会计理论探索丛书/杨纪琬等主编)

ISBN 7-81017-894-6:¥10.50

F23 006097

电算化会计与审计/中国注册会计师教育教材编审委员会编.—大连:东北财经大学出版社,1995.8.—691页;20cm

注册会计师专门化系列教材

ISBN 7-81044-066-7:¥27.60

F23 006098

国际会计准则:1993年修订:财务报表可比性/财政部会计司,中国会计学会编;沈小南,朱海林译.—北京:中国财政经济出版社,1995.12.—497页;20cm.—(会计准则丛书)

ISBN 7-5005-2865-5:¥25.00

F23 006099

会计/杨爱芬主编.—北京:中国财政经济出版社,1995.3.—439页;19cm

注册会计师自学系列教材

ISBN 7-5005-2808-6:¥14.80

F23 006100
会计/财政部注册会计师考试委员会办公室编.—北京:中国财政经济出版社,1995.4.—576页;19cm
1995年度注册会计师全国统考指定辅导教材(一)
ISBN 7-5005-2811-6:¥16.00

F23 006101
会计基础模拟实习教材/宁健主编.—北京:中国财政经济出版社,1995.6.—242页;26cm
国内贸易部部编中等专业学校财会系列教材
ISBN 7-5005-2685-7:¥24.30

F23 006102
会计模拟实验教程教学指导书:综合实验/刘雪清,王化中编.—大连:东北财经大学出版社,1995.5.—100页;19cm
ISBN 7-81044-061-6:¥4.00

F23 006103
会计入门/高铁军编著.—北京:金盾出版社,1995.8.—274页;19cm
ISBN 7-5082-0004-7:¥6.80

F23 006104
会计师会计实务:企业会计类/全国会计专业技术资格考试领导小组办公室编.—北京:中国财政经济出版社,1995.9.—569页;19cm
全国会计专业技术资格考试指定用书 会计师资格考试
ISBN 7-5005-2918-X:¥19.50

F23 006105
会计师资格考试:管理会计/全国会计专业技术资格考试领导小组办公室编.—大连:东北财经大学出版社,1995.8.—512页;19cm
全国会计专业技术资格考试指定用书
ISBN 7-81044-074-8:¥18.00

F23 006106
会计实务训练与考核/朱学义编著.—北京:机械工业出版社,1995.3.—455页;19cm
ISBN 7-111-04585-8:¥16.80

F23 006107
会计信息系统/徐立本,尹铁岩编著.—长春:吉林大学出版社,1995.2.—593页;20cm
ISBN 7-5601-1683-3:¥16.60

F23 006108
会计与会计法规基本知识/全国会计专业技术资格考试领导小组办公室编.—北京:中国财政经济出版社,1995.8.—359页;19cm
全国会计专业技术资格考试指定用书 会计员资格考试
ISBN 7-5005-2911-2:¥12.50

F23 006109
会计与控制/彭勃编著.—大连:大连理工大学出版社,1995.10.—424页;19cm
ISBN 7-5611-1054-5:¥12.80

F23 006110
教学与辅导:1992秋级 第12期/中央农业广播电视学校主办.—北京:中国农业出版社,1995.4.—60页;26cm
财务会计专业
ISBN 7-109-03998-6:¥2.00

F23 006111
教学与辅导:1993级统计原理与农业统计专辑/中央农业广播电视学校主办.—北京:中国农业出版社,1995.6.—48页;26cm
会计统计与审计专业
ISBN 7-109-04022-4:¥1.50

F23 006112
教学与辅导:1994级 第Ⅲ辑/中央农业广播电视学校主办.—北京:中国农业出版社,1995.3.—48页;26cm
会计统计与审计专业
ISBN 7-109-03971-4:¥1.50

F23 006113
教学与辅导:1994级 第Ⅳ辑/中央农业广播电视学校主办.—北京:中国农业出版社,1995.2.—48页;26cm
会计统计与审计专业
ISBN 7-109-03880-7:¥1.50

F23 006114
教学与辅导:1994级 第Ⅴ辑/中央农业广播电视学校主办.—北京:中国农业出版社,1995.3.—48页;26cm
会计统计与审计专业
ISBN 7-109-03881-5:¥1.50

F23 006115
教学与辅导:1994级会计原理专辑/中央农业广播电视学校主办.—北京:中国农业出版社,1995.5.—48页;26cm
农业经济与管理专业
ISBN 7-109-03982-X:¥2.00

F23 006116
教学与辅导:1994级统计原理与农业统计专辑/中央农业广播电视学校主办.—北京:中国农业出版社,1995.6.—48页;26cm
会计统计与审计、农业经济与管理专业用
ISBN 7-109-04089-5:¥2.00

F23 006117
教学与辅导:1994级统计原理与乡镇企业统计专辑/中央农业广播电视学校主办.—北京:中国农业出版社,1995.6.—48页;26cm
会计统计与审计、贸易经济、企业经营管理专业用
ISBN 7-109-04087-9:¥2.00

F23 006118
教学与辅导:1995级会计原理专辑/中央农业广播电视学校主办.—北京:中国农业出版社,1995.12.—48页;26cm
企业经营管理、农业经济与管理、市场营销、贸易经济专业用
ISBN 7-109-04273-1:¥2.00

F23 006119
净权益会计论:对我国所有者权益会计的探索/陈信

元著.—上海:立信会计出版社,1995.12.—185 页;20cm.—(立信会计丛书)
ISBN 7-5429-0344-6:¥10.00

F23　　006120
全国会计师资格考试应试指导:含 A、B 两类/朱小平等主编;中国人民大学会计系编著.—北京:学苑出版社,1995.11.—364 页;26cm
全国会计专业技术资格考试新版指定教材 理想配套辅导用书
ISBN 7-5077-1121-8:¥30.00

F23　　006121
全国会计员资格考试应试指导/朱小平等主编;中国人民大学会计系编著.—北京:学苑出版社,1995.11.—117 页;26cm
全国会计专业技术资格考试新版指定教材 理想配套辅导用书
ISBN 7-5077-1119-6:¥18.00

F23　　006122
全国助理会计师资格考试应试指导:含 A、B 两类/朱小平等主编;中国人民大学会计系编著.—北京:学苑出版社,1995.11.—356 页;26cm
全国会计专业技术资格考试新版指定教材 理想配套辅导用书
ISBN 7-5077-1120-X:¥30.00

F23　　006123
市场经济下的经济核算与监督/廖洪,余玉苗编著.—武汉:湖北教育出版社,1995.4.—160 页;19cm.—(市场经济系列丛书/郭吴新等主编)
ISBN 7-5351-1510-1:¥5.50

F23　　006124
现代会计自学入门/袁晓勇,尹维劼编著.—北京:北京经济学院出版社,1995.4.—299 页;19cm
ISBN 7-5638-0472-2:¥8.00

F23　　006125
现代会计自学入门辅导与练习/袁晓勇,尹维劼编著.—北京:北京经济学院出版社,1995.3.—275 页;19cm
ISBN 7-5638-0473-0:¥7.50

F23　　006126
新编会计模拟指导/张兆煌主编;北京市成人教育局编.—北京:知识出版社,1995.2.—240 页;19cm
系列教材
ISBN 7-5015-1214-0:¥6.00

F23　　006127
新编全国注册会计师统一考试应试辅导:1995 年版/《应试辅导》编写组编.—北京:企业管理出版社,1995.5.—694 页;26cm
ISBN 7-80001-511-4:¥78.00

F23　　006128
新财务会计计算技术全书/阎达五主编.—北京:中国审计出版社,1995.1.—785 页;26cm
ISBN 7-80064-311-5(精装):¥76.00

F23　　006129
新会计·新税制·新融资概论/周家寅等主编.—杭州:杭州大学出版社,1995.4.—807 页;20cm
ISBN 7-81035-807-3:¥27.00

F23　　006130
迎接二十一世纪:1995 年全国会计工作会议专辑/财政部会计司编.—北京:中国财政经济出版社,1995.11.—454 页:彩照;20cm
ISBN 7-5005-2995-3:¥18.50

F23　　006131
中等财经学校基础会计(修订本)配套习题集/刘铭达主编.—2 版.—北京:中国财政经济出版社,1995.2.—316 页;19cm
ISBN 7-5005-2700-4:¥5.80

F23　　006132
中西方会计比较研究/梁杰等编著.—沈阳:东北大学出版社,1995.7.—502 页;20cm
ISBN 7-81006-977-2:¥14.90

F23　　006133
助理会计师、会计师会计实务:预算会计类/全国会计专业技术资格考试领导小组办公室编.—北京:中国财政经济出版社,1995.8.—477 页;19cm
全国会计专业技术资格考试指定用书 助理会计师、会计师资格考试
ISBN 7-5005-2901-5:¥17.50

F23　　006134
助理会计师会计实务:企业会计类/全国会计专业技术资格考试领导小组办公室编.—北京:中国财政经济出版社,1995.8.—466 页;19cm
全国会计专业技术资格考试指定用书 助理会计师资格考试
ISBN 7-5005-2916-3:¥17.50

F23　　006135
助理会计师资格考试:成本会计/全国会计专业技术资格考试领导小组办公室编.—北京:中国物价出版社,1995.9.—372 页;19cm
全国会计专业技术资格考试指定用书
ISBN 7-80070-492-0:¥13.00

F23　　006136
注册会计师必读/王又庄主编.—北京:科学出版社,1995.4.—538 页;26cm
ISBN 7-03-003940-8:¥28.90

F23　　006137
注册会计师全国统一考试应试指导/王庆成,孙茂竹主编;中国人民大学会计系编著.—北京:企业管理出版社,1995.7.—582 页;26cm
注册会计师全国统考指定辅导教材 复习配套用书
ISBN 7-80001-583-1:¥48.00

F23　　006138
最新全国注册会计师资格考试要点及试题库/李硕豪,余采主编.—北京:中国物资出版社,1995.5.—333 页;26cm
ISBN 7-5047-0834-8:¥33.00

F23-33　　006139
会计模拟实验教程:单项实验/张富堂主编.—大连:东北财经大学出版社,1995.2.—632 页;26cm

高等财经专科学校、中等财经专科学校辅助教材
ISBN 7-81044-039-X：¥30.00

F23-33　　006140
会计模拟实验教程：综合实验/刘雪清，王化中主编.—大连：东北财经大学出版社，1995.2.—608 页；26cm
高等财经专科学校、中等财经专科学校辅助教材
ISBN 7-81044-038-1：¥29.50

F23-33　　006141
新编会计基础实验教程/崔桂琴主编.—北京：中国纺织出版社，1995.9.—258 页；26cm
ISBN 7-5064-1182-2：¥18.00

F23-41　　006142
教学大纲/湖南省教育委员会成人教育处主编.—长沙：湖南教育出版社，1995.2.—224 页；19cm
湖南省成人中专财会专业统编教材
ISBN 7-5355-2063-4：¥4.40

F23-43　　006143
财会人员上岗实务指南/赵家昌等主编.—西安：陕西人民教育出版社，1995.8.—116 页；26cm
中华会计函授学校教材
ISBN 7-5419-6202-3：¥6.50

F23-44　　006144
1994 年度注册会计师全国统一考试试题及答案汇编/财政部注册会计师全国考试委员会办公室编.—北京：中国财政经济出版社，1995.4.—200 页；19cm
1995 年度注册会计师全国统一考试指定参考用书
ISBN 7-5005-2809-4：¥6.00

F23-44　　006145
1996 年会计师资格考试应试指导/《1996 年会计师资格考试应试指导》编写组编.—北京：中国财政经济出版社，1995.12.—373 页；26cm.—(1996 年会计专业技术资格考试应试指导丛书)
ISBN 7-5005-2977-5：¥24.00

F23-44　　006146
1996 年会计师资格考试指定用书学习辅导及习题集 AB/《1996 年会计师资格考试指定用书学习辅导及习题集》编写组编.—北京：中国商业出版社，1995.11.—324 页；26cm.—(全国会计专业技术资格考试应试指导丛书)
ISBN 7-5044-3067-6：¥20.00

F23-44　　006147
1996 年会计员资格考试应试指导/《1996 年会计员资格考试应试指导》编写组编.—北京：中国财政经济出版社，1995.12.—154 页；26cm.—(1996 年会计专业技术资格考试应试指导丛书)
ISBN 7-5005-2975-9：¥12.00

F23-44　　006148
1996 年会计员资格考试指定用书学习辅导及习题集/《1996 年会计员资格考试指定用书学习辅导及习题集》编写组编.—北京：中国商业出版社，1995.10.—141 页；26cm.—(全国会计专业技术资格考试应试指导丛书)
ISBN 7-5044-3064-1：¥12.00

F23-44　　006149
1996 年助理会计师资格考试应试指导/《1996 年助理会计师资格考试应试指导》编写组编.—北京：中国财政经济出版社，1995.12.—342 页；26cm.—(1996 年会计专业技术资格考试应试指导丛书)
ISBN 7-5005-2976-7：¥24.00

F23-44　　006150
1996 年助理会计师资格考试指定用书学习辅导及习题集 AB/《1996 年助理会计师资格考试指定用书学习辅导及习题集》编写组编.—北京：中国商业出版社，1995.10.—275 页；26cm.—(全国会计专业技术资格考试应试指导丛书)
ISBN 7-5044-3061-7：¥18.00

F23-44　　006151
《初级会计学(修订本)》复习提要与练习题/朱小平等编著.—2 版.—北京：中国人民大学出版社，1995.10.—387 页；20cm
中国人民大学会计系列教材辅导
ISBN 7-300-02082-8：¥14.60

F23-44　　006152
会计基础教材习题及解答/黄子仁，励丹编.—3 版(修订本).—上海：立信会计出版社，1995.4.—305 页；20cm.—(立信会计丛书)
ISBN 7-5429-0246-6：¥10.00

F23-44　　006153
会计师资格考试(A)要点及试题库/李硕豪主编；《会计专业资格考试辅导丛书》编写组编.—北京：中国审计出版社，1995.12.—461 页；26cm.—(全国会计资格考试辅导丛书)
ISBN 7-80064-408-1：¥45.00

F23-44　　006154
会计师资格考试(B)要点及试题库/李硕豪等主编；《会计师资格考试(B)要点及试题库》编写组编.—北京：中国审计出版社，1995.12.—567 页；26cm
ISBN 7-80064-409-X：¥55.00

F23-44　　006155
会计员资格考试要点及试题库/李硕豪等主编；《会计员资格考试要点及试题库》编写组编.—北京：中国审计出版社，1995.12.—220 页；26cm
ISBN 7-80064-405-7：¥29.00

F23-44　　006156
会计专业技术资格考试指定用书习题集/中国会计学会《习题集》编写组编.—北京：中国物价出版社，1995.11.—318 页；26cm
ISBN 7-80070-530-7：¥25.00

F23-44　　006157
会计专业技术资格考试最后冲刺全真模拟试卷/朱小平等主编；中国人民大学会计系编著.—北京：学苑出版社，1995.11.—205 页；26cm
全国会计专业技术资格考试新版指定教材理想配套辅导用书
ISBN 7-5077-1122-6：¥25.00

F23-44　　006158
会计专业技术资格实务考试应试指南：1996 年度：

含AB类/《应试指南》编委会编.—2版.—北京:中国商业出版社,1995.10.—400页;26cm
财政部统编教材首选配套复习资料
ISBN 7-5044-2429-3:¥32.00

F23-44　006159
基础会计学习题与解答/苏郁生,顾家梁编著.—沈阳:辽宁科学技术出版社,1995.7.—375页;19cm
ISBN 7-5381-2137-4:¥10.00

F23-44　006160
全国会计专业技术资格考试指导用书习题集/中国人民大学会计系《习题集》编写组编.—北京:新华出版社,1995.11.—496页;20cm
ISBN 7-5011-3013-2:¥25.00

F23-44　006161
助理会计师资格考试(A)要点及试题库/李硕豪等主编;《会计专业资格考试辅导丛书》编写组编.—北京:中国审计出版社,1995.12.—394页;26cm.—(全国会计资格考试辅导丛书)
ISBN 7-80064-406-5:¥45.00

F23-44　006162
助理会计师资格考试(B)要点及试题库/李硕豪主编;《会计专业资格考试辅导丛书》编写组编.—北京:中国审计出版社,1995.12.—523页;26cm.—(全国会计资格考试辅导丛书)
ISBN 7-80064-407-3:¥55.00

F23-44　006163
注册会计师全国统一考试最后冲刺全真模拟试卷/王庆成,孙茂竹主编;中国人民大学会计系编著.—北京:企业管理出版社,1995.7.—286页;26cm
注册会计师全国统考指定辅导教材 复习配套用书
ISBN 7-80001-584-X:¥28.00

F23-53　006164
葛家澍教授、余绪缨教授从教五十周年论文集.—厦门:厦门大学出版社,1995.8.—2册;20cm
ISBN 7-5615-1059-4:¥20.00

F23-53　006165
一九九五年新疆会计理论研究论文选/李健智,吕发科主编;新疆维吾尔自治区会计学会编.—乌鲁木齐:新疆人民出版社,1995.12.—270页;20cm
ISBN 7-228-03766-9:¥10.00

F23-61　006166
会计辞海/侯文铿主编.—2版.—沈阳:辽宁人民出版社,1995.4.—1526页;26cm
ISBN 7-205-01402-6(精装):¥98.00

F23-61　006167
会计师英汉双解词典/林婉佳编译.—广州:广东旅游出版社,1995.8.—565页;20cm
ISBN 7-80521-518-9:¥22.80

F23-61　006168
立信英汉财会简明词典/孙庆元主编.—上海:立信会计出版社,1995.8.—350页;13cm
ISBN 7-5429-0291-1(精装):¥8.50

F23-61　006169
新编财会业务大辞典/姚梅炎主编;马维胜等编写.—北京:中国商业出版社,1995.5.—1469页;26cm
ISBN 7-5044-2031-X(精装):¥208.00

F23-62　006170
会计师手册/罗锐韧主编 .—北京:企业管理出版社,1995.1.—2275页;26cm.—(现代企业经营实务丛书)
ISBN 7-80001-516-5(精装):¥258.00

F23-62　006171
会计师资格考试应试指南:1996年度:含AB类/《应试指南》编委会编.—北京:中国商业出版社,1995.11.—403页;26cm
96年财政部统编教材首选配套复习资料
ISBN 7-5044-3070-6:¥32.00

F23-62　006172
会计员资格考试应试指南:1996年度/《应试指南》编委会编.—2版.—北京:中国商业出版社,1995.10.—314页;26cm
财政部统编教材首选配套复习资料
ISBN 7-5044-1745-9:¥26.00

F23-62　006173
新编出纳员实用手册/余采,王质莹主编 .—北京:中国审计出版社,1995.9.—490页;20cm
ISBN 7-80064-384-0:¥18.00

F23-62　006174
新财会方法与计算技术实用手册/金振生等主编.—沈阳:东北大学出版社,1995.7.—871页;19cm
ISBN 7-81006-955-1:¥30.00

F23-62　006175
新财会应用手册/陈协和等主编.—济南:山东友谊出版社,1995.12.—422页;20cm
ISBN 7-80551-790-8:¥19.70

F23-62　006176
新会计公式实用手册/何丰编著.—北京:冶金工业出版社,1995.7.—391页;20cm
ISBN 7-5024-1745-1:¥16.80

F23-62　006177
中国注册会计师实务手册/潘博主编.—北京:企业管理出版社,1995.1.—693页;26cm
ISBN 7-80001-524-6(精装):¥78.00

F23-62　006178
中国注册会计师手册/刘敏祥,常文相主编.—北京:中国财政经济出版社,1995.12.—806页;20cm
ISBN 7-5005-2744-6:¥28.00

F23-62　006179
助理会计师资格考试应试指南:1996年度:含AB类/《应试指南》编委会编.—北京:中国商业出版社,1995.11.—392页;26cm
96年财政部统编教材首选配套复习资料
ISBN 7-5044-3072-2:¥32.00

F23-62　006180
注册会计师、审计师、会计师财务会计考试指南/肖明,高立法主编.—北京:中国审计出版社,1995.8.—353页;20cm
ISBN 7-80064-377-8:¥12.00

F23-62 006181
最新实用财务与会计手册/苗润生主编.—北京:高等教育出版社,1995.5.—567页;20cm
ISBN 7-04-005293-8: ¥24.35

F230 006182
《会计学原理》学习指导书/于玉林主编.—北京:中国商业出版社,1995.8.—176页;19cm
ISBN 7-5044-2940-6: ¥4.80

F230 006183
比较财务学/宋毅主编.—南京:南京出版社,1995.7.—276页;20cm
ISBN 7-80614-153-7: ¥9.80

F230 006184
财会基础知识/杨金龙主编.—北京:中国商业出版社,1995.11.—314页;19cm
中等专业学校非财会专业教材
ISBN 7-5044-2907-4: ¥9.80

F230 006185
财务会计学/隋建涛等主编.—济南:山东大学出版社,1995.4.—308页;19cm
高教自学考试用书
ISBN 7-5607-1456-0: ¥15.75

F230 006186
初级会计/余恕莲主编.—北京:中国统计出版社,1995.8.—368页;20cm
工商管理会计专业系列
ISBN 7-5037-1814-5: ¥15.60

F230 006187
初级会计学/朱小平,肖镜元主编.—2版(修订本).—北京:中国人民大学出版社,1995.3.—346页;20cm
中国人民大学会计系列教材
ISBN 7-300-01981-1: ¥10.50

F230 006188
初级会计与会计实务/舒红姝主编.—哈尔滨:哈尔滨出版社,1995.6.—249页;26cm
ISBN 7-80557-807-9: ¥18.00

F230 006189
出纳必读/陈元海编著.—修订本.—广州:广东人民出版社,1995.9.—185页;19cm.—(现代经商与理财系列)
ISBN 7-218-01980-3: ¥7.20

F230 006190
出纳必读/郑浩主编.—杭州:浙江人民出版社,1995.4.—309页;20cm
ISBN 7-213-01242-8: ¥14.00

F230 006191
出纳规范与运作/诸葛福生主编.—济南:山东友谊出版社,1995.2.—300页;19cm
ISBN 7-80551-671-5: ¥8.00

F230 006192
法人会计学/孟德峰编著.—海口:海南出版社,1995.8.—91页;20cm.—(经济法律知识丛书;10/贾绍华主编)
全套共15册,总定价:178.00元
ISBN 7-80617-193-2: ¥0.00

F230 006193
高等会计学/王文彬,林钟高主编.—上海:立信会计出版社,1995.6.—737页;20cm.—(立信会计丛书)
ISBN 7-5429-0292-X: ¥32.00

F230 006194
国际常规簿记学/张宝华编著.—广州:中山大学出版社,1995.9.—327页;20cm
ISBN 7-306-01015-8: ¥15.00

F230 006195
会计核算原理实验/于玉林主编.—北京:高等教育出版社,1995.10.—421页;26cm
高等学校教材
ISBN 7-04-005410-8: ¥18.50

F230 006196
会计基本计算/刘豪等编著.—海口:海南国际新闻出版中心,1995.1.—249页;19cm.—(会计证考试丛书/夏凤德,王广明主编)
ISBN 7-80609-085-1: ¥7.50

F230 006197
会计基本实务/贺焕华等编著.—海口:海南国际新闻出版中心,1995.1.—294页;19cm.—(会计证考试丛书/夏凤德,王广明主编)
ISBN 7-80609-084-3: ¥7.50

F230 006198
会计基础/于连国,王建志主编.—沈阳:东北大学出版社,1995.1.—455页;19cm
辽宁省会计证考试指定用书
ISBN 7-81006-162-3: ¥14.00

F230 006199
会计基础/陈兴述主编.—重庆:西南师范大学出版社,1995.6.—260页;19cm
会计上岗培训教材(一)
ISBN 7-5621-1332-7: ¥9.00

F230 006200
会计基础/马元兴主编.—北京:中国商业出版社,1995.7.—392页;19cm
中等职业学校财会系列教材
ISBN 7-5044-2579-6: ¥12.45

F230 006201
会计基础知识/郭秀宏等编著.—海口:海南国际新闻出版中心,1995.1.—259页;19cm.—(会计证考试丛书/夏凤德,王广明主编)
ISBN 7-80609-087-8: ¥7.00

F230 006202
会计基础知识/胡文,谭定源主编;广东省教育厅职业技术教材编写组编.—修订版.—广州:广东高等教育出版社,1995.9.—302页;19cm
广东省高中职业技术教材
ISBN 7-5361-1757-4: ¥8.00

F230 006203
会计理论与实务/张国生主编.—沈阳:东北大学出版社,1995.10.—386页;20cm

财政系统在职干部培训系列教材
ISBN 7-81006-765-6: ¥12.80

F230　006204
会计理论与实务研究/童本立等主编.—天津:天津科学技术出版社,1995.7.—397页;20cm
ISBN 7-5308-1900-3: ¥25.00

F230　006205
会计学基础/李光绪,汪伯文主编.—成都:西南交通大学出版社,1995.8.—373页;20cm
ISBN 7-81022-830-7: ¥11.00

F230　006206
会计学基础/于明霞等主编.—哈尔滨:哈尔滨工程大学出版社,1995.8.—332页;19cm
ISBN 7-81007-600-0: ¥11.50

F230　006207
会计学基础/莫国强主编.—北京:北京经济学院出版社,1995.4.—324页;20cm
会计学专业系列教材
ISBN 7-5638-0457-9: ¥9.90

F230　006208
会计学基础/王鑫,赵亚莉主编.—西安:陕西科学技术出版社,1995.11.—245页;20cm
ISBN 7-5369-2425-9: ¥11.00

F230　006209
会计学基础/孙世敏编.—沈阳:东北大学出版社,1995.9.—343页;19cm
ISBN 7-81006-993-4: ¥11.50

F230　006210
会计学基础/杨大兴主编.—广州:华南理工大学出版社,1995.8.—301页;19cm
ISBN 7-5623-0903-5: ¥9.80

F230　006211
会计学基础/许芳霞编著.—郑州:河南人民出版社,1995.12.—349页;20cm
经济类院校试用教材
ISBN 7-215-03608-1: ¥13.50

F230　006212
会计学原理/张文锦主编.—重庆:重庆出版社,1995.5.—356页;19cm
ISBN 7-5366-3092-1: ¥12.10

F230　006213
会计学原理/张国华等主编.—哈尔滨:哈尔滨工程大学出版社,1995.1.—327页;19cm
ISBN 7-81007-525-X: ¥10.90

F230　006214
会计学原理/陈国昌,曾淑慧主编.—郑州:河南人民出版社,1995.8.—315页;20cm
大学用书 升达系列教材
ISBN 7-215-03497-6: ¥12.00

F230　006215
会计学原理/刘流,赵传伟著.—贵阳:贵州民族出版社,1995.8.—290页;19cm
ISBN 7-5412-0586-9: ¥8.60

F230　006216
会计学原理/徐恩芳等主编.—合肥:安徽人民出版社,1995.8.—360页;20cm
ISBN 7-212-01232-7: ¥12.00

F230　006217
会计学原理/李向东,古金枝主编.—郑州:河南人民出版社,1995.8.—402页;19cm
ISBN 7-215-03503-4: ¥13.00

F230　006218
会计原理/谌文起,赵森林主编;天津市第二教育局编.—天津:天津教育出版社,1995.3.—319页;19cm
天津市成人中专教材
ISBN 7-5309-2108-8: ¥6.00

F230　006219
会计原理/邹葆青主编.—成都:西南财经大学出版社,1995.7.—314页;19cm
金融中等专业学校教材
ISBN 7-81017-942-X: ¥10.80

F230　006220
会计原理/李忠堂,张志红主编.—东营:石油大学出版社,1995.8.—323页;19cm
会计人员岗位培训教材
ISBN 7-5636-0724-2: ¥9.00

F230　006221
会计制度设计/章礼主编.—哈尔滨:哈尔滨工业大学出版社,1995.3.—298页;19cm
ISBN 7-5603-1077-X: ¥10.50

F230　006222
基础会计/孟繁金主编.—2版(修订本).—北京:中国财政经济出版社,1995.2.—371页;19cm
中等财经学校教材
ISBN 7-5005-2652-0: ¥7.80

F230　006223
基础会计/彭凤珍主编.—沈阳:辽宁人民出版社,1995.8.—274页;19cm
中等职业技术学校教材 辽宁省职业技术教育教学用书
ISBN 7-205-03433-7: ¥9.50

F230　006224
基础会计/郭渝锦主编.—上海:上海科学技术文献出版社,1995.8.—231页;19cm
ISBN 7-5439-0768-2: ¥8.80

F230　006225
基础会计/张焕平主编.—济南:山东大学出版社,1995.4.—149页;20cm
ISBN 7-5607-1462-5: ¥4.30

F230　006226
基础会计/王彦国编著.—北京:企业管理出版社,1995.7.—292页;20cm.—(北京大学财务与会计丛书)
ISBN 7-80001-555-6: ¥14.50

F230　006227
基础会计/陈玉清主编.—沈阳:东北大学出版社,1995.1.—247页;19cm
ISBN 7-81006-921-7: ¥8.90

F230　006228

基础会计/杨荣本,杨爱义主编.—海口:南海出版公司,1995.1.—390页;20cm
ISBN 7-80570-910-6:¥11.80
F230　006229

基础会计/黄元元,曹明东主编.—徐州:中国矿业大学出版社,1995.12.—307页;20cm
ISBN 7-81040-461-X:¥9.50
F230　006230

基础会计学/刘海英主编.—济南:山东人民出版社,1995.2.—349页;20cm
高等教育管理专业系列教材
ISBN 7-209-01721-6:¥9.60
F230　006231

基础会计学/俞机先等主编.—大连:东北财经大学出版社,1995.9.—288页;20cm.—(东北财经大学会计教材系列丛书)
ISBN 7-81044-068-3:¥11.50
F230　006232

基础会计学/杨爱芬编著.—北京:中国铁道出版社,1995.3.—337页;20cm
ISBN 7-113-01966-8:¥10.70
F230　006233

基础会计学/翟欣,陈志坚编著;国务院军队转业干部安置工作小组办公室组织编写.—北京:中国农业出版社,1995.4.—328页;19cm
ISBN 7-109-03994-3:¥8.40
F230　006234

基础会计学/李连华主编.—北京:中国商业出版社,1995.8.—346页;20cm
成人高等教育系列教材
ISBN 7-5044-2942-2:¥17.50
F230　006235

基础会计学/吕贵成主编.—长春:吉林大学出版社,1995.12.—281页;19cm
ISBN 7-5601-1862-3:¥10.00
F230　006236

基础会计学/唐世学主编.—北京:中国计划出版社,1995.9.—217页;20cm
ISBN 7-80058-414-3:¥9.80
F230　006237

基础会计学习指导/鲍亚伟主编.—南京:江苏教育出版社,1995.10.—361页;20cm
ISBN 7-5343-2487-4:¥9.35
F230　006238

涉外会计实务/郑力主编.—北京:中国审计出版社,1995.5.—607页;20cm
ISBN 7-80064-358-1:¥16.00
F230　006239

完善与发展:会计准则国际研讨会(上海·1994)/财政部会计司,财政部国际合作司编.—北京:中国财政经济出版社,1995.4.—541页;20cm.—(会计准则丛书)
ISBN 7-5005-2752-7:¥22.00
F230　006240

现代会计/张国庆,王国会主编.—青岛:青岛出版社,1995.6.—393页;20cm.—(现代经济理论丛书/谭崇台,伍海华主编)
ISBN 7-5436-1210-0:¥14.00
F230　006241

现代会计基本理论/于玉林等主编.—北京:中国经济出版社,1995.1.—379页;20cm
ISBN 7-5017-3405-4:¥10.50
F230　006242

现代会计基础/梁彤缨,邓志华主编.—广州:华南理工大学出版社,1995.4.—338页;20cm
工商管理系列教材
ISBN 7-5623-0793-8:¥9.20
F230　006243

现代会计基础/何临勇,苏淑欢主编.—北京:中国商业出版社,1995.3.—342页;19cm
ISBN 7-5044-2509-5:¥9.85
F230　006244

现代会计学/喻国华著.—北京:中国科学技术出版社,1995.5.—406页;20cm
ISBN 7-5046-1942-6:¥14.80
F230　006245

现代会计学基础/王文明,杜爽主编.—2版.—北京:中共中央党校出版社,1995.5.—292页;20cm
ISBN 7-5035-0922-8:¥6.80
F230　006246

现代基础会计/徐融,张亚梅主编.—昆明:云南大学出版社,1995.1.—213页;20cm.—(财会审系列丛书;1)
ISBN 7-81025-537-1:¥10.00
F230　006247

新编会计学/杨桂玲,徐本云主编.—济南:山东大学出版社,1995.12.—366页;20cm
ISBN 7-5607-1617-2:¥13.50
F230　006248

新编会计学原理/汤新华等编著.—北京:中国物资出版社,1995.1.—275页;19cm
ISBN 7-5047-0989-1:¥9.00
F230　006249

新编会计学原理/夏成才主编.—武汉:武汉大学出版社,1995.8.—278页;20cm
ISBN 7-307-02006-8:¥7.90
F230　006250

新编会计学原理/杨君昌,向月华主编.—上海:上海社会科学院出版社,1995.10.—357页;20cm
ISBN 7-80618-112-1:¥13.50
F230　006251

新编会计原理/冯钧陶主编.—广州:中山大学出版社,1995.9.—299页;20cm
ISBN 7-306-01041-7:¥14.30
F230　006252

新编会计原理/苏淑欢主编.—修订版.—广州:广东高等教育出版社,1995.6.—331页;19cm
ISBN 7-5361-1763-9:¥9.00

F230 006253
新编会计原理/段耀芳,李锡元主编.—武汉:武汉出版社,1995.1.—335页;20cm
ISBN 7-5430-1332-0:¥10.50

F230 006254
新编会计原理/邓树珂主编.—济南:济南出版社,1995.12.—199页;20cm
ISBN 7-80629-028-1:¥9.80

F230 006255
新编基础会计学/唐汉中主编.—苏州:苏州大学出版社,1995.5.—355页;20cm
ISBN 7-81037-134-7:¥11.80

F230 006256
新编基础会计学/王昌哲主编.—贵阳:贵州人民出版社,1995.2.—508页;20cm
ISBN 7-221-03780-9:¥15.00

F230 006257
新编基础会计学/王保安等主编.—北京:中国税务出版社,1995.8.—256页;19cm
ISBN 7-80117-016-4:¥8.80

F230 006258
新会计核算实务/许小玲,高小刚编著.—修订本.—北京:中国审计出版社,1995.3.—351页;20cm.—(新财务会计审计实用丛书;2/易仁萍主编)
ISBN 7-80064-351-4:¥9.80

F230 006259
新会计原理/周志荣主编.—成都:成都科技大学出版社,1995.3.—376页;20cm
ISBN 7-5616-3002-6:¥10.50

F230 006260
战略会计学/王学军编著.—武汉:武汉工业大学出版社,1995.6.—203页;19cm
ISBN 7-5629-0995-4:¥9.80

F230 006261
中英双语美国会计簿记通俗手册:汉英对照/(美)施毅真编著.—北京:经济科学出版社,1995.6.—109页;26cm
ISBN 7-5058-0808-7:¥7.80

F230 006262
助理会计师资格考试:会计原理/全国会计专业技术资格考试领导小组办公室编.—大连:东北财经大学出版社,1995.8.—309页;19cm
全国会计专业技术资格考试指定用书
ISBN 7-81044-073-X:¥10.00

①F230②F275.2 006263
会计原理与企业会计/朱澍青主编.—北京:中国金融出版社,1995.8.—303页;19cm
合作银行系列教材(5)
ISBN 7-5049-1480-0:¥10.80

F230-43 006264
会计学基础教程/蒋琪发主编.—北京:中国财政经济出版社,1995.8.—285页;20cm
深圳大学经济系系列教材
ISBN 7-5005-2897-3:¥14.00

①F230-43②D912.2-43 006265
会计学与会计法教程/陈恩惠,于首华编著.—北京:中国政法大学出版社,1995.8.—330页;20cm
ISBN 7-5620-1372-1:¥13.00

F230-44 006266
会计学基础习题集/刘铭达主编.—修订本.—北京:中国财政经济出版社,1995.2.—248页;20cm
高等财经专科学校辅助教材
ISBN 7-5005-2757-8:¥5.60

F230-44 006267
会计学基础习题集/童家宾主编.—北京:中国商业出版社,1995.7.—123页;26cm
国内贸易部部编高等商科教材
ISBN 7-5044-2919-8:¥8.00

F230-44 006268
会计学原理习题集及解答:新编/徐文彬,张维宾主编.—上海:立信会计出版社,1995.10.—301页;20cm.—(立信会计丛书)
ISBN 7-5429-0326-8:¥12.00

F230-44 006269
基础会计习题集/郭渝锦编.—上海:上海科学技术文献出版社,1995.8.—162页;26cm
ISBN 7-5439-0769-0:¥17.00

F230-44 006270
基础会计学/师萍编著.—广州:华南理工大学出版社,1995.9.—343页;20cm
高等院校经济类教材 附习题及解答
ISBN 7-5623-0855-1:¥11.00

F230-53 006271
一九九三年会计学论文选/中国会计学会编.—北京:中国财政经济出版社,1995.4.—444页;20cm
ISBN 7-5005-2822-1:¥10.00

F230-62 006272
基础会计学应试指南/韩淑丽等编著.—沈阳:东北大学出版社,1995.10.—364页;19cm.—(经济管理类全国高教自学考试应试指南丛书)
ISBN 7-81054-006-8:¥12.00

F230.9 006273
财务数学/宋念慈,钟百根编著.—北京:对外贸易教育出版社,1995.6.—389页;20cm
ISBN 7-81000-753-X:¥19.00

F231 006274
会计员会计实务/全国会计专业技术资格考试领导小组办公室编.—北京:中国财政经济出版社,1995.9.—312页;19cm
全国会计专业技术资格考试指定用书 会计员资格考试
ISBN 7-5005-2919-8:¥12.00

F231 006275
新会计核算方法/庄恩岳,何成粱编著.—修订本.—北京:中国审计出版社,1995.1.—509页;20cm.—(新财务会计审计实用丛书;4)
ISBN 7-80064-353-0:¥15.00

F231 006276

怎样记帐、查帐和调帐/刘大贤等编著.—北京:机械工业出版社,1995.9.—537页;19cm
ISBN 7-111-04640-4:¥20.00

F231.1　006277
ALM—资产负债综合管理/张菊线,王中楼编译.—西安:陕西人民出版社,1995.6.—243页;19cm
ISBN 7-224-03117-8:¥7.00

F231.3　006278
发票使用与管理/张亚民,张志龙主编.—北京:中国物价出版社,1995.10.—237页;20cm
ISBN 7-80070-515-3:¥13.50

F231.3　006279
清产核资政策制度汇编:1995年用/财政部清产核资办公室编.—北京:中信出版社,1995.3.—275页;19cm
内部发行
ISBN 7-80073-092-1:¥6.50

F231.4　006280
国际通用(+)(-)记帐法/万仁章编著.—北京:中国铁道出版社,1995.11.—130页;19cm
ISBN 7-113-02085-2:¥4.70

F231.4　006281
记帐方法基础知识/史绍绂,徐建编著.—杭州:浙江人民出版社,1995.7.—196页;19cm
ISBN 7-213-01215-0:¥6.80

F231.5　006282
财务报表编制与分析/刘玉勋,王新利主编.—哈尔滨:哈尔滨工程大学出版社,1995.3.—372页;19cm
ISBN 7-81007-544-6:¥12.80

F231.5　006283
财务报表分析:怎样阅读财务报表/孟凡利主编.—北京:科学技术文献出版社,1995.4.—393页;19cm.—(新编企业会计与财务丛书)
ISBN 7-5023-2403-8:¥14.00

F231.5　006284
厂长经理看报表/郭玉亭,马瑞平主编.—郑州:河南人民出版社,1995.11.—261页;19cm
ISBN 7-215-03508-5:¥8.60

F231.5　006285
会计报表的编制与分析/刘永泽等编著.—2版.—大连:东北财经大学出版社,1995.9.—274页;19cm
ISBN 7-81005-952-1:¥8.00

F231.5　006286
如何编制财务状况变动表/郑维桢主编.—上海:立信会计出版社,1995.8.—271页;20cm
ISBN 7-5429-0298-9:¥10.80

F231.5　006287
实用财务报表分析/李保存等编著.—北京:中国审计出版社,1995.1.—331页;19cm
ISBN 7-80064-341-7:¥9.00

F231.5　006288
现代企业财务报表分析/吴粒等编著.—沈阳:东北大学出版社,1995.10.—299页;20cm
ISBN 7-81054-010-6:¥14.00

F231.5　006289
怎样使用会计报表/于保和主编.—大连:大连出版社,1995.12.—336页;19cm
ISBN 7-80612-240-0:¥18.00

①F231.5②F275　006290
会计报表合并与评价/赵琴,孙忠欣主编.—济南:山东友谊出版社,1995.10.—226页;19cm
ISBN 7-80551-743-6:¥6.80

F231.5-62　006291
合并财务报表指南/孙永尧编著.—北京:中国审计出版社,1995.4.—359页;20cm
ISBN 7-80064-364-6:¥12.00

F231.5-62　006292
清产核资报表填报手册/财政部清产核资办公室编.—北京:中国财政经济出版社,1995.3.—375页;19cm
ISBN 7-5005-2762-4:¥6.50

F231.6　006293
特殊查帐法/黄国政等著.—北京:北京航空航天大学出版社,1995.5.—147页;19cm
ISBN 7-81012-568-0:¥8.00

F232　006294
C语言和数据库在财会系统中的应用/鲍居武等著.—北京:北京航空航天大学出版社,1995.1.—532页;26cm
ISBN 7-81012-528-1:¥38.50

F232　006295
FOXPRO及其在会计中的应用/陈宏明,马天峰编著.—海口:海南出版社,1995.9.—256页;26cm
电算会计资格证培训教材
ISBN 7-80617-291-2:¥21.00

F232　006296
财会电算化软件精选/何华翔等编著.—北京:人民邮电出版社,1995.10.—327页;26cm
ISBN 7-115-05766-4:¥26.00

F232　006297
电脑会计:基础部分/赵励宁等主编.—延吉:东北朝鲜民族教育出版社,1995.7.—262页;19cm
ISBN 7-5437-1947-9:¥8.85

F232　006298
电脑会计新编/林勇主编.—南昌:江西高校出版社,1995.8.—187页;26cm
ISBN 7-81033-528-6:¥12.00

F232　006299
电算化技术基础/张新主编.—济南:山东大学出版社,1995.12.—240页;26cm
ISBN 7-5607-1584-2:¥18.50

F232　006300
电子计算机会计信息系统/黄正瑞编著.—广州:暨南大学出版社,1995.9.—298页;26cm
会计学系列教材
ISBN 7-81029-389-3:¥23.00

F232　006301
会计电算化/励景源编著.—修订本.—上海:立信会

计出版社,1995.1.—341页;20cm.—(立信会计丛书)
ISBN 7-5429-0272-5:¥13.00

F232　　006302
会计电算化/励景源编著.—北京:航空工业出版社,1995.3.—203页;19cm.—(企业会计丛书·第三辑/谢国新,储一昀主编)
ISBN 7-80046-807-0:¥6.60

F232　　006303
会计电算化/赵青伟等编著.—大连:东北财经大学出版社,1995.10.—419页;20cm
东北财经大学会计系系列教材
ISBN 7-81044-083-7:¥15.00

F232　　006304
会计电算化/孙万军主编.—上海:上海财经大学出版社,1995.10.—160页;26cm
中等财经学校试用教材
ISBN 7-81049-013-3:¥10.80

F232　　006305
会计电算化:理论与实务/吴建斌,陆守兵著.—北京:中国商业出版社,1995.10.—341页;19cm
ISBN 7-5044-3060-9:¥12.80

F232　　006306
会计电算化常用程序设计语言/陈宏明主编;财政部会计事务管理司组织编写.—2版.—长沙:湖南科学技术出版社,1995.5.—366页;20cm
会计电算化系列培训教材(3)
ISBN 7-5357-1397-1:¥9.80

F232　　006307
会计电算化初级培训教程/杨一平等编著.—北京:兵器工业出版社,1995.9.—266页;26cm
ISBN 7-80038-941-3:¥19.80

F232　　006308
会计电算化初级培训上机指导/郭新平,郭延生主编;北京用友软件(集团)有限公司组织编写.—北京:中国商业出版社,1995.11.—127页;26cm
ISBN 7-5044-3080-3:¥15.00

F232　　006309
会计电算化基础/戴庚先等编著.—海口:海南出版社,1995.9.—208页;26cm
电算会计资格证培训教材
ISBN 7-80617-290-4:¥19.00

F232　　006310
会计电算化基础/顾华颖,刘东升主编.—沈阳:辽宁人民出版社,1995.7.—639页;19cm
辽宁省会计电算化培训指定用书
ISBN 7-205-03446-9:¥18.00

F232　　006311
会计电算化基础/庄明来编著.—厦门:厦门大学出版社,1995.8.—208页;26cm
ISBN 7-5615-1077-2:¥14.50

F232　　006312
会计电算化理论探讨/王军,王平主编;财政部会计事务管理司组织编写.—长沙:湖南科学技术出版社,1995.5.—215页;20cm
会计电算化系列培训教材(12)
ISBN 7-5357-1413-7:¥7.50

F232　　006313
会计电算化培训教程/李彤,毛华扬主编.—北京:中国财政经济出版社,1995.9.—193页;26cm
ISBN 7-5005-2899-X:¥12.50

F232　　006314
会计电算化设计与操作/肖诩主编;上海中专计算机协作组编.—上海:复旦大学出版社,1995.12.—275页;26cm
ISBN 7-309-01618-1:¥18.00

F232　　006315
会计电算化实务操作/陈虹主编.—厦门:厦门大学出版社,1995.10.—191页;26cm
ISBN 7-5615-1108-6:¥19.00

F232　　006316
会计电算化原理与技术/王墨春等主编.—北京:兵器工业出版社,1995.9.—496页;19cm
ISBN 7-80038-942-1:¥16.60

F232　　006317
会计电算化原理与应用/傅得一等编著.—北京:经济科学出版社,1995.4.—380页;19cm
ISBN 7-5058-0801-X:¥11.00

F232　　006318
会计软件分析与设计/刘文国编著.—南昌:江西高校出版社,1995.12.—267页;26cm
ISBN 7-81033-541-3:¥18.30

F232　　006319
会计软件设计技术及应用/杨周南编著.—大连:东北财经大学出版社,1995.12.—482页;20cm
ISBN 7-81044-082-9:¥16.80

F232　　006320
会计数据组织与结构/刘文国,夏家莉编著.—南昌:江西高校出版社,1995.12.—164页;26cm
ISBN 7-81033-540-5:¥11.50

F232　　006321
会计信息系统/张建华,邵光俊编著.—上海:华东理工大学出版社,1995.12.—335页;20cm
ISBN 7-5628-0637-3:¥14.50

F232　　006322
会计信息系统分析与设计/张成虎,李淑彪编著.—西安:陕西科学技术出版社,1995.1.—273页;26cm
财经类计算机应用系列教材
ISBN 7-5369-2261-2:¥14.80

F232　　006323
计算机会计/韩连生主编.—北京:中国审计出版社,1995.9.—262页;20cm.—(当代企业会计丛书)
ISBN 7-80064-391-3:¥11.00

F232　　006324
计算机会计应用基础/徐安东主编.—北京:高等教育出版社,1995.4.—287页;26cm
成人中等专业学校试用教材
ISBN 7-04-005224-5:¥9.95

F232　　006325

计算机应用技术与会计电算化原理/杨军编著.—贵阳:贵州教育出版社,1995.12.—174页;26cm
ISBN 7-80583-707-4:¥12.00

F232　　006326
计算机在会计中的运用/王景新,郭新平主编;北京用友软件(集团)有限公司组织编写.—2版.—北京:中国商业出版社,1995.2.—381页;26cm
ISBN 7-5044-2186-3:¥25.00

F232　　006327
精通电算化会计/张朝宓编著.—上海:复旦大学出版社,1995.10.—205页;26cm
ISBN 7 309-01583-5:¥15.00

F232　　006328
实用会计电算化/王民权,杨建军编著.—西安:西北大学出版社,1995.6.—225页;26cm
ISBN 7-5604-0915-6:¥15.80

F232　　006329
实用会计电算化基础知识:会计原理与数据库技术/佟勇臣编著.—北京:中国经济出版社,1995.8.—187页;26cm
ISBN 7-5017-3156-X:¥12.00

F232　　006330
实用会计电算化教程/王黎霞,李彤编著.—昆明:云南大学出版社,1995.11.—281页;26cm
ISBN 7-81025-547-9:¥24.00

F232　　006331
通用财会电算化实用教材/林永经,俞传尧主编;福建省财政厅编.—厦门:鹭江出版社,1995.12.—216页;26cm
ISBN 7-80610-261-2:¥18.00

F232　　006332
通用帐务处理系统/童道友主编.—北京:中国财政经济出版社,1995.2.—186页;19cm
会计电算化系列教材(1)
ISBN 7-5005-2733-0:¥6.50

F232　　006333
微机财会应用基础/屈道良,邓巨魁编著.—北京:中国商业出版社,1995.5.—224页;26cm
大中专技校电子计算机专业教材
ISBN 7-5044-1453-0:¥14.80

F232　　006334
微机操作与新会计电算化/姜灵敏主编;高建初等编著.—长沙:湖南师范大学出版社,1995.8.—195页;26cm.—(经济业务电算化丛书)
ISBN 7-81031-444-0:¥13.00

F232　　006335
新编会计电算化实用教程/唐述毅等编著.—合肥:安徽科学技术出版社,1995.8. 445页;26cm
ISBN 7-5337-1235-8:¥27.00

F232　　006336
新会计电算化入门/陈孟建,沈美莉编著.—杭州:浙江科学技术出版社,1995.10.—310页;26cm
ISBN 7-5341-0847-0:¥28.00

①F232②TP312　　006337
新财会电算化与FoxBASE+编程技巧/丁宏,郭艳华编著.—杭州:浙江科学技术出版社,1995.2.—438页;26cm
ISBN 7-5341-0722-9:¥26.00

F232-43　　006338
会计电算化初级知识培训教材/财政部会计司组织编写.—北京:中国商业出版社,1995.10.—230页;26cm
ISBN 7-5044-3044-7:¥18.20

F232-43　　006339
会计电算化培训教材:初级/江苏省财政厅,南京市财政局编.—北京:中国商业出版社,1995.5.—2册;26cm
ISBN 7-5044-2119-7:¥38.00

F232-43　　006340
会计电算化实用基础教程/张之超,谷秀岩主编.—济南:山东大学出版社,1995.7.—268页;26cm
ISBN 7-5607-1519-2:¥16.00

F232-43　　006341
会计电算化实用教程/黄群主编;北京市财政局编.—北京:中国计划出版社,1995.9.—294页;20cm
ISBN 7-80058-415-1:¥15.00

F232-43　　006342
计算机财会应用基础/湖南省教育委员会成人教育处主编.—长沙:湖南教育出版社,1995.9.—421页;19cm
湖南省成人中专财会专业统编教材
ISBN 7-5355-2236-X:¥8.60

F232-43　　006343
新编会计电算化教程/夏朝贤主编.—开封:河南大学出版社,1995.9.—208页;26cm
ISBN 7-81041-226-4:¥38.60

F232-62　　006344
mini财务长会计库存票据集成系统使用手册/北京大学管理学院财务会计研究室,中美合资北京和泰电脑有限公司编.—北京:企业管理出版社,1995.10.—262页;26cm
财务长·财务电算化系列教程
ISBN 7-80001-604-8:¥25.00

F232-62　　006345
财务长会计总帐系统使用手册/北京大学管理学院财务会计研究室,中美合资北京和泰电脑有限公司编.—北京:企业管理出版社,1995.10.—254页;26cm
财务电算化系列教程
ISBN 7-80001-603-X:¥25.00

F232-62　　006346
会计电算化实用指南/邓平主编;韩玫等编写.—武汉:华中理工大学出版社,1995.12.—154页;26cm
ISBN 7-5609-1244-3:¥10.00

F232-62　　006347
最新财会电算化实用手册/王景新主编.—北京:中国统计出版社,1995.8.—1188页;26cm.—(计算机应用实务全书;1)
ISBN 7-5037-1982-6(精装):¥196.00

F233　006348
财会职业道德/金家富主编.—上海:立信会计出版社,1995.4.—182页;19cm
ISBN 7-5429-0274-1:¥5.50

F233　006349
会计师事务所/苏成琪主编.—北京:中国经济出版社,1995.9.—273页;20cm.—(热门知识系列丛书·第二套:市场中介组织)
附注册会计师
ISBN 7-5017-3348-1:¥8.50

F233　006350
新会计制度补充规定与操作指南/振龙等主编.—天津:南开大学出版社,1995.2.—349页;20cm
ISBN 7-310-00819-7:¥16.00

F233　006351
注册会计师探索与实践/陈如洪主编.—杭州:浙江人民出版社,1995.4.—340页;20cm
ISBN 7-213-01256-8:¥11.00

①F233②D926　006352
新疆会计师事务所 新疆律师事务所 新疆公证处/谢海平主编;新疆注册会计师协会等编辑.—乌鲁木齐:新疆美术摄影出版社,1995.—88页:彩照;29cm
ISBN 7-80547-124-X:¥40.00

F233-62　006353
新编会计师手册/和宏明主编.—北京:企业管理出版社,1995.11.—1191页;26cm
ISBN 7-80001-615-3(精装):¥196.00

F233-62　006354
中国注册会计师执业实务指南/于玉林,齐雍主编.—沈阳:辽宁人民出版社,1995.11.—1052页;19cm
ISBN 7-205-03409-4(精装):¥52.00

F234　006355
成本管理会计/中国注册会计师教育教材编审委员会编.—北京:中国人民大学出版社,1995.1.—614页;20cm
注册会计师专门化系列教材
ISBN 7-300-02047-X:¥24.50

F234.2　006356
成本会计/袁建三主编.—贵阳:贵州民族出版社,1995.8.—391页;19cm
中等财经学校适用教材
ISBN 7-5412-0579-6:¥11.30

F234.2　006357
成本会计/干庆坦主编.—修订本.—北京:中国财政经济出版社,1995.5.—388页;19cm
中等财经学校教材
ISBN 7-5005-2662-8:¥9.90

F234.2　006358
成本会计/陈胜武主编.—北京:中国金融出版社,1995.7.—332页;20cm
高等专科学校金融类教材
ISBN 7-5049-1469-X:¥11.00

F234.2　006359
成本会计/黎敏主编.—南昌:江西高校出版社,1995.8.—253页;20cm
会计学系列教材
ISBN 7-81033-525-1:¥11.80

F234.2　006360
成本会计/余恕莲编著.—北京:中国统计出版社,1995.1.—279页;20cm.—(工商管理会计专业系列)
ISBN 7-5037-1752-1:¥9.80

F234.2　006361
成本会计/湖南省中等职业教育教材编审委员会编.—长沙:湖南出版社,1995.6.—275页;19cm
中等职业学校教材
ISBN 7-5438-1010-7:¥5.25

F234.2　006362
成本会计/王竹泉,王曙光主编.—海口:南海出版公司,1995.5.—344页;20cm
ISBN 7-80570-862-2:¥11.00

F234.2　006363
成本会计/林万祥主编.—成都:西南财经大学出版社,1995.10.—443页;19cm
ISBN 7-81055-009-8:¥14.80

F234.2　006364
成本会计学/任辉等编著.—济南:山东大学出版社,1995.3.—261页;26cm
高教自学考试用书
ISBN 7-5607-1473-0:¥14.10

F234.2　006365
成本会计学/贾宗武,薛小荣主编.—西安:西北大学出版社,1995.8.—279页;20cm
ISBN 7-5604-0932-6:¥10.80

F234.2　006366
成本会计学/贺南轩主编;全国高等教育自学考试指导委员会组编.—北京:中国财政经济出版社,1995.6.—360页;20cm
全国高等教育自学考试教材
ISBN 7-5005-2847-7:¥12.50

F234.2　006367
成本会计学/安明硕,陈良主编.—南京:东南大学出版社,1995.4.—451页;20cm
高等教育自学考试教材
ISBN 7-81023-393-9:¥10.80

F234.2　006368
成本会计学/李光绪,刘东平主编.—成都:西南交通大学出版社,1995.9.—453页;20cm
ISBN 7-81022-849-8:¥14.00

F234.2　006369
成本会计学/郑永海主编.—沈阳:辽宁人民出版社,1995.2.—363页;19cm
成人高等教育会计学专业(专科)统编教材
ISBN 7-205-03269-5:¥8.20

F234.2　006370
成本会计学/贺南轩,张崇敏主编.—北京:北京经济学院出版社,1995.2.—436页;20cm
会计学专业系列教材
ISBN 7-5638-0456-0:¥12.30

F234.2 006371
成本会计学/成慕杰,曹德芳编著.—北京:中国审计出版社,1995.7.—325页;20cm
ISBN 7-80064-372-7:¥12.90

F234.2 006372
成本会计学/冯勇辉等主编.—北京:中国商业出版社,1995.2.—355页;19cm.—(现代企业制度会计系列丛书)
ISBN 7-5044-2460-9:¥12.80

F234.2 006373
成本会计学/刘冬荣,谭久均编著.—长沙:中南工业大学出版社,1995.12.—303页;20cm
现代会计学系列教材
ISBN 7-81020-783-0:¥12.00

F234.2 006374
高等教育自学考试成本会计学自学考试大纲/全国高等教育自学考试指导委员会制订.—北京:中国财政经济出版社,1995.7.—84页;19cm
ISBN 7-5005-2878-7:¥2.90

F234.2 006375
高级成本会计学/翟文莹编著.—天津:天津大学出版社,1995.8.—404页;20cm
ISBN 7-5618-0738-4:¥18.00

F234.2 006376
现代成本会计/徐良栋,赵建森主编.—昆明:云南大学出版社,1995.1.—370页;20cm.—(财会审计系列丛书)
ISBN 7-81025-527-4:¥12.00

F234.2 006377
现代成本会计纲要/向定编著.—北京:学苑出版社,1995.12.—371页;20cm
ISBN 7-5077-1129-3:¥17.00

F234.2 006378
现代成本会计学/冉秋红,唐晓娥主编;杨桦等编著.—桂林:广西师范大学出版社,1995.7.—288页;20cm
ISBN 7-5633-2054-7:¥8.50

F234.2 006379
中等财经学校成本会计(修订本)配套习题集/郭茂祥,陈忠明主编.—北京:中国财政经济出版社,1995.2.—217页;19cm
ISBN 7-5005-2702-0:¥4.30

F234.3 006380
管理会计/林金敖,陈瑛瑛主编.—南昌:江西高校出版社,1995.8.—306页;20cm
会计学系列教材
ISBN 7-81033-475-1:¥12.80

F234.3 006381
管理会计/严华麟主编.—北京:中国金融出版社,1995.8.—333页;20cm
高等专科学校金融类教材
ISBN 7-5049-1447-9:¥14.00

F234.3 006382
管理会计/缪富民主编.—长沙:湖南科学技术出版社,1995.2.—370页;19cm
本书与《管理会计学习指导》配套,2册定价为20.00元
ISBN 7-5357-1692-1:¥0.00

F234.3 006383
管理会计/王平心主编.—西安:西安交通大学出版社,1995.9.—360页;19cm
ISBN 7-5605-0776-X:¥10.00

F234.3 006384
管理会计/孔庆书,赵章文主编.—石家庄:河北人民出版社,1995.12.—323页;19cm
ISBN 7-202-01822-5:¥9.95

F234.3 006385
管理会计/涂利平主编.—武汉:华中理工大学出版社,1995.12.—296页;20cm
中等专业学校工科电子类规划教材
ISBN 7-5609-1274-5:¥6.00

F234.3 006386
管理会计/张玉福主编.—哈尔滨:东北林业大学出版社,1995.12.—490页;19cm
ISBN 7-81008-630-8:¥16.80

F234.3 006387
管理会计/彭韶兵主编.—成都:西南财经大学出版社,1995.11.—520页;19cm
ISBN 7-81055-010-1:¥17.80

F234.3 006388
管理会计/郭化林主编.—北京:中国物价出版社,1995.8.—433页;19cm
ISBN 7-80070-485-8:¥11.90

F234.3 006389
管理会计基础/杨世忠,徐兴恩主编.—北京:北京经济学院出版社,1995.1.—318页;20cm
会计学专业系列教材
ISBN 7-5638-0455-2:¥9.40

F234.3 006390
管理会计实务/裘一民编著.—上海:立信会计出版社,1995.5.—211页;20cm.—(立信会计丛书)
ISBN 7-5429-0287-3:¥9.00

F234.3 006391
管理会计学/黄录加主编.—乌鲁木齐:新疆科技卫生出版社,1995.7.—354页;20cm
ISBN 7-5372-1107-8:¥10.60

F234.3 006392
管理会计学/王静刚等编著.—合肥:安徽人民出版社,1995.8.—373页;20cm
ISBN 7-212-01239-4:¥13.50

F234.3 006393
管理会计学/刘爱东主编.—长沙:中南工业大学出版社,1995.12.—441页;20cm
现代会计学系列教材
ISBN 7-81020-784-9:¥15.00

F234.3 006394
管理会计学习指导/缪富民主编.—长沙:湖南科学技术出版社,1995.2.—205页;19cm

本书与《管理会计》配套,二册定价:20.00元
ISBN 7-5357-1692-1: ¥0.00

F234.3　006395
管理会计学学习指导书/朱海芳等编.—武汉:湖北科学技术出版社,1995.4.—217页;20cm
ISBN 7-5352-1674-9: ¥6.80

F234.3　006396
管理咨询/中国注册会计师教育教材编审委员会编.—大连:东北财经大学出版社,1995.8.—687页;20cm
注册会计师专门化系列教材
ISBN 7-81044-058-6: ¥27.60

F234.3　006397
现代管理会计学概论/张学谦编著.—武汉:武汉大学出版社,1995.8.—276页;20cm
ISBN 7-307-01950-7: ¥5.85

F234.3　006398
新编管理会计/丁仲坤,林胜利主编.—北京:中国商业出版社,1995.7.—418页;19cm.—(新税制丛书)
ISBN 7-5044-2929-5: ¥14.98

F234.3　006399
责任会计理论与实践/张兆国著.—武汉:武汉大学出版社,1995.1.—222页;19cm
ISBN 7-307-01914-0: ¥9.50

F234.3-44　006400
管理会计百问百答/姚传志,刘兴榜主编.—北京:航空工业出版社,1995.6.—212页;19cm
ISBN 7-80046-928-X: ¥8.90

F234.4　006401
财务会计/王治安,汪涛主编.—成都:西南财经大学出版社,1995.10.—523页;19cm
ISBN 7-81055-008-X: ¥17.50

F234.4　006402
财务会计/李兆华,陈胜利主编.—哈尔滨:黑龙江科学技术出版社,1995.7.—407页;20cm
ISBN 7-5388-2814-1: ¥13.80

F234.4　006403
财务会计/孙芳城主编.—重庆:西南师范大学出版社,1995.6.—414页;19cm
会计上岗培训教材(二)
ISBN 7-5621-1330-0: ¥14.00

F234.4　006404
财务会计教程/祁怀锦编著.—北京:红旗出版社,1995.8.—575页;20cm.—(最新会计、财务电算化系列丛书/祁怀锦主编)
ISBN 7-80068-784-8: ¥19.00

F234.4　006405
财务会计理论研究/夏博辉著.—长沙:湖南出版社,1995.7.—342页;20cm
ISBN 7-5438-1027-1: ¥14.60

F234.4　006406
财务会计学/钱嘉福编著.—北京:中国财政经济出版社,1995.4.—563页;20cm
全国高等教育自学考试教材
ISBN 7-5005-2816-7: ¥15.80

F234.4　006407
财务会计学/闫守常主编.—北京:中国经济出版社,1995.3.—425页;20cm
ISBN 7-5017-3369-4: ¥15.00

F234.4　006408
财务会计学/全国注册资产评估师考试辅导教材编写组编.—北京:经济科学出版社,1995.10.—304页;20cm
全国注册资产评估师考试辅导教材(二)
ISBN 7-5058-0881-8: ¥14.00

F234.4　006409
财务会计学/苏郁生主编.—沈阳:辽宁人民出版社,1995.3.—590页;19cm
成人高等教育会计学专业(专科)统编教材
ISBN 7-205-03257-1: ¥13.00

F234.4　006410
财务会计学/丁庭选主编.—北京:中国商业出版社,1995.8.—764页;20cm
成人高等教育系列教材
ISBN 7-5044-2941-4: ¥27.50

F234.4　006411
财务会计学/黄录加等主编.—乌鲁木齐:新疆科技卫生出版社,1995.12.—462页;20cm
ISBN 7-5372-1128-0: ¥17.50

F234.4　006412
财务会计学/傅磊主编.—北京:北京经济学院出版社,1995.11.—479页;20cm
会计学专业系列教材
ISBN 7-5638-0513-3: ¥14.30

F234.4　006413
财务会计学/仇玮,王培欣主编.—哈尔滨:哈尔滨工业大学出版社,1995.4.—476页;19cm
ISBN 7-5603-1078-8: ¥13.80

F234.4　006414
财务会计学/李光绪,汪伯文主编.—成都:西南交通大学出版社,1995.12.—464页;19cm
ISBN 7-81022-854-4: ¥14.50

F234.4　006415
财务会计学/吴君民,张佳春编.—哈尔滨:哈尔滨船舶工程学院出版社,1995.11.—328页;26cm
ISBN 7-81007-525-X: ¥19.80

F234.4　006416
财务会计学/张秋云,刘益平主编.—长沙:湖南出版社,1995.7.—408页;19cm
ISBN 7-5438-1035-2: ¥12.60

F234.4　006417
财务会计学/师萍编著.—广州:华南理工大学出版社,1995.9.—408页;20cm
高等院校经济类教材 附习题
ISBN 7-5623-0856-X: ¥12.80

F234.4　006418
财务会计学/罗先和主编.—2版.—大连:东北财经大学出版社,1995.10.—468页;20cm

东北财经大学会计系系列教材
ISBN 7-81005-833-9: ¥16.50

F234.4　006419
财务会计学习指导/罗先和主编.—大连:东北财经大学出版社,1995.3.—346页;19cm
ISBN 7-81044-024-1: ¥9.80

F234.4　006420
财务会计中介/马继春,刘瑞祥主编.—沈阳:白山出版社,1995.10.—256页;19cm
ISBN 7-80566-447-1: ¥9.90

F234.4　006421
高等教育自学考试财务会计学自学考试大纲:含考核目标/全国高等教育自学考试指导委员会制订.—北京:中国财政经济出版社,1995.5.—127页;19cm
ISBN 7-5005-2840-X: ¥3.70

F234.4　006422
高级财务会计/常勋主编.—沈阳:辽宁人民出版社,1995.5.—453页;20cm
厦门大学会计系列教材
ISBN 7-205-03274-1: ¥15.00

F234.4　006423
高级财务会计/汤云为主编.—上海:上海三联书店,1995.9.—938页;20cm.—(上海财经大学会计教材系列丛书)
ISBN 7-5426-0784-7: ¥23.80

F234.4　006424
高级财务会计学/李大诚主编.—北京:北京经济学院出版社,1995.12.—426页;20cm
会计学专业系列教材
ISBN 7-5638-0518-4: ¥16.90

F234.4　006425
教学与辅导:1992秋级　第11期/中央农业广播电视学校主办.—北京:中国农业出版社,1995.1.—49页;26cm
财务会计专业
ISBN 7-109-03765-7: ¥1.05

F234.4　006426
全国高等教育自学考试财务会计学学习指导与题解/万寿义,傅荣编著.—大连:东北财经大学出版社,1995.12.—464页;19cm
ISBN 7-81044-097-7: ¥10.00

F234.4　006427
西方财务会计/李维庄主编.—北京:中国财政经济出版社,1995.6.—324页;19cm
国内贸易部部编中等专业学校财会系列教材
ISBN 7-5005-2696-2: ¥8.40

F234.4　006428
西方财务会计/钱嘉福主编.—北京:中国财政经济出版社,1995.11.—739页;20cm
高等财经院校试用教材
ISBN 7-5005-2793-4: ¥21.00

F234.4　006429
现代西方财务会计/杨志国编著.—北京:中国审计出版社,1995.7.—485页;20cm
ISBN 7-80064-367-0: ¥16.00

F234.4　006430
新编财务会计学/王则斌主编.—苏州:苏州大学出版社,1995.12.—448页;20cm
新会计系列教材
ISBN 7-81037-180-0: ¥14.00

F234.4　006431
新财务会计分录规范/孟玲虎,王敏生著.—兰州:兰州大学出版社,1995.10.—209页;19cm
ISBN 7-311-00931-6: ¥7.20

F234.4　006432
中级财务会计/中国注册会计师教育教材编审委员会编.—沈阳:辽宁人民出版社,1995.4.—944页;20cm
注册会计师专门化系列教材
ISBN 7-205-03282-2: ¥32.00

F234.4　006433
资金会计学/朱学义,肖立方主编.—北京:煤炭工业出版社,1995.4.—447页;20cm.—(岗位会计系列丛书)
ISBN 7-5020-1166-8: ¥15.00

F234.4-44　006434
财务会计习题集/徐文彬主编.—2版(修订本).—北京:中国财政经济出版社,1995.2.—214页;20cm
高等财经专科学校辅助教材
ISBN 7-5005-2758-6: ¥5.00

F234.4-61　006435
新编财政税收财务会计实用全书/许毅主编.—北京:经济科学出版社,1995.5.—898页;26cm
ISBN 7-5058-0767-6(精装): ¥90.00

F234.4-62　006436
财务会计学应试指南/姜硕,赵灵章主编.—沈阳:东北大学出版社,1995.12.—440页;19cm.—(经济管理类全国高教自学考试应试指南丛书)
ISBN 7-81054-006-8: ¥13.80

F234.4-62　006437
新财务会计计算公式实用手册/刘海宇,庄恩岳主编.—北京:中国财政经济出版社,1995.5.—496页;26cm
ISBN 7-5005-2622-9: ¥68.00

F239 审计

F239　006438
1995年审计专业技术资格考试必备:复习要点与题解/《1995年审计专业技术资格考试必备》编写组编.—北京:中国财政经济出版社,1995.6.—349页;26cm
ISBN 7-5005-2863-9: ¥25.00

F239　006439
被审计单位实用问答/刘万明等编著.—北京:企业管理出版社,1995.12.—375页;20cm
ISBN 7-80001-677-3: ¥18.60

F239　006440
审计基础与实践/黄应华等主编.—广州:中山大学

出版社,1995.8.—262 页;20cm
ISBN 7-306-01045-X:¥13.80

F239　　**006441**
审计理论与实务/胡良才,胡铮主编.—昆明:云南人民出版社,1995.10.—577 页;20cm
ISBN 7-222-01836-0:¥23.00

F239　　**006442**
审计原理与实务/饶夏圻,张阳华主编.—南昌:江西高校出版社,1995.4.—265 页;20cm
会计学系列教材
ISBN 7-81033-463-8:¥10.40

F239　　**006443**
审计专业技术资格考试辅导教材/审计署、人事部审计专业技术资格考试办公室编.—北京:中国审计出版社,1995.4.—2 册(536,441 页);20cm
ISBN 7-80064-362-X:¥26.00

F239　　**006444**
西方审计/冯均科主编;程安林等编写 .—西安:陕西人民出版社,1995.11.—372 页;20cm
现代会计系列教材
ISBN 7-224-03989-6:¥12.80

F239　　**006445**
现代审计/张国庆,陈东主编.—青岛:青岛出版社,1995.5.—281 页;20cm.—(现代经济理论丛书/谭崇台,伍海华主编)
ISBN 7-5436-1211-9:¥10.50

F239-61　　**006446**
维汉审计会计辞典/邵伯歧主编.—北京:中国审计出版社,1995.12.—256,610 页;26cm
ISBN 7-80064-375-1(精装):¥98.00

F239-62　　**006447**
审计师手册/奚淑琴等主编;《审计师手册》编委会编.—修订版.—北京:国际文化出版公司,1995.8.—1412 页;26cm.—(最新中国审计实用全书)
ISBN 7-80105-280-3(精装):¥198.00

F239.0　　**006448**
高等教育审计学自学考试大纲:含考核目标/全国高等教育自学考试指导委员会制订.—北京:中国财政经济出版社,1995.7.—74 页;19cm
ISBN 7-5005-2844-2:¥2.50

F239.0　　**006449**
审计/中国注册会计师教育教材编审委员会编 .—北京:经济科学出版社,1995.8.—826 页;20cm
注册会计师专门化系列教材
ISBN 7-5058-0850-8:¥31.90

F239.0　　**006450**
审计/张以宽主编.—北京:中国财政经济出版社,1995.4.—442 页;19cm
注册会计师自学系列教材
ISBN 7-5005-2834-5:¥14.90

F239.0　　**006451**
审计/财政部注册会计师全国考试委员会办公室编.—大连:东北财经大学出版社,1995.4.—487 页;19cm
'95 年度注册会计师全国统考指定辅导教材
ISBN 7-81044-052-7:¥14.00

F239.0　　**006452**
审计/全国会计专业技术资格考试领导小组办公室编.—北京:中国财政经济出版社,1995.9.—454 页;19cm
全国会计专业技术资格考试指定用书 会计师资格考试
ISBN 7-5005-2912-0:¥15.00

F239.0　　**006453**
审计概论/蔡秀勇等主编.—北京:中国审计出版社,1995.7.—308 页;20cm
最新会计系列教程
ISBN 7-80064-378-6:¥10.80

F239.0　　**006454**
审计基础知识/朱守愚主编.—2 版.—北京:中国商业出版社,1995.8.—327 页;19cm
中等专业学校试用教材
ISBN 7-5044-2129-4:¥10.80

F239.0　　**006455**
审计基础知识/张凤林主编.—北京:中国商业出版社,1995.7.—446 页;19cm
中等职业学校财会系列教材
ISBN 7-5044-2580-X:¥13.55

F239.0　　**006456**
审计学/李若山主编.—沈阳:辽宁人民出版社,1995.4.—597 页;20cm
厦门大学会计系列教材
ISBN 7-205-03214-8:¥19.00

F239.0　　**006457**
审计学/王泽青主编.—北京:中国人事出版社,1995.1.—319 页;20cm
山东干部函授大学教材
ISBN 7-80076-627-6:¥7.40

F239.0　　**006458**
审计学/白春奎主编.—2 版(修订本).—大连:东北财经大学出版社,1995.3.—322 页;19cm
高等财经管理干部院校试用教材
ISBN 7-81005-584-4:¥10.00

F239.0　　**006459**
审计学/钱晓风,李昌龙编.—合肥:安徽大学出版社,1995.9.—284 页;20cm
ISBN 7-81052-005-9:¥10.00

F239.0　　**006460**
审计学/钱培钧主编;全国高等教育自学考试指导委员会组编.—北京:中国财政经济出版社,1995.4.—384 页;20cm
全国高等教育自学考试教材
ISBN 7-5005-2819-1:¥10.20

F239.0　　**006461**
审计学/刘大贤主编.—北京:北京经济学院出版社,1995.11.—471 页;20cm
会计学专业系列教材
ISBN 7-5638-0512-5:¥14.90

F239.0　006462
审计学/王金玲等主编.—沈阳:东北大学出版社,1995.12.—415页;19cm
ISBN 7-81054-043-2: ¥13.80

F239.0　006463
审计学概论/张永科主编.—沈阳:辽宁人民出版社,1995.3.—282页;19cm
成人高等教育会计学专业(专科)统编教材
ISBN 7-205-03256-3: ¥6.60

F239.0　006464
审计学基础/惠尚文,姜锡明主编.—乌鲁木齐:新疆人民出版社,1995.4.—388页;19cm
ISBN 7-228-03418-X: ¥11.60

F239.0　006465
审计学基础/郭茂祥,蒋武主编.—2版(修订本).—北京:中国财政经济出版社,1995.2.—283页;20cm
高等财经专科学校教材
ISBN 7-5005-2325-4: ¥6.30

F239.0　006466
审计学基础/毕庶军主编.—成都:西南财经大学出版社,1995.7.—310页;19cm
中等专业学校教材
ISBN 7-81017-915-2: ¥11.80

F239.0　006467
审计学基础/史元,齐兴利主编.—哈尔滨:哈尔滨船舶工程学院出版社,1995.10.—310页;19cm
ISBN 7-81007-619-1: ¥11.80

F239.0　006468
审计学基础/杜鹃,吴志林编.—北京:电子工业出版社,1995.3.—306页;20cm
中等专业学校、工科电子类规划教材
ISBN 7-5053-2740-2: ¥6.00

F239.0　006469
审计学学习指导书/高子宏主编.—武汉:湖北科学技术出版社,1995.5.—261页;20cm
ISBN 7-5352-1673-0: ¥7.90

F239.0　006470
审计学应试指南/刘正光,康顺平主编.—长沙:湖南出版社,1995.6.—393页;19cm.—(应试指南丛书)
ISBN 7-5438-1005-0: ¥11.70

F239.0　006471
审计学自学指导书/钱培钧主编.—北京:中国财政经济出版社,1995.5.—265页;19cm
全国高等教育自学考试教材
ISBN 7-5005-2838-8: ¥7.00

F239.0　006472
审计主体概论/周慎等编著 .—北京:中国审计出版社,1995.7.—491页;20cm
ISBN 7-80064-356-5: ¥20.00

F239.0　006473
现代审计学/马勇,李扬主编.—郑州:河南人民出版社,1995.7.—325页;20cm
ISBN 7-215-03481-X: ¥13.60

F239.0　006474
现代审计学/牛银栓等主编.—西安:陕西科学技术出版社,1995.7.—389页;19cm
ISBN 7-5369-2359-7: ¥12.50

F239.0　006475
现代审计学/周洋,吕传久主编.—北京:中国检察出版社,1995.2.—390页;20cm
ISBN 7-80086-283-6: ¥13.88

F239.0　006476
新编审计学/张龙平主编.—武汉:武汉大学出版社,1995.8.—283页;20cm
ISBN 7-307-02003-3: ¥8.20

F239.0　006477
新编审计学基础/谢芳,向建深主编;杨新等编.—重庆:西南师范大学出版社,1995.8.—340页;19cm
ISBN 7-5621-1384-x: ¥8.80

F239.0-44　006478
审计基础知识习题/韩志方主编.—北京:中国商业出版社,1995.7.—106页;26cm
中华会计函授学校教材
ISBN 7-5044-2363-7: ¥4.30

F239.1　006479
抽样审计/吴立煦编著.—上海:立信会计出版社,1995.7.—225页;20cm
ISBN 7-5429-0280-6: ¥9.00

F239.1　006480
电算化审计与会计决策支持系统/袁树民编著.—上海:立信会计出版社,1995.5.—309页;20cm
ISBN 7-5429-0281-4: ¥11.50

F239.1　006481
计算机审计/姜灵敏等编著.—长沙:中南工业大学出版社,1995.11.—243页;20cm
现代会计学系列教材
ISBN 7-81020-801-2: ¥10.00

F239.1　006482
内部控制系统评价/方向主编.—北京:中国审计出版社,1995.12.—376页;20cm
ISBN 7-80064-365-4: ¥15.00

F239.1　006483
现代审计理论与实务:电算抽样审计系统与注册会计师审计技术/张友棠等著.—武汉:武汉工业大学出版社,1995.5.—334页;20cm
ISBN 7-5629-0978-4: ¥12.00

F239.1-65　006484
国际政府审计标准:汉、英文对照/中华人民共和国审计署外事司编译.—北京:中国财政经济出版社,1995.3.—109页;20cm
ISBN 7-5005-2721-7: ¥4.00

F239.21　006485
世界各国政府审计/郑力主编;中华人民共和国审计署外事司编.—北京:中国审计出版社,1995.1.—408页;20cm
ISBN 7-80064-315-8: ¥13.00

F239.22　006486
迎接21世纪的挑战:中国审计现状与未来趋势/庄

恩岳著.—北京:中国审计出版社,1995.2.—160页;19cm
ISBN 7-80064-349-2:¥6.50

F239.22　　006487
中国古代审计史话/方宝璋著.—北京:中华书局,1995.6.—236页;19cm.—(文史知识文库)
ISBN 7-101-01329-5:¥10.00

F239.22-53　　006488
硕果:南京军区审计十年成果文集/王传武主编.—南京:南京出版社,1995.6.—660页;20cm
ISBN 7-80560-914-4:¥24.00

F239.22-61　　006489
现代中国审计事典/邢俊芳编著.—北京:中国审计出版社,1995.6.—247页;19cm
ISBN 7-80064-370-0:¥7.00

F239.22-61　　006490
新编实用审计大全/崔健民主编.—北京:经济管理出版社,1995.4.—692页;26cm
ISBN 7-80025-951-X(精装):¥130.00

F239.222　　006491
审计署职位说明书汇编/郭振乾主编.—北京:中国审计出版社,1995.11.—2册(1096页);20cm
ISBN 7-80064-416-2:¥40.00

F239.222　　006492
中华人民共和国审计事务所名录/审计署审计管理司编著.—北京:奥林匹克出版社,1995.10.—369页;26cm
ISBN 7-80067-253-0(精装):¥100.00

F239.41　　006493
假帐甄别与防范/赵保卿主编.—北京:中国审计出版社,1995.6.—434页;20cm
ISBN 7-80064-361-1:¥13.00

F239.41　　006494
新财务审计实务/黄志邦,曾洪波编著.—修订本.—北京:中国审计出版社,1995.4.—276页;20cm.—(新财务会计审计实用丛书;5)
ISBN 7-80064-366-2:¥9.80

F239.42　　006495
经济效益审计/孙福明编著.—哈尔滨:黑龙江人民出版社,1995.9.—354页;19cm
ISBN 7-207-03134-3:¥13.00

F239.42　　006496
经济效益审计/邢俊芳,吕文基著.—北京:人民出版社,1995.8.—242页;20cm
ISBN 7-01-002237-2:¥11.00

F239.43　　006497
西方民间审计/裘宗舜,张蕊编著.—北京:中国财政经济出版社,1995.6.—244页;20cm
ISBN 7-5005-2559-1:¥7.80

F239.6　　006498
企业财务审计/鲍国明主编.—天津:南开大学出版社,1995.5.—390页;20cm
ISBN 7-310-00830-8:¥12.50

F239.6　　006499
文化审计/孔繁涛,芦钟林主编.—北京:中国审计出版社,1995.10.—290页;19cm
ISBN 7-80064-363-8:¥10.00

F239.61　　006500
农村经济审计/陈国镛主编.—沈阳:辽宁人民出版社,1995.3.—189页;19cm
ISBN 7-205-03209-1:¥6.00

F239.62　　006501
铁路审计学/杨爱芬,王申庆主编.—北京:冶金工业出版社,1995.2.—330页;20cm
ISBN 7-5024-1583-1:¥14.00

F239.62　　006502
中外合资合作企业审计实务/孙宝厚等主编.—兰州:甘肃人民出版社,1995.3.—420页;20cm
ISBN 7-226-01460-2:¥16.50

F239.62-62　　006503
新编民航运输企业审计实用指南/王向东主编.—北京:中国民航出版社,1995.11.—179页;20cm
ISBN 7-80110-021-2:¥10.00

F239.64　　006504
商品流通企业审计实务/喻政祥,张彦珍主编.—北京:中国物资出版社,1995.4.—224页;20cm
ISBN 7-5047-1095-4:¥13.00

F239.65　　006505
多彩与审慎:对非银行金融机构的稽核监督/房诗文编著.—北京:中国金融出版社,1995.6.—101页;19cm.—(金融稽核监督系列丛书;5/任新有主编)
ISBN 7-5049-1446-0:¥5.00

F239.65　　006506
建设银行内部审计实务/顾京圃主编.—北京:中国金融出版社,1995.2.—338页;19cm
岗位培训教材
ISBN 7-5049-1375-8:¥15.00

F239.65　　006507
金融企业审计/张子叶主编.—成都:西南财经大学出版社,1995.3.—249页;20cm.—(西南财经大学会计学教材系列)
ISBN 7-81017-895-4:¥7.80

F239.65　　006508
农业银行审计/谢剑波,喻家国主编.—长沙:湖南科学技术出版社,1995.8.—320页;19cm
ISBN 7-5357-1815-9:¥11.00

F239.65　　006509
审计原理与金融审计/李桂荣,郑师有主编.—北京:中国金融出版社,1995.7.—292页;20cm
高等专科学校金融类教材
ISBN 7-5049-1448-7:¥10.00

F239.65　　006510
新编会计、纳税检查知识与技能/施羽明等主编.—南宁:广西人民出版社,1995.9.—295页;19cm
ISBN 7-219-03011-8:¥8.80

F239.65　　006511
新金融审计/王晓冬主编.—成都:四川大学出版社,1995.8.—382页;19cm

ISBN 7-5614-1164-2: ¥11.50

F239.66 006512

行政事业单位审计/胡俊成,雷春平编著.—成都:西南财经大学出版社,1995.11.—292页;19cm

ISBN 7-81055-030-6: ¥12.80

F239.66-53 006513

1994年全国行政事业审计研讨会论文选编/审计署行政事业审计司编.—北京:中国审计出版社,1995.8.—640页;20cm

ISBN 7-80064-371-9: ¥16.00

F239.67 006514

涉外审计基础/涉外审计基础编写组编著.—北京:中国对外经济贸易出版社,1995.5.—261页;19cm

ISBN 7-80004-448-3: ¥9.00

F24 劳动经济

F24 006515

劳动经济专业知识与实务应试指导:初、中级/塞风,赵履宽主编.—北京:企业管理出版社,1995.2.—2册;26cm.—(经济学博士编著"1995年经济专业资格考试应试指导"丛书)

全国经济专业技术资格考试指定教材 理想配套辅导用书

ISBN 7-80001-522-X: ¥31.60

F240 006516

劳动社会学/潘锦棠主编;劳动部职业技能开发司、人事司组织编写.—北京:中国劳动出版社,1995.5.—247页;20cm

劳动经济管理专业高等教育教材

ISBN 7-5045-1683-X: ¥8.50

F240 006517

劳务经济论/陈荣辉等著.—上海:上海远东出版社,1995.12.—200页;20cm.—(经济热点系列读物)

ISBN 7-80613-233-3: ¥15.50

F240 006518

人力资源管理概论/程国义编.—合肥:安徽教育出版社,1995.3.—298页;19cm

ISBN 7-5336-1699-5: ¥5.70

F240 006519

人力资源管理理论与实务/廖洪元编著.—成都:电子科技大学出版社,1995.11.—307页;20cm

工商与行政管理硕士(MBA)系列教材

ISBN 7-81043-272-9: ¥9.45

F240 006520

人力资源开发管理的理论与实践:中国加拿大案例比较研究/张国初主编.—北京:社会科学文献出版社,1995.2.—220页;19cm

ISBN 7-80050-572-3: ¥9.80

F240 006521

人力资源开发与管理/王云昌,李冠华编著.—北京:水利电力出版社,1995.10.—190页;19cm.—(经营管理丛书/张阳,何似龙主编)

高等学校、干部培训教材

ISBN 7-120-02260-1: ¥8.50

F240 006522

人力资源开发与管理/陈远敦,陈全明主编.—北京:中国统计出版社,1995.6.—395页;20cm

工商管理硕士(MBA)系列教材

ISBN 7-5037-1930-3: ¥17.50

F240 006523

腾飞之路:人力资源的管理与开发/(加拿大)韦菲立(Wright,P.C.),金占明著;中国国际人才交流协会组织编写.—北京:中国轻工业出版社,1995.1.—199页;19cm

ISBN 7-5019-1727-2: ¥8.00

F240 006524

怎样开发和管理人力资源/日本LEC·东京法思株式会社编著.—上海:复旦大学出版社,1995.5.—250页;20cm.—(企业、市场与法系列·走向规范:市场经济经营管理技法丛书)

ISBN 7-309-01523-1: ¥9.00

F241 006525

劳动人事管理学/李树森主编.—沈阳:东北大学出版社,1995.1.—475页;20cm

ISBN 7-81006-934-9: ¥15.00

F241 006526

劳动人事统计学/吴源,邢建伟主编.—郑州:河南人民出版社,1995.10.—353页;20cm

ISBN 7-215-03568-9: ¥16.80

F241 006527

准市民论纲:中国农户非农产业群体研究/吕世辰等著.—北京:中国环境科学出版社,1995.10.—226页;26cm

ISBN 7-80093-893-X: ¥16.00

F241.1 006528

劳动统计学/王健编著.—北京:中国商业出版社,1995.5.—272页;20cm.—(劳动经济管理丛书)

ISBN 7-5044-2063-8: ¥15.20

F241.2 006529

劳动力市场运作与管理/谌新民主编.—南昌:江西高校出版社,1995.11.—384页;19cm

ISBN 7-81033-514-6: ¥12.00

F241.3 006530

劳动政策/(法)蒂利埃(Thuillier,G.)著;宇泉译.—北京:商务印书馆,1995.12.—138页;19cm.—(我知道什么?)

据法国大学出版社1981年第1版译出

ISBN 7-100-01973-7: ¥7.50

F243 006531

现代企业劳动管理学/朱万俊,葛培波著.—济南:黄河出版社,1995.12.—293页;20cm

ISBN 7-80558-688-8: ¥12.50

F243.4-53 006532

全国劳动竞赛论文选/张进禄主编.—北京:中国工人出版社,1995.10.—726页;20cm

ISBN 7-5008-1807-6: ¥27.50

F243.5　006533
职业技能鉴定概论/彭瑜等编著.—武汉:华中师范大学出版社,1995.10.—183页;20cm.—(考试科学丛书/杨葆焜主编)
ISBN 7-5622-1544-8:¥8.20

F243.5-62　006534
职业技能鉴定考评员指导手册/秦喆主编.—沈阳:辽宁科学技术出版社,1995.6.—331页;19cm
ISBN 7-5381-2178-1:¥12.00

F243.5-65　006535
职业技能标准选编/劳动部教材办公室选编.—北京:中国劳动出版社,1995.8.—300页;19cm
ISBN 7-5045-1775-5:¥16.00

①F244②F840　006536
社会主义市场经济中的分配制度与社会保障制度/潘锐军著.—青岛:青岛出版社,1995.12.—215页;20cm.—(社会主义市场经济论丛/徐长聚等主编)
ISBN 7-5436-1145-7:¥8.20

F244-62　006537
劳动工资管理实用手册/刘雅竹主编.—沈阳:辽宁人民出版社,1995.12.—272页;20cm
内部发行
ISBN 7-205-03557-0:¥9.50

F249.1　006538
世界各国经济发展中劳动市场的变化/裴小革著.—北京:中国大百科全书出版社,1995.10.—139页;19cm.—(百卷本世界市场全书/顾海良等主编)
ISBN 7-5000-5528-5:¥9.80

F249.1　006539
世界主要国家劳动就业政策概观/毛立言编著.—北京:中国大百科全书出版社,1995.10.—157页;19cm.—(百卷本世界市场全书/顾海良等主编)
ISBN 7-5000-5526-9:¥9.80

F249.11　006540
发展中国家劳动市场/张盘铭等编著.—北京:中国大百科全书出版社,1995.10.—153页;19cm.—(百卷本世界市场全书/顾海良等主编)
ISBN 7-5000-5525-0:¥9.80

F249.2　006541
1996~2010中国劳动事业发展预测:劳动工资社会保险福利计划模型应用报告/王东岩等著.—北京:中国劳动出版社,1995.3.—177页;20cm
ISBN 7-5045-1730-5:¥8.00

F249.2　006542
劳动关系·劳动者·劳权:当代中国的劳动问题/常凯主编.—北京:中国劳动出版社,1995.8.—557页;20cm
ISBN 7-5045-1790-9:¥24.00

F249.21　006543
中国劳动力资源与妇女就业问题研究/李慧京,吴国兰主编.—北京:中国民航出版社,1995.8.—192页;20cm
ISBN 7-80110-033-6:¥12.80

F249.23　006544
全国劳动定员定额学术研讨文集　(三)/中国劳动学会定员定额专业委员会,全国劳动定额定员标准化技术委员会编.—北京:中国劳动出版社,1995.7.—564页;19cm
ISBN 7-5045-1745-3:¥22.00

F249.23　006545
中国劳动关系导论/齐志荣,徐小洪主编.—杭州:浙江人民出版社,1995.3.—236页;20cm
ISBN 7-213-01148-0:¥7.50

F249.23　006546
中华人民共和国职业技能鉴定规范:家用电器维修专业/劳动部,国内贸易部颁发.—北京:人民邮电出版社,1995.9.—182页;19cm
ISBN 7-115-05780-X:¥12.00

F249.23　006547
中华人民共和国职业技能鉴定规范:考核大纲:车工/机械工业部编.—北京:机械工业出版社,1995.6.—62页;19cm
ISBN 7-111-04724-9:¥5.00

F249.23　006548
中华人民共和国职业技能鉴定规范:考核大纲:电工/机械工业部编.—北京:机械工业出版社,1995.6.—45页;19cm
ISBN 7-111-04727-3:¥5.00

F249.23　006549
中华人民共和国职业技能鉴定规范:考核大纲:电焊工/机械工业部编.—北京:机械工业出版社,1995.6.—51页;19cm
ISBN 7-111-04720-6:¥5.00

F249.23　006550
中华人民共和国职业技能鉴定规范:考核大纲:锻造工/劳动部,机械工业部颁发.—北京:机械工业出版社,1995.6.—48页;19cm
ISBN 7-111-04723-0:¥5.00

F249.23　006551
中华人民共和国职业技能鉴定规范:考核大纲:工具钳工/劳动部,机械工业部颁发.—北京:机械工业出版社,1995.6.—54页;19cm
ISBN 7-111-04730-3:¥5.00

F249.23　006552
中华人民共和国职业技能鉴定规范:考核大纲:机修钳工/劳动部,机械工业部颁发.—北京:机械工业出版社,1995.6.—45页;19cm
ISBN 7-111-04725-7:¥5.00

F249.23　006553
中华人民共和国职业技能鉴定规范:考核大纲:模样工/劳动部,机械工业部颁发.—北京:机械工业出版社,1995.6.—41页;19cm
ISBN 7-111-04728-1:¥5.00

F249.23　006554
中华人民共和国职业技能鉴定规范:考核大纲:磨工/劳动部,机械工业部颁发.—北京:机械工业出版社,1995.6.—46页;19cm
ISBN 7-111-04719-2:¥5.00

F249.23　006555

中华人民共和国职业技能鉴定规范:考核大纲:钳工/机械工业部编.—北京:机械工业出版社,1995.6.—51页;19cm

ISBN 7-111-04729-X:¥5.00

F249.23　　006556

中华人民共和国职业技能鉴定规范:考核大纲:热处理工/劳动部,机械工业部颁发.—北京:机械工业出版社,1995.6.—44页;19cm

ISBN 7-111-04721-4:¥5.00

F249.23　　006557

中华人民共和国职业技能鉴定规范:考核大纲:无线电机械装校工、无线电装接工、无线电调试工/劳动部,电子工业部颁发 .—北京:中国标准出版社,1995.10.—115页;19cm

附考试样卷

ISBN 7-5066-1101-5:¥9.00

F249.23　　006558

中华人民共和国职业技能鉴定规范:考核大纲:铣工/劳动部,机械工业部颁发.—北京:机械工业出版社,1995.6.—65页;19cm

ISBN 7-111-04722-2:¥5.00

F249.23　　006559

中华人民共和国职业技能鉴定规范:考核大纲:铸造工/劳动部,机械工业部颁发.—北京:机械工业出版社,1995.6.—55页;19cm

ISBN 7-111-04726-5:¥5.00

F249.23　　006560

中华人民共和国职业技能鉴定规范:考核大纲:镗工/劳动部,机械工业部颁发.—北京:机械工业出版社,1995.6.—43页;19cm

ISBN 7-111-04718-4:¥5.00

F249.24　　006561

社会主义要素报酬概论:我国市场经济条件下的个人收入分配/周勤淑等著.—北京:中共中央党校出版社,1995.4.—227页;19cm

ISBN 7-5035-1129-X:¥4.50

F249.24　　006562

市场经济的工资运行:中国工资运行机制改革研究/文魁主编.—北京:北京经济学院出版社,1995.1.—181页;20cm

ISBN 7-5638-0474-9:¥5.80

F249.24-62　　006563

最新劳资业务实用知识手册/王月凤主编.—北京:中国劳动出版社,1995.12.—814页;20cm

ISBN 7-5045-1841-7(精装):¥85.00

F249.275.33　　006564

南通市劳动志:1899~1990/瞿光能主编.—南京:江苏人民出版社,1995.6.—505页:照片;20cm

ISBN 7-214-01484-X(精装):¥30.00

F249.275.7-54　　006565

福建劳动统计年鉴　1995/郑国辉,江金和主编;福建省统计局编.—北京:中国统计出版社,1995.6.—286页;26cm

ISBN 7-5037-1970-2:¥82.00

F249.276.5　　006566

走向成功之路:深圳接收和使用院校毕业生工作探索/陈安仁主编.—深圳:海天出版社,1995.12.—413页;20cm

ISBN 7-80615-213-X:¥25.00

①F249.276.58②D669.7　　006567

香港劳工与社会保障/王雁异编著.—北京:中国经济出版社,1995.12.—232页;19cm.—(港澳台实用经济丛书/谢明干,杨松华主编)

ISBN 7-5017-3476-3:¥8.80

F249.277.1　　006568

内江地区劳动志/四川省内江市劳动局编.—成都:四川大学出版社,1995.6.—164页;26cm.—(内江地区地方志丛书;36)

ISBN 7-5614-1162-6(精装):¥30.00

F249.277.42　　006569

大理白族自治州劳动志/杨朝栋主编;大理白族自治州劳动局编.—昆明:云南民族出版社,1995.9.—288页;26cm.—(云南省地方志丛书)

ISBN 7-5367-1089-5(精装):¥50.00

F25 物资经济

F25　　006570

物资经济专业知识与实务应试指导:初、中级/塞风,赵履宽主编.—北京:企业管理出版社,1995.2.—2册;26cm.—(经济学博士编著"1995年经济专业资格考试应试指导"丛书)

ISBN 7-80001-531-9:¥31.60

F25-62　　006571

物资经济专业考试指南:初级/《物资经济专业考试指南》编写组编.—北京:中国物资出版社,1995.1.—133页;26cm

国内贸易部人事司、人事部全国人事考试中心专业技术资格考试指定辅导教材

ISBN 7-5047-1096-2:¥10.00

F25-62　　006572

物资经济专业考试指南:中级/《物资经济专业考试指南》编写组编.—北京:中国物资出版社,1995.1.—183页;26cm

国内贸易部人事司、人事部全国人事考试中心专业技术资格考试指定辅导教材

ISBN 7-5047-1097-0:¥12.00

F252　　006573

物资流通概论/袁士高,薛宝田编.—北京:中国铁道出版社,1995.11.—125页;26cm

高等学校试用教材

ISBN 7-113-02150-6:¥5.20

F253.4　　006574

仓储管理/罗楚云编著.—北京:中国民航出版社,1995.9.—169页;26cm

民航工人技术等级培训教材 航材专业

ISBN 7-80110-017-4:¥16.60

F253.4－65　006575

煤炭工业物资供应管理规范及煤炭物资仓库安全技术操作规程/中国煤炭物资总公司,中国煤炭工业物资仓储协会制定.—北京:煤炭工业出版社,1995.2.—259页;19cm

ISBN 7－5020－1240－0:¥9.50

F253.5　006576

物资消耗定额概论/薛宝田,黄才骏主编.—北京:中国铁道出版社,1995.6.—287页;19cm

ISBN 7－113－02006－2:¥10.00

F253.9　006577

物资管理信息系统/马元颉编.—北京:水利电力出版社,1995.4.—153页;26cm

高等学校教材

ISBN 7－120－02102－8:¥5.80

F259.2－54　006578

中国生产资料市场统计年鉴　1994/李露华,马蜀瑜主编;国家统计局贸易外经统计司编.—北京:中国统计出版社,1995.6.—634页;26cm

ISBN 7－5037－1927－3:¥88.00

F259.23　006579

物资企业经营技巧/王志斌著.—太原:山西经济出版社,1995.12.—172页;19cm

ISBN 7－80577－939－2:¥8.80

F259.275.71　006580

福州市物资志/《福州市物资志》编纂办公室编.—厦门:鹭江出版社,1995.9.—301页:彩照;26cm

ISBN 7－80610－246－9(精装):¥38.00

F27　企业经济

F27　006581

国际工商管理/朱立南主编.—北京:中国人民大学出版社,1995.10.—343页;20cm

ISBN 7－300－02083－6:¥12.40

F27　006582

教学与辅导:企业经营管理专业:1994级　第5期/中央农业广播电视学校主办.—北京:中国农业出版社,1995.3.—48页;26cm

ISBN 7－109－03940－4:¥2.00

F27　006583

巨星之光/何阳主编.—北京:国际文化出版公司,1995.8.—3册:彩照;26cm

包括《世界名牌制胜方略全书》、《中国明星企业创业启示录》、《中国企业扭亏增盈典型范例》三册。

ISBN 7－80105－301－X(精装):¥450.00

F27　006584

跨世纪青工成才之路:全国青年岗位能手活动集萃/共青团中央青工部编.—北京:北京大学出版社,1995.3.—223页;20cm

ISBN 7－301－02471－1:¥8.50

F27　006585

企海随笔/谢益美著.—厦门:厦门大学出版社,1995.1.—237页;19cm

ISBN 7－5615－0986－7:¥6.50

F27　006586

企业成功的奥秘:CIS战略实例评析/安亚利,朱立恩编著.—北京:北京经济学院出版社,1995.2.—221页;19cm.—(CIS战略丛书/朱立恩主编)

ISBN 7－5638－0465－X:¥6.50

F27　006587

企业活力对策/王洪林著.—北京:经济科学出版社,1995.7.—127页;19cm

ISBN 7－5058－0827－3:¥5.80

F27　006588

企业竞争情报研究/陈翔宇等编著.—北京:兵器工业出版社,1995.3.—282页;20cm

ISBN 7－80038－873－5:¥6.90

F27　006589

企业撰稿人实务/徐江主编.—天津:南开大学出版社,1995.7.—282页;20cm

ISBN 7－310－00851－0:¥9.50

F27　006590

企业组织行为规范/张忠军,张双根编著.—北京:中国计量出版社,1995.9.—215页;20cm.—(现代企业行为规范丛书;1/刘文华主编)

ISBN 7－5026－0824－9:¥9.50

F27　006591

实用商战谋略/卫星,晓维编著.—北京:蓝天出版社,1995.1.—182页;19cm

ISBN 7－80081－566－8:¥4.80

F270　006592

365个点子:一日一谋/王香春主编.—沈阳:辽宁民族出版社,1995.12.—548页;19cm

ISBN 7－80527－567－X:¥16.00

F270　006593

CIS:企业形象设计与文化营销/郑继方著.—北京:石油工业出版社,1995.10.—340页;20cm.—(市场营销新潮丛书/王煌今主编)

ISBN 7－5021－1516－1:¥12.80

F270　006594

CIS:中国企业形象战略/董锡健,潘肖珏主编.—上海:复旦大学出版社,1995.3.—225页;20cm

ISBN 7－309－01423－5:¥8.50

F270　006595

CI策划原理/喻国华等著.—北京:中国科学技术出版社,1995.9.—288页;19cm

ISBN 7－5046－2047－5:¥14.80

F270　006596

CI设计的春天:市场经济中企业的形象和CI意识/励忠发编著.—北京:国际文化出版公司,1995.1.—192页:图;20cm

ISBN 7－80105－108－4:¥15.00

F270　006597

CI实务:企业形象设计/郜启扬等著.—北京:知识出版社,1995.6.—298页;19cm.—(现代商战系列)

ISBN 7－5015－1265－5:¥8.00

F270　006598
兵法经营概论 /周述实主编 .—北京:中国计划出版社,1995.12.—343 页;20cm
ISBN 7-80058-454-2: ¥18.00

F270　006599
创业和经营/孙涤著.—上海:上海人民出版社,1995.9.—227 页;20cm.—(现代工商管理丛书/尹尊声,海闻主编)
ISBN 7-208-02071-X: ¥12.00

F270　006600
创业与经营管理/刘建洲等编著.—北京:中国青年出版社,1995.12.—262 页;20cm.—(成功创业丛书)
ISBN 7-5006-2096-9: ¥11.40

F270　006601
创业与人生设计/刘道玉编著.—北京:中国青年出版社,1995.12.—260 页;20cm.—(成功创业丛书)
ISBN 7-5006-1926-X: ¥11.80

F270　006602
大创新:企业活力论/黄顺基等主编;李保明等编著.—北京:科学技术文献出版社,1995.8.—371 页;20cm
ISBN 7-5023-2476-3: ¥14.00

F270　006603
公共关系与企业经营/苗培恩主编.—郑州:河南人民出版社,1995.8.—281 页;20cm
ISBN 7-215-03501-8: ¥13.00

F270　006604
管理系统设计/朱福东编著 .—北京:中国人民大学出版社,1995.12.—431 页;20cm.—(中国人民大学、麦吉尔大学合作出版管理学丛书)
ISBN 7-300-02143-3: ¥16.80

F270　006605
管理中的经济学/海闻,林双林著.—上海:上海人民出版社,1995.12.—208 页;20cm.—(现代工商管理丛书/尹尊声,海闻主编)
ISBN 7-208-02153-8: ¥10.00

F270　006606
国际企业管理学/杨海涛编.—广州:暨南大学出版社,1995.12.—520 页;20cm.—(企业管理专业系列教材/罗龙昌主编)
ISBN 7-81029-423-7: ¥22.00

F270　006607
国外企业经营管理比较研究/王树林主编.—北京:中国经济出版社,1995.1.—263 页;20cm
ISBN 7-5017-3400-3: ¥8.80

F270　006608
国有制企业:改革与发展——产权制度改革与转换企业经营机制/李建中等主编.—西安:陕西人民出版社,1995.1.—386 页; 20cm.—(国有制企业改革论著;1)
ISBN 7-224-03747-8: ¥13.80

F270　006609
机遇与挑战:市场经济下的企业经营策略/周文建主编.—北京:新时代出版社,1995.6.—431 页;20cm
ISBN 7-5042-0252-5: ¥17.40

F270　006610
教你赚大钱/徐德志编著.—广州:广东旅游出版社,1995.2.—335 页;20cm
ISBN 7-80521-549-9: ¥9.80

F270　006611
经营大师/东达西编著.—南宁:广西民族出版社,1995.10.—309 页;19cm.—(人生点子库)
ISBN 7-5363-3051-0: ¥10.80

F270　006612
跨文化管理/胡军编著.—广州:暨南大学出版社,1995.12.—346 页;20cm
企业管理专业教材
ISBN 7-81029-426-1: ¥15.00

F270　006613
玫琳凯谈人的管理/(美)艾施(Ash,M.K.)著;陈淑琴,范丽娟译.—杭州:浙江人民出版社,1995.10.—161 页;20cm
ISBN 7-213-01322-X: ¥9.00

F270　006614
企业"美容术":CIS 战略的视觉识别/吕美艳编著.—北京:北京经济学院出版社,1995.3.—147 页;19cm.—(CIS 战略丛书/朱立恩主编)
ISBN 7-5638-0467-6: ¥4.60

F270　006615
企业的企业家——契约理论/张维迎著.—上海:上海人民出版社:上海三联书店,1995.9.—313 页;20cm.—(当代经济学系列丛书·当代经济学文库/陈昕主编)
ISBN 7-208-02110-4: ¥18.00

F270　006616
企业的组织与效率/江绍伦等编著.—上海:复旦大学出版社,1995.4.—307 页;20cm.—(大学管理类教材丛书)
ISBN 7-309-01474-X: ¥9.00

F270　006617
企业风采的展示:CIS 战略的活动识别/黎少华等编著.—北京:北京经济学院出版社,1995.4.—197 页;19cm.—(CIS 战略丛书/朱立恩主编)
ISBN 7-5638-0466-8: ¥5.80

F270　006618
企业改革与管理研究/张昌尔,胡运钊主编;湖北省企业评价协会编.—北京:中国商业出版社,1995.11.—343 页;26cm
ISBN 7-5044-3086-2: ¥38.00

F270　006619
企业管理/时保棠主编.—西安:陕西人民出版社,1995.8.—454 页;20cm
ISBN 7-224-03936-5: ¥13.00

F270　006620
企业管理/李树义主编.—济南:山东大学出版社,1995.1.—501 页;20cm
ISBN 7-5607-1361-0: ¥9.30

F270　006621

企业管理概论/熊亚君主编.—成都:西南财经大学出版社,1995.3.—309页;19cm
ISBN 7-81017-897-0:¥8.90

F270　　006622
企业管理概论/魏素华等主编.—北京:中国科学技术出版社,1995.7.—253页;20cm
ISBN 7-5046-1979-5:¥8.20

F270　　006623
企业管理实践与思考/徐有德主编.—北京:企业管理出版社,1995.3.—308页;19cm
ISBN 7-80001-506-8:¥8.00

F270　　006624
企业管理学/金占明等编著.—北京:清华大学出版社,1995.8.—476页;20cm
ISBN 7-302-01839-1:¥11.50

F270　　006625
企业管理学习辅导与练习/范文星编著.—南京:河海大学出版社,1995.8.—211页;19cm
中等专业学校教材
ISBN 7-5630-0887-X:¥9.80

F270　　006626
企业管理学原理/郭灿章,张正河主编.—北京:中国农业出版社,1995.2.—251页;19cm
ISBN 7-109-03903-X:¥9.00

F270　　006627
企业管理学原理/江占民,丁森林主编.—北京:中国农业出版社,1995.5.—331页;19cm
ISBN 7-109-03950-1:¥10.50

F270　　006628
企业管理学原理学习指导/景立人,蒋同甫编.—北京:中国经济出版社,1995.5.—233页;19cm
ISBN 7-5017-1254-9:¥7.60

F270　　006629
企业管理与技术经济/唐齐千主编.—北京:机械工业出版社,1995.5.—249页;26cm
普通高等教育规划教材
ISBN 7-111-04366-9:¥9.60

F270　　006630
企业管理与市场营销/熊菊喜主编.—南昌:江西人民出版社,1995.7.—298页;19cm
ISBN 7-210-01540-X:¥8.80

F270　　006631
企业管理原理/贾欣昊等编.—北京:航空工业出版社,1995.8.—154页;26cm
ISBN 7-80046-902-6:¥7.50

F270　　006632
企业管理原理/陈锦新等编.—北京:军事医学科学出版社,1995.12.—151页;19cm
中国药科大学国际医药商学院教材(三)
ISBN 7-80121-029-8:¥6.00

F270　　006633
企业管理指导标准/周礼乐主编.—大连:大连出版社,1995.8.—120页;19cm
ISBN 7-80612-191-9:¥8.80

F270　　006634
企业管理总论/张益中主编;全国企业管理干部学历教育(大专)教材编委会编.—北京:企业管理出版社,1995.3.—289页;20cm
全国企业管理干部培训系列教材
ISBN 7-80001-513-0:¥12.00

F270　　006635
企业规章制度初探/朱建江著.—上海:上海科学普及出版社,1995.10.—381页;20cm
ISBN 7-5427-0955-0:¥15.00

F270　　006636
企业国际形象塑造/吴照云主编.—南昌:江西高校出版社,1995.7.—285页;19cm.—(企业经营国际化丛书)
ISBN 7-81033-506-5:¥8.00

F270　　006637
企业家宝鉴:经营管理300信条/徐明天,李执孔编著.—北京:中共中央党校出版社,1995.12.—777页;20cm
ISBN 7-5035-1207-5:¥19.80

F270　　006638
企业家兵法经营录/刘伶编著.—北京:中国国际广播出版社,1995.9.—174页;19cm
ISBN 7-5078-0735-5:¥7.50

F270　　006639
企业家制胜谋略/陈敬良主编.—西安:陕西人民出版社,1995.7.—383页;20cm
ISBN 7-224-03837-7:¥10.80

F270　　006640
企业经营策划与实用计算方法/刘鸿著.—北京:中国物资出版社,1995.8.—489页;19cm
ISBN 7-5047-1104-7:¥18.00

F270　　006641
企业经营管理学/简智初主编.—贵阳:贵州民族出版社,1995.8.—316页;19cm
ISBN 7-5412-0596-6:¥8.80

F270　　006642
企业经营与商标广告策略/王学礼编著.—海口:海南出版社,1995.8.—68页;20cm.—(经济法律知识丛书;4/贾绍华主编)
全套共15册,总定价:178.00元
ISBN 7-80617-193-2:¥0.00

F270　　006643
企业经营战略管理/胡建绩等著.—上海:复旦大学出版社,1995.12.—483页;20cm
ISBN 7-309-01539-8:¥18.00

F270　　006644
企业经营之道:经济结构、产业结构、企业结构/邵兴国等著.—北京:中国人民大学出版社,1995.1.—284页;20cm
ISBN 7-300-01958-7:¥9.80

F270　　006645
企业控制学:建立一个有效率的控制体系的理论与实践/(德)施塔尔(Stahl,H.W.)著;朱乃新,郑寿康译

.—南京:江苏人民出版社,1995.1.—218页;20cm
ISBN 7-214-01389-4:¥9.80

F270　　006646
企业融资策略/王上游,罗雍主编.—南昌:江西人民出版社,1995.9.—388页;19cm
ISBN 7-210-01560-4:¥12.80

F270　　006647
企业涉外经营管理/卜军,王江主编.—哈尔滨:哈尔滨工程大学出版社,1995.6.—355页;19cm
ISBN 7-81007-561-6:¥12.50

F270　　006648
企业舞弊防范与对策/袁晓勇著.—北京:北京经济学院出版社,1995.2.—220页;19cm
ISBN 7-5638-0471-4:¥6.30

F270　　006649
企业形象CIS:策划·设计·实现/王效杰著.—北京:中国铁道出版社,1995.12.—188页:彩照;26cm
ISBN 7-113-01924-2:¥31.00

F270　　006650
企业形象策划/田平等主编.—北京:中央编译出版社,1995.1.—292页;20cm
ISBN 7-80109-056-X:¥9.80

F270　　006651
企业形象的魅力:CIS战略概述/朱立恩编著.—北京:北京经济学院出版社,1995.4.—223页;19cm.—(CIS战略丛书/朱立恩主编)
ISBN 7-5638-0463-3:¥6.10

F270　　006652
企业形象识别(CIS)与广告经营/马玉涛主编.—北京:中国广播电视出版社,1995.12.—312页;20cm.—(广告经营秘诀与实例丛书/沈厚文,徐军明主编)
ISBN 7-5043-2759-X:¥13.40

F270　　006653
企业形象战略/闵伟编著.—广州:暨南大学出版社,1995.12.—245页;19cm.　(新营销实战丛书;3)
ISBN 7-81029-427-X:¥10.00

F270　　006654
企业研究初探/刘庆余主编.—北京:地质出版社,1995.8.—143页;19cm
ISBN 7-116-01925-1:¥4.85

F270　　006655
企业战略管理/杨涛主编.—延吉:东北朝鲜民族教育出版社,1995.7.—276页;19cm
ISBN 7-5437-1943-6:¥8.85

F270　　006656
企业之魂:CIS战略的理念识别/徐建民等编著.—北京:北京经济学院出版社,1995.4.—172页;19cm.—(CIS战略丛书/朱立恩主编)
ISBN 7-5638-0464-1:¥5.20

F270　　006657
商场搏技:企业经营销售新思路/孙电,沈文燕著.—北京:经济日报出版社,1995.2.—247页;19cm
ISBN 7-80036-902-1:¥6.50

F270　　006658
生产企业的经营/(日)小野桂之介,(日)根来龙之著;周东晖等译.—修订版.—南京:南京大学出版社,1995.7.—170页;20cm
ISBN 7-305-02851-7:¥10.00

F270　　006659
生产与营销的信息策略/罗式胜编著.—广州:华南理工大学出版社,1995.5.—386页;20cm
ISBN 7-5623-0901-9:¥15.00

F270　　006660
市场经济与管理哲学/朱淑娣编著.—上海:百家出版社,1995.10.—239页;20cm
ISBN 7-80576-552-9:¥14.80

F270　　006661
市场经济与企业行为/王勇等编著.—武汉:湖北人民出版社,1995.3.—237页;20cm.—(市场纵横丛书)
ISBN 7-216-01641-6:¥7.00

F270　　006662
市场主体论/靳柯,顾平著.—昆明:云南科技出版社,1995.8.—243页;20cm
ISBN 7-5416-0853-X:¥16.80

F270　　006663
塑造企业形象的CI计划/陈平等编著.—上海:上海科技教育出版社,1995.8.—117页;26cm.—(现代设计丛书/陈平主编)
ISBN 7-5428-1083-9:¥16.00

F270　　006664
孙子兵法与经营谋略/赵瑞民,张乙辰编著.—哈尔滨:黑龙江人民出版社,1995.6.—254页;20cm
ISBN 7-207-03135-1:¥10.00

F270　　006665
孙子兵法与现代经济运筹/李鼎文主编.—南京:江苏人民出版社,1995.1.—301页;20cm
ISBN 7-214-01375-4:¥11.80

F270　　006666
外向型经济与人文环境/袁缉辉,刘炳福主编.—上海:学林出版社,1995.1.—127页;19cm
ISBN 7-80616-070-1:¥4.00

F270　　006667
微观经济分析在企业管理中的应用/孙青编著.—北京:经济科学出版社,1995.10.—155页;20cm
ISBN 7-5058-0831-1:¥7.50

F270　　006668
文化力论/姚玉忠等主编.—北京:文化艺术出版社,1995.12.—282页;19cm
ISBN 7-5039-1427-0:¥9.80

F270　　006669
下海第一步:怎样开公司办企业/(美)科克(Kirk,R.W.)著;夏赛花,唐劲松译.—北京:中国青年出版社,1995.10.—358页;20cm
ISBN 7-5006-1921-9:¥14.60

F270　　006670
现代工商企业管理/倪文岚主编.—北京:中国社会出版社,1995.8.—503页;20cm
ISBN 7-80088-610-7:¥18.00

F270　006671
现代工商企业管理学/王金安,尤利群编著.—杭州:杭州大学出版社,1995.12.—401页;20cm
ISBN 7-81035-870-7:¥15.00

F270　006672
现代管理经济学/赵国杰,孔军编著.—天津:天津人民出版社,1995.4.—379页;20cm
ISBN 7-201-02143-5:¥18.00

F270　006673
现代管理中的人/游永恒著.—贵阳:贵州教育出版社,1995.8.—240页;19cm
ISBN 7-80583-692-2:¥6.80

F270　006674
现代经济管理问题研究/熊维平主编.—长沙:中南工业大学出版社,1995.12.—358页;20cm
ISBN 7-81020-828-4:¥15.00

F270　006675
现代企业(公司)经营管理/彭清华主编.—长沙:湖南科学技术出版社,1995.2.—431页;19cm
ISBN 7-5357-0752-1:¥11.80

F270　006676
现代企业管理/于春云等主编.—沈阳:东北大学出版社,1995.8.—503页;19cm
ISBN 7-81006-996-9:¥16.80

F270　006677
现代企业管理/李安邦主编.—西安:陕西科学技术出版社,1995.2.—388页;19cm
ISBN 7-5369-2275-2:¥8.40

F270　006678
现代企业管理/蒋景楠等编著.—上海:华东理工大学出版社,1995.9.—288页;20cm
ISBN 7-5628-0583-0:¥14.00

F270　006679
现代企业管理/郑君璋,周宏大主编.—天津:天津科技翻译出版公司,1995.5.—2册(687页);19cm
ISBN 7-5433-0771-5:¥18.40

F270　006680
现代企业管理/梁树良,辛志明主编.—济南:黄河出版社,1995.8.—324页;20cm
ISBN 7-80558-618-7:¥11.80

F270　006681
现代企业管理/王翠霞等主编.—北京:中国农业出版社,1995.6.—228页;20cm
ISBN 7-109-04039-9:¥12.80

F270　006682
现代企业管理/崔晓萍主编.—长春:吉林大学出版社,1995.3.—344页;19cm
ISBN 7-5601-1686-8:¥8.90

F270　006683
现代企业管理/孟宪法等编.—徐州:中国矿业大学出版社,1995.8.—232页;26cm
高等学校规划教材
ISBN 7-81040-395-8:¥11.00

F270　006684
现代企业管理/谢朝凤等主编.—北京:中国商业出版社,1995.8.—332页;20cm
ISBN 7-5044-2954-6:¥11.30

F270　006685
现代企业管理/吴廷英主编.—北京:中国商业出版社,1995.10.—272页;19cm
ISBN 7-5044-3050-1:¥8.60

F270　006686
现代企业管理/王钊,季辉主编.—重庆:西南师范大学出版社,1995.8.—302页;26cm
ISBN 7-5621-1404-8:¥12.00

F270　006687
现代企业管理:创立与经营/肖德祥主编.—济南:山东大学出版社,1995.2.—349页;20cm
ISBN 7-5607-1495-1:¥11.80

F270　006688
现代企业管理:决策与方法/王炳福主编.—济南:山东大学出版社,1995.11.—460页;20cm
ISBN 7-5607-1596-6:¥16.80

F270　006689
现代企业管理概论/张劲松主编.—成都:西南财经大学出版社,1995.8.—333页;19cm
中等专业学校教材
ISBN 7-81017-916-0:¥11.80

F270　006690
现代企业管理概论/吴来君主编.—沈阳:东北大学出版社,1995.10.—417页;19cm
ISBN 7-81054-002-5:¥14.60

F270　006691
现代企业管理概论/黄世富,张益忠主编.—贵阳:贵州民族出版社,1995.8.—313页;19cm
ISBN 7-5412-0595-8:¥8.60

F270　006692
现代企业管理基础/张建三编著.—天津:天津人民出版社,1995.12.—360页;20cm
ISBN 7-201-02424-8:¥12.80

F270　006693
现代企业管理教学案例/熊菊喜主编.—南昌:江西科学技术出版社,1995.12.—205页;19cm
大中专院校配套教材
ISBN 7-5390-0994-2:¥7.98

F270　006694
现代企业管理经典表格汇编/李林编.—北京:国际文化出版公司,1995.11.—1214页;26cm
ISBN 7-80105-316-8(精装):¥217.00

F270　006695
现代企业管理全书/金光熙,康锦江主编.—沈阳:东北大学出版社,1995.12.—1815页;26cm
ISBN 7-81054-012-2(精装):¥138.00

F270　006696
现代企业管理新方略/秦在东著.—武汉:华中理工大学出版社,1995.12.—222页;20cm
ISBN 7-5609-1254-0:¥7.60

F270　006697

现代企业管理学/雷春主编.—北京:中国金融出版社,1995.3.—335 页;20cm.—(青年学者文库/雷春主编)
ISBN 7-5049-1392-8:¥12.80

F270 006698
现代企业管理学/徐强,侯汉平主编.—北京:中国环境科学出版社,1995.2.—404 页;20cm
ISBN 7-80093-739-9:¥12.00

F270 006699
现代企业管理学/梁祖晨,李明玉主编.—成都:西南财经大学出版社,1995.7.—623 页;20cm
ISBN 7-81017-991-8:¥23.90

F270 006700
现代企业管理学/宣家骥,李桂云著.—长沙:湖南出版社,1995.5.—464 页;19cm
ISBN 7-5438-0971-0:¥13.60

F270 006701
现代企业管理学/黄瑞荣等编著.—广州:暨南大学出版社,1995.11.—488 页;20cm
企业管理专业教材
ISBN 7-81029-390-7:¥19.50

F270 006702
现代企业管理学/宋瑞卿主编.—北京:中国商业出版社,1995.4.—371 页;20cm
ISBN 7-5044-2221-5:¥12.80

F270 006703
现代企业管理学/张宗斌,冯启海主编.—济南:济南出版社,1995.7.—343 页;20cm.—(社会主义市场经济与现代管理丛书)
ISBN 7-80572-959-X:¥9.80

F270 006704
现代企业管理学导论/杨道生等编著.—上海:上海科学技术出版社,1995.12.—226 页;26cm
ISBN 7-5323-4054-6:¥19.80

F270 006705
现代企业管理学原理/郑正元,范珂主编.—昆明:云南民族出版社,1995.12.—243 页;20cm
ISBN 7-5367-1129-8:¥14.00

F270 006706
现代企业管理原理/冯灿仪主编.—广州:广东人民出版社,1995.8.—416 页;20cm
ISBN 7-218-01999-4:¥16.80

F270 006707
现代企业管理原理/马玉琢等主编.—哈尔滨:哈尔滨工程大学出版社,1995.3.—282 页;19cm
ISBN 7-81007-532-2:¥10.00

F270 006708
现代企业管理原理/龙增瑞主编.—济南:山东人民出版社,1995.7.—368 页;20cm
山东干部函授大学教材
ISBN 7-209-01783-6:¥12.00

F270 006709
现代企业管理原理/金玉阶主编.—广州:中山大学出版社,1995.8.—356 页;20cm
ISBN 7-306-01030-1:¥14.80

F270 006710
现代企业家与企业管理观/李岩等著.—哈尔滨:黑龙江教育出版社,1995.9.—256 页;20cm.—(发展与改革丛书/熊映梧主编)
ISBN 7-5316-2695-0:¥7.50

F270 006711
现代企业经营管理的最新策略与方法/安应民主编.—北京:中国经济出版社,1995.4.—331 页;20cm
ISBN 7-5017-3406-2:¥13.20

F270 006712
现代企业经营管理学/陈伟等主编.—长春:吉林人民出版社,1995.10.—422 页;20cm
ISBN 7-206-02263-4:¥13.80

F270 006713
现代企业经营实践 9 法则/鲁仁,刘训洪编译.—北京:中国经济出版社,1995.1.—197 页;19cm
企业人最佳经营实务用书
ISBN 7-5017-3087-3:¥5.20

F270 006714
现代企业经营诊断/韩光军,周宏著.—北京:北京经济学院出版社,1995.6.—354 页;19cm.—(现代市场经济与企业经营管理系列丛书)
ISBN 7-5638-0485-4:¥9.40

F270 006715
现代企业运行与管理/陈赞晓主编.—广州:广东科技出版社,1995.11.—374 页;20cm
ISBN 7-5359-1594-9:¥17.00

F270 006716
新编管理理念与实务:现代商务管理/周勇编著.—上海:立信会计出版社,1995.10.—440 页;20cm.—(现代经营管理系列)
ISBN 7-5429-0338-1:¥18.00

F270 006717
新编现代企业管理学/程才良主编.—广州:华南理工大学出版社,1995.10.—453 页;19cm
ISBN 7-5623-0927-2:¥18.00

F270 006718
形象制胜:CIS 与中国企业形象设计/张圣亮等著.—郑州:河南人民出版社,1995.9.—196 页;20cm.—(维尔系列丛书;1)
ISBN 7-215-03504-2:¥12.80

F270 006719
犹太人致富高招/徐德志编著.—广州:广东旅游出版社,1995.7.—357 页;20cm
ISBN 7-80521-577-4:¥12.80

F270 006720
月亮走 我也走:万德明经营实例选/倪志华主编.—上海:学林出版社,1995.10.—184 页;19cm
ISBN 7-80510-873-0:¥9.80

F270 006721
怎样进行积极的商务交际/日本 LEC·东京法思株式会社编著.—上海:复旦大学出版社,1995.6.—194 页;20cm.—(企业、市场与法系列·走向规范:市场经济经

营管理技法丛书）
ISBN 7-309-01522-3：¥8.00
F270 **006722**
中国现代企业形象设计：CIS专辑　1995/中国广告协会编．—北京：中国摄影出版社，1995.12.—86页；29cm
ISBN 7-80007-198-7：¥50.00
F270 **006723**
中外致富谋略大全/文化林，文一峰编著．—南昌：百花洲文艺出版社，1995.12.—928页；20cm.—（礼品文化丛书）
ISBN 7-80579-521-5（精装）：¥35.00
F270 **006724**
走向辉煌/汪如洋编著．—南京：南京出版社，1995.3.—389页；20cm
ISBN 7-80614-098-0：¥8.90
①F270②③H31 **006725**
英语·企业管理金科玉律/曹德骏，黎荆编著．—重庆：重庆出版社，1995.9.—215页；19cm.—（走向世界英语能力丛书）
ISBN 7-5366-3112-X：¥6.70
①F270②G206 **006726**
企业管理学·大众传播学自学考试大纲/四川省高等教育自学考试委员会编．—成都：四川人民出版社，1995.4.—87页；19cm
四川省高等教育自学考试
ISBN 7-220-02803-2：¥2.40
①F270②I25 **006727**
辽宁省优秀企业家经营之道/王专，张立安主编．—沈阳：辽宁人民出版社，1995.8.—267页：彩照；20cm
ISBN 7-205-03408-6：¥13.00
F270-05 **006728**
创业与法的运用/封彩云，柴立桑著．—北京：中国青年出版社，1995.12.—217页；20cm.—（成功创业丛书）
ISBN 7-5006-1966-9：¥10.30
F270-05 **006729**
工商管理心理学/刘国忱等主编．—沈阳：辽宁人民出版社，1995.10.—321页；20cm
ISBN 7-205-03514-7：¥15.00
F270-05 **006730**
公共关系与市场文化/翟向东主编；中国公共关系协会学术委员会编．—北京：中国商业出版社，1995.7.—337页；19cm.—（公共关系文集；5）
ISBN 7-5044-2029-8：¥8.80
F270-05 **006731**
企业管理辩证法/尹家振，严建德主编．—昆明：云南民族出版社，1995.6.—291页；19cm
ISBN 7-5367-1024-0：¥12.00
F270-05 **006732**
企业美学：企业形象策划之魂/姜学敏主编．—北京：中国社会出版社，1995.6.—308页；19cm
ISBN 7-80088-532-1：¥9.00
F270-05 **006733**
企业文化/郭凤祥，任宝君编著．—北京：中国社会出版社，1995.7.—276页；19cm
ISBN 7-80088-643-3：¥7.50
F270-05 **006734**
企业文化：现代企业之魂/胡正荣等编著．—北京：中国水利水电出版社，1995.12.—239页；20cm.—（新世纪·企业·名牌丛书/明安香主编）
ISBN 7-80124-115-0：¥13.60
F270-05 **006735**
企业文化精义/程秀华著．—呼和浩特：远方出版社，1995.8.—225页；20cm
ISBN 7-80595-145-4：¥7.80
F270-05 **006736**
企业文化论纲/张晓光主编．—长春：吉林大学出版社，1995.6.—220页；19cm
ISBN 7-5601-1723-6：¥5.80
F270-05 **006737**
企业文化新论/郭章生等编著．—北京：中国物价出版社，1995.10.—198页；20cm
ISBN 7-80070-501-3：¥15.00
F270-05 **006738**
企业文化与企业发展：安徽省企业文化建设经验集萃/沈培新主编．—合肥：安徽人民出版社，1995.12.—179页；20cm
ISBN 7-212-01295-5：¥8.00
F270-05 **006739**
世纪之交的中国企业文化/申秀云等著．—兰州：甘肃文化出版社，1995.12.—486页；19cm
ISBN 7-80608-162-3：¥16.00
F270-05 **006740**
市场经济与企业文化/俞礼祥主编．—武汉：武汉出版社，1995.9.—232页；20cm
ISBN 7-5430-1401-7：¥8.00
F270-05 **006741**
现代企业文化/王祥俊，陈福基主编．—桂林：漓江出版社，1995.8.—244页；20cm.—（月亮丛书）
ISBN 7-5407-1820-X：¥8.50
F270-05 **006742**
现代企业文化导论/吕德雄编著．—南京：南京出版社，1995.9.—281页；20cm
ISBN 7-80614-166-9：¥9.50
F270-05 **006743**
现代企业文化导论/吕德雄编著．—南京：南京出版社，1995.9.—281页；20cm
ISBN 7-80614-166-9：¥9.50
F270-05 **006744**
中国企业文化建设/陈濯主编．—北京：企业管理出版社，1995.2.—286页；19cm
ISBN 7-80001-528-9：¥9.50
①F270-05②X-01 **006745**
企业资源与环境保护行为规范/李艳芳编著．—北京：中国计量出版社，1995.9.—186页；20cm.—（现代企业行为规范丛书；8/刘文华主编）
ISBN 7-5026-0823-0：¥9.50
F270-35 **006746**

企业文化研究 （上）：企业文化研究概览/李玉岱等主编．—济南：山东大学出版社，1995．6．—319页；20cm

ISBN 7－5607－1537－0：￥10.00

F270－35 006747

企业文化研究 （下）：中国传统文化与当代企业文化/江廷华等主编．—济南：山东大学出版社，1995．6．—247页；20cm

ISBN 7－5607－1537－0：￥10.00

F270－35 006748

企业文化研究 （中）：中国轻工企业文化建设/徐士俊等主编．—济南：山东大学出版社，1995．6．—239页；20cm

ISBN 7－5607－1537－0：￥10.00

F270－43 006749

企业市场竞争战略学/马致山，李明恒编著．—徐州：中国矿业大学出版社，1995．12．—112页；26cm

高等学校规划教材

ISBN 7－81040－458－X：￥8.50

F270－43 006750

现代企业经营管理学教程/林清奇主编．—太原：山西高校联合出版社，1995．11．—392页；20cm

ISBN 7－81032－875－1：￥15.60

F270－43 006751

新编企业管理教程/王道高等主编．—东营：石油大学出版社，1995．8．—320页；20cm

ISBN 7－5636－0712－9：￥9.80

F270－53 006752

企业经济与管理论文集/钟平黎等主编．—南京：河海大学出版社，1995．8．—284页；19cm

ISBN 7－5630－0875－6：￥9.90

F270－53 006753

我的经营管理思想与实践/钦安文著．—郑州：河南人民出版社，1995．1．—488页；20cm

ISBN 7－215－03018－0：￥16.00

F270－61 006754

现代经营管理全书/韩淑梅主编．—北京：企业管理出版社，1995．9．—2082页；26cm

ISBN 7－80001－595－5（精装）：￥298.00

F270－61 006755

现代企业管理全书/邵建功主编；《现代企业管理全书》编委会编．—北京：中国商业出版社，1995．10．—1927页；26cm

ISBN 7－5044－2342－4（精装）：￥320.00

F270－61 006756

现代企业经营管理辞典/汪敬恒等主编．—郑州：河南人民出版社，1995．1．—614页；20cm

ISBN 7－215－00715－4：￥24.70

F270－62 006757

企业创造工程手册/许立言，张福奎主编．—上海：上海人民出版社，1995．7．—630页；20cm

ISBN 7－208－01441－8：￥30.00

F270－62 006758

企业股份化与国际化经营指南/刘福良等主编．—哈尔滨：哈尔滨工业大学出版社，1995．6．—411页；19cm

ISBN 7－5603－1083－4：￥12.00

F270－62 006759

实用企业表格管理手册/尹么主编．—武汉：武汉工业大学出版社，1995．8．—334页；26cm

ISBN 7－5629－1019－7（精装）：￥88.00

F270－62 006760

最新企业管理基础实务指南/甘华鸣，卢东斌主编．—北京：企业管理出版社，1995．8．—438页；26cm．—（最新企业管理实务指南丛书）

ISBN 7－80001－442－8（精装）：￥90.00

①F270－64②J524.4－64 006761

现代企业形象创意图典 （二）/楚江主编．—北京：中国青年出版社，1995．12．—317页；24×19cm．—（现代视觉传达丛书）

ISBN 7－5006－2149－3：￥49.90

①F270－64②J524.4－64 006762

现代企业形象创意图典 （三）/刘亮主编．—北京：中国青年出版社，1995．12．—317页；24×19cm．—（现代视觉传达丛书）

ISBN 7－5006－2150－7：￥49.90

①F270－64②J524.4－64 006763

现代企业形象创意图典 （四）/夫龙工作室主编．—北京：中国青年出版社，1995．12．—317页；24×19cm．—（现代视觉传达丛书）

ISBN 7－5006－2151－5：￥49.90

①F270－64②J524.4－64 006764

现代企业形象创意图典 （一）/王安江主编．—北京：中国青年出版社，1995．12．—317页；24×19cm．—（现代视觉传达丛书）

ISBN 7－5006－2148－5：￥49.90

F270.3 006765

企业经济分析学/欧阳清，张先治编著．—北京：中国经济出版社，1995．8．—396页；20cm

ISBN 7－5017－3534－4：￥15.00

F270.7 006766

工商企业计算机管理：开发技术·软件工具·运用实例/刘杰编著．—北京：科学出版社，1995．10．—315页；26cm

ISBN 7－03－004693－5：￥34.00

F270.7 006767

管理工程学 上册/程连珺主编．—北京：北京航空航天大学出版社，1995．6．—258页；26cm

ISBN 7－81012－563－X：￥12.90

F270.7 006768

管理工程学 下册/陈良猷主编．—北京：北京航空航天大学出版社，1995．8．—409页；26cm

ISBN 7－81012－564－8：￥20.00

F270.7 006769

计算机辅助管理/林福永著．—广州：暨南大学出版社，1995．11．—286页；20cm

企业管理专业教材

ISBN 7－81029－424－5：￥15.00

F270.7 006770

计算机与企业信息管理/潘永泉主编.—北京:中央广播电视大学出版社,1995.11.—316页;20cm
中央广播电视大学教材
ISBN 7-304-01244-7: ¥9.60

F270.7 006771
价值工程教程/栾军,尤建新编著.—上海:同济大学出版社,1995.5.—247页;20cm
ISBN 7-5608-1534-0: ¥8.00

F270.7 006772
精益生产方式/冯云翔主编.—北京:企业管理出版社,1995.5.—224页;20cm
ISBN 7-80001-550-5: ¥12.00

F270.7 006773
目标管理/中华征信所编.—太原:山西经济出版社,1995.3.—182页;19cm.—(企业成功之钥丛书)
ISBN 7-80577-804-3: ¥8.00

F270.7 006774
企业管理基础/王华炜主编;安徽省职工电视中等专业学校组编.—北京:高等教育出版社,1995.10.—278页;19cm
成人中等专业学校试用教材
ISBN 7-04-005437-X: ¥7.30

F270.7 006775
企业管理理论与管理实务/于云汉等主编.—济南:山东大学出版社,1995.5.—474页;20cm
ISBN 7-5607-1475-7: ¥15.80

F270.7 006776
企业识别系统:市场竞争的战略/陶济著.—北京:中国水利水电出版社,1995.12.—295页:彩照;20cm.—(新世纪·企业·名牌丛书/明安香主编)
ISBN 7-80124-116-9: ¥15.60

F270.7 006777
企业现代管理18法/刘思尚,宋晓华编著.—北京:中国经济出版社,1995.1.—366页;19cm
ISBN 7-5017-3373-2: ¥8.70

F270.7 006778
企业现代化管理方法/郑清煌编著.—厦门:鹭江出版社,1995.8.—311页;19cm
ISBN 7-80610-253-1: ¥14.50

F270.7 006779
企业形象管理:最新一代管理/明安香编著.—北京:中国水利水电出版社,1995.12.—206页;20cm.—(新世纪·企业·名牌丛书/明安香主编)
ISBN 7-80124-114-2: ¥12.50

F270.7 006780
实用企业管理电算化/童惠泉等编著.—南昌:江西高校出版社,1995.9.—292页;26cm
ISBN 7-81033-531-6: ¥23.80

F270.7 006781
质量控制与计算机程序/张润生编著.—北京:机械工业出版社,1995.6.—152页;26cm
ISBN 7-111-04550-5: ¥15.00

F270.7 006782
走向市场/段镇江主编;云南省总工会编.—昆明:云南科技出版社,1995.8.—301页;20cm
ISBN 7-5416-0737-1: ¥18.00

F270.7-43 006783
CIS教程/余明阳,陈先红编著.—北京:中国物资出版社,1995.7.—290页;19cm
中国公共关系培训系列教材(1)　全国通用
ISBN 7-5047-0532-2: ¥12.60

F271 006784
比较企业制度/陈传明著.—北京:人民出版社,1995.4.—254页;20cm
ISBN 7-01-002079-5: ¥8.70

F271 006785
产权交易问答/何艳红,张书邦编著.—成都:西南财经大学出版社,1995.1.—185页;19cm
ISBN 7-81017-872-5: ¥6.50

F271 006786
创业与企业制度/唐良智,刘志学编著.—北京:中国青年出版社,1995.12.—262页;20cm.—(成功创业丛书)
ISBN 7-5006-1923-5: ¥11.80

F271 006787
从现代企业理论看所有制与效率/朱东平著.—上海:上海财经大学出版社,1995.9.—222页;20cm.—(财经学术文库)
ISBN 7-81049-006-0: ¥19.40

F271 006788
非国有经济与中小企业发展研究/何炼成,赵守国主编.—西安:陕西人民出版社,1995.12.—215页;20cm
ISBN 7-224-03844-X: ¥7.60

F271 006789
公司购并与产权交易/孙黎主编.—北京:中华工商联合出版社,1995.5.—579页;20cm.—(企业制度创新丛书)
ISBN 7-80100-051-X: ¥20.00

F271 006790
公司兼并与收购/干春晖,刘祥生编著.—上海:立信会计出版社,1995.4.—238页;20cm
ISBN 7-5429-0253-9: ¥10.00

F271 006791
股份合作制实务/王学习等编著.—西安:陕西人民出版社,1995.12.—178页;19cm
ISBN 7-224-04009-6: ¥7.50

F271 006792
建立现代企业制度基本思路及配套政策设想/北京市经济体制改革委员会编.—北京:改革出版社,1995.6.—258页;20cm
内部发行
ISBN 7-80072-581-2: ¥15.00

F271 006793
破产实践:金华市味精厂破产清算工作经验汇编/金华市属工业企业破产协调小组编.—杭州:浙江人民出版社,1995.7.—130页;19cm
ISBN 7-213-01266-5: ¥6.00

F271 006794

企业股份合作制改造的理论与操作/杨坚争等著.—北京:科学技术文献出版社,1995.9.—336页;20cm
ISBN 7-5023-2653-7: ¥25.00

F271 006795
企业规章制度/敖利玲编著.—海口:海南出版社,1995.8.—218页;20cm.—(经济法律知识丛书;13/贾绍华主编)
全套共15册,总定价:178.00元
ISBN 7-80617-193-2: ¥0.00

F271 006796
企业兼并/王韬光,胡海峰著.—上海:上海人民出版社,1995.9.—235页;20cm.—(现代工商管理丛书/尹尊声,海闻主编)
ISBN 7-208-02091-4: ¥12.50

F271 006797
企业兼并、收购、破产纵横/田文编著.—北京:中国物价出版社,1995.1.—374页;19cm.—(企业兼并、收购、破产丛书/张邦辉等主编)
ISBN 7-80070-395-9: ¥14.00

F271 006798
企业兼并破产案例/张邦辉等主编;王玉英等编著.—北京:中国物价出版社,1995.1.—294页;19cm.—(企业兼并、收购、破产丛书)
ISBN 7-80070-400-9: ¥12.00

F271 006799
企业兼并实务/张邦辉等主编;季文茹,王宝桐编著.—北京:中国物价出版社,1995.1.—283页;19cm.—(企业兼并、收购、破产丛书)
ISBN 7-80070-396-7: ¥12.00

F271 006800
企业经营机制转换论/张立中,刘霭馨主编.—北京:企业管理出版社,1995.9.—422页;20cm
ISBN 7-80001-566-1: ¥20.00

F271 006801
企业破产机制新论/武文军著. 兰州:甘肃文化出版社,1995.12.—199页;20cm
ISBN 7-80608-186-0: ¥5.80

F271 006802
企业破产实务/张邦辉等主编;张莉,师勇编著.—北京:中国物价出版社,1995.1.—293页;19cm.—(企业兼并、收购、破产丛书)
ISBN 7-80070-398-3: ¥12.00

F271 006803
企业收购兼并实务指南/赵生章主编.—北京:中国经济出版社,1995.8.—348页;20cm
ISBN 7-5017-3070-9: ¥15.00

F271 006804
企业收购实务/周清霖,黄一超编著. 北京:中国物价出版社,1995.1.—402页;19cm.—(企业兼并、收购、破产丛书/张邦辉等主编)
ISBN 7-80070-397-5: ¥15.00

F271 006805
企业收购战实录/张邦辉等编;季文茹等编著.—北京:中国物价出版社,1995.1.—319页;19cm.—(企业兼并、收购、破产丛书)
ISBN 7-80070-399-1: ¥13.00

F271 006806
如何制定现代企业制度试点方案/吴天林主编;国家体改委生产司编.—北京:改革出版社,1995.1.—522页;20cm
ISBN 7-80072-642-8: ¥18.00

F271 006807
社会主义市场经济中的现代企业制度/张靓主编.—青岛:青岛出版社,1995.12.—212页;20cm.—(社会主义市场经济论丛/徐长聚等主编)
ISBN 7-5436-1143-0: ¥8.20

F271 006808
市场经济与企业制度创新/冯子标,赵旭亮编著.—北京:经济科学出版社,1995.7.—293页;19cm
ISBN 7-5058-0818-4: ¥11.60

F271 006809
探索现代企业制度之路/周明生,高春初主编.—天津:天津人民出版社,1995.11.—503页;20cm
ISBN 7-201-02410-8: ¥18.00

F271 006810
通向现代企业制度之路:国有企业股份制改造研究/谭铭海等主编.—武汉:武汉大学出版社,1995.10.—317页;20cm
ISBN 7-307-02052-1: ¥12.80

F271 006811
现代企业产权改革与管理实务/王开国等主编.—北京:新华出版社,1995.5.—1198页;26cm
ISBN 7-5011-2855-3(精装): ¥168.00

F271 006812
现代企业制度/官风华,刘少成著.—北京:人民出版社,1995.5.—249页;20cm
ISBN 7-01-002031-0: ¥10.00

F271 006813
现代企业制度/盛永安,于忠珍著.—青岛:青岛出版社,1995.4.—324页;20cm
ISBN 7-5436-1273-9: ¥10.00

F271 006814
现代企业制度/谈飞,章仁俊编著.—北京:水利电力出版社,1995.11.—166页;19cm.—(经营管理丛书/张阳,何似龙主编)
高等学校、干部培训教材
ISBN 7-120-02253-9: ¥6.60

F271 006815
现代企业制度/李凤奇等编.—石家庄:河北人民出版社,1995.9.—131页;20cm.—(走向市场经济丛书/王东进主编)
ISBN 7-202-01784-9: ¥6.60

F271 006816
现代企业制度158问/牛向东等编著.—北京:人民法院出版社,1995.9.—271页;19cm.—(现代经济制度与法律丛书;1/刘秀山,陈永民主编)
ISBN 7-80056-342-1: ¥10.00

F271 006817

现代企业制度创新与公司概论/李建民,马小方主编.—北京:中国物价出版社,1995.9.—392页;19cm
ISBN 7-80070-523-4:¥13.00

F271　006818
现代企业制度的建立与营运/刘传庚,徐俊艳主编.—哈尔滨:东北林业大学出版社,1995.12.—266页;19cm
ISBN 7-81008-610-3:¥12.00

F271　006819
现代企业制度的理论与实践/时培真主编;贵州省社会科学联合会,贵阳市社会科学联合会编.—贵阳:贵州人民出版社,1995.6.—330页;20cm
ISBN 7-221-03875-9:¥10.50

F271　006820
现代企业制度概论/邓荣霖主编.—北京:中国人民大学出版社,1995.4.—372页;20cm
现代企业制度系列教材
ISBN 7-300-02049-6:¥12.00

F271　006821
现代企业制度概论/张忠义等主编.—郑州:河南人民出版社,1995.3.—289页;20cm
ISBN 7-215-03467-4:¥9.80

F271　006822
现代企业制度概论/蒋伏心主编.—南京:江苏人民出版社,1995.4.—291页;19cm
企业思想政治工作专业人员岗位培训系列教材
ISBN 7-214-01471-8:¥7.50

F271　006823
现代企业制度概论/王桂德主编.—广州:华南理工大学出版社,1995.10.—317页;20cm
ISBN 7-5623-0917-5:¥16.00

F271　006824
现代企业制度简明读本/贾华强等主编.—北京:中国大百科全书出版社,1995.2.—461页;20cm
ISBN 7-5000-5228-6:¥13.80

F271　006825
现代企业制度理论与实践/袁明发等主编.—石家庄:河北人民出版社,1995.11.—561页;20cm
ISBN 7-202-01811-X:¥17.80

F271　006826
现代企业制度论:委托代理制下的竞争与管理/石磊著.—上海:立信会计出版社,1995.12.—144页;20cm.—(经济新论文丛/伍柏麟主编)
ISBN 7-5429-0368-3:¥8.00

F271　006827
现代企业制度实务全书/孟晓苏主编.—北京:人民出版社,1995.1.—1831页:题词;26cm
ISBN 7-01-002063-9(精装):¥215.00

F271　006828
现代企业制度与监督/中国监察学会,中纪委纪检监察研究所编.—北京:化学工业出版社,1995.5.—257页;20cm
ISBN 7-5025-1327-2:¥10.80

F271　006829
现代企业制度原理与实务/戴新汉,马晓光主编.—武汉:湖北人民出版社,1995.12.—263页;20cm
ISBN 7-216-01812-5:¥12.00

F271　006830
中国股份制企业实务指导/夏康裕,胡道润主编.—武汉:武汉大学出版社,1995.6.—834页;26cm
ISBN 7-307-01981-7(精装):¥168.00

①F271②F276.6　006831
现代企业制度与公司经营/郝迎潮等主编.—北京:华龄出版社,1995.11.—315页;19cm
ISBN 7-80082-681-3:¥20.50

①F271②F426.31　006832
现代企业制度理论与宝钢的实践/刘金龙编著.—北京:人民出版社,1995.9.—154页;20cm
ISBN 7-01-002267-4:¥9.80

①F271②F830.9　006833
股份制与证券市场/曾伟荣,张长生编著.—广州:华南理工大学出版社,1995.7.—185页;19cm
ISBN 7-5623-0893-4:¥5.90

F271-44　006834
企业产权知识100问/谢贤星主编.—广州:中山大学出版社,1995.5.—318页;20cm
ISBN 7-306-01016-6:¥16.50

F271-61　006835
企业产权重组与产权交易全书/王江松,易改主编.—北京:中国物价出版社,1995.7.—2142页;26cm
ISBN 7-80070-474-2(精装):¥296.00

F271-61　006836
现代企业制度全书/《现代企业制度全书》编委会主编.—北京:红旗出版社,1995.8.—1600页;26cm
ISBN 7-80068-774-0(精装):¥228.00

F271-62　006837
现代企业制度操作指南/乌杰主编;国家体改委生产体制司,国家体改委经济体制与管理研究所编写.—北京:改革出版社,1995.7.—688页:照片;26cm
ISBN 7-80072-704-1(精装):¥88.00

F272　006838
策划大师:中国智业大方案/任春艳,晓石编著.—成都:四川人民出版社,1995.10.—445页;20cm.—(大师系列)
全套共3册,总定价:48.00元
ISBN 7-220-03017-7:¥0.00

F272　006839
畅销产品开发法则36/李一编译.—北京:中国经济出版社,1995.1.—267页;19cm
企业人最佳经营实务用书
ISBN 7-5017-3088-1:¥5.80

F272　006840
多种经营管理/王东林等主编.—北京:北京科学技术出版社,1995.8.—251页;26cm
ISBN 7-5304-1800-9:¥15.80

F272　006841
港台企业成功法则/杨松华等编著.—北京:中国经济出版社,1995.12.—186页;19cm.—(港澳台实用经

济丛书/谢明干,杨松华主编)
ISBN 7-5017-3472-0: ¥8.80

F272 006842
管理经济学/张克难等编著.—上海:上海人民出版社,1995.8.—301页;20cm.—(市场经济与管理者丛书/励永庆主编)
ISBN 7-208-02040-X: ¥10.00

F272 006843
经营妙策/张觉明著.—北京:中国青年出版社,1995.5.—182页;20cm.—(商场必胜丛书)
ISBN 7-5006-1747-X: ¥7.00

F272 006844
企业策划的方法与技巧/刘孝好,甘宗英主编.—北京:北京经济学院出版社,1995.5.—279页;19cm
ISBN 7-5638-0462-5: ¥7.70

F272 006845
企业策划和策划科学/张绍学,吕铁生编著.—北京:中国工人出版社,1995.3.—250页;19cm
ISBN 7-5008-1705-3: ¥5.90

F272 006846
企业创新指挥要点 99/鲁仁等编译.—北京:中国经济出版社,1995.1.—154页;19cm
企业人最佳经营实务用书
ISBN 7-5017-3085-7: ¥5.20

F272 006847
企业经营管理学/刘明,张立忠主编.—上海:上海科学技术文献出版社,1995.12.—477页;20cm
ISBN 7-5439-0894-8: ¥14.00

F272 006848
企业竞争行为规范/徐孟洲等编著.—北京:中国计量出版社,1995.9.—179页;20cm.—(现代企业行为规范丛书;6/刘文华主编)
ISBN 7-5026-0828-1: ¥9.00

F272 006849
企业统战工作实践与探索/李杰华主编.—上海:上海科学技术文献出版社,1995.4.—252页;20cm
ISBN 7-5439-0722-4: ¥7.00

F272 006850
企业投资管理实务/曾重庆编著.—厦门:厦门大学出版社,1995.8.—299页;20cm
ISBN 7-5615-1052-1: ¥11.30

F272 006851
企业战略与策划/冯灿仪编著.—海口:海南出版社,1995.8.—129页;20cm.—(经济法律知识丛书;3/贾绍华主编)
全套共15册,总定价:178.00元
ISBN 7-80617-193-2: ¥0.00

F272 006852
现代企业经营战略/甘亚平著.—北京:中国商业出版社,1995.6.—299页;20cm.—(北洋企管顾问丛书/张晓军主编)
ISBN 7-5044-2578-8: ¥12.80

F272 006853
现代企业内部经营管理/刘宏泉主编.—北京:企业管理出版社,1995.6.—10册;26cm
包括"企业经营战略"等10册
ISBN 7-80001-557-2: ¥148.00

F272 006854
消除企业危机新概念 24/虞政军等编译.—北京:中国经济出版社,1995.1.—243页;19cm
企业人最佳经营实务用书
ISBN 7-5017-3086-5: ¥5.80

F272-62 006855
管理者手册/邓荣霖,杨文士主编.—北京:企业管理出版社,1995.6.—2036页;26cm.—(现代企业经营实务丛书)
ISBN 7-80001-517-3(精装): ¥258.00

F272.2 006856
企业经济统计学/钱伯海主编.—北京:中国统计出版社,1995.4.—441页;20cm
高等院校统计学专业规划教材
ISBN 7-5037-1788-2: ¥9.60

F272.2 006857
现代企业统计/刘铁祥主编.—北京:企业管理出版社,1995.11.—417页;20cm.—(管理科学丛书)
ISBN 7-80001-638-2: ¥18.20

F272.3 006858
城市街镇企业经营谋略大观/魏荣章等编著.—厦门:鹭江出版社,1995.11.—374页;20cm
ISBN 7-80610-289-2: ¥15.00

F272.3 006859
经营策略中的策略/于学彬著.—北京:中国经济出版社,1995.8.—207页;19cm
ISBN 7-5017-2618-3: ¥7.50

F272.3 006860
快速出击:现代工商企业面对市场的应变之道/罗晓晴著.—北京:中国经济出版社,1995.3.—156页;19cm
ISBN 7-5017-3397-X: ¥5.80

F272.3 006861
谋略制胜:市场·战场/李慧智著.—北京:国际文化出版公司,1995.3.—184页;19cm
ISBN 7-80105-036-3: ¥5.95

F272.3 006862
企业策划/李宝山,冯筑生编著.—北京:同心出版社,1995.8.—303页;20cm
ISBN 7-80593-016-3: ¥9.80

F272.3 006863
企业家决策成功300例/胡学海主编.—南京:江苏人民出版社,1995.8.—575页;20cm
ISBN 7-214-01551-X: ¥24.00

F272.3 006864
企业经营战略/刘冀生编著.—北京:清华大学出版社,1995.4.—489页;20cm
工商管理硕士课程系列教材
ISBN 7-302-01808-1: ¥15.00

F272.5 006865
发达之路/华伦著.—广州:广州出版社,1995.8.—330页;20cm

ISBN 7-80592-282-9:¥14.80

F272.5　　006866

经济效益评价指标新论:现代企业经济效益评价与分析/杨晓超等编著.—北京:航空工业出版社,1995.6.—264页;19cm

ISBN 7-80046-926-3:¥9.50

F272.9　　006867

5分钟公关经理/余明阳,陈理得编著.—上海:上海远东出版社,1995.11.—224页;19cm.—(5分钟当代经理丛书)

ISBN 7-80613-159-0:¥10.80

F272.9　　006868

企业必备文书/林士明主编.—2版.—上海:复旦大学出版社,1995.12.—520页;20cm

ISBN 7-309-01415-4:¥19.00

F272.9　　006869

企业法人登记注册与管理/张萍等主编.—长春:吉林大学出版社,1995.10.—192页;19cm.—(工商行政管理教学指南;2)

ISBN 7-5601-1797-X:¥6.80

F272.9　　006870

企业公共关系/范贵喜主编.—北京:兵器工业出版社,1995.9.—237页;19cm

ISBN 7-80038-896-4:¥12.00

F272.9　　006871

企业公共关系原理与实务/严伍虎,张淑琴编著.—西安:陕西科学技术出版社,1995.8.—358页;19cm

ISBN 7-5369-2366-X:¥12.50

F272.9　　006872

企业协作的策略:企业小组的高效运作/(美)哈林顿-麦金(Harrington-Mackin,D.)著;谢毅译.—上海:上海人民出版社,1995.11.—203页;20cm.—(美国管理协会·斯米克管理丛书/汪熙,李慈雄主编)

ISBN 7-208-02109-0:¥10.20

F272.9　　006873

现代中国的灰领阶层:企业现场管理人员职能与分解操作/李景元编著.—北京:企业管理出版社,1995.2.—461页;20cm

ISBN 7-80001-463-0:¥15.00

F272.9-62　　006874

现代企业办公室工作大全/朱蠢等主编;马绍平等编著.—北京:档案出版社,1995.8.—967页;26cm

ISBN 7-80019-527-9(精装):¥168.00

F272.9-65　　006875

该说的要说到 说到的一定要做到/李虹,王永芬主编.—北京:中国标准出版社,1995.4.—38页;26cm.—(GB/T 19000-ISO 9000族标准1994宣贯丛书)

ISO 9000族标准企业员工培训教材

ISBN 7-5066-1114-7:¥3.50

F272.91　　006876

厂长经理实用文库/盖国梁主编.—上海:学林出版社:上海古籍出版社,1995.10.—3册(5003页);26cm

ISBN 7-80616-111-2(精装):¥360.00

F272.91　　006877

当代企业领导艺术研究/史洪元,陈秋雁主编.—沈阳:沈阳出版社,1995.3.—425页;19cm

ISBN 7-5441-0351-X:¥9.50

F272.91　　006878

经理厂长经营知识库/王征编.—沈阳:辽宁人民出版社,1995.4.—1120页;20cm

ISBN 7-205-03059-5(精装):¥42.00

F272.91　　006879

企业领导方法论/邢福石编著.—广州:华南理工大学出版社,1995.8.—288页;19cm

ISBN 7-5623-0902-7:¥13.80

F272.91　　006880

企业领导科学与艺术/王戈主编.—北京:中国经济出版社,1995.5.—316页;19cm

国内贸易部部编中等专业学校教材

ISBN 7-5017-3407-0:¥9.20

F272.91　　006881

企业领导艺术与实践/杨英光著.—北京:人民日报出版社,1995.12.—282页;19cm

ISBN 7-80002-841-0:¥13.80

F272.91　　006882

石油施工作业企业法人制度/唐廷川等编著.—北京:石油工业出版社,1995.12.—106页;26cm

ISBN 7-5021-1474-2:¥14.00

F272.91　　006883

世界各国法人资格管理/于星元等编著.—北京:中国大百科全书出版社,1995.10.—147页;19cm.—(百卷本世界市场全书/顾海良等主编)

ISBN 7-5000-5571-4:¥9.80

F272.91　　006884

市场经济条件下的领导理论与实践/张起朴,贾占标主编.—北京:警官教育出版社,1995.9.—413页;20cm

ISBN 7-81027-695-6:¥16.00

F272.91　　006885

现代企业法人治理结构/荣兆梓等主编.—合肥:安徽人民出版社,1995.10.—182页;20cm.—(现代企业制度丛书/吴天林主编)

ISBN 7-212-01216-5:¥5.80

F272.91　　006886

怎样当好项目经理/(美)努特森(Knutson,J.),(美)比茨(Bitz,L.)著;黄志强,张小眉译.—上海:上海人民出版社,1995.11.—217页;20cm.—(美国管理协会·斯米克管理丛书/汪熙,李慈雄主编)

ISBN 7-208-02108-2:¥10.90

F272.91-53　　006887

特区企业家队伍的建设/王峻岩,冷明权主编.—北京:民主与建设出版社,1995.8.—250页;20cm

ISBN 7-80112-027-2:¥23.00

F272.92　　006888

5分钟人事经理/李小平,吴国耀编著.—上海:上海远东出版社,1995.6.—272页;19cm.—(5分钟当代经理丛书)

ISBN 7-80613-078-0:¥11.50

F272.92　　006889

企业劳动管理概论/束瑞和编著.—北京:中国劳动出版社,1995.11.—302页;20cm
全国企业管理干部培训系列教材
ISBN 7-5045-1837-9:¥16.00

F272.92　006890
企业人力资源管理统计学/郑火林等主编.—北京:中国劳动出版社,1995.10.—310页;20cm.—(大学劳动经济与人力资源管理专业丛书)
ISBN 7-5045-1748-8:¥14.00

F272.92　006891
企业人力资源开发与管理/谌新民,胡义恭主编.—南昌:江西高校出版社,1995.11.—347页;19cm
ISBN 7-81033-551-0:¥12.80

F272.92　006892
中国企业人力资源管理/赵曙明著.—南京:南京大学出版社,1995.8.—591页;20cm
ISBN 7-305-02796-0:¥24.00

F272.92-62　006893
最新企业组织人事管理实务指南/郭全胜,王占生主编.—北京:企业管理出版社,1995.8.—666页;26cm.—(最新企业管理实务指南丛书/甘华鸣,卢东斌主编)
ISBN 7-80001-443-6(精装):¥135.00

F272.93　006894
班组长的领导艺术与管理技能/康书亭主编.—天津:天津社会科学院出版社,1995.3.—288页;19cm
ISBN 7-80563-513-7:¥9.80

F272.93　006895
企业民主管理学导论/黄绍辉主编;谢越等编.—重庆:重庆大学出版社,1995.10.—233页;20cm
ISBN 7-5624-1053-4:¥9.20

F272.93　006896
职工当家做主实践与思考/崔志才著.—北京:中国工人出版社,1995.4.—212页;19cm
ISBN 7-5008-1763-0:¥10.00

F272.93　006897
职工民主管理探索/盛樟海主编.—杭州:浙江人民出版社,1995.12.—197页;19cm
ISBN 7-213-01267-3:¥7.50

F273　006898
教学与辅导:1994级企业定价专辑/中央农业广播电视学校主办.—北京:中国农业出版社,1995.12.—48页;26cm
贸易经济专业用
ISBN 7-109-04307-X:¥2.00

F273　006899
企业劳动行为规范/马晓伟等编著.—北京:中国计量出版社,1995.9.—216页;20cm.—(现代企业行为规范丛书;7/刘文华主编)
ISBN 7-5026-0829-X:¥8.50

F273　006900
企业物资管理实务/王济民编著.—沈阳:东北大学出版社,1995.10.—131页;19cm
ISBN 7-81054-003-3:¥4.80

F273　006901
企业物资消耗标准化/李书正主编.—北京:中国标准出版社,1995.5.—306页;19cm
ISBN 7-5066-1048-5:¥15.00

F273　006902
生产管理/杨东涛主编.—北京:中国人民大学出版社,1995.4.—413页;20cm
高等教育自学考试教材
ISBN 7-300-02021-6:¥12.20

F273　006903
适时管理与人/(美)希莱(Heeley,C.A.)著;郭镜明,郭宇峰译.—上海:上海人民出版社,1995.11.—367页;20cm.—(美国管理协会·斯米克管理丛书/汪熙,李慈雄主编)
ISBN 7-208-02094-9:¥18.20

F273　006904
现代企业生产管理学/邵永祺等编著.—天津:天津科学技术出版社,1995.9.—254页;26cm
ISBN 7-5308-1922-4:¥14.50

F273　006905
现代企业生产管理与分析/刘成慧编著.—昆明:云南大学出版社,1995.10.—239页;20cm
ISBN 7-81025-590-8:¥16.80

F273　006906
现代企业生产经营活动与实证分析/全介编著.—北京:航空工业出版社,1995.9.—429页;19cm
ISBN 7-80046-923-9:¥14.80

F273　006907
现代企业现场管理行为/李景元,黄福祥编著.—北京:企业管理出版社,1995.12.—460页;20cm
ISBN 7-80001-617-X:¥22.00

F273　006908
质量保证体系与标准化/姜辉主编.—北京:企业管理出版社,1995.4.—2103页;26cm
ISBN 7-80001-464-9(精装):¥248.00

F273-61　006909
汉英俄标准化与质量术语词典/房世俊主编.—北京:中国计量出版社,1995.12.—256页;20cm
ISBN 7-5026-0820-6:¥12.00

F273.1　006910
内江地区标准计量志/内江市技术监督局编.—成都:四川大学出版社,1995.8.—147页:照片;26cm.—(内江地区地方志丛书;35)
ISBN 7-5614-1218-5(精装):¥35.00

F273.1　006911
企业贯标与体系认证 GB/T19000-ISO 9000族标准干部培训教材/上海市质量管理协会编著.—2版.—上海:上海科学技术出版社,1995.10.—443页;20cm
ISBN 7-5323-4085-6:¥26.00

F273.1　006912
设备更新的技术经济分析/魏建中,刘荣英编著.—西安:陕西科学技术出版社,1995.10.—156页;19cm
ISBN 7-5369-0276-X:¥7.80

F273.1　006913

市场经济与标准化/郎志正主编.—北京:中国标准出版社,1995.11.—211页;20cm
ISBN 7-5066-1171-6: ¥16.00

F273.1-62 006914
企业标准化工作指南/陈渭,袁华南主编.—沈阳:辽宁科学技术出版社,1995.8.—305页;20cm
国家技术监督局国家标准统一宣贯教材
ISBN 7-5381-2226-5: ¥18.00

F273.2 006915
产品结构优化决策方法/黄国榜,傅贤治编著.—上海:上海科学技术文献出版社,1995.3.—239页;19cm
ISBN 7-5439-0561-2: ¥16.20

F273.2 006916
产品竞争的优势:质量·功能·发展/(美)奎特(Guinta,L.R.),(美)波蕾兹拉(Praizler,N.C.)著;夏善晨等译.—上海:上海人民出版社,1995.10.—118页;20cm.—(美国管理协会·斯米克管理丛书/汪熙,李慈雄主编)
ISBN 7-208-02068-X: ¥6.20

F273.2 006917
名牌战略:企业成功之路/郑明身等编著.—北京:中国水利水电出版社,1995.12.—214页;20cm.—(新世纪·企业·名牌丛书/明安香主编)
ISBN 7-80124-113-4: ¥12.50

F273.2 006918
内部质量审核实务/刘爱基,李虹主编.—北京:中国标准出版社,1995.4.—99页;26cm.—(GB/T 19000-ISO 9000族标准1994宣贯丛书)
ISBN 7-5066-1116-3: ¥15.00

F273.2 006919
全面质量管理基本知识/杨文士主编;中国质量管理协会编.—4版.—北京:中国科学技术出版社,1995.6.—269页;20cm
ISBN 7-5046-1962-0: ¥9.00

F273.2 006920
全面质量管理基本知识复习指南/杨文士主编;中国质量管理协会编.—北京:中国科学技术出版社,1995.9.—125页;19cm
ISBN 7-5046-2068-8: ¥6.00

F273.2 006921
如何编写质量手册/刘爱基,李虹主编.—北京:中国标准出版社,1995.4.—92页;26cm.—(GB/T 19000-ISO 9000族标准1994宣贯丛书)
ISBN 7-5066-1117-1: ¥14.00

F273.2 006922
如何编写质量体系程序文件/刘爱基,李虹主编.—北京:中国标准出版社,1995.4.—101页;26cm.—(GB/T 19000-ISO 9000族标准1994宣贯丛书)
ISBN 7-5066-1115-5: ¥16.00

F273.2 006923
审核案例100例/李虹主编.—北京:中国标准出版社,1995.9.—167页;26cm.—(GB/T 19000-ISO 9000族标准1994宣贯丛书)
ISBN 7-5066-1163-5: ¥25.00

F273.2 006924
现代企业质量管理和ISO 9000/周密编.—北京:中国商业出版社,1995.1.—268页;19cm
ISBN 7-5044-1882-X: ¥13.50

F273.2 006925
现代质量管理与国际标准/杨喜寿编著.—济南:山东大学出版社,1995.9.—252页;20cm
ISBN 7-5607-1507-9: ¥9.80

F273.2 006926
新品开发72变/肖云龙著.—长春:吉林科学技术出版社,1995.4.—149页;19cm.—(营销策划窍点子系列/李旭,邱莉主编)
ISBN 7-5384-1495-9: ¥4.00

F273.2 006927
质量管理学/苗长润主编;何红霞等编写.—天津:天津科技翻译出版公司,1995.5.—204页;26cm.—(现代企业管理丛书)
ISBN 7-5433-0766-9: ¥11.50

F273.2 006928
质量管理学/陈炳权,王世芳主编;尤建新等编著.—修订版.—上海:上海科学技术文献出版社,1995.6.—271页;26cm
高等院校质量管理教育研究会推荐教材
ISBN 7-5439-0692-9: ¥18.00

F273.2 006929
质量管理学/于涛主编.—济南:山东人民出版社,1995.3.—425页;20cm
高等学校管理专业系列教材
ISBN 7-209-01732-1: ¥13.20

F273.2 006930
质量管理与可靠性/梁乃刚主编.—北京:机械工业出版社,1995.3.—216页;26cm
全国高等教育自学考试教材 工业工程专业
ISBN 7-111-04641-2: ¥13.00

F273.2 006931
质量经营/(日)久米均著;马林译.—上海:上海科学技术出版社,1995.4.—219页;20cm
ISBN 7-5323-3765-0: ¥10.80

F273.2-43 006932
企业质量体系内部审核员函授教程/彭勇主编;《企业质量体系内部审核员函授教程》编委会编.—北京:测绘出版社,1995.6.—3册(787页);20cm
ISBN 7-5030-0801-6: ¥40.00

F273.2-43 006933
质量体系内部审核员国家通用教程/中国认证人员国家注册委员会编.—北京:中国商业出版社,1995.8.—284页;26cm
ISBN 7-5044-2952-X: ¥31.00

F273.2-53 006934
全国质量管理小组论文集/中国质量管理协会编.—北京:原子能出版社,1995.6.—152页;26cm
ISBN 7-5022-1383-X: ¥12.00

F273.2-53 006935
质量兴国与名牌战略/李志民主编;中国质量万里行

组委会办公室编.—北京:中国计量出版社,1995.9.—362 页;20cm
ISBN 7-5026-0836-2: ¥25.00

F273.2-61 **006936**
质量管理词典/傅大智等编.—北京:中国计量出版社,1995.11.—642 页;20cm
ISBN 7-5026-0741-2(精装): ¥35.00

F273.2-61 **006937**
质量认证实用全书/洪德彬,郎志正主编.—北京:企业管理出版社,1995.12.—1453 页;26cm
ISBN 7-80001-670-6(精装): ¥248.00

F273.2-62 **006938**
'94 新版 ISO9000 质量管理和质量保证系列国际标准应用指南/蒋鸿章著.—北京:国防工业出版社,1995.6.—361 页;26cm
ISBN 7-118-01448-6: ¥24.80

F273.2-62 **006939**
产品质量标准及使用指南/陈志田主编.—北京:中国标准出版社,1995.1.—373 页;30cm
ISBN 7-5066-1058-2: ¥38.00

F273.2-62 **006940**
质量管理和质量保证国家标准实施指南/李瑞主编;陈渭等编.—北京:中国标准出版社,1995.6.—861 页;20cm
国家技术监督局国家标准统一宣贯教材
ISBN 7-5066-1137-6: ¥26.00

F273.2-62 **006941**
质量管理指南/徐鹏航主编.—北京:中国财政经济出版社,1995.2.—1172 页;26cm
ISBN 7-5005-2246-0(精装): ¥90.00

F273.2-62 **006942**
质量手册的编制与实施指南/高声荣主编.—北京:企业管理出版社,1995.11.—453 页;20cm
ISBN 7-80001-671-4: ¥22.00

F273.2-65 **006943**
GB/T 19000—ISO 9000—1994 质量管理和质量保证系列国家标准宣贯教材/陈志田主编.—北京:中国计量出版社,1995.4.—785 页;20cm
ISBN 7-5026-0781-1: ¥25.00

F273.4 **006944**
机电设备管理/张恩惠,刘晓峰编.—徐州:中国矿业大学出版社,1995.12.—146 页;26cm
中等专业学校规划教材
ISBN 7-81040-491-1: ¥8.00

F273.4 **006945**
判别企业固定资产投资决策错误的理论和方法/郭开仲等著.—广州:华南理工大学出版社,1995.11.—348 页;19cm
ISBN 7-5623-0935-3: ¥19.30

F273.4 **006946**
企业资产评估/陈景艳,蔡岳编著.—北京:中国铁道出版社,1995.8.—399 页;20cm
ISBN 7-113-01960-9: ¥12.60

F273.4-62 **006947**
全国设备资产评估价格手册:机床、锻压分册/王湘主编.—北京:中国物价出版社,1995.5.—465 页;19cm
ISBN 7-80070-460-2: ¥30.00

F273.7 **006948**
企业涉外经济/桑建臣等主编.—郑州:河南人民出版社,1995.6.—488 页;20cm
ISBN 7-215-03438-0: ¥15.00

F273.7 **006949**
企业涉外行为规范/殷少平编著.—北京:中国计量出版社,1995.9.—176 页;20cm.—(现代企业行为规范丛书;9/刘文华主编)
ISBN 7-5026-0830-3: ¥9.50

F273.7 **006950**
涉外企业公共关系/姚祥宸主编.—北京:北京经济学院出版社,1995.9.—272 页;19cm.—(现代市场经济与企业经营管理系列丛书)
ISBN 7-5638-0491-9: ¥7.60

F273.7 **006951**
市场经济契约指南:新经济合同原理与实务/熊文钊著.—北京:中国城市出版社,1995.6.—294 页;19cm
ISBN 7-5074-0717-9: ¥12.00

①F273.7②D923.6 **006952**
企业合同行为规范/王宗玉编著.—北京:中国计量出版社,1995.9.—207 页;20cm.—(现代企业行为规范丛书;2/刘文华主编)
ISBN 7-5026-0825-7: ¥9.50

F273.7-62 **006953**
实用经济合同签写指南/曹阳主编.—武汉:湖北辞书出版社,1995.10.—556 页;20cm
ISBN 7-5403-0180-5: ¥16.00

F274 **006954**
企业生产营销行为规范/郑翔,周茜编著.—北京:中国计量出版社,1995.9.—200 页;20cm.—(现代企业行为规范丛书;3/刘文华主编)
ISBN 7-5026-0822-2: ¥9.00

F274 **006955**
物料采购学/崔玉成,袁忠勤主编.—北京:中国铁道出版社,1995.9.—298 页;19cm
ISBN 7-113-02184-0: ¥10.00

F274 **006956**
物资采购预测与决策/杨瑾卿主编.—成都:西南交通大学出版社,1995.1.—327 页;19cm
ISBN 7-81022-778-5: ¥7.00

F274-53 **006957**
用户工作理论研讨论文集/中国兵器质量协会编.—北京:兵器工业出版社,1995.12.—46 页;26cm
ISBN 7-80038-959-6: ¥6.50

F275 **006958**
财务管理/齐国荣主编;于险成等编.—北京:机械工业出版社,1995.10.—247 页;26cm
普通高等专科教育规划教材
ISBN 7-111-04620-X: ¥12.80

F275 **006959**
财务管理/财政部注册会计师全国考试委员会办公

室编.—大连:东北财经大学出版社,1995.4.—421 页;19cm
’95 年度注册会计师全国统考指定辅导教材
ISBN 7-81044-053-5: ¥12.00

F275 006960
财务管理/谷芳主编.—北京:中国财政经济出版社,1995.5.—451 页;19cm
注册会计师自学系列教材
ISBN 7-5005-2836-1: ¥15.10

F275 006961
财务管理/刘兴云,郭旭东主编.—北京:科学技术文献出版社,1995.4.—364 页;19cm.—(新编企业会计与财务丛书)
ISBN 7-5023-2347-3: ¥11.90

F275 006962
财务管理/全国会计专业技术资格考试领导小组办公室编.—北京:中国财政经济出版社,1995.9.—550 页;19cm
全国会计专业技术资格考试指定用书 会计师资格考试
ISBN 7-5005-2922-8: ¥18.50

F275 006963
财务管理/陈晶霞等主编.—哈尔滨:哈尔滨船舶工程学院出版社,1995.8.—388 页;19cm
ISBN 7-81007-576-4: ¥12.80

F275 006964
财务管理/杨维祖主编.—沈阳:东北大学出版社,1995.10.—347 页;20cm
财政系统在职干部训系列教材
ISBN 7-81006-765-6: ¥9.60

F275 006965
财务管理基础/全国会计专业技术资格考试领导小组办公室编.—北京:中国财政经济出版社,1995.9.—470 页;19cm
全国会计专业技术资格考试指定用书 助理会计师资格考试
ISBN 7-5005-2913-9: ¥17.50

F275 006966
财务管理学/郭复初,黄卓夫主编.—成都:西南财经大学出版社,1995.4.—465 页;20cm
ISBN 7-81017-919-5: ¥14.80

F275 006967
财务管理学/蔡建民主编.—上海:立信会计出版社,1995.9.—469 页;20cm.—(立信财务管理丛书/李海波主编)
ISBN 7-5429-0325-X: ¥18.50

F275 006968
财务管理学/谷祺等主编.—2 版.—大连:东北财经大学出版社,1995.10.—436 页;20cm
东北财经大学会计系系列教材
ISBN 7-81005-900-9: ¥16.00

F275 006969
财务管理学/薛玉莲主编.—北京:中国商业出版社,1995.8.—446 页;20cm
成人高等教育系列教材
ISBN 7-5044-2945-7: ¥18.00

F275 006970
财务管理学/靳鹤亭主编.—济南:山东大学出版社,1995.10.—345 页;20cm
ISBN 7-5607-1607-5: ¥13.80

F275 006971
财务管理学/何进日,戴子礼主编.—2 版.—长沙:湖南出版社,1995.6.—459 页;19cm.—(新会计丛书)
ISBN 7-5438-0605-3: ¥13.40

F275 006972
财务管理学/王庆成主编;全国高等教育自学考试指导委员会组编.—北京:中国财政经济出版社,1995.10.—549 页;20cm
全国高等教育自学考试教材
ISBN 7-5005-2885-X: ¥18.40

F275 006973
财务管理学/杨维祖主编.—沈阳:辽宁人民出版社,1995.6.—422 页;19cm
成人高等教育会计学专业(专科)统编教材
ISBN 7-205-03306-3: ¥10.60

F275 006974
财务管理与分析/黄浔主编.—成都:西南财经大学出版社,1995.8.—405 页;20cm
西南财经大学会计学教材系列
ISBN 7-81017-974-8: ¥13.80

F275 006975
财务与会计计算方法指南/王玉欣主编.—西安:陕西科学技术出版社,1995.10.—411 页;19cm
ISBN 7-5369-2387-2: ¥14.60

F275 006976
工业企业资产负债和损益审计方法/宋立家等编著.—修订本.—北京:中国审计出版社,1995.7.—352 页;19cm
ISBN 7-80064-280-1: ¥12.00

F275 006977
国际经营财务分析与决策/胡云清主编.—南昌:江西高校出版社,1995.7.—382 页;19cm.—(企业经营国际化丛书/吴照云,杨慧主编)
ISBN 7-81033-513-8: ¥10.80

F275 006978
教学与辅导:1994 级财务管理专辑/中央农业广播电视学校主办.—北京:中国农业出版社,1995.9.—48 页;26cm
会计统计与审计、企业经营管理、农业经济与管理专业用
ISBN 7-109-04055-0: ¥2.00

F275 006979
跨国经营财务管理/陈荫枋,唐维霞主编 .—贵阳:贵州人民出版社,1995.9.—280 页;20cm
ISBN 7-221-03851-1: ¥12.00

F275 006980
企业财务管理/易承德等编.—徐州:中国矿业大学出版社,1995.6.—181 页;26cm

高等学校规划教材
ISBN 7-81040-383-4: ¥8.50

F275　006981
企业财务管理/陈炳辉主编.—北京:中国金融出版社,1995.7.—427页;20cm
高等专科学校金融类教材
ISBN 7-5049-1449-5: ¥16.00

F275　006982
企业财务管理/袁建三主编.—贵阳:贵州民族出版社,1995.8.—388页;19cm
中等财经学校适用教材
ISBN 7-5412-0578-8: ¥11.30

F275　006983
企业财务管理/成秉权主编.—修订本.—北京:中国财政经济出版社,1995.1.—415页;19cm
中等财经学校教材
ISBN 7-5005-2649-0: ¥8.60

F275　006984
企业财务管理/黄增玉主编.—成都:西南财经大学出版社,1995.7.—374页;19cm
金融中等专业学校教材
ISBN 7-81017-952-7: ¥13.40

F275　006985
企业财务管理/樊荣,刘雪荣主编.—西安:陕西科学技术出版社,1995.5.—567页;20cm
ISBN 7-5369-2321-X: ¥18.60

F275　006986
企业财务管理/陈友邦主编;辽宁广播电视中等专业学校组编.—北京:高等教育出版社,1995.4.—370页;19cm
成人中等专业学校试用教材
ISBN 7-04-005226-1: ¥6.30

F275　006987
企业财务管理/胡元木等编著.—济南:山东大学出版社,1995.12.—383页;20cm
山东干部函授大学教材
ISBN 7-5607-1604-0: ¥12.50

F275　006988
企业财务管理/陈伟主编.—哈尔滨:哈尔滨船舶工程学院出版社,1995.12.—455页;19cm
ISBN 7-81007-606-X: ¥14.20

F275　006989
企业财务管理/冯景雯主编.—昆明:云南科技出版社,1995.2.—251页;19cm
ISBN 7-5416-0696-0: ¥8.60

F275　006990
企业财务管理/湖南省中等职业教育教材编审委员会编审.—长沙:湖南出版社,1995.6.—339页;19cm
中等职业学校教材
ISBN 7-5438-1008-5: ¥6.45

F275　006991
企业财务管理习题与学习指导/陈友邦,姜爱琴编.—北京:高等教育出版社,1995.4.—170页;19cm
成人中等专业学校辅助教材
ISBN 7-04-005228-8: ¥2.90

F275　006992
企业财务管理学/张学功,陈华亭主编 .—北京:中国经济出版社,1995.10.—340页;20cm
95会计系列教材
ISBN 7-5017-3517-4: ¥17.50

F275　006993
企业财务管理学/宋献中主编.—广州:暨南大学出版社,1995.12.—584页;20cm
会计学系列教材
ISBN 7-81029-521-7: ¥21.00

F275　006994
企业财务管理与分析/杨宝魁主编;辽宁教育学院职业技术教育教材编写组编.—北京:高等教育出版社,1995.4.—367页;19cm
中等职业技术学校试用教材
ISBN 7-04-005227-X: ¥6.30

F275　006995
企业财务管理与分析/(美)黄俊昌等编著;黄长明等编译 .—北京:中央广播电视大学出版社,1995.3.—363页;20cm
ISBN 7-304-01179-3: ¥11.20

F275　006996
企业财务决策实务/马月才等主编.—北京:中国审计出版社,1995.6.—270页;20cm
ISBN 7-80064-368-9: ¥11.00

F275　006997
企业财务决策与分析/颜光华,朱敏主编.—上海:立信会计出版社,1995.5.—314页;20cm
ISBN 7-5429-0282-2: ¥11.20

F275　006998
企业财务税收监督/娄洪等主编.—北京:企业管理出版社,1995.1.—645页;20cm
ISBN 7-80001-547-5: ¥21.00

F275　006999
企业财务制度改革的理论与实际/李海,李静江著.—北京:中国财政经济出版社,1995.3.—260页;20cm
ISBN 7-5005-2708-X: ¥6.50

F275　007000
企业定价/李丁编写.—北京:中国农业出版社,1995.12.—123页;26cm
中央农业广播电视学校教材 经济类专业用
ISBN 7-109-04141-7: ¥5.70

F275　007001
企业定价技巧/周齐,魏守文主编.—北京:中国物价出版社,1995.11.—404页;20cm
ISBN 7-80070-531-5: ¥13.80

F275　007002
企业理财学/余绪缨主编.—沈阳:辽宁人民出版社,1995.1.—462页;20cm
厦门大学会计系列教材
ISBN 7-205-03126-5: ¥15.00

F275　007003

企业清算财务管理/栾甫贵著.—北京:经济科学出版社,1995.10.—184页;19cm.—(现代企业财务管理丛书/金莲淑等主编)
ISBN 7-5058-0891-5:¥9.40

F275　　007004
企业投资论/马骁编著.—成都:西南财经大学出版社,1995.2.—226页;20cm.—(财务理论探索丛书/王庆成,郭复初主编)
ISBN 7-81017-881-4:¥6.80

F275　　007005
施工与房地产开发企业财务管理/徐大图主编.—北京:中国建筑工业出版社,1995.4.—668页;20cm
ISBN 7-112-02501-X:¥22.00

F275　　007006
市场经济条件下的企业财务管理/罗元明主编.—北京:经济科学出版社,1995.3.—527页;20cm
ISBN 7-5058-0751-X:¥16.80

F275　　007007
微观财务学原理:企业资金论/曹侠著.—西安:陕西人民出版社,1995.5.—537页;20cm
ISBN 7-224-03808-3:¥25.00

F275　　007008
文教企业财务/财政部文教行政司编.—天津:天津人民出版社,1995.3.—390页;19cm
文教行政财务干部岗位培训教材
ISBN 7-201-02258-X:¥9.80

F275　　007009
西方财务管理/王文钧编著.—2版(增订本).—上海:立信会计出版社,1995.6.—408页;20cm.—(立信财经丛书)
ISBN 7-5429-0289-X:¥15.00

F275　　007010
现代财务管理学/蒋家铎主编.—济南:山东人民出版社,1995.8.—375页;20cm
高等学校管理专业系列教材
ISBN 7-209-01811-5:¥13.00

F275　　007011
现代财务管理原理/吉全贵著.—北京:中国轻工业出版社,1995.10.—419页;19cm
ISBN 7-5019-1829-5:¥12.00

F275　　007012
现代公司财务与投资管理/胡援成著.—上海:上海社会科学院出版社,1995.9.—417页;20cm
ISBN 7-80618-111-3:¥17.20

F275　　007013
现代企业财务分析/程方锋主编.—武汉:湖北科学技术出版社,1995.6.—498页;20cm
ISBN 7-5352-1697-8:¥14.80

F275　　007014
现代企业财务管理/刘广如,胡兴禹主编.—济南:山东人民出版社,1995.8.—323页;20cm
ISBN 7-209-01812-3:¥12.00

F275　　007015
现代企业财务管理/马海涛,刘玉平编著.—北京:中国物价出版社,1995.7.—378页;20cm
ISBN 7-80070-466-1:¥14.50

F275　　007016
现代企业财务管理/任长命等主编.—太原:山西经济出版社,1995.8.—360页;19cm
ISBN 7-80577-900-7:¥13.80

F275　　007017
现代企业财务管理/景东华等编著.—成都:四川大学出版社,1995.9.—443页;19cm.—(新财会书系)
ISBN 7-5614-1182-0:¥14.80

F275　　007018
现代企业理财/国宇等主编.—天津:天津科学技术出版社,1995.7.—347页;20cm
ISBN 7-5308-1897-X:¥20.00

F275　　007019
现代企业理财学/庄志加主编.—厦门:厦门大学出版社,1995.7.—244页;20cm
厦门大学财政金融系列教材
ISBN 7-5615-1085-3:¥9.80

F275　　007020
现代企业内部会计管理与控制/梁杰等编著.—沈阳:东北大学出版社,1995.3.—588页;20cm
ISBN 7-81006-951-9:¥14.80

F275　　007021
新编企业财务管理/黄晓清等主编.—武汉:武汉工业大学出版社,1995.8.—284页;20cm
ISBN 7-5629-1021-9:¥13.80

F275　　007022
新财务管理方法/庄恩岳等编著.—修订本.—北京:中国审计出版社,1995.3.—399页;20cm.—(新财务会计审计实用丛书;3)
ISBN 7-80064-354-9:¥12.00

F275　　007023
中等财经学校企业财务管理(修订本)配套习题集/蒙丽珍主编.—2版.—北京:中国财政经济出版社,1995.2.—275页;19cm
ISBN 7-5005-2705-5:¥5.50

F275　　007024
租赁会计/章国富等编著.—北京:航空工业出版社,1995.3.—159页;19cm.—(企业会计丛书·第三辑/谢国新,储一昀主编)
ISBN 7-80046-805-4:¥5.80

①F275②F812.42　　007025
创业与财务税收/喻世友等编著.—北京:中国青年出版社,1995.12.—222页;20cm.—(成功创业丛书)
ISBN 7-5006-1978-2:¥10.30

F275-44　　007026
企业财务管理习题集/杨维祖主编.—修订本.—北京:中国财政经济出版社,1995.2.—394页;20cm
高等财经专科学校辅助教材
ISBN 7-5005-2761-6:¥8.30

F275-44　　007027
企业财务制度问答/金莲淑等主编.—沈阳:东北大学出版社,1995.10.—266页;19cm

ISBN 7-81054-011-4: ¥10.50

F275-61 007028

最新企业财务实用操作指南/李敦嘉主编.—北京:中国审计出版社,1995.9.—346页;19cm

ISBN 7-80064-379-4: ¥12.00

F275-62 007029

生产企业常用报表实用指南/王彧,杨文风编著.—北京:冶金工业出版社,1995.6.—326页;20cm.—(财务会计常用报表实用丛书/王惠兰主编)

ISBN 7-5024-1734-6: ¥15.00

①F275-62②F830-62 007030

企业与银行交往手册/李广文,董建海主编.—太原:山西经济出版社,1995.4.—610页;20cm

ISBN 7-80577-824-8: ¥20.50

F275.1 007031

创业与投资策划/李光,易晓波编著.—北京:中国青年出版社,1995.12.—219页;20cm.—(成功创业丛书)

ISBN 7-5006-1924-3: ¥10.30

F275.1 007032

呆帐预防/中华征信所编.—太原:山西经济出版社,1995.3.—158页;19cm.—(企业成功之钥丛书)

ISBN 7-80577-805-1: ¥7.00

F275.1 007033

企业筹资决策/陈敏著.—北京:经济科学出版社,1995.7.—154页;19cm

ISBN 7-5058-0834-6: ¥7.00

F275.1 007034

企业筹资学:企业融资实务/葛藟生主编.—西安:陕西科学技术出版社,1995.10.—285页;20cm.—(现代理财丛书/王树汉等编)

ISBN 7-5369-2413-5: ¥12.90

F275.1 007035

企业融资机制分析/刘彪著.—北京:中国人民大学出版社,1995.5.—234页;20cm.—(中国人民大学博士文库/罗国杰主编)

ISBN 7-300-02039-9: ¥8.20

F275.1 007036

企业融资行为规范/孟雁北,罗传伟编著.—北京:中国计量出版社,1995.10.—156页;20cm.—(现代企业行为规范丛书;4/刘文华主编)

ISBN 7-5026-0826-5: ¥8.00

F275.1 007037

商战之本:如何筹措资金/董洁林著.—北京:三联书店,1995.—179页;20cm.—(经营智慧丛书)

ISBN 7-108-00773-8: ¥8.80

F275.1 007038

现代企业实用融资技术/张晋生编著.—合肥:安徽人民出版社,1995.1.—184页;20cm.—(现代企业制度丛书/吴天林主编)

ISBN 7-212-01172-X: ¥5.80

F275.1 007039

资产流动与产权重组/朱志刚主编.—北京:经济科学出版社,1995.11.—585页;20cm

ISBN 7-5058-0892-3: ¥27.00

F275.1-62 007040

企业筹资实用指南/陈四清,许明文主编.—长沙:湖南科学技术出版社,1995.8.—301页;20cm

ISBN 7-5357-1833-7: ¥11.00

F275.2 007041

《企业会计学》复习提要与练习题/黎文珠,林钢主编.—北京:中国人民大学出版社,1995.7.—395页;20cm

ISBN 7-300-02106-9: ¥13.60

F275.2 007042

动态企业会计核算:对传统会计的挑战/施先旺,聂玉华著.—武汉:武汉测绘科技大学出版社,1995.2.—235页;19cm

ISBN 7-81030-383-X: ¥7.20

F275.2 007043

高等教育自学考试企业会计学自学考试大纲:含考核目标/全国高等教育自学考试指导委员会制订.—北京:中国财政经济出版社,1995.7.—133页;19cm

ISBN 7-5005-2849-3: ¥4.60

F275.2 007044

工商企业财务会计/罗新运著.—西安:陕西科学技术出版社,1995.1.—508页;20cm

ISBN 7-5369-2251-5: ¥15.00

F275.2 007045

工商企业财务会计实验/边建明主编.—天津:天津人民出版社,1995.10.—434页;19cm

ISBN 7-201-02373-X: ¥15.00

F275.2 007046

工商企业会计学/朱小平,徐泓编著.—北京:中国人民大学出版社,1995.11.—316页;20cm.—(中国人民大学、麦吉尔大学合作出版管理学丛书)

ISBN 7-300-02105-0: ¥14.00

F275.2 007047

工商企业税务会计/颜世廉,彭桃英主编.—长沙:中南工业大学出版社,1995.10.—363页;20cm

现代会计学系列教材

ISBN 7-81020-793-8: ¥14.00

F275.2 007048

控制会计/谢国新等编著.—北京:航空工业出版社,1995.12.—156页;19cm.—(企业会计丛书·第五辑/谢国新,储一昀主编)

ISBN 7-80046-897-6: ¥6.00

F275.2 007049

企业财务分析与评价/杨英玲主编.—北京:中国金融出版社,1995.8.—135页;19cm

合作银行系列教材(6)

ISBN 7-5049-1466-5: ¥6.40

F275.2 007050

企业财务会计/刘学颜主编.—济南:山东人民出版社,1995.7.—396页;20cm

山东干部函授大学教材

ISBN 7-209-01791-7: ¥12.60

F275.2 007051

企业财务会计/赵亚莉,常录寿编著.—西安:陕西

科学技术出版社,1995.1.—372页;20cm
ISBN 7-5369-0451-7:￥11.70

F275.2　007052
企业财务会计/胡文主编.—修订本.—北京:中国财政经济出版社,1995.5.—545页;19cm
中等财经学校教材
ISBN 7-5005-2658-X:￥13.60

F275.2　007053
企业财务会计/陈友邦等主编.—大连:大连理工大学出版社,1995.9.—369页;19cm
ISBN 7-5611-1034-0:￥11.00

F275.2　007054
企业财务会计/庄瑞澄主编;卢永华等编著.—2版(修订本).—天津:天津大学出版社,1995.12.—675页;20cm
厦门大学优秀教材
ISBN 7-5618-0827-5:￥24.00

F275.2　007055
企业财务会计模拟实习/江希和主编.—苏州:苏州大学出版社,1995.5.—228页;26cm
ISBN 7-81037-148-7:￥15.00

F275.2　007056
企业财务会计行为规范/朱大旗等编著.—北京:中国计量出版社,1995.9.—239页;20cm.—(现代企业行为规范丛书;5/刘文华主编)
ISBN 7-5026-0827-3:￥9.00

F275.2　007057
企业财务会计学/毛春华,阎礼主编.—北京:中国经济出版社,1995.1.—368页;20cm
ISBN 7-5017-3173-X:￥9.80

F275.2　007058
企业财务会计学/鞠学孟,蒋书文主编.—北京:中国商业出版社,1995.8.—443页;20cm
'95会计系列教材
ISBN 7-5044-2946-5:￥14.80

F275.2　007059
企业财务会计学/潘炳波等编著.—成都:西南财经大学出版社,1995.6.—388页;19cm
ISBN 7-81017-960-8:￥12.90

F275.2　007060
企业财务会计学习指导/李登河,卢永华主编.—天津:天津大学出版社,1995.3.—231页;20cm
ISBN 7-5618-0739-2:￥6.20

F275.2　007061
企业会计/程冠群,赵旺贤主编.—武汉:湖北人民出版社,1995.12.—468页;20cm
ISBN 7-216-01789-7:￥13.80

F275.2　007062
企业会计报表与分析/安玉华著.—上海:上海人民出版社,1995.10.—203页;20cm.—(现代工商管理丛书/尹尊声,海闻主编)
ISBN 7-208-02060-4:￥11.00

F275.2　007063
企业会计设计导论/刘明辉,方红星著.—大连:东北财经大学出版社,1995.12.—288页;20cm
ISBN 7-81044-059-4:￥12.50

F275.2　007064
企业会计实务/关安利主编.—西安:陕西科学技术出版社,1995.12.—517页;20cm
ISBN 7-5369-2434-8:￥17.00

F275.2　007065
企业会计实验教程/余浩编著.—武汉:武汉工业大学出版社,1995.12.—536页;20cm
ISBN 7-5629-1051-0:￥22.80

F275.2　007066
企业会计通论/蒋金森主编.—北京:中国审计出版社,1995.9.—384页;20cm.—(当代企业会计丛书)
ISBN 7-80064-385-9:￥15.00

F275.2　007067
企业会计学/方正生主编;全国高等教育自学考试指导委员会组编.—北京:中国财政经济出版社,1995.7.—522页;20cm
全国高等教育自学考试教材
ISBN 7-5005-2845-0:￥17.50

F275.2　007068
企业会计学/方正生主编;全国高等教育自学考试指导委员会组编.—北京:中国财政经济出版社,1995.7.—522页;20cm
全国高等教育自学考试教材
ISBN 7-5005-2845-0:￥17.50

F275.2　007069
企业会计学概论/郭惠云主编.—济南:山东大学出版社,1995.4.—492页;20cm
ISBN 7-5607-1464-1:￥12.00

F275.2　007070
企业会计与财务管理/侯志刚编著.—北京:北京经济学院出版社,1995.12.—402页;20cm.—(现代农村经济管理丛书)
ISBN 7-5638-0501-X:￥11.90

F275.2　007071
企业理财/张鸣,贾莉莉编著.—北京:航空工业出版社,1995.12.—156页;19cm.—(企业会计丛书·第四辑/谢国新,储一昀主编)
ISBN 7-80046-742-2:￥6.00

F275.2　007072
企业纳税会计/张复英等主编.—沈阳:东北大学出版社,1995.10.—438页;19cm
ISBN 7-81054-017-3:￥13.00

F275.2　007073
企业纳税与会计实务/张培森,丁芸主编.—北京:中信出版社,1995.2.—562页;20cm
ISBN 7-80073-087-5:￥20.80

F275.2　007074
企业涉外会计/沈东山主编.—北京:中国商业出版社,1995.6.—2册;19cm
中等专业学校教材
ISBN 7-5044-2365-3:￥16.50

F275.2　007075

企业新会计报表编制/王金安,王序坤主编.—杭州:杭州大学出版社,1995.1.—478页;20cm
ISBN 7-81035-724-7:¥15.00

F275.2　　007076
企业中级会计/王占升等主编.—上海:立信会计出版社,1995.8.—917页;20cm
ISBN 7-5429-0319-5:¥32.00

F275.2　　007077
清算会计/潘飞等编著.—北京:航空工业出版社,1995.2.—146页;19cm.—(企业会计丛书·第三辑/谢国新,储一昀主编)
ISBN 7-80046-806-2:¥5.80

F275.2　　007078
施工及房地产开发企业会计实务/严兴华等主编.—广州:中山大学出版社,1995.4.—416页;20cm
ISBN 7-306-01011-5:¥15.00

F275.2　　007079
实用企业会计/贾圣武,刘书本主编.—北京:中国农业科技出版社,1995.6.—458页;20cm
ISBN 7-80026-912-4:¥12.60

F275.2　　007080
税务与会计/林世怡编著.—北京:航空工业出版社,1995.12.—175页;19cm.—(企业会计丛书·第四辑/谢国新,储一昀主编)
ISBN 7-80046-742-2:¥6.00

F275.2　　007081
物价变动会计/张建军编著.—北京:航空工业出版社,1995.12.—147页;19cm.—(企业会计丛书·第四辑/谢国新,储一昀主编)
ISBN 7-80046-742-2:¥6.00

F275.2　　007082
物价变动会计理论与实务/孙铮著.—上海:立信会计出版社,1995.6.—187页;20cm.—(立信会计丛书)
ISBN 7-5429-0307-1:¥8.50

F275.2　　007083
现代企业财务会计学/易传和主编.—长沙:湖南出版社,1995.10.—421页;20cm
ISBN 7-5438-1082-4:¥16.90

F275.2　　007084
现代企业会计/黎成器编著.—成都:四川大学出版社,1995.1.—347页;19cm.—(东辉商学院系列丛书/朱争鸣,杨继瑞主编)
ISBN 7-5614-1128-9:¥7.50

F275.2　　007085
新编初级企业会计/蒋金森主编.—北京:中国物资出版社,1995.9.—412页;19cm
ISBN 7-5047-1134-9:¥14.50

F275.2　　007086
新编对外经济合作企业会计/肖德长等主编.—上海:立信会计出版社,1995.10.—393页;20cm.—(立信会计丛书)
ISBN 7-5429-0329-2:¥16.00

F275.2　　007087
新编对外经济合作企业会计习题与解答/许相琼等主编.—上海:立信会计出版社,1995.10.—142页;20cm.—(立信会计丛书)
ISBN 7-5429-0330-6:¥6.50

F275.2　　007088
新编企业会计学/孟战表,孙锡贤主编.—北京:蓝天出版社,1995.1.—437页;19cm
ISBN 7-80081-554-4:¥12.50

F275.2　　007089
新编企业会计学/喻景中编著.—武汉:武汉大学出版社,1995.9.—303页;20cm
ISBN 7-307-02039-4:¥8.80

F275.2　　007090
新制度企业会计报表分析/李太虹,柴欣主编.—北京:中国物价出版社,1995.10.—579页;20cm
ISBN 7-80070-522-6:¥19.80

F275.2　　007091
责任会计/潘飞,王红编著.—北京:航空工业出版社,1995.12.—143页;19cm.—(企业会计丛书·第五辑/谢国新,储一昀主编)
ISBN 7-80046-897-6:¥6.00

F275.2　　007092
中等财经学校企业财务会计(修订本)配套习题集/张白玲主编.—北京:中国财政经济出版社,1995.2.—249页;19cm
ISBN 7-5005-2701-2:¥4.80

F275.2　　007093
最新企业会计理论与实务/杨兴辉等编著.—昆明:云南大学出版社,1995.4.—513页;20cm
ISBN 7-81025-529-0:¥15.50

F275.2　　007094
最新企业会计实务/杨知克等主编.—沈阳:辽宁人民出版社,1995.5.—414页;19cm
辽宁省企业会计培训教材
ISBN 7-205-03289-X:¥13.00

①F275.2②F830.42　　007095
国际信托投资企业会计实务/孙佩玉主编.—北京:中信出版社,1995.2.—517页;20cm
ISBN 7-80073-084-0:¥18.00

F275.2-43　　007096
企业财务会计/马克家主编.—徐州:中国矿业大学出版社,1995.10.—433页;26cm
中等专业学校规划教材
ISBN 7-81040-424-5:¥22.50

F275.2-44　　007097
企业会计毕业模拟实习　上册/谢庆睦,王生根主编.—修订版.—南京:江苏科学技术出版社,1995.7.—60页;26cm
财会专业教材
ISBN 7-5345-1962-4:¥4.00

F275.2-44　　007098
企业会计毕业模拟实习　下册/谢庆睦,王生根主编.—修订版.—南京:江苏科学技术出版社,1995.7.—370页;26cm
财会专业教材

ISBN 7-5345-1963-2：¥21.00

F275.2-62　　**007099**

企业运用会计政策指南：企业筹资、投资与避税等会计政策/林钟高，吴建敏主编.—大连：东北财经大学出版社，1995.4.—505页；19cm

ISBN 7-81044-000-4：¥18.00

F275.2-62　　**007100**

现代企业内部会计实用手册/宋世明主编.—北京：企业管理出版社，1995.9.—1317页；26cm

ISBN 7-80001-576-9（精装）：¥198.00

F275.3　　**007101**

成本工程/罗辉主编.—武汉：湖北科学技术出版社，1995.10.—455页；20cm

ISBN 7-5352-1734-6：¥14.80

F275.3　　**007102**

企业成本学学习考试指南/焦跃华，尹建平编著.—武汉：武汉大学出版社，1995.3.—279页；20cm

中南财经大学会计系列教材

ISBN 7-307-01936-1：¥9.80

F275.3　　**007103**

现代成本管理/杨雄胜著.—北京：经济科学出版社，1995.11.—243页；19cm.—（现代企业财务管理丛书/金莲淑等主编）

ISBN 7-5058-0876-1：¥11.00

F275.3　　**007104**

质量成本与质量责任会计/王又庄，衣延章主编.—修订本.—北京：中国财政经济出版社，1995.1.—282页；20cm

中国社会科学基金会资助科研项目

ISBN 7-5005-2670-9：¥10.00

F275.3-62　　**007105**

降低成本指南：企业经理提高利润之道/（美）菲吉（Figgie，H.E.）著；姜云龙译.—上海：上海人民出版社，1995.11.—231页；20cm.—（美国管理协会·斯米克管理丛书/汪熙，李慈雄主编）

ISBN 7-208-02088-4：¥12.00

F275.4　　**007106**

国有企业利润分配制度新探/韩英杰，夏清成主编.—北京：中国经济出版社，1995.3.—407页；20cm

ISBN 7-5017-3142-X：¥13.80

F275.4　　**007107**

市场经济条件下的企业工资管理/祝晏君等主编.—北京：人民邮电出版社，1995.12.—534页；20cm

ISBN 7-115-05963-2：¥29.00

①F275.4②F244　　**007108**

利润分享与劳动分红/翁天真等著.—北京：中国劳动出版社，1995.9.—289页；20cm

ISBN 7-5045-1827-1：¥15.50

F275.5　　**007109**

财务分析/朱学义，周咏梅编著.—北京：机械工业出版社，1995.8.—291页；19cm

ISBN 7-111-04787-7：¥12.50

F275.5　　**007110**

财务分析学/张先治，陈友邦编著.—大连：东北财经大学出版社，1995.10.—399页；20cm

东北财经大学会计系系列教材

ISBN 7-81044-049-7：¥15.40

F275.5　　**007111**

经营决策会计/阎宏伟主编.—北京：中国农业出版社，1995.3.—311页；19cm

ISBN 7-109-03592-1：¥8.70

F275.5　　**007112**

企业财务报告分析/张庆敏等主编.—石家庄：河北人民出版社，1995.9.—284页；19cm

ISBN 7-202-01790-3：¥8.80

F275.5　　**007113**

企业财务分析/程方锋主编.—大连：东北财经大学出版社，1995.8.—386页；20cm

大中专院校试用教材

ISBN 7-81044-070-5：¥16.00

F275.5　　**007114**

企业财务分析与诊断/陶兰等主编.—西安：陕西科学技术出版社，1995.10.—278页；20cm.—（现代理财丛书/王树汉等主编）

ISBN 7-5369-2414-3：¥12.80

F275.5　　**007115**

现代企业信用分析/朱荣恩，徐建新主编.—上海：三联书店上海分店，1995.9.—273页；20cm.—（新世纪书苑）

ISBN 7-5426-0860-6：¥12.80

F275.5　　**007116**

引进项目的技术经济分析/李志广主编.—2版.—北京：中国林业出版社，1995.6.—148页；26cm

涉外经济类专业系列教材

ISBN 7-5038-1377-6：¥10.60

F276.1　　**007117**

公营企业改革：海峡两岸的共同课题/熊映梧，刘常勇主编.—哈尔滨：黑龙江教育出版社，1995.9.—336页；20cm

ISBN 7-5316-2814-7：¥11.50

F276.1　　**007118**

国有企业财产监督管理释义与实务/国家国有资产管理局企业司编.—北京：经济科学出版社，1995.8.—360页；20cm

国有企业改革与国有企业财产监督管理函授教材

ISBN 7-5058-0852-4：¥17.00

F276.1　　**007119**

国有企业改革的思路与对策/中共中央党校教务部编.—太原：山西人民出版社，1995.7.—254页；20cm

ISBN 7-203-03367-8：¥11.80

F276.1　　**007120**

国有企业公司制再造/唐有功，中振著.—郑州：河南人民出版社，1995.8.—352页；20cm

ISBN 7-215-03491-7：¥12.00

F276.3　　**007121**

产权·市场与发展：乡镇企业制度的经济分析/刘志彪等主编.—南京：江苏人民出版社，1995.9.—301页；20cm

ISBN 7-214-01519-6: ¥12.00

F276.3 **007122**

乡镇经济管理新论/杨立等主编.—东营:石油大学出版社,1995.7.—300页;19cm

ISBN 7-5636-0700-5: ¥9.40

F276.3 **007123**

乡镇企业概论/熊学忠,刘建荣主编.—昆明:云南人民出版社,1995.7.—233页;20cm

ISBN 7-222-01797-6: ¥7.60

F276.3 **007124**

乡镇企业管理/吴海帆等编.—北京:煤炭工业出版社,1995.9.—330页;19cm

北京军地两用人才培训学院教材

ISBN 7-5020-1221-4: ¥13.20

F276.3 **007125**

乡镇企业管理/总政宣传部编.—北京:军事谊文出版社,1995.5.—159页;19cm

培养军地两用人才电教系列片辅导教材

ISBN 7-80027-737-2: ¥3.60

F276.3 **007126**

乡镇企业会计/叶思堂主编;成都市教育委员会编.—2版.—北京:高等教育出版社,1995.5.—370页;26cm

中等职业技术学校试用教材

ISBN 7-04-005274-1: ¥12.45

F276.3 **007127**

乡镇企业会计岗位实用教程/郝先经等主编.—济南:山东友谊出版社,1995.10.—521页;20cm

ISBN 7-80551-754-1: ¥20.00

F276.3 **007128**

乡镇企业经营经济学/张其中主编.—兰州:甘肃民族出版社,1995.1.—361页;20cm

ISBN 7-5421-0257-5: ¥6.80

F276.3 **007129**

乡镇企业经营决策/王汀华主编. 2版.—杭州:浙江科学技术出版社,1995.12.—255页;20cm.—(农村奔小康指南丛书)

ISBN 7-5341-0876-4: ¥10.00

F276.3 **007130**

乡镇企业统计/谢菊娣主编.—南京:江苏科学技术出版社,1995.4.—279页;19cm

全国广播电视中专教材

ISBN 7-5345-1894-6: ¥5.80

F276.3 **007131**

乡镇企业学概论/刘强等著.—西安:西北大学出版社,1995.10.—264页;20cm

ISBN 7-5604-1006-5: ¥9.80

F276.3 **007132**

乡镇企业资产评估/刘同占主编.—北京:人民日报出版社,1995.5.—408页;20cm

ISBN 7-80002-771-6: ¥15.20

F276.3 **007133**

新编私营企业会计/易运和主编.—北京:中华工商联合出版社,1995.10.—311页;19cm

ISBN 7-80100-167-2: ¥13.00

F276.3 **007134**

新编乡镇企业会计/王庆玲主编.—2版(修订本).—北京:中国对外经济贸易出版社,1995.9.—470页;20cm

ISBN 7-80004-477-7: ¥16.00

F276.3 **007135**

新编乡镇企业会计/汤新华,黄怡编著.—北京:中国物资出版社,1995.2.—496页;19cm

ISBN 7-5047-0987-5: ¥15.00

F276.3 **007136**

中国乡镇企业经济管理学/李固培,石孝义主编.—天津:天津教育出版社,1995.7.—360页;20cm

ISBN 7-5309-2347-1: ¥11.20

F276.3 **007137**

崛起之路:桂林地区乡镇企业发展纪实/阳靖溪主编;中共桂林地委办公室编.—桂林:漓江出版社,1995.11.—329页;19cm

ISBN 7-5407-1845-5: ¥8.00

F276.3-44 **007138**

乡镇企业会计习题集/叶思堂主编.—2版.—北京:高等教育出版社,1995.5.—181页;26cm

中等职业技术学校辅助教材

ISBN 7-04-005275-X: ¥7.20

F276.3-62 **007139**

乡镇股份制及股份合作制企业组建手册/韩琦等编著.—北京:中国经济出版社,1995.1.—418页;20cm

ISBN 7-5017-3443-7: ¥11.00

F276.4 **007140**

现代企业集团经营管理方式:香港·台湾·日本·韩国·新加坡的案例研究 /梁宪主编.—北京:经济科学出版社,1995.10.—287页;20cm

ISBN 7 058-0854-0: ¥16.00

F276.43 **007141**

《外商投资企业会计》课程复习指导/李金秀编.—广州:暨南大学出版社,1995.10.—176页;20cm

ISBN 7-81029-420-2: ¥7.80

F276.43 **007142**

企业涉外经营管理实用手册/汤曙光主编;张楠等编.—北京:光明日报出版社,1995.8.—301页;20cm

ISBN 7-80091-714-2: ¥15.00

F276.43 **007143**

涉外会计实用手册/夏伯忠,单祖茂主编.—北京:企业管理出版社,1995.9.—1745页;26cm

ISBN 7-80001-556-4(精装): ¥278.00

F276.43 **007144**

涉外经济管理/易可法主编;全国企业管理干部学历教育(大专)教材编委会编 .—北京:企业管理出版社,1995.2.—408页;20cm

全国企业管理干部培训系列教材

ISBN 7-80001-540-8: ¥12.00

F276.43 **007145**

涉外企业财务与会计实务/张鸣,潘飞编著.—上海:立信会计出版社,1995.5.—502页;20cm.—(涉外经济

丛书)
ISBN 7-5429-0286-5: ¥16.50

F276.43 007146
涉外企业管理/董欣主编.—大连:大连海事大学出版社,1995.4.—340页;20cm
ISBN 7-5632-0883-6: ¥12.00

F276.43 007147
涉外企业经营管理/黄燕炜主编.—西安:陕西人民出版社,1995.5.—415页;20cm
ISBN 7-224-03845-8: ¥12.80

F276.43 007148
新编三资企业财会实用手册/汪元铮编著.—上海:立信会计出版社,1995.11.—330页;20cm.—(立信会计丛书)
ISBN 7-5429-0317-9: ¥14.00

F276.43 007149
中华三资企业家 第一卷/邢厚田主编.—北京:中华工商联合出版社,1995.5.—310页;20cm
ISBN 7-80100-134-6(精装): ¥36.00

F276.43 007150
中外合资企业管理教程/李永明主编.—北京:航空工业出版社,1995.8.—288页;20cm
ISBN 7-80046-911-5: ¥12.00

F276.6 007151
北京写字楼公司机构概览 /邓婕主编;北京金座文化传播有限责任公司编.—北京:中国旅游出版社,1995.—515页;26cm
ISBN 7-5032-1209-8(精装): ¥198.00

F276.6 007152
公司财务/欧阳令南著.—上海:上海财经大学出版社,1995.8.—431页;20cm.—(工商管理丛书)
ISBN 7-81049-003-6: ¥18.80

F276.6 007153
公司财务管理/夏新平编著.—武汉:华中理工大学出版社,1995.1.—249页;20cm.—(工商管理硕士(MBA)系列)
ISBN 7-5609-1055-6: ¥5.20

F276.6 007154
公司财务管理/沈熙著.—上海:上海人民出版社,1995.10.—277页;20cm.—(现代工商管理丛书/尹尊声,海闻主编)
ISBN 7-208-02059-0: ¥14.00

F276.6 007155
公司财务管理/汪平等编著.—济南:山东大学出版社,1995.3.—233页;26cm
高教自学考试用书
ISBN 7-5607-1446-3: ¥11.70

F276.6 007156
公司理财/陈瑛瑛,林金敖主编.—南昌:江西高校出版社,1995.7.—374页;20cm
ISBN 7-81033-467-0: ¥14.80

F276.6 007157
公司理财决策理论和实务/沈小凤,杨庆英主编.—北京:北京经济学院出版社,1995.12.—506页;20cm
ISBN 7-5638-0514-1: ¥19.80

F276.6 007158
公司理财学原理/熊楚熊编著.—北京:中国财政经济出版社,1995.11.—376页;20cm
ISBN 7-5005-2852-3: ¥14.00

F276.6 007159
公司理论与实务/崔桂禄,袁庆峰编著.—北京:石油工业出版社,1995.12.—307页;20cm
ISBN 7-5021-1556-0: ¥12.00

F276.6 007160
公司人力资源开发与管理/吴国存,谢晋宇主编.—天津:南开大学出版社,1995.12.—257页;20cm.—(现代公司经济丛书)
ISBN 7-310-00871-5: ¥9.00

F276.6 007161
公司实务与会计/钟振声主编;何兆贤等编著.—北京:金盾出版社,1995.11.—486页;19cm
ISBN 7-80022-911-4: ¥15.50

F276.6 007162
公司制改组操作实务全书:如何建立现代企业制度/李林宁,戎生灵主编.—北京:工商出版社,1995.2.—1276页;26cm
ISBN 7-80012-158-5(精装): ¥198.00

F276.6 007163
公司制改组实务/吴天林主编;国家体改委生产司编.—北京:改革出版社,1995.2.—311页;20cm.—(现代企业制度实务操作丛书)
ISBN 7-80072-545-6: ¥13.00

F276.6 007164
公司制企业经营管理/樊为,肖军主编.—武汉:武汉工业大学出版社,1995.12.—332页;20cm
ISBN 7-5629-1057-X: ¥12.50

F276.6 007165
股份公司会计/林世怡著.—上海:上海三联书店,1995.2.—452页;20cm.—(三联会计系列)
ISBN 7-5426-0740-5: ¥15.00

F276.6 007166
股份公司机制转换与上市辅导/华夏证券有限公司深圳公司编著.—北京:中国金融出版社,1995.2.—326页;19cm
ISBN 7-5049-1383-9: ¥6.40

F276.6 007167
股份经济与企业集团/张英华,罗永泰主编.—天津:天津科技翻译出版公司,1995.7.—319页;19cm
ISBN 7-5433-0819-3: ¥8.60

F276.6 007168
股份制企业管理与会计大全:管理卷/陈文雅,李佩霞主编.—北京:北京经济学院出版社,1995.1.—813页;26cm
ISBN 7-5638-0478-1(精装): ¥75.00

F276.6 007169
股份制企业管理与会计大全:会计卷/刘鸿儒主编;王又庄分卷主编.—北京:北京经济学院出版社,1995.1.—673页;26cm

ISBN 7-5638-0477-3(精装):¥68.00

F276.6　　007170

股份制企业会计/彭才根主编.—北京:中国财政经济出版社,1995.6.—433页;19cm

国内贸易部部编中等专业学校财会系列教材

ISBN 7-5005-2698-9:¥11.00

F276.6　　007171

股份制企业会计/沈高升主编.—上海:上海财经大学出版社,1995.10.—229页;19cm

中等财经学校试用教材

ISBN 7-81049-014-1:¥9.40

F276.6　　007172

股份制企业会计核算/刘玉文著.—沈阳:辽宁人民出版社,1995.3.—177页;19cm

ISBN 7-205-03250-4:¥7.00

F276.6　　007173

现代公司财务会计理论与实务/张翠荷主编.—天津:天津大学出版社,1995.7.—455页;20cm

ISBN 7-5618-0783-X:¥16.50

F276.6　　007174

现代公司的管理行为与运作/李景元等编著.—北京:企业管理出版社,1995.6.—541页;20cm

ISBN 7-80001-577-7:¥20.00

F276.6　　007175

现代公司会计管理/耿建新,张光福编著.—北京:中国人民大学出版社,1995.8.—373页;20cm

ISBN 7-300-02075-5:¥14.00

F276.6　　007176

现代公司开办与经营实用手册/崔建民主编.—北京:中国审计出版社,1995.9.—655页;20cm

ISBN 7-80064-374-3:¥21.00

F276.6　　007177

现代公司理论与实务/田瑞华编著.—北京:中国气象出版社,1995.5.—343页;20cm

依据最新《中华人民共和国公司法》

ISBN 7-5029-1942-2:¥12.80

F276.6　　007178

现代股份公司会计/王健,徐融主编.—昆明:云南大学出版社,1995.1.—364页;20cm.—(财会审系列丛书;4)

ISBN 7-81025-528-2:¥12.80

F276.6　　007179

有限公司、股份公司运作入门/刘宏伟编著.—北京:中国物价出版社,1995.7.—178页;19cm

ISBN 7-80070-457-2:¥9.80

F276.6　　007180

中外公司案例及分析/陈建主编;《中外公司案例及分析》编写组编.—北京:改革出版社,1995.10.—321页;20cm.—(现代企业制度实务操作丛书)

ISBN 7-80072-665-7:¥14.00

F276.6　　007181

转轨经济中的公司治理结构:内部人控制和银行的作用/(日)青木昌彦,钱颖一主编.—北京:中国经济出版社,1995.4.—281页;20cm

ISBN 7-5017-3484-4:¥12.00

①F276.6②F830.59　　007182

公司投资决策/沈天鹰编著.—天津:南开大学出版社,1995.5.—328页;20cm.—(现代公司经济丛书)

ISBN 7-310-00843-X:¥10.90

F276.6-62　　007183

公司设立指南/司茂丰主编.—济南:山东友谊出版社,1995.4.—506页;20cm

ISBN 7-80551-699-5:¥14.00

①F276.6-62②D922.292-62　　007184

公司规范化指导手册/黄淑和主编.—北京:煤炭工业出版社,1995.10.—257页;26cm

ISBN 7-5020-1050-5:¥25.0

F276.7　　007185

国际企业比较经营学/卢东斌主编.—北京:中国经济出版社,1995.1.—339页;20cm

中国人民大学国际企业管理专业系列教材

ISBN 7-5017-3411-9:¥12.00

F276.7　　007186

国际企业管理/郭宏湘编著.—北京:企业管理出版社,1995.3.—379页;19cm

ISBN 7-80001-501-7:¥11.80

F276.7　　007187

国际企业管理概论/徐二明编著.—北京:中国人民大学出版社,1995.4.—423页;20cm

ISBN 7-300-01892-0:¥10.60

F276.7　　007188

国际企业实务/郎立君主编.—北京:企业管理出版社,1995.6.—620页;20cm

ISBN 7-80001-544-0:¥20.00

F276.7　　007189

经济恐龙:走向21世纪的跨国公司/陈斌进等著.—北京:时事出版社,1995.8.—230页;19cm.—(新世纪之窗丛书/郭传玲,郭震远主编)

ISBN 7-80009-267-4:¥9.30

F276.7　　007190

跨国公司经营与管理/何自力等编著.—天津:南开大学出版社,1995.11.—279页;20cm.—(现代公司经济丛书)

ISBN 7-310-00842-1:¥9.50

F276.7　　007191

跨国公司投资管理/陈建樑主编.—上海:复旦大学出版社,1995.7.—393页;20cm

大学管理类教材丛书

ISBN 7-309-01466-9:¥10.00

F276.7　　007192

跨国公司与中国企业跨国经营/徐康宁,(加拿大)陈万华(Luke Chan)著.—南京:东南大学出版社,1995.12.—386页;20cm

ISBN 7-81050-127-5:¥17.00

F276.7　　007193

跨国经营企业会计与财务/黄慧馨编著.—北京:企业管理出版社,1995.8.—281页;20cm.—(北京大学财务与会计丛书)

ISBN 7-80001-553-X: ¥13.50

F276.7　　007194

跨国企业基础知识/陈锡镖编.—上海:复旦大学出版社,1995.4.—235页;19cm.—(英汉对照经济知识丛书)

ISBN 7-309-01462-6: ¥7.00

F276.7　　007195

中国企业跨国经营与战略/段云程著.—北京:中国发展出版社,1995.1.—321页;19cm.—(发展文库/马洪,孙尚清主编)

ISBN 7-80087-185-1: ¥9.60

①F276.7②F830.3　　007196

跨国公司与跨国银行经营战略/裴桂芬,荆东著.—北京:人民出版社,1995.9.—342页;20cm

ISBN 7-01-002247-X: ¥15.00

F276.7-53　　007197

跨国公司与中国:北京'94跨国公司与世界经济一体化国际研讨会文集/储祥银编.—北京:对外贸易教育出版社,1995.6.—407页;20cm

ISBN 7-81000-743-2: ¥20.00

F276.7-62　　007198

世界著名跨国公司实用手册/张隆高主编.—北京:中国国际广播出版社,1995.3.—1293页;20cm

ISBN 7-5078-1029-1(精装): ¥50.00

F276.8　　007199

世界著名跨国公司在浦东:《浦东之窗》 第六册/陈少能主编.—上海:华东师范大学出版社,1995.3.—380页;彩照;26cm

ISBN 7-5617-1322-3(精装): ¥118.00

F279　　007200

超级营销术/张正义编著.—南宁:广西民族出版社,1995.5.—291页;19cm.—(企业家成功点子运作指南/古草主编)

ISBN 7-5363-2991-1: ¥11.00

F279　　007201

发财金点子/彭堃编.—南宁:广西民族出版社,1995.5.—299页;19cm.—(企业家成功点子运作指南/古草主编)

ISBN 7-5363-2991-1: ¥11.90

F279　　007202

发财空手道/罗振文编著.—南宁:广西民族出版社,1995.5.—303页;19cm.—(企业家成功点子运作指南/古草主编)

ISBN 7-5363-2991-1: ¥11.90

F279　　007203

国外石油化工控股公司的组织与运作/李毅中主编.—北京:中国石化出版社,1995.6.—303页;20cm

ISBN 7-80043-592-X: ¥15.00

F279　　007204

欧美富豪点金术/王义刚等编著.—南宁:广西民族出版社,1995.5.—282页;19cm.—(企业家成功点子运作指南/古草主编)

ISBN 7-5363-2991-1: ¥11.00

F279　　007205

日本人、犹太人赚钱秘点/王义刚,叶伟编著.—南宁:广西民族出版社,1995.5.—295页;19cm.—(企业家成功点子运作指南/古草主编)

ISBN 7-5363-2991-1: ¥11.00

F279　　007206

世界华人富豪成功秘点/王义刚编著.—南宁:广西民族出版社,1995.5.—279页;19cm.—(企业家成功点子运作指南/古草主编)

ISBN 7-5363-2991-1: ¥11.00

F279　　007207

四两搏千金:本钱不大如何发大财/罗振文,陈强棠编著.—南宁:广西民族出版社,1995.5.—305页;19cm.—(企业家成功点子运作指南/古草主编)

ISBN 7-5363-2991-1: ¥11.00

F279　　007208

天才大老板/罗振文,覃学臻编著.—南宁:广西民族出版社,1995.5.—292页;19cm.—(企业家成功点子运作指南/古草主编)

ISBN 7-5363-2991-1: ¥11.00

①F279②K833.353　　007209

华人大企业家/周中栋等编著.—北京:中共中央党校出版社,1995.12.—348页;19cm

ISBN 7-5035-1279-2: ¥12.00

F279.1　　007210

从死狗到明星:中外企业起死回生之术/杨勇等编著.—北京:红旗出版社,1995.10.—323页;19cm

ISBN 7-80068-760-0: ¥9.60

F279.1　　007211

国有企业改革与管理国际比较:亚太区域国有企业改革与管理比较国际研讨会文集/中国(海南)改革发展研究院编.—北京:民主与建设出版社,1995.10.—301页;20cm

ISBN 7-80112-045-0: ¥14.00

F279.1　　007212

经营管理大师:世界经济强人的成功之道/叶童,郭聚光编著.—成都:四川人民出版社,1995.10.—443页;20cm.—(大师系列)

全套共3册,总定价:48.00元

ISBN 7-220-03017-7: ¥0.00

F279.1　　007213

企业CI战略/朱健强编著.—厦门:厦门大学出版社,1995.10.—379页:彩图;19cm.—(二十一世纪广告丛书/陈培爱主编)

ISBN 7-5615-1098-5: ¥15.00

F279.1　　007214

世界国有企业——发展·管理·改革/王金存主编.—北京:企业管理出版社,1995.2.—342页;19cm

ISBN 7-80001-432-0: ¥12.00

F279.1　　007215

外国在华工商企业辞典/黄光域编著.—成都:四川人民出版社,1995.9.—932页;19cm

ISBN 7-220-02945-4(精装): ¥72.00

F279.1　　007216

新编国际企业管理/周健临,张一鸣主编.—上海:立

信会计出版社,1995.2.—327 页;20cm.—(现代经营管理系列)
ISBN 7-5429-0240-7: ¥10.00
F279.1-29 **007217**
外国(地区)企业驻京代表机构名录:1993~1994/王纪平主编;北京市工商行政管理局编.—北京:中华工商联合出版社,1995.5.—352 页;26cm
ISBN 7-80100-133-8(精装): ¥80.00
F279.1-53 **007218**
中日管理比较研究:中日管理比较研究国际会议论文集:汉英文对照/毛蕴诗,(日)万成博主编.—广州:中山大学出版社,1995.1.—431 页;26cm
ISBN 7-306-00986-9: ¥60.00
F279.2 **007219**
21 世纪人才库 1995/金城主编.—北京:改革出版社,1995.12.—329 页;26cm.—(国际人才交流丛书)
ISBN 7-80072-752-1(精装): ¥380.00
F279.2 **007220**
二十一世纪的中国企业/杨小文著.—兰州:兰州大学出版社,1995.10.—199 页;19cm
ISBN 7-311-00933-2: ¥8.30
F279.2 **007221**
各领风骚:中国当代百家企业成功探秘/于建新,魏忠德主编.—武汉:武汉大学出版社,1995.3.—417 页;19cm
ISBN 7-307-01928-0: ¥12.00
F279.2 **007222**
坚定信心 明确任务 积极推进国有企业改革:在上海、长春召开的企业座谈会上的讲话:1995 年 5 月 22 日、6 月 26 日/江泽民著.—北京:人民出版社,1995.7.—19 页;20cm
ISBN 7-01-002266-6: ¥1.25
F279.2 **007223**
建立现代企业制度实务/李保民,陈立主编.—北京:中共中央党校出版社,1995.4.—358 页;20cm.—(市场经济规范与运作丛书)
ISBN 7-5035-1203-2: ¥13.00
F279.2 **007224**
企业家的成功之路/宋长安主编.—沈阳:东北大学出版社,1995.11.—176 页;19cm
ISBN 7-81054-015-7: ¥8.50
F279.2 **007225**
企业世界丛书 第三集/中国文章学研究会编.—贵阳:贵州科技出版社,1995.11.—64 页:彩图;29cm
ISBN 7-80584-499-2: ¥28.00
F279.2 **007226**
全国企业供求信息簿/长江,凌涛主编.—北京:华龄出版社,1995.2.—2 册(1588 页);26cm
ISBN 7-80082-556-6: ¥178.00
F279.2 **007227**
中国经营大师 (2)/马洪,孙尚清主编.—北京:中国发展出版社,1995.9.—421 页:彩照;20cm
ISBN 7-80087-208-4: ¥16.90
F279.2 **007228**
中国企业家成长与发展纵横谈/刘培金,李克穆主编.—北京:科学技术文献出版社,1995.2.—349 页;20cm
ISBN 7-5023-2459-3: ¥16.80
F279.2 **007229**
中国现代企业学/崔启民,尹力主编.—郑州:河南人民出版社,1995.5.—397 页;20cm
ISBN 7-215-01926-8: ¥15.00
F279.2 **007230**
中国著名徽标形象释义/陈祖声等主编.—北京:当代中国出版社,1995.8.—66 页;29cm
ISBN 7-80092-425-4: ¥80.00
①F279.2②F832.5 **007231**
中国企业改制与证券市场运作:企业走向市场的理论与实务/贺强等著.—北京:法律出版社,1995.8.—294 页;20cm
ISBN 7-5036-1702-0: ¥15.00
①F279.2②I253 **007232**
纪元之梦/北京亚联经济研究所,企业文化丛书编辑部主编.—北京:改革出版社,1995.9.—487 页;20cm.—(走向卓越丛书;4)
ISBN 7-80072-725-4: ¥20.00
F279.2-53 **007233**
再造辉煌/陈超武等主编;吕金霞等编.—沈阳:东北大学出版社,1995.12.—493 页;19cm
ISBN 7-81006-314-6: ¥16.00
F279.2-61 **007234**
全国用户满意企业名录 第二集/邱熊飞主编.—北京:宇航出版社,1995.5.—249 页:彩图;20cm
ISBN 7-80034-787-7: ¥8.40
F279.2-61 **007235**
中国对外企业大典:四川卷/《中国对外企业大典·四川卷》编委会编.—成都:四川人民出版社,1995.10.—1013 页:彩图;26cm
国家重点商务工具书
ISBN 7-220-03025-8(精装): ¥390.00
F279.2-61 **007236**
中国工商企业名录:95 版/上海市信息中心编.—上海:复旦大学出版社,1995.10.—2 册(3494 页);26cm
ISBN 7-309-01580-0(精装): ¥350.00
F279.2-61 **007237**
中国企业大辞典:云南卷 (下)/塞风,黄顺基主编;马汉儒等分卷主编;中国企业大辞典云南卷编辑部编.—昆明:云南大学出版社;北京:中国人民大学出版社,1995.8.—599 页:照片;26cm
ISBN 7-81025-523-1(精装): ¥50.00
F279.2-61 **007238**
中国行业大典:食品糖酒卷:缩微版/湖南省青苹果数据中心,湖南科学技术出版社主编.—长沙:湖南科学技术出版社,1995.10.—1062 页;19cm
ISBN 7-5357-1870-1(精装): ¥100.00
F279.2-62 **007239**
香港澳门台湾工商指南/新华出版社,新中国新闻有限公司编.—北京:新华出版社,1995.12.—565,70 页;

26cm

ISBN 7-5011-2824-3(精装):¥196.00

F279.2-64　007240

中国名优企业汇编:广西卷/童荣云主编.—芒市:德宏民族出版社,1995.5.—91页;29cm.—(大型系列画册)

ISBN 7-80525-277-7:¥30.00

F279.21　007241

国有企业转换经营机制若干问题研究/审计署驻兰州特派员办事处,金川有色金属公司编著.—兰州:甘肃科学技术出版社,1995.5.—185页;20cm

ISBN 7-5424-0553-5:¥7.00

F279.21　007242

建立现代企业制度实务/李明先主编.—北京:中国城市出版社,1995.6.—436页;20cm

ISBN 7-5074-0788-8:¥13.60

F279.21　007243

企业改制/周振华主编.—上海:上海人民出版社,1995.12.—259页;20cm.—(中国经济分析 1994)

ISBN 7-208-02113-9:¥15.00

F279.21　007244

全国建立现代企业制度试点工作会议文件汇编/国家经贸委企业司编.—北京:改革出版社,1995.1.—272页;19cm

内部发行

ISBN 7-80072-650-9:¥10.00

F279.21　007245

世界经济与中国企业国际化/赵曙明等主编.—北京:中国物价出版社,1995.9.—227页;20cm

ISBN 7-80070-481-5:¥11.00

F279.21　007246

我国建立现代企业制度的理论与实践/王勋铭,田景惠编著.—兰州:甘肃人民出版社,1995.5.—306页;19cm

ISBN 7-226-01493-9:¥15.00

F279.21　007247

现代企业法人制度:国有企业公司化改造/邓荣霖主编.—北京:中国人民大学出版社,1995.10.—339页;20cm

现代企业制度系列教材

ISBN 7-300-02086-0:¥12.40

F279.21　007248

现代企业之路:中国企业制度创新与发展/张成山等著.—北京:中国发展出版社,1995.1.—449页;20cm

ISBN 7-80087-177-0:¥13.90

F279.21　007249

中国的现代企业制度与现代企业家/王玉成等编著.—北京:当代中国出版社,1995.5.—243页;20cm

ISBN 7-80092-401-7:¥15.00

F279.21　007250

中国企业产权交易实务问答/王开国主编.—北京:中信出版社,1995.10.—635页;19cm.—(实务问答系列)

ISBN 7-80073-096-4:¥28.00

F279.21　007251

中国企业如何走向国际市场/(美)王念祖著.—合肥:安徽科学技术出版社,1995.5.—308页;20cm

ISBN 7-5337-1181-5(精装):¥15.00

F279.21　007252

中国现代企业制度的建立/张树成主编.—北京:知识出版社,1995.8.—402页;20cm

ISBN 7-5015-1294-9:¥14.50

F279.21-53　007253

中国(工交)市县长建立现代企业制度论文精选/葛诗谦主编.—北京:民主与建设出版社,1995.4.—374页;20cm

ISBN 7-80112-020-5(精装):¥18.00

F279.23　007254

湖北企业政工职评工作文集/湖北省企业思想政治工作人员专业职务评定工作领导小组办公室编.—武汉:湖北人民出版社,1995.10.—304页;20cm

ISBN 7-216-01662-9:¥12.00

F279.23　007255

企业改造·再生对策初探/吴献东著.—北京:国防工业出版社,1995.9.—149页;19cm

ISBN 7-118-01458-3:¥6.20

F279.23　007256

企业国有资产管理实务/陈学主编.—沈阳:东北大学出版社,1995.10.—389页;19cm

ISBN 7-81054-018-1:¥15.80

F279.23　007257

一定要搞好国有大中型企业/卫建林主编.—北京:当代中国出版社,1995.5.—287页;20cm.—(政策研究荟萃丛书)

全套5册,总定价:70.00元

ISBN 7-80092-382-7:¥0.00

F279.23　007258

中国商业百强企业管理规章选编/田虎跃,衡军停主编.—北京:中国商业出版社,1995.9.—643页;26cm

ISBN 7-5044-2560-5(精装):¥128.00

F279.23　007259

中国现代企业管理/董成业等主编.—北京:中国统计出版社,1995.2.—425页;20cm

ISBN 7-5037-1789-0:¥16.90

F279.24　007260

大陆民营科技型企业精选/李忠凡等主编.—北京:经济科学出版社,1995.2.—311页;28cm.—(海峡两岸企业丛书/廖季立主编)

ISBN 7-5058-0790-0:¥40.00

F279.24　007261

走向世界/刘拥军等主编;国际商报社编.—北京:中国对外经济贸易出版社,1995.1.—435页;20cm

ISBN 7-80004-442-4:¥18.00

F279.24-63　007262

京城御鉴　1996:汉英对照/陈家驹,熊子文主编.—北京:新华出版社,1995.12.—799页;29cm

工商旅游指南

ISBN 7-5011-2801-4:¥300.00

F279.24-63　007263
新编企事业名录/张东华,召力主编;《新编企事业名录》编委会编.—北京:中国商业出版社,1995.8.—3册;26cm
ISBN 7-5044-3047-1(精装):¥900.00

F279.241　007264
关于搞好国有企业的调查:全国地方政协经济委员会第二次工作会议专辑/房维中主编.—北京:中国文史出版社,1995.7.—316页;20cm
内部发行
ISBN 7-5034-0767-0:¥12.80

F279.241　007265
国有企业改革理论与途径/胡静林主编.—北京:经济科学出版社,1995.8.—395页;20cm
国有企业改革与国有企业财产监督管理函授教材
ISBN 7-5058-0853-2:¥18.00

F279.241　007266
国有企业公司制改造/于潜,江晓薇编著.—北京:中国经济出版社,1995.1.—273页;19cm
ISBN 7-5017-3284-1:¥10.00

F279.241　007267
国有企业制度创新难点研究/王国平著.—上海:华东理工大学出版社,1995.12.—171页;20cm
ISBN 7-5628-0652-7:¥7.50

F279.241　007268
国有制经济的实践与改革:国有制企业改革的深层次思考/魏杰等著.—石家庄:河北人民出版社,1995.7.—377页;20cm
ISBN 7-202-01762-8:¥18.80

F279.241　007269
企业长期发展论/张健著.—长春:吉林人民出版社,1995.12.—113页;19cm
ISBN 7-206-02366-5:¥8.00

F279.241　007270
深化国有企业改革百题问答/王开忠主编.—北京:中国工人出版社,1995.6.—118页;19cm
ISBN 7-5008-1789-4:¥5.50

F279.241　007271
台湾公营企业运行机制研究/赵建中著.—南京:东南大学出版社,1995.9.—376页;20cm
ISBN 7-81050-057-0:¥20.00

F279.241　007272
振兴国有企业探索/侯仰德等主编.—沈阳:东北大学出版社,1995.12.—366页;20cm.—(辽宁省党校系统科研协作丛书)
本套书共6册,总定价:60.00元
ISBN 7-81054-046-7:¥0.00

F279.241　007273
中国国有企业制度变革研究/董辅礽等主编.—北京:人民出版社,1995.3.—591页;20cm
ISBN 7-01-002072-8(精装):¥25.50

F279.241　007274
中美专家论国有企业改革/张信传等编.—北京:中国人民公安大学出版社,1995.5.—366页;20cm.—(企业研究丛书)
ISBN 7-81011-733-5:¥11.00

F279.243　007275
XQ案卷/陈璧显主编.—北京:中国农业出版社,1995.5.—265页;20cm
XQ即乡镇企业
ISBN 7-109-03807-6:¥8.00

F279.243　007276
创造辉煌的思索与实践:献给中国乡镇企业"异军突起"十五年/罗伟雄主编.—北京:中国农业出版社,1995.5.—348页;20cm
ISBN 7-109-03929-3:¥13.95

F279.243　007277
广西乡镇企业发展战略/韦钦,谢为民主编.—南宁:广西人民出版社,1995.11.—222页;20cm.—(广西经济与社会发展战略研究丛书:专题卷)
ISBN 7-219-02937-3:¥11.00

F279.243　007278
广西乡镇企业史/赵魏编著.—南宁:广西人民出版社,1995.8.—260页;20cm.—(广西农业史丛书)
ISBN 7-219-03074-6:¥7.50

F279.243　007279
海南乡镇企业投资导图/国家测绘局第二测绘院,海南省乡镇企业管理局编制.—成都:成都地图出版社,1995.9.—1张;53×77cm
¥4.50

F279.243　007280
加快兵团乡镇企业发展研究/柴峻茂,张平主编.—乌鲁木齐:新疆科技卫生出版社,1995.8.—148页;20cm
ISBN 7-5372-1123-X:¥10.50

F279.243　007281
结构创新 再度辉煌:晋城市乡镇企业发展的战略设计/程延龄,张和先主编.—北京:中国城市出版社,1995.4.—243页;20cm
ISBN 7-5074-0749-7:¥9.80

F279.243　007282
跨世纪的经济巨人:中国乡镇企业成功范例/李峰,罗建基主编;新疆万利企业发展有限公司编.—乌鲁木齐:新疆人民出版社,1995.2.—324页;20cm
ISBN 7-228-03125-3:¥10.00

F279.243　007283
情系半壁江山:徐州市支援乡镇企业工作纪实/祝耘,李玉昌主编.—南京:江苏人民出版社,1995.8.—367页;19cm
ISBN 7-214-01534-X:¥12.80

F279.243　007284
乡镇企业的技术进步/严英龙,章寿荣著.—北京:中国农业科技出版社,1995.8.—170页;20cm
ISBN 7-80026-930-2:¥8.00

F279.243　007285
乡镇企业的崛起与发展模式/张荐华,林珏编著.—武汉:湖北教育出版社,1995.3.—259页;19cm.—(市场经济系列丛书/郭吴新等主编)

ISBN 7-5351-1516-0: ¥7.60

F279.243 007286

乡镇企业管理务实/李和坤主编.—武汉:武汉出版社,1995.12.—294页;19cm

ISBN 7-5430-1448-3: ¥8.70

F279.243 007287

新疆乡镇企业发展研究:新疆市场经济研究/司正家等著.—乌鲁木齐:新疆人民出版社,1995.9.—295页;20cm

ISBN 7-228-03645-X: ¥15.00

F279.243 007288

异军争雄:迁安乡镇企业蓬勃发展纪实/白凤山主编;中共迁安县委党史研究室编.—北京:中共党史出版社,1995.6.—420页:彩照;20cm

ISBN 7-80023-897-0: ¥18.00

F279.243 007289

中国乡镇企业管理的理论与实践/赵全成主编.—北京:中国轻工业出版社,1995.5.—286页;20cm.—(中国乡镇企业管理手册)

ISBN 7-5019-1791-4: ¥11.50

F279.243 007290

中国乡镇企业排序　1995/农业部乡镇企业局,中国乡镇企业协会编.—北京:中国农业出版社,1995.11.—207页:图片;29×21cm

ISBN 7-109-04245-6(精装): ¥285.00

①F279.243②F407.9 007291

江苏乡镇建筑企业的崛起/刘方,鞠建中主编;江苏省建筑工程局,《中国建筑业年鉴》驻江苏采编部编.—北京:中国建筑工业出版社,1995.5.—351页;20cm

ISBN 7-112-02603-2: ¥10.00

①F279.243②G322.0 007292

民营科技发展研究/彭树堂编著.—北京:中华工商联合出版社,1995.5.—330页;19cm

ISBN 7-80100-131-1: ¥11.00

F279.243-43 007293

中国乡镇企业股分合作制教材/齐景发主编;农业部乡镇企业局编.—北京:中国统计出版社,1995.6.—393页;20cm

ISBN 7-5037-1818-8: ¥14.80

F279.243-54 007294

中国乡镇企业年鉴　1995/齐景发主编;中国乡镇企业年鉴编辑委员会编.—北京:中国农业出版社,1995.10.—459页:图;26cm

ISBN 7-109-04228-6(精装): ¥75.00

①F279.243-62②TU998.1-62 007295

广东省外资暨乡镇企业消防指南/广东省公安厅消防局,南方经济文化发展有限公司编.—广州:华南理工大学出版社,1995.11.—246页:彩图;26cm

ISBN 7-5623-0931-0: ¥0.00

F279.243-64 007296

必由之路:异军突起的新疆乡镇企业:汉、维吾尔文对照/《必由之路》画册编委会编.—乌鲁木齐:新疆美术摄影出版社,1995.7.—109页:彩照;29cm

ISBN 7-80547-315-3: ¥80.00

F279.244 007297

我国企业集团试点的政策与实践/国家经贸委企业司编.—北京:中国经济出版社,1995.5.—318页;20cm

ISBN 7-5017-3511-5: ¥12.50

F279.244.3 007298

广东"三资"企业绩效分析:兼与其他省市"三资"企业比较/吴能全著.—广州:中山大学出版社,1995.5.—232页;26cm

ISBN 7-306-00995-8: ¥19.80

F279.244.3 007299

落巢金凤50佳/吴冬华主编;江苏省人民政府外事办公室编.—南京:江苏人民出版社,1995.1.—291页:彩照;20cm

ISBN 7-214-01374-6: ¥15.00

F279.244.3 007300

中国经济特区"三资"企业宏观管理若干问题研究/周运源主编.—厦门:鹭江出版社,1995.12.—175页;20cm.—(特区经济丛书;11/周运源主编)

ISBN 7-80610-276-0: ¥8.50

F279.246 007301

党政干部股份知识新编/王儒化等主编.—北京:知识出版社,1995.9.—326页;20cm

ISBN 7-5015-1284-1: ¥9.80

F279.246 007302

中国企业公司制:股份制改造/曲凤庚,刘汴生主编.—北京:新华出版社,1995.6.—313页;19cm.—(社会主义市场经济实践丛书/王郁昭主编)

ISBN 7-5011-2880-4: ¥11.50

F279.247 007303

中国海外企业国有资产管理探索:'94中国海外企业国有资产管理国际研讨会资料汇编/国家国有资产管理局外经领导小组编.—北京:经济科学出版社,1995.6.—160页;19cm

ISBN 7-5058-0810-9: ¥5.60

F279.26 007304

云帆万里竞潮头:"滨印现象"纵横谈/贾玉忱主编.—济南:济南出版社,1995.9.—329页;20cm

ISBN 7-80572-906-9: ¥13.80

F279.26 007305

中国个体老板/孙永富主编;小商品世界报社编.—杭州:浙江人民出版社,1995.6.—228页;19cm

ISBN 7-213-01247-9: ¥6.50

①F279.26②I25 007306

金猫之路/史晓陵主编.—北京:中国建材工业出版社,1995.8.—204页:彩图;20cm

ISBN 7-80090-243-9: ¥9.80

F279.272.2 007307

河北省第三产业企业名录/李庆真主编;河北省第三产业普查办公室编.—北京:中国统计出版社,1995.6.—1059页;26cm

ISBN 7-5037-1925-7(精装): ¥150.00

F279.272.2 007308

企业和产品信息系统/许国齐等编.—石家庄:河北人民出版社,1995.5.—186页;26cm

全套共 8 册,总定价为:150.00 元

ISBN 7－202－01743－1:¥0.00

F279.272.23 007309

唐山乡镇企业的兴起与发展/武文常,林宗泽主编.—天津:天津人民出版社,1995.10.—427 页:彩照;20cm

ISBN 7－201－02389－6:¥15.00

F279.272.6 007310

伊克昭盟企事业名录 上册 /贾荣昌主编.—北京:民族出版社,1995.6.—58 页;26cm

ISBN 7－105－02479－8:¥60.50

F279.273.1 007311

远近高低各不同:对沈阳等若干企业的调研探讨与经验纪实/田勇才著.—沈阳:辽宁人民出版社,1995.6.—212 页;19cm

ISBN 7－205－03341－1:¥8.00

F279.273.1－62 007312

沈阳三资企业指南/傅家良主编.—沈阳:东北大学出版社,1995.10.—422 页:彩图;20cm

ISBN 7－81054－005－X:¥48.00

F279.273.42 007313

华延之路/张存昌主编.—延吉:延边人民出版社,1995.5.—20 页;26cm

ISBN 7－80599－288－6:¥28.00

F279.273.42 007314

延边企业概览 1995/王平,洪跃主编 .—延吉:延边人民出版社,1995.9.—1563 页;26cm

ISBN 7－80599－394－7(精装):¥190.00

F279.274.1 007315

跨世纪工程在陕西/塔琳主编;《企业管理杂志》陕西专题部编.—北京:企业管理出版社,1995.12.—40,64 页:照片;29cm

ISBN 7－80001－649－8:¥55.00

F279.274.1 007316

铜川现代企业/倪雪年等主编.—西安:西北大学出版社,1995.3.—173 页;19cm

ISBN 7－5604－0872－9(精装):¥24.50

F279.274.13 007317

陕西企业与产品:西安卷/焦志东,李健主编;北京亚太新华信息商社西北工作中心,西安新商界市场信息服务部编.—西安:三秦出版社,1995.12.—811 页;26cm

ISBN 7－80546－959－8(精装):¥188.00

F279.274.2 007318

甘肃乡镇企业的市场与情报信息/郭宝宏,阎生延主编.—兰州:甘肃人民出版社,1995.4.—288 页;19cm

ISBN 7－226－01423－8:¥8.30

F279.274.2 007319

新世纪的曙光:甘肃百强企业 第一卷/甘肃省计划委员会,甘肃省经济贸易委员会编.—兰州:兰州大学出版社,1995.6.—140 页;30cm

ISBN 7－311－00886－7:¥150.00

F279.274.23 007320

兼并风波:凉州皇台酒厂兼并武威市纸箱厂纪实/张岩主编.—北京:群众出版社,1995.7.—323 页;20cm

ISBN 7－5014－1348－7:¥14.50

F279.274.5－64 007321

中国新疆新兴企业明星:汉英对照/胡阳春主编;新疆维吾尔自治区工商局等编.—乌鲁木齐:新疆美术摄影出版社,1995.12.—1 册:彩照;29cm

ISBN 7－80547－357－9:¥168.00

F279.274.53 007322

克拉玛依市企业名录 (二)/程宏道主编.—乌鲁木齐:新疆美术摄影出版社,1995.8.—47 页;29cm

ISBN 7－80547－317－X:¥38.00

F279.274.53 007323

星群从这里升起:石河子企业名录:汉英对照/王飞主编;农八师、石河子市党委宣传部编.—乌鲁木齐:新疆人民出版社,1995.6.—137 页:彩图;29cm

ISBN 7－228－03405－8(精装):¥138.00

F279.275.1 007324

蓝焰之歌/上海市煤气公司编.—上海:上海远东出版社,1995.10.—427 页:彩照;20cm

ISBN 7－80514－450－8:¥25.00

F279.275.1 007325

上海企业集团风华录/上海企业集团研究会编.—上海:上海科学技术出版社,1995.9.—425 页;20cm

ISBN 7－5323－4058－9(精装):¥29.80

F279.275.1 007326

上海企业名录/文华汇编.—海口:南海出版公司,1995.5.—91 页;19cm

ISBN 7－5442－0545－2:¥5.00

F279.275.1 007327

上海市日商投资企业和日系事务所名录/上海国际株式会社等编.—上海:上海人民出版社,1995.5.—273 页;20cm

ISBN 7－208－01976－2:¥25.00

F279.275.1－53 007328

管理优化:上海市企业优秀管理成果选 1994/徐志毅,祝均一主编;上海市经济委员会等编.—上海:上海交通大学出版社,1995.10.—317 页;20cm

ISBN 7－313－01548－8:¥12.00

F279.275.2 007329

山东省管理示范工程实施细则汇编/石军主编.—济南:山东人民出版社,1995.9.—408 页;19×26cm

ISBN 7－209－01824－7(精装):¥37.00

F279.275.3 007330

企业金榜:中国江苏重合同守信用企业/新华出版社《企业金榜》编辑部编.—北京:新华出版社,1995.12.—403 页;28cm

ISBN 7－5011－3017－5(精装):¥158.00

F279.275.3 007331

企业金榜:中国江苏重合同守信用企业名录 (1)/新华出版社企业金榜编辑部编.—北京:新华出版社,1995.1.—443 页:彩照;28cm

ISBN 7－5011－2784－0(精装):¥168.00

F279.275.6－29 007332

江西外向型企业 500 家/毕必胜主编.—南昌:江西

人民出版社,1995.8.—296页:彩照;26cm
ISBN 7-210-01536-1(精装):¥100.00

F279.275.7　**007333**
福建企业博览:宁德分册/《福建企业博览》编委会编.—福州:福建人民出版社,1995.4.—178页;26cm
ISBN 7-211-01914-X:¥12.50

F279.276.13　**007334**
荥阳市化工集团公司现代企业管理实务/马金库等主编.—郑州:河南人民出版社,1995.12.—242页;20cm
ISBN 7-215-03624-3:¥12.80

①F279.276.33②③I253　**007335**
教授县的老板们/蔡德坤,王成启主编.—武汉:长江文艺出版社,1995.11.—232页;20cm
ISBN 7-5354-1270-X:¥7.80

F279.276.4　**007336**
东山起凤/周立云著.—北京:中国工人出版社,1995.9.—171页;20cm
ISBN 7-5008-1805-X:¥19.80

F279.276.5　**007337**
大潮汕工商企业名录:A卷/陈德政主编.—广州:暨南大学出版社,1995.1.—653页;29cm
ISBN 7-81029-380-X(精装):¥188.00

F279.276.5　**007338**
第二次创业/唐同美主编.—广州:广东旅游出版社,1995.12.—125页:彩照;19cm
ISBN 7-80521-617-7:¥8.50

F279.276.5　**007339**
广东海外企业:汉英文对照/广东省对外经济贸易委员会等编.—广州:中山大学出版社,1995.4.—155页:彩照;29cm
ISBN 7-306-00979-6:¥0.00

F279.276.5　**007340**
走贸工农之路:起步篇/唐同美主编.—广州:广东旅游出版社,1995.12.—134页:彩照;19cm
ISBN 7-80521-618-5:¥8.50

F279.276.51　**007341**
中国广州大型企业排序　1995/广州市企业评价协会编.—广州:广东人民出版社,1995.11.—419页:彩照;29cm
ISBN 7-218-02059-3(精装):¥190.00

F279.276.53　**007342**
潮汕企业与产品　第一卷/《潮汕企业与产品》编委会编.—汕头:汕头大学出版社,1995.6.—152页;26cm
ISBN 7-81036-039-6(精装):¥195.00

F279.276.53　**007343**
中国深圳大型企业排序　1995/詹兰芳主编;深圳市企业评价协会《中国深圳大型企业排序》编辑委员会编.—深圳:海天出版社,1995.12.—445页;29cm
ISBN 7-80615-355-1(精装):¥198.00

F279.276.53-61　**007344**
深圳单位代码名录大全/詹一峰主编;深圳市技术监督局等编.—深圳:海天出版社,1995.4.—1222页:彩图;28cm
ISBN 7-80615-136-2:¥380.00

F279.276.6　**007345**
改革足迹:海南省企业家协会成立五周年专辑/冷明权主编.—海口:海南国际新闻出版中心,1995.8.—243页;26cm
ISBN 7-80609-208-0:¥88.00

F279.276.7　**007346**
群星璀璨:广西桂林地区骨干企业发展纪实/胡树琨等主编.—南宁:广西人民出版社,1995.8.—200页;20cm.—(广西改革与发展丛书)
ISBN 7-219-03031-2:¥10.16

F279.276.7-64　**007347**
'93广西经济效益百强企业/覃卓凡主编.—南宁:广西民族出版社,1995.4.—160页;29cm
ISBN 7-5363-2950-4:¥58.00

F279.277.13　**007348**
重庆明星企业画册/张复主编.—重庆:重庆出版社,1995.12.—40页;26cm
ISBN 7-5366-3396-3:¥19.80

F279.296　**007349**
中国近代企业的科技力量与科技效应/徐鼎新著.—上海:上海社会科学院出版社,1995.7.—225页;20cm.—(学者书库·史丛)
ISBN 7-80618-098-2:¥9.80

F279.297　**007350**
艰难的跨越:国有企业历史回顾与改革探索/伍福恩著.—广州:暨南大学出版社,1995.12.—160页;19cm
ISBN 7-81029-489-X:¥6.00

F279.312.643　**007351**
韩国中小企业/徐剑峰,朴姬福编著.—北京:东方出版社,1995.9.—134页;19cm.—(韩国研究系列丛书/高佩义主编)
ISBN 7-5060-0634-0:¥7.00

F279.313　**007352**
环境变化与企业对策:日本企业活动研究/李玉潭主编.—长春:吉林大学出版社,1995.11.—230页;20cm
ISBN 7-5601-1838-0(精装):¥11.00

F279.313　**007353**
现代日本企业制度/(日)今井贤一,(日)小宫隆太郎主编;陈晋等译.—北京:经济科学出版社,1995.3.—433页;20cm.—(日本市场经济丛书)
ISBN 7-5058-0787-0:¥16.50

F279.313-54　**007354**
日本工商年鉴/张建森主编.—上海:上海译文出版社,1995.3.—324页;29cm
ISBN 7-5327-1737-2(精装):¥60.00

F279.313.3　**007355**
世界首富堤义明赚钱的哲学/游枝著.—北京:外文出版社,1995.—108页;19cm
ISBN 7-119-00170-1:¥4.20

F279.33　**007356**
东南亚华人企业集团研究/汪慕恒主编.—厦门:厦门大学出版社,1995.5.—275页;20cm.—(华侨华人研究丛书)

ISBN 7-5615-1021-7: ¥8.50

F279.561.4 007357

英国股份公司面面观/吴云飞,谢荣著.—北京:人民出版社,1995.8.—213页;19cm.—(海外经济管理运作丛书/吕东,徐惟诚主编)

ISBN 7-01-002115-5: ¥5.20

F279.712 007358

可口可乐家族/(美)格雷厄姆(Graham,E.C.),(美)罗伯茨(Roberts,R.)著;贾宗谊译.—北京:新华出版社,1995.2.—304页;20cm.—(世界大企业家传记)

ISBN 7-5011-2724-7: ¥12.00

F279.712 007359

跨国界投资:如何在美国筹资办企业/上海史坦福投资发展咨询有限公司编.—北京:中国人民大学出版社,1995.12.—306页;20cm

ISBN 7-300-02111-5: ¥13.00

F279.712 007360

美国现代大企业与美国社会/王锦瑭等著.—武汉:武汉大学出版社,1995.12.—440页;20cm

ISBN 7-307-02083-1: ¥14.40

F279.712 007361

雀巢咖啡称霸世界的秘诀/(日)田中重弘著;陈郁然译.—北京:外文出版社,1995.—150页;19cm

ISBN 7-119-01537-0: ¥5.20

F279.712 007362

我看英特尔:华裔副总裁的现身说法/虞有澄著.—北京:三联书店,1995.10.—321页:彩图;20cm.—(经营智慧丛书)

ISBN 7-108-00838-6: ¥16.80

F28 基本建设经济

F28 007363

业主、咨询工程师标准服务协议书应用指南/国际咨询工程师联合会(FIDIC)编;张水波,周可荣译.—北京:航空工业出版社,1995.4.—95页;26cm

附咨询协议书文件的其它注释

ISBN 7-80046-886-0: ¥8.00

①F28②F832.48 007364

中国投资白皮书 1995/郭树言,陈同海主编;国家计委固定资产投资司等编纂.—北京:国际文化出版公司,1995.11.—402页;26cm

ISBN 7-80105-317-6(精装): ¥60.00

F281 007365

国际工程咨询专题报告选集:附马来西亚工程师注册条例/(马来西亚)黄汉腾著;唐蕾等译.—北京:中国建筑工业出版社,1995.9.—191页;20cm

ISBN 7-112-02664-4: ¥14.00

F281-65 007366

浙江省建筑业管理条例.—杭州:浙江人民出版社,1995.1.—12页;19cm

ISBN 7-213-01231-2: ¥0.70

F282 007367

建设项目可行性研究/李定荣,李开孟编著.—天津:天津大学出版社,1995.9.—258页;26cm

ISBN 7-5618-0778-3: ¥19.00

F282 007368

建设项目评估/《建设项目评估》编写组编.—大连:东北财经大学出版社,1995.9.—339页;20cm

中国人民建设银行中等专业学校试用教材

ISBN 7-81044-081-0: ¥12.00

F282 007369

投资指南:建设项目可行性研究/王贵范编著.—北京:科学技术文献出版社,1995.7.—280页;20cm

ISBN 7-5023-2273-6: ¥10.00

F283 007370

BOT项目指南:基础设施投资方式之一/温兆民主编;北京市工程咨询公司编.—北京:地震出版社,1995.11.—74页;26cm

ISBN 7-5028-1270-9: ¥25.00

F283 007371

建设项目投资控制:原理、方法与信息系统/黄如宝等编著.—上海:同济大学出版社,1995.5.—230页;26cm

ISBN 7-5608-1510-3: ¥19.00

F283 007372

建设项目预决算编制与审计/时现主编.—南京:东南大学出版社,1995.12.—305页;26cm

ISBN 7-81050-090-2: ¥22.00

F283 007373

投资项目可行性研究与评估/杨峰挺,李建红编著.—北京:北京农业大学出版社,1995.6.—282页;20cm

全国乡镇企业干部教育大专教材

ISBN 7-81002-704-2: ¥9.80

F283 007374

项目投资经济评价与风险分析/林文俏编著.—广州:中山大学出版社,1995.4.—177页;26cm

ISBN 7-306-00954-0: ¥11.00

F284 007375

工程建设监理实用指南/彭峰编.—北京:中国轻工业出版社,1995.6.—262页;26cm

ISBN 7-5019-1753-1(精装): ¥25.80

F284 007376

工程项目管理:理论与应用/黄金枝编著.—上海:上海交通大学出版社,1995.3.—265页;20cm

ISBN 7-313-01451-1: ¥5.90

F284 007377

工程项目建设管理优化学/孙增武,刘亚丽著.—太原:山西经济出版社,1995.8.—435页;20cm

ISBN 7-80577-880-9: ¥19.80

F284 007378

国际招标投标与工程承包/张维佳主编.—太原:山西经济出版社,1995.12.—354页;20cm.—(新编国际贸易与涉外经济系列丛书/廖进球,景进安主编)

ISBN 7-80577-855-8: ¥13.40

F284 007379

建设工程建设监理概论/李继业等主编.—北京:地震出版社,1995.4.—181页;20cm
ISBN 7-5028-1226-1:¥7.00

F284　　007380
建设工程施工索赔与反索赔/陈贵民主编.—北京:中国建材工业出版社,1995.4.—202页;26cm
ISBN 7-80090-353-2:¥14.00

F284　　007381
建设工程索赔/陈松编著.—重庆:重庆大学出版社,1995.4.—186页;20cm
ISBN 7-5624-0966-8:¥6.00

F284　　007382
建设工程项目监理实务/孙锡衡等编著.—北京:水利电力出版社,1995.7.—313页;26cm
ISBN 7-120-02380-2:¥21.00

F284　　007383
建设监理工程师资格考试应试教程/湖南大学建设监理中心编.—长沙:湖南大学出版社,1995.11.—412页;20cm
ISBN 7-81053-005-4:¥17.80

F284　　007384
建设监理考试大纲参考题解/重庆建筑大学管理干部培训中心编著.—重庆:重庆出版社,1995.10.—175页;26cm
ISBN 7-5366-3249-5:¥14.00

F284　　007385
建设项目建设监理/董玉学等主编.—北京:中国建筑工业出版社,1995.9.—181页;26cm
房地产经营与管理系列教材
ISBN 7-112-02514-1:¥12.70

F284　　007386
投资项目管理/石广义等编著.—北京:中国商业出版社,1995.11.—259页;20cm
ISBN 7-5044-3058-7:¥13.50

F284　　007387
土建工程国际招标与投标/金跃良编著.—成都:西南交通大学出版社,1995.6.—248页;20cm
ISBN 7-81022-817-X:¥12.00

F284-62　　007388
建设工程招标投标工作手册/张琰,雷胜强主编.—2版.—北京:中国建筑工业出版社,1995.8.—1549页;26cm
ISBN 7-112-02498-6(精装):¥105.00

F285　　007389
基本建设会计学/陈启中主编.—武汉:武汉大学出版社,1995.5.—459页;20cm
全国高等教育自学考试教材 经济管理类专业
ISBN 7-307-01968-X:¥13.30

F285　　007390
基本建设预算/韩双林主编.—2版(修订本).—大连:东北财经大学出版社,1995.6.—504页;20cm
高等财经院校教材
ISBN 7-81005-620-4:¥16.00

F285　　007391
基本建设预算/黄汉江主编.—修订本.—北京:中国财政经济出版社,1995.11.—452页;19cm
中等财经学校教材
ISBN 7-5005-2774-8:¥11.50

F285　　007392
建设单位财务会计实务/刘光忠主编.—北京:中国物价出版社,1995.3.—165页;19cm
ISBN 7-80070-458-0:¥7.80

F285　　007393
建设单位会计/肖德长等主编.—北京:中国财政经济出版社,1995.1.—329页;20cm
ISBN 7-5005-2734-9:¥8.00

F285　　007394
建设单位会计/刘瑞波,乜慧英编著.—2版.—北京:中国商业出版社,1995.10.—229页;20cm
ISBN 7-5044-1258-9:¥14.80

F285　　007395
建设单位会计/刘畅鹏主编.—北京:中国财政经济出版社,1995.9.—287页;20cm
高等财经专科学校试用教材
ISBN 7-5005-2773-X:¥8.60

F285　　007396
建设工程定额与概预算/王继华主编.—北京:中国铁道出版社,1995.7.—283页;26cm
高等学校试用教材
ISBN 7-113-02044-5:¥11.10

F285　　007397
新编建设工程概预算大全/何连峰等主编.—沈阳:辽宁人民出版社,1995.6.—2册(2572页);26cm
ISBN 7-205-03216-4(精装):¥168.00

F29 城市与市政经济

F29　　007398
城市发展与建设概论/吕之邦编著.—西安:陕西科学技术出版社,1995.4.—259页;20cm
ISBN 7-5369-2285-X:¥9.00

F29　　007399
城市化与经济发展/林玲著.—武汉:湖北人民出版社,1995.3.—287页;20cm
ISBN 7-216-01658-0:¥8.00

F29　　007400
国际经济中心城市的崛起/蔡来兴主编.—上海:上海人民出版社,1995.11.—394页;20cm
ISBN 7-208-02135-X(精装):¥29.90

F29　　007401
论生存空间/陈之泉著.—广州:广东人民出版社,1995.8.—266页;20cm
ISBN 7-218-01951-X:¥11.00

F29　　007402
市政管理学/张国祺主编.—成都:四川大学出版社,1995.9.—451页;19cm
ISBN 7-5614-1146-4:¥13.00

F290　007403
城市宏观经济学/郭鸿懋主编.—天津:南开大学出版社,1995.8.—356页;20cm
ISBN 7-310-00863-4:¥12.00

F290　007404
城市经济运行调控论/盛宇华,蒋裕德著.—北京:中国商业出版社,1995.8.—178页;20cm.—(软科学丛书)
ISBN 7-5044-2067-0:¥12.80

F290　007405
国际经济中心城市的崛起/蔡来兴主编.—上海:上海人民出版社,1995.11.—394页;20cm
ISBN 7-208-02134-1:¥24.00

F293.2　007406
城市用地与城市生长:以东南沿海城市扩展为例/姚士谋,帅江平著.—合肥:中国科学技术大学出版社,1995.12.—165页;26cm
ISBN 7-312-00728-7:¥12.50

F293.2　007407
中国城市用地制度创新/杨继瑞著.—成都:四川大学出版社,1995.2.—378页;20cm
ISBN 7-5614-1140-5:¥12.00

F293.3　007408
不动产金融/黄贤金等主编.—南京:河海大学出版社,1995.12.—328页;20cm
ISBN 7-5630-0914-0:¥12.00

F293.3　007409
炒楼秘笈/徐勇胜著.—广州:广东人民出版社,1995.8.—209页;19cm
ISBN 7-218-01972-2:¥8.00

F293.3　007410
房地产概预算/周明等编著.—上海:百家出版社,1995.6.—176页;26cm.—(中国房地产丛书/夏克强主编)
ISBN 7-80576-499-2:¥15.00

F293.3　007411
房地产估价:理论·方法·案例/虞晓芬主编.—北京:中国计划出版社,1995.12.—332页;19cm
ISBN 7-80058-412-7:¥15.00

F293.3　007412
房地产估价案例与分析/陆克华,龙奋杰主编;中国房地产估价师学会编.—北京:中国物价出版社,1995.1.—610页;20cm
中国房地产估价师资格考试指定辅导教材(四)
ISBN 7-80070-447-5:¥26.00

F293.3　007413
房地产估价理论与实务/柴强主编;中国房地产估价师学会编.—北京:中国物价出版社,1995.1.—336页;20cm
中国房地产估价师资格考试指定辅导教材(三)
ISBN 7-80070-415-7:¥18.00

F293.3　007414
房地产管理/田金信,陈健主编.—北京:中国建筑工业出版社,1995.9.—231页;26cm
房地产经营与管理系列教材
ISBN 7-112-02516-8:¥19.50

F293.3　007415
房地产管理信息系统/张德群等主编.—北京:中国建筑工业出版社,1995.9.—181页;26cm
房地产经营与管理系列教材
ISBN 7-112-02583-4:¥15.60

F293.3　007416
房地产基本制度与政策/沈建忠主编;中国房地产估价师学会编.—北京:中国物价出版社,1995.1.—314页;20cm
中国房地产估价师资格考试指定辅导教材(一)
ISBN 7-80070-437-8:¥18.00

F293.3　007417
房地产技术经济学/郑小晴编著.—重庆:重庆大学出版社,1995.9.—202页;26cm
ISBN 7-5624-1130-1:¥13.80

F293.3　007418
房地产价格评估/萧骥编著.—广州:中山大学出版社,1995.5.—316页;20cm
ISBN 7-306-00994-X:¥13.80

F293.3　007419
房地产经济:理论与实务/崔建华编著.—北京:中国金融出版社,1995.3.—226页;20cm
ISBN 7-5049-1388-X:¥10.00

F293.3　007420
房地产经济学/马恩国编著.—北京:中国建筑工业出版社,1995.9.—195页;26cm
房地产经营与管理系列教材
ISBN 7-112-02513-3:¥16.80

F293.3　007421
房地产经济专业知识与实务:初级/建设部人事劳资司等编写.—2版(修订本).—北京:中国商业出版社,1995.2.—217页;19cm
全国经济专业技术资格考试指定用书
ISBN 7-5044-1802-1:¥8.00

F293.3　007422
房地产经济专业知识与实务:中级/建设部人事劳资司等编写.—2版(修订本).—北京:中国商业出版社,1995.1.—463页;19cm
全国经济专业技术资格考试指定用书
ISBN 7-5044-1803-X:¥11.50

F293.3　007423
房地产经济专业知识与实务应试指导:初、中级/塞风,赵履宽主编.—北京:企业管理出版社,1995.2.—2册;26cm.—(经济学博士编著"1995年经济专业资格考试应试指导"丛书)
全国经济专业技术资格考试指定教材理想配套辅导用书
ISBN 7-80001-535-1:¥31.60

F293.3　007424
房地产经营/刘申有等编著.—上海:上海人民出版社,1995.2.—252页;20cm.—(市场经济与管理者丛书/励永庆主编)

ISBN 7-208-01926-6: ¥8.00

F293.3　　**007425**

房地产经营管理/罗龙昌主编.—广州:暨南大学出版社,1995.12.—368页;20cm

企业管理专业系列教材

ISBN 7-81029-425-3: ¥16.80

F293.3　　**007426**

房地产经营管理/竺达明编著.—北京:中国经济出版社,1995.12.—200页;20cm

ISBN 7-5017-2954-9: ¥8.00

F293.3　　**007427**

房地产经营实务/邓永成著.—2版(修订本).—上海:立信会计出版社,1995.11.—364页;20cm

ISBN 7-5429-0354-3: ¥15.50

F293.3　　**007428**

房地产经营与管理/刘沈忠,毕建洲主编.—大连:大连理工大学出版社,1995.3.—280页;20cm

ISBN 7-5611-0975-X: ¥11.00

F293.3　　**007429**

房地产开发/武永祥,王学涵主编.—北京:中国建筑工业出版社,1995.9.—259页;26cm

房地产经营与管理系列教材

ISBN 7-112-02584-2: ¥21.60

F293.3　　**007430**

房地产开发、经营与管理/董黎明,胡健颖主编.—北京:北京大学出版社,1995.1.—433页;20cm

ISBN 7-301-02697-8: ¥13.90

F293.3　　**007431**

房地产开发企业会计/周志华等编著.—北京:科学技术文献出版社,1995.3.—425页;19cm

ISBN 7-5023-0895-4: ¥10.50

F293.3　　**007432**

房地产开发企业会计/崔也光,刘文辉主编.—北京:中国人事出版社,1995.12.—494页;19cm.—(新编实用会计丛书)

ISBN 7-80076-771-X: ¥19.90

F293.3　　**007433**

房地产开发企业会计/廖友钧,江燕中编著.—广州:华南理工大学出版社,1995.11.—275页;20cm

ISBN 7-5623-0952-3: ¥11.80

F293.3　　**007434**

房地产企业经营与管理/肖维品,王启明主编.—重庆:重庆大学出版社,1995.1.—327页;20cm

ISBN 7-5624-1028-3: ¥14.00

F293.3　　**007435**

房地产融资概论/沙维德主编.—上海:上海人民出版社,1995.9.—169页;19cm

ISBN 7-208-02115-5: ¥6.00

F293.3　　**007436**

房地产市场/楼江编著.—上海:百家出版社,1995.5.—112页;26cm.—(中国房地产丛书/夏克强主编)

ISBN 7-80576-451-4: ¥8.00

F293.3　　**007437**

房地产统计/彭俊编著.—上海:百家出版社,1995.8.—211页;26cm.—(中国房地产丛书/夏克强主编)

ISBN 7-80576-537-5: ¥17.70

F293.3　　**007438**

房地产投资分析/刘卫东等编著.—上海:百家出版社,1995.7.—100页;26cm.—(中国房地产丛书/夏克强主编)

ISBN 7-80576-448-4: ¥14.00

F293.3　　**007439**

房地产投资经营与管理/刘洪玉主编;中国房地产估价师学会编.—北京:中国物价出版社,1995.1.—346页;20cm

中国房地产估价师资格考试指定辅导教材(二)

ISBN 7-80070-281-2: ¥18.00

F293.3　　**007440**

房地产业务会计/杨利昌,倪洪超编著.—北京:航空工业出版社,1995.3.—138页;19cm.—(企业会计丛书·第三辑/谢国新,储一昀主编)

ISBN 7-80046-804-6: ¥5.80

F293.3　　**007441**

房改资金新模式/于群,董元臣主编.—沈阳:辽宁人民出版社,1995.11.—344页;20cm

ISBN 7-205-03512-0: ¥16.00

F293.3　　**007442**

军队房地产经济学/张振龙,郭宪德主编.—北京:中国物价出版社,1995.3.—371页;20cm

ISBN 7-80070-430-0: ¥11.00

F293.3　　**007443**

涉外房地产/侯国富编著.—上海:百家出版社,1995.2.—177页;26cm.—(中国房地产丛书/夏克强主编)

ISBN 7-80576-459-X: ¥12.40

F293.3　　**007444**

世界各国房地产市场管理/周希凡等编著.—北京:中国大百科全书出版社,1995.10.—142页;19cm.—(百卷本世界市场全书/顾海良等主编)

ISBN 7-5000-5577-3: ¥9.80

F293.3　　**007445**

物业管理理论与实务/吴建社,康植清主编.—海口:海南出版社,1995.1.—398页;20cm

ISBN 7-80617-136-3: ¥25.00

F293.3　　**007446**

物业管理实务/陈湛匀主编.—上海:上海人民出版社,1995.12.—191页;20cm.—(企业商务丛书)

ISBN 7-208-02127-9: ¥9.00

F293.3　　**007447**

现代物业管理/陈劲松编著.—广州:华南理工大学出版社,1995.8.—132页;20cm.—(世联地产顾问丛书;2/刘佳胜主编)

ISBN 7-5623-0910-8: ¥13.80

F293.3　　**007448**

新编房地产开发企业会计/俞文青主编.—大连:东北财经大学出版社,1995.5.—303页;20cm

ISBN 7-81044-036-5: ¥10.00

①F293.3②F830.4　　**007449**

房地产金融/石春贵,于永顺主编.—北京:中国金融出版社,1995.10.—423页;20cm
ISBN 7-5049-1470-3:¥16.80
①F293.3②F830.4　007450
房地产金融/楼江编著.—上海:百家出版社,1995.2.—101页;26cm.—(中国房地产丛书/夏克强主编)
ISBN 7-80576-457-3:¥7.50
①F293.3②F830.4　007451
金融房地产与建筑业改革:刘贵富经济论文短集/刘富贵著.—北京:中国金融出版社,1995.11.—126页;19cm
ISBN 7-5049-1526-2:¥8.00
F293.3-43　007452
房地产经济学教程/王克忠主编.—上海:复旦大学出版社,1995.9.—515页;20cm
ISBN 7-309-01517-7:¥16.00
F293.3-53　007453
21世纪城市与住宅发展:第六届国际住宅问题研讨会论文精选/陈光庭,(法)邵寇(Choko,M.H.)主编.—北京:北京科学技术出版社,1995.9.—304页;25cm
ISBN 7-5304-1799-1:¥17.50
F293.3-53　007454
房地产论文集/香港房地产建筑业协进会,中国人民大学土地管理系编.—北京:中国人民大学出版社,1995.6.—384页;20cm
ISBN 7-300-01988-9:¥18.00
F299.12　007455
英国城市研究/徐强著.—上海:上海交通大学出版社,1995.12.—214页;20cm.—(金马城市研究文库)
ISBN 7-313-01550-X:¥10.00
F299.2　007456
市长与城市　第二卷/建设部建设杂志社编.—北京:中国建筑工业出版社,1995.4.—399页:彩照;26cm
ISBN 7-112-02550-8(精装):¥40.00
F299.2　007457
中国西部新兴工业城市经济社会对接研究/王文革,李含琳主编.—兰州:甘肃科学技术出版社,1995.7.—263页;20cm
ISBN 7-5424-0567-5:¥10.00
F299.2-54　007458
中国城市统计年鉴:1993~1994/任才方主编;国家统计局城市社会经济调查总队编.—北京:中国统计出版社,1995.6.—598页;26cm
ISBN 7-5037-1810-2(精装):¥96.00
F299.21　007459
集镇建设与发展/朱方明著.—成都:四川大学出版社,1995.6.—270页;19cm
ISBN 7-5614-1159-6:¥8.00
F299.21　007460
云南小城镇发展研究/吴海坤主编.—昆明:云南人民出版社,1995.1.—464页;20cm
ISBN 7-222-01712-7:¥12.00
F299.21　007461
中国矿业城市:持续发展与结构调整/赵宇空著.—长春:吉林科学技术出版社,1995.3.—239页;20cm.—(青年科学家文库)
ISBN 7-5384-1485-1(精装):¥12.00
F299.23　007462
1995·中国房地产市场/北京德高房地产顾问有限公司主编.—北京:企业管理出版社,1995.1.—1367页;26cm
ISBN 7-80001-515-7(精装):¥288.00
F299.23　007463
城镇住房制度改革指南/王维樟,朱建华主编;浙江省住房制度改革领导小组办公室编.—杭州:浙江人民教育出版社,1995.2.—228页;19cm
ISBN 7-213-01228-2:¥6.50
F299.23　007464
地产供求与中国的经济发展/胡文政著.—西安:陕西人民出版社,1995.1.—246页;20cm.—(青年经济学博士研究丛书;第三批)
ISBN 7-224-03637-4:¥7.00
F299.23　007465
地产估价与信息/唐煌昌主编;湖南省国土测绘管理局地籍处编.—长沙:湖南地图出版社,1995.9.—934页;20cm
ISBN 7-80552-168-9(精装):¥38.00
F299.23　007466
房地产交易/秦虹著.—北京:北京经济学院出版社,1995.2.—267页;20cm.—(房地产开发经营指南丛书/庄穆,柴强主编)
ISBN 7-5638-0469-2:¥8.00
F299.23　007467
建立住房新制度/李英儒主编;重庆市住房制度改革领导小组办公室编著.—重庆:重庆出版社,1995.3.—204页;20cm
ISBN 7-5366-3156-1:¥10.50
F299.23　007468
前进中的中国房改/中国房地产及住宅研究会编.—北京:中国建筑工业出版社,1995.5.—215页;19cm
ISBN 7-112-02609-1:¥9.60
F299.23　007469
中国地价/王先进,王光希主编.—北京:中国物价出版社,1995.6.—427页;26cm
ISBN 7-80070-451-3:¥85.00
F299.23　007470
中国房地产市场运行分析/张纯威等著.—郑州:河南人民出版社,1995.10.—229页;20cm
ISBN 7-215-03475-5:¥15.00
F299.23　007471
中国物业管理指南/中国房地产开发集团公司编著.—北京:中国城市出版社,1995.8.—470页;20cm
ISBN 7-5074-0777-2:¥22.00
F299.23　007472
住房公积金管理与计算机应用/王振平等主编.—济南:山东人民出版社,1995.3.—322页;20cm
ISBN 7-209-01738-0:¥12.80
F299.23　007473

最新中国城镇地价/高忻主编.—北京:中国农业科技出版社,1995.9.—345页;20cm
ISBN 7-80026-993-0:¥19.80

①F299.23②D922.297　007474
住房和土地使用制度改革文件汇编/财政部综合与改革司编.—石家庄:河北人民出版社,1995.10.—253页;19cm
ISBN 7-202-01795-4:¥6.00

F299.23-53　007475
房地产企业经营决策/包宗华主编.—北京:中国城市出版社,1995.11.—219页;20cm
ISBN 7-5074-0799-3:¥16.00

F299.23-61　007476
中国房地产经营实用大辞典/张元端,陈小平主编.—太原:山西教育出版社,1995.11.—635页;26cm
ISBN 7-5440-0896-7(精装):¥70.00

F299.23-62　007477
中国房地产投资手册/刘举主编;中国房地产业协会信息咨询中心编.—北京:社会科学文献出版社,1995.7.—539页;26cm
ISBN 7-80050-675-4(精装):¥70.00

F299.24　007478
城市市政公用设施普查手册/全国城市市政公用设施普查办公室编著.—北京:中国建筑工业出版社,1995.4.—156页;19cm
ISBN 7-112-02612-1:¥3.00

F299.24　007479
中国城市化道路求索:兼谈中国城市建设之路/张秉忱编著.—哈尔滨:黑龙江人民出版社,1995.10.—322页;19cm
ISBN 7-207-03144-0:¥11.80

F299.271　007480
北京房地产　1995/王宗礼主编;北京市建委编.—北京:企业管理出版社,1995.9.—318页;26cm
ISBN 7-80001-590-4(精装):¥218.00

F299.271　007481
北京房地产概览　1995.—北京:国际文化出版公司,1995.7.—200页;26cm
ISBN 7-80105-324-9:¥128.00

F299.271　007482
北京购房招商指南/贾云明主编;《北京购房招商指南》编委会编.—北京:中国商业出版社,1995.11.—224页;26cm
ISBN 7-5044-3059-5(精装):¥400.00

F299.271　007483
北京市区段地价查估研究/薛洪江主编.—北京:清华大学出版社,1995.10.—208页;26cm
ISBN 7-302-01874-X:¥48.00

①F299.271②C924.2　007484
社会流动和社会重构:京城"浙江村"研究/王春光著.—杭州:浙江人民出版社,1995.9.—267页;20cm
ISBN 7-213-01232-0:¥10.50

F299.273.1　007485
鞍山城市化与未来发展/闫福君主编.—沈阳:辽宁人民出版社,1995.12.—237页;19cm
ISBN 7-205-03480-9:¥4.80

F299.273.11　007486
沈阳城建志:1388~1990/沈阳市城市建设管理局编.—沈阳:沈阳出版社,1995.8.—956页:彩图;26cm
ISBN 7-5441-0409-5(精装):¥90.00

F299.274.1　007487
庆阳经济概论/熊统歧,魏虎德主编.—西安:西北工业大学出版社,1995.4.—361页;19cm
ISBN 7-5612-0747-6:¥7.70

F299.274.5　007488
新疆房地产/肖振文主编;新疆维吾尔自治区城市建设开发企业协会编.—乌鲁木齐:新疆美术摄影出版社,1995.7.—50页:彩照;29cm
ISBN 7-80547-125-8:¥40.00

F299.275.1　007489
迈向二十一世纪的上海城市建设/童从奇主编;上海城市建设学院编.—上海:上海科学技术文献出版社,1995.1.—124页;26cm
ISBN 7-5439-0678-3(精装):¥68.00

①F299.275.1②D619.51　007490
上海城市15年/陈海泓著.—上海:上海社会科学院出版社,1995.3.—109页;20cm.—(上海改革15年丛书/姚锡棠主编)
ISBN 7-80618-061-3:¥3.50

F299.275.2　007491
山东房地产业创业篇/李宪臻,林民庆主编.—青岛:青岛出版社,1995.10.—559页:彩照;26cm
ISBN 7-5436-1365-4(精装):¥78.00

F299.275.31-62　007492
南京房改指南/张学斌主编;南京市住房制度改革办公室编.—南京:河海大学出版社,1995.12.—317页;19cm
ISBN 7-5630-0911-6:¥12.00

F299.275.7　007493
厦门市域国土经济规划:1995~2020/姚士谋,徐模主编.—合肥:中国科学技术大学出版社,1995.3.—120页;26cm
ISBN 7-312-00647-7:¥12.50

F299.276.31-54　007494
武汉城建年鉴　1995/张克教,王国建主编;武汉城建年鉴编委会编.—武汉:湖北人民出版社,1995.7.—267页:彩照;20cm
ISBN 7-216-01734-X:¥35.00

F299.276.41　007495
走向新世纪:长沙创建现代化国际性城市研讨会文集/秦光荣主编.—长沙:湖南科学技术出版社,1995.8.—592页;20cm
ISBN 7-5357-1826-4:¥25.00

F299.276.5　007496
广州市房地产实用全书/广东地产经济报社,广州市房地产信息中心编.—广州:广东省地图出版社,1995.2.—265页;26cm
ISBN 7-80522-307-6:¥168.00

F299.276.5 **007497**

深圳住宅/《深圳住宅》编委会编.—北京:新华出版社,1995.12.—178页;29cm

ISBN 7-5011-3020-5(精装):¥168.00

F299.276.5-62 **007498**

广东房地产投资开发与中介指南/蒋光中主编.—广州:暨南大学出版社,1995.1.—361页;29cm

ISBN 7-81029-379-6:¥290.00

F299.276.58 **007499**

香港房地产市场/苗壮等编著.—北京:中国经济出版社,1995.12.—229页;19cm.—(港澳台实用经济丛书/谢明干,杨松华主编)

ISBN 7-5017-3470-4:¥8.80

F299.276.58 **007500**

香港交通与市政管理/吴国蔚,王湘丽主编.—北京:中国经济出版社,1995.12.—260页;19cm.—(港澳台实用经济丛书/谢明干,杨松华主编)

ISBN 7-5017-3471-2:¥8.80

F299.276.6 **007501**

海南经济特区房地产发展问题与对策/王向和,吴双丰主编.—北京:中国计划出版社,1995.1.—275页;20cm

ISBN 7-80058-361-9:¥18.60

F3 农业经济

F3 **007502**

合作经济理论与农村改革/江惠生主编.—广州:华南理工大学出版社,1995.11.—253页;19cm

ISBN 7-5623-0909-4:¥11.80

F3 **007503**

教学与辅导:1994级领导科学概论专辑/中央农业广播电视学校主办.—北京:中国农业出版社,1995.3.—48页;26cm

农业经济与管理专业

ISBN 7-109-03902-1:¥2.00

F3 **007504**

教学与辅导:1994级农村财政与金融专辑/中央农业广播电视学校主办.—北京:中国农业出版社,1995.2.—48页;26cm

农业经济与管理专业

ISBN 7-109-03790-8:¥2.00

F3 **007505**

教学与辅导:1994级农村合作经济会计专辑/中央农业广播电视学校主办.—北京:中国农业出版社,1995.6.—40页;26cm

农业经济与管理专业

ISBN 7-109-04027-5:¥2.00

F3 **007506**

教学与辅导:1994级农业经济与管理专辑/中央农业广播电视学校主办.—北京:中国农业出版社,1995.9.—48页;26cm

农业经济与管理专业用

ISBN 7-109-04186-7:¥2.00

F3 **007507**

农村产业经济/周志祥,曾寅初著.—北京:中国人民大学出版社,1995.12.—333页;20cm

ISBN 7-300-02084-4:¥14.00

F3 **007508**

农业经济专业知识与实务应试指导:初、中级/塞风,赵履宽主编.—北京:企业管理出版社,1995.2.—2册;26cm.—(经济学博士编著"1995年经济专业资格考试应试指导"丛书)

全国经济专业技术资格考试指定教材理想配套辅导用书

ISBN 7-80001-533-5:¥31.60

F30 农业经济理论

F30 **007509**

当代农村经济研究/刘明主编.—上海:上海科学技术出版社,1995.10.—194页;19cm

ISBN 7-5323-3844-4:¥10.00

F30 **007510**

农村非农化趋势理论与实践/毕于榜主编.—天津:天津社会科学院出版社,1995.10.—210页;20cm

ISBN 7-80563-557-9:¥7.00

F30 **007511**

农村社会主义市场经济读本/邓万,陈守信主编.—银川:宁夏人民出版社,1995.3.—177页;19cm

基层党校系列教材

ISBN 7-227-01462-2:¥4.20

F30 **007512**

农业技术经济学/山东省烟台农业学校主编.—2版.—北京:中国农业出版社,1995.5.—295页;19cm

全国中等农业学校教材 农业经济管理专业用

ISBN 7-109-03267-1:¥5.45

F30 **007513**

农业经济管理通论/刘光远,陈彤主编.—乌鲁木齐:新疆人民出版社,1995.7.—376页;20cm

ISBN 7-228-03563-1:¥14.80

F30 **007514**

农业经济学/郑景骥主编.—成都:西南财经大学出版社,1995.5.—406页;20cm

ISBN 7-81017-934-9:¥13.50

F30 **007515**

农业经济学/欧阳旭初主编.—修订本.—北京:中国财政经济出版社,1995.11.—393页;20cm

高等财经院校试用教材

ISBN 7-5005-2781-0:¥11.40

F30 **007516**

农业经济学基础/贺锡苹,刘继红编.—2版.—北京:农业出版社,1995.12.—155页;26cm

中央农业广播电视学校试用教材

ISBN 7-109-02407-5:¥6.05

F30 **007517**

农业生产经济学/马鸿运,郑大豪主编.—北京:中国农业出版社,1995.10.—383页;20cm
全国高等农业院校教材 农业经济管理专业用
ISBN 7-109-03755-X:¥11.55

F30 007518
农业与经济增长/孙中才著.—北京:气象出版社,1995.1.—247页;20cm
ISBN 7-5029-1753-5:¥8.50

F30-05 007519
农业伦理学/胡一胜著.—北京:中国农业出版社,1995.8.—315页;19cm
ISBN 7-109-04019-4:¥15.00

F301 007520
土地经济学/冯玉华,贾生华主编.—广州:华南理工大学出版社,1995.10.—324页;20cm
ISBN 7-5623-0922-1:¥10.40

F301 007521
土地科学导论/朱德举主编.—北京:中国农业科技出版社,1995.8.—279页;20cm.—(土地科学技术丛书)
ISBN 7-80026-975-2:¥19.80

F301 007522
土地资源学/朱翔等著.—北京:气象出版社,1995.5.—309页;19cm
ISBN 7-5029-1952-X:¥12.00

F301.0 007523
土地政策学/黄贤金等著.—徐州:中国矿业大学出版社,1995.9.—330页;20cm
ISBN 7-81040-413-X:¥9.20

F301.2 007524
土地管理中的测量工作/(俄)马斯洛夫(Маслов,A.B.)等著;严星等译.—北京:中国人民大学出版社,1995.9.—253页;20cm
ISBN 7-300-02070-4:¥9.80

F301.2 007525
土地科技成果精选:国家土地管理局科技进步奖部分获奖项目/国家土地管理局宣教司编.—北京:中国农业科技出版社,1995.4.—488页;26cm
ISBN 7-80026-853-5:¥35.00

F301.2 007526
现代企业制度与土地资产管理/张琦著.—北京:高等教育出版社,1995.5.—159页;20cm
ISBN 7-04-005474-4:¥7.05

F301.21 007527
耕地,我们的生命线:耕地保护政策与经验/刘文甲主编.—北京:中国大地出版社,1995.10.—278页;20cm
ISBN 7-80097-046-9:¥10.00

F301.22 007528
地籍管理/陈龙飞编著.—上海:百家出版社,1995.9.—88页;26cm.—(中国房地产丛书/夏克强主编)
ISBN 7-80576-472-7:¥8.40

F301.3 007529
镇乡土地联合估价技术与方法/欧阳安蛟主编.—北京:测绘出版社,1995.9.—136页:图;26cm
ISBN 7-5030-0816-4:¥25.00

F302 007530
农村经济宏观调控导论/张仲威主编.—北京:北京农业大学出版社,1995.5.—266页;20cm
全国高等农业院校教材 农经学院(系)管理专业用
ISBN 7-81002-703-4:¥6.00

F302 007531
农业经济与管理/江苏省句容农业学校主编.—北京:中国农业出版社,1995.5.—340页;19cm
全国中等农业学校教材 农学类专业用
ISBN 7-109-03469-0:¥6.20

F302 007532
农业经济与管理/崔国忠,姜克芬主编.—北京:中国农业出版社,1995.5.—224页;26cm
中央农业广播电视学校教材 经济类专业用
ISBN 7-109-03924-2:¥8.35

F302 007533
农业效益工程/刘学禄等主编.—郑州:河南人民出版社,1995.5.—215页;19cm
ISBN 7-215-02232-3:¥7.20

F302 007534
农业信息系统工程/谭文藻,李建玲主编.—北京:中国农业出版社,1995.7.—227页;20cm
ISBN 7-109-03936-6:¥9.00

F302 007535
乡村经济管理通论/谭向勇主编.—北京:北京农业大学出版社,1995.12.—872页;20cm
ISBN 7-81002-744-1:¥33.80

F302-43 007536
农经专业补充教材:统计学原理与农业统计、计算技术、农村审计学、财政与农村金融/邵恩吉主编;全国中等农业学校教学工作指导委员会编.—北京:中国农业出版社,1995.10.—456页;19cm
全国中等农业学校教材 农业经济管理专业用
ISBN 7-109-03560-3:¥11.30

F302.4 007537
农村经济信息概论/刘同理主编.—济南:山东人民出版社,1995.10.—263页;19cm
ISBN 7-209-01823-9:¥9.80

F302.5 007538
农垦经济统计实用问答/朱崇智主编.—哈尔滨:哈尔滨工业大学出版社,1995.11.—329页;19cm
ISBN 7-5603-1114-8:¥10.60

F302.5 007539
农业统计学/尹德光主编.—北京:中国统计出版社,1995.5.—375页;20cm
高等院校统计学专业规划教材
ISBN 7-5037-1792-0:¥8.20

F302.5 007540
统计学原理与农业统计/黑龙江省牡丹江农业学校主编.—2版.—北京:中国农业出版社,1995.5.—438页;19cm
全国中等农业学校教材 农业经济管理专业用

ISBN 7-109-03259-0:￥7.90

F302.6 007541

国有农牧渔良种场财务会计制度:暂行/中华人民共和国财政部制定.—北京:中国农业出版社,1995.5.—2册;19cm

ISBN 7-109-03876-9:￥17.00

F302.6 007542

教学与辅导:1993级统计原理与乡镇企业统计专辑/中央农业广播电视学校主办.—北京:中国农业出版社,1995.5.—48页;26cm

会计统计与审计专业

ISBN 7-109-04023-2:￥1.50

F302.6 007543

教学与辅导:1995级农村财务与金融专辑/中央农业广播电视学校主办.—北京:中国农业出版社,1995.12.—48页;26cm

农业经济与管理、会计统计与审计、企业经营管理专业用

ISBN 7-109-04304-5:￥2.00

F302.6 007544

农村股份合作制企业会计核算与财务管理/臧日宏,查振祥主编.—北京:中国农业出版社,1995.3.—317页;20cm

ISBN 7-109-03713-4:￥10.50

F302.6 007545

农村合作经济组织会计/高兴明等编著.—兰州:甘肃科学技术出版社,1995.5.—290页;20cm

农业技术导学

ISBN 7-5424-0556-X:￥12.50

F302.6 007546

农业会计实务/隋文辉等主编.—哈尔滨:哈尔滨出版社,1995.12.—241页;26cm.—(技术应用;2)

ISBN 7-80557-883-4:￥13.00

F302.6 007547

农业会计学/王洪谟主编.—3版. 北京:中国农业出版社,1995.10.—350页;20cm

全国高等农业院校教材 农业经济管理专业用

ISBN 7-109-03699-5:￥7.75

F302.6 007548

农业会计学/栾甫贵编著.—大连:东北财经大学出版社,1995.11.—378页;19cm

ISBN 7-81044-085-3:￥16.00

F302.6 007549

农业劳动工资统计、预测、计划管理/陶汉民主编;傅康俊等编写 .—北京:中国农业出版社,1995.3.—550页;20cm

ISBN 7-109-03607-3:￥13.25

F302.6 007550

新编农业企业会计/许相琼等主编.—上海:立信会计出版社,1995.6.—381页;20cm.—(立信会计丛书)

ISBN 7-5429-0297-0:￥14.50

F303 007551

农业发展论/郭熙保著.—武汉:武汉大学出版社,1995.1.—386页;20cm.—(经济发展理论研究丛书/谭崇台主编)

ISBN 7-307-01908-6:￥11.80

F303 007552

农业发展途径——模式·探讨·推广:河北省农业区域综合开发试验区(点)研究/戴从法主编.—北京:学苑出版社,1995.1.—405页;20cm

ISBN 7-5077-0743-1:￥14.90

F303 007553

未来农业:农场(农户)外部资源低投入和持续农业导论/(荷)瑞金特吉斯(Reijntjes,C.)等著;王丽萍等编译.—北京:中国农业科技出版社,1995.8.—174页;26cm

ISBN 7-80119-005-X:￥35.00

F303 007554

中低产田改造工程建设投资估算指标:试行/连镜清,王蓉芳主编;中华人民共和国农业部编.—北京:中国农业出版社,1995.12.—107页;14×20cm

ISBN 7-109-04105-0:￥19.00

F303-49 007555

犁沟在延伸:替代农业的发展/张法瑞,刘英著.—广州:广东教育出版社,1995.12.—125页:彩图;21×19cm.—(迈向21世纪科普丛书/黄寿年主编)

ISBN 7-5406-3409-X:￥12.65

F303.2 007556

农村技术市场经营与管理/陈世昌主编.—南昌:江西科学技术出版社,1995.12.—268页;19cm

ISBN 7-5390-1049-5:￥10.80

①F303.2②G725.83 007557

农科教高层结合的研究与首家农民学院的创办/亓子杰主编.—天津:天津人民出版社,1995.12.—294页:彩照;20cm

ISBN 7-201-02420-5:￥13.50

F304 007558

农业市场生产经营学/钱东伟编著 .—南京:江苏科学技术出版社,1995.3.—341页;19cm

ISBN 7-5345-1907-1:￥7.00

F304.1 007559

农业综合开发项目系统评价与决策/金焱鑫,缪瑞林主编.—北京:中国农业出版社,1995.6.—282页;19cm

ISBN 7-109-03972-2:￥9.50

F304.7 007560

持续高产高效种植模式的理论与实践/牟正国主编.—北京:中国农业出版社,1995.9.—341页;19cm

ISBN 7-109-03661-8:￥18.00

F306 007561

农村工业化问题探索/朱道华,冯海发著.—北京:中国农业出版社,1995.11.—242页;20cm

ISBN 7-109-03877-7:￥13.80

F306 007562

农业企业经营管理学/湖南省岳阳农业学校主编.—2版(修订本).—北京:中国农业出版社,1995.5.—369页;19cm

全国中等农业院校教材 农业经济管理专业用

ISBN 7-109-02798-8:￥6.80

F306.1　　007563

市场经济与农场管理/高留申,谭向勇主编.—北京:中国农业出版社,1995.12.—291页;19cm

ISBN 7-109-03956-0:¥9.50

F306.4-53　　007564

发展中的农村合作经济:中外合作经济研讨班论文集/农业部农村合作经济指导司等编.—北京:中国农业出版社,1995.3.—103页;19cm

ISBN 7-109-03725-8:¥7.00

F307.2　　007565

林业经济管理学/谢宗祜主编.—北京:中国林业出版社,1995.11.—244页;26cm

全国高等林业院校试用教材 林学类各专业用

ISBN 7-5038-1440-3:¥12.20

F307.21　　007566

林业规划经济学/蒋敏元,张於倩主编.—哈尔滨:东北林业大学出版社,1995.12.—237页;26cm

全国高等林业院校试用教材

ISBN 7-81008-642-1:¥15.30

F307.22　　007567

林业经济管理学/耿玉德等主编.—哈尔滨:黑龙江科学技术出版社,1995.4.—317页;19cm

ISBN 7-5388-2768-4:¥9.50

F307.226　　007568

国有林场与苗圃财务会计制度(暂行)讲解/中华人民共和国财政部编.—哈尔滨:东北林业大学出版社,1995.3.—371页;19cm

ISBN 7-81008-526-3:¥19.00

F307.226　　007569

林业财务改革的理论与实践/赵鸣骥著.—北京:中国林业出版社,1995.6.—417页;20cm

ISBN 7-5038-1509-4:¥35.00

F307.226　　007570

市场经济与林业财务/赵鸣骥著.—哈尔滨:东北林业大学出版社,1995.5.—229页;20cm

ISBN 7-81008-552-2:¥9.50

F307.23　　007571

林业技术经济学/李顺龙等主编.—哈尔滨:黑龙江教育出版社,1995.12.—317页;20cm

ISBN 7-5316-2887-2:¥11.20

F307.241　　007572

乡、村、户绿色企业综合开发:浙江省临安县的思路与做法/临安县林业技术服务总站,临安县乡村户林场协会编.—北京:中国林业出版社,1995.9.—37页;20cm

ISBN 7-5038-1548-5:¥3.60

F307.242　　007573

林业企业成本会计学/柏连玉主编.—哈尔滨:哈尔滨出版社,1995.12.—263页;26cm

ISBN 7-80557-889-3:¥19.80

F307.242　　007574

森工生产成本学/姚庆主编.—哈尔滨:东北林业大学出版社,1995.4.—162页;26cm

全国高等林业院校试用教材 森林工程专业适用

ISBN 7-81008-528-X:¥6.20

F307.26　　007575

现代林业企业管理基础/耿玉德,万志芳主编.—哈尔滨:东北林业大学出版社,1995.12.—266页;19cm

ISBN 7-81008-639-1:¥10.50

F307.3　　007576

畜牧业经济与管理/黑龙江省北安农业学校主编.—北京:中国农业出版社,1995.5.—316页;19cm

全国中等农业学校教材 畜牧兽医专业用

ISBN 7-109-03355-4:¥5.80

F307.36　　007577

畜牧业经济管理/林智元编著.—2版.—北京:中国农业出版社,1995.12.—145页;26cm

中央农业广播电视学校教材 畜牧兽医专业

ISBN 7-109-03282-5:¥5.80

F307.41　　007578

渔业经济学/胡笑波主编.—北京:中国农业出版社,1995.10.—420页;20cm

全国高等农业院校教材 渔业经济管理专业用

ISBN 7-109-03722-3:¥10.45

F307.425　　007579

渔业生物统计学/陈兆祥主编.—北京:中国农业出版社,1995.10.—265页;20cm

全国高等农业院校教材 渔业资源、淡水渔业、海水养殖、水生生物专业用

ISBN 7-109-03714-2:¥8.25

F307.46　　007580

水产捕捞企业经营管理学/黄士恺主编.—北京:中国农业出版社,1995.5.—128页;26cm

全国高等农业院校教材 海洋捕捞专业用

ISBN 7-109-03413-5:¥5.10

F307.46　　007581

水产养殖企业经营管理/葛光华主编.—北京:中国农业出版社,1995.10.—244页;20cm

全国高等农业院校教材 淡水渔业、海水养殖、水生生物等专业用

ISBN 7-109-03709-6:¥7.60

F31　世界农业经济

F31-53　　007582

国际合作经济论文集锦/丁声俊,(日)横川洋主编.—北京:中国商业出版社,1995.8.—386页;20cm

ISBN 7-5044-2975-9:¥22.50

F310　　007583

农业政策与可持续性:印度、智利、菲律宾及美国的实例研究/(美)费思(Faeth,P.)编;程伟雪等译.—北京:中国环境科学出版社,1995.3.—160页;19cm

ISBN 7-80093-748-8:¥6.00

F316.12　　007584

世界茶业100年/程启坤,庄雪岚主编.—上海:上海科技教育出版社,1995.8.—759页:彩图;20cm

ISBN 7-5428-1054-5:¥34.60

①F316.12②S562 007585

当代世界棉业/刘毓湘主编.—北京:中国农业出版社,1995.7.—614页;26cm

ISBN 7-109-03911-0:¥35.00

F316.2-24 007586

世界各国主要林业研究机构指南/中华人民共和国林业部科学技术司,中国林业科学研究院《木材工业》编辑部编.—北京:中国林业出版社,1995.1.—136页;26cm

ISBN 7-5038-1405-5:¥14.00

F319.9 007587

澳大利亚和新西兰农业地理/季任钧编著.—北京:商务印书馆,1995.10.—371页;20cm.—(世界农业地理丛书/李春芬主编)

ISBN 7-100-01492-1:¥15.80

F32 中国农业经济

F32 007588

2000年中国的农业/牛若峰主编.—北京:中国农业出版社,1995.11.—286页;20cm

ISBN 7-109-04036-4:¥16.20

F32 007589

发展的审视与选择:能源基地的农业问题/董厚德等著.—太原:山西经济出版社,1995.6.—159页;19cm

ISBN 7-80577-809-4:¥9.00

F32 007590

迈向21世纪的中国农业:农民组织·农业制度·农村发展:1995年中国青年农业经济学者年会论文集/蒋和平等主编.—北京:中国农业出版社,1995.4.—415页;26cm

ISBN 7-109-03921-8:¥30.00

F32 007591

农业经济管理概论 /华峰,蒙强编著.—北京:气象出版社,1995.4.—264页;19cm

ISBN 7-5029-1925-2:¥8.80

F32 007592

山区县域工作初探/易行运著.—武汉:湖北人民出版社,1995.3.—236页;20cm

ISBN 7-216-01654-8:¥9.80

F32 007593

一条好路子/庞隆昌等编著.—南宁:广西教育出版社,1995.6.—223页;19cm.—(全国农村基层组织建设五个好丛书/马庆生,杨基常主编)

ISBN 7-5435-2303-5:¥5.30

F32 007594

中国农业发展报告'95/中华人民共和国农业部编.—北京:中国农业出版社,1995.8.—201页;29cm

ISBN 7-109-04153-0:¥40.00

①F32-53②I253 007595

世纪之梦 /《农民日报》经济部,《走向新世纪》丛书编委会编.—北京:改革出版社,1995.4.—937页;20cm.—(走向新世纪丛书;4)

ISBN 7-80072-638-X(精装):¥25.00

F32-54 007596

中国农业年鉴 1995/中国农业年鉴编辑委员会编.—北京:中国农业出版社,1995.11.—577页;26cm

ISBN 7-109-03943-9(精装):¥99.00

F32-61 007597

中国农村百科全书/应曰琏主编;《中国农村百科全书》编辑委员会编.—北京:人民出版社,1995.12.—788页;26cm

ISBN 7-01-002164-3(精装):¥135.00

F32-61 007598

中国农业全书:贵州卷/《中国农业全书》总编辑委员会主编;《中国农业全书·贵州卷》编辑委员会分主编.—北京:中国农业出版社,1995.12.—442页;26cm

ISBN 7-109-04181-6(精装):¥140.00

F320 007599

改革开放中的农村政策/王栾生主编.—2版.—杭州:浙江科学技术出版社,1995.12.—216页;20cm.—(农村奔小康指南丛书)

ISBN 7-5341-0881-0:¥9.00

F320 007600

农村小康工程/蒋仕钧等主编.—成都:西南财经大学出版社,1995.1.—210页;20cm

ISBN 7-81017-879-2:¥5.80

F320 007601

农村政策法规咨询全书/阎德民等主编.—郑州:河南人民出版社,1995.7.—614页;19cm

ISBN 7-215-03435-6:¥25.00

F320 007602

乡村变革:当代中国农村政策问题探析/何道峰著.—北京:人民出版社,1995.12.—559页;20cm

ISBN 7-01-002106-6:¥25.00

F320 007603

治国安邦的一条基本经验/王成福主编.—北京:当代中国出版社,1995.5.—326页;20cm.—(政策研究荟萃丛书)

全套5册,总定价:70.00元

ISBN 7-80092-382-7:¥0.00

F320 007604

中国"绿色证书"制度研究与实践/孙翔,陈建华主编.—北京:人民出版社,1995.9.—114页;20cm

ISBN 7-01-002216-X:¥8.00

F320 007605

中国农村政治稳定与发展/张厚安,徐勇主笔;项继权等著.—武汉:武汉出版社,1995.11.—1158页;20cm

ISBN 7-5430-1424-6(精装):¥45.00

F320.1 007606

毛泽东与中国农业现代化/呼志慧,李安兰著.—兰州:甘肃人民出版社,1995.5.—168页;20cm

ISBN 7-226-01467-X:¥7.00

F320.1 007607

市场经济与农业现代化/陈华山著.—武汉:湖北教育出版社,1995.4.—234页;19cm.—(市场经济系列丛书/郭吴新等主编)

ISBN 7-5351-1519-5: ¥7.10

F320.1　　007608

我国农业现代化探讨/黄柱邦编著.—北京:中国农业出版社,1995.6.—309页;20cm

ISBN 7-109-03871-8: ¥13.60

F320.2　　007609

坚定的信念/《农民日报》经济部,《发展农村经济指南》丛书编委会编.—北京:改革出版社,1995.4.—903页;20cm.—(发展农村经济指南丛书;6)

ISBN 7-80072-235-X(精装): ¥25.00

F320.2　　007610

农村改革与开放/张根生著.—北京:中国农业出版社,1995.1.—752页;20cm

ISBN 7-109-03746-0(精装): ¥30.00

F320.2　　007611

农村经济研究文集　1994/山西省农村经济研究所编.—太原:山西经济出版社,1995.12.—372页;20cm

ISBN 7-80577-929-5: ¥16.00

F320.2　　007612

市场经济与中国农民/武兆瑞主编.—北京:中国农业科技出版社,1995.7.—365页;20cm

ISBN 7-80026-943-4: ¥15.00

F320.2　　007613

中国农村改革的哲学思考/张铁森等主编.—北京:中国农业出版社,1995.2.—312页;20cm.—(高等学校哲学研究文库)

ISBN 7-109-03961-7: ¥14.00

F320.2　　007614

中国农村改革和发展问题读本:当前中国农村经济发展的若干政策措施/段应碧等编著.—北京:中共中央党校出版社,1995.5.—198页;20cm

ISBN 7-5035-1071-4: ¥7.00

F320.2　　007615

中国农村改革纪事:1979~1993/丁国香等主编;中国社会科学院农村发展研究所,北京大学经济学院编.—太原:山西经济出版社,1995.5.—491页;20cm

ISBN 7-80577-829-9: ¥16.00

F320.2　　007616

中国农村经济:改革研究/郭书田主编.—北京:新华出版社,1995.1.—611页;20cm.—(农业软科学丛书·1993年卷;1)

ISBN 7-5011-2898-7: ¥19.50

F320.2　　007617

中国农村经济体制的转换/郭书田主编;农业部农业政策研究会编.—北京:新华出版社,1995.1.—571页;20cm

ISBN 7-5011-2894-4: ¥19.00

F320.3　　007618

1994年中国农村经济发展年度报告兼析1995年发展趋势/中国社会科学院农村发展研究所、国家统计局农村社会经济统计司农村经济年度分析课题组著.—北京:中国社会科学出版社,1995.3.—221页;20cm.—(经济绿皮书)

ISBN 7-5004-1667-9: ¥12.00

F320.3　　007619

智力扶贫培训工程理论与实践/邸文祥,赵健英主编.—北京:中国农业科技出版社,1995.8.—238页;19cm

ISBN 7-80026-986-8: ¥13.00

F320.3　　007620

中国农村经济:发展研究/郭书田主编.—北京:新华出版社,1995.1.—547页;20cm.—(农业软科学丛书·1993年卷;2)

ISBN 7-5011-2897-9: ¥17.50

F320.3-53　　007621

经济发展和管理论文集/周震主编.—北京:中国农业出版社,1995.6.—233页;19cm

ISBN 7-109-03953-6: ¥12.50

F320.3-62　　007622

智力支边扶贫工作手册/胡德平主编.—北京:中华工商联合出版社,1995.6.—425页;20cm

ISBN 7-80100-144-3: ¥18.00

F321　　007623

跨世纪选择:中国农业企业化发展战略研究/张襄英等著.—西安:陕西科学技术出版社,1995.10.—185页;20cm

ISBN 7-5369-2406-2: ¥9.80

F321　　007624

社会主义市场经济中的农村经济体制/叶兴庆著.—青岛:青岛出版社,1995.12.—210页;20cm.—(社会主义市场经济论丛/徐长聚等主编)

ISBN 7-5436-1281-X: ¥8.20

F321　　007625

一个好体制/李文学,莫德艳编著.—南宁:广西教育出版社,1995.6.—202页;19cm.—(全国农村基层组织建设五个好丛书/马庆生,杨基常主编)

ISBN 7-5435-2306-X: ¥4.80

F321.1　　007626

1991~2010年诸暨市土地利用总体规划/楼彩英主编.—杭州:浙江大学出版社,1995.10.—215页;26cm

ISBN 7-308-01823-7: ¥20.00

F321.1　　007627

国土工作大事记:1981~1994/沈龙海,方磊主编;国家计委国土地区司编.—北京:改革出版社,1995.10.—796页;20cm

ISBN 7-80072-453-0: ¥25.00

F321.1　　007628

湖北省兴山县土地利用总体规划/谢兴昌等主编.—武汉:中国地质大学出版社,1995.9.—197页;26cm

ISBN 7-5625-1022-9: ¥18.80

F321.1　　007629

山西新区土地改革/中共山西省委党史研究室编.—太原:山西人民出版社,1995.6.—504页;20cm

ISBN 7-203-03349-X: ¥20.00

F321.1　　007630

台湾土地问题研究/陈太先等编著.—广州:广东省地图出版社,1995.12.—337页;20cm.—(国土丛书)

ISBN 7-80522-308-4: ¥22.80

F321.1　007631
土地管理指南/李振萼主编.—长沙:湖南出版社,1995.12.—529页;19cm
ISBN 7-5438-1124-3(精装):¥25.00

F321.1　007632
新疆维吾尔自治区土地利用总体规划/新疆维吾尔自治区人民政府编.—乌鲁木齐:新疆人民出版社,1995.1.—488页;26cm
ISBN 7-228-03392-2:¥60.00

F321.1　007633
中国土地管理利用史/许牧,张小华主编.—北京:中国农业科技出版社,1995.5.—430页;20cm
ISBN 7-80026-852-7:¥20.00

F321.1　007634
中国土地思想史稿/钟祥财著.—上海:上海社会科学院出版社,1995.4.—525页;20cm
ISBN 7-80618-036-2:¥16.80

①F321.1②I217.2　007635
大地的诗篇:“土地与生存发展”征文选编/许英俊主编.—苏州:苏州大学出版社,1995.3.—240页;19cm
ISBN 7-81037-109-6:¥7.25

F321.1-62　007636
清产核资土地清查估价实用手册/山东省清产核资办公室,山东省土地管理局编.—济南:山东人民出版社,1995.3.—172页;20cm
ISBN 7-209-01740-2:¥6.00

F321.1-64　007637
大连土地利用图集/赵其良,郑应顺主编;大连市城乡规划土地局编.—大连:辽宁师范大学出版社,1995.3.—80页;26cm
ISBN 7-81042-101-8(精装):¥40.00

F321.3　007638
共有制与农村改革/潘强恩,陆文强编著.—北京:红旗出版社,1995.5.—242页;20cm
ISBN 7-80068-772-4:¥8.80

F321.33　007639
中国农村私营经济研究/潘石主编.—长春:吉林大学出版社,1995.9.—260页;20cm
ISBN 7-5601-1806-2(精装):¥9.00

F321.4　007640
农村股份合作经济的规范与运作:深圳市横岗镇的探索/周锦庭等编著.—北京:中共中央党校出版社,1995.5.—131页;20cm
ISBN 7-5035-1197-4:¥5.00

F321.4　007641
如何组建农村股份合作制企业/孙文锴主编.—北京:中国农业出版社,1995.5.—223页;20cm
ISBN 7-109-03760-6:¥9.00

F322　007642
新时期农业科研计划管理/刘兴海等编著.—北京:中国农业出版社,1995.5.—417页;26cm
ISBN 7-109-03698-7:¥26.00

F322　007643
中国农村经济管理/张志,孙刚主编.—哈尔滨:黑龙江科学技术出版社,1995.3.—320页;19cm
ISBN 7-5388-2717-X:¥10.80

F322-66　007644
中国农业统计资料　1994年/吴亦侠主编;中华人民共和国农业部编.—北京:中国农业出版社,1995.10.—413页;19cm
ISBN 7-109-04166-2:¥23.00

F323　007645
90年代后半期中国农业发展的监测预警与对策/顾海兵著.—北京:中国计划出版社,1995.6.—124页;19cm
ISBN 7-80058-341-4:¥5.50

F323　007646
国民经济成长中的中国农业/张红宇等著.—北京:新华出版社,1995.1.—282页;20cm
ISBN 7-5011-2895-2:¥10.50

F323　007647
农业推广计划与项目制定/全国农业技术推广总站主编.—北京:中国农业出版社,1995.3.—167页;20cm.—(联合国开发计划署(UNDP)、粮农组织(FAO)援华CPR/88/067项目丛书;2)
ISBN 7-109-03768-1:¥15.00

F323　007648
农业推广理论研究:全国农业推广理论学术研讨会论文精选/许无惧主编.—北京:中国农业出版社,1995.7.—270页;26cm
ISBN 7-109-04140-9:¥27.00

F323　007649
农业资源与区划/洪丙夏主编.—北京:中国农业出版社,1995.10.—305页;20cm
全国高等农林专科统编教材 农业经济、农学、园林、畜牧等专业用
ISBN 7-109-03721-5:¥9.40

F323　007650
山区生态经济开发之路/林庆发编著.—北京:人民军医出版社,1995.5.—160页;19cm
ISBN 7-80020-533-9:¥10.00

F323　007651
市场经济与农业发展/吕火明著 .—北京:中国农业出版社,1995.3.—142页;19cm
ISBN 7-109-03905-6:¥6.50

F323　007652
现代农业发展方略:湖北生态科技效益三统一农业的理论与实践/关广富著.—武汉:湖北人民出版社,1995.12.—333页;20cm
ISBN 7-216-01779-X:¥14.00

F323　007653
小康型新农村建设/郑松年主编.—2版.—杭州:浙江科学技术出版社,1995.12.—208页;20cm.—(农村奔小康指南丛书)
ISBN 7-5341-0872-1:¥8.00

F323　007654
中国农业持续发展和综合生产力研究/中国农业持续发展和综合生产力研究组著.—济南:山东科学技术

出版社,1995.7.—470页;26cm
ISBN 7-5331-1597-X(精装):¥50.00

①F323②F832.43　007655
中国国有农业经济与信贷/吴国栋等主编.—北京:中国金融出版社,1995.8.—360页;20cm
ISBN 7-5049-1430-4:¥20.00

F323.1　007656
地区差异与均衡发展:中国区域农村经济问题剖析/覃志豪主编.—北京:中国农业科技出版社,1995.11.—361页;26cm
ISBN 7-80119-102-1:¥30.00

F323.1　007657
农业区域经济发展研究/阳国新著.—成都:西南财经大学出版社,1995.12.—236页;20cm
ISBN 7-81017-925-X:¥8.80

F323.2　007658
农村资源开发与利用/王家梁,刘军萍编著.—北京:北京经济学院出版社,1995.6.—313页;20cm.—(现代农村经济管理丛书)
ISBN 7-5638-0498-6:¥9.70

F323.21　007659
云南农业后备资源调查与评价/晁维明,保卫民主编;云南省农业区划办公室编.—昆明:云南科技出版社,1995.6.—236页;26cm
ISBN 7-5416-0714-2:¥24.00

F323.211　007660
广东海岛土地资源开发与保护研究/陈朝辉主编.—广州:广东科技出版社,1995.6.—184页;26cm.—(广东海岛资源综合调查)
ISBN 7-5359-1505-1:¥24.00

F323.213　007661
鉴江流域水资源生态环境与经济发展/董汉飞等著.—广州:中山大学出版社,1995.4.—374页:彩照;26cm
ISBN 7-306-00942-7:¥40.00

F323.214　007662
农村能源技术经济及管理/张百良主编.—北京:中国农业出版社,1995.5.—215页;26cm
全国高等农业院校教材 农村能源开发与利用专业用
ISBN 7-109-03294-9:¥8.10

①F323.24②F127.4　007663
西北地区国土开发和经济发展/刘虹等编著.—北京:煤炭工业出版社,1995.8.—178页;19cm
ISBN 7-5020-1135-8:¥12.00

F323.3　007664
关于科技工作的再思考/陈传群等著.—北京:中国农业科技出版社,1995.8.—128页;19cm
ISBN 7-80026-944-2:¥5.00

F323.3　007665
农科教结合研究:机理、模式与效益评价/孙樵声等编著.—武汉:湖北人民出版社,1995.9.—248页;20cm
ISBN 7-216-01756-0:¥8.00

F323.3　007666
农业科技项目管理理论与方法:2000年农业科技选题预测/中国农业科学院科研管理部主编.—北京:中国农业科技出版社,1995.8.—235页;20cm
ISBN 7-80026-917-5:¥15.00

F323.3　007667
农业推广和技术经济效益评价/湖北省农科教材编审委员会主编;刘志斌等编著.—北京:中国农业出版社,1995.10.—269页;19cm
ISBN 7-109-04139-5:¥9.80

F323.3　007668
社会主义市场经济与农业推广/李立秋主编;全国农业技术推广总站,中国农业技术推广协会编.—北京:中国农业科技出版社,1995.7.—411页;26cm
ISBN 7-80026-969-8:¥50.00

F323.4　007669
观光农业/卢云亭等著.—北京:北京出版社,1995.10.—226页;20cm
ISBN 7-200-02781-2:¥9.00

F323.5　007670
中国菜篮子工程/刘江主编;中华人民共和国农业部编.—北京:中国农业出版社,1995.12.—679页;26cm
ISBN 7-109-04234-0(精装):¥66.00

F323.6　007671
中国工业化过程中农村剩余劳动力转移研究/郭犹焕主编.—北京:中国农业科技出版社,1995.12.—213页;20cm
ISBN 7-80119-113-7:¥10.00

F323.7　007672
农产品走向市场/邵福龙,赵维清主编.—哈尔滨:黑龙江教育出版社,1995.5.—168页;19cm
ISBN 7-5316-2469-9:¥6.00

F323.7　007673
农村商品流通与市场营销/陈宏硕主编.—2版.—杭州:浙江科学技术出版社,1995.12.—168页;20cm.—(农村奔小康指南丛书)
ISBN 7-5341-0878-0:¥7.00

F323.7　007674
农民与市场/韩欣主编.—南京:河海大学出版社,1995.12.—245页;19cm
ISBN 7-5630-0934-5:¥10.00

F323.9　007675
农业资金导论/陈清宇著.—武汉:武汉工业大学出版社,1995.5.—297页;20cm
ISBN 7-5629-0967-9(精装):¥13.80

F324.1　007676
宁夏农垦志/林子明主编;《宁夏农垦志》编纂委员会编.—银川:宁夏人民出版社,1995.12.—632页:照片;26cm
ISBN 7-227-01549-1(精装):¥80.00

F324.1　007677
中国农垦希望　(一)/乐运明主编.—海口:南海出版公司,1995.1.—448页;20cm
ISBN 7-5442-0231-3:¥16.00

F324.3　007678

农业技术推广中心的建设与管理/全国农业技术推广总站主编.—北京:中国农业出版社,1995.3.—242页;20cm.—(联合国开发计划署(UNDP)、粮农组织(FAO)援华 CPR/88/067 项目丛书;1)
ISBN 7-109-03766-5:¥18.00

F324.5 007679
引导农民进入市场的新型经济组织:农民专业协会/农业部农村合作经济指导司,农业部农村合作经济经营管理总站编.—北京:中国农业出版社,1995.8.—269页;20cm
ISBN 7-109-04086-0:¥14.00

F324.9 007680
大江奔腾:杜述古和大江公司/程新国,胡军著.—上海:上海人民出版社,1995.4.—298页:彩照;20cm
ISBN 7-208-01945-2(精装):¥28.00

F325 007681
村经济合作社经营管理/张鸿芳主编.—2版.—杭州:浙江科学技术出版社,1995.12.—206页;20cm.—(农村奔小康指南丛书)
ISBN 7-5341-0879-9:¥8.00

F325 007682
农村管理概论/黄贵芳等主编.—北京:中国人事出版社,1995.1.—366页;19cm
ISBN 7-80076-276-9:¥8.40

F325 007683
农村经营管理改革与发展研究 /都立清等主编.—北京:中国农业科技出版社,1995.9.—139页;19cm
ISBN 7-80026-985-X:¥6.00

①F325②D61 007684
人民公社狂想曲/林蕴晖,顾训中著.—郑州:河南人民出版社,1995.5.—372页;19cm.—(当代中国国是反思丛书)
ISBN 7-215-03271-X:¥12.00

F325.14 007685
农户经营管理/全国职业高中种植、畜禽养殖类专业教材编写组编.—北京:高等教育出版社,1995.3.—196页;20cm
全国职业高中国家教委规划教材 种植、畜禽养殖类专业:试用本
ISBN 7-04-005219-9:¥4.25

F325.14 007686
农户经营管理/刘正华主编;浙江省农业厅编.—杭州:浙江科学技术出版社,1995.5.—214页;20cm
浙江省"绿色证书"培训试用教材
ISBN 7-5341-0826-8:¥5.00

F325.15 007687
农家致富经营管理大全/王双振等编著.—北京:中国农业出版社,1995.5.—261页;20cm.—(新编农业实用科技全书)
ISBN 7-109-03715-0:¥8.10

F325.15 007688
农民负担管理与核算/李相斌等主编.—郑州:河南人民出版社,1995.12.—229页;19cm
ISBN 7-215-03609-X:¥7.50

F325.22 007689
差异与趋势:中国农民收入与农业劳动力转移/张月蓉,朱晓峰编著.—北京:中国农业科技出版社,1995.10.—72页;26cm
ISBN 7-80119-064-5:¥12.00

F325.4-43 007690
福建省农村基层干部培训教材/陈世谦主编;中共福建省委组织部编.—福州:福建人民出版社,1995.1.—645页;19cm
ISBN 7-211-02398-8:¥10.85

F325.7 007691
邱家渔村/储英奂著.—北京:当代中国出版社,1995.3.—195页;19cm.—(中国国情丛书·全国百家乡村经济典型调查/陈吉元主编)
ISBN 7-80092-376-2:¥13.50

F325.756 007692
江西明星村之路/黎明中主编.—南昌:江西人民出版社,1995.12.—460页;20cm
ISBN 7-210-01589-2:¥16.80

F326.1 007693
安徽省种植业发展战略研究/张华建主编.—北京:中国农业出版社,1995.8.—171页;19cm
ISBN 7-109-04072-0:¥12.00

F326.1 007694
粮棉主产区经济发展问题/国务院研究室课题组编著.—北京:人民出版社,1995.1.—410页;20cm
ISBN 7-01-002126-0:¥15.00

F326.1 007695
中国种植业布局的理论与实践/中国农业科学院农业自然资源和农业区划研究所编.—北京:中国农业科技出版社,1995.1.—248页;26cm
ISBN 7-80026-905-1:¥16.00

F326.11 007696
粮食政策:理论与实证:中国农业部与世界银行的报告/郭书田主编.—北京:新华出版社,1995.1.—459页;20cm
ISBN 7-5011-2896-0:¥16.00

F326.11 007697
清代粮食亩产量研究/赵冈等编著.—北京:中国农业出版社,1995.5.—153页;20cm
ISBN 7-109-03878-5:¥12.00

F326.12 007698
贵州烟草生产合理布局/唐远驹主编.—贵阳:贵州科技出版社,1995.6.—204页;26cm
ISBN 7-80584-409-7:¥15.00

F326.12 007699
群星璀璨:科技兴烟经验汇编 第一辑/詹金华主编.—昆明:云南科技出版社,1995.6.—127页;19cm
ISBN 7-5416-0712-6:¥5.00

F326.12 007700
在希望的田野上:全国供销社科技兴棉经验汇编/苏海燕,许波主编.—天津:天津科学技术出版社,1995.12.—322页;19cm
ISBN 7-5308-1959-3:¥7.50

①F326.13②S68-53 007701
抓住机遇 共创明天:1994年海峡两岸花卉发展交流研讨会论文精选/中国花卉协会办公室编.—北京:中国农业出版社,1995.6.—478页;20cm
ISBN 7-109-03964-1:¥21.00

F326.13-29 007702
中国花木产业名录/杨新杭主编.—北京:中国城市出版社,1995.4.—427页;26cm
ISBN 7-5074-0753-5:¥35.00

F326.2 007703
社会林业研究·探索/何丕坤主编.—昆明:云南科技出版社,1995.6.—138页:彩照;29cm
ISBN 7-5416-0746-0:¥29.00

F326.2 007704
中国21世纪议程林业行动计划/中华人民共和国林业部主编.—北京:中国林业出版社,1995.6.—92页;26cm
ISBN 7-5038-1506-X(精装):¥25.00

F326.2 007705
中国21世纪议程林业行动计划/中华人民共和国林业部编.—北京:中国林业出版社,1995.6.—92页;26cm
ISBN 7-5038-1507-8:¥15.00

F326.2-53 007706
中国林业如何走向21世纪:新一轮林业发展战略讨论文集/沈国舫主编.—北京:中国林业出版社,1995.6.—241页;26cm
ISBN 7-5038-1480-2:¥28.00

F326.2-62 007707
林业经济管理手册/谢天任等主编.—北京:中国林业出版社,1995.4.—645页;19cm
ISBN 7-5038-1461-6(精装):¥45.00

F326.2-66 007708
全国林业统计资料　1994/中华人民共和国林业部编.—北京:中国林业出版社,1995.10.—551页;20cm
ISBN 7-5038-1510-8:¥30.00

F326.20 007709
林业宏观调控与扶持政策/王幼臣,王焕良编著.—北京:中国林业出版社,1995.8.—100页;19cm
ISBN 7-5038-1472-1:¥8.00

F326.20 007710
林业政策学/施荫森,刘家顺主编.—哈尔滨:东北林业大学出版社,1995.12.—208页;26cm
全国高等林业院校试用教材
ISBN 7-81008-603-0:¥10.80

F326.20 007711
林业政策与法规/辽宁省林业学校主编.—北京:中国林业出版社,1995.9.—389页;19cm
全国中等林业学校试用教材
ISBN 7-5038-1514-0:¥8.90

F326.22 007712
林业改革试验区实践·理论·模式·方法/林业部政策法规和体制改革司主编.—北京:中国林业出版社,1995.10.—638页;20cm
ISBN 7-5038-1486-1:¥30.00

F326.22 007713
林业经济体制改革总体纲要/国家体改委,林业部颁发.—北京:中国林业出版社,1995.11.—28页;19cm
ISBN 7-5038-1573-6:¥1.50

F326.23 007714
林区改革与发展研究/唐庭棣,褚凤主编.—哈尔滨:黑龙江人民出版社,1995.3.—441页;20cm
ISBN 7-207-02808-3:¥12.80

F326.23 007715
社会主义市场经济与林业发展/王履定,陈秀颜主编.—北京:中国林业出版社,1995.8.—310页;19cm
ISBN 7-5038-1528-0:¥12.00

F326.23 007716
用绿色迎接21世纪/铁铮等主编.—北京:中国林业出版社,1995.10.—312页;20cm
ISBN 7-5038-1566-3:¥20.00

F326.23 007717
中国林业经济增长与发展研究/田宝强著.—哈尔滨:黑龙江人民出版社,1995.12.—408页;20cm
ISBN 7-207-03079-7:¥18.00

F326.23 007718
中国森林资源核算研究/侯元兆主编.—北京:中国林业出版社,1995.6.—174页;26cm
ISBN 7-5038-1546-9:¥20.00

F326.23 007719
走有中国特色的林业建设道路/高德占著.—北京:中国林业出版社,1995.6.—698页;20cm
ISBN 7-5038-1474-8:¥30.00

F326.25 007720
林业行业职业道德建设/沈茂成主编.—北京:中国林业出版社,1995.1.—268页;19cm
ISBN 7-5038-1418-7:¥6.80

F326.274.54 007721
温宿县木本粮油林场志/王起田,王用主编;《温宿县木本粮油林场志》编纂领导小组编.—乌鲁木齐:新疆人民出版社,1995.8.—181页:彩图;20cm.—(新疆温宿县地方志丛书)
ISBN 7-228-03269-1(精装):¥30.00

①F326.275.7②S795 007722
闽北竹业经济发展研究/陈永源等主编;南平市林业委员会编.—北京:中国林业出版社,1995.8.—340页;20cm
ISBN 7-5038-1536-1:¥15.00

F326.275.73 007723
建瓯林业志/建瓯市林业委员会编.—厦门:鹭江出版社,1995.9.—617页;20cm
ISBN 7-80610-290-6:¥22.50

F326.276.3 007724
湖北林业史/冯祖祥等著.—北京:中国林业出版社,1995.12.—264页;26cm
ISBN 7-5038-1583-3(精装):¥18.00

F326.277.14 007725
木里藏族自治县林业志/周命藻主编;木里藏族自治

县林业志编纂委员会编.—成都:四川民族出版社,1995.12.—292页:彩照;26cm.—(木里藏族自治县部门志丛书)
ISBN 7-5409-1622-2(精装):¥35.00

F326.277.4　　007726
玉溪地区林业志/张汉光主编;玉溪地区林业局编纂.—昆明:云南人民出版社,1995.3.—261页:彩照;20cm.—(玉溪地区方志丛书)
ISBN 7-222-01628-7(精装):¥25.00

F326.277.4　　007727
云南省巨甸林业局志/赵兴发主编;云南省巨甸林业局编.—昆明:云南大学出版社,1995.12.—243页;20cm.—(云南省林业志丛书;17)
ISBN 7-81025-616-5:¥15.00

F326.277.44　　007728
盐津县林业志/盐津县林业局编.—昆明:云南美术出版社,1995.4.—263页:彩照;20cm.—(云南省林业志丛书;8)
ISBN 7-80586-162-5:¥22.00

F326.3　　007729
我国畜产品产加销一体化研究/庞皓,张新琴主编.—成都:西南财经大学出版社,1995.9.—258页;20cm
ISBN 7-81055-002-0:¥9.80

①F326.3②S812.9　　007730
中国的牧区/(澳)朗沃斯,(澳)威廉目森著;丁文广主译.—兰州:甘肃文化出版社,1995.9.—427页;20cm
著者原题:约翰 W.朗沃斯,格里格 J.威廉目森
ISBN 7-80608-136-4(精装):¥25.00

F326.374.54　　007731
温宿县博孜墩牧场志/王用,张方远主编;《温宿县博孜墩牧场志》编写组编.—乌鲁木齐:新疆人民出版社,1995.8.—238页:彩图;20cm.—(新疆温宿县地方志丛书)
ISBN 7-228-03289-6(精装):¥35.00

F326.376.5　　007732
改革开放的广东畜牧业/李学德主编.—广州:广东人民出版社,1995.3.—375页;20cm
ISBN 7-218-01790-8:¥13.00

F326.377.44　　007733
中甸县畜牧志/黄凤英主编;中甸县畜牧局编撰.—昆明:云南民族出版社,1995.9.—300页:照片;20cm.—(中甸县地方志系列丛书;1)
ISBN 7-5367-1078-X:¥25.00

F326.475.7　　007734
厦门渔业志/厦门渔业志编委会编.—厦门:鹭江出版社,1995.2.—289页:彩照;20cm
ISBN 7-80610-166-7(精装):¥30.00

F326.476.7　　007735
广西渔业史/余汉桂编著.—南宁:广西人民出版社,1995.11.—320页;20cm.—(广西农业史丛书)
ISBN 7-219-03200-5:¥8.00

F326.477.3　　007736
贵州渔业:汉、英文对照/施颂发主编.—贵阳:贵州科技出版社,1995.6.—30页;29cm
ISBN 7-80584-417-8:¥25.00

F326.6　　007737
发展第三产业/金连庆主编.—2版.—杭州:浙江科学技术出版社,1995.12.—114页;20cm.—(农村奔小康指南丛书)
ISBN 7-5341-0880-2:¥5.00

F327　　007738
农村区域经济规划/傅江编著.—北京:北京农业大学出版社,1995.9.—245页;20cm
全国乡镇企业干部教育大专教材
ISBN 7-81002-735-2:¥12.80

①F327②S156.6　　007739
中国红黄壤地区农业综合发展与对策/杨炎生,信诠主编.—北京:中国农业科技出版社,1995.4.—323页;26cm
ISBN 7-80026-873-X:¥19.50

F327.1　　007740
京郊情:北京郊区农村发展若干史实纪略/王宪著.—北京:北京出版社,1995.11.—288页;20cm
ISBN 7-200-02710-3:¥12.50

F327.21　　007741
天津农民科技致富100例/天津市农村工作委员会,天津市科学技术委员会编.—天津:天津科技翻译出版公司,1995.10.—173页;19cm
ISBN 7-5433-0864-9:¥5.50

F327.22　　007742
新时期邯郸农村变革/王昌兰主编;中共邯郸市委党史研究室,中共邯郸市委农工委编.—北京:中国档案,1995.10.—374页;20cm
ISBN 7-80019-478-7:¥20.00

F327.22　　007743
燕山片麻岩山区农业综合开发/中国农业科学院山区研究室,湖北省迁西县科委编.—北京:中国农业科技出版社,1995.8.—131页;26cm
ISBN 7-80026-991-4:¥12.00

F327.22-54　　007744
河北农村统计年鉴　1995/河北省人民政府办公厅,河北省统计局主编.—北京:中国统计出版社,1995.8.—756页:彩照;26cm
ISBN 7-5037-1998-2(精装):¥65.00

F327.22-54　　007745
河北农村统计年鉴　1996/赵景才等主编;河北省人民政府办公厅,河北省统计局编.—北京:中国统计出版社,1995.8.—753页:彩照;26cm
ISBN 7-5037-2224-X(精装):¥78.00

F327.221　　007746
强农之路:石家庄市发展优质高产高效农业集锦/李荣刚主编.—北京:中国城市出版社,1995.5.—321页;20cm
ISBN 7-5074-0751-9:¥12.00

F327.25　　007747
帮带·小康·共富/张居太,武惠恩主编.—太原:山西高校联合出版社,1995.9.—192页;20cm

ISBN 7-81032-833-6: ¥9.80

F327.25 **007748**

山西农村发展新思路/中共山西省委农村工作委员会编.—太原:山西人民出版社,1995.12.—2册;20cm

ISBN 7-203-03412-7: ¥24.00

F327.25 **007749**

山西农村发展研究/张奎主编.—太原:山西人民出版社,1995.7.—469页;20cm

ISBN 7-203-03357-0: ¥14.60

F327.31 **007750**

本溪生态农业建设理论与实践:农业可持续发展之路/陈芳洲主编;本溪市生态农业建设领导小组编.—沈阳:东北大学出版社,1995.9.—323页;26cm

ISBN 7-81006-987-X(精装): ¥30.00

F327.34 **007751**

农村政策研究与实践/王守臣著.—长春:吉林人民出版社,1995.8.—335页;19cm

ISBN 7-206-02292-8: ¥15.00

F327.41 **007752**

延安黄土高原区生态农业的实践与探索/周万龙著.—西安:陕西人民出版社,1995.4.—255页;20cm

ISBN 7-224-03807-5: ¥15.00

F327.42 **007753**

反贫困的战略选择:甘肃两西扶贫开发战略与对策/段舜山,徐建华主编.—兰州:甘肃科学技术出版社,1995.5.—269页;20cm

ISBN 7-5424-0548-9: ¥8.80

F327.42 **007754**

生存·发展·小康:庆阳老区反贫困战略研究/周述实主编.—兰州:兰州大学出版社,1995.9.—258页;20cm

ISBN 7-311-00909-X: ¥8.60

F327.42 **007755**

市场经济与甘肃农业发展对策 /刘升元等主编.—兰州:甘肃科学技术出版社,1995.11.—452页;20cm

ISBN 7-5424-0582-9: ¥10.00

F327.42 **007756**

走向新世纪的甘肃农村经济:"九五"到2010年甘肃农业和农村经济发展基本思路及专题研究 /甘肃省计划委员会农村经济处,甘肃省国土整治农业区划研究所编著.—兰州:兰州大学出版社,1995.5.—158页;20cm

ISBN 7-311-00871-9: ¥6.50

F327.423 **007757**

白银市扶贫开发十年/王保泰著.—兰州:甘肃文化出版社,1995.10.—259页:照片;20cm

ISBN 7-80608-168-2: ¥15.80

F327.44 **007758**

青海省农业与农村经济总览/苟新京主编;青海省农业资源区划办公室编著.—西宁:青海人民出版社,1995.12.—188页;26cm

ISBN 7-225-01209-6: ¥14.00

①F327.45-64②I25 **007759**

星瀚灿烂:新疆农、牧、林、渔场纪实 /《星瀚灿烂》编委会编辑.—乌鲁木齐:新疆美术摄影出版社,1995.7.—111页:彩照;29cm

ISBN 7-80547-312-9(精装): ¥80.00

F327.5 **007760**

江南农村经济/顾焕章主编.—南京:江苏人民出版社,1995.11.—342页;20cm.—(江南农村发展研究丛书/王霞林,张渭英主编)

ISBN 7-214-01574-9: ¥17.00

F327.51 **007761**

加快发展上海城郊型特色农业研究/石鸿熙等主编.—上海:上海科学技术文献出版社,1995.6.—92页;20cm

ISBN 7-5439-0766-6: ¥6.00

F327.51 **007762**

绿色·特色·起色:上海"高优高"农业示范集锦/袁以星主编.—上海:上海教育出版社,1995.1.—342页:照片;20cm

ISBN 7-5320-3934-X: ¥10.90

F327.52 **007763**

近代黄河三角洲农业资源及开发利用/刘淑瑶,谢逸民主编.—济南:山东省地图出版社,1995.3.—179页:附图;26cm

ISBN 7-80532-183-3: ¥60.00

F327.52 **007764**

莱阳农业和农村经济产业化的实践与探索/慕永太著.—北京:中共中央党校出版社,1995.—195页;20cm

ISBN 7-5035-1206-7: ¥5.80

①F327.53②I253 **007765**

百强之路:百强县(市)采撷/成明主编.—南京:东南大学出版社,1995.5.—248页;19cm

ISBN 7-81050-017-1: ¥6.50

F327.533 **007766**

南通市海涂开发志 /徐锦华主编;南通市农业资源综合开发管理局,南通市海涂开发领导小组办公室编.—上海:上海科学技术出版社,1995.3.—101页;19cm

ISBN 7-5323-3711-1: ¥7.80

F327.533 **007767**

腾飞中的江阴:农村经济发展纪实/奚国良,徐泉法主编;中共江阴市委党史办公室编.—北京:科学普及出版社,1995.9.—440页:彩照;20cm

ISBN 7-110-04002-X: ¥25.00

F327.533 **007768**

锡山市农业现代化道路探索/吴耀良主编.—北京:中国农业出版社,1995.12.—455页:彩照;20cm

ISBN 7-109-04275-8: ¥18.00

F327.55-64 **007769**

浙江农业:汉英对照/浙江省农业厅编.—广州:岭南美术出版社,1995.10.—48页;29cm

ISBN 7-5362-1303-4: ¥0.00

F327.57-54 **007770**

福建农村经济年鉴 1995/吴庭主编;福建省统计局编.—北京:中国统计出版社,1995.7.—320页;26cm

ISBN 7-5037-1910-9: ¥75.00

F327.573 **007771**

晋江模式与农村现代化/陆学艺主编.—北京:知识出版社,1995.9.—318页;20cm
ISBN 7-5015-1305-8:¥13.80

F327.573　　007772
漳州农村经济发展模式研究/许均华著.—北京:中国商业出版社,1995.11.—176页;20cm
ISBN 7-5044-3083-8:¥7.00

F327.61-54　　007773
河南农村统计年鉴　1995/吴明清主编;河南省农村社会经济调查队编.—北京:中国统计出版社,1995.7.—487页;26cm
ISBN 7-5037-1570-7(精装):¥50.00

F327.613　　007774
创业的丰碑:新密市农村变革纪实/梁冠山主编.—郑州:河南人民出版社,1995.9.—253页;20cm
ISBN 7-215-03528-X:¥10.00

F327.614　　007775
安阳县农业区划志/张孝梅,王生主编;安阳县农业区划办公室,安阳县地方史志总编室编.—郑州:中州古籍出版社,1995.10.—396页:彩照;26cm.—(河南地方史志系列丛书;2)
ISBN 7-5348-1413-8(精装):¥58.00

F327.63-54　　007776
湖北农村统计年鉴　1995/《湖北农村年鉴》编辑委员会编.—北京:中国统计出版社,1995.7.—365页;26cm
ISBN 7-5037-1909-5(精装):¥64.00

F327.631　　007777
武汉市农村收入综合研究/汤尚颖主编.—武汉:华中理工大学出版社,1995.10.—220页;20cm
ISBN 7-5609-1263-X:¥11.80

F327.634　　007778
农业大县的改革与发展/张琼江著.—武汉:湖北人民出版社,1995.6.—252页;20cm
ISBN 7　216-01725-0:¥12.00

F327.64　　007779
湖南省农业区划　(10)/邓鸿璋主编;湖南省农业区划委员会编著.—长沙:湖南科学技术出版社,1995.12.—239页;26cm
ISBN 7-5357-1918-X(精装):¥18.00

F327.653　　007780
高州生态经济发展模式初探/李格超等著.—广州:广东人民出版社,1995.8.—164页;20cm
ISBN 7-218-02016-X:¥9.00

F327.653　　007781
深圳都市农业/梁彦主编.—深圳:海天出版社,1995.12.—556页;20cm
ISBN 7-80615-295-4:¥30.00

F327.66　　007782
海南特区农业发展认识与实践/陈苏厚著.—北京:中共中央党校出版社,1995.5.—521页;20cm
ISBN 7-5035-1218-0(精装):¥35.00

F327.673　　007783
桂林市农业资源研究与利用/蒋汉钧主编;桂林市农业区划办公室编写.—南宁:广西科学技术出版社,1995.2.—500页;26cm.—(广西农业自然资源丛书)
ISBN 7-80619-176-3:¥52.00

F327.71　　007784
渝北区农业区域开发总体规划研究/唐明达,罗鉴银主编.—重庆:西南师范大学出版社,1995.7.—119页;26cm
ISBN 7-5621-1354-8:¥14.50

F327.73　　007785
人口·粮食·生态:续集/张明新主编;贵州省农业综合开发领导小组办公室编.—贵阳:贵州科技出版社,1995.8.—202页;20cm
ISBN 7-80584-484-4:¥10.00

F327.73　　007786
遵义地区农业区划与规划/申诚主编;《遵义地区农业区划与规划》编委会编.—贵阳:贵州人民出版社,1995.10.—3册;26cm
ISBN 7-221-03502-4(精装):¥98.00

F327.74　　007787
费孝通禄村农田五十年/钱成润等著.—昆明:云南人民出版社,1995.6.—295页:彩照;20cm.—(彝族文化研究丛书/刘尧汉主编)
ISBN 7-222-01773-9:¥13.90

F327.74　　007788
小康之路:云南农村经济综合实力强县发展与展望/云南省统计局等编.—昆明:云南美术出版社,1995.7.—157页:彩照;29cm
ISBN 7-80586-188-9:¥29.00

F327.74　　007789
云南省农村经济区划与区域类型开发研究/杨焕宗等主编.—昆明:云南科技出版社,1995.8.—214页;26cm
ISBN 7-5416-0738-X:¥26.00

F327.8　　007790
民族地区粮食经济研究协作五年/马天行主编;少数民族地区粮食经济研究协作会编.—乌鲁木齐:新疆人民出版社,1995.7.—702页;20cm
ISBN 7-228-03541-0:¥18.50

F329　　007791
晋陕蒙接壤区农业演变史研究文集/中国农业博物馆研究所编.—北京:中国农业科技出版社,1995.12.—200页;20cm
ISBN 7-80026-875-6:¥10.00

F329　　007792
近代冀鲁豫乡村/从翰香主编.—北京:中国社会科学出版社,1995.10.—540页;20cm
ISBN 7-5004-1687-3:¥44.00

①F329.02②S-092　　007793
历史悠久的农业文明/马义,张新力著.—沈阳:辽宁古籍出版社,1995.5.—192页;19cm.—(中华民族优秀传统文化丛书:科技卷/王前,谢丹主编)
全套共8册,总定价:45.00元
ISBN 7-80507-282-5:¥0.00

F329.35-53　　007794

北大荒史志论文选/齐长伐主编.—北京:当代中国出版社,1995.3.—328页;19cm
ISBN 7-80092-389-4:¥12.60

F329.42 007795
甘肃抗旱治沙史研究/王福成,王震亚主编.—兰州:甘肃人民出版社,1995.6.—316页:彩照;20cm
ISBN 7-226-01473-4:¥12.00

F329.45 007796
清代新疆农业开发史/华立著.—哈尔滨:黑龙江教育出版社,1995.4.—268页;20cm.—(边疆史地丛书)
ISBN 7-5316-2472-9:¥7.60

F329.55 007797
绍兴县农业志/卓贵德主编;绍兴县农业局编.—上海:上海科学技术出版社,1995.3.—468页;20cm
ISBN 7-5323-3732-4(精装):¥26.80

F329.553 007798
东阳市农业志/陈天高主编;东阳市农业志编委会编纂.—上海:上海科学技术出版社,1995.2.—343页:照片;26cm
ISBN 7-5323-3681-6(精装):¥38.00

F329.64 007799
清代湖北农业经济研究/吴量恺主编.—武汉:华中理工大学出版社,1995.1.—230页;20cm
ISBN 7-5609-1039-4:¥5.80

F329.65 007800
广东当代农业史/冯平主编.—广州:广东人民出版社,1995.3.—749页:照片;26cm
ISBN 7-218-01622-7(精装):¥60.00

F329.714 007801
冕宁县农业志/冕宁县农业局编.—成都:四川大学出版社,1995.6.—193页:照片;26cm.—(冕宁县地方志丛书;28)
ISBN 7-5614-1183-9(精装):¥20.00

F329.741 007802
昆明市农业志/《昆明市农业志》编辑组编.—昆明:云南大学出版社,1995.12.—251页;26cm
ISBN 7-81025-617-3:¥24.00

F329.9-53 007803
蓬勃发展的中国城郊型市场农业:全国城郊型市场农业综合开发科技研讨会论文集/李奇真主编.—北京:中国农业科技出版社,1995.5.—394页;26cm
ISBN 7-80026-911-6:¥30.00

F329.965.1 007804
广州农业土特产地理/余国扬编著.—广州:广东高等教育出版社,1995.12.—208页;20cm
ISBN 7-5361-1798-1:¥8.80

F33/37　各国农业经济

F331.26 007805
韩国的农业与新村运动/李水山,许泳峰主编.—北京:中国农业出版社,1995.12.—177页;20cm
ISBN 7-109-04182-4:¥9.50

F331.3 007806
日中农业发展比较:战后日本的经验及对中国的启示/王海鹰,姜志遥编著.—沈阳:辽宁人民出版社,1995.6.—447页;20cm
ISBN 7-205-03362-4(精装):¥22.00

①F354.59②K545.0 007807
古代希腊土地制度研究/黄洋著.—上海:复旦大学出版社,1995.6.—245页;20cm.—(复旦大学博士丛书)
ISBN 7-309-01465-0:¥20.00

F356.1 007808
亨莱的田庄管理/(英)拉蒙德(Lamond,E.),(英)坎宁安(Cunningham,W.)著;高小斯译.—北京:商务印书馆,1995.10.—99页;20cm
据伦敦格林·朗曼斯公司1890年版译出
ISBN 7-100-01717-3:¥5.20

F371.163 007809
加拿大草业与养牛业/(加拿大)斯莫莱克等著;罗新义等编译.—哈尔滨:东北林业大学出版社,1995.12.—224页;19cm
著者原题:斯莫莱克,S.
ISBN 7-81008-717-7:¥8.00

F371.21 007810
进步与贫困/(美)乔治(Gerge,H.)著;吴良健,王翼龙译.—北京:商务印书馆,1995.1.—477页;20cm
据美国纽约加登城出版公司1926年版译出
ISBN 7-100-01511-1:¥15.90

F371.232 007811
用知识替代资源:美国的合作农业推广工作/王春法著.—北京:人民出版社,1995.8.—172页;19cm.—(海外经济管理运作丛书/吕东,徐惟诚主编)
ISBN 7-01-002127-9:¥4.60

F4　工业经济

F4 007812
工业经济专业知识与实务应试指导:初、中级/塞风,赵履宽主编.—北京:企业管理出版社,1995.2.—2册;26cm.—(经济学博士编著"1995年经济专业资格考试应试指导"丛书)
全国经济专业技术资格考试指定教材理想配套辅导用书
ISBN 7-80001-520-3:¥31.60

F40　工业经济理论

F40 007813
产业经济学/汪斌等编著.—杭州:浙江人民出版社,1995.11.—306页;20cm.—(现代经济学丛书/史晋川主编)
ISBN 7-213-01241-X:¥11.50

F40 007814
工程经济学/王鸿斌编.—大连:大连海事大学出版

社,1995.7.—130页;26cm
ISBN 7-5632-0734-1:¥11.80

F40　　007815
工程经济学/黄渝祥,邢爱芳编著.—2版.—上海:同济大学出版社,1995.9.—202页;26cm
ISBN 7-5608-1459-X:¥12.00

F40　　007816
工业技术经济学:项目经济评价/朱直平编著.—北京:中国物资出版社,1995.12.—295页;26cm
ISBN 7-5047-1101-2:¥22.00

F40　　007817
工业经济管理/汤承祉主编.—北京:中国轻工业出版社,1995.5.—299页;20cm
中等专业学校轻工专业试用教材
ISBN 7-5019-1715-9:¥6.75

F40　　007818
工业经济管理学/耿希海主编.—济南:山东人民出版社,1995.8.—314页;20cm
高等学校管理专业系列教材
ISBN 7-209-01797-6:¥11.80

F40　　007819
工业社会的勃兴:欧美五国工业革命比较研究/王章辉,孙娴主编.—北京:人民出版社,1995.1.—420页;20cm
ISBN 7-01-002039-6:¥14.00

F40　　007820
现代工业管理/刘国新等编著.—北京:企业管理出版社,1995.12.—344页;20cm.—(管理科学丛书)
ISBN 7-80001-643-9:¥14.00

F40　　007821
现代工业经济管理学/徐向艺著.—济南:山东大学出版社,1995.2.—476页;20cm
ISBN 7-5607-1459-5:¥12.50

F40　　007822
新编工业经济学/马月才主编.—北京:同心出版社,1995.8.—250页;19cm
中国人民大学工业经济管理系列教材
ISBN 7-80593-084-8:¥6.50

F40-62　　007823
95年度工业经济专业知识与实务应试指南:初级、中级/《应试指南》编委会编.—北京:中国人事出版社,1995.2.—229页;26cm
全国经济专业技术资格考试指定用书首选配套复习资料:重点、疑难、模拟题库(甲种)
全套书4册,总定价:64.00元
ISBN 7-80076-659-4:¥0.00

F402　　007824
工业工程/周信侃,姜俊华编.—北京:航空工业出版社,1995.6.—195页;26cm
ISBN 7-80046-892-5:¥12.00

F402　　007825
生产计划与控制/蒋贵善主编.—北京:机械工业出版社,1995.5.—239页;26cm
全国高等教育自学考试教材 工业工程专业
ISBN 7-111-04815-6:¥15.80

F402.3-53　　007826
论工业行业管理新体制:'95行业管理论坛论文选编/董绍华主编;中国工业经济协会编.—北京:中国社会出版社,1995.9.—209页;20cm
ISBN 7-80088-693-X:¥8.50

F402.4　　007827
工业企业管理统计/董波主编.—北京:北京经济学院出版社,1995.12.—350页;19cm
ISBN 7-5638-0516-8:¥9.90

F402.4　　007828
工业统计学/孙学范主编.—2版(修订本).—北京:中国人民大学出版社,1995.10.—469页;20cm
ISBN 7-300-02079-8:¥16.50

F402.4　　007829
新编工业统计学/田竞和,曹志祥主编.—上海:立信会计出版社,1995.4.—426页;20cm.—(立信财经丛书)
ISBN 7-5429-0248-2:¥13.00

F402.4　　007830
新编工业统计学习题与解答/田竞和,曹志祥主编.—上海:立信会计出版社,1995.5.—99页;20cm.—(立信财经丛书)
ISBN 7-5429-0261-X:¥5.00

F402.4　　007831
新编统计学原理与工业统计/谢永珍编著.—济南:山东人民出版社,1995.2.—428页;20cm
高等学校管理专业系列教材
ISBN 7-209-01723-2:¥12.50

F403.5　　007832
工业投资项目可行性研究/游达明等编著.—长沙:中南工业大学出版社,1995.7.—348页;20cm.—(经贸系列丛书)
ISBN 7-81020-770-9:¥12.00

F403.7　　007833
工业企业经济分析/谭捷主编.—成都:西南财经大学出版社,1995.5.—400页;20cm
ISBN 7-81017-938-1:¥13.80

F404.3　　007834
论工业生产率/蹇风等编著.—北京:中国人民公安大学出版社,1995.8.—392页;20cm.—(企业研究丛书)
ISBN 7-81011-731-9:¥11.00

F406　　007835
工业企业管理/杜家瑞主编.—北京:冶金工业出版社,1995.5.—167页;26cm
中等专业学校教学用书
ISBN 7-5024-1620-X:¥6.70

F406　　007836
工业企业管理/张绪柱主编;吴爱华主编.—济南:山东科学技术出版社,1995.9.—243页;26cm
ISBN 7-5331-1631-3:¥15.00

F406　　007837
工业企业管理/杨建,田合生主编.—3版.—北京:

中国统计出版社,1995.3.—360页;20cm
ISBN 7-5037-1415-8: ¥8.20

F406 **007838**
工业企业管理/范文星主编;甘肃省广播电视中等专业学校组编.—北京:高等教育出版社,1995.10.—496页;19cm
成人中等专业学校试用教材
ISBN 7-04-005439-6: ¥10.90

F406 **007839**
工业企业管理案例/王成钢主编.—长沙:湖南科学技术出版社,1995.9.—310页;19cm
ISBN 7-5357-1860-4: ¥10.80

F406 **007840**
工业企业管理基础知识/孙大维主编.—北京:中国财政经济出版社,1995.7.—311页;19cm
中等财经类学校教材
ISBN 7-5005-2812-4: ¥10.00

F406 **007841**
工业企业管理思想与方法/王秀英,李广进主编.—沈阳:东北大学出版社,1995.2.—358页;19cm
ISBN 7-81006-903-9: ¥11.70

F406 **007842**
工业企业管理新编:产品生长工程教程/肖渡等编著.—南京:河海大学出版社,1995.7.—342页;20cm
ISBN 7-5630-0843-8: ¥9.80

F406 **007843**
工业企业现场管理的理论与实践/潘开标著.—福州:福建人民出版社,1995.10.—372页;20cm
ISBN 7-211-02606-5: ¥13.50

F406 **007844**
现代工业企业管理/李自如主编.—长沙:中南工业大学出版社,1995.7.—450页;19cm
ISBN 7-81020-768-7: ¥13.00

F406 **007845**
现代工业企业管理/刘斗耀主编.—西安:西北大学出版社,1995.9.—384页;20cm
ISBN 7-5604-0935-0: ¥12.80

F406 **007846**
现代工业企业管理学/孙鸿铮,王杰主编.—北京:改革出版社,1995.6.—419页;20cm
ISBN 7-80072-675-4: ¥9.40

F406 **007847**
现代工业企业管理学/余永英等主编 .—沈阳:东北大学出版社,1995.10.—346页;19cm
ISBN 7-81054-004-1: ¥13.80

F406 **007848**
新编工业企业管理/吕有晨,徐广林主编.—长春:吉林大学出版社,1995.6.—411页;19cm
ISBN 7-5601-1746-5: ¥12.00

F406 **007849**
新编工业企业管理/穆庆贵,陈文安主编.—2版.—上海:立信会计出版社,1995.4.—469页;20cm.—(现代经营管理系列)
ISBN 7-5429-0266-0: ¥13.50

F406 **007850**
新编工业企业管理学/贺春洲主编.—武汉:武汉工业大学出版社,1995.8.—371页;20cm
ISBN 7-5629-1022-7: ¥12.50

F406-43 **007851**
工业企业管理教程/周宏,沈仰东主编.—北京:地质出版社,1995.8.—455页;20cm
ISBN 7-116-01936-7: ¥15.80

F406.2 **007852**
成组生产管理/季建华,孙汇金编著.—西安:陕西科学技术出版社,1995.5.—283页;20cm
ISBN 7-5369-2256-6: ¥10.80

F406.2 **007853**
工业企业生产管理/雷文慧等编著.—成都:西南财经大学出版社,1995.6.—338页;20cm
ISBN 7-81017-946-2: ¥11.50

F406.2 **007854**
工业企业生产管理学/吴爱华,张绪柱主编.—济南:山东人民出版社,1995.12.—358页;20cm
高等学校管理专业系列教材
ISBN 7-209-01876-X: ¥12.50

F406.2 **007855**
工业企业生产能力查定原理与方法/董孝铭编 .—北京:中国铁道出版社,1995.9.—145页;26cm
ISBN 7-113-02115-8: ¥14.50

F406.3 **007856**
工业产品质量指标信息的计算机管理/陈永胜等编.—北京:中国计量出版社,1995.3.—107页;19cm
ISBN 7-5026-0733-1: ¥5.00

F406.3 **007857**
工业企业技术创新论/来兴显等编著.—西安:西北工业大学出版社,1995.10.—230页;19cm
ISBN 7-5612-0813-8: ¥6.50

F406.3 **007858**
工业企业质量管理/李建中主编.—北京:北京航空航天大学出版社,1995.6.—208页;26cm
ISBN 7-81012-557-5: ¥12.50

F406.3 **007859**
现代工艺管理/李令德著.—上海:上海人民出版社,1995.9.—269页;20cm
ISBN 7-208-02050-7: ¥15.00

F406.3 **007860**
新工艺文化论:人类造物观念大趋势/方李莉著.—北京:清华大学出版社,1995.11.—282页:照片;20cm
ISBN 7-302-02026-4: ¥16.50

F406.3 **007861**
中国工业设计与产品战略问题/关阳著.—沈阳:辽宁科学技术出版社,1995.1.—214页:彩图;20cm
ISBN 7-5381-1953-1: ¥16.00

F406.3-62 **007862**
质量工作者手册/伍爱主编.—广州:中山大学出版社,1995.2.—607页;20cm
ISBN 7-306-00903-6: ¥18.50

F406.5 **007863**

燃料管理工程/王瑞清主编;国家电力调度通信中心组编.—北京:冶金工业出版社,1995.11.—504页;26cm
ISBN 7-5024-1784-2:¥38.00

F406.6　007864
班组思想管理/伍子杰著.—成都:西南交通大学出版社,1995.1.—187页;19cm
ISBN 7-81022-744-0:¥5.00

F406.6　007865
现代企业班组管理/李景元,李兆明编著.—北京:企业管理出版社,1995.12.—398页;20cm
ISBN 7-80001-616-1:¥18.00

F406.7　007866
工业企业财务信息系统/袁蓉芳主编.—北京:机械工业出版社,1995.10.—238页;26cm
普通高等教育规划教材
ISBN 7-111-04190-9:¥12.40

F406.72　007867
工业财务管理/张子林,华瑶主编.—长春:吉林大学出版社,1995.2.—371页;19cm
ISBN 7-5601-1678-7:¥9.50

F406.72　007868
工业会计/程思主编.—北京:中国商业出版社,1995.7.—2册;19cm
中等职业学校财会系列教材
ISBN 7-5044-2586-9:¥19.00

F406.72　007869
工业企业财务管理/陈应侠主编.—北京:中国财政经济出版社,1995.5.—462页;19cm
国内贸易部部编中等专业学校财会系列教材
ISBN 7-5005-2688-1:¥11.80

F406.72　007870
工业企业财务管理/李忠宝,孙晓梅主编.—北京:兵器工业出版社,1995.3.—314页;20cm
ISBN 7-80038-874-3:¥16.00

F406.72　007871
工业企业财务管理与分析/四川省教委职教中心教材教研部编.—2版.—成都:四川教育出版社,1995.7.—425页;19cm
职业高级中学试用教材
ISBN 7-5408-2338-0:¥12.00

F406.72　007872
工业企业会计/赵洪义,宋增正主编.—济南:山东人民出版社,1995.5.—459页;20cm
ISBN 7-209-01805-0:¥16.50

F406.72　007873
工业企业会计/王清心主编.—2版(修订本).—北京:中国财政经济出版社,1995.1.—493页;19cm
中等财经学校教材
ISBN 7-5005-2650-4:¥10.00

F406.72　007874
工业企业会计/任中奇等主编.—北京:冶金工业出版社,1995.7.—316页;20cm
ISBN 7-5024-1716-8:¥17.00

F406.72　007875
工业企业会计/韩烽,吴中宁著.—海口:海南出版社,1995.12.—219页;26cm
ISBN 7-80617-141-X:¥19.80

F406.72　007876
工业企业会计/胡明煜主编.—北京:中国商业出版社,1995.7.—487页;20cm
国内贸易部部编高等商科教材
ISBN 7-5044-2920-1:¥17.80

F406.72　007877
工业企业会计/胡国成主编.—成都:西南财经大学出版社,1995.7.—378页;19cm
金融中等专业学校教材
ISBN 7-81017-971-3:¥13.50

F406.72　007878
工业企业会计/童海川,黄毅勤主编.—北京:中国人事出版社,1995.12.—579页;19cm.—(新编实用会计丛书)
ISBN 7-80076-768-X:¥23.00

F406.72　007879
工业企业会计核算模拟实验/孙立群编著.—武汉:武汉大学出版社,1995.9.—138页;26cm.—(中等学校财会专业模拟实验丛书;1)
ISBN 7-307-02042-4:¥16.00

F406.72　007880
工业企业会计学习指导/王生根主编.—南京:江苏教育出版社,1995.9.—252页;20cm
ISBN 7-5343-2469-6:¥6.90

F406.72　007881
教学与辅导:1993级工业会计专辑/中央农业广播电视学校主办.—北京:中国农业出版社,1995.4.—60页;26cm
会计统计与审计专业
ISBN 7-109-03997-8:¥2.00

F406.72　007882
教学与辅导:1994级工业会计专辑/中央农业广播电视学校主办.—北京:中国农业出版社,1995.7.—48页;26cm
会计统计与审计、企业经营管理、农业经济与管理专业用
ISBN 7-109-04088-7:¥2.00

F406.72　007883
现代工业会计/张顺孔等主编.—北京:中国书籍出版社,1995.3.—462页;20cm
ISBN 7-5068-0421-2:¥15.00

F406.72　007884
新编工业企业财务分析/贾献忠著.—北京:中国商业出版社,1995.10.—311页;20cm
ISBN 7-5044-3057-9:¥14.00

F406.72　007885
新编工业企业会计/陈轶群等编著.—修订本.—上海:立信会计出版社,1995.7.—413页;20cm.—(立信会计丛书)
ISBN 7-5429-0304-7:¥15.50

F406.72　007886
新编工业企业会计/田瑞娜,陈刚主编.—北京:科学普及出版社,1995.10.—446页;19cm
ISBN 7-110-04017-8:¥16.80

F406.72　007887
新编工业企业会计(修订本)习题解答/陈轶群等编写.—上海:立信会计出版社,1995.7.—165页;20cm.—(立信会计丛书)
ISBN 7-5429-0305-5:¥6.70

F406.72　007888
新编企业财务会计:工业企业会计学/李海波,刘学华主编.—上海:立信会计出版社,1995.9.—544页;20cm.—(立信会计丛书)
ISBN 7-5429-0332-2:¥19.50

F406.72　007889
制造业务会计/苗俊美主编.—北京:中国审计出版社,1995.9.—401页;20cm.—(当代企业会计丛书)
ISBN 7-80064-386-7:¥12.00

F406.72　007890
中等财经学校工业企业会计(修订本)配套习题集/陈忠明,郭茂祥主编.—北京:中国财政经济出版社,1995.2.—220页;19cm
ISBN 7-5005-2703-9:¥4.30

F406.72　007891
中等专业学校财会专业工业企业会计模拟综合实习/杨彩萍编著.—南京:河海大学出版社,1995.5.—367页;19×26cm
ISBN 7-5630-0804-7:¥25.85

F406.72　007892
最新工业会计学/胡文主编.—广州:广东科技出版社,1995.6.—572页;19cm
ISBN 7-5359-1495-0:¥15.80

F406.72-43　007893
工业会计模拟实习教程/张孝友主编.—重庆:西南师范大学出版社,1995.5.—247页;26cm
ISBN 7-5621-1302-5:¥11.50

F406.72-43　007894
新编工业会计学教程/李明忠主编.—太原:山西高校联合出版社,1995.9.—458页;20cm
ISBN 7-81032-822-0:¥15.80

F406.72-44　007895
新编工业企业会计习题、模拟试卷及参考答案/汤新华等编著.—北京:中国物资出版社,1995.3.—393页;19cm
ISBN 7-5047-0988-3:¥12.50

F406.72-64　007896
工业企业会计核算图解/刘学华编著.—上海:立信会计出版社,1995.7.—347页;20cm.—(立信会计丛书)
ISBN 7-5429-0301-2:¥12.50

F406.73　007897
工业企业经济活动分析/李丽,贺宁编著.—西安:西安电子科技大学出版社,1995.12.—233页;26cm
中等专业学校工科电子类教材
ISBN 7-5606-0380-7:¥12.40

F406.73　007898
工业企业经济活动分析/胡艳等编著.—武汉:武汉工业大学出版社,1995.12.—250页;19cm
ISBN 7-5629-1053-7:¥12.00

F407.124　007899
矿业经济分析数学方法/汪光顺,舒航编著.—北京:中国标准出版社,1995.12.—320页;20cm
ISBN 7-5066-1183-X:¥16.00

F407.133　007900
矿产资源经济学/李万亨等编著.—武汉:中国地质大学出版社,1995.6.—174页;26cm
高等学校教材
ISBN 7-5625-0990-5:¥6.50

F407.2　007901
工业企业能源经济分析/曹源泉,金仁奎编.—北京:水利电力出版社,1995.9.—222页;26cm
高等学校教材
ISBN 7-120-02232-6:¥8.50

F407.212.4　007902
煤炭工业统计/邹传忠等编.—北京:煤炭工业出版社,1995.2.—275页;26cm
中等专业学校规划教材
ISBN 7-5020-1075-0:¥10.00

F407.215　007903
煤炭市场经济导论/肖国安等著.—北京:煤炭工业出版社,1995.3.—227页;20cm
ISBN 7-5020-1196-X:¥9.80

F407.216　007904
煤炭企业管理/刘元生,裴震主编.—徐州:中国矿业大学出版社,1995.4.—248页;26cm
高等学校规划教材
ISBN 7-81040-364-8:¥9.10

F407.216　007905
如何当好乡镇煤矿矿长/河北省煤炭工业厅编.—石家庄:河北教育出版社,1995.9.—242页;26cm
乡镇煤矿矿长资格培训教材
ISBN 7-5434-2483-5:¥19.80

F407.216　007906
选煤厂企业管理/章永青编.—徐州:中国矿业大学出版社,1995.5.—161页;26cm
中等专业学校规划教材
ISBN 7-81040-343-5:¥6.10

F407.216.3　007907
煤矿企业劳动定额管理/徐中和等编.—北京:煤炭工业出版社,1995.7.—196页;26cm
高等学校规划教材
ISBN 7-5020-1154-4:¥7.30

F407.216.7　007908
煤炭工业基本建设矿建工程概预算/吴怀俊编.—徐州:中国矿业大学出版社,1995.11.—284页;26cm
ISBN 7-81040-404-0:¥16.80

F407.22　007909
石油工业标准化/《石油工业标准化》编写组编.—北

京:石油工业出版社,1995.11.—226页;20cm.—(石油工业技术监督丛书;1/金志俊主编)
ISBN 7-5021-1530-7:¥9.80

F407.224 007910
能源经济统计指南/国家统计局工业交通统计司编.—北京:中国铁道出版社,1995.5.—332页;19cm
ISBN 7-113-02072-0:¥9.80

F407.225 007911
石油天然气储量商品化/张今弘等著.—北京:石油工业出版社,1995.12.—268页;20cm
ISBN 7-5021-1623-0:¥15.00

F407.226 007912
勘探项目管理·效益控制与市场建设/张霞编著.—北京:石油工业出版社,1995.6.—186页;19cm
ISBN 7-5021-1476-9:¥10.00

F407.226 007913
实用油气勘探项目合同/赵贤正等编.—北京:石油工业出版社,1995.6.—259页;20cm
ISBN 7-5021-1522-6:¥12.00

F407.226-62 007914
油气勘探项目管理工作手册/丁贵明主编.—北京:石油工业出版社,1995.5.—310页;20cm
ISBN 7-5021-1483-1(精装):¥18.80

F407.226.2-62 007915
油田生产调度手册/孙开林主编.—北京:石油工业出版社,1995.4.—574页;26cm
ISBN 7-5021-1415-7:¥38.00

F407.233.7 007916
核能工业经济分析与评价基础/彭士禄主编;刘擎宇,罗映辉编著.—北京:原子能出版社,1995.2.—336页;20cm
高等教育试用教材
ISBN 7-5022-1173-X:¥6.30

F407.236 007917
核电项目管理导论/罗安仁编著.—北京:原子能出版社,1995.3.—298页;20cm
ISBN 7-5022-1152-7:¥11.40

F407.406 007918
工程机械管理/孟宪龙主编.—北京:水利电力出版社,1995.4.—147页;26cm
中等专业学校教材
ISBN 7-120-02132-X:¥5.70

F407.406 007919
机械工业企业管理/王久征,刘荫铭主编.—3版.—北京:机械工业出版社,1995.5.—269页;26cm
高等学校教材
ISBN 7-111-04422-3:¥10.40

F407.406.3 007920
机械产品质量与检验标准手册:通用零部件卷(上)/机械产品质量与检验标准手册编委会编.—北京:机械工业出版社,1995.1.—964页;26cm
ISBN 7-111-04201-8(精装):¥70.00

F407.466 007921
机械工业企业车间管理/李平等编.—南京:东南大学出版社,1995.6.—179页;26cm
机械工业中等专业教育机械制造专业系列教材
ISBN 7-81050-012-0:¥9.00

F407.61 007922
电力工程概预算原理/任玉珑主编.—北京:水利电力出版社,1995.11.—198页;26cm
高等学校教材
ISBN 7-120-02379-9:¥9.95

F407.61 007923
电力建设工程经济专业培训教材　第八册:施工企业会计/杨子复,任静主编;电力工业部建设协调司编.—北京:水利电力出版社,1995.6.—184页;26cm
ISBN 7-120-02429-9:¥30.50

F407.61 007924
电力建设工程经济专业培训教材　第二册:土建专业/易涛等主编;电力工业部建设协调司编.—北京:水利电力出版社,1995.4.—115页;26cm
ISBN 7-120-02423-X:¥27.70

F407.61 007925
电力建设工程经济专业培训教材　第六册:工程经济分析/董军主编;电力工业部建设协调司编.—北京:水利电力出版社,1995.6.—152页;26cm
ISBN 7-120-02427-2:¥24.40

F407.61 007926
电力建设工程经济专业培训教材　第七册:经济合同/李秀英等主编;电力工业部建设协调司编.—北京:水利电力出版社,1995.6.—198页;26cm
ISBN 7-120-02428-0:¥26.10

F407.61 007927
电力建设工程经济专业培训教材　第三册:机务专业/谢传胜,张春元主编;电力工业部建设协调司编.—北京:水利电力出版社,1995.4.—119页;26cm
ISBN 7-120-02424-8:¥21.80

F407.61 007928
电力建设工程经济专业培训教材　第四册:电气专业/毛晋主编;电力工业部建设协调司编.—北京:水利电力出版社,1995.4.—92页;26cm
ISBN 7-120-02425-6:¥16.20

F407.61 007929
电力建设工程经济专业培训教材　第五册:输电线路专业/李旭主编;电力工业部建设协调司编.—北京:水利电力出版社,1995.6.—115页;26cm
ISBN 7-120-02426-4:¥20.90

F407.61 007930
电力建设工程经济专业培训教材　第一册:总论/赵会茹,王伟化主编;电力工业部建设协调司编.—北京:水利电力出版社,1995.4.—127页;26cm
ISBN 7-120-02422-1:¥17.40

F407.61-53 007931
电力多种经营优秀论文集/刘明主编;中国电力企业联合会多种经营部编.—北京:北京科学技术出版社,1995.7.—226页;26cm
ISBN 7-5304-1781-9:¥12.00

F407.612.4 007932

电力工业统计/袁守正编.—北京:水利电力出版社,1995.5.—163页;26cm
中等专业学校教材
ISBN 7-120-02327-6:¥6.20

F407.616　　007933
电力企业管理导论/吴大器主编.—北京:水利电力出版社,1995.9.—136页;26cm
高等学校教材
ISBN 7-120-02190-7:¥5.10

F407.616　　007934
电力企业管理学/刘长垣主编.—北京:水利电力出版社,1995.11.—235页;26cm
高等学校教材
ISBN 7-120-02412-4:¥11.80

F407.616　　007935
电业营业管理/林腾主编.—北京:水利电力出版社,1995.4.—213页;26cm
中等专业学校教材
ISBN 7-120-02098-6:¥7.90

F407.616　　007936
供电企业管理/纪瑞明主编;沈阳电业局编.—沈阳:辽宁科学技术出版社,1995.5.—512页;26cm.—(电力企业管理丛书/董希文主编)
ISBN 7-5381-2110-2:¥28.00

F407.616.3　　007937
电力生产企业质量管理/向标等编著.—武汉:中国地质大学出版社,1995.6.—274页;19cm
ISBN 7-5625-0992-1:¥8.20

F407.616.73　　007938
电力工业技术改造项目经济效益分析与经济评价实用方法手册/邵汉桥主编.—北京:水利电力出版社,1995.5.—216页;26cm
ISBN 7-120-02351-9:¥19.00

F407.63　　007939
电子信息产业的作用与发展/马宾著.—北京:电子工业出版社,1995.7.—393页;20cm.—(信息化工程系列丛书)
ISBN 7-5053-2959-6:¥24.00

F407.63　　007940
电子信息应用指南/陈正清主编.—北京:电子工业出版社,1995.11.—477页;26cm
ISBN 7-5053-3360-7:¥78.00

F407.763　　007941
医药经营企业质量管理/吴德明,田卫星主编;国家医药管理局质管理司编.—北京:中国医药科技出版社,1995.10.—237页;20cm
ISBN 7-5067-1490-6:¥30.00

F407.816　　007942
现代纺织企业管理/中国纺织大学旭日工商管理学院编.—北京:中国纺织出版社,1995.9.—238页;20cm
高等纺织院校教材
ISBN 7-5064-1175-X:¥10.00

F407.826　　007943
食品工业企业经营管理/蔡根女主编.—成都:四川科学技术出版社,1995.7.—145页;26cm
全国高等农林专科统编教材 食品专业用
ISBN 7-5364-2856-1:¥7.00

F407.9　　007944
建筑经济专业知识与实务:初级/建设部人事教育劳动司,人事部人事考试中心组织编写.—北京:清华大学出版社,1995.5.—376页;19cm
全国经济专业技术资格考试指定用书
ISBN 7-302-01883-9:¥10.00

F407.9　　007945
建筑经济专业知识与实务:中级/建设部人事教育劳动司,人事部人事考试中心组织编写.—北京:清华大学出版社,1995.5.—507页;19cm
全国经济专业技术资格考试指定用书
ISBN 7-302-01884-7:¥15.00

F407.9　　007946
论工程建设和建筑业管理/姚兵著.—北京:中国建筑工业出版社,1995.7.—498页;20cm
ISBN 7-112-02648-2:¥21.00

F407.9　　007947
农村水利水电经济运行/蒋水心主编.—北京:水利电力出版社,1995.5.—114页;26cm
高等学校教材
ISBN 7-120-02145-1:¥4.40

F407.9　　007948
全国经济专业技术资格考试建筑经济专业考试大纲:初级/建设部人事教育劳动司,人事部人事考试中心组织编写.—北京:清华大学出版社,1995.5.—10页;19cm
ISBN 7-302-01847-2:¥2.00

F407.9　　007949
全国经济专业技术资格考试建筑经济专业考试大纲:中级/建设部人事教育劳动司,人事部考试中心组织编写.—北京:清华大学出版社,1995.5.—12页;19cm
ISBN 7-302-01848-0:¥2.50

F407.9　　007950
水利经济学:基本理论与政策/余文学等著.—南京:河海大学出版社,1995.12.—153页;20cm
ISBN 7-5630-0964-7:¥9.80

F407.9　　007951
水资源工程经济/张学魁主编.—北京:中国农业出版社,1995.5.—207页;26cm
全国高等农业院校教材 农田水利和水资源专业用
ISBN 7-109-03437-2:¥7.95

F407.9-44　　007952
复习思考题集/水利部水利工程建设监理培训教材编审委员会编.—北京:中国水利水电出版社,1995.9.—166页;19cm
水利工程建设监理培训教材
ISBN 7-80124-085-5:¥9.80

F407.9-44　　007953
国际建筑工程承包知识200问/杨道富编著.—北京:中国广播电视出版社,1995.11.—124页;20cm

ISBN 7-5043-2818-9: ¥12.00

F407.9-44 007954

建筑经济专业知识与实务应试指导:初、中级/全国建筑经济专业知识与实务应试指导编审组编.—北京:企业管理出版社,1995.8.—346页;26cm

全国经济专业技术资格考试指定教材 理想配套辅导用书

ISBN 7-80001-541-6: ¥35.00

F407.9-61 007955

英汉建筑经济常用词典/熊琴而等编.—北京:中国物资出版社,1995.6.—328页;19cm

ISBN 7-5047-0655-8: ¥15.00

F407.96 007956

建筑安装企业管理常识/湖南省建筑技工学校等编.—北京:中国建筑工业出版社,1995.6.—71页;26cm

建设类技工学校教材

ISBN 7-112-02442-0: ¥3.90

F407.96 007957

建筑企业管理/景华艳,马东波主编.—北京:地震出版社,1995.5.—251页;19cm

ISBN 7-5028-1230-X: ¥10.00

F407.96 007958

论工程建设和建筑业管理/姚兵著.—北京:中国建筑工业出版社,1995.7.—498页;20cm

ISBN 7-112-02647-4(精装): ¥24.00

F407.96 007959

水利电力物资经济管理/游经瀛主编.—北京:水利电力出版社,1995.5.—185页;26cm

高等学校教材

ISBN 7-120-02138-9: ¥6.90

F407.96 007960

水利经济研究/胡维松主编.—南京:河海大学出版社,1995.9.—295页;26cm

ISBN 7-5630-0924-8: ¥16.00

F407.96 007961

水利水电管理系统工程/冯瑞菖主编.—北京:水利电力出版社,1995.6.—242页;26cm

高等学校教材

ISBN 7-120-02115-X: ¥8.80

①F407.96②TU723 007962

工程施工项目招投标与合同管理/赵凤山,解恩远编.—哈尔滨:东北林业大学出版社,1995.11.—298页;19cm

ISBN 7-81008-590-5: ¥12.00

F407.96-62 007963

建筑管理实用手册/夏继国,李汉章主编.—武汉:武汉出版社,1995.8.—515页;26cm

ISBN 7-5430-1387-8(精装): ¥58.00

F407.963 007964

GB/T19000——ISO9000**建筑企业质量体系的建立与认证指导**/北京市工程建设质量管理协会编著.—北京:中国城市出版社,1995.10.—325页;19cm

ISBN 7-5074-0791-8: ¥25.00

F407.963 007965

建筑安装企业质量管理/赵丕熙等编著.—2版.—北京:科学技术文献出版社,1995.3.—510页;26cm

ISBN 7-5023-2421-6: ¥45.00

F407.963 007966

施工企业标准化/王寿华编著.—北京:中国建筑工业出版社,1995.4.—392页;19cm

ISBN 7-112-02502-8: ¥11.00

F407.963 007967

水利水电施工项目质量监控/王卓甫等编著.—郑州:黄河水利出版社,1995.5.—263页;20cm

ISBN 7-80621-006-7: ¥9.00

F407.963-62 007968

建筑业实施ISO9000指南/郭雅祯主编;深圳市技术监督局,深圳ISO9000研究会编.—北京:中国建筑工业出版社,1995.12.—90页;26cm

ISBN 7-112-02748-9: ¥20.00

F407.967 007969

工厂化养鸡场工程建设投资估算指标:试行/谢文治等主编;中华人民共和国农业部编.—北京:中国农业出版社,1995.12.—246页;14×20cm

ISBN 7-109-04106-9: ¥20.00

F407.967 007970

工厂化养猪场工程建设投资估算指标:试行/郑梦林等主编;中华人民共和国农业部编.—北京:中国农业出版社,1995.12.—256页;14×20cm

ISBN 7-109-04107-7: ¥20.00

F407.967 007971

建材企业内部财务管理制度范例选集/张汝俊主编;国家建材局财务与国有资产监督司,中国会计学会建材专业委员会编.—北京:中国建材工业出版社,1995.10.—459页;19cm

ISBN 7-80090-443-1: ¥18.00

F407.967 007972

勘察设计企业财务制度讲座/虞列贵,王树权主编.—北京:企业管理出版社,1995.7.—216页;19cm

ISBN 7-80001-684-6: ¥9.50

F407.967 007973

市政工程定额与预算/天津市市政工程局编.—北京:中国建筑工业出版社,1995.1.—189页;19cm

全国市政工程专业管理人员岗位培训试用教材

ISBN 7-112-02452-8: ¥4.60

F426.9 007974

中国对虾养殖工程建设投资估算指标:试行/尹庭桐,卫玉桐主编;中华人民共和国农业部编.—北京:中国农业出版社,1995.12.—74页;14×20cm

ISBN 7-109-04108-5: ¥13.00

F407.967.2 007975

建筑企业会计/刘胜主编.—北京:中国建筑工业出版社,1995.6.—331页;26cm

中等专业学校试用教材

ISBN 7-112-02424-2: ¥11.90

F407.967.2 007976

施工企业财务管理/俞文青编著.—上海:立信会计

出版社,1995.11.—543页;20cm.—(立信会计丛书)
ISBN 7-5429-0336-5:¥22.00

F407.967.2 007977
施工企业会计/刘桔等主编.—北京:中国建筑工业出版社,1995.4.—386页;19cm
ISBN 7-112-02563-X:¥12.00

F407.967.2 007978
施工企业会计/伍刚主编.—大连:东北财经大学出版社,1995.3.—349页;20cm
全国财经类高等专科学校投资经济(管理)学科试用教材
ISBN 7-81044-027-6:¥11.50

F407.967.2 007979
施工企业会计/陈应兵,郭永兴主编.—海口:南海出版公司,1995.4.—499页;20cm
ISBN 7-80570-912-2:¥16.00

F407.967.2 007980
实用施工企业会计/张明明等主编.—大连:大连理工大学出版社,1995.7.—324页;20cm
ISBN 7-5611-1019-7:¥14.80

F407.967.2 007981
水利工程管理单位财务管理/《水利工程管理单位财务管理》编写组编著.—北京:中国水利水电出版社,1995.4.—254页;19cm
ISBN 7-80124-024-3:¥11.00

F407.967.2 007982
水利工程管理单位会计制度讲解/《水利工程管理单位会计制度讲解》编写组编著.—北京:中国水利水电出版社,1995.4.—373页;19cm
ISBN 7-80124-026-X:¥15.00

F407.967.2 007983
新编施工企业会计/胡寿龄等编.—北京:中国铁道出版社,1995.12.—580页;19cm
ISBN 7-113-02106-9:¥19.20

F407.972 007984
建筑企业会计/庄瑞澄,饶天修编著.—2版.—北京:中国建筑工业出版社,1995.9.—663页;20cm
ISBN 7-112-02585-0:¥30.00

F41　世界工业经济

F416.22 007985
国际石油合作/韩学功,佟纪元主编.—北京:石油工业出版社,1995.7.—209页;26cm
ISBN 7-5021-1524-2:¥16.00

F416.22 007986
世界石化公司100家/中国石化信息研究所编.—北京:中国石化出版社,1995.11.—515页;26cm
ISBN 7-80043-608-X:¥34.00

F416.7 007987
国内外洗涤用品大中型企业200家/章永年等编.—北京:中国轻工业出版社,1995.12.—109页:彩图;26cm
ISBN 7-5019-1793-0:¥25.00

F416.82-62 007988
中外啤酒工业大全/郎立君主编.—北京:企业管理出版社,1995.8.—1194页;26cm
ISBN 7-80001-599-8(精装):¥398.00

①F419②F713 007989
工业化过程与现代商品流通:发展与变革的国际考察/谢朝斌著.—北京:东方出版社,1995.1.—355页;20cm.—(日本研究博士丛书)
ISBN 7-5060-0547-6:¥11.50

F42　中国工业经济

F42-54 007990
中国工业经济统计年鉴　1994/李启明主编;国家统计局工业交通统计司编.—北京:中国统计出版社,1995.6.—484页;26cm
ISBN 7-5037-1803-X(精装):¥78.00

F423-66 007991
中华人民共和国1995年工业普查资料汇编:西藏卷/西藏自治区工业普查办公室编.—北京:中国统计出版社,1995.11.—493页;26cm
ISBN 7-5037-2365-3(精装):¥60.00

F423.3 007992
第三次全国工业普查的组织与实施/第三次全国工业普查办公室编.—北京:中国统计出版社,1995.9.—477页;19cm
ISBN 7-5037-1975-3:¥9.50

F423.3 007993
全国工业企业普查表填表说明/第三次全国工业普查办公室编.—北京:中国统计出版社,1995.7.—170页;19cm
填报甲、乙类表适用
ISBN 7-5037-1974-5:¥0.00

F423.3 007994
中国轻工行业管理综述/步正发,戎文佐主编.—北京:中国轻工业出版社,1995.1.—128页;26cm
ISBN 7-5019-1654-3:¥10.00

F424 007995
中国区域工业经济结构研究/曾玉成著.—成都:西南财经大学出版社,1995.4.—364页;20cm
ISBN 7-81017-925-X:¥15.00

F424 007996
中国支柱产业振兴方略:机械电子、石油化工、汽车制造、建筑业发展目标与对策/郑新立主编.—北京:中国计划出版社,1995.1.—599页;26cm
ISBN 7-80058-376-7(精装):¥78.00

F424.3 007997
外经贸工业企业技术改造实务/刘湖等主编.—北京:中国对外经济贸易出版社,1995.9.—213页;20cm
ISBN 7-80004-472-6:¥30.00

F425 007998
新编工业企业经济活动分析/李金秀,潘小平编著

.—广州:暨南大学出版社,1995.10.—273页;20cm
ISBN 7-81029-409-1:¥10.00

F425.11　　007999
马立行谈名牌战略/上海市工业发展咨询公司编.—上海:中国纺织大学出版社,1995.1.—123页;19×12cm
ISBN 7-81038-051-6:¥12.00

F425.3　　008000
老企业的改造与振兴/孙鸿武主编.—天津:天津社会科学院出版社,1995.8.—259页;19cm
ISBN 7-80563-558-7:¥8.00

F426　　008001
中国行业大典:食品糖酒卷:汉英文对照/湖南省青苹果数据中心,湖南科学技术出版社主编.—长沙:湖南科学技术出版社,1995.10.—1438页;28cm
ISBN 7-5357-1872-8(精装):¥300.00

F426-62　　008002
中国大陆十万家工业企业信息大全　1995/北京华通市场信息公司编.—北京:中国物价出版社,1995.8.—7册;26cm
ISBN 7-80070-477-7:¥500.00

F426.1　　008003
新疆阿勒泰地区矿产勘查开发战略规划研究/陈哲夫等编著.—乌鲁木齐:新疆人民出版社,1995.4.—254页:照片;20cm.—(新疆经济研究丛书)
ISBN 7-228-03239-X:¥12.80

F426.1　　008004
浙江省遂昌金矿志/刘宗鹤主编;《浙江省遂昌金矿志》编纂委员会编.—杭州:浙江古籍出版社,1995.6.—300页;20cm
ISBN 7-80518-199-3(精装):¥25.00

F426.1　　008005
中国矿床发现史:山西卷/钱大都主编;《中国矿床发现史·山西卷》编委会编.—北京:地质出版社,1995.12.—253页;26cm
ISBN 7-116-02001-2:¥45.00

F426.1　　008006
中国矿管　1992/毛德荣主编;地矿部矿产开发管理局编.—北京:地质出版社,1995.3.—246页;26cm
ISBN 7-116-01868-9:¥18.00

F426.1　　008007
中国矿管　1993/毛德荣主编;地矿部矿产开发管理局编.—北京:地质出版社,1995.3.—317页;26cm
ISBN 7-116-01865-4:¥16.80

F426.1-53　　008008
改革与发展的探索:地矿部第一期南开大学经济学研究生班博士硕士论文集/马永远等主编.—北京:地质出版社,1995.11.—616页;20cm
ISBN 7-116-01933-2:¥20.00

F426.21　　008009
当代河南的煤炭工业/高国安主编.—北京:当代中国出版社,1995.10.—397页:照片;20cm.—(当代河南历史丛书/胡悌云,侯志英主编)
ISBN 7-80092-436-X(精装):¥40.00

F426.21　　008010
韩城矿务局志/邢文昕主编;《韩城矿务局志》编纂委员会编.—北京:煤炭工业出版社,1995.8.—608页;26cm
ISBN 7-5020-1204-4(精装):¥76.00

F426.21　　008011
黑山-兴隆庄矿井发展史/王继志编著.—北京:煤炭工业出版社,1995.11.—184页;26cm
ISBN 7-5020-1237-0(精装):¥30.00

F426.21　　008012
开滦煤矿志　第二卷:1878~1988/开滦矿务局史志办公室编.—北京:新华出版社,1995.8.—759页;26cm
ISBN 7-5011-2885-5(精装):¥98.00

F426.21　　008013
煤矿规范化管理:大同矿务局云岗煤矿的探索与实践/宋永津等主编;《煤矿规范化管理》编委会编.—北京:煤炭工业出版社,1995.8.—286页;20cm
ISBN 7-5020-1010-6:¥8.00

F426.21　　008014
平顶山矿务局志/《平顶山矿务局志》编委会编.—北京:煤炭工业出版社,1995.8.—634页:彩照;26cm
ISBN 7-5020-1200-1(精装):¥100.00

F426.21　　008015
神府煤田开发建设研究/杜润泉,刘曰谦主编.—西安:陕西科学技术出版社,1995.12.—525页;20cm
ISBN 7-5369-0264-6:¥26.80

F426.21　　008016
市场经济与煤炭发展对策/杨鲁,史清琪主编.—北京:中国物价出版社,1995.1.—248页;20cm
ISBN 7-80070-445-9:¥9.50

F426.21　　008017
枣庄矿务局志/王作贤主编;《枣庄矿务局志》编纂委员会编.—北京:煤炭工业出版社,1995.7.—963页;26cm
ISBN 7-5020-1215-X(精装):¥98.00

F426.21　　008018
质量标准化工作手册/王广德主编.—北京:煤炭工业出版社,1995.3.—188页;19cm
ISBN 7-5020-1181-1:¥8.40

F426.21　　008019
中国煤炭开发战略研究/魏同等著.—太原:山西科学技术出版社,1995.11.—321页;26cm
ISBN 7-5377-1199-2(精装):¥50.00

F426.21　　008020
走出困境:陶一煤矿内部模拟市场管理/申明新,杜有志主编.—北京:煤炭工业出版社,1995.10.—153页;20cm
ISBN 7-5020-1286-9:¥5.80

F426.21-54　　008021
中国煤炭工业年鉴　1994/煤炭工业部编.—北京:煤炭工业出版社,1995.5.—349页:彩照;26cm
ISBN 7-5020-1045-9(精装):¥65.00

F426.21-62　　008022
中国煤炭工业简明手册/范维唐主编.—北京:煤炭

工业出版社,1995.11.—504页;26cm
ISBN 7-5020-1041-6(精装):¥50.00

F426.21-62　008023
中国煤炭运销工作指南/洪尚清主编.—北京:企业管理出版社,1995.11.—832页;26cm
ISBN 7-80001-672-2(精装):¥95.00

F426.21-65　008024
兴隆庄煤矿企业标准:技术标准 管理标准 工作标准(下)/魏恒泰主编.—北京:煤炭工业出版社,1995.8.—1394页;26cm
ISBN 7-5020-1144-7(精装):¥65.00

F426.22　008025
大庆实践的哲学思考/周文华主编.—哈尔滨:黑龙江人民出版社,1995.9.—325页;19cm
ISBN 7-207-03143-2:¥19.50

F426.22　008026
康世恩与大庆油田/大庆石油管理局党委宣传部编.—哈尔滨:黑龙江人民出版社,1995.6.—312页:照片;20cm
ISBN 7-207-03275-7:¥11.80

F426.22　008027
历经沧桑显辉煌:上海市煤气公司发展史:1865年~1995年/上海市煤气公司编.—上海:上海远东出版社,1995.8.—140页:彩照;20cm
ISBN 7-80514-071-5:¥12.80

F426.22　008028
胜利油田揽胜:汉英文对照/魏忠武主编;胜利油田管理局外事外经处,胜利油田国际经济贸易公司编.—济南:山东人民出版社,1995.6.—59页;26×15cm
ISBN 7-209-01777-1:¥23.60

F426.22　008029
四川石油管理局地质勘探开发研究院志/《四川石油管理局地质勘探开发研究院志》编纂委员会编.—成都:四川人民出版社,1995.10.—250页:照片;26cm
本套书共6册,总定价:188.00元
ISBN 7-220-02598-X(精装):¥0.00

F426.22　008030
四川石油管理局供应处志/四川石油管理局物资总公司《供应处志》编纂委员会编.—成都:四川人民出版社,1995.8.—321页:照片;26cm
本套书共6册,总定价:188.00元
ISBN 7-220-02598-X(精装):¥0.00

F426.22　008031
四川石油管理局勘察设计研究院志/四川石油管理局勘察设计研究院志编纂委员会编.—成都:四川人民出版社,1995.10.—415页;26cm
本套书共6册,总定价:188.00元
ISBN 7-220-02598-X(精装):¥0.00

F426.22　008032
四川石油管理局输气管理处志/四川石油管理局输气管理处志编辑室编.—成都:四川人民出版社,1995.9.—187页:照片;26cm
本套书共6册,总定价:188.00元
ISBN 7-220-02598-X(精装):¥0.00

F426.22　008033
四川石油管理局天然气研究所志/四川石油管理局天然气研究所志编纂委员会编.—成都:四川人民出版社,1995.10.—399页:照片;26cm
本套书共6册,总定价:188.00元
ISBN 7-220-02598-X(精装):¥0.00

F426.22　008034
四川石油管理局资中机械厂志:1967~1990/《四川石油管理局资中机械厂志》编纂委员会编.—成都:四川人民出版社,1995.8.—206页:照片;26cm
本套书共6册,总定价:188.00元
ISBN 7-220-02598-X(精装):¥0.00

F426.22　008035
托起朝阳:镇海炼油化工股份有限公司20年/胡家宾,胡洪飞主编;中共浙江省委党史研究会,当代浙江研究所编.—北京:当代中国出版社,1995.5.—212页;彩照;20cm.—(当代浙江振兴之路丛书;6)
ISBN 7-80092-380-0:¥10.80

F426.22　008036
乌鲁木齐石油化工总厂志:1975~1993/中国石化乌鲁木齐石油化工总厂《乌石化志》编纂委员会编.—乌鲁木齐:新疆人民出版社,1995.5.—782页:照片;26cm
内部资料
ISBN 7-228-03333-7(精装):¥92.20

F426.22　008037
现代企业管理系统工程三标四化五定管理细则:公司基层篇/邸超主编;塔里木石油勘探开发指挥部油气开发公司编.—北京:石油工业出版社,1995.10.—783页;26cm
ISBN 7-5021-1439-4(精装):¥88.00

F426.22　008038
兴隆台采油厂志:1970~1988/吴振民主编;辽河石油勘探局兴隆台采油厂志编纂委员会编.—北京:新华出版社,1995.11.—269页:照片;26cm
ISBN 7-5011-3007-8(精装):¥88.00

F426.22　008039
燕化之路/郭玉辉,王吉生主编;北京燕山石油化工公司编.—北京:中国科学技术出版社,1995.6.—336页;20cm
ISBN 7-5046-1970-1:¥13.50

F426.22　008040
燕山石化志/燕山石化志编撰委员会编.—北京:中国科学技术出版社,1995.6.—720页;26cm.—(北京工业志)
ISBN 7-5046-1967-1(精装):¥100.00

F426.22　008041
油气田工程项目节能管理与设计/詹作龙,俞伯炎主编;中国石油天然气总公司技术监督局、基建工程局编.—北京:石油工业出版社,1995.10.—339页;26cm
ISBN 7-5021-1518-8:¥28.00

F426.22　008042
油田企业管理知识/辽河石油勘探局企业管理协会,西安石油学院经济管理系编.—北京:石油工业出版社,1995.7.—414页;20cm

ISBN 7－5021－1545－5：¥15.00

F426.22　　008043

中国油气勘探项目管理/罗东坤著.—东营：石油大学出版社，1995.4.—388页；20cm

ISBN 7－5636－0692－0：¥12.90

F426.22　　008044

走向辉煌/《走向辉煌》编写组编.—北京：中国商业出版社，1995.8.—207页：图；19cm.—(中国星系列/石肖岩主编)

ISBN 7－5044－2937－6：¥8.00

①F426.22②F127.45　　008045

塔里木油气资源勘探开发与新疆经济发展/伍成等主编.—乌鲁木齐：新疆人民出版社，1995.5.—473页；20cm.—(新疆经济研究丛书)

ISBN 7－228－03522－4：¥20.00

①F426.22②J426.45　　008046

当代石油工业：中国新疆石油大观：汉、英文对照/《中国新疆石油大观》编委会编.—乌鲁木齐：新疆美术摄影出版社，1995.8.—330页：照片；29cm

ISBN 7－80547－314－5：¥220.00

F426.22－54　　008047

辽河石油勘探局钻井二公司志：1974～1990/李新午主编；辽河石油勘探局钻井二公司编纂委员会编.—北京：新华出版社，1995.3.—394页：照片；26cm

ISBN 7－5011－2805－7(精装)：¥85.00

F426.22－54　　008048

辽河油田年鉴　1994/张玉忠主编；辽河石油勘探局史志编纂委员会编.—北京：新华出版社，1995.3.—308页：照片；26cm

ISBN 7－5011－2804－9(精装)：¥80.00

F426.22－54　　008049

齐鲁石化年鉴：1990～1994/曹永庆主编；齐鲁石化年鉴编纂委员会编.—济南：齐鲁书社，1995.11.—559页：彩照；26cm

ISBN 7－5333－0494－2(精装)：¥70.00

F426.22－62　　008050

石油地面工程设计手册　第一册：工程设计管理/中国石油天然气总公司编.—东营：石油大学出版社，1995.1.—145页；26cm

ISBN 7－5636－0683－1：¥19.00

F426.22－64　　008051

天山明珠：献给中国石化乌鲁木齐石油化工总厂建厂二十周年/孙德志，王晓耘主编；宋士敬等摄.—乌鲁木齐：新疆美术摄影出版社，1995.—1册：彩照；29cm

ISBN 7－80547－297－1：¥40.00

F426.23　　008052

中国核工业四十年：1955～1995：汉英对照/闵耀中主编；中国核工业总公司编.—北京：原子能出版社，1995.1.—179页：彩照；29cm

ISBN 7－5022－1018－0(精装)：¥55.00

F426.3　　008053

抚顺冶金工业志：1910～1985/《抚顺冶金工业志》编纂委员会编.—沈阳：辽宁科学技术出版社，1995.7.—659页；26cm

ISBN 7－5381－1957－4(精装)：¥90.00

F426.3　　008054

中国第十九冶金建设公司/赵颖，张长富主编.—北京：当代中国出版社，1995.9.—365页：彩照；20cm.—(中国国情丛书·全国百家大中型企业调查/马仲扬主编)

ISBN 7－80092－421－1(精装)：¥30.00

F426.3　　008055

株洲冶炼厂/王守敏等主编.—北京：当代中国出版社，1995.10.—396页：彩照；20cm.—(中国国情丛书·全国百家大中型企业调查/马仲扬主编)

ISBN 7－80092－427－0(精装)：¥30.00

F426.3　　008056

株洲冶炼厂志　第二卷：1981～1992/《株洲冶炼厂志》编纂委员会编.—长沙：湖南出版社，1995.8.—833页：彩图；26cm

ISBN 7－5438－1041－7(精装)：¥98.00

F426.31　　008057

宝钢的科技开发与管理/张清朗等编著.—北京：冶金工业出版社：中国人民大学出版社，1995.9.—92页；20cm.—(宝钢现代化管理丛书；5/房昭文主编)

ISBN 7－5024－1729－X：¥11.00

F426.31　　008058

宝钢的设备管理/张俊杰等编著.—北京：冶金工业出版社：中国人民大学出版社，1995.9.—218页；20cm.—(宝钢现代化管理丛书；8/房昭文主编)

ISBN 7－5024－1730－3：¥17.00

F426.31　　008059

宝钢的一贯质量管理/黄吉人，郑明身编著.—北京：冶金工业出版社：中国人民大学出版社，1995.9.—179页；20cm.—(宝钢现代化管理丛书；7/房昭文主编)

ISBN 7－5024－1737－0：¥14.00

F426.31　　008060

宝钢志/朱尔沛主编；《宝钢志》编纂委员会编撰.—上海：上海古籍出版社，1995.4.—511页：照片；29cm

ISBN 7－5325－2010－2(精装)：¥288.00

F426.31　　008061

宝钢志/朱尔沛主编；《宝钢志》编纂委员会编.—上海：上海社会科学院出版社，1995.8.—578页：照片；26cm.—(上海市专志系列丛刊)

ISBN 7－80618－088－5(精装)：¥80.00

F426.31　　008062

邯钢管理思想与实践/中国社科院专家组编著.—北京：中国经济出版社，1995.6.—945页：彩照；20cm

ISBN 7－5017－3032－6(精装)：¥38.50

F426.31　　008063

模拟市场核算·成本否决：邯钢管理经验新编/刘汉章主编.—北京：企业管理出版社，1995.7.—249页；26cm

ISBN 7－80001－558－0：¥25.00

F426.31　　008064

青钢改革十年/中共青岛市委研究室等编.—北京：冶金工业出版社，1995.6.—703页：照片；20cm

ISBN 7－5024－1667－6(精装)：¥58.00

F426.31　　008065
武汉钢铁(集团)公司/张明达,周大仁主编.—北京:当代中国出版社,1995.12.—483页:照片;20cm.—(中国国情丛书·全国百家大中型企业调查/马仲扬主编)
ISBN 7-80092-447-5(精装):¥30.00

F426.31　　008066
新路/赵殿文,刘永烈主编.—沈阳:东北大学出版社,1995.6.—319页:彩图;20cm
ISBN 7-81006-990-X:¥12.80

F426.31　　008067
以高起点的创新赢得竞争优势:宝钢发展道路研究/庞元正,关壮民主编.—北京:中共中央党校出版社,1995.12.—390页;20cm
ISBN 7-5035-1351-9:¥16.00

F426.31　　008068
中国复关与钢铁工业发展/熊志军主编;冶金工业部编著.—济南:山东人民出版社,1995.6.—542页;20cm
ISBN 7-209-01570-1:¥18.80

F426.31-54　　008069
济钢年鉴　1995/袁延章主编;《济钢年鉴》编辑委员会编.—北京:冶金工业出版社,1995.12.—450页;26cm
ISBN 7-5024-1815-6(精装):¥66.00

F426.31-54　　008070
马钢年鉴　1995/马钢史志办公室编.—合肥:安徽人民出版社,1995.12.—453页:彩照;26cm
ISBN 7-212-01282-3(精装):¥60.00

F426.31-54　　008071
太钢年鉴　1995/林企曾主编;太钢史志鉴编辑委员会编.—北京:冶金工业出版社,1995.12.—485页:彩图;26cm
ISBN 7-5024-1780-X(精装):¥58.00

F426.31-54　　008072
武钢年鉴　1995/朱祥麟,高梅春主编;《武钢年鉴》编纂委员会编.—北京:冶金工业出版社,1995.10.—346页:彩图;26cm
ISBN 7-5024-1746-X(精装):¥78.00

F426.32　　008073
奋进之路:石家庄铝厂史志:1970～1990/冯书建主编;石家庄铝厂史志编委会编.—北京:中国档案出版社,1995.4.—264页;20cm.—(中华企业发展史丛书/岳宗泰主编)
ISBN 7-80019-354-3(精装):¥21.00

F426.32　　008074
奋进之路:石家庄铝厂史志:1970～1990/冯书建主编;石家庄铝厂史志编委会编.—北京:中国档案出版社,1995.4.—264页;20cm.—(中华企业发展史丛书/岳宗泰主编)
ISBN 7-80019-354-3:¥19.00

F426.32　　008075
铜陵有色金属公司志:1950～1990/《铜陵有色金属公司志》编纂委员会编.—合肥:黄山书社,1995.4.—528页:彩照;26cm
ISBN 7-80535-945-8(精装):¥128.00

F426.4　　008076
郑州白鸽(集团)股份有限公司/张怀宇等主编.—北京:当代中国出版社,1995.12.—417页:照片;20cm.—(中国国情丛书·全国百家大中型企业调查/马仲扬主编)
ISBN 7-80092-428-9(精装):¥30.00

F426.4　　008077
走上良性循环之路:云南机床厂转变企业经营机制研究/傅淑丽主编.—昆明:云南人民出版社,1995.9.—118页;19cm
ISBN 7-222-01779-8:¥5.50

F426.4　　008078
泸州市液压附件厂志/泸州市液压附件厂志编纂委员会编纂.—成都:四川人民出版社,1995.2.—208页;26cm
ISBN 7-220-02733-8(精装):¥65.00

F426.4-54　　008079
中国机械工业年鉴　1995/《中国机械工业年鉴》编辑委员会编.—北京:机械工业出版社,1995.11.—1册;26cm
ISBN 7-111-04808-3(精装):¥98.00

F426.41　　008080
中国有色金属产品品种质量调查与研究/赵祖德主编;中国有色金属产品品种质量调查与研究编委会编.—北京:科学出版社,1995.2.—844页;26cm
ISBN 7-03-004496-0(精装):¥80.00

F426.42　　008081
北京煤矿机械厂志/陈文满主编;北京煤矿机械厂编.—北京:煤炭工业出版社,1995.9.—477页:照片;20cm
ISBN 7-5020-1049-1(精装):¥25.00

F426.42　　008082
山东省章丘鼓风机厂志/王传熙,郑新道主编;山东省章丘鼓风机厂史志编纂委员会编.—北京:方志出版社,1995.6.—690页:彩照;20cm
ISBN 7-80122-044-7(精装):¥42.00

F426.42-54　　008083
中国内燃机工业年鉴　1994/《中国内燃机工业年鉴》编委会编.—上海:上海交通大学出版社,1995.1.—523页;26cm
ISBN 7-313-01430-9(精装):¥80.00

F426.45　　008084
齐鲁石油化工公司机械厂:汉英对照/山东省工商行政管理局编.—济南:山东友谊出版社,1995.12.—10页:彩照;28cm.—(山东省省重合同守信用企业系列画册/宋君美主编)
ISBN 7-80551-763-0:¥16.00

F426.47　　008085
共铸辉煌/冯玉玺主编.—北京:民族出版社,1995.6.—360页;20cm
ISBN 7-105-02472-0:¥10.00

F426.471　　008086
汽车维修企业管理/张弟宁主编.—北京:人民交通出版社,1995.12.—100页;26cm

交通技工学校通用教材 汽车修理专业用
ISBN 7-114-02242-5:¥6.90

F426.471 008087
云南汽车工业史/杨兆龙等主编.—昆明:云南人民出版社,1995.6.—353页:照片;20cm.—(中国汽车工业史丛书)
ISBN 7-222-01349-0(精装):¥27.80

F426.471 008088
中国汽车工业通讯大全/姬业成主编;中国汽车工业总公司编.—北京:水利电力出版社,1995.5.—430页:彩图;26cm
ISBN 7-120-02226-1:¥68.00

F426.471 008089
中国汽车纪行/孙年益主编.—北京:中国统计出版社,1995.4.—655页;20cm
ISBN 7-5037-1783-1(精装):¥29.80

F426.471 008090
中国轻型汽车工业史:1949~1989/中国轻型汽车工业史编委会编.—北京:机械工业出版社,1995.7.—341页;26cm
ISBN 7-111-04755-9(精装):¥60.00

F426.471 008091
崛起在黄浦江畔:来自上海汽车工业的报告/上海汽车工业总公司宣传中心,上海汽车报编.—上海:上海文艺出版社,1995.3.—500页:照片;20cm
ISBN 7-5321-1330-2:¥20.30

F426.472 008092
西安车辆厂志:1938~1987/贺锡达主编;西安车辆厂志编纂委员会编.—西安:陕西人民出版社,1995.6.—351页:照片;26cm
ISBN 7-224-03814-8(精装):¥40.00

F426.474-61 008093
中国船舶工业行业协会会员单位名录/中国船舶工业行业协会,《中国船舶报》社编.—北京:人民交通出版社,1995.11.—167页:照片;20cm
ISBN 7-114-02277-8:¥30.00

F426.48 008094
抗战时期重庆的兵器工业/陆大钺主编;唐润明等编写.—重庆:重庆出版社,1995.8.—278页;20cm.—(重庆抗战丛书/徐朝鉴主编)
ISBN 7-5366-3127-8:¥12.50

F426.5 008095
南昌飞机制造公司/李国强,李万新主编.—北京:当代中国出版社,1995.10.—370页;20cm.—(中国国情丛书·全国百家大中型企业调查/马仲扬主编)
ISBN 7-80092-410-6(精装):¥30.00

F426.5 008096
中国航空工业要览:1995~1996:汉英对照/《中国航空工业要览》编辑部编.—4版(修订版).—北京:航空工业出版社,1995.7.—287页:彩图;29cm
ISBN 7-80046-907-7(精装):¥60.00

F426.6 008097
电子工业部第六研究所三十周年纪念文集/徐永清等著.—北京:中国工人出版社,1995.1.—165页;20cm
ISBN 7-5008-1693-6:¥35.00

F426.6 008098
家用电器概论:现状·市场·趋势·营销·开发/虞国平编著.—北京:中国计量出版社,1995.5.—332页;26cm
ISBN 7-5026-0731-5:¥25.00

F426.6 008099
中国电器工业发展史:续集/张大奇主编;中国电工技术学会中国电器工业发展史专业委员会编.—北京:机械工业出版社,1995.12.—792页;20cm
ISBN 7-111-04931-4:¥35.00

F426.61 008100
北京市电力工业志:1888~1990/北京市电力工业志编纂委员会编.—北京:当代中国出版社,1995.6.—545页:图;26cm.—(中国电力工业志丛书)
ISBN 7-80092-353-3(精装):¥128.00

F426.61 008101
电力建设工程施工机械台班费用定额/中华人民共和国电力工业部发布.—北京:中国电力出版社,1995.12.—152页;20cm
ISBN 7-80125-092-3:¥13.50

F426.61 008102
湖州发电厂志:1912~1990/王仲青主编;湖州发电厂志编纂委员会编.—北京:中国电力出版社,1995.11.—180页:照片;26cm.—(浙江省电力工业志丛书)
ISBN 7-80125-073-7(精装):¥118.00

F426.61 008103
丽水地区电力工业志/丽水地区电力工业志编纂委员会编.—北京:水利电力出版社,1995.3.—233页;26cm.—(浙江省电力工业志丛书)
ISBN 7-120-02358-6(精装):¥69.00

F426.61 008104
辽宁发电厂/任正华主编.—北京:当代中国出版社,1995.4.—375页;20cm.—(中国国情丛书·全国百家大中型企业调查/马仲扬主编)
ISBN 7-80092-341-X(精装);¥29.80

F426.61 008105
临汾地区电力工业志:1929~1990/乔玉虎主编;山西省临汾地区电力工业志编委会编.—北京:中国电力出版社,1995.9.—396页:照片;26cm.—(山西省电力工业志丛书)
ISBN 7-80125-012-5(精装):¥150.00

F426.61 008106
宁波市电力工业志:1897~1990/穆福梁主编;宁波市电力工业志编纂委员会编.—北京:水利电力出版社,1995.6.—302页:照片;26cm.—(浙江省电力工业志丛书)
ISBN 7-120-02357-8(精装):¥85.00

F426.61 008107
秦岭发电厂志/弥梦麟主编;《秦岭发电厂志》编纂办公室编著.—西安:三秦出版社,1995.12.—192页:彩照;26cm.—(陕西地方志丛书)
ISBN 7-80546-927-X(精装):¥50.00

F426.61 008108
三台县电力公司志:1986~1993/蒋成柱主编;三台

县电力公司志编写组编.—成都:四川人民出版社,1995.10.—223页:彩照;26cm

ISBN 7-220-03035-5(精装):¥47.50

F426.61　　008109

太原供电志/刘新文主编;《太原供电志》编委会编.—北京:水利电力出版社,1995.10.—434页:照片;26cm.—(山西省电力工业志丛书)

ISBN 7-120-02432-9(精装):¥140.00

F426.61　　008110

武隆县电力公司志/武隆县电力公司编纂.—成都:四川人民出版社,1995.7.—280页;19cm

ISBN 7-220-02882-2:¥15.00

F426.61　　008111

西藏自治区电力工业志/西藏自治区电力工业志编纂委员会编.—北京:民族出版社,1995.7.—278页:彩图;26cm.—(中国电力工业志丛书)

ISBN 7-105-02462-3(精装):¥62.00

F426.61　　008112

仙居县电力工业志/张新民主编;《仙居县电力工业志》编纂委员会编.—北京:当代中国出版社,1995.12.—358页:彩照;20cm

ISBN 7-80092-487-4(精装):¥20.00

F426.61　　008113

徐州电力工业志:1914～1987/骆嘉英主编;徐州电力工业志编委会编.—北京:水利电力出版社,1995.6.—351页:照片;26cm.—(江苏省电力工业志丛书)

ISBN 7-120-02356-X(精装):¥60.00

F426.61　　008114

阳泉供电志:1918～1990/齐守义主编;《阳泉供电志》编纂委员会编.—北京:中国电力出版社,1995.12.—354页:彩照;26cm.—(山西省电力工业志丛书)

ISBN 7-80125-044-3(精装):¥150.00

F426.61　　008115

永济热电厂志:1970～1991/刘明乐主编;永济热电厂志编纂委员会编.—北京:中国电力出版社,1995.9.—284页:照片;26cm.—(山西省电力工业志丛书)

ISBN 7-80125-048-6(精装):¥135.00

F426.61　　008116

浙江省电力工业志/张彬主编;浙江省电力工业志编纂委员会编.—北京:水利电力出版社,1995.3.—469页:彩照;26cm.—(中国电力工业志丛书)

ISBN 7-120-02308-X(精装):¥60.00

F426.61　　008117

艮山门发电厂志/王长征主编;《艮山门发电厂志》编纂委员会编.—北京:当代中国出版社,1995.11.—207页:照片;20cm.—(浙江省电力工业志丛书)

ISBN 7-80092-453-X(精装):¥20.00

F426.61-54　　008118

中国电力年鉴　1993/周小谦主编;《中国电力年鉴》编委会编.—北京:中国电力出版社,1995.12.—607页:彩照;26cm

ISBN 7-80125-083-4(精装):¥88.00

F426.61-54　　008119

中国水力发电年鉴:1992～1994　第四卷/王波主编;中国水力发电年鉴编辑部编纂.—北京:中国电力出版社,1995.11.—647页:照片;26cm

ISBN 7-80125-046-X(精装):¥50.00

F426.63　　008120

"七五"、"八五"电子发展基金成果汇编/周子学主编;中华人民共和国电子工业部编.—北京:电子工业出版社,1995.12.—426页:彩照;29cm

ISBN 7-5053-3420-4:¥188.00

F426.63　　008121

东方通信之光:杭州通信设备厂发展史/王荣华,汪枕平编著.—北京:改革出版社,1995.10.—267页:彩图;20cm.—(中国企业史丛书)

ISBN 7-80072-727-0:¥18.50

F426.63　　008122

福建电子与电脑/李超云主编;《福建电子与电脑》编委会编.—厦门:鹭江出版社,1995.10.—71页;29cm

ISBN 7-80610-268-X:¥35.00

F426.63　　008123

中国敏感元件及传感器企业大全/《中国敏感元件及传感器企事业大全》编委会编.—北京:电子工业出版社,1995.1.—707页;20cm

ISBN 7-5053-2686-4:¥38.00

F426.7　　008124

1995年中国化学工业发展指南/中国化工经济技术发展中心编.—北京:化学工业出版社,1995.2.—273页;26cm

ISBN 7-5025-1496-1:¥52.00

F426.7　　008125

搏浪前进:中国水泥厂史料专辑/南京市政协文史资料委员会等编.—南京:南京出版社,1995.5.—226页;20cm

ISBN 7-80614-102-2:¥17.00

F426.7　　008126

浮法之光:中国洛阳浮法玻璃集团发展史/李绍唐,程荣柱主编.—北京:改革出版社,1995.10.—439页:图;20cm.—(中国企业史丛书)

ISBN 7-80072-716-5:¥31.50

F426.7　　008127

古汉药业集团/吕芳文,肖起来主编.—北京:当代中国出版社,1995.10.—399页:彩照;20cm.—(中国国情丛书·全国百家大中型企业调查/马仲扬主编)

ISBN 7-80092-423-8(精装):¥30.00

F426.7　　008128

华北制药厂厂志:1953～1990年/纪昭海主编.—石家庄:河北人民出版社,1995.10.—403页:照片;26cm

ISBN 7-202-01799-7(精装):¥90.00

F426.7　　008129

吉林炭素总厂/夏有恒主编.—北京:当代中国出版社,1995.9.—402页:彩照;20cm.—(中国国情丛书·全国百家大中型企业调查/马仲扬主编)

ISBN 7-80092-411-4(精装):¥30.00

F426.7　　008130

上海石油化工总厂志/徐金华主编;上海石油化工总厂厂史编委会编.—上海:上海社会科学院出版社,

1995.5.—750 页:照片;26cm.—(上海市专志系列丛刊)

ISBN 7-80618-042-7(精装):¥75.00

F426.7 008131

腾飞——中国橡胶工业:英汉对照/万林主编;《腾飞—中国橡胶工业》编辑委员会编著.—北京:外文出版社,1995.—161 页:彩照;29cm

ISBN 7-119-00866-8(精装):¥0.00

F426.7 008132

振兴之路:福建南平水泥股份有限公司发展史:1955~1994/佘亚银,严文儒主编.—北京:改革出版社,1995.7.—402 页:彩图;20cm.—(中国企业史丛书)

ISBN 7-80072-700-9:¥29.50

F426.7-62 008133

1996 年中国化学工业发展指南/中国化工经济技术发展中心编.—北京:化学工业出版社,1995.12.—345 页;26cm

ISBN 7-5025-1629-8:¥60.00

F426.8 008134

内蒙古轻纺工业志/曾昭义主编;内蒙古自治区轻纺工业厅编.—呼和浩特:内蒙古人民出版社,1995.11.—589 页:彩照;26cm

ISBN 7-204-02730-2(精装):¥80.00

F426.8 008135

中国轻工企业技术创新先驱 22 家/徐荣凯,傅家骥主编.—北京:清华大学出版社,1995.11.—280 页;20cm.—(技术创新研究丛书;3)

ISBN 7-302-01896-0:¥11.50

F426.8-29 008136

中国包装企业大全:中英文对照:1995~1996/陈明正主编;中国包装技术协会编.—北京:中国经济出版社,1995.10.—823 页;29cm

ISBN 7-5017-3506-9(精装):¥300.00

F426.81 008137

常州国棉一厂志:1916~1990/高进勇主编.—南京:江苏人民出版社,1995.7.—407 页:照片;26cm

ISBN 7-214-01575-7:¥68.00

F426.81 008138

河南省华新棉纺织厂志:1915~1994/《华新棉纺织厂厂志》编纂委员会办公室编.—北京:新华出版社,1995.12.—461 页:彩照;26cm

ISBN 7-5011-2975-4(精装):¥80.00

F426.81 008139

跨世纪的安徽丝绸之路/张润霞主编.—合肥:安徽人民出版社,1995.5.—171 页;19cm.—(市场与发展热点丛书)

ISBN 7-212-01203-3:¥5.60

F426.81 008140

美化生活的人们/孙根禄主编.—郑州:河南人民出版社,1995.8.—256 页;20cm

ISBN 7-215-03511-5:¥9.50

F426.81 008141

苏州丝绸档案资料汇编/曹喜琛,叶万忠主编;苏州市档案馆编.—南京:江苏古籍出版社,1995.4.—2 册(1498 页);20cm

ISBN 7-80519-625-7(精装):¥65.00

F426.81 008142

重塑国有企业形象:北京二毛纺织集团的成功之路/续立滨,赵辉主编.—北京:新华出版社,1995.7.—228 页;20cm

ISBN 7-5011-2788-3:¥9.50

F426.82 008143

贵州茅台酒厂/康明中主编.—北京:当代中国出版社,1995.8.—437 页;20cm.—(中国国情丛书·全国百家大中型企业调查/马仲扬主编)

ISBN 7-80092-342-8(精装):¥28.90

F426.82 008144

吉林市食品工业发展史略/唐盛民主编.—长春:吉林文史出版社,1995.10.—313 页;20cm

ISBN 7-80626-061-7(精装):¥48.00

F426.82 008145

津门食萃/尹桂茂主编.—天津:南开大学出版社,1995.4.—946 页;20cm

ISBN 7-310-00841-3:¥59.00

F426.82 008146

经营之道/曹随等编著.—北京:中国轻工业出版社,1995.5.—194 页;19cm.—(著名轻工企业的发展与管理丛书)

ISBN 7-5019-1749-3:¥6.90

F426.82 008147

酿造甜蜜/王玉江等著.—乌鲁木齐:新疆人民出版社,1995.7.—237 页;19cm

ISBN 7-228-03491-1:¥12.00

F426.82 008148

我与汾酒/常贵明编著.—北京:北京出版社,1995.6.—398 页:彩照;20cm

ISBN 7-200-02434-1(精装):¥20.00

F426.82 008149

新疆酒苑 第二期:汉英对照/新疆美术出版社编.—乌鲁木齐:新疆美术摄影出版社,1995.9.—36 页;29cm

ISBN 7-80547-336-6:¥38.00

F426.82 008150

新疆制糖业:汉英对照/新疆美术出版社编.—乌鲁木齐:新疆美术摄影出版社,1995.9.—25 页;29cm

ISBN 7-80547-337-4:¥20.00

F426.82 008151

自贡市盐业志/苏家庆主编;自贡市盐务管理局编.—成都:四川人民出版社,1995.4.—517 页:照片;26cm.—(自贡市地方志丛书;38)

ISBN 7-220-02583-1(精装):¥68.00

F426.82 008152

旌晶之路/旌晶食品报编辑部编.—成都:四川民族出版社,1995.12.—214 页;20cm

ISBN 7-5409-1637-0:¥8.80

①F426.82②J426 008153

中国糖酒/《海关与大市场》杂志社编著.—长沙:湖南科学技术出版社,1995.9.—166 页:彩图;29cm

ISBN 7-5357-1868-X:¥125.00

F426.82-62　　008154

中国食品工业企业大全/胡嗣明主编;中国食品工业协会编.—北京:中国商业出版社,1995.11.—2册(2539页);26cm

ISBN 7-5044-3077-3(精装):¥380.00

F426.83　　008155

制浆造纸企业科技·生产·设备管理/刘秉钺等编著.—北京:中国轻工业出版社,1995.10.—410页;19cm

ISBN 7-5019-1810-4:¥18.80

F426.84　　008156

印刷企业的经营与管理/龚应荣等编著.—北京:印刷工业出版社,1995.2.—353页;20cm

ISBN 7-80000-177-6:¥17.00

F426.84　　008157

中国印刷近代史:初稿/范慕韩主编.—北京:印刷工业出版社,1995.11.—729页;20cm

ISBN 7-80000-195-4(精装):¥60.00

F426.85-26　　008158

中国皮革工业协会会员名录/中国皮革工业协会编.—北京:中国轻工业出版社,1995.3.—375页:彩图;20cm

ISBN 7-5019-1762-0:¥53.00

F426.86　　008159

服装行业职业道德/陈炳宜主编;厦门市职业道德丛书编委会编.—北京:高等教育出版社,1995.5.—49页;19cm.—(中等职业技术学校职业道德教育丛书)

ISBN 7-04-005241-5:¥1.20

F426.88　　008160

林区再次创业战略研究/唐庭棣,褚凤主编.—哈尔滨:黑龙江人民出版社,1995.10.—431页;20cm

ISBN 7-207-03152-1:¥9.80

F426.89　　008161

北京烟草志:1986~1996/顾阿朝主编.—北京:中国商业出版社,1995.12.—348页:彩照;20cm

ISBN 7-5044-3088-9(精装):¥48.00

F426.89　　008162

毕节县烟草志/王见文主编;《毕节县烟草志》编纂委员会编.—贵阳:贵州人民出版社,1995.6.—191页:彩图;26cm

ISBN 7-221-03836-8(精装):¥45.00

F426.89　　008163

福建省莆田市烟草志/莆田市烟草专卖局,莆田市烟草分公司编.—福州:福建人民出版社,1995.7.—192页;26cm

ISBN 7-211-02542-5(精装):¥20.00

F426.89　　008164

富川烟草志/盘礼祺,蒋名科主编;富川瑶族自治县烟草公司编.—南宁:广西人民出版社,1995.10.—207页;19cm

ISBN 7-219-03076-2(精装):¥10.00

F426.89　　008165

红塔山的崛起/褚时健主编.—北京:企业管理出版社,1995.4.—326页;19cm.—(中国企业科技进步案例丛书:玉溪卷烟厂卷/段瑞春,孔德涌主编)

ISBN 7-80001-498-3:¥10.60

F426.89　　008166

龙岩卷烟厂厂史/龙岩卷烟厂厂史编纂委员会编.—福州:福建人民出版社,1995.3.—208页:彩照;20cm

ISBN 7-211-02442-9:¥7.50

F426.89　　008167

现代烟草企业管理:模式·职能·体制/赵九来主编.—合肥:中国科学技术大学出版社,1995.12.—399页;20cm

ISBN 7-312-00760-0(精装):¥25.00

F426.89　　008168

浙江省烟草志/张仁琪主编;《浙江省烟草志》编纂委员会编.—杭州:浙江人民出版社,1995.12.—733页:照片;26cm.—(浙江省志丛书)

ISBN 7-213-01135-9(精装):¥95.00

F426.89　　008169

中国烟草的过去、现在和未来/赵九来,陈松锋著.—北京:中国经济出版社,1995.10.—288页;19cm

ISBN 7-5017-3558-1:¥16.00

F426.89　　008170

中国烟草企业管理风采/国家烟草专卖局人事劳动司编.—北京:中国社会出版社,1995.5.—263页;20cm

ISBN 7-80088-531-3:¥9.00

F426.89　　008171

嵩明烟草志:1921~1992/王黎明主编;云南省嵩明县烟草公司编.—昆明:云南民族出版社,1995.8.—230页:彩照;20cm

ISBN 7-5367-1045-3(精装):¥38.00

①F426.89②F326.12　　008172

中国优质烟叶发展的道路:中国云南玉溪卷烟厂"第一车间"——玉溪地区优质烟叶生产腾飞奥秘研究/褚时健,黄求燕主编 .—昆明:云南人民出版社,1995.9.—299页;20cm

ISBN 7-222-01822-0:¥19.50

①F426.89②J221　　008173

中国烟草百花集/关政林,夏利渊主编.—沈阳:春风文艺出版社,1995.4.—529页:彩照;29cm.—(中国烟草企业文学艺术丛书)

ISBN 7-5313-1486-X(精装):¥190.00

F426.89-61　　008174

全国黄金、镶嵌首饰定点生产、加工、批发企业名录/中国人民银行货币金银司编.—北京:中国金融出版社,1995.11.—153页;19cm

内部发行

ISBN 7-5049-1476-2:¥25.00

F426.9　　008175

当代河南的建材工业/孙光华等主编.—北京:当代中国出版社,1995.12.—303页:照片;20cm.—(当代河南历史丛书/胡悌云,侯志英主编)

ISBN 7-80092-469-6(精装):¥35.00

F426.9　　008176

防洪基金的实践与探索/赵鸣骥,文秋良编著.—北

京:水利电力出版社,1995.1.—242页;20cm
ISBN 7-120-02203-2:¥15.60

F426.9　008177
沸腾的小浪底:小浪底'94大开工/小浪底水利枢纽建设管理局编.—郑州:黄河水利出版社,1995.3.—48页
ISBN 7-80621-004-0:¥9.80

F426.9　008178
河南建筑实录/河南省建设厅,河南省四维开发公司编辑.—郑州:河南美术出版社,1995.5.—121页;29cm
ISBN 7-5401-0466-X(精装):¥98.00

F426.9　008179
黑龙江省垦区水利效益40年/王学仁,耿玉凡主编;黑龙江省农场总局水利局编.—哈尔滨:黑龙江科学技术出版社,1995.8.—151页;20cm
ISBN 7-5388-2708-0:¥16.80

F426.9　008180
击水清江/王利滨编著.—北京:中国水利水电出版社,1995.10.—358页;20cm
ISBN 7-80124-037-5(精装):¥26.00

F426.9　008181
青海省水利大事记/青海省水利志编委办公室编.—西宁:青海人民出版社,1995.6.—284页;26cm
ISBN 7-225-01070-0:¥20.00

F426.9　008182
全国施工企业主要经济技术指标资料汇编:1993年度/沈澄钧,刘钧主编;国家统计局投资司,施工企业管理杂志社编.—北京:中国商业出版社,1995.10.—734页;26cm
ISBN 7-5044-0888-3:¥45.00

F426.9　008183
深圳建筑大观　第一集/深圳建筑业协会,海天出版社编.—深圳:海天出版社,1995.8.—51页;29cm
ISBN 7-80615-183-4:¥66.00

F426.9　008184
水利·外资·利用/水利部人事劳动教育司编.—北京:国防工业出版社,1995.9.—166页;26cm
ISBN 7-118-01516-4:¥20.00

F426.9　008185
水利经济政策回顾与研究/胡维松等主编.—南京:河海大学出版社,1995.4.—150页;20cm
ISBN 7-5630-0803-9:¥7.00

F426.9　008186
唐山市水利工程大事记/许振书主编;唐山市水利局编.—北京:中国水利水电出版社,1995.12.—351页;26cm
ISBN 7-80124-038-3(精装):¥38.00

F426.9　008187
新疆水利四十年/新疆维吾尔自治区水利厅编.—乌鲁木齐:新疆美术摄影出版社,1995.9.—110页;29cm
ISBN 7-80547-313-7:¥80.00

F426.9　008188
中国建筑业企业名录/建设部建筑业司等编.—北京:机械工业出版社,1995.5.—565页;26cm
ISBN 7-111-04594-7(精装):¥40.00

F426.9　008189
中国建筑装饰信息总汇　第一卷/肖田主编;广州新商界市场信息有限公司编.—广州:华南理工大学出版社,1995.4.—1064页:彩图;26cm.—(生态信息工程系列丛书)
ISBN 7-5623-0821-7(精装):¥268.00

F426.9　008190
中国水利单位要录/水利部办公厅,中国水利经济研究会编.—北京:中国水利水电出版社,1995.6.—795页;26cm
ISBN 7-80124-035-9:¥60.00

F426.9-53　008191
中国水利发展战略文集:1979~1995/张岳编著.—北京:中国水利水电出版社,1995.9.—371页;26cm
ISBN 7-80124-043-X(精装):¥40.00

F426.9-54　008192
中国建筑业年鉴　1995年　总第7卷/《中国建筑业年鉴》编委会编.—北京:中国建筑工业出版社,1995.12.—704页:照片;26cm
ISBN 7-112-02726-8(精装):¥95.00

F426.9-54　008193
中国水利年鉴　1994/徐乾清主编;《中国水利年鉴》编辑委员会编.—北京:水利电力出版社,1995.6.—418页:彩图;26cm
(精装):¥49.00

①F426.9-54②TV632.63-54　008194
葛洲坝集团年鉴　1995/陈燕璈主编;葛洲坝集团年鉴编纂委员会编.—北京:中国三峡出版社,1995.12.—505页:彩照;26cm
ISBN 7-80099-128-8(精装):¥68.00

F426.9-62　008195
山东省建设企业大全/宋希焕,赵克志主编;山东省城乡建设委员会编.—济南:黄河出版社,1995.7.—491页:照片;26cm
ISBN 7-80558-614-4(精装):¥70.00

F427.1-54　008196
北京工业年鉴　1995/北京市经济委员会编.—北京:企业管理出版社,1995.7.—659页:彩照;26cm
ISBN 7-80001-554-8(精装):¥78.00

F427.34　008197
实践与探索/丁维东编著.—延吉:东北朝鲜民族教育出版社,1995.12.—182页;19cm
ISBN 7-5437-2501-0:¥15.00

F427.45　008198
新疆大中型企业良性循环的对策/许准主编.—乌鲁木齐:新疆人民出版社,1995.12.—131页;20cm
ISBN 7-228-03688-3:¥4.50

F427.51-62　008199
上海机电产品投资指南:汉英对照/王祖康,袁海君主编.—上海:复旦大学出版社,1995.11.—466页;26cm
ISBN 7-309-01600-9(精装):¥180.00

F427.53　008200

泰兴工业志/汪文俊，刘士定主编；《泰兴工业志》编纂委员会编.—南京：江苏人民出版社，1995.7.—317页；彩图；26cm

ISBN 7-214-01504-8(精装)：￥35.00

F427.533　　008201

再造优势：来自太仓市属工业的报告/陆春云主编.—上海：上海科学普及出版社，1995.10.—258页；20cm

ISBN 7-5427-1017-6：￥22.50

F427.57-54　　008202

福建工业经济统计年鉴　1995/郑国辉主编；福建省统计局编.—北京：中国统计出版社，1995.12.—295页；26cm

ISBN 7-5037-2050-6(精装)：￥50.00

F427.73　　008203

贵州省消费者信得过产品专集/黄怀清，张安宁主编；贵州省消费者协会编.—贵阳：贵州人民出版社，1995.3.—68页；26cm

ISBN 7-221-03814-7：￥35.00

F429.031　　008204

楚国的矿冶髹漆和玻璃制造/后德俊著.—武汉：湖北教育出版社，1995.7.—296页；20cm.—(楚学文库/张正明主编)

ISBN 7-5351-1089-4(精装)：￥20.00

F429.05　　008205

中国近代工业的产生与发展/李志英编著.—北京：北京科学技术出版社，1995.1.—116页；19cm.—(中国历史知识全书：重大事件/朱仲玉主编)

ISBN 7-5304-1634-0：￥3.90

F429.31　　008206

历史，永远铭记创业的辉煌："一五"时期辽宁重点工程建设始末/高峰主编；中共辽宁省委党史研究室编.—沈阳：辽宁人民出版社，1995.3.—481页：照片；20cm

ISBN 7-205-03300-4：￥15.00

F429.553　　008207

温州工业简史/俞雄，俞光著.—上海：上海社会科学院出版社，1995.12.—225页；19cm

ISBN 7-80618-144-X：￥12.00

F43/47　各国工业经济

F471.265　　008208

理想 奋斗 成功：凯门公司的创业之路/(美)凯门(Kaman，C.H.)著；方昌德，魏志祥译.—北京：航空工业出版社，1995.1.—149页：照片；28cm

ISBN 7-80046-592-6：￥9.80

F471.266　　008209

美国计算机产业最新信息荟萃/( )Jutiussen，E.，( )Jutiussen，K.P.著；方裕等译.—北京：电子工业出版社，1995.8.—729页；26cm

ISBN 7-5053-3122-1：￥120.00

F5　交通运输经济

F5　　008210

运输经济专业知识与实务应试指导：初、中级/塞风，赵履宽主编.—北京：企业管理出版社，1995.2.—2册；26cm.—(经济学博士编著"1995年经济专业资格考试应试指导"丛书)

全国经济专业技术资格考试指定教材 理想配套辅导用书

ISBN 7-80001-534-3：￥33.60

F50　交通运输经济理论

F50　　008211

大中城市交通系统投资分析：北京市交通系统投资比例优化模型/王莉主编.—北京：中国铁道出版社，1995.1.—223页；19cm

ISBN 7-113-01846-7：￥7.00

F50　　008212

交通运输系统决策理论方法与应用/施欣著.—兰州：兰州大学出版社，1995.12.—308页；20cm

ISBN 7-311-00979-0：￥18.00

F50　　008213

颜氏经营哲学/颜景策著.—北京：中国经济出版社，1995.6.—149页；20cm

ISBN 7-5017-0469-4：￥10.00

F50　　008214

运输经济理论研究　1995年/马宗武著.—北京：人民交通出版社，1995.2.—352页；20cm.—(港口经济丛书/张燕，马宗武主编)

ISBN 7-114-02246-8：￥19.20

F50　　008215

运输经济学导论/许庆斌等著.—北京：中国铁道出版社，1995.1.—337页；20cm

ISBN 7-113-01916-1：￥14.00

F50　　008216

综合运输市场学概论/陈汝龙，朱隆泉主编.—上海：上海交通大学出版社，1995.9.—425页；20cm

ISBN 7-311-01498-8：￥16.20

F50　　008217

综合运输与区域经济/杨浩等编著.—北京：中国铁道出版社，1995.9.—242页；20cm

ISBN 7-113-02230-8：￥12.00

F50-53　　008218

交通向高速进军：第二届上海·东京交通与经济学术研讨会论文集/上海铁道学院编.—北京：中国铁道出版社，1995.6.—163页；26cm

ISBN 7-113-02086-0：￥18.00

F505　　008219

交通工程评估和可行性研究/日本土木学会编；杜照南等译.—海口：南海出版公司，1995.4.—251页；19cm

ISBN 7-80570-662-X：￥6.80

F505　　008220

交通运输企业成本费用管理核算办法/中华人民共和国交通部制定.—北京:人民交通出版社,1995.8.—133页;19cm

ISBN 7-114-02225-5:¥8.00

F506.72　　008221

交通部施工企业成本费用核算办法/中华人民共和国财政部,中华人民共和国交通部制定.—北京:人民交通出版社,1995.11.—111页;19cm

ISBN 7-114-02284-0:¥7.50

F506.72　　008222

交通运输企业成本会计学/陈守白,舒海波编著.—北京:人民交通出版社,1995.10.—553页;20cm

ISBN 7-114-02247-6:¥11.80

F506.72　　008223

运输企业会计/张志诚主编.—北京:中国财政经济出版社,1995.6.—344页;19cm

国内贸易部部编中等专业学校财会系列教材

ISBN 7-5005-2684-9:¥8.90

F506.72　　008224

运输业务会计/谢国新等编著.—北京:航空工业出版社,1995.3.—160页;19cm.—(企业会计丛书·第三辑/谢国新,储一昀主编)

ISBN 7-80046-802-X:¥5.80

F51 世界各国概况

F511.4　　008225

第二亚欧大陆桥发展协作系统论:第二亚欧大陆桥发展协作系统国际研讨会论文集/郭志仪主编.—兰州:甘肃文化出版社,1995.7.—325页;20cm

ISBN 7-80608-118-6:¥15.00

F511.4　　008226

联运发展论/王稼琼著.—北京:中国民航出版社,1995.6.—228页;20cm

ISBN 7-80110-015-8:¥9.20

F512　　008227

交通运输产业:公路·水路交通/陈庆祁主编.—成都:四川大学出版社,1995.11.—159页;19cm.—(第三产业发展指南丛书/许述生主编)

ISBN 7-5614-1213-4:¥9.00

F512.6　　008228

交通职业道德/袁耀成主编;中华人民共和国交通部编.—南宁:广西人民出版社;北京:新华出版社,1995.3.—151页;19cm.—(中华职业道德教育丛书/翟泰丰等主编)

ISBN 7-219-02910-1:¥4.80

F512.6　　008229

乡镇交通管理站工作实务/苏州市交通局编.—北京:人民交通出版社,1995.12.—195页;19cm

ISBN 7-114-02223-9:¥12.50

F512.726.3　　008230

包头公路交通志/《包头公路交通志》编纂委员会编.—呼和浩特:内蒙古人民出版社,1995.8.—508页:照片;20cm.—(包头市地方志丛书)

ISBN 7-204-02787-6(精装):¥28.50

F512.731.2　　008231

雕塑丰碑:朝阳市"八五"期间交通工作记实/姜忠,赵贵主编.—沈阳:辽宁大学出版社,1995.11.—474页:彩照;20cm

ISBN 7-5610-3067-3:¥22.00

F512.734.2　　008232

发展中的延边交通/刘兆发等主编.—延吉:延边人民出版社,1995.6.—310页;20cm

ISBN 7-80599-329-7(精装):¥26.00

F512.742　　008233

甘肃交通通信发展研究/华裔主编.—兰州:兰州大学出版社,1995.1.—490页;19cm

ISBN 7-311-00843-3:¥12.80

①F512.742②F632.742　　008234

甘肃交通邮电/华裔主编.—兰州:兰州大学出版社,1995.12.—363页:照片;26cm

ISBN 7-311-00981-2:¥48.00

F512.742-54　　008235

甘肃交通年鉴　1995年/《甘肃交通年鉴》编辑组编.—兰州:兰州大学出版社,1995.10.—364页;26cm

ISBN 7-311-00918-9(精装):¥38.00

F512.751　　008236

交通规划科技之光/陆锡明主编;上海市城市综合交通规划研究所,上海人民广播电台交通信息台编.—上海:百家出版社,1995.12.—311页;20cm

ISBN 7-80576-558-8:¥15.80

F512.753.4　　008237

六合交通志/钟建棠主编;《六合交通志》编纂领导小组编.—合肥:黄山书社,1995.8.—323页:彩照;20cm

ISBN 7-80535-953-9(精装):¥45.00

F512.755　　008238

丽水地区交通志/杨一民主编;《丽水地区交通志》编审委员会编.—北京:海洋出版社,1995.11.—365页;26cm

ISBN 7-5027-4084-8(精装):¥56.00

F512.755.4　　008239

嵊泗县交通志/许示主编;《嵊泗县交通志》编纂领导小组编.—杭州:浙江大学出版社,1995.12.—300页;20cm

ISBN 7-308-01584-X(精装):¥48.00

F512.757.4　　008240

南安县交通志/林遂心主编;福建省南安县交通局编.—福州:海风出版社,1995.8.—279页:彩照;20cm.—(南安县地方志丛书)

ISBN 7-80597-098-X(精装):¥26.80

F512.761　　008241

驻地一方路/段太龙,刘耀法主编.—郑州:河南人民出版社,1995.9.—342页;19cm

ISBN 7-215-03535-2:¥6.60

F512.761.2　　008242

洛阳地区交通志/秦国臻主编;《洛阳地区交通志》编委会编.—北京:当代中国出版社,1995.12.—332页:

彩照;20cm.—(河南交通志丛书)

ISBN 7-80092-495-5(精装):¥27.00

F512.761.2　　　　　　　　　　　　　　**008243**

南阳地区交通志/郭天江主编;《南阳地区交通志》编纂委员会编.—郑州:河南人民出版社,1995.8.—426页;20cm.—(河南交通志丛书)

ISBN 7-215-03494-1(精装):¥28.00

F512.763　　　　　　　　　　　　　　**008244**

黄石市交通志/叶开霞,张承良主编;黄石市交通志编纂委员会编.—北京:人民交通出版社,1995.9.—463页:彩图;20cm.—(湖北省交通志丛书)

ISBN 7-114-02049-X(精装):¥30.00

F512.765.3　　　　　　　　　　　　　　**008245**

澄海市交通志/澄海市交通局编.—广州:广东人民出版社,1995.5.—143页;26cm

ISBN 7-218-02037-2(精装):¥40.00

F512.765.3　　　　　　　　　　　　　　**008246**

特区大动脉/深圳市作家协会文星传播咨询部主编.—北京:新华出版社,1995.6.—245页:彩图;20cm

ISBN 7-5011-2860-X:¥13.80

F512.771-54　　　　　　　　　　　　　　**008247**

四川交通年鉴　1995/李德义等主编;四川省交通厅年鉴编委会编.—成都:四川人民出版社,1995.11.—485页:彩图;26cm

ISBN 7-220-03048-7(精装):¥50.00

F512.774　　　　　　　　　　　　　　**008248**

云南交通2000年人才需求与教育发展研究/童吉渝,张正忠主编;云南省交通厅编.—昆明:云南教育出版社,1995.12.—282页;20cm

ISBN 7-5415-1099-8:¥9.20

F512.9　　　　　　　　　　　　　　**008249**

宿迁交通史:上古～1987年/李汉东编著.—南京:江苏人民出版社,1995.4.—167页:图;20cm

ISBN 7-214-01460-2:¥8.00

F512.9　　　　　　　　　　　　　　**008250**

元代交通史/德山著.—呼和浩特:远方出版社,1995.12.—363页;20cm

ISBN 7-80595-082-2:¥13.80

F512.9　　　　　　　　　　　　　　**008251**

战争生命线:国际交通与八年抗战/徐万民著.—桂林:广西师范大学出版社,1995.12.—450页;20cm.—(抗日战争史丛书:续编·综合系列/王桧林主编)

ISBN 7-5633-2114-4:¥20.20

F512.9　　　　　　　　　　　　　　**008252**

中国古代交通/马小奇,张培东编著.—北京:北京科学技术出版社,1995.1.—120页;19cm.—(中国历史知识全书:辉煌科技/朱仲玉主编)

ISBN 7-5304-1670-7:¥3.90

F512.99　　　　　　　　　　　　　　**008253**

北京市机动车行车示意图·北京市公路里程示意图/北京市公安交通管理局,人民交通出版社编绘.—北京:人民交通出版社,1995.2.—1张;53×77cm

¥2.50

F512.99　　　　　　　　　　　　　　**008254**

广东省交通图/广东省地图出版社编制.—广州:广东省地图出版社,1995.3.—1张;53×77cm

¥3.00

F512.99　　　　　　　　　　　　　　**008255**

广深高速公路导向图/广东省地图出版社编制.—广州:广东省地图出版社,1995.4.—1张;53×77cm

ISBN 7-80522-304-1:¥3.50

F512.99　　　　　　　　　　　　　　**008256**

广西交通图/广西测绘局地图印刷厂,广西测绘档案资料馆编.—广州:广东省地图出版社,1995.1.—1张;53×77cm

¥2.50

F512.99　　　　　　　　　　　　　　**008257**

广州道路行车图/广东省地图出版社,广州市交通管理科学研究所编.—4版.—广州:广东省地图出版社,1995.5.—1张;53×77cm

¥3.00

F512.99　　　　　　　　　　　　　　**008258**

海南省交通运输图/国家测绘局第二测绘院编制.—成都:成都地图出版社,1995.9.—1张;53×77cm

¥3.00

F512.99　　　　　　　　　　　　　　**008259**

河南省交通图/河南省地图院编制.—福州:福建省地图出版社,1995.2.—1张;77×106cm

¥6.80

F512.99　　　　　　　　　　　　　　**008260**

河南省交通图册/成都地图出版社编制.—成都:成都地图出版社,1995.5.—76页;19cm

ISBN 7-80544-411-0:¥4.80

F512.99　　　　　　　　　　　　　　**008261**

惠州市道路交通图/广东省地图出版社编制.—广州:广东省地图出版社,1995.5.—1张;53×77cm

¥3.00

F512.99　　　　　　　　　　　　　　**008262**

吉林省公路图册/吉林省公路管理局,吉林省测绘制印大队编制.—福州:福建省地图出版社,1995.1.—1册;19cm

ISBN 7-80516-223-9:¥24.00

F512.99　　　　　　　　　　　　　　**008263**

江苏省交通图/成都地图出版社编制.—成都:成都地图出版社,1995.9.—1张;53×77cm

ISBN 7-80544-426-9:¥2.00

F512.99　　　　　　　　　　　　　　**008264**

江苏省汽车司机实用地图册/江苏省交通厅公路局,江苏省全方地图应用开发中心编制.—福州:福建省地图出版社,1995.9.—1册:彩图;26cm

ISBN 7-80516-268-9:¥26.00

F512.99　　　　　　　　　　　　　　**008265**

江西省交通图册/成都地图出版社编制.—成都:成都地图出版社,1995.5.—75页;19cm

ISBN 7-80544-412-9:¥4.80

F512.99　　　　　　　　　　　　　　**008266**

交通运输地理概论/李根良著.—重庆:西南师范大学出版社,1995.7.—105页;26cm

高等师范、交通院校简明教材
ISBN 7-5621-1310-6: ¥10.00

F512.99 008267
辽源市区交通图/吉林省测绘新技术开发公司,辽源市规划处编制.—哈尔滨:哈尔滨地图出版社,1995.1.—1张;53×77cm
¥2.00

F512.99 008268
六安市交通图/六安市规划设计研究院,安徽省测绘科学研究所编.—福州:福建省地图出版社,1995.1.—1张;53×77cm
¥2.60

F512.99 008269
内蒙古自治区交通图.—福州:福建省地图出版社,1995.5.—1张;76×100cm
ISBN 7-80516-249-2: ¥6.50

F512.99 008270
山东省交通图/山东省地图出版社编制.—2版.—济南:山东省地图出版社,1995.8.—1张;53×77cm
¥3.20

F512.99 008271
上海市道路交通指南图/上海市公安局交通警察总队,华东师范大学地图研究所编制.—上海:上海科学技术出版社,1995.10.—1张;53×77cm
ISBN 7-5323-4062-7: ¥4.00

F512.99 008272
上海市交通图/上海市测绘院第四分院编制.—上海:中华地图学社,1995.4.—1张;53×77cm
¥2.00

F512.99 008273
上海市交通图　(甲)/上海市测绘院第四分院编制.—上海:中华地图学社,1995.4.—1张;53×77cm
¥2.60

F512.99 008274
上海影像交通图/上海市测绘院专题地图编辑室编制.—上海:上海远东出版社,1995.9.—1张;51×75cm
ISBN 7-80613-180-9: ¥3.20

F512.99 008275
延吉市交通图/延吉市地名办公室,延边瑞德科技文化贸易总公司编制.—延吉:延边人民出版社,1995.8.—1张;57×82cm
¥6.80

F512.99 008276
中华人民共和国交通图/星球地图出版社编制.—北京:星球地图出版社,1995.3.—1张;74×108cm
ISBN 7-80104-038-4: ¥5.00

F512.99 008277
最新中国分省交通图册/杨柏如,范开业主编.—北京:人民交通出版社,1995.2.—156页;19cm
ISBN 7-114-02028-7: ¥9.80

F512.99-62 008278
中国城乡行车指南/全方地图应用开发中心,北京测绘科技拓展公司编.—北京:测绘出版社,1995.1.—40页;44×27cm
ISBN 7-5030-0774-5: ¥24.00

F512.99-64 008279
中国交通地图集/《中国交通地图集》编辑部编.—北京:测绘出版社,1995.10.—169页;26cm
ISBN 7-5030-0818-0: ¥20.00

F512.99-64 008280
中国交通图册/中国地图出版社编制.—6版.—北京:中国地图出版社,1995.10.—136页;19cm
出差·旅行适用
ISBN 7-5031-1763-X: ¥10.00

F53　铁路运输经济

F530.34 008281
铁路运输企业科技进步贡献率测算/权忠光等编.—北京:中国铁道出版社,1995.10.—245页;19cm
ISBN 7-113-02205-7: ¥10.00

F530.51 008282
铁路运输成本费用管理/李文兴,李金纨主编.—北京:中国铁道出版社,1995.3.—268页;19cm.—(铁道财务会计高等教育自学考试系列丛书)
ISBN 7-113-01898-X: ¥7.50

F530.6 008283
《铁路劳动管理》自学指导书/孙敏,顾军编.—北京:中国铁道出版社,1995.10.—217页;19cm.—(铁道财务会计高等教育自学考试系列丛书)
ISBN 7-113-01898-X: ¥7.50

F530.6 008284
铁路电务企业管理基础/王克敬主编.—成都:西南交通大学出版社,1995.8.—150页;26cm
铁路中等专业学校教材
ISBN 7-81022-832-3: ¥8.80

F530.6 008285
铁路基层领导工作概论/王永善等主编.—北京:中国铁道出版社,1995.6.—376页;19cm
ISBN 7-113-01981-1: ¥9.70

F530.6 008286
铁路劳动管理　/顾军,孙敏编.—北京:中国铁道出版社,1995.8.—285页;19cm.—(铁道财务会计高等教育自学考试系列丛书)
ISBN 7-113-01898-X: ¥7.50

F530.6 008287
铁路运输企业管理基础/杨广生主编.—成都:西南交通大学出版社,1995.8.—165页;26cm
铁路中等专业学校教材
ISBN 7-81022-831-5: ¥9.80

F530.68 008288
《铁路财务管理》自学指导书/张秋生编.—北京:中国铁道出版社,1995.8.—117页;19cm.—(铁道财务会计高等教育自学考试系列丛书)
ISBN 7-113-01898-X: ¥7.50

F530.68 008289
《铁路会计实务》自学指导书/祝祖强主编.—北京:

中国铁道出版社,1995.8.—242 页;19cm.—(铁道财务会计高等教育自学考试系列丛书)

ISBN 7-113-01898-X: ¥7.50

F530.68　　　　008290

《铁路审计学》自学指导书/高静扬,郭雪萌主编.—北京:中国铁道出版社,1995.11.—252 页;19cm.—(铁道财务会计高等教育自学考试系列丛书)

ISBN 7-113-01898-X: ¥7.50

F530.68　　　　008291

全国铁路工业企业会计知识竞赛试题选编/铁道部财务司,中国铁道财会学会编.—北京:中国铁道出版社,1995.12.—379 页;19cm

ISBN 7-113-02261-8: ¥15.50

F530.68　　　　008292

铁路财务管理/张秋生编.—北京:中国铁道出版社,1995.8.—199 页;19cm.—(铁道财务会计高等教育自学考试系列丛书)

ISBN 7-113-01898-X: ¥7.50

F530.68　　　　008293

铁路会计实务/祝祖强编.—北京:中国铁道出版社,1995.8.—248 页;19cm.—(铁道财务会计高等教育自学考试系列丛书)

ISBN 7-113-01898-X: ¥7.50

F530.68　　　　008294

铁路审计学/宗刚主编.—北京:中国铁道出版社,1995.11.—307 页;19cm.—(铁道财务会计高等教育自学考试系列丛书)

ISBN 7-113-01898-X: ¥7.50

F530.68　　　　008295

铁路运输会计/于川,祝祖强主编.—北京:中国铁道出版社,1995.4.—272 页;26cm

ISBN 7-113-01936-6: ¥14.60

F530.68　　　　008296

铁路运输企业会计/杨爱芬等主编.—长春:吉林人民出版社,1995.3.—433 页;19cm

ISBN 7-206-02236-7: ¥12.00

F530.68　　　　008297

铁路运输收入管理/文海涛主编.—北京:中国铁道出版社,1995.3.—379 页;19cm.—(铁道财务会计高等教育自学考试系列丛书)

ISBN 7-113-01898-X: ¥7.50

F530.68-42　　　　008298

《铁路运输收入管理》自学指导书/文海涛主编.—北京:中国铁道出版社,1995.3.—244 页;19cm.—(铁道财务会计高等教育自学考试系列丛书)

ISBN 7-113-01898-X: ¥7.50

F530.68-62　　　　008299

新编铁路审计指南/《新编铁路审计指南》编委会编.—北京:中国铁道出版社,1995.5.—644 页;20cm

ISBN 7-113-02046-1: ¥28.00

F530.9　　　　008300

铁路客运工作者修养/王佐昌编著.—成都:西南交通大学出版社,1995.12.—213 页;19cm

ISBN 7-81022-877-3: ¥7.80

F532　　　　008301

现代企业制度与铁路改革/智渝敏,马玉萍主编.—成都:西南交通大学出版社,1995.4.—268 页;19cm

ISBN 7-81022-791-2: ¥6.80

F532　　　　008302

中国铁路走向市场的理论和实践/赵海培等著.—北京:中国铁道出版社,1995.5.—178 页;20cm

ISBN 7-113-02027-5: ¥8.00

F532-64　　　　008303

中国铁路交通地图集/中国铁道出版社等编.—北京:中国铁道出版社:中国地图出版社,1995.1.—176 页;26cm

ISBN 7-113-01809-2: ¥50.00

F532-64　　　　008304

中国铁路交通地图集/中国铁道出版社等编.—北京:中国铁道出版社:中国地图出版社,1995.1.—176 页;26cm

ISBN 7-113-01810-6(精装): ¥57.00

F532.1　　　　008305

铁路计划/汪厚基,宋来民主编.—北京:中国铁道出版社,1995.4.—273 页;26cm

高等学校教材

ISBN 7-113-01945-5: ¥10.30

F532.3　　　　008306

邓小平与中国铁路/孙连捷编著.—北京:中共中央党校出版社,1995.12.—384 页:照片;20cm

ISBN 7-5035-1326-8: ¥15.80

F532.3　　　　008307

集通铁路建设大事记:1983 年 3 月～1995 年 11 月/朱宪文;张喜文主编.—呼和浩特:内蒙古人民出版社,1995.11.—112 页;20cm

ISBN 7-204-02920-8: ¥5.90

F532.3-53　　　　008308

铁路改革与发展　第二集/锁斌主编.—成都:西南交通大学出版社,1995.1.—589 页;20cm

ISBN 7-81022-773-4: ¥10.00

F532.5　　　　008309

中华人民共和国铁道部地方铁路货物运价里程表.—北京:中国铁道出版社,1995.5.—84 页;26cm

ISBN 7-113-01950-1: ¥5.30

F532.5　　　　008310

中华人民共和国铁道部铁路旅客及行李包裹运输规程:附件三:行李包裹运价表.—北京:中国铁道出版社,1995.12.—60 页;19cm

自 1995 年 10 月 1 日起实行

¥2.40

F532.6　　　　008311

沪铁车站览胜/许建中主编;上海铁路分局编.—北京:国际文化出版公司,1995.10.—177 页:彩照;20cm

ISBN 7-80105-288-9: ¥12.00

F532.6　　　　008312

路风建设的理论与实践/武金亮主编.—北京:中国铁道出版社,1995.3.—318 页;20cm

ISBN 7-113-02033-X: ¥12.00

F532.6-54　008313
上海铁路局年鉴　1995/王俊民,张建峰主编;《上海铁路局年鉴》编辑部编.—北京:中国铁道出版社,1995.9.—348页;26cm
ISBN 7-113-02206-5(精装):¥85.00

F532.6-54　008314
上海铁路局年鉴　1996/俞宝麟,张建峰主编.—北京:中国铁道出版社,1995.9.—237页;26cm
ISBN 7-113-02648-6(精装):¥70.00

F532.7　008315
广梅汕铁路沿线旅游指南/隗芾编写.—汕头:汕头大学出版社,1995.—95页;21×11cm
ISBN 7-81036-154-6:¥10.00

F532.7　008316
京九:中国最长经济增长带/国务院发展研究中心京九课题组,人民铁道报社信息中心编.—北京:中国铁道出版社,1995.10.—304页:彩照;26cm
ISBN 7-113-02123-9:¥65.00

F532.7　008317
中华人民共和国铁道部铁路专用线专用铁路名称表:试用本.—北京:中国铁道出版社,1995.9.—394页;26cm
ISBN 7-113-02141-7:¥33.00

F532.7-64　008318
武汉铁道/武汉铁路分局编.—福州:海风出版社,1995.1.—24页;26cm
画册
ISBN 7-80597-074-2:¥20.00

F54　陆路、公路运输经济

F540　008319
汽车运输管理知识/马步进主编.—北京:人民交通出版社,1995.6.—102页;26cm
交通技工学校通用教材 汽车驾驶专业用
ISBN 7-114-02046-5:¥6.40

F540.3　008320
道路工程经济与管理/严作人,孙立军编著.—上海:同济大学出版社,1995.3.—373页;26cm
ISBN 7-5608-1527-8:¥12.80

F540.3-53　008321
全国高速公路建设管理论文集/国文清主编.—石家庄:河北人民出版社,1995.12.—418页;26cm
ISBN 7-202-01824-1(精装):¥68.00

F540.31　008322
公路工程经济分析/蔡成祥主编.—北京:人民交通出版社,1995.12.—178页;26cm
高等学校(专科)试用教材 公路与城市道路工程专业用
ISBN 7-114-02054-6:¥5.60

F540.5　008323
汽车运输企业经营管理/湖南省公路运输管理局编.—2版.—北京:人民交通出版社,1995.12.—492页;20cm
ISBN 7-114-02229-8:¥22.00

F540.58　008324
公路运输会计/郑正中主编.—北京:人民交通出版社,1995.6.—235页;26cm
交通系统中等专业学校试用教材 公路运输管理专业用
ISBN 7-114-01990-4:¥7.10

F542-64　008325
《天山路》画册/凌愉,丁晓仑主编;丁晓昆等摄影;中国交通报社驻新疆记者站,新疆美术摄影出版社编辑.—乌鲁木齐:新疆美术摄影出版社,1995.7.—238页;29cm
ISBN 7-80547-284-X:¥138.00

F542-64　008326
中国公路:1949~1990:汉英对照/何修美主编;中国公路画册编委会编.—北京:中国画报出版社,1995.—192页;31cm
ISBN 7-80024-110-6:¥115.00

F542.6　008327
公路养护管理文件汇编/交通部公路管理司编.—北京:人民交通出版社,1995.11.—665页;20cm
ISBN 7-114-02168-2(精装):¥30.00

F542.6　008328
汽车运输职业道德/李福来主编.—北京:人民交通出版社,1995.4.—100页;26cm
交通技工学校通用教材 汽车驾驶、汽车修理、汽车电工、汽车钣金与汽车站务专业用
ISBN 7-114-02053-8:¥6.30

F542.6-54　008329
湖北公路运输年鉴　1993/涂前树主编;湖北公路运输年鉴编纂委员会编.—武汉:武汉出版社,1995.3.—375页;20cm
ISBN 7-5430-1348-7(精装):¥21.00

F542.6-54　008330
湖北公路运输年鉴　1994年/涂前树主编;《湖北公路运输年鉴》编纂委员会编.—武汉:武汉出版社,1995.12.—360页:彩图;20cm
ISBN 7-5430-1458-0(精装):¥38.00

F542.9　008331
北京市公路志/北京市公路局编.—北京:文津出版社,1995.12.—292页:彩照;20cm.—(北京公路志丛书/马耘主编)
ISBN 7-80554-280-5:¥10.30

F542.9　008332
大兴公路志/北京市公路局,北京市公路局大兴分局编.—北京:文津出版社,1995.2.—177页;20cm.—(北京公路志丛书/马耘主编)
ISBN 7-80554-252-X:¥6.90

F542.9　008333
房山公路志/北京市公路局、北京市公路局房山分局编.—北京:文津出版社,1995.5.—264页:彩照;20cm.—(北京公路志丛书/马耘主编)
ISBN 7-80554-261-9:¥8.80

F542.9　　008334
湖南公路运输史　第二册:现代公路运输/湖南省公路运输史领导小组编.—长沙:湖南出版社,1995.11.—364页;20cm.—(中国公路交通史丛书)
ISBN 7-5438-1095-6(精装):¥15.80

F542.9　　008335
江苏公路交通史　第二册:现代公路/龚捷,刘荫棠主编;江苏省交通史志编纂委员会编著.—北京:人民交通出版社,1995.9.—423页;20cm.—(中国公路交通史丛书)
ISBN 7-114-02191-7:¥20.00

F542.9　　008336
门头沟公路志/北京市公路局、北京市公路局门头沟分局编.—北京:文津出版社,1995.7.—142页:彩照;20cm.—(北京公路志丛书/马耘主编)
ISBN 7-80554-255-4:¥6.20

F542.9　　008337
密云公路志/北京市公路局、北京市公路局密云分局编.—北京:文津出版社,1995.7.—206页:彩照;20cm.—(北京公路志丛书/马耘主编)
ISBN 7-80554-269-4:¥8.00

F542.9　　008338
平谷公路志/北京市公路局、北京市公路局平谷分局编.—北京:文津出版社,1995.5.—183页:彩照;20cm.—(北京公路志丛书/马耘主编)
ISBN 7-80554-259-7:¥7.10

F542.9　　008339
青岛市公路史/郭阳春主编;青岛市公路史编纂委员会编.—北京:新华出版社,1995.4.—517页:彩图;20cm
ISBN 7-5011-2774-3(精装):¥55.00

F542.9　　008340
十堰公路史/秦有林主编;十堰公路史编审委员会编著.—武汉:武汉出版社,1995.3.—186页;20cm.—(湖北公路史丛书)
ISBN 7-5430-1349-5(精装):¥25.00

F542.9　　008341
四川省公路志/袁永华主编;四川省交通厅公路局编著.—成都:四川人民出版社,1995.1.—799页;26cm
ISBN 7-220-02703-6(精装):¥68.00

F542.9　　008342
通县公路志/北京市公路局、北京市公路局通县分局编.—北京:文津出版社,1995.2.—156页:彩照;20cm.—(北京公路志丛书/马耘主编)
ISBN 7-80554-251-1:¥6.50

F542.9　　008343
延庆公路志/北京市公路局、北京市公路局延庆分局编.—北京:文津出版社,1995.3.—145页:彩照;20cm.—(北京公路志丛书/马耘主编)
ISBN 7-80554-258-9:¥5.60

F542.9　　008344
云南公路运输史　第一册:古代道路运输、近代公路运输/黄恒蛟主编.—北京:人民交通出版社,1995.3.—274页;20cm.—(中国公路交通史丛书)
ISBN 7-114-02043-0(精装):¥22.00

F542.99　　008345
东北公路详图/中国地图出版社编制.—北京:中国地图出版社,1995.6.—66页;25×13cm.—(中国分区公路详图系列)
ISBN 7-5031-1770-2:¥7.30

F542.99　　008346
华北公路详图/中国地图出版社编制.—北京:中国地图出版社,1995.10.—39页;25×13cm.—(中国分区公路详图系列)
ISBN 7-5031-1791-5:¥8.80

F55　水路运输经济

F55-43　　008347
水运工程费用控制/交通部基本建设质量监督总站组织编写;李惠宽编著.—北京:国防工业出版社,1995.2.—143页;26cm
水运工程监理培训统编教材:试用
ISBN 7-118-01421-4:¥11.80

F550　　008348
国际航运经济/蔡桂英主编.—2版.—北京:人民交通出版社,1995.7.—356页;20cm
ISBN 7-114-02273-5:¥16.00

F550.66　　008349
航运实务丛谈　第四册:滞期费/杨良宜编著.—大连:大连海事大学出版社,1995.6.—379页;20cm
ISBN 7-5632-0868-2:¥16.00

F550.66　　008350
水运企业财务管理/朱梦熊主编.—上海:上海科学技术出版社,1995.5.—547页;20cm
ISBN 7-5323-4060-0:¥20.00

F550.66　　008351
现代港航企业会计与财务管理专论/邵瑞庆主编.—海口:南海出版公司,1995.2.—430页;20cm
ISBN 7-5442-0250-X:¥13.10

F550.8　　008352
国际航运市场学/陈家源,佟成权编著.—大连:大连海事大学出版社,1995.7.—545页;20cm
ISBN 7-5632-0862-3:¥24.80

F552-62　　008353
中国航运指南/胡裕生等主编;《中国航运指南》编委会编.—北京:人民交通出版社,1995.3.—220页:彩图;26cm
ISBN 7-114-02079-1(精装):¥32.00

F552.6　　008354
论港口管理/朱太平著.—南京:河海大学出版社,1995.9.—166页;19cm
ISBN 7-5630-0847-0:¥7.80

F552.6　　008355
为人民服务到白头/杨怀远著.—北京:人民交通出版社,1995.3.—223页;19cm
ISBN 7-114-02029-5:¥9.50

F552.6-63　008356

全国港航企事业名录/《全国港航企事业名录》编委会编 .—大连:大连海事大学出版社,1995.7.—383页;26cm

ISBN 7-5632-0946-8:¥66.00

①F552.721②U69　008357

天津港业务知识手册/于汝民主编.—北京:新华出版社,1995.2.—406页:彩图;19cm

ISBN 7-5011-2817-0:¥14.00

F552.731　008358

大连港史:古、近代部分/《大连港史》编辑委员会编.—大连:大连出版社,1995.1.—261页;20cm.—(中国水运史丛书)

ISBN 7-80612-139-0:¥23.00

F552.763.2　008359

郧阳地区水运志/沈雨苍,蔡永生主编;郧阳地区水运志编纂委员会编.—武汉:武汉出版社,1995.3.—214页:照片;20cm.—(湖北水运史志丛书)

ISBN 7-5430-1341-X(精装):¥18.00

F552.9　008360

海门港史/金陈宋主编.—北京:人民交通出版社,1995.12.—440页;20cm.—(中国水运史丛书)

ISBN 7-114-02215-8(精装):¥35.00

F552.9　008361

明清漕运史/彭云鹤著.—北京:首都师范大学出版社,1995.9.—213页;20cm

ISBN 7-81039-540-8:¥9.60

F552.9　008362

上海长江轮船公司史/夏国分主编;《上海长江轮船公司史》编委会编.—北京:人民交通出版社,1995.10.—279页:彩照;20cm.—(中国水运史丛书)

ISBN 7-114-02135-6(精装):¥28.00

F552.9　008363

上海内河航运史/王敬德主编;《上海内河航运史》编委会编.—北京:人民交通出版社,1995.7.—573页:彩照;20cm.—(中国水运史丛书)

ISBN 7-114-02134-8(精装):¥30.00

F552.9　008364

招商局史:现代部分/朱士秀主编.—北京:人民交通出版社,1995.11.—506页:彩照;20cm.—(中国水运史丛书)

ISBN 7-114-02216-6(精装):¥32.00

F56 航空运输经济

F560　008365

航空运输理论和实践/刘功仕著.—北京:中国民航出版社,1995.9.—294页;20cm

ISBN 7-80110-019-0:¥14.80

F560　008366

空运市场营销概论/刘敏文,宋波编著.—上海:立信会计出版社,1995.4.—329页;20cm

ISBN 7-5429-0277-6:¥12.50

F560　008367

民用航空基础经济学/刘之光著.—北京:中国民航出版社,1995.10.—130页;20cm

ISBN 7-80110-037-9:¥8.50

F560.8　008368

飞机租赁/虞康等著.—北京:中国民航出版社,1995.10.—493页;20cm

ISBN 7-80110-016-6:¥25.00

F560.84　008369

外贸运输与报关/谭晓阳编著.—北京:中国民航出版社,1995.9.—190页;26cm

民航工人技术等级培训教材 航材专业

ISBN 7-80110-007-7:¥24.50

F562-66　008370

从统计看民航　1995/中国民用航空总局计划司编.—北京:中国民航出版社,1995.9.—265页;20cm

ISBN 7-80110-027-1:¥22.00

F562.6　008371

航务工程　(一)/交通部人事劳动司编.—北京:人民交通出版社,1995.6.—279页;20cm.—(交通行业工人技术考核问答丛书)

ISBN 7-114-01907-6:¥9.50

F57 城市交通运输经济

F572-54　008372

上海地铁年鉴　1995/上海市地铁工程建设指挥部,上海市地铁总公司编.—上海:上海科学技术出版社,1995.12.—199页;26cm

ISBN 7-5323-4227-1(精装):¥65.00

F59 旅游经济

F59　008373

旅游经济专业知识与实务应试指导:初、中级/塞风,赵履宽主编.—北京:企业管理出版社,1995.2.—2册;26cm.—(经济学博士编著"1995年经济专业资格考试应试指导"丛书)

ISBN 7-80001-537-8:¥31.60

F590　008374

旅游地理学/陶犁,杨桂华主编.—昆明:云南大学出版社,1995.11.—317页;20cm.—(现代旅游经济·文化系列丛书)

ISBN 7-81025-543-6:¥13.40

F590　008375

旅游服务导论/金佩华著.—北京:中共中央党校出版社,1995.12.—141页;19cm

ISBN 7-5035-1292-X:¥5.00

F590　008376

旅游概论/李光坚编著.—北京:高等教育出版社,1995.3.—156页;20cm

国家教委规划教材 中等职业学校饭店服务专业

ISBN 7-04-005277-6:¥3.90

F590　008377
旅游概论/陈国强主编；黄维理编著．—广州：中山大学出版社，1995.12.—168页；20cm.—(中等旅游职业技术教育系列教材)
ISBN 7-306-01068-9：¥7.80

F590　008378
旅游经济的理论探索和实践/孙钢著．—北京：中国旅游出版社，1995.5.—240页；20cm
ISBN 7-5032-1141-5：¥8.50

F590　008379
旅游经济专业知识与实务：初级/陶汉军主编；国家旅游局人事劳动教育司，人事部人事考试中心组织编写．—2版．—北京：中国人事出版社，1995.1.—431页；19cm
全国经济专业技术资格考试指定用书
ISBN 7-80076-641-1：¥10.00

F590　008380
旅游市场学/林南枝，李天元主编．—天津：南开大学出版社，1995.5.—434页；20cm.—(旅游经济与管理丛书)
ISBN 7-310-00828-6：¥15.00

F590　008381
旅游文化研究/江牧岳主编；中国旅游文化学会编．—北京：中国旅游出版社，1995.10.—193页；20cm
ISBN 7-5032-1201-2：¥8.80

F590　008382
旅游心理学/甘朝有，齐善鸿编著．—天津：南开大学出版社，1995.5.—312页；20cm.—(旅游经济与管理丛书/林南枝，申葆嘉主编)
ISBN 7-310-00827-8：¥10.60

F590　008383
旅游心理学/李灿佳编著；全国中等职业学校饭店服务专业教材编写组编．—北京：高等教育出版社，1995.3.—175页；20cm
国家教委规划教材 中等职业学校饭店服务专业
ISBN 7-04-005230-X：¥4.25

F590　008384
旅游学导论/单纬东主编．—西宁：青海人民出版社，1995.10.—202页；19cm
ISBN 7-225-01198-7：¥6.80

F590　008385
旅游学概论/王子华，李大金主编．—昆明：云南人民出版社，1995.8.—282页；20cm
云南省高等教育自学考试旅游管理专业教材
ISBN 7-222-01845-X：¥9.60

F590　008386
旅游学概论/王德刚主编．—济南：山东大学出版社，1995.7.—337页；20cm
旅游管理专业用书
ISBN 7-5607-1539-7：¥13.00

F590　008387
旅游学概要/黄福才编著．—厦门：厦门大学出版社，1995.9.—289页；20cm
ISBN 7-5615-1092-6：¥10.50

F590　008388
现代旅游概论/罗崇敏著．—昆明：云南人民出版社，1995.12.—272页；20cm
ISBN 7-222-01899-9：¥9.80

F590-53　008389
旅游地学研究与旅游资源开发　(3)/汪贵生，骆耀南主编；四川省旅游地学研究会编．—成都：四川科学技术出版社，1995.8.—646页：彩图；19cm
ISBN 7-5364-3166-X：¥24.80

F590-53　008390
走向二十一世纪的上海国内旅游业论文集：上海市国内旅行社协会十周年纪念/王正华主编；上海市国内旅行社协会编．—上海：百家出版社，1995.11.—306页；20cm
ISBN 7-80576-572-3：¥16.00

①F590.6②F719　008391
成功·借鉴·思考：旅游与饭店管理案例研究/常殿元，张俐俐编著．—北京：旅游教育出版社，1995.2.—372页；20cm
ISBN 7-5637-0598-8：¥11.00

F590.63　008392
导游概论/徐堃耿编著．—北京：旅游教育出版社，1995.3.—240页；20cm
旅游专业系列教材
ISBN 7-5637-0611-9：¥7.00

F590.63　008393
旅游服务礼貌礼节/国家旅游局人事劳动教育司编．—北京：旅游教育出版社，1995.6.—208页；19cm
旅游中等职业技术学校教材
ISBN 7-5637-0537-6：¥5.80

F590.63　008394
旅游公关礼仪/杨军，陶犁主编．—昆明：云南大学出版社，1995.12.—264页；20cm.—(现代旅游经济·文化系列丛书)
ISBN 7-81025-544-4：¥13.80

F590.63-61　008395
实用英汉旅游服务分类词典/路旦俊主编．—长沙：湖南出版社，1995.12.—283页；20cm
ISBN 7-5438-1135-9(精装)：¥14.80

F590.63-62　008396
旅游业员工手册/詹清主编．—北京：东方出版社，1995.3.—367页；19cm
ISBN 7-5060-0554-9：¥9.80

F590.66　008397
旅游会计/王芳主编．—保定：河北大学出版社，1995.5.—381页；20cm
ISBN 7-81028-305-7：¥9.80

F590.66　008398
旅游饮食服务企业会计/赵天燕，李冀元主编．—北京：中国人事出版社，1995.12.—477页；19cm.—(新编实用会计丛书)
ISBN 7-80076-772-8：¥19.20

F591　008399
国际旅游/(法)朗加尔(Lanquar, R.)著；陈淑仁，马小卫译.—北京:商务印书馆,1995.12.—155页;19cm.—(我知道什么?)
据法国大学出版社1993年第5版译出
ISBN 7-100-01953-2:¥7.50

F591 008400
旅游地理/封玉璞,王东编.—北京:中国城市出版社,1995.7.—181页;20cm
ISBN 7-5074-0773-X:¥7.00

F591 008401
世界旅游市场/程伟进,薛毅编著.—北京:中国大百科全书出版社,1995.10.—172页;19cm.—(百卷本世界市场全书/顾海良等主编)
ISBN 7-5000-5541-2:¥9.80

F592 008402
现代旅游知识通览/闵以桀,潘细汉主编.—武汉:武汉出版社,1995.8.—101页;19cm
ISBN 7-5430-1386-X:¥8.00

F592-53 008403
旅游地区财政理论与实践:全国旅游地区财政理论研究会第四届年会论文集/韩庆顺主编.—北京:中国财政经济出版社,1995.8.—215页;19cm
ISBN 7-5005-2853-1:¥10.50

F592-54 008404
中国旅游年鉴 1995/李泽儒主编;《中国旅游年鉴》编辑部编.—北京:中国旅游出版社,1995.9.—514页:彩照;28cm
(精装):¥80.00

F592-54 008405
中国旅游统计年鉴 1995/孙钢主编;中华人民共和国国家旅游局编.—北京:中国旅游出版社,1995.8.—148页;26cm
ISBN 7-5032-1188-1:¥28.00

F592-54 008406
中国旅游统计年鉴:副本 1995/孙钢主编;中华人民共和国国家旅游局编.—北京:中国旅游出版社,1995.10.—183页;26cm
ISBN 7-5032-1206-3:¥32.00

F592-61 008407
实用英汉、汉英旅游词典/陈冠英编.—兰州:甘肃教育出版社,1995.8.—462页;19cm
ISBN 7-5423-0546-8:¥19.80

F592-62 008408
中国旅游手册/王志方主编.—武汉:武汉出版社,1995.6.—445页;19cm
ISBN 7-5430-1360-6:¥14.80

F592.3 008409
东南亚华人旅游市场的开拓研究/陈及霖主编.—福州:福建省地图出版社,1995.1.—67页;19cm
ISBN 7-80516-193-3:¥3.80

F592.6-61 008410
中国旅游行业名录大全:汉英对照/中华人民共和国国家旅游局编.—北京:民族出版社,1995.10.—762页:彩照;29cm
ISBN 7-105-02394-5:¥168.00

F592.7 008411
北京——上海铁路沿线旅游指南/李良义编著.—北京:中国铁道出版社,1995.7.—180页;19cm
ISBN 7-113-01513-1:¥7.00

F592.7-62 008412
中国边境地区投资贸易旅游指南/葛本中主编.—北京:中国审计出版社,1995.12.—300页;20cm
ISBN 7-80064-399-9:¥12.00

F592.714 008413
密云风光与旅游开发/卢云亭主编.—北京:北京出版社,1995.10.—130页:彩照;26cm
ISBN 7-200-02771-5:¥15.20

F592.752 008414
山东导游基础知识/陈向群主编.—济南:山东友谊出版社,1995.11.—271页;20cm
ISBN 7-80551-762-2:¥16.00

F592.753 008415
中国商务旅行指南:南京篇/南京集成商务信息中心编.—南京:河海大学出版社,1995.12.—88页:图;25cm
ISBN 7-5630-0930-2:¥15.00

F592.765.1 008416
跨世纪的选择:广州旅游发展战略/王守初主编.—广州:广东人民出版社,1995.12.—305页;28cm
ISBN 7-218-01609-X(精装):¥80.00

F592.767 008417
柳州市旅游发展总体规划:1991~2010年/柳州市旅游发展总体规划办公室编.—北京:中国工人出版社,1995.8.—97页;26cm
ISBN 7-5008-1788-6:¥27.00

F592.773 008418
安顺地区旅游发展战略规划/《安顺地区旅游发展战略规划》编制办公室.—贵阳:贵州教育出版社,1995.12.—219页;26cm
ISBN 7-80583-736-8:¥15.80

F592.774 008419
丽江旅游与名产大观/和新民主编.—昆明:云南科技出版社,1995.9.—148页;19cm
ISBN 7-5416-0583-2:¥8.00

F592.774 008420
云南旅游经济发展探索:云南大学旅游经济管理研究生班论文集/古明清,田里主编.—昆明:云南大学出版社,1995.7.—344页;20cm
ISBN 7-81025-505-3:¥16.50

F592.774 008421
崛起的产业:河口旅游资源评价、旅游业发展规划、旅游专题研究/罗明义,张玉书主编.—昆明:云南人民出版社,1995.11.—200页;26cm
ISBN 7-222-01750-X:¥19.00

F592.775 008422
西藏旅游:揭开神秘的面纱/李海瑞著.—北京:五洲传播出版社,1995.—35页:图;20cm.—(西藏丛书)
ISBN 7-80113-078-2:¥0.00

F592.775-62 008423

西藏旅游指南:汉英对照/李维谋主编.—成都:四川美术出版社,1995.10.—64页:彩照;19cm
ISBN 7-5410-1072-3:¥16.80

F592.9　　008424
中国旅游大事记:1949.10~1994.12/《中国旅游大事记》编辑部编.—北京:中国旅游出版社,1995.9.—235页:照片;26cm
ISBN 7-5032-1190-3(精装):¥39.00

F592.99　　008425
旅游地理/邹海晶编.—北京:高等教育出版社,1995.5.—265页;20cm
国家教委规划教材 中等职业学校饭店服务专业
ISBN 7-04-005279-2:¥7.65

F592.99　　008426
中国旅游经济地理/袁绍荣等主编.—广州:华南理工大学出版社,1995.9.—374页;20cm
ISBN 7-5623-0928-0:¥14.80

F6 邮电经济

F6　　008427
实用邮电知识大全/王锁成,何栓成主编.—太原:山西人民出版社,1995.2.—446页;20cm
ISBN 7-203-03314-7:¥15.80

F6　　008428
通信市场营销学/曹庆丰著.—北京:宇航出版社,1995.8.—328页;19cm
ISBN 7-80034-857-1:¥11.50

F6　　008429
邮电经济专业知识与实务应试指导:初、中级/塞风,赵履宽主编.—北京:企业管理出版社,1995.2.—2册;26cm
全国经济专业技术资格考试指定教材 理想配套辅导用书
ISBN 7-80001-536-X:¥31.60

F6　　008430
邮电通信产业/宋明章主编.—成都:四川大学出版社,1995.11.—209页;19cm.—(第三产业发展指南丛书/许述生主编)
ISBN 7-5614-1213-4:¥9.00

F60 邮电经济理论

F60　　008431
邮电经济与管理/《邮电经济与管理》编写组编.—北京:北京邮电大学出版社,1995.2.—302页;20cm
ISBN 7-5635-0199-1:¥8.00

F60　　008432
邮电经济与管理/朱高峰著.—北京:人民邮电出版社,1995.3.—503页;20cm
ISBN 7-115-05457-6:¥22.00

F606　　008433
邮电服务礼仪/孙嘉琨,孙洁编.—北京:人民邮电出版社,1995.12.—106页;19cm
邮电部职工培训系列教材 生产人员用书
ISBN 7-115-05994-2:¥4.50

F606　　008434
邮电市场营销概论/李学军编.—北京:人民邮电出版社,1995.12.—162页;19cm
邮电部职工培训系列教材 管理人员用书
ISBN 7-115-05975-6:¥6.50

F606　　008435
邮电支局班组经营与管理教程/王海权编.—北京:人民邮电出版社,1995.12.—337页;19cm
邮电部职工培训系列教材 管理人员用书
ISBN 7-115-05977-2:¥12.00

F606.3-65　　008436
邮电服务规范/施永生主编;上海市邮电管理局编.—北京:北京邮电大学出版社,1995.5.—130页;20cm
ISBN 7-5635-0212-2:¥5.80

F606.6　　008437
邮电企业财务会计检查/邮电部财务司编.—北京:人民邮电出版社,1995.8.—404页;20cm.—(邮电通信财务会计丛书)
ISBN 7-115-05839-3:¥18.00

F606.6　　008438
邮电通信会计/邮电部财务司编.—北京:人民邮电出版社,1995.2.—512页;20cm.—(邮电通信财务会计丛书)
ISBN 7-115-05566-1:¥20.00

F606.6　　008439
邮电通信会计　上册/孙殿国主编.—北京:人民邮电出版社,1995.10.—272页;19cm
邮电中等专业学校教材
ISBN 7-115-05645-5:¥7.50

F606.6-39　　008440
邮电会计电算化指南/吴洲洋编.—北京:人民邮电出版社,1995.8.—225页;20cm.—(邮电通信财务会计丛书)
ISBN 7-115-05720-6:¥10.00

F61 邮政

F614　　008441
中国邮政编码:机电系统专集/机电日报社编.—北京:人民邮电出版社,1995.5.—659页;26cm
ISBN 7-115-05205-0:¥48.00

F616　　008442
邮政经营概论/张远定编著.—北京:人民邮电出版社,1995.8.—257页;19cm
ISBN 7-115-05622-6:¥9.50

F616　　008443
邮政市场营销实务/张梅丽等编.—北京:人民邮电出版社,1995.12.—252页;19cm
邮电部职工培训系列教材 管理人员用书

ISBN 7-115-05976-4:¥9.00

F616.3 008444

邮政标准化/张志云编著.—北京:人民邮电出版社,1995.7.—223页;20cm

ISBN 7-115-05308-1:¥10.00

F616.5 008445

邮政通信机动车辆技术管理规定及其相关标准/邮电部邮政总局编.—北京:人民邮电出版社,1995.1.—160页;19cm

ISBN 7-115-05471-1:¥6.50

F616.5 008446

邮资机维护手册/邮电部邮政总局主编.—北京:人民邮电出版社,1995.2.—241页;20cm

ISBN 7-115-05432-0:¥12.00

F618 008447

国际邮政业务/郑义增,王树汉编.—北京:人民邮电出版社,1995.10.—179页;26cm

邮电中等专业学校教材

ISBN 7-115-05534-3:¥11.00

F618 008448

国际邮政业务教学实习指导书/金宝枢编.—北京:人民邮电出版社,1995.10.—68页;19cm

邮电中等专业学校教材

ISBN 7-115-05642-0:¥2.50

F618 008449

国内邮政业务基础/邮电部教育司主编.—北京:人民邮电出版社,1995.1.—139页;19cm

邮电技工学校教材

ISBN 7-115-05427-4:¥4.30

F618 008450

邮电新业务新技术/谢慕东等编.—北京:人民邮电出版社,1995.12.—272页;19cm

邮电部职工培训系列教材 管理人员用书

ISBN 7-115-06007-X:¥10.00

F618 008451

邮政业务档案/王忠祥等编.—北京:人民邮电出版社,1995.12.—289页;19cm

邮电部职工培训系列教材 生产人员用书

ISBN 7-115-06050-9:¥11.00

F618-43 008452

国内邮政营业/邮电部教育司主编.—北京:人民邮电出版社,1995.2.—107页;19cm

邮电技工学校实习教材

ISBN 7-115-05482-7:¥4.00

F618-49 008453

邮电世界博采珍闻/张小玲编.—北京:北京邮电大学出版社,1995.3.—143页;19cm

ISBN 7-5635-0208-4:¥5.50

F618.1 008454

国内邮件分拣封发/邮电部教育司主编.—北京:人民邮电出版社,1995.6.—259页;19cm

邮电技工学校教材

ISBN 7-115-05569-6:¥9.00

F618.1 008455

特快专递邮件业务/上海市邮电管理局教育处编.—北京:人民邮电出版社,1995.1.—261页;19cm

ISBN 7-115-05320-0:¥7.50

F618.1 008456

邮政汽车押运/王凤桐等编.—北京:人民邮电出版社,1995.12.—105页;19cm

邮电部职工培训系列教材 生产人员用书

ISBN 7-115-05993-4:¥5.00

F618.1-43 008457

国内邮件业务特殊处理/邮电部教育司主编.—北京:人民邮电出版社,1995.1.—85页;19cm

邮电技工学校教材

ISBN 7-115-05436-3:¥3.00

F618.3 008458

报刊分发/邮电部教育司编 .—北京:北京邮电学院出版社,1995.5.—154页;20cm

岗位培训系列教材

ISBN 7-5635-0220-3:¥4.70

F618.3 008459

邮政储蓄/邮电部教育司主编.—北京:人民邮电出版社,1995.8.—384页;19cm

邮电技工学校教材

ISBN 7-115-05533-5:¥12.00

F618.3 008460

邮政储蓄/邮电部教育司主编.—北京:人民邮电出版社,1995.3.—197页;19cm

邮电生产人员岗位培训系列教材 邮电通信企业生产人员技术业务等级考核题解

ISBN 7-115-05557-2:¥6.40

F618.3-42 008461

报刊发行业务教学实习指导书/惠宝贵,王会林编.—北京:人民邮电出版社,1995.10.—136页;19cm

邮电中等专业学校教材

ISBN 7-115-05643-9:¥4.50

F618.3-42 008462

邮政储蓄业务教学实习指导书/王雅茹,邹跃进编.—北京:人民邮电出版社,1995.5.—67页;19cm

邮电中等专业学校教材

ISBN 7-115-05536-X:¥2.40

F618.9 008463

北京寺庙:汉、英、日文对照/兰佩瑾编.—北京:外文出版社,1995.—10张;11×15cm

明信片

ISBN 7-119-01779-9:¥18.00

F618.9 008464

北京园林:汉、英、日文对照/刘春根编.—北京:外文出版社,1995.—10张;11×15cm

明信片

ISBN 7-119-01771-3:¥18.00

F618.9 008465

长城:汉、英、日文对照/刘春根编.—北京:外文出版社,1995.—10张;11×15cm

明信片

ISBN 7-119-01770-5:¥18.00

F618.9　008466
敦煌彩塑:汉、英、日文对照/周大光编.—北京:外文出版社,1995.—10张;11×15cm
明信片
ISBN 7-119-01768-3:¥18.00

F618.9　008467
广州风光:汉、英文对照/伍广祺摄影.—广州:广州出版社,1995.6.—10张;19cm
明信片
¥0.00

F618.9　008468
广州世界大观/陈健康等摄影.—广州:岭南美术出版社,1995.—10张;11×15cm
明信片
¥8.00

F618.9　008469
桂林山水:汉、英、日文对照/韩若锋编;陈亚江摄影.—北京:外文出版社,1995.—10张;11×15cm
明信片
ISBN 7-119-01475-7:¥18.00

F618.9　008470
何俊华中国山水画选辑/何俊华绘.—广州:岭南美术出版社,1995.11.—10张;13×10cm
明信片
¥3.30

F618.9　008471
徽派民居:老房子　(1):汉英对照.—南京:江苏美术出版社,1995.—12张;11×15cm
明信片
¥5.20

F618.9　008472
徽派民居:老房子　(2):汉英对照.—南京:江苏美术出版社,1995.—12张;11×15cm
明信片
¥5.20

F618.9　008473
喀什噶尔:汉英日对照/包迪摄影.—北京:中国旅游出版社,1995.6.—10张;10×15cm
明信片
¥5.00

F618.9　008474
清代皇帝像:汉英对照.—北京:紫禁城出版社,1995.1.—12张;15×10cm
明信片
ISBN 7-80047-199-3:¥0.00

F618.9　008475
上海.—上海:上海人民美术出版社,1995.—10张;18cm
明信片
ISBN 7-5322-1248-3:¥0.00

F618.9　008476
上海/戴利明等摄.—上海:上海科学技术出版社,1995.—10张;11×15cm
明信片
ISBN 7-5323-4051-1:¥7.00

F618.9　008477
上海:汉、英文对照/谢新发等摄影.—上海:上海人民美术出版社,1995.—10张;11×16cm
ISBN 7-5322-1100-2:¥5.00

F618.9　008478
上海旧影:明信片:汉英文对照.—上海:上海人民美术出版社,1995.—10张;11×16cm
ISBN 7-5322-1392-7:¥7.00

F618.9　008479
上海新貌/欧阳鹤等摄影.—上海:上海人民美术出版社,1995.—10张;11×16cm
明信片
ISBN 7-5322-1250-5:¥0.00

F618.9　008480
西藏:英汉藏对照.—北京:外文出版社,1995.—10张;10×15cm
明信片
ISBN 7-119-01747-0:¥0.00

F618.9　008481
西藏布达拉宫:英日文对照.—拉萨:西藏人民出版社,1995.—10张;10×15cm
明信片
¥0.00

F618.9　008482
新中国邮票、封、片价格手册/人民邮电出版社编.—北京:人民邮电出版社,1995.12.—171页;19cm
ISBN 7-115-05857-1:¥7.00

F618.9　008483
夜上海:明信片:汉英文对照.—上海:上海人民美术出版社,1995.—10张;11×15cm
ISBN 7-5322-1431-1:¥7.00

F618.9　008484
颐和园:汉、英、日文对照/韩若锋编.—北京:外文出版社,1995.—10张;11×15cm
明信片
ISBN 7-119-01769-1:¥18.00

F618.9　008485
雍和宫:汉英对照/雍和宫管理处编　.—北京:中国连环画出版社,1995.7.—10张;11×15cm
明信片
¥1.00

F618.9　008486
豫园/戴利明等摄.—上海:上海科学技术出版社,1995.—10张;11×15cm
明信片
ISBN 7-5323-4050-3:¥7.00

F618.9　008487
泸沽湖风光:汉英对照.—昆明:云南美术出版社,1995.1.—10张;10×15cm
明信片
¥0.00

①F618.9②J426.1　008488
北京郊野风光:汉英日对照/周大光编.—北京:外文

出版社,1995.—10张;11×15cm
明信片
ISBN 7-119-01614-8:¥18.00

F618.9-63 008489
联合国邮票目录:1951~1986/联合国邮政局,人民邮电出版社编.—北京:人民邮电出版社,1995.9.—401,93页;21cm
ISBN 7-115-05709-5:¥35.00

F62 电信

F62 008490
当代世界电信经济/诸幼依,钱忠浩著.—上海:文汇出版社,1995.12.—353页;20cm.—(邮电经济丛书)
ISBN 7-80531-365-2:¥16.00

F626 008491
长途电信营业/邮电部教育司编.—北京:北京邮电学院出版社,1995.1.—386页;20cm
岗位培训系列教材
ISBN 7-5635-0188-6:¥9.60

F626 008492
电信企业市场营销/常大年,钱永伟编.—北京:人民邮电出版社,1995.12.—243页;19cm
邮电部职工培训系列教材 管理人员用书
ISBN 7-115-06006-1:¥9.00

F626 008493
国内与国际话务/邮电部教育司主编.—北京:人民邮电出版社,1995.1.—227页;19cm.—(邮电通信企业生产人员技术业务等级考核题解)
邮电生产人员岗位培训系列教材
ISBN 7-115-05501-7:¥6.70

F626 008494
邮电通信企业营销/肖金学编著.—北京:人民邮电出版社,1995.8.—288页;20cm
ISBN 7-115-05795-8:¥13.00

F626.12 008495
电力系统简明电话号簿/国电通信中心编.—北京:中国电力出版社,1995.7.—43页:彩照;26cm
ISBN 7-80125-019-2:¥10.00

F626.12 008496
中国电话磁卡目录:1985~1994/人民邮电出版社编.—北京:人民邮电出版社,1995.7.—136页;29cm
ISBN 7-115-05328-6:¥120.00

F626.12 008497
中国石油电话号簿:1995~1997/中国石油天然气总公司通信公司、石油工业出版社编.—北京:石油工业出版社,1995.8.—1364页:彩图;26cm
ISBN 7-5021-1594-3:¥95.00

F626.12 008498
中国通信号码能源系统专集/《专集》编委会编.—北京:人民邮电出版社,1995.9.—2册(1039页);26cm
ISBN 7-115-05719-2:¥140.00

F63 世界各国邮电事业

F632-61 008499
中国邮电百科全书:综合卷/徐善衍主编.—北京:人民邮电出版社,1995.12.—793页;26cm
ISBN 7-115-05988-8(精装):¥160.00

①F632.1②F713.8 008500
走向新世纪:世纪之交的理论探索/安民军等主编.—哈尔滨:黑龙江人民出版社,1995.11.—406页;20cm
ISBN 7-207-03345-1:¥18.98

F632.722 008501
石家庄市邮政志/王耀栋主编;石家庄市邮政志编纂委员会编.—石家庄:河北人民出版社,1995.3.—457页:彩照;26cm.—(石家庄市地方志系列丛书)
ISBN 7-202-01715-6(精装):¥78.00

F632.725 008502
山西邮电志/张广文主编;山西邮电志编纂委员会编.—太原:山西人民出版社,1995.3.—549页;26cm
ISBN 7-203-03330-9(精装):¥70.00

F632.726 008503
内蒙古邮电改革开放十五年:1979~1993/张春生主编;内蒙古邮电管理局编.—呼和浩特:内蒙古人民出版社,1995.6.—448页:彩照;20cm
ISBN 7-204-02824-4(精装):¥30.00

F632.726.2 008504
呼伦贝尔盟邮电志/呼伦贝尔盟邮电局编.—海拉尔:内蒙古文化出版社,1995.12.—733页:彩照;20cm.—(内蒙古邮电志丛书)
ISBN 7-80506-493-8:¥85.00

F632.726.2 008505
乌兰察布盟邮电志/乌兰察布盟邮电局编.—呼和浩特:内蒙古人民出版社,1995.6.—438页:彩照;20cm.—(内蒙古邮电志丛书)
ISBN 7-204-02786-8(精装):¥31.80

F632.731 008506
历史性的飞跃:辽宁邮电通信发展暨实施"百万号线"工程纪念画册/《历史性的飞跃》(画册)编委会编.—北京:新华出版社,1995.6.—399页;29cm
ISBN 7-5011-2866-9:¥200.00

F632.743 008507
宁夏邮电志/张怀德,何镜波主编;宁夏邮电志编纂委员会编.—银川:宁夏人民出版社,1995.12.—656页:彩照;26cm
ISBN 7-227-01547-5(精装):¥80.00

F632.75 008508
华东战时交通通信史料汇编:中央苏区卷/王孝槐主编;江西省邮电管理局编.—北京:人民邮电出版社,1995.9.—862页:彩图;20cm
ISBN 7-115-05817-2:¥85.00

F632.752.4 008509
沂源县邮电志/段瑞成主编;沂源县邮电局编.—北京:人民邮电出版社,1995.1.—202页;26cm

ISBN 7-115-05327-8:￥28.00

F632.755.3　　008510

舟山市邮电志/李劲涛主编;舟山市邮电局编.—上海:上海科学技术出版社,1995.1.—260页;26cm

ISBN 7-5323-3826-6(精装):￥50.00

F632.761.3　　008511

灵宝市邮电志/杨福乐主编;灵宝市邮电志编纂委员会编.—郑州:中州古籍出版社,1995.12.—227页;26cm.—(灵宝市地方史志丛书;16)

ISBN 7-5348-1441-3(精装):￥28.00

F632.9　　008512

交通邮政/张英明主编;太行革命根据地史总编委会编.—太原:山西人民出版社,1995.7.—650页:图;20cm.—(太行革命根据地史料丛书;12)

ISBN 7-203-00621-2:￥18.00

F632.9　　008513

中国西藏邮政邮票史/刘原等编著.—拉萨:西藏人民出版社,1995.4.—186页:照片;20cm

ISBN 7-223-00797-4(精装):￥18.00

F7 贸易经济

F7　　008514

国际商务/庄宗明编著.—南昌:江西人民出版社,1995.3.—309页;20cm.—(工商管理(MBA)系列教程)

ISBN 7-210-01443-8:￥9.20

F7　　008515

教学与辅导:1994级　第3期/中央农业广播电视学校主办.—北京:中国农业出版社,1995.6.—48页;26cm

贸易经济专业

ISBN 7-109-03652-9:￥2.00

F7　　008516

教学与辅导:1994级　第5期/中央农业广播电视学校主办.—北京:中国农业出版社,1995.3.—49页;26cm

贸易经济专业

ISBN 7-109-03854-8:￥2.00

F7　　008517

教学与辅导:1994级《推销原理与技巧》专辑/中央农业广播电视学校主办.—北京:中国农业出版社,1995.8.—48页;26cm

贸易经济专业

ISBN 7-109-04147-6:￥2.00

F7　　008518

教学与辅导:1994级农村财政与金融专辑　第6期/中央农业广播电视学校主办.—北京:中国农业出版社,1995.2.—48页;26cm

贸易经济专业

ISBN 7-109-03888-2:￥2.00

F7　　008519

教学与辅导:1994级涉外经济实务专辑/中央农业广播电视学校主办.—北京:中国农业出版社,1995.7.—48页;26cm

贸易经济、企业经济管理专业用

ISBN 7-109-04129-8:￥2.00

F7　　008520

教学与辅导:1995级贸易经济基础专辑/中央农业广播电视学校主办.—北京:中国农业出版社,1995.12.—48页;26cm

贸易经济专业用

ISBN 7-109-04265-0:￥2.00

F7　　008521

经贸谈判学/胡正明著.—济南:山东人民出版社,1995.7.—330页;20cm

ISBN 7-209-01802-6:￥11.80

F7　　008522

贸易经济基础/张淑荫主编.—北京:中国农业出版社,1995.5.—99页;26cm

中央农业广播电视学校教材

ISBN 7-109-03578-6:￥3.30

F7　　008523

商务谈判相关实务/郭秀闳等著.—济南:山东人民出版社,1995.2.—285页;20cm.—(商务谈判丛书)

ISBN 7-209-01684-8:￥7.80

F7　　008524

商业经济专业知识与实务应试指导:初、中级/塞风,赵履宽主编.—北京:企业管理出版社,1995.2.—2册;26cm.—(经济学博士编著“1995年经济专业资格考试应试指导”丛书)

ISBN 7-80001-521-1:￥33.60

F7　　008525

商战失误录/尤世文等编著.—济南:山东人民出版社,1995.3.—167页;20cm.—(失误丛书/王世农等主编)

ISBN 7-209-01692-9:￥6.00

F7　　008526

实用技术贸易学/崔义中主编.—西安:西北大学出版社,1995.5.—335页;20cm

ISBN 7-5604-0879-6:￥9.80

F7　　008527

现代商标与现代广告/钱章录,吴寅华主编.—杭州:杭州大学出版社,1995.11.—312页;20cm

ISBN 7-81035-857-X:￥13.20

F7　　008528

营销商务谈判技巧/万成林,舒平主编.—天津:天津大学出版社,1995.9.—361页;20cm.—(当代市场营销丛书;11/万成林主编)

ISBN 7-5618-0694-9:￥11.80

F7-44　　008529

商贸系列教材习题集/刘复国,满相忠主编.—北京:中国商业出版社,1995.10.—10册;19cm

ISBN 7-5044-2967-8(盒装):￥39.80

F7-44　　008530

实用经贸知识/侯胜利主编.—北京:中国物价出版社,1995.9.—517页;20cm

ISBN 7-80070-479-3:￥20.00

F7-61 008531
世界商战通鉴/王振忠,姚政主编.—北京:国际文化出版公司,1995.3.—933页;26cm
ISBN 7-80105-222-6(精装):¥88.00

F7-61 008532
英汉/汉英商务词汇实用手册/宋志勤主编.—南昌:江西高校出版社,1995.2.—363页;19cm
ISBN 7-81033-450-6(精装):¥15.00

F7-62 008533
新编供销知识手册/简光沂编.—2版.—广州:华南理工大学出版社,1995.6.—369页;19cm
ISBN 7-5623-0858-6:¥15.00

F71 国内贸易经济

F71 008534
118最新生意经/古道,老树编著.—北京:华文出版社,1995.12.—443页;19cm
ISBN 7-5075-0269-4:¥16.80

F71 008535
现代商业:交易方式 经营类型 组织形态/曹厚昌,李平生编著.—北京:北京经济学院出版社,1995.11.—295页;19cm
ISBN 7-5638-0521-4:¥9.50

F71-62 008536
95年度商业经济专业知识与实务应试指南:初级、中级/《应试指南》编委会编.—北京:中国人事出版社,1995.2.—186页;26cm
全国经济专业技术资格考试指定用书首选配套复习资料:重点、疑难、模拟题库(甲种)
本书共4册,总定价:64.00元
ISBN 7-80076-659-4:¥0.00

F710 008537
胡平商业文化论集/胡平著.—北京:中国商业出版社,1995.12.—412页;20cm
ISBN 7-5044-3099-4(精装):¥23.00

F710 008538
胡平商业文化论集/胡平著.—北京:中国商业出版社,1995.12.—412页;20cm
ISBN 7-5044-3099-4:¥18.50

F710 008539
经商智慧/吴慧著.—北京:中国青年出版社,1995.12.—309页;20cm.—(中华智慧集粹丛书/刘志琴,郑一奇主编)
ISBN 7-5006-2098-5:¥15.50

F710 008540
商业产业论/徐从才等著.—北京:中国商业出版社,1995.8.—457页;20cm
ISBN 7-5044-2972-4:¥19.50

F710 008541
双重体系的扭曲与外贸效益/张幼文著.—上海:上海三联书店,1995.8.—407页;20cm.—(当代经济学系列丛书·当代经济学文库/陈昕主编)
ISBN 7-5426-0689-1:¥22.00

F710 008542
孙子兵法与商战/檀明山编著.—北京:农村读物出版社,1995.6.—174页;19cm.—(孙子兵法现代应用丛书)
ISBN 7-5048-2618-9:¥5.60

F710 008543
现代商业企业经营与管理/苗守华著.—西宁:青海人民出版社,1995.9.—157页;19cm
ISBN 7-225-01116-2:¥6.50

F710 008544
新编商品流通经济学/王敏等主编.—北京:中国商业出版社,1995.5.—318页;19cm
ISBN 7-5044-2897-3:¥8.90

F710 008545
新编商业经济学/王宜泰等编著.—上海:立信会计出版社,1995.12.—237页;20cm.—(立信财经丛书)
ISBN 7-5429-0321-7:¥10.50

F710 008546
中国连锁商业理论与实践/冯宛平等编著.—郑州:河南人民出版社,1995.12.—368页;20cm
ISBN 7-215-03676-6:¥12.00

F710 008547
租赁管理/陈闽,廖辉著.—上海:上海人民出版社,1995.9.—179页;20cm.—(现代工商管理丛书/尹尊声,海闻主编)
ISBN 7-208-02072-8:¥10.00

F710-05 008548
商业文化学/张建生,张翼著.—兰州:兰州大学出版社,1995.11.—269页;20cm
ISBN 7-311-00941-3:¥9.80

F710-61 008549
商业行为规范实务全书/刘希明等主编.—北京:中国统计出版社,1995.8.—1423页;26cm.—(中国商务实用手册)
ISBN 7-5037-1994-X(精装):¥226.00

F712 008550
商业企业规范管理/言利明主编.—北京:中国商业出版社,1995.5.—487页;19cm
ISBN 7-5044-2612-1:¥12.00

F712.2 008551
商会发展与制度规范/陈清泰主编 .—北京:中国经济出版社,1995.12.—297页;20cm
ISBN 7-5017-3621-9:¥16.00

F712.3 008552
经贸统计数据处理与分析/贾怀勤,张杰编著.—北京:对外贸易教育出版社,1995.9.—112页;26cm
ISBN 7-81000-761-0:¥11.00

F712.3 008553
贸易企业统计/周子恂主编.—北京:中国统计出版社,1995.5.—370页;19cm
全国中等专业学校(含职业高中)统计专业规划教材
ISBN 7-5037-1949-4:¥9.50

F713 008554

《商品流通概论》学习指导/西南财经大学贸易经济系商业经济教研室编.—成都:西南财经大学出版社,1995.7.—131页;19cm
ISBN 7-81017-947-0:¥4.80

F713　　**008555**
经营有方:市场营销案例选粹/李强等主编.—大连:东北财经大学出版社,1995.4.—267页;20cm
市场营销系列教材
ISBN 7-81044-005-5:¥9.80

F713　　**008556**
开店的点子/邱绍雄编著.—广州:广东人民出版社,1995.9.—343页;19cm.—(现代经商与理财系列)
ISBN 7-218-01978-1:¥14.80

F713　　**008557**
内贸代理初探/陆江主编.—北京:中国物资出版社,1995.10.—459页;20cm
ISBN 7-5047-1148-9:¥26.00

F713　　**008558**
企业营销战略与策略/常文志等著.—长春:吉林人民出版社,1995.9.—254页;20cm
ISBN 7-206-02426-2:¥17.00

F713　　**008559**
企业与市场竞争/阎旺贤编著.—海口:海南出版社,1995.8.—97页;20cm.—(经济法律知识丛书;5/贾绍华主编)
全套共15册,总定价178.00元
ISBN 7-80617-193-2:¥0.00

F713　　**008560**
商品流通概论/张照禄主编 .—成都:西南财经大学出版社,1995.4.—289页;20cm
ISBN 7-81017-923-3:¥8.50

F713　　**008561**
商品流通原理/孙健主编.—北京:中国商业出版社,1995.7.—222页;19cm
中等职业学校营销系列教材
ISBN 7-5044-2557-5:¥8.40

F713　　**008562**
商务代理/段亚林编著.—北京:中国经济出版社,1995.6.—389页;20cm.—(工商首领系列;2)
ISBN 7-5017-3431-3:¥16.80

F713　　**008563**
市场竞争取胜术/李文斌主编.—兰州:甘肃人民出版社,1995.4.—226页;19cm
ISBN 7-226-01425-4:¥7.60

F713　　**008564**
市场营销学原理与应用/崔明,王瑞编著.—兰州:兰州大学出版社,1995.9.—488页;20cm
ISBN 7-311-00923-5:¥16.00

①F713②F120.4　　**008565**
流通改革与经济发展/蔡宁林著.—北京:中国物资出版社,1995.4.—401页;20cm
ISBN 7-5047-0846-1:¥12.00

F713-41　　**008566**
技工学校商品经营专业教改教学计划与教学大纲/劳动部教材办公室组织编写.—北京:中国劳动出版社,1995.6.—137页;19cm
ISBN 7-5045-1627-9:¥6.00

F713-62　　**008567**
代理制运作指南/赵杰主编 .—北京:中国物资出版社,1995.5.—338页;20cm
ISBN 7-5047-1121-7:¥12.80

F713.3　　**008568**
产品推销指南/施鹤群主编.—上海:上海交通大学出版社,1995.7.—216页;26cm
ISBN 7-313-01435-X:¥16.80

F713.3　　**008569**
成功推销的答案/韩庆祥,刘孟秋编著.—北京:中国物资出版社,1995.10.—231页;19cm
ISBN 7-5047-1130-6:¥9.80

F713.3　　**008570**
传销/赵启超著.—北京:中国商业出版社,1995.9.—189页;20cm
ISBN 7-5044-2340-8:¥15.80

F713.3　　**008571**
传销谋略与技巧/李蔚,肖凤翔编著.—成都:四川大学出版社,1995.10.—269页;19cm
ISBN 7-5614-1156-1:¥10.80

F713.3　　**008572**
传销学/潘嘉浩,林力源编著.—广州:广东旅游出版社,1995.4.—237页;20cm
ISBN 7-80521-563-4:¥16.80

F713.3　　**008573**
促销策划72计/陈桂芳著.—长春:吉林科学技术出版社,1995.4.—154页;19cm.—(营销策划窍点子系列/李旭,邱莉主编)
ISBN 7-5384-1494-0:¥4.00

F713.3　　**008574**
促销策略/樊志育著.—上海:上海人民出版社,1995.9.—307页:照片;20cm
ISBN 7-208-02031-0:¥21.40

F713.3　　**008575**
促销术——商战启示录/郐启扬等著.—北京:知识出版社,1995.3.—380页;19cm.—(现代商战系列)
ISBN 7-5015-1158-6:¥8.00

F713.3　　**008576**
公关谈判与推销技巧/吕明灼主编;孙长征等著.—青岛:青岛出版社,1995.11.—298页;20cm
高校公关专业用书
ISBN 7-5436-1329-8:¥11.80

F713.3　　**008577**
果品销售技巧:生意成败经验谈/罗淑平,李嘉瑞编著.—北京:中国农业出版社,1995.3.—196页;19cm
ISBN 7-109-03408-9:¥4.10

F713.3　　**008578**
经营语言艺术/王少杰主编.—北京:中国商业出版社,1995.3.—167页;19cm
中等职业学校教材
ISBN 7-5044-0882-4:¥5.80

F713.3　008579
拍卖行/李沙著.—北京:中国经济出版社,1995.1.—285页;20cm.—(热门知识系列丛书·第二套:市场中介组织)
ISBN 7-5017-3344-9:¥8.50

F713.3　008580
商品推销100术/康守松,李锐锋编著.—北京:中国国际广播出版社,1995.11.—219页;19cm.—(百术丛书·第二辑/吴绪彬主编)
ISBN 7-5078-1273-1:¥8.50

F713.3　008581
实用直销全书/王义主编.—北京:华龄出版社,1995.11.—539页;20cm
ISBN 7-80082-657-0:¥29.80

F713.3　008582
推销操作术/刘振魁编著.—郑州:中原农民出版社,1995.5.—188页;20cm.—(商战实用操作系列)
ISBN 7-80538-717-6:¥6.50

F713.3　008583
推销革命:超越CI的CS战略/李蔚著.—成都:四川大学出版社,1995.6.—265页;19cm.—(通向推销大王之路丛书·第二辑/王金顺主编)
ISBN 7-5614-1148-0:¥6.20

F713.3　008584
推销公关:危机公关的艺术/蒲永川,王玉华著.—成都:四川大学出版社,1995.6.—216页;19cm.—(通向推销大王之路丛书·第二辑/王金顺主编)
ISBN 7-5614-1151-0:¥6.20

F713.3　008585
推销妙语300句/(美)加姆布尔(Gamble,T.),(美)加姆布尔(Gamble,M.)著;周仲良译.—上海:上海人民出版社,1995.10.—133页;20cm.—(美国管理协会·斯米克管理丛书/汪熙,李慈雄主编)
ISBN 7-208-02065-5:¥6.80

F713.3　008586
推销实务:从合同订立到货款回收/彭通湖,宋伟编著.—成都:四川大学出版社,1995.6.—238页;19cm.—(通向推销大王之路丛书·第二辑/王金顺主编)
ISBN 7-5614-1150-2:¥6.20

F713.3　008587
推销原理/杭中茂主编.—北京:中国商业出版社,1995.7.—205页;19cm
中等职业学校营销系列教材
ISBN 7-5044-2563-X:¥8.10

F713.3　008588
推销原理与技巧/涂建民,邵贺编写.—北京:中国农业出版社,1995.5.—167页;26cm
中央农业广播电视学校教材 经济类专业
ISBN 7-109-03951-X:¥6.50

F713.3　008589
现代传销100问/秦朔编著.—广州:广州出版社,1995.6.—221页;19cm
ISBN 7-80592-267-5:¥16.00

F713.3　008590
现代企业产品推销学/何培秋等编著.—广州:暨南大学出版社,1995.11.—341页;20cm
企业管理专业教材
ISBN 7-81029-414-8:¥13.50

F713.3　008591
现代行销学与实战技巧/曾柔莺编著.—北京:中国友谊出版公司,1995.9.—298页;26cm
ISBN 7-5057-1263-2:¥28.00

F713.3　008592
销售技巧谋略库/周致仁,丁军主编.—海口:海南国际新闻出版中心,1995.7.—2册(2051页);26cm
ISBN 7-80609-166-1(精装):¥298.00

F713.3　008593
销售秘诀:调动顾客的购买需求/(美)米切尔(Mitchell,G.)著;章汝荣等译.—上海:上海人民出版社,1995.10.—199页;20cm.—(美国管理协会·斯米克管理丛书/汪熙,李慈雄主编)
ISBN 7-208-02064-7:¥10.00

F713.3　008594
怎样当推销员/文风,石竹编著.—北京:中国物资出版社,1995.1.—312页;19cm
ISBN 7-5047-1012-1:¥8.80

①F713.3②F740.4　008595
现代商品推销与商务谈判/吴运生,刘彦芬编著.—北京:兵器工业出版社,1995.10.—387页;19cm
ISBN 7-80038-904-9:¥14.00

F713.3-62　008596
现代传销指南/苗常青编著.—大连:大连出版社,1995.9.—247页;19cm
ISBN 7-80612-202-8:¥10.50

F713.32　008597
商业新视点:连锁经营/金承华等主编.—北京:中国商业出版社,1995.9.—258页;19cm
ISBN 7-5044-2949-X:¥11.00

F713.32　008598
怎样经营零售店铺/日本LEC·东京法思株式会社编著.—上海:复旦大学出版社,1995.6.—179页;20cm.—(企业、市场与法系列·走向规范:市场经济经营管理技法丛书)
ISBN 7-309-01521-5:¥8.00

F713.5　008599
东方艺术市场　第三集/祝君波主编.—上海:上海书画出版社,1995.6.—64页:画;26cm
ISBN 7-80512-891-X:¥18.00

F713.5　008600
高级市场营销学/郑林书,温力虎主编;何永祺等撰写.—2版.—广州:中山大学出版社,1995.10.—277页;20cm
ISBN 7-306-00046-2:¥12.80

F713.5　008601
简明市场营销学/董维,邓胜梁著.—上海:上海人民出版社,1995.11.—285页;20cm.—(现代工商管理丛书/尹尊声,海闻主编)

ISBN 7-208-02105-8:￥15.00

F713.5 **008602**

教学与辅导:1994级《市场营销学》专辑/中央农业广播电视学校主办.—北京:中国农业出版社,1995.7.—48页;26cm

农业经济与管理、企业经营管理、会计统计与审计、贸易经济专业用

ISBN 7-109-04121-2:￥2.00

F713.5 **008603**

经营诡道论/张觉明著.—北京:中国青年出版社,1995.5.—180页;20cm.—(商场必胜丛书)

ISBN 7-5006-1748-8:￥7.20

F713.5 **008604**

灵活营销术:小企业赚大钱之秘/(美)莱文森(Levinson,C.J.)著;张海宁等译.—北京:高等教育出版社,1995.7.—344页;20cm

ISBN 7-04-005533-3:￥14.00

F713.5 **008605**

农产品市场学/王林等主编.—长春:吉林大学出版社,1995.10.—300页;20cm

ISBN 7-5601-1826-7:￥11.50

F713.5 **008606**

企业创新营销战略/郑继方著.—北京:石油工业出版社,1995.10.—318页;20cm.—(市场营销新潮丛书/王煌今主编)

ISBN 7-5021-1515-3:￥12.80

F713.5 **008607**

企业市场营销实践/(德)吉姆尔著;朱乃新译.—南京:南京出版社,1995.11.—236页;19cm

著者原题:理查德·吉姆尔

ISBN 7-80614-173-1:￥8.50

F713.5 **008608**

企业营销策划/梁彦明编著.—广州:暨南大学出版社,1995.12.—453页;19cm.—(新营销实战丛书;2)

ISBN 7-81029-455-5:￥16.00

F713.5 **008609**

商战奇谋/张觉明著.—北京:中国青年出版社,1995.5.—239页;20cm.—(商场必胜丛书)

ISBN 7-5006-1749-6:￥8.50

F713.5 **008610**

社会主义市场体系/卢嘉瑞等主编.—青岛:青岛出版社,1995.12.—208页;20cm.—(社会主义市场经济论丛/徐长聚等主编)

ISBN 7-5436-1280-1:￥8.20

F713.5 **008611**

实用营销学教程/刘荣英,魏建中编著.—西安:陕西科学技术出版社,1995.12.—388页;20cm

ISBN 7-5369-0397-9:￥17.80

F713.5 **008612**

市场操作技巧700问/李二梅,王喜成主编.—郑州:河南人民出版社,1995.8.—452页;20cm

ISBN 7-215-03368-6:￥15.80

F713.5 **008613**

市场调查与预测技巧/《市场调查与预测技巧》编写组编写.—济南:山东人民出版社,1995.4.—252页;20cm

ISBN 7-209-01709-7:￥6.80

F713.5 **008614**

市场管理学/刘志远著.—上海:立信会计出版社,1995.11.—180页;20cm.—(现代经营管理系列)

ISBN 7-5429-0335-7:￥9.00

F713.5 **008615**

市场经济学导论/孙剑平等编著.—北京:兵器工业出版社,1995.10.—396页;19cm

ISBN 7-80038-930-8:￥7.80

F713.5 **008616**

市场轮廓理论:价格走势分析的崭新视点/侯本慧,郭小洲编著.—北京:航空工业出版社,1995.6.—229页;20cm

ISBN 7-80046-932-8:￥25.00

F713.5 **008617**

市场统计学/易丹辉主编.—北京:中国人民大学出版社,1995.4.—323页;19cm

ISBN 7-300-01989-7:￥9.60

F713.5 **008618**

市场统计与预测/徐浪,张照贵主编.—成都:西南财经大学出版社,1995.5.—448页;20cm

ISBN 7-81017-913-6:￥15.50

F713.5 **008619**

市场学/顾国祥,王方华主编.—上海:复旦大学出版社,1995.3.—570页;20cm.—(大学管理类教材丛书)

ISBN 7-309-01440-5:￥15.00

F713.5 **008620**

市场学概论/张怀宇等主编.—2版.—北京:中国统计出版社,1995.10.—275页;20cm

ISBN 7-5037-1769-6:￥9.10

F713.5 **008621**

市场营销/钟桂英等编.—北京:人民邮电出版社,1995.6.—221页;19cm

邮电中等专业学校教材

ISBN 7-115-05578-5:￥5.00

F713.5 **008622**

市场营销/夏暎主编.—北京:机械工业出版社,1995.5.—235页;26cm

普通中等专业教育规划教材

ISBN 7-111-04406-1:￥9.50

F713.5 **008623**

市场营销/张文富等主编.—北京:中国商业出版社,1995.4.—218页;19cm

ISBN 7-5044-2016-6:￥7.50

F713.5 **008624**

市场营销/(美)帕托拉(Perttula.W.)等编著;杨孝堂等译.—北京:中央广播电视大学出版社,1995.3.—293页;20cm

ISBN 7-304-01151-3:￥8.80

F713.5 **008625**

市场营销概论/陈志云编著.—北京:中国物资出版社,1995.11.—271页;19cm

全国通用中国公共关系培训系列教材（3）
ISBN 7-5047-1131-4：¥10.80

F713.5　　008626
市场营销管理/王秀村主编.—北京：北京理工大学出版社，1995.12.—366页；19cm
ISBN 7-81045-070-0：¥14.80

F713.5　　008627
市场营销管理：理论与模型/郭国庆编著.—北京：中国人民大学出版社，1995.3.—517页；20cm.—（中国人民大学、麦吉尔大学合作出版管理学丛书）
ISBN 7-300-01984-6：¥13.40

F713.5　　008628
市场营销口才　上册/黄干才，蔡燕农主编.—北京：中国商业出版社，1995.2.—257页；19cm
ISBN 7-5044-2662-8：¥6.20

F713.5　　008629
市场营销实用招术：奇妙点子、竞取方略、机智运作、成功典范/史波编著.—北京：中国农业出版社，1995.12.—292页；19cm
ISBN 7-109-03976-5：¥15.90

F713.5　　008630
市场营销学/蔡进兴主编.—贵阳：贵州人民出版社，1995.6.—363页；19cm
ISBN 7-221-03868-6：¥10.00

F713.5　　008631
市场营销学/冯子杰，韩英主编.—郑州：中原农民出版社，1995.9.—366页；19cm
ISBN 7-80538-392-8：¥9.50

F713.5　　008632
市场营销学/孟林明，林志扬编著.—南昌：江西人民出版社，1995.3.—300页；20cm
工商管理(MBA)系列教程
ISBN 7-210-01501-9：¥8.80

F713.5　　008633
市场营销学/孙国辉，王巾英编著.—北京：经济科学出版社，1995.8.—379页；19cm
ISBN 7-5058-0811-7：¥11.50

F713.5　　008634
市场营销学/韩丽杰等主编.—哈尔滨：哈尔滨工程大学出版社，1995.1.—293页；20cm
ISBN 7-81007-526-8：¥11.00

F713.5　　008635
市场营销学/李保润，张福瑞主编.—济南：山东大学出版社，1995.1.—290页；20cm
ISBN 7-5607-1432-3：¥5.50

F713.5　　008636
市场营销学/吴世经等主编.—成都：西南财经大学出版社，1995.4.—469页；20cm
ISBN 7-81017-911-X：¥14.90

F713.5　　008637
市场营销学/周建民，王兴邦编著.—兰州：甘肃人民出版社，1995.8.—372页；20cm
ISBN 7-226-01516-1：¥13.80

F713.5　　008638
市场营销学/乔均，李敏编著.—沈阳：辽宁科学技术出版社，1995.1.—357页；20cm
ISBN 7-5381-1973-6：¥12.60

F713.5　　008639
市场营销学/刘志梅，孙武志主编.—北京：中国商业出版社，1995.8.—292页；20cm
ISBN 7-5044-2955-4：¥11.30

F713.5　　008640
市场营销学/范振华，杨建主编.—2版.—北京：中国统计出版社，1995.11.—263页；20cm
ISBN 7-5037-1414-X：¥7.80

F713.5　　008641
市场营销学/牛全保主编.—北京：中国商业出版社，1995.8.—419页；20cm
ISBN 7-5044-2943-0：¥19.50

F713.5　　008642
市场营销学/樊而峻主编.—北京：中国商业出版社，1995.5.—322页；20cm
ISBN 7-5044-2771-3：¥12.00

F713.5　　008643
市场营销学概论/许强，杨江主编.—成都：四川大学出版社，1995.12.—350页；20cm
ISBN 7-5614-1158-8：¥14.50

F713.5　　008644
市场营销学简明教程/宋元明，黄尊严主编.—北京：兵器工业出版社，1995.10.—334页；20cm
ISBN 7-80038-950-2：¥10.80

F713.5　　008645
市场营销学教程/陈秀眉编著.—上海：同济大学出版社，1995.12.—249页；20cm
ISBN 7-5608-1600-2：¥7.40

F713.5　　008646
市场营销学教程/卢建魁主编.—成都：西南财经大学出版社，1995.8.—287页；19cm
中等专业学校教材
ISBN 7-81017-917-9：¥11.60

F713.5　　008647
市场营销学原理/张福瑞，李国华主编.—济南：黄河出版社，1995.11.—346页；20cm
ISBN 7-80558-669-1：¥12.60

F713.5　　008648
市场营销原理/侯贵生，霍澜平主编.—北京：中国商业出版社，1995.7.—281页；19cm
中等职业学校营销系列教材
ISBN 7-5044-2562-1：¥9.80

F713.5　　008649
市场营销原理与应用/孙建中主编.—天津：天津社会科学院出版社，1995.8.—331页；20cm
ISBN 7-80563-548-X：¥12.80

F713.5　　008650
市场哲学/李家芝等编.—东营：石油大学出版社，1995.6.—171页；20cm
ISBN 7-5636-0693-9：¥6.50

F713.5　　008651

现代经济社会的中介系统/陈兴祖等著.—北京:国防工业出版社,1995.4.—174页;20cm

ISBN 7-118-01418-4:¥13.00

F713.5　　008652

现代企业市场营销/惠新等编著.—西安:陕西科学技术出版社,1995.5.—349页;20cm

ISBN 7-5369-2292-2:¥12.50

F713.5　　008653

现代市场营销/蔡新春,黄寿德主编.—广州:中山大学出版社,1995.2.—298页;20cm

ISBN 7-306-00964-8:¥9.00

F713.5　　008654

现代市场营销学/杜跃平,王安民主编.—西安:西北工业大学出版社,1995.5.—360页;19cm

ISBN 7-5612-0771-9:¥9.80

F713.5　　008655

现代市场营销学/杭岳兴,康兴华主编.—武汉:武汉工业大学出版社,1995.8.—359页;20cm

ISBN 7-5629-0997-0:¥12.50

F713.5　　008656

现代市场营销学/李泽平主编.—南宁:广西民族出版社,1995.1.—437页;19cm

ISBN 7-5363-2951-2:¥9.80

F713.5　　008657

现代市场营销学/张序江,战卫明主编.—北京:航空工业出版社,1995.1.—331页;19cm

ISBN 7-80046-856-9:¥6.95

F713.5　　008658

现代市场营销学/王正选主编.—修订版.—北京:北京工业大学出版社,1995.2.—391页;19cm

ISBN 7-5639-0112-4:¥8.80

F713.5　　008659

现代市场营销学/杨延龄等编著.—北京:清华大学出版社,1995.8.—339页;20cm

ISBN 7-302-01865-0:¥8.60

F713.5　　008660

现代市场营销学/陈水芬等编著.—杭州:浙江大学出版社,1995.12.—353页;20cm.—(现代公共关系丛书)

ISBN 7-308-01645-5:¥12.00

F713.5　　008661

现代市场营销学概论/李德臣,李丛梅编著.—北京:中国农业出版社,1995.10.—283页;20cm

ISBN 7-109-04123-9:¥9.80

F713.5　　008662

现代营销管理/王云峰,郭继鸣编著.—北京:中华工商联合出版社,1995.2.—299页;20cm

ISBN 7-80100-112-5:¥9.50

F713.5　　008663

现代营销学/曹家为主编.—天津:天津社会科学院出版社,1995.10.—382页;20cm

ISBN 7-80563-351-0:¥15.00

F713.5　　008664

新编市场学/李汝霖主编.—北京:中国轻工业出版社,1995.5.—467页;20cm

中等专业学校轻工专业试用教材

ISBN 7-5019-1709-4:¥10.30

F713.5　　008665

新编市场营销学/徐印州主编.—广州:广东人民出版社,1995.2.—302页;20cm

ISBN 7-218-01731-2:¥10.80

F713.5　　008666

新编市场营销学/张才录,王年生主编.—北京:金城出版社,1995.9.—395页;19cm

ISBN 7-80084-115-4:¥16.00

F713.5　　008667

新编市场营销学/张成娴主编.—昆明:云南民族出版社,1995.6.—500页;19cm

ISBN 7-5367-1038-0:¥12.50

F713.5　　008668

营销策划/李蔚编著.—北京:中国经济出版社,1995.8.—172页;19cm.—(营销新思路丛书/杨江,任珮瑜主编)

ISBN 7-5017-1565-3:¥8.00

F713.5　　008669

营销策略与技巧/林强编著.—北京:中国经济出版社,1995.8.—222页;19cm.—(营销新思路丛书/杨江,任珮瑜主编)

ISBN 7-5017-0901-7:¥10.00

F713.5　　008670

营销管理/陶鹏德,吴作民主编.—南京:东南大学出版社,1995.4.—581页;20cm

高等教育自学考试教材

ISBN 7-81023-501-X:¥13.90

F713.5　　008671

营销管理/王金顺主编.—北京:中国经济出版社,1995.9.—223页;19cm.—(营销新思路丛书/杨江,任珮瑜主编)

ISBN 7-5017-1350-2:¥10.00

F713.5　　008672

营销管理学/彭星闾主编.—北京:中国统计出版社,1995.6.—333页;20cm

工商管理硕士(MBA)系列教材

ISBN 7-5037-1806-4:¥16.00

F713.5　　008673

营销理论与实务/许强,杨江编著.—北京:中国经济出版社,1995.8.—161页;19cm.—(营销新思路丛书/杨江,任珮瑜主编)

ISBN 7-5017-1567-X:¥8.00

F713.5　　008674

这也是一个海:文化市场面面观/花建著.—上海:中国纺织大学出版社,1995.1.—107页;19cm

ISBN 7-81038-041-9:¥5.80

F713.5　　008675

走向艺术市场理论与应用/章利国著.—石家庄:河北美术出版社,1995.5.—289页;20cm

ISBN 7-5310-0720-7:¥15.00

①F713.5②B023　　008676

改革、市场与主体性/杨适等著.—北京:北京师范大学出版社,1995.2.—281页;20cm
ISBN 7-303-03765-9:¥9.50

①F713.5②C934　008677
市场研究与管理决策/沈民,马玉林编著.—成都:成都科技大学出版社,1995.3.—227页;20cm
ISBN 7-5616-3001-8:¥7.50

F713.5-43　008678
市场营销学/职业高中外贸专业教材编写组编.—上海:上海科技教育出版社,1995.7.—202页;19cm
职业高中外经贸专业教材:试用本
ISBN 7-5428-1166-5:¥4.70

F713.5-43　008679
市场营销学教程/纪宝成主编.—2版(修订本).—北京:中国人民大学出版社,1995.11.—475页;20cm
ISBN 7-300-02076-3:¥17.00

F713.5-43　008680
市场营销学教程/彭洪淑主编.—重庆:重庆出版社,1995.11.—294页;20cm
ISBN 7-5366-3306-8:¥10.50

F713.5-43　008681
市场营销学教程/王新军,刘翠萍编著.—济南:山东大学出版社,1995.12.—307页;20cm
山东干部函授大学教材
ISBN 7-5607-1605-9:¥10.00

F713.5-43　008682
现代市场营销学教程/陈广元等主编.—沈阳:辽宁人民出版社,1995.8.—458页;20cm
ISBN 7-205-03453-1:¥13.80

F713.5-61　008683
中外市场营销实用大全/胡晓伟等编著.—北京:中国经济出版社,1995.6.—616页;20cm
ISBN 7-5017-3349-X:¥18.50

F713.5-61　008684
最新市场营销谋略大全/肖顺杰等编著.—成都:西南交通大学出版社,1995.2.—300页;19cm.—(孙子兵法与商业经营丛书)
ISBN 7-81022-732-7:¥9.80

F713.5-62　008685
大连商品交易所期货交易指南/曲立峰等编著.—大连:大连理工大学出版社,1995.12.—227页;19cm
ISBN 7-5611-1076-6:¥14.00

F713.5-62　008686
市场营销手册/郭国庆等主编.—北京:企业管理出版社,1995.4.—1448页;26cm.—(现代企业经营实务丛书)
ISBN 7-80001-518-1(精装):¥258.00

F713.5-62　008687
市场营销知识手册/赵松云编著.—北京:航空工业出版社,1995.5.—362页;20cm
ISBN 7-80046-916-6:¥14.00

F713.51　008688
商业信息与营销谋战/杨灿明著.—北京:石油工业出版社,1995.10.—269页;20cm.—(市场营销新潮丛书/王煌今主编)
ISBN 7-5021-1514-5:¥12.80

F713.51　008689
商战间谍/李步超,周玫主编.—南昌:江西人民出版社,1995.5.—152页;19cm
ISBN 7-210-01429-2:¥4.60

F713.51　008690
市场信息开发与利用/宋运郊等编著.—济南:山东教育出版社,1995.6.—183页;20cm.—(信息产业知识丛书/宋运郊主编)
ISBN 7-5328-2125-0:¥7.50

F713.52　008691
市场调查/樊志育著.—上海:上海人民出版社,1995.10.—421页;20cm
ISBN 7-208-02061-2:¥19.00

F713.52　008692
市场调查·预测·决策/龚曙明,杨满昌主编.—长沙:湖南科学技术出版社,1995.8.—328页;19cm
ISBN 7-5357-1832-9:¥11.00

F713.52　008693
现代企业市场调研与预测/陈启杰主编.—上海:复旦大学出版社,1995.10.—350页;20cm
ISBN 7-309-01563-0:¥14.00

F713.52　008694
现代市场调查/王静主编.—北京:北京经济学院出版社,1995.7.—393页;19cm.—(现代市场经济与企业经营管理系列丛书)
ISBN 7-5638-0486-2:¥10.50

F713.52　008695
营销诊断与调查/陈高林编著.—北京:中国经济出版社,1995.9.—190页;19cm.—(营销新思路丛书/杨江,任珮瑜主编)
ISBN 7-5017-0886-X:¥8.00

F713.52　008696
怎样观察市场需求/岳巍著.—北京:中国统计出版社,1995.6.—193页;20cm
ISBN 7-5037-1805-6:¥8.00

①F713.52②F713　008697
市场分析与营销策略/戴贤远著.—北京:中国审计出版社,1995.3.—321页;20cm
ISBN 7-80064-357-3:¥11.00

F713.54　008698
《市场统计与预测》学习指导/徐浪,张照贵主编.—成都:西南财经大学出版社,1995.9.—126页;19cm
ISBN 7-81017-978-0:¥4.80

F713.55　008699
顾客心理学/任树军,杨明侠主编.—北京:中国商业出版社,1995.5.—234页;19cm
ISBN 7-5044-2334-3:¥8.90

F713.55　008700
商务心理/蒋士逵等编著.—上海:立信会计出版社,1995.9.—246页;20cm
ISBN 7-5429-0278-4:¥10.50

F713.55　008701

商业心理学/张亨祥主编.—2版.—北京:中国商业出版社,1995.7.—214页;19cm
中等专业学校试用教材
ISBN 7-5044-1766-1:¥7.40

F713.55　　008702
消费心理学/韦克难著.—成都:四川大学出版社,1995.8.—221页;20cm
ISBN 7-5614-1212-6:¥7.80

F713.55　　008703
消费心理学/喻国华等主编.—北京:中国科学技术出版社,1995.8.—382页;20cm
ISBN 7-5046-1983-3:¥13.80

F713.55　　008704
消费心理学/方光罗主编.—北京:中国物资出版社,1995.6.—343页;19cm
中等专业学校商贸系列教材
ISBN 7-5047-1060-1:¥8.80

F713.55　　008705
消费心理学/刘金平,王金娥主编.—开封:河南大学出版社,1995.9.—281页;20cm.—(现代应用心理学丛书/赵国祥主编)
ISBN 7-81041-167-5:¥9.50

F713.55　　008706
消费心理学/温孝卿等主编.—天津:天津大学出版社,1995.12.—317页;20cm.—(当代市场营销丛书;6/万成林主编)
ISBN 7-5618-0695-7:¥10.80

F713.55　　008707
消费心理学/张理主编.—北京:经济科学出版社,1995.10.—457页;19cm.—(商业企业经营管理丛书)
ISBN 7-5058-0847-8:¥17.40

F713.55　　008708
消费心理学 /徐萍主编.—上海:上海交通大学出版社,1995.9.—284页;20cm
ISBN 7-313-01493-7:¥10.00

F713.7　　008709
商业传媒设计/安昌奎,韩志丹主编.—沈阳:辽宁科学技术出版社,1995.1.—134页:彩照;26cm.—(实用建筑装饰设计丛书)
ISBN 7-5381-1928-0(精装):¥38.00

F713.8　　008710
步入广告天地/王旭辉编著.—广州:暨南大学出版社,1995.12.—318页;19cm.—(新营销实战丛书;1)
ISBN 7-81029-417-2:¥12.00

F713.8　　008711
成功的广告人/汪朗,谭雪梅著.—北京:中国青年出版社,1995.8.—244页;19cm.—(成功者丛书)
ISBN 7-5006-1863-8:¥9.70

F713.8　　008712
广告策划/罗维编著.—北京:中国经济出版社,1995.8.—234页;19cm.—(广告大手笔丛书/任珮瑜,杨江主编)
ISBN 7-5017-0557-7:¥10.00

F713.8　　008713
广告传播/胡万华编著.—北京:中国经济出版社,1995.8.—162页;19cm.—(广告大手笔丛书/任珮瑜,杨江主编)
ISBN 7-5017-0604-2:¥8.00

F713.8　　008714
广告创意/聿文等编.—杭州:浙江人民美术出版社,1995.2.—48页;26cm.—(现代设计;23)
ISBN 7-5340-0498-5:¥19.50

F713.8　　008715
广告创意/罗建,古玲编著.—北京:中国经济出版社,1995.8.—176页;19cm.—(广告大手笔丛书/任珮瑜,杨江主编)
ISBN 7-5017-0601-8:¥8.00

F713.8　　008716
广告创意100:个案与理论/卢泰宏等著.—广州:广州出版社,1995.9.—378页;20cm.—(市场经典100系列书)
ISBN 7-80592-287-X:¥18.00

F713.8　　008717
广告范例与鉴赏/张瑛主编.—贵阳:贵州科技出版社,1995.3.—497页;20cm
ISBN 7-80584-425-9:¥23.00

F713.8　　008718
广告管理/齐向东编著.—北京:中国经济出版社,1995.8.—189页;19cm.—(广告大手笔丛书/任珮瑜,杨江主编)
ISBN 7-5017-0605-0:¥8.00

F713.8　　008719
广告国际惯例/陈鉴林著.—贵阳:贵州人民出版社,1995.12.—149页;20cm.—(国际经济惯例丛书/周成启主编)
ISBN 7-221-04030-3:¥8.90

F713.8　　008720
广告文化/吴满意编著.—北京:中国经济出版社,1995.8.—160页;19cm.—(广告大手笔丛书/任珮瑜,杨江主编)
ISBN 7-5017-0603-4:¥8.00

F713.8　　008721
广告效果研究/樊志育著.—北京:中国友谊出版公司,1995.7.—372页;20cm.—(海外广告丛书)
ISBN 7-5057-1261-6:¥20.00

F713.8　　008722
广告心理/计维斌,蔡小于编著.—北京:中国经济出版社,1995.8.—224页;19cm.—(广告大手笔丛书/任珮瑜,杨江主编)
ISBN 7-5017-0602-6:¥10.00

F713.8　　008723
广告学/陈宝琼主编.—武汉:武汉大学出版社,1995.5.—266页;20cm
全国高等教育自学考试教材 新闻类专业
ISBN 7-307-01957-4:¥8.20

F713.8　　008724
广告学概论/马广海,杨善民主编.—济南:山东大学出版社,1995.11.—354页;20cm

ISBN 7-5607-1554-0: ¥13.50

F713.8　　008725

广告学原理与应用/王德章主编.—哈尔滨:哈尔滨出版社,1995.12.—275页;20cm

ISBN 7-80557-911-3: ¥12.00

F713.8　　008726

广告英语与实例/孙晓丽主编.—北京:中国广播电视出版社,1995.10.—443页;20cm.—(广告经营的秘诀与实例丛书/沈厚文,徐军明主编)

ISBN 7-5043-2761-1: ¥17.40

F713.8　　008727

广告语言规范/于根元著.—北京:语文出版社,1995.5.—60页;19cm.—(语言文字规范化知识丛书/李行健主编)

ISBN 7-80006-136-1: ¥3.90

F713.8　　008728

广告原理与实务/章飞编著.—北京:中国商业出版社,1995.5.—327页;20cm

ISBN 7-5044-1457-3: ¥9.80

F713.8　　008729

广告真实性论文集:1995全国广告学术研讨会论文选/中国广告协会学术委员会编.—北京:中国广播电视出版社,1995.12.—241页;20cm

ISBN 7-5043-2832-4: ¥10.00

F713.8　　008730

户外广告设计/顾世鸿编.—杭州:浙江人民美术出版社,1995.12.—48页:彩照;26cm.—(设计家)

ISBN 7-5340-0664-3: ¥19.50

F713.8　　008731

美国广告的魅力/胡正荣编译.—呼和浩特:内蒙古人民出版社,1995.1.—346页;19cm

ISBN 7-204-02494-X: ¥12.00

F713.8　　008732

企业广告策略学/傅贤治著.—上海:上海科学技术文献出版社,1995.9.—316页;20cm

ISBN 7-5439-0700-3: ¥25.00

F713.8　　008733

企业怎样做广告/宋运郊等编著.—济南:山东教育出版社,1995.6.—264页;20cm.—(信息产业知识丛书/宋运郊主编)

ISBN 7-5328-2123-4: ¥10.15

F713.8　　008734

如何成为杰出的广告文案撰稿人/陈培爱著.—厦门:厦门大学出版社,1995.8.—271页;19cm.—(21世纪广告丛书/陈培爱主编)

ISBN 7-5615-1096-9: ¥9.30

F713.8　　008735

商业文化与广告美学/王世德著.—北京:中国经济出版社,1995.1.—291页;20cm

ISBN 7-5017-3160-8: ¥13.00

F713.8　　008736

推销广告:商务广告的策划、创意与设计/黄灵万等编著.—成都:四川大学出版社,1995.6.—245页;19cm.—(通向推销大王之路丛书·第二辑/王金顺主编)

ISBN 7-5614-1149-9: ¥6.20

F713.8　　008737

现代广告策划入门/赵佳蕙,金雪骥编著.—天津:天津科技翻译出版公司,1995.8.—401页;19cm

ISBN 7-5433-0652-2: ¥10.40

F713.8　　008738

现代广告创意/赵建科编著.—西安:陕西人民美术出版社,1995.3.—58页:图;20cm

ISBN 7-5368-0726-0: ¥15.00

F713.8　　008739

现代广告技巧/吴宣文著.—银川:宁夏人民出版社,1995.4.—346页;19cm.—(公共关系丛书/朱传贤主编)

ISBN 7-227-01455-X: ¥5.70

F713.8　　008740

现代广告设计/朱铭编著.—济南:山东美术出版社,1995.11.—217页:图片;20cm

ISBN 7-5330-0934-7: ¥16.00

F713.8　　008741

现代广告实务/陈湛匀著.—上海:上海人民出版社,1995.12.—222页;20cm.—(企业商务丛书)

ISBN 7-208-02117-1: ¥10.00

F713.8　　008742

现代广告学/张冬梅主编.—青岛:青岛海洋大学出版社,1995.5.—387页;20cm

ISBN 7-81026-728-0: ¥11.20

F713.8　　008743

现代广告学/戴广忠,房静冰主编.—北京:中国商业出版社,1995.8.—282页;20cm

中等职业学校教材

ISBN 7-5044-1743-2: ¥13.50

F713.8　　008744

现代营销广告学/潘祖和,李毅主编.—昆明:云南民族出版社,1995.5.—334页;19cm

ISBN 7-5367-1025-9: ¥7.80

F713.8　　008745

新疆广告理论与实践/陈崇相主编.—乌鲁木齐:新疆青少年出版社,1995.9.—192页;19cm

ISBN 7-5371-2090-0: ¥10.00

F713.8　　008746

一个企划人的独白/孔繁任著.—深圳:海天出版社,1995.12.—316页;20cm.—(O型文库)

ISBN 7-80615-307-1: ¥14.80

F713.8　　008747

应用广告学/宋克夫,吴克明主编.—武汉:武汉测绘科技大学出版社,1995.12.—255页;20cm

公共关系系列教材

ISBN 7-81030-428-3: ¥8.70

F713.8　　008748

中国传媒广告刊播指要/李庄,谭文瑞主编;《中国传媒广告刊播指要》编辑委员会编.—北京:新华出版社,1995.9.—856页;28cm

ISBN 7-5011-2977-0(精装): ¥188.00

F713.8 008749
中国电视广告十年:中国广告协会电视委员会成立十周年特辑:1984～1994/唐忠朴主编;中国广告协会电视委员会编.—乌鲁木齐:新疆美术摄影出版社,1995.10.—199页:彩照;26cm
ISBN 7-80547-342-0:¥120.00

F713.8 008750
中国广告表现透视:中日广告表现对比研究之一/黄升民,丁俊杰主编.—北京:民主与建设出版社,1995.11.—217页;26cm.—(国风广告文库)
ISBN 7-80112-049-3:¥25.00

F713.8 008751
中外广告精品探胜/金涛声,徐舟汉主编.—北京:国际文化出版公司,1995.8.—381页;20cm
ISBN 7-80049-615-5:¥28.00

F713.8 008752
中外绝妙广告词创意赏析/张迎高,郭谷斌主编.—长沙:湖南出版社,1995.12.—272页;19cm
ISBN 7-5438-1137-5:¥10.00

F713.8 008753
桌面广告设计/( )Floyd,E.,( )Wilson,L.编著;黄思曾等译.—广州:岭南美术出版社;香港:纬辉电子出版公司,1995.12.—356页;26cm.—(桌面出版及绘画系列)
ISBN 7-5362-1334-4:¥168.00

①F713.8②D922.294 008754
广告操作与法律责任/杨源俊著.—北京:人民法院出版社,1995.2.—311页;19cm
ISBN 7-80056-291-3:¥10.00

①F713.8②D922.294 008755
广告与广告法律制度/洪彬,徐松林主编.—广州:暨南大学出版社,1995.12.—307页;20cm
ISBN 7-81029-445-8:¥12.00

①F713.8②F270 008756
CI设计/迪尚等编.—杭州:浙江人民美术出版社,1995.1.—48页;26cm.—(现代设计;22)
ISBN 7-5340-0497-7:¥19.50

①F713.8②I269 008757
中外广告语/骆风,龙吟编 .—长沙:湖南文艺出版社,1995.8.—451页;20cm
ISBN 7-5404-1417-0(精装):¥16.80

①F713.8②J524.3 008758
电视广告策划与制作/杨金德等编著.—福州:福建人民出版社,1995.2.—234页;20cm
ISBN 7-211-02214-0:¥8.00

①F713.8②J524.3 008759
最新实用广告/樊志育著.—北京:中国友谊出版公司,1995.7.—379页;20cm.—(海外广告丛书)
ISBN 7-5057-1262-4:¥20.00

F713.8-54 008760
中国广告年鉴:1992～1993年/《中国广告年鉴》编辑委员会编.—北京:新华出版社,1995.1.—457页;26cm
ISBN 7-5011-2796-4(精装):¥160.00

F713.8-62 008761
广告写作手册 /陈海洋主编 .—南昌:江西教育出版社,1995.6.—596页;20cm
ISBN 7-5392-2043-0(精装):¥23.00

F713.8-62 008762
英语广告手册:英汉对照/魏玉杰等编著.—北京:机械工业出版社,1995.10.—421页;19cm
ISBN 7-111-04886-5:¥12.50

F714.1 008763
垄断价格机理研究:垄断价格机构的理论探索和实证分析/刘涤源等著.—北京:中国物价出版社,1995.12.—313页;20cm
ISBN 7-80070-528-5:¥16.00

F714.1 008764
商贸企业定价/李丁主编.—北京:中国财政经济出版社,1995.7.—337页;20cm.—(商贸企业经营管理丛书)
ISBN 7-5005-2753-5:¥11.60

F714.1 008765
市场价格学新论/温桂芳著.—北京:中国物价出版社,1995.11.—379页;20cm
ISBN 7-80070-517-X:¥18.00

F714.1 008766
市场经济与价格改革/刘家声著.—兰州:甘肃文化出版社,1995.8.—262页;20cm
ISBN 7-80608-123-2:¥12.80

F714.1 008767
市场物价知识/《市场物价知识》编写组编.—北京:中国商业出版社,1995.12.—237页;19cm
中等专业学校适用教材
ISBN 7-5044-2915-5:¥7.50

F714.1 008768
收费理论与收费管理/赵振东,张念瑜主编 .—北京:中国物价出版社,1995.9.—571页;20cm
ISBN 7-80070-462-9:¥16.80

①F714.1②F283 008769
投资影子价格论/陆满平著.—北京:中国物价出版社,1995.12.—406页;20cm
ISBN 7-80070-551-X:¥15.00

F715 008770
"三言·两拍"与经商管理艺术/邱绍雄著.—北京:中国经济出版社,1995.8.—153页;19cm.—(中国商贾小说与经商管理艺术系列丛书;2)
ISBN 7-5017-3464-X:¥8.00

F715 008771
《金瓶梅》与经商管理艺术/邱绍雄著.—北京:中国经济出版社,1995.8.—140页;19cm.—(中国商贾小说与经商管理艺术系列丛书;1)
ISBN 7-5017-3463-1:¥8.00

F715 008772
八百半百货公司经营之道/(日)和田一夫著;游枝译.—北京:外文出版社,1995.—111页;19cm
ISBN 7-119-00153-1:¥4.20

F715 008773
帮你经商致富/林帆,锦绣编.—呼和浩特:内蒙古人

民出版社,1995.8.—240页;19cm
ISBN 7-204-02870-8:¥11.00

F715 008774
国际商战72术/侯敏著.—长春:吉林科学技术出版社,1995.1.—150页;19cm.—(营销策划窍点子系列/李旭,邱莉主编)
ISBN 7-5384-1496-7:¥4.00

F715 008775
近代商贾小说与经商管理艺术/邱绍雄著.—北京:中国经济出版社,1995.9.—163页;19cm.—(中国商贾小说与经商管理艺术系列丛书;4)
ISBN 7-5017-3466-6:¥8.00

F715 008776
经商点子库/闫爽,秦风祥主编.—哈尔滨:黑龙江人民出版社,1995.1.—1614页;26cm
ISBN 7-207-02870-9(精装):¥130.00

F715 008777
经商致富100术/杨君游,郝义占编著.—北京:中国国际广播出版社,1995.3.—273页;19cm.—(百术丛书/吴绪彬主编)
ISBN 7-5078-0816-5:¥8.50

F715 008778
明清商贾小说与经商管理艺术/邱绍雄著.—北京:中国经济出版社,1995.8.—144页;19cm.—(中国商贾小说与经商管理艺术系列丛书;3)
ISBN 7-5017-3465-8:¥8.00

F715 008779
商海竞争艺术/张天元主编.—北京:中国财政经济出版社,1995.12.—381页;19cm
ISBN 7-5005-2839-6:¥13.00

F715 008780
商经:聚财谋利经典/唐汉编译.—西安:三秦出版社,1995.10.—364页;20cm
ISBN 7-80546-928-8:¥15.80

F715 008781
商贸计量函授培训教材/陆志方主编;全国商贸计量函授培训办公室编.—北京:中国计量出版社,1995.12.—370页;26cm
ISBN 7-5026-0850-8:¥30.00

F715 008782
商贸企业管理学/陈己寰主编.—广州:广东高等教育出版社,1995.10.—409页;20cm.—(跨世纪市场经济丛书/暨南大学经济学院主编)
ISBN 7-5361-1793-0:¥14.00

F715 008783
商帅启示录/刘振魁编著.—郑州:中原农民出版社,1995.5.—321页;20cm.—(商战实用操作系列)
ISBN 7-80538-689-7:¥9.80

F715 008784
商务谈判/傅裕嘉主编.—西安:陕西人民教育出版社,1995.7.—444页;20cm
ISBN 7-5419-6235-X:¥15.70

F715 008785
商务谈判三十六计案例精选/周俊全,周富浩主编.—南宁:广西人民出版社,1995.12.—349页;20cm
ISBN 7-219-03008-8:¥13.00

F715 008786
商务谈判制胜艺术/郭秀闳等编著.—济南:山东人民出版社,1995.2.—318页;20cm.—(商务谈判丛书)
ISBN 7-209-01683-X:¥8.50

F715 008787
商业服务艺术与技巧/周隆主编.—北京:中国商业出版社,1995.12.—211页;19cm
北京市商业企业服务培训教材
ISBN 7-5044-3089-7:¥8.50

F715 008788
商业公共关系基础知识/劳动部培训司组织编写.—北京:中国劳动出版社,1995.5.—272页;19cm
全国就业训练商业营业专业统编教材
ISBN 7-5045-1560-4:¥6.30

F715 008789
商业企业管理学/孟华兴,王来山主编.—北京:中国商业出版社,1995.8.—405页;19cm
ISBN 7-5044-1909-5:¥13.60

F715 008790
商战36忌/李政文等编著;白长江绘.—北京:中国经济出版社,1995.8.—262页:插图;19cm.—(新编36忌丛书)
ISBN 7-5017-1943-8:¥10.00

F715 008791
商战88计/楚庭仁编著.—北京:国际文化出版公司,1995.10.—626页;20cm
ISBN 7-80105-296-X:¥26.30

F715 008792
商战创意800招/伊隐编.—南宁:广西民族出版社,1995.3.—378页;19cm
ISBN 7-5363-2970-9:¥9.80

F715 008793
商战金玉良言/巫龙春等主编.—呼和浩特:远方出版社,1995.3.—304页;19cm
ISBN 7-80595-104-7:¥8.80

F715 008794
商战艺术与技巧/谭爱平,蔡仁乾编著.—海口:海南出版社,1995.12.—277页;19cm
ISBN 7-80617-326-9:¥9.80

F715 008795
孙子兵法与经营战略/周三多等著.—上海:复旦大学出版社,1995.2.—298页;20cm
ISBN 7-309-01469-3:¥15.00

F715 008796
谈判家:巧舌如簧的商场斗智者/刘刚编著.—北京:中国经济出版社,1995.4.—285页;20cm
ISBN 7-5017-3275-2:¥12.80

F715 008797
现代商务谈判/崔晓峰编著.—广州:暨南大学出版社,1995.11.—276页;19cm.—(新营销实战丛书;4)
ISBN 7-81029-454-7:¥10.00

F715 008798

现代商务谈判/李品媛主编.—2版.—大连:东北财经大学出版社,1995.12.—319页;20cm.—(当代市场营销系列)
ISBN 7-81005-925-4:¥12.80

F715　　008799
现代商业企业管理/刘兴倍主编.—南昌:江西高校出版社,1995.2.—353页;20cm
高等财经院校教材 高等教育自学考试教材
ISBN 7-81033-459-X:¥11.80

F715　　008800
现代商业企业管理概论/张堃等主编.—北京:中国经济出版社,1995.1.—326页;20cm
ISBN 7-5017-3290-6:¥9.95

F715　　008801
现代商业企业管理概论/陈伟等主编.—北京:中国商业出版社,1995.12.—403页;20cm
ISBN 7-5044-3103-6:¥16.80

F715　　008802
永远留住顾客:最富成效的经营策略/(美)坎尼(Cannie,J.K.),(美)卡普林(Caplin,D.)著;奚红妹译.—上海:上海人民出版社,1995.11.—301页;20cm.—(美国管理协会·斯米克管理丛书/汪熙,李慈雄主编)
ISBN 7-208-02104-X:¥15.00

F715　　008803
致富之路/樊明才主编.—合肥:安徽人民出版社,1995.10.—215页;20cm
ISBN 7-212-01221-1:¥8.00

F715　　008804
治穷致富的点子/蒋星五等主编.—北京:农村读物出版社,1995.5.—142页;19cm.—(金点子策划丛书)
ISBN 7-5048-2403-8:¥5.50

①F715②H365　　008805
商务信函实例事典/(日)东乡实著;滑本忠等译.—天津:天津大学出版社,1995.4.—1023页;20cm
ISBN 7-5618-0734-1(精装):¥42.00

F715-61　　008806
现代商场实务全书/舒仲秋,王裕民主编.—北京:企业管理出版社,1995.11.—1823页;26cm.—(现代生活服务实务丛书)
ISBN 7-80001-634-X(精装):¥336.00

F715-62　　008807
商业企业经理手册:现代企业经营管理/颜秋许主编.—北京:航空工业出版社,1995.5.—422页;19cm
ISBN 7-80046-865-8:¥12.00

F715.1　　008808
超级点子术/胡静山编著.—兰州:甘肃民族出版社,1995.6.—287页;20cm
ISBN 7-5421-0376-8:¥9.80

F715.1　　008809
点子小王:王极洲创意企划100篇/王极洲著.—北京:科学技术文献出版社,1995.7.—148页;19cm
ISBN 7-5023-2272-8:¥5.80

F715.1　　008810
企业预测与决策/胡玉立主编.—北京:中国财政经济出版社,1995.3.—509页;20cm.—(商贸企业经营管理丛书)
ISBN 7-5005-2722-5:¥17.10

F715.5　　008811
对外经济合作企业会计/贺平主编;宋立等编.—长沙:中南工业大学出版社,1995.10.—373页;20cm
ISBN 7-81020-796-2:¥15.00

F715.5　　008812
流通企业常用报表实用指南/王惠兰,施慧光编著.—北京:冶金工业出版社,1995.6.—322页;20cm.—(财务会计常用报表实用丛书/王惠兰主编)
ISBN 7-5024-1735-4:¥14.00

F715.5　　008813
商品流通企业财务/顾铨主编.—修订本.—北京:中国财政经济出版社,1995.6.—376页;19cm
ISBN 7-5005-2806-X:¥11.50

F715.5　　008814
商品流通企业财务管理学/汤湘希,庞凤喜编著.—北京:中国财政经济出版社,1995.3.—337页;20cm
ISBN 7-5005-2754-3:¥11.60

F715.5　　008815
商品流通企业财务管理原理/陈维彬主编.—北京:中国商业出版社,1995.7.—2册;19cm
中等职业学校财会系列教材
ISBN 7-5044-2572-9:¥15.80

F715.5　　008816
商品流通企业内部财务管理办法范例/王旭光等主编.—济南:山东人民出版社,1995.12.—201页;20cm
ISBN 7-209-01839-5:¥9.00

F715.5　　008817
商品流通企业实用财务管理/罗宏福主编.—北京:中国商业出版社,1995.8.—534页;19cm
ISBN 7-5044-2963-5:¥22.00

F715.5　　008818
商品流通企业统计/杨秉捷主编.—北京:中国经济出版社,1995.5.—341页;19cm
国内贸易部部编中等专业学校教材
ISBN 7-5017-3407-0:¥9.50

F715.5　　008819
商业企业内部财务管理制度选编/国内贸易部财会司编.—北京:中国商业出版社,1995.11.—414页;20cm
ISBN 7-5044-3085-4:¥12.00

F715.5　　008820
市场研究实用技术/岑诛霆主编.—上海:上海科学技术文献出版社,1995.5.—314页;20cm
ISBN 7-5439-0688-0:¥14.10

F715.5　　008821
现代商贸企业财务管理/方荷生,徐仲民主编.—北京:中国财政经济出版社,1995.1.—365页;20cm
ISBN 7-5005-2715-2:¥10.00

F715.51　　008822
国有商业企业会计基础工作规范实施细则/中华人

民共和国国内贸易部修订.—北京:中国商业出版社,1995.8.—101 页;26cm

ISBN 7-5044-2960-0:¥6.00

F715.51　008823

教学与辅导:1994 级商品流通企业会计专辑 /中央农业广播电视学校主办.—北京:中国农业出版社,1995.6.—48 页;26cm

企业经营管理、会计统计与审计专业用

ISBN 7-109-04070-4:¥2.00

F715.51　008824

教学与辅导:1993 级《商品流通企业会计》专辑/中央农业广播电视学校主办.—北京:中国农业出版社,1995.8.—48 页;26cm

会计统计与审计专业用

ISBN 7-109-04171-9:¥2.00

F715.51　008825

流通企业财务会计全书/孙佐军,唐福英主编.—沈阳:辽宁人民出版社,1995.11.—1108 页;26cm

ISBN 7-205-03330-6(精装):¥98.00

F715.51　008826

内贸业务会计/刘志鸿,王艳葛主编.—北京:中国审计出版社,1995.9.—275 页;20cm.—(当代企业会计丛书)

ISBN 7-80064-387-5:¥11.00

F715.51　008827

商品流通会计模拟实务/徐惠强主编.—北京:中国商业出版社,1995.7.—157 页;26cm

中等职业学校教材

ISBN 7-5044-2581-8:¥23.90

F715.51　008828

商品流通企业会计/杨广珍等主编.—长春:吉林大学出版社,1995.8.—387 页;19cm

ISBN 7-5601-1779-1:¥11.50

F715.51　008829

商品流通企业会计/朱家荣,胡锡权主编.—北京:中国统计出版社,1995.9.—385 页;20cm

ISBN 7-5037-2000-X:¥14.60

F715.51　008830

商品流通企业会计/刘敏祥主编.—大连:东北财经大学出版社,1995.6.—414 页;20cm

ISBN 7-81005-802-9:¥13.80

F715.51　008831

商品流通企业会计/丁元霖主编.—新 1 版.—上海:立信会计出版社,1995.8.—433 页;20cm.—(立信会计丛书)

ISBN 7-5429-0308-X:¥16.00

F715.51　008832

商品流通企业会计/戴重光主编.—2 版(修订本).—北京:中国财政经济出版社,1995.1.—355 页;19cm

中等财经学校教材

ISBN 7-5005-2656-3:¥7.30

F715.51　008833

商品流通企业会计/杨振广主编.—昆明:云南民族出版社,1995.3.—277 页;19cm

中等财会、财经、财贸学校会计证培训合格证培训试用教材

ISBN 7-5367-0986-2:¥8.60

F715.51　008834

商品流通企业会计/王国明主编.—北京:中国商业出版社,1995.7.—517 页;19cm

中等职业学校财会系列教材

ISBN 7-5044-2583-4:¥15.30

F715.51　008835

商品流通企业会计/吴桂武编著.—北京:中国财政经济出版社,1995.12.—464 页;19cm

ISBN 7-5005-2992-9:¥15.00

F715.51　008836

商品流通企业会计/周燊主编.—2 版(修订本).—北京:中国财政经济出版社,1995.8.—535 页;19cm

ISBN 7-5005-2832-9:¥16.00

F715.51　008837

商品流通企业会计模拟实习资料/赵英华主编.—北京:中国物资出版社,1995.2.—148 页;19cm

中等专业学校教材

ISBN 7-5047-0767-8:¥7.60

F715.51　008838

商品流通企业会计学/彭伟楠,任鸿泉主编.—武汉:华中理工大学出版社,1995.6.—393 页;20cm

ISBN 7-5609-1122-6:¥12.50

F715.51　008839

商品流通企业实用会计/何进日主编.—长沙:湖南出版社,1995.7.—366 页;19cm

ISBN 7-5438-1012-3:¥11.20

F715.51　008840

商品流转会计/张亚东主编.—成都:西南财经大学出版社,1995.7.—297 页;19cm

金融中等专业学校教材

ISBN 7-81017-972-1:¥10.80

F715.51　008841

新编商品流通企业会计/汤土云主编.—苏州:苏州大学出版社,1995.11.—334 页;20cm

新会计系列教材

ISBN 7-81037-164-9:¥12.50

F715.51　008842

新编商业会计:商品流通企业会计/李海波主编.—2 版(修订本).—上海:立信会计出版社,1995.10.—390 页;20cm.—(立信会计丛书)

ISBN 7-5429-0339-X:¥15.00

F715.51　008843

中等财经学校商品流通企业会计(修订本)配套习题集/张启超主编.—2 版.—北京:中国财政经济出版社,1995.2.—283 页;19cm

ISBN 7-5005-2704-7:¥5.30

F715.51-43　008844

商品流通企业财务会计模拟实习教材/蔡必恭主编.—北京:中国财政经济出版社,1995.6.—225 页;26cm

国内贸易部部编中等专业学校财会系列教材
ISBN 7-5005-2690-3: ¥22.80

F715.51-44　008845
商品流通企业会计基础习题集/刘尚林主编.—北京:中国商业出版社,1995.7.—161页;26cm
国内贸易部部编高等商科教材
ISBN 7-5044-2918-X: ¥10.00

F715.51-44　008846
商品流通企业会计习题集/朱显俊,鞠学孟主编.—修订本.—北京:中国财政经济出版社,1995.2.—246页;19cm
高等财经专科学校辅助教材
ISBN 7-5005-2763-2: ¥5.60

F715.51-44　008847
商品流通企业会计习题集/翟广顺主编.—北京:中国商业出版社,1995.7.—200页;26cm
国内贸易部部编高等商科教材
ISBN 7-5044-2917-1: ¥13.00

F715.51-44　008848
商品流通企业会计习题集/翟广顺主编.—北京:中国商业出版社,1995.7.—200页;26cm
国内贸易部部编高等商科教材
ISBN 7-5044-2917-1: ¥12.00

F715.51-44　008849
新编商业会计:商品流通企业会计习题集/李海波主编.—上海:立信会计出版社,1995.11.—103页;20cm.—(立信会计丛书)
ISBN 7-5429-0351-9: ¥5.50

F715.53　008850
柜组核算/马元兴,唐锦高主编.—北京:中国商业出版社,1995.7.—236页;19cm
国内贸易部教育司推荐中等职业学校教材
ISBN 7-5044-2959-7: ¥8.70

F716　008851
电脑在商业企业管理中的应用/赵可培主编.—上海:同济大学出版社,1995.6.—324页;20cm
ISBN 7-5608-1568-5: ¥12.00

F716　008852
商用电脑技术/赵为,余力著.—北京:经济科学出版社,1995.9.—460页;19cm.—(商贸企业经营管理丛书)
ISBN 7-5058-0814-1: ¥17.60

F716　008853
数据库技术及其在商界的应用/廖兴祥主编.—成都:电子科技大学出版社,1995.6.—354页;26cm
ISBN 7-81043-165-X: ¥20.00

F717　008854
零售王:现代商场策划与设计/李飞,马景忠著.—北京:北京经济学院出版社,1995.1.—300页;20cm
ISBN 7-5638-0468-4: ¥8.90

F717.2　008855
供销合作社营业员基础知识/劳动部培训司组织编写.—北京:中国劳动出版社,1995.9.—317页;19cm
全国就业训练商业营业专业统编教材
ISBN 7-5045-1768-2: ¥17.50

F717.2　008856
供销社经营师必读/闫启明,范玲秀主编.—太原:山西经济出版社,1995.5.—367页;20cm
ISBN 7-80577-846-9: ¥11.20

F717.2　008857
苏南模式与供销社的改革:无锡供销合作社的改革实践和理论探索 /严克勤等著.—北京:中国财政经济出版社,1995.10.—346页;20cm
ISBN 7-5005-2924-4: ¥14.00

F717.3　008858
小本经营术/(日)邱永汉著;周全华译.—呼和浩特:内蒙古人民出版社,1995.3.—123页;19cm
ISBN 7-204-02590-3: ¥4.20

F718　008859
经纪人操作规则与技巧/谢志强,陈邦勋主编.—2版.—北京:知识出版社,1995.3.—270页;19cm.—(现代商战系列)
ISBN 7-5015-0866-6: ¥5.80

F718　008860
礼貌礼节/吴宝华主编;全国中等职业学校饭店服务专业教材编写组编.—北京:高等教育出版社,1995.4.—144页;20cm
国家教委规划教材 中等职业学校饭店服务专业
ISBN 7-04-005298-9: ¥3.40

F718　008861
期货经纪人制度研究/杨江著.—成都:四川辞书出版社,1995.1.—129页;19cm
ISBN 7-80543-433-6: ¥3.50

F718　008862
企业与经纪人/王青编著.—海口:海南出版社,1995.8.—134页;20cm.—(经济法律知识丛书;9/贾绍华主编)
全套共15册,总定价:178.00元
ISBN 7-80617-193-2: ¥0.00

F718　008863
商海女杰/陈先主编.—北京:北京大学出版社,1995.8.—223页;19cm.—(新世纪商海丛书)
ISBN 7-301-02871-7: ¥7.80

F718　008864
商教之光/刘宗彦,汪敏华主编.—天津:天津大学出版社,1995.12.—358页;19cm
ISBN 7-5618-0834-8: ¥10.80

F718　008865
商人宣言/张光忠等编著.—北京:中国物资出版社,1995.9.—319页;19cm
ISBN 7-5047-0832-1: ¥12.80

F718　008866
商务经纪/秦兴方,董玮编著.—南京:河海大学出版社,1995.7.—294页;19cm
ISBN 7-5630-0681-8: ¥10.00

F718　008867
商业职工职业道德/万典武主编.—北京:中国商业出版社,1995.7.—163页;19cm

国内贸易部系统职业培训推荐教材
ISBN 7-5044-2020-4: ¥6.00

F718　　008868
商业职业道德/何济海主编;中华人民共和国国内贸易部编.—南宁:广西人民出版社;北京:新华出版社,1995.3.—223页;19cm.—(中华职业道德教育丛书/翟泰丰等主编)
ISBN 7-219-02909-8: ¥6.40

F718　　008869
现代经纪人实务/闪伟强等编.—上海:立信会计出版社,1995.5.—381页;20cm
ISBN 7-5429-0302-0: ¥14.00

F718　　008870
中国古代的商人/王兆祥,刘文智著.—北京:商务印书馆国际有限公司,1995.6.—181页:彩图;20cm.—(中国古代生活丛书/李学勤,冯尔康主编)
ISBN 7-80103-014-1: ¥10.00

F718　　008871
最新经纪人运作手册/芭荼主编.—北京:中国发展出版社,1995.1.—449页;20cm
ISBN 7-80087-155-X: ¥14.30

F718-61　　008872
中国外销员名录/国际商报社编.—北京:新华出版社,1995.7.—873页;26cm
ISBN 7-5011-2924-X(精装): ¥198.00

F719　　008873
宾馆趣谈:一个宾馆总经理的手记/陶裕德著.—昆明:云南美术出版社,1995.9.—194页;19cm.—(旅游文化丛书)
ISBN 7-80586-201-X: ¥7.50

F719　　008874
餐厅服务员:初级、中级、高级/《职业技能鉴定教材》、《职业技能鉴定指导》编审委员会编.—北京:中国劳动出版社,1995.10.—151页;20cm
职业技能鉴定教材·职业技能鉴定指导
ISBN 7-5045-1667-8: ¥10.00

F719　　008875
餐饮成本核算/何海兰编;全国中等职业学校烹饪专业教材编写组编.—北京:高等教育出版社,1995.10.—91页;20cm
国家教委规划教材 中等职业学校中餐烹饪专业
ISBN 7-04-005355-1: ¥3.25

F719　　008876
餐饮服务/陈修仪主编;全国中等职业学校饭店服务专业教材编写组编.—北京:高等教育出版社,1995.4.—208页;20cm
国家教委规划教材 中等职业学校饭店服务专业
ISBN 7-04-005296-2: ¥4.85

F719　　008877
餐饮业经营管理艺术探索/危立森著.—北京:中国轻工业出版社,1995.5.—128页;19cm
ISBN 7-5019-1777-9: ¥10.00

F719　　008878
成功与管理:花园酒店十年历程/陈熙炎主编.—广州:广东旅游出版社,1995.8.—143页;20cm
ISBN 7-80521-607-X(精装): ¥19.50

F719　　008879
第三产业/李惠群等编著.—武汉:湖北教育出版社,1995.3.—184页;19cm.—(市场经济系列丛书/郭吴新等主编)
ISBN 7-5351-1523-3: ¥6.00

F719　　008880
第三产业的崛起:兼论山东省第三产业新兴行业发展战略/范爱军等著.—济南:山东大学出版社,1995.10.—590页;20cm
ISBN 7-5607-1556-7: ¥25.00

F719　　008881
第三产业基础知识/谈学明主编.—南京:河海大学出版社,1995.12.—280页;20cm
ISBN 7-5630-0912-4: ¥15.00

F719　　008882
第三产业统计/张桂生,王献芬编著.—北京:中国统计出版社,1995.12.—198页;19cm
ISBN 7-5037-2045-X: ¥9.50

F719　　008883
饭店督导原理与技巧/卢象乾主编.—北京:中国旅游出版社,1995.5.—150页;19cm
ISBN 7-5032-1168-7: ¥6.50

F719　　008884
饭店服务员等级考核操作标准和测评/宋晓玲主编.—福州:福建人民出版社,1995.10.—160页;19cm
ISBN 7-211-02519-0: ¥6.85

F719　　008885
饭店管理模式:办公室管理/钱学中主编.—上海:上海科学技术出版社,1995.12.—90页;20cm
ISBN 7-5323-4069-4: ¥8.00

F719　　008886
饭店管理模式:工程设备管理/钱学中主编.—上海:上海科学技术出版社,1995.12.—188页;20cm
ISBN 7-5323-3963-7: ¥12.60

F719　　008887
饭店管理模式:计划财务管理/钱学中主编.—上海:上海科学技术出版社,1995.6.—176页;20cm
ISBN 7-5323-3877-0: ¥9.80

F719　　008888
饭店管理模式:商场管理/钱学中主编.—上海:上海科学技术出版社,1995.4.—52页;20cm
ISBN 7-5323-3847-9: ¥6.70

F719　　008889
饭店市场营销学/李强,于宁主编.—大连:东北财经大学出版社,1995.10.—244页;20cm
辽宁省高等教育旅游与饭店管理专业自学考试教材
ISBN 7-81044-076-4: ¥12.80

F719　　008890
饭店物业投资决策与管理形式/汪纯孝编著.—广州:中山大学出版社,1995.3.—297页;20cm.—(旅游酒店经营管理丛书)
ISBN 7-306-00974-5: ¥9.80

F719　　　　　008891
福建第三产业发展研究/冯声康主编.—北京:中国统计出版社,1995.8.—429页;20cm
ISBN 7-5037-2035-2:¥18.00

F719　　　　　008892
歌舞厅的服务与管理/常刚,徐志伟编.—北京:高等教育出版社,1995.5.—119页;20cm
中等职业学校饭店服务专业
ISBN 7-04-005446-9:¥2.80

F719　　　　　008893
化干戈为玉帛:浅谈如何处理宾客投诉/张润钢著.—北京:经济科学出版社,1995.5.—116页;19cm
ISBN 7-5058-0807-9:¥6.00

F719　　　　　008894
锦江宾馆经理手册/罗立先主编;锦江宾馆编.—成都:四川科学技术出版社,1995.12.—66页;19cm
ISBN 7-5364-3208-9:¥6.00

F719　　　　　008895
酒店公共关系/陈国强主编;陈继光,唐扬耀编著.—广州:中山大学出版社,1995.12.—200页;20cm
中等旅游职业技术教育系列教材
ISBN 7-306-01066-2:¥8.80

F719　　　　　008896
酒店经营管理国际惯例/黄世雄,许彬编著.—贵阳:贵州人民出版社,1995.12.—332页;20cm.—(国际经济惯例丛书/周成启主编)
ISBN 7-221-03601-2:¥13.90

F719　　　　　008897
酒店业/(法)佩兰(Perrin,D.)著;江振霄译.—北京:商务印书馆,1995.12.—116页;19cm.—(我知道什么?)
ISBN 7-100-01921-4:¥7.50

F719　　　　　008898
旅游饭店计算机管理/何文生主编.—上海:上海交通大学出版社,1995.4.—154页;20cm
ISBN 7-313-01426-0:¥7.30

F719　　　　　008899
旅游酒店财务会计/刘敏祥,于刚主编.—大连:东北财经大学出版社,1995.8.—429页;20cm
ISBN 7-81044-064-0:¥16.80

F719　　　　　008900
旅游饮食服务企业会计/沈春子主编.—北京:中国财政经济出版社,1995.6.—514页;19cm
国内贸易部部编中等专业学校财会系列教材
ISBN 7-5005-2695-4:¥13.00

F719　　　　　008901
美国华侨餐馆工业/陈本昌著.—南宁:广西教育出版社,1995.12.—290页;20cm
ISBN 7-5435-2369-8:¥11.30

F719　　　　　008902
盘锦第三产业/姜玉田等主编.—沈阳:东北大学出版社,1995.10.—289页:彩照;26cm
ISBN 7-81054-013-0:¥30.00

F719　　　　　008903
前厅与客房服务/支海成,吴梅编.—北京:高等教育出版社,1995.5.—325页;20cm
国家教委规划教材 中等职业学校饭店服务专业
ISBN 7-04-005297-0:¥7.10

F719　　　　　008904
实用饭店营销学/李国振编著.—上海:上海交通大学出版社,1995.8.—292页;20cm
ISBN 7-313-01521-6:¥6.50

F719　　　　　008905
现代饭店岗位培训基础知识/黄龙著.—海口:海南出版社,1995.12.—235页;19cm
旅游业、饭店业A·B·C饭店岗位培训小宝典
ISBN 7-80617-232-7:¥10.00

F719　　　　　008906
现代饭店设备管理/陈天来编著.—天津:天津科学技术出版社,1995.10.—492页;20cm
ISBN 7-5308-0756-0:¥22.00

F719　　　　　008907
现代酒店(宾馆)管理探索/林力源主编.—广州:广东旅游出版社,1995.1.—287页;19cm
ISBN 7-80521-542-1:¥7.80

F719　　　　　008908
新编旅游、饮食服务企业会计/刘玉廷编.—北京:国际文化出版公司,1995.1.—309页;20cm
ISBN 7-80105-190-4:¥9.80

F719　　　　　008909
新编旅游与饮食服务企业会计/王国生编著.—北京:中国轻工业出版社,1995.1.—389页;19cm
ISBN 7-5019-1686-1:¥14.00

F719　　　　　008910
新的崛起:中国第三产业巡礼/王录,拉白主编.—郑州:黄河水利出版社,1995.7.—251页:彩照;20cm.—(电视系列节目)
ISBN 7-80621-035-0:¥12.90

F719　　　　　008911
域外发达风:国外发展第三产业经验撷英　(一)/中国第三产业编辑部编.—北京:中国发展出版社,1995.1.—140页;19cm.—(中国第三产业杂志丛书/朱兵主编)
ISBN 7-80087-192-4:¥5.60

F719　　　　　008912
中国旅游涉外饭店经营统计及排序　1995/孙钢主编;中华人民共和国国家旅游局编.—北京:中国旅游出版社,1995.9.—152页;26cm
ISBN 7-5032-1202-0:¥40.00

F719　　　　　008913
中国首次第三产业普查资料摘要:1991~1992/全国第三产业普查办公室编.—北京:中国统计出版社,1995.2.—217页;20cm
ISBN 7-5037-1673-8:¥24.00

F719　　　　　008914
中外第三产业比较研究/张岳琦等编著.—长春:东北师范大学出版社,1995.5.—358页;20cm
ISBN 7-5602-1577-7(精装):¥6.00

F719 008915

助你走上黄金大道:中国发展第三产业操作经验集粹 (二)/中国第三产业编辑部编.—北京:中国发展出版社,1995.1.—172页;19cm.—(中国第三产业杂志丛书/朱兵主编)

ISBN 7-80087-193-2:¥6.60

①F719②TS972.1 008916

上海美食大观 (一)/季斌,徐智明主编.—上海:上海远东出版社,1995.12.—134页:彩照;19cm

ISBN 7-80613-198-1:¥12.00

F719-34 008917

中国第三产业地区发展研究/李强主编;全国第三产业普查办公室编.—大连:大连理工大学出版社,1995.12.—430页;20cm

ISBN 7-5611-1029-4:¥17.00

F719-41 008918

技工学校饭店服务专业教改教学计划与教学大纲 1995/劳动部教材办公室组织编写.—北京:中国劳动出版社,1995.7.—101页;19cm

ISBN 7-5045-0945-0:¥4.50

F719-61 008919

第三产业经营管理实务全书/王行业主编.—北京:北京科学技术出版社,1995.10.—934页;26cm

ISBN 7-5304-1684-7(精装):¥158.00

F719-62 008920

汉英日商业酒店业服务用语手册/唐明一主编.—沈阳:辽宁人民出版社,1995.5.—119页;9×13cm

商业酒店业员工外语培训教材

ISBN 7-205-03326-8:¥5.60

F719-65 008921

服务质量国家标准实施指南:GB/T19004·2-ISO9004-2/陈渭主编.—北京:中国科学技术出版社,1995.11.—199页;19cm

国家技术监督局国家标准统一宣贯教材

ISBN 7-5046-2117-X:¥11.00

F719-66 008922

中国第三产业普查资料:大连市/大连市第三产业普查办公室编.—北京:中国统计出版社,1995.3.—517页:彩照;26cm

ISBN 7-5037-1750-5(精装):¥98.00

F719-66 008923

中国第三产业普查资料:福建省/吴庭主编;福建省人民政府第三产业普查协调小组办公室编.—北京:中国统计出版社,1995.10.—797页;26cm

ISBN 7-5037-1706-8(精装):¥80.00

F719-66 008924

中国第三产业普查资料:甘肃省/甘肃省第三产业普查办公室编.—北京:中国统计出版社,1995.3.—2册(1310页);26cm

ISBN 7-5037-1706-8(精装):¥268.00

F719-66 008925

中国第三产业普查资料:广东省/翟锦云主编;广东省第三产业普查办公室编.—北京:中国统计出版社,1995.4.—508页;26cm

ISBN 7-5037-1706-8(精装):¥150.00

F719-66 008926

中国第三产业普查资料:湖北省/湖北省第三产业普查办公室编.—北京:中国统计出版社,1995.2.—528页;26cm

ISBN 7-5037-1706-8(精装):¥118.00

F719-66 008927

中国第三产业普查资料:柳州市/柳州市第三产业普查办公室编.—北京:中国统计出版社,1995.7.—389页:彩照;26cm

ISBN 7-5037-1750-5(精装):¥0.00

F719-66 008928

中国第三产业普查资料:山东省/山东省第三产业普查办公室编.—北京:中国统计出版社,1995.5.—2册(1166页);26cm

ISBN 7-5037-1706-8(精装):¥280.00

F719-66 008929

中国第三产业普查资料:西藏自治区/晋美多吉,王韶泉主编;西藏自治区第三产业普查办公室编.—拉萨:西藏人民出版社,1995.4.—429页;26cm

ISBN 7-223-00886-5:¥50.00

F719-66 008930

中国第三产业普查资料:云南省/云南省第三产业普查办公室编.—北京:中国统计出版社,1995.7.—1028页;26cm

ISBN 7-5037-1706-8(精装):¥198.00

F72 中国国内贸易经济

F72 008931

1995中国市场与流通:来自地方的报告/杜岩主编;国家体改委市场流通体制司编.—北京:改革出版社,1995.10.—322页;19cm

ISBN 7-80072-713-0:¥15.00

F72 008932

中国商业优秀企业/史清义等编著.—北京:经济科学出版社,1995.10.—134页;20cm

ISBN 7-5058-0838-9:¥7.00

F72-05 008933

中国商业社会学/余恩海,卢晋主编.—北京:中国商业出版社,1995.3.—221页;20cm

ISBN 7-5044-1834-X:¥9.50

F721 008934

论商业改革与发展/张世尧著.—北京:中国商业出版社,1995.6.—601页;20cm

ISBN 7-5044-2607-5:¥25.00

F721 008935

中国当代名商:陕西卷:汉英对照/《中国当代名商》陕西卷编委会主编;陕西省国际信托投资股份有限公司协编.—西安:陕西人民出版社,1995.12.—251页;28cm

ISBN 7-224-04061-4:¥120.00

F721-61 008936

全国物价计量信得过单位名录　1994年/《全国物价计量信得过单位名录》编辑组编.—北京:中国物价出版社,1995.12.—491页:彩图;26cm
ISBN 7-80070-538-2(精装):¥180.00

F721-61　008937
中国流通企业大全/陈邦柱,张皓若主编.—北京:中国物资出版社,1995.7.—3册;26cm
ISBN 7-5047-1099-7(精装):¥350.00

F721.1　008938
中国百强商店/何济海主编;《中国百强商店》编委会编.—北京:中国物资出版社,1995.5.—261页;19cm
ISBN 7-5047-1079-2:¥16.00

F721.2-64　008939
《中共中央国务院关于深化供销合作社改革的决定》宣传挂图/中华全国供销合作总社办公厅监制.—北京:中国商业出版社,1995.—3张;77×53cm
ISBN 7-5044-2410-2:¥12.80

F722.2　008940
地副商场管理模式/陈亚彬,洪生伟主编.—北京:企业管理出版社,1995.12.—395页;20cm
ISBN 7-80001-676-5:¥20.00

F722.2　008941
经营优质商品 提供优质服务:全国内贸系统"打假"工作先进单位经验材料选编/中纪委驻国内贸易部纪检组等编.—北京:中国商业出版社,1995.8.—317页;19cm
ISBN 7-5044-2962-7:¥12.00

F722.4　008942
农产品批发市场研究/徐柏园,李蓉著.—北京:中国农业出版社,1995.8.—351页;20cm
ISBN 7-109-03868-8:¥16.00

F722.4　008943
中国专业批发市场汇览/刘延伟主编.—西安:陕西人民出版社,1995.6.—1149页;20cm
ISBN 7-224-03795-8(精装):¥45.00

F723　008944
港澳台市场营销策略/赵红主编.—北京:中国经济出版社,1995.12.—238页;19cm.—(港澳台实用经济丛书/谢明干,杨松华主编)
ISBN 7-5017-3473-9:¥8.80

①F723②F740.2　008945
国内外市场接轨的理论与实务/杨圣明主编.—北京:中国社会科学出版社,1995.12.—426页;20cm
ISBN 7-5004-1761-6:¥18.80

F723-54　008946
中国市场统计年鉴　1994/李露华主编;国家统计局贸易物资统计司编.—北京:中国统计出版社,1995.6.—315页;26cm
ISBN 7-5037-1935-4:¥56.00

F723-62　008947
中国社会主义市场经济中介机构实用手册/《中国社会主义市场经济中介机构实用手册》编写组编著.—北京:国防工业出版社,1995.4.—1698页;26cm
ISBN 7-118-01383-8(精装):¥150.00

F723.1-62　008948
石家庄市场指南/谭林主编.—北京:中国商业出版社,1995.8.—437页:彩图;20cm
ISBN 7-5044-2947-3:¥13.80

F724.1　008949
培育市场的一条新路:北京大钟寺农副产品批发市场/庾德昌,何德全主编.—北京:北京农业大学出版社,1995.12.—274页;20cm
ISBN 7-81002-749-2:¥12.00

F724.3　008950
中国农村集市的理论与实践/石忆邵著.—西安:陕西人民出版社,1995.6.—212页;20cm
ISBN 7-224-03879-2:¥8.80

F724.4　008951
民族贸易经济研究/赵恒伦,张致义编著.—西宁:青海人民出版社,1995.6.—420页;20cm
ISBN 7-225-01038-7:¥10.00

F724.7　008952
开拓的十年:郑州市技术市场纪事/李中正主编.—郑州:河南人民出版社,1995.8.—308页;20cm
ISBN 7-215-03434-8:¥10.00

F724.72　008953
困惑与对策:解析山西农产品流通问题/许继光著.—太原:山西人民出版社,1995.2.—142页;20cm
ISBN 7-203-03325-2:¥6.80

F724.72　008954
中国农产品期货交易:理论·实践·发展/张冬平,刘国卯著.—郑州:河南人民出版社,1995.9.—275页;20cm
ISBN 7-215-01796-6:¥12.00

F724.721　008955
东海县粮食志/朱守和主编;东海县粮食局编.—北京:中国商业出版社,1995.4.—279页:照片;26cm
ISBN 7-5044-2024-7:¥32.00

F724.721　008956
荆门粮食志/彭友坤主编;荆门粮食志编纂委员会编.—北京:人民交通出版社,1995.4.—438页:彩照;26cm
ISBN 7-114-01848-7(精装):¥45.00

F724.721　008957
粮食期货交易/朱运清等编著.—北京:中国经济出版社,1995.1.—329页;20cm
ISBN 7-5017-3403-8:¥13.80

F724.721　008958
上海粮食志/应飞主编;《上海粮食志》编纂委员会编.—上海:上海社会科学院出版社,1995.10.—738页:彩图;26cm.—(上海市专志系列丛书)
ISBN 7-80618-087-7(精装):¥70.00

F724.721　008959
漳州市粮食志/林依秋主编.—厦门:厦门大学出版社,1995.10.—495页:照片;20cm
ISBN 7-5615-1097-7:¥30.00

F724.721　008960
中国粮食市场与政策/中华人民共和国农业部教育

司主编；柯炳生著.—北京：中国农业出版社，1995.2.—272页；20cm.—(中国博士专著：农业领域)
ISBN 7-109-03639-1：¥13.50

F724.722　　008961
烟草专卖管理/《烟草专卖管理》编写组编.—北京：中国人事出版社，1995.6.—418页；19cm
烟草中专学校统编试用教材
ISBN 7-80076-726-4：¥8.90

F724.73　　008962
实用医药品贸易学/戴德银，徐国利主编.—北京：人民军医出版社，1995.10.—452页；19cm
ISBN 7-80020-572-X(精装)：¥30.00

F724.73　　008963
医药市场营销学/冯国忠等编著.—北京：军事医学科学出版社，1995.10.—324页；19cm
ISBN 7-80121-026-3：¥10.00

F724.73　　008964
中药市场营销学/张永清主编.—北京：中国中医药出版社，1995.6.—258页；26cm
高等医药院校试用教材 供中药专业用
ISBN 7-80089-450-9：¥19.60

F724.741　　008965
煤炭市场营销学/庞昊勇编著.—北京：煤炭工业出版社，1995.5.—378页；20cm
ISBN 7-5020-1143-9：¥15.00

F724.741-62　　008966
大庆物资购销指南：1995～1996/张主明等主编.—北京：中国物资出版社，1995.7.—428页：彩图；20cm
ISBN 7-5047-1047-4：¥200.00

F724.76　　008967
北京汽车配件经销企业经理名片大全/北京利圣达信息公司编.—北京：中国档案出版社，1995.8.—220页；26cm
ISBN 7-80019-518-X：¥98.00

F724.76　　008968
汽车市场营销理论与实践/李维谓，张国方著.—北京：人民交通出版社，1995.12.—276页；26cm
ISBN 7-114-02231-X：¥27.50

F724.76　　008969
汽车营销基础知识/王福民著.—天津：天津科学技术出版社，1995.3.—446页；19cm
ISBN 7-5308-1811-2：¥12.00

F724.76-54　　008970
中国汽车贸易年鉴　1995/许进禄主编.—北京：中国商业出版社，1995.12.—1册；29cm
ISBN 7-5044-3110-9(精装)：¥98.00

F724.783　　008971
服装市场营销/李晓慧，赵平主编.—北京：中国城市出版社，1995.8.—312页；20cm
ISBN 7-5074-0738-1：¥14.00

F724.787　　008972
艺术品(字画)市场投资入门/李林编.—北京：中国农业出版社，1995.3.—36页：彩图；19cm
ISBN 7-109-03777-0：¥10.00

F724.787　　008973
中国古玩行情博览/王金海等主编.—上海：立信会计出版社，1995.6.—272页：彩图；29cm
ISBN 7-5429-0318-7(精装)：¥448.00

F724.787-61　　008974
中国当代书画名家润格大全　第一集/金通达主编.—北京：现代出版社，1995.4.—616页；26cm
ISBN 7-80028-270-8(精装)：¥295.00

F726.1　　008975
建立和完善价格调控体系研究/王家珍主编.—北京：中国物价出版社，1995.12.—135页；20cm
ISBN 7-80070-539-0：¥6.80

F726.1　　008976
商业价格/陈志刚主编.—上海：中国纺织大学出版社，1995.11.—145页；19cm
ISBN 7-81038-067-2：¥7.10

F726.1　　008977
社会主义市场价格新体制/刘家声编著.—兰州：甘肃人民出版社，1995.6.—276页；20cm
ISBN 7-226-01474-2：¥9.80

F726.2　　008978
农业价格政策：部分均衡分析实用指南/(美)柴考克(Tsakok，I.)著；李永新，许长新译.—南京：河海大学出版社，1995.9.—261页；20cm
世界银行"农、林、水"项目培训教材
ISBN 7-5630-0910-8：¥18.00

F726.2　　008979
中国农产品流通体制与价格制度/姚今观等著.—北京：中国物价出版社，1995.11.—664页；20cm
ISBN 7-80070-521-8(精装)：¥25.00

F726.765　　008980
广东物价　1995年/广东省物价局编.—广州：广东人民出版社，1995.10.—725页；26cm
ISBN 7-218-02047-X：¥50.00

F727.1　　008981
隆福春秋/王玉甫著.—北京：中国社会出版社，1995.10.—217页；20cm
ISBN 7-80088-681-6：¥10.80

F727.22　　008982
河北省商品市场监督管理条例释义/傅亮，谢建增主编.—石家庄：河北人民出版社，1995.10.—185页；19cm
ISBN 7-202-01798-9：¥6.80

F727.22　　008983
市场和价格信息系统/李新平等编.—石家庄：河北人民出版社，1995.5.—439页；26cm
全套共8册，总定价为：150.00元
ISBN 7-202-01743-1：¥0.00

F727.22-54　　008984
河北市场年鉴　1995/侯以信主编；《河北市场年鉴》编辑委员会编.—北京：社会科学文献出版社，1995.9.—469页：照片；20cm
ISBN 7-80050-698-3(精装)：¥48.00

①F727.25-09②I247.8　　008985

晋商巨族二百年:清代巨商祁县乔家的传说故事/郝汝椿著.—天津:百花文艺出版社,1995.12.—145页;19cm

ISBN 7-5306-2225-0:¥6.50

F727.313 008986

大连商业发展战略研究/大连市商业委员会编.—沈阳:辽宁人民出版社,1995.6.—138页:彩照;20cm

ISBN 7-205-03379-9:¥9.60

F727.35 008987

黑龙江省现货期货市场体系建设规划与运行机制的研究/王德章主编.—哈尔滨:黑龙江人民出版社,1995.12.—300页;20cm

ISBN 7-207-03444-X:¥12.00

F727.42 008988

兰州商厦与乐苑:汉、英、日文对照/澄平主编;兰州国际文化交流公司编撰部编.—兰州:甘肃人民出版社,1995.9.—57页;29cm

ISBN 7-226-01540-4:¥38.00

F727.51 008989

海派商业文化研究/上海市黄浦商业文化协会编;堵根生著.—上海:上海社会科学院出版社,1995.11.—198页;19cm.—(上海市黄浦商业文化丛书)

ISBN 7-80618-186-5:¥10.00

F727.51 008990

上海市黄浦区商业志/上海市黄浦区人民政府财政贸易办公室,上海市黄浦区商业志编纂委员会编著.—上海:上海科学技术出版社,1995.2.—939页;26cm

ISBN 7-5323-3662-X(精装):¥110.00

F727.51-62 008991

上海消费指南:汉英对照/姚荣铨等主编.—上海:上海画报出版社,1995.11.—84页:彩照;29cm

ISBN 7-80530-167-0:¥60.00

F727.52 008992

希望的田野:山东省供销改革发展纪实/李戈主编.—济南:黄河出版社,1995.12.—303页;19cm

ISBN 7-80558-692-6:¥7.00

F727.533 008993

昆山市商业志/顾进华主编;《昆山市商业志》编纂委员会编.—上海:上海科学技术文献出版社,1995.12.—184页:彩照;21cm.—(昆山市地方志丛书/王道伟主编)

ISBN 7-5439-0889-1:¥20.00

F727.555 008994

织里镇商务地图/浙江省测绘局外业测绘大队,浙江省湖州市织里镇城建办编制.—广州:广东省地图出版社,1995.11.—1张;53×77cm

¥2.00

F727.671 008995

南宁市商业志/吴锦龙主编;南宁市商业局编.—南宁:广西人民出版社,1995.10.—469页;20cm

ISBN 7-219-03080-0(精装):¥28.80

F727.71 008996

成都购物、餐饮、娱乐指南/张晓雪,李邦祥主编;成都市统计局,成都市人民政府财贸办公室编.—成都:四川科学技术出版社,1995.10.—228页;19cm

ISBN 7-5364-3203-8:¥8.50

F727.712 008997

凉山彝族自治州商贸志/何明华主编;凉山州财贸办公室编.—成都:四川大学出版社,1995.11.—287页;26cm.—(凉山方志丛书)

ISBN 7-5614-1217-7(精装):¥58.00

F727.74 008998

云南市场研究/张云钢等著.—昆明:云南大学出版社,1995.6.—155页;20cm.—(云南发展研究丛书)

ISBN 7-81025-509-6:¥9.00

F729 008999

货殖:商业与市场研究　第一辑/中国商业史学会编.—北京:中国财政经济出版社,1995.9.—681页;20cm

ISBN 7-5005-2848-5:¥35.00

F729 009000

旅蒙商:17世纪至20世纪中原与蒙古地区的贸易关系/卢明辉,刘衍坤著.—北京:中国商业出版社,1995.6.—285页;20cm

ISBN 7-5044-2198-7:¥10.00

F729.48 009001

晋商兴衰史:称雄商界500年/张正明著.—太原:山西古籍出版社,1995.12.—356页;20cm.—(三晋文化研究丛书)

ISBN 7-80598-103-5:¥15.00

F729.5 009002

官商之间:社会剧变中的近代绅商/马敏著.—天津:天津人民出版社,1995.1.—382页;20cm

ISBN 7-201-01954-6:¥13.60

F729.9 009003

深圳综合商业图/广东省地图出版社编制.—广州:广东省地图出版社,1995.10.—1张;53×77cm

¥3.00

F729.9 009004

邹城市城区工商地图/山东省地质测绘院,山东省邹城市土地矿产管理局编制.—济南:山东省地图出版社,1995.5.—1张;106×77cm

¥10.00

F73　世界各国国内贸易经济

F731 009005

国际经贸地理/徐文吉编著.—长春:吉林大学出版社,1995.2.—252页;19cm.—(国际商务丛书;5/池元吉主编)

ISBN 7-5601-1674-4:¥6.60

F731 009006

国际贸易地理/竺仙如主编.—修订本.—北京:对外贸易教育出版社,1995.3.—384页;20cm

中专教材

ISBN 7-81000-707-6:¥19.00

F733.13 009007

日本之窗丛书 1995年春:日本经贸纵横/何萍主编;《日本之窗》丛书编辑部编.—上海:上海交通大学出版社,1995.—96页;29cm

ISBN 7-313-01428-7:¥18.00

F733.133 **009008**

日本技术市场与信息咨询市场/孔昭林编著.—北京:中国大百科全书出版社,1995.10.—115页;19cm.—(百卷本世界市场全书/顾海良等主编)

ISBN 7-5000-5534-X:¥9.80

F733.133 **009009**

日本商品市场/汤传锋编著.—北京:中国大百科全书出版社,1995.10.—116页;19cm.—(百卷本世界市场全书/顾海良等主编)

ISBN 7-5000-5508-0:¥9.80

F733.133 **009010**

现代日本商品市场分析与借鉴/申恩威著.—北京:中国物资出版社,1995.10.—312页;20cm

ISBN 7-5047-1128-4:¥15.00

F734.03 **009011**

非洲市场组织/陈沫编著.—北京:中国大百科全书出版社,1995.10.—136页;19cm.—(百卷本世界市场全书/顾海良等主编)

ISBN 7-5000-5595-1:¥9.80

F735.603 **009012**

西欧技术市场与信息咨询市场/吴增芳编著.—北京:中国大百科全书出版社,1995.10.—173页;19cm.—(百卷本世界市场全书/顾海良等主编)

ISBN 7-5000-5533-1:¥9.80

F735.603 **009013**

西欧商品市场/陈永红编著.—北京:中国大百科全书出版社,1995.10.—152页;19cm.—(百卷本世界市场全书/顾海良等主编)

ISBN 7-5000-5507-2:¥9.80

F735.65 **009014**

国内贸易/(法)克里埃(Krier,H.),(法)雅莱(Jallais,J.)著;王为民译.—北京:商务印书馆,1995.12.—139页;18cm.—(我知道什么?·百科知识丛书)

据法国大学出版社1985年版译出

ISBN 7-100-01920-6:¥7.50

F737.123 **009015**

美国技术市场及信息咨询市场/郑立新,(美)芬斯特托克编著.—北京:中国大百科全书出版社,1995.10.—121页;19cm.—(百卷本世界市场全书/顾海良等主编)

著者原题:J.C.芬斯特托克

ISBN 7-5000-5532-3:¥9.80

F737.123 **009016**

美国商品市场/牟瀛编著.—北京:中国大百科全书出版社,1995.10.—139页;19cm.—(百卷本世界市场全书/顾海良等主编)

ISBN 7-5000-5506-4:¥9.80

F737.303 **009017**

拉丁美洲市场组织/樊素杰编著.—北京:中国大百科全书出版社,1995.10.—149页;19cm.—(百卷本世界市场全书/顾海良等主编)

ISBN 7-5000-5593-5:¥9.80

F74 国际贸易

F74 **009018**

国际经贸惯例:规则与公约/高德步编著.—北京:中共中央党校出版社,1995.4.—276页;19cm.—(市场经济规范与运作丛书)

ISBN 7-5035-1169-9:¥8.50

F74 **009019**

国际贸易百国禁忌/袁南生编著.—重庆:重庆出版社,1995.10.—506页;20cm

ISBN 7-5366-3223-1:¥24.00

F74 **009020**

国际贸易常用语通解/宋雅红,孙荣主编.—长春:吉林大学出版社,1995.5.—302页;20cm

ISBN 7-5601-1717-1:¥8.50

F74 **009021**

国际商战与策略/卢东斌主编.—北京:中国经济出版社,1995.1.—412页;20cm

中国人民大学国际企业管理专业系列教材

ISBN 7-5017-3412-7:¥14.00

F74 **009022**

开放型经济系列丛书/刘龙主编.—南京:河海大学出版社,1995.12.—12册;19cm

ISBN 7-5630-0778-4(盒装):¥148.00

F74 **009023**

全国国际商务专业技术资格考试国际商务师资格考试大纲/对外贸易经济合作部,人事教育劳动司编.—修订本.—北京:清华大学出版社,1995.4.—61页;19cm

ISBN 7-302-01845-6:¥3.60

F74 **009024**

全国国际商务专业技术资格考试助理国际商务师资格考试大纲/对外贸易经济合作部,人事教育劳动司编.—修订本.—北京:清华大学出版社,1995.4.—48页;19cm

ISBN 7-302-01846-4:¥2.50

F74 **009025**

最新国际贸易知识与实用技能/周振邦等编著.—济南:山东人民出版社,1995.4.—392页;20cm

ISBN 7-209-01720-8:¥12.00

①F74②D913 **009026**

知识产权保护与国际技术贸易/刘李胜著.—北京:中国经济出版社,1995.9.—326页;19cm.—(跨世纪中国市场经济热点丛书/李金早,刘李胜主编)

ISBN 7-5017-3500-X:¥9.80

①F74②F719 **009027**

国际服务贸易与中国服务业/于维香等编著.—北京:中国对外经济贸易出版社,1995.12.—984页;20cm

ISBN 7-80004-451-3:¥38.00

①F74②H152.3 **009028**

国际商务公文典型范例 100 篇:汉英文对照/王东京,章建人编著.—北京:中国经济出版社,1995.5.—334 页;19cm.—(最佳经贸实务丛书)
ISBN 7-5017-3186-1:¥7.20

F74-54　　009029
美欧中贸易年鉴:1995~1996:美欧卷/美欧中贸易年鉴编写组编.—上海:上海交通大学出版社,1995.12.—2 册(937,161 页);28cm
ISBN 7-313-01608-5:¥300.00

F74-54　　009030
美欧中贸易年鉴:1995~1996:中国卷:中英文对照/盛以唐主编;《美欧中贸易年鉴》编写组编.—上海:上海交通大学出版社,1995.12.—2 册(1004 页);28cm
ISBN 7-313-01609-3:¥320.00

F74-61　　009031
便携俄汉汉俄经贸词典/孙娜,亚晨主编.—哈尔滨:哈尔滨出版社,1995.6.—670 页;19cm
ISBN 7-80557-761-7(精装):¥38.00

F74-61　　009032
俄汉外经外贸词典/孙玉华,赵顺仁主编.—沈阳:辽宁人民出版社,1995.1.—1096 页;19cm
ISBN 7-205-03230-X(精装):¥59.80

F74-61　　009033
国际贸易机构及博览会名录/于晓东主编;《国际贸易机构博览会名录》编委会编.—北京:企业管理出版社,1995.6.—2 册;26cm
包括"国际贸易博览(展览)会名录:1995~1996"和"世界进口商协会及促贸机构名录"。
ISBN 7-80001-543-2:¥168.00

F74-61　　009034
韩中中韩经济贸易辞典/禹哲熙,金扬主编.—沈阳:辽宁民族出版社,1995.7.—889 页;19cm
ISBN 7-80527-471-1(精装):¥44.00

F74-61　　009035
实用外贸英汉词典/戚云方主编.—2 版.—杭州:浙江大学出版社,1995.12.—670 页;19cm
ISBN 7-308-01641-2(精装):¥25.00

F74-61　　009036
袖珍日汉外经贸词典/上海对外贸易学院日语教研室编.—上海:上海科技教育出版社,1995.10.—376 页;13cm
ISBN 7-5428-0906-7:¥8.90

F74-61　　009037
英汉国际贸易与金融用语辞典/张安德,鲁晋编.—武汉:湖北科学技术出版社,1995.4.—660 页;20cm
ISBN 7-5352-1606-4(精装):¥34.00

F74-61　　009038
英汉国际商务分类词典/曾凯生,罗晓晖编著.—广州:广东人民出版社,1995.9.—290 页;20cm
ISBN 7-218-01614-6:¥15.80

F74-61　　009039
中国企业涉外经济签约知识百科全书/肖学文主编.—哈尔滨:黑龙江人民出版社,1995.5.—1919 页;26cm
ISBN 7-207-02659-5(精装):¥298.00

①F74-61②F84-61　　009040
英汉外贸·保险词典/张拴林编著.—北京:中国社会科学出版社,1995.5.—1020 页;19cm
ISBN 7-5004-1664-4(精装):¥42.00

①F74-61②H359　　009041
国际贸易术语解释通则:汉俄对照/高立君译.—北京:中国对外经济贸易出版社,1995.8.—193 页;19cm
ISBN 7-80004-456-4:¥8.00

F740　　009042
比较国际贸易学/张二震等著.—南京:江苏人民出版社,1995.9.—412 页;20cm
ISBN 7-214-01520-X:¥16.00

F740　　009043
对外经济贸易基础/惠晓峰主编;航空航天工业部教育司组织编写.—北京:宇航出版社,1995.3.—218 页;19cm
管理干部岗位培训系列教材:试用教材
ISBN 7-80034-683-8:¥8.00

F740　　009044
对外经济贸易知识/陆观霄,王进国主编;刘召等编写.—开封:河南大学出版社,1995.8.—417 页;20cm
河南省国家公务员培训系列教材
ISBN 7-81041-212-4:¥12.00

F740　　009045
对外贸易/(法)巴夫利埃(Bavelire, A.)著;袁明译.—北京:商务印书馆,1995.12.—124 页;19cm.—(我知道什么?·百科知识丛书)
据法国大学出版社 1986 年第 4 版译出
ISBN 7-100-01967-2:¥7.50

F740　　009046
对外贸易理论与实务/冯德连,闵树琴主编.—北京:中国商业出版社,1995.12.—407 页;20cm
大中专学校适用教材
ISBN 7-5044-2906-6:¥11.80

F740　　009047
发展中国家贸易发展战略研究/尹翔硕著.—上海:复旦大学出版社,1995.4.—194 页;20cm.—(复旦大学博士丛书)
ISBN 7-309-01468-5:¥10.00

F740　　009048
国际技术贸易/李志炎主编.—太原:山西经济出版社,1995.8.—296 页;20cm.—(新编国际贸易与涉外经济系列丛书)
ISBN 7-80577-849-3:¥11.60

F740　　009049
国际经贸理论与实务/李续忠主编.—大连:辽宁师范大学出版社,1995.8.—412 页;19cm
ISBN 7-81042-081-X:¥14.50

F740　　009050
国际经贸原理与实务/王云峰主编.—北京:中华工商联合出版社,1995.3.—344 页;20cm
ISBN 7-80100-115-X:¥12.90

F740　　009051

国际贸易/祁春波等主编;马凤杰等编著.—北京:中国检察出版社,1995.1.—390页;19cm
财经类专业课程内容改革系列教材
ISBN 7-80086-274-7:¥9.80
F740 009052
国际贸易/张作乾主编.—广州:中山大学出版社,1995.4.—252页;20cm.—(国际贸易系列丛书)
ISBN 7-306-01009-3:¥9.00
F740 009053
国际贸易/刘诚编.—大连:东北财经大学出版社,1995.2.—288页;20cm
ISBN 7-81044-020-9:¥9.80
F740 009054
国际贸易/潘永源等主编.—2版.—北京:中国林业出版社,1995.6.—178页;26cm
涉外经济类专业系列教材
ISBN 7-5038-1372-5:¥14.20
F740 009055
国际贸易/薛荣久主编.—3版(修订本).—成都:四川人民出版社,1995.4.—484页;20cm
高等学校财经类专业核心课程教材
ISBN 7-220-01522-4:¥15.80
F740 009056
国际贸易/张锡嘏编著.—北京:对外贸易教育出版社,1995.5.—242页;20cm
经贸专业培训系列教材
ISBN 7-81000-747-5:¥8.50
F740 009057
国际贸易/李俊江编著.—长春:吉林大学出版社,1995.10.—432页;20cm
吉林大学经济管理学院系列教材
ISBN 7-5601-1825-9:¥14.50
F740 009058
国际贸易概论/费培根,郭子仪主编.—北京:北京科学技术出版社,1995.3.—148页;26cm
ISBN 7-5304-1726-6:¥8.80
F740 009059
国际贸易基础知识/相桂发,张大雅主编.—哈尔滨:东北林业大学出版社,1995.8.—293页;19cm
ISBN 7-81008-577-8:¥9.80
F740 009060
国际贸易理论基础与实务/赖景生主编.—重庆:西南师范大学出版社,1995.9.—444页;19cm
ISBN 7-5621-1414-5:¥12.60
F740 009061
国际贸易理论实务问题概要/张锦铨编著.—北京:学苑出版社,1995.6.—185页;19cm
ISBN 7-5077-1014-9:¥6.50
F740 009062
国际贸易理论与实务/贾建华,甘丽华主编.—北京:北京经济学院出版社,1995.9.—420页;19cm.—(现代市场经济与企业经营管理系列丛书)
ISBN 7-5638-0489-7:¥11.00
F740 009063
国际贸易理论与实务/周锡才主编.—济南:山东大学出版社,1995.9.—297页;20cm
行政学院经济干院系列教材
ISBN 7-5607-1481-1:¥6.85
F740 009064
国际贸易理论与实务/陆一梁,陆明华主编.—北京:中国财政经济出版社,1995.8.—323页;20cm
ISBN 7-5005-2861-2:¥11.70
F740 009065
国际贸易通论/贾金思,俞坤一主编.—北京:群众出版社,1995.2.—247页;20cm
ISBN 7-5014-1253-7:¥9.60
F740 009066
国际贸易新论/焦国栋,梁丹主编.—北京:中国统计出版社,1995.12.—264页;20cm
ISBN 7-5037-2049-2:¥7.90
F740 009067
国际贸易学/喻国华等主编.—北京:中国科学技术出版社,1995.8.—446页;20cm
ISBN 7-5046-1981-7:¥14.80
F740 009068
国际贸易学/金祥荣等编著.—杭州:浙江人民出版社,1995.10.—299页;20cm.—(现代经济学丛书/史晋川主编)
ISBN 7-213-01240-1:¥11.00
F740 009069
国际贸易学/王耀中主编.—长沙:湖南出版社,1995.9.—459页;20cm
ISBN 7-5438-1073-5:¥14.50
F740 009070
国际贸易原理/罗绍彦主编.—北京:清华大学出版社,1995.7.—321页;20cm
ISBN 7-302-01798-0:¥9.50
F740 009071
国际贸易政策与实务/刘秀玲,姜国庆主编.—沈阳:辽宁科学技术出版社,1995.4.—420页;19cm
ISBN 7-5381-2117-X:¥11.80
F740 009072
国际商务基础理论:国际商务师/国际商务专业技术资格考试用书编写组编.—2版.—北京:对外经济贸易大学教育出版社,1995.5.—424页;20cm
全国国际商务专业技术资格考试指定用书
ISBN 7-81000-735-1:¥21.00
F740 009073
国际商务计算/朱永宏主编.—北京:中国审计出版社,1995.9.—311页;20cm.—(当代企业会计丛书)
ISBN 7-80064-389-1:¥12.00
F740 009074
国际商务信息学/樊松林等编著.—上海:上海科学技术文献出版社,1995.5.—311页;19cm
ISBN 7-5439-0632-5:¥20.00
F740 009075
国际商务专业理论与实务:国际商务师/国际商务专业技术资格考试用书编写组编.—2版.—北京:对外

经济贸易大学出版社,1995.5.—563页;20cm
全国国际商务专业技术资格考试指定用书
ISBN 7-81000-736-X:¥21.00

F740　　009076
国际商务专业理论与实务:助理国际商务师/国际商务专业技术资格考试用书编写组编.—2版.—北京:对外贸易教育出版社,1995.5.—339页;20cm
全国国际商务专业技术资格考试指定用书
ISBN 7-81000-734-3:¥12.00

F740　　009077
价值增值论:国际经济分析的价值理论/张幼文著.—上海:上海社会科学院出版社,1995.1.—265页;20cm.—(学者书库·论丛)
ISBN 7-80515-954-8:¥7.80

F740　　009078
科技·外贸·国际市场开拓/童书兴主编.—北京:中国对外经济贸易出版社,1995.11.—227页;20cm
ISBN 7-80004-468-8:¥12.00

F740　　009079
企业国际经营/《企业国际经营》编写组编.—北京:中国经济出版社,1995.9.—578页;20cm
自营进出口企业外贸人员培训教材
ISBN 7-5017-3553-0:¥20.00

F740　　009080
企业国际经营/张阳,钱旭潮编著.—北京:水利电力出版社,1995.10.—222页;19cm.—(经营管理丛书/张阳,何似龙主编)
高等学校、干部培训教材
ISBN 7-120-02254-7:¥8.60

F740　　009081
全球创业战略:国际商务管理导论/庞中英著.—上海:上海人民出版社,1995.3.—301页;20cm
ISBN 7-208-01689-5:¥12.40

F740　　009082
世界市场与企业进出口实务/王衡生编著.—海口:海南出版社,1995.8.—126页;20cm.—(经济法律知识丛书;15/贾绍华主编)
全套共15册,总定价:178.00元
ISBN 7-80617-193-2:¥0.00

F740　　009083
现代国际贸易/陈金贤,刘宽虎主编.—西安:西安交通大学出版社,1995.11.—279页;20cm
全国高等工科院校管理类专业八五规划教材
ISBN 7-5605-0777-8:¥10.00

F740　　009084
现代国际贸易/刘家顺,张知宝主编.—北京:机械工业出版社,1995.11.—361页;20cm
ISBN 7-111-04840-7:¥12.50

F740　　009085
新编国际贸易/杨全发编著.—广州:中山大学出版社,1995.9.—336页;20cm.—(国际贸易与国际金融系列丛书/许罗丹,陈平主编)
ISBN 7-306-01020-4:¥14.80

F740　　009086
新编国际贸易/陈跃,田孟清主编.—重庆:西南师范大学出版社,1995.12.—350页;20cm
ISBN 7-5621-1433-1:¥10.00

F740-43　　009087
国际商务简明教程/王俊主编.—广州:广东高等教育出版社,1995.10.—505页;20cm
ISBN 7-5361-1792-2:¥16.00

F740-43　　009088
外经外贸教程/程有清,达蕃钦编著.—兰州:甘肃人民出版社,1995.2.—225页;20cm
国家公务员培训考试系列教材
ISBN 7-226-01443-2:¥5.95

F740.2　　009089
北美及大洋洲市场组织/佟福全编著.—北京:中国大百科全书出版社,1995.10.—147页;19cm.—(百卷本世界市场全书/顾海良等主编)
ISBN 7-5000-5592-7:¥9.80

F740.2　　009090
北欧劳动市场/毕吉耀编著.—北京:中国大百科全书出版社,1995.10.—138页;19cm.—(百卷本世界市场全书/顾海良等主编)
ISBN 7-5000-5522-6:¥9.80

F740.2　　009091
发展中国家商品市场/王和英等编著.—北京:中国大百科全书出版社,1995.10.—139页;19cm.—(百卷本世界市场全书/顾海良等主编)
ISBN 7-5000-5509-9:¥9.80

F740.2　　009092
国际市场调研与开发/吴泗宗主编.—太原:山西经济出版社,1995.8.—343页;20cm.—(新编国际贸易与涉外经济系列丛书)
ISBN 7-80577-852-3:¥12.80

F740.2　　009093
国际市场开发实务/侯胜利,李海源编著.—北京:中国经济出版社,1995.1.—430页;20cm
ISBN 7-5017-3423-2:¥14.00

F740.2　　009094
国际市场考察/贺海亭主编;深圳特区报世界经济部编.—深圳:海天出版社,1995.3.—314页;21cm.—(深圳特区报丛书)
ISBN 7-80615-134-6:¥22.00

F740.2　　009095
国际市场营销/陈闾华主编.—2版.—北京:中国林业出版社,1995.6.—169页;26cm
涉外经济类专业系列教材
ISBN 7-5038-1375-X:¥13.00

F740.2　　009096
国际市场营销过程与策略/王国顺主编.—长沙:中南工业大学出版社,1995.12.—236页;20cm.—(经贸系列丛书)
ISBN 7-81020-818-7:¥9.80

F740.2　　009097
国际市场营销理论与实务/万成林,佟家栋主编.—天津:天津大学出版社,1995.9.—466页;20cm.—(当

代市场营销丛书;4/万成林主编)
ISBN 7-5618-0690-6:¥14.80

F740.2　　009098
国际市场营销谋略/王煌今著.—北京:石油工业出版社,1995.10.—325页;20cm.—(市场营销新潮丛书/王煌今主编)
ISBN 7-5021-1513-7:¥12.80

F740.2　　009099
国际市场营销学/汤正如主编.—大连:大连理工大学出版社,1995.2.—369页;20cm
ISBN 7-5611-0973-3:¥10.00

F740.2　　009100
国际市场营销学/胡正明主编.—济南:山东大学出版社,1995.2.—516页;20cm
ISBN 7-5607-1470-6:¥14.60

F740.2　　009101
国际市场营销学/吴世经,曾国安主编.—北京:中国人民大学出版社,1995.12.—427页;20cm
全国高等教育自学考试教材
ISBN 7-300-02191-3:¥15.50

F740.2　　009102
国际市场营销学/王云峰主编.—天津:天津大学出版社,1995.9.—343页;20cm
ISBN 7-5618-0788-0:¥12.60

F740.2　　009103
国际市场营销学学习指导书/卢少辉,刘志敏编.—北京:中央广播电视大学出版社,1995.2.—158页;20cm
中央广播电视大学教材
ISBN 7-304-01187-4:¥4.50

F740.2　　009104
国际市场营销学自学考试大纲:含考核目标/全国高等教育自学指导委员会编.—北京:中国人民大学出版社,1995.12.—72页;19cm
高等教育自学考试经贸类专业
ISBN 7-300-02194-8:¥4.00

F740.2　　009105
国际营销/孙杭生等编著.—北京:中国农业出版社,1995.5.—304页;20cm
ISBN 7-109-03926-9:¥11.00

F740.2　　009106
国际营销产品策略/杨志,侯书森编著.—北京:中国大百科全书出版社,1995.10.—135页;19cm.—(百卷本世界市场全书/顾海良等主编)
ISBN 7-5000-5563-3:¥9.80

F740.2　　009107
国际营销促销策略/陈道富编著.—北京:中国大百科全书出版社,1995.10.—144页;19cm.—(百卷本世界市场全书/顾海良等主编)
ISBN 7-5000-5566-8:¥9.80

F740.2　　009108
国际营销定价策略/王翼龙编著.—北京:中国大百科全书出版社,1995.10.—146页;19cm.—(百卷本世界市场全书/顾海良等主编)
ISBN 7-5000-5565-X:¥9.80

F740.2　　009109
国际营销环境分析/杨达伟编著.—北京:中国大百科全书出版社,1995.10.—141页;19cm.—(百卷本世界市场全书/顾海良等主编)
ISBN 7-5000-5562-5:¥9.80

F740.2　　009110
国际营销禁忌/胡永铨主编.—南昌:江西高校出版社,1995.7.—269页;19cm.—(企业经营国际化丛书)
ISBN 7-81033-510-3:¥7.60

F740.2　　009111
国际营销竞争策略/刘明远,付长林编著.—北京:中国大百科全书出版社,1995.10.—133页;19cm.—(百卷本世界市场全书/顾海良等主编)
ISBN 7-5000-5567-6:¥9.80

F740.2　　009112
国际营销谋略/吕连仁,吕爱权主编.—济南:山东大学出版社,1995.6.—270页;20cm
ISBN 7-5607-1471-4:¥8.00

F740.2　　009113
国际营销渠道策略/彭刚编著.—北京:中国大百科全书出版社,1995.10.—122页;19cm.—(百卷本世界市场全书/顾海良等主编)
ISBN 7-5000-5564-1:¥9.80

F740.2　　009114
国际营销实例分析/庞中英,张金节编著.—北京:中国大百科全书出版社,1995.10.—131页;19cm.—(百卷本世界市场全书/顾海良等主编)
ISBN 7-5000-5569-2:¥9.80

F740.2　　009115
国际营销谈判与纠纷处理/王文谭编著.—北京:中国大百科全书出版社,1995.10.—140页;19cm.—(百卷本世界市场全书/顾海良等主编)
ISBN 7-5000-5568-4:¥9.80

F740.2　　009116
国际营销学/马长玉,周美良编著.—北京:中华工商联合出版社,1995.2.—238页;20cm.—(技术经济必读丛书/董福忠主编)
ISBN 7-80100-105-2:¥10.00

F740.2　　009117
美国劳动市场/姚裕群等编著.—北京:中国大百科全书出版社,1995.10.—131页;19cm.—(百卷本世界市场全书/顾海良等主编)
ISBN 7-5000-5520-X:¥9.80

F740.2　　009118
巧占市场:国际市场营销新论/韩兆东等主编.—青岛:青岛海洋大学出版社,1995.12.—410页;20cm
ISBN 7-81026-810-4:¥16.80

F740.2　　009119
日本劳动市场/高中仁编著.—北京:中国大百科全书出版社,1995.10.—112页;19cm.—(百卷本世界市场全书/顾海良等主编)
ISBN 7-5000-5523-4:¥9.80

F740.2　　009120

世界纺织品与服装市场/成栋等编著.—北京:中国大百科全书出版社,1995.10.—120页;19cm.—(百卷本世界市场全书/顾海良等主编)
ISBN 7-5000-5504-8:¥9.80

F740.2　　009121
世界各国百货商店/李殿平编著.—北京:中国大百科全书出版社,1995.10.—145页;19cm.—(百卷本世界市场全书/顾海良等主编)
ISBN 7-5000-5551-X:¥9.80

F740.2　　009122
世界各国博览会/孙乃彬编著.—北京:中国大百科全书出版社,1995.10.—137页;19cm.—(百卷本世界市场全书/顾海良等主编)
ISBN 7-5000-5556-0:¥9.80

F740.2　　009123
世界各国超级市场/马龙龙编著.—北京:中国大百科全书出版社,1995.10.—139页;19cm.—(百卷本世界市场全书/顾海良等主编)
ISBN 7-5000-5552-8:¥9.80

F740.2　　009124
世界各国购物中心/罗桔芬编著.—北京:中国大百科全书出版社,1995.10.—144页;19cm.—(百卷本世界市场全书/顾海良等主编)
ISBN 7-5000-5553-6:¥9.80

F740.2　　009125
世界各国连锁店/李殿平编著.—北京:中国大百科全书出版社,1995.10.—152页;19cm.—(百卷本世界市场全书/顾海良等主编)
ISBN 7-5000-5554-4:¥9.80

F740.2　　009126
世界各国拍卖市场/卫民荣编著.—北京:中国大百科全书出版社,1995.10.—142页;19cm.—(百卷本世界市场全书/顾海良等主编)
ISBN 7-5000-5559-5:¥9.80

F740.2　　009127
世界各国期货市场/董瑞华,张颂豪编著.—北京:中国大百科全书出版社,1995.10.—147页;19cm.—(百卷本世界市场全书/顾海良等主编)
ISBN 7-5000-5558-7:¥9.80

F740.2　　009128
世界各国期货市场管理/祝合良等编著.—北京:中国大百科全书出版社,1995.10.—135页;19cm.—(百卷本世界市场全书/顾海良等主编)
ISBN 7-5000-5576-5:¥9.80

F740.2　　009129
世界各国商标广告管理/程国慧等编著.—北京:中国大百科全书出版社,1995.10.—146页;19cm.—(百卷本世界市场全书/顾海良等主编)
ISBN 7-5000-5573-0:¥9.80

F740.2　　009130
世界各国商品市场管理/单永宏等编著.—北京:中国大百科全书出版社,1995.10.—141页;19cm.—(百卷本世界市场全书/顾海良等主编)
ISBN 7-5000-5574-9:¥9.80

F740.2　　009131
世界各国市场管理概览/王晓东编著.—北京:中国大百科全书出版社,1995.10.—160页;19cm.—(百卷本世界市场全书/顾海良等主编)
ISBN 7-5000-5570-6:¥9.80

F740.2　　009132
世界各国特色商店/马龙龙编著.—北京:中国大百科全书出版社,1995.10.—157页;19cm.—(百卷本世界市场全书/顾海良等主编)
ISBN 7-5000-5555-2:¥9.80

F740.2　　009133
世界各国特殊交易方式管理/蔡红等编著.—北京:中国大百科全书出版社,1995.10.—156页;19cm.—(百卷本世界市场全书/顾海良等主编)
ISBN 7-5000-5579-X:¥9.80

F740.2　　009134
世界各国特殊商品市场管理/崔珣等编著.—北京:中国大百科全书出版社,1995.10.—149页;19cm.—(百卷本世界市场全书/顾海良等主编)
ISBN 7-5000-5578-1:¥9.80

F740.2　　009135
世界化工产品市场/王振山,关昌峰编著.—北京:中国大百科全书出版社,1995.10.—157页;19cm.—(百卷本世界市场全书/顾海良等主编)
ISBN 7-5000-5502-1:¥9.80

F740.2　　009136
世界机电产品市场/童书兴编著.—北京:中国大百科全书出版社,1995.10.—101页;19cm.—(百卷本世界市场全书/顾海良等主编)
ISBN 7-5000-5503-X:¥9.80

F740.2　　009137
世界集邮市场/吕晓明编著.—北京:中国大百科全书出版社,1995.10.—140页;19cm.—(百卷本世界市场全书/顾海良等主编)
ISBN 7-5000-5545-5:¥9.80

F740.2　　009138
世界技术市场与技术贸易/一凡,贾言编著.—北京:中国大百科全书出版社,1995.10.—144页;19cm.—(百卷本世界市场全书/顾海良等主编)
ISBN 7-5000-5530-7:¥9.80

F740.2　　009139
世界技术与信息咨询市场全书/孔祥智主编.—北京:中国大百科全书出版社,1995.10.—2册;19cm.—(百卷本世界市场全书/顾海良等主编)
ISBN 7-5000-5493-9(精装):¥113.80

F740.2　　009140
世界金属与矿产品市场/周枫编著.—北京:中国大百科全书出版社,1995.10.—168页;19cm.—(百卷本世界市场全书/顾海良等主编)
ISBN 7-5000-5500-5:¥9.80

F740.2　　009141
世界劳动市场全书/顾海良主编.—北京:中国大百科全书出版社,1995.10.—2册;19cm.—(百卷本世界市场全书/顾海良等主编)

ISBN 7-5000-5492-0(精装):¥113.80

F740.2 009142

世界能源市场/田春荣编著.—北京:中国大百科全书出版社,1995.10.—107页;19cm.—(百卷本世界市场全书/顾海良等主编)

ISBN 7-5000-5501-3:¥9.80

F740.2 009143

世界农林水产品市场/李永江编著.—北京:中国大百科全书出版社,1995.10.—117页;19cm.—(百卷本世界市场全书/顾海良等主编)

ISBN 7-5000-5505-6:¥9.80

F740.2 009144

世界商品市场全书/朱立南主编.—北京:中国大百科全书出版社,1995.10.—2册;19cm.—(百卷本世界市场全书/顾海良等主编)

ISBN 7-5000-5490-4(精装):¥113.80

F740.2 009145

世界市场的技术情报战/孔祥智等编著.—北京:中国大百科全书出版社,1995.10.—143页;19cm.—(百卷本世界市场全书/顾海良等主编)

ISBN 7-5000-5538-2:¥9.80

F740.2 009146

世界市场管理全书/艾春岐,迟建华主编.—北京:中国大百科全书出版社,1995.10.—2册;19cm.—(百卷本世界市场全书/顾海良等主编)

ISBN 7-5000-5497-1(精装):¥113.80

F740.2 009147

世界市场全书:百卷本/顾海良等主编.—北京:中国大百科全书出版社,1995.10.—100册;19cm

ISBN 7-5000-5478-5:¥988.00

F740.2 009148

世界市场形式的发展与未来/沈乐编著.—北京:中国大百科全书出版社,1995.10.—136页;19cm.—(百卷本世界市场全书/顾海良等主编)

ISBN 7-5000-5550-1:¥9.80

F740.2 009149

世界市场形式全书/顾海良主编.—北京:中国大百科全书出版社,1995.10.—2册;19cm.—(百卷本世界市场全书/顾海良等主编)

ISBN 7-5000-5495-5(精装):¥113.80

F740.2 009150

世界市场行情/彭天祥,刘晋方主编.—2版.—北京:中国林业出版社,1995.6.—213页;26cm

涉外经济类专业系列教材

ISBN 7-5038-1373-3:¥14.00

F740.2 009151

世界市场行情分析/程华,王文谭编著.—北京:中国大百科全书出版社,1995.10.—145页;19cm.—(百卷本世界市场全书/顾海良等主编)

ISBN 7-5000-5561-7:¥9.80

F740.2 009152

世界市场营销概述/徐茂魁,李淑龙编著.—北京:中国大百科全书出版社,1995.10.—150页;19cm.—(百卷本世界市场全书/顾海良等主编)

ISBN 7-5000-5560-9:¥9.80

F740.2 009153

世界市场营销全书/郭国庆,徐茂魁主编.—北京:中国大百科全书出版社,1995.10.—2册;19cm.—(百卷本世界市场全书/顾海良等主编)

ISBN 7-5000-5496-3(精装):¥113.80

F740.2 009154

世界市场与国际营销/张英驹主编.—北京:中央编译出版社,1995.1.—664页;20cm

ISBN 7-80109-016-0:¥26.80

F740.2 009155

世界市场制度全书/于同申主编.—北京:中国大百科全书出版社,1995.10.—2册;19cm.—(百卷本世界市场全书/顾海良等主编)

ISBN 7-5000-5498-X(精装):¥113.80

F740.2 009156

世界市场组织的现状与未来/慕海平编著.—北京:中国大百科全书出版社,1995.10.—148页;19cm.—(百卷本世界市场全书/顾海良等主编)

ISBN 7-5000-5590-0:¥9.80

F740.2 009157

世界市场组织全书/朱立南主编.—北京:中国大百科全书出版社,1995.10.—2册;19cm.—(百卷本世界市场全书/顾海良等主编)

ISBN 7-5000-5499-8(精装):¥113.80

F740.2 009158

世界文化市场概览/胡晓林编著.—北京:中国大百科全书出版社,1995.10.—157页;19cm.—(百卷本世界市场全书/顾海良等主编)

ISBN 7-5000-5540-4:¥9.80

F740.2 009159

世界文化市场经纪人制/王政挺编著.—北京:中国大百科全书出版社,1995.10.—142页;19cm.—(百卷本世界市场全书/顾海良等主编)

ISBN 7-5000-5549-8:¥9.80

F740.2 009160

世界文化市场全书/骆公主编.—北京:中国大百科全书出版社,1995.10.—2册;19cm.—(百卷本世界市场全书/顾海良等主编)

ISBN 7-5000-5494-7(精装):¥113.80

F740.2 009161

世界文物市场/谷菽,张兆祥编著.—北京:中国大百科全书出版社,1995.10.—146页;19cm.—(百卷本世界市场全书/顾海良等主编)

ISBN 7-5000-5542-0:¥9.80

F740.2 009162

世界艺术表演市场/高鉴编著.—北京:中国大百科全书出版社,1995.10.—131页;19cm.—(百卷本世界市场全书/顾海良等主编)

ISBN 7-5000-5544-7:¥9.80

F740.2 009163

世界艺术品市场/骆公编著.—北京:中国大百科全书出版社,1995.10.—144页;19cm.—(百卷本世界市场全书/顾海良等主编)

ISBN 7-5000-5543-9:￥9.80

F740.2　　009164

世界影视市场/叶萝兰著.—北京:中国大百科全书出版社,1995.10.—146页;19cm.—(百卷本世界市场全书/顾海良等主编)

ISBN 7-5000-5547-1:￥9.80

F740.2　　009165

西欧劳动市场/严维耀编著.—北京:中国大百科全书出版社,1995.10.—157页;19cm.—(百卷本世界市场全书/顾海良等主编)

ISBN 7-5000-5521-8:￥9.80

F740.2　　009166

现代国际营销/龚维新主编.—上海:上海社会科学院出版社,1995.10.—303页;20cm

ISBN 7-80618-125-3:￥12.00

F740.2　　009167

亚太新兴工业国和地区的劳动市场/董正平编著.—北京:中国大百科全书出版社,1995.10.—150页;19cm.—(百卷本世界市场全书/顾海良等主编)

ISBN 7-5000-5524-2:￥9.80

F740.2　　009168

营销国际惯例/盛敏著.—贵阳:贵州人民出版社,1995.12.—241页;20cm.—(国际经济惯例丛书/周成启主编)

ISBN 7-221-04029-X:￥11.50

F740.2　　009169

占领国际市场百策/杨慧主编.—南昌:江西高校出版社,1995.7.—294页;19cm.—(企业经营国际化丛书/吴照云,杨慧主编)

ISBN 7-81033-505-7:￥8.10

F740.2　　009170

制度变迁与市场国际化/谷克鉴著.—武汉:湖北人民出版社,1995.10.—266页;20cm

ISBN 7-216-01769-2:￥12.00

F740.2　　009171

走向现代国际市场/刘肇润主编.—济南:山东大学出版社,1995.5.—302页;20cm

ISBN 7-5607-1515-X:￥9.80

F740.2-62　　009172

国际市场指南/对外贸易经济合作部国际贸易研究所编.—北京:中共中央党校出版社,1995.9.—1046页;26cm

ISBN 7-5035-1227-5(精装):￥120.00

F740.4　　009173

对世界各国(地区)出口业务须知/马丙炎编著.—广州:中山大学出版社,1995.4.—256页;20cm

ISBN 7-306-00998-2:￥9.80

F740.4　　009174

对外贸易货款回收与信贷/刘园编著.—北京:对外贸易教育出版社,1995.3.—194页;19cm

《对外贸易实务运作》系列教学录像片教材

ISBN 7-81000-732-7:￥7.80

F740.4.　　009175

对外贸易经济效益研究/史美麟著.—上海:上海远东出版社,1995.12.—196页;20cm

ISBN 7-80613-187-6:￥23.00

F740.4　　009176

分销王:无店铺售卖策划与设计/李飞著.—北京:北京经济学院出版社,1995.11.—259页;20cm.—(王者系列丛书;2/李飞主编)

ISBN 7-5638-0509-5:￥8.90

F740.4　　009177

工程承包国际惯例/陆志濂,宋嗣文著.—贵阳:贵州人民出版社,1995.12.—103页;20cm.—(国际经济惯例丛书/周成启主编)

ISBN 7-221-03602-0:￥6.80

F740.4　　009178

国际服务贸易/陈宪主编.—上海:立信会计出版社,1995.11.—291页;20cm.—(涉外经济丛书)

ISBN 7-5429-0337-3:￥13.00

F740.4　　009179

国际服务贸易/薛荣久,张汉林著.—北京:中国大百科全书出版社,1995.1.—427页;20cm

ISBN 7-5000-5238-3:￥22.10

F740.4　　009180

国际工程编标报价/(英)鲍德温(Baldwin,A.)等编著;张文祺,邹建平译.—北京:水利电力出版社,1995.6.—105页;20cm.—(国际劳工局国际建筑管理丛书·国际工程与劳务丛书)

ISBN 7-120-02579-1:￥14.50

F740.4　　009181

国际工程财会/(英)普赖斯编著;彭娜等主译.—北京:水利电力出版社,1995.6.—152页;20cm.—(国际劳工局国际建筑管理丛书·国际工程与劳务丛书)

ISBN 7-120-02578-3:￥18.50

F740.4　　009182

国际工程技术转让管理/(英)迈尔斯编著;王鸣春等译.—北京:水利电力出版社,1995.6.—138页;20cm.—(国际劳工局国际建筑管理丛书·国际工程与劳务丛书)

著者原题:D.迈尔斯

ISBN 7-120-02577-5:￥19.00

F740.4　　009183

国际工程融资/(英)普赖斯编著;赵体清,王受文译.—北京:水利电力出版社,1995.6.—138页;20cm.—(国际工程与劳务丛书·国际劳工局国际建筑管理丛书)

著者原题:A.D.F.普赖斯

ISBN 7-120-02575-9:￥18.50

F740.4　　009184

国际工程营销/(英)迈尔斯编著;马廷玺,王慰译.—北京:水利电力出版社,1995.6.—143页;20cm.—(国际工程与劳务丛书·国际劳工局国际建筑管理丛书)

著者原题:D.迈尔斯

ISBN 7-120-02576-7:￥19.00

F740.4　　009185

国际货物贸易实务/兰宜生主编.—北京:中国物价

出版社,1995.10.—290 页;20cm
ISBN 7-80070-486-6: ¥13.50

F740.4 009186
国际技术贸易教程/杨念梅主编.—北京:北京航空航天大学出版社,1995.8.—243 页;20cm
ISBN 7-81012-565-6: ¥9.20

F740.4 009187
国际经贸惯例/高德步编著.—北京:中国大百科全书出版社,1995.10.—150 页;19cm.—(百卷本世界市场全书/顾海良等主编)
ISBN 7-5000-5588-9: ¥9.80

F740.4 009188
国际经贸谈判面面观/张利编.—北京:经济科学出版社,1995.10.—162 页;19cm.—(谈判系列丛书:实务篇/张勤主编)
ISBN 7-5058-0878-8: ¥8.00

F740.4 009189
国际经营指南/杨青,刘沈忠主编.—大连:大连理工大学出版社,1995.7.—373 页;20cm
ISBN 7-5611-1012-X: ¥14.80

F740.4 009190
国际贸易实务/贾全思主编.—北京:群众出版社,1995.2.—262 页;20cm
ISBN 7-5014-1247-2: ¥10.00

F740.4 009191
国际贸易实务/陈双喜主编.—大连:大连海事大学出版社,1995.7.—459 页;20cm
ISBN 7-5632-0897-6: ¥18.80

F740.4 009192
国际贸易实务/李金传主编.—乌鲁木齐:新疆人民出版社,1995.11.—348 页;20cm
ISBN 7-228-03288-8: ¥12.80

F740.4 009193
国际贸易实务/修宗哲主编.—大连:东北财经大学出版社,1995.12.—416 页;20cm
ISBN 7-81044-135-3: ¥16.50

F740.4 009194
国际贸易实务/易国桢等主编.—郑州:河南人民出版社,1995.11.—337 页;20cm
升达系列教材 大学用书
ISBN 7-215-03499-2: ¥12.00

F740.4 009195
国际贸易实务/盛宝魁主编.—天津:天津社会科学院出版社,1995.7.—303 页;19cm
ISBN 7-80563-543-9: ¥10.00

F740.4 009196
国际贸易实务/王健,王艳霞编著.—北京:中国商业出版社,1995.8.—417 页;19cm
ISBN 7-5044-2650-4: ¥12.60

F740.4 009197
国际商务谈判/(美)阿库夫(Acuff,F.L.)著;刘永涛译.—上海:上海人民出版社,1995.10.—370 页;20cm.—(美国管理协会·斯米克管理丛书/江熙,李慈雄主编)
ISBN 7-208-02066-3: ¥18.40

F740.4 009198
国际商务谈判/袁其刚主编.—济南:黄河出版社,1995.3.—424 页;20cm
ISBN 7-80558-587-3: ¥12.60

F740.4 009199
技术贸易　(1)/赵文章总编.—北京:中国审计出版社,1995.9.—112 页;29cm
ISBN 7-80064-398-0: ¥16.00

F740.4 009200
进出口单证实务/上海对外贸易协会,上海对外经济贸易培训中心编著.—北京:中国对外经济贸易出版社,1995.4.—345 页;26cm
ISBN 7-80004-453-X: ¥25.00

F740.4 009201
进出口贸易/许罗丹,杨全发编著.—广州:中山大学出版社,1995.12.—380 页;20cm.—(国际贸易与国际金融系列丛书/许罗丹,陈平主编)
ISBN 7-306-01042-5: ¥18.00

F740.4 009202
进出口业务/庄英等主编.—2 版.—北京:中国林业出版社,1995.6.—203 页;26cm
涉外经济类专业系列教材
ISBN 7-5038-1379-2: ¥13.80

F740.4 009203
经济贸易谈判原理与谋略/王维忠编著.—北京:专利文献出版社,1995.9.—450 页;20cm
ISBN 7-80011-185-7: ¥19.80

F740.4 009204
商务谈判名家示范/郭秀闲等编著.—济南:山东人民出版社,1995.2.—259 页;20cm.—(商务谈判丛书)
ISBN 7-209-01682-1: ¥7.50

F740.4 009205
商务谈判手册/刘阳主编.—北京:企业管理出版社,1995.9.—1264 页;26cm.—(现代企业经营实务丛书)
ISBN 7-80001-600-5(精装): ¥196.00

F740.4 009206
新编对外贸易单证实务/姚大伟编著 .—上海:复旦大学出版社,1995.10.—292 页;20cm
外经贸干部培训教材
ISBN 7-309-01575-4: ¥12.00

F740.4 009207
新国际贸易实务/梅清豪编著.—上海:上海人民出版社,1995.8.—294 页;20cm
ISBN 7-208-02016-7: ¥12.00

①F740.4②F830.46 009208
国际贸易结算与贸易融资/王立军著.—北京:中国金融出版社,1995.6.—182 页;20cm
ISBN 7-5049-1420-7: ¥12.40

F740.4-39 009209
架起国际贸易的金桥:EDI 理论与实践/外经贸部计算中心编著.—北京:中国对外经济贸易出版社,1995.6.—253 页;20cm
ISBN 7-80004-447-5: ¥15.00

F740.4-61　009210
英汉汉英国际商贸辞典/刘哲永主编.—北京:光明日报出版社,1995.2.—571页;13×10cm
ISBN 7-80091-518-2(精装):¥12.50

F740.4-62　009211
国际商务操作手册/魏廷华编著.—广州:广州出版社,1995.8.—707页;20cm
ISBN 7-80592-240-3:¥33.00

F740.6　009212
涉外经济统计/徐国祥,李长风著.—上海:立信会计出版社,1995.7.—284页;20cm.—(涉外经济丛书/)
ISBN 7-5429-0288-1:¥11.50

F742-53　009213
东亚工业化进程中的国家或地区制成品出口:兼论可能的区域合作/(美)杨叔进主编.—天津:南开大学出版社,1995.9.—311页;20cm.—(南开大学国际经济研究所研究专辑;4)
ISBN 7-310-00814-6:¥11.70

F743　009214
区域贸易集团与世界贸易组织/左柏云编著.—长沙:中南工业大学出版社,1995.2.—324页;20cm
ISBN 7-81020-735-0:¥9.50

F743　009215
世界贸易组织文件汇编:多边贸易谈判乌拉圭回合各项成果最终文件/陆效龙译.—北京:中国经济出版社,1995.1.—416页;26cm
ISBN 7-5017-3399-6:¥85.00

F743　009216
世界贸易组织与中国外贸新体制100题/岩本生,臧立编著.—北京:人民法院出版社,1995.9.—332页;19cm.—(现代经济制度与法律丛书;6/刘秀山,陈永民主编)
ISBN 7-80056-344-8:¥12.50

F743　009217
世界贸易组织总论/汪尧田,周汉民主编 .—上海:上海远东出版社,1995.12.—564页;20cm
ISBN 7-80613-168-X:¥28.00

F743.2　009218
石油输出国组织/杨光,姜明新编著.—北京:中国大百科全书出版社,1995.10.—138页;19cm.—(百卷本世界市场全书/顾海良等主编)
ISBN 7-5000-5597-8:¥9.80

F744　009219
关贸总协定规则与中国缔约国地位/王磊编著.—北京:中国经济出版社,1995.1.—268页;19cm
ISBN 7-5017-3393-7:¥8.80

F744　009220
关贸总协定与中国/陈继勇主编.—武汉:湖北教育出版社,1995.4.—218页;19cm.—(市场经济系列丛书/郭吴新等主编)
ISBN 7-5351-1515-2:¥6.70

F744　009221
关税及贸易总协定/于同申编著.—北京:中国大百科全书出版社,1995.10.—148页;19cm.—(百卷本世界市场全书/顾海良等主编)
ISBN 7-5000-5585-4:¥9.80

F744　009222
国际贸易合同的签订与履行/陆琰,穆为民主编.—郑州:中原农民出版社,1995.7.—304页;20cm
ISBN 7-80538-556-4:¥10.80

F744　009223
国际商品协定/朱立南等编著.—北京:中国大百科全书出版社,1995.10.—155页;19cm.—(百卷本世界市场全书/顾海良等主编)
ISBN 7-5000-5598-6:¥9.80

F744　009224
国际商业贸易公约/高德步编著.—北京:中国大百科全书出版社,1995.10.—144页;19cm.—(百卷本世界市场全书/顾海良等主编)
ISBN 7-5000-5589-7:¥9.80

F744　009225
洛美协定/姚桂梅编著.—北京:中国大百科全书出版社,1995.10.—144页;19cm.—(百卷本世界市场全书/顾海良等主编)
ISBN 7-5000-5596-X:¥9.80

F744　009226
实用外贸合同手册/司徒淳主编;孟昭东等编译.—沈阳:辽宁人民出版社,1995.11.—594页;19cm
ISBN 7-205-02531-1:¥22.00

F744　009227
乌拉圭回合多边贸易谈判成果:汉英对照/汪尧田总编审;于申等编译.—上海:复旦大学出版社,1995.4.—949页;26cm
ISBN 7-309-01448-0(精装):¥120.00

F744　009228
乌拉圭回合多边贸易谈判结果最后文件:汉、英文对照/对外贸易经济合作部国际经贸关系司,关贸总协定上海研究中心编.—北京:法律出版社,1995.9.—634页;26cm
ISBN 7-5036-1664-4(精装):¥135.00

F744-44　009229
关贸总协定基本知识问答/封福海主编.—上海:上海外语教育出版社,1995.10.—363页;20cm.—(对外经济贸易丛书)
ISBN 7-81046-017-X:¥14.50

F744-62　009230
关贸总协定大典:1994关贸总协定及世界贸易组织协定文件/许思奇,穆文德主编.—沈阳:辽宁大学出版社,1995.10.—2364页;26cm
ISBN 7-5610-3053-3(精装):¥300.00

F745　009231
报关原理与实务/王意家,吴明祥主编.—广州:暨南大学出版社,1995.3.—341页;20cm
ISBN 7-81029-364-8:¥14.00

F745　009232
海关国际惯例/杜圣余著.—贵阳:贵州人民出版社,1995.12.—113页;20cm.—(国际经济惯例丛书/周成启主编)

ISBN 7-221-04026-5: ¥9.20

F745　009233

世界各国关税制度/牟瀛等编著.—北京:中国大百科全书出版社,1995.10.—135页;19cm.—(百卷本世界市场全书/顾海良等主编)

ISBN 7-5000-5582-X: ¥9.80

F745-62　009234

普惠制业务指南/《普惠制业务指南》编纂委员会编.—北京:群众出版社,1995.3.—362页;20cm

ISBN 7-5014-1317-7: ¥16.00

F746.3　009235

国际医药贸易/马爱霞主编.—北京:军事医学科学出版社,1995.8.—534页;19cm

ISBN 7-80121-018-2: ¥15.80

F75　各国对外贸易

F75　009236

对外贸易运输与保险/徐勤编著.—兰州:兰州大学出版社,1995.2.—368页;20cm

ISBN 7-311-00837-9: ¥9.40

F75-62　009237

袖珍商业英语外贸知识手册/丁孝文,杨永红编著.—北京:华文出版社,1995.1.—365页;13cm

ISBN 7-5075-0147-7: ¥6.00

F752　009238

对外经济贸易实用知识/李华理主编.—济南:济南出版社,1995.2.—375页;20cm

ISBN 7-80572-956-5: ¥12.90

F752　009239

对外贸易概论/胡援成,张谦主编.—太原:山西经济出版社,1995.8.—240页;20cm.—(新编国际贸易与涉外经济系列丛书/廖进球,景进安主编)

ISBN 7-80577-857-4: ¥10.80

F752　009240

对外贸易交易磋商/苏金玲,王健编著.—北京:对外贸易教育出版社,1995.3.—163页;19cm

《对外贸易实务运作》系列教学录像片教材

ISBN 7-81000-726-2: ¥7.80

F752　009241

对外贸易联络/薛书武编著.—北京:对外贸易教育出版社,1995.3.—174页;19cm

《对外贸易实务运作》系列教学录像片教材

ISBN 7-81000-725-4: ¥7.80

F752　009242

企业怎样经营对外贸易/冯守华,杜定平主编.—北京:中央编译出版社,1995.2.—715页;20cm

ISBN 7-80109-015-2: ¥28.00

F752　009243

新编中国对外贸易概论/廖庆薪,廖力平编著.—广州:中山大学出版社,1995.12.—433页;20cm

ISBN 7-306-01065-4: ¥16.80

F752　009244

中国对外贸易/许罗丹,谢康编著.—广州:中山大学出版社,1995.12.—299页;20cm.—(国际贸易与国际金融系列丛书/许罗丹,陈平主编)

ISBN 7-306-01063-8: ¥15.00

F752　009245

中国对外贸易概论/马凤琴等编著.—北京:对外贸易教育出版社,1995.5.—249页;20cm

大专教材

ISBN 7-81000-742-4: ¥9.00

F752　009246

中国对外贸易政策与管理/马凤琴编著.—北京:对外贸易教育出版社,1995.3.—236页;19cm

《对外贸易实务运作》系列教学录像片教材

ISBN 7-81000-724-6: ¥7.80

F752　009247

中国服务贸易/隆国强等编著.—北京:中信出版社,1995.4.—312页;20cm

ISBN 7-80073-091-3: ¥13.50

F752　009248

中国招商引资环境概观:浙江卷:汉英对照/龙安定主编.—北京:中国计划出版社,1995.1.—86页;29cm.—(中国经济展望丛书)

ISBN 7-80058-394-5: ¥48.00

F752-54　009249

中国对外经济统计年鉴　1994/国家统计局贸易外经统计司编.—北京:中国统计出版社,1995.6.—657页;26cm

ISBN 7-5037-1798-X: ¥180.00

F752-61　009250

对外经济贸易实用大全/上海对外贸易协会编.—3版.—上海:复旦大学出版社,1995.10.—1302页:彩图;26cm

ISBN 7-309-01549-5(精装): ¥120.00

F752-62　009251

对外经济贸易工作手册/孙玉宗主编.—2版(修订本).—北京:中国财政经济出版社,1995.7.—1205页;20cm

ISBN 7-5005-2612-1(精装): ¥65.00

F752.01　009252

对外贸易争议解决/高菲,陶春明编著.—北京:对外贸易教育出版社,1995.3.—186页;19cm

《对外贸易实务运作》系列教学录像片教材

ISBN 7-81000-702-5: ¥7.80

F752.1　009253

对外经济管理/韩云虹等编著.—沈阳:东北大学出版社,1995.5.—276页;19cm

高等学校教材

ISBN 7-81006-916-0: ¥9.60

F752.1　009254

对外贸易企业管理/关淑润主编.—修订本.—北京:对外贸易教育出版社,1995.8.—356页;20cm

ISBN 7-81000-754-8: ¥17.00

F752.1　009255

高等教育自学考试对外经济管理概论自学考试大

纲:含考核目标/郭丁主编;章昌裕等编.—武汉:武汉大学出版社,1995.1.—123页;19cm
ISBN 7-307-01906-X:￥2.80

F752.1 009256
进出口贸易管理实务/哈尔滨海关编.—哈尔滨:黑龙江教育出版社,1995.6.—804页;26cm
ISBN 7-5316-2697-7:￥198.00

F752.1 009257
涉外公关与礼仪/王烨发,王晓春主编.—太原:山西经济出版社,1995.8.—292页;20cm.—(新编国际贸易与涉外经济系列丛书/廖进球,景进安主编)
ISBN 7-80577-856-6:￥11.80

F752.1 009258
涉外经济管理/何泽荣主编.—成都:西南交通大学出版社,1995.7.—294页;20cm
ISBN 7-81022-816-1:￥8.20

F752.1 009259
涉外经济管理/朱定祥主编.—2版(修订版).—广州:广东高等教育出版社,1995.12.—441页;19cm
ISBN 7-5361-1125-8:￥11.50

F752.1 009260
中国对外经济贸易体制改革全书/朱国兴等主编.—北京:对外贸易教育出版社,1995.4.—515页;26cm
ISBN 7-81000-709-2:￥45.00

F752.1-62 009261
中国对外经济贸易管理工作手册　第三册/中国对外贸易经济合作企业协会编.—北京:中国对外经济贸易出版社,1995.1.—380页;20cm.—(对外经济贸易管理丛书)
内部发行
ISBN 7-80004-436-X:￥16.00

F752.1-62 009262
中国对外经济贸易管理工作手册　第四册/中国对外贸易经济合作企业协会编.—北京:中国对外经济贸易出版社,1995.6.—433页;20cm.—(对外经济贸易管理丛书)
内部发行
ISBN 7-80004-463-7:￥18.00

F752.3 009263
95中国昆明出口商品交易会会刊:汉英对照/高发元主编.—昆明:云南教育出版社,1995.—62页;彩照;29cm
ISBN 7-5415-1046-7:￥58.00

F752.5 009264
进出口企业海关通关实务全书/郑俊田主编.—成都:四川科学技术出版社,1995.1.—1065页;26cm
ISBN 7-5364-3032-9(精装):￥180.00

F752.5 009265
进口货物征(免)税/覃先文主编.—武汉:武汉工业大学出版社,1995.8.—422页;19cm
ISBN 7-5629-1014-6:￥15.00

F752.5 009266
中国保税区的功能研究/严骏伟主编;侯福宁等编.—上海:同济大学出版社,1995.10.—98页;20cm
ISBN 7-5608-1592-8:￥20.00

F752.5 009267
中国海关密档:赫德、金登干函电汇编:1874~1907　第八卷:电报:1874~1895/陈霞飞主编;中国第二历史档案馆,中国社会科学院近代史研究所编.—北京:中华书局,1995.11.—886页;20cm
ISBN 7-101-01287-6(精装):￥52.00

F752.5 009268
中国海关密档:赫德、金登干函电汇编:1874~1907　第六卷:1894~1899/陈霞飞主编;中国第二历史档案馆,中国社会科学院近代史研究所编.—北京:中华书局,1995.11.—1084页;20cm
ISBN 7-101-01227-2(精装):￥62.00

F752.5 009269
中国海关密档:赫德、金登干函电汇编:1874~1907　第七卷:1900~1907/陈霞飞主编;中国第二历史档案馆,中国社会科学院近代史研究所编.—北京:中华书局,1995.11.—1070页;20cm
ISBN 7-101-01243-4(精装):￥60.00

①F752.5②F239.6 009270
海关业务与关税审计/余秉立主编.—武汉:湖北科学技术出版社,1995.8.—522页;20cm
ISBN 7-5352-1706-0:￥15.00

①F752.5②F279.2-63 009271
中华人民共和国大连海关报关单位年审公告　第一号/桑柏生主编.—大连:大连出版社,1995.11.—257页;26cm
ISBN 7-80612-239-7(精装):￥0.00

F752.5-62 009272
出口退税工作手册/国家税务总局进出口税收管理司编.—武汉:湖北科学技术出版社,1995.12.—218页;26cm
ISBN 7-5352-1690-0:￥35.00

F752.5-62 009273
中国海关进出口税实用手册　1995:汉英对照/中华人民共和国海关总署关税司编纂.—北京:国际文化出版公司,1995.5.—369页;29cm
ISBN 7-80105-224-2(精装):￥275.00

F752.5-65 009274
中华人民共和国进出口关税条例/国务院关税税则委员会办公室,海关总署关税司编.—北京:法律出版社,1995.5.—538页;26cm
附:中华人民共和国海关进出口税则
ISBN 7-5036-1582-6:￥68.00

F752.6 009275
对外贸易出运程序/刘宝成编著.—北京:对外贸易教育出版社,1995.3.—241页;19cm
《对外贸易实务运作》系列教学录像片教材
ISBN 7-81000-728-9:￥7.80

F752.6 009276
对外贸易企业会计/唐丽春主编.—北京:中国人事出版社,1995.12.—494页;19cm.—(新编实用会计丛书)
ISBN 7-80076-770-1:￥19.80

F752.6 **009277**

进出口商品检验/刘耀威编著.—北京:对外贸易教育出版社,1995.3.—158页;19cm

《对外贸易实务运作》系列教学录像片教材

ISBN 7-81000-729-7:¥7.80

F752.6 **009278**

进出口商品检验方法:机械、电机、轻工产品分册/赵国君主编;上海进出口商品检验局编.—上海:上海科学普及出版社,1995.9.—428页;26cm

ISBN 7-5427-0948-8(精装):¥70.00

F752.6 **009279**

进出口商品检验国际惯例/宋建东著.—贵阳:贵州人民出版社,1995.12.—131页;20cm.—(国际经济惯例丛书/周成启主编)

ISBN 7-221-04027-3:¥8.10

F752.6 **009280**

进出口业务操作/祝卫主编;上海市电视中等专业学校组编.—北京:高等教育出版社,1995.10.—148页;26cm

成人中等专业学校试用教材

ISBN 7-04-005440-X:¥7.45

F752.6 **009281**

近代广州口岸经济社会概况:粤海关报告汇集:1860~1949/潘启后主编;广州市地方志编纂委员会办公室,广州海关志编纂委员会编译.—广州:暨南大学出版社,1995.12.—1159页;20cm.—(广州史志丛书)

ISBN 7-81029-444-X(精装):¥110.00

F752.6 **009282**

外贸会计实务/皮兆根,赖永添主编.—北京:中国商业出版社,1995.10.—584页;19cm

ISBN 7-5044-2371-8:¥21.85

F752.6 **009283**

外贸会计学/魏和臣主编.—北京:中国对外经济贸易出版社,1995.9.—576页;20cm

ISBN 7-80004-475-0:¥22.00

F752.6 **009284**

外贸企业会计实务/陈南生等主编;中国对外经济贸易会计学会编.—2版(修订本).—北京:中国对外经济贸易出版社,1995.9.—320页;20cm

ISBN 7-80004-469-6:¥14.00

F752.6 **009285**

外贸实用商检业务/刘耀威主编.—北京:中国对外经济贸易出版社,1995.2.—611页;20cm

ISBN 7-80004-439-4:¥28.00

F752.6 **009286**

新编外经贸会计实习辅导教材/马龙图,卢旭锋主编.—广州:华南理工大学出版社,1995.5.—132页;26cm

ISBN 7-5623-0857-8:¥16.80

F752.6 **009287**

新编外贸会计学/徐兴恩等编著.—北京:北京经济学院出版社,1995.8.—416页;19cm.—(现代市场经济与企业经营管理系列丛书)

ISBN 7-5638-0493-5:¥10.90

F752.6 **009288**

新编外贸企业会计/向元钧主编;刘用明等编.—成都:电子科技大学出版社,1995.11.—504页;19cm

ISBN 7-81043-202-8:¥15.00

F752.6 **009289**

最新进出口贸易供销渠道/王汉湘等编著.—北京:中国审计出版社,1995.1.—812页;20cm

ISBN 7-80064-322-0:¥27.00

①F752.6②D922.22 **009290**

进出口商品通关/郑俊田,郭金栋编著.—北京:对外贸易教育出版社,1995.3.—156页;19cm

《对外贸易实务运作》系列教学录像片教材

ISBN 7-81000-730-0:¥7.80

F752.6-62 **009291**

对外贸易单证实用手册/王垂芳主编.—上海:上海科技教育出版社,1995.4.—370页;26cm

ISBN 7-5428-0832-X:¥41.00

F752.6-62 **009292**

外销员实用手册/虞汉谊编.—上海:上海外语教育出版社,1995.6.—181页;26cm.—(对外经济贸易丛书)

ISBN 7-81009-967-1:¥11.00

F752.62-61 **009293**

中国出口商品及生产企业大辞典/田润之,宋焕民主编.—北京:人民中国出版社,1995.1.—2436页:彩照;29cm

ISBN 7-80065-505-9(精装):¥268.00

F752.652 **009294**

创汇农业实务/肖俊城编著.—北京:中国农业出版社,1995.12.—224页;19cm.—(创汇农业丛书)

ISBN 7-109-04000-3:¥9.90

F752.652 **009295**

中俄茶叶贸易史/郭蕴深著.—哈尔滨:黑龙江教育出版社,1995.10.—208页;20cm

ISBN 7-5316-2916-X:¥9.00

F752.658.1-62 **009296**

出口针棉毛织品织造与作价手册/金宏林等编著.—北京:中国对外经济贸易出版社,1995.8.—148页;19cm

ISBN 7-80004-457-2:¥5.50

F752.67 **009297**

技术开发与营销策划/邬宽明等编著.—北京:北京航空航天大学出版社,1995.7.—320页;20cm

ISBN 7-81012-561-3:¥11.00

F752.67 **009298**

企业技术信息工作:专利与技术贸易/丁铸等编著.—济南:山东教育出版社,1995.6.—192页;20cm.—(信息产业知识丛书/宋运郊主编)

ISBN 7-5328-2129-3:¥7.65

①F752.67②D923.6 **009299**

技术市场指导与实务/潘忠等主编;黑龙江省人民政府技术市场管理办公室编.—哈尔滨:黑龙江科学技术出版社,1995.4.—512页;20cm

ISBN 7-5388-2771-4:¥14.00

F752.68　009300
国际承包与租赁/金祖钧主编.—南昌:江西高校出版社,1995.7.—374页;19cm.—(企业经营国际化丛书/吴照云,杨慧主编)
ISBN 7-81033-509-X:¥10.20
F752.68　009301
国际工程承包与招标投标/郎荣燊主编.—北京:中国人民大学出版社,1995.4.—426页;20cm
ISBN 7-300-01894-7:¥11.80
F752.7　009302
沿边开放:跨世纪的战略/陈家勤主编.—北京:经济科学出版社,1995.12.—357页;19cm
ISBN 7-5058-0894-X:¥14.00
F752.731.26　009303
怎样与韩国人做生意/顾永才著.—北京:北京工业大学出版社,1995.4.—264页;19cm.—(对外贸易丛书)
ISBN 7-5639-0412-3:¥6.60
F752.731.26-61　009304
中韩经贸大辞典/《中韩经贸大辞典》编委会编.—沈阳:辽宁民族出版社,1995.5.—1672页;20cm
ISBN 7-80527-439-8(精装):¥95.00
F752.771.2　009305
华人怎样向美国市场进军/陈本昌著.—上海:上海文化出版社,1995.5.—187页:彩照;20cm
ISBN 7-80511-800-0:¥10.60
F752.8　009306
港台对外贸易实务/洪娟编著.—北京:中国经济出版社,1995.12.—271页;19cm.—(港澳台实用经济丛书/谢明干,杨松华主编)
ISBN 7-5017-3469-0:¥8.80
F752.81-66　009307
北京市对外经济贸易统计资料:1991~1994/潘璠主编;北京市统计局编.—北京:中国社会出版社,1995.5.—432页;20cm
ISBN 7-80088-639-5:¥26.00
F752.821　009308
天津对外经济贸易指南/范维尚等主编;天津市对外经济贸易委员会编.—天津:天津科技翻译出版公司,1995.6.—2册(1201页);20cm
ISBN 7-5433-0856-8:¥80.00
F752.834　009309
吉林省土产畜产进出口公司发展史/张善功等主编.—长春:吉林大学出版社,1995.5.—714页:彩照;26cm
ISBN 7-5601-1712-0(精装):¥128.00
F752.835　009310
边贸谋略/杜显忠著.—哈尔滨:黑龙江人民出版社,1995.2.—582页;20cm
ISBN 7-207-03104-1:¥12.00
F752.845　009311
新疆及周边国家口岸/郭锋超主编;新疆维吾尔自治区公安厅边防局编.—乌鲁木齐:新疆人民出版社,1995.10.—111页:彩照;20cm
ISBN 7-228-00187-7:¥16.00
F752.851-54　009312
上海市对外经济贸易统计年鉴　1995/王祖康主编;上海市对外经济贸易委员会,上海《中国对外经济贸易丛书》编纂委员会编.—上海:上海社会科学院出版社,1995.10.—391页;26cm
ISBN 7-80618-156-3:¥45.00
F752.851-61　009313
上海外贸企业大全:汉英对照/崔善江主编;《上海工商》杂志社,上海外经贸商务展览公司编.—上海:上海远东出版社,1995.6.—269页:彩照;26cm.—(上海指南系列)
ISBN 7-80613-077-2:¥75.00
F752.857.3　009314
漳州市对外经济贸易志/承光大主编.—福州:海风出版社,1995.6.—252页;20cm
ISBN 7-80597-083-1:¥9.80
F752.864　009315
中国湖南与韩国经贸合作研究/程咏斌主编;《中国湖南与韩国经贸合作研究》编辑部编.—长沙:湖南出版社,1995.12.—233页;20cm
ISBN 7-5438-1138-3:¥9.80
F752.865.1　009316
广州外贸史/陈析坚,黄启臣编著.—广州:广州出版社,1995.10.—3册;20cm
ISBN 7-80592-467-8:¥95.00
F752.871.2　009317
内江地区对外贸易志/徐永树主编;四川省内江市对外经济贸易局编.—成都:四川大学出版社,1995.10.—111页;26cm.—(内江地区地方丛书;24)
ISBN 7-5614-1238-X:¥20.00
F753.13　009318
如何与日商打交道:日本商业文化和经营特点/曾亦沙编著.—广州:广东人民出版社,1995.5.—114页;19cm.—(跨国生意经)
ISBN 7-218-01751-7:¥5.20
F753.7　009319
阿拉伯世界经商之道:中东商业习俗与经营要诀/王长江编著.—广州:广东人民出版社,1995.5.—142页;19cm.—(跨国生意经)
ISBN 7-218-01752-5:¥5.60
F754.307　009320
西非南非的贸易机会:非洲市场开拓与发展/彭世勇编著.—广州:广东人民出版社,1995.5.—160页;19cm.—(跨国生意经)
ISBN 7-218-01880-7:¥5.60
F755.112-62　009321
俄联邦经贸指南/孙秀峰,王爱君主编;中国驻俄联邦使馆经商参处编.—北京:中国对外经济贸易出版社,1995.5.—372页;19cm
ISBN 7-80004-441-6:¥12.00
F757.12　009322
怎样同美国做生意:美国商业习惯与市场概况/李贻定编著.—广州:广东人民出版社,1995.5.—203页;

19cm.—(跨国生意经)
ISBN 7-218-01749-5: ¥6.80

F757.12-62 009323
赴美商务旅行指南/(美)安东尼奥(Antoniou,P.H.),( )惠特曼(Whitman,K.)著;刘啸天等译.—北京:中国人民大学出版社,1995.12.—321页;20cm
ISBN 7-300-02182-4: ¥24.00

F757.120 009324
战后美国对外贸易政策研究/林珏著.—昆明:云南大学出版社,1995.8.—314页;20cm
ISBN 7-81025-576-2: ¥15.00

F757.120.2 009325
美国的贸易保护主义/曾俊伟著.—北京:人民法院出版社,1995.1.—97页;19cm
ISBN 7-80056-270-0: ¥5.00

F76 商品学

F76 009326
商品学/高真主编.—北京:中国轻工业出版社,1995.5.—611页;20cm
ISBN 7-5019-1737-X: ¥20.00

F76 009327
商品学　(二):食品商品学/江小梅主编.—2版(修订本).—北京:中国人民大学出版社,1995.2.—392页;20cm
高等财经院校教材
ISBN 7-300-01982-X: ¥9.80

F76 009328
商品学　(四):日用工业品商品学/诸鸿等主编.—2版(修订本).—北京:中国人民大学出版社,1995.5.—439页;20cm
高等财经院校教材
ISBN 7-300-01985-4: ¥11.80

F76 009329
商品学基础/薛伟业主编.—北京:中国商业出版社,1995.7.—289页;19cm
中等职业学校营销系列教材
ISBN 7-5044-2558-3: ¥10.00

F76 009330
商品学通论/杨飚,路雅萱编著.—广州:华南理工大学出版社,1995.3.—282页;19cm
ISBN 7-5623-0844-6: ¥8.50

F76 009331
商品知识　下册/叶世伟主编.—北京:高等教育出版社,1995.3.—196页;19cm.—(市场营销专业教学丛书)
ISBN 7-04-005138-9: ¥3.55

F76 009332
兴山物产趣谈/郝明知主编;兴山县人民政府编.—武汉:湖北人民出版社,1995.11.—240页;19cm
ISBN 7-216-01778-1: ¥8.00

F76 009333
怎样开发商品/日本LEC·东京法思株式会社编著.—上海:复旦大学出版社,1995.5.—204页;20cm.—(企业、市场与法系列·走向规范:市场经济经营管理技法丛书)
ISBN 7-309-01520-7: ¥8.00

F76-61 009334
中国商品大辞典:粮食油脂饲料分册/任志杰主编;《中国商品大辞典》编辑委员会编.—北京:中国商业出版社,1995.7.—644页:照片;20cm
ISBN 7-5044-2357-2(精装): ¥55.00

F76-61 009335
中国商品大辞典:烟酒分册/欧阳斗,王永福主编;《中国商品大辞典》编辑委员会编.—北京:中国商业出版社,1995.3.—662页:彩图;20cm
ISBN 7-5044-0906-5(精装): ¥55.00

F76-61 009336
中国商品大辞典:医疗器械分册/金璧玺主编;《中国商品大辞典》编辑委员会编.—北京:中国商业出版社,1995.8.—876页;20cm
ISBN 7-5044-0911-1(精装): ¥65.00

F76-61 009337
中国商品大辞典:中成药分册/《中国商品大辞典》编辑委员会编.—北京:中国商业出版社,1995.11.—704页;20cm
ISBN 7-5044-1704-1(精装): ¥65.00

F76-61 009338
中国商品大辞典:中药材分册/《中国商品大辞典》编辑委员会编;李殿钧,张洪魁分主编.—北京:中国商业出版社,1995.9.—503页:彩图;20cm
ISBN 7-5044-0907-3(精装): ¥55.00

F760 009339
农业生产资料商品知识/劳动部培训司组织编写.—北京:中国劳动出版社,1995.9.—301页;19cm
全国就业训练商业营业专业统编教材
ISBN 7-5045-1747-X: ¥15.50

F760 009340
商品储运/于肇波主编.—北京:中国物资出版社,1995.5.—405页;19cm
中等专业学校商贸系列教材
ISBN 7-5047-1062-8: ¥10.60

F760.2 009341
名牌王:世界名牌策划与设计/李飞著.—北京:北京经济学院出版社,1995.11.—262页;20cm.—(王者系列丛书;3/李飞主编)
ISBN 7-5638-0506-0: ¥8.90

F760.5 009342
福建省注册商标大全　第二册/福建省商标事务所编.—厦门:鹭江出版社,1995.7.—262页;26cm
ISBN 7-80610-202-7(精装): ¥76.00

F760.5 009343
名牌商标:名牌企业的丰碑/张文天,杨瑞明编著.—北京:中国水利水电出版社,1995.12.—257页;20cm.—(新世纪·企业·名牌丛书/明安香主编)
ISBN 7-80124-117-7: ¥13.60

F760.5　009344
企业形象与标志/孙晴义编著.—杭州:浙江摄影出版社,1995.11.—100页;26cm
ISBN 7-80536-262-9:￥25.00

F760.5　009345
商标:经营者与消费者的桥梁/陈榴著.—北京:金盾出版社,1995.12.—183页:照片;19cm
ISBN 7-5082-0119-1:￥9.90

F760.5　009346
无形的资本:商标、商号应用诀窍/牛汝辰,赵春华编著.—北京:中国城市出版社,1995.6.—123页;19cm.—(儒商之道系列丛书)
ISBN 7-5074-0716-0:￥6.00

F760.5　009347
无形资产的商标评估/宗刚等编译.—北京:中国物资出版社,1995.7.—218页;19cm.—(无形资产市场中介丛书)
ISBN 7-5047-1127-6:￥8.00

①F760.5②D922.294.4　009348
商标监督管理/陈俊茹,李权主编.—长春:吉林大学出版社,1995.9.—159页;19cm.—(工商行政管理教学指南;6)
ISBN 7-5601-1797-X:￥6.80

F760.5-64　009349
深圳企业标志大赛作品集/李桂茹主编.—长春:吉林美术出版社,1995.2.—111页;29cm
ISBN 7-5386-0471-5:￥120.00

F760.6　009350
假冒伪劣巧识别/王守春,朱晓莉编著.—成都:电子科技大学出版社,1995.5.—223页;19cm
ISBN 7-81043-178-1:￥6.50

F760.6　009351
假冒伪劣商品鉴别手册/郁增基著.—北京:改革出版社,1995.6.—249页;19cm
ISBN 7-80072-687-8:￥10.00

F760.6　009352
以质取胜 走向世界/全国进出口商品质量保证知识大奖赛组委会秘书处编.—北京:中国对外经济贸易出版社,1995.7.—322页;26cm
全国进出口商品质量保证知识大奖赛教材
ISBN 7-80004-470-X:￥26.00

F760.6-43　009353
商检商品学教程:化工矿产和金属材料/周臣主编.—杭州:浙江大学出版社,1995.11.—530页;20cm
统编教材·系列教材
ISBN 7-308-01541-6:￥23.00

F760.6-62　009354
商检标准化工作手册　(四)/国家进出口商品检验局检验科技司编.—北京:中国标准出版社,1995.12.—316页;19cm
ISBN 7-5066-1182-1:￥20.00

F762.04　009355
粮油储藏/粮油储藏编写组编.—北京:中国财政经济出版社,1995.9.—555页;19cm
中等粮食学校教材
ISBN 7-5005-2351-3:￥15.60

F762.14　009356
粮食储备与管理/许宗仁,宋文仲主编.—北京:中国商业出版社,1995.10.—206页;20cm.—(粮食经济与管理丛书)
ISBN 7-5044-3048-X:￥10.00

F762.3　009357
果品商品学/李嘉瑞主编.—北京:中国农业出版社,1995.5.—130页;26cm
全国高等农业院校教材 果树专业用
ISBN 7-109-03215-9:￥5.25

①F762.46②S758　009358
木材检验技术问题解答/谷永茂主编.—哈尔滨:东北林业大学出版社,1995.12.—229页;19cm
ISBN 7-81008-655-3:￥11.00

F762.7　009359
南平名产志/萧志善主编;《南平名产志》编纂委员会编.—北京:方志出版社,1995.12.—158页:彩照;20cm
ISBN 7-80122-004-8(精装):￥28.00

F762.7　009360
山西农业名产荟萃/薛荣哲主编.—太原:山西高校联合出版社,1995.9.—320页;20cm
ISBN 7-81032-823-9:￥12.00

F763-61　009361
国外药品商品名辞典/禹茂章,佘德一主编.—北京:中国医药科技出版社,1995.12.—1166页;26cm
ISBN 7-5067-1500-7(精装):￥228.00

①F763.1②F426.7-63　009362
医药原料产供销大全:原料药、医药中间体、医药辅料/俞观文主编;《医药原料产供销大全》编委会编.—北京:化学工业出版社,1995.10.—339页;26cm
ISBN 7-5025-1518-6(精装):￥58.00

F764-62　009363
94·12 **机电产品报价手册**　(三)/机械工业部科技信息研究院,机电产品价格信息办公室编.—北京:机械工业出版社,1995.4.—114页;19×26cm
ISBN 7-111-04647-1:￥12.50

F764-62　009364
五金交电化工建材商品实用手册:化工涂料篇/刘荣贵,蔡亚祥主编.—北京:中国物资出版社,1995.5.—1035页;19cm
ISBN 7-5047-1041-5(精装):￥40.00

F764.1　009365
各国石油产品手册/盛焕侯编.—上海:上海科学技术文献出版社,1995.1.—596页;26cm
ISBN 7-5439-0195-1(精装):￥68.00

F764.2-62　009366
中国钢铁产品大全/熊忠实主编.—北京:中国物资出版社,1995.8.—2册;26cm
ISBN 7-5047-0996-4(精装):￥240.00

F764.4　009367
新编农机商品知识:1995年版/任易主编;中国农业机械流通协会,中国农业机械总公司编.—北京:中国

农业科技出版社,1995.8.—438页;26cm
ISBN 7-80026-902-7: ¥35.00

①F764.5②TM-61 009368
中国电工产品大全/张锡成主编.—北京:中国物资出版社,1995.5.—1472页;26cm
ISBN 7-5047-0961-1(精装): ¥140.00

F764.5-63 009369
电线电缆产品样本/机械工业部编.—北京:机械工业出版社,1995.12.—1369页;26cm
ISBN 7-111-04626-9: ¥150.00

F765.1 009370
建材工业常用机电设备价格汇编/高庆丰主编;国家建材局标准定额中心站,国家建材局科学技术开发中心编.—北京:中国建材工业出版社,1995.6.—2册(1130页):彩照;14×19cm
ISBN 7-80090-313-3: ¥90.00

F766.01 009371
世界汽车译名代号及商标/蒋成富等编著.—北京:人民邮电出版社,1995.8.—275页;26cm
ISBN 7-115-05672-2: ¥19.50

F767.01 009372
中国兽药产品编目/朱明文等主编;中国兽药监察所编.—北京:北京农业大学出版社,1995.7.—486页;26cm
ISBN 7-81002-726-3: ¥60.00

F767.06 009373
新编实用化工小商品产品规格及检验方法/周春山,熊兴安主编.—长沙:中南工业大学出版社,1995.12.—548页;19cm.—(全国星火计划丛书/田荣璋主编)
ISBN 7-81020-821-7: ¥18.00

F768 009374
中国妇女日用精品博览:中、英文对照/南方商业电台,南方经济通讯中心编.—北京:中国经济出版社,1995.8.—1册;29cm
ISBN 7-5017-2253-6: ¥0.00

F768.16 009375
进出口纱线检验/董念慈等编著.—北京:中国纺织出版社,1995.4.—292页;20cm
ISBN 7-5064-1130-X: ¥14.50

F768.2 009376
茶叶贸易学/张堂恒主编.—北京:中国农业出版社,1995.5.—205页;26cm
全国高等农业院校教材 茶学专业用
ISBN 7-109-03344-9: ¥7.85

①F768.2②TS262 009377
宋代酒的生产和征榷/李华瑞著.—保定:河北大学出版社,1995.3.—416页;20cm.—(宋史研究丛书/漆侠主编)
ISBN 7-81028-295-6: ¥12.00

F768.2-62 009378
现代食品消费手册/林林编著.—北京:经济日报出版社,1995.12.—296页;19cm
ISBN 7-80127-066-5: ¥9.80

F768.76 009379
宝玉石选购技巧/过金妹等编写.—杭州:浙江科学技术出版社,1995.2.—149页;20cm
ISBN 7-5341-0824-1: ¥10.00

F768.76 009380
中国古玩珠宝鉴定大全/周到等主编.—郑州:河南美术出版社,1995.9.—697页:照片;20cm
ISBN 7-5401-0487-2: ¥35.00

F8 财政、金融

F8 009381
财政金融概论/朱晓青,高小辉主编.—北京:中国计划出版社,1995.1.—311页;20cm
ISBN 7-80058-372-4: ¥9.40

F8 009382
财政金融概论/杨晓俊,杜中强主编.—北京:警官教育出版社,1995.9.—475页;19cm
ISBN 7-81027-687-5: ¥18.00

F8 009383
财政金融管理教程/缪炳堃等主编.—长沙:中南工业大学出版社,1995.3.—363页;19cm
ISBN 7-81020-757-1: ¥8.60

F8 009384
财政金融教程/李齐云主编.—济南:山东大学出版社,1995.5.—545页;20cm
ISBN 7-5607-1502-8: ¥16.80

F8 009385
财政金融学/关晓光主编.—天津:天津科技翻译出版公司,1995.—418页;26cm.—(现代企业管理丛书)
ISBN 7-5433-0766-9: ¥12.50

F8 009386
财政金融学/王飞跃编著.—贵阳:贵州教育出版社,1995.12.—332页;20cm
ISBN 7-80583-706-6: ¥12.00

F8 009387
财政与金融/刘邦驰,王国清主编.—成都:西南财经大学出版社 ,1995.4.—513页;20cm
ISBN 7-81017-924-1: ¥14.80

F8 009388
财政与金融/周建华,刘炳芳主编.—哈尔滨:哈尔滨工程大学出版社,1995.8.—389页;19cm
ISBN 7-81007-596-9: ¥12.50

F8 009389
财政与金融/唐华仓,冯国庆主编.—郑州:河南人民出版社,1995.8.—367页;20cm
ISBN 7-215-03488-7: ¥13.00

F8 009390
财政与金融/刘振江等主编.—西安:陕西科学技术出版社,1995.1.—393页;20cm
ISBN 7-5369-2260-4: ¥12.98

F8 009391
财政与金融/许庆斌等主编.—2版(修订本).—北

京:高等教育出版社,1995.5.—480页;20cm
ISBN 7-04-005267-9:¥9.55

F8　　　　009392
财政与金融/毛文骥,韩俊卿主编.—北京:中国统计出版社,1995.4.—308页;20cm
ISBN 7-5037-1920-6:¥9.90

F8　　　　009393
财政与金融/梁新潮主编.—上海:上海财经大学出版社,1995.12.—235页;20cm
高等财经专科学校试用教材
ISBN 7-81049-015-X:¥9.00

F8　　　　009394
财政与金融/陈纪瑜,张强编.—长沙:湖南出版社,1995.8.—493页;19cm
ISBN 7-5438-1043-3:¥15.00

F8　　　　009395
财政与金融/喻国华等主编;胡伟清等编著.—北京:中国科学技术出版社,1995.9.—364页;19cm
ISBN 7-5046-2022-X:¥13.80

F8　　　　009396
财政与金融概论/成学真,马雪彬著.—兰州:兰州大学出版社,1995.8.—243页;20cm
ISBN 7-311-00913-8:¥9.20

F8　　　　009397
财政与金融概论/孙玉栋等主编.—哈尔滨:黑龙江教育出版社,1995.4.—389页;19cm
ISBN 7-5316-2570-9:¥10.80

F8　　　　009398
当代国际资本:中国对外开放的国际环境/唐永胜著.—沈阳:辽宁人民出版社,1995.4.—216页;20cm
ISBN 7-205-03205-9:¥10.00

F8　　　　009399
如何与税务、金融部门打交道/王秀,胡文英编著.—太原:山西经济出版社,1995.7.—359页;19cm
ISBN 7-80577-878-7:¥13.80

F8　　　　009400
社会主义经济的投资与通货理论/吴光辉,陈高桐著.—北京:中共中央党校出版社,1995.1.—234页;20cm
ISBN 7-5035-0685-7:¥6.80

F8　　　　009401
现代货币理论与银行信用/董立中主编.—长春:吉林大学出版社,1995.12.—304页;20cm
ISBN 7-5601-1863-1:¥11.50

F8　　　　009402
新编财政金融基础/徐镇南,孙文基主编.—北京:中国审计出版社,1995.1.—374页;20cm
ISBN 7-80064-342-5:¥11.00

F8　　　　009403
新编财政与金融/梁远辉主编.—武汉:武汉出版社,1995.9.—331页;20cm
ISBN 7-5430-1414-9:¥11.50

F8　　　　009404
新编财政与金融/武永巨等主编.—成都:西南财经大学出版社,1995.9.—308页;19cm
财经中等专业学校教材
ISBN 7-81055-024-1:¥12.00

F8　　　　009405
新编财政与金融/张经龙主编.—北京:中国物价出版社,1995.6.—336页;20cm
ISBN 7-80070-470-X:¥9.50

F8　　　　009406
资金运筹指南/黄贵芳等主编.—天津:天津社会科学院出版社,1995.11.—373页;19cm
ISBN 7-80563-569-2:¥12.50

F8-43　　　　009407
财政金融教程/孔祥毅主编.—北京:中国商业出版社,1995.7.—342页;20cm
ISBN 7-5044-2220-7:¥12.00

F8-62　　　　009408
财政与金融自学考试指南/李广舜,崔建中主编.—乌鲁木齐:新疆科技卫生出版社,1995.7.—205页;19cm
高等教育自学考试用书
ISBN 7-5372-1100-0:¥7.30

F81　财政、国家财政

F81-05　　　　009409
财经职业道德/庄晓方,赵建庆编著.—南京:河海大学出版社,1995.8.—145页;19cm
成人大、中专试用教材
ISBN 7-5630-0842-X:¥6.55

F81-41　　　　009410
全国财政系统成人高等学历教育对口专业主干课程教学大纲/中华人民共和国财政部人事教育司编.—大连:东北财经大学出版社,1995.8.—5册;20cm
ISBN 7-81044-067-5:¥73.00

F81-61　　　　009411
现代财税管理全书/邵建功主编;《现代财税管理全书》编委会编.—北京:中国商业出版社,1995.10.—1782页;26cm
ISBN 7-5044-2341-6(精装):¥320.00

F81-62　　　　009412
财政(财政类)专业知识与实务(初级)应试指南/胡乐亭主编.—大连:东北财经大学出版社,1995.3.—299页;19cm
全国经济专业技术资格考试辅导教材
ISBN 7-81044-042-X:¥10.00

F81-62　　　　009413
财政(财政类)专业知识与实务(中级)应试指南/吴俊培主编.—大连:东北财经大学出版社,1995.3.—340页;19cm
全国经济专业技术资格考试辅导教材
ISBN 7-81044-043-8:¥11.50

F810　　　　009414
边缘财政考察/余天心等主编.—北京:中国财政经

济出版社,1995.4.—544 页;20cm
ISBN 7-5005-2632-6:¥18.00

F810 009415
财经改革与市场经济/余天心编著.—北京:经济科学出版社,1995.5.—332 页;20cm
ISBN 7-5058-0799-4:¥11.50

F810 009416
财政(税务类)专业知识与实务:中级/国家税务总局,人事部人事考试中心组织编写.—2 版.—北京:机械工业出版社,1995.1.—391 页;19cm
全国经济专业技术资格考试指定用书
ISBN 7-111-04669-2:¥11.50

F810 009417
财政理论与财政改革/邓子基著.—济南:山东人民出版社,1995.5.—377 页;20cm
ISBN 7-209-01717-8(精装):¥15.00

F810 009418
财政理论与财政改革/陈共著.—大连:东北财经大学出版社,1995.4.—508 页;20cm
ISBN 7-81044-072-1(精装):¥25.00

F810 009419
财政理论与管理/郑永海主编.—沈阳:东北大学出版社,1995.10.—307 页;20cm
财政系统在职干部培训系列教材
ISBN 7-81006-765-6:¥11.80

F810 009420
财政学/陈冬红主编.—大连:东北财经大学出版社,1995.4.—275 页;19cm
ISBN 7-81044-028-4:¥9.50

F810 009421
财政学/萧瑜主编.—济南:山东大学出版社,1995.1.—363 页;20cm
ISBN 7-5607-1358-0:¥6.75

F810 009422
财政学/张晓红,张海星主编.—大连:大连理工大学出版社,1995.7.—470 页;20cm
ISBN 7-5611-1018-9:¥16.00

F810 009423
财政学/刘邦驰,汪叔九主编.—成都:西南财经大学出版社,1995.7.—484 页;20cm
ISBN 7-81017-980-2:¥16.50

F810 009424
财政学/胡乐亭主编.—济南:山东人民出版社,1995.8.—547 页;20cm
ISBN 7-209-01816-6:¥16.80

F810 009425
财政学/吴厚德主编.—广州:中山大学出版社,1995.2.—329 页;20cm
ISBN 7-306-00963-X:¥9.80

F810 009426
财政学/姜玉梅主编.—沈阳:辽宁大学出版社,1995.1.—409 页;20cm
财经类专业课程内容改革系列教材
ISBN 7-5610-2507-6:¥15.00

F810 009427
财政学/刘汉屏,徐国荣主编.—广州:华南理工大学出版社,1995.12.—249 页;20cm
ISBN 7-5623-1002-5:¥11.00

F810 009428
财政学/刘明远主编.—北京:中国财政经济出版社,1995.11.—339 页;20cm
高等财经院校试用教材
ISBN 7-5005-2860-4:¥10.00

F810 009429
财政学/刘莘稼等编著.—北京:中国商业出版社,1995.2.—353 页;20cm
ISBN 7-5044-2784-5:¥9.80

F810 009430
财政学/李友元主编.—北京:中国商业出版社,1995.7.—319 页;20cm
ISBN 7-5044-2932-5:¥13.60

F810 009431
财政学概论/杨晓达主编.—南京:东南大学出版社,1995.2.—314 页;19cm
财经院校新编财税教材
ISBN 7-81023-182-0:¥8.70

F810 009432
财政与税收/刘振孝,许天信主编.—兰州:甘肃教育出版社,1995.11.—226 页;19cm
ISBN 7-5423-0567-0:¥8.90

F810 009433
财政原理与比较财政制度/平新乔著.—上海:三联书店上海分店:上海人民出版社,1995.4.—618 页;20cm.—(当代经济学系列丛书·当代经济学教学参考书系)
ISBN 7-208-01989-4:¥28.00

F810 009434
当代西方财政经济理论/王传纶,高培勇著.—北京:商务印书馆,1995.10.—2 册(526 页);20cm.—(市场经济研究丛书)
ISBN 7-100-01774-2:¥22.20

F810 009435
发展中国家城市财政学/(美)巴尔(Bahl,R.),(美)林著;陈开元,杨君昌译.—北京:中国财政经济出版社,1995.2.—292 页;26cm
著者原题:约翰尼斯·林
ISBN 7-5005-2831-0:¥20.00

F810 009436
现代财政/朴明根等编著.—青岛:青岛出版社,1995.1.—313 页;20cm.—(现代经济理论丛书/谭崇台,伍海华主编)
ISBN 7-5436-1209-7:¥10.50

F810 009437
现代财政学/张国升,何成军著.—延吉:延边大学出版社,1995.8.—311 页;20cm
ISBN 7-5634-0796-0:¥12.50

F810 009438
新编财政税务词汇详释/林松主编.—上海:立信会

计出版社,1995.10.—505页;20cm.—(立信财经丛书)
ISBN 7-5429-0328-4:¥24.00
①F810②G40-03　009439
财经理论与教学研究/林品章主编.—福州:福建人民出版社,1995.8.—362页;19cm
ISBN 7-211-02538-7:¥12.50
F810-43　009440
财政学教程/胡乐亭主编.—济南:山东人民出版社,1995.7.—310页;20cm
山东干部函授大学教材
ISBN 7-209-01786-0:¥10.00
F810.2　009441
国防财政论/黄瑞新著.—北京:解放军出版社,1995.2.—262页;20cm
ISBN 7-5065-2645-X:¥10.80
F810.2　009442
中外百家谈理财/汪兴益主编.—北京:中国财政经济出版社,1995.10.—525页;20cm
ISBN 7-5005-2755-1:¥30.00
F810.3　009443
高等教育自学考试国家预算管理自学考试大纲:含考核目标/全国高等教育自学考试指导委员会制订.—北京:中国财政经济出版社,1995.9.—89页;19cm
ISBN 7-5005-2909-0:¥3.10
F810.3　009444
国家预算学/汪叔九,程谦主编.—成都:西南财经大学出版社,1995.10.—333页;19cm
ISBN 7-81055-025-X:¥12.80
F810.4　009445
财税基础知识/邱运楷主编.—成都:西南财经大学出版社,1995.7.—276页;19cm
金融中等专业学校教材
ISBN 7-81017-975-6:¥9.80
F810.42　009446
避税与反避税的理论与实务/张书箱,江家银主编.—合肥:安徽人民出版社,1995.3.—323页;20cm
ISBN 7-212-01187-8:¥12.00
F810.42　009447
财政税收理论与实务/袁耀来,唐志军主编;刘贤海等编.—北京:气象出版社,1995.8.—368页;19cm
ISBN 7-5029-2029-3:¥13.50
F810.42　009448
赋税导论/王书瑶等著.—北京:经济科学出版社,1995.2.—807页;20cm
ISBN 7-5058-0762-5:¥25.00
F810.42　009449
固定资产投资方向调节税业务手册/李天心,赵奎刚主编.—沈阳:辽宁大学出版社,1995.5.—298页;19cm
ISBN 7-5610-2982-9:¥11.00
F810.42　009450
国际税收学/董文毅著.—成都:西南财经大学出版社,1995.4.—305页;19cm
ISBN 7-81017-921-7:¥9.80
F810.42　009451
国家税收/杨秀琴主编.—北京:中国人民大学出版社,1995.4.—617页;20cm
ISBN 7-300-02038-0:¥15.50
F810.42　009452
国家税收/姚大金,张丽华主编.—成都:西南财经大学出版社,1995.1.—350页;19cm
ISBN 7-81017-884-9:¥7.00
F810.42　009453
国家税收/周剑璧主编.—4版(修订本).—北京:中国财政经济出版社,1995.2.—517页;19cm
中等财经学校教材
ISBN 7-5005-2680-6:¥9.40
F810.42　009454
国家税收/郭长悟主编.—石家庄:河北人民出版社,1995.3.—396页;19cm
ISBN 7-202-01713-X:¥9.80
F810.42　009455
国家税收/尹佐然等编著.—北京:中华工商联合出版社,1995.1.—322页;20cm
北京商学院教材委员会推荐教材
ISBN 7-80100-107-9:¥11.50
F810.42　009456
国家税收/王曙光,康宇虹主编.—哈尔滨:黑龙江人民出版社,1995.11.—423页;19cm
财经类院校核心课教材
ISBN 7-207-03161-0:¥14.60
F810.42　009457
国家税收教程/王诚尧主编.—北京:中国财政经济出版社,1995.6.—2册;20cm
ISBN 7-5005-2683-0:¥28.00
F810.42　009458
国家税收理论与实务/胡乐亭主编.—济南:山东大学出版社,1995.4.—430页;20cm
ISBN 7-5607-1463-3:¥11.00
F810.42　009459
国家税收理论与实务/杨斌主编.—福州:福建人民出版社,1995.6.—606页;20cm
ISBN 7-211-02363-5:¥14.90
F810.42　009460
国税实务/董牲等主编.—大连:大连出版社,1995.11.—293页;20cm
企业办税人员上岗培训教材
ISBN 7-80612-225-7:¥18.50
F810.42　009461
纳税会计学/徐泓,胡航编著.—北京:中国人民大学出版社,1995.9.—375页;20cm
ISBN 7-300-02115-8:¥13.50
F810.42　009462
纳税通览/石千村,佳承主编.—北京:宇航出版社,1995.7.—426页;20cm
ISBN 7-80034-794-X:¥15.80
F810.42　009463
农业税收征纳指南/《农业税收征纳指南》编写组编.—石家庄:河北人民出版社,1995.11.—457页;

19cm
ISBN 7-202-01808-X: ¥18.80

F810.42　009464
企业避税与政府对策/于中一等主编.—北京:改革出版社,1995.1.—440页;20cm
ISBN 7-80072-635-5: ¥16.00

F810.42　009465
企业纳税理论与实务/王曙光等主编.—哈尔滨:黑龙江人民出版社,1995.4.—655页;20cm.—(财税与金融论丛)
ISBN 7-207-03263-3: ¥24.50

F810.42　009466
企业税务/王曙光编著.—北京:中国财政经济出版社,1995.8.—627页;20cm
ISBN 7-5005-2846-9: ¥22.00

F810.42　009467
企业税务会计/单文学,谢金荣主编.—南京:河海大学出版社,1995.5.—343页;20cm
财税、审计及企业财会人员必备用书·财经、税务院校相关专业师生必备参考书
ISBN 7-5630-0836-5: ¥14.00

F810.42　009468
企业与税收/于海峰编著.—海口:海南出版社,1995.8.—123页;20cm.—(经济法律知识丛书;8/贾绍华主编)
全套共15册,总定价:178.00元
ISBN 7-80617-193-2: ¥0.00

F810.42　009469
企业增值税专用发票管理培训教材/何力主编.—沈阳:沈阳出版社,1995.10.—255页;19cm
ISBN 7-5441-0459-1: ¥10.00

F810.42　009470
全国高等教育自学考试国际税收自学指导书/张同青编.—武汉:武汉大学出版社,1995.2.—345页;20cm
ISBN 7-307-01915-9: ¥8.25

F810.42　009471
税收负担理论与政策/刘飞鹏著.—北京:中国财政经济出版社,1995.11.—403页;20cm.—(税收与经济丛书)
ISBN 7-5005-2798-5: ¥27.00

F810.42　009472
税收概论/卢洪友主编.—北京:中国财政经济出版社,1995.10.—299页;19cm
中等财经学校教材
ISBN 7-5005-2893-0: ¥8.00

F810.42　009473
税收概论/马国强主编.—北京:中国财政经济出版社,1995.11.—228页;20cm
普通高等教育税收类规划教材
ISBN 7-5005-2778-0: ¥7.00

F810.42　009474
税收概论/舒纪宣主编.—北京:中国财政经济出版社,1995.9.—185页;20cm
高等财经专科学校试用教材
ISBN 7-5005-2771-3: ¥6.00

F810.42　009475
税收概论学习指导/卢洪友主编.—北京:中国财政经济出版社,1995.10.—163页;19cm
中等财经学校辅助教材
ISBN 7-5005-2884-1: ¥4.80

F810.42　009476
税收国际化与税制改革/靳东升著.—北京:中国财政经济出版社,1995.11.—280页;20cm.—(税收与经济丛书)
ISBN 7-5005-2797-7: ¥22.00

F810.42　009477
税收会计与纳税审查/耿建新等主编.—北京:企业管理出版社,1995.7.—791页;26cm
ISBN 7-80001-462-2(精装): ¥128.00

F810.42　009478
税收会计与税务经费会计/胡金山主编.—武汉:武汉工业大学出版社,1995.4.—381页;19cm
ISBN 7-5629-0969-5: ¥11.20

F810.42　009479
税收经济学/袁振宇等编著.—北京:中国人民大学出版社,1995.8.—305页;20cm
ISBN 7-300-02080-1: ¥12.00

F810.42　009480
税收理论与实务/刘荣荣,胡平生编著.—广州:广东高等教育出版社,1995.6.—363页;20cm
深圳大学经济系系列教材
ISBN 7-5361-1690-X: ¥14.50

F810.42　009481
税收理论与实务/潘兆国,孙雪莲主编.—沈阳:东北大学出版社,1995.8.—403页;19cm
ISBN 7-81006-988-8: ¥12.50

F810.42　009482
税收理论与实务/黄仕明,孙廷喜主编.—开封:河南大学出版社,1995.5.—618页;20cm
ISBN 7-81041-230-2: ¥19.70

F810.42　009483
税收理论与税收管理/谷义主编.—沈阳:东北大学出版社,1995.10.—281页;20cm
财政系统在职干部培训系列教材
ISBN 7-81006-765-6: ¥9.80

F810.42　009484
税收学/杨晓明等编著.—北京:航空工业出版社,1995.2.—311页;20cm
ISBN 7-80046-883-6: ¥10.80

F810.42　009485
税收学/李润身主编.—大连:大连海事大学出版社,1995.8.—252页;19cm
ISBN 7-5632-0913-1: ¥9.80

F810.42　009486
税收与经济发展/郭庆旺著.—北京:中国财政经济出版社,1995.11.—366页;20cm.—(税收与经济丛书)
ISBN 7-5005-2803-5: ¥25.00

F810.42　009487

税收征收管理的国际比较/司马军,桑洪义主编.—北京:经济科学出版社,1995.12.—229页;19cm
ISBN 7-5058-0864-8:¥9.45

F810.42　009488
税务代理/黄河清著.—北京:经济日报出版社,1995.4.—332页;20cm
ISBN 7-80036-980-3:¥9.90

F810.42　009489
税务管理学习指导/贾志勇主编.—北京:中国财政经济出版社,1995.10.—154页;19cm
中等财经学校辅助教材
ISBN 7-5005-2880-9:¥4.50

F810.42　009490
税务会计/张新民主编.—北京:中国审计出版社,1995.9.—272页;20cm.—(当代企业会计丛书)
ISBN 7-80064-390-5:¥11.00

F810.42　009491
税务会计学/盖地,岳方主编.—北京:中国财政经济出版社,1995.3.—474页;20cm
ISBN 7-5005-2740-3:¥14.50

F810.42　009492
税务稽查学/陈秉良主编.—长春:吉林大学出版社,1995.4.—194页;20cm.—(财经改革系列丛书)
ISBN 7-5601-1707-4:¥7.00

F810.42　009493
税务检查/王守昆主编.—济南:山东人民出版社,1995.4.—209页;20cm
ISBN 7-209-01742-9:¥9.00

F810.42　009494
税务检查/沈旭明主编.—北京:中国财政经济出版社,1995.10.—574页;20cm
普通高等教育税收类规划教材
ISBN 7-5005-2780-2:¥16.20

F810.42　009495
税务检查/国家税务总局教育中心编著.—2版.—大连:东北财经大学出版社,1995.3.—544页;19cm
全国税务系统公务员培训系列教材
ISBN 7-81005-950-5:¥16.50

F810.42　009496
税务快速查帐技巧/吴玉英,张宏主编.—北京:经济日报出版社,1995.11.—365页;19cm
ISBN 7-80127-090-8:¥21.00

F810.42　009497
现代企业税收制度218问/许士勇等编著.—北京:人民法院出版社,1995.9.—196页;19cm.—(现代经济制度与法律丛书;3/刘秀山,陈永民主编)
ISBN 7-80056-340-5:¥7.70

F810.42　009498
现代企业税务会计/庄志加,纪益成编著.—厦门:厦门大学出版社,1995.7.—256页;20cm
ISBN 7-5615-1066-7:¥10.80

F810.42　009499
现代税收理论/安福仁著.—大连:东北财经大学出版社,1995.12.—330页;20cm
ISBN 7-81044-046-2:¥14.00

F810.42　009500
新编纳税与会计处理/余采主编;马丽娟等编写.—2版(修订本).—北京:中国审计出版社,1995.1.—424页;20cm
ISBN 7-80064-282-8:¥13.00

F810.42　009501
新编税收与会计/尹永和,徐增宏主编.—北京:北京出版社,1995.4.—784页;20cm
ISBN 7-200-02549-6:¥27.00

F810.42　009502
新税制会计处理实务/周勤业主编.—上海:上海科学技术出版社,1995.9.—324页;19cm
ISBN 7-5323-4071-6:¥14.50

F810.42　009503
增值税:管理与政策问题/(美)泰特编;刘翠微译.—北京:中国财政经济出版社,1995.11.—161页;20cm
著者原题:艾伦·A·泰特
ISBN 7-5005-2741-1:¥10.00

F810.42　009504
增值税简明教程/任传富等主编.—武汉:武汉大学出版社,1995.5.—278页;19cm
ISBN 7-307-01974-4:¥10.00

F810.42　009505
中央税理论与实践/叶青等编著.—武汉:武汉大学出版社,1995.11.—422页;21cm
ISBN 7-307-02076-9:¥15.00

F810.42　009506
转轨经济中的间接税:理论分析和制度设计/胡怡建著.—北京:中国财政经济出版社,1995.11.—252页;20cm.—(税收与经济丛书)
ISBN 7-5005-2906-6:¥20.00

①F810.42②D996.3　009507
国际税收与国际税法/罗晓林,谭楚玲编著.—广州:中山大学出版社,1995.4.—328页;20cm
ISBN 7-306-00980-X:¥11.00

①F810.42②F275　009508
新编企业纳税会计/乔理方,满希明主编.—沈阳:东北大学出版社,1995.5.—280页;19cm
ISBN 7-81006-970-5:¥9.80

F810.42-61　009509
新税务大辞海/金鑫,许毅主编.—北京:九洲图书出版社,1995.1.—995页;26cm
ISBN 7-80114-032-X(精装):¥148.00

F810.42-62　009510
国税纳税手册/莫天松主编;深圳市国家税务局编.—深圳:海天出版社,1995.6.—589页;20cm
ISBN 7-80615-190-7:¥28.00

F810.42-62　009511
国税业务手册/袁泽军,门淑莲主编.—北京:企业管理出版社,1995.1.—1037页;26cm
ISBN 7-80001-526-2(精装):¥148.00

F810.45　009512
公共支出管理/(美)普雷姆詹德(Premchand,A.)著;

王卫星等译 .—北京:中国金融出版社,1995.6.—279页;20cm
书名原文:Public Expenditure Management
ISBN 7-5049-1429-0: ¥11.00

F810.5 009513
国家债务理论和政策研究/《国家债务理论和政策研究》编写组编.—北京:中国物价出版社,1995.5.—126页;19cm
ISBN 7-80070-472-6: ¥5.95

F810.5 009514
国债管理业务全书/黄挹卿主编.—北京:中国金融出版社,1995.2.—694页;27cm
ISBN 7-5049-1312-X: ¥88.00

F810.5 009515
国债论/杨大楷著 .—上海:三联书店上海分店,1995.1.—347页;20cm
ISBN 7-5426-0854-1: ¥18.80

F810.5 009516
国债制度分析/杨光焰等著.—郑州:河南人民出版社,1995.11.—289页;20cm
ISBN 7-215-03603-0: ¥15.00

F810.5-62 009517
国债实用手册/李经芳主编.—沈阳:沈阳出版社,1995.6.—1册;13cm
ISBN 7-5441-0413-3: ¥6.20

F810.6 009518
事业行政单位预算会计/王竹君,王国生主编.—北京:中国人事出版社,1995.12.—343页;19cm.—(新编实用会计丛书)
ISBN 7-80076-773-6: ¥14.00

F810.6 009519
市场经济与文教行政财务改革/董道友主编.—武汉:湖北人民出版社,1995.3.—274页;20cm
ISBN 7-216-01657-2: ¥8.00

F810.6 009520
预算会计/梅筱春主编.—3版(修订本).—北京:中国财政经济出版社,1995.2.—431页;19cm
中等财经学校教材
ISBN 7-5005-1223-0: ¥8.60

F810.6 009521
预算会计/《预算会计》编写组编.—3版(修订本).—大连:东北财经大学出版社,1995.5.—480页;19cm
全国财政系统职工中等专业学校试用教材
ISBN 7-81005-161-X: ¥14.80

F810.6 009522
预算会计/周粲主编.—北京:中国财政经济出版社,1995.8.—293页;19cm
中等专业学校教材
ISBN 7-5005-2888-4: ¥8.40

F810.6 009523
预算会计/于维素主编.—北京:中国财政经济出版社,1995.8.—274页;20cm
高等财经院校、高等财经专科学校、中等财经学校试用教材
ISBN 7-5005-2869-8: ¥8.60

①F810.6②D632 009524
全国民政计划财务工作会议经验材料汇编/民政部计划财务司编.—北京:中国社会出版社,1995.5.—290页;20cm
ISBN 7-80088-613-1: ¥15.00

F811 009525
国际财务/申嫦娥,徐谦主编.—西安:陕西科学技术出版社,1995.10.—279页;20cm.—(现代理财丛书/王树汉等主编)
ISBN 7-5369-2430-5: ¥13.80

F811 009526
西方财政理论与政策/曹立瀛编著.—北京:中国财政经济出版社,1995.6.—661页;20cm
高等财经院校试用教材
ISBN 7-5005-2501-X: ¥18.60

F811.2 009527
国外财政考察与借鉴:1994年集/财政部国际合作司编.—北京:中国财政经济出版社,1995.6.—411页;20cm
ISBN 7-5005-2854-X: ¥18.40

①F811.2②F23 009528
国际会计学概论/李宝震等编写.—北京:经济科学出版社,1995.11.—290页;19cm
ISBN 7-5058-0871-0: ¥12.80

F811.4 009529
高等教育自学考试外国税制自学考试大纲:含考核目标/全国高等教育自学考试指导委员会制订.—北京:中国财政经济出版社,1995.10.—143页;19cm
ISBN 7-5005-2870-1: ¥4.50

F811.4 009530
国外税收研究/国家税务总局税收科学研究所编.—北京:中国财政经济出版社,1995.5.—348页;20cm.—(外国税收著作翻译丛书;7)
ISBN 7-5005-2524-9: ¥13.00

F811.4 009531
企业国际避税策略/卢福财,匡小平主编.—南昌:江西高校出版社,1995.7.—315页;19cm.—(企业经营国际化丛书/吴照云,杨慧主编)
ISBN 7-81033-511-1: ¥8.70

F811.4 009532
世界各国税收制度/邹正方编著.—北京:中国大百科全书出版社,1995.10.—151页;19cm.—(百卷本世界市场全书/顾海良等主编)
ISBN 7-5000-5581-1: ¥9.80

F811.4 009533
世界税制改革的经验/世界银行编;张楚楠等译.—北京:中国财政经济出版社,1995.11.—96页;20cm.—(税收与经济丛书)
ISBN 7-5005-2805-1: ¥10.00

F811.4 009534
外国税制/郝如玉主编;全国高等教育自学考试指导委员会组编.—北京:中国财政经济出版社,1995.

10.—382 页;20cm
全国高等教育自学考试教材
ISBN 7-5005-2915-5: ¥13.00

F812　009535
财政与税收/尚兰茹主编.—天津:天津科学技术出版社,1995.7.—319 页;20cm
ISBN 7-5308-1878-3: ¥15.80

F812　009536
财政与税收/韩兰茹主编.—北京:中国财政经济出版社,1995.3.—437 页;20cm
ISBN 7-5005-2784-5: ¥16.00

F812　009537
分税制与地方财政问题研究/湖北省财政学会等编.—北京:中国财政经济出版社,1995.7.—669 页;20cm
ISBN 7-5005-2795-0: ¥22.00

F812　009538
山东省优秀财政理论研究成果选:1989.7~1994.6/柏继民主编.—济南:山东友谊出版社,1995.9.—503 页;20cm
ISBN 7-80551-772-X: ¥17.00

F812　009539
振兴财政的思考/邓子基等著.—北京:中国财政经济出版社,1995.3.—352 页;20cm
ISBN 7-5005-2655-5: ¥15.00

F812　009540
中国财政运行的实证分析/侯荣华,康学军主编.—北京:中国计划出版社,1995.4.—246 页;20cm
ISBN 7-80058-382-1: ¥9.00

F812　009541
中国市场经济中的财政问题研究/梁尚敏著.—北京:中国财政经济出版社,1995.7.—327 页;20cm
ISBN 7-5005-2735-7: ¥12.00

F812-40　009542
桂海扬帆:广西财政高等专科学校发展纪实/何文全等主编 .—南宁:广西人民出版社,1995.8.—312 页:彩照;20cm.—(广西改革与发展丛书/胡树琨等主编)
ISBN 7-219-03123-8: ¥18.60

F812-63　009543
一九九五年清产核资固定资产价值重估统一标准目录/财政部清产核资办公室编制.—北京:煤炭工业出版社,1995.4.—309 页;19×26cm
ISBN 7-5020-1046-7: ¥15.60

F812.0　009544
财政规章制度选编:1995 年 1~6 月/中华人民共和国财政部办公厅编.—北京:中国财政经济出版社,1995.9.—641 页;19cm
内部发行
ISBN 7-5005-2914-7: ¥19.50

F812.0　009545
财政转轨探新/项镜泉主编.—北京:经济科学出版社,1995.10.—341 页;20cm
ISBN 7-5058-0851-6: ¥15.80

F812.0　009546
双元结构财政:中国财政模式研究/叶振鹏,张馨著.—北京:经济科学出版社,1995.6.—395 页;20cm
ISBN 7-5058-0789-7: ¥13.50

F812.0-53　009547
财经问题多维探索/胡传秀主编.—北京:中国物价出版社,1995.12.—431 页;20cm
ISBN 7-80070-463-7: ¥9.00

F812.2　009548
财税改革之声/财政部办公厅编.—哈尔滨:黑龙江人民出版社,1995.12.—318 页;20cm
ISBN 7-207-03423-7: ¥20.00

F812.2　009549
财税信息系统计算机应用/周道顺等编著.—合肥:中国科学技术大学出版社,1995.11.—202 页;26cm
ISBN 7-312-00741-4: ¥16.00

F812.2　009550
财政规章制度选编:1994 年 7~12 月/中华人民共和国财政部办公厅编 .—北京:中国财政经济出版社,1995.4.—629 页;19cm
内部发行
ISBN 7-5005-2767-5: ¥16.00

F812.2　009551
财政纪检监察工作文件资料选编　第七辑/中纪委驻财政部纪检组等编.—大连:东北财经大学出版社,1995.12.—267 页;19cm
ISBN 7-81044-129-9: ¥10.00

F812.2　009552
财政监督理论与实践/崔正华主编.—北京:中国财政经济出版社,1995.2.—423 页;20cm
ISBN 7-5005-2731-4: ¥10.50

F812.2　009553
财政职业道德/李胜沪主编.—沈阳:东北大学出版社,1995.10.—221 页;20cm
财政系统在职干部培训系列教材
ISBN 7-81006-765-6: ¥7.80

F812.2　009554
金融系统纪检监察常用文件选编/中央纪委驻金融系统纪检组办公室编.—北京:中国金融出版社,1995.4.—335 页;20cm
内部发行
ISBN 7-5049-1384-7: ¥14.80

F812.3-43　009555
新编国家预算教程/门惠英,李燕主编.—北京:航空工业出版社,1995.6.—401 页;19cm
ISBN 7-80046-899-2: ¥10.50

F812.4　009556
非国有经济发展与财税对策研究/翁礼华等编著.—杭州:浙江人民出版社,1995.8.—162 页;19cm
ISBN 7-213-01277-0: ¥6.50

F812.4　009557
新编财政与税收/蒋伟翔,游潜之编著.—上海:上海人民出版社,1995.2.—253 页;20cm.—(市场经济与管理者丛书/励永庆主编)
ISBN 7-208-01936-3: ¥8.00

F812.4－44 009558
财政税收练习与模拟试题/刘同旭主编.—上海:复旦大学出版社,1995.12.—379 页;20cm
ISBN 7－309－01594－0:￥12.00

F812.42 009559
大连地方税收业务培训丛书/高义柱等主编.—大连:东北财经大学出版社,1995.9.—5 册;20cm
ISBN 7－81044－093－4:￥50.00

F812.42 009560
地方税:税政与征管/财政部税政司地方税处编.—大连:东北财经大学出版社,1995.2.—416 页;20cm
ISBN 7－81044－026－8:￥13.80

F812.42 009561
地方税实务/全国税务代理培训教材编写委员会编.—北京:中国税务出版社,1995.10.—235 页;19cm
全国税务代理培训教材
ISBN 7－80117－027－X:￥15.00

F812.42 009562
地方税收理论与实务/廖晓冰等编著.—沈阳:东北大学出版社,1995.12.—330 页;20cm
ISBN 7－81054－031－9:￥12.50

F812.42 009563
地方税务资料汇编 1995 (11) 总第 10 期/昆明市地方税务局编.—昆明:云南人民出版社,1995.11.—60 页;19cm
￥1.55

F812.42 009564
地方税务资料汇编 1995 (12) 总第 11 期/昆明市地方税务局编.—昆明:云南人民出版社,1995.12.—56 页;19cm
￥1.55

F812.42 009565
地方税务资料汇编 1995 (1) 总第 1 期/昆明市地方税务局编.—昆明:云南人民出版社,1995.2.—61 页;19cm
￥1.55

F812.42 009566
地方税务资料汇编 1995 (2) 总第 2 期/昆明市地方税务局编.—昆明:云南人民出版社,1995.3.—64 页;19cm
￥1.55

F812.42 009567
地方税务资料汇编 1995 (3) 总第 3 期/昆明市地方税务局编.—昆明:云南人民出版社,1995.4.—59 页;19cm
￥1.55

F812.42 009568
地方税务资料汇编 1995 (4) 总第 4 期/昆明市地方税务局编.—昆明:云南人民出版社,1995.5.—58 页;19cm
￥1.55

F812.42 009569
地方税务资料汇编 1995 (8) 总第 8 期/昆明市地方税务局编.—昆明:云南人民出版社,1995.12.—60 页;19cm
￥1.55

F812.42 009570
地方税务资料汇编 1995 (9、10) 总第 9 期/昆明市地方税务局编.—昆明:云南人民出版社,1995.12.—106 页;19cm
￥3.10

F812.42 009571
地方税务资料汇编 总第 6 期/昆明市地方税务局编.—昆明:云南人民出版社,1995.7.—58 页;19cm
￥1.55

F812.42 009572
地方税务资料汇编 总第 7 期/昆明市地方税务局编.—昆明:云南人民出版社,1995.7.—59 页;19cm
￥1.55

F812.42 009573
分税制和新税制及其财务处理/华桐等主编.—南昌:江西科学技术出版社,1995.1.—299 页;20cm
ISBN 7－5390－0822－9:￥12.00

F812.42 009574
个体私营经济纳税指南/周广仁,胡庆生主编.—南京:江苏人民出版社,1995.6.—365 页;20cm
ISBN 7－214－01509－9:￥10.00

F812.42 009575
广东地方税/《广东地方税》编写组编.—广州:中山大学出版社,1995.8.—656 页;20cm
ISBN 7－306－01040－9:￥23.00

F812.42 009576
国家税收/黄静编著.—贵阳:贵州人民出版社,1995.6.—342 页;19cm
ISBN 7－221－03870－8:￥11.50

F812.42 009577
国家税收/杨抚生主编.—南京:东南大学出版社,1995.5.—429 页;20cm.—(财税改革丛书)
ISBN 7－81050－024－4:￥13.90

F812.42 009578
国税实务学习指导/梁维忠等主编.—大连:大连出版社,1995.11.—224 页;19cm
企业办税人员上岗培训教材
ISBN 7－80612－226－5:￥14.50

F812.42 009579
国税征纳辅导/郑庆和主编;河北省国家税务局编.—北京:学苑出版社,1995.7.—448 页;26cm.—(国税征纳辅导丛书;1)
ISBN 7－5077－1020－3:￥37.50

F812.42 009580
河南省税务志:1840～1990/张书庭主编;河南省税务局,河南省地方史志编纂委员会编纂.—郑州:中州古籍出版社,1995.10.—744 页;22cm
ISBN 7－5348－1415－4(精装):￥48.00

F812.42 009581
会计与税收/曾家中等编著.—延吉:延边大学出版社,1995.2.—546 页;20cm
培训教材

ISBN 7-5634-0755-3:¥25.00

F812.42 009582

经济特区引进外资的税收优惠政策研究/邓子基等著.—厦门:鹭江出版社,1995.12.—168页;20cm.—(特区经济丛书;8)

ISBN 7-80610-192-6:¥7.60

F812.42 009583

经济特区引进外资的税收优惠政策研究/邓子基等著.—厦门:鹭江出版社,1995.12.—168页;20cm.—(特区经济丛书;8)

ISBN 7-80610-192-6(精装):¥17.60

F812.42 009584

纳税检查/陈忠明主编.—北京:中国财政经济出版社,1995.3.—354页;20cm

高等财经专科学校试用教材

ISBN 7-5005-2681-4:¥7.60

F812.42 009585

纳税检查/王守昆主编.—北京:中国财政经济出版社,1995.10.—341页;19cm

中等财经学校教材

ISBN 7-5005-2926-0:¥9.00

F812.42 009586

纳税检查概论/奚昌颐主编.—兰州:甘肃人民出版社,1995.6.—469页;19cm

ISBN 7-226-01469-6:¥12.00

F812.42 009587

农税征管与探索/肖晓鹏主编.—昆明:云南人民出版社,1995.11.—351页;19cm

ISBN 7-222-01844-1:¥10.00

F812.42 009588

农业税、农业特产税、耕地占用税、契税纳税辅导/辽宁省地方税务局编.—沈阳:白山出版社,1995.3.—245页;19cm.—(新税制纳税辅导系列丛书)

ISBN 7-80566-430-7:¥7.50

F812.42 009589

企业纳税与会计处理方法/刘铭达等主编.—北京:中国财政经济出版社,1995.4.—381页;20cm

ISBN 7-5005-2790-X:¥12.00

F812.42 009590

企业所得税350问/宋文军主编.—济南:山东人民出版社,1995.3.—230页;19cm

ISBN 7-209-01741-0:¥8.80

F812.42 009591

企业所得税研究/桂文奎等主编.—北京:中国物价出版社,1995.10.—183页;20cm

ISBN 7-80070-491-2:¥9.80

F812.42 009592

企业所得税指南/张金水主编.—福州:海风出版社,1995.10.—289页;20cm

ISBN 7-80597-099-8:¥12.80

F812.42 009593

全国税务工作会议主要领导讲话汇编:1949~1994/国家税务总局办公厅编.—北京:中国税务出版社,1995.11.—928页;20cm

内部发行

ISBN 7-80117-018-0(精装):¥58.00

F812.42 009594

三明赋税志/《三明赋税志》编纂委员会编.—北京:方志出版社,1995.11.—243页:彩照;20cm

ISBN 7-80122-021-8(精装):¥38.00

F812.42 009595

社会主义市场经济下的税收管理/胡泽生,周克松主编.—武汉:武汉工业大学出版社,1995.11.—327页;20cm

ISBN 7-5629-1044-8:¥11.00

F812.42 009596

深圳经济特区纳税实务/吴升文主编.—深圳:海天出版社,1995.8.—428页;20cm

ISBN 7-80615-212-1:¥20.00

F812.42 009597

税收征管法与新工商税制/王乔等主编.—南昌:江西高校出版社,1995.6.—308页;20cm

ISBN 7-81033-499-9:¥12.80

F812.42 009598

税收征收管理/全国税务代理培训教材编写委员会编.—北京:中国税务出版社,1995.10.—251页;19cm

全国税务代理培训教材

ISBN 7-80117-028-8:¥15.00

F812.42 009599

税收知识通俗读本/王才等编著.—开封:河南大学出版社,1995.5.—366页;20cm

ISBN 7-81041-162-4:¥12.00

F812.42 009600

税务代理/陈万龙,雷页德主编.—北京:中国商业出版社,1995.4.—530页;20cm

ISBN 7-5044-2925-2:¥22.00

F812.42 009601

税务代理/刘向东,张成中编著.—北京:中国税务出版社,1995.8.—426页;20cm

ISBN 7-80117-015-6:¥18.00

F812.42 009602

税务干部基础知识/陈胜生主编.—广州:中山大学出版社,1995.7.—212页;20cm

ISBN 7-306-01029-8:¥9.50

F812.42 009603

税务管理/《税务管理》编写组编著.—沈阳:辽宁人民出版社,1995.4.—302页;19cm

全国税务系统公务员培训系列教材

ISBN 7-205-03034-X:¥7.50

F812.42 009604

税务管理/贾志勇主编.—北京:中国财政经济出版社,1995.10.—300页;19cm

中等财经学校试用教材

ISBN 7-5005-2871-X:¥8.00

F812.42 009605

税务管理/李大明主编.—北京:中国财政经济出版社,1995.11.—299页;20cm

普通高等教育税收类规划教材

ISBN 7-5005-2777-2: ¥9.00

F812.42 **009606**

税务管理/《税务管理》编写组编著.—2版(修订本).—北京:中国财政经济出版社,1995.11.—287页;20cm

高等财经专科学校教材

ISBN 7-5005-2564-8: ¥8.60

F812.42 **009607**

税务检查/《中国工商税制》编写组编著.—2版.—大连:东北财经大学出版社,1995.3.—544页;19cm

全国税务系统公务员培训系列教材

ISBN 7-81005-950-5: ¥14.00

F812.42 **009608**

税务人员廉政手册/国家税务总局编.—北京:中国税务出版社,1995.10.—25页;13cm

内部发行

ISBN 7-80117-030-X: ¥0.68

F812.42 **009609**

税务志/周任之主编;湘西土家族苗族自治州地方志编纂委员会编.—长沙:湖南出版社,1995.3.—333页:彩照;20cm.—(湘西土家族苗族自治州志丛书)

ISBN 7-5438-0954-0(精装): ¥25.00

F812.42 **009610**

税战348:偷税诡道与反偷税谋略/王力等编著.—北京:中国经济出版社,1995.7.—376页;19cm

ISBN 7-5017-0685-9: ¥15.00

F812.42 **009611**

所得税实务/全国税务代理培训教材编写委员会编.—北京:中国税务出版社,1995.10.—185页;19cm

全国税务代理培训教材

ISBN 7-80117-026-1: ¥13.20

F812.42 **009612**

外贸企业税务指南/傅自应主编.—北京:中国财政经济出版社,1995.4.—296页;20cm.—(利安达外经贸丛书)

ISBN 7-5005-2647-4: ¥12.00

F812.42 **009613**

现代企业税收实务/毛夏鸾编著.—合肥:安徽人民出版社,1995.2.—174页;20cm.—(现代企业制度丛书/吴天林主编)

ISBN 7-212-01173-8: ¥5.80

F812.42 **009614**

现代中国税收理论体系探索/陈流明主编.—广州:广东人民出版社,1995.8.—490页;20cm

ISBN 7-218-01739-8: ¥17.00

F812.42 **009615**

新编避税与反避税实务全书/张中秀主编.—北京:中国经济出版社,1995.1.—756页;26cm

ISBN 7-5017-3288-4(精装): ¥156.00

F812.42 **009616**

新编国家税收/胡怡建主编.—上海:同济大学出版社,1995.6.—316页;20cm

ISBN 7-5608-1454-9: ¥9.20

F812.42 **009617**

新税制考核大纲/国家税务总局教育中心编.—北京:中国税务出版社,1995.8.—90页;19cm

全国税务系统公务员培训

ISBN 7-80117-023-7: ¥3.50

F812.42 **009618**

新税制纳税操作/李大君,任绍斌主编.—济南:山东人民出版社,1995.9.—402页;20cm

ISBN 7-209-01822-0: ¥14.50

F812.42 **009619**

新税制实用全书/蒋黔贵主编;国家经贸委企业司编著.—北京:中国财政经济出版社,1995.3.—898页;20cm

ISBN 7-5005-2728-4: ¥33.00

F812.42 **009620**

新税制与企业纳税/赵选民主编.—西安:陕西科学技术出版社,1995.10.—437页;20cm

ISBN 7-5369-2370-8: ¥16.00

F812.42 **009621**

新税制政策、计算及会计处理概要/吕建富主编.—北京:中国书籍出版社,1995.8.—420页;19cm

ISBN 7-5068-0492-1: ¥11.00

F812.42 **009622**

行业纳税技巧/段步仁等编著.—南昌:江西人民出版社,1995.8.—429页;20cm

ISBN 7-210-01549-3: ¥20.00

F812.42 **009623**

怎样缴个人所得税/顾梅平,全晓编写.—南京:河海大学出版社,1995.5.—121页;19cm.—(新税制丛书;4/焦学成,朱海奇主编)

ISBN 7-5630-0857-8: ¥6.00

F812.42 **009624**

怎样缴企业所得税/邢应和编写.—南京:河海大学出版社,1995.7.—114页;19cm.—(新税制丛书;3/焦学成,朱海奇主编)

ISBN 7-5630-0856 X: ¥6.00

F812.42 **009625**

怎样缴营业税和消费税/杨仁良,武熔编写.—南京:河海大学出版社,1995.7.—145页;19cm.—(新税制丛书;2/焦学成,朱海奇主编)

ISBN 7-5630-0855-1: ¥6.00

F812.42 **009626**

增值税、消费税实务/全国税务代理培训教材编写委员会编著.—北京:中国税务出版社,1995.10.—236页;19cm

全国税务代理培训教材

ISBN 7-80117-025-3: ¥13.50

F812.42 **009627**

中国分税制/夏清成,韩英杰主编.—北京:中国商业出版社,1995.2.—333页;20cm

ISBN 7-5044-1878-1: ¥13.00

F812.42 **009628**

中国个人所得税制/李永贵主编.—哈尔滨:黑龙江人民出版社,1995.2.—230页;19cm

ISBN 7-207-03240-4: ¥7.00

F812.42　　009629
中国税收理论与实践　第二卷/夏禹主编.—北京:警官教育出版社,1995.6.—343页;20cm
ISBN 7-81027-643-3: ¥12.50

F812.42　　009630
中国税收制度/刘克崮,王征主编;中华人民共和国财政部税政司编.—北京:中国财政经济出版社,1995.5.—643页;20cm
ISBN 7-5005-2829-9: ¥25.00

F812.42　　009631
中国税务会计/吴振扬等主编.—北京:气象出版社,1995.1.—316页;19cm
ISBN 7-5029-1899-X: ¥10.00

F812.42　　009632
中国税制/王佩芩主编.—大连:东北财经大学出版社,1995.8.—455页;20cm
ISBN 7-81044-006-3: ¥16.00

F812.42　　009633
中国税制/吴维虎主编.—成都:西南财经大学出版社,1995.6.—368页;20cm
ISBN 7-81017-936-5: ¥12.90

F812.42　　009634
中国税制/许建国主编.—北京:中国财政经济出版社,1995.11.—402页;20cm
普通高等教育税收类规划教材
ISBN 7-5005-2779-9: ¥11.80

F812.42　　009635
中国税制/丁芸,文伯安主编.—北京:中国财政经济出版社,1995.11.—392页;20cm
高等财经院校试用教材
ISBN 7-5005-2772-1: ¥11.00

F812.42　　009636
中国税制/张俊萍主编.—北京:中国财政经济出版社,1995.11.—318页;19cm
中等财经学校教材
ISBN 7-5005-2903-1: ¥8.60

F812.42　　009637
中国税制教程/张全胜主编.—西安:西北工业大学出版社,1995.12.—470页;19cm
ISBN 7-5612-0816-2: ¥12.90

F812.42　　009638
中国税制学习指导/张俊萍主编.—北京:中国财政经济出版社,1995.10.—159页;19cm
中等财经学校辅助教材
ISBN 7-5005-2905-8: ¥4.80

F812.42　　009639
泗阳税务志/王述言主编;《泗阳税务志》编纂委员会编著.—南京:江苏人民出版社,1995.2.—322页;20cm
ISBN 7-214-01425-4: ¥30.00

F812.42　　009640
濮阳市税务志/吴希军主编.—郑州:中州古籍出版社,1995.2.—346页;20cm
ISBN 7-5348-1339-5(精装): ¥23.80

①F812.42②D922.22　　009641
1994年税收工作文件法规选编/国家税务总局编.—北京:中国税务出版社,1995.8.—840页;19cm
内部发行
ISBN 7-80117-014-8: ¥30.00

①F812.42②D922.22　　009642
土地增值税讲解/李永贵主编.—北京:中国商业出版社,1995.4.—268页;19cm
ISBN 7-5044-1875-7: ¥8.00

①F812.42②F23　　009643
税收与会计实用全书/王洪金主编.—大连:大连理工大学出版社,1995.2.—892页;26cm
ISBN 7-5611-0959-8(精装): ¥98.00

①F812.42②F239.65　　009644
财税体制改革与财政审计/赵耿主编.—北京:经济科学出版社,1995.3.—299页;19cm
ISBN 7-5058-0778-1: ¥9.40

①F812.42②F406.72　　009645
新税制与工业会计核算实例/张珊编著.—北京:中国税务出版社,1995.7.—186页;20cm
ISBN 7-80117-022-9: ¥12.00

F812.42-44　　009646
《国家税收》配套习题集/李国淮等主编.—北京:中国财政经济出版社,1995.11.—433页;19cm
中等财经学校教材
ISBN 7-5005-2990-2: ¥11.00

F812.42-44　　009647
农业特产税征收管理业务知识问答/财政部农业税征收管理局编.—北京:华文出版社,1995.5.—271页;19cm
ISBN 7-5075-0446-8: ¥7.50

F812.42-44　　009648
新税制考核复习指南/内蒙古国家税务局培训中心编.—呼和浩特:内蒙古人民出版社,1995.12.—277页;19cm
全区税务系统公务员培训
ISBN 7-204-02928-3: ¥5.80

F812.42-44　　009649
中国税制配套习题集/李国淮,李伯兴主编.—北京:中国财政经济出版社,1995.11.—416页;19cm
高等中等财经院校通用
ISBN 7-5005-2886-8: ¥11.00

F812.42-53　　009650
地方税收工作探索:1995年度甘肃省地方税务系统调查研究论文集/史文献,王维国主编.—兰州:兰州大学出版社,1995.12.—353页;20cm
ISBN 7-311-00980-4: ¥12.80

F812.42-53　　009651
内蒙古税收论文专集　1994/邢安仁主编.—呼和浩特:内蒙古人民出版社,1995.11.—319页;20cm
ISBN 7-204-02963-1: ¥10.00

F812.42-53　　009652
中国税务学会第三届会员代表大会暨全国税收理论研讨会文集/中国税务学会编.—北京:中国税务出版社,1995.7.—509页;20cm

ISBN 7-80117-011-3: ¥22.00

F812.42-61 009653

税务稽查业务全书/卢云,许太谊主编.—北京:中国物价出版社,1995.9.—588页;20cm

ISBN 7-80070-516-1: ¥22.80

F812.42-61 009654

新财税大辞典/项怀诚,郑家亨主编.—北京:中国统计出版社,1995.5.—887页;26cm

ISBN 7-5037-1655-X(精装): ¥96.00

F812.42-62 009655

地方税收纳税指南/李长庚主编.—长沙:湖南科学技术出版社,1995.6.—322页;19cm

ISBN 7-5357-1769-1: ¥10.80

F812.42-62 009656

地税业务手册/颜永刚,崔光营主编.—北京:企业管理出版社,1995.2.—1123页;26cm

ISBN 7-80001-527-0(精装): ¥148.00

F812.42-62 009657

固定资产投资方向调节税实用手册/谢继良主编.—杭州:浙江人民出版社,1995.10.—395页;20cm

ISBN 7-213-01208-8: ¥16.00

F812.42-62 009658

实用税务代理指南/陈谷斌,李长庚主编.—长沙:湖南科学技术出版社,1995.7.—262页;19cm

ISBN 7-5357-1785-3: ¥10.80

F812.42-62 009659

税收业务指南/王胜斌主编.—天津:天津社会科学院出版社,1995.1.—532页;19cm

ISBN 7-80563-507-2: ¥11.50

F812.42-62 009660

消费税纳税指南/李三江主编.—北京:中国商业出版社,1995.5.—251页;19cm

ISBN 7-5044-2442-0: ¥10.70

F812.42-62 009661

新编地方税业务手册/国家税务总局地方税务司编.—北京:中国税务出版社,1995.7.—446页;19cm

ISBN 7-80117-012-1: ¥15.00

F812.42-62 009662

新编纳税指南/郑守存,朱兆民主编.—北京:中国物价出版社,1995.5.—366页;19cm

ISBN 7-80070-459-9: ¥12.50

F812.42-62 009663

新编税收大检查实用手册/丛吉滋主编.—济南:山东人民出版社,1995.10.—408页;20cm

ISBN 7-209-01829-8: ¥14.50

F812.42-62 009664

冶金联合企业纳税管理实用手册/付吉会主编.—沈阳:东北大学出版社,1995.8.—239页;19cm

ISBN 7-81006-997-7: ¥12.00

①F812.42-62②F123.17-62 009665

清产核资与纳税报表实用指南/卢修贤,张建国编著.—北京:冶金工业出版社,1995.7.—320页;20cm.—(财务会计常用报表实用丛书/王惠兰主编)

ISBN 7-5024-1739-7: ¥15.00

F812.45-44 009666

文教行政事业单位现行开支标准制度问答/金世学主编.—长春:吉林人民出版社,1995.12.—444页;19cm

ISBN 7-206-02379-7: ¥17.00

F812.5 009667

国债运行机制研究/高培勇著.—北京:商务印书馆,1995.4.—252页;20cm.—(市场经济研究丛书)

ISBN 7-100-01857-9: ¥9.70

F812.5 009668

外债系统分析及应用研究/唐思宁著.—北京:中国人民大学出版社,1995.2.—194页;20cm.—(经济科学文库/黄达主编)

ISBN 7-300-02018-6: ¥8.50

F812.5 009669

中国国债:国债的理论与实务/高坚著.—北京:经济科学出版社,1995.5.—296页;20cm

ISBN 7-5058-0806-0: ¥12.50

F812.5 009670

中国债务问题研究/张玮,刘利主编.—北京:中国金融出版社,1995.11.—267页;20cm

ISBN 7-5049-1473-8: ¥12.00

F812.5-49 009671

国债及交易策略/乔富源等著.—天津:天津社会科学院出版社,1995.7.—181页;19cm

ISBN 7-80563-512-9: ¥7.20

F812.7 009672

贫困地区财政实践与探索/陈品端编著.—北京:经济科学出版社,1995.3.—264页;19cm

ISBN 7-5058-0804-4: ¥16.00

F812.7 009673

区域财政行为机制研究/原崇信主编.—北京:中国商业出版社,1995.3.—278页;20cm

ISBN 7-5044-2264-9: ¥10.00

F812.7 009674

区域财政政策机制研究/原崇信主编.—北京:中国商业出版社,1995.4.—285页;20cm

ISBN 7-5044-2263-0: ¥10.00

F812.7-53 009675

改革中的民族自治州财政:全国少数民族自治州第九次财政理论研讨会论文集　(九)/周理主编.—兰州:甘肃文化出版社,1995.4.—392页;20cm

ISBN 7-80608-057-0: ¥12.20

F812.714 009676

昌平县财政志/郭守庚主编.—北京:中国财政经济出版社,1995.8.—493页;20cm.—(昌平地方志丛书)

ISBN 7-5005-2851-5(精装): ¥40.00

F812.722 009677

税收财务物价大检查案例与政策/河北省税收财务物价大检查办公室编.—石家庄:河北人民出版社,1995.9.—628页;20cm

内部发行

ISBN 7-202-01794-6: ¥28.50

F812.726 009678

内蒙古乡级财政建设/范游恺主编.—呼和浩特:远方出版社,1995.12.—324页;20cm
ISBN 7-80595-171-3:￥12.80

F812.726-53　009679
内蒙古财政与社会保障论丛/长江主编.—呼和浩特:远方出版社,1995.12.—236页;20cm
ISBN 7-80595-164-0:￥9.20

F812.731　009680
辽宁省财政规章制度选编:1994年7月~12月/辽宁省财政厅办公室编.—沈阳:辽宁人民出版社,1995.4.—659页;19cm
内部发行
ISBN 7-205-03305-5:￥14.00

F812.735.3　009681
齐齐哈尔市财政志/王殿生主编.—哈尔滨:黑龙江人民出版社,1995.12.—771页;26cm
ISBN 7-207-03405-9(精装):￥150.00

F812.735.3-54　009682
牡丹江市财政年鉴　1995/冯伟东主编;牡丹江市财政局编.—牡丹江:黑龙江朝鲜民族出版社,1995.7.—647页;26cm
ISBN 7-5389-0592-8(精装):￥200.00

F812.741　009683
陕西财政税务金融概览:财税卷/王家彦,罗思群主编.—西安:陕西人民出版社,1995.5.—446页:照片;26cm
ISBN 7-224-03835-0:￥197.00

F812.741　009684
陕西财政税务金融概览:金融卷/苑羽鸣主编.—西安:陕西人民出版社,1995.5.—486页:照片;26cm
ISBN 7-224-03835-0:￥197.00

F812.745　009685
新疆财政四十年/吕发科主编;新疆维吾尔自治区财政厅编.—乌鲁木齐:新疆人民出版社,1995.12.—499页;20cm
ISBN 7-228-03678-6:￥15.00

F812.751　009686
上海财政税务志/王渭泉主编;《上海财政税务志》编纂委员会编.—上海:上海社会科学院出版社,1995.6.—815页:彩照;26cm.—(上海市专志系列丛刊)
ISBN 7-80618-054-0(精装):￥90.00

F812.751-54　009687
上海财政税务年鉴:1991~1994/周有道主编;上海市财政局,上海市税务局编.—上海:上海远东出版社,1995.12.—760页:彩照;20cm
内部发行
ISBN 7-80618-151-2(精装):￥40.00

F812.752　009688
山东省财源建设之路/山东省财政厅编.—济南:山东人民出版社,1995.11.—396页:彩照;20cm
ISBN 7-209-01837-9:￥18.00

F812.753.3　009689
南通市财政志:1912~1987/葛印陈主编;.—南京:江苏科学技术出版社,1995.9.—378页:照片;26cm
ISBN 7-5345-1957-8(精装):￥60.00

F812.753.3　009690
苏州市财税志/苏州市财政局,苏州市税务局编.—苏州:苏州大学出版社,1995.1.—302页;26cm
ISBN 7-81037-107-X(精装):￥36.00

F812.753.4　009691
江都县财政志/江都县财政局编.—南京:江苏科学技术出版社,1995.1.—258页:彩照;26cm
ISBN 7-5345-1882-2(精装):￥60.00

F812.761.2　009692
南阳地区财政志/李青恚主编.—郑州:中州古籍出版社,1995.5.—500页;26cm
ISBN 7-5348-1356-5(精装):￥62.00

F812.761.3　009693
林州财政志/张旺增主编;林州市财政局,林州市史志办编.—郑州:中州古籍出版社,1995.11.—320页:彩照;22cm
ISBN 7-5348-1430-8(精装):￥56.80

F812.767.4　009694
恭城县财政志/李克光主编;《恭城县财政志》编写小组编.—南宁:广西人民出版社,1995.5.—264页;26cm
ISBN 7-219-02971-3(精装):￥45.00

F812.767.4　009695
陆川县财政志/《陆川县财政志》编写组编.—南宁:广西人民出版社,1995.4.—380页;26cm
ISBN 7-219-03176-9(精装):￥48.00

F812.771　009696
开拓奋进:四川省民族自治地区财政经济发展研究/唐和光主编.—成都:西南财经大学出版社,1995.9.—274页;20cm
ISBN 7-81017-984-5:￥10.80

F812.771.3　009697
自贡市财政志/王诗远主编;自贡市财政局编.—成都:四川大学出版社,1995.7.—394页;26cm.—(自贡市地方志;39)
ISBN 7-5614-1084-0(精装):￥40.00

F812.773-54　009698
贵州财政年鉴　1992/姜膺良主编;《贵州财政年鉴》编辑部编.—贵阳:贵州人民出版社,1995.9.—506页:彩照;28cm
ISBN 7-221-03965-8(精装):￥48.00

F812.774.4　009699
禄劝彝族苗族自治县财政志/唐赤午主编;禄劝县财政局编.—昆明:云南大学出版社,1995.10.—364页:照片;19cm.—(禄劝地方志丛书;4)
ISBN 7-81025-498-7(精装):￥25.00

F812.8　009700
农村财政研究/雍忠诚主编.—南昌:江西人民出版社,1995.9.—512页;19cm
ISBN 7-210-01552-3:￥13.80

F812.8　009701
现代中国农村财政问题研究/孙潭镇主编.—北京:经济科学出版社,1995.2.—239页;20cm
ISBN 7-5058-0788-9:￥8.80

F812.8　009702
乡镇财政的实践与发展/吴锡达主编.—兰州:兰州大学出版社,1995.11.—235页;20cm
ISBN 7-311-00963-4: ¥8.50

F812.8　009703
新体制下的乡镇财政管理与核算/杨飚主编.—长沙:湖南科学技术出版社,1995.5.—416页;20cm
ISBN 7-5357-1372-6: ¥10.00

①F812.8②F830.6　009704
农村财政与金融/王绍仪主编.—北京:中国农业出版社,1995.12.—153页;26cm
中央农业广播电视学校教材 经济管理类专业用
ISBN 7-109-04240-5: ¥6.80

F812.8-53　009705
第四次全国农村财政理论研讨会论文选编/中国农村财政研究会编.—北京:中国农业出版社,1995.8.—444页;20cm
ISBN 7-109-04112-3: ¥14.00

F812.8-53　009706
全国农村财政优秀论文选集:第二次评选/中国农村财政研究会编.—北京:中国农业出版社,1995.7.—675页;26cm
ISBN 7-109-04054-2: ¥30.00

F812.9　009707
中国赋税思想史/王成柏,孙文学主编.—北京:中国财政经济出版社,1995.6.—653页;20cm
ISBN 7-5005-2629-6: ¥24.00

F812.942　009708
唐代财政史稿　上卷/李锦绣著.—北京:北京大学出版社,1995.7.—3册(1277页);20cm.—(北京大学中国传统文化研究中心国学研究丛刊;6)
ISBN 7-301-02444-4: ¥69.50

F812.944　009709
两宋财政史/汪圣铎著.—北京:中华书局,1995.7.—2册(885页);20cm.—(中国传统文化研究丛书)
ISBN 7-101-01212-4: ¥46.00

F812.949　009710
清一条鞭法/袁良义著.—北京:北京大学出版社,1995.7.—449页;20cm.—(北京大学中国传统文化研究中心国学研究丛刊;8)
ISBN 7-301-02366-9: ¥24.50

F812.96　009711
抗日根据地财经史稿/毛锡学,李德章主编.—郑州:河南人民出版社,1995.11.—533页;20cm
ISBN 7-215-03845-9: ¥24.00

F812.96　009712
抗日战争时期晋冀鲁豫边区财政经济史/赵秀山主编.—北京:中国财政经济出版社,1995.9.—454页;20cm
ISBN 7-5005-2847-7: ¥24.00

F812.96　009713
中原解放区财政经济史资料选编/王礼琦编.—北京:中国财政经济出版社,1995.2.—1088页;26cm
ISBN 7-5005-2479-X(精装): ¥80.00

F812.96-53　009714
宋劭文财政经济文集:1938～1949年/宋劭文著.—石家庄:河北人民出版社,1995.8.—324页;20cm
ISBN 7-202-01769-5: ¥18.50

F813.03　009715
亚洲国家和港澳台地区财政税收/樊丽明,李庆华主编.—济南:山东大学出版社,1995.3.—330页;20cm
ISBN 7-5607-1457-9: ¥10.50

F813.133　009716
日本等工业化国家的税制/(日)尾崎护著;日本法制学会日中财政问题调查会译.—北京:中国税务出版社,1995.11.—188页;20cm
ISBN 7-80117-013-X: ¥12.00

F815.61　009717
论英国的公共收入与贸易/(英)达维南特(Davenant,C.)著;朱泱,胡企林译.—北京:商务印书馆,1995.2.—340页;20cm
ISBN 7-100-01603-7: ¥12.20

F82 货币

F82　009718
货币常识与点钞/乔国华主编;张玉彬等编著.—北京:中国环境科学出版社,1995.8.—94页;19cm
ISBN 7-80093-436-5: ¥5.00

F82　009719
货币新论/滕茂桐著.—修订版.—合肥:安徽大学出版社,1995.6.—96页;19cm
ISBN 7-81052-000-8: ¥6.00

F82-49　009720
钱财趣典/袁明全主编.—武汉:湖北人民出版社,1995.9.—360页;20cm.—(圆心文化趣典)
ISBN 7-216-01744-7(精装): ¥17.00

F82-53　009721
钱币丛谈/郁祥桢著.—上海:上海古籍出版社,1995.5.—110页;26cm.—(钱币丛书)
ISBN 7-5325-1852-3: ¥15.00

F820　009722
货币贬值:货币贬值和货币升值的理论与实践/(法)布雷东(Breton,P.H.),(法)肖尔(Schor,A.D.)著;宇泉译.—北京:商务印书馆,1995.12.—151页;19cm.—(我知道什么?)
据法国大学出版社1988年第3版(修订版)译出
ISBN 7-100-01965-6: ¥7.50

F820　009723
货币问题争论与分析/陈文林编著.—北京:中国金融出版社,1995.10.—560页;20cm
ISBN 7-5049-1373-1: ¥30.00

F820　009724
货币银行学/简智初等编著.—贵阳:贵州民族出版社,1995.2.—272页;19cm
ISBN 7-5412-0539-7: ¥5.50

F820　009725

货币银行学/张亦春主编.—厦门:厦门大学出版社,1995.7.—394页;20cm
ISBN 7-5615-1020-9:¥14.50

F820　009726
货币银行学/姜玉梅主编.—沈阳:辽宁大学出版社,1995.4.—390页;19cm
财经类专业课程内容改革系列教材
ISBN 7-5610-2960-8:¥13.50

F820　009727
货币银行学/刘秀胜主编.—济南:山东大学出版社,1995.1.—262页;20cm
ISBN 7-5607-1360-2:¥4.95

F820　009728
货币银行学/秦艳梅主编.—北京:中国商业出版社,1995.3.—391页;19cm
ISBN 7-5044-1874-9:¥11.90

F820　009729
货币银行学/朱晓青著.—北京:中国计划出版社,1995.12.—313页;20cm
ISBN 7-80058-431-3:¥12.40

F820　009730
货币银行学/陶湘,陈雨露著.—北京:中共中央党校出版社,1995.10.—321页;19cm
ISBN 7-5035-1290-3:¥6.75

F820　009731
货币银行学/姚以明主编.—上海:上海财经大学出版社,1995.12.—191页;20cm
高等财经专科学校试用教材
ISBN 7-81049-026-5:¥8.50

F820　009732
货币银行学/孙武志主编.—北京:中国商业出版社,1995.12.—301页;20cm
ISBN 7-5044-3105-2:¥11.30

F820　009733
货币银行学原理/张贵乐,艾洪德主编.—北京:中国财政经济出版社,1995.11.—365页;20cm
高等财经院校试用教材
ISBN 7-5005-2786-1:¥11.00

F820　009734
现代货币与银行/伍海华等编著.—青岛:青岛出版社,1995.1.—313页;20cm.—(现代经济理论丛书/谭崇台,伍海华主编)
ISBN 7-5436-1203-8:¥10.50

F820.2　009735
黄金手册/瑞士信贷银行,中国人民银行编译.—北京:中国金融出版社,1995.10.—172页:彩图;20cm
ISBN 7-5049-1516-5:¥25.00

F820.3　009736
中外伪币案扫描/伏龙等编著.—上海:上海文化出版社,1995.11.—131页;19cm.—(五角丛书;141)
ISBN 7-80511-803-5:¥4.40

F820.5　009737
浅谈通货膨胀/贾治邦著.—北京:人民日报出版社,1995.8.—115页;20cm
ISBN 7-80002-776-7:¥4.90

F820.5　009738
通货膨胀与不确定性/李拉亚著.—北京:中国人民大学出版社,1995.1.—375页;20cm.—(经济科学文库/黄达主编)
ISBN 7-300-02037-2:¥16.50

F821-49　009739
世界硬币趣谈/李铁生编著.—北京:中国金融出版社,1995.2.—377页;19cm.—(内蒙古钱币学会丛书/张功平,唐雨良主编)
ISBN 7-5049-1344-8:¥16.00

F821.1　009740
国际货币发展的趋势与对策:埃居与国际货币制度/王立中主编.—北京:中国经济出版社,1995.9.—360页;20cm
ISBN 7-5017-3526-3:¥16.50

F821.1　009741
国际货币制度研究/马君潞著.—北京:中国财政经济出版社,1995.5.—242页;19cm
ISBN 7-5005-2713-6:¥12.00

F821.5　009742
防治通货膨胀的国际研讨/财政部财政科学研究所编.—北京:中国财政经济出版社,1995.3.—360页;20cm
ISBN 7-5005-2268-1:¥12.00

F821.6-62　009743
英汉国际货币基金组织词汇手册/罗平编.—北京:中国金融出版社,1995.9.—436页;23cm
ISBN 7-5049-1505-X:¥40.00

F822　009744
法币政策前后中国的货币理论/钟祥财著.—上海:上海社会科学院出版社,1995.1.—199页;20cm
ISBN 7-80515-999-8:¥6.00

F822.0　009745
宏观金融管理有效性研究/郑先炳著.—北京:中国金融出版社,1995.8.—206页;20cm
ISBN 7-5049-1479-7:¥12.00

F822.0　009746
中央银行货币政策目标的实现/李聪颖编著.—呼和浩特:内蒙古人民出版社,1995.7.—145页;19cm
ISBN 7-204-02850-3:¥5.80

F822.2　009747
货币市场的发展战略及对策/刘南园主编.—南昌:江西人民出版社,1995.12.—199页;19cm
ISBN 7-210-01585-X:¥9.75

F822.2　009748
中国货币需求分析:货币需求函数中的规模变量问题研究/戴国强著.—上海:复旦大学出版社,1995.9.—205页;20cm.—(复旦大学博士丛书)
ISBN 7-309-01584-3:¥10.00

F822.2　009749
中国流通纪念币:1984~1994/夏立平主编.—北京:中国金融出版社,1995.11.—38页;29cm
ISBN 7-5049-1421-5:¥35.00

F822.5　009750
五十位专家献策治理通货膨胀/《财贸经济》编辑部编.—北京:中国金融出版社,1995.8.—374 页;20cm
ISBN 7-5049-1477-0: ¥28.00

F822.771　009751
利州钱币研究/梁泽金主编.—成都:西南财经大学出版社,1995.7.—138 页;19cm
ISBN 7-81017-982-9: ¥11.00

F822.9　009752
华南革命根据地货币史/吴平主编.—北京:中国金融出版社,1995.5.—145 页:彩图;20cm.—(中国革命根据地货币史丛书)
ISBN 7-5049-1327-8(精装): ¥40.00

F822.9　009753
金钱与战争:抗战时期的货币/戴建兵著.—桂林:广西师范大学出版社,1995.12.—342 页;20cm.—(抗日战争史丛书:续编·经济系列/王桧林主编)
ISBN 7-5633-2056-3: ¥16.00

F822.9　009754
三北敌后抗日根据地货币/章均立主编.—天津:天津古籍出版社,1995.8.—163 页:图;19cm
ISBN 7-80504-458-9: ¥10.80

①F822.9②I25　009755
抗币风云录:新四军暨华东解放区印钞史话/燕平编著.—上海:学林出版社,1995.1.—405 页:图;20cm
ISBN 7-80616-084-1: ¥14.00

F822.9-64　009756
中国代用券图录/吴筹中,赵隆业编著.—北京:中国社会科学出版社,1995.10.—237 页;19cm
ISBN 7-5004-1820-5: ¥18.00

F822.9-64　009757
中国金银镍币图说:汉英对照/蒋仲川著.—天津:天津古籍出版社,1995.5.—254 页;19cm
ISBN 7-80504-403-1: ¥14.00

F822.9-64　009758
中国商业银行纸币图录/徐枫,赵隆业编著.—北京:中国社会科学出版社,1995.2.—150 页;19cm
ISBN 7-5004-1663-6: ¥12.00

F83 金融、银行

F83　009759
共同基金:全球发展与中国对策/刘李胜著.—北京:中国经济出版社,1995.9.—327 页;19cm.—(跨世纪中国市场经济热点丛书/李金早,刘李胜主编)
ISBN 7-5017-3497-6: ¥9.80

F83　009760
货币信贷杠杆与抑制通货膨胀/刘文晓等著.—哈尔滨:东北林业大学出版社,1995.12.—167 页;19cm
ISBN 7-81008-609-X: ¥8.50

F83　009761
金融理论与实务/罗建,揭筱纹编著.—成都:四川大学出版社,1995.8.—350 页;19cm
ISBN 7-5614-1189-8: ¥13.50

F83　009762
金融专业知识与实务应试指导:初、中级/塞风,赵履宽主编.—北京:企业管理出版社,1995.2.—2 册;26cm.—(经济学博士编著"1995 年经济专业资格考试应试指导"丛书)
全国经济专业技术资格考试指定教材理想配套辅导用书
ISBN 7-80001-523-8: ¥31.60

①F83②G232　009763
编海循踪:金融宣传、编辑工作概说/李福钟著.—北京:中国金融出版社,1995.10.—271 页;20cm
ISBN 7-5049-1467-3: ¥9.80

F83-49　009764
现代人的金融意识/蒋璐等编著.—北京:红旗出版社,1995.2.—260 页;19cm.—("怎样做个现代人"丛书)
ISBN 7-80068-718-X: ¥7.80

F83-49　009765
中外金融十万个为什么/谢庆林主编.—北京:中国金融出版社,1995.6.—396 页;26cm
ISBN 7-5049-1418-5: ¥55.00

F83-61　009766
当代金融实务大百科/郎煜等主编.—太原:山西经济出版社,1995.3.—1150 页;29cm
ISBN 7-80577-803-5(精装): ¥148.00

F83-61　009767
非银行金融机构全书/黄勇,唐旻编著.—成都:四川人民出版社,1995.4.—1685 页;20cm
ISBN 7-220-02627-7(精装): ¥65.80

F83-61　009768
金融外汇知识辞典/徐学文,戎富琴主编.—石家庄:河北科学技术出版社,1995.1.—724 页;20cm
ISBN 7-5375-1379-1(精装): ¥60.00

F83-61　009769
新编金融词语总汇/姚得骥,杨森主编.—北京:中国商业出版社,1995.11.—1035 页;26cm
ISBN 7-5044-2369-6(精装): ¥140.00

F83-61　009770
新金融辞海/刘鸿儒主编.—北京:改革出版社,1995.4.—2 册(1908 页);26cm
ISBN 7-80072-584-7(精装): ¥240.00

F83-61　009771
新英汉金融词典/解景林主编.—长春:吉林大学出版社,1995.10.—1086 页;19cm
ISBN 7-5601-1714-7(精装): ¥60.00

F83-61　009772
英汉金融与投资大辞典/李早航,刘明胜主编.—北京:中国金融出版社,1995.2.—1058 页;27cm
ISBN 7-5049-1304-9(精装): ¥100.00

F83-62　009773
95 年度金融专业知识与实务应试指南:初级、中级/《应试指南》编委会编.—北京:中国人事出版社,1995.2.—232 页;26cm

全国经济专业技术资格考试指定用书首选配套复习资料;重点、疑难、模拟题库(甲种)

全套书 4 册,总定价:64.00 元

ISBN 7-80076-659-4: ¥0.00

F830 **009774**

基础金融概论/康书生主编.—北京:中国物资出版社,1995.8.—567 页;20cm

ISBN 7-5047-1124-1: ¥19.50

F830 **009775**

金融概论/梁峰主编.—沈阳:东北大学出版社,1995.10.—288 页;20cm

财政系统在职干部培训系列教材

ISBN 7-81006-765-6: ¥9.80

F830 **009776**

金融基础知识/俞友仁,汪爱利主编.—2 版(修订本).—北京:中国财政经济出版社,1995.11.—303 页;19cm

中等财经学校(四年制)教材

ISBN 7-5005-2833-7: ¥8.10

F830 **009777**

金融统计分析导论/姜宁编著.—南京:南京大学出版社,1995.5.—438 页;20cm

ISBN 7-305-02781-2: ¥15.80

F830 **009778**

金融新业务/张效节,赵永正主编.—海口:南海出版公司,1995.6.—351 页;20cm

ISBN 7-80570-806-1: ¥13.80

F830 **009779**

金融信息理论与实务/刘志春主编.—北京:改革出版社,1995.5.—202 页;19cm

ISBN 7-80072-676-2: ¥10.00

F830 **009780**

社会主义市场经济条件下的金融宏观调控/朱新天主编.—北京:中国物价出版社,1995.9.—318 页;20cm

ISBN 7-80070-482-3: ¥14.00

F830 **009781**

市场经济中的宏观金融调控/卢克群著.—北京:经济科学出版社,1995.3.—283 页;20cm

ISBN 7-5058-0770-6: ¥10.00

F830 **009782**

投资与金融经济新税/陆岷峰著.—南京:江苏人民出版社,1995.9.—297 页;19cm

ISBN 7-214-01553-6: ¥12.00

F830 **009783**

西方金融制度与中国商业银行的模式选择/文宗瑜,高庆安主编.—济南:山东大学出版社,1995.3.—379 页;20cm

ISBN 7-5607-1452-8: ¥10.50

F830 **009784**

现代金融基础/倪忠达等编著.—上海:上海人民出版社,1995.2.—280 页;20cm.—(市场经济与管理者丛书/励永庆主编)

ISBN 7-208-01927-4: ¥9.00

F830 **009785**

现代商业银行管理、操作和业务/黄亚钧主编.—北京:中国金融出版社,1995.9.—491 页;20cm

ISBN 7-5049-1492-4: ¥19.50

F830 **009786**

新编国际金融学/陈建梁主编.—广州:中山大学出版社,1995.8.—409 页;20cm

ISBN 7-306-01012-3: ¥18.80

F830 **009787**

银行风险论/曾国坚,何五星著.—北京:中国计划出版社,1995.4.—430 页;20cm

ISBN 7-80058-385-6: ¥17.50

F830 **009788**

资信评估技巧/袁振兴等编.—西安:西北大学出版社,1995.6.—146 页;19cm

ISBN 7-5604-0902-4: ¥5.00

①F830②C912.3 **009789**

银行公共关系概论/陈本立主编.—武汉:武汉大学出版社,1995.9.—384 页;20cm.—(银行公共关系丛书;2/刘承根等主编)

ISBN 7-307-02045-9: ¥12.00

F830-05 **009790**

金融实用心理学/辛盛业,李俊秀主编.—西安:三秦出版社,1995.6.—284 页;19cm

ISBN 7-80546-907-5: ¥12.20

F830-53 **009791**

经济金融文选/张仁彦等著.—大连:东北财经大学出版社,1995.5.—269 页;20cm

ISBN 7-81044-009-8: ¥12.00

F830-53 **009792**

现代金融研究/张义和等主编.—上海:中国纺织大学出版社,1995.6.—410 页;20cm

ISBN 7-81038-055-9: ¥12.00

F830-61 **009793**

融资投资实用全书/文明等主编.—北京:中国财政经济出版社,1995.8.—1702 页;26cm

ISBN 7-5005-2738-1(精装): ¥120.00

F830.1 **009794**

现代银行制度 200 问/刘秀山,陈永民主编;常晓苏编著.—北京:人民法院出版社,1995.9.—318 页;19cm.—(现代经济制度与法律丛书;2)

ISBN 7-80056-341-3: ¥11.50

F830.2 **009795**

防患于未然:对商业银行风险管理与稽核/阮松耀编著.—北京:中国金融出版社,1995.6.—214 页;19cm.—(金融稽核监督系列丛书;4/任新有主编)

ISBN 7-5049-1424-X: ¥8.00

F830.2 **009796**

改革与发展热点难点透析/李青山等主编.—哈尔滨:黑龙江人民出版社,1995.9.—5 册;20cm

本套书包括:《金融篇》等 5 册。

ISBN 7-207-03131-9: ¥40.00

F830.2 **009797**

高点的透视:金融宏观调控政策稽核/李海谦编著.—北京:中国金融出版社,1995.6.—135 页;

19cm.—(金融稽核监督系列丛书;3 /任新有主编)

ISBN 7-5049-1445-2: ¥5.00

F830.2　009798

合作银行理论与实务/周清玉,刘建俊主编.—郑州:河南人民出版社,1995.11.—398 页;20cm

ISBN 7-215-03582-4: ¥18.80

F830.2　009799

交通银行职业道德/苏绍武主编.—北京:人民交通出版社,1995.11.—100 页;19cm

交通中等职业技术学校统编教材

ISBN 7-114-02217-4: ¥3.50

F830.2　009800

金融稽核/曾志耕,戴明编著.—成都:西南财经大学出版社,1995.2.—375 页;20cm

ISBN 7-81017-892-X: ¥10.50

F830.2　009801

金融稽核案例/钟才伦主编.—南昌:江西人民出版社,1995.6.—172 页;19cm

ISBN 7-210-01451-9: ¥5.50

F830.2　009802

金融稽核检查操作/张文云等主编.—北京:中国统计出版社,1995.10.—442 页;20cm

ISBN 7-5037-2011-5: ¥19.80

F830.2　009803

金融监督管理:国外的经验与借鉴/许邦贵等编写.—长沙:中南工业大学出版社,1995.4.—311 页;19cm

ISBN 7-81020-743-1: ¥9.00

F830.2　009804

金融体制改革与商业银行经营/赵海宽,李敦明主编.—北京:中国经济出版社,1995.10.—582 页;19cm

ISBN 7-5017-3575-1(精装): ¥16.80

F830.2　009805

金融体制改革与商业银行经营/赵海宽,张德宝主编.—北京:中国经济出版社,1995.4.—443 页;19cm

ISBN 7-5017-3485-2: ¥16.80

F830.2　009806

金融职业道德/白文庆主编;中国人民银行总行编.—南宁:广西人民出版社;北京:新华出版社,1995.3.—288 页;19cm.—(中华职业道德教育丛书/翟泰丰等主编)

ISBN 7-219-02911-X: ¥7.80

F830.2　009807

金融职业道德导论/高裕民主编.—北京:中国金融出版社,1995.1.—232 页;20cm

ISBN 7-5049-1353-7: ¥9.00

F830.2　009808

金融职业道德修养/刘庄主编.—广州:广东高等教育出版社,1995.8.—275 页;19cm

ISBN 7-5361-1734-5: ¥9.50

F830.2　009809

路径和规则:非现场稽核监督的发展和应用/李伏安,葛淑坤编著.—北京:中国金融出版社,1995.6.—111 页;19cm.—(金融稽核监督系列丛书;8/任新有主编)

ISBN 7-5049-1440-1: ¥5.30

F830.2　009810

融资风险管理研究/王双寿主编;邓水兰等编著.—南昌:江西高校出版社,1995.12.—371 页;20cm

ISBN 7-81033-554-5: ¥12.00

F830.2　009811

深化改革 严格管理 全面提高我国银行业经营管理水平:全国银行业经营管理工作会议文件材料汇编/中国人民银行计划资金司、办公厅编.—成都:西南财经大学出版社,1995.8.—465 页;20cm

内部资料

ISBN 7-81017-985-3: ¥16.00

F830.2　009812

市场经济国家金融监管比较/孟龙著.—北京:中国金融出版社,1995.4.—389 页;20cm

ISBN 7-5049-1359-6: ¥18.50

F830.2　009813

现代银行公共关系理论与实务/孙永信主编.—北京:中国三峡出版社,1995.11.—288 页;19cm

ISBN 7-80099-117-2: ¥10.80

F830.2　009814

银行风险管理/赵峰,刘永强主编.—北京:改革出版社,1995.11.—368 页;20cm

ISBN 7-80072-742-4: ¥13.00

F830.2　009815

银行和其他金融机构的管理:兼论我国金融改革的深化/杨海明,王燕著.—上海:上海人民出版社,1995.10.—314 页;20cm.—(现代工商管理丛书/尹尊声,海闻主编)

ISBN 7-208-02075-2: ¥16.00

F830.2　009816

银行新体制通论/王文杰主编.—西宁:青海人民出版社,1995.12.—388 页;20cm

ISBN 7-225-01205-3: ¥14.80

F830.2　009817

预警的音符:金融稽核信息/闫永夫编著.—北京:中国金融出版社,1995.6.—160 页;19cm.—(金融稽核监督系列丛书;9 /任新有主编)

ISBN 7-5049-1436-3: ¥5.00

F830.2　009818

正人先正己:中央银行内部稽核监督/王惠民编著.—北京:中国金融出版社,1995.6.—181 页;19cm.—(金融稽核监督系列丛书;7 /任新有主编)

ISBN 7-5049-1435-5: ¥6.80

F830.2-53　009819

金融深化论/许健著.—北京:中国金融出版社,1995.10.—361 页;20cm

ISBN 7-5049-1511-4: ¥23.00

F830.3　009820

各国投资银行管理与运作/王聪,汤大杰著.—贵阳:贵州人民出版社,1995.12.—208 页;20cm.—(国际经济惯例丛书/周成启主编)

ISBN 7-221-04034-6: ¥12.90

F830.3　009821
国外商业银行借鉴/王选庆主编.—沈阳:辽宁科学技术出版社,1995.10.—340页;20cm
ISBN 7-5381-2173-0:￥18.00

F830.3　009822
合作银行经营管理/张玉喜主编.—北京:中国金融出版社,1995.8.—166页;19cm
合作银行系列教材(1)
ISBN 7-5049-1465-7:￥6.60

F830.3　009823
商业银行财务管理/刘韬等著.—西安:陕西人民出版社,1995.10.—313页;20cm
ISBN 7-224-03957-8:￥13.00

F830.3　009824
商业银行存款业务及管理实务/侯梓泉主编;中国农业银行深圳市分行编著.—深圳:海天出版社,1995.11.—298页;20cm
ISBN 7-80615-287-3:￥16.80

F830.3　009825
商业银行风险管理/朱晓黄主编.—北京:中国金融出版社,1995.10.—407页;20cm
ISBN 7-5049-1498-3:￥20.00

F830.3　009826
商业银行基本知识/《商业银行基本知识》编写组编.—北京:中国商业出版社,1995.3.—343页;19cm
ISBN 7-5044-2330-0:￥8.80

F830.3　009827
商业银行集约经营论/谢芳森编.—南昌:江西人民出版社,1995.12.—352页;20cm
ISBN 7-210-01598-1:￥14.80

F830.3　009828
商业银行经营:英汉文对照/杨力编.—上海:复旦大学出版社,1995.7.—338页;19cm.—(英汉对照经济知识丛书/陈锡镖主编)
ISBN 7-309-01450-2:￥9.50

F830.3　009829
商业银行经营管理/任远主编;中国人民银行成人教育教材编审委员会编.—西安:陕西人民出版社,1995.12.—418页;20cm
新编高等教育金融类教材
ISBN 7-224-04006-1:￥14.00

F830.3　009830
商业银行经营管理策略/曹培德等主编.—北京:经济科学出版社,1995.12.—315页;20cm
ISBN 7-5058-0888-5:￥16.00

F830.3　009831
商业银行经营管理通论/孙晋都等主编.—济南:山东友谊出版社,1995.10.—460页;20cm
ISBN 7-80551-744-4:￥16.80

F830.3　009832
商业银行经营管理学/丁孜山等主编.—长沙:中南工业大学出版社,1995.10.—316页;20cm
ISBN 7-81020-797-0:￥12.00

F830.3　009833
商业银行领导科学概论/杨克奇等主编.—北京:中国物价出版社,1995.5.—308页;20cm
ISBN 7-80070-473-4:￥8.00

F830.3　009834
商业银行文化/王式文主编.—长春:吉林人民出版社,1995.6.—467页;19cm
ISBN 7-206-02264-2:￥12.50

F830.3　009835
商业银行运营实务/孙茂强主编.—北京:企业管理出版社,1995.3.—404页;20cm
ISBN 7-80001-492-4:￥14.00

F830.3　009836
商业银行资产风险管理/辛金志编著.—杭州:浙江大学出版社,1995.12.—208页;20cm
ISBN 7-308-01664-1:￥12.00

F830.3　009837
通用商业银行管理学/邵亨林等主编.—武汉:武汉出版社,1995.2.—386页;20cm
ISBN 7-5430-1366-5:￥14.90

F830.3　009838
投资银行论:兼谈证券业与银行业分业管理模式选择/陈云贤著.—北京:北京大学出版社,1995.11.—304页;20cm
ISBN 7-301-02931-4:￥15.00

F830.3　009839
外国商业银行经营管理/赫国胜著.—沈阳:辽宁大学出版社,1995.8.—333页;20cm
ISBN 7-5610-2967-5:￥12.00

F830.3　009840
西方商业银行学/于殿江等主编.—济南:山东大学出版社,1995.1.—373页;20cm
ISBN 7-5607-1443-9:￥10.80

F830.3　009841
现代商业银行风险管理/徐一丁,戴小岭主编.—成都:四川大学出版社,1995.8.—335页;19cm
ISBN 7-5614-1127-8:￥10.50

F830.3　009842
现代商业银行管理/林桦等主编.—北京:中国经济出版社,1995.3.—510页;20cm
ISBN 7-5017-3377-5:￥18.50

F830.3　009843
现代商业银行经营管理/王洪章,张乃忠主编.—大连:东北财经大学出版社,1995.1.—422页;20cm
ISBN 7-81044-010-1:￥13.00

F830.3　009844
现代商业银行经营与管理/凌江怀等著.—广州:广东旅游出版社,1995.9.—442页;20cm
ISBN 7-80521-565-0:￥16.80

F830.3　009845
现代商业银行竞争策略与实务/胡章宏主编.—武汉:华中理工大学出版社,1995.5.—310页;20cm
ISBN 7-5609-1134-X:￥11.00

F830.3　009846
现代商业银行理论与实务/邓忠财等编著.—乌鲁木

齐:新疆人民出版社,1995.7.—285页;20cm
ISBN 7-228-03577-1:￥16.80

F830.3　009847
现代商业银行通论/刘金章,赵洪林主编.—北京:中国金融出版社,1995.10.—622页;20cm
ISBN 7-5049-1407-X:￥25.00

F830.3　009848
现代商业银行运作实务/方昂征,陈伟生主编.—广州:广东科技出版社,1995.12.—1342页;19cm
ISBN 7-5359-1522-1(精装):￥78.00

F830.3　009849
现代商业银行运作与管理/李俊文等主编.—杭州:浙江大学出版社,1995.12.—366页;20cm
ISBN 7-308-01649-8:￥12.00

F830.3　009850
中央银行宏观经济分析若干理论和方法问题/戴根有著.—北京:中国金融出版社,1995.4.—325页;20cm
ISBN 7-5049-1338-3:￥14.50

F830.3-61　009851
商业银行风险管理运作全书/王启人等主编.—北京:国际文化出版公司,1995.1.—1305页;26cm
ISBN 7-80105-094-0(精装):￥178.00

①F830.31②D912.209　009852
最新中央银行实务全书/魏盛鸿等主编.—北京:中国金融出版社,1995.8.—1102页;26cm
ISBN 7-5049-1406-1(精装):￥168.00

F830.4　009853
合作金融概论/孙宝祥主编.—北京:中国金融出版社,1995.9.—178页;19cm
合作银行系列教材参考读物
ISBN 7-5049-1464-9:￥5.70

F830.4　009854
合作商业银行运作与管理/谢宏华,任建国主编.—长沙:湖南出版社,1995.10.—406页;19cm
ISBN 7-5438-1084-0:￥13.80

F830.4　009855
基层商业银行应用数学/范德勇编著.—北京:文津出版社,1995.7.—229页;19cm
ISBN 7-80554-287-2:￥7.50

F830.4　009856
商业银行储蓄出纳管理/张学军,罗圣喜主编.—长沙:湖南出版社,1995.10.—342页;20cm
ISBN 7-5438-1075-1:￥13.80

F830.4　009857
商业银行贷款管理与操作/徐再绍主编.—成都:成都科技大学出版社,1995.6.—326页;19cm
ISBN 7-5616-3075-1:￥13.00

F830.4　009858
商业银行工作重点研究/龚德榜,李永化主编.—长沙:湖南出版社,1995.10.—349页;19cm
ISBN 7-5438-1096-4:￥12.60

F830.4　009859
商业银行会计与财务管理/单国俊等主编.—武汉:武汉测绘科技大学出版社,1995.1.—503页;20cm
ISBN 7-81030-372-4:￥14.80

F830.4　009860
商业银行业务基础/王宗元编著.—昆明:云南科技出版社,1995.9.—340页;20cm
ISBN 7-5416-0748-7:￥15.00

F830.4　009861
商业银行业务经营与管理/张万发,穆校平主编.—哈尔滨:哈尔滨工程大学出版社,1995.7.—419页;19cm
ISBN 7-81007-578-0:￥11.50

F830.4　009862
商业银行业务与经营/赵白华编著.—昆明:云南人民出版社,1995.8.—295页;19cm
ISBN 7-222-01818-2:￥12.80

F830.4　009863
商业银行业务与经营/张义和主编.—成都:西南财经大学出版社,1995.7.—316页;19cm
金融中等专业学校教材
ISBN 7-81017-977-2:￥10.90

F830.4　009864
商业银行业务知识读本/李献臣,姬德勤主编.—合肥:安徽人民出版社,1995.2.—245页;20cm
ISBN 7-212-01164-9:￥7.00

F830.4　009865
商业银行运作大全/袁宝华等主编.—北京:改革出版社,1995.7.—1611页;26cm
ISBN 7-80072-693-2(精装):￥288.00

F830.4　009866
西方银行业务与经营/黄宝奎主编.—成都:西南财经大学出版社,1995.7.—457页;20cm
高等院校金融类教材
ISBN 7-81017-959-4:￥16.80

F830.4　009867
现代商业银行业务管理与创新/仇义富等著.—成都:西南财经大学出版社,1995.9.—353页;20cm
ISBN 7-81017-992-6:￥13.80

F830.4　009868
现代商业银行运作技巧/常青主编;中国城乡金融报社编.—北京:中国金融出版社,1995.5.—175页;19cm
ISBN 7-5049-1417-7:￥5.00

F830.4　009869
银行业务操作实务/林升国等主编.—武汉:武汉测绘科技大学出版社,1995.6.—310页;19cm
ISBN 7-81030-394-5:￥12.80

F830.4　009870
银行资产负债管理/李焕成主编.—杭州:杭州大学出版社,1995.12.—260页;20cm
ISBN 7-81035-791-3:￥11.00

F830.4　009871
最新商业银行实务全书/魏盛鸿,周升业主编.—北京:中国金融出版社,1995.7.—1578页;26cm
ISBN 7-5049-1432-0(精装):￥228.00

F830.4-61　009872
中外商业银行业务与管理知识大全/张恩照等主

编.—北京:中国统计出版社,1995.10.—1241页:彩照;26cm

ISBN 7-5037-1815-3(精装):¥140.00

F830.4-62　　009873

金融定量分析手册/杨希天等编著.—西安:陕西人民出版社,1995.6.—357页;20cm

ISBN 7-224-03891-1:¥18.00

F830.4-62　　009874

银行客户业务指南/石龙昌等主编.—北京:中国经济出版社,1995.6.—378页;20cm

ISBN 7-5017-3488-7:¥14.00

F830.4-62　　009875

银行信息咨询实用手册/于诗英等主编.—沈阳:辽宁人民出版社,1995.3.—514页;19cm

ISBN 7-205-03229-6:¥16.50

F830.42　　009876

城市信用社会计实务/肖承发,唐宴春主编.—济南:山东大学出版社,1995.9.—229页;20cm

ISBN 7-5607-1543-5:¥8.50

F830.42　　009877

合作银行会计核算/向思贵主编.—北京:中国金融出版社,1995.8.—192页;19cm

合作银行系列教材(4)

ISBN 7-5049-1428-2:¥9.80

F830.42　　009878

建设银行财务管理/佟国顺主编.—大连:大连理工大学出版社,1995.5.—267页;20cm

ISBN 7-5611-0998-9:¥10.00

F830.42　　009879

建设银行会计/张金林主编.—大连:东北财经大学出版社,1995.3.—504页;20cm

全国财经类高等专科学校投资经济(管理)学科试用教材

ISBN 7-81044-029-2:¥14.50

F830.42　　009880

金融会计新编/周登宪等主编.—北京:中国金融出版社,1995.7.—367页;20cm

ISBN 7-5049-1459-2:¥16.00

F830.42　　009881

金融企业会计/孙森主编.—天津:天津科学技术出版社,1995.3.—347页;20cm.—(会计知识丛书)

ISBN 7-5308-1824-4:¥11.50

F830.42　　009882

金融业务会计/王鸿祥,陈振婷编著.—北京:航空工业出版社,1995.3.—174页;19cm.—(企业会计丛书·第三辑/谢国新,储一昀主编)

ISBN 7-80046-803-8:¥5.80

F830.42　　009883

模拟银行会计教程/魏子乐主编.—北京:中国经济出版社,1995.7.—262页;26cm

金融中等专业学校教材

ISBN 7-5017-3491-7:¥14.00

F830.42　　009884

商业银行管理会计应用/谢芳森,刘福妹主编.—南昌:江西人民出版社,1995.1.—472页;20cm

ISBN 7-210-01433-0:¥13.80

F830.42　　009885

商业银行会计/杨志国等编著.—北京:中国统计出版社,1995.7.—430页;20cm

工商管理会计专业系列

ISBN 7-5037-1819-6:¥15.20

F830.42　　009886

商业银行会计学/刘春志,卢传锋主编.—武汉:湖北人民出版社,1995.3.—325页;20cm

ISBN 7-216-01661-0:¥12.80

F830.42　　009887

商业银行会计知识/职业高中金融专业教材编写组编.—上海:上海科技教育出版社,1995.7.—310页;19cm

职业高中金融专业教材:试用本

ISBN 7-5428-1132-0:¥7.20

F830.42　　009888

外汇银行会计/曾晓玲主编.—成都:西南财经大学出版社,1995.3.—279页;20cm.—(西南财经大学会计学教材系列)

ISBN 7-81017-893-8:¥8.50

F830.42　　009889

新编城市信用社会计/何允立等著.—北京:中国金融出版社,1995.10.—457页;20cm

ISBN 7-5049-1518-1:¥28.00

F830.42　　009890

新编商业银行外汇会计/黄宝奎主编;李锡雄,姚元坤编.—厦门:厦门大学出版社,1995.1.—358页;20cm

ISBN 7-5615-0997-9:¥10.50

F830.42　　009891

银行出纳基础知识/孟昭禹主编;中国工商银行北京市分行编.—北京:科学出版社,1995.1.—380页:彩照;20cm

ISBN 7-03-004550-5:¥46.00

F830.42　　009892

银行会计/唐宴春主编.—成都:西南财经大学出版社,1995.7.—473页;19cm

金融中等专业学校教材

ISBN 7-81017-951-9:¥15.90

F830.42　　009893

银行会计/于希文主编.—2版.—大连:东北财经大学出版社,1995.4.—367页;20cm

高校金融专业系列教材

ISBN 7-81005-612-3:¥12.60

F830.42　　009894

银行会计/徐经长等主编.—北京:中国财政经济出版社,1995.8.—527页;20cm

ISBN 7-5005-2817-5:¥18.00

F830.42　　009895

银行会计业务分录例集/于希文,王晓枫编.—大连:东北财经大学出版社,1995.8.—120页;19cm

ISBN 7-81044-063-2:¥6.00

F830.42　　009896

银行外汇会计/梁慧敏等编.—大连:东北财经大学出版社,1995.5.—312页;20cm
高校金融专业系列教材
ISBN 7-81044-031-4:￥10.00

F830.42-53　009897
'94湖南工商银行会计论文选/湖南省工商银行编.—长沙:湖南科学技术出版社,1995.8.—237页;19cm
ISBN 7-5357-1825-6:￥7.80

F830.42-53　009898
金融会计理论研究文集:湖北省金融会计学会成立大会专辑/湖北省金融会计学会编.—武汉:湖北人民出版社,1995.9.—322页:彩照;20cm
ISBN 7-216-01755-2:￥15.00

F830.42-62　009899
票据与会计结算手册/严毅主编.—北京:中国商业出版社,1995.8.—1099页;26cm
ISBN 7-5044-2928-7(精装):￥198.00

F830.42-62　009900
银行会计实用手册/王伯岩等主编.—2版.—沈阳:辽宁人民出版社,1995.11.—719页;19cm
ISBN 7-205-02312-2:￥28.00

F830.43　009901
商业银行经营与管理/尹德富主编.—昆明:云南大学出版社,1995.1.—296页;19cm
ISBN 7-81025-491-X:￥13.80

F830.45　009902
金融机构资产负债比例管理系列讲座/中国人民银行计划资金司,中国人民银行教育司编.—北京:中国金融出版社,1995.11.—286页;19cm
ISBN 7-5049-1539-4:￥12.00

F830.45　009903
商业银行的资产负债管理/王维鑫编著.—北京:中国金融出版社,1995.10.—210页;20cm
ISBN 7-5049-1484-3:￥8.50

F830.45　009904
银行资产风险管理与稽核/黄靖泽,刘希政主编;中国工商银行总行,中国工商银行山东省分行编.—北京:中国金融出版社,1995.1.—390页;20cm
ISBN 7-5049-1369-3:￥13.20

F830.46　009905
现代结算理论与实务/蒋民生主编.—长沙:湖南出版社,1995.12.—527页;20cm
ISBN 7-5438-1156-1:￥19.00

F830.46　009906
信用卡市场营销策略/田俊德,张玉喜著.—汕头:汕头大学出版社,1995.7.—219页;20cm
ISBN 7-81036-125-2:￥8.50

F830.46　009907
银行结算改革与实务/罗鼎华编著.—北京:中国商业出版社,1995.8.—384页;20cm
ISBN 7-5044-2790-X:￥14.80

F830.46　009908
银行结算管理/苏邑政主编.—贵阳:贵州人民出版社,1995.11.—326页;19cm
ISBN 7-221-04061-3:￥11.50

F830.46　009909
怎样使用信用卡/上海市计算机应用与产业发展领导小组办公室,中国工商银行上海市分行编著.—上海:上海交通大学出版社,1995.1.—149页;19cm
ISBN 7-313-01408-2:￥6.90

F830.46　009910
最新票据与结算实务/李惠斌,张红主编.—北京:中国社会科学出版社,1995.9.—826页;20cm
ISBN 7-5004-1780-2(精装):￥36.00

①F830.46②D922.23　009911
银行结算实务与法律/夏和平主编.—武汉:湖北科学技术出版社,1995.7.—550页;20cm
ISBN 7-5352-1714-1:￥18.00

F830.46-61　009912
信用证实务全书:UCP500/姚景元等主编;《信用证实务全书》编委会编.—北京:中国统计出版社,1995.8.—1423页;26cm
ISBN 7-5037-1993-1(精装):￥300.00

F830.48　009913
筹资储蓄管理与核算/邱少军主编.—哈尔滨:哈尔滨工程大学出版社,1995.7.—295页;26cm
ISBN 7-81007-597-7:￥14.30

F830.48　009914
储蓄管理学/何志敏主编.—西安:陕西科学技术出版社,1995.5.—292页;19cm
ISBN 7-5369-2307-4:￥9.20

F830.48　009915
储蓄会计出纳核算管理制度/杨忠贤主编.—哈尔滨:黑龙江人民出版社,1995.10.—429页;19cm
ISBN 7-207-03149-1(精装):￥19.50

F830.48　009916
储蓄基础理论与操作/宋跃民主编.—郑州:河南人民出版社,1995.11.—276页;20cm
ISBN 7-215-03600-6:￥11.80

F830.48　009917
储蓄经营论/郭福才,于海岩主编.—长春:吉林人民出版社,1995.12.—311页;19cm
ISBN 7-206-02189-1:￥12.50

F830.48　009918
储蓄社会论/郭福才,邓卫东主编.—长春:吉林人民出版社,1995.12.—368页;19cm
ISBN 7-206-02189-1:￥12.50

F830.48　009919
储蓄信息论/郭福才,高永平主编.—长春:吉林人民出版社,1995.12.—504页;19cm
ISBN 7-206-02189-1:￥15.50

F830.48　009920
存款业务基础知识/王少红主编.—北京:知识出版社,1995.8.—249页;20cm
ISBN 7-5015-1285-X:￥8.70

F830.48　009921
利率管理讲座/裴裴著.—北京:中国物价出版社,

1995.10.—146页;19cm
ISBN 7-80070-527-7:¥6.80

F830.48　　　　009922
新编储蓄业务与经营管理/沈昌亮主编.—成都:四川大学出版社,1995.10.—676页;20cm
ISBN 7-5614-1244-4:¥25.00

F830.49　　　　009923
关系型数据库管理系统　(2):INFORMIX-4GL/杨应辉主编.—北京:电子工业出版社,1995.10.—321页;26cm
ISBN 7-5053-2746-1:¥27.00

F830.49　　　　009924
计算机操作与应用/吴振峰主编.—北京:中国金融出版社,1995.8.—270页;19cm
合作银行系列教材(7)
ISBN 7-5049-1471-1:¥12.70

F830.49　　　　009925
金融电子化系统与FoxBASE及SQL的应用/赵家敏主编.—广州:暨南大学出版社,1995.12.—295页;26cm.—(国际金融系列丛书/邓瑞林主编)
ISBN 7-81029-488-1:¥28.00

F830.49　　　　009926
微机与银行管理/邵燕华编著.—苏州:苏州大学出版社,1995.12.—341页;26cm
ISBN 7-81037-192-4:¥19.50

F830.49　　　　009927
银行电子化/段晓兴主编.—北京:中国金融出版社,1995.2.—663页;20cm
ISBN 7-5049-1370-7:¥28.50

F830.49　　　　009928
银行电子化实用技术基础/岳尚勤主编.—兰州:兰州大学出版社,1995.4.—314页;26cm
ISBN 7-311-00855-7:¥20.00

F830.49　　　　009929
银行计算机应用实务/中国人民银行山东省分行科技处编著.—济南:山东大学出版社,1995.6.—500页;20cm
ISBN 7-5607-1494-3:¥18.00

F830.49-61　　　　009930
中国金融电子化全书/张福德主编.—北京:企业管理出版社,1995.7.—2册(2074页);26cm
ISBN 7-80001-587-4(精装):¥336.00

F830.49-62　　　　009931
最新金融电子化实用手册/叶红枫等主编.—北京:中国统计出版社,1995.8.—1516页;26cm.—(计算机应用实务全书;2)
ISBN 7-5037-1996-6(精装):¥260.00

F830.5　　　　009932
贷款项目的执行与管理/中国人民银行国际司编译.—北京:中国金融出版社,1995.5.—333页;20cm.—(亚洲开发银行业务丛书;2/李若谷主编)
ISBN 7-5049-1381-2:¥13.20

F830.5　　　　009933
贷款项目管理:评估·监督·后评价/左立宙编著.—武汉:武汉工业大学出版社,1995.9.—234页;26cm
ISBN 7-5629-1005-7:¥17.00

F830.5　　　　009934
国际信贷论/周启元编著.—沈阳:辽宁教育出版社,1995.7.—230页;20cm
ISBN 7-5382-4212-0:¥6.00

F830.5　　　　009935
国外贷款项目管理信息系统/李斌等编.—石家庄:河北人民出版社,1995.5.—278页;26cm
全套共8册,总定价为:150.00元
ISBN 7-202-01743-1:¥0.00

F830.5　　　　009936
合作银行信贷/曾赛红主编.—北京:中国金融出版社,1995.8.—203页;19cm
合作银行系列教材(2)
ISBN 7-5049-1463-0:¥8.70

F830.5　　　　009937
建设银行信贷业务与管理/李献臣,姬德勤主编.—北京:中国财政经济出版社,1995.5.—389页;19cm
岗位培训系列教材
ISBN 7-5005-2842-6:¥9.80

F830.5　　　　009938
商业银行信贷/孙家礼,张晓枫主编.—长春:吉林大学出版社,1995.12.—479页;20cm
ISBN 7-5601-1872-0:¥17.80

F830.5　　　　009939
商业银行信贷/万军等主编.—南昌:江西高校出版社,1995.12.—278页;20cm
ISBN 7-81033-542-1:¥15.00

F830.5　　　　009940
商业银行信贷管理/孙建林编著.—北京:中信出版社,1995.1.—258页;20cm
ISBN 7-80073-085-9:¥11.50

F830.5　　　　009941
商业银行信贷实务/曾赛红等主编.—武汉:华中理工大学出版社,1995.5.—310页;19cm
ISBN 7-5609-1101-3:¥9.00

F830.5　　　　009942
银行信贷/江月辉,王桂芝主编.—大连:东北财经大学出版社,1995.2.—303页;19cm
ISBN 7-81044-037-3:¥9.60

F830.5　　　　009943
银行信贷管理/袁晓琪,张静琦主编.—成都:西南财经大学出版社,1995.6.—467页;20cm
ISBN 7-81017-945-4:¥15.90

F830.5　　　　009944
银行信贷管理学/李新乃主编.—上海:复旦大学出版社,1995.8.—403页;20cm
新编经济学系列教材
ISBN 7-309-01537-1:¥14.00

F830.51　　　　009945
蚕食与拯救:银行信贷资产稽核/焦太臣,苏云智编著.—北京:中国金融出版社,1995.6.—136页;19cm.—(金融稽核监督系列丛书;6/任新有主编)

ISBN 7-5049-1427-4: ¥5.20

F830.56 009946

外贸外汇信贷/路妍编著.—大连:东北财经大学出版社,1995.5.—410页;20cm

高校金融专业系列教材

ISBN 7-81044-030-6: ¥15.00

F830.56-43 009947

工商信贷/职业高中金融专业教材编写组编.—上海:上海科技教育出版社,1995.7.—191页;19cm

职业高中金融专业教材:试用本

ISBN 7-5428-1168-1: ¥4.60

F830.58 009948

农村信贷/张绍轼主编.—大连:东北财经大学出版社,1995.11.—342页;19cm

中专教材

ISBN 7-81044-084-5: ¥14.00

F830.58 009949

农业信贷管理/巴力等主编;白慧丽等编.—郑州:河南人民出版社,1995.4.—300页;20cm

ISBN 7-215-03449-6(精装): ¥15.00

①F830.58②F810.42 009950

农村信贷与税收/何秀荣等编著.—北京:北京经济学院出版社,1995.5.—291页;20cm.—(现代农村经济管理丛书)

ISBN 7-5638-0494-3: ¥9.50

F830.59 009951

90年代的投资选择——共同基金/陆争鸣,丛中笑主编.—北京:中国社会科学出版社,1995.9.—246页;20cm

ISBN 7-5004-1815-9: ¥12.90

F830.59 009952

对外直接投资的不确定性理论/陈舜编著.—成都:西南财经大学出版社,1995.12.—550页;20cm

ISBN 7-81017-999-3: ¥26.00

F830.59 009953

公共投资后评价:机制、政策和方法/金立群主编.—北京:中国财政经济出版社,1995.2.—305页;20cm

ISBN 7-5005-2907-4: ¥15.00

F830.59 009954

共同基金的管理与运作/刘李胜主编.—北京:企业管理出版社,1995.6.—383页;20cm

ISBN 7-80001-502-5: ¥16.80

F830.59 009955

共同基金的投资与管理/吴世忠等编著.—成都:电子科技大学出版社,1995.6.—617页;19cm

ISBN 7-81043-103-X: ¥16.00

F830.59 009956

共同基金投资和管理/徐云建,郝德勇主编.—北京:原子能出版社,1995.12.—272页;19cm.—(联华投资丛书)

ISBN 7-5022-1452-6: ¥9.90

F830.59 009957

国际直接投资/吴洪臣等主编.—济南:山东大学出版社,1995.9.—293页;20cm

ISBN 7-5607-1525-7: ¥12.00

F830.59 009958

海外直接投资论/(日)原正行著;封小云译.—广州:暨南大学出版社,1995.7.—251页;20cm

ISBN 7-81029-396-6: ¥18.00

F830.59 009959

金融投资风险论/王晓群,陆朴瓴著.—上海:上海远东出版社,1995.12.—301页;20cm.—(经济热点系列读物)

ISBN 7-80613-246-5: ¥20.00

F830.59 009960

金融投资概论/秦援晋主编.—太原:山西教育出版社,1995.5.—282页;19cm

中等专业学校试用教材

ISBN 7-5440-0761-8: ¥9.20

F830.59 009961

金融投资学/胡金焱著.—济南:山东大学出版社,1995.7.—592页;20cm

ISBN 7-5607-1508-7: ¥23.80

F830.59 009962

居民个人投资:方式·策略·技巧/巨荣良著.—北京:中国计划出版社,1995.9.—267页;19cm

ISBN 7-80058-391-0: ¥12.00

F830.59 009963

如何投资——华尔街理财实践记/唐庆华著.—上海:上海人民出版社,1995.1.—238页;20cm

ISBN 7-208-01933-9: ¥9.80

F830.59 009964

投资财务管理/徐湘瑜,张世刚主编.—北京:中国金融出版社,1995.10.—312页;20cm

高等院校金融类教材

ISBN 7-5049-1488-6: ¥11.00

F830.59 009965

投资基金操作技巧/胡海峰主编.—北京:中信出版社,1995.1.—421页;20cm

ISBN 7-80073-081-6: ¥16.00

F830.59 009966

投资基金理论与实践/何孝星,唐建华著.—厦门:厦门大学出版社,1995.8.—395页;20cm.—(厦门大学财政金融系列专著/邓子基等主编)

ISBN 7-5615-1041-1: ¥13.90

F830.59 009967

投资基金原理与实务/韩仲琦主编.—成都:四川大学出版社,1995.3.—313页;19cm

ISBN 7-5614-1143-X: ¥8.50

F830.59 009968

投资结构论/戴玉林著.—北京:中国金融出版社,1995.9.—300页;20cm

ISBN 7-5049-1486-X: ¥18.00

F830.59 009969

投资经济与项目分析/许长新,徐念榕编著.—北京:水利电力出版社,1995.10.—138页;19cm.—(经营管理丛书/张阳,何似龙主编)

高等学校、干部培训教材

ISBN 7-120-02255-5: ¥6.60

F830.59　　009970

投资项目可行性研究与评估/邱志忠等主编.—昆明:云南科技出版社,1995.4.—351页;19cm

ISBN 7-5416-0704-5: ¥9.80

F830.59　　009971

投资信用学/陈尊厚主编.—北京:中国金融出版社,1995.8.—411页;20cm

全国财经类高等专科学校投资经济(管理)学科试用教材

ISBN 7-5049-1489-4: ¥16.50

F830.59　　009972

投资学/刘婵编著.—广州:中山大学出版社,1995.9.—397页;20cm.—(国际贸易与国际金融系列丛书/许罗丹,陈平主编)

ISBN 7-306-01022-0: ¥15.50

F830.59　　009973

投资学概论/刘纯禹主编.—大连:东北财经大学出版社,1995.6.—299页;19cm

高等财经专科学校试用教材

ISBN 7-81044-062-4: ¥9.80

F830.59　　009974

现代国际投资/杨玉相,朴明根编著.—青岛:青岛出版社,1995.3.—288页;20cm.—(现代经济理论丛书/谭崇台,伍海华主编)

ISBN 7-5436-1206-2: ¥10.60

F830.59　　009975

新型投资理财工具/陈儒编著.—南昌:江西高校出版社,1995.7.—215页;20cm

ISBN 7-81033-518-9: ¥16.80

F830.59　　009976

信托投资理论与实务/李健生,张礼文主编.—武汉:武汉测绘科技大学出版社,1995.5.—346页;20cm

ISBN 7-81030-384-8: ¥11.20

F830.59　　009977

银行投资/丁胜勤,宋广利主编.—长春:吉林大学出版社,1995.7.—334页;19cm

ISBN 7-5601-1743-0: ¥12.00

F830.59　　009978

赢家必读:风险投资指南/及堤编著.—上海:上海人民出版社,1995.6.—253页;20cm

ISBN 7-208-01963-0: ¥10.00

F830.59　　009979

证券投资学原理/朱元编著.—修订本.—上海:立信会计出版社,1995.9.—449页;20cm.—(上海财经大学丛书)

ISBN 7-5429-0306-3: ¥16.50

F830.59-44　　009980

投资基金知识问答/李铎著.—北京:中国商业出版社,1995.12.—260页;19cm

ISBN 7-5044-3114-1: ¥11.00

F830.61　　009981

农村信用社会计/朱卫国主编.—2版.—长沙:湖南科学技术出版社,1995.6.—341页;20cm

中专教材

ISBN 7-5357-1440-4: ¥11.00

F830.61　　009982

农村信用站经营管理/罗良杰,舒立凡主编.—长沙:湖南科学技术出版社,1995.8.—203页;19cm

ISBN 7-5357-1778-0: ¥7.50

F830.7　　009983

汇率均衡论/丁益著.—北京:中国物价出版社,1995.7.—259页;20cm

ISBN 7-80070-455-6: ¥12.80

F830.7　　009984

外汇会计/郑师有等主编.—成都:西南财经大学出版社,1995.7.—450页;19cm

金融中等专业学校教材

ISBN 7-81017-973-X: ¥14.80

F830.7　　009985

外汇理论与政策/许少强著.—上海:上海财经大学出版社,1995.9.—342页;20cm

ISBN 7-81049-005-2: ¥17.50

F830.7　　009986

外汇买卖实务及行情分析/徐印州主编.—广州:广东人民出版社,1995.9.—189页;19cm.—(现代经商与理财系列)

ISBN 7-218-01979-X: ¥7.20

F830.7　　009987

亚洲"四小"汇率制度与外贸发展/陈永山等著.—厦门:厦门大学出版社,1995.8.—337页;20cm

ISBN 7-5615-1051-3: ¥13.00

F830.73　　009988

国际结算/吴玉玲主编.—南昌:江西科学技术出版社,1995.8.—291页;20cm

ISBN 7-5390-0928-4: ¥12.80

F830.73　　009989

国际结算/谢太峰,陆长芳主编.—郑州:河南人民出版社,1995.10.—337页;19cm

ISBN 7-215-03556-5: ¥12.00

F830.73　　009990

国际结算实务/吴志军主编.—南昌:江西高校出版社,1995.7.—309页;19cm.—(企业经营国际化丛书/吴照云,杨慧主编)

ISBN 7-81033-504-9: ¥9.00

F830.73　　009991

国际结算学/蓝寿荣,宋晓波主编.—武汉:武汉工业大学出版社,1995.10.—265页;20cm

ISBN 7-5629-1040-5: ¥15.00

F830.73　　009992

世界各国外汇制度/宋利芳编著.—北京:中国大百科全书出版社,1995.10.—148页;19cm.—(百卷本世界市场全书/顾海良等主编)

ISBN 7-5000-5583-8: ¥9.80

F830.73　　009993

外汇 ABC/龙一圆编著.—上海:立信会计出版社,1995.10.—273页;19cm.—(立信财经丛书)

ISBN 7-5429-0327-6: ¥10.50

F830.73 009994
外汇交易/胡燕平编著.—重庆:重庆出版社,1995.7.—149页;19cm
ISBN 7-5366-3070-0:¥4.60

F830.73 009995
外汇交易与实务/胡宇辰主编.—南昌:江西高校出版社,1995.7.—333页;19cm.—(企业经营国际化丛书/吴照云,杨慧主编)
ISBN 7-81033-508-1:¥9.10

F830.73-62 009996
外汇业务实用手册/冀严主编.—2版.—北京:中国发展出版社,1995.8.—1037页;20cm
ISBN 7-80087-209-2:¥36.00

F830.73-62 009997
新外汇业务指南/周正明,肖柏跃主编,刘银星等编.—长沙:湖南出版社,1995.4.—389页;19cm
ISBN 7-5438-0963-X:¥12.00

F830.8 009998
金融信托:极大的诱惑/龙增来著.—北京:中国发展出版社,1995.1.—180页;19cm.—(中国第三产业杂志丛书/朱兵主编)
ISBN 7-80087-190-8:¥6.60

F830.8 009999
论银行家的人品修养/何光昶等主编.—武汉:湖北人民出版社,1995.10.—586页;20cm
ISBN 7-216-01758-7(精装):¥28.80

F830.9 010000
波浪理论:金融投资获利关键/王艳文著.—广州:广东人民出版社,1995.9.—169页;19cm
ISBN 7-218-02007-0:¥8.30

F830.9 010001
公开市场操作:原理·方法与技巧/沈炳熙编著.—北京:中国财政经济出版社,1995.5.—267页;20cm
ISBN 7-5005-2818-3:¥12.00

F830.9 010002
股价分析/郑忠编著.—上海:上海科学技术文献出版社,1995.7.—201页;19cm
ISBN 7-5439-0749-6:¥8.00

F830.9 010003
股票、期货市场技术分析/何志刚等主编.—南昌:江西高校出版社,1995.10.—395页;20cm
ISBN 7-81033-481-6:¥15.80

F830.9 010004
股票投资技术分析方法与应用/安妮编著.—深圳:海天出版社,1995.12.—244页;20cm.—(君信股票投资丛书;4)
ISBN 7-80615-293-8:¥30.00

F830.9 010005
股票债券投资艺术/姚光胜主编.—武汉:长江文艺出版社,1995.1.—212页;19cm
ISBN 7-5354-1236-X:¥6.80

F830.9 010006
股市技术分析/陈茂申编著.—合肥:安徽人民出版社,1995.1.—286页;19cm
ISBN 7-212-01163-0:¥8.20

F830.9 010007
国际金融期货与选择权交易/贺金凌著.—成都:西南财经大学出版社,1995.4.—245页;20cm
ISBN 7-81017-900-5:¥9.80

F830.9 010008
国债投资知识与诀窍/高培勇主编.—北京:中国金融出版社,1995.6.—345页;20cm
ISBN 7-5049-1387-1:¥15.00

F830.9 010009
黄金买卖知识入门/杨小佛,张望编著.—上海:上海社会科学院出版社,1995.2.—254页;19cm.—(市场经济运作入门丛书)
ISBN 7-80618-015-X:¥7.20

F830.9 010010
金融创新实务/陈湛匀著.—上海:上海人民出版社,1995.10.—253页;20cm.—(企业商务丛书)
ISBN 7-208-02076-0:¥12.70

F830.9 010011
金融创新实务/王勋培,曲军主编.—武汉:武汉工业大学出版社,1995.8.—505页;20cm
ISBN 7-5629-1011-1:¥18.60

F830.9 010012
金融期货理论与实务/王孝平主编.—上海:中国纺织大学出版社,1995.9.—195页;19cm
ISBN 7-81038-060-5:¥10.00

F830.9 010013
金融期货市场概论/张庆修等编著.—成都:西南财经大学出版社,1995.3.—301页;20cm
ISBN 7-81017-904-7:¥11.00

F830.9 010014
金融期货原理及操作/吕随启编著.—北京:中国城市出版社,1995.8.—144页;19cm
ISBN 7-5074-0711-X:¥7.20

F830.9 010015
金融商品营销/许建生主编.—成都:四川大学出版社,1995.5.—292页;20cm
ISBN 7-5614-1152-9:¥9.20

F830.9 010016
金融市场/郭国有主编;中国人民银行成人教育教材编审委员会编.—西安:陕西人民出版社,1995.12.—381页;20cm
新编高等教育金融类教材
ISBN 7-224-04034-7:¥13.00

F830.9 010017
金融市场概论/黄淑芬,周游主编.—哈尔滨:东北林业大学出版社,1995.12.—337页;20cm
ISBN 7-81008-605-7:¥15.00

F830.9 010018
金融市场基础知识/刘本定主编.—成都:西南财经大学出版社,1995.7.—245页;19cm
金融中等专业学校教材
ISBN 7-81017-976-4:¥8.80

F830.9 010019

金融市场信息与预测/黄强著.—广州:暨南大学出版社,1995.12.—235 页;20cm.—(国际金融系列丛书/邓瑞林主编)

ISBN 7-81029-487-3: ¥13.50

F830.9　　010020

金融市场学/王兆星,吴国祥编著.—北京:中国金融出版社,1995.10.—339 页;20cm

ISBN 7-5049-1543-2: ¥16.00

F830.9　　010021

金融证券业务/王建华主编.—北京:国际文化出版公司,1995.2.—272 页;19cm

岗位培训系列教材

ISBN 7-80105-204-8: ¥6.80

F830.9　　010022

看盘与操盘/安妮著.—深圳:海天出版社,1995.4.—261 页;20cm.—(君信股票投资丛书)

ISBN 7-80615-141-9: ¥30.00

F830.9　　010023

票据通论/孔庆仁主编.—济南:山东大学出版社,1995.6.—219 页;20cm

ISBN 7-5607-1512-5: ¥12.80

F830.9　　010024

期货交易:原理与技巧/胡怀邦,马源平编著.—西安:陕西人民出版社,1995.5.—408 页;19cm

ISBN 7-224-03791-5: ¥11.00

F830.9　　010025

期货交易的原理与实务/王云龙编著.—北京:中国物资出版社,1995.2.—333 页;19cm

ISBN 7-5047-0899-2: ¥8.80

F830.9　　010026

期货交易技巧/黄耀华主编.—北京:北京工业大学出版社,1995.6.—166 页;20cm.—(期货经纪人丛书/乔刚主编)

ISBN 7-5639-0364-X: ¥6.80

F830.9　　010027

期货交易理论与实务/贺涛主编.—北京:龙门书局:科学出版社,1995.2.—345 页;20cm

ISBN 7-80111-002-1: ¥24.00

F830.9　　010028

期货交易理论与实务/周广训等编著.—东营:石油大学出版社,1995.5.—272 页;20cm

ISBN 7-5636-0604-1: ¥12.80

F830.9　　010029

期货贸易概论/尹纯主编.—北京:企业管理出版社,1995.9.—429 页;19cm

ISBN 7-80001-565-3: ¥13.50

F830.9　　010030

期货市场/谭楚玲编著.—海口:海南出版社,1995.8.—183 页;20cm.—(经济法律知识丛书;12/贾绍华主编)

全套共 15 册,总定价:178.00 元

ISBN 7-80617-193-2: ¥0.00

F830.9　　010031

期货市场/唐方杰等编著.—武汉:湖北教育出版社,1995.4.—282 页;19cm.—(市场经济系列丛书/郭吴新等主编)

ISBN 7-5351-1520-9: ¥8.20

F830.9　　010032

期货市场的风险管理与控制:汉、英文对照/乔刚主编.—北京:企业管理出版社,1995.5.—430 页;20cm

ISBN 7-80001-575-0: ¥68.00

F830.9　　010033

期货市场理论与实证/药建英著.—北京:中国商业出版社,1995.1.—274 页;20cm.—(青年经济学家论著)

ISBN 7-5044-0875-1: ¥15.00

F830.9　　010034

期货学教程/高尔康编著.—杭州:杭州大学出版社,1995.3.—354 页;20cm

ISBN 7-81035-690-9: ¥10.80

F830.9　　010035

期货与期权交易/张屹山主编.—长春:吉林大学出版社,1995.3.—274 页;20cm

ISBN 7-5601-1698-1: ¥7.80

F830.9　　010036

三十六计探股市:秘本兵法 今为股用/王孜弘著.—北京:军事科学出版社,1995.10.—161 页;19cm

ISBN 7-80021-873-2: ¥8.50

F830.9　　010037

商品期货交易/胡锦全主编.—北京:中国商业出版社,1995.4.—319 页;19cm

ISBN 7-5044-1902-8: ¥9.80

F830.9　　010038

上海市期货从业人员资格培训教学大纲:试行/唐等编写.—上海:上海财经大学出版社,1995.7.—35 页;19cm

ISBN 7-81049-008-7: ¥3.00

F830.9　　010039

外汇交易与预测实务/李东浩,梁爽编.—成都:电子科技大学出版社,1995.1.—384 页;19cm

ISBN 7-81043-104-8: ¥9.50

F830.9　　010040

现代证券会计/王秉森等编写.—杭州:杭州大学出版社,1995.5.—326 页;20cm.—(现代会计丛书;1/陈质文,王秉森主编)

ISBN 7-81035-808-1: ¥13.00

F830.9　　010041

现代证券与期货/伍海华,朴明根主编.—青岛:青岛出版社,1995.10.—320 页;20cm.—(现代经济理论丛书/谭崇台,伍海华编)

ISBN 7-5436-1208-9: ¥12.80

F830.9　　010042

现代资本市场的理论与实证分析/房汉廷著.—北京:东方出版社,1995.3.—275 页;20cm.—(日本研究博士丛书)

ISBN 7-5060-0535-2: ¥10.00

F830.9　　010043

证券经济理论/贝多广主编.—上海:上海人民出版

社,1995.9.—271页;20cm.—(金融改革与发展丛书)
ISBN 7-208-02019-1:¥15.00

F830.9　　010044
证券市场/吴慧强编著.—海口:海南出版社,1995.8.—100页;20cm.—(经济法律知识丛书;11/贾绍华主编)
全套共15册,总定价:178.00元
ISBN 7-80617-193-2:¥0.00

F830.9　　010045
证券市场学/李永久等编著.—延吉:延边大学出版社,1995.12.—304页;20cm
ISBN 7-5634-0823-1:¥12.00

F830.9　　010046
证券市场与证券投资/李晓峰,丁文杰主编.—郑州:河南人民出版社,1995.3.—372页;20cm
ISBN 7-215-03474-7:¥11.80

F830.9　　010047
证券投资/郑德珵著.—上海:上海人民出版社,1995.10.—177页;20cm.—(现代工商管理丛书/尹尊声,海闻主编)
ISBN 7-208-02103-1:¥10.00

F830.9　　010048
证券投资导论/陈芳平主编.—兰州:甘肃人民出版社,1995.9.—261页;20cm
ISBN 7-226-01539-0:¥11.60

F830.9　　010049
证券投资的理论与实务/韩德宗主编.—杭州:杭州大学出版社,1995.4.—466页;20cm
ISBN 7-81035-787-5:¥13.50

F830.9　　010050
证券投资理论与实务/王成法等主编.—武汉:武汉工业大学出版社,1995.8.—231页;19cm
ISBN 7-5629-1008-1:¥7.80

F830.9　　010051
证券投资学/邵以智主编.—北京:中国人民大学出版社,1995.11.—263页;20cm
ISBN 7-300-02081-X:¥9.80

F830.9　　010052
证券投资与证券管理/何光汉主编.—武汉:华中理工大学出版社,1995.8.—370页;20cm.—(投资经济系列)
ISBN 7-5609-1183-8:¥11.00

F830.9　　010053
证券业中介机构名录/中华企业股份制咨询公司编.—北京:中国旅游出版社,1995.6.—378页:彩照;19cm
ISBN 7-5032-1157-1:¥20.00

F830.9　　010054
证券运作与管理136问/刘秀山,陈永民主编;陈天啸等编著.—北京:人民法院出版社,1995.9.—368页;19cm.—(现代经济制度与法律丛书;7)
ISBN 7-80056-345-6:¥13.00

F830.9　　010055
资本市场引论:西方资本市场理论与实践/宋冬林著.—长春:吉林大学出版社,1995.7.—142页;19cm
ISBN 7-5601-1747-3:¥4.80

F830.9　　010056
资本市场中的商人银行/龚光和主编.—北京:中国金融出版社,1995.12.—268页;20cm
ISBN 7-5049-1472-X:¥18.00

F830.9　　010057
资本帐户自由化:经验和问题/(美)马西森(Mathieson,D.J.),(美)罗哈斯-苏亚雷斯(Rojas-Suarez,L.)著;王晓蕾,王志芳译.—北京:中国金融出版社,1995.3.—31页;28cm
据国际货币基金组织《不定期刊物》第103期译出
ISBN 7-5049-1390-1:¥8.90

①F830.9②D924.33　　010058
证券市场与证券犯罪探论/陆世友等著.—上海:立信会计出版社,1995.8.—275页;20cm
ISBN 7-5429-0320-9:¥10.00

①F830.9②F830.5　　010059
商业汇票贴现与再贴现/钟起瑞主编.—北京:中国金融出版社,1995.3.—303页;20cm
ISBN 7-5049-1382-0:¥14.80

F830.9-43　　010060
期货交易教程/马承霈等编著.—北京:中国商业出版社,1995.8.—381页;20cm
ISBN 7-5044-2973-2:¥15.80

F830.9-61　　010061
股市运作大全/刘文晓主编.—长沙:湖南科学技术出版社,1995.11.—392页;20cm
ISBN 7-5357-1893-0:¥16.80

F830.9-61　　010062
票据词典/邱少军等编著.—哈尔滨:黑龙江人民出版社,1995.1.—391页;20cm
ISBN 7-207-03390-7:¥12.40

F830.9-61　　010063
现代实用证券大辞典/周道炯,张庆寿主编.—长春:东北师范大学出版社,1995.6.—757页;26cm
ISBN 7-5602-1592-0(精装):¥80.00

F830.9-61　　010064
英汉期货和期权市场词典/常力,杨林编著.—北京:对外贸易教育出版社,1995.5.—636页;19cm
ISBN 7-81000-706-8(精装):¥39.00

F830.9-61　　010065
证券操作与管理大辞典/赵海宽,陈晓旭主编.—北京:改革出版社,1995.8.—800页;26cm
ISBN 7-80072-691-6(精装):¥125.00

F830.9-62　　010066
炒汇实战指南/罗伟钊著.—广州:广东旅游出版社,1995.4.—244页;20cm
ISBN 7-80521-580-4:¥12.00

F830.9-62　　010067
最新金融证券反欺诈实用全书/樊志刚等主编.—北京:中国统计出版社,1995.8.—1779页;26cm
ISBN 7-5037-1981-8(精装):¥260.00

F831　　010068

国际财务与金融/陆廷纲编著.—上海:华东理工大学出版社,1995.8.—339页;20cm
ISBN 7-5628-0591-1:¥12.50

F831　　010069
国际金融/叶彩文编著.—2版(修订本).—北京:中国对外经济贸易出版社,1995.5.—192页;19cm
外经贸企业领导干部岗位任职资格培训教材
ISBN 7-80004-450-5:¥7.00

F831　　010070
国际金融/丁育生主编.—2版.—北京:中国林业出版社,1995.6.—209页;26cm
涉外经济类专业系列教材
ISBN 7-5038-1371-7:¥16.00

F831　　010071
国际金融/刘舒年主编.—北京:中国人民大学出版社,1995.5.—400页;20cm
全国高等教育自学考试教材
ISBN 7-300-02063-1:¥11.80

F831　　010072
国际金融/钟晓鹰主编.—太原:山西经济出版社,1995.7.—341页;20cm.—(新编国际贸易与涉外经济系列丛书)
ISBN 7-80577-853-1:¥13.50

F831　　010073
国际金融/于宪庭主编.—济南:山东大学出版社,1995.8.—245页;20cm
行政学院经济干院系列教材
ISBN 7-5607-1483-8:¥5.60

F831　　010074
国际金融/尹缙瑞主编.—哈尔滨:哈尔滨工业大学出版社,1995.3.—461页;20cm
ISBN 7-5603-1075-3:¥12.00

F831　　010075
国际金融/陈雨露,赵锡军主编.—北京:中国人民大学出版社,1995.12.—314页;20cm.—(中国人民大学、麦吉尔大学合作出版管理丛书)
ISBN 7-300-02127-1:¥14.60

F831　　010076
国际金融/黄如安,漆腊应主编.—北京:中国商业出版社,1995.8.—309页;20cm
ISBN 7-5044-2956-2:¥11.00

F831　　010077
国际金融/朱箴元主编;中国人民银行成人教育教材编审委员会编.—西安:陕西人民出版社,1995.12.—391页;20cm
新编高等教育金融类教材
ISBN 7-224-04035-5:¥13.00

F831　　010078
国际金融/叶松龄主编.—北京:中国财政经济出版社,1995.11.—252页;20cm
高等财经专科学校试用教材
ISBN 7-5005-2764-0:¥7.50

F831　　010079
国际金融 ABC:英汉文对照/徐惠忠编.—上海:复旦大学出版社,1995.3.—200页;19cm.—(英汉对照经济知识丛书/陈锡镖主编)
ISBN 7-309-01475-8:¥6.00

F831　　010080
国际金融发展/陈鸿基等编著.—北京:中国金融出版社,1995.8.—51页;28cm
ISBN 7-5049-1495-9:¥12.50

F831　　010081
国际金融发展/黄友嘉等编著;周朔等译.—北京:中国金融出版社,1995.4.—27页;28cm
ISBN 7-5049-1403-7:¥12.50

F831　　010082
国际金融风险论/刘亚著.—北京:中国金融出版社,1995.9.—279页;20cm
ISBN 7-5049-1451-7:¥14.00

F831　　010083
国际金融概论/李孝成主编.—石家庄:河北人民出版社,1995.1.—315页;19cm
ISBN 7-202-01698-2:¥10.00

F831　　010084
国际金融概论/陈建明主编.—徐州:中国矿业大学出版社,1995.11.—398页;20cm
ISBN 7-81040-369-9:¥15.00

F831　　010085
国际金融理论与实务/孙雪莲,陈晓所主编.—沈阳:东北大学出版社,1995.2.—375页;19cm
ISBN 7-81006-941-1:¥12.50

F831　　010086
国际金融欺诈识别与对策/陈雨露,林宏编著.—北京:北京经济学院出版社,1995.8.—261页;19cm
ISBN 7-5638-0504-4:¥7.30

F831　　010087
国际金融实务/刘用明,罗建编著.—成都:四川大学出版社,1995.9.—336页;20cm.—(国际经贸实务丛书)
ISBN 7-5614-1157-X:¥11.00

F831　　010088
国际金融学/李卉主编.—武汉:武汉工业大学出版社,1995.11.—376页;20cm
ISBN 7-5629-1036-7:¥14.80

F831　　010089
国际金融学/康灿华主编.—北京:企业管理出版社,1995.11.—361页;20cm.—(管理科学丛书)
ISBN 7-80001-637-4:¥15.80

F831　　010090
国际金融学/卫娴,申宏丽主编.—济南:山东大学出版社,1995.12.—390页;20cm
ISBN 7-5607-1566-4:¥13.50

F831　　010091
国际金融原理/张陶伟编著.—北京:清华大学出版社,1995.8.—391页;20cm
ISBN 7-302-01889-8:¥11.00

F831　　010092
国际金融自学考试大纲:含考核目标/全国高等教育

自学考试指导委员会编.—北京:中国人民大学出版社,1995.5.—89页;19cm
高等教育自学考试经贸类专业
ISBN 7-300-02059-3:¥3.50

F831 010093
国际贸易金融/孙刚编著.—长春:吉林大学出版社,1995.2.—298页;19cm.—(国际商务丛书;1/池元吉主编)
ISBN 7-5601-1670-1:¥7.60

F831 010094
世界30家银行资产负债及财务状况概览/孔永新,马耕之主编.—北京:中国金融出版社,1995.10.—456页;26cm
ISBN 7-5049-1493-2:¥88.00

F831 010095
世界银行/周文编著.—北京:中国大百科全书出版社,1995.10.—157页;19cm.—(百卷本世界市场全书/顾海良等主编)
ISBN 7-5000-5587-0:¥9.80

F831 010096
现代国际金融/伍海华等编著.—青岛:青岛出版社,1995.1.—354页;20cm.—(现代经济理论丛书/谭崇台,伍海华主编)
ISBN 7-5436-1204-6:¥11.60

F831 010097
现代国际金融:理论·实务·案例/黄金平等主编.—济南:山东大学出版社,1995.5.—399页;20cm
ISBN 7-5607-1497-8:¥11.60

F831 010098
新编国际金融理论与实务/余珊萍,成国平编著.—南京:东南大学出版社,1995.11.—335页;20cm
ISBN 7-81050-067-8:¥12.00

①F831②D912.2 010099
保理法律与实务/(英)萨林格(Salinger,F.)著;刘园,叶志壮译.—北京:对外贸易教育出版社,1995.6.—299页;20cm
ISBN 7-81000-708-4:¥15.00

F831-43 010100
国际金融简明教程/许斌主编.—北京:中共中央党校出版社,1995.8.—327页;19cm
ISBN 7-5035-1291-1:¥6.90

F831-53 010101
改革 管理 发展:吉林省国际金融学会1993~1994年度优秀论文集/韩久成主编.—延吉:延边人民出版社,1995.12.—361页;20cm
ISBN 7-80599-302-5:¥12.60

F831-54 010102
国际清算银行第65期年报/国际清算银行著;中国人民银行翻译.—北京:中国金融出版社,1995.11.—174页;29cm
ISBN 7-5049-1563-7:¥0.00

F831.1 010103
世界各国银行制度/于同申编著.—北京:中国大百科全书出版社,1995.10.—132页;19cm.—(百卷本世界市场全书/顾海良等主编)
ISBN 7-5000-5580-3:¥9.80

F831.1 010104
他山石浏览:世界各国银行稽核监督制度巡礼/胡天意,胡留华编著.—北京:中国金融出版社,1995.6.—200页;19cm.—(金融稽核监督系列丛书;2/任新有主编)
ISBN 7-5049-1426-6:¥7.50

F831.2 010105
国外非银行金融机构/尚华娟,朱德林编.—北京:人民出版社,1995.8.—193页;19cm.—(海外经济管理运作丛书/吕东,徐惟诚主编)
ISBN 7-01-002128-7:¥4.70

F831.2 010106
世行和亚行贷款业务概论/崔秉哲编著.—郑州:河南人民出版社,1995.3.—2册;20cm
ISBN 7-215-03412-7:¥30.00

F831.5 010107
发展中国家金融市场/张雷声编著.—北京:中国大百科全书出版社,1995.10.—146页;19cm.—(百卷本世界市场全书/顾海良等主编)
ISBN 7-5000-5518-8:¥9.80

F831.5 010108
国际离岸金融市场/王雪冰主编.—北京:中国金融出版社,1995.12.—277页;20cm
ISBN 7-5049-1533-5:¥17.00

F831.5 010109
国际资本市场:发展、前景和政策/国际货币基金组织课题编写组编.—北京:中国金融出版社,1995.6.—142页;28cm.—(世界经济与金融概览)
ISBN 7-5049-1443-6:¥18.00

F831.5 010110
金殿之门:中国企业如何进入国际资本市场/孙晓刚著.—北京:中国金融出版社,1995.11.—396页;20cm
ISBN 7-5049-1508-4:¥28.00

F831.5 010111
世界各国交易所市场/彭钊编著.—北京:中国大百科全书出版社,1995.10.—145页;19cm.—(百卷本世界市场全书/顾海良等主编)
ISBN 7-5000-5557-9:¥9.80

F831.5 010112
世界各国证券市场管理/臧红编著.—北京:中国大百科全书出版社,1995.10.—133页;19cm.—(百卷本世界市场全书/顾海良等主编)
ISBN 7-5000-5575-7:¥9.80

F831.5 010113
世界金融期货市场运作/陈雨露编著.—北京:中国大百科全书出版社,1995.10.—139页;19cm.—(百卷本世界市场全书/顾海良等主编)
ISBN 7-5000-5512-9:¥9.80

F831.5 010114
世界金融市场全书/张雷声主编.—北京:中国大百科全书出版社,1995.10.—2册;19cm.—(百卷本世界市场全书/顾海良等主编)

ISBN 7-5000-5491-2(精装):￥113.80

F831.5　010115

世界外汇市场运作/王大伟,王丹编著.—北京:中国大百科全书出版社,1995.10.—155页;19cm.—(百卷本世界市场全书/顾海良等主编)

ISBN 7-5000-5511-0:￥9.80

F831.5　010116

世界证券市场运作/纪敏,赵宗华编著.—北京:中国大百科全书出版社,1995.10.—142页;19cm.—(百卷本世界市场全书/顾海良等主编)

ISBN 7-5000-5510-2:￥9.80

F831.5　010117

新兴工业国金融市场/张雷声编著.—北京:中国大百科全书出版社,1995.10.—142页;19cm.—(百卷本世界市场全书/顾海良等主编)

ISBN 7-5000-5517-X:￥9.80

F831.5-62　010118

中国公司境外上市实务指南:国际主要证券交易所上市规则/黄运成,赵彦云主编;中国证券业培训中心编.—北京:中国物价出版社,1995.9.—371页;20cm

ISBN 7-80070-513-7:￥19.80

F831.6　010119

1994年世界投资报告:跨国公司、就业与工作环境/联合国贸发会议跨国公司与投资司编;储祥银等译.—北京:对外经济贸易大学出版社,1995.10.—577页;20cm

ISBN 7-81000-765-3:￥28.00

F831.6　010120

MIGA与中国:多边投资担保机构述评/陈安主编.—福州:福建人民出版社,1995.12.—694页;20cm

ISBN 7-211-02643-X:￥29.60

F831.6　010121

关于官方支持的出口信贷准则的约定:中、英文对照/经济合作与发展组织编著;穆林林等译.—北京:中国对外经济贸易出版社,1995.9.—163页;20cm

ISBN 7-80004-467-X:￥8.00

F831.6　010122

国际筹资与投资/瑞斗辰,梁峰编著.—延吉:延边大学出版社,1995.3.—246页;20cm

ISBN 7-5634-0763-4:￥10.50

F831.6　010123

国际金融投资/李翀编著.—北京:高等教育出版社,1995.5.—567页;20cm

高等学校教材

ISBN 7-04-005268-7:￥11.30

F831.6　010124

国际贸易结算/王咸辉,姜学军编著.—大连:东北财经大学出版社,1995.5.—356页;20cm

高校金融专业系列教材

ISBN 7-81044-025-X:￥14.00

F831.6　010125

国际贸易结算/朱寿平等主编.—东营:石油大学出版社,1995.9.—248页;20cm

ISBN 7-5636-0727-7:￥6.80

F831.6　010126

国际投资/赵凤彬编.—长春:吉林大学出版社,1995.6.—285页;20cm

吉林大学经济管理学院系列教材

ISBN 7-5601-1730-9:￥8.00

F831.6　010127

国际投资/庄俊鸿主编.—太原:山西经济出版社,1995.8.—247页;20cm.—(新编国际贸易与涉外经济系列丛书/廖进球,景进安主编)

ISBN 7-80577-854-X:￥10.80

F831.6　010128

国际投资/蒋瑛编著.—成都:四川大学出版社,1995.8.—327页;20cm.—(国际经贸实务丛书)

ISBN 7-5614-1192-8:￥10.00

F831.6　010129

国际投资/(法)布伊厄尔(Bouyeure,C.)著;宇泉译.—北京:商务印书馆,1995.12.—138页;19cm.—(我知道什么?)

据法国大学出版社1993年第1版译出

ISBN 7-100-01927-3:￥7.50

F831.6　010130

国际投资概要/王建喜编著.—西安:西北大学出版社,1995.5.—381页;20cm

ISBN 7-5604-0895-8:￥10.00

F831.6　010131

国际投资理论与实务/张中华,李荷君主编.—北京:中国财政经济出版社,1995.1.—303页;20cm

ISBN 7-5005-2654-7:￥8.00

F831.6　010132

国际投资新论/周启元主编.—长春:吉林教育出版社,1995.6.—168页;19cm

ISBN 7-5383-2582-4:￥6.00

F831.6　010133

跨国投资技巧/李良智,季荣富主编.—南昌:江西高校出版社,1995.7.—252页;19cm.—(企业经营国际化丛书/吴照云,杨慧主编)

ISBN 7-81033-512-X:￥7.20

F831.6　010134

现代国际投资学/吴开祺编著.—上海:立信会计出版社,1995.6.—338页;20cm.—(立信财经丛书)

ISBN 7-5429-0271-7:￥12.00

F831.7-53　010135

亚太经合组织地区的资本流动/( )卡恩(Khan,M.S.),( )莱茵哈特(Reinhart,C.M.)编;彭刚等译.—北京:中国金融出版社,1995.7.—74页;28cm.—(国际货币基金组织《不定期刊物》选编;122)

ISBN 7-5049-1474-6:￥12.00

F832　010136

93经济金融调查与分析/魏甘泉主编.—南昌:江西科学技术出版社,1995.2.—318页;20cm

ISBN 7-5390-0800-8:￥9.00

F832　010137

当代中国金融问题/谢春民,韩博印著.—北京:气象出版社,1995.5.—364页;19cm

ISBN 7-5029-1966-X: ¥12.50

F832 010138

金融管理论坛/姚德全主编.—成都:西南财经大学出版社,1995.4.—268页;19cm

ISBN 7-81017-949-7: ¥12.80

F832 010139

金融管理纵横/宾云水主编.—武汉:武汉出版社,1995.12.—564页;26cm.—(中国现代管理系列丛书)

ISBN 7-5430-1449-1(精装): ¥58.00

F832 010140

金融会计研究:河南省金融会计学会成立大会暨第一届学术交流会专辑/王毅民主编;河南省金融会计学会编.—郑州:河南人民出版社,1995.11.—332页;20cm

ISBN 7-215-03578-6: ¥14.00

F832 010141

金融求真录/姚万顺编著.—石家庄:河北人民出版社,1995.1.—234页;19cm

ISBN 7-202-01696-6: ¥7.00

F832 010142

中国金融实务/周正庆主编.—长春:吉林人民出版社,1995.7.—1250页;26cm

ISBN 7-206-02285-5(精装): ¥130.00

①F832②D630.9 010143

金融廉政新曲/侯玉林,林飞主编.—济南:黄河出版社,1995.12.—352页;19cm

ISBN 7-80558-679-9: ¥15.60

F832-53 010144

投资与金融改革热点透视/陆岷峰著.—成都:四川人民出版社,1995.10.—302页;20cm

ISBN 7-220-02967-5: ¥13.80

F832-62 010145

中国银行调研实务手册/韩久成主编.—延吉:延边人民出版社,1995.12.—346页;20cm

ISBN 7-80599-301-7: ¥15.50

F832.0 010146

一九九四年信贷资金管理文件汇编/中国人民银行计划资金司编.—北京:中国金融出版社,1995.11.—201页;19cm

内部发行

ISBN 7-5049-1367-7: ¥8.60

F832.0 010147

中国的金融分析与对策研究/陈耀先主编.—北京:中国金融出版社,1995.7.—552页;20cm

内部发行

ISBN 7-5049-1458-4: ¥24.60

F832.0 010148

中国东西部金融差异与货币政策/武胜利等著.—西安:陕西人民出版社,1995.—134页;20cm

ISBN 7-224-03990-X: ¥8.50

F832.0 010149

中国金融展望 1995/陈元主编.—北京:中国金融出版社,1995.4.—95页;26cm

ISBN 7-5049-1389-8: ¥70.00

F832.0 010150

中央银行政策法规汇编 1994/中国人民银行山东省分行编.—济南:山东人民出版社,1995.6.—729页;20cm

ISBN 7-209-01757-7: ¥24.80

F832.1 010151

1994~1995中国金融分析与预测/萧灼基主编.—北京:中华工商联合出版社,1995.2.—244页;20cm.—(金融金皮书)

ISBN 7-80100-114-1: ¥12.80

F832.1 010152

宏观经济运行中的货币与资金问题/曹凤岐编著.—北京:北京大学出版社,1995.9.—318页;20cm

ISBN 7-301-02864-4: ¥11.30

F832.1 010153

金融改革与发展/郭锦洲主编.—北京:中国金融出版社,1995.6.—331页;20cm

ISBN 7-5049-1402-9: ¥14.00

F832.1 010154

领导艺术与经营之道/肖业璋著.—长沙:湖南出版社,1995.8.—209页;20cm

ISBN 7-5438-1055-7(精装): ¥13.80

F832.1 010155

现代金融制度与中国金融转轨/王廷科著.—北京:中国经济出版社,1995.12.—306页;20cm.—(中国经济博士论丛)

ISBN 7-5017-3593-X: ¥12.00

F832.1 010156

银行改革中的理论与实践/牟森万著.—重庆:重庆出版社,1995.7.—547页;20cm

ISBN 7-5366-3222-3: ¥25.00

F832.1 010157

中国金融改革与发展/于永富著.—大连:东北财经大学出版社,1995.12.—2册;20cm

ISBN 7-81005-062-1: ¥32.00

F832.1 010158

中央银行稽核改革方略/王德硕,程文超主编.—哈尔滨:黑龙江科学技术出版社,1995.2.—357页;20cm

ISBN 7-5388-2712-9: ¥10.50

①F832.1②D922.2 010159

金融·现代企业制度——政策与法规/中国人民银行计划资金司编.—成都:西南财经大学出版社,1995.10.—763页;20cm

ISBN 7-81017-996-9: ¥25.00

①F832.1②F275 010160

现代企业财务与财税银改革实务/王敏主编.—长春:吉林大学出版社,1995.7.—454页;19cm

ISBN 7-5601-1754-6: ¥14.50

F832.1-53 010161

在历史与未来的交汇点上:金融改革启示录/吴晓灵主编.—北京:中国财政经济出版社,1995.4.—544页;20cm

ISBN 7-5005-2748-9: ¥18.80

F832.2 010162

利率文件汇编:1993年1月~1994年12月/中国人民银行计划资金司编.—成都:西南财经大学出版社,1995.3.—474页;20cm
ISBN 7-81017-903-9:¥16.00
F832.2　010163
一九九四年金融规章制度选编　上册/中国人民银行办公厅等编.—北京:中国金融出版社,1995.6.—545页;20cm
内部发行
ISBN 7-5049-1405-3:¥22.00
F832.2　010164
一九九四年金融规章制度选编　下册/中国人民银行办公厅等编.—北京:中国金融出版社,1995.7.—660页;20cm
内部发行
ISBN 7-5049-1410-X:¥24.00
F832.21　010165
中国国家现代化支付系统/中国人民银行支付与科技司编著.—北京:中国金融出版社,1995.8.—195页;26cm
ISBN 7-5049-1485-1:¥30.00
F832.21　010166
中国资金流动分析/贝多广著.—上海:上海人民出版社:三联书店上海分店,1995.4.—286页;20cm.—(当代经济学系列丛书·当代经济学译库/陈昕主编)
ISBN 7-208-01993-2:¥14.70
F832.22　010167
储蓄柜员制的操作与管理/辛树森主编.—西安:陕西人民出版社,1995.3.—177页;19cm
ISBN 7-224-03815-6:¥4.90
F832.22　010168
储蓄业务知识新解/毛发祥,张元祥主编.—兰州:甘肃民族出版社,1995.5.—303页;19cm
. ISBN 7-5421-0375-X:¥6.80
F832.22　010169
居民储蓄分析/魏杰,沈坤荣著.—北京:经济科学出版社,1995.11.—244页;20cm
ISBN 7-5058-0809-5:¥10.00
F832.22　010170
中国人民建设银行外币储蓄会计制度/中国人民建设银行筹资储蓄部编.—北京:新华出版社,1995.12.—118页;19cm
ISBN 7-5011-3029-9:¥3.20
①F832.22②I247.8　010171
储蓄轶事/陈乐著.—成都:西南财经大学出版社,1995.7.—192页;19cm
ISBN 7-81017-990-X:¥9.50
F832.22-62　010172
中国工商银行储蓄宣传实务手册/李英鹏等编著.—哈尔滨:哈尔滨出版社,1995.6.—454页;20cm
ISBN 7-80557-862-1:¥13.00
F832.3　010173
大业箴言录/郭夏著.—成都:西南财经大学出版社,1995.9.—199页;19cm
ISBN 7-81055-021-7:¥6.50
F832.3　010174
房改金融/张建华主编.—北京:中国财政经济出版社,1995.6.—214页;19cm
岗位培训系列教材
ISBN 7-5005-2855-8:¥7.00
F832.3　010175
金融产业/雷熙明,刘本定总纂.—成都:四川大学出版社,1995.11.—210页;19cm.—(第三产业发展指南丛书/许述生主编)
ISBN 7-5614-1213-4:¥9.00
F832.3　010176
中国银行焦作分行业务操作实务/郭崇汾主编;王太平等编.—北京:新华出版社,1995.7.—2册;20cm
内部发行
ISBN 7-5011-2909-6:¥30.00
F832.31　010177
基层人民银行实践与探索/朱国华主编.—南京:江苏人民出版社,1995.10.—351页;20cm
ISBN 7-214-01583-8(精装):¥20.00
F832.31　010178
中国人民银行财务制度/中国人民银行会计司编.—北京:中国金融出版社,1995.9.—26页;19cm
ISBN 7-5049-1500-9:¥2.50
F832.31　010179
中央银行商业景气分析/梁泽金主编.—成都:西南财经大学出版社,1995.7.—166页;20cm
ISBN 7-81017-981-0:¥12.80
F832.31-53　010180
中国人民银行非现场监督论文集/李伏安,张晓轩主编.—北京:改革出版社,1995.10.—261页;19cm
ISBN 7-80072-740-8:¥15.00
F832.31-62　010181
中国人民银行非现场稽核督工作手册/张晓轩主编;中国人民银行稽核监督局编.—北京:中国金融出版社,1995.10.—234页;20cm
ISBN 7-5049-1509-2:¥15.00
F832.33　010182
创建国有商业银行的探索/张鹤军主编.—长春:吉林大学出版社,1995.4.—396页;20cm
ISBN 7-5601-1708-2:¥12.00
F832.33　010183
改革·增长·商业银行/谢卫等主编.—北京:中国金融出版社,1995.11.—343页;20cm
ISBN 7-5049-1419-3:¥19.00
F832.33　010184
工商银行集约化经营问题探索/张秀谷主编.—长沙:湖南科学技术出版社,1995.6.—380页;20cm
ISBN 7-5357-1779-9:¥15.80
F832.33　010185
国有商业银行经营管理之路/武捷思主编.—北京:中国金融出版社,1995.10.—549页;20cm
ISBN 7-5049-1523-8:¥29.80
F832.33　010186

国有商业银行理论探索/潘嵩毅主编.—哈尔滨:黑龙江人民出版社,1995.7.—500页;20cm
ISBN 7-207-03267-6:¥19.50

F832.33 010187
建设银行商业化改革与常规管理/何光昶等主编.—北京:中国财政经济出版社,1995.8.—654页;20cm
ISBN 7-5005-2821-3(精装):¥39.00

F832.33 010188
农业银行统计/徐兴清主编.—上海:同济大学出版社,1995.7.—292页;19cm
ISBN 7-5608-1473-5:¥8.00

F832.33 010189
商业银行成本管理/石春贵等著.—沈阳:辽宁人民出版社,1995.11.—327页;19cm.—(福州大学会计教材丛书)
ISBN 7-205-03487-6:¥16.00

F832.33 010190
商业银行基础知识与实务/周志军主编.—长春:吉林大学出版社,1995.4.—443页;20cm
ISBN 7-5601-1706-6:¥12.50

F832.33 010191
商业银行实务/吴宁锋等主编.—银川:宁夏人民出版社,1995.9.—391页;20cm
ISBN 7-227-01548-3:¥13.80

F832.33 010192
商业银行效益问题研究/张秀谷主编.—长沙:湖南出版社,1995.12.—311页;20cm.—(商业银行理论与实务丛书)
ISBN 7-5438-1145-6:¥14.80

F832.33 010193
商业银行业务与经营/王敏玉,夏秀芬主编.—哈尔滨:哈尔滨工业大学出版社,1995.12.—231页;19cm
ISBN 7-5603-1110-5:¥9.80

F832.33 010194
商业银行业务与经营管理:农业银行向商业银行转轨问题探索/冉领军,才岩主编.—长春:吉林大学出版社,1995.11.—353页;19cm
ISBN 7-5601-1832-1:¥14.80

F832.33 010195
社会主义商业银行的实践与改革:交通银行第二、第三期中青年管理干部进修班论文集/顾炳根主编.—上海:上海科学技术文献出版社,1995.2.—212页;20cm
ISBN 7-5439-0699-6:¥13.50

F832.33 010196
现代商业银行学/王福义,夏彦主编.—长春:吉林大学出版社,1995.12.—318页;19cm
ISBN 7-5601-1852-6:¥9.00

F832.33 010197
香港商业银行实务/陈连华主编.—上海:上海人民出版社,1995.4.—480页;20cm
ISBN 7-208-01934-7:¥20.00

F832.33 010198
中国农业银行统一会计科目.—北京:中国金融出版社,1995.3.—35页;19cm
ISBN 7-5049-1399-5:¥1.50

F832.33 010199
中国商业银行管理论/辛荣耀著.—海口:南海出版公司,1995.2.—274页;20cm
ISBN 7-5442-0099-X:¥15.00

F832.33 010200
中国商业银行体制改革:中国商业银行体制改革国际研讨会文集/中国(海南)改革发展研究院编.—北京:民主与建设出版社,1995.10.—571页;20cm
ISBN 7-80112-042-6:¥19.00

F832.33 010201
中国商业银行业务与经营/朱连才主编.—北京:中国商业出版社,1995.9.—324页;19cm
ISBN 7-5044-3038-2:¥15.95

F832.33 010202
中国社会主义商业银行的探索与实践/金大建主编.—上海:上海人民出版社,1995.6.—492页;20cm
内部发行
ISBN 7-208-01928-2:¥25.00

F832.33 010203
中国专业银行商业化改革/崔扬,高士敏主编.—北京:中国商业出版社,1995.1.—776页;20cm
ISBN 7-5044-1478-6:¥26.00

①F832.33②D922.234 010204
专业银行商业化经营法律保障机制/姚经华等著.—北京:中国经济出版社,1995.6.—287页;20cm
ISBN 7-5017-3508-5:¥12.00

F832.33-39 010205
建设银行计算机应用与管理/赵文明,康佳林主编.—长沙:湖南出版社,1995.11.—433页;26cm
ISBN 7-5438-1113-8:¥32.00

F832.33-43 010206
商业银行会计知识练习册/职业高中金融专业教材编写组编.—上海:上海科技教育出版社,1995.7.—57页;26cm
职业高中金融专业教材
ISBN 7-5428-1152-5:¥4.10

F832.33-53 010207
中国工商银行西北地区会计论文选.—西安:陕西人民出版社,1995.1.—210页;20cm
ISBN 7-224-01571-7:¥8.80

F832.33-53 010208
中国人民建设银行获奖科研课题汇编:1994科研年度/中国人民建设银行投资研究所编.—北京:中国财政经济出版社,1995.7.—342页;20cm
ISBN 7-5005-2848-5:¥18.00

F832.33-54 010209
中国农业银行劳动人事统计年鉴 1994/夏永平主编;中国农业银行人事教育部编.—北京:北京农业大学出版社,1995.9.—183页;26cm
内部资料
ISBN 7-81002-738-7(精装):¥0.00

F832.33-61 010210
中国商业银行实务全书/李文茂,林继顺主编.—北

京:民主与建设出版社,1995.12.—1011页;20cm
ISBN 7-80112-047-7:¥45.00

F832.33-61 010211
最新商业银行运作实务全书/周林等主编.—北京:企业管理出版社,1995.10.—954页;26cm
ISBN 7-80001-596-3(精装):¥188.00

F832.33-63 010212
中国农业银行联行行名行号簿/中国农业银行总行财务会计部编.—北京:中国物价出版社,1995.1.—328页;26cm
ISBN 7-80070-439-4:¥25.00

F832.35 010213
城市信用社理论与实务/蔡泽深,白西经主编.—北京:中国金融出版社,1995.2.—340页;20cm
ISBN 7-5049-1213-1:¥12.00

F832.35 010214
农村金融知识/郑家祥主编.—2版.—杭州:浙江科学技术出版社,1995.12.—199页;20cm.—(农村奔小康指南丛书)
ISBN 7-5341-0877-2:¥8.00

F832.35 010215
农村金融转轨谋略/宋宜敏,王开学主编.—昆明:云南民族出版社,1995.12.—499页;20cm
ISBN 7-5367-1199-9:¥24.80

F832.35 010216
信用社领导艺术/孔繁忠,王米贵主编.—北京:企业管理出版社,1995.12.—299页;20cm
ISBN 7-80001-646-3:¥14.80

F832.35-53 010217
振兴的探索:民族地区农村金融发展战略研究会第五次研讨会论文集/汤明忠主编.—成都:四川大学出版社,1995.3.—268页;19cm
ISBN 7-5614-0889-7:¥8.00

F832.38 010218
中国典当制度史/刘秋根著.—上海:上海古籍出版社,1995.7.—329页;20cm
ISBN 7-5325-1747-0:¥18.20

F832.39 010219
我与中信:1979~1994/温晋平主编.—北京:中信出版社,1995.1.—265页;20cm
ISBN 7-80073-088-3:¥9.80

F832.4 010220
商业银行信贷与现代企业经济活动分析/李琪万,张辉主编.—武汉:湖北人民出版社,1995.8.—441页;20cm
ISBN 7-216-01748-X:¥12.00

F832.4 010221
西方国家与我国的出口信贷体系/刘舒年,王亚松编著.—北京:对外贸易教育出版社,1995.4.—84页;20cm
ISBN 7-81000-705-X:¥5.00

F832.4 010222
新财会税务制度下商业银行对企业信用的评估/韩旺红编著.—北京:中国商业出版社,1995.5.—313页;20cm
ISBN 7-5044-2617-2:¥12.50

F832.4 010223
中国货币信贷政策与制度/尚福林主编.—北京:中国金融出版社,1995.9.—2册;20cm
ISBN 7-5049-1431-2:¥39.50

F832.42 010224
国有商业银行信贷管理/孙波等主编.—济南:山东大学出版社,1995.5.—437页;20cm
ISBN 7-5607-1496-X:¥14.90

F832.43 010225
中国农村合作银行信贷管理学/任泽金著.—贵阳:贵州民族出版社,1995.1.—810页;20cm
ISBN 7-5412-0479-X:¥36.50

F832.48 010226
大众投资的好帮手:万能查息表/梁光辉等编著.—昆明:云南大学出版社,1995.1.—146页;19cm
ISBN 7-81025-487-1:¥6.00

F832.48 010227
对华投资必读:军转民企业卷/杨福坤,孙承军主编.—北京:中国对外经济贸易出版社,1995.8.—435页:彩照;26cm.—(对华投资必读/杜越新,张旭主编)
ISBN 7-80004-473-4:¥130.00

F832.48 010228
河北投资十五年:1979~1993/河北省计划委员会等编.—北京:中国统计出版社,1995.3.—598页:彩图;26cm
ISBN 7-5037-1820-X(精装):¥100.00

F832.48 010229
投资管理研究与探索/孟庆轩,侯羽主编.—北京:中国社会出版社,1995.6.—314页;20cm
ISBN 7-80088-622-0:¥13.00

F832.48 010230
项目融资/王冉主编;东方华尔咨询公司编写.—北京:新华出版社,1995.11.—178页;24×18cm
ISBN 7-5011-3028-0:¥180.00

F832.48-54 010231
中国投资年鉴 1994/中国投资学会编.—北京:中国金融出版社,1995.7.—790页;26cm
ISBN 7-5049-1400-2(精装):¥86.00

F832.48-62 010232
京九铁路沿线投资与合作指南/朱玉生主编.—北京:新华出版社,1995.12.—415页:彩照;28cm
ISBN 7-5011-3036-1(精装):¥258.00

F832.5 010233
'94北京股公开发行:北京市首次公开发行股票资料及有关证券法规汇编/李俊华主编.—北京:改革出版社,1995.1.—678页:彩图;20cm
ISBN 7-80072-629-0:¥22.00

F832.5 010234
港台地区金融市场/袁礼斌编著.—北京:中国大百科全书出版社,1995.10.—142页;19cm.—(百卷本世界市场全书/顾海良等主编)
ISBN 7-5000-5519-6:¥9.80

F832.5　010235
股票发行成功之举/康凯,王垲孔主编.—北京:北京大学出版社,1995.10.—261页;20cm
ISBN 7-301-02881-4:¥28.00

F832.5　010236
国债交易100问/肖兆权,张斐敏编著.—2版.—广州:华南理工大学出版社,1995.6.—263页;19cm
ISBN 7-5623-0866-7:¥13.80

F832.5　010237
国债期货操作指南/方庆主编.—武汉:武汉大学出版社,1995.5.—176页;19cm
ISBN 7-307-01964-7:¥6.00

F832.5　010238
旧中国交易所股票金融市场资料汇编/金融史编委会编.—北京:书目文献出版社,1995.1.—2册(2230页);20cm
ISBN 7-5013-1025-4(精装):¥150.00

F832.5　010239
上海证券交易所上市公司最新情报/万阳,平泰编.—重庆:重庆出版社,1995.11.—178页;19cm
ISBN 7-5366-3283-5:¥7.80

F832.5　010240
深沪选股指南　1995/武凤仪主编;证券时报社编.—海口:海南出版社,1995.7.—280页;29cm
ISBN 7-80590-674-2:¥68.00

F832.5　010241
深圳证券交易所上市公司最新情报/南君,海广编.—重庆:重庆出版社,1995.11.—146页;19cm
ISBN 7-5366-3284-3:¥6.50

F832.5　010242
深圳证券市场年报　1995年　总第5卷/刘新华,胡关金主编;深圳市证券管理办公室,深圳新兰德证券投资咨询有限公司编.—深圳:海天出版社,1995.6.—452页:彩照;29cm
ISBN 7-80615-199-0:¥68.00

F832.5　010243
寻找最佳买卖点/陈宁著.—深圳:海天出版社,1995.8.—247页;20cm.—(君信股票投资丛书;3)
ISBN 7-80615-226-1:¥30.00

F832.5　010244
一个记者眼中的上海股市/方泉著.—北京:中央编译出版社,1995.1.—211页;20cm
ISBN 7-80109-061-6:¥7.80

F832.5　010245
证券评级理论与方法/毛金明主编;王志刚等编著.—北京:中国商业出版社,1995.6.—235页;19cm
ISBN 7-5044-2344-0:¥9.60

F832.5　010246
证券投资与管理/侯耀国,王仁喜主编.—大连:大连出版社,1995.9.—527页;20cm
ISBN 7-80612-186-2:¥16.80

F832.5　010247
中国股票投资指南/投资导报社,泸州老窖股份有限公司编.—深圳:海天出版社,1995.4.—321页:彩图;29cm
ISBN 7-80615-168-0:¥150.00

F832.5　010248
中国股市遭遇激情/周俊生著.—上海:复旦大学出版社,1995.12.—282页;20cm
ISBN 7-309-01581-9:¥12.00

F832.5　010249
中国国债市场发展的道路/高坚著.—北京:中共中央党校出版社,1995.5.—232页;19cm
ISBN 7-5035-1214-8:¥7.20

F832.5　010250
中国票据管理/高程德主编.—北京:企业管理出版社,1995.11.—477页;20cm
ISBN 7-80001-574-2:¥18.00

F832.5　010251
中国期货操作/茆训诚等编著.—上海:上海远东出版社,1995.4.—282页;20cm
ISBN 7-80613-080-2:¥18.00

F832.5　010252
中国期货操作实务/常清主编.—北京:国际文化出版公司,1995.12.—462页;20cm
ISBN 7-80105-354-0:¥24.80

F832.5　010253
中国期货概览　1994/《中国期货》杂志社编.—北京:中国物资出版社,1995.3.—400页;26cm
ISBN 7-5047-1089-X(精装):¥180.00

F832.5　010254
中国证券全书/萧灼基主编.—北京:中国商业出版社,1995.1.—2432页;26cm
ISBN 7-5044-1989-3(精装):¥260.00

F832.5　010255
中国证券投资/范从来等著.—南京:南京大学出版社,1995.11.—491页;20cm
ISBN 7-305-02855-X:¥18.50

F832.5　010256
中国证券与信用评估研究/冯宗宪著.—西安:陕西人民出版社,1995.11.—357页;20cm.—(系统与管理科学研究文库/汪应洛主编)
ISBN 7-224-03811-3:¥13.80

F832.5-53　010257
中国走向市场经济中的证券市场:中国证券市场发展国际研讨会文集/中国(海南)改革发展研究院编.—北京:民主与建设出版社,1995.10.—277页;20cm
ISBN 7-80112-041-8:¥12.00

F832.5-54　010258
1995年股票年报/上海申银证券研究所编著.—上海:上海科学技术文献出版社,1995.6.—389页;26cm
ISBN 7-5439-0738-0:¥50.00

F832.5-54　010259
上海证券交易所市场统计年鉴　1994/上海证券交易所编.—上海:上海财经大学出版社,1995.11.—329页;29cm
ISBN 7-81049-020-6:¥50.00

F832.5-54　010260

上海证券年鉴　1995/厉无畏,俞文华主编;《上海证券年鉴》编辑部编.—上海:上海社会科学院出版社,1995.12.—660页;26cm

ISBN 7-80618-158-X(精装):¥90.00

F832.5-54　010261

中国证券市场年报　1995/金建栋主编;中国证券业协会编.—北京:中国金融出版社,1995.11.—364页:彩图;29cm

ISBN 7-5049-1544-0:¥88.00

F832.5-54　010262

中国证券业年鉴　1995　总第三期/《中国证券业年鉴》编辑委员会编.—北京:新华出版社,1995.10.—574页;28cm

ISBN 7-5011-3044-2(精装):¥220.00

F832.6　010263

1994年汇价汇编/国家外汇管理局编.—上海:三联书店上海分店,1995.12.—442页;20cm

ISBN 7-5426-0911-4:¥30.00

F832.6　010264

汇率预测与外汇交易技巧/杨自理,侯慧卿主编.—北京:科学技术文献出版社,1995.12.—383页;20cm

ISBN 7-5023-2278-7:¥14.80

F832.6　010265

外汇利率资料汇编:1980~1994/中国银行综合计划部编.—成都:西南财经大学出版社,1995.3.—162页;20cm

ISBN 7-81017-902-0:¥6.00

F832.6　010266

我国汇制改革和外汇风险管理/孙兆康编著.—西安:西北工业大学出版社,1995.12.—203页;19cm

ISBN 7-5612-0822-7:¥8.00

F832.6　010267

我国经济发展中的外汇市场研究/叶永刚著.—武汉:武汉大学出版社,1995.3.—159页;20cm

ISBN 7-307-01931-0:¥5.00

F832.6　010268

吸收外资最佳方式选择/胡景岩编著.—北京:中信出版社,1995.9.—437页;20cm.—(利用外资丛书)

ISBN 7-80073-095-6:¥20.00

F832.6　010269

中国利用外资基础知识/李岚清主编.—北京:中共中央党校出版社,1995.4.—401页;20cm

ISBN 7-5035-1173-7:¥17.60

F832.6　010270

中国招商引资实用大全/王家新,许建斌主编.—北京:中国统计出版社,1995.6.—968页;26cm

ISBN 7-5037-1790-4(精装):¥150.00

F832.63　010271

贸易外汇管理与核销/陈正溪等编著.—武汉:华中理工大学出版社,1995.5.—188页;19cm

ISBN 7-5609-1126-9:¥5.00

F832.63　010272

外汇风险管理实务/陶湘主编.—北京:中国金融出版社,1995.2.—624页;20cm

ISBN 7-5049-1321-9:¥22.00

F832.63　010273

外汇监管实务/李清训,李学平主编.—北京:中国金融出版社,1995.7.—618页;20cm

ISBN 7-5049-1408-8(精装):¥29.50

F832.63　010274

外汇理论与实务/孙成刚编著.—北京:中国审计出版社,1995.1.—360页;20cm

ISBN 7-80064-343-3:¥10.00

F832.63　010275

中国外汇体制改革理论与实践/尚平顺,严彩郡主编.—北京:中国经济出版社,1995.8.—610页;20cm

ISBN 7-5017-3531-X:¥28.00

F832.63　010276

中国外汇外债管理实务/凌则提主编;国家外汇管理局编.—北京:中国金融出版社,1995.7.—524页;20cm

ISBN 7-5049-1453-3:¥26.00

F832.7　010277

跨世纪中国特区金融改革思路/林毅荣主编.—北京:中国金融出版社,1995.10.—332页;20cm

ISBN 7-5049-1416-9:¥17.00

F832.722-54　010278

河北农村金融年鉴　(下):1989~1993/翟洪尧主编.—北京:中央编译出版社,1995.5.—643页;26cm

ISBN 7-80109-075-6(精装):¥140.00

F832.722.4　010279

赵县金融志/王庆辰等主编;赵县金融志编纂委员会编.—石家庄:河北人民出版社,1995.7.—358页:彩照;20cm

ISBN 7-202-01764-4(精装):¥35.00

F832.726.2　010280

赤峰农牧金融志/郑惠民主编;《赤峰农牧金融志》编纂委员会编.—呼和浩特:内蒙古人民出版社,1995.7.—864页:彩照;26cm

ISBN 7-204-02837-6(精装):¥95.00

F832.731.3　010281

本溪金融志/张文汇,张宝纯主编.—沈阳:辽宁人民出版社,1995.6.—600页:彩照;26cm

ISBN 7-205-03234-2(精装):¥65.00

F832.731.3　010282

丹东市金融志:1876~1985/徐锦全主编;丹东市金融志办公室编.—沈阳:辽宁大学出版社,1995.12.—411页:彩照;26cm

ISBN 7-5610-3100-9(精装):¥80.00

F832.734　010283

开拓与探索:建设银行吉林省分行·吉林省投资学会1995年度科研课题论文选/白力主编.—长春:吉林人民出版社,1995.11.—330页;20cm

ISBN 7-206-02334-7:¥12.00

F832.751　010284

上海金融机构名录/上海市金融学会,上海邦依谋略事务所编.—上海:上海人民出版社,1995.4.—203页:图;20cm

ISBN 7-208-01967-3:¥13.30

F832.752.3 010285

济宁市金融志/林飞主编;《济宁市金融志》编纂委员会编.—济南:山东人民出版社,1995.4.—260页;26cm

ISBN 7-209-01710-0(精装):¥48.00

F832.753.1 010286

南京金融志/李如斌主编;南京市地方志编纂委员会编.—南京:南京出版社,1995.10.—793页:彩图;20cm.—(南京市志丛书)

ISBN 7-80614-168-5(精装):¥39.00

F832.753.3 010287

南通市金融志/杨桐主编;南通市金融志编纂委员会编.—北京:中国金融出版社,1995.6.—375页;26cm

ISBN 7-5049-1342-1(精装):¥43.00

F832.755.3 010288

温州市金融志/吴鸿鸣主编;《温州市金融志》编辑委员会编.—上海:上海科学技术文献出版社,1995.7.—357页:照片;26cm.—(温州市地方志丛书)

ISBN 7-5439-0774-7(精装):¥40.00

F832.756 010289

九江金融志:1840~1990/刘庐生,杨华履主编.—南昌:江西人民出版社,1995.12.—332页:彩照;26cm.—(江西省地方志丛书)

ISBN 7-210-01583-3(精装):¥32.00

F832.756 010290

南昌市农村金融志/中国农业银行南昌市分行编.—南昌:江西人民出版社,1995.2.—451页;20cm

ISBN 7-210-01448-9(精装):¥28.00

F832.757 010291

南平地区金融志/曾天煌主编;《南平地区金融志》编纂室编.—北京:方志出版社,1995.11.—343页:彩照;20cm

ISBN 7-80122-019-6(精装):¥36.00

F832.758 010292

台湾金融纵横谈/黄宝奎著.—北京:中国经济出版社,1995.1.—403页;20cm

ISBN 7-5017-2933-6:¥14.80

F832.761-54 010293

河南金融年鉴 1995/裴群国,胡国瑞主编;《河南金融年鉴》编辑部编.—郑州:中州古籍出版社,1995.8.—444页;26cm

ISBN 7-5348-1392-1(精装):¥98.00

F832.761.3 010294

领先一步:南阳农行的"CI"行动/程守关,陈荣友编著.—郑州:河南人民出版社,1995.10.—278页;20cm

ISBN 7-215-02769-4:¥15.00

F832.763 010295

加快经济发展 加大投资力度/高瑞科主编.—武汉:湖北科学技术出版社,1995.8.—188页;20cm

ISBN 7-5352-1722-2:¥8.00

F832.765-53 010296

深圳银行业资产风险管理探索与实践/王喜义主编.—北京:中国金融出版社,1995.5.—600页;20cm

ISBN 7-5049-1401-0:¥32.00

F832.765.3 010297

建市七年的河源金融产业/陈云青主编.—广州:广东高等教育出版社,1995.8.—229页:彩照;26cm.—(广东金融改革开放十五年丛书/傅柏年主编)

ISBN 7-5361-1740-X:¥31.50

F832.765.4 010298

南海县农村金融志:1840~1990/冯毅主编;南海县农村金融志编纂委员会编.—广州:广东人民出版社,1995.3.—291页;26cm.—(南海县地方志丛书)

ISBN 7-218-01619-7(精装):¥60.00

F832.765.8 010299

香港金融市场透析/李春芳主编.—北京:中国经济出版社,1995.12. 242页;19cm.—(港澳台实用经济丛书/谢明干,杨松华主编)

ISBN 7-5017-3468-2:¥8.80

F832.767.1 010300

南宁市金融志/《南宁市金融志》编纂委员会编.—南宁:广西人民出版社,1995.11.—277页;26cm

ISBN 7-219-03032-0(精装):¥50.00

F832.771 010301

发展中的重庆金融业/《发展中的重庆金融业》编委会编.—重庆:重庆出版社,1995.2.—236页:彩照;20cm

ISBN 7-5366-3069-7(精装):¥18.00

F832.771 010302

四川城市金融三十六年/王茂亭主编.—成都:西南财经大学出版社,1995.12.—807页:照片;20cm

ISBN 7-81055-036-5(精装):¥29.00

F832.774 010303

开拓前进的云南金融事业/袁明祥,雷加明主编.—北京:中国金融出版社,1995.1.—185页;29cm

ISBN 7-5049-1360-X:¥160.00

F832.774 010304

云南金融统计:1950~1993/中国人民银行云南省分行编.—北京:中国统计出版社,1995.10.—1739页;26cm

ISBN 7-5037-2042-5(精装):¥150.00

①F832.774②I25 010305

银苑潮声/刘文庆主编.—昆明:云南美术出版社,1995.7.—392页;19cm

ISBN 7-80586-189-7:¥24.00

F832.774.2 010306

德宏州金融志/黄维勋主编;德宏州金融志编纂组编.—芒市:德宏民族出版社,1995.8.—323页:照片;20cm.—(德宏州地方志丛书)

内部发行

ISBN 7-80525-265-3(精装):¥38.00

F832.9 010307

古道与新辙:中国金融稽核史漫笔/胡天意,文纯清著.—北京:中国金融出版社,1995.6.—245页;19cm.—(金融稽核监督系列丛书;1/任新有主编)

ISBN 7-5049-1425-8:¥8.20

F832.9 010308

交通银行史料 第一卷:1908~1949/交通银行总行,中国第二历史档案馆编.—北京:中国金融出版社,

1995.12.—2册(1705页):照片;20cm
ISBN 7-5049-1506-8(精装):¥87.60

F832.9　010309
明清晋商与货币金融史/王尚义等编.—太原:山西古籍出版社,1995.11.—271页:图;20cm.—(山西地方经济研究丛书/徐月文主编)
ISBN 7-80598-099-3:¥19.80

F832.95　010310
简明近代金融史/桑润生编著.—上海:立信会计出版社,1995.5.—258页;20cm
ISBN 7-5429-0270-9:¥10.50

F832.96　010311
抗日战争时期国民政府财政金融政策/崔国华主编.—成都:西南财经大学出版社,1995.2.—465页;20cm
ISBN 7-81017-880-6:¥13.00

F832.96　010312
中国银行行史:1912~1949年/卜明主编;《中国银行行史》编辑委员会编.—北京:中国金融出版社,1995.9.—2册(949页):图版;22cm
ISBN 7-5049-1514-9(精装):¥72.00

F832.96　010313
中国银行行史:1912~1949年/卜明主编;《中国银行行史》编辑委员会编.—北京:中国金融出版社,1995.9.—949页:图版;20cm
ISBN 7-5049-1515-7(精装):¥58.00

F832.96　010314
中国银行行史:1921~1949/卜明主编;中国银行行史编辑委员会编著.—北京:中国金融出版社,1995.9.—949页:照片;20cm
ISBN 7-5049-1391-X:¥48.00

F832.96　010315
中国银行行史资料汇编　上编:1912~1949/中国银行总行、中国第二历史档案馆编.—北京:档案出版社,1995.—3册;20cm
ISBN 7-80019-251-2(精装):¥70.00

F833.126.1　010316
韩国金融体制与运作/张明梁,闻岳春编著.—北京:东方出版社,1995.6.—124页;19cm.—(韩国研究系列丛书/高佩义主编)
ISBN 7-5060-0602-2:¥6.00

F833.13　010317
日本商业银行/秦洪顺等著.—北京:中国商业出版社,1995.9.—99页;19cm
ISBN 7-5044-3043-9:¥10.00

F833.130　010318
日本的金融政策/(日)铃木淑夫著;张云方等译.—北京:中国发展出版社,1995.2.—152页;19cm.—(发展文库/马洪,孙尚清主编)
ISBN 7-80087-184-3:¥5.40

F833.134.8　010319
战后日本对外直接投资与外国对日本直接投资/卢汉林著.—武汉:武汉大学出版社,1995.3.—228页;20cm
ISBN 7-307-01935-3:¥8.50

F833.135　010320
当代日本股票市场研究/康焕军著.—北京:东方出版社,1995.1.—192页;20cm.—(日本研究博士丛书)
ISBN 7-5060-0552-2:¥7.00

F833.135　010321
日本金融市场/胡坚编著.—北京:中国大百科全书出版社,1995.10.—157页;19cm.—(百卷本世界市场全书/顾海良等主编)
ISBN 7-5000-5516-1:¥9.80

F835.16　010322
德意志联邦银行货币政策/德意志联邦银行编;邵琴,韩明智译.—北京:中国金融出版社,1995.9.—130页;23cm
ISBN 7-5049-1494-0:¥20.00

F835.305　010323
北欧金融市场/王全斌,吕大良编著.—北京:中国大百科全书出版社,1995.10.—149页;19cm.—(百卷本世界市场全书/顾海良等主编)
ISBN 7-5000-5515-3:¥9.80

F835.605　010324
西欧金融市场/郭元析编著.—北京:中国大百科全书出版社,1995.10.—146页;19cm.—(百卷本世界市场全书/顾海良等主编)
ISBN 7-5000-5514-5:¥9.80

F837.123　010325
美国金融面面观:美国金融管理与社会服务/刘红,徐筱凤主编.—上海:学林出版社,1995.10.—222页;20cm
ISBN 7-80616-119-8:¥8.80

F837.123　010326
中央银行职能:美国联邦储备体系的经验/陈元主编.—北京:中国金融出版社,1995.8.—390页:照片;20cm
ISBN 7-5049-1487-8:¥29.00

F837.125　010327
美国金融市场/李晓峰编著.—北京:中国大百科全书出版社,1995.10.—149页;19cm.—(百卷本世界市场全书/顾海良等主编)
ISBN 7-5000-5513-7:¥9.80

F837.125　010328
纵横华尔街/高潮生著.—北京:中国金融出版社,1995.5.—297页;20cm
ISBN 7-5049-1478-9:¥18.50

F837.126　010329
战后外国在美国投资发展研究/张建清著.—武汉:武汉大学出版社,1995.3.—243页;20cm.—(当代美国经济研究丛书/郭吴新主编)
ISBN 7-307-01941-8:¥7.60

F84 保险

F84　010330

保险经济新论/杜金琦,李曦辉主编.—呼和浩特:内蒙古人民出版社,1995.12.—258页;20cm

ISBN 7-204-02865-1:¥8.00

F84 010331

保险专业知识与实务应试指导:初、中级/塞风,赵履宽主编.—北京:企业管理出版社,1995.2.—2册;26cm.—(经济学博士编著"1995年经济专业资格考试应试指导"丛书)

全国经济专业技术资格考试指定教材理想配套辅导用书

ISBN 7-80001-530-0:¥31.60

F84 010332

保险总论/马恒运等主编.—郑州:河南人民出版社,1995.8.—435页;20cm

ISBN 7-215-03484-4:¥16.80

F84 010333

现代保险/王轶豪,徐福君主编.—青岛:青岛出版社,1995.9.—405页;20cm.—(现代经济理论丛书/谭崇台,伍海华编)

ISBN 7-5436-1205-4:¥15.60

F84-49 010334

保险基础知识/陶存文编著.—上海:立信会计出版社,1995.6.—143页;19cm.—(立信财经丛书)

ISBN 7-5429-0303-9:¥6.00

F84-62 010335

实用保险指南/程会场主编.—北京:改革出版社,1995.5.—210页;19cm

ISBN 7-80072-668-1:¥5.00

F840 010336

保险概论/赵秀池,苏向杰编.—北京:中国农业出版社,1995.12.—133页;26cm

中央农业广播电视学校教材 经济类专业用

ISBN 7-109-04211-1:¥6.15

F840 010337

保险精算学/王晓军等编著.—北京:中国人民大学出版社,1995.12.—466页;20cm

ISBN 7-300-02087-9:¥18.00

F840 010338

保险学概论/杨清等主编.—南昌:江西科学技术出版社,1995.7.—350页;20cm

ISBN 7-5390-0919-5:¥10.80

F840 010339

保险学纲要/郑延泽,孟彩云主编.—郑州:河南人民出版社,1995.12.—263页;20cm

ISBN 7-215-03570-0:¥12.00

F840 010340

风险理论/( )Bewere,N.L.等著;郑韫瑜,余跃年译. 上海:上海科学技术出版社,1995.11.—152页;20cm.—(保险精算丛书/李大潜主编)

ISBN 7-5323-4143-7:¥20.00

F840 010341

风险与人身安全/王福山,石俊杰主编.—北京:知识出版社,1995.12.—241页;20cm

ISBN 7-5015-1321-X:¥8.00

F840 010342

利息理论 /( )Kellison,S.G.著;尚汉冀译.—上海:上海科学技术出版社,1995.11.—508页;20cm.—(保险精算丛书/李大潜主编)

ISBN 7-5323-4155-0:¥35.00

F840 010343

现代保险通释/程会场,李宝臣主编.—北京:中国社会出版社,1995.10.—254页;20cm

ISBN 7-80088-699-9:¥10.00

F840.3 010344

各国保险公司管理与运作/郑功成,许飞琼著.—贵阳:贵州人民出版社,1995.12.—234页;20cm.—(国际经济惯例丛书/周成启主编)

ISBN 7-221-04031-1:¥11.50

F840.4 010345

对外贸易保险/陈欣编著.—北京:对外贸易教育出版社,1995.3.—197页;19cm

《对外贸易实务运作》系列教学录像片教材

ISBN 7-81000-731-9:¥7.80

F840.4 010346

人寿保险会计与实务/贺苏等编著.—济南:山东人民出版社,1995.12.—245页;19cm

ISBN 7-209-01862-X:¥10.80

F840.6-43 010347

上海市寿险代理人培训教材/上海市保险同业公会编.—上海:上海财经大学出版社,1995.10.—133页;20cm

ISBN 7-81049-017-6:¥10.00

F840.62 010348

人身保障的理论与实践/陈朝先主编.—成都:西南财经大学出版社,1995.4.—287页;20cm

ISBN 7-81017-944-6:¥11.80

F840.62 010349

人寿保险的原理与推销/何志光等著.—上海:上海社会科学院出版社,1995.4.—148页;20cm

ISBN 7-80618-090-7:¥6.80

F840.63 010350

国际海上运输货物保险实务/(日)加藤修著;周学业,王秀芬译.—大连:大连海事大学出版社,1995.10.—379页;20cm

ISBN 7-5632-0805-4:¥16.50

F840.66 010351

农业保险概论/任素梅主编.—北京:中国农业出版社,1995.4.—159页;19cm

ISBN 7-109-03710-X:¥7.50

F840.69 010352

出口信用保险规范与运作/杨学进编著.—北京:中共中央党校出版社,1995.3.—390页;20cm.—(市场经济规范与运作丛书)

ISBN 7-5035-1171-0:¥11.80

F840.69 010353

医疗保险学概论/陈智明主编.—深圳:海天出版社,1995.8.—647页;20cm

ISBN 7-80615-202-4:¥38.00

F840.69－62　010354
中国担保业务知识手册/倪红日主编.—北京:中国轻工业出版社,1995.8.—279页;20cm
ISBN 7－5019－1734－5:¥15.00

F841.0　010355
世界各国保险制度/盛亚峰等编著.—北京:中国大百科全书出版社,1995.10.—162页;19cm.—(百卷本世界市场全书/顾海良等主编)
ISBN 7－5000－5584－6:¥9.80

F842　010356
社会保险制度改革15讲/劳动部,中央电视台组织编写.—北京:中国劳动出版社,1995.9.—285页;19cm
社会保险制度改革电视讲座配套教材
ISBN 7－5045－1832－8:¥18.00

F842　010357
社会保障体制改革/刘志峰主编;国家经济体制改革委员会编.—北京:改革出版社,1995.5.—298页;20cm
ISBN 7－80072－663－0:¥10.00

F842　010358
现代企业与社会保障/闽理,樊建丰编著.—合肥:安徽人民出版社,1995.4.—184页;20cm.—(现代企业制度丛书/吴天林主编)
ISBN 7－212－01196－7:¥5.80

F842－61　010359
中国社会保险工作全书/朱家甄,张塞主编.—北京:中国统计出版社,1995.1.—1086页;26cm
ISBN 7－5037－1683－5(精装):¥128.00

F842－62　010360
保险条款费率辞释大全/马鸣家主编.—北京:中国商业出版社,1995.8.—891页;26cm
ISBN 7－5044－2168－5(精装):¥120.00

F842－62　010361
社会保险工作指南/林国庆,吕传信主编.—济南:山东人民出版社,1995.2.—293页;19cm
ISBN 7－209－01703－8:¥7.90

F842.0　010362
全国机关事业单位社会保险制度改革资料汇编/人事部社会保险与离退休管理司编.—北京:中国人事出版社,1995.5.—485页;19cm
ISBN 7－80076－686－1:¥12.00

F842.0　010363
上海市浦东新区90年代社会保障发展规划研究/马伊里等主编.—上海:上海社会科学院出版社,1995.7.—380页;20cm
ISBN 7－80618－099－0:¥15.00

F842.0　010364
社会保险改革与探索/劳动部社会保障事业管理局地方部编.—哈尔滨:黑龙江科学技术出版社,1995.3.—424页;19cm
内部发行
ISBN 7－5388－2733－1:¥12.60

F842.0　010365
社会保险原理与政策/石刚主编.—延吉:延边大学出版社,1995.12.—183页;19cm
ISBN 7－5634－0821－5:¥6.00

F842.0　010366
养老保险改革的理论与政策/林义著.—成都:西南财经大学出版社,1995.8.—246页;20cm
ISBN 7－81017－935－7:¥10.80

F842.0　010367
震荡与稳定:云南民族地区社会保险问题研究/余慧生主编.—昆明:云南民族出版社,1995.10.—179页;20cm
ISBN 7－5367－1070－4:¥19.50

F842.0－62　010368
机关事业单位社会保险手册/盛晓昆主编.—哈尔滨:黑龙江人民出版社,1995.9.—561页;19cm
ISBN 7－207－03150－5:¥19.00

F842.4　010369
养老保险指南/李正光主编;上海市社会保险管理局编.—上海:立信会计出版社,1995.9.—178页;20cm.—(社会保险丛书;1)
ISBN 7－5429－0283－0:¥8.00

F842.4　010370
中国人民保险公司家庭财产保险条款汇编/中国人民保险公司财产保险部编.—北京:经济科学出版社,1995.5.—533页;20cm
ISBN 7－5058－0800－1:¥19.50

F842.4－53　010371
春秋工程论:计划生育保险论文集/刘国珍主编.—郑州:河南人民出版社,1995.5.—240页;19cm
ISBN 7－215－03453－4:¥7.20

F842.4－62　010372
中国机动车辆保险与事故预防处理手册/车全安编著.—广州:华南理工大学出版社,1995.8.—298页;19cm
ISBN 7－5623－0894－2:¥22.00

F842.4－62　010373
中国社会保险改革实务手册/韩良诚,施明才主编.—北京:中国计量出版社,1995.11.—967页;26cm
ISBN 7－5026－0847－8(精装):¥158.00

F842.9　010374
沧州保险志/毛云鹏主编.—北京:团结出版社,1995.12.—220页:彩照;20cm
ISBN 7－80061－822－6(精装):¥38.00

G 文化、科学、教育、体育

G0 文化理论

G0 010375
美好的中国人:中西文化互补造福人类/张祥平著.—北京:华夏出版社,1995.2.—426页;19cm
ISBN 7-5080-0656-9:¥10.00

G0 010376
人的文化素质与现代化:中国城市居民文化素质研究报告/景怀斌等著.—北京:人民出版社,1995.12.—405页;20cm
ISBN 7-01-002259-3:¥19.00

G0 010377
文化经济论稿/王恒富,石争主编.—北京:人民出版社,1995.8.—287页;20cm
ISBN 7-01-002202-X:¥13.00

G0 010378
文化力/贾春峰著.—北京:人民出版社,1995.12.—266页;20cm.—(中外名人学术文库)
ISBN 7-01-002234-8:¥19.80

G0 010379
现代文化学/梅新林,赵光育主编.—呼和浩特:内蒙古人民出版社,1995.10.—332页;20cm
ISBN 7-204-02988-7:¥9.80

G0-03 010380
东西方思想文化比较研究:东西方思想文化在中国、朝鲜、日本之比较/李宗耀著.—延吉:延边大学出版社,1995.12.—254页;20cm
ISBN 7-5634-0836-3:¥18.00

①G0-03②I0-03 010381
多种视角:文化及文学比较研究论文集/常耀信主编.—天津:南开大学出版社,1995.8.—364页;20cm
ISBN 7-310-00735-2:¥14.60

G0-49 010382
伊甸园中的禁果/徐柏容著.—北京:中国书籍出版社,1995.9.—343页;20cm
ISBN 7-5068-0444-1:¥12.00

G03 010383
独角兽与龙——在寻找中西文化普遍性中的误读/乐黛云,勒·比雄主编.—北京:北京大学出版社,1995.10.—230页;20cm
ISBN 7-301-02925-X:¥10.50

G04 010384
传统文化·现代文明·开放教育/韩景文著.—大连:大连理工大学出版社,1995.12.—291页;19cm
ISBN 7-5611-1067-7:¥8.50

G04 010385
传统文化研究 第四辑/陆承曜主编.—苏州:古吴轩出版社,1995.12.—306页;19cm
ISBN 7-80574-200-6:¥8.00

G04 010386
跨文化交流学:提高涉外交流能力的学问/关世杰著.—北京:北京大学出版社,1995.10.—441页;20cm
ISBN 7-301-02895-4:¥15.50

G04 010387
论中国传统文化的深层结构/李颖科著.—西安:陕西人民出版社,1995.3.—208页;19cm
ISBN 7-224-00854-0:¥6.50

G04 010388
现代与传统 (9)/何博传主编.—广州:岭南美术出版社,1995.12.—96页;29cm
ISBN 7-5362-1328-X:¥5.00

G04 010389
中国人崇拜祖先的传统/林晓平编著.—北京:北京科学技术出版社,1995.1.—120页;19cm.—(中国历史知识全书·灿烂文化/朱仲玉主编)
ISBN 7-5304-1657-X:¥3.90

G04 010390
中华文化基本精神概说/陆玉才著.—沈阳:辽宁大学出版社,1995.12.—242页;19cm
ISBN 7-5610-3084-3:¥7.50

①G04②I206.6 010391
十字架下的徘徊:基督宗教文化和中国现代文学/马佳著.—上海:学林出版社,1995.12.—260页;20cm
ISBN 7-80616-171-6:¥12.00

①G04②J05 010392
世纪晚钟:当代文化与艺术趣味评述/高小康著.—北京:东方出版社,1995.5.—332页;20cm.—(东方书林之旅·采桑子书系)
ISBN 7-5060-0525-5:¥14.00

①G04②K203 010393
中国传统文化精神:代表中国传统文化的三十本书/庞朴,刘泽华主编.—沈阳:辽宁人民出版社,1995.6.—690页;20cm
ISBN 7-205-02969-4(精装):¥29.00

G04-53 010394
现代化与社会文化/华东师范大学日本研究中心,日中文化研究会主编.—上海:学林出版社,1995.7.—345页;20cm
ISBN 7-80616-115-5:¥15.00

G04-53 010395
音调未定的传统/朱维铮著.—沈阳:辽宁教育出版

社,1995.3.—341 页;20cm.—(书趣文丛·第一辑;8)
ISBN 7-5382-3691-0:¥13.50

G04-53 010396
原道 第二辑/陈明主编;《原道》编委会编.—北京:团结出版社,1995.4.—408 页;20cm
ISBN 7-80061-271-6:¥15.00

G07 010397
文化地理学/王恩涌等编著.—南京:江苏教育出版社,1995.4.—368 页;20cm.—(人文地理学丛书/吴传钧主编)
ISBN 7-5343-2310-X:¥6.35

G07 010398
文化地理学引论/李慕寒等著.—徐州:中国矿业大学出版社,1995.12.—211 页;20cm
ISBN 7-81040-471-7:¥9.00

G1 世界各国文化事业概况

G112 010399
现代汽车文化/方集林主编.—上海:上海人民出版社,1995.4.—241 页:照片;20cm
ISBN 7-208-01925-8:¥15.50

G113 010400
外国文化管理纵览/范中汇主编;文化部对外文化联络局,中外文化交流杂志社编.—北京:文化艺术出版社,1995.1.—1173 页;20cm
ISBN 7-5039-1340-1(精装):¥43.00

G12 010401
科学与文化的足迹/吕乃基编著.—西安:陕西人民教育出版社,1995.10.—285 页;20cm
ISBN 7-5419-5739-9:¥10.50

G12 010402
天地玄黄/杨依现著.—广州:中山大学出版社,1995.12.—496 页;20cm
ISBN 7-306-01034-4:¥18.00

G12 010403
文化——走向市场后的思考:昆明市文化市场建设理论研究文集/杨远翔主编.—昆明:云南民族出版社,1995.5.—227 页;19cm
ISBN 7-5367-1008-9:¥9.80

G12 010404
新学苦旅:科学·社会·文化的大撞击/刘大椿,吴向红著.—南昌:江西高校出版社,1995.2.—273 页;20cm
ISBN 7-81033-449-2(精装):¥13.50

G12 010405
中国文化概论/金毅编著.—北京:中国广播电视出版社,1995.10.—2 册(1671 页);20cm
ISBN 7-5043-1955-4:¥51.00

G12 010406
中国文化走向论/田秉锷著.—成都:四川人民出版社,1995.2.—301 页;19cm
ISBN 7-220-02761-3:¥12.80

G120 010407
市场经济与文化发展论文集/赵长青,齐铁健主编.—哈尔滨:黑龙江人民出版社,1995.5.—283 页;20cm
ISBN 7-207-03259-5:¥8.00

G120 010408
文化建设与管理/欧阳军等编著.—长沙:湖南出版社,1995.3.—245 页;20cm.—(精神生产研究丛书/夏赞忠主编)
ISBN 7-5438-0943-5(精装):¥10.70

G122 010409
茶文化/冈夫编著.—北京:中国经济出版社,1995.3.—151 页;19cm.—(雅俗文化书系·赏鉴类/严平主编)
ISBN 7-5017-3235-3:¥6.60

G122 010410
长安食话/何金铭著.—西安:陕西人民出版社,1995.2.—359 页;20cm
ISBN 7-224-03623-4:¥9.80

G122 010411
大转型:后新时期文化研究/谢冕,张颐武著.—哈尔滨:黑龙江教育出版社,1995.12.—447 页;20cm
ISBN 7-5316-2830-9:¥13.60

G122 010412
东方蓝色文化:中国海洋文化传统/宋正海著.—广州:广东教育出版社,1995.5.—241 页;20cm.—(天地生人丛书·第一辑/宋正海,孙关龙主编)
ISBN 7-5406-2871-5:¥8.60

G122 010413
斗草藏钩:中国游戏文化/顾鸣塘著.—上海:上海古籍出版社,1995.2.—237 页;19cm.—(中国古代生活文化丛书·第二辑)
本套丛书共 10 册,总定价:78.70 元
ISBN 7-5325-1683-0:¥0.00

G122 010414
服饰文化/陈丕西编著.—北京:中国经济出版社,1995.3.—153 页;19cm.—(雅俗文化书系·赏鉴类/严平主编)
ISBN 7-5017-3237-X:¥6.60

G122 010415
归去来兮:隐逸的文化透视/张立伟著.—北京:三联书店,1995.9.—270 页;20cm.—(中华文库/许力以,林言椒主编)
ISBN 7-108-00769-X:¥13.00

G122 010416
鬼文化/黄盛华,周启云编著.—北京:中国经济出版社,1995.3.—165 页;19cm.—(雅俗文化书系·雅俗类/严平主编)
ISBN 7-5017-3246-9:¥6.80

G122 010417
国故新知论:学衡派文化论著辑要/孙尚扬,郭兰芳编.—北京:中国广播电视出版社,1995.12.—523 页;

20cm.—(中国文化书院文库·二十世纪中国文化论著辑要丛书/汤一介主编)

ISBN 7－5043－2731－X:￥19.80

G122　010418

活文化/舒远招编著.—北京:中国经济出版社,1995.3.—146页;19cm.—(雅俗文化书系·雅俗类/严平主编)

ISBN 7－5017－3241－8:￥6.80

G122　010419

纪茗/胡建程,浩耕编著.—杭州:浙江摄影出版社,1995.12.—189页;19cm.—(中国茶文化丛书/浩耕,梅重主编)

ISBN 7－80536－275－0:￥18.00

G122　010420

鉴壶/寇丹编著.—杭州:浙江摄影出版社,1995.12.—201页;19cm.—(中国茶文化丛书/浩耕,梅重主编)

ISBN 7－80536－277－7:￥18.00

G122　010421

江湖文化/闰泉编著.—北京:中国经济出版社,1995.3.—167页;19cm.—(雅俗文化书系·江湖类/严平主编)

ISBN 7－5017－3248－5:￥6.80

G122　010422

酒文化与健康/张作沛,常毅主编.—济南:齐鲁书社,1995.4.—468页;20cm

ISBN 7－5333－0472－1:￥11.60

G122　010423

客家饮食文化/王增能著.—福州:福建教育出版社,1995.10.—160页;20cm.—(客家文化丛书/谢重光主编)

ISBN 7－5334－1936－7:￥9.30

G122　010424

乐文化/欧阳海燕编著.—北京:中国经济出版社,1995.3.—163页;19cm.—(雅俗文化书系·雅俗类/严平主编)

ISBN 7－5017－3247－7:￥6.80

G122　010425

菱花照影:中国镜文化/聂世美著.—上海:上海古籍出版社,1995.2.—229页;19cm.—(中国古代生活文化丛书·第二辑)

本套丛书共10册,总定价:78.70元

ISBN 7－5325－1788－8:￥

G122　010426

买办文化/李燕编著.—北京:中国经济出版社,1995.3.—161页;19cm.—(雅俗文化书系·江湖类/严平主编)

ISBN 7－5017－3250－7:￥6.80

G122　010427

梦文化/申洁玲编著.—北京:中国经济出版社,1995.3.—170页;19cm.—(雅俗文化书系·雅俗类/严平主编)

ISBN 7－5017－3244－2:￥6.80

G122　010428

人境壶天:中国园林文化/曹明纲著.—上海:上海古籍出版社,1995.2.—230页;19cm.—(中国古代生活文化丛书·第二辑)

本套丛书共10册,总定价:78.70元

ISBN 7－5325－1679－2:￥

G122　010429

人生四事:衣食住行/李宽双等编.—长沙:湖南出版社,1995.12.—625页;20cm

ISBN 7－5438－1116－2:￥21.80

G122　010430

神功奇行:中国特异功能文化/史良昭著.—上海:上海古籍出版社,1995.2.—249页;19cm.—(中国古代生活文化丛书·第二辑)

本套丛书共10册,总定价:78.70元

ISBN 7－5325－1790－X:￥

G122　010431

神奇的阿里文化:中国西藏阿里纪行/杨年华编著.—西宁:青海人民出版社,1995.7.—108,29页;19cm

ISBN 7－225－01083－2:￥6.50

G122　010432

神文化/黄盛华编著.—北京:中国经济出版社,1995.3.—152页;19cm.—(雅俗文化书系·雅俗类/严平主编)

ISBN 7－5017－3245－0:￥6.80

G122　010433

神游华胥:中国梦文化/王维堤著.—上海:上海古籍出版社,1995.2.—244页;19cm.—(中国古代生活文化丛书·第二辑)

本套丛书共10册,总定价:78.70元

ISBN 7－5325－1678－4:￥

G122　010434

生活的艺术/林语堂著.—北京:中国戏剧出版社,1995.5.—371页;20cm

ISBN 7－104－00352－5:￥12.90

G122　010435

生态文化与文明前景/陈敏豪著.—武汉:武汉出版社,1995.7.—365页;20cm.—(当代学术新视野丛书/李春泰主编)

ISBN 7－5430－1355－X(精装):￥26.00

G122　010436

时代之波:战国策派文化论著辑要/温儒敏,丁晓萍编.—北京:中国广播电视出版社,1995.7.—431页;20cm.—(中国文化书院文库·二十世纪中国文化论著辑要丛书/汤一介主编)

ISBN 7－5043－2732－8:￥18.80

G122　010437

食文化/向春阶编著.—北京:中国经济出版社,1995.3.—156页;19cm.—(雅俗文化书系·赏鉴类/严平主编)

ISBN 7－5017－3234－5:￥6.60

G122　010438

寿学全书/袁粿编著.—天津:天津人民出版社,1995.7.—10册;36×21cm

ISBN 7-201-01936-8(线装):¥0.00

G122　010439

书香心怡:中国藏书文化/曹正文著.—上海:上海古籍出版社,1995.2.—201页;19cm.—(中国古代生活文化丛书·第二辑)

本套丛书共10册,总定价:78.70元

ISBN 7-5325-1798-5:¥

G122　010440

数典/姜青青编著.—杭州:浙江摄影出版社,1995.12.—154页;19cm.—(中国茶文化丛书/浩耕,梅重主编)

ISBN 7-80536-280-7:¥14.00

G122　010441

水文化初探/李宗新主编.—郑州:黄河水利出版社,1995.6.—157页;20cm

ISBN 7-80621-032-6:¥7.50

G122　010442

丝路文化:草原卷/刘迎胜著.—杭州:浙江人民出版社,1995.11.—351页:图;20cm

ISBN 7-213-01302-5(精装):¥22.50

G122　010443

丝路文化:海上卷/刘迎胜著.—杭州:浙江人民出版社,1995.11.—335页:图;20cm

ISBN 7-213-01245-2(精装):¥22.50

G122　010444

丝路文化:沙漠卷/黄新亚著.—杭州:浙江人民出版社,1995.12.—426页:图;20cm

ISBN 7-213-01325-4(精装):¥25.00

G122　010445

丝路文化:吐蕃卷/张云著.—杭州:浙江人民出版社,1995.12.—374页:图;20cm

ISBN 7-213-01301-7(精装):¥23.50

G122　010446

丝路文化:西南卷/邓廷良著.—杭州:浙江人民出版社,1995.12.—195页:图;20cm

ISBN 7-213-01275-4(精装):¥16.80

G122　010447

死文化/南川编著.—北京:中国经济出版社,1995.3.—156页;19cm.—(雅俗文化书系·雅俗类/严平主编)

ISBN 7-5017-3242-6:¥6.80

G122　010448

俗文化/牛爱忠,方国根编著.—北京:中国经济出版社,1995.3.—163页;19cm.—(雅俗文化书系·雅俗类/严平主编)

ISBN 7-5017-3240-X:¥6.80

G122　010449

谈艺/于良子著.—杭州:浙江摄影出版社,1995.12.—237页;19cm.—(中国茶文化丛书/浩耕,梅重主编)

ISBN 7-80536-282-3:¥20.00

G122　010450

天人之际:中国星占文化/江晓原,钮卫星著.—上海:上海古籍出版社,1995.2.—178页;19cm.—(中国古代生活文化丛书·第二辑)

本套丛书共10册,总定价:78.70元

ISBN 7-5325-1680-6:¥

G122　010451

文化紊流中的文学与文士/董乃斌著.—郑州:河南人民出版社,1995.12.—268页;20cm.—(中国知识分子丛书/许明主编)

ISBN 7-215-03521-2:¥13.50

G122　010452

闲情文化/楚流等编著.—北京:中国经济出版社,1995.3.—135页;19cm.—(雅俗文化书系·闲情类/严平主编)

ISBN 7-5017-3259-0:¥6.60

G122　010453

性文化/邓安庆编著.—北京:中国经济出版社,1995.3.—147页;19cm.—(雅俗文化书系·雅俗类/严平主编)

ISBN 7-5017-3243-4:¥6.80

G122　010454

雅文化/孙克强编著.—北京:中国经济出版社,1995.3.—145页;19cm.—(雅俗文化书系·雅俗类/严平主编)

ISBN 7-5017-3239-6:¥6.80

G122　010455

烟文化/成高编著.—北京:中国经济出版社,1995.3.—177页;19cm.—(雅俗文化书系·赏鉴类/严平主编)

ISBN 7-5017-3236-1:¥6.60

G122　010456

阳刚阴柔:中国养生文化/仓阳卿著.—上海:上海古籍出版社,1995.2.—224页;19cm.—(中国古代生活文化丛书·第二辑)

本套丛书共10册,总定价:78.70元

ISBN 7-5325-1800-0:¥

G122　010457

一个节日与一座城市:一个文化人关于大连国际服装节的报告/杨道立著.—沈阳:辽宁人民出版社,1995.8.—224页:彩照;20cm

ISBN 7-205-03473-6:¥35.00

G122　010458

永不板结的黄土地:秦陇文化论/武文著.—北京:人民出版社,1995.10.—285页;20cm

ISBN 7-01-002095-7:¥14.40

G122　010459

赵钱孙李:中国姓名文化/完颜绍元著.—上海:上海古籍出版社,1995.2.—209页;19cm.—(中国古代生活文化丛书·第二辑)

本套丛书共10册,总定价:78.70元

ISBN 7-5325-1681-4:¥

G122　010460

中国古代的酒与饮酒/刘军等著.—北京:商务印书馆国际有限公司,1995.6.—182页:彩图;20cm.—(中国古代生活丛书/李学勤,冯尔康主编)

ISBN 7-80103-020-6:¥10.00

G122 010461

中国古代的饮茶与茶馆/刘修明著.—北京:商务印书馆国际有限公司,1995.6.—170页:彩图;20cm.—(中国古代生活丛书/李学勤,冯尔康主编)

ISBN 7-80103-017-6:￥10.00

G122 010462

中国荷文化/李志炎,林正秋主编.—杭州:浙江人民出版社,1995.3.—170页;20cm

ISBN 7-213-01198-7:￥13.80

G122 010463

中国旅游文化传统/喻学才编著.—南京:东南大学出版社,1995.9.—282页;20cm

ISBN 7-81050-049-X:￥8.00

G122 010464

中国民俗文化论/曲金良著.—青岛:青岛海洋大学出版社,1995.12.—288页;20cm

ISBN 7-81026-818-X:￥12.50

G122 010465

中国树木文化大观/邓炎熙,邹湛基编著.—南昌:百花洲文艺出版社,1995.2.—278页;20cm

ISBN 7-80579-566-5:￥12.00

G122 010466

中国丝绸文化/陈永昊等编著.—杭州:浙江摄影出版社,1995.12.—532页:彩图;20cm

ISBN 7-80536-283-1:￥32.00

G122 010467

中国死亡文化大观/郑小江主编.—南昌:百花洲文艺出版社,1995.8.—474页;20cm

ISBN 7-80579-637-8(精装):￥19.80

G122 010468

中国文化教程/顾久,顾劳著.—贵阳:贵州教育出版社,1995.11.—399页;20cm

ISBN 7-80583-705-8:￥9.80

G122 010469

中华酒文化/李华瑞著.—太原:山西人民出版社,1995.2.—337页;19cm

ISBN 7-203-03327-9:￥8.00

G122 010470

钟鼓管弦:中国民乐文化/丁如明著.—上海:上海古籍出版社,1995.2.—204页;19cm.—(中国古代生活文化丛书·第二辑)

本套丛书共10册,总定价:78.70元

ISBN 7-5325-1682-2:￥

①G122②B947.2 010471

名刹文化/江岩,晓怡编著 .—北京:中国经济出版社,1995.3.—136页;19cm.—(雅俗文化书系·闲情类/严平主编)

ISBN 7-5017-3258-2:￥6.60

①G122②C912.68 010472

醉里看乾坤:中国士人饮酒心态/刘武著.—长沙:岳麓书社,1995.12.—204页;19cm

ISBN 7-80520-627-9:￥6.80

①G122②D647 010473

中华传统文化与爱国精神/马彦群主编.—西安:西北工业大学出版社,1995.10.—301页;19cm

ISBN 7-5612-0820-0:￥10.00

①G122②D669 010474

痞子文化/刘为民编著.—北京:中国经济出版社,1995.3.—131页;19cm.—(雅俗文化书系·江湖类/严平主编)

ISBN 7-5017-3253-1:￥6.80

①G122②D691.42 010475

官场文化/张耀南等编著.—北京:中国经济出版社,1995.3.—161页;19cm.—(雅俗文化书系·江湖类/严平主编)

ISBN 7-5017-3249-3:￥6.80

①G122②I206.6 010476

新月派的绅士风情/朱寿桐著.—南京:江苏文艺出版社,1995.9.—455页;20cm.—(跨世纪文论丛书)

ISBN 7-5399-0813-0:￥16.00

①G122②I25 010477

换一种吃法:中国餐桌上的革命/钟青著.—北京:中华工商联合出版社,1995.7.—275页;19cm

ISBN 7-80100-123-0:￥12.00

①G122②K244.03 010478

宋代文化研究　第五辑/四川联合大学古籍整理研究所,四川联合大学宋代文化研究资料中心编 .—成都:巴蜀书社,1995.10.—395页;20cm

ISBN 7-80523-720-4:￥22.00

①G122②K892.1 010479

节日文化/常天编著.—北京:中国经济出版社,1995.3.—151页;19cm.—(雅俗文化书系·闲情类/严平主编)

ISBN 7-5017-3261-2:￥6.60

①G122②K928.3 010480

山文化/木容编著.—北京:中国经济出版社,1995.3.—184页;19cm.—(雅俗文化书系·闲情类 /严平主编)

ISBN 7-5017-3254-X:￥6.60

①G122②K928.4 010481

水文化/张耀南,吴铭能编著.—北京:中国经济出版社,1995.3.—178页;19cm.—(雅俗文化书系·闲情类/严平主编)

ISBN 7-5017-3255-8:￥6.60

①G122②O1 010482

中国数文化/吴慧颖著.—长沙:岳麓书社,1995.5.—509页;20cm

ISBN 7-80520-589-2:￥16.80

①G122②S68 010483

花文化/郭榕编著 .—北京:中国经济出版社,1995.3.—169页;19cm.—(雅俗文化书系·闲情类/严平主编)

ISBN 7-5017-3256-6:￥6.60

①G122②TS972 010484

烹饪史话/胡汉传,吴章樽编著.—沈阳:辽宁人民出版社,1995.5.—121页;19cm.—(中国烹饪文化丛书/高国枢主编)

ISBN 7-205-03107-9:￥3.40

①G122②TS972　010485
秦淮风味/黄元春编.—南京:南京出版社,1995.9.—232页;19cm.—(漫话秦淮丛书/庄小军,黄元春主编)
ISBN 7-80614-169-3:¥6.00

①G122-03②③K891　010486
中西纹饰比较/芮传明,余太山著.—上海:上海古籍出版社,1995.11.—363页;20cm
ISBN 7-5325-1978-3(精装):¥34.00

G122-53　010487
傅正谷梦文化研讨论会暨首届中国梦文化研讨会论文集/刘宗武编.—天津:天津古籍出版社,1995.7.—181页;20cm
ISBN 7-80504-426-0:¥12.00

G122-53　010488
民族文化素质与现代化:增强中华民族凝聚力第四次学术讨论会论文集/王卫国主编.—北京:华夏出版社,1995.6.—2册(689页);20cm
ISBN 7-5080-0728-X:¥25.00

G122-53　010489
水文化论文集/杨秀伟,李宗新主编.—郑州:黄河水利出版社,1995.5.—226页;20cm
ISBN 7-80621-031-8:¥8.60

G123　010490
金秋盛会:淄博国际陶瓷琉璃艺术节/刘峰主编.—济南:山东友谊出版社,1995.8.—564页:照片;20cm
ISBN 7-80551-717-7:¥26.00

G123　010491
文化产业/李翠贤主编.—成都:四川大学出版社,1995.11.—174页;19cm.—(第三产业发展指南丛书/许述生主编)
ISBN 7-5614-1213-4:¥9.00

G124　010492
中国铁路文工团四十五周年/中国铁路文工团团史编撰委员会编.—北京:中国铁道出版社,1995.10.—179页:照片;26cm
ISBN 7-113-02185-9(精装):¥120.00

G125　010493
朝鲜——韩国文化与中国文化/(韩)郑判龙,李钟殷主编.—北京:中国社会科学出版社,1995.5.—414页;20cm.—(朝鲜学——韩国学丛书)
ISBN 7-5004-1651-2:¥22.00

G125　010494
明暘法师海外弘法参访记续集/胡乃光主编;《明 法师海外弘法参访记续集》编辑整理组编著.—北京:中国国际广播出版社,1995.12.—147页:彩照;23cm
ISBN 7-5078-1265-0:¥50.00

G125　010495
未来之星:'94上海国际少年儿童文化艺术节/龚学平主编;'94上海国际少年儿童文化艺术节组织委员会编.—上海:上海画报出版社,1995.1.—106页:彩照;25×26cm
ISBN 7-80530-166-2(精装):¥0.00

G125　010496
中国文化与世界　第三辑/耿龙明,何寅主编.—上海:上海外语教育出版社,1995.4.—360页;20cm
ISBN 7-81046-020-X(精装):¥14.00

G125　010497
中日文化论丛　1993/杭州大学日本文化研究中心;神奈川大学人文学研究所编.—杭州:杭州大学出版社,1995.2.—210页;20cm
ISBN 7-81035-736-0:¥8.00

①G125-53②K828.3-53　010498
琅琊与徐福研究论文集/潘盛国主编;山东胶南琅琊暨徐福研究会编.—北京:华夏出版社,1995.12.—309页;20cm
ISBN 7-5080-0939-8:¥12.80

①G127②K892.24　010499
客家艺能文化/王耀华著.—福州:福建教育出版社,1995.10.—212页;20cm.—(客家文化丛书/谢重光主编)
ISBN 7-5334-1937-5:¥11.45

G127.1　010500
北京文化市场纵横谈/邓可因主编.—北京:中国人民公安大学出版社,1995.7.—267页;20cm
ISBN 7-81011-698-3:¥8.50

G127.35　010501
黑土文化论集/杨运泰著.—北京:文化艺术出版社,1995.10.—236页;20cm
ISBN 7-5039-1386-X:¥12.00

G127.533　010502
徐州文化大观/吴敢,及巨涛主编.—上海:文汇出版社,1995.1.—551页;20cm
ISBN 7-80531-325-3:¥18.60

G127.55　010503
常熟文化概论:中国区域文化的定点研究/何振球,严明著.—苏州:苏州大学出版社,1995.12.—412页;20cm
ISBN 7-81037-191-6:¥20.00

G127.57-34　010504
石狮商工文化研究/高铭群主编.—厦门:厦门大学出版社,1995.5.—336页;20cm
ISBN 7-5615-1024-1:¥10.80

G127.65　010505
跨世纪的宏伟事业:广州市第五次文化发展战略研讨会文集/朱小丹主编.—广州:广州出版社,1995.9.—518页;20cm
ISBN 7-80592-299-3:¥23.00

G127.65　010506
南粤文化论丛/郑达主编.—广州:广东高等教育出版社,1995.8.—405页;20cm.—(华夏之声丛书)
ISBN 7-5361-1742-6:¥15.00

G127.65　010507
深圳文化十五年/苏伟光主编;深圳市文化局编.—深圳:海天出版社,1995.12.—445页;20cm.—(特区文化研究系列丛书;2/苏伟光主编)
ISBN 7-80615-218-0:¥28.00

G127.65　010508

市场经济与特区文化/苏伟光,杨宏海主编;深圳市文化局编.—深圳:海天出版社,1995.12.—444页;21cm.—(特区文化研究系列丛书;1)

ISBN 7-80615-218-0:¥28.00

G127.653-54 010509

深圳娱乐文化年鉴 1994/深圳市特区文化研究中心,深圳市文化娱乐交流中心主编.—广州:广东旅游出版社,1995.6.—137页;20cm

ISBN 7-80521-601-0:¥30.00

G127.67 010510

桂林抗战文化研究文集 (二)/魏华龄,丘振声主编;广西抗战文艺研究会,桂林抗战文化研究会选编.—桂林:广西师范大学出版社,1995.1.—593页;19cm

ISBN 7-5633-1970-0:¥12.00

G127.711 010511

抗战时期重庆的文化/苏光文主编.—重庆:重庆出版社,1995.8.—276页;20cm.—(重庆抗战丛书/徐朝鉴主编)

ISBN 7-5366-3209-6:¥12.10

G127.744 010512

剑川文化志/张文主编;剑川县文化局编.—昆明:云南民族出版社,1995.12.—253页;20cm

ISBN 7-5367-1110-7:¥9.80

G127.744 010513

南涧彝族自治县文化志/南涧彝族自治县文化局编.—昆明:云南大学出版社,1995.12.—176页;19cm

ISBN 7-81025-603-3:¥10.00

G129 010514

三晋文化论丛:山西抗战文化研讨专集 第二辑/三晋文化论丛编辑部编.—太原:山西古籍出版社,1995.11.—347页;20cm

ISBN 7-80598-093-4:¥16.80

G129 010515

浙江抗战文化/金延锋,黄旦著.—北京:当代中国出版社,1995.8.—249页;20cm

ISBN 7-80092-422-X:¥12.00

①G131.262②K312.6 010516

韩国文化研究 1994/黄有福主编.—牡丹江:黑龙江朝鲜民族出版社,1995.8.—386页;20cm

ISBN 7-5389-0596-0:¥12.00

G131.3 010517

中国文化与日本/史善刚著.—郑州:河南人民出版社,1995.8.—246页;20cm.—(东方文化研究丛书/史善刚主编)

ISBN 7-215-00911-4:¥15.50

G133.92 010518

新加坡与儒家文化/王文钦著.—苏州:苏州大学出版社,1995.12.—304页;20cm

ISBN 7-81037-201-7:¥15.00

G2 信息与知识传播

G2 010519

现代信息技术/姚云鸿等编著.—济南:山东教育出版社,1995.6.—241页;20cm.—(信息产业知识丛书/宋运郊主编)

ISBN 7-5328-2130-7:¥9.25

G2 010520

新时期高校信息资料工作理论与实务/周清荣,解建立主编.—北京:警官教育出版社,1995.5.—596页;20cm.—(新时期高校资料室工作研究)

ISBN 7-81027-448-1:¥32.00

G2 010521

信息分析与预测/高洁主编;江三宝等编著.—济南:山东教育出版社,1995.6.—148页;20cm.—(信息产业知识丛书/宋运郊主编)

ISBN 7-5328-2128-5:¥6.25

G2 010522

信息活动原理/宋运郊,高洁编著.—济南:山东教育出版社,1995.6.—204页;20cm.—(信息产业知识丛书/宋运郊主编)

ISBN 7-5328-2126-9:¥8.15

G2 010523

信息源与信息收集/甘英,李剑桥编著.—济南:山东教育出版社,1995.6.—158页;20cm.—(信息产业知识丛书/宋运郊主编)

ISBN 7-5328-2127-7:¥6.75

G2 010524

信息咨询/江三宝,张辉编著.—济南:山东教育出版社,1995.6.—182页;20cm.—(信息产业知识丛书/宋运郊主编)

ISBN 7-5328-2124-2:¥7.40

G20 信息与传播理论

G20 010525

信息高速公路:全面改变21世纪人类社会生活之路/程焕文编著.—广州:广东高等教育出版社,1995.10.—321页;19cm

ISBN 7-5361-1754-X:¥13.80

G20 010526

信息工作探索/司国臻,邓建国著.—北京:中国档案出版社,1995.10.—281页;19cm

ISBN 7-80019-526-0:¥8.80

G20 010527

信息与我们/杨培芳编著.—上海:上海科技教育出版社,1995.10.—280页;20cm.—(国民科技教育丛书/邓伟志主编)

ISBN 7-5428-1034-0:¥12.90

G20-62 010528

信息工作手册/马张华,陈树年主编.—北京:中国农业科技出版社,1995.3.—546页;20cm.—(图书馆和情报机构工具书系列/陈树年,侯汉清主编)

ISBN 7-80026-816-0:¥23.40

G201 010529

信息工作理论与实践/刘昭东等编著.—北京:科学技术文献出版社,1995.12.—694页;20cm
ISBN 7-5023-2481-X:¥26.00

G201　010530
信息管理学/符福峘主编.—北京:国防工业出版社,1995.6.—421页;26cm
ISBN 7-118-01389-7:¥33.10

G201　010531
信息科学与信息产业/胡继武编著.—广州:中山大学出版社,1995.3.—287页;20cm
ISBN 7-306-00966-4:¥9.50

G201　010532
信息市场与信息系统/葛伟民等著.—沈阳:辽宁人民出版社,1995.10.—225页;20cm
ISBN 7-205-03431-0:¥10.00

G201　010533
信息学导论/周毅,谭琤培编著.—苏州:苏州大学出版社,1995.12.—303页;20cm
ISBN 7-81037-184-3:¥13.00

G202　010534
后信息社会:你的未来不是梦/黄德发编著.—北京:中国统计出版社,1995.4.—536页;20cm
ISBN 7-5037-1804-8:¥16.80

G202　010535
美国信息技术的发展及其经济影响/张正德著.—武汉:武汉大学出版社,1995.8.—222页;20cm.—(当代美国经济研究丛书/郭吴新主编)
ISBN 7-307-01996-5:¥8.20

①G202-49②J238.1　010536
漫话信息交流/(美)戈尼克(Gonick,L.)著;杨柯等译.—北京:新华出版社,1995.5.—178页;20cm.—(趣味科学卡通系列)
ISBN 7-5011-2837-5:¥11.80

G206　010537
传播学导论/董天策著.—修订本.—成都:四川大学出版社,1995.11.—373页;20cm
ISBN 7-5614-0913-3:¥12.50

G206　010538
传播学导论/王建男,刘文三著.—哈尔滨:黑龙江教育出版社,1995.9.—185页;20cm
ISBN 7-5316-2844-9:¥8.00

G206　010539
传播学原理/张国良主编;裘正义等编写.—上海:复旦大学出版社,1995.12.—231页;20cm
ISBN 7-309-01590-8:¥10.00

G206　010540
社会宣传管理学/张笃行,张成行著.—成都:四川大学出版社,1995.11.—408页;20cm
ISBN 7-5614-1215-0:¥15.00

G206　010541
朱穆之论对外宣传/朱穆之著.—北京:五洲传播出版社,1995.6.—614页;20cm
内部发行
ISBN 7-80113-018-9:¥25.00

G209　010542
信息产业研究/吴光伟等主编.—上海:上海科学技术文献出版社,1995.8.—362页;20cm.—(信息学系列丛书)
ISBN 7-5439-0790-9:¥25.00

G21 新闻学、新闻事业

G21　010543
报海求是/沈跃先主编.—南京:江苏人民出版社,1995.10.—399页;20cm
ISBN 7-214-01582-X:¥16.00

G21　010544
报人的思索/贾汉,宋心海主编.—北京:新华出版社,1995.11.—414页;19cm
ISBN 7-5011-2993-2:¥9.50

G21　010545
十年回眸/田百成,郑超然主编.—北京:新华出版社,1995.6.—2册;20cm
ISBN 7-5011-2868-5:¥19.80

G21　010546
新闻写作与编辑/蓝兰编著.—长春:吉林人民出版社,1995.8.—352页;19cm
ISBN 7-206-02296-0:¥13.90

G21　010547
新闻学探索录　(二)/吴高福主编.—武汉:武汉大学出版社,1995.9.—251页;20cm
ISBN 7-307-02040-8:¥11.00

G21-52　010548
记者随笔/全一毛著.—上海:文汇出版社,1995.10.—268页;20cm
ISBN 7-80531-352-0:¥9.80

G21-53　010549
广州新闻业务文集/广州市新闻工作者协会,广州市新闻学会编.—北京:人民日报出版社,1995.10.—414页;20cm
ISBN 7-80002-798-8:¥14.00

G210　010550
法制新闻探索/刘佑生主编.—北京:中国检察出版社,1995.10.—447页;20cm
ISBN 7-80086-327-1:¥16.00

G210　010551
广播电视新闻学/王作舟著.—昆明:云南大学出版社,1995.7.—296页;20cm
ISBN 7-81025-571-1:¥10.80

G210　010552
新闻长短录/李庆民著.—沈阳:辽宁人民出版社,1995.12.—297页;19cm
ISBN 7-205-03562-7:¥10.00

G210　010553
新闻传播学/黄旦著.—杭州:杭州大学出版社,1995.5.—300页;20cm
ISBN 7-81035-802-2:¥9.80

G210　010554
新闻导向论/陈健民著.—南宁:广西人民出版社,1995.12.—266页;20cm
ISBN 7-219-03102-5:¥9.80

G210　010555
新闻导语艺术/冯根良著.—海口:海南国际新闻出版中心,1995.5.—221页;20cm
ISBN 7-80609-134-3:¥7.80

G210　010556
新闻理论纲要/李卓钧编著.—武汉:武汉大学出版社,1995.12.—244页;20cm
ISBN 7-307-02093-9:¥7.00

G210　010557
新闻理论教程/胡正荣编著.—北京:中国广播电视出版社,1995.8.—270页;20cm
广播电视新闻系列教材之二
ISBN 7-5043-2769-7:¥10.80

G210　010558
新闻理论与实践/张幼林,张雪林主编.—东营:石油大学出版社,1995.5.—284页;19cm
ISBN 7-5636-0697-1:¥9.90

G210　010559
新闻学概论/李良荣著.—2版(修订本).—福州:福建人民出版社,1995.8.—305页;20cm
高等学校文科教材
ISBN 7-211-02543-3:¥11.60

G210　010560
真实性与价值观/姜平章著.—北京:中国国际广播出版社,1995.1.—246页;20cm
ISBN 7-5078-1073-9:¥7.80

G210-05　010561
新闻伦理学论纲/周鸿书著.—北京:新华出版社,1995.9.—276页;19cm
ISBN 7-5011-2917-7:¥10.80

G210-41　010562
高等教育自学考试新闻专业新闻心理学自学考试大纲/国家教委自学考试指导委员会编.—武汉:武汉大学出版社,1995.4.—35页;19cm
ISBN 7-307-01948-5:¥1.10

G210-41　010563
高等教育自学考试新闻专业中外新闻作品研究自学考试大纲/全国高等教育自学考试指导委员会编.—武汉:武汉大学出版社,1995.4.—59页;19cm
ISBN 7-307-01952-3:¥1.50

G210-53　010564
新闻论文集/哈尔滨日报创刊五十周年系列丛书编委会编.—哈尔滨:黑龙江人民出版社,1995.11.—509页;20cm.—(哈尔滨日报创刊五十周年系列丛书;3)
ISBN 7-207-03158-0:¥18.00

G210-53　010565
新闻学步集/李世同著.—贵阳:贵州人民出版社,1995.12.—266页;19cm
ISBN 7-221-03989-5:¥12.00

G210-53　010566
新闻学探拓:王福林获奖论文选/王福林著.—哈尔滨:黑龙江人民出版社,1995.4.—191,32页;20cm
ISBN 7-207-03123-8:¥8.60

G210.92　010567
中国新闻通史　(下)/刘家林编著.—武汉:武汉大学出版社,1995.12.—387页;20cm
ISBN 7-307-02082-3:¥10.80

G212　010568
经济新闻论文集/中国经济信息报刊协会主编.—广州:广东高等教育出版社,1995.12.—366页;19cm
ISBN 7-5361-1795-7:¥9.80

G212　010569
秘书与新闻/陈发荣著.—厦门:鹭江出版社,1995.11.—182页;20cm
ISBN 7-80610-271-X:¥8.00

G212　010570
面向新闻界/蓝鸿文著.—北京:警官教育出版社,1995.8.—568页;20cm
ISBN 7-81027-659-X:¥21.00

G212　010571
社会主义市场经济与时事报道/刘汉报,黄景仁主编.—北京:中国国际广播出版社,1995.9.—900页;19cm
ISBN 7-5078-1284-7:¥9.50

G212　010572
新闻以外的新闻:深度报道研究与操作/刘纯华著.—北京:海潮出版社,1995.3.—243页;19cm
ISBN 7-80054-668-3:¥7.60

G212　010573
纸上谈兵录:同新闻函授学员探讨采访与写作/路知音著;解放军报社新闻函授中心编.—沈阳:白山出版社,1995.12.—280页;19cm
ISBN 7-80566-456-0:¥9.00

G212.1　010574
采访思维二步法/李棠辉著.—广州:广东人民出版社,1995.6.—348页;19cm
ISBN 7-218-01620-0:¥11.50

G212.1　010575
文字新闻写作必备/靖鸣著.—天津:天津社会科学院出版社,1995.1.—408页;20cm
ISBN 7-80563-429-7:¥6.00

G212.2　010576
寸草集/荣国英编著.—南京:江苏人民出版社,1995.6.—254页;20cm
ISBN 7-214-01493-9:¥7.50

G212.2　010577
经贸新闻浅论/周继胜著.—北京:中国城市出版社,1995.7.—169页;19cm
ISBN 7-5074-0778-0:¥6.00

G212.2　010578
军事经济新闻写作浅谈/王琰著.—沈阳:白山出版社,1995.11.—258页;19cm
ISBN 7-80566-449-8:¥10.00

G212.2　010579

人口新闻写作/晏兆祥编著.—西安:陕西人民出版社,1995.5.—169页;19cm
ISBN 7-224-03786-9:¥4.30

G212.2　010580
税务新闻纵横谈/张迪恳主编.—北京:中国税务出版社,1995.10.—320页;20cm
ISBN 7-80117-024-5:¥18.00

G212.2　010581
消息论/章宗栋著.—北京:中国广播电视出版社,1995.8.—203页;20cm
广播电视新闻系列教材
ISBN 7-5043-2768-9:¥8.50

G212.2　010582
新闻——写实的艺术/邓会彪著.—沈阳:春风文艺出版社,1995.8.—231页;19cm
ISBN 7-5313-1511-4:¥9.80

G212.2　010583
新闻报道艺术枝谈/金震茅著.—南京:河海大学出版社,1995.7.—205页;19cm
ISBN 7-5630-0849-7:¥5.95

G212.2　010584
新闻采写纵横/吴国良,才铁军著.—成都:西南交通大学出版社,1995.12.—313页;19cm
ISBN 7-81022-876-5:¥9.50

G212.2　010585
新闻绿叶的脉络:一个评委的笔记/梁衡著.—北京:新华出版社,1995.5.—353页;20cm.—(梁衡新闻三部曲;2)
ISBN 7-5011-2834-0:¥16.80

G212.2　010586
新闻评论学/高永振著.—大连:辽宁师范大学出版社,1995.4.—378页;19cm
ISBN 7-81042-068-2:¥11.00

G212.2　010587
新闻写作的奥秘/鲍宣著.—2版.—青岛:青岛出版社,1995.11.—259页;19cm
ISBN 7-5436-0393-4:¥7.80

G212.2　010588
新闻修辞艺术/曹保健,胡东霞著.—北京:国防大学出版社,1995.9.—256页;19cm
ISBN 7-5626-0648-X:¥8.50

G212.2　010589
朽后余音:吉力马新闻评论选/吉力马著.—上海:学林出版社,1995.3.—242页;19cm
ISBN 7-80616-071-X:¥7.60

G212.2　010590
应用新闻评论导论/韩凤鹏著.—石家庄:河北人民出版社,1995.9.—594页;20cm
ISBN 7-202-01793-8:¥26.00

①G212.2②I267　010591
编余琐谈/周鸿飞著.—北京:中国社会出版社,1995.7.—249页;19cm
ISBN 7-80088-644-1:¥7.90

G213　010592
报刊美编学/陈以忠著.—南宁:广西美术出版社,1995.8.—118页;19cm
ISBN 7-80582-898-9:¥4.80

G213　010593
报纸专刊学初探/姚志明著.—宁波:宁波出版社,1995.7.—146页;19cm
ISBN 7-80602-072-1:¥6.00

G213　010594
编辑学概论/尤红斌著.—上海:百家出版社,1995.10.—248页;19cm
ISBN 7-80576-546-4:¥15.00

G213　010595
编辑学概论/向新阳著.—武汉:武汉大学出版社,1995.12.—272页;20cm
ISBN 7-307-02032-7:¥8.00

G213　010596
编辑学理论研究/刘光裕,王华良著.—济南:山东教育出版社,1995.9.—506页;20cm
ISBN 7-5328-2158-7:¥21.75

G213　010597
基础版面设计/陈雅丹编著.—哈尔滨:黑龙江美术出版社,1995.12.—127页;26cm.—(中央工艺美术学院装潢设计艺术系教材丛书/陈汉民主编)
ISBN 7-5318-0321-6:¥28.00

G213　010598
浅议编辑素养与技巧/王永琴著.—沈阳:辽宁民族出版社,1995.9.—254页;19cm
ISBN 7-80527-577-7:¥8.20

G213　010599
新闻编辑学/吴飞著.—杭州:杭州大学出版社,1995.11.—315页;20cm
ISBN 7-81035-834-0:¥10.50

G213　010600
学报编辑价值论/李体秀著.—大连:大连海事大学出版社,1995.4.—155页;19cm
ISBN 7-5632-0869-0:¥4.80

G213　010601
学报质量与编辑谋略/冯澍等著.—南昌:江西科学技术出版社,1995.10.—277页;19cm
ISBN 7-5390-0950-0:¥7.80

①G213②G212.1　010602
企事业报纸编采学/铁铮著.—北京:中国林业出版社,1995.11.—252页;19cm
ISBN 7-5038-1587-6:¥15.00

G214　010603
新闻与政要/施亚康著.—南京:江苏文艺出版社,1995.12.—506页;20cm
ISBN 7-5399-0883-1:¥18.80

G214.1　010604
编辑心理学/薛鸿瀛著.—济南:山东教育出版社,1995.12.—300页;20cm
ISBN 7-5328-2231-1:¥12.10

G214.1　010605
乌金集:一条淡淡的编辑轨迹/廖文慧著.—广州:广

东高等教育出版社,1995.5.—157页;20cm
ISBN 7-5361-1650-0:¥6.00

G214.2 010606
怎样当新闻记者/吴锦才著.—北京:新华出版社,1995.6.—177页;19cm.—(新闻入门丛书)
ISBN 7-5011-2857-X:¥6.20

G214.2 010607
怎样做小记者/孙云晓编著.—郑州:海燕出版社,1995.3.—286页;19cm
ISBN 7-5350-0067-3:¥4.80

G216 010608
报纸工作/金希光主编;汪立康等著.—长沙:湖南出版社,1995.3.—299页;20cm.—(精神生产研究丛书/夏赞忠主编)
ISBN 7-5438-0945-1(精装):¥12.20

G216.2-53 010609
在曲折中行进/文汇报报史研究室编.—上海:文汇出版社,1995.10.—599页;20cm.—(文汇报回忆录;2)
ISBN 7-80531-357-1:¥25.00

G216.3-53 010610
回首与求索:全国城市广播电视报论文集:1992~1995/王路主编.—北京:中国广播电视出版社,1995.11.—465页;20cm
ISBN 7-5043-2807-3:¥15.00

G216.3-53 010611
中国高等院校校报优秀论文集/朱隆泉主编;中国教育新闻工作者协会编.—上海:上海交通大学出版社,1995.1.—236页;20cm
ISBN 7-313-01422-8:¥8.90

G219 010612
新闻界趣闻录:珍闻·奇闻·轶闻/白润生,龚文灏编著.—上海:复旦大学出版社,1995.4.—310页;20cm
ISBN 7-309-01433-2:¥10.00

G219.20 010613
两岸交流与新闻传播/吴高福,郭伟锋主编.—武汉:武汉大学出版社,1995.1.—264页;20cm.—(台港澳新闻研究论丛)
ISBN 7-307-01913-2:¥9.80

G219.20 010614
市场经济与舆论导向:长江中下游新闻论文集 第三集/汪植培主编.—合肥:安徽人民出版社,1995.8.—468页;19cm
ISBN 7-212-01241-6:¥6.80

G219.20 010615
以正确的舆论引导人与新闻工作/新华社新闻研究所编.—北京:新华出版社,1995.6.—372页;19cm
ISBN 7-5011-2879-0:¥10.00

G219.243.51 010616
我与哈尔滨日报:征文集/哈尔滨日报创刊五十周年系列丛书编委会编.—哈尔滨:黑龙江人民出版社,1995.11.—460页;20cm.—(哈尔滨日报创刊五十周年系列丛书;1)
ISBN 7-207-03157-2:¥17.00

G219.246.58 010617
政府机关报的功能与特色:《深圳商报》的探索与实践/高兴烈主编.—北京:人民日报出版社,1995.11.—268页;20cm
ISBN 7-80002-790-2:¥18.00

G219.25 010618
华商报之路/南方日报社,广东《华商报》史学会编.—广州:广东人民出版社,1995.6.—118页;26cm
ISBN 7-218-01641-3:¥0.00

G219.25 010619
脚印/田百成主编.—哈尔滨:哈尔滨出版社,1995.12.—406页;20cm
ISBN 7-80557-882-6:¥9.80

G219.25 010620
新闻启示录:《中华工商时报》透析/陈仁风主编.—北京:中华工商联合出版社,1995.10.—358页:彩图;20cm.—(中国新闻媒介研究丛书)
ISBN 7-80100-149-4:¥20.00

G219.25 010621
中国高等院校校报博览/朱隆泉等主编;中国教育新闻工作者协会编.—上海:上海科学技术文献出版社,1995.12.—466页;20cm
ISBN 7-5439-0891-3:¥30.00

①G219.25②I267 010622
辉煌的足迹:徐州矿工报报志·新闻作品选/姜启华主编.—北京:京华出版社,1995.4.—2册(755页);19cm
ISBN 7-80600-077-1:¥15.00

G219.25-53 010623
挚友:工人日报创刊四十五周年纪念/李学来主编.—北京:中国工人出版社,1995.7.—179页;20cm
ISBN 7-5008-1774-6:¥15.00

G219.29 010624
西南新华日报简史/《西南新华日报》报史编委会编著.—重庆:重庆出版社,1995.10.—213页:照片;19cm
ISBN 7-5366-3131-6:¥12.90

G219.29 010625
中国新闻报刊史简论/马艺著.—北京:新华出版社,1995.8.—254页;20cm
ISBN 7-5011-2952-5:¥9.80

G219.29 010626
中国新闻事业简史/方汉奇,张之华主编.—2版.—北京:中国人民大学出版社,1995.11.—544页;20cm
ISBN 7-300-02048-8:¥19.00

G219.29 010627
中国新闻通史 (上)/刘家林编著.—武汉:武汉大学出版社,1995.12.—373页;20cm
ISBN 7-307-02122-6:¥10.50

G219.29-41 010628
中国新闻事业史教学大纲/国家教委高教司编.—北京:高等教育出版社,1995.3.—103页;19cm
ISBN 7-04-005315-2:¥2.45

G219.295 010629
中国近代的报刊/王东全编著.—北京:北京科学技术出版社,1995.1.—115页;19cm.—(中国历史知识全

书·灿烂文化/朱仲玉主编）
ISBN 7-5304-1664-2: ¥3.90

G219.296 010630

大众日报史话:1939~1949 /陈华鲁著.—济南:山东人民出版社,1995.5.—598页;20cm
ISBN 7-209-01734-8: ¥20.00

G219.296 010631

抗战时期重庆的新闻界/文履平,肖鸣锵主编;重庆日报社编著.—重庆:重庆出版社,1995.8.—238页;20cm.—(重庆抗战丛书/徐朝鉴主编)
ISBN 7-5366-3130-8: ¥10.75

G219.296 010632

中国早期现代化中的传播媒介/闾小波著.—上海:三联书店上海分店,1995.2.—264页;20cm
ISBN 7-5426-0829-0: ¥16.80

G22 广播、电视事业

G22 010633

播音与节目主持文集/石雨主编.—长春:吉林摄影出版社,1995.12.—300页;20cm
ISBN 7-80606-054-5: ¥16.80

G22 010634

广播电视决策研究文集 第一辑/广播电影电视部政策研究室编.—北京:北京广播学院出版社,1995.—591页;20cm
ISBN 7-81004-192-4: ¥7.00

G22 010635

声屏求索/吴少琦著.—沈阳:辽宁人民出版社,1995.1.—275页;20cm
ISBN 7-205-03219-9: ¥9.35

G22 010636

荧屏内外文选/吴钟谟主编.—合肥:安徽人民出版社,1995.7.—304页;20cm
ISBN 7-212-01207-6: ¥11.00

G22 010637

荧屏思维 (2)/谈忠馀主编.—南宁:广西人民出版社,1995.9.—327页;19cm
ISBN 7-219-03068-1: ¥9.00

G22-53 010638

电视论文集/魏成贵主编.—兰州:甘肃文化出版社,1995.2.—474页;20cm
ISBN 7-80608-005-8(精装): ¥20.00

G22-53 010639

江苏电视台论文选:1960~1995/苏子龙主编.—南京:江苏教育出版社,1995.5.—524页;20cm
ISBN 7-5343-2356-8: ¥12.00

G22-53 010640

荧屏拾贝:海南电视优秀论文选/鹿松林主编.—海口:南海出版公司,1995.2.—219页;19cm.—(海南电视业务丛书)
ISBN 7-5442-0343-3: ¥7.00

G220 010641

渤海荧屏/张明志主编.—北京:中国广播电视出版社,1995.12.—399页;19cm
ISBN 7-5043-2843-X: ¥13.80

G220 010642

电视改革论集/杨伟光著.—北京:人民出版社,1995.12.—601页;20cm
ISBN 7-01-002316-6: ¥26.80

G220 010643

山西电视论丛:新闻专题卷/陆嘉生主编.—太原:山西人民出版社,1995.5.—701页;20cm
ISBN 7-203-03338-4(精装): ¥35.00

G220-53 010644

寻找广播之路:广州人民广播电台开播三周年论文选/广州人民广播电台编.—广州:广州出版社,1995.9.—321页;19cm
ISBN 7-80592-295-0: ¥12.80

G222 010645

广播编辑与节目制作/蔡凯如编著.—武汉:武汉大学出版社,1995.9.—324页;20cm
ISBN 7-307-02041-6: ¥12.80

G222 010646

广播电视语言艺术/彭国元著.—长沙:湖南师范大学出版社,1995.11.—170页;19cm
ISBN 7-81031-456-4: ¥5.80

G222-53 010647

电视业务研究文集:纪念山东电视台建台三十五周年/曾昭明,武云芳主编.—济南:山东友谊出版社,1995.8.—678页;20cm
ISBN 7-80551-724-X: ¥22.00

G222-53 010648

广播新闻论文选/胡文良,董树义主编.—天津:百花文艺出版社,1995.12.—253页;20cm
ISBN 7-5306-2209-9: ¥10.80

G222.2 010649

节目主持人艺术/陆澄照著.—上海:上海教育出版社,1995.6.—308页;19cm
ISBN 7-5320-4155-7: ¥8.10

G222.2 010650

新闻广播语言概论 /高歌东著.—天津:天津社会科学院出版社,1995.7.—240页;19cm
ISBN 7-80563-533-1: ¥8.80

G222.3 010651

"上帝"青睐的节目:《小说连播》业务专著/王大方,叶子主编.—北京:中国文联出版公司,1995.12.—455页;20cm
ISBN 7-5059-2373-0: ¥20.60

G222.3 010652

电视节目摄录编制艺术与技巧/唐士都编著.—南京:江苏人民出版社,1995.12.—319页;26cm
ISBN 7-214-01638-9: ¥19.80

G229.2 010653

改革与发展:市场经济条件下广播问题研究/冯鸣,尚华主编.—郑州:河南人民出版社,1995.9.—290页;20cm

ISBN 7-215-03534-4：¥10.00

G229.2 010654

广播电视广告/樊志育著.—北京：中国友谊出版公司，1995.7.—377页：图；20cm.—(海外广告丛书)

ISBN 7-5057-1260-8：¥20.00

G229.2-53 010655

落英缤纷：广播电视论文集/徐中高等主编.—昆明：云南民族出版社，1995.12.—490页；20cm

ISBN 7-5367-1068-2：¥16.80

G229.2-54 010656

中国广播电视年鉴 1995/《中国广播电视年鉴》编辑委员会编.—北京：北京广播学院出版社，1995.9.—708页；26cm

ISBN 7-81004-579-2(精装)：¥76.00

G229.24 010657

对台广播回忆录：中央人民广播电台对台湾广播40周年/中央人民广播电台对台湾广播部编.—北京：中国广播电视出版社，1995.10.—310页；20cm

ISBN 7-5043-2743-3：¥11.00

G229.24 010658

中央电视台建台35周年纪念活动文献资料汇编/杨伟光主编.—北京：金城出版社，1995.12.—285页：彩照；20cm

ISBN 7-80084-073-5：¥29.00

G229.24-54 010659

中央电视台年鉴 1995/杨伟光主编；中央电视台研究室编.—北京：人民出版社，1995.9.—282页：彩照；26cm

ISBN 7-01-002261-5(精装)：¥160.00

G229.25 010660

五洲信使论谈：中国国际电台首届听众工作研讨会文集/闫惠朝，郭景哲主编；中国国际广播电台听众联络部编.—北京：中国国际广播出版社，1995.5.—296页；20cm

ISBN 7-80035-468-7：¥10.00

G229.272.1 010661

天津广播改革之路/宋银章著.—天津：天津社会科学院出版社，1995.5.—343页；20cm

ISBN 7-80563-509-9：¥11.80

G229.272.5 010662

山西电视论丛：综合卷/陆嘉生主编.—太原：山西人民出版社，1995.5.—566页；20cm

ISBN 7-203-03336-8(精装)：¥30.00

G229.273.1 010663

五十年的足迹：纪念辽宁人民广播电台建台50周年/丁仁山主编.—沈阳：辽宁古籍出版社，1995.4.—769页；20cm

ISBN 7-80507-274-4：¥20.00

G229.273.1-53 010664

优秀论文选：纪念辽宁人民广播电台建台50周年：1945.9～1995.9/丁仁山主编.—沈阳：辽宁古籍出版社，1995.2.—511页；20cm

ISBN 7-80507-275-2：¥12.00

G229.275.2 010665

春华秋实/苑继平主编.—济南：山东文艺出版社，1995.9.—609页；20cm

ISBN 7-5329-1275-2(精装)：¥18.80

G229.276.1 010666

多彩的里程：河南电视台建台25周年文集/姚嘉主编；周绍成等编.—郑州：河南人民出版社，1995.1.—517页；20cm

ISBN 7-215-01601-3(精装)：¥22.00

G229.276.6 010667

让节目更好看：鹿松林电视专题论文选/鹿松林著.—海口：南海出版公司，1995.8.—196页；19cm

ISBN 7-5442-0333-6：¥6.80

G229.276.7-52 010668

声情：广西人民广播电台45周年文选/汤竹庭主编.—南宁：广西人民出版社，1995.12.—351页；20cm

ISBN 7-219-03198-X：¥9.50

G229.277.1 010669

广播电视产业/《广播电视产业》编委会编.—成都：四川大学出版社，1995.11.—197页：彩照；19cm.—(第三产业发展指南丛书/许述生主编)

ISBN 7-5614-1213-4：¥9.00

G23 出版事业

G23 010670

出版学编辑学漫议/邵益文著.—郑州：河南教育出版社，1995.9.—297页；19cm

ISBN 7-5347-1844-9：¥6.00

G23 010671

作译者须知.—北京：机械工业出版社，1995.2.—19页；19cm

ISBN 7-111-01726-9：¥

G23-53 010672

出版科学研究文集 (2)/于金兰，任慧英主编.—沈阳：辽宁人民出版社，1995.12.—632页；20cm

ISBN 7-205-03402-7(精装)：¥27.80

G23-53 010673

出版探索/《出版探索》编委会编.—长沙：中南工业大学出版社，1995.5.—189页；19cm

ISBN 7-81020-747-4：¥4.50

G23-53 010674

高校编辑出版文集/骆秀琼，宋乃庆主编.—重庆：西南师范大学出版社，1995.12.—391页；19cm

ISBN 7-5621-1055-7：¥12.50

G23-53 010675

辽宁、吉林、黑龙江、天津出版科学研究年会论文选集 (3)/于金兰主编.—沈阳：辽宁人民出版社，1995.8.—285页；20cm

ISBN 7-205-03295-4：¥12.00

G23-53 010676

书旅漫论/广西出版工作者协会编.—南宁：广西人民出版社，1995.12.—411页；20cm.—((广西出版科研论丛·广西人民出版社专集))

ISBN 7-219-03196-3(精装):¥18.00

G230 010677

期刊编辑出版200问/张凤瑞,吴体纲主编.—太原:书海出版社,1995.3.—145页;19cm

内部发行

ISBN 7-80550-205-6:¥9.00

G230.7 010678

计算机出版系统/高晶等编著.—北京:印刷工业出版社,1995.4.—306页;20cm

ISBN 7-80000-176-8:¥16.00

G230.7 010679

计算机在出版工作中的应用/孙传耀著.—沈阳:辽宁教育出版社,1995.10.—618页;20cm.—(普通高等教育编辑出版类规划教材)

ISBN 7-5382-4030-6:¥25.00

①G230.7②TP391.4 010680

中英文排版软件 PageMaker5 图示操作教程/吴德编著.—上海:上海科学普及出版社,1995.8.—509页;26cm

ISBN 7-5427-0971-2:¥45.00

①G230.7②TS804 010681

实用排版技术速成/邓汉平主编;肖竞,胡斌编著.—武汉:武汉大学出版社,1995.1.—135页;26cm.—(实用微机操作技术速成丛书;2)

ISBN 7-307-01902-7:¥9.60

G231 010682

出版经营管理/孙宝寅编著.—北京:清华大学出版社,1995.5.—251页;19cm

ISBN 7-302-01843-X:¥4.80

G231 010683

西方六国出版管理研究/魏玉山,杨贵山编著.—北京:中国书籍出版社,1995.6.—92页;19cm

ISBN 7-5068-0476-X:¥4.00

G232 010684

编辑求索/刘统畏编著.—成都:西南交通大学出版社,1995.5.—299页;19cm

ISBN 7-81022-805-6:¥8.00

G232 010685

教育期刊编辑学/朱世和著.—北京:中国青年出版社,1995.3.—400页;20cm

ISBN 7-5006-1914-6:¥13.80

G232 010686

期刊编辑学概论/徐柏容著.—沈阳:辽宁教育出版社,1995.9.—457页;20cm

ISBN 7-5382-3761-5:¥19.00

G232 010687

实用编辑学/阙道隆主编.—2版.—北京:中国书籍出版社,1995.6.—403页;20cm.—(出版知识丛书)

ISBN 7-5068-0009-8:¥14.00

G232 010688

书籍编辑学概论/阙道隆等著.—沈阳:辽宁教育出版社,1995.12.—475页;20cm

普通高等教育编辑出版类规划教材

ISBN 7-5382-3981-2:¥19.00

G232 010689

图书编辑学概论/高斯,洪帆主编;孙绎等撰写.—增订本.—南京:江苏教育出版社,1995.8.—464页:彩照;20cm

ISBN 7-5343-2441-6:¥14.05

G232 010690

现代杂志编辑学/陈仁风著.—北京:中国人民大学出版社,1995.7.—265页;20cm

ISBN 7-300-02064-X:¥9.00

G232 010691

职教期刊编辑理论与实践/白孝温主编.—济南:山东大学出版社,1995.4.—215页;20cm

ISBN 7-5607-1474-9:¥6.80

G232 010692

中国的日本研究杂志历史回顾与展望/马兴国,崔新京主编.—沈阳:辽宁大学出版社,1995.9.—322页;20cm

ISBN 7-5610-3043-6:¥12.80

①G232②I04 010693

文章发表学/陈功伟著.—天津:百花文艺出版社,1995.8.—374页;20cm

ISBN 7-5306-2132-7:¥17.80

G232-44 010694

书刊著编审校知识问答/郭爱民主编.—沈阳:东北大学出版社,1995.5.—556页;20cm

ISBN 7-81006-835-0:¥18.00

G232-53 010695

报刊编辑研究:山东教育社业务论文集/鞠庆友等编.—济南:山东教育出版社,1995.9.—748页;20cm

ISBN 7-5328-2230-3(精装):¥31.90

G232-53 010696

期刊编辑论文集/姜长喜主编.—沈阳:辽宁人民出版社,1995.8.—420页;20cm

ISBN 7-205-03448-5(精装):¥15.00

G232-53 010697

铁路高校编辑学论文集/年维洁主编;全国高等铁路院校学报研究会编.—成都:西南交通大学出版社,1995.4.—134页;26cm

ISBN 7-81022-808-0:¥6.00

G232-62 010698

技术编辑手册/裴裕祥编.—广州:岭南美术出版社,1995.11.—107页;19cm

ISBN 7-5362-1178-3:¥38.00

G232-62 010699

民航图书编著指南/李煊编.—北京:中国民航出版社,1995.9.—72页;19cm

ISBN 7-80110-036-0:¥5.00

G232-62 010700

书稿著译编审校手册/大连理工大学出版社总编室编.—大连:大连理工大学出版社,1995.12.—230页;19cm

ISBN 7-5611-1000-6:¥10.00

G232.2-43 010701

校对业务教程/谈维主编.—沈阳:辽宁教育出版社,

1995.9.—363 页;20cm
普通高等教育编辑出版类规划教材
ISBN 7-5382-3827-1:¥16.50

G235　010702
图书发行学概论/郑士德著.—北京:高等教育出版社,1995.4.—389 页;20cm
高等学校图书发行学专业统编教材
ISBN 7-04-003551-0:¥7.20

G235-43　010703
图书发行教程/罗紫初著.—沈阳:辽宁教育出版社,1995.9.—423 页;20cm
ISBN 7-5382-3980-4:¥18.00

G236　010704
书香十年:1985~1995:广东教育出版社图书评论集/广东教育出版社社长办公室编.—广州:广东教育出版社,1995.9.—307 页;20cm
ISBN 7-5406-3402-2:¥15.00

G236　010705
书讯百期文萃/黄从兴编.—武汉:湖北人民出版社,1995.6.—643 页;20cm
ISBN 7-216-01714-5(精装):¥24.80

G239　010706
世界书刊出版市场/朱福铮著.—北京:中国大百科全书出版社,1995.10.—153 页;19cm.—(百卷本世界市场全书/顾海良等主编)
ISBN 7-5000-5546-3:¥9.80

G239.2　010707
图书出版发行改革的实践/谢德元,刘新明编.—北京:金盾出版社,1995.4.—356 页;19cm
ISBN 7-5082-0027-6(精装):¥9.00

G239.2　010708
中国出版工作调查报告　1994/石峰主编.—北京:中国书籍出版社,1995.12.—552 页;20cm
ISBN 7-5068-0506-5:¥18.50

G239.2-53　010709
陈翰伯出版文集/陈翰伯著.—北京:中国书籍出版社,1995.6.—191 页;20cm.—(中国出版论丛)
ISBN 7-5068-0207-4:¥8.00

G239.2-53　010710
陈原出版文集/陈原著.—北京:中国书籍出版社,1995.6.—524 页;20cm.—(中国出版论丛)
ISBN 7-5068-0218-X:¥15.00

G239.2-53　010711
吉林省出版科学理论研究论文选/许华应主编.—长春:吉林教育出版社,1995.8.—349 页;20cm
ISBN 7-5383-2496-8(精装):¥10.00

G239.2-53　010712
探索集:华中理工大学出版社成立 15 周年论文集.—武汉:华中理工大学出版社,1995.12.—245 页;20cm
ISBN 7-5609-1300-8:¥7.80

G239.2-54　010713
中国出版年鉴　1995/中国出版年鉴社编辑.—北京:中国出版年鉴社出版,1995.11.—766 页;26cm
(精装):¥80.00

G239.20　010714
建立出版机制的经验和理论/袁亮主编;中国出版科学研究所编.—哈尔滨:黑龙江教育出版社,1995.12.—413 页;20cm
ISBN 7-5316-2707-8:¥12.50

G239.20　010715
毛泽东邓小平出版实践出版思想探论/袁亮主编;中国出版科学研究所编.—南京:江苏教育出版社,1995.11.—340 页;20cm
ISBN 7-5343-2504-8:¥15.00

G239.20　010716
新闻出版保密工作手册/新闻出版署保密委员会编.—北京:华艺出版社,1995.7.—382 页;20cm
内部发行
ISBN 7-80039-915-X:¥13.50

G239.22　010717
中国国际广播出版社十年创业路:1985~1995/中国国际广播出版社编.—北京:中国国际广播出版社,1995.3.—182 页:照片;22cm
ISBN 7-5078-0630-8:¥0.00

G239.23　010718
重庆市新华书店志/龚伟群主编.—重庆:重庆出版社,1995.7.—490 页:照片;20cm
ISBN 7-5366-3072-7(精装):¥29.00

G239.272.2　010719
河北出版年鉴　1995/河北出版年鉴编辑部编.—石家庄:河北人民出版社,1995.9.—539 页:彩照;20cm
ISBN 7-202-01789-X:¥21.00

G239.272.21　010720
走向繁荣:发展中的石家庄新闻出版业/王国玉,张炬主编.—石家庄:河北人民出版社,1995.10.—357 页;20cm
ISBN 7-202-01796-2:¥15.00

G239.274.2　010721
甘肃出版史略/白玉岱著.—兰州:甘肃人民出版社,1995.11.—284 页;20cm
ISBN 7-226-01494-7:¥10.00

G239.274.2　010722
回忆思考与研究:甘肃出版历史资料选辑/于淮仁主编.—兰州:甘肃人民出版社,1995.11.—365 页;20cm
ISBN 7-226-01579-X:¥15.00

G239.275.2　010723
山东教育社五十年:1945~1995/山东教育社编.—济南:山东画报出版社,1995.10.—90 页;29cm
画册
ISBN 7-80603-045-X:¥110.00

G239.275.3-53　010724
江苏省出版科研论文集/江苏省出版工作者协会编.—南京:江苏人民出版社,1995.1.—350 页;19cm
ISBN 7-214-01377-0:¥8.10

G239.275.7-53　010725
福建出版科学论集　第二辑/福建省出版总社,福建省出版工作者协会编.—福州:福建科学技术出版社,

1995.8.—217 页;20cm
ISBN 7-5335-0927-7:￥4.10

G239.276.7-53 010726
书人书语/广西出版工作者协会编选.—桂林:漓江出版社,1995.4.—367 页;20cm.—(广西出版科研论文集;2:漓江出版社专卷)
ISBN 7-5407-1694-0(精装):￥12.80

G239.29 010727
北京出版史志　第 5 辑/《北京出版史志》编辑部编.—北京:北京出版社,1995.3.—235 页;20cm
ISBN 7-200-02684-0:￥7.40

G239.29 010728
北京出版史志　第 6 辑/《北京出版史志》编辑部编.—北京:北京出版社,1995.11.—220 页;20cm
ISBN 7-200-02811-8:￥7.40

G239.29 010729
出版史研究　第三辑/叶再生主编.—北京:中国书籍出版社,1995.9.—252 页;20cm
ISBN 7-5068-0496-4:￥12.00

G239.29 010730
华中解放区出版事业简史/周天泽等编著.—南京:江苏人民出版社,1995.6.—288 页;20cm.—(出版史志丛书)
ISBN 7-214-01498-X:￥11.00

G239.29 010731
冀东书报刊史料/马建国编.—石家庄:河北人民出版社,1995.1.—182 页;20cm.—(河北出版史志文献丛书/曹宗安主编)
ISBN 7-202-01695-8:￥6.50

G239.29 010732
晋察冀边区印刷局简史/傅发永主编.—北京:中国金融出版社,1995.6.—245 页:照片;20cm
ISBN 7-5049-1412-6:￥11.85

G239.29 010733
书林初探/吉少甫著.—上海:上海三联书店,1995.8.—360 页;20cm
ISBN 7-5426-0822-3:￥16.00

G239.29 010734
中华人民共和国出版史料　(1)　1949/袁亮主编;中国出版科学研究所,中央档案馆编.—北京:中国书籍出版社,1995.5.—634 页;20cm
ISBN 7-5068-0435-2:￥38.00

G24　群众文化事业

G240 010735
群众文化基础探析/奎曾著.—呼和浩特:远方出版社,1995.6.—177 页;19cm
ISBN 7-80595-095-4:￥10.80

G241.1-62 010736
黑板报手册/任民鉴等主编.—上海:上海教育出版社,1995.12.—245 页;20cm
ISBN 7-5320-4128-X:￥11.80

G242-53 010737
当代文化馆长形象:雷宗荣论文选/雷宗荣著.—重庆:西南师范大学出版社,1995.11.—156 页;19cm
ISBN 7-5621-1360-2:￥5.40

G249.2 010738
青年群体文化论/王苏镇,沈逸林主编.—海口:南海出版公司,1995.7.—182 页;19cm
ISBN 7-5442-0496-0:￥11.58

①G249.2-54②TS958-54 010739
中国游艺机游乐园年鉴　(3)　1995/中国游艺机游乐园协会编.—北京:冶金工业出版社,1995.6.—396 页:彩图;26cm
ISBN 7-5024-1709-5(精装):￥40.00

G249.20 010740
群众文化的大趋势:群众文化未来学初探/牟光义著.—北京:中国妇女出版社,1995.4.—142 页;19cm
ISBN 7-80016-732-1:￥6.00

①G249.275.1②D619.51 010741
上海文化 15 年/戴翊等著.—上海:上海社会科学院出版社,1995.3.—124 页;20cm.—(上海改革 15 年丛书/姚锡棠主编)
ISBN 7-80618-063-X:￥3.50

G249.277.41 010742
群众文化论丛/昆明市文化局,昆明市群众艺术馆编.—昆明:云南美术出版社,1995.12.—209 页;20cm
ISBN 7-80586-237-0:￥17.80

G25　图书馆学、图书馆事业

G25 010743
开启知识宝库的金钥匙:怎样利用图书馆/莫超仪,安娜主编.—武汉:武汉工业大学出版社,1995.8.—232 页;19cm
ISBN 7-5629-1010-3:￥8.80

G25 010744
文献工作论说/李丰华等主编.—长春:吉林大学出版社,1995.6.—393 页;19cm
ISBN 7-5601-1809-7:￥9.50

G25-43 010745
图书馆教育基础教程/史维明,王国良主编.—沈阳:东北大学出版社,1995.8.—268 页;19cm
ISBN 7-81006-995-0:￥8.00

G25-53 010746
我与图书馆/李昭醇主编;广东省中山图书馆编.—2 版.—广州:广东人民出版社,1995.8.—436 页;20cm.—(百书育英才)
ISBN 7-218-00930-1:￥16.00

G25-61 010747
汉英图书馆学情报学词典/方小容,郑勇主编;王金祥等编.—西安:三秦出版社,1995.5.—460 页;19cm
ISBN 7-80546-902-4:￥19.60

G250 010748
阮岗纳赞理论及其应用研究/叶千军著.—上海:同

济大学出版社，1995.2.—283页；20cm
阮岗纳赞是印度图书馆学家（1892～1972）
ISBN 7－5608－1520－0：¥11.00

G250　010749
市场经济与图书馆建设　（上）/全国铁路高校图书情报工作委员会编.—成都：西南交通大学出版社，1995.5.—134页；26cm.—（全国铁路高校图书情报丛书）
ISBN 7－81022－810－2：¥5.90

G250.7　010750
计算机应用与图书馆自动化/秦建宁编著.—北京：科学技术文献出版社，1995.9.—293页；20cm
ISBN 7－5023－2594－8：¥14.80

G250.7　010751
图书情报自动化实用技术/陈岗编著.—北京：中国标准出版社，1995.12.—311页；26cm
ISBN 7－5066－1165－1：¥29.00

G251　010752
党校图书馆管理学/中南党校图书馆协作编写组编著.—北京：中共中央党校出版社，1995.8.—321页；20cm
ISBN 7－5035－1272－5：¥12.00

G251.4　010753
高等学校图书馆统计/四川省高等学校图书情报工作委员会编；姜晓等编著.—成都：成都科技大学出版社，1995.4.—169页；26cm
ISBN 7－5616－3148－0：¥13.00

G252　010754
图书馆读者学概论/李希孔主编.—北京：北京农业大学出版社，1995.2.—298页；20cm
ISBN 7－81002－696－8：¥8.50

G252－62　010755
读者服务工作指南/麦群忠主编.—北京：书目文献出版社，1995.7.—163页；19cm
ISBN 7－5013－1220－6：¥5.30

G252.1　010756
采芹录/周鸣贵主编.—南昌：江西人民出版社，1995.1.—330页；20cm
ISBN 7－210－01423－3：¥9.00

G252.17　010757
读书有味/张晓春，龚建星编.—上海：上海社会科学院出版社，1995.1.—293页；19cm.—（名家谈丛；8）
ISBN 7－80618－007－9：¥7.60

G252.65　010758
大学生利用图书馆指南/赵启民等著.—长春：吉林大学出版社，1995.2.—251页；19cm
ISBN 7－5601－1675－2：¥6.00

G252.65　010759
大学生如何利用图书馆/李绍宁，张杰主编.—北京：中国商业出版社，1995.12.—262页；19cm
ISBN 7－5044－1856－0：¥9.80

G252.65　010760
大学图书馆的利用/陈智仁主编.—杭州：浙江人民出版社，1995.6.—190页；19cm
ISBN 7－213－01260－6：¥5.80

G252.7　010761
大学生实用文献信息检索/王浩等编.—西安：西北工业大学出版社，1995.9.—185页；19cm
ISBN 7－5612－0801－4：¥5.00

G252.7　010762
地理文献信息检索/章春野编著.—哈尔滨：哈尔滨地图出版社，1995.5.—367页；19cm
ISBN 7－80529－273－6：¥18.00

G252.7　010763
化学化工文献检索/齐忠恩主编.—北京：化学工业出版社，1995.9.—179页；26cm
中等专业学校试用教材
ISBN 7－5025－1504－6：¥10.20

G252.7　010764
化学化工文献检索/静宝元主编.—天津：天津科学技术出版社，1995.12.—216页；19cm
ISBN 7－5308－1993－3：¥7.95

G252.7　010765
科技文献的检索与利用/刘国威主编.—北京：机械工业出版社，1995.10.—227页；19cm
中等专业学校适用
ISBN 7－111－04738－9：¥11.50

G252.7　010766
科技文献检索方法/田德祥，赵向方编.—北京：原子能出版社，1995.11.—181页；20cm
ISBN 7－5022－1445－3：¥7.80

G252.7　010767
科技文献检索与利用/陈荣祥，贺慧生主编.—重庆：重庆大学出版社，1995.6.—225页；26cm
高等工科院校系列教材
ISBN 7－5624－0974－9：¥9.80

G252.7　010768
科技文献检索与利用/潘松华，张智松主编.—徐州：中国矿业大学出版社，1995.9.—324页；20cm
高等工程专科学校教材
ISBN 7－81040－414－8：¥9.90

G252.7　010769
科技文献检索与利用/雷桂萍等编著.—昆明：云南教育出版社，1995.9.—418页；19cm
ISBN 7－5415－1062－9：¥9.80

G252.7　010770
农林文献检索与利用/聂春琳，尹仙香主编.—北京：中国农业科技出版社，1995.7.—217页；26cm
ISBN 7－80026－942－6：¥14.00

G252.7　010771
社会科学文献检索与利用基础教程/杨世钰主编.—昆明：云南大学出版社，1995.11.—465页；20cm
ISBN 7－81025－583－5：¥14.50

G252.7　010772
社科中文工具书使用/邓宗荣编著.—沈阳：辽宁教育出版社，1995.11.—447页；20cm
普通高等教育编辑出版类规划教材
ISBN 7－5382－3922－7：¥17.00

G252.7　010773
图书馆学中等专业学校学习用书/贾金兰主编.—济南:山东友谊出版社,1995.9.—10 册;19cm
ISBN 7-80551-736-3: ¥69.00

G252.7　010774
文献检索与利用/郭兰英编著.—北京:中国农业出版社,1995.8.—256 页;20cm
ISBN 7-109-04069-0: ¥12.50

G252.7　010775
文献信息检索与利用/和正荣等主编.—昆明:云南科技出版社,1995.9.—407 页;19cm
ISBN 7-5416-0753-3: ¥11.80

G252.7　010776
选矿文献及检索方法/黄开国等编著.—长沙:中南工业大学出版社,1995.1.—250 页;19cm
ISBN 7-81020-734-2: ¥9.50

G252.7　010777
医学文献检索/杨克虎等主编.—兰州:甘肃文化出版社,1995.6.—266 页;26cm
ISBN 7-80608-083-X: ¥14.50

G252.7　010778
中西医学文献检索与利用/张令铮主编.—上海:上海中医药大学出版社,1995.4.—168 页;26cm
ISBN 7-81010-279-6: ¥16.70

G252.7　010779
中医文献检索/严季澜主编.—北京:学苑出版社,1995.8.—257 页;26cm
普通高等中医院校协编教材
ISBN 7-5077-1016-5: ¥15.00

G252.7　010780
中医药文献检索与利用/刘奎臣主编;董少萍等编写.—北京:中国医药科技出版社,1995.8.—241 页;26cm
高等中医院校(试用)教材 供中医文献专业用
ISBN 7-5067-1292-X: ¥12.00

①G252.7②G20　010781
信息资源的开发与利用/陈宝珍著.—广州:广东高等教育出版社,1995.5.—130 页;19cm
ISBN 7-5361-1647-0: ¥8.00

G252.7-62　010782
中外医药卫生期刊速查手册/潘伯荣,邓运龙主编.—北京:人民军医出版社,1995.12.—869 页;19cm
ISBN 7-80020-547-9(精装): ¥46.00

G253.1-53　010783
第四届进口图书采访工作研讨会论文集 /陶慰宗,熊朝智主编.—北京:原子能出版社,1995.6.—276 页;20cm
ISBN 7-5022-1380-5: ¥12.00

G254-44　010784
文献分类编目考试论与自测题/俞君立,黄葵主编;王润等编著.—武汉:武汉大学出版社,1995.6.—342 页;20cm
ISBN 7-307-01963-9: ¥11.00

G254.0　010785
金融分类主题词表/王定芳主编.—长沙:湖南科学技术出版社,1995.11.—292 页;20cm
ISBN 7-5357-1886-8: ¥19.50

G254.1　010786
藏文图书分类法:图书编目/桑旦等著.—北京:民族出版社,1995.7.—210,28 页;20cm
ISBN 7-105-02288-4: ¥9.50

G254.1　010787
图书分类教程/于保业编著.—大连:辽宁师范大学出版社,1995.1.—234 页;19cm
ISBN 7-81042-014-3: ¥6.50

G254.1　010788
医学文献分类/柳晓春主编.—长沙:国防科技大学出版社,1995.1.—227 页;26cm
ISBN 7-81024-306-3: ¥19.00

G254.1-53　010789
文献分类学论文荟萃/黄钢主编 .—南昌:江西科学技术出版社,1995.12.—369 页;20cm
ISBN 7-5390-0976-4: ¥13.50

G254.123　010790
中国图书馆图书分类法:公安科学文献分类表/徐清漳,肖江萍主编;中国图书馆图书分类法,公安科学文献分类表编辑组编.—北京:中国人民公安大学出版社,1995.5.—83 页;20cm
ISBN 7-81011-711-4: ¥8.00

G254.123　010791
中国图书馆图书分类法测绘学专业分类表/中国图书馆图书分类法编辑委员会编;测绘学分类表编制修订组修订.—北京:测绘出版社,1995.8.—135 页;19cm
ISBN 7-5030-0806-7: ¥9.00

G254.124　010792
国际专利分类表:第六版:1995~1999/中国专利局审查部译编.—北京:专利文献出版社,1995.6.—9 册;26cm
ISBN 7-80011-176-8: ¥160.00

G254.243　010793
兵器科技档案主题词表　第二卷:范畴表/《兵器科技档案主题词表》编制委员会编.—北京:国防工业出版社,1995.12.—223 页;26cm
本书共两卷,总定价 120.00 元
ISBN 7-118-01537-7(精装): ¥0.00

G254.243　010794
兵器科技档案主题词表　第一卷:主表(字顺表)/张俊九主编;《兵器科技档案主题词表》编制委员会编.—北京:国防工业出版社,1995.12.—828 页;26cm
本书共两卷,总定价 120.00 元
ISBN 7-118-01537-7(精装): ¥0.00

G254.243　010795
兵器科学技术叙词表　第二卷/牟遐伦主编;兵器工业情报研究所《兵器科学技术叙词表》编制组编.—北京:兵器工业出版社,1995.6.—610 页;26cm
ISBN 7-80132-009-3(精装): ¥200.00

G254.243　010796
兵器科学技术叙词表　第一卷:字顺表/牟遐伦主

编;兵器工业情报研究所《兵器科学技术叙词表》编制组编.—北京:兵器工业出版社,1995.6.—1094页;26cm
ISBN 7-80132-009-3(精装):¥200.00

G254.243　010797
航天科学技术叙词表/罗瑛,王乃洪主编.—北京:宇航出版社,1995.8.—1册;26cm
ISBN 7-80034-823-7(精装):¥180.00

G254.243　010798
环境保护档案主题词表/国家环境保护局编.—北京:中国环境科学出版社,1995.5.—393页;26cm
ISBN 7-80093-742-9:¥48.00

G254.243　010799
数学汉语主题词表/王声培等编著.—上海:上海教育出版社,1995.4.—873页;29cm
ISBN 7-5320-4330-4(精装):¥120.00

G254.243　010800
音像资料叙词表/赵锦,戴维民主编.—北京:中国计量出版社,1995.6.—646页;26cm
ISBN 7-5026-0763-3:¥84.00

G254.243　010801
邮电公文主题词表/张坚主编;邮电部办公厅编.—哈尔滨:黑龙江人民出版社,1995.2.—199页;26cm
ISBN 7-207-02880-6:¥18.00

G254.3　010802
现代文献编目参考资料/刁维汉主编.—上海:华东师范大学出版社,1995.6.—207页;20cm
高等学校文科教材参考资料
ISBN 7-5617-1242-1:¥4.30

G254.3-43　010803
文献编目教程/李晓新等编著.—天津:南开大学出版社,1995.10.—531页;20cm
图书馆学情报学系列教程
ISBN 7-310-00788-3:¥17.50

G254.31　010804
中国历代图书著录文选/袁咏秋,曾季光主编.—北京:北京大学出版社,1995.10.—659页;20cm
ISBN 7-301-01716-2:¥27.50

G254.36　010805
中国机读目录格式使用手册/朱岩主编;《中国机读目录格式使用手册》编委会编.—北京:华艺出版社,1995.12.—529页;26cm
ISBN 7-80039-990-7:¥58.00

G255　010806
古籍修复与装帧/潘美娣著.—上海:上海人民出版社,1995.5.—252页;20cm
ISBN 7-208-01929-0:¥15.00

G255.1　010807
古籍整理释例/胡渐逵著.—长沙:岳麓书社,1995.5.—329页;20cm
ISBN 7-80520-499-3:¥9.80

G255.1　010808
古文献研究丛稿/吴金华著.—南京:江苏教育出版社,1995.11.—441页;20cm
ISBN 7-5343-2510-2(精装):¥33.45

G255.2　010809
核心期刊概论/叶继元编著.—南京:南京大学出版社,1995.7.—404页;20cm
ISBN 7-305-02811-8:¥17.50

G255.2　010810
科技期刊管理/姜富明等编著.—上海:同济大学出版社,1995.7.—198页;20cm
ISBN 7-5608-1438-7:¥10.00

G255.2　010811
期刊引文分析/刘瑞兴编著.—北京:中国统计出版社,1995.10.—140页;26cm
ISBN 7-5037-2041-7:¥18.00

G255.2　010812
医学期刊工作/熊第志主编.—沈阳:东北大学出版社,1995.7.—122页;26cm
高等医药院校试用教材 供医学信息专业用
ISBN 7-81006-982-9:¥19.00

G255.2-53　010813
市场经济与期刊文献开发:全国高等学校图书馆第五次期刊工作学术研讨会论文集/江乃武主编.—武汉:武汉大学出版社,1995.9.—432页;26cm
ISBN 7-307-02043-2:¥35.00

G256　010814
中国古代文献史话/崔文印编著.—哈尔滨:黑龙江人民出版社,1995.8.—141页;19cm.—(中国文明史话丛书/吴荣曾主编)
ISBN 7-207-02504-1:¥3.05

G256　010815
中国古今书籍纵横/操时杰,刘慧华编著.—北京:中国物资出版社,1995.4.—319页;19cm
ISBN 7-5047-0939-5:¥9.50

G256-41　010816
档案文献编纂学教学大纲/国家教委高教司编.—北京:高等教育出版社,1995.3.—59页;19cm
ISBN 7-04-005002-1:¥1.55

G256.1　010817
古籍注释学基础/黄亚平著.—兰州:甘肃教育出版社,1995.10.—265页;20cm
ISBN 7-5423-0534-4:¥10.80

G256.1　010818
书林丛考/郑伟章著.—广州:广东人民出版社,1995.7.—429页;20cm
ISBN 7-218-00955-7:¥16.50

G256.1　010819
中国的古籍/邓瑞全,任宝菊编著.—北京:北京科学技术出版社,1995.1.—93页;19cm.—(中国历史知识全书·灿烂文化/朱仲玉主编)
ISBN 7-5304-1658-8:¥3.90

G256.1　010820
中国书籍之最/张召奎编著.—修订版.—合肥:安徽少年儿童出版社,1995.5.—203页;19cm.—(小学生精品书库·文化教育类)
ISBN 7-5397-1249-X:¥5.00

G256.1　010821
中国图书文化导论/程焕文著.—广州:中山大学出版社,1995.10.—414页;20cm
ISBN 7-306-01046-8:¥19.80

G256.1　010822
中华书文化史话/黄镇伟编著.—福州:福建教育出版社,1995.4.—186页;19cm.—(当代中学生丛书)
ISBN 7-5334-1391-1:¥3.85

G256.1-49　010823
中国文字与典籍:揭开文明的篇章/王余光著.—武汉:湖北人民出版社,1995.4.—154页;19cm.—(青少年文史库/王余光,王三山主编)
ISBN 7-216-01672-6:¥4.80

G256.2　010824
古代刻书与古籍版本/卢贤中著.—合肥:安徽大学出版社,1995.12.—236页;20cm
ISBN 7-81052-009-1:¥7.00

G256.3　010825
校勘学/田代华主编;刘更生等编写.—北京:中国医药科技出版社,1995.4.—178页;26cm
高等中医院校教材:试用 供中医文献学专业用
ISBN 7-5067-1375-6:¥8.00

G256.4　010826
敬斋古今/(元)李治撰;刘德权点校.—北京:中华书局,1995.2.—192页;20cm.—(学术笔记丛刊)
ISBN 7-101-01247-7:¥9.60

G256.4　010827
九九销夏录/(清)俞樾著;崔高维点校.—北京:中华书局,1995.6.—338页;20cm.—(学术笔记丛刊)
ISBN 7-101-01245-0:¥15.30

G256.4　010828
一九一一～一九八四影印善本书序跋集录/北京图书馆善本组编.—北京:中华书局,1995.4.—824页;20cm
ISBN 7-101-01183-7(精装):¥36.00

G256.4　010829
中外妙论鉴赏文库/韩少华主编.—北京:中国物资出版社,1995.1.—769页;26cm
ISBN 7-5047-0394-X(精装):¥118.00

G257.3　010830
实用教育文献学/钱振新编.—上海:上海教育出版社,1995.5.—266页;20cm
ISBN 7-5320-3629-4:¥8.85

G258.5-62　010831
医院图书馆工作指南/杨胥英,徐永银主编.—哈尔滨:哈尔滨地图出版社,1995.10.—362页;19cm
ISBN 7-80529-278-7:¥10.50

G258.6　010832
大学生与图书馆/安银海,王永安主编.—太原:山西高校联合出版社,1995.9.—351页;19cm
ISBN 7-81032-841-7:¥11.25

G258.6-43　010833
高校图书馆利用教程/邓广宇,那春光编著.—大连:大连海事大学出版社,1995.6.—108页;19cm
ISBN 7-5632-0878-X:¥5.80

G258.69-62　010834
学校图书馆工作手册/王天培主编.—北京:中国华侨出版社,1995.3.—223页;19cm
ISBN 7-80074-956-8:¥5.50

①G258.83②K820　010835
名人书斋/朱亚夫著.—上海:上海教育出版社,1995.8.—258页:照片;20cm
ISBN 7-5320-3890-4:¥10.00

G259.2　010836
当代中国的图书馆事业/杜克主编;《当代中国》丛书编辑部编.—北京:当代中国出版社,1995.5.—842页;照片;20cm.—(当代中国丛书/邓力群等主编)
ISBN 7-80092-327-4:¥52.50

G259.2　010837
当代中国的图书馆事业/杜克主编;《当代中国》丛书编辑部编.—北京:当代中国出版社,1995.5.—842页;照片;20cm.—(当代中国丛书/邓力群等主编)
ISBN 7-80092-326-6(精装):¥55.50

①G259.22②G359.22　010838
中国图书馆和情报机构名录大全=A Masterlist of Chinese Libraries and Information Services/辛希孟等主编.—沈阳:东北大学出版社,1995.5.—1册;26cm
ISBN 7-81006-938-1(精装):¥180.00

G259.277.4　010839
云南图书馆概览/胡立耘主编.—昆明:云南大学出版社,1995.7.—300页;彩照;20cm
ISBN 7-81025-495-2:¥16.00

G26　博物馆学、博物馆事业

G269.1　010840
世界博物馆/胡善美编著.—福州:福建教育出版社,1995.4.—211页;19cm.—(当代中学生丛书·第六辑)
ISBN 7-5334-1397-0:¥4.20

①G269.23②G779.2　010841
全国优秀地县级博物馆和优秀社会教育基地资料汇编　1994年度/国家文物局博物馆处编.—北京:华夏出版社,1995.6.—232页;19cm
ISBN 7-5080-0206-7:¥7.70

G269.271　010842
北京博物馆荟萃/袁士良,袁世贵主编.—北京:人民交通出版社,1995.11.—159页;19cm
ISBN 7-114-02207-7:¥6.00

G269.271　010843
故宫博物院历程:1925～1995/王树卿,邓文林著.—北京:紫禁城出版社,1995.9.—118页:照片;20cm
ISBN 7-80047-208-6:¥15.00

G269.271　010844
首都博物馆丛刊　第10辑/荣大为主编;首都博物馆编辑委员会编辑.—北京:地质出版社,1995.10.—155页;26cm
ISBN 7-116-01899-9:¥20.00

G269.271 010845
首都青少年爱国主义教育基地指南/中共北京市委教育工作委员会编.—北京:北京广播学院出版社,1995.2.—328页;20cm
ISBN 7-81004-567-9:¥8.00

G269.274.1 010846
遗址博物馆研究:兼述陕西遗址博物馆/理智著.—西安:陕西人民出版社,1995.11.—178页:彩照;20cm
ISBN 7-224-04000-2:¥35.00

G269.274.1-55 010847
陕西历史博物馆馆刊　第二辑/周天游主编.—西安:三秦出版社,1995.6.—354页;26cm
ISBN 7-80546-919-9:¥50.00

G27 档案学、档案事业

G27 010848
档案工作基础/常崇宜等原编;罗芳松修订.—成都:四川人民出版社,1995.10.—263页;20cm
高等教育自学考试用书
ISBN 7-220-03030-4:¥7.50

G27 010849
档案管理学/邓绍兴,陈智为编著.—北京:首都师范大学出版社,1995.5.—310页;20cm
ISBN 7-81039-550-5:¥7.50

G27-41 010850
档案管理学教学大纲/国家教委高教司编.—北京:高等教育出版社,1995.4.—71页;19cm
ISBN 7-04-005004-8:¥1.80

G27-41 010851
外国档案管理教学大纲/国家教委高教司编.—北京:高等教育出版社,1995.3.—66页;19cm
ISBN 7-04-004997-X:¥1.70

G27-43 010852
档案专业岗位培训教程/吉林省档案局编著.—长春:吉林科学技术出版社,1995.12.—442页;19cm
ISBN 7-5384-1598-X:¥15.00

G270 010853
档案经济学/石浒泷,林清澄著.—北京:中国档案出版社,1995.10.—221页;19cm
ISBN 7-80019-584-8:¥8.50

G270 010854
档案学概述/丁永奎主编;国家档案局编.—北京:中国档案出版社,1995.10.—199页;19cm
档案专业干部培训系列教材
ISBN 7-80019-494-9:¥6.00

G270 010855
档案学基础/陈兆祦,王德俊主编.—北京:中国档案出版社,1995.4.—254页;20cm
全国档案局、馆长培训系列教材
ISBN 7-80019-506-6:¥6.30

G270-41 010856
档案学概论教学大纲/国家教委高教司编.—北京:高等教育出版社,1995.4.—74页;19cm
ISBN 7-04-005001-3:¥1.80

G270-53 010857
八桂兰台文萃:广西档案学会论文选集/温强主编;广西档案学会编.—北京:中国档案出版社,1995.12.—353页;19cm
ISBN 7-80019-510-4:¥12.50

G270.7 010858
档案计算机管理/杨解非,张永捷编.—北京:高等教育出版社,1995.10.—167页;20cm
中等职业学校教材　文秘专业
ISBN 7-04-005428-0:¥6.20

G270.7 010859
电子计算机与档案管理/黄世喆等编著.—南宁:广西民族出版社,1995.4.—170页;19cm
ISBN 7-5363-3000-6:¥5.30

G271 010860
档案管理新技术/诸其良主编.—上海:上海交通大学出版社,1995.7.—242页;19cm
档案人员岗位培训系列教材
ISBN 7-313-01461-9:¥7.60

G271 010861
档案室概论/刘国能主编.—北京:中国档案出版社,1995.4.—262页;20cm
全国档案局、馆长培训系列教材
ISBN 7-80019-508-2:¥6.40

G271 010862
机关档案管理/傅瑞娟主编;国家档案局编.—北京:中国档案出版社,1995.3.—302页;19cm
档案专业干部培训系列教材
ISBN 7-80019-504-X:¥6.30

G271 010863
外国现代档案管理教程/韩玉梅主编;黄霄雨等编著.—北京:中国人民大学出版社,1995.11.—332页;20cm
ISBN 7-300-02073-9:¥12.50

G271-62 010864
乡镇建档指南/范仁贵等编著.—太原:山西教育出版社,1995.6.—225页;19cm
ISBN 7-5440-0739-1:¥7.00

G271.6 010865
当代中国档案职业道德概论/唐成连,黄友牛著.—北京:中国档案出版社,1995.12.—246页;20cm
ISBN 7-80019-590-2:¥13.90

G272 010866
档案编研工作基础/冯绍霆主编 .—上海:上海交通大学出版社,1995.7.—279页;19cm
档案人员岗位培训教材
ISBN 7-313-01481-3:¥8.80

G272.5 010867
《中国档案主题词表》研究与使用精要/张正强编著.—上海:上海科学技术文献出版社,1995.12.—256页;20cm
ISBN 7-5439-0871-9:¥23.00

G272.5　010868
档案主题标引与检索实用教程/叶千军等编著.—上海:同济大学出版社,1995.4.—184页;20cm
ISBN 7-5608-1433-6: ¥8.00

G272.5　010869
中国档案分类法科学研究档案分类表/中国档案分类法科学研究档案分类表编辑委员会编.—北京:科学出版社,1995.1.—242页;26cm
ISBN 7-03-3771-5(精装): ¥52.00

G273.3　010870
挡案保护技术研讨会论文选编:续集/中国档案学会保护技术委员会编.—北京:中国档案出版社,1995.8.—367页;19cm
ISBN 7-80019-505-8: ¥15.00

G273.3-41　010871
档案保护技术学教学大纲/国家教委高教司编.—北京:高等教育出版社,1995.3.—36页;19cm
ISBN 7-04-004999-6: ¥1.05

G273.5　010872
档案信息开发概论/黄坚主编.—福州:福建科学技术出版社,1995.1.—132页;19cm
ISBN 7-5335-0879-3: ¥3.60

G273.5　010873
档案信息资源开发:第三产业发展研究/黄子林主编.—长沙:湖南科学技术出版社,1995.8.—278页;20cm
ISBN 7-5357-1763-2: ¥8.50

G275.3　010874
抚顺石油化工公司工业企业档案分类细则/赵立新等主编;抚顺石化公司档案分类细则编委会编.—沈阳:辽宁大学出版社,1995.—124页;20cm.—(抚顺石化企业档案管理系列丛书;1)
ISBN 7-5610-3062-2: ¥7.00

G275.3　010875
企业档案编研方法/张怀笔主编.—太原:山西经济出版社,1995.12.—239页;20cm
ISBN 7-80577-922-8: ¥10.80

①G275.3②F294-05　010876
城建档案管理概要/冯桂兰等主编.—深圳:海天出版社,1995.8.—269页;19cm
ISBN 7-80615-200-8: ¥15.00

G275.3-41　010877
科技档案管理学教学大纲/国家教委高教司编.—北京:高等教育出版社,1995.4.—64页;19cm
ISBN 7-04-004996-1: ¥1.30

G275.9　010878
会计档案管理原理与实务/陈智为,扬东红著.—北京:法律出版社,1995.6.—179页;20cm
ISBN 7-5036-1695-4: ¥9.10

G275.9　010879
人事档案管理与利用工作指导/胡学道,陈新主编;中共湖北省委组织部编著.—武汉:湖北人民出版社,1995.5.—433页;20cm
ISBN 7-216-01663-7: ¥10.00

G275.9　010880
审计档案理论与实务/曹忠编著.—北京:中国审计出版社,1995.12.—287页;19cm
ISBN 7-80064-401-4: ¥12.00

G275.9　010881
中国人民解放军干部档案管理学/慕崧主编.—北京:军事科学出版社,1995.5.—205页;20cm
ISBN 7-80021-859-7: ¥6.00

G275.9-41　010882
计算机档案管理教学大纲/国家教委高教司编.—北京:高等教育出版社,1995.3.—62页;19cm
ISBN 7-04-004998-8: ¥1.65

G279　010883
档案馆概论/施宣岑,王景高主编.—北京:中国档案出版社,1995.10.—322页;20cm
全国档案局、馆长培训系列教材
ISBN 7-80019-571-6: ¥7.80

G279.1　010884
外国档案管理简论/韩伟之编著.—上海:上海交通大学出版社,1995.1.—305页;19cm
档案人员岗位培训系列教材
ISBN 7-313-01423-6: ¥9.60

G279.2　010885
中国古代档案探究备要/王文光主编.—昆明:云南民族出版社,1995.5.—249页;20cm
ISBN 7-5367-1055-0: ¥9.80

G279.21　010886
1987~1992年国家档案局科技进步奖授奖项目汇编/国家档案局技术部、科技处、科技成果推广办公室编.—北京:中国档案出版社,1995.5.—166页;26cm
ISBN 7-80019-534-1: ¥22.00

G279.21　010887
论档案事业/冯子直著.—北京:中国文史出版社,1995.8.—476页;19cm
ISBN 7-5034-0760-3: ¥15.60

G279.275.2-62　010888
山东省档案馆指南/易炳炎主编;山东省档案馆编.—济南:山东人民出版社,1995.12.—519页:彩照;20cm.—(中国档案馆指南丛书/于薇主编)
ISBN 7-209-01841-7: ¥22.00

G279.277.1　010889
成都市档案馆指南/成都市档案馆编.—成都:四川大学出版社,1995.12.—332页;20cm.—(中国档案馆指南丛书/于薇主编)
ISBN 7-5614-1289-4(精装): ¥35.00

G3 科学、科学研究

G3　010890
科技发展大趋势/孙孝仁,赵有德编著.—太原:山西人民出版社,1995.9.—517页;20cm
ISBN 7-203-03389-9: ¥9.80

G3　010891

科学价值论/汪信砚著.—桂林:广西师范大学出版社,1995.12.—309页;19cm.—(科学与哲学丛书/张巨青,刘文君主编)
ISBN 7-5633-2008-3:¥8.85

G3 010892
科学学与现代科学管理/周刚,吕宜明主编.—济南:山东友谊出版社,1995.3.—723页;20cm
ISBN 7-80551-700-2:¥16.00

G3 010893
现代科学技术基础知识概论/陶承德,张晓华主编.—2版.—北京:中共中央党校出版社,1995.10.—356页;20cm
ISBN 7-5035-0017-4:¥8.70

G3-05 010894
科技文明与人类未来:在哲学深层的挑战/(荷兰)舒尔曼著;李小兵等译.—北京:东方出版社,1995.10.—426页;20cm
著者原题:E·舒尔曼
ISBN 7-5060-0592-1:¥18.00

G3-41 010895
科技文件学教学大纲/国家教委高教司编.—北京:高等教育出版社,1995.3.—81页;19cm
ISBN 7-04-004995-3:¥2.05

G3-43 010896
现代科技知识简明教程/张保臣主编.—银川:宁夏人民教育出版社,1995.7.—315页;20cm
ISBN 7-80596-148-4:¥11.00

G3-53 010897
福建省科协第二届青年学术年会:中国科协第二届青年学术年会卫星会议论文集/福建省科协第二届青年学术年会执行委员会编.—福州:福建科学技术出版社,1995.10.—1032页;26cm
ISBN 7-5335-0964-1:¥80.00

G3-53 010898
中国科学技术协会第二届青年学术年会卫星会议天津市首届青年学术年会:天津青年学术精粹/天津市科学技术协会编.—天津:天津大学出版社,1995.11.—1170页;26cm
ISBN 7-5618-0822-4(精装):¥98.00

G30 科学研究理论

G30 010899
博大精深的科学思想/王前著.—沈阳:辽宁古籍出版社,1995.5.—198页;19cm.—(中华民族优秀传统文化丛书·科技卷/王前,谢丹主编)
全套共8册,总定价45.00元
ISBN 7-80507-282-5:¥0.00

G30 010900
现代科学技术与科技政策/樊兴顺主编.—西安:陕西科学技术出版社,1995.12.—461页;20cm
ISBN 7-5369-0336-7:¥17.80

G30 010901
研究和开发漫谈:献给青年科技工作者/(日)杉田清著;那宝魁,那宝玉译.—北京:冶金工业出版社,1995.8.—114页;19cm
ISBN 7-5024-1738-9:¥8.00

G301 010902
科学与社会/吴晓明著.—上海:上海远东出版社,1995.12.—347页;20cm
ISBN 7-80613-191-4:¥23.00

G301 010903
软科学方法论研究/车宏安主编.—上海:上海科学技术文献出版社,1995.12.—365页;26cm
ISBN 7-5439-0839-5:¥36.00

G301 010904
稳态学/王达敏,丁莉兰著.—合肥:安徽人民出版社,1995.12.—466页;20cm
ISBN 7-212-01273-4:¥14.00

G301 010905
现代科学技术革命与当代社会/吴光宗,戴桂康主编.—修订本.—北京:北京航空航天大学出版社,1995.4.—452页;20cm
ISBN 7-81012-527-3:¥12.90

G301 010906
在思维的制高点上:对"理论"的新探索/卢培琪,商志晓著.—南宁:广西人民出版社,1995.12.—262页;20cm
ISBN 7-219-03065-7:¥11.80

①G301②C934 010907
现代决策论:软科学与科学决策研究/李忠尚著.—北京:中国青年出版社,1995.11.—260页;20cm.—(社科新论丛书)
ISBN 7-5006-1917-0:¥11.70

G301-05 010908
潜科学与哲学/解恩泽著.—长春:东北师范大学出版社,1995.9.—358页;20cm.—(东北师范大学文库)
ISBN 7-5602-1606-4(精装):¥4.80

G301-49 010909
科技溯源/陈友庆等编著.—南京:江苏少年儿童出版社,1995.8.—2册;19cm.—(少年科学知识大金库)
ISBN 7-5346-1439-2:¥9.00

G302 010910
西方科学的文化精神/周昌忠著.—上海:上海人民出版社,1995.3.—253页;19cm
ISBN 7-208-01755-7:¥9.50

G302 010911
现代科学技术基础知识概论/陶承德,陈智主编.—北京:中国经济出版社,1995.7.—359页;20cm
ISBN 7-5017-3532-8:¥12.80

G302 010912
现代科学技术基础知识概要/蒋大成主编.—昆明:云南人民出版社,1995.7.—291页;20cm
中共云南省委党校、云南行政学院函授教材
ISBN 7-222-01798-4:¥9.30

G303 010913
国家关键技术选择:新一轮技术优势争夺战/周永

春,李思一主编.—北京:科学技术文献出版社,1995.5.—150页;26cm
ISBN 7-5023-2559-X:¥12.00

G303　010914
走向新世纪/秦宣编著.—北京:西苑出版社,1995.8.—115页;19cm.—(百种爱国主义教育图书)
ISBN 7-80108-059-9:¥3.40

G303-53　010915
科学前沿与未来　第一集/张焘主编.—北京:科学出版社,1995.5.—251页;20cm
ISBN 7-03-004627-7:¥15.00

G304　010916
后现代科学实在论/郭贵春著.—北京:知识出版社,1995.12.—333页;19cm
ISBN 7-5015-1283-3:¥12.80

G304　010917
科技成果转化成功之路/中共中央政策研究室文化组编著.—沈阳:辽宁大学出版社,1995.12.—425页;19cm
ISBN 7-5610-3086-X:¥20.00

G305　010918
创造工程学/黄友直,肖云龙著.—长沙:湖南师范大学出版社,1995.4.—358页;20cm
ISBN 7-81031-409-2:¥12.80

G305　010919
创造在召唤/钟祖荣,刘文明著.—福州:福建教育出版社,1995.4.—172页;19cm.—(当代中学生丛书)
ISBN 7-5334-1392-X:¥3.50

G305　010920
大学生实用技能创造力开发与应用/纪克勤编著.—沈阳:东北大学出版社,1995.8.—188页;19cm
ISBN 7-81006-981-0:¥6.00

G305　010921
科技与创造发明/王宪昌编著.—延吉:延边大学出版社,1995.5.—298页;19cm
ISBN 7-5634-0772-3:¥6.70

G305　010922
启开创造之门的锁钥/顾明林等著.—郑州:河南人民出版社,1995.3.—278页;19cm
ISBN 7-215-03205-1:¥6.80

G305　010923
青少年发明创造成功之路/徐世贵主编.—沈阳:辽宁科学技术出版社,1995.5.—3册;19cm
ISBN 7-5381-1991-4:¥13.00

G305　010924
世界大发明/王一川主编.—西安:未来出版社,1995.8.—3册(1242页);20cm
ISBN 7-5417-1059-8(精装):¥58.00

G305　010925
迎接新世纪:建国以来北京青年科技发明创造综览/王海平,王本前主编;共青团北京市委青运史研究室编.—北京:中国人民公安大学出版社,1995.3.—379页;19cm
ISBN 7-81011-704-1:¥11.50

G305-49　010926
创造之路/柯龙庭等编著.—南京:江苏少年儿童出版社,1995.8.—2册;19cm.—(少年科学知识大金库)
ISBN 7-5346-1440-6:¥9.00

G306　010927
专利国际惯例/章学拯编著.—贵阳:贵州人民出版社,1995.12.—153页;20cm.—(国际经济惯例丛书/周成启主编)
ISBN 7-221-04032-X:¥8.10

G306-44　010928
工程师专利实务题解/丁美和,尹金华主编.—济南:山东人民出版社,1995.8.—383页;19cm
ISBN 7-209-01813-1:¥18.00

G306.0　010929
协同学:大自然构成的奥秘/(德)哈肯(Haken,H.)著;凌复华译.—上海:上海译文出版社,1995.10.—259页;20cm.—(当代学术思潮译丛)
ISBN 7-5327-1371-7:¥16.00

G306.3　010930
世界各国专利制度/王振东编著.—北京:中国大百科全书出版社,1995.10.—132页;19cm.—(百卷本世界市场全书/顾海良等主编)
ISBN 7-5000-5535-8:¥9.80

G306.4　010931
化学和生物技术专利说明书的撰写与阅读/(日)渡边睦雄著;冯剑波译.—北京:专利文献出版社,1995.7.—346页;20cm
ISBN 7-80011-172-5:¥18.00

G307　010932
常用综合性基础标准指要　(二)/沈同,周国泰主编.—北京:中国人事出版社,1995.3.—349页;26cm
ISBN 7-80076-541-5:¥25.00

G307　010933
军用标准化基础/金烈元主编.—北京:国防工业出版社,1995.7.—305页;26cm
ISBN 7-118-01251-3:¥29.80

G307.0　010934
标准化概论/李春田主编.—3版.—北京:中国人民大学出版社,1995.11.—454页;20cm
高等财经院校教材
ISBN 7-300-02074-7:¥18.00

G307.0　010935
英汉标准化词汇/褚善元等编.—北京:中国标准出版社,1995.8.—302页;20cm
ISBN 7-5066-1040-X:¥18.00

G307.72-54　010936
中国标准化年鉴　1994/国家技术监督局编.—北京:中国标准出版社,1995.2.—262页;30cm
ISBN 7-5066-1034-5:¥36.00

G307.72-54　010937
中国标准化年鉴　1995:汉英对照/中华人民共和国国家技术监督局编.—北京:中国标准出版社,1995.12.—248页;30cm
ISBN 7-5066-1164-3:¥34.00

G31 科学研究工作

G311 010938
科技管理概论/郑兴富等主编.—哈尔滨:哈尔滨工程大学出版社,1995.5.—401页;20cm
ISBN 7-81007-560-8:¥9.80

G311 010939
世界主要国家技术监督体系/杜方炯编.—北京:中国标准出版社,1995.2.—200页;20cm
ISBN 7-5066-0919-3:¥8.00

G311 010940
探索与思考:科学研究组织与管理/中国科学院新疆分院主编.—乌鲁木齐:新疆人民出版社,1995.8.—364页;26cm
ISBN 7-228-03330-2:¥20.00

G316 010941
何梁何利奖 1994/何梁何利基金评选委员会编.—北京:科学出版社,1995.10.—173页:照片;26cm
ISBN 7-03-005028-2(精装):¥39.00

G316 010942
科学家道德之光/管永忆,胡增军主编.—北京:解放军出版社,1995.4.—444页;19cm
ISBN 7-5065-2667-0:¥21.00

G316 010943
攀登者:优秀青年科技专家成才之路/路甬祥主编.—北京:科学出版社,1995.12.—284页:照片;20cm
ISBN 7-03-004824-5(精装):¥15.00

G316-62 010944
科技工作者手册/李峨峰编.—贵阳:贵州科技出版社,1995.4.—229页;19cm
ISBN 7-80584-478-X:¥5.00

G316-65 010945
专业技术资格评审条件汇编 第一分册/人事部专业技术人员职称司编.—天津:天津科技翻译出版公司,1995.4.—210页;20cm
ISBN 7-5433-0780-4:¥7.65

G32 世界各国科学研究事业

G32 010946
21世纪社会的新细胞:科技工业园/吴季松著.—上海:上海科技教育出版社,1995.9.—274页;20cm
ISBN 7-5428-1144-4:¥17.40

G321 010947
九十年代世界科技纵览/张登义主编;国家科委政策法规与体制改革司,中国科学技术信息研究所编.—北京:地震出版社,1995.6.—666页;26cm
ISBN 7-5028-0668-7(精装):¥90.00

G321.9 010948
科学的历程/吴国盛著.—长沙:湖南科学技术出版社,1995.12.—2册(731页);28cm
ISBN 7-5357-1594-X(精装):¥110.00

G321.9 010949
科学的历程:普及本/吴国盛著.—长沙:湖南科学技术出版社,1995.12.—2册(868页);20cm
ISBN 7-5357-1902-3:¥48.00

G321.9 010950
科学的历程:珍藏本/吴国盛著.—长沙:湖南科学技术出版社,1995.12.—2册(731页):图;28cm
ISBN 7-5357-1899-X:¥88.00

G322 010951
经济·科技:1994年国家计划委员会科技报告选编/国家计划委员会科技司编.—北京:中国计划出版社,1995.6.—122页;26cm
内部发行
ISBN 7-80058-388-0:¥13.00

G322.0 010952
科技保密工作手册/杨启文主编;国家科技保密办公室,国家保密局法规处编.—沈阳:辽宁大学出版社,1995.12.—279页;19cm
ISBN 7-5610-3081-9:¥10.00

G322.0 010953
科教兴国:中国迈向21世纪的重大战略决策/朱丽兰等编著.—北京:中共中央党校出版社,1995.6.—516页;20cm
ISBN 7-5035-1244-X:¥18.60

G322.0 010954
迎接挑战:世纪之交的思索/张继泽著.—贵阳:贵州教育出版社,1995.2.—295页:照片;20cm
ISBN 7-80583-625-6:¥7.80

G322.0 010955
在全国科学技术大会上的讲话:1995年5月26日/江泽民报告.—北京:人民出版社,1995.6.—19页;20cm
ISBN 7-01-002246-1:¥1.15

G322.0 010956
中共中央国务院关于加速科学技术进步的决定:1995年5月6日.—北京:人民出版社,1995.6.—27页;20cm
ISBN 7-01-002235-6:¥1.40

G322.0-62 010957
中国科学技术政策指南:科学技术白皮书 第6号/国家科学技术委员会编.—北京:科学技术文献出版社,1995.8.—699页;26cm
ISBN 7-5023-2492-5(精装):¥90.00

G322.1 010958
"九五"科技工作纵横/赵伯臣等主编.—北京:科学技术文献出版社,1995.4.—378页;20cm
ISBN 7-5023-2397-X:¥12.00

G322.1 010959
中国科学技术指标:科学技术黄皮书 第2号 1994/国家科学技术委员会编.—北京:中国人事出版社,1995.3.—170页;26cm
ISBN 7-80076-600-4(精装):¥40.00

G322.2 010960
中国科技系统结构调整研究/国务院研究室课题组

编著.—北京:地震出版社,1995.5.—221页;26cm
ISBN 7-5028-1224-5:¥15.00

G322.2-53 010961
科技研究所改革与实践/万治仁主编;中国北方车辆研究所编.—北京:中国计量出版社,1995.10.—387页;20cm
ISBN 7-5026-0765-X:¥14.00

G322.21 010962
1996年中国科学院攻读博士学位研究生招生专业目录/中国科学院研究生招生办公室编.—合肥:中国科学技术大学出版社,1995.8.—139页;26cm
ISBN 7-312-00736-8:¥8.00

G322.21-54 010963
中国科学院统计年鉴　1995/竺玄主编;中国科学院计划财务局编.—北京:科学出版社,1995.10.—434页;26cm
ISBN 7-03-004955-1(精装):¥88.00

G322.21-54 010964
中国社会科学院年鉴　1993年/吴介民主编.—北京:中国社会科学出版社,1995.6.—420页:彩照;26cm
ISBN 7-5004-1727-6(精装):¥65.00

G322.23 010965
中国地方社会科学院/中国社会科学院办公厅编.—北京:社会科学文献出版社,1995.8.—463页;20cm
ISBN 7-80050-657-6:¥20.00

G322.256 010966
全国科学技术大会文件.—北京:人民出版社,1995.6.—103页;20cm
ISBN 7-01-002249-6:¥4.00

G322.7 010967
黄河三角洲科技/周世德,原洪杰主编.—北京:科学技术文献出版社,1995.9.—536页;20cm
ISBN 7-5023-2627-8:¥18.00

G322.71-54 010968
北京科技年鉴　1994年度/北京市科学技术委员会编.—北京:北京科学技术出版社,1995.8.—210页:彩图;26cm
ISBN 7-5304-1758-4(精装):¥40.00

G322.726-54 010969
1994年内蒙古科学技术年鉴/内蒙古自治区科学技术委员会编.—呼和浩特:内蒙古人民出版社,1995.10.—393页:彩照;26cm
ISBN 7-204-02677-2(精装):¥50.00

G322.726-54 010970
内蒙古科学技术年鉴　1994/谢仲元主编;内蒙古自治区科学技术委员会编.—呼和浩特:内蒙古人民出版社,1995.10.—393页:彩照;26cm
ISBN 7-204-02677-2(精装):¥50.00

G322.751 010971
实践与探索:上海科技体制改革十年回顾/上海市科学技术委员会编.—上海:上海科学技术文献出版社,1995.8.—196页;26cm
ISBN 7-5439-0789-5:¥15.00

G322.751-54 010972
上海科技年鉴　1995/上海科技年鉴编辑部编.—上海:上海科学普及出版社,1995.12.—354页;26cm
ISBN 7-5427-0993-3(精装):¥120.00

G322.753-54 010973
江苏科技年鉴　1995/《江苏科技年鉴》编辑部编.—南京:江苏科学技术出版社,1995.10.—478页:彩照;26cm
ISBN 7-5345-2028-2(精装):¥45.00

G322.753.4 010974
灌云县科学技术志/柳祖葵主编.—南京:江苏科学技术出版社,1995.10.—474页:彩照;26cm
ISBN 7-5345-2087-8(精装):¥66.00

G322.761-53 010975
河南省首届青年学术年会论文集/河南省科学技术协会编.—北京:中国科学技术出版社,1995.11.—723页;26cm
ISBN 7-5046-2085-8(精装):¥98.00

G322.763 010976
理论与实践之桥:改革开放以来的湖北省社会科学界/胡永继,陈昆满主编;湖北省社会科学联合会编.—武汉:武汉大学出版社,1995.12.—535页;20cm
ISBN 7-307-02096-3:¥18.00

G322.763-53 010977
三峡知识分子的献礼——宜昌县知识分子优秀论文集/朱吉荣,廖传伦主编.—武汉:武汉大学出版社,1995.5.—560页;20cm
ISBN 7-307-01965-5:¥15.80

G322.764-53 010978
跨世纪的湖南科技:湖南省科学技术协会第二届青年学术年会论文集/湖南省科协第二届青年学术年会执行委员会编.—长沙:湖南科学技术出版社,1995.11.—4册;26cm
ISBN 7-5357-1890-6:¥320.00

G322.765 010979
广东科技年鉴　1993年/梁湘主编;广东省科学技术委员会编.—广州:广东科技出版社,1995.6.—370页;26cm
ISBN 7-5359-1482-9(精装):¥25.00

G322.765.3-62 010980
深圳科技工作指南/周路明,于沛主编;深圳市科学技术局编著.—深圳:海天出版社,1995.12.—297页;20cm
ISBN 7-80615-330-6:¥30.00

G322.77 010981
抗战时期西南的科技/陈国志主编;中国人民政治协商会议西南地区文史资料协作会议编.—成都:四川科学技术出版社,1995.8.—505页;20cm.—(抗战时期的大西南丛书)
ISBN 7-5364-3177-5:¥18.50

G322.771.3 010982
抗战时期重庆的科学技术/程雨辰主编.—重庆:重庆出版社,1995.8.—284页;20cm.—(重庆抗战丛书/徐朝鉴主编)
ISBN 7-5366-3129-4:¥12.55

G322.771.3 010983

重庆市科学技术志/吴元厘主编;重庆市科学技术委员会编纂.—重庆:重庆出版社,1995.9.—640页:照片;26cm

ISBN 7-5366-3135-9(精装):¥75.00

G322.773 010984

贵州科技:汉英对照/李峨峰主编.—贵阳:贵州人民出版社,1995.1.—85页;29cm

ISBN 7-221-03778-7:¥30.00

G322.775 010985

西藏科技志/徐正余主编.—拉萨:西藏人民出版社,1995.10. 401页;26cm

ISBN 7-223-00884-9(精装):¥68.00

G323.13 010986

从模仿到创造:处于转折点的日本技术/(日)饭沼和正著;张可喜译.—太原:山西科学技术出版社,1995.1.—223页;19cm

ISBN 7-5377-1061-9:¥7.00

G323.13 010987

日本的科技为什么崛起:一个驻日外交官看日本科技管理/王泉清著.—北京:气象出版社,1995.5.—224页;19cm

ISBN 7-5029-1938-4:¥7.00

G325.52 010988

葡萄牙科学/(葡萄牙)加戈(Gago,J.M.)主编;黄徽现译.—北京:中国文联出版公司,1995.4.—204页;20cm.—(葡萄牙文化丛书)

ISBN 7-5059-2234-3:¥9.00

G35 情报学、情报工作

G35 010989

情报系统/朱庆华编著.—南京:南京大学出版社,1995.7.—344页;20cm

ISBN 7-305-02802-9:¥15.00

G350 010990

现代经济情报与保密艺术/朱春和,戴美华编著.—南京:南京出版社,1995.6.—260页;20cm

内部发行

ISBN 7-80614-118-9:¥14.00

G350 010991

新闻资料学概论/李雄藩等主编.—银川:宁夏人民教育出版社,1995.8.—292页;19cm

ISBN 7-80596-144-1:¥10.80

G350-61 010992

汉英·英汉图书信息学词典/沈志强,陆志明主编.—上海:同济大学出版社,1995.8.—861页;20cm

ISBN 7-5608-1526-X:¥88.00

G354 010993

新编化学化工信息检索/孙济庆,杨永厚主编.—上海:华东理工大学出版社,1995.12.—236页;20cm

ISBN 7-5628-0636-5:¥11.00

G354 010994

信息检索/蒋非非主编;张炎等编写.—北京:科学技术文献出版社,1995.12.—269页;19cm

ISBN 7-5023-2553-0:¥12.90

G354 010995

信息检索与开发利用/郭卫真主编;贺琳等编著.—沈阳:东北大学出版社,1995.10.—493页;19cm

ISBN 7-81054-016-5:¥14.00

G354.2 010996

科技信息检索方法/戴廷辉,刘磊主编.—南昌:江西科学技术出版社,1995.6.—147页;26cm

ISBN 7-5390-0912-8:¥10.00

G354.2 010997

情报检索技术/沈关龙编著.—上海:同济大学出版社,1995.10.—315页;20cm

ISBN 7-5608-1447-6:¥12.80

G354.4-62 010998

国际STN信息检索系统使用手册/冯佩娟编.—北京:中国环境科学出版社,1995.8.—141页;19cm

ISBN 7-80093-805-0:¥12.00

G356.3 010999

计算机信息存储与检索/高星编著.—合肥:中国科学技术大学出版社,1995.8.—349页;20cm

ISBN 7-312-00680-9:¥10.50

G358-62 011000

美国政府四大科技报告实用指南/王维亮编著.—北京:科学技术文献出版社,1995.5.—331页;20cm

ISBN 7-5023-2275-2:¥14.60

G4 教育

G4-53 011001

当代教育研究论丛/当代教育研究论丛编委会编.—南京:河海大学出版社,1995.12.—419页;20cm

ISBN 7-5630-0920-5:¥18.00

G4-53 011002

教育研究论文集/冯光耀,刘宪春主编;《教育研究论文集》编委会编.—呼和浩特:内蒙古人民出版社,1995.10.—387页;20cm

ISBN 7-204-02947-X:¥18.00

G4-53 011003

路标与足迹/贾培基著.—重庆:重庆大学出版社,1995.12.—185页;20cm

ISBN 7-5624-1175-1(精装):¥15.40

G4-53 011004

神圣的耕耘:教育·教学·学术论文集/刘仁,陈广武主编.—呼和浩特:内蒙古人民出版社,1995.8.—2册(670页);20cm

ISBN 7-204-02872-4:¥23.56

G4-53 011005

为了学生的未来:成都七中论文选集:1983~1994/戴高龄主编.—成都:四川辞书出版社,1995.3.—572页;20cm

ISBN 7-80543-457-3:¥18.00

G4-53　011006
著名教育家演讲鉴赏/张泉君主编.—济南:山东人民出版社,1995.10.—427页;20cm.—(世界名人演讲鉴赏丛集/葛谷,武传涛主编)
ISBN 7-209-01765-8(精装):¥16.80

G4-539　011007
教苑百味/潘景峰著.—长春:吉林教育出版社,1995.7.—146页;19cm
ISBN 7-5383-2590-5:¥5.50

G40 教育学

G40　011008
创业教育学/彭钢著.—南京:江苏教育出版社,1995.2.—315页;20cm.—(当代教育新理论丛书/刘佛年主编)
ISBN 7-5343-2296-0:¥6.65

G40　011009
大教育:21世纪教育新走向/眭依凡等著.—南昌:江西教育出版社,1995.9.—403页;20cm
ISBN 7-5392-2597-1(精装):¥16.00

G40　011010
大教育学/张人杰主编.—广州:广东高等教育出版社,1995.12.—600页;20cm
ISBN 7-5361-1844-9:¥26.00

G40　011011
高等教育学/林兆其编著.—贵阳:贵州教育出版社,1995.7.—371页;20cm
云贵川高校教师教育科学理论培训教材
ISBN 7-80583-720-1:¥10.40

G40　011012
教育美学/何齐宗著.—重庆:重庆出版社,1995.8.—239页;20cm
ISBN 7-5366-3111-1:¥9.50

G40　011013
教育实践论:教育学原理的反思与探新/曾成平著.—重庆:重庆出版社,1995.11.—433页;20cm
ISBN 7-5366-3253-3:¥15.20

G40　011014
教育学/叶瑞祥,沈晓良主编.—2版.—广州:广东高等教育出版社,1995.1.—299页;19cm
广东省师范专科学校教材
ISBN 7-5361-0899-0:¥7.60

G40　011015
教育学/刘楚明主编.—南京:河海大学出版社,1995.6.—393页;20cm
ISBN 7-5630-0800-4:¥10.50

G40　011016
教育学原理/张君,康丽颖主编.—大连:东北财经大学出版社,1995.5.—348页;19cm
高等教育自学考试小学教育专业教材
ISBN 7-81044-060-8:¥9.00

G40　011017
教育引导21法/周荣华,王庭芳著.—长沙:中南工业大学出版社,1995.1.—66页;19cm
ISBN 7-81020-729-6:¥3.00

G40　011018
普通教育学/许高厚等主编.—北京:北京师范大学出版社,1995.8.—401页;20cm
ISBN 7-303-04070-6:¥9.90

G40　011019
普通教育学/徐学莹,张荣盛主编.—桂林:广西师范大学出版社,1995.11.—461页;20cm
ISBN 7-5633-2096-2:¥15.00

G40　011020
新编教育学/金德洲等主编.—延吉:延边大学出版社,1995.5.—403页;19cm
ISBN 7-5634-0748-0:¥10.00

G40　011021
学校教育学/谢瑞俊主编.—北京:中国铁道出版社,1995.12.—393页;20cm
ISBN 7-113-02229-4:¥11.50

G40-01　011022
21世纪教师护照/滕久文,周晶华编著.—贵阳:贵州教育出版社,1995.5.—236页;19cm
ISBN 7-80583-640-X:¥5.65

G40-01　011023
教育概论/查啸虎主编.—合肥:中国科学技术大学出版社,1995.9.—358页;20cm
ISBN 7-312-00719-8:¥10.50

G40-01　011024
教育理论及实践/孙喜连,刘野主编.—沈阳:东北大学出版社,1995.11.—455页;19cm
ISBN 7-81054-019-X:¥18.00

G40-01　011025
教育理论教程/李拣材,李淑华主编.—南昌:江西高校出版社,1995.8.—318页;20cm
ISBN 7-81033-362-3:¥9.80

G40-01　011026
现代教育理论/于述胜主编.—济南:山东友谊出版社,1995.11.—356页;19cm
ISBN 7-80551-783-5:¥9.80

G40-01　011027
中国教育两难问题/扈中平,陈东升著.—长沙:湖南教育出版社,1995.11.—366页;20cm.—(中国教育问题研究丛书/张诗亚主编)
ISBN 7-5355-2256-4:¥15.60

①G40-01②H033　011028
尊师重教名言荟萃/亓国瑞主编.—郑州:河南人民出版社,1995.8.—193页;20cm
ISBN 7-215-03527-1:¥5.00

G40-011　011029
挑战与应答——20世纪的教育目的观/扈中平,刘朝晖著.—济南:山东教育出版社,1995.3.—507页;20cm.—(20世纪教育回顾与前瞻丛书/陆有铨主编)
ISBN 7-5328-2141-2(精装):¥14.90

G40-012　011030

发展教育/赵振道主编.—沈阳:辽宁美术出版社,1995.11.—443页;20cm
ISBN 7-5314-1362-0:¥15.00

G40-012 011031
教育与人的发展/卓晴君,方晓东主编.—北京:教育科学出版社,1995.12.—210页;20cm
ISBN 7-5041-1552-5:¥8.40

G40-013 011032
如何开发孩子的智能/张筱筠等编.—沈阳:辽宁科学技术出版社,1995.10.—162页;19cm.—(教子成龙文库)
ISBN 7-5381-2258-3:¥5.50

G40-014 011033
教育新概念:青少年美育/杜卫主编.—武汉:华中理工大学出版社,1995.5.—213页;20cm
ISBN 7-5609-1124-2:¥7.00

G40-014 011034
军校美育教程/何静主编;空军工程学院编.—西安:陕西人民出版社,1995.6.—798页;20cm
ISBN 7-224-03876-8:¥28.50

G40-014 011035
美的欣赏 美的创造:美育教程/张建航主编;河南省中师教材编辑委员会编.—郑州:河南人民出版社,1995.5.—309页;19cm
中等师范学校试用教材
ISBN 7-215-01719-2:¥7.30

G40-014 011036
美境/耕耘著.—贵阳:贵州教育出版社,1995.4.—121页;19cm.—(青少年美育读物)
ISBN 7-80583-636-1:¥3.50

G40-014 011037
美学与美育教程/蔡德予主编.—南昌:江西高校出版社,1995.5.—297页;19cm
ISBN 7-81033-500-6:¥8.20

G40-014 011038
美育/李良玉等主编.—沈阳:辽宁人民出版社,1995.5.—199页;19cm
ISBN 7-205-03273-3:¥5.80

G40-014 011039
美育基础/周星主编.—北京:中国农业出版社,1995.7.—339页:图;19cm
中央农业广播电视学校试用教材
ISBN 7-109-04082-8:¥8.70

G40-014 011040
美育基础知识/《美育基础知识》编审委员会编.—哈尔滨:东北林业大学出版社,1995.9.—303页;26cm
全国中等林业学校教材 公共课
ISBN 7-81008-582-4:¥16.30

G40-014 011041
美育研究论集/陈科美,马林著.—广州:暨南大学出版社,1995.12.—186页;19cm
ISBN 7-81029-537-3:¥8.00

G40-014 011042
欧洲美育思想简史/涂途著.—广州:暨南大学出版社,1995.8.—253页;19cm.—(美育丛书·第二辑/彭立勋主编)
ISBN 7-81029-116-5:¥8.00

G40-014 011043
实用美育教程/倪恺主编.—西安:陕西科学技术出版社,1995.9.—245页;19cm
ISBN 7-5369-2358-9:¥7.30

G40-015 011044
国外教育同生产劳动相结合模式/王绍兰主编.—北京:教育科学出版社,1995.8.—229页;20cm.—(教育同生产劳动相结合的研究与实验丛书/卓晴君主编)
ISBN 7-5041-1507-X:¥8.00

G40-02 011045
教育伦理学/董英,杨奉祥主编.—武汉:湖北人民出版社,1995.12.—215页;19cm
小学教育专业系列教材
ISBN 7-216-01791-9:¥7.80

G40-03 011046
比较历史教育学/王铎全,李稚勇编著.—上海:上海教育出版社,1995.1.—345页;20cm
ISBN 7-5320-3821-1:¥9.65

G40-03 011047
反思与建构——20世纪的教育科学研究方法论/张胜勇著.—济南:山东教育出版社,1995.3.—425页;20cm.—(20世纪教育回顾与前瞻丛书/陆有铨主编)
ISBN 7-5328-2138-2(精装):¥13.00

G40-03 011048
教书育人方法论/姜国才,栾敏主编.—哈尔滨:哈尔滨工程大学出版社,1995.6.—270页;20cm
ISBN 7-81007-577-2:¥8.40

G40-03 011049
教育科学论稿/方展画著.—上海:上海教育出版社,1995.2.—309页;20cm
ISBN 7-5320-3504-2(精装):¥16.00

G40-03 011050
教育科学研究方法/杨丽珠主编.—大连:辽宁师范大学出版社,1995.10.—368页;19cm
高等教育自学考试小学教育专业自学考试教材
ISBN 7-81042-075-5:¥11.80

G40-03 011051
科学教育的功能/关成志主编;王剑辉等编著.—沈阳:辽宁教育出版社,1995.3.—199页;20cm
ISBN 7-5382-4051-9:¥4.00

G40-05 011052
教育传播学/南国农,李运林编著.—北京:高等教育出版社,1995.5.—303页;20cm
高等学校教材
ISBN 7-04-005217-2:¥6.40

①G40-05②N1-53 011053
当代科学技术发展与教学改革:“面向21世纪教学内容和课程体系改革报告会”论文集/国家教委高等教育司编.—北京:高等教育出版社,1995.7.—168页;20cm
ISBN 7-04-005511-2:¥7.00

G40-051　011054
教育测量学基础/许茂祖,张桂花编.—北京:中国铁道出版社,1995.10.—254页;19cm
高等学校教学参考书
ISBN 7-113-02009-7:¥10.70

G40-051　011055
教育统计与测量/邵国柱编著.—银川:宁夏人民出版社,1995.4.—301页;20cm
ISBN 7-227-01471-1:¥10.00

G40-051　011056
教育统计与测量/《教育统计与测量》编写组编.—上海:上海教育出版社,1995.2.—215页;19cm.—(中学教师继续教育丛书)
ISBN 7-5320-4165-4:¥4.80

G40-051　011057
实用教育统计方法/于义良等著.—太原:山西高校联合出版社,1995.9.—248页;20cm.—(教育测量与统计)
ISBN 7-81032-821-2:¥12.00

G40-052　011058
劳动力市场与教育的自主调节问题/傅维利著.—长沙:湖南教育出版社,1995.11.—326页;20cm.—(中国教育问题研究丛书/张诗亚主编)
ISBN 7-5355-2257-2:¥14.30

G40-054　011059
从滞后到超前——20世纪人力资本学说·教育经济学/靳希斌主编.—济南:山东教育出版社,1995.3.—517页;20cm.—(20世纪教育回顾与前瞻丛书/陆有铨主编)
ISBN 7-5328-2137-4(精装):¥15.25

G40-054　011060
高科技·效益·筹资与改革:教育决策与管理中的重大问题/(美)莱文(Levin,H.M.)著;曾满超等编译.—北京:人民日报出版社,1995.12.—368页;20cm
ISBN 7-80002-768-6:¥13.00

G40-054　011061
教育的社会经济效益/厉以宁主编.—贵阳:贵州人民出版社,1995.10.—357页;20cm
ISBN 7-221-03945-3:¥14.90

G40-054　011062
教育经济学新论/杨葆焜,范先佐著.—南京:江苏教育出版社,1995.10.—318页;20cm.—(当代教育新理论丛书/刘佛年主编)
ISBN 7-5343-2467-X:¥10.20

G40-054　011063
教育与经济发展/彭永泉等著.—西安:三秦出版社,1995.7.—215页;20cm
ISBN 7-80546-910-5:¥9.60

G40-054　011064
现代教育经济学/黄育云,李承武主编.—桂林:广西师范大学出版社,1995.4.—318页;20cm
ISBN 7-5633-2014-8:¥8.00

G40-055　011065
学校文化学引论/石鸥著.—北京:气象出版社,1995.5.—246页;19cm
ISBN 7-5029-1947-3:¥9.80

G40-057　011066
教师基本技能训练辞典/陈善卿主编.—南京:南京大学出版社,1995.2.—621页;20cm
ISBN 7-305-02664-6(精装):¥22.50

G40-057　011067
现代教育管理技术/李方著.—广州:华南理工大学出版社,1995.6.—516页;20cm
ISBN 7-5623-0852-7:¥16.80

G40-057　011068
现代教育技术/刘家勋主编.—大连:辽宁师范大学出版社,1995.5.—379页;19cm
ISBN 7-81042-076-3:¥11.50

G40-057　011069
现代教育技术/张旭,许林编著.—北京:科学出版社,1995.12.—242页;19cm
北京市中小学教师进修高等师范教育教材
ISBN 7-03-005087-8:¥8.75

G40-057　011070
震荡与变革——20世纪的教育技术/张诗亚,周谊著.—济南:山东教育出版社,1995.5.—319页;20cm.—(20世纪教育回顾与前瞻丛书/陆有铨主编)
ISBN 7-5328-2143-9(精装):¥10.90

G40-057　011071
中国高等工程教育/张光斗,王冀生主编.—北京:清华大学出版社,1995.9.—478页;20cm
ISBN 7-302-01870-7:¥18.00

G40-06　011072
西方现代教育流派史论/季苹编著.—北京:北京师范大学出版社,1995.7.—263页;20cm
ISBN 7-303-03925-2:¥12.00

G40-09　011073
诗山书院志/(清)戴凤仪纂;南安市诗山教育史志编纂委员会点校.—厦门:厦门大学出版社,1995.12.—222页;19cm
ISBN 7-5615-1132-9:¥11.80

G40-092　011074
教育古文选/李家庆主编;商友敬编选.—上海:上海社会科学院出版社,1995.9.—214页;20cm
ISBN 7-80618-089-3:¥12.00

G40-092　011075
中国教育史研究:明清分卷/陈学恂主编;周德昌分卷主编.—上海:华东师范大学出版社,1995.12.—421页;20cm
ISBN 7-5617-1416-5(精装):¥27.00

G40-092　011076
中国教育史研究:明清分卷/陈学恂主编;周德昌分卷主编.—上海:华东师范大学出版社,1995.12.—421页;20cm
ISBN 7-5617-1416-5:¥22.00

G40-092　011077
中国教育思想史　第二卷/孙培青,李国钧主编;李国钧分卷主编.—上海:华东师范大学出版社,1995.

11.—468页;20cm
ISBN 7-5617-1346-0(精装):¥25.00

G40-092　011078
中国教育思想史　第三卷/孙培青,李国钧主编;金林祥分卷主编.—上海:华东师范大学出版社,1995.11.—494页;20cm
ISBN 7-5617-1347-9(精装):¥26.50

G40-092　011079
中国教育思想史　第一卷/孙培青,李国钧主编;孙培青分卷主编.—上海:华东师范大学出版社,1995.11.—588页;20cm
ISBN 7-5617-1345-2(精装):¥30.00

G40-092.2　011080
中国古代教育思想史略/王金栋编著.—哈尔滨:黑龙江教育出版社,1995.7.—167页;19cm
ISBN 7-5316-2953-4:¥7.30

G40-092.6　011081
雷沛鸿教育思想研究文集　(二)/广西雷沛鸿教育思想研究会编.—南宁:广西教育出版社,1995.8.—466页;20cm
ISBN 7-5435-2340-X:¥16.00

G40-092.6　011082
张謇教育思想研究/张兰馨著.—沈阳:辽宁教育出版社,1995.1.—337页;20cm.—(中国近现代教育家系列研究/宋恩荣主编)
ISBN 7-5382-3700-3(精装):¥11.00

G40-092.7　011083
陈鹤琴教育思想研究/王伦信著.—沈阳:辽宁教育出版社,1995.1.—287页;20cm.—(中国近现代教育家系列研究/宋恩荣主编)
ISBN 7-5382-3697-X(精装):¥10.00

G40-092.7　011084
李廉方教育思想研究/郭戈著.—北京:教育科学出版社,1995.8.—189页;20cm
ISBN 7-5041-1524-X:¥9.80

G40-092.7　011085
魏书生教育思想研究/王玉琛著.—沈阳:辽宁教育出版社,1995.11.—458页;20cm
ISBN 7-5382-4459-X:¥13.50

G40-092.7　011086
徐特立文存　第二卷/武衡等主编.—广州:广东教育出版社,1995.12.—426页;20cm
ISBN 7-5406-3422-7:¥15.30

G40-092.7　011087
徐特立文存　第三卷/武衡等主编.—广州:广东教育出版社,1995.12.—404页;20cm
ISBN 7-5406-3423-5:¥14.50

G40-092.7　011088
徐特立文存　第四卷/武衡等主编.—广州:广东教育出版社,1995.12.—440页;20cm
ISBN 7-5406-3424-3:¥16.00

G40-092.7　011089
徐特立文存　第五卷/武衡等主编.—广州:广东教育出版社,1995.12.—508页;20cm
ISBN 7-5406-3425-1:¥18.20

G40-092.7　011090
徐特立文存　第一卷/武衡等主编.—广州:广东教育出版社,1995.12.—432页;20cm
ISBN 7-5406-3421-9:¥15.50

G40-095.16　011091
战后德国教育研究　/李其龙,孙祖复著.—南昌:江西教育出版社,1995.6.—417页;20cm.—(战后国际教育研究丛书)
ISBN 7-5392-2055-4:¥15.00

G40-42　011092
《教育学》阅读参考　/叶瑞祥,沈晓良主编.—2版.—广州:广东高等教育出版社,1995.1.—462页;19cm
广东省师范专科学校教材
ISBN 7-5361-0898-2:¥11.50

G40-43　011093
教育学教程/韩延明主编.—保定:河北大学出版社,1995.7.—430页;20cm
ISBN 7-81028-325-1:¥12.95

G40-44　011094
教育学题库/魏青等主编.—成都:四川大学出版社,1995.6.—338页;19cm
高等师范专科学校
ISBN 7-5614-1145-6:¥6.90

G40-53　011095
方与严教育文集:陶行知及其生活教育/方与严著.—成都:四川教育出版社,1995.8.—2册(1664页);20cm
ISBN 7-5408-2694-0(精装):¥50.00

G40-53　011096
黄炎培教育文集　第四卷/辛浚,李益生主编;中华职业教育社编　.—北京:中国文史出版社,1995.3.—267页;20cm
ISBN 7-5034-0715-8:¥10.40

G40-53　011097
教育教学优秀论文汇编/孙立波,丁志明主编.—赤峰:内蒙古科学技术出版社,1995.12.—2册;20cm
ISBN 7-5380-0328-2:¥32.00

G40-53　011098
教育与管理　(上)/郑禹等主编.—北京:金城出版社,1995.9.—455页;20cm
ISBN 7-80084-121-9:¥26.80

G40-53　011099
上海市第五届教育科学研究获奖成果论文集/谈顺法等主编;上海市教育委员会编.—上海:上海教育出版社,1995.12.—613页;20cm
ISBN 7-5320-4768-7:¥19.80

G40-53　011100
汪达之教育文集/刘友开编著.—南京:江苏教育出版社,1995.5.—365页;20cm
ISBN 7-5343-2320-7:¥7.40

G41　思想政治教育、德育

G41　011101
比较思想政治教育学/苏崇德主编;国家教委思想政治工作司组编.—北京:高等教育出版社,1995.9.—308页;20cm
ISBN 7-04-005363-2: ¥9.80

G41　011102
捕捉最佳教育时机/刘永曾,鲍东明主编;中国教育报社基础教育部编.—大连:辽宁师范大学出版社,1995.8.—362页;19cm.—(春雨教育丛书)
ISBN 7-81042-083-6: ¥12.00

G41　011103
敬业乐业 务实攻坚/吴良俅,阿冰主编.—长沙:湖南师范大学出版社,1995.3.—181页;19cm.—(中华传统美德故事丛书;5/唐凯麟主编)
ISBN 7-81031-410-6: ¥3.98

G41　011104
礼让·操守/王学松,武卫政编著.—银川:宁夏少年儿童出版社,1995.5.—201页;19cm.—(中华传统美德故事丛书/许嘉璐主编)
ISBN 7-80620-007-X: ¥5.15

G41　011105
励志勤学 尊师重道/杨金鑫,胡凤琪主编.—长沙:湖南师范大学出版社,1995.3.—178页;19cm.—(中华传统美德故事丛书;1/唐凯麟主编)
ISBN 7-81031-410-6: ¥3.98

G41　011106
谦逊守信 见义勇为/龙兴海,李承宗主编.—长沙:湖南师范大学出版社,1995.3.—156页;19cm.—(中华传统美德故事丛书;3/唐凯麟主编)
ISBN 7-81031-410-6: ¥3.98

G41　011107
勤劳勇敢 艰苦朴素/邓名瑛,周郭主编.—长沙:湖南师范大学出版社,1995.3.—196页;19cm.—(中华传统美德故事丛书;4/唐凯麟主编)
ISBN 7-81031-410-6: ¥3.98

G41　011108
仁爱·坚毅/闫宝华等编著.—银川:宁夏少年儿童出版社,1995.5.—228页;19cm.—(中华传统美德故事丛书/许嘉璐主编)
ISBN 7-80620-008-8: ¥5.80

G41　011109
思想教育艺术纵横谈/唐突生,郑树山著.—合肥:中国科学技术大学出版社,1995.6.—160页;19cm
ISBN 7-312-00671-X: ¥4.80

G41　011110
孝敬父母 团结友爱/张怀承,徐雷主编.—长沙:湖南师范大学出版社,1995.3.—173页;19cm.—(中华传统美德故事丛书;2/唐凯麟主编)
ISBN 7-81031-410-6: ¥3.98

G41　011111
新时期青少年德育研究/吴祥祯主编.—重庆:重庆出版社,1995.8.—284页;20cm
ISBN 7-5366-3101-4: ¥10.80

G41　011112
胸怀天下 爱国爱民/游唤民,贾再有主编.—长沙:湖南师范大学出版社,1995.3.—228页;19cm.—(中华传统美德故事丛书;6/唐凯麟主编)
ISBN 7-81031-410-6: ¥3.98

G41　011113
浙江省中小学学科德育实施方案:试行/浙江省教育委员会编订.—杭州:浙江教育出版社,1995.1.—63页;19cm
ISBN 7-5338-1963-2: ¥1.10

①G41②I247.8　011114
德育故事集粹/许允主编.—南京:江苏人民出版社,1995.6.—562页;20cm
ISBN 7-214-01489-0: ¥16.80

①G41②I247.8　011115
华夏向心力:华侨对祖国抗战的支援/任贵祥著.—2版.—桂林:广西师范大学出版社,1995.11.—190页;19cm.—(抗日战争史丛书)
ISBN 7-5633-1502-0: ¥5.50

G41-44　011116
青年学生思想政治热点80题/卢良梅主编.—上海:中国纺织大学出版社,1995.4.—276页;19cm
ISBN 7-81038-053-2: ¥6.50

G410　011117
冲突与整合——20世纪西方道德教育理论/戚万学著.—济南:山东教育出版社,1995.3.—510页;20cm.—(20世纪教育回顾与前瞻丛书/陆有铨主编)
ISBN 7-5328-2139-0(精装): ¥15.05

G410　011118
当代西方道德教育理论/袁桂林著.—福州:福建教育出版社,1995.3.—320页;20cm.—(德育理论丛书/王逢贤,鲁洁主编)
ISBN 7-5334-1699-6: ¥18.50

G410　011119
德育系统比较研究/宋春宏,罗映光主编.—重庆:西南师范大学出版社,1995.11.—333页;20cm
ISBN 7-5621-1439-0: ¥12.80

G410　011120
外国教育家论德育/任宝祥主编.—成都:电子科技大学出版社,1995.8.—318页;19cm.—(德育丛书)
ISBN 7-81043-337-7: ¥8.70

G410　011121
新时期的德育工作/刘同生等编.—杭州:浙江教育出版社,1995.11.—226页;20cm
ISBN 7-5338-2156-4: ¥6.80

G410　011122
中小学德育工作文件资料必读/国家教育委员会基础教育司编.—上海:上海教育出版社,1995.4.—210页;20cm
ISBN 7-5320-4254-5: ¥5.50

G414　011123
爱国志士/张庆宁撰文;邓光源,唐仁健绘.—成都:四川人民出版社,1995.10.—90页;19cm.—(爱我中华彩图系列丛书·第三辑;11/朱炳宣,邓星盈主编)
ISBN 7-220-02962-4: ¥4.80

G414　011124

爱国主义教育丛书:小学读本/李鉴踪主编.—成都:四川人民出版社,1995.5.—245页:照片;19cm

ISBN 7-220-02822-9:¥4.80

G414　011125

爱国主义教育丛书:中学读本/许志坚主编.—成都:四川人民出版社,1995.7.—269页;19cm

ISBN 7-220-02907-1:¥5.50

G414　011126

爱国主义教育实施纲要精选读本/"五个一百"教育活动办公室编.—济南:明天出版社,1995.2.—151页;19cm

ISBN 7-5332-2041-2:¥3.00

G414　011127

传统美德/孟燕撰文;甘庭俭,刘村梨绘.—成都:四川人民出版社,1995.10.—90页;19cm.—(爱我中华彩图系列丛书·第五辑;21/朱炳宣,邓星盈主编)

ISBN 7-220-02962-4:¥4.80

G414　011128

大连爱国主义教育基地寻踪　第一卷/张玉芬主编.—大连:辽宁师范大学出版社,1995.5.—197页;19cm

ISBN 7-81042-066-6:¥6.50

G414　011129

共和国的骄傲/李树文主编.—哈尔滨:东北林业大学出版社,1995.6.—157页;19cm

ISBN 7-81008-554-9:¥4.00

G414　011130

古代文明/赵英撰文;段皎,段文汉绘.—成都:四川人民出版社,1995.10.—90页;19cm.—(爱我中华彩图系列丛书·第四辑;17/朱炳宣,邓星盈主编)

ISBN 7-220-02962-4:¥4.80

G414　011131

故乡的叙说:首批爱国主义教育基地介绍:闵行区/朱才根主编;中共闵行区委宣传部等编写.—上海:华东理工大学出版社,1995.8.—94页:彩图;19cm

ISBN 7-5628-0585-7:¥6.00

G414　011132

华夏优秀儿女/梁发国主编.—武汉:武汉测绘科技大学出版社,1995.7.—269页;19cm

爱国主义教育教材

ISBN 7-81030-403-8:¥5.00

G414　011133

精神文明/李鉴踪撰文;李忠华,李忠义绘.—成都:四川人民出版社,1995.10.—90页;19cm.—(爱我中华彩图系列丛书·第五辑;23/朱炳宣,邓星盈主编)

ISBN 7-220-02962-4:¥4.80

G414　011134

民族的智慧:中华科技篇/曹芳芳主编.—武汉:华中师范大学出版社,1995.5.—126页;19cm.—(青少年爱国主义教育丛书;3/陈伯安主编)

ISBN 7-5622-1487-5:¥2.80

G414　011135

勤学故事/刘华撰文;蔡炳荣,段文汉绘.—成都:四川人民出版社,1995.10.—90页;19cm.—(爱我中华彩图系列丛书·第五辑;22/朱炳宣,邓星盈主编)

ISBN 7-220-02962-4:¥4.80

G414　011136

青少年爱国主义教育故事集/张忠年等主编.—济南:黄河出版社,1995.8.—156页;19cm

ISBN 7-80558-642-X:¥4.50

G414　011137

情系中华:北京市中小学爱国主义教育活动例选/兰宏生等编著;北京市教育局编.—北京:奥林匹克出版社,1995.4.—310页;20cm

ISBN 7-80067-255-7:¥9.80

G414　011138

铁火年华:纪念抗日战争胜利50周年:小学读本/陈纲编文.—沈阳:辽宁少年儿童出版社,1995.6.—175页;20cm

ISBN 7-5315-2539-9:¥5.10

G414　011139

铁火年华:纪念抗日战争胜利50周年:中学读本/朱正义编著.—沈阳:辽宁少年儿童出版社,1995.3.—198页;20cm

ISBN 7-5315-2540-2:¥5.50

G414　011140

新时期爱国主义教育/张玉顺等主编.—东营:石油大学出版社,1995.7.—230页;20cm

ISBN 7-5636-0635-1:¥7.50

G414　011141

英雄模范/汪青玉撰文;熊宗莲,唐仁健绘.—成都:四川人民出版社,1995.10.—90页;19cm.—(爱我中华彩图系列丛书·第三辑;14/朱炳宣,邓星盈主编)

ISBN 7-220-02962-4:¥4.80

G414　011142

英雄血民族魂:纪念抗日战争胜利五十周年:图画本/陆树林主编.—武汉:武汉出版社,1995.3.—147页;20cm.—(爱国主义教育丛书)

ISBN 7-5430-1345-2:¥3.50

G414　011143

英雄血民族魂:纪念抗日战争胜利五十周年:小学本/陆树林主编.—武汉:武汉出版社,1995.3.—148页;20cm.—(爱国主义教育丛书)

ISBN 7-5430-1346-0:¥3.30

G414　011144

英雄血民族魂:纪念抗日战争胜利五十周年:中学本/陆树林主编.—武汉:武汉出版社,1995.3.—179页;20cm.—(爱国主义教育丛书)

ISBN 7-5430-1347-9:¥3.80

G414　011145

中华典籍/杨梅撰文;周天,余涛绘.—成都:四川人民出版社,1995.10.—90页;19cm.—(爱我中华彩图系列丛书·第五辑;24/朱炳宣,邓星盈主编)

ISBN 7-220-02962-4:¥4.80

G414　011146

中华瑰宝/卢雪梅撰文;余承先,林云峰绘.—成都:四川人民出版社,1995.10.—90页;19cm.—(爱我中华彩图系列丛书·第五辑;25/朱炳宣,邓星盈主编)

ISBN 7-220-02962-4: ¥4.80

G414　011147

壮丽河山/汪青玉撰文;易燕,茹意绘.—成都:四川人民出版社,1995.10.—90页;19cm.—(爱我中华彩图系列丛书·第二辑;7/朱炳宣,邓星盈主编)

ISBN 7-220-02962-4: ¥4.80

①G414②I277.3　011148

远古传说/赵英撰文;廖剑秋,唐道广绘.—成都:四川人民出版社,1995.10.—90页;19cm.—(爱我中华彩图系列丛书·第四辑;16/朱炳宣,邓星盈主编)

ISBN 7-220-02962-4: ¥4.80

①G414②K25　011149

近代烽火/晓蔚撰文;段文汉,晓聪绘.—成都:四川人民出版社,1995.10.—90页;19cm.—(爱我中华彩图系列丛书·第四辑;18/朱炳宣,邓星盈主编)

ISBN 7-220-02962-4: ¥4.80

①G414②K26　011150

现代风云/平心,卫宏撰文;李忠华,李忠义绘.—成都:四川人民出版社,1995.10.—90页;19cm.—(爱我中华彩图系列丛书·第四辑;19/朱炳宣,邓星盈主编)

ISBN 7-220-02962-4: ¥4.80

①G414②K825.1　011151

思想巨匠/罗大明撰文;邓光源,唐仁健绘.—成都:四川人民出版社,1995.10.—90页;19cm.—(爱我中华彩图系列丛书·第一辑;2/朱炳宣,邓星盈主编)

ISBN 7-220-02962-4: ¥4.80

①G414②K825.2　011152

兵家将帅/余云华,李鹏辉撰文;林洁,唐仁健绘.—成都:四川人民出版社,1995.10.—90页;19cm.—(爱我中华彩图系列丛书·第三辑;13/朱炳宣,邓星盈主编)

ISBN 7-220-02962-4: ¥4.80

①G414②K825.6　011153

文学大师/程圣民撰文;廖心永,陈婉平绘.—成都:四川人民出版社,1995.10.—90页;19cm.—(爱我中华彩图系列丛书·第一辑;3/朱炳宣,邓星盈主编)

ISBN 7-220-02962-4: ¥4.80

①G414②K825.7　011154

艺术天才/董天策,王宣撰文;樊萍,于筱绘.—成都:四川人民出版社,1995.10.—90页;19cm.—(爱我中华彩图系列丛书·第一辑;4/朱炳宣,邓星盈主编)

ISBN 7-220-02962-4: ¥4.80

①G414②K826.1　011155

科技精英/刘勤撰文;陈洪庶,陈莉绘.—成都:四川人民出版社,1995.10.—90页;19cm.—(爱我中华彩图系列丛书·第一辑;5/朱炳宣,邓星盈主编)

ISBN 7-220-02962-4: ¥4.80

①G414②K827　011156

华夏领袖/周林撰文;白莹,胡剑忠绘.—成都:四川人民出版社,1995.10.—90页;19cm.—(爱我中华彩图系列丛书·第一辑;1/朱炳宣,邓星盈主编)

ISBN 7-220-02962-4: ¥4.80

①G414②K827　011157

巾帼英雄/王惠仙撰文;吴攀,杨淬绘.—成都:四川人民出版社,1995.10.—90页;19cm.—(爱我中华彩图系列丛书·第三辑;15/朱炳宣,邓星盈主编)

ISBN 7-220-02962-4: ¥4.80

①G414②K827.49　011158

清官贤相/晓雨撰文;陈安华,周琳绘.—成都:四川人民出版社,1995.10.—90页;19cm.—(爱我中华彩图系列丛书·第三辑;12/朱炳宣,邓星盈主编)

ISBN 7-220-02962-4: ¥4.80

①G414②K87　011159

文物珍品/屈小强撰文;关键,税庭显绘.—成都:四川人民出版社,1995.10.—90页;19cm.—(爱我中华彩图系列丛书·第二辑;9/朱炳宣,邓星盈主编)

ISBN 7-220-02962-4: ¥4.80

①G414②K892　011160

民族风情/张雪梅撰文;易燕,茹意绘.—成都:四川人民出版社,1995.10.—90页;19cm.—(爱我中华彩图系列丛书·第二辑;10/朱炳宣,邓星盈主编)

ISBN 7-220-02962-4: ¥4.80

①G414②K928.5　011161

历史名城/王惠仙,刘华撰文;王石柱,王太古绘.—成都:四川人民出版社,1995.10.—90页;19cm.—(爱我中华彩图系列丛书·第二辑;6/朱炳宣,邓星盈主编)

ISBN 7-220-02962-4: ¥4.80

①G414②K928.7　011162

名胜古迹/刘黎明撰文;政鹏,关兴绘.—成都:四川人民出版社,1995.10.—90页;19cm.—(爱我中华彩图系列丛书·第二辑;8/朱炳宣,邓星盈主编)

ISBN 7-220-02962-4: ¥4.80

①G414②N092　011163

当代成就/平心撰文;余庆,刘蕊绘.—成都:四川人民出版社,1995.10.—90页;19cm.—(爱我中华彩图系列丛书·第四辑;20/朱炳宣,邓星盈主编)

ISBN 7-220-02962-4: ¥4.80

G414-49　011164

百名中华爱国者的故事/林国建等主编.—北京:中国铁道出版社,1995.5.—314页;20cm

ISBN 7-113-01927-7: ¥11.50

G42 教学理论

G42　011165

耕耘散记/方仁工著.—上海:上海教育出版社,1995.9.—265页;20cm.—(上海教育丛书/吕型伟主编)

ISBN 7-5320-4364-9: ¥10.00

G42　011166

教师口语艺术/丁振芳,唐雪凝主编.—济南:山东大学出版社,1995.6.—276页;20cm

ISBN 7-5607-1498-6: ¥9.60

G42　011167

教学理论选编/辽宁教育学院《教学模式实验》课题组编.—沈阳:沈阳出版社,1995.6.—262页;19cm.—

(面向21世纪素质教育教学模式实验丛书)
ISBN 7-5441-0400-1: ¥7.80

G42　011168
教学艺术论/李如密著.—济南:山东教育出版社,1995.9.—428页;20cm
ISBN 7-5328-2197-8: ¥18.90

G42　011169
教育教学论文选萃/崔效杰,李宪春主编.—北京:中国国际广播出版社,1995.10.—581页;20cm
ISBN 7-5078-1266-9: ¥19.50

G42　011170
困惑与抉择——20世纪的新教学论/杨启亮著.—济南:山东教育出版社,1995.3.—483页;20cm.—(20世纪教育回顾与前瞻丛书/陆有铨主编)
ISBN 7-5328-2141-2(精装): ¥14.70

G42　011171
微格教学基本理论与实践/陈成祖,谢明初主编.—广州:新世纪出版社,1995.12.—293页;19cm
ISBN 7-5405-1239-3: ¥13.50

G42　011172
现代教学评价论/王玉林,刘景清著.—哈尔滨:黑龙江人民出版社,1995.4.—354页;19cm
ISBN 7-207-03083-5: ¥10.00

G42　011173
怎样把学教好:教学的艺术/吴效锋主编.—太原:山西高校联合出版社,1995.12.—229页;19cm
ISBN 7-81032-889-1: ¥7.50

G42-53　011174
教师论文集萃/刘贵武主编.—东营:石油大学出版社,1995.5.—490页;20cm
ISBN 7-5636-0704-8: ¥16.00

G42-53　011175
优秀教育经验论文选萃/全国现代教学艺术研究会编.—南京:河海大学出版社,1995.3.—487页;20cm
ISBN 7-5630-0793-8: ¥13.50

G420　011176
对峙与融合——20世纪的教育改革/袁振国主编.—济南:山东教育出版社,1995.5.—493页;20cm.—(20世纪教育回顾与前瞻丛书/陆有铨主编)
ISBN 7-5328-2136-6(精装): ¥14.60

G420　011177
教学诊断/王增祥著.—北京:华文出版社,1995.7.—309页;20cm
ISBN 7-5075-0468-9: ¥12.00

G420　011178
教育机会均等和提高教育质量/滕纯,赵学漱主编.—广州:广东教育出版社,1995.7.—463页;20cm
ISBN 7-5406-2838-3: ¥15.00

G420　011179
教育评价学/王汉澜主编.—开封:河南大学出版社,1995.11.—439页;20cm
ISBN 7-81041-172-1: ¥12.00

G423.3　011180
自学教材写作教程/(美)奥谢曼,(美)罗斯著;黄森等译.—南京:东南大学出版社,1995.8.—65页;20cm
著者原题:查尔斯·奥谢曼,费尔顿·罗斯
妇女卫生自学教材(十)
全套书共10册,总定价:30.00元
ISBN 7-81050-043-0: ¥0.00

G423.3-53　011181
实和活:刘国正语文教育文选/刘国正著.—北京:人民教育出版社,1995.7.—479页;20cm.—(课程教材研究所学术论著丛书)
ISBN 7-107-11181-7(精装): ¥18.20

G423.3-53　011182
实和活:刘国正语文教育文选/刘国正著.—北京:人民教育出版社,1995.7.—479页;20cm.—(课程教材研究所学术论著丛书)
ISBN 7-107-11180-9: ¥14.70

G424　011183
教学方法与教学实践/史来平著.—西安:陕西人民教育出版社,1995.4.—186页;19cm
ISBN 7-5419-4712-X: ¥6.00

G424　011184
教学体语课堂传播/张彦儒著.—沈阳:辽宁教育出版社,1995.1.—246页;19cm
教师职业技能体语训练教学用书
ISBN 7-5382-4071-3: ¥5.80

G424　011185
教学最优化艺术/阎承利著.—北京:教育科学出版社,1995.10.—220页;20cm.—(教育教学最优化研究丛书;2)
ISBN 7-5041-1527-4: ¥8.80

G424.1　011186
板书学/王松泉著.—上海:上海交通大学出版社,1995.10.—197页;20cm
ISBN 7-313-01514-3: ¥12.50

G424.1　011187
讲授学/杜和戎著.—北京:高等教育出版社,1995.10.—300页;20cm
ISBN 7-04-005416-7: ¥10.20

G424.1　011188
教师与幽默/刘会文著.—桂林:广西师范大学出版社,1995.8.—237页;19cm
ISBN 7-5633-2067-9: ¥8.50

G424.21　011189
复式教学/《复式教学》课题组编.—北京:北京师范大学出版社,1995.7.—143页;19cm
小学师资培训手册
ISBN 7-303-03961-9: ¥0.00

G424.21　011190
复式教学法/尚鸿烈编著.—贵阳:贵州教育出版社,1995.6.—284页;19cm
ISBN 7-80583-688-4: ¥7.00

G424.21　011191
课堂教学基本技能训练/傅建明主编;浙江省教育委员会组织编写.—杭州:杭州大学出版社,1995.11.—158页;20cm

高等师范院校教材 教师职业基本技能训练教程:公共卷
ISBN 7-81035-835-9:¥5.50

G424.21　011192
课堂论/田千兴等著.—长沙:湖南师范大学出版社,1995.12.—306页;19cm
ISBN 7-81031-470-X:¥9.80

G424.21　011193
全国特殊教育特级教师课堂教学艺术集萃/张茂聪主编.—济南:山东教育出版社,1995.12.—461页:照片;20cm
ISBN 7-5328-2266-4:¥18.80

G424.24　011194
协同教学与素质发展/郑和钧主编.—长沙:湖南师范大学出版社,1995.—484页;20cm
ISBN 7-81031-376-2:¥12.80

G424.4　011195
教育实习导论/许高厚等主编.—北京:北京师范大学出版社,1995.8.—284页;20cm
ISBN 7-303-04071-4:¥7.60

G424.4　011196
教育实习学/管思乾等主编.—海口:海南出版社,1995.8.—423页;20cm
ISBN 7-80617-246-7:¥8.00

G424.7　011197
考试制度研究/贾非著.—成都:四川教育出版社,1995.5.—459页;20cm
ISBN 7-5408-2088-8:¥11.65

G426　011198
目标教学研究:全国目标教学理论研讨会专辑/李建刚主编.—济南:山东教育出版社,1995.5.—491页;19cm
ISBN 7-5328-2165-X:¥12.00

G426　011199
异步教学在特区:深圳市南山区异步教学改革探究/李忠俊主编.—北京:北京科学技术出版社,1995.2.—305页;19cm
ISBN 7-5304-1734-7:¥8.80

G427　011200
名师授课录:高中物理/张民生主编;中国物理学会教学委员会中学分会编.—上海:上海教育出版社,1995.9.—677页;20cm
ISBN 7-5320-3694-4(精装):¥29.00

G427　011201
名师授课录:高中语文/《语文学习》编辑部编.—上海:上海教育出版社,1995.9.—678页;20cm
ISBN 7-5320-3272-8(精装):¥30.00

G427　011202
名师授课录:小学思想品德/吴慧珠主编.—上海:上海教育出版社,1995.10.—434页;20cm
ISBN 7-5320-3462-3(精装):¥22.20

G43 电化教育

G43　011203
电化教育概论/杜春盛等主编.—青岛:青岛海洋大学出版社,1995.4.—482页;20cm
ISBN 7-81026-714-0:¥9.80

G43　011204
电化教育管理/张增荣主编;辛显铭等编.—北京:高等教育出版社,1995.5.—325页;20cm
高等学校教材
ISBN 7-04-005218-0:¥6.15

G43　011205
电化教育引论/耿新锁著.—北京:兵器工业出版社,1995.6.—344页;19cm
ISBN 7-80038-903-0:¥11.00

G43-61　011206
英汉电教影视词典/张兵营编.—石家庄:河北人民出版社,1995.12.—649页;19cm
ISBN 7-202-01831-4:¥19.50

G431　011207
教学媒体与教学设计/阮忠训主编.—上海:上海科学技术文献出版社,1995.6.—184页;20cm
中小学教师继续教育教材
ISBN 7-5439-0772-0:¥5.80

G431　011208
实用电化教学/余学东主编.—北京:兵器工业出版社,1995.10.—211页;19cm
ISBN 7-80038-917-0:¥9.80

G431-62　011209
中小学课程电化教学指南/李霄霞主编.—北京:中国计量出版社,1995.4.—322页;19cm
ISBN 7-5026-0774-9:¥12.00

G432　011210
电视教材的摄制与编导/抗文生,刘承萱编著.—北京:国防工业出版社,1995.1.—243页;20cm
ISBN 7-118-01330-7:¥9.60

G434　011211
计算机辅助教学的评价与实验研究/王吉庆,段惠芬编著.—北京:电子工业出版社,1995.11.—236页;19cm.—(计算机辅助教育丛书/李克东主编)
ISBN 7-5053-3158-2:¥10.00

G434　011212
计算机辅助教学软件设计/傅德荣编著.—北京:电子工业出版社,1995.11.—246页;19cm.—(计算机辅助教育丛书/李克东主编)
ISBN 7-5053-3153-1:¥10.00

G434　011213
计算机辅助教育基本原理/师书恩编著.—北京:电子工业出版社,1995.11.—347页;19cm.—(计算机辅助教育丛书/李克东主编)
ISBN 7-5053-3154-X:¥14.00

G434　011214
计算机在中小学教学与管理中的应用/宋朝弟,曹广双编著.—北京:科学出版社,1995.1.—255页;26cm
ISBN 7-03-004438-X:¥12.00

G434　011215

教学反馈与测试分析/徐章英,顾力兵著.—北京:电子工业出版社,1995.3.—141页;26cm
ISBN 7-5053-2838-7:¥15.00

G44 教育心理学

G44　011216
挫折教育论/李海洲,边和平著.—南京:江苏教育出版社,1995.9.—341页;20cm.—(当代教育新理论丛书/刘佛年主编)
ISBN 7-5343-2452-1:¥11.55

G44　011217
挫折教育论/杨学谅等著.—沈阳:辽宁教育出版社,1995.12.—240页;19cm
ISBN 7-5382-4276-7:¥6.20

G44　011218
高等学校教育心理学/刘兆吉主编.—北京:北京师范大学出版社,1995.12.—363页;20cm.—(中国高等教育管理研究丛书)
中国大学管理人员培训教材
ISBN 7-303-04126-5:¥16.00

G44　011219
家庭教育心理学/张传云著.—东营:石油大学出版社,1995.8.—313页;19cm
ISBN 7-5636-0721-8:¥9.80

G44　011220
教育心理学/胡振开主编.—大连:辽宁师范大学出版社,1995.1.—365页;19cm
ISBN 7-81042-053-4:¥9.20

G44　011221
教育心理学/孙亚庭,李玉坤主编.—哈尔滨:黑龙江教育出版社,1995.12.—357页;19cm
ISBN 7-5316-2941-0:¥8.00

G44　011222
青少年心理技能训练/田宝,钱建龙主编.—北京:人民体育出版社,1995.7.—314页;20cm
ISBN 7-5009-1235-8:¥9.80

G44　011223
思想政治教育心理学/陈大柔,丛杭青著.—北京:中国大百科全书出版社,1995.4.—454页;20cm
ISBN 7-5000-5608-7:¥14.50

G44　011224
同孩子交流爱心/张雪珍主编.—上海:上海科学技术文献出版社,1995.6.—243页;19cm
ISBN 7-5439-0752-6:¥8.00

G44　011225
小学儿童教育心理学/李山川主编.—合肥:中国科学技术大学出版社,1995.10.—297页;20cm
ISBN 7-312-00739-2:¥10.00

G44　011226
小学教育心理学/李鹰等编著.—济南:山东友谊出版社,1995.12.—415页;19cm
ISBN 7-80551-780-0:¥12.00

G44　011227
心理教育/申荷永,高岚著.—广州:暨南大学出版社,1995.12.—284页;20cm.—(现代社会心理丛书)
ISBN 7-81029-466-0:¥13.80

G44　011228
学校心理教育/陈家麟著.—北京:教育科学出版社,1995.4.—404页;20cm
ISBN 7-5041-1469-3:¥9.80

G44　011229
学校心理教育理论与方法/肖汉仕著.—长沙:湖南科学技术出版社,1995.12.—307页;19cm
ISBN 7-5357-1905-8:¥9.50

G44　011230
学与教的历史轨迹——20世纪的教育心理学/张卿著.—济南:山东教育出版社,1995.3.—364页;20cm.—(20世纪教育回顾与前瞻丛书/陆有铨主编)
ISBN 7-5328-2142-0(精装):¥11.80

G44　011231
中小学生心理发展与管理教育/王新民,李德俊主编.—郑州:中原农民出版社,1995.5.—332页;19cm
ISBN 7-80538-582-3:¥9.00

G44-43　011232
小学教育心理学教程/刘荣才著.—武汉:湖北人民出版社,1995.6.—315页;19cm
小学教育专业系列教材
ISBN 7-216-01712-9:¥8.80

G441　011233
小学实用教育心理学讲座/董安君,吴立志主编;河南省小学教师继续教育教材编委会编.—2版.—郑州:河南教育出版社,1995.8.—203页;19cm
小学教师继续教育试用教材
ISBN 7-5347-1678-0:¥3.65

G442　011234
初中生学习心理/毛大龙,吴建军主编.—杭州:杭州大学出版社,1995.1.—237页;19cm
ISBN 7-81035-772-7:¥5.50

G442　011235
论学习实践/杨斐然著.—南京:江苏教育出版社,1995.10.—197页;20cm
ISBN 7-5343-2477-7:¥5.85

G442　011236
青少年智力开发与能力培养/陈光莲等编著.—南昌:江西人民出版社,1995.4.—208页;19cm
ISBN 7-210-01539-6:¥6.00

G442　011237
现代学习原理与学法指导/钟以俊著.—合肥:中国科学技术大学出版社,1995.10.—236页;20cm
ISBN 7-312-00747-3:¥9.00

G442　011238
学习风格论/谭顶良著.—南京:江苏教育出版社,1995.12.—398页;20cm.—(当代教育新理论丛书/刘佛年主编)
ISBN 7-5343-2568-4:¥10.65

G442　011239

学习障碍 100 问/刘弘白著.—厦门:鹭江出版社,1995.11.—206 页;20cm
ISBN 7-80610-287-6:¥20.00

G446 011240
教学社会心理学/何立婴著.—石家庄:河北教育出版社,1995.9.—258 页;20cm
ISBN 7-5434-2486-X:¥11.30

G446 011241
教育社会心理学/李旷等主编.—南昌:江西高校出版社,1995.8.—340 页;20cm
ISBN 7-81033-363-1:¥11.20

G447 011242
物理教学心理学/蒋以倡,朱敏文著.—合肥:安徽教育出版社,1995.3.—276 页;20cm
ISBN 7-5336-1671-5:¥6.00

G447 011243
小学数学教学心理/陈安福主编.—2 版.—成都:四川教育出版社,1995.8.—321 页;19cm
ISBN 7-5408-1600-8:¥6.50

G449 011244
教育评价与技术/魏华忠,马健生主编.—大连:辽宁师范大学出版社,1995.2.—384 页;20cm
ISBN 7-81042-042-9:¥9.90

G449 011245
如何测试孩子的能力/王明利,刘武编.—沈阳:辽宁科学技术出版社,1995.10.—110 页;19cm
ISBN 7-5381-2257-5:¥4.00

G449.4 011246
儿童看图智能训练:错在哪儿?/晏阳等编绘;黄安石,天水配文.—沈阳:辽宁少年儿童出版社,1995.6.—168 页;17×19cm
ISBN 7-5315-2503-8:¥13.00

G449.4 011247
启迪宝宝智慧的金钥匙:宝宝的智力训练与测量:0~1 岁/李鸣杲,叶晓林主编;秋耘等编著.—沈阳:辽宁少年儿童出版社,1995.8.—60 页;17×19cm
ISBN 7-5315-2578-X:¥5.00

G449.4 011248
启迪宝宝智慧的金钥匙:宝宝的智力训练与测量:1~3 岁/李鸣杲,叶晓林主编;秋耘等编著.—沈阳:辽宁少年儿童出版社,1995.8.—60 页;17×19cm
ISBN 7-5315-2579-8:¥5.00

G449.4 011249
启迪宝宝智慧的金钥匙:宝宝的智力训练与测量:3~6 岁/李鸣杲,叶晓林主编;秋耘等编著.—沈阳:辽宁少年儿童出版社,1995.8.—60 页;17×19cm
ISBN 7-5315-2580-1:¥5.00

G449.4 011250
趣味问答:动动小脑筋 (3)/徐蓉等编文;金戈等绘.—上海:少年儿童出版社,1995.1.—62 页;19cm
ISBN 7-5324-2613-0:¥2.50

G449.4 011251
智力图画 365 /曾汉桢编绘;丁振生注音 .—北京:语文出版社,1995.5.—360 页;17×19cm
ISBN 7-80006-902-8:¥18.00

G45 教师与学生

G45 011252
教育案例选析/林秀媛等主编.—长春:吉林教育出版社,1995.8.—243 页;19cm.—(师德建设丛书)
ISBN 7-5383-2628-6:¥7.80

①G45②G629.286.4 011253
未来小学教师的榜样:湖南省中师优秀毕业生事迹选编/湖南省教委师范处主编.—长沙:湖南教育出版社,1995.8.—362 页;20cm
ISBN 7-5355-2237-8:¥9.80

G451 011254
班主任工作基本技能训练/季诚钧主编;浙江省教育委员会组织编写.—杭州:杭州大学出版社,1995.11.—160 页;20cm
高等师范院校教材 教师职业基本技能训练教程:公共卷
ISBN 7-81035-835-9:¥5.50

G451 011255
班主任工作技能训练/武敏等主编;哈尔滨市教育学院编.—哈尔滨:黑龙江教育出版社,1995.8.—141 页;19cm
ISBN 7-5316-2743-4:¥6.00

G451 011256
班主任工作技能训练/甘霖主编;吴增林等编写.—上海:华东师范大学出版社,1995.12.—255 页;20cm
高等师范院校"教师职业技能训练"系列教材
ISBN 7-5617-1463-7:¥7.80

G451 011257
技工学校、职业学校班主任工作/薛连通,李东时主编.—北京:中国劳动出版社,1995.11.—225 页;20cm
ISBN 7-5045-1821-2:¥10.50

G451 011258
教师论丛/白万柱主编.—沈阳:辽宁民族出版社,1995.12.—3 册;20cm
ISBN 7-80527-588-2:¥60.00

G451 011259
教师论赞/李燕杰,郭海燕主编.—北京:北京理工大学出版社,1995.8.—53 页;19cm
ISBN 7-81045-051-4:¥3.80

G451 011260
教师行为访谈 (一):师范院校《教育学》教学案例选/傅道春,张桥主编;傅道春编著.—哈尔滨:黑龙江教育出版社,1995.8.—257 页;20cm
ISBN 7-5316-2525-3:¥8.50

G451 011261
托起太阳的人/叶辉等著.—北京:新华出版社,1995.2.—205 页:彩图;20cm
ISBN 7-5011-2741-7:¥7.50

G451 011262
怎样做个合格教师/郭安海编著.—南昌:江西高校

出版社,1995.6.—163页;19cm

ISBN 7-81033-361-5: ¥4.40

G451-61　011263

班主任常规工作大全/沈家祺,郭涵业主编.—上海:上海交通大学出版社,1995.5.—388页;20cm

ISBN 7-313-01463-5: ¥11.50

G451.6　011264

教师职业技能训练/胡省三主编.—上海:上海教育出版社,1995.9.—340页;20cm

ISBN 7-5320-4228-6: ¥10.60

G451.6　011265

人民教师无尚光荣:'94全国十杰中小学中青年教师事迹专辑/《中国教育报》编辑部编.—杭州:浙江教育出版社,1995.5.—240页:照片;20cm

ISBN 7-5338-2027-4: ¥6.75

G451.6　011266

师德概论/任顺元著.—杭州:杭州大学出版社,1995.5.—282页;19cm

ISBN 7-81035-809-X: ¥7.20

G451.6　011267

师德锦言/任守柏,顾相振主编.—济南:山东人民出版社,1995.11.—261页;19cm

ISBN 7-209-01843-3: ¥7.65

G451.6　011268

中国杰出教师行为访谈录/傅道春等编著.—上海:上海教育出版社,1995.7.—239页;20cm

ISBN 7-5320-3957-9: ¥9.00

G455-62　011269

学生工作手册/王体全,李福满主编.—北京:中国商业出版社,1995.3.—247页;19cm

ISBN 7-5044-2630-X: ¥6.60

G456　011270

中国尊师谱/雷焕振主编.—南昌:江西人民出版社,1995.8.　110页;19cm

ISBN 7-210-01544-2: ¥3.98

G459　学校与家庭、学校与社会

G459　011271

家长必读/郁亮,韩尚智主编;焦作市教育委员会,焦作市家长总校编.—郑州:河南医科大学出版社,1995.6.—191页;19cm

家长学校教材

ISBN 7-81048-006-5: ¥4.60

G459　011272

家长教育学/高婉著.—沈阳:辽宁教育出版社,1995.9.—251页;20cm

ISBN 7-5382-4270-8: ¥8.40

G459-43　011273

家长学校教材:初中卷/李洪曾总主编;吴绵骠分卷主编.—苏州:苏州大学出版社,1995.10.—250页;20cm

ISBN 7-81037-168-1: ¥7.00

G459-43　011274

家长学校教材:小学卷/李洪曾总主编;郭德峰分卷主编.—苏州:苏州大学出版社,1995.10.—240页;20cm

ISBN 7-81037-167-3: ¥7.00

G459-43　011275

家长学校教材:幼儿卷/李洪曾总主编;谢光庭,郑毓智分卷主编.—苏州:苏州大学出版社,1995.10.—218页;20cm

ISBN 7-81037-166-5: ¥7.00

G46　教育行政

G46-53　011276

教育管理文集/赵俭著.—北京:中国文联出版公司,1995.9.—326页;20cm

ISBN 7-5059-2302-1: ¥10.30

G464　011277

现代教育督导学/向宏业主编.—长沙:湖南教育出版社,1995.7.—478页;20cm

ISBN 7-5355-2226-2(精装): ¥17.00

G467.8　011278

美国大学高额奖学金简介/魏曦,罗显华编著.—成都:四川大学出版社,1995.8.—227页;19cm

ISBN 7-5614-1187-1: ¥7.50

G47　学校管理

G47　011279

高等学校管理心理学/车文博主编.—北京:北京师范大学出版社,1995.12.—372页;20cm.—(中国高等教育管理研究丛书)

中国大学管理人员培训教材

ISBN 7-303-04125-7: ¥18.00

G47　011280

校园心理环境的建设/金竞明,高飞著.—昆明:云南教育出版社,1995.3.—159页;19cm

ISBN 7-5415-0957-4: ¥4.50

G47　011281

学校公共关系案例选编/毕今贵等主编.—哈尔滨:黑龙江教育出版社,1995.6.—310页;19cm

ISBN 7-5316-2594-6: ¥9.00

G47　011282

学校管理工作探索/方勋臣著.—宁波:宁波出版社,1995.7.—280页;19cm

ISBN 7-80602-066-7: ¥8.50

G47　011283

学校管理学教程/江月孙主编.—广州:新世纪出版社,1995.6.—360页;19cm

ISBN 7-5405-1297-0: ¥12.00

G471.2-62　011284

中小学校长手册/欧阳连选主编.—开封:河南大学出版社,1995.6.—478页;20cm

ISBN 7-81041-208-6(精装)：¥27.00

G473　011285

学校教务管理/董庆义,王秋媛主编.—哈尔滨:黑龙江教育出版社,1995.2.—376页;19cm

ISBN 7-5316-2571-7：¥9.00

G473.8-62　011286

毕业生就业指南/龚喜球等主编.—北京:气象出版社,1995.6.—286页;19cm

ISBN 7-5029-1976-7：¥7.80

G474　011287

学校总务管理/李伟,尹枚生主编.—哈尔滨:黑龙江教育出版社,1995.2.—375页;19cm

ISBN 7-5316-2537-7：¥9.00

G478-62　011288

中小学教师保健手册/裴娣娜主编.—北京:语文出版社,1995.1.—443页;20cm

ISBN 7-80006-898-6：¥12.40

G479　011289

大学生健康教育/周元余等主编.—济南:山东大学出版社,1995.8.—401页;20cm

ISBN 7-5607-1480-3：¥9.00

G479　011290

大学生健康教育读本/江伟康主编.—上海:上海医科大学出版社,1995.8.—295页;19cm

ISBN 7-5627-0266-7：¥8.90

G479　011291

健康教育读本　(二)/张雪梅等编.—济南:山东科学技术出版社,1995.9.—104页;19cm

ISBN 7-5331-1664-X：¥3.20

G479　011292

健康教育读本　(一)/张雪梅等编.—济南:山东科学技术出版社,1995.9.—96页;19cm

ISBN 7-5331-1663-1：¥3.20

G479　011293

健康教育简明教程/戴宝柱等主编.—延吉:延边大学出版社,1995.4.—253页;19cm

ISBN 7-5634-0764-2：¥6.50

G479　011294

男性青春期/江道奎编.—西安:陕西科学技术出版社,1995.4.—168页;19cm

ISBN 7-5369-1979-4：¥4.10

G479　011295

青春期健康指南/肖一帆著.—成都:四川教育出版社,1995.8.—91页;19×21cm

ISBN 7-5408-2731-9：¥3.68

G479　011296

青春期教育/徐芹,洪亚敏译.—北京:中国农业出版社,1995.3.—156页;19cm

ISBN 7-109-03650-2：¥5.40

G479　011297

青春期教育概论/郑连斌编著.—呼和浩特:内蒙古教育出版社,1995.11.—279页;20cm

ISBN 7-5311-2704-0：¥7.50

G479　011298

青春期教育概论/吕荣侃主编.—北京:北京师范大学出版社,1995.12.—229页;20cm

ISBN 7-303-04164-8：¥8.20

G479　011299

青春期教育经验汇编/全国人口教育教学研究中心编.—北京:北京教育出版社,1995.11.—186页;19cm

ISBN 7-5303-0782-7：¥5.00

G479　011300

青春期生理卫生学/李现收等编著.—海口:南海出版公司,1995.7.—303页;20cm

ISBN 7-80570-021-4：¥9.80

G479　011301

青春期学生自我保健/杨建文著.—南京:江苏科学技术出版社,1995.3.—287页;19cm

ISBN 7-5345-1897-0：¥7.50

G479　011302

青年学生健康导向/黄加海,杨凤修编著.—武汉:武汉工业大学出版社,1995.8.—364页;20cm

ISBN 7-5629-0988-1：¥11.80

G479　011303

如何对孩子进行青春期教育/余承智等编.—沈阳:辽宁科学技术出版社,1995.10.—181页;19cm.—(教子成龙文库)

ISBN 7-5381-2259-1：¥5.90

G479　011304

少男少女的健美与保健/于运联等编著.—上海:上海科学技术文献出版社,1995.12.—280页;19cm

ISBN 7-5439-0746-1：¥14.70

G479　011305

身体健康之友/张铭礼,王志刚主编.—长春:吉林大学出版社,1995.3.—290页;20cm.—(大学生健康教育系列丛书)

ISBN 7-5601-1695-7：¥8.00

G479　011306

性健康教育学/高德伟主编.—呼和浩特:内蒙古人民出版社,1995.6.—748页;20cm

ISBN 7-204-02823-6：¥32.00

G479　011307

性科学与性教育/许世彤,区英琦编著.—北京:高等教育出版社,1995.4.—210页;20cm

ISBN 7-04-005365-9：¥4.95

G479　011308

中等职业技术学校健康教育教程/刘祥瑞,陈永生主编.—上海:华东师范大学出版社,1995.3.—298页;20cm

ISBN 7-5617-1298-7：¥7.90

G479　011309

中国学生健康教育/李无为等主编.—北京:科学普及出版社,1995.8.—314页;19cm

ISBN 7-110-03996-X：¥12.00

G479　011310

中学生青春期教育指导/黄韶玲,陈宝端编写.—广州:新世纪出版社,1995.5.—238页;19cm

ISBN 7-5405-1004-8：¥6.50

G479　011311
中学生身心健康教育与辅导:《青春期指导》教学参考书 /广东省教育厅教材编审室编.—2版.—广州:广东高等教育出版社,1995.8.—161页;26cm
初、高中适用
ISBN 7-5361-1139-8:¥8.50

G479-43　011312
大学生健康教育教材/刘立东,胡忠良主编.—沈阳:东北大学出版社,1995.9.—342页;19cm
ISBN 7-81006-901-2:¥8.00

G479-64　011313
少男少女:青少年青春期性教育:卡通本/英子等编著;杜娟等绘.—成都:四川美术出版社,1995.9.—2册(357页);19cm
ISBN 7-5410-0981-4:¥11.00

G479-64　011314
童男童女:少儿性启蒙教育:卡通本/诗姝等编著;蓝空绘.—成都:四川美术出版社,1995.8.—106页;19cm
ISBN 7-5410-0982-2:¥4.00

G48 学校建筑和设备

G482　011315
常用电教设备的使用及维护/李宗诚,张小岳主编.—重庆:重庆大学出版社,1995.6.—310页;19cm
ISBN 7-5624-0951-X:¥8.90

G482　011316
实验科学与技术/四川等五省区高等学校实验室管理研究会编.—成都:电子科技大学出版社,1995.3.—93页;26cm.—(高校实验室工作丛书·第13辑)
ISBN 7-81016-378-7:¥3.00

G482　011317
小学自然教学仪器维修大全/王兴乃等编著.—北京:海潮出版社,1995.8.—591页;19cm
ISBN 7-80054-723-X:¥18.50

G482　011318
中小学教学仪器常规检测 /顾传书等主编.—石家庄:河北教育出版社,1995.4.—372页;19cm
ISBN 7-5434-2399-5:¥8.70

G5 世界各国教育事业

G5-53　011319
迈向21世纪的国际理解教育:国际教育学研究大会苏州会议论文选/朱永新主编.—南京:江苏教育出版社,1995.7.—238页;26cm
ISBN 7-5343-2358-4:¥27.20

G511　011320
当代世界教育改革大趋势/尚旭,胡恩厚编著.—兰州:甘肃文化出版社,1995.12.—525页;20cm
ISBN 7-80608-166-6:¥20.00

G519　011321
外国教育管理发展史略/曾天山主编.—北京:教育科学出版社,1995.5.—485页;20cm
ISBN 7-5041-1459-6:¥13.50

G519　011322
外国教育史/袁桂林著.—长春:东北师范大学出版社,1995.10.—405页;20cm.—(东北师范大学文库)
ISBN 7-5602-1678-1(精装):¥15.00

G52 中国

G52　011323
从师专到地方大学——西江大学办学模式研究/罗钦贤,蔡如流主编.—广州:广东教育出版社,1995.10.—307页;20cm.—(珠江三角洲教育现代化研究丛书)
ISBN 7-5406-3398-0:¥10.10

G52　011324
教育工作文件选编　(二)/国家税务总局编.—北京:中国税务出版社,1995.12.—558页;20cm
ISBN 7-80117-031-8:¥28.00

G52　011325
较量备忘录/孙云晓主编.—成都:四川少年儿童出版社,1995.5.—596页;20cm
ISBN 7-5365-1307-0:¥15.70

G52　011326
人才摇篮的忧思:中国教育的转机、问题与对策/高洪源著.—北京:中共中央党校出版社,1995.2.—203页;20cm.—(中国:迈向新世纪丛书;1)
ISBN 7-5035-1022-6:¥5.50

G52　011327
中国当代教育论丛/杜小平等主编.—北京:航空工业出版社,1995.12.—2册;20cm
ISBN 7-80046-980-8:¥50.00

G52　011328
中国教育的沉思:传统文化与现代教育/白祖诗著.—昆明:云南教育出版社,1995.5.—186页;20cm
ISBN 7-5415-0949-3:¥7.90

G52　011329
中国西部女童教育行动研究/周卫主编.—银川:宁夏人民教育出版社,1995.6.—404页;20cm
ISBN 7-80596-172-7:¥12.00

G520　011330
邓小平教育思想与中国当代教育/杨德广主编.—上海:上海教育出版社,1995.12.—275页;20cm
ISBN 7-5320-4508-0:¥11.80

G520　011331
湖南省"两基"评估验收工作手册/王展经主编.—海口:海南出版社,1995.4.—434页;19cm
ISBN 7-80617-197-5:¥13.50

G520　011332
省市自治区少数民族教育工作文件选编:1977~1990年/郭福昌主编;国家教委民族地区教育司选编.—成都:四川民族出版社,1995.3.—911页;20cm.—(中国少数民族教育若干重大理论与实践问题

研究丛书)
ISBN 7-5409-1154-9: ¥14.50

G520　011333
中国产学合作教育:农业分册/农业部教育司主编.—北京:中国农业出版社,1995.10.—249页;20cm
ISBN 7-109-04062-3: ¥14.00

G520　011334
中国教育改革和发展的指针:《邓小平文选》第三卷教育论述浅说/滕纯主编.—北京:教育科学出版社,1995.10.—224页;20cm
ISBN 7-5041-1536-3: ¥8.00

G520　011335
中国教育战略重点问题/张诗亚,周谊著.—长沙:湖南教育出版社,1995.11.—283页;20cm.—(中国教育问题研究丛书/张诗亚主编)
ISBN 7-5355-2260-2: ¥13.10

G520　011336
中小学德育工作文件选编/辽宁省教育委员会基础教育处编.—沈阳:辽宁教育出版社,1995.11.—125页;19cm
ISBN 7-5382-4453-0: ¥3.00

G521　011337
教育改革百论/尹曙晨,周玉贤主编.—北京:中国社会出版社,1995.3.—483页;20cm
ISBN 7-80088-445-7: ¥14.80

G521　011338
教育体制改革的若干理论与实践问题/冒瑞林主编.—苏州:苏州大学出版社,1995.4.—281页;20cm
ISBN 7-81037-137-1: ¥11.00

G521　011339
迈向新里程:深圳市南山区学校教育模式的探索与创新/刘迅主编.—广州:广东教育出版社,1995.9.—341页;20cm.—(跨世纪育人工程丛书)
ISBN 7-5406-3341-7: ¥11.50

G521　011340
石油高校的改革和队伍建设/邢汝霖主编.—北京:石油工业出版社,1995.12.—168页;19cm
ISBN 7-5021-1622-2: ¥8.70

G521　011341
市场经济与教育改革　上册/张忠善主编.—北京:中国商业出版社,1995.10.—364页;19cm
ISBN 7-5044-3063-3: ¥10.00

G521-53　011342
教育科研体制、规划与管理/国家教委"八五"重点课题"教育科研体制、规划与管理的研究"课题组编撰.—上海:上海教育出版社,1995.9.—233页;20cm
ISBN 7-5320-3976-5: ¥8.50

G521-53　011343
九年义务教育"五·四"学制教改论文选/王清秀主编.—北京:北京师范大学出版社,1995.12.—470页;19cm
ISBN 7-303-04120-6: ¥12.70

G522.2　011344
长春市普及九年义务教育工作文集/长春市教育委员会编.—长春:长春出版社,1995.8.—332页;20cm
ISBN 7-80604-384-5(精装): ¥14.00

G523　011345
教育学会工作研究/郭永福著.—成都:四川教育出版社,1995.7.—241页;20cm
ISBN 7-5408-2717-3: ¥6.70

G523　011346
中国高校外语电教协会大事记:1978~1992年/陈振宜等编.—西安:西北工业大学出版社,1995.12.—254页;19cm
ISBN 7-5612-0818-9: ¥8.00

G525.1-62　011347
一九九五年全国教育系统劳动模范、优秀教师和教育工作者光荣册/中华人民共和国国家教育委员会,中华人民共和国人事部编.—北京:北京出版社,1995.9.—253页;26cm
ISBN 7-200-02813-4(精装): ¥0.00

G526　011348
现代农村教育管理/负守勤著.—兰州:甘肃文化出版社,1995.7.—435页;20cm
ISBN 7-80608-113-5: ¥12.88

G526.21　011349
全国文教行政财务改革和管理研讨会论文集/财政部文教行政司编.—长春:吉林科学技术出版社,1995.11.—517页;19cm
ISBN 7-5384-1581-5: ¥16.00

G526.6　011350
1995年高等学校科技统计资料汇编/中华人民共和国国家教育委员会科技司编.—北京:中国统计出版社,1995.11.—200页;26cm
ISBN 7-5037-2005-0(精装): ¥70.00

G526.6-54　011351
中国教育综合统计年鉴　1994/中华人民共和国国家教育委员会编.—北京:高等教育出版社,1995.3.—182页;26cm
ISBN 7-04-005242-3(精装): ¥28.00

G526.7-66　011352
中国教育经费统计资料　1994/钱一呈主编;国家教育委员会财务司编.—北京:中国统计出版社,1995.11.—453页;26cm
内部发行
ISBN 7-5037-1275-9(精装): ¥68.00

G527　011353
情暖校园:上海市教育系统"送温暖工程"的实践与研究/江晨清主编.—上海:上海交通大学出版社,1995.11.—161页;20cm
ISBN 7-313-01494-5(精装): ¥7.20

G527　011354
县域教育与经济增长关系问题研究/钱子豪著.—北京:中国城市出版社,1995.9.—202页;19cm
ISBN 7-5074-0784-5: ¥6.50

G527.22　011355
区域教育管理与研究/韩清林著.—石家庄:河北人民出版社,1995.7.—761页;20cm

ISBN 7-202-01817-9:¥38.00

G527.25　　011356

原平教育志/张战生,樊培民主编.—太原:山西人民出版社,1995.11.—405页:照片;26cm

ISBN 7-203-03397-X(精装):¥65.00

G527.254　　011357

和顺县教育志/和顺县教育志编写组编.—太原:山西古籍出版社,1995.6.—286页;20cm

ISBN 7-80598-071-3:¥20.60

G527.263　　011358

赤峰市教育志/陈肇基主编;《赤峰市教育志》编纂委员会编.—赤峰:内蒙古科学技术出版社,1995.6.—490页:彩照;26cm

ISBN 7-5380-0295-2(精装):¥34.00

G527.31　　011359

灯塔实验的轨迹/张洪明等主编.—沈阳:辽宁民族出版社,1995.9.—245页;20cm.—(辽阳地区教育科研成果集萃;4/苏荣智等主编)

ISBN 7-80527-563-7:¥9.00

G527.31　　011360

宏伟区学制改革模式/王卫东,杜朝枢主编.—沈阳:辽宁民族出版社,1995.9.—227页:照片;20cm.—(辽阳地区教育科研成果集萃;3/苏荣智等主编)

ISBN 7-80527-563-7:¥8.50

G527.31　　011361

普及九年义务教育评估验收文件汇编/辽宁省教育督导团办公室编.—大连:辽宁师范大学出版社,1995.3.—312页;19cm

ISBN 7-81042-064-X:¥8.00

G527.31　　011362

衍水涌动教改潮/富泰安主编.—沈阳:辽宁民族出版社,1995.9.—372页;20cm.—(辽阳地区教育科研成果集萃;2/苏荣智等主编)

ISBN 7-80527-563-7:¥12.00

G527.313　　011363

愉快、成功、创造教育探索/张卓然,关嘉禾主编.—大连:辽宁师范大学出版社,1995.9.—260页;19cm

ISBN 7-81042-096-8:¥6.80

G527.353　　011364

教育集锦/大庆采油一厂教育中心编.—哈尔滨:黑龙江教育出版社,1995.12.—209页;19cm

ISBN 7-5316-2962-3:¥7.50

G527.4　　011365

创造平等:中国西北女童教育口述史/杨立文主编.—北京:民族出版社,1995.8.—423页;20cm

ISBN 7-105-02518-2:¥16.50

G527.4　　011366

三西移民教育发展与对策/景民主编;《中国西部"三西"地区移民教育研究》课题组编.—兰州:甘肃文化出版社,1995.12.—133页;20cm

ISBN 7-80608-183-6:¥6.00

G527.411　　011367

西安市教育志/西安市教委教育志编纂办公室编.—西安:陕西人民出版社,1995.9.—724页;26cm

ISBN 7-224-03735-4(精装):¥85.00

G527.42　　011368

爱心洒春蕾:中国西部不发达地区女童教育探索与实践/何永忠,吴国琚著.—兰州:甘肃文化出版社,1995.8.—205页;20cm

ISBN 7-80608-115-1:¥8.50

G527.42-54　　011369

甘肃教育年鉴:1992~1993/甘肃省教育委员会办公室编.—兰州:甘肃文化出版社,1995.3.—586页:彩照;20cm

ISBN 7-80608-054-6:¥27.00

G527.51　　011370

1994上海教育/上海市教育委员会编.—上海:上海教育出版社,1995.8.—245页:彩照;20cm

ISBN 7-5320-4501-3:¥12.60

G527.51　　011371

浦东开发开放对基础教育的影响和对策/许建山主编.—上海:华东理工大学出版社,1995.1.—254页;20cm

ISBN 7-5628-0578-4:¥8.50

G527.514　　011372

嘉定县教育志/李志明主编;《嘉定县教育志》编纂组编.—上海:上海社会科学院出版社,1995.6.—220页:彩图;26cm

ISBN 7-80618-065-6(精装):¥32.00

G527.534　　011373

灌云县教育志/《灌云县教育志》编纂委员会编.—上海:上海科学技术文献出版社,1995.8.—273页:照片;26cm

ISBN 7-5439-0793-3:¥36.00

G527.553　　011374

海宁市教育志/沈艺林主编;《海宁市教育志》编纂委员会编.—杭州:浙江教育出版社,1995.11.—418页:照片;26cm

ISBN 7-5338-2249-8(精装):¥35.00

G527.553　　011375

杭州市西湖区教育志/杭州市西湖区教育委员会编.—杭州:杭州大学出版社,1995.12.—384页;26cm

ISBN 7-81035-840-5(精装):¥65.00

G527.553　　011376

湖州市教育志/黄逸主编;湖州市教育志编纂委员会编.—杭州:浙江教育出版社,1995.10.—522页:照片;26cm

ISBN 7-5338-2064-9(精装):¥35.00

G527.57　　011377

发展社会主义市场经济与福建教育改革探索/郭荣辉主编.—福州:福建教育出版社,1995.6.—343页;20cm

ISBN 7-5334-2005-5:¥14.00

G527.573　　011378

厦门教育之城规划及其研究/黄守忠主编.—厦门:厦门大学出版社,1995.12.—234页;20cm

ISBN 7-5615-1115-9:¥8.00

G527.58　　011379

社会蜕变中的台湾学校文化/李国霖编著.—福州:福建教育出版社,1995.2.—306页;20cm.—(台湾教育研究丛书)

ISBN 7-5334-1621-X:¥11.00

G527.613　　011380

基石:开封市发展教育纪实/姬常兴等主编.—北京:中国人事出版社,1995.7.—472页;20cm

ISBN 7-80076-611-X:¥13.50

G527.613　　011381

灵宝市教育志/卢一主编;《灵宝市教育志》编纂委员会编.—郑州:中州古籍出版社,1995.7.—453页;20cm.—(河南地方志丛书)

ISBN 7-5348-1378-6(精装):¥28.00

G527.614　　011382

洛宁县教育志/谭杰,柴鸾苗主编;《洛宁县教育志》编纂委员会编.—郑州:中州古籍出版社,1995.12.—776页:彩照;20cm.—(河南地方志丛书)

ISBN 7-5348-1437-5(精装):¥46.00

G527.614　　011383

新县教育志:1783~1994/邱洪成主编;新县教育志编纂委员会编.—郑州:中州古籍出版社,1995.9.—410页:照片;20cm.—(河南地方志丛书)

ISBN 7-5348-1408-1(精装):¥27.00

G527.63-54　　011384

湖北教育年鉴　1994(总第四卷)/陈德清主编;湖北省教育委员会编.—武汉:华中理工大学出版社,1995.12.—394页;26cm

ISBN 7-5609-1241-9(精装):¥40.00

G527.634　　011385

当阳县教育志/宋实繁主编.—武汉:湖北人民出版社,1995.4.—292页;26cm

ISBN 7-216-01677-7(精装):¥32.00

G527.64　　011386

湘中教育志/佘国纲编著.—长沙:岳麓书社,1995.6.—567页:彩图;26cm

ISBN 7-80520-556-6(精装):¥78.80

G527.643　　011387

株洲市教育志/株洲市教育委员会编.—长沙:湖南出版社,1995.7.—541页:彩照;20cm.—(株洲市地方志丛书;7)

ISBN 7-5438-1014-X(精装):¥38.00

G527.65　　011388

广东农村教育改革十年:1980~1990/广东省教育厅编.—广州:广东人民出版社,1995.3.—209页;20cm

ISBN 7-218-01618-9:¥4.50

G527.65　　011389

广东省一级学校的改革与管理/林受之主编.—广州:广东人民出版社,1995.12.—517页;20cm.—(广东教育之路丛书;6)

ISBN 7-218-01819-X:¥15.00

G527.65　　011390

中山市教育志/中山市教育委员会编.—广州:广东科技出版社,1995.7.—460页:照片;26cm

ISBN 7-5359-1428-4:¥0.00

G527.67　　011391

教坛明星耀八桂:职教卷/甘幼玶主编.—桂林:广西师范大学出版社,1995.3.—372页;20cm

ISBN 7-5633-1992-1:¥7.20

G527.67-54　　011392

广西教育年鉴　1994/广西壮族自治区教育委员会编.—桂林:广西师范大学出版社,1995.8.—378页:照片;26cm

ISBN 7-5633-2072-5(精装):¥98.00

G527.674　　011393

桂平县教育志/桂平市教育局编.—南宁:广西人民出版社,1995.7.—210页;26cm

ISBN 7-219-02996-9:¥25.00

G527.73　　011394

麻山的希望:贵州省麻山地区教育的现状与展望/李兴国主编.—贵阳:贵州教育出版社,1995.4.—169页;19cm

ISBN 7-80583-637-X:¥5.00

G527.74　　011395

红河哈尼族彝族自治州教育志/红河哈尼族彝族自治州教育委员会教育志编纂委员会编.—昆明:云南大学出版社,1995.9.—551页:彩照;26cm.—(云南地方志丛书)

ISBN 7-81025-574-6:¥48.00

G527.74　　011396

云南教育问题研究/杨崇龙编.—昆明:云南教育出版社,1995.11.—304页;20cm

ISBN 7-5415-1067-X:¥8.90

G527.744　　011397

昌宁县教育志/杨志蔚主编;昌宁县教育局编.—昆明:云南教育出版社,1995.6.—265页:照片;26cm.—(云南地方志丛书)

ISBN 7-5415-0946-9(精装):¥19.80

G527.744　　011398

贡山独龙族怒族自治县教育志/陶天麟主编.—昆明:云南民族出版社,1995.5.—270页:彩图;20cm.—(云南省地方志丛书)

ISBN 7-5367-1017-8:¥19.50

G527.744　　011399

梁河县教育志/夏新鼎主编;梁河县教育局编.—昆明:云南美术出版社,1995.11.—296页:彩照;26cm

ISBN 7-80586-225-7:¥32.80

G528　　011400

沈丘县学校人物志:学校志/欧阳连选主编.—郑州:中州古籍出版社,1995.9.—442页;20cm

ISBN 7-5348-1400-6(精装):¥53.00

G529　　011401

贵阳市白云区教育史料/赵永照主编;中共贵阳市白云区教育局委员会,贵阳市白云区教育局编.—贵阳:贵州教育出版社,1995.9.—383页;26cm

ISBN 7-80583-726-0(精装):¥37.87

G529　　011402

中国教育简史/张惠芬,金忠明编著.—上海:华东师范大学出版社,1995.6.—568页;20cm

高等学校文科教材
ISBN 7-5617-1320-7: ¥11.40

G529 011403
中国学校教育/(澳)柯莱威利著;张昌柱,张立中译.—石家庄:河北教育出版社,1995.2.—338页;20cm
著者原题:约翰·柯莱威利
ISBN 7-5434-2355-3: ¥6.85

①G529.2②G649.299 011404
中国古代的学校和书院/郭齐家编著.—北京:北京科学技术出版社,1995.1.—130页;19cm.—(中国历史知识全书·灿烂文化/朱仲玉主编)
ISBN 7-5304-1660-X: ¥3.90

G529.5 011405
中国近代学校教育/白光耀编著.—北京:北京科学技术出版社,1995.1.—141页;19cm.—(中国历史知识全书/朱仲玉主编)
ISBN 7-5304-1663-4: ¥3.90

G529.6 011406
抗战时期重庆的教育/李定开著.—重庆:重庆出版社,1995.8.—205页;20cm.—(重庆抗战丛书/徐朝鉴主编)
ISBN 7-5366-3208-8: ¥9.55

G529.6 011407
日本侵略东北教育史/卢鸿德主编.—沈阳:辽宁人民出版社,1995.9.—819页;20cm.—(东北教育史研究丛书/卢鸿德主编)
ISBN 7-205-03462-0: ¥32.00

G529.7 011408
中华人民共和国教育大事记/金铁宽主编.—济南:山东教育出版社,1995.1.—3册(2346页);20cm
ISBN 7-5328-2131-5(精装): ¥95.00

G53/57 各国

G531.26 011409
韩国教育研究/池青山等编著.—北京:东方出版社,1995.8.—169页;19cm.—(韩国研究系列丛书/高佩义主编)
ISBN 7-5060-0633-2: ¥7.40

G531.26 011410
战后韩国教育研究/孙启林著.—南昌:江西教育出版社,1995.8.—474页;20cm.—(战后国际教育研究丛书)
ISBN 7-5392-2526-2: ¥15.50

G531.36 011411
当代日本教育管理/王智新著.—太原:山西教育出版社,1995.6.—366页;20cm.—(当代日本教育丛书/朱永新,王智新主编)
ISBN 7-5440-0610-7: ¥10.20

G533 011412
东南亚华文教育/周聿峨著.—广州:暨南大学出版社,1995.5.—409页;20cm.—(华侨华人丛书/郭瑞,丘进主编)
ISBN 7-81029-413-X: ¥18.00

G6 各级教育

G61 学前教育、幼儿教育

G61 011413
3~6岁儿童的优育优教/曾汝弟等主编;江立等编.—昆明:云南大学出版社,1995.10.—146页;19cm.—(家庭优生优育优教知识系列;2)
本套书共4册,总定价:20.00元
ISBN 7-81025-598-3: ¥0.00

G61 011414
宝宝纪念册/金盾出版社编;颜黎绘.—北京:金盾出版社,1995.1.—39页;25×26cm
ISBN 7-80022-867-3: ¥29.00

G61 011415
儿童创造力培养/(日)住田幸次郎著;徐建荣,宋以久译.—南京:江苏教育出版社,1995.5.—123页;19cm
ISBN 7-5343-1710-X: ¥2.45

G61 011416
儿童教育/陈会昌等著.—北京:科学普及出版社,1995.12.—141页;19cm.—(0~6岁儿童全面发展问答丛书/吴凤岗主编)
ISBN 7-110-04016-X: ¥5.90

G61 011417
儿童智能培育与保护/孙光远等主编.—济南:济南出版社,1995.12.—270页;20cm
ISBN 7-80572-994-8: ¥12.00

G61 011418
给你一把金钥匙:0~7岁智力开发难题解答/周运清,万小艳主编.—郑州:河南人民出版社,1995.1.—588页;20cm.—(武汉大学周运清小太阳教育方案系列丛书)
ISBN 7-215-00912-2: ¥19.80

G61 011419
教儿跟我长智慧:0~7岁智力开发操作方法/周运清主编.—郑州:河南人民出版社,1995.1.—335页;20cm.—(武汉大学周运清小太阳教育方案系列丛书)
ISBN 7-215-00173-3: ¥13.40

G61 011420
零至三岁儿童家庭教育/甘肃省妇联儿童工作部,甘肃省家庭教育协会主编.—兰州:甘肃教育出版社,1995.12.—264页;19cm
甘肃省广播家长学校教材
ISBN 7-5423-0583-2: ¥4.80

G61 011421
少儿行为教育新论/邹泽安主编.—武汉:湖北人民出版社,1995.5.—239页;19cm
ISBN 7-216-01682-3: ¥5.80

G61 011422
胎教及0~3岁儿童的优育优教/曾汝弟等主编;丁

明等编.—昆明:云南大学出版社,1995.10.—162页;19cm.—(家庭优生优育优教知识系列;1)

本套书共4册,总定价20.00元

ISBN 7-81025-598-3:¥0.00

G61　　011423

托起明天的太阳:0~7岁智力开发理论基础/周运清著.—郑州:河南人民出版社,1995.1.—230页;20cm.—(武汉大学周运清小太阳教育方案系列丛书)

ISBN 7-215-02977-8:¥6.80

G61　　011424

婴幼教室:婴幼儿超常发展体系/常早清,陈先新主编;刘宜敏等编写.—武汉:武汉出版社,1995.10.—884页;20cm

ISBN 7-5430-1407-6:¥38.80

G61　　011425

幼儿教育大策略/聂琳主编;江琳等编著.—长沙:湖南师范大学出版社,1995.3.—360页;20cm

ISBN 7-81031-407-6:¥9.80

G61　　011426

幼儿艺术教育/许鸿,陈蓉辉编著.—长春:东北师范大学出版社,1995.3.—232页;20cm.—(吉林省幼儿教师幼教专科自学考试系列丛书/何艳茹等主编)

ISBN 7-5602-1598-X:¥6.20

G61　　011427

幼儿园教育环境·创设与利用/赖佳媛著.—广州:新世纪出版社,1995.6.—338页;20cm

ISBN 7-5405-1173-7:¥13.00

G61　　011428

幼儿智能培育必读/高振敏编著.—北京:新华出版社,1995.5.—384页;19cm

中央人民广播电台婴幼儿智能发育和培养讲座教材

ISBN 7-5011-2887-1:¥16.00

G61　　011429

张鹤立超前教育系列丛书:神钥匙/张鹤立主编.—沈阳:辽宁人民出版社,1995.2.—16册;26cm

ISBN 7-205-3131-1:¥88.00

①G61②R174　　011430

新生儿行为和0~3岁教育/鲍秀兰主编.—北京:中国少年儿童出版社,1995.12.—355页;19cm

ISBN 7-5007-2884-0:¥15.00

G61-44　　011431

托起明天的太阳:0~6岁小太阳优教咨询问答/杜小鸣,沈立明主编.—北京:新华出版社,1995.8.—362页;19cm

东方LS工程系列教材

ISBN 7-5011-2935-5:¥10.00

G61-61　　011432

中国学前教育百科全书:健康体育卷/卢乐山等主编;万钫分主编.—沈阳:沈阳出版社,1995.6.—468页:彩照;26cm

ISBN 7-5441-0299-8(精装):¥69.50

G61-61　　011433

中国学前教育百科全书:教育理论卷/卢乐山等主编.—沈阳:沈阳出版社,1995.6.—393页;26cm

ISBN 7-5441-0236-X(精装):¥59.50

G61-61　　011434

中国学前教育百科全书:心理发展卷/卢乐山等主编;陈会昌分主编.—沈阳:沈阳出版社,1995.6.—364页:彩照;26cm

ISBN 7-5441-0296-3(精装):¥59.50

G61-61　　011435

中国学前教育百科全书:学科教育卷/卢乐山等主编;祝士媛分主编.—沈阳:沈阳出版社,1995.6.—227页:彩照;26cm

ISBN 7-5441-0297-1(精装):¥39.50

①G61-61②R174　　011436

同步成长全书:3岁前儿童发展家庭实用指南/程淮,程跃主编.—天津:天津教育出版社,1995.5.—298页;26cm

ISBN 7-5309-2066-9(精装):¥48.00

G610　　011437

"幼儿园与小学衔接的研究"研究报告/朱慕菊主编.—北京:中国少年儿童出版社,1995.10.—339页;26cm.—(幼儿园与小学衔接的研究系列丛书)

ISBN 7-5007-2751-8:¥23.50

G610　　011438

当代幼儿教育理论与实践/袁爱玲著.—广州:新世纪出版社,1995.3.—204页;19cm.—(学前教育科学理论丛书)

ISBN 7-5405-1280-6:¥7.00

G610　　011439

学前比较教育学/霍力岩著.—北京:北京师范大学出版社,1995.4.—262页;19cm

新编学前教育专业系列教材

ISBN 7-303-03914-7:¥8.80

G610　　011440

学前教育管理学/张燕编著.—北京:北京师范大学出版社,1995.4.—324页;19cm

新编学前教育专业系列教材

ISBN 7-303-03450-1:¥8.90

G610　　011441

怎样使你的孩子聪明:儿童脑映像开发论/(日)中田光男著;张碧清监修;骆为龙等译.—北京:中国文联出版公司,1995.11.—214页;19cm

ISBN 7-5059-2347-1:¥10.00

①G610②J426.64　　011442

湖南健美儿童/陈普红主编.—长沙:湖南少年儿童出版社,1995.5.—164页:照片;26cm

ISBN 7-5358-1026-8:¥68.00

G611　　011443

彩图儿童礼仪辞典/高玉梅主编.—成都:四川辞书出版社,1995.2.—263页;19cm

ISBN 7-80543-445-X(精装):¥15.00

G611　　011444

从小养成好习惯/郑国英绘.—上海:上海文化出版社,1995.6.—20页;17×19cm

ISBN 7-80511-816-7:¥2.00

G611　　011445

黑龙江省幼儿园儿童用书:品德:中班(下).—哈尔滨:黑龙江少年儿童出版社,1995.12.—12页;17×18cm

ISBN 7-5319-1366-6:¥0.80

G611　011446

妈妈讲孩子的故事/赵贵玉著.—沈阳:辽宁教育出版社,1995.3.—210页;19cm.—(教子故事丛书)

ISBN 7-5382-3905-7:¥3.60

G611　011447

妈妈教我学礼仪/李晋珍,刘淑兰主编;《妈妈教我学礼仪》创作组编.—天津:新蕾出版社,1995.3.—129页;19cm

ISBN 7-5307-1589-5:¥4.60

G611　011448

品德:大班(上)/《黑龙江省幼儿园儿童用书》编写组编.—哈尔滨:黑龙江少年儿童出版社,1995.7.—12页;17×19cm

黑龙江省幼儿园儿童用书

ISBN 7-5319-1306-2:¥0.80

G611　011449

品德:大班(下).—哈尔滨:黑龙江少年儿童出版社,1995.12.—12页;17×19cm

黑龙江省幼儿园儿童用书

ISBN 7-5319-1373-9:¥0.80

G611　011450

品德:小班.—哈尔滨:黑龙江少年儿童出版社,1995.3.—18页;17×19cm

黑龙江省幼儿园儿童用书

ISBN 7-5319-1271-6:¥1.00

G611　011451

品德:中班(上)/《黑龙江省幼儿园儿童用书》编写组编.—哈尔滨:黑龙江少年儿童出版社,1995.7.—12页;17×19cm

黑龙江省幼儿园儿童用书

ISBN 7-5319-1311-9:¥0.80

G611　011452

思想品德　(下)/郑志钧主编;宋君等编.—西安:未来出版社,1995.11.—44页;17×19cm

陕西省学前班幼儿用书

ISBN 7-5417-1153-5:¥2.80

G611　011453

四岁生日礼物/宋志唐,李勃粱主编;孙宇等绘.—2版.—北京:中国环境科学出版社,1995.12.—118页;20cm

ISBN 7-80093-343-1(精装):¥15.50

G611　011454

五岁生日礼物/宋志唐,李勃粱主编;刘勇立等绘.—2版.—北京:中国环境科学出版社,1995.12.—98页;20cm

ISBN 7-80093-344-X(精装):¥15.50

G611　011455

幼儿礼仪/倪冰如,胡莲娟编写;丁纯一绘.—上海:上海教育出版社,1995.5.—64页;19cm

ISBN 7-5320-4429-7:¥2.80

G611　011456

幼儿园学前班品德教育活动设计教师参考书/广西学前教育教材编写组编.—南宁:接力出版社,1995.9.—241页;26cm

ISBN 7-80581-935-1:¥22.00

G611　011457

中华传统美德故事:大班　上册/于涌等编写;杨玉中等绘.—长春:北方妇女儿童出版社,1995.6.—21页;26cm

ISBN 7-5385-1063-X:¥2.30

G611　011458

中华传统美德故事:大班　下册/于涌等编写;史殿生等绘.—长春:北方妇女儿童出版社,1995.1.—21页;26cm

ISBN 7-5385-1030-3:¥1.70

G611　011459

中华传统美德故事:小班　上册/李建群等编写;肇玉厚等绘.—长春:北方妇女儿童出版社,1995.6.—13页;26cm

ISBN 7-5385-1065-6:¥1.70

G611　011460

中华传统美德故事:小班　下册/李建群等编写;史殿生等绘.—长春:北方妇女儿童出版社,1995.1.—13页;26cm

ISBN 7-5385-1032-X:¥1.40

G611　011461

中华传统美德故事:学前班　下册/王丽璇等编写;林百石等绘.—长春:北方妇女儿童出版社,1995.1.—21页;26cm

ISBN 7-5385-1004-4:¥1.70

G611　011462

中华传统美德故事:中班　上册/尚崇华等编写;杨玉中等绘.—长春:北方妇女儿童出版社,1995.6.—21页;26cm

ISBN 7-5385-1064-8:¥2.30

G611　011463

中华传统美德故事:中班　下册/尚崇华等编写;张道良等绘.—长春:北方妇女儿童出版社,1995.1.—21页;26cm

ISBN 7-5385-1031-1:¥1.70

①G611②H194.3　011464

新编美德三字经/王乃英,梅汝莉主编;北京教育学院编;华敬俊绘.—北京:华文出版社,1995.9.—99页;19cm

ISBN 7-5075-0472-7:¥4.80

G612　011465

耕耘·收获:赠幼儿教师/徐书芳,王瑞华主编.—济南:明天出版社,1995.5.—267页;19cm

ISBN 7-5332-2017-X:¥4.80

G612　011466

孩子轻松愉快学习的妙方/袁俊昌编著.—贵阳:贵州科技出版社,1995.1.—151页;19cm.—(婴幼儿早期教育丛书;4)

全套共6册,总定价:34.80元

ISBN 7-80584-395-3: ¥0.00

G612　011467

开启婴幼儿智慧之门/袁俊昌编著.—贵阳:贵州科技出版社,1995.1.—219页;19cm.—(婴幼儿早期教育丛书;6)

全套共6册,总定价:34.80元

ISBN 7-80584-395-3: ¥0.00

G612　011468

让孩子早期受教育/袁俊昌编著.—贵阳:贵州科技出版社,1995.1.—125页;19cm.—(婴幼儿早期教育丛书;2)

全套共6册,总定价:34.80元

ISBN 7-80584-395-3: ¥0.00

G612　011469

生聪明孩子的诀窍/袁俊昌编著.—贵阳:贵州科技出版社,1995.1.—138页;19cm.—(婴幼儿早期教育丛书;1)

全套共6册,总定价:34.80元

ISBN 7-80584-395-3: ¥0.00

G612　011470

塑造孩子美好的心灵/袁俊昌编著.—贵阳:贵州科技出版社,1995.1.—223页;19cm.—(婴幼儿早期教育丛书;5)

全套共6册,总定价:34.80元

ISBN 7-80584-395-3: ¥0.00

G612　011471

新编学前班教师参考书　(上)/石青主编.—北京:教育科学出版社,1995.12.—177页;26cm

ISBN 7-5041-1548-7: ¥12.00

G612　011472

养个健康的孩子/袁俊昌编著.—贵阳:贵州科技出版社,1995.1.—160页;19cm.—(婴幼儿早期教育丛书;3)

全套共6册,总定价:34.80元

ISBN 7-80584-395-3: ¥0.00

G612　011473

幼儿发展课程及活动建议/曾甘秀云等编著.—北京:北京师范大学出版社,1995.5.—3册;26cm

ISBN 7-303-03767-5: ¥48.00

G612　011474

幼儿园活动教程/袁衍喜主编;部分省市职业高中幼儿教育专业课程结构总体改革实验教材编写委员会编.—北京:高等教育出版社,1995.5.—197页;20cm

中等职业学校幼儿教育专业实验教材

ISBN 7-04-005290-3: ¥5.10

G612　011475

幼儿园教育活动与研究/王志明主编;江苏省幼儿园教师自学考试学前教育专业教材编写组编.—苏州:苏州大学出版社,1995.4.—334页;20cm

江苏省中小学幼儿园教师自学考试系列教材

ISBN 7-81037-129-0: ¥8.20

G612　011476

幼儿智能教育活动设计精选/李忠忱主编.—北京:教育科学出版社,1995.6.—316页;20cm

ISBN 7-5041-1488-X: ¥11.50

G613　011477

3~4岁幼儿社会性活动　上册/蔡邦群编文;叶牧天绘.—成都:四川少年儿童出版社,1995.9.—24页;17×19cm.—(幼儿教育目标与活动丛书)

ISBN 7-5365-1415-8: ¥1.80

G613　011478

4~5岁幼儿社会性活动　上册/张晓玲主编;唐传东,叶牧天绘.—成都:四川少年儿童出版社,1995.9.—24页;17×19cm.—(幼儿教育目标与活动丛书)

ISBN 7-5365-1419-0: ¥1.80

G613　011479

5~6岁幼儿社会性活动　上册/慈存仁编文;樊萍绘.—成都:四川少年儿童出版社,1995.9.—24页;17×19cm.—(幼儿教育目标与活动丛书)

ISBN 7-5365-1459-X: ¥1.80

G613　011480

爸爸妈妈考宝宝:入学测验:数学/徐治娴编;黄晓萍等绘.—西安:陕西人民教育出版社,1995.7.—57页;26cm

ISBN 7-5419-6013-6: ¥6.50

G613　011481

爸爸妈妈考宝宝:入学测验:语文/徐治娴编;黄晓萍等绘.—西安:陕西人民教育出版社,1995.7.—57页;26cm

ISBN 7-5419-6012-8: ¥6.50

G613　011482

宝宝的书/沈晨光,陈玲编文;林文涛等绘.—南宁:接力出版社,1995.7.—6册;17×19cm

六岁用书 包括"上学去"等6册

ISBN 7-80581-897-5: ¥19.00

G613　011483

宝宝的书:四岁用书/沈晨光,陈玲编.—南宁:接力出版社,1995.2.—6册;17×19cm

ISBN 7-80581-888-6: ¥12.00

G613　011484

宝宝的书:五岁用书/沈晨光,陈玲编.—南宁:接力出版社,1995.2.—6册;17×19cm

ISBN 7-80581-886-X: ¥12.00

G613　011485

宝宝多聪明:简易智商测试/贾勇编著.—上海:华东师范大学出版社,1995.10.—64页;17×19cm.—(三人世界小丛书)

ISBN 7-5617-1343-6: ¥5.00

G613　011486

宝宝明天上学/张莹编文;王伟绘.—沈阳:沈阳出版社,1995.8.—4册;17×19cm

包括《看图学语文》等4册

ISBN 7-5441-0428-1(盒装): ¥24.00

G613　011487

唱儿歌学画画　(3)/张学娅,陈学先编文;陈学先等绘.—北京:科学普及出版社,1995.4.—47页;17×19cm

ISBN 7-110-03659-6: ¥3.80

G613　011488
唱儿歌学画画　(4)/张学娅,陈学先编文;陈学先等绘.—北京:科学普及出版社,1995.4.—47页;17×19cm
ISBN 7-110-03660-X:￥3.80

G613　011489
聪明宝宝七彩园/段连秀等编著;李敏等绘.—南昌:21世纪出版社,1995.5.—12册;17×19cm
包括《宝宝看图识字》等12册
ISBN 7-5391-0966-1:￥49.50

G613　011490
答孩子的问　(2)/智晓绘.—海口:海南摄影美术出版社,1995.11.—46页;13×19cm.—(看图识字学知识丛书)
ISBN 7-80571-381-2:￥3.40

G613　011491
答孩子的问　(3)/智晓绘.—海口:海南摄影美术出版社,1995.11.—46页;13×19cm.—(看图识字学知识丛书)
ISBN 7-80571-381-2:￥3.40

G613　011492
动脑筋走迷宫/郭颖,陈文编绘.—海口:南海出版公司,1995.1.—36页;17×19cm.—(儿童智力教育系列)
ISBN 7-5442-0373-5:￥2.00

G613　011493
豆豆站之奇奇看自己/朱玉红编文;李青莎绘.—海口:海南国际新闻出版中心,1995.6.—48页;17×19cm.—(奇奇专列快车:2~3岁/杨吉华主编)
ISBN 7-80609-188-2:￥3.80

G613　011494
豆豆站之奇奇喜欢小伙伴/张艳玲编文;鲁灯明绘.—海口:海南国际新闻出版中心,1995.6.—48页;17×19cm.—(奇奇专列快车:2~3岁/杨吉华主编)
ISBN 7-80609-188-2:￥3.80

G613　011495
豆豆站之奇奇要学习/张艳玲编文;蒋孟英绘.—海口:海南国际新闻出版中心,1995.6.—48页;17×19cm.—(奇奇专列快车:2~3岁/杨吉华主编)
ISBN 7-80609-188-2:￥3.80

G613　011496
豆豆站之奇奇自己来/刘曼君编文;鲁小平绘.—海口:海南国际新闻出版中心,1995.6.—48页;17×19cm.—(奇奇专列快车:2~3岁/杨吉华主编)
ISBN 7-80609-188-2:￥3.80

G613　011497
豆豆站之奇奇走进小乐园/朱玉红编文;汪秀宏绘.—海口:海南国际新闻出版中心,1995.6.—48页;17×19cm.—(奇奇专列快车:2~3岁/杨吉华主编)
ISBN 7-80609-188-2:￥3.80

G613　011498
儿歌多功能/肖青等编;朱家骞等绘.—兰州:甘肃少年儿童出版社,1995.7.—1册;17×19cm
ISBN 7-5422-1048-3(精装):￥12.00

G613　011499
儿童开智魔诀/李鹏,李培萍著.—哈尔滨:黑龙江教育出版社,1995.11.—333页;19×18cm
ISBN 7-5316-2865-1:￥15.00

G613　011500
儿童身边的科学　(4)/智晓绘.—海口:海南摄影美术出版社,1995.11.—45页;13×19cm.—(看图识字学知识丛书)
ISBN 7-80571-381-2:￥3.40

G613　011501
儿童身边的科学　(5)/智晓绘.—海口:海南摄影美术出版社,1995.11.—45页;13×19cm.—(看图识字学知识丛书)
ISBN 7-80571-381-2:￥3.40

G613　011502
儿童学画画识拼音学英语识汉字多功能画本:中英文对照/施歌庆绘.—北京:光明日报出版社,1995.1.—5册;17×18cm
ISBN 7-80091-478-X:￥12.00

G613　011503
福建省学前班教学挂图:语言·常识(1)/薛志华等绘.—福州:福建人民出版社,1995.—13张;37×52cm
￥13.00

G613　011504
福建省学前班教学挂图:语言·常识(2)/朱宇南等绘.—福州:福建人民出版社,1995.—17张;53×38cm
￥18.80

G613　011505
果果站之奇奇长大了/邓兰英编文;李亦文绘.—海口:海南国际新闻出版中心,1995.6.—48页;17×19cm.—(奇奇专列快车:5~6岁/杨吉华主编)
ISBN 7-80609-187-4:￥3.80

G613　011506
果果站之奇奇会关心他人/张定然编文;张剑绘.—海口:海南国际新闻出版中心,1995.6.—48页;17×19cm.—(奇奇专列快车:5~6岁/杨吉华主编)
ISBN 7-80609-187-4:￥3.80

G613　011507
果果站之奇奇会学习/陈劲编文;刘冶绘.—海口:海南国际新闻出版中心,1995.6.—48页;17×19cm.—(奇奇专列快车:5~6岁/杨吉华主编)
ISBN 7-80609-187-4:￥3.80

G613　011508
果果站之奇奇要上小学了/艺军编文;俞峰绘.—海口:海南国际新闻出版中心,1995.6.—48页;17×19cm.—(奇奇专列快车:5~6岁/杨吉华主编)
ISBN 7-80609-187-4:￥3.80

G613　011509
果果站之奇奇走进益智园/张定然,陈劲编文;周鑫绘.—海口:海南国际新闻出版中心,1995.6.—48页;17×19cm.—(奇奇专列快车:5~6岁/杨吉华主编)
ISBN 7-80609-187-4:￥3.80

G613　011510
好孩子天天学/陈玉琢,田志远绘.—北京:学苑出版社,1995.9.—6册;19cm

ISBN 7-5077-1011-4:¥18.60

G613　011511

好孩子应该这样做:儿童人格教育指南　上册:汉英文对照/艾蕾,杜继纲著;戚序绘.—南昌:江西教育出版社,1995.1.—282页;17×19cm

ISBN 7-5392-1937-8(精装):¥15.00

G613　011512

好孩子应该这样做:儿童人格教育指南　下册:汉英文对照/艾蕾,杜继纲著;戚序绘.—南昌:江西教育出版社,1995.1.—263页;17×19cm

ISBN 7-5392-1938-6(精装):¥15.00

G613　011513

环球知识365/许祖馨,张中良主编.—昆明:云南科技出版社,1995.8.—2册;17×19cm

ISBN 7-5416-0729-0(精装):¥26.80

G613　011514

会说话的书:搬家·数精灵和笨熊波比·小矮人和玫瑰公主/看图说话编辑部编.—上海:上海教育出版社,1995.12.—16页;28cm.—(小天使有声读物系列)

ISBN 7-5320-4779-2(精装):¥26.80

G613　011515

会说话的书:变色猫·三只蝴蝶·小木偶做减法/看图说话编辑部编.—上海:上海教育出版社,1995.12.—16页;28cm.—(小天使有声读物系列)

ISBN 7-5320-4777-6(精装):¥26.80

G613　011516

会说话的书:大鳄鱼·小恐龙生病了/看图说话编辑部编.—上海:上海教育出版社,1995.10.—16页;28cm.—(小天使有声读物系列)

ISBN 7-5320-4752-0(精装):¥23.80

G613　011517

会说话的书:贪心先生·雪孩子/看图说话编辑部编.—上海:上海教育出版社,1995.12.—16页;28cm.—(小天使有声读物系列)

ISBN 7-5320-4778-4(精装):¥26.80

G613　011518

教你画 教你认/戴千主编.—哈尔滨:东北林业大学出版社,1995.12.—10册;17×19cm.—(临摹画系列丛书)

ISBN 7-81008-599-9(盒装):¥38.50

G613　011519

教学参考用书/徐书芳等主编.—济南:明天出版社,1995.8.—207页;19×26cm

山东省幼儿园教材

ISBN 7-5332-1953-8:¥11.00

G613　011520

教育参考书　上册/《教育参考书》编写组编.—2版.—福州:福建人民出版社,1995.7.—450页;19cm

福建省学前班教师用书

ISBN 7-211-02512-3:¥7.95

G613　011521

开发你的小脑瓜/朱宝编绘.—成都:四川少年儿童出版社,1995.12.—95页;17×19cm

ISBN 7-5365-1406-9:¥10.00

G613　011522

看看你聪明吗?/闻金妹等编;程思新等绘.—上海:上海教育出版社,1995.12.—4册;17×19cm.—(聪明豆)

本套书包括《看看你聪明吗?》(上、下)、《看图说话》、《幼儿小问答》4册。

ISBN 7-5320-4535-8:¥12.00

G613　011523

看看做做/苑苑等编文;王绍丽等绘.—济南:明天出版社,1995.4.—4册;17×19cm.—(婴儿必备)

适合1~3岁

ISBN 7-5332-2233-4:¥12.00

G613　011524

看你聪明不聪明:学前儿童智力测试/吕连甫,熊艳君编绘.—沈阳:辽宁民族出版社,1995.6.—58页;19×26cm

ISBN 7-80527-534-3:¥5.00

G613　011525

看图、识字、学画　(上)/杨丽窘等编绘.—广州:新世纪出版社,1995.3.—40页;15×13cm.—(口、手、脑同步开智系列之一)

ISBN 7-5405-1289-2:¥2.00

G613　011526

看图、识字、学画　(下)/杨丽窘等编绘.—广州:新世纪出版社,1995.3.—40页;15×13cm.—(口、手、脑同步开智系列之一)

ISBN 7-5405-1290-3:¥2.00

G613　011527

看图·识字·描红　(1)/欣友编.—广州:新世纪出版社,1995.12.—25页;17×19cm

ISBN 7-5405-1120-6:¥2.50

G613　011528

看图·识字·描红　(2)/欣友编.—广州:新世纪出版社,1995.12.—25页;17×19cm

ISBN 7-5405-1151-6:¥2.50

G613　011529

看图识数描摹入门/梧磊,孙红梅编著.—南宁:广西民族出版社,1995.7.—62页;19×26cm

ISBN 7-5363-3034-0:¥8.80

G613　011530

看图识字描摹入门/黄道鸿,容州编著.—南宁:广西民族出版社,1995.7.—98页;19×26cm

ISBN 7-5363-3032-4:¥15.00

G613　011531

快乐的星期天/邵黎柳编;倪基民绘.—上海:少年儿童出版社,1995.11.—4册;17×19cm

ISBN 7-5324-2473-1:¥20.10

G613　011532

苗苗站之奇奇爱学习/游启南编文;杨昕绘.—海口:海南国际新闻出版中心,1995.6.—48页;17×19cm.—(奇奇专列快车:4~5岁/杨吉华主编)

ISBN 7-80609-186-6:¥3.80

G613　011533

苗苗站之奇奇会保护自己/彭月芳,文朗辉编文;丽

丽绘.—海口:海南国际新闻出版中心,1995.6.—48页;17×19cm.—(奇奇专列快车:4~5岁/杨吉华主编)
ISBN 7-80609-186-6:¥3.80

G613 011534
苗苗站之奇奇朋友多/文朗辉编文;萍子绘.—海口:海南国际新闻出版中心,1995.6.—48页;17×19cm.—(奇奇专列快车:4~5岁/杨吉华主编)
ISBN 7-80609-186-6:¥3.80

G613 011535
苗苗站之奇奇是个小能人/彭月芳编文;梁辉绘.—海口:海南国际新闻出版中心,1995.6.—48页;17×19cm.—(奇奇专列快车:4~5岁/杨吉华主编)
ISBN 7-80609-186-6:¥3.80

G613 011536
苗苗站之奇奇走进游乐园/彭月芳,游启南编文;军军绘.—海口:海南国际新闻出版中心,1995.6.—48页;17×19cm.—(奇奇专列快车:4~5岁/杨吉华主编)
ISBN 7-80609-186-6:¥3.80

G613 011537
脑筋转弯弯 (1)/蒲秀娟等编文;张卫疆绘.—西宁:青海人民出版社,1995.7.—94页;19cm
ISBN 7-225-01027-1:¥3.20

G613 011538
脑筋转弯弯 (2)/蒲秀娟等编文;张卫疆绘.—西宁:青海人民出版社,1995.7.—94页;19cm
ISBN 7-225-01027-1:¥3.20

G613 011539
脑筋转弯弯 (3)/蒲秀娟等编文;张卫疆绘.—西宁:青海人民出版社,1995.7.—94页;19cm
ISBN 7-225-01027-1:¥3.20

G613 011540
脑筋转弯弯 (4)/蒲秀娟等编文;张卫疆绘.—西宁:青海人民出版社,1995.7.—94页;19cm
ISBN 7-225-01027-1:¥3.20

G613 011541
念念儿歌/广胜等选编;宋乔等绘.—济南:明天出版社,1995.4.—4册;17×19cm.—(婴儿必备)
适合1~3岁
ISBN 7-5332-2229-6:¥12.00

G613 011542
认认说说/朱庆坪等编文;沈嘉荣等绘.—济南:明天出版社,1995.4.—4册;17×19cm.—(婴儿必备)
适合1~3岁
ISBN 7-5332-2231-8:¥12.00

G613 011543
入学准备——起跑线上:大班/吴积静,周洪飞主编.—上海:上海科技教育出版社,1995.8.—150页;23×19cm
ISBN 7-5428-1193-2:¥12.60

G613 011544
入学准备——起跑线上:小班/吴积静,周洪飞主编.—上海:上海科技教育出版社,1995.8.—150页;23×19cm
ISBN 7-5428-1189-4:¥12.60

G613 011545
入学准备——起跑线上:中班/吴积静,周洪飞主编.—上海:上海科技教育出版社,1995.8.—150页;23×19cm
ISBN 7-5428-1190-8:¥12.60

G613 011546
上海大变样/上海幼儿师范高等专科学校,上海市静安区教育局编.—上海:上海教育出版社,1995.5.—31页;26cm
ISBN 7-5320-3947-1:¥5.00

G613 011547
天天动脑筋:找一找/王文娟等编文;孙绍波等绘.—上海:上海人民美术出版社,1995.3.—23页;17×19cm.—(学前儿童智能训练;1)
ISBN 7-5322-1435-4:¥6.50

G613 011548
听听童话/冰波等编文;王绍丽等绘.—济南:明天出版社,1995.4.—4册;17×19cm.—(婴儿必备)
适合1~3岁
ISBN 7-5332-2227-X:¥12.00

G613 011549
童眼看世界/王德兴主编;李玉荣等编.—西安:陕西人民教育出版社,1995.5.—5册;17×19cm
ISBN 7-5419-6131-0:¥18.00

G613 011550
玩与学/闻金姝等编;肖鹰等绘.—上海:上海教育出版社,1995.12.—8册;15×13cm
包括《走迷宫》等8册
ISBN 7-5320-4534-X:¥10.00

G613 011551
我/(日)谷川俊太郎编;(日)长新太绘.—北京:中国少年儿童出版社,1995.5.—28页;21×18cm
ISBN 7-5007-2520-5:¥4.20

G613 011552
我要上学了 下册/云南省教委教研室编写.—昆明:晨光出版社,1995.12.—32页;26cm
ISBN 7-5414-1085-3:¥2.90

G613 011553
小手拍拍:幼儿音乐、游戏、歌舞集/怡边,王蕴华编.—北京:人民音乐出版社,1995.1.—143页;19×17cm
ISBN 7-103-01222-9:¥6.10

G613 011554
新编幼儿园教师参考书 上册/《幼儿学习用书》编写组编.—2版.—长沙:湖南教育出版社,1995.6.—479页;19cm
ISBN 7-5355-1973-2:¥8.00

G613 011555
新编幼儿园教师参考书 上册/喻品娟,王静主编.—北京:教育科学出版社,1995.8.—198页;26cm
ISBN 7-5041-1510-X:¥12.00

G613 011556
学前班读本:美工练习册 下册/童凌编写;张亦浩等绘.—上海:上海科技教育出版社,1995.10.—32页;

13×19cm
ISBN 7-5428-1224-6: ¥2.00

G613 **011557**
学前班活动练习:想想 做做 画画/甘肃省教育科学研究所编.—兰州:甘肃教育出版社,1995.9.—2册;17×19cm
ISBN 7-5423-0553-0: ¥7.60

G613 **011558**
学前班教师参考用书/贵州省教育委员会编.—贵阳:贵州人民出版社,1995.8.—332页:彩图;19cm
ISBN 7-221-03853-8: ¥9.90

G613 **011559**
学前班教师指导用书/贵州省教育委员会编.—贵阳:贵州人民出版社,1995.8.—250页;19cm
ISBN 7-221-03852-X: ¥6.50

G613 **011560**
学前班教师指导用书 (下)/辽宁教育学院编.—沈阳:辽宁教育出版社,1995.2.—436页;26cm
ISBN 7-5382-4088-8: ¥16.50

G613 **011561**
学前班教师指导用书 上册/支君主编;赵琳等编写.—西安:未来出版社,1995.4.—158页;19cm
ISBN 7-5417-1060-1: ¥2.90

G613 **011562**
学前班教师指导用书 下册/支君主编.—西安:未来出版社,1995.9.—140页;19cm
ISBN 7-5417-1071-7: ¥3.50

G613 **011563**
学前班教育活动设计/李瑛,好湘萍主编;甘肃省教育科学研究所编.—兰州:甘肃教育出版社,1995.8.—248页;20cm
ISBN 7-5423-0548-4: ¥6.00

G613 **011564**
学前班暑假作业/殷亚琴编文;傅俊山,黄卢健绘.—南宁:接力出版社,1995.6.—48页;19cm
ISBN 7-80581-893-2: ¥2.30

G613 **011565**
学前班训练:算术.—海口:海南摄影美术出版社,1995.8.—46页;19cm
本书适应于2~6岁学前班儿童使用
ISBN 7-80571-854-7: ¥3.20

G613 **011566**
学前班训练:语文.—海口:海南摄影美术出版社,1995.8.—46页;19cm
本书适应于2~6岁学前班儿童使用
ISBN 7-80571-854-7: ¥3.20

G613 **011567**
学前班知识大全:看图识动物.—乌鲁木齐:新疆青少年出版社,1995.8.—1册;13×19cm
ISBN 7-5371-2069-2: ¥3.40

G613 **011568**
学前班知识大全:看图识植物.—乌鲁木齐:新疆青少年出版社,1995.8.—1册;13×19cm
ISBN 7-5371-2069-2: ¥3.40

G613 **011569**
学前班知识大全:看图学拼音.—乌鲁木齐:新疆青少年出版社,1995.8.—1册;13×19cm
ISBN 7-5371-2069-2: ¥3.40

G613 **011570**
学前班知识大全:看图学算术.—乌鲁木齐:新疆青少年出版社,1995.8.—1册;13×19cm
ISBN 7-5371-2069-2: ¥3.40

G613 **011571**
学前儿童小百科:4岁半~5岁半/程雪冰等编写.—沈阳:沈阳出版社,1995.5.—4册;17×19cm
ISBN 7-5441-0390-0: ¥6.00

G613 **011572**
学前儿童小百科:5岁半~6岁半/陈淑琴等编写.—沈阳:沈阳出版社,1995.5.—4册;17×19cm
ISBN 7-5441-0391-9: ¥6.00

G613 **011573**
学前儿童知识丛书:猜谜语/郭兴贤编绘.—海口:海南摄影美术出版社,1995.8.—47页;13×19cm
ISBN 7-80571-861-X: ¥3.40

G613 **011574**
学前儿童知识丛书:识动物/郭兴贤编绘.—海口:海南摄影美术出版社,1995.8.—48页;13×19cm
ISBN 7-80571-861-X: ¥3.40

G613 **011575**
学前儿童知识丛书:识字/郭兴贤编绘.—海口:海南摄影美术出版社,1995.8.—47页;13×19cm
ISBN 7-80571-861-X: ¥3.40

G613 **011576**
学前儿童知识丛书:学儿歌/郭兴贤编绘.—海口:海南摄影美术出版社,1995.8.—45页;13×19cm
ISBN 7-80571-861-X: ¥3.40

G613 **011577**
学前幼儿练习册:常识 上册/周学英编文;王国仁等绘.—南宁:接力出版社,1995.7.—46页;19cm
ISBN 7-80581-907-6: ¥1.20

G613 **011578**
学前幼儿练习册:美工 上册/薛宁珍编文;刘一山绘.—南宁:接力出版社,1995.8.—40页;17×19cm
ISBN 7-80581-910-6: ¥5.50

G613 **011579**
芽芽站之奇奇懂礼貌/张华编文;俞峰绘.—海口:海南国际新闻出版中心,1995.6.—48页;17×19cm.—(奇奇专列快车:3~4岁/杨吉华主编)
ISBN 7-80609-185-8: ¥3.80

G613 **011580**
芽芽站之奇奇喜欢幼儿园/程谨妤编文;周鑫绘.—海口:海南国际新闻出版中心,1995.6.—48页;17×19cm.—(奇奇专列快车:3~4岁/杨吉华主编)
ISBN 7-80609-185-8: ¥3.80

G613 **011581**
芽芽站之奇奇想学习/张君晖编文;刘冶绘.—海口:海南国际新闻出版中心,1995.6.—48页;17×19cm.—(奇奇专列快车:3~4岁/杨吉华主编)

ISBN 7-80609-185-8:￥3.80

G613　011582

芽芽站之奇奇真能干/江文媚编文;张剑绘.—海口:海南国际新闻出版中心,1995.6.—48页;17×19cm.—(奇奇专列快车:3~4岁/杨吉华主编)

ISBN 7-80609-185-8:￥3.80

G613　011583

芽芽站之奇奇走进娱乐圈/张君晖,程谨妤编文;李亦文绘.—海口:海南国际新闻出版中心,1995.6.—48页;17×19cm.—(奇奇专列快车:3~4岁/杨吉华主编)

ISBN 7-80609-185-8:￥3.80

G613　011584

婴儿启智世界:1~3岁/陆弘等编著;李全华等绘.—南昌:21世纪出版社,1995.10.—10册;17×19cm

包括《练练智力》等10册

ISBN 7-5391-0835-5:￥22.00

G613　011585

婴儿认知故事/甘肃少年儿童出版社编.—兰州:甘肃少年儿童出版社,1995.7.—1册;21×19cm

1~3岁婴儿粘贴画书

ISBN 7-5422-1065-3(精装):￥35.00

G613　011586

婴幼儿生活游戏识字　(一)/徐德江等编.—北京:京华出版社,1995.10.—47页;17×19cm

ISBN 7-80600-073-9:￥5.95

G613　011587

婴幼儿智力开发的金钥匙:主题综合教育活动集锦/冯秀芳等主编.—天津:天津科学技术出版社,1995.10.—244页;19cm

ISBN 7-5308-1953-4:￥8.80

G613　011588

幼儿家庭教材　上册/张怀曾主编;秦军绘.—北京:中国铁道出版社,1995.3.—131页;19×26cm

ISBN 7-113-01925-0:￥9.00

G613　011589

幼儿家庭教材　下册/张怀曾主编;秦军绘.—北京:中国铁道出版社,1995.3.—131页;19×26cm

ISBN 7-113-01925-0:￥9.00

G613　011590

幼儿家庭智力课堂/丞丞,邱冬编绘.—乌鲁木齐:新疆青少年出版社,1995.9.—3册;17×19cm

ISBN 7-5371-2065-X:￥10.80

G613　011591

幼儿拼图识字计算卡片/钱承莲,樊华编;蔡宏等绘.—上海:上海教育出版社,1995.12.—31张;19cm

ISBN 7-5320-4546-3(盒装):￥10.00

G613　011592

幼儿启蒙大全:0~2岁/阿茜等编文;郭振山等绘.—北京:中国连环画出版社,1995.10.—2册;17×19cm

ISBN 7-5061-0672-8:￥40.00

G613　011593

幼儿启蒙全书/许祖馨等编;张中良等绘.—北京:中国少年儿童出版社,1995.9.—48页;17×18cm

ISBN 7-5007-2540-X(精装):￥12.80

G613　011594

幼儿认画涂365:大自然/程秀华编;孙群绘.—长春:吉林美术出版社,1995.9.—30页;13×19cm

ISBN 7-5386-0452-9:￥2.30

G613　011595

幼儿认画涂365:交通工具/程秀华编;孙红绘.—长春:吉林美术出版社,1995.9.—30页;13×19cm

ISBN 7-5386-0452-9:￥2.30

G613　011596

幼儿认画涂365:人物/程秀华编;王文武绘.—长春:吉林美术出版社,1995.9.—30页;13×19cm

ISBN 7-5386-0452-9:￥2.30

G613　011597

幼儿认画涂365:生活用品/程秀华编;孙红绘.—长春:吉林美术出版社,1995.9.—30页;13×19cm

ISBN 7-5386-0452-9:￥2.30

G613　011598

幼儿认画涂365:水果/程秀华编;孙红绘.—长春:吉林美术出版社,1995.9.—30页;13×19cm

ISBN 7-5386-0452-9:￥2.30

G613　011599

幼儿认画涂365:鱼虫鸟/程秀华编;王文武绘.—长春:吉林美术出版社,1995.9.—30页;13×19cm

ISBN 7-5386-0452-9:￥2.30

G613　011600

幼儿生活教养系列/台湾光复书局编辑部编.—北京:海豚出版社,1995.8.—10册;29cm

ISBN 7-80051-779-9(盒装):￥360.00

G613　011601

幼儿世界　(3)/袁爱玲等编.—广州:新世纪出版社,1995.1.—32页;19cm.—(学前班系列读物)

ISBN 7-5405-1281-4:￥2.00

G613　011602

幼儿世界　(4)/袁爱玲等编.—广州:新世纪出版社,1995.1.—32页;19cm.—(学前班系列读物)

ISBN 7-5405-1282-4:￥2.00

G613　011603

幼儿系列学习活动(3-4岁)学习内容:幼儿园小班下学期　第1册/天津市幼儿教育教学研究室编.—天津:天津教育出版社,1995.1.—39页;26cm

ISBN 7-5309-2180-0:￥3.00

G613　011604

幼儿系列学习活动(3-4岁)学习内容:幼儿园小班下学期　第2册/天津市幼儿教育教学研究室编.—天津:天津教育出版社,1995.1.—40页;26cm

ISBN 7-5309-2181-9:￥3.00

G613　011605

幼儿系列学习活动(4-5岁)学习内容:幼儿园中班下学期　第1册/天津市幼儿教育教学研究室编.—天津:天津教育出版社,1995.1.—39页;26cm

ISBN 7-5309-2171-1:￥3.00

G613　011606

幼儿系列学习活动(4-5岁)学习内容:幼儿园中班

下学期　第2册/天津市幼儿教育教学研究室编.—天津:天津教育出版社,1995.1.—40页;26cm
ISBN 7-5309-2172-X: ¥3.00

G613　011607
幼儿系列学习活动学习指导:幼儿园小班下学期:4~5岁　第1、2册/天津市幼儿教育研究室编.—天津:天津教育出版社,1995.1.—13页;26cm
ISBN 7-5309-2182-7: ¥0.80

G613　011608
幼儿系列学习活动学习指导:幼儿园中班下学期:3~4岁　第1、2册/天津市幼儿教育研究室编.—天津:天津教育出版社,1995.1.—13页;26cm
ISBN 7-5309-2120-7: ¥0.80

G613　011609
幼儿学画·学儿歌:汉语拼音/胡昌益编绘;杨向红,纪树森文.—北京:农村读物出版社,1995.6.—78页;17×19cm
ISBN 7-5048-2607-3: ¥6.80

G613　011610
幼儿学前班练习册:美术(下):玩玩做做/訾桂喜编绘.—呼和浩特:内蒙古人民出版社,1995.12.—44页;13×19cm
ISBN 7-204-02904-6: ¥2.10

G613　011611
幼儿学习小卡片.—福州:福建人民出版社,1995.—16张;19cm
¥2.00

G613　011612
幼儿园教育活动设计教师参考书:大班　上册/广西学前教育教材编写组编.—南宁:接力出版社,1995.8.—351页;26cm
ISBN 7-80581-926-2: ¥32.00

G613　011613
幼儿园教育活动设计教师参考书:小班　上册/广西学前教育教材编写组编.—南宁:接力出版社,1995.8.—223页;26cm
ISBN 7-80581-932-7: ¥21.00

G613　011614
幼儿园教育活动设计教师参考书:中班　上册/广西学前教育教材编写组编.—南宁:接力出版社,1995.8.—309页;26cm
ISBN 7-80581-931-9: ¥28.00

G613　011615
幼儿园课本:常识:小班　下册/张荣祖,王跃生主编;何曼芳,王曼君编.—西安:未来出版社,1995.11.—24页;17×19cm
ISBN 7-5417-1165-9: ¥1.80

G613　011616
幼儿园课本:常识:中班　下册/张荣祖,王跃生主编;何曼芳,汝亚新编.—西安:未来出版社,1995.11.—36页;17×19cm
ISBN 7-5417-1171-3: ¥2.50

G613　011617
幼儿园课本:美术:中班　下册/张荣祖,王跃生主编;赵秦君,梁丽霞编.—西安:未来出版社,1995.11.—36页;17×19cm
ISBN 7-5417-1163-2: ¥2.50

G613　011618
幼儿园课本:数学:小班　下册/张荣祖,王跃生主编;方鸿霞,李安华编.—西安:未来出版社,1995.11.—24页;17×19cm
ISBN 7-5417-1166-7: ¥1.80

G613　011619
幼儿园课本:数学:中班　下册/张荣祖,王跃生主编;李安华,方鸿霞编.—西安:未来出版社,1995.11.—24页;17×19cm
ISBN 7-5417-1167-5: ¥1.80

G613　011620
幼儿园课本:音乐:中班　下册/张荣祖,王跃生主编;赵秦君,吴莉莉编.—西安:未来出版社,1995.11.—36页;17×19cm
ISBN 7-5417-1169-1: ¥2.50

G613　011621
幼儿园课本:语言:小班　下册/张荣祖,王跃生主编;赵琳等编.—西安:未来出版社,1995.11.—24页;17×19cm
ISBN 7-5417-1160-8: ¥1.80

G613　011622
幼儿园课本:语言:中班　下册/张荣祖,王跃生主编;赵琳等编.—西安:未来出版社,1995.11.—36页;17×19cm
ISBN 7-5417-1162-4: ¥2.50

G613　011623
幼儿园目标与活动课程:大班　上册/王月媛等编.—北京:北京师范大学出版社,1995.7.—6册;17×18cm
ISBN 7-303-03952-X: ¥18.00

G613　011624
幼儿园目标与活动课程教师用书/王月媛主编;幼儿园目标与活动课程编写组编写.—北京:北京师范大学出版社,1995.9.—4册;19cm
ISBN 7-303-03953-8: ¥25.00

G613　011625
幼儿园音乐游戏/马新智编.—哈尔滨:黑龙江美术出版社,1995.1.—59页;17×19cm
ISBN 7-5318-0243-0: ¥7.80

G613　011626
幼儿智力测试画册:3~7岁/肖奋,二彬编写.—上海:上海科技教育出版社,1995.8.—91页;26cm
ISBN 7-5428-1117-7: ¥11.70

G613　011627
幼儿智力开发:彩画卡片/何建闽主编;刘青,孟繁聪绘图.—北京:金盾出版社,1995.11.—2盒;10cm
2~4岁用
ISBN 7-5082-0110-8: ¥13.00

G613　011628
幼儿智力训练:谜语、童话/涛桃编选;叶牧天,朱宝绘.—成都:四川少年儿童出版社,1995.10.—119页;

17×19cm.—(拼音读物)
ISBN 7-5365-1393-3: ¥12.00

G613　011629
幼儿智能训练与测试:0~3岁/王厥轩,董颖苓编写;罗新绘.—上海:少年儿童出版社,1995.12.—106页;17×19cm
ISBN 7-5324-2935-0: ¥9.50

G613　011630
幼儿智育画册:1~2岁:看图识字/梦茹,文静编文;谷品良,兰华绘.—沈阳:辽宁美术出版社,1995.6.—23页;17×19cm
ISBN 7-5314-1321-3: ¥2.20

G613　011631
幼儿智育画册:1~2岁:看图学儿歌/潘彩,若兰编文;路平等绘.—沈阳:辽宁美术出版社,1995.6.—23页;17×19cm
ISBN 7-5314-1324-8: ¥2.20

G613　011632
幼儿智育画册:1~2岁:趣味故事/王素编文;赵铁力等绘.—沈阳:辽宁美术出版社,1995.6.—23页;17×19cm
ISBN 7-5314-1323-X: ¥2.20

G613　011633
幼儿智育画册:3~4岁:看图识字/雅芬,静舒编文;李宝权等绘.—沈阳:辽宁美术出版社,1995.6.—23页;17×19cm
ISBN 7-5314-1325-6: ¥2.20

G613　011634
幼儿智育画册:3~4岁:看图学计算/潘彩,春颖编文;铁丽新等绘.—沈阳:辽宁美术出版社,1995.6.—23页;17×19cm
ISBN 7-5314-1326-4: ¥2.20

G613　011635
幼儿智育画册:3~4岁:趣味故事/秀时编文;刘丽非等绘.—沈阳:辽宁美术出版社,1995.6.—23页;17×19cm
ISBN 7-5314-1322-1: ¥2.20

G613　011636
幼儿智育画册:5~6岁:看图学拼音/陶然编文;王文雷等绘.—沈阳:辽宁美术出版社,1995.6.—23页;17×19cm
ISBN 7-5314-1329-9: ¥2.20

G613　011637
幼儿智育画册:5~6岁:日常生活训练/潘彩,春颖编文;杨丽慧等绘.—沈阳:辽宁美术出版社,1995.6.—23页;17×19cm
ISBN 7-5314-1327-2: ¥2.20

G613　011638
幼儿智育画册:5~6岁:智力功能训练/陶然编文;铁城等绘.—沈阳:辽宁美术出版社,1995.6.—23页;17×19cm
ISBN 7-5314-1328-0: ¥2.20

G613　011639
幼童三字经/鲁兵编;唐云辉,冀维静绘.—上海:少年儿童出版社,1995.11.—1册;19cm
ISBN 7-5324-2899-0: ¥4.80

G613　011640
云南省学前班课本教师用书　上册/裴康敏主编;云南省教委教研室编写.—昆明:晨光出版社,1995.6.—249页;26cm
ISBN 7-5414-1053-5: ¥7.50

G613　011641
云南省学前班课本教师用书　下册/云南省教委教研室编写.—昆明:晨光出版社,1995.12.—236页;26cm
ISBN 7-5414-1128-0: ¥9.90

G613　011642
知识画中错/王城伟编绘.—南昌:江西教育出版社,1995.6.—115页;26cm
ISBN 7-5392-1939-4(精装): ¥16.80

G613　011643
智慧乐园　(1)/小军,卢鹿鹿编绘.—北京:中国电影出版社,1995.6.—24页;21×19cm.—(聪明小天使练习丛书)
ISBN 7-106-00845-1: ¥2.50

G613　011644
智慧乐园　(2)/小军,卢鹿鹿编绘.—北京:中国电影出版社,1995.6.—24页;21×19cm.—(聪明小天使练习丛书)
ISBN 7-106-00845-1: ¥2.50

G613　011645
智慧乐园　(3)/小军,卢鹿鹿编绘.—北京:中国电影出版社,1995.6.—24页;21×19cm.—(聪明小天使练习丛书)
ISBN 7-106-00845-1: ¥2.50

G613　011646
智慧乐园　(4)/小军,卢鹿鹿编绘.—北京:中国电影出版社,1995.6.—24页;21×19cm.—(聪明小天使练习丛书)
ISBN 7-106-00845-1: ¥2.50

G613　011647
智力　下册/云南省教委教研室编写.—昆明:晨光出版社,1995.12.—24页;26cm
云南省学前班课本
ISBN 7-5414-1110-8: ¥2.70

G613　011648
中国古典文学名著《三国演义》大迷宫/殷梦等绘.—成都:四川少年儿童出版社,1995.11.—1册;29cm.—(大迷宫宝库丛书)
ISBN 7-5365-1488-3: ¥12.00

G613　011649
追捕大迷宫/郭川等绘.—成都:四川少年儿童出版社,1995.12.—1册;29cm.—(大迷宫宝库丛书)
ISBN 7-5365-1523-5: ¥12.00

G613　011650
捉迷藏/( )Ruth Heller编绘.—成都:四川少年儿童出版社,1995.8.—181页;19×17cm
ISBN 7-5365-1400-X(精装): ¥17.80

G613　011651
咪咪智力转盘/花家镛,陈有群编绘.—上海:汉语大词典出版社,1995.5.—4张;19×17cm
ISBN 7-5432-0157-7:¥10.00

G613-61　011652
新世纪儿童小百科/屠美如主编.—广州:新世纪出版社,1995.5.—60册;9×10cm
包括"植物园"等60册
ISBN 7-5405-1153-2:¥125.00

G613-64　011653
彩图儿童学习挂表/雨亭等编绘.—南宁:接力出版社,1995.6.—1张;53×38cm
ISBN 7-80581-039-7:¥18.00

G613.2　011654
10功能幼儿识字大全/阿茜,多木编文;肖鹏等绘.—北京:中国连环画出版社,1995.2.—2册;17×19cm
ISBN 7-5061-0616-7:¥21.60

G613.2　011655
365夜识字故事　(3)/朱彦主编;李璐蕾等编文;陈有群等绘.—上海:少年儿童出版社,1995.8.—62页;26cm
ISBN 7-5324-2659-2:¥8.80

G613.2　011656
3～4岁幼儿语言活动　上册/肖尔瞻编文;樊萍绘.—成都:四川少年儿童出版社,1995.9.—24页;17×19cm.—(幼儿教育目标与活动丛书)
ISBN 7-5365-1412-3:¥1.80

G613.2　011657
4～5岁幼儿语言活动　上册/曹世霞编文;樊萍绘.—成都:四川少年儿童出版社,1995.9.—24页;17×19cm.—(幼儿教育目标与活动丛书)
ISBN 7-5365-1416-6:¥1.80

G613.2　011658
5～6岁幼儿语言活动　上册/李克梅编文;樊萍绘.—成都:四川少年儿童出版社,1995.9.—24页;17×19cm.—(幼儿教育目标与活动丛书)
ISBN 7-5365-1456-5:¥1.80

G613.2　011659
99方阵幼儿快速识字法/莫伟成等编著.—北京:语文出版社,1995.10.—198页;26cm
ISBN 7-80126-029-5:¥38.00

G613.2　011660
Get Ready! **儿童英语**　第一册(下).—长春:吉林人民出版社;伦敦:牛津大学出版社,1995.3.—3册;26cm
包括"书写练习册"、"指导手册"
ISBN 7-206-02212-X:¥15.00

G613.2　011661
Good Morning, Mom:家庭英语情景对话/黄理平,王忠焕编写;王忠焕绘图.—上海:华东师范大学出版社,1995.10.—111页;17×19cm.—(三人世界小丛书)
ISBN 7-5617-1352-5:¥7.00

G613.2　011662
爱丽丝少儿英语中级教程/张一凯编著.—兰州:兰州大学出版社;甘肃音像出版社,1995.2.—183页;17×19cm.—(中国爱丽丝少儿英语教育中心系列教程)
ISBN 7-311-00632-5:¥8.20

G613.2　011663
宝宝看图识字大全:动物世界/王跃宇绘.—延吉:延边人民出版社,1995.4.—1册;13×19cm
ISBN 7-80599-167-7:¥2.32

G613.2　011664
宝宝看图识字大全:生活天地/王跃宇绘.—延吉:延边人民出版社,1995.4.—1册;13×19cm
ISBN 7-80599-167-7:¥2.32

G613.2　011665
宝宝看图识字大全:植物乐园/王跃宇绘.—延吉:延边人民出版社,1995.4.—1册;13×19cm
ISBN 7-80599-167-7:¥2.32

G613.2　011666
多功能看图识字/阿玲编文;张毅刚等绘.—兰州:甘肃少年儿童出版社,1995.5.—144页;17×19cm
ISBN 7-5422-1059-9:¥9.00

G613.2　011667
儿歌百首/杨惠芬编;吴播绘.—长春:吉林摄影出版社,1995.1.—56页;17×19cm
ISBN 7-80606-003-0:¥4.80

G613.2　011668
儿童儿歌集/李平编;黎明绘.—海口:海南摄影美术出版社,1995.3.—45页;17×19cm.—(多彩的世界儿童画库;1)
ISBN 7-80571-839-3:¥3.20

G613.2　011669
儿童儿歌集/李平编;黎明绘.—海口:海南摄影美术出版社,1995.3.—46页;17×19cm.—(多彩的世界儿童画库;2)
ISBN 7-80571-839-3:¥3.20

G613.2　011670
儿童看图识字写字　(2)/章萌编文;何润民,王娟绘.—西安:未来出版社,1995.6.—1册;17×19cm
ISBN 7-5417-1027-X:¥3.60

G613.2　011671
儿童看图识字学英语/龚常倩编著;黄鑫绘画.—北京:中国世界语出版社,1995.4.—90页;17×19cm
ISBN 7-5052-177-8:¥8.80

G613.2　011672
儿童看图学成语/高峰等编文;邹越非,钱生发绘.—南京:江苏美术出版社,1995.5.—46页;17×19cm.—(彩图系列丛书)
ISBN 7-5344-0463-0:¥3.99

G613.2　011673
儿童美语 ABC.—成都:四川科学技术出版社,1995.10.—64页;26cm
本书原出版者为台湾敦煌书局
ISBN 7-5364-3202-X:¥10.00

G613.2　011674
儿童绕口令动脑筋:儿童故事天地.—海口:海南摄影美术出版社,1995.12.—34页;16×18cm

ISBN 7－80571－683－8：¥3.70

G613.2　011675

儿童认拼音训练/范毅编；金谷绘.—合肥：安徽少年儿童出版社，1995.12.—48页；19cm

ISBN 7－5397－1302－X：¥2.00

G613.2　011676

儿童认字训练/于恩编；金谷绘.—合肥：安徽少年儿童出版社，1995.12.—48页；19cm

ISBN 7－5397－1303－8：¥2.00

G613.2　011677

儿童实用英语/苗文等编；田岭等绘.—青岛：青岛出版社，1995.7.—5册；26cm

ISBN 7－5436－1297－6：¥40.00

G613.2　011678

儿童学日语/张娅娜著；张若平绘.—北京：文津出版社，1995.8.—49页；26cm

ISBN 7－80554－291－0：¥7.00

G613.2　011679

儿童语言训练/梁海燕编文.—上海：少年儿童出版社，1995.—76页；19cm

附磁带2盒

(盒装)：¥0.00

G613.2　011680

汉英对照情景看图识字/顾卫亚，夏侯炳编文.—南昌：21世纪出版社，1995.10.—127页；26cm

ISBN 7－5391－0816－9：¥17.00

G613.2　011681

看图读古词　下册/余友信选编；班兆天等绘图.—北京：金盾出版社，1995.11.—50页；17×19cm

ISBN 7－5082－0123－X：¥5.00

G613.2　011682

看图拼音识字/明述编；李宝善等绘.—成都：四川少年儿童出版社，1995.10.—4册；13×12cm

ISBN 7　5365－1491－3：¥8.00

G613.2　011683

看图识词/宗锡编文；苏岩声等绘.—银川：宁夏少年儿童出版社，1995.10.—4册；17×19cm

ISBN 7－80620－019－3：¥8.20

G613.2　011684

看图识字/丞丞，邱冬编绘.—乌鲁木齐：新疆青少年出版社，1995.6.—1册；13×19cm.—(新编幼儿启蒙智力丛书)

ISBN 7－5371－2054－4：¥2.98

G613.2　011685

看图识字　(1)/陆绮云，简月华编文；邓以晃摄影.—广州：新世纪出版社，1995.12.—1册；15×13cm

ISBN 7－5405－1228－8：¥2.50

G613.2　011686

看图识字　(2)/陆绮云，简月华编文；梁烽摄影.—广州：新世纪出版社，1995.12.—1册；15×13cm

ISBN 7－5405－1230－X：¥2.50

G613.2　011687

看图识字　(A)/范勇编绘.—延吉：延边人民出版社，1995.6.—38页；15×13cm

ISBN 7－80599－157－X：¥2.20

G613.2　011688

看图识字　(B)/范勇编绘.—延吉：延边人民出版社，1995.6.—38页；15×13cm

ISBN 7－80599－157－X：¥2.20

G613.2　011689

看图识字　(C)/范勇编绘.—延吉：延边人民出版社，1995.6.—38页；15×13cm

ISBN 7－80599－157－X：¥2.20

G613.2　011690

看图识字　(上)/甘琳编著.—乌鲁木齐：新疆美术摄影出版社，1995.12.—32张；9×7cm.—(幼儿启蒙百科知识图卡)

ISBN 7－80547－359－5(盒装)：¥3.40

G613.2　011691

看图识字　(下)/甘琳编著.—乌鲁木齐：新疆美术摄影出版社，1995.12.—32张；9×7cm.—(幼儿启蒙百科知识图卡)

ISBN 7－80547－359－5(盒装)：¥3.40

G613.2　011692

看图识字：生活、科技、自然/戴惠康，景建一编文；沈晓明，王晓林绘.—昆明：云南科技出版社，1995.3.—48页；18×19cm

ISBN 7－5416－0560－3(精装)：¥12.50

G613.2　011693

看图识字猜谜语/丞丞，邱冬编绘.—乌鲁木齐：新疆青少年出版社，1995.6.—1册；13×19cm.—(新编幼儿启蒙智力丛书)

ISBN 7－5371－2054－4：¥2.98

G613.2　011694

看图识字大世界：兵器、交通工具：汉语、英文、拼音三对照/曲明，王久安编；布合等绘.—北京：中国少年儿童出版社，1995.4.—81页；15×13cm

ISBN 7－5007－2301－6：¥4.70

G613.2　011695

看图识字大世界：常识：汉语、英文、拼音三对照/王久安编；谈强等绘.—北京：中国少年儿童出版社，1995.4.—81页；15×13cm

ISBN 7－5007－2298－2：¥4.70

G613.2　011696

看图识字大世界：动物：汉语、英文、拼音三对照/王光信，王久安编；刘昌苓等绘.—北京：中国少年儿童出版社，1995.4.—80页；15×13cm

ISBN 7－5007－2296－6：¥4.70

G613.2　011697

看图识字大世界：工具、用具：汉语、英文、拼音三对照/王久安编；赵燕潮等绘.—北京：中国少年儿童出版社，1995.4.—81页；15×13cm

ISBN 7－5007－2300－8：¥4.70

G613.2　011698

看图识字大世界：用品：汉语、英文、拼音三对照/王久安编；沈云瑞等绘.—北京：中国少年儿童出版社，1995.4.—81页；15×13cm

ISBN 7－5007－2299－0：¥4.70

G613.2　011699
看图识字大世界:植物:汉语、英文、拼音三对照/王光信,王久安编;朱俊贤等绘.—北京:中国少年儿童出版社,1995.4.—81页;15×13cm
ISBN 7-5007-2297-4:¥4.70

G613.2　011700
看图识字讲故事/丞丞,邱冬编绘.—乌鲁木齐:新疆青少年出版社,1995.6.—48页;13×19cm.—(新编幼儿启蒙智力丛书)
ISBN 7-5371-2054-4:¥2.98

G613.2　011701
看图识字认动物/卞家华,张文娟编文;卞锐等绘.—石家庄:河北美术出版社,1995.4.—3册;17×19cm.—(幼儿知识画库)
ISBN 7-5310-0692-8:¥9.40

G613.2　011702
看图识字学儿歌/丞丞编绘.—乌鲁木齐:新疆青少年出版社,1995.6.—48页;13×19cm.—(新编幼儿启蒙智力丛书)
ISBN 7-5371-2054-4:¥2.98

G613.2　011703
看图识字学拼音/李新娟编文;高山,晓雷绘.—石家庄:河北美术出版社,1995.4.—1册;17×19cm.—(幼儿知识画库)
ISBN 7-5310-0694-4:¥3.60

G613.2　011704
看图识字学唐诗/丞丞,邱冬编绘.—乌鲁木齐:新疆青少年出版社,1995.6.—47页;13×19cm.—(新编幼儿启蒙智力丛书)
ISBN 7-5371-2054-4:¥2.98

G613.2　011705
看图说话/吴东淑,徐仁国编.—延吉:延边人民出版社,1995.12.—178页;13×19cm
ISBN 7-80599-275-4:¥12.50

G613.2　011706
看图说话　(下)/陈书林,邓萌编文;柴立青,朱朝阳绘.—杭州:浙江少年儿童出版社,1995.12.—36页;17×19cm
ISBN 7-5342-1291-X:¥2.90

G613.2　011707
看图学拼音　(上)/甘琳编著.—乌鲁木齐:新疆美术摄影出版社,1995.12.—32张;9×7cm.—(幼儿启蒙百科知识图卡)
ISBN 7-80547-359-5(盒装):¥3.40

G613.2　011708
看图学拼音　(下)/甘琳编著.—乌鲁木齐:新疆美术摄影出版社,1995.12.—32张;9×7cm.—(幼儿启蒙百科知识图卡)
ISBN 7-80547-359-5(盒装):¥3.40

G613.2　011709
快乐英语　第二册/吴悦心主编.—大连:辽宁师范大学出版社,1995.7.—39页;26cm
儿童英语初级教材
ISBN 7-81042-091-7:¥5.80

G613.2　011710
快乐英语　第一册/吴悦心主编.—大连:辽宁师范大学出版社,1995.7.—39页;26cm
儿童英语初级教材
ISBN 7-81042-091-7:¥5.80

G613.2　011711
妈妈教宝宝学/张平编文;林燕绘画.—哈尔滨:黑龙江美术出版社,1995.8.—58页;17×19cm
ISBN 7-5318-0302-X:¥4.60

G613.2　011712
妈妈教唐诗.—海口:海南摄影美术出版社,1995.9.—47页;13×19cm.—(小博士启蒙)
ISBN 7-80571-860-1:¥3.40

G613.2　011713
妈妈教我学拼音/李道翔编写;于昆绘.—上海:少年儿童出版社,1995.9.—1册;21×19cm
ISBN 7-5324-2719-6:¥5.00

G613.2　011714
妈妈教我学英语　(三)/刘连山主编.—沈阳:辽宁人民出版社,1995.5.—3册;26cm
ISBN 7-205-03287-3:¥17.50

G613.2　011715
拼音对话/潘卫编写;任鑫娣注音;王莹绘.—天津:天津人民美术出版社,1995.6.—62页;19cm.—(帮你学拼童画册)
ISBN 7-5305-0432-0:¥4.20

G613.2　011716
拼音识字/程逸汝编写;增仁,建荣绘.—天津:天津人民美术出版社,1995.6.—61页;19cm.—(帮你学拼童画册)
ISBN 7-5305-0492-4:¥4.20

G613.2　011717
拼音学话　(上)/云南省教委教研室编写;朱慧,文珠绘.—昆明:晨光出版社,1995.6.—44页;26cm
ISBN 7-5414-0988-X:¥3.70

G613.2　011718
拼音学话　(下)/云南省教委教研室编写.—昆明:晨光出版社,1995.12.—44页;26cm
ISBN 7-5414-1094-2:¥4.65

G613.2　011719
拼音游戏/程逸汝编写;凤岗,阿征绘.—天津:天津人民美术出版社,1995.6.—61页;19cm.—(帮你学拼音画册)
ISBN 7-5305-0493-2:¥4.20

G613.2　011720
齐齐学英语 Book 1 /广东外语师范学校编.—广州:广东人民出版社,1995.8.—56页;26cm
ISBN 7-218-01981-1:¥9.80

G613.2　011721
启蒙英语:低段 (上)/杨晓钰等编著.—重庆:重庆出版社,1995.12.—67页;26cm
ISBN 7-5366-3348-3:¥7.00

G613.2　011722
启蒙英语:低段 (下)/杨晓钰等编著.—重庆:重庆

出版社,1995.12.—65 页;26cm
ISBN 7-5366-3349-1:¥7.00

G613.2 011723
启蒙英语识字图典/张君编著;张松等绘.—武汉:湖北辞书出版社,1995.5.—223 页;19cm
ISBN 7-5403-0171-6:¥9.80

G613.2 011724
认动物、念儿歌/范文等绘.—杭州:浙江少年儿童出版社,1995.12.—1 套;10×7cm
ISBN 7-5342-1223-5:¥5.00

G613.2 011725
认认说说卡片 (1)/上海市地区托幼协会编;于超等绘.—上海:上海教育出版社,1995.8.—40 张;26cm
教师用
ISBN 7-5320-4556-0:¥28.00

G613.2 011726
认认说说卡片 (1)/上海市地区托幼协会编;于超等绘.—上海:上海教育出版社,1995.8.—40 张;11cm
幼儿用
ISBN 7-5320-4557-9:¥3.00

G613.2 011727
认认说说卡片 (2)/上海市地区托幼协会编;于超等绘.—上海:上海教育出版社,1995.8.—40 张;11cm
幼儿用
ISBN 7-5320-4583-8:¥3.00

G613.2 011728
认认说说卡片 (3)/上海市地区托幼协会编.—上海:上海教育出版社,1995.8.—40 张;11cm
幼儿用
ISBN 7-5320-4585-4:¥3.00

G613.2 011729
认认说说卡片 (4)/上海市地区托幼协会编;王晓明绘.—上海:上海教育出版社,1995.8.—40 张;11cm
幼儿用
ISBN 7-5320-4587-0:¥3.00

G613.2 011730
少儿英语娱乐天地/乐伟国著.—北京:水利电力出版社,1995.3.—358 页;13×18cm
ISBN 7-120-02201-6:¥15.00

G613.2 011731
识字卡片/新蕾出版社编辑.—天津:新蕾出版社,1995.5.—64 张;10×6cm
(盒装):¥3.30

G613.2 011732
识字乐园 第四册/张清霞等编;蹇人毅等绘.—贵阳:贵州教育出版社,1995.1.—196 页;19cm
ISBN 7-80583-622-1:¥3.20

G613.2 011733
双语看图识字/黄靖,张英编绘.—银川:宁夏少年儿童出版社,1995.5.—4 册;17×19cm
ISBN 7-80620-014-2:¥11.20

G613.2 011734
我们唱歌谣/筱叶选编;王萍,余春杭绘.—太原:希望出版社,1995.3.—25 页;26cm.—(彩图婴儿百科·第三辑/张连瑞主编)
ISBN 7-5379-1490-7:¥2.00

G613.2 011735
我们学说话/赵钟岷编文;马宁绘.—太原:希望出版社,1995.3.—25 页;26cm.—(彩图婴儿百科·第三辑/张连瑞主编)
ISBN 7-5379-1490-7:¥2.00

G613.2 011736
现代儿童英语 (二).—广州:广东教育出版社,1995.12.—44 页;26cm
ISBN 7-5406-3359-X:¥5.20

G613.2 011737
现代儿童英语 (三).—广州:广东教育出版社,1995.12.—44 页;26cm
ISBN 7-5406-3360-3:¥5.20

G613.2 011738
现代儿童英语 (四).—广州:广东教育出版社,1995.12.—44 页;26cm
ISBN 7-5406-3361-1:¥5.20

G613.2 011739
现代儿童英语 (一).—广州:广东教育出版社,1995.12.—44 页;26cm
ISBN 7-5406-3358-1:¥5.20

G613.2 011740
现代儿童英语 第三册/刘静和主编.—北京:科学出版社,1995.6.—183 页:插图;26cm
ISBN 7-03-004714-1:¥13.80

G613.2 011741
现代儿童英语:游戏 (二).—广州:广东教育出版社,1995.12.—24 页;26cm
ISBN 7-5406-3351-4:¥3.45

G613.2 011742
现代儿童英语:游戏 (三).—广州:广东教育出版社,1995.12.—24 页;26cm
ISBN 7-5406-3352-2:¥3.45

G613.2 011743
现代儿童英语:游戏 (四).—广州:广东教育出版社,1995.12.—24 页;26cm
ISBN 7-5406-3353-0:¥3.45

G613.2 011744
现代儿童英语:游戏 (一).—广州:广东教育出版社,1995.12.—24 页;26cm
ISBN 7-5406-3350-6:¥3.45

G613.2 011745
现代英语 ABC (二).—广州:广东教育出版社,1995.12.—32 页;26cm
ISBN 7-5406-3357-3:¥4.00

G613.2 011746
现代英语 ABC (一).—广州:广东教育出版社,1995.12.—32 页;26cm
ISBN 7-5406-3356-5:¥4.00

G613.2 011747
现代英语 ABC:游戏 (二).—广州:广东教育出版社,1995.12.—32 页;26cm

ISBN 7-5406-3355-7:¥3.00

G613.2　　011748

现代英语 ABC:游戏(一).—广州:广东教育出版社,1995.12.—32页;26cm

ISBN 7-5406-3354-9:¥3.00

G613.2　　011749

小百灵看图识字:0~1岁/晓丽等编文;李鸿明等绘.—石家庄:河北科学技术出版社,1995.1.—6册;10×9cm

ISBN 7-5375-1402-X:¥26.00

G613.2　　011750

小百灵看图识字:1~2岁/晓丽等编文;钱生发等绘.—石家庄:河北科学技术出版社,1995.1.—6册;10×9cm

ISBN 7-5375-1401-1:¥26.00

G613.2　　011751

小百灵看图识字:2~3岁/晓丽等编文;李鸿明等绘.—石家庄:河北科学技术出版社,1995.1.—6册;10×9cm

ISBN 7-5375-1400-3:¥26.00

G613.2　　011752

小博士英语:英、汉、朝对照　(1)/许成云著.—延吉:延边人民出版社,1995.2.—30页;19×26cm

ISBN 7-80599-230-4:¥4.20

G613.2　　011753

小灵光:宝宝英语听说/张盈主编.—上海:华东师范大学出版社,1995.10.—57页;19cm

ISBN 7-5617-1388-6:¥3.80

G613.2　　011754

小灵通学习卡片:1~4/德欣编文;正铭等绘.—济南:山东美术出版社,1995.12.—1套;6×9cm

ISBN 7-5330-0944-4(盒装):¥18.50

G613.2　　011755

小灵通学英语　上册/舒虹,陈亮编著.—厦门:鹭江出版社,1995.9.—51页;26cm

ISBN 7-80610-249-3:¥10.50

G613.2　　011756

小灵通学英语　中册/舒虹,陈亮编著.—厦门:鹭江出版社,1995.12.—51页;26cm

ISBN 7-80610-249-3:¥10.50

G613.2　　011757

新编宝宝歌谣　(1)/程宏明编选;李志国绘.—天津:天津人民美术出版社,1995.3.—1册;17×19cm

ISBN 7-5305-0473-8:¥1.80

G613.2　　011758

新编宝宝歌谣　(2)/程宏明编选;史征,严惠绘.—天津:天津人民美术出版社,1995.3.—1册;17×19cm

ISBN 7-5305-0469-X:¥1.80

G613.2　　011759

新编宝宝歌谣　(3)/程宏明编选;晓河,晨风绘.—天津:天津人民美术出版社,1995.3.—1册;17×19cm

ISBN 7-5305-0470-3:¥1.80

G613.2　　011760

新编宝宝歌谣　(4)/程宏明编选;马超,高捷绘.—天津:天津人民美术出版社,1995.3.—1册;17×19cm

ISBN 7-5305-0471-1:¥1.80

G613.2　　011761

新编宝宝歌谣　(5)/程宏明编选;殷金山绘.—天津:天津人民美术出版社,1995.3.—1册;17×19cm

ISBN 7-5305-0472-X:¥1.80

G613.2　　011762

新编宝宝歌谣　(6)/程宏明编选;增仁,建荣绘.—天津:天津人民美术出版社,1995.3.—1册;17×19cm

ISBN 7-5305-0441-X:¥1.80

G613.2　　011763

新编儿童英语入门　(二)/王义长编.—北京:宇航出版社,1995.8.—70页;26cm

中国科学院幼儿园英语教材

ISBN 7-80034-759-1:¥12.50

G613.2　　011764

新编儿童英语入门　(三)/王义长编.—北京:宇航出版社,1995.9.—82页;26cm

ISBN 7-80034-759-1:¥15.00

G613.2　　011765

新编儿童英语入门　(一)/王义长编.—北京:宇航出版社,1995.8.—64页;26cm

中国科学院幼儿园英语教材

ISBN 7-80034-759-1:¥11.50

G613.2　　011766

新编看图识字:花卉、昆虫类/言玉未丰编;陈铭,陈晓颖绘.—郑州:海燕出版社,1995.5.—32页;17×19cm

ISBN 7-5350-1191-8:¥2.25

G613.2　　011767

新编看图识字:鸟类/言玉未丰编;陈铭,陈晓颖绘.—郑州:海燕出版社,1995.5.—20页;17×19cm

ISBN 7-5350-1193-4:¥1.50

G613.2　　011768

新编看图识字:自然、瓜果类/言玉未丰编;陈铭,陈晓颖绘.—郑州:海燕出版社,1995.5.—20页;17×19cm

ISBN 7-5350-1190-X:¥1.50

G613.2　　011769

新编看图识字:综合类/言玉未丰编;陈铭,陈晓颖绘.—郑州:海燕出版社,1995.5.—32页;17×19cm

ISBN 7-5350-1194-2:¥2.25

G613.2　　011770

新编小天才看图识字卡　(2)/胡国成著.—海口:海南摄影美术出版社,1995.4.—40张;10×7cm

ISBN 7-80571-274-3(盒装):¥6.80

G613.2　　011771

新编小天才看图识字卡　(3)/胡国成著.—海口:海南摄影美术出版社,1995.4.—40张;10×7cm

ISBN 7-80571-274-3(盒装):¥6.80

G613.2　　011772

新编小天才看图识字卡　(4)/胡国成著.—海口:海南摄影美术出版社,1995.4.—40张;10×7cm

ISBN 7-80571-274-3(盒装):¥6.80

G613.2 011773
新编小天才看图识字卡 (5)/胡国成著.—海口:海南摄影美术出版社,1995.4.—40张;10×7cm
ISBN 7-80571-274-3(盒装):¥6.80

G613.2 011774
新编小天才看图识字卡 (6)/胡国成著.—海口:海南摄影美术出版社,1995.4.—40张;10×7cm
ISBN 7-80571-274-3(盒装):¥6.80

G613.2 011775
新编幼儿猜谜识字 (1)/肖青,肖立编文;兆年等绘.—福州:福建少年儿童出版社,1995.2.—64页;13×19cm
ISBN 7-5395-1115-X:¥3.80

G613.2 011776
新编幼儿识字卡 (3):汉英对照/鲁林编;郭华绘.—郑州:海燕出版社,1995.3.—25张;10×7cm
ISBN 7-5350-1118-7(盒装):¥2.00

G613.2 011777
新编幼儿识字卡 (5):汉英对照/鲁林编;郭华绘.—郑州:海燕出版社,1995.3.—25张;10×7cm
ISBN 7-5350-1189-6(盒装):¥2.00

G613.2 011778
新编幼儿识字卡:中英文对照/鲁林编.—郑州:海燕出版社,1995.3.—1盒;10cm
ISBN 7-5350-1119-5:¥2.00

G613.2 011779
新编幼儿识字卡:中英文对照/鲁林编.—郑州:海燕出版社,1995.3.—1盒;10cm
ISBN 7-5350-1116-0:¥2.00

G613.2 011780
学儿歌/胡诗云绘.—海口:海南摄影美术出版社,1995.9.—46页;13×19cm.—(小博士启蒙)
ISBN 7-80571-860-1:¥3.40

G613.2 011781
学拼音.—海口:海南摄影美术出版社,1995.9.—48页;13×19cm.—(小博士启蒙)
ISBN 7-80571-860-1:¥3.40

G613.2 011782
学前班语言练习册 下册/陕西省学前班课本编写组编.—修订版.—西安:未来出版社,1995.12.—32页;19cm
ISBN 7-5417-1139-X:¥0.95

G613.2 011783
学前儿童语言教育/祝士媛著.—北京:北京师范大学出版社,1995.11.—253页;19cm
新编学前教育专业系列教材
ISBN 7-303-04091-9:¥7.80

G613.2 011784
学唐诗/邱冬编绘.—通辽:内蒙古少年儿童出版社,1995.3.—44页;17×19cm.—(少儿智慧丛书)
ISBN 7-5312-0455-X:¥3.20

G613.2 011785
学语言:幼儿园大班 上册/商妮妮,赵刚红编著;黄芦健,皇剑绘.—2版.—南宁:接力出版社,1995.6.—46页;17×18cm
ISBN 7-80581-091-5:¥3.00

G613.2 011786
学语言:幼儿园大班 下册/广西学前教育教材编写组编.—2版.—南宁:接力出版社,1995.11.—46页;17×19cm
ISBN 7-80581-155-5:¥3.50

G613.2 011787
学语言:幼儿园小班 上册/覃瑞玲,蒋丽英编著;黄宗海,冯报新绘.—2版.—南宁:接力出版社,1995.6.—24页;17×18cm
ISBN 7-80581-089-3:¥1.50

G613.2 011788
学语言:幼儿园小班 下册/广西学前教育教材编写组编.—2版.—南宁:接力出版社,1995.11.—24页;17×19cm
ISBN 7-80581-157-1:¥1.75

G613.2 011789
学语言:幼儿园中班 上册/周燕军,谢建红编著;郑万林,乔舒绘.—2版.—南宁:接力出版社,1995.6.—46页;17×18cm
ISBN 7-80581-087-7:¥3.00

G613.2 011790
学语言:幼儿园中班 下册/广西学前教育教材编写组编.—2版.—南宁:接力出版社,1995.11.—46页;17×19cm
ISBN 7-80581-156-3:¥3.50

G613.2 011791
英语·幼教启示录/张锦帆,刘溶波著.—重庆:重庆出版社,1995.9.—174页;19cm.—(走向世界英语能力丛书)
ISBN 7-5366-3201-0:¥5.50

G613.2 011792
英语学步 (3)/顾立宁主编.—上海:华东理工大学出版社,1995.9.—183页;26cm
ISBN 7-5628-0607-1:¥19.00

G613.2 011793
婴幼儿识字百法/陈力平,陈玉枝著.—郑州:海燕出版社,1995.5.—183页;19cm
ISBN 7-5350-1271-X:¥4.50

G613.2 011794
有声儿童英语 (3A)/李中行编著;朱淑清配图.—上海:上海外语教育出版社,1995.9.—126页;26cm
ISBN 7-81046-045-5:¥15.00

G613.2 011795
幼儿拼音大世界/林阳等编文;张跃起等绘.—北京:中国连环画出版社,1995.5.—2册;17×19cm
ISBN 7-5061-0647-7(精装):¥27.00

G613.2 011796
幼儿拼音大世界/林阳等编文;张跃起等绘.—北京:中国连环画出版社,1995.5.—2册;17×19cm
ISBN 7-5061-0648-5:¥24.00

G613.2 011797
幼儿启蒙学语文/陈启东编;邱冬绘.—乌鲁木齐:新

疆青少年出版社,1995.12.—48页;19cm
幼儿园、学前班用
ISBN 7-5371-2087-0:￥3.60

G613.2　011798
幼儿学古诗/戴剑虹等编选;贾文涛等绘.—天津:天津人民美术出版社,1995.6.—128页;19cm
ISBN 7-5305-0477-0:￥4.60

G613.2　011799
幼儿学拼音/顺德君,李美芳编写;姜一鸣等绘.—修订本.—上海:上海教育出版社,1995.3.—96页;19×17cm
ISBN 7-5320-4058-5:￥5.30

G613.2　011800
幼儿语言练习　上册/《幼儿语言练习》编写组编.—厦门:鹭江出版社,1995.6.—48页;19cm
ISBN 7-80610-188-8:￥1.80

G613.2　011801
幼儿语言练习　下册/《幼儿语言练习》编写组编.—厦门:鹭江出版社,1995.12.—40页;19cm
ISBN 7-80610-188-8:￥1.80

G613.2　011802
幼儿字族文识字读本/鄢文俊主编.—北京:中共中央党校出版社;郑州:海燕出版社,1995.11.—54页;19cm.—(字族文识字法应用系列/鄢文俊主编)
ISBN 7-5350-1356-2:￥3.00

G613.2　011803
幼教英语/赵寄石主编.—苏州:苏州大学出版社,1995.11.—550页;20cm
江苏省中小学幼儿园教师自学考试系列教材
ISBN 7-81037-169-X:￥19.60

G613.2　011804
语言/王瑶祖主编;重庆市教育委员会编.—重庆:重庆出版社,1995.7.—114页;19cm
学前班教师用书
ISBN 7-5366-0684-2:￥2.30

G613.2　011805
语言　(上)/石青,王静主编;周晶编文;曹武亦,阿伊绘.—北京:教育科学出版社,1995.7.—36页;17×19cm
新编学前班教材 上册4本,总定价:10.00元
ISBN 7-5041-1486-3:￥0.00

G613.2　011806
语言　上册/陈玲玉,林丽冰编写.—2版.—福州:福建人民出版社,1995.5.—40页;19cm
福建省学前班幼儿用书
ISBN 7-211-02421-6:￥0.00

G613.2　011807
语言　上册/贵州省教育委员会编.—贵阳:贵州人民出版社,1995.8.—34页;17×19cm.—(学前班幼儿读物)
ISBN 7-221-03854-6:￥1.50

G613.2　011808
语言　上册/徐林玉编文;张学乾绘.—兰州:甘肃少年儿童出版社,1995.6.—36页;17×19cm.—(幼儿园启蒙读本)
ISBN 7-5422-1061-0:￥2.20

G613.2　011809
语言　下册/陈玲玉,林丽冰编写.—福州:福建人民出版社,1995.11.—40页;19cm
福建省学前班幼儿用书
ISBN 7-211-02561-1:￥0.00

G613.2　011810
语言　下册/云南省教委教研室编写.—昆明:晨光出版社,1995.12.—40页;26cm
云南省学前班课本
ISBN 7-5414-1105-1:￥4.25

G613.2　011811
语言:大班　下册/王文才主编;张卫华等绘.—南昌:21世纪出版社,1995.12.—34页;17×19cm
江西省幼儿教育教材
ISBN 7-5391-1015-5:￥2.20

G613.2　011812
语言:大班(上)/喻品娟,王静主编;颜杰华编文;周涧等绘.—北京:教育科学出版社,1995.7.—29页;17×19cm
新编幼儿园教材 大班上册4本,总定价:8.80元
ISBN 7-5041-1491-X:￥0.00

G613.2　011813
语言:大班(上)/《黑龙江省幼儿园儿童用书》编写组编.—哈尔滨:黑龙江少年儿童出版社,1995.7.—35页;17×19cm
黑龙江省幼儿园儿童用书
ISBN 7-5319-1310-0:￥1.20

G613.2　011814
语言:大班(下).—哈尔滨:黑龙江少年儿童出版社,1995.12.—31页;17×19cm
黑龙江省幼儿园儿童用书
ISBN 7-5319-1375-5:￥1.70

G613.2　011815
语言:小班　上册/郑奇等绘.—南昌:21世纪出版社,1995.7.—34页;17×19cm
江西省幼儿教育教材
ISBN 7-5391-0979-3:￥2.00

G613.2　011816
语言:小班　下册/王文才主编;应晓亮等绘.—南昌:21世纪出版社,1995.12.—34页;17×19cm
江西省幼儿教育教材
ISBN 7-5391-1017-1:￥2.20

G613.2　011817
语言:小班　下册/甘肃省教材编审室编.—兰州:甘肃少年儿童出版社,1995.11.—24页;17×19cm
幼儿园启蒙读本
ISBN 7-5422-1104-8:￥1.70

G613.2　011818
语言:小班(上)/《黑龙江省幼儿园儿童用书》编写组编.—哈尔滨:黑龙江少年儿童出版社,1995.7.—22页;17×19cm
黑龙江省幼儿园儿童用书

ISBN 7-5319-1305-4: ¥1.20

G613.2 **011819**

语言:小班(上)/喻品娟,王静主编;颜杰华编文;施洋,盛克森绘.—北京:教育科学出版社,1995.7.—29页;17×19cm

新编幼儿园教材 小班上册4本,总定价:8.80元

ISBN 7-5041-1489-8: ¥0.00

G613.2 **011820**

语言:小班(下).—哈尔滨:黑龙江少年儿童出版社,1995.3.—24页;17×19cm

黑龙江省幼儿园儿童用书

ISBN 7-5319-1268-6: ¥1.20

G613.2 **011821**

语言:中班　上册/王文才主编;丁秀南等编文.—南昌:21世纪出版社,1995.7.—34页;17×19cm

江西省幼儿教育教材

ISBN 7-5391-0973-4: ¥2.60

G613.2 **011822**

语言:中班　下册/王文才主编;马振江等绘.—南昌:21世纪出版社,1995.12.—34页;17×19cm

江西省幼儿教育教材

ISBN 7-5391-1016-3: ¥2.20

G613.2 **011823**

语言:中班(上)/王静主编;颜杰华编文;唐一静,刘姚绘.—北京:教育科学出版社,1995.7.—29页;17×19cm

新编幼儿园教材 中班上册共4本,总定价:8.80元

ISBN 7-5041-1490-1: ¥0.00

G613.2 **011824**

语言:中班(上)/《黑龙江省幼儿园儿童用书》编写组编.—哈尔滨:黑龙江少年儿童出版社,1995.7.—30页;17×19cm

黑龙江省幼儿园儿童用书

ISBN 7-5319-1315-1: ¥1.50

G613.2 **011825**

语言:中班(下).—哈尔滨:黑龙江少年儿童出版社,1995.11.—32页;17×19cm

黑龙江省幼儿园儿童用书

ISBN 7-5319-1364-X: ¥2.00

G613.2 **011826**

中英文识字卡片/梅莉编文;徐华令等绘.—杭州:浙江少年儿童出版社,1995.12.—2盒;9×6cm

ISBN 7-5342-1354-1(盒装): ¥20.00

G613.2 **011827**

猪小胖学作文/刘文嫡等编绘.—北京:京华出版社,1995.12.—6册;26cm

ISBN 7-80600-132-8: ¥18.00

G613.2 **011828**

最新看图识字　(上).—乌鲁木齐:新疆青少年出版社,1995.9.—1册;13×19cm

ISBN 7-5371-2071-4: ¥3.40

G613.2 **011829**

最新认字写字课本/徐悦编写.—上海:少年儿童出版社,1995.11.—134页;19cm

ISBN 7-5324-2862-1: ¥9.30

G613.2-64 **011830**

认认说说卡片　(2)/上海市地区托幼协会编;于超等绘.—上海:上海教育出版社,1995.8.—40张;26cm

教师用

ISBN 7-5320-4582-X: ¥28.00

G613.2-64 **011831**

认认说说卡片　(3)/上海市地区托幼协会编;于超等绘.—上海:上海教育出版社,1995.8.—40张;26cm

教师用

ISBN 7-5320-4584-6: ¥28.00

G613.2-64 **011832**

认认说说卡片　(4)/上海市地区托幼协会编;于超等绘.—上海:上海教育出版社,1995.8.—40张;26cm

教师用

ISBN 7-5320-4586-2: ¥28.00

G613.2-64 **011833**

英语字母教学卡片/小宇编文;翱子绘.—长沙:湖南少年儿童出版社,1995.12.—26张;26cm

ISBN 7-5358-1042-X: ¥7.00

G613.3 **011834**

1岁宝宝应知/陆星编;张兆年等绘.—天津:天津人民美术出版社,1995.6.—4册;17×19cm

ISBN 7-5305-0481-9: ¥8.80

G613.3 **011835**

2岁宝宝应知/陈玲编;张仿等绘.—天津:天津人民美术出版社,1995.6.—4册;17×19cm

ISBN 7-5305-0481-9: ¥8.80

G613.3 **011836**

3~4岁幼儿常识活动　上册/孙小琪编文;樊萍绘.—成都:四川少年儿童出版社,1995.9.—24页;17×19cm.—(幼儿教育目标与活动丛书)

ISBN 7-5365-1414-X: ¥1.80

G613.3 **011837**

3岁宝宝应知/方圆编;王达等绘.—天津:天津人民美术出版社,1995.6.—4册;17×19cm

ISBN 7-5305-0483-5: ¥8.80

G613.3 **011838**

4~5岁幼儿常识活动　上册/张玉林等编文;樊萍绘.—成都:四川少年儿童出版社,1995.9.—24页;17×19cm.—(幼儿教育目标与活动丛书)

ISBN 7-5365-1418-2: ¥1.80

G613.3 **011839**

5~6岁幼儿常识活动　上册/邱泰编文;樊萍绘.—成都:四川少年儿童出版社,1995.9.—24页;17×19cm.—(幼儿教育目标与活动丛书)

ISBN 7-5365-1458-1: ¥1.80

G613.3 **011840**

爱我浦东/李忠主编.—上海:华东理工大学出版社,1995.12.—40页;17×19cm

ISBN 7-5628-0627-6: ¥3.30

G613.3 **011841**

保护自己/苗丁编.—上海:上海教育出版社,1995.5.—1册;13×12cm

ISBN 7-5320-4232-4: ¥1.10

G613.3　011842

保健　上册/杨静编文;赵国丽绘.—兰州:甘肃少年儿童出版社,1995.6.—36页;17×19cm.—(幼儿园启蒙读本)

ISBN 7-5422-1062-9: ¥2.20

G613.3　011843

保健:大班　下册/甘肃省教材编审室编.—兰州:甘肃少年儿童出版社,1995.11.—36页;17×19cm

幼儿园启蒙读本

ISBN 7-5422-1098-X: ¥2.50

G613.3　011844

保健:小班　下册/甘肃省教材编审室编.—兰州:甘肃少年儿童出版社,1995.11.—24页;17×19cm

幼儿园启蒙读本

ISBN 7-5422-1106-4: ¥1.70

G613.3　011845

保健:中班　下册/甘肃省教材编审室编.—兰州:甘肃少年儿童出版社,1995.11.—24页;17×19cm

幼儿园启蒙读本

ISBN 7-5422-1102-1: ¥1.70

G613.3　011846

宝宝动物园　(2)/巢扬编文;王铁城绘.—北京:北京少年儿童出版社,1995.1.—10册;15×13cm

本套书包括《袋鼠的好办法》、《小猴种玉米》、《小老鼠救金鱼》等10册。

ISBN 7-5301-0510-8: ¥8.50

G613.3　011847

宝宝动物园　(3)/巢扬编文;胡基明绘.—北京:北京少年儿童出版社,1995.1.—10册;15×13cm

包括《小鸭捉鱼》、《骄傲的老鹰》、《聪明的乌龟》等10册。

ISBN 7-5301-0511-6: ¥8.50

G613.3　011848

宝宝故事会　(二)/胡霜编文;陈咏等绘.—广州:岭南美术出版社,1995.4.—24页;17×19cm

ISBN 7-5362-1202-X: ¥2.80

G613.3　011849

宝宝故事会　(三)/梁嘉瑜改编;何挺进等绘.—广州:岭南美术出版社,1995.4.—24页;17×19cm

ISBN 7-5362-1203-8: ¥2.80

G613.3　011850

宝宝认祖国/卢人,梁言编文;巴惠明等绘.—南昌:21世纪出版社,1995.10.—168页;17×19cm

ISBN 7-5391-0827-4(精装): ¥18.00

G613.3　011851

宝宝听故事长知识:1~3岁/冯秀芳,芜羿主编;许淑英等编文;姜书典,晓东绘.—2版.—郑州:海燕出版社,1995.3.—106页;17×19cm

ISBN 7-5350-1105-5(精装): ¥10.00

G613.3　011852

被拍卖的小行星/陆正华编文;黄辉绘.—上海:上海科技教育出版社,1995.1.—1册;19×17cm.—(儿童礼品丛书)

ISBN 7-5428-0976-8: ¥2.90

G613.3　011853

鼻孔的故事/(日)柳生弦一郎编绘.—北京:中国少年儿童出版社,1995.5.—28页;21×18cm

ISBN 7-5007-2518-3: ¥4.20

G613.3　011854

玻璃杯/(日)谷川俊太郎编;(日)今村昌昭摄.—北京:中国少年儿童出版社,1995.5.—23页;21×18cm

ISBN 7-5007-2505-1: ¥3.80

G613.3　011855

常识　(上)/石青,王静主编;邹敏,石涧编文;唐国文等绘.—北京:教育科学出版社,1995.7.—36页;17×19cm

新编学前班教材 上册4本,总定价:10.00元

ISBN 7-5041-1486-3: ¥0.00

G613.3　011856

常识　上册/郑则云编写;朱宇南,张龙翔绘.—福州:福建人民出版社,1995.4.—40页;19cm

福建省学前班幼儿用书

ISBN 7-211-02421-6: ¥0.00

G613.3　011857

常识　上册/贵州省教育委员会编.—贵阳:贵州人民出版社,1995.8.—34页;17×19cm.—(学前班幼儿读物)

ISBN 7-221-03856-2: ¥1.50

G613.3　011858

常识　上册/甘肃省教材编审室编.—兰州:甘肃少年儿童出版社,1995.6.—36页;17×19cm

幼儿园启蒙读本

ISBN 7-5422-1064-5: ¥2.20

G613.3　011859

常识　下册/郑则云等编写.—福州:福建人民出版社,1995.10.—40页;19cm

福建省学前班幼儿用书

ISBN 7-211-02561-1: ¥0.00

G613.3　011860

常识　下册/云南省教委教研室编写.—昆明:晨光出版社,1995.12.—27页;26cm

云南省学前班课本

ISBN 7-5414-1096-9: ¥3.10

G613.3　011861

常识:大班　上册/王文才主编;丁秀南等编文.—南昌:21世纪出版社,1995.7.—34页;17×19cm

江西省幼儿教育教材

ISBN 7-5391-0969-6: ¥2.60

G613.3　011862

常识:大班　下册/王文才主编;彭树平绘.—南昌:21世纪出版社,1995.12.—34页;17×19cm

江西省幼儿教育教材

ISBN 7-5391-1024-4: ¥2.20

G613.3　011863

常识:大班(上)/喻品娟,王静主编;张定然,周鸿儒编文;杨敦仪等绘.—北京:教育科学出版社,1995.7.—29页;17×19cm

新编幼儿园教材 大班上册共4本,总定价:8.80元
ISBN 7-5041-1491-X:¥0.00

G613.3 011864
常识:大班(上)/《黑龙江省幼儿园儿童用书》编写组编.—哈尔滨:黑龙江少年儿童出版社,1995.7.—24页;17×19cm
黑龙江省幼儿园儿童用书
ISBN 7-5319-1307-0:¥1.20

G613.3 011865
常识:大班(下).—哈尔滨:黑龙江少年儿童出版社,1995.12.—24页;17×19cm
黑龙江省幼儿园儿童用书
ISBN 7-5319-1372-0:¥1.30

G613.3 011866
常识:小班 下册/甘肃省教材编审室编.—兰州:甘肃少年儿童出版社,1995.11.—24页;17×19cm
幼儿园启蒙读本
ISBN 7-5422-1103-X:¥1.70

G613.3 011867
常识:小班 下册/王文才主编;喻江云绘.—南昌:21世纪出版社,1995.12.—34页;17×19cm
江西省幼儿教育教材
ISBN 7-5391-1026-0:¥2.20

G613.3 011868
常识:小班(下).—哈尔滨:黑龙江少年儿童出版社,1995.3.—24页;17×19cm
黑龙江省幼儿园儿童用书
ISBN 7-5319-1272-4:¥1.20

G613.3 011869
常识:小班(上)/《黑龙江省幼儿园儿童用书》编写组编.—哈尔滨:黑龙江少年儿童出版社,1995.7.—24页;17×19cm
黑龙江省幼儿园儿童用书
ISBN 7-5319-1302-X:¥1.20

G613.3 011870
常识:小班(上)/喻品娟,王静主编;刘德信编文;蒋啸镝,唐一净绘.—北京:教育科学出版社,1995.7.—29页;17×19cm
新编幼儿园教材 小班上册共4本,总定价:8.80元
ISBN 7-5041-1489-8:¥0.00

G613.3 011871
常识:中班 上册/王文才主编;丁秀南等编文.—南昌:21世纪出版社,1995.7.—34页;17×19cm
江西省幼儿教育教材
ISBN 7-5391-0975-0:¥2.60

G613.3 011872
常识:中班 下册/丁秀南等编文;汪春瑞绘.—南昌:21世纪出版社,1995.12.—34页;17×19cm
江西省幼儿教育教材
ISBN 7-5391-1025-2:¥2.60

G613.3 011873
常识:中班(上)/王静主编;张定然,周鸿儒编文;石青等绘.—北京:教育科学出版社,1995.7.—29页;17×19cm
新编幼儿园教材;中班上册共4本,总定价:8.80元
ISBN 7-5041-1490-1:¥0.00

G613.3 011874
常识:中班(上)/《黑龙江省幼儿园儿童用书》编写组编.—哈尔滨:黑龙江少年儿童出版社,1995.7.—24页;17×19cm
黑龙江省幼儿园儿童用书
ISBN 7-5319-1313-5:¥1.20

G613.3 011875
常识:中班(下).—哈尔滨:黑龙江少年儿童出版社,1995.11.—20页;17×19cm
黑龙江省幼儿园儿童用书
ISBN 7-5319-1368-2:¥1.30

G613.3 011876
常用的物品/赵钟岷,筱叶编文;宫奇珍,吴木绘.—太原:希望出版社,1995.3.—25页;26cm.—(彩图婴儿百科·第二辑/张连瑞主编)
ISBN 7-5379-1489-3:¥2.00

G613.3 011877
长颈鹿/( )林编文;( )安德森摄影.—北京:商务印书馆国际有限公司,1995.12.—21页;20×20cm.—(看看我是怎样长大的)
著者原题:玛丽·林,彼得·安德森
ISBN 7-80103-067-2(精装):¥13.80

G613.3 011878
大家来大便/(日)五味太郎编绘.—北京:中国少年儿童出版社,1995.5.—28页;21×19cm.—(中国少年儿童出版社精选世界优秀科学图画书)
ISBN 7-5007-2507-8:¥4.20

G613.3 011879
到外面走一走/赵钟岷编文;王药药绘.—太原:希望出版社,1995.3.—25页;26cm.—(彩图婴儿百科·第一辑/张连瑞主编)
ISBN 7-5379-1488-5:¥2.00

G613.3 011880
动动小脑筋/孙冰,赵钟岷编文;程思新绘.—太原:希望出版社,1995.3.—25页;26cm.—(彩图婴儿百科·第二辑/张连瑞主编)
ISBN 7-5379-1489-3:¥2.00

G613.3 011881
动物世界 (二)/王伟,张青绘;李少白配诗.—长沙:湖南少年儿童出版社,1995.3.—1册;19cm.—(星星立体书)
ISBN 7-5358-1003-9(精装):¥13.50

G613.3 011882
动物世界 (三)/王伟,张青绘;李少白配诗.—长沙:湖南少年儿童出版社,1995.3.—1册;19cm.—(星星立体书)
ISBN 7-5358-1003-9(精装):¥13.50

G613.3 011883
动物世界 (四)/王伟,张青绘;李少白配诗.—长沙:湖南少年儿童出版社,1995.3.—1册;19cm.—(星星立体书)
ISBN 7-5358-1003-9(精装):¥13.50

G613.3　011884
动物世界　(一)/王伟,张青绘;李少白配诗.—长沙:湖南少年儿童出版社,1995.3.—1册;19cm.—(星星立体书)
ISBN 7-5358-1003-9(精装):¥13.50

G613.3　011885
动物童话精选/何青绘.—海口:海南摄影美术出版社,1995.1.—35页;17×19cm.—(儿童益智故事丛书)
ISBN 7-80571-824-5:¥3.20

G613.3　011886
儿童的疑问:说不完的为什么:图画本　第五集/汤振华,蔡字征编文;费嘉等绘.—福州:福建少年儿童出版社,1995.6.—159页;26cm
ISBN 7-5395-0996-1(精装):¥26.00

G613.3　011887
儿童的疑问:说不完的为什么:图画本　第五集/汤振华,蔡字征编文;费嘉等绘.—福州:福建少年儿童出版社,1995.6.—159页;26cm
ISBN 7-5395-0996-1:¥19.00

G613.3　011888
儿童故事精选/何青绘.—海口:海南摄影美术出版社,1995.1.—35页;17×19cm.—(儿童益智故事丛书)
ISBN 7-80571-824-5:¥3.20

G613.3　011889
儿童看图学寓言/高峰等编文,钱生发,邹越非绘.—南京:江苏美术出版社,1995.4.—46页;17×19cm.—(彩图系列丛书)
ISBN 7-5344-0462-2:¥3.99

G613.3　011890
儿童科技启蒙教育/蒋放主编.—南京:南京师范大学出版社,1995.10.—111页;19×17cm
ISBN 7-81047-026-4:¥4.90

G613.3　011891
儿童科学启蒙画丛/王培堃编画.—贵阳:贵州人民出版社,1995.8.—4册;17×19cm
本套书包括:动物从哪里来等4册
ISBN 7-221-02986-5:¥6.60

G613.3　011892
发给外星人的名片/韩王荣编文;陆汝浩,双水绘.—上海:上海科技教育出版社,1995.1.—1册;19×17cm.—(儿童礼品丛书)
ISBN 7-5428-1074-6:¥2.90

G613.3　011893
发给外星人的名片/韩王荣编文;陆汝浩,双水绘.—上海:上海科技教育出版社,1995.1.—1册;19×17cm.—(儿童礼品丛书)
ISBN 7-5428-1014-6:¥2.90

G613.3　011894
放屁/(日)长新太编绘.—北京:中国少年儿童出版社,1995.5.—27页;21×18cm
ISBN 7-5007-2509-4:¥4.20

G613.3　011895
工具/(日)加古里子编绘.—北京:中国少年儿童出版社,1995.5.—23页;21×18cm
ISBN 7-5007-2510-8:¥3.80

G613.3　011896
骨头/(日)堀内诚一编绘.—北京:中国少年儿童出版社,1995.5.—24页;21×18cm
ISBN 7-5007-2508-6:¥3.80

G613.3　011897
红老鼠和蓝老鼠/朱庆坪文;王鸣泉绘.—杭州:浙江少年儿童出版社,1995.12.—1册;17×19cm
ISBN 7-5342-1185-9:¥5.70

G613.3　011898
狐狸/( )林编文;( )伯顿摄影.—北京:商务印书馆国际有限公司,1995.12.—21页;20×20cm.—(看看我是怎样长大的)
著者原题:玛丽·林,简·伯顿
ISBN 7-80103-068-0(精装):¥13.80

G613.3　011899
会唱歌的沙子/郁慧芳编文;马坚,马小康绘.—上海:上海科技教育出版社,1995.1.—1册;19×17cm.—(儿童礼品丛书)
ISBN 7-5428-0940-7:¥2.90

G613.3　011900
活动的"天梯"/李名慈编文;马坚等绘.—上海:上海科技教育出版社,1995.1.—1册;19×17cm.—(儿童礼品丛书)
ISBN 7-5428-1003-0:¥2.90

G613.3　011901
讲故事 学思维:小班/李忠忱编著;申继章绘.—北京:教育科学出版社,1995.11.—30页;17×19cm
ISBN 7-5041-1551-7:¥3.20

G613.3　011902
脚丫子的故事/(日)柳生弦一郎编绘.—北京:中国少年儿童出版社,1995.5.—28页;21×18cm
ISBN 7-5007-2514-0:¥4.20

G613.3　011903
开动脑筋急转弯　(1)/蒲秀娟编文;张卫疆绘.—西宁:青海人民出版社,1995.12.—94页;19cm
ISBN 7-225-01115-4:¥3.00

G613.3　011904
开动脑筋急转弯　(2)/蒲秀娟编文;张卫疆绘.—西宁:青海人民出版社,1995.12.—94页;19cm
ISBN 7-225-01115-4:¥3.00

G613.3　011905
开动脑筋急转弯　(3)/蒲秀娟编文;张卫疆绘.—西宁:青海人民出版社,1995.12.—94页;19cm
ISBN 7-225-01115-4:¥3.00

G613.3　011906
开动脑筋急转弯　(4)/蒲秀娟编文;张卫疆绘.—西宁:青海人民出版社,1995.12.—94页;19cm
ISBN 7-225-01115-4:¥3.00

G613.3　011907
看图猜谜讲故事/许焕岗,李恩甫编文;高晓燕,张云志绘.—石家庄:河北美术出版社,1995.4.—2册;17×19cm.—(幼儿知识画库)
ISBN 7-5310-0693-6:¥5.90

G613.3 011908

看图识物 (1)/陆绮云,简月华编文;邓以晃摄影.—广州:新世纪出版社,1995.12.—1 册;15×13cm

ISBN 7-5405-1232-6:¥2.50

G613.3 011909

看图识物 (2)/陆绮云,简月华编文;梁烽,范晓勤摄影.—广州:新世纪出版社,1995.12.—1 册;15×13cm

ISBN 7-5405-1233-4:¥2.50

G613.3 011910

看图说故事/孙冰,赵钟岷编文;冯哲强,张俊生绘.—太原:希望出版社,1995.3.—25 页;26cm.—(彩图婴儿百科·第三辑/张连瑞主编)

ISBN 7-5379-1490-7:¥2.00

G613.3 011911

垦区好娃娃:大班/贺忠,刘丽新主编.—哈尔滨:黑龙江少年儿童出版社,1995.9.—24 页;17×19cm

幼儿爱家乡系列教育读本

ISBN 7-5319-1341-0:¥2.10

G613.3 011912

垦区好娃娃:学前班/贺忠,刘丽新主编.—哈尔滨:黑龙江少年儿童出版社,1995.9.—32 页;17×19cm

幼儿爱家乡系列教育读本

ISBN 7-5319-1339-9:¥2.00

G613.3 011913

垦区好娃娃:中班/贺忠,刘丽新主编.—哈尔滨:黑龙江少年儿童出版社,1995.9.—24 页;17×19cm

幼儿爱家乡系列教育读本

ISBN 7-5319-1340-2:¥2.10

G613.3 011914

空中的巴黎城/陆正华编文;王厚家绘.—上海:上海科技教育出版社,1995.1.—1 册;19×17cm.—(儿童礼品丛书)

ISBN 7-5428-1035-9:¥2.90

G613.3 011915

垃圾哪里去了? /(日)中野弘隆编绘.—北京:中国少年儿童出版社,1995.5.—28 页;21×18cm

ISBN 7-5007-2512-4:¥4.20

G613.3 011916

老鼠/( )罗伊斯顿编文;( )瓦茨摄影.—北京:商务印书馆国际有限公司,1995.12.—21 页;20×20cm.—(看看我是怎样长大的)

著者原题:安吉拉·罗伊斯顿,巴里·瓦茨

ISBN 7-80103-057-5(精装):¥13.80

G613.3 011917

蚂蚁/(日)小林勇编绘.—北京:中国少年儿童出版社,1995.5.—24 页;21×18cm

ISBN 7-5007-2516-7:¥3.80

G613.3 011918

猫头鹰/( )林编文;( )泰勒摄影.—北京:商务印书馆国际有限公司,1995.12.—21 页;20×20cm.—(看看我是怎样长大的)

著者原题:玛丽·林,基姆·泰勒

ISBN 7-80103-062-1(精装):¥13.80

G613.3 011919

培养幼儿好习惯:画册/李鸣主编.—南京:江苏教育出版社,1995.10.—86 页;17×19cm

ISBN 7-5343-2116-6:¥2.80

G613.3 011920

蒲公英/(日)平山和子编绘.—北京:中国少年儿童出版社,1995.5.—24 页;21×18cm

ISBN 7-5007-2504-3:¥3.80

G613.3 011921

奇妙的大自然/赵钟岷编文;张昭济绘.—太原:希望出版社,1995.3.—25 页;26cm.—(彩图婴儿百科·第一辑/张连瑞主编)

ISBN 7-5379-1488-5:¥2.00

G613.3 011922

奇妙的尾巴/(日)川田健编;薮内正幸绘.—北京:中国少年儿童出版社,1995.5.—23 页;21×18cm

ISBN 7-5007-2506-X:¥3.80

G613.3 011923

奇特的海底世界/郁慧芳编文;蒋松涛,蒋峥绘.—上海:上海科技教育出版社,1995.1.—1 册;19×17cm.—(儿童礼品丛书)

ISBN 7-5428-1023-5:¥2.90

G613.3 011924

企鹅/( )林编文;( )弗莱彻摄影.—北京:商务印书馆国际有限公司,1995.12.—21 页;20×20cm.—(看看我是怎样长大的)

著者原题:玛丽·林,内尔·弗莱彻

ISBN 7-80103-061-3(精装):¥13.80

G613.3 011925

青蛙/( )罗伊斯顿编文;( )泰勒,( )伯顿摄影.—北京:商务印书馆国际有限公司,1995.12.—21 页;20×20cm.—(看看我是怎样长大的)

著者原题:安吉拉·罗伊斯,基姆·泰勒,简·伯顿

ISBN 7-80103-069-9(精装):¥13.80

G613.3 011926

认识交通工具和动物/孙冰,赵钟岷编文;张连瑞,艾同绘.—太原:希望出版社,1995.3.—25 页;26cm.—(彩图婴儿百科·第一辑/张连瑞主编)

ISBN 7-5379-1488-5:¥2.00

G613.3 011927

认识水果和蔬菜/孙冰,赵钟岷编文;冯哲青,代华绘.—太原:希望出版社,1995.3.—25 页;26cm.—(彩图婴儿百科·第一辑/张连瑞主编)

ISBN 7-5379-1488-5:¥2.00

G613.3 011928

认一认 比一比/孙冰,赵钟岷编文;王晓明绘.—太原:希望出版社,1995.3.—25 页;26cm.—(彩图婴儿百科·第三辑/张连瑞主编)

ISBN 7-5379-1490-7:¥2.00

G613.3 011929

三只金刚猫:彩图本/李华编文;蓝空绘.—重庆:重庆出版社,1995.4.—91 页;17×19cm

ISBN 7-5366-3079-4:¥5.35

G613.3 011930

神秘的"水下幽灵"/昭游编文;戎学强绘.—上海:上海科技教育出版社,1995.1.—1册;19×17cm.—(儿童礼品丛书)
ISBN 7-5428-1016-2:¥2.90

G613.3　011931
生活　下册/云南省教委教研室编写.—昆明:晨光出版社,1995.12.—24页;26cm
云南省学前班课本
ISBN 7-5414-1086-1:¥2.70

G613.3　011932
手和手指头/(日)堀内诚一编绘.—北京:中国少年儿童出版社,1995.5.—24页;21×18cm
ISBN 7-5007-2515-9:¥3.80

G613.3　011933
娃娃常识乐园　(上)/邵黎柳等绘.—上海:少年儿童出版社,1995.10.—25张;19×26cm
ISBN 7-5324-2437-5:¥5.00

G613.3　011934
娃娃常识乐园　(下)/邵黎柳等绘.—上海:少年儿童出版社,1995.10.—25张;19×26cm
ISBN 7-5324-2439-1:¥5.00

G613.3　011935
娃娃常识乐园　(中)/邵黎柳等绘.—上海:少年儿童出版社,1995.10.—25张;19×26cm
ISBN 7-5324-2438-3:¥5.00

G613.3　011936
娃娃看动物:猪、牛、兔、马、羊、狗、猫和骆驼/盛如梅,郭瑛瑛主编;中国福利会儿童时代社编.—上海:上海科学普及出版社,1995.3.—1册;17×18cm
ISBN 7-5427-0968-2(精装):¥12.00

G613.3　011937
我们的身体/赵钟岷编文;王晓明绘.—太原:希望出版社,1995.3.—25页;26cm.—(彩图婴儿百科·第二辑/张连瑞主编)
ISBN 7-5379-1489-3:¥2.00

G613.3　011938
我们的头脑/(日)高桥悠治编文;柳生弦一郎绘.—北京:中国少年儿童出版社,1995.5.—28页;21×19cm.—(中国少年儿童出版社精选世界优秀科学图画书)
ISBN 7-5007-2511-6:¥4.20

G613.3　011939
我是好娃娃/赵钟岷编文;陶文杰,陶敬国绘.—太原:希望出版社,1995.3.—25页;26cm.—(彩图婴儿百科·第二辑/张连瑞主编)
ISBN 7-5379-1489-3:¥2.00

G613.3　011940
小博士画册:注音看图识果菜/黄海舟,郭金才编.—兰州:甘肃教育出版社,1995.—1册;17×19cm
ISBN 7-5423-0525-5:¥4.85

G613.3　011941
小博士画册:注音看图识建筑/黄海舟,郭金才编.—兰州:甘肃教育出版社,1995.—1册;17×19cm
ISBN 7-5423-0525-5:¥4.85

G613.3　011942
小博士画册:注音看图识名车/黄海舟,郭金才编.—兰州:甘肃教育出版社,1995.—1册;17×19cm
ISBN 7-5423-0525-5:¥4.85

G613.3　011943
小博士画册:注音看图识武器/黄海舟,郭金才编.—兰州:甘肃教育出版社,1995.—1册;17×19cm
ISBN 7-5423-0525-5:¥4.85

G613.3　011944
小狗/( )罗伊斯顿编文;( )伯顿摄影.—北京:商务印书馆国际有限公司,1995.12.—21页;20×20cm.—(看看我是怎样长大的)
著者原题:安吉拉·罗伊斯顿,简·伯顿
ISBN 7-80103-064-8(精装):¥13.80

G613.3　011945
小鸡/( )罗伊斯顿编文;( )伯顿摄影.—北京:商务印书馆国际有限公司,1995.12.—21页;20×20cm.—(看看我是怎样长大的)
著者原题:安吉拉·罗伊斯顿,简·伯顿
ISBN 7-80103-066-4(精装):¥13.80

G613.3　011946
小马/( )林编文;( )克莱顿摄影.—北京:商务印书馆国际有限公司,1995.12.—21页;20×20cm.—(看看我是怎样长大的)
著者原题:玛丽·林,登·克莱顿
ISBN 7-80103-054-0(精装):¥13.80

G613.3　011947
小猫/( )罗伊斯顿编文;( )伯顿摄影.—北京:商务印书馆国际有限公司,1995.12.—21页;20×20cm.—(看看我是怎样长大的)
著者原题:安吉拉·罗伊斯顿,简·伯顿
ISBN 7-80103-060-5(精装):¥13.80

G613.3　011948
小牛/( )林编文;( )克莱顿摄影.—北京:商务印书馆国际有限公司,1995.12.—21页;20×20cm.—(看看我是怎样长大的)
著者原题:玛丽·林,戈登·克莱顿
ISBN 7-80103-055-9(精装):¥13.80

G613.3　011949
小兔/( )罗伊斯顿编文;( )瓦茨摄影.—北京:商务印书馆国际有限公司,1995.12.—21页;20×20cm.—(看看我是怎样长大的)
著者原题:安吉拉·罗伊斯顿,巴里·瓦茨
ISBN 7-80103-058-3(精装):¥13.80

G613.3　011950
小鸭/( )罗伊斯顿编文;( )瓦茨摄影.—北京:商务印书馆国际有限公司,1995.12.—21页;20×20cm.—(看看我是怎样长大的)
著者原题:安吉拉·罗伊斯顿,巴里·瓦茨
ISBN 7-80103-059-1(精装):¥13.80

G613.3　011951
小羊/( )罗伊斯顿编文;( )克莱顿摄影.—北京:商务印书馆国际有限公司,1995.12.—21页;20×20cm.—(看看我是怎样长大的)

著者原题:安吉拉·罗伊斯顿,戈登·克莱顿
ISBN 7-80103-063-X(精装):¥13.80

G613.3 011952
小猪/( )林编文;( )林摄影.—北京:商务印书馆国际有限公司,1995.12.—21页;20×20cm.—(看看我是怎样长大的)
著者原题:玛丽·林,比尔·林
ISBN 7-80103-056-7(精装):¥13.80

G613.3 011953
行为习惯 下册/郑则云,宋跃华编写;张兆年绘.—福州:福建人民出版社,1995.11.—40页;19cm
福建省学前班幼儿用书
ISBN 7-211-02561-1:¥0.00

G613.3 011954
学常识/钱德慈,王继芬编.—天津:新蕾出版社,1995.8.—64页;19cm.—(好孩子爱学习丛书)
ISBN 7-5307-1667-0:¥1.70

G613.3 011955
学常识:幼儿园大班 上册/陈碧玲,张江玲编著;黄菁,金湘龙绘.—2版.—南宁:接力出版社,1995.6.—46页;17×18cm
ISBN 7-80581-068-0:¥3.00

G613.3 011956
学常识:幼儿园大班 下册/广西学前教育教材编写组编.—2版.—南宁:接力出版社,1995.11.—46页;17×19cm
ISBN 7-80581-004-4:¥3.50

G613.3 011957
学常识:幼儿园小班 上册/朱蔓莉,杨玲编著;郑万林,乔舒绘.—2版.—南宁:接力出版社,1995.6.—22页;17×18cm
ISBN 7-80581-073-7:¥1.50

G613.3 011958
学常识:幼儿园小班 下册/广西学前教育教材编写组编.—2版.—南宁:接力出版社,1995.11.—22页;17×19cm
ISBN 7-80581-006-0:¥1.75

G613.3 011959
学常识:幼儿园中班 上册/广西学前教育教材编写组编.—2版.—南宁:接力出版社,1995.6.—46页;17×19cm
ISBN 7-80581-072-9:¥3.00

G613.3 011960
学常识:幼儿园中班 下册 /广西学前教育教材编写组编.—2版.—南宁:接力出版社,1995.11.—46页;17×19cm
ISBN 7-80581-005-2:¥3.50

G613.3 011961
血的故事/(日)堀内诚一编绘.—北京:中国少年儿童出版社,1995.5.—24页;21×18cm
ISBN 7-5007-2513-2:¥3.80

G613.3 011962
牙齿的故事/(日)加古里子编绘.—北京:中国少年儿童出版社,1995.5.—23页;21×18cm
ISBN 7-5007-2524-8:¥3.80

G613.3 011963
眼睛的故事/(日)堀内诚一编绘.—北京:中国少年儿童出版社,1995.5.—28页;21×18cm
ISBN 7-5007-2517-5:¥4.20

G613.3 011964
婴儿大世界:胆大的蚂蚁/陈若雯编文;覃黎东,林力力绘.—北京:中国少年儿童出版社,1995.8.—20页;21×19cm.—(宝宝问世必读)
ISBN 7-5007-2430-6:¥3.30

G613.3 011965
婴儿大世界:风雨魔术师/石琳芝编文;郝惠芬绘.—北京:中国少年儿童出版社,1995.8.—20页;21×19cm.—(宝宝问世必读)
ISBN 7-5007-2424-1:¥3.30

G613.3 011966
婴儿大世界:花狗去旅行/王凯波编文;罗青,姬维敏绘.—北京:中国少年儿童出版社,1995.8.—20页;21×19cm.—(宝宝问世必读)
ISBN 7-5007-2429-2:¥3.30

G613.3 011967
婴儿大世界:甜房子/毕娜编文;罗青,毛新宇绘.—北京:中国少年儿童出版社,1995.8.—20页;21×19cm.—(宝宝问世必读)
ISBN 7-5007-2433-0:¥3.30

G613.3 011968
婴儿大世界:香袝袝/徐德霞编文;计红梅绘.—北京:中国少年儿童出版社,1995.8.—20页;21×19cm.—(宝宝问世必读)
ISBN 7-5007-2426-8:¥3.30

G613.3 011969
婴儿大世界:想妈妈/高蕾编文;信东绘.—北京:中国少年儿童出版社,1995.8.—20页;21×19cm.—(宝宝问世必读)
ISBN 7-5007-2427-6:¥3.30

G613.3 011970
婴儿大世界:小刺猬大黑熊/金益编文;杨永青绘.—北京:中国少年儿童出版社,1995.8.—20页;21×19cm.—(宝宝问世必读)
ISBN 7-5007-2432-2:¥3.30

G613.3 011971
婴儿大世界:小松鼠作客/王卉编文;罗青绘.—北京:中国少年儿童出版社,1995.8.—20页;21×19cm.—(宝宝问世必读)
ISBN 7-5007-2428-4:¥3.30

G613.3 011972
婴儿大世界:一个奇怪的鸡蛋/葛冰编文;吴银妮绘. 北京:中国少年儿童出版社,1995.8.—20页;21×19cm.—(宝宝问世必读)
ISBN 7-5007-2425-X:¥3.30

G613.3 011973
婴儿大世界:找月亮/徐寒梅编文;杨欣欣绘.—北京:中国少年儿童出版社,1995.8.—20页;21×19cm.—(宝宝问世必读)

ISBN 7-5007-2431-4: ¥3.30

G613.3　011974

游一游动物园　(1).—南宁:接力出版社,1995.8.—1张;77×53cm.—(接力挂图世界)

¥2.50

G613.3　011975

游一游动物园　(2).—南宁:接力出版社,1995.8.—1张;77×53cm.—(接力挂图世界)

¥2.50

G613.3　011976

游泳/(日)中野弘隆编绘.—北京:中国少年儿童出版社,1995.5.—28页;21×19cm.—(中国少年儿童出版社精选世界优秀科学图画书)

ISBN 7-5007-2519-1: ¥4.20

G613.3　011977

幼儿科学小实验:大班/刘莹主编;劳望,焦士和绘.—济南:明天出版社,1995.10.—60页;17×19cm

ISBN 7-5332-2315-2: ¥4.00

G613.3　011978

幼儿科学小实验:学前班/刘莹主编;张悦霞等绘.—济南:明天出版社,1995.10.—60页;17×19cm

ISBN 7-5332-2316-0: ¥4.00

G613.3　011979

幼儿科学小实验:中班/刘莹主编;张悦霞等绘.—济南:明天出版社,1995.10.—60页;17×19cm

ISBN 7-5332-2314-4: ¥4.00

G613.3　011980

幼儿拼图讲故事/陈苗海,邓萌编文,马骏等绘.—上海:上海科技教育出版社,1995.8.—104页;26cm

ISBN 7-5428-1174-6: ¥15.40

G613.3　011981

幼儿认识自然和社会/姚伟编著.—长春:东北师范大学出版社,1995.1.—178页;20cm.—(吉林省幼儿教师幼教专科自学考试系列丛书/何艳茹等主编)

ISBN 7-5602-1575-0: ¥5.20

G613.3　011982

幼儿思维训练画册　(二)/邢少颖,欣宏编写;陈信和等绘.—太原:希望出版社,1995.4.—38页;19×21cm

ISBN 7-5379-1553-9: ¥2.95

G613.3　011983

幼儿思维训练画册　(三)/邢少颖,欣宏编写;张恩光等绘.—太原:希望出版社,1995.4.—38页;19×21cm

ISBN 7-5379-1554-7: ¥2.95

G613.3　011984

幼儿思维训练画册　(一)/邢少颖,欣宏编写;方力等绘.—太原:希望出版社,1995.4.—38页;19×21cm

ISBN 7-5379-1552-0: ¥2.95

G613.3　011985

幼儿益智故事　(1):动物篇/陶野编文;温泉源等绘.—杭州:浙江人民美术出版社,1995.4.—1册;19×17cm

ISBN 7-5340-0568-X: ¥11.00

G613.3　011986

幼儿益智故事　(2):动物篇/陶野编文;温泉源等绘.—杭州:浙江人民美术出版社,1995.4.—1册;19×17cm

ISBN 7-5340-0569-8: ¥11.00

G613.3　011987

幼儿自我保护/戚庆珍主编.—长春:吉林人民出版社,1995.8.—166页;19cm

ISBN 7-206-02287-1: ¥6.50

G613.3　011988

雨靴里的麻雀/(日)横内襄编绘.—北京:中国少年儿童出版社,1995.5.—28页;21×18cm

ISBN 7-5007-2525-6: ¥4.20

G613.3　011989

着凉/(日)毛利子来编;(日)堀内诚一绘.—北京:中国少年儿童出版社,1995.5.—28页;21×18cm

ISBN 7-5007-2523-X: ¥4.20

G613.3　011990

自己的事自己做　(1)/高燕编;陆路绘.—广州:岭南美术出版社,1995.1.—1册;17×19cm

ISBN 7-5362-1116-3: ¥1.80

G613.3　011991

自己的事自己做　(2)/高燕编;陆路绘.—广州:岭南美术出版社,1995.1.—1册;17×19cm

ISBN 7-5362-1117-1: ¥1.80

G613.3　011992

自己的事自己做　(3)/高燕编;陆路绘.—广州:岭南美术出版社,1995.1.—1册;17×19cm

ISBN 7-5362-1118-X: ¥1.80

G613.4　011993

3~4岁幼儿数学活动　上册/陈金蓉编文;樊萍绘.—成都:四川少年儿童出版社,1995.9.—24页;17×19cm.—(幼儿教育目标与活动丛书)

ISBN 7-5365-1413-1: ¥1.80

G613.4　011994

4~5岁幼儿数学活动　上册/苏德萍编文;樊萍绘.—成都:四川少年儿童出版社,1995.9.—24页;17×19cm.—(幼儿教育目标与活动丛书)

ISBN 7-5365-1417-4: ¥1.80

G613.4　011995

5~6岁幼儿数学活动　上册/罗兴蓉等主编;樊萍绘.—成都:四川少年儿童出版社,1995.9.—24页;17×19cm.—(幼儿教育目标与活动丛书)

ISBN 7-5365-1457-3: ¥1.80

G613.4　011996

儿童认数训练/王振芳编;金谷绘.—合肥:安徽少年儿童出版社,1995.12.—48页;19cm

ISBN 7-5397-1301-1: ¥2.00

G613.4　011997

儿童心珠算:初级/王卫达编著.—武汉:武汉出版社,1995.10.—201页;19×26cm

ISBN 7-5430-1409-2: ¥12.80

G613.4　011998

计算　(上)/石青,王静主编;张惠元,张小玲编文;

曹瑛,颜明绘.—北京:教育科学出版社,1995.7.—36页;17×19cm
新编学前班教材 上册4本,总定价10.00元
ISBN 7-5041-1486-3:¥0.00

G613.4 011999
计算 上册/陈永敏,叶卫华编写;杨一鸿,郭巧红绘.—福州:福建人民出版社,1995.5.—40页;19cm
福建省学前班幼儿用书
ISBN 7-211-02421-6:¥0.00

G613.4 012000
计算 下册/王素月等编写.—福州:福建人民出版社,1995.11.—40页;19cm
福建省学前班幼儿用书
ISBN 7-211-02561-1:¥0.00

G613.4 012001
计算:大班 下册/王文才主编;涂梦华等绘.—南昌:21世纪出版社,1995.12.—34页;17×19cm
江西省幼儿教育教材
ISBN 7-5391-1018-X:¥2.20

G613.4 012002
计算:大班(上)/喻品娟,王静主编;张慧元编文;李衡岳绘.—北京:教育科学出版社,1995.7.—29页;17×19cm
新编幼儿园教材 大班上册共4本,总定价:8.80元
ISBN 7-5041-1491-X:¥0.00

G613.4 012003
计算:大班(上)/《黑龙江省幼儿园儿童用书》编写组编.—哈尔滨:黑龙江少年儿童出版社,1995.7.—24页;17×19cm
黑龙江省幼儿园儿童用书
ISBN 7-5319-1308-9:¥1.20

G613.4 012004
计算:大班(下).—哈尔滨:黑龙江少年儿童出版社,1995.12.—24页;17×19cm
黑龙江省幼儿园儿童用书
ISBN 7-5319-1374-7:¥1.30

G613.4 012005
计算:小班 上册/王文才主编;丁秀南等编文.—南昌:21世纪出版社,1995.7.—34页;17×19cm
江西省幼儿教育教材
ISBN 7-5391-0980-7:¥2.60

G613.4 012006
计算:小班 下册/王文才主编;毛加农等绘.—南昌:21世纪出版社,1995.12.—34页;17×19cm
江西省幼儿教育教材
ISBN 7-5391-1020-1:¥2.20

G613.4 012007
计算:小班(下).—哈尔滨:黑龙江少年儿童出版社,1995.3.—16页;17×19cm
黑龙江省幼儿园儿童用书
ISBN 7-5319-1269-4:¥1.00

G613.4 012008
计算:小班(上)/《黑龙江省幼儿园儿童用书》编写组编.—哈尔滨:黑龙江少年儿童出版社,1995.7.—16页;17×19cm
黑龙江省幼儿园儿童用书
ISBN 7-5319-1304-6:¥1.00

G613.4 012009
计算:小班(上)/喻品娟,王静主编;张慧元编文;曹瑛等绘.—北京:教育科学出版社,1995.7.—29页;17×19cm
新编幼儿园教材 小班上册共4本,总定价8.80元
ISBN 7-5041-1489-8:¥0.00

G613.4 012010
计算:中班 上册/王文才主编;丁秀南等编文.—南昌:21世纪出版社,1995.7.—34页;17×19cm
江西省幼儿教育教材
ISBN 7-5391-0974-2:¥2.60

G613.4 012011
计算:中班 下册/王文才主编;石肖生等绘.—南昌:21世纪出版社,1995.12.—34页;17×19cm
江西省幼儿教育教材
ISBN 7-5391-1019-8:¥2.20

G613.4 012012
计算:中班(上)/《黑龙江省幼儿园儿童用书》编写组编.—哈尔滨:黑龙江少年儿童出版社,1995.7.—24页;17×19cm
黑龙江省幼儿园儿童用书
ISBN 7-5319-1312-7:¥1.20

G613.4 012013
计算:中班(上)/王静主编;张慧元编文;孔凡智绘.—北京:教育科学出版社,1995.7.—29页;17×19cm
新编幼儿园教材 中班上册共4本,总定价8.80元
ISBN 7-5041-1490-1:¥0.00

G613.4 012014
计算:中班(下).—哈尔滨:黑龙江少年儿童出版社,1995.11.—36页;17×19cm
黑龙江省幼儿园儿童用书
ISBN 7-5319-1365-8:¥2.00

G613.4 012015
看图计算 (A)/范勇编绘.—延吉:延边人民出版社,1995.6.—37页;15×13cm
ISBN 7-80599-157-X:¥2.20

G613.4 012016
看图计算 (B)/范勇编绘.—延吉:延边人民出版社,1995.6.—38页;15×13cm
ISBN 7-80599-157-X:¥2.20

G613.4 012017
看图学数 (1)/陆绮云,简月华编文;廖爱霞摄影.—广州:新世纪出版社,1995.12.—38页;15×13cm
ISBN 7-5405-1229-6:¥2.50

G613.4 012018
看图学数 (2)/陆绮云,简月华编文;陈泳绘.—广州:新世纪出版社,1995.12.—37页;15×13cm
ISBN 7-5405-1231-8:¥2.50

G613.4 012019
数 下册/云南省教委教研室编写.—昆明:晨光出

版社,1995.12.—32 页;26cm
云南省学前班课本
ISBN 7-5414-1115-9:¥3.50

G613.4 012020
数学　上册/贵州省教育委员会编.—贵阳:贵州人民出版社,1995.8.—34 页;17×19cm.—(学前班幼儿读物)
ISBN 7-221-03855-4:¥1.50

G613.4 012021
数学　上册/甘肃省教材编审室编.—兰州:甘肃少年儿童出版社,1995.6.—36 页;17×19cm
幼儿园启蒙读本
ISBN 7-5422-1063-7:¥2.20

G613.4 012022
数学:小班　下册/甘肃省教材编审室编.—兰州:甘肃少年儿童出版社,1995.11.—24 页;17×19cm
幼儿园启蒙读本
ISBN 7-5422-1105-6:¥1.70

G613.4 012023
数学插板教案/张莳,邹吉城著.—长春:北方妇女儿童出版社,1995.8.—196 页;20cm
ISBN 7-5385-1079-6:¥7.80

G613.4 012024
数学智能趣题:4~5 岁/刘忠连等编著;苑久等绘.—沈阳:辽宁美术出版社,1995.12.—94 页;17×19cm
ISBN 7-5314-1306-X:¥8.00

G613.4 012025
数学智能趣题:5~6 岁/刘忠连等编著;文雷等绘.—沈阳:辽宁美术出版社,1995.12.—94 页;17×19cm
ISBN 7-5314-1307-8:¥8.00

G613.4 012026
算算看/(日)松井纪子编绘.—北京:中国少年儿童出版社,1995.5.—23 页;21×18cm
ISBN 7-5007-2522-1:¥3.80

G613.4 012027
娃娃看图学电脑/李学军编文;陶力民等绘.—北京:同心出版社,1995.9.—120 页;17×19cm
ISBN 7-80593-120-8:¥18.00

G613.4 012028
我们学数数/赵钟岷,筱叶编文;杨美华绘.—太原:希望出版社,1995.3.—25 页;26cm.—(彩图婴儿百科·第三辑/张连瑞主编)
ISBN 7-5379-1490-7:¥2.00

G613.4 012029
小聪明做数学 365 天/李士健编著.—上海:上海科学技术出版社,1995.5.—290 页;14×16cm
ISBN 7-5323-3621-2:¥10.50

G613.4 012030
新编看图学数　(1)/吾安编;承平绘.—合肥:安徽少年儿童出版社,1995.9.—1 册;15*13cm
ISBN 7-5397-1170-1:¥1.80

G613.4 012031
新编看图学数　(2)/吾安编;金谷绘.—合肥:安徽少年儿童出版社,1995.9.—1 册;15*13cm
ISBN 7-5397-1174-4:¥1.80

G613.4 012032
新编看图学数　(3)/吾安编;子龙绘.—合肥:安徽少年儿童出版社,1995.9.—1 册;15*13cm
ISBN 7-5397-1175-2:¥2.40

G613.4 012033
新编幼儿趣味数学:加法/《幼儿趣味数学》编写组编.—广州:岭南美术出版社,1995.11.—1 册;26cm
适合 5~7 岁
ISBN 7-5362-1316-6:¥8.80

G613.4 012034
新编幼儿趣味数学:减法/《幼儿趣味数学》编写组编.—广州:岭南美术出版社,1995.11.—1 册;26cm
适合 5~7 岁
ISBN 7-5362-1317-4:¥8.80

G613.4 012035
学龄前看图计算课本/林森等编文;杨沛等绘.—石家庄:河北美术出版社,1995.3.—4 册;19cm
ISBN 7-5310-0685-5:¥12.80

G613.4 012036
学前儿童图解算术/江苏少年儿童出版社编.—3 版.—南京:江苏少年儿童出版社,1995.5.—32 页;19cm
ISBN 7-5346-1263-2:¥1.20

G613.4 012037
学前儿童图解算术练习册/江苏少年儿童出版社编.—3 版.—南京:江苏少年儿童出版社,1995.5.—32 页;19cm
ISBN 7-5346-1262-4:¥1.20

G613.4 012038
学数学:幼儿园大班　上册/陈玉萍,王爱武编著;欧阳荆山绘 .—2 版.—南宁:接力出版社,1995.7.—46 页;17×18cm
ISBN 7-80581-071-0:¥3.00

G613.4 012039
学数学:幼儿园大班　下册/广西学前教育教材编写组编.—2 版.—南宁:接力出版社,1995.12.—46 页;17×19cm
ISBN 7-80581-001-X:¥3.50

G613.4 012040
学数学:幼儿园小班　上册/黄青,程兆蕙编著;唐智华绘.—2 版.—南宁:接力出版社,1995.6.—22 页;17×18cm
ISBN 7-80581-069-9:¥1.50

G613.4 012041
学数学:幼儿园小班　下册/广西学前教育教材编写组编.—2 版.—南宁:接力出版社,1995.11.—24 页;17×19cm
ISBN 7-80581-003-6:¥1.75

G613.4 012042
学数学:幼儿园中班　上册/陆上明,邓晓丽编著;黄芦健,皇剑绘 .—2 版.—南宁:接力出版社,1995.6.—

46页;17×18cm
ISBN 7-80581-070-2: ¥3.00

G613.4 **012043**
学数学:幼儿园中班　下册/广西学前教育教材编写组编.—2版.—南宁:接力出版社,1995.12.—46页;17×19cm
ISBN 7-80581-002-8: ¥3.50

G613.4 **012044**
学算卡片/新蕾出版社编辑.—天津:新蕾出版社,1995.7.—64张;9×6cm
(盒装): ¥3.30

G613.4 **012045**
学算术/毛琳选编;郭兴贤绘.—海口:海南摄影美术出版社,1995.8.—48页;13×19cm.—(小博士启蒙)
适用于0~6岁
ISBN 7-80571-860-1: ¥3.40

G613.4 **012046**
学学算算　上册/宁夏回族自治区教育厅普教处编.—银川:宁夏人民教育出版社,1995.8.—36页;17×19cm
试用本
ISBN 7-80596-147-6: ¥2.20

G613.4 **012047**
幼儿计数/王鸿林编.—郑州:海燕出版社,1995.5.—49页;17×19cm
幼儿启蒙教材 学前辅导读物
ISBN 7-5350-1188-8: ¥3.50

G613.4 **012048**
幼儿计算练习　上册/《幼儿计算练习》编写组编.—厦门:鹭江出版社,1995.6.—32页;19cm
ISBN 7-80610-189-6: ¥1.45

G613.4 **012049**
幼儿计算练习　下册/《幼儿计算练习》编写组编.—厦门:鹭江出版社,1995.12.—32页;19cm
ISBN 7-80610-189-6: ¥1.50

G613.4 **012050**
幼儿看图学算术:大班·中班·小班/松春等编文;陈天等绘.—北京:中国连环画出版社,1995.3.—1册;17×19cm
ISBN 7-5061-0641-8: ¥8.50

G613.4 **012051**
幼儿启蒙学数学/陈启东编;邱冬绘.—乌鲁木齐:新疆青少年出版社,1995.12.—48页;19cm
幼儿园、学前班用
ISBN 7-5371-2087-0: ¥3.60

G613.4 **012052**
幼儿趣味学数:3~7岁/陈敏,应健敏编绘.—杭州:西泠印社,1995.1.—192页;17×19cm.　(幼儿启蒙读物)
ISBN 7-80517-163-7: ¥16.00

G613.4 **012053**
幼儿趣味学数:大班　上册/陆绮云,简月华编.—广州:新世纪出版社,1995.4.—40页;26cm
ISBN 7-5405-1154-0: ¥5.50

G613.4 **012054**
幼儿趣味学数:大班　下册/陆绮云,简月华编.—广州:新世纪出版社,1995.4.—52页;26cm
ISBN 7-5405-1155-9: ¥6.90

G613.4 **012055**
幼儿趣味学数:小班　下册/陆绮云,简月华编.—广州:新世纪出版社,1995.4.—32页;26cm
ISBN 7-5405-1159-1: ¥4.40

G613.4 **012056**
幼儿趣味学数:中班　上册/陆绮云,简月华编.—广州:新世纪出版社,1995.4.—34页;26cm
ISBN 7-5405-1156-7: ¥4.50

G613.4 **012057**
幼儿趣味学数:中班　下册/陆绮云,简月华编.—广州:新世纪出版社,1995.4.—26页;26cm
ISBN 7-5405-1157-5: ¥4.00

G613.4 **012058**
幼儿日常生活中的数学教育/秦海之主编;北京市宣武区实验幼儿园编著.—北京:科学出版社,1995.8.—198页;19cm
ISBN 7-03-004939-X: ¥6.50

G613.4 **012059**
幼儿识数/王鸿林编.—郑州:海燕出版社,1995.5.—30页;17×19cm
幼儿启蒙教材 学前辅导读物
ISBN 7-5350-1186-1: ¥2.30

G613.4 **012060**
幼儿数数/王鸿林编.—郑州:海燕出版社,1995.5.—30页;17×19cm
幼儿启蒙教材 学前辅导读物
ISBN 7-5350-1187-X: ¥2.30

G613.4 **012061**
幼儿数学　第10册:中班上学期　第2册/黎诶文编著.—广州:广东旅游出版社,1995.9.—24页;26cm.—(综合构建法幼儿潜能开发丛书/赵宋光主编)
幼儿与家长用书
ISBN 7-80521-504-9: ¥5.50

G613.4 **012062**
幼儿数学　第11册:中班上学期　第3册/黎诶文编著.—广州:广东旅游出版社,1995.9.—24页;26cm.—(综合构建法幼儿潜能开发丛书/赵宋光主编)
幼儿与家长用书
ISBN 7-80521-504-9: ¥5.50

G613.4 **012063**
幼儿数学　第12册:中班上学期　第4册/黎诶文编著.—广州:广东旅游出版社,1995.9.—24页;26cm.—(综合构建法幼儿潜能开发丛书/赵宋光主编)
幼儿与家长用书
ISBN 7-80521-504-9: ¥5.50

G613.4 **012064**
幼儿数学　第13册:中班下学期　第1册/黎诶文编著.—广州:广东旅游出版社,1995.9.—24页;26cm.—(综合构建法幼儿潜能开发丛书/赵宋光主编)
幼儿与家长用书

ISBN 7－80521－504－9：¥5.50

G613.4 **012065**

幼儿数学　第14册：中班下学期　第2册/黎诚文编著.—广州：广东旅游出版社，1995.9.—24页；26cm.—(综合构建法幼儿潜能开发丛书/赵宋光主编)

幼儿与家长用书

ISBN 7－80521－504－9：¥5.50

G613.4 **012066**

幼儿数学　第15册：中班下学期　第3册/黎诚文编著.—广州：广东旅游出版社，1995.9.—24页；26cm.—(综合构建法幼儿潜能开发丛书/赵宋光主编)

幼儿与家长用书

ISBN 7－80521－504－9：¥5.50

G613.4 **012067**

幼儿数学　第16册：中班下学期　第4册/黎诚文编著.—广州：广东旅游出版社，1995.9.—24页；26cm.—(综合构建法幼儿潜能开发丛书/赵宋光主编)

幼儿与家长用书

ISBN 7－80521－504－9：¥5.50

G613.4 **012068**

幼儿数学　第9册：中班上学期　第1册/黎诚文编著.—广州：广东旅游出版社，1995.9.—24页；26cm.—(综合构建法幼儿潜能开发丛书/赵宋光主编)

幼儿与家长用书

ISBN 7－80521－504－9：¥5.50

G613.4 **012069**

幼儿数学教育/曹能秀著.—昆明：云南大学出版社，1995.10.—212页；19cm

ISBN 7－81025－597－5：¥8.00

G613.4 **012070**

幼儿学算数表.—延吉：东北朝鲜民族教育出版社，1995.2.—1张；77×53cm

ISBN 7－5437－2154－6：¥4.00

G613.5 **012071**

妈妈教我学唱歌/邵黎柳写；王国庆画.—上海：少年儿童出版社，1995.8.—1册；21×19cm

ISBN 7－5324－1700－X：¥5.00

G613.5 **012072**

音乐：大班　上册/黄国芳等绘.—南昌：21世纪出版社，1995.7.—34页；17×19cm

江西省幼儿教育教材

ISBN 7－5391－0972－6：¥1.40

G613.5 **012073**

音乐：大班　下册/王文才主编；肖生等绘.—南昌：21世纪出版社，1995.12.—34页；17×19cm

江西省幼儿教育教材

ISBN 7－5391－1030－9：¥2.00

G613.5 **012074**

音乐：小班　上册/王文才主编；丁秀南等编文.—南昌：21世纪出版社，1995.7.—34页；17×19cm

江西省幼儿教育教材

ISBN 7－5391－0983－1：¥2.30

G613.5 **012075**

音乐：小班　下册/王文才主编；黄国芳等绘.—南昌：21世纪出版社，1995.12.—34页；17×19cm

江西省幼儿教育教材

ISBN 7－5391－1032－5：¥2.00

G613.5 **012076**

音乐：中班　上册/王文才主编；丁秀南等编文.—南昌：21世纪出版社，1995.7.—34页；17×19cm

江西省幼儿教育教材

ISBN 7－5391－0978－5：¥2.30

G613.5 **012077**

音乐：中班　下册/王文才主编；刘林昀等绘.—南昌：21世纪出版社，1995.12.—34页；17×19cm

江西省幼儿教育教材

ISBN 7－5391－1031－7：¥2.00

G613.5 **012078**

音乐小世界精选/崔启珊，沈世雄选编.—上海：上海教育出版社，1995.12.—110页；19×23cm

ISBN 7－5320－4533－1：¥12.00

G613.5 **012079**

幼儿园音乐教育活动/许卓娅主编.—北京：人民音乐出版社，1995.12.—435页；20cm

ISBN 7－103－01303－9：¥21.20

G613.6 **012080**

100天当画家/谢永康等编画.—上海：少年儿童出版社，1995.9.—100页；26cm

最新儿童自学绘画教材

ISBN 7－5324－2661－0：¥8.00

G613.6 **012081**

布贴画/李慧玲编.—兰州：兰州大学出版社，1995.1.—44页；17×19cm.—(学学做做丛书)

ISBN 7－311－00831－X：¥3.30

G613.6 **012082**

唱歌谣学画画：鲁朴爷爷教画画/鲁朴著.—北京：北京工艺美术出版社，1995.9.—110页；26cm

ISBN 7－80526－146－6：¥18.00

G613.6 **012083**

叠手绢/许万里编.—兰州：兰州大学出版社，1995.1.—44页；17×19cm.—(学学做做丛书)

ISBN 7－311－00831－X：¥3.30

G613.6 **012084**

儿童彩笔画/李颖，郑飞编绘.—成都：四川少年儿童出版社，1995.6.—96页；19×26cm

ISBN 7－5365－1312－7：¥10.00

G613.6 **012085**

儿童彩笔画/张痕编.—天津：新蕾出版社，1995.5.—92页；19×26cm

ISBN 7－5307－1585－2：¥8.90

G613.6 **012086**

儿童分步简笔画：花鸟、虫鱼、房子、走兽/周红绘.—贵阳：贵州人民出版社，1995.6.—64页；19×26cm

ISBN 7－221－03859－7：¥9.80

G613.6 **012087**

儿童钢笔字起步/邱明强著.—福州：福建少年儿童出版社，1995.8.—94页；19cm.—(儿童书法丛书)

ISBN 7－5395－1079－X：¥4.20

G613.6　012088
儿童画入门:动物篇/雪立,羽谷编著.—北京:农村读物出版社,1995.3.—36页:图;17×19cm
每套3册,总定价:11.50元
ISBN 7-5048-2523-9:¥0.00

G613.6　012089
儿童画入门:瓜果植物篇/雪立,羽谷编著.—北京:农村读物出版社,1995.3.—36页:图;17×19cm
每套3册,总定价:11.50元
ISBN 7-5048-2523-9:¥0.00

G613.6　012090
儿童画入门:景物篇/雪立,羽谷编著.—北京:农村读物出版社,1995.3.—36页:图;17×19cm
每套3册,总定价:11.50元
ISBN 7-5048-2523-9:¥0.00

G613.6　012091
儿童绘画宝典/杨建滨主编;夏起聪等编.—武汉:湖北辞书出版社,1995.11.—253页;19cm.—(小太阳知识系列)
ISBN 7-5403-0181-3:¥12.00

G613.6　012092
儿童绘画教程:蜡笔画技法/张国宁编绘.—北京:北京科学技术出版社,1995.11.—78页;19×26cm
ISBN 7-5304-1753-3:¥14.00

G613.6　012093
儿童绘画描摹入门/黄道鸿,容州编著.—南宁:广西民族出版社,1995.7.—98页;19×26cm
ISBN 7-5363-3033-2:¥15.00

G613.6　012094
儿童简笔画宝/林恒,晓庆编绘.—福州:福建美术出版社,1995.1.—4册;19×26cm
ISBN 7-5393-0270-4:¥9.20

G613.6　012095
儿童简笔添画系列:方形添画/郑明编绘.—南宁:广西人民出版社,1995.8.—24页;26cm
ISBN 7-219-03018-5:¥2.50

G613.6　012096
儿童简笔添画系列:椭圆形添画/郑明编绘.—南宁:广西人民出版社,1995.8.—24页;26cm
ISBN 7-219-03019-3:¥2.50

G613.6　012097
儿童简笔添画系列:圆形添画/郑明编绘.—南宁:广西人民出版社,1995.8.—24页;26cm
ISBN 7-219-03020-7:¥2.50

G613.6　012098
儿童简笔添画系列:指印添画/郑明编绘.—南宁:广西人民出版社,1995.8.—24页;26cm
ISBN 7-219-03021-5:¥2.50

G613.6　012099
儿童卡通简笔画:人物、动物、日常用品、武器/余子广绘.—贵阳:贵州人民出版社,1995.6.—64页;19×26cm
ISBN 7-221-03860-0:¥9.80

G613.6　012100
儿童看图学简笔画/高峰等编文;毛志扬绘.—南京:江苏美术出版社,1995.1.—1册;17×19cm.—(彩图系列丛书)
ISBN 7-5344-0420-7:¥3.99

G613.6　012101
儿童看图学简笔画/高峰等编文;毛志扬绘.—南京:江苏美术出版社,1995.1.—2册;17×19cm.—(彩图系列丛书)
ISBN 7-5344-0421-5:¥3.98

G613.6　012102
儿童看图学描红.—南京:江苏美术出版社,1995.4.—5册;19cm.—(彩图系列丛书)
ISBN 7-5344-0461-4:¥5.00

G613.6　012103
儿童美术日记/张思燕等编著.—广州:广东高等教育出版社,1995.6.—80页;26cm
ISBN 7-5361-1688-8:¥7.00

G613.6　012104
儿童趣味手工集锦/余乐孝著;侯小明绘.—合肥:安徽少年儿童出版社,1995.4.—82页;19×26cm
ISBN 7-5397-1111-6:¥8.00

G613.6　012105
儿童趣味学画/王肖生等编绘.—上海:上海人民美术出版社,1995.4.—70页;17×19cm
ISBN 7-5322-1403-6:¥5.50

G613.6　012106
儿童实用基础绘画/白云等编绘.—沈阳:辽宁少年儿童出版社,1995.9.—179页;17×19cm
ISBN 7-5315-2587-9:¥11.00

G613.6　012107
儿童学彩笔画/吕连甫,熊艳君编绘.—沈阳:辽宁民族出版社,1995.11.—78页;19×26cm
ISBN 7-80527-573-4:¥8.80

G613.6　012108
儿童学国画/赵广德,郭穗元编著.—北京:同心出版社,1995.2.—60页;26cm
ISBN 7-80593-098-8:¥9.80

G613.6　012109
儿童纸工:动物面具制作/夏娟华编著.—南昌:21世纪出版社,1995.3.—16张;26cm
ISBN 7-5391-0818-5:¥5.00

G613.6　012110
儿童纸工:人物面具制作/夏娟华编著.—南昌:21世纪出版社,1995.3.—16张;26cm
ISBN 7-5391-0818-5:¥5.00

G613.6　012111
公主与王子填色画/杨二兄,文海红绘.—南宁:广西美术出版社,1995.6.—1册;26cm
ISBN 7-80582-842-3:¥3.30

G613.6　012112
和孩子一起画画:想想画画看看做做/周哲贤著.—上海:华东师范大学出版社,1995.10.—94页;17×19cm.—(三人世界小丛书)
ISBN 7-5617-1332-0:¥6.00

G613.3　012113
蝴蝶/( )林编文;( )泰勒摄影.—北京:商务印书馆国际有限公司,1995.12.—21页;20×20cm.—(看看我是怎样长大的)
著者原题:玛丽·林,基姆·泰勒
ISBN 7-80103-065-6(精装):¥13.80

G613.6　012114
绘画　上册/曾秀卿编写;涂丽英绘.—福州:福建人民出版社,1995.5.—16页;19×26cm
福建省学前班幼儿用书
ISBN 7-211-02421-6:¥0.00

G613.6　012115
绘画　下册.—福州:福建人民出版社,1995.9.—16页;19×26cm
福建省学前班幼儿用书
ISBN 7-211-02561-1:¥0.00

G613.6　012116
简笔画/罗应杰编.—兰州:兰州大学出版社,1995.1.—44页;17×19cm.—(学学做做丛书)
ISBN 7-311-00831-X:¥3.30

G613.6　012117
剪纸/沈建洲编.—兰州:兰州大学出版社,1995.1.—44页;17×19cm.—(学学做做丛书)
ISBN 7-311-00831-X:¥3.30

G613.6　012118
妈妈教我学画画/李慰宜编写;章观年绘.—上海:少年儿童出版社,1995.9.—1册;21×19cm
ISBN 7-5324-2720-X:¥5.00

G613.6　012119
妈妈教我学写字/许绿翎编;徐谷安绘.—上海:少年儿童出版社,1995.11.—1册;21×19cm
ISBN 7-5324-1701-8:¥5.00

G613.6　012120
美工　上册/贵州省教育委员会编.—贵阳:贵州人民出版社,1995.8.—34页;17×19cm.—(学前班幼儿读物)
ISBN 7-221-03857-0:¥1.50

G613.6　012121
美工练习册　上册/张蕾,赵欣编写;张蕾等绘.—上海:上海科技教育出版社,1995.6.—32页;13×19cm
学前班读本
ISBN 7-5428-1133-9:¥1.60

G613.6　012122
美丽的颜色/筱叶,赵钟岷编文;陈明钧,孟莉英绘.—太原:希望出版社,1995.3.—25页;26cm.—(彩图婴儿百科·第一辑/张连瑞主编)
ISBN 7-5379-1488-5:¥2.00

G613.6　012123
美术　(上)/石青,王静主编;周光荣,周文萍编文;李湘,周洞绘.—北京:教育科学出版社,1995.7.—36页;17×19cm
新编学前班教材 上册4本,总定价:10.00元
ISBN 7-5041-1486-3:¥0.00

G613.6　012124
美术　上册/云南省教委教研室编写.—昆明:晨光出版社,1995.6.—40页;26cm
云南省学前班课本
ISBN 7-5414-0997-9:¥3.20

G613.6　012125
美术　下册/云南省教委教研室编写.—昆明:晨光出版社,1995.12.—40页;26cm
云南省学前班课本
ISBN 7-5414-1104-3:¥4.25

G613.6　012126
美术:大班　上册/袁晓平等绘.—南昌:21世纪出版社,1995.7.—34页;17×19cm
江西省幼儿教育教材
ISBN 7-5391-0970-X:¥2.00

G613.6　012127
美术:大班　下册/王文才主编;袁晓红等绘.—南昌:21世纪出版社,1995.12.—34页;17×19cm
江西省幼儿教育教材
ISBN 7-5391-1021-X:¥2.20

G613.6　012128
美术:大班(上)/《黑龙江省幼儿园儿童用书》编写组编.—哈尔滨:黑龙江少年儿童出版社,1995.7.—35页;17×19cm
黑龙江省幼儿园儿童用书
ISBN 7-5319-1309-7:¥1.80

G613.6　012129
美术:大班(上)/喻品娟,王静主编;周光荣,周锡花编文;周洞等绘.—北京:教育科学出版社,1995.7.—28页;17×19cm
新编幼儿园教材 大班上册共4本,总定价:8.80元
ISBN 7-5041-1491-X:¥0.00

G613.6　012130
美术:大班(下).—哈尔滨:黑龙江少年儿童出版社,1995.12.—36页;17×19cm
黑龙江省幼儿园儿童用书
ISBN 7-5319-1371-2:¥2.00

G613.6　012131
美术:小班　上册/王文才主编;丁秀南等编文.—南昌:21世纪出版社,1995.7.—34页;17×19cm
江西省幼儿教育教材
ISBN 7-5391-0982-3:¥2.60

G613.6　012132
美术:小班　下册/王文才主编;袁晓红等绘.—南昌:21世纪出版社,1995.12.—34页;17×19cm
江西省幼儿教育教材
ISBN 7-5391-1023-6:¥2.20

G613.6　012133
美术:小班(上)/喻品娟,王静主编;周锡华,周光荣编文;周洞,廖盛林绘.—北京:教育科学出版社,1995.7.—29页;17×19cm
新编幼儿园教材 小班上册共4本,总定价:8.80元
ISBN 7-5041-1489-8:¥0.00

G613.6　012134
美术:小班(上)/《黑龙江省幼儿园儿童用书》编写组

编.—哈尔滨:黑龙江少年儿童出版社,1995.7.—36页;17×19cm
黑龙江省幼儿园儿童用书
ISBN 7-5319-1303-8:¥1.80

G613.6 012135
美术:小班(下).—哈尔滨:黑龙江少年儿童出版社,1995.3.—36页;17×19cm
黑龙江省幼儿园儿童用书
ISBN 7-5319-1270-8:¥1.70

G613.6 012136
美术:中班 上册/袁晓平等绘.—南昌:21世纪出版社,1995.7.—34页;17×19cm
江西省幼儿教育教材
ISBN 7-5391-0976-9:¥2.00

G613.6 012137
美术:中班 下册/丁秀南等编文;袁晓红等绘.—南昌:21世纪出版社,1995.12.—34页;17×19cm
江西省幼儿教育教材
ISBN 7-5391-1025-2:¥2.60

G613.6 012138
美术:中班(上)/《黑龙江省幼儿园儿童用书》编写组编.—哈尔滨:黑龙江少年儿童出版社,1995.7.—36页;17×19cm
黑龙江省幼儿园儿童用书
ISBN 7-5319-1314-3:¥1.80

G613.6 012139
美术:中班(上)/王静主编;周光荣,周锡华编文;周光荣绘.—北京:教育科学出版社,1995.7.—29页;17×19cm
新编幼儿园教材 中班上册共4本,总定价:8.80元
ISBN 7-5041-1490-1:¥0.00

G613.6 012140
美术:中班(下).—哈尔滨:黑龙江少年儿童出版社,1995.12.—36页;17×19cm
黑龙江省幼儿园儿童用书
ISBN 7-5319-1367-4:¥2.00

G613.6 012141
美术手工技能技巧/许鸿编.—长春:东北师范大学出版社,1995.7.—125页;26cm.—(吉林省幼儿教师幼教专科自学考试系列丛书/何艳茹等主编)
ISBN 7-5602-1608-0:¥8.50

G613.6 012142
蒙格、描红、涂色学画画:4~7岁/李天文编文;里甫绘.—成都:四川科学技术出版社,1995.1.—72页;17×19cm.—(儿童趣味画)
ISBN 7-5364-2606-2:¥5.50

G613.6 012143
泥工/沈建洲编.—兰州:兰州大学出版社,1995.1.—44页;17×19cm.—(学学做做丛书)
ISBN 7-311-00831-X:¥3.30

G613.6 012144
巧手大世界/罗久华等编制.—石家庄:河北科学技术出版社,1995.1.—7册;26cm
ISBN 7-5375-1263-9:¥32.00

G613.6 012145
趣味剪贴画/林冰心编著.—福州:福建教育出版社,1995.12.—68页;19×17cm
ISBN 7-5334-1836-0:¥12.80

G613.6 012146
趣味填色/张祉杰,张祉浩编.—成都:四川少年儿童出版社,1995.10.—30页;26cm.—(幼儿训练丛书)
ISBN 7-5365-1471-9:¥2.60

G613.6 012147
趣味字画技法/王达行编绘.—南京:东南大学出版社,1995.7.—114页;19×21cm
ISBN 7-81050-009-0:¥8.50

G613.6 012148
手工 上册/曾秀卿编写;涂丽英绘.—福州:福建人民出版社,1995.5.—15页;13×19cm
福建省学前班幼儿用书
ISBN 7-211-02421-6:¥0.00

G613.6 012149
手工 下册/曾秀卿编写;涂丽英绘.—福州:福建人民出版社,1995.10.—15页;19×26cm
福建省学前班幼儿用书
ISBN 7-211-02561-1:¥0.00

G613.6 012150
速成小小书画家/王江编文;张兆年等绘.—天津:天津人民出版社,1995.2.—2册;17×19cm
ISBN 7-5305-0394-4:¥4.80

G613.6 012151
童趣与童心填色画/陈川绘.—南宁:广西美术出版社,1995.6.—1册;26cm
ISBN 7-80582-843-1:¥3.30

G613.6 012152
涂色ABC学习手册 (1)/余迟,知信编文;李骏插图.—上海:汉语大词典出版社,1995.1.—32页;19×26cm
ISBN 7-5432-0150-X:¥2.80

G613.6 012153
涂涂·认认:动物篇.—杭州:浙江人民美术出版社,1995.1.—1册;17×19cm.—(快乐儿童大画库)
ISBN 7-5340-0593-0:¥3.90

G613.6 012154
涂涂·认认:交通篇.—杭州:浙江人民美术出版社,1995.1.—1册;17×19cm.—(快乐儿童大画库)
ISBN 7-5340-0592-2:¥3.90

G613.6 012155
涂涂·认认:生活篇.—杭州:浙江人民美术出版社,1995.1.—1册;17×19cm.—(快乐儿童大画库)
ISBN 7-5340-0594-9:¥3.90

G613.6 012156
涂涂·认认:植物篇.—杭州:浙江人民美术出版社,1995.1.—1册;17×19cm.—(快乐儿童大画库)
ISBN 7-5340-0591-4:¥3.90

G613.6 012157
涂涂画画 上册:试用本/宁夏回族自治区教育厅普教处编.—银川:宁夏人民教育出版社,1995.8.—28

页;17×19cm

ISBN 7-80596-145-X:￥1.80

G613.6　012158

涂涂画画剪剪贴贴:皇帝的新装·小红帽/建吾编写;艾芽绘.—上海:少年儿童出版社,1995.11.—24页;26cm

ISBN 7-5324-2884-2:￥2.80

G613.6　012159

涂涂画画剪剪贴贴:灰姑娘·卖火柴的小女孩/徐悦编写;艾芽绘.—上海:少年儿童出版社,1995.11.—24页;26cm

ISBN 7-5324-2886-9:￥2.80

G613.6　012160

涂涂画画剪剪贴贴:哪吒闹海·孙悟空三打白骨精/李凡编写;艾芽绘.—上海:少年儿童出版社,1995.11.—24页;26cm

ISBN 7-5324-2885-0:￥2.80

G613.6　012161

涂涂画画剪剪贴贴:三只小猪盖房子·白雪公主/魏子编写;艾芽绘.—上海:少年儿童出版社,1995.11.—24页;26cm

ISBN 7-5324-2887-7:￥2.80

G613.6　012162

娃娃画四季/赵雪春,龙念南主编;赵雪春编著.—北京:京华出版社,1995.12.—4册;18×19cm

ISBN 7-80600-128-X:￥36.00

G613.6　012163

我爱卡通:动物联想画/黄木村编著.—北京:中国计量出版社,1995.4.—48页;19×26cm

ISBN 7-5026-0776-5:￥6.00

G613.6　012164

我爱卡通:方形联想画/黄木村编著.—北京:中国计量出版社,1995.4.—48页;19×26cm

ISBN 7-5026-0778-1:￥6.00

G613.6　012165

我爱卡通:人物联想画/黄木村编著.—北京:中国计量出版社,1995.4.—48页;19×26cm

ISBN 7-5026-0775-7:￥6.00

G613.6　012166

我爱卡通:三角形联想画/黄木村编著.—北京:中国计量出版社,1995.4.—48页;19×26cm

ISBN 7-5026-0777-3:￥6.00

G613.6　012167

我爱卡通:椭圆形联想画/黄木村编著.—北京:中国计量出版社,1995.4.—48页;19×26cm

ISBN 7-5026-0780-3:￥6.00

G613.6　012168

我爱卡通:圆形联想画/黄木村编著.—北京:中国计量出版社,1995.4.—48页;19×26cm

ISBN 7-5026-0779-X:￥6.00

G613.6　012169

新编儿童简笔画/余音,秋子绘.—兰州:甘肃人民美术出版社,1995.2.—2册;26×19cm

ISBN 7-80588-081-6:￥13.20

G613.6　012170

新编儿童铅笔描红/魏小兵,游俊编写.—南昌:江西美术出版社,1995.5.—5册;19cm

ISBN 7-80580-231-9:￥5.85

G613.6　012171

新编幼儿描画本　(1)/杨生等编绘.—广州:岭南美术出版社,1995.5.—1册;19×26cm

ISBN 7-5362-1226-7:￥4.00

G613.6　012172

新编幼儿描画本　(2)/杨生等编绘.—广州:岭南美术出版社,1995.5.—1册;19×26cm

ISBN 7-5362-1227-5:￥4.00

G613.6　012173

新编幼儿描画本　(3)/杨生等编绘.—广州:岭南美术出版社,1995.5.—1册;19×26cm

ISBN 7-5362-1228-3:￥4.00

G613.6　012174

新编幼儿描画本　(4)/杨生等编绘.—广州:岭南美术出版社,1995.5.—1册;19×26cm

ISBN 7-5362-1229-1:￥4.00

G613.6　012175

学画兵器/薛志华编绘.—福州:福建少年儿童出版社,1995.5.—1册;14×16cm.—(儿童彩色水写纸画帖)

ISBN 7-5395-1181-8:￥4.95

G613.6　012176

学画动物/江声海编绘.—福州:福建少年儿童出版社,1995.5.—1册;14×16cm.—(儿童彩色水写纸画帖)

ISBN 7-5395-1179-6:￥4.95

G613.6　012177

学画花草/江声海编绘.—福州:福建少年儿童出版社,1995.5.—1册;14×16cm.—(儿童彩色水写纸画帖)

ISBN 7-5395-1178-8:￥4.95

G613.6　012178

学画画 学儿歌:儿童彩墨画教学指导/周长秋主编.—济南:山东友谊出版社,1995.10.—4册;17×19cm

ISBN 7-80551-749-5:￥13.50

G613.6　012179

学画交通工具:儿童彩色水写纸画帖/薛志华编绘.—福州:福建少年儿童出版社,1995.5.—1册;17×19cm

ISBN 7-5395-1180-X:￥4.95

G613.6　012180

学美术:幼儿园大班　上册/周祖强,汤鹤玲编著;周祖强绘.—2版.—南宁:接力出版社,1995.6.—19页;19×26cm

ISBN 7-80581-076-1:￥3.80

G613.6　012181

学美术:幼儿园大班　下册/广西学前教育教材编写组编.—2版.—南宁:接力出版社,1995.11.—19张;19×26cm

ISBN 7-80581-007-9: ¥4.30

G613.6 012182

学美术:幼儿园小班 上册/滕国凤,梁如莉编著;郑明绘.—2版.—南宁:接力出版社,1995.6.—11页;19×26cm

ISBN 7-80581-078-8: ¥2.30

G613.6 012183

学美术:幼儿园小班 下册/广西学前教育教材编写组编.—2版.—南宁:接力出版社,1995.11.—11张;19×26cm

ISBN 7-80581-008-7: ¥2.40

G613.6 012184

学美术:幼儿园中班 上册/陈相芬,唐华编著;刘一山绘.—2版.—南宁:接力出版社,1995.6.—15页;19×26cm

ISBN 7-80581-077-X: ¥3.00

G613.6 012185

学美术:幼儿园中班 下册/广西学前教育教材编写组编.—2版.—南宁:接力出版社,1995.11.—15张;19×26cm

ISBN 7-80581-000-1: ¥3.50

G613.6 012186

学手工/王继芬,钱德慈编.—天津:新蕾出版社,1995.8.—64页;19cm.—(好孩子爱学习丛书)

ISBN 7-5307-1666-2: ¥3.90

G613.6 012187

用纸杯做玩具/(日)吉田公篾编绘.—北京:中国少年儿童出版社,1995.5.—28页;21×18cm

ISBN 7-5007-2521-3: ¥4.20

G613.6 012188

幼儿创造性造型:2~6岁幼儿美术活动(5)/许鸿编著.—长春:东北师范大学出版社,1995.2.—60页;26cm.—(今日家教系列丛书/范崇嬿主编)

ISBN 7-5602-1329-4: ¥8.00

G613.6 012189

幼儿多功能凹槽描字帖/陈凤英,陈荫夫编.—福州:福建少年儿童出版社,1995.10.—12张;19cm

ISBN 7-5395-1219-9: ¥5.95

G613.6 012190

幼儿画动物/张宛生编绘.—太原:希望出版社,1995.11.—73页;18×19cm

ISBN 7-5379-1694-2: ¥6.80

G613.6 012191

幼儿活动头饰图.—福州:福建人民出版社,1995.—5张;38cm

¥5.00

G613.6 012192

幼儿剪纸/张玉明,李军编绘.—长春:吉林美术出版社,1995.10.—138页;11×13cm

ISBN 7-5386-0495-2: ¥5.80

G613.6 012193

幼儿卡通填色/梅夫,李杨编绘.—太原:山西人民出版社,1995.8.—48页;26cm

ISBN 7-203-03351-1: ¥12.80

G613.6 012194

幼儿美术 (1)/吴树勋主编;北京市教育学会美术教育研究会编.—北京:人民美术出版社,1995.4.—91页;17×19cm

当代儿童少年美术学习系列教程

ISBN 7-102-01385-X: ¥7.00

G613.6 012195

幼儿美术 (2)/李眉云编著;北京市教育学会美术教育研究会编.—北京:人民美术出版社,1995.4.—91页;18×17cm

当代儿童少年美术学习系列教程

ISBN 7-102-01386-8: ¥7.00

G613.6 012196

幼儿美术 (3)/张美良编著;北京市教育学会美术教育研究会编.—北京:人民美术出版社,1995.4.—91页;18×17cm

当代儿童少年美术学习系列教程

ISBN 7-102-01387-6: ¥7.00

G613.6 012197

幼儿美术教学:幼大班/朱正刚,叶慧琳编绘.—上海:上海人民美术出版社,1995.5.—83页;26cm.—(动画大王画库)

ISBN 7-5322-1370-6: ¥8.50

G613.6 012198

幼儿美术教学:幼中班/朱正刚等编绘.—上海:上海人民美术出版社,1995.5.—83页;26cm.—(动画大王画库)

ISBN 7-5322-1369-2: ¥8.50

G613.6 012199

幼儿美术练习册:小班(上)/江苏教育出版社编.—3版.—南京:江苏教育出版社,1995.7.—37页;17×19cm

ISBN 7-5343-0678-7: ¥2.10

G613.6 012200

幼儿美术练习册:中班(下)/江苏教育出版社编.—3版.—南京:江苏教育出版社,1995.12.—37页;17×19cm

ISBN 7-5343-0860-7: ¥2.15

G613.6 012201

幼儿铅笔描红/陆海珠编.—北京:国际文化出版公司,1995.10.—5册;13×19cm

ISBN 7-80105-155-6: ¥7.50

G613.6 012202

幼儿铅笔描红:汉字(上).—杭州:浙江少年儿童出版社,1995.4.—32页;19cm

ISBN 7-5342-1257-X: ¥1.20

G613.6 012203

幼儿铅笔描红:汉字(下).—杭州:浙江少年儿童出版社,1995.4.—32页;19cm

ISBN 7-5342-1258-8: ¥1.20

G613.6 012204

幼儿铅笔描红:拼音(上).—杭州:浙江少年儿童出版社,1995.4.—32页;19cm

ISBN 7-5342-1259-6: ¥1.20

G613.6　012205
幼儿铅笔描红:拼音(下).—杭州:浙江少年儿童出版社,1995.4.—32页;19cm
ISBN 7-5342-1260-X:¥1.20

G613.6　012206
幼儿铅笔描红:数学(上).—杭州:浙江少年儿童出版社,1995.4.—32页;19cm
ISBN 7-5342-1261-8:¥1.20

G613.6　012207
幼儿铅笔描红:数学(下).—杭州:浙江少年儿童出版社,1995.4.—32页;19cm
ISBN 7-5342-1262-6:¥1.20

G613.6　012208
幼儿生字书法入轨卡:学前班　上册/林达峰编.—南宁:接力出版社,1995.11.—9张;19cm
ISBN 7-80581-943-2:¥6.89

G613.6　012209
幼儿生字书法入轨卡:学前班　下册/林达峰编.—南宁:接力出版社,1995.11.—13张;19cm
ISBN 7-80581-939-4:¥7.98

G613.6　012210
幼儿手工制作/李晋珍编文;陈芳等绘.—天津:天津人民美术出版社,1995.6.—24页;26cm
ISBN 7-5305-0484-3:¥4.50

G613.6　012211
幼儿手工制作教学指导:3~4岁/金小梅编著.—南京:南京师范大学出版社,1995.10.—48页;17×19cm
ISBN 7-81047-025-6:¥3.90

G613.6　012212
幼儿手工制作教学指导:4~5岁/金小梅编著.—南京:南京师范大学出版社,1995.10.—48页;17×19cm
ISBN 7-81047-025-6:¥3.90

G613.6　012213
幼儿手工制作教学指导:5~6岁/金小梅编著.—南京:南京师范大学出版社,1995.10.—48页;17×19cm
ISBN 7-81047-025-6:¥3.90

G613.6　012214
幼儿涂涂画画/叶应燧等编绘.—北京:气象出版社,1995.6.—118页;17×19cm
ISBN 7-5029-1700-4:¥7.50

G613.6　012215
幼儿园贴绒教具图　(1).—福州:福建人民出版社,1995.—16张;38cm
¥8.00

G613.6　012216
幼儿智力绘画/杜庆国,李永正主编.—宁波:宁波出版社,1995.6.—1册;29cm
ISBN 7-80602-059-4:¥8.50

G613.6　012217
幼学绘画启蒙:3~4岁　上册/园丁编绘.—郑州:海燕出版社,1995.5.—48页;19×26cm
ISBN 7-5350-1246-9:¥4.00

G613.6　012218
幼学绘画启蒙:3~4岁　下册/园丁编绘.—郑州:海燕出版社,1995.5.—48页;19×26cm
ISBN 7-5350-1247-7:¥4.00

G613.6　012219
幼学绘画启蒙:4~5岁　上册/园丁编绘.—郑州:海燕出版社,1995.5.—48页;19×26cm
ISBN 7-5350-1260-4:¥4.00

G613.6　012220
幼学绘画启蒙:4~5岁　下册/园丁编绘.—郑州:海燕出版社,1995.5.—48页;19×26cm
ISBN 7-5350-1261-2:¥4.00

G613.6　012221
幼学绘画启蒙:5~6岁　上册/园丁编绘.—郑州:海燕出版社,1995.5.—48页;19×26cm
ISBN 7-5350-1265-5:¥4.00

G613.6　012222
幼学绘画启蒙:5~6岁　下册/园丁编绘.—郑州:海燕出版社,1995.5.—48页;19×26cm
ISBN 7-5350-1266-3:¥4.00

G613.6　012223
最新幼儿描红/杨盼编.—北京:中国文联出版公司,1995.10.—5册;19cm
ISBN 7-5059-1793-5:¥8.80

G613.6　012224
做做玩玩:试用本　上册/孔宗雪,李秋玲主编;吴亦琴编绘.—银川:宁夏人民教育出版社,1995.8.—48页;17×19cm
ISBN 7-80596-146-8:¥2.00

G613.6-43　012225
画·画·画/曲大安等绘.—长春:吉林教育出版社,1995.4.—156页;19×26cm
儿童动物画教材
ISBN 7-5383-2522-0(精装):¥10.00

G613.7　012226
蹦蹦跳跳:0~6婴幼儿运动能力发展与体格锻炼/韩棣华主编.—上海:复旦大学出版社,1995.7.—493页;20cm
ISBN 7-309-01372-7:¥18.00

G613.7　012227
儿童巧问妙答/李平编文;黎明绘.—海口:海南摄影美术出版社,1995.3.—46页;17×19cm.—(多彩的世界儿童画库;7)
ISBN 7-80571-839-3:¥3.20

G613.7　012228
儿童益智快车/张凤芦等编著.—沈阳:辽宁民族出版社,1995.10.—211页;19cm.—(年轻妈妈大参考)
ISBN 7-80527-500-9:¥6.60

G613.7　012229
乖乖猜谜/田志庆著.—北京:农村读物出版社,1995.3.—141页;19cm
ISBN 7-5048-2525-5:¥4.00

G613.7　012230
海狮顶球:家庭游戏集粹/苗丁编著.—上海:华东师范大学出版社,1995.10.—93页;17×19cm.—(三人世界小丛书)

ISBN 7-5617-1333-9：¥6.00

G613.7　012231

好玩的游戏/赵钟岷编文；于水，永祥绘.—太原：希望出版社，1995.3.—25页；26cm.—（彩图婴儿百科·第二辑/张连瑞主编）

ISBN 7-5379-1489-3：¥2.00

G613.7　012232

看图猜谜/范勇编绘.—延吉：延边人民出版社，1995.6.—38页；15×13cm

ISBN 7-80599-157-X：¥2.20

G613.7　012233

妈妈教我猜谜语/沈阳编写；韩真绘.—上海：少年儿童出版社，1995.9.—1册；21×19cm

ISBN 7-5324-2721-8：¥5.00

G613.7　012234

妈妈教我做游戏/王伟君编写；唐云辉绘.—上海：少年儿童出版社，1995.9.—1册；21×19cm

ISBN 7-5324-2722-6：¥5.00

G613.7　012235

趣味连线/张祉杰，张祉浩编.—成都：四川少年儿童出版社，1995.10.—30页；26cm.—（幼儿训练丛书）

ISBN 7-5365-1470-0：¥2.60

G613.7　012236

趣味迷宫/张祉杰，张祉浩编.—成都：四川少年儿童出版社，1995.10.—30页；26cm.—（幼儿训练丛书）

ISBN 7-5365-1472-7：¥2.60

G613.7　012237

体育：大班　下册/王文才主编；张勇等绘.—南昌：21世纪出版社，1995.12.—34页；17×19cm

江西省幼儿教育教材

ISBN 7-5391-1027-9：¥2.00

G613.7　012238

体育：小班　上册/应晓亮，龚斌绘.—南昌：21世纪出版社，1995.7.—34页；17×19cm

江西省幼儿教育教材

ISBN 7-5391-0984-X：¥2.00

G613.7　012239

体育：小班　下册/王文才主编；康敏等绘.—南昌：21世纪出版社，1995.12.—34页；17×19cm

江西省幼儿教育教材

ISBN 7-5391-1029-5：¥2.00

G613.7　012240

体育：中班　上册/熊伟，赵兰绘.—南昌：21世纪出版社，1995.7.—34页；17×19cm

江西省幼儿教育教材

ISBN 7-5391-0977-7：¥1.40

G613.7　012241

体育：中班　下册/王文才主编；张水秋等绘.—南昌：21世纪出版社，1995.12.—34页；17×19cm

江西省幼儿教育教材

ISBN 7-5391-1028-7：¥2.00

G613.7　012242

游戏　下册：大班幼儿画册/吉林省幼儿园教材编写组编.—长春：北方妇女儿童出版社，1995.1.—32页；17×19cm

ISBN 7-5385-1012-5：¥1.70

G613.7　012243

游戏　下册：小班幼儿画册/吉林省幼儿园教材编写组编.—长春：北方妇女儿童出版社，1995.1.—19页；17×19cm

ISBN 7-5385-1010-9：¥1.40

G613.7　012244

游戏　下册：中班幼儿画册/吉林省幼儿园教材编写组编.—长春：北方妇女儿童出版社，1995.1.—32页；17×19cm

ISBN 7-5385-1011-7：¥1.70

G613.7　012245

幼儿园游戏/黄人颂主编.—苏州：苏州大学出版社，1995.9.—223页；20cm

ISBN 7-81037-165-7：¥5.50

G613.7　012246

幼儿园游戏精选/广州市托幼工作领导小组办公室编.—广州：岭南美术出版社，1995.8.—221页；19cm

ISBN 7-5362-1213-5：¥7.50

G613.7　012247

幼儿智力大观园：3～4岁/黄安琪等编绘.—南昌：21世纪出版社，1995.9.—46页；26cm

ISBN 7-5391-0837-1：¥6.80

G613.7　012248

幼儿智力大观园：4～5岁/黄安琪等编绘.—南昌：21世纪出版社，1995.9.—46页；26cm

ISBN 7-5391-0838-X：¥6.80

G613.7　012249

智慧树/白云等编绘.—济南：山东文艺出版社，1995.12.—6册；17×19cm.—（压岁丛书）

ISBN 7-5329-1287-6：¥19.20

G613.7　012250

智力游戏/杨静，沈建洲编.—兰州：兰州大学出版社，1995.1.—44页；17×19cm.—（学学做做丛书）

ISBN 7-311-00831-X：¥3.30

①G613.7-53②G831-53　012251

幼儿基本体操科学论文选集：1991～1994/中国关心下一代工作委员会，幼儿基本体操促进会编.—北京：人民体育出版社，1995.6.—418页；19cm

ISBN 7-5009-1197-1：¥11.00

G613.7-61　012252

彩图咪咪智能训练辞典/邵渭溟等编文；马骏等绘.—上海：汉语大词典出版社，1995.9.—191页；15×13cm

ISBN 7-5432-0177-1（精装）：¥11.00

G615　012253

初为人师指南/陈帼眉，于京天主编.—北京：中国农业出版社，1995.5.—342页；19cm.—（幼教新观念系列）

ISBN 7-109-04042-9：¥11.00

G616　012254

幼儿家长学校教材/广东省妇女联合会，广东省家庭教育研究会编.—广州：广州出版社，1995.9.—193页；

19cm

ISBN 7-80592-328-0: ¥3.50

G616-62 012255

家庭幼儿园联系手册:大班/王慧云编.—北京:中国农业出版社,1995.2.—53 页;17×19cm

ISBN 7-109-03901-3: ¥3.50

G616-62 012256

家庭幼儿园联系手册:小班/王慧云编.—北京:中国农业出版社,1995.2.—57 页;17×19cm

ISBN 7-109-03899-8: ¥3.90

G616-62 012257

家庭幼儿园联系手册:中班/王慧云编.—北京:中国农业出版社,1995.2.—58 页;17×19cm

ISBN 7-109-03900-5: ¥3.90

G617 012258

现代幼儿园科学管理/张庆梅主编.—北京:中国人事出版社,1995.1.—248 页;20cm

ISBN 7-80076-520-2: ¥7.50

G617 012259

幼儿园墙饰设计与制作/汝茵佳,蒋放主编.—南京:南京师范大学出版社,1995.12.—42 页:彩图;26cm

ISBN 7-81047-028-0: ¥16.80

G617 012260

幼儿园实习指导/高铁,陈喜庆主编;部分省市职业高中幼儿教育专业课程结构总体改革实验教材编写委员会编.—北京:高等教育出版社,1995.8.—112 页;26cm

中等职业学校幼儿教育专业实验教材

ISBN 7-04-005434-5: ¥6.00

G617 012261

幼儿园现代化管理/袁爱玲主编.—广州:新世纪出版社,1995.4.—311 页;19cm.—(学前教育科学理论丛书)

ISBN 7-5405-1285-7: ¥8.80

G617-43 012262

幼儿园管理/张宏亮主编;部分省市幼儿教育专业课程结构总体改革实验教材编写委员会编.—北京:高等教育出版社,1995.10.—235 页;20cm

中等幼儿教育专业实验教材

ISBN 7-04-005436-1: ¥6.85

G618 012263

幼儿一日活动常规:北京六一幼儿院五十年实践总结/姚淑平主编.—北京:中国档案出版社,1995.6.—74 页;19×26cm

ISBN 7-80019-530-9: ¥7.40

G618 012264

幼儿园改革之路:幼儿园与小学衔接实验研究论文集 /冯志坚主编.—长春:吉林教育出版社,1995.6.—236 页;19cm

ISBN 7-5383-2577-8: ¥5.20

G618 012265

幼儿园优秀教育活动设计/刘赛珑主编;中国人民解放军总后勤部管理局幼教指导委员会编.—北京:科学普及出版社,1995.6.—241 页;19cm

ISBN 7-110-03977-3: ¥8.50

G619.2 012266

六省市幼教机构教育评价研究/项宗萍,廖贻执笔.—北京:教育科学出版社,1995.7.—240 页;26cm

ISBN 7-5041-1480-4: ¥13.50

①G619.29②I251 012267

马背摇篮——忆战火中的延安第二保育院/姚淑平著.—北京:中国妇女出版社,1995.5.—252 页;20cm

ISBN 7-80016-763-1: ¥10.00

G62 初等教育

G62 012268

教室挂图.—济南:山东友谊出版社,1995.9.—4 张;77×53cm

包括:小学生守则、眼保健操、第七套儿童广播体操

¥13.60

G62 012269

教育理论专题/于启新,韩绍欣主编;河南省小学教师继续教育教材编委会编.—郑州:河南教育出版社,1995.2.—260 页;19cm

小学教师继续教育试用教材

ISBN 7-5347-1679-9: ¥3.45

G62 012270

小学教室挂图/人民教育出版社政治室,陕西人民教育出版社文科室编;王惟震,刘德臣绘.—西安:陕西人民教育出版社,1995.6.—14 张;77×53cm

ISBN 7-5419-5730-5: ¥35.00

G62-61 012271

九年义务教育小学教育大全/王锡祥主编.—昆明:云南教育出版社,1995.12.—1109 页;19cm

ISBN 7-5415-1075-0(精装): ¥26.00

G620 012272

面向 21 世纪——高效教育场建构探索/梁春涛主编.—天津:天津人民出版社,1995.9.—349 页;20cm

ISBN 7-201-02377-2: ¥16.80

G620 012273

小学教育科研方法/王铁军主编;江苏省小学教师自学考试小学教育专业教材编写组编.—苏州:苏州大学出版社,1995.6.—375 页;20cm

江苏省中小学幼儿园教师自学考试系列教材

ISBN 7-81037-110-X: ¥8.20

G620 012274

小学教育学/田本娜主编;中国教育学会教育学研究会编.—福州:福建教育出版社,1995.1.—407 页;20cm.—(教育学丛书)

ISBN 7-5334-1755-0: ¥14.80

G620 012275

小学教育学教程/胡寅生主编.—2 版.—北京:人民教育出版社,1995.12.—678 页;20cm

中等师范学校教科书:试用本

ISBN 7-107-08124-1: ¥15.10

G621 012276

八岁生日礼物/宋志唐,李勃梁主编;刘韧等绘.—2版.—北京:中国环境科学出版社,1995.12.—162页;20cm
ISBN 7-80093-347-4(精装):¥18.50

G621　012277
道德箴言:"三德"四字经/《思想道德教育丛书》编写委员会编.—福州:福建少年儿童出版社,1995.10.—93页;21cm.—(思想道德教育丛书;1)
ISBN 7-5395-1247-4:¥5.00

G621　012278
国旗下的讲话/廖德著主编.—天津:天津人民出版社,1995.11.—90页;19cm
小学生读本
ISBN 7-201-02414-0:¥2.40

G621　012279
六岁生日礼物/宋志唐,李勃梁主编;徐敬等绘.—2版.—北京:中国环境科学出版社,1995.12.—122页;20cm
ISBN 7-80093-345-8(精装):¥15.50

G621　012280
七岁生日礼物/宋志唐,李勃梁主编;侯钟琪等绘.—2版.—北京:中国环境科学出版社,1995.12.—111页;20cm
ISBN 7-80093-346-6(精装):¥15.50

G621　012281
全国中小学百种爱国主义教育图书导读:小学卷/王文湛主编;国家教委基础教育司编.—桂林:广西师范大学出版社,1995.8.—135页;19cm
ISBN 7-5633-2047-4:¥3.80

G621　012282
提高学生道德认识初探:思想品德课教学专题研究成果/李大同编著.—哈尔滨:黑龙江教育出版社,1995.9.—312页;19cm
ISBN 7-5316-2681-0:¥8.50

G621　012283
我们从小做起养成"七不"习惯/达佳编文;陆汝浩绘.—上海:上海教育出版社,1995.7.—1张;77×53cm
ISBN 7-5320-4467-X:¥2.00

G621　012284
小学生品德的形成与发展/高峰主编;李维等编写.—上海:上海教育出版社,1995.3.—319页;19cm.—(小学教师继续教育丛书)
ISBN 7-5320-4219-7:¥6.95

G621　012285
小学生孝敬父母道德启蒙教育/福州师范附属第一小学编.—福州:福建少年儿童出版社,1995.12.—227页;20cm
ISBN 7-5395-1256-3:¥8.00

G621　012286
小学生养成教育一百例/杨振英,刘凤艳主编.—长春:吉林教育出版社,1995.8.—220页;19cm
ISBN 7-5383-2613-8:¥5.00

G621　012287
新编弟子规/河北省教育委员会,河北少年儿童出版社编写.—石家庄:河北少年儿童出版社,1995.5.—85页:彩图;19cm
ISBN 7-5376-1303-6(精装):¥3.30

G621　012288
新编增广贤文/《思想道德教育丛书》编写委员会编.—福州:福建少年儿童出版社,1995.10.—92页;21cm.—(思想道德教育丛书;2)
ISBN 7-5395-1248-2:¥5.80

①G621②H194.1　012289
新三字经/张弘文主编;《新三字经》编写组编.—北京:国际文化出版公司,1995.1.—90页;19cm
ISBN 7-80105-250-1:¥3.60

G622　012290
儿童心理与教育法/张忠华,张典兵主编.—北京:中国人事出版社,1995.5.—289页;19cm.—(家长教师必备读物)
ISBN 7-80076-274-X:¥6.50

G622　012291
小学教育学教程学习指导与训练/安徽省中等师范教育学中心教研组编.—合肥:安徽教育出版社,1995.4.—136页;19cm
ISBN 7-5336-1751-7:¥2.60

G622　012292
于永正课堂教学教例与经验/于永正著.—北京:人民日报出版社,1995.10.—296页;20cm.—(全国小学语文教学名家丛书/李国庆等主编)
ISBN 7-80002-795-3:¥10.80

G622.0　012293
创新之路:宋君小学语文教学法探/顾松堂编著.—青岛:青岛出版社,1995.7.—188页;19cm
ISBN 7-5436-1164-3:¥5.40

G622.0　012294
激励教育研究/张克杰主编.—天津:天津社会科学院出版社,1995.6.—276页;19cm
ISBN 7-80563-539-0:¥10.80

G622.0　012295
马芯兰教学思想浅析/北京市教育局教学研究部编.—北京:京华出版社,1995.2.—142页;19cm
ISBN 7-80600-057-7:¥4.80

G622.0-53　012296
优秀论文选:小学教改教研及教师口才艺术/张习勤等主编.—长春:吉林大学出版社,1995.10.—2册;20cm
ISBN 7-5601-1818-6:¥20.00

G622.3　012297
小学教学大纲研究与教材体系分析/吉林省教育委员会组织编写.—长春:吉林教育出版社,1995.6.—100页;19cm
吉林省小学教师继续教育必修专题试行教材
ISBN 7-5383-2580-8:¥2.40

G622.4　012298
尝试教学法/邱学华编著.—2版.—福州:福建教育出版社,1995.5.—370页;20cm
ISBN 7-5334-0375-4:¥13.75

G622.46　012299
小学生学习方法研究/吴也显主编.—南京:江苏教育出版社,1995.11.—348页;20cm
ISBN 7-5343-2565-X:￥10.50

G622.46　012300
学习好有奥秘:91位小学生的学习小经验/《少年报》编辑部编写.—北京:国际文化出版公司,1995.2.—145页;19cm
ISBN 7-80105-197-1:￥4.00

G622.479　012301
1995年全国小学毕业、升学考试试题精选及解答:数学/清平主编.—成都:四川人民出版社,1995.9.—120页;19cm
ISBN 7-220-02649-8:￥3.90

G622.479　012302
1995年全国小学毕业、升学考试试题精选及解答:语文/清平主编.—成都:四川人民出版社,1995.9.—122页;19cm
ISBN 7-220-02649-8:￥3.90

G622.479　012303
1995年全国小学毕业(升学)试题(含答案)荟萃:数学/天津人民出版社编.—天津:天津人民出版社,1995.9.—230页;19cm
ISBN 7-201-02248-2:￥5.60

G622.479　012304
1995年全国小学毕业考试试卷精选/《1995年全国小学毕业考试试卷精选》编写组编.—沈阳:辽宁民族出版社,1995.4.—42页;26×38cm
ISBN 7-80527-499-1:￥3.40

G622.479　012305
1995年全国小学毕业考试试卷精选:数学/《1995年全国小学毕业考试试卷精选》编写组编.—沈阳:辽宁民族出版社,1995.4.—42页;26×38cm
ISBN 7-80527-499-1:￥3.40

G622.479　012306
1995年全国小学毕业考试试题精选·解答:语文/崔等编.—成都:四川教育出版社,1995.9.—222页;19cm
ISBN 7-5408-2745-9:￥5.00

G622.479　012307
1995年全国小学毕业考试试题精选解答:数学/魏一鹤等编.—成都:四川教育出版社,1995.9.—275页;19cm
ISBN 7-5408-2744-0:￥6.20

G622.479　012308
1995年全国小学毕业升学试题精选与解答:语文/乃闻昕,宇玮编.—3版.—南宁:接力出版社,1995.12.—124页;19cm
ISBN 7-80581-632-8:￥4.50

G622.479　012309
1995年全国小学毕业试题精选与解答:数学/《小学毕业试题精选与解答》编写组编.—长春:东北师范大学出版社,1995.11.—121页;19cm
ISBN 7-5602-1212-3:￥3.40

G622.479　012310
1995年全国小学毕业试题精选与解答:语文/《1995年全国小学毕业试题精选与解答》编写组编.—长春:东北师范大学出版社,1995.11.—122页;19cm
ISBN 7-5602-1171-2:￥3.40

G622.479　012311
1995年小学升学考试模拟试题集:数学/《小学数学模拟试题集》编写组编.—2版.—南宁:广西科学技术出版社,1995.1.—132页;19cm
ISBN 7-80565-836-6:￥2.35

G622.479　012312
1995年小学升学考试模拟试题集:语文/《小学语文模拟试题集》编写组编.—南宁:广西科学技术出版社,1995.2.—110页;19cm
ISBN 7-80565-882-X:￥2.10

G622.479　012313
1996年小学升学考试模拟试题集:语文/《小学语文模拟试题集》编写组编.—2版.—南宁:广西科学技术出版社,1995.12.—119页;19cm
ISBN 7-80565-882-X:￥3.60

G622.479　012314
全国大中城市初考试题归类精选:数学/倪齐基等编.—福州:福建科学技术出版社,1995.4.—204页;19cm
ISBN 7-5335-0912-9:￥4.70

G622.479　012315
全国大中城市初考试题归类精选:语文/吴国珍等编.—福州:福建科学技术出版社,1995.4.—204页;19cm
ISBN 7-5335-0905-6:￥4.70

G622.479　012316
全国小学毕业考试题库:数学/梁建等编.—北京:光明日报出版社,1995.5.—215页;19cm
全套书2册,总定价:11.60元
ISBN 7-80091-673-1:￥0.00

G622.479　012317
全国小学毕业考试题库:语文/尚勤等编.—北京:光明日报出版社,1995.5.—215页;19cm
全套书2册,总定价:11.60元
ISBN 7-80091-673-1:￥0.00

G622.479　012318
全国小学毕业升学考试试题与解答精选:数学/李育胜等编.—北京:经济日报出版社,1995.10.—106页;26cm
ISBN 7-80127-042-8:￥6.00

G622.479　012319
全国小学毕业升学考试试题与解答精选:语文/李育胜等编.—北京:经济日报出版社,1995.10.—85页;26cm
ISBN 7-80127-042-8:￥6.00

G622.479　012320
全国小学毕业升学考试语文数学试题精选与解题指导/应宏,魏英强主编.—北京:北京工业大学出版社,1995.12.—394页;19cm
ISBN 7-5639-0455-7:￥11.70

G622.479 012321
小学毕业升学考试试题与题型:语文·数学/《教材教学研究》编辑部编写.—昆明:晨光出版社,1995.1.—116页;19cm.—(考试复习指南)
ISBN 7-5414-0954-5:¥1.80

G622.479 012322
最新全国小学毕业升学试卷精选:附解答/《最新全国小学毕业升学试卷精选》编选组编.—南京:江苏教育出版社,1995.6.—124页;26cm
ISBN 7-5343-2362-2:¥5.00

G622.479 012323
最新小学毕业升学考试模拟试题/沈旭东等主编;王冬梅等编.—广州:广州出版社,1995.9.—2册;19cm
附参考答案 包括语文、数学2册
ISBN 7-80592-248-9:¥7.80

G622.479 012324
最新小学毕业升学语文数学试卷精选/试卷编选组编.—长沙:湖南出版社,1995.1.—205页;19cm
ISBN 7-5438-0928-1:¥6.00

G623 各科教学法、教学参考书

G623 012325
备课良友:六年制数学 第五册/田桂芝等主编.—北京:北京教育出版社,1995.9.—275页;19cm.—(九年义务教育小学数学教学参考丛书)
ISBN 7-5303-0778-9:¥7.00

G623 012326
备课良友:六年制语文 第五册/田桂芝等主编.—北京:北京教育出版社,1995.9.—219页;19cm.—(九年义务教育小学语文教学参考丛书)
ISBN 7-5303-0779-7:¥7.00

G623 012327
教案选/曲海波主编;深圳招商局蛇口工业区育才第二小学编.—哈尔滨:哈尔滨出版社,1995.11.—345页;19cm
ISBN 7-80557-880-X:¥9.90

G623 012328
教学目标管理实验:六年制小学:数学 第十二册/广西教育学院教研部编.—2版.—南宁:广西教育出版社,1995.1.—136页;19cm
ISBN 7-5435-0749-8:¥1.95

G623 012329
教学目标管理实验:六年制小学:数学 第四册/广西教育学院教研部编.—2版.—南宁:广西教育出版社,1995.1.—92页;19cm
ISBN 7-5435-0748-X:¥1.40

G623 012330
教学目标管理实验:六年制小学:数学 第一册/广西教育学院教研部编.—南宁:广西教育出版社,1995.7.—92页;19cm
ISBN 7-5435-2322-1:¥1.70

G623 012331
教学目标管理实验:六年制小学:语文 第八册/广西教育学院教研部编.—2版.—南宁:广西教育出版社,1995.1.—110页;19cm
ISBN 7-5435-1155-X:¥1.65

G623 012332
教学目标管理实验:六年制小学:语文 第十二册/广西教育学院教研部编.—2版.—南宁:广西教育出版社,1995.1.—107页;19cm
ISBN 7-5435-1154-1:¥1.60

G623 012333
教学目标管理实验:五年制小学:数学 第九册/广西教育学院教研部编.—南宁:广西教育出版社,1995.7.—96页;19cm
ISBN 7-5435-2330-2:¥1.80

G623 012334
教学目标管理实验:五年制小学:数学 第七册/广西教育学院教研部编.—南宁:广西教育出版社,1995.7.—104页;19cm
ISBN 7-5435-2317-5:¥1.90

G623 012335
教学目标管理实验:五年制小学:数学 第十册/广西教育学院教研部编.—2版.—南宁:广西教育出版社,1995.1.—136页;19cm
ISBN 7-5435-2009-5:¥1.95

G623 012336
教学目标管理实验:五年制小学:数学 第一册/广西教育学院教研部编.—南宁:广西教育出版社,1995.7.—97页;19cm
ISBN 7-5435-2321-3:¥1.80

G623 012337
教学目标管理实验:五年制小学:数学 第八册/广西教育学院教研部编.—2版.—南宁:广西教育出版社,1995.1.—93页;19cm
ISBN 7-5435-1162-2:¥1.40

G623 012338
教学目标管理实验:五年制小学:数学 第四册/广西教育学院教研部编.—2版.—南宁:广西教育出版社,1995.1.—92页;19cm
ISBN 7-5435-1479-6:¥1.40

G623 012339
教学目标管理实验:五年制小学:语文 第一册/广西教育学院教研部编.—南宁:广西教育出版社,1995.7.—122页;19cm
ISBN 7-5435-2335-3:¥2.20

G623 012340
精编六年制小学语文数学重点难点手册 第九册:五年级合订本/《中小学新教材重点难点解析与训练丛书》编写组编.—2版. 桂林:广西师范大学出版社,1995.3.—236页;19cm.—(中小学新教材重点难点解析与训练丛书)
ISBN 7-5633-1848-8:¥6.50

G623 012341
精编六年制小学语文数学重点难点手册:六年级合订本/《中小学新教材重点难点解析与训练丛书》编写

组编.—2版.—桂林:广西师范大学出版社,1995.3.—1册;19cm.—(中小学新教材重点难点解析与训练丛书)

ISBN 7-5633-1849-6:¥5.20

G623　012342

精编六年制小学语文数学重点难点手册:四年级合订本/《中小学新教材重点难点解析与训练丛书》编写组编.—2版.—桂林:广西师范大学出版社,1995.3.—147页;19cm.—(中小学新教材重点难点解析与训练丛书)

ISBN 7-5633-1847-X:¥5.30

G624　012343

九年义务教育教·学·练丛书:数学:六年制小学:三年级第二学期/北京市海淀区教师进修学校主编.—广州:广东教育出版社,1995.12.—170页;19cm

ISBN 7-5406-3485-5:¥4.10

G624　012344

九年义务教育教·学·练丛书:语文:六年制小学:二年级第二学期/北京市海淀区教师进修学校主编.—广州:广东教育出版社,1995.1.—134页;19cm

ISBN 7-5406-3160-0:¥2.85

G624　012345

九年义务教育教·学·练丛书:语文:六年制小学:三年级第二学期/北京市海淀区教师进修学校主编.—广州:广东教育出版社,1995.12.—159页;19cm

ISBN 7-5406-3481-2:¥4.00

G623　012346

九年义务教育六年制小学教学目标:语文　第二、四、六册合订/《六年制小学语文教学目标》编写组编.—2版.—石家庄:河北教育出版社,1995.12.—41页;19cm

ISBN 7-5434-2307-3:¥0.95

G623　012347

九年义务教育六年制小学教学目标与达标测试:语文　第二册/胡学增主编.—西安:陕西人民教育出版社,1995.11.—103页;19cm

ISBN 7-5419-5522-1:¥2.50

G623　012348

九年义务教育小学教案集系列丛书:数学　第四册/黄映旭主编;《云南教育》编辑部编.—昆明:云南民族出版社,1995.2.—260页;19cm

ISBN 7-5367-0996-X:¥5.80

G623　012349

九年义务教育小学教案集系列丛书:思想品德　第四册/黄映旭主编;《云南教育》编辑部编.—昆明:云南民族出版社,1995.2.—113页;19cm

ISBN 7-5367-0999-4:¥4.20

G623　012350

九年义务教育小学教案集系列丛书:语文　第四册/黄映旭主编;《云南教育》编辑部编.—昆明:云南民族出版社,1995.2.—324页;19cm

ISBN 7-5367-0997-8:¥6.50

G623　012351

九年义务教育小学教案集系列丛书:自然　第四册/黄映旭主编;《云南教育》编辑部编.—昆明:云南民族出版社,1995.2.—151页;19cm

ISBN 7-5367-0998-6:¥4.20

G623　012352

六年制小学二年级第二学期课程教学目标测量:数学/《课程教学目标测量》编写组编.—广州:新世纪出版社,1995.11.—85页;19cm

ISBN 7-5405-1240-7:¥4.80

G623　012353

六年制小学二年级第二学期课程教学目标测量:语文/《课程教学目标测量》编写组编.—广州:新世纪出版社,1995.11.—56页;19cm

ISBN 7-5405-1215-6:¥3.20

G623　012354

六年制小学教学目标:语文　第八、十、十二册合订/《六年制小学教学目标》编写组编.—2版.—石家庄:河北教育出版社,1995.12.—176页;19cm

ISBN 7-5434-2307-3:¥1.65

G623　012355

六年制小学六年级第二学期课程教学目标测量:数学/本书编写组编.—广州:新世纪出版社,1995.11.—76页;19cm

ISBN 7-5405-1222-9:¥4.30

G623　012356

六年制小学六年级第二学期课程教学目标测量:语文/邝狄主编;林伟贞编写.—广州:新世纪出版社,1995.11.—37页;19cm

ISBN 7-5405-1216-4:¥2.40

G623　012357

六年制小学四年级第二学期课程教学目标测量:语文/邝狄主编;李韶生编写.—广州:新世纪出版社,1995.11.—50页;19cm

ISBN 7-5405-1217-2:¥2.95

G623　012358

六年制小学五年级第二学期课程教学目标测量:语文/邝狄主编;刘彩霞编写.—广州:新世纪出版社,1995.11.—43页;19cm

ISBN 7-5405-1225-3:¥2.60

G623　012359

六年制小学一年级第二学期课程教学目标测量:数学/《课程教学目标测量》编写组编.—广州:新世纪出版社,1995.11.—72页;19cm

ISBN 7-5405-1218-0:¥4.00

G623　012360

六年制小学一年级第二学期课程教学目标测量:语文/邝狄主编;蔡惠娴编写.—广州:新世纪出版社,1995.11.—82页;19cm

ISBN 7-5405-1227-X:¥4.50

G623　012361

全国小学自然社会优秀教师课堂教学艺术集萃/冯春河,赵义章主编.—济南:山东教育出版社,1995.12.—658页:彩照;20cm

ISBN 7-5328-2258-3:¥25.30

G623　012362

润物细无声:小学各科教学渗透德育优秀教案选/余瑾主编.—桂林:广西师范大学出版社,1995.9.—330页;19cm

ISBN 7-5633-2080-6: ¥5.50

G623　　012363

说课荟萃/《说课荟萃》编委会编.—南京:南京师范大学出版社,1995.8.—2册;20cm

九年义务教育六年制小学教材配套教师用书

ISBN 7-81047-006-X: ¥14.60

G623　　012364

小学教案:数学　第六册/孙玉香主编;付艳秋,于芳编著.—3版.—沈阳:辽宁教育出版社,1995.12.—118页;26cm

ISBN 7-5382-2677-X: ¥5.50

G623　　012365

小学教案:数学 第五册/孙玉香主编;山洪岩等编著.—2版.—沈阳:辽宁教育出版社,1995.5.—148页;26cm

ISBN 7-5382-3455-1: ¥6.00

G623　　012366

小学教案:语文　第六册/耿天珏主编;高淑华等编著.—2版.—沈阳:辽宁教育出版社,1995.12.—192页;26cm

ISBN 7-5382-2671-0: ¥8.50

G623　　012367

小学教案:语文　第五册/耿天珏主编;高淑华,董文琴编.—沈阳:辽宁教育出版社,1995.5.—189页;26cm

ISBN 7-5382-3407-1: ¥6.00

G623　　012368

小学教学目标与达标测试:数学　第八册/胡学增主编.—西安:陕西人民教育出版社,1995.11.—84页;19cm

ISBN 7-5419-5280-X: ¥2.00

G623　　012369

小学教学目标与达标测试:数学　第二册/胡学增主编.—西安:陕西人民教育出版社,1995.11.—56页;19cm

ISBN 7-5419-5468-3: ¥1.50

G623　　012370

小学教学目标与达标测试:数学　第九册/胡学增主编;沙柳分主编.—西安:陕西人民教育出版社,1995.5.—64页;19cm

九年义务教育六年制

ISBN 7-5419-4483-1: ¥1.40

G623　　012371

小学教学目标与达标测试:数学　第六册/胡学增主编;沙柳分册主编.—西安:陕西人民教育出版社,1995.11.—101页;19cm

ISBN 7-5419-5279-6: ¥2.30

G623　　012372

小学教学目标与达标测试:数学　第七册/胡学增主编;沙柳分主编.—2版.—西安:陕西人民教育出版社,1995.5.—59页;19cm

九年义务教育六年制

ISBN 7-5419-4479-3: ¥1.30

G623　　012373

小学教学目标与达标测试:数学　第十册/胡学增主编;沙柳本册主编.—西安:陕西人民教育出版社,1995.11.—86页;19cm

ISBN 7-5419-5281-8: ¥2.20

G623　　012374

小学教学目标与达标测试:数学　第十二册/胡学增主编.—西安:陕西人民教育出版社,1995.11.—86页;19cm

ISBN 7-5419-5282-6: ¥2.10

G623　　012375

小学教学目标与达标测试:数学　第十一册/胡学增主编.—西安:陕西人民教育出版社,1995.5.—78页;19cm

ISBN 7-5419-4482-3: ¥1.70

G623　　012376

小学教学目标与达标测试:数学　第五册/胡学增主编;沙柳分主编.—西安:陕西人民教育出版社,1995.6.—86页;19cm

ISBN 7-5419-4480-7: ¥1.90

G623　　012377

小学教学目标与达标测试:数学　第一册/胡学增主编;沙柳分主编.—西安:陕西人民教育出版社,1995.5.—50页;19cm

九年义务教育六年制

ISBN 7-5419-4500-5: ¥1.10

G623　　012378

小学教学目标与达标测试:数学 第四册/胡学增主编;沙柳分主编.—西安:陕西人民教育出版社,1995.11.—67页;19cm

ISBN 7-5419-6274-0: ¥1.70

G623　　012379

小学教学目标与达标测试:语文　第九册/胡学增主编;耿道平分主编.—2版.　西安:陕西人民教育出版社,1995.5.—71页;19cm

ISBN 7-5419-4431-9: ¥1.50

G623　　012380

小学教学目标与达标测试:语文　第六册/胡学增主编;耿道平分册主编.—西安:陕西人民教育出版社,1995.11.—80页;19cm

ISBN 7-5419-5287-7: ¥2.00

G623　　012381

小学教学目标与达标测试:语文　第十册/胡学增主编;耿道平本册主编.—西安:陕西人民教育出版社,1995.11.—85页;19cm

ISBN 7-5419-5288-5: ¥2.20

G623　　012382

小学教学目标与达标测试:语文　第十二册/胡学增主编.—西安:陕西人民教育出版社,1995.11.—76页;19cm

ISBN 7-5419-5284-2: ¥1.80

G623　　012383

小学教学目标与达标测试:语文　第十一册/胡学增

主编;耿道平分主编.—西安:陕西人民教育出版社,1995.5.—66页;19cm

ISBN 7-5419-4430-0:¥1.40

G623　012384

小学教学目标与达标测试:语文　第五册/胡学增主编;耿道平分主编.—2版.—西安:陕西人民教育出版社,1995.5.—52页;19cm

ISBN 7-5419-4429-7:¥1.20

G623　012385

小学教学目标与达标测试:语文　第一册/胡学增主编;耿道平分主编.—西安:陕西人民教育出版社,1995.5.—102页;19cm

ISBN 7-5419-4433-5:¥2.10

G623　012386

小学生活动体系研究/黄华明主编.—上海:上海教育出版社,1995.6.—310页;19cm

ISBN 7-5320-3973-0:¥8.00

G623　012387

小学生学习指导丛书:语文:一年级　第一册/云南省教委教研室编写.—昆明:晨光出版社,1995.6.—124页;19cm

九年义务教育六年制小学

ISBN 7-5414-0990-1:¥2.30

G623　012388

小学语文、思想品德复式班教学参考书　第三册/浙江省教育委员会义务教育教材编委会编.—杭州:浙江教育出版社,1995.7.—287页;19cm

ISBN 7-5338-2092-4:¥7.00

G623　012389

小学语文、思想品德复式班教学参考书　第一册/浙江省教育委员会义务教育教材编委会编.—杭州:浙江教育出版社,1995.7.—278页;19cm

ISBN 7-5338-2091-6:¥6.90

G623　012390

新疆全日制小学课堂教学目标与评价:数学　第九册/新疆维吾尔自治区教委教研室编.—乌鲁木齐:新疆科技卫生出版社,1995.7.—49页;19cm

ISBN 7-5372-1078-0:¥1.40

G623　012391

新疆全日制小学课堂教学目标与评价:数学　第七册/新疆维吾尔自治区教委教研室编.—乌鲁木齐:新疆科技卫生出版社,1995.7.—51页;19cm

ISBN 7-5372-1080-2:¥1.50

G623　012392

新疆全日制小学课堂教学目标与评价:数学　第三册/新疆维吾尔自治区教委教研室编.—乌鲁木齐:新疆科技卫生出版社,1995.7.—47页;19cm

ISBN 7-5372-1068-3:¥1.40

G623　012393

新疆全日制小学课堂教学目标与评价:数学　第十一册/新疆维吾尔自治区教委教研室编.—乌鲁木齐:新疆科技卫生出版社,1995.7.—46页;19cm

ISBN 7-5372-1070-5:¥1.40

G623　012394

新疆全日制小学课堂教学目标与评价:数学　第五册/新疆维吾尔自治区教委教研室编.—乌鲁木齐:新疆科技卫生出版社,1995.7.—40页;19cm

ISBN 7-5372-1069-1:¥1.20

G623　012395

新疆全日制小学课堂教学目标与评价:数学　第一册/新疆维吾尔自治区教委教研室编.—乌鲁木齐:新疆科技卫生出版社,1995.7.—48页;19cm

ISBN 7-5372-1079-9:¥1.40

G623　012396

新疆全日制小学课堂教学目标与评价:语文　第九册/新疆维吾尔自治区教委教研室编.—乌鲁木齐:新疆科技卫生出版社,1995.7.—49页;19cm

ISBN 7-5372-1072-1:¥1.40

G623　012397

新疆全日制小学课堂教学目标与评价:语文　第七册/新疆维吾尔自治区教委教研室编.—乌鲁木齐:新疆科技卫生出版社,1995.7.—54页;19cm

ISBN 7-5372-1071-3:¥1.50

G623　012398

新疆全日制小学课堂教学目标与评价:语文　第三册/新疆维吾尔自治区教育委员会教学研究室编.—乌鲁木齐:新疆科技卫生出版社,1995.6.—54页;19cm

ISBN 7-5372-1062-4:¥1.50

G623　012399

新疆全日制小学课堂教学目标与评价:语文　第十一册/新疆维吾尔自治区教委教研室编.—乌鲁木齐:新疆科技卫生出版社,1995.7.—54页;19cm

ISBN 7-5372-1074-8:¥1.50

G623　012400

新疆全日制小学课堂教学目标与评价:语文　第五册/新疆维吾尔自治区教育委员会教学研究室编.—乌鲁木齐:新疆科技卫生出版社,1995.6.—54页;19cm

ISBN 7-5372-1063-2:¥1.50

G623　012401

新疆全日制小学课堂教学目标与评价:语文　第一册/新疆维吾尔自治区教委教研室编.—乌鲁木齐:新疆科技卫生出版社,1995.7.—66页;19cm

ISBN 7-5372-1061-6:¥1.70

G623　012402

新疆全日制小学课堂教学目标与评价:自然　第三册/新疆维吾尔自治区教委教研室编.—乌鲁木齐:新疆科技卫生出版社,1995.6.—48页;19cm

ISBN 7-5372-1135-3:¥1.40

G623　012403

新疆全日制小学课堂教学目标与评价:自然　第三册/新疆维吾尔自治区教委教研室编.—乌鲁木齐:新疆科技卫生出版社,1995.7.—52页;19cm

义务教材

ISBN 7-5372-1087-X:¥1.50

G623　012404

新疆全日制小学课堂教学目标与评价:自然　第五册/新疆维吾尔自治区教委教研室编.—乌鲁木齐:新疆科技卫生出版社,1995.7.—49页;19cm

ISBN 7-5372-1136-1: ¥1.40

G623 012405

新疆全日制小学课堂教学目标与评价:自然　第五册/新疆维吾尔自治区教委教研室编.—乌鲁木齐:新疆科技卫生出版社,1995.6.—33页;19cm

义务教材

ISBN 7-5372-1088-8: ¥1.10

G623 012406

新疆全日制小学课堂教学目标与评价:自然　第一册/新疆维吾尔自治区教委教研室编.—乌鲁木齐:新疆科技卫生出版社,1995.7.—46页;19cm

义务教材

ISBN 7-5372-1086-1: ¥1.40

G623 012407

新疆全日制小学课堂教学目标与评价:自然　第一册/新疆维吾尔自治区教委教研室编.—乌鲁木齐:新疆科技卫生出版社,1995.6.—53页;19cm

ISBN 7-5372-1134-5: ¥1.50

G623 012408

义务教育小学教学挂图　第六册:语文、常识、思想品德、生活与劳动/钱正权等编;杨安等绘.—杭州:浙江教育出版社,1995.12.—35张;53×77cm等

¥39.00

G623 012409

义务教育小学课本(试用)教学参考书:音乐:五年级上册/浙江省义务教育教材编委会编.—杭州:浙江教育出版社,1995.7.—36页;26cm

ISBN 7-5338-2109-2: ¥1.60

G623 012410

义务教育小学语文、思想品德第四册教学参考书/浙江省义务教育教材编委会编.—杭州:浙江教育出版社,1995.1.—201页;19cm

ISBN 7-5338-1942-X: ¥2.95

G623 012411

义务教育小学语文思想品德复式班教学参考书　第二册/浙江省教育委员会义务教育教材编委会编.—杭州:浙江教育出版社,1995.12.—222页;19cm

ISBN 7-5338-2262-5: ¥3.60

G623 012412

义务教育小学语文思想品德复式班教学参考书　第四册/浙江省教育委员会义务教育教材编委会编.—杭州:浙江教育出版社,1995.12.—262页;19cm

ISBN 7-5338-2265-X: ¥4.10

G623 012413

影视与课文:小学部分/中共中央宣传部宣教局等编.—上海:上海教育出版社,1995.7.—95页;19cm

100部优秀爱国主义影视教育片教学用书

ISBN 7-5320-4237-5: ¥2.90

G623 012414

云南省义务教育教学单元目标检测:数学:小学二年级下学期/云南省义务教育教学单元目标检测编委会编.—昆明:云南教育出版社,1995.11.—25页;26cm

ISBN 7-5415-1079-3: ¥1.50

G623 012415

云南省义务教育教学单元目标检测:数学:小学一年级上学期/云南省义务教育教学单元目标检测编委会编.—昆明:云南教育出版社,1995.5.—14页;26cm

ISBN 7-5415-1023-8: ¥0.90

G623 012416

云南省义务教育教学单元目标检测:语文:小学二年级下学期/云南省义务教育教学单元目标检测编委会编.—昆明:云南教育出版社,1995.11.—24页;26cm

ISBN 7-5415-1077-7: ¥1.80

G623 012417

云南省义务教育教学单元目标检测:语文:小学一年级上学期/云南省义务教育教学单元目标检测编委会编.—昆明:云南教育出版社,1995.5.—24页;26cm

ISBN 7-5415-0997-3: ¥1.30

G623 012418

云南省义务教育教学单元目标检测:语文:小学一年级下学期/云南省义务教育教学单元目标检测编委会编.—昆明:云南教育出版社,1995.12.—22页;26cm

ISBN 7-5415-1076-9: ¥1.60

G623 012419

浙江省义务教育多媒体组合教学设计指导:小学三年级:语文·数学·常识/王晓文主编.—上海:上海科学技术文献出版社,1995.8.—3册;20cm

ISBN 7-5439-0800-X: ¥21.00

G623 012420

中国特级教师教案精选:小学语文分册:1~3年级/陈文博,韦鹏飞主编;杨丽娜分册编著.—北京:北京师范大学出版社,1995.10.—187页;19cm

ISBN 7-303-03967-8: ¥6.00

G623 012421

中国特级教师教案精选:小学语文分册:4~6年级/陈文博,韦鹏飞主编;张光缨分册编著.—北京:北京师范大学出版社,1995.11.—198页;19cm

ISBN 7-303-03967-8: ¥6.00

G623 012422

中小学学科教学标准:小学思想品德　第十册/《中小学学科教学基本标准》课题组编.—2版.—北京:北京教育出版社,1995.12.—25页;26cm

ISBN 7-5303-0629-4: ¥2.40

G623 012423

中小学学科教学基本标准:小学地理(下)　/《中小学学科教学基本标准》课题组编.—2版.—北京:北京教育出版社,1995.12.—38页;26cm

ISBN 7-5303-0636-7: ¥3.00

G623 012424

中小学学科教学基本标准:小学历史(下)/《中小学学科教学基本标准》课题组编.—2版.—北京:北京教育出版社,1995.12.—36页;26cm

ISBN 7-5303-0637-5: ¥3.00

G623 012425

中小学学科教学基本标准:小学数学　第八册/《中小学学科教学基本标准》课题组编.—2版.—北京:北京教育出版社,1995.12.—48页;26cm

ISBN 7-5303-0627-8: ¥3.60

G623　012426
中小学学科教学基本标准:小学数学　第十册/《中小学学科教学基本标准》课题组编.—2 版.—北京:北京教育出版社,1995.12.—53 页;26cm
ISBN 7-5303-0641-3:¥3.80

G623　012427
中小学学科教学基本标准:小学数学　第十二册/《中小学学科教学基本标准》课题组编.—2 版.—北京:北京教育出版社,1995.12.—39 页;26cm
ISBN 7-5303-0628-6:¥3.20

G623　012428
中小学学科教学基本标准:小学数学　第四册/《中小学学科教学基本标准》课题组编.—2 版.—北京:北京教育出版社,1995.12.—51 页;26cm
ISBN 7-5303-0834-3:¥3.80

G623　012429
中小学学科教学基本标准:小学思想品德　第八册/《中小学学科教学基本标准》课题组编.—北京:北京教育出版社,1995.12.—32 页;26cm
ISBN 7-5303-0639-1:¥2.60

G623　012430
中小学学科教学基本标准:小学思想品德　第六册/《中小学学科教学基本标准》课题组编.—2 版.—北京:北京教育出版社,1995.12.—39 页;26cm
ISBN 7-5303-0638-3:¥3.00

G623　012431
中小学学科教学基本标准:小学思想品德　第十二册/《中小学学科教学基本标准》课题组编.—2 版.—北京:北京教育出版社,1995.12.—30 页;26cm
ISBN 7-5303-0630-8:¥2.60

G623　012432
中小学学科教学基本标准:小学语文　第八册/《中小学学科教学基本标准》课题组编.—2 版.—北京:北京教育出版社,1995.12.—47 页;26cm
ISBN 7-5303-0634-0:¥3.60

G623　012433
中小学学科教学基本标准:小学语文　第二册/《中小学学科教学基本标准》课题组编.—2 版.—北京:北京教育出版社,1995.12.—39 页;26cm
ISBN 7-5303-0804-1:¥3.00

G623　012434
中小学学科教学基本标准:小学语文　第六册/《中小学学科教学基本标准》课题组编.—北京:北京教育出版社,1995.12.—38 页;26cm
ISBN 7-5303-0633-2:¥3.00

G623　012435
中小学学科教学基本标准:小学语文　第十册/《中小学学科教学基本标准》课题组编.—2 版.—北京:北京教育出版社,1995.12.—48 页;26cm
ISBN 7-5303-0625-1:¥3.60

G623　012436
中小学学科教学基本标准:小学语文　第十二册/《中小学学科教学基本标准》课题组编.—2 版.—北京:北京教育出版社,1995.12.—45 页;26cm
ISBN 7-5303-0626-X:¥3.40

G623　012437
中小学学科教学基本标准:小学语文　第四册/《中小学学科教学基本标准》课题组编.—北京:北京教育出版社,1995.12.—42 页;26cm
ISBN 7-5303-0809-2:¥3.20

G623　012438
中小学学科教学基本标准:小学自然　第二册/《中小学学科教学基本标准》课题组编.—2 版.—北京:北京教育出版社,1995.12.—50 页;26cm
供四年级使用
ISBN 7-5303-0635-9:¥3.60

G623　012439
中小学学科教学基本标准:小学自然　第二册:义教版/《中小学学科教学基本标准》课题组编.—北京:北京教育出版社,1995.12.—43 页;26cm
供一年级用
ISBN 7-5303-0831-9:¥3.40

G623　012440
中小学学科教学基本标准:小学自然　第六册/《中小学学科教学基本标准》课题组编.—2 版.—北京:北京教育出版社,1995.12.—33 页;26cm
供六年级使用
ISBN 7-5303-0632-4:¥2.80

G623　012441
中小学学科教学基本标准:小学自然　第六册:义教版/《中小学学科教学基本标准》课题组编.—2 版.—北京:北京教育出版社,1995.12.—39 页;26cm
供三年级用
ISBN 7-5303-0835-1:¥3.20

G623　012442
中小学学科教学基本标准:小学自然　第四册/《中小学学科教学基本标准》课题组编.—2 版.—北京:北京教育出版社,1995.12.—40 页;26cm
ISBN 7-5303-0631-6:¥3.20

G623　012443
中小学学科教学基本标准:小学自然　第四册:义教版/《中小学学科教学基本标准》课题组编.—北京:北京教育出版社,1995.12.—29 页;26cm
供二年级用
ISBN 7-5303-0827-0:¥2.60

G623　012444
中小学学科教训基本标准:小学数学　第二册/《中小学学科教学基本标准》课题组编.—2 版.—北京:北京教育出版社,1995.12.—35 页;26cm
ISBN 7-5303-0828-9:¥3.00

G623-61　012445
小学教学全书:社会卷/柳斌主编;刘淑梅,臧嵘分主编.—上海:上海教育出版社,1995.12.—489 页;20cm
ISBN 7-5320-4187-5:¥19.30

G623-61　012446
小学教学全书:数学卷/柳斌主编;顾汝佐等分主编.—上海:上海教育出版社,1995.12.—606 页;20cm
ISBN 7-5320-3806-8:¥23.00

G623-61　012447
小学教学全书:思想品德卷/柳斌主编;吴慧珠分主编.—上海:上海教育出版社,1995.12.—456页;20cm
ISBN 7-5320-4271-5:¥18.00

G623-61　012448
小学教学全书:英语卷/柳斌主编;陈少敏分主编.—上海:上海教育出版社,1995.12.—509页;20cm
ISBN 7-5320-4184-0:¥19.50

G623-61　012449
小学教学全书:语文卷/柳斌主编;何以聪分主编.—上海:上海教育出版社,1995.12.—517页;20cm
ISBN 7-5320-3878-5:¥20.00

G623-61　012450
小学教学全书:自然·劳动卷/柳斌主编;陈国麟,刘炳生分主编.—上海:上海教育出版社,1995.12.—498页;20cm
ISBN 7-5320-4037-2:¥19.50

G623.1 政治

G623.1　012451
九年义务教育湖北省小学晨会活动指导:三年级/黄立新等编写.—武汉:湖北教育出版社,1995.5.—302页;19cm
ISBN 7-5351-1745-7:¥4.45

G623.1　012452
九年义务教育六年制小学社会第六册教案/人民教育出版社地理社会室编著.—延吉:东北朝鲜民族教育出版社;北京:人民教育出版社,1995.11.—159页;26cm.—(九年义务教育教材〈人教版〉教案系列丛书)
ISBN 7-5437-2465-0:¥6.00

G623.1　012453
九年义务教育六年制小学社会第三册(试用本)教师教学用书/人民教育出版社地理社会室编著.—北京:人民教育出版社,1995.11.—174页;19cm
ISBN 7-107-11395-X:¥3.30

G623.1　012454
九年义务教育六年制小学社会第五册教案/人民教育出版社地理社会室编著.—延吉:东北朝鲜民族教育出版社;北京:人民教育出版社,1995.7.—195页;26cm.—(九年义务教育教材<人教版>教案系列丛书)
ISBN 7-5437-2438-3:¥6.00

G623.1　012455
九年义务教育五年制、六年制小学社会第二册(实验本)教师教学用书/江苏省教委教研室,中国地图出版社编著.—北京:中国地图出版社,1995.1.—193页;19cm
ISBN 7-5031-1764-8:¥4.00

G623.1　012456
九年义务教育五年制、六年制小学社会第三册(实验本)教师教学用书/江苏省教委教研室,中国地图出版社编著.—北京:中国地图出版社,1995.6.—251页;19cm
ISBN 7-5031-1779-6:¥4.80

G623.1　012457
九年义务教育五年制、六年制小学社会第四册(实验本)教师教学用书/江苏省教委教研室,中国地图出版社编.—北京:中国地图出版社,1995.10.—244页;19cm
ISBN 7-5031-1798-2:¥6.60

G623.1　012458
九年义务教育五年制小学社会第六册教案/人民教育出版社地理社会室编著.—延吉:东北朝鲜民族教育出版社;北京:人民教育出版社,1995.11.—159页;26cm.—(九年义务教育教材〈人教版〉教案系列丛书)
ISBN 7-5437-2464-2:¥6.50

G623.1　012459
九年义务教育五年制小学社会第五册教案/人民教育出版社地理社会室编著.—延吉:东北朝鲜民族教育出版社;北京:人民教育出版社,1995.7.—195页;26cm.—(九年义务教育教材<人教版>教案系列丛书)
ISBN 7-5437-2437-5:¥6.00

G623.1　012460
九年义务教育五年制小学试用课本社会教学参考书第四册/北京师范大学"五四"教材总编委员会编.—沈阳:辽宁美术出版社,1995.12.—115页;19cm
ISBN 7-5314-1359-0:¥3.90

G623.1　012461
九年义务教育五年制小学试用课本社会教学参考书第三册/陶卫,刘彦芳主编.—2版.—沈阳:辽宁美术出版社,1995.6.—97页;19cm
ISBN 7-5314-1289-6:¥2.55

G623.1　012462
九年制义务教育课本社会教学参考资料:三年级第二学期/上海中小学课程教材改革委员会编.—2版.—上海:上海教育出版社,1995.11.—77页;19cm
ISBN 7-5320-4481-5:¥1.85

G623.1　012463
品德与社会教师教学用书:实验本　第五册/小学复式教材编写委员会编著.—石家庄:河北教育出版社,1995.6.—137页;26cm
义务教育五年制、六年制小学复式教材
ISBN 7-5434-2390-1:¥3.40

G623.1　012464
社会知识讲座:历史分册/张媛主编;河南省小学教师继续教育教材编委会编.—郑州:河南教育出版社,1995.2.—166页;19cm
小学教师继续教育试用教材
ISBN 7-5347-1690-X:¥2.40

G623.1　012465
义务教育五年制、六年制小学复式教材品德与社会教师教学用书:实验本　第六册/小学复式教材编写委员会编著.—石家庄:河北教育出版社,1995.12.—103页;26cm
ISBN 7-5434-2474-6:¥3.40

G623.1　012466
义务教育五年制六年制小学社会第一册(试用本)教师教学用书/江苏省教委教研室,中国地图出版社编著.—北京:中国地图出版社,1995.6.—205页;19cm
ISBN 7-5031-1586-6:¥5.60

G623.15　012467
广西壮族自治区九年义务教育小学试用课本思想品德第三册教学参考书/广西壮族自治区小学思想品德课教材编写组编.—3版.—南宁:广西教育出版社,1995.5.—56页;19cm
ISBN 7-5435-0241-0:¥0.88

G623.15　012468
湖北省武汉市小学思想品德课(试用本)教学参考书:二年级第二学期/武汉市教学研究室编.—2版.—武汉:湖北教育出版社,1995.10.—162页;19cm
ISBN 7-5351-1216-1:¥3.60

G623.15　012469
湖北省武汉市小学思想品德课(试用本)教学参考书:六年级第二学期/武汉市教学研究室编.—2版.—武汉:湖北教育出版社,1995.10.—89页;19cm
ISBN 7-5351-1195-5:¥2.20

G623.15　012470
江西省小学试用课本思想品德教学参考书:二年级上学期/江西省教委教学教材研究室编.—南昌:江西教育出版社,1995.7.—64页;19cm
ISBN 7-5392-2004-0:¥0.90

G623.15　012471
江西省小学试用课本思想品德教学参考书:二年级下学期/江西省教委教学教材研究室编.—南昌:江西教育出版社,1995.12.—65页;19cm
ISBN 7-5392-2402-9:¥1.25

G623.15　012472
江西省小学试用课本思想品德教学参考书:三年级下学期/江西省教委教学教材研究室编.—南昌:江西教育出版社,1995.12.—67页;19cm
ISBN 7-5392-2400-2:¥1.30

G623.15　012473
江西省小学试用课本思想品德教学参考书:四年级上学期/江西省教委教学教材研究室编.—南昌:江西教育出版社,1995.7.—64页;19cm
ISBN 7-5392-1789-5:¥0.90

G623.15　012474
江西省小学试用课本思想品德教学参考书:四年级下学期/江西省教委教学教材研究室编.—南昌:江西教育出版社,1995.12.—79页;19cm
ISBN 7-5392-2632-3:¥1.40

G623.15　012475
江西省小学试用课本思想品德教学参考书:五年级上学期/江西省教委教学教材研究室编.—南昌:江西教育出版社,1995.7.—92页;19cm
ISBN 7-5392-2003-1:¥1.30

G623.15　012476
江西省小学试用课本思想品德教学参考书:五年级下学期/江西省教委教学教材研究室编.—南昌:江西教育出版社,1995.12.—102页;19cm
ISBN 7-5392-2403-7:¥1.80

G623.15　012477
江西省小学试用课本思想品德教学参考书:一年级上学期/江西省教委教学教材研究室编.—南昌:江西教育出版社,1995.7.—65页;19cm
ISBN 7-5392-1973-4:¥1.00

G623.15　012478
江西省小学思想品德试用课本教学参考书:三年级上学期/江西省教委教学教材研究室编.—南昌:江西教育出版社,1995.7.—70页;19cm
ISBN 7-5392-1789-5:¥1.00

G623.15　012479
九年义务教育六年制思想品德教学参考书　第七册/山东省教学研究室编著.—2版.—济南:山东美术出版社,1995.4.—113页;19cm
ISBN 7-5330-0759-X:¥2.40

G623.15　012480
九年义务教育六年制思想品德教学参考书　第五册/山东省教学研究室编著.—2版.—济南:山东美术出版社,1995.4.—110页;19cm
ISBN 7-5330-0758-1:¥2.30

G623.15　012481
九年义务教育六年制小学试用课本思想品德第六册教学参考书/九年义务教育教材(沿海地区)编写委员会编.—广州:广东教育出版社,1995.12.—61页;19cm
ISBN 7-5406-3489-8:¥1.45

G623.15　012482
九年义务教育六年制小学试用课本思想品德第五册教学参考书/黑龙江省教育学院初教部编.—2版.—哈尔滨:黑龙江教育出版社,1995.5.—55页;19cm
ISBN 7-5316-2383-8:¥1.05

G623.15　012483
九年义务教育六年制小学试用课本思想品德第五册教学参考书/汪红,陶元红编.—6版.—成都:四川教育出版社,1995.6.—145页;19cm
ISBN 7-5408-2119-1:¥1.75

G623.15　012484
九年义务教育六年制小学试用课本思想品德教师教学用书　第六册/胡国有,马国林主编.—沈阳:辽宁教育出版社,1995.10.—203页;19cm
ISBN 7-5382-4324-0:¥4.50

G623.15　012485
九年义务教育六年制小学试用课本思想品德教师教学用书　第十册/胡国有,马国林主编.—沈阳:辽宁教育出版社,1995.10.—133页;19cm
ISBN 7-5382-4326-7:¥3.00

G623.15　012486
九年义务教育六年制小学试用课本思想品德教师教学用书　第十二册/胡国有,马国林主编.—沈阳:辽宁教育出版社,1995.11.—115页;19cm
ISBN 7-5382-4330-5:¥2.70

G623.15　012487
九年义务教育六年制小学试用课本思想品德教学参

考书　第五册/九年义务教育教材(沿海地区)编写委员会编.—广州:广东教育出版社,1995.7.—54页;19cm

ISBN 7-5406-3295-X:¥1.15

G623.15　012488

九年义务教育六年制小学思想品德第六册教案/人民教育出版社政治室编著.—延吉:东北朝鲜民族教育出版社;北京:人民教育出版社,1995.10.—76页;26cm.—(九年义务教育教材〈人教版〉教案系列丛书)

ISBN 7-5437-2441-3:¥3.50

G623.15　012489

九年义务教育六年制小学思想品德第五册教案/人民教育出版社政治室编著.—延吉:东北朝鲜民族教育出版社;北京:人民教育出版社,1995.4.—84页;26cm.—(九年义务教育教材〈人教版〉教案系列丛书)

ISBN 7-5437-1911-8:¥3.50

G623.15　012490

九年义务教育全日制六年制小学试用课本思想品德教师教学用书　第九册/胡国有,马国林主编;相阳,刘淑珍编.—2版.—沈阳:辽宁美术出版社,1995.5.—150页;19cm

ISBN 7-5314-1105-9:¥3.40

G623.15　012491

九年义务教育全日制六年制小学试用课本思想品德教师教学用书　第十一册/胡国有,马国林主编;王素贤,李志琴编.—2版.—沈阳:辽宁美术出版社,1995.5.—142页;19cm

ISBN 7-5314-1104-0:¥3.20

G623.15　012492

九年义务教育全日制五年制小学试用课本思想品德第八册教学参考书/黑龙江省教育学院编.—2版.—哈尔滨:黑龙江教育出版社,1995.1.—89页;19cm

ISBN 7-5316-1767-6:¥1.50

G623.15　012493

九年义务教育全日制五年制小学试用课本思想品德第十册教学参考书/黑龙江省教育学院编.—2版.—哈尔滨:黑龙江教育出版社,1995.1.—76页;19cm

ISBN 7-5316-1768-4:¥1.30

G623.15　012494

九年义务教育五年制、六年制小学试用课本思想品德教师教学用书　第二册/胡国有,马国林主编.—沈阳:辽宁教育出版社,1995.10.—118页;19cm

ISBN 7-5382-4070-5:¥2.75

G623.15　012495

九年义务教育五年制、六年制小学试用课本思想品德教师教学用书　第四册/胡国有,马国林主编.—沈阳:辽宁教育出版社,1995.10.—123页;19cm

ISBN 7-5382-4327-5:¥2.85

G623.15　012496

九年义务教育五年制小学试用课本思想品德第五册教学参考书/黑龙江省教育学院编.—2版.—哈尔滨:黑龙江教育出版社,1995.4.—56页;19cm

ISBN 7-5316-2387-0:¥1.05

G623.15　012497

九年义务教育五年制小学试用课本思想品德教师教学用书　第六册/胡国有,马国林主编.—沈阳:辽宁教育出版社,1995.10.—169页;19cm

ISBN 7-5382-4069-1:¥3.85

G623.15　012498

九年义务教育五年制小学思想品德第六册教案/人民教育出版社政治室编著.—延吉:东北朝鲜民族教育出版社;北京:人民教育出版社,1995.10.—76页;26cm.—(九年义务教育教材〈人教版〉教案系列丛书)

ISBN 7-5437-2440-5:¥3.50

G623.15　012499

九年义务教育五年制小学思想品德第五册教案/人民教育出版社政治室编著.—延吉:东北朝鲜民族教育出版社;北京:人民教育出版社,1995.4.—84页;26cm.—(九年义务教育教材〈人教版〉教案系列丛书)

ISBN 7-5437-1910-X:¥3.50

G623.15　012500

九年义务教育小学思想品德课教案设计:三年级/湖北省教学研究室编.—武汉:湖北教育出版社,1995.6.—265页;19cm

ISBN 7-5351-1723-6:¥4.60

G623.15　012501

九年制义务教育课本思想品德教学参考资料:三年级第一学期/上海中小学课程教材改革委员会编.—上海:上海教育出版社,1995.6.—102页;19cm

ISBN 7-5320-4349-5:¥1.65

G623.15　012502

全日制小学试用课本思想品德第八册教学参考书/杜培俸主编;四川省教育委员会小学思想品德教材编写组编.—7版.—成都:四川教育出版社,1995.11.—164页;19cm

ISBN 7-5408-0895-0:¥2.65

G623.15　012503

全日制小学试用课本思想品德第九册教学参考书/杜培俸主编;四川省教育委员会小学思想品德教材编写组编.—6版.—成都:四川教育出版社,1995.5.—175页;19cm

ISBN 7-5408-0555-2:¥2.05

G623.15　012504

全日制小学试用课本思想品德第七册教学参考书/杜培俸主编;四川省教育委员会小学思想品德教材编写组编.—6版.—成都:四川教育出版社,1995.5.—198页;19cm

ISBN 7-5408-0554-4:¥2.35

G623.15　012505

三年制中等师范学校课本小学思想品德课教材教法/江苏省中等师范学校教材编写组编.—修订本.—南京:江苏教育出版社,1995.5.—213页;19cm

ISBN 7-5343-2306-1:¥3.25

G623.15　012506

山东省五、六年制小学思想品德课教案精选　第二册/陈泽河,韩绪金主编.—大连:辽宁师范大学出版社,1995.1.—104页;19cm

ISBN 7-81042-062-3:¥2.80

G623.15　012507
山东省五、六年制小学思想品德课教案精选　第四册/陈泽河，韩绪金主编.—大连：辽宁师范大学出版社，1995.1.—102页；19cm
ISBN 7-81042-062-3：¥2.80

G623.15　012508
思想品德课教学指南/陈宇光主编.—苏州：苏州大学出版社，1995.8.—2册(845页)；19cm
ISBN 7-81037-163-0：¥16.80

G623.15　012509
小学思想品德教材教法/徐斌主编.—北京：人民教育出版社，1995.10.—249页；19cm
中等师范学校教科书：试用本
ISBN 7-107-11429-8：¥5.90

G623.15　012510
小学思想品德课补充教材　第九册/湖南省教育科学研究所编.—2版.—长沙：湖南教育出版社，1995.5.—45页；19cm
教师用书
ISBN 7-5355-0864-2：¥0.95

G623.15　012511
小学思想品德课补充教材　第十一册/湖南省教育科学研究所编.—2版.—长沙：湖南教育出版社，1995.5.—53页；19cm
教师用书
ISBN 7-5355-0866-9：¥1.10

G623.15　012512
小学思想品德课教学参考书　第九册/天津市小学"思想品德"教材编写组编.—6版.—天津：天津教育出版社，1995.5.—65页；19cm
ISBN 7-5309-0449-3：¥1.45

G623.15　012513
小学思想品德课教学参考书　第七册/天津市小学"思想品德"教材编写组编.—4版.—天津：天津教育出版社，1995.6.—61页；19cm
ISBN 7-5309-0448-5：¥1.25

G623.15　012514
义务教育全日制小学教材(试用本)思想品德教学参考书　第四册/江苏省教育委员会教研室编.—2版.—南京：江苏教育出版社，1995.12.—100页；19cm
ISBN 7-5343-2265-0：¥1.80

G623.15　012515
义务教育山东省六年制小学思想品德教学参考书　第二册/山东小教学研究室编.—2版.—济南：山东美术出版社，1995.4.—133页；26cm
ISBN 7-5330-0728-X：¥9.75

G623.15　012516
义务教育山东省六年制小学思想品德教学参考书　第十一册/山东省教学研究室编著.—济南：山东美术出版社，1995.6.—109页；19cm
ISBN 7-5330-0892-8：¥2.35

G623.15　012517
义务教育山东省五、六年制小学思想品德课教案精选　第三册/陈泽河，韩绪金主编.—大连：辽宁师范大学，1995.3.—110页；19cm
ISBN 7-81042-062-3：¥2.80

G623.15　012518
义务教育山东省五、六年制小学思想品德课教案精选　第一册/陈泽河，韩绪金主编.—大连：辽宁师范大学出版社，1995.1.—103页；19cm
ISBN 7-81042-062-3：¥2.80

G623.15　012519
义务教育山东省五年制小学思想品德教学参考书　第二册/山东省教学研究室编著.—2版.—济南：山东美术出版社，1995.4.—133页；26cm
ISBN 7-5330-0727-1：¥9.75

G623.15　012520
义务教育山东省五年制小学思想品德教学参考书　第七册/山东省教学研究室编著.—2版.—济南：山东美术出版社，1995.4.—129页；19cm
ISBN 7-5330-0757-3：¥2.70

G623.15　012521
义务教育山东省五年制小学思想品德课教案精选　第五册/陈泽河，韩绪金主编.—大连：辽宁师范大学出版社，1995.1.—96页；19cm
ISBN 7-81042-062-3：¥2.80

G623.15　012522
义务教育小学思想品德第七册教学参考书/浙江省义务教育教材编委会编.—杭州：浙江教育出版社，1995.6.—119页；19cm
ISBN 7-5338-2063-0：¥1.90

G623.15　012523
中国小学思想品德教学史/高谦民主编.—济南：山东教育出版社，1995.6.—511页；20cm.—(中国小学各科教学史丛书/赵承福等主编)
ISBN 7-5328-2122-6(精装)：¥25.10

G623.2 语文

G623.2　012524
"注音识字，提前读写"实验课本(修订版)语文第三册教学参考书/"注音识字，提前读写"实验教材编委会编.—2版.—哈尔滨：黑龙江教育出版社，1995.3.—125页；26cm
ISBN 7-5316-1330-1：¥4.80

G623.2　012525
"注音识字，提前读写"实验课本五年后接续教学参考书　(上)/潘自由主编；"注音识字，提前读写"实验教材编委会编.—哈尔滨：黑龙江教育出版社，1995.3.—104页；19cm
ISBN 7-5316-2751-5：¥2.20

G623.2　012526
"注音识字，提前读写"语文教案　第二册/12省"注·提"教材编委会编.—北京：语文出版社，1995.10.—266页；19cm
ISBN 7-80006-986-9：¥8.50

G623.2　012527

“注音识字,提前读写”语文教案 第三册/12省“注·提”教材编委会编.—北京:语文出版社,1995.5.—280页;19cm
ISBN 7-80006-965-6:¥7.50

G623.2 012528
“注音识字,提前读写”语文教案 第四册/12省“注·提”教材编委会编.—北京:语文出版社,1995.10.—318页;19cm
ISBN 7-80126-024-4:¥8.30

G623.2 012529
“注音识字,提前读写”语文教案 第一册/12省“注·提”教材编委会编.—北京:语文出版社,1995.5.—286页;19cm
ISBN 7-80006-964-8:¥7.80

G623.2 012530
北京市九年义务教育六年制小学课本(实验本)语文教学参考书 第七册/北京市教育局教学研究部编.—北京:北京出版社,1995.6.—147页;19cm
ISBN 7-200-02734-0:¥2.80

G623.2 012531
北京市九年义务教育六年制小学课本(试用本)语文教学参考书 第五册/北京市教育局教学研究部编.—2版.—北京:北京出版社,1995.6.—151页;19cm
ISBN 7-200-02441-4:¥2.55

G623.2 012532
北京市九年义务教育六年制小学课本语文第三册生字教学卡片/北京市教育局教学研究部编.—北京:北京出版社,1995.—359张;19cm
教师用
ISBN 7-200-02462-7:¥20.00

G623.2 012533
北京市九年义务教育六年制小学课本语文第一册生字教学卡片/北京市教育局教学研究部编.—北京:北京出版社,1995.—160张;19cm
教师用
ISBN 7-200-02130-X:¥10.00

G623.2 012534
北京市九年义务教育六年制小学语文生字教学卡片 第四册/北京市教育局教学研究部编.—北京:北京出版社,1995.1.—1套;19cm
教师用
ISBN 7-200-02633-6:¥22.30

G623.2 012535
北京市九年义务教育小学课本(试用本)语文教学参考书 第二册/北京市教育局教学研究部编.—2版.—北京:北京出版社,1995.1.—165页;19cm
ISBN 7-200-02332-9:¥2.80

G623.2 012536
北京市九年义务教育小学课本(试用本)语文教学参考书 第六册/北京市教育局教学研究部编.—北京:北京出版社,1995.1.—148页;19cm
ISBN 7-200-02618-2:¥2.60

G623.2 012537
北京市九年义务教育小学课本(试用本)语文教学参考书 第四册/北京市教育局教学研究部编.—2版.—北京:北京出版社,1995.1.—147页;19cm
ISBN 7-200-02319-1:¥2.60

G623.2 012538
北京市特级教师小学语文教案精选/张光璎,杨丽娜主编.—北京:首都师范大学出版社,1995.6.—249页;20cm
ISBN 7-81039-278-6:¥6.70

G623.2 012539
黑龙江省九年义务教育五年制小学乡土教材语文教学参考书:三年级上学期/黑龙江省教育学院初教部编.—哈尔滨:黑龙江教育出版社,1995.7.—42页;19cm
ISBN 7-5316-2687-X:¥1.15

G623.2 012540
黑龙江省九年义务教育五年制小学乡土教材语文教学参考书:四年级上学期/黑龙江省教育学院初教部编.—哈尔滨:黑龙江教育出版社,1995.7.—39页;19cm
ISBN 7-5316-2688-8:¥1.15

G623.2 012541
黑龙江省九年义务教育五年制小学乡土教材语文教学参考书:五年级上学期/黑龙江省教育学院初教部编.—哈尔滨:黑龙江教育出版社,1995.7.—40页;19cm
ISBN 7-5316-2689-6:¥1.15

G623.2 012542
黑龙江省六年制小学补充教材语文(六年级用)教学参考书/黑龙江省教育学院初教部编.—2版.—哈尔滨:黑龙江教育出版社,1995.7.—53页;19cm
ISBN 7-5316-2566-0:¥1.05

G623.2 012543
黑龙江省六年制小学补充教材语文(四年级用)教学参考书/黑龙江省教育学院初教部编.—2版.—哈尔滨:黑龙江教育出版社,1995.7.—52页;19cm
ISBN 7-5316-2564-4:¥1.05

G623.2 012544
黑龙江省六年制小学补充教材语文(五年级用)教学参考书/黑龙江省教育学院初教部编.—2版.—哈尔滨:黑龙江教育出版社,1995.7.—52页;19cm
ISBN 7-5316-2565-2:¥1.05

G623.2 012545
江苏省九年义务教育六年制小学语文教学参考用书 第二册/张庆等主编.—南京:江苏教育出版社,1995.12.—167页;19cm
ISBN 7-5343-2617-6:¥2.85

G623.2 012546
江苏省九年义务教育六年制小学语文教学参考用书 第一册/张庆等主编;张洪生等编写.—南京:江苏教育出版社,1995.7.—125页;19cm
ISBN 7-5343-2443-2:¥2.30

G623.2 012547
江苏省九年义务教育五、六年制小学通用语文生字卡片 第一册/江苏省九年义务教育小学语文教材编

写组编.—南京:江苏教育出版社,1995.7.—164张;26cm
教师用
ISBN 7-5343-2437-8:￥12.80

G623.2　012548
江苏省九年义务教育五、六年制小学语文生字卡片　第二册.—南京:江苏教育出版社,1995.12.—352张;26cm
教师用
ISBN 7-5343-2606-0:￥18.30

G623.2　012549
江苏省九年义务教育五年制小学语文教学参考用书　第二册/张庆等主编.—南京:江苏教育出版社,1995.12.—167页;19cm
ISBN 7-5343-2624-9:￥2.85

G623.2　012550
江苏省九年义务教育五年制小学语文教学参考用书　第一册/张庆等主编;张洪生等编写.—南京:江苏教育出版社,1995.7.—125页;19cm
ISBN 7-5343-2442-4:￥2.30

G623.2　012551
江西省小学实验课本语文教学参考书　第八册/《江西省小学实验课本语文教学参考书》编写组编.—南昌:江西教育出版社,1995.2.—125页;19cm
ISBN 7-5392-1944-0:￥1.90

G623.2　012552
江西省小学实验课本语文教学参考书　第九册/《语文教学参考书》编写组编.—南昌:江西教育出版社,1995.7.—126页;19cm
江西省小学实验课本
ISBN 7-5392-2579-3:￥2.50

G623.2　012553
江西省小学实验课本语文教学参考书　第十册/《江西省小学实验课本语文教学参考书》编写组编.—南昌:江西教育出版社,1995.12.—171页;19cm
ISBN 7-5392-2623-4:￥3.65

G623.2　012554
九年义务教育课本(H版)二年级第二学期生字卡片.—上海:上海教育出版社,1995.11.—84幅;38cm
教师用
ISBN 7-5320-4623-0:￥30.40

G623.2　012555
九年义务教育课本小学语文教学挂图　(三)/戴郭邦等绘.—上海:上海教育出版社,1995.6.—12张;77×53cm
供中年级选用
ISBN 7-5320-4355-X:￥11.00

G623.2　012556
九年义务教育课本小学语文教学挂图　(四)/金雪林等绘.—上海:上海教育出版社,1995.6.—16张;53×77cm
供低年级用
ISBN 7-5320-4358-4:￥14.50

G623.2　012557
九年义务教育课本语文(H版)一年级第一学期生字卡片.—上海:上海教育出版社,1995.6.—48张;38cm
教师用
ISBN 7-5320-4378-9:￥15.00

G623.2　012558
九年义务教育六年制课本小学语文第三册教学挂图/潘宏生等绘.—上海:上海教育出版社,1995.6.—15张;77×53cm
ISBN 7-5320-4398-3:￥15.50

G623.2　012559
九年义务教育六年制课本小学语文第五册教学挂图/张强等绘.—上海:上海教育出版社,1995.6.—14张;77×53cm
ISBN 7-5320-4427-0:￥12.50

G623.2　012560
九年义务教育六年制小学教科书语文第六册生字卡片.—上海:上海教育出版社,1995.11.—72张;38×26cm
教师用
ISBN 7-5320-4650-8:￥25.70

G623.2　012561
九年义务教育六年制小学课本语文第一册教学挂图/陆青等绘.—上海:上海教育出版社,1995.6.—9张;77×53cm
ISBN 7-5320-4397-5:￥9.00

G623.2　012562
九年义务教育六年制小学试用课本语文教学参考书　第六册/九年义务教育教材(沿海地区)编写委员会编.—广州:广东教育出版社,1995.12.—107页;19cm
ISBN 7-5406-3469-3:￥2.85

G623.2　012563
九年义务教育六年制小学试用课本语文教学参考书　第五册/九年义务教育教材(沿海地区)编委会编.—广州:广东教育出版社,1995.7.—92页;19cm
ISBN 7-5406-3284-4:￥1.80

G623.2　012564
九年义务教育六年制小学语文备课教案　第五册/李仲耕等编.—成都:四川教育出版社,1995.7.—145页;19cm
ISBN 7-5408-0424-6:￥3.80

G623.2　012565
九年义务教育六年制小学语文第六册教案/人民教育出版社小学语文室编著.—延吉:东北朝鲜民族教育出版社;北京:人民教育出版社,1995.11.—108页;26cm.—(九年义务教育教材〈人教版〉教案系列丛书)
ISBN 7-5437-2457-X:￥6.50

G623.2　012566
九年义务教育六年制小学语文第六册生字生词卡片/人民教育出版社语文一室编.—北京:人民教育出版社;天津:天津教育出版社,1995.12.—73张;38cm
教师用
￥32.85

G623.2　012567
九年义务教育六年制小学语文第五册教案/人民教

育出版社语文一室编著.—延吉:东北朝鲜民族教育出版社;北京:人民教育出版社,1995.5.—114页;26cm.—(九年义务教育教材〈人教版〉教案系列丛书)

ISBN 7-5437-1926-6:¥5.00

G623.2 012568

九年义务教育六年制小学语文教学目标与检测 第五册/肖翠然等主编.—石家庄:河北教育出版社,1995.6.—144页;19cm

ISBN 7-5434-1919-X:¥2.10

G623.2 012569

九年义务教育蒙古族小学汉语文第六册(试用本)教学参考书/内蒙古教育出版社编. 呼和浩特:内蒙古教育出版社,1995.11.—106页;19cm

ISBN 7-5311-2675-3:¥1.80

G623.2 012570

九年义务教育五、六年制小学语文教学挂图 第二册/江苏省九年义务教育小学语文教材编写组编.—南京:江苏教育出版社,1995.12.—22页;52×76cm

ISBN 7-5343-2611-7:¥32.52

G623.2 012571

九年义务教育五、六年制小学语文生字卡片 第二册/江苏省九年义务教育小学语文教材编写组编.—南京:江苏教育出版社,1995.12.—352张;26cm

教师用

ISBN 7-5343-2606-0:¥18.14

G623.2 012572

九年义务教育五年制小学"注音识字,提前读写"试用课本语文教学参考 第六册/12省"注·提"教材编写委员会编.—2版.—北京:语文出版社,1995.10.—293页;19cm

ISBN 7-80006-577-4:¥9.30

G623.2 012573

九年义务教育五年制小学"注音识字,提前读写"试用课本语文教学参考 第三册/12省"注·提"教材编写委员会编.—3版.—北京:语文出版社,1995.5.202页;19cm

ISBN 7-80006-815-3:¥4.20

G623.2 012574

九年义务教育五年制小学"注音识字,提前读写"试用课本语文教学参考 第五册/12省"注·提"教材编写委员会编.—3版.—北京:语文出版社,1995.5.—267页;19cm

ISBN 7-80006-353-4:¥5.90

G623.2 012575

九年义务教育五年制小学教科书语文第三册生字卡片.—上海:上海教育出版社,1995.6.—100张;38cm

教师用

ISBN 7-5320-4376-2:¥30.80

G623.2 012576

九年义务教育五年制小学试用课本语文第六册教学参考书/北京师范大学五年制小学语文课本编写组编.—青岛:青岛出版社,1995.10.—129页;19cm

ISBN 7-5436-1358-1:¥4.95

G623.2 012577

九年义务教育五年制小学语文第六册教案/人民教育出版社小学语文室编著.—延吉:东北朝鲜民族教育出版社;北京:人民教育出版社,1995.11.—116页;26cm.—(九年义务教育教材〈人教版〉教案系列丛书)

ISBN 7-5437-2461-8:¥5.30

G623.2 012578

九年义务教育五年制小学语文第五册教案/人民教育出版社语文一室编著.—延吉:东北朝鲜民族教育出版社;北京:人民教育出版社,1995.5.—122页;26cm.—(九年义务教育教材〈人教版〉教案系列丛书)

ISBN 7-5437-1925-8:¥5.50

G623.2 012579

九年义务教育西藏自治区小学汉语文第六册教学参考书:试用本/西藏自治区教材编译局编.—拉萨:西藏人民出版社,1995.9.—100页;19cm

ISBN 7-223-00857-1:¥1.00

G623.2 012580

九年义务教育小学实验课本语文第十二册单元分组导练教学参考书/丁有宽主编.—广州:广东教育出版社,1995.12.—110页;19cm

ISBN 7-5406-3497-9:¥2.70

G623.2 012581

九年义务教育小学试用课本语文教学参考书 第五册/辽宁教育学院编.—沈阳:辽宁教育出版社,1995.4.—219页;19cm

ISBN 7-5382-0478-4:¥3.80

G623.2 012582

九年制义务教育课本语文(H版)二年级第一学期生字卡片.—上海:上海教育出版社,1995.6.—83张;38×26cm

教师用

ISBN 7-5320-4379-7:¥26.00

G623.2 012583

九年制义务教育课本语文(H版)一年级第二学期生字卡片.—上海:上海教育出版社,1995.11.—74幅;38×26cm

教师用

ISBN 7-5320-4610-9:¥27.60

G623.2 012584

九年制义务教育课本语文教学参考资料:H版:二年级第二学期/上海中小学课程教材改革委员会编.—2版.—上海:上海教育出版社,1995.11.—178页;19cm

ISBN 7-5320-4484-X:¥3.95

G623.2 012585

九年制义务教育课本语文教学参考资料:H版:三年级第二学期/上海中小学课程教材改革委员会编.—上海:上海教育出版社,1995.11.—142页;19cm

ISBN 7-5320-4604-4:¥3.15

G623.2 012586

九年制义务教育课本语文教学参考资料:H版:三年级第一学期/上海中小学课程教材改革委员会编.—上海:上海教育出版社,1995.6.—129页;19cm

ISBN 7-5320-4327-4:¥1.95

G623.2 012587

九年制义务教育课本语文教学参考资料:H版:试用本:二年级第一学期/上海中小学课程教材改革委员会编.—2版.—上海:上海教育出版社,1995.6.—185页;19cm

ISBN 7-5320-4259-6:¥2.70

G623.2　　012588

九年制义务教育课本语文教学参考资料:H版:试用本:一年级第一学期/上海中小学课程教材改革委员会编.—2版.—上海:上海教育出版社,1995.6.—191页;19cm

ISBN 7-5320-4285-5:¥2.80

G623.2　　012589

九年制义务教育课本语文教学参考资料:H版:一年级第二学期/上海中小学课程教材改革委员会编.—2版.—上海:上海教育出版社,1995.11.—138页;19cm

ISBN 7-5320-4603-6:¥4.10

G623.2　　012590

九年制义务教育课本语文教学参考资料:S版:三年级第二学期/上海中小学课程教材改革委员会编.—上海:上海教育出版社,1995.11.—171页;19cm

ISBN 7-5320-4614-1:¥3.80

G623.2　　012591

九年制义务教育课本语文教学参考资料:S版:三年级第一学期/上海中小学课程教材改革委员会编.—上海:上海教育出版社,1995.6.—148页;19cm

ISBN 7-5320-4345-2:¥2.15

G623.2　　012592

九年制义务教育西藏自治区小学汉语文第五册教育参考书:试用本/西藏自治区教材编译局编.—拉萨:西藏人民出版社,1995.5.—103页;19cm

ISBN 7-223-00823-3:¥1.20

G623.2　　012593

看图拼音指导/李阳编写;陈禾绘.—武汉:湖北少年儿童出版社,1995.10.—126页;19cm.—(趣味小课堂丛书)

ISBN 7-5353-1553-4:¥5.70

G623.2　　012594

看图识字指导/李芳编写;徐汉生绘.—武汉:湖北少年儿童出版社,1995.8.—141页;19cm.—(趣味小课堂丛书)

ISBN 7-5353-1554-2:¥7.00

G623.2　　012595

六年制小学语文备课大全　第三册/杨九俊主编.—南京:江苏教育出版社,1995.6.—726页;20cm

配合人民教育出版社九年义务教育教材

ISBN 7-5343-2421-1(精装):¥25.20

G623.2　　012596

六年制小学语文第九册备课教案/李仲耕等编.—成都:四川教育出版社,1995.6.—153页;19cm

ISBN 7-5408-0426-2:¥4.10

G623.2　　012597

六年制小学语文教学目标与检测　第九册/赵宝全等主编.—石家庄:河北教育出版社,1995.6.—148页;19cm

ISBN 7-5434-1919-X:¥2.20

G623.2　　012598

六年制小学语文教学目标与检测　第七册/肖翠然等主编.—石家庄:河北教育出版社,1995.6.—141页;19cm

ISBN 7-5434-1919-X:¥2.10

G623.2　　012599

六年制小学语文教学目标与检测　第十一册/张东兴等主编.—石家庄:河北教育出版社,1995.6.—144页;19cm

ISBN 7-5434-1919-X:¥2.10

G623.2　　012600

实用小学语文教学90法/戴宝云主编.—广州:广东教育出版社,1995.12.—267页;20cm

ISBN 7-5406-3419-7:¥9.70

G623.2　　012601

五年制小学语文第七册单元达标指导与验收/小学单元达标指导与验收编写组编.—太原:山西教育出版社,1995.5.—52页;26cm

ISBN 7-5440-0691-3:¥1.60

G623.2　　012602

五年制小学语文第三册单元达标指导与验收/小学单元达标指导与验收编写组编.—太原:山西教育出版社,1995.5.—58页;26cm

ISBN 7-5440-0757-X:¥1.80

G623.2　　012603

五年制小学语文第五册单元达标指导与验收/小学单元达标指导与验收编写组编.—太原:山西教育出版社,1995.5.—52页;26cm

ISBN 7-5440-0650-6:¥1.60

G623.2　　012604

小学毕业班语文督导手册/《小学毕业班语文督导手册》编写组编.—上海:上海远东出版社,1995.3.—176页;26cm

ISBN 7-80613-073-X:¥6.50

G623.2　　012605

小学低年级语文教师备课笔记/梁丽玲编写.—上海:上海教育出版社,1995.8.—95页;19cm

ISBN 7-5320-4258-8:¥2.10

G623.2　　012606

小学古诗教与学/刘耀连,施哲编著.—2版.—长沙:湖南教育出版社,1995.2.—173页;19cm

ISBN 7-5355-0498-1:¥4.75

G623.2　　012607

小学汉语文教学与研究　1994　第二期/东北朝鲜民族教育出版社汉语文编辑室编.—延吉:东北朝鲜民族教育出版社,1995.5.—114页;20cm

ISBN 7-5437-2145-7:¥2.50

G623.2　　012608

小学汉语文教学与研究　第二期/东北朝鲜民族教育出版社汉语文编辑室编.—延吉:东北朝鲜民族教育出版社,1995.12.—155页;19cm

ISBN 7-5437-2300-X:¥3.15

G623.2　　012609

小学教师语文教学技能训练/张春国,李玉学主编.—哈尔滨:黑龙江教育出版社,1995.8.—328页;19cm
ISBN 7-5316-2742-6:¥8.00

G623.2　012610
小学语文第九册教学考/刘中林编.—武汉:湖北人民出版社,1995.6.—213页;19cm.—(小学教学考丛书/廖平胜等主编)
ISBN 7-216-01693-9:¥4.45

G623.2　012611
小学语文第三册教学考/刘菊珍,余瑞芳编.—武汉:湖北人民出版社,1995.6.—230页;19cm.—(小学教学考丛书/廖平胜等主编)
ISBN 7-216-01690-4:¥4.80

G623.2　012612
小学语文第五册教学考/王建国主编.—武汉:湖北人民出版社,1995.6.—162页;19cm.—(小学教学考丛书/廖平胜等主编)
ISBN 7-216-01691-2:¥3.45

G623.2　012613
小学语文第一册教学考/钱红仙编.—武汉:湖北人民出版社,1995.5.—181页;19cm.—(小学教学考丛书/廖平胜等主编)
ISBN 7-216-01689-0:¥3.85

G623.2　012614
小学语文活动课教学指导/广东省教育厅教研室《小学语文活动课实验研究》课题组编.—广州:广东高等教育出版社,1995.9.—228页;19cm
ISBN 7-5361-1765-5:¥5.90

G623.2　012615
小学语文教材古诗讲析/武名士等编写.—武汉:湖北教育出版社,1995.3.—154页;19cm
ISBN 7-5351-1524-1:¥4.00

G623.2　012616
小学语文教学法/范蔚主编;黎明,杜远福编.—重庆:西南师范大学出版社,1995.12.—299页;19cm.—(小学教育专业学习丛书)
ISBN 7-5621-1280-0:¥9.00

G623.2　012617
小学语文教学法/崔峦,蒯福棣主编;人民教育出版社小学语文室编著.—北京:人民教育出版社,1995.12.—356页;19cm
中等师范学校语文教科书:试用本
ISBN 7-107-11433-6:¥8.20

G623.2　012618
小学语文教学方法研究/湖南省成人中师教育研究会编.—长沙:湖南教育出版社,1995.11.—219页;19cm
小学教师继续教育试用教材
ISBN 7-5355-2267-X:¥4.90

G623.2　012619
小学语文教学目标与评价　第二册/《小学语文教学目标与评价》编写组编.—2版.—广州:广东科技出版社,1995.1.—126页;19cm
一年级下学期用
ISBN 7-5359-0789-X:¥2.35

G623.2　012620
小学语文教学目标与评价　第三册/《小学语文教学目标与评价》编写组编.—2版.—广州:广东科技出版社,1995.7.—128页;19cm
二年级上学期用
ISBN 7-5359-0696-6:¥2.90

G623.2　012621
小学语文教学目标与评价　第四册/《小学语文教学目标与评价》编写组编.—2版.—广州:广东科技出版社,1995.3.—127页;19cm
二年级下学期用
ISBN 7-5359-0790-3:¥2.65

G623.2　012622
小学语文教学目标与评价　第五册/《小学语文教学目标与评价》编写组编.—2版.—广州:广东科技出版社,1995.7.—127页;19cm
三年级上学期用
ISBN 7-5359-0697-4:¥2.90

G623.2　012623
小学语文教学散论/何伟俊著.—太原:山西教育出版社,1995.12.—136页;19cm
ISBN 7-5440-0898-3:¥5.50

G623.2　012624
小学语文教学探航/张文柏著.—北京:华夏出版社,1995.12.—270页;19cm
ISBN 7-5080-0900-2:¥10.00

G623.2　012625
小学语文教学专题讲座　下册/湖南省成人中师教育研究会编.—长沙:湖南教育出版社,1995.10.—212页;19cm
小学教师继续教育试用教材
ISBN 7-5355-2265-3:¥4.70

G623.2　012626
小学语文教育/杨再隋主编.—武汉:湖北人民出版社,1995.10.—350页;19cm
小学教育专业系列教材
ISBN 7-216-01770-6:¥9.80

G623.2　012627
小学语文教育比较研究/何晓文主编;徐家良等编.—成都:四川教育出版社,1995.7.—302页;19cm
四川省小学教师继续教育试用教材
ISBN 7-5408-2706-8:¥7.50

G623.2　012628
小学语文名师教改探索/周稼芳主编.—杭州:浙江人民出版社,1995.7.—410页;19cm
ISBN 7-213-01259-2:¥10.00

G623.2　012629
小学语文评析/唐嗣德主编.—长沙:湖南师范大学出版社,1995.10.—423页;20cm.—(中小学教师教学丛书)
ISBN 7-81031-442-4:¥12.00

G623.2　012630

小学语文图形板书·简明教案/李凤平著.—桂林:漓江出版社,1995.12.—290页;19cm
ISBN 7-5407-1853-6:¥9.10

G623.2　012631
小学语文学科活动课指导　第三册/《小学语文学科活动课指导》编写组编.—广州:广东高等教育出版社,1995.3.—99页;19cm
五、六年级使用
ISBN 7-5361-1626-8:¥2.80

G623.2　012632
小学阅读与作文教学/翁德玮著.—郑州:文心出版社,1995.12.—152页;19cm
ISBN 7-80537-596-8:¥4.10

G623.2　012633
新编小学语文教案　第三册/毕来林主编.—北京:语文出版社,1995.9.—286页;19cm.—(小学语文教学备课丛书)
ISBN 7-80126-010-4:¥9.90

G623.2　012634
新编小学语文教案　第五册/毕来林主编.—北京:语文出版社,1995.9.—231页;19cm.—(小学语文教学备课丛书)
ISBN 7-80126-016-3:¥9.80

G623.2　012635
新编小学语文教案　第一册/毕来林主编.—北京:语文出版社,1995.7.—351页;19cm.—(小学语文教学备课丛书)
ISBN 7-80126-003-1:¥11.50

G623.2　012636
义务教育六年制小学复式教材语文(实验本)教师教学用书　第六册/李德善主编;陈秀芳等编写.—石家庄:河北教育出版社,1995.11.—123页;26cm
ISBN 7-5434-2452-5:¥3.85

G623.2　012637
义务教育六年制小学复式教材语文(实验本)教师教学用书　第五册/李德善主编.—石家庄:河北教育出版社,1995.6.—123页;26cm
ISBN 7-5434-2388-X:¥3.15

G623.2　012638
义务教育六年制小学课本语文第六册小学生生字卡片.—2版.—沈阳:辽宁教育出版社,1995.11.—71张;38×26cm
教师用
ISBN 7-5382-1274-4:¥21.00

G623.2　012639
义务教育六年制小学语文第八册教学参考书/浙江省义务教育教材编委会编.—杭州:浙江教育出版社,1995.12.—211页;19cm
ISBN 7-5338-2121-1:¥5.60

G623.2　012640
义务教育六年制小学语文第七册教学参考书/浙江省义务教育教材编委会编.—杭州:浙江教育出版社,1995.7.—213页;19cm
ISBN 7-5338-2094-0:¥4.40

G623.2　012641
义务教育蒙古族小学汉语文第五册(试用本)教学参考书/内蒙古教育出版社编辑.—呼和浩特:内蒙古教育出版社,1995.5.—118页;19cm
ISBN 7-5311-2549-8:¥1.40

G623.2　012642
义务教育五年制小学复式教材语文(实验本)教师教学用书　第六册/李德善主编;张建忠等编写.—石家庄:河北教育出版社,1995.11.—137页;26cm
ISBN 7-5434-2453-3:¥4.30

G623.2　012643
义务教育五年制小学复式教材语文(实验本)教师教学用书　第五册/李德善主编.—石家庄:河北教育出版社,1995.7.—136页;26cm
ISBN 7-5434-2389-8:¥3.40

G623.2　012644
义务教育五年制小学语文第八册教学参考书/浙江省义务教育教材编委会编.—杭州:浙江教育出版社,1995.12.—250页;19cm
ISBN 7-5338-2288-9:¥6.10

G623.2　012645
义务教育五年制小学语文第六册教学参考书/浙江省义务教育教材编委会编.—杭州:浙江教育出版社,1995.1.—213页;19cm
ISBN 7-5338-1772-9:¥3.10

G623.2　012646
义务教育五年制小学语文第七册教学参考书/浙江省义务教育教材编委会编.—杭州:浙江教育出版社,1995.7.—240页;19cm
ISBN 7-5338-2099-1:¥4.90

G623.2　012647
义务教育五年制小学语文教案　第五册/林治金,沈培坤主编.—济南:山东教育出版社,1995.8.—263页;19cm
人教版
ISBN 7-5328-2211-7:¥8.70

G623.2　012648
义务教育五年制小学语文教案:人教版　第四册/林治金等主编.—济南:山东教育出版社,1995.2.—262页;19cm
ISBN 7-5328-2134-X:¥5.25

G623.2　012649
义务教育小学汉语文第六册教师教学用书/东北朝鲜民族教育出版社汉语文编辑室编.—延吉:东北朝鲜民族教育出版社,1995.12.—196页;20cm
ISBN 7-5437-2292-5:¥3.35

G623.2　012650
义务教育云南省小学课本(试用本)语文第六册教学参考/云南省教委教研室编写.—昆明:晨光出版社,1995.12.—150页;19cm
ISBN 7-5414-1103-5:¥3.35

G623.2　012651
语文　第二册/林筱,雪冬编著.—长春:吉林科学技术出版社,1995.11.—124页;19cm.—(九年义务教育

六年制小学学习指导丛书)
ISBN 7-5384-1572-6: ¥2.50

G623.2　012652
中国小学语文教学史/林治金主编.—济南:山东教育出版社,1995.6.—636页;20cm.—(中国小学各科教学史丛书/赵承福等主编)
ISBN 7-5328-2121-8(精装): ¥29.60

G623.2　012653
最新小学语文教案精选/吕樟源主编.—上海:学林出版社,1995.8.—288页;19cm
ISBN 7-80616-121-X: ¥5.80

G623.2-53　012654
甲申小学语文教学研究文集/刘振平著.—哈尔滨:黑龙江教育出版社,1995.6.—221页;19cm
ISBN 7-5316-2675-6: ¥7.50

G623.2-55　012655
小学汉语文教学与研究　第一期/东北朝鲜民族教育出版社汉语文编辑室编.—延吉:东北朝鲜民族教育出版社,1995.7.—145页;19cm
ISBN 7-5437-2205-4: ¥2.40

G623.2-61　012656
六年制小学语文备课大全　第九册/杨九俊主编.—南京:江苏教育出版社,1995.7.—527页;20cm
配合人民教育出版社现行课本
ISBN 7-5343-2439-4(精装): ¥19.55

G623.2-61　012657
六年制小学语文备课大全　第七册/杨九俊主编.—南京:江苏教育出版社,1995.6.—629页;20cm
配合人民教育出版社现行课本
ISBN 7-5343-2153-0(精装): ¥22.50

G623.2-61　012658
六年制小学语文备课大全　第十一册/杨九俊主编.—南京:江苏教育出版社,1995.6.—597页;20cm
配合人民教育出版社现行课本
ISBN 7-5343-2427-0(精装): ¥21.80

G623.2-61　012659
六年制小学语文备课大全　第五册/杨九俊主编.—南京:江苏教育出版社,1995.7.—598页;20cm
配合人民教育出版社九年义务教育教材
ISBN 7-5343-2451-3(精装): ¥21.60

G623.2-64　012660
江苏省九年义务教育五、六年制小学实验课本语文教学挂图　第一册/江苏省九年义务教育小学语文教材编写组编.—南京:江苏教育出版社,1995.7.—1张;77×53cm
ISBN 7-5343-2435-1: ¥45.10

G623.2-64　012661
江苏省九年义务教育五、六年制小学通用语文生字卡片　第一册/江苏省九年义务教育小学语文教材编写组编.—南京:江苏教育出版社,1995.7.—82张;26cm
教师用
ISBN 7-5343-2437-8: ¥8.74

G623.21　012662
标准汉语拼音表/山东友谊出版社编.—济南:山东友谊出版社,1995.8.—1张;77×53cm
¥3.40

G623.21　012663
汉语拼音教学挂图/兆熊等绘.—上海:上海教育出版社,1995.6.—32张;77×53cm
九年义务教育小学课本
ISBN 7-5320-4399-1: ¥15.60

G623.21　012664
汉语拼音教学挂图/湖南少年儿童出版社编.—2版.—长沙:湖南少年儿童出版社,1995.9.—3张;77×53cm
ISBN 7-5358-0568-X: ¥3.60

G623.21　012665
义务教育小学语文第一册直呼音节教学/王为民著.—赤峰:内蒙古科学技术出版社,1995.12.—152页;19cm
ISBN 7-5380-0373-8: ¥4.50

G623.22　012666
现代小学识字教育科学化研究/潘仲茗,戴汝潜主编.—北京:北京科学技术出版社,1995.11.—315页;20cm
ISBN 7-5304-1784-3: ¥15.00

G623.23　012667
学说普通话/云南省教委教研室编写.—昆明:晨光出版社,1995.6.—42页;19cm
云南省儿童口语训练教材(一、二)教师用书
ISBN 7-5414-0960-X: ¥1.05

G623.23　012668
阅读基础/牛洛江主编;河南省小学教师继续教育教材编委会编.—郑州:河南教育出版社,1995.2.—123页;19cm
小学教师继续教育试用教材
ISBN 7-5347-1685-3: ¥1.95

G623.24　012669
阿爸教作文/黄玉峰主编.—上海:复旦大学出版社,1995.5.—372页;20cm
ISBN 7-309-01460-X: ¥12.00

G623.24　012670
九年义务教育六年制小学作文教学参考书:三年级/黑龙江省教育学院初教部编.—哈尔滨:黑龙江教育出版社,1995.6.—79页;19cm
ISBN 7-5316-2567-9: ¥1.45

G623.24　012671
九年义务教育五年制小学作文教学参考书:三年级/黑龙江省教育学院初教部编.—哈尔滨:黑龙江教育出版社,1995.7.—80页;19cm
ISBN 7-5316-2563-6: ¥1.45

G623.24　012672
六年制小学生作文全程指导:六年级/郭根福主编.—南京:江苏教育出版社,1995.6.—343页;19cm
ISBN 7-5343-2354-1: ¥8.10

G623.24　012673
六年制小学生作文全程指导:三年级/郭根福主

编.—南京:江苏教育出版社,1995.9.—345 页;19cm
ISBN 7-5343-2457-2: ¥7.45

G623.24　012674
六年制小学生作文全程指导:四年级/郭根福主编.—南京:江苏教育出版社,1995.5.—332 页;19cm
ISBN 7-5343-2335-5: ¥6.95

G623.24　012675
六年制小学生作文全程指导:五年级/郭根福主编.—南京:江苏教育出版社,1995.6.—396 页;19cm
ISBN 7-5343-2334-7: ¥7.85

G623.24　012676
谈小学作文教学/景衡,乐夫著.—长沙:湖南教育出版社,1995.2.—310 页;20cm
ISBN 7-5355-2062-6: ¥8.00

G623.24　012677
王老师谈小学作文家庭辅导/王有声著.—北京:教育科学出版社,1995.7.—572 页;19cm
ISBN 7-5041-1493-6: ¥12.00

G623.24　012678
五年制全国百所名牌小学优秀作文精品精评:四年级/聿明等主编.—2 版.—银川:宁夏人民教育出版社,1995.9.—210 页;19cm
ISBN 7-80596-046-1: ¥4.00

G623.24　012679
小学快速作文指导与示范/李迪明主编.—西安:陕西科学技术出版社,1995.3.—345 页;19cm.—(全国小学生读写丛书)
ISBN 7-5369-1262-5: ¥5.50

G623.24　012680
小学作文教学论/徐永森著.—北京:语文出版社,1995.1.—305 页;20cm
ISBN 7-80006-908-7: ¥12.00

G623.24　012681
小学作文教学论文选/金浩主编.—上海:华东理工大学出版社,1995.12.—230 页;19cm
ISBN 7-5628-0650-0: ¥9.80

G623.24　012682
写作基础/王之廉主编;河南省小学教师继续教育教材编委会编.—郑州:河南教育出版社,1995.1.—159 页;19cm
小学教师继续教育试用教材
ISBN 7-5347-1686-1: ¥2.35

G623.24　012683
写作例话/辛庆祥主编;河南省小学教师继续教育教材编委会编.—郑州:河南教育出版社,1995.1.—159 页;19cm
小学教师继续教育试用教材
ISBN 7-5347-1683-7: ¥2.35

G623.24　012684
写作与作文批改/沈遂生主编.—重庆:西南师范大学出版社,1995.4.—309 页;19cm.—(小学教育专业学习丛书)
ISBN 7-5621-1031-X: ¥7.50

G623.3 外语

G623.31　012685
天津市全日制小学英语教学纲要/天津市教育教学研究室编.—天津:天津教育出版社,1995.6.—39 页;19cm
ISBN 7-5309-2276-9: ¥0.95

G623.31　012686
天津市小学英语课本(试用本)教学指导书　第一册/天津市教育教学研究室编.—3 版.—天津:天津教育出版社,1995.6.—89 页;19cm
ISBN 7-5309-1837-0: ¥1.70

G623.31　012687
小学英语第六册教学指导书/北京市教育局教材编审部编.—北京:北京出版社,1995.3.—121 页;19cm
供教师用
ISBN 7-200-02687-5: ¥2.20

G623.31　012688
小学英语教案选编:三年级第一学期/庄美玉主编.—上海:上海教育出版社,1995.6.—208 页;19cm
九年制义务教育课本
ISBN 7-5320-4265-0: ¥3.60

G623.31　012689
小学英语教学法/洪子锐等编著.—广州:广东人民出版社,1995.12.—319 页;19cm
ISBN 7-218-00881-X: ¥12.00

G623.31　012690
英语教学目标与检测/艾欣等编.—天津:天津教育出版社,1995.9.—2 册;19cm
九年义务教育天津市小学英语课本:试用本
ISBN 7-5309-2417-6: ¥7.80

G623.4 历史、地理

G623.41　012691
小学历史课堂教学设计　全一册/刘克明等编著.—南京:江苏人民出版社,1995.12.—340 页;19cm
ISBN 7-214-01608-7: ¥11.00

G623.45　012692
小学地理教学挂图　第三辑/中国地图出版社编制.—3 版.—北京:中国地图出版社,1995.9.—5 张;77×106cm
包括"长江中下游"等
ISBN 7-5031-1160-8: ¥17.40

G623.45　012693
小学地理教学挂图:世界政区　世界地形/中国地图出版社编制.—6 版.—北京:中国地图出版社,1995.6.—2 张;77×106cm
ISBN 7-5031-1414-4: ¥6.20

G623.45　012694
小学地理课堂教学设计　全一册/刘雪芳等编著.—南京:江苏人民出版社,1995.12.—246 页;19cm
ISBN 7-214-01607-9: ¥8.50

G623.45　012695
小学地理思想教育参考书　上册/周雨耕等编写.—3版.—沈阳:辽宁美术出版社,1995.6.—140页;19cm
ISBN 7-5314-1128-8:¥3.30

G623.5 数学

G623.5　012696
《现代小学数学》第六册教学辅导/张天孝,方自西主编;张天孝,沈国梅编写.—北京:科学出版社,1995.11.—177页;26cm
ISBN 7-03-005081-9:¥12.00

G623.5　012697
《现代小学数学》第五册教学辅导/张天孝,方自西主编.—北京:科学出版社,1995.7.—186页;26cm
ISBN 7-03-004807-5:¥10.00

G623.5　012698
北京市特级教师小学数学教案精选/姚尚志等主编.—北京:首都师范大学出版社,1995.6.—328页;20cm
ISBN 7-81039-403-7:¥8.80

G623.5　012699
九年义务教育六年制小学教科书数学教案选　第二册　/湖北省教学研究室编.—武汉:湖北教育出版社,1995.12.—113页;19cm
ISBN 7-5351-1887-9:¥2.60

G623.5　012700
九年义务教育六年制小学教科书数学教案选　第一册/湖北省教学研究室编.—武汉:湖北教育出版社,1995.9.—137页;19cm
ISBN 7-5351-1860-7:¥3.10

G623.5　012701
九年义务教育六年制小学实验课本数学第一册教学参考书/北京市教育局教学研究部编著.—北京:北京出版社,1995.6.—98页;19cm
ISBN 7-200-02717-0:¥2.40

G623.5　012702
九年义务教育六年制小学试用课本数学第二册教学参考书/北京市教育局教学研究部编.—2版.—北京:北京出版社,1995.1.—97页;19cm
ISBN 7-200-02328-0:¥2.30

G623.5　012703
九年义务教育六年制小学试用课本数学第四册教学参考书/北京市教育局教学研究部编.—北京:北京出版社,1995.1.—132页;19cm
ISBN 7-200-02621-2:¥2.40

G623.5　012704
九年义务教育六年制小学数学第二册教案/人民教育出版社小学数学室编著.—2版.—延吉:东北朝鲜民族教育出版社;北京:人民教育出版社,1995.11.—122页;26cm.—(九年义务教育教材〈人教版〉教案系列丛书)
ISBN 7-5437-1697-6:¥5.30

G623.5　012705
九年义务教育六年制小学数学第六册教案/人民教育出版社数学室编著.—延吉:东北朝鲜民族教育出版社;北京:人民教育出版社,1995.11.—122页;26cm.—(九年义务教育教材〈人教版〉教案系列丛书)
ISBN 7-5437-2447-2:¥5.30

G623.5　012706
九年义务教育六年制小学数学第五册教案/人民教育出版社数学室编著.—延吉:东北朝鲜民族教育出版社;北京:人民教育出版社,1995.4.—141页;26cm.—(九年义务教育教材〈人教版〉教案系列丛书)
ISBN 7-5437-1915-0:¥5.50

G623.5　012707
九年义务教育六年制小学数学教学参考书　第六册/陈永林等编写.—广州:广东教育出版社,1995.12.—120页;19cm
ISBN 7-5406-3475-8:¥3.05

G623.5　012708
九年义务教育六年制小学数学教学参考书　第五册.—广州:广东教育出版社,1995.7.—109页;19cm
ISBN 7-5406-2428-0:¥1.90

G623.5　012709
九年义务教育六年制小学数学教学目标　第八、十、十二册合订本/《九年义务教育六年制小学数学教学目标》编写组编.—2版.—石家庄:河北教育出版社,1995.12.—49页;19cm
ISBN 7-5434-2315-4:¥0.95

G623.5　012710
九年义务教育六年制小学数学教学目标　第二、四、六册合订本/《九年义务教育六年制小学数学教学目标》编写组编.—2版.—石家庄:河北教育出版社,1995.12.—40页;19cm
ISBN 7-5434-2315-4:¥0.85

G623.5　012711
九年义务教育六年制小学数学教学目标与检测　第五册/张忠田,刘永昌主编.—石家庄:河北教育出版社,1995.5.—138页;19cm
ISBN 7-5434-1918-1:¥2.00

G623.5　012712
九年义务教育五年制小学"注音识字,提前读写"实验课本数学教学参考　第六册/杨振亨,赵杏梅主编.—北京:语文出版社,1995.10.—166页;19cm
ISBN 7-80006-981-8:¥5.40

G623.5　012713
九年义务教育五年制小学试用课本数学第六册教学参考书/向玉琴编写　.—济南:山东教育出版社,1995.11.—151页;19cm
ISBN 7-5328-1321-5:¥5.25

G623.5　012714
九年义务教育五年制小学试用课本数学第五册教学参考书/周玉仁,王玉瑛编写.—2版.—济南:山东教育出版社,1995.5.—156页;19cm
ISBN 7-5328-1125-5:¥2.65

G623.5　012715

九年义务教育五年制小学数学第二册教案/人民教育出版社小学数学室编著.—2版.—延吉:东北朝鲜民族教育出版社;北京:人民教育出版社,1995.11.—152页;26cm.—(九年义务教育教材〈人教版〉教案系列丛书)
ISBN 7-5437-1696-8:￥6.50

G623.5　012716
九年义务教育五年制小学数学第六册教案/人民教育出版社数学室编著.—延吉:东北朝鲜民族教育出版社;北京:人民教育出版社,1995.11.—159页;26cm.—(九年义务教育教材〈人教版〉教案系列丛书)
ISBN 7-5437-2463-4:￥6.50

G623.5　012717
九年义务教育五年制小学数学第五册教案/人民教育出版社数学室编著.—延吉:东北朝鲜民族教育出版社;北京:人民教育出版社,1995.6.—159页;26cm.—(九年义务教育教材<人教版>教案系列丛书)
ISBN 7-5437-2422-7:￥6.50

G623.5　012718
九年义务教育小学数学教案:二年级/刘梦湘,石翠花主编.—北京:北京师范大学出版社,1995.4.—324页;19cm
ISBN 7-303-03587-7:￥7.50

G623.5　012719
九年义务教育小学数学能力培养备课指南:一年级第一册/谭瑞等主编;小学生能力发展与培养课题组编.—北京:北京教育出版社,1995.5.—109页;19cm
ISBN 7-5303-0722-3:￥2.30

G623.5　012720
九年制义务教育课本数学教学参考资料:三年级第二学期/上海市中小学教材编写组编.—上海:上海教育出版社,1995.11.—70页;19cm
ISBN 7-5320-4465-3:￥1.65

G623.5　012721
九年制义务教育课本数学教学参考资料:三年级第一学期/上海中小学课程教材改革委员会编.—上海:上海教育出版社,1995.6.—80页;19cm
ISBN 7-5320-4286-3:￥1.20

G623.5　012722
九年制义务教育小学数学学科教案选编:三年级第二学期/上海市中小学教材编写组编.—上海:上海教育出版社,1995.11.—125页;19cm
ISBN 7-5320-4452-1:￥2.80

G623.5　012723
九年制义务教育小学数学学科教案选编:三年级第一学期 /上海中小学课程教材改革委员会编.—上海:上海教育出版社,1995.6.—178页;19cm
ISBN 7-5320-4337-1:￥2.55

G623.5　012724
九年制义务教育小学数学学科教案选编:一年级第二学期/上海中小学课程教材改革委员会编.—2版(修订本).—上海:上海教育出版社,1995.11.—162页;19cm
ISBN 7-5320-4450-1:￥3.60

G623.5　012725
九年制义务教育小学数学学科教案选编:一年级第一学期/上海中小学课程教材改革委员会编.—2版.—上海:上海教育出版社,1995.6.—204页;19cm
ISBN 7-5320-4321-5:￥2.90

G623.5　012726
六年制小学数学教学目标与检测　第九册/刘永昌,张忠田主编.—石家庄:河北教育出版社,1995.5.—145页;19cm
ISBN 7-5434-1918-1:￥2.10

G623.5　012727
六年制小学数学教学目标与检测　第七册/张忠田,刘永昌主编.—石家庄:河北教育出版社,1995.6.—133页;19cm
ISBN 7-5434-1918-1:￥2.00

G623.5　012728
六年制小学数学教学目标与检测　第十一册/刘永昌,张忠田主编.—石家庄:河北教育出版社,1995.6.—159页;19cm
ISBN 7-5434-1918-1:￥2.30

G623.5　012729
数学:实验本　第六册/杨振亨主编.—石家庄:河北教育出版社,1995.12.—165页;26cm
义务教育六年制小学复式教材 教师教学用书
ISBN 7-5434-2446-0:￥4.95

G623.5　012730
数学:实验本　第六册/杨振亨主编.—石家庄:河北教育出版社,1995.12.—199页;26cm
义务教育五年制小学复式教材 教师教学用书
ISBN 7-5434-2445-2:￥5.95

G623.5　012731
数学:实验本　第五册/小学复式教材编写委员会编著.—石家庄:河北教育出版社,1995.7.—203页;26cm
义务教育五年制小学复式教材 教师教学用书
ISBN 7-5434-2316-2:￥5.15

G623.5　012732
数学微格教学精粹/杨钧洪,汤洛津主编.—武汉:武汉出版社,1995.10.—163页;19cm
ISBN 7-5430-1418-1:￥5.00

G623.5　012733
五年制小学实验课本数学第八册教学参考书/毛芳仪等编写.—济南:山东教育出版社,1995.11.—133页;19cm
ISBN 7-5328-2254-0:￥4.65

G623.5　012734
五年制小学实验课本数学第七册教学参考书/孙世发,邱忠才编写.—2版.—济南:山东教育出版社,1995.5.—116页;19cm
ISBN 7-5328-1391-6:￥2.05

G623.5　012735
五年制小学数学第七册单元达标指导与验收/小学单元达标指导与验收编写组编.—太原:山西教育出版社,1995.6.—42页;26cm
ISBN 7-5440-0763-3:￥1.20

G623.5　012736
五年制小学数学第一册单元达标指导与验收/小学单元达标指导与验收编写组编.—太原:山西教育出版社,1995.7.—56页;26cm
ISBN 7-5440-0775-8:¥1.70

G623.5　012737
小学毕业班数学督导手册/《小学毕业班数学督导手册》编写组编.—上海:上海远东出版社,1995.3.—115页;26cm
ISBN 7-80613-089-6:¥5.50

G623.5　012738
小学教师数学教学技能训练/王万祥,赵守文主编.—哈尔滨:黑龙江教育出版社,1995.8.—303页;19cm
ISBN 7-5316-2741-8:¥8.00

G623.5　012739
小学数学第七册教学考/刘艳辉编.—武汉:湖北人民出版社,1995.5.—172页;19cm.—(小学教学考丛书/廖平胜等主编)
ISBN 7-216-01698-X:¥3.60

G623.5　012740
小学数学第三册教学考/周东明,杨冬菊编.—武汉:湖北人民出版社,1995.5.—204页;19cm.—(小学教学考丛书/廖平胜等主编)
ISBN 7-216-01696-3:¥4.20

G623.5　012741
小学数学活动课设计指导/魏纶,刘思清主编.—武汉:湖北教育出版社,1995.5.—338页;19cm
ISBN 7-5351-1780-5:¥9.20

G623.5　012742
小学数学几何图形教学挂图　(上)/王素英等编;黄杏荪等绘.—上海:上海教育出版社,1995.6.—11张;77×53cm
ISBN 7　5320-4194-8:¥17.00

G623.5　012743
小学数学教改研究/陈永林著.—深圳:海天出版社,1995.5.—272页;19cm
ISBN 7-80615-154-0:¥9.20

G623.5　012744
小学数学教师手册/鲍刚主编;胡炳生等编写.—合肥:安徽教育出版社,1995.5.—587页;20cm
ISBN 7-5336-1616-2:¥13.50

G623.5　012745
小学数学教学目标与评价　第三册/《小学数学教学目标与评价》编写组编.—2版.—广州:广东科技出版社,1995.7.—121页;19cm
二年级上学期用
ISBN 7-5359-0690-7:¥2.70

G623.5　012746
小学数学教学目标与评价　第四册/《小学数学教学目标与评价》编写组编.—2版.—广州:广东科技出版社,1995.1.—105页;19cm
二年级下学期用
ISBN 7-5359-0784-9:¥2.20

G623.5　012747
小学数学教学目标与评价　第五册/《小学数学教学目标与评价》编写组编.—2版.—广州:广东科技出版社,1995.8.—118页;19cm
三年级上学期用
ISBN 7-5359-0691-5:¥2.70

G623.5　012748
小学数学教学心理初探/黄建弘编写.—上海:上海教育出版社,1995.1.—184页;19cm.—(小学教师继续教育丛书)
ISBN 7-5320-4147-6:¥4.20

G623.5　012749
小学数学教学心理学/黄文弘主编.—广州:广东高等教育出版社,1995.8.—249页;19cm
ISBN 7-5361-1705-1:¥9.00

G623.5　012750
小学数学教育比较研究/黄建弘主编;四川省教委师范处组织编写.—成都:四川教育出版社,1995.10.—347页;19cm
四川省小学教师继续教育试用教材
ISBN 7-5408-2720-3:¥8.50

G623.5　012751
小学数学教育学/周积昀,黄浪波主编.—广州:广东高等教育出版社,1995.7.—292页;19cm
ISBN 7-5361-1662-4:¥9.80

G623.5　012752
小学数学课堂练习设计:全国征文汇编/《上海教育》杂志社编.—上海:文汇出版社,1995.3.—290页;19cm
ISBN 7-80531-285-0:¥8.00

G623.5　012753
小学数学课外活动指导/《小学数学课外活动指导》编写组编.—上海:上海教育出版社,1995.1.—155页;19cm.—(小学教师继续教育丛书)
ISBN 7-5320-4042-9:¥3.70

G623.5　012754
小学数学素质教育探索/陈永林主编.—深圳:海天出版社,1995.5.—340页;19cm
ISBN 7-80615-152-4:¥9.60

G623.5　012755
小学数学学科活动课指导　第三册/《小学数学学科活动课指导》编写组编　.—广州:广东高等教育出版社,1995.3.—96页;19cm
五、六年级使用
ISBN 7-5361-1608-X:¥2.80

G623.5　012756
义务教育六年制小学复式教材数学(实验本)教师教学用书　第五册/小学复式教材编写委员会编著.—石家庄:河北教育出版社,1995.7.—173页;26cm
ISBN 7-5434-2305-7:¥4.50

G623.5　012757
义务教育六年制小学实验课本数学教学参考资料　第三册/湖南省教育科学研究所编.—2版.—长沙:湖南教育出版社,1995.7.—148页;19cm
ISBN 7-5355-1862-1:¥2.60

G623.5　　012758
义务教育六年制小学实验课本数学教学参考资料　第五册/湖南省教育科学研究所编.—长沙:湖南教育出版社,1995.6.—95页;19cm
ISBN 7-5355-2107-X:¥1.70

G623.5　　012759
义务教育六年制小学实验课本数学教学参考资料　第一册/湖南省教育科学研究所编.—2版.—长沙:湖南教育出版社,1995.7.—192页;19cm
ISBN 7-5355-1628-9:¥3.20

G623.5　　012760
义务教育六年制小学数学第六册(实验本)教师教学用书/江苏省教育委员会教研室编著.—南京:江苏教育出版社,1995.12.—161页;19cm
ISBN 7-5343-2580-3:¥2.70

G623.5　　012761
义务教育六年制小学数学教师教学用书　第五册/江苏省教育委员会教研室编著.—南京:江苏教育出版社,1995.6.—171页;19cm
ISBN 7-5343-2434-3:¥2.95

G623.5　　012762
义务教育六年制小学数学教学参考书　第八册/浙江省义务教育教材编委会编.—杭州:浙江教育出版社,1995.11.—133页;19cm
ISBN 7-5338-2126-2:¥3.50

G623.5　　012763
义务教育六年制小学数学教学参考书　第七册/浙江省义务教育教材编委会编.—杭州:浙江教育出版社,1995.7.—95页;19cm
ISBN 7-5338-1956-X:¥1.45

G623.5　　012764
义务教育五年制小学数学第八册(试用)教学参考书/浙江省教育委员会,义务教育教材编委会编.—杭州:浙江教育出版社,1995.10.—153页;19cm
ISBN 7-5338-2155-6:¥4.00

G623.5　　012765
义务教育五年制小学数学第二册教案:人教版/刘品一,颜峰主编.—济南:山东教育出版社,1995.2.—256页;19cm
ISBN 7-5328-2132-3:¥5.10

G623.5　　012766
义务教育五年制小学数学第七册(试用)教学参考书/浙江省教育委员会义务教育教材编委会编.—杭州:浙江教育出版社,1995.5.—165页;19cm
ISBN 7-5338-1959-4:¥2.55

G623.5　　012767
义务教育五年制小学数学第四册教案:人教版/刘品一,颜峰主编.—济南:山东教育出版社,1995.2.—275页;19cm
ISBN 7-5328-2111-0:¥5.45

G623.5　　012768
义务教育五年制小学数学教案:人教版　第四册/刘品一,颜峰主编.—济南:山东教育出版社,1995.2.—275页;19cm
ISBN 7-5328-2110-0:¥5.45

G623.5　　012769
义务教育五年制小学数学教案:人教版　第五册/刘品一,颜峰主编.—济南:山东教育出版社,1995.6.—257页;19cm
人教版
ISBN 7-5328-2210-9:¥8.45

G623.5　　012770
义务教育云南省小学课本(试用本)数学第六册教学参考/云南省教委教研室编写.—昆明:晨光出版社,1995.12.—105页;19cm
ISBN 7-5414-1129-9:¥2.50

G623.5　　012771
义务教育云南省小学课本试用本数学第五册教学参考/云南省教委教研室编写.—昆明:晨光出版社,1995.6.—80页;19cm
ISBN 7-5414-1052-7:¥1.50

G623.5　　012772
中国小学数学教学史/王权主编.—济南:山东教育出版社,1995.6.—482页;20cm.—(中国小学各科教学史丛书/赵承福等主编)
ISBN 7-5328-2120-X(精装):¥23.80

G623.5　　012773
作为教育任务的数学/(荷)弗赖登塔尔著;陈昌平等编译.—上海:上海教育出版社,1995.3.—242页;20cm.—(中小学数学教学论著译丛)
ISBN 7-5320-2983-2:¥11.70

G623.5-61　　012774
六年制小学数学备课大全　第九册/《小学数学备课大全》编写组编.—南京:江苏教育出版社,1995.8.—300页;20cm
配合人民教育出版社现行课本
ISBN 7-5343-2154-9(精装):¥13.15

G623.5-61　　012775
六年制小学数学备课大全　第七册/《小学数学备课大全》编写组编.—南京:江苏教育出版社,1995.6.—447页;20cm
配合人民教育出版社现行课本
ISBN 7-5343-2197-2(精装):¥17.35

G623.5-61　　012776
六年制小学数学备课大全　第三册/盛大启,孙丽谷主编.—南京:江苏教育出版社,1995.6.—330页;20cm
配合人民教育出版社九年义务教育教材
ISBN 7-5343-2196-4(精装):¥13.95

G623.5-61　　012777
六年制小学数学备课大全　第十一册/《小学数学备课大全》编写组编.—南京:江苏教育出版社,1995.6.—423页;20cm
配合人民教育出版社九年义务教育教材
ISBN 7-5343-2155-7(精装):¥16.65

G623.58　　012778
吉林省小学实验课本计算机第二册教学参考书/吉林省教育学院编.—长春:吉林科学技术出版社,1995.2.—58页;19cm

ISBN 7-5384-1316-2: ¥2.60

G623.6 自然、常识

G623.6 012779
九年义务教育六年制小学试用课本自然教学参考书 第六册/辽宁教育学院,中央教育科学研究所编.—2版.—沈阳:辽宁教育出版社,1995.10.—93页;19cm
ISBN 7-5382-3919-7: ¥2.35

G623.6 012780
九年义务教育六年制小学试用课本自然教学参考书 第四册/辽宁教育学院,中央教育科学研究所编.—2版.—沈阳:辽宁教育出版社,1995.11.—124页;19cm
ISBN 7-5382-3915-4: ¥2.90

G623.6 012781
九年义务教育六年制小学自然第六册教案/人民教育出版社生物自然室编著.—延吉:东北朝鲜民族教育出版社;北京:人民教育出版社,1995.11.—78页;26cm.—(九年义务教育教材〈人教版〉教案系列丛书)
ISBN 7-5437-2460-X: ¥3.80

G623.6 012782
九年义务教育六年制小学自然第五册教案/人民教育出版社生物自然室编著.—延吉:东北朝鲜民族教育出版社;北京:人民教育出版社,1995.5.—92页;26cm.—(九年义务教育教材 <人教版> 教案系列丛书)
ISBN 7-5437-1938-X: ¥3.50

G623.6 012783
九年义务教育六年制小学自然教师教学用书 第六册/九年义务教育教材(沿海地区)编写委员会编.—广州:广东教育出版社,1995.12.—92页;19cm
ISBN 7-5406-3384-0: ¥2.35

G623.6 012784
九年义务教育六年制小学自然教师教学用书 第五册 /九年义务教育教材(沿海版)编写委员会编.—广州:广东教育出版社,1995.7.—86页;19cm
ISBN 7-5406-3189-9: ¥1.50

G623.6 012785
九年义务教育全日制小学自然教师教学参考用书 第一册/江苏省教育委员会教研室编.—南京:江苏科学技术出版社,1995.6.—34页;20cm
江苏省乡土教材实验本 中年级用
ISBN 7-5345-1930-6: ¥1.80

G623.6 012786
九年义务教育五年制小学自然第六册教案/人民教育出版社生物自然室编著.—延吉:东北朝鲜民族教育出版社;北京:人民教育出版社,1995.11.—122页;26cm.—(九年义务教育教材〈人教版〉教案系列丛书)
ISBN 7-5437-2462-6: ¥5.50

G623.6 012787
九年义务教育五年制小学自然第五册教案/人民教育出版社生物自然室编著.—延吉:东北朝鲜民族教育出版社;北京:人民教育出版社,1995.5.—130页;26cm.—(九年义务教育教材 <人教版> 教案系列丛书)
ISBN 7-5437-1937-1: ¥4.50

G623.6 012788
九年义务教育小学自然教材教法 第二册/韩绪金主编.—青岛:青岛出版社,1995.1.—161页;19cm
五、六年制一年级春季用
ISBN 7-5436-1391-3: ¥4.90

G623.6 012789
九年义务教育小学自然教材教法 第六册/韩绪金主编.—青岛:青岛出版社,1995.12.—331页;19cm
五年制三年级春季用 六年级四年级全学年用
ISBN 7-5436-1393-X: ¥9.10

G623.6 012790
九年义务教育小学自然教材教法 第三册/韩绪金主编.—青岛:青岛出版社,1995.8.—152页;19cm
五、六年制二年级秋季用
ISBN 7-5436-1338-7: ¥3.70

G623.6 012791
九年义务教育小学自然教材教法 第五册/韩绪金主编.—青岛:青岛出版社,1995.8.—308页;19cm
五年制三年级秋季用 六年制三年级全学年用
ISBN 7-5436-1344-1: ¥7.00

G623.6 012792
九年义务教育小学自然教材教法 第一册/韩绪金主编.—青岛:青岛出版社,1995.8.—183页;19cm
五、六年制一年级秋季用
ISBN 7-5436-1343-3: ¥4.30

G623.6 012793
九年制义务教育课本(试用本)健康教育教学参考资料:二年级第一学期/上海中小学课程教材改革委员会编.—上海:上海教育出版社,1995.9.—35页;19cm
ISBN 7-5320-4568-4: ¥0.68

G623.6 012794
九年制义务教育课本(试用本)健康教育教学参考资料:三年级第一学期/上海中小学课程教材改革委员会编.—上海:上海教育出版社,1995.9.—36页;19cm
ISBN 7-5320-4567-6: ¥0.68

G623.6 012795
九年制义务教育课本(试用本)健康教育教学参考资料:四年级第一学期/上海中小学课程教材改革委员会编.—上海:上海教育出版社,1995.9.—37页;19cm
ISBN 7-5320-4566-8: ¥0.68

G623.6 012796
九年制义务教育课本(试用本)健康教育教学参考资料:五年级第一学期/上海中小学课程教材改革委员会编.—上海:上海教育出版社,1995.9.—37页;19cm
ISBN 7-5320-4561-7: ¥0.68

G623.6 012797
九年制义务教育课本(试用本)健康教育教学参考资料:一年级第一学期/上海中小学课程教材改革委员会编.—上海:上海教育出版社,1995.9.—29页;19cm
ISBN 7-5320-4569-2: ¥0.57

G623.6 012798

九年制义务教育课本自然常识教学参考资料：三年级第二学期/上海中小学课程教材改革委员会编.—上海：上海教育出版社，1995.11.—99页；19cm
ISBN 7-5320-4588-9：¥2.30

G623.6　012799
九年制义务教育课本自然常识教学参考资料：三年级第一学期/上海中小学课程教材改革委员会编.—上海：上海教育出版社，1995.6.—119页；19cm
ISBN 7-5320-4334-7：¥1.85

G623.6　012800
辽宁省九年义务教育小学试用课本健康教育教学参考/胡忠良编著.—沈阳：辽宁教育出版社，1995.8.—500页；20cm
ISBN 7-5382-4258-9：¥12.50

G623.6　012801
六年制小学自然教学目标与检测　第三册/和清元，李俊洲主编.—石家庄：河北教育出版社，1995.7.—90页；19cm
ISBN 7-5434-2464-9：¥1.60

G623.6　012802
六年制小学自然教学目标与检测　第五册/和清元，李俊洲主编.—石家庄：河北教育出版社，1995.7.—90页；19cm
ISBN 7-5434-2465-7：¥1.60

G623.6　012803
义务教育六年制小学常识教学参考书　第八册/浙江省义务教育教材编委会编.—杭州：浙江教育出版社，1995.11.—59页；19cm
ISBN 7-5338-2179-3：¥1.90

G623.6　012804
义务教育山东省小学三年级试用课本健康教育教学参考书/山东省教学研究室编.—济南：山东教育出版社，1995.5.—119页；19cm
ISBN 7-5328-2171-4：¥1.26

G623.6　012805
义务教育五年制、六年制小学复式教材生活与科学(实验本)教师教学用书　第六册/周治华主编.—石家庄：河北教育出版社，1995.12.—78页；26cm
义务教育五年制、六年制小学复式教材 教师教学用书
ISBN 7-5434-2449-5：¥2.65

G623.6　012806
义务教育五年制、六年制小学复式教材生活与科学(实验本)教师教学用书　第五册/周治华主编.—石家庄：河北教育出版社，1995.6.—89页；26cm
ISBN 7-5434-2391-X：¥2.35

G623.6　012807
义务教育五年制小学常识教学参考书　第八册/浙江省义务教育教材编委会编.—杭州：浙江教育出版社，1995.12.—136页；19cm
ISBN 7-5338-2308-7：¥3.65

G623.6　012808
义务教育五年制小学常识教学参考书　第七册/浙江省义务教育教材编委会编.—杭州：浙江教育出版社，1995.7.—151页；19cm
ISBN 7-5338-2119-X：¥2.80

G623.6　012809
义务教育小学常识第七册教学参考书/浙江省义务教育教材编委会编.—杭州：浙江教育出版社，1995.7.—72页；19cm
ISBN 7-5338-2076-2：¥1.50

G623.6　012810
中国小学常识教学史/田正平主编.—济南：山东教育出版社，1995.6.—434页；20cm.—(中国小学各科教学史丛书/赵承福等主编)
ISBN 7-5328-2119-6(精装)：¥22.00

G623.6　012811
自然教学百问/陈世贤，徐爱陀主编.—长沙：国防科技大学出版社，1995.11.—142页；19cm.—(中师百问丛书)
全套7册，总定价：35.00元
ISBN 7-81024-360-8：¥0.00

G623.6　012812
自然教学实践与指导/董伟方编.—上海：上海教育出版社，1995.1.—151页；19cm.—(小学教师继续教育丛书)
ISBN 7-5320-4176-X：¥3.60

G623.7 音乐、美术

G623.7　012813
小学音乐美术教学法/邹晓燕，李英玉主编.—大连：辽宁师范大学出版社，1995.6.—310页；19cm
辽宁省高等教育自学考试教材
ISBN 7-81042-078-X：¥9.50

G623.71　012814
广西九年义务教育小学试用课本音乐(简谱)教师教学参考书：单册合订本/王瑾等编著.—南宁：接力出版社，1995.11.—308页；20cm
供秋季学期使用
ISBN 7-80581-947-5：¥15.00

G623.71　012815
九年义务教育六年制小学试用课本音乐第六册教学参考书/九年义务教育教材(沿海地区)编写委员会编.—广州：广东教育出版社，1995.12.—36页；19cm
ISBN 7-5406-3490-1：¥1.10

G623.71　012816
九年义务教育六年制小学试用课本音乐第五册教学参考书/九年义务教育教材(沿海地区)编委会编.—广州：广东教育出版社，1995.7.—37页；19cm
ISBN 7-5406-3182-1：¥1.00

G623.71　012817
小学音乐教学参考书　第九册/天津市教育教学研究室编.—天津：百花文艺出版社，1995.7.—58页；26cm
ISBN 7-5306-2043-6：¥4.00

G623.71　012818

小学音乐教学参考书 第七册/天津市教育教学研究室编.—天津:百花文艺出版社,1995.7.—56页;26cm
ISBN 7-5306-2055-X:¥3.60

G623.71 012819
小学音乐教学参考书 第十一册/天津市教育教学研究室编.—天津:百花文艺出版社,1995.6.—53页;26cm
ISBN 7-5306-1990-X:¥3.30

G623.71 012820
音乐教学参考资料:音乐:四年级第二学期/上海中小学课程教材改革委员会编.—上海:上海音乐出版社,1995.11.—39页;19cm
ISBN 7-80553-573-6:¥1.40

G623.75 012821
大楷习字本教学参考书:六年级 下册.—沈阳:辽宁教育出版社,1995.10.—36页;19cm
ISBN 7-5382-4362-3:¥1.10

G623.75 012822
大楷习字本教学参考书:五年级 下册.—沈阳:辽宁教育出版社,1995.10.—60页;19cm
ISBN 7-5382-4361-5:¥1.50

G623.75 012823
钢笔字毛笔字教学参考书:三年级 下册.—沈阳:辽宁教育出版社,1995.10.—100页;19cm
ISBN 7-5382-4359-3:¥2.35

G623.75 012824
钢笔字毛笔字教学参考书:四年级 下册.—沈阳:辽宁教育出版社,1995.10.—120页;19cm
ISBN 7-5382-4360-7:¥2.70

G623.75 012825
广西壮族自治区全日制小学美术教学参考第九册教师用书/王剑等编写.—2版.—南宁:广西美术出版社,1995.6.—56页;19cm
广西中小学教材审查委员会审定试用
ISBN 7-80582-586-6:¥1.50

G623.75 012826
广西壮族自治区全日制小学美术教学参考第七册教师用书/王剑等编写.—2版.—南宁:广西美术出版社,1995.6.—62页;19cm
广西中小学教材审查委员会审定试用
ISBN 7-80582-585-8:¥1.60

G623.75 012827
广西壮族自治区全日制小学美术教学参考第三册教师用书/王剑等编写.—2版.—南宁:广西美术出版社,1995.6.—65页;19cm
广西中小学教材审查委员会审定试用
ISBN 7-80582-583-1:¥1.70

G623.75 012828
广西壮族自治区全日制小学美术教学参考第十一册教师用书/王剑等编写.—2版.—南宁:广西美术出版社,1995.6.—46页;19cm
广西中小学教材审查委员会审定试用
ISBN 7-80582-587-4:¥1.20

G623.75 012829
广西壮族自治区全日制小学美术教学参考第五册教师用书/王剑等编写.—2版.—南宁:广西美术出版社,1995.6.—65页;19cm
广西中小学教材审查委员会审定试用
ISBN 7-80582-584-X:¥1.70

G623.75 012830
广西壮族自治区全日制小学美术教学参考第一册教师用书/王剑等编写.—2版.—南宁:广西美术出版社,1995.6.—67页;19cm
广西中小学教材审查委员会审定试用
ISBN 7-80582-582-3:¥1.80

G623.75 012831
九年义务教育六年制小学写字课本(试用本)教学参考用书 (上)/北京市教育局教材编审部等编.—北京:人民美术出版社,1995.6.—91页;26cm
ISBN 7-102-01554-2:¥20.00

G623.75 012832
九年义务教育全日制天津市初级小学美术课本(试用)美术教学参考用书 第九册/天津市教育教学研究室编.—天津:天津人民美术出版社,1995.7.—49页;20cm
ISBN 7-5305-0457-6:¥1.00

G623.75 012833
九年义务教育全日制天津市初级小学美术课本(试用)美术教学参考用书 第九册/天津市教育教学研究室编.—天津:天津人民美术出版社,1995.7.—47页;20cm
ISBN 7-5305-0461-4:¥1.00

G623.75 012834
九年义务教育全日制天津市初级小学美术课本(试用)美术教学参考用书 第十一册/天津市教育教学研究室编.—天津:天津人民美术出版社,1995.7.—40页;20cm
ISBN 7-5305-0464-9:¥1.00

G623.75 012835
九年义务教育全日制天津市小学美术课本(试用)美术教学参考用书 第八册/天津市教育教学研究室编.—天津:天津人民美术出版社,1995.12.—58页;20cm
ISBN 7-5305-0459-2:¥1.00

G623.75 012836
九年义务教育全日制天津市小学美术课本(试用)美术教学参考用书 第十册/天津市教育教学研究室编.—天津:天津人民美术出版社,1995.12.—52页;20cm
ISBN 7-5305-0463-0:¥1.00

G623.75 012837
九年义务教育全日制天津市小学美术课本(试用)美术教学参考用书 第十二册/天津市教育教学研究室编.—天津:天津人民美术出版社,1995.12.—51页;20cm
ISBN 7-5305-0467-3:¥1.00

G623.75 012838

九年义务教育全日制天津市小学美术课本(试用)美术教学参考用书　第四册/天津市教育教学研究室编.—天津:天津人民美术出版社,1995.1.—53页;20cm
ISBN 7-5305-0413-4:¥1.00

G623.75　012839
九年义务教育全日制小学劳动教学参考书:一至五年级　全一册/江西省教科所编.—南昌:江西教育出版社,1995.7.—68页;19cm
ISBN 7-5392-2012-0:¥1.00

G623.75　012840
九年义务教育全日制小学美术实验课本(湖北版)教学参考用书:暂用本/湖北省教学研究室编.—武汉:湖北美术出版社,1995.11.—492页;19cm
春季用书
ISBN 7-5394-0565-1:¥9.80

G623.75　012841
九年义务教育山东省六年制小学写字钢笔字第一册毛笔字(描红)第二册教学指导书/山东省教学研究室编.—2版.—济南:山东人民出版社,1995.3.—43页;19cm
供三年级上学期用
ISBN 7-209-01383-0:¥1.10

G623.75　012842
九年义务教育山东省五年制小学写字钢笔字第一册毛笔字(描红)第二册教学指导书/山东省教学研究室编.—2版.—济南:山东人民出版社,1995.3.—77页;19cm
供三年级上学期用
ISBN 7-209-01384-9:¥1.70

G623.75　012843
九年义务教育山东省小学课本《劳动》第八册教学参考书:试用本/党好政,徐宗英主编 .—济南:山东科学技术出版社,1995.12.—69页;19cm
ISBN 7-5331-1705-0:¥1.15

G623.75　012844
九年义务教育山东省小学课本《劳动》第七册教学参考书:试用本/山东省教学研究室编.—济南:山东科学技术出版社,1995.5.—81页;19cm
ISBN 7-5331-1596-1:¥1.10

G623.75　012845
九年义务教育五年制、六年制小学美术试用课本第九、十册美术教学参考　(5)/钟维国主编;广东教育学会美术书法教育研究会编.—广州:岭南美术出版社,1995.6.—108页;26cm
供小学五年级教学用书
ISBN 7-5362-1106-6:¥7.00

G623.75　012846
九年义务教育五年制、六年制小学美术试用课本第三、四册美术教学参考　(2)/钟维国主编;广东教育学会美术书法教育研究会编.—广州:岭南美术出版社,1995.6.—92页;26cm
ISBN 7-5362-1047-7:¥6.00

G623.75　012847
九年义务教育五年制、六年制小学美术试用课本第十一、十二册美术教学参考　(6)/钟维国主编;广东教育学会美术书法教育研究会编.—广州:岭南美术出版社,1995.6.—116页;26cm
供小学六年级教学用书
ISBN 7-5362-1108-2:¥7.50

G623.75　012848
九年义务教育五年制、六年制小学美术试用课本第五、六册美术教学参考　(3)/钟维国主编;广东教育学会美术书法教育研究会编.—广州:岭南美术出版社,1995.6.—98页;26cm
供小学三年级教学用书
ISBN 7-5362-1049-3:¥6.50

G623.75　012849
九年制义务教育课本美术教学参考资料:六年级第一学期/上海中小学课程教材改革委员会编.—上海:上海教育出版社,1995.6.—59页;19cm
ISBN 7-5320-4343-6:¥0.99

G623.75　012850
九年制义务教育课本美术教学参考资料:三年级第二学期/上海中小学课程教材改革委员会编.—上海:上海教育出版社,1995.11.—69页;19cm
ISBN 7-5320-4564-1:¥1.85

G623.75　012851
九年制义务教育课本美术教学参考资料:三年级第一学期/上海中小学课程教材改革委员会编.—上海:上海教育出版社,1995.6.—70页;19cm
ISBN 7-5320-4304-5:¥1.20

G623.75　012852
九年制义务教育课本美术教学参考资料:四年级第二学期/上海中小学课程教材改革委员会编.—上海:上海教育出版社,1995.11.—62页;19cm
ISBN 7-5320-4558-7:¥1.65

G623.75　012853
九年制义务教育课本美术教学参考资料:四年级第一学期/上海中小学课程教材改革委员会编.—上海:上海教育出版社,1995.6.—65页;19cm
ISBN 7-5320-4341-X:¥1.10

G623.75　012854
九年制义务教育课本美术教学参考资料:五年级第二学期/上海中小学课程教材改革委员会编.—上海:上海教育出版社,1995.11.—66页;19cm
ISBN 7-5320-4565-X:¥1.65

G623.75　012855
九年制义务教育课本美术教学参考资料:五年级第一学期/上海中小学课程教材改革委员会编.—上海:上海教育出版社,1995.6.—58页;19cm
ISBN 7-5320-4342-8:¥0.99

G623.75　012856
九年制义务教育课本生活与劳动教学参考资料/上海中小学课程教材改革委员会劳动技术教材编写组编.—上海:上海科技教育出版社,1995.12.—127页;26cm

附图 3 张；二年级第二学期用
ISBN 7-5428-0942-3：¥13.70

G623.75　012857
九年制义务教育课本生活与劳动教学参考资料/上海中小学课程教材改革委员会劳动技术教材编写组编.—上海：上海科技教育出版社，1995.12.—130 页；26cm
三年级第二学期用
ISBN 7-5428-1235-1：¥10.80

G623.75　012858
全日制六年制（五年制）小学课本写字教学参考资料 第九册：钢笔、毛笔/刘润之主编；河北省教育学会书法教育专业委员会编.—2 版.—石家庄：河北美术出版社，1995.6.—44 页；19cm
ISBN 7-5310-0631-6：¥1.75

G623.75　012859
全日制六年制（五年制）小学课本写字教学参考资料 第七册：钢笔、毛笔/刘润之主编；河北省教育学会书法教育专业委员会编.—2 版.—石家庄：河北美术出版社，1995.6.—52 页；19cm
ISBN 7-5310-0630-8：¥2.00

G623.75　012860
全日制六年制（五年制）小学课本写字教学参考资料 第三册：铅笔/刘润之主编；河北省教育学会书法教育专业委员会编.—2 版.—石家庄：河北美术出版社，1995.6.—42 页；19cm
ISBN 7-5310-0628-6：¥1.75

G623.75　012861
全日制六年制（五年制）小学课本写字教学参考资料 第十一册：钢笔、毛笔/刘润之主编；河北省教育学会书法教育专业委员会编.—2 版.—石家庄：河北美术出版社，1995.6.—44 页；19cm
ISBN 7-5310-0632-4：¥1.75

G623.75　012862
全日制六年制（五年制）小学课本写字教学参考资料 第五册：钢笔、毛笔/刘润之主编；河北省教育学会书法教育专业委员会编.—2 版.—石家庄：河北美术出版社，1995.6.—44 页；19cm
ISBN 7-5310-0629-4：¥1.75

G623.75　012863
全日制六年制（五年制）小学课本写字教学参考资料 第一册：铅笔/刘润之主编；河北省教育学会书法教育专业委员会编.—2 版.—石家庄：河北美术出版社，1995.6.—36 页；19cm
ISBN 7-5310-0627-8：¥1.50

G623.75　012864
全日制六年制（五年制）小学试用课本写字教学参考资料 第八册：钢笔、毛笔/刘润之主编；河北省教育学会书法教育专业委员会编.—石家庄：河北美术出版社，1995.1.—44 页；19cm
ISBN 7-5310-0665-0：¥1.50

G623.75　012865
全日制六年制（五年制）小学试用课本写字教学参考资料 第六册：钢笔、毛笔/刘润之主编；河北省教育学会书法教育专业委员会编.—石家庄：河北美术出版社，1995.1.—44 页；19cm
ISBN 7-5310-0664-2：¥1.50

G623.75　012866
全日制六年制（五年制）小学试用课本写字教学参考资料 第十册：钢笔、毛笔/刘润之主编；河北省教育学会书法教育专业委员会编.—石家庄：河北美术出版社，1995.1.—42 页；19cm
ISBN 7-5310-0666-9：¥1.50

G623.75　012867
全日制六年制（五年制）小学试用课本写字教学参考资料 第十二册：铅笔/刘润之主编；河北省教育学会书法教育专业委员会编.—石家庄：河北美术出版社，1995.1.—44 页；19cm
ISBN 7-5310-0662-6：¥1.50

G623.75　012868
全日制六年制（五年制）小学试用课本写字教学参考资料 第十二册：钢笔/刘润之主编；河北省教育学会书法教育专业委员会编.—石家庄：河北美术出版社，1995.1.—42 页；19cm
ISBN 7-5310-0667-6：¥1.50

G623.75　012869
全日制六年制（五年制）小学试用课本写字教学参考资料 第四册：铅笔、毛笔/河北省教育学会书法教育专业委员会编.—石家庄：河北美术出版社，1995.1.—44 页；19cm
ISBN 7-5310-0663-4：¥1.50

G623.75　012870
义务教育小学美术第八册教学参考书 /浙江省义务教育教材编委会编.—杭州：浙江教育出版社，1995.10.—62 页；19cm
ISBN 7-5338-2183-1：¥2.10

G623.75　012871
义务教育小学美术第七册教学参考书/浙江省义务教育教材编委会编.　杭州：浙江教育出版社，1995 7.—63 页；19cm
ISBN 7-5338-2085-1：¥1.45

G623.75　012872
义务教育小学美术教学挂图 第六册/李永正编；陈顺适等绘.—杭州：浙江教育出版社，1995.11.—11 张；53×77cm
¥13.20

G623.75　012873
义务教育小学美术教学挂图 第五册/李永正编；顾域树等绘.—杭州：浙江教育出版社，1995.6.—11 张；53×77cm
¥13.20

G623.75　012874
义务教育小学生活与劳动第八册教学参考书/浙江省义务教育教材编委会编.—杭州：浙江教育出版社，1995.11.—60 页；19cm
ISBN 7-5338-2177-7：¥1.90

G623.75　012875
义务教育小学生活与劳动第七册教学参考书/浙江

省义务教育教材编委会编.—杭州:浙江教育出版社,1995.7.—60 页;19cm

ISBN 7-5338-2084-3: ¥1.30

G623.75 012876

义务教育小学写字第八册(试用)教学参考书 /浙江省教育委员会,义务教育教材编委会编.—杭州:浙江教育出版社,1995.10.—29 页;19cm

ISBN 7-5338-1734-6: ¥0.80

G623.8 体育、游戏

G623.8 012877

九年教育五年制小学体育教学参考书 第一册/人民教育出版社体育室编著.—北京:人民教育出版社,1995.12.—216 页;20cm

一年级用

ISBN 7-107-11622-3: ¥5.60

G623.8 012878

九年义务教育六年制小学体育教学参考书 第二册/王占春主编;人民教育出版社体育室编著.—北京:人民教育出版社,1995.12.—232 页;20cm

二年级用

ISBN 7-107-11626-6: ¥5.00

G623.8 012879

九年义务教育六年制小学体育教学参考书 第三册/王占春主编;人民教育出版社体育室编著.—北京:人民教育出版社,1995.12.—281 页;20cm

三年级用

ISBN 7-107-11627-4: ¥7.20

G623.8 012880

九年义务教育六年制小学体育教学参考书 第四册/王占春主编;人民教育出版社体育室编著.—北京:人民教育出版社,1995.12.—263 页;20cm

四年级用

ISBN 7-107-11648-7: ¥6.80

G623.8 012881

九年义务教育六年制小学体育教学参考书 第一册/王占春主编;人民教育出版社体育室编著.—北京:人民教育出版社,1995.12.—241 页;20cm

一年级用

ISBN 7-107-11625-8: ¥6.30

G623.8 012882

九年义务教育五年制小学体育教学参考书 第二册/人民教育出版社体育室编著.—北京:人民教育出版社,1995.12.—216 页;20cm

二年级用

ISBN 7-107-11623-1: ¥5.60

G623.8 012883

九年义务教育五年制小学体育教学参考书 第三册/王占春主编;人民教育出版社体育室编著.—北京:人民教育出版社,1995.12.—279 页;20cm

三年级用

ISBN 7-107-11624-X: ¥7.10

G623.8 012884

九年义务教育五年制小学体育教学参考书 第四册/王占春主编;人民教育出版社体育室编著.—北京:人民教育出版社,1995.12.—263 页;20cm

四年级用

ISBN 7-107-11647-9: ¥6.80

G623.8 012885

体育 全一册/王占春主编;人民教育出版社体育室编著.—北京:人民教育出版社,1995.12.—377 页;26cm

卫星电视教育·小学教师培训教材

ISBN 7-107-11641-X: ¥15.50

G623.8 012886

体育锻炼/陈昌清,陈民众主编;《小学活动课指导用书》编写组编写.—长沙:湖南教育出版社,1995.12.—285 页;19cm

小学活动课指导用书 定价含配乐磁带

ISBN 7-5355-2331-5: ¥14.10

G623.8 012887

体育活动/陈昌清,陈民众主编;《小学活动课指导用书》编写组编写.—长沙:湖南教育出版社,1995.12.—296 页;19cm

小学活动课指导用书

ISBN 7-5355-2327-7: ¥6.80

G623.8 012888

体育新游戏/范鑫元主编.—武汉:武汉出版社,1995.3.—130 页;19cm

ISBN 7-5430-1337-1: ¥4.90

G623.8 012889

小学体育教学的理论与实践/《小学体育教学的理论与实践》编写组编.—上海:上海教育出版社,1995.1.—118 页;26cm.—(小学教师继续教育丛书)

ISBN 7-5320-4072-0: ¥5.75

G623.8 012890

义务教育小学体育与保健五、六年级教学参考书/浙江省义务教育教材编委会编.—杭州:浙江教育出版社,1995.7.—272 页;19cm

ISBN 7-5338-2048-7: ¥4.70

G624 教材、课本、辅助教材

G624 012891

'94 上海市名牌小学毕业班试卷评析:数学/华东师大附属小学等编写.—上海:少年儿童出版社,1995.1.—119 页;26cm

ISBN 7-5324-2647-5: ¥5.30

G624 012892

'94 上海市名牌小学毕业班试卷评析:英语/华东师大附属小学等编写.—上海:少年儿童出版社,1995.1.—117 页;26cm

本书附录音磁带

ISBN 7-5324-2645-9: ¥5.30

G624 012893

'94上海市名牌小学毕业班试卷评析:语文/华东师大附属小学等编写.—上海:少年儿童出版社,1995.1.—134页;26cm
ISBN 7-5324-2646-7:¥5.90

G624　012894
帮你入门:小学英语同步练习与自测　全一册/天津外国语学院附属外国语学校编.—天津:新蕾出版社,1995.1.—293页;26cm
ISBN 7-5307-1627-1:¥12.60

G624　012895
帮你入门:小学英语阅读/天津外国语学院附属外国语学校编.—天津:新蕾出版社,1995.10.—98页;26cm
ISBN 7-5307-1672-7:¥6.40

G624　012896
帮你学　(10):九年义务教育五年制小学语文/党王岭,于致平编.—郑州:河南教育出版社,1995.10.—159页;19cm
ISBN 7-5347-1838-4:¥3.25

G624　012897
帮你学　(2):九年义务教育五年制小学语文/《帮你学》编写组编.—郑州:河南教育出版社,1995.11.—98页;19cm
ISBN 7-5347-1621-7:¥2.30

G624　012898
帮你学　(4):九年义务教育五年制小学数学/梁秋莲,程孝先主编.—2版.—郑州:河南教育出版社,1995.11.—150页;19cm
ISBN 7-5347-1627-6:¥3.15

G624　012899
帮你学　(5):九年义务教育五年制小学语文/王殿民编写.—郑州:河南教育出版社,1995.5.—140页;19cm
ISBN 7-5347-1781-7:¥2.15

G624　012900
帮你学　(6):九年义务教育五年制小学数学/梁秋莲,程孝先主编.—郑州:河南教育出版社,1995.10.—168页;19cm
ISBN 7-5347-1865-1:¥3.40

G624　012901
帮你学　(6):九年义务教育五年制小学语文/白中兴等编.—2版.—郑州:河南教育出版社,1995.10.—110页;19cm
ISBN 7-5347-1864-3:¥2.50

G624　012902
初中入学解题能力训练/《初中入学解题能力训练》编写组编.—上海:上海科学技术出版社,1995.2.—111页;19cm.—(英才选苗丛书)
小学毕业班用
ISBN 7-5323-3823-1:¥2.30

G624　012903
创造活动　(二)/张景焕,陈泽河主编.—大连:辽宁师范大学出版社,1995.3.—140页;19cm
山东省教育科学"八五"重点项目实验教材
ISBN 7-81042-061-5:¥4.40

G624　012904
创造活动　(三)/张景焕,陈泽河主编.—大连:辽宁师范大学出版社,1995.3.—157页;19cm
山东省教育科学"八五"重点项目实验教材
ISBN 7-81042-061-5:¥4.60

G624　012905
创造活动　(一)/张景焕,陈泽河主编.—大连:辽宁师范大学出版社,1995.3.—100页;19cm
山东省教育科学"八五"重点项目实验教材
ISBN 7-81042-061-5:¥4.00

G624　012906
当代小学生智能训练丛书/陈伯吹主编.—2版.—上海:上海科学普及出版社,1995.2.—6册;19cm
供三年级用
ISBN 7-5427-0810-4:¥11.50

G624　012907
当代小学生智能训练丛书/陈伯吹主编.—2版.—上海:上海科学普及出版社,1995.2.—6册;19cm
供二年级用
ISBN 7-5427-0809-0:¥11.50

G624　012908
当代小学生智能训练丛书/陈伯吹主编.—2版.—上海:上海科学普及出版社,1995.2.—6册;19cm
供一年级用
ISBN 7-5427-0787-6:¥11.00

G624　012909
儿童智力同步训练　(1):小学语文:二年级　下册/徐文才主编.—海口:海南国际新闻出版中心,1995.12.—94页;19cm
ISBN 7-80609-278-1:¥2.60

G624　012910
儿童智力同步训练　(1):小学语文:六年级　下册/徐文才主编.—海口:海南国际新闻出版中心,1995.12.—102页;19cm
ISBN 7-80609-278-1:¥2.60

G624　012911
儿童智力同步训练　(1):小学语文:三年级　下册/徐文才主编.—海口:海南国际新闻出版中心,1995.12.—94页;19cm
ISBN 7-80609-278-1:¥2.60

G624　012912
儿童智力同步训练　(1):小学语文:四年级　下册/徐文才主编.—海口:海南国际新闻出版中心,1995.12.—102页;19cm
ISBN 7-80609-278-1:¥2.60

G624　012913
儿童智力同步训练　(1):小学语文:五年级　下册/徐文才主编.—海口:海南国际新闻出版中心,1995.12.—102页;19cm
ISBN 7-80609-278-1:¥2.60

G624　012914
儿童智力同步训练　(1):小学语文:一年级　下册/徐文才主编.—海口:海南国际新闻出版中心,1995.12.—94页;19cm

ISBN 7-80609-278-1:￥2.60

G624　012915

儿童智力同步训练　(2):小学数学:二年级　下册/张小龙主编.—海口:海南国际新闻出版中心,1995.12.—94页;19cm

ISBN 7-80609-279-X:￥2.60

G624　012916

儿童智力同步训练　(2):小学数学:六年级　下册/张小龙主编.—海口:海南国际新闻出版中心,1995.12.—102页;19cm

ISBN 7-80609-279-X:￥2.60

G624　012917

儿童智力同步训练　(2):小学数学:三年级　下册/张小龙主编.—海口:海南国际新闻出版中心,1995.12.—94页;19cm

ISBN 7-80609-279-X:￥2.60

G624　012918

儿童智力同步训练　(2):小学数学:四年级　下册/张小龙主编.—'海口:海南国际新闻出版中心,1995.12.—102页;19cm

ISBN 7-80609-279-X:￥2.60

G624　012919

儿童智力同步训练　(2):小学数学:五年级　下册/张小龙主编.—海口:海南国际新闻出版中心,1995.12.—102页;19cm

ISBN 7-80609-279-X:￥2.60

G624　012920

儿童智力同步训练　(2):小学数学:一年级　下册/张小龙主编.—海口:海南国际新闻出版中心,1995.12.—94页;19cm

ISBN 7-80609-279-X:￥2.60

G624　012921

辅导·自学·测试:小学数学:三年级/林振勋主编;胡松林,徐鹤年编著.—修订本.—上海:上海科学技术文献出版社,1995.7.—276页;19cm.—(家长·学生·教师之友)

ISBN 7-5439-0730-5:￥7.50

G624　012922

辅导·自学·测试:小学语文:二年级　下册/杨娬,郭敏芬编著.—上海:上海科学技术文献出版社,1995.11.—234页;19cm.—(家长·学生·教师之友)

ISBN 7-5439-0863-8:￥7.00

G624　012923

辅导·自学·测试:小学语文:二年级(上)/杨娬,郭敏芬编著.—上海:上海科学技术文献出版社,1995.5.—211页;19cm.—(家长·学生·教师之友)

ISBN 7-5439-0740-2:￥6.40

G624　012924

辅导·自学·测试:小学语文:三年级　下册/李润,沈啸编著.—上海:上海科学技术文献出版社,1995.11.—252页;19cm.—(家长·学生·教师之友)

ISBN 7-5439-0862-X:￥7.40

G624　012925

辅导·自学·测试:小学语文:三年级(上)/夏国平主编;沈啸,李润编著.—上海:上海科学技术文献出版社,1995.6.—254页;19cm.—(家长·学生·教师之友)

ISBN 7-5439-0331-8:￥7.00

G624　012926

辅导·自学·测试:小学语文:一年级　下册/杨娬,薛挺编著.—上海:上海科学技术文献出版社,1995.1.—176页;19cm.—(家长·学生·教师之友)

ISBN 7-5439-0864-6:￥5.40

G624　012927

辅导·自学·测试:小学语文:一年级(上)/杨娬,王宗瑜编著.—上海:上海科学技术文献出版社,1995.5.—292页;19cm.—(家长·学生·教师之友)

ISBN 7-5439-0709-7:￥8.40

G624　012928

广西九年义务教育小学活动课读本　第八册/陆邦还等编写.—南宁:广西科学技术出版社,1995.1.—56页;19cm

五、六年制通用

ISBN 7-80619-156-9:￥1.10

G624　012929

广西九年义务教育小学活动课读本　第二册/廖金玲等编写.—南宁:广西科学技术出版社,1995.1.—46页;19cm

五、六年制通用

ISBN 7-80619-153-4:￥0.95

G624　012930

广西九年义务教育小学活动课读本　第六册/覃玉芬,朱静编写.—南宁:广西科学技术出版社,1995.1.—44页;19cm

五、六年制通用

ISBN 7-80619-155-0:￥0.95

G624　012931

广西九年义务教育小学活动课读本　第十册/段彩明,杭乃励编写.—南宁:广西科学技术出版社,1995.1.—44页;19cm

五、六年制通用

ISBN 7-80619-157-7:￥0.95

G624　012932

广西九年义务教育小学活动课读本　第十二册/彭运锋等编写.—南宁:广西科学技术出版社,1995.1.—50页;19cm

五、六年制通用

ISBN 7-80619-158-5:￥1.00

G624　012933

广西九年义务教育小学活动课读本　第四册/利有泰,曾广林编写.—南宁:广西科学技术出版社,1995.1.—53页;19cm

五、六年制通用

ISBN 7-80619-154-2:￥1.00

G624　012934

广西九年制义务教育小学活动课读本　第九册/《小学活动课读本》编写组编.—南宁:广西科学技术出版社,1995.7.—52页;19cm

五、六年制通用

ISBN 7-80619-218-2: ¥1.55

G624　　012935

广西九年制义务教育小学活动课读本　第七册/《小学活动课读本》编写组编.—南宁:广西科学技术出版社,1995.7.—62页;19cm

五、六年制通用

ISBN 7-80619-217-4: ¥1.70

G624　　012936

广西九年制义务教育小学活动课读本　第三册/《小学活动课读本》编写组编.—南宁:广西科学技术出版社,1995.7.—66页;19cm

五、六年制通用

ISBN 7-80619-227-1: ¥1.80

G624　　012937

广西九年制义务教育小学活动课读本　第十一册/《小学活动课读本》编写组编.—南宁:广西科学技术出版社,1995.7.—43页;19cm

五六年制通用

ISBN 7-80619-216-6: ¥1.40

G624　　012938

广西九年制义务教育小学活动课读本　第五册/《小学活动课读本》编写组编.—南宁:广西科学技术出版社,1995.7.—50页;19cm

五、六年制通用

ISBN 7-80619-209-3: ¥1.50

G624　　012939

广西九年制义务教育小学活动课读本　第一册/《小学活动课读本》编写组编.—南宁:广西科学技术出版社,1995.7.—58页;19cm

五、六年制通用

ISBN 7-80619-210-7: ¥1.60

G624　　012940

活动:三、四年级/云南省教育委员会教研室编.—昆明:云南教育出版社,1995.6.—81页;26cm

九年义务教育云南省小学课本:试用

ISBN 7-5415-1019-X: ¥4.40

G624　　012941

活动:一、二年级/云南省教育委员会教研室编.—昆明:云南教育出版社,1995.1.—57页;26cm

九年义务教育云南省小学课本:试用

ISBN 7-5415-0918-3: ¥2.70

G624　　012942

活动课本:数学(5)/北京市教育局教材编审部,北京市崇文区教育局编.—北京:龙门书局,1995.7.—44页;17×19cm

义务教育小学系列教材 附活动课本学具

ISBN 7-80111-000-5: ¥2.60

G624　　012943

家长辅导必读/《家长》编辑部编.—天津:天津社会科学院出版社,1995.12.—280页;19cm

适用九年义务教育五年制小学教材 小学三年级下学期使用

ISBN 7-80563-519-6: ¥8.00

G624　　012944

家长助学指导丛书:品德·行为·习惯:小学　第二册/金道一,周德海主编;《家长助学指导丛书》编委会编.—成都:四川科学技术出版社,1995.8.—136页;19cm

ISBN 7-5364-3131-7: ¥3.38

G624　　012945

家长助学指导丛书:品德·行为·习惯:小学　第三册/金道一,周德海主编;《家长助学指导丛书》编委会编.—成都:四川科学技术出版社,1995.8.—148页;19cm

ISBN 7-5364-3132-5: ¥3.66

G624　　012946

家长助学指导丛书:品德·行为·习惯:小学　第一册/金道一,周德海主编;《家长助学指导丛书》编委会编.—成都:四川科学技术出版社,1995.8.—120页;19cm

ISBN 7-5364-3130-9: ¥3.00

G624　　012947

家长助学指导丛书:数学:小学二年级数学　上册/金道一,周德海主编;《家长助学指导丛书》编委会编.—成都:四川科学技术出版社,1995.8.—122页;19cm

ISBN 7-5364-3121-X: ¥3.50

G624　　012948

家长助学指导丛书:数学:小学六年级　上册/金道一,周德海主编;《家长助学指导丛书》编委会编.—成都:四川科学技术出版社,1995.8.—151页;19cm

ISBN 7-5364-3129-5: ¥4.15

G624　　012949

家长助学指导丛书:数学:小学三年级　上册/金道一,周德海主编;《家长助学指导丛书》编委会编.—成都:四川科学技术出版社,1995.8.—134页;19cm

ISBN 7-5364-3123-6: ¥3.70

G624　　012950

家长助学指导丛书:数学:小学四年级　上册/金道一,周德海主编;《家长助学指导丛书》编委会编.—成都:四川科学技术出版社,1995.8.—122页;19cm

ISBN 7-5364-3125-2: ¥3.35

G624　　012951

家长助学指导丛书:数学:小学五年级　上册/金道一,周德海主编;《家长助学指导丛书》编委会编.—成都:四川科学技术出版社,1995.8.—151页;19cm

ISBN 7-5364-3127-9: ¥4.10

G624　　012952

家长助学指导丛书:数学:小学一年级　上册/金道一,周德海主编;《家长助学指导丛书》编委会编.—成都:四川科学技术出版社,1995.8.—166页;19cm

ISBN 7-5364-3119-8: ¥4.50

G624　　012953

家长助学指导丛书:语文:小学二年级　上册/金道一,周德海主编;《家长助学指导丛书》编委会编.—成都:四川科学技术出版社,1995.8.—201页;19cm

ISBN 7-5364-3120-1: ¥5.45

G624　　012954

家长助学指导丛书:语文:小学六年级　上册/金道一,周德海主编;《家长助学指导丛书》编委会编.—成都:四川科学技术出版社,1995.8.—191页;19cm
ISBN 7-5364-3128-7:¥5.10

G624　012955
家长助学指导丛书:语文:小学三年级　上册/金道一,周德海主编;《家长助学指导丛书》编委会编.—成都:四川科学技术出版社,1995.8.—160页;19cm
ISBN 7-5364-3122-8:¥4.15

G624　012956
家长助学指导丛书:语文:小学四年级　上册/金道一,周德海主编;《家长助学指导丛书》编委会编.—成都:四川科学技术出版社,1995.8.—132页;19cm
ISBN 7-5364-3124-4:¥3.70

G624　012957
家长助学指导丛书:语文:小学五年级　上册/金道一,周德海主编;《家长助学指导丛书》编委会编.—成都:四川科学技术出版社,1995.8.—148页;19cm
ISBN 7-5364-3126-0:¥4.10

G624　012958
家长助学指导丛书:语文:小学一年级　上册/金道一,周德海主编;《家长助学指导丛书》编委会编.—成都:四川科学技术出版社,1995.8.—176页;19cm
ISBN 7-5364-3118-X:¥4.80

G624　012959
家庭辅导:小学数学:二年级第一学期/宋振华编.—上海:上海教育出版社,1995.12.—74页;19cm
ISBN 7-5320-3926-9:¥2.25

G624　012960
家庭辅导:小学数学:一年级第一学期/于兰英编.—上海:上海教育出版社,1995.12.—68页;19cm
ISBN 7-5320-4021-6:¥2.05

G624　012961
精选精编小学生周末练习:语文·数学:二年级下期/陈实君等编.—福州:福建少年儿童出版社,1995.12.—80页;19×26cm
供五年制用
ISBN 7-5395-1304-7:¥4.50

G624　012962
精选精编小学生周末练习:语文·数学:六年级上期/陈实君等编.—福州:福建少年儿童出版社,1995.9.—80页;19×26cm
供六年制用
ISBN 7-5395-1228-8:¥4.20

G624　012963
精选精编小学生周末练习:语文·数学:五年级上期/陈实君等编.—福州:福建少年儿童出版社,1995.9.—81页;19×26cm
供五年制用
ISBN 7-5395-1232-6:¥4.20

G624　012964
九年义务教育单元达标检测:小学数学　第九册/《九年义务教育单元达标检测》编写组编.—北京:中国少年儿童出版社,1995.7.—58页;26cm
ISBN 7-5007-2715-1:¥3.80

G624　012965
九年义务教育单元达标检测:小学数学　第七册/《九年义务教育单元达标检测》编写组编.—北京:中国少年儿童出版社,1995.7.—58页;26cm
ISBN 7-5007-2714-3:¥3.80

G624　012966
九年义务教育单元达标检测:小学数学　第三册/《九年义务教育单元达标检测》编写组编.—北京:中国少年儿童出版社,1995.7.—58页;26cm
ISBN 7-5007-2712-7:¥3.80

G624　012967
九年义务教育单元达标检测:小学数学　第十一册/《九年义务教育单元达标检测》编写组编.—北京:中国少年儿童出版社,1995.7.—58页;26cm
ISBN 7-5007-2716-X:¥3.80

G624　012968
九年义务教育单元达标检测:小学数学　第五册/《九年义务教育单元达标检测》编写组编.—北京:中国少年儿童出版社,1995.7.—58页;26cm
ISBN 7-5007-2713-5:¥3.80

G624　012969
九年义务教育单元达标检测:小学数学　第一册/《九年义务教育单元达标检测》编写组编.—北京:中国少年儿童出版社,1995.7.—58页;26cm
ISBN 7-5007-2711-9:¥3.80

G624　012970
九年义务教育单元达标检测:小学语文　第九册/《九年义务教育单元达标检测》编写组编.—北京:中国少年儿童出版社,1995.7.—58页;26cm
ISBN 7-5007-2709-7:¥3.80

G624　012971
九年义务教育单元达标检测:小学语文　第七册/《九年义务教育单元达标检测》编写组编.—北京:中国少年儿童出版社,1995.7.—58页;26cm
ISBN 7-5007-2708-9:¥3.80

G624　012972
九年义务教育单元达标检测:小学语文　第三册/《九年义务教育单元达标检测》编写组编.—北京:中国少年儿童出版社,1995.7.—58页;26cm
ISBN 7-5007-2706-2:¥3.80

G624　012973
九年义务教育单元达标检测:小学语文　第十一册/《九年义务教育单元达标检测》编写组编.—北京:中国少年儿童出版社,1995.7.—58页;26cm
ISBN 7-5007-2710-0:¥3.80

G624　012974
九年义务教育单元达标检测:小学语文　第五册/《九年义务教育单元达标检测》编写组编.—北京:中国少年儿童出版社,1995.7.—58页;26cm
ISBN 7-5007-2707-0:¥3.80

G624　012975
九年义务教育单元达标检测:小学语文　第一册/《九年义务教育单元达标检测》编写组编.—北京:中国

少年儿童出版社，1995.7.—58页；26cm
ISBN 7-5007-2705-4：¥3.80

G624　012976
九年义务教育活动课程活页资料：小学二年级(上)/全国教育科学“八五”规划国家教委级重点课题“各类学校的科技活动及其师资培训”课题组编.—天津：天津教育出版社，1995.6.—16张；26×38cm
¥6.00

G624　012977
九年义务教育活动课程活页资料：小学二年级(下)/全国教育科学“八五”规划国家教委级重点课题“各类学校的科技活动及其师资培训”课题组编.—2版.—天津：天津教育出版社，1995.12.—15张；27×38cm
¥6.00

G624　012978
九年义务教育活动课程活页资料：小学六年级(上)/全国教育科学“八五”规划国家教委级重点课题“各类学校的科技活动及其师资培训”课题组编.—天津：天津教育出版社，1995.6.—16张；26×38cm
¥7.05

G624　012979
九年义务教育活动课程活页资料：小学六年级(下)/全国教育科学“八五”规划国家教委级重点课题“各类学校的科技活动及其师资培训”课题组编.—天津：天津教育出版社，1995.12.—15张；27×38cm
¥6.00

G624　012980
九年义务教育活动课程活页资料：小学三年级(上)/全国教育科学“八五”规划国家教委级重点课题“各类学校的科技活动及其师资培训”课题组编.—天津：天津教育出版社，1995.6.—16张；26×38cm
¥6.75

G624　012981
九年义务教育活动课程活页资料：小学三年级(下)/全国教育科学“八五”规划国家教委级重点课题“各类学校的科技活动及其师资培训”课题组编.—天津：天津教育出版社，1995.12.—15张；27×38cm
¥6.00

G624　012982
九年义务教育活动课程活页资料：小学四年级(上)/全国教育科学“八五”规划国家教委级重点课题“各类学校的科技活动及其师资培训”课题组编.—天津：天津教育出版社，1995.6.—16张；26×38cm
¥6.65

G624　012983
九年义务教育活动课程活页资料：小学五年级(上)/全国教育科学“八五”规划国家教委级重点课题“各类学校的科技活动及其师资培训”课题组编.—天津：天津教育出版社，1995.6.—16张；26×38cm
¥7.20

G624　012984
九年义务教育活动课程活页资料：小学五年级(下)/全国教育科学“八五”规划国家教委级重点课题“各类学校的科技活动及其师资培训”课题组编.—天津：天津教育出版社，1995.12.—15张；27×38cm
¥6.00

G624　012985
九年义务教育活动课程活页资料：小学一年级(上)/全国教育科学“八五”规划国家教委级重点课题“各类学校的科技活动及其师资培训”课题组编.—天津：天津教育出版社，1995.6.—16张；26×38cm
¥6.00

G624　012986
九年义务教育活动课程活页资料：小学一年级(下)/全国教育科学“八五”规划国家教委级重点课题“各类学校的科技活动及其师资培训”课题组编.—2版.—天津：天津教育出社版社，1995.12.—15张；27×38cm
¥6.00

G624　012987
九年义务教育教·学·练丛书：数学：六年制小学：三年级第一学期/北京市海淀区教师进修学校主编.—广州：广东教育出版社，1995.8.—163页；19cm
ISBN 7-5406-3306-9：¥3.65

G624　012988
九年义务教育教·学·练丛书：语文：六年制小学：三年级第一学期/北京市海淀区教师进修学校主编.—广州：广东教育出版社，1995.8.—155页；19cm
ISBN 7-5406-3305-0：¥3.60

G624　012989
九年义务教育六年制随堂练：小学数学　第九册/《随堂练》编写组编.—西安：陕西人民教育出版社，1995.5.—53页；26cm
ISBN 7-5419-6152-3：¥2.10

G624　012990
九年义务教育六年制随堂练：小学数学　第六册/《随堂练》编写组编.—西安：陕西人民教育出版社，1995.11.—90页；26cm
ISBN 7-5419-6147-7：¥4.00

G624　012991
九年义务教育六年制随堂练：小学数学　第七册/《随堂练》编写组编.—西安：陕西人民教育出版社，1995.5.—74页；26cm
ISBN 7-5419-6151-5：¥3.20

G624　012992
九年义务教育六年制随堂练：小学数学　第三册/《随堂练》编写组编.—西安：陕西人民教育出版社，1995.5.—81页；26cm
ISBN 7-5419-6174-4：¥3.10

G624　012993
九年义务教育六年制随堂练：小学数学　第十一册/《随堂练》编写组编.—西安：陕西人民教育出版社，1995.5.—83页；26cm
ISBN 7-5419-6178-7：¥3.20

G624　012994
九年义务教育六年制随堂练：小学数学　第五册/《随堂练》编写组编.—西安：陕西人民教育出版社，1995.5.—101页；26cm
ISBN 7-5419-6171-X：¥3.80

G624　012995
九年义务教育六年制随堂练:小学数学　第一册/《随堂练》编写组编.—西安:陕西人民教育出版社,1995.6.—95页;26cm
ISBN 7-5419-6153-1:¥3.70

G624　012996
九年义务教育六年制随堂练:小学语文　第九册/《随堂练》编写组编.—西安:陕西人民教育出版社,1995.5.—80页;26cm
ISBN 7-5419-6172-8:¥3.40

G624　012997
九年义务教育六年制随堂练:小学语文　第六册/《随堂练》编写组编.—西安:陕西人民教育出版社,1995.11.—114页;26cm
ISBN 7-5419-6148-5:¥5.00

G624　012998
九年义务教育六年制随堂练:小学语文　第三册/《随堂练》编写组编.—西安:陕西人民教育出版社,1995.5.—120页;26cm
ISBN 7-5419-6177-9:¥4.50

G624　012999
九年义务教育六年制随堂练:小学语文　第十一册/《随堂练》编写组编.—西安:陕西人民教育出版社,1995.5.—65页;26cm
ISBN 7-5419-6175-2:¥2.80

G624　013000
九年义务教育六年制随堂练:小学语文　第五册/《随堂练》编写组编.—西安:陕西人民教育出版社,1995.5.—99页;26cm
ISBN 7-5419-6176-0:¥3.80

G624　013001
九年义务教育六年制随堂练:小学语文　第一册/《随堂练》编写组编.—西安:陕西人民教育出版社,1995.6.—94页;26cm
ISBN 7-5419-6158-2:¥3.50

G624　013002
九年义务教育六年制随堂练:小学语文 第七册/《随堂练》编写组编.—西安:陕西人民教育出版社,1995.5.—64页;26cm
ISBN 7-5419-6170-1:¥2.80

G624　013003
九年义务教育六年制小学教科书学习指要:数学　第五册/黑龙江省教育学院编.—2版.—哈尔滨:黑龙江教育出版社,1995.7.—124页;19cm
ISBN 7-5316-1353-0:¥2.15

G624　013004
九年义务教育六年制小学教科书学习指要:语文　第五册/黑龙江省教育学院编.—哈尔滨:黑龙江教育出版社,1995.7.—125页;19cm
ISBN 7-5316-2652-7:¥1.95

G624　013005
九年义务教育六年制小学教科书学习指要:自然　第五册/黑龙江省教育学院编.—哈尔滨:黑龙江教育出版社,1995.7.—54页;19cm
ISBN 7-5316-2659-4:¥1.95

G624　013006
九年义务教育六年制小学课外测试题集:数学:二年级　上册/小学课外测试题编写组编.—桂林:漓江出版社,1995.5.—48页;26cm
ISBN 7-5407-1655-X:¥2.30

G624　013007
九年义务教育六年制小学课外测试题集:数学:三年级　上册/小学课外测试题编写组编.—桂林:漓江出版社,1995.5.—48页;26cm
ISBN 7-5407-1656-8:¥2.30

G624　013008
九年义务教育六年制小学课外测试题集:数学:一年级　上册/小学课外测试题编写组编.—桂林:漓江出版社,1995.5.—48页;26cm
ISBN 7-5407-1659-2:¥2.30

G624　013009
九年义务教育六年制小学课外测试题集:语文:二年级　上册/小学课外测试题编写组编.—桂林:漓江出版社,1995.5.—48页;26cm
ISBN 7-5407-1660-6:¥2.30

G624　013010
九年义务教育六年制小学课外测试题集:语文:三年级　上册/小学课外测试题编写组编.—桂林:漓江出版社,1995.5.—48页;26cm
ISBN 7-5407-1654-1:¥2.30

G624　013011
九年义务教育六年制小学课外测试题集:语文:一年级　上册/小学课外测试题编写组编.—桂林:漓江出版社,1995.5.—48页;26cm
ISBN 7-5407-1650-9:¥2.30

G624　013012
九年义务教育六年制小学生达标测试卷:数学　第二册/《小学生达标测试卷》编写组编.—2版.—石家庄:河北教育出版社,1995.10.—46页;26cm
ISBN 7-5434-2010-4:¥1.95

G624　013013
九年义务教育六年制小学生达标测试卷:数学　第六册/《小学生达标测试卷》编写组编.—2版.—石家庄:河北教育出版社,1995.12.—62页;26cm
ISBN 7-5434-2012-0:¥2.45

G624　013014
九年义务教育六年制小学生达标测试卷:数学　第三册/谷艳玲,侯桂琴编写.—3版.—石家庄:河北教育出版社,1995.6.—46页;26cm
ISBN 7-5434-1909-2:¥1.40

G624　013015
九年义务教育六年制小学生达标测试卷:数学　第五册/玉贵等编写.—2版.—石家庄:河北教育出版社,1995.6.—62页;26cm
ISBN 7-5434-1910-6:¥1.95

G624　013016
九年义务教育六年制小学生达标测试卷:数学　第一册/葛春雪,李纪刚编写.—2版.—石家庄:河北教

育出版社,1995.6.—46 页;26cm

ISBN 7-5434-1900-9:¥1.40

G624 013017

九年义务教育六年制小学生达标测试卷:语文　第六册/《小学生达标测试卷》编写组编.—2 版.—石家庄:河北教育出版社,1995.12.—62 页;26cm

ISBN 7-5434-2006-6:¥2.45

G624 013018

九年义务教育六年制小学生达标测试卷:语文　第三册/谷艳玲,高秀云编写.—2 版.—石家庄:河北教育出版社,1995.5.—46 页;26cm

ISBN 7-5434-1898-3:¥1.40

G624 013019

九年义务教育六年制小学生达标测试卷:语文　第四册/《小学生达标测试卷》编写组编.—3 版.—石家庄:河北教育出版社,1995.11.—46 页;26cm

ISBN 7-5434-2005-8:¥1.95

G624 013020

九年义务教育六年制小学生达标测试卷:语文　第五册/周金萍,吕会玲编写.—2 版.—石家庄:河北教育出版社,1995.6.—62 页;26cm

ISBN 7-5434-1914-9:¥1.80

G624 013021

九年义务教育六年制小学学习指导丛书:数学　第二册/晓章等编著.—长春:吉林科学技术出版社,1995.11.—95 页;19cm

ISBN 7-5384-1571-8:¥2.00

G624 013022

九年义务教育六年制小学学习指导丛书:数学　第六册/胡家江等编著.—长春:吉林科学技术出版社,1995.11.—117 页;19cm

ISBN 7-5384-1579-3:¥2.50

G624 013023

九年义务教育五、六年制小学教科书学习指要:自然　第四册/黑龙江省教育学院编.—哈尔滨:黑龙江教育出版社,1995.1.—55 页;19cm

ISBN 7-5316-2473-7:¥1.20

G624 013024

九年义务教育五年制小学教科书学习指要:数学　第五册/黑龙江省教育学院编.—2 版.—哈尔滨:黑龙江教育出版社,1995.7.—139 页;19cm

ISBN 7-5316-1364-6:¥2.15

G624 013025

九年义务教育五年制小学教科书学习指要:语文　第五册/黑龙江省教育学院编.—2 版.—哈尔滨:黑龙江教育出版社,1995.7.—124 页;19cm

ISBN 7-5316-2278-5:¥1.95

G624 013026

九年义务教育五年制小学教科书学习指要:自然　第五册/黑龙江省教育学院编.—2 版.—哈尔滨:黑龙江教育出版社,1995.7.—82 页;19cm

ISBN 7-5316-0118-4:¥1.95

G624 013027

九年义务教育五年制小学练习册:数学　第六册/黄善词编.—2 版.—南宁:广西教育出版社,1995.12.—96 页;19cm

ISBN 7-5435-1412-5:¥2.35

G624 013028

九年义务教育五年制小学练习册:数学　第三册.—2 版.—南宁:广西教育出版社,1995.5.—144 页;19cm

ISBN 7-5435-1297-1:¥2.25

G624 013029

九年义务教育五年制小学练习册:数学　第五册/邹莉编.—2 版.—南宁:广西教育出版社,1995.6.—96 页;19cm

ISBN 7-5435-1285-8:¥1.55

G624 013030

九年义务教育五年制小学练习册:语文　第六册(甲)/宋浔坚编.—2 版.—南宁:广西教育出版社,1995.12.—48 页;19cm

ISBN 7-5435-1419-2:¥1.30

G624 013031

九年义务教育五年制小学练习册:语文　第六册(乙)/宋浔坚编.—2 版.—南宁:广西教育出版社,1995.12.—48 页;19cm

ISBN 7-5435-1420-6:¥1.30

G624 013032

九年义务教育五年制小学练习册:语文　第四册(甲)/廖淑冰等编.—南宁:广西教育出版社,1995.1.—48 页;19cm

ISBN 7-5435-2205-5:¥0.80

G624 013033

九年义务教育五年制小学练习册:语文　第一册(甲).—2 版.—南宁:广西教育出版社,1995.5.—48 页;19cm

ISBN 7-5435-1322-6:¥0.90

G624 013034

九年义务教育五年制小学练习册:语文　第一册(乙).—2 版.—南宁:广西教育出版社,1995.5.—48 页;19cm

ISBN 7-5435-1323-4:¥0.90

G624 013035

九年义务教育小学二年级活动课　上册/天津市农村地区活动课教材编写组编.—天津:天津教育出版社,1995.7.—39 页;19cm

ISBN 7-5309-2275-0:¥1.90

G624 013036

九年义务教育小学二年级活动课　下册/天津市农村地区活动课教材编写组编.—天津:天津教育出版社,1995.12.—39 页;19cm

ISBN 7-5309-2431-1:¥1.90

G624 013037

考前 30 天:小学数学精要/王和等编著.—南昌:21世纪出版社,1995.12.—209 页;19cm

ISBN 7-5391-1034-1:¥5.40

G624 013038

考前 30 天:小学语文精要/辛明等编著.—南昌:21世纪出版社,1995.12.—156 页;19cm

ISBN 7-5391-1035-X: ¥4.50

G624　013039

课前与课后:六年级:数学/陈衍等编.—宁波:宁波出版社,1995.5.—176页;26cm.—(学生自学丛书)

ISBN 7-80602-064-0: ¥8.80

G624　013040

课前与课后:三年级:数学/陈衍等编.—宁波:宁波出版社,1995.5.—148页;26cm.—(学生自学丛书)

ISBN 7-80602-061-6: ¥7.50

G624　013041

课前与课后:五年级:数学/陈衍等编.—宁波:宁波出版社,1995.5.—208页;26cm.—(学生自学丛书)

ISBN 7-80602-062-4: ¥10.90

G624　013042

课前与课后:五年级:语文/陈衍等编.—宁波:宁波出版社,1995.5.—220页;26cm.—(学生自学丛书)

ISBN 7-80602-063-2: ¥10.90

G624　013043

课堂反馈教与学:语数小学二册:数学分册/刘显国主编.—2版.—成都:四川教育出版社,1995.1.—119页;19cm

ISBN 7-5408-1010-6: ¥2.00

G624　013044

课堂反馈教与学:语数小学二册:语文分册/刘显国主编.—2版.—成都:四川教育出版社,1995.1.—114页;19cm

ISBN 7-5408-1010-6: ¥1.88

G624　013045

课堂反馈教与学:语数小学四册:数学分册/刘显国主编.—成都:四川教育出版社,1995.1.—126页;19cm

ISBN 7-5408-1008-4: ¥2.07

G624　013046

课堂反馈教与学:语数小学四册:语文分册/刘显国主编.—2版.—成都:四川教育出版社,1995.1.—109页;19cm

ISBN 7-5408-1008-4: ¥1.82

G624　013047

课堂反馈教与学:语文小学　第十二册/刘显国主编.—2版.—成都:四川教育出版社,1995.1.—155页;19cm

ISBN 7-5408-1014-0: ¥2.57

G624　013048

课堂内外十万个怎么办/戴山主编;季镔等编写.—昆明:晨光出版社,1995.3.—8册;19cm

包括"语文"等八册

ISBN 7-5414-0956-1: ¥26.00

G624　013049

六年制小学达纲多维训练丛书:语文:二年级第二学期/《六年制小学达纲多维训练》编写组编.—广州:新世纪出版社,1995.11.—44页;19cm

ISBN 7-5405-0905-8: ¥1.45

G624　013050

六年制小学达纲多维训练丛书:语文:三年级第二学期/《六年制小学达纲多维训练》编写组编.—广州:新世纪出版社,1995.11.—51页;19cm

ISBN 7-5405-0906-6: ¥1.65

G624　013051

六年制小学活动课指南:数学/哈尔滨市教育学院编.—哈尔滨:黑龙江教育出版社,1995.6.—175页;19cm

三年级用

ISBN 7-5316-2704-3: ¥3.35

G624　013052

六年制小学活动课指南:数学/哈尔滨市教育学院编.—哈尔滨:黑龙江教育出版社,1995.6.—162页;19cm

四年级用

ISBN 7-5316-2705-1: ¥3.15

G624　013053

六年制小学活动课指南:数学/哈尔滨市教育学院编.—哈尔滨:黑龙江教育出版社,1995.6.—160页;19cm

六年级用

ISBN 7-5316-2706-X: ¥3.15

G624　013054

六年制小学活动课指南:数学/哈尔滨市教育学院编.—哈尔滨:黑龙江教育出版社,1995.6.—182页;19cm

五年级用

ISBN 7-5316-2739-6: ¥3.50

G624　013055

六年制小学活动课指南:数学/哈尔滨市教育学院编.—哈尔滨:黑龙江教育出版社,1995.6.—193页;19cm

一年级用

ISBN 7-5316-2738-8: ¥3.70

G624　013056

六年制小学活动课指南:数学/哈尔滨市教育学院编.—哈尔滨:黑龙江教育出版社,1995.6.—159页;19cm

二年级用

ISBN 7-5316-2703-5: ¥3.10

G624　013057

六年制小学课堂作业十分钟:数学　第一册/刘锦主编;孙静,王险峰编著.—大连:辽宁师范大学出版社,1995.1.—90页;19cm

ISBN 7-81042-072-0: ¥2.20

G624　013058

六年制小学课堂作业十分钟:语文　第一册/刘锦主编;姚亚萍,肖云编著.—大连:辽宁师范大学出版社,1995.1.—90页;19cm

ISBN 7-81042-071-2: ¥2.20

G624　013059

六年制小学生单元测试(AB)卷:数学　第九册/《六年制小学生单元测试(AB)卷》编委会编.—延吉:东北朝鲜民族教育出版社,1995.6.—52页;26cm

课内天地·九年义务教育

ISBN 7-5437-2426-X: ¥2.50

G624　013060
六年制小学生单元测试(AB)卷:数学　第三册/《六年制小学生单元测试(AB)卷》编委会编.—延吉:东北朝鲜民族教育出版社,1995.6.—47页;26cm
课内天地·九年义务教育
ISBN 7-5437-2423-5:¥2.50

G624　013061
六年制小学生单元测试(AB)卷:数学　第十一册/《六年制小学生单元测试(AB)卷》编委会编.—延吉:东北朝鲜民族教育出版社,1995.6.—51页;26cm
课内天地·九年义务教育
ISBN 7-5437-2427-8:¥2.50

G624　013062
六年制小学生单元测试(AB)卷:语文　第三册/《六年制小学生单元测试(AB)卷》编委会编.—延吉:东北朝鲜民族教育出版社,1995.6.—52页;26cm
课内天地·九年义务教育
ISBN 7-5437-2423-5:¥2.50

G624　013063
六年制小学小学生达标训练与检测:语文:二年级上学期　第三册/《小学生达标训练与检测》编写组编.—海口:海南出版社,1995.5.—124页;19cm
本书与人教社全国统一教材配套使用;定价含语文数学共二册5.20元
ISBN 7-80617-165-7:¥0.00

G624　013064
六年制小学小学生达标训练与检测:语文:六年级上学期　第十一册/《小学生达标训练与检测》编写组编.—海口:海南出版社,1995.5.—124页;19cm
本书与人教社全国统一教材配套使用;定价含语文数学共二册5.20元
ISBN 7-80617-169-X:¥0.00

G624　013065
六年制小学小学生达标训练与检测:语文:三年级上学期　第五册/《小学生达标训练与检测》编写组编.—海口:海南出版社,1995.5.—124页;19cm
本书与人教社全国统一教材配套使用;定价含语文数学共二册5.20元
ISBN 7-80617-166-5:¥0.00

G624　013066
六年制小学小学生达标训练与检测:语文:四年级上学期　第七册/《小学生达标训练与检测》编写组编.—海口:海南出版社,1995.5.—124页;19cm
本书与人教社全国统一教材配套使用;定价含语文数学共二册5.20元
ISBN 7-80617-167-3:¥0.00

G624　013067
六年制小学小学生达标训练与检测:语文:五年级上学期　第九册/《小学生达标训练与检测》编写组编.—海口:海南出版社,1995.5.—124页;19cm
本书与人教社全国统一教材配套使用;定价含语文数学共二册5.20元
ISBN 7-80617-168-1:¥0.00

G624　013068
六年制小学小学生达标训练与检测:语文:一年级上学期　第一册/《小学生达标训练与检测》编写组编.—海口:海南出版社,1995.5.—124页;19cm
本书与人教社全国统一教材配套使用;定价含语文数学共二册5.20元
ISBN 7-80617-164-9:¥0.00

G624　013069
六年制小学形成性系列测试题　1996:数学　第八册/小学数学"目标教学研究"课题组编.—2版.—石家庄:河北教育出版社,1995.12.—32页;26cm
ISBN 7-5434-2313-8:¥1.00

G624　013070
六年制小学形成性系列测试题　1996:数学　第二册/小学数学"目标教学研究"课题组编.—2版.—石家庄:河北教育出版社,1995.12.—16页;26cm
ISBN 7-5434-2313-8:¥0.65

G624　013071
六年制小学形成性系列测试题　1996:数学　第六册/小学数学"目标教学研究"课题组编.—2版.—石家庄:河北教育出版社,1995.12.—20页;26cm
ISBN 7-5434-2313-8:¥0.65

G624　013072
六年制小学形成性系列测试题　1996:数学　第十册/小学数学"目标教学研究"课题组编.—2版.—石家庄:河北教育出版社,1995.12.—36页;26cm
ISBN 7-5434-2313-8:¥1.10

G624　013073
六年制小学形成性系列测试题　1996:数学　第十二册/小学数学"目标教学研究"课题组编.—2版.—石家庄:河北教育出版社,1995.12.—32页;26cm
ISBN 7-5434-2313-8:¥1.00

G624　013074
六年制小学形成性系列测试题　1996:数学　第四册/小学数学"目标教学研究"课题组编.—2版.—石家庄:河北教育出版社,1995.12.—16页;26cm
ISBN 7-5434-2313-8:¥0.50

G624　013075
六年制小学形成性系列测试题:语文　第十册/《六年制小学形成性系列测试题》编写组编.—2版.—石家庄:河北教育出版社,1995.12.—32页;26cm
ISBN 7-5434-2308-1:¥1.00

G624　013076
六年制小学形成性系列测试题:语文　第十二册/《六年制小学形成性系列测试题》编写组编.—2版.—石家庄:河北教育出版社,1995.12.—36页;26cm
ISBN 7-5434-2308-1:¥1.10

G624　013077
六年制小学语文单元水平测试与辅导:五年级第二学期/《语文单元水平测试与辅导》编写组编.—广州:广东教育出版社,1995.10.—88页;19cm
ISBN 7-5406-0900-1:¥2.65

G624　013078
每天十分钟:小学语文家长辅导　第四册/华宝清编.—上海:汉语大词典出版社,1995.2.—125页;26cm

ISBN 7-5432-0155-0: ¥6.50

G624 013079

名师小学升学全方位辅导丛书:数学/张光勤主编;陈起新本册主编.—北京:水利电力出版社:电子工业出版社,1995.3.—395页;19cm

ISBN 7-120-02249-0: ¥11.00

G624 013080

名师小学升学全方位辅导丛书:语文/张光勤主编;陈春瑞本册主编.—北京:水利电力出版社:电子工业出版社,1995.3.—290页;19cm

ISBN 7-120-02248-2: ¥9.00

G624 013081

全国名牌小学试卷汇编:语文、数学:六年制二年级下学期/《全国名牌小学试卷汇编》编写组编.—2版.—厦门:鹭江出版社,1995.10.—96页;19×26cm

ISBN 7-80533-915-5: ¥4.80

G624 013082

全国名牌小学试卷汇编:语文、数学:六年制六年级下学期/《全国名牌小学试卷汇编》编写组编.—2版.—厦门:鹭江出版社,1995.10.—136页;19×26cm

ISBN 7-80533-919-8: ¥6.70

G624 013083

全国名牌小学试卷汇编:语文、数学:六年制三年级下学期/《全国名牌小学试卷汇编》编写组编.—2版.—厦门:鹭江出版社,1995.10.—120页;19×26cm

ISBN 7-80533-916-3: ¥5.70

G624 013084

全国名牌小学试卷汇编:语文、数学:六年制四年级下学期/《全国名牌小学试卷汇编》编写组编.—2版.—厦门:鹭江出版社,1995.10.—120页;19×26cm

ISBN 7-80533-917-1: ¥5.80

G624 013085

全国名牌小学试卷汇编:语文、数学:六年制五年级下学期/《全国名牌小学试卷汇编》编写组编.—2版.—厦门:鹭江出版社,1995.11.—136页;19×26cm

ISBN 7-80533-918-X: ¥6.50

G624 013086

全国名牌小学试卷汇编:语文、数学:六年制一年级下学期/《全国名牌小学试卷汇编》编写组编.—2版.—厦门:鹭江出版社,1995.10.—81页;19×26cm

ISBN 7-80533-914-7: ¥4.00

G624 013087

全国名牌小学试卷汇编:语文、数学:五年制三年级下学期/《全国名牌小学试卷汇编》编写组编.—2版.—厦门:鹭江出版社,1995.10.—120页;19×26cm

ISBN 7-80533-922-8: ¥5.70

G624 013088

全国名牌小学试卷汇编:语文、数学:五年制四年级下学期/《全国名牌小学试卷汇编》编写组编.—2版.—厦门:鹭江出版社,1995.10.—136页;19×26cm

ISBN 7-80533-923-6: ¥6.50

G624 013089

全国名牌小学试卷汇编:语文、数学:五年制五年级下学期/《全国名牌小学试卷汇编》编写组编.—2版.—厦门:鹭江出版社,1995.10.—136页;19×26cm

ISBN 7-80533-924-4: ¥6.70

G624 013090

全国名牌小学试卷汇编:语文、数学:五年制一年级下学期/《全国名牌小学试卷汇编》编写组编.—2版.—厦门:鹭江出版社,1995.10.—80页;19×26cm

ISBN 7-80533-920-1: ¥4.00

G624 013091

五年级考前总复习:语文/陈衍等编.—福州:福建教育出版社,1995.4.—2册;26cm

ISBN 7-5334-1883-2: ¥7.50

G624 013092

五年制小学单元达标测试AB卷:小学数学AB卷三年级上学期(省编本)/禹维民主编;黄中德,王建青编.—郑州:河南教育出版社,1995.6.—50页;26cm

ISBN 7-5347-1802-3: ¥1.50

G624 013093

五年制小学单元达标测试AB卷:小学数学AB卷:二年级上学期:省编本/禹维民主编;毛佩燕等编.—郑州:河南教育出版社,1995.6.—46页;26cm

ISBN 7-5347-1801-5: ¥1.40

G624 013094

五年制小学单元达标测试AB卷:小学数学AB卷:二年级上学期:统编本/禹维民主编;石英璐,李玲珍编.—郑州:河南教育出版社,1995.7.—42页;26cm

ISBN 7-5347-1824-4: ¥1.30

G624 013095

五年制小学单元达标测试AB卷:小学数学AB卷:二年级下学期:省编本/禹维民主编;张静等编.—郑州:河南教育出版社,1995.11.—53页;26cm

ISBN 7-5347-1880-5: ¥2.20

G624 013096

五年制小学单元达标测试AB卷:小学数学AB卷:二年级下学期:统编本/禹维民主编;石英璐编.—郑州:河南教育出版社,1995.11.—36页;26cm

ISBN 7-5347-1872-4: ¥1.55

G624 013097

五年制小学单元达标测试AB卷:小学数学AB卷:三年级上学期:统编本/禹维民主编;黄中德,王云梅编.—郑州:河南教育出版社,1995.6.—50页;26cm

ISBN 7-5347-1825-2: ¥1.50

G624 013098

五年制小学单元达标测试AB卷:小学数学AB卷:三年级下学期:省编本/禹维民主编;黄中德,王长宁编.—郑州:河南教育出版社,1995.11.—40页;26cm

ISBN 7-5347-1881-3: ¥1.70

G624 013099

五年制小学单元达标测试AB卷:小学数学AB卷:三年级下学期:统编本/禹维民主编;张吉编.—郑州:河南教育出版社,1995.11.—56页;26cm

ISBN 7-5347-1873-2: ¥2.20

G624 013100

五年制小学单元达标测试AB卷:小学数学AB卷:四年级上学期/禹维民主编;虞志成等编.—郑州:河南

教育出版社,1995.6.—46页;26cm
ISBN 7-5347-1803-1:¥1.40

G624 013101
五年制小学单元达标测试 AB卷:小学数学AB卷:四年级下学期/禹维民主编;虞志成,邵蕙莲编.—郑州:河南教育出版社,1995.11.—40页;26cm
ISBN 7-5347-1882-1:¥1.70

G624 013102
五年制小学单元达标测试 AB卷:小学数学AB卷:五年级上学期/禹维民主编;张家姗,李玲珍编.—郑州:河南教育出版社,1995.6.—32页;26cm
ISBN 7-5347-1804-X:¥1.05

G624 013103
五年制小学单元达标测试 AB卷:小学数学AB卷:五年级下学期/禹维民主编;黄中德编.—郑州:河南教育出版社,1995.11.—54页;26cm
ISBN 7-5347-1883-X:¥2.20

G624 013104
五年制小学单元达标测试 AB卷:小学数学AB卷:一年级上学期:省编本/禹维民主编;仇小妹等编.—郑州:河南教育出版社,1995.6.—38页;26cm
ISBN 7-5347-1800-7:¥1.25

G624 013105
五年制小学单元达标测试 AB卷:小学数学AB卷:一年级上学期:统编本 /禹维民主编;翁佩勤等编.—郑州:河南教育出版社,1995.7.—46页;26cm
ISBN 7-5347-1823-6:¥1.40

G624 013106
五年制小学单元达标测试 AB卷:小学数学AB卷:一年级下学期:省编本 /禹维民主编;仇小妹,宁小姣编.—郑州:河南教育出版社,1995.11.—58页;26cm
ISBN 7-5347-1879-1:¥2.35

G624 013107
五年制小学单元达标测试 AB卷:小学数学AB卷:一年级下学期:统编本/禹维民主编;张铭等编.—郑州:河南教育出版社,1995.11.—51页;26cm
ISBN 7-5347-1871-6:¥2.10

G624 013108
五年制小学单元达标测试 AB卷:小学语文AB卷:二年级上学期:统编本/禹维民主编;沈伲等编.—郑州:河南教育出版社,1995.7.—50页;26cm
ISBN 7-5347-1821-X:¥1.50

G624 013109
五年制小学单元达标测试 AB卷:小学语文AB卷:一年级上学期:省编本/禹维民主编;朱蕾,陈家益编.—郑州:河南教育出版社,1995.6.—56页;26cm
ISBN 7-5347-1795-7:¥1.60

G624 013110
五年制小学单元达标测试 AB卷:小学语文AB卷:二年级上学期:省编本/禹维民主编;高素兰等编.—郑州:河南教育出版社,1995.6.—54页;26cm
ISBN 7-5347-1796-5:¥1.60

G624 013111
五年制小学单元达标测试 AB卷:小学语文AB卷:二年级下学期:省编本/禹维民主编;王朝晖,光彪编.—郑州:河南教育出版社,1995.11.—56页;26cm
ISBN 7-5347-1875-9:¥2.20

G624 013112
五年制小学单元达标测试 AB卷:小学语文AB卷:二年级下学期:统编本 /禹维民主编;沈伲等编.—郑州:河南教育出版社,1995.11.—52页;26cm
ISBN 7-5347-1869-4:¥2.10

G624 013113
五年制小学单元达标测试 AB卷:小学语文AB卷:三年级上学期:省编本/禹维民主编;李红妹等编.—郑州:河南教育出版社,1995.6.—55页;26cm
ISBN 7-5347-1797-3:¥1.75

G624 013114
五年制小学单元达标测试 AB卷:小学语文AB卷:三年级上学期:统编本/禹维民主编;文思,于白编.—郑州:河南教育出版社,1995.6.—48页;26cm
ISBN 7-5347-1822-8:¥1.40

G624 013115
五年制小学单元达标测试 AB卷:小学语文AB卷:三年级下学期:省编本/禹维民主编;王朝晖,卢文编.—郑州:河南教育出版社,1995.11.—56页;26cm
ISBN 7-5347-1876-7:¥1.90

G624 013116
五年制小学单元达标测试 AB卷:小学语文AB卷:三年级下学期:统编本/禹维民主编;孙韦静,缪如宁编.—郑州:河南教育出版社,1995.11.—46页;26cm
ISBN 7-5347-1870-8:¥1.95

G624 013117
五年制小学单元达标测试 AB卷:小学语文AB卷:四年级上学期/禹维民主编;魏剑琳编.—郑州:河南教育出版社,1995.6.—48页;26cm
ISBN 7-5347-1798-1:¥1.40

G624 013118
五年制小学单元达标测试 AB卷:小学语文AB卷:四年级下学期/禹维民主编;朱玉梅,余上铁编.—郑州:河南教育出版社,1995.11.—48页;26cm
ISBN 7-5347-1877-5:¥1.95

G624 013119
五年制小学单元达标测试 AB卷:小学语文AB卷:五年级上学期/禹维民主编;缪如宁,孙韦静编.—郑州:河南教育出版社,1995.6.—47页;26cm
ISBN 7-5347-1799-X:¥1.40

G624 013120
五年制小学单元达标测试 AB卷:小学语文AB卷:五年级下学期/禹维民主编;缪如宁,孙韦静编.—郑州:河南教育出版社,1995.11.—60页;26cm
ISBN 7-5347-1878-3:¥2.35

G624 013121
五年制小学单元达标测试 AB卷:小学语文AB卷:一年级上学期:统编本/禹维民主编;闻世,何仲编.—郑州:河南教育出版社,1995.7.—48页;26cm
ISBN 7-5347-1820-1:¥1.40

G624 013122

五年制小学单元达标测试 AB 卷:小学语文 AB 卷:一年级下学期:省编本/禹维民主编;陈家益,朱蕾编.—郑州:河南教育出版社,1995.11.—56 页;26cm
ISBN 7-5347-1874-0:¥2.20

G624　013123
五年制小学单元达标测试 AB 卷:小学语文 AB 卷:一年级下学期:统编本/禹维民主编;徐茂编.—郑州:河南教育出版社,1995.11.—52 页;26cm
ISBN 7-5347-1868-6:¥2.10

G624　013124
五年制小学生单元测试 AB 卷:数学　第九册/《五年制小学生单元测试(AB)卷》编委会编.—延吉:东北朝鲜民族教育出版社,1995.6.—56 页;26cm
课内天地·九年义务教育
ISBN 7-5437-2434-0:¥2.50

G624　013125
五年制小学生单元测试 AB 卷:数学　第七册/《五年制小学生单元测试(AB)卷》编委会编.—延吉:东北朝鲜民族教育出版社,1995.6.—56 页;26cm
课内天地·九年义务教育
ISBN 7-5437-2433-2:¥2.50

G624　013126
五年制小学生单元测试 AB 卷:数学　第三册/《五年制小学生单元测试(AB)卷》编委会编.—延吉:东北朝鲜民族教育出版社,1995.6.—52 页;26cm
课内天地·九年义务教育
ISBN 7-5437-2431-6:¥2.50

G624　013127
五年制小学生单元测试 AB 卷:数学　第五册/《五年制小学生单元测试(AB)卷》编委会编.—延吉:东北朝鲜民族教育出版社,1995.6.—52 页;26cm
课内天地·九年义务教育
ISBN 7-5437-2432-4:¥2.50

G624　013128
五年制小学生单元测试 AB 卷:数学　第一册/《五年制小学生单元测试(AB)卷》编委会编.—延吉:东北朝鲜民族教育出版社,1995.6.—51 页;26cm
课内天地·九年义务教育
ISBN 7-5437-2430-8:¥2.50

G624　013129
五年制小学生单元测试 AB 卷:语文　第九册/《五年制小学生单元测试(AB)卷》编委会编.—延吉:东北朝鲜民族教育出版社,1995.6.—56 页;26cm
课内天地·九年义务教育
ISBN 7-5437-2434-0:¥2.50

G624　013130
五年制小学生单元测试 AB 卷:语文　第七册/《五年制小学生单元测试(AB)卷》编委会编.—延吉:东北朝鲜民族教育出版社,1995.6.—54 页;26cm
课内天地·九年义务教育
ISBN 7-5437-2433-2:¥2.50

G624　013131
五年制小学生单元测试 AB 卷:语文　第三册/《五年制小学生单元测试(AB)卷》编委会编.—延吉:东北朝鲜民族教育出版社,1995.6.—51 页;26cm
课内天地·九年义务教育
ISBN 7-5437-2431-6:¥2.50

G624　013132
五年制小学生单元测试 AB 卷:语文　第五册/《五年制小学生单元测试(AB)卷》编委会编.—延吉:东北朝鲜民族教育出版社,1995.6.—52 页;26cm
课内天地·九年义务教育
ISBN 7-5437-2432-4:¥2.50

G624　013133
五年制小学生单元测试 AB 卷:语文　第一册/《五年制小学生单元测试(AB)卷》编委会编.—延吉:东北朝鲜民族教育出版社,1995.6.—48 页;26cm
课内天地·九年义务教育
ISBN 7-5437-2430-8:¥2.50

G624　013134
五年制小学语文、数学练习册参考答案:1~5 年级上学期/《五年制小学语文、数学练习册参考答案》编写组编 .—南昌:江西教育出版社,1995.7.—17 页;19cm
ISBN 7-5392-2535-1:¥0.45

G624　013135
五年制小学语文、数学练习册参考答案:1~5 年级下学期/练习册编写组编.—南昌:江西教育出版社,1995.12.—24 页;19cm
ISBN 7-5392-2470-3:¥0.80

G624　013136
向 40 分钟要效益:名师设计·精讲精练:小学数学:二年级/《向 40 分钟要效益》丛书编写组编.—南京:南京师范大学出版社,1995.8.—2 册;19cm
九年义务教育教材配套用书
ISBN 7-81047-014-0:¥7.60

G624　013137
向 40 分钟要效益:名师设计·精讲精练:小学数学:六年级/《向 40 分钟要效益》丛书编写组编.—南京:南京师范大学出版社,1995.12.—2 册;19cm
九年义务教育教材配套用书
ISBN 7-81047-022-1:¥7.60

G624　013138
向 40 分钟要效益:名师设计·精讲精练:小学数学:三年级/《向 40 分钟要效益》丛书编写组编.—南京:南京师范大学出版社,1995.12.—2 册;19cm
九年义务教育教材配套用书
ISBN 7-81047-016-7:¥7.60

G624　013139
向 40 分钟要效益:名师设计·精讲精练:小学数学:四年级/《向 40 分钟要效益》丛书编写组编.—南京:南京师范大学出版社,1995.12.—2 册;19cm
九年义务教育教材配套用书
ISBN 7-81047-018-3:¥7.60

G624　013140
向 40 分钟要效益:名师设计·精讲精练:小学数学:五年级/《向 40 分钟要效益》丛书编写组编.—南京:南京师范大学出版社,1995.8.—2 册;19cm
九年义务教育教材配套用书

ISBN 7-81047-020-5：¥7.60

G624　013141

向40分钟要效益：名师设计·精讲精练：小学数学：一年级/《向40分钟要效益》丛书编写组编.—南京：南京师范大学出版社，1995.8.—2册；19cm

九年义务教育教材配套用书

ISBN 7-81047-012-4：¥7.60

G624　013142

向40分钟要效益：名师设计·精讲精练：小学语文：一年级/《向40分钟要效益》丛书编写组编.—南京：南京师范大学出版社，1995.8.—2册；19cm

九年义务教育教材配套用书

ISBN 7-81047-011-6：¥7.60

G624　013143

向40分钟要效益：名师设计·精讲精练：小学语文：二年级/《向40分钟要效益》丛书编写组编.—南京：南京师范大学出版社，1995.8.—2册；19cm

九年义务教育教材配套用书

ISBN 7-81047-013-2：¥7.60

G624　013144

向40分钟要效益：名师设计·精讲精练：小学语文：六年级/《向40分钟要效益》丛书编写组编.—南京：南京师范大学出版社，1995.8.—2册；19cm

九年义务教育教材配套用书

ISBN 7-81047-021-3：¥7.60

G624　013145

向40分钟要效益：名师设计·精讲精练：小学语文：三年级/《向40分钟要效益》丛书编写组编.—南京：南京师范大学出版社，1995.12.—2册；19cm

九年义务教育教材配套用书

ISBN 7-81047-015-9：¥7.60

G624　013146

向40分钟要效益：名师设计·精讲精练：小学语文：四年级/《向40分钟要效益》丛书编写组编.—南京：南京师范大学出版社，1995.12.—2册；19cm

九年义务教育教材配套用书

ISBN 7-81047-017-5：¥7.60

G624　013147

向40分钟要效益：名师设计·精讲精练：小学语文：五年级/《向40分钟要效益》丛书编写组编.—南京：南京师范大学出版社，1995.8.—2册；19cm

九年义务教育教材配套用书

ISBN 7-81047-019-1：¥7.60

G624　013148

小学毕业班总复习训练册：数学/《小学毕业班总复习训练册》编写组编.—2版(修订本).—南宁：广西人民出版社，1995.12.—61页；26cm

ISBN 7-219-02688-9：¥3.20

G624　013149

小学毕业班总复习训练册：语文/《小学毕业班总复习训练册》编写组编写.—2版(修订本).—南宁：广西人民出版社，1995.12.—59页；26cm

ISBN 7-219-02687-0：¥3.20

G624　013150

小学毕业复习辅导：语文/王海光等编著.—福州：福建少年儿童出版社，1995.2.—240页；19cm

ISBN 7-5395-1117-6：¥4.50

G624　013151

小学毕业及升学总复习指导/吴作奇主编.—长春：长春出版社，1995.2.—185页；19cm

ISBN 7-80604-265-2：¥3.60

G624　013152

小学毕业生升重点中学应试指导：数学/宫朋，方亦编.—天津：天津教育出版社，1995.4.—52页；26cm

ISBN 7-5309-2224-6：¥3.50

G624　013153

小学毕业生升重点中学应试指导：英语/双玉，兴旺编.—天津：天津教育出版社，1995.4.—52页；26cm

ISBN 7-5309-2222-X：¥3.50

G624　013154

小学毕业生升重点中学应试指导：语文/高健，贺燕编.—天津：天津教育出版社，1995.4.—79页；26cm

ISBN 7-5309-2223-8：¥5.25

G624　013155

小学毕业总复习：英语/《小学毕业总复习》编写组编.—石家庄：河北教育出版社，1995.12.—185页；19cm

ISBN 7-5434-2502-5：¥5.30

G624　013156

小学毕业总复习与能力自测：数学/符绩才主编.—广州：新世纪出版社，1995.11.—143页；19cm.—(自学解难释疑丛书；2)

ISBN 7-5405-1212-1：¥4.15

G624　013157

小学毕业总复习与能力自测：语文/邝狄主编.—广州：新世纪出版社，1995.11.—191页；19cm.—(自学解难释疑丛书；1)

ISBN 7-5405-1201-6：¥5.60

G624　013158

小学单元自测：数学：六年制　第六册/《小学单元自测》编写组编.—2版.—厦门：鹭江出版社，1995.12.—111页；19cm

义务教育小学六年制三年级下学期用

ISBN 7-80610-012-1：¥3.40

G624　013159

小学单元自测：数学：六年制　第三册/《小学单元自测》编写组编.—2版.—厦门：鹭江出版社，1995.6.—110页；19cm

九年义务教育小学六年制二年级上学期用

ISBN 7-80533-806-X：¥2.30

G624　013160

小学单元自测：数学：六年制　第五册/《小学单元自测》编写组编.—2版.—厦门：鹭江出版社，1995.6.—105页；19cm

义务教育六年制三年级上学期用

ISBN 7-80533-807-8：¥2.40

G624　013161

小学单元自测：数学：五年制　第六册/《小学单元自

测》编写组编.—2版.—厦门:鹭江出版社,1995.11.—119页;19cm
义务教育五年制小学三年级下学期用
ISBN 7-80533-347-5:¥3.60

G624　013162
小学单元自测:数学:五年制　第三册/《小学单元自测》编写组编.—2版.—厦门:鹭江出版社,1995.6.—122页;19cm
九年义务教育小学五年制二年级上学期用
ISBN 7-80533-796-9:¥2.50

G624　013163
小学单元自测:数学:五年制　第五册/《小学单元自测》编写组编.—2版.—厦门:鹭江出版社,1995.6.—130页;19cm
九年义务教育五年制小学三年级上学期用
ISBN 7-80533-797-7:¥2.85

G624　013164
小学单元自测:语文:六年制　第六册/《小学单元自测》编写组编.—2版.—厦门:鹭江出版社,1995.11.—97页;19cm
义务教育小学六年制三年级下学期用
ISBN 7-80533-335-1:¥3.00

G624　013165
小学单元自测:语文:六年制　第三册/《小学单元自测》编写组编.—2版.—厦门:鹭江出版社,1995.6.—108页;19cm
义务教育六年制小学二年级上学期用
ISBN 7-80533-812-4:¥2.30

G624　013166
小学单元自测:语文:六年制　第五册/《小学单元自测》编写组编.—2版.—厦门:鹭江出版社,1995.6.—116页;19cm
义务教育六年制小学三年级上学期用
ISBN 7-80533-813-2:¥2.65

G624　013167
小学单元自测:语文:五年制　第六册/《小学单元自测》编写组编.—2版.—厦门:鹭江出版社,1995.10.—101页;19cm
义务教育小学五年制三年级下学期用
ISBN 7-80533-354-8:¥3.10

G624　013168
小学单元自测:语文:五年制　第三册/《小学单元自测》编写组编.—2版.—厦门:鹭江出版社,1995.6.—110页;19cm
九年义务教育五年制小学二年级上学期用
ISBN 7-80533-801-9:¥2.30

G624　013169
小学单元自测:语文:五年制　第五册/《小学单元自测》编写组编.—2版.—厦门:鹭江出版社,1995.6.—114页;19cm
义务教育五年制小学三年级上学期用
ISBN 7-80533-802-7:¥2.55

G624　013170
小学各科测试题:二年一期/《小学各科测试题》编写小组编.—长沙:湖南少年儿童出版社,1995.5.—55页;26cm
ISBN 7-5358-0538-8:¥2.35

G624　013171
小学各科测试题:三年一期/《小学各科测试题》编写小组编.—长沙:湖南少年儿童出版社,1995.5.—56页;26cm
ISBN 7-5358-0539-6:¥2.35

G624　013172
小学各科测试题:四年一期/《小学各科测试题》编写小组编.—长沙:湖南少年儿童出版社,1995.5.—62页;26cm
ISBN 7-5358-0540-X:¥2.65

G624　013173
小学各科测试题:五年一期/《小学各科测试题》编写小组编.—长沙:湖南少年儿童出版社,1995.5.—66页;26cm
ISBN 7-5358-0541-8:¥2.75

G624　013174
小学各科测试题:一年一期/《小学各科测试题》编写小组编.—长沙:湖南少年儿童出版社,1995.5.—41页;26cm
ISBN 7-5358-0537-X:¥1.90

G624　013175
小学各科家庭辅导与训练:数学单元检测/《小学各科家庭辅导与训练》编写组编.—长沙:湖南教育出版社,1995.6.—40页;26cm
供小学一年一期用
ISBN 7-5355-2142-8:¥2.00

G624　013176
小学各科家庭辅导与训练:数学单元检测/《小学各科家庭辅导与训练》编写组编.—长沙:湖南教育出版社,1995.6.—36页;26cm
供小学三年一期用
ISBN 7-5355-2144-4:¥1.80

G624　013177
小学各科家庭辅导与训练:数学单元检测/《小学各科家庭辅导与训练》编写组编.—长沙:湖南教育出版社,1995.6.—44页;26cm
供小学六年一期用
ISBN 7-5355-2147-9:¥2.10

G624　013178
小学各科家庭辅导与训练:数学单元检测/《小学各科家庭辅导与训练》编写组编.—长沙:湖南教育出版社,1995.6.—40页;26cm
供小学四年一期用
ISBN 7-5355-2145-2:¥2.00

G624　013179
小学各科家庭辅导与训练:数学单元检测/《小学各科家庭辅导与训练》编写组编.—长沙:湖南教育出版社,1995.6.—36页;26cm
供小学五年一期用
ISBN 7-5355-2146-0:¥1.80

G624　013180

小学各科家庭辅导与训练:语文单元检测/《小学各科家庭辅导与训练》编写组编.—长沙:湖南教育出版社,1995.6.—44页;26cm

供小学六年一期用

ISBN 7-5355-2141-X:¥2.10

G624　013181

小学各科家庭辅导与训练:语文单元检测/《小学各科家庭辅导与训练》编写组编.—长沙:湖南教育出版社,1995.6.—32页;26cm

供小学二年一期用

ISBN 7-5355-2137-1:¥1.60

G624　013182

小学各科家庭辅导与训练:语文单元检测/《小学各科家庭辅导与训练》编写组编.—长沙:湖南教育出版社,1995.6.—32页;26cm

供小学一年一期用

ISBN 7-5355-2136-3:¥1.60

G624　013183

小学各科家庭辅导与训练:语文单元检测/《小学各科家庭辅导与训练》编写组编.—长沙:湖南教育出版社,1995.6.—32页;26cm

供小学二年一期用

ISBN 7-5355-2137-1:¥1.60

G624　013184

小学各科家庭辅导与训练:语文单元检测/《小学各科家庭辅导与训练》编写组编.—长沙:湖南教育出版社,1995.6.—40页;26cm

供小学五年一期用

ISBN 7-5355-2140-1:¥2.00

G624　013185

小学各科家庭辅导与训练:语文单元检测/《小学各科家庭辅导与训练》编写组编.—长沙:湖南教育出版社,1995.6.—40页;26cm

供小学四年一期用

ISBN 7-5355-2139-8:¥2.00

G624　013186

小学各科家庭辅导与训练:语文单元检测/《小学各科家庭辅导与训练》编写组编.—长沙:湖南教育出版社,1995.6.—40页;26cm

供小学三年一期用

ISBN 7-5355-2138-X:¥2.00

G624　013187

小学活动课教材:语文、数学、自然　第二册/赵杏梅主编.—石家庄:河北人民出版社,1995.10.—89页;19cm

一年级下学期用

ISBN 7-202-01792-X:¥1.95

G624　013188

小学活动课教材:语文、数学、自然　第四册/赵杏梅主编.—石家庄:河北人民出版社,1995.10.—83页;19cm

二年级下学期用

ISBN 7-202-01791-1:¥1.80

G624　013189

小学三星级题库:数学/胡本炎等编.—2版.—上海:上海科技教育出版社,1995.6.—183页;26cm

ISBN 7-5428-0859-1:¥10.80

G624　013190

小学生成才书架/潘文石等著.—太原:希望出版社,1995.—20册;19cm

包括"最后的野生动物"等20册

ISBN 7-5379-1674-8:¥88.00

G624　013191

小学生单元同步达纲自测题:数学　第六册/《同步达纲自测题》编写组编.—西安:未来出版社,1995.12.—67页;26cm

九年义务教育六年制教材

ISBN 7-5417-1172-1:¥3.00

G624　013192

小学生单元同步达纲自测题:数学　第五册/《同步达纲自测题编写组》编.—修订版.—西安:未来出版社,1995.5.—67页;26cm

九年义务教育六年制教材

ISBN 7-5417-1078-4:¥2.60

G624　013193

小学生单元同步达纲自测题:语文　第六册/《同步达纲自测题》编写组编.—2版.—西安:未来出版社,1995.12.—63页;26cm

九年义务教育六年制教材

ISBN 7-5417-0916-6:¥2.80

G624　013194

小学生读写算:语文:五年制小学:五年级下学期/《小学生读写算》编写组编.—2版.—厦门:鹭江出版社,1995.11.—47页;19×26cm.—(学法指导与单元训练)

ISBN 7-80610-080-6:¥2.30

G624　013195

小学生基本功丛书:数学　第五册/北京市海淀区教育局小学教研室编写.—2版.—西安:未来出版社,1995.6.—78页;19cm

九年义务教育六年制课本

ISBN 7-5417-1076-8:¥1.40

G624　013196

小学生基本功丛书:数学:六年制第六册/北京市海淀区教育局小学教研室编写.—修订版.—西安:未来出版社,1995.11.—87页;19cm

ISBN 7-5417-1148-9:¥1.80

G624　013197

小学生基本功丛书:语文　第六册/北京市海淀区教育局小学教研室编写.—西安:未来出版社,1995.11.—94页;19cm

九年义务教育六年制课本

ISBN 7-5417-1137-3:¥2.00

G624　013198

小学生基本功丛书:语文　第五册/北京市海淀区教育局小学教研室编写.—修订版.—西安:未来出版社,1995.5.—92页;19cm

九年义务教育六年制课本

ISBN 7-5417-1075-X:￥1.60

G624 013199

小学生家长辅导参考:二年级　第三册/秦绪莉,孙湘文编.—沈阳:辽宁教育出版社,1995.6.—101页;26cm

ISBN 7-5382-4209-0:￥4.80

G624 013200

小学生家长辅导参考:三年级　第五册/王咏梅等编.—沈阳:辽宁教育出版社,1995.6.—100页;26cm

ISBN 7-5382-4210-4:￥4.65

G624 013201

小学生家长辅导参考:四年级 第七册/李威等编.—沈阳:辽宁教育出版社,1995.6.—77页;26cm

ISBN 7-5382-4204-X:￥4.00

G624 013202

小学生家长辅导参考:五年级　第九册/李景范,韩萍编.—沈阳:辽宁教育出版社,1995.6.—104页;26cm

ISBN 7-5382-4211-2:￥4.80

G624 013203

小学生家长辅导参考:一年级　第一册/高忠贤,朱岩编.—沈阳:辽宁教育出版社,1995.6.—107页;26cm

ISBN 7-5382-4208-2:￥4.94

G624 013204

小学生家长辅导学习丛书:六年级:英语/遇丽藻,任玉主编;孙长玉,佟南芳编写.—天津:天津教育出版社,1995.9.—179页;19cm

ISBN 7-5309-2154-1:￥5.70

G624 013205

小学生家长辅导学习丛书:五年级:英语/遇丽藻,任玉主编;刘春华,纪伟编写.—天津:天津教育出版社,1995.9.—174页;19cm

ISBN 7-5309-2154-1:￥5.30

G624 013206

小学生家教:数学/缪咏禾,眭双祥主编.—苏州:苏州大学出版社,1995.1.—3册;19cm.—(家政家教丛书)

ISBN 7-81037-118-5:￥16.50

G624 013207

小学生家教:语文/缪咏禾,眭双祥主编.—江苏:苏州大学出版社,1995.1.—5册;19cm

ISBN 7-81037-117-7:￥20.70

G624 013208

小学生素质协同发展丛书:综合课　第二册:认识社会/郑和钧,刘先捍主编.—长沙:湖南少年儿童出版社,1995.4.—74页;19cm

ISBN 7-5358-1017-9:￥1.90

G624 013209

小学生素质协同发展丛书:综合课　第六册:科学技术与社会/郑和钧,刘先捍主编.—长沙:湖南少年儿童出版社,1995.4.—90页;19cm

ISBN 7-5358-1021-7:￥2.20

G624 013210

小学生素质协同发展丛书:综合课　第三册:学会学习/郑和钧,刘先捍主编.—长沙:湖南少年儿童出版社,1995.4.—122页;19cm

ISBN 7-5358-1018-7:￥2.80

G624 013211

小学生素质协同发展丛书:综合课　第四册:学会创造/郑和钧,刘先捍主编.—长沙:湖南少年儿童出版社,1995.4.—122页;19cm

ISBN 7-5358-1019-5:￥2.80

G624 013212

小学生素质协同发展丛书:综合课　第五册:学会思考/郑和钧,刘先捍主编.—长沙:湖南少年儿童出版社,1995.4.—90页;19cm

ISBN 7-5358-1020-9:￥2.20

G624 013213

小学生素质协同发展丛书:综合课　第一册:学会生活/郑和钧,刘先捍主编.—长沙:湖南少年儿童出版社,1995.4.—105页;19cm

ISBN 7-5358-1016-0:￥2.50

G624 013214

小学生学习一点通/邵文等编.—北京:中国少年儿童出版社,1995.8.—6册;19cm.—(聪明屋宝库)

ISBN 7-5007-2722-4(盒装):￥32.00

G624 013215

小学生学习指导丛书:数学:二年级　第三册/云南省教委教研室编写.—昆明:晨光出版社,1995.6.—100页;19cm

义务教育五年制小学

ISBN 7-5414-1000-4:￥2.00

G624 013216

小学生学习指导丛书:数学:二年级　第三册/云南省教委教研室编写.—昆明:晨光出版社,1995.6.—122页;19cm

九年义务教育六年制小学

ISBN 7-5414-1013-6:￥2.30

G624 013217

小学生学习指导丛书:数学:二年级　第四册/云南省教委教研室编写.—昆明:晨光出版社,1995.12.—86页;19cm

九年义务教育六年制小学

ISBN 7-5414-1109-4:￥2.25

G624 013218

小学生学习指导丛书:数学:三年级　第六册/云南省教委教研室编写.—昆明:晨光出版社,1995.12.—128页;19cm

九年义务教育六年制小学

ISBN 7-5414-1108-6:￥3.20

G624 013219

小学生学习指导丛书:数学:一年级　第二册/云南省教委教研室编写.—昆明:晨光出版社,1995.12.—118页;19cm

九年义务教育六年制小学

ISBN 7-5414-1107-8:￥2.95

G624 013220

小学生学习指导丛书:语文:二年级　第四册/云南

省教委教研室编写.—昆明:晨光出版社,1995.12.—107页;19cm
九年义务教育六年制小学
ISBN 7-5414-1087-X:¥2.65

G624　013221
小学生学习指导丛书:语文:二年级　第四册/云南省教委教研室编写.—昆明:晨光出版社,1995.12.—112页;19cm
九年义务教育五年制小学
ISBN 7-5414-1083-7:¥2.75

G624　013222
小学生学习指导丛书:语文:三年级　第六册/云南省教委教研室编写.—昆明:晨光出版社,1995.12.—101页;19cm
九年义务教育五年制小学
ISBN 7-5414-1126-4:¥2.70

G624　013223
小学生学习指导丛书:语文:三年级　第六册/云南省教委教研室编写.—昆明:晨光出版社,1995.12.—92页;19cm
九年义务教育六年制小学
ISBN 7-5414-1095-0:¥2.40

G624　013224
小学生学习指导丛书:语文:一年级　第二册/云南省教委教研室编写.—昆明:晨光出版社,1995.12.—95页;19cm
九年义务教育五年制小学
ISBN 7-5414-1118-3:¥2.40

G624　013225
小学生学习指导丛书:语文:一年级　第二册/云南省教委教研室编写.—昆明:晨光出版社,1995.12.—84页;19cm
九年义务教育六年制小学
ISBN 7-5414-1106-X:¥2.25

G624　013226
小学生一课一练/杨旭主编.—长春:吉林人民出版社,1995.7.—12册;19cm
ISBN 7-206-02270-7:¥30.00

G624　013227
小学升学总复习与模拟题:数学/张志敏等编著.—石家庄:河北科学技术出版社,1995.6.—268页;19cm
ISBN 7-5375-1487-9:¥5.90

G624　013228
小学升学总复习与模拟题:语文/周春平等编著.—石家庄:河北科学技术出版社,1995.6.—258页;19cm
ISBN 7-5375-1487-9:¥5.90

G624　013229
小学五年级应考自测:数学/曹式义等编著.—上海:上海科学普及出版社,1995.10.—130页;26cm
ISBN 7-5427-1030-3:¥9.00

G624　013230
小学五年级应考自测:英语/唐祥娟等编著.—上海:上海科学普及出版社,1995.10.—141页;26cm
ISBN 7-5427-1029-X:¥9.00

G624　013231
小学五年级应考自测:语文/黄蓓芬等编著.—上海:上海科学普及出版社,1995.10.—140页;26cm
ISBN 7-5427-1028-1:¥9.00

G624　013232
小学语、数同步系列训练丛书:数学:六年制　第六册/《小学语、数同步系列训练丛书》编写组编.—厦门:鹭江出版社,1995.11.—134页;20cm
ISBN 7-80610-230-2:¥4.10

G624　013233
小学语、数同步系列训练丛书:数学:五年制　第八册/《小学语、数同步系列训练丛书》编写组编.—厦门:鹭江出版社,1995.11.—163页;20cm
ISBN 7-80610-220-5:¥4.70

G624　013234
小学语、数同步系列训练丛书:数学:五年制　第二册/《小学语、数同步系列训练丛书》编写组编.—厦门:鹭江出版社,1995.11.—125页;20cm
ISBN 7-80610-217-5:¥3.90

G624　013235
小学语、数同步系列训练丛书:数学:五年制　第六册/《小学语、数同步系列训练丛书》编写组编.—厦门:鹭江出版社,1995.12.—160页;20cm
ISBN 7-80610-219-1:¥4.70

G624　013236
小学语、数同步系列训练丛书:数学:五年制　第十册/《小学语、数同步系列训练丛书》编写组编.—厦门:鹭江出版社,1995.11.—99页;20cm
ISBN 7-80610-221-3:¥3.10

G624　013237
小学语、数同步系列训练丛书:数学:五年制　第四册/《小学语、数同步系列训练丛书》编写组编.—厦门:鹭江出版社,1995.11.—143页;20cm
ISBN 7-80610-218-3:¥4.30

G624　013238
小学语、数同步系列训练丛书:语文:五年制　第八册/《小学语、数同步系列训练丛书》编写组编.—厦门:鹭江出版社,1995.11.—142页;20cm
ISBN 7-80610-215-9:¥4.30

G624　013239
小学语、数同步系列训练丛书:语文:六年制　第八册/《小学语、数同步系列训练丛书》编写组编.—厦门:鹭江出版社,1995.11.—131页;20cm
ISBN 7-80610-225-6:¥4.10

G624　013240
小学语、数同步系列训练丛书:语文:六年制　第二册/《小学语、数同步系列训练丛书》编写组编.—厦门:鹭江出版社,1995.11.—110页;20cm
ISBN 7-80610-222-1:¥3.50

G624　013241
小学语、数同步系列训练丛书:语文:六年制　第六册/《小学语、数同步系列训练丛书》编写组编.—厦门:鹭江出版社,1995.11.—134页;20cm
ISBN 7-80610-224-8:¥4.10

G624　013242

小学语、数同步系列训练丛书:语文:六年制　第十册/《小学语、数同步系列训练丛书》编写组编.—厦门:鹭江出版社,1995.11.—133页;20cm

ISBN 7-80610-226-4:¥4.10

G624　013243

小学语、数同步系列训练丛书:语文:六年制　第十二册/《小学语、数同步系列训练丛书》编写组编.—厦门:鹭江出版社,1995.11.—141页;20cm

ISBN 7-80610-227-2:¥4.30

G624　013244

小学语、数同步系列训练丛书:语文:六年制　第四册/《小学语、数同步系列训练丛书》编写组编.—厦门:鹭江出版社,1995.11.—120页;20cm

ISBN 7-80610-223-X:¥3.70

G624　013245

小学语、数同步系列训练丛书:语文:五年制　第二册/《小学语、数同步系列训练丛书》编写组编.—厦门:鹭江出版社,1995.11.—121页;20cm

ISBN 7-80610-212-4:¥3.70

G624　013246

小学语、数同步系列训练丛书:语文:五年制　第六册/《小学语、数同步系列训练丛书》编写组编.—厦门:鹭江出版社,1995.11.—139页;20cm

ISBN 7-80610-214-0:¥4.30

G624　013247

小学语、数同步系列训练丛书:语文:五年制　第十册/《小学语、数同步系列训练丛书》编写组编.—厦门:鹭江出版社,1995.11.—147页;20cm

ISBN 7-80610-216-7:¥4.50

G624　013248

小学语、数同步系列训练丛书:语文:五年制　第四册/《小学语、数同步系列训练丛书》编写组编.—厦门:鹭江出版社,1995.11.—123页;20cm

ISBN 7-80610-213-2:¥3.70

G624　013249

小学语、数同步训练丛书:数学:六年制　第八册/《小学语、数同步系列训练丛书》编写组编.—厦门:鹭江出版社,1995.11.—99页;20cm

ISBN 7-80610-231-0:¥3.10

G624　013250

小学语、数同步训练丛书:数学:六年制　第二册/《小学语、数同步系列训练丛书》编写组编.—厦门:鹭江出版社,1995.11.—105页;20cm

ISBN 7-80610-228-0:¥3.30

G624　013251

小学语、数同步训练丛书:数学:六年制　第十册/《小学语、数同步系列训练丛书》编写组编.—厦门:鹭江出版社,1995.11.—146页;20cm

ISBN 7-80610-232-9:¥4.30

G624　013252

小学语、数同步训练丛书:数学:六年制　第十二册/《小学语、数同步系列训练丛书》编写组编.—厦门:鹭江出版社,1995.11.—99页;20cm

ISBN 7-80610-233-7:¥3.10

G624　013253

小学语、数同步训练丛书:数学:六年制　第四册/《小学语、数同步系列训练丛书》编写组编.—厦门:鹭江出版社,1995.11.—120页;20cm

ISBN 7-80610-229-9:¥3.70

G624　013254

小学语数基础知识总复习讲与练/蒋武临等主编.—乌鲁木齐:新疆青少年出版社,1995.4.—2册(384)页;19cm

ISBN 7-5371-1974-0:¥8.00

G624　013255

小学语文数学达标指导/小学语文数学达标指导编写小组编.—沈阳:沈阳出版社,1995.11.—6册;26cm

ISBN 7-5441-0553-9:¥26.40

G624　013256

小学掌握学习指导丛书:数学　第九册/《小学掌握学习指导丛书》编写组编.—长沙:湖南教育出版社,1995.7.—94页;19cm

供小学五年一期学生用

ISBN 7-5355-1923-7:¥2.05

G624　013257

小学掌握学习指导丛书:数学　第三册/《小学掌握学习指导丛书》编写组编.—长沙:湖南教育出版社,1995.7.—103页;19cm

供小学二年一期学生用

ISBN 7-5355-2159-2:¥2.20

G624　013258

小学掌握学习指导丛书:数学　第四册/《小学掌握学习指导丛书》编写组编.—长沙:湖南教育出版社,1995.12.—115页;19cm

供小学二年二期学生用

ISBN 7-5355-2324-2:¥2.70

G624　013259

小学掌握学习指导丛书:数学　第一册/《小学掌握学习指导丛书》编写组编.—长沙:湖南教育出版社,1995.7.—87页;19cm

供小学一年一期学生用

ISBN 7-5355-2158-4:¥1.90

G624　013260

小学掌握学习指导丛书:语文　第七册/《小学掌握学习指导丛书》编写组编.—长沙:湖南教育出版社,1995.7.—84页;19cm

供小学四年一期学生用

ISBN 7-5355-1919-9:¥1.85

G624　013261

小学掌握学习指导丛书:语文　第三册/《小学掌握学习指导丛书》编写组编.—长沙:湖南教育出版社,1995.7.—84页;19cm

ISBN 7-5355-2157-6:¥1.85

G624　013262

小学掌握学习指导丛书:语文　第一册/《小学掌握学习指导丛书》编写组编.—长沙:湖南教育出版社,1995.7.—64页;19cm

供小学一年一期学生用
ISBN 7-5355-2156-8: ¥1.45

G624　013263
新编六年制小学课外测试题集:数学:四年级　上册/小学课外测试题编写组编.—桂林:漓江出版社,1995.5.—48页;26cm
ISBN 7-5407-1749-1: ¥2.30

G624　013264
新编六年制小学课外测试题集:语文:四年级　上册/《小学课外测试题》编写组编.—桂林:漓江出版社,1995.5.—48页;26cm
ISBN 7-5407-1750-5: ¥2.30

G624　013265
新编五年制小学课外测试题集:数学:四年级　上册/小学课外测试题编写组编.—桂林:漓江出版社,1995.5.—48页;26cm
ISBN 7-5407-1653-3: ¥2.30

G624　013266
新编五年制小学课外测试题集:数学:五年级　上册/小学课外测试题编写组编.—桂林:漓江出版社,1995.5.—48页;26cm
ISBN 7-5407-1652-5: ¥2.30

G624　013267
新编五年制小学课外测试题集:语文:四年级　下册/《小学课外测试题》编写组编.—桂林:漓江出版社,1995.5.—48页;26cm
ISBN 7-5407-1658-4: ¥2.30

G624　013268
新编五年制小学课外测试题集:语文:五年级　上册/《小学课外测试题》编写组编.—桂林:漓江出版社,1995.5.—48页;26cm
ISBN 7-5407-1661-4: ¥2.30

G624　013269
新编小学毕业生分课时总复习指导与训练:数学/张宗霖主编;林雨等编写.—福州:福建少年儿童出版社,1995.11.—245页;19cm
ISBN 7-5395-1177-X: ¥6.40

G624　013270
新编小学毕业生分课时总复习指导与训练:语文/方留焯主编;陈超明等编写.—福州:福建少年儿童出版社,1995.10.—239页;19cm
ISBN 7-5395-1119-2: ¥6.70

G624　013271
新编小学基础训练丛书:语文　第六册/西安市中小学基础训练丛书编委会编.—2版.—西安:西安出版社,1995.11.—37页;26cm
ISBN 7-80594-368-0: ¥2.20

G624　013272
新编小学生家长辅导手册　(二)(上)/钱正权等主编.—杭州:浙江科学技术出版社,1995.8.—169页;26cm
同步九年制义务教育教材
ISBN 7-5341-0738-5: ¥8.00

G624　013273
新编小学生家长辅导手册　(一)(上)/钱正权等主编.—杭州:浙江科学技术出版社,1995.8.—189页;26cm
同步九年制义务教育教材
ISBN 7-5341-0737-7: ¥8.50

G624　013274
新编小学语文、数学易错知识析疑:二年级/余锦主编;梁元元,蓝秀珍编写.—南宁:广西民族出版社,1995.1.—163页;19cm
ISBN 7-5363-2915-6: ¥3.40

G624　013275
新编小学语文、数学易错知识析疑:六年级/余锦主编;谭玲,马志明编写.—南宁:广西民族出版社,1995.1.—178页;19cm
ISBN 7-5363-2919-9: ¥3.40

G624　013276
新编小学语文、数学易错知识析疑:四年级/余锦主编;彭佳等编写.—南宁:广西民族出版社,1995.1.—142页;19cm
ISBN 7-5363-2917-2: ¥3.00

G624　013277
新编小学语文、数学易错知识析疑:五年级/余锦主编;谭玲等编写.—南宁:广西民族出版社,1995.1.—164页;19cm
ISBN 7-5363-2918-0: ¥3.40

G624　013278
新编小学语文、数学易错知识析疑:一年级/余锦主编;覃志强等编写.—南宁:广西民族出版社,1995.1.—99页;19cm
ISBN 7-5363-2910-5: ¥2.20

G624　013279
新编学习指导和测试:英语:六年级第二学期/《新编学习指导和测试》编写组编.—上海:上海教育出版社,1995.11.—242页;19cm
九年制义务教育课本
ISBN 7-5320-4607-9: ¥6.50

G624　013280
新编学习指导和测试:英语:六年级第一学期/《新编学习指导和测试》编写组编.—上海:上海教育出版社,1995.6.—249页;19cm
九年制义务教育课本
ISBN 7-5320-4388-6: ¥5.85

G624　013281
新世纪小学教科书:数学　第三册/游铭钧主编;未来教育教材编辑委员会编.—杭州:浙江教育出版社,1995.7.—93页;26cm
ISBN 7-5338-2145-9: ¥7.20

G624　013282
新世纪小学教科书:数学　第一册/游铭钧主编;未来教育教材编辑委员会编.—杭州:浙江教育出版社,1995.7.—88页;26cm
ISBN 7-5338-2141-6: ¥7.00

G624　013283
一课一练 AB 卷:H版:二年级:语文/《一课一练》编

委会编.—北京:科学出版社:龙门书局,1995.8.—326页;19cm

ISBN 7-03-004875-X:￥8.00

G624　013284

一课一练 AB卷:H版:三年级:语文/《一课一练》编委会编.—北京:科学出版社:龙门书局,1995.8.—345页;19cm

ISBN 7-03-004878-4:￥8.00

G624　013285

一课一练 AB卷:H版:一年级:语文/《一课一练》编委会编.—北京:科学出版社:龙门书局,1995.8.—335页;19cm

ISBN 7-03-004872-5:￥8.00

G624　013286

一课一练 AB卷:S版:二年级:语文/《一课一练》编委会编.—北京:科学出版社:龙门书局,1995.8.—307页;19cm

ISBN 7-03-004876-8:￥8.00

G624　013287

一课一练 AB卷:S版:三年级:语文/《一课一练》编委会编.—北京:科学出版社:龙门书局,1995.8.—291页;19cm

ISBN 7-03-004879-2:￥8.00

G624　013288

一课一练 AB卷:S版:一年级:语文/《一课一练》编委会编.—北京:科学出版社,1995.8.—299页;19cm

ISBN 7-03-004873-3:￥8.00

G624　013289

一课一练 AB卷:二年级:数学/《一课一练》编委会编.—北京:科学出版社:龙门书局,1995.8.—290页;19cm

ISBN 7-03-004874-1:￥8.00

G624　013290

一课一练 AB卷:三年级:数学/《一课一练》编委会编.—北京:科学出版社:龙门书局,1995.8.—331页;19cm

ISBN 7-03-004877-6:￥8.00

G624　013291

一课一练 AB卷:四年级:数学/《一课一练》编委会编.—北京:科学出版社:龙门书局,1995.8.—326页;19cm

ISBN 7-03-004880-6:￥8.00

G624　013292

一课一练 AB卷:四年级:语文/《一课一练》编委会编.—北京:科学出版社:龙门书局,1995.8.—323页;19cm

ISBN 7-03-004881-4:￥8.00

G624　013293

一课一练 AB卷:五年级:数学/《一课一练》编委会编.—北京:科学出版社:龙门书局,1995.8.—326页;19cm

ISBN 7-03-004882-2:￥8.00

G624　013294

一课一练 AB卷:五年级:语文/《一课一练》编委会编.—北京:科学出版社:龙门书局,1995.8.—318页;19cm

ISBN 7-03-004883-0:￥8.00

G624　013295

一课一练 AB卷:一年级:数学/《一课一练》编委会编.—北京:科学出版社:龙门书局,1995.8.—317页;19cm

ISBN 7-03-004871-7:￥8.00

G624　013296

一课一练:H版:二年级:语文/上海《一课一练》编写组编.—上海:华东师范大学出版社,1995.8.—147页;26cm

适用发达地区九年制义务教育课本

ISBN 7-5617-1401-7:￥8.00

G624　013297

一课一练:H版:三年级:语文/上海《一课一练》编写组编.—上海:华东师范大学出版社,1995.8.—131页;26cm

适用发达地区九年制义务教育课本

ISBN 7-5617-1402-5:￥8.00

G624　013298

一课一练:H版:小学语文:二年级第二学期/周珮瑾编.—上海:上海教育出版社,1995.11.—104页;19cm

ISBN 7-5320-4617-6:￥2.30

G624　013299

一课一练:H版:小学语文:二年级第一学期/吴爱光编.—上海:上海教育出版社,1995.6.—130页;19cm

ISBN 7-5320-4375-4:￥1.85

G624　013300

一课一练:H版:小学语文:三年级第二学期/高安,肖册编.—上海:上海教育出版社,1995.11.—93页;19cm

ISBN 7-5320-4620-6:￥2.00

G624　013301

一课一练:H版:小学语文:三年级第一学期/高安,肖珊编.—上海:上海教育出版社,1995.6.—73页;19cm

ISBN 7-5320-4405-X:￥1.15

G624　013302

一课一练:H版:一年级:语文/上海《一课一练》编写组编.—上海:华东师范大学出版社,1995.8.—149页;26cm

适用发达地区九年制义务教育课本

ISBN 7-5617-1400-9:￥8.00

G624　013303

一课一练:S版:二年级:语文/上海《一课一练》编写组编.—上海:华东师范大学出版社,1995.8.—143页;26cm

适用发达地区九年制义务教育课本

ISBN 7-5617-1404-1:￥8.00

G624　013304

一课一练:S版:三年级:语文/上海《一课一练》编写组编.—上海:华东师范大学出版社,1995.8.—140页;26cm

适用发达地区九年制义务教育课本
ISBN 7-5617-1405-X: ¥8.00

G624 013305
一课一练:S版:小学语文:二年级第二学期/何靖华,何冰编.—上海:上海教育出版社,1995.11.—170页;19cm
ISBN 7-5320-4615-X: ¥4.15

G624 013306
一课一练:S版:小学语文:二年级第一学期/王羽华,薛宝珍编.—上海:上海教育出版社,1995.6.—163页;19cm
ISBN 7-5320-4420-3: ¥2.25

G624 013307
一课一练:S版:小学语文:三年级第二学期/宁申,华明编.—上海:上海教育出版社,1995.11.—104页;19cm
ISBN 7-5320-4630-3: ¥2.30

G624 013308
一课一练:S版:小学语文:三年级第一学期/尤方,纪敏编.—上海:上海教育出版社,1995.6.—93页;19cm
ISBN 7-5320-4440-8: ¥1.35

G624 013309
一课一练:S版:一年级:语文/上海《一课一练》编写组编.—上海:华东师范大学出版社,1995.8.—138页;26cm
适用发达地区九年制义务教育课本
ISBN 7-5617-1403-3: ¥8.00

G624 013310
一课一练:四年级:数学/上海《一课一练》编写组编.—上海:华东师范大学出版社,1995.8.—129页;26cm
适用沪京津浙六年制小学课本
ISBN 7-5617-1411-4: ¥8.00

G624 013311
一课一练:四年级:语文/上海《一课一练》编写组编.—上海:华东师范大学出版社,1995.8.—126页;26cm
适用沪京津浙六年制小学课本
ISBN 7-5617-1406-8: ¥8.00

G624 013312
一课一练:五年级:数学/上海《一课一练》编写组编.—上海:华东师范大学出版社,1995.8.—145页;26cm
适用沪京津浙六年制小学课本
ISBN 7-5617-1412-2: ¥8.00

G624 013313
一课一练:五年级:语文/上海《一课一练》编写组编.—上海:华东师范大学出版社,1995.8.—130页;26cm
适用沪京津浙六年制小学课本
ISBN 7-5617-1407-6: ¥8.00

G624 013314
一课一练:新版二年级:数学/上海《一课一练》编写组编.—上海:华东师范大学出版社,1995.8.—140页;26cm
适用发达地区九年制义务教育课本
ISBN 7-5617-1409-2: ¥8.00

G624 013315
一课一练:新版三年级:数学/上海《一课一练》编写组编.—上海:华东师范大学出版社,1995.8.—140页;26cm
适用发达地区九年制义务教育课本
ISBN 7-5617-1410-6: ¥8.00

G624 013316
一课一练:新版四年级:英语/上海《一课一练》编写组编.—上海:华东师范大学出版社,1995.8.—144页;26cm
适用发达地区九年制义务教育课本
ISBN 7-5617-1413-0: ¥8.00

G624 013317
一课一练:新版五年级:英语/上海《一课一练》编写组编.—上海:华东师范大学出版社,1995.8.—145页;26cm
适用发达地区九年制义务教育课本
ISBN 7-5617-1414-9: ¥8.00

G624 013318
一课一练:新版一年级:数学/上海《一课一练》编写组编.—上海:华东师范大学出版社,1995.8.—135页;26cm
适用发达地区九年制义务教育课本
ISBN 7-5617-1409-2: ¥8.00

G624 013319
一起做 ABC:六年级(初预):数学/《一起做 ABC》编写组编.—上海:华东师范大学出版社,1995.11.—2册;19cm
ISBN 7-5617-1440-8: ¥11.40

G624 013320
一起做 ABC:六年级(初预)英语/《一起做 ABC》编写组编.—上海:华东师范大学出版社,1995.11.—2册;19cm
ISBN 7-5617-1435-1: ¥8.20

G624 013321
一起做 ABC:六年级:语文/《一起做 ABC》编写组编.—上海:华东师范大学出版社,1995.11.—2册;19cm
ISBN 7-5617-1442-4: ¥11.80

G624 013322
一起做 ABC:四年级:数学/《一起做 ABC》编写组编.—上海:华东师范大学出版社,1995.11.—2册;19cm
ISBN 7-5617-1441-6: ¥7.20

G624 013323
一起做 ABC:四年级:语文/《一起做 ABC》编写组编.—上海:华东师范大学出版社,1995.12.—2册;19cm
ISBN 7-5617-1446-7: ¥8.90

G624 013324
一起做 ABC:五年级:数学 /《一起做 ABC》编写组

编.—上海:华东师范大学出版社,1995.10.—2 册;19cm

ISBN 7-5617-1433-5:¥9.50

G624　　013325

一起做 ABC:五年级:语文/《一起做 ABC》编写组编.—上海:华东师范大学出版社,1995.12.—2 册;19cm

ISBN 7-5617-1447-5:¥9.50

G624　　013326

一起做 ABC:五年级:英语/《一起做 ABC》编写组编.—上海:华东师范大学出版社,1995.11.—2 册;19cm

ISBN 7-5617-1439-4:¥7.80

G624　　013327

义务教育六年制小学语文·思想品德　第二册/柳涟编写.—杭州:浙江教育出版社,1995.10.—70 页;26cm.—(同步练习丛书)

ISBN 7-5338-2205-6:¥4.40

G624　　013328

义务教育六年制小学语文·思想品德　第三册/宇晨编写.—杭州:浙江教育出版社,1995.7.—52 页;26cm.—(同步练习丛书)

ISBN 7-5338-1990-X:¥2.45

G624　　013329

义务教育六年制小学语文·思想品德　第四册/唐淑华编写.—杭州:浙江教育出版社,1995.10.—59 页;26cm.—(同步练习丛书)

ISBN 7-5338-2206-4:¥4.00

G624　　013330

义务教育六年制小学语文·思想品德　第一册/柳涟编写.—杭州:浙江教育出版社,1995.6.—63 页;26cm.—(同步练习丛书)

ISBN 7-5338-1987-X:¥2.90

G624　　013331

义务教育六年制小学语文·思想品德生字抄写本　第二册(1)/浙江少年儿童出版社编.—杭州:浙江少年儿童出版社,1995.11.—40 页;19cm

ISBN 7-5342-1365-7:¥1.50

G624　　013332

义务教育六年制小学语文·思想品德生字抄写本　第二册(2)/浙江少年儿童出版社编.—杭州:浙江少年儿童出版社,1995.11.—40 页;19cm

ISBN 7-5342-1366-5:¥1.50

G624　　013333

义务教育六年制小学语文·思想品德生字抄写本　第四册(1)/浙江少年儿童出版社编.—杭州:浙江少年儿童出版社,1995.11.—40 页;19cm

ISBN 7-5342-1367-3:¥1.50

G624　　013334

义务教育六年制小学语文·思想品德生字抄写本　第四册(2)/浙江少年儿童出版社编.—杭州:浙江少年儿童出版社,1995.11.—40 页;19cm

ISBN 7-5342-1368-1:¥1.50

G624　　013335

义务教育五年制小学课堂练习:数学　第三册/课堂练习编写组编.—沈阳:辽宁民族出版社,1995.7.—103 页;19cm

ISBN 7-80527-517-3:¥2.30

G624　　013336

义务教育五年制小学课堂练习:数学　第五册/课堂练习编写组编.—沈阳:辽宁民族出版社,1995.7.—112 页;19cm

ISBN 7-80527-518-1:¥2.30

G624　　013337

义务教育五年制小学课堂练习:数学　第一册/课堂练习编写组编.—沈阳:辽宁民族出版社,1995.7.—107 页;19cm

ISBN 7-80527-516-5:¥2.30

G624　　013338

义务教育五年制小学课堂练习:语文　第三册/课堂练习编写组编.—沈阳:辽宁民族出版社,1995.7.—94 页;19cm

ISBN 7-80527-514-9:¥2.20

G624　　013339

义务教育五年制小学课堂练习:语文　第五册/课堂练习编写组编.—沈阳:辽宁民族出版社,1995.7.—96 页;19cm

ISBN 7-80527-515-7:¥2.20

G624　　013340

义务教育五年制小学课堂练习:语文　第一册/课堂练习编写组编.—沈阳:辽宁民族出版社,1995.7.—94 页;19cm

ISBN 7-80527-513-0:¥2.20

G624　　013341

义务教育五年制小学语文·思想品德　第二册/何伟编写.—杭州:浙江教育出版社,1995.12.—64 页;26cm.—(同步练习丛书)

ISBN 7-5338-2195-5:¥4.00

G624　　013342

义务教育五年制小学语文·思想品德　第三册/平凡编写.—杭州:浙江教育出版社,1995.3.—46 页;26cm.—(同步练习丛书)

ISBN 7-5338-1979-9:¥2.20

G624　　013343

义务教育五年制小学语文·思想品德　第四册/夏金美等编写.—杭州:浙江教育出版社,1995.11.—79 页;26cm.—(同步练习丛书)

ISBN 7-5338-2196-3:¥5.00

G624　　013344

义务教育五年制小学语文·思想品德　第一册/何伟编写.—杭州:浙江教育出版社,1995.6.—68 页;26cm.—(同步练习丛书)

ISBN 7-5338-1995-0:¥3.10

G624　　013345

义务教育五年制小学语文·思想品德生字抄写本　第二册(1)/浙江少年儿童出版社编.—杭州:浙江少年儿童出版社,1995.11.—32 页;19cm

ISBN 7-5342-1360-6:¥1.20

G624 013346
义务教育五年制小学语文·思想品德生字抄写本第二册(2)/浙江少年儿童出版社编.—杭州:浙江少年儿童出版社,1995.11.—40页;19cm
ISBN 7-5342-1361-4:¥1.50

G624 013347
义务教育五年制小学语文·思想品德生字抄写本第四册(1)/浙江少年儿童出版社编.—杭州:浙江少年儿童出版社,1995.11.—48页;19cm
ISBN 7-5342-1362-2:¥1.60

G624 013348
义务教育五年制小学语文·思想品德生字抄写本第四册(2)/浙江少年儿童出版社编.—杭州:浙江少年儿童出版社,1995.11.—48页;19cm
ISBN 7-5342-1363-0:¥1.60

G624 013349
语文·数学/张爱莲主编.—兰州:兰州大学出版社,1995.3.—166页;26cm.—(九年义务教育新教材帮你学丛书)
小学二年级用
ISBN 7-311-00672-4:¥6.40

G624 013350
掌握学习法:小学三年级:数学AB卷/《掌握学习法》编写组编写.—修订本.—上海:少年儿童出版社,1995.8.—90页;26cm
适合上海及发达地区使用
ISBN 7-5324-2746-3:¥5.00

G624 013351
掌握学习法:小学三年级:数学AB卷/《掌握学习法》编写组编写.—修订本.—上海:少年儿童出版社,1995.7.—103页;26cm
适合浙江地区使用
ISBN 7-5324-2739-0:¥6.30

G624 013352
掌握学习法:小学三年级:语文AB卷/《掌握学习法》编写组编写.—修订本.—上海:少年儿童出版社,1995.8.—119页;26cm
适合上海及发达地区使用:S版
ISBN 7-5324-2741-2:¥6.30

G624 013353
掌握学习法:小学三年级:语文AB卷/《掌握学习法》编写组编.—修订本.—上海:少年儿童出版社,1995.7.—154页;26cm
适合上海及发达地区使用:H版
ISBN 7-5324-2759-5:¥7.80

G624 013354
掌握学习法:小学三年级:语文AB卷/《掌握学习法》编写组编写.—修订本.—上海:少年儿童出版社,1995.6.—128页;26cm
适合浙江地区使用
ISBN 7-5324-2740-4:¥7.50

G624 013355
掌握学习法:小学四年级:英语AB卷/《掌握学习法》编写组编写.—修订本.—上海:少年儿童出版社,1995.8.—194页;26cm
适合上海及发达地区使用
ISBN 7-5324-2778-1:¥9.55

G624 013356
掌握学习法:小学五年级:英语AB卷/《掌握学习法》编写组编.—修订本.—上海:少年儿童出版社,1995.8.—196页;26cm
适合上海及发达地区使用
ISBN 7-5324-2805-2:¥9.70

G624 013357
掌握学习法:小学一年级:语文AB卷/《掌握学习法》编写组编写.—2版(修订本.—上海:少年儿童出版社,1995.7.—97页;26cm
适合上海及发达地区使用:H版
ISBN 7-5324-2497-9:¥5.35

G624 013358
最新小学毕业总复习:数学/刘明清等编著.—郑州:中州古籍出版社,1995.12.—186页;19cm.—(小学学习一点通)
ISBN 7-5348-1226-7:¥5.00

G624 013359
最新小学毕业总复习:语文/李树兰等编著.—郑州:中州古籍出版社,1995.12.—214页;19cm.—(小学学习一点通)
ISBN 7-5348-1226-7:¥6.00

G624 013360
最新小学生毕业总复习及升学必备:语文/刘亚军编著.—兰州:甘肃少年儿童出版社,1995.1.—251页;19cm
ISBN 7-5422-1026-2:¥5.50

G624-61 013361
小学生各科知识词典/《小学生各科知识词典》编写组编.—长沙:湖南出版社,1995.4.—376页;19cm.—(学生系列工具书)
ISBN 7-5438-0950-8(精装):¥13.00

G624-62 013362
小学升学考试指南:数学/钟艺等编.—南宁:广西人民出版社,1995.11.—136页;19cm
ISBN 7-219-03124-6:¥4.10

G624-62 013363
小学升学考试指南:语文/钟艺等编.—南宁:广西人民出版社,1995.11.—136页;19cm
ISBN 7-219-03125-4:¥4.10

G624.1 政治

G624.1 013364
法律常识与交通安全教育/李建祥编.—南京:河海大学出版社,1995.8.—104页;19cm.—(小学德育丛书)
ISBN 7-5630-0863-2:¥3.00

G624.1 013365
光辉的旗帜:小平理论兴中华/沈兆平主编.—北京:

学习出版社:红旗出版社,1995.6.—135页;19cm
小学生读本
ISBN 7-80116-044-4:¥4.50

G624.1 013366
国防教育:1~3年级/吴海章著;国家教委学校国防教育办公室,总参谋部政治部宣传部编写.—北京:军事谊文出版社,1995.5.—86页;20cm
九年制义务教育小学补充教材
ISBN 7-80027-646-5:¥3.60

G624.1 013367
国防教育:4~6年级/王岳等著;国家教委学校国防教育办公室,总参谋部政治部宣传部编写 .—北京:军事谊文出版社,1995.5.—151页;20cm
九年制义务教育小学补充教材
ISBN 7-80027-647-3:¥3.00

G624.1 013368
和小学生谈法制/《和小学生谈法制》编写组编.—南昌:江西教育出版社,1995.7.—72页;19cm
ISBN 7-5392-1789-5:¥1.05

G624.1 013369
九年义务教育五、六年制小学社会第二册基本功训练/《小学社会基本功训练》编写组编.—石家庄:河北教育出版社,1995.12.—103页;19cm
ISBN 7-5434-2527-0:¥2.00

G624.1 013370
九年义务教育五年制、六年制小学(实验本)社会图册　第二册/中国地图出版社编制.—北京:中国地图出版社,1995.6.—28页;19cm
配合《社会》课本第2册使用
ISBN 7-5031-1794-X:¥1.25

G624.1 013371
九年义务教育五年制、六年制小学社会课堂十分钟练习　第二册/刘茂坤等编著.—济南:山东教育出版社,1995.12.—101页;19cm
五年制三年级、六年制四年级下学期用
ISBN 7-5328-2246-X:¥2.50

G624.1 013372
九年义务教育五年制、六年制小学社会课堂十分钟练习　第一册/杨世琴等编著.—济南:山东教育出版社,1995.5.—95页;19cm
三年级上学期用
ISBN 7-5328-2167-6:¥1.55

G624.1 013373
九年义务教育小学社会第一册基本功训练/《基本功训练》编写组编.—石家庄:河北教育出版社,1995.7.—79页;19cm
ISBN 7-5434-2392-8:¥1.30

G624.1 013374
社会　第六册/贾芳秋主编.—沈阳:辽宁教育出版社,1995.12.—102页;20cm
辽宁省义务教育小学实验教材
ISBN 7-5382-4387-9:¥3.80

G624.1 013375
社会　第三册/贾芳秋主编.—沈阳:辽宁教育出版社,1995.6.—80页;20cm
辽宁省义务教育五年制、六年制小学实验教材
ISBN 7-5382-4241-4:¥3.00

G624.1 013376
社会　第三册/北京师范大学"五·四"学制教材总编委员会编.—2版.—沈阳:辽宁美术出版社,1995.7.—108页;19cm
九年义务教育五年制小学试用课本
ISBN 7-5314-1288-8:¥3.78

G624.1 013377
社会　第三册/江苏省教委教研室,中国地图出版社编著.—北京:中国地图出版社,1995.6.—93页;20cm
九年义务教育五年制、六年制小学教科书:实验本
ISBN 7-5031-1777-X:¥3.50

G624.1 013378
社会　第四册/北京师范大学"五·四"学制教材总编委员会编.—2版.—沈阳:辽宁美术出版社,1995.12.—123页;19cm
九年义务教育五年制小学试用课本
ISBN 7-5314-1360-4:¥4.80

G624.1 013379
社会　第四册/陈英吴等主编;江苏省教委教研室,中国地图出版社编著.—北京:中国地图出版社,1995.6.—86页;21cm
九年义务教育五年制、六年制小学教科书:试用本
ISBN 7-5031-1797-4:¥5.10

G624.1 013380
社会　第五册/贾芳秋主编;耿志林等编.—沈阳:辽宁教育出版社,1995.6.—94页;20cm
辽宁省义务教育五年制、六年制小学实验教材
ISBN 7-5382-4245-7:¥3.40

G624.1 013381
社会　第一册 /贾芳秋主编.—沈阳:辽宁教育出版社,1995.6.—63页;20cm
辽宁省义务教育五年制、六年制小学实验教材
ISBN 7-5382-4220-1:¥2.70

G624.1 013382
社会:三年级第二学期/上海中小学课程教材改革委员会编.—3版.—上海:上海教育出版社,1995.11.—32页;19cm
九年义务教育课本:试用本
ISBN 7-5320-4558-7:¥1.55

G624.1 013383
社会图册　第四册/中国地图出版社编制.—北京:中国地图出版社,1995.1.—37页;19cm
九年义务教育五年制、六年制小学实验本 配合《社会》第六册使用
ISBN 7-5031-1716-8:¥1.20

G624.1 013384
社会图册　第四册/张先恩,刘淑梅主编;中国地图出版社编制.—北京:中国地图出版社,1995.10.—25页;19cm
九年义务教育五年制、六年制小学试用 配合《社会》课本第四册使用

ISBN 7-5031-1576-9:￥1.10

G624.1　013385

小学法律常识:五年级/叶惠英主编.—乌鲁木齐:新疆青少年出版社,1995.5.—35页;19cm

ISBN 7-5371-2133-8:￥1.65

G624.1　013386

小学法律常识:六年级/叶惠英主编.—乌鲁木齐:新疆青少年出版社,1995.5.—36页;19cm

ISBN 7-5371-2134-4:￥1.20

G624.1　013387

小学法律常识:三年级/叶惠英主编.—乌鲁木齐:新疆青少年出版社,1995.5.—33页;19cm

ISBN 7-5371-2131-1:￥1.00

G624.1　013388

小学法律常识:四年级/叶惠英主编.—乌鲁木齐:新疆青少年出版社,1995.5.—28页;19cm

ISBN 7-5371-2132-X:￥1.55

G624.1　013389

小学法制教育/刘丽珠编著.—北京:中华工商联合出版社,1995.5.—171页;19cm

3~6年级通用

ISBN 7-80100-137-0:￥3.98

G624.1　013390

学生法律知识读本:小学卷/梁济主编;云南省司法厅《学生法律知识读本》编写组编写.—昆明:晨光出版社,1995.6.—48页;19cm

ISBN 7-5414-1005-5:￥1.30

G624.1　013391

沿海地区中小学法制教育读本:小学三年级(上)/吴光,廖建强编著.—桂林:广西师范大学出版社,1995.6.—91页;19cm

ISBN 7-5633-2043-1:￥1.95

G624.1　013392

沿海地区中小学法制教育读本:小学四年级(上)/吴光,廖建强编写.—桂林:广西师范大学出版社,1995.6.—90页;19cm

ISBN 7-5633-2041-5:￥1.95

G624.15　013393

爱国主义国防教育:小学读本　上册/上海市杨浦区教育局,上海市杨浦区人民武装部编写.—上海:上海人民出版社,1995.8.—105页;19cm

ISBN 7-208-02095-7:￥5.60

G624.15　013394

爱国主义国防教育:小学读本　下册/朱友龙等主编.—上海:上海人民出版社,1995.8.—121页;19cm

ISBN 7-208-02096-5:￥5.90

G624.15　013395

爱我中国,爱我广东:二年级/《爱我中国,爱我广东》编写组编.—广州:广东教育出版社,1995.7.—39页;20cm

广东省小学思想品德课乡土教材

ISBN 7-5406-3276-3:￥2.00

G624.15　013396

爱我中国,爱我广东:六年级/《爱我中国,爱我广东》编写组编.—广州:广东教育出版社,1995.7.—56页;20cm

广东省小学思想品德课乡土教材

ISBN 7-5406-3280-1:￥2.10

G624.15　013397

爱我中国,爱我广东:三年级/《爱我中国,爱我广东》编写组编.—广州:广东教育出版社,1995.7.—48页;20cm

广东省小学思想品德课乡土教材

ISBN 7-5406-3277-1:￥2.30

G624.15　013398

爱我中国,爱我广东:四年级/《爱我中国,爱我广东》编写组编.—广州:广东教育出版社,1995.7.—48页;20cm

广东省小学思想品德课乡土教材

ISBN 7-5406-3278-X:￥1.80

G624.15　013399

爱我中国,爱我广东:五年级/《爱我中国,爱我广东》编写组编.—广州:广东教育出版社,1995.7.—55页;20cm

广东省小学思想品德课乡土教材

ISBN 7-5406-3279-8:￥2.10

G624.15　013400

爱我中国,爱我广东:一年级/《爱我中国,爱我广东》编写组编.—广州:广东教育出版社,1995.7.—31页;20cm

广东省小学思想品德课乡土教材

ISBN 7-5406-3275-5:￥1.60

G624.15　013401

春风送来的歌/耿志林等编著;葛昕等绘.—济南:明天出版社,1995.4.—120页;20cm.—(全国小学生课外丛书/李仲汉主编)

全套120册,总定价:385.00元

ISBN 7-5332-2142-7:￥0.00

G624.15　013402

礼仪常识:小学版/《礼仪教育丛书》编委会编.—哈尔滨:黑龙江教育出版社,1995.4.—56页;19cm

小学试用课本

ISBN 7-5316-2673-X:￥2.20

G624.15　013403

两史一情爱国主义教育读本/郑际平主编;《两史一情爱国主义教育读本》编写组编写.—长沙:湖南少年儿童出版社,1995.6.—118页;19cm

小学五年级用书

ISBN 7-5358-0803-4:￥2.30

G624.15　013404

两史一情爱国主义教育读本/郑际平主编;《两史一情爱国主义教育读本》编写组编写.—长沙:湖南少年儿童出版社,1995.6.—136页;19cm

小学四年级用书

ISBN 7-5358-0802-6:￥2.60

G624.15　013405

两史一情爱国主义教育读本/郑际平主编;《两史一情爱国主义教育读本》编写组编写.—长沙:湖南少年

儿童出版社,1995.6.—150页;19cm
初中三年级用书
ISBN 7-5358-0805-0:¥2.85

G624.15　013406
两史一情爱国主义教育读本/郑际平主编;《两史一情爱国主义教育读本》编写组编写.—长沙:湖南少年儿童出版社,1995.6.—101页;19cm
小学三年级用书
ISBN 7-5358-0801-8:¥2.05

G624.15　013407
六年制小学思想品德试卷:四年级下学期/《小学思想品德试卷》编写组编.—南京:江苏教育出版社,1995.12.—19页;26cm
ISBN 7-5343-2505-1:¥1.70

G624.15　013408
六年制小学思想品德试卷:四年级一学年/《小学思想品德试卷》编写组编.—3版.—南京:江苏教育出版社,1995.6.—20页;26cm
ISBN 7-5343-1754-1:¥1.30

G624.15　013409
六年制小学思想品德试卷:五年级下学期/《小学思想品德试卷》编写组编.—南京:江苏教育出版社,1995.12.—20页;26cm
ISBN 7-5343-2284-7:¥1.55

G624.15　013410
六年制小学思想品德试卷:五年级一学年/《小学思想品德试卷》编写组编.—3版.—南京:江苏教育出版社,1995.6.—23页;26cm
ISBN 7-5343-1755-X:¥1.45

G624.15　013411
闽海流芳/福州市青少年教育领导小组办公室编.—北京:民主与建设出版社,1995.3.—120页;19cm.—(福州市青少年德育基地教育读本:小学)
ISBN 7-80112-022-1:¥2.50

G624.15　013412
品德与社会　第五册/小学复式教材编写委员会编著.—石家庄:河北教育出版社,1995.5.—137页;20cm
义务教育五年制、六年制小学复式教材:实验本
ISBN 7-5434-2374-X:¥2.65

G624.15　013413
品德与社会:实验本　第六册/张万保主编;小学复式教材编写委员会编著.—石家庄:河北教育出版社,1995.11.—103页;19cm
义务教育五年制、六年制小学复式教材
ISBN 7-5434-2447-9:¥1.90

G624.15　013414
思想品德/银川市教育科学研究所编.—银川:宁夏少年儿童出版社,1995.3.—56页;20cm
义务教育六年制小学银川市地方教科书:实验本
ISBN 7-80620-003-7:¥1.95

G624.15　013415
思想品德/周文杰主编;铁岭市教育研究中心编.—沈阳:辽宁美术出版社,1995.8.—47页;19cm
辽宁省九年义务教育全日制六年制小学地方教材三、四年级用
ISBN 7-5314-1343-4:¥2.50

G624.15　013416
思想品德/周文杰主编;铁岭市教育研究中心编.—沈阳:辽宁美术出版社,1995.8.—67页;19cm
辽宁省九年义务教育全日制六年制小学地方教材五、六年级用
ISBN 7-5314-1344-2:¥2.50

G624.15　013417
思想品德　第八册/姬庆生,马国林主编;徐铁锋等编.—沈阳:辽宁教育出版社,1995.10.—59页;20cm
九年义务教育六年制小学试用课本
ISBN 7-5382-4067-5:¥2.85

G624.15　013418
思想品德　第八册/姬庆生,马国林主编;北京师范大学五·四学制教材总编委会,辽宁省教委思想品德教材编写组编.—沈阳:辽宁教育出版社,1995.10.—60页;20cm
九年义务教育五年制小学试用课本
ISBN 7-5382-4068-3:¥2.60

G624.15　013419
思想品德　第八册/张延龄,马秀芳编写.—修订版.—西安:未来出版社,1995.11.—27页;19cm
九年义务教育六年制小学试用课本
ISBN 7-5417-1131-4:¥1.40

G624.15　013420
思想品德　第二册/北京师范大学五·四学制教材总编委会,辽宁省教委思想品德教材编写组编.—沈阳:辽宁教育出版社,1995.10.—56页;20cm
九年义务教育五年制小学试用课本
ISBN 7-5382-4331-3:¥2.70

G624.15　013421
思想品德　第二册/郑君威主编;江苏省教育委员会教研室编.—4版.—南京:江苏教育出版社,1995.12.—48页;20cm
义务教育全日制小学教材:试用本
ISBN 7-5343-0558-6:¥2.35

G624.15　013422
思想品德　第二册.—沈阳:辽宁教育出版社,1995.10.—56页;20cm
九年义务教育全日制六年制小学试用课本
ISBN 7-5382-4301-1:¥2.70

G624.15　013423
思想品德　第二册/云南省教委教研室编写.—昆明:晨光出版社,1995.12.—28页;19cm
九年义务教育云南省小学乡土教材
ISBN 7-5414-1113-2:¥1.30

G624.15　013424
思想品德　第二册/刘生荣,杨巧南编写.—西安:未来出版社,1995.11.—30页;19cm
九年义务教育六年制小学试用课本
ISBN 7-5417-1128-4:¥1.95

G624.15　013425
思想品德　第九册/山东省教学研究室,山东省小学

思想品德课教学研究专业委员会编著.—济南:山东美术出版社,1995.3.—48页;20cm
义务教育山东省五年制小学试用课本
ISBN 7-5330-0868-5:¥1.60

G624.15 013426
思想品德 第九册/韩洪士等主编;山东省教学研究室,山东省小学思想品德课教学研究专业委员会编著.—济南:山东美术出版社,1995.3.—40页;20cm
义务教育山东省六年制小学试用课本
ISBN 7-5330-0869-3:¥1.55

G624.15 013427
思想品德 第九册/辽宁省思想品德课教材编写组编.—2版.—沈阳:辽宁美术出版社,1995.5.—54页;20cm
九年义务教育全日制六年制小学试用课本
ISBN 7-5314-0672-1:¥2.60

G624.15 013428
思想品德 第九册/国家教委中小学教材审定委员会办公室编.—6版.—成都:四川教育出版社,1995.6.—58页;20cm
全日制小学试用课本
ISBN 7-5408-0548-X:¥2.05

G624.15 013429
思想品德 第九册/思想品德编写组编.—修订本.—西安:未来出版社,1995.3.—36页;19cm
九年义务教育六年制小学试用课本
ISBN 7-5417-1067-9:¥1.50

G624.15 013430
思想品德 第六册/北京师范大学五·四学制教材总编委会,辽宁省教委思想品德教材编写组编.—沈阳:辽宁教育出版社,1995.10.—60页;20cm
九年义务教育五年制小学试用课本
ISBN 7-5382-4334-8:¥2.85

G624.15 013431
思想品德 第六册/人民教育出版社政治室,北京市教育局教学研究部编著 .—延吉:东北朝鲜民族教育出版社,1995.11.—59页;20cm
义务教育小学教科书
ISBN 7-5437-2287-9:¥2.00

G624.15 013432
思想品德 第六册/九年义务教育教材(沿海地区)编写委员会编.—广州:广东教育出版社,1995.12.—54页;21cm
九年义务教育六年制小学试用课本
ISBN 7-5406-3488-X:¥3.30

G624.15 013433
思想品德 第六册/马秀芳,文钧编写.—修订版.—西安:未来出版社,1995.11.—28页;19cm
九年义务教育六年制小学试用课本
ISBN 7-5417-1130-6:¥1.40

G624.15 013434
思想品德 第六册 /胡国有,马国林主编.—沈阳:辽宁教育出版社,1995.10.—56页;20cm
九年义务教育六年制小学试用课本
ISBN 7-5382-4322-4:¥2.85

G624.15 013435
思想品德 第七册/思想品德编写组编.—西安:未来出版社,1995.4.—29页;19cm
九年义务教育六年制小学试用课本
ISBN 7-5417-1066-0:¥1.30

G624.15 013436
思想品德 第七册/北京师范大学五·四学制教材总编委会编.—2版.—沈阳:辽宁美术出版社,1995.5.—57页;20cm
九年义务教育五年制小学试用课本
ISBN 7-5314-1278-0:¥2.74

G624.15 013437
思想品德 第三册/思想品德编写组编.—西安:未来出版社,1995.4.—22页;19cm
九年义务教育六年制小学试用课本
ISBN 7-5417-1064-4:¥1.30

G624.15 013438
思想品德 第三册/黑龙江省教育学院初教部编.—2版.—哈尔滨:黑龙江教育出版社,1995.3.—49页;21cm
九年义务教育全日制五、六年制小学试用课本
ISBN 7-5316-2319-6:¥2.35

G624.15 013439
思想品德 第三册/云南省教委教研室编写.—昆明:晨光出版社,1995.6.—31页;19cm
九年义务教育云南省小学乡土教材
ISBN 7-5414-1031-4:¥1.55

G624.15 013440
思想品德 第十册/山东省教学研究室,山东省小学思想品德课教学研究专业委员会编著.—济南:山东美术出版社,1995.10.—45页;20cm
义务教育山东省六年制小学试用课本
ISBN 7-5330-0920-7:¥2.35

G624.15 013441
思想品德 第十册.—沈阳:辽宁教育出版社,1995.10.—65页;20cm
九年义务教育全日制六年制小学试用课本
ISBN 7-5382-4063-2:¥3.15

G624.15 013442
思想品德 第十册/山东省教学研究室,山东省小学思想品德课教学研究专业委员会编著.—济南:山东美术出版社,1995.10.—47页;20cm
义务教育山东省五年制小学试用课本
ISBN 7-5330-0919-3:¥2.55

G624.15 013443
思想品德 第十册/钟书荣,贺正余编写.—7版.—成都:四川教育出版社,1995.11.—46页;21cm
全日制小学试用课本
ISBN 7-5408-1887-5:¥2.30

G624.15 013444
思想品德 第十册/张栓升,张雁影编写.—修订版.—西安:未来出版社,1995.11.—33页;19cm
九年义务教育六年制小学试用课本

ISBN 7-5417-1132-2: ¥1.50

G624.15 013445

思想品德　第十二册/胡国有,马国林主编.—沈阳:辽宁教育出版社,1995.10.—66页;20cm

九年义务教育全日制六年制小学试用课本

ISBN 7-5382-4064-0: ¥3.15

G624.15 013446

思想品德　第十二册/山东省教学研究室,山东省小学思想品德课教学研究专业委员会编著.—济南:山东美术出版社,1995.10.—46页;20cm

义务教育山东省六年制小学试用课本

ISBN 7-5330-0918-5: ¥2.55

G624.15 013447

思想品德　第十二册/张栓升,张雁影编写.—西安:未来出版社,1995.11.—35页;19cm

九年义务教育六年制小学试用课本

ISBN 7-5417-1133-0: ¥1.65

G624.15 013448

思想品德　第十一册/韩洪士等主编;山东省教学研究室,山东省小学思想品德课教学研究专业委员会编著.—济南:山东美术出版社,1995.3.—46页;20cm

义务教育山东省六年制小学试用课本

ISBN 7-5330-0870-7: ¥1.60

G624.15 013449

思想品德　第十一册/浙江省义务教育教材编委会编.—杭州:浙江教育出版社,1995.6.—88页;20cm

义务教育小学课本:试用

ISBN 7-5338-2078-9: ¥3.20

G624.15 013450

思想品德　第十一册/国家教委中小学教材审定委员会办公室编.—6版.—成都:四川教育出版社,1995.5.—62页;20cm

ISBN 7-5408-0549-8: ¥2.15

G624.15 013451

思想品德　第十一册/《思想品德》编写组编.—修订版.—西安:未来出版社,1995.4.—37页;19cm

九年义务教育六年制小学试用课本

ISBN 7-5417-1068-7: ¥1.50

G624.15 013452

思想品德　第四册/北京师范大学五·四学制教材总编委会,辽宁省教委思想品德教材编写组编.—沈阳:辽宁教育出版社,1995.10.—51页;20cm

九年义务教育五年制小学试用课本

ISBN 7-5382-4333-X: ¥2.55

G624.15 013453

思想品德　第四册.—沈阳:辽宁教育出版社,1995.10.—51页;20cm

九年义务教育全日制六年制小学试用课本

ISBN 7-5382-4320-8: ¥2.55

G624.15 013454

思想品德　第四册/江苏省教育委员会教研室编.—2版.—南京:江苏教育出版社,1995.12.—48页;20cm

义务教育全日制小学教材:试用本

ISBN 7-5343-2282-0: ¥2.35

G624.15 013455

思想品德　第四册/云南省教委教研室编写.—昆明:晨光出版社,1995.12.—25页;19cm

九年义务教育云南省小学乡土教材

ISBN 7-5414-1114-0: ¥1.30

G624.15 013456

思想品德　第四册/刘生荣,文钧编写.—西安:未来出版社,1995.12.—28页;19cm

九年义务教育六年制小学试用课本

ISBN 7-5417-1129-2: ¥1.95

G624.15 013457

思想品德　第五册/思想品德编写组编.—西安:未来出版社,1995.4.—30页;19cm

九年义务教育六年制小学试用课本

ISBN 7-5417-1065-2: ¥1.30

G624.15 013458

思想品德　第五册/黑龙江省教育学院初教部编.—2版.—哈尔滨:黑龙江教育出版社,1995.3.—37页;21cm

九年义务教育全日制六年制小学试用课本

ISBN 7-5316-2320-X: ¥1.90

G624.15 013459

思想品德　第五册/黑龙江省教育学院编.—2版.—哈尔滨:黑龙江教育出版社,1995.3.—34页;21cm

九年义务教育全日制五、六年制小学试用课本

ISBN 7-5316-2324-2: ¥1.80

G624.15 013460

思想品德　第五册/九年义务教育教材(沿海地区)编写委员会编.—2版.—广州:广东教育出版社,1995.7.—53页;20cm

九年义务教育六年制小学试用课本

ISBN 7-5406-2551-1: ¥2.85

G624.15 013461

思想品德　第五册/国家教委中小学教材审定委员会办公室编.—2版.—成都:四川教育出版社,1995.5.—42页;20cm

九年义务教育六年制小学试用课本

ISBN 7-5408-2196-5: ¥1.65

G624.15 013462

思想品德　第五册/云南省教委教研室编写.—昆明:晨光出版社,1995.6.—28页;19cm

九年义务教育云南省小学乡土教材

ISBN 7-5414-1028-4: ¥1.40

G624.15 013463

思想品德　第一册/黑龙江省教育学院初教部编.—2版.—哈尔滨:黑龙江教育出版社,1995.4.—57页;21cm

九年义务教育全日制五、六年制小学试用课本

ISBN 7-5316-2318-8: ¥2.65

G624.15 013464

思想品德　第一册/云南省教委教研室编写.—昆明:晨光出版社,1995.6.—32页;19cm

九年义务教育云南省小学乡土教材

ISBN 7-5414-1030-6: ¥1.55

G624.15 013465

思想品德　第一册/《思想品德》教材编写组编.—西安:未来出版社,1995.5.—32页;19cm

九年义务教育六年制小学试用课本

ISBN 7-5417-1063-6: ¥1.50

G624.15 013466

思想品德:二年级第二学期/武汉市教学研究室编.—2版.—武汉:湖北教育出版社,1995.11.—60页;20cm

湖北省武汉市小学课本:试用本

ISBN 7-5351-1212-9: ¥3.60

G624.15 013467

思想品德:二年级上学期/江西省教委教材教研室编.—南昌:江西教育出版社,1995.7.—64页;19cm

江西省小学试用课本

ISBN 7-5392-2011-2: ¥2.00

G624.15 013468

思想品德:二年级下学期/江西省教委教学教材研究室编.—南昌:江西教育出版社,1995.12.—62页;19cm

江西省小学试用课本:试用本

ISBN 7-5392-2407-X: ¥2.55

G624.15 013469

思想品德:六年级第二学期/武汉市教学研究室编.—2版.—武汉:湖北教育出版社,1995.10.—72页;19cm

湖北省武汉市小学课本:试用本

ISBN 7-5351-1214-5: ¥1.75

G624.15 013470

思想品德:六年级上学期/江西省教委教学教材研究室编.—南昌:江西教育出版社,1995.7.—66页;19cm

江西省小学试用课本

ISBN 7-5392-2006-6: ¥1.00

G624.15 013471

思想品德:六年级下学期/江西省教委教学教材研究室编.—南昌:江西教育出版社,1995.12.—47页;19cm

江西省小学试用课本

ISBN 7-5392-2404-5: ¥1.00

G624.15 013472

思想品德:三年级第二学期/上海中小学课程教材改革委员会编.—2版.—上海:上海教育出版社,1995.11.—54页;19cm

九年制义务教育课本:试用本

ISBN 7-5320-4622-2: ¥1.70

G624.15 013473

思想品德:三年级第二学期/武汉市教学研究室编.—2版.—武汉:湖北教育出版社,1995.11.—73页;19cm

湖北省武汉市小学课本:试用本

ISBN 7-5351-1219-6: ¥3.10

G624.15 013474

思想品德:三年级上学期/江西省教委教学教材研究室编.—南昌:江西教育出版社,1995.7.—63页;19cm

江西省小学试用课本

ISBN 7-5392-1971-8: ¥1.00

G624.15 013475

思想品德:三年级下学期/江西省教委教研室编.—南昌:江西教育出版社,1995.12.—73页;19cm

江西省小学试用课本

ISBN 7-5392-2406-1: ¥1.40

G624.15 013476

思想品德:四年级第二学期/武汉市教学研究室编.—2版.—武汉:湖北教育出版社,1995.10.—74页;19cm

湖北省武汉市小学课本:试用本

ISBN 7-5351-1224-2: ¥1.75

G624.15 013477

思想品德:四年级上学期/江西省教委教学教材教研室编.—南昌:江西教育出版社,1995.7.—73页;19cm

江西省小学试用课本

ISBN 7-5392-1987-4: ¥1.10

G624.15 013478

思想品德:四年级下学期/江西省教委教学教材研究室编.—南昌:江西教育出版社,1995.12.—78页;19cm

江西省小学试用课本

ISBN 7-5392-2386-3: ¥1.40

G624.15 013479

思想品德:五年级第二学期/上海中小学课程教材改革委员会编.—上海:上海教育出版社,1995.11.—56页;19cm

九年制义务教育课本:试用本

ISBN 7-5320-4624-9: ¥1.70

G624.15 013480

思想品德:五年级第二学期/武汉市教学研究室编.—3版.—武汉:湖北教育出版社,1995.10.—81页;19cm

湖北省武汉市小学课本:试用本

ISBN 7-5351-1225-0: ¥1.85

G624.15 013481

思想品德:五年级第一学期/上海中小学课程教材改革委员会编.—上海:上海教育出版社,1995.6.—62页;19cm

九年制义务教育课本:试用本

ISBN 7-5320-4347-9: ¥1.35

G624.15 013482

思想品德:五年级上学期/江西省教委教学教材教研室编.—南昌:江西教育出版社,1995.7.—74页;19cm

江西省小学试用课本

ISBN 7-5392-2005-8: ¥1.10

G624.15 013483

思想品德:五年级下学期/江西省教委教学教材研究室编.　南昌:江西教育出版社,1995.12.—76页;19cm

江西省小学试用课本

ISBN 7-5392-2409-6: ¥1.40

G624.15 013484

思想品德:一年级第二学期/武汉市教学研究室编.—2版.—武汉:湖北教育出版社,1995.11.—62页;20cm

湖北省武汉市小学课本:试用本
ISBN 7-5351-1213-7:￥3.60

G624.15　013485
思想品德:一年级上学期/江西省教委教学教材教研室编.—南昌:江西教育出版社,1995.7.—56页;19cm
江西省小学试用课本
ISBN 7-5392-2238-7:￥2.00

G624.15　013486
四川省小学思想品德课补充教材　上册/国家教委中小学教材审定委员会办公室编.—成都:四川教育出版社,1995.6.—49页;20cm
ISBN 7-5408-2699-1:￥1.95

G624.15　013487
四川省小学思想品德课补充教材　下册/国家教委中小学教材审定委员会办公室编.—成都:四川教育出版社,1995.7.—67页;20cm
ISBN 7-5408-2699-1:￥2.40

G624.15　013488
伟人少年时/詹海编著;林强绘.—济南:明天出版社,1995.4.—152页;20cm.—(全国小学生课外丛书/李仲汉主编)
全套120册,总定价:385.00元
ISBN 7-5332-2142-7:￥0.00

G624.15　013489
小学晨会10分钟:爱国主义教育读本:六年级/周金碧等主编.—昆明:云南教育出版社,1995.6.—87页;20cm
ISBN 7-5415-1030-0:￥2.40

G624.15　013490
小学晨会10分钟:爱国主义教育读本:四年级/周金碧等主编.—昆明:云南教育出版社,1995.6.—87页;20cm
ISBN 7-5415-1035-1:￥2.40

G624.15　013491
小学晨会10分钟:爱国主义教育读本:五年级/周金碧等主编.—昆明:云南教育出版社,1995.6.—96页;20cm
ISBN 7-5415-1034-3:￥2.60

G624.15　013492
小学生国情教育:低年级/新世纪出版社编.—广州:新世纪出版社,1995.6.—30页;19cm
ISBN 7-5405-1170-2:￥2.30

G624.15　013493
小学生国情教育:高年级/新世纪出版社编.—广州:新世纪出版社,1995.6.—62页;19cm
ISBN 7-5405-1171-0:￥4.50

G624.15　013494
小学生礼仪图本/辽宁省教委礼仪图本编写组编.—沈阳:辽宁人民出版社,1995.7.—32页;19cm
小学低年级用
ISBN 7-205-03417-5:￥1.60

G624.15　013495
小学思想品德:一年级下学期/江西省教委教学教材研究室编.—南昌:江西教育出版社,1995.12.—58页;19cm
江西省小学试用课本:试用本
ISBN 7-5392-2386-3:￥2.55

G624.15　013496
小学思想品德基础训练　第十一册/章仪编写.—海口:海南出版社,1995.7.—46页;19cm
ISBN 7-80617-846-5:￥1.50

G624.15　013497
小学思想品德练习册:三年级上学期/《小学思想品德练习册》编写组编.—南昌:江西教育出版社,1995.7.—38页;19cm
ISBN 7-5392-2030-9:￥0.70

G624.15　013498
小学思想品德练习册:三年级下学期/《小学思想品德练习册》编写组编.—南昌:江西教育出版社,1995.12.—36页;19cm
ISBN 7-5392-2495-1:￥1.10

G624.15　013499
小学思想品德练习册:四年级上学期/《小学思想品德练习册》编写组编.—南昌:江西教育出版社,1995.7.—32页;19cm
ISBN 7-5392-2031-7:￥0.60

G624.15　013500
小学思想品德练习册:四年级下学期/《小学思想品德练习册》编写组编.—南昌:江西教育出版社,1995.12.—36页;19cm
ISBN 7-5392-2415-0:￥1.10

G624.15　013501
小学思想品德练习册:五年级上学期/练习册编写组编.—南昌:江西教育出版社,1995.7.—30页;19cm
ISBN 7-5392-2032-5:￥0.80

G624.15　013502
小学思想品德练习册:五年级下学期/练习册编写组编.—南昌:江西教育出版社,1995.12.—40页;19cm
ISBN 7-5392-2499-1:￥1.10

G624.15　013503
中国传统美德故事:低年级/《中国传统美德故事》编写组编写.—昆明:晨光出版社,1995.6.—58页;19cm
ISBN 7-5414-1050-0:￥1.25

G624.15　013504
中国传统美德故事:中年级/《中国传统美德故事》编写组编写.—昆明:晨光出版社,1995.6.—80页;19cm
ISBN 7-5414-1046-2:￥1.60

G624.15　013505
中华民族传统美德　(1):小学三年级/黑龙江省《中华民族传统美德》编写组编.—哈尔滨:黑龙江少年儿童出版社,1995.8.—125页;19cm
ISBN 7-5319-1320-8:￥1.80

G624.15　013506
中华民族传统美德　(2):小学四年级/黑龙江省《中华民族传统美德》编写组编.—哈尔滨:黑龙江少年儿童出版社,1995.8.—125页;19cm
ISBN 7-5319-1325-9:￥1.80

G624.15　013507

中华民族传统美德　(3):小学五年级/黑龙江省《中华民族传统美德》编写组编.—哈尔滨:黑龙江少年儿童出版社,1995.8.—117页;19cm
ISBN 7-5319-1321-6:¥1.80

G624.2 语文

G624.2　013508
1994年京津沪小学毕业考语文试卷汇析/《语文学习》编辑部编.—上海:上海教育出版社,1995.1.—318页;19cm
ISBN 7-5320-4199-9:¥6.45

G624.2　013509
1994年全国小学毕业(升学)语文考试试题精选.—重庆:重庆出版社,1995.1.—84页;26cm
ISBN 7-5366-3059-X:¥3.70

G624.2　013510
1994年全国重点小学毕业升学语文试题精选/高岳编.—天津:天津教育出版社,1995.2.—158页;19cm
ISBN 7-5309-2194-0:¥3.10

G624.2　013511
1995年全国小学毕业(升学)语文试题选解/禾群编.—西安:陕西人民教育出版社,1995.11.—218页;19cm
ISBN 7-5419-6287-2:¥4.80

G624.2　013512
1995年全国小学毕业考试语文试卷精选详解/《1995年全国小学毕业考试语文试卷精选详解》编写组编.—郑州:河南教育出版社,1995.11.—140页;19cm
ISBN 7-5347-1862-7:¥2.60

G624.2　013513
1995年小学毕业(升学)考试语文模拟试卷.—重庆:重庆出版社,1995.1.—65页;26cm
ISBN 7-5366-3058-1:¥3.00

G624.2　013514
1995年小学毕业语文试卷汇编/北京市海淀区教师进修学校编.—北京:中国水利水电出版社,1995.12.—40页;26cm
ISBN 7-80124-061-8:¥3.00

G624.2　013515
1996年小学毕业生语文标准化模拟题选/辽宁教育出版社编.—沈阳:辽宁教育出版社,1995.7.—299页;19cm
ISBN 7-5382-3568-X:¥6.50

G624.2　013516
1996年小学毕业生语文总复习题/《1996年小学毕业总生复习题》编写组编.—3版.—沈阳:辽宁教育出版社,1995.11.—309页;19cm
ISBN 7-5382-2615-X:¥7.00

G624.2　013517
1996年小学语文毕业(升学)考试模拟题/《模拟题》编写组编.—西安:陕西人民教育出版社,1995.12.—105页;26cm
ISBN 7-5419-6348-8:¥4.50

G624.2　013518
"注音识字,提前读写"实验课本课堂练习　第三册/潘自由主编;"注音识字,提前读写"实验教材编委会编.—2版.—哈尔滨:黑龙江教育出版社,1995.3.—96页;19cm
ISBN 7-5316-1328-X:¥1.65

G624.2　013519
"注音识字,提前读写"实验课本五年后接续课外读物　(上)/潘自由主编;"注音识字,提前读写"实验教材编委会编.—哈尔滨:黑龙江教育出版社,1995.3.—130页;19cm
ISBN 7-5316-2753-1:¥2.30

G624.2　013520
北京市九年义务教育六年制小学课本(实验本)语文预习与训练　第六册/预习与训练编写组编.—北京:北京少年儿童出版社,1995.1.—104页;20cm
ISBN 7-5301-0529-9:¥2.30

G624.2　013521
北京市九年义务教育六年制小学课本(试用本)语文课堂训练　第二册/北京市教育局教学研究部编著.—2版.—北京:北京少年儿童出版社,1995.1.—103页;20cm
ISBN 7-5301-0443-8:¥2.30

G624.2　013522
北京市九年义务教育六年制小学课本(试用本)语文课堂训练　第四册/语文课堂训练编写组编.—北京:北京少年儿童出版社,1995.1.—99页;20cm
ISBN 7-5301-0444-6:¥2.20

G624.2　013523
北京市九年义务教育六年制小学课本语文第二册生字卡片/北京市教育局教学研究部编.—2版.—北京:北京出版社,1995.1.—20张;15×20cm
学生用
ISBN 7-200-02309-4:¥1.40

G624.2　013524
北京市九年义务教育六年制小学课本语文第四册生字卡片/北京市教育局教学研究部编.—2版.—北京:北京出版社,1995.1.—27张;21cm
北京市九年义务教育六年制小学课本 学生用
ISBN 7-200-02311-6:¥1.90

G624.2　013525
词语的理解和运用:S版:三年级第二学期/S版小学语文教材编写组编.—上海:上海教育出版社,1995.11.—44页;19cm
ISBN 7-5320-4648-6:¥1.35

G624.2　013526
词语的理解和运用:S版:三年级第一学期/S版小学语文教材编写组编.—上海:上海教育出版社,1995.6.—43页;19cm
ISBN 7-5320-4372-X:¥0.75

G624.2　013527
词语的理解和运用:语文:H版:三年级第二学期/高安,肖珊编著.—上海:上海教育出版社,1995.11.—95

页;19cm
ISBN 7-5320-4618-4: ¥2.40

G624.2　013528
词语的理解和运用:语文:H版:三年级第一学期/高安,肖珊编.—上海:上海教育出版社,1995.6.—62页;19cm
ISBN 7-5320-4323-1: ¥0.95

G624.2　013529
词语汇释手册/方熔等编.—太原:山西教育出版社,1995.2.—449页;19cm.—(小学生学习指导丛书)
ISBN 7-5440-0648-4: ¥6.00

G624.2　013530
读写金钥匙:小学语文文段读写指南/何高者编著.—深圳:海天出版社,1995.7.—133页;19cm
ISBN 7-80615-195-8: ¥5.00

G624.2　013531
短文阅读理解试题汇编/《短文阅读理解试题汇编》编写组编.—福州:福建人民出版社,1995.4.—100页;19cm
附参考答案
ISBN 7-211-02431-3: ¥2.20

G624.2　013532
儿童学韵语　(二):二年级第二学期/未来教育教材编辑委员会编.—杭州:浙江人民美术出版社,1995.8.—90页;20cm
新世纪小学语文读本
ISBN 7-5340-0634-1: ¥9.80

G624.2　013533
儿童学韵语　(一):二年级第一学期/未来教育教材编辑委员会编.—杭州:浙江人民美术出版社,1995.8.—78页;20cm
新世纪小学语文读本
ISBN 7-5340-0633-3: ¥9.80

G624.2　013534
二年级语文学与玩/郭涵业,陈静逊主编;张振芝编.—上海:少年儿童出版社,1995.4.—144页;19cm
ISBN 7-5324-2735-8: ¥6.00

G624.2　013535
广西九年义务教育六年制小学语文练习册　第五册(乙).—2版.—南宁:接力出版社,1995.6.—48页;19cm
ISBN 7-80581-294-2: ¥0.90

G624.2　013536
汉语　第二册.—2版.—乌鲁木齐:新疆教育出版社,1995.6.—90页;20cm
六年制小学课本 供维吾尔族学生用
ISBN 7-5370-2578-8: ¥2.30

G624.2　013537
汉语　第三册/孙世忠等编写.—2版.—乌鲁木齐:新疆教育出版社,1995.6.—105页;20cm
六年制小学课本 供维吾尔族学生用
ISBN 7-5370-2568-1: ¥2.60

G624.2　013538
汉语　第四册.—乌鲁木齐:新疆教育出版社,1995.6.—107页;20cm
六年制小学课本 供维吾尔族学生用
ISBN 7-5370-2534-7: ¥2.60

G624.2　013539
汉语拼音·生字卡片　第一册/江苏省九年义务教育小学语文教材编写组编.—南京:江苏教育出版社,1995.7.—28张;20cm
江苏省九年义务教育五六年制小学通用语文
ISBN 7-5343-2438-6: ¥1.35

G624.2　013540
汉语文　第九册/东北朝鲜民族教育出版社汉语文编辑室编.—延吉:东北朝鲜民族教育出版社,1995.2.—175页;20cm
义务教育小学课本:实验本
ISBN 7-5437-2126-0: ¥2.20

G624.2　013541
汉语文　第六册/东北朝鲜民族教育出版社汉语文编辑室编.—延吉:东北朝鲜民族教育出版社,1995.12.—155页;20cm
义务教育小学教科书
ISBN 7-5437-2260-7: ¥5.20

G624.2　013542
汉语文　第六册/西藏自治区教材编译局编.—拉萨:西藏人民出版社,1995.8.—127页;20cm
九年义务教育西藏自治区小学课本:试用本
ISBN 7-223-00845-8: ¥5.60

G624.2　013543
汉语文　第六册/内蒙古教育出版社汉语文编辑室编.—呼和浩特:内蒙古教育出版社,1995.12.—152页;20cm
义务教育蒙古族小学教科书:试用本
ISBN 7-5311-2656-7: ¥5.60

G624.2　013544
汉语文　第十册/东北朝鲜民族教育出版社汉语文编辑室编.—延吉:东北朝鲜民族教育出版社,1995.11.—155页;20cm
义务教育小学课本:实验本
ISBN 7-5437-2261-5: ¥2.40

G624.2　013545
汉语文　第四册/辽宁省教育学院蒙古文教材编译部编.—呼和浩特:内蒙古教育出版社,1995.11.—100页;20cm
东北三省蒙古族学校义务教育教科书:试用本
ISBN 7-5311-2645-1: ¥3.50

G624.2　013546
汉语文　第五册/金恒星,林海主编.—延吉:东北朝鲜民族教育出版社,1995.4.—170页;21×15cm
义务教育小学教科书
ISBN 7-5437-2133-3: ¥3.55

G624.2　013547
汉语文　第五册/内蒙古教育出版社编辑.—呼和浩特:内蒙古教育出版社,1995.5.—160页;20cm
义务教育蒙古族小学教科书:试用本
ISBN 7-5311-2532-3: ¥4.50

G624.2　013548
汉语文　第五册/西藏自治区教材编译局编.—拉萨:西藏人民出版社,1995.1.—132页;20cm
九年义务教育西藏自治区小学课本:试用本
ISBN 7-223-00801-6:¥5.40

G624.2　013549
汉语文:合订本/东北朝鲜民族教育出版社汉语文编辑室编.—延吉:东北朝鲜民族教育出版社,1995.1.—1册;20cm
朝鲜族小学教科书
ISBN 7-5437-2328-X(精装):¥75.00

G624.2　013550
江苏省九年义务教育六年制小学语文练习与测试　第二册/《小学语文练习与测试》编写组编.—南京:江苏教育出版社,1995.12.—104页;19cm
ISBN 7-5343-2615-X:¥2.30

G624.2　013551
江苏省九年义务教育六年制小学语文试卷　第二册/《小学语文试卷》编写组编.—南京:江苏教育出版社,1995.12.—33页;26cm
ISBN 7-5343-2604-4:¥2.25

G624.2　013552
江苏省九年义务教育五六年制小学通用语文练习与测试　第一册/江苏省九年义务教育小学语文教材编写组编.—南京:江苏教育出版社,1995.6.—50页;19cm
ISBN 7-5343-2444-0:¥1.25

G624.2　013553
江苏省九年义务教育五年制小学语文练习与测试　第二册/小学语文练习与测试编写组编.—南京:江苏教育出版社,1995.12.—104页;19cm
ISBN 7-5343-2614-1:¥2.30

G624.2　013554
江苏省九年义务教育五年制小学语文试卷　第二册/《小学语文试卷》编写组编.—南京:江苏教育出版社,1995.12.—33页;26cm
ISBN 7-5343-2605-2:¥2.25

G624.2　013555
教你学会读和写/顾元翔,耕耘编.—2版.—青岛:青岛出版社,1995.6.—105页;19cm.—(少年写作技巧训练丛书;1)
ISBN 7-5436-0262-8:¥4.00

G624.2　013556
九年义务教育课本小学语文教学挂图　(二)/杨之光等绘.—上海:上海教育出版社,1995.—20张;53×77cm
供中年级选用
ISBN 7-5320-4356-8:¥17.00

G624.2　013557
九年义务教育课本小学语文习字本:H版:二年级第二学期　第一分册/上海中小学课程教材改革委员会编.—2版.—上海:上海教育出版社,1995.11.—48页;19cm
ISBN 7-5320-4470-X:¥1.10

G624.2　013558
九年义务教育课本语文课堂练习本:S版:五年级第二学期　第二分册/上海S版小学语文教材编写组编.—上海:上海教育出版社,1995.11.—43页;19cm
ISBN 7-5320-4576-5:¥1.10

G624.2　013559
九年义务教育课本语文课堂练习本:S版:五年级第二学期　第一分册/上海S版小学语文教材编写组编.—上海:上海教育出版社,1995.11.—49页;19cm
ISBN 7-5320-4575-7:¥1.10

G624.2　013560
九年义务教育六年制第三册小学生字书写练习本/寇宝云编写.—成都:四川少年儿童出版社,1995.8.—142页;19cm
ISBN 7-5365-1466-2:¥3.15

G624.2　013561
九年义务教育六年制小学词语手册/甘肃省教育科学研究所编.—兰州:甘肃少年儿童出版社,1995.6.—622页;13cm
九年义务教育六年制小学语文配套用书
ISBN 7-5422-1039-4(精装):¥6.50

G624.2　013562
九年义务教育六年制小学二年级第一学期语文单元水平测试与辅导/明斓编.—2版.—广州:广东教育出版社,1995.6.—83页;19cm
ISBN 7-5406-1081-6:¥2.70

G624.2　013563
九年义务教育六年制小学二年级第一学期语文一课一练　第三册/浙江少年儿童出版社编.—杭州:浙江少年儿童出版社,1995.7.—40页;26cm
ISBN 7-5342-1338-X:¥2.65

G624.2　013564
九年义务教育六年制小学教材试验本(人教版)语文课堂练习　第十二册/福建省普通教育教学研究室编写.—福州:福建少年儿童出版社,1995.12.—64页;19cm
ISBN 7-5395-1315-2:¥1.90

G624.2　013565
九年义务教育六年制小学教科书(试用本)小学语文词语集释　第五册/新蕾出版社编.—修订版.—天津:新蕾出版社,1995.5.—155页;19cm
ISBN 7-5307-1618-2:¥2.90

G624.2　013566
九年义务教育六年制小学教科书语文词语解释　第六册/张景义等编写.—哈尔滨:黑龙江少年儿童出版社,1995.12.—109页;19cm
ISBN 7-5319-1369-0:¥3.30

G624.2　013567
九年义务教育六年制小学教科书语文词语解释　第五册/张景义等编写.—哈尔滨:黑龙江少年儿童出版社,1995.7.—76页;19cm
ISBN 7-5319-1324-0:¥1.80

G624.2　013568
九年义务教育六年制小学教科书语文第六册生字卡

片.—上海:上海教育出版社,1995.11.—21 张;14×20cm
学生用
ISBN 7-5320-4651-6:¥1.75

G624.2　　013569
九年义务教育六年制小学教科书语文第三册生字卡片.—上海:上海教育出版社,1995.6.—32 页;13×19cm
学生用
ISBN 7-5320-4385-1:¥2.20

G624.2　　013570
九年义务教育六年制小学六年级第一学期语文一课一练　第十一册/浙江少年儿童出版社编.—杭州:浙江少年儿童出版社,1995.7.—47 页;26cm
ISBN 7-5342-1341-X:¥3.00

G624.2　　013571
九年义务教育六年制小学三年级第一学期语文单元水平测试与辅导/红骏,黎生编.—2 版.—广州:广东教育出版社,1995.4.—88 页;19cm
ISBN 7-5406-1082-4:¥2.80

G624.2　　013572
九年义务教育六年制小学三年级第一学期语文一课一练　第五册/浙江少年儿童出版社编.—杭州:浙江少年儿童出版社,1995.7.—36 页;26cm
ISBN 7-5342-1342-8:¥2.45

G624.2　　013573
九年义务教育六年制小学三年级语文学习指导书　上/内蒙古自治区教育厅中小学学习指导书丛书编委会编.—呼和浩特:内蒙古教育出版社,1995.4.—168 页;19cm
ISBN 7-5311-2547-1:¥2.30

G624.2　　013574
九年义务教育六年制小学三年级语文学习指导书　下/内蒙古自治区教育厅中小学学习指导丛书编委会编.—呼和浩特:内蒙古教育出版社,1995.12.—158 页;19cm
ISBN 7-5311-2690-7:¥3.00

G624.2　　013575
九年义务教育六年制小学生词语手册/王显才主编.—长春:东北师范大学出版社,1995.7.—751 页;13cm
ISBN 7-5602-1625-0(精装):¥8.80

G624.2　　013576
九年义务教育六年制小学生词语手册　第六册/柯尊海,刘蜀西编.—成都:四川辞书出版社,1995.11.—106 页;19cm
ISBN 7-80543-513-8:¥2.95

G624.2　　013577
九年义务教育六年制小学生词语手册:二年级　第四册/云南省教委教研室编写.—昆明:晨光出版社,1995.12.—82 页;19cm
ISBN 7-5414-1124-8:¥2.25

G624.2　　013578
九年义务教育六年制小学生字书写练习本　第五册/钟文编写.—成都:四川少年儿童出版社,1995.8.—103 页;19cm
ISBN 7-5365-1467-0:¥2.40

G624.2　　013579
九年义务教育六年制小学生字书写练习本　第一册/陈淑芳编写.—成都:四川少年儿童出版社,1995.8.—66 页;19cm
ISBN 7-5365-1465-4:¥1.65

G624.2　　013580
九年义务教育六年制小学四年级第一学期语文一课一练　第七册/浙江少年儿童出版社编.—杭州:浙江少年儿童出版社,1995.7.—45 页;26cm
ISBN 7-5342-1344-4:¥3.00

G624.2　　013581
九年义务教育六年制小学同步词语手册:一、二年级/刘美娟等编写.—南宁:广西教育出版社,1995.4.—453 页;13cm
ISBN 7-5435-2252-7(精装):¥4.05

G624.2　　013582
九年义务教育六年制小学五年级第一学期语文一课一练　第九册/浙江少年儿童出版社编.—杭州:浙江少年儿童出版社,1995.7.—42 页;26cm
ISBN 7-5342-1343-6:¥2.85

G624.2　　013583
九年义务教育六年制小学小学生词语手册:二年级　第三册/云南省教委教研室编写.—昆明:晨光出版社,1995.6.—81 页;19cm
ISBN 7-5414-0959-6:¥1.70

G624.2　　013584
九年义务教育六年制小学小学语文词语汇释与训练/《小学语文词语汇释》编写组编.—2 版.—太原:山西教育出版社,1995.5.—60 页;19cm
ISBN 7-5440-0713-8:¥1.20

G624.2　　013585
九年义务教育六年制小学新编小学生词语手册/《新编小学生词语手册》编写组编.—长沙:湖南教育出版社,1995.7.—545 页;13cm
供一、二、三年级学生用
ISBN 7-5355-1336-0(精装):¥6.80

G624.2　　013586
九年义务教育六年制小学新编小学语文词语手册/段希江,王玉英主编.—长春:北方妇女儿童出版社,1995.10.—716 页;13cm
ISBN 7-5385-1100-8(精装):¥13.00

G624.2　　013587
九年义务教育六年制小学一年级第一学期语文单元水平测试与辅导/金铃编.—2 版.—广州:广东教育出版社,1995.6.—67 页;19cm
ISBN 7-5406-1080-8:¥2.20

G624.2　　013588
九年义务教育六年制小学一年级第一学期语文一课一练　第一册/浙江少年儿童出版社编.—杭州:浙江少年儿童出版社,1995.7.—41 页;26cm
ISBN 7-5342-1346-0:¥2.85

G624.2　013589
九年义务教育六年制小学语文测试卷:二年级下学期/《中小学各科测试卷》编委会编.—3版.—武汉:湖北教育出版社,1995.11.—28页;26×38cm
ISBN 7-5351-1232-3:¥2.70

G624.2　013590
九年义务教育六年制小学语文测试卷:三年级下学期/《中小学各科测试卷》编委会编.—3版.—武汉:湖北教育出版社,1995.11.—27页;26×38cm
ISBN 7-5351-1299-4:¥2.60

G624.2　013591
九年义务教育六年制小学语文词语集释　第六册/新蕾出版社编.—天津:新蕾出版社,1995.11.—140页;19cm
ISBN 7-5307-1696-4:¥3.20

G624.2　013592
九年义务教育六年制小学语文词语手册　第五册/人民教育出版社语文一室编著.—延吉:东北朝鲜民族教育出版社;北京:人民教育出版社,1995.6.—138页;19cm
ISBN 7-5437-1931-2:¥3.00

G624.2　013593
九年义务教育六年制小学语文达纲训练　第三册/王淑贤编写.—3版.—南宁:广西教育出版社,1995.6.—60页;19cm
ISBN 7-5435-0835-4:¥1.35

G624.2　013594
九年义务教育六年制小学语文单元试卷集　第六册/宋浔坚编.—2版.—南宁:广西教育出版社,1995.11.—52页;26cm.—(小学语文、数学单元试卷集丛书)
ISBN 7-5435-1678-0:¥2.80

G624.2　013595
九年义务教育六年制小学语文单元试卷集　第四册/刘美娟编写.—南宁:广西教育出版社,1995.1.—48页;26cm
ISBN 7-5435-2011-7:¥1.45

G624.2　013596
九年义务教育六年制小学语文单元水平测试与辅导:二年级第二学期/《语文单元水平测试与辅导》编写组编.—广州:广东教育出版社,1995.10.—73页;19cm
ISBN 7-5406-0897-8:¥2.25

G624.2　013597
九年义务教育六年制小学语文单元水平测试与辅导:三年级第二学期/《语文单元水平测试与辅导》编写组编.—广州:广东教育出版社,1995.10.—78页;19cm
ISBN 7-5406-0898-6:¥2.40

G624.2　013598
九年义务教育六年制小学语文单元水平测试与辅导:一年级第二学期/《语文单元水平测试与辅导》编写组编.—广州:广东教育出版社,1995.10.—56页;19cm
ISBN 7-5406-0896-X:¥1.85

G624.2　013599
九年义务教育六年制小学语文第六册单元检测/毛亚英,龚建新编.—3版.—石家庄:河北教育出版社,1995.11.—48页;26cm
ISBN 7-5434-0977-1:¥1.95

G624.2　013600
九年义务教育六年制小学语文第六册基本功训练/《小学语文基本功训练》编写组编.—3版.—石家庄:河北教育出版社,1995.12.—94页;19cm
ISBN 7-5434-1163-6:¥1.90

G624.2　013601
九年义务教育六年制小学语文第三册单元检测/吴文琴,赵宝全编.—2版.—石家庄:河北教育出版社,1995.5.—47页;26cm
ISBN 7-5434-0809-0:¥1.40

G624.2　013602
九年义务教育六年制小学语文第五册基本功训练/《基本功训练》编写组编.—2版.—石家庄:河北教育出版社,1995.6.—106页;19cm
ISBN 7-5434-1489-9:¥1.75

G624.2　013603
九年义务教育六年制小学语文第一册基本功训练/《基本功训练》编写组编.—2版.—石家庄:河北教育出版社,1995.6.—81页;19cm
ISBN 7-5434-1458-9:¥1.15

G624.2　013604
九年义务教育六年制小学语文多功能词语手册　第二册/陈军编写.—合肥:安徽教育出版社,1995.1.—149页;19cm
ISBN 7-5336-1612-X:¥2.20

G624.2　013605
九年义务教育六年制小学语文多功能词语手册　第四册/程晖,杨静华编写.—合肥:安徽教育出版社,1995.1.—108页;19cm
ISBN 7-5336-1717-5:¥1.80

G624.2　013606
九年义务教育六年制小学语文基础训练　第六册/尚竹等编写.—济南:山东教育出版社,1995.12.—77页;19cm
三年级下学期用
ISBN 7-5328-1231-6:¥1.95

G624.2　013607
九年义务教育六年制小学语文基础训练　第六册/新蕾出版社编.—2版.—天津:新蕾出版社,1995.10.—78页;19cm
ISBN 7-5307-1675-1:¥2.00

G624.2　013608
九年义务教育六年制小学语文基础训练　第五册/尚竹等编写.—济南:山东教育出版社,1995.6.—96页;19cm
三年级上学期用
ISBN 7-5328-1402-5:¥1.70

G624.2　013609
九年义务教育六年制小学语文基础训练　第五册/新蕾出版社编.—2版(修订版).—天津:新蕾出版社,1995.4.—75页;19cm
ISBN 7-5307-1624-7:¥1.65

G624.2　013610
九年义务教育六年制小学语文家庭作业　第六册/北京市海淀区教育局高级教师编写组编.—修订本.—西安:陕西人民教育出版社,1995.11.—55页;26cm
ISBN 7-5419-5404-7:¥2.60

G624.2　013611
九年义务教育六年制小学语文家庭作业　第五册/北京市海淀区教育局高级教师编写组编.—西安:陕西人民教育出版社,1995.5.—74页;26cm
ISBN 7-5419-5924-3:¥2.80

G624.2　013612
九年义务教育六年制小学语文课本:说话训练　第二册/辽宁教育学院编.—2版.—沈阳:辽宁教育出版社,1995.11.—32页;19×26cm
ISBN 7-5382-1882-3:¥2.00

G624.2　013613
九年义务教育六年制小学语文课本:说话训练　第四册/辽宁教育学院编.—2版.—沈阳:辽宁教育出版社,1995.11.—32页;19×26cm
ISBN 7-5382-1883-1:¥2.00

G624.2　013614
九年义务教育六年制小学语文课课通　第八册/张永红编写.—南宁:广西教育出版社,1995.1.—157页;19cm
ISBN 7-5435-2186-5:¥2.70

G624.2　013615
九年义务教育六年制小学语文课课通　第二册/辛志军编写.—南宁:广西教育出版社,1995.1.—126页;19cm
ISBN 7-5435-2183-0:¥2.20

G624.2　013616
九年义务教育六年制小学语文课课通　第九册/赵湘娜编写.—南宁:广西教育出版社,1995.6.—154页;19cm
ISBN 7-5435-2267-5:¥3.10

G624.2　013617
九年义务教育六年制小学语文课课通　第六册/宋浔坚编.—南宁:广西教育出版社,1995.1.—157页;19cm
ISBN 7-5435-2185-7:¥2.70

G624.2　013618
九年义务教育六年制小学语文课课通　第七册/张永红编写.—南宁:广西教育出版社,1995.7.—161页;19cm
ISBN 7-5435-2266-7:¥3.25

G624.2　013619
九年义务教育六年制小学语文课课通　第三册/卢莹编写.—南宁:广西教育出版社,1995.6.—141页;19cm
ISBN 7-5435-2264-0:¥2.85

G624.2　013620
九年义务教育六年制小学语文课课通　第十册/赵湘娜编.—南宁:广西教育出版社,1995.1.—161页;19cm
ISBN 7-5435-2187-3:¥2.75

G624.2　013621
九年义务教育六年制小学语文课课通　第十一册/苏志贤编写.—南宁:广西教育出版社,1995.5.—164页;19cm
ISBN 7-5435-2268-3:¥3.25

G624.2　013622
九年义务教育六年制小学语文课课通　第四册/卢莹编写.—南宁:广西教育出版社,1995.1.—126页;19cm
ISBN 7-5435-2184-9:¥2.20

G624.2　013623
九年义务教育六年制小学语文课课通　第一册/辛志军编写.—南宁:广西教育出版社,1995.7.—128页;19cm
ISBN 7-5435-2263-2:¥2.65

G624.2　013624
九年义务教育六年制小学语文课堂练习　第三册/子林,玉香主编;课堂练习编写组编.—沈阳:辽宁教育出版社,1995.4.—94页;19cm
ISBN 7-5382-2847-0:¥2.05

G624.2　013625
九年义务教育六年制小学语文课堂练习　第五册/子林,玉香主编;课堂练习编写组编.—2版.—沈阳:辽宁教育出版社,1995.4.—95页;19cm
ISBN 7-5382-3497-7:¥2.05

G624.2　013626
九年义务教育六年制小学语文课外作业:三年级上学期/湖北省教学研究室编.—武汉:湖北少年儿童出版社,1995.7.—83页;19cm
ISBN 7-5353-1012-5:¥1.50

G624.2　013627
九年义务教育六年制小学语文课外作业:三年级下学期/湖北省教学研究室编.—4版.—武汉:湖北少年儿童出版社,1995.12.—91页;19cm
ISBN 7-5353-1232-2:¥2.10

G624.2　013628
九年义务教育六年制小学语文评估检测题　第四册/李宏,文川编.—2版.—武汉:湖北教育出版社,1995.10.—114页;19cm
ISBN 7-5351-1587-X:¥2.70

G624.2　013629
九年义务教育六年制小学语文生字卡片　第二册/江苏省九年义务教育小学语文教材编写组编.—南京:江苏教育出版社,1995.12.—29张;20cm
学生用
ISBN 7-5343-2610-9:¥1.85

G624.2　013630
九年义务教育六年制小学语文试卷　第二册.—济南:山东教育出版社,1995.10.—48页;26cm
一年级下学期用
¥2.60

G624.2　013631
九年义务教育六年制小学语文试卷　第六册.—济

南:山东教育出版社,1995.11.—48页;26cm
三年级下学期用
¥2.60

G624.2 013632
九年义务教育六年制小学语文试卷 第四册.—济南:山东教育出版社,1995.10.—52页;26cm
二年级下学期用
¥2.80

G624.2 013633
九年义务教育六年制小学语文试卷 第五册/《小学语文试卷》编写组编.—3版.—南京:江苏教育出版社,1995.6.—48页;26cm
ISBN 7-5343-1733-9:¥2.70

G624.2 013634
九年义务教育六年制小学语文试卷 第五册.—济南:山东教育出版社,1995.5.—48页;26cm
三年级上学期用
¥1.85

G624.2 013635
九年义务教育六年制小学语文试卷 第一册.—济南:山东教育出版社,1995.5.—44页;26cm
一年级上学期用
¥1.70

G624.2 013636
九年义务教育六年制小学语文试卷 第一册/《小学语文试卷》编写组编.—3版.—南京:江苏教育出版社,1995.6.—30页;26cm
ISBN 7-5343-1731-2:¥1.90

G624.2 013637
九年义务教育六年制小学语文习字册 第二册/江苏省九年义务教育小学语文教材编写组编.—南京:江苏教育出版社,1995.12.—32页;26cm
ISBN 7-5343-2607-9:¥2.30

G624.2 013638
九年义务教育六年制小学语文知识·能力课课练试题:二年级　上册/荣迪主编;喻珊等编写.—延吉:延边人民出版社,1995.2.—70页;26cm
ISBN 7-80599-250-9:¥3.80

G624.2 013639
九年义务教育六年制小学语文知识·能力课课练试题:六年级　上册/荣迪主编.—延吉:延边人民出版社,1995.2.—62页;26cm
ISBN 7-80599-545-1:¥3.80

G624.2 013640
九年义务教育六年制小学语文知识·能力课课练试题:三年级　上册/荣迪主编;曹希元编写.—延吉:延边人民出版社,1995.2.—62页;26cm
ISBN 7-80599-542-7:¥3.80

G624.2 013641
九年义务教育六年制小学语文知识·能力课课练试题:四年级　上册/阮郁兰主编.—延吉:延边人民出版社,1995.2.—54页;26cm
ISBN 7-80599-543-5:¥3.80

G624.2 013642
九年义务教育六年制小学语文知识·能力课课练试题:五年级　上册/荣迪主编;余雯等编著.—延吉:延边人民出版社,1995.7.—62页;26cm
ISBN 7-80599-544-3:¥3.80

G624.2 013643
九年义务教育六年制小学语文知识·能力课课练试题:一年级　上册/荣迪主编;林宏一,余雯编写.—延吉:延边人民出版社,1995.2.—70页;26cm
ISBN 7-80599-249-5:¥3.80

G624.2 013644
九年义务教育六年制小学语文字词抄写本 第六册.—成都:四川教育出版社,1995.12.—62页;19cm
ISBN 7-5408-2779-3:¥1.80

G624.2 013645
九年义务教育六年制小学语文字词抄写本 第三册.—成都:四川教育出版社,1995.6.—90页;19cm
ISBN 7-5408-2633-9:¥2.00

G624.2 013646
九年义务教育六年制小学语文字词抄写本 第五册.—成都:四川教育出版社,1995.7.—62页;19cm
ISBN 7-5408-2719-X:¥1.60

G624.2 013647
九年义务教育六年制小学语文字词抄写本 第一册.—成都:四川教育出版社,1995.6.—64页;19cm
ISBN 7-5408-2689-4:¥1.60

G624.2 013648
九年义务教育六年制小学语文字词手册:二年级/陈镜鹏主编.—武汉:湖北教育出版社,1995.5.—315页;13cm
ISBN 7-5351-1662-0:¥3.70

G624.2 013649
九年义务教育六年制小学语文字词手册:一年级/陈镜鹏主编.—武汉:湖北教育出版社,1995.5.—237页;13cm
ISBN 7-5351-1659-0:¥3.00

G624.2 013650
九年义务教育六年制小学语文字词书写本 第六册/向伟等编写.—成都:四川教育出版社,1995.11.—62页;19cm
ISBN 7-5408-2755-6:¥2.75

G624.2 013651
九年义务教育六年制小学语文字词书写本 第三册/四川省教育科学研究所《小学语文字词书写本》编写组编.—成都:四川教育出版社,1995.6.—85页;19cm
ISBN 7-5408-2690-8:¥1.15

G624.2 013652
九年义务教育六年制小学语文字词书写本 第五册/四川省教育科学研究所《小学语文字词书写本》编写组编.—成都:四川教育出版社,1995.6.—66页;19cm
ISBN 7-5408-2697-5:¥1.20

G624.2 013653
九年义务教育六年制小学语文字词书写本 第一册/四川省教育教学研究所《小学语文字词书写本》编写组编.—成都:四川教育出版社,1995.6.—81页;19cm

ISBN 7-5408-2689-4：¥1.10

G624.2　013654

九年义务教育六年制小学语文字词书写本　第一册/四川省教科所组织编写.—成都：四川教育出版社，1995.6.—90页；19cm

ISBN 7-5408-1888-3：¥3.80

G624.2　013655

九年义务教育五年制、六年制小学语文兴趣字典　第四分册/高承言等主编.—乌鲁木齐：新疆人民出版社，1995.12.—203页；19cm

供二年级下学期用

ISBN 7-228-03683-2：¥5.90

G624.2　013656

九年义务教育五年制(试用本)小学语文词语集释　第五册/新蕾出版社编写.—天津：新蕾出版社，1995.5.—107页；19cm

ISBN 7-5307-1603-4：¥2.20

G624.2　013657

九年义务教育五年制小学教科书语文词语解释　第五册/赵国材编著.—2版.—哈尔滨：黑龙江少年儿童出版社，1995.4.—92页；19cm

ISBN 7-5319-0795-X：¥2.20

G624.2　013658

九年义务教育五年制小学教科书语文第六册生字卡片.—上海：上海教育出版社，1995.11.—25张；14×20cm

学生用

ISBN 7-5320-4640-0：¥2.05

G624.2　013659

九年义务教育五年制小学三年级语文学习指导书　下/内蒙古自治区教育厅中小学学习指导丛书编委会编.—呼和浩特：内蒙古教育出版社，1995.12.—164页；19cm

ISBN 7-5311-2692-3：¥3.15

G624.2　013660

九年义务教育五年制小学生词语手册/夏云，王羽编.—长春：吉林文史出版社，1995.9.—531页；13cm

ISBN 7-80626-014-5：¥9.50

G624.2　013661

九年义务教育五年制小学试用教材语文第六册自读课本/《语文第六册自读课本》编委会编.—青岛：青岛出版社，1995.10.—140页；19cm

ISBN 7-5436-1371-9：¥2.80

G624.2　013662

九年义务教育五年制小学语文测试卷：二年级下学期/《中小学各科测试卷》编委会编.—3版.—武汉：湖北教育出版社，1995.11.—28页；26×38cm

ISBN 7-5351-1312-5：¥2.60

G624.2　013663

九年义务教育五年制小学语文测试卷：三年级下学期/《中小学各科测试卷》编委会编.—3版.—武汉：湖北教育出版社，1995.11.—27页；26×38cm

ISBN 7-5351-1313-3：¥2.60

G624.2　013664

九年义务教育五年制小学语文测试卷：四年级下学期/《中小学各科测试卷》编委会编.—3版.—武汉：湖北教育出版社，1995.11.—30页；26×38cm

ISBN 7-5351-1314-1：¥2.70

G624.2　013665

九年义务教育五年制小学语文测试卷：五年级下学期/《中小学各科测试卷》编委会编.—3版.—武汉：湖北教育出版社，1995.11.—29页；26×38cm

ISBN 7-5351-1315-X：¥2.70

G624.2　013666

九年义务教育五年制小学语文测试卷：一年级下学期/《中小学各科测试卷》编委会编.—3版.—武汉：湖北教育出版社，1995.11.—28页；26×38cm

ISBN 7-5351-1311-7：¥2.60

G624.2　013667

九年义务教育五年制小学语文词语汇释与训练：二年级/小学语文词语汇释编写组编.—太原：山西教育出版社，1995.5.—70页；19cm

ISBN 7-5440-0709-X：¥1.30

G624.2　013668

九年义务教育五年制小学语文词语集释　第六册/新蕾出版社编.—天津：新蕾出版社，1995.10.—113页；19cm

ISBN 7-5307-1673-5：¥2.75

G624.2　013669

九年义务教育五年制小学语文词语手册　第六册/人民教育出版社语文一室编著.—延吉：东北朝鲜民族教育出版社；北京：人民教育出版社，1995.10.—147页；19cm

ISBN 7-5437-2448-0：¥2.80

G624.2　013670

九年义务教育五年制小学语文词语手册　第五册/人民教育出版社语文一室编著.—延吉：东北朝鲜民族教育出版社；北京：人民教育出版社，1995.6.—146页；19cm

ISBN 7-5437-1935-5：¥3.00

G624.2　013671

九年义务教育五年制小学语文单元水平测试(二)/禹维民主编.—2版.—郑州：河南教育出版社，1995.11.—102页；19cm

ISBN 7-5347-1643-8：¥2.35

G624.2　013672

九年义务教育五年制小学语文单元水平测试(六)/叶雨编.—郑州：河南教育出版社，1995.10.—95页；19cm

ISBN 7-5347-1860-0：¥2.30

G624.2　013673

九年义务教育五年制小学语文单元水平测试(十)/王萧，晓丽编.—2版.—郑州：河南教育出版社，1995.9.—100页；19cm

ISBN 7-5347-1815-5：¥2.30

G624.2　013674

九年义务教育五年制小学语文单元水平测试与辅导：二年级第二学期/《语文单元水平测试与辅导》编写

组编.—广州:广东教育出版社,1995.10.—74 页;19cm
ISBN 7-5406-3380-8:¥2.25

G624.2　013675
九年义务教育五年制小学语文第五册单元检测/张恩勇等编.—3 版.—石家庄:河北教育出版社,1995.7.—45 页;26cm
ISBN 7-5434-0794-9:¥1.50

G624.2　013676
九年义务教育五年制小学语文第五册基本功训练/《基本功训练》编写组编.—2 版.—石家庄:河北教育出版社,1995.6.—103 页;19cm
ISBN 7-5434-1418-X:¥1.45

G624.2　013677
九年义务教育五年制小学语文第一册基本功训练/《基本功训练》编写组编.—3 版.—石家庄:河北教育出版社,1995.7.—80 页;19cm
ISBN 7-5434-1419-8:¥1.30

G624.2　013678
九年义务教育五年制小学语文基础训练　第六册/丹墀等编　.—济南:山东教育出版社,1995.11.—53 页;19cm
三年级下学期用
ISBN 7-5328-1243-X:¥1.45

G624.2　013679
九年义务教育五年制小学语文基础训练　第六册/新蕾出版社编.—天津:新蕾出版社,1995.10.—76 页;19cm
ISBN 7-5307-1674-3:¥2.00

G624.2　013680
九年义务教育五年制小学语文基础训练　第五册/夏秋等编.—济南:山东教育出版社,1995.6.—60 页;19cm
三年级上学期用
ISBN 7-5328-1414-9:¥1.10

G624.2　013681
九年义务教育五年制小学语文基础训练　第五册/新蕾出版社编.—2 版(修订版).—天津:新蕾出版社,1995.5.—76 页;19cm
ISBN 7-5307-1623-9:¥1.65

G624.2　013682
九年义务教育五年制小学语文课外作业:三年级上学期/湖北省教学研究室编.—5 版.—武汉:湖北少年儿童出版社,1995.7.—87 页;19cm
ISBN 7-5353-1150-4:¥1.60

G624.2　013683
九年义务教育五年制小学语文课外作业:三年级下学期/湖北省教学研究室编.—4 版.—武汉:湖北少年儿童出版社,1995.12.—99 页;19cm
ISBN 7-5353-1243-8:¥2.25

G624.2　013684
九年义务教育五年制小学语文评估检测题　第六册/《评估检测题》编写委员会编.—2 版.—武汉:湖北教育出版社,1995.11.—121 页;19cm
ISBN 7-5351-1604-3:¥2.80

G624.2　013685
九年义务教育五年制小学语文评估检测题　第十册/《评估检测题》编写委员会编.—2 版.—武汉:湖北教育出版社,1995.11.—108 页;19cm
ISBN 7-5351-1584-5:¥2.50

G624.2　013686
九年义务教育五年制小学语文评估检测题　第四册/《评估检测题》编写委员会编.—2 版.—武汉:湖北教育出版社,1995.10.—105 页;19cm
ISBN 7-5351-1595-0:¥2.50

G624.2　013687
九年义务教育五年制小学语文生字卡片　第二册/江苏省九年义务教育小学语文教材编写组编.—南京:江苏教育出版社,1995.12.—30 张;20cm
学生用
ISBN 7-5343-2609-5:¥1.85

G624.2　013688
九年义务教育五年制小学语文生字练习本　第二册/21 世纪出版社编.—南昌:21 世纪出版社,1995.12.—48 页;19cm
ISBN 7-5391-0940-8:¥1.20

G624.2　013689
九年义务教育五年制小学语文生字练习本　第六册/21 世纪出版社编.—南昌:21 世纪出版社,1995.12.—48 页;19cm
ISBN 7-5391-0942-4:¥1.20

G624.2　013690
九年义务教育五年制小学语文生字练习本　第三册/21 世纪出版社编.—南昌:21 世纪出版社,1995.7.—64 页;19cm
ISBN 7-5391-0915-7:¥1.60

G624.2　013691
九年义务教育五年制小学语文生字练习本　第四册/21 世纪出版社编.—南昌:21 世纪出版社,1995.12.—56 页;19cm
ISBN 7-5391-0941-6:¥1.40

G624.2　013692
九年义务教育五年制语文第三册生字卡片.—南昌:21 世纪出版社,1995.7.—24 张;19cm
学生用
ISBN 7-5391-0912-2:¥1.30

G624.2　013693
九年义务教育五年制语文第五册生字卡片.—南昌:21 世纪出版社,1995.7.—18 张;19cm
学生用
ISBN 7-5391-0916-5:¥1.30

G624.2　013694
九年义务教育西藏自治区小学汉语文第六册课本练习册/西藏自治区教材编译局编.—拉萨:西藏人民出版社,1995.9.—110 页;19cm
ISBN 7-223-00841-5:¥1.30

G624.2　013695
九年义务教育小学毕业升学语文模拟试卷/《小学毕业升学语文模拟试卷》编写组编.—石家庄:河北教育

出版社,1995.12.—64 页;26cm
附参考答案
ISBN 7-5434-2504-1:¥3.40

G624.2　013696
九年义务教育小学低年级说写训练:二年级(下)/刘度权,曹重生编写.—2 版.—合肥:安徽教育出版社,1995.1.—55 页;19cm
ISBN 7-5336-0296-X:¥0.80

G624.2　013697
九年义务教育小学低年级说写训练:一年级(下)/刘度权,黄璜编写.—2 版.—合肥:安徽教育出版社,1995.1.—47 页;19cm
ISBN 7-5336-0297-8:¥0.75

G624.2　013698
九年义务教育小学实验课本语文练习册　第十二册/丁有宽编.—广州:广东教育出版社,1995.12.—146 页;19cm
ISBN 7-5406-3474-X:¥3.00

G624.2　013699
九年义务教育小学试用课本语文单元测试卷　第三册/测试卷编写组编.—沈阳:辽宁教育出版社,1995.6.—56 页;26cm
ISBN 7-5382-4122-1:¥2.50

G624.2　013700
九年义务教育小学试用课本语文单元测试卷　第五册/《小学试用课本语文单元测试卷》编写组编.—沈阳:辽宁教育出版社,1995.6.—56 页;26cm
ISBN 7-5382-4147-7:¥2.50

G624.2　013701
九年义务教育小学试用课本语文单元测试卷　第一册/《小学试用课本语文单元测试卷》编写组编.—沈阳:辽宁教育出版社,1995.6.—48 页;26cm
ISBN 7-5382-4148-5:¥2.50

G624.2　013702
九年义务教育小学语文(六年制)生字书写练习册　第二册/人民教育出版社小学语文室编写.—延吉:东北朝鲜民族教育出版社;北京:人民教育出版社,1995.1.—70 页;19cm
ISBN 7-5437-1902-9:¥2.00

G624.2　013703
九年义务教育小学语文(六年制)生字书写练习册　第四册/人民教育出版社小学语文室编写.—延吉:东北朝鲜民族教育出版社;北京:人民教育出版社,1995.1.—90 页;19cm
ISBN 7-5437-1903-7:¥2.40

G624.2　013704
九年义务教育小学语文(五年制)生字书写练习册　第五册/人民教育出版社小学语文室编写.—延吉:东北朝鲜民族教育出版社;北京:人民教育出版社,1995.7.—60 页;19cm
ISBN 7-5437-2439-1:¥1.90

G624.2　013705
九年义务教育小学语文试用课本课堂练习　第二册/课堂练习编写组编.—沈阳:辽宁教育出版社,1995.12.—94 页;19cm
ISBN 7-5382-3974-X:¥2.60

G624.2　013706
九年义务教育小学语文试用课本课堂练习　第六册/《课堂练习》编写组编.—沈阳:辽宁教育出版社,1995.12.—94 页;19cm
ISBN 7-5382-3953-7:¥2.60

G624.2　013707
九年义务教育小学语文试用课本课堂练习　第四册/《课堂练习》编写组编.—沈阳:辽宁教育出版社,1995.12.—92 页;19cm
ISBN 7-5382-3973-1:¥2.60

G624.2　013708
九年义务教育小学语文学习手册:一年级/武汉二师《小学语文学习手册》编写组编.—武汉:湖北教育出版社,1995.9.—166 页;19cm
ISBN 7-5351-1671-X:¥4.90

G624.2　013709
九年义务教育小学语文一课一练　第六册/《一课一练》编写组编.—西安:陕西人民教育出版社,1995.11.—141 页;19cm
ISBN 7-5419-5537-X:¥3.10

G624.2　013710
九年义务教育小学语文一课一练　第五册/《一课一练》编写组编.—西安:陕西人民教育出版社,1995.6.—79 页;19cm
ISBN 7-5419-5949-9:¥1.70

G624.2　013711
九年制义务教育(H 版)二年级第二学期生字卡片.—上海:上海教育出版社,1995.11.—23 张;14×20cm
学生用
ISBN 7-5320-4563-3:¥2.05

G624.2　013712
九年制义务教育(H 版)一年级第二学期生字卡片.—上海:上海教育出版社,1995.11.—22 张;14×20cm
学生用
ISBN 7-5320-4562-5:¥2.05

G624.2　013713
九年制义务教育课本小学语文习字本:H 版:一年级第二学期第二分册/上海中小学课程教材改革委员会编.—3 版.—上海:上海教育出版社,1995.11.—48 页;19cm
ISBN 7-5320-4480-7:¥1.10

G624.2　013714
九年制义务教育课本小学语文习字本:H 版:一年级第二学期第一分册/上海中小学课程教材改革委员会编.—3 版.—上海:上海教育出版社,1995.11.—48 页;19cm
ISBN 7-5320-4479-3:¥1.10

G624.2　013715
九年制义务教育课本语文(H 版)练习册:五年级第一学期　第二分册/上海中小学课程教材改革委员会

编.—上海:上海教育出版社,1995.6.—14页;19cm
ISBN 7-5320-4294-4:¥0.35

G624.2　013716
九年制义务教育课本语文(H版)练习册:三年级第二学期　第二分册/上海中小学课程教材改革委员会编.—2版.—上海:上海教育出版社,1995.11.—16页;19cm
ISBN 7-5320-4560-9:¥0.50

G624.2　013717
九年制义务教育课本语文(H版)练习册:三年级第二学期　第一分册/上海中小学课程教材改革委员会编.—2版.—上海:上海教育出版社,1995.11.—15页;19cm
ISBN 7-5320-4559-5:¥0.50

G624.2　013718
九年制义务教育课本语文(H版)练习册:三年级第一学期　第二分册/上海中小学课程教材改革委员会编.—2版.—上海:上海教育出版社,1995.6.—13页;19cm
ISBN 7-5320-4319-3:¥0.35

G624.2　013719
九年制义务教育课本语文(H版)练习册:四年级第一学期　第二分册/上海中小学课程教材改革委员会编.—上海:上海教育出版社,1995.6.—16页;19cm
ISBN 7-5320-4250-2:¥0.35

G624.2　013720
九年制义务教育课本语文(H版)练习册:四年级第一学期　第一分册/上海中小学课程教材改革委员会编.—上海:上海教育出版社,1995.6.—15页;19cm
ISBN 7-5320-4249-9:¥0.35

G624.2　013721
九年制义务教育课本语文(H版)练习册:五年级第二学期　第二分册/上海中小学课程教材改革委员会编.—上海:上海教育出版社,1995.11.—12页;19cm
ISBN 7-5320-4553-6:¥0.50

G624.2　013722
九年制义务教育课本语文(H版)练习册:五年级第二学期　第一分册/上海中小学课程教材改革委员会编.—上海:上海教育出版社,1995.11.—15页;19cm
ISBN 7-5320-4552-8:¥0.50

G624.2　013723
九年制义务教育课本语文(H版)练习册:五年级第一学期　第一分册/上海中小学课程教材改革委员会编.—上海:上海教育出版社,1995.6.—12页;19cm
ISBN 7-5320-4293-6:¥0.35

G624.2　013724
九年制义务教育课本语文(S版)课堂练习本:五年级第一学期　第一分册/上海中小学课程教材改革委员会编.—上海:上海教育出版社,1995.6.—36页;19cm
ISBN 7-5320-4300-2:¥0.65

G624.2　013725
九年制义务教育五年制小学语文AB卷学习法:二年级(下)/贾琳等编著.—呼和浩特:内蒙古人民出版社,1995.12.—67页;26cm
ISBN 7-204-02922-4:¥3.40

G624.2　013726
九年制义务教育五年制小学语文AB卷学习法:三年级(下)/贾琳等编著.—呼和浩特:内蒙古人民出版社,1995.12.—58页;26cm
ISBN 7-204-02922-4:¥3.40

G624.2　013727
九年制义务教育五年制小学语文AB卷学习法:四年级(下)/贾琳等编著.—呼和浩特:内蒙古人民出版社,1995.12.—51页;26cm
ISBN 7-204-02922-4:¥3.40

G624.2　013728
九年制义务教育五年制小学语文AB卷学习法:五年级(下)/贾琳等编著.—呼和浩特:内蒙古人民出版社,1995.12.—53页;26cm
ISBN 7-204-02922-4:¥3.40

G624.2　013729
九年制义务教育五年制小学语文AB卷学习法:一年级(下)/贾琳等编著.—呼和浩特:内蒙古人民出版社,1995.12.—58页;26cm
ISBN 7-204-02922-4:¥3.40

G624.2　013730
九年制义务教育西藏自治区小学汉语文练习册　第五册/西藏自治区教材编译局编.—拉萨:西藏人民出版社,1995.4.—116页;19cm
ISBN 7-223-00818-0:¥1.30

G624.2　013731
九义六年制小学语文单元试卷集　第一册/韩志远编.—3版.—南宁:广西教育出版社,1995.5.—48页;26cm.—(小学语文、数学单元试卷集丛书)
ISBN 7-5435-1620-9:¥1.75

G624.2　013732
看彩图·学古诗·写作文/潘勤主编.—上海:上海科学普及出版社,1995.4.—197页;19cm
ISBN 7-5427-0940-2:¥10.20

G624.2　013733
六年制全国百所名牌小学语文同步试卷(A、B卷)精选　第八册/鲁若芒主编;汪国宝等编.—2版.—银川:宁夏人民教育出版社,1995.10.—91页;26cm
ISBN 7-80596-003-8:¥3.20

G624.2　013734
六年制全国百所名牌小学语文同步试卷(A、B卷)精选　第二册/鲁若芒主编.—2版.—银川:宁夏人民教育出版社,1995.10.—83页;26cm
ISBN 7-80596-000-3:¥3.20

G624.2　013735
六年制全国百所名牌小学语文同步试卷(A、B卷)精选　第六册/鲁若芒主编.—2版.—银川:宁夏人民教育出版社,1995.10.—83页;26cm
ISBN 7-80596-002-X:¥3.20

G624.2　013736
六年制全国百所名牌小学语文同步试卷(A、B卷)精选　第十册/鲁若芒主编.—2版.—银川:宁夏人民教

育出版社，1995.10.—91页；26cm
ISBN 7-80596-004-6：¥3.20
G624.2 013737
六年制全国百所名牌小学语文同步试卷（A、B卷）精选　第十二册/鲁若芒主编；汪国宝等编.—2版.—银川：宁夏人民教育出版社，1995.10.—91页；26cm
ISBN 7-80596-005-4：¥3.20
G624.2 013738
六年制全国百所名牌小学语文同步试卷（A、B卷）精选　第四册/汪国宝等编.—2版.—银川：宁夏人民教育出版社，1995.10.—78页；26cm
ISBN 7-80596-001-1：¥3.20
G624.2 013739
六年制全国百所名牌小学语文同步试卷（A、B卷）精选：总复习/张延海，陆为主编.—2版.—银川：宁夏人民教育出版社，1995.9.—92页；26cm
ISBN 7-80596-006-2：¥3.20
G624.2 013740
六年制三年级上册小学生课文生字练习本.—2版.—南宁：广西美术出版社，1995.7.—1册；19cm
ISBN 7-80582-374-X：¥1.30
G624.2 013741
六年制小学毕业升学总复习语文测试卷/《中小学各科测试卷》编委会编.—武汉：湖北教育出版社，1995.11.—30页；26×38cm
ISBN 7-5351-1894-1：¥2.70
G624.2 013742
六年制小学二年级语文知识百花园/《知识百花园丛书》编写组编.—广州：广东人民出版社，1995.5.—81页；19cm.—（知识百花园丛书）
ISBN 7-218-01912-9：¥2.20
G624.2 013743
六年制小学六年级第一学期语文达纲训练/《语文达纲训练》编写组编.—广州：广东人民出版社，1995.8.—106页；19cm
ISBN 7-218-01838-6：¥2.60
G624.2 013744
六年制小学六年级第一学期语文单元水平测试与辅导/海瀚编.—2版.—广州：广东教育出版社，1995.6.—93页；19cm
ISBN 7-5406-1085-9：¥3.00
G624.2 013745
六年制小学六年级语文知识百花园/《知识百花园丛书》编写组编.—广州：广东人民出版社，1995.5.—195页；19cm.—（知识百花园丛书）
ISBN 7-218-01920-X：¥4.00
G624.2 013746
六年制小学三年级第一学期语文达纲训练/《语文达纲训练》编写组编.—广州：广东人民出版社，1995.8.—101页；19cm
ISBN 7-218-01835-1：¥2.60
G624.2 013747
六年制小学三年级第一学期语文学习辅导　第一分册：基础知识、阅读训练/广东省教育厅编.—广州：广东教育出版社，1995.7.—49页；19cm.—（小学生课外辅导系列）
义务教育教材：人教版
ISBN 7-5406-2003-X：¥1.45
G624.2 013748
六年制小学三年级语文知识百花园/《知识百花园丛书》编写组编.—广州：广东人民出版社，1995.5.—182页；19cm.—（知识百花园丛书）
ISBN 7-218-01914-5：¥3.80
G624.2 013749
六年制小学四年级第一学期语文达纲训练/《语文达纲训练》编写组编.—广州：广东人民出版社，1995.8.—74页；19cm
ISBN 7-218-01836-X：¥2.00
G624.2 013750
六年制小学四年级第一学期语文单元水平测试与辅导/曼慧编.—2版.—广州：广东教育出版社，1995.6.—127页；19cm
ISBN 7-5406-1083-2：¥3.50
G624.2 013751
六年制小学四年级语文知识百花园/《知识百花园丛书》编写组编.—广州：广东人民出版社，1995.5.—203页；19cm.—（知识百花园丛书）
ISBN 7-218-01916-1：¥4.00
G624.2 013752
六年制小学同步词语手册：三、四年级/宋浔坚，杨桂芝编.—南宁：广西教育出版社，1995.3.—476页；13cm
ISBN 7-5435-2220-9（精装）：¥4.20
G624.2 013753
六年制小学同步词语手册：五、六年级/武洛云，李带莲编写.—南宁：广西教育出版社，1995.2.—429页；13cm
ISBN 7-5435-2217-9（精装）：¥3.85
G624.2 013754
六年制小学五年级第一学期语文达纲训练/《语文达纲训练》编写组编.—广州：广东人民出版社，1995.8.—105页；19cm
ISBN 7-218-01837-8：¥2.60
G624.2 013755
六年制小学五年级语文知识百花园/《知识百花园丛书》编写组编.—广州：广东人民出版社，1995.5.—171页；19cm.—（知识百花园丛书）
ISBN 7-218-01918-8：¥3.80
G624.2 013756
六年制小学新编小学生词语手册/《新编小学生词语手册》编写组编.—长沙：湖南教育出版社，1995.8.—632页；13cm
供四、五、六年级学生用
ISBN 7-5355-2217-3（精装）：¥7.80
G624.2 013757
六年制小学一、二、三、四、五、六年级第二学期语文学习辅导　第一分册：基础知识阅读训练参考答案.—4版.—广州：广东教育出版社，1995.12.—75页；

19cm.—(小学生课外辅导系列)
ISBN 7-5406-2593-7: ¥1.85

G624.2　　013758
六年制小学一年级第一学期语文达纲训练/《语文达纲训练》编写组编.—广州:广东人民出版社,1995.8.—81页;19cm
ISBN 7-218-01833-5: ¥2.20

G624.2　　013759
六年制小学一年级语文知识百花园/《知识百花园丛书》编写组编.—广州:广东人民出版社,1995.5.—80页;19cm.—(知识百花园丛书)
ISBN 7-218-01910-2: ¥2.20

G624.2　　013760
六年制小学语文　第八册/江苏省教委教研室编.—南京:江苏教育出版社,1995.12.—66页;19cm
学习指导用书
ISBN 7-5343-2542-0: ¥1.80

G624.2　　013761
六年制小学语文　第八册/梁广烈编写.—杭州:浙江教育出版社,1995.10.—68页;26cm.—(同步练习丛书)
ISBN 7-5338-2209-9: ¥4.40

G624.2　　013762
六年制小学语文　第九册/松川编写　.—杭州:浙江教育出版社,1995.6.—65页;26cm.—(同步练习丛书)
ISBN 7-5338-2002-9: ¥3.00

G624.2　　013763
六年制小学语文　第九册/江苏省教委教研室编.—南京:江苏教育出版社,1995.7.—69页;19cm
学习指导用书
ISBN 7-5343-2377-0: ¥1.60

G624.2　　013764
六年制小学语文　第七册/余京编写.—杭州:浙江教育出版社,1995.6.—52页;26cm.—(同步练习丛书)
ISBN 7-5338-2001-0: ¥2.60

G624.2　　013765
六年制小学语文　第七册/江苏省教委教研室编.—南京:江苏教育出版社,1995.7.—62页;19cm
学习指导用书
ISBN 7-5343-2375-4: ¥1.45

G624.2　　013766
六年制小学语文　第十册/祝程编写.—杭州:浙江教育出版社,1995.10.—68页;26cm.—(同步练习丛书)
ISBN 7-5338-2210-2: ¥4.60

G624.2　　013767
六年制小学语文　第十册/江苏省教委教研室编.—南京:江苏教育出版社,1995.12.—77页;19cm
学习指导用书
ISBN 7-5343-2543-9: ¥1.90

G624.2　　013768
六年制小学语文　第十二册/余月轩,杨凤春编写.—杭州:浙江教育出版社,1995.10.—59页;26cm.—(同步练习丛书)
ISBN 7-5338-2211-0: ¥4.00

G624.2　　013769
六年制小学语文　第十二册/江苏省教委教研室编.—南京:江苏教育出版社,1995.12.—72页;19cm
学习指导用书
ISBN 7-5343-2544-7: ¥1.85

G624.2　　013770
六年制小学语文　第十一册/王谢编写.—杭州:浙江教育出版社,1995.7.—66页;26cm.—(同步练习丛书)
ISBN 7-5338-2019-3: ¥2.90

G624.2　　013771
六年制小学语文　第十一册/江苏省教委教研室编.—南京:江苏教育出版社,1995.7.—61页;19cm
学习指导用书
ISBN 7-5343-2379-7: ¥1.45

G624.2　　013772
六年制小学语文测试卷:六年级下学期/《中小学各科测试卷》编委会编.—3版.—武汉:湖北教育出版社,1995.11.—27页;26×38cm
ISBN 7-5351-1240-4: ¥2.60

G624.2　　013773
六年制小学语文测试卷:五年级下学期/《中小学各科测试卷》编委会编.—3版.—武汉:湖北教育出版社,1995.10.—27页;26×38cm
ISBN 7-5351-1245-5: ¥2.60

G624.2　　013774
六年制小学语文词语汇释与训练:三年级(上)/小学语文词语汇释编写组编.—太原:山西教育出版社,1995.5.—57页;19cm
ISBN 7-5440-0715-4: ¥1.10

G624.2　　013775
六年制小学语文词语手册:二年级第二学期/《六年制小学语文词语手册》编写组编.—广州:广东科技出版社,1995.1.—41页;19cm
ISBN 7-5359-1452-7: ¥1.10

G624.2　　013776
六年制小学语文词语手册:六年级第二学期/《六年制小学语文词语手册》编写组编.—广州:广东科技出版社,1995.1.—42页;19cm
ISBN 7-5359-1390-3: ¥1.70

G624.2　　013777
六年制小学语文词语手册:三年级第二学期/《六年制小学语文词语手册》编写组编.—广州:广东科技出版社,1995.1.—76页;19cm
ISBN 7-5359-1400-4: ¥1.80

G624.2　　013778
六年制小学语文词语手册:三年级第一学期/《六年制小学语文词语手册》编写组编.—2版.—广州:广东科技出版社,1995.8.—45页;19cm
ISBN 7-5359-1334-2: ¥1.40

G624.2　　013779
六年制小学语文词语手册:四年级第二学期/《六年制小学语文词语手册》编写组编.—广州:广东科技出版

版社,1995.1.—52页;19cm
ISBN 7-5359-1391-1:￥1.40

G624.2 013780

六年制小学语文词语手册:五年级第二学期/《六年制小学语文词语手册》编写组编.—广州:广东科技出版社,1995.1.—117页;19cm
ISBN 7-5359-1402-0:￥2.50

G624.2 013781

六年制小学语文达纲训练　第六册/宋浔坚编写.—3版.—南宁:广西教育出版社,1995.12.—116页;19cm
ISBN 7-5435-0656-4:￥3.25

G624.2 013782

六年制小学语文单元测试卷　第九册/肖平主编;乔莹,李岩编.—2版.—沈阳:辽宁教育出版社,1995.4.—56页;26cm
ISBN 7-5382-2835-7:￥2.20

G624.2 013783

六年制小学语文单元测试卷　第七册/肖平主编;马淑媛编.—2版.—沈阳:辽宁教育出版社,1995.4.—56页;26cm
ISBN 7-5382-2837-3:￥2.20

G624.2 013784

六年制小学语文单元测试卷参考答案:1~6年单册/肖平等编.—2版.—沈阳:辽宁教育出版社,1995.6.—51页;26cm
ISBN 7-5382-3469-1:￥2.20

G624.2 013785

六年制小学语文单元水平测试与辅导:六年级第二学期/《语文单元水平测试与辅导》编写组编.—广州:广东教育出版社,1995.10.—86页;19cm
ISBN 7-5406-0901-X:￥2.65

G624.2 013786

六年制小学语文单元水平测试与辅导:四年级第二学期/《语文单元水平测试与辅导》编写组编.—广州:广东教育出版社,1995.10.—95页;19cm
ISBN 7-5406-0899-4:￥2.85

G624.2 013787

六年制小学语文第十一册单元检测试卷/小学单元检测试卷编写组编.—太原:山西教育出版社,1995.5.—32页;26cm
ISBN 7-80578-609-7:￥1.10

G624.2 013788

六年制小学语文第五册单元检测试卷/小学单元检测试卷编写组编.—太原:山西教育出版社,1995.5.—24页;26cm
ISBN 7-80578-606-2:￥1.00

G624.2 013789

六年制小学语文分类自测题　第九册/文峰主编.—武汉:湖北少年儿童出版社,1995.7.—161页;19cm
ISBN 7-5353-1518-6:￥3.20

G624.2 013790

六年制小学语文分类自测题　第六册/文峰主编.—2版.—武汉:湖北少年儿童出版社,1995.12.—134页;19cm
ISBN 7-5353-1494-5:￥3.20

G624.2 013791

六年制小学语文分类自测题　第七册/文峰主编.—武汉:湖北少年儿童出版社,1995.7.—154页;19cm
ISBN 7-5353-1517-8:￥3.05

G624.2 013792

六年制小学语文分类自测题　第三册/文峰主编.—武汉:湖北少年儿童出版社,1995.7.—134页;19cm
ISBN 7-5353-1514-3:￥2.70

G624.2 013793

六年制小学语文分类自测题　第十一册/文峰主编.—武汉:湖北少年儿童出版社,1995.7.—138页;19cm
ISBN 7-5353-1519-4:￥2.75

G624.2 013794

六年制小学语文分类自测题　第五册/文峰主编.—武汉:湖北少年儿童出版社,1995.7.—141页;19cm
ISBN 7-5353-1516-X:￥2.90

G624.2 013795

六年制小学语文分类自测题　第一册/文峰主编.—武汉:湖北少年儿童出版社,1995.7.—171页;19cm
ISBN 7-5353-1515-1:￥3.45

G624.2 013796

六年制小学语文改错训练　第八册/李金莲编写.—南宁:广西科学技术出版社,1995.1.—44页;26cm
ISBN 7-80619-164-X:￥1.60

G624.2 013797

六年制小学语文改错训练　第二册/李德新编写.—南宁:广西科学技术出版社,1995.3.—44页;26cm
ISBN 7-80619-184-4:￥1.60

G624.2 013798

六年制小学语文改错训练　第六册/杨少玲编写.—南宁:广西科学技术出版社,1995.2.—54页;26cm
ISBN 7-80619-179-8:￥1.85

G624.2 013799

六年制小学语文改错训练　第十册/杨桂芝编写.—南宁:广西科学技术出版社,1995.1.—43页;26cm
ISBN 7-80619-163-1:￥1.60

G624.2 013800

六年制小学语文改错训练　第十二册/毛礼之编写.—南宁:广西科学技术出版社,1995.3.—93页;26cm
ISBN 7-80619-189-5:￥3.10

G624.2 013801

六年制小学语文改错训练　第四册/王淑贤编写.—南宁:广西科学技术出版社,1995.3.—42页;26cm
ISBN 7-80619-190-9:￥1.50

G624.2 013802

六年制小学语文过关自测题　第六册/黄其武编写.—南宁:广西科学技术出版社,1995.12.—90页;19cm

据九年义务教育人教版教材编写
ISBN 7-80619-280-8:￥2.90

G624.2 013803

六年制小学语文过关自测题　第五册/黄其武编写.—南宁:广西科学技术出版社,1995.7.—91页;19cm
ISBN 7-80619-220-4:¥2.40

G624.2　013804
六年制小学语文课程基础训练:六年一期/湖南省教育科学研究所主编.—长沙:湖南少年儿童出版社,1995.5.—96页;19cm
ISBN 7-5358-0362-8:¥1.95

G624.2　013805
六年制小学语文课程基础训练:三年一期/湖南省教育科学研究所主编.—长沙:湖南少年儿童出版社,1995.5.—80页;19cm
ISBN 7-5358-0359-8:¥1.65

G624.2　013806
六年制小学语文课程基础训练:四年一期/湖南省教育科学研究所主编.—长沙:湖南少年儿童出版社,1995.5.—80页;19cm
ISBN 7-5358-0360-1:¥1.65

G624.2　013807
六年制小学语文课程基础训练:五年一期/湖南省教育科学研究所主编.—长沙:湖南少年儿童出版社,1995.5.—96页;19cm
ISBN 7-5358-0361-X:¥1.95

G624.2　013808
六年制小学语文课程基础训练:一年一期/湖南省教育科学研究所主编.—长沙:湖南少年儿童出版社,1995.5.—80页;19cm
ISBN 7-5358-0357-1:¥1.65

G624.2　013809
六年制小学语文课时训练　第十一册/《六年制小学语文课时训练》编写组编.—福州:福建人民出版社,1995.6.—125页;20cm
ISBN 7-211-02420-8:¥2.75

G624.2　013810
六年制小学语文课堂练习册　第六册.—2版.—广州:广东教育出版社,1995.12.—29页;19cm
九年义务教育实验教材:沿海版
ISBN 7-5406-2038-2:¥0.85

G624.2　013811
六年制小学语文课堂练习册　第五册.—2版.—广州:广东教育出版社,1995.7.—28页;19cm
九年义务教育实验教材
ISBN 7-5406-1774-8:¥0.68

G624.2　013812
六年制小学语文课外作业:五年级上学期/湖北省教学研究室编.—4版.—武汉:湖北少年儿童出版社,1995.7.—79页;19cm
ISBN 7-5353-1014-1:¥1.50

G624.2　013813
六年制小学语文练习册　第七册/王宇,刘奇文主编;晓玉等编.—2版.—沈阳:辽宁教育出版社,1995.5.—79页;19cm
四年级上学期用
ISBN 7-5382-2191-3:¥2.10

G624.2　013814
六年制小学语文练习册:六年级上学期/《六年制小学语文练习册》编写组编.—南昌:江西教育出版社,1995.7.—78页;19cm
ISBN 7-5392-1982-3:¥1.20

G624.2　013815
六年制小学语文练习册:六年级下学期/《六年制小学语文练习册》编写组编.—南昌:江西教育出版社,1995.12.—85页;19cm
ISBN 7-5392-2633-1:¥2.00

G624.2　013816
六年制小学语文练习册:四年级上学期/《六年制小学语文练习册》编写组编.—南昌:江西教育出版社,1995.7.—78页;19cm
ISBN 7-5392-1980-7:¥1.20

G624.2　013817
六年制小学语文练习册:四年级下学期/《六年制小学语文练习册》编写组编.—南昌:江西教育出版社,1995.12.—77页;19cm
ISBN 7-5392-2615-3:¥1.85

G624.2　013818
六年制小学语文练习册:五年级上学期/《六年制小学语文练习册》编写组编.—南昌:江西教育出版社,1995.7.—78页;19cm
ISBN 7-5392-1981-5:¥1.20

G624.2　013819
六年制小学语文练习册:五年级下学期/《六年制小学语文练习册》编写组编.—南昌:江西教育出版社,1995.12.—78页;19cm
ISBN 7-5392-2613-7:¥1.85

G624.2　013820
六年制小学语文试卷　第八册.—济南:山东教育出版社,1995.11.—48页;26cm
四年级下学期用
¥2.60

G624.2　013821
六年制小学语文试卷　第九册/《小学语文试卷》编写组编.—3版.—南京:江苏教育出版社,1995.6.—53页;26cm
ISBN 7-5343-1735-5:¥2.90

G624.2　013822
六年制小学语文试卷　第六册/《小学语文试卷》编写组编.—3版.—南京:江苏教育出版社,1995.12.—41页;26cm
ISBN 7-5343-1928-5:¥2.60

G624.2　013823
六年制小学语文试卷　第七册/《小学语文试卷》编写组编.—3版.—南京:江苏教育出版社,1995.6.—48页;26cm
ISBN 7-5343-1734-7:¥2.70

G624.2　013824
六年制小学语文试卷　第十册.—济南:山东教育出版社,1995.10.—48页;26cm
五年级下学期用

¥2.60

G624.2　013825

六年制小学语文试卷　第十二册.—济南:山东教育出版社,1995.10.—48页;26cm

六年级下学期用

¥2.60

G624.2　013826

六年制小学语文试卷　第十一册/《小学语文试卷》编写组编.—3版.—南京:江苏教育出版社,1995.6.—48页;26cm

ISBN 7-5343-1736-3:¥2.70

G624.2　013827

六年制小学语文试卷集　第八册/《小学语文试卷集》编写组编.—南宁:广西科学技术出版社,1995.12.—49页;26cm

ISBN 7-80619-269-7:¥2.70

G624.2　013828

六年制小学语文试卷集　第七册/《小学语文试卷集》编写组编.—南宁:广西科学技术出版社,1995.7.—47页;26cm

ISBN 7-80619-208-5:¥2.20

G624.2　013829

六年制小学语文试卷集　第五册/《小学语文试卷集》编写组编.—南宁:广西科学技术出版社,1995.7.—55页;26cm

ISBN 7-80619-203-4:¥2.45

G624.2　013830

六年制小学语文知识与能力训练　第八册/《小学语文知识与能力训练》编写组编.—成都:四川少年儿童出版社,1995.12.—130页;19cm

ISBN 7-5365-1493-X:¥3.10

G624.2　013831

六年制小学语文知识与能力训练　第二册/《小学语文知识与能力训练》编写组编.—成都:四川少年儿童出版社,1995.12.—120页;19cm

ISBN 7-5365-1507-3:¥2.90

G624.2　013832

六年制小学语文知识与能力训练　第九册/《小学语文知识与能力训练》编写组编.—成都:四川少年儿童出版社,1995.7.—146页;19cm

ISBN 7-5365-1375-5:¥2.90

G624.2　013833

六年制小学语文知识与能力训练　第六册/《小学语文知识与能力训练》编写组编.—成都:四川少年儿童出版社,1995.12.—124页;19cm

ISBN 7-5365-1501-4:¥2.90

G624.2　013834

六年制小学语文知识与能力训练　第七册/《小学语文知识与能力训练》编写组编.—成都:四川少年儿童出版社,1995.7.—138页;19cm

ISBN 7-5365-1382-8:¥2.75

G624.2　013835

六年制小学语文知识与能力训练　第三册/《小学语文知识与能力训练》编写组编.—成都:四川少年儿童出版社,1995.7.—129页;19cm

ISBN 7-5365-1377-1:¥2.60

G624.2　013836

六年制小学语文知识与能力训练　第十册/《小学语文知识与能力训练》编写组编.—成都:四川少年儿童出版社,1995.12.—138页;19cm

ISBN 7-5365-1492-1:¥3.20

G624.2　013837

六年制小学语文知识与能力训练　第十二册/《小学语文知识与能力训练》编写组编.—成都:四川少年儿童出版社,1995.12.—138页;19cm

ISBN 7-5365-1483-2:¥3.20

G624.2　013838

六年制小学语文知识与能力训练　第十一册/《小学语文知识与能力训练》编写组编.—成都:四川少年儿童出版社,1995.7.—137页;19cm

ISBN 7-5365-1371-2:¥2.75

G624.2　013839

六年制小学语文知识与能力训练　第四册/《小学语文知识与能力训练》编写组编.—成都:四川少年儿童出版社,1995.12.—123页;19cm

ISBN 7-5365-1527-8:¥2.90

G624.2　013840

六年制小学语文知识与能力训练　第五册/《小学语文知识与能力训练》编写组编.—成都:四川少年儿童出版社,1995.7.—124页;19cm

ISBN 7-5365-1394-1:¥2.45

G624.2　013841

六年制小学语文知识与能力训练　第一册/《小学语文知识与能力训练》编写组编.—成都:四川少年儿童出版社,1995.7.—140页;19cm

ISBN 7-5365-1370-4:¥2.75

G624.2　013842

六年制小学语文知识与能力综合训练/《小学语文知识与能力训练》编写组编.—成都:四川少年儿童出版社,1995.12.—140页;19cm

供毕业班使用

ISBN 7-5365-1509-X:¥3.20

G624.2　013843

六年制小学语文智能训练指导:三年级第二学期/广东省教育厅编.—2版.—广州:广东教育出版社,1995.12.—136页;19cm

ISBN 7-5406-3118-X:¥3.20

G624.2　013844

六年制小学语文智能训练指导:三年级第一学期/广东省教育厅编.—2版.—广州:广东教育出版社,1995.7.—128页;19cm

ISBN 7-5406-3118-X:¥3.05

G624.2　013845

六年制小学语文智能训练自选题库:二年级第二学期/《六年制小学语文智能训练自选题库》编写组编.—广州:广东教育出版社,1995.1.—148页;19cm

ISBN 7-5406-3132-5:¥3.20

G624.2　013846

六年制小学语文智能训练自选题库:三年级第一学期/《六年制小学语文智能训练自选题库》编写组编.—2版.—广州:广东教育出版社;福州:福建少年儿童出版社,1995.7.—147页;19cm

ISBN 7-5406-2732-8:¥3.50

G624.2　013847

六年制学校小学语文词语集释　第九册/新蕾出版社编.—修订版.—天津:新蕾出版社,1995.5.—139页;19cm

ISBN 7-5307-1620-4:¥2.65

G624.2　013848

六年制学校小学语文词语集释　第七册/新蕾出版社编.—修订版.—天津:新蕾出版社,1995.4.—140页;19cm

ISBN 7-5307-1619-0:¥2.65

G624.2　013849

六年制学校小学语文词语集释　第十一册/新蕾出版社编.—修订版.—天津:新蕾出版社,1995.4.—124页;19cm

ISBN 7-5307-1621-2:¥2.40

G624.2　013850

七色彩虹:S版:小学语文第三册课外读物/S版语文教材编写组编.—上海:上海教育出版社,1995.6.—186页;19cm

九年制义务教育课本

ISBN 7-5320-4308-8:¥7.00

G624.2　013851

全国百所名牌小学语文同步辅导精编　第十册/华健宁等编.—银川:宁夏人民教育出版社,1995.9.—211页;19cm.—(全国百所名牌小学同步辅导精编丛书/聿明等主编)

ISBN 7-80596-177-8:¥4.00

G624.2　013852

全国百所名牌小学语文同步辅导精编　第十二册/华健宁等编.—银川:宁夏人民教育出版社,1995.9.—213页;19cm.—(全国百所名牌小学同步辅导精编丛书/聿明等主编)

ISBN 7-80596-180-8:¥4.00

G624.2　013853

全国百所重点小学语文测试AB卷精编:二年级下学期/曾曙明主编;余衡分册主编.—南京:南京出版社,1995.12.—76页;26cm

ISBN 7-80614-176-6:¥4.00

G624.2　013854

全国百所重点小学语文测试AB卷精编:六年级下学期/曾曙明主编;刘晟分册主编.—南京:南京出版社,1995.12.—81页;26cm

ISBN 7-80614-180-4:¥4.20

G624.2　013855

全国百所重点小学语文测试AB卷精编:三年级下学期/曾曙明主编;江方分册主编.—南京:南京出版社,1995.12.—84页;26cm

ISBN 7-80614-177-4:¥4.20

G624.2　013856

全国百所重点小学语文测试AB卷精编:四年级下学期/曾曙明主编;陈新分册主编.—南京:南京出版社,1995.12.—73页;26cm

ISBN 7-80614-178-2:¥4.00

G624.2　013857

全国百所重点小学语文测试AB卷精编:五年级下学期/曾曙明主编;夏力分册主编.—南京:南京出版社,1995.12.—78页;26cm

ISBN 7-80614-179-0:¥4.20

G624.2　013858

全国百所重点小学语文测试AB卷精编:一年级下学期/曾曙明主编;于以儒分册主编.—南京:南京出版社,1995.12.—73页;26cm

ISBN 7-80614-175-8:¥4.00

G624.2　013859

全国百所重点小学语文总复习AB卷精编/曾曙明主编;常功分册主编.—南京:南京出版社,1995.12.—92页;26cm

ISBN 7-80614-181-2:¥4.20

G624.2　013860

全国小学毕业语文试题分类精选　1995/周兰芝等编.—开封:河南大学出版社,1995.10.—207页;19cm

ISBN 7-81041-207-8:¥4.50

G624.2　013861

全国小学升初中语文试题精选/杨昕主编.—5版.—石家庄:河北教育出版社,1995.12.—233页;19cm

附参考答案

ISBN 7-5434-1246-2:¥6.90

G624.2　013862

全日制五年制小学语文系列练习册　(8):四年级下学期/福建省小学系列练习册编写组编.—福州:福建教育出版社,1995.9.—119页;19cm

ISBN 7-5334-1996-0:¥2.90

G624.2　013863

全日制小学实验课本语文单元测试卷　第九册/《小学实验课本语文单元测试卷》编写组编.—沈阳:辽宁教育出版社,1995.6.—48页;26cm

ISBN 7-5382-4146-9:¥2.50

G624.2　013864

全日制小学实验课本语文单元测试卷　第七册/《小学实验课本语文单元测试卷》编写组编.—沈阳:辽宁教育出版社,1995.6.—48页;26cm

ISBN 7-5382-4216-3:¥2.50

G624.2　013865

全日制小学实验课本语文单元测试卷　第十一册/《小学实验课本语文单元测试卷》编写组编.—沈阳:辽宁教育出版社,1995.6.—48页;26cm

ISBN 7-5382-4149-3:¥2.50

G624.2　013866

全日制小学语文实验课本课堂练习　第八册/课堂练习编写组编.—沈阳:辽宁教育出版社,1995.12.—92页;19cm

ISBN 7-5382-3954-5:¥2.60

G624.2　013867
全日制小学语文实验课本课堂练习　第十册/课堂练习编写组编.—沈阳:辽宁教育出版社,1995.12.—92页;19cm
ISBN 7-5382-3868-9:￥2.60

G624.2　013868
全日制小学语文实验课本课堂练习　第十二册/课堂练习编写组编.—沈阳:辽宁教育出版社,1995.12.—98页;19cm
ISBN 7-5382-3955-3:￥2.60

G624.2　013869
人教版五年制小学课本语文第二册生字卡片.—南昌:21世纪出版社,1995.12.—19张;19cm
学生用
ISBN 7-5391-0943-2:￥1.40

G624.2　013870
人教版五年制小学课本语文第六册生字卡片.—南昌:21世纪出版社,1995.12.—18张;19cm
学生用
ISBN 7-5391-0945-9:￥1.30

G624.2　013871
说写训练/张常鑫,白中兴主编.—郑州:河南教育出版社,1995.7.—134页;20cm
小学教改实验教材　供一、二年级用
ISBN 7-5347-1818-X:￥2.15

G624.2　013872
特级教师解答小学语文读写疑难问题/陈文彰著.—天津:新蕾出版社,1995.7.—214页;19cm
ISBN 7-5307-1641-7:￥6.20

G624.2　013873
五年制全国百所名牌小学语文同步试卷(A、B卷)精选　第二册/鲁若芒主编;雁冰等编写.—2版.—银川:宁夏人民教育出版社,1995.10.—87页;26cm
ISBN 7-80596-015-1:￥3.20

G624.2　013874
五年制全国百所名牌小学语文同步试卷(A、B卷)精选　第六册/鲁若芒主编;雁冰等编写.—2版.—银川:宁夏人民教育出版社,1995.10.—83页;26cm
ISBN 7-80596-017-8:￥3.20

G624.2　013875
五年制全国百所名牌小学语文同步试卷(A、B卷)精选　第十册.—2版.—银川:宁夏人民教育出版社,1995.10.—91页;26cm
ISBN 7-80596-019-4:￥3.20

G624.2　013876
五年制全国百所名牌小学语文同步试卷(A、B卷)精选　第四册/鲁若芒主编.—2版.—银川:宁夏人民教育出版社,1995.10.—79页;26cm
ISBN 7-80596-016-X:￥3.20

G624.2　013877
五年制三年级上册小学生课文生字练习本.—2版.—南宁:广西美术出版社,1995.7.—1册;19cm
ISBN 7-80582-380-4:￥1.30

G624.2　013878
五年制小学毕业升学总复习语文测试卷/《中小学各科测试卷》编委会编.—武汉:湖北教育出版社,1995.12.—29页;26×38cm
ISBN 7-5351-1924-7:￥2.70

G624.2　013879
五年制小学词语手册/《小学词语手册》编写组编写.—5版.—南宁:广西科学技术出版社,1995.8.—621页;13cm.—(小学生工具书库)
ISBN 7-80565-588-X(精装):￥7.40

G624.2　013880
五年制小学课本语文第四册生字卡片.—南昌:21世纪出版社,1995.12.—23张;13×19cm
ISBN 7-5391-1138-0:￥1.70

G624.2　013881
五年制小学语文　第八册/屠铁梅,木知礼编写.—杭州:浙江教育出版社,1995.11.—57页;26cm.—(同步练习丛书)
ISBN 7-5338-2198-X:￥4.00

G624.2　013882
五年制小学语文　第八册/江苏省教委教研室编.—南京:江苏教育出版社,1995.12.—50页;19cm
学习指导用书
ISBN 7-5343-2536-6:￥1.35

G624.2　013883
五年制小学语文　第九册/志歌,屠铁梅编写.—杭州:浙江教育出版社,1995.6.—71页;26cm.—(同步练习丛书)
ISBN 7-5338-1984-5:￥3.25

G624.2　013884
五年制小学语文　第九册/江苏省教委教研室编.—南京:江苏教育出版社,1995.7.—66页;19cm
学习指导用书
ISBN 7-5343-2371-1:￥1.55

G624.2　013885
五年制小学语文　第六册/江苏省教委教研室编.—南京:江苏教育出版社,1995.12.—58页;19cm
学习指导用书
ISBN 7-5343-2535-8:￥1.60

G624.2　013886
五年制小学语文　第七册/志歌,屠铁梅编写.—杭州:浙江教育出版社,1995.6.—79页;26cm.—(同步练习丛书)
ISBN 7-5338-1978-0:￥3.20

G624.2　013887
五年制小学语文　第七册/江苏省教委教研室编.—南京:江苏教育出版社,1995.7.—54页;19cm
学习指导用书
ISBN 7-5343-2369-X:￥1.30

G624.2　013888
五年制小学语文　第十册/屠铁梅,木知礼编写.—杭州:浙江教育出版社,1995.9.—55页;26cm.—(同步练习丛书)
ISBN 7-5338-2199-8:￥3.80

G624.2　013889

五年制小学语文　第十册/江苏省教委教研室编.—南京:江苏教育出版社,1995.12.—60页;19cm
学习指导用书
ISBN 7-5343-2537-4:¥1.50

G624.2　013890
五年制小学语文　第五册/江苏省教委教研室编.—南京:江苏教育出版社,1995.7.—54页;19cm
学习指导用书
ISBN 7-5343-2367-3:¥1.30

G624.2　013891
五年制小学语文词语汇释与训练:三年级(上)/小学语文词语汇释编写组编.—太原:山西教育出版社,1995.5.—53页;19cm
ISBN 7-5440-0710-3:¥1.00

G624.2　013892
五年制小学语文达纲训练　第五册/宋浔坚编写.—2版.—南宁:广西教育出版社,1995.6.—104页;19cm
ISBN 7-5435-0852-4:¥2.05

G624.2　013893
五年制小学语文单元测验期中期末试卷集:二年级下学期/《小学语文单元测验期中期末试卷集》编写组编.—南昌:江西教育出版社,1995.12.—48页;26cm
ISBN 7-5392-2357-X:¥2.30

G624.2　013894
五年制小学语文单元测验期中期末试卷集:四年级下学期/《小学语文单元测验期中期末试卷集》编写组编.—南昌:江西教育出版社,1995.12.—50页;26cm
ISBN 7-5392-2354-5:¥2.45

G624.2　013895
五年制小学语文单元辅导与测试 AB 卷　第九册/思南编.—杭州:浙江教育出版社,1995.4.—46页;26cm
ISBN 7-5338-2013-4:¥2.19

G624.2　013896
五年制小学语文单元辅导与测试 AB 卷　第七册/张励编.—杭州:浙江教育出版社,1995.6.—56页;26cm
ISBN 7-5338-2012-6:¥2.45

G624.2　013897
五年制小学语文单元目标测试 AB 卷:二年级　上册/《小学语文单元目标测试卷》编写组编.—合肥:安徽少年儿童出版社,1995.7.—51页;26cm
ISBN 7-5397-1275-9:¥2.10

G624.2　013898
五年制小学语文单元目标测试 AB 卷:二年级　下册/《小学语文单元目标测试卷》编写组编.—合肥:安徽少年儿童出版社,1995.12.—52页;26cm
ISBN 7-5397-1323-2:¥2.40

G624.2　013899
五年制小学语文单元目标测试 AB 卷:三年级　上册/《小学语文单元目标测试卷》编写组编.—合肥:安徽少年儿童出版社,1995.7.—46页;26cm
ISBN 7-5397-1277-5:¥1.90

G624.2　013900
五年制小学语文单元目标测试 AB 卷:三年级　下册/《小学语文单元目标测试卷》编写组编.—合肥:安徽少年儿童出版社,1995.12.—52页;26cm
ISBN 7-5397-1325-9:¥2.40

G624.2　013901
五年制小学语文单元目标测试 AB 卷:四年级　上册/《小学语文单元目标测试卷》编写组编.—合肥:安徽少年儿童出版社,1995.7.—52页;26cm
ISBN 7-5397-1279-1:¥2.10

G624.2　013902
五年制小学语文单元目标测试 AB 卷:四年级　下册/《小学语文单元目标测试卷》编写组编.—合肥:安徽少年儿童出版社,1995.12.—62页;26cm
ISBN 7-5397-1327-5:¥2.70

G624.2　013903
五年制小学语文单元目标测试 AB 卷:五年级　上册/《小学语文单元目标测试卷》编写组编.—合肥:安徽少年儿童出版社,1995.7.—46页;26cm
ISBN 7-5397-1281-3:¥1.90

G624.2　013904
五年制小学语文单元目标测试 AB 卷:五年级　下册/《小学语文单元目标测试卷》编写组编.—合肥:安徽少年儿童出版社,1995.12.—56页;26cm
ISBN 7-5397-1281-3:¥2.60

G624.2　013905
五年制小学语文单元目标测试 AB 卷:五年级　下册/《小学语文单元目标测试卷》编写组编.—合肥:安徽少年儿童出版社,1995.12.—56页;26cm
ISBN 7-5397-1329-1:¥2.60

G624.2　013906
五年制小学语文单元目标测试 AB 卷:一年级　上册/《小学语文单元目标测试卷》编写组编.—合肥:安徽少年儿童出版社,1995.7.—52页;26cm
ISBN 7-5397-1273-2:¥2.10

G624.2　013907
五年制小学语文单元目标测试 AB 卷:一年级　下册/《小学语文单元目标测试卷》编写组编.—合肥:安徽少年儿童出版社,1995.12.—51页;26cm
ISBN 7-5397-1321-6:¥2.40

G624.2　013908
五年制小学语文单元试卷集　第八册/李带莲编写.—2版.—南宁:广西教育出版社,1995.11.—52页;26cm.—(小学语文、数学单元试卷集丛书)
ISBN 7-5435-1960-7:¥2.80

G624.2　013909
五年制小学语文单元试卷集　第二册/李德新,陈超英编.—2版.—南宁:广西教育出版社,1995.11.—52页;26cm.—(小学语文、数学单元试卷集丛书)
ISBN 7-5435-1954-2:¥2.80

G624.2　013910
五年制小学语文单元试卷集　第六册/李德新编写.—2版.—南宁:广西教育出版社,1995.12.—52页;26cm.—(小学语文、数学单元试卷集丛书)
ISBN 7-5435-1958-5:¥2.80

G624.2　013911
五年制小学语文单元试卷集　第四册/陈超英编.—2版.—南宁:广西教育出版社,1995.11.—52页;26cm.—(小学语文、数学单元试卷集丛书)
ISBN 7-5435-2010-9:¥2.80

G624.2　013912
五年制小学语文单元水平测试与辅导:四年级第二学期/《语文单元水平测试与辅导》编写组编.—广州:广东教育出版社,1995.10.—97页;19cm
ISBN 7-5406-3381-6:¥2.85

G624.2　013913
五年制小学语文单元水平测试与辅导:五年级第二学期/《语文单元水平测试与辅导》编写组编.—广州:广东教育出版社,1995.10.—95页;19cm
ISBN 7-5406-3382-4:¥2.85

G624.2　013914
五年制小学语文单元同步测试卷　第九册/张亚娟主编.—沈阳:辽宁民族出版社,1995.5.—48页;26cm
ISBN 7-80527-505-X:¥2.30

G624.2　013915
五年制小学语文单元同步测试卷　第七册/张亚娟主编.—沈阳:辽宁民族出版社,1995.5.—48页;26cm
ISBN 7-80527-505-X:¥2.30

G624.2　013916
五年制小学语文单元同步测试卷　第三册/张亚娟主编.—沈阳:辽宁民族出版社,1995.5.—48页;26cm
ISBN 7-80527-505-X:¥2.30

G624.2　013917
五年制小学语文单元同步测试卷　第五册/张亚娟主编.—沈阳:辽宁民族出版社,1995.5.—48页;26cm
ISBN 7-80527-505-X:¥2.30

G624.2　013918
五年制小学语文单元同步测试卷　第一册/张亚娟主编.—沈阳:辽宁民族出版社,1995.5.—48页;26cm
ISBN 7-80527-505-X:¥2.50

G624.2　013919
五年制小学语文第六册单元检测/刘淑敏等编.—3版.—石家庄:河北教育出版社,1995.11.—58页;26cm
ISBN 7-5434-0932-1:¥2.30

G624.2　013920
五年制小学语文第六册基本功训练/《小学语文基本功训练》编写组编.—3版.—石家庄:河北教育出版社,1995.11.—90页;19cm
ISBN 7-5434-1175-X:¥1.90

G624.2　013921
五年制小学语文第三册单元检测试卷/小学单元检测试卷编写组编.—太原:山西教育出版社,1995.3.—26页;26cm
ISBN 7-80578-121-4:¥1.00

G624.2　013922
五年制小学语文第十册单元检测/王锦萍等编.—3版.—石家庄:河北教育出版社,1995.11.—52页;26cm
ISBN 7-5434-0934-8:¥2.05

G624.2　013923
五年制小学语文第五册单元检测试卷/小学单元检测试卷编写组编.—太原:山西教育出版社,1995.5.—32页;26cm
ISBN 7-80578-077-3:¥1.20

G624.2　013924
五年制小学语文分类自测题　第九册/沙舟主编.—武汉:湖北少年儿童出版社,1995.7.—206页;19cm
ISBN 7-5353-1530-5:¥3.90

G624.2　013925
五年制小学语文分类自测题　第七册/沙舟主编.—武汉:湖北少年儿童出版社,1995.7.—207页;19cm
ISBN 7-5353-1529-1:¥3.90

G624.2　013926
五年制小学语文分类自测题　第三册/沙舟主编.—武汉:湖北少年儿童出版社,1995.7.—239页;19cm
ISBN 7-5353-1527-5:¥4.60

G624.2　013927
五年制小学语文分类自测题　第五册/沙舟主编.—武汉:湖北少年儿童出版社,1995.7.—170页;19cm
ISBN 7-5353-1528-3:¥3.30

G624.2　013928
五年制小学语文分类自测题　第一册/沙舟主编.—武汉:湖北少年儿童出版社,1995.7.—258页;19cm
ISBN 7-5353-1531-3:¥4.80

G624.2　013929
五年制小学语文改错训练　第八册/李金莲编写.—南宁:广西科学技术出版社,1995.1.—44页;26cm
ISBN 7-80619-161-5:¥1.60

G624.2　013930
五年制小学语文改错训练　第二册/李德新编写.—南宁:广西科学技术出版社,1995.1.—47页;26cm
ISBN 7-80619-168-2:¥1.60

G624.2　013931
五年制小学语文改错训练　第六册/杨少玲编写.—南宁:广西科学技术出版社,1995.1.—55页;26cm
ISBN 7-80619-160-7:¥1.85

G624.2　013932
五年制小学语文改错训练　第十册/杨桂芝编写.—南宁:广西科学技术出版社,1995.1.—44页;26cm
ISBN 7-80619-162-3:¥1.60

G624.2　013933
五年制小学语文改错训练　第四册/王淑贤编写.—南宁:广西科学技术出版社,1995.1.—42页;26cm
ISBN 7-80619-159-3:¥1.50

G624.2　013934
五年制小学语文过关自测题　第六册/谭趣月编写.—南宁:广西科学技术出版社,1995.12.—94页;19cm
ISBN 7-80619-281-6:¥2.90

G624.2　013935
五年制小学语文过关自测题　第四册/雷红编写.—南宁:广西科学技术出版社,1995.1.—104页;19cm
ISBN 7-80565-214-7:¥1.95

G624.2　013936

五年制小学语文过关自测题　第五册/谭趣月编写.—南宁:广西科学技术出版社,1995.7.—100页;19cm
ISBN 7-80619-206-9:¥2.50
G624.2　　013937
五年制小学语文课时训练　第六册/《小学语文课时训练》编写组编.—福州:福建人民出版社,1995.12.—139页;20cm
ISBN 7-211-02619-7:¥4.50
G624.2　　013938
五年制小学语文课时训练　第四册/《小学语文课时训练》编写组编.—福州:福建人民出版社,1995.12.—119页;20cm
ISBN 7-211-02609-X:¥4.00
G624.2　　013939
五年制小学语文练习册:二年级上学期/江西省教委教研室编.—南昌:江西教育出版社,1995.7.—78页;19cm
ISBN 7-5392-1984-X:¥1.20
G624.2　　013940
五年制小学语文练习册:二年级下学期/江西省教委教研室编.—南昌:江西教育出版社,1995.12.—78页;19cm
ISBN 7-5392-2429-0:¥1.55
G624.2　　013941
五年制小学语文练习册:三年级上学期/江西省教委教研室编.—南昌:江西教育出版社,1995.7.—77页;19cm
ISBN 7-5392-2071-6:¥1.20
G624.2　　013942
五年制小学语文练习册:三年级下学期/江西省教委教研室编.—南昌:江西教育出版社,1995.12.—64页;19cm
ISBN 7-5392-2442-8:¥1.30
G624.2　　013943
五年制小学语文练习册:四年级上学期/江西省教委教研室编.—南昌:江西教育出版社,1995.7.—76页;19cm
ISBN 7-5392-1985-8:¥1.20
G624.2　　013944
五年制小学语文练习册:四年级下学期/江西省教委教研室编.—南昌:江西教育出版社,1995.12.—74页;19cm
ISBN 7-5392-2437-1:¥1.55
G624.2　　013945
五年制小学语文练习册:五年级上学期/江西省教委教研室编.—南昌:江西教育出版社,1995.7.—75页;19cm
ISBN 7-5392-1986-6:¥1.20
G624.2　　013946
五年制小学语文练习册:五年级下学期/江西省教委教研室编.—南昌:江西教育出版社,1995.12.—81页;19cm
ISBN 7-5392-2651-X:¥1.65
G624.2　　013947
五年制小学语文练习册:一年级上学期/江西省教委教研室编.—南昌:江西教育出版社,1995.7.—78页;19cm
ISBN 7-5392-1983-1:¥1.20
G624.2　　013948
五年制小学语文练习册:一年级下学期/江西省教委教研室编.—南昌:江西教育出版社,1995.12.—78页;19cm
ISBN 7-5392-2439-8:¥1.55
G624.2　　013949
五年制小学语文练习册参考答案.—2版.—南宁:广西教育出版社,1995.6.—52页;19cm
供三年级以上使用
ISBN 7-5435-2319-1:¥1.00
G624.2　　013950
五年制小学语文评估检测题　第八册/《评估检测题》编写委员会编.—2版.—武汉:湖北教育出版社,1995.11.—155页;19cm
ISBN 7-5351-1598-5:¥3.50
G624.2　　013951
五年制小学语文期末总复习测试卷　第七册/宋平主编;李继录等编.—2版.—沈阳:辽宁教育出版社,1995.5.—40页;26cm
ISBN 7-5382-2171-9:¥1.60
G624.2　　013952
五年制小学语文试卷　第九册/《小学语文试卷》编写组编.—3版.—南京:江苏教育出版社,1995.6.—48页;26cm
ISBN 7-5343-1730-4:¥2.40
G624.2　　013953
五年制小学语文试卷　第七册/《小学语文试卷》编写组编.—3版.—南京:江苏教育出版社,1995.6.—48页;26cm
ISBN 7-5343-1729-0:¥2.70
G624.2　　013954
五年制小学语文试卷　第三册/《小学语文试卷》编写组编.—3版.—南京:江苏教育出版社,1995.6.—33页;26cm
ISBN 7-5343-1727-4:¥1.85
G624.2　　013955
五年制小学语文试卷　第十册/《小学语文试卷》编写组编.—3版.—南京:江苏教育出版社,1995.12.—48页;26cm
ISBN 7-5343-1936-6:¥2.95
G624.2　　013956
五年制小学语文试卷　第一册/《小学语文试卷》编写组编.—3版.—南京:江苏教育出版社,1995.6.—37页;26cm
ISBN 7-5343-1726-6:¥2.00
G624.2　　013957
五年制小学语文试卷集　第六册/《小学语文试卷集》编写组编.—南宁:广西科学技术出版社,1995.12.—56页;26cm
ISBN 7-80619-273-5:¥3.15

G624.2 013958

五年制小学语文试卷集 第五册/《小学语文试卷集》编写组编.—南宁:广西科学技术出版社,1995.7.—53页;26cm

ISBN 7-80619-200-X:¥2.45

G624.2 013959

五年制小学语文想一想练一练:三年一期/湖南省教育科学研究所编.—长沙:湖南少年儿童出版社,1995.5.—80页;19cm

ISBN 7-5358-0373-3:¥1.65

G624.2 013960

五年制小学语文字·词·句·篇与技能训练/徐荣娣主编;徐荣娣,刘文全编著.—延吉:延边人民出版社,1995.8.—252页;19cm

五年级用

ISBN 7-80599-347-5:¥6.50

G624.2 013961

五年制小学语文字·词·句·篇与技能训练/徐荣娣主编;陈宪编著.—延吉:延边人民出版社,1995.8.—282页;19cm

二年级用

ISBN 7-80599-347-5:¥6.90

G624.2 013962

五年制小学语文字·词·句·篇与技能训练/徐荣娣主编;千琼,肖忠明编著.—延吉:延边人民出版社,1995.8.—248页;19cm

一年级用

ISBN 7-80599-347-5:¥6.50

G624.2 013963

五年制小学语文字·词·句·篇与技能训练/徐荣娣主编;刘文全编著.—延吉:延边人民出版社,1995.8.—282页;19cm

四年级用

ISBN 7-80599-347-5:¥6.90

G624.2 013964

五年制新编小学语文单元自测:二年级上学期/《新编小学语文单元自测》编写组编.—南昌:江西教育出版社,1995.7.—50页;26cm

ISBN 7-5392-1980-7:¥1.90

G624.2 013965

五年制新编小学语文单元自测:三年级上学期/《新编小学语文单元自测》编写组编.—南昌:江西教育出版社,1995.7.—43页;26cm

ISBN 7-5392-1968-8:¥1.65

G624.2 013966

五年制新编小学语文单元自测:四年级上学期/《新编小学语文单元自测》编写组编.—南昌:江西教育出版社,1995.7.—46页;26cm

ISBN 7-5392-1982-3:¥1.75

G624.2 013967

五年制新编小学语文单元自测:一年级上学期/《新编小学语文单元自测》编写组编.—南昌:江西教育出版社,1995.7.—49页;26cm

原书名:单元测验期中期末试卷集

ISBN 7-5392-2001-5:¥1.90

G624.2 013968

五年制学校小学语文词语集释 第九册/新蕾出版社编.—天津:新蕾出版社,1995.5.—100页;19cm

ISBN 7-5307-1605-0:¥2.05

G624.2 013969

五年制学校小学语文词语集释 第七册/新蕾出版社编.—天津:新蕾出版社,1995.6.—138页;19cm

ISBN 7-5307-1604-2:¥2.65

G624.2 013970

小学词语手册/姚晓明主编;毛华茂等编.—2版.—武汉:湖北人民出版社,1995.1.—79页;13cm

ISBN 7-216-01329-8(精装):¥6.90

G624.2 013971

小学高年级语文练习解难/吴志东等编.—南昌:21世纪出版社,1995.3.—166页;19cm

ISBN 7-5391-0901-7:¥4.00

G624.2 013972

小学古诗解说/骆绍勋,陈婉编写.—广州:新世纪出版社,1995.4.—166页;19cm

ISBN 7-5405-1162-1:¥5.80

G624.2 013973

小学古诗配画注析/孙秀岳,孟宪军编写.—修订版.—天津:天津人民美术出版社,1995.2.—137页;19cm.—(小学语文金钥匙丛书)

ISBN 7-5305-0447-9:¥3.20

G624.2 013974

小学汉语文单元同步训练/徐仁国等编写.—延吉:延边人民出版社,1995.8.—64页;26cm

六年级用

ISBN 7-80599-370-X:¥3.60

G624.2 013975

小学汉语文单元同步训练/崔益勇等编写.—延吉:延边人民出版社,1995.8.—65页;26cm

四年级用

ISBN 7-80599-368-8:¥3.60

G624.2 013976

小学汉语文单元同步训练/金日海等编写.—延吉:延边人民出版社,1995.8.—73页;26cm

五年级用

ISBN 7-80599-369-6:¥3.60

G624.2 013977

小学汉语文自测训练 第八册/李福顺编.—延吉:延边人民出版社,1995.1.—68页;26cm

ISBN 7-80599-236-3:¥3.20

G624.2 013978

小学汉语文自测训练 第六册/李福顺编.—延吉:延边人民出版社,1995.1.—68页;26cm

ISBN 7-80599-236-3:¥3.20

G624.2 013979

小学汉语文自测训练 第十册/李福顺编.—延吉:延边人民出版社,1995.1.—68页;26cm

ISBN 7-80599-236-3:¥3.20

G624.2 013980

小学汉语文自测训练　第四册/李福顺编.—延吉:延边人民出版社,1995.1.—68页;26cm
ISBN 7-80599-236-3:¥3.20

G624.2　013981
小学生常用成语1000解/竹楠等编著.—长春:北方妇女儿童出版社,1995.5.—386页;19cm
ISBN 7-5385-1051-6:¥9.80

G624.2　013982
小学生成语手册/《小学生成语手册》编写组编.—上海:上海远东出版社,1995.4.—439页;13cm.—(小学生袖珍工具书系列)
ISBN 7-80613-060-8:¥7.00

G624.2　013983
小学生词语手册:六年制　第五册/柯尊海等编.—成都:四川辞书出版社,1995.6.—108页;19cm
ISBN 7-80543-485-9:¥2.95

G624.2　013984
小学生词语手册:三年级　第六册/云南省教委教研室编写.—昆明:晨光出版社,1995.12.—59页;19cm
九年义务教育六年制小学
ISBN 7-5414-1117-5:¥1.70

G624.2　013985
小学生词语造句手册:五年制/史文风,江山主编.—2版.—济南:山东教育出版社,1995.6.—451页;14cm
ISBN 7-5328-1800-4:¥5.20

G624.2　013986
小学生大辞典/黄佳星,陈厚滋主编;丁佩玲等编.—海口:海南国际新闻出版中心,1995.5.—568页;19cm
ISBN 7-80609-065-7:¥19.80

G624.2　013987
小学生读古诗/教育科学出版社编.—北京:教育科学出版社,1995.12.—107页;19cm.—(小学生学知识丛书)
ISBN 7-5041-1567-3:¥2.90

G624.2　013988
小学生多功能组词手册/牧靖编.—厦门:鹭江出版社,1995.7.—641页;13cm
ISBN 7-80533-271-1:¥9.35

G624.2　013989
小学生多音字、同音字、形近字识别与练习/张光珞主编;北京海淀区教育局高级教师编写组编.—广州:广东高等教育出版社,1995.3.—160页;19cm
中年级(三年级、四年级)适用
ISBN 7-5361-1606-3:¥4.50

G624.2　013990
小学生看图说写　第二册:修改稿/黄杨钿主编;寇宝荣等编写.—3版.—成都:四川教育出版社,1995.11.—63页;19cm
ISBN 7-5408-1016-5:¥1.82

G624.2　013991
小学生看图说写　第三册/黄杨钿主编;卓文等编写.—2版.—成都:四川教育出版社,1995.5.—72页;19cm
ISBN 7-5408-2553-7:¥1.75

G624.2　013992
小学生看图说写　第四册/卓文等编写.—3版.—成都:四川教育出版社,1995.11.—56页;19cm
ISBN 7-5408-1017-3:¥1.65

G624.2　013993
小学生看图说写　第一册/黄扬钿主编;寇宝荣等编.—2版.—成都:四川教育出版社,1995.5.—61页;19cm
ISBN 7-5408-2570-7:¥1.49

G624.2　013994
小学生看图说写系列训练:二年级写话/杨以燕编.—南昌:21世纪出版社,1995.7.—116页;19cm
ISBN 7-5391-1176-3:¥2.80

G624.2　013995
小学生学古诗:连环图解/秋生等注译.—上海:上海人民美术出版社,1995.3.—152页;19cm
ISBN 7-5322-0850-8:¥8.20

G624.2　013996
小学生学熟语/教育科学出版社编.—北京:教育科学出版社,1995.12.—130页;19cm
ISBN 7-5041-1569-X:¥3.50

G624.2　013997
小学生学习语文歌诀/党玉岭编著.—郑州:河南教育出版社,1995.12.—183页;9×7cm
ISBN 7-5347-1826-0:¥1.00

G624.2　013998
小学生语词语段写作手册/钱玉林,忻佩贞编.—上海:上海远东出版社,1995.7.—906页;13cm.—(小学生袖珍工具书系列)
ISBN 7-80613-092-6(精装):¥12.50

G624.2　013999
小学生造句实用手册/周佳丽等编著.—上海:上海教育出版社,1995.3.—395页;19cm
ISBN 7-5320-4103-4:¥8.70

G624.2　014000
小学生造句手册/《小学生造句手册》编写组编.—上海:上海远东出版社,1995.4.—377页;13cm.—(小学生袖珍工具书系列)
ISBN 7-80613-058-6:¥6.00

G624.2　014001
小学生造句训练要诀500例:六年级/赵宜洁主编.—昆明:云南大学出版社,1995.8.—216页;19cm
ISBN 7-81025-569-X:¥5.80

G624.2　014002
小学生造句训练要诀500例:三年级/赵宜洁主编.—昆明:云南大学出版社,1995.8.—215页;19cm
ISBN 7-81025-569-X:¥5.80

G624.2　014003
小学生造句训练要诀500例:四年级/赵宜洁主编.—昆明:云南大学出版社,1995.8.—216页;19cm
ISBN 7-81025-569-X:¥5.80

G624.2　014004
小学生造句训练要诀500例:五年级/赵宜洁主编.—昆明:云南大学出版社,1995.8.—216页;19cm

ISBN 7-81025-569-X: ¥5.80

G624.2 **014005**

小学生字卡片:二年级(上).—长春:北方妇女儿童出版社,1995.—1盒;7cm

ISBN 7-5385-1053-2: ¥7.00

G624.2 **014006**

小学生字卡片:一年级(下).—长春:北方妇女儿童出版社,1995.—1盒;7cm

ISBN 7-5385-1038-9: ¥4.50

G624.2 **014007**

小学生字新词抄写本:二年一期/湖南少年儿童出版社编.—2版.—长沙:湖南少年儿童出版社,1995.5.—88页;13×19cm

ISBN 7-5358-0275-3: ¥2.10

G624.2 **014008**

小学生字新词抄写本:三年二期/湖南少年儿童出版社编.—2版.—长沙:湖南少年儿童出版社,1995.11.—68页;13×19cm

ISBN 7-5358-0311-3: ¥1.85

G624.2 **014009**

小学生字新词抄写本:三年一期/湖南少年儿童出版社编.—2版.—长沙:湖南少年儿童出版社,1995.5.—60页;13×19cm

ISBN 7-5358-0276-1: ¥1.50

G624.2 **014010**

小学语文100分/思源编 .—兰州:甘肃少年儿童出版社,1995.8.—168页;19cm

ISBN 7-5422-1074-2: ¥5.70

G624.2 **014011**

小学语文30天/石柳岩编.—4版.—天津:天津教育出版社,1995.1.—71页;26cm

小学毕业生使用

ISBN 7-5309-1355-7: ¥3.20

G624.2 **014012**

小学语文AB卷　第六册/李杰主编;胡宝霞编写.—西安:未来出版社,1995.11.—50页;26cm

ISBN 7-5417-1156-X: ¥2.40

G624.2 **014013**

小学语文毕业试题精选丛书:阅读思路与解答/刘家祯主编;郭淑芳等编著.—北京:学苑出版社,1995.5.—176页;19cm

ISBN 7-5077-0831-4: ¥5.20

G624.2 **014014**

小学语文毕业试题精选丛书:造句思路与解答/刘家祯主编;张怀禄等编著.—北京:学苑出版社,1995.5.—165页;19cm

ISBN 7-5077-0831-4: ¥5.20

G624.2 **014015**

小学语文毕业试题精选丛书:组词思路与解答/刘家祯主编;董世辉,姜丽君编.—北京:学苑出版社,1995.5.—194页;19cm

ISBN 7-5077-0831-4: ¥5.90

G624.2 **014016**

小学语文毕业试题精选丛书:作文思路与解答/刘家祯主编;李好平等编著.—北京:学苑出版社,1995.5.—157页;19cm

ISBN 7-5077-0831-4: ¥5.30

G624.2 **014017**

小学语文达标技能训练:二年级/李秀芳编著.—呼和浩特:内蒙古人民出版社,1995.1.—65页;19cm

ISBN 7-204-02628-4: ¥1.70

G624.2 **014018**

小学语文达标技能训练:三年级/李秀芳编著.—呼和浩特:内蒙古人民出版社,1995.1.—77页;19cm

ISBN 7-204-02629-2: ¥2.20

G624.2 **014019**

小学语文达标技能训练:四年级/李秀芳编著.—呼和浩特:内蒙古人民出版社,1995.1.—82页;19cm

ISBN 7-204-02630-6: ¥2.20

G624.2 **014020**

小学语文达标技能训练:五年级/李秀芳编著.—呼和浩特:内蒙古人民出版社,1995.1.—76页;19cm

ISBN 7-204-02631-4: ¥2.20

G624.2 **014021**

小学语文达标技能训练:一年级/李秀芳编著.—呼和浩特:内蒙古人民出版社,1995.1.—52页;19cm

ISBN 7-204-02627-6: ¥1.60

G624.2 **014022**

小学语文达标训练手册:六年制:二年级　上册.—5版.—武汉:武汉出版社,1995.6.—94页;19cm

九年义务制教育教材

ISBN 7-5430-1179-4: ¥1.60

G624.2 **014023**

小学语文达标训练手册:六年制:六年级　上册/《小学语文达标训练手册》编写组编.—5版.—武汉:武汉出版社,1995.6.—109页;19cm

ISBN 7-5430-1183-2: ¥1.80

G624.2 **014024**

小学语文达标训练手册:六年制:三年级　上册.—5版.—武汉:武汉出版社,1995.6.—102页;19cm

九年义务制教育教材

ISBN 7-5430-1180-8: ¥1.70

G624.2 **014025**

小学语文达标训练手册:六年制:四年级　上册/《小学语文达标训练手册》编写组编.—5版.—武汉:武汉出版社,1995.6.—101页;19cm

ISBN 7-5430-1181-6: ¥1.70

G624.2 **014026**

小学语文达标训练手册:六年制:五年级　上册/《小学语文达标训练手册》编写组编.—5版.—武汉:武汉出版社,1995.6.—109页;19cm

ISBN 7-5430-1182-4: ¥1.80

G624.2 **014027**

小学语文达标训练手册:六年制:一年级　上册.—5版.—武汉:武汉出版社,1995.6.—94页;19cm

九年义务制教育教材

ISBN 7-5430-1178-6: ¥1.60

G624.2 **014028**

小学语文达标训练手册:五年制:二年级　上册/《小学语文达标训练手册》编写组编.—5版.—武汉:武汉出版社,1995.6.—94页;19cm
九年义务制教育教材
ISBN 7-5430-1174-3:¥1.60

G624.2　014029
小学语文达标训练手册:五年制:三年级　上册/《小学语文达标训练手册》编写组编.—5版.—武汉:武汉出版社,1995.6.—102页;19cm
九年义务制教育教材
ISBN 7-5430-1175-1:¥1.70

G624.2　014030
小学语文达标训练手册:五年制:四年级　上册/《小学语文达标训练手册》编写组编.—5版.—武汉:武汉出版社,1995.6.—102页;19cm
ISBN 7-5430-1176-X:¥1.80

G624.2　014031
小学语文达标训练手册:五年制:五年级　上册/《小学语文达标训练手册》编写组编.—5版.—武汉:武汉出版社,1995.6.—110页;19cm
ISBN 7-5430-1177-8:¥1.80

G624.2　014032
小学语文达标训练手册:五年制:一年级　上册/《小学语文达标训练手册》编写组编.—5版.—武汉:武汉出版社,1995.6.—94页;19cm
九年义务制教育教材
ISBN 7-5430-1173-5:¥1.60

G624.2　014033
小学语文达标训练与测试　第九册/《小学语文达标训练与测试》编写组编.—长沙:湖南教育出版社,1995.6.—52页;26cm
供五年一期用
ISBN 7-5355-2115-0:¥2.30

G624.2　014034
小学语文达标训练与测试　第七册/《小学语文达标训练与测试》编写组编.—长沙:湖南教育出版社,1995.6.—54页;26cm
供四年一期用
ISBN 7-5355-2114-2:¥2.40

G624.2　014035
小学语文达标训练与测试　第三册/《小学语文达标训练与测试》编写组编.—长沙:湖南教育出版社,1995.6.—56页;26cm
供二年一期用
ISBN 7-5355-2112-6:¥2.40

G624.2　014036
小学语文达标训练与测试　第十一册/《小学语文达标训练与测试》编写组编.—长沙:湖南教育出版社,1995.6.—48页;26cm
供六年一期用
ISBN 7-5355-2116-9:¥2.10

G624.2　014037
小学语文达标训练与测试　第五册/《小学语文达标训练与测试》编写组编.—长沙:湖南教育出版社,1995.6.—54页;26cm
供三年一期用
ISBN 7-5355-2113-4:¥2.40

G624.2　014038
小学语文达标训练与测试　第一册/《小学语文达标训练与测试》编写组编.—长沙:湖南教育出版社,1995.6.—48页;26cm
供一年一期用
ISBN 7-5355-2111-8:¥2.10

G624.2　014039
小学语文大世界:1~6年级/培英等编写.—北京:中国少年儿童出版社,1995.8.—6册;19cm.—(小学语文活动课读物)
ISBN 7-5007-2648-1:¥33.00

G624.2　014040
小学语文单元测验期中期末试卷集:五年制:三年级下学期/《单元测验期中期末试卷集》编写组编.—南昌:江西教育出版社,1995.12.—51页;26cm
ISBN 7-5392-2352-9:¥2.45

G624.2　014041
小学语文单元测验期中期末试卷集:五年制:五年级下学期/《单元测验期中期末试卷集》编写组编.—南昌:江西教育出版社,1995.12.—53页;26cm
ISBN 7-5392-2324-3:¥2.45

G624.2　014042
小学语文单元测验期中期末试卷集:一年级下学期/《小学语文单元测验期中期末试卷集》编写组编.—南昌:江西教育出版社,1995.12.—47页;26cm
ISBN 7-5392-2356-1:¥2.30

G624.2　014043
小学语文单元水平测试手册:统编本:五年制　第一册/海峰编写.—郑州:河南教育出版社,1995.6.—63页;19cm
ISBN 7-5347-1806-6:¥1.25

G624.2　014044
小学语文单元水平测试手册:五年制　第二册/海峰编写.—郑州:河南教育出版社,1995.10.—69页;19cm
ISBN 7-5347-1854-6:¥1.85

G624.2　014045
小学语文单元水平测试手册:五年制　第六册/朱立生编写.—郑州:河南教育出版社,1995.10.—98页;19cm
ISBN 7-5347-1856-2:¥2.30

G624.2　014046
小学语文单元水平测试手册:五年制　第四册/张立友编写.—郑州:河南教育出版社,1995.10.—113页;19cm
ISBN 7-5347-1855-4:¥2.55

G624.2　014047
小学语文单元学习与指导　第六册/《单元学习与指导》丛书小学编写组编.—福州:福建人民出版社,1995.12.—100页;19cm
义务教育五年制小学三年级下学期用
ISBN 7-211-02578-6:¥2.70

G624.2　014048
小学语文单元学习与指导　第六册/《单元学习与指导》丛书小学编写组编.—福州:福建人民出版社,1995.12.—101页;19cm
义务教育六年制小学三年级下学期用
ISBN 7-211-02579-4:¥2.70

G624.2　014049
小学语文单元学习与指导:六年制　第五册/《单元学习与指导》丛书小学编写组编写.—2版.—福州:福建人民出版社,1995.6.—101页;19cm
义务教育六年制小学三年级上学期用
ISBN 7-211-02464-X:¥1.90

G624.2　014050
小学语文单元学习与指导:五年制　第五册/《单元学习与指导》丛书小学编写组编写.—2版.—福州:福建人民出版社,1995.4.—102页;19cm
义务教育五年制小学三年级上学期用
ISBN 7-211-02463-1:¥1.90

G624.2　014051
小学语文第五册自学检测/《小学课程自学检测》编写组编.—2版.—重庆:重庆出版社,1995.7.—96页;19cm.—(小学课程自学检测)
ISBN 7-5366-1076-9:¥1.90

G624.2　014052
小学语文第一册自学检测/《小学课程自学检测》编写组编.—2版.—重庆:重庆出版社,1995.7.—98页;19cm.—(小学课程自学检测)
ISBN 7-5366-1074-2:¥1.90

G624.2　014053
小学语文读写指导/文雨主编.—郑州:文心出版社,1995.5.—180页;19cm
ISBN 7-80537-599-2:¥4.50

G624.2　014054
小学语文分类题库/谭松筠等编.—长沙:湖南少年儿童,1995.9.—165页;26cm
ISBN 7-5358-1054-3:¥8.00

G624.2　014055
小学语文基本功训练——最新每日一刻钟:三年级下/石丁,何华编.—2版.—天津:天津人民出版社,1995.11.—180页;19cm
ISBN 7-201-00777-7:¥3.80

G624.2　014056
小学语文基础训练:二年级/朱蓓莉,钱勤编.—2版(修订本).—上海:上海教育出版社,1995.6.—250页;19cm
ISBN 7-5320-3986-2:¥5.15

G624.2　014057
小学语文基础训练:一年级/梁丽玲,田剑平编.—2版(修订本).—上海:上海教育出版社,1995.6.—179页;19cm
ISBN 7-5320-3987-0:¥3.90

G624.2　014058
小学语文基础训练二千例:三年级/周佳丽,陈爱珠编著.—2版(修订本).—上海:上海教育出版社,1995.5.—170页;19cm
ISBN 7-5320-4220-0:¥3.50

G624.2　014059
小学语文基础知识/黎民编.—2版.—广州:广东教育出版社,1995.11.—177页;19cm
ISBN 7-5406-1545-1:¥4.30

G624.2　014060
小学语文教学挂图/崔颖等绘.—上海:上海教育出版社,1995.6.—16张;77×53cm
九年义务教育课本 供中年级选用(一)
ISBN 7-5320-4357-6:¥14.50

G624.2　014061
小学语文精编:二年级　下册/邵起凤等编写.—杭州:浙江教育出版社,1995.1.—53页;26cm
ISBN 7-5338-1791-5:¥1.90

G624.2　014062
小学语文精编:六年级　下册/方莉编写.—杭州:浙江教育出版社,1995.1.—58页;26cm
ISBN 7-5338-1776-1:¥2.10

G624.2　014063
小学语文精编:四年级　下册/吴劲编写.—杭州:浙江教育出版社,1995.1.—58页;26cm
ISBN 7-5338-1774-5:¥2.10

G624.2　014064
小学语文精编:五年级　下册/梁广烈编写.—杭州:浙江教育出版社,1995.1.—56页;26cm
ISBN 7-5338-1775-3:¥2.00

G624.2　014065
小学语文精编:一年级　下册/程玲编写.—杭州:浙江教育出版社,1995.2.—54页;26cm
ISBN 7-5338-0790-7:¥1.90

G624.2　014066
小学语文精讲:四年级/袁浩,杨清生主编.—南京:江苏教育出版社,1995.10.—298页;19cm
ISBN 7-5343-2488-2:¥6.45

G624.2　014067
小学语文精讲:五年级/杨九俊主编.—南京:江苏教育出版社,1995.12.—327页;19cm
ISBN 7-5343-2522-6:¥7.45

G624.2　014068
小学语文精讲精练:六年制　第九册/《小学语文精讲精练》编写组编.—太原:希望出版社,1995.4.—154页;19cm
ISBN 7-5379-1650-0:¥3.00

G624.2　014069
小学语文精讲精练:六年制　第七册/《小学语文精讲精练》编写组编.—太原:希望出版社,1995.4.—125页;19cm
ISBN 7-5379-1649-7:¥2.60

G624.2　014070
小学语文精讲精练:六年制　第三册/《小学语文精讲精练》编写组编.—太原:希望出版社,1995.4.—127页;19cm
ISBN 7-5379-1647-0:¥2.60

G624.2　014071
小学语文精讲精练:六年制　第十一册/《小学语文精讲精练》编写组编.—太原:希望出版社,1995.4.—144页;19cm
ISBN 7-5379-1651-9:¥2.90

G624.2　014072
小学语文精讲精练:六年制　第五册/《小学语文精讲精练》编写组编.—太原:希望出版社,1995.4.—96页;19cm
ISBN 7-5379-1648-9:¥2.10

G624.2　014073
小学语文精讲精练:六年制　第一册/《小学语文精讲精练》编写组编.—太原:希望出版社,1995.4.—130页;19cm
ISBN 7-5379-1646-2:¥2.70

G624.2　014074
小学语文精讲精练:五年制　第九册/《小学语文精讲精练》编写组编.—太原:希望出版社,1995.4.—154页;19cm
ISBN 7-5379-1640-3:¥3.00

G624.2　014075
小学语文精讲精练:五年制　第七册/《小学语文精讲精练》编写组编.—太原:希望出版社,1995.4.—184页;19cm
ISBN 7-5379-1639-X:¥3.50

G624.2　014076
小学语文精讲精练:五年制　第三册/《小学语文精讲精练》编写组编.—太原:希望出版社,1995.4.—122页;19cm
ISBN 7-5379-1637-3:¥2.50

G624.2　014077
小学语文精讲精练:五年制　第五册/《小学语文精讲精练》编写组编.—太原:希望出版社,1995.3.—123页;19cm
ISBN 7-5379-1638-1:¥2.50

G624.2　014078
小学语文精讲精练:五年制　第一册/《小学语文精讲精练》编写组编.—太原:希望出版社,1995.4.—132页;19cm
ISBN 7-5379-1636-5:¥2.70

G624.2　014079
小学语文句子讲练200例/李芝香,曹锡珠编著.—太原:山西教育出版社,1995.2.—146页;19cm.—(小学语文200例丛书)
ISBN 7-5440-0626-3:¥4.50

G624.2　014080
小学语文课时训练:六年制　第八册/《小学语文课时训练》编写组编.—福州:福建人民出版社,1995.12.—127页;20cm
ISBN 7-211-02566-2:¥4.15

G624.2　014081
小学语文课时训练:六年制　第二册/《小学语文课时训练》编写组编.—福州:福建人民出版社,1995.12.—110页;20cm
ISBN 7-211-02604-9:¥3.70

G624.2　014082
小学语文课时训练:六年制　第九册/《小学语文课时训练》编写组编.—福州:福建人民出版社,1995.6.—140页;20cm
ISBN 7-211-02435-6:¥3.05

G624.2　014083
小学语文课时训练:六年制　第六册/《小学语文课时训练》编写组编.—福州:福建人民出版社,1995.12.—127页;20cm
ISBN 7-211-02596-4:¥4.15

G624.2　014084
小学语文课时训练:六年制　第七册/《小学语文课时训练》编写组编.—福州:福建人民出版社,1995.6.—129页;20cm
ISBN 7-211-02386-4:¥2.80

G624.2　014085
小学语文课时训练:六年制　第三册/《小学语文课时训练》编写组编.—福州:福建人民出版社,1995.6.—139页;20cm
ISBN 7-211-02423-2:¥3.05

G624.2　014086
小学语文课时训练:六年制　第十册/《小学语文课时训练》编写组编.—福州:福建人民出版社,1995.11.—137页;20cm
ISBN 7-211-02568-9:¥4.35

G624.2　014087
小学语文课时训练:六年制　第十二册/《小学语文课时训练》编写组编.—福州:福建人民出版社,1995.12.—137页;20cm
ISBN 7-211-02574-3:¥4.35

G624.2　014088
小学语文课时训练:六年制　第四册/《小学语文课时训练》编写组编.—福州:福建人民出版社,1995.12.—124页;20cm
ISBN 7-211-02612-X:¥4.15

G624.2　014089
小学语文课时训练:六年制　第五册/《小学语文课时训练》编写组编.—福州:福建人民出版社,1995.6.—127页;20cm
ISBN 7-211-02501-8:¥2.80

G624.2　014090
小学语文课时训练:六年制　第一册/《小学语文课时训练》编写组编.—福州:福建人民出版社,1995.6.—118页;20cm
ISBN 7-211-02424-0:¥2.65

G624.2　014091
小学语文课时训练:五年制　第八册/《小学语文课时训练》编写组编.—福州:福建人民出版社,1995.11.—149页;20cm
ISBN 7-211-02573-5:¥4.70

G624.2　014092
小学语文课时训练:五年制　第二册/《小学语文课时训练》编写组编.—福州:福建人民出版社,1995.

12.—122 页;20cm
ISBN 7－211－02611－1: ¥4.00

G624.2　014093
小学语文课时训练:五年制　第九册/《小学语文课时训练》编写组编.—福州:福建人民出版社,1995.6.—132 页;20cm
ISBN 7－211－02499－2: ¥3.15

G624.2　014094
小学语文课时训练:五年制　第七册/《小学语文课时训练》编写组编.—福州:福建人民出版社,1995.7.—135 页;20cm
ISBN 7－211－02495－X: ¥3.25

G624.2　014095
小学语文课时训练:五年制　第三册/《小学语文课时训练》编写组编.—福州:福建人民出版社,1995.6.—143 页;20cm
ISBN 7－211－02480－1: ¥3.40

G624.2　014096
小学语文课时训练:五年制　第十册/《小学语文课时训练》编写组编.—福州:福建人民出版社,1995.12.—137 页;20cm
ISBN 7－211－02567－0: ¥4.35

G624.2　014097
小学语文课时训练:五年制　第五册/《小学语文课时训练》编写组编.—福州:福建人民出版社,1995.7.—134 页;20cm
ISBN 7－211－02518－2: ¥3.25

G624.2　014098
小学语文课时训练:五年制　第一册/《小学语文课时训练》编写组编.—福州:福建人民出版社,1995.6.—121 页;20cm
ISBN 7－211－02479－8: ¥3.00

G624.2　014099
小学语文六年制第九册新编测试与辅导/《小学语文新编测试与辅导》编写组编.—沈阳:辽宁教育出版社,1995.5.—77 页;19cm
ISBN 7－5382－4128－0: ¥2.00

G624.2　014100
小学语文六年制第七册新编测试与辅导/《小学语文新编测试与辅导》编写组编.—沈阳:辽宁教育出版社,1995.6.—84 页;19cm
ISBN 7－5382－4141－8: ¥2.00

G624.2　014101
小学语文六年制第三册新编测试与辅导/《小学语文新编测试与辅导》编写组编.—沈阳:辽宁教育出版社,1995.6.—92 页;19cm
ISBN 7－5382－4133－7: ¥2.15

G624.2　014102
小学语文六年制第十一册新编测试与辅导/《小学语文新编测试与辅导》编写组编.—沈阳:辽宁教育出版社,1995.5.—102 页;19cm
ISBN 7－5382－4112－4: ¥2.40

G624.2　014103
小学语文六年制第五册新编测试与辅导/《小学语文新编测试与辅导》编写组编.—沈阳:辽宁教育出版社,1995.5.—98 页;19cm
ISBN 7－5382－4194－9: ¥2.30

G624.2　014104
小学语文六年制第一册新编测试与辅导/《小学语文新编测试与辅导》编写组编.—沈阳:辽宁教育出版社,1995.6.—136 页;19cm
ISBN 7－5382－4127－2: ¥2.80

G624.2　014105
小学语文期末总复习测试卷　第九册/测试卷编写组编.—2 版.—沈阳:辽宁教育出版社,1995.5.—40 页;26cm
ISBN 7－5382－3438－1: ¥1.60

G624.2　014106
小学语文期末总复习测试卷　第七册/测试卷编写组编.—2 版.—沈阳:辽宁教育出版社,1995.5.—40 页;26cm
ISBN 7－5382－3437－3: ¥1.60

G624.2　014107
小学语文期末总复习测试卷　第十一册/测试卷编写组编.—2 版.—沈阳:辽宁教育出版社,1995.5.—40 页;26cm
ISBN 7－5382－3439－X: ¥1.60

G624.2　014108
小学语文趣味导读/王伟俊主编.—兰州:兰州大学出版社,1995.2.—268 页;19cm
ISBN 7－311－00848－4: ¥5.60

G624.2　014109
小学语文趣味训练　第三册/王桂兰等编.—沈阳:辽宁教育出版社,1995.6.—109 页;19cm
ISBN 7－5382－4170－1: ¥2.70

G624.2　014110
小学语文趣味训练　第一册/刘英男等编.—沈阳:辽宁教育出版社,1995.6.—116 页;19cm
ISBN 7－5382－4177－9: ¥2.80

G624.2　014111
小学语文三年级单元目标测试卷　(上)/单元测试研究组编著.—2 版.—重庆:重庆出版社,1995.7.—40 页;26cm
¥2.05

G624.2　014112
小学语文生字卡片　第三册.—2 版.—重庆:重庆出版社,1995.7.—34 页;13×19cm
ISBN 7－5366－0987－6: ¥1.00

G624.2　014113
小学语文生字卡片　第五册.—2 版.—重庆:重庆出版社,1995.7.—37 页;13×19cm
ISBN 7－5366－0988－4: ¥1.10

G624.2　014114
小学语文升学分类试卷集.—南宁:广西科学技术出版社,1995.7.—65 页;26cm
五、六年制通用
ISBN 7－80619－236－0: ¥3.55

G624.2　014115

小学语文试卷集　第二册/《小学语文试卷集》编写组编.—昆明:晨光出版社,1995.12.—62页;26cm
供六年制小学一年级下学期用
ISBN 7-5414-1112-4:¥2.40

G624.2　014116
小学语文试卷集　第六册/《小学语文试卷集》编写组编.—昆明:晨光出版社,1995.12.—60页;26cm
供六年制小学三年级下学期用
ISBN 7-5414-1090-X:¥2.40

G624.2　014117
小学语文试卷集　第三册/《小学语文试卷集》编写组编.—昆明:晨光出版社,1995.6.—61页;26cm
供六年制小学二年级上学期用
ISBN 7-5414-1027-6:¥1.80

G624.2　014118
小学语文试卷集　第四册/《小学语文试卷集》编写组编.—昆明:晨光出版社,1995.12.—62页;26cm
供六年制小学二年级下学期用
ISBN 7-5414-1111-6:¥2.40

G624.2　014119
小学语文水平测试:六年制:六年级　上册/林志编.—2版.—武汉:武汉出版社,1995.5.—132页;19cm
小学现行通用教材配套训练与辅导
ISBN 7-5430-0897-1:¥1.90

G624.2　014120
小学语文水平测试:六年制:五年级　上册/林志编.—2版.—武汉:武汉出版社,1995.5.—128页;19cm
小学现行通用教材配套训练与辅导
ISBN 7-5430-0896-3:¥1.90

G624.2　014121
小学语文水平测试:六年制:二年级　上册/羽强编.—2版.—武汉:武汉出版社,1995.5.—110页;19cm
小学现行通用教材配套训练与辅导
ISBN 7-5430-0893-9:¥1.70

G624.2　014122
小学语文水平测试:六年制:三年级　上册/朱皓编.—2版.—武汉:武汉出版社,1995.5.—118页;19cm
小学现行通用教材配套训练与辅导
ISBN 7-5430-0894-7:¥1.80

G624.2　014123
小学语文水平测试:六年制:四年级　上册/吴彦奇编.—2版.—武汉:武汉出版社,1995.5.—117页;19cm
小学现行通用教材配套训练与辅导
ISBN 7-5430-0895-5:¥1.80

G624.2　014124
小学语文水平测试:六年制:一年级　上册/李晋编.—2版.—武汉:武汉出版社,1995.5.—110页;19cm
小学现行通用教材配套训练与辅导
ISBN 7-5430-0892-0:¥1.70

G624.2　014125
小学语文思维训练　(10)/王立根等编.—2版.—沈阳:辽宁教育出版社,1995.12.—119页;19cm.—(思维训练丛书/苏才主编)
ISBN 7-5382-4009-8:¥3.10

G624.2　014126
小学语文思维训练　(12)/王立根编.—2版.—沈阳:辽宁教育出版社,1995.12.—142页;19cm.—(思维训练丛书/苏才主编)
ISBN 7-5382-3912-X:¥3.60

G624.2　014127
小学语文思维训练　(2)/张淑贤编.—2版.—沈阳:辽宁教育出版社,1995.12.—127页;19cm.—(思维训练丛书/苏才主编)
ISBN 7-5382-3913-8:¥3.60

G624.2　014128
小学语文思维训练　(4)/耿天珏等编.—2版.—沈阳:辽宁教育出版社,1995.12.—180页;19cm.—(思维训练丛书/苏才主编)
ISBN 7-5382-3990-1:¥4.20

G624.2　014129
小学语文思维训练　(5)/郭璧林编.—2版.—沈阳:辽宁教育出版社,1995.6.—158页;19cm.—(思维训练丛书/苏才主编)
ISBN 7-5382-3483-9:¥3.20

G624.2　014130
小学语文思维训练　(6)/郭璧林,王巨龙编.—2版.—沈阳:辽宁教育出版社,1995.12.—139页;19cm.—(思维训练丛书/苏才主编)
ISBN 7-5382-3925-1:¥3.60

G624.2　014131
小学语文思维训练　(8)/李洪谟编.—2版.—沈阳:辽宁教育出版社,1995.12.—131页;19cm.—(思维训练丛书/苏才主编)
ISBN 7-5382-3951-0:¥3.50

G624.2　014132
小学语文思维训练　(9)/王巨龙编.—2版.—沈阳:辽宁教育出版社,1995.6.—154页;19cm.—(思维训练丛书/苏才主编)
ISBN 7-5382-3481-0:¥3.20

G624.2　014133
小学语文听说训练:1~6年级/夏冰主编.—沈阳:辽宁教育出版社,1995.1.—152页;19cm
ISBN 7-5382-4012-8:¥3.25

G624.2　014134
小学语文同步单元练习册　第八册/王汝珉编.—昆明:云南教育出版社,1995.12.—58页;26cm.—(九年义务教育小学各科同步单元练习册丛书)
四年级第二学期用
ISBN 7-5415-1113-7:¥2.90

G624.2　014135
小学语文同步单元练习册　第七册/王汝珉编.—昆明:云南教育出版社,1995.6.—58页;26cm.—(九年义务教育小学各科同步单元练习册丛书)
四年级第一学期用
ISBN 7-5415-1039-4:¥2.70

G624.2　014136
小学语文同步训练 ABC:三年级/王敏仁等编.—2版.—上海:上海科学技术出版社,1995.6.—59页;

26cm.—(小学学科同步训练 ABC 丛书/崔峦主编)
ISBN 7-5323-3958-0: ¥2.80

G624.2 014137
小学语文同步训练 ABC:三年级/王敏仁等编.—3版.—上海:上海科学技术出版社,1995.12.—121页;26cm.—(小学学科同步训练 ABC 丛书/崔峦主编)
ISBN 7-5323-4191-7: ¥6.60

G624.2 014138
小学语文同步自测 ABC:三年级/慧文,晓骏编.—2版.—上海:上海科学技术出版社,1995.8.—80页;26cm.—(小学学科同步自测 ABC 丛书/崔峦主编)
ISBN 7-5323-3845-4: ¥3.50

G624.2 014139
小学语文习题集/孙冠儒主编.—合肥:安徽教育出版社,1995.4.—178页;19cm
五、六年制通用
ISBN 7-5336-1695-2: ¥3.00

G624.2 014140
小学语文习字本:H版:二年级第二学期　第二分册/上海中小学课程教材改革委员会编.—2版.—上海:上海教育出版社,1995.11.—48页;19cm
九年制义务教育课本
ISBN 7-5320-4471-8: ¥1.10

G624.2 014141
小学语文习字本:H版:二年级第一学期　第一分册.—2版.—上海:上海教育出版社,1995.6.—48页;19cm
九年制义务教育课本
ISBN 7-5320-4252-9: ¥0.75

G624.2 014142
小学语文学法指导:六年制　第九册/莫善泉主编.—桂林:漓江出版社,1995.8.—90页;19cm
ISBN 7-5407-1785-8: ¥3.00

G624.2 014143
小学语文学法指导:六年制　第七册/莫善泉主编.—桂林:漓江出版社,1995.8.—81页;19cm
ISBN 7-5407-1784-X: ¥2.80

G624.2 014144
小学语文学法指导:六年制　第三册/莫善泉主编.—桂林:漓江出版社,1995.8.—93页;19cm
ISBN 7-5407-1783-1: ¥3.00

G624.2 014145
小学语文学法指导:六年制　第十一册/莫善泉主编.—桂林:漓江出版社,1995.8.—78页;19cm
ISBN 7-5407-1786-6: ¥2.80

G624.2 014146
小学语文学法指导:六年制　第五册/莫善泉主编.—桂林:漓江出版社,1995.8.—74页;19cm
ISBN 7-5407-1812-9: ¥2.70

G624.2 014147
小学语文学法指导:五、六年制　第一册/莫善泉主编.—桂林:漓江出版社,1995.8.—89页;19cm
ISBN 7-5407-1782-3: ¥3.00

G624.2 014148
小学语文学法指导:五年制　第九册/莫善泉主编.—桂林:漓江出版社,1995.8.—98页;19cm
ISBN 7-5407-1781-5: ¥3.10

G624.2 014149
小学语文学法指导:五年制　第三册/莫善泉主编.—桂林:漓江出版社,1995.8.—106页;19cm
ISBN 7-5407-1779-3: ¥3.20

G624.2 014150
小学语文学法指导:五年制　第五册/莫善泉主编.—桂林:漓江出版社,1995.8.—72页;19cm
ISBN 7-5407-1813-7: ¥2.70

G624.2 014151
小学语文学习 100 个怎么办?/唐剑锋等主编.—北京:大众文艺出版社,1995.2.—251页;19cm
ISBN 7-80094-049-7: ¥6.50

G624.2 014152
小学语文助读练习册.—上海:上海教育出版社,1995.3.—36页;19×26cm
二年级用
ISBN 7-5320-4125-5: ¥3.10

G624.2 014153
小学语文助读练习册.—上海:上海教育出版社,1995.3.—36页;19×26cm
一年级用
ISBN 7-5320-4127-1: ¥3.10

G624.2 014154
小学语文自学辅导:六年制　第十册/全国小学语文自学辅导教学课题组编.—北京:语文出版社,1995.1.—91页;19cm
小学语文自学辅导教学改革实用书
ISBN 7-80006-930-3: ¥2.00

G624.2 014155
小学语文字词学习　第六册/郑之钧主编;文君等编写.—西安:陕西人民出版社,1995.12.—146页;19cm
九年义务教育六年制小学语文教科书辅导
ISBN 7-224-04020-7: ¥3.75

G624.2 014156
小学语文字词学习　第四册/郑之钧主编;杨晓莉,程新兴编写.—2版.—西安:陕西人民出版社,1995.12.—188页;19cm
九年义务教育六年制小学语文教科书辅导
ISBN 7-224-03720-6: ¥4.75

G624.2 014157
小学语文字词学习　第五册/郑之钧主编;刘云香等编写.—西安:陕西人民出版社,1995.7.—146页;19cm
九年义务教育六年制小学语文教科书辅导
ISBN 7-224-03906-3: ¥2.80

G624.2 014158
小学语文字词训练 200 例/候铭,范玉凤编.—太原:山西教育出版社,1995.2.—162页;19cm.—(小学语文200例丛书/马青图,任庆世主编)
ISBN 7-5440-0616-6: ¥5.00

G624.2 014159
小学语文总测验题/王毓灵编.—修订版.—兰州:甘

肃少年儿童出版社,1995.6.—150页;19cm
ISBN 7-5422-1031-9:¥4.00

G624.2 014160
小学语文总复习必读/甘肃省兰州市城关区教学研究室编.—修订版.—兰州:甘肃少年儿童出版社,1995.6.—219页;19cm
ISBN 7-5422-1028-9:¥5.30

G624.2 014161
小学语文总复习指导/江西省教委教研室编写.—南昌:江西教育出版社,1995.7.—197页;19cm
ISBN 7-5392-1989-0:¥3.35

G624.2 014162
小学语文总复习指导/江西省教委教研室编.—南昌:江西教育出版社,1995.12.—197页;19cm
ISBN 7-5392-1989-0:¥3.85

G624.2 014163
小学语文最新标准测评与训练/叶水涛主编.—南京:江苏教育出版社,1995.10.—123页;20cm
五年级用
ISBN 7-5343-2499-8:¥3.10

G624.2 014164
小学语文最新标准测评与训练:二年级/盛明珠等编.—南京:江苏教育出版社,1995.10.—82页;20cm
ISBN 7-5343-2496-3:¥2.40

G624.2 014165
小学语文最新标准测评与训练:六年级/叶水涛主编.—南京:江苏教育出版社,1995.10.—113页;20cm
ISBN 7-5343-2500-5:¥3.00

G624.2 014166
小学语文最新标准测评与训练:三年级/韩明等编.—南京:江苏教育出版社,1995.10.—122页;20cm
ISBN 7-5343-2497-1:¥3.10

G624.2 014167
小学语文最新标准测评与训练:四年级/张立荣等编.—南京:江苏教育出版社,1995.10.—115页;20cm
ISBN 7-5343-2498-X:¥3.00

G624.2 014168
小学语文最新标准测评与训练:一年级/叶水涛主编.—南京:江苏教育出版社,1995.10.—73页;20cm
ISBN 7-5343-2495-5:¥2.25

G624.2 014169
小学语文作业本 第六册/李同昌,赵景春编.—2版.—沈阳:辽宁教育出版社,1995.11.—124页;19cm
ISBN 7-5382-3866-2:¥2.90

G624.2 014170
小学语文作业本 第五册/杨香春等编.—2版.—沈阳:辽宁教育出版社,1995.4.—124页;19cm
ISBN 7-5382-2771-7:¥2.60

G624.2 014171
小学寓言评析/肖毅,畅清编.—武汉:华中理工大学出版社,1995.7.—214页;19cm
家长辅导用书
ISBN 7-5609-1152-8:¥4.60

G624.2 014172
小学字词汇编 (二)(下)/舍予编.—成都:四川辞书出版社,1995.11.—90张;19cm
ISBN 7-80543-510-3:¥3.30

G624.2 014173
小学字词汇编 (三)(下)/舍予编.—成都:四川辞书出版社,1995.11.—70张;19cm
ISBN 7-80543-511-1:¥2.70

G624.2 014174
小学字词汇编:一年级下学期/舍予编.—成都:四川辞书出版社,1995.11.—70张;19cm
ISBN 7-80543-509-X(袋装):¥2.70

G624.2 014175
写字 组词 造句/天津市教育局等单位《写字、组词、造句》编写组编.—北京:同心出版社,1995.12.—2册;19cm
二年级下学期用
ISBN 7-80593-172-0:¥5.60

G624.2 014176
新编九年义务教育六年制小学语文单元综合测试卷 第五册/《语文测试卷》编写组编.—2版.—西安:陕西人民教育出版社,1995.5.—29页;26cm
ISBN 7-5419-4723-4:¥1.40

G624.2 014177
新编九年义务教育六年制小学语文复习测试题 第八册/北京市海淀区教育局小学教研室编.—西安:陕西人民教育出版社,1995.11.—48页;26cm
ISBN 7-5419-0807-X:¥2.30

G624.2 014178
新编九年义务教育六年制小学语文复习测试题 第二册/北京市海淀区教育局小学教研室编.—2版.—西安:陕西人民教育出版社,1995.10.—44页;26cm
ISBN 7-5419-5388-1:¥2.30

G624.2 014179
新编九年义务教育六年制小学语文复习测试题 第六册/北京市海淀区教育局小学教研室编.—西安:陕西人民教育出版社,1995.11.—52页;26cm
ISBN 7-5419-0806-1:¥2.60

G624.2 014180
新编九年义务教育六年制小学语文复习测试题 第三册/北京市海淀区教育局小学教研室编.—西安:陕西人民教育出版社,1995.4.—48页;26cm
ISBN 7-5419-4466-1:¥1.90

G624.2 014181
新编九年义务教育六年制小学语文复习测试题 第十册/北京市海淀区教育局小学教研室编.—西安:陕西人民教育出版社,1995.11.—47页;26cm
ISBN 7-5419-0808-8:¥2.30

G624.2 014182
新编九年义务教育六年制小学语文复习测试题 第十二册/北京市海淀区教育局小学教研室编.—西安:陕西人民教育出版社,1995.10.—47页;26cm
ISBN 7-5419-0809-6:¥2.30

G624.2 014183
新编九年义务教育六年制小学语文复习测试题 第

四册/北京市海淀区教育局小学教研室编.—2版.—西安:陕西人民教育出版社,1995.10.—48页;26cm
ISBN 7-5419-0805-3:¥2.30

G624.2 014184
新编九年义务教育六年制小学语文复习测试题 第五册/北京市海淀区教育局小学教研室编.—西安:陕西人民教育出版社,1995.5.—43页;26cm
ISBN 7-5419-4467-X:¥1.70

G624.2 014185
新编九年义务教育六年制小学语文复习测试题 第五册/北京市海淀区教育局小学教研室编.—西安:陕西人民教育出版社,1995.5.—43页;26cm
ISBN 7-5419-4467-X:¥3.00

G624.2 014186
新编九年义务教育六年制小学语文复习测试题 第一册/北京市海淀区教育局小学教研室编.—西安:陕西人民教育出版社,1995.5.—48页;26cm
ISBN 7-5419-4457-2:¥1.90

G624.2 014187
新编九年义务教育六年制小学语文一、二册插图生字手册/董洁编.—西安:陕西人民教育出版社,1995.1.—235页;19cm
供一年级用
ISBN 7-5419-5684-8:¥6.80

G624.2 014188
新编九年义务教育五年制小学语文单元综合测试卷 第九册/《语文测试卷》编写组编.—西安:陕西人民教育出版社,1995.4.—53页;26cm
ISBN 7-5419-4752-0:¥2.30

G624.2 014189
新编九年义务教育五年制小学语文单元综合测试卷 第七册/《语文测试卷》编写组编.—西安:陕西人民教育出版社,1995.5.—54页;26cm
ISBN 7-5419-4752-0:¥2.30

G624.2 014190
新编九年义务教育五年制小学语文单元综合测试卷 第五册/《语文测试卷》编写组编.—西安:陕西人民教育出版社,1995.5.—35页;26cm
ISBN 7-5419-4776-8:¥1.60

G624.2 014191
新编九年义务教育五年制小学语文复习测试题 第二册/北京市海淀区教育局小学教研室编写.—2版.—西安:陕西人民教育出版社,1995.11.—45页;26cm
ISBN 7-5419-5386-5:¥2.30

G624.2 014192
新编九年义务教育五年制小学语文复习测试题 第六册/北京市海淀区教育局小学教研室编写.—西安:陕西人民教育出版社,1995.11.—51页;26cm
ISBN 7-5419-5252-4:¥2.40

G624.2 014193
新编九年义务教育五年制小学语文复习测试题 第三册/北京市海淀区教育局小学教研室编写.—西安:陕西人民教育出版社,1995.5.—45页;26cm
ISBN 7-5419-1008-2:¥1.90

G624.2 014194
新编九年义务教育五年制小学语文复习测试题 第四册/北京市海淀区教育局小学教研室编.—西安:陕西人民教育出版社,1995.10.—46页;26cm
ISBN 7-5419-6286-4:¥2.30

G624.2 014195
新编九年义务教育五年制小学语文复习测试题 第五册/北京市海淀区教育局小学教研室编写.—西安:陕西人民教育出版社,1995.5.—44页;26cm
ISBN 7-5419-1015-5:¥1.70

G624.2 014196
新编九年义务教育五年制小学语文复习测试题 第一册/北京市海淀区教育局小学教研室编写.—西安:陕西人民教育出版社,1995.5.—46页;26cm
ISBN 7-5419-4403-3:¥1.90

G624.2 014197
新编九年义务教育小学语文读读写写:六年制 第八册/耿道平主编.—西安:陕西人民教育出版社,1995.11.—67页;19cm
ISBN 7-5419-1845-8:¥1.70

G624.2 014198
新编九年义务教育小学语文读读写写:六年制 第二册/耿道平主编.—2版.—西安:陕西人民教育出版社,1995.11.—66页;19cm
ISBN 7-5419-5338-5:¥1.70

G624.2 014199
新编九年义务教育小学语文读读写写:六年制 第九册/耿道平主编;程新兴编写.—西安:陕西人民教育出版社,1995.5.—67页;19cm
ISBN 7-5419-0016-8:¥1.40

G624.2 014200
新编九年义务教育小学语文读读写写:六年制 第六册/耿道平主编.—西安:陕西人民教育出版社,1995.11.—79页;19cm
ISBN 7-5419-1844-X:¥1.80

G624.2 014201
新编九年义务教育小学语文读读写写:六年制 第三册/耿道平主编;邱梅英编写.—2版.—西安:陕西人民教育出版社,1995.4.—87页;19cm
ISBN 7-5419-0421-X:¥1.80

G624.2 014202
新编九年义务教育小学语文读读写写:六年制 第十册/耿道平主编;程新兴编写.—西安:陕西人民教育出版社,1995.11.—64页;19cm
ISBN 7-5419-1846-6:¥1.60

G624.2 014203
新编九年义务教育小学语文读读写写:六年制 第十二册/耿道平主编.—西安:陕西人民教育出版社,1995.11.—70页;19cm
ISBN 7-5419-1847-4:¥1.70

G624.2 014204
新编九年义务教育小学语文读读写写:六年制 第十一册/耿道平主编;杨芬毓编写.—西安:陕西人民教

育出版社,1995.5.—85 页;19cm
ISBN 7-5419-0424-4: ¥1.70

G624.2 014205
新编九年义务教育小学语文读读写写:六年制　第四册/耿道平主编;杨芬毓编写.—西安:陕西人民教育出版社,1995.11.—87 页;19cm
ISBN 7-5419-1834-1: ¥2.00

G624.2 014206
新编九年义务教育小学语文读读写写:六年制　第五册/耿道平主编;王水莲编写.—2 版.—西安:陕西人民教育出版社,1995.5.—74 页;19cm
ISBN 7-5419-0422-8: ¥1.50

G624.2 014207
新编九年义务教育小学语文读读写写:六年制　第一册/耿道平主编;程新兴编写.—西安:陕西人民教育出版社,1995.4.—65 页;19cm
ISBN 7-5419-4400-9: ¥1.40

G624.2 014208
新编九年义务教育小学语文天天练　第五册/赵苏敏主编;赵芬惠等编.—西安:陕西人民教育出版社,1995.4.—44 页;19×26cm
ISBN 7-5419-4434-3: ¥1.60

G624.2 014209
新编九年制义务教育六年制小学语文单元综合测试卷　第一册/《语文测试卷》编写组编.—2 版.—西安:陕西人民教育出版社,1995.5.—38 页;26cm
ISBN 7-5419-4725-8: ¥1.70

G624.2 014210
新编六年制小学语文单元综合测试卷　第九册/《语文测试卷》编写组编.—西安:陕西人民教育出版社,1995.5.—53 页;26cm
ISBN 7-5419-4722-2: ¥2.30

G624.2 014211
新编六年制小学语文单元综合测试卷　第七册/《语文测试卷》编写组编.—2 版.—西安:陕西人民教育出版社,1995.5.—50 页;26cm
ISBN 7-5419-4724-6: ¥2.20

G624.2 014212
新编六年制小学语文单元综合测试卷　第十一册/《语文测试卷》编写组编.—西安:陕西人民教育出版社,1995.5.—53 页;26cm
ISBN 7-5419-4726-1: ¥2.30

G624.2 014213
新编六年制小学语文单元综合测试题　第三册/《语文测试卷》编写组编.—西安:陕西人民教育出版社,1995.5.—30 页;26cm
ISBN 7-5419-4727-X: ¥1.40

G624.2 014214
新编六年制小学语文复习测试题　第九册 /北京市海淀区教育局小学教研室编.—西安:陕西人民教育出版社,1995.5.—44 页;26cm
ISBN 7-5419-4456-4: ¥1.90

G624.2 014215
新编六年制小学语文复习测试题　第七册 /北京市海淀区教育局小学教研室编.—西安:陕西人民教育出版社,1995.4.—44 页;26cm
ISBN 7-5419-1024-4: ¥1.90

G624.2 014216
新编五年制小学语文单元综合测试卷　第一册/《语文测试卷》编写组编.—西安:陕西人民教育出版社,1995.6.—32 页;26cm
ISBN 7-5419-4749-0: ¥1.40

G624.2 014217
新编五年制小学语文单元综合测试题　第三册/《语文测试卷》编写组编.—西安:陕西人民教育出版社,1995.5.—29 页;26cm
ISBN 7-5419-5778-X: ¥1.40

G624.2 014218
新编五年制小学语文复习测试题　第八册/北京市海淀区教育局小学教研室编写.—西安:陕西人民教育出版社,1995.11.—47 页;26cm
ISBN 7-5419-5253-2: ¥2.30

G624.2 014219
新编五年制小学语文复习测试题　第九册/北京市海淀区教育局小学教研室编写.—西安:陕西人民教育出版社,1995.5.—46 页;26cm
ISBN 7-5419-1025-2: ¥1.90

G624.2 014220
新编五年制小学语文复习测试题　第七册/北京市海淀区教育局小学教研室编写.—西安:陕西人民教育出版社,1995.4.—46 页;26cm
ISBN 7-5419-4474-2: ¥1.90

G624.2 014221
新编五年制小学语文复习测试题　第十册/北京市海淀区教育局小学教研室编写.—2 版.—西安:陕西人民教育出版社,1995.9.—48 页;26cm
ISBN 7-5419-5254-0: ¥2.30

G624.2 014222
新编小学生词语手册/《新编小学生词语手册》编写组编著.—成都:四川辞书出版社,1995.8.—576 页;13cm
与九年义务教育六年制小学一至六年级语文教科书配套
ISBN 7-80543-482-4(精装): ¥6.80

G624.2 014223
新编小学生词语手册:六年制/彭延新主编;崔培玉等编写.—延吉:延边人民出版社,1995.5.—682 页;13×10cm
ISBN 7-80599-296-7(精装): ¥7.00

G624.2 014224
新编小学生词语手册:六年制　第二册/吴诗寿主编;《新编小学生词语手册》编写组编.—3 版.—厦门:鹭江出版社,1995.12.—33 页;19cm
ISBN 7-80533-247-9: ¥1.50

G624.2 014225
新编小学生词语手册:六年制　第六册/吴诗寿主编;《新编小学生词语手册》编写组编.—2 版.—厦门:鹭江出版社,1995.10.—54 页;19cm

义务教育六年制小学三年级下学期

ISBN 7－80533－236－3：¥1.90

G624.2　014226

新编小学生词语手册：六年制　第四册/吴诗寿主编；《新编小学生词语手册》编写组编.—3版.—厦门：鹭江出版社，1995.12.—40页；19cm

ISBN 7－80533－248－7：¥1.70

G624.2　014227

新编小学生词语手册：六年制　第五册/《新编小学生词语手册》编写组编.—2版.—厦门：鹭江出版社，1995.5.—60页；19cm

义务教育六年制小学三年级上学期用

ISBN 7－80533－314－9：¥1.80

G624.2　014228

新编小学生词语手册：三年级/北京景山学校小学部词语手册编写组编.—北京：中国林业出版社，1995.8.—65页；13cm

五年制小学用

ISBN 7－5038－1149－8：¥1.25

G624.2　014229

新编小学生词语手册：五年制/彭延新主编；左占华等编写.—延吉：延边人民出版社，1995.5.—618页；13×10cm

ISBN 7－80599－295－9(精装)：¥6.50

G624.2　014230

新编小学生词语手册：五年制　第二册/吴诗寿主编；《新编小学生词语手册》编写组编.—3版.—厦门：鹭江出版社，1995.12.—35页；19cm

ISBN 7－80533－249－5：¥1.60

G624.2　014231

新编小学生词语手册：五年制　第六册/吴诗寿主编；《新编小学生词语手册》编写组编.—2版.—厦门：鹭江出版社，1995.10.—55页；19cm

义务教育五年制小学三年级下学期

ISBN 7－80533－251－7：¥2.00

G624.2　014232

新编小学生词语手册：五年制　第四册/吴诗寿主编；《新编小学生词语手册》编写组编.—3版.—厦门：鹭江出版社，1995.12.—37页；19cm

ISBN 7－80533－250－9：¥1.60

G624.2　014233

新编小学生词语手册：五年制　第五册/《新编小学生词语手册》编写组编.—2版.—厦门：鹭江出版社，1995.5.—64页；19cm

义务教育五年制小学三年级上学期用

ISBN 7－80533－320－3：¥1.90

G624.2　014234

新编小学生语文学习手册/刘书章等编.—广州：新世纪出版社，1995.5.—191页；19cm

ISBN 7－5405－0620－2：¥4.50

G624.2　014235

新编小学语文字词句、段落·篇章简明分析：三年级　第五册/李伦编写.—北京：蓝天出版社，1995.7.—104页；19cm

ISBN 7－80081－584－6：¥3.50

G624.2　014236

新编小学生字词手册　第八册/《新编小学生字词手册》编写组编.—成都：四川辞书出版社，1995.12.—100页；19cm

配合九年义务教育六年制小学语文教材使用：人教版

ISBN 7－80543－447－6：¥2.95

G624.2　014237

新编小学生字词手册　第六册/《新编小学生字词手册》编写组编.—成都：四川辞书出版社，1995.12.—132页；19cm

配合九年义务教育六年制小学语文教材使用：人教版

ISBN 7－80543－447－6：¥2.95

G624.2　014238

新编小学生字词手册　第十册/《新编小学生字词手册》编写组编.—成都：四川辞书出版社，1995.12.—116页；19cm

配合九年义务教育六年制小学语文教材使用：人教版

ISBN 7－80543－447－6：¥2.95

G624.2　014239

新编小学生字词手册　第十二册/《新编小学生字词手册》编写组编.—成都：四川辞书出版社，1995.12.—105页；19cm

配合九年义务教育六年制小学语文教材使用：人教版

ISBN 7－80543－447－6：¥2.95

G624.2　014240

新编小学语文词语手册/张一潜主编；李晓燕等编写.—2版.—西安：陕西人民教育出版社，1995.12.—769页；13cm

ISBN 7－5419－5756－9：¥9.80

G624.2　014241

新编小学语文词语手册　第八册/《新编小学语文词语手册》编写组编.—南昌：江西教育出版社，1995.12.—117页；19cm

ISBN 7－5392－2377－4：¥2.75

G624.2　014242

新编小学语文词语手册　第九册/《新编小学语文词语手册》编写组编.—南昌：江西教育出版社，1995.7.—69页；19cm

ISBN 7－5392－2282－4：¥1.30

G624.2　014243

新编小学语文词语手册　第六册/《新编小学语文词语手册》编写组编.—南昌：江西教育出版社，1995.12.—56页；19cm

ISBN 7－5392－2616－1：¥1.60

G624.2　014244

新编小学语文词语手册　第七册/《新编小学语文词语手册》编写组编.—南昌：江西教育出版社，1995.7.—102页；19cm

ISBN 7－5392－2285－9：¥1.95

G624.2　014245
新编小学语文词语手册　第三册/《新编小学语文词语手册》编写组编.—南昌:江西教育出版社,1995.7.—102页;19cm
ISBN 7-5392-2281-6:¥1.90

G624.2　014246
新编小学语文词语手册　第三册/《新编小学语文词语手册》编写组编.—海口:海南出版社,1995.7.—99页;19cm
供小学二年一期学生用
ISBN 7-80617-690-X:¥2.95

G624.2　014247
新编小学语文词语手册　第四册/《新编小学语文词语手册》编写组编.—南昌:江西教育出版社,1995.12.—146页;19cm
ISBN 7-5392-2376-6:¥3.25

G624.2　014248
新编小学语文词语手册　第五册/《新编小学语文词语手册》编写组编.—南昌:江西教育出版社,1995.7.—55页;19cm
ISBN 7-5392-2589-0:¥1.50

G624.2　014249
新编小学语文词语手册　第五册/《新编小学语文词语手册》编写组编.—2版.—海口:海南出版社,1995.7.—102页;19cm
供小学三年一期学生用
ISBN 7-80617-691-8:¥2.95

G624.2　014250
新编小学语文词语手册　第一册/《新编小学语文词语手册》编写组编.—南昌:江西教育出版社,1995.7.—41页;19cm
ISBN 7-5392-2284-0:¥1.20

G624.2　014251
新编小学语文词语手册　第一册/《新编小学语文词语手册》编写组编.—海口:海南出版社,1995.7.—42页;19cm
供小学一年一期学生用
ISBN 7-80617-689-6:¥1.50

G624.2　014252
新编小学语文词语手册　第一册/《新编小学语文词语手册》编写组编.—海口:海南出版社,1995.7.—42页;19cm
供小学一年一期学生用
ISBN 7-80617-009-X:¥1.20

G624.2　014253
新编小学语文单元自测:五年级上学期/《新编小学语文单元自测》编写组编.—南昌:江西教育出版社,1995.7.—43页;19cm
ISBN 7-5392-1969-6:¥1.65

G624.2　014254
新编小学语文精练　第八册/《新编小学语文精练》编写组编.—南昌:江西教育出版社,1995.12.—109页;19cm
ISBN 7-5392-2480-4:¥2.45

G624.2　014255
新编小学语文精练　第二册/《新编小学语文精练》编写组编.—南昌:江西教育出版社,1995.12.—95页;19cm
ISBN 7-5392-2461-2:¥2.20

G624.2　014256
新编小学语文精练　第九册/《新编小学语文精练》编写组编.—南昌:江西教育出版社,1995.7.—109页;19cm
ISBN 7-5392-2570-X:¥1.65

G624.2　014257
新编小学语文精练　第九册/《新编小学语文精练》编写组编.—南昌:江西教育出版社,1995.5.—109页;19cm
ISBN 7-5392-2570-X:¥2.45

G624.2　014258
新编小学语文精练　第六册/《新编小学语文精练》编写组编.—南昌:江西教育出版社,1995.12.—87页;19cm
ISBN 7-5392-2478-5:¥2.15

G624.2　014259
新编小学语文精练　第七册/《新编小学语文精练》编写组编.—南昌:江西教育出版社,1995.7.—100页;19cm
ISBN 7-5392-2569-6:¥1.65

G624.2　014260
新编小学语文精练　第三册/《新编小学语文精练》编写组编.—南昌:江西教育出版社,1995.7.—127页;19cm
ISBN 7-5392-2567-X:¥2.05

G624.2　014261
新编小学语文精练　第十册/《新编小学语文精练》编写组编.—南昌:江西教育出版社,1995.12.—106页;19cm
ISBN 7-5392-2484-3:¥2.45

G624.2　014262
新编小学语文精练　第四册/《新编小学语文精练》编写组编.—南昌:江西教育出版社,1995.12.—88页;19cm
ISBN 7-5392-2460-6:¥2.05

G624.2　014263
新编小学语文精练　第四册/《新编小学语文精练》编写组编.—南昌:江西教育出版社,1995.12.—88页;19cm
ISBN 7-5392-2460-6:¥2.00

G624.2　014264
新编小学语文精练　第五册:三年级上学期/《新编小学语文精练》编写组编.—南昌:江西教育出版社,1995.7.—90页;19cm
ISBN 7-5392-2568-8:¥1.65

G624.2　014265
新编小学语文精练　第一册/《新编小学语文精练》编写组编.—南昌:江西教育出版社,1995.7.—116页;19cm

ISBN 7-5392-2566-1:¥1.60

G624.2　　014266

新编小学语文同步模拟试题:H版:三年级/陈以德等编写.—南昌:21世纪出版社,1995.7.—66页;26cm

适合上海和发达地区使用

ISBN 7-5391-0922-X:¥6.50

G624.2　　014267

新编小学语文同步模拟试题:S版:三年级/曹美霖编写.—南昌:21世纪出版社,1995.7.—66页;26cm

适合上海和发达地区使用

ISBN 7-5391-0921-1:¥6.50

G624.2　　014268

新编小学语文同步模拟试题:四年级/曹美霖等编.—南昌:21世纪出版社,1995.7.—82页;26cm

适合上海和发达地区使用

ISBN 7-5391-0924-6:¥7.80

G624.2　　014269

新编小学语文同步模拟试题:五年级/鲁慧茹等编.—南昌:21世纪出版社,1995.7.—80页;26cm

适合上海和发达地区使用

ISBN 7-5391-0926-2:¥7.80

G624.2　　014270

新编小学语文字·词·句·段·篇·章手册:六年制:五、六年级/彭延新主编;宋宇春等编写.—延吉:延边人民出版社,1995.5.—2册;19cm

ISBN 7-80599-281-9:¥8.30

G624.2　　014271

新编小学语文字词句·段落·篇章简明分析/李伦等编写.—北京:蓝天出版社,1995.7.—150页;19cm

ISBN 7-80081-584-6:¥3.50

G624.2　　014272

新编小学语文字词句·段落·篇章简明分析:四年级第七册/靳勇建等编写.—北京:蓝天出版社,1995.7.—124页;19cm

ISBN 7-80081-584-6:¥3.50

G624.2　　014273

新编小学语文字词句·段落·篇章简明分析:五年级第九册/靳勇建等编写.—北京:蓝天出版社,1995.7.—125页;19cm

ISBN 7-80081-584-6:¥3.50

G624.2　　014274

新编小学语文字词句·段落·篇章简明分析:一年级第一、二册/李伦等编写.—北京:蓝天出版社,1995.7.—110页;19cm

ISBN 7-80081-584-6:¥3.50

G624.2　　014275

新编语文单元水平测试与辅导:三年级第一学期/《自习丛书》编写组编.—广州:新世纪出版社,1995.7.—50页;19cm.—(义务教育<六年制>小学生自习丛书)

ISBN 7-5405-0584-2:¥1.90

G624.2　　014276

学会读写　第九册.—2版.—成都:四川教育出版社,1995.6.—92页;19cm.—(学法指导丛书)

ISBN 7-5408-2617-7:¥2.10

G624.2　　014277

学会读写　第七册.—2版.—成都:四川教育出版社,1995.6.—73页;19cm.—(学法指导丛书)

ISBN 7-5408-2618-5:¥1.75

G624.2　　014278

学会读写　第三册.—2版.—成都:四川教育出版社,1995.6.—106页;19cm.—(学法指导丛书)

ISBN 7-5408-2621-5:¥2.45

G624.2　　014279

学会读写　第十一册.—2版.—成都:四川教育出版社,1995.6.—77页;19cm.—(学法指导丛书)

ISBN 7-5408-2622-3:¥1.84

G624.2　　014280

学会读写　第五册.—2版.—成都:四川教育出版社,1995.6.—116页;19cm.—(学法指导丛书)

ISBN 7-5408-2619-3:¥2.63

G624.2　　014281

学会读写　第一册.—2版.—成都:四川教育出版社,1995.6.—101页;19cm.—(学法指导丛书)

ISBN 7-5408-2620-7:¥2.36

G624.2　　014282

学语文:九年义务教育五年制小学:二年级　第三册/晓晨主编;王容等编.—5版.—天津:天津教育出版社,1995.7.—48页;26cm.—(求知系列丛书)

ISBN 7-5309-1243-7:¥2.20

G624.2　　014283

学语文:九年义务教育五年制小学:二年级　第四册/晓晨主编.—4版.—天津:天津教育出版社,1995.2.—56页;26cm.—(求知系列丛书)

ISBN 7-5309-1340-9:¥2.10

G624.2　　014284

学语文:九年义务教育五年制小学:三年级　第五册/晓晨主编;王容等编.—5版.—天津:天津教育出版社,1995.7.—48页;26cm.—(求知系列丛书)

ISBN 7-5309-1245-3:¥2.20

G624.2　　014285

学语文:九年义务教育五年制小学:一年级　第二册/晓晨主编.—4版.—天津:天津教育出版社,1995.2.—48页;26cm.—(求知系列丛书)

ISBN 7-5309-1339-5:¥1.80

G624.2　　014286

学语文:九年义务教育五年制小学:一年级　第一册/晓晨主编;王容等编.—5版.—天津:天津教育出版社,1995.7.—47页;26cm.—(求知系列丛书)

ISBN 7-5309-1241-0:¥2.20

G624.2　　014287

学语文:六年制小学:六年级　第十一册/晓晨主编;王容等编.—5版.—天津:天津教育出版社,1995.7.—48页;26cm.—(求知系列丛书)

ISBN 7-5309-1240-2:¥2.20

G624.2　　014288

学语文:六年制小学:三年级　第六册/晓晨主编.—4版.—天津:天津教育出版社,1995.2.—47页;

26cm.—(求知系列丛书)

ISBN 7-5309-1341-7: ¥1.80

G624.2 014289

学语文:六年制小学:三年级　第十二册/晓晨主编.—4版.—天津:天津教育出版社,1995.2.—47页;26cm.—(求知系列丛书)

ISBN 7-5309-1344-1: ¥1.80

G624.2 014290

学语文:六年制小学:四年级　第八册/晓晨主编.—4版.—天津:天津教育出版社,1995.2.—49页;26cm.—(求知系列丛书)

ISBN 7-5309-1342-5: ¥1.95

G624.2 014291

学语文:六年制小学:四年级　第七册/晓晨主编;王容等编.—5版.—天津:天津教育出版社,1995.7.—38页;26cm.—(求知系列丛书)

ISBN 7-5309-1238-0: ¥1.95

G624.2 014292

学语文:六年制小学:五年级　第九册/晓晨主编;王容等编.—5版.—天津:天津教育出版社,1995.7.—44页;26cm.—(求知系列丛书)

ISBN 7-5309-1239-9: ¥2.20

G624.2 014293

学语文:六年制小学:五年级　第十册/晓晨主编.—4版.—天津:天津教育出版社,1995.2.—48页;26cm.—(求知系列丛书)

ISBN 7-5309-1343-3: ¥1.80

G624.2 014294

谚语·歇后语/张岩,张琪玉选编;孙小嘉,李晓雯绘.—济南:明天出版社,1995.4.—154页;20cm.—(全国小学生课外丛书/李仲汉主编)

全套120册,总定价:385.00元

ISBN 7-5332-2142-7: ¥0.00

G624.2 014295

一年级语文学与玩/郭涵业,陈静逊主编;梁丽玲编.—上海:少年儿童出版社,1995.4.—144页;19cm

ISBN 7-5324-2732-3: ¥6.00

G624.2 014296

义务教育六年制小学(人教版)最新小学语文词语手册:二年级/张贵秀主编.—重庆:重庆出版社,1995.7.—88页;13×10cm

ISBN 7-5366-3179-0: ¥1.50

G624.2 014297

义务教育六年制小学第五册语文单元自测/《义务教育六年制小学第五册语文单元自测》编写组编.—2版.—郑州:海燕出版社,1995.5.—48页;26cm

ISBN 7-5350-1150-0: ¥1.37

G624.2 014298

义务教育六年制小学二年级第一学期语文达纲训练/《义务教育六年制小学二年级第一学期语文达纲训练》编写组编.—广州:广东人民出版社,1995.8.—91页;19cm

ISBN 7-218-01834-3: ¥2.30

G624.2 014299

义务教育六年制小学课本语文第六册小学生生字卡片/辽宁教育学院编.—2版.—沈阳:辽宁教育出版社,1995.10.—1册;13×19cm

ISBN 7-5382-1273-6: ¥1.75

G624.2 014300

义务教育六年制小学语文　第八册/韩祖鸿编写.—杭州:浙江教育出版社,1995.10.—60页;26cm.—(同步练习丛书)

ISBN 7-5338-2208-0: ¥4.00

G624.2 014301

义务教育六年制小学语文　第六册/王太编写.—杭州:浙江教育出版社,1995.10.—48页;26cm.—(同步练习丛书)

ISBN 7-5338-2207-2: ¥3.40

G624.2 014302

义务教育六年制小学语文　第六册/江苏省教委教研室编.—南京:江苏教育出版社,1995.12.—61页;19cm

学习指导用书

ISBN 7-5343-2541-2: ¥1.70

G624.2 014303

义务教育六年制小学语文　第七册/李泽哲编写.—杭州:浙江教育出版社,1995.6.—45页;26cm.—(同步练习丛书)

ISBN 7-5338-1991-8: ¥2.25

G624.2 014304

义务教育六年制小学语文　第五册/江苏省教委教研室编.—南京:江苏教育出版社,1995.7.—61页;19cm

学习指导用书

ISBN 7-5343-2373-8: ¥1.45

G624.2 014305

义务教育六年制小学语文　第五册/方映西编写.—杭州:浙江教育出版社,1995.6.—53页;26cm.—(同步练习丛书)

ISBN 7-5338-1999-3: ¥2.30

G624.2 014306

义务教育六年制小学语文词语手册　第八册/杨荔玲编.—杭州:浙江教育出版社,1995.12.—110页;19cm

ISBN 7-5328-2303-6: ¥3.00

G624.2 014307

义务教育六年制小学语文词语手册　第六册/唐淑华,倪宗红编写.—杭州:浙江教育出版社,1995.12.—99页;19cm

ISBN 7-5338-2271-4: ¥2.80

G624.2 014308

义务教育六年制小学语文词语手册　第七册/朱凤仙等编.—杭州:浙江教育出版社,1995.7.—89页;19cm

ISBN 7-5338-2125-4: ¥2.55

G624.2 014309

义务教育六年制小学语文词语手册　第五册/王燕骅,宓晓安编写.—杭州:浙江教育出版社,1995.6.—

90 页;19cm

ISBN 7-5338-2082-7:￥1.85

G624.2　014310

义务教育六年制小学语文单元测试卷　第六册/肖平主编;张颖,李岩编.—2 版.—沈阳:辽宁教育出版社,1995.11.—48 页;26cm

ISBN 7-5382-3755-0:￥2.60

G624.2　014311

义务教育六年制小学语文单元测试卷　第三册/肖平主编;张颖编.—沈阳:辽宁教育出版社,1995.4.—56 页;26cm

ISBN 7-5382-3528-0:￥2.20

G624.2　014312

义务教育六年制小学语文单元测试卷　第十一册/肖平主编;康晶,程蕊编.—2 版.—沈阳:辽宁教育出版社,1995.4.—56 页;26cm

ISBN 7-5382-2836-5:￥2.20

G624.2　014313

义务教育六年制小学语文单元测试卷　第五册/肖平主编;张国安等编.—2 版.—沈阳:辽宁教育出版社,1995.6.—56 页;26cm

ISBN 7-5382-2838-1:￥2.20

G624.2　014314

义务教育六年制小学语文单元测试卷　第一册/肖平主编;张颖编.—2 版.—沈阳:辽宁教育出版社,1995.4.—56 页;26cm

ISBN 7-5382-3406-3:￥2.20

G624.2　014315

义务教育六年制小学语文第八册单元测试:AB 卷/徐汉民,程君编写.—杭州:浙江教育出版社,1995.12.—60 页;26cm

ISBN 7-5338-2283-8:￥3.80

G624.2　014316

义务教育六年制小学语文第六册生字生词卡片/山东省教研室编著.—济南:山东美术出版社,1995.10.—74 张;19cm

学生用

ISBN 7-5330-0933-9:￥3.40

G624.2　014317

义务教育六年制小学语文第七册单元测试:AB 卷/张励编写.—杭州:浙江教育出版社,1995.6.—56 页;26cm

ISBN 7-5338-2097-5:￥2.50

G624.2　014318

义务教育六年制小学语文第五册生字生词卡片/山东省教研室编著.—济南:山东美术出版社,1995.5.—38 张;13×19cm

学生用

ISBN 7-5330-0889-8:￥2.70

G624.2　014319

义务教育六年制小学语文基础知识和训练　第三册/《语文基础知识和训练》编写组编.—2 版.—广州:广东科技出版社,1995.7.—119 页;19cm

ISBN 7-5359-1138-2:￥2.70

G624.2　014320

义务教育六年制小学语文基础知识和训练　第五册/《语文基础知识和训练》编写组编.—2 版.—广州:广东科技出版社,1995.7.—123 页;19cm

ISBN 7-5359-1139-0:￥2.70

G624.2　014321

义务教育六年制小学语文基础知识和训练　第一册/《语文基础知识和训练》编写组编.—2 版.—广州:广东科技出版社,1995.7.—103 页;19cm

ISBN 7-5359-1136-6:￥2.40

G624.2　014322

义务教育六年制小学语文练习册　第六册/王宇,刘奇文主编;晓玉等编.—2 版.—沈阳:辽宁教育出版社,1995.12.—87 页;19cm

三年级下学期用

ISBN 7-5382-2511-0:￥2.30

G624.2　014323

义务教育六年制小学语文练习册　第五册/王宇,刘奇文主编;晓玉等编.—2 版.—沈阳:辽宁教育出版社,1995.5.—92 页;19cm

三年级上学期用

ISBN 7-5382-2194-8:￥2.10

G624.2　014324

义务教育六年制小学语文练习与测试　第六册/《语文练习与测试》编写组编.—2 版.—南京:江苏教育出版社,1995.12.—122 页;19cm

ISBN 7-5343-1617-0:￥2.85

G624.2　014325

义务教育六年制小学语文练习与测试　第五册/《语文练习与测试》编写组编.—2 版.—南京:江苏教育出版社,1995.6.—133 页;19cm

ISBN 7-5343-1697-9:￥3.30

G624.2　014326

义务教育六年制小学语文生字抄写本　第六册/浙江少年儿童出版社编.—杭州:浙江少年儿童出版社,1995.11.—24 页;19cm

ISBN 7-5342-1369-X:￥1.10

G624.2　014327

义务教育六年制小学语文生字书写本　第六册/辛晓,薛志编.—福州:福建人民出版社,1995.12.—2 册;19cm

ISBN 7-211-02629-4:￥1.85

G624.2　014328

义务教育六年制小学语文生字书写本　第五册/方发柠,辛晓编写.—福州:福建人民出版社,1995.6.—2 册;19cm

ISBN 7-211-02483-6:￥1.50

G624.2　014329

义务教育六年制小学语文试卷　第三册/《小学语文试卷》编写组编.—3 版.—南京:江苏教育出版社,1995.6.—26 页;26cm

ISBN 7-5343-1732-0:￥1.55

G624.2　014330

义务教育六年制小学语文智能训练自选题库:三年

级第二学期/《语文智能训练自选题库》编写组编.—2版.—广州:广东教育出版社,1995.12.—177页;19cm

ISBN 7-5406-3099-X:¥4.30

G624.2　014331

义务教育六年制小学语文字词练习本　第三册　第二分册/湖南教育出版社编.—2版.—长沙:湖南教育出版社,1995.5.—48页;19cm

ISBN 7-5355-1102-3:¥1.30

G624.2　014332

义务教育六年制小学语文字词练习本　第三册　第一分册/湖南教育出版社编.—2版.—长沙:湖南教育出版社,1995.5.—48页;19cm

ISBN 7-5355-1101-5:¥1.30

G624.2　014333

义务教育六年制小学语文作业本　第九册(1)/浙江省教委教研室编.—杭州:浙江教育出版社,1995.3.—33页;19cm

ISBN 7-5338-1964-0:¥0.80

G624.2　014334

义务教育六年制小学语文作业本　第九册(2)/吴友之等编写;浙江省教委教研室编.—杭州:浙江教育出版社,1995.3.—29页;19cm

ISBN 7-5338-1965-9:¥0.75

G624.2　014335

义务教育六年制小学语文作业本　第十册(1)/浙江省教委教研室编.—杭州:浙江教育出版社,1995.11.—52页;19cm

ISBN 7-5338-2185-8:¥1.75

G624.2　014336

义务教育六年制小学语文作业本　第十册(2)/浙江省教委教研室编.—杭州:浙江教育出版社,1995.11.—44页;19cm

ISBN 7-5338-2186-6:¥1.55

G624.2　014337

义务教育六年制最新小学词语手册　第六册/《教学与研究》丛书编写组编.—2版.—海口:海南出版社,1995.12.—70页;19cm

ISBN 7-80590-875-3:¥1.90

G624.2　014338

义务教育蒙古族小学汉语文同步训练　(5)/丁培忠,乐土编.—呼和浩特:内蒙古教育出版社,1995.5.—92页;19cm

ISBN 7-5311-2558-7:¥2.05

G624.2　014339

义务教育五六年制小学二年级语文看图说话写话的指导与训练/宫汝惠编著.—北京:华文出版社,1995.6.—142页;19cm

ISBN 7-5075-0450-6:¥3.80

G624.2　014340

义务教育五六年制小学一年级语文看图说话写话的指导与训练/宫汝惠编著.—北京:华文出版社,1995.6.—131页;19cm

ISBN 7-5075-0449-2:¥3.60

G624.2　014341

义务教育五年制小学复式教材语文练习册　第一册/小学复式教材编写委员会编著.—石家庄:河北教育出版社,1995.7.—98页;19cm

ISBN 7-5434-2367-7:¥1.65

G624.2　014342

义务教育五年制小学语文　第六册/韦眉子编写.—杭州:浙江教育出版社,1995.11.—83页;26cm.—(同步练习丛书)

ISBN 7-5338-2197-1:¥5.00

G624.2　014343

义务教育五年制小学语文(人教版)解词析字　第八册/《解词析字》编写组编.—福州:海峡文艺出版社,1995.2.—46页;19cm

ISBN 7-80534-752-2:¥1.60

G624.2　014344

义务教育五年制小学语文词语手册　第六册/唐淑华等编写.—杭州:浙江教育出版社,1995.12.—116页;19cm

ISBN 7-5338-2289-7:¥3.15

G624.2　014345

义务教育五年制小学语文词语手册　第七册/王百英等编.—杭州:浙江教育出版社,1995.7.—103页;19cm

ISBN 7-5338-2135-1:¥2.60

G624.2　014346

义务教育五年制小学语文词语手册　第五册/王燕骅,屠蔷编写.—杭州:浙江教育出版社,1995.6.—97页;19cm

ISBN 7-5338-2087-8:¥2.00

G624.2　014347

义务教育五年制小学语文达纲基础训练:二年级第一学期/《语文达纲基础训练》编写组编.—广州:广东人民出版社,1995.6.—63页;19cm

ISBN 7-218-01891-2:¥2.55

G624.2　014348

义务教育五年制小学语文达纲基础训练:三年级第一学期/《语文达纲基础训练》编写组编.—广州:广东人民出版社,1995.6.—71页;19cm

ISBN 7-218-01892-0:¥2.85

G624.2　014349

义务教育五年制小学语文达纲基础训练:四年级第一学期/《语文达纲基础训练》编写组编.—广州:广东人民出版社,1995.6.—70页;19cm

ISBN 7-218-01893-9:¥3.00

G624.2　014350

义务教育五年制小学语文达纲基础训练:五年级第一学期/《语文达纲基础训练》编写组编.—广州:广东人民出版社,1995.6.—77页;19cm

ISBN 7-218-01894-7:¥3.00

G624.2　014351

义务教育五年制小学语文达纲基础训练:一年级第一学期/《语文达纲基础训练》编写组编.—广州:广东人民出版社,1995.6.—87页;19cm

ISBN 7-218-01890-4:¥3.60

G624.2　014352
义务教育五年制小学语文单元测试:AB卷　第六册/马乐编.—杭州:浙江教育出版社,1995.11.—48页;26cm
ISBN 7-5338-1884-9:¥3.00

G624.2　014353
义务教育五年制小学语文单元测试:AB卷 第五册/张弛编.—杭州:浙江教育出版社,1995.6.—44页;26cm
ISBN 7-5338-2040-1:¥2.06

G624.2　014354
义务教育五年制小学语文单元测试卷　第二册/肖平主编;王立根编.—2版.—沈阳:辽宁教育出版社,1995.11.—24页;26cm
ISBN 7-5382-3892-1:¥2.60

G624.2　014355
义务教育五年制小学语文单元测试卷　第六册/宋平主编;穆敏编.—2版.—沈阳:辽宁教育出版社,1995.11.—56页;26cm
ISBN 7-5382-3783-6:¥2.60

G624.2　014356
义务教育五年制小学语文单元测试卷　第七册/宋平主编;张敏等编.—2版.—沈阳:辽宁教育出版社,1995.5.—56页;26m
ISBN 7-5382-2879-9:¥2.20

G624.2　014357
义务教育五年制小学语文单元测试卷　第三册/宋平主编;李岩编.—2版.—沈阳:辽宁教育出版社,1995.5.—56页;26m
ISBN 7-5382-3529-9:¥2.20

G624.2　014358
义务教育五年制小学语文单元测试卷　第五册/宋平主编;穆敏,张颖编.—2版.—沈阳:辽宁教育出版社,1995.5.—56页;26cm
ISBN 7-5382-2908-6:¥2.00

G624.2　014359
义务教育五年制小学语文单元测试卷　第一册/宋平主编;梁士媛编.—2版.—沈阳:辽宁教育出版社,1995.5.—28册;26cm
ISBN 7-5382-2907-8:¥2.20

G624.2　014360
义务教育五年制小学语文单元水平测试与辅导:三年级第二学期/《语文单元水平测试与辅导》编写组编.—广州:广东教育出版社,1995.10.—104页;19cm
ISBN 7-5406-3493-6:¥3.05

G624.2　014361
义务教育五年制小学语文单元水平测试与辅导:一年级第二学期/语文单元水平测试与辅导编写组编.—广州:广东教育出版社,1995.10.—59页;19cm
ISBN 7-5406-3379-4:¥1.90

G624.2　014362
义务教育五年制小学语文第六册生字生词卡片/山东省教研室编著.—济南:山东美术出版社,1995.10.—80张;19cm
学生用
ISBN 7-5330-0932-0:¥3.65

G624.2　014363
义务教育五年制小学语文第五册生字生词卡片/山东省教研室编著.—济南:山东美术出版社,1995.5.—41张;13×19cm
学生用
ISBN 7-5330-0893-6:¥2.80

G624.2　014364
义务教育五年制小学语文练习册　第五册/河南省义务教育五年制小学语文教材编写组编.—郑州:海燕出版社,1995.6.—108页;19cm
ISBN 7-5350-1288-4:¥1.44

G624.2　014365
义务教育五年制小学语文练习与测试　第六册/《语文练习与测试》编写组编.—2版.—南京:江苏教育出版社,1995.12.—131页;19cm
ISBN 7-5343-1607-3:¥2.65

G624.2　014366
义务教育五年制小学语文练习与测试　第五册/《语文练习与测试》编写组编.—3版.—南京:江苏教育出版社,1995.6.—125页;20cm
ISBN 7-5343-1692-8:¥2.50

G624.2　014367
义务教育五年制小学语文期末总复习测试卷　第九册/宋平等编.—2版.—沈阳:辽宁教育出版社,1995.5.—40页;26cm
ISBN 7-5382-2133-6:¥1.60

G624.2　014368
义务教育五年制小学语文期末总复习测试卷　第六册/宋平主编;王正伟等编.—2版.—沈阳:辽宁教育出版社,1995.11.—40页;26cm
ISBN 7-5382-3745-3:¥2.00

G624.2　014369
义务教育五年制小学语文期末总复习测试卷　第五册　/穆敏编.—2版.—沈阳:辽宁教育出版社,1995.5.—40页;26cm
ISBN 7-5382-2170-0:¥1.60

G624.2　014370
义务教育五年制小学语文期末总复习测试卷　第一册/宋平主编;梁淑媛编.—2版.—沈阳:辽宁教育出版社,1995.5.—24页;26cm
ISBN 7-5382-2168-9:¥1.90

G624.2　014371
义务教育五年制小学语文生字抄写本　第六册/浙江少年儿童出版社编.—杭州:浙江少年儿童出版社,1995.11.—32页;19cm
ISBN 7-5342-1364-9:¥1.20

G624.2　014372
义务教育五年制小学语文生字书写本　第六册/辛晓,薛志编.—福州:福建人民出版社,1995.12.—2册;19cm
ISBN 7-211-02630-8:¥2.10

G624.2　014373

义务教育五年制小学语文生字书写本　第五册/方发柠,辛晓编写.—福州:福建人民出版社,1995.7.—2册;19cm
ISBN 7-211-02482-8:¥1.50

G624.2　014374
义务教育五年制小学语文试卷　第六册/《小学语文试卷》编写组编.—3版.—南京:江苏教育出版社,1995.12.—52页;26cm
ISBN 7-5343-1934-X:¥3.10

G624.2　014375
义务教育五年制小学语文试卷　第五册/《小学语文试卷》编写组编.—3版.—南京:江苏教育出版社,1995.6.—46页;26cm
ISBN 7-5343-1728-2:¥2.55

G624.2　014376
义务教育五年制小学语文同步练习　第五册/韦眉子编写.—杭州:浙江教育出版社,1995.6.—87页;26cm.—(同步练习丛书)
ISBN 7-5338-2000-2:¥5.10

G624.2　014377
义务教育五年制小学语文作业本　第八册(1)/浙江省教委教研室编.—杭州:浙江教育出版社,1995.12.—44页;19cm
ISBN 7-5338-2267-6:¥1.55

G624.2　014378
义务教育五年制小学语文作业本　第八册(2)/浙江省教委教研室编.—杭州:浙江教育出版社,1995.12.—56页;19cm
ISBN 7-5338-2268-4:¥1.90

G624.2　014379
义务教育五年制小学语文作业本　第七册(1)/浙江省教委教研室编.—杭州:浙江教育出版社,1995.6.—57页;19cm
ISBN 7　5338-2050-9:¥1.25

G624.2　014380
义务教育五年制小学语文作业本　第七册(2)/浙江省教委教研室编.—杭州:浙江教育出版社,1995.6.—58页;19cm
ISBN 7-5338-2051-7:¥1.25

G624.2　014381
义务教育小学汉语文　第二册:写字/东北朝鲜民族教育出版社汉语文编辑室编.—延吉:东北朝鲜民族教育出版社,1995.11.—44页;20cm
ISBN 7-5437-2262-3:¥1.10

G624.2　014382
义务教育小学汉语文　第六册:写字/东北朝鲜民族教育出版社汉语文编辑室编.—延吉:东北朝鲜民族教育出版社,1995.9.—100页;20cm
ISBN 7-5437-2265-8:¥2.25

G624.2　014383
义务教育小学汉语文　第三册:写字/东北朝鲜民族教育出版社汉语文编辑室编.—延吉:东北朝鲜民族教育出版社,1995.5.—57页;19cm
ISBN 7-5437-2172-4:¥1.00

G624.2　014384
义务教育小学汉语文　第四册:写字/东北朝鲜民族教育出版社汉语文编辑室编　.—延吉:东北朝鲜民族教育出版社,1995.9.—67页;20cm
ISBN 7-5437-2247-X:¥1.60

G624.2　014385
义务教育小学汉语文　第五册:写字/东北朝鲜民族教育出版社汉语文编辑室编.—延吉:东北朝鲜民族教育出版社,1995.5.—107页;19cm
ISBN 7-5437-2173-2:¥1.65

G624.2　014386
义务教育小学汉语文单元测试:AB卷　第二册/东北朝鲜民族教育出版社汉语文编辑室编.—延吉:东北朝鲜民族教育出版社,1995.2.—64页;26cm
ISBN 7-5437-2155-4:¥3.50

G624.2　014387
义务教育小学汉语文单元测试:AB卷　第三册/东北朝鲜民族教育出版社汉语文编辑室编.—延吉:东北朝鲜民族教育出版社,1995.7.—62页;26cm
ISBN 7-5437-2155-4:¥3.50

G624.2　014388
义务教育小学汉语文单元测试:AB卷　第四册/东北朝鲜民族教育出版社汉语文编辑室编.—延吉:东北朝鲜民族教育出版社,1995.2.—79页;26cm
ISBN 7-5437-2164-3:¥3.50

G624.2　014389
义务教育小学汉语文单元测试:AB卷　第五册/东北朝鲜民族教育出版社汉语文编辑室编.—延吉:东北朝鲜民族教育出版社,1995.7.—62页;26cm
ISBN 7-5437-2203-8:¥3.50

G624.2　014390
义务教育小学汉语文单元训练　第六册/东北朝鲜民族教育出版社汉语文编辑室编.—延吉:东北朝鲜民族教育出版社,1995.12.—60页;26cm
ISBN 7-5437-2329-8:¥3.50

G624.2　014391
义务教育小学语文期末总复习测试卷　第六册/《义务教育小学语文期末总复习测试卷》编写组编.—2版.—沈阳:辽宁教育出版社,1995.11.—40页;26cm
ISBN 7-5382-3813-1:¥2.00

G624.2　014392
义务教育小学语文期末总复习测试卷　第三册/测试卷编写组编.—2版.—沈阳:辽宁教育出版社,1995.5.—40页;26cm
ISBN 7-5382-3432-2:¥1.60

G624.2　014393
义务教育小学语文期末总复习测试卷　第五册/测试卷编写组编.—2版.—沈阳:辽宁教育出版社,1995.5.—40页;26cm
ISBN 7-5382-3430-6:¥1.60

G624.2　014394
义务教育小学语文期末总复习测试卷　第一册/测试卷编写组编.—2版.—沈阳:辽宁教育出版社,1995.5.—40页;26cm

ISBN 7-5382-3431-4:¥1.60

G624.2 014395

语词的理解和运作:H版:二年级第一学期/肖珠编写.—2版.—上海:上海教育出版社,1995.6.—71页;19cm

ISBN 7-5320-3802-5:¥1.40

G624.2 014396

语文/黑龙江省教育学院初教部编.—2版.—哈尔滨:黑龙江教育出版社,1995.5.—47页;19cm

黑龙江省六年制小学补充教材 六年级用

ISBN 7-5316-0013-7:¥1.00

G624.2 014397

语文/黑龙江省教育学院初教部编.—2版.—哈尔滨:黑龙江教育出版社,1995.5.—44页;19cm

黑龙江省六年制小学补充教材 四年级用

ISBN 7-5316-0011-0:¥1.00

G624.2 014398

语文/黑龙江省教育学院初教部编.—2版.—哈尔滨:黑龙江教育出版社,1995.5.—41页;19cm

黑龙江省六年制小学补充教材 五年级用

ISBN 7-5316-0012-9:¥1.00

G624.2 014399

语文 (上)/潘自由主编;"注音识字,提前读写"实验教材编委会编.—哈尔滨:黑龙江教育出版社,1995.3.—176页;19cm

"注音识字,提前读写"实验课本 五年后接续

ISBN 7-5316-2755-8:¥3.30

G624.2 014400

语文 第二册/北京市教育局教学研究部编著.—2版.—北京:北京出版社,1995.1.—147页;20cm

北京市九年义务教育六年制小学课本

ISBN 7-200-02219-5:¥4.70

G624.2 014401

语文 第二册/北京市教育局教学研究部编著.—3版.—北京:北京出版社,1995.10.—146页;21cm

九年义务教育六年制小学试用课本

ISBN 7-200-02219-5:¥6.75

G624.2 014402

语文 第二册/江苏省教育委员会教学研究室编著.—南京:江苏教育出版社,1995.12.—155页;20cm

江苏省九年义务教育六年制小学实验课本

ISBN 7-5343-2583-8:¥6.95

G624.2 014403

语文 第二册/江苏省教育委员会教学研究室编著.—南京:江苏教育出版社,1995.12.—155页;20cm

江苏省九年义务教育五年制小学课本

ISBN 7-5343-2584-6:¥6.95

G624.2 014404

语文 第二册/《语文》编写组编.—南昌:江西教育出版社,1995.12.—119页;19cm

农村初等义务教育实验课本

ISBN 7-5392-2630-7:¥2.75

G624.2 014405

语文 第九册/《农村初等义务教育实验课本》编写组编.—南昌:江西教育出版社,1995.7.—249页;19cm

农村初等义务教育实验课本

ISBN 7-5392-1960-2:¥4.50

G624.2 014406

语文 第九册/浙江省义务教育教材编委会编.—杭州:浙江教育出版社,1995.6.—172页;20cm

义务教育六年制小学课本:试用

ISBN 7-5338-2110-6:¥4.50

G624.2 014407

语文 第九册/《语文》编写组编.—南昌:江西教育出版社,1995.7.—147页;19cm

江西省小学实验课本

ISBN 7-5392-2580-7:¥2.90

G624.2 014408

语文 第六册/李德善主编;小学复式教材编写委员会编著.—石家庄:河北教育出版社,1995.11.—123页;19cm

义务教育六年制小学复式教材:实验本

ISBN 7-5434-2451-7:¥2.55

G624.2 014409

语文 第六册/九年义务教育教材(沿海地区)编写委员会编.—2版.—广州:广东教育出版社,1995.12.—151页;20cm

九年义务教育六年制小学试用课本

ISBN 7-5406-2050-1:¥8.50

G624.2 014410

语文 第六册/李德善主编;小学复式教材编写委员会编著.—石家庄:河北教育出版社,1995.11.—136页;19cm

义务教育五年制小学复式教材:实验本

ISBN 7-5434-2450-9:¥2.75

G624.2 014411

语文 第六册/丁有宽主编.—2版.—广州:广东教育出版社,1995.12.—145页;20cm

九年义务教育六年制小学试用课本

ISBN 7-5406-2080-7:¥8.05

G624.2 014412

语文 第六册/云南省教委教研室编写.—昆明:晨光出版社,1995.12.—97页;21cm

义务教育云南省小学课本:试用本

ISBN 7-5414-1101-9:¥4.50

G624.2 014413

语文 第六册/山西省复式小学课本编委会编.—2版.—太原:山西教育出版社,1995.12.—191页;20cm

ISBN 7-5440-0837-1:¥4.00

G624.2 014414

语文 第六册/山西省复式小学课本编委会编.—2版.—太原:山西教育出版社,1995.12.—191页;21×19cm

义务教育五年制复式小学课本:实验本

ISBN 7-5440-0836-3:¥5.30

G624.2 014415

语文 第七册/浙江省义务教育教材编委会编.—杭州:浙江教育出版社,1995.6.—220页;20cm

义务教育五年制小学课本:试用
ISBN 7-5338-2090-8:¥5.65

G624.2　　014416
语文　第七册/北京市教育局教学研究部编著.—2版.—北京:北京出版社,1995.1.—161页;20cm
北京市九年义务教育六年制小学课本:实验本
ISBN 7-200-02689-1:¥5.40

G624.2　　014417
语文　第三册/《农村初等义务教育实验课本》编写组编.—南昌:江西教育出版社,1995.7.—132页;19cm
农村初等义务教育实验课本
ISBN 7-5392-1961-0:¥2.54

G624.2　　014418
语文　第三册/"注音识字,提前读写"实验教材编委会编.—2版.—哈尔滨:黑龙江教育出版社,1995.3.—159页;21cm
"注音识字,提前读写"实验课本
ISBN 7-5316-1327-1:¥4.95

G624.2　　014419
语文　第三册/未来教育教材编写委员会编.—北京:商务印书馆国际有限公司,1995.7.—88页;26cm
新世纪小学教科书
ISBN 7-80103-031-1:¥18.00

G624.2　　014420
语文　第十册/《语文》编写组编.—南昌:江西教育出版社,1995.12.—179页;19cm
江西省小学实验教材
ISBN 7-5392-2614-5:¥3.00

G624.2　　014421
语文　第十册/曾曙春,龙宅俊主编.—南昌:江西教育出版社,1995.12.—294页;19cm
农村初等义务教育实验课本
ISBN 7-5392-2632-3:¥6.05

G624.2　　014422
语文　第十二册/丁有宽主编.　广州:广东教育出版社,1995.12.—188页;20cm
九年义务教育六年制小学实验课本
ISBN 7-5406-3473-1:¥7.20

G624.2　　014423
语文　第十二册/人民教育出版社小学语文编辑室编著.—北京:人民教育出版社,1995.4.—134页;21cm
义务教育六年制小学教科书:实验本
ISBN 7-107-11397-6:¥6.40

G624.2　　014424
语文　第四册/北京市教育局教学研究部编著.—3版.—北京:北京出版社,1995.10.—169页;21cm
九年义务教育六年制小学试用课本
ISBN 7-200-02264-0:¥7.70

G624.2　　014425
语文　第四册/《语文》编写组编.—南昌:江西教育出版社,1995.12.—136页;19cm
农村初等义务教育实验课本
ISBN 7-5392-2626-9:¥3.05

G624.2　　014426
语文　第四册/张原里主编;山西省复式小学课本编委会编.—太原:山西教育出版社,1995.1.—349页;20cm
义务教育五年制复式小学课本:实验本
ISBN 7-5440-0669-7:¥5.20

G624.2　　014427
语文　第五册/九年义务教育(沿海地区)编写委员会编.—2版.—广州:广东教育出版社,1995.7.—144页;20cm
九年义务教育六年制小学试用课本
ISBN 7-5406-1787-X:¥6.95

G624.2　　014428
语文　第五册/王均主编;12省"注·提"教材编写委员会编.—3版.—北京:语文出版社,1995.5.—168页;20cm
九年义务教育五年制小学"注音识字,提前读写"实验课本
ISBN 7-80006-332-1:¥3.80

G624.2　　014429
语文　第五册/小学复式教材编写委员会编著.—石家庄:河北教育出版社,1995.6.—136页;20cm
义务教育五年制小学复式教材:实验本
ISBN 7-5434-2372-3:¥2.45

G624.2　　014430
语文　第五册/小学复式教材编写委员会编著.—石家庄:河北教育出版社,1995.5.—123页;20cm
义务教育六年制小学复式教材:实验本
ISBN 7-5434-2369-3:¥2.65

G624.2　　014431
语文　第五册/辽宁教育学院编.—沈阳:辽宁教育出版社,1995.6.—197页;19cm
九年义务教育小学试用课本
ISBN 7-5382-0473-3:¥3.90

G624.2　　014432
语文　第五册/北京市教育局教学研究部编著.　2版.—北京:北京出版社,1995.6.—147页;20cm
北京市九年义务教育六年制小学课本
ISBN 7-200-02435-X:¥5.30

G624.2　　014433
语文　第一册/《农村初等义务教育实验课本》编写组编.—南昌:江西教育出版社,1995.7.—119页;19cm
农村初等义务教育实验课本
ISBN 7-5392-1942-4:¥2.45

G624.2　　014434
语文　第一册/江苏省教育委员会教学研究室编著.—南京:江苏教育出版社,1995.6.—130页;20cm
江苏省九年义务教育六年制小学实验课本
ISBN 7-5343-2360-6:¥4.80

G624.2　　014435
语文　第一册/江苏省教育委员会教学研究室编著.—南京:江苏教育出版社,1995.6.—130页;20cm
江苏省九年义务教育五年制小学实验课本
ISBN 7-5343-2359-2:¥4.80

G624.2　　014436

语文　第一册/人民教育出版社小学语文室编著.—2版.—北京:人民教育出版社,1995.10.—123页;21cm
九年义务教育五年制小学教科书
ISBN 7-107-12466-8:¥2.65

G624.2　014437
语文　第一册/未来教育教材编写委员会编.—2版(修订).—北京:商务印书馆国际有限公司,1995.4.—58页;26cm
新世纪小学教科书
ISBN 7-80103-029-X:¥11.00

G624.2　014438
语文　第一册/江苏省教育委员会教学研究室编著.—2版.—南京:江苏教育出版社,1995.6.—144页;20cm
九年义务教育六年制小学试用课本:试用
ISBN 7-5343-2360-6:¥6.38

G624.2　014439
语文　第一册/人民教育出版社小学语文室编著.—2版.—北京:人民教育出版社,1995.10.—123页;21cm
九年义务教育五年制小学教科书
ISBN 7-107-12467-6:¥2.65

G624.2　014440
语文　第一册(下)/北京市教育局教学研究部编著.—3版.—北京:北京出版社,1995.6.—99页;20cm
北京市九年义务教育六年制小学课本
ISBN 7-200-02047-8:¥3.40

G624.2　014441
语文:H版:二年级第二学期/上海中小学课程教材改革委员会编.—3版.—上海:上海教育出版社,1995.11.—183页;20cm
九年制义务教育课本:试用本
ISBN 7-5320-4612-5:¥8.05

G624.2　014442
语文:H版:三年级第二学期/上海中小学课程教材改革委员会编.—2版.—上海:上海教育出版社,1995.11.—162页;19cm
九年制义务教育课本:试用本
ISBN 7-5320-4555-2:¥5.90

G624.2　014443
语文:H版:五年级第二学期/上海中小学课程教材改革委员会编.—上海:上海教育出版社,1995.11.—226页;19cm
九年制义务教育课本:试用本
ISBN 7-5320-4551-X:¥8.00

G624.2　014444
语文:H版:五年级第一学期/上海中小学课程教材改革委员会编.—上海:上海教育出版社,1995.6.—229页;19cm
九年制义务教育课本:试用本
ISBN 7-5320-4291-X:¥5.45

G624.2　014445
语文:H版:一年级第二学期/上海中小学课程教材改革委员会编.—3版.—上海:上海教育出版社,1995.11.—127页;20cm
九年义务教育课本
ISBN 7-5320-4613-3:¥5.85

G624.2　014446
语文:S版:三年级第二学期/上海中小学课程教材改革委员会编.—2版.—上海:上海教育出版社,1995.11.—190页;19cm
九年制义务教育课本:试用本
ISBN 7-5320-4573-0:¥6.95

G624.2　014447
语文:S版:三年级第一学期/上海中小学课程教材改革委员会编.—2版.—上海:上海教育出版社,1995.6.—162页;19cm
九年制义务教育课本:试用本
ISBN 7-5320-4290-1:¥3.90

G624.2　014448
语文:S版:五年级第二学期/上海中小学课程教材改革委员会编.—上海:上海教育出版社,1995.11.—232页;19cm
九年制义务教育课本:试用本
ISBN 7-5320-4574-9:¥8.30

G624.2　014449
语文:S版:五年级第一学期/上海中小学课程教材改革委员会编.—上海:上海教育出版社,1995.6.—224页;19cm
九年义务教育课本:试用本
ISBN 7-5320-4292-8:¥5.30

G624.2　014450
语文:六年制小学　第十二册/九年义务教育教材(沿海地区)编写委员会编.—广州:广东教育出版社,1995.12.—146页;20cm
九年义务教育实验教材:沿海版
ISBN 7-5406-3498-7:¥8.10

G624.2　014451
语文:六年制小学　第十一册/九年义务教育教材(沿海版)编写委员会编.—广州:广东教育出版社,1995.7.—150页;20cm
九年义务教育实验教材:沿海版
ISBN 7-5406-3303-4:¥6.45

G624.2　014452
语文:三年级上学期/黑龙江省教育学院初教部编.—哈尔滨:黑龙江教育出版社,1995.7.—52页;19cm
九年义务教育五年制小学乡土教材
ISBN 7-5316-2684-5:¥1.30

G624.2　014453
语文:四年级上学期/黑龙江省教育学院初教部编.—哈尔滨:黑龙江教育出版社,1995.7.—52页;19cm
九年义务教育五年制小学乡土教材
ISBN 7-5316-2685-3:¥1.30

G624.2　014454
语文:五年级上学期/黑龙江省教育学院初教部编.—哈尔滨:黑龙江教育出版社,1995.7.—59页;19cm

九年义务教育五年制小学乡土教材
ISBN 7-5316-2686-1:￥1.30

G624.2　014455
语文活动——100例/李阳编著.—沈阳:白山出版社,1995.1.—305页;19cm.—(活动课设计丛书)
ISBN 7-80566-426-9:￥6.50

G624.2　014456
语文课堂练习　第六册/云南省教委教研室编写.—昆明:晨光出版社,1995.12.—58页;19cm
义务教育云南省小学课本:试用本
ISBN 7-5414-1102-7:￥1.70

G624.2　014457
语文课堂练习册　第十二册.—广州:广东教育出版社,1995.12.—31页;19cm
九年义务教育实验教材:沿海版
ISBN 7-5406-3494-4:￥0.81

G624.2　014458
语文课堂练习册　第十一册.—广州:广东教育出版社,1995.7.—34页;19cm
九年义务教育实验教材:沿海版
ISBN 7-5406-3302-6:￥0.74

G624.2　014459
语文练习册　第三册/小学复式教材编写委员会编著.—石家庄:河北教育出版社,1995.7.—136页;19cm
义务教育六年制小学复式教材
ISBN 7-5434-2398-7:￥2.15

G624.2　014460
语文练习册　第四册/小学复式教材编写委员会编著.—石家庄:河北教育出版社,1995.12.—127页;19cm
义务教育六年制小学复式教材
ISBN 7-5434-2481-9:￥2.40

G624.2　014461
语文练习册　第四册/小学复式教材编写委员会编著.—石家庄:河北教育出版社,1995.11.—133页;19cm
义务教育五年制小学复式教材
ISBN 7-5434-2482-7:￥2.55

G624.2　014462
语文练习册　第一册/小学复式教材编写委员会编著.—石家庄:河北教育出版社,1995.7.—92页;19cm
义务教育六年制小学复式教材
ISBN 7-5434-2366-9:￥1.55

G624.2　014463
语文生字卡片:H版:二年级第一学期.—上海:上海教育出版社,1995.6.—24张;19cm
九年制义务教育课本 学生用
ISBN 7-5320-4384-3:￥1.70

G624.2　014464
语文选学读本　第九册/浙江省义务教育教材编委会编.—杭州:浙江教育出版社,1995.6.—83页;19cm
义务教育小学课本:试用
ISBN 7-5338-1996-7:￥1.60

G624.2　014465
语文选学读本　第十册/浙江省义务教育教材编委会编.—杭州:浙江教育出版社,1995.12.—100页;19cm
义务教育小学课本:试用
ISBN 7-5338-2278-1:￥2.80

G624.2　014466
字词句篇学得快:二年级/张敏主编;曹作棣等编写.—大连:大连出版社,1995.7.—265页;19cm
ISBN 7-80612-165-X:￥6.50

G624.2　014467
字词句篇学得快:六年级/张敏主编;张占尧等编写.—大连:大连出版社,1995.7.—260页;19cm
ISBN 7-80612-165-X:￥6.50

G624.2　014468
字词句篇学得快:四年级/张敏主编;魏明珠等编写.—大连:大连出版社,1995.7.—279页;19cm
ISBN 7-80612-165-X:￥6.50

G624.2　014469
字词句篇学得快:五年级/张敏主编;江森棠等编写.—大连:大连出版社,1995.7.—285页;19cm
ISBN 7-80612-165-X:￥6.50

G624.2　014470
字词句篇学得快:一年级/张敏主编;邓澎青等编写.—大连:大连出版社,1995.7.—241页;19cm
ISBN 7-80612-165-X:￥6.50

G624.2　014471
最新全国小学毕业升学语文试题精选和解答/于凤贤,陈夕编.—长春:长春出版社,1995.10.—206页;19cm
ISBN 7-80604-373-X:￥7.00

①G624.2②J228.4　014472
趣味语文　(1):拼音、识字、笔顺、笔画/许家琦,张之簾编文;冯伟等绘.—北京:知识出版社,1995.3.—121页;20cm.—(小学课外辅导连环画丛书)
ISBN 7-5015-1061-X:￥6.00

①G624.2②J228.4　014473
趣味语文　(3):近义词、反义词、扩句、学写作/张之编文.—北京:知识出版社,1995.3.—122页;20cm.—(小学课外辅导连环画丛书)
ISBN 7-5015-0813-5:￥6.00

G624.2-61　014474
九年义务教育六年制小学生字图解字典:六年级/鲍钧竹,李玉兰编写.—哈尔滨:黑龙江少年儿童出版社,1995.4.—86页;19cm
ISBN 7-5319-1316-X:￥2.60

G624.2-61　014475
九年义务教育六年制小学生字图解字典:三年级第五册/李玉学,李威编写.—哈尔滨:黑龙江少年儿童出版社,1995.7.—138页;19cm
ISBN 7-5319-1323-2:￥3.60

G624.2-61　014476
九年义务教育六年制小学语文第二册彩图字典:一年级用/刘西芸等编;刘青青等绘.—西安:陕西人民美术出版社,1995.12.—94页;20cm

ISBN 7-5368-0718-X：￥3.60

G624.2-61　　014477

九年义务教育六年制小学语文第一册彩图字典：一年级用/刘西芸等编；刘青青等绘.—西安：陕西人民美术出版社，1995.12.—54页；20cm

ISBN 7-5368-0627-2：￥2.50

G624.2-61　　014478

九年义务教育五年制、六年制小学语文兴趣字典 第二分册/高承言等主编.—乌鲁木齐：新疆人民出版社，1995.4.—402页；19cm

供一年级下学期用

ISBN 7-228-03237-3：￥7.50

G624.2-61　　014479

九年义务教育五年制、六年制小学语文兴趣字典 第三分册/高承言等主编.—乌鲁木齐：新疆人民出版社，1995.8.—318页；19cm

供二年级上学期用

ISBN 7-228-03612-3：￥7.40

G624.2-61　　014480

九年义务教育五年制、六年制小学语文兴趣字典 第一分册/高承言等主编.—乌鲁木齐：新疆人民出版社，1995.8.—182页；19cm

供一年级上学期用

ISBN 7-228-03611-5：￥5.00

G624.2-61　　014481

九年义务教育小学通用图解字典：二年级/良佳主编.—长沙：湖南少年儿童出版社，1995.11.—364页；19cm

ISBN 7-5358-1040-3：￥9.50

G624.2-61　　014482

小学生15用字典/赵振均主编.—北京：中国世界语出版社，1995.3.—635页；13cm

ISBN 7-5052-0200-6(精装)：￥13.80

G624.2-61　　014483

小学生彩色图解字典：河南省五年制　第二册/李国民编；张娟绘　.—郑州：海燕出版社，1995.12.—140页；19cm

ISBN 7-5350-1238-8：￥6.30

G624.2-61　　014484

小学生成语词典/《小学生成语词典》编写组编.—杭州：杭州大学出版社，1995.6.—760页；13cm

ISBN 7-81035-686-0(精装)：￥7.80

G624.2-61　　014485

小学生成语配图解析词典/淡泊，党怀兴主编.—西安：陕西人民教育出版社，1995.9.—563页；13cm

ISBN 7-5419-5278-8：￥9.90

G624.2-61　　014486

小学生启蒙字典/达世平主编.—上海：上海古籍出版社，1995.8.—306页；19cm

ISBN 7-5325-1975-9(精装)：￥10.00

G624.2-61　　014487

小学生十功能成语词典/何力主编.—太原：希望出版社，1995.8.—396页；19cm

ISBN 7-5379-1485-0：￥13.00

G624.2-61　　014488

小学生十用词典/尹明主编；王陆等编写.—南昌：21世纪出版社，1995.6.—452页；20cm

适合义务教育各类小学

ISBN 7-5391-0829-0：￥12.00

G624.2-61　　014489

小学生十用词典：辞书电脑通用码/俞裕钦主编.—大连：大连海事大学出版社，1995.7.—638页；13cm

ISBN 7-5632-0824-0(精装)：￥10.00

G624.2-61　　014490

小学生实用词典/张建勋，陈涌泽主编；丁春生等编.—石家庄：河北教育出版社，1995.2.—572页；19cm

ISBN 7-5434-2299-9：￥13.80

G624.2-61　　014491

小学生同义词、近义词、反义词词典/杨巩显编.—桂林：广西师范大学出版社，1995.9.—571页；13×10cm

ISBN 7-5633-2085-7(精装)：￥7.80

G624.2-61　　014492

小学生图解字典：五年制：二年级/李兴宜等编.—太原：希望出版社，1995.7.—192页；19cm

ISBN 7-5379-1665-9：￥6.40

G624.2-61　　014493

小学生图解字典：五年制：一年级/李兴宜等编.—太原：希望出版社，1995.7.—118页；19cm

ISBN 7-5379-1664-0：￥4.00

G624.2-61　　014494

小学生新华字典/《小学生新华字典》编委会编.—海口：海南国际新闻出版中心，1995.3.—564页；13cm

ISBN 7-80609-091-6：￥5.90

G624.2-61　　014495

小学生语文伴读词典/劳柏林主编.—长沙：湖南出版社，1995.3.—411页；19cm.—(学生系列工具书)

ISBN 7-5438-0948-6(精装)：￥13.60

G624.2-61　　014496

小学语文课本易读错字画典/洪汉等编.—石家庄：河北美术出版社，1995.5.—151页；19cm

1～6年级用

ISBN 7-5310-0676-6：￥5.00

G624.2-61　　014497

小学语文图解字典：二年级/李向红编文；万萱，禾作绘.—重庆：重庆出版社，1995.12.—185页；19cm

ISBN 7-5366-3178-2：￥5.40

G624.2-61　　014498

新编成语分类词典/柳阳，半夏主编.—成都：四川人民出版社，1995.5.—369页；13cm

小学生专用

ISBN 7-220-02780-X：￥6.50

G624.2-61　　014499

新编小学生图解字典/《图解字典》编写组编文绘图.—广州：广州出版社，1995.8.—140页；19cm

小学一年级用

ISBN 7-80592-302-7：￥5.10

G624.2-61　　014500

新编小学生图解字典/《图解字典》编写组编文绘

图.—广州:广州出版社,1995.8.—140页;19cm
小学五年级用
ISBN 7-80592-306-X:¥5.10

G624.2-61 014501
新编小学生图解字典/《图解字典》编写组编文绘图.—广州:广州出版社,1995.8.—94页;19cm
小学三年级用
ISBN 7-80592-304-3:¥4.00

G624.2-61 014502
新编小学生图解字典/《图解字典》编写组编文绘图.—广州:广州出版社,1995.8.—185页;19cm
小学二年级用
ISBN 7-80592-303-5:¥6.90

G624.2-61 014503
新编小学生图解字典/《图解字典》编写组编文绘图.—广州:广州出版社,1995.8.—177页;19cm
小学四年级用
ISBN 7-80592-305-1:¥6.50

G624.2-61 014504
新编小学生图解字典/《图解字典》编写组编文绘图.—广州:广州出版社,1995.8.—146页;19cm
小学六年级用
ISBN 7-80592-307-8:¥5.10

G624.2-61 014505
新编小学生图解字典　第一册/张春,李果编.—西安:未来出版社,1995.8.—54页;19cm
九年义务教育六年制一年级
ISBN 7-5417-1079-2:¥1.30

G624.2-61 014506
新编小学生图解字典:二年级.—2版.—广州:新世纪出版社,1995.3.—179页;19cm
ISBN 7-5405-0892-2:¥4.50

G624.2-61 014507
新编小学生图解字典:二年级/陈婉,卢务全编写.—广州:新世纪出版社,1995.12.—162页;19cm
ISBN 7-5405-0892-2:¥5.80

G624.2-61 014508
新编小学生图解字典:三年级/邓焕荣等编写.—广州:新世纪出版社,1995.12.—134页;19cm
ISBN 7-5405-0893-0:¥5.20

G624.2-61 014509
新编小学生图解字典:一年级/全玲,卢务全编写.—广州:新世纪出版社,1995.12.—108页;19cm
ISBN 7-5405-0891-4:¥4.20

G624.2-61 014510
新编小学生注音字典/胡富强等主编.—郑州:河南人民出版社,1995.7.—560页;13cm
ISBN 7-215-03525-5:¥6.00

G624.2-61 014511
新编小学生字典/王信等编.—2版(修订本).—西安:陕西人民教育出版社,1995.9.—458页;13cm
ISBN 7-5419-5725-9:¥9.00

G624.2-61 014512
沿海版一年级新编小学生图解字典:沿海版:一年级/余辉编;杨石友等绘.—广州:新世纪出版社,1995.5.—176页;19cm
ISBN 7-5405-1166-4:¥4.50

G624.2-62 014513
九年义务教育六年制小学语文词语手册　第六册/人民教育出版社语文一室编著.—延吉:东北朝鲜民族教育出版社,1995.11.—129页;20cm
ISBN 7-5437-2449-9:¥2.80

G624.2-62 014514
图解段、篇、章手册:六年制:六年级/《图解段、篇、章手册》编写组编著.—福州:福建美术出版社,1995.9.—166页;19cm
ISBN 7-5393-0369-7:¥5.50

G624.2-62 014515
图解段、篇、章手册:六年制:四年级/《图解段、篇、章手册》编写组编著.—福州:福建美术出版社,1995.9.—178页;19cm
ISBN 7-5393-0367-0:¥5.50

G624.2-62 014516
图解段、篇、章手册:六年制:五年级/《图解段、篇、章手册》编写组编著.—福州:福建美术出版社,1995.9.—166页;19cm
ISBN 7-5393-0368-9:¥5.50

G624.2-62 014517
图解字、词、句手册:六年制:三年级/《图解字、词、句手册》编写组编著.—福州:福建美术出版社,1995.9.—167页;19cm
ISBN 7-5393-0366-2:¥5.50

G624.2-62 014518
五年制小学生字多用手册/董林主编;.—济南:山东教育出版社,1995.8.—361页;19cm
ISBN 7-5328-2067-X:¥12.30

G624.2-62 014519
小学生多音字手册.—长春:北方妇女儿童出版社,1995.2.—382页;13cm.—(小学语文知识文库)
ISBN 7-5385-0009-X:¥5.30

G624.2-62 014520
小学生古诗手册/王兴义编著.—长春:北方妇女儿童出版社,1995.2.—365页;13cm.—(小学语文知识文库)
ISBN 7-5385-1040-0:¥4.80

G624.2-62 014521
小学生解词造句手册/刘湘主编.—北京:农村读物出版社,1995.12.—339页;19cm
ISBN 7-5048-2610-3:¥14.00

G624.2-62 014522
小学生同义词反义词手册/《小学生同义词反义词手册》编写组编.—上海:上海远东出版社,1995.4.—356页;13×10cm.—(小学生袖珍工具书系列)
ISBN 7-80613-059-4:¥6.00

G624.2-62 014523
小学生形容词手册/叶永元等编著.—上海:上海远东出版社,1995.9.—540页;13×10cm.—(小学生袖珍工具书系列)

ISBN 7-80613-149-3:¥8.00

G624.2-62　014524

小学生语文手册/《小学生语文手册》编写组编.—上海:上海远东出版社,1995.4.—310页;13×10cm.—(小学生袖珍工具书系列)

ISBN 7-80613-061-6:¥5.00

G624.2-62　014525

小学生组词手册/王兴义编著.—长春:北方妇女儿童出版社,1995.2.—394页;13cm.—(小学语文知识文库)

ISBN 7-5385-1041-9:¥5.80

G624.2-62　014526

小学语文多功能字词语手册/《小学语文多功能字词语手册》编写组编.—成都:四川人民出版社,1995.7.—791页;13cm

ISBN 7-220-02682-X:¥8.80

G624.2-62　014527

小学语文易错辨析手册/朱志明,戴祖祥主编.—合肥:安徽少年儿童出版社,1995.12.—337页;13cm

ISBN 7-5397-1198-1:¥5.00

G624.2-62　014528

新编十用图解词语手册:小学　第四册/张光珞,张光璎主编;北京市海淀区教育局高级教师编写组编.—兰州:甘肃少年儿童出版社,1995.9.—133页;19cm

九年义务教育配套用书

ISBN 7-5422-1079-3:¥3.90

G624.2-62　014529

新编小学生组词造句手册:彩色版/才洪义主编;《小学生组词造句手册》编纂委员会编.—延吉:东北朝鲜民族教育出版社,1995.8.—460页;19cm

ISBN 7-5437-1319-5(精装):¥28.00

G624.2-62　014530

最新小学词语手册/小学词语手册编写组编写.—南宁:广西民族出版社,1995.5.—546页;13cm

ISBN 7-5363-2958-X(精装):¥5.30

G624.2-64　014531

小学生生字词成语图解:一年级/魏丽霞等编著.—哈尔滨:哈尔滨出版社,1995.9.—103页;13×19cm

新编教材(五、六年制)通用

ISBN 7-80557-698-X:¥6.00

G624.2-64　014532

小学语文知识表解/刁荣普编写.—成都:四川教育出版社,1995.1.—40页;19×26cm

ISBN 7-5408-2688-6:¥1.40

G624.21　014533

大家拼 大家读:小学生拼音读物　第三册/周光璇等编.—2版.—重庆:重庆出版社,1995.7.—120页;19cm

ISBN 7-5366-1227-3:¥2.50

G624.21　014534

多功能汉语拼音卡片/杨英琦编绘.—延吉:延边人民出版社,1995.5.—2盒(64张);13×9cm

(盒装):¥8.80

G624.21　014535

儿童拼音入门/里川编;王铁城绘.—合肥:安徽少年儿童出版社,1995.11.—141页;19cm

ISBN 7-5397-1290-2(精装):¥15.00

G624.21　014536

汉语拼音彩色教学挂图.—成都:四川人民出版社,1995.9.—1张;53×77cm

¥2.80

G624.21　014537

九年义务教育六年制小学汉语拼音汉字书写本:语文　第六册.—昆明:晨光出版社,1995.12.—1册;19cm

ISBN 7-5414-1075-6:¥3.15

G624.21　014538

小学低年级拼音纸学具/吴云初,赵楠绘.—上海:上海教育出版社,1995.5.—28张;19cm

ISBN 7-5320-4329-0:¥7.00

G624.21　014539

小学生拼音百科·动物辑/夏雨编写;施美姣注音.—杭州:浙江少年儿童出版社,1995.12.—4册;19cm

包括《千姿百态的鱼》等4册

ISBN 7-5342-1229-4(盒装):¥19.00

G624.21　014540

小学生拼音组词速查表/邸维屏编.—兰州:兰州大学出版社,1995.—1张;38×54cm

九年义务教育教材配套使用

ISBN 7-311-00868-9:¥2.00

G624.21　014541

学拼音/孙旭玺编写;王岩绘.—牡丹江:黑龙江朝鲜民族出版社,1995.1.—48张;13cm

ISBN 7-5389-0572-3:¥6.80

G624.21　014542

学拼音/湖南少年儿童出版社编.—2版.—长沙:湖南少年儿童出版社,1995.12.—64张;10×7cm

ISBN 7-5358-0525-6(盒装):¥3.50

G624.21　014543

义务教育六年制小学汉语拼音汉字书写本:语文　第五册.—昆明:晨光出版社,1995.6.—1册;19cm

ISBN 7-5414-1006-3:¥2.30

G624.21　014544

义务教育六年制小学语文第一册汉语拼音练习本/湖南教育出版社编.—2版.—长沙:湖南教育出版社,1995.5.—32页;19cm

ISBN 7-5355-1098-1:¥0.95

G624.21　014545

义务教育小学语文第一册直呼音节练习册/王为民编.—赤峰:内蒙古科学技术出版社,1995.12.—62页;19cm

ISBN 7-5380-0372-X:¥1.50

G624.21　014546

幼儿智力训练:古诗·儿歌/阆苑编注;李万春等绘.—成都:四川少年儿童出版社,1995.10.—119页;17×19cm.—(拼音读物)

ISBN 7-5365-1301-1:¥12.00

G624.22　014547

九年义务教育五年制小学语文课本第二册生字卡片.—南昌:21世纪出版社,1995.12.—16张;13×19cm
学生用
ISBN 7-5391-1137-2:¥1.50

G624.22 014548
小学生字族文识字读本/鄢文俊主编.—北京:中共中央党校出版社;郑州:海燕出版社,1995.9.—227页;19cm.—(字族文识字法应用系列)
ISBN 7-5350-1355-4:¥6.50

G624.22 014549
有趣的汉字/何竞新编著;成冠伦,毓华绘.—兰州:甘肃少年儿童出版社,1995.4.—153页;20cm
ISBN 7-5422-1034-3:¥4.50

G624.23 014550
"注音识字,提前读写"实验课本课外读物 第八册/李楠主编;"注音识字,提前读写"实验教材编委会编.—2版.—哈尔滨:黑龙江教育出版社,1995.10.—317页;19cm
ISBN 7-5316-2130-4:¥5.60

G624.23 014551
"注音识字,提前读写"实验课本课外读物 第三册/潘自由主编;"注音识字,提前读写"实验教材编委会编.—2版(修订本).—哈尔滨:黑龙江教育出版社,1995.3.—218页;19cm
ISBN 7-5316-1329-8:¥3.40

G624.23 014552
"注音识字,提前读写"实验课本课外读物 第十册/李楠主编;"注音识字,提前读写"实验教材编委会编.—2版.—哈尔滨:黑龙江教育出版社,1995.10.—308页;19cm
ISBN 7-5316-2263-7:¥5.60

G624.23 014553
大海的梦/徐根荣,薛宝珍主编.—上海:上海教育出版社,1995.12.—212页;19cm
九年制义务教育S版小学语文第四册课外读物
ISBN 7-5320-4625-7:¥9.50

G624.23 014554
洞庭秋月/人民教育出版社小学语文室编.—北京:人民教育出版社,1995.12.—121页;19cm
九年义务教育五年制小学语文第七册自读课本
ISBN 7-107-11565-0:¥2.90

G624.23 014555
汉语文阅读文选:五年级(下)/东北朝鲜民族教育出版社汉语文编辑室编.—延吉:东北朝鲜民族教育出版社,1995.12.—119页;20cm
义务教育小学课本:实验本
ISBN 7-5437-2280-1:¥2.20

G624.23 014556
汉语文阅读文选:五年级(上)/东北朝鲜民族教育出版社汉语文编辑室编.—延吉:东北朝鲜民族教育出版社,1995.4.—131页;19cm
义务教育小学课本:实验本
ISBN 7-5437-2143-0:¥1.45

G624.23 014557
红云彬/崔峦,蒯福棣主编;人民教育出版社小学语文室编.—北京:人民教育出版社,1995.12.—164页;19cm
九年义务教育六年制小学语文第七册自读课本
ISBN 7-107-11566-9:¥3.60

G624.23 014558
江苏省九年义务教育五六年制小学通用语文补充阅读 第二册/李吉林主编.—南京:江苏教育出版社,1995.12.—144页;19cm
ISBN 7-5343-2616-8:¥3.00

G624.23 014559
九年义务教育六年制小学语文:阅读 第六册/安徽省教研室编.—合肥:安徽少年儿童出版社,1995.12.—84页;19cm
ISBN 7-5397-1307-0:¥1.60

G624.23 014560
九年义务教育六年制小学语文:阅读 第三册/安徽省教研室编.—合肥:安徽少年儿童出版社,1995.6.—124页;19cm
ISBN 7-5397-1265-1:¥1.65

G624.23 014561
九年义务教育六年制小学语文:阅读 第五册/安徽省教研室编.—合肥:安徽少年儿童出版社,1995.6.—83页;19cm
ISBN 7-5397-1266-X:¥1.20

G624.23 014562
九年义务教育六年制小学语文:阅读 第一册/安徽省教研室编.—合肥:安徽少年儿童出版社,1995.6.—104页;19cm
ISBN 7-5397-1264-3:¥1.45

G624.23 014563
九年义务教育五年制小学语文:阅读 第三册/安徽省教研室编.—合肥:安徽少年儿童出版社,1995.6.—141页;19cm
ISBN 7-5397-1262-7:¥1.85

G624.23 014564
九年义务教育五年制小学语文:阅读 第五册/安徽省教研室编.—合肥:安徽少年儿童出版社,1995.6.—99页;19cm
ISBN 7-5397-1263-5:¥1.40

G624.23 014565
九年义务教育五年制小学语文:阅读 第一册/安徽省教研室编.—合肥:安徽少年儿童出版社,1995.6.—105页;19cm
ISBN 7-5397-1261-9:¥1.45

G624.23 014566
课外阅读 第二册/《课外阅读》编写组编.—南昌:江西教育出版社,1995.12.—73页;19cm
农村初等义务教育实验课本
ISBN 7-5392-2628-5:¥1.85

G624.23 014567
课外阅读 第十册/曾曙春,龙宅俊主编.—南昌:江西教育出版社,1995.12.—128页;19cm
农村初等义务教育实验课本

ISBN 7－5392－2627－7：¥2.90

G624.23　014568

课外阅读　第四册/曾曙春，龙宅俊主编.—南昌：江西教育出版社，1995.12.—73页；19cm

农村初等义务教育实验课本

ISBN 7－5392－2613－7：¥1.85

G624.23　014569

课外阅读辅导：语文：H版/《课外阅读辅导》编写组编.—上海：上海教育出版社，1995.11.—140页；19cm

供三年级第二学期用

ISBN 7－5320－4646－X：¥3.50

G624.23　014570

六年制小学语文课外阅读：六年级/《课外阅读》编写组编.—西安：陕西人民教育出版社，1995.5.—274页；19cm

ISBN 7－5419－3318－X：¥5.60

G624.23　014571

六年制小学语文课外阅读：三年级/《课外阅读》编写组编　.—西安：陕西人民教育出版社，1995.6.—221页；19cm

统编六年制教材

ISBN 7－5419－3315－5：¥4.20

G624.23　014572

六年制小学语文课外阅读：四年级/《课外阅读》编写组编.—西安：陕西人民教育出版社，1995.6.—237页；19cm

ISBN 7－5419－3316－3：¥4.80

G624.23　014573

六年制小学语文课外阅读：五年级/《课外阅读》编写组编.—西安：陕西人民教育出版社，1995.5.—228页；19cm

统编六年制教材

ISBN 7－5419－3317－1：¥4.70

G624.23　014574

六年制小学语文课外阅读：一年级/江苏省溧阳市教育局教研室编写.—西安：陕西人民教育出版社，1995.5.—71页；19cm

ISBN 7－5419－6161－2：¥1.70

G624.23　014575

农村初等义务教育实验课本课外阅读　第九册/《农村初等义务教育实验课本课外阅读》编写组编.—南昌：江西教育出版社，1995.7.—115页；19cm

ISBN 7－5392－1945－9：¥2.30

G624.23　014576

农村初等义务教育实验课本课外阅读　第三册/《农村初等义务教育实验课本课外阅读》编写组编.—南昌：江西教育出版社，1995.7.—69页；19cm

ISBN 7－5392－1958－0：¥1.70

G624.23　014577

农村初等义务教育实验课本课外阅读　第一册/《农村初等义务教育实验课本课外阅读》编写组编.—南昌：江西教育出版社，1995.7.—93页；19cm

ISBN 7－5392－1955－6：¥2.00

G624.23　014578

少年儿童学古诗/孙家驹选编.—北京：民族出版社，1995.6.—84页；17×19cm

小学1～6年级读本

ISBN 7－105－02451－8(精装)：¥9.80

G624.23　014579

小学生阅读窍门：附答案/梁伦邦等主编.—南宁：广西民族出版社，1995.4.—191页；19cm

ISBN 7－5363－2996－2：¥3.00

G624.23　014580

小学生阅读训练100题/刘方编著.—长沙：湖南少年儿童出版社，1995.11.—183页；19cm

ISBN 7－5358－1062－4：¥4.50

G624.23　014581

小学语文课外阅读：二年级/《课外阅读》编写组编写.—西安：陕西人民教育出版社，1995.5.—122页；19cm

统编六年制教材

ISBN 7－5419－6163－9：¥2.60

G624.23　014582

小学语文课外阅读：六年制　第四册/黄强主编.—福州：福建科学技术出版社，1995.1.—189页；19cm

九年义务教育试用教材(沿海版)配套读物

ISBN 7－5335－0882－3：¥3.90

G624.23　014583

小学语文课外阅读：六年制　第五册/黄强主编；肖玉等编写.—福州：福建科学技术出版社，1995.8.—155页；19cm

九年义务教育试用教材(沿海版)配套读物

ISBN 7－5335－0931－5：¥3.50

G624.23　014584

小学语文课外阅读：五、六年制　第一册/黄强主编；肖玉等编写.—修订本.—福州：福建科学技术出版社，1995.8.—144页；19cm

九年义务教育试用教材(沿海版)配套读物

ISBN 7－5335－0932－3：¥3.30

G624.23　014585

小学语文同步阅读：H版：三年级(上)/高晖，薛峰编写.—上海：上海远东出版社，1995.7.—116页；19cm

ISBN 7－80613－111－6：¥3.20

G624.23　014586

小学语文同步阅读：S版：三年级(上)/万永富等编写.—上海：上海远东出版社，1995.7.—144页；19cm

ISBN 7－80613－107－8：¥3.60

G624.23　014587

小学语文阅读技巧：四年级/姚勇等编著.—哈尔滨：黑龙江教育出版社，1995.7.—173页；19cm

ISBN 7－5316－2429－X：¥4.10

G624.23　014588

小学语文阅读技巧：五年级/姚勇，范颖编著.—哈尔滨：黑龙江教育出版社，1995.7.—224页；19cm

ISBN 7－5316－2541－5：¥5.30

G624.23　014589

小学语文阅读精练200例/任庆世编.—太原：山西教育出版社，1995.2.—168页；19cm.—(小学语文200

例丛书)
ISBN 7-5440-0622-0:¥5.00

G624.23　014590
小学语文阅读训练/唐铁生,海文编写.—南京:江苏教育出版社,1995.12.—271页;19cm
ISBN 7-5343-2520-X:¥6.85

G624.23　014591
义务教育小学汉语文阅读文选:三年级(上)/东北朝鲜民族教育出版社汉语文编辑室编.—延吉:东北朝鲜民族教育出版社,1995.4.—94页;19cm
ISBN 7-5437-2128-7:¥1.10

G624.23　014592
义务教育小学汉语文阅读文选:三年级(下)/东北朝鲜民族教育出版社汉语文编辑室编.—延吉:东北朝鲜民族教育出版社,1995.10.—103页;20cm
ISBN 7-5437-2258-5:¥1.90

G624.23　014593
语文:阅读　第六册/安徽省教研室编 .—合肥:安徽少年儿童出版社,1995.12.—102页;19cm
九年义务教育五年制小学课本
ISBN 7-5397-1306-2:¥2.00

G624.23　014594
语文:阅读　第六册/安徽省教研室编.—合肥:安徽少年儿童出版社,1995.12.—84页;19cm
九年义务教育六年制小学课本
ISBN 7-5397-1307-0:¥1.60

G624.23　014595
语文补充阅读　第一册/李吉林主编.—南京:江苏教育出版社,1995.6.—88页;19cm
江苏省九年义务教育五六年制小学通用
ISBN 7-5343-2445-9:¥2.05

G624.23　014596
语文课外阅读辅导:H版/《课外阅读辅导》编写组编.—上海:上海教育出版社,1995.6.—91页;19cm
供三年级第一学期用
ISBN 7-5320-4401-7:¥2.25

G624.23　014597
阅读欣赏/张常鑫,白中兴主编.—郑州:河南教育出版社,1995.7.—211页;20cm
小学教改实验教材 供三、四、五年级用
ISBN 7-5347-1819-8:¥3.15

G624.23　014598
自能阅读　第六册/《自能阅读》编写组编.—沈阳:辽宁教育出版社,1995.11.—55页;20cm
义务教育全日制小学课本
ISBN 7-5382-4425-5:¥2.45

G624.23　014599
自能阅读　第五册/《九年义务教育全日制小学课本》编写组编.—沈阳:辽宁教育出版社,1995.5.—54页;20cm
九年义务教育全日制小学课本
ISBN 7-5382-4192-2:¥2.15

G624.24　014600
变通作文/王敏仁等编写.—南京:江苏教育出版社,1995.10.—160页;19cm.—(小学作文新训练方法丛书/杨清生主编)
ISBN 7-5343-2511-0:¥4.10

G624.24　014601
从课文中学写作文/方琪等编.—福州:海峡文艺出版社,1995.12.—333页;19cm
ISBN 7-80534-827-8:¥10.50

G624.24　014602
读与写:课本中的作文　第八册/张光珞主编.—昆明:晨光出版社,1995.12.—129页;19cm
九年义务教育六年制小学
ISBN 7-5414-1093-4:¥3.30

G624.24　014603
读与写:课本中的作文　第九册/张光珞主编.—昆明:晨光出版社,1995.6.—106页;19cm
九年义务教育六年制小学
ISBN 7-5414-1008-X:¥2.10

G624.24　014604
读与写:课本中的作文　第六册/张光珞主编.—昆明:晨光出版社,1995.12.—139页;19cm
九年义务教育六年制小学
ISBN 7-5414-1092-6:¥3.55

G624.24　014605
跟我学作文/丁德流编著.—合肥:安徽少年儿童出版社,1995.12.—137页;19cm
ISBN 7-5397-1304-6:¥4.00

G624.24　014606
故事大王周竞讲"快乐作文"/周竞著.—西安:陕西人民教育出版社,1995.4.—183页;19cm
ISBN 7-5419-5745-3:¥4.10

G624.24　014607
好作文与差作文/张光珞,张光缨主编.—石家庄:河北少年儿童出版社,1995.1.—175页;19cm
ISBN 7-5376-1277-3:¥2.80

G624.24　014608
画与话:课本中的作文　第二册/张光珞主编.—昆明:晨光出版社,1995.12.—105页;19cm
九年义务教育六年制小学
ISBN 7-5414-1091-8:¥2.75

G624.24　014609
画与话:课本中的作文　第三册/张光珞主编;北京市海淀区教育局高级教师编写组编写.—昆明:晨光出版社,1995.6.—91页;19cm
九年义务教育六年制小学
ISBN 7-5414-0981-2:¥1.90

G624.24　014610
记事作文/王育栋编.—太原:山西教育出版社,1995.9.—172页;19cm.—(小学生作文大王文库/齐峰主编)
ISBN 7-5440-0632-8:¥5.40

G624.24　014611
九年义务教育六年制小学读与写课本中的作文　第十一册/张光珞主编;北京市海淀区教育局高级教师编写组编写 .—昆明:晨光出版社,1995.6.—147页;

19cm

ISBN 7-5414-1012-8: ¥2.80

G624.24 014612

九年义务教育六年制小学读与写课本中的作文 第四册/张光珞主编;北京市海淀区教育局高级教师编写组编.—昆明:晨光出版社,1995.12.—95页;19cm

ISBN 7-5414-1084-5: ¥2.70

G624.24 014613

九年义务教育六年制小学读与写课本中的作文 第五册/张光珞主编;北京市海淀区教育局高级教师编写组编写.—昆明:晨光出版社,1995.6.—73页;19cm

ISBN 7-5414-0961-8: ¥1.60

G624.24 014614

九年义务教育六年制小学语文第八册作文篇篇通/覃威,韩志远编.—南宁:广西教育出版社,1995.12.—102页;19cm

ISBN 7-5435-2378-7: ¥2.80

G624.24 014615

九年义务教育六年制小学语文第九册作文篇篇通/唐五一等编.—南宁:广西教育出版社,1995.7.—92页;19cm

ISBN 7-5435-2327-2: ¥2.20

G624.24 014616

九年义务教育六年制小学语文第六册作文篇篇通/王建辉,唐五一编.—南宁:广西教育出版社,1995.12.—79页;19cm

ISBN 7-5435-2377-9: ¥2.30

G624.24 014617

九年义务教育六年制小学语文第七册作文篇篇通/覃威等编著.—南宁:广西教育出版社,1995.7.—91页;19cm

ISBN 7-5435-2326-4: ¥2.20

G624.24 014618

九年义务教育六年制小学语文第三册作文篇篇通/敬大林等编写.—南宁:广西教育出版社,1995.7.—66页;19cm

ISBN 7-5435-2324-8: ¥1.75

G624.24 014619

九年义务教育六年制小学语文第十册作文篇篇通/唐五一,车文汉编.—南宁:广西教育出版社,1995.12.—93页;19cm

ISBN 7-5435-2379-5: ¥2.75

G624.24 014620

九年义务教育六年制小学语文第十二册作文篇篇通/谭玲,彭佳编.—南宁:广西教育出版社,1995.12.—98页;19cm

ISBN 7-5435-2380-9: ¥2.90

G624.24 014621

九年义务教育六年制小学语文第十一册作文篇篇通/彭佳,谭玲编著.—南宁:广西教育出版社,1995.7.—98页;19cm

ISBN 7-5435-2328-0: ¥2.35

G624.24 014622

九年义务教育六年制小学语文第五册作文篇篇通/王建辉等编.—南宁:广西教育出版社,1995.7.—80页;19cm

ISBN 7-5435-2325-6: ¥2.00

G624.24 014623

九年义务教育六年制小学语文第一册作文篇篇通/陈碧瑶编写.—南宁:广西教育出版社,1995.7.—48页;19cm

ISBN 7-5435-2323-X: ¥1.20

G624.24 014624

九年义务教育六年制小学语文写作训练 第九册/贾全庆等主编.—2版.—石家庄:河北教育出版社,1995.5.—80页;19cm

ISBN 7-5434-0453-2: ¥1.30

G624.24 014625

九年义务教育六年制小学语文写作训练 第七册/贾全庆等主编.—2版.—石家庄:河北教育出版社,1995.6.—62页;19cm

ISBN 7-5434-0452-4: ¥1.10

G624.24 014626

九年义务教育六年制小学语文写作训练 第十一册/贾全庆等主编.—2版.—石家庄:河北教育出版社,1995.6.—69页;19cm

ISBN 7-5434-0454-0: ¥1.10

G624.24 014627

九年义务教育六年制小学语文写作训练 第五册/贾全庆等主编.—2版.—石家庄:河北教育出版社,1995.6.—71页;19cm

ISBN 7-5434-0451-6: ¥1.10

G624.24 014628

九年义务教育六年制小学作文基础训练 第六册/许前晖编.—天津:新蕾出版社,1995.10.—60页;19cm

ISBN 7-5307-1679-4: ¥1.70

G624.24 014629

九年义务教育六年制小学作文系列训练 第八册/《小学作文系列训练》编写组编.—2版.—石家庄:河北教育出版社,1995.12.—60页;19cm

ISBN 7-5434-2312-X: ¥1.20

G624.24 014630

九年义务教育六年制小学作文系列训练 第二册/张宗远等编写.—2版.—石家庄:河北教育出版社,1995.12.—42页;19cm

ISBN 7-5434-2312-X: ¥0.95

G624.24 014631

九年义务教育六年制小学作文系列训练 第六册/张宗远等编写.—2版.—石家庄:河北教育出版社,1995.12.—49页;19cm

ISBN 7-5434-2312-X: ¥0.95

G624.24 014632

九年义务教育六年制小学作文系列训练 第十册/张宗远等编写.—2版.—石家庄:河北教育出版社,1995.12.—60页;19cm

ISBN 7-5434-2312-X: ¥1.20

G624.24 014633

九年义务教育六年制小学作文系列训练 第十二册

/张宗远等编写.—2版.—石家庄:河北教育出版社,1995.12.—58页;19cm

ISBN 7-5434-2312-X:¥1.20

G624.24 **014634**

九年义务教育六年制小学作文系列训练　第四册/张宗远等编写.—2版.—石家庄:河北教育出版社,1995.12.—38页;19cm

ISBN 7-5434-2312-X:¥0.85

G624.24 **014635**

九年义务教育五年制小学语文写作训练　第九册/《写作训练》编写组编.—2版.—石家庄:河北教育出版社,1995.6.—72页;19cm

ISBN 7-5434-0450-8:¥1.10

G624.24 **014636**

九年义务教育五年制小学语文写作训练　第六册/贾全庆等主编.—3版.—石家庄:河北教育出版社,1995.12.—73页;19cm

ISBN 7-5434-0256-4:¥1.55

G624.24 **014637**

九年义务教育五年制小学语文写作训练　第七册/贾全庆等主编.—2版.—石家庄:河北教育出版社,1995.6.—67页;19cm

ISBN 7-5434-0449-4:¥1.10

G624.24 **014638**

九年义务教育五年制小学语文写作训练　第五册/贾全庆等主编.—2版.—石家庄:河北教育出版社,1995.6.—46页;19cm

ISBN 7-5434-0448-6:¥0.80

G624.24 **014639**

九年义务教育五年制小学作文基础训练　第六册/侯秉琛,马洪文编.—天津:新蕾出版社,1995.11.—62页;19cm

ISBN 7-5307-1678-6:¥1.70

G624.24 **014640**

九年义务教育小学语文　第六册:作文训练/《作文训练》编写组编.—西安:陕西人民教育出版社,1995.11.—89页;19cm

ISBN 7-5419-6282-1:¥2.20

G624.24 **014641**

九年义务教育小学语文　第五册:作文训练/《作文训练》编写组编.—2版.—西安:陕西人民教育出版社,1995.5.—76页;19cm

ISBN 7-5419-0056-7:¥1.50

G624.24 **014642**

九年义务教育小学作文目标训练:六年制:三年级上学期/陈景松主编;郑江编写.—3版.—福州:福建人民出版社,1995.6.—63页;19cm

ISBN 7-211-02527-1:¥1.30

G624.24 **014643**

卡通作文大王:初级记人关/袁志勇,袁博编著;王温和绘.—北京:九洲图书出版社,1995.3.—62页;19cm

全套共3册,总定价7.50元

ISBN 7-80114-056-7:¥0.00

G624.24 **014644**

卡通作文大王:初级记事关/袁志勇,袁博编著;王温和绘.—北京:九洲图书出版社,1995.3.—62页;19cm

全套共3册,总定价7.50元

ISBN 7-80114-056-7:¥0.00

G624.24 **014645**

卡通作文大王:初级记物关/袁志勇,袁博编著;王温和绘.—北京:九洲图书出版社,1995.3.—62页;19cm

全套共3册,总定价7.50元

ISBN 7-80114-056-7:¥0.00

G624.24 **014646**

看图作文/常风编.—太原:山西教育出版社,1995.9.—195页;19cm.—(小学生作文大王文库/齐峰主编)

ISBN 7-5440-0772-3:¥6.00

G624.24 **014647**

考试作文/万良琦等编.—太原:山西教育出版社,1995.9.—181页;19cm.—(小学生作文大王文库/齐峰主编)

ISBN 7-5440-0633-6:¥5.80

G624.24 **014648**

六年制小学三年级第一学期语文学习辅导　第二分册:作文训练/广东省教育厅编.—2版.—广州:广东教育出版社,1995.7.—41页;19cm.—(小学生课外辅导系列)

义务教育教材:人教版

ISBN 7-5406-2010-2:¥1.30

G624.24 **014649**

六年制小学语文辅助教材:作文　第九册/曾凡主编.—2版.—南京:江苏教育出版社,1995.6.—42页;20cm

ISBN 7-5343-2157-3:¥1.85

G624.24 **014650**

六年制小学语文同步作文示范:二年级第二学期/徐永森主编.—广州:广东教育出版社,1995.12.—112页;19cm

义务教育教材:人教版

ISBN 7-5406-2607-0:¥3.10

G624.24 **014651**

六年制小学语文同步作文示范:三年级第一学期/曹剑尘,冯寿鹤编著.—广州:广东教育出版社,1995.9.—121页;19cm

义务教育教材:人教版

ISBN 7-5406-3315-8:¥2.80

G624.24 **014652**

六年制小学作文训练　第八册.—2版.—南宁:广西美术出版社,1995.11.—92页;19cm

ISBN 7-80582-534-3:¥2.65

G624.24 **014653**

六年制小学作文训练　第六册.—2版.—南宁:广西美术出版社,1995.12.—76页;19cm

ISBN 7-80582-533-5:¥2.50

G624.24 **014654**

六年制小学作文训练　第三册.—2版.—南宁:广西美术出版社,1995.6.—60页;19cm

据九年义务教育教材编写

ISBN 7-80582-621-8: ¥1.70

G624.24 014655

六年制小学作文训练　第十册.—2版.—南宁:广西美术出版社,1995.11.—92页;19cm

ISBN 7-80582-535-1: ¥2.65

G624.24 014656

六年制小学作文训练　第四册.—2版.—南宁:广西美术出版社,1995.11.—92页;19cm

ISBN 7-80582-532-7: ¥2.65

G624.24 014657

六年制小学作文训练　第五册.—2版.—南宁:广西美术出版社,1995.8.—76页;19cm

ISBN 7-80582-622-6: ¥2.10

G624.24 014658

六年制小学作文训练　第一册.—2版.—南宁:广西美术出版社,1995.6.—44页;19cm

ISBN 7-80582-620-X: ¥1.30

G624.24 014659

六年制新编小学生看图作文:二年级写话(下)/宋浔坚编写.—2版.—南宁:广西科学技术出版社,1995.1.—46页;19cm

ISBN 7-80565-928-1: ¥2.00

G624.24 014660

六年制新编小学生看图作文:三年级(下)/苏志贤编写.—3版.—南宁:广西科学技术出版社,1995.12.—40页;19cm

ISBN 7-80565-926-5: ¥2.00

G624.24 014661

描写500例/晓纪等编.—2版.—青岛:青岛出版社,1995.6.—117页;19cm.—(少年写作技巧训练丛书;4)

ISBN 7-5436-0265-2: ¥4.50

G624.24 014662

描写大王/李铁柱,王礼琴主编.—南宁:广西民族出版社,1995.3.—329页;19cm.—(小学生语文学习大王丛书)

五、六年制通用

ISBN 7-5363-2923-7: ¥6.80

G624.24 014663

名师教作文:小学生作文专题指导/邢凤台,苭辛生编著.—成都:四川少年儿童出版社,1995.12.—155页;19cm

ISBN 7-5365-1529-4: ¥4.20

G624.24 014664

排除写作障碍/晨晓,鲁佶编.—2版.—青岛:青岛出版社,1995.6.—93页;19cm.—(少年写作技巧训练丛书;2)

ISBN 7-5436-0263-6: ¥3.80

G624.24 014665

拼图作文/李洪祥等编写.—南京:江苏教育出版社,1995.11.—138页;19cm.—(小学作文新训练方法丛书/杨清生主编)

ISBN 7-5343-2513-7: ¥3.60

G624.24 014666

请你打分:作文训练与观摩:小学三年级/郑玮平等编.—上海:上海科技教育出版社,1995.6.—214页;19cm

ISBN 7-5428-1167-3: ¥4.80

G624.24 014667

请你打分:作文训练与观摩:小学四年级/孔金龙,谭平编.—上海:上海科技教育出版社,1995.6.—228页;19cm

ISBN 7-5428-0925-3: ¥5.40

G624.24 014668

日记书信/赵毅,吴玉英主编.—长春:北方妇女儿童出版社,1995.1.—310页;19cm.—(小学生优秀作文文库/赵毅,吴玉英主编)

ISBN 7-5385-1007-9: ¥7.60

G624.24 014669

日记与书信/龙宅俊等编.—太原:山西教育出版社,1995.9.—259页;19cm.—(小学生作文大王文库/齐峰主编)

ISBN 7-5440-0634-4: ¥8.00

G624.24 014670

填充作文/杨煜泰等编写.—南京:江苏教育出版社,1995.12.—231页;19cm.—(小学作文新训练方法丛书/杨清生主编)

ISBN 7-5343-2512-9: ¥5.45

G624.24 014671

同步 对比 批红 小学生实用作文:三年级/关柏菊等编.—哈尔滨:黑龙江少年儿童出版社,1995.8.—98页;19cm

ISBN 7-5319-1335-6: ¥4.60

G624.24 014672

五年制新编小学生看图作文:二年级写话(下)/杨桂芝编;林园绘.—2版.—南宁:广西科学技术出版社,1995.1.—46页;19cm

ISBN 7-80565-915-X: ¥2.00

G624.24 014673

想象作文·童话/雅奇编.—太原:山西教育出版社,1995.9.—176页;19cm.—(小学生作文大王文库/齐峰主编)

ISBN 7-5440-0635-2: ¥5.80

G624.24 014674

小学记叙文写作序列训练/邹先平,张启福主编.—南宁:广西民族出版社,1995.3.—235页;19cm

ISBN 7-5363-2952-0: ¥4.00

G624.24 014675

小学生材料作文/毛彬彬等编著.—南京:江苏教育出版社,1995.2.—239页;20cm

ISBN 7-5343-2247-2: ¥3.25

G624.24 014676

小学生看图作文:低中年级/卢松森,张德年编著.—南京:江苏教育出版社,1995.7.—140页;20cm

ISBN 7-5343-2423-8: ¥3.75

G624.24 014677

小学生看图作文:高年级/袁迅,柳水编著.—南京:江苏教育出版社,1995.5.—141页:插图;20cm

ISBN 7-5343-2352-5: ¥3.45

G624.24 014678

小学生快速作文/司徒康宁编著.—西安:陕西人民教育出版社,1995.6.—157页;19cm

ISBN 7-5419-6179-5:¥4.10

G624.24 014679

小学生日记作文:六年级/孙玉环编.—太原:山西教育出版社,1995.2.—80页;19cm

ISBN 7-5440-0620-4:¥2.20

G624.24 014680

小学生日记作文:三年级/王淑荣编.—太原:山西教育出版社,1995.2.—80页;19cm

ISBN 7-5440-0617-4:¥2.20

G624.24 014681

小学生日记作文:四年级/陈彦军编.—太原:山西教育出版社,1995.2.—79页;19cm

ISBN 7-5440-0618-2:¥2.20

G624.24 014682

小学生日记作文:五年级/秦玉娥编.—太原:山西教育出版社,1995.2.—79页;19cm

ISBN 7-5440-0619-0:¥2.20

G624.24 014683

小学生示范作文类编 (上)/夏家善等编著.—石家庄:河北少年儿童出版社,1995.1.—521页;13cm.—(小学生作文工具大全)

ISBN 7-5376-1248-X(精装):¥6.50

G624.24 014684

小学生示范作文类编 (下)/夏家善等编著.—石家庄:河北少年儿童出版社,1995.1.—518页;13cm.—(小学生作文工具大全)

ISBN 7-5376-1248-X(精装):¥6.45

G624.24 014685

小学生同步作文:六年级/平凡主编.—西安:陕西人民出版社,1995.12.—174页;19cm

ISBN 7-224 03830-X:¥5.00

G624.24 014686

小学生同步作文:三年级/平凡主编.—西安:陕西人民出版社,1995.12.—176页;19cm

ISBN 7-224-03973-X:¥5.00

G624.24 014687

小学生同步作文:四年级/平凡主编.—西安:陕西人民出版社,1995.12.—176页;19cm

ISBN 7-224-03824-5:¥5.00

G624.24 014688

小学生同步作文:五年级/平凡主编.—西安:陕西人民出版社,1995.12.—174页;19cm

ISBN 7-224-03825-3:¥5.00

G624.24 014689

小学生写段指导/徐根荣,诸建敏主编.—上海:上海教育出版社,1995.9.—162页;19cm

ISBN 7-5320-4511-0:¥6.50

G624.24 014690

小学生写作文 (八)/贵州人民出版社编.—贵阳:贵州人民出版社,1995.12.—40页;26cm.—(少年读写宝典)

ISBN 7-221-04018-4:¥1.88

G624.24 014691

小学生写作文 (六)/贵州人民出版社编.—贵阳:贵州人民出版社,1995.12.—40页;26cm.—(少年读写宝典)

ISBN 7-221-04016-8:¥1.88

G624.24 014692

小学生写作文 (十)/贵州人民出版社编.—贵阳:贵州人民出版社,1995.12.—40页;26cm.—(少年读写宝典)

ISBN 7-221-04019-2:¥1.88

G624.24 014693

小学生写作文 (十二)/贵州人民出版社编.—贵阳:贵州人民出版社,1995.12.—40页;26cm.—(少年读写宝典)

ISBN 7-221-04020-6:¥1.88

G624.24 014694

小学生写作文 (四)/贵州人民出版社编.—贵阳:贵州人民出版社,1995.12.—40页;26cm.—(少年读写宝典)

ISBN 7-221-04017-6:¥1.88

G624.24 014695

小学生学作文100问/杜士森等著.—海口:南海出版公司,1995.4.—220页;19cm

ISBN 7-5442-0481-2:¥6.00

G624.24 014696

小学生优秀作文精讲·精练·精评:感想/姜文,邹树发主编;于靖华等编.—延吉:延边人民出版社,1995.12.—146页;19cm

ISBN 7-80599-367-X:¥5.20

G624.24 014697

小学生优秀作文精讲·精练·精评:活动/姜文,邹树发主编;于靖华等编.—延吉:延边人民出版社,1995.12.—153页;19cm

ISBN 7-80599-367-X:¥5.20

G624.24 014698

小学生优秀作文精讲·精练·精评:记事/姜文,邹树发主编;于靖华等编.—延吉:延边人民出版社,1995.12.—152页;19cm

ISBN 7-80599-367-X:¥5.20

G624.24 014699

小学生优秀作文精讲·精练·精评:看图作文/姜文,邹树发主编;于靖华等编.—延吉:延边人民出版社,1995.12.—153页;19cm

ISBN 7-80599-367-X:¥5.20

G624.24 014700

小学生优秀作文精讲·精练·精评:日记/姜文,邹树发主编;于靖华等编.—延吉:延边人民出版社,1995.12.—152页;19cm

ISBN 7-80599-367-X:¥5.20

G624.24 014701

小学生优秀作文精讲·精练·精评:写景/姜文,邹树发主编;于靖华等编.—延吉:延边人民出版社,1995.12.—153页;19cm

ISBN 7－80599－367－X：¥5.20

G624.24　　014702

小学生优秀作文精讲·精练·精评：写人/姜文，邹树发主编；于靖华等编.—延吉：延边人民出版社，1995.12.—151页；19cm

ISBN 7－80599－367－X：¥5.20

G624.24　　014703

小学生优秀作文精讲·精练·精评：游记/姜文，邹树发主编；于靖华等编.—延吉：延边人民出版社，1995.12.—153页；19cm

ISBN 7－80599－367－X：¥5.20

G624.24　　014704

小学生优秀作文文库：开头结尾/赵毅，吴玉英主编.—长春：北方妇女儿童出版社，1995.1.—333页；19cm

ISBN 7－5385－1002－8：¥8.40

G624.24　　014705

小学生怎样写段/韩益明等编写.—上海：上海教育出版社，1995.5.—99页；19cm

ISBN 7－5320－3795－9：¥2.40

G624.24　　014706

小学生怎样写好作文/李桂兰主编.—长春：吉林人民出版社，1995.10.—303页；19cm

ISBN 7－206－02282－0：¥9.80

G624.24　　014707

小学生作文步步高/马钧编.—兰州：甘肃少年儿童出版社，1995.9.—180页；19cm

四、五年级用

ISBN 7－5422－1068－8：¥5.75

G624.24　　014708

小学生作文步步高/谢瑞等编.—兰州：甘肃少年儿童出版社，1995.9.—145页；19cm

三、四年级用

ISBN 7－5422－1067－X：¥5.00

G624.24　　014709

小学生作文步步高/陈锡萱，李嘉贵编.—兰州：甘肃少年儿童出版社，1995.9.—180页；19cm

五、六年级用

ISBN 7－5422－1069－6：¥5.75

G624.24　　014710

小学生作文常见病纠正/涂明等编写.—南昌：21世纪出版社，1995.4.—179页；19cm

ISBN 7－5391－0828－2：¥4.80

G624.24　　014711

小学生作文常见错别字/子谦，子建编著.—石家庄：河北少年儿童出版社，1995.1.—494页；13cm.—(小学生作文工具大全)

ISBN 7－5376－1248－X(精装)：¥5.20

G624.24　　014712

小学生作文常用词语/高平生编著.—石家庄：河北少年儿童出版社，1995.1.—389页；13cm.—(小学生作文工具大全)

ISBN 7－5376－1248－X(精装)：¥4.70

G624.24　　014713

小学生作文词汇、语段、范文手册/李利等编写.—济南：山东教育出版社，1995.2.—481页；19cm

ISBN 7－5328－2039－4：¥9.80

G624.24　　014714

小学生作文的金钥匙：小学生优秀作文评析75例：中年级分册/穆光鉴主编.—天津：天津社会科学院出版社，1995.8.—240页；19cm

ISBN 7－80563－392－8：¥7.60

G624.24　　014715

小学生作文的金钥匙：小学生优秀作文评析95例：高年级分册/穆光鉴主编.—天津：天津社会科学院出版社，1995.8.—298页；19cm

ISBN 7－80563－392－8：¥9.50

G624.24　　014716

小学生作文读写辅导：五年制小学　第五册/甘肃省教材编审室编.—兰州：甘肃少年儿童出版社，1995.6.—64页；19cm

ISBN 7－5422－1060－2：¥1.50

G624.24　　014717

小学生作文读写辅导：五年制小学　第六册/甘肃省教材编审室编.—兰州：甘肃少年儿童出版社，1995.12.—79页；19cm

ISBN 7－5422－1112－9：¥2.50

G624.24　　014718

小学生作文构思指导/曾凡巨主编；张炬等编著.—石家庄：河北少年儿童出版社，1995.1.—576页；13cm.—(小学生作文工具大全)

ISBN 7－5376－1248－X(精装)：¥6.55

G624.24　　014719

小学生作文技法全书/曾本宇主编.—北京：中国工人出版社，1995.11.—355页；19cm

ISBN 7－5008－1801－7(精装)：¥15.80

G624.24　　014720

小学生作文技法全书/曾本宇主编.—北京：中国工人出版社，1995.11.—355页；19cm

ISBN 7－5008－1802－5：¥10.80

G624.24　　014721

小学生作文精彩结尾300例/志勇等编.—海口：南海出版公司，1995.4.—83页；19cm

ISBN 7－80570－835－5：¥2.80

G624.24　　014722

小学生作文精彩语段/云涛，刘清林编著.—石家庄：河北少年儿童出版社，1995.1.—522页；13cm.—(小学生作文工具大全)

ISBN 7－5376－1248－X(精装)：¥5.10

G624.24　　014723

小学生作文名言名句选萃/秦平，晓羽编著.—石家庄：河北少年儿童出版社，1995.1.—519页；13cm.—(小学生作文工具大全)

ISBN 7－5376－1248－X(精装)：¥5.60

G624.24　　014724

小学生作文提纲导引式训练：记人分册/郝丹等编.—北京：中国档案出版社，1995.9.—154页；19cm

ISBN 7－80019－532－5：¥5.00

G624.24　014725
小学生作文提纲导引式训练:写景分册/牛婉茹等编.—北京:中国档案出版社,1995.9.—157页;19cm
ISBN 7-80019-532-5:¥5.00

G624.24　014726
小学生作文提纲导引式训练:叙事分册/李海平等编.—北京:中国档案出版社,1995.9.—157页;19cm
ISBN 7-80019-532-5:¥5.00

G624.24　014727
小学生作文提纲导引式训练:状物分册/刘鸿文等编.—北京:中国档案出版社,1995.9.—158页;19cm
ISBN 7-80019-532-5:¥5.00

G624.24　014728
小学生作文题目汇编/李远杰编著.—石家庄:河北少年儿童出版社,1995.1.—407页;13cm.—(小学生作文工具大全)
ISBN 7-5376-1248-X(精装):¥5.40

G624.24　014729
小学生作文同步训练/赵永春编.—长春:吉林人民出版社,1995.6.—1册;19×26cm
六年级上学期用
ISBN 7-206-02190-5:¥2.20

G624.24　014730
小学生作文同步训练/赵永春编.—长春:吉林人民出版社,1995.6.—1册;19×26cm
四年级上学期用
ISBN 7-206-02190-5:¥2.20

G624.24　014731
小学生作文同步训练/赵永春编.—长春:吉林人民出版社,1995.6.—1册;19×26cm
三年级上学期用
ISBN 7-206-02190-5:¥2.20

G624.24　014732
小学生作文修改范例/吴迪康,卢新民编著.—南京:江苏教育出版社,1995.12.—307页;19cm
ISBN 7-5343-2574-9:¥6.85

G624.24　014733
小学生作文修改实例及评析/靳桂英主编.—海口:海南国际新闻出版中心,1995.3.—280页;19cm
ISBN 7-80609-137-8:¥9.80

G624.24　014734
小学生作文训练　第八册/杜庆鸿等编写.—7版.—成都:四川教育出版社,1995.11.—73页;19cm
ISBN 7-5408-0754-7:¥1.98

G624.24　014735
小学生作文训练　第九册/四川省教育科学研究所编.—6版.—成都:四川教育出版社,1995.5.—83页;19cm
ISBN 7-5408-0396-7:¥2.02

G624.24　014736
小学生作文训练　第六册/白德钿等编写.—6版.—成都:四川教育出版社,1995.11.—58页;19cm
ISBN 7-5408-0296-0:¥1.65

G624.24　014737
小学生作文训练　第十册/杨光泉等编写.—成都:四川教育出版社,1995.11.—84页;19cm
ISBN 7-5408-0755-5:¥2.22

G624.24　014738
小学生作文训练　第十二册/张方德等编写.—7版.—成都:四川教育出版社,1995.11.—101页;19cm
ISBN 7-5408-0756-3:¥2.55

G624.24　014739
小学生作文训练　第十一册/黄杨钿主编;张芳德,廖翠银编写.—2版.—成都:四川教育出版社,1995.5.—76页;19cm
ISBN 7-5408-0561-7:¥1.84

G624.24　014740
小学生作文训练　第五册/四川省教育科学研究所编.—6版.—成都:四川教育出版社,1995.5.—73页;19cm
ISBN 7-5408-0394-0:¥1.75

G624.24　014741
小学生作文训练与技巧/熊再生主编.—乌鲁木齐:新疆青少年出版社,1995.6.—178页;19cm
ISBN 7-5371-2053-6:¥5.98

G624.24　014742
小学生作文优秀句群与篇章写作训练/张同文编著.—郑州:文心出版社,1995.4.—241页;19cm
ISBN 7-80537-576-3:¥5.80

G624.24　014743
小学生作文语段描写大全:写景分册/浦铭生主编,李申培等编写.—西安:陕西师范大学出版社,1995.2.—211页;19cm
ISBN 7-5613-1167-2:¥4.50

G624.24　014744
小学生作文语段描写大全:写人分册/浦铭生主编;鲍志伸等编写.—西安:陕西师范大学出版社,1995.2.—171页;19cm
ISBN 7-5613-1167-2:¥4.50

G624.24　014745
小学生作文语段描写大全:写事分册/浦铭生主编;张振华等编写.—西安:陕西师范大学出版社,1995.2.—217页;19cm
ISBN 7-5613-1167-2:¥4.50

G624.24　014746
小学生作文语段描写大全:写物分册/浦铭生主编;鲍志伸等编写.—西安:陕西师范大学出版社,1995.2.—190页;19cm
ISBN 7-5613-1167-2:¥4.50

G624.24　014747
小学生作文语法与修辞/白石,赵磊编著.—石家庄:河北少年儿童出版社,1995.1.—519页;13cm.—(小学生作文工具大全)
ISBN 7-5376-1248-X(精装):¥5.10

G624.24　014748
小学生作文指南/张海润编著.—沈阳:辽宁民族出版社,1995.10.—218页;19cm
ISBN 7-80527-524-6:¥6.90

G624.24　014749
小学升学考试语文作文点睛/肖伯元编著.—西安:陕西人民教育出版社,1995.5.—123页;19cm
ISBN 7-5419-6199-X:￥2.80

G624.24　014750
小学同步作文实用大全:六年级/刘玉中等编.—北京:金城出版社,1995.6.—161页;19cm
ISBN 7-80084-071-9:￥4.60

G624.24　014751
小学同步作文实用大全:四年级/刘玉中等编.—北京:金城出版社,1995.6.—156页;19cm
ISBN 7-80084-071-9:￥4.60

G624.24　014752
小学同步作文实用大全:五年级/刘玉中等编.—北京:金城出版社,1995.6.—138页;19cm
ISBN 7-80084-071-9:￥4.60

G624.24　014753
小学五年级作文指导　(上)/马朝阳主编.—北京:中华工商联合出版社,1995.5.—166页;19cm
ISBN 7-80100-138-9:￥3.98

G624.24　014754
小学优秀作文评改与鉴赏:感想/彭延新主编;勾泽川等编写.—延吉:延边人民出版社,1995.10.—151页;19cm
ISBN 7-80599-319-X:￥3.90

G624.24　014755
小学优秀作文评改与鉴赏:活动/彭延新主编;袁竹,王秋影编写.—延吉:延边人民出版社,1995.10.—152页;19cm
ISBN 7-80599-319-X:￥3.90

G624.24　014756
小学优秀作文评改与鉴赏:记事/彭延新主编;袁竹编写.—延吉:延边人民出版社,1995.10.—152页;19cm
ISBN 7-80599-319-X:￥3.90

G624.24　014757
小学优秀作文评改与鉴赏:看图/彭延新主编;董玲,刘慧编写.—延吉:延边人民出版社,1995.10.—152页;19cm
ISBN 7-80599-319-X:￥3.90

G624.24　014758
小学优秀作文评改与鉴赏:日记/彭延新主编;张世安编写.—延吉:延边人民出版社,1995.10.—151页;19cm
ISBN 7-80599-319-X:￥3.90

G624.24　014759
小学优秀作文评改与鉴赏:书信/彭延新主编;魏建华编写.—延吉:延边人民出版社,1995.10.—152页;19cm
ISBN 7-80599-319-X:￥3.90

G624.24　014760
小学优秀作文评改与鉴赏:写景/彭延新主编;勾泽川等编写.—延吉:延边人民出版社,1995.10.—152页;19cm
ISBN 7-80599-319-X:￥3.90

G624.24　014761
小学优秀作文评改与鉴赏:写人/彭延新主编;王锐编写.—延吉:延边人民出版社,1995.10.—152页;19cm
ISBN 7-80599-319-X:￥3.90

G624.24　014762
小学优秀作文评改与鉴赏:游记/彭延新主编;董玲,刘慧编写.—延吉:延边人民出版社,1995.10.—151页;19cm
ISBN 7-80599-319-X:￥3.90

G624.24　014763
小学优秀作文评改与鉴赏:状物/彭延新主编;袁竹编写.—延吉:延边人民出版社,1995.10.—151页;19cm
ISBN 7-80599-319-X:￥3.90

G624.24　014764
小学语文单元作文病例诊治/周更文主编;曾本宇分册主编.—通辽:内蒙古少年儿童出版社,1995.10.—120页;19cm
本册供四省市三年级(上)使用
ISBN 7-5312-0519-X:￥3.60

G624.24　014765
小学语文课本作文:小学语文课本作文方法探讨/计铁士主编.—哈尔滨:黑龙江教育出版社,1995.12.—191页;19cm
ISBN 7-5316-2994-1:￥4.80

G624.24　014766
小学作文　(5)/辽宁教育学院编.—3版.—沈阳:辽宁教育出版社,1995.5.—73页;19cm
ISBN 7-5382-2139-5:￥1.80

G624.24　014767
小学作文　(6)/辽宁教育学院编.—2版.—沈阳:辽宁教育出版社,1995.12.—71页;19cm
ISBN 7-5382-2617-6:￥2.00

G624.24　014768
小学作文:三年级上学期/《小学作文》编写组编.—南昌:江西教育出版社,1995.7.—87页;19cm
ISBN 7-5392-2565-3:￥1.75

G624.24　014769
小学作文:说话和写话:二年级上学期/《小学作文》编写组编.—南昌:江西教育出版社,1995.7.—113页;19cm
ISBN 7-5392-1789-5:￥2.05

G624.24　014770
小学作文:说话和写话:二年级下学期/《小学作文》编写组编.—南昌:江西教育出版社,1995.12.—108页;19cm
ISBN 7-5392-2455-X:￥2.50

G624.24　014771
小学作文:说话和写话:一年级上学期/《小学作文》编写组编.—南昌:江西教育出版社,1995.7.—112页;19cm
ISBN 7-5392-2465-7:￥2.00

G624.24 014772
小学作文:说话和写话:一年级下学期/《小学作文》编写组编.—南昌:江西教育出版社,1995.12.—120页;19cm
ISBN 7-5392-2646-3:¥2.75

G624.24 014773
小学作文:四年级上学期/陈健等编.—南昌:江西教育出版社,1995.7.—119页;19cm
ISBN 7-5392-1693-X:¥2.15

G624.24 014774
小学作文:四年级下学期/《小学作文》编写组编.—南昌:江西教育出版社,1995.12.—105页;19cm
ISBN 7-5392-2644-7:¥2.55

G624.24 014775
小学作文:五年级上学期/江西省教委教研室编.—南昌:江西教育出版社,1995.7.—137页;19cm
ISBN 7-5392-1693-X:¥2.35

G624.24 014776
小学作文:五年级下学期/《小学作文》编写组编.—南昌:江西教育出版社,1995.12.—98页;19cm
ISBN 7-5392-2468-1:¥2.10

G624.24 014777
小学作文辅导与练习 第五册/《小学作文辅导与练习》编写组编.—2版.—海口:海南出版社,1995.7.—58页;19cm
供三年一期用
ISBN 7-80617-665-9:¥2.00

G624.24 014778
小学作文基础训练:全日制六年制:六年级第一学期/庄宗沛等编.—昆明:云南教育出版社;福州:福建教育出版社,1995.4.—52页;19cm
ISBN 7-5415-0965-5:¥1.10

G624.24 014779
小学作文基础训练:全日制六年制:五年级第一学期/胡国忠等编.—昆明:云南教育出版社;福州:福建教育出版社,1995.4.—46页;19cm
ISBN 7-5415-0966-3:¥1.10

G624.24 014780
小学作文教与学/李怿主编.—北京:北京师范大学出版社,1995.4.—278页;19cm
ISBN 7-303-03866-3:¥6.50

G624.24 014781
小学作文目标训练:六年制:三年级下学期/陈景松主编;郑江编写.—3版.—福州:福建人民出版社,1995.12.—48页;19cm
ISBN 7-211-02631-6:¥1.50

G624.24 014782
小学作文巧构思200例/南山等编.—太原:山西教育出版社,1995.6.—237页;19cm.—(小学语文200例丛书/马青图,任庆世主编)
ISBN 7-5440-0737-5:¥6.60

G624.24 014783
小学作文同步练习ABC/杨清生主编;余多慈等编.—2版.—上海:上海科学技术出版社,1995.6.—107页;19cm
二年级用
ISBN 7-5323-3951-3:¥2.20

G624.24 014784
小学作文同步练习ABC/杨清生主编.—2版.—上海:上海科学技术出版社,1995.6.—130页;19cm
一年级用
ISBN 7-5323-3967-X:¥2.60

G624.24 014785
小学作文同步图示指导/陈树民主编.—沈阳:沈阳出版社,1995.9.—4册;19cm
ISBN 7-5441-0449-4:¥26.00

G624.24 014786
小学作文指导:六年制 第九册/莫善泉主编.—桂林:漓江出版社,1995.8.—122页;19cm
ISBN 7-5407-1801-3:¥3.40

G624.24 014787
小学作文指导:六年制 第七册/莫善泉,郭起佐主编.—桂林:漓江出版社,1995.8.—74页;19cm
ISBN 7-5407-1800-5:¥2.60

G624.24 014788
小学作文指导:六年制 第三册/莫善泉主编.—桂林:漓江出版社,1995.8.—57页;19cm
ISBN 7-5407-1799-8:¥2.50

G624.24 014789
小学作文指导:六年制 第十一册/莫善泉主编.—桂林:漓江出版社,1995.8.—114页;19cm
ISBN 7-5407-1802-1:¥3.30

G624.24 014790
小学作文指导:六年制 第五册/莫善泉,郭起佐主编.—桂林:漓江出版社,1995.8.—74页;19cm
ISBN 7-5407-1814-5:¥2.60

G624.24 014791
小学作文指导:五、六年制 第一册/莫善泉主编.—桂林:漓江出版社,1995.8.—61页;19cm
ISBN 7-5407-1795-5:¥2.60

G624.24 014792
小学作文指导:五年制 第九册/莫善泉主编.—桂林:漓江出版社,1995.8.—142页;19cm
ISBN 7-5407-1798-X:¥3.40

G624.24 014793
小学作文指导:五年制 第七册/莫善泉主编.—桂林:漓江出版社,1995.8.—133页;19cm
ISBN 7-5407-1797-1:¥3.40

G624.24 014794
小学作文指导:五年制 第三册/莫善泉主编.—桂林:漓江出版社,1995.8.—57页;19cm
ISBN 7-5407-1796-3:¥2.50

G624.24 014795
小学作文指导:五年制 第五册/郭起佐等主编.—桂林:漓江出版社,1995.8.—74页;19cm
ISBN 7-5407-1815-3:¥2.70

G624.24 014796
写景作文/王建江编.—太原:山西教育出版社,

1995.9.—149页;19cm.—(小学生作文大王文库/齐峰主编)
ISBN 7-5440-0630-1: ¥4.90

G624.24　014797
写人作文/王琦,郝雅婷编.—太原:山西教育出版社,1995.9.—160页;19cm.—(小学生作文大王文库/齐峰主编)
ISBN 7-5440-0631-X: ¥5.40

G624.24　014798
欣赏,是你学习写作的梯子/樟叶,邱深编.—2版.—青岛:青岛出版社,1995.6.—79页;19cm.—(少年写作技巧训练丛书;3)
ISBN 7-5436-0264-4: ¥2.40

G624.24　014799
新编六年制小学语文第二册小学生作文序列训练/李玉学编.—哈尔滨:黑龙江少年儿童出版社,1995.1.—45页;26cm
ISBN 7-5319-0550-7: ¥1.50

G624.24　014800
新编六年制小学语文第六册小学生作文序列训练/李守仁编.—哈尔滨:黑龙江少年儿童出版社,1995.1.—54页;26cm
ISBN 7-5319-0546-9: ¥1.70

G624.24　014801
新编六年制小学语文第四册小学生作文序列训练/李守仁,朱斌编.—哈尔滨:黑龙江少年儿童出版社,1995.1.—68页;26cm
ISBN 7-5319-0548-5: ¥1.95

G624.24　014802
新编六年制小学语文第五册小学生作文序列训练/李守仁编.—哈尔滨:黑龙江少年儿童出版社,1995.6.—46页;26cm
ISBN 7-5319-0618-X: ¥2.00

G624.24　014803
新编全国小学优秀作文导读/林立等编.—南昌:江西教育出版社,1995.9.—338页;19cm
ISBN 7-5392-2599-8: ¥5.10

G624.24　014804
新编小学作文:六年制　第五册/凌玉璧主编;覃威编写.—3版.—南宁:广西教育出版社,1995.7.—54页;19cm
ISBN 7-5435-0855-9: ¥1.25

G624.24　014805
新编小学作文:五年制　第九册 /凌玉璧,宁发栋主编.—2版.—南宁:广西教育出版社,1995.6.—69页;19cm
ISBN 7-5435-0846-X: ¥1.35

G624.24　014806
新编小学作文:五年制　第七册/凌玉璧主编;梁伦邦编写.—2版.—南宁:广西教育出版社,1995.6.—49页;19cm
ISBN 7-5435-0847-8: ¥1.00

G624.24　014807
新编小学作文:五年制　第五册/凌玉璧,宁发栋主编;宁发栋编写.—3版.—南宁:广西教育出版社,1995.6.—57页;19cm
ISBN 7-5435-0882-6: ¥1.15

G624.24　014808
新编小学作文:五年制　第一册/凌玉璧,宁发栋主编;陈碧瑶编写.—2版.—南宁:广西教育出版社,1995.6.—45页;19cm
ISBN 7-5435-0857-5: ¥0.95

G624.24　014809
一图多写指引:小学二年级/王莉韵,张雪珍编写;王晓明等绘.—上海:上海教育出版社,1995.12.—45页;17×19cm
ISBN 7-5320-4516-1: ¥2.80

G624.24　014810
一图多写指引:小学三年级/朱英,张惠英编写;王俭,诸春根绘.—上海:上海教育出版社,1995.12.—45页;17×19cm
ISBN 7-5320-4517-X: ¥2.80

G624.24　014811
一图多写指引:小学一年级/武仪等编写;孙平,孙绍波绘.—上海:上海教育出版社,1995.12.—45页;17×19cm
ISBN 7-5320-4515-3: ¥2.80

G624.24　014812
以一当十小学生作文素材的积累与运用　(1):记事/范阿候等编著.—天津:天津教育出版社,1995.11.—168页;19cm
ISBN 7-5309-2201-7: ¥5.20

G624.24　014813
以一当十小学生作文素材的积累与运用　(2):景物·活动/范阿候等编著.—天津:天津教育出版社,1995.11.—188页;19cm
ISBN 7-5309-2202-5: ¥5.70

G624.24　014814
以一当十小学生作文素材的积累与运用　(3):写人/白春国等编著.—天津:天津教育出版社,1995.11.—171页;19cm
ISBN 7-5309-2202-5: ¥5.30

G624.24　014815
义务教育六年制小学语文辅导教材:作文　第六册/曾凡主编.—2版.—南京:江苏教育出版社,1995.12.—38页;20cm
ISBN 7-5343-2025-9: ¥2.35

G624.24　014816
义务教育六年制小学语文辅助教材:作文　第五册/曾凡主编.—2版.—南京:江苏教育出版社,1995.6.—37页;20cm
ISBN 7-5343-2160-3: ¥1.90

G624.24　014817
怎样写好语文课本里的作文/郭根福主编.—西安:陕西人民教育出版社,1995.8.—242页;19cm
小学五年级用
ISBN 7-5419-6207-4: ¥5.80

G624.24　014818

怎样写好语文课本里的作文/郭根福主编.—西安:陕西人民教育出版社,1995.8.—281页;19cm
小学六年级用
ISBN 7-5419-6208-2:¥6.70

G624.24　014819
怎样写好语文课本里的作文/郭根福主编.—西安:陕西人民教育出版社,1995.8.—228页;19cm
小学四年级用
ISBN 7-5419-6206-6:¥5.50

G624.24　014820
状物作文/海平编.—太原:山西教育出版社,1995.9.—147页;19cm.—(小学生作文大王文库/齐峰主编)
ISBN 7-5440-0636-0:¥4.90

G624.24　014821
最新小学作文全功能题典/许友兰等主编.—北京:红旗出版社,1995.2.—219页;19cm
ISBN 7-80068-754-6:¥7.80

G624.24　014822
作文　第八册/曾凡主编.—2版.—南京:江苏教育出版社,1995.12.—36页;20cm
六年制小学语文辅助教材
ISBN 7-5343-2026-7:¥2.35

G624.24　014823
作文　第九册/曾凡主编.—3版.—南京:江苏教育出版社,1995.6.—45页;20cm
六年制小学语文辅助教材
ISBN 7-5343-2157-3:¥2.70

G624.24　014824
作文　第七册/曾凡主编.—2版.—南京:江苏教育出版社,1995.6.—37页;20cm
六年制小学语文辅助教材
ISBN 7-5343-2159-X:¥1.70

G624.24　014825
作文　第十册/曾凡主编.—2版.—南京:江苏教育出版社,1995.12.—39页;20cm
六年制小学语文辅助教材
ISBN 7-5343-2027-5:¥2.35

G624.24　014826
作文　第十二册/曾凡主编.—2版.—南京:江苏教育出版社,1995.12.—40页;20cm
六年制小学语文辅助教材
ISBN 7-5343-2028-3:¥2.25

G624.24　014827
作文　第十一册/曾凡主编.—2版.—南京:江苏教育出版社,1995.6.—50页;20cm
六年制小学语文辅助教材
ISBN 7-5343-2158-1:¥2.10

G624.24　014828
作文　第五册/《作文》编写组编.—3版.—长沙:湖南教育出版社,1995.6.—52页;19cm
供义务教育六年制小学三年一期用
ISBN 7-5355-0179-6:¥1.35

G624.24　014829
作文的基本类型和写法/陈伟新编.—2版.—青岛:青岛出版社,1995.6.—90页;19cm.—(少年写作技巧训练丛书;5)
ISBN 7-5436-0266-0:¥3.80

G624.24　014830
作文基础训练指导/施羽尧主编.—哈尔滨:东北林业大学出版社,1995.7.—179页;19cm
六年级用
ISBN 7-81008-559-X:¥5.20

G624.24　014831
作文基础训练指导/施羽尧主编.—哈尔滨:东北林业大学出版社,1995.7.—179页;19cm
五年级用
ISBN 7-81008-559-X:¥5.20

G624.24　014832
作文基础训练指导/施羽尧主编.—哈尔滨:东北林业大学出版社,1995.7.—179页;19cm
四年级用
ISBN 7-81008-559-X:¥5.20

G624.24　014833
作文序列训练:小学　第五册/《作文序列训练》编写组编.—2版.—重庆:重庆出版社,1995.7.—40页;19cm
ISBN 7-5366-1246-X:¥0.95

①G624.24②J228.4　014834
小悟空学作文:怎样写景/李知光主编.—天津:新蕾出版社,1995.2.—128页;20cm.—(学作文画库)
ISBN 7-5307-1597-6:¥4.00

①G624.24②J228.4　014835
小悟空学作文:怎样写人/李知光主编.—天津:新蕾出版社,1995.2.—128页;20cm.—(学作文画库)
ISBN 7-5307-1517-8:¥4.00

①G624.24②J228.4　014836
小悟空学作文:怎样写事/李知光主编.—天津:新蕾出版社,1995.2.—128页;20cm.—(学作文画库)
ISBN 7-5307-1595-X:¥4.00

①G624.24②J228.4　014837
小悟空学作文:怎样写物/李知光主编.—天津:新蕾出版社,1995.2.—128页;20cm.—(学作文画库)
ISBN 7-5307-1594-1:¥4.00

①G624.24②J228.4　014838
小悟空学作文:作文万花筒/李知光主编.—天津:新蕾出版社,1995.2.—128页;20cm.—(学作文画库)
ISBN 7-5307-1596-8:¥4.00

G624.24-61　014839
小学生优秀作文文库:描写辞典/赵毅,吴玉英主编.—长春:北方妇女儿童出版社,1995.1.—444页;19cm
ISBN 7-5385-1009-5:¥10.40

G624.24-61　014840
小学生作文辞海/刘桂松,华杉主编.—上海:上海人民出版社,1995.9.—1092页;19cm
ISBN 7-208-02077-9(精装):¥36.00

G624.24-61　014841
小学生作文造句词典/张桂芬,刘世涛编著.—石家

庄:河北少年儿童出版社,1995.1.—645 页;13cm.—(小学生作文工具大全)
ISBN 7-5376-1248-X(精装):¥7.40

G624.24-61　014842
新编小学生作文辞典/杨清生主编.—2 版(修订本).—南京:江苏教育出版社,1995.11.—630 页;19cm
ISBN 7-5343-0561-6(精装):¥17.85

G624.24-61　014843
中华学生作文描写辞典:小学卷/张伟,范炳编.—深圳:海天出版社,1995.10.—486 页;10×13cm
ISBN 7-80615-238-5:¥8.00

G624.24-62　014844
小学生给材料写作手册/常真,陈茵编著.—上海:上海远东出版社,1995.10.—306 页;10×13cm.—(小学生袖珍工具书系列)
ISBN 7-80613-136-1:¥6.00

G624.24-62　014845
小学生写作技巧手册/王必辉,周静芝编著.—上海:上海远东出版社,1995.9.—258 页;13×10cm.—(小学生袖珍工具书系列)
ISBN 7-80613-135-3:¥5.00

G624.24-62　014846
作文词汇语段分类手册/瞿宁文,李晶编.—成都:四川人民出版社,1995.5.—449 页;13cm
小学生专用
ISBN 7-220-02779-6:¥6.80

G624.3 外语

G624.31　014847
爱丽丝少儿英语中级教程/张一凯编著.—兰州:兰州大学出版社:甘肃音像出版社,1995.2.—183 页;17×19cm
ISBN 7-311-00632-5:¥8.20

G624.31　014848
九年义务教育小学英语第四册基本功训练/《小学英语基本功训练》编写组编.—石家庄:河北教育出版社,1995.12.—76 页;19cm
ISBN 7-5434-2495-9:¥1.60

G624.31　014849
看图学英语/于松岭主编.—哈尔滨:东北林业大学出版社,1995.6.—3 册;26cm
ISBN 7-81008-560-3:¥25.50

G624.31　014850
看图学英语:卡片/张沉丰主编;李木等绘.—北京:金盾出版社,1995.7.—2 盒;9×6cm
ISBN 7-80022-948-3:¥14.00

G624.31　014851
六年制小学英语基础训练　第五册/《英语基础训练》编写组编.—青岛:青岛出版社,1995.8.—146 页;19cm
ISBN 7-5436-1368-9:¥3.00

G624.31　014852
六年制小学英语练习册　第二册/孟琳,王庆欣编.—2 版.—沈阳:辽宁教育出版社,1995.11.—92 页;19cm
五年级下学期用
ISBN 7-5382-3928-6:¥2.30

G624.31　014853
六年制小学英语练习册　第三册/孟琳,王庆欣编.—沈阳:辽宁教育出版社,1995.5.—88 页;19cm
六年级上学期用
ISBN 7-5382-4110-8:¥2.10

G624.31　014854
六年制小学英语练习册　第四册/孟琳,王庆欣编.—2 版.—沈阳:辽宁教育出版社,1995.11.—89 页;19cm
六年级下学期用
ISBN 7-5382-3927-8:¥2.30

G624.31　014855
六年制小学英语练习册　第一册/孟琳,王庆欣编.—沈阳:辽宁教育出版社,1995.5.—76 页;19cm
五年级上学期用
ISBN 7-5382-4109-4:¥2.10

G624.31　014856
六年制小学英语综合基础训练/青岛市普通教育教研室编.—2 版.—青岛:青岛出版社,1995.3.—178 页;19cm
ISBN 7-5436-1111-2:¥2.80

G624.31　014857
六年制小学英语综合基础训练　第二册/青岛市普通教育教研室编.—青岛:青岛出版社,1995.3.—167 页;19cm
ISBN 7-5436-1165-1:¥2.65

G624.31　014858
苗苗学英语　第三册/侯维瑞编.—上海:上海外语教育出版社,1995.5.—152 页;26cm
ISBN 7-81046-016-1:¥11.00

G624.31　014859
默默学英语/夏君等编文;贾文涛等绘.—天津:天津人民美术出版社,1995.6.—79 页;20cm.—(看漫画学英语丛书;1)
ISBN 7-5305-0431-2:¥6.00

G624.31　014860
启蒙英语口语教程　(2)/董翠翠,邓秀珍编著.—天津:天津科技翻译出版公司,1995.3.—33 页;26cm
ISBN 7-5433-0732-4:¥2.40

G624.31　014861
少儿英语/郑黎明编著.—南昌:21 世纪出版社,1995.9.—82 页;26cm
少儿兴趣班
ISBN 7-5391-0817-7:¥6.80

G624.31　014862
小学生图解英汉对话/潘建伟,黎雪主编.—南京:南京出版社,1995.5.—301 页;20cm
ISBN 7-80614-105-7:¥12.00

G624.31 014863

小学生英语　第三册/罗义蕴主编;四川人民广播电台教育部,四川省外国语学校编.—成都:四川人民出版社,1995.2.—45页;26cm.—(少儿空中英语教室学生读本)

ISBN 7-220-02615-3:¥3.50

G624.31 014864

小学生英语　第四册:试用本/罗义蕴主编;四川人民广播电台教育部,四川省外国语学校编.—成都:四川人民出版社,1995.8.—46页;26cm.—(少儿空中英语教室学生读本)

ISBN 7-220-02615-3:¥3.50

G624.31 014865

小学生英语　第一册/罗义蕴主编;四川人民广播电台教育部,四川省外国语学校编.—修订再版.—成都:四川人民出版社,1995.7.—46页;26cm.—(少儿空中英语教室学生读本)

ISBN 7-220-02419-3:¥3.50

G624.31 014866

小学生英语综合训练精选/沈刚编著.—广州:广州出版社,1995.6.—222页;19cm

ISBN 7-80592-279-9:¥6.80

G624.31 014867

小学英语　第一册/于兴基,宋昭勋编写.—成都:四川教育出版社,1995.3.—75页;26cm

ISBN 7-5408-2674-6:¥3.60

G624.31 014868

小学英语30天/石柳岩编.—4版.—天津:天津教育出版社,1995.1.—87页;26cm

小学毕业生使用

ISBN 7-5309-1357-3:¥3.65

G624.31 014869

小学英语365天:六年级/365天编写组编写.—天津:天津科技翻译出版公司,1995.8.—2册(392页);19cm

六年级全年使用

ISBN 7-5433-0749-9:¥9.00

G624.31 014870

小学英语365天:五年级/365天编写组编写.—天津:天津科技翻译出版公司,1995.8.—2册(393页);19cm

五年级全年使用

ISBN 7-5433-0749-9:¥9.00

G624.31 014871

小学英语测试卷/肖平主编;柏天娥,田延夫编.—2版.—沈阳:辽宁教育出版社,1995.5.—56页;26cm

六年级用

ISBN 7-5382-3754-2:¥2.20

G624.31 014872

小学英语测试卷/唐少瑰,赵唐英编.—沈阳:辽宁教育出版社,1995.5.—40页;26cm

五年级用

ISBN 7-5382-3884-0:¥1.60

G624.31 014873

小学英语测试卷/肖平主编;柏天娥,田延夫编.—2版.—沈阳:辽宁教育出版社,1995.5.—56页;26cm

六年级用

ISBN 7-5382-3754-2:¥2.20

G624.31 014874

小学英语单元测试　第二册/陈伟,连杰编.—天津:天津教育出版社,1995.12.—74页;26cm

ISBN 7-5309-2215-7:¥5.20

G624.31 014875

小学英语单元测试　第四册/赵萍等编.—天津:天津教育出版社,1995.12.—57页;26cm

ISBN 7-5309-2217-3:¥4.60

G624.31 014876

小学英语基础训练　第四册/安徽省教研室编.—合肥:安徽少年儿童出版社,1995.12.—16页;19cm

ISBN 7-5397-1319-4:¥0.50

G624.31 014877

小学英语基础训练　第四册/安徽省教研室编.—合肥:安徽少年儿童出版社,1995.12.—16页;19cm

ISBN 7-5397-1319-4:¥0.50

G624.31 014878

小学英语基础训练2800例/陈健忠编.—广州:新世纪出版社,1995.4.—116页;19cm

六年制五年级用

ISBN 7-5405-1160-5:¥3.80

G624.31 014879

小学英语基础训练2800例/陈健忠编.—广州:新世纪出版社,1995.4.—124页;19cm

六年制六年级用

ISBN 7-5405-1161-3:¥4.20

G624.31 014880

小学英语期末总复习测试卷　第三册/测试卷编写组编.—沈阳:辽宁教育出版社,1995.5.—40页;26cm

ISBN 7-5382-4119-1:¥1.60

G624.31 014881

小学英语期末总复习测试卷　第一册/测试卷编写组编.—沈阳:辽宁教育出版社,1995.5.—40页;26cm

ISBN 7-5382-4120-5:¥1.60

G624.31 014882

小学英语试卷:六年级上学期/《小学英语试卷》编写组编.—3版.—南京:江苏教育出版社,1995.6.—52页;26cm

ISBN 7-5343-1750-9:¥2.90

G624.31 014883

小学英语试卷:六年级下学期/《小学英语试卷》编写组编.—3版.—南京:江苏教育出版社,1995.12.—66页;26cm

ISBN 7-5343-1943-9:¥3.65

G624.31 014884

小学英语试卷:五年级上学期/《小学英语试卷》编写组编.—3版.—南京:江苏教育出版社,1995.6.—46页;26cm

ISBN 7-5343-1749-5:¥2.55

G624.31 014885

小学英语试卷:五年级下学期/《小学英语试卷》编写组编.—3版.—南京:江苏教育出版社,1995.12.—40页;26cm
ISBN 7-5343-1942-0:¥2.40

G624.31　014886
小学英语同步训练:四年级/文晔编.—上海:上海远东出版社,1995.6.—163页;19cm
ISBN 7-80613-040-3:¥4.20

G624.31　014887
小学英语同步训练:五年级/文晔编.—上海:上海远东出版社,1995.6.—189页;19cm
ISBN 7-80613-041-1:¥5.00

G624.31　014888
小学英语同步自测 ABC/肖佳,梅玉编.—2版.—上海:上海科学技术出版社,1995.8.—160页;26cm.—(小学学科同步自测ABC丛书)
五年级用
ISBN 7-5323-4065-1:¥8.40

G624.31　014889
小学英语写字本　第二册.—沈阳:辽宁教育出版社,1995.11.—62页;20cm
ISBN 7-5382-4295-3:¥2.50

G624.31　014890
小学英语写字本　第三册.—沈阳:辽宁教育出版社,1995.7.—66页;20cm
ISBN 7-5382-4184-1:¥2.00

G624.31　014891
小学英语写字本　第四册.—沈阳:辽宁教育出版社,1995.10.—86页;20cm
ISBN 7-5382-4296-1:¥2.50

G624.31　014892
小学英语写字本　第一册.—沈阳:辽宁教育出版社,1995.7.—62页;20cm
ISBN 7-5382-4183-3:¥2.00

G624.31　014893
小学英语学习及检测　第二册/《小学英语学习及检测》编写组编.—2版.—南京:江苏教育出版社,1995.6.—315页;19cm
供六年制六年级、五年制五年级学生使用一年
ISBN 7-5343-1163-2:¥5.90

G624.31　014894
小学英语综合技能实践:五、六年级/尹福昌主编.—上海:上海外语教育出版社,1995.2.—146页;26cm
ISBN 7-81046-014-5:¥5.60

G624.31　014895
新教材英语单元试卷精编/《英语一课一练》编写组编.—上海:上海译文出版社,1995.5.—186页;26cm
六年级用
ISBN 7-5327-1777-1:¥6.90

G624.31　014896
学英语:六年制小学:六年级　第三册/晓晨主编;王容等编.—4版.—天津:天津教育出版社,1995.7.—45页;26cm.—(求知系列丛书)
ISBN 7-5309-1416-2:¥2.20

G624.31　014897
学英语:六年制小学:六年级　第四册/晓晨主编.—3版.—天津:天津教育出版社,1995.2.—46页;26cm.—(求知系列丛书)
ISBN 7-5309-1562-2:¥1.80

G624.31　014898
学英语:六年制小学:五年级　第二册/晓晨主编.—3版.—天津:天津教育出版社,1995.2.—60页;26cm.—(求知系列丛书)
ISBN 7-5309-1561-4:¥2.25

G624.31　014899
学英语:六年制小学:五年级　第一册/晓晨主编;王容等编.—4版.—天津:天津教育出版社,1995.7.—48页;26cm.—(求知系列丛书)
ISBN 7-5309-1415-4:¥2.20

G624.31　014900
英语　第二册/宋学侠等主编.—沈阳:辽宁教育出版社,1995.1.—69页;26cm
辽宁省小学试用课本
ISBN 7-5382-3918-9:¥4.70

G624.31　014901
英语　第六册/北京市教育局教材编审部编.—北京:北京出版社,1995.1.—67页;26cm
九年义务教育小学教科书:试用本
ISBN 7-200-02568-2:¥4.40

G624.31　014902
英语　第三册/丁薇主编.—长春:吉林科学技术出版社,1995.7.—42页;26cm
吉林省小学实验教材
ISBN 7-5384-1520-3:¥2.90

G624.31　014903
英语　第三册/宋学侠等主编.—沈阳:辽宁教育出版社,1995.5.—69页;26cm
辽宁省小学试用课本
ISBN 7-5382-4196-5:¥4.00

G624.31　014904
英语　第四册/丁薇,张柏华主编.—长春:吉林科学技术出版社,1995.12.—36页;26cm
吉林省小学实验教材
ISBN 7-5384-1582-3:¥3.90

G624.31　014905
英语　第四册/宋学侠等编.—沈阳:辽宁教育出版社,1995.12.—71页;26cm
辽宁省小学试用课本
ISBN 7-5382-4471-9:¥4.90

G624.31　014906
英语 ABC　(2)/谢工干主编;深圳市宝安区教育局教研室编.—广州:广东人民出版社,1995.2.—25页;26cm
ISBN 7-218-01754-1:¥13.00

G624.31　014907
英语 ABC　(3)/谢工干主编;深圳市宝安区教育局教研室编.—广州:广东人民出版社,1995.2.—27页;26cm

ISBN 7－218－01766－5：¥13.50

G624.31　　014908

英语基本词汇图库：动词、形容词、数词部分/上海教育出版社编.—上海：上海教育出版社，1995.8.—208张；26cm

附目录1册

ISBN 7－5320－4238－3(盒装)：¥60.00

G624.31　　014909

英语听说唱演/李健编；程明飞绘.—贵阳：贵州人民出版社，1995.3.—64页；26cm

ISBN 7－221－03723－X：¥7.50

G624.31　　014910

英语学步　(1)/顾立宁主编；王子英等绘.—上海：华东理工大学出版社，1995.8.—154页；26cm

ISBN 7－5628－0587－3：¥16.00

G624.31　　014911

英语学步　(2)/顾立宁主编；王子英等绘.—上海：华东理工大学出版社，1995.8.—163页；26cm

ISBN 7－5628－0588－1：¥17.00

G624.31　　014912

英语字母音标卡片：与小学英语新教材同步/新蕾出版社编辑.—天津：新蕾出版社，1995.5.—32张；10×7cm

(盒装)：¥2.25

①G624.31②J214　　014913

学英语简笔画/罗晓杰，牟金江编；润疆，晓杰绘.—哈尔滨：黑龙江少年儿童出版社，1995.9.—175页；26cm

ISBN 7－5319－1331－3：¥8.50

G624.31－61　　014914

汉英分类图解词典/王嘉陵，杨红缨编译.—成都：四川人民出版社，1995.7.—137页；17×19cm

ISBN 7－220－02467－3(精装)：¥15.80

G624.31－61　　014915

小学英语口语用法词典/吴世珏编.—海口：海南出版社，1995.9.—198页；19cm

ISBN 7－80617－182－7：¥5.00

G624.31－61　　014916

小学英语学习应用大全/董翠翠主编.—北京：中国物价出版社，1995.3.—312页；19cm

ISBN 7－80070－426－2：¥7.60

G624.31－62　　014917

小学生多功能英语词汇手册/莫彦虹主编.—桂林：漓江出版社，1995.9.—120页；13×19cm

ISBN 7－5407－1818－8：¥4.50

G624.31－62　　014918

小学英语学习指南/杨雄等编著.—3版.—上海：同济大学出版社，1995.12.—320页；19cm

ISBN 7－5608－1595－2：¥10.00

G624.31－62　　014919

英语学习手册：小学篇/朱企儒主编.—大连：大连理工大学出版社，1995.7.—103页；19cm

本书共三册，总定价25.50元

ISBN 7－5611－1015－4：¥0.00

G624.4 历史、地理

G624.4　　014920

多彩的世界/马丽娟等编著；李济绘.—济南：明天出版社，1995.4.—150页；20cm.—(全国小学生课外丛书/李仲汉主编)

全套120册，总定价：385.00元

ISBN 7－5332－2142－7：¥0.00

G624.4　　014921

家乡：长春卷/程振禄主编；长春市《家乡》教材编委会编.—长春：吉林文史出版社，1995.7.—192页；19cm

吉林省小学试用课本　吉林省中小学教材审定委员会审查试用

ISBN 7－80626－004－8：¥3.50

G624.4　　014922

家乡：松原卷/松原市《家乡》教材编委会编.—长春：吉林教育出版社，1995.2.—149页：图；19cm

吉林省小学试用课本

ISBN 7－5383－2488－7：¥2.70

G624.41　　014923

世界一百名人/郝陵生等编文；李华佑，黄强根绘.—上海：上海辞书出版社，1995.4.—201页；26cm.—(世界丛书)

ISBN 7－5326－0343－1：¥19.50

G624.41　　014924

小学历史课堂练习：五年级下学期/陈健等编写.—南昌：江西教育出版社，1995.12.—54页；19cm

ISBN 7－5392－2634－X：¥1.55

G624.41　　014925

小学历史课堂练习：五年级上学期/《小学历史课堂练习》编写组编.—南昌：江西教育出版社，1995.7.—57页；19cm

ISBN 7－5392－2027－9：¥1.00

G624.41　　014926

小学历史课外阅读故事　(下)/李隆庚，严志梁主编.—南宁：广西科学技术出版社，1995.3.—193页；19cm

ISBN 7－80619－182－8：¥4.30

G624.41　　014927

小学历史期末总复习测试卷：全年用/测试卷编写组编.—2版.—沈阳：辽宁教育出版社，1995.5.—40页；26cm

ISBN 7－5382－2035－6：¥1.60

G624.41　　014928

小学历史上册单元检测试卷/小学单元检测试卷编写组编.—太原：山西教育出版社，1995.5.—32页；26cm

五、六年制通用

ISBN 7－80578－595－3：¥1.10

G624.41　　014929

小学历史题库　下册/周维洵主编.—杭州：浙江少年儿童出版社，1995.2.—73页；19cm

ISBN 7-5342-1317-7: ¥2.20

G624.41 014930

小学历史学习及检测/《小学历史学习及检测》编写组编.—南京:江苏教育出版社,1995.6.—161页;19cm

毕业班用

ISBN 7-5343-2361-4: ¥3.15

G624.45 014931

北京城市地理/北京市教育局教学研究部,中国地图出版社编.—2版.—北京:中国地图出版社,1995.9.—57页;19cm

北京市中学乡土地理教材

ISBN 7-5031-1756-7: ¥2.50

G624.45 014932

地理图册 上册/李廷楷主编.—北京:中国地图出版社,1995.1.—38页;19cm

小学适用

ISBN 7-5031-1696-X: ¥1.20

G624.45 014933

地理图册 下册/中国地图出版社编制.—北京:中国地图出版社,1995.9.—45页;19cm

小学适用

ISBN 7-5031-1778-8: ¥1.90

G624.45 014934

福州小学乡土教材 第七册/乡土教材编写组编.—福州:福建少年儿童出版社,1995.7.—60页;19cm

六年制六年级、五年制五年级上学期用

ISBN 7-5395-1218-0: ¥1.85

G624.45 014935

福州小学乡土教材 第三册/乡土教材编写组编.—福州:福建少年儿童出版社,1995.7.—48页;19cm

六年制四年级、五年制三年级上学期用

ISBN 7-5395-1216-4: ¥1.75

G624.45 014936

福州小学乡土教材 第五册/福州小学乡土教材编写组编.—福州:福建少年儿童出版社,1995.7.—59页;19cm

六年制五年级、五年制四年级上学期用

ISBN 7-5395-1217-2: ¥1.80

G624.45 014937

福州小学乡土教材 第一册/乡土教材编写组编.—福州:福建少年儿童出版社,1995.7.—48页;19cm

六年制三年级、五年制二年级上学期用

ISBN 7-5395-1215-6: ¥1.75

G624.45 014938

五年制小学地理课堂练习:四年级上学期/陈健等编.—南昌:江西教育出版社,1995.7.—49页;19cm

ISBN 7-5392-2028-7: ¥0.85

G624.45 014939

小学地理课堂练习:四年级下学期/练习册编写组编.—南昌:江西教育出版社,1995.12.—54页;19cm

ISBN 7-5392-2477-0: ¥1.40

G624.45 014940

小学地理期末总复习测试卷:全年用/测试卷编写组编.—2版.—沈阳:辽宁教育出版社,1995.5.—40页;26cm

ISBN 7-5382-2034-8: ¥1.60

G624.45 014941

小学地理题库 下册/周维洵主编.—杭州:浙江少年儿童出版社,1995.2.—59页;19cm

ISBN 7-5342-1318-5: ¥1.80

G624.45 014942

小学地理图册/《吉林省小学地理图册》编委会编.—3版.—北京:地质出版社,1995.4.—38页;19cm

ISBN 7-116-01301-6: ¥1.75

G624.45 014943

小学地理图册/辽宁省《小学地理图册》编委会,辽宁教育学院小学教学研究部编.—2版.—北京:地质出版社,1995.4.—46页;19cm

ISBN 7-116-01357-1: ¥2.00

G624.45 014944

小学课本地理(上册)学习指导/李书敏等编.—北京:人民教育出版社;重庆:重庆出版社,1995.7.—79页;19cm

ISBN 7-5366-3146-4: ¥1.60

G624.45 014945

小学生中国地理趣味填充剪贴画册/冯忠跃编著.—成都:四川少年儿童出版社,1995.12.—44页;19×26cm

ISBN 7-5365-1276-7: ¥6.90

G624.5 数学

G624.5 014946

1994年全国小学毕业(升学)数学考试试题精选.—重庆:重庆出版社,1995.1.—94页;26cm

ISBN 7-5366-3020-4: ¥4.20

G624.5 014947

1994年全国重点小学毕业升学数学试题精选/邱和平编.—天津:天津教育出版社,1995.2.—223页;19cm

ISBN 7-5309-2176-2: ¥4.15

G624.5 014948

1995年全国小学毕业(升学)数学试题选解/中原等编.—西安:陕西人民教育出版社,1995.11.—188页;19cm

ISBN 7-5419-6294-5: ¥4.10

G624.5 014949

1995年全国小学毕业考试数学试卷精选详解/《1995年全国小学毕业考试数学试卷精选详解》编写组编.—郑州:河南教育出版社,1995.11.—144页;19cm

ISBN 7-5347-1863-5: ¥2.65

G624.5 014950

1995年小学毕业(升学)考试数学模拟试卷.—重庆:重庆出版社,1995.1.—81页;26cm

ISBN 7-5366-3062-X: ¥3.70

G624.5 014951

1995年小学毕业数学试卷汇编/北京市海淀区教师进修学校编.—北京:中国水利水电出版社,1995.

12.—51页;26cm

ISBN 7-80124-060-X:¥3.50

G624.5　014952

1996年小学毕业生数学总复习题/辽宁教育出版社编.—3版.—沈阳:辽宁教育出版社,1995.12.—313页;19cm

ISBN 7-5382-2569-2:¥7.00

G624.5　014953

1996年小学数学毕业(升学)考试模拟题/《模拟题》编写组编.—西安:陕西人民教育出版社,1995.12.—112页;26cm

ISBN 7-5419-6349-6:¥4.90

G624.5　014954

阿拉伯数字描红/蔡为公编写.—海口:南海出版公司,1995.6.—16页;26cm.—(家庭课堂系列)

ISBN 7-5442-0356-5:¥1.20

G624.5　014955

北京市九年义务教育六年制小学课本(试用本)数学课堂训练　第二册/北京市教育局教学研究部编著.—2版.—北京:北京少年儿童出版社,1995.1.—61页;20cm

ISBN 7-5301-0445-4:¥1.60

G624.5　014956

二年级数学学与玩/郭涵业,俞孝武主编;陈惠珍编.—上海:少年儿童出版社,1995.4.—96页;19cm

ISBN 7-5324-2734-X:¥4.30

G624.5　014957

华罗庚数学学校试题解析:小学部/刘彭芝主编;中国人民大学附中编.—2版(修订本).—北京:中国大百科全书出版社,1995.4.—295页;19cm.—(华罗庚数学学校奥林匹克系列丛书)

ISBN 7-5000-5100-X:¥6.80

G624.5　014958

计算中的窍门/范清军编著;新绯,韩霖绘.—济南:明天出版社,1995.4.—153页;20cm.—(全国小学生课外丛书/李仲汉主编)

全套样书120册,总定价:385.00元

ISBN 7-5332-2142-7:¥0.00

G624.5　014959

教你学好应用题/陈桂萼编著.—广州:新世纪出版社,1995.8.—185页;19cm

六年制三～六年级适用

ISBN 7-5405-1174-5:¥6.80

G624.5　014960

竞赛集训篇/詹明道等著;《小学生数学报》编辑部编.—南京:江苏教育出版社,1995.5.—233页;20cm.—(小学生数学报10年精选本)

ISBN 7-5343-2326-6:¥5.65

G624.5　014961

九年义务教育六年制小学二年级第一学期数学一课一练　第三册/浙江少年儿童出版社编.—杭州:浙江少年儿童出版社,1995.7.—39页;26cm

ISBN 7-5342-1323-1:¥2.65

G624.5　014962

九年义务教育六年制小学二年级数学自测题/小学数学自测题编写组编.—2版.—广州:广东教育出版社,1995.7.—85页;19cm

ISBN 7-5406-2155-X:¥2.00

G624.5　014963

九年义务教育六年制小学教材试验本(人教版)数学课堂练习　第十二册/福建省普通教育教学研究室编写.—福州:福建少年儿童出版社,1995.12.—106页;19cm

ISBN 7-5395-1316-0:¥2.80

G624.5　014964

九年义务教育六年制小学六年级第一学期数学一课一练　第十一册/浙江少年儿童出版社编.—杭州:浙江少年儿童出版社,1995.7.—47页;26cm

ISBN 7-5342-1324-X:¥3.00

G624.5　014965

九年义务教育六年制小学三年级第一学期数学一课一练　第五册/浙江少年儿童出版社编.—杭州:浙江少年儿童出版社,1995.7.—40页;26cm

ISBN 7-5342-1348-7:¥2.65

G624.5　014966

九年义务教育六年制小学三年级数学学习指导书(上)/内蒙古自治区教育厅中小学学习指导书丛书编委会编.—呼和浩特:内蒙古教育出版社,1995.6.—125页;19cm

ISBN 7-5311-2546-3:¥1.75

G624.5　014967

九年义务教育六年制小学三年级数学学习指导书(下)/内蒙古自治区教育厅中小学学习指导丛书编委会编.—呼和浩特:内蒙古教育出版社,1995.12.—132页;19cm

ISBN 7-5311-2663-X:¥2.55

G624.5　014968

九年义务教育六年制小学三年级数学自测题/小学数学自测题编写组编.—2版.—广州:广东教育出版社,1995.7.—112页;19cm

ISBN 7-5406-1643-1:¥2.65

G624.5　014969

九年义务教育六年制小学数学测试卷　第五册/《数学测试卷》编写组编.—西安:陕西人民教育出版社,1995.5.—65页;26cm

ISBN 7-5419-4665-6:¥2.60

G624.5　014970

九年义务教育六年制小学数学测试卷:二年级下学期/《中小学各科测试卷》编委会编.—3版.—武汉:湖北教育出版社,1995.10.—27页;26×38cm

ISBN 7-5351-0950-0:¥2.60

G624.5　014971

九年义务教育六年制小学数学测试卷:三年级下学期/《中小学各科测试卷》编委会编.—3版.—武汉:湖北教育出版社,1995.11.—27页;26×38cm

ISBN 7-5351-1234-X:¥2.60

G624.5　014972

九年义务教育六年制小学数学测试卷:一年级下学

期/《中小学各科测试卷》编委会编.—2版.—武汉:湖北教育出版社,1995.11.—26页;26×38cm

ISBN 7-5351-1228-5: ¥2.40

G624.5　　014973

九年义务教育六年制小学数学达纲指导:人教版:三年级第二学期/《小学数学达纲指导》编写组编.—2版.—广州:广东教育出版社,1995.12.—147页;19cm

ISBN 7-5406-2500-7: ¥3.60

G624.5　　014974

九年义务教育六年制小学数学单元试卷集　第六册/《六年制小学数学单元试卷集》编写组编.—2版.—南宁:广西教育出版社,1995.11.—48页;26cm.—(小学语文、数学单元试卷集丛书)

ISBN 7-5435-1673-X: ¥2.60

G624.5　　014975

九年义务教育六年制小学数学单元水平测试与辅导:二年级第二学期/《数学单元水平测试与辅导》编写组编.—广州:广东教育出版社,1995.10.—65页;19cm

ISBN 7-5406-0903-6: ¥2.05

G624.5　　014976

九年义务教育六年制小学数学单元水平测试与辅导:三年级第二学期/《数学单元水平测试与辅导》编写组编.—广州:广东教育出版社,1995.10.—78页;19cm

ISBN 7-5406-0904-4: ¥2.35

G624.5　　014977

九年义务教育六年制小学数学单元水平测试与辅导:一年级第二学期/《数学单元水平测试与辅导》编写组编.—广州:广东教育出版社,1995.10.—73页;19cm

ISBN 7-5406-0902-8: ¥2.25

G624.5　　014978

九年义务教育六年制小学数学第六册单元检测/陈洪文,薄振菊编.—3版.—石家庄:河北教育出版社,1995.11.—44页;26cm

ISBN 7-5434-0942-9: ¥1.80

G624.5　　014979

九年义务教育六年制小学数学基础训练　第六册/吴玺,安秀莲编.—济南:山东教育出版社,1995.11.—115页;19cm

三年级下学期用

ISBN 7-5328-1237-5: ¥2.85

G624.5　　014980

九年义务教育六年制小学数学基础训练　第六册/新蕾出版社编.—2版.—天津:新蕾出版社,1995.10.—78页;19cm

ISBN 7-5307-1677-8: ¥2.00

G624.5　　014981

九年义务教育六年制小学数学基础训练　第五册/吴玺,安秀莲编 .—济南:山东教育出版社,1995.5.—107页;19cm

三年级上学期用

ISBN 7-5328-1408-4: ¥1.80

G624.5　　014982

九年义务教育六年制小学数学基础训练　第五册/新蕾出版社编.—2版(修订版).—天津:新蕾出版社,1995.5.—78页;19cm

ISBN 7-5307-1626-3: ¥1.65

G624.5　　014983

九年义务教育六年制小学数学家庭作业　第六册/北京市海淀区教育局高级教师编写组编.—修订版.—西安:陕西人民教育出版社,1995.11.—66页;26cm

ISBN 7-5419-5508-6: ¥3.10

G624.5　　014984

九年义务教育六年制小学数学家庭作业　第五册/北京市海淀区教育局高级教师编写组编.—西安:陕西人民教育出版社,1995.5.—73页;26cm

ISBN 7-5419-5818-2: ¥2.70

G624.5　　014985

九年义务教育六年制小学数学课课通　第八册/潘曦明编.—南宁:广西教育出版社,1995.1.—158页;19cm

ISBN 7-5435-2197-0: ¥2.70

G624.5　　014986

九年义务教育六年制小学数学课课通　第八册/潘曦明编.—2版.—南宁:广西教育出版社,1995.8.—158页;19cm

ISBN 7-5435-2197-0: ¥4.20

G624.5　　014987

九年义务教育六年制小学数学课课通　第二册/陆炜编写.—南宁:广西教育出版社,1995.1.—142页;19cm

ISBN 7-5435-2194-6: ¥2.40

G624.5　　014988

九年义务教育六年制小学数学课课通　第九册/郝美玲编写.—南宁:广西教育出版社,1995.7.—158页;19cm

ISBN 7-5435-2273-X: ¥3.10

G624.5　　014989

九年义务教育六年制小学数学课课通　第六册/廖扬编写.—南宁:广西教育出版社,1995.1.—158页;19cm

ISBN 7-5435-2196-2: ¥2.70

G624.5　　014990

九年义务教育六年制小学数学课课通　第六册/廖扬编写.—2版.—南宁:广西教育出版社,1995.11.—158页;19cm

ISBN 7-5435-2196-2: ¥4.20

G624.5　　014991

九年义务教育六年制小学数学课课通　第七册/潘曦明编写.—南宁:广西教育出版社,1995.7.—158页;19cm

ISBN 7-5435-2272-1: ¥3.35

G624.5　　014992

九年义务教育六年制小学数学课课通　第三册/王敏编写.—南宁:广西教育出版社,1995.6.—144页;19cm

ISBN 7-5435-2270-5: ¥2.90

G624.5　　014993

九年义务教育六年制小学数学课课通　第十册/郝

美玲编.—南宁:广西教育出版社,1995.1.—158页;19cm
ISBN 7-5435-2198-9:¥2.70

G624.5　014994
九年义务教育六年制小学数学课课通　第十二册/柯良编写.—南宁:广西教育出版社,1995.1.—158页;19cm
ISBN 7-5435-2199-7:¥2.70

G624.5　014995
九年义务教育六年制小学数学课课通　第十二册/柯良编写.—2版.—南宁:广西教育出版社,1995.10.—160页;19cm
ISBN 7-5435-2199-7:¥4.30

G624.5　014996
九年义务教育六年制小学数学课课通　第十一册/柯良编写.—南宁:广西教育出版社,1995.6.—158页;19cm
ISBN 7-5435-2274-8:¥3.10

G624.5　014997
九年义务教育六年制小学数学课课通　第四册/王敏编写.—南宁:广西教育出版社,1995.1.—144页;19cm
ISBN 7-5435-2195-4:¥2.50

G624.5　014998
九年义务教育六年制小学数学课课通　第五册/廖扬编写.—南宁:广西教育出版社,1995.6.—158页;19cm
ISBN 7-5435-2271-3:¥3.10

G624.5　014999
九年义务教育六年制小学数学课课通　第一册/林兰编写.—南宁:广西教育出版社,1995.7.—142页;19cm
ISBN 7-5435-2269-1:¥2.90

G624.5　015000
九年义务教育六年制小学数学课堂练习　第二册/《课堂练习编写组编》.—2版.—沈阳:辽宁教育出版社,1995.11.—93页;19cm
ISBN 7-5382-2716-4:¥2.70

G624.5　015001
九年义务教育六年制小学数学课堂练习　第六册/《课堂练习》编写组编.—2版.—沈阳:辽宁教育出版社,1995.11.—96页;19cm
ISBN 7-5382-2714-8:¥2.70

G624.5　015002
九年义务教育六年制小学数学课堂练习　第五册/子林,玉香主编;《课堂练习》编写组编.—2版.—沈阳:辽宁教育出版社,1995.5.—96页;19cm
ISBN 7-5382-2884-5:¥2.05

G624.5　015003
九年义务教育六年制小学数学课堂训练　第三册/新蕾出版社编.—天津:新蕾出版社,1995.5.—62页;19cm
江苏实验本
ISBN 7-5307-1638-7:¥1.40

G624.5　015004
九年义务教育六年制小学数学课堂训练　第四册/新蕾出版社编.—天津:新蕾出版社,1995.10.—62页;19cm
江苏实验本
ISBN 7-5307-1690-5:¥1.70

G624.5　015005
九年义务教育六年制小学数学课外读物　第七册/张卫国,彭景廉主编;人民教育出版社小学数学室,吉林省教育学院小学数学教研室编著.—北京:人民教育出版社,1995.12.—128页;19cm
ISBN 7-107-11569-3:¥3.00

G624.5　015006
九年义务教育六年制小学数学课外作业:三年级上学期/湖北省教学研究室编.—武汉:湖北少年儿童出版社,1995.7.—125页;19cm
ISBN 7-5353-1159-8:¥2.10

G624.5　015007
九年义务教育六年制小学数学课外作业:三年级下学期/湖北省教学研究室编.—5版.—武汉:湖北少年儿童出版社,1995.12.—128页;19cm
ISBN 7-5353-1089-3:¥2.90

G624.5　015008
九年义务教育六年制小学数学课外作业:一年级上学期/湖北省教学研究室编.—2版.—武汉:湖北少年儿童出版社,1995.7.—122页;19cm
ISBN 7-5353-1203-9:¥2.10

G624.5　015009
九年义务教育六年制小学数学评估检测题　第六册/范文,向齐主编;《评估检测题》编写委员会编写.—2版.—武汉:湖北教育出版社,1995.10.—157页;19cm
ISBN 7-5351-1594-2:¥3.50

G624.5　015010
九年义务教育六年制小学数学评估检测题　第四册/夏雨等主编;《评估检测题》编写委员会编写.—2版.—武汉:湖北教育出版社,1995.11.—164页;19cm
ISBN 7-5351-1593-4:¥3.60

G624.5　015011
九年义务教育六年制小学数学试卷　第二册.—济南:山东教育出版社,1995.11.—40页;26cm
一年级下学期用
¥2.20

G624.5　015012
九年义务教育六年制小学数学试卷　第六册.—济南:山东教育出版社,1995.12.—34页;26cm
三年级下学期用
¥2.00

G624.5　015013
九年义务教育六年制小学数学试卷　第七册.—济南:山东教育出版社,1995.5.—34页;26cm
四年级上学期用
¥1.40

G624.5　015014
九年义务教育六年制小学数学试卷　第三册.—济

南:山东教育出版社,1995.5.—32 页;26cm
二年级上学期用
¥1.30

G624.5　015015
九年义务教育六年制小学数学试卷　第四册.—济南:山东教育出版社,1995.11.—24 页;26cm
二年级下学期用
¥1.40

G624.5　015016
九年义务教育六年制小学数学试卷　第五册.—济南:山东教育出版社,1995.5.—40 页;26cm
三年级上学期用
¥1.55

G624.5　015017
九年义务教育六年制小学数学试卷　第一册.—济南:山东教育出版社,1995.5.—30 页;26cm
一年级上学期用
¥1.30

G624.5　015018
九年义务教育六年制小学数学想想算算　第一册/李文章主编.—西安:陕西人民教育出版社,1995.5.—74 页;19cm
ISBN 7-5419-4352-5: ¥1.60

G624.5　015019
九年义务教育六年制小学数学学习手册/刘倚,王咏编写.—武汉:湖北教育出版社,1995.7.—220 页;19cm
二年级用
ISBN 7-5351-1739-2: ¥6.20

G624.5　015020
九年义务教育六年制小学数学学习手册/夏立,李莉编写.—武汉:湖北教育出版社,1995.9.—234 页;19cm
一年级用
ISBN 7-5351-1737-6: ¥6.40

G624.5　015021
九年义务教育六年制小学数学学习手册/黎俊,何诚编写.—武汉:湖北教育出版社,1995.7.—220 页;19cm
三年级用
ISBN 7-5351-1751-1: ¥6.20

G624.5　015022
九年义务教育六年制小学数学知识·能力课课练试题:二年级　上册/程振智,许华编著.—延吉:延边人民出版社,1995.2.—62 页;26cm
ISBN 7-80599-250-9: ¥3.80

G624.5　015023
九年义务教育六年制小学数学知识·能力课课练试题:六年级　上册/陈宪,刘春林编著.—延吉:延边人民出版社,1995.2.—62 页;26cm
ISBN 7-80599-545-1: ¥3.80

G624.5　015024
九年义务教育六年制小学数学知识·能力课课练试题:三年级　上册/荣迪主编;刘国芬,刘士秀编著.—延吉:延边人民出版社,1995.2.—62 页;26cm
ISBN 7-80599-542-7: ¥3.80

G624.5　015025
九年义务教育六年制小学数学知识·能力课课练试题:四年级　上册/荣迪主编;蔡贤华,华群编写.—延吉:延边人民出版社,1995.2.—62 页;26cm
ISBN 7-80599-543-5: ¥3.80

G624.5　015026
九年义务教育六年制小学数学知识·能力课课练试题:五年级　上册/荣迪主编;彭振华编著.—延吉:延边人民出版社,1995.2.—62 页;26cm
ISBN 7-80599-544-3: ¥3.80

G624.5　015027
九年义务教育六年制小学数学知识·能力课课练试题:一年级　上册/陈亮东编著.—延吉:延边人民出版社,1995.2.—62 页;26cm
ISBN 7-80599-249-5: ¥3.80

G624.5　015028
九年义务教育六年制小学四年级第一学期数学一课一练　第七册/浙江少年儿童出版社编.—杭州:浙江少年儿童出版社,1995.7.—46 页;26cm
ISBN 7-5342-1347-9: ¥3.00

G624.5　015029
九年义务教育六年制小学五年级第一学期数学一课一练　第九册/浙江少年儿童出版社编.—杭州:浙江少年儿童出版社,1995.7.—45 页;26cm
ISBN 7-5342-1335-5: ¥3.00

G624.5　015030
九年义务教育六年制小学一年级第一学期数学一课一练　第一册/浙江少年儿童出版社编.—杭州:浙江少年儿童出版社,1995.7.—28 页;26cm
ISBN 7-5342-1339-8: ¥2.10

G624.5　015031
九年义务教育五年制小学"注音识字,提前读写"实验课本数学单元自测　第二册/语文出版社、河北省教育科学研究所数学编写委员会编.—北京:语文出版社,1995.10.—40 页;26cm
ISBN 7-80006-969-9: ¥1.30

G624.5　015032
九年义务教育五年制小学"注音识字,提前读写"实验课本数学单元自测　第六册/语文出版社、河北省教育科学研究所数学编写委员会编.—北京:语文出版社,1995.10.—52 页;26cm
ISBN 7-80006-978-8: ¥1.70

G624.5　015033
九年义务教育五年制小学"注音识字,提前读写"实验课本数学单元自测　第四册/语文出版社、河北省教育科学研究所数学编写委员会编.—北京:语文出版社,1995.10.—48 页;26cm
ISBN 7-80006-970-2: ¥1.70

G624.5　015034
九年义务教育五年制小学三年级数学学习指导书　下/内蒙古自治区教育厅中小学学习指导丛书编委会编.—呼和浩特:内蒙古教育出版社,1995.12.—161 页;19cm
ISBN 7-5311-2682-6: ¥3.05

G624.5　015035

九年义务教育五年制小学数学测试卷：二年级下学期/《中小学各科测试卷》编委会编.—3版.—武汉：湖北教育出版社，1995.11.—24页；26×38cm
ISBN 7-5351-1317-6：¥2.30

G624.5　015036
九年义务教育五年制小学数学测试卷：三年级下学期/《中小学各科测试卷》编委会编.—3版.—武汉：湖北教育出版社，1995.11.—26页；26×38cm
ISBN 7-5351-1318-4：¥2.40

G624.5　015037
九年义务教育五年制小学数学测试卷：五年级下学期/《中小学各科测试卷》编委会编.—2版.—武汉：湖北教育出版社，1995.2.—24页；26×38cm
ISBN 7-5351-1320-6：¥2.30

G624.5　015038
九年义务教育五年制小学数学测试卷：一年级下学期/《中小学各科测试卷》编委会编.—3版.—武汉：湖北教育出版社，1995.11.—26页；26×38cm
ISBN 7-5351-1316-8：¥2.40

G624.5　015039
九年义务教育五年制小学数学单元试卷集　第六册/《五年制小学数学单元试卷集》编写组编.—2版.—南宁：广西教育出版社，1995.11.—44页；26cm.—(小学语文、数学单元试卷集丛书)
ISBN 7-5435-1959-3：¥2.40

G624.5　015040
九年义务教育五年制小学数学单元试卷集　第四册/《小学数学单元试卷集》编写组编.—2版.—南宁：广西教育出版社，1995.12.—44页；26cm.—(小学语文、数学单元试卷集丛书)
ISBN 7-5435-2018-4：¥2.40

G624.5　015041
九年义务教育五年制小学数学单元水平测试(六)/肖庆英编写.—郑州：河南教育出版社，1995.10.—118页；19cm
ISBN 7-5347-1861-9：¥2.60

G624.5　015042
九年义务教育五年制小学数学单元同步测试卷　第三册/张国治主编.—沈阳：辽宁民族出版社，1995.5.—48页；26cm
ISBN 7-80527-506-8：¥2.30

G624.5　015043
九年义务教育五年制小学数学单元同步测试卷　第五册/张国治主编.—沈阳：辽宁民族出版社，1995.5.—48页；26cm
ISBN 7-80527-506-8：¥2.30

G624.5　015044
九年义务教育五年制小学数学单元同步测试卷　第一册/张国治主编.—沈阳：辽宁民族出版社，1995.5.—48页；26cm
ISBN 7-80527-506-8：¥2.50

G624.5　015045
九年义务教育五年制小学数学第二册基本功训练/丁德明编写.—2版.—石家庄：河北教育出版社，1995.11.—80页；19cm
ISBN 7-5434-1178-4：¥1.60

G624.5　015046
九年义务教育五年制小学数学第六册单元检测/傅捷词等编.—3版.—石家庄：河北教育出版社，1995.11.—40页；26cm
ISBN 7-5434-0936-4：¥1.65

G624.5　015047
九年义务教育五年制小学数学基础训练　第六册/广廉等编.—济南：山东教育出版社，1995.11.—132页；19cm
三年级下学期用
ISBN 7-5328-1248-0：¥3.20

G624.5　015048
九年义务教育五年制小学数学基础训练　第六册/新蕾出版社编.—2版.—天津：新蕾出版社，1995.10.—78页；19cm
ISBN 7-5307-1676-X：¥2.00

G624.5　015049
九年义务教育五年制小学数学基础训练　第五册.—济南：山东教育出版社，1995.5.—129页；19cm
三年级上学期用
ISBN 7-5328-1419-X：¥2.15

G624.5　015050
九年义务教育五年制小学数学基础训练　第五册/新蕾出版社编.—2版(修订版).—天津：新蕾出版社，1995.5.—78页；19cm
ISBN 7-5307-1625-5：¥1.65

G624.5　015051
九年义务教育五年制小学数学课时训练　第三册/《小学数学课时训练》编写组编.—福州：福建人民出版社，1995.7.—143页；20cm
ISBN 7-211-02530-1：¥3.40

G624.5　015052
九年义务教育五年制小学数学课外作业：三年级上学期/湖北省教学研究室编.—5版.—武汉：湖北少年儿童出版社，1995.7.—149页；19cm
ISBN 7-5353-1155-5：¥2.45

G624.5　015053
九年义务教育五年制小学数学课外作业：三年级下学期/湖北省教学研究室编.—4版.—武汉：湖北少年儿童出版社，1995.12.—139页；19cm
ISBN 7-5353-1222-5：¥3.05

G624.5　015054
九年义务教育五年制小学数学课外作业：一年级上学期/湖北省教学研究室编.—2版.—武汉：湖北少年儿童出版社，1995.7.—150页；19cm
ISBN 7-5353-1153-9：¥2.45

G624.5　015055
九年义务教育五年制小学数学练习册　第四册/顾远辛编.—南宁：广西教育出版社，1995.1.—110页；19cm
ISBN 7-5435-2204-7：¥1.60

G624.5　015056

九年义务教育五年制小学数学评估检测题　第六册/《评估检测题》编写委员会编.—2版.—武汉:湖北教育出版社,1995.11.—172页;19cm
ISBN 7-5351-1596-9:￥3.80

G624.5　015057
九年义务教育五年制小学数学评估检测题　第四册/《评估检测题》编写委员会编.—2版.—武汉:湖北教育出版社,1995.10.—156页;19cm
ISBN 7-5351-1610-8:￥3.50

G624.5　015058
九年义务教育五年制小学数学三年级学习指导书 上/内蒙古自治区教育厅中小学学习指导书丛书编委会编.—呼和浩特:内蒙古教育出版社,1995.6.—148页;19cm
ISBN 7-5311-2554-4:￥2.05

G624.5　015059
九年义务教育五年制小学数学系列练习册　(6):三年级下学期/福建省小学系列练习册编写组编.—福州:福建教育出版社,1995.10.—111页;19cm
ISBN 7-5334-2000-4:￥2.85

G624.5　015060
九年义务教育五年制小学数学作业本　第二册/《五年制小学数学作业本》编写组编.—沈阳:辽宁教育出版社,1995.12.—112页;19cm
ISBN 7-5382-4447-6:￥3.30

G624.5　015061
九年义务教育五年制小学数学作业本　第六册/《五年制小学数学作业本》编写组编.—沈阳:辽宁教育出版社,1995.12.—126页;19cm
ISBN 7-5382-4449-2:￥3.30

G624.5　015062
九年义务教育五年制小学数学作业本　第四册/《五年制小学数字作业本》编写组编.—沈阳:辽宁教育出版社,1995.12.—120页;19cm
ISBN 7-5382-4448-4:￥3.30

G624.5　015063
九年义务教育小学毕业升学数学模拟试卷 /《小学毕业升学数学模拟试卷》编写组编.—石家庄:河北教育出版社,1995.12.—63页;26cm
附参考答案
ISBN 7-5434-2505-X:￥3.40

G624.5　015064
九年义务教育小学数学一课一练　第六册/《一课一练》编写组编.—西安:陕西人民教育出版社,1995.11.—125页;19cm
ISBN 7-5419-5504-3:￥2.80

G624.5　015065
九年义务教育小学数学一课一练　第五册/《一课一练》编写组编.—西安:陕西人民教育出版社,1995.6.—119页;19cm
ISBN 7-5419-5979-0:￥2.40

G624.5　015066
九年制义务教育课本数学练习册　A册:三年级第二学期/上海市中小学教材编写组编.—上海:上海教育出版社,1995.11.—40页;19cm
ISBN 7-5320-4447-5:￥0.95

G624.5　015067
九年制义务教育课本数学练习册　A册:五年级第二学期/上海市中小学课程教材改革委员会编.—上海:上海教育出版社,1995.11.—46页;19cm
ISBN 7-5320-4495-5:￥1.10

G624.5　015068
九年制义务教育课本数学练习册　A册:五年级第一学期/上海中小学课程教材改革委员会编.—上海:上海教育出版社,1995.6.—53页;19cm
ISBN 7-5320-4260-X:￥0.85

G624.5　015069
九年制义务教育课本数学练习册　B册:三年级第二学期/上海市中小学教材编写组编.—上海:上海教育出版社,1995.11.—32页;19cm
ISBN 7-5320-4448-3:￥0.80

G624.5　015070
九年制义务教育课本数学练习册　B册:五年级第二学期/上海市中小学课程教材改革委员会编.—上海:上海教育出版社,1995.11.—41页;19cm
ISBN 7-5320-4496-3:￥0.95

G624.5　015071
九年制义务教育课本数学练习册　B册:五年级第一学期/上海中小学课程教材改革委员会编.—上海:上海教育出版社,1995.6.—57页;19cm
ISBN 7-5320-4261-8:￥0.80

G624.5　015072
九年制义务教育六年制小学数学课外作业:五年级上学期/湖北省教学研究室编.—5版.—武汉:湖北少年儿童出版社,1995.7.—102页;19cm
ISBN 7-5353-1161-X:￥1.75

G624.5　015073
九年制义务教育五年制小学数学 AB卷学习法:二年级(下)/贾琳等编著.—呼和浩特:内蒙古人民出版社,1995.12.—56页;26cm
ISBN 7-204-02921-6:￥3.40

G624.5　015074
九年制义务教育五年制小学数学 AB卷学习法:三年级(下)/贾琳等编著.—呼和浩特:内蒙古人民出版社,1995.12.—78页;26cm
ISBN 7-204-02921-6:￥3.40

G624.5　015075
九年制义务教育五年制小学数学 AB卷学习法:四年级(下)/贾琳等编著.—呼和浩特:内蒙古人民出版社,1995.12.—58页;26cm
ISBN 7-204-02921-6:￥3.40

G624.5　015076
九年制义务教育五年制小学数学 AB卷学习法:五年级(下)/贾琳等编著.—呼和浩特:内蒙古人民出版社,1995.12.—58页;26cm
ISBN 7-204-02921-6:￥3.40

G624.5　015077
九年制义务教育五年制小学数学 AB卷学习法:一

年级(下)/贾琳等编著.—呼和浩特:内蒙古人民出版社,1995.12.—53页;26cm

ISBN 7-204-02921-6:¥3.40

G624.5　015078

九义六年制小学数学口算练习　第五册/李江华编.—2版.—南宁:广西教育出版社,1995.6.—64页;19cm

ISBN 7-5435-2137-7:¥1.35

G624.5　015079

九义五年制小学数学单元试卷集　第一册/《九义五年制小学数学单元试卷集》编写组编.—2版.—南宁:广西教育出版社,1995.6.—44页;26cm

ISBN 7-5435-1815-5:¥1.65

G624.5　015080

快乐的数学:小学数学奥林匹克入门知识:三年级/陶文中主编.—北京:科学技术文献出版社,1995.5.—183页;19cm.—(奥林匹克书库/陶文中主编)

ISBN 7-5023-2501-8:¥6.00

G624.5　015081

六年制二年级上册小学数学达标训练手册/《小学数学达标训练手册》编写组编.—5版.—武汉:武汉出版社,1995.6.—94页;19cm

九年义务制教育教材

ISBN 7-5430-1168-9:¥1.60

G624.5　015082

六年制六年级上册小学数学达标训练手册/《小学数学达标训练手册》编写组编.—5版.—武汉:武汉出版社,1995.6.—109页;19cm

ISBN 7-5430-1172-7:¥1.80

G624.5　015083

六年制全国百所名牌小学数学同步试卷(A、B卷)精选　第八册/鲁若芒主编;汪国宝等编.—2版.—银川:宁夏人民教育出版社,1995.10.—75页;26cm

ISBN 7-80596-010-0:¥3.20

G624.5　015084

六年制全国百所名牌小学数学同步试卷(A、B卷)精选　第二册/鲁若芒主编.—2版.—银川:宁夏人民教育出版社,1995.10.—76页;26cm

ISBN 7-80596-007-0:¥3.20

G624.5　015085

六年制全国百所名牌小学数学同步试卷(A、B卷)精选　第六册/鲁若芒主编.—2版.—银川:宁夏人民教育出版社,1995.11.—76页;26cm

ISBN 7-80596-009-7:¥3.20

G624.5　015086

六年制全国百所名牌小学数学同步试卷(A、B卷)精选　第十册/鲁若芒主编;汪国宝等编.—2版.—银川:宁夏人民教育出版社,1995.10.—84页;26cm

ISBN 7-80596-011-9:¥3.20

G624.5　015087

六年制全国百所名牌小学数学同步试卷(A、B卷)精选　第十二册/鲁若芒主编;汪国宝等编.—2版.—银川:宁夏人民教育出版社,1995.10.—74页;26cm

ISBN 7-80596-012-7:¥3.20

G624.5　015088

六年制全国百所名牌小学数学同步试卷(A、B卷)精选　第四册/鲁若芒主编;汪国宝等编.—2版.—银川:宁夏人民教育出版社,1995.10.—76页;26cm

ISBN 7-80596-008-9:¥3.20

G624.5　015089

六年制全国百所名牌小学数学同步试卷(A、B卷)精选:总复习/张延海,陆为主编.—2版.—银川:宁夏人民教育出版社,1995.9.—90页;26cm

ISBN 7-80596-013-5:¥3.20

G624.5　015090

六年制三年级上册小学数学达标训练手册/《小学数学达标训练手册》编写组编.—5版.—武汉:武汉出版社,1995.6.—102页;19cm

九年义务制教育教材

ISBN 7-5430-1169-7:¥1.70

G624.5　015091

六年制四年级上册小学数学达标训练手册/《小学数学达标训练手册》编写组编.—5版.—武汉:武汉出版社,1995.6.—101页;19cm

ISBN 7-5430-1170-0:¥1.70

G624.5　015092

六年制五年级上册小学数学达标训练手册/《小学数学达标训练手册》编写组编.—5版.—武汉:武汉出版社,1995.6.—109页;19cm

ISBN 7-5430-1171-9:¥1.80

G624.5　015093

六年制小学毕业升学总复习数学测试卷/《中小学各科测试卷》编委会编.—武汉:湖北教育出版社,1995.11.—25页;26×38cm

ISBN 7-5351-1900-X:¥2.40

G624.5　015094

六年制小学第七册数学单元自测/《六年制小学第七册数学单元自测》编写组编.—郑州:海燕出版社,1995.6.—40页;26cm

ISBN 7-5350-1286-8:¥1.18

G624.5　015095

六年制小学二年级第一学期数学达纲训练/《数学达纲训练》编写组编.—广州:广东人民出版社,1995.8.—76页;19cm

ISBN 7-218-01828-9:¥2.00

G624.5　015096

六年制小学二年级数学知识百花园/《知识百花园丛书》编写组编.—广州:广东人民出版社,1995.5.—87页;19cm.—(知识百花园丛书)

ISBN 7-218-01913-7:¥2.30

G624.5　015097

六年制小学课本数学第九册学习指导/《学习指导》编写组编.—2版.—重庆:重庆出版社;北京:人民教育出版社,1995.7.—122页;19cm

ISBN 7-5366-2872-2:¥2.20

G624.5　015098

六年制小学六年级第一学期数学达纲训练/《数学达纲训练》编写组编.—广州:广东人民出版社,1995.

8.—102 页;19cm

ISBN 7-218-01832-7: ¥2.50

G624.5　015099

六年制小学六年级数学知识百花园/《知识百花园丛书》编写组编.—广州:广东人民出版社,1995.5.—137页;19cm.—(知识百花园丛书)

ISBN 7-218-01921-8: ¥3.20

G624.5　015100

六年制小学三年级第二学期数学学习辅导/《数学学习辅导》编写组编.—2 版.—广州:广东教育出版社,1995.12.—106 页;19cm.—(小学生课外辅导系列)

ISBN 7-5406-1985-6: ¥2.65

G624.5　015101

六年制小学三年级数学知识百花园/《知识百花园丛书》编写组编.—广州:广东人民出版社,1995.5.—121页;19cm.—(知识百花园丛书)

ISBN 7-218-01915-3: ¥2.90

G624.5　015102

六年制小学数学　第八册/吴华等编写.—杭州:浙江教育出版社,1995.11.—62 页;26cm.—(同步练习丛书)

ISBN 7-5338-2215-3: ¥4.20

G624.5　015103

六年制小学数学　第八册/鲁奋编写.—杭州:浙江教育出版社,1995.11.—60 页;26cm.—(同步练习丛书)

ISBN 7-5338-2216-1: ¥4.00

G624.5　015104

六年制小学数学　第八册/江苏省教委教研室编.—南京:江苏教育出版社,1995.12.—97 页;19cm

学习指导用书

ISBN 7-5343-2546-3: ¥2.30

G624.5　015105

六年制小学数学　第二册/方超群编写.—杭州:浙江教育出版社,1995.11.—62 页;26cm.—(同步练习丛书)

ISBN 7-5338-2212-9: ¥4.00

G624.5　015106

六年制小学数学　第九册/江苏省教委教研室编.—南京:江苏教育出版社,1995.7.—110 页;19cm

习指导用书学

ISBN 7-5343-2378-9: ¥2.35

G624.5　015107

六年制小学数学　第六册/及民等编写.—杭州:浙江教育出版社,1995.11.—62 页;26cm.—(同步练习丛书)

ISBN 7-5338-2214-5: ¥4.20

G624.5　015108

六年制小学数学　第六册/江苏省教委教研室编.—南京:江苏教育出版社,1995.12.—129 页;19cm

学习指导用书

ISBN 7-5343-2545-5: ¥3.20

G624.5　015109

六年制小学数学　第七册/江苏省教委教研室编.—南京:江苏教育出版社,1995.7.—119 页;19cm

学习指导用书

ISBN 7-5343-2376-2: ¥2.60

G624.5　015110

六年制小学数学　第七册/杨丽娟,滕英编写.—杭州:浙江教育出版社,1995.7.—64 页;26cm.—(同步练习丛书)

ISBN 7-5338-2030-4: ¥2.90

G624.5　015111

六年制小学数学　第三册/方超群,孙天翔编写.—杭州:浙江教育出版社,1995.7.—58 页;26cm.—(同步练习丛书)

ISBN 7-5338-2007-X: ¥2.80

G624.5　015112

六年制小学数学　第十册/江苏省教委教研室编.—南京:江苏教育出版社,1995.12.—114 页;19cm

学习指导用书

ISBN 7-5343-2547-1: ¥3.05

G624.5　015113

六年制小学数学　第十二册/江苏省教委教研室编.—南京:江苏教育出版社,1995.12.—108 页;19cm

学习指导用书

ISBN 7-5343-2548-X: ¥2.75

G624.5　015114

六年制小学数学　第十一册/江苏省教委教研室编.—南京:江苏教育出版社,1995.7.—119 页;19cm

学习指导用书

ISBN 7-5343-2380-0: ¥2.50

G624.5　015115

六年制小学数学　第四册/惠子等编写.—杭州:浙江教育出版社,1995.10.—62 页;26cm.—(同步练习丛书)

ISBN 7-5338-2213-7: ¥4.00

G624.5　015116

六年制小学数学　第五册/杨丽娟等编写.—杭州:浙江教育出版社,1995.7.—58 页;26cm.—(同步练习丛书)

ISBN 7-5338-2032-0: ¥2.60

G624.5　015117

六年制小学数学　第五册/江苏省教委教研室编.—南京:江苏教育出版社,1995.7.—101 页;19cm

学习指导用书

ISBN 7-5343-2374-6: ¥2.20

G624.5　015118

六年制小学数学　第一册/孙天翔,方超群编写.—杭州:浙江教育出版社,1995.6.—57 页;26cm.—(同步练习丛书)

ISBN 7-5338-1986-1: ¥2.60

G624.5　015119

六年制小学数学测试卷:六年级下学期/《中小学各科测试卷》编委会编.—3 版.—武汉:湖北教育出版社,1995.10.—26 页;26×38cm

ISBN 7-5351-1237-4: ¥2.40

G624.5　015120

六年制小学数学测试卷:四年级下学期/《中小学各科测试卷》编委会编.—3版.—武汉:湖北教育出版社,1995.10.—26页;26×38cm

ISBN 7-5351-1236-6: ¥2.40

G624.5　015121

六年制小学数学测试卷:五年级下学期/《中小学各科测试卷》编委会编.—3版.—武汉:湖北教育出版社,1995.10.—27页;26×38cm

ISBN 7-5351-1235-8: ¥2.60

G624.5　015122

六年制小学数学达纲训练　第八册/潘曦明编写.—3版.—南宁:广西教育出版社,1995.11.—103页;19cm

ISBN 7-5435-0612-2: ¥2.90

G624.5　015123

六年制小学数学达纲训练　第六册/王敏编写.—3版.—南宁:广西教育出版社,1995.11.—96页;19cm

ISBN 7-5435-0626-2: ¥2.70

G624.5　015124

六年制小学数学达纲训练　第十二册/梁柯编写.—3版.—南宁:广西教育出版社,1995.9.—112页;19cm

ISBN 7-5435-0609-2: ¥3.10

G624.5　015125

六年制小学数学达纲指导:三年级第一学期/《小学数学达纲指导》编写组编.—2版.—广州:广东教育出版社,1995.7.—132页;19cm

九年义务教育教材:人教版

ISBN 7-5406-2752-2: ¥3.10

G624.5　015126

六年制小学数学单元测试卷　第九册/测试卷编写组编.—2版.—沈阳:辽宁教育出版社,1995.4.—56页;26cm

ISBN 7-5382-2881-0: ¥2.20

G624.5　015127

六年制小学数学单元测试卷　第七册/测试卷编写组编.—沈阳:辽宁教育出版社,1995.4.—56页;26cm

ISBN 7-5382-2880-2: ¥2.20

G624.5　015128

六年制小学数学单元检测试卷集:三年级第二学期/数学单元检测试卷集编写组编.—2版.—广州:广东教育出版社,1995.12.—22页;26×38cm

ISBN 7-5406-3097-3: ¥2.20

G624.5　015129

六年制小学数学单元试卷集　第八册/《六年制小学数学单元试卷集》编写组编.—3版.—南宁:广西教育出版社,1995.11.—48页;26cm.—(小学语文、数学单元试卷集丛书)

ISBN 7-5435-1675-6: ¥2.60

G624.5　015130

六年制小学数学单元试卷集　第二册/《六年制小学数学单元试卷集》编写组编.—3版.—南宁:广西教育出版社,1995.10.—48页;26cm.—(小学语文、数学单元试卷集丛书)

ISBN 7-5435-1681-0: ¥2.60

G624.5　015131

六年制小学数学单元试卷集　第九册/《六年制小学数学单元试卷集》编写组编.—3版.—南宁:广西教育出版社,1995.5.—48页;26cm.—(小学语文、数学单元试卷集丛书)

ISBN 7-5435-1618-7: ¥1.75

G624.5　015132

六年制小学数学单元试卷集　第十册/《六年制小学数学单元试卷集》编写组编.—3版.—南宁:广西教育出版社,1995.10.—48页;26cm.—(小学语文、数学单元试卷集丛书)

ISBN 7-5435-1676-4: ¥2.60

G624.5　015133

六年制小学数学单元试卷集　第十二册/《六年制小学数学单元试卷集》编写组编.—3版.—南宁:广西教育出版社,1995.11.—48页;26cm.—(小学语文、数学单元试卷集丛书)

ISBN 7-5435-1677-2: ¥2.60

G624.5　015134

六年制小学数学单元试卷集　第四册/《六年制小学语文、数学单元试卷集》编写组编.—2版.—南宁:广西教育出版社,1995.11.—48页;26cm.—(小学语文、数学单元试卷集丛书)

ISBN 7-5435-2017-6: ¥2.60

G624.5　015135

六年制小学数学单元试卷集　第五册/《六年制小学数学单元试卷集》编写组编.—3版.—南宁:广西教育出版社,1995.5.—48页;26cm.—(小学语文、数学单元试卷集丛书)

ISBN 7-5435-1619-5: ¥1.75

G624.5　015136

六年制小学数学单元水平测试与辅导:六年级第二学期/《数学单元水平测试与辅导》编写组编.—广州:广东教育出版社,1995.10.—76页;19cm

ISBN 7-5406-0907-9: ¥2.25

G624.5　015137

六年制小学数学单元水平测试与辅导:四年级第二学期/《数学单元水平测试与辅导》编写组编.—广州:广东教育出版社,1995.10.—78页;19cm

ISBN 7-5406-0905-2: ¥2.35

G624.5　015138

六年制小学数学单元水平测试与辅导:五年级第二学期/《数学单元水平测试与辅导》编写组编.—广州:广东教育出版社,1995.10.—96页;19cm

ISBN 7-5406-0906-0: ¥2.85

G624.5　015139

六年制小学数学第十一册单元检测/吕汝刚等著.—3版.—石家庄:河北教育出版社,1995.5.—45页;26cm

ISBN 7-5434-0816-3: ¥1.30

G624.5　015140

六年制小学数学第五册单元检测/刘兰格等编.—3版.—石家庄:河北教育出版社,1995.7.—48页;26cm

ISBN 7-5434-0814-7: ¥1.60

G624.5　015141

六年制小学数学第五册单元检测试卷/小学单元检测试卷编写组编.—太原:山西教育出版社,1995.5.—26页;26cm
ISBN 7-80578-598-8:¥1.00

G624.5　015142
六年制小学数学改错训练　第八册/《小学数学改错训练》编写组编.—南宁:广西科学技术出版社,1995.1.—45页;26cm
ISBN 7-80619-171-2:¥1.60

G624.5　015143
六年制小学数学改错训练　第二册/《小学数学改错训练》编写组编.—南宁:广西科学技术出版社,1995.3.—37页;26cm
ISBN 7-80619-183-6:¥1.35

G624.5　015144
六年制小学数学改错训练　第六册/《小学数学改错训练》编写组编.—2版.—南宁:广西科学技术出版社,1995.2.—37页;26cm
ISBN 7-80619-178-X:¥1.40

G624.5　015145
六年制小学数学改错训练　第十册/《小学数学改错训练》编写组编.—南宁:广西科学技术出版社,1995.1.—56页;26cm
ISBN 7-80619-165-8:¥2.00

G624.5　015146
六年制小学数学改错训练　第十二册/《小学数学改错训练》编写组编.—南宁:广西科学技术出版社,1995.2.—45页;26cm
ISBN 7-80619-180-1:¥1.60

G624.5　015147
六年制小学数学改错训练　第四册/《小学数学改错训练》编写组编.—南宁:广西科学技术出版社,1995.1.—37页;26cm
ISBN 7-80619-166-6:¥1.35

G624.5　015148
六年制小学数学过关自测题　第六册/孔令望编写.—南宁:广西科学技术出版社,1995.12.—94页;19cm
ISBN 7-80619-279-4:¥3.00

G624.5　015149
六年制小学数学过关自测题　第三册/邹莉编写.—南宁:广西科学技术出版社,1995.7.—98页;19cm
ISBN 7-80619-228-X:¥2.30

G624.5　015150
六年制小学数学过关自测题　第五册/孔令望编写.—南宁:广西科学技术出版社,1995.7.—96页;19cm
ISBN 7-80619-219-0:¥2.50

G624.5　015151
六年制小学数学基本功训练　第一册.—3版(修订本).—南京:江苏少年儿童出版社,1995.5.—102页;19cm
九年义务教育人教版教材配套用书
ISBN 7-5346-0918-6:¥1.80

G624.5　015152
六年制小学数学基本功训练　第十一册.—3版(修订本).—南京:江苏少年儿童出版社,1995.6.—174页;19cm
ISBN 7-5346-0923-2:¥1.80

G624.5　015153
六年制小学数学基本功训练　第五册.—2版.—南京:江苏少年儿童出版社,1995.5.—156页;19cm
九年义务教育人教版教材配套用书
ISBN 7-5346-0920-8:¥1.80

G624.5　015154
六年制小学数学基础训练　第十二册/诚之等编.—2版.—济南:山东教育出版社,1995.11.—100页;19cm
六年级下学期用
ISBN 7-5328-1240-5:¥2.50

G624.5　015155
六年制小学数学基础训练　第四册/青岛市普通教育教研室编.—2版.—青岛:青岛出版社,1995.1.—155页;19cm
二年级春季用
ISBN 7-5436-0079-X:¥2.45

G624.5　015156
六年制小学数学课程基础训练:六年一期/湖南省教育科学研究所主编.—长沙:湖南少年儿童出版社,1995.5.—96页;19cm
ISBN 7-5358-0368-7:¥1.95

G624.5　015157
六年制小学数学课程基础训练:三年一期/湖南省教育科学研究所主编.—长沙:湖南少年儿童出版社,1995.5.—80页;19cm
ISBN 7-5358-0365-2:¥1.65

G624.5　015158
六年制小学数学课程基础训练:四年一期/湖南省教育科学研究所主编.—长沙:湖南少年儿童出版社,1995.5.—80页;19cm
ISBN 7-5358-0366-0:¥1.65

G624.5　015159
六年制小学数学课程基础训练:五年一期/湖南省教育科学研究所主编.—长沙:湖南少年儿童出版社,1995.5.—96页;19cm
ISBN 7-5358-0367-9:¥1.95

G624.5　015160
六年制小学数学课程基础训练:一年一期/湖南省教育科学研究所主编.—长沙:湖南少年儿童出版社,1995.5.—64页;19cm
ISBN 7-5358-0363-6:¥1.35

G624.5　015161
六年制小学数学课时训练　第九册/《六年制小学数学课时训练》编写组编.—福州:福建人民出版社,1995.6.—150页;20cm
ISBN 7-211-02413-5:¥3.20

G624.5　015162
六年制小学数学练习册　第九册/王宇,刘奇文主编;山岩等编.—2版.—沈阳:辽宁教育出版社,1995.5.—95页;19cm

五年级上学期用
ISBN 7-5382-2212-X: ¥2.10

G624.5 015163
六年制小学数学练习册:六年级上学期/《六年制小学数学练习册》编写组编.—南昌:江西教育出版社,1995.7.—79页;19cm
ISBN 7-5392-1992-0: ¥1.20

G624.5 015164
六年制小学数学练习册:四年级上学期/《六年制小学数学练习册》编写组编.—南昌:江西教育出版社,1995.7.—80页;19cm
ISBN 7-5392-1990-4: ¥1.20

G624.5 015165
六年制小学数学练习册:四年级下学期/《六年制小学数学练习册》编写组编.—南昌:江西教育出版社,1995.12.—80页;19cm
ISBN 7-5392-2419-3: ¥1.85

G624.5 015166
六年制小学数学练习册:五年级下学期/《六年制小学数学练习册》编写组编.—南昌:江西教育出版社,1995.12.—78页;19cm
ISBN 7-5392-2420-7: ¥1.85

G624.5 015167
六年制小学数学评估检测题　第八册/汐洋编.—2版.—武汉:湖北教育出版社,1995.10.—133页;19cm
ISBN 7-5351-1577-2: ¥3.00

G624.5 015168
六年制小学数学评估检测题　第十册/《评估检测题》编写委员会编.—2版.—武汉:湖北教育出版社,1995.11.—130页;19cm
ISBN 7-5351-1578-0: ¥3.00

G624.5 015169
六年制小学数学试卷　第八册/《小学数学试卷》编写组编.—3版.　南京:江苏教育出版社,1995.12.—30页;26cm
ISBN 7-5343-1923-4: ¥2.05

G624.5 015170
六年制小学数学试卷　第九册.—济南:山东教育出版社,1995.5.—20页;26cm
五年级上学期用
¥0.85

G624.5 015171
六年制小学数学试卷　第九册/《小学数学试卷》编写组编.—3版.—南京:江苏教育出版社,1995.6.—36页;26cm
ISBN 7-5343-1746-0: ¥2.00

G624.5 015172
六年制小学数学试卷　第七册/《小学数学试卷》编写组编.—3版.—南京:江苏教育出版社,1995.6.—34页;26cm
ISBN 7-5343-1745-2: ¥2.05

G624.5 015173
六年制小学数学试卷　第三册/《小学数学试卷》编写组编.—3版.—南京:江苏教育出版社,1995.6.—28页;26cm
ISBN 7-5343-1743-6: ¥1.90

G624.5 015174
六年制小学数学试卷　第十二册.—济南:山东教育出版社,1995.11.—52页;26cm
六年级下学期用
¥2.80

G624.5 015175
六年制小学数学试卷　第十一册/《小学数学试卷》编写组编.—3版.—南京:江苏教育出版社,1995.6.—38页;26cm
ISBN 7-5343-1747-9: ¥2.25

G624.5 015176
六年制小学数学试卷集　第八册/《小学数学试卷集》编写组编.—南宁:广西科学技术出版社,1995.12.—66页;26cm
ISBN 7-80619-284-0: ¥3.75

G624.5 015177
六年制小学数学试卷集　第七册/《小学数学试卷集》编写组编.—南宁:广西科学技术出版社,1995.7.—55页;26cm
ISBN 7-80619-215-8: ¥2.55

G624.5 015178
六年制小学数学试卷集　第五册/《小学数学试卷集》编写组编.—南宁:广西科学技术出版社,1995.7.—43页;26cm
ISBN 7-80619-211-5: ¥2.10

G624.5 015179
六年制小学数学知识与能力训练　第九册/《小学数学知识与能力训练》编写组编.—成都:四川少年儿童出版社,1995.7.—124页;19cm
ISBN 7-5365-1376-3: ¥2.45

G624.5 015180
六年制小学数学知识与能力训练　第六册/《小学数学知识与能力训练》编写组编.—成都:四川少年儿童出版社,1995.12.—158页;19cm
ISBN 7-5365-1524-3: ¥3.55

G624.5 015181
六年制小学数学知识与能力训练　第七册/《小学数学知识与能力训练》编写组编.—成都:四川少年儿童出版社,1995.7.—124页;19cm
ISBN 7-5365-1373-9: ¥2.45

G624.5 015182
六年制小学数学知识与能力训练　第三册/《小学数学知识与能力训练》编写组编.—成都:四川少年儿童出版社,1995.7.—126页;19cm
ISBN 7-5365-1396-8: ¥2.45

G624.5 015183
六年制小学数学知识与能力训练　第十一册/《小学数学知识与能力训练》编写组编.—成都:四川少年儿童出版社,1995.7.—126页;19cm
ISBN 7-5365-1383-6: ¥2.45

G624.5 015184
六年制小学数学知识与能力训练　第四册/《小学

数学知识与能力训练》编写组编.—成都:四川少年儿童出版社,1995.12.—94页;19cm

ISBN 7-5365-1500-6:¥2.25

G624.5　015185

六年制小学数学知识与能力训练　第五册/《小学数学知识与能力训练》编写组编.—成都:四川少年儿童出版社,1995.7.—126页;19cm

ISBN 7-5365-1397-6:¥2.45

G624.5　015186

六年制小学数学知识与能力训练　第一册/《小学数学知识与能力训练》编写组编.—成都:四川少年儿童出版社,1995.7.—92页;19cm

ISBN 7-5365-1399-2:¥1.90

G624.5　015187

六年制小学四年级第一学期数学达纲训练/《六年制小学第一期学数学达纲训练》编写组编.—广州:广东人民出版社,1995.8.—75页;19cm

ISBN 7-218-01830-0:¥2.00

G624.5　015188

六年制小学四年级数学知识百花园/《知识百花园丛书》编写组编.—广州:广东人民出版社,1995.5.—113页;19cm.—(知识百花园丛书)

ISBN 7-218-01917-X:¥2.80

G624.5　015189

六年制小学五年级第一学期数学达纲训练/《六年制小学五年级第一学期数学达纲训练》编写组编.—广州:广东人民出版社,1995.8.—102页;19cm

ISBN 7-218-01831-9:¥2.50

G624.5　015190

六年制小学五年级数学知识百花园/《知识百花园丛书》编写组编.—广州:广东人民出版社,1995.5.—117页;19cm.—(知识百花园丛书)

ISBN 7-218-01919-6:¥2.90

G624.5　015191

六年制小学一年级第一学期数学达纲训练/《数学达纲训练》编写组编.—广州:广东人民出版社,1995.8.—66页;19cm

ISBN 7-218-01827-0:¥1.85

G624.5　015192

六年制小学一年级数学知识百花园/《知识百花园丛书》编写组编.—广州:广东人民出版社,1995.5.—89页;19cm.—(知识百花园丛书)

ISBN 7-218-01911-0:¥2.30

G624.5　015193

六年制小学掌握数学思维方法指导　第八册/广东省教育厅编.—2版.—广州:广东科技出版社,1995.2.—102页;19cm

ISBN 7-5359-1411-X:¥1.85

G624.5　015194

六年制小学掌握数学思维方法指导　第二册/广东省教育厅编.—2版.—广州:广东科技出版社,1995.2.—94页;19cm

ISBN 7-5359-1408-X:¥1.70

G624.5　015195

六年制小学掌握数学思维方法指导　第六册/广东省教育厅编.—2版.—广州:广东科技出版社,1995.2.—124页;19cm

ISBN 7-5359-1410-1:¥2.20

G624.5　015196

六年制小学掌握数学思维方法指导　第十册/广东省教育厅编.—2版.—广州:广东科技出版社,1995.2.—121页;19cm

ISBN 7-5359-1405-5:¥2.20

G624.5　015197

六年制小学掌握数学思维方法指导　第十二册/广东省教育厅编.—2版.—广州:广东科技出版社,1995.2.—150页;19cm

ISBN 7-5359-1412-8:¥2.60

G624.5　015198

六年制小学掌握数学思维方法指导　第四册/广东省教育厅编.—2版.—广州:广东科技出版社,1995.2.—127页;19cm

ISBN 7-5359-1409-8:¥2.20

G624.5　015199

六年制小学掌握数学思维方法指导　第五册/广东省教育厅编.—2版.—广州:广东科技出版社,1995.7.—130页;19cm

ISBN 7-5359-1302-4:¥2.80

G624.5　015200

六年制小学掌握数学思维方法指导　第一册/广东省教育厅编.—2版.—广州:广东科技出版社,1995.7.—71页;19cm

ISBN 7-5359-1307-5:¥1.75

G624.5　015201

六年制一年级上册小学数学达标训练手册/《小学数学达标训练手册》编写组编.—5版.—武汉:武汉出版社,1995.6.—94页;19cm

九年义务制教育教材

ISBN 7-5430-1167-0:¥1.60

G624.5　015202

名师导学小学数学趣题巧算百题百讲百练:三年级分册/李树德等主编;李宏等编.—北京:北京工业大学出版社,1995.2.—161页;19cm

ISBN 7-5639-0433-6:¥3.80

G624.5　015203

名师导学小学数学趣题巧算百题百讲百练:四年级分册/李树德等主编;张德勤等编.—北京:北京工业大学出版社,1995.2.—122页;19cm

ISBN 7-5639-0430-1:¥3.00

G624.5　015204

巧解小学数学题/赵启泰,李彦芬编著;刘文涛绘.—济南:明天出版社,1995.4.—152页;20cm.—(全国小学生课外丛书/李仲汉主编)

全套书共120册,总定价385.00元

ISBN 7-5332-2142-7:¥0.00

G624.5　015205

趣味数学/张常鑫,白中兴主编.—郑州:河南教育出版社,1995.7.—155页;20cm

小学教改实验教材 供三、四、五年级使用
ISBN 7-5347-1816-3:¥2.40

G624.5 015206
全国百所名牌小学数学同步辅导精编 第八册/聿明等主编.—银川:宁夏人民教育出版社,1995.12.—203页;19cm
ISBN 7-80596-176-X:¥4.00

G624.5 015207
全国百所名牌小学数学同步辅导精编 第十册/聿明等主编.—银川:宁夏人民教育出版社,1995.12.—211页;19cm
ISBN 7-80596-178-6:¥4.00

G624.5 015208
全国百所名牌小学数学同步辅导精编 第十二册/聿明等主编.—银川:宁夏人民教育出版社,1995.12.—210页;19cm
ISBN 7-80596-179-4:¥4.00

G624.5 015209
全国百所重点小学数学测试AB卷精编:二年级下学期/曾曙明主编;许强分册主编.—南京:南京出版社,1995.12.—82页;26cm
ISBN 7-80614-183-9:¥4.20

G624.5 015210
全国百所重点小学数学测试AB卷精编:六年级下学期/曾曙明主编;陈昆分册主编.—南京:南京出版社,1995.12.—80页;26cm
ISBN 7-80614-187-1:¥4.20

G624.5 015211
全国百所重点小学数学测试AB卷精编:三年级下学期/曾曙明主编;杨丽坤分册主编.—南京:南京出版社,1995.12.—74页;26cm
ISBN 7-80614-184-7:¥4.00

G624.5 015212
全国百所重点小学数学测试AB卷精编:四年级下学期/曾曙明主编;沈永华分册主编.—南京:南京出版社,1995.12.—79页;26cm
ISBN 7-80614-185-5:¥4.20

G624.5 015213
全国百所重点小学数学测试AB卷精编:五年级下学期/曾曙明主编;秦妍分册主编.—南京:南京出版社,1995.12.—76页;26cm
ISBN 7-80614-186-3:¥4.00

G624.5 015214
全国百所重点小学数学测试AB卷精编:一年级下学期/曾曙明主编;祝林分册主编.—南京:南京出版社,1995.12.—78页;26cm
ISBN 7-80614-182-0:¥4.20

G624.5 015215
全国百所重点小学数学总复习AB卷精编/曾曙明主编;陈昆分册主编.—南京:南京出版社,1995.12.—83页;26cm
ISBN 7-80614-188-X:¥4.20

G624.5 015216
全国小学毕业数学试题分类精选:1995年/刘昌等编著.—开封:河南大学出版社,1995.10.—218页;19cm
ISBN 7-81041-206-X:¥4.50

G624.5 015217
全国小学升初中数学试题精选/杨昕编.—5版.—石家庄:河北教育出版社,1995.12.—233页;19cm
附参考答案
ISBN 7-5434-1247-0:¥6.70

G624.5 015218
全国小学升学考试数学试题分类精选及解题思路/梁柯,刘丕钰编著.—3版.—南宁:广西教育出版社,1995.8.—188页;19cm
ISBN 7-5435-1722-1:¥4.85

G624.5 015219
全国小学数学竞赛最新试题精选精解/徐国钧主编.—太原:希望出版社,1995.7.—344页;19cm
ISBN 7-5379-1507-5:¥6.80

G624.5 015220
全日制六年制小学数学 第九册/魏文吾编写.—杭州:浙江教育出版社,1995.6.—60页;26cm.—(同步练习丛书)
ISBN 7-5338-2026-6:¥2.80

G624.5 015221
全日制六年制小学数学 第七册/鲁奋编写.—杭州:浙江教育出版社,1995.7.—60页;26cm.—(同步练习丛书)
ISBN 7-5338-2023-1:¥2.90

G624.5 015222
全日制六年制小学数学 第十册/魏文吾编写.—杭州:浙江教育出版社,1995.11.—62页;26cm.—(同步练习丛书)
ISBN 7-5338-2217-X:¥4.20

G624.5 015223
全日制六年制小学数学 第十二册/吉聿公编写.—杭州:浙江教育出版社,1995.10.—62页;26cm.—(同步练习丛书)
ISBN 7-5338-2218-8:¥4.20

G624.5 015224
全日制六年制小学数学 第十一册/吉聿公编写.—杭州:浙江教育出版社,1995.7.—60页;26cm.—(同步练习丛书)
ISBN 7-5338-2018-5:¥2.90

G624.5 015225
上海市小学数学竞赛试题解答:1988~1995/金建中等编.—上海:上海科技教育出版社,1995.8.—205页;19cm
ISBN 7-5428-1116-9:¥6.90

G624.5 015226
省市级小学数学竞赛模拟试题精选/王凤鸣主编.—长春:吉林教育出版社,1995.6.—183页;19cm
ISBN 7-5383-2572-7:¥4.90

G624.5 015227
实验数学 第五册/姜乐仁主编.—3版.—武汉:湖北科学技术出版社,1995.5.—176页;20cm

九年义务教育六年制小学试用课本
ISBN 7-5352-0700-6: ¥3.30

G624.5 **015228**
数学/崔林栋等编写.—太原:山西教育出版社,1995.2.—404页;19cm.—(小学生学习指导丛书)
ISBN 7-5440-0625-5: ¥5.50

G624.5 **015229**
数学　第六册/湖南省教育科学研究所主编.—长沙:湖南教育出版社,1995.12.—160页;20cm
义务教育六年制小学实验课本
ISBN 7-5355-2320-X: ¥7.90

G624.5 **015230**
数学　第八册/浙江省义务教育教材编委会编.—杭州:浙江教育出版社,1995.10.—158页;20cm
义务教育五年制小学课本:试用
ISBN 7-5338-2181-5: ¥5.70

G624.5 **015231**
数学　第二册/北京市教育局教学研究部编著.—2版.—北京:北京出版社,1995.1.—108页;20cm
九年义务教育六年制小学试用课本
ISBN 7-200-02261-6: ¥3.80

G624.5 **015232**
数学　第二册/未来教育教材编辑委员会编.—杭州:浙江教育出版社,1995.12.—97页;26cm
新世纪小学教科书
ISBN 7-5338-2290-0: ¥7.30

G624.5 **015233**
数学　第二册/《数学》编写组编.—沈阳:辽宁教育出版社,1995.12.—100页;20cm
辽宁省义务教育六年制小学实验课本
ISBN 7-5382-4305-4: ¥3.50

G624.5 **015234**
数学　第九册/夏明华主编;浙江省义务教育教材编委会编.—杭州:浙江教育出版社,1995.7.—131页;20cm
义务教育六年制小学课本:试用
ISBN 7-5338-2088-6: ¥3.65

G624.5 **015235**
数学　第六册/杨振享主编;小学复式教材编写委员会编著.—石家庄:河北教育出版社,1995.11.—149页;19cm
义务教育六年制小学复式教材:实验本
ISBN 7-5434-2480-0: ¥2.40

G624.5 **015236**
数学　第六册/小学复式教材编写委员会编著.—石家庄:河北教育出版社,1995.11.—181页;19cm
义务教育五年制小学复式教材:实验本
ISBN 7-5434-2479-7: ¥2.80

G624.5 **015237**
数学　第六册/"五·四"学制教材总编委会编.—济南:山东教育出版社,1995.11.—164页;19cm
九年义务教育五年制小学试用课本
ISBN 7-5328-1344-4: ¥6.55

G624.5 **015238**
数学　第六册/云南省教委教研室编写.—昆明:晨光出版社,1995.12.—163页;21cm
云南省中小学课本:试用本
ISBN 7-5414-1132-9: ¥6.60

G624.5 **015239**
数学　第六册/杨振享,赵杏梅主编.—北京:语文出版社,1995.10.—184页;20cm
九年义务教育五年制小学注音识字、提前读写实验课本
ISBN 7-80006-979-6: ¥3.90

G624.5 **015240**
数学　第六册/江苏省教育委员会教研室编著.—南京:江苏教育出版社,1995.12.—118页;20cm
义务教育六年制小学教科书:实验本
ISBN 7-5343-2586-2: ¥4.50

G624.5 **015241**
数学　第七册/夏明华主编;浙江省义务教育教材编委会编著.—杭州:浙江教育出版社,1995.6.—168页;20cm
义务教育五年制小学课本:试用
ISBN 7-5338-2062-2: ¥4.70

G624.5 **015242**
数学　第七册/北京、天津、上海、浙江小学数学教材联合编写组编.—5版.—北京:北京出版社,1995.4.—126页;19cm
全日制六年制小学课本
ISBN 7-200-00433-2: ¥2.05

G624.5 **015243**
数学　第三册/杨振享,赵杏梅主编;语文出版社、河北省教育科学研究所数学编写委员会编.—2版.—北京:语文出版社,1995.5.—164页;20cm
九年义务教育五年制小学"注音识字,提前读写"实验课本
ISBN 7-80006-786-6: ¥3.55

G624.5 **015244**
数学　第三册/湖北省小学复式教材编写组编.—武汉:湖北教育出版社,1995.8.—109页;19cm
九年义务教育六年制小学复式教材:实验本
ISBN 7-5351-1843-7: ¥2.70

G624.5 **015245**
数学　第十册/夏明华等主编;浙江省义务教育教材编委会编.—杭州:浙江教育出版社,1995.12.—142页;20cm
义务教育六年制小学课本:试用
ISBN 7-5338-2259-5: ¥5.30

G624.5 **015246**
数学　第十二册/人民教育出版社小学数学室编著.—北京:人民教育出版社,1995.8.—173页;21cm
义务教育六年制小学教科书:实验本
ISBN 7-107-11420-4: ¥6.50

G624.5 **015247**
数学　第四册/北京市教育局教学研究部编著.—北京:北京出版社,1995.1.—123页;20cm
九年义务教育六年制小学试用课本

ISBN 7-200-02567-4: ¥4.00

G624.5 015248

数学　第五册/"五·四"学制教材总编委会编.—2版.—济南:山东教育出版社,1995.5.—174页;19cm

九年义务教育五年制小学试用课本

ISBN 7-5328-1124-7: ¥3.45

G624.5 015249

数学　第五册/杨振亨,赵杏梅主编;12省"注·提"教材编写委员会编.—北京:语文出版社,1995.5.—172页;20cm

九年义务教育五年制小学"注音识字,提前读写"实验课本

ISBN 7-80006-923-0: ¥3.90

G624.5 015250

数学　第五册/江苏省教育委员会教研室编著.—南京:江苏教育出版社,1995.6.—108页;20cm

义务教育六年制小学教科书:实验本

ISBN 7-5343-2426-2: ¥3.85

G624.5 015251

数学　第五册/小学复式教材编写委员会编著.—石家庄:河北教育出版社,1995.5.—183页;20cm

义务教育五年制小学复式教材:实验本

ISBN 7-5434-2304-9: ¥2.75

G624.5 015252

数学　第五册/小学复式教材编写委员会编著.—石家庄:河北教育出版社,1995.5.—155页;20cm

义务教育六年制小学复式教材:实验本

ISBN 7-5434-2303-0: ¥2.40

G624.5 015253

数学　第五册/云南省教委教研室编写.—昆明:晨光出版社,1995.6.—145页;20cm

义务教育云南小学课本:试用本

ISBN 7-5414-1018-7: ¥4.50

G624.5 015254

数学　第五册/北京市教育局教学研究部编著.—2版.—北京:北京出版社,1995.6.—140页;20cm

九年义务教育六年制小学试用课本

ISBN 7-200-02693-X: ¥4.70

G624.5 015255

数学　第一册/杨振亨,赵杏梅主编;语文出版社、河北省教育科学研究所数学编写委员会编.—2版.—北京:语文出版社,1995.5.—164页;20cm

九年义务教育五年制小学"注音识字,提前读写"实验课本

ISBN 7-80006-755-6: ¥3.90

G624.5 015256

数学　第一册/陈明辉主编.—沈阳:辽宁教育出版社,1995.6.—142页;20cm

辽宁省义务教育六年制小学实验课本

ISBN 7-5434-4100-0: ¥1.80

G624.5 015257

数学　第一册/北京市教育局教学研究部编著.—北京:北京出版社,1995.6.—110页;20cm

九年义务教育六年制小学实验课本

ISBN 7-200-02707-3: ¥4.40

G624.5 015258

数学　第一册/湖北省小学复式教材编写组编.—武汉:湖北教育出版社,1995.8.—119页;19cm

九年义务教育六年制小学复式教材:实验本

ISBN 7-5351-1842-9: ¥2.90

G624.5 015259

数学:三年级第二学期/上海中小学课程教材改革委员会编.—2版.—上海:上海教育出版社,1995.11.—125页;19cm

九年制义务教育课本:试用本

ISBN 7-5320-4459-9: ¥3.40

G624.5 015260

数学:三算结合　第二册/董守培等编写.—成都:四川教育出版社,1995.12.—122页;19cm

四川省小学实验课本

ISBN 7-5408-1478-0: ¥2.25

G624.5 015261

数学:三算结合　第一册/刘明福等编.—成都:四川教育出版社,1995.4.—161页;19cm

四川省小学实验课本

ISBN 7-5408-0206-5: ¥1.95

G624.5 015262

数学:五年级第二学期/上海中小学课程教材改革委员会编.—上海:上海教育出版社,1995.11.—157页;19cm

九年制义务教育课本:试用本

ISBN 7-5320-4462-9: ¥4.15

G624.5 015263

数学:五年级第一学期/上海中小学课程教材改革委员会编.—上海:上海教育出版社,1995.6.—158页;19cm

九年制义务教育课本

ISBN 7-5320-4280-4: ¥3.00

G624.5 015264

数学奥林匹克200题:小学低年级(上)/马庆平,王正伟编著.—沈阳:辽宁民族出版社,1995.3.—130页;19cm

ISBN 7-80527-473-8: ¥3.20

G624.5 015265

数学奥林匹克200题:小学低年级(下)/马庆平,王正伟编著.—沈阳:辽宁民族出版社,1995.3.—135页;19cm

ISBN 7-80527-473-8: ¥3.20

G624.5 015266

数学奥林匹克入门/广州市小学数学奥林匹克业余学校编.—2版(修订本).—广州:广东教育出版社,1995.12.—179页;19cm

ISBN 7-5406-2088-9: ¥6.35

G624.5 015267

数学补充教材　(下)/小学生能力发展与培养课题组编.—北京:北京教育出版社,1995.1.—109页;19cm

九年义务教育小学生能力发展与培养实验课本

ISBN 7-5303-0668-5: ¥2.30

G624.5　015268
数学大王　1995年　第1期/管南雄主编.—南昌:21世纪出版社,1995.6.—76页;20cm
ISBN 7-5391-0985-8:¥2.50

G624.5　015269
数学大王　1995年　第2期/管南雄主编.—南昌:21世纪出版社,1995.10.—76页;20cm
ISBN 7-5391-0898-3:¥2.50

G624.5　015270
数学单元检测　第三册.—长沙:湖南教育出版社,1995.5.—32页;26cm
义务教育六年制小学实验课本
ISBN 7-5355-2082-0:¥1.50

G624.5　015271
数学单元检测　第一册.—长沙:湖南教育出版社,1995.5.—32页;26cm
义务教育六年制小学实验课本
ISBN 7-5355-2081-2:¥1.50

G624.5　015272
数学单元学习基础测试拓广/邹一心主编.—上海:华东师范大学出版社,1995.9.—222页;19cm
六年级用
ISBN 7-5617-1385-1:¥6.50

G624.5　015273
数学单元自测　第三册/语文出版社数学编写委员会,河北省教育科学研究所数学编写委员会编.—北京:语文出版社,1995.5.—57页;26cm
九年义务教育五年制小学“注音识字,提前读写”实验课本
ISBN 7-80006-933-8:¥1.20

G624.5　015274
数学单元自测　第五册/语文出版社数学编写委员会,河北省教育科学研究所数学编写委员会编.—北京:语文出版社,1995.5.—48页;26cm
九年义务教育五年制小学“注音识字,提前读写”实验课本
ISBN 7-80006-934-6:¥1.20

G624.5　015275
数学单元自测　第一册/语文出版社数学编写委员会,河北省教育科学研究所数学编写委员会编.—北京:语文出版社,1995.5.—37页;26cm
九年义务教育五年制小学“注音识字,提前读写”实验课本
ISBN 7-80006-932-X:¥1.20

G624.5　015276
数学活动——100例/袁中学等主编.—沈阳:白山出版社,1995.1.—310页;19cm.—(活动课设计丛书)
ISBN 7-80566-427-7:¥6.50

G624.5　015277
数学课堂训练　第五册/数学课堂训练编写组编.—北京:北京少年儿童出版社,1995.6.—61页;20cm
九年义务教育六年制小学试用课本
ISBN 7-5301-0547-7:¥1.90

G624.5　015278
数学练习册　第三册/小学复式教材编写委员会编著.—石家庄:河北教育出版社,1995.7.—86页;19cm
义务教育六年制小学复式教材
ISBN 7-5434-2319-7:¥1.45

G624.5　015279
数学练习册　第五册/12省“注·提”教材编写委员会编.—北京:语文出版社,1995.5.—100页;19cm
九年义务教育五年制小学“注音识字,提前读写”实验课本
ISBN 7-80006-924-9:¥2.00

G624.5　015280
数学同步训练:六年级预备班/华东师范大学数学系数学学习丛书组编.—2版.—上海:华东师范大学出版社,1995.11.—95页;26m.—(数学学习丛书)
ISBN 7-5617-1173-5:¥6.00

G624.5　015281
数学同步训练与提高:六年级/《数学同步训练与提高》编写组编.—上海:上海教育出版社,1995.6.—159页;26cm
ISBN 7-5320-4412-2:¥5.90

G624.5　015282
数学童话篇/眭双祥等著;《小学生数学报》编辑部编.—南京:江苏教育出版社,1995.5.—140页;20cm.—(小学生数学报10年精选本)
ISBN 7-5343-2322-3:¥3.95

G624.5　015283
数学游戏/张常鑫,白中兴主编.—郑州:河南教育出版社,1995.7.—126页;20cm
小学教改实验教材 供一、二年级用
ISBN 7-5347-1817-1:¥2.05

G624.5　015284
思考方法篇/童大朋等著;《小学生数学报》编辑部编.—南京:江苏教育出版社,1995.5.—125页;20cm.—(小学生数学报10年精选本)
ISBN 7-5343-2325-8:¥3.65

G624.5　015285
四川省小学实验课本数学(三算结合)教材同步练习册　第二册/四川省教育科学研究所编.—成都:四川教育出版社,1995.11.—53页;19cm
ISBN 7-5408-2148-5:¥1.65

G624.5　015286
四川省小学实验课本数学(三算结合)教材同步练习册　第一册/四川省教育科学研究所编写.—2版.—成都:四川教育出版社,1995.5.—71页;19cm
ISBN 7-5408-1759-3:¥1.75

G624.5　015287
五年制二年级上册小学数学达标训练手册/《小学数学达标训练手册》编写组编.—5版.—武汉:武汉出版社,1995.6.—94页;19cm
九年义务制教育教材
ISBN 7-5430-1163-8:¥1.60

G624.5　015288
五年制全国百所名牌小学数学同步试卷(A、B卷)精选　第八册/鲁若芒主编.—2版.—银川:宁夏人民教

育出版社,1995.10.—80页;26cm

ISBN 7-80596-024-0: ¥3.20

G624.5　　015289

五年制全国百所名牌小学数学同步试卷(A、B卷)精选　第二册/鲁若芒主编.—2版.—银川:宁夏人民教育出版社,1995.10.—76页;26cm

ISBN 7-80596-021-6: ¥3.20

G624.5　　015290

五年制全国百所名牌小学数学同步试卷(A、B卷)精选　第六册/鲁若芒主编;雁冰等编写.—2版.—银川:宁夏人民教育出版社,1995.11.—84页;26cm

ISBN 7-80596-023-2: ¥3.20

G624.5　　015291

五年制全国百所名牌小学数学同步试卷(A、B卷)精选　第十册/鲁若芒主编.—2版.—银川:宁夏人民教育出版社,1995.10.—75页;26cm

ISBN 7-80596-025-9: ¥3.20

G624.5　　015292

五年制全国百所名牌小学数学同步试卷(A、B卷)精选　第四册/鲁若芒主编;雁冰等编.—2版.—银川:宁夏人民教育出版社,1995.10.—76页;26cm

ISBN 7-80596-022-4: ¥3.20

G624.5　　015293

五年制全国百所名牌小学五年制数学同步试卷(A、B卷)精选:总复习/雁冰等编.—2版.—银川:宁夏人民教育出版社,1995.6.—90页;26cm

ISBN 7-80596-026-7: ¥3.20

G624.5　　015294

五年制三年级上册小学数学达标训练手册/《小学数学达标训练手册》编写组编.—5版.—武汉:武汉出版社,1995.6.—102页;19cm

九年义务制教育教材

ISBN 7-5430-1164-6: ¥1.70

G624.5　　015295

五年制四年级上册小学数学达标训练手册/《小学数学达标训练手册》编写组编.—5版.—武汉:武汉出版社,1995.6.—102页;19cm

ISBN 7-5430-1165-4: ¥1.80

G624.5　　015296

五年制五年级上册小学数学达标训练手册/《小学数学达标训练手册》编写组编.—5版.—武汉:武汉出版社,1995.6.—109页;19cm

ISBN 7-5430-1166-2: ¥1.80

G624.5　　015297

五年制小学毕业升学总复习数学测试卷/《中小学各科测试卷》编委会编.—武汉:湖北教育出版社,1995.11.—26页;26×38cm

ISBN 7-5351-1923-9: ¥2.40

G624.5　　015298

五年制小学数学　第八册/傅培英编写.—杭州:浙江教育出版社,1995.10.—60页;26cm.—(同步练习丛书)

ISBN 7-5338-2203-X: ¥4.00

G624.5　　015299

五年制小学数学　第八册/江苏省教委教研室编.—南京:江苏教育出版社,1995.12.—126页;19cm

学习指导用书

ISBN 7-5343-2539-0: ¥2.90

G624.5　　015300

五年制小学数学　第二册/方超群,孙天翔编写.—杭州:浙江教育出版社,1995.10.—62页;26cm.—(同步练习丛书)

ISBN 7-5338-2200-5: ¥4.20

G624.5　　015301

五年制小学数学　第九册/陆瑶,蔡昊编写.—杭州:浙江教育出版社,1995.6.—58页;26cm.—(同步练习丛书)

ISBN 7-5338-1996-9: ¥2.80

G624.5　　015302

五年制小学数学　第六册/田芹,斯云编写.—杭州:浙江教育出版社,1995.10.—60页;26cm.—(同步练习丛书)

ISBN 7-5338-2202-1: ¥4.00

G624.5　　015303

五年制小学数学　第六册/江苏省教委教研室编.—南京:江苏教育出版社,1995.12.—114页;19cm

学习指导用书

ISBN 7-5343-2538-2: ¥2.70

G624.5　　015304

五年制小学数学　第七册/裘湘云编写.—杭州:浙江教育出版社,1995.6.—58页;26cm.—(同步练习丛书)

ISBN 7-5338-2031-2: ¥3.25

G624.5　　015305

五年制小学数学　第七册/江苏省教委教研室编.—南京:江苏教育出版社,1995.7.—126页;19cm

学习指导用书

ISBN 7-5343-2370-3: ¥2.65

G624.5　　015306

五年制小学数学　第三册/裘湘云编写.—杭州:浙江教育出版社,1995.5.—77页;26cm.—(同步练习丛书)

ISBN 7-5338-1981-0: ¥3.25

G624.5　　015307

五年制小学数学　第十册/《同步练习丛书》编写组编.—杭州:浙江教育出版社,1995.10.—60页;26cm.—(同步练习丛书)

ISBN 7-5338-2204-8: ¥4.00

G624.5　　015308

五年制小学数学　第十册/江苏省教委教研室编.—南京:江苏教育出版社,1995.12.—108页;19cm

学习指导用书

ISBN 7-5343-2540-4: ¥2.55

G624.5　　015309

五年制小学数学　第四册/裘湘云编写.—杭州:浙江教育出版社,1995.10.—60页;26cm.—(同步练习丛书)

ISBN 7-5338-2201-3: ¥4.00

G624.5　015310
五年制小学数学　第五册/江苏省教委教研室编.—南京:江苏教育出版社,1995.7.—118 页;19cm
学习指导用书
ISBN 7-5343-2368-1:¥2.50

G624.5　015311
五年制小学数学　第五册/蔡昊,陆瑶编写.—杭州:浙江教育出版社,1995.6.—59 页;26cm.—(同步练习丛书)
ISBN 7-5338-1985-3:¥2.80

G624.5　015312
五年制小学数学　第一册/孙天翔,方超群编写.—杭州:浙江教育出版社,1995.7.—60 页;26cm.—(同步练习丛书)
ISBN 7-5338-2044-4:¥2.95

G624.5　015313
五年制小学数学测试卷:四年级下学期/《中小学各科测试卷》编委会编.—3 版.—武汉:湖北教育出版社,1995.11.—22 页;26×38cm
ISBN 7-5351-1319-2:¥2.10

G624.5　015314
五年制小学数学达纲训练　第二册/梁柯编写.—2 版.—南宁:广西教育出版社,1995.11.—64 页;19cm
ISBN 7-5435-0611-4:¥1.95

G624.5　015315
五年制小学数学达纲训练　第六册/廖扬编写.—3 版.—南宁:广西教育出版社,1995.10.—96 页;19cm
ISBN 7-5435-0607-6:¥2.80

G624.5　015316
五年制小学数学达纲训练　第三册/顾远辛编写.—2 版.—南宁:广西教育出版社,1995.5.—80 页;19cm
ISBN 7-5435-0893-1:¥1.65

G624.5　015317
五年制小学数学达纲训练　第一册/陆炜编写.—2 版.—南宁:广西教育出版社,1995.2.—66 页;19cm
ISBN 7-5435-0881-8:¥1.45

G624.5　015318
五年制小学数学单元测验期中期末试卷集:四年级下学期 /《小学数学单元测验期中期末试卷集》编写组编.—南昌:江西教育出版社,1995.12.—36 页;26cm
ISBN 7-5392-2350-3:¥1.85

G624.5　015319
五年制小学数学单元辅导与测试 AB 卷　第七册/宫棠编.—杭州:浙江教育出版社,1995.4.—42 页;26cm
ISBN 7-5338-2010-X:¥2.06

G624.5　015320
五年制小学数学单元目标测试 AB 卷:二年级　上册/《小学数学单元目标测试卷》编写组编.—合肥:安徽少年儿童出版社,1995.7.—41 页;26cm
ISBN 7-5397-1276-7:¥1.70

G624.5　015321
五年制小学数学单元目标测试 AB 卷:二年级　下册/《小学数学单元目标测试卷》编写组编.—合肥:安徽少年儿童出版社,1995.12.—39 页;26cm
ISBN 7-5397-1324-0:¥2.00

G624.5　015322
五年制小学数学单元目标测试 AB 卷:三年级　上册/《小学数学单元目标测试卷》编写组编.—合肥:安徽少年儿童出版社,1995.7.—36 页;26cm
ISBN 7-5397-1278-3:¥1.60

G624.5　015323
五年制小学数学单元目标测试 AB 卷:三年级　下册/《小学数学单元目标测试卷》编写组编.—合肥:安徽少年儿童出版社,1995.12.—43 页;26cm
ISBN 7-5397-1326-7:¥2.10

G624.5　015324
五年制小学数学单元目标测试 AB 卷:四年级　上册/《小学数学单元目标测试卷》编写组编.—合肥:安徽少年儿童出版社,1995.7.—38 页;26cm
ISBN 7-5397-1280-5:¥1.60

G624.5　015325
五年制小学数学单元目标测试 AB 卷:四年级　下册/《小学数学单元目标测试卷》编写组编.—合肥:安徽少年儿童出版社,1995.12.—33 页;26cm
ISBN 7-5397-1328-3:¥1.70

G624.5　015326
五年制小学数学单元目标测试 AB 卷:五年级　上册/《小学数学单元目标测试卷》编写组编.—合肥:安徽少年儿童出版社,1995.7.—50 页;26cm
ISBN 7-5397-1282-1:¥2.00

G624.5　015327
五年制小学数学单元目标测试 AB 卷:五年级　下册/《小学数学单元目标测试卷》编写组编.—合肥:安徽少年儿童出版社,1995.12.—30 页;26cm
ISBN 7-5397-1330-5:¥1.50

G624.5　015328
五年制小学数学单元目标测试 AB 卷:一年级　上册/《小学数学单元目标测试卷》编写组编.—合肥:安徽少年儿童出版社,1995.7.—33 页;26cm
ISBN 7-5397-1274-0:¥1.50

G624.5　015329
五年制小学数学单元目标测试 AB 卷:一年级　下册/《小学数学单元目标测试卷》编写组编.—合肥:安徽少年儿童出版社,1995.12.—41 页;26cm
ISBN 7-5397-1322-4:¥2.00

G624.5　015330
五年制小学数学单元试卷集　第十册/《五年制小学数学单元试卷集》编写组编.—2 版.—南宁:广西教育出版社,1995.11.—44 页;26cm.—(小学语文、数学单元试卷集丛书)
ISBN 7-5435-1963-1:¥2.40

G624.5　015331
五年制小学数学单元水平测试与辅导:二年级第二学期/《数学单元水平测试与辅导》编写组编.—广州:广东教育出版社,1995.10.—76 页;19cm
ISBN 7-5406-3363-8:¥2.25

G624.5　015332

五年制小学数学单元水平测试与辅导:三年级第二学期/《数学单元水平测试与辅导》编写组编.—广州:广东教育出版社,1995.10.—89页;19cm
ISBN 7-5406-3362-X:¥2.65

G624.5 015333
五年制小学数学单元水平测试与辅导:四年级第二学期/《数学单元水平测试与辅导》编写组编.—广州:广东教育出版社,1995.10.—96页;19cm
ISBN 7-5406-0906-0:¥2.85

G624.5 015334
五年制小学数学单元水平测试与辅导:五年级第二学期/《数学单元水平测试与辅导》编写组编.—广州:广东教育出版社,1995.10.—77页;19cm
ISBN 7-5406-3367-0:¥2.35

G624.5 015335
五年制小学数学单元水平测试与辅导:一年级第二学期/《数学单元水平测试与辅导》编写组编.—广州:广东教育出版社,1995.10.—92页;19cm
ISBN 7-5406-3365-4:¥2.65

G624.5 015336
五年制小学数学单元同步测试卷 第九册/张国治主编.—沈阳:辽宁民族出版社,1995.5.—48页;26cm
ISBN 7-80527-506-8:¥2.30

G624.5 015337
五年制小学数学第六册基本功训练/刘兰格等编写.—3版.—石家庄:河北教育出版社,1995.11.—86页;19cm
ISBN 7-5434-1180-6:¥1.75

G624.5 015338
五年制小学数学第七册单元检测/张忠田等编.—3版.—石家庄:河北教育出版社,1995.5.—48页;26cm
ISBN 7-5434-0791-4:¥1.40

G624.5 015339
五年制小学数学第七册单元检测试卷/小学单元检测试卷编写组编.—太原:山西教育出版社,1995.5.—34页;26cm
ISBN 7-80578-045-5:¥1.20

G624.5 015340
五年制小学数学第三册单元检测试卷/小学单元检测试卷编写组编.—太原:山西教育出版社,1995.5.—38页;26cm
ISBN 7-80578-043-9:¥1.30

G624.5 015341
五年制小学数学第五册单元检测试卷/小学单元检测试卷编写组编.—太原:山西教育出版社,1995.5.—36页;26cm
ISBN 7-80578-044-7:¥1.20

G624.5 015342
五年制小学数学改错训练 第八册/《小学数学改错训练》编写组编.—南宁:广西科学技术出版社,1995.1.—46页;26cm
ISBN 7-80619-170-4:¥1.60

G624.5 015343
五年制小学数学改错训练 第二册/《小学数学改错训练》编写组编.—南宁:广西科学技术出版社,1995.1.—51页;26cm
ISBN 7-80619-172-0:¥1.85

G624.5 015344
五年制小学数学改错训练 第六册/《小学数学改错训练》编写组编.—南宁:广西科学技术出版社,1995.1.—36页;26cm
ISBN 7-80619-169-0:¥1.35

G624.5 015345
五年制小学数学改错训练 第十册/《小学数学改错训练》编写组编.—南宁:广西科学技术出版社,1995.2.—51页;26cm
ISBN 7-80619-181-X:¥1.85

G624.5 015346
五年制小学数学改错训练 第四册/《小学数学改错训练》编写组编.—南宁:广西科学技术出版社,1995.1.—46页;26cm
据九年制义务教育人教版教材编写
ISBN 7-80619-167-4:¥1.60

G624.5 015347
五年制小学数学过关自测题 第六册/申豫昆编写.—南宁:广西科学技术出版社,1995.12.—103页;19cm
ISBN 7-80619-282-4:¥3.35

G624.5 015348
五年制小学数学过关自测题 第五册/申豫昆编写.—南宁:广西科学技术出版社,1995.7.—106页;19cm
ISBN 7-80619-238-7:¥2.75

G624.5 015349
五年制小学数学基础训练 第八册.—2版.—济南:山东教育出版社,1995.9.—113页;19cm
四年级下学期用
ISBN 7-5328-1249-9:¥2.85

G624.5 015350
五年制小学数学练习册:二年级上学期/江西省教委教研室编.—南昌:江西教育出版社,1995.7.—77页;19cm
ISBN 7-5392-1994-7:¥1.20

G624.5 015351
五年制小学数学练习册:二年级下学期/江西省教委教研室编.—南昌:江西教育出版社,1995.12.—80页;19cm
ISBN 7-5392-2413-4:¥1.55

G624.5 015352
五年制小学数学练习册:三年级上学期/江西省教委教研室编.—南昌:江西教育出版社,1995.7.—78页;19cm
ISBN 7-5392-2017-1:¥1.20

G624.5 015353
五年制小学数学练习册:三年级下学期/江西省教委教研室编.—南昌:江西教育出版社,1995.12.—80页;19cm
ISBN 7-5392-2423-1:¥1.55

G624.5　015354
五年制小学数学练习册:四年级上学期/江西省教委教研室编.—南昌:江西教育出版社,1995.7.—78页;19cm
ISBN 7-5392-1995-5:¥1.20

G624.5　015355
五年制小学数学练习册:四年级下学期/江西省教委教研室编.—南昌:江西教育出版社,1995.12.—79页;19cm
ISBN 7-5392-2484-3:¥1.55

G624.5　015356
五年制小学数学练习册:五年级上学期/江西省教委教研室编.—南昌:江西教育出版社,1995.7.—77页;19cm
ISBN 7-5392-1996-3:¥1.20

G624.5　015357
五年制小学数学练习册:五年级下学期/江西省教委教研室编.—南昌:江西教育出版社,1995.12.—80页;19cm
ISBN 7-5392-2483-5:¥1.55

G624.5　015358
五年制小学数学练习册:一年级上学期/江西省教委教研室编.—南昌:江西教育出版社,1995.7.—80页;19cm
ISBN 7-5392-1993-9:¥1.20

G624.5　015359
五年制小学数学练习册:一年级下学期/江西省教委教研室编.—南昌:江西教育出版社,1995.12.—80页;19cm
ISBN 7-5392-2412-6:¥1.55

G624.5　015360
五年制小学数学练习册参考答案或提示.—南宁:广西教育出版社,1995.3.—45页;19cm
供三年级以上使用
ISBN 7-5435-2222-5:¥0.90

G624.5　015361
五年制小学数学评估检测题　第八册/何庆堂,李晓宁编写.—2版.—武汉:湖北教育出版社,1995.10.—139页;19cm
ISBN 7-5351-1597-7:¥3.20

G624.5　015362
五年制小学数学评估检测题　第十册/武富生,欧阳云主编;《评估检测题》编写委员会编写.—2版.—武汉:湖北教育出版社,1995.11.—147页;19cm
本书原名自测题
ISBN 7-5351-1624-8:¥3.30

G624.5　015363
五年制小学数学期末总复习测试卷　第七册/测试卷编写组编.—2版.—沈阳:辽宁教育出版社,1995.5.—40页;26cm
ISBN 7-5382-2189-1:¥1.60

G624.5　015364
五年制小学数学试卷集　第六册/《小学数学试卷集》编写组编.—南宁:广西科学技术出版社,1995.12.—52页;26cm
ISBN 7-80619-268-9:¥2.95

G624.5　015365
五年制小学数学试卷集　第五册/《小学数学试卷集》编写组编.—南宁:广西科学技术出版社,1995.7.—54页;26cm
ISBN 7-80619-225-5:¥2.60

G624.5　015366
五年制小学数学数·法·题·解与技能训练/徐晓莲编写.—延吉:延边人民出版社,1995.8.—218页;19cm
一年级用
ISBN 7-80599-346-7:¥5.80

G624.5　015367
五年制小学数学数·法·题·解与技能训练/刘承晖编写.—延吉:延边人民出版社,1995.8.—218页;19cm
五年级用
ISBN 7-80599-346-7:¥5.80

G624.5　015368
五年制小学数学数·法·题·解与技能训练/张季平编写.—延吉:延边人民出版社,1995.8.—202页;19cm
二年级用
ISBN 7-80599-346-7:¥5.80

G624.5　015369
五年制小学数学数·法·题·解与技能训练/李士璃编写.—延吉:延边人民出版社,1995.8.—202页;19cm
三年级用
ISBN 7-80599-346-7:¥5.80

G624.5　015370
五年制小学数学数·法·题·解与技能训练/蔡贤华编写.—延吉:延边人民出版社,1995.8.—218页;19cm
四年级用
ISBN 7-80599-346-7:¥5.80

G624.5　015371
五年制小学数学想一想练一练:二年二期/湖南省教育科学研究所主编.—长沙:湖南少年儿童出版社,1995.1.—80页;19cm
ISBN 7-5358-0463-2:¥1.25

G624.5　015372
五年制小学数学想一想练一练:三年一期/湖南省教育科学研究所编.—长沙:湖南少年儿童出版社,1995.5.—80页;19cm
ISBN 7-5358-0378-4:¥1.65

G624.5　015373
五年制新编小学数学单元自测:二年级上学期/《新编小学数学单元自测》编写组编.—南昌:江西教育出版社,1995.7.—39页;26cm
ISBN 7-5392-2562-9:¥1.55

G624.5　015374
五年制新编小学数学单元自测:三年级上学期/《新编小学数学单元自测》编写组编.—南昌:江西教育出版社,1995.7.—43页;26cm
ISBN 7-5392-2546-7:¥1.65

G624.5　015375
五年制新编小学数学单元自测:四年级上学期/《新

编小学数学单元自测》编写组编.—南昌:江西教育出版社,1995.7.—35页;26cm
ISBN 7-5392-2561-0: ¥1.45

G624.5　015376
五年制新编小学数学单元自测:五年级上学期/《新编小学数学单元自测》编写组编.—南昌:江西教育出版社,1995.7.—36页;26cm
ISBN 7-5392-2563-7: ¥1.45

G624.5　015377
五年制新编小学数学单元自测:一年级上学期/《新编小学数学单元自测》编写组编.—南昌:江西教育出版社,1995.7.—30页;26cm
ISBN 7-5392-2548-3: ¥1.30

G624.5　015378
五年制一年级上册小学数学达标训练手册/《小学数学达标训练手册》编写组编.—5版.—武汉:武汉出版社,1995.6.—94页;19cm
九年义务制教育教材
ISBN 7-5430-1162-X: ¥1.60

G624.5　015379
现代小学数学　第六册/刘静和主编.—北京:科学出版社,1995.10.—137页;20cm
九年义务教育五年制小学试用课本
ISBN 7-03-004750-8: ¥6.80

G624.5　015380
现代小学数学　第五册/刘静和主编.—北京:科学出版社,1995.5.—142页;20cm
九年义务教育五年制小学试用课本
ISBN 7-03-004565-3: ¥5.30

G624.5　015381
现代小学数学练习题　第六册/刘静和主编.—北京:科学出版社,1995.10.—92页;20cm
ISBN 7-03-004751-6: ¥3.60

G624.5　015382
现代小学数学练习题　第五册/刘静和主编.—北京:科学出版社,1995.5.—107页;20cm
ISBN 7-03-004566-1: ¥2.20

G624.5　015383
现代小学数学总复习/张天孝,沈国梅编.—北京:科学出版社,1995.10.—155页;20cm
ISBN 7-03-004964-0: ¥5.00

G624.5　015384
小学口算应用题思维指导　第九册/邱学华主编.—深圳:海天出版社,1995.8.—62页;19cm
全套12册,总定价16.80元
ISBN 7-80615-219-9: ¥0.00

G624.5　015385
小学口算应用题思维指导　第七册/邱学华主编.—深圳:海天出版社,1995.8.—62页;19cm
全套12册,总定价16.80元
ISBN 7-80615-219-9: ¥0.00

G624.5　015386
小学口算应用题思维指导　第三册/邱学华主编.—深圳:海天出版社,1995.8.—62页;19cm
全套12册,总定价16.80元
ISBN 7-80615-219-9: ¥0.00

G624.5　015387
小学口算应用题思维指导　第十一册/邱学华主编.—深圳:海天出版社,1995.8.—62页;19cm
全套12册,总定价16.80元
ISBN 7-80615-219-9: ¥0.00

G624.5　015388
小学口算应用题思维指导　第五册/邱学华主编.—深圳:海天出版社,1995.8.—62页;19cm
全套12册,总定价16.80元
ISBN 7-80615-219-9: ¥0.00

G624.5　015389
小学口算应用题思维指导　第一册/邱学华主编.—深圳:海天出版社,1995.8.—60页;19cm
全套12册,总定价16.80元
ISBN 7-80615-219-9: ¥0.00

G624.5　015390
小学生趣味数学　第二册/米耀明,马小凤编著;凌青等绘.—北京:新华出版社,1995.8.—91页;19cm
ISBN 7-5011-2839-1: ¥3.80

G624.5　015391
小学生趣味数学　第三册/米耀明,马小凤编著;吴一人等绘.—北京:新华出版社,1995.8.—91页;19cm
ISBN 7-5011-2839-1: ¥3.80

G624.5　015392
小学生趣味数学　第一册/米耀明,马小凤编著;凌青等绘.—北京:新华出版社,1995.8.—91页;19cm
一年级用
ISBN 7-5011-2839-1: ¥3.80

G624.5　015393
小学升学考试数学应用题点睛/崔学礼编著.—西安:陕西人民教育出版社,1995.6.—147页;19cm
ISBN 7-5419-6205-8: ¥3.00

G624.5　015394
小学数学100分/玉桂编.—兰州:甘肃少年儿童出版社,1995.8.—177页;19cm
ISBN 7-5422-1075-0: ¥5.80

G624.5　015395
小学数学30天/石柳岩编.—4版.—天津:天津教育出版社,1995.1.—102页;26cm
小学毕业生使用
ISBN 7-5309-1356-5: ¥4.05

G624.5　015396
小学数学AB卷　第八册/李杰主编;柯霞编.—西安:未来出版社,1995.11.—69页;26cm
ISBN 7-5417-0615-9: ¥2.95

G624.5　015397
小学数学AB卷　第六册/溪水主编;柯霞编写.—修订版.—西安:未来出版社,1995.11.—62页;26cm
ISBN 7-5417-1155-1: ¥2.80

G624.5　015398
小学数学奥林匹克基础知识及题解:六年级/孙书绅等编写.—2版(修订版).—北京:科学技术文献出版

社,1995.10.—309页;19cm.—(奥林匹克书库/陶文中主编)

中央电视台专题讲座教材

ISBN 7-5023-1875-5:¥10.00

G624.5　015399

小学数学奥林匹克基础知识及题解:四年级/刘荣禧等编写.—2版(修订版).—北京:科学技术文献出版社,1995.10.—216页;19cm.—(奥林匹克书库/陶文中主编)

中央电视台专题讲座教材

ISBN 7-5023-1873-9:¥7.00

G624.5　015400

小学数学奥林匹克基础知识及题解:五年级/陶文中等编写.—2版(修订版).—北京:科学技术文献出版社,1995.10.—248页;19cm.—(奥林匹克书库/陶文中主编)

中央电视台专题讲座教材

ISBN 7-5023-1874-7:¥8.00

G624.5　015401

小学数学奥林匹克讲与练/蔡海涛等编著.—长沙:湖南教育出版社,1995.3.—358页;19cm

ISBN 7-5355-2066-9:¥7.50

G624.5　015402

小学数学奥林匹克竞赛教程/潘燏主编.—西安:陕西人民出版社,1995.1.—331页;19cm

ISBN 7-224-03742-7:¥5.90

G624.5　015403

小学数学奥林匹克综合训练/黎恒涛编著.—修订本.—北京:气象出版社,1995.4.—254页;19cm

ISBN 7-5029-1836-1:¥5.50

G624.5　015404

小学数学毕业(会考)试卷/林曦主编.—西安:陕西人民教育出版社,1995.11.—50页;37cm

ISBN 7-5419-5263-X:¥4.70

G624.5　015405

小学数学毕业试题精选丛书:计算题解题思路与解答/刘家祯主编;杜传宁等编著.—北京:学苑出版社,1995.5.—190页;19cm

ISBN 7-5077-0832-2:¥4.30

G624.5　015406

小学数学毕业试题精选丛书:判断题思路与解答/刘家祯主编;张永生等编著.—北京:学苑出版社,1995.5.—150页;19cm

ISBN 7-5077-0832-2:¥3.50

G624.5　015407

小学数学毕业试题精选丛书:选择题思路与解答/刘家祯主编;张懿芳等编著.—北京:学苑出版社,1995.5.—190页;19cm

ISBN 7-5077-0832-2:¥4.30

G624.5　015408

小学数学毕业试题精选丛书:应用题思路与解答/刘家祯主编;王建伟等编著.—北京:学苑出版社,1995.5.—205页;19cm

ISBN 7-5077-0832-2:¥4.60

G624.5　015409

小学数学丛书/《小学数学丛书》编委会编写.—成都:四川少年儿童出版社,1995.12.—10册;19cm

包括《数的概念》等10册

ISBN 7-5365-1495-6(盒装):¥33.00

G624.5　015410

小学数学达标训练与测试　第九册/《小学数学达标训练与测试》编写组编.—长沙:湖南教育出版社,1995.6.—48页;26cm

供五年一期用

ISBN 7-5355-2121-5:¥2.10

G624.5　015411

小学数学达标训练与测试　第七册/《小学数学达标训练与测试》编写组编.—长沙:湖南教育出版社,1995.6.—56页;26cm

供四年一期用

ISBN 7-5355-2120-7:¥2.40

G624.5　015412

小学数学达标训练与测试　第三册/《小学数学达标训练与测试》编写组编.—长沙:湖南教育出版社,1995.6.—57页;26cm

供二年一期用

ISBN 7-5355-2118-5:¥2.40

G624.5　015413

小学数学达标训练与测试　第十一册/《小学数学达标训练与测试》编写组编.—长沙:湖南教育出版社,1995.6.—56页;26cm

供六年一期用

ISBN 7-5355-2122-3:¥2.40

G624.5　015414

小学数学达标训练与测试　第五册/《小学数学达标训练与测试》编写组编.—长沙:湖南教育出版社,1995.6.—55页;26cm

供三年一期用

ISBN 7-5355-2119-3:¥2.40

G624.5　015415

小学数学达标训练与测试　第一册/《小学数学达标训练与测试》编写组编.—长沙:湖南教育出版社,1995.6.—48页;26cm

供一年一期用

ISBN 7-5355-2117-7:¥2.10

G624.5　015416

小学数学单元测验期中期末试卷集:二年级下学期/《小学数学单元测验期中期末试卷集》编写组编.—南昌:江西教育出版社,1995.12.—54页;26cm

ISBN 7-5392-2350-2:¥2.60

G624.5　015417

小学数学单元测验期中期末试卷集:五年级下学期/《小学数学单元测验期中期末试卷集》编写组编.—南昌:江西教育出版社,1995.12.—1册;26cm

ISBN 7-5392-2351-0:¥2.00

G624.5　015418

小学数学单元测验期中期末试卷集:一年级下学期/《小学数学单元测验期中期末试卷集》编写组编.—南

昌:江西教育出版社,1995.12.—30页;26cm
ISBN 7-5392-2356-1: ¥1.70

G624.5 015419
小学数学单元练习/《小学数学教师》编辑部编.—上海:上海教育出版社,1995.10.—484页;19cm
ISBN 7-5320-3897-1: ¥14.00

G624.5 015420
小学数学单元水平测试手册:统编本:五年制 第六册/晓微,余霞编写.—郑州:河南教育出版社,1995.10.—99页;19cm
ISBN 7-5347-1859-7: ¥2.30

G624.5 015421
小学数学单元水平测试手册:统编本:五年制 第四册/立人,晓兵编写.—郑州:河南教育出版社,1995.10.—97页;19cm
ISBN 7-5347-1858-9: ¥2.30

G624.5 015422
小学数学单元水平测试手册:五年制 第二册/章诚,鲁丽编写.—郑州:河南教育出版社,1995.10.—72页;19cm
ISBN 7-5347-1857-0: ¥1.90

G624.5 015423
小学数学单元学习与指导 第六册/《单元学习与指导》丛书小学编写组编.—福州:福建人民出版社,1995.12.—130页;19cm
义务教育六年制小学三年级下学期用
ISBN 7-211-02621-9: ¥3.45

G624.5 015424
小学数学单元学习与指导:六年制 第五册/《单元学习与指导丛书》小学编写组编.—福州:福建人民出版社,1995.7.—102页;19cm
ISBN 7-211-02468-2: ¥1.90

G624.5 015425
小学数学单元学习与指导:五年制 第五册/《单元学习与指导》丛书小学编写组编.—福州:福建人民出版社,1995.6.—128页;19cm
义务教育五年制小学三年级上学期用
ISBN 7-211-02481-X: ¥2.25

G624.5 015426
小学数学发散思维序列训练/姚日余编写.—2版.—合肥:安徽教育出版社,1995.1.—70页;19cm
五年制小学三年级下学期用
ISBN 7-5336-0482-2: ¥0.85

G624.5 015427
小学数学发散思维序列训练/姚日余编写.—2版(修订本).—合肥:安徽教育出版社,1995.1.—65页;19cm
五年制小学四年级下学期用
ISBN 7-5336-0481-4: ¥0.80

G624.5 015428
小学数学发散思维序列训练/姚日余编写.—2版(修订本).—合肥:安徽教育出版社,1995.1.—64页;19cm
五年制小学五年级下学期、六年制小学小年级下学期用
ISBN 7-5336-0487-3: ¥0.85

G624.5 015429
小学数学分类题库/蒋德俊,梁俊兰编.—长沙:湖南少年儿童,1995.9.—132页;26cm
ISBN 7-5358-1053-5: ¥6.60

G624.5 015430
小学数学概念题导析/葛榕,吕必强编著.—福州:福建教育出版社,1995.4.—239页;19cm
ISBN 7-5334-1072-6: ¥4.90

G624.5 015431
小学数学活动课教程 第二册/兰桂凤,马庆平主编.—沈阳:辽宁民族出版社,1995.2.—108页;19cm
ISBN 7-80527-474-6: ¥2.00

G624.5 015432
小学数学活动课教程 第四册/兰桂凤,马庆平主编.—沈阳:辽宁民族出版社,1995.2.—113页;19cm
ISBN 7-80527-475-4: ¥2.00

G624.5 015433
小学数学活动课智趣读物:二年级第二学期/张晓华,陈永林编.—广州:广东教育出版社,1995.12.—164页;19cm
ISBN 7-5406-0334-8: ¥4.00

G624.5 015434
小学数学活动课智趣读物:二年级第一学期/张晓华等编.—广州:广东教育出版社,1995.9.—144页;19cm
ISBN 7-5406-0108-6: ¥3.30

G624.5 015435
小学数学活动课智趣读物:六年级第二学期/管建福,陈永林编.—广州:广东教育出版社,1995.12.—183页;19cm
ISBN 7-5406-0332-1: ¥4.50

G624.5 015436
小学数学活动课智趣读物:六年级第一学期/管建福,潘刚忠编.—广州:广东教育出版社,1995.9. 130页;19cm
ISBN 7-5406-0112-6: ¥3.00

G624.5 015437
小学数学活动课智趣读物:三年级第一学期/罗滨权,徐涌芳编.—广州:广东教育出版社,1995.9.—137页;19cm
ISBN 7-5406-0109-4: ¥3.20

G624.5 015438
小学数学活动课智趣读物:四年级第一学期/肖文苑,张贵明编.—广州:广东教育出版社,1995.8.—103页;19cm
ISBN 7-5406-0110-8: ¥2.50

G624.5 015439
小学数学活动课智趣读物:五年级第一学期/钱灿阳,罗忱红编.—广州:广东教育出版社,1995.9.—159页;19cm
ISBN 7-5406-0111-6: ¥3.60

G624.5 015440
小学数学活动课智趣读物:一年级第二学期/欧阳

峰,陈永林编.—广州:广东教育出版社,1995.12.—112页;19cm

ISBN 7-5406-2645-3:¥3.00

G624.5　　015441

小学数学活动课智趣读物:一年级第一学期/陈永林等编.—广州:广东教育出版社,1995.9.—132页;19cm

ISBN 7-5406-0107-8:¥3.00

G624.5　　015442

小学数学基本功训练——最新每日一刻钟:二年级下/李俊强,陈桂珍编.—4版.—天津:天津人民出版社,1995.11.—118页;19cm

ISBN 7-201-01927-9:¥3.30

G624.5　　015443

小学数学基本功训练——最新每日一刻钟:三年级下/陈静,姚莉编.—3版.—天津:天津人民出版社,1995.11.—121页;19cm

ISBN 7-201-01247-9:¥3.30

G624.5　　015444

小学数学解题策略及实例/肖乐农编著.—上海:上海教育出版社,1995.11.—162页;19cm

ISBN 7-5320-3960-9:¥4.40

G624.5　　015445

小学数学解题能力强化训练/曾迪,王觉康编.—上海:上海教育出版社,1995.11.—165页;19cm

五年级(六年制)用

ISBN 7-5320-3938-2:¥4.15

G624.5　　015446

小学数学精讲/《小学数学精讲》编写组编写.—南京:江苏教育出版社,1995.10.—237页;19cm

六年级用

ISBN 7-5343-2474-2:¥5.25

G624.5　　015447

小学数学精讲/《小学数学精讲》编写组编写.—南京:江苏教育出版社,1995.10.—178页;19cm

五年级用

ISBN 7-5343-2475-0:¥4.15

G624.5　　015448

小学数学精讲精练:六年制　第九册/《小学数学精讲精练》编写组编.—太原:希望出版社,1995.4.—162页;19cm

ISBN 7-5379-1656-X:¥3.20

G624.5　　015449

小学数学精讲精练:六年制　第七册/《小学数学精讲精练》编写组编.—太原:希望出版社,1995.4.—122页;19cm

ISBN 7-5379-1655-1:¥2.50

G624.5　　015450

小学数学精讲精练:六年制　第三册/《小学数学精讲精练》编写组编.—太原:希望出版社,1995.4.—131页;19cm

ISBN 7-5379-1653-5:¥2.70

G624.5　　015451

小学数学精讲精练:六年制　第十一册/《小学数学精讲精练》编写组编.—太原:希望出版社,1995.4.—163页;19cm

ISBN 7-5379-1657-8:¥3.20

G624.5　　015452

小学数学精讲精练:六年制　第五册/《小学数学精讲精练》编写组编.—太原:希望出版社,1995.4.—88页;19cm

ISBN 7-5379-1643-8:¥2.00

G624.5　　015453

小学数学精讲精练:六年制　第一册/《小学数学精讲精练》编写组编.—太原:希望出版社,1995.4.—144页;19cm

ISBN 7-5379-1652-7:¥2.80

G624.5　　015454

小学数学精讲精练:五年制　第九册/《小学数学精讲精练》编写组编.—太原:希望出版社,1995.4.—160页;19cm

ISBN 7-5379-1645-4:¥3.20

G624.5　　015455

小学数学精讲精练:五年制　第七册/《小学数学精讲精练》编写组编.—太原:希望出版社,1995.4.—110页;19cm

ISBN 7-5379-1644-6:¥2.40

G624.5　　015456

小学数学精讲精练:五年制　第三册/《小学数学精讲精练》编写组编.—太原:希望出版社,1995.4.—132页;19cm

ISBN 7-5379-1642-X:¥2.70

G624.5　　015457

小学数学精讲精练:五年制　第五册/《小学数学精讲精练》编写组编.—太原:希望出版社,1995.4.—117页;19cm

ISBN 7-5379-1643-8:¥2.50

G624.5　　015458

小学数学精讲精练:五年制　第一册/《小学数学精讲精练》编写组编.—太原:希望出版社,1995.4.—140页;19cm

ISBN 7-5379-1641-1:¥2.80

G624.5　　015459

小学数学竞赛典型题库/陈建国,黄明芬编.—武汉:湖北辞书出版社,1995.2.—477页;19cm.—(小太阳学习系列)

ISBN 7-5403-0168-6:¥9.20

G624.5　　015460

小学数学竞赛辅导/王沛忠主编.—济南:明天出版社,1995.2.—277页;19cm.—(数理化奥林匹克系列丛书)

ISBN 7-5332-1916-3:¥5.60

G624.5　　015461

小学数学竞赛辅导/郭卫平,尹智茹编.—北京:原子能出版社,1995.6.—244页;19cm

ISBN 7-5022-1348-1:¥6.30

G624.5　　015462

小学数学竞赛归类训练:低年级　上册/卢正勇主编;倪齐基等编写.—福州:福建少年儿童出版社,

1995.5.—103 页;19cm
ISBN 7-5395-1074-9: ¥2.50

G624.5　015463
小学数学竞赛归类训练:低年级　下册/卢正勇主编;倪齐基等编写.—福州:福建少年儿童出版社,1995.5.—131 页;19cm
ISBN 7-5395-1075-7: ¥2.90

G624.5　015464
小学数学竞赛阶梯训练:三年级/汪绳祖,俞仁杰主编.—上海:上海远东出版社,1995.8.—160 页;19cm
ISBN 7-80613-085-3: ¥5.50

G624.5　015465
小学数学竞赛阶梯训练:四年级/汪绳祖,朱继炎主编.—上海:上海远东出版社,1995.8.—299 页;19cm
ISBN 7-80613-087-X: ¥9.00

G624.5　015466
小学数学竞赛阶梯训练:五年级/汪绳祖,杭顺清主编.—上海:上海远东出版社,1995.8.—324 页;19cm
ISBN 7-80613-088-8: ¥9.70

G624.5　015467
小学数学竞赛解题辞典/王振群,孔宪禄主编.—长春:长春出版社,1995.12.—307 页;19cm
ISBN 7-80604-402-7: ¥10.00

G624.5　015468
小学数学竞赛专题讲座/张恩主编.—海口:海南国际新闻出版中心,1995.11.—2 册;19cm
ISBN 7-80609-213-7: ¥12.60

G624.5　015469
小学数学纠错手册:六年级/沈金坤编写.—上海:上海辞书出版社,1995.9.—282 页;19cm
ISBN 7-5326-0379-2: ¥9.60

G624.5　015470
小学数学纠错手册:四年级/周凤章编写.—上海:上海辞书出版社,1995.9.—146 页;19cm
ISBN 7-5326-0350-4: ¥6.00

G624.5　015471
小学数学纠错手册:五年级/谢悠南编写.—上海:上海辞书出版社,1995.8.—262 页;19cm
ISBN 7-5326-0342-3: ¥9.00

G624.5　015472
小学数学课后练习题答案提示:五年级/晓霖,爽琥编.—2 版.—西安:未来出版社,1995.11.—117 页;19cm
ISBN 7-5417-1114-4: ¥2.50

G624.5　015473
小学数学课时训练:五年制　第一册/《小学数学课时训练》编写组编.—福州:福建人民出版社,1995.7.—134 页;20cm
ISBN 7-211-02532-8: ¥3.15

G624.5　015474
小学数学课时训练:六年制　第八册/《小学数学课时训练》编写组编.—福州:福建人民出版社,1995.12.—131 页;20cm
ISBN 7-211-02555-7: ¥4.15

G624.5　015475
小学数学课时训练:六年制　第二册/《小学数学课时训练》编写组编.—福州:福建人民出版社,1995.12.—100 页;20cm
ISBN 7-211-02550-6: ¥3.35

G624.5　015476
小学数学课时训练:六年制　第六册/《小学数学课时训练》编写组编.—福州:福建人民出版社,1995.12.—120 页;20cm
ISBN 7-211-02618-9: ¥3.90

G624.5　015477
小学数学课时训练:六年制　第七册/《小学数学课时训练》编写组编.—福州:福建人民出版社,1995.6.—122 页;20cm
ISBN 7-211-02419-4: ¥2.65

G624.5　015478
小学数学课时训练:六年制　第三册/《小学数学课时训练》编写组编.—福州:福建人民出版社,1995.6.—103 页;20cm
ISBN 7-211-02425-9: ¥2.35

G624.5　015479
小学数学课时训练:六年制　第十册/《小学数学课时训练》编写组编.—福州:福建人民出版社,1995.11.—162 页;20cm
ISBN 7-211-02551-4: ¥5.05

G624.5　015480
小学数学课时训练:六年制　第十二册/《小学数学课时训练》编写组编.—福州:福建人民出版社,1995.12.—164 页;20cm
ISBN 7-211-02549-2: ¥5.15

G624.5　015481
小学数学课时训练:六年制　第十一册/《小学数学课时训练》编写组编.—福州:福建人民出版社,1995.6.—159 页;20cm
ISBN 7-211-02370-8: ¥3.35

G624.5　015482
小学数学课时训练:六年制　第四册/《小学数学课时训练》编写组编.—福州:福建人民出版社,1995.12.—134 页;20cm
ISBN 7-211-02563-8: ¥4.25

G624.5　015483
小学数学课时训练:六年制　第五册/《小学数学课时训练》编写组编.—福州:福建人民出版社,1995.6.—130 页;20cm
ISBN 7-211-02486-0: ¥2.80

G624.5　015484
小学数学课时训练:六年制　第一册/《小学数学课时训练》编写组编.—福州:福建人民出版社,1995.7.—103 页;20cm
ISBN 7-211-02433-X: ¥2.35

G624.5　015485
小学数学课时训练:五年制　第八册/《小学数学课时训练》编写组编.—福州:福建人民出版社,1995.11.—192 页;20cm

ISBN 7-211-02552-2: ¥5.95

G624.5 **015486**

小学数学课时训练:五年制　第二册/《小学数学课时训练》编写组编.—福州:福建人民出版社,1995.12.—120页;20cm

ISBN 7-211-02576-X: ¥3.90

G624.5 **015487**

小学数学课时训练:五年制　第九册/《小学数学课时训练》编写组编.—福州:福建人民出版社,1995.7.—166页;20cm

ISBN 7-211-02490-9: ¥3.80

G624.5 **015488**

小学数学课时训练:五年制　第六册/《小学数学课时训练》编写组编.—福州:福建人民出版社,1995.12.—140页;20cm

ISBN 7-211-02617-0: ¥4.50

G624.5 **015489**

小学数学课时训练:五年制　第七册/《小学数学课时训练》编写组编.—福州:福建人民出版社,1995.7.—189页;20cm

ISBN 7-211-02520-4: ¥4.30

G624.5 **015490**

小学数学课时训练:五年制　第十册/《小学数学课时训练》编写组编.—福州:福建人民出版社,1995.12.—164页;20cm

ISBN 7-211-02603-0: ¥5.15

G624.5 **015491**

小学数学课时训练:五年制　第四册/《小学数学课时训练》编写组编.—福州:福建人民出版社,1995.12.—146页;20cm

ISBN 7-211-02564-6: ¥4.70

G624.5 **015492**

小学数学课时训练:五年制　第五册/《小学数学课时训练》编写组编.—福州:福建人民出版社,1995.7.—136页;20cm

ISBN 7-211-02500-X: ¥3.25

G624.5 **015493**

小学数学课外读本　第八册/陈明辉主编.—沈阳:辽宁教育出版社,1995.12.—105页;19cm

ISBN 7-5382-4439-5: ¥2.30

G624.5 **015494**

小学数学课外读本　第九册/陈明辉,葛艺珍主编;郑真理等编.—沈阳:辽宁教育出版社,1995.6.—86页;19cm

ISBN 7-5382-4181-7: ¥1.60

G624.5 **015495**

小学数学课外读本　第六册/陈岿宇等编.—沈阳:辽宁教育出版社,1995.12.—98页;19cm

ISBN 7-5382-4476-X: ¥2.30

G624.5 **015496**

小学数学课外读本　第三册/陈明辉,葛艺珍主编;孙文范等编.—沈阳:辽宁教育出版社,1995.6.—106页;19cm

ISBN 7-5382-4185-X: ¥1.60

G624.5 **015497**

小学数学课外读本　第十册/刘忠连等编.—沈阳:辽宁教育出版社,1995.12.—123页;19cm

ISBN 7-5382-4437-9: ¥2.30

G624.5 **015498**

小学数学课外读本　第十二册/陈明辉主编;马中华等编.—沈阳:辽宁教育出版社,1995.12.—114页;19cm

ISBN 7-5382-4438-7: ¥2.30

G624.5 **015499**

小学数学课外读本　第十一册/陈明辉,葛艺珍主编;刘玉枝等编.—沈阳:辽宁教育出版社,1995.6.—81页;19cm

ISBN 7-5382-4182-5: ¥1.60

G624.5 **015500**

小学数学课外读本　第五册/陈明辉,葛艺珍主编;武明学等编.—沈阳:辽宁教育出版社,1995.6.—85页;19cm

ISBN 7-5382-4180-9: ¥1.60

G624.5 **015501**

小学数学课外读本　第一册/陈明辉,葛艺珍主编;朱桂芳等编.—沈阳:辽宁教育出版社,1995.6.—120页;19cm

ISBN 7-5382-4218-X: ¥1.60

G624.5 **015502**

小学数学口算训练　第八册/永强编.—昆明:晨光出版社,1995.1.—64页;19cm

四年级用

ISBN 7-5414-0967-7: ¥0.90

G624.5 **015503**

小学数学口算训练　第六册/《教材教学研究》编辑部编写.—昆明:晨光出版社,1995.1.—64页;19cm

三年级用

ISBN 7-5414-0966-9: ¥0.90

G624.5 **015504**

小学数学口算训练　第十册/《教材教学研究》编辑部编写.—昆明:晨光出版社,1995.1.—64页;19cm

五年级用

ISBN 7-5414-0968-5: ¥0.90

G624.5 **015505**

小学数学口算训练　第十二册/郭天翼编.—昆明:晨光出版社,1995.1.—64页;19cm

六年级用

ISBN 7-5414-0969-3: ¥0.90

G624.5 **015506**

小学数学口算训练　第四册/段丽彬编.—昆明:晨光出版社,1995.1.—64页;19cm

二年级用

ISBN 7-5414-0965-0: ¥0.90

G624.5 **015507**

小学数学口算作业本:二年级/徐秀慧编.—2版.—沈阳:辽宁教育出版社,1995.5.—76页;19cm

ISBN 7-5382-4007-1: ¥1.80

G624.5 **015508**

小学数学口算作业本:二年级　第四册/张岚,丁雪飞编著.—2版.—沈阳:辽宁教育出版社,1995.12.—76页;19cm

ISBN 7-5382-4007-1:¥2.00

G624.5　015509

小学数学口算作业本:三年级/张岚,丁雪飞编.—2版.—沈阳:辽宁教育出版社,1995.5.—76页;19cm

ISBN 7-5382-4008-X:¥1.80

G624.5　015510

小学数学口算作业本:三年级　第六册/张岚,丁雪飞编著.—2版.—沈阳:辽宁教育出版社,1995.12.—76页;19cm

ISBN 7-5382-4008-X:¥2.00

G624.5　015511

小学数学口算作业本:一年级　第二册/张岚,丁雪飞编著.—2版.—沈阳:辽宁教育出版社,1995.12.—76页;19cm

ISBN 7-5382-4006-3:¥2.00

G624.5　015512

小学数学练习册:六年级下学期/杨志浦编写;江西省教委教研室编.—南昌:江西教育出版社,1995.12.—80页;19cm

ISBN 7-5392-2483-5:¥1.85

G624.5　015513

小学数学六年制第二册新编测试与辅导/《小学数学测试与辅导》编写组编.—沈阳:辽宁教育出版社,1995.12.—107页;19cm

ISBN 7-5382-4456-5:¥2.75

G624.5　015514

小学数学六年制第九册新编测试与辅导/《小学数学新编测试与辅导》编写组编.—沈阳:辽宁教育出版社,1995.5.—153页;19cm

ISBN 7-5382-4123-X:¥3.20

G624.5　015515

小学数学六年制第七册新编测试与辅导/《小学数学新编测试与辅导》编写组编.—沈阳:辽宁教育出版社,1995.5.—101页;19cm

ISBN 7-5382-4165-5:¥2.40

G624.5　015516

小学数学六年制第三册新编测试与辅导/《小学数学新编测试与辅导》编写组编.—沈阳:辽宁教育出版社,1995.6.—87页;19cm

ISBN 7-5382-4142-6:¥2.10

G624.5　015517

小学数学六年制第十一册新编测试与辅导/《小学数学新编测试与辅导》编写组编.—沈阳:辽宁教育出版社,1995.5.—186页;19cm

ISBN 7-5382-4179-5:¥4.00

G624.5　015518

小学数学六年制第五册新编测试与辅导/《小学数学新编测试与辅导》编写组编.—沈阳:辽宁教育出版社,1995.6.—116页;19cm

ISBN 7-5382-4143-4:¥2.60

G624.5　015519

小学数学六年制第一册新编测试与辅导/《小学数学新编测试与辅导》编写组编.—沈阳:辽宁教育出版社,1995.6.—117页;19cm

ISBN 7-5382-4175-2:¥2.70

G624.5　015520

小学数学能力训练与竞赛辅导/范光中主编.—西安:陕西人民教育出版社,1995.11.—235页;19cm

数学课外活动资料 供六年级用

ISBN 7-5419-6344-5:¥5.50

G624.5　015521

小学数学能力训练与竞赛辅导/范光中主编.—西安:陕西人民教育出版社,1995.11.—163页;19cm

数学课外活动资料 供四年级用

ISBN 7-5419-6342-9:¥4.00

G624.5　015522

小学数学能力训练与竞赛辅导/范光中主编.—西安:陕西人民教育出版社,1995.11.—150页;19cm

数学课外活动资料 供三年级用

ISBN 7-5419-6341-0:¥3.90

G624.5　015523

小学数学能力训练与竞赛辅导/范光中主编.—西安:陕西人民教育出版社,1995.11.—215页;19cm

数学课外活动资料 供五年级用

ISBN 7-5419-6343-7:¥5.20

G624.5　015524

小学数学能力训练与竞赛辅导/范光中主编.—西安:陕西人民教育出版社,1995.11.—112页;19cm

数学课外活动资料 供一年级用

ISBN 7-5419-6339-9:¥3.00

G624.5　015525

小学数学能力训练与竞赛辅导/范光中主编.—西安:陕西人民教育出版社,1995.11.—111页;19cm

数学课外活动资料 供二年级用

ISBN 7-5419-6340-2:¥3.00

G624.5　015526

小学数学期末总复习测试卷　第九册/测试卷编写组编.—2版.—沈阳:辽宁教育出版社,1995.5.—40页;26cm

ISBN 7-5382-3441-1:¥1.60

G624.5　015527

小学数学期末总复习测试卷　第七册/测试卷编写组编.—2版.—沈阳:辽宁教育出版社,1995.5.—40页;26cm

ISBN 7-5382-3440-3:¥1.60

G624.5　015528

小学数学期末总复习测试卷　第十一册/测试卷编写组编.—2版.—沈阳:辽宁教育出版社,1995.5.—40页;26cm

ISBN 7-5382-3442-X:¥1.60

G624.5　015529

小学数学巧解技法/眭双祥,王化民编著.—昆明:云南科技出版社,1995.10.—192页;19cm

ISBN 7-5416-0742-8:¥6.80

G624.5　015530

小学数学巧算15法/徐国钧等编.—福州:福建科学技术出版社,1995.11.—166页;19cm
ISBN 7-5335-0942-0:¥5.50

G624.5　015531
小学数学趣题巧解100例/单墫著.—南京:南京师范大学出版社,1995.8.—153页;19cm
ISBN 7-81047-003-5:¥5.50

G624.5　015532
小学数学趣题巧算:百题·百讲·百练:六年级分册/李树德等主编.—北京:北京工业大学出版社,1995.3.—148页;19cm.—(名师导学)
ISBN 7-5639-0435-2:¥3.50

G624.5　015533
小学数学趣题巧算:百题·百讲·百练:五年级分册/李树德等主编.—北京:北京工业大学出版社,1995.3.—138d页;19cm.—(名师导学)
ISBN 7-5639-0438-7:¥3.20

G624.5　015534
小学数学趣题巧算:百题·百讲·百练:一、二年级分册/李树德等主编.—北京:北京工业大学出版社,1995.3.—132页;19cm.—(名师导学)
ISBN 7-5639-0439-5:¥3.20

G624.5　015535
小学数学趣题巧算:百题·百讲·百练:综合分册/李树德等主编.—北京:北京工业大学出版社,1995.3.—155页;19cm.—(名师导学)
ISBN 7-5639-0437-9:¥3.60

G624.5　015536
小学数学趣味训练　第三册/丛培仁,周玉贵编.—沈阳:辽宁教育出版社,1995.6.—122页;19cm
ISBN 7-5382-4169-8:¥2.90

G624.5　015537
小学数学趣味训练　第一册/栗华,谢芳芳编.—沈阳:辽宁教育出版社,1995.6.—128页;19cm
ISBN 7-5382-4176-0:¥3.00

G624.5　015538
小学数学升学分类试卷集.—南宁:广西科学技术出版社,1995.7.—63页;26cm
五、六年制通用
ISBN 7-80619-237-9:¥3.50

G624.5　015539
小学数学试卷集　第二册/《小学数学试卷集》编写组编写.—昆明:晨光出版社,1995.12.—61页;26cm
供六年制小学一年级下学期用
ISBN 7-5414-1123-X:¥2.40

G624.5　015540
小学数学试卷集　第六册/《小学数学试卷集》编写组编.—昆明:晨光出版社,1995.11.—61页;26cm
供六年制小学三年下学期用
ISBN 7-5414-1080-2:¥2.40

G624.5　015541
小学数学试卷集　第四册/《小学数学试卷集》编写组编.—昆明:晨光出版社,1995.12.—62页;26cm
供六年制小学二年级下学期用
ISBN 7-5414-1122-1:¥2.40

G624.5　015542
小学数学水平测试:六年制一年级　下册/章可主编;贾培编.—2版.—武汉:武汉出版社,1995.10.—94页;19cm
ISBN 7-5430-1017-8:¥2.10

G624.5　015543
小学数学思维训练　(11)/武明学等编.—2版.—沈阳:辽宁教育出版社,1995.6.—155页;19cm.—(思维训练丛书/苏才主编)
ISBN 7-5382-3662-7:¥3.20

G624.5　015544
小学数学思维训练　(5)/陈晨等编.—2版.—沈阳:辽宁教育出版社,1995.6.—190页;19cm.—(思维训练丛书/苏才主编)
ISBN 7-5382-3663-5:¥3.20

G624.5　015545
小学数学思维训练　(6)/沈立军,张凤文编.—2版.—沈阳:辽宁教育出版社,1995.12.—133页;19cm.—(思维训练丛书/苏才主编)
ISBN 7-5382-3952-9:¥3.80

G624.5　015546
小学数学思维训练　(9)/刘玉枝等编.—2版.—沈阳:辽宁教育出版社,1995.6.—142页;19cm.—(思维训练丛书/苏才主编)
ISBN 7-5382-3660-0:¥3.20

G624.5　015547
小学数学题典/柴学林主编.—兰州:甘肃文化出版社,1995.12.—314页;19cm
九年义务教育五、六年制小学
ISBN 7-80608-189-5:¥9.80

G624.5　015548
小学数学题解手册/晓明编著.—海口:海南出版社,1995.4.—484页;19cm
ISBN 7-80617-089-8:¥15.00

G624.5　015549
小学数学天天练　第十册/赵苏敏,袁丁主编.—西安:陕西人民教育出版社,1995.11.—64页;19×26cm
ISBN 7-5419-1317-0:¥2.90

G624.5　015550
小学数学天天练　第十二册/赵苏敏,袁丁主编.—西安:陕西人民教育出版社,1995.10.—58页;19×26cm
ISBN 7-5419-6299-6:¥2.70

G624.5　015551
小学数学同步单元练习册　第八册/黄列宁编.—昆明:云南教育出版社,1995.12.—60页;26cm.—(九年义务教育小学各科同步单元练习册丛书)
四年级第二学期用
ISBN 7-5415-1114-5:¥2.90

G624.5　015552
小学数学同步单元练习册　第七册/黄列宁编.—昆明:云南教育出版社,1995.6.—60页;26cm.—(九年义务教育小学各科同步单元练习册丛书)

四年级第一学期用
ISBN 7-5415-1038-6: ¥2.70

G624.5　015553
小学数学同步练习:三年级(上)/《小学数学同步练习》编写组编.—上海:上海远东出版社,1995.5.—133页;19cm
ISBN 7-80613-037-3: ¥4.00

G624.5　015554
小学数学同步练习:四年级(上)/《小学数学同步练习》编写组编写.—上海:上海远东出版社,1995.5.—178页;19cm
ISBN 7-80613-038-1: ¥5.00

G624.5　015555
小学数学同步练习:五年级(上)/《小学数学同步练习》编写组编.—上海:上海远东出版社,1995.7.—180页;19cm
ISBN 7-80613-039-X: ¥5.00

G624.5　015556
小学数学同步学习与辅导:二年级第一学期/袁媛编.—上海:上海科技教育出版社,1995.7.—95页;19cm
ISBN 7-5428-1018-9: ¥2.60

G624.5　015557
小学数学同步学习与辅导:六年级(初中预备班)第二学期/刘积芳编.—上海:上海科技教育出版社,1995.12.—211页;19cm
ISBN 7-5428-1204-1: ¥6.30

G624.5　015558
小学数学同步学习与辅导:三年级第一学期/常畅编.—上海:上海科技教育出版社,1995.7.—93页;19cm
ISBN 7-5428-1052-9: ¥2.50

G624.5　015559
小学数学同步学习与辅导:四年级第二学期/任寿德编.—上海:上海科技教育出版社,1995.12.—116页;19cm
ISBN 7-5428-1211-4: ¥3.70

G624.5　015560
小学数学同步学习与辅导:四年级第一学期/任寿德编.—上海:上海科技教育出版社,1995.7.—133页;19cm
ISBN 7-5428-0923-7: ¥3.30

G624.5　015561
小学数学同步学习与辅导:一年级第二学期/沈节英编.—上海:上海科技教育出版社,1995.12.—109页;19cm
ISBN 7-5428-1262-9: ¥5.10

G624.5　015562
小学数学同步学习与辅导:一年级第一学期/方芳编.—上海:上海科技教育出版社,1995.6.—210页;19cm
ISBN 7-5428-1171-1: ¥6.70

G624.5　015563
小学数学同步训练 ABC/张卫国主编;毛芳仪,宋辉编.—2版.—上海:上海科学技术出版社,1995.6.—102页;26cm.—(小学学科同步训练ABC丛书)
三年级用
ISBN 7-5323-3891-6: ¥4.20

G624.5　015564
小学数学同步自测 ABC/曹式仪编.—2版.—上海:上海科学技术出版社,1995.8.—127页;26cm.—(小学学科同步自测ABC丛书)
三年级用
ISBN 7-5323-4052-X: ¥6.90

G624.5　015565
小学数学习题巧解/张吉川编著.—石家庄:河北教育出版社,1995.4.—160页;19cm
ISBN 7-5434-2397-9: ¥2.35

G624.5　015566
小学数学想想算算:六年制　第五册/李文章主编;马金城,马晓伟编写.—2版.—西安:陕西人民教育出版社,1995.5.—137页;19cm
ISBN 7-5419-0416-3: ¥2.60

G624.5　015567
小学数学学法指导:六年制　第九册/黄大色主编.—桂林:漓江出版社,1995.8.—95页;19cm
ISBN 7-5407-1793-9: ¥3.00

G624.5　015568
小学数学学法指导:六年制　第七册/黄大色主编.—桂林:漓江出版社,1995.8.—104页;19cm
ISBN 7-5407-1792-0: ¥3.20

G624.5　015569
小学数学学法指导:六年制　第三册/黄大色主编.—桂林:漓江出版社,1995.8.—122页;19cm
ISBN 7-5407-1791-2: ¥3.40

G624.5　015570
小学数学学法指导:六年制　第五册/黄大色主编.—桂林:漓江出版社,1995.8.—104页;19cm
ISBN 7-5407-1810-2: ¥3.20

G624.5　015571
小学数学学法指导:五年制　第九册;六年制　第十一册/黄大色主编.—桂林:漓江出版社,1995.8.—116页;19cm
ISBN 7-5407-1794-7: ¥3.30

G624.5　015572
小学数学学法指导:五年制　第七册/黄大色主编.—桂林:漓江出版社,1995.8.—123页;19cm
ISBN 7-5407-1789-0: ¥3.40

G624.5　015573
小学数学学法指导:五年制　第三册/黄大色主编.—桂林:漓江出版社,1995.8.—123页;19cm
ISBN 7-5407-1788-2: ¥3.40

G624.5　015574
小学数学学法指导:五年制　第五册/黄大色主编.—桂林:漓江出版社,1995.8.—105页;19cm
ISBN 7-5407-1811-0: ¥3.20

G624.5　015575
小学数学学法指导:五年制　第一册/黄大色主

编.—桂林:漓江出版社,1995.8.—106页;19cm
ISBN 7-5407-1787-4:¥3.20

G624.5　015576
小学数学学科活动课指导:数学　第三册/《小学数学学科活动课指导》编写组编.—修订版.—广州:广东高等教育出版社,1995.3.—96页;19cm
五、六年级使用
ISBN 7-5361-1608-X:¥3.50

G624.5　015577
小学数学一课一练　第九册/《一课一练》编写组编.—修订本.—西安:陕西人民教育出版社,1995.5.—121页;19cm
ISBN 7-5419-5978-2:¥2.40

G624.5　015578
小学数学易错辨析手册/李富彩等著.—合肥:安徽少年儿童出版社,1995.12.—313页;19cm
ISBN 7-5397-1197-3:¥5.00

G624.5　015579
小学数学应用题1000例/北京景山学校小学部数学教研组编.—北京:宇航出版社,1995.9.—166页;19cm
ISBN 7-80034-798-2:¥5.20

G624.5　015580
小学数学应用题500例详解/贡耀峰,王良护编.—天津:天津教育出版社,1995.8.—372页;19cm.—(小学数学学习丛书)
ISBN 7-5309-2168-1:¥7.65

G624.5　015581
小学数学应用题解题策略/黄熹,陈建国主编.—福州:福建教育出版社,1995.4.—200页;19cm
ISBN 7-5334-1872-7:¥4.15

G624.5　015582
小学数学应用题解题思路/李荣寿,肖仕云编.—南昌:21世纪出版社,1995.4.—154页;19cm
ISBN 7-5391-0902-5:¥3.40

G624.5　015583
小学数学应用题巧解诀窍/谢增福著.—兰州:兰州大学出版社,1995.4.—217页;19cm
ISBN 7-311-00865-4:¥6.60

G624.5　015584
小学数学应用题系列指导与训练丛书:六年制　第五册.—2版.—南宁:接力出版社,1995.8.—64页;19cm
ISBN 7-80581-102-4:¥1.35

G624.5　015585
小学数学应用题一题多解/卫光平编著.—修订本.—武汉:湖北教育出版社,1995.4.—181页;19cm
ISBN 7-5351-1628-0:¥4.20

G624.5　015586
小学数学知识表解/杨重炎编写.—成都:四川教育出版社,1995.7.—48页;19×26cm
ISBN 7-5408-2716-5:¥2.60

G624.5　015587
小学数学智慧宫:二年级课外读物/河南省教育委员会中小学教材教学研究室编写.—郑州:海燕出版社,1995.5.—129页;19cm
ISBN 7-5350-0225-0:¥3.10

G624.5　015588
小学数学智慧宫:三年级课外读物/河南省教育委员会中小学教材教学研究室编写.—郑州:海燕出版社,1995.5.—164页;19cm
ISBN 7-5350-0226-9:¥3.40

G624.5　015589
小学数学智慧宫:五年级课外读物/河南省教育委员会中小学教材教学研究室编写.—郑州:海燕出版社,1995.5.—163页;19cm
ISBN 7-5350-0228-5:¥3.40

G624.5　015590
小学数学智能训练大全/艾旸,澍雪主编.—合肥:安徽少年儿童出版社,1995.12.—357页;20cm
ISBN 7-5397-1144-2:¥11.50

G624.5　015591
小学数学总测验题/蔡利天编.—修订版.—兰州:甘肃少年儿童出版社,1995.5.—193页;19cm
ISBN 7-5422-1030-0:¥4.80

G624.5　015592
小学数学总复习/赵苏敏编.—3版.—西安:陕西人民教育出版社,1995.5.—208页;19cm
ISBN 7-5419-0927-0:¥3.90

G624.5　015593
小学数学总复习必读/甘肃省兰州市城关区教学研究室编.—修订版.—兰州:甘肃少年儿童出版社,1995.5.—230页;19cm
ISBN 7-5422-1029-7:¥5.20

G624.5　015594
小学数学总复习指导/江西省教委教研室编.—南昌:江西教育出版社,1995.7.—206页;19cm
ISBN 7-5392-1973-4:¥3.40

G624.5　015595
小学数学作业本　第六册/刘恩林等编.—2版.—沈阳:辽宁教育出版社,1995.11.—120页;19cm
ISBN 7-5382-3876-X:¥2.85

G624.5　015596
小学数学作业本　第五册/陈明辉主编;刘瑜,马中华编.—2版.—沈阳:辽宁教育出版社,1995.5.—124页;19cm
ISBN 7-5382-2775-X:¥2.60

G624.5　015597
小学应用题方程解法技能训练/周云,曾迪编.—上海:上海教育出版社,1995.12.—198页;19cm
ISBN 7-5320-4234-0:¥5.90

G624.5　015598
新编九年义务教育六年制小学数学复习测试题　第二册/北京市海淀区教育局小学教研室编.—西安:陕西人民教育出版社,1995.11.—70页;26cm
ISBN 7-5419-6291-0:¥3.20

G624.5　015599
新编九年义务教育六年制小学数学复习测试题　第六册/北京市海淀区教育局小学教研室编.—西安:陕

西人民教育出版社,1995.11.—51 页;26cm
ISBN 7-5419-6293-7:¥2.40

G624.5 015600
新编九年义务教育六年制小学数学复习测试题 第三册/北京市海淀区教育局小学教研室编.—西安:陕西人民教育出版社,1995.5.—52 页;26cm
ISBN 7-5419-1034-1:¥2.10

G624.5 015601
新编九年义务教育六年制小学数学复习测试题 第四册/北京市海淀区教育局小学教研室编.—西安:陕西人民教育出版社,1995.11.—51 页;26cm
ISBN 7-5419-6284-8:¥2.60

G624.5 015602
新编九年义务教育六年制小学数学复习测试题 第五册/北京市海淀区教育局小学教研室编.—西安:陕西人民教育出版社,1995.6.—47 页;26cm
ISBN 7-5419-1035-X:¥1.90

G624.5 015603
新编九年义务教育六年制小学数学复习测试题 第一册/北京市海淀区教育局小学教研室编.—西安:陕西人民教育出版社,1995.5.—64 页;26cm
ISBN 7-5419-4353-3:¥2.40

G624.5 015604
新编九年义务教育五年制小学数学复习测试题 第二册/北京市海淀区教育局小学教研室编.—西安:陕西人民教育出版社,1995.10.—70 页;26cm
ISBN 7-5419-6296-1:¥3.20

G624.5 015605
新编九年义务教育五年制小学数学复习测试题 第六册/北京市海淀区教育局小学教研室编.—西安:陕西人民教育出版社,1995.10.—54 页;26cm
ISBN 7-5419-6289-9:¥2.60

G624.5 015606
新编九年义务教育五年制小学数学复习测试题 第三册/北京市海淀区教育局小学教研室编写.—2 版.—西安:陕西人民教育出版社,1995.5.—48 页;26cm
ISBN 7-5419-4451-3:¥1.90

G624.5 015607
新编九年义务教育五年制小学数学复习测试题 第四册/北京市海淀区教育局小学教研室编.—西安:陕西人民教育出版社,1995.11.—48 页;26cm
ISBN 7-5419-6288-0:¥2.30

G624.5 015608
新编九年义务教育五年制小学数学复习测试题 第五册/北京市海淀区教育局小学教研室编写.—西安:陕西人民教育出版社,1995.5.—44 页;26cm
ISBN 7-5419-4468-8:¥1.70

G624.5 015609
新编九年义务教育小学数学天天练 第六册/赵苏敏主编.—西安:陕西人民教育出版社,1995.11.—46 页;19×26cm
ISBN 7-5419-1315-4:¥2.30

G624.5 015610
新编九年义务教育小学数学天天练 第五册/赵苏敏主编;刘进民等编.—西安:陕西人民教育出版社,1995.4.—51 页;19×26cm
ISBN 7-5419-1631-5:¥2.10

G624.5 015611
新编九年制义务教育六年制小学数学单元综合测试卷 第一册/《数学测试卷》编写组编.—西安:陕西人民教育出版社,1995.5.—32 页;26cm
ISBN 7-5419-5740-2:¥1.40

G624.5 015612
新编九年制义务教育五年制小学数学单元综合测试卷 第一册/《数学测试卷》编写组编.—西安:陕西人民教育出版社,1995.5.—32 页;26cm
ISBN 7-5419-5741-0:¥1.40

G624.5 015613
新编六年制小学数学单元综合测试卷 第九册/《数学测试卷》编写组编.—西安:陕西人民教育出版社,1995.5.—47 页;26cm
ISBN 7-5419-4667-2:¥2.00

G624.5 015614
新编六年制小学数学单元综合测试卷 第七册/《数学测试卷》编写组编.—西安:陕西人民教育出版社,1995.5.—46 页;26cm
ISBN 7-5419-4666-4:¥2.00

G624.5 015615
新编六年制小学数学单元综合测试卷 第十一册/《数学测试卷》编写组编.—西安:陕西人民教育出版社,1995.5.—47 页;26cm
ISBN 7-5419-4668-0:¥2.00

G624.5 015616
新编六年制小学数学复习测试题 第八册/北京市海淀区教育局小学教研室编.—西安:陕西人民教育出版社,1995.11.—47 页;26cm
ISBN 7-5419-6297-X:¥2.30

G624.5 015617
新编六年制小学数学复习测试题 第九册/北京市海淀区教育局小学教研室编.—西安:陕西人民教育出版社,1995.5.—62 页;26cm
ISBN 7-5419-1027-9:¥2.40

G624.5 015618
新编六年制小学数学复习测试题 第七册/北京市海淀区教育局小学教研室编.—西安:陕西人民教育出版社,1995.5.—62 页;26cm
ISBN 7-5419-1026-0:¥2.40

G624.5 015619
新编六年制小学数学复习测试题 第十册/北京市海淀区教育局小学教研室编.—西安:陕西人民教育出版社,1995.9.—47 页;26cm
ISBN 7-5419-6298-8:¥2.30

G624.5 015620
新编六年制小学数学复习测试题 第十二册/北京市海淀区教育局小学教研室编.—西安:陕西人民教育出版社,1995.11.—55 页;26cm
ISBN 7-5419-6292-9:¥2.60

G624.5　015621
新编六年制小学数学复习测试题　第十一册 /北京市海淀区教育局小学教研室编.—西安:陕西人民教育出版社,1995.5.—45 页;26cm
ISBN 7-5419-1051-1: ¥1.90

G624.5　015622
新编六年制小学数学想想算算　第七册　/李文章主编;梁翠芳编写.—西安:陕西人民教育出版社,1995.5.—62 页;19cm
ISBN 7-5419-0011-7: ¥1.30

G624.5　015623
新编六年制小学数学想想算算　第十二册/李文章主编.—西安:陕西人民教育出版社,1995.11.—94 页;19cm
ISBN 7-5419-6283-X: ¥2.20

G624.5　015624
新编六年制小学数学想想算算　第十一册/李文章主编.—西安:陕西人民教育出版社,1995.5.—103 页;19cm
ISBN 7-5419-0013-3: ¥1.90

G624.5　015625
新编六年制小学数学想想算算　第四册/李文章主编.—西安:陕西人民教育出版社,1995.11.—126 页;19cm
ISBN 7-5419-6270-8: ¥2.90

G624.5　015626
新编六年制小学数学学习手册/杨丛海,何国运编写.—武汉:湖北教育出版社,1995.7.—234 页;19cm
六年级用
ISBN 7-5351-1738-4: ¥6.40

G624.5　015627
新编六年制小学数学学习手册/武富生,欧阳云编写.—武汉:湖北教育出版社,1995.7.—256 页;19cm
五年级用
ISBN 7-5351-1750-3: ¥7.00

G624.5　015628
新编六年制小学数学学习手册/倪万珏,黎虹编写.—武汉:湖北教育出版社,1995.7.—220 页;19cm
四年级用
ISBN 7-5351-1736-8: ¥6.10

G624.5　015629
新编数学单元水平测试与辅导:三年级第一学期/《自习丛书》编写组编.—2 版.—广州:新世纪出版社,1995.4.—72 页;19cm.—(义务教育五年制小学生自习丛书)
ISBN 7-5405-0563-X: ¥1.50

G624.5　015630
新编数学单元水平测试与辅导:三年级第一学期/《自习丛书》编写组编.—广州:新世纪出版社,1995.4.—88 页;19cm.—(义务教育<六年制>小学生自习丛书)
ISBN 7-5405-0595-8: ¥2.25

G624.5　015631
新编五年制小学数学单元综合测试卷　第九册/《数学测试卷》编写组编.—西安:陕西人民教育出版社,1995.5.—49 页;26cm
ISBN 7-5419-4673-7: ¥2.20

G624.5　015632
新编五年制小学数学单元综合测试卷　第七册/《数学测试卷》编写组编.—2 版.—西安:陕西人民教育出版社,1995.5.—46 页;26cm
ISBN 7-5419-4672-9: ¥2.00

G624.5　015633
新编五年制小学数学单元综合测试卷　第五册/《数学测试卷》编写组编.—西安:陕西人民教育出版社,1995.5.—68 页;26cm
ISBN 7-5419-4671-0: ¥2.80

G624.5　015634
新编五年制小学数学复习测试题　第八册/北京市海淀区教育局小学教研室编.—西安:陕西人民教育出版社,1995.11.—47 页;26cm
ISBN 7-5419-6295-3: ¥2.30

G624.5　015635
新编五年制小学数学复习测试题　第九册 /北京市海淀区教育局小学教研室编写.—西安:陕西人民教育出版社,1995.5.—62 页;26cm
ISBN 7-5419-4473-4: ¥2.40

G624.5　015636
新编五年制小学数学复习测试题　第十册/北京市海淀区教育局小学教研室编.—西安:陕西人民教育出版社,1995.10.—55 页;26cm
ISBN 7-5419-5258-3: ¥2.60

G624.5　015637
新编小学数学 15 分钟精练:二年级上学期/《新编小学数学 15 分钟精练》编写组编.—南昌:江西教育出版社,1995.7.—81 页;19cm
ISBN 7-5392-2547-5: ¥1.40

G624.5　015638
新编小学数学单元自测题:六年制小学:四年一期/《新编小学数学单元自测题》编写组编.—4 版.—长沙:湖南教育出版社,1995.5.—37 页;26cm
ISBN 7-5355-0831-6: ¥1.75

G624.5　015639
新编小学数学单元自测题:义务教育六年制小学:三年一期/《新编小学数学单元自测题》编写组编.—4 版.—长沙:湖南教育出版社,1995.5.—41 页;26cm
ISBN 7-5355-0830-8: ¥1.75

G624.5　015640
新编小学数学分类自测题/孔炳珍主编.—武汉:湖北少年儿童出版社,1995.7.—119 页;19cm
供六年制一年级上学期用
ISBN 7-5353-1504-6: ¥2.40

G624.5　015641
新编小学数学分类自测题/孔炳珍主编.—武汉:湖北少年儿童出版社,1995.7.—170 页;19cm
六年制六年级上学期用
ISBN 7-5353-1507-0: ¥3.20

G624.5　015642

新编小学数学分类自测题/袁鸣远主编.—武汉:湖北少年儿童出版社,1995.7.—124页;19cm
供五年制一年级上学期用
ISBN 7-5353-1539-9:¥2.50

G624.5　015643
新编小学数学分类自测题/孔炳珍主编.—武汉:湖北少年儿童出版社,1995.7.—167页;19cm
六年制四年级上学期用
ISBN 7-5353-1506-2:¥3.25

G624.5　015644
新编小学数学分类自测题/孔炳珍主编.—武汉:湖北少年儿童出版社,1995.7.—187页;19cm
六年制三年级上学期用
ISBN 7-5353-1538-0:¥3.50

G624.5　015645
新编小学数学分类自测题/孔炳珍主编.—武汉:湖北少年儿童出版社,1995.7.—128页;19cm
六年制二年级上学期用
ISBN 7-5353-1505-4:¥2.55

G624.5　015646
新编小学数学分类自测题/孔炳珍主编.—武汉:湖北少年儿童出版社,1995.7.—163页;19cm
六年制五年级上学期用
ISBN 7-5353-1550-X:¥3.10

G624.5　015647
新编小学数学分类自测题/孔炳珍主编.—2版.—武汉:湖北少年儿童出版社,1995.12.—116页;19cm
六年制三年级下学期用
ISBN 7-5353-1460-0:¥2.85

G624.5　015648
新编小学数学分类自测题:五年制:二年级上学期/袁鸣远主编.—武汉:湖北少年儿童出版社,1995.7.—110页;19cm
ISBN 7-5353-1540-2:¥2.30

G624.5　015649
新编小学数学分类自测题:五年制:三年级上学期/袁鸣远主编.—武汉:湖北少年儿童出版社,1995.7.—199页;19cm
ISBN 7-5353-1541-0:¥3.70

G624.5　015650
新编小学数学分类自测题:五年制:四年级上学期/袁鸣远主编.—武汉:湖北少年儿童出版社,1995.7.—145页;19cm
ISBN 7-5353-1542-9:¥2.80

G624.5　015651
新编小学数学分类自测题:五年制:五年级上学期/袁鸣远主编.—武汉:湖北少年儿童出版社,1995.7.—150页;19cm
ISBN 7-5353-1543-7:¥3.00

G624.5　015652
新编小学数学精练　第八册/《新编小学数学精练》编写组编.—南昌:江西教育出版社,1995.12.—85页;19cm
ISBN 7-5392-2457-8:¥2.00

G624.5　015653
新编小学数学精练　第二册/《新编小学数学精练》编写组编.—南昌:江西教育出版社,1995.12.—73页;19cm
ISBN 7-5392-2459-2:¥1.85

G624.5　015654
新编小学数学精练　第七册:四年级上学期/《新编小学数学精练》编写组编.—南昌:江西教育出版社,1995.7.—74页;19cm
ISBN 7-5392-2564-5:¥1.35

G624.5　015655
新编小学数学精练　第十册/《新编小学数学精练》编写组编.—南昌:江西教育出版社,1995.12.—89页;19cm
ISBN 7-5392-2456-8:¥2.15

G624.5　015656
新编小学数学精练　第四册/《新编小学数学精练》编写组编.—南昌:江西教育出版社,1995.12.—66页;19cm
ISBN 7-5392-2460-6:¥1.60

G624.5　015657
新编小学数学精练　第五册/《新编小学数学精练》编写组编.—南昌:江西教育出版社,1995.7.—72页;19cm
ISBN 7-5392-2584-X:¥1.25

G624.5　015658
新编小学数学精练　第一册/《新编小学数学精练》编写组编.—南昌:江西教育出版社,1995.7.—84页;19cm
ISBN 7-5392-2586-6:¥1.30

G624.5　015659
新编小学数学同步模拟试题:三年级/孙以祥等编写.—南昌:21世纪出版社,1995.7.—97页;26cm
适合上海和发达地区使用
ISBN 7-5391-0923-8:¥8.50

G624.5　015660
新编小学数学同步模拟试题:四年级/陈贤通等编写.—南昌:21世纪出版社,1995.7.—98页;26cm
适合上海和发达地区使用
ISBN 7-5391-0925-4:¥8.50

G624.5　015661
新编小学数学同步模拟试题:五年级/钟凡等编写.—南昌:21世纪出版社,1995.7.—98页;26cm
适合上海和发达地区使用
ISBN 7-5391-0927-0:¥8.50

G624.5　015662
新编小学数学想想算算:六年制　第八册/李文章主编.—西安:陕西人民教育出版社,1995.11.—73页;19cm
ISBN 7-5419-6265-1:¥1.80

G624.5　015663
新编小学数学想想算算:六年制　第六册/李文章主编.—西安:陕西人民教育出版社,1995.11.—183页;19cm

ISBN 7-5419-1838-5: ¥4.10

G624.5 015664

新编小学数学想想算算:六年制　第十册/李文章主编.—西安:陕西人民教育出版社,1995.11.—114页;19cm

ISBN 7-5419-6264-3: ¥2.60

G624.5 015665

新编小学数学想想算算:六年制 第九册/李文章主编;马金城,马晓伟编写.—西安:陕西人民教育出版社,1995.5.—114页;19cm

ISBN 7-5419-0012-5: ¥2.20

G624.5 015666

学·思·算　第七册.—2版.—成都:四川教育出版社,1995.6.—105页;19cm.—(学法指导丛书)

ISBN 7-5408-2626-6: ¥2.45

G624.5 015667

学·思·算　第十一册.—2版.—成都:四川教育出版社,1995.6.—103页;19cm.—(学法指导丛书)

ISBN 7-5408-2626-6: ¥2.36

G624.5 015668

学·思·算　第五册.—2版.—成都:四川教育出版社,1995.6.—124页;19cm.—(学法指导丛书)

ISBN 7-5408-2626-6: ¥2.80

G624.5 015669

学·思·算　第一册.—2版.—成都:四川教育出版社,1995.6.—96页;19cm.—(学法指导丛书)

ISBN 7-5408-2626-6: ¥2.19

G624.5 015670

学数学:九年义务教育五年制小学:二年级　第三册/晓晨主编;王容等编.—5版.—天津:天津教育出版社,1995.7.—46页;26cm.—(求知系列丛书)

ISBN 7-5309-1244-5: ¥2.20

G624.5 015671

学数学:九年义务教育五年制小学:二年级　第四册/晓晨主编.—4版.—天津:天津教育出版社,1995.2.—43页;26cm.—(求知系列丛书)

ISBN 7-5309-1346-8: ¥1.80

G624.5 015672

学数学:九年义务教育五年制小学:三年级　第五册/晓晨主编;王容等编.—5版.—天津:天津教育出版社,1995.7.—43页;26cm.—(求知系列丛书)

ISBN 7-5309-1236-4: ¥2.20

G624.5 015673

学数学:九年义务教育五年制小学:一年级　第二册/晓晨主编.—4版.—天津:天津教育出版社,1995.2.—48页;26cm.—(求知系列丛书)

ISBN 7-5309-1345-X: ¥1.80

G624.5 015674

学数学:九年义务教育五年制小学:一年级　第一册/晓晨主编;王容等编.—5版.—天津:天津教育出版社,1995.7.—45页;26cm.—(求知系列丛书)

ISBN 7-5309-1242-9: ¥2.20

G624.5 015675

学数学:六年制小学:六年级　第十二册/晓晨主编.—4版.—天津:天津教育出版社,1995.2.—47页;26cm.—(求知系列丛书)

ISBN 7-5309-1350-6: ¥1.80

G624.5 015676

学数学:六年制小学:六年级　第十一册/晓晨主编;王容等编.—5版.—天津:天津教育出版社,1995.7.—47页;26cm.—(求知系列丛书)

ISBN 7-5309-1247-X: ¥2.20

G624.5 015677

学数学:六年制小学:三年级　第六册/晓晨主编.—4版.—天津:天津教育出版社,1995.2.—43页;26cm.—(求知系列丛书)

ISBN 7-5309-1347-6: ¥1.80

G624.5 015678

学数学:六年制小学:四年级　第八册/晓晨主编.—4版.—天津:天津教育出版社,1995.2.—47页;26cm.—(求知系列丛书)

ISBN 7-5309-1348-4: ¥1.80

G624.5 015679

学数学:六年制小学:四年级　第七册/晓晨主编;王容等编.—5版.—天津:天津教育出版社,1995.7.—43页;26cm.—(求知系列丛书)

ISBN 7-5309-1237-2: ¥2.20

G624.5 015680

学数学:六年制小学:五年级　第九册/晓晨主编;王容等编.—5版.—天津:天津教育出版社,1995.7.—50页;26cm.—(求知系列丛书)

ISBN 7-5309-1246-1: ¥2.35

G624.5 015681

学数学:六年制小学:五年级　第十册/晓晨主编.—4版.—天津:天津教育出版社,1995.2.—44页;26cm.—(求知系列丛书)

ISBN 7-5309-1349-2: ¥1.80

G624.5 015682

学习辅导篇/盛大启等写;《小学生数学报》编辑部编.—南京:江苏教育出版社,1995.5.—205页;20cm.—(小学生数学报10年精选本)

ISBN 7-5343-2323-1: ¥5.05

G624.5 015683

一年级数学学与玩/郭涵业,俞孝武主编;于兰英编.—上海:少年儿童出版社,1995.4.—96页;19cm

ISBN 7-5324-2731-5: ¥4.30

G624.5 015684

义务教育教材(人教版)六年制小学数学学习辅导:三年级第一学期/广东省教育厅编.—2版.—广州:广东教育出版社,1995.7.—110页;19cm.—(小学生课外辅导系列)

ISBN 7-5406-1724-1: ¥2.75

G624.5 015685

义务教育六年制小学(苏教版)数学练习与测试　第六册/《数学练习与测试》编写组编.—南京:江苏教育出版社,1995.12.—110页;19cm

ISBN 7-5343-2579-X: ¥2.55

G624.5 015686

义务教育六年制小学(苏教版)数学练习与测试　第五册/《数学练习与测试》编写组编.—南京:江苏教育出版社,1995.6.—121页;19cm
ISBN 7-5343-2364-9:¥2.40

G624.5　015687
义务教育六年制小学(苏教版)数学试卷　第三册/《小学数学试卷》编写组编.—2版.—南京:江苏教育出版社,1995.6.—30页;26cm
ISBN 7-5343-2173-5:¥1.70

G624.5　015688
义务教育六年制小学(苏教版)数学试卷　第五册/《小学数学试卷》编写组编.—南京:江苏教育出版社,1995.6.—36页;26cm
ISBN 7-5343-2418-1:¥2.00

G624.5　015689
义务教育六年制小学(苏教版)数学试卷　第一册/《小学数学试卷》编写组编.—3版.—南京:江苏教育出版社,1995.6.—17页;26cm
ISBN 7-5343-1832-7:¥1.30

G624.5　015690
义务教育六年制小学复式教材数学练习册　第六册/小学复式教材编写委员会编著.—石家庄:河北教育出版社,1995.11.—78页;19cm
ISBN 7-5434-2475-4:¥1.60

G624.5　015691
义务教育六年制小学复式教材数学练习册　第一册/杨振享主编;小学复式教材编写委员会编著.—石家庄:河北教育出版社,1995.7.—76页;19cm
ISBN 7-5434-2321-9:¥1.30

G624.5　015692
义务教育六年制小学口算训练　第八册/及民,惠子编写.—杭州:浙江教育出版社,1995.11.—40页;19cm
ISBN 7-5338-2252-8:¥1.40

G624.5　015693
义务教育六年制小学口算训练　第七册/及民,车心编写.—杭州:浙江教育出版社,1995.7.—41页;19cm
ISBN 7-5338-2054-1:¥0.85

G624.5　015694
义务教育六年制小学三年级第一学期数学达纲训练/《义务教育六年制小学三年级第一学期数学达纲训练》编写组编.—广州:广东人民出版社,1995.8.—67页;19cm
ISBN 7-218-01829-7:¥1.85

G624.5　015695
义务教育六年制小学实验课本数学课堂练习　第五册/湖南省教育科学研究所主编.—长沙:湖南教育出版社,1995.6.—52页;19cm
ISBN 7-5355-2091-X:¥1.35

G624.5　015696
义务教育六年制小学数学单元测试AB卷　第八册/及民,惠子编.—杭州:浙江教育出版社,1995.11.—68页;26cm
ISBN 7-5338-2253-6:¥4.10

G624.5　015697
义务教育六年制小学数学单元测试AB卷　第七册/及民,车心编.—杭州:浙江教育出版社,1995.7.—52页;26cm
ISBN 7-5338-1992-6:¥2.25

G624.5　015698
义务教育六年制小学数学单元测试卷　第五册/《义务教育六年制小学数学单元测试卷》编写组编.—2版.—沈阳:辽宁教育出版社,1995.5.—56页;26cm
ISBN 7-5382-2870-5:¥2.20

G624.5　015699
义务教育六年制小学数学单元测试卷　第一册/《义务教育六年制小学数学单元》测试卷编写组编.—2版.—沈阳:辽宁教育出版社,1995.4.—56页;26cm
ISBN 7-5382-2871-3:¥2.20

G624.5　015700
义务教育六年制小学数学单元自测　第六册/《数学单元自测》编写组编.—郑州:海燕出版社,1995.12.—40页;26cm
ISBN 7-5350-1225-6:¥1.62

G624.5　015701
义务教育六年制小学数学第二册单元达标测试卷/郭春荣,王月明编.—2版.—哈尔滨:黑龙江教育出版社,1995.1.—32页;19×26cm
ISBN 7-5316-2213-4:¥1.20

G624.5　015702
义务教育六年制小学数学基础知识和训练　第六册/《数学基础知识和训练》编写组编.—2版.—广州:广东科技出版社,1995.12.—79页;19cm
ISBN 7-5359-1191-9:¥2.30

G624.5　015703
义务教育六年制小学数学基础知识和训练　第三册/《数学基础知识和训练》编写组编.—2版.—广州:广东科技出版社,1995.7.—92页;19cm
ISBN 7-5359-1112-9:¥2.30

G624.5　015704
义务教育六年制小学数学基础知识和训练　第五册/《数学基础知识和训练》编写组编.—2版.—广州:广东科技出版社,1995.7.—86页;19cm
ISBN 7-5359-1114-5:¥2.30

G624.5　015705
义务教育六年制小学数学练习册　第二册/王宇,刘奇文主编.—2版.—沈阳:辽宁教育出版社,1995.10.—92页;19cm
一年级下学期用
ISBN 7-5382-2518-8:¥2.30

G624.5　015706
义务教育六年制小学数学练习册　第六册/王宇,刘奇文主编.—2版.—沈阳:辽宁教育出版社,1995.11.—87页;19cm
三年级下学期用
ISBN 7-5382-2516-1:¥2.30

G624.5　015707
义务教育六年制小学数学练习册　第五册/王宇,刘奇文主编;山岩等编.—2版.—沈阳:辽宁教育出版社

社,1995.5.—97 页;19cm
三年级上学期用
ISBN 7-5382-2196-4:¥2.10

G624.5　015708
义务教育六年制小学数学练习册　第一册/王宇,刘奇文主编;山岩等编.—2 版.—沈阳:辽宁教育出版社,1995.6.—91 页;19cm
一年级上学期用
ISBN 7-5382-2224-3:¥2.10

G624.5　015709
义务教育六年制小学数学练习与测试　第八册/《数学练习与测试》编写组编.—2 版.—南京:江苏教育出版社,1995.12.—86 页;19cm
ISBN 7-5343-1624-3:¥1.95

G624.5　015710
义务教育六年制小学数学练习与测试　第六册/《数学练习与测试》编写组编.—2 版.—南京:江苏教育出版社,1995.12.—132 页;19cm
ISBN 7-5343-1623-5:¥3.05

G624.5　015711
义务教育六年制小学数学练习与测试　第五册/《数学练习与测试》编写组编.—2 版.—南京:江苏教育出版社,1995.6.—106 页;19cm
ISBN 7-5343-1685-5:¥2.15

G624.5　015712
义务教育六年制小学数学练习与测试　第一册/《数学练习与测试》编写组编.—3 版.—南京:江苏教育出版社,1995.6.—81 页;20cm
ISBN 7-5343-1683-9:¥1.70

G624.5　015713
义务教育六年制小学数学试卷　第六册/《小学数学试卷》编写组编.—3 版.—南京:江苏教育出版社,1995.12.—36 页;26cm
ISBN 7-5343-1922-6:¥2.40

G624.5　015714
义务教育六年制小学数学试卷　第六册:苏教版/《小学数学试卷》编写组编.—南京:江苏教育出版社,1995.12.—36 页;26cm
ISBN 7-5343-2577-3:¥2.40

G624.5　015715
义务教育六年制小学数学试卷　第五册/《小学数学试卷》编写组编.—3 版.—南京:江苏教育出版社,1995.6.—36 页;26cm
ISBN 7-5343-1744-4:¥2.25

G624.5　015716
义务教育六年制小学数学试卷　第一册/《小学数学试卷》编写组编.—3 版.—南京:江苏教育出版社,1995.6.—19 页;26cm
ISBN 7-5343-1742-8:¥1.60

G624.5　015717
义务教育六年制小学数学学生学具卡片　第二册/江苏省小学数学教材编写组编.—南京:江苏教育出版社,1995.12.—16 张;19cm
ISBN 7-5343-2589-7:¥1.00

G624.5　015718
义务教育六年制小学数学学生学具卡片　第二册/江苏省小学数学教材编写组编.—南京:江苏教育出版社,1995.12.—30 张;19cm
ISBN 7-5343-2589-7:¥1.23

G624.5　015719
义务教育六年制小学数学学生学具卡片　第六册/江苏省义务教育小学数学教材编写组编.—南京:江苏教育出版社,1995.12.—6 张;19cm
苏教版
ISBN 7-5343-2587-0:¥0.90

G624.5　015720
义务教育六年制小学数学学生学具卡片　第四册/江苏省义务教育小学数学教材编写组编.—南京:江苏教育出版社,1995.12.—8 张;19cm
苏教版
ISBN 7-5343-2587-0:¥0.90

G624.5　015721
义务教育六年制小学数学学生学具卡片　第四册.—南京:江苏教育出版社,1995.12.—8 张;19cm
苏教版
ISBN 7-5343-2588-9:¥0.75

G624.5　015722
义务教育六年制小学数学智能训练自选题库:二年级第二学期/《小学数学智能训练自选题库》编写组编.—福州:福建少年儿童出版社,1995.1.—111 页;19cm
ISBN 7-5395-1140-0:¥2.60

G624.5　015723
义务教育六年制小学数学智能训练自选题库:六年级第二学期/《义务教育六年制小学数学智能训练自选题库》编写组编.—福州:福建少年儿童出版社;广州:广东教育出版社,1995.1.—106 页;19cm
ISBN 7-5395-1144-3:¥2.50

G624.5　015724
义务教育六年制小学数学智能训练自选题库:三年级第二学期/《义务教育六年制小学数学智能训练自选题库》编写组编.—福州:福建少年儿童出版社;广州:广东教育出版社,1995.1.—152 页;19cm
ISBN 7-5395-1141-9:¥3.20

G624.5　015725
义务教育六年制小学数学智能训练自选题库:三年级第二学期/《义务教育六年制小学数学智能训练自选题库》编写组编.—2 版.—福州:福建少年儿童出版社;广州:广东教育出版社,1995.12.—122 页;19cm
ISBN 7-5395-1141-9:¥3.20

G624.5　015726
义务教育六年制小学数学智能训练自选题库:三年级第一学期/《六年制小学数学智能训练自选题库》编写组编.—2 版.—福州:福建少年儿童出版社;广州:广东教育出版社,1995.9.—192 页;19cm
ISBN 7-5395-1033-1:¥4.30

G624.5　015727
义务教育六年制小学数学智能训练自选题库:四年

级第二学期/《小学数学智能训练自选题库》编写组编.—福州:福建少年儿童出版社;广州:广东教育出版社,1995.1.—103 页;19cm

ISBN 7-5395-1142-7: ¥2.50

G624.5　015728

义务教育六年制小学数学智能训练自选题库:四年级第二学期/《义务教育六年制小学数学智能训练自选题库》编写组编.—福州:福建少年儿童出版社,1995.1.—103 页;19cm

ISBN 7-5395-1142-7: ¥2.10

G624.5　015729

义务教育六年制小学数学智能训练自选题库:五年级第二学期/《义务教育六年制小学数学智能训练自选题库》编写组编.—福州:福建少年儿童出版社;广州:广东教育出版社,1995.1.—112 页;19cm

ISBN 7-5395-1143-5: ¥2.60

G624.5　015730

义务教育六年制小学数学智能训练自选题库:一年级第二学期/《义务教育六年制小学数学智能训练自选题库》编写组编.—福州:福建少年儿童出版社;广州:广东教育出版社,1995.1.—94 页;19cm

ISBN 7-5395-1139-7: ¥2.20

G624.5　015731

义务教育六年制小学数学作业本　第九册/浙江省教委教研室编.—杭州:浙江教育出版社,1995.7.—93 页;19cm

ISBN 7-5338-1980-2: ¥1.60

G624.5　015732

义务教育六年制小学数学作业本　第十册/浙江省教委教研室编.—杭州:浙江教育出版社,1995.11.—88 页;19cm

ISBN 7-5338-2144-0: ¥2.50

G624.5　015733

义务教育五年制小学复式教材数学练习册　第六册/杨振享主编;小学复式教材编写委员会编著.—石家庄:河北教育出版社,1995.11.—89 页;19cm

ISBN 7-5434-2476-2: ¥1.90

G624.5　015734

义务教育五年制小学复式教材数学练习册　第三册/杨振享主编;小学复式教材编写委员会编著.—石家庄:河北教育出版社,1995.7.—94 页;19cm

ISBN 7-5434-2318-9: ¥1.55

G624.5　015735

义务教育五年制小学复式教材数学练习册　第四册/杨振享主编;小学复式教材编写委员会编著.—石家庄:河北教育出版社,1995.11.—76 页;19cm

ISBN 7-5434-2478-9: ¥1.60

G624.5　015736

义务教育五年制小学复式教材数学练习册　第五册/杨振享主编;小学复式教材编写委员会编著.—石家庄:河北教育出版社,1995.7.—94 页;19cm

ISBN 7-5434-2322-7: ¥1.50

G624.5　015737

义务教育五年制小学复式教材数学练习册　第一册/杨振享主编;小学复式教材编写委员会编著.—石家庄:河北教育出版社,1995.7.—82 页;19cm

ISBN 7-5434-2320-0: ¥1.45

G624.5　015738

义务教育五年制小学口算训练　第八册/及民,惠子编写.—杭州:浙江教育出版社,1995.12.—51 页;19cm

ISBN 7-5338-2251-X: ¥1.65

G624.5　015739

义务教育五年制小学口算训练　第七册/及民,车心编写.—杭州:浙江教育出版社,1995.7.—52 页;19cm

ISBN 7-5338-2053-3: ¥1.00

G624.5　015740

义务教育五年制小学数学达纲基础训练:二年级第一学期/《数学达纲基础训练》编写组编.—广州:广东人民出版社,1995.6.—63 页;19cm

ISBN 7-218-01896-3: ¥2.55

G624.5　015741

义务教育五年制小学数学达纲基础训练:三年级第一学期/《数学达纲基础训练》编写组编.—广州:广东人民出版社,1995.6.—61 页;19cm

ISBN 7-218-01897-1: ¥2.40

G624.5　015742

义务教育五年制小学数学达纲基础训练:四年级第一学期/《数学达纲基础训练》编写组编.—广州:广东人民出版社,1995.6.—68 页;19cm

ISBN 7-218-01898-X: ¥2.70

G624.5　015743

义务教育五年制小学数学达纲基础训练:五年级第一学期/《数学达纲基础训练》编写组编.—广州:广东人民出版社,1995.6.—70 页;19cm

ISBN 7-218-01899-8: ¥2.70

G624.5　015744

义务教育五年制小学数学达纲基础训练:一年级第一学期/《数学达纲基础训练》编写组编.—广州:广东人民出版社,1995.6.—45 页;19cm

ISBN 7-218-01895-5: ¥1.80

G624.5　015745

义务教育五年制小学数学单元测试 AB 卷　第六册/袁舟编.—杭州:浙江教育出版社,1995.11.—35 页;26cm

ISBN 7-5338-1889-X: ¥2.70

G624.5　015746

义务教育五年制小学数学单元测试 AB 卷　第五册/吉聿公编.—杭州:浙江教育出版社,1995.6.—42 页;26cm

ISBN 7-5338-2055-X: ¥2.06

G624.5　015747

义务教育五年制小学数学单元测试卷　第九册/《义务教育五年制小学数学单元测试卷》编写组编.—2 版.—沈阳:辽宁教育出版社,1995.5.—56 页;26cm

ISBN 7-5382-3448-9: ¥2.00

G624.5　015748

义务教育五年制小学数学单元测试卷　第六册/测试卷编写组编.—2 版.—沈阳:辽宁教育出版社,1995.

11.—56页;26cm
ISBN 7-5382-3804-2: ¥2.60

G624.5　015749
义务教育五年制小学数学单元测试卷　第七册/《义务教育五年制小学数学单元测试卷》编写组编.—2版.—沈阳:辽宁教育出版社,1995.5.—56页;26cm
ISBN 7-5382-3449-7: ¥2.20

G624.5　015750
义务教育五年制小学数学单元测试卷　第三册/《义务教育五年制小学数学单元测试卷》编写组编.—2版.—沈阳:辽宁教育出版社,1995.5.—56页;26cm
ISBN 7-5382-3436-5: ¥2.20

G624.5　015751
义务教育五年制小学数学单元测试卷　第五册/《义务教育五年制小学数学单元测试卷》编写组编.—2版.—沈阳:辽宁教育出版社,1995.5.—56页;26cm
ISBN 7-5382-3484-5: ¥2.00

G624.5　015752
义务教育五年制小学数学单元测试卷　第一册/测试卷编写组编.—2版.—沈阳:辽宁教育出版社,1995.5.—56页;26cm
ISBN 7-5382-3429-2: ¥2.20

G624.5　015753
义务教育五年制小学数学第八册作业本/浙江省教委教研室编.—杭州:浙江教育出版社,1995.9.—105页;19cm
ISBN 7-5338-2137-8: ¥2.95

G624.5　015754
义务教育五年制小学数学口算练习卡　第六册/《河南省义务教育五年制小学数学口算练习卡》编写组编.—郑州:海燕出版社,1995.12.—36页;19cm
ISBN 7-5350-1220-5: ¥0.83

G624.5　015755
义务教育五年制小学数学练习与测试　第六册/《数学练习与测试》编写组编.—2版.—南京:江苏教育出版社,1995.12.—113页;19cm
ISBN 7-5343-1612-X: ¥2.40

G624.5　015756
义务教育五年制小学数学练习与测试　第五册/《数学练习与测试》编写组编.—2版.—南京:江苏教育出版社,1995.6.—102页;19cm
ISBN 7-5343-1680-4: ¥2.10

G624.5　015757
义务教育五年制小学数学期末总复习测试卷　第九册/《义务教育五年制小学数学期末总复习测试卷》编写组编.—2版.—沈阳:辽宁教育出版社,1995.5.—40页;26cm
ISBN 7-5382-2190-5: ¥1.60

G624.5　015758
义务教育五年制小学数学期末总复习测试卷　第六册/《义务教育五年制小学数学期末总复习测试卷》编写组编.—2版.—沈阳:辽宁教育出版社,1995.11.—40页;26cm
ISBN 7-5382-3819-0: ¥2.00

G624.5　015759
义务教育五年制小学数学期末总复习测试卷　第三册测试卷编写组编/《义务教育五年制小学数学期末总复习测试卷试卷》编写组编.—2版.—沈阳:辽宁教育出版社,1995.5.—40页;26m
ISBN 7-5382-3567-1: ¥1.60

G624.5　015760
义务教育五年制小学数学期末总复习测试卷　第五册/《义务教育五年制小学数学期末总复习测试卷》编写组编.—2版.—沈阳:辽宁教育出版社,1995.5.—40页;26cm
ISBN 7-5382-2188-3: ¥1.60

G624.5　015761
义务教育五年制小学数学期末总复习测试卷　第一册/《义务教育五年制小学数学期末总复习测试卷》编写组编.—2版.—沈阳:辽宁教育出版社,1995.5.—40页;26cm
ISBN 7-5382-2186-7: ¥1.60

G624.5　015762
义务教育五年制小学数学试卷　第九册/《小学数学试卷》编写组编.—3版.—南京:江苏教育出版社,1995.6.—36页;26cm
ISBN 7-5343-1741-X: ¥2.00

G624.5　015763
义务教育五年制小学数学试卷　第六册/《小学数学试卷》编写组编.—3版.—南京:江苏教育出版社,1995.12.—38页;26cm
ISBN 7-5343-1939-0: ¥2.40

G624.5　015764
义务教育五年制小学数学试卷　第七册/《小学数学试卷》编写组编.—3版.—南京:江苏教育出版社,1995.6.—37页;26cm
ISBN 7-5343-1740-1: ¥2.00

G624.5　015765
义务教育五年制小学数学试卷　第三册/《小学数学试卷》编写组编.—3版.—南京:江苏教育出版社,1995.6.—32页;26cm
ISBN 7-5343-1738-X: ¥2.05

G624.5　015766
义务教育五年制小学数学试卷　第五册/《小学数学试卷》编写组编.—3版.—南京:江苏教育出版社,1995.6.—38页;26cm
ISBN 7-5343-1739-8: ¥2.00

G624.5　015767
义务教育五年制小学数学试卷　第一册/《小学数学试卷》编写组编.—3版.—南京:江苏教育出版社,1995.6.—19页;26cm
ISBN 7-5343-1737-1: ¥1.45

G624.5　015768
义务教育五年制小学数学学具　第六册/河南省义务教育五年制小学数学教材写组编写.—郑州:海燕出版社,1995.1.—8张;20cm
ISBN 7-5350-1245-0: ¥0.75

G624.5　015769

义务教育五年制小学数学作业本　第七册/浙江省教委教研室编.—杭州:浙江教育出版社,1995.5.—110页;19cm
ISBN 7-5448-1982-9:¥1.80

G624.5　015770
义务教育小学数学期末总复习测试卷　第六册/《义务教育小学数学期末总复习测试卷》编写组编.—2版.—沈阳:辽宁教育出版社,1995.10.—40页;26cm
ISBN 7-5382-3799-2:¥2.00

G624.5　015771
义务教育小学数学期末总复习测试卷　第三册/测试卷编写组编.—2版.—沈阳:辽宁教育出版社,1995.5.—40页;26cm
ISBN 7-5382-2927-2:¥1.60

G624.5　015772
义务教育小学数学期末总复习测试卷　第五册/测试卷编写组编.—2版.—沈阳:辽宁教育出版社,1995.5.—40页;26cm
ISBN 7-5382-3434-9:¥1.60

G624.5　015773
义务教育小学数学期末总复习测试卷　第一册/测试卷编写组编.—2版.—沈阳:辽宁教育出版社,1995.5.—40页;26cm
ISBN 7-5382-3433-0:¥1.60

G624.5　015774
义务教育小学数学习题精选:二年级/杜小芳等编.—杭州:浙江教育出版社,1995.7.—186页;19cm
ISBN 7-5338-2106-8:¥3.30

G624.5　015775
义务教育小学数学习题精选:三年级/杨志华等编.—杭州:浙江教育出版社,1995.7.—230页;19cm
ISBN 7-5338-2101-7:¥3.95

G624.5　015776
义务教育小学数学习题精选:一年级/何芝英等编.　杭州:浙江教育出版社,1995.7.—160页;19cm
ISBN 7-5338-2105-X:¥2.80

G624.5　015777
用字母表示数/赵国宏编著;林开开绘.—济南:明天出版社,1995.4.—122页;20cm.—(全国小学生课外丛书/李仲汉主编)
全套120册,总定价:385.00元
ISBN 7-5332-2142-7:¥0.00

G624.5　015778
运算定律和性质/邱文良,王立君编著;林开开绘.—济南:明天出版社,1995.4.—120页;20cm.—(全国小学生课外丛书/李仲汉主编)
全套书共120册,总定价:385.00元
ISBN 7-5332-2142-7:¥0.00

G624.5　015779
怎样解应用题/金英奎编著;林开开绘.—济南:明天出版社,1995.4.—151页;20cm.—(全国小学生课外丛书/李仲汉主编)
全套书共120册,总定价:385.00元
ISBN 7-5332-2142-7:¥0.00

G624.5　015780
最新数学单元水平测试与辅导:二年级第一学期/《最新数学单元水平测试与辅导》编写组编.—2版.—广州:广东教育出版社,1995.6.—80页;19cm
九年义务教育六年制小学
ISBN 7-5406-1087-5:¥2.50

G624.5　015781
最新数学单元水平测试与辅导:六年级第一学期/《最新数学单元水平测试与辅导》编写组编.—2版.—广州:广东教育出版社,1995.6.—91页;19cm
九年义务教育六年制小学
ISBN 7-5406-1091-3:¥2.70

G624.5　015782
最新数学单元水平测试与辅导:三年级第一学期/《最新数学单元水平测试与辅导》编写组编.—2版.—广州:广东教育出版社,1995.6.—82页;19cm
九年义务教育六年制小学
ISBN 7-5406-1088-3:¥2.50

G624.5-61　015783
新编小学数学辞典/陆明德主编.—南京:江苏教育出版社,1995.9.—679页;19cm
ISBN 7-5343-2425-4(精装):¥17.85

G624.5-61　015784
新编小学数学题解辞典/彭景廉编.—长春:吉林科学技术出版社,1995.2.—447页;19cm
ISBN 7-5384-1482-7:¥9.60

G624.5-61　015785
中华学生奥林匹克数学辞典:小学卷/张庆藻等编.—深圳:海天出版社,1995.10.—378页;10×13cm
ISBN 7-80615-239-3:¥6.80

G624.5-61　015786
中华学生数学基础知识辞典:小学卷/王良护等编.—深圳:海天出版社,1995.10.—442页;10×13cm
ISBN 7-80615-240-7:¥7.40

G624.5-61　015787
中华学生数学应用题解题辞典:小学卷/张俭等编著.—深圳:海天出版社,1995.10.—504页;10×13cm
ISBN 7-80615-241-5:¥8.20

G624.57　015788
珠算和简算/范清军著;林开开绘.—济南:明天出版社,1995.4.—122页;20cm.—(全国小学生课外丛书/李仲汉主编)
全套120册,总定价:385.00元
ISBN 7-5332-2142-7:¥0.00

G624.57　015789
珠算式脑算入门/郭愈等主编.—福州:福建科学技术出版社,1995.7.—136页;19cm.—(小学数学课外读物)
ISBN 7-5335-0929-3:¥4.00

G624.58　015790
帮你学电脑:小学版/吕蕾蕾等编.—大连:大连理工大学出版社,1995.10.—249页;26cm
ISBN 7-5611-1026-X:¥14.80

G624.58　015791

电脑:小学　上册/郭嵩山等主编;《电脑》编写组编.—广州:新世纪出版社,1995.10.—68页;19cm
ISBN 7-5405-1188-5:¥2.50

G624.58　015792
电脑:小学　下册/郭嵩山等主编;《电脑》编写组编.—广州:新世纪出版社,1995.10.—85页;19cm
ISBN 7-5405-1198-2:¥2.50

G624.58　015793
电脑辅导与操练/黄锦联主编;深圳市电化教育馆编著.—深圳:海天出版社,1995.8.—3册;26cm
本套书包括:小学、初中、高中版
ISBN 7-80615-176-1:¥25.00

G624.58　015794
火星鸟与电脑:火星鸟教我学电脑/陈星火主编;魏植泰绘.—北京:中国物价出版社,1995.2.—92页;26cm.—(看漫画学电脑丛书)
ISBN 7-80070-407-6:¥12.00

G624.58　015795
火星鸟与小青蛙:火星鸟教我学认知码/陈星火主编;魏植泰绘.—北京:中国物价出版社,1995.8.—73页;26cm.—(看漫画学电脑丛书)
ISBN 7-80070-444-0:¥9.80

G624.58　015796
计算机　第二册/毛国平主编.—长春:吉林科学技术出版社,1995.1.—71页;20cm
吉林省小学实验教材
ISBN 7-5384-1479-7:¥2.90

G624.58　015797
计算机　第三册/毛国平主编.—长春:吉林科学技术出版社,1995.7.—79页;20cm
吉林省小学实验教材
ISBN 7-5384-1517-3:¥2.90

G624.58　015798
计算机:小学/江苏省教育委员会教研室编.—南京:江苏科学技术出版社,1995.5.—48页;26cm
江苏省中小学计算机教材:试用
ISBN 7-5345-1923-3:¥3.95

G624.58　015799
计算机初步　第一册/青岛市教委编.—青岛:青岛出版社,1995.7.—96页;19cm
ISBN 7-5436-1351-4:¥2.70

G624.58　015800
看图学电脑　(一)/郝晓青编著.—成都:四川科学技术出版社,1995.8.—220页;26cm
ISBN 7-5364-3107-4:¥16.80

G624.58　015801
小聪明学电脑:少儿家庭电脑教师/吴洪森等编绘.—杭州:中国美术学院出版社,1995.5.—239页;17×19cm
ISBN 7-81019-389-9:¥21.00

G624.58　015802
小学计算机/辽宁教育学院编.—2版.—沈阳:辽宁教育出版社,1995.5.—111页;19cm
ISBN 7-5382-0825-9:¥2.23

G624.58　015803
小学生学电脑　(上)/斌斌,潘英祥编.—广州:广东科技出版社,1995.5.—108页;20cm
ISBN 7-5359-1435-7:¥4.50

G624.58　015804
小学生学电脑　(下)/潘英祥,斌斌编.—广州:广东科技出版社,1995.7.—124页;20cm
ISBN 7-5359-1439-X:¥5.00

G624.58　015805
学电脑/李世田等编著.—北京:北京工业大学出版社,1995.7.—195页;20cm.—(成人入门读物)
少儿基础教材
ISBN 7-5639-0432-8:¥7.50

G624.6 自然、常识

G624.6　015806
常识　第八册/浙江省义务教育教材编委会编.—杭州:浙江教育出版社,1995.12.—98页;20cm
义务教育五年制小学课本:试用
ISBN 7-5338-2318-4:¥3.80

G624.6　015807
常识　第九册/钱大同主编;浙江省义务教育教材编委会编.—杭州:浙江教育出版社,1995.7.—104页;20cm
义务教育六年制小学课本:试用
ISBN 7-5338-2128-9:¥3.05

G624.6　015808
常识　第七册/钱大同主编;浙江省教育委员会义务教育教材编委会编.—杭州:浙江教育出版社,1995.7.—104页;20cm
义务教育五年制小学课本:试用
ISBN 7-5338-2129-7:¥3.05

G624.6　015809
常识　第十册/钱大同主编;浙江省义务教育教材编委会编.—杭州:浙江教育出版社,1995.12.—98页;20cm
义务教育六年制小学课本:试用
ISBN 7-5338-2319-2:¥3.80

G624.6　015810
二年级常识学与玩/郭涵业主编;裘树平,靳琼编.—上海:少年儿童出版社,1995.4.—80页;19cm
ISBN 7-5324-2736-6:¥3.70

G624.6　015811
健康教育　第八册/胡忠良,杨继刚编著.—沈阳:辽宁教育出版社,1995.10.—29页;19cm
九年义务教育小学试用课本
ISBN 7-5382-4317-8:¥1.50

G624.6　015812
健康教育　第二册/西北西南三省健康教育教材编委会编.—西安:陕西科学技术出版社,1995.7.—41页;19cm
九年义务教育六年制小学试用课本

ISBN 7－5369－2302－3: ¥1.40

G624.6 **015813**

健康教育　第二册/胡忠良,杨继刚编著.—沈阳:辽宁教育出版社,1995.10.—29页;19cm

九年义务教育小学试用课本

ISBN 7－5382－4314－3: ¥1.50

G624.6 **015814**

健康教育　第九册/胡忠良,杨继刚编著.—沈阳:辽宁教育出版社,1995.4.—29页;19cm

九年义务教育小学试用课本

ISBN 7－5382－4086－1: ¥0.70

G624.6 **015815**

健康教育　第六册/西北西南三省健康教育教材编委会编.—西安:陕西科学技术出版社,1995.7.—58页;19cm

九年义务教育六年制小学试用课本

ISBN 7－5369－2306－6: ¥1.50

G624.6 **015816**

健康教育　第六册/胡忠良,杨继刚编著.—沈阳:辽宁教育出版社,1995.10.—29页;19cm

九年义务教育小学试用课本

ISBN 7－5382－4316－X: ¥1.50

G624.6 **015817**

健康教育　第七册/胡忠良,杨继刚编著.—沈阳:辽宁教育出版社,1995.4.—29页;19cm

九年义务教育小学试用课本

ISBN 7－5382－4085－3: ¥1.10

G624.6 **015818**

健康教育　第三册/西北西南三省健康教育教材编委会编.—西安:陕西科学技术出版社,1995.7.—44页;19cm

九年义务教育六年制小学试用课本

ISBN 7－5369－2303－1: ¥1.40

G624.6 **015819**

健康教育　第十册/胡忠良,杨继刚编著.—沈阳:辽宁教育出版社,1995.10.—29页;19cm

九年义务教育小学试用课本

ISBN 7－5382－4318－6: ¥1.10

G624.6 **015820**

健康教育　第十二册/胡忠良,杨继刚编著.—沈阳:辽宁教育出版社,1995.10.—29页;19cm

九年义务教育小学试用课本

ISBN 7－5382－4319－4: ¥1.10

G624.6 **015821**

健康教育　第十一册/胡忠良,杨继刚编著.—沈阳:辽宁教育出版社,1995.4.—29页;19cm

九年义务教育小学试用课本

ISBN 7－5382－4087－X: ¥0.70

G624.6 **015822**

健康教育　第四册/西北西南三省健康教育教材编委会编.—西安:陕西科学技术出版社,1995.7.—50页;19cm

九年义务教育六年制小学试用课本

ISBN 7－5369－2304－X: ¥1.50

G624.6 **015823**

健康教育　第四册/胡忠良,杨继刚编著.—沈阳:辽宁教育出版社,1995.10.—29页;19cm

九年义务教育小学试用课本

ISBN 7－5382－4315－1: ¥1.50

G624.6 **015824**

健康教育　第五册/胡忠良,杨继刚编著.—沈阳:辽宁教育出版社,1995.3.—29页;19cm

九年义务教育小学试用课本

ISBN 7－5382－4084－5: ¥1.10

G624.6 **015825**

健康教育　第五册/西北西南三省健康教育教材编委会编.—西安:陕西科学技术出版社,1995.7.—53页;19cm

九年义务教育六年制小学试用课本

ISBN 7－5369－2305－8: ¥1.50

G624.6 **015826**

健康教育　第一册/胡忠良,杨继刚编著.—沈阳:辽宁教育出版社,1995.3.—29页;19cm

九年义务教育小学试用课本

ISBN 7－5382－4082－9: ¥1.10

G624.6 **015827**

健康教育　第一册/西北西南三省健康教育教材编委会编.—西安:陕西科学技术出版社,1995.7.—39页;19cm

九年义务教育六年制小学试用课本

ISBN 7－5369－2301－5: ¥1.40

G624.6 **015828**

健康教育:二年级第二学期/上海中小学课程教材改革委员会编.—上海:上海教育出版社,1995.12.—30页;19cm

九年制义务教育课本:试用本

ISBN 7－5320－4665－6: ¥1.20

G624.6 **015829**

健康教育:二年级第一学期/上海中小学课程教材改革委员会编.—上海:上海教育出版社,1995.7.—29页;19cm

九年制义务教育课本:试用本

ISBN 7－5320－4473－4: ¥1.00

G624.6 **015830**

健康教育:三年级　全一册/山东省教学研究室编.—济南:山东教育出版社,1995.4.—60页;19cm

义务教育山东省小学试用课本

ISBN 7－5328－2170－6: ¥0.70

G624.6 **015831**

健康教育:三年级　全一册/山东省教学研究室编.—济南:山东教育出版社,1995.4.—60页;19cm

义务教育山东省小学试用课本

ISBN 7－5328－2170－6: ¥0.70

G624.6 **015832**

健康教育:三年级第二学期/上海中小学课程教材改革委员会编.—上海:上海教育出版社,1995.12.—29页;19cm

九年制义务教育课本:试用本

ISBN 7－5320－4666－4:￥1.20

G624.6　015833

健康教育:四年级第二学期/上海中小学课程教材改革委员会编.—上海:上海教育出版社,1995.12.—29页;19cm

九年制义务教育课本:试用本

ISBN 7－5320－4662－1:￥1.20

G624.6　015834

健康教育:四年级第一学期/上海中小学课程教材改革委员会编.—上海:上海教育出版社,1995.7.—29页;19cm

九年制义务教育课本:试用本

ISBN 7－5320－4475－0:￥1.00

G624.6　015835

健康教育:五年级第二学期/上海中小学课程教材改革委员会编.—上海:上海教育出版社,1995.12.—29页;19cm

九年制义务教育课本:试用本

ISBN 7－5320－4663－X:￥1.20

G624.6　015836

健康教育:五年级第一学期/上海中小学课程教材改革委员会编.—上海:上海教育出版社,1995.7.—29页;19cm

九年制义务教育课本:试用本

ISBN 7－5320－4476－9:￥1.00

G624.6　015837

健康教育:一年级第二学期/上海中小学课程教材改革委员会编.—上海:上海教育出版社,1995.12.—30页;19cm

九年制义务教育课本:试用本

ISBN 7－5320－4664－8:￥1.20

G624.6　015838

健康教育:一年级第一学期/上海中小学课程教材改革委员会编.—上海:上海教育出版社,1995.7.—29页;19cm

九年制义务教育课本:试用本

ISBN 7－5320－4472－6:￥1.00

G624.6　015839

九年义务教育六年制小学自然第六册单元检测/信建合等编.—石家庄:河北教育出版社,1995.11.—50页;26cm

ISBN 7－5434－2518－1:￥2.05

G624.6　015840

九年义务教育六年制小学自然第四册单元检测/袁守信,高兴泽编.—2版.—石家庄:河北教育出版社,1995.10.—25页;26cm

ISBN 7－5434－2289－1:￥1.15

G624.6　015841

九年义务教育六年制小学自然基本功训练:三年级第六册/《基本功训练》编写组编.—石家庄:河北教育出版社,1995.11.—58页;19cm

ISBN 7－5434－2507－6:￥1.35

G624.6　015842

九年义务教育六年制小学自然基础训练　第六册/王敬东等编.—济南:山东教育出版社,1995.11.—126页;19cm

三年级下学期用

ISBN 7－5328－2242－7:￥3.00

G624.6　015843

九年义务教育六年制小学自然基础训练　第五册/王敬东等编写.—济南:山东教育出版社,1995.4.—77页;19cm

三年级上学期用

ISBN 7－5328－2164－1:￥1.35

G624.6　015844

九年义务教育六年制小学自然课外作业:三年级上学期/湖北省教学研究室编.—武汉:湖北少年儿童出版社,1995.7.—28页;19cm

ISBN 7－5353－1536－4:￥0.65

G624.6　015845

九年义务教育六年制小学自然课外作业:三年级下学期/湖北省教学研究室编.—武汉:湖北少年儿童出版社,1995.12.—30页;19cm

ISBN 7－5353－1573－9:￥0.85

G624.6　015846

九年义务教育六年制小学自然三年级第五册基本功训练/《基本功训练》编写组编.—石家庄:河北教育出版社,1995.6.—58页;19cm

ISBN 7－5434－2263－8:￥0.96

G624.6　015847

九年义务教育五年制、六年制小学自然练习册　第四册/云南省教委教研室编写.—昆明:晨光出版社,1995.12.—43页;13×19cm

ISBN 7－5414－1097－7:￥1.35

G624.6　015848

九年义务教育五年制小学自然第六册基本功训练/《小学自然基本功训练》编写组编.—石家庄:河北教育出版社,1995.12.—78页;19cm

ISBN 7－5434－2538－6:￥1.60

G624.6　015849

九年义务教育五年制小学自然基础训练　第六册/王敬东等编.—济南:山东教育出版社,1995.11.—129页;19cm

三年级下学期用

ISBN 7－5328－2243－5:￥3.20

G624.6　015850

九年义务教育五年制小学自然基础训练　第五册/王敬东等编.—济南:山东教育出版社,1995.4.—120页;19cm

三年级上学期用

ISBN 7－5328－2163－3:￥1.90

G624.6　015851

九年义务教育五年制小学自然课堂基础训练　第六册/新蕾出版社编.—天津:新蕾出版社,1995.10.—77页;19cm

ISBN 7－5307－1680－8:￥2.10

G624.6　015852

九年义务教育五年制小学自然课外作业:三年级上学期/湖北省教学研究室编.—武汉:湖北少年儿童出版社,1995.7.—38页;19cm

ISBN 7-5353-1535-6:¥0.75

G624.6　015853

九年义务教育五年制小学自然课外作业:三年级下学期/湖北省教学研究室编.—武汉:湖北少年儿童出版社,1995.12.—38页;19cm

ISBN 7-5353-1593-3:¥1.00

G624.6　015854

九年义务教育小学毕业升学自然模拟试卷/《小学毕业升学自然模拟试卷》编写组编.—石家庄:河北教育出版社,1995.12.—64页;26cm

附参考答案

ISBN 7-5434-2503-3:¥3.40

G624.6　015855

九年义务教育小学自然第五册单元检测/王荣改等编.—石家庄:河北教育出版社,1995.7.—27页;26cm

ISBN 7-5434-1393-0:¥1.05

G624.6　015856

九年义务教育小学自然基础训练　第四册.—合肥:安徽教育出版社,1995.1.—39页;19cm

ISBN 7-5336-1711-2:¥0.55

G624.6　015857

九年义务教育小学自然三年级第五册基本功训练/《基本功训练》编写组编.—石家庄:河北教育出版社,1995.6.—69页;19cm

ISBN 7-5434-1357-4:¥1.20

G624.6　015858

九年制义务教育课本自然常识课堂练习册/上海中小学课程教材改革委员会编.—上海:上海教育出版社,1995.11.—31页;13×19cm

五年级第二学期用

ISBN 7-5320-4579-X:¥0.80

G624.6　015859

九年制义务教育课本自然常识课堂练习册:五年级第一学期/上海中小学课程教材改革委员会编.—上海:上海教育出版社,1995.6.—30页;13×19cm

ISBN 7-5320-4336-3:¥0.55

G624.6　015860

九年制义务教育课本自然常识学具:二年级第二学期/自然常识教材写组编;林楚先绘.—上海:上海教育出版社,1995.12.—4张;19cm

附塑料铆钉、平面镜、银光纸

ISBN 7-5320-4642-7:¥1.60

G624.6　015861

九年制义务教育课本自然常识学具:三年级第二学期/自然常识教材写组编;林楚先绘.—上海:上海教育出版社,1995.12.—4张;19cm

附橡筋、棉线、针、弹性小车配件一套

ISBN 7-5320-4643-5:¥2.10

G624.6　015862

九年制义务教育课本自然常识学具:一年级第二学期/自然常识教材写组编;林楚先绘.—上海:上海教育出版社,1995.12.—4张;19cm

附变色纸、气球、吹气嘴、铁丝

ISBN 7-5320-4641-9:¥1.75

G624.6　015863

科技活动——100例/解小沛编著.—沈阳:白山出版社,1995.1.—300页;19cm.—(活动课设计丛书)

ISBN 7-80566-428-5:¥6.50

G624.6　015864

科技活动:二年级/《科技活动》课本编写组编.—石家庄:河北科学技术出版社,1995.6.—74页;19cm

九年义务教育小学课本:试用

ISBN 7-5375-1490-9:¥2.20

G624.6　015865

科技活动:六年级/《科技活动》课本编写组编.—石家庄:河北科学技术出版社,1995.6.—90页;19cm

九年义务教育小学课本:试用

ISBN 7-5375-1494-1:¥2.00

G624.6　015866

科技活动:三年级/《科技活动》课本编写组编.—石家庄:河北科学技术出版社,1995.6.—74页;19cm

九年义务教育小学课本:试用

ISBN 7-5375-1491-7:¥2.20

G624.6　015867

科技活动:四年级/《科技活动》课本编写组编.—石家庄:河北科学技术出版社,1995.6.—89页;19cm

九年义务教育小学课本:试用

ISBN 7-5375-1492-5:¥2.00

G624.6　015868

科技活动:五年级/《科技活动》课本编写组编.—石家庄:河北科学技术出版社,1995.6.—90页;19cm

九年义务教育小学课本:试用

ISBN 7-5375-1493-3:¥2.00

G624.6　015869

科技活动:一年级/《科技活动》课本编写组编.—石家庄:河北科学技术出版社,1995.6.—65页;19cm

九年义务教育小学课本:试用

ISBN 7-5375-1489-5:¥2.20

G624.6　015870

科技活动课本　第四册/赵学漱等编写;《少年科学画报》杂志社编.—北京:北京出版社,1995.1.—34页;17×18cm

北京市九年义务教育小学课本

ISBN 7-200-02632-8:¥2.20

G624.6　015871

六年制小学自然练习册　第六册/郑伟编.—沈阳:辽宁教育出版社,1995.12.—83页;19cm

五年级下学期用

ISBN 7-5382-4313-5:¥2.30

G624.6　015872

六年制小学自然练习册　第三册/李波等编.—沈阳:辽宁教育出版社,1995.5.—85页;19cm

四年级上学期用

ISBN 7-5382-4107-8:¥2.10

G624.6　015873

六年制小学自然练习册　第四册/郑伟主编;刘恩财等编写.—沈阳:辽宁教育出版社,1995.12.—92 页;19cm
四年级下学期用
ISBN 7-5382-4312-7:¥2.30

G624.6　015874
六年制小学自然练习册　第五册/范宝生等编.—沈阳:辽宁教育出版社,1995.5.—89 页;19cm
五年级上学期用
ISBN 7-5382-4108-6:¥2.10

G624.6　015875
六年制小学自然试卷:六年级一学年/《小学自然试卷》编写组编.—3 版.—南京:江苏教育出版社,1995.6.—38 页;26cm
ISBN 7-5343-1753-3:¥2.00

G624.6　015876
六年制小学自然试卷:四年级一学年/《小学自然试卷》编写组编.—3 版.—南京:江苏教育出版社,1995.6.—41 页;26cm
五年制三年级通用
ISBN 7-5343-1751-7:¥2.10

G624.6　015877
六年制小学自然试卷:五年级一学年/《小学自然试卷》编写组编.—3 版.—南京:江苏教育出版社,1995.6.—44 页;26cm
五年制四年级通用
ISBN 7-5343-1752-5:¥2.25

G624.6　015878
六年制小学自然学习　第五册/冯启荀,成为伦编.—广州:广东教育出版社,1995.7.—49 页;19cm.—(九年义务教育自然教材配套读物)
ISBN 7-5406-3286-0:¥1.05

G624.6　015879
六年制小学自然知识与能力训练　第二册/《小学自然知识与能力训练》编写组编.—成都:四川少年儿童出版社,1995.12.—67 页;19cm
ISBN 7-5365-1494-8:¥1.75

G624.6　015880
六年制小学自然知识与能力训练　第六册/《六年制小学自然知识与能力训练》编写组编.—成都:四川少年儿童出版社,1995.12.—50 页;19cm
ISBN 7-5365-1508-1:¥1.45

G624.6　015881
六年制小学自然知识与能力训练　第三册/《六年制小学自然知识与能力训练》编写组编.—成都:四川少年儿童出版社,1995.7.—54 页;19cm
ISBN 7-5365-1380-1:¥1.35

G624.6　015882
六年制小学自然知识与能力训练　第四册/《六年制小学自然知识与能力训练》编写组编.—成都:四川少年儿童出版社,1995.12.—43 页;19cm
ISBN 7-5365-1502-2:¥1.25

G624.6　015883
六年制小学自然知识与能力训练　第五册/《六年制小学自然知识与能力训练》编写组编.—成都:四川少年儿童出版社,1995.7.—51 页;19cm
ISBN 7-5365-1372-0:¥1.25

G624.6　015884
六年制小学自然知识与能力训练　第五册/《六年制小学自然知识与能力训练》编写组编.—成都:四川少年儿童出版社,1995.7.—51 页;19cm
ISBN 7-5365-1372-0:¥1.25

G624.6　015885
六年制小学自然知识与能力训练　第一册/《六年制小学自然知识与能力训练》编写组编.—成都:四川少年儿童出版社,1995.7.—62 页;19cm
ISBN 7-5365-1381-X:¥1.45

G624.6　015886
农业常识:农村小学:五年级下学期/广东省教育厅编.—广州:广东科技出版社,1995.12.—58 页;13×19cm
广东省六年制小学教科书:试用本
ISBN 7-5359-1609-0:¥2.00

G624.6　015887
人体与卫生:六年级第一学期用/上海中小学课程教材改革委员会编.—2 版.—上海:上海科学技术出版社,1995.6.—80 页;26cm
九年制义务教育课本:试用本
ISBN 7-5323-3864-9:¥2.05

G624.6　015888
人体与卫生练习册/上海中小学课程教材改革委员会编.—2 版.—上海:上海科学技术出版社,1995.12.—16 页;19cm
六年级第二学期用
ISBN 7-5323-2773-6:¥0.50

G624.6　015889
少年科技活动　第二册/王源主编.—开封:河南大学出版社,1995.7.—104 页;19cm.—(少年科技活动丛书)
小学四年级适用
ISBN 7-81041-216-7:¥2.50

G624.6　015890
少年科技活动　第三册/袁其书主编.—开封:河南大学出版社,1995.7.—95 页;19cm.—(少年科技活动丛书)
小学五、六年级适用
ISBN 7-81041-217-5:¥2.50

G624.6　015891
少年科技活动　第一册/吴东水主编.—开封:河南大学出版社,1995.7.—96 页;19cm.—(少年科技活动丛书)
小学三年级适用
ISBN 7-81041-215-9:¥2.50

G624.6　015892
生活与科学　第六册/周治华主编;小学复式教材编写委员会编著.—石家庄:河北教育出版社,1995.12.—78 页;19cm
义务教育五年制、六年制小学复式教材:实验本

ISBN 7-5434-2448-7: ¥1.50

G624.6 015893

生活与科学　第五册/小学复式教材编写委员会编著.—石家庄:河北教育出版社,1995.5.—89页;20cm
义务教育五年制、六年制小学复式教材:实验本
ISBN 7-5434-2373-1: ¥1.70

G624.6 015894

五、六年制小学自然试卷集:二年级　第四册/《小学自然试卷集》编写组编写.—3版.—南宁:广西科学技术出版社,1995.12.—48页;26cm
ISBN 7-80565-827-7: ¥2.70

G624.6 015895

五、六年制小学自然试卷集:一年级　第二册/《小学自然试卷集》编写组编.—南宁:广西科学技术出版社,1995.1.—45页;26cm
ISBN 7-80565-758-0: ¥1.60

G624.6 015896

五、六年制小学自然试卷集:一年级　第一册/《小学自然试卷集》编写组编.—南宁:广西科学技术出版社,1995.7.—47页;26cm
据九年义务教育教材编写
ISBN 7-80619-230-1: ¥2.25

G624.6 015897

五年制小学自然试卷集:三年级　第二册/《小学自然试卷集》编写组编.—南宁:广西科学技术出版社,1995.2.—52页;26cm
六年制四年级共用
ISBN 7-80565-759-9: ¥1.75

G624.6 015898

五年制小学自然试卷集:三年级　第六册/《小学自然试卷集》编写组编.—南宁:广西科学技术出版社,1995.12.—56页;26cm
ISBN 7-80619-274-3: ¥3.15

G624.6 015899

小学毕业生自然测试卷:全年用/肖平主编;宋常敏,韩伟编.—2版.—沈阳:辽宁教育出版社,1995.5.—56页;26m
ISBN 7-5382-2064-X: ¥2.20

G624.6 015900

小学毕业生自然测试卷:全年用/肖平主编;宋常敏,韩伟编.—2版.—沈阳:辽宁教育出版社,1995.5.—56页;26m
ISBN 7-5382-2064-X: ¥2.60

G624.6 015901

小学健康教育:二年级:体育与卫生保健/《小学健康教育》编写组编.—2版.—成都:四川教育出版社,1995.6.—25页;19cm
ISBN 7-5408-1174-9: ¥0.70

G624.6 015902

小学健康教育:六年级.—2版.—成都:四川教育出版社,1995.6.—32页;19cm
ISBN 7-5408-1170-6: ¥0.88

G624.6 015903

小学健康教育:三年级.—2版.—成都:四川教育出版社,1995.6.—28页;19cm
ISBN 7-5408-1173-0: ¥0.70

G624.6 015904

小学健康教育:四年级.—2版.—成都:四川教育出版社,1995.6.—30页;19cm
ISBN 7-5408-1172-2: ¥0.79

G624.6 015905

小学健康教育:五年级:体育与卫生保健/《小学健康教育》编写组编.—2版.—成都:四川教育出版社,1995.6.—33页;19cm
ISBN 7-5408-1171-4: ¥0.88

G624.6 015906

小学健康教育:一年级.—2版.—成都:四川教育出版社,1995.7.—19页;19cm
ISBN 7-5408-1175-7: ¥0.53

G624.6 015907

小学科技:二年级下学期/刘西林主编;《小学科技》编委会编.—武汉:湖北科学技术出版社,1995.1.—34页;19cm
ISBN 7-5352-1406-1: ¥1.10

G624.6 015908

小学科技:六年级下学期/黄太孚主编;《小学科技》编委会编.—武汉:湖北科学技术出版社,1995.1.—41页;19cm
ISBN 7-5352-1410-X: ¥1.30

G624.6 015909

小学科技:三年级下学期/文世辉主编;《小学科技》编委会编.—武汉:湖北科学技术出版社,1995.1.—44页;19cm
ISBN 7-5352-1407-X: ¥1.40

G624.6 015910

小学科技:四年级下学期/全永久主编;《小学科技》编委会编.—武汉:湖北科学技术出版社,1995.1.—46页;19cm
ISBN 7-5352-1408-8: ¥1.40

G624.6 015911

小学科技:五年级下学期/刘宇亮主编;《小学科技》编委会编.—武汉:湖北科学技术出版社,1995.1.—41页;19cm
ISBN 7-5352-1409-6: ¥1.30

G624.6 015912

小学科技活动/《小学科技活动》编写组编.—2版.—南京:江苏教育出版社,1995.12.—40页;19cm
六年级下学期用
ISBN 7-5343-2044-5: ¥2.50

G624.6 015913

小学科技活动:四年级下学期/《小学科技活动》编写组编.—2版.—南京:江苏教育出版社,1995.12.—47页;20cm
ISBN 7-5343-2042-9: ¥2.85

G624.6 015914

小学科技活动:二年级下学期/《小学科技活动》编写组编.—2版.—南京:江苏教育出版社,1995.12.—38页;20cm

ISBN 7-5343-2232-4: ¥2.50

G624.6　015915

小学科技活动:三年级下学期/王士华等主编;《小学科技活动》编写组编.—2版.—南京:江苏教育出版社,1995.12.—40页;20cm

ISBN 7-5343-2233-2: ¥2.50

G624.6　015916

小学科技活动:五年级下学期/王士华等主编;《小学科技活动》编写组编.—2版.—南京:江苏教育出版社,1995.12.—48页;20cm

ISBN 7-5343-2043-7: ¥2.85

G624.6　015917

小学科技活动:一年级下学期/《小学科技活动》编写组编.—2版.—南京:江苏教育出版社,1995.12.—35页;20cm

ISBN 7-5343-2231-6: ¥2.50

G624.6　015918

小学科技制作　第八册/山西省教委教研室组织研制.—太原:山西教育出版社,1995.5.—16张;26cm

小学活动课教材

ISBN 7-5440-0897-5: ¥7.20

G624.6　015919

小学科技制作　第二册/山西省教委教研室组织研制.—太原:山西教育出版社,1995.5.—16张;26cm

小学活动课教材

ISBN 7-5440-0871-1: ¥6.20

G624.6　015920

小学科技制作　第三册.—太原:山西教育出版社,1995.5.—16张;26cm

小学活动课教材

ISBN 7-5440-0786-3: ¥6.20

G624.6　015921

小学科技制作　第一册.—太原:山西教育出版社,1995.5.—16张;26cm

小学活动课教材

ISBN 7-5440-0785-5: ¥5.20

G624.6　015922

小学农业常识　上册/辽宁教育学院主编.—沈阳:辽宁科学技术出版社,1995.8.—117页;19cm

ISBN 7-5381-2210-9: ¥3.80

G624.6　015923

小学生活动课材料　第八册/万中义主编;四川省教育科学研究所编.—2版.—成都:四川教育出版社,1995.11.—80页;19cm

ISBN 7-5408-2630-4: ¥2.28

G624.6　015924

小学生活动课材料　第二册/万中义主编;四川省教育科学研究所编.—2版.—成都:四川教育出版社,1995.11.—92页;19cm

ISBN 7-5408-2630-4: ¥2.54

G624.6　015925

小学生活动课材料　第九册/四川省教育科学研究所编.—2版.—成都:四川教育出版社,1995.5.—80页;19cm

ISBN 7-5408-2630-4: ¥2.07

G624.6　015926

小学生活动课材料　第六册/万中义主编;四川省教育科学研究所编.—2版.—成都:四川教育出版社,1995.11.—75页;19cm

ISBN 7-5408-2630-4: ¥2.19

G624.6　015927

小学生活动课材料　第三册/四川省教育科学研究所编.—2版.—成都:四川教育出版社,1995.5.—101页;19cm

ISBN 7-5408-2630-4: ¥2.63

G624.6　015928

小学生活动课材料　第三册/四川省教育科学研究所编.—2版.—成都:四川教育出版社,1995.5.—101页;19cm

ISBN 7-5408-2630-4: ¥2.63

G624.6　015929

小学生活动课材料　第十册/万中义主编;四川省教育科学研究所编.—2版.—成都:四川教育出版社,1995.11.—71页;19cm

ISBN 7-5408-2630-4: ¥2.10

G624.6　015930

小学生活动课材料　第十二册/万中义主编;四川省教育科学研究所编.—2版.—成都:四川教育出版社,1995.11.—77页;19cm

ISBN 7-5408-2630-4: ¥2.19

G624.6　015931

小学生活动课材料　第十一册/四川省教育科学研究所编.—2版.—成都:四川教育出版社,1995.5.—87页;19cm

ISBN 7-5408-2630-4: ¥2.25

G624.6　015932

小学生活动课材料　第四册/万中义主编;四川省教育科学研究所编.—2版.—成都:四川教育出版社,1995.11.—86页;19cm

ISBN 7-5408-2630-4: ¥2.37

G624.6　015933

小学生活动课材料　第五册/四川省教育科学研究所编.—2版.—成都:四川教育出版社,1995.5.—79页;19cm

ISBN 7-5408-2630-4: ¥2.07

G624.6　015934

小学生活动课材料　第一册/四川省教育科学研究所编.—成都:四川教育出版社,1995.5.—98页;19cm

ISBN 7-5408-2630-4: ¥2.54

G624.6　015935

小学生活动课材料　第一册/四川省教育科学研究所编.—2版.—成都:四川教育出版社,1995.5.—98页;19cm

ISBN 7-5408-2630-4: ¥2.54

G624.6　015936

小学生自然百科.—杭州:浙江少年儿童出版社,1995.1.—6册;20cm

ISBN 7-5342-1066-9: ¥69.60

G624.6　015937

小学自然第三册单元检测试卷/小学单元检测试卷编写组编.—太原:山西教育出版社,1995.3.—23页;26cm

五、六年制通用

ISBN 7-80578-593-7:¥1.00

G624.6　015938

小学自然第三册自学检测/《小学课程自学检测》编写组编.—2版.—重庆:重庆出版社,1995.7.—65页;19cm.—(小学课程自学检测)

ISBN 7-5366-1087-4:¥1.35

G624.6　015939

小学自然活动课读本/曾庆宏等主编;范礼雄等编著.—武汉:湖北科学技术出版社,1995.8.—104页;19cm.—(小学科技活动丛书)

二年级用

ISBN 7-5352-1719-2:¥3.60

G624.6　015940

小学自然活动课读本/曾庆宏等主编;刘统菊等编著.—武汉:湖北科学技术出版社,1995.8.—93页;19cm.—(小学科技活动丛书)

一年级用

ISBN 7-5352-1719-2:¥3.60

G624.6　015941

小学自然活动课读本/曾庆宏等主编;姜允珍等编著.—武汉:湖北科学技术出版社,1995.8.—122页;19cm.—(小学科技活动丛书)

三年级用

ISBN 7-5352-1719-2:¥3.60

G624.6　015942

小学自然活动课读本/曾庆宏等主编;柯江舟等编著.—武汉:湖北科学技术出版社,1995.8.—133页;19cm.—(小学科技活动丛书)

六年级用

ISBN 7-5352-1719-2:¥3.60

G624.6　015943

小学自然活动课读本/曾庆宏等主编;张之仁等编著.—武汉:湖北科学技术出版社,1995.8.—105页;19cm.—(小学科技活动丛书)

五年级用

ISBN 7-5352-1719-2:¥3.60

G624.6　015944

小学自然活动课读本/曾庆宏等主编;张之仁等编著.—武汉:湖北科学技术出版社,1995.8.—143页;19cm.—(小学科技活动丛书)

四年级用

ISBN 7-5352-1719-2:¥3.60

G624.6　015945

小学自然基本训练　第六册/四川省教育研究所编.—成都:四川少年儿童出版社,1995.7.—112页;19cm

ISBN 7-5365-1378-X:¥2.35

G624.6　015946

小学自然基本训练　第三册/四川省教育研究所编.—成都:四川少年儿童出版社,1995.7.—86页;19cm

ISBN 7-5365-1379-8:¥1.90

G624.6　015947

小学自然基本训练　第五册/四川省教育研究所编.—成都:四川少年儿童出版社,1995.7.—87页;19cm

ISBN 7-5365-1374-7:¥1.90

G624.6　015948

小学自然练习册:三年级上学期/《小学自然练习册》编写组编.—南昌:江西教育出版社,1995.7.—34页;19cm

ISBN 7-5392-1941-6:¥0.65

G624.6　015949

小学自然练习册:三年级下学期/《小学自然练习册》编写组编.—南昌:江西教育出版社,1995.12.—32页;19cm

ISBN 7-5392-2498-3:¥0.95

G624.6　015950

小学自然练习册:四年级上学期/《小学自然练习册》编写组编.—南昌:江西教育出版社,1995.7.—37页;19cm

ISBN 7-5392-2156-9:¥0.70

G624.6　015951

小学自然练习册:五年级上学期/《小学自然练习册》编写组编.—南昌:江西教育出版社,1995.7.—32页;19cm

ISBN 7-5392-1946-7:¥0.60

G624.6　015952

小学自然练习册:五年级下学期/《小学自然练习册》编写组编.—南昌:江西教育出版社,1995.12.—34页;19cm

ISBN 7-5392-1957-2:¥1.00

G624.6　015953

小学自然期末总复习测试卷:全年用/《小学自然期末总复习测试卷》编写组编.—2版.—沈阳:辽宁教育出版社,1995.5.—40页;26cm

ISBN 7-5382-2033-X:¥2.00

G624.6　015954

小学自然试卷集:二年级　第三册/《小学自然试卷集》编写组编.—南宁:广西科学技术出版社,1995.7.—60页;26cm

五、六年制通用

ISBN 7-80619-241-7:¥2.80

G624.6　015955

小学自然试卷集:四年级　第三册/《小学自然试卷集》编写组编.—南宁:广西科学技术出版社,1995.7.—53页;26cm

五、六年制通用

ISBN 7-80619-240-9:¥2.70

G624.6　015956

小学自然学习及检测:六年级　下册/《小学自然学习及检测》编写组编.—2版.—南京:江苏教育出版社,1995.12.—46页;19cm

ISBN 7-5343-1373-2: ¥1.15

G624.6　015957

小学自然学习及检测:四年级　下册/《小学自然学习及检测》编写组编.—2版.—南京:江苏教育出版社,1995.12.—65页;19cm

ISBN 7-5343-1371-6: ¥1.50

G624.6　015958

小学自然学习及检测:五年级　上册/《小学自然学习及检测》编写组编.—2版.—南京:江苏教育出版社,1995.6.—49页;19cm

ISBN 7-5343-1517-4: ¥1.25

G624.6　015959

小学自然学习及检测:五年级 下册/《小学自然学习及检测》编写组编 .—南京:江苏教育出版社,1995.12.—57页;19cm

ISBN 7-5343-1372-4: ¥1.45

G624.6　015960

一年级常识学与玩/郭涵业主编;裘树平,靳琼编.—上海:少年儿童出版社,1995.4.—90页;19cm

ISBN 7-5324-2733-1: ¥3.70

G624.6　015961

义务教育六年制小学常识单元测试:AB卷　第八册/俞重庆等编写.—杭州:浙江教育出版社,1995.12.—43页;26cm

ISBN 7-5338-2272-2: ¥2.95

G624.6　015962

义务教育六年制小学常识单元测试:AB卷　第七册/俞重庆,丁珊编.—杭州:浙江教育出版社,1995.7.—57页;26cm

ISBN 7-5338-2056-8: ¥2.35

G624.6　015963

义务教育六年制小学自然练习册　第二册/郑伟等编 .—沈阳:辽宁教育出版社,1995.12.—90页;19cm

一年级下学期用

ISBN 7-5382-4310-0: ¥2.30

G624.6　015964

义务教育六年制小学自然练习册　第六册/郑伟等编.—沈阳:辽宁教育出版社,1995.10.—81页;19cm

三年级下学期用

ISBN 7-5382-4311-9: ¥2.30

G624.6　015965

义务教育六年制小学自然练习册　第三册/黄克荣等编.—沈阳:辽宁教育出版社,1995.5.—90页;19cm

二年级上学期用

ISBN 7-5382-4105-1: ¥2.10

G624.6　015966

义务教育六年制小学自然练习册　第四册/赵丽艳等编.—沈阳:辽宁教育出版社,1995.11.—92页;19cm

二年级下学期用

ISBN 7-5382-4358-5: ¥2.30

G624.6　015967

义务教育六年制小学自然练习册　第五册/曹丽宏等编.—沈阳:辽宁教育出版社,1995.4.—67页;19cm

三年级上学期用

ISBN 7-5382-4106-X: ¥2.10

G624.6　015968

义务教育六年制小学自然练习册　第一册/代福波等编.—沈阳:辽宁教育出版社,1995.5.—69页;19cm

一年级上学期用

ISBN 7-5382-4104-3: ¥2.10

G624.6　015969

义务教育六年制小学自然学习及检测　第六册/《小学自然及学习检测》编写组编.—南京:江苏教育出版社,1995.12.—40页;19cm

ISBN 7-5343-2613-3: ¥1.05

G624.6　015970

义务教育五年制小学常识单元测试:AB卷　第六册/俞渝,芬芬编.—杭州:浙江教育出版社,1995.11.—55页;26cm

ISBN 7-5338-2275-7: ¥3.60

G624.6　015971

义务教育五年制小学常识单元测试:AB卷 第五册/辛丁,大寒编.—杭州:浙江教育出版社,1995.6.—48页;26cm

ISBN 7-5338-2075-4: ¥2.40

G624.6　015972

自然/尚秀芬等编.—太原:山西教育出版社,1995.2.—221页;19cm.—(小学生学习指导丛书)

ISBN 7-5440-0627-1: ¥3.20

G624.6　015973

自然　第二册/杭州市教委教研室编.—杭州:浙江科学技术出版社,1995.1.—106页;19cm+附自然实验手册一册.—(小学生知识与方法丛书)

ISBN 7-5341-0839-X: ¥2.20

G624.6　015974

自然　第六册/辽宁教育学院,中央教育科学研究所编著.—沈阳:辽宁教育出版社,1995.11.—48页;19cm

九年义务教育六年制小学试用课本

ISBN 7-5382-3948-0: ¥3.30

G624.6　015975

自然　第六册/杭州市教委教研室编.—杭州:浙江科学技术出版社,1995.1.—105页;19cm+附自然实验手册一册.—(小学生知识与方法丛书)

ISBN 7-5341-0843-8: ¥2.20

G624.6　015976

自然　第十一册/战永杰等主编.—长春:东北师范大学出版社,1995.7.—77页;20cm

九年制义务教育六·三学制小学实验课本

ISBN 7-5602-1609-9: ¥2.80

G624.6　015977

自然　第四册/杭州市教委教研室编.—杭州:浙江科学技术出版社,1995.1.—105页;19cm+附自然实验手册一册.—(小学生知识与方法丛书)

ISBN 7-5341-0841-1: ¥2.20

G624.6　015978

自然　第五册/王屏山主编;九年义务教育教材(沿海地区)编写委员会编.—2版.—广州:广东教育出版社,1995.7.—44页;20cm

九年义务教育六年制小学试用课本

ISBN 7-5406-2757-3: ¥2.50

G624.6 015979

自然　第五册/关成志主编;辽宁教育学院,中央教育科学研究所编著.—沈阳:辽宁教育出版社,1995.5.—48页;20cm

九年义务教育六年制小学试用课本

ISBN 7-5382-2876-4: ¥2.40

G624.6 015980

自然　第一册/江苏省教育委员会教研室编.—南京:江苏科学技术出版社,1995.6.—38页;20cm

九年义务教育全日制小学教科书 江苏省乡土教材:实验本 中年级用

ISBN 7-5345-1931-4: ¥2.95

G624.6 015981

自然:六年制小学　第八册/九年义务教育教材(沿海版)编委会编.—2版.—广州:广东教育出版社,1995.12.—52页;21cm

九年义务教育实验教材:沿海版

ISBN 7-5406-2563-5: ¥3.30

G624.6 015982

自然:六年级/本溪市小学自然乡土教材编写组编.—沈阳:辽宁美术出版社,1995.8.—34页;19cm

辽宁省九年义务教育全日制小学乡土教材:六年制试用本

ISBN 7-5314-1303-5: ¥1.10

G624.6 015983

自然:五年级/本溪市小学自然乡土教材编写组编.—沈阳:辽宁美术出版社,1995.8.—36页;19cm

辽宁省九年义务教育全日制小学乡土教材:六年制试用本

ISBN 7-5314-1302-7: ¥1.10

G624.6 015984

自然常识:三年级第二学期/上海中小学课程教材改革委员会编.—2版.—上海:上海教育出版社,1995.11.—48页;19cm

九年制义务教育课本:试用本

ISBN 7-5320-4608-7: ¥2.15

G624.6 015985

自然常识:五年级第二学期/上海中小学课程教材改革委员会编.—上海:上海教育出版社,1995.11.—48页;19cm

九年制义务教育课本:试用本

ISBN 7-5320-4605-2: ¥2.15

G624.6 015986

自然常识:五年级第一学期/上海中小学课程教材改革委员会编.—上海:上海教育出版社,1995.6.—48页;19cm

九年制义务教育课本:试用本

ISBN 7-5320-4339-8: ¥1.50

G624.6 015987

自然常识课堂练习册/上海中小学课程教材改革委员会编.—2版.—上海:上海教育出版社,1995.11.—29页;13×19cm

九年制义务教育课本 三年级第二学期用

ISBN 7-5320-4581-1: ¥0.80

G624.6 015988

自然常识纸学具/自然常识教材写组编;林楚先绘.—上海:上海教育出版社,1995.12.—4张;19cm

小学五年级下用 附:揿钮

ISBN 7-5320-4654-0: ¥1.25

G624.6 015989

自然实验　(1)/崔茂登主编;深圳市电化教育馆编著.—深圳:海天出版社,1995.8.—79页;20cm

全套书共5册,总定价24.00元

ISBN 7-80615-196-6: ¥0.00

G624.6 015990

自然实验　(2)/崔茂登主编;深圳市电化教育馆编著.—深圳:海天出版社,1995.8.—69页;20cm

全套书共5册,总定价24.00元

ISBN 7-80615-196-6: ¥0.00

G624.6 015991

自然实验　(3)/崔茂登主编;深圳市电化教育馆编著.—深圳:海天出版社,1995.8.—80页;20cm

全套书共5册,总定价24.00元

ISBN 7-80615-196-6: ¥0.00

G624.6 015992

自然实验　(4)/崔茂登主编;深圳市电化教育馆编著.—深圳:海天出版社,1995.8.—94页;20cm

全套书共5册,总定价24.00元

ISBN 7-80615-196-6: ¥0.00

G624.6 015993

自然实验　(5)/崔茂登主编;深圳市电化教育馆编著.—深圳:海天出版社,1995.8.—80页;20cm

全套书共5册,总定价24.00元

ISBN 7-80615-196-6: ¥0.00

G624.6 015994

自然序列训练　第二册:四年级下学期/达鹏福编写.—成都:四川教育出版社,1995.1.—75页;19cm.—(小学生辅导丛书/蓝宇主编)

ISBN 7-5408-2671-1: ¥1.45

G624.6 015995

自然序列训练　第四册:五年级下学期/达鹏福编写.—成都:四川教育出版社,1995.1.—80页;19cm.—(小学生辅导丛书/蓝宇主编)

ISBN 7-5408-2671-1: ¥1.52

G624.6 015996

自然学习:六年制小学　第六册/九年义务教育教材(沿海版)编委会编.—广州:广东教育出版社,1995.12.—62页;19cm

九年义务教育自然教材(沿海版)配套读物

ISBN 7-5406-3477-4: ¥1.50

G624.7 音乐、美术

G624.7 015997

小学影视知识基础:试用本/上海市少儿影视指导者

协会,黄浦区教育局编.—上海:上海科学技术出版社,1995.8.—73页;19cm
ISBN 7-5323-4057-0:¥2.00

G624.71　015998
百首爱国主义歌曲:小学/《百首爱国主义歌曲》编委会编.—南宁:广西民族出版社,1995.7.—87页;19cm
ISBN 7-5363-3001-4:¥2.95

G624.71　015999
六年制小学音乐　第十二册:五线谱版/雷雨声主编.—广州:广东教育出版社,1995.12.—54页;26cm
九年义务教育实验教材:沿海版
ISBN 7-5406-3507-X:¥5.70

G624.71　016000
六年制小学音乐　第十一册:五线谱版/九年义务教育教材(沿海版)编委会编.—广州:广东教育出版社,1995.8.—52页;26cm
九年义务教育实验教材:沿海版
ISBN 7-5406-3312-3:¥4.05

G624.71　016001
艺体音乐　第一套/小学复式教材编写委员会编著.—石家庄:河北教育出版社,1995.6.—38页;26cm
义务教育五年制、六年制小学复式教材:实验本
ISBN 7-5434-2396-0:¥1.40

G624.71　016002
音乐/云南省教委教研室选编.—昆明:晨光出版社,1995.6.—20页;26cm
九年义务教育云南省小学乡土教材 供三、四年级用
ISBN 7-5414-0963-4:¥1.20

G624.71　016003
音乐/云南省教委教研室选编 .—昆明:晨光出版社,1995.6.—22页;26cm
九年义务教育云南省小学乡土教材 供一、二年级用
ISBN 7-5414-1011-X:¥1.20

G624.71　016004
音乐　(10)/湖北省教委艺术教育委员会编.—武汉:长江文艺出版社:湖北教育出版社,1995.11.—32页;20cm
九年义务教育湖北省小学补充教材
ISBN 7-5354-1275-0:¥1.80

G624.71　016005
音乐　(12)/湖北省教委艺术教育委员会编.—武汉:长江文艺出版社:湖北教育出版社,1995.11.—40页;20cm
九年义务教育湖北省小学补充教材
ISBN 7-5354-1276-9:¥2.10

G624.71　016006
音乐　(1)/湖北省教委艺术教育委员会编.—武汉:湖北教育出版社,1995.6.—31页;20cm
九年义务教育湖北省小学补充教材
ISBN 7-5351-1762-7:¥1.50

G624.71　016007
音乐　(2)/湖北省教委艺术教育委员会编.—武汉:长江文艺出版社:湖北教育出版社,1995.11.—33页;20cm
九年义务教育湖北省小学补充教材
ISBN 7-5354-1271-8:¥2.20

G624.71　016008
音乐　(3)/湖北省教委艺术教育委员会编.—武汉:湖北教育出版社,1995.6.—32页;20cm
九年义务教育湖北省小学补充教材
ISBN 7-5351-1763-5:¥1.50

G624.71　016009
音乐　(4)/湖北省教委艺术教育委员会编.—武汉:长江文艺出版社:湖北教育出版社,1995.11.—32页;20cm
九年义务教育湖北省小学补充教材
ISBN 7-5354-1272-6:¥2.20

G624.71　016010
音乐　(5)/湖北省教委艺术教育委员会编.—武汉:湖北教育出版社,1995.6.—32页;20cm
九年义务教育湖北省小学补充教材
ISBN 7-5351-1764-3:¥1.50

G624.71　016011
音乐　(6)/湖北省教委艺术教育委员会编.—武汉:长江文艺出版社:湖北教育出版社,1995.11.—33页;20cm
九年义务教育湖北省小学补充教材
ISBN 7-5354-1273-4:¥1.80

G624.71　016012
音乐　(6):简谱/辽宁省小学音乐教材编写组编.—沈阳:辽宁教育出版社,1995.12.—63页;26cm
辽宁省九年义务教育五、六年制小学实验教材
ISBN 7-5382-4492-1:¥4.90

G624.71　016013
音乐　(8)/湖北省教委艺术教育委员会编.—武汉:长江文艺出版社:湖北教育出版社,1995.11.—32页;20cm
九年义务教育湖北省小学补充教材
ISBN 7-5354-1274-2:¥1.80

G624.71　016014
音乐　第二册/陈肇荣,曹安玉主编;四川省教育科学研究所,四川省教委体育卫生艺术处编.—成都:四川教育出版社,1995.1.—17页;26cm
四川省小学乡土试用课本
ISBN 7-5408-2637-1:¥1.05

G624.71　016015
音乐　第三册/张冠军主编.—长春:北方妇女儿童出版社,1995.6.—48页;26cm
吉林省九年义务教育全日制小学试用课本
ISBN 7-5385-0958-5:¥4.50

G624.71　016016
音乐　第四册/陈肇荣,曹安玉主编;四川省教育科学研究所,四川省教委体育卫生艺术处编.—成都:四川教育出版社,1995.1.—19页;26cm
四川省小学乡土试用课本
ISBN 7-5408-2638-X:¥1.05

G624.71　016017
音乐　第五册/河南省义务教育三年制初中音乐教

材编写组编.—郑州:河南人民出版社,1995.5.—49页;26cm
义务教育三年制初级中学课本:试用本
ISBN 7-215-01377-4:¥1.60

G624.71　016018
音乐:简、线通用本(12)/辽宁省小学音乐教材编写组编.—沈阳:辽宁教育出版社,1995.12.—67页;26cm
辽宁省九年义务教育五、六年制小学实验教材
ISBN 7-5382-4489-1:¥4.90

G624.71　016019
音乐:简谱　(11)/辽宁省小学音乐教材编写组编.—沈阳:辽宁教育出版社,1995.8.—92页;26cm
辽宁省九年义务教育五、六年制小学实验教材
ISBN 7-5382-4281-3:¥3.50

G624.71　016020
音乐:简谱　第九册/天津市教育教学研究室编.—天津:百花文艺出版社,1995.7.—38页;26cm
九年义务教育小学课本:试用
ISBN 7-5306-2016-9:¥3.20

G624.71　016021
音乐:简谱　第九册/河北省教育科学研究所编.—石家庄:河北少年儿童出版社,1995.6.—32页;26cm
义务教育五、六年制河北省小学音乐课本·实验本
ISBN 7-5376-1294-3:¥2.50

G624.71　016022
音乐:简谱　第七册/天津市教育教学研究室编.—天津:百花文艺出版社,1995.7.—46页;26cm
九年义务教育小学课本:试用
ISBN 7-5306-2014-2:¥3.60

G624.71　016023
音乐:简谱　第七册/河北省教育科学研究所编.—石家庄:河北少年儿童出版社,1995.6.—36页;26cm
义务教育五、六年制河北省小学音乐课本:实验本
ISBN 7-5376-1291-9:¥2.70

G624.71　016024
音乐:简谱　第三册/河北省教育科学研究所编.—石家庄:河北少年儿童出版社,1995.6.—32页;26cm
义务教育五、六年制河北省小学音乐课本:实验本
ISBN 7-5376-1296-X:¥2.50

G624.71　016025
音乐:简谱　第十一册/天津市教育教学研究室编.—天津:百花文艺出版社,1995.7.—37页;26cm
九年义务教育小学课本:试用
ISBN 7-5306-2018-5:¥3.20

G624.71　016026
音乐:简谱　第十一册/河北省教育科学研究所编.—石家庄:河北少年儿童出版社,1995.6.—32页;26cm
义务教育五、六年制河北省小学音乐课本:实验本
ISBN 7-5376-1295-1:¥2.50

G624.71　016027
音乐:简谱　第四册/九年义务教育教材(沿海地区)编写委员会编.—2版.—广州:广东教育出版社,1995.12.—49页;19×26cm
九年义务教育六年制小学试用课本
ISBN 7-5406-2076-5:¥5.70

G624.71　016028
音乐:简谱　第五册/河北省教育科学研究所编.—石家庄:河北少年儿童出版社,1995.6.—36页;26cm
义务教育五、六年制河北省小学音乐课本:实验本
ISBN 7-5376-1293-5:¥2.70

G624.71　016029
音乐:简谱　第一册/河北省教育科学研究所编.—石家庄:河北少年儿童出版社,1995.7.—32页;26cm
义务教育五、六年制河北省小学音乐课本:实验本
ISBN 7-5376-1297-8:¥2.50

G624.71　016030
音乐:简谱(10)/辽宁省小学音乐教材编写组编.—沈阳:辽宁教育出版社,1995.12.—63页;26cm
辽宁省九年义务教育五、六年制小学实验教材
ISBN 7-5382-4494-8:¥4.90

G624.71　016031
音乐:简谱(1)/辽宁省小学音乐教材编写组编.—沈阳:辽宁教育出版社,1995.8.—47页;19×26cm
辽宁省九年义务教育五、六年制小学实验教材
ISBN 7-5382-4281-3:¥3.50

G624.71　016032
音乐:简谱(2)/辽宁省小学音乐教材编写组编.—沈阳:辽宁教育出版社,1995.12.—60页;19×26cm
辽宁省九年义务教育五、六年制小学实验教材
ISBN 7-5382-4490-5:¥3.50

G624.71　016033
音乐:简谱(3)/辽宁省小学音乐教材编写组编.—沈阳:辽宁教育出版社,1995.8.—76页;19×26cm
辽宁省九年义务教育五、六年制小学实验教材
ISBN 7-5382-4281-3:¥3.50

G624.71　016034
音乐:简谱(4)/辽宁省小学音乐教材编写组编.—沈阳:辽宁教育出版社,1995.12.—60页;19×26cm
辽宁省九年义务教育五、六年制小学实验教材
ISBN 7-5382-4491-3:¥3.50

G624.71　016035
音乐:简谱(5)/辽宁省小学音乐教材编写组编.—沈阳:辽宁教育出版社,1995.8.—68页;26cm
辽宁省九年义务教育五、六年制小学实验教材
ISBN 7-5382-4281-3:¥3.50

G624.71　016036
音乐:简谱(7)/辽宁省小学音乐教材编写组编.—沈阳:辽宁教育出版社,1995.8.—84页;26cm
辽宁省九年义务教育五、六年制小学实验教材
ISBN 7-5382-4281-3:¥3.50

G624.71　016037
音乐:简谱(9)/辽宁省小学音乐教材编写组编.—沈阳:辽宁教育出版社,1995.8.—68页;26cm
辽宁省九年义务教育五、六年制小学实验教材
ISBN 7-5382-4281-3:¥3.50

G624.71　016038
音乐:简谱(8)/辽宁省小学音乐教材编写组编.—沈

阳:辽宁教育出版社,1995.12.—64页;26cm
辽宁省九年义务教育五、六年制小学实验教材
ISBN 7-5382-4493-X:¥4.90

G624.71 **016039**
音乐:六年制小学　第十册:简谱/九年义务教育教材(沿海地区)编写委员会编.—广州:广东教育出版社,1995.12.—49页;26cm
九年义务教育实验教材:沿海版
ISBN 7-5406-3501-0:¥5.35

G624.71 **016040**
音乐:六年制小学　第十册:五线谱/雷雨声主编;九年义务教育教材(沿海地区)编写委员会编.—广州:广东教育出版社,1995.1.—52页;26cm
九年义务教育实验教材:沿海版
ISBN 7-5406-3177-5:¥4.05

G624.71 **016041**
音乐:五年级　下册/浙江省义务教育教材编委会编.—杭州:浙江教育出版社,1995.12.—47页;26cm
义务教育小学课本:试用
ISBN 7-5338-2306-0:¥3.35

G624.71 **016042**
音乐:五年级　上册/桑叶菁主编;浙江省义务教育教材编委会编.—杭州:浙江教育出版社,1995.7.—45页;26cm
义务教育小学课本:试用
ISBN 7-5338-2117-3:¥2.70

G624.71 **016043**
音乐:五线谱　第八册/广西中小学音乐教材编写委员会编.—南宁:接力出版社,1995.11.—50页;26cm
广西壮族自治区九年义务教育小学试用课本
ISBN 7-80581-948-3:¥5.50

G624.71 **016044**
音乐:五线谱　第二册/广西中小学音乐教材编写委员会编.—南宁:接力出版社,1995.11.—50页;26cm
广西壮族自治区九年义务教育小学试用课本
ISBN 7-80581-944-0:¥5.50

G624.71 **016045**
音乐:五线谱　第九册/天津市教育教学研究室编.—天津:百花文艺出版社,1995.7.—38页;26cm
九年义务教育小学课本:试用
ISBN 7-5306-2015-0:¥3.60

G624.71 **016046**
音乐:五线谱　第九册/广西中小学音乐教材编写委员会编.—南宁:接力出版社,1995.7.—54页;26cm
广西壮族自治区九年义务教育小学试用课本
ISBN 7-80581-902-5:¥6.30

G624.71 **016047**
音乐:五线谱　第六册/广西中小学音乐教材编写委员会编.—南宁:接力出版社,1995.11.—50页;26cm
广西壮族自治区九年义务教育小学试用课本
ISBN 7-80581-946-7:¥5.50

G624.71 **016048**
音乐:五线谱　第七册/天津市教育教学研究室编.—天津:百花文艺出版社,1995.7.—46页;26cm
九年义务教育小学课本:试用
ISBN 7-5306-2013-4:¥4.00

G624.71 **016049**
音乐:五线谱　第七册/广西中小学音乐教材编写委员会编.—南宁:接力出版社,1995.7.—46页;26cm
广西壮族自治区九年义务教育小学试用课本
ISBN 7-80581-901-7:¥5.50

G624.71 **016050**
音乐:五线谱　第三册/广西中小学音乐教材编写委员会编.—南宁:接力出版社,1995.7.—46页;26cm
广西壮族自治区九年义务教育小学试用课本
ISBN 7-80581-899-1:¥5.50

G624.71 **016051**
音乐:五线谱　第十册/广西中小学音乐教材编写委员会编.—南宁:接力出版社,1995.11.—54页;26cm
广西壮族自治区九年义务教育小学试用课本
ISBN 7-80581-949-1:¥5.50

G624.71 **016052**
音乐:五线谱　第十二册/广西中小学音乐教材编写委员会编.—南宁:接力出版社,1995.11.—50页;26cm
广西壮族自治区九年义务教育小学试用课本
ISBN 7-80581-950-5:¥5.50

G624.71 **016053**
音乐:五线谱　第十一册/天津市教育教学研究室编.—天津:百花文艺出版社,1995.7.—37页;26cm
九年义务教育小学课本:试用
ISBN 7-5306-2017-7:¥3.60

G624.71 **016054**
音乐:五线谱　第十一册/广西中小学音乐教材编写委员会编写.—南宁:接力出版社,1995.7.—46页;26cm
广西壮族自治区九年义务教育小学试用课本
ISBN 7-80581-903-3:¥5.50

G624.71 **016055**
音乐:五线谱　第四册/广西中小学音乐教材编写委员会编.—南宁:接力出版社,1995.11.—50页;26cm
广西壮族自治区九年义务教育小学试用课本
ISBN 7-80581-945-9:¥5.50

G624.71 **016056**
音乐:五线谱　第五册/广西中小学音乐教材编写委员会编.—南宁:接力出版社,1995.7.—46页;26cm
广西壮族自治区九年义务教育小学试用课本
ISBN 7-80581-900-9:¥5.50

G624.71 **016057**
音乐:五线谱　第一册/广西中小学音乐教材编写委员会编.—南宁:接力出版社,1995.7.—46页;26cm
广西壮族自治区九年义务教育小学试用课本
ISBN 7-80581-898-3:¥5.50

G624.71 **016058**
音乐:五线谱(10)/辽宁省小学音乐教材编写组编.—沈阳:辽宁教育出版社,1995.12.—63页;26cm
辽宁省九年义务教育五、六年制小学实验教材
ISBN 7-5382-4488-3:¥4.90

G624.71 **016059**

音乐:五线谱(11)/辽宁省小学音乐教材编写组编.—沈阳:辽宁教育出版社,1995.8.—92页;26cm
辽宁省九年义务教育五、六年制小学实验教材
ISBN 7-5382-4287-2:¥3.50

G624.71 **016060**
音乐:五线谱(1)/辽宁省小学音乐教材编写组编.—沈阳:辽宁教育出版社,1995.8.—47页;19×26cm
辽宁省九年义务教育五、六年制小学实验教材
ISBN 7-5382-4287-2:¥3.50

G624.71 **016061**
音乐:五线谱(2)/辽宁省小学音乐教材编写组编.—沈阳:辽宁教育出版社,1995.12.—60页;19×26cm
辽宁省九年义务教育五、六年制小学实验教材
ISBN 7-5382-4484-0:¥3.50

G624.71 **016062**
音乐:五线谱(3)/辽宁省小学音乐教材编写组编.—沈阳:辽宁教育出版社,1995.8.—76页;19×26cm
辽宁省九年义务教育五、六年制小学实验教材
ISBN 7-5382-4287-2:¥3.50

G624.71 **016063**
音乐:五线谱(4)/辽宁省小学音乐教材编写组编.—沈阳:辽宁教育出版社,1995.12.—60页;19×26cm
辽宁省九年义务教育五、六年制小学实验教材
ISBN 7-5382-4485-9:¥3.50

G624.71 **016064**
音乐:五线谱(5)/辽宁省小学音乐教材编写组编.—沈阳:辽宁教育出版社,1995.8.—68页;26cm
辽宁省九年义务教育五、六年制小学实验教材
ISBN 7-5382-4287-2:¥3.50

G624.71 **016065**
音乐:五线谱(6)/辽宁省小学音乐教材编写组编.—沈阳:辽宁教育出版社,1995.12.—63页;26cm
辽宁省九年义务教育五、六年制小学实验教材
ISBN 7-5382-4486-7:¥4.90

G624.71 **016066**
音乐:五线谱(7)/辽宁省小学音乐教材编写组编.—沈阳:辽宁教育出版社,1995.8.—84页;26cm
辽宁省九年义务教育五、六年制小学实验教材
ISBN 7-5382-4287-2:¥3.50

G624.71 **016067**
音乐:五线谱(8)/辽宁省小学音乐教材编写组编.—沈阳:辽宁教育出版社,1995.12.—64页;26cm
辽宁省九年义务教育五年、六年制小学实验教材
ISBN 7-5382-4487-5:¥4.90

G624.71 **016068**
音乐:五线谱(9)/辽宁省小学音乐教材编写组编.—沈阳:辽宁教育出版社,1995.8.—68页;26cm
辽宁省九年义务教育五、六年制小学实验教材
ISBN 7-5382-4287-2:¥3.50

G624.71 **016069**
音乐:五线谱版 第四册/九年义务教育教材(沿海地区)编写委员会编.—2版.—广州:广东教育出版社,1995.12.—49页;19×26cm
九年义务教育六年制小学试用课本
ISBN 7-5406-1639-3:¥5.70

G624.75 **016070**
4000常用字字帖/王卫军书写.—西安:西安出版社,1995.6.—108页;19cm.—(学生规范字帖)
ISBN 7-80594-216-1:¥4.00

G624.75 **016071**
半年能成小画家 第5集:学画《三国演义》专辑/郎尔等绘.—天津:天津人民美术出版社,1995.1.—5册;15×26cm
ISBN 7-5305-0446-0:¥5.00

G624.75 **016072**
丁丁学画/武广久编写;李晓文等绘.—济南:明天出版社,1995.4.—64页;20cm.—(全国小学生课外丛书/李仲汉主编)
全套120册,总定价:385.00元
ISBN 7-5332-2142-7:¥0.00

G624.75 **016073**
动脑巧制作/唐月忠等编.—上海:上海远东出版社,1995.6.—120页;19cm
ISBN 7-80613-108-6:¥4.80

G624.75 **016074**
多用途儿童描画本 第二册:花鸟·鱼虫.—福州:福建美术出版社,1995.5.—16页;26cm
全套共4册,总定价8.80元
ISBN 7-5393-0301-8:¥0.00

G624.75 **016075**
多用途儿童描画本 第三册:人物·动物·树木.—福州:福建美术出版社,1995.5.—16页;26cm
全套共4册,总定价8.80元
ISBN 7-5393-0301-8:¥0.00

G624.75 **016076**
多用途儿童描画本 第四册:交通工具·日用品.—福州:福建美术出版社,1995.5.—16页;26cm
全套共4册,总定价8.80元
ISBN 7-5393-0301-8:¥0.00

G624.75 **016077**
多用途儿童描画本 第一册:蔬菜·瓜果.—福州:福建美术出版社,1995.5.—16页;26cm
全套共4册,总定价8.80元
ISBN 7-5393-0301-8:¥0.00

G624.75 **016078**
儿童美术 (1)/徐晨明等编著;北京市教育学会美术教育研究会编.—北京:人民美术出版社,1995.4.—91页;18×17cm
当代儿童少年美术学习系列教程
ISBN 7-102-01388-4:¥7.00

G624.75 **016079**
儿童美术 (2)/李梦熊编著;北京市教育学会美术教育研究会编.—北京:人民美术出版社,1995.4.—91页;18×17cm

当代儿童少年美术学习系列教程
ISBN 7-102-01389-2:¥7.00

G624.75 016080
儿童美术 (3)/王宜编著;北京市教育学会美术教育研究会编.—北京:人民美术出版社,1995.4.—91页;18×17cm
当代儿童少年美术学习系列教程
ISBN 7-102-01390-6:¥7.00

G624.75 016081
儿童捏塑艺术/林冰心著.—福州:福建教育出版社,1995.4.—102页;19×17cm
ISBN 7-5334-1918-9:¥11.00

G624.75 016082
儿童素描入门/刘金成著.—石家庄:河北美术出版社,1995.9.—92页;17×19cm.—(儿童学画入门丛书)
ISBN 7-5310-0717-7:¥5.20

G624.75 016083
儿童文字描红/郭少华编写.—海口:南海出版公司,1995.6.—16页;26cm.—(家庭课堂系列)
ISBN 7-5442-0357-3:¥1.20

G624.75 016084
儿童线描写生教程/左志丹主编.—成都:四川少年儿童出版社,1995.8.—111页;21×19cm.—(儿童美术技法丛书)
ISBN 7-5365-1388-7:¥10.00

G624.75 016085
儿童学画中国画/叶冠华编著.—上海:上海画报出版社,1995.5.—45页;17×19cm
ISBN 7-80530-116-6:¥4.00

G624.75 016086
儿童学书法阶梯/白雪易编著.—上海:上海教育出版社,1995.2.—69页;28cm
ISBN 7-5320-3753-3:¥8.10

G624.75 016087
工艺美术/莫迎武编著.—长沙:湖南美术出版社,1995.9.—48页;26cm.—(儿童美术辅导丛书)
ISBN 7-5356-0739-X:¥13.00

G624.75 016088
汉语拼音描红/郭颖编写.—海口:南海出版公司,1995.6.—16页;26cm.—(家庭课堂系列)
ISBN 7-5442-0320-4:¥1.20

G624.75 016089
江苏省九年义务教育五六年制小学通用语文习字册:字帖、描红、仿影　第一册/江苏省九年义务教育小学语文教材编写组编.—南京:江苏教育出版社,1995.7.—54页;19cm
ISBN 7-5343-2436-X:¥2.30

G624.75 016090
九年义务教育六年制小学二年级小学生字帖　第四册/刘建甫编写.—乌鲁木齐:新疆青少年出版社,1995.1.—60页;19cm
ISBN 7-5371-1983-X:¥1.80

G624.75 016091
九年义务教育六年制小学美术课本:试用　第九册/小学美术教材编写组编.—沈阳:辽宁教育出版社,1995.6.—40页;26cm
ISBN 7-5382-4237-6:¥3.00

G624.75 016092
九年义务教育六年制小学美术课本:试用　第七册/小学美术教材编写组编.—沈阳:辽宁教育出版社,1995.6.—40页;26cm
ISBN 7-5382-4237-6:¥3.00

G624.75 016093
九年义务教育六年制小学美术课本:试用　第三册/小学美术教材编写组编.—沈阳:辽宁教育出版社,1995.6.—40页;26cm
ISBN 7-5382-4237-6:¥3.00

G624.75 016094
九年义务教育六年制小学美术课本:试用　第十一册/小学美术教材编写组编.—沈阳:辽宁教育出版社,1995.6.—40页;26cm
ISBN 7-5382-4237-6:¥3.00

G624.75 016095
九年义务教育六年制小学美术课本:试用　第五册/小学美术教材编写组编.—沈阳:辽宁教育出版社,1995.6.—40页;26cm
ISBN 7-5382-4237-6:¥3.00

G624.75 016096
九年义务教育六年制小学美术课本:试用　第一册/小学美术教材编写组编.—沈阳:辽宁教育出版社,1995.6.—40页;26cm
ISBN 7-5382-4237-6:¥3.00

G624.75 016097
九年义务教育六年制小学生字书写练习本　第二册/陈淑芳编写.—成都:四川少年儿童出版社,1995.12.—107页;19cm
ISBN 7-5365-1532-4:¥2.95

G624.75 016098
九年义务教育六年制小学生字书写练习本　第六册/钟文编写.—成都:四川少年儿童出版社,1995.12.—104页;19cm
ISBN 7-5365-1525-1:¥2.75

G624.75 016099
九年义务教育六年制小学生字书写练习本　第四册/寇宝云编写.—成都:四川少年儿童出版社,1995.12.—133页;19cm
ISBN 7-5365-1526-X:¥3.45

G624.75 016100
九年义务教育六年制小学写字/《写字》编写组编.—海口:海南出版社,1995.6.—72页;13×19cm
供一年一期用 含汉语拼音
ISBN 7-80617-032-4:¥2.15

G624.75 016101
九年义务教育六年制小学写字　第三册.—海口:海南出版社,1995.6.—80页;13×19cm
ISBN 7-80617-818-X:¥2.40

G624.75 016102
九年义务教育六年制小学写字　第一册.—海口:海

南出版社,1995.6.—72页;13×19cm
ISBN 7-80617-817-1:¥2.20

G624.75　　016103
九年义务教育六年制小学写字课本:试用本　第八册/北京市教育局教材编审部等编.—北京:人民美术出版社,1995.11.—31页;26cm
ISBN 7-102-01590-9:¥3.20

G624.75　　016104
九年义务教育六年制小学写字课本:试用本　第二册/北京市教育局教材编审部等编.—北京:人民美术出版社,1995.11.—31页;26cm
ISBN 7-102-01587-9:¥3.60

G624.75　　016105
九年义务教育六年制小学写字课本:试用本　第九册/华敬俊,杨文馨主编;北京市教育局教材编审部等编.—北京:人民美术出版社,1995.5.—31页;26cm
ISBN 7-102-01541-0:¥2.80

G624.75　　016106
九年义务教育六年制小学写字课本:试用本　第六册/北京市教育局教材编审部等编.—北京:人民美术出版社,1995.11.—31页;26cm
ISBN 7-102-01589-5:¥3.20

G624.75　　016107
九年义务教育六年制小学写字课本:试用本　第七册/华敬俊,杨文馨主编;北京市教育局教材编审部等编.—北京:人民美术出版社,1995.5.—31页;26cm
ISBN 7-102-01540-2:¥2.80

G624.75　　016108
九年义务教育六年制小学写字课本:试用本　第三册/华敬俊,杨文馨主编;北京市教育局教材编审部等编.—北京:人民美术出版社,1995.5.—31页;26cm
ISBN 7-102-01538-0:¥3.20

G624.75　　016109
九年义务教育六年制小学写字课本:试用本　第十册/北京市教育局教材编审部等编.—北京:人民美术出版社,1995.11.—31页;26cm
ISBN 7-102-01591-7:¥3.20

G624.75　　016110
九年义务教育六年制小学写字课本:试用本　第十二册/北京市教育局教材编审部等编.—北京:人民美术出版社,1995.11.—31页;26cm
ISBN 7-102-01592-5:¥3.20

G624.75　　016111
九年义务教育六年制小学写字课本:试用本　第十一册/华敬俊,杨文馨主编;北京市教育局教材编审部等编.—北京:人民美术出版社,1995.5.—31页;26cm
ISBN 7-102-01542-9:¥2.80

G624.75　　016112
九年义务教育六年制小学写字课本:试用本　第四册/北京市教育局教材编审部等编.—北京:人民美术出版社,1995.11.—31页;26cm
ISBN 7-102-01588-7:¥3.60

G624.75　　016113
九年义务教育六年制小学写字课本:试用本　第五册/华敬俊,杨文馨主编;北京市教育局教材编审部等编.—北京:人民美术出版社,1995.5.—31页;26cm
ISBN 7-102-01539-9:¥2.80

G624.75　　016114
九年义务教育六年制小学写字课本:试用本　第一册/华敬俊,杨文馨主编;北京市教育局教材编审部等编.—北京:人民美术出版社,1995.5.—31页;26cm
ISBN 7-102-01537-2:¥3.20

G624.75　　016115
九年义务教育六年制小学写字课本试用本教学参考用书　(下)/北京市教育局教材编审部等编.—北京:人民美术出版社,1995.11.—115页;26cm
ISBN 7-102-01593-3:¥20.00

G624.75　　016116
九年义务教育全日制六年制小学美术课本　第五册:试用本/米海峰主编;山东省教学研究室,山东省教育学会美术教学研究专业委员会编.—济南:山东美术出版社,1995.4.—32页;26cm
三年级上学期用
ISBN 7-5330-0882-0:¥1.85

G624.75　　016117
九年义务教育全日制五年制小学美术课本:试用本　第五册/山东省教学研究室,山东省教育学会美术教学研究专业委员会编.—济南:山东美术出版社,1995.4.—32页;26cm
三年级上学期用
ISBN 7-5330-0881-2:¥1.85

G624.75　　016118
九年义务教育全日制小学美术教材　第八册/沈阳市中小学美术教材编委会编.—沈阳:辽宁美术出版社,1995.11.—36页;17×19cm
ISBN 7-5314-1354-X:¥2.90

G624.75　　016119
九年义务教育全日制小学美术教材　第二册/沈阳市中小学美术教材编委会编.—沈阳:辽宁美术出版社,1995.11.—36页;17×19cm
ISBN 7-5314-1351-5:¥2.90

G624.75　　016120
九年义务教育全日制小学美术教材　第九册/徐甲英,李树平主编;沈阳市中小学美术教材编委会编.—沈阳:辽宁美术出版社,1995.7.—36页;17×19cm
ISBN 7-5314-1314-0:¥2.60

G624.75　　016121
九年义务教育全日制小学美术教材　第六册/沈阳市中小学美术教材编委会编.—沈阳:辽宁美术出版社,1995.11.—36页;17×19cm
ISBN 7-5314　1353-1:¥2.90

G624.75　　016122
九年义务教育全日制小学美术教材　第七册/徐甲英,李树平主编;沈阳市中小学美术教材编委会编.—沈阳:辽宁美术出版社,1995.7.—36页;17×19cm
ISBN 7-5314-1313-2:¥2.60

G624.75　　016123
九年义务教育全日制小学美术教材　第三册/徐甲

英,李树平主编;沈阳市中小学美术教材编委会编.—沈阳:辽宁美术出版社,1995.7.—36页;17×19cm
ISBN 7-5314-1311-6:¥2.60

G624.75　016124
九年义务教育全日制小学美术教材　第十册/沈阳市中小学美术教材编委会编.—沈阳:辽宁美术出版社,1995.11.—36页;17×19cm
ISBN 7-5314-1355-8:¥2.90

G624.75　016125
九年义务教育全日制小学美术教材　第十二册/沈阳市中小学美术教材编委会编.—沈阳:辽宁美术出版社,1995.11.—36页;17×19cm
ISBN 7-5314-1356-6:¥2.90

G624.75　016126
九年义务教育全日制小学美术教材　第十一册/徐甲英,李树平主编;沈阳市中小学美术教材编委会编.—沈阳:辽宁美术出版社,1995.7.—36页;17×19cm
ISBN 7-5314-1315-9:¥2.60

G624.75　016127
九年义务教育全日制小学美术教材　第四册/沈阳市中小学美术教材编委会编.—沈阳:辽宁美术出版社,1995.11.—36页;17×19cm
ISBN 7-5314-1352-3:¥2.90

G624.75　016128
九年义务教育全日制小学美术教材　第五册/徐甲英,李树平主编;沈阳市中小学美术教材编委会编.—沈阳:辽宁美术出版社,1995.7.—36页;17×19cm
ISBN 7-5314-1312-4:¥2.60

G624.75　016129
九年义务教育全日制小学美术教材　第一册/徐甲英,李树平主编;沈阳市中小学美术教材编委会编.—沈阳:辽宁美术出版社,1995.7.—36页;17×19cm
ISBN 7-5314-1310-8:¥2.60

G624.75　016130
九年义务教育小学语文写字:钢笔字　第二册/人民教育出版社小学语文室编.—北京:人民教育出版社,1995.6.—16页;19cm
供三年级下学期用
ISBN 7-107-11380-1:¥0.90

G624.75　016131
科技手工小制作:二年级/关成志,唐淑华主编;史贻晶等编.—沈阳:辽宁少年儿童出版社:辽宁人民出版社,1995.2.—70页;19cm
ISBN 7-205-03264-4:¥2.00

G624.75　016132
科技手工小制作:六年级/关成志,唐淑华主编;史贻晶等编.—沈阳:辽宁少年儿童出版社:辽宁人民出版社,1995.2.—63页;19cm
ISBN 7-205-03268-7:¥2.00

G624.75　016133
科技手工小制作:三年级/关成志,唐淑华主编;史贻晶等编.—沈阳:辽宁少年儿童出版社:辽宁人民出版社,1995.2.—53页;19cm
ISBN 7-205-03265-2:¥2.00

G624.75　016134
科技手工小制作:四年级/关成志,唐淑华主编;史贻晶等编.—沈阳:辽宁少年儿童出版社:辽宁人民出版社,1995.2.—59页;19cm
ISBN 7-205-03266-0:¥2.00

G624.75　016135
科技手工小制作:五年级/关成志,唐淑华主编;史贻晶等编.—沈阳:辽宁少年儿童出版社:辽宁人民出版社,1995.2.—62页;19cm
ISBN 7-205-03267-9:¥2.00

G624.75　016136
科技手工小制作:一年级/关成志,唐淑华主编;史贻晶等编.—沈阳:辽宁少年儿童出版社:辽宁人民出版社,1995.2.—65页;19cm
ISBN 7-205-03263-6:¥2.00

G624.75　016137
劳动/广东省教育厅编.—广州:广东教育出版社,1995.12.—69页;21cm
广东省小学试用课本 四年级下学期用
ISBN 7-5406-3487-1:¥4.55

G624.75　016138
劳动/广东省教育厅编.—广州:广东教育出版社,1995.12.—56页;21cm
广东省小学试用课本 三年级下学期用
ISBN 7-5406-3484-7:¥3.70

G624.75　016139
劳动/广东省教育厅编.—广州:广东教育出版社,1995.12.—75页;21cm
广东省小学试用课本 六年级下学期用
ISBN 7-5406-3496-0:¥4.55

G624.75　016140
劳动/广东省教育厅编.—广州:广东教育出版社,1995.12.—72页;21cm
广东省小学试用课本 五年级下学期用
ISBN 7-5406-3364-6:¥4.55

G624.75　016141
劳动　第八册/党好政,徐宗英主编 .—济南:山东科学技术出版社,1995.10.—64页;19cm
九年义务教育山东省小学课本
ISBN 7-5331-1681-X:¥2.20

G624.75　016142
劳动　第八册/武汉市小学劳动教材编写组编.—4版.—武汉:武汉出版社,1995.12.—67页;19cm
ISBN 7-5430-0429-1:¥1.60

G624.75　016143
劳动　第六册/武汉市小学劳动教材编写组编.—4版.—武汉:武汉出版社,1995.12.—79页;19cm
ISBN 7-5430-0428-3:¥1.80

G624.75　016144
劳动　第七册.—济南:山东科学技术出版社,1995.5.—64页;19cm
九年义务教育山东省小学课本
ISBN 7-5331-1586-4:¥1.66

G624.75　016145
劳动　第三册:四年级　上册/重庆市教育委员会编.—2版.—重庆:重庆出版社,1995.7.—40页;19cm
六年制小学课本:试用本:城市版
ISBN 7-5366-1698-8:¥0.90

G624.75　016146
劳动　第十册/武汉市小学劳动教材编写组编.—4版.—武汉:武汉出版社,1995.12.—67页;19cm
ISBN 7-5430-0430-5:¥1.60

G624.75　016147
劳动　第十二册/武汉市小学劳动教材编写组编.—4版.—武汉:武汉出版社,1995.12.—83页;19cm
ISBN 7-5430-0431-3:¥2.00

G624.75　016148
劳动　第五册:五年级　上册/重庆市教育委员会编.—2版.—重庆:重庆出版社,1995.7.—46页;19cm
六年制小学课本:试用本:城市版
ISBN 7-5366-1699-6:¥0.95

G624.75　016149
劳动　第一册:三年级　上册/重庆市教育委员会编.—2版.—重庆:重庆出版社,1995.7.—37页;19cm
六年制小学课本:试用本:城市版
ISBN 7-5366-1697-X:¥0.78

G624.75　016150
劳动:二年级/葫芦岛市教育委员会编写.—沈阳:辽宁人民出版社,1995.10.—59页;19cm
葫芦岛市小学劳动课补充教材
ISBN 7-205-03458-2:¥2.00

G624.75　016151
劳动:二年级(下)/小学劳动实验课本编写组编.—哈尔滨:黑龙江教育出版社,1995.3.—58页;19cm
小学实验课本
ISBN 7-5316-2475-3:¥1.20

G624.75　016152
劳动:二年级上学期/江西省教育科学研究所编.—南昌:江西教育出版社,1995.7.—21页;19cm
江西省小学试用课本
ISBN 7-5392-1697-2:¥0.65

G624.75　016153
劳动:二年级下学期/李四友主编;江西省教育科学研究所编.—南昌:江西教育出版社,1995.12.—17页;19cm
江西省小学试用课本
ISBN 7-5392-2391-X:¥0.80

G624.75　016154
劳动:六年级/葫芦岛市教育委员会编写.—沈阳:辽宁人民出版社,1995.10.—65页;19cm
葫芦岛市小学劳动课补充教材
ISBN 7-205-03445-0:¥2.20

G624.75　016155
劳动:六年级/本溪市小学劳动乡土教材编写组编.—沈阳:辽宁美术出版社,1995.8.—36页;19cm
辽宁省九年义务教育全日制小学乡土教材:六年制试用本
ISBN 7-5314-1301-9:¥1.50

G624.75　016156
劳动:六年级(下)/小学劳动实验课本编写组编.—哈尔滨:黑龙江教育出版社,1995.3.—90页;19cm
小学实验课本
ISBN 7-5316-2479-6:¥1.50

G624.75　016157
劳动:六年一期/湖南省中学《劳动技术》、小学《劳动》编写委员会编.—长沙:湖南教育出版社,1995.5.—46页;20cm
湖南省九年义务教育小学课本:实验本
ISBN 7-5355-0870-7:¥1.95

G624.75　016158
劳动:三年级/本溪市小学劳动乡土教材编写组编.—沈阳:辽宁美术出版社,1995.8.—31页;19cm
辽宁省九年义务教育全日制小学乡土教材:六年制试用本
ISBN 7-5314-1298-5:¥1.50

G624.75　016159
劳动:三年级/葫芦岛市教育委员会编写.—沈阳:辽宁人民出版社,1995.10.—50页;19cm
葫芦岛市小学劳动课补充教材
ISBN 7-205-03444-2:¥1.70

G624.75　016160
劳动:三年级　下册/唐淑华主编.—沈阳:辽宁教育出版社,1995.11.—72页;19cm
辽宁省九年义务教育全日制五年制小学课本 城市版、农村版兼用
ISBN 7-5382-3967-7:¥2.40

G624.75　016161
劳动:三年级(下)/小学劳动实验课本编写组编.—哈尔滨:黑龙江教育出版社,1995.3.—59页;19cm
小学实验课本
ISBN 7-5316-2476-1:¥1.20

G624.75　016162
劳动:三年级上学期/江西省教育科学研究所编.—南昌:江西教育出版社,1995.7.—30页;19cm
江西省小学试用课本:农村版
ISBN 7-5392-2233-6:¥0.55

G624.75　016163
劳动:三年级上学期/江西省教育科学研究所编.—南昌:江西教育出版社,1995.7.—22页;19cm
江西省小学试用课本:城市版
ISBN 7-5392-2230-1:¥0.45

G624.75　016164
劳动:三年级下学期/江西省教育科学研究所编.—南昌:江西教育出版社,1995.12.—19页;19cm
江西省小学试用课本:城市版
ISBN 7-5392-2368-X:¥0.60

G624.75　016165
劳动:三年级下学期/李四友主编;江西省教育科学研究所编.—南昌:江西教育出版社,1995.12.—21页;19cm
江西省小学试用课本:农村版

ISBN 7-5392-2392-8: ¥0.60

G624.75 **016166**

劳动:三年一期/湖南省中学《劳动技术》、小学《劳动》编写委员会编.—长沙:湖南教育出版社,1995.5.—46页;20cm

湖南省九年义务教育小学课本:实验本

ISBN 7-5355-0867-7: ¥1.95

G624.75 **016167**

劳动:四年级/葫芦岛市教育委员会编写.—沈阳:辽宁人民出版社,1995.10.—49页;19cm

葫芦岛市小学劳动课补充教材

ISBN 7-205-03459-0: ¥1.70

G624.75 **016168**

劳动:四年级/本溪市小学劳动乡土教材编写组编.—沈阳:辽宁美术出版社,1995.8.—35页;19cm

辽宁省九年义务教育全日制小学乡土教材:六年制试用本

ISBN 7-5314-1299-3: ¥1.50

G624.75 **016169**

劳动:四年级　下册/唐淑华主编.—沈阳:辽宁教育出版社,1995.11.—87页;19cm

辽宁省九年义务教育全日制五年制小学课本:城市版、农村版兼用

ISBN 7-5382-3999-5: ¥2.20

G624.75 **016170**

劳动:四年级(下)/小学劳动实验课本编写组编.—哈尔滨:黑龙江教育出版社,1995.3.—90页;19cm

小学实验课本

ISBN 7-5316-2477-X: ¥1.50

G624.75 **016171**

劳动:四年级上学期/江西省教育科学研究所编.—南昌:江西教育出版社,1995.7.—19页;19cm

江西省小学试用课本:农村版

ISBN 7-5392-2227-1: ¥0.45

G624.75 **016172**

劳动:四年级上学期/江西省教育科学研究所编.—南昌:江西教育出版社,1995.7.—27页;19cm

江西省小学试用课本:城市版

ISBN 7-5392-1941-6: ¥0.55

G624.75 **016173**

劳动:四年级下学期/李四友主编;江西省教育科学研究所编.—南昌:江西教育出版社,1995.12.—25页;19cm

江西省小学试用课本:农村版

ISBN 7-5392-2391-4: ¥0.65

G624.75 **016174**

劳动:四年级下学期/李四友主编;江西省教育科学研究所编.—南昌:江西教育出版社,1995.12.—27页;19cm

江西省小学试用课本:城市版

ISBN 7-5392-2393-6: ¥0.70

G624.75 **016175**

劳动:四年一期/湖南省中学《劳动技术》、小学《劳动》编写委员会编.—长沙:湖南教育出版社,1995.5.—46页;20cm

湖南省九年义务教育小学课本:实验本

ISBN 7-5355-0868-5: ¥1.95

G624.75 **016176**

劳动:五年级/葫芦岛市教育委员会编写.—沈阳:辽宁人民出版社,1995.10.—54页;19cm

葫芦岛市小学劳动课补充教材

ISBN 7-205-03443-4: ¥1.90

G624.75 **016177**

劳动:五年级/本溪市小学劳动乡土教材编写组编.—沈阳:辽宁美术出版社,1995.8.—32页;19cm

辽宁省九年义务教育全日制小学乡土教材:六年制试用本

ISBN 7-5314-1300-0: ¥1.50

G624.75 **016178**

劳动:五年级　下册/唐淑华主编.—沈阳:辽宁教育出版社,1995.11.—75页;19cm

辽宁省九年义务教育全日制五年制小学课本:城市版农村版兼用

ISBN 7-5382-4005-5: ¥2.20

G624.75 **016179**

劳动:五年级(下)/小学劳动实验课本编写组编.—哈尔滨:黑龙江教育出版社,1995.3.—90页;19cm

小学实验课本

ISBN 7-5316-2478-8: ¥1.50

G624.75 **016180**

劳动:五年级上学期/江西省教育科学研究所编.—南昌:江西教育出版社,1995.7.—30页;19cm

江西省小学试用课本:城市版

ISBN 7-5392-1942-4: ¥0.55

G624.75 **016181**

劳动:五年级上学期/江西省教育科学研究所编.—南昌:江西教育出版社,1995.7.—32页;19cm

江西省小学试用课本:农村版

ISBN 7-5392-2237-9: ¥0.55

G624.75 **016182**

劳动:五年级下学期/江西省教育科学研究所编.—南昌:江西教育出版社,1995.12.—29页;19cm

江西省小学试用课本:城市版

ISBN 7-5392-2389-8: ¥0.70

G624.75 **016183**

劳动:五年一期/湖南省中学《劳动技术》编写委员会,湖南省小学《劳动》编写委员会编.—长沙:湖南教育出版社,1995.5.—46页;20cm

湖南省九年义务教育小学课本:实验本

ISBN 7-5355-0869-3: ¥1.95

G624.75 **016184**

劳动:一年级/葫芦岛市教育委员会编写.—沈阳:辽宁人民出版社,1995.10.—61页;19cm

葫芦岛市小学劳动课补充教材

ISBN 7-205-03457-4: ¥2.00

G624.75 **016185**

劳动:一年级(下)/小学劳动实验课本编写组编.—哈尔滨:黑龙江教育出版社,1995.3.—58页;19cm

小学实验课本
ISBN 7-5316-2474-5: ¥1.20

G624.75　016186
劳动:一年级上学期/江西省教育科学研究所编.—南昌:江西教育出版社,1995.7.—27页;19cm
江西省小学试用课本
ISBN 7-5392-2193-3: ¥0.80

G624.75　016187
劳动:一年级下学期/江西省教育科学研究所编.—南昌:江西教育出版社,1995.12.—29页;19cm
江西省小学试用课本
ISBN 7-5392-2387-1: ¥1.10

G624.75　016188
辽宁省九年义务教育六年制小学美术课本　第八册/辽宁省小学美术教材编写组编.—沈阳:辽宁教育出版社,1995.12.—40页;26cm
ISBN 7-5382-4498-0: ¥3.40

G624.75　016189
辽宁省九年义务教育六年制小学美术课本　第六册/辽宁省小学美术教材编写组编.—沈阳:辽宁教育出版社,1995.12.—40页;26cm
ISBN 7-5382-4497-2: ¥3.40

G624.75　016190
辽宁省九年义务教育六年制小学美术课本　第十册/辽宁省小学美术教材编写组编.—沈阳:辽宁教育出版社,1995.12.—40页;26cm
ISBN 7-5382-4499-9: ¥3.40

G624.75　016191
辽宁省九年义务教育六年制小学美术课本　第十二册/辽宁省小学美术教材编写组编.—沈阳:辽宁教育出版社,1995.12.—40页;26cm
ISBN 7-5382-4500-6: ¥3.40

G624.75　016192
六年制小学语文课本钢笔楷书:写字:四年级　下册.—沈阳:辽宁教育出版社,1995.10.—32页;19cm
ISBN 7-5382-4369-0: ¥1.05

G624.75　016193
六年制小学语文课本毛笔字:大楷习字本:六年级下册/温同春书.—沈阳:辽宁教育出版社,1995.10.—20页;19×26cm
ISBN 7-5382-4371-2: ¥2.10

G624.75　016194
六年制小学语文课本毛笔字:大楷习字本:五年级下册　/温同春书写　.—沈阳:辽宁教育出版社,1995.10.—20页;26×19cm
ISBN 7-5382-4370-4: ¥2.10

G624.75　016195
毛笔字:描绿:三年级　下册/金成钧书写.—沈阳:辽宁教育出版社,1995.10.—32页;19cm
六年制小学语文课本
ISBN 7-5382-4367-4: ¥0.95

G624.75　016196
毛笔字:四年级　下册:仿影/汤文奇书.—沈阳:辽宁教育出版社,1995.10.—36张;19cm
六年制小学语文课本:试用本
ISBN 7-5382-4372-0: ¥1.85

G624.75　016197
美、英武装直升机:世界著名战机手工制作/刘一方绘.—天津:新蕾出版社,1995.11.—8张;27×38cm
¥6.00

G624.75　016198
美术　(3)/王剑主编.—2版.—南宁:广西美术出版社,1995.3.—32页;26cm
小学美术课本:试用本
ISBN 7-80582-355-3: ¥3.60

G624.75　016199
美术　(6):三年级下学期/米海峰主编;山东省教学研究室,山东省教育学会美术教学研究专业委员会编.—济南:山东美术出版社,1995.8.—32页;26cm
九年义务教育全日制六年制初级小学美术课本　:试用本
ISBN 7-5330-0908-8: ¥2.75

G624.75　016200
美术　(9)/王剑主编.—2版.—南宁:广西美术出版社,1995.3.—32页;26cm
小学美术课本:试用本
ISBN 7-80582-358-8: ¥3.60

G624.75　016201
美术　第八册/江西省小学美术教材编写组编.—南昌:江西美术出版社,1995.12.—32页;19×26cm
江西省小学课本 四年级下学期
ISBN 7-80580-256-4: ¥4.00

G624.75　016202
美术　第八册/江西省小学美术教材编写组编.—南昌:江西美术出版社,1995.12.—32页;19×26cm
江西省小学课本 四年级下学期
ISBN 7-80580-256-4: ¥4.00

G624.75　016203
美术　第八册/江西省小学美术教材编写组编.—南昌:江西美术出版社,1995.12.—32页;19×26cm
江西省小学课本 四年级下学期
ISBN 7-80580-256-4: ¥4.00

G624.75　016204
美术　第八册/长春市教委,中国教育学会美术教研会编.—北京:人民美术出版社,1995.11.—32页;26cm
九年义务教育小学试用课本
ISBN 7-102-01596-8: ¥3.80

G624.75　016205
美术　第八册/天津市教育教学研究室编.—天津:天津人民美术出版社,1995.12.—48页;26cm
九年义务教育小学美术课本:试用
ISBN 7-5305-0458-4: ¥5.65

G624.75　016206
美术　第二册/王培秋主编;四川省教育科学研究所编.—成都:四川教育出版社,1995.1.—16页;26cm
四川省小学乡土试用课本
ISBN 7-5408-2627-4: ¥1.80

G624.75　016207

美术　第二册/四川省教育科学研究所编.—成都:四川教育出版社,1995.1.—24页;17×19cm
四川省小学乡土试用课本
ISBN 7-5408-2575-8:¥1.80

G624.75　016208
美术　第九册/李永正主编;浙江省义务教育教材编委会编.—杭州:浙江教育出版社,1995.7.—32页;26cm
义务教育小学课本:试用
ISBN 7-5338-2116-5:¥2.10

G624.75　016209
美术　第九册/天津市教育教学研究室编.—天津:天津人民美术出版社,1995.7.—48页;26cm
九年义务教育小学美术课本:试用
ISBN 7-5305-0460-6:¥4.70

G624.75　016210
美术　第七册/王剑主编.—2版.—南宁:广西美术出版社,1995.3.—32页;26cm
小学美术课本:试用本
ISBN 7-80582-357-X:¥3.60

G624.75　016211
美术　第七册/天津市教育教学研究室编.—天津:天津人民美术出版社,1995.7.—48页;26cm
九年义务教育小学美术课本:试用
ISBN 7-5305-0456-8:¥4.70

G624.75　016212
美术　第十册/浙江省义务教育教材编委会编.—杭州:浙江教育出版社,1995.12.—32页;26cm
义务教育小学课本:试用
ISBN 7-5338-2298-6:¥2.70

G624.75　016213
美术　第十二册/四川省教育科学研究所编.—成都:四川教育出版社,1995.1.—24页;17×19cm
四川省小学乡土试用课本
ISBN 7-5408-2611-8:¥1.80

G624.75　016214
美术　第十二册/湖北省教学研究室编.—武汉:湖北美术出版社,1995.11.—32页;26cm
九年制义务教育全日制小学美术实验课本:湖北版
ISBN 7-5394-0563-5:¥4.38

G624.75　016215
美术　第十二册/天津市教育教学研究室编.—天津:天津人民美术出版社,1995.12.—32页;26cm
九年义务教育小学美术课本:试用
ISBN 7-5305-0466-5:¥4.00

G624.75　016216
美术　第十一册/天津市教育教学研究室编.—天津:天津人民美术出版社,1995.7.—32页;26cm
九年义务教育小学美术课本:试用
ISBN 7-5305-0465-7:¥3.30

G624.75　016217
美术　第四册/长春市教委,中国教育学会美术教研会编.—北京:人民美术出版社,1995.11.—32页;26cm
九年义务教育小学试用课本
ISBN 7-102-01594-1:¥3.80

G624.75　016218
美术　第一册/王剑主编.—2版.—南宁:广西美术出版社,1995.4.—32页;26cm
小学美术课本:试用本
ISBN 7-80582-354-5:¥3.60

G624.75　016219
美术:二年级上学期　第三册/江西省小学美术教材编写组编.—南昌:江西美术出版社,1995.7.—32页;19×26cm
江西省小学课本
ISBN 7-80580-204-1:¥3.13

G624.75　016220
美术:二年级下学期　第四册/江西省小学美术教材编写组编.—南昌:江西美术出版社,1995.12.—32页;19×26cm
江西省小学课本
ISBN 7-80580-252-1:¥4.00

G624.75　016221
美术:六年级上学期　第十一册　/江西省小学美术教材编写组编.—南昌:江西美术出版社,1995.7.—32页;19×26cm
江西省小学课本
ISBN 7-80580-208-4:¥3.13

G624.75　016222
美术:三年级下学期/米海峰主编;山东省教学研究室,山东省教育学会美术教学研究专业委员会编.—济南:山东美术出版社,1995.8.—32页;26cm
九年义务教育全日制五年制小学课本:试用本
ISBN 7-5330-0909-6:¥2.75

G624.75　016223
美术:三年级下学期　第六册/江西省小学美术教材编写组编.—南昌:江西美术出版社,1995.12.—32页;19×26cm
江西省小学课本
ISBN 7-80580-255-6:¥4.00

G624.75　016224
美术:一年级上学期　第一册/江西省小学美术教材编写组编.—南昌:江西美术出版社,1995.7.—32页;19×26cm
江西省小学课本
ISBN 7-80580-212-2:¥3.13

G624.75　016225
少儿书法起步/单越明编著.—北京:社会科学文献出版社,1995.11.—92页;19×26cm
ISBN 7-80050-564-2:¥8.60

G624.75　016226
少儿书画　(一)/上海教育杂志社编.—上海:上海社会科学院出版社,1995.5.—58页;19cm.—(中、小学活动课系列资料/金正扬主编)
ISBN 7-80618-072-9:¥2.00

G624.75　016227
少儿学画新路:平画造型/黄庆芳等编绘.—哈尔滨:黑龙江美术出版社,1995.8.—86页;26cm

哈尔滨市儿童少年活动中心美术培训教材
ISBN 7-5318-0301-1:¥9.80

G624.75 016228
少年儿童硬笔描红字帖/孙栋梁书.—天津:天津人民美术出版社,1995.6.—66页;17×19cm
ISBN 7-5305-0434-7:¥3.40

G624.75 016229
生活与劳动/上海中小学课程教材改革委员会编.—上海:上海科技教育出版社,1995.7.—62页;19cm
九年义务教育课本 五年级第一学期用
ISBN 7-5428-1172-X:¥1.35

G624.75 016230
生活与劳动 第九册/丁碧英等主编;浙江省义务教育教材编委会编.—杭州:浙江教育出版社,1995.7.—62页;20cm
义务教育小学课本:试用
ISBN 7-5338-2113-0:¥2.00

G624.75 016231
生活与劳动 第十册/浙江省义务教育教材编委会编.—杭州:浙江教育出版社,1995.12.—63页;20cm
义务教育小学课本:试用
ISBN 7-5338-2286-2:¥2.55

G624.75 016232
世界著名赛车:手工制作/曹珉等绘.—天津:新蕾出版社,1995.8.—6张;27×38cm
¥5.00

G624.75 016233
淑女手工:小小服装设计师/姚仲新,刘云雀设计绘制.—天津:天津人民出版社,1995.1.—8页;26cm
ISBN 7-5305-0423-1:¥3.80

G624.75 016234
娃娃动手动脑小制作/李华等编绘.—郑州:海燕出版社,1995.5.—1册;26cm
ISBN 7-5350-1270-1:¥3.50

G624.75 016235
腕龙:动物王国手工制作/晓强绘.—天津:新蕾出版社,1995.11.—16张;27×38cm.—(恐龙系列)
¥12.00

G624.75 016236
我爱卡通:动脑联想漫画造型练习/黄木村编著.—北京:中国计量出版社,1995.10.—48页;19×26cm
ISBN 7-5026-0839-7:¥13.00

G624.75 016237
小学必背课文钢笔字帖/罗易编写.—广州:新世纪出版社,1995.9.—128页;26cm
ISBN 7-5405-1204-0:¥8.90

G624.75 016238
小学美术练习册 第十册.—南昌:江西美术出版社,1995.12.—1册;19×26cm
五年级下学期
ISBN 7-80580-274-2:¥4.00

G624.75 016239
小学美术练习册:二年级上学期 第三册.—南昌:江西美术出版社,1995.7.—1册;19×26cm
ISBN 7-80580-227-0:¥3.33

G624.75 016240
小学美术练习册:二年级下学期 第四册.—南昌:江西美术出版社,1995.12.—1册;19×26cm
ISBN 7-80580-271-8:¥3.80

G624.75 016241
小学美术练习册:三年级下学期 第六册.—南昌:江西美术出版社,1995.12.—1册;19×26cm
ISBN 7-80580-272-6:¥4.00

G624.75 016242
小学美术练习册:四年级上学期 第七册.—南昌:江西美术出版社,1995.7.—1册;19×26cm
ISBN 7-80580-229-7:¥3.21

G624.75 016243
小学美术练习册:四年级下学期 第八册.—南昌:江西美术出版社,1995.12.—1册;19×26cm
ISBN 7-80580-273-4:¥4.00

G624.75 016244
小学美术练习册:五年级上学期 第九册.—南昌:江西美术出版社,1995.7.—1册;19×26cm
ISBN 7-80580-230-0:¥3.21

G624.75 016245
小学美术练习册:一年级上学期 第一册.—南昌:江西美术出版社,1995.7.—1册;19×26cm
ISBN 7-80580-226-2:¥3.33

G624.75 016246
小学美术练习册:一年级下学期 第二册.—南昌:江西美术出版社,1995.12.—1册;19×26cm
ISBN 7-80580-270-X:¥3.80

G624.75 016247
小学三年级写字:钢笔字/万良琦,洪玉华编.—南昌:江西美术出版社,1995.7.—47页;20cm
ISBN 7-80580-210-6:¥1.28

G624.75 016248
小学生多功能硬笔凹槽描字帖:二年级 下册/金敏,陈荫夫编.—福州:福建少年儿童出版社,1995.10.—12张;19cm
ISBN 7-5395-1221-0:¥5.95

G624.75 016249
小学生多功能硬笔凹槽描字帖:三年级 下册/金敏,陈荫夫编.—福州:福建少年儿童出版社,1995.10.—12张;19cm
ISBN 7-5395-1222-9:¥5.95

G624.75 016250
小学生多功能硬笔凹槽描字帖:一年级 下册/金敏,陈荫夫编.—福州:福建少年儿童出版社,1995.10.—12张;19cm
ISBN 7-5395-1220-2:¥5.95

G624.75 016251
小学生钢笔字帖:二年级/周建戎书写.—南京:江苏文艺出版社,1995.8.—60页;19cm
与二年级课本同步
ISBN 7-5399-0819-X:¥2.80

G624.75 016252

小学生钢笔字帖:六年级/王惠松书写.—南京:江苏文艺出版社,1995.8.—60页;19cm
与六年级课本同步
ISBN 7-5399-0819-X:¥2.80

G624.75　　016253
小学生钢笔字帖:三年级/周建戎书写.—南京:江苏文艺出版社,1995.8.—60页;19cm
与三年级课本同步
ISBN 7-5399-0819-X:¥2.80

G624.75　　016254
小学生钢笔字帖:四年级/陆元昶书写.—南京:江苏文艺出版社,1995.8.—60页;19cm
与四年级课本同步
ISBN 7-5399-0819-X:¥2.80

G624.75　　016255
小学生钢笔字帖:五年级/陆元昶书写.—南京:江苏文艺出版社,1995.8.—60页;19cm
与五年级课本同步
ISBN 7-5399-0819-X:¥2.80

G624.75　　016256
小学生钢笔字帖:一年级/洪炜书写.—南京:江苏文艺出版社,1995.8.—60页;19cm
与一年级课本同步
ISBN 7-5399-0819-X:¥2.80

G624.75　　016257
小学生毛笔描红字帖/方绍武书;许云端书写.—合肥:安徽教育出版社,1995.5.—3册;19×26cm
ISBN 7-5336-1737-1:¥6.00

G624.75　　016258
小学生硬笔书法练习册　第九册/李冰晨书写.—郑州:海燕出版社,1995.6.—32页;20cm
ISBN 7-5350-1298-1:¥1.15

G624.75　　016259
小学生硬笔书法练习册　第七册/李冰晨书写.—郑州:海燕出版社,1995.6.—48页;20cm
ISBN 7-5350-1297-3:¥1.60

G624.75　　016260
小学生硬笔书法练习册　第三册/李冰晨书写.—郑州:海燕出版社,1995.6.—80页;20cm
ISBN 7-5350-1295-7:¥2.50

G624.75　　016261
小学生硬笔书法练习册　第五册/李冰晨书写.—郑州:海燕出版社,1995.6.—64页;20cm
ISBN 7-5350-1296-5:¥2.05

G624.75　　016262
小学生硬笔书法练习册　第一册/李冰晨书写.—郑州:海燕出版社,1995.6.—48页;20cm
ISBN 7-5350-1294-9:¥1.60

G624.75　　016263
小学生字书法入轨卡　第二册/林达峰编.—南宁:接力出版社,1995.11.—15张;19cm
ISBN 7-80581-936-X:¥9.80

G624.75　　016264
小学生字书法入轨卡　第六册/林达峰编.—南宁:接力出版社,1995.11.—16张;19cm
ISBN 7-80581-938-6:¥9.80

G624.75　　016265
小学生字书法入轨卡　第三册/林达峰编.—南宁:接力出版社,1995.11.—16张;19cm
ISBN 7-80581-941-6:¥9.80

G624.75　　016266
小学生字书法入轨卡　第四册/林达峰编.—南宁:接力出版社,1995.11.—16张;19cm
ISBN 7-80581-940-8:¥9.80

G624.75　　016267
小学生字书法入轨卡　第五册/林达峰编.—南宁:接力出版社,1995.11.—16张;19cm
ISBN 7-80581-942-4:¥9.80

G624.75　　016268
小学生字书法入轨卡　第一册/林达峰编.—南宁:接力出版社,1995.11.—13张;19cm
ISBN 7-80581-937-8:¥8.18

G624.75　　016269
小学语文古诗硬笔楷书字帖:六年级:写字/田其湜书.—长沙:岳麓书社,1995.6.—54页;19cm
ISBN 7-80520-596-5:¥2.10

G624.75　　016270
小学语文古诗硬笔楷书字帖:三年级:写字/田其湜书.—长沙:岳麓书社,1995.6.—46页;19cm
ISBN 7-80520-593-0:¥1.90

G624.75　　016271
小学语文古诗硬笔楷书字帖:四年级:写字/田其湜书.—长沙:岳麓书社,1995.6.—46页;19cm
ISBN 7-80520-594-9:¥1.90

G624.75　　016272
小学语文古诗硬笔楷书字帖:五年级:写字/田其湜书.—长沙:岳麓书社,1995.6.—54页;19cm
ISBN 7-80520-595-7:¥2.10

G624.75　　016273
小学语文毛笔字练习本:仿影(下).—2版.—武汉:湖北教育出版社,1995.11.—16页;26cm
ISBN 7-5351-0996-9:¥2.30

G624.75　　016274
小学语文生字描红字帖/张瑞峰编.—石家庄:河北教育出版社,1995.6.—46页;19×26cm
ISBN 7-5434-2425-8:¥2.70

G624.75　　016275
小学语文生字描影系列字帖:六年制　第二册/孙厚琦,孙晓红编著.—2版.—海口:南海出版公司,1995.6.—78页;19×26cm
ISBN 7-5442-0307-7:¥3.98

G624.75　　016276
小学语文生字描影系列字帖:六年制　第三册/孙厚琦,孙晓红编著.—海口:南海出版公司,1995.6.—62页;19×26cm
ISBN 7-5442-0203-8:¥3.40

G624.75　　016277
小学语文生字描影系列字帖:六年制　第一册/孙厚

琦,孙晓红编著.—2版.—海口:南海出版公司,1995.6.—78页;19×26cm

ISBN 7-5442-0275-5:¥3.98

G624.75 016278

小学语文生字组词硬笔描红字帖:二年级:写字/田其湜书.—长沙:岳麓书社,1995.6.—46页;19cm

ISBN 7-80520-592-2:¥1.90

G624.75 016279

小学语文生字组词硬笔描红字帖:一年级:写字/田其湜书.—长沙:岳麓书社,1995.6.—46页;19cm

ISBN 7-80520-591-4:¥1.90

G624.75 016280

写字 (八)/李珠主编;武汉市教育学会书法教育研究会编.—2版.—武汉:武汉出版社,1995.11.—56页;26cm

小学试验教材

ISBN 7-5430-0667-7:¥2.10

G624.75 016281

写字 (二)/李珠主编;武汉市教育学会书法教育研究会编.—2版.—武汉:武汉出版社,1995.11.—32页;26cm

小学试验教材

ISBN 7-5430-0664-2:¥1.40

G624.75 016282

写字 (九)/武汉市教育学会书法教育研究会编.—2版.—武汉:武汉出版社,1995.5.—56页;26cm

小学试验教材

ISBN 7-5430-0620-0:¥2.10

G624.75 016283

写字 (六)/李珠主编;武汉市教育学会书法教育研究会编.—2版.—武汉:武汉出版社,1995.11.—56页;26cm

小学试验教材

ISBN 7-5430-0666-9:¥2.10

G624.75 016284

写字 (七)/武汉市教育学会书法教育研究会编.—2版.—武汉:武汉出版社,1995.5.—56页;26cm

小学试验教材

ISBN 7-5430-0619-7:¥2.10

G624.75 016285

写字 (十)/李珠主编;武汉市教育学会书法教育研究会编.—2版.—武汉:武汉出版社,1995.11.—56页;26cm

小学试验教材

ISBN 7-5430-0668-5:¥2.10

G624.75 016286

写字 (十二)/李珠主编;武汉市教育学会书法教育研究会编.—2版.—武汉:武汉出版社,1995.11.—56页;26cm

小学试验教材

ISBN 7-5430-0669-3:¥2.10

G624.75 016287

写字 (十一)/武汉市教育学会书法教育研究会编.—2版.—武汉:武汉出版社,1995.5.—56页;26cm

小学试验教材

ISBN 7-5430-0621-9:¥2.10

G624.75 016288

写字 (四)/李珠主编;武汉市教育学会书法教育研究会编.—2版.—武汉:武汉出版社,1995.11.—56页;26cm

小学试验教材

ISBN 7-5430-0665-0:¥2.10

G624.75 016289

写字 (五)/武汉市教育学会书法教育研究会编.—2版.—武汉:武汉出版社,1995.5.—56页;26cm

小学试验教材

ISBN 7-5430-0618-9:¥2.10

G624.75 016290

写字 (一)/武汉市教育学会书法教育研究会编.—2版.—武汉:武汉出版社,1995.5.—32页;26cm

小学试验教材

ISBN 7-5430-0616-2:¥1.40

G624.75 016291

写字 第八册/谢文清主编;黄贺书.—沈阳:辽宁教育出版社,1995.10.—11页;19×26cm

全日制小学实验课本

ISBN 7-5382-4365-8:¥2.10

G624.75 016292

写字 第八册:钢笔/河北省教育学会书法教育专业委员会编.—石家庄:河北美术出版社,1995.1.—46页;19cm

全日制六年制(五年制)小学试用课本

ISBN 7-5310-0659-6:¥1.05

G624.75 016293

写字 第八册:毛笔/刘润之主编;河北省教育学会书法教育专业委员会编.—石家庄:河北美术出版社,1995.1.—20页;26cm

全日制六年制(五年制)小学试用课本

ISBN 7-5310-0653-7:¥1.25

G624.75 016294

写字 第二册/黄贺书.—沈阳:辽宁教育出版社,1995.10.—49页;19cm

九年义务教育小学课本

ISBN 7-5382-4363-1:¥1.50

G624.75 016295

写字 第二册:铅笔/河北省教育学会书法教育专业委员会编.—石家庄:河北美术出版社,1995.1.—46页;19cm

全日制六年制(五年制)小学试用课本

ISBN 7-5310-0656-1:¥1.05

G624.75 016296

写字 第九册:钢笔/刘润之主编;河北省教育学会书法教育专业委员会编.—2版.—石家庄:河北美术出版社,1995.6.—46页;19cm

全日制六年制(五年制)小学课本

ISBN 7-5310-0625-1:¥1.51

G624.75 016297

写字 第六册/曹军书.—沈阳:辽宁教育出版社,

1995.10.—32页;19cm
九年义务教育小学课本
ISBN 7-5382-4379-8:¥0.95

G624.75　016298
写字　第六册:钢笔/河北省教育学会书法教育专业委员会编.—石家庄:河北美术出版社,1995.1.—46页;19cm
全日制六年制(五年制)小学试用课本
ISBN 7-5310-0658-8:¥1.05

G624.75　016299
写字　第六册:毛笔/刘润之主编;河北省教育学会书法教育专业委员会编.—石家庄:河北美术出版社,1995.1.—20页;26cm
全日制六年制(五年制)小学试用课本
ISBN 7-5310-0652-9:¥1.25

G624.75　016300
写字　第七册:钢笔/刘润之主编;河北省教育学会书法教育专业委员会编.—2版.—石家庄:河北美术出版社,1995.6.—46页;19cm
全日制六年制(五年制)小学课本
ISBN 7-5310-0624-3:¥1.51

G624.75　016301
写字　第三册:铅笔/刘润之主编;河北省教育学会书法教育专业委员会编.—2版.—石家庄:河北美术出版社,1995.6.—46页;19cm
全日制六年制(五年制)小学课本
ISBN 7-5310-0622-7:¥1.51

G624.75　016302
写字　第十册/谢文清主编;黄贺书.—沈阳:辽宁教育出版社,1995.10.—11页;19×26cm
全日制小学实验课本
ISBN 7-5382-4366-6:¥2.10

G624.75　016303
写字　第十册:钢笔/河北省教育学会书法教育专业委员会编.—石家庄:河北美术出版社,1995.1.—46页;19cm
全日制六年制(五年制)小学试用课本
ISBN 7-5310-0660-X:¥1.05

G624.75　016304
写字　第十册:毛笔/刘润之主编;河北省教育学会书法教育专业委员会编.—石家庄:河北美术出版社,1995.1.—20页;26cm
全日制六年制(五年制)小学试用课本
ISBN 7-5310-0654-5:¥1.25

G624.75　016305
写字　第十册:毛笔/河北省教育学会书法教育专业委员会编.—2版.—石家庄:河北美术出版社,1995.1.—20页;26cm
全日制六年制(五年制)小学试用课本
ISBN 7-5310-0654-5:¥1.78

G624.75　016306
写字　第十二册/谢文清主编.—沈阳:辽宁教育出版社,1995.10.—13页;19×26cm
全日制小学实验课本
ISBN 7-5382-4378-X:¥2.20

G624.75　016307
写字　第十二册:钢笔/河北省教育学会书法教育专业委员会编.—石家庄:河北美术出版社,1995.1.—46页;19cm
全日制六年制(五年制)小学试用课本
ISBN 7-5310-0661-8:¥1.05

G624.75　016308
写字　第十一册/谢文清主编;黄贺书.—沈阳:辽宁美术出版社,1995.5.—11页;19×26cm
全日制小学实验课本
ISBN 7-5314-1283-7:¥2.40

G624.75　016309
写字　第十一册:钢笔/刘润之主编;河北省教育学会书法教育专业委员会编.—2版.—石家庄:河北美术出版社,1995.6.—46页;19cm
全日制六年制(五年制)小学课本
ISBN 7-5310-0626-X:¥1.51

G624.75　016310
写字　第四册/黄贺书写.—沈阳:辽宁教育出版社,1995.10.—54页;19cm
九年义务教育小学课本
ISBN 7-5382-4364-X:¥1.60

G624.75　016311
写字　第四册:毛笔/刘润之主编;河北省教育学会书法教育专业委员会编.—石家庄:河北美术出版社,1995.1.—20页;26cm
全日制六年制(五年制)小学试用课本
ISBN 7-5310-0651-0:¥1.25

G624.75　016312
写字　第四册:铅笔/河北省教育学会书法教育专业委员会编.—石家庄:河北美术出版社,1995.1.—46页;19cm
全日制六年制(五年制)小学试用课本
ISBN 7-5310-0657-X:¥1.05

G624.75　016313
写字　第五册/黄鹤书.—沈阳:辽宁美术出版社,1995.5.—47页;19cm
全日制六年制小学语文课本
ISBN 7-5314-1284-5:¥1.35

G624.75　016314
写字　第五册:钢笔/刘润之主编;河北省教育学会书法教育专业委员会编.—2版.—石家庄:河北美术出版社,1995.6.—46页;19cm
全日制六年制(五年制)小学课本
ISBN 7-5310-0623-5:¥1.51

G624.75　016315
写字　第一册/刘彬荣等编著.—修订本.—上海:上海书画出版社,1995.6.—46页;19cm
九年义务教育五年制小学语文教材
ISBN 7-80512-901-0:¥1.45

G624.75　016316
写字　第一册:铅笔/刘润之主编;河北省教育学会书法教育专业委员会编.—2版.—石家庄:河北美术

出版社,1995.6.—46 页;19cm
全日制六年制(五年制)小学课本
ISBN 7-5310-0621-9:¥1.51

G624.75　016317
写字　(三)/武汉市教育学会书法教育研究会编.—2版.—武汉:武汉出版社,1995.5.—32 页;26cm
小学试验教材
ISBN 7-5430-0617-0:¥1.40

G624.75　016318
写字:钢笔楷书:三年级(下)/黄贺书写.—沈阳:辽宁教育出版社,1995.10.—32 页;19cm
六年制小学语文课本
ISBN 7-5382-4368-2:¥1.05

G624.75　016319
写字:钢笔字、毛笔字　第十二册/浙江省义务教育教材编委会编.—杭州:浙江教育出版社,1995.11.—32 页;26cm
义务教育小学课本:试用
ISBN 7-5338-2285-4:¥2.20

G624.75　016320
写字:钢笔字:六年级上学期/谢军主编.—哈尔滨:黑龙江教育出版社,1995.4.—20 页;19×26cm
小学语文课本
ISBN 7-5316-2590-3:¥0.90

G624.75　016321
写字:钢笔字:三年级(上)/《写字》编写组编.—沈阳:辽宁教育出版社,1995.5.—32 页;19cm
ISBN 7-5382-4191-4:¥0.95

G624.75　016322
写字:钢笔字:三年级(下)/《写字》编写组编.—沈阳:辽宁教育出版社,1995.11.—32 页;19cm
义务教育五年制小学语文课本
ISBN 7-5382-4426-3:¥1.00

G624.75　016323
写字:钢笔字:三年级上学期/谢军主编;《写字》教材编委会编.—哈尔滨:黑龙江教育出版社,1995.7.—20 页;19×26cm
小学语文课本
ISBN 7-5316-2584-9:¥0.90

G624.75　016324
写字:钢笔字:四年级上学期/谢军主编;《写字》教材编委会编.—哈尔滨:黑龙江教育出版社,1995.7.—20 页;19×26cm
小学语文课本
ISBN 7-5316-2586-5:¥0.90

G624.75　016325
写字:钢笔字:五年级上学期/谢军主编;李玉学,于志强编.—哈尔滨:黑龙江教育出版社,1995.4.—20 页;19×26cm
小学语文课本
ISBN 7-5316-2588-1:¥0.90

G624.75　016326
写字:毛笔　第九册/河北省教育学会书法教育专业委员会编.—2 版.—石家庄:河北美术出版社,1995.6.—20 页;26cm
全日制六年制(五年制)小学课本
ISBN 7-5310-0617-0:¥1.73

G624.75　016327
写字:毛笔　第七册/河北省教育学会书法教育专业委员会编.—2 版.—石家庄:河北美术出版社,1995.6.—20 页;26cm
全日制六年制(五年制)小学课本
ISBN 7-5310-0616-2:¥1.73

G624.75　016328
写字:毛笔　第十一册/河北省教育学会书法教育专业委员会编.—2 版.—石家庄:河北美术出版社,1995.6.—20 页;26cm
全日制六年制(五年制)小学课本
ISBN 7-5310-0614-6:¥1.73

G624.75　016329
写字:毛笔　第五册/河北省教育学会书法教育专业委员会编.—2 版.—石家庄:河北美术出版社,1995.6.—20 页;26cm
全日制六年制(五年制)小学课本
ISBN 7-5310-0615-4:¥1.86

G624.75　016330
写字:毛笔字:六年级上学期 /谢军主编;姜玮编.—哈尔滨:黑龙江教育出版社,1995.4.—20 页;19×26cm
小学语文课本
ISBN 7-5316-2591-1:¥0.90

G624.75　016331
写字:毛笔字:三年级上学期/谢军主编;赵国材编.—哈尔滨:黑龙江教育出版社,1995.7.—20 页;19×26cm
小学语文课本
ISBN 7-5316-2585-7:¥0.90

G624.75　016332
写字:毛笔字:四年级上学期/谢军主编;《写字》教材编委会编.—哈尔滨:黑龙江教育出版社,1995.7.—20 页;19×26cm
小学语文课本
ISBN 7-5316-2587-3:¥0.90

G624.75　016333
写字:毛笔字:五年级上学期/谢军主编;李玉学,于志强编.—哈尔滨:黑龙江教育出版社,1995.4.—20 页;19×26cm
小学语文课本
ISBN 7-5316-2589-X:¥0.90

G624.75　016334
写字:铅笔字　第三册/山东省教学研究室编.—2 版.—济南:山东人民出版社,1995.3.—32 页;19cm
九年义务教育山东省五年制小学 供二年级上学期用
ISBN 7-209-01319-9:¥0.55

G624.75　016335
写字:铅笔字:二年级上学期/谢军主编.—哈尔滨:黑龙江教育出版社,1995.4.—48 页;19cm
小学语文课本

ISBN 7-5316-2583-0: ¥1.00

G624.75　016336

写字:铅笔字:一年级上学期/谢军主编.—哈尔滨:黑龙江教育出版社,1995.7.—67页;19cm

小学语文课本

ISBN 7-5316-2582-2: ¥1.30

G624.75　016337

写字训练　第五册/黄强,祝君波编.—上海:上海书画出版社,1995.6.—30页;19cm

九年义务教育六年制小学语文教材

ISBN 7-80512-742-5: ¥1.10

G624.75　016338

新编小学生描红　(上).—昆明:晨光出版社,1995.6.—1册;19cm

ISBN 7-5414-0996-0: ¥1.30

G624.75　016339

学生硬笔书法习字卡　(1).—北京:中国青年出版社,1995.—12张;19cm

ISBN 7-5006-1990-1: ¥8.80

G624.75　016340

学生硬笔书法习字卡　(2).—北京:中国青年出版社,1995.—12张;19cm

ISBN 7-5006-1991-X: ¥8.80

G624.75　016341

学生硬笔书法习字卡　(3).—北京:中国青年出版社,1995.—12张;19cm

ISBN 7-5006-1992-8: ¥8.80

G624.75　016342

学素描/王晓林编著.—杭州:浙江人民美术出版社,1995.3.—84页;26cm.—(少儿美术丛书)

ISBN 7-5340-0448-9: ¥16.00

G624.75　016343

艺体美术:三年级/小学复式教材编写委员会编著.—石家庄:河北教育出版社,1995.5.—39页;26cm

义务教育五年制、六年制小学复式教材:实验本

ISBN 7-5434-2380-4: ¥2.05

G624.75　016344

义务教育小学写字本　第十二册/浙江省义务教育教材编委会编.—杭州:浙江教育出版社,1995.12.—24页;26cm

ISBN 7-5338-2292-7: ¥1.85

G624.75　016345

义务教育小学写字本　第十一册/浙江省义务教育教材编委会编.—杭州:浙江教育出版社,1995.5.—1册;26cm

ISBN 7-5338-2041-X: ¥3.10

G624.75　016346

英国海军最新型"诺福克"号护卫舰:世界著名战舰手工制作/曹珉等绘.—天津:新蕾出版社,1995.11.—8张;27×38cm

¥6.00

G624.75　016347

圆珠笔写字本:三年级第二学期　全一册/广东省教育厅教材编审室编著.—广州:广东教育出版社,1995.11.—65页;19cm

九年义务教育六年制小学语文课本:人教版

ISBN 7-5406-1552-9: ¥1.70

G624.75　016348

纸飞机制作16种/童欣选编.—北京:中国和平出版社,1995.8.—24张;26cm

ISBN 7-80101-335-2: ¥6.00

G624.75　016349

纸工/上海教育杂志社编.—上海:上海社会科学院出版社,1995.3.—5册;19cm.—(中、小学活动课系列资料/金正扬主编)

ISBN 7-80618-078-8: ¥10.00

G624.75-61　016350

九年义务教育六年制小学最新小学生图解书写字典/静安编;蔡卫东,安媛娴绘.—兰州:甘肃人民美术出版社,1995.10.—178页;19cm

二年级用

ISBN 7-80588-089-1: ¥5.20

G624.8 体育、游戏

G624.8　016351

儿童体育馆/富德娴编著;袁晖绘.—济南:明天出版社,1995.4.—64页;20cm.—(全国小学生课外丛书/李仲汉主编)

全套120册,总定价:385.00元

ISBN 7-5332-2142-7: ¥0.00

G624.8　016352

赛场上的拼搏/德娴编著;金岩绘.—济南:明天出版社,1995.4.—152页;20cm.—(全国小学生课外丛书/李仲汉主编)

全套120册,总定价:385.00元

ISBN 7-5332-2142-7: ¥0.00

G624.8　016353

体育天地/富德娴编著;马广旺绘.—济南:明天出版社,1995.4.—122页;20cm.—(全国小学生课外丛书/李仲汉主编)

全套120册,总定价:385.00元

ISBN 7-5332-2142-7: ¥0.00

G624.8　016354

体育与保健:六年级　上册/李翅鹏主编;浙江省义务教育教材编委会编.—杭州:浙江教育出版社,1995.7.—95页;20cm

义务教育小学课本:试用

ISBN 7-5338-2066-5: ¥3.00

G624.8　016355

文体活动——100例/常士润编著.—沈阳:白山出版社,1995.1.—310页;19cm.—(活动课设计丛书)

ISBN 7-80566-429-3: ¥6.50

附:小学生寒暑假作业

016356

伴我过暑假:小学三年级/《伴我过暑假》编写组编.—上海:上海科学技术出版社,1995.6.—48页;19×26cm
ISBN 7-5323-3980-7:¥1.80

016357
伴我过暑假:小学四年级/《伴我过暑假》编写组编.—上海:上海科学技术出版社,1995.6.—48页;19×26cm
ISBN 7-5323-3982-3:¥1.80

016358
伴我过暑假:小学五年级/张维元,毛芳仪主编;《伴我过暑假》编写组编.—上海:上海科学技术出版社,1995.6.—48页;19×26cm
ISBN 7-5323-3983-1:¥1.80

016359
过好寒假:六年制小学:五年级/《过好寒假》编写组编.—5版.—南京:江苏教育出版社,1995.11.—16页;19×26cm
ISBN 7-5343-0147-5:¥1.15

016360
过好寒假:六年制小学:一年级/《过好寒假》编写组编.—5版.—南京:江苏教育出版社,1995.12.—16页;19×26cm
ISBN 7-5343-0143-2:¥1.15

016361
过好寒假:六年制小学:一年级/《过好寒假》编写组编.—2版.—南京:江苏教育出版社,1995.11.—16页;19×26cm
苏教版
ISBN 7-5343-2015-1:¥1.15

016362
过好暑假:六年制小学:二年级/《过好暑假》编写组编.—南京:江苏教育出版社,1995.6.—40页;19×26cm
ISBN 7-5343-2328-2:¥1.60

016363
过好暑假:六年制小学:二年级/《过好暑假》编写组编.—3版.—南京:江苏教育出版社,1995.6.—40页;19×26cm
ISBN 7-5343-0251-X:¥1.70

016364
过好暑假:六年制小学:三年级/《过好暑假》编写组编.—2版.—南京:江苏教育出版社,1995.5.—40页;19×26cm
ISBN 7-5343-1249-3:¥1.70

016365
过好暑假:六年制小学:四年级/《过好暑假》编写组编.—2版.—南京:江苏教育出版社,1995.6.—40页;19×26cm
ISBN 7-5343-1257-4:¥1.60

016366
过好暑假:六年制小学:五年级/《过好暑假》编写组编.—2版.—南京:江苏教育出版社,1995.5.—40页;19×26cm
ISBN 7-5343-1252-3:¥1.70

016367
过好暑假:六年制小学:一年级/《过好暑假》编写组编.—4版.—南京:江苏教育出版社,1995.5.—40页;19×26cm
ISBN 7-5343-0250-1:¥1.70

016368
过好暑假:五年制小学:二年级/《过好暑假》编写组编.—5版.—南京:江苏教育出版社,1995.5.—40页;19×26cm
ISBN 7-5343-0247-1:¥1.70

016369
寒假生活:六年级/福建省普通教育教学研究室编写.—福州:福建少年儿童出版社,1995.12.—24页;19×26cm
九年义务教育六年制小学教材实验本:人教版
ISBN 7-5395-1314-4:¥1.65

016370
寒假生活:四年级/福建省普通教育教学研究室编写.—福州:福建少年儿童出版社,1995.12.—24页;19×26cm
九年义务教育六年制小学教材实验本:人教版
ISBN 7-5395-1317-9:¥1.65

016371
寒假生活:五年级/福建省普通教育教学研究室编写.—福州:福建少年儿童出版社,1995.12.—24页;26cm
九年义务教育五年制小学教材实验本:人教版
ISBN 7-5395-1318-7:¥1.65

016372
寒假生活:五年制小学:三年级/福建省普通教育教学研究室编.—4版.—福州:福建人民出版社,1995.10.—24页;19×26cm
ISBN 7-211-02553-0:¥1.20

016373
寒假生活:小学二年级/《寒假生活》编写组编.—海口:海南出版社,1995.11.—46页;26cm
ISBN 7-80617-564-4:¥2.30

016374
寒假生活:小学六年级/上海市教育委员会教研室编.—2版.—上海:上海教育出版社,1995.11.—19页;19×26cm
ISBN 7-5320-4571-4:¥1.25

016375
寒假生活:小学六年级/海南出版社编.—海口:海南出版社,1995.11.—46页;26cm
ISBN 7-80617-568-7:¥2.30

016376
寒假生活:小学三年级/上海市教育委员会教研室编.—上海:上海教育出版社,1995.11.—16页;19×26cm
ISBN 7-5320-4592-7:¥1.10

016377
寒假生活:小学三年级/陈习校,张光荣编.—3

版.—成都:四川教育出版社,1995.10.—31页;26cm
ISBN 7-5408-0803-9:¥2.00

016378
寒假生活:小学三年级/海南出版社编.—海口:海南出版社,1995.11.—47页;26cm
ISBN 7-80617-565-2:¥2.30

016379
寒假生活:小学四年级/上海市教育委员会教研室编.—上海:上海教育出版社,1995.11.—11页;19×26cm
九年制义务教育课本
ISBN 7-5320-4631-1:¥0.95

016380
寒假生活:小学四年级/《寒假生活》编写组编.—海口:海南出版社,1995.11.—46页;26cm
ISBN 7-80617-566-0:¥2.30

016381
寒假生活:小学四学级/上海市教育委员会教研室编.—3版.—上海:上海教育出版社,1995.11.—19页;19×26cm
ISBN 7-5320-4593-5:¥1.25

016382
寒假生活:小学五年级/上海市教育委员会教研室编.—上海:上海教育出版社,1995.11.—11页;19×26cm
九年制义务教育课本
ISBN 7-5320-4632-X:¥0.95

016383
寒假生活:小学五年级/上海市教育委员会教研室编.—3版.—上海:上海教育出版社,1995.11.—19页;19×26cm
ISBN 7-5320-4572-2:¥1.25

016384
寒假生活:小学五年级/海南出版社编.—海口:海南出版社,1995.11.—46页;26cm
ISBN 7-80617-567-9:¥2.30

016385
寒假作业:二年级/黑龙江省语委办编.—哈尔滨:黑龙江少年儿童出版社,1995.10.—34页;26cm
"注音识字,提前读写"实验课本(五年制学校)
ISBN 7-5319-1357-7:¥1.40

016386
寒假作业:二年级:数学/陈明辉主编;辽宁教育学院组织编写.—沈阳:辽宁教育出版社,1995.9.—33页;26cm
ISBN 7-5382-4292-9:¥1.60

016387
寒假作业:二年级:语文/辽宁教育学院组织编写.—沈阳:辽宁教育出版社,1995.10.—25页;26cm
ISBN 7-5382-4340-2:¥1.30

016388
寒假作业:二年级:语文/辽宁教育学院组织编写.—沈阳:辽宁教育出版社,1995.9.—33页;26cm
ISBN 7-5382-4291-0:¥1.60

016389
寒假作业:六年级:语文、历史/辽宁教育学院组织编写.—沈阳:辽宁教育出版社,1995.9.—33页;26cm
ISBN 7-5382-4291-0:¥1.60

016390
寒假作业:六年制小学:三年级/山东省教学研究室编.—济南:山东教育出版社,1995.10.—40页;26cm
ISBN 7-5328-0507-7:¥2.45

016391
寒假作业:三年级/黑龙江省语委办编.—哈尔滨:黑龙江少年儿童出版社,1995.10.—34页;26cm
"注音识字,提前读写"实验课本(五年制学校)
ISBN 7-5319-1358-5:¥1.40

016392
寒假作业:三年级:数学、自然/陈明辉主编;辽宁教育学院组织编写.—沈阳:辽宁教育出版社,1995.9.—37页;26cm
ISBN 7-5382-4292-9:¥1.80

016393
寒假作业:三年级:语文/谢文清,耿天珏主编;辽宁教育学院组织编写.—沈阳:辽宁教育出版社,1995.9.—33页;26cm
ISBN 7-5382-4291-0:¥1.60

016394
寒假作业:三年级:语文/辽宁教育学院组织编写.—沈阳:辽宁教育出版社,1995.10.—24页;26cm
ISBN 7-5382-4341-0:¥1.30

016395
寒假作业:四年级/黑龙江省语委办编.—哈尔滨:黑龙江少年儿童出版社,1995.10.—34页;26cm
"注音识字,提前读写"实验课本(五年制学校)
ISBN 7-5319-1359-3:¥1.40

016396
寒假作业:四年级:数学、自然/辽宁教育学院组织编写.—沈阳:辽宁教育出版社,1995.9.—37页;26cm
ISBN 7-5382-4292-9:¥1.70

016397
寒假作业:四年级:语文/谢文清,耿天珏主编.—沈阳:辽宁教育出版社,1995.9.—33页;26cm
ISBN 7-5382-4291-0:¥1.60

016398
寒假作业:五年后/黑龙江省语委办编.—哈尔滨:黑龙江少年儿童出版社,1995.10.—34页;26cm
"注音识字,提前读写"实验课本
ISBN 7-5319-1344-5:¥1.40

016399
寒假作业:五年级/黑龙江省语委办编.—哈尔滨:黑龙江少年儿童出版社,1995.10.—34页;26cm
"注音识字,提前读写"实验课本(五年制学校)
ISBN 7-5319-1360-7:¥1.40

016400
寒假作业:五年级:数学、自然/辽宁教育学院编.—沈阳:辽宁教育出版社,1995.9.—36页;26cm
ISBN 7-5382-4292-9:¥1.80

016401
寒假作业:五年级:语文、地理/辽宁教育学院组织编写.—沈阳:辽宁教育出版社,1995.9.—33页;26cm
ISBN 7-5382-4291-0:¥1.60

016402
寒假作业:一年级:语文/辽宁教育学院组织编写.—沈阳:辽宁教育出版社,1995.9.—32页;26cm
ISBN 7-5382-4291-0:¥1.60

016403
假期学苑:暑假:小学五年级/李云忠等编.—2版.—成都:四川教育出版社,1995.5.—64页;26cm
ISBN 7-5408-2596-0:¥3.45

016404
假期学苑:暑假:小学四年级/周婉莺等编.—2版.—成都:四川教育出版社,1995.5.—64页;26cm
ISBN 7-5408-2131-0:¥3.45

016405
九年义务教育(人教版)六年制小学二年级暑假作业/山东省教学研究室编.—济南:山东教育出版社,1995.4.—44页;26cm
ISBN 7-5328-0351-1:¥1.65

016406
九年义务教育(人教版)五年制小学四年级暑假作业/山东省教学研究室编.—济南:山东教育出版社,1995.6.—60页;26cm
ISBN 7-5328-2187-0:¥2.10

016407
九年义务教育六年制小学(实验本)寒假作业:四年级　第七册/袁丁编写.—昆明:晨光出版社,1995.12.—48页;26cm
ISBN 7-5414-1067-5:¥2.20

016408
九年义务教育六年制小学(实验本)暑假作业:三年级　第六册/袁丁编写.—昆明:晨光出版社,1995.5.—64页;26cm
ISBN 7-5414-0973-1:¥2.00

016409
九年义务教育六年制小学二年级暑假作业/双林等编;贾雅琴,刁宏斌绘.—西安:陕西人民教育出版社,1995.4.—48页;19×26cm
ISBN 7-5419-5744-5:¥1.60

016410
九年义务教育六年制小学二年级暑假作业/宁夏回族自治区教育厅教研室假期作业编写组编.—银川:宁夏人民教育出版社,1995.3.—96页;20cm
ISBN 7-80596-132-8:¥1.45

016411
九年义务教育六年制小学二年级暑假作业/黄慧中,王秀玲编写.—乌鲁木齐:新疆教育出版社,1995.6.—33页;26cm
ISBN 7-5370-2470-7:¥1.12

016412
九年义务教育六年制小学二年级数学暑假作业/湖北省教学研究室编.—4版.—武汉:湖北少年儿童出版社,1995.5.—96页;19cm
ISBN 7-5353-1144-X:¥1.60

016413
九年义务教育六年制小学二年级语文暑假作业/湖北省教学研究室编.—3版.—武汉:湖北少年儿童出版社,1995.5.—96页;19cm
ISBN 7-5353-0791-4:¥1.60

016414
九年义务教育六年制小学寒假作业/九年义务教育寒假作业编写组编.—北京:北京少年儿童出版社,1995.12.—32页;26cm
小学三年级用
ISBN 7-5301-0534-5:¥2.60

016415
九年义务教育六年制小学寒假作业/九年义务教育寒假作业编写组编.—北京:北京少年儿童出版社,1995.12.—32页;26cm
小学五年级用
ISBN 7-5301-0536-1:¥2.60

016416
九年义务教育六年制小学寒假作业/九年义务教育寒假作业编写组编.—北京:北京少年儿童出版社,1995.12.—32页;26cm
小学二年级用
ISBN 7-5301-0533-7:¥2.60

016417
九年义务教育六年制小学寒假作业/九年义务教育寒假作业编写组编.—北京:北京少年儿童出版社,1995.12.—32页;26cm
小学一年级用
ISBN 7-5301-0532-9:¥2.60

016418
九年义务教育六年制小学寒假作业/九年义务教育寒假作业编写组编.—北京:北京少年儿童出版社,1995.12.—32页;26cm
小学六年级用
ISBN 7-5301-0537-X:¥2.60

016419
九年义务教育六年制小学寒假作业/九年义务教育寒假作业编写组编.—北京:北京少年儿童出版社,1995.12.—32页;26cm
小学四年级用
ISBN 7-5301-0535-3:¥2.60

016420
九年义务教育六年制小学三年级寒假作业/云南省教委教研室编写.—昆明:晨光出版社,1995.9.—48页;26cm
ISBN 7-5414-1066-7:¥1.85

016421
九年义务教育六年制小学三年级寒假作业/陕西省教育委员会《假期作业》编写组编.—2版.—西安:陕西人民教育出版社,1995.10.—41页;19×26cm
ISBN 7-5419-5420-9:¥1.80

016422

九年义务教育六年制小学三年级寒假作业/王梅，付全生编写.—乌鲁木齐：新疆教育出版社，1995.10.—25页；26cm

ISBN 7-5370-2615-7：¥0.91

016423

九年义务教育六年制小学生暑假生活：二年级/河北省教育科学研究所编.—3版.—石家庄：河北教育出版社，1995.4.—40页；26cm

ISBN 7-5434-0138-X：¥1.20

016424

九年义务教育六年制小学暑假作业：二年级/云南省教委教研室编写.—昆明：晨光出版社，1995.3.—64页；26cm

ISBN 7-5414-0972-3：¥1.90

016425

九年义务教育全日制小学试用课本语文寒假作业：一年级/谢文清，耿天珏主编.—沈阳：辽宁教育出版社，1995.10.—24页；26cm

ISBN 7-5382-4339-9：¥1.30

016426

九年义务教育五年制小学"注音识字，提前读写"实验课本数学寒假作业　第三册/语文出版社、河北省教育科学研究所数学编写委员会编.—北京：语文出版社，1995.10.—20页；19×26cm

ISBN 7-80006-967-2：¥1.00

016427

九年义务教育五年制小学"注音识字，提前读写"实验课本数学寒假作业　第五册/语文出版社、河北省教育科学研究所数学编写委员会编.—北京：语文出版社，1995.10.—20页；19×26cm

ISBN 7-80006-968-0：¥1.00

016428

九年义务教育五年制小学"注音识字，提前读写"实验课本数学寒假作业　第一册/语文出版社、河北省教育科学研究所数学编写委员会编.—北京：语文出版社，1995.10.—20页；19×26cm

ISBN 7-80006-966-4：¥1.00

016429

九年义务教育五年制小学"注音识字，提前读写"试用课本语文寒假作业　第五册/12省"注音识字，提前读写"教材编写委员会编.—2版.—北京：语文出版社，1995.10.—24页；19×26cm

ISBN 7-80006-982-6：¥1.00

016430

九年义务教育五年制小学二年级暑假作业/宁夏回族自治区教育厅教研室假期作业编写组编.—银川：宁夏人民教育出版社，1995.3.—96页；20cm

ISBN 7-80596-133-6：¥1.45

016431

九年义务教育五年制小学二年级数学暑假作业/齐心编写.—3版.—郑州：海燕出版社，1995.5.—48页；19×26cm

ISBN 7-5350-0174-2：¥1.37

016432

九年义务教育五年制小学二年级数学暑假作业/湖北省教学研究室编.—4版.—武汉：湖北少年儿童出版社，1995.5.—96页；19cm

ISBN 7-5353-1141-5：¥1.60

016433

九年义务教育五年制小学二年级语文暑假作业/谢力等编写.—3版.—郑州：海燕出版社，1995.5.—48页；19×26cm

ISBN 7-5350-0376-1：¥1.37

016434

九年义务教育五年制小学二年级语文暑假作业/湖北省教学研究室编.—3版.—武汉：湖北少年儿童出版社，1995.5.—96页；19cm

ISBN 7-5353-0782-5：¥1.60

016435

九年义务教育五年制小学练习册：语文　第五册（甲）/黄筠编.—2版.—南宁：广西教育出版社，1995.6.—48页；19cm

ISBN 7-5435-1326-9：¥0.90

016436

九年义务教育五年制小学练习册：语文　第五册（乙）/黄筠编.—2版.—南宁：广西教育出版社，1995.6.—48页；19cm

ISBN 7-5435-1327-7：¥0.90

016437

九年义务教育五年制小学三年级数学寒假作业/湖北省教学研究室编.—5版.—武汉：湖北少年儿童出版社，1995.11.—48页；19cm

ISBN 7-5353-1230-6：¥1.15

016438

九年义务教育五年制小学三年级语文寒假作业/湖北省教学研究室编.—4版.—武汉：湖北少年儿童出版社，1995.11.—48页；19cm

ISBN 7-5353-0690-X：¥1.15

016439

九年义务教育五年制小学五年级语文寒假作业/湖北省教学研究室编.—5版.—武汉：湖北少年儿童出版社，1995.11.—48页；19cm

ISBN 7-5353-0686-1：¥1.20

016440

九年义务教育五年制小学一年级语文暑假作业/谢力等编写.—3版.—郑州：海燕出版社，1995.5.—48页；19×26cm

ISBN 7-5350-0362-1：¥1.37

016441

九年义务教育小学寒假作业：六年制二年级/《小学寒假作业》编写组编.—南昌：21世纪出版社，1995.11.—64页；19cm

ISBN 7-5391-0934-3：¥1.50

016442

九年义务教育小学寒假作业：六年制六年级/《小学寒假作业》编写组编.—南昌：21世纪出版社，1995.11.—64页；19cm

ISBN 7-5391-0938-6：¥1.50

016443
九年义务教育小学寒假作业:五年制二年级/徐宜,王芬编写.—南昌:21世纪出版社,1995.11.—64页;19cm
ISBN 7-5391-0929-7:¥1.50

016444
九年义务教育小学寒假作业:五年制三年级/《小学寒假作业》编写组编.—南昌:21世纪出版社,1995.11.—64页;19cm
ISBN 7-5391-0930-0:¥1.50

016445
九年义务教育小学寒假作业:五年制一年级/徐纯军,洪小芳编写.—南昌:21世纪出版社,1995.11.—64页;19cm
ISBN 7-5391-0928-9:¥1.50

016446
九年义务教育小学生六年制寒假生活:三年级/《小学生六年制寒假生活》编写组编.—4版.—石家庄:河北教育出版社,1995.11.—48页;26cm
ISBN 7-5434-0341-2:¥1.95

016447
九年义务教育小学生五年制寒假生活:三年级/《小学生五年制寒假生活》编写组编.—4版.—石家庄:河北教育出版社,1995.11.—48页;26cm
ISBN 7-5434-0347-1:¥1.95

016448
六年制小学寒假作业:三年级/黑龙江省小学《寒假作业》编写组编.—哈尔滨:黑龙江少年儿童出版社,1995.10.—34页;26cm
ISBN 7-5319-1251-1:¥1.50

016449
六年制小学寒假作业:五年级/黑龙江省小学《寒假作业》编写组编.—哈尔滨:黑龙江少年儿童出版社,1995.10.—34页;26cm
ISBN 7-5319-1253-8:¥1.50

016450
六年制小学启发式教学数学暑假作业:六年级/姜乐仁主编.—武汉:湖北科学技术出版社,1995.6.—128页;19cm
ISBN 7-5352-1600-5:¥2.20

016451
六年制小学暑假练习:二年级/杨启舜,杨兴健主编.—长沙:湖南少年儿童出版社,1995.5.—96页;19cm
ISBN 7-5358-1028-4:¥1.50

016452
六年制小学暑假练习:三年级/杨启舜,杨兴健主编.—长沙:湖南少年儿童出版社,1995.5.—112页;19cm
ISBN 7-5358-1029-2:¥1.50

016453
六年制小学暑假练习:四年级/杨吉舜,杨兴健主编.—长沙:湖南少年儿童出版社,1995.5.—112页;19cm
ISBN 7-5358-1030-6:¥1.80

016454
六年制小学暑假练习:五年级/杨吉舜,杨兴健主编.—长沙:湖南少年儿童出版社,1995.5.—112页;19cm
ISBN 7-5358-1031-4:¥1.80

016455
六年制小学暑假练习:一年级/杨启舜,杨兴健主编.—长沙:湖南少年儿童出版社,1995.5.—96页;19cm
ISBN 7-5358-1027-6:¥1.50

016456
六年制小学暑假作业:二年级/黑龙江省小学《暑假作业》编写组编.—哈尔滨:黑龙江少年儿童出版社,1995.5.—34页;26cm
ISBN 7-5319-1293-7:¥1.40

016457
六年制小学暑假作业:三年级/黑龙江省小学《暑假作业》编写组编.—哈尔滨:黑龙江少年儿童出版社,1995.5.—34页;26cm
ISBN 7-5319-1294-5:¥1.40

016458
六年制小学暑假作业:四年级/黑龙江省小学《暑假作业》编写组编.—哈尔滨:黑龙江少年儿童出版社,1995.5.—34页;26cm
ISBN 7-5319-1295-3:¥1.40

016459
六年制小学暑假作业:五年级/黑龙江省小学《暑假作业》编写组编.—哈尔滨:黑龙江少年儿童出版社,1995.5.—34页;26cm
ISBN 7-5319-1296-1:¥1.40

016460
六年制小学暑假作业:一年级/黑龙江省小学《暑假作业》编写组编.—哈尔滨:黑龙江少年儿童出版社,1995.5.—34页;26cm
ISBN 7-5319-1292-9:¥1.40

016461
六年制小学数学寒假作业:二年级/《小学数学寒假作业》编写小组编.—长沙:湖南少年儿童出版社,1995.1.—48页;19cm
ISBN 7-5358-0287-7:¥0.80

016462
六年制小学数学暑假作业:二年级/《六年制小学数学暑假作业》编写小组编.—长沙:湖南少年儿童出版社,1995.3.—96页;19cm
ISBN 7-5358-0909-X:¥1.95

016463
六年制小学一年二期数学暑假练习册/孙贵长主编.—北京:气象出版社,1995.—60页;19cm
ISBN 7-5029-1951-1:¥1.30

016464
六年制小学一年二期语文暑假练习册/唐志强主编.—北京:气象出版社,1995.—60页;19cm
ISBN 7-5029-1951-1:¥1.30

016465

六年制小学语文寒假作业：二年级/《六年制小学语文寒假作业》编写组编.—长沙：湖南少年儿童出版社，1995.1.—48页；19cm

ISBN 7-5358-0281-8：¥0.80

016466

六年制小学语文暑假作业：二年级/《六年制小学语文暑假作业》编写小组编.—长沙：湖南少年儿童出版社，1995.3.—96页；19cm

ISBN 7-5358-0904-9：¥1.95

016467

全日制小学实验课本语文寒假作业：六年级/辽宁教育学院编.—沈阳：辽宁教育出版社，1995.10.—24页；26cm

ISBN 7-5382-4344-5：¥1.30

016468

全日制小学实验课本语文寒假作业：四年级/谢文清，耿天珏主编.—沈阳：辽宁教育出版社，1995.10.—24页；26cm

ISBN 7-5382-4342-9：¥1.30

016469

全日制小学实验课本语文寒假作业：五年级/谢文清，耿天珏主编.—沈阳：辽宁教育出版社，1995.10.—24页；26cm

ISBN 7-5382-4343-7：¥1.30

016470

暑假园地：小学二年级/广东省教育厅编.—2版.—广州：广东教育出版社，1995.7.—40页；19×26cm

ISBN 7-5406-2702-6：¥1.85

016471

暑假作业：二年级：数学/陈明辉主编；矫文等编.—沈阳：辽宁美术出版社，1995.4.—33页；26cm

ISBN 7-5314-1263-2：¥1.60

016472

暑假作业：二年级：语文/谢文清，耿天珏主编；张淑贤等编.—沈阳：辽宁美术出版社，1995.4.—33页；26cm

ISBN 7-5314-1264-0：¥1.60

016473

暑假作业：二年级：语文/谢文清，耿天珏主编；陈芸编.—沈阳：辽宁美术出版社，1995.4.—25页；26cm

全日制小学实验课本

ISBN 7-5314-1265-9：¥1.30

016474

暑假作业：三年级：数学、自然/矫祥权，陈明辉主编；陈逍宇等编.—沈阳：辽宁美术出版社，1995.4.—37页；26cm

ISBN 7-5314-1260-8：¥1.77

016475

暑假作业：三年级：语文/谢文清，耿天珏主编；姚士英编.—沈阳：辽宁美术出版社，1995.4.—25页；26cm

全日制小学实验课本

ISBN 7-5314-1262-4：¥1.30

016476

暑假作业：三年级：语文/谢文清，耿天珏主编；田肃等编.—沈阳：辽宁美术出版社，1995.4.—32页；26cm

ISBN 7-5314-1261-6：¥1.60

016477

暑假作业：四年级：数学、自然/矫祥权，陈明辉主编；陈逍宇等编.—沈阳：辽宁美术出版社，1995.4.—37页；26cm

ISBN 7-5314-0655-1：¥1.77

016478

暑假作业：四年级：语文/谢文清，耿天珏主编；辽宁教育学院组织编写.—沈阳：辽宁美术出版社，1995.4.—25页；26cm

全日制小学实验课本

ISBN 7-5314-0656-X：¥1.30

016479

暑假作业：四年级：语文/谢文清，耿天珏主编；马国林等编.—沈阳：辽宁美术出版社，1995.4.—33页；26cm

ISBN 7-5314-0654-3：¥1.60

016480

暑假作业：五年级/黑龙江省语委办编写.—哈尔滨：黑龙江少年儿童出版社，1995.5.—42页；26cm

ISBN 7-5319-1300-3：¥1.30

016481

暑假作业：五年级：数学、自然/矫祥权，陈明辉主编；葛艺珍等编.—沈阳：辽宁美术出版社，1995.4.—37页；26cm

ISBN 7-5314-0658-6：¥1.77

016482

暑假作业：五年级：语文/谢文清，耿天珏主编；张敏文编.—沈阳：辽宁美术出版社，1995.4.—25页；26cm

全日制小学实验课本

ISBN 7-5314-0659-4：¥1.30

016483

暑假作业：五年级：语文、地理/谢文清，耿天珏主编；贾芳秋等编.—沈阳：辽宁美术出版社，1995.4.—33页；26cm

ISBN 7-5314-0657-8：¥1.60

016484

暑假作业：五年制：小学三年级/《暑假作业》编写组编.—济南：山东教育出版社，1995.6.—52页；26cm

ISBN 7-5328-2155-2：¥2.80

016485

暑假作业：一年级/黑龙江省语委办编.—2版.—哈尔滨：黑龙江少年儿童出版社，1995.4.—42页；26cm

ISBN 7-5319-0793-3：¥1.30

016486

暑假作业：一年级：数学/陈明辉，矫祥权主编；戈宁等编.—沈阳：辽宁美术出版社，1995.4.—33页；26cm

九年义务教育全日制小学课本

ISBN 7-5314-1257-8：¥1.60

016487

暑假作业：一年级：语文/谢文清，耿天珏主编；杨湘云编.—沈阳：辽宁美术出版社，1995.4.—25页；26cm

全日制小学实验课本
ISBN 7-5314-1259-4:¥1.30

016488

暑假作业:一年级:语文/谢文清,耿天珏主编;林立等编.—沈阳:辽宁美术出版社,1995.4.—33页;26cm
九年义务教育全日制小学课本
ISBN 7-5314-1258-6:¥1.60

016489

数学寒假作业:六年制小学:三年级/湖北省教学研究室编.—4版.—武汉:湖北少年儿童出版社,1995.11.—48页;19cm
ISBN 7-5353-1075-9:¥1.15

016490

我的寒假生活:毕业班/《我的寒假生活》编写组编.—杭州:浙江教育出版社,1995.10.—64页;19cm
ISBN 7-5338-2192-0:¥2.00

016491

我的寒假生活:小学二年级/《我的寒假生活》编写组编.—杭州:浙江教育出版社,1995.10.—64页;19cm
ISBN 7-5338-2188-2:¥2.00

016492

我的寒假生活:小学三年级/《我的寒假生活》编写组编.—杭州:浙江教育出版社,1995.10.—62页;19cm
ISBN 7-5338-2189-0:¥2.00

016493

我的寒假生活:小学四年级/《我的寒假生活》编写组编.—杭州:浙江教育出版社,1995.10.—64页;19cm
ISBN 7-5338-2190-4:¥2.00

016494

我的寒假生活:小学五年级/《我的寒假生活》编写组编.—杭州:浙江教育出版社,1995.10.—62页;19cm
ISBN 7-5338-2191-2:¥2.00

016495

我的寒假生活:小学一年级/《我的寒假生活》编写组编.—杭州:浙江教育出版社,1995.10.—64页;19cm
ISBN 7-5338-2187-4:¥2.00

016496

五年制小学二年级寒假作业/廖淑冰等编写.—2版.—南宁:广西教育出版社,1995.11.—32页;19×26cm
ISBN 7-5435-1441-9:¥1.75

016497

五年制小学二年级暑假生活/方公琼等编.—4版.—福州:福建人民出版社,1995.4.—40页;26cm
ISBN 7-211-02430-5:¥1.55

016498

五年制小学寒假作业:三年级/黑龙江省小学《寒假作业》编写组编.—哈尔滨:黑龙江少年儿童出版社,1995.10.—34页;26cm
ISBN 7-5319-1246-5:¥1.50

016499

五年制小学三年级寒假作业/谢玉屏,谢宝森编写.—2版.—南宁:广西教育出版社,1995.10.—32页;19×26cm
ISBN 7-5435-1431-1:¥1.75

016500

五年制小学三年级暑假作业/韦天功,邓孟高编写.—2版.—南宁:广西教育出版社,1995.5.—56页;19×26cm
ISBN 7-5435-1543-1:¥1.85

016501

五年制小学生暑假生活:二年级/河北省教育科学研究所编.—5版.—石家庄:河北教育出版社,1995.4.—40页;26cm
ISBN 7-5434-0143-6:¥1.20

016502

五年制小学暑假作业:二年级/黑龙江省小学《暑假作业》编写组编.—哈尔滨:黑龙江少年儿童出版社,1995.5.—34页;26cm
ISBN 7-5319-1280-5:¥1.40

016503

五年制小学暑假作业:三年级/黑龙江省小学《暑假作业》编写组编.—哈尔滨:黑龙江少年儿童出版社,1995.5.—34页;26cm
ISBN 7-5319-1281-3:¥1.40

016504

五年制小学暑假作业:三年级数学/郑乃文等编.—2版.—沈阳:辽宁教育出版社,1995.12.—40页;26cm
ISBN 7-5382-2648-6:¥1.85

016505

五年制小学暑假作业:三年级语文/江惠春等编.—2版.—沈阳:辽宁教育出版社,1995.12.—40页;26cm
ISBN 7-5382-2622-2:¥1.85

016506

五年制小学暑假作业:四年级/黑龙江省小学《暑假作业》编写组编.—哈尔滨:黑龙江少年儿童出版社,1995.5.—34页;26cm
ISBN 7-5319-1282-1:¥1.40

016507

五年制小学暑假作业:一年级/黑龙江省小学《暑假作业》编写组编.—哈尔滨:黑龙江少年儿童出版社,1995.5.—34页;26cm
ISBN 7-5319-1279-1:¥1.40

016508

五年制小学数学暑假练习:二年级/二年级编写小组编.—长沙:湖南少年儿童出版社,1995.3.—64页;19cm
ISBN 7-5358-0531-0:¥1.35

016509

五年制小学数学暑假练习:一年级/一年级编写小组编.—长沙:湖南少年儿童出版社,1995.3.—64页;19cm
ISBN 7-5358-0530-2:¥1.35

016510

五年制小学五年级语文寒假作业/湖北省教学研究室编.—4版.—武汉:湖北少年儿童出版社,1995.11.—32页;19cm
ISBN 7-5353-0686-1:¥0.85

016511
五年制小学一年级寒假作业/黄耀光,王耀东编写.—2版.—南宁:广西教育出版社,1995.11.—32页;19×26cm
ISBN 7-5435-1430-3:¥1.75

016512
五年制小学语文暑假练习:二年级/二年级编写小组编.—长沙:湖南少年儿童出版社,1995.3.—64页;19cm
ISBN 7-5358-0527-2:¥1.35

016513
五年制小学语文暑假练习:一年级/一年级编写小组编.—长沙:湖南少年儿童出版社,1995.3.—64页;19cm
ISBN 7-5358-0526-4:¥1.35

016514
小学暑假作业:六年制二年级/万良琦等编.—南昌:21世纪出版社,1995.5.—96页;19cm
ISBN 7-5391-0905-X:¥1.70

016515
小学暑假作业:六年制六年级/江西省教委教学教材研究室组织编写.—南昌:21世纪出版社,1995.5.—96页;19cm
ISBN 7-5391-0895-9:¥1.70

016516
小学暑假作业:六年制三年级/江西省教委教学教材研究室组织编写.—南昌:21世纪出版社,1995.5.—96页;19cm
ISBN 7-5391-0892-4:¥1.70

016517
小学暑假作业:六年制一年级/龙宅俊等编.—南昌:21世纪出版社,1995.5.—96页;19cm
ISBN 7-5391-0904-1:¥1.70

016518
小学暑假作业:五年制二年级/江西省教委教学教材研究室组织编写.—南昌:21世纪出版社,1995.5.—96页;19cm
ISBN 7-5391-0888-6:¥1.70

016519
小学暑假作业:五年制三年级/江西省教委教学教材研究室组织编写.—南昌:21世纪出版社,1995.5.—96页;19cm
ISBN 7-5391-0889-4:¥1.70

016520
小学暑假作业:五年制四年级/江西省教委教学教材研究室组织编写.—南昌:21世纪出版社,1995.5.—96页;19cm
ISBN 7-5391-0890-8:¥1.70

016521
小学暑假作业:五年制五年级/江西省教委教学教材研究室组织编写.—南昌:21世纪出版社,1995.5.—96页;19cm
ISBN 7-5391-0891-6:¥1.70

016522
小学暑假作业:五年制一年级/江西省教委教学教材研究室组织编写.—南昌:21世纪出版社,1995.5.—96页;19cm
ISBN 7-5391-0887-8:¥1.70

016523
义务教育六年制小学二年级寒假作业/丁培忠等主编;内蒙古教育厅中小学教材学习指导书编委会编.—呼和浩特:内蒙古教育出版社,1995.10.—32页;19×26cm
ISBN 7-5311-2633-8:¥1.50

016524
义务教育六年制小学二年级数学暑假作业/河南省教育委员会中小学教材教学研究室编写.—3版.—郑州:海燕出版社,1995.6.—64页;19×26cm
ISBN 7-5350-0185-8:¥1.75

016525
义务教育六年制小学二年级语文暑假作业/河南省教育委员会中小学教材教学研究室编写.—3版.—郑州:海燕出版社,1995.5.—64页;19×26cm
ISBN 7-5350-0377-X:¥1.75

016526
义务教育六年制小学寒假乐园:四年级/童承基等编写.—杭州:浙江教育出版社,1995.10.—79页;19cm
ISBN 7-5338-2147-5:¥2.40

016527
义务教育六年制小学实验课本数学暑假作业:二年级/小学实验教材寒暑假作业编写组编.—长沙:湖南教育出版社,1995.5.—48页;19cm
ISBN 7-5355-2078-2:¥1.10

016528
义务教育六年制小学数学寒假练习:二年级/林宇等编.—沈阳:辽宁教育出版社,1995.10.—25页;26cm
ISBN 7-5382-4380-1:¥1.70

016529
义务教育六年制小学数学寒假练习:六年级/林宇等编.—沈阳:辽宁教育出版社,1995.10.—25页;26cm
ISBN 7-5382-4357-2:¥1.70

016530
义务教育六年制小学数学寒假练习:三年级/林宇等编.—沈阳:辽宁教育出版社,1995.10.—25页;26cm
ISBN 7-5382-4381-X:¥1.70

016531
义务教育六年制小学数学寒假练习:四年级/林宇等编.—沈阳:辽宁教育出版社,1995.10.—25页;26cm
ISBN 7-5382-4382-8:¥1.70

016532
义务教育六年制小学数学寒假练习:五年级/林宇等编.—沈阳:辽宁教育出版社,1995.10.—25页;26cm
ISBN 7-5382-4383-6:¥1.70

016533
义务教育六年制小学数学寒假练习:一年级/林宇等编.—沈阳:辽宁教育出版社,1995.10.—25页;26cm
ISBN 7-5382-4356-9:¥1.70

016534

义务教育六年制小学数学暑假练习:二年级/陈丽莉,石坚编.—沈阳:辽宁教育出版社,1995.6.—25页;26cm

ISBN 7-5382-4227-9:¥1.70

016535

义务教育六年制小学数学暑假练习:三年级/玉辉,康心编.—沈阳:辽宁教育出版社,1995.6.—25页;26cm

ISBN 7-5382-4228-7:¥1.70

016536

义务教育六年制小学数学暑假练习:四年级/闻策,东越编.—沈阳:辽宁教育出版社,1995.6.—25页;26cm

ISBN 7-5382-4229-5:¥1.70

016537

义务教育六年制小学数学暑假练习:五年级/于英,李仁编.—沈阳:辽宁教育出版社,1995.6.—25页;26cm

ISBN 7-5382-4230-9:¥1.70

016538

义务教育六年制小学数学暑假练习:一年级/陈丽莉,杨桦编.—沈阳:辽宁教育出版社,1995.6.—25页;26cm

ISBN 7-5382-4226-0:¥1.70

016539

义务教育六年制小学数学暑假作业:三年级/浙江省教委教研室编.—杭州:浙江教育出版社,1995.5.—81页;19cm

ISBN 7-5338-1983-7:¥1.55

016540

义务教育六年制小学一年级寒假作业/丁培忠等主编.—呼和浩特:内蒙古教育出版社,1995.9.—32页;19×26cm

ISBN 7-5311-2622-2:¥1.50

016541

义务教育六年制小学一年级语文暑假作业/河南省教育委员会中小学教材教学研究室编写.—4版.—郑州:海燕出版社,1995.5.—64页;19×26cm

ISBN 7-5350-1146-2:¥1.75

016542

义务教育六年制小学语文寒假练习:二年级/刘丽宇等编.—沈阳:辽宁教育出版社,1995.10.—25页;26cm

ISBN 7-5382-4307-0:¥1.70

016543

义务教育六年制小学语文寒假练习:六年级/陈莉丽等编.—沈阳:辽宁教育出版社,1995.10.—25页;26cm

ISBN 7-5382-4354-2:¥1.70

016544

义务教育六年制小学语文寒假练习:三年级/陈莉丽等编.—沈阳:辽宁教育出版社,1995.10.—25页;26cm

ISBN 7-5382-4355-0:¥1.70

016545

义务教育六年制小学语文寒假练习:四年级/王雨宏等编.—沈阳:辽宁教育出版社,1995.10.—25页;26cm

ISBN 7-5382-4308-9:¥1.70

016546

义务教育六年制小学语文寒假练习:五年级/陈丽莉等编.—沈阳:辽宁教育出版社,1995.10.—25页;26cm

ISBN 7-5382-4309-7:¥1.70

016547

义务教育六年制小学语文寒假练习:一年级/赵淑香编.—沈阳:辽宁教育出版社,1995.10.—25页;26cm

ISBN 7-5382-4306-2:¥1.70

016548

义务教育六年制小学语文暑假练习:二年级/孙玉萍,陈一兵编.—沈阳:辽宁教育出版社,1995.6.—25页;26cm

ISBN 7-5382-4222-8:¥1.70

016549

义务教育六年制小学语文暑假练习:三年级/陈一兵,刘慧编.—沈阳:辽宁教育出版社,1995.6.—25页;26cm

ISBN 7-5382-4223-6:¥1.70

016550

义务教育六年制小学语文暑假练习:四年级/陈一兵,刘慧编.—沈阳:辽宁教育出版社,1995.6.—25页;26cm

ISBN 7-5382-4224-4:¥1.70

016551

义务教育六年制小学语文暑假练习:五年级/陈一兵,刘慧编.—沈阳:辽宁教育出版社,1995.6.—25页;26cm

ISBN 7-5382-4225-2:¥1.70

016552

义务教育六年制小学语文暑假练习:一年级/一兵,孙玉萍编.—沈阳:辽宁教育出版社,1995.6.—25页;26cm

ISBN 7-5382-4221-X:¥1.70

016553

义务教育五年制小学二年级寒假作业/丁培忠等主编.—呼和浩特:内蒙古教育出版社,1995.10.—32页;19×26cm

ISBN 7-5311-2632-X:¥1.50

016554

义务教育五年制小学二年级数学暑假作业/河南省义务教育五年制小学数学教材编写组编写.—郑州:海燕出版社,1995.5.—48页;19×26cm

ISBN 7-5350-1145-4:¥1.37

016555

义务教育五年制小学二年级语文暑假作业/河南省义务教育五年制小学语文教材编写组编写.—郑州:海燕出版社,1995.5.—48页;19×26cm

ISBN 7-5350-1292-2:¥1.37

016556

义务教育五年制小学寒假乐园:四年级/童承基等编写.—杭州:浙江教育出版社,1995.10.—79页;19cm

ISBN 7-5338-2153-X:¥2.40

016557

义务教育五年制小学三年级数学暑假作业/河南省义务教育五年制小学数学教材编写组编写.—郑州:海燕出版社,1995.5.—48 页;19×26cm
ISBN 7-5350-1289-2:¥1.37

016558
义务教育五年制小学三年级数学暑假作业/河南省义务教育五年制小学数学教材编写组编写.—郑州:海燕出版社,1995.5.—48 页;19×26cm
ISBN 7-5350-1289-2:¥1.37

016559
义务教育五年制小学暑假作业:二年级/云南省教委教研室编写.—昆明:晨光出版社,1995.3.—64 页;26cm
ISBN 7-5414-0974-X:¥1.90

016560
义务教育五年制小学数学暑假作业:二年级/陈明辉主编;辽宁教育学院组织编写.—2 版.—沈阳:辽宁教育出版社,1995.4.—25 页;26cm
ISBN 7-5382-2849-7:¥1.40

016561
义务教育五年制小学数学暑假作业:三年级/浙江省教委教研室编.—杭州:浙江教育出版社,1995.5.—81 页;19cm
ISBN 7-5338-1976-4:¥1.55

016562
义务教育五年制小学一年级寒假作业/丁培忠等主编.—呼和浩特:内蒙古教育出版社,1995.10.—32 页;19×26cm
ISBN 7-5311-2630-3:¥1.50

016563
义务教育五年制小学一年级数学暑假作业/齐心编写.—3 版.—郑州:海燕出版社,1995.5.—48 页;19×26cm
ISBN 7-5350-0173-4:¥

016564
义务教育五年制小学一年级语文暑假作业/河南省义务教育五年制小学语文教材编写组编写.—2 版.—郑州:海燕出版社,1995.5.—48 页;19×26cm
ISBN 7-5350-1144-6:¥1.37

016565
义务教育五年制小学语文暑假作业:二年级/耿天珏主编;辽宁教育学院组织编写.—2 版.—沈阳:辽宁教育出版社,1995.4.—25 页;26cm
ISBN 7-5382-2784-9:¥1.40

016566
义务教育五年制小学语文暑假作业:三年级/浙江省教委教研室编.—杭州:浙江教育出版社,1995.4.—81 页;19cm
ISBN 7-5338-1989-6:¥1.55

016567
语文寒假作业:六年制小学:六年级/湖北省教学研究室编.—3 版.—武汉:湖北少年儿童出版社,1995.11.—32 页;19cm
ISBN 7-5353-0696-9:¥0.85

016568
语文寒假作业:六年制小学:三年级/湖北省教学研究室编.—3 版.—武汉:湖北少年儿童出版社,1995.11.—48 页;19cm
ISBN 7-5353-0703-5:¥1.15

016569
语文寒假作业:六年制小学:五年级/湖北省教学研究室编.—3 版.—武汉:湖北少年儿童出版社,1995.11.—32 页;19cm
ISBN 7-5353-0698-5:¥0.85

G625 教师与学生

G625.1　016570
田沛发——新时期人民教师的楷模/贵州省教育委员会编.—贵阳:贵州民族出版社,1995.10.—59 页;19cm
ISBN 7-5412-0624-5:¥2.50

G625.1　016571
小学班主任工作难题解析/肖陆平等主编.—北京:科学技术文献出版社,1995.12.—258 页;19cm.—(新时期班主任工作丛书/刘学谦主编)
ISBN 7-5023-2620-0:¥13.00

G625.1　016572
小学教师自学成才指导/徐钜著.—南京:江苏教育出版社,1995.5.—185 页;19cm
ISBN 7-5343-2349-5:¥6.55

G625.1-62　016573
小学教师一般基本功训练手册　下册/西安市继续教育教材编写委员会编.—西安:西安出版社,1995.8.—222 页;19cm
ISBN 7-80594-227-7:¥6.40

G625.5　016574
班队活动/陈昌清,陈民众主编;《小学活动课指导用书》编写组编写.—长沙:湖南教育出版社,1995.12.—208 页;19cm
小学活动课指导用书
ISBN 7-5355-2330-7:¥4.90

G625.5　016575
晨会(夕会)/陈昌清,陈民众主编;《小学活动课指导用书》编写组编写.—长沙:湖南教育出版社,1995.12.—200 页;19cm
小学活动课指导用书
ISBN 7-5355-2325-0:¥4.90

G625.5　016576
九年义务教育五年制小学生秋假生活:三年级/李瑞芬,丁德明编写.—3 版.—石家庄:河北教育出版社,1995.6.—60 页;26cm
ISBN 7-5434-1076-1:¥1.70

G625.5　016577
礼仪常识:小学版/《礼仪常识》编写组编.—北京:中华工商联合出版社,1995.5.—130 页;19cm
ISBN 7-80100-136-2:¥3.60

G625.5 016578
文艺活动/陈昌清,陈民众主编;《小学活动课指导用书》编写组编写.—长沙:湖南教育出版社,1995.12.—665页:彩图;19cm
小学活动课指导用书
ISBN 7-5355-2326-9:¥15.80

G625.5 016579
小小音乐宫/马光复编著;王京科等绘.—济南:明天出版社,1995.4.—64页;20cm.—(全国小学生课外丛书/李仲汉主编)
全套120册,总定价:385.00元
ISBN 7-5332-2142-7:¥0.00

G625.5 016580
小学班会队会指引/胡国有,李国忱主编;辽宁省教育委员会编.—2版.—沈阳:辽宁美术出版社,1995.4.—263页;19cm.—(小学德育指引丛书;1)
ISBN 7-5314-1274-8:¥4.50

G625.5 016581
小学生不宜100例 (上):思想品德篇/王培堃编绘.—桂林:漓江出版社,1995.8.—22页;26cm
ISBN 7-5407-1777-7:¥3.00

G625.5 016582
小学生不宜100例 (下):卫生健康篇/王培堃编绘.—桂林:漓江出版社,1995.8.—22页;26cm
ISBN 7-5407-1777-7:¥3.00

G625.5 016583
小学生不宜100例 (中):文明礼貌篇/王培堃编绘.—桂林:漓江出版社,1995.8.—22页;26cm
ISBN 7-5407-1777-7:¥3.00

G625.5 016584
小学生交通安全常识/沈阳市公安局交通警察支队编.—沈阳:辽宁教育出版社,1995.2.—35页;26cm
ISBN 7-5382-4020-9:¥3.20

G625.5 016585
小学生礼仪常识/沈宝增编著.—南京:河海大学出版社,1995.8.—86页;19cm.—(小学德育丛书)
ISBN 7-5630-0840-3:¥2.80

G625.5 016586
小学生礼仪读本/辽宁省教委礼仪读本编写组编.—沈阳:辽宁人民出版社,1995.7.—68页;19cm
小学中、高年级用
ISBN 7-205-03418-3:¥2.00

G625.5 016587
小学生日常行为规范指导/陈晓棠主编.—广州:广东高等教育出版社,1995.7.—130页;19cm
ISBN 7-5361-1720-5:¥3.20

G625.5 016588
小学生日志/朱炳昌主编.—北京:气象出版社,1995.3.—365页;19cm
ISBN 7-5029-1849-3:¥7.50

G625.5 016589
小学生双休日大乐园:二年级 下册/曹魁珍主编.—延吉:东北朝鲜民族教育出版社,1995.11.—50页;26cm
ISBN 7-5437-2486-3:¥2.00

G625.5 016590
小学生双休日大乐园:六年级 下册/曹魁珍主编.—延吉:东北朝鲜民族教育出版社,1995.11.—50页;26cm
ISBN 7-5437-2490-1:¥2.00

G625.5 016591
小学生双休日大乐园:三年级 下册/曹魁珍主编.—延吉:东北朝鲜民族教育出版社,1995.11.—50页;26cm
ISBN 7-5437-2487-1:¥2.00

G625.5 016592
小学生双休日大乐园:四年级 下册/曹魁珍主编.—延吉:东北朝鲜民族教育出版社,1995.11.—49页;26cm
ISBN 7-5437-2488-X:¥2.00

G625.5 016593
小学生双休日大乐园:五年级 下册/曹魁珍主编.—延吉:东北朝鲜民族教育出版社,1995.11.—50页;26cm
ISBN 7-5437-2489-8:¥2.00

G625.5 016594
小学生双休日大乐园:一年级 下册/曹魁珍主编.—延吉:东北朝鲜民族教育出版社,1995.11.—50页;26cm
ISBN 7-5437-2469-3:¥2.00

G625.5 016595
小学主题班队会活动读本/梁芳,符良主编.—南宁:广西民族出版社,1995.1.—158页;19cm
ISBN 7-5363-2948-2:¥3.50

G626 学校与家庭、学校与社会

G626 016596
小学生的优育优教/曾汝弟等主编;卜琪娴等编.—昆明:云南大学出版社,1995.9.—121页;19cm.—(家庭优生优育优教知识系列;3)
全套书共4册,总定价:20.00元
ISBN 7-81025-598-3:¥0.00

G626 016597
小学生家庭教育/张五仁,倪喜玲主编;四川省妇女联合会儿童工作部等编.—2版.—成都:四川科学技术出版社,1995.11.—270页;19cm
广播父母学校教材
ISBN 7-5364-1775-6:¥6.90

G626 016598
小学生家庭教育基础/张才龙主编.—上海:华东理工大学出版社,1995.12.—272页;20cm
小学生家长学校试用读本
ISBN 7-5628-0638-1:¥8.20

G627 学校管理

G627 016599
开发教师创造力管理探索/金倚城,陆天池主编.—北京:教育科学出版社,1995.10.—247页;19cm.—(苏州教育丛书)
ISBN 7-5041-1533-9:¥7.80

G629 世界各国初等教育概况

G629.2 016600
面临贫困的选择:处境不利地区初等教育质量综合实验研究/马培芳主编;《提高处境不利地区初等教育质量综合实验研究》课题组编.—兰州:甘肃文化出版社,1995.12.—131页;20cm
ISBN 7-80608-182-8:¥6.00

G629.21 016601
鸡西市小学素质教育的理论与实践/丛培翔,王贵福主编.—哈尔滨:哈尔滨工程大学出版社,1995.5.—237页;19cm
ISBN 7-81007-536-5:¥9.50

G629.284.21 016602
为了明天:兰州市标准化小学建设事迹录/李延祐主编.—兰州:甘肃教育出版社,1995.3.—255页;20cm
ISBN 7-5423-0488-7:¥9.80

G629.285.1 016603
"外优内改"十年/叶明华主编.—上海:上海科学技术出版社,1995.6.—313页;20cm
ISBN 7-5323-3893-2:¥13.00

G629.285.3 016604
小学教育现代化的雏形:江苏省吴江市梅堰小学教育现代化的探索/陈文彬主编.—北京:教育科学出版社,1995.10.—267页;19cm
ISBN 7-5041-1534-7:¥9.20

G629.299 016605
弟子规/美国法界佛教大学国际译经学院译.—厦门:鹭江出版社,1995.12.—35页;19cm
ISBN 7-80610-201-9:¥2.50

G63 中等教育

G63 016606
21世纪呼唤少年英才/邹平,卢干奇著.—北京:气象出版社,1995.6.—236页;19cm
ISBN 7-5029-1933-3:¥6.80

G63 016607
教室挂图.—济南:山东友谊出版社,1995.9.—6张;77×53cm
包括:中学生守则、眼保健操、第七套广播体操(一)、(二)
¥20.40

G63 016608
中学教室挂图/人民教育出版社政治室,陕西人民教育出版社文科室编;刘德臣,薛夫彬绘.—西安:陕西人民教育出版社,1995.6.—10张;100×35cm
ISBN 7-5419-5731-3:¥25.00

G630 016609
初中学习困难学生教育研究/李锦韬主编.—沈阳:东北大学出版社,1995.11.—298页;20cm
ISBN 7-81006-927-6:¥15.00

G630 016610
基础教育研究/向东方著.—重庆:西南师范大学出版社,1995.12.—296页;20cm
ISBN 7-5621-1415-3:¥10.00

G630 016611
农村经济和社会发展与初中教育改革/董源来等编著.—南昌:江西人民出版社,1995.5.—257页;19cm
ISBN 7-210-01519-1:¥8.50

G630 016612
中国基础教育问题/李小融著.—长沙:湖南教育出版社,1995.11.—419页;20cm.—(中国教育问题研究丛书/张诗亚主编)
ISBN 7-5355-2258-0:¥17.20

G630 016613
中学教育学/余本祐主编.—合肥:中国科学技术大学出版社,1995.8.—379页;20cm
ISBN 7-312-00710-4:¥9.20

G630-53 016614
韩永发教育文集/韩永发著.—哈尔滨:黑龙江教育出版社,1995.12.—355页;20cm
ISBN 7-5316-2842-2:¥15.00

G630-53 016615
教海拾贝/周广云著.—徐州:中国矿业大学出版社,1995.12.—260页;20cm
ISBN 7-81040-476-8:¥8.70

G630-53 016616
魏书生文选/魏书生著.—桂林:漓江出版社,1995.12.—2册;19cm
ISBN 7-5407-1854-4:¥19.20

G631 016617
保卫和平/于江欣,贺新城著.—济南:黄河出版社,1995.3.—112页;19cm
抗日战争知识竞赛活动用书:中小学生读本
ISBN 7-80558-589-X:¥2.50

G631 016618
传统美德在闪光/栾传大主编.—长春:吉林人民出版社,1995.9.—231页;19cm
ISBN 7-206-02316-9:¥7.50

G631 016619
德育之路:中学德育活动的理论与实践/浙江省镇海中学德育领导小组编著.—杭州:杭州大学出版社,1995.12.—181页;20cm
ISBN 7-81035-856-1:¥5.60

G631 016620
国旗下的讲话/王尚林,李德昌主编.—开封:河南大学出版社,1995.8.—222页;19cm
ISBN 7-81041-246-9:¥5.00

G631 016621
国旗下讲话/刘效群,刘秉权主编;四平市教育学院

编.—延吉:东北朝鲜民族教育出版社,1995.7.—252页;19cm

ISBN 7-5437-1932-0:¥5.50

G631 **016622**

哈尔滨市中小学生德育工作调查与分析/哈尔滨市中小学生德育工作领导小组办公室编 .—哈尔滨:哈尔滨出版社,1995.7.—119页;19cm

ISBN 7-80557-850-8:¥3.80

G631 **016623**

全国中小学百种爱国主义教育图书导读:初中卷/王文湛主编;国家教委基础教育司编.—桂林:广西师范大学出版社,1995.8.—192页;19cm

ISBN 7-5633-2046-6:¥4.50

G631 **016624**

全国中小学百种爱国主义教育图书导读:高中卷/王文湛主编;国家教委基础教育司编.—桂林:广西师范大学出版社,1995.8.—212页;19cm

ISBN 7-5633-2045-8:¥4.90

G631 **016625**

全国中小学百种爱国主义教育图书简介/党玉敏主编.—桂林:广西师范大学出版社,1995.11.—246页;19cm

ISBN 7-5633-2079-2:¥6.00

G631 **016626**

现代美德故事.—郑州:文心出版社,1995.6.—170页;19cm.—(中小学思想品德教育读本)

ISBN 7-80537-570-4:¥3.50

G631 **016627**

新四字鉴:中国国民意识集粹/冷冉,贾聚林著.—2版.—沈阳:辽宁人民出版社,1995.5.—66页;19cm

ISBN 7-205-03315-2:¥2.80

G631 **016628**

中华民族传统美德教育活动例选/栾传大,王云鹤主编 .—长春:吉林人民出版社,1995.9.—293页;19cm

ISBN 7-206-02315-0:¥9.50

G631 **016629**

中小学爱国主义教育读本/李绪德主编.—武汉:武汉出版社,1995.12.—385页;19cm

ISBN 7-5430-1472-6:¥9.00

G631 **016630**

中小学德育案例精选/张春国,孔庆璇主编.—哈尔滨:黑龙江教育出版社,1995.8.—334页;19cm

ISBN 7-5316-2745-0:¥6.00

G631 **016631**

中小学生爱国主义教育读本/杨冬荣主编.—北京:华艺出版社,1995.3.—122页;19cm.—(中国美德系列丛书)

ISBN 7-80039-911-7:¥2.90

G631 **016632**

中学爱国主义教育的理论与实践/王杰,周晓林主编.—南京:江苏教育出版社,1995.4.—205页;20cm

ISBN 7-5343-2314-2:¥3.35

G631 **016633**

中学德育管理/王庆丰主编;中学分年级德育整体改革丛书编委会编.—石家庄:河北人民出版社,1995.12.—256页;19cm.—(中学分年级德育整体改革丛书)

ISBN 7-202-01828-4:¥7.00

G631 **016634**

中学德育管理:理论与实践/张公武著.—北京:金城出版社,1995.4.—440页;20cm

ISBN 7-80084-100-6:¥13.60

G631 **016635**

中学生生存意识/马瑞祥著.—北京:中国青年出版社,1995.8.—216页;19cm

ISBN 7-5006-1994-4:¥9.70

G632 **016636**

当代先进教育教学方法的研究与实践/王典馥主编.—成都:成都科技大学出版社,1995.9.—315页;26cm.—(红烛辉煌丛书)

ISBN 7-5616-3035-2:¥34.00

G632 **016637**

耕耘集/毛由金主编.—乌鲁木齐:新疆人民出版社,1995.7.—330页;20cm

ISBN 7-228-03604-2:¥12.00

G632 **016638**

目标教学理论与实践/欧群主编;玉溪市教育局教研室编.—昆明:云南教育出版社,1995.12.—248页;19cm

ISBN 7-5415-1104-8:¥6.00

G632 **016639**

浅说中教ABC/蒋本端,王耀琛著.—北京:中国妇女出版社,1995.7.—127页;19cm

ISBN 7-80016-582-5:¥5.00

G632 **016640**

实用教学艺术/王义智编著.—天津:天津科学技术出版社,1995.10.—630页;20cm

ISBN 7-5308-1600-4:¥19.60

G632 **016641**

学习困难学生教育的理论与实践/上海市教育科学研究所《初中学习困难学生教育的研究》课题组编.—上海:上海科技教育出版社,1995.6.—351页;20cm

ISBN 7-5428-1184-3:¥15.00

G632-53 **016642**

红烛杯全国中小学教师论文集/何柯可主编.—乌鲁木齐:新疆人民出版社,1995.7.—3册;20cm

ISBN 7-228-03528-3:¥48.00

G632-53 **016643**

红烛杯全国中小学教师论文集/何柯可主编.—乌鲁木齐:新疆人民出版社,1995.7.—3册;20cm

ISBN 7-228-03528-3(精装):¥60.00

G632-53 **016644**

中国教学考研究论文集/陈岩主编 .—海口:海南出版社,1995.11.—381页;26cm

ISBN 7-80617-075-8:¥98.00

G632.0 **016645**

JIP实验与操作/白鸿胜,贾国英主编.—太原:山西人民出版社,1995.7.—423页;20cm

ISBN 7-203-03360-0:¥8.80

G632.0　016646
多媒体组合教学实践/李元镜等编著.—北京:科学出版社,1995.3.—253页;20cm
ISBN 7-03-004255-7:¥8.20

G632.0　016647
广雅中学教育教学科研论文选编:1993~1994学年度/广东广雅中学编.—广州:广东高等教育出版社,1995.11.—211页;19cm
ISBN 7-5361-1915-1:¥8.00

G632.0　016648
四川省中学教改研究与实践/万中义主编;四川省教育科学研究所编.—成都:四川大学出版社,1995.10.—556页;20cm
ISBN 7-5614-1250-9:¥19.00

G632.0　016649
中小学教研集萃/荣板晓主编;《中小学教研集粹》编委会编.—呼和浩特:内蒙古人民出版社,1995.10.—174页;20cm
ISBN 7-204-02676-4:¥4.80

G632.0　016650
中小学科学教育改革/赵学漱著.—广州:广东教育出版社,1995.5.—311页;20cm
ISBN 7-5406-2859-6:¥9.00

G632.0　016651
中学JIP实验研究报告集/倪传荣主编.—北京:北京教育出版社,1995.10.—305页;20cm
ISBN 7-5303-0784-3:¥9.50

G632.0　016652
中学教育教学改革探索/安静生,王忠善主编.—西宁:青海人民出版社,1995.9.—198页;20cm.—(西部教育文库)
ISBN 7-225-01201-0:¥7.00

G632.0　016653
中学政治历史课教学改革研究/姜哲学,张民主编.—长春:吉林大学出版社,1995.9.—319页;19cm
ISBN 7-5601-1801-1:¥10.50

G632.0-53　016654
润物细无声:教育教学论文选/朱伯荣主编.—北京:民族出版社,1995.8.—210页;19cm
ISBN 7-105-02434-8:¥9.00

G632.3　016655
中学文科教学与研究/孟尔君主编.—兰州:甘肃教育出版社,1995.10.—454页;20cm
ISBN 7-5423-0584-0:¥16.80

G632.4　016656
高级教师论教学:上海市普陀区中学学科带头人经验荟萃/刘培鸿主编;上海市普陀区教育局编.—上海:华东师范大学出版社,1995.6.—216页;20cm
ISBN 7-5617-1350-9:¥6.00

G632.4　016657
启发式教学新探索/郭鸿主编.—广州:广东高等教育出版社,1995.2.—319页;19cm
ISBN 7-5361-1611-X:¥7.50

G632.428　016658
我们和科学握手:STS教育与农村普通中学课外科技活动/马克祥等主编.—长沙:湖南科学技术出版社,1995.7.—176页;20cm
ISBN 7-5357-1796-9:¥6.60

G632.428　016659
中学语文课外活动/孙宏杰等编.—南京:江苏教育出版社,1995.12.—317页;20cm.—(中学语文教师高级进修丛书/顾黄初主编)
ISBN 7-5343-2599-4:¥11.60

G632.46　016660
初中学习88法/侯恕水等编著.—福州:福建少年儿童出版社,1995.8.—166页;19cm
ISBN 7-5395-1226-1:¥5.00

G632.46　016661
现代学法指导/王尚玉等主编.—杭州:浙江大学出版社,1995.11.—265页;19cm
ISBN 7-308-01661-7:¥7.00

G632.46　016662
中学生读书必胜法/唐治平,刘泉志编著.—兰州:兰州大学出版社,1995.8.—173页;19cm
ISBN 7-311-00883-2:¥6.95

G632.46　016663
中学生学习方法/阎满盈主编.—西安:陕西人民教育出版社,1995.7.—209页;19cm
ISBN 7-5419-6221-X:¥5.50

G632.47　016664
河南普通高考年报　1995/侯福禄主编;河南省招生办公室编.—开封:河南大学出版社,1995.12.—298页;26cm
ISBN 7-81041-290-6:¥20.00

G632.47　016665
浙江省普通高中证书会考指导手册/浙江省普通高中证书会考办公室编.—2版.—杭州:浙江教育出版社,1995.12.—215页;19cm
ISBN 7-5338-1486-X:¥5.40

G632.47　016666
中小学学生质量综合评价研究/李吉会主编.—呼和浩特:内蒙古人民出版社,1995.11.—217页;19cm
ISBN 7-204-02968-2:¥7.00

G632.479　016667
1993~1995年福建省九年义务教育中考试卷汇编:化学/能力测试研究组编.—福州:福建少年儿童出版社,1995.12.—15页;26cm
人教版试用教材
ISBN 7-5395-1244-X:¥1.60

G632.479　016668
1993~1995年福建省九年义务教育中考试卷汇编:数学/能力测试研究组编.—福州:福建少年儿童出版社,1995.12.—28页;26cm
人教版试用教材
ISBN 7-5395-1242-3:¥2.10

G632.479　016669
1993~1995年福建省九年义务教育中考试卷汇编:物理/能力测试研究组编.—福州:福建少年儿童出版版

社,1995.12.—18页;26cm
人教版试用教材
ISBN 7-5395-1241-5:¥1.75

G632.479 016670
1993~1995年福建省九年义务教育中考试卷汇编:英语/能力测试研究组编.—福州:福建少年儿童出版社,1995.12.—29页;26cm
人教版试用教材
ISBN 7-5395-1243-1:¥2.10

G632.479 016671
1993~1995年福建省九年义务教育中考试卷汇编:语文/能力测试研究组编.—福州:福建少年儿童出版社,1995.12.—26页;26cm
人教版试用教材
ISBN 7-5395-1239-3:¥2.10

G632.479 016672
1993~1995年福建省九年义务教育中考试卷汇编:政治/能力测试研究组编.—福州:福建少年儿童出版社,1995.12.—27页;26cm
人教版试用教材
ISBN 7-5395-1240-7:¥2.10

G632.479 016673
1994年全国中考试题荟萃:初中数学/《1994年全国中考试题荟萃》编写组编.—北京:科学技术文献出版社,1995.3.—211页;19cm
ISBN 7-5023-2450-X:¥6.40

G632.479 016674
1994年全国中考试题荟萃:初中语文/《1994年全国中考试题荟萃》编写组编.—北京:科学技术文献出版社,1995.3.—217页;19cm
ISBN 7-5023-2453-4:¥6.50

G632.479 016675
1994年全国中考试题荟萃:初中化学/《1994年全国中考试题荟萃》编写组编.—北京:科学技术文献出版社,1995.8.—168页;19cm
ISBN 7-5023-2452-6:¥5.20

G632.479 016676
1994年全国中考试题荟萃:初中英语/《1994年全国中考试题荟萃》编写组编.—北京:科学技术文献出版社,1995.3.—258页;19cm
ISBN 7-5023-2454-2:¥7.60

G632.479 016677
1995年北京名校名师高考模拟题集/刘孟刚主编.—北京:华夏出版社,1995.1.—9册;26cm
ISBN 7-5080-0536-8:¥67.50

G632.479 016678
1995年北京名校名师中考模拟题集/刘孟刚主编. 北京:华夏出版社,1995.1.—6册;26cm
ISBN 7-5080-0535-X:¥43.20

G632.479 016679
1995年湖南省高中毕业会考评析/湖南省教委普教处,湖南省教育科学研究所编.—长沙:湖南教育出版社,1995.12.—212页;19cm
ISBN 7-5355-2376-5:¥4.90

G632.479 016680
1995年全国初中毕业、升学考试试题精选及解答:物理/清平主编.—成都:四川人民出版社,1995.9.—163页;19cm
ISBN 7-220-02650-1:¥5.20

G632.479 016681
1995年全国中考试(含答案)荟萃:语文/天津人民出版社编.—天津:天津人民出版社,1995.9.—399页;19cm
ISBN 7-201-02247-4:¥9.00

G632.479 016682
1995年全国中考试题(含答案)荟萃:化学/天津人民出版社编.—天津:天津人民出版社,1995.9.—309页;19cm
ISBN 7-201-02246-6:¥7.10

G632.479 016683
1995年全国中考试题(含答案)荟萃:数学/天津人民出版社编.—天津:天津人民出版社,1995.9.—309页;19cm
ISBN 7-201-02244-X:¥7.00

G632.479 016684
1995年全国中考试题(含答案)荟萃:物理/天津人民出版社编.—天津:天津人民出版社,1995.9.—317页;19cm
ISBN 7-201-02245-8:¥7.10

G632.479 016685
1995年全国中考试题(含答案)荟萃:英语/天津人民出版社编.—天津:天津人民出版社,1995.9.—431页;19cm
ISBN 7-201-02242-3:¥9.40

G632.479 016686
1995年全国中考试题(含答案)荟萃:政治/天津人民出版社编.—天津:天津人民出版社,1995.9.—300页;19cm
ISBN 7-201-02243-1:¥7.00

G632.479 016687
1995年全国中考试题汇编:化学/王干一等编.—济南:山东友谊出版社,1995.11.—330页;19cm
ISBN 7-80551-728-2:¥8.20

G632.479 016688
1995年全国中考试题汇编:数学/王士功等编.—济南:山东友谊出版社,1995.11.—259页;19cm
ISBN 7-80551-730-4:¥6.60

G632.479 016689
1995年全国中考试题汇编:物理/吴士礼等编 .—济南:山东友谊出版社,1995.11.—349页;19cm
ISBN 7-80551-731-2:¥8.80

G632.479 016690
1995年全国中考试题汇编:英语/尹玉柱等编 .—济南:山东友谊出版社,1995.11.—448页;19cm
ISBN 7-80551-732-0:¥11.00

G632.479 016691
1995年全国中考试题汇编:语文/贝征宇等编.—济南:山东友谊出版社,1995.11.—336页;19cm

ISBN 7-80551-729-0: ¥8.50

G632.479 **016692**

1995年全国中考试题精选·解答:数学、物理、化学.—成都:四川教育出版社,1995.9.—170页;26cm

ISBN 7-5408-2742-4: ¥7.70

G632.479 **016693**

1995年全国中考试题精选·解答:政治、语文、英语.—成都:四川教育出版社,1995.9.—217页;26cm

ISBN 7-5408-2742-4: ¥9.80

G632.479 **016694**

1995年全国中考试题精选与解答:化学/《中考试题精选与解答》编写组编.—长春:东北师范大学出版社,1995.11.—122页;19cm

ISBN 7-5602-1199-2: ¥3.40

G632.479 **016695**

1995年全国中考试题精选与解答:数学/《中考试题精选与解答》编写组编.—长春:东北师范大学出版社,1995.11.—118页;19cm

ISBN 7-5602-1202-6: ¥3.40

G632.479 **016696**

1995年全国中考试题精选与解答:物理/《中考试题精选与解答》编写组编.—长春:东北师范大学出版社,1995.10.—122页;19cm

ISBN 7-5602-1172-0: ¥3.40

G632.479 **016697**

1995年全国中考试题精选与解答:英语/《中考试题精选与解答》编写组编.—长春:东北师范大学出版社,1995.11.—122页;19cm

ISBN 7-5602-1165-8: ¥3.40

G632.479 **016698**

1995年全国中考试题精选与解答:语文/《中考试题精选与解答》编写组编.—长春:东北师范大学出版社,1995.10.—120页;19cm

ISBN 7-5602-1173-9: ¥3.40

G632.479 **016699**

1995年中考模拟试题及易错题分析指导/云南省教委教研室《教材教学研究》编辑部编写.—昆明:晨光出版社,1995.1.—124页;26cm

ISBN 7-5414-0955-3: ¥3.30

G632.479 **016700**

1996年全国初中毕业升学考试参考样题及1995年全国中考试题汇编:化学/中考试题编写组编.—北京:中国旅游出版社,1995.9.—82页;26cm

ISBN 7-5032-1173-3: ¥5.80

G632.479 **016701**

1996年全国初中毕业升学考试参考样题及1995年全国中考试题汇编:数学/中考试题编写组编.—北京:中国旅游出版社,1995.9.—95页;26cm

ISBN 7-5032-1170-9: ¥5.80

G632.479 **016702**

1996年全国初中毕业升学考试参考样题及1995年全国中考试题汇编:物理/中考试题编写组编.—北京:中国旅游出版社,1995.9.—95页;26cm

ISBN 7-5032-1172-5: ¥5.80

G632.479 **016703**

1996年全国初中毕业升学考试参考样题及1995年全国中考试题汇编:语文/中考试题编写组编.—北京:中国旅游出版社,1995.9.—92页;26cm

ISBN 7-5032-1169-5: ¥5.80

G632.479 **016704**

3+2高考最新模拟试题集:化学分册/祁兵主编.—兰州:兰州大学出版社,1995.1.—77页;26cm

ISBN 7-311-00829-8: ¥3.70

G632.479 **016705**

3+2高考最新模拟试题集:数学分册/祁兵主编.—兰州:兰州大学出版社,1995.1.—72页;26cm

ISBN 7-311-00829-8: ¥3.30

G632.479 **016706**

3+2高考最新模拟试题集:物理分册/祁兵主编.—兰州:兰州大学出版社,1995.1.—78页;26cm

ISBN 7-311-00829-8: ¥3.70

G632.479 **016707**

3+2高考最新模拟试题集:英语分册/祁兵主编.—兰州:兰州大学出版社,1995.1.—90页;26cm

ISBN 7-311-00829-8: ¥4.20

G632.479 **016708**

3+2高考最新模拟试题集:语文分册/祁兵主编.—兰州:兰州大学出版社,1995.1.—118页;26cm

ISBN 7-311-00829-8: ¥5.30

G632.479 **016709**

"3+2"1996年高考模拟试卷/邓均等编.—北京:地质出版社,1995.12.—8册;26×37cm

ISBN 7-116-02015-2: ¥48.00

G632.479 **016710**

北京名校名师最新高考模拟题集:化学/王天开等编写.—北京:华夏出版社,1995.12.—165页;26cm

ISBN 7-5080-0865-0: ¥12.50

G632.479 **016711**

北京名校名师最新高考模拟题集:数学/赵康等编写.—北京:华夏出版社,1995.12.—165页;26cm

ISBN 7-5080-0863-4: ¥13.80

G632.479 **016712**

北京名校名师最新高考模拟题集:物理/王文勋等编写.—北京:华夏出版社,1995.12.—144页;26cm

ISBN 7-5080-0864-2: ¥10.20

G632.479 **016713**

北京名校名师最新高考模拟题集:英语/赵锡山等编写.—北京:华夏出版社,1995.12.—158页;26cm

ISBN 7-5080-0866-9: ¥11.80

G632.479 **016714**

北京名校名师最新高考模拟题集:语文/李彦驰等编写.—北京:华夏出版社,1995.12.—149页;26cm

ISBN 7-5080-0862-6: ¥12.50

G632.479 **016715**

北京名校名师最新高考模拟题集:政治/田心等编写.—北京:华夏出版社,1995.12.—143页;26cm

ISBN 7-5080-0867-7: ¥10.20

G632.479 **016716**

北京名校名师最新中考模拟题集:化学/米淑兰等编写.—北京:华夏出版社,1995.12.—146页;26cm
ISBN 7-5080-0859-6:¥10.20
G632.479　016717
北京名校名师最新中考模拟题集:物理/志锋等编写.—北京:华夏出版社,1995.12.—126页;26cm
ISBN 7-5080-0858-8:¥9.20
G632.479　016718
北京名校名师最新中考模拟题集:英语/赵锡山等编写.—北京:华夏出版社,1995.12.—150页;26cm
ISBN 7-5080-0860-X:¥10.80
G632.479　016719
北京名校名师最新中考模拟题集:语文/夏企良等编写.—北京:华夏出版社,1995.12.—119页;26cm
ISBN 7-5080-0856-1:¥8.60
G632.479　016720
北京名校名师最新中考模拟题集:政治/刘家森等编写.—北京:华夏出版社,1995.12.—144页;26cm
ISBN 7-5080-0861-8:¥10.20
G632.479　016721
初中毕业升学考测试:社会.—海口:海南国际新闻出版中心,1995.11.—77页;26cm
ISBN 7-80609-219-6:¥5.50
G632.479　016722
初中毕业升学模拟试题精选:语文、数学、英语、理化/姜玉华等编.—青岛:青岛出版社,1995.12.—218页;26cm
ISBN 7-5436-1346-8:¥9.80
G632.479　016723
初中升学考试模拟题大全:化学/梁振名主编;广东省教育科学研究所编.—海口:海南出版社,1995.5.—50页;26cm.—(金钥匙大型系列教学丛书)
ISBN 7-80590-960-1:¥3.20
G632.479　016724
初中升学考试模拟题大全:数学/梁振名主编;广东省教育科学研究所编.—海口:海南出版社,1995.5.—56页;26cm.—(金钥匙大型系列教学丛书)
ISBN 7-80590-957-1:¥3.80
G632.479　016725
初中升学考试模拟题大全:物理/梁振名主编.—海口:海南出版社,1995.1.—53页;26cm.—(金钥匙大型系列教学丛书)
ISBN 7-80590-959-8:¥2.80
G632.479　016726
初中升学考试模拟题大全:英语/梁振名主编.—海口:海南出版社,1995.5.—66页;26cm.—(金钥匙大型系列教学丛书)
ISBN 7-80590-958-X:¥3.80
G632.479　016727
初中升学考试模拟题大全:语文/梁振名主编;广东省教育科学研究所编.—海口:海南出版社,1995.5.—66页;26cm.—(金钥匙大型系列教学丛书)
ISBN 7-80590-956-3:¥3.80
G632.479　016728
初中升学考试模拟题大全:政治/梁振名主编;广东省教育科学研究所编.—海口:海南出版社,1995.5.—56页;26cm.—(金钥匙大型系列教学丛书)
ISBN 7-80590-955-5:¥3.40
G632.479　016729
初中预考(会考)试卷:化学/一然主编.—西安:陕西人民教育出版社,1995.11.—71页;37cm
ISBN 7-5419-5487-X:¥6.30
G632.479　016730
初中预考(会考)试卷:历史/群力主编.—西安:陕西人民教育出版社,1995.12.—90页;26×37cm
ISBN 7-5419-6090-X:¥7.90
G632.479　016731
初中预考(会考)试卷:数学/一然主编.—西安:陕西人民教育出版社,1995.11.—43页;37cm
ISBN 7-5419-5265-6:¥4.00
G632.479　016732
初中预考(会考)试卷:物理/一然主编.—西安:陕西人民教育出版社,1995.11.—70页;37cm
ISBN 7-5419-5267-2:¥6.30
G632.479　016733
初中预考(会考)试卷:英语/群力主编.—西安:陕西人民教育出版社,1995.11.—70页;26×37cm
ISBN 7-5419-6271-6:¥6.10
G632.479　016734
初中预考(会考)试卷:语文/群力主编.—西安:陕西人民教育出版社,1995.11.—56页;37cm
ISBN 7-5419-5262-1:¥5.00
G632.479　016735
初中预考(会考)试卷:政治/群力主编.—西安:陕西人民教育出版社,1995.11.—76页;37cm
ISBN 7-5419-5509-4:¥6.60
G632.479　016736
高考新题型:政治/高考新题型研究组编.—北京:北京教育出版社,1995.3.—257页;19cm
ISBN 7-5303-0601-4:¥5.00
G632.479　016737
军队院校招生统考试题及参考答案:1993~1995/军队院校招生统考命题组编.—北京:军事谊文出版社,1995.8.—535页;19cm
ISBN 7-80027-753-4:¥9.00
G632.479　016738
军队院校招生统考试题及参考答案:1993~1996/军队院校招生统考命题组编.—北京:军事谊文出版社,1995.8.—2册;19cm
ISBN 7-80027-753-4:¥10.00
G632.479　016739
全国13所重点中学高考"3+2"模拟AB试卷:化学/马洪邦主编;张文敏等编.—长春:北方妇女儿童出版社,1995.1.—193页;26cm
ISBN 7-5385-1037-0:¥8.80
G632.479　016740
全国13所重点中学高考"3+2"模拟AB试卷:历史/马洪邦主编,张文敏等编.—长春:北方妇女儿童出版

社,1995.4.—142页;26cm
ISBN 7-5385-1050-8:¥7.10
G632.479　016741
全国13所重点中学高考"3+2"模拟AB试卷:数学/马洪邦主编;张文敏等编.—长春:北方妇女儿童出版社,1995.1.—165页;26cm
ISBN 7-5385-1036-2:¥8.00
G632.479　016742
全国13所重点中学高考"3+2"模拟AB试卷:物理/马洪邦主编;张文敏等编.—长春:北方妇女儿童出版社,1995.1.—163页;26cm
ISBN 7-5385-1035-0:¥7.50
G632.479　016743
全国13所重点中学高考"3+2"模拟AB试卷:英语/马洪邦主编;张文敏等编.—长春:北方妇女儿童出版社,1995.4.—198页;26cm
ISBN 7-5385-1049-4:¥9.60
G632.479　016744
全国13所重点中学高考"3+2"模拟AB试卷:语文/马洪邦主编;张文敏等编.—长春:北方妇女儿童出版社,1995.4.—172页;26cm
ISBN 7-5385-1047-8:¥8.40
G632.479　016745
全国13所重点中学高考"3+2"模拟AB试卷:政治/马洪邦主编;张文敏等编.—长春:北方妇女儿童出版社,1995.4.—150页;26cm
ISBN 7-5385-1046-X:¥7.50
G632.479　016746
全国部分省市普通高中会考试题选编/高中会考试题选编编写组编.—天津:新蕾出版社,1995.4.—313页;19cm
ISBN 7-5307-1622-0:¥6.00
G632.479　016747
全国初中升学试卷与解答精选:化学/李明成等编.—北京:经济日报出版社,1995.10.—108页;26cm
ISBN 7-80127-040-1:¥7.00
G632.479　016748
全国初中升学试卷与解答精选:数学/李明成等编.—北京:经济日报出版社,1995.10.—120页;26cm
ISBN 7-80127-037-1:¥7.50
G632.479　016749
全国初中升学试卷与解答精选:物理/李明成等编.—北京:经济日报出版社,1995.10.—112页;26cm
ISBN 7-80127-039-8:¥7.50
G632.479　016750
全国初中升学试卷与解答精选:英语/李明成等编.—北京:经济日报出版社,1995.9.—139页;26cm
ISBN 7-80127-036-3:¥9.00
G632.479　016751
全国初中升学试卷与解答精选:语文/李明成等编.—北京:经济日报出版社,1995.9.—118页;26cm
ISBN 7-80127-038-X:¥7.50
G632.479　016752
全国高考理科预测试题精选:数学、物理、化学、语文、英语/李文隆等编.—北京:经济日报出版社,1995.10.—208页;26cm
ISBN 7-80127-041-X:¥12.50
G632.479　016753
全国高考文科预测试题精选:语文、英语、历史、数学/李文隆等编.—北京:经济日报出版社,1995.10.—197页;26cm
ISBN 7-80127-041-X:¥12.50
G632.479　016754
陕西省重点中学(初中升高中)招生考试试卷:理化/《试卷》编写组编.—西安:陕西人民教育出版社,1995.12.—49页;26×37cm
ISBN 7-5419-6346-1:¥4.60
G632.479　016755
陕西省重点中学(初中升高中)招生考试试卷:数学/《试卷》编写组编.—西安:陕西人民教育出版社,1995.11.—37页;26×37cm
ISBN 7-5419-6347-X:¥3.70
G632.479　016756
陕西省重点中学(初中升高中)招生考试试卷:英语/《试卷》编写组编.—西安:陕西人民教育出版社,1995.12.—47页;26×37cm
ISBN 7-5419-6333-X:¥4.30
G632.479　016757
陕西省重点中学(初中升高中)招生考试试卷:语文/《试卷》编写组编.—西安:陕西人民教育出版社,1995.12.—47页;26×37cm
ISBN 7-5419-6332-1:¥4.50
G632.479　016758
十年高考试题 MET NMET 分类详解:英语:1987~1996/《十年高考试题分类详解》编写组编.—沈阳:沈阳出版社,1995.9.—349页;19cm
ISBN 7-5441-0431-1:¥9.80
G632.479　016759
十年高考试题(全中 上海 广东)按章节分类详解:1987~1996/《十年高考试题分类详解》编写组编.—沈阳:沈阳出版社,1995.10.—3册;19cm
包括《数学》、《物理》、《化学》全三册。
ISBN 7-5441-0349-8:¥29.40
G632.479　016760
新编初中升高模拟试题/华师大附中教师联合编写组编.—广州:广东高等教育出版社,1995.2.—90页;26cm
ISBN 7-5361-1602-0:¥4.50
G632.479　016761
耀华中学历届初中实验班招生试题及分析:语文、数学、英语/耀华中学编写组编.—天津:新蕾出版社,1995.4.—151页;19cm
ISBN 7-5307-1606-9:¥3.60
G632.479　016762
耀华中学历届初中实验班招生试题及分析:语文、数学、英语/耀华中学编写组编.—天津:新蕾出版社,1995.11.—150页;19cm
ISBN 7-5307-1699-9:¥4.40

G632.479 016763
耀华中学历届高中先期招生试题及分析:语文、数学、英语、物理、化学/耀华中学编写组编.—天津:新蕾出版社,1995.4.—283页;19cm
ISBN 7-5307-1607-7:¥6.10

G632.479 016764
中考应试习题精选:物理/北京市海淀区教师进修学校主编.—长沙:湖南出版社,1995.12.—118页;26cm
ISBN 7-5438-0491-3:¥7.50

G632.479 016765
中招试题汇编 1995/《中学生学习报》初中版编辑部编.—郑州:中原农民出版社,1995.10.—320页;26cm
ISBN 7-80538-803-2:¥16.00

G632.479 016766
重点中学高中、中专招生模拟题及试题精选:化学/李晓龙,贾家骏主编.—西安:陕西人民教育出版社,1995.11.—62页;26cm
ISBN 7-5419-5292-3:¥2.90

G632.479 016767
重点中学高中、中专招生模拟题及试题精选:数学/李晓龙,贾家骏主编.—西安:陕西人民教育出版社,1995.12.—90页;26cm
ISBN 7-5419-5289-3:¥4.20

G632.479 016768
重点中学高中、中专招生模拟题及试题精选:物理/李晓龙,贾家骏主编.—西安:陕西人民教育出版社,1995.11.—75页;26cm
ISBN 7-5419-5344-X:¥3.60

G632.479 016769
重点中学高中、中专招生模拟题及试题精选:英语/李晓龙,贾家骏主编.—西安:陕西人民教育出版社,1995.12.—86页;26cm
ISBN 7-5419-5291-5:¥3.90

G632.479 016770
重点中学高中、中专招生模拟题及试题精选:语文/李晓龙,贾家骏主编.—西安:陕西人民教育出版社,1995.12.—77页;26cm
ISBN 7-5419-5290-7:¥3.60

G632.479 016771
最新高考仿真模拟测试题:3+2模式·理科/张鸿菊等编.—哈尔滨:黑龙江人民出版社,1995.1.—1册;26×38cm
ISBN 7-207-03252-8:¥18.80

G632.479 016772
最新高考仿真模拟测试题:3+2模式·文科/郁月莉等编.—哈尔滨:黑龙江人民出版社,1995.1.—1册;26×38cm
ISBN 7-207-03251-X:¥20.80

G632.479 016773
最新高考模拟试题精选/赵松健等选编.—北京:光明日报出版社,1995.4.—259页;19cm
供文科类考生使用
ISBN 7-80091-512-3:¥6.80

G632.479 016774
最新高考模拟试题精选/赵松健等选编.—北京:光明日报出版社,1995.4.—322页;19cm
供理科类考生使用
ISBN 7-80091-511-5:¥8.40

G632.479 016775
最新全国中考试题精选:化学/中考试题研究组编.—北京:新华出版社,1995.1.—186页;19cm
ISBN 7-5011-2598-8:¥5.00

G632.479 016776
最新全国中考试题精选:数学/中考试题研究组编.—北京:新华出版社,1995.1.—202页;19cm
ISBN 7-5011-2596-1:¥5.00

G632.479 016777
最新全国中考试题精选:物理/中考试题研究组编.—北京:新华出版社,1995.1.—198页;19cm
ISBN 7-5011-2597-X:¥5.00

G632.479 016778
最新全国中考试题精选:英语/中考试题研究组编.—北京:新华出版社,1995.1.—198页;19cm
ISBN 7-5011-2595-3:¥5.00

G632.479 016779
最新全国中考试题精选:语文/中考试题研究组编.—北京:新华出版社,1995.1.—196页;19cm
ISBN 7-5011-2593-7:¥5.00

G632.479 016780
最新全国中考试题精选:政治/中考试题研究组编.—北京:新华出版社,1995.1.—198页;19cm
ISBN 7-5011-2594-5:¥5.00

G632.479 016781
最新中考模拟试题精选:化学分册/王伟等编.—长春:吉林人民出版社,1995.11.—46页;26cm
ISBN 7-206-02225-1:¥3.50

G632.479 016782
最新中考模拟试题精选:数学分册/黄明华等编.—长春:吉林人民出版社,1995.11.—94页;26cm
ISBN 7-206-02225-1:¥5.50

G632.479 016783
最新中考模拟试题精选:物理分册/胡晓星,刘力学编.—长春:吉林人民出版社,1995.11.—58页;26cm
ISBN 7-206-02225-1:¥4.00

G632.479 016784
最新中考模拟试题精选:英语分册/牛铁英,杨萍编.—长春:吉林人民出版社,1995.11.—78页;26cm
ISBN 7-206-02225-1:¥5.00

G632.479 016785
最新中考模拟试题精选:语文分册/史亚田等编.—长春:吉林人民出版社,1995.11.—65页;26cm
ISBN 7-206-02225-1:¥4.50

G633 各科教学法、教学参考书

G633 016786

初中毕业生考试误区指迷/郝友璧主编.—西安:陕西人民教育出版社,1995.2.—150页;19cm
ISBN 7-5419-5355-5:¥3.60

G633　016787
初中二、三年级第二学期物理、化学基础训练参考答案/河南省教委中小学教研室编.—郑州:河南教育出版社,1995.10.—59页;19cm
九年义务教育三年制初级中学教材 供教师使用
ISBN 7-5347-1836-8:¥1.15

G633　016788
初中二年级第二学期课程教学目标测量:英语/《课程教学目标测量》编写组编.—广州:新世纪出版社,1995.11.—51页;19cm
ISBN 7-5405-1295-4:¥3.20

G633　016789
初中各科教学指要与检测:代数　第三册(上)/《初中各科教学指要与检测》编委会编.—2版.—开封:河南大学出版社,1995.6.—154页;19cm
ISBN 7-81018-608-6:¥2.80

G633　016790
初中各科教学指要与检测:地理　第一册/《初中各科教学指要与检测》编委会编.—2版.—开封:河南大学出版社,1995.5.—185页;19cm
ISBN 7-81018-625-6:¥3.30

G633　016791
初中各科教学指要与检测:化学　全一册(上)/王春花主编;《初中各科教学指要与检测》编委会编.—3版.—开封:河南大学出版社,1995.5.—153页;19cm
ISBN 7-81018-620-5:¥2.60

G633　016792
初中各科教学指要与检测:几何　第二册(上)/《初中各科教学指要与检测》编委会编.—2版.—开封:河南大学出版社,1995.5.—81页;19cm
ISBN 7-81018-887-9:¥1.70

G633　016793
初中各科教学指要与检测:几何　第三册(上)/《初中各科教学指要与检测》编委会编.—2版.—开封:河南大学出版社,1995.5.—67页;19cm
ISBN 7-81018-611-6:¥1.60

G633　016794
初中教材目标教学实验手册:英语　第二册(上)/郴州市教育科学研究所编.—长沙:湖南教育出版社,1995.7.—140页;19cm
ISBN 7-5355-2190-8:¥3.00

G633　016795
初中教材目标教学实验手册:语文　第五册/郴州市教育科学研究所编.—长沙:湖南教育出版社,1995.7.—86页;19cm
ISBN 7-5355-2189-4:¥2.00

G633　016796
初中教材目标教学实验手册:中国历史　第三册/郴州市教育科学研究所编.—长沙:湖南教育出版社,1995.7.—70页;19cm
ISBN 7-5355-2191-6:¥1.70

G633　016797
初中教师之友:德育卷/牛序芳主编;国家教育委员会师范司组编.—长春:东北师范大学出版社,1995.12.—315页;26cm
ISBN 7-5602-1653-6:¥18.00

G633　016798
初中教师之友:地理卷/王希穆主编;国家教育委员会师范司组编.—长春:东北师范大学出版社,1995.12.—241页;26cm
ISBN 7-5602-1611-0:¥15.00

G633　016799
初中教师之友:化学卷/王心宽主编;国家教育委员会师范司组编.—长春:东北师范大学出版社,1995.12.—300页;26cm
ISBN 7-5602-1696-X:¥16.00

G633　016800
初中教师之友:劳技卷/吴永发主编;国家教育委员会师范司组编.—长春:东北师范大学出版社,1995.12.—302页;26cm
ISBN 7-5602-1671-4:¥18.00

G633　016801
初中教师之友:历史卷/韦兆璧主编;国家教育委员会师范司组编.—长春:东北师范大学出版社,1995.12.—320页;26cm
ISBN 7-5602-1748-6:¥17.00

G633　016802
初中教师之友:生物卷/黄裕泉主编;国家教育委员会师范司组编.—长春:东北师范大学出版社,1995.12.—291页;26cm
ISBN 7-5602-1699-4:¥16.50

G633　016803
初中教师之友:数学卷/苏式冬主编;国家教育委员会师范司组编.—长春:东北师范大学出版社,1995.12.—326页;26cm
ISBN 7-5602-1700-1:¥19.00

G633　016804
初中教师之友:体育卷/罗希尧,王伯英主编;国家教育委员会师范司组编.—长春:东北师范大学出版社,1995.12.—297页;26cm
ISBN 7-5602-1617-X:¥18.00

G633　016805
初中教师之友:物理卷/李辉主编;国家教育委员会师范司组编.—长春:东北师范大学出版社,1995.12.—260页;26cm
ISBN 7-5602-1693-5:¥15.50

G633　016806
初中教师之友:英语卷/郑恩岳主编;国家教育委员会师范司组编.—长春:东北师范大学出版社,1995.12.—262页;26cm
ISBN 7-5602-1695-1:¥18.00

G633　016807
初中教学目标与测试:化学/哈尔滨市教育学院编.—哈尔滨:黑龙江教育出版社,1995.7.—105页;19cm

ISBN 7-5316-2693-4: ¥1.80

G633 016808

初中教学目标与测试:历史/哈尔滨市教育学院编.—哈尔滨:黑龙江教育出版社,1995.7.—131 页;19cm

ISBN 7-5316-2749-3: ¥1.70

G633 016809

初中教学目标与测试:数学/哈尔滨市教育学院编.—哈尔滨:黑龙江教育出版社,1995.6.—161 页;19cm

ISBN 7-5316-2691-8: ¥2.20

G633 016810

初中教学目标与测试:思想政治/哈尔滨市教育学院编.—哈尔滨:黑龙江教育出版社,1995.7.—109 页;19cm

ISBN 7-5316-2708-6: ¥1.70

G633 016811

初中教学目标与测试:物理/哈尔滨市教育学院编.—哈尔滨:黑龙江教育出版社,1995.6.—135 页;19cm

ISBN 7-5316-2692-6: ¥1.80

G633 016812

初中教学目标与测试:英语/哈尔滨市教育学院编.—哈尔滨:黑龙江教育出版社,1995.7.—111 页;19cm

ISBN 7-5316-2694-2: ¥1.80

G633 016813

初中教学目标与测试:语文/哈尔滨市教育学院编.—哈尔滨:黑龙江教育出版社,1995.6.—183 页;19cm

ISBN 7-5316-2690-X: ¥2.20

G633 016814

初中课时目标与达标测评丛书:化学　全一册(上)/戴林强主编;陈峰分主编.—西安:陕西人民教育出版社,1995.5.—99 页;19cm

ISBN 7-5419-5721-6: ¥2.10

G633 016815

初中课时目标与达标测评丛书:数学　第二册(上)/王忙生主编.—西安:陕西人民教育出版社,1995.5.—135 页;19cm

ISBN 7-5419-5782-8: ¥2.90

G633 016816

初中课时目标与达标测评丛书:数学　第三册(上)/戴林强主编;王忙生分主编.—西安:陕西人民教育出版社,1995.5.—135 页;19cm

ISBN 7-5419-6154-X: ¥2.90

G633 016817

初中课时目标与达标测评丛书:思想政治:初三(上)/戴林强主编;刘生荣分主编.—西安:陕西人民教育出版社,1995.5.—56 页;19cm

ISBN 7-5419-5724-0: ¥1.40

G633 016818

初中课时目标与达标测评丛书:物理　第二册(上)/李敏贤主编.—西安:陕西人民教育出版社,1995.5.—100 页;19cm

ISBN 7-5419-6156-6: ¥2.30

G633 016819

初中课时目标与达标测评丛书:英语　第三册(上)/戴林强主编;张继云分主编.—西安:陕西人民教育出版社,1995.5.—57 页;19cm

ISBN 7-5419-5720-8: ¥1.40

G633 016820

初中课时目标与达标测评丛书:语文　第五册/吴树人主编.—西安:陕西人民教育出版社,1995.5.—137 页;19cm

ISBN 7-5419-6157-4: ¥2.90

G633 016821

初中课时目标与达标测评丛书:语文　第一册(上)/吴树人主编.—西安:陕西人民教育出版社,1995.6.—137 页;19cm

ISBN 7-5419-6160-1: ¥2.90

G633 016822

初中课时目标与达标测评丛书:语文　第三册/戴林强主编;吴树人分主编.—2 版.—西安:陕西人民教育出版社,1995.5.—137 页;19cm

ISBN 7-5419-6155-8: ¥2.90

G633 016823

初中三年级第二学期课程教学目标测量:英语/《课程教学目标测量》编写组编 .—广州:新世纪出版社,1995.11.—42 页;19cm

ISBN 7-5405-1304-7: ¥2.80

G633 016824

初中学法指导教程:试行本/张剑生,任勇主编.—长沙:湖南教育出版社,1995.7.—124 页;19cm.—(初中教学改革实验丛书)

ISBN 7-5355-2224-6: ¥3.00

G633 016825

初中一年级第二学期课程教学目标测量:几何/《课程教学目标测量》编写组编 .—广州:新世纪出版社,1995.11.—27 页;19cm

ISBN 7-5405-1296-2: ¥2.20

G633 016826

初中一年级第二学期课程教学目标测量:英语/《课程教学目标测量》编写组编 .—广州:新世纪出版社,1995.11.—59 页;19cm

ISBN 7-5405-1303-9: ¥3.60

G633 016827

河北省普通高中会考指南:历史·地理·生物:高二　第二分册 /河北省普通高中会考指导小组编.—石家庄:河北人民出版社,1995.8.—249 页;26cm

ISBN 7-202-01773-3: ¥10.60

G633 016828

河北省普通高中会考指南:数学·英语:高三　第一分册/河北省普通高中会考指导小组编.—石家庄:河北人民出版社,1995.8.—261 页;26cm

ISBN 7-202-01774-1: ¥10.90

G633 016829

河北省普通高中会考指南:物理·化学:高二　第一

分册/河北省普通高中会考指导小组编.—石家庄:河北人民出版社,1995.8.—223页;26cm

ISBN 7-202-01772-5:¥9.70

G633　　016830

河北省普通高中会考指南:物理·化学:高二　第一分册/河北省普通高中会考指导小组编.—石家庄:河北人民出版社,1995.8.—223页;26cm

ISBN 7-202-01772-5:¥9.70

G633　　016831

九年义务教育标准化题型与教学同步训练:初中几何　第三册/邓国显编.—南宁:广西教育出版社,1995.6.—97页;19cm

ISBN 7-5435-2247-0:¥1.95

G633　　016832

九年义务教育教·学·练丛书:英语:初中三年级第一学期/北京市海淀区教师进修学校主编.—广州:广东教育出版社,1995.7.—294页;19cm

ISBN 7-5406-2529-5:¥6.10

G633　　016833

九年义务教育教学目标管理实验:初中代数、几何:一年级(下)/广西教育学院教研部编.—南宁:广西教育出版社,1995.1.—158页;19cm

ISBN 7-5435-2214-4:¥2.25

G633　　016834

九年义务教育教学目标管理实验:初中生物　第一册(下)/广西教育学院教研部编.—南宁:广西教育出版社,1995.1.—100页;19cm

ISBN 7-5435-2215-2:¥1.50

G633　　016835

九年义务教育教学目标管理实验:初中英语　第二册(下)/广西教育学院教研部编.—2版.—南宁:广西教育出版社,1995.1.—91页;19cm

ISBN 7-5435-0736-6:¥1.40

G633　　016836

九年义务教育教学目标管理实验:代数:初中　第二册/广西教育学院教研部编.—南宁:广西教育出版社,1995.7.—114页;19cm

ISBN 7-5435-2331-0:¥2.10

G633　　016837

九年义务教育教学目标管理实验:代数:初中　第三册/广西教育学院教研部编.—南宁:广西教育出版社,1995.7.—119页;19cm

ISBN 7-5435-2320-5:¥2.15

G633　　016838

九年义务教育教学目标管理实验:代数:初中　第一册(上)/广西教育学院教研部编.—南宁:广西教育出版社,1995.6.—134页;19cm

ISBN 7-5435-2308-6:¥2.45

G633　　016839

九年义务教育教学目标管理实验:地理:初中　第三册/广西教育学院教研部编.—南宁:广西教育出版社,1995.7.—68页;19cm

ISBN 7-5435-2312-4:¥1.35

G633　　016840

九年义务教育教学目标管理实验:地理:初中　第四册/广西教育学院教研部编.—2版.—南宁:广西教育出版社,1995.1.—108页;19cm

ISBN 7-5435-2038-9:¥1.60

G633　　016841

九年义务教育教学目标管理实验:地理:初中　第一册/广西教育学院教研部编.—南宁:广西教育出版社,1995.6.—105页;19cm

ISBN 7-5435-2302-7:¥1.95

G633　　016842

九年义务教育教学目标管理实验:地理:初中　第二册/广西教育学院教研部编.—2版.—南宁:广西教育出版社,1995.1.—123页;19cm

ISBN 7-5435-2037-6:¥1.80

G633　　016843

九年义务教育教学目标管理实验:几何:初中　第三册/广西教育学院教研部编.—南宁:广西教育出版社,1995.7.—110页;19cm

ISBN 7-5435-2318-3:¥2.05

G633　　016844

九年义务教育教学目标管理实验:生物:初中　第二册/广西教育学院教研部编.—南宁:广西教育出版社,1995.7.—110页;19cm

ISBN 7-5435-2314-0:¥2.05

G633　　016845

九年义务教育教学目标管理实验:世界历史:初中　第一册/广西教育学院教研部编.—南宁:广西教育出版社,1995.6.—100页;19cm

ISBN 7-5435-2309-4:¥1.85

G633　　016846

九年义务教育教学目标管理实验:思想政治:初中二年级(上)/广西教育学院教研部编.—南宁:广西教育出版社,1995.6.—121页;19cm

ISBN 7-5435-2313-2:¥2.15

G633　　016847

九年义务教育教学目标管理实验:思想政治:初中二年级(下)/广西教育学院教研部编.—南宁:广西教育出版社,1995.1.—96页;19cm

ISBN 7-5435-2213-6:¥1.45

G633　　016848

九年义务教育教学目标管理实验:思想政治:初中一年级(上)/广西教育学院教研部编.—南宁:广西教育出版社,1995.6.—64页;19cm

ISBN 7-5435-2315-9:¥1.25

G633　　016849

九年义务教育教学目标管理实验:思想政治:初中一年级(下)/广西教育学院教研部编.—南宁:广西教育出版社,1995.1.—78页;19cm

ISBN 7-5435-2212-8:¥1.25

G633　　016850

九年义务教育教学目标管理实验:中国历史:初中　第三册/广西教育学院教研部编.—2版.—南宁:广西教育出版社,1995.6.—106页;19cm

ISBN 7-5435-0899-0:¥1.95

G633 016851
九年义务教育教学目标与达标测试:初中三年级:英语/胡学增主编;吕铭侠分主编.—2版.—西安:陕西人民教育出版社,1995.5.—152页;19cm
ISBN 7-5419-4460-2:¥3.20

G633 016852
九年义务教育中学教学目标与达标测试:初中二年级:地理/胡学增主编;梁颖分主编.—2版.—西安:陕西人民教育出版社,1995.5.—170页;19cm
ISBN 7-5419-4785-7:¥3.40

G633 016853
九年义务教育中学教学目标与达标测试:初中二年级:生物/胡学增主编;柳建仪分主编.—2版.—西安:陕西人民教育出版社,1995.5.—83页;19cm
ISBN 7-5419-4633-8:¥1.80

G633 016854
九年义务教育中学教学目标与达标测试:初中三年级:化学/胡学增主编;宁群彦分主编.—2版.—西安:陕西人民教育出版社,1995.5.—233页;19cm
ISBN 7-5419-4502-1:¥4.70

G633 016855
九年义务教育中学教学目标与达标测试:初中三年级:历史/胡学增主编;李正禾等编.—2版.—西安:陕西人民教育出版社,1995.5.—123页;19cm
ISBN 7-5419-6180-9:¥2.70

G633 016856
九年义务教育中学教学目标与达标测试:初中三年级:物理/胡学增主编;刘玉祥分主编.—西安:陕西人民教育出版社,1995.5.—188页;19cm
ISBN 7-5419-4523-4:¥3.80

G633 016857
九年义务教育中学教学目标与达标测试:地理:初中一年级/胡学增主编.—西安:陕西人民教育出版社,1995.5.—188页;19cm
ISBN 7-5419-4682-6:¥3.80

G633 016858
九年义务教育中学教学目标与达标测试:历史:初中二年级/胡学增主编;杨枫分主编.—西安:陕西人民教育出版社,1995.6.—105页;19cm
ISBN 7-5419-4526-9:¥2.40

G633 016859
九年义务教育中学教学目标与达标测试:历史:初中一年级/胡学增主编.—西安:陕西人民教育出版社,1995.5.—100页;19cm
ISBN 7-5419-4525-0:¥2.10

G633 016860
九年义务教育中学教学目标与达标测试:生物:初中一年级/胡学增主编.—西安:陕西人民教育出版社,1995.6.—132页;19cm
ISBN 7-5419-4631-1:¥2.90

G633 016861
九年义务教育中学教学目标与达标测试:数学:初中二年级/胡学增主编.—西安:陕西人民教育出版社,1995.6.—172页;19cm
ISBN 7-5419-4463-7:¥3.20

G633 016862
九年义务教育中学教学目标与达标测试:数学:初中三年级/胡学增主编.—西安:陕西人民教育出版社,1995.5.—113页;19cm
ISBN 7-5419-4469-6:¥2.40

G633 016863
九年义务教育中学教学目标与达标测试:数学:初中一年级/胡学增主编.—西安:陕西人民教育出版社,1995.5.—106页;19cm
ISBN 7-5419-4462-9:¥2.10

G633 016864
九年义务教育中学教学目标与达标测试:物理:初中二年级/胡学增主编.—西安:陕西人民教育出版社,1995.5.—233页;19cm
ISBN 7-5419-4546-3:¥4.80

G633 016865
九年义务教育中学教学目标与达标测试:英语:初中二年级/胡学增主编.—西安:陕西人民教育出版社,1995.6.—154页;19cm
ISBN 7-5419-4459-9:¥3.20

G633 016866
九年义务教育中学教学目标与达标测试:英语:初中一年级/胡学增主编.—西安:陕西人民教育出版社,1995.6.—166页;19cm
ISBN 7-5419-4458-0:¥3.40

G633 016867
九年义务教育中学教学目标与达标测试:语文:初中三年级/胡学增主编;王毅分主编.—2版.—西安:陕西人民教育出版社,1995.5.—171页;19cm
ISBN 7-5419-4434-3:¥3.50

G633 016868
九年义务教育中学教学目标与达标测试:语文:初中一年级/胡学增主编.—西安:陕西人民教育出版社,1995.5.—187页;19cm
ISBN 7-5419-4445-9:¥3.50

G633 016869
课程教学目标测量:语文:初中一年级第二学期/《课程教学目标测量》编写组编.—广州:新世纪出版社,1995.11.—58页;19cm
ISBN 7-5405-1302-0:¥3.40

G633 016870
名师帮你学:中学语文学法研究论文集/马春暄主编;王长征等编著.—桂林:广西师范大学出版社,1995.8.—2册;19cm
ISBN 7-5633-2081-4:¥10.00

G633 016871
新编初中重难点同步解答:化学:初中三年级/黄建辉主编.—重庆:西南师范大学出版社,1995.12.—313页;19cm.—(初中教学目标管理丛书)
ISBN 7-5621-1479-X:¥8.50

G633 016872
新编初中重难点同步解答:数学:初中二年级/邹佩章主编.—重庆:西南师范大学出版社,1995.12.—337

页;19cm.—(初中教学目标管理丛书)
ISBN 7-5621-1479-X:¥9.00

G633　016873
新编初中重难点同步解答:数学:初中三年级/邹佩章主编.—重庆:西南师范大学出版社,1995.12.—316页;19cm.—(初中教学目标管理丛书)
ISBN 7-5621-1479-X:¥9.00

G633　016874
新编初中重难点同步解答:数学:初中一年级/邹佩章主编.—重庆:西南师范大学出版社,1995.12.—314页;19cm.—(初中教学目标管理丛书)
ISBN 7-5621-1479-X:¥8.50

G633　016875
新编初中重难点同步解答:物理:初中二年级/赵金主编.—重庆:西南师范大学出版社,1995.12.—282页;19cm.—(初中教学目标管理丛书)
ISBN 7-5621-1479-X:¥7.50

G633　016876
新编初中重难点同步解答:物理:初中三年级/赵金主编.—重庆:西南师范大学出版社,1995.12.—264页;19cm.—(初中教学目标管理丛书)
ISBN 7-5621-1479-X:¥7.00

G633　016877
新编初中重难点同步解答:英语:初中二年级/曾迪主编.—重庆:西南师范大学出版社,1995.12.—426页;19cm.—(初中教学目标管理丛书)
ISBN 7-5621-1479-X:¥10.50

G633　016878
新编初中重难点同步解答:英语:初中三年级/曾迪主编.—重庆:西南师范大学出版社,1995.12.—450页;19cm.—(初中教学目标管理丛书)
ISBN 7-5621-1479-X:¥11.50

G633　016879
新编初中重难点同步解答:英语:初中一年级/曾迪主编.—重庆:西南师范大学出版社,1995.12.—340页;19cm.—(初中教学目标管理丛书)
ISBN 7-5621-1479-X:¥8.50

G633　016880
新编初中重难点同步解答:语文:初中二年级/黄寿主编.—重庆:西南师范大学出版社,1995.12.—289页;19cm.—(初中教学目标管理丛书)
ISBN 7-5621-1479-X:¥8.00

G633　016881
新编初中重难点同步解答:语文:初中三年级/赵金主编.—重庆:西南师范大学出版社,1995.12.—311页;19cm.—(初中教学目标管理丛书)
ISBN 7-5621-1479-X:¥10.00

G633　016882
新编初中重难点同步解答:语文:初中一年级/黄寿主编.—重庆:西南师范大学出版社,1995.12.—368页;19cm.—(初中教学目标管理丛书)
ISBN 7-5621-1479-X:¥10.00

G633　016883
新疆全日制中学课堂教学目标与评价:化学:初中三年级　全一册 /新疆维吾尔自治区教委教研室编 .—乌鲁木齐:新疆科技卫生出版社,1995.7.—77页;26cm
ISBN 7-5372-1144-2:¥3.60

G633　016884
新疆全日制中学课堂教学目标与评价:生物:初中二年级　全一册 /新疆维吾尔自治区教委教研室编 .—乌鲁木齐:新疆科技卫生出版社,1995.7.—91页;26cm
ISBN 7-5372-1066-7:¥4.20

G633　016885
新疆全日制中学课堂教学目标与评价:生物:初中一年级　上册 /新疆维吾尔自治区教委教研室编 .—乌鲁木齐:新疆科技卫生出版社,1995.7.—88页;26cm
ISBN 7-5372-1067-5:¥4.10

G633　016886
新疆全日制中学课堂教学目标与评价:数学:初中二年级(上)/新疆维吾尔自治区教育委员会教学研究室编.—乌鲁木齐:新疆科技卫生出版社,1995.7.—51页;26cm
ISBN 7-5372-1150-7:¥2.60

G633　016887
新疆全日制中学课堂教学目标与评价:数学:初中三年级　全一册/新疆维吾尔自治区教育委员会教学研究室编.—乌鲁木齐:新疆科技卫生出版社,1995.6.—76页;26cm
ISBN 7-5372-1151-5:¥3.50

G633　016888
新疆全日制中学课堂教学目标与评价:数学:初中一年级(上)/新疆维吾尔自治区教育委员会教学研究室编.—乌鲁木齐:新疆科技卫生出版社,1995.6.—42页;26cm
ISBN 7-5372-1149-3:¥2.20

G633　016889
新疆全日制中学课堂教学目标与评价:物理:初中二年级　上册 /新疆维吾尔自治区教委教研室编 .—乌鲁木齐:新疆科技卫生出版社,1995.7.—41页;26cm
ISBN 7-5372-1142-6:¥2.30

G633　016890
新疆全日制中学课堂教学目标与评价:物理:初中三年级　全一册　/新疆维吾尔自治区教委教研室编.—乌鲁木齐:新疆科技卫生出版社,1995.6.—63页;26cm
ISBN 7-5372-1143-4:¥3.20

G633　016891
新疆全日制中学课堂教学目标与评价:英语:初中二年级(上)/新疆维吾尔自治区教育委员会教学研究室编.—乌鲁木齐:新疆科技卫生出版社,1995.7.—59页;26cm
ISBN 7-5372-1010-1:¥3.00

G633　016892
新疆全日制中学课堂教学目标与评价:英语:初中三年级(上)/新疆维吾尔自治区教育委员会教学研究室编.—乌鲁木齐:新疆科技卫生出版社,1995.7.—77页;26cm
ISBN 7-5372-1085-3:¥3.60

G633　016893

新疆全日制中学课堂教学目标与评价:英语:初中一年级(上)/新疆维吾尔自治区教育委员会教学研究室编.—乌鲁木齐:新疆科技卫生出版社,1995.7.—57页;26cm

ISBN 7-5372-1084-5:¥2.90

G633　016894

新疆全日制中学课堂教学目标与评价:语文:初中第三册/新疆维吾尔自治区教育委员会教学研究室编.—乌鲁木齐:新疆科技卫生出版社,1995.7.—58页;26cm

ISBN 7-5372-1140-X:¥2.90

G633　016895

新疆全日制中学课堂教学目标与评价:语文:初中第五册/新疆维吾尔自治区教育委员会教学研究室编.—乌鲁木齐:新疆科技卫生出版社,1995.7.—49页;26cm

ISBN 7-5372-1141-8:¥2.60

G633　016896

新疆全日制中学课堂教学目标与评价:语文:初中第一册/新疆维吾尔自治区教育委员会教学研究室编.—乌鲁木齐:新疆科技卫生出版社,1995.7.—49页;26cm

ISBN 7-5372-1139-6:¥2.60

G633　016897

新疆全日制中学课堂教学目标与评价:政治:初中二年级　上册 /新疆维吾尔自治区教委教研室编 .—乌鲁木齐:新疆科技卫生出版社,1995.6.—35页;26cm

ISBN 7-5372-1064-0:¥1.95

G633　016898

新疆全日制中学课堂教学目标与评价:政治:初中三年级　全一册 /新疆维吾尔自治区教委教研室编 .—乌鲁木齐:新疆科技卫生出版社,1995.6.—64页;26cm

ISBN 7-5372-1075-6:¥3.20

G633　016899

新疆全日制中学课堂教学目标与评价:政治:初中一年级　上册 /新疆维吾尔自治区教委教研室编 .—乌鲁木齐:新疆科技卫生出版社,1995.6.—38页;26cm

ISBN 7-5372-1065-9:¥2.10

G633　016900

义务教育初中自然科学教学挂图:一年级/余自强编;应肖慰绘.—杭州:浙江教育出版社,1995.6.—3张;53×77cm

¥3.60

G633　016901

影视与课文:中学部分/中共中央宣传部宣教局等编.—上海:上海教育出版社,1995.7.—155页;19cm

100部优秀爱国主义影视教育片教学用书

ISBN 7-5320-4240-5:¥4.00

G633　016902

云南省义务教育教学单元目标检测:地理:初中二年级上学期/云南省义务教育教学单元目标检测编委会编.—昆明:云南教育出版社,1995.6.—31页;26cm

ISBN 7-5415-1009-2:¥1.50

G633　016903

云南省义务教育教学单元目标检测:地理:初中二年级下学期/易山主编;云南省义务教育教学单元目标检测编委会编.—昆明:云南教育出版社,1995.11.—32页;26cm

ISBN 7-5415-1094-7:¥2.00

G633　016904

云南省义务教育教学单元目标检测:历史:初中一年级上学期/云南省义务教育教学单元目标检测编委会编.—昆明:云南教育出版社,1995.5.—35页;26cm

ISBN 7-5415-1005-X:¥1.60

G633　016905

云南省义务教育教学单元目标检测:生物:初中一年级上学期/云南省义务教育教学单元目标检测编委会编.—昆明:云南教育出版社,1995.5.—40页;26cm

ISBN 7-5415-0996-5:¥1.80

G633　016906

云南省义务教育教学单元目标检测:思想政治:初中二年级下学期/易山主编;云南省义务教育教学单元目标检测编委会编.—昆明:云南教育出版社,1995.11.—27页;26cm

ISBN 7-5415-1081-5:¥2.00

G633　016907

云南省义务教育教学单元目标检测:英语:初二上学期/云南省义务教育教学单元目标检测编委会编.—昆明:云南教育出版社,1995.5.—32页;26cm

ISBN 7-5415-1003-3:¥1.50

G633　016908

云南省义务教育教学单元目标检测:英语:初中二年级下学期/易山主编;云南省义务教育教学单元目标检测编委会编.—昆明:云南教育出版社,1995.11.—33页;26cm

ISBN 7-5415-1085-8:¥2.05

G633　016909

云南省义务教育教学单元目标检测:英语:初中一年级下学期/易山主编;云南省义务教育教学单元目标检测编委会编.—昆明:云南教育出版社,1995.11.—32页;26cm

ISBN 7-5415-1084-X:¥2.05

G633　016910

云南省义务教育教学单元目标检测:语文:初中一年级上学期 /云南省义务教育教学单元目标检测编委会编.—昆明:云南教育出版社,1995.5.—63页;26cm

ISBN 7-5415-1011-4:¥2.00

G633　016911

中国特级教师教案精选:初中三年级:化学分册/陈文博,韦鹏飞主编;金道一,李远良分册编著.—北京:北京师范大学出版社,1995.11.—145页;19cm

ISBN 7-303-03976-7:¥5.50

G633　016912

中国特级教师教案精选:初中三年级:物理分册/陈文博,韦鹏飞主编;贺德昌分册编.—北京:北京师范大学出版社,1995.12.—141页;19cm

ISBN 7-303-03948-1:¥5.00

G633　016913

中国特级教师教案精选:初中三年级:语文分册/陈文博,韦鹏飞主编;宁鸿彬,张彬福分册编著.—北京:北京师范大学出版社,1995.10.—217页;19cm

ISBN 7-303-03947-3:¥7.00

G633　016914

中国特级教师教案精选:初中一年级:代数分册/陈博文,韦鹏飞主编;谢在,孙诲正分册编著.—北京:北京师范大学出版社,1995.11.—223页;19cm

ISBN 7-303-03946-5:¥7.50

G633　016915

中国特级教师教案精选:初中一年级:英语分册/陈文博,韦鹏飞主编;程晓莉,吴万钧分册编著.—北京:北京师范大学出版社,1995.12.—261页;19cm

ISBN 7-303-03970-8:¥7.50

G633　016916

中国特级教师教案精选:初中一年级:语文分册/陈博文,韦鹏飞主编;魏书生分册编著.—北京:北京师范大学出版社,1995.12.—239页;19cm

ISBN 7-303-03969-4:¥7.00

G633　016917

中外著名科学家挂图/程国英等绘.—成都:四川少年儿童出版社,1995.8.—8张;77×53cm

ISBN 7-5365-1481-6:¥18.00

G633　016918

中小学大面积提高教学质量教学指导书:初中代数:四年制:北师大版　第四册/山东省大面积提高教学质量课题组编.—济南:山东教育出版社,1995.4.—110页;19cm

ISBN 7-5328-2161-7:¥2.00

G633　016919

中小学大面积提高教学质量教学指导书:初中代数:四年制:人教版　第三册/山东省大面积提高教学质量课题组编.—济南:山东教育出版社,1995.5.—92页;19cm

ISBN 7-5328-2166-8:¥1.75

G633　016920

中小学大面积提高教学质量教学指导书:初中化学:四年制:人教版　第一册/山东省大面积提高教学质量课题组编.—济南:山东教育出版社,1995.5.—156页;19cm

ISBN 7-5328-2184-6:¥2.55

G633　016921

中小学大面积提高教学质量教学指导书:初中几何:四年制:北师大版　第二册/山东省大面积提高教学质量课题组编.—济南:山东教育出版社,1995.5.—188页;19cm

ISBN 7-5328-2190-0:¥3.10

G633　016922

中小学大面积提高教学质量教学指导书:初中几何:四年制:人教版　第二册/山东省大面积提高教学质量课题组编.—济南:山东教育出版社,1995.6.—281页;19cm

ISBN 7-5328-2193-5:¥4.40

G633　016923

中小学大面积提高教学质量教学指导书:初中思想政治:四年制:北师大版　第三册　(下)/山东省大面积提高教学质量课题组编.—济南:山东教育出版社,1995.11.—111页;19cm

ISBN 7-5328-2245-1:¥2.85

G633　016924

中小学大面积提高教学质量教学指导书:初中物理:四年制:人教版　第二册/山东省大面积提高教学质量课题组编.—济南:山东教育出版社,1995.5.—242页;19cm

ISBN 7-5328-2189-7:¥3.75

G633　016925

中小学大面积提高教学质量教学指导书:初中物理:四年制:人教版　第二册/山东省大面积提高教学质量课题组编.—3版.—济南:山东教育出版社,1995.5.—317页;19cm

ISBN 7-5328-2189-7:¥7.45

G633　016926

中小学大面积提高教学质量教学指导书:初中英语:四年制:北师大版/山东省大面积提高教学质量课题组编.—济南:山东教育出版社,1995.11.—133页;19cm

ISBN 7-5328-2235-4:¥3.30

G633　016927

中小学大面积提高教学质量教学指导书:初中英语:四年制:北师大版　第三册　(下)/山东省大面积提高教学质量课题组编.—济南:山东教育出版社,1995.11.—158页;19cm

ISBN 7-5328-2236-2:¥3.90

G633　016928

中小学大面积提高教学质量教学指导书:初中英语:四年制:北师大版　第五册/山东省大面积提高教学质量课题组编.—济南:山东教育出版社,1995.5.—117页;19cm

ISBN 7-5328-2172-2:¥1.95

G633　016929

中小学大面积提高教学质量教学指导书:初中英语:四年制:人教版　第三册(上)/山东省大面积提高教学质量课题组编.—济南:山东教育出版社,1995.5.—209页;19cm

ISBN 7-5328-2177-3:¥3.25

G633　016930

中小学大面积提高教学质量教学指导书:初中语文:四年制:北师大版　第六册/山东省大面积提高教学质量课题组编.—济南:山东教育出版社,1995.11.—173页;19cm

ISBN 7-5328-2247-8:¥4.25

G633　016931

中小学大面积提高教学质量教学指导书:初中语文:四年制:北师大版　第五册/山东省大面积提高教学质量课题组编.—济南:山东教育出版社,1995.5.—196页;19cm

ISBN 7-5328-2174-9:¥3.15

G633　016932

中小学大面积提高教学质量教学指导书:初中语文:

四年制:人教版　第六册/山东省大面积提高教学质量课题组编.—济南:山东教育出版社,1995.10.—170页;19cm

ISBN 7-5328-2239-7:¥4.25

G633　**016933**

中小学大面积提高教学质量教学指导书:初中语文:四年制:人教版　第五册/山东省大面积提高教学质量课题组编.—济南:山东教育出版社,1995.4.—193页;19cm

ISBN 7-5328-2162-5:¥3.10

G633-62　**016934**

义务教育初级中学自然科学教师手册　第三册/浙江省教育委员会义务教育教材编委会编.—杭州:浙江教育出版社,1995.7.—99页;19cm

ISBN 7-5338-2096-7:¥2.00

G633-62　**016935**

义务教育初级中学自然科学教师手册　第四册/浙江省义务教育教材编委会编.—杭州:浙江教育出版社,1995.7.—95页;19cm

ISBN 7-5338-2127-0:¥2.00

G633-62　**016936**

义务教育初级中学自然科学教师手册　第五册/浙江省教育委员会义务教育教材编委会编.—杭州:浙江教育出版社,1995.6.—177页;19cm

ISBN 7-5338-2108-4:¥3.35

G633.2 政治

G633.2　**016937**

初二思想政治上册教·学·考/李明秀等主编;华中师大第一附属中学,华中师大考试研究中心编.—武汉:湖北人民出版社,1995.5.—68页;26cm.—(中学教学考丛书/李水生主编)

ISBN 7-216-01706-4:¥3.20

G633.2　**016938**

初中思想政治第二册(上)教学参考书/天津市中学思想政治课改革教材编审委员会编.—4版.—天津:天津教育出版社,1995.5.—279页;19cm

试用教材

ISBN 7-5309-1531-2:¥4.70

G633.2　**016939**

初中思想政治第一册(上)教学参考书/天津市中学思想政治课改革教材编审委员会编.—4版.—天津:天津教育出版社,1995.5.—267页;19cm

试用教材

ISBN 7-5309-1530-4:¥4.60

G633.2　**016940**

高中思想政治第二册(上)教学参考书/天津市中学思想政治课改革教材编审委员会编.—3版.—天津:天津教育出版社,1995.6.—309页;19cm

试用教材

ISBN 7-5309-1870-2:¥5.20

G633.2　**016941**

高中思想政治第一册(上)教学参考书/天津市中学思想政治课改革教材编审委员会编.—天津:天津教育出版社,1995.5.—180页;19cm

试用教材

ISBN 7-5309-1533-9:¥3.15

G633.2　**016942**

高中思想政治教学目标:二年级　下册/青岛市普通教育教研室编.—青岛:青岛出版社,1995.1.—86页;19cm

ISBN 7-5436-1146-5:¥1.50

G633.2　**016943**

九年制义务教育课本公民第一册教学参考资料(全)/上海中小学课程教材改革委员会编.—上海:上海教育出版社,1995.6.—501页;19cm

ISBN 7-5320-4295-2:¥6.90

G633.2　**016944**

义务教育初级中学《社会》第四册教学参考书/浙江省义务教育教材编委会编.—2版.—杭州:浙江教育出版社,1995.—347页;19cm

ISBN 7-5338-1843-1:¥6.30

G633.2　**016945**

义务教育初级中学《社会》第五册教学参考书/浙江省义务教育教材编委会编.—2版.—杭州:浙江教育出版社,1995.6.—225页;19cm

ISBN 7-5338-2021-5:¥3.10

G633.2　**016946**

中小学德育活动设计与优秀实例/黄新茂主编.—杭州:杭州大学出版社,1995.9.—263页;20cm

ISBN 7-81035-759-X:¥9.00

G633.3 语文

G633.3　**016947**

初中一、二、三年级第二学期语文基础训练参考答案/河南省教委中小学教研室编.—郑州:河南教育出版社,1995.10.—132页;19cm

九年义务教育三年制初级中学教材 供教师用

ISBN 7-5347-1833-3:¥2.35

G633.3　**016948**

初中一、二、三年级上学期语文基础训练参考答案/河南省教委中小学教研室编.—4版.—郑州:河南教育出版社,1995.5.—138页;19cm

供教师使用

ISBN 7-5347-1773-6:¥1.75

G633.3　**016949**

初中语文(人教版)教学目标实施手册　第二册/江苏省教委教研室编.—南京:江苏教育出版社,1995.12.—119页;19cm

ISBN 7-5343-2551-X:¥2.90

G633.3　**016950**

初中语文(人教版)教学目标实施手册　第六册/江苏省教委教研室编.—南京:江苏教育出版社,1995.12.—145页;19cm

ISBN 7-5343-2553-6：¥3.45

G633.3　016951

初中语文（人教版）教学目标实施手册　第三册/江苏省教委教研室编.—南京：江苏教育出版社，1995.7.—100页；19cm

ISBN 7-5343-2385-1：¥2.25

G633.3　016952

初中语文（人教版）教学目标实施手册　第四册/江苏省教委教研室编.—南京：江苏教育出版社，1995.12.—138页；19cm

ISBN 7-5343-2552-8：¥3.30

G633.3　016953

初中语文（人教版）教学目标实施手册　第五册/江苏省教委教研室编.—南京：江苏教育出版社，1995.7.—130页；19cm

ISBN 7-5343-2386-X：¥2.85

G633.3　016954

初中语文（人教版）教学目标实施手册　第一册/江苏省教委教研室编.—南京：江苏教育出版社，1995.7.—96页；19cm

ISBN 7-5343-2384-3：¥2.20

G633.3　016955

初中语文成功教学"目标——评价"　第五册/裴崇度主编；怀化地区教育科学研究所编著.—2版.—长沙：湖南教育出版社，1995.6.—84页；26cm

九年义务教育三年制教科书

ISBN 7-5355-1661-0：¥3.80

G633.3　016956

初中语文单元教学目标设计与评估　（三）/孙如超主编.—北京：学苑出版社，1995.8.—124页；19cm

九年义务教育三年制教材

ISBN 7-5077-0848-9：¥2.60

G633.3　016957

初中语文单元教学目标设计与评估　（五）/孙如超主编.—北京：学苑出版社，1995.8.—124页；19cm

九年义务教育三年制教材

ISBN 7-5077-0848-9：¥2.60

G633.3　016958

初中语文单元教学目标设计与评估　（一）/孙如超主编.—北京：学苑出版社，1995.8.—128页；19cm

九年义务教育三年制教材

ISBN 7-5077-1022-X：¥2.60

G633.3　016959

初中语文量化与发现教程　第三册/张武强，张琳主编.—西安：陕西人民教育出版社，1995.8.—252页；19cm

ISBN 7-5419-6245-7：¥6.70

G633.3　016960

初中语文量化与发现教程　第五册/张武强，张琳主编.—西安：陕西人民教育出版社，1995.8.—181页；19cm

ISBN 7-5419-6249-X：¥5.10

G633.3　016961

初中语文三年级教学目标及测试/梁如贞等编.—太原：山西教育出版社，1995.8.—159页；19cm

ISBN 7-5440-0303-5：¥2.60

G633.3　016962

儿童文学教与学/陈子典主编.—广州：广东高等教育出版社，1995.6.—260页；19cm

ISBN 7-5361-1683-7：¥11.00

G633.3　016963

高级中学汉语文第三册教师教学用书/东北朝鲜民族教育出版社汉语文编辑室编.—延吉：东北朝鲜民族教育出版社，1995.6.—229页；26cm

ISBN 7-5437-2163-5：¥6.15

G633.3　016964

高级中学汉语文第四册教师教学用书/东北朝鲜民族教育出版社汉语文编辑室编.—延吉：东北朝鲜民族教育出版社，1995.12.—209页；26cm

ISBN 7-5437-2296-8：¥7.25

G633.3　016965

高级中学课本语文教学参考资料：H版：一年级第二学期/上海中小学课程教材改革委员会编.—上海：上海教育出版社，1995.11.—318页；19cm

ISBN 7-5320-4590-0：¥6.85

G633.3　016966

高级中学课本语文教学参考资料：H版：一年级第一学期高级中学课本/上海中小学课程教材改革委员会编.—上海：上海教育出版社，1995.6.—271页；19cm

ISBN 7-5320-4311-0：¥3.85

G633.3　016967

高级中学课本语文教学参考资料：S版：一年级第二学期/上海中小学课程教材改革委员会编.—上海：上海教育出版社，1995.11.—161页；19cm

ISBN 7-5320-4589-7：¥3.80

G633.3　016968

高级中学课本语文教学参考资料：S版：一年级第一学期/上海中小学课程教材改革委员会编.—上海：上海教育出版社，1995.6.—145页；19cm

ISBN 7-5320-4310-X：¥2.25

G633.3　016969

高级中学语文第六册（必修）教学参考书/人民教育出版社语文二室编.—2版.—北京：人民教育出版社，1995.6.—185页；19cm

ISBN 7-107-01158-8：¥2.79

G633.3　016970

高考《语文科说明》考试内容导析与训练/黄向明主编；张济川等编著.—福州：福建人民出版社，1995.1.—367页；19cm

ISBN 7-211-02403-8：¥6.80

G633.3　016971

高中语文（人教版）教学目标实施手册　第二册/江苏省教委教研室编.—南京：江苏教育出版社，1995.12.—124页；19cm

ISBN 7-5343-2560-9：¥2.95

G633.3　016972

高中语文（人教版）教学目标实施手册　第六册/江苏省教委教研室编.—南京：江苏教育出版社，1995.

12.—150页;19cm
ISBN 7-5343-2562-5: ¥3.55

G633.3　016973
高中语文(人教版)教学目标实施手册　第三册/江苏省教委教研室编.—南京:江苏教育出版社,1995.7.—128页;19cm
ISBN 7-5343-2398-3: ¥2.80

G633.3　016974
高中语文(人教版)教学目标实施手册　第四册/江苏省教委教研室编.—南京:江苏教育出版社,1995.12.—99页;19cm
ISBN 7-5343-2561-7: ¥2.55

G633.3　016975
高中语文(人教版)教学目标实施手册　第五册/江苏省教委教研室编.—南京:江苏教育出版社,1995.7.—130页;19cm
ISBN 7-5343-2399-1: ¥2.80

G633.3　016976
高中语文(人教版)教学目标实施手册　第一册/江苏省教委教研室编.—南京:江苏教育出版社,1995.7.—83页;19cm
ISBN 7-5343-2397-5: ¥2.00

G633.3　016977
河北省义务教育三年制初级中学教材语文教学参考书　第三册/郑祥五,孟宪和主编;赵利轩等编.—北京:教育科学出版社,1995.6.—317页;19cm
ISBN 7-5041-1525-8: ¥7.20

G633.3　016978
结构思想和语文教学改革/方弢著.—南京:江苏教育出版社,1995.3.—296页;19cm
ISBN 7-5343-2260-X: ¥4.20

G633.3　016979
精编九年义务教育三年制初中语文重点难点手册:一年级/中小学新编教材教法丛书编写组编.—桂林:广西师范大学出版社,1995.1.—338页;19cm.—(中小学新编教材教法丛书)
ISBN 7-5633-1964-6: ¥6.10

G633.3　016980
九年义务教育初级中学课本语文第六册教学参考书/《语文教学参考书》编写组编.—北京:北京大学出版社,1995.11.—188页;20cm
ISBN 7-301-02810-5: ¥7.50

G633.3　016981
九年义务教育初级中学课本语文第五册教学参考书/《九年义务教育初级中学课本语文第五册教学参考书》编写组编.—北京:北京大学出版社,1995.6.—261页;20cm
ISBN 7-301-02807-5: ¥9.80

G633.3　016982
九年义务教育初级中学试用课本语文第二册教学参考书/九年义务教育教材(沿海地区)编写委员会编.—修订版.—广州:广东高等教育出版社,1995.11.—211页;19cm
ISBN 7-5361-1246-7: ¥7.00

G633.3　016983
九年义务教育初级中学语文第一册单元教学目标检测/《单元教学目标检测》教材编写组编.—北京:北京大学出版社,1995.7.—78页;20cm
ISBN 7-301-02349-9: ¥2.15

G633.3　016984
九年义务教育初中语文目标教学辅导　第二册/刘家绍,卢明德编著.—南宁:广西民族出版社,1995.2.—193页;19cm
ISBN 7-5363-2896-6: ¥3.50

G633.3　016985
九年义务教育全日制初级中学语文教学大纲:试用/国家教育委员会制订.—2版.—北京:人民教育出版社,1995.1.—12页;20cm
ISBN 7-107-01418-8: ¥0.90

G633.3　016986
九年义务教育三年制初级中学初中语文参考教案　第三册/袁世全等主编.—上海:上海科学普及出版社,1995.7.—326页;19×17cm
ISBN 7-5427-0989-5: ¥11.50

G633.3　016987
九年义务教育三年制初级中学初中语文参考教案　第一册/张晓冰,王继玲主编.—上海:上海科学普及出版社,1995.6.—217页;18×17cm.—(/袁世全等主编)
ISBN 7-5427-0986-0: ¥8.00

G633.3　016988
九年义务教育三年制初级中学教科书语文教学参考书　第二册/北京市教育局教学研究部,北京师范大学附属实验中学编.—北京:北京出版社,1995.1.—311页;19cm
ISBN 7-200-02616-6: ¥4.00

G633.3　016989
九年义务教育三年制初级中学教科书语文教学参考书　第四册/北京市教育局教学研究部,北京师范大学附属实验中学编.—北京:北京出版社,1995.1.—268页;19cm
ISBN 7-200-02622-0: ¥4.10

G633.3　016990
九年义务教育三年制初级中学语文第六册教案/人民教育出版社语文一室编著.—延吉:东北朝鲜民族教育出版社;北京:人民教育出版社,1995.11.—178页;26cm.—(九年义务教育教材人教版教案系列丛书)
ISBN 7-5437-2452-9: ¥7.50

G633.3　016991
九年义务教育三年制初级中学语文第六册教师教学用书/人民教育出版社语文一室编著.—北京:人民教育出版社,1995.5.—329页;26cm
ISBN 7-107-11363-1: ¥12.80

G633.3　016992
九年义务教育三年制初级中学语文第五册教案/人民教育出版社语文一室编著.—延吉:东北朝鲜民族教育出版社;北京:人民教育出版社,1995.6.—177页;26cm.—(九年义务教育教材<人教版>教案系列丛书)

ISBN 7-5437-1934-7: ¥6.50

G633.3　016993

九年义务教育三年制初级中学语文试用课本教师备课手册　第六册/洪宗礼主编.—南京:江苏教育出版社,1995.12.—565页;20cm

ISBN 7-5343-2623-0: ¥16.25

G633.3　016994

九年义务教育三年制初级中学语文试用课本教师备课手册　第五册/洪宗礼主编.—南京:江苏教育出版社,1995.7.—615页;20cm

ISBN 7-5343-2446-7: ¥14.55

G633.3　016995

九年义务教育三年制初级中学语文自学辅导教学试用课本第六册教学指导书/颜振遥,刘小华编.—成都:四川教育出版社,1995.10.—36页;19cm

ISBN 7-5408-2568-5: ¥1.65

G633.3　016996

九年义务教育四年制初级中学语文第六册教案/人民教育出版社语文一室编著.—延吉:东北朝鲜民族教育出版社;北京:人民教育出版社,1995.11.—121页;26cm.—(九年义务教育教材〈人教版〉教案系列丛书)

ISBN 7-5437-2453-7: ¥5.00

G633.3　016997

九年义务教育四年制初级中学语文第四册教案/人民教育出版社语文一室编著.—延吉:东北朝鲜民族教育出版社;北京:人民教育出版社,1995.11.—181页;26cm.—(九年义务教育教材〈人教版〉教案系列丛书)

ISBN 7-5437-2456-1: ¥6.50

G633.3　016998

九年义务教育四年制初级中学语文第五册教案/人民教育出版社语文一室编著.—延吉:东北朝鲜民族教育出版社;北京:人民教育出版社,1995.6.—133页;26cm.—(九年义务教育教材<人教版>教案系列丛书)

ISBN 7-5437-1934-7: ¥6.50

G633.3　016999

九年义务教育西藏自治区初级中学汉语文第六册(试用本)教学参考书/西藏自治区教材编译局编.—拉萨:西藏人民出版社,1995.10.—144页;19cm

ISBN 7-223-00848-2: ¥2.60

G633.3　017000

九年制义务教育课本语文教学参考资料:H版:八年级第二学期/上海市中小学教材编写组编.—上海:上海教育出版社,1995.11.—166页;19cm

ISBN 7-5320-4485-8: ¥3.80

G633.3　017001

九年制义务教育课本语文教学参考资料:H版:八年级第一学期/上海中小学课程教材改革委员会编.—上海:上海教育出版社,1995.6.—147页;19cm

ISBN 7-5320-4313-4: ¥2.25

G633.3　017002

九年制义务教育课本语文教学参考资料:H版:七年级第二学期/上海中小学课程教材改革委员会编.—2版.—上海:上海教育出版社,1995.11.—192页;19cm

ISBN 7-5320-4577-3: ¥4.25

G633.3　017003

九年制义务教育课本语文教学参考资料:H版:七年级第一学期/上海中小学课程教材改革委员会编.—上海:上海教育出版社,1995.6.—199页;19cm

ISBN 7-5320-4320-7: ¥2.90

G633.3　017004

九年制义务教育课本语文教学参考资料:S版:八年级第二学期/上海中小学课程教材改革委员会编.—上海:上海教育出版社,1995.11.—188页;19cm

ISBN 7-5320-4594-3: ¥4.35

G633.3　017005

蒙古族高级中学汉语文(试用本)教学参考书　(5)/内蒙古教育出版社编辑.—呼和浩特:内蒙古教育出版社,1995.5.—217页;19cm

ISBN 7-5311-2556-0: ¥2.35

G633.3　017006

蒙古族高级中学汉语文(试用本)教学参考书　(6)/马艳英等编.—呼和浩特:内蒙古教育出版社,1995.11.—208页;19cm

ISBN 7-5311-2681-8: ¥3.15

G633.3　017007

全国职业高级中学八五规划教材语文第二册教学参考书/语文出版社第二编辑室主编.—2版(修订本).—北京:语文出版社,1995.5.—264页;20cm

ISBN 7-80006-538-3: ¥7.90

G633.3　017008

全国职业高级中学八五规划教材语文第三册教学参考书/语文出版社第二编辑室主编.—2版(修订本).—北京:语文出版社,1995.5.—200页;20cm

ISBN 7-80006-642-8: ¥6.20

G633.3　017009

全国职业高级中学八五规划教材语文第四册教学参考书/语文出版社第二编辑室主编.—2版(修订本).—北京:语文出版社,1995.5.—190页;20cm

ISBN 7-80006-690-8: ¥6.80

G633.3　017010

全国职业高级中学八五规划教材语文第一册教学参考书/语文出版社第二编辑室主编.—2版(修订本).—北京:语文出版社,1995.5.—146页;20cm

ISBN 7-80006-627-4: ¥5.80

G633.3　017011

全日制中学语文教学大纲:高中部分/中华人民共和国国家教育委员会制订.—3版(修订本).—北京:人民教育出版社,1995.6.—15页;19cm

ISBN 7-107-12349-1: ¥0.80

G633.3　017012

上海市初级中学语文学科教学基本要求/上海市中小学教材编写组编.—2版.—上海:上海教育出版社,1995.11.—56页;19cm

ISBN 7-5320-4634-6: ¥1.40

G633.3　017013

西藏自治区高级中学汉语文第六册(试用本)教学参考书/西藏自治区教材编译局编.—拉萨:西藏人民出

版社,1995.8.—233 页;19cm

ISBN 7-223-00844-1: ¥4.00

G633.3　017014

西藏自治区高级中学汉语文第五册(试用本)教学参考书/西藏自治区教材编译局编.—拉萨:西藏人民出版社,1995.4.—174 页;19cm

ISBN 7-223-00824-5: ¥2.90

G633.3　017015

新编中学语文教案:初中　第六册/黄岳洲主编.—2 版.—北京:语文出版社,1995.8.—303 页;19cm.—(中学语文教学备课丛书)

九年制义务教育新教材

ISBN 7-80006-549-9: ¥10.00

G633.3　017016

新编中学语文教案:初中　第五册/黄岳洲主编.—2 版.—北京:语文出版社,1995.6.—353 页;19cm.—(中学语文教学备课丛书)

九年制义务教育新教材

ISBN 7-80006-706-8: ¥12.00

G633.3　017017

一个语文教练的下水文集:一个教改迷圆梦的故事/姚竹青著.—沈阳:辽宁大学出版社,1995.9.—400 页;20cm.—(竹青丛书·大语文教学法丛书)

ISBN 7-5610-3014-2: ¥11.50

G633.3　017018

义务教育初级中学语文第四册(试用)教学参考书/浙江省义务教育教材初中语文编委会编.—2 版.—杭州:浙江教育出版社,1995.—191 页;19cm

ISBN 7-5338-1862-8: ¥3.70

G633.3　017019

义务教育三年制蒙古族初级中学汉语文(试用本)教学参考书　(5)/内蒙古教育出版社编辑.—呼和浩特:内蒙古教育出版社,1995.5.—203 页;19cm

ISBN 7-5311-2591-9: ¥2.35

G633.3　017020

义务教育三年制蒙古族初级中学汉语文(试用本)教学参考书　(6)/内蒙古教育出版社编.—呼和浩特:内蒙古教育出版社,1995.11.—217 页;19cm

ISBN 7-5311-2693-1: ¥3.45

G633.3　017021

语文教学新论/曾本宇主编.—上海:华东理工大学出版社,1995.9.—256 页;20cm

ISBN 7-5628-0586-5: ¥12.00

G633.3　017022

语文教学研究/陈学法著.—沈阳:辽宁人民出版社,1995.4.—254 页;19cm

ISBN 7-205-03327-6: ¥8.00

G633.3　017023

语文教育学教程/王文延主编.—2 版(修订本).—开封:河南大学出版社,1995.6.—339 页;20cm

ISBN 7-81018-915-8: ¥9.50

G633.3　017024

语文教育研究方法学/董菊初著.—北京:语文出版社,1995.9.—488 页;19cm.—(语文教育研究与探索丛书)

ISBN 7-80006-987-7: ¥15.00

G633.3　017025

语文审美教育论/程钧著.—南京:江苏教育出版社,1995.1.—249 页;20cm

ISBN 7-5343-2304-5: ¥4.70

G633.3　017026

阅读与作文:教学理论与实践/苏立康著.—北京:华夏出版社,1995.4.—410 页;19cm

ISBN 7-5080-0666-6: ¥11.00

G633.3　017027

职业高级中学教材语文教学参考书:高三年级/北京市职业技术教育教材编审委员会编.—北京:高等教育出版社,1995.3.—131 页;19cm

ISBN 7-04-005323-3: ¥2.60

G633.3　017028

中学语文比较教学/傅永安编著.—北京:教育科学出版社,1995.9.—428 页;19cm

ISBN 7-5041-1504-5: ¥12.00

G633.3　017029

中学语文传统课文参考资料:现代文部分/何玳丽,吴尚夫主编 .—上海:上海教育出版社,1995.10.—514 页;20cm

ISBN 7-5320-2766-X(精装): ¥22.00

G633.3　017030

中学语文活动手册/贾继英主编;刁权等编写.—沈阳:辽宁美术出版社,1995.3.—300 页;19cm

ISBN 7-5314-1235-7: ¥8.50

G633.3　017031

中学语文教学法/王世堪主编;于漪等编写.—北京:高等教育出版社,1995.5.—513 页;20cm

ISBN 7-04-005312-8: ¥11.25

G633.3　017032

中学语文教学能力培养纲要/韦永麟,冯力行主编.—桂林:广西师范大学出版社,1995.8.—259 页;19cm

高等师范院校语文教学法配套教材 高等师范院校教学用书

ISBN 7-5633-2077-6: ¥8.00

G633.3　017033

中学语文教学优秀个案/周德藩,葛锁网主编.—苏州:苏州大学出版社,1995.12.—316 页;20cm

ISBN 7-81037-176-2: ¥13.20

G633.3　017034

中学语文教育实习/赵厚玉等著.—长沙:湖南出版社,1995.9.—323 页;19cm

ISBN 7-5438-1069-7: ¥17.30

G633.3　017035

中学语文重点难点基点:初中　第五册:新版 /胡吾道主编.—2 版.—长沙:湖南师范大学出版社,1995.10.—196 页;20cm

ISBN 7-81031-032-1: ¥5.80

G633.3　017036

专家谈中学语文教学/郭预衡主编.—太原:山西教

育出版社,1995.10.—522页;20cm
ISBN 7-5440-0583-6:¥20.00

G633.3　　017037
邹石溪语文教育论集/邹石溪著.—南京:江苏教育出版社,1995.9.—381页;20cm
ISBN 7-5343-2454-8:¥11.80

①G633.3②H194.1　　017038
古文笔法百篇:中国古代散文精品/(清)李扶九,黄仁黼编著;王释非点校.—海口:海南国际新闻出版中心,1995.6.—380页;19cm.—(写作教学丛书)
ISBN 7-80609-192-0:¥13.50

G633.3-53　　017039
洪宗礼语文教学论集/程良方等选编.—南京:江苏教育出版社,1995.10.—576页;20cm
ISBN 7-5343-2456-4:¥16.40

G633.3-53　　017040
激发兴趣与塑造心灵:语文教案、论文选/傅国杰编著.—济南:山东教育出版社,1995.9.—290页;20cm
ISBN 7-5328-2196-X:¥12.75

G633.3-53　　017041
全国中学语文教学论文荟萃/陈志祥,郑林森主编.—海口:南海出版公司,1995.5.—520页;20cm
ISBN 7-5442-0267-4:¥25.00

G633.3-53　　017042
研究与改革:语文教学论文选/申仕鹏主编;中南(地区)中学教学研究会编.—北京:气象出版社,1995.8.—230页;19cm
ISBN 7-5029-1945-7:¥8.00

G633.3-53　　017043
中学语文教学论文选　第七集/张家璇主编.—西安:陕西人民教育出版社,1995.1.—716页;20cm
ISBN 7-5419-1288-3(精装):¥19.00

G633.3-64　　017044
初中语文教学图片　第二册/刘旦宅绘.—上海:上海教育出版社,1995.11.—17张;77×53cm 等
ISBN 7-5320-3603-0:¥17.00

G633.3-64　　017045
初中语文教学图片　第四册/周思聪等绘.—上海:上海教育出版社,1995.11.—9幅;77×53cm
ISBN 7-5320-4653-2:¥10.90

G633.33　　017046
初中试用课本初一阅读教学参考书　第二册/欧阳代娜,田海蓝主编.—沈阳:辽宁教育出版社,1995.10.—184页;19cm
ISBN 7-5382-4251-1:¥4.00

G633.33　　017047
初中试用课本初一阅读教学参考书　第一册/欧阳代娜主编.—沈阳:辽宁教育出版社,1995.5.—182页;19cm
ISBN 7-5382-4019-5:¥4.00

G633.33　　017048
快节奏·高效率阅读教学六限法/高原,刘朏朏主编.—通辽:内蒙古少年儿童出版社,1995.7.—290页;19cm
ISBN 7-5312-0512-2:¥7.50

G633.33　　017049
现代文阅读技法指导/祁兵编著.—开封:河南大学出版社,1995.1.—186页;19cm
ISBN 7-81041-137-3:¥3.50

G633.33　　017050
语文导读艺术/重庆市教育学会中学语文教学专业委员会编.—重庆:西南师范大学出版社,1995.8.—304页;20cm
ISBN 7-5621-1385-8:¥9.50

G633.34　　017051
模拟中考作文测评/周廉明主编.—上海:上海文化出版社,1995.1.—223页;19cm
ISBN 7-80511-749-7:¥4.30

G633.34　　017052
作文教学指要/江苏省写作学会编.—南京:南京师范大学出版社,1995.8.—309页;19cm
ISBN 7-81047-005-1:¥7.80

G633.4 外语

G633.41　　017053
JEFC 课堂英语/李竹青主编.—贵阳:贵州教育出版社,1995.7.—168页;19cm
ISBN 7-80583-694-9:¥7.00

G633.41　　017054
初中一、二、三年级第二学期英语基础训练参考答案/河南省教委中小学教研室编.—3版.—郑州:河南教育出版社,1995.10.—90页;19cm
九年义务教育三年制初级中学教材 供教师用
ISBN 7-5347-1834-1:¥1.60

G633.41　　017055
初中英语"三乐"教学法/张德民主编.—沈阳:辽宁民族出版社,1995.9.—226页;20cm.—(辽阳地区教育科研成果集萃;1/苏荣智等主编)
ISBN 7-80527-563-7:¥8.50

G633.41　　017056
高级中学英语第三册下(实验本)教师教学用书/人民教育出版社,(英)朗文出版集团有限公司编.—北京:人民教育出版社,1995.10.—180页;26cm
供高中三年级第二学期使用
ISBN 7-107-11471-9:¥8.50

G633.41　　017057
高中英语教学与评估/《高中英语教学与评估》编写组编.—上海:华东理工大学出版社,1995.9.—193页;26cm
ISBN 7-5628-0623-3:¥11.00

G633.41　　017058
国际音标教学挂图/章敏编;林建平绘.—长沙:湖南少年儿童出版社,1995.9.—1张;80×53cm
ISBN 7-5358-0987-1:¥1.20

G633.41　　017059
江苏省九年义务教育三年制初中英语教科书(实验本)教师参考书　第六册/江苏省中学英语教材编写组

编.—南京:译林出版社,1995.10.—100页;19cm

ISBN 7-80567-433-7:¥2.80

G633.41　017060

江苏省九年义务教育三年制初中英语教科书(实验本)教师参考书　第五册/江苏省中学英语教材编写组编.—南京:译林出版社,1995.7.—183页;19cm

ISBN 7-80567-398-5:¥3.70

G633.41　017061

江苏省九年义务教育三年制初中英语教科书(实验本)教师参考书　第一册/高维正,赵雪如主编;江苏省中学英语教材编写组编.—2版.—南京:译林出版社,1995.7.—167页;19cm

ISBN 7-80567-244-X:¥3.50

G633.41　017062

精编九年义务教育三年制初中英语重点难点手册:一年级/《中小学新编教材教法丛书》编写组编.—桂林:广西师范大学出版社,1995.3.—223页;19cm.—(中小学新编教材教法丛书)

ISBN 7-5633-2010-5:¥4.70

G633.41　017063

九年义务教育初级中学试用课本英语(乙种本)第六册教学参考书/唐锡铃编写.—广州:广东教育出版社,1995.12.—145页;19cm

ISBN 7-5406-3470-7:¥3.60

G633.41　017064

九年义务教育全日制初级中学英语教学大纲:试用/中华人民共和国国家教育委员会制订.—2版.—北京:人民教育出版社,1995.5.—70页;20cm

ISBN 7-107-01420-X:¥2.10

G633.41　017065

九年义务教育全日制初级中学英语教学大纲:试用/中华人民共和国国家教育委员会制订.—2版.—北京:人民教育出版社,1995.1.—98页;20cm

ISBN 7-107-01423-4:¥2.70

G633.41　017066

九年义务教育三年制、四年制初级中学教科书英语第一、二、三册译文:合订本/人民教育出版社外语室英语组编译.—开封:河南大学出版社;北京:人民教育出版社,1995.6.—404页;19cm

ISBN 7-81041-248-5:¥13.00

G633.41　017067

九年义务教育三年制、四年制初级中学英语教学指导与参考　第三册/人民教育出版社外语室英语组编.—哈尔滨:黑龙江教育出版社,1995.7.—287页;19cm

三年级用

ISBN 7-5316-2737-X:¥7.80

G633.41　017068

九年义务教育三年制初级中学初中英语参考教案　第一册/张宽新主编.—上海:上海科学普及出版社,1995.7.—254页;18×17cm.—(初中参考教案/袁世全等主编)

ISBN 7-5427-0999-2:¥9.00

G633.41　017069

九年义务教育三年制初级中学英语第二册(上)教师教学用书/( )亚当姆森(Adamson,B.),刘道义主编;人民教育出版社,朗文出版集团有限公司编.—2版.—北京:人民教育出版社,1995.11.—128页;26cm

ISBN 7-107-11689-4:¥6.05

G633.41　017070

九年义务教育三年制初级中学英语第三册教案(上)/人民教育出版社外语编辑室编著.—北京:人民教育出版社;延吉:东北朝鲜民族教育出版社,1995.5.—145页;26cm.—(九年义务教育教材〈人教版〉教案系列丛书)

ISBN 7-5437-1941-X:¥5.50

G633.41　017071

九年义务教育三年制初级中学英语第三册教案(下)/人民教育出版社外语编辑室编著.—延吉:东北朝鲜民族教育出版社;北京:人民教育出版社,1995.10.—120页;26cm.—(九年义务教育教材〈人教版〉教案系列丛书)

ISBN 7-5437-2442-1:¥6.00

G633.41　017072

九年义务教育四年制初级中学试用课本英语第六册教学参考书/"五·四"学制教材总编委会编.—2版.—济南:山东教育出版社,1995.11.—192页;19cm

ISBN 7-5328-1528-5:¥6.40

G633.41　017073

九年义务教育四年制初级中学试用课本英语第五册教学参考书/"五·四"学制教材总编委会编.—2版.—济南:山东教育出版社,1995.5.—219页;19cm

ISBN 7-5328-1380-0:¥3.65

G633.41　017074

九年义务教育四年制初级中学英语第二册(上)教师教学用书/人民教育出版社,(英)朗文出版集团有限公司编.—2版.—北京:人民教育出版社,1995.11.—128页;26cm

ISBN 7-107-11690-8:¥5.90

G633.41　017075

九年义务教育四年制初级中学英语第三册教案(上)/人民教育出版社外语编辑室编著.—北京:人民教育出版社;延吉:东北朝鲜民族教育出版社,1995.5.—145页;26cm.—(九年义务教育教材〈人教版〉教案系列丛书)

ISBN 7-5437-1942-8:¥5.50

G633.41　017076

九年义务教育四年制初级中学英语第三册教案(下)/人民教育出版社外语编辑室编著.—延吉:东北朝鲜民族教育出版社;北京:人民教育出版社,1995.10.—120页;26cm.—(九年义务教育教材〈人教版〉教案系列丛书)

ISBN 7-5437-2443-X:¥6.00

G633.41　017077

九年义务三年制初中英语第二册教案/王岩主编.—太原:山西教育出版社,1995.12.—274页;19cm

ISBN 7-5440-0869-X:¥4.70

G633.41　017078

九年义务三年制初中英语第三册教案/杨国义主编.—太原:山西教育出版社,1995.12.—218页;19cm
ISBN 7-5440-0884-3:¥3.80

G633.41　017079
义务教育初中英语听说训练教师用书　第二册/河北省电化教育馆编.—石家庄:河北科学技术出版社,1995.6.—159页;19cm
ISBN 7-5375-1501-8:¥4.50

G633.41　017080
义务教育初中英语听说训练教师用书　第三册/河北省电化教育馆编.—石家庄:河北科学技术出版社,1995.6.—157页;19cm
ISBN 7-5375-1499-2:¥4.50

G633.41　017081
义务教育初中英语听说训练教师用书　第一册/河北省电化教育馆编.—石家庄:河北科学技术出版社,1995.6.—137页;19cm
ISBN 7-5375-1500-X:¥4.30

G633.41　017082
英语教学技能训练/朱晓燕编著.—广州:广东科技出版社,1995.11.—184页;19cm
ISBN 7-5359-1580-9:¥6.50

G633.41　017083
英语语法句中学:英语句子分析图解/黄千一著.—海口:海南国际新闻出版中心,1995.5.—177页;20cm
ISBN 7-80609-133-5:¥5.80

G633.41　017084
英语字母教学挂图/章敏编;林建平绘.—长沙:湖南少年儿童出版社,1995.9.—1张;80×53cm
ISBN 7-5358-0986-3:¥1.20

G633.41　017085
中学英语听力:初中　第一册/虞苏美,李慧琴主编.—上海:华东师范大学出版社,1995.3.—69页;26cm
教师用书
ISBN 7-5617-1290-1:¥5.50

G633.41　017086
中学英语听力:初中预备级/虞苏美,李慧琴主编.—上海:华东师范大学出版社,1995.3.—63页;26cm
教师用书
ISBN 7-5617-1266-9:¥5.00

G633.41-61　017087
中国中学英语教育百科全书/周流溪主编.—沈阳:东北大学出版社,1995.8.—985页;26cm
ISBN 7-81006-999-3(精装):¥128.00

G633.45　017088
九年义务教育三年制初级中学俄语第二册教师教学用书/人民教育出版社外语室俄语组编.—2版.—北京:人民教育出版社,1995.11.—175页;19cm
ISBN 7-107-02041-2:¥3.40

G633.5 历史、地理

G633.51　017089
初二历史全一册教·学·考/周建华主编;华中师大第一附属中学,华中师大考试研究中心编.—武汉:湖北人民出版社,1995.6.—123页;26cm.—(中学教学考丛书/李水生主编)
ISBN 7-216-01707-2:¥5.35

G633.51　017090
初一历史全一册教·学·考/熊孟典,张炳锋主编;华中师大第一附属中学,华中师大考试研究中心编.—武汉:湖北人民出版社,1995.6.—111页;26cm.—(中学教学考丛书/李水生主编)
ISBN 7-216-01702-1:¥5.00

G633.51　017091
九年制义务教育课本历史教学参考资料:九年级第二学期/上海中小学课程教材改革委员会编.—上海:上海教育出版社,1995.11.—214页;19cm
ISBN 7-5320-4580-3:¥4.60

G633.51　017092
历史教学的艺术与技巧:历史教育论稿/孙恭恂编著.—北京:中国地图出版社,1995.5.—343页;19cm
ISBN 7-5031-1790-7:¥7.20

G633.51　017093
中学历史教学疑难问题研讨/赵慧珠编写.—上海:上海教育出版社,1995.1.—131页;19cm.—(中学教师继续教育丛书)
ISBN 7-5320-4159-X:¥3.25

G633.51　017094
中学历史教育学/张媛主编.—郑州:中州古籍出版社,1995.9.—323页;20cm
ISBN 7-5348-1406-5:¥14.50

G633.52　017095
高级中学课本《世界近代现代史》(上)教学参考新编/江明主编.—天津:天津教育出版社,1995.7.—306页;20cm
ISBN 7-5309-2360-9:¥9.10

G633.52　017096
九年义务教育三年制初级中学世界历史第二册教案/人民教育出版社历史室编著.—延吉:东北朝鲜民族教育出版社;北京:人民教育出版社,1995.11.—151页;26cm.—(九年义务教育教材〈人教版〉教案系列丛书)
ISBN 7-5437-2458-8:¥6.50

G633.52　017097
九年义务教育三年制初级中学世界历史第二册教师教学用书/人民教育出版社历史室编著;内蒙古教育出版社译.—呼和浩特:内蒙古教育出版社,1995.11.—452页;26cm
ISBN 7-5311-2684-2:¥12.75

G633.52　017098
九年义务教育三年制初级中学世界历史第一册教案/严志梁主编;马士君等编.—延吉:东北朝鲜民族教育出版社,1995.4.—180页;26cm.—(九年义务教育教材〈人教版〉教案系列丛书)
ISBN 7-5437-1897-9:¥5.50

G633.52　017099

九年义务教育四年制初级中学世界历史第二册教案/人民教育出版社历史室编著.—延吉:东北朝鲜民族教育出版社;北京:人民教育出版社,1995.11.—151页;26cm.—(九年义务教育教材〈人教版〉教案系列丛书)

ISBN 7-5437-2459-6:¥6.50

G633.52　017100

九年义务教育四年制初级中学世界历史第一册教案/人民教育出版社历史室编著.—延吉:东北朝鲜民族教育出版社,1995.4.—181页;26cm.—(九年义务教育教材〈人教版〉教案系列丛书)

ISBN 7-5437-1898-7:¥5.50

G633.53　017101

高级中学课本《中国近代现代史》(上)教学参考/王宏志,李隆庚主编.—天津:天津教育出版社,1995.8.—313页;20cm

ISBN 7-5309-2349-8:¥9.10

G633.53　017102

九年义务教育三年制初级中学中国历史第三册教案/人民教育出版社外语编辑室编著.—2版.—北京:人民教育出版社;延吉:东北朝鲜民族教育出版社,1995.6.—149页;26cm.—(九年义务教育教材〈人教版〉教案系列丛书)

ISBN 7-5437-1829-4:¥7.00

G633.53　017103

九年义务教育三年制初级中学中国历史第四册教案/人民教育出版社历史室编著.—2版.—延吉:东北朝鲜民族教育出版社;北京:人民教育出版社,1995.11.—171页;26cm.—(九年义务教育教材〈人教版〉教案系列丛书)

ISBN 7-5437-1874-X:¥7.50

G633.53　017104

九年义务教育四年制初级中学中国历史第三册教案/人民教育出版社外语编辑室编著.—2版.—北京:人民教育出版社;延吉:东北朝鲜民族教育出版社,1995.6.—149页;26cm.—(九年义务教育教材〈人教版〉教案系列丛书)

ISBN 7-5437-1830-8:¥7.00

G633.53　017105

九年义务教育四年制初级中学中国历史第四册教案/人民教育出版社历史室编著.—2版.—延吉:东北朝鲜民族教育出版社;北京:人民教育出版社,1995.11.—171页;26cm.—(九年义务教育教材〈人教版〉教案系列丛书)

ISBN 7-5437-2454-5:¥7.50

G633.55　017106

初中地理教学研究/金守郡主编;孙国禄等编写.—上海:上海教育出版社,1995.2.—291页;19cm.—(中学教师继续教育丛书)

ISBN 7-5320-4198-0:¥6.50

G633.55　017107

地理基础教育研究/周绍武主编.—贵阳:贵州教育出版社,1995.1.—261页;26cm

ISBN 7-80583-633-7:¥12.80

G633.55　017108

九年义务教育三年制初级中学地理教学参考书　第二册/北京市义务教育初中地理教材编写组编.—北京:中国地图出版社,1995.10.—63页;26cm

ISBN 7-5031-1799-0:¥3.95

G633.55　017109

九年义务教育三年制初级中学地理教学参考书　第一册/北京市义务教育初中地理教材编写组编.—北京:中国地图出版社,1995.6.—104页;26cm

ISBN 7-5031-1776-1:¥5.10

G633.55　017110

九年义务教育三年制初级中学地理教学用书　第二册/郭立言主编;内地版初中地理教材编写组编.—北京:中国地图出版社,1995.6.—241页;19×26cm

ISBN 7-5031-1619-6:¥12.75

G633.55　017111

九年义务教育三年制初级中学地理教学用书　第四册/郭立言主编;内地版初中地理教材编写组编.—北京:中国地图出版社,1995.6.—153页;19×26cm

ISBN 7-5031-1891-1:¥8.35

G633.55　017112

九年义务教育四年制初级中学地理第四册教案/人民教育出版社地理社会室编著.—延吉:东北朝鲜民族教育出版社;北京:人民教育出版社,1995.11.—124页;26cm.—(九年义务教育教材〈人教版〉教案系列丛书)

ISBN 7-5437-2455-3:¥6.00

G633.55　017113

现代中学地理教学法/弓启瑞等著.—延吉:延边人民出版社,1995.7.—284页;19cm

ISBN 7-80599-268-1:¥8.00

G633.55　017114

中学地理教材教法/王树声主编.—北京:高等教育出版社,1995.7.—334页;20cm

ISBN 7-04-005466-3:¥9.85

G633.55　017115

中学地理教学系统/余国扬编著.—广州:广东高等教育出版社,1995.6.—170页;20cm

ISBN 7-5361-1722-1:¥7.80

G633.57　017116

九年义务教育全日制初级中学试用地理教学地图挂图:北方地区/中国地图出版社编制.—2版.—北京:中国地图出版社,1995.10.—1张;106×116cm

ISBN 7-5031-1708-7:¥4.80

G633.57　017117

九年义务教育全日制初级中学试用地理教学地图挂图:南方地区/中国地图出版社编制.—2版.—北京:中国地图出版社,1995.10.—1张;106×154cm

ISBN 7-5031-1707-9:¥6.20

G633.57　017118

九年义务教育全日制初级中学试用地理教学地图挂图:青藏地区/中国地图出版社编制.—2版.—北京:中国地图出版社,1995.10.—1张;106×154cm

ISBN 7-5031-1710-9：¥6.20

G633.57　　**017119**

九年义务教育全日制初级中学试用地理教学地图挂图：台湾省/中国地图出版社编制.—2 版.—北京：中国地图出版社，1995.10.—1 张；77×106cm

ISBN 7-5031-1711-7：¥3.40

G633.57　　**017120**

九年义务教育全日制初级中学试用地理教学地图挂图：西北地区/中国地图出版社编制.—2 版.—北京：中国地图出版社，1995.10.—1 张；77×156cm

ISBN 7-5031-1709-5：¥4.80

G633.57　　**017121**

九年义务教育全日制初级中学试用地理教学地图挂图：中国民族：1：400 万/中国地图出版社编制.—2 版.—北京：中国地图出版社，1995.2.—1 张；101×146cm

ISBN 7-5031-1649-8：¥4.70

G633.57　　**017122**

九年义务教育全日制初级中学试用地理教学地图挂图：中国人口：1：400 万/中国地图出版社编制.—2 版.—北京：中国地图出版社，1995.2.—1 张；101×146cm

ISBN 7-5031-1645-5：¥4.70

G633.57　　**017123**

九年义务教育全日制初级中学试用地理教学地图挂图：中国土地利用：1：400 万/中国地图出版社编制.—2 版.—北京：中国地图出版社，1995.2.—1 张；101×146cm

ISBN 7-5031-1650-1：¥4.70

G633.57　　**017124**

九年义务教育全日制初级中学试用地理教学地图挂图：中国主要铁路和航海线：1：400 万/中国地图出版社编制.—2 版.—北京：中国地图出版社，1995.2.—1 张；101×146cm

ISBN 7-5031-1646-3：¥4.70

G633.57　　**017125**

九年制义务教育初级中学地理基本教学挂图：中国地理(三)/黄致中编；陈钟华绘 .—上海：上海教育出版社，1995.11.—11 幅；77×106cm

ISBN 7-5320-4629-X：¥24.60

G633.57　　**017126**

祖国政区 祖国地形：1：60 万/中国地图出版社编制.—7 版.—北京：中国地图出版社，1995.2.—2 张；47×102cm.—(小学地理教学挂图；第一辑)

ISBN 7-5031-1509-2：¥6.80

G633.6 数学

G633.6　　**017127**

初中数学教材教法/李建才编.—北京：高等教育出版社，1995.5.—380 页；20cm

ISBN 7-04-005169-9：¥7.70

G633.6　　**017128**

初中数学教学/黄剑儿主编.—广州：广东高等教育出版社，1995.9.—170 页；20cm

九年义务教育教材：沿海版

ISBN 7-5361-1768-X：¥5.00

G633.6　　**017129**

初中一、二、三年级第二学期数学基础训练参考答案/河南省教委中小学教研室编.—郑州：河南教育出版社，1995.10.—71 页；19cm

九年义务教育三年制初级中学教材 供教师使用

ISBN 7-5347-1835-X：¥1.35

G633.6　　**017130**

从高等数学看中学数学/吕世虎等著.—北京：科学出版社，1995.5.—244 页；20cm

ISBN 7-03-004496-7：¥9.40

G633.6　　**017131**

高中数学教学指导：高二分册/苏州市高中数学教改组编.—苏州：苏州大学出版社，1995.1.—133 页；26cm

ISBN 7-81037-115-0：¥5.30

G633.6　　**017132**

高中数学教学指导：高三分册(上)/张嘉瑾等编；初等数学编写组编.—苏州：苏州大学出版社，1995.5.—234 页；26cm

ISBN 7-81037-139-8：¥16.00

G633.6　　**017133**

高中数学教学指导：高一分册/苏州市高中数学教改组编.—苏州：苏州大学出版社，1995.1.—195 页；26cm

ISBN 7-81037-114-2：¥7.70

G633.6　　**017134**

高中数学思想方法与能力培养/邹清林主编.—成都：四川教育出版社，1995.10.—412 页；19cm

ISBN 7-5408-2743-2：¥10.60

G633.6　　**017135**

高中数学研讨学习法/李红庆编著.—武汉：华中师范大学出版社，1995.1.—395 页；19cm

ISBN 7-5622-1486-7：¥7.00

G633.6　　**017136**

集合映射与中学数学/詹国樑著.—南京：江苏教育出版社，1995.12.—191 页；20cm

ISBN 7-5343-2516-1：¥6.20

G633.6　　**017137**

九年义务教育三年制初级中学数学教学目标与评价/曹才翰主编；《义务教育初中数学目标课题组》编.—长沙：湖南教育出版社，1995.3.—189 页；20cm.—(现代数学教育丛书)

ISBN 7-5355-2065-0：¥5.80

G633.6　　**017138**

九年制义务教育课本数学教学参考资料：七年级第二学期/上海中小学课程教材改革委员会编.—上海：上海教育出版社，1995.11.—110 页；19cm

ISBN 7-5320-4491-2：¥2.65

G633.6　　**017139**

九年制义务教育课本数学教学参考资料：七年级第一学期/上海中小学课程教材改革委员会编.—上海：

上海教育出版社,1995.6.—90 页;19cm

ISBN 7-5320-4272-3: ¥1.40

G633.6　　017140

全国职业高级中学八五规划教材数学通用本下册教学参考书/语文出版社第二编辑室主编.—2 版(修订本).—北京:语文出版社,1995.5.—210 页;20cm

ISBN 7-80006-641-X: ¥5.50

G633.6　　017141

全日制中学数学教学大纲/中华人民共和国国家教育委员会制订.—3 版(修订本).—北京:人民教育出版社,1995.1.—48 页;19cm

ISBN 7-107-00712-2: ¥1.20

G633.6　　017142

全日制中学数学教学大纲:高中部分/中华人民共和国国家教育委员会制订.—3 版(修订本).—北京:人民教育出版社,1995.1.—25 页;19cm

ISBN 7-107-12350-5: ¥1.00

G633.6　　017143

数学百问/秦文光,李玲主编.—长沙:国防科技大学出版社,1995.11.—159 页;19cm.—(中师百问丛书)

全套 7 册,总定价:35.00 元

ISBN 7-81024-360-8: ¥0.00

G633.6　　017144

数学教学参考资料:高中一年级第二学期:试用本/陈昌平主编.—上海:华东师范大学出版社,1995.12.—46 页;26cm

ISBN 7-5617-1445-9: ¥3.40

G633.6　　017145

数学教学参考资料:高中一年级第一学期:试用本/陈昌平主编.—上海:华东师范大学出版社,1995.6.—41 页;26cm

ISBN 7-5617-1328-2: ¥1.90

G633.6　　017146

数学教学测量与评估/田万海等著.—上海:上海教育出版社,1995.12.—184 页;20cm.—(数学教育研究丛书/曹才翰主编)

ISBN 7-5320-4191-3: ¥9.00

G633.6　　017147

数学教育比较与研究/陈昌平主编.—上海:华东师范大学出版社,1995.5.—535 页;20cm

ISBN 7-5617-1348-7: ¥22.00

G633.6　　017148

数学教育评价/魏超群著.—南宁:广西教育出版社,1995.5.—451 页;20cm.—(数学教育丛书/马忠林主编)

ISBN 7-5435-2311-6: ¥14.00

G633.6　　017149

数学教育学教程/燕琼芝,杨晓黎编著.—昆明:云南民族出版社,1995.3.—170 页;19cm

ISBN 7-5367-1002-X: ¥5.50

G633.6　　017150

义务教育初级中学数学第五册教学参考书/浙江省教育委员会义务教育教材编委会编.—2 版.—杭州:浙江教育出版社,1995.5.—211 页;19cm

ISBN 7-5338-2061-4: ¥3.00

G633.6　　017151

引探教学法教例精选/陈永林主编.—深圳:海天出版社,1995.5.—377 页;19cm

ISBN 7-80615-153-2: ¥9.80

G633.6　　017152

中学数学教材教法总论/司梦林主编.—延吉:延边大学出版社,1995.7.—270 页;19cm

高等师范专科学校教材

ISBN 7-5634-0790-1: ¥21.00

G633.6　　017153

中学数学教学法/李燕杰等主编.—哈尔滨:哈尔滨出版社,1995.8.—417 页;20cm

初等数学研究教程 黑龙江省高等师范专科学校统编教材,全书共三册,总定价:40.50 元

ISBN 7-80557-853-2: ¥0.00

G633.6　　017154

中学数学教学方法/张一民著.—昆明:云南教育出版社,1995.2.—234 页;20cm

ISBN 7-5415-0954-X: ¥6.00

G633.6　　017155

中学数学教学基本技能/康士凯主编;李兆民等编写.—上海:上海教育出版社,1995.2.—245 页;19cm.—(中学教师继续教育丛书)

ISBN 7-5320-4224-3: ¥5.55

G633.6　　017156

中学数学教学论/陈德崇主编.—广州:广东高等教育出版社,1995.12.—251 页;20cm.—(数学教育丛书)

ISBN 7-5361-1767-1: ¥8.00

G633.6　　017157

中学数学教学心理初探/王家凤主编;施庆一等编写.—上海:上海教育出版社,1995.3.—212 页;19cm.—(中学教师继续教育丛书)

ISBN 7-5320-4243-X: ¥4.80

G633.6　　017158

中学数学教学优秀个案/周德藩,葛锁网主编.—苏州:苏州大学出版社,1995.12.—447 页;20cm

ISBN 7-81037-177-0: ¥18.40

G633.6　　017159

中学数学命题教学概论/韩殿发,李雨润编著.—哈尔滨:黑龙江教育出版社,1995.6.—181 页;19cm

ISBN 7-5316-2581-4: ¥4.00

G633.6　　017160

中学数学思维方法与应用/侯成章主编;广东梅县东山中学教研室编.—广州:广东科技出版社,1995.5.—268 页;19cm

ISBN 7-5359-1460-8: ¥6.80

G633.6　　017161

中学数学中的数学思想/严华祥主编;李兆汉等编写.—上海:上海教育出版社,1995.3.—252 页;19cm.—(中学教师继续教育丛书)

ISBN 7-5320-4247-2: ¥5.90

G633.6-53　　017162

中国中学数学教材研究文集　上册/江兆林编著.—

海口:南海出版公司,1995.3.—230页;20cm
ISBN 7-80570-383-3:￥6.50

G633.6-53 017163
中国中学数学教材研究文集　下册/江兆林编著.—海口:南海出版公司,1995.3.—232页;20cm
ISBN 7-80570-383-3:￥6.50

G633.6-53 017164
中学数学教育论文选编:纪念数学教学研究会成立十周年并第六届年会特辑/中国教育学会数学教学研究会编.—南京:江苏教育出版社,1995.6.—386页;20cm
ISBN 7-5343-2353-3:￥7.70

G633.62 017165
初中代数第二册教·学·考/郑用珂,汪关生主编;华中师大第一附属中学,华中师大考试研究中心编.—武汉:湖北人民出版社,1995.5.—105页;26cm.—(中学教学考丛书/李水生主编)
ISBN 7-216-01703-X:￥4.70

G633.62 017166
初中代数第三册教·学·考/华中师大第一附属中学,华中师大考试研究中心编.—武汉:湖北人民出版社,1995.5.—71页;26cm.—(中学教学考丛书/李水生主编)
ISBN 7-216-01708-0:￥3.35

G633.62 017167
高级中学代数上册教学参考书:必修/人民教育出版社中学数学室编.—2版.—北京:人民教育出版社,1995.11.—263页;19cm
ISBN 7-107-00970-2:￥6.00

G633.62 017168
九年义务教育初级中学教科书(实验本)代数第一册教学参考/江苏省教育委员会教研室编.—南京:江苏科学技术出版社,1995.8.—143页;26cm
ISBN 7-5345-1975-6:￥16.00

G633.62 017169
九年义务教育三年制初级中学初中代数参考教案　第二册/夏孝禄,俞书华主编.—上海:上海科学普及出版社,1995.7.—223页;18×17cm.—(初中参考教案/袁世全等主编)
ISBN 7-5427-0992-5:￥8.50

G633.62 017170
九年义务教育三年制初级中学代数第三册教案/贾云山等编.—延吉:东北朝鲜民族教育出版社;北京:人民教育出版社,1995.4.—186页;26cm.—(九年义务教育教材〈人教版〉教案系列丛书)
ISBN 7-5437-1927-4:￥5.50

G633.62 017171
九年义务教育三年制初级中学实验课本代数教学参考资料　第二册/江苏省教育委员会教研室编.—南京:江苏科学技术出版社,1995.12.—148页;26cm
ISBN 7-5345-2082-7:￥18.00

G633.62 017172
九年义务教育三年制初级中学试用课本代数第二册教学参考资料/赵大悌主编.—北京:地质出版社,1995.8.—58页;19cm
数学自学辅导教材
ISBN 7-116-01930-8:￥1.90

G633.62 017173
九年义务教育三年制初级中学试用课本代数第一册教学参考资料/赵大悌主编;李平编写.—北京:地质出版社,1995.8.—86页;19cm
数学自学辅导教材
ISBN 7-116-01929-4:￥2.60

G633.62 017174
九年义务教育四年制初级中学代数第三册教案/人民教育出版社中学数学室编著.—延吉:东北朝鲜民族教育出版社;北京:人民教育出版社,1995.4.—113页;26cm.—(九年义务教育教材〈人教版〉教案系列丛书)
ISBN 7-5437-1898-7:￥4.50

G633.62 017175
九年义务教育四年制初级中学代数第四册教师教学用书/人民教育出版社中学数学室,吉林省教育学院中学教研部编著.—北京:人民教育出版社,1995.11.—116页;19cm
ISBN 7-107-11550-2:￥2.50

G633.62 017176
沿海地区初中课本教师用书代数第六册教学参考书/钟集主编.—北京:科学出版社,1995.12.—120页;19cm
ISBN 7-03-005040-1:￥6.00

G633.62 017177
沿海地区初中课本教师用书代数第五册教学参考书/钟集主编.—北京:科学出版社,1995.7.—151页;19cm
ISBN 7-03-004809-1:￥6.50

G633.63 017178
初中几何第二册教·学·考/郑用珂,汪关生主编;华中师大第一附属中学,华中师大考试研究中心编.—武汉:湖北人民出版社,1995.5.—116页;26cm.—(中学教学考丛书/李水生主编)
ISBN 7-216-01704-8:￥5.00

G633.63 017179
初中几何第三册教·学·考/华中师大第一附属中学,华中师大考试研究中心编.—武汉:湖北人民出版社,1995.5.—82页;26cm.—(中学教学考丛书/李水生主编)
ISBN 7-216-01709-9:￥3.80

G633.63 017180
几何同步助教　第三册/河南省教委中小学教研室编.—2版.—郑州:河南教育出版社,1995.5.—144页;19cm
九年义务教育三年制初级中学教科书
ISBN 7-5347-1779-5:￥2.00

G633.63 017181
九年义务教育三年制初级中学初中几何参考教案　第二册/洪波等主编.—上海:上海科学普及出版社,1995.7.—204页;18×17cm.—(初中参考教案/袁世全等主编)

ISBN 7-5427-0988-7：¥7.50

G633.63　017182

九年义务教育三年制初级中学几何第三册教案/人民教育出版社外语编辑室编著.—北京：人民教育出版社；延吉：东北朝鲜民族教育出版社，1995.5.—183页；26cm.—(九年义务教育教材〈人教版〉教案系列丛书)

ISBN 7-5437-1929-0：¥6.50

G633.63　017183

九年义务教育三年制初级中学几何第三册教学参考书/陈重穆主编.—成都：四川教育出版社，1995.5.—113页；19cm

ISBN 7-5408-2709-2：¥3.63

G633.63　017184

九年义务教育三年制初级中学试用课本几何第一册教学参考资料/赵大悌编；贺桂盛编写.—北京：地质出版社，1995.8.—44页；19cm

数学自学辅导教材

ISBN 7-116-01926-X：¥1.50

G633.63　017185

九年义务教育四年制初级中学几何第二册教案/魏超群等编写.—延吉：东北朝鲜民族教育出版社；北京：人民教育出版社，1995.4.—93页；26cm.—(九年义务教育教材〈人教版〉教案系列丛书)

ISBN 7-5437-1898-7：¥4.00

G633.63　017186

九年义务教育四年制初级中学几何第三册教师教学用书/人民教育出版社中学数学室，辽宁教育学院中学教研部编著.—北京：人民教育出版社，1995.11.—149页；19cm

ISBN 7-107-11551-0：¥2.90

G633.63　017187

沿海地区初中课本教师用书几何第四册教学参考书/钟集主编.—北京：科学出版社，1995.7.—144页；19cm

ISBN 7-03-004808-3：¥6.50

G633.63　017188

沿海地区初中课本教师用书几何第五册教学参考书/钟集主编.—北京：科学出版社，1995.12.—114页；19cm

ISBN 7-03-005082-7：¥6.00

G633.67　017189

电脑：初中　全一册/郭嵩山等主编；《电脑》编写组编.—广州：新世纪出版社，1995.10.—86页；26cm

ISBN 7-5405-1199-0：¥4.80

G633.67　017190

电脑：高中　上册/郭嵩山等主编；《电脑》编写组编.—广州：新世纪出版社，1995.10.—128页；26cm

ISBN 7-5405-1197-4：¥8.50

G633.7 物理

G633.7　017191

初二物理　上册/华中师大第一附属中学，华中师大考试研究中心编.—武汉：湖北人民出版社，1995.5.—86页；26cm.—(中学教学考丛书/李水生主编)

ISBN 7-216-01705-6：¥3.95

G633.7　017192

初二物理教学目标与测试/福建省普通教育教学研究室编.—福州：福建科学技术出版社，1995.9.—71页；19cm

ISBN 7-5335-0968-4：¥4.05

G633.7　017193

初三物理教学目标与测试/福建省普通教育教学研究室编.—修订本.—福州：福建科学技术出版社，1995.9.—80页；19cm

ISBN 7-5335-0967-6：¥4.05

G633.7　017194

初三物理上册教·学·考/杨金安主编；华中师大第一附属中学，华中师大考试研究中心编.—武汉：湖北人民出版社，1995.5.—86页；26cm.—(中学教学考丛书/李水生主编)

ISBN 7-216-01710-2：¥3.95

G633.7　017195

初中物理第二册教学目标及测试/牛继唐等编.—太原：山西教育出版社，1995.8.—165页；19cm

ISBN 7-5440-0262-4：¥2.70

G633.7　017196

初中物理实验教学法：教学研究与实验室管理/张雄主编.—昆明：云南教育出版社，1995.8.—295页；20cm

ISBN 7-5415-1048-3：¥9.60

G633.7　017197

初中物理试题精选与分析/李秀珍主编；黄奕评等编著.—桂林：广西师范大学出版社，1995.3.—233页；19cm.—(初中教学丛书)

ISBN 7-5633-0082-1：¥4.60

G633.7　017198

高级中学课本(试用本)物理教学参考资料/上海中小学课程教材改革委员会编.—上海：上海科学技术出版社，1995.7.—115页；19cm

供高中一年级用

ISBN 7-5323-3896-7：¥1.85

G633.7　017199

高级中学课本物理教学参考资料：一年级第二学期/上海中小学课程教材改革委员会编.—上海：上海教育出版社，1995.11.—77页；19cm

ISBN 7-5320-4493-9：¥1.85

G633.7　017200

高级中学试验课本物理第一册教学参考书/人民教育出版社物理室编著.—修订本.—北京：人民教育出版社，1995.12.—237页；26cm

ISBN 7-107-11661-4：¥10.40

G633.7　017201

高中物理教学指导：高三分册/张有光等主编.—苏州：苏州大学出版社，1995.12.—283页；26cm

ISBN 7-81037-173-8：¥15.00

G633.7　017202

九年义务教育初级中学物理教学参考书　第二册/

九年义务教育教材(沿海地区)编委会编.—广州:广东教育出版社,1995.7.—138页;19cm
ISBN 7-5406-3187-2:¥2.30

G633.7 017203
九年义务教育三年制初级中学初中物理参考教案 第二册/余春日,洪金来主编.—上海:上海科学普及出版社,1995.7.—364页;18×17cm.—(初中参考教案/袁世全等主编)
ISBN 7-5427-0990-9:¥13.00

G633.7 017204
九年义务教育三年制初级中学初中物理参考教案 第一册/宋仁义,谢璞主编.—上海:上海科学普及出版社,1995.7.—205页;18×17cm.—(初中参考教案/袁世全等主编)
ISBN 7-5427-1001-X:¥7.50

G633.7 017205
九年义务教育三年制初级中学物理第二册教案/人民教育出版社物理室编著.—延吉:东北朝鲜民族教育出版社;北京:人民教育出版社,1995.4.—160页;26cm.—(九年义务教育教材〈人教版〉教案系列丛书)
ISBN 7-5437-1917-8:¥5.50

G633.7 017206
九年义务教育四年制初级中学物理第二册教案/人民教育出版社物理室编著.—延吉:东北朝鲜民族教育出版社;北京:人民教育出版社,1995.4.—160页;26cm.—(九年义务教育教材〈人教版〉教案系列丛书)
ISBN 7-5437-1916-9:¥5.50

G633.7 017207
九年制义务教育课本(试用本)物理教学参考书/上海中小学课程教材改革委员会编.—上海:上海科学技术出版社,1995.6.—104页;19cm
九年级用
ISBN 7-5323-3987-4:¥1.60

G633.7 017208
九年制义务教育课本物理教学参考资料:九年级第二学期/上海中小学课程教材改革委员会编.—上海:上海教育出版社,1995.11.—73页;19cm
ISBN 7-5320-4578-1:¥1.65

G633.7 017209
九年制义务教育课本物理教学参考资料:九年级第一学期/上海中小学课程教材改革委员会编.—上海:上海教育出版社,1995.6.—69页;19cm
ISBN 7-5320-4270-7:¥1.20

G633.7 017210
理科考试改革理论与实践/张长斌主编.—哈尔滨:黑龙江教育出版社,1995.12.—350页;26cm
ISBN 7-5316-2912-7:¥28.00

G633.7 017211
全国中学物理青年教师教学大赛授课录/中国物理学会教学委员会中学分会编.—上海:上海科技教育出版社,1995.10.—328页;20cm
ISBN 7-5428-1160-6:¥15.00

G633.7 017212
全日制中学物理教学大纲:高中部分/中华人民共和国国家教育委员会制订.—3版(修订本).—北京:人民教育出版社,1995.1.—33页;19cm
ISBN 7-107-12351-3:¥1.10

G633.7 017213
上海市初级中学物理学科教学基本要求/上海市中小学教材编写组编.—2版.—上海:上海教育出版社,1995.11.—77页;19cm
ISBN 7-5320-4635-4:¥1.70

G633.7 017214
社会中的科学和技术/青岛外国教材研究所主编;董振邦等译.—青岛:青岛出版社,1995.12.—721页;26cm.—(优秀外国教材中译文库)
英国中学理科革新教材
ISBN 7-5436-1238-0(精装):¥78.00

G633.7 017215
物理教学目标和测试:九年级/上海市中小学课程教材改革委员会编.—上海:上海教育出版社,1995.11.—70页;26cm
ISBN 7-5320-4486-6:¥3.40

G633.7 017216
物理教育测量学/张军朋,张生太著.—太原:山西高校联合出版社,1995.9.—371页;20cm.—(教育测量与统计)
ISBN 7-81032-821-2:¥12.00

G633.7 017217
物理课时训练:初中二年级/金载哲,邵德菊主编.—大连:辽宁师范大学出版社,1995.7.—110页;26cm
ISBN 7-81042-086-0:¥5.50

G633.7 017218
物理课时训练:初中三年级/金载哲主编.—大连:辽宁师范大学出版社,1995.7.—115页;26cm
ISBN 7-81042-086-0:¥5.50

G633.7 017219
物理课时训练:高中二年级/金载哲,王朝相主编.—大连:辽宁师范大学出版社,1995.7.—151页;26cm
ISBN 7-81042-087-9:¥7.50

G633.7 017220
物理课时训练:高中一年级/金载哲,胡宝金主编.—大连:辽宁师范大学出版社,1995.7.—162页;26cm
ISBN 7-81042-087-9:¥7.50

G633.7 017221
物理实验教学法/符瑞生主编;李宪武等编.—开封:河南大学出版社,1995.10.—242页;20cm
ISBN 7-81041-253-1:¥8.00

G633.7 017222
中学物理教材教法与实验:改写本/魏日升,张宪魁主编.—2版.—北京:北京师范大学出版社,1995.7.—319页;20cm
全国高等师范专科学校教材
ISBN 7-303-00885-3:¥10.50

G633.7 017223
中学物理教学论/平原等主编.—哈尔滨:黑龙江教育出版社,1995.12.—2册;19cm
高等师范院校教材

ISBN 7-5316-2961-5: ¥20.80

G633.7 **017224**

中学物理课程论/高凌飚著.—广州:广东教育出版社,1995.1.—378页;19cm

ISBN 7-5406-2424-8: ¥6.00

G633.7 **017225**

中学物理课堂教学设计的理论与实践/乔际平,李小林主编.—北京:高等教育出版社,1995.10.—249页;19cm

ISBN 7-04-005393-4: ¥5.75

G633.7 **017226**

中学物理实验技能及教学技能训练/郭子正,王河主编.—北京:高等教育出版社,1995.6.—243页;19cm

ISBN 7-04-005459-0: ¥6.10

G633.7 **017227**

中学物理思维方法与应用/管韶华主编;广东梅县东山中学教研室编.—广州:广东科技出版社,1995.12.—234页;19cm

ISBN 7-5359-1578-7: ¥8.50

G633.7-33 **017228**

中学物理实验大全/杨介信,张大同主编.—上海:上海教育出版社,1995.12.—1220页;20cm

ISBN 7-5320-4163-8(精装): ¥50.00

G633.8 化学

G633.8 **017229**

初中化学教材内容析疑/《初中化学教材内容析疑》编写组编.—上海:上海教育出版社,1995.1.—151页;19cm.—(中学教师继续教育丛书)

ISBN 7-5320-4149-2: ¥3.60

G633.8 **017230**

初中化学课外活动指导/《初中化学课外活动指导》编写组编.—上海:上海教育出版社,1995.2. 128页;19cm.—(中学教师继续教育丛书)

ISBN 7-5320-3921-8: ¥3.15

G633.8 **017231**

高级中学课本(试用本)化学教学参考书/上海中小学课程教材改革委员会编.—上海:上海科学技术出版社,1995.7.—251页;19cm

一年级用

ISBN 7-5323-3846-0: ¥3.70

G633.8 **017232**

高一化学教学目标和测试/《高一化学教学目标和测试》编写组编.—上海:上海科学技术文献出版社,1995.10.—82页;26cm

ISBN 7-5439-0883-2: ¥4.50

G633.8 **017233**

化学百问/侯盛林,孟剑刚主编.—长沙:国防科技大学出版社,1995.11.—117页;19cm.—(中师百问丛书)

全套7册,总定价35.00元

ISBN 7-81024-360-8: ¥0.00

G633.8 **017234**

化学教学参考书/上海中小学课程教材改革委员会编.—上海:上海科学技术出版社,1995.4.—378页;19cm

九年制义务教育课本:试用本 九年级用

ISBN 7-5323-3849-5: ¥5.20

G633.8 **017235**

化学教学挂图:化学元素周期表.—上海:上海教育出版社,1995.11.—1套;106×154cm

ISBN 7-5320-4169-7: ¥7.20

G633.8 **017236**

九年义务教育初级中学化学基本教学挂图/印仁基等编;林楚先等绘.—上海:上海教育出版社,1995.11.—25幅;53×77cm

附说明书1份

ISBN 7-5320-4170-0: ¥40.90

G633.8 **017237**

九年义务教育化学教学法/许绍彭主编.—延吉:延边大学出版社,1995.12.—426页;20cm

高等师范专科院校教材

ISBN 7-5634-0790-1: ¥14.00

G633.8 **017238**

九年义务教育三年制初级中学化学全一册教案/人民教育出版社化学室编著.—延吉:东北朝鲜民族教育出版社;北京:人民教育出版社,1995.6.—157页;26cm.—(九年义务教育教材<人教版>教案系列丛书)

ISBN 7-5437-1939-8: ¥5.50

G633.8 **017239**

九年义务教育三年制初级中学教科书(实验本)化学全一册教学参考资料/黄儒兰主编;北京市义务教育初中化学教材编写组编.—北京:北京出版社,1995.6.—206页;19cm

ISBN 7-200-02733-2: ¥4.70

G633.8 **017240**

九年义务教育四年制初级中学化学教师教学用书 第二册/人民教育出版社化学室编.—北京:人民教育出版社,1995.11.—130页;26cm

ISBN 7-107-11553-7: ¥5.10

G633.8 **017241**

九年义务教育四年制初级中学化学全一册教案/人民教育出版社化学室编著.—延吉:东北朝鲜民族教育出版社;北京:人民教育出版社,1995.6.—157页;26cm.—(九年义务教育教材<人教版>教案系列丛书)

ISBN 7-5437-1940-1: ¥5.50

G633.8 **017242**

九年义务教育四年制初级中学试用课本化学第二册教学参考书/"五·四"学制教材总编委会编.—2版.—济南:山东教育出版社,1995.5.—159页;19cm

ISBN 7-5328-1389-4: ¥2.80

G633.8 **017243**

九年义务教育四年制初级中学试用课本化学第一册教学参考书/"五·四"学制教材总编委会编.—2版.—济南:山东教育出版社,1995.5.—231页;19cm

ISBN 7-5328-1388-6：¥4.00

G633.8　017244

沿海地区初中课本教师用书化学教学参考书/江琳才主编.—北京:科学出版社,1995.7.—268页;19cm

ISBN 7-03-004661-7：¥10.00

G633.8　017245

义务教育初级中学教材化学教学参考书/初中化学教材编写组编写.—济南:山东教育出版社,1995.5.—334页;19cm

ISBN 7-5328-1994-9：¥2.72

G633.8　017246

中学化学教学的理论与实践/《中学化学教学的理论与实践》编写组编.—上海:上海教育出版社,1995.2.—139页;19CM.—(中学教师继续教育丛书)

ISBN 7-5320-4202-2：¥4.35

G633.8　017247

中学化学教学法与实验研究/范杰主编.—2版.—北京:高等教育出版社,1995.5.—507页;20cm

高等师范专科·中学教师培训教材

ISBN 7-04-005189-3：¥12.90

G633.8　017248

中学化学教学疑难问题研究/《《中学化学教学疑难问题研究》》编写组编.—上海:上海教育出版社,1995.2.—297页;19cm.—(中学教师继续教育丛书)

ISBN 7-5320-4150-6：¥6.65

G633.8　017249

中学化学教学艺术/赵彦改主编.—北京:气象出版社,1995.6.—501页;19cm

ISBN 7-5029-1954-6：¥12.00

G633.8　017250

中学化学思维方法与应用/广东梅县东山中学教研室编.—广州:广东科技出版社,1995.12.—267页;19cm

ISBN 7-5359-1559-0：¥9.50

G633.91 生物

G633.91　017251

九年义务教育初级中学教科书(实验本)生物教学参考资料　第一册(上)/江苏省教育委员会教研室编.—南京:江苏科学技术出版社,1995.7.—74页;26cm

ISBN 7-5345-1953-5：¥4.90

G633.91　017252

九年义务教育课本(试用本)生物教学参考书/上海中小学课程教材改革委员会编.—上海:上海科学技术出版社,1995.7.—201页;19cm

七年级第一学期用

ISBN 7-5323-3990-4：¥2.90

G633.91　017253

九年义务教育三年制初级中学实验课本生物教学参考资料　第一册(下)/江苏省教育委员会教研室编.—南京:江苏科学技术出版社,1995.12.—77页;26cm

ISBN 7-5345-2080-0：¥6.00

G633.91　017254

九年义务教育中学动物教学挂图/国家教委教学仪器研究所主编;福建医学院标本厂编绘.—北京:北京师范大学出版社,1995.—33张;77×106cm

ISBN 7-303-00040-2：¥130.00

G633.91　017255

九年义务教育中学植物教学挂图/国家教委教学仪器研究所主编;福建医学院标本厂编绘.—北京:北京师范大学出版社,1995.—33张;77×106cm

ISBN 7-303-00041-0：¥130.00

G633.91　017256

九年制义务教育课本(试用本)生物教学参考书/上海中小学课程教材改革委员会编.—上海:上海科学技术出版社,1995.12.—203页;19cm

ISBN 7-5323-4139-9：¥4.45

G633.91　017257

生物学第一册(上)教学参考书/祁乃成等主编.—北京:北京出版社,1995.6.—37页;26cm

北京市九年义务教育初级中学教科书:实验本

ISBN 7-200-02714-6：¥2.10

G633.91　017258

生物学教学法/曹道平主编.—济南:山东大学出版社,1995.11.—266页;20cm

ISBN 7-5607-1545-1：¥9.80

G633.91　017259

中学生物教学改革经验荟萃:续集/甘肃省生物教学研究会编.—兰州:甘肃教育出版社,1995.8.—210页;19cm

ISBN 7-5423-0542-5：¥7.80

G633.91　017260

中学生物科技活动设计与指导/《中学生物科技活动设计与指导》编写组编.—上海:上海教育出版社,1995.1.—120页;19cm.—(中学生教师继续教育丛书)

ISBN 7-5320-4018-6：¥3.00

G633.91　017261

中学生物学教学法/谭达文主编.—桂林:广西师范大学出版社,1995.8.—188页;19cm

ISBN 7-5633-2069-5：¥6.80

G633.92 生理、卫生

G633.92　017262

义务教育山东省初级中学试用课本健康教育教学参考书　全一册/山东省教学研究室编.—济南:山东科学技术出版社,1995.3.—331页;19cm

ISBN 7-5331-1551-1：¥3.60

G633.93 专业技术知识

G633.93　017263

劳动技术教育:农村版　第一册/《劳动技术教育》编写组编.—南京:江苏科学技术出版社,1995.6.—141页;19cm

ISBN 7-5345-1939-X:¥3.90

G633.93 017264

全国普通中小学教育同生产劳动相结合个案选编 上册/傅国亮,郑旦华主编.—北京:教育科学出版社,1995.5.—303页;20cm.—(教育同生产劳动相结合的研究与实验丛书/卓晴君主编)

ISBN 7-5041-1475-8:¥11.00

G633.93 017265

上海市普通中学劳动技术课教学经验选编/施智洲主编.—上海:上海科技教育出版社,1995.8.—257页;20cm.—(教育同生产劳动相结合的研究与实验丛书/卓晴君主编)

ISBN 7-5428-1205-X:¥13.40

G633.93 017266

义务教育初级中学农业技术基础第三册教学参考书/浙江省义务教育教材编委会编.—杭州:浙江教育出版社,1995.6.—113页;19cm

ISBN 7-5338-2042-8:¥1.75

G633.93-64 017267

高级中学课本劳动技术制图教育参考资料/上海中小学课程教材改革委员会编.—上海:上海科技教育出版社,1995.7.—139页;19cm

ISBN 7-5428-1138-X:¥2.20

G633.95 音乐、美术

G633.951 017268

合唱与指挥教学研究/徐武冠编著.—上海:上海教育出版社,1995.2.—140页;26cm.—(中学教师继续教育丛书)

ISBN 7-5320-4164-6:¥9.85

G633.951 017269

九年义务教育初级中学课本音乐第二册教学参考书/义务教育初中音乐教材编写组编.—哈尔滨:黑龙江教育出版社,1995.1.—91页;19cm

ISBN 7-5316-2352-8:¥1.55

G633.951 017270

九年义务教育初级中学课本音乐第六册教学参考书/义务教育初中音乐教材编写组编.—哈尔滨:黑龙江教育出版社,1995.1.—80页;19cm

ISBN 7-5316-2354-4:¥1.40

G633.951 017271

九年义务教育初级中学课本音乐第四册教学参考书/义务教育初中音乐教材编写组编.—2版.—哈尔滨:黑龙江教育出版社,1995.1.—171页;19cm

ISBN 7-5316-2353-6:¥2.60

G633.951 017272

九年义务教育初级中学实验教材音乐第六册教学参考书/九年义务教育教材(沿海地区)编写委员会编.—广州:广东教育出版社,1995.12.—27页;19cm

ISBN 7-5406-3476-6:¥0.93

G633.951 017273

九年义务教育初级中学试用课本音乐教学参考书 第五册/九年义务教育教材(沿海版)编写委员会编.—广州:广东教育出版社,1995.7.—36页;19cm

ISBN 7-5406-3186-4:¥0.79

G633.951 017274

九年义务教育四年制初级中学音乐第七册(简谱、五线谱)教师教学用书/人民教育出版社音乐室编著.—北京:人民教育出版社,1995.11.—79页;26cm

ISBN 7-107-11559-6:¥3.10

G633.951 017275

义务教育三年制初级中学课本音乐(试用本)第五册教师教学用书/河南省义务教育三年制初中音乐教材编写组编.—郑州:河南人民出版社,1995.5.—42页;26cm

定价含磁带一盒

ISBN 7-215-03446-1:¥8.70

G633.951 017276

义务教育三年制中学音乐教学参考书 第二册/天津市教育教学研究室编.—天津:天津教育出版社,1995.6.—119页;26cm

ISBN 7-5309-2278-5:¥4.40

G633.951 017277

义务教育三年制中学音乐教学参考书 第三册/天津市教育教学研究室编.—天津:天津教育出版社,1995.5.—79页;26cm

供初三年级用

ISBN 7-5309-2279-3:¥3.15

G633.951 017278

音乐 第六册:试用本/河南省义务教育三年制初中音乐教材编写组编.—郑州:河南人民出版社,1995.12.—27页;26cm

义务教育三年制初级中学课本 教师教学用书 定价含教学磁带一盒

ISBN 7-215-03507-7:¥8.00

G633.951 017279

音乐教学参考资料:八年级第一学期/上海中小学课程教材改革委员会编.—上海:上海音乐出版社,1995.7.—33页;19cm

ISBN 7-80553-585-X:¥0.80

G633.951 017280

音乐教学参考资料:七年级第二学期/上海中小学课程教材改革委员会编.—上海:上海音乐出版社,1995.11.—23页;19cm

ISBN 7-80553-581-7:¥1.15

G633.951 017281

音乐教学参考资料:七年级第一学期/上海中小学课程教材改革委员会编.—上海:上海音乐出版社,1995.5.—34页;19cm

ISBN 7-80553-462-4:¥0.80

G633.955 017282

初中美术教学参考书 第三册/柳咏絮主编.—沈阳:辽宁美术出版社,1995.7.—183页;19cm

ISBN 7-5314-1293-4:¥4.40

G633.955 017283

初中美术教学参考书 第五册/柳咏絮主编.—沈

阳:辽宁美术出版社,1995.7.—128 页;19cm
ISBN 7-5314-1294-2:¥3.20

G633.955　017284
初中美术教学参考书　第一册/柳咏絮主编.—沈阳:辽宁美术出版社,1995.7.—133 页;19cm
ISBN 7-5314-1292-6:¥3.25

G633.955　017285
高中实验课本美术欣赏教学参考　上册/湖南省高中美术教材编委会编.—长沙:湖南美术出版社,1995.6.—104 页;26cm
ISBN 7-5356-0733-0:¥8.00

G633.955　017286
广西九年义务教育全日制初级中学美术教学参考第二册教师用书/龙家桓,祁锦列主编.—南宁:广西美术出版社,1995.12.—43 页;19cm
ISBN 7-80582-994-2:¥0.95

G633.955　017287
广西九年义务教育全日制初级中学美术教学参考第六册教师用书/龙家桓,祁锦列主编.—南宁:广西美术出版社,1995.12.—37 页;19cm
ISBN 7-80582-996-9:¥0.95

G633.955　017288
广西九年义务教育全日制初级中学美术教学参考第三册教师用书.—南宁:广西美术出版社,1995.7.—29 页;19cm
广西中小学教材审查委员会审定:试用
ISBN 7-80582-888-1:¥0.95

G633.955　017289
广西九年义务教育全日制初级中学美术教学参考第四册教师用书/龙家桓,祁锦列主编.—南宁:广西美术出版社,1995.12.—42 页;19cm
ISBN 7-80582-995-0:¥0.95

G633.955　017290
广西九年义务教育全日制初级中学美术教学参考第五册教师用书.—南宁:广西美术出版社,1995.7.—31 页;19cm
广西中小学教材审查委员会审定:试用
ISBN 7-80582-889-X:¥0.95

G633.955　017291
广西九年义务教育全日制初级中学美术教学参考第一册教师用书.—南宁:广西美术出版社,1995.7.—37 页;19cm
广西中小学教材审查委员会审定试用
ISBN 7-80582-887-3:¥0.95

G633.955　017292
广西壮族自治区高级中学试用课本美术欣赏(上册)教学参考用书.—南宁:广西美术出版社,1995.10.—124 页;19cm
ISBN 7-80582-911-X:¥2.90

G633.955　017293
九年义务教育全日制天津市初级中学美术课本(试用)美术教学参考用书　第六册/天津市教育教学研究室编.—天津:天津人民美术出版社,1995.1.—39 页;20cm
ISBN 7-5305-0416-9:¥1.00

G633.955　017294
九年义务教育全日制天津市中学美术课本(试用)美术教学参考用书　第四册/天津市教育教学研究室编.—天津:天津人民美术出版社,1995.1.—63 页;20cm
ISBN 7-5305-0415-0:¥1.00

G633.955　017295
九年义务教育三年制初级中学美术试用课本第六册美术教学参考/范凯熹主编.—广州:岭南美术出版社,1995.1.—75 页;26cm
ISBN 7-5362-1072-8:¥3.90

G633.955　017296
九年义务教育三年制初级中学美术试用课本第四册美术教学参考/范凯熹主编.—广州:岭南美术出版社,1995.1.—67 页;26cm
ISBN 7-5362-1070-1:¥3.90

G633.955　017297
九年义务教育三年制初中美术试用课本教师教学用书　(下)/柳咏絮主编.—沈阳:辽宁教育出版社,1995.12.—153 页;26cm
ISBN 7-5382-4407-7:¥7.00

G633.955　017298
九年制义务教育全日制中学美术实验课本(湖北版)教学参考用书/湖北省教学研究室编.—武汉:湖北美术出版社,1995.7.—221 页;19cm
中学秋季用书:暂用本
ISBN 7-5394-0561-9:¥6.80

G633.955　017299
九年制义务教育全日制中学美术实验课本(湖北版)教学参考用书/湖北省教学研究室编.—武汉:湖北美术出版社,1995.11.—201 页;19cm
春季用书:暂用本
ISBN 7-5394-0566-X:¥6.80

G633.955　017300
义务教育初中写字(试用)第五册教学参考书/浙江省义务教育教材编委会编.—杭州:浙江教育出版社,1995.6.—29 页;19cm
ISBN 7-5338-1756-1:¥0.75

G633.955　017301
中等师范学校美术教学大纲:试行草案/中华人民共和国国家教育委员会制订.—2 版.—北京:人民美术出版社,1995.4.—16 页;19cm
ISBN 7-102-00934-8:¥0.80

G633.955　017302
中小学美术教师学习资料　(九)/湖南省教育科学研究所编.—长沙:湖南美术出版社,1995.6.—405 页;19cm
ISBN 7-5356-0684-9:¥14.00

G633.96 体育

G633.96　017303

广东省中学体育教学指导书:初中体育理论部分/广东省教育厅编.—3版.—广州:广东教育出版社,1995.7.—297页;19cm

ISBN 7-5406-2169-9: ¥5.30

G633.96 017304

广东省中学体育教学指导书:高中体育理论部分/广东省教育厅编.—3版.—广州:广东教育出版社,1995.7.—250页;19cm

ISBN 7-5406-2935-5: ¥4.50

G633.96 017305

九年义务教育三年制初级中学体育教学参考书 第二册/王占春主编;人民教育出版社体育室编著.—北京:人民教育出版社,1995.12.—327页;20cm

二年级用

ISBN 7-107-11632-0: ¥8.30

G633.96 017306

九年义务教育三年制初级中学体育教学参考书 第三册/王占春主编;人民教育出版社体育室编著.—北京:人民教育出版社,1995.12.—234页;20cm

三年级用

ISBN 7-107-11633-9: ¥6.00

G633.96 017307

九年义务教育三年制初级中学体育教学参考书 第一册/王占春主编;人民教育出版社体育室编著.—北京:人民教育出版社,1995.12.—352页;20cm

一年级用

ISBN 7-107-11631-2: ¥8.80

G633.96 017308

九年义务教育四年制初级中学体育教师教学用书 第四册/王占春主编;人民教育出版社体育室编著.—北京:人民教育出版社,1995.10.—193页;20cm

ISBN 7-107-11562-6: ¥4.80

G633.96 017309

九年义务教育四年制初级中学体育教学参考书 第二册/王占春主编;人民教育出版社体育室编著.—北京:人民教育出版社,1995.12.—361页;20cm

二年级用

ISBN 7-107-11629-0: ¥9.10

G633.96 017310

九年义务教育四年制初级中学体育教学参考书 第三册/王占春主编;人民教育出版社体育室编著.—北京:人民教育出版社,1995.12.—302页;20cm

三年级用

ISBN 7-107-11630-4: ¥7.80

G633.96 017311

九年义务教育四年制初级中学体育教学参考书 第四册/王占春主编;人民教育出版社体育室编著.—北京:人民教育出版社,1995.12.—237页;20cm

四年级用

ISBN 7-107-11670-3: ¥6.20

G633.96 017312

九年义务教育四年制初级中学体育教学参考书 第一册/王占春主编;人民教育出版社体育室编著.—北京:人民教育出版社,1995.12.—320页;20cm

一年级用

ISBN 7-107-11628-2: ¥8.20

G633.96 017313

九年制义务教育课本体育与保健教学参考资料:六~九年级:试用本/上海市中小学课程教材改革委员会编.—上海:上海教育出版社,1995.6.—338页;26cm

ISBN 7-5320-4421-1: ¥9.35

G633.96 017314

体育 第三册/湖南省教委体卫军训处,湖南省教育科学研究所编.—2版(修订本).—长沙:湖南教育出版社,1995.3.—102页;19cm

湖南省初中教学用书

ISBN 7-5355-0575-9: ¥1.40

G633.96 017315

体育 第五册/湖南省教委体卫军训处,湖南省教育科学研究所编.—2版(修订本).—长沙:湖南教育出版社,1995.3.—102页;19cm

湖南省初中教学用书

ISBN 7-5355-0576-7: ¥1.40

G633.96 017316

体育 第一册/湖南省教委体卫军训处,湖南省教育科学研究所编.—2版(修订本).—长沙:湖南教育出版社,1995.3.—120页;19cm

湖南省初中教学用书

ISBN 7-5355-0574-0: ¥1.70

G633.96 017317

中考体育训练指导/顾刚臣编著.—北京:北京体育大学出版社,1995.4.—119页;19cm

ISBN 7-81003-711-0: ¥3.50

G633.96 017318

中小学体育科学研究/王金保,彭士嫒编著.—北京:北京教育出版社,1995.10.—186页;19cm

ISBN 7-5303-0806-8: ¥6.40

G633.96 017319

中学体育教材教法/夏思永主编;蒋启伟等编著.—重庆:西南师范大学出版社,1995.11.—294页;19cm

ISBN 7-5621-1444-7: ¥8.50

G634 教材、课本、辅助教材

G634 017320

1994~1995**高中毕业班学习要点与练习丛书**:思想政治:高中一年级部分/福建省普通教育教学研究室编.—福州:福建教育出版社,1995.1.—61页;26cm

ISBN 7-5334-1852-2: ¥2.60

G634 017321

1995~1996**高中毕业班学习要点与练习丛书**:历史/福建省普通教育教学研究室编.—3版.—福州:福建人民出版社,1995.11.—197页;26cm

ISBN 7-211-02570-0: ¥10.00

G634 017322

1995~1996**高中毕业班学习要点与练习丛书**:英语/福建省普通教育教学研究室编.—2版.—福州:福建

人民出版社,1995.12.—198页;26cm
ISBN 7-211-02587-5:¥10.00

G634　017323
1995年云南省高中(中专)招生考试标准:物理/云南省教育委员会教研室编.—昆明:云南教育出版社,1995.1.—187页;19cm
ISBN 7-5415-0881-0:¥2.60

G634　017324
1995年云南省高中(中专)招生考试标准:政治/云南省教育委员会教研室编.—昆明:云南教育出版社,1995.1.—230页;19cm
ISBN 7-5415-0878-0:¥3.20

G634　017325
1995年云南省高中会考标准:数学/云南省教育委员会教研室编.—昆明:云南教育出版社,1995.6.—70页;26cm
ISBN 7-5415-0970-1:¥2.50

G634　017326
1995年云南省高中会考标准:语文/云南省教育委员会教研室编.—昆明:云南教育出版社,1995.5.—126页;26cm
ISBN 7-5415-0971-X:¥4.10

G634　017327
1996北京市重点中学高考复习丛书/北京特级教师编写组主编.—北京:航空工业出版社,1995.9.—18册;26cm
包括《语文单元》等18册
ISBN 7-80046-960-3:¥57.00

G634　017328
1996年甘肃省中考复习指导丛书:化学/甘肃省教育科学研究所编.—兰州:甘肃科学技术出版社,1995.6.—184页;19cm
义务教育教材 全套6册,总定价:23.70元
ISBN 7-5424-0566-7:¥0.00

G634　017329
1996年甘肃省中考复习指导丛书:数学/甘肃省教育科学研究所编.—兰州:甘肃科学技术出版社,1995.6.—185页;19cm
义务教育教材 全套6册,总定价:23.70元
ISBN 7-5424-0566-7:¥0.00

G634　017330
1996年甘肃省中考复习指导丛书:物理/甘肃省教育科学研究所编.—兰州:甘肃科学技术出版社,1995.6.—184页;19cm
义务教育教材 全套6册,总定价:23.70元
ISBN 7-5424-0566-7:¥0.00

G634　017331
1996年甘肃省中考复习指导丛书:英语/甘肃省教育科学研究所编.—兰州:甘肃科学技术出版社,1995.6.—194页;19cm
义务教育教材 全套6册,总定价:23.70元
ISBN 7-5424-0566-7:¥0.00

G634　017332
1996年甘肃省中考复习指导丛书:语文/甘肃省教育科学研究所编.—兰州:甘肃科学技术出版社,1995.6.—194页;19cm
义务教育教材 全套6册,总定价:23.70元
ISBN 7-5424-0566-7:¥0.00

G634　017333
1996年甘肃省中考复习指导丛书:政治/甘肃省教育科学研究所编.—兰州:甘肃科学技术出版社,1995.6.—186页;19cm
义务教育教材 全套6册,总定价:23.70元
ISBN 7-5424-0566-7:¥0.00

G634　017334
1996年南京市中考考试说明:化学/南京市教学研究室编.—南京:南京出版社,1995.12.—79页;19cm
全套共5册,总定价:15.00元
ISBN 7-80614-209-6:¥0.00

G634　017335
1996年南京市中考考试说明:物理/南京市教学研究室编.—南京:南京出版社,1995.12.—83页;19cm
全套共5册,总定价:15.00元
ISBN 7-80614-209-6:¥0.00

G634　017336
1996年南京市中考考试说明:语文/南京市教学研究室编.—南京:南京出版社,1995.12.—111页;19cm
全套共5册,总定价:15.00元
ISBN 7-80614-209-6:¥0.00

G634　017337
1996年南京市中考考试说明:政治/南京市教学研究室编.—南京:南京出版社,1995.12.—95页;19cm
全套共5册,总定价:15.00元
ISBN 7-80614-209-6:¥0.00

G634　017338
1996年云南省高考指导:历史/云南省教育委员会教研室编.—昆明:云南教育出版社,1995.12.—174页;26cm
ISBN 7-5415-1105-6:¥7.10

G634　017339
1996年云南省高考指导:数学/云南省教育委员会教研室编.—昆明:云南教育出版社,1995.12.—188页;26cm
ISBN 7-5415-1127-7:¥7.70

G634　017340
1996年云南省高考指导:物理/云南省教育委员会教研室编.—昆明:云南教育出版社,1995.12.—110页;26cm
ISBN 7-5415-1129-3:¥3.50

G634　017341
1996年云南省高考指导:语文/云南省教育委员会教研室编.—昆明:云南教育出版社,1995.11.—102页;26cm
ISBN 7-5415-1068-8:¥4.40

G634　017342
1996年云南省高中(中专)招生考试标准:化学/云南省教育委员会教研室编.—昆明:云南教育出版社,1995.12.—249页;19cm

ISBN 7-5415-1122-6: ¥5.10

G634 **017343**

1996年云南省高中(中专)招生考试标准:数学/云南省教育委员会教研室编.—昆明:云南教育出版社,1995.12.—303页;19cm

ISBN 7-5415-1116-1: ¥6.00

G634 **017344**

1996年云南省高中(中专)招生考试标准:物理/云南省教育委员会教研室编.—昆明:云南教育出版社,1995.12.—173页;19cm

ISBN 7-5415-1070-X: ¥3.70

G634 **017345**

1996年云南省高中(中专)招生考试标准:英语/云南省教育委员会教研室编.—昆明:云南教育出版社,1995.12.—146页;19cm

ISBN 7-5415-1072-6: ¥3.20

G634 **017346**

1996年云南省高中(中专)招生考试标准:语文/云南省教育委员会教研室编.—昆明:云南教育出版社,1995.12.—387页;19cm

ISBN 7-5415-1071-8: ¥7.70

G634 **017347**

1996年云南省高中(中专)招生考试标准:政治/云南省教育委员会教研室编.—昆明:云南教育出版社,1995.12.—179页;19cm

ISBN 7-5415-1102-1: ¥3.70

G634 **017348**

1996年云南省高中会考标准:地理/云南省教育委员会教研室编.—昆明:云南教育出版社,1995.12.—108页;26cm

ISBN 7-5415-1121-8: ¥5.40

G634 **017349**

1996年云南省高中会考标准:化学/云南省教育委员会教研室编.—昆明:云南教育出版社,1995.12.—53页;26cm

ISBN 7-5415-1115-3: ¥3.00

G634 **017350**

1996年云南省高中会考标准:政治/云南省教育委员会教研室编.—昆明:云南教育出版社,1995.12.—77页;26cm

ISBN 7-5415-1120-X: ¥4.20

G634 **017351**

"3+2"高考试题精析与强化训练:化学/陈新智主编;韩颖等编.—杭州:浙江教育出版社,1995.4.—261页;26cm

ISBN 7-5338-1746-X: ¥8.90

G634 **017352**

"3+2"高考试题精析与强化训练:数学/杨象富主编;沈瑞初等编.—杭州:浙江教育出版社,1995.3.—268页;26cm

ISBN 7-5338-1744-3: ¥9.10

G634 **017353**

"3+2"高考试题精析与强化训练:物理/徐承楠等编.—杭州:浙江教育出版社,1995.3.—181页;26cm

ISBN 7-5338-1745-1: ¥6.40

G634 **017354**

"3+2"高考试题精析与强化训练:英语/汤柏林主编;来宪江等编.—杭州:浙江教育出版社,1995.3.—204页;26cm

ISBN 7-5338-1958-6: ¥7.25

G634 **017355**

"3+2"高考试题精析与强化训练:英语/汤柏林主编;来宪江等编.—2版(修订本).—杭州:浙江教育出版社,1995.12.—221页;26cm

ISBN 7-5338-1958-6: ¥10.90

G634 **017356**

"3+2"高考试题精析与强化训练:语文/李子才,曹樟玉主编;殷茂心等编.—杭州:浙江教育出版社,1995.3.—200页;26cm

ISBN 7-5338-1925-X: ¥7.10

G634 **017357**

"3+2"最新高考知识结构与复习要点丛书:化学/刘振贵主编.—太原:山西教育出版社,1995.1.—194页;26cm

ISBN 7-5440-0664-6: ¥6.70

G634 **017358**

"3+2"最新高考知识结构与复习要点丛书:历史/杨子坤主编.—太原:山西教育出版社,1995.1.—152页;26cm

ISBN 7-5440-0663-8: ¥5.00

G634 **017359**

"3+2"最新高考知识结构与复习要点丛书:数学/蒋世信主编.—太原:山西教育出版社,1995.1.—283页;26cm

ISBN 7-5440-0672-7: ¥9.00

G634 **017360**

《高中解题思路指导》丛书:高中历史/黄文林主编.—北京:科学技术文献出版社,1995.5.—323页;19cm

ISBN 7-5023-2270-1: ¥10.00

G634 **017361**

《高中解题思路指导》丛书:高中英语/宛金来主编.—北京:科学技术文献出版社,1995.5.—374页;19cm

ISBN 7-5023-2269-8: ¥11.00

G634 **017362**

《高中解题思路指导》丛书:高中语文/张文艳主编.—北京:科学技术文献出版社,1995.5.—370页;19cm

ISBN 7-5023-2268-X: ¥10.50

G634 **017363**

北京大学附属中学初三学生用书:数学分册/北京大学附属中学数学教研组编写.—北京:北京大学出版社,1995.5.—441页;19cm

ISBN 7-301-02819-9: ¥12.50

G634 **017364**

北京大学附属中学初三学生用书:物理分册/北京大学附属中学物理教研组编写.—北京:北京大学出版

社,1995.5.—265页;19cm
ISBN 7-301-02801-6:¥8.00

G634　017365
北京大学附属中学初三学生用书:英语分册/北京大学附属中学英语教研组编写.—北京:北京大学出版社,1995.8.—231页;19cm
ISBN 7-301-02822-9:¥8.00

G634　017366
北京大学附属中学初三学生用书:语文分册/北京大学附属中学语文教研组编写.—北京:北京大学出版社,1995.5.—320页;19cm
ISBN 7-301-02820-2:¥9.50

G634　017367
北京大学附属中学高三学生用书:历史分册/北京大学附属中学历史教研组编.—北京:北京大学出版社,1995.9.—185页;26cm
ISBN 7-301-02821-0:¥10.00

G634　017368
北京市重点中学高考夺魁导学丛书:历史/张光勤主编;孟广恒分主编.—北京:光明日报出版社,1995.5.—270页;19cm
ISBN 7-80091-705-3:¥7.90

G634　017369
北京市重点中学高考夺魁导学丛书:生物/张光勤主编;裘伯川分主编.—北京:光明日报出版社,1995.5.—311页;19cm
ISBN 7-80091-710-X:¥9.50

G634　017370
北京市重点中学高考夺魁导学丛书:政治/张光勤主编;时静琪分主编.—北京:光明日报出版社,1995.5.—242页;19cm
ISBN 7-80091-704-5:¥6.90

G634　017371
标准化题型与教学同步训练:初中代数　第三册/叶新成,李国华编.—南宁:广西教育出版社,1995.8.—176页;19cm
ISBN 7-5435-2339-6:¥3.85

G634　017372
标准化题型与教学同步训练:初中代数　第一册(下)/夏建军编.—3版.—南宁:广西教育出版社,1995.12.—115页;19cm
ISBN 7-5435-0632-7:¥3.35

G634　017373
标准化题型与教学同步训练:初中地理　第三、四册/宁远编著.—3版.—南宁:广西教育出版社,1995.6.—142页;19cm
ISBN 7-5435-2248-9:¥2.70

G634　017374
标准化题型与教学同步训练:初中地理　第一、二册/宁远,张千骥编著.—4版.—南宁:广西教育出版社,1995.6.—186页;19cm
ISBN 7-5435-1108-8:¥3.40

G634　017375
标准化题型与教学同步训练:初中化学　全一册/彭运锋,阎晓明编.—4版.—南宁:广西教育出版社,1995.6.—247页;19cm
ISBN 7-5435-0675-0:¥4.35

G634　017376
标准化题型与教学同步训练:初中英语　第二册(下)/梁廷扬,蒋媚编.—3版.—南宁:广西教育出版社,1995.2.—215页;19cm
ISBN 7-5435-0619-X:¥3.40

G634　017377
标准化题型与教学同步训练:初中英语　第三册(上)/邹世诚等编.—2版.—南宁:广西教育出版社,1995.7.—241页;19cm
ISBN 7-5435-0535-5:¥5.05

G634　017378
标准化题型与教学同步训练:初中英语　第一册(下)/何者贤,蒋媚编.—2版.—南宁:广西教育出版社,1995.12.—187页;19cm
ISBN 7-5435-0618-1:¥4.95

G634　017379
标准化题型与教学同步训练:初中语文　第四册/钟健,覃树楠编.—2版.—南宁:广西教育出版社,1995.2.—195页;19cm
ISBN 7-5435-0696-3:¥3.10

G634　017380
标准化题型与教学同步训练:初中语文　第五册/张漾,黄勉兴编写.—2版.—南宁:广西教育出版社,1995.8.—204页;19cm
ISBN 7-5435-0883-4:¥4.40

G634　017381
标准化题型与教学同步训练:高中地理　上下册/张千骥等编.—2版.—南宁:广西教育出版社,1995.6.—238页;19cm
ISBN 7-5435-1386-2:¥4.15

G634　017382
标准化题型与教学同步训练:高中英语　第二册/唐小平等编.—2版(修订版).—南宁:广西教育出版社,1995.7.—269页;19cm
ISBN 7-5435-0507-X:¥5.60

G634　017383
标准化题型与教学同步训练:高中英语:一年级/文正邦,周春萍编.—3版.—南宁:广西教育出版社,1995.7.—317页;19cm
ISBN 7-5435-0552-5:¥6.55

G634　017384
标准化题型与教学同步训练:高中语文　第三册/吴昭琪,邱孟辉编写.—南宁:广西教育出版社,1995.8.—213页;19cm
ISBN 7-5435-2338-8:¥4.60

G634　017385
标准化题型与教学同步训练:高中语文　第一册/麦庆明,黄奕编写.—南宁:广西教育出版社,1995.7.—174页;19cm
ISBN 7-5435-2337-X:¥3.85

G634　017386

标准化题型与教学同步训练:思想政治:初中二年级(下)/雷求得,王小霞编著.—南宁:广西教育出版社,1995.1.—135 页;19cm

ISBN 7-5435-2180-6:¥2.15

G634 017387

标准化题型与教学同步训练:物理:初中 第二册/王其,黎世安编 .—4 版.—南宁:广西教育出版社,1995.7.—226 页;19cm

ISBN 7-5435-0709-9:¥4.85

G634 017388

标准化题型与教学同步训练:物理:高中 第二册:必修本/韦云翔,文涛编.—南宁:广西教育出版社,1995.7.—194 页;19cm

ISBN 7-5435-2250-0:¥4.20

G634 017389

标准化题型与教学同步训练:物理:高中 第三册:选修 /李南生等编.—南宁:广西教育出版社,1995.7.—188 页;19cm

ISBN 7-5435-2251-9:¥4.05

G634 017390

标准化题型与教学同步训练:物理:高中 第一册:必修 /刘唐荣等编.—南宁:广西教育出版社,1995.7.—167 页;19cm

ISBN 7-5435-2249-7:¥3.40

G634 017391

标准化题型与教学同步训练:英语:高中三年级 全年用/谢徐生,何者贤编 .—3 版(修订本).—南宁:广西教育出版社,1995.7.—340 页;19cm

ISBN 7-5435-0511-8:¥6.35

G634 017392

标准化题型与教学同步训练:中国历史 第一、二册/曾圣如,阮连辉编.—4 版.—南宁:广西教育出版社,1995.7.—201 页;19cm

初中一年级用

ISBN 7-5435-1111-8:¥4.45

G634 017393

策略·方法·技巧:怎样解初中数学题/赵振威著.—南京:江苏教育出版社,1995.8.—290 页;20cm

ISBN 7-5343-2440-8:¥7.65

G634 017394

茶文化/上海教育杂志社编.—上海:上海社会科学院出版社,1995.5.—57 页;19cm.—(中、小学活动课系列资料/金正扬主编)

ISBN 7-80618-075-3:¥2.00

G634 017395

初级中学单元达标测试卷:代数二(下)、几何二(下)/丛林编.—2 版.—哈尔滨:黑龙江教育出版社,1995.1.—49 页;19×26cm

二年级用

ISBN 7-5316-2179-7:¥1.65

G634 017396

初级中学单元达标测试卷:代数一(下)、几何一/胥瀚编.—2 版.—哈尔滨:黑龙江教育出版社,1995.1.—48 页;19×26cm

一年级用

ISBN 7-5316-2179-7:¥1.65

G634 017397

初三测试卷答案与说明:下学期/《初三测试卷答案与说明》编写组编.—2 版.—沈阳:辽宁教育出版社,1995.11.—55 页;26cm

ISBN 7-5382-3844-1:¥2.80

G634 017398

初三导学与测试:化学/广东广雅中学编.—广州:广东高等教育出版社,1995.11.—176 页;19cm.—(新编导学与测试丛书)

ISBN 7-5361-1771-X:¥5.80

G634 017399

初三导学与测试:数学/广东广雅中学编.—广州:广东高等教育出版社,1995.11.—208 页;19cm.—(新编导学与测试丛书)

ISBN 7-5361-1773-6:¥6.80

G634 017400

初三导学与测试:物理/广东广雅中学编.—广州:广东高等教育出版社,1995.11.—223 页;19cm.—(新编导学与测试丛书)

ISBN 7-5361-1772-8:¥7.50

G634 017401

初三导学与测试:英语/广东广雅中学编.—广州:广东高等教育出版社,1995.8.—192 页;19cm.—(新编导学与测试丛书)

ISBN 7-5361-1730-2:¥6.50

G634 017402

初三导学与测试:语文/广东广雅中学编.—广州:广东高等教育出版社,1995.9.—208 页;19cm.—(新编导学与测试丛书)

ISBN 7-5361-1731-0:¥6.80

G634 017403

初三复习指导丛书:化学/陕西省教育委员会《复习指导》丛书编写组编写.—修订本.—西安:陕西人民教育出版社,1995.6.—145 页;26cm

ISBN 7-5419-6211-2:¥5.90

G634 017404

初三复习指导丛书:数学/陕西省教育委员会《复习指导》丛书编写组编写.—西安:陕西人民教育出版社,1995.6.—216 页;26cm

ISBN 7-5419-6223-6:¥8.60

G634 017405

初三复习指导丛书:语文/陕西省教育委员会《复习指导》丛书编写组编写.—西安:陕西人民教育出版社,1995.6.—170 页;26cm

ISBN 7-5419-6225-2:¥6.80

G634 017406

初一测试卷答案与说明:上学期/《初一测试卷答案与说明》编写组编.—2 版.—沈阳:辽宁教育出版社,1995.5.—50 页;26cm

ISBN 7-5382-3465-9:¥2.10

G634 017407

初中毕业班标准化测试题:化学/王麟伟,洪东府编

写.—上海:上海远东出版社,1995.3.—76页;26cm
ISBN 7-80514-392-7:¥5.20

G634　017408
初中毕业班标准化测试题:数学/费明信编写.—上海:上海远东出版社,1995.3.—109页;26cm
ISBN 7-80514-396-X:¥5.90

G634　017409
初中毕业班标准化测试题:物理/刘逸宇等编写.—上海:上海远东出版社,1995.3.—113页;26cm
ISBN 7-80514-395-1:¥5.90

G634　017410
初中毕业班标准化测试题:英语/朱凤英,曹镕编写.—上海:上海远东出版社,1995.3.—146页;26cm
ISBN 7-80514-393-5:¥6.30

G634　017411
初中毕业班标准化测试题:语文/张邦浩编写.—上海:上海远东出版社,1995.3.—94页;26cm
ISBN 7-80514-394-3:¥5.70

G634　017412
初中毕业各科复习指路/《河北教研》编辑部编.—石家庄:河北教育出版社,1995.12.—102页;26cm
ISBN 7-5434-2498-3:¥3.80

G634　017413
初中毕业会考、中考指导与训练:数学/于克俊等编写.—2版.—成都:四川教育出版社,1995.12.—133页;19cm
ISBN 7-5408-2507-3:¥3.58

G634　017414
初中毕业会考、中考指导与训练:物理/黄奇超等编写.—2版.—成都:四川教育出版社,1995.12.—154页;19cm
ISBN 7-5408-2506-5:¥4.05

G634　017415
初中毕业会考、中考指导与训练:英语/杨玉华等编写.—2版.—成都:四川教育出版社,1995.12.—140页;19cm
ISBN 7-5408-2505-7:¥3.77

G634　017416
初中毕业会考、中考指导与训练:语文/姜吉雨,安加俊编写.—成都:四川教育出版社,1995.12.—230页;19cm
ISBN 7-5408-2504-9:¥5.93

G634　017417
初中毕业会考、中考指导与训练:政治/李树莉等编写.—2版.—成都:四川教育出版社,1995.12.—179页;19cm
ISBN 7-5408-2544-8:¥4.70

G634　017418
初中毕业升学考测试:自然科学.—海口:海南国际新闻出版中心,1995.11.—77页;26cm
ISBN 7-80609-219-6:¥5.50

G634　017419
初中毕业总复习试题精编:数学/《初中毕业总复习试题精编》编写组编.—上海:上海科学技术文献出版社,1995.9.—100页;26cm
附参考答案一册
ISBN 7-5439-0577-9:¥5.80

G634　017420
初中毕业总复习与能力自测:化学/符绩才主编.—广州:新世纪出版社,1995.11.—190页;19cm.—(自学解难释疑丛书;7)
ISBN 7-5405-1211-3:¥4.60

G634　017421
初中毕业总复习与能力自测:数学/符绩才主编.—广州:新世纪出版社,1995.11.—300页;19cm.—(自学解难释疑丛书;4)
ISBN 7-5405-1214-8:¥8.50

G634　017422
初中毕业总复习与能力自测:物理/符绩才主编.—广州:新世纪出版社,1995.11.—265页;19cm.—(自学解难释疑丛书;6)
ISBN 7-5405-1210-5:¥8.00

G634　017423
初中毕业总复习与能力自测:英语/符绩才主编.—广州:新世纪出版社,1995.11.—178页;19cm.—(自学解难释疑丛书;5)
ISBN 7-5405-1202-4:¥4.45

G634　017424
初中毕业总复习与能力自测:语文/符绩才主编.—广州:新世纪出版社,1995.11.—223页;19cm.—(自学解难释疑丛书;3)
ISBN 7-5405-1213-X:¥6.50

G634　017425
初中单元自测:代数:三年级上学期/《初中单元自测》编写组编.—2版.—厦门:鹭江出版社,1995.6.—102页;19cm
义务教育三年制初级中学
ISBN 7-80533-832-9:¥2.50

G634　017426
初中单元自测:代数:三年级下学期/《初中单元自测》编写组编.—2版.—厦门:鹭江出版社,1995.12.—105页;19cm
义务教育三年制初级中学
ISBN 7-80533-479-X:¥3.20

G634　017427
初中单元自测:化学:三年级上学期/《初中单元自测》编写组编.—2版.—厦门:鹭江出版社,1995.6.—148页;19cm
义务教育三年制初级中学
ISBN 7-80533-834-5:¥3.50

G634　017428
初中单元自测:化学:三年级下学期/《初中单元自测》编写组编.—2版.—厦门:鹭江出版社,1995.10.—117页;19cm
义务教育三年制初级中学
ISBN 7-80533-491-9:¥3.60

G634　017429
初中单元自测:几何:三年级上学期/《初中单元自

测》编写组编.—厦门:鹭江出版社,1995.6.—76页;19cm
ISBN 7-80610-200-0:¥2.00
G634　017430
初中单元自测:几何:三年级下学期/《初中单元自测》编写组编.—2版.—厦门:鹭江出版社,1995.1.—90页;19cm
义务教育三年制初级中学
ISBN 7-80533-983-X:¥2.80
G634　017431
初中单元自测:世界历史:初中三年级　全一册/《初中单元自测》编写组编.—厦门:鹭江出版社,1995.6.—130页;19cm
ISBN 7-80533-830-2:¥2.85
G634　017432
初中单元自测:物理:三年级上学期/《初中单元自测》编写组编.—2版.—厦门:鹭江出版社,1995.6.—164页;19cm
义务教育三年制初级中学
ISBN 7-80533-833-7:¥3.80
G634　017433
初中单元自测:物理:三年级下学期/《初中单元自测》编写组编.—2版.—厦门:鹭江出版社,1995.10.—158页;19cm
义务教育三年制初级中学
ISBN 7-80533-986-4:¥4.60
G634　017434
初中单元自测:英语:三年级上学期/《初中单元自测》编写组编.—2版.—厦门:鹭江出版社,1995.6.—165页;19cm
义务教育三年制初级中学
ISBN 7-80533-835-3:¥3.80
G634　017435
初中单元自测:英语:三年级上学期/《初中单元自测》编写组编.—厦门:鹭江出版社,1995.6.—169页;19cm
ISBN 7-80533-835-3:¥4.80
G634　017436
初中单元自测:英语:三年级下学期/《初中单元自测》编写组编.—2版.—厦门:鹭江出版社,1995.12.—153页;19cm
义务教育三年制初级中学
ISBN 7-80533-205-3:¥4.40
G634　017437
初中单元自测:语文:三年级上学期/《初中单元自测》编写组编.—2版.—厦门:鹭江出版社,1995.6.—156页;19cm
义务教育三年制初级中学
ISBN 7-80533-831-0:¥3.30
G634　017438
初中单元自测:语文:三年级下学期/《初中单元自测》编写组编.—2版.—厦门:鹭江出版社,1995.11.—127页;19cm
义务教育三年制初级中学
ISBN 7-80533-470-6:¥3.80
G634　017439
初中二年级标准化测试题:数学/马晓柏,王朝云编写.—上海:上海远东出版社,1995.8.—117页;26cm
ISBN 7-80514-447-8:¥8.00
G634　017440
初中二年级标准化测试题:语文/唐家明编写.—上海:上海远东出版社,1995.8.—98页;26cm
ISBN 7-80514-448-6:¥6.50
G634　017441
初中复习指导:化学/《初中复习指导》编写组编.—2版.—石家庄:河北教育出版社,1995.9.—156页;19cm
ISBN 7-5434-1790-1:¥4.50
G634　017442
初中复习指导:数学/《初中复习指导》编写组编.—2版.—石家庄:河北教育出版社,1995.9.—277页;19cm
ISBN 7-5434-1744-8:¥7.50
G634　017443
初中复习指导:思想政治/《初中复习指导》编写组编.—3版.—石家庄:河北教育出版社,1995.9.—202页;19cm
ISBN 7-5434-1851-7:¥5.70
G634　017444
初中复习指导:物理/《初中复习指导》编写组编.—2版.—石家庄:河北教育出版社,1995.9.—210页;19cm
ISBN 7-5434-1788-X:¥5.90
G634　017445
初中复习指导:英语/《初中复习指导》编写组编.—2版.—石家庄:河北教育出版社,1995.9.—191页;19cm
ISBN 7-5434-1747-2:¥5.50
G634　017446
初中复习指导:语文/《初中复习指导》编写组编.—2版.—石家庄:河北教育出版社,1995.9.—262页;19cm
ISBN 7-5434-1676-X:¥7.30
G634　017447
初中各科单元达标测试AB卷:代数AB卷:初中三年级上学期/禹维民主编;刘渝瑛,郑林珠编.—郑州:河南教育出版社,1995.5.—44页;37cm
ISBN 7-5347-1786-8:¥2.50
G634　017448
初中各科单元达标测试AB卷:代数AB卷:初中三年级下学期/禹维民主编;刘渝瑛,羽公编.—郑州:河南教育出版社,1995.11.—1册;26×38cm
ISBN 7-5347-1887-2:¥2.15
G634　017449
初中各科单元达标测试AB卷:化学AB卷:初中三年级上学期/禹维民主编;杨卫华,杨浦编.—郑州:河南教育出版社,1995.4.—40页;37cm
ISBN 7-5347-1784-1:¥2.30
G634　017450
初中各科单元达标测试AB卷:化学AB卷:初中三年级下学期/禹维民主编;杨卫华,杨建平编.—郑州:河南教育出版社,1995.11.—45页;26×38cm
ISBN 7-5347-1890-2:¥3.60

G634　017451
初中各科单元达标测试 AB 卷:化学 AB 卷:初中三年级下学期/禹维民主编;杨卫华,杨建平编.—2版.—郑州:河南教育出版社,1995.11.—88 页;26cm
ISBN 7-5347-1890-2:¥3.25

G634　017452
初中各科单元达标测试 AB 卷:历史 AB 卷:初中二年级上学期/禹维民主编;王卫军,蒋惠珍编.—郑州:河南教育出版社,1995.4.—28 页;37cm
ISBN 7-5347-1597-0:¥1.75

G634　017453
初中各科单元达标测试 AB 卷:历史 AB 卷:初中三年级上学期/禹维民主编;徐妙龙,王卫军编.—郑州:河南教育出版社,1995.4.—24 页;37cm
ISBN 7-5347-1783-3:¥1.55

G634　017454
初中各科单元达标测试 AB 卷:历史 AB 卷:初中三年级下学期/禹维民主编;孙海根,王卫军编.—郑州:河南教育出版社,1995.11.—1 册;26×38cm
ISBN 7-5347-1891-0:¥2.95

G634　017455
初中各科单元达标测试 AB 卷:平面几何 AB 卷:初中三年级上学期/禹维民主编;钟建国,羽公编.—郑州:河南教育出版社,1995.6.—40 页;37cm
ISBN 7-5347-1788-4:¥2.30

G634　017456
初中各科单元达标测试 AB 卷:平面几何 AB 卷:初中三年级下学期/禹维民主编;钟建国,羽公编.—郑州:河南教育出版社,1995.11.—1 册;26×38cm
ISBN 7-5347-1888-0:¥2.95

G634　017457
初中各科单元达标测试 AB 卷:生物 AB 卷:初中一年级下学期/禹维民主编;祁兆兴编.—郑州:河南教育出版社,1995.10.—1 册;26×38cm
ISBN 7-5347-1708-6:¥2.15

G634　017458
初中各科单元达标测试 AB 卷:物理 AB 卷:初中三年级上学期/禹维民主编;庄起黎等编.—郑州:河南教育出版社,1995.5.—24 页;37cm
ISBN 7-5347-1787-6:¥1.55

G634　017459
初中各科单元达标测试 AB 卷:物理 AB 卷:初中三年级下学期/禹维民主编;庄起黎等编 .—郑州:河南教育出版社,1995.11.—32 页;26×38cm
ISBN 7-5347-1889-9:¥2.70

G634　017460
初中各科单元达标测试 AB 卷:英语 AB 卷:初中三年级上学期/禹维民主编;徐仲达等编.—郑州:河南教育出版社,1995.6.—24 页;37cm
ISBN 7-5347-1785-X:¥1.55

G634　017461
初中各科单元达标测试 AB 卷:英语 AB 卷:初中三年级下学期/禹维民主编;徐仲达等编 .—郑州:河南教育出版社,1995.11.—32 页;26×38cm
ISBN 7-5347-1886-4:¥2.70

G634　017462
初中各科单元达标测试 AB 卷:语文 AB 卷:初中三年级上学期/禹维民主编;乐美瑾,俞敦华编.—郑州:河南教育出版社,1995.4.—1 册;26×38cm
ISBN 7-5347-1782-5:¥2.30

G634　017463
初中各科单元达标测试 AB 卷:语文 AB 卷:初中一年级下学期/禹维民主编;吴兆实,马清明编.—2版.—郑州:河南教育出版社,1995.10.—40 页;26×38cm
ISBN 7-5347-1473-7:¥3.20

G634　017464
初中各科单元达标测试(AB)卷:语文 AB 卷:初中三年级下学期/禹维民主编;乐美瑾,俞敦华编 .—郑州:河南教育出版社,1995.11.—39 页;26×38cm
ISBN 7-5347-1885-6:¥3.20

G634　017465
初中各科练习册参考答案:二年级上学期/《初中各科练习册参考答案》编写组编.—南昌:江西教育出版社,1995.7.—121 页;19cm
ISBN 7-5392-1987-4:¥1.70

G634　017466
初中各科练习册参考答案:三年级上学期/《初中各科练习册参考答案》编写组编 .—南昌:江西教育出版社,1995.7.—92 页;19cm
ISBN 7-5392-2535-1:¥1.40

G634　017467
初中各科练习册参考答案:三年级下学期/《初中各科练习册参考答案》编写组编.—南昌:江西教育出版社,1995.12.—53 页;19cm
ISBN 7-5392-2502-5:¥1.40

G634　017468
初中各科练习册参考答案:一年级上学期/《初中各科练习册参考答案》编写组编.—南昌:江西教育出版社,1995.7.—88 页;19cm
ISBN 7-5392-1995-5:¥1.30

G634　017469
初中各科练习册参考答案:一年级下学期/《初中各科练习册参考答案》编写组编.—南昌:江西教育出版社,1995.12.—91 页;19cm
ISBN 7-5392-2506-8:¥2.15

G634　017470
初中家庭作业:作文　第二册/《初中家庭作业》编写组编.—成都:四川教育出版社,1995.12.—41 页;26cm
ISBN 7-5408-2783-1:¥2.45

G634　017471
初中家庭作业:作文　第六册/何芸等编写.—成都:四川教育出版社,1995.12.—40 页;26cm
ISBN 7-5408-2782-3:¥2.28

G634　017472
初中家庭作业:作文　第三册/康成等编写.—成都:四川教育出版社,1995.7.—51 页;26cm
ISBN 7-5408-2723-8:¥2.45

G634 017473

初中家庭作业:作文 第四册/《初中家庭作业》编写组编.—成都:四川教育出版社,1995.12.—49页;26cm

ISBN 7-5408-2781-5:¥2.80

G634 017474

初中家庭作业:作文 第五册/何芸等编写.—成都:四川教育出版社,1995.8.—50页;26cm

ISBN 7-5408-2724-6:¥2.45

G634 017475

初中家庭作业:作文 第一册/汪波等编写.—成都:四川教育出版社,1995.7.—57页;26cm

ISBN 7-5408-2722-X:¥2.80

G634 017476

初中教材测试题库:代数 第二册/《初中教材测试题库》编写组编.—长沙:湖南教育出版社,1995.7.—245页;19cm

ISBN 7-5355-2219-X:¥5.40

G634 017477

初中教材测试题库:代数 第三册/《初中教材测试题库》编写组编.—长沙:湖南教育出版社,1995.7.—218页;19cm

ISBN 7-5355-2218-1:¥4.90

G634 017478

初中教材测试题库:代数 第一册(上)/《初中教材测试题库》编写组编.—长沙:湖南教育出版社,1995.7.—159页;19cm

ISBN 7-5355-2223-8:¥3.70

G634 017479

初中教材测试题库:代数 第一册(下)/《初中教材测试题库》编写组编.—长沙:湖南教育出版社,1995.12.—231页;19cm

ISBN 7-5355-2370-6:¥5.55

G634 017480

初中教材测试题库:地理 第二册/《初中教材测试题库》编写组编.—长沙:湖南教育出版社,1995.12.—133页;19cm

ISBN 7-5355-2366-8:¥3.30

G634 017481

初中教材测试题库:地理 第三册/《初中教材测试题库》编写组编.—长沙:湖南教育出版社,1995.7.—140页;19cm

ISBN 7-5355-2215-7:¥3.30

G634 017482

初中教材测试题库:地理 第四册/《初中教材测试题库》编写组编.—长沙:湖南教育出版社,1995.12.—139页;19cm

ISBN 7-5355-2368-4:¥3.45

G634 017483

初中教材测试题库:地理 第一册/《初中教材测试题库》编写组编.—长沙:湖南教育出版社,1995.7.—128页;19cm

ISBN 7-5355-2214-9:¥3.00

G634 017484

初中教材测试题库:化学 全一册/《初中教材测试题库》编写组编.—长沙:湖南教育出版社,1995.7.—254页;19cm

ISBN 7-5355-2220-3:¥5.50

G634 017485

初中教材测试题库:几何 第二册/《初中教材测试题库》编写组编.—长沙:湖南教育出版社,1995.7.—216页;19cm

ISBN 7-5355-2221-1:¥4.90

G634 017486

初中教材测试题库:几何 第三册/《初中教材测试题库》编写组编.—长沙:湖南教育出版社,1995.7.—207页;19cm

ISBN 7-5355-2222-X:¥4.75

G634 017487

初中教材测试题库:几何 第一册/《初中教材测试题库》编写组编.—长沙:湖南教育出版社,1995.12.—191页;19cm

ISBN 7-5355-2367-6:¥4.50

G634 017488

初中教材测试题库:生物 第二册/《初中教材测试题库》编写组编.—长沙:湖南教育出版社,1995.7.—143页;19cm

ISBN 7-5355-2207-6:¥3.30

G634 017489

初中教材测试题库:生物 第一册(上)/《初中教材测试题库》编写组编.—长沙:湖南教育出版社,1995.7.—113页;19cm

ISBN 7-5355-2206-8:¥2.75

G634 017490

初中教材测试题库:生物 第一册(下)/《初中教材测试题库》编写组编.—长沙:湖南教育出版社,1995.12.—139页;19cm

ISBN 7-5355-2373-0:¥3.45

G634 017491

初中教材测试题库:世界历史 第 册/《初中教材测试题库》编写组编.—长沙:湖南教育出版社,1995.7.—141页;19cm

ISBN 7-5355-2213-0:¥3.20

G634 017492

初中教材测试题库:思想政治:二年级 上册/《初中教材测试题库》编写组编.—长沙:湖南教育出版社,1995.7.—137页;19cm

ISBN 7-5355-2199-1:¥3.20

G634 017493

初中教材测试题库:思想政治:二年级 下册/《初中教材测试题库》编写组编.—长沙:湖南教育出版社,1995.12.—131页;19cm

ISBN 7-5355-2371-4:¥3.30

G634 017494

初中教材测试题库:思想政治:三年级 全一册/《初中教材测试题库》编写组编.—长沙:湖南教育出版社,1995.7.—170页;19cm

ISBN 7-5355-2200-9:¥3.90

G634 017495

初中教材测试题库:思想政治:一年级　上册/《初中教材测试题库》编写组编.—长沙:湖南教育出版社,1995.7.—128页;19cm
ISBN 7-5355-2198-3:¥3.00

G634　017496
初中教材测试题库:思想政治:一年级　下册/《初中教材测试题库》编写组编.—长沙:湖南教育出版社,1995.12.—125页;19cm
ISBN 7-5355-2364-1:¥3.10

G634　017497
初中教材测试题库:物理　第二册/《初中教材测试题库》编写组编.—长沙:湖南教育出版社,1995.7.—230页;19cm
ISBN 7-5355-2205-X:¥5.00

G634　017498
初中教材测试题库:物理　第一册/《初中教材测试题库》编写组编.—长沙:湖南教育出版社,1995.7.—254页;19cm
ISBN 7-5355-2204-1:¥5.50

G634　017499
初中教材测试题库:英语:初中二年级　第二册/《初中教材测试题库》编写组编　.—长沙:湖南教育出版社,1995.7.—193页;19cm
ISBN 7-5355-2209-2:¥4.40

G634　017500
初中教材测试题库:英语:初中三年级　第三册/《初中教材测试题库》编写组编.—长沙:湖南教育出版社,1995.7.—196页;19cm
ISBN 7-5355-2210-6:¥4.40

G634　017501
初中教材测试题库:英语:初中一年级　第一册/《初中教材测试题库》编写组编.—长沙:湖南教育出版社,1995.7.—200页;19cm
ISBN 7-5355-2208-4:¥4.60

G634　017502
初中教材测试题库:语文　第二册/《初中教材测试题库》编写组编.—长沙:湖南教育出版社,1995.12.—147页;19cm
ISBN 7-5355-2374-9:¥3.60

G634　017503
初中教材测试题库:语文　第三册/《初中教材测试题库》编写组编.—长沙:湖南教育出版社,1995.7.—173页;19cm
ISBN 7-5355-2202-5:¥3.90

G634　017504
初中教材测试题库:语文　第四册/《初中教材测试题库》编写组编.—长沙:湖南教育出版社,1995.12.—147页;19cm
ISBN 7-5355-2372-2:¥3.60

G634　017505
初中教材测试题库:语文　第五册/《初中教材测试题库》编写组编.—长沙:湖南教育出版社,1995.7.—108页;19cm
ISBN 7-5355-2203-3:¥2.60

G634　017506
初中教材测试题库:语文　第一册/《初中教材测试题库》编写组编.—长沙:湖南教育出版社,1995.7.—189页;19cm
ISBN 7-5355-2201-7:¥4.20

G634　017507
初中教材测试题库:中国历史　第二册/《初中教材测试题库》编写组编.—长沙:湖南教育出版社,1995.12.—101页;19cm
ISBN 7-5355-2365-X:¥2.60

G634　017508
初中教材测试题库:中国历史　第三册/《初中教材测试题库》编写组编.—长沙:湖南教育出版社,1995.7.—138页;19cm
ISBN 7-5355-2212-2:¥3.20

G634　017509
初中教材测试题库:中国历史　第一册/《初中教材测试题库》编写组编.—长沙:湖南教育出版社,1995.7.—84页;19cm
ISBN 7-5355-2211-4:¥2.10

G634　017510
初中教材单元复习测试:代数　第二册/《初中教材单元复习测试》编写组编.—3版.—长沙:湖南教育出版社,1995.6.—106页;26cm
九年义务教育三年制教科书
ISBN 7-5355-1505-3:¥4.20

G634　017511
初中教材单元复习测试:代数　第三册/《初中教材单元复习测试》编写组编.—长沙:湖南教育出版社,1995.6.—66页;26cm
九年义务教育三年制教科书
ISBN 7-5355-1504-5:¥2.75

G634　017512
初中教材单元复习测试:代数　第一册(上)/《初中教材单元复习测试》编写组编.—3版.—长沙:湖南教育出版社,1995.6.—80页;26cm
九年义务教育三年制教科书
ISBN 7-5355-1642-4:¥3.20

G634　017513
初中教材单元复习测试:化学/《初中教材单元复习测试》编写组编.—3版.—长沙:湖南教育出版社,1995.6.—118页;26cm
九年义务教育三年制教科书
ISBN 7-5355-1511-8:¥4.60

G634　017514
初中教材单元复习测试:几何　第二册/《初中教材单元复习测试》编写组编.—3版.—长沙:湖南教育出版社,1995.5.—118页;26cm
九年义务教育三年制教科书
ISBN 7-5355-1509-6:¥4.50

G634　017515
初中教材单元复习测试:几何　第三册/《初中教材单元复习测试》编写组编.—长沙:湖南教育出版社,1995.6.—78页;26cm

九年义务教育三年制教科书
ISBN 7-5355-1510-X：¥3.20

G634　　**017516**

初中教材单元复习测试：生物　第二册/《初中教材单元复习测试》编写组编.—3版.—长沙：湖南教育出版社，1995.5.—61页；26cm
九年义务教育三年制教科书
ISBN 7-5355-1514-2：¥2.60

G634　　**017517**

初中教材单元复习测试：生物　第一册(上)/《初中教材单元复习测试》编写组编.—3版.—长沙：湖南教育出版社，1995.5.—62页；26cm
九年义务教育三年制教科书
ISBN 7-5355-1641-6：¥2.60

G634　　**017518**

初中教材单元复习测试：世界历史　第一册/《初中教材单元复习测试》编写组编.—3版.—长沙：湖南教育出版社，1995.6.—54页；26cm
九年义务教育三年制教科书
ISBN 7-5355-1499-5：¥2.35

G634　　**017519**

初中教材单元复习测试：物理　第二册/《初中教材单元复习测试》编写组编.—3版.—长沙：湖南教育出版社，1995.5.—112页；26cm
九年义务教育三年制教科书
ISBN 7-5355-1508-8：¥4.25

G634　　**017520**

初中教材单元复习测试：英语　第三册/《初中教材单元复习测试》编写组编.—2版.—长沙：湖南教育出版社，1995.5.—60页；26cm
九年义务教育三年制教科书 供三年一期用
ISBN 7-5355-1615-7：¥2.60

G634　　**017521**

初中教材单元复习测试：语文　第五册/《初中教材单元复习测试》编写组编.—2版.—长沙：湖南教育出版社，1995.6.—65页；26cm
九年义务教育三年制教科书
ISBN 7-5355-1637-8：¥2.80

G634　　**017522**

初中教材单元复习测试：中国历史　第三册/《初中教材单元复习测试》编写组编.—3版.—长沙：湖南教育出版社，1995.5.—53页；26cm
九年义务教育三年制教科书
ISBN 7-5355-1612-2：¥2.35

G634　　**017523**

初中节节练：化学：初三　上册/罗精亮主编.—2版.—武汉：武汉出版社，1995.5.—86页；26cm.—(九年义务教育·课时分级导练丛书/田化澜主编)
ISBN 7-5430-1228-6：¥3.40

G634　　**017524**

初中节节练：化学：初三　下册/罗精亮主编；黄明建等编写.—2版.—武汉：武汉出版社，1995.11.—89页；26cm.—(九年义务教育课时分级导练丛书/田化澜主编)
ISBN 7-5430-1436-X：¥4.30

G634　　**017525**

初中节节练：数学：初二　上册/郭章华主编.—2版.—武汉：武汉出版社，1995.5.—88页；26cm.—(九年义务教育课时分级导练丛书/田化澜主编)
ISBN 7-5430-1221-9：¥3.70

G634　　**017526**

初中节节练：数学：初二　下册/邓世培主编.—2版.—武汉：武汉出版社，1995.11.—90页；26cm.—(九年义务教育课时分级导练丛书/田化澜主编)
ISBN 7-5430-1429-7：¥4.50

G634　　**017527**

初中节节练：数学：初三　上册/骆东平主编.—2版.—武汉：武汉出版社，1995.5.—98页；26cm.—(九年义务教育课时分级导练丛书/田化澜主编)
ISBN 7-5430-1222-7：¥3.90

G634　　**017528**

初中节节练：数学：初三　下册/柯有华主编.—2版.—武汉：武汉出版社，1995.11.—96页；26cm.—(九年义务教育课时分级导练丛书/田化澜主编)
ISBN 7-5430-1430-0：¥4.70

G634　　**017529**

初中节节练：数学：初一　上册/李作松主编.—2版.—武汉：武汉出版社，1995.5.—85页；26cm.—(九年义务教育课时分级导练丛书/田化澜主编)
ISBN 7-5430-1220-0：¥3.40

G634　　**017530**

初中节节练：数学：初一　下册/王焱明主编.—2版.—武汉：武汉出版社，1995.11.—88页；26cm.—(九年义务教育课时分级导练丛书/田化澜主编)
ISBN 7-5430-1428-9：¥4.30

G634　　**017531**

初中节节练：物理：初二　上册/张大灿主编.—2版.—武汉：武汉出版社，1995.5.—92页；26cm.—(九年义务教育课时分级导练丛书/田化澜主编)
ISBN 7-5430-1226-X：¥3.40

G634　　**017532**

初中节节练：物理：初二　下册/张大灿，周德厚主编；范炜等编写.—2版.—武汉：武汉出版社，1995.11.—89页；26cm.—(九年义务教育课时分级导练丛书/田化澜主编)
ISBN 7-5430-1434-3：¥4.50

G634　　**017533**

初中节节练：物理：初三　上册/刘传胜，廖书斌主编.—2版.—武汉：武汉出版社，1995.5.—88页；26cm.—(九年义务教育课时分级导练丛书/田化澜主编)
ISBN 7-5430-1227-8：¥3.40

G634　　**017534**

初中节节练：物理：初三　下册/刘传胜，廖书斌主编；黄万鹏等编写.—2版.—武汉：武汉出版社，1995.11.—110页；26cm.—(九年义务教育课时分级导练丛书/田化澜主编)
ISBN 7-5430-1435-1：¥5.10

G634　　017535

初中节节练:英语 上册/黄利生,魏定扣主编.—2版.—武汉:武汉出版社,1995.5.—90页;26cm.—(九年义务教育课时分级导练丛书/田化澜主编)

ISBN 7-5430-1223-5:¥3.40

G634　　017536

初中节节练:英语:初二　上册/黄岳强主编.—2版.—武汉:武汉出版社,1995.5.—100页;26cm.—(九年义务教育课时分级导练丛书/田化澜主编)

ISBN 7-5430-1224-3:¥3.70

G634　　017537

初中节节练:英语:初二　下册/黄岳强,胡宾平主编;徐良栋等编写.—2版.—武汉:武汉出版社,1995.11.—89页;26cm.—(九年义务教育课时分级导练丛书/田化澜主编)

ISBN 7-5430-1432-7:¥4.50

G634　　017538

初中节节练:英语:初三　上册/杨方正主编.—2版.—武汉:武汉出版社,1995.5.—109页;26cm.—(九年义务教育课时分级导练丛书/田化澜主编)

ISBN 7-5430-1225-1:¥3.90

G634　　017539

初中节节练:英语:初三　下册/杨方正主编;彭祥玲等编写.—2版.—武汉:武汉出版社,1995.11.—98页;26cm.—(九年义务教育课时分级导练丛书/田化澜主编)

ISBN 7-5430-1433-5:¥4.80

G634　　017540

初中节节练:英语:初一　下册/黄利生,魏定扣主编.—2版.—武汉:武汉出版社,1995.11.—91页;26cm.—(九年义务教育课时分级导练丛书/田化澜主编)

ISBN 7-5430-1431-9:¥4.50

G634　　017541

初中节节练:语文:初二　上册/胡明道主编.—2版.—武汉:武汉出版社,1995.5.—98页;26cm.—(九年义务教育课时分级导练丛书/田化澜主编)

ISBN 7-5430-1218-9:¥3.70

G634　　017542

初中节节练:语文:初三　上册/胡明道主编.—2版.—武汉:武汉出版社,1995.5.—91页;26cm.—(九年义务教育课时分级导练丛书/田化澜主编)

ISBN 7-5430-1219-7:¥3.90

G634　　017543

初中节节练:语文:初一　上册/胡明道主编.—2版.—武汉:武汉出版社,1995.5.—87页;26cm.—(九年义务教育·课时分级导练丛书/田化澜主编)

ISBN 7-5430-1217-0:¥3.40

G634　　017544

初中节节练:语文:初二　下册/胡明道主编.—2版.—武汉:武汉出版社,1995.11.—88页;26cm.—(九年义务教育课时分级导练丛书/田化澜主编)

ISBN 7-5430-1426-2:¥4.30

G634　　017545

初中节节练:语文:初三　下册/胡明道主编.—2版.—武汉:武汉出版社,1995.11.—99页;26cm.—(九年义务教育课时分级导练丛书/田化澜主编)

ISBN 7-5430-1427-0:¥4.80

G634　　017546

初中节节练:语文:初一　下册/胡明道主编.—2版.—武汉:武汉出版社,1995.11.—84页;26cm.—(九年义务教育课时分级导练丛书/田化澜主编)

ISBN 7-5430-1425-4:¥4.20

G634　　017547

初中节节练:政治:初二　上册/龚翔鹤主编.—武汉:武汉出版社,1995.5.—88页;26cm.—(九年义务教育课时分级导练丛书/田化澜主编)

ISBN 7-5430-1352-5:¥3.40

G634　　017548

初中节节练:政治:初二　下册/程少安主编.—武汉:武汉出版社,1995.11.—84页;26cm.—(九年义务教育课时分级导练丛书/田化澜主编)

ISBN 7-5430-1411-4:¥4.20

G634　　017549

初中节节练:政治:初三　上册/詹炳椿,郭启发主编.—武汉:武汉出版社,1995.5.—98页;26cm.—(九年义务教育课时分级导练丛书/田化澜主编)

初三 上册

ISBN 7-5430-1353-3:¥3.70

G634　　017550

初中节节练:政治:初三　下册/詹柄椿,张绍华主编.—武汉:武汉出版社,1995.11.—86页;26cm.—(九年义务教育课时分级导练丛书)

ISBN 7-5430-1412-2:¥4.30

G634　　017551

初中节节练:政治:初一　上册/吴述炎,汪泽章主编.—武汉:武汉出版社,1995.5.—94页;26cm.—(九年义务教育课时分级导练丛书/田化澜主编)

ISBN 7-5430-1351-7:¥3.40

G634　　017552

初中节节练:政治:初一　下册/吴述炎,汪泽章主编;吴黎明等编写.—武汉:武汉出版社,1995.11.—84页;26cm.—(九年义务教育课时分级导练丛书/田化澜主编)

ISBN 7-5430-1410-6:¥4.20

G634　　017553

初中课本习题解法提示:初二年级:数学、物理、英语/庞先权等编.—南宁:广西民族出版社,1995.4.—289页;19cm

九年义务教育统编教材:人教版

ISBN 7-5363-2966-0:¥6.70

G634　　017554

初中课本习题解法提示:初中一年级:数学、英语/庞先权等编.—南宁:广西民族出版社,1995.4.—214页;19cm

九年义务教育统编教材:人教版

ISBN 7-5363-2965-2:¥5.50

G634　　017555

初中课程单元同步测试:初二/《教学研究与考试命题》编写组编.—北京:新华出版社,1995.8.—1册;26×38cm
初中二年级上学期用
ISBN 7-5011-2906-1:¥18.40

G634　017556
初中课程单元同步测试:初三/《教学研究与考试命题》编写组编.—北京:新华出版社,1995.8.—1册;26×38cm
初中三年级上学期用
ISBN 7-5011-2907-X:¥18.40

G634　017557
初中课程单元同步测试:初一/《教学研究与考试命题》编写组编.—北京:新华出版社,1995.8.—1册;26×38cm
初中一年级上学期用
ISBN 7-5011-2905-3:¥16.00

G634　017558
初中课程训练:初二数学:调整本/《初高中课程训练》编委会编.—北京:北京出版社,1995.7.—71页;26cm
秋季用书
ISBN 7-200-02509-7:¥3.50

G634　017559
初中课程训练:初三物理:调整本/《初高中课程训练》编委会编.—北京:北京出版社,1995.7.—77页;26cm
秋季用书
ISBN 7-200-02515-1:¥3.50

G634　017560
初中课程训练:初一数学:调整本/《初高中课程训练》编委会编.—北京:北京出版社,1995.7.—75页;ю26cm
秋季用书
ISBN 7-200-02508-9:¥3.50

G634　017561
初中课程训练:初一数学:调整本/《初高中课程训练》编委会编.—北京:北京出版社,1995.7.—75页;26cm
秋季用书
ISBN 7-200-02508-9:¥3.50

G634　017562
初中课程训练:初一英语:调整本/《初中课程训练》编委会编.—北京:北京出版社,1995.7.—96页;26cm
秋季用书
ISBN 7-200-02511-9:¥3.50

G634　017563
初中理化学习之友/吴绍云主编.—上海:华东理工大学出版社,1995.8.—6册;19cm.—(家长·教师·学生助学自测丛书)
ISBN 7-5628-0611-X:¥46.00

G634　017564
初中练习与测试:代数/《初中练习与测试·代数》编写组编.—3版.—南京:江苏教育出版社,1995.6.—168页;19cm
二年级上学期用
ISBN 7-5343-1508-5:¥3.40

G634　017565
初中练习与测试:代数 /《初中练习与测试:代数》编写组编.—2版.—南京:江苏教育出版社,1995.6.—337页;19cm
三年级用
ISBN 7-5343-1512-3:¥8.35

G634　017566
初中练习与测试:地理/《初中练习与测试:地理》编写组编.—2版.—南京:江苏教育出版社,1995.12.—294页;19cm
二年级下学期用
ISBN 7-5343-2275-8:¥5.75

G634　017567
初中练习与测试:化学/《初中练习与测试:化学》编写组编.—2版.—南京:江苏教育出版社,1995.6.—225页;19cm
三年级用
ISBN 7-5343-1515-8:¥4.70

G634　017568
初中练习与测试:几何/《初中练习与测试·几何》编写组编.—2版.—南京:江苏教育出版社,1995.6.—233页;19cm
三年级上学期用
ISBN 7-5343-1513-1:¥4.85

G634　017569
初中练习与测试:几何/《初中练习与测试·几何》编写组编.—2版.—南京:江苏教育出版社,1995.12.—208页;19cm
三年级下学期用
ISBN 7-5343-1638-3:¥4.75

G634　017570
初中练习与测试:历史/《初中练习与测试·历史》编写组编.—南京:江苏教育出版社,1995.6.—212页;19cm
三年级上学期用
ISBN 7-5343-2428-9:¥4.10

G634　017571
初中练习与测试:历史/《初中练习与测试·历史》编写组编.—3版.—南京:江苏教育出版社,1995.6.—195页;19cm
二年级上学期用
ISBN 7-5343-1506-9:¥3.80

G634　017572
初中练习与测试:历史/《初中练习与测试:历史》编写组编.—3版.—南京:江苏教育出版社,1995.12.—244页;19cm
二年级下学期用
ISBN 7-5343-2274-X:¥5.40

G634　017573
初中练习与测试:物理/《初中练习与测试·物理》编写组编.—3版.—南京:江苏教育出版社,1995.7.—

130 页;19cm
三年级上学期用
ISBN 7-5343-1514-X:¥2.85

G634　017574
初中练习与测试:物理/《初中练习与测试·物理》编写组编.—2 版.—南京:江苏教育出版社,1995.12.—92 页;19cm
三年级下学期用
ISBN 7-5343-1645-6:¥2.25

G634　017575
初中练习与测试:物理/初中物理练习与测试编写组编.—修订本.—南京:江苏科学技术出版社,1995.12.—176 页;19cm
二年级下学期用
ISBN 7-5345-2020-7:¥4.80

G634　017576
初中练习与测试:英语:新编/《初中练习与测试·英语》编写组编.—3 版.—南京:江苏教育出版社,1995.6.—370 页;19cm
三年级上学期用
ISBN 7-5343-1511-5:¥7.40

G634　017577
初中练习与测试:英语:新编/《初中练习与测试·英语》编写组编.—3 版.—南京:江苏教育出版社,1995.12.—323 页;19cm
三年级下学期用
ISBN 7-5343-1639-1:¥7.05

G634　017578
初中练习与测试:语文/《初中练习与测试:语文》编写组编.—2 版.—南京:江苏教育出版社,1995.6.—194 页;19cm
三年级上学期用
ISBN 7-5343-1510-7:¥3.85

G634　017579
初中练习与测试:语文/《初中练习与测试:语文》编写组编.—3 版.—南京:江苏教育出版社,1995.2.—273 页;19cm
三年级下学期用
ISBN 7-5343-1644-8:¥5.40

G634　017580
初中生单元测试(AB)卷:初二政治/《初中生单元测试(AB)卷》编委会编.—延吉:东北朝鲜民族教育出版社,1995.6.—44 页;26cm
课内天地·九年义务教育三年制 上学期
ISBN 7-5437-2428-6:¥2.30

G634　017581
初中生单元测试(AB)卷:初三上学期:英语/《初中生单元测试(AB)卷》编委会编.—延吉:东北朝鲜民族教育出版社,1995.6.—68 页;26cm
课内天地·九年义务教育三年制
ISBN 7-5437-2429-4:¥2.60

G634　017582
初中生单元测试(AB)卷:初三政治/《初中生单元测试(AB)卷》编委会编.—延吉:东北朝鲜民族教育出版社,1995.6.—48 页;26cm
课内天地·九年义务教育三年制 上学期
ISBN 7-5437-2429-4:¥2.30

G634　017583
初中生单元测试(AB)卷:代数:初二上学期/《初中生单元测试(AB)卷》编委会编.—延吉:东北朝鲜民族教育出版社,1995.6.—58 页;26cm
课内天地·九年义务教育三年制
ISBN 7-5437-2428-6:¥2.60

G634　017584
初中生单元测试(AB)卷:代数:初三上学期/《初中生单元测试(AB)卷》编委会编.—延吉:东北朝鲜民族教育出版社,1995.6.—56 页;26cm
课内天地·九年义务教育三年制
ISBN 7-5437-2429-4:¥2.60

G634　017585
初中生单元测试(AB)卷:几何:初三上学期/《初中生单元测试(AB)卷》编委会编.—延吉:东北朝鲜民族教育出版社,1995.6.—50 页;26cm
课内天地·九年义务教育三年制
ISBN 7-5437-2428-6:¥2.60

G634　017586
初中生单元测试(AB)卷:历史:初二上学期/《初中生单元测试(AB)卷》编委会编.—延吉:东北朝鲜民族教育出版社,1995.6.—48 页;26cm
课内天地·九年义务教育三年制
ISBN 7-5437-2428-6:¥2.30

G634　017587
初中生单元测试(AB)卷:历史:初三上学期/《初中生单元测试(AB)卷》编委会编.—延吉:东北朝鲜民族教育出版社,1995.6.—48 页;26cm
课内天地·九年义务教育三年制
ISBN 7-5437-2429-4:¥2.30

G634　017588
初中生单元测试(AB)卷:生物:初二上学期/《初中生单元测试(AB)卷》编委会编.—延吉:东北朝鲜民族教育出版社,1995.6.—46 页;26cm
课内天地·九年义务教育三年制
ISBN 7-5437-2428-6:¥2.30

G634　017589
初中生单元测试(AB)卷:物理:初二上学期/《初中生单元测试(AB)卷》编委会编.—延吉:东北朝鲜民族教育出版社,1995.6.—48 页;26cm
课内天地·九年义务教育三年制
ISBN 7-5437-2428-6:¥2.30

G634　017590
初中生单元测试(AB)卷:英语:初二上学期/《初中生单元测试(AB)卷》编委会编.—延吉:东北朝鲜民族教育出版社,1995.6.—60 页;26cm
课内天地·九年义务教育三年制
ISBN 7-5437-2428-6:¥2.60

G634　017591
初中生单元测试(AB)卷:语文:初二上学期/《初中生单元测试(AB)卷》编委会编.—延吉:东北朝鲜民族

教育出版社，1995.6.—52 页；26cm
课内天地·九年义务教育三年制
ISBN 7-5437-2428-6：¥2.60

G634　017592
初中生单元测试(AB)卷：语文：初三上学期/《初中生单元测试(AB)卷》编委会编.—延吉：东北朝鲜民族教育出版社，1995.6.—56 页；26cm
课内天地·九年义务教育三年制
ISBN 7-5437-2429-4：¥2.60

G634　017593
初中生单元同步达纲自测题：代数　第三册(下)/《同步达纲自测题》编写组编.—2 版.—西安：未来出版社，1995.12.—42 页；26cm
九年义务教育三年制教材 供初三下学期用
ISBN 7-5417-0944-1：¥2.30

G634　017594
初中生单元同步达纲自测题：地理　第四册/《同步达纲自测题》编写组编 .—西安：未来出版社，1995.11.—44 页；26cm
九年义务教育三年制课本
ISBN 7-5417-1157-8：¥2.40

G634　017595
初中生单元同步达纲自测题：化学　全册：下学期/王学泰等编.—西安：未来出版社，1995.12.—76 页；26cm
九年义务教育三年制初中课本
ISBN 7-5417-1158-6：¥3.70

G634　017596
初中生单元同步达纲自测题：几何　第三册(下)/《同步达纲自测题》编写组编.—2 版.—西安：未来出版社，1995.12.—38 页；26cm
九年义务教育三年制教材 供初三第二学期用
ISBN 7-5417-0945-X：¥2.10

G634　017597
初中生单元同步达纲自测题：几何　第一册/《同步达纲自测题》编写组编 .—西安：未来出版社，1995.11.—35 页；26cm
九年义务教育三年制教材
ISBN 7-5417-1164-0：¥2.10

G634　017598
初中生单元同步达纲自测题：世界历史　第二册/谭方，林东利主编；苏西玲等编.—西安：未来出版社，1995.11.—70 页；26cm
九年义务教育三年制、四年制初中教材
ISBN 7-5417-1168-3：¥3.40

G634　017599
初中生单元同步达纲自测题：世界历史　第一册/谭方，林东利主编.—西安：未来出版社，1995.5.—76 页；26cm
义务教育课本
ISBN 7-5417-1077-6：¥3.30

G634　017600
初中生单元同步达纲自测题：物理　第二册：下学期/侯成岚主编；黄乃芳编.—西安：未来出版社，1995.12.—100 页；26cm
九年义务教育三年制初中课本
ISBN 7-5417-0949-2：¥4.70

G634　017601
初中生单元同步达纲自测题：英语　第三册(上)/朱静荣等编.—修订本.—西安：未来出版社，1995.6.—108 页；26cm
九年义务教育三年制课本
ISBN 7-5417-0764-3：¥4.40

G634　017602
初中生单元同步达纲自测题：英语　第三册(下)/朱静荣等编.—2 版.—西安：未来出版社，1995.11.—82 页；26cm
九年义务教育三年制课本
ISBN 7-5417-1138-1：¥3.90

G634　017603
初中生单元同步达纲自测题：语文　第六册/罗国良，卢耀贞主编.—西安：未来出版社，1995.12.—110 页；26cm
九年义务教育三年制初中课本
ISBN 7-5417-1159-4：¥5.00

G634　017604
初中生单元同步达纲自测题：语文　第三册/罗国良，卢耀贞主编.—2 版.—西安：未来出版社，1995.4.—93 页；26cm
九年义务教育三年制课本
ISBN 7-5417-0750-3：¥3.80

G634　017605
初中生单元同步达纲自测题：语文　第一册/罗国良，卢耀贞主编.—2 版(修订本).—西安：未来出版社，1995.4.—73 页；26cm
九年义务教育三年制课本
ISBN 7-5417-0749-1：¥3.15

G634　017606
初中生单元同步达纲自测题：中国历史　第三册/朱东海主编.—修订本.—西安：未来出版社，1995.5.—97 页；26cm
九年义务教育三年制课本
ISBN 7-5417-1001-6：¥4.00

G634　017607
初中生基本功丛书：代数：初二上学期/北京市海淀区教育局高级教师编写组编.—西安：未来出版社，1995.5.—34 页；26cm
九年义务教育三年制初级中学教科书
ISBN 7-5417-1044-X：¥1.90

G634　017608
初中生基本功丛书：代数：初二下学期/北京市海淀区教育局高级教师编写组编.—修订版.—西安：未来出版社，1995.11.—38 页；26cm
九年义务教育三年制初级中学教科书
ISBN 7-5417-1111-X：¥2.30

G634　017609
初中生基本功丛书：代数：初三上学期/北京市海淀区教育局高级教师编写组编.—西安：未来出版社，

1995.6.—52页;26cm
九年义务教育三年制初级中学教科书
ISBN 7-5417-1049-0:¥2.50

G634　017610
初中生基本功丛书:代数:初一下学期/北京市海淀区教育局高级教师编写组编.—西安:未来出版社,1995.11.—53页;26cm
ISBN 7-5417-1126-8:¥2.90

G634　017611
初中生基本功丛书:化学:初三上学期/北京市海淀区教育局高级教师编写组编.—西安:未来出版社,1995.5.—75页;26cm
九年义务教育三年制初级中学教科书
ISBN 7-5417-1041-5:¥3.30

G634　017612
初中生基本功丛书:几何:初二上学期/北京市海淀区教育局高级教师编写组编.—西安:未来出版社,1995.5.—49页;26cm
九年义务教育三年制初级中学教科书
ISBN 7-5417-1046-6:¥2.50

G634　017613
初中生基本功丛书:几何:初二下学期/北京市海淀区教育局高级教师编写组编.—修订版.—西安:未来出版社,1995.11.—56页;26cm
九年义务教育三年制初级中学教科书
ISBN 7-5417-1118-7:¥3.10

G634　017614
初中生基本功丛书:几何:初三上学期/北京市海淀区教育局高级教师编写组编.—西安:未来出版社,1995.6.—48页;26cm
九年义务教育三年制初级中学教科书
ISBN 7-5417-1048-2:¥2.30

G634　017615
初中生基本功丛书:几何:初一下学期/北京市海淀区教育局高级教师编写组编.—修订版.—西安:未来出版社,1995.11.—31页;26cm
九年义务教育三年制初级中学教科书
ISBN 7-5417-1125-X:¥2.00

G634　017616
初中生基本功丛书:物理:初二上学期/北京市海淀区教育局高级教师编写组编.—西安:未来出版社,1995.5.—61页;26cm
九年义务教育三年制初级中学教科书
ISBN 7-5417-1045-8:¥2.90

G634　017617
初中生基本功丛书:物理:初二下学期/北京市海淀区教育局高级教师编写组编.—修订版.—西安:未来出版社,1995.11.—64页;26cm
九年义务教育三年制初级中学教科书
ISBN 7-5417-1113-6:¥3.40

G634　017618
初中生基本功丛书:物理:初三上学期/北京市海淀区教育局高级教师编写组编.—西安:未来出版社,1995.6.—73页;26cm
九年义务教育三年制初级中学教科书
ISBN 7-5417-1072-5:¥3.30

G634　017619
初中生基本功丛书:英语:初二上学期/北京市海淀区教育局高级教师编写组编.—西安:未来出版社,1995.6.—74页;26cm
九年义务教育三年制初级中学教科书
ISBN 7-5417-1047-4:¥3.30

G634　017620
初中生基本功丛书:英语:初二下学期/北京市海淀区教育局高级教师编写组编.—修订版.—西安:未来出版社,1995.11.—63页;26cm
九年义务教育三年制初级中学教科书
ISBN 7-5417-1122-5:¥3.30

G634　017621
初中生基本功丛书:英语:初三上学期/北京市海淀区教育局高级教师编写组编.—西安:未来出版社,1995.6.—70页;26cm
九年义务教育三年制初级中学教科书
ISBN 7-5417-1073-3:¥3.20

G634　017622
初中生基本功丛书:英语:初一上学期/北京市海淀区教育局高级教师编写组编.—西安:未来出版社,1995.6.—79页;26cm
九年义务教育三年制初级中学教科书
ISBN 7-5417-1040-7:¥3.60

G634　017623
初中生基本功丛书:英语:初一下学期/北京市海淀区教育局高级教师编写组编.—修订版.—西安:未来出版社,1995.11.—72页;26cm
九年义务教育三年制初级中学教科书
ISBN 7-5417-1112-8:¥3.70

G634　017624
初中生基本功丛书:语文:初二上学期/北京市海淀区教育局高级教师编写组编.—西安:未来出版社,1995.6.—71页;26cm
九年义务教育三年制初级中学教科书
ISBN 7-5417-1042-3:¥3.30

G634　017625
初中生基本功丛书:语文:初二下学期/北京市海淀区教育局高级教师编写组编.—修订版.—西安:未来出版社,1995.11.—51页;26cm
九年义务教育三年制初级中学教科书
ISBN 7-5417-1123-3:¥2.80

G634　017626
初中生基本功丛书:语文:初三上学期/北京市海淀区教育局高级教师编写组编.—西安:未来出版社,1995.5.—70页;26cm
九年义务教育三年制初级中学教科书
ISBN 7-5417-1050-4:¥3.20

G634　017627
初中生基本功丛书:语文:初一上学期/北京市海淀区教育局高级教师编写组编.—西安:未来出版社,1995.5.—73页;26cm

九年义务教育三年制初级中学教科书

ISBN 7-5417-1043-1:￥3.30

G634　017628

初中生基本功丛书:语文:初一下学期/北京市海淀区教育局高级教师编写组编.—修订版.—西安:未来出版社,1995.11.—65页;26cm

九年义务教育三年制初级中学教科书

ISBN 7-5417-1124-1:￥3.40

G634　017629

初中生学习指导/史美华等主编.—重庆:西南师范大学出版社,1995.8.—248页;19cm.—(学生学习指导丛书)

初中生学习指导(学法)实验教材

ISBN 7-5621-1393-9:￥5.80

G634　017630

初中生知识能力训练丛书:代数　第二册/《初中生知识能力训练丛书》编委会编.—北京:科学普及出版社,1995.6.—79页;19cm

ISBN 7-110-03992-7:￥1.70

G634　017631

初中生知识能力训练丛书:代数　第三册/《初中生知识能力训练丛书》编委会编.—北京:科学普及出版社,1995.6.—91页;19cm

ISBN 7-110-03992-7:￥2.20

G634　017632

初中生知识能力训练丛书:代数　第一册(上)/《初中生知识能力训练丛书》编委会编.—北京:科学普及出版社,1995.6.—98页;19cm

ISBN 7-110-03992-7:￥2.05

G634　017633

初中生知识能力训练丛书:地理　第三册/《初中生知识能力训练丛书》编委会编.—北京:科学普及出版社,1995.6.—90页;19cm

ISBN 7-110-03992-7:￥1.90

G634　017634

初中生知识能力训练丛书:地理　第一册/《初中生知识能力训练丛书》编委会编.—北京:科学普及出版社,1995.6.—71页;19cm

ISBN 7-110-03992-7:￥1.70

G634　017635

初中生知识能力训练丛书:化学 全一册/《初中生知识能力训练丛书》编委会编.—北京:科学普及出版社,1995.6.—147页;19cm

ISBN 7-110-03992-7:￥2.90

G634　017636

初中生知识能力训练丛书:几何　第二册/《初中生知识能力训练丛书》编委会编.—北京:科学普及出版社,1995.6.—80页;19cm

ISBN 7-110-03992-7:￥1.70

G634　017637

初中生知识能力训练丛书:几何　第三册/《初中生知识能力训练丛书》编委会编.—北京:科学普及出版社,1995.6.—66页;19cm

ISBN 7-110-03992-7:￥2.10

G634　017638

初中生知识能力训练丛书:生物　第二册/《初中生知识能力训练丛书》编委会编.—北京:科学普及出版社,1995.6.—116页;19cm

ISBN 7-110-03992-7:￥2.30

G634　017639

初中生知识能力训练丛书:生物　第一册(上)/《初中生知识能力训练丛书》编委会编.—北京:科学普及出版社,1995.6.—72页;19cm

ISBN 7-110-03992-7:￥1.60

G634　017640

初中生知识能力训练丛书:世界历史　第一册/《初中生知识能力训练丛书》编委会编.—北京:科学普及出版社,1995.6.—120页;19cm

ISBN 7-110-03992-7:￥1.90

G634　017641

初中生知识能力训练丛书:思想政治　全一册/《初中生知识能力训练丛书》编委会编.—北京:科学普及出版社,1995.6.—91页;19cm

ISBN 7-110-03992-7:￥1.90

G634　017642

初中生知识能力训练丛书:思想政治:初二　上册/《初中生知识能力训练丛书》编委会编.—北京:科学普及出版社,1995.6.—58页;19cm

ISBN 7-110-03992-7:￥1.30

G634　017643

初中生知识能力训练丛书:思想政治:初一　上册/《初中生知识能力训练丛书》编委会编.—北京:科学普及出版社,1995.6.—50页;19cm

ISBN 7-110-03992-7:￥1.15

G634　017644

初中生知识能力训练丛书:物理　第二册/《初中生知识能力训练丛书》编委会编.—北京:科学普及出版社,1995.6.—109页;19cm

ISBN 7-110-03992-7:￥2.60

G634　017645

初中生知识能力训练丛书:物理　第一册/《初中生知识能力训练丛书》编委会编.—北京:科学普及出版社,1995.6.—117页;19cm

ISBN 7-110-03992-7:￥2.75

G634　017646

初中生知识能力训练丛书:英语　第一册(上)/《初中生知识能力训练丛书》编委会编.—北京:科学普及出版社,1995.6.—122页;19cm

ISBN 7-110-03992-7:￥2.45

G634　017647

初中生知识能力训练丛书:英语 第二册(上)/《初中生知识能力训练丛书》编委会编.—北京:科学普及出版社,1995.6.—145页;19cm

ISBN 7-110-03992-7:￥2.90

G634　017648

初中生知识能力训练丛书:英语 第三册(上)/《初中生知识能力训练丛书》编委会编.—北京:科学普及出版社,1995.6.—164页;19cm

ISBN 7-110-03992-7: ¥2.75

G634 **017649**

初中生知识能力训练丛书:语文　第三册/《初中生知识能力训练丛书》编委会编.—北京:科学普及出版社,1995.6.—114页;19cm

ISBN 7-110-03992-7: ¥2.30

G634 **017650**

初中生知识能力训练丛书:语文　第五册/《初中生知识能力训练丛书》编委会编.—北京:科学普及出版社,1995.6.—96页;19cm

ISBN 7-110-03992-7: ¥2.70

G634 **017651**

初中生知识能力训练丛书:语文　第一册/《初中生知识能力训练丛书》编委会编.—北京:科学普及出版社,1995.6.—106页;19cm

ISBN 7-110-03992-7: ¥2.30

G634 **017652**

初中生知识能力训练丛书:中国历史　第三册/《初中生知识能力训练丛书》编委会编.—北京:科学普及出版社,1995.6.—71页;19cm

ISBN 7-110-03992-7: ¥1.90

G634 **017653**

初中生知识能力训练丛书:中国历史　第一册/《初中生知识能力训练丛书》编委会编.—北京:科学普及出版社,1995.6.—117页;19cm

ISBN 7-110-03992-7: ¥1.90

G634 **017654**

初中生中考复习指导与综合训练:化学/《初中生中考复习指导与综合训练》编写组编.—厦门:鹭江出版社,1995.7.—170页;19cm

ISBN 7-80610-208-6: ¥4.45

G634 **017655**

初中生中考复习指导与综合训练:数学/《初中生中考复习指导与综合训练》编写组编.—厦门:鹭江出版社,1995.7.—229页;19cm

ISBN 7-80610-205-1: ¥5.75

G634 **017656**

初中生中考复习指导与综合训练:思想政治/《初中生中考复习指导与综合训练》编写组编.—厦门:鹭江出版社,1995.6.—252页;19cm

ISBN 7-80610-206-X: ¥6.30

G634 **017657**

初中生中考复习指导与综合训练:物理/《初中生中考复习指导与综合训练》编写组编.—厦门:鹭江出版社,1995.7.—198页;19cm

ISBN 7-80610-209-4: ¥5.10

G634 **017658**

初中生中考复习指导与综合训练:英语/《初中生中考复习指导与综合训练》编写组编.—厦门:鹭江出版社,1995.7.—235页;19cm

ISBN 7-80610-207-8: ¥5.90

G634 **017659**

初中生中考复习指导与综合训练:语文/《初中生中考复习指导与综合训练》编写组编.—厦门:鹭江出版社,1995.7.—266页;19cm

ISBN 7-80610-204-3: ¥6.65

G634 **017660**

初中升学总复习与模拟题:化学/《初中升学总复习与模拟题》编写组编.—石家庄:河北科学技术出版社,1995.6.—237页;19cm

ISBN 7-5375-1486-0: ¥5.90

G634 **017661**

初中实验指导与报告册:化学、全一册/成都市教育科学研究所,《初中实验指导与报告册》编委会编.—成都:四川教育出版社,1995.5.—71页;26cm

ISBN 7-5408-0452-1: ¥3.33

G634 **017662**

初中实验指导与报告册:生物　第二册(上)/金道一主编;乐天等编写.—2版.—成都:四川教育出版社,1995.5.—43页;26cm

ISBN 7-5408-2614-2: ¥2.10

G634 **017663**

初中实验指导与报告册:物理　第二册/金道一主编;张万勋等编写.—成都:四川教育出版社,1995.5.—27页;26cm

ISBN 7-5408-2712-2: ¥1.58

G634 **017664**

初中四星级题库:数学/湖淑清编.—2版.—上海:上海科技教育出版社,1995.6.—324页;26cm

ISBN 7-5428-0858-3: ¥18.40

G634 **017665**

初中四星级题库:英语/黄小立等编.—2版.—上海:上海科技教育出版社,1995.2.—178页;26cm

ISBN 7-5428-0837-0: ¥11.50

G634 **017666**

初中四星级题库:语文/陶莲云,陈民华编.—2版.—上海:上海科技教育出版社,1995.6.—190页;26cm

ISBN 7-5428-0838-9: ¥11.20

G634 **017667**

初中同步训练精讲精练精测:物理　第一册/章浩武主编;李华等编.—2版.—天津:天津教育出版社,1995.6.—244页;19cm

ISBN 7-5309-1620-3: ¥5.40

G634 **017668**

初中同步训练精讲精练精测:语文　第二册/李乃悦等编.—天津:天津教育出版社,1995.6.—265页;19cm

ISBN 7-5309-2212-2: ¥5.70

G634 **017669**

初中习题集:俄语/郑涌涛主编;木力等编.—2版.—沈阳:辽宁教育出版社,1995.5.—215页;19cm

ISBN 7-5382-1729-0: ¥4.35

G634 **017670**

初中习题集:代数(上)/魏超群主编;关成志等编.—2版.—沈阳:辽宁教育出版社,1995.4.—237页;19cm

供毕业年级使用

ISBN 7-5382-2841-1: ¥4.80

G634 **017671**

初中习题集:代数(下)/魏超群主编;赵光千等编.—沈阳:辽宁教育出版社,1995.11.—123页;19cm
ISBN 7-5382-3778-X:¥2.90

G634　017672
初中习题集:地理/王希穆主编;尹德涛等编.—沈阳:辽宁教育出版社,1995.5.—186页;19cm
供毕业年级使用
ISBN 7-5382-4089-6:¥3.90

G634　017673
初中习题集:几何(上)/魏超群主编;关成志等编.—2版.—沈阳:辽宁教育出版社,1995.5.—138页;19cm
ISBN 7-5382-2932-9:¥2.90

G634　017674
初中习题集:几何(下)/刘长辉等编.—沈阳:辽宁教育出版社,1995.11.—101页;19cm
供毕业年级使用
ISBN 7-5382-4323-2:¥2.40

G634　017675
初中习题集:历史/崔粲等主编;马德录等编.—2版.—沈阳:辽宁教育出版社,1995.5.—230页;19cm
ISBN 7-5382-2121-2:¥4.65

G634　017676
初中习题集:日语/曾丽云主编;姜万锡等编.—2版.—沈阳:辽宁教育出版社,1995.5.—199页;19cm
ISBN 7-5382-1721-5:¥4.05

G634　017677
初中习题集:生物/朱朝书主编.—2版.—沈阳:辽宁教育出版社,1995.5.—268页;19cm
供毕业年级使用
ISBN 7-5382-2061-5:¥5.30

G634　017678
初中习题集:思想政治/赵子卿主编.—3版.—沈阳:辽宁教育出版社,1995.5.—174页;19cm
供毕业年级使用
ISBN 7-5382-2811-X:¥3.60

G634　017679
初中习题集:物理(上)/岳振堂,王常岐主编.—3版.—沈阳:辽宁教育出版社,1995.5.—140页;19cm
供毕业年级使用
ISBN 7-5382-2113-1:¥2.90

G634　017680
初中习题集:英语(上)/裴志民主编;李秀春等编.—2版.—沈阳:辽宁教育出版社,1995.5.—212页;19cm
ISBN 7-5382-1730-4:¥4.30

G634　017681
初中习题集:语文(上)/刘文忠主编;孟庆欣等编.—3版.—沈阳:辽宁教育出版社,1995.5.—161页;19cm
供毕业年级使用
ISBN 7-5382-2080-1:¥3.30

G634　017682
初中习题集:语文(下)/刘文忠主编.—2版.—沈阳:辽宁教育出版社,1995.11.—118页;19cm
供毕业年级使用
ISBN 7-5382-3790-9:¥2.70

G634　017683
初中新教材教与学目标、反馈、回授:数学:初二下学期/《初中新教材教与学目标、反馈、回授》丛书编委会编;康乐贤,方大濂分主编.—武汉:湖北科学技术出版社,1995.1.—104页;26cm
ISBN 7-5352-1545-9:¥3.70

G634　017684
初中新教材教与学目标、反馈、回授:英语:初二下学期/《初中新教材教与学目标、反馈、回授》丛书编委会编;杨汝强分主编.—武汉:湖北科学技术出版社,1995.1.—95页;26cm
ISBN 7-5352-1533-5:¥3.50

G634　017685
初中新教材教与学目标、反馈、回授:英语:初一下学期/《初中新教材教与学目标、反馈、回授》丛书编委会编;祝楠分主编.—武汉:湖北科学技术出版社,1995.1.—95页;26cm
ISBN 7-5352-1538-6:¥3.50

G634　017686
初中新教材教与学目标、反馈、回授:语文:初一下学期/《初中新教材教与学目标、反馈、回授》丛书编委会编;陈荣鑫,肖永兴分主编.—武汉:湖北科学技术出版社,1995.1.—122页;26cm
ISBN 7-5352-1537-8:¥4.30

G634　017687
初中新教材教与学目标·反馈·回授:化学:初三年级/丛书编委会编.—武汉:湖北科学技术出版社,1995.7.—94页;26cm
ISBN 7-5352-1712-5:¥5.50

G634　017688
初中新教材教与学目标·反馈·回授:历史:初三年级/丛书编委会编.—武汉:湖北科学技术出版社,1995.7.—101页;26cm
ISBN 7-5352-1713-3:¥5.50

G634　017689
初中新教材教与学目标·反馈·回授:数学:初三上学期/丛书编委会编.—武汉:湖北科学技术出版社,1995.7.—125页;26cm
ISBN 7-5352-1709-5:¥5.50

G634　017690
初中新教材教与学目标·反馈·回授:数学:初一下学期 /何卉主编.—武汉:湖北科学技术出版社,1995.1.—103页;26cm
ISBN 7-5352-1542-4:¥3.70

G634　017691
初中新教材教与学目标·反馈·回授:物理:初三年级/丛书编委会编.—武汉:湖北科学技术出版社,1995.7.—82页;26cm
ISBN 7-5352-1711-7:¥5.40

G634　017692
初中新教材教与学目标·反馈·回授:英语:初三上学期/丛书编委会编.—武汉:湖北科学技术出版社,1995.7.—128页;26cm
ISBN 7-5352-1710-9:¥5.70

G634　017693
初中新教材教与学目标·反馈·回授:语文:初三上学期/丛书编委会编.—武汉:湖北科学技术出版社,1995.7.—133页;26cm
ISBN 7-5352-1708-7:¥5.70

G634　017694
初中学生课堂学习用书:掌握政治:初中二年级　上册/《初中学生课堂学习用书》编委会编.—长沙:湖南教育出版社,1995.6.—57页;26cm
义务教育三年制初中:人教版
ISBN 7-5355-2149-5:¥2.80

G634　017695
初中学生课堂学习用书:掌握政治:初中三年级　上册/《初中学生课堂学习用书》编委会编.—长沙:湖南教育出版社,1995.6.—60页;26cm
义务教育三年制初中:人教版
ISBN 7-5355-2184-3:¥3.00

G634　017696
初中一年级标准化测试题:数学/吴沈泉,李纯编写.—上海:上海远东出版社,1995.8.—116页;26cm
ISBN 7-80514-398-6:¥7.50

G634　017697
初中一年级标准化测试题:英语/徐菊英等编写.—上海:上海远东出版社,1995.8.—155页;26cm
ISBN 7-80514-399-4:¥9.50

G634　017698
初中一年级标准化测试题:语文/田琪恩编写.—上海:上海远东出版社,1995.8.—113页;26cm
ISBN 7-80514-446-X:¥7.50

G634　017699
初中预备班标准化测试题:英语/李群等编写.—上海:上海远东出版社,1995.8.—159页;26cm
ISBN 7-80514-400-1:¥9.50

G634　017700
初中预备班标准化测试题:语文/陈熔编写.—上海:上海远东出版社,1995.8.—115页;26cm
ISBN 7-80514-296-3:¥7.50

G634　017701
初中总复习综合测试试题袋/北京师范大学附属实验中学编.—3版.—郑州:河南教育出版社,1995.10.—1袋(203页);26cm
ISBN 7-5347-1840-6:¥7.20

G634　017702
初中作业本:初二生物(下)/朱朝书等编.—2版.—沈阳:辽宁教育出版社,1995.11.—49页;26cm
ISBN 7-5382-3846-8:¥2.10

G634　017703
初中作业本:初二英语(上)/裴志民主编;李爱勤等编.—2版.—沈阳:辽宁教育出版社,1995.5.—65页;26cm
ISBN 7-5382-2939-6:¥2.50

G634　017704
初中作业本:初二语文(上)/刘文忠主编;孟庆欣,闻钟编.—2版.—沈阳:辽宁教育出版社,1995.5.—64页;26cm
ISBN 7-5382-3647-3:¥2.50

G634　017705
初中作业本:初三代数(下)/吕品等编.—沈阳:辽宁教育出版社,1995.11.—48页;26cm
ISBN 7-5382-4285-6:¥2.10

G634　017706
初中作业本:初三化学(下)/毕毓秀等编.—2版.—沈阳:辽宁教育出版社,1995.11.—48页;26cm
ISBN 7-5382-3780-1:¥2.10

G634　017707
初中作业本:初三几何(下)/于永昌等编.—沈阳:辽宁教育出版社,1995.11.—32页;26cm
ISBN 7-5382-4302-X:¥1.50

G634　017708
初中作业本:初三思想政治(上)/赵子卿等编.—沈阳:辽宁教育出版社,1995.5.—48页;26cm
ISBN 7-5382-4081-0:¥1.90

G634　017709
初中作业本:初三英语(下)/裴志民主编.—2版.—沈阳:辽宁教育出版社,1995.11.—64页;26cm
ISBN 7-5382-3741-0:¥2.80

G634　017710
初中作业本:初三语文(下)/刘文忠主编.—2版.—沈阳:辽宁教育出版社,1995.11.—63页;26cm
ISBN 7-5382-3789-5:¥2.80

G634　017711
初中作业本:初一生物(上)/朱朝书等编.—沈阳:辽宁教育出版社,1995.5.—48页;26cm
ISBN 7-5382-4095-0:¥1.90

G634　017712
初中作业本:初一生物(下)/朱朝书等编.—2版.—沈阳:辽宁教育出版社,1995.11.—47页;26cm
ISBN 7-5382-3847-6:¥2.10

G634　017713
初中作业本:义务教育三年制:初二代数(下)/高鸿等编.—2版.—沈阳:辽宁教育出版社,1995.11.—48页;26cm
ISBN 7-5382-2799-7:¥2.10

G634　017714
初中作业本:义务教育三年制:初二代数(下)/赵围等编.—沈阳:辽宁教育出版社,1995.11.—32页;26cm
ISBN 7-5382-2840-3:¥1.50

G634　017715
初中作业本:义务教育三年制:初二地理(上)/王希穆等编.—沈阳:辽宁教育出版社,1995.5.—48页;26cm
ISBN 7-5382-4161-2:¥1.90

G634　017716
初中作业本:义务教育三年制:初二地理(下)/那万库等编.—沈阳:辽宁教育出版社,1995.11.—48页;26cm
ISBN 7-5382-4282-1:¥2.10

G634　017717

初中作业本:义务教育三年制:初二几何(上)/刘会成等编.—2版.—沈阳:辽宁教育出版社,1995.5.—32页;26cm
ISBN 7-5382-2840-3:¥1.35

G634　017718
初中作业本:义务教育三年制:初二历史(上)/崔粲,王巨龙主编;许华凌等编.—沈阳:辽宁教育出版社,1995.5.—48页;26cm
ISBN 7-5382-4135-3:¥1.90

G634　017719
初中作业本:义务教育三年制:初二生物(上)/朱朝书等编.—沈阳:辽宁教育出版社,1995.5.—48页;26cm
ISBN 7-5382-4098-5:¥1.90

G634　017720
初中作业本:义务教育三年制:初二思想政治(上)/赵子卿等编.—沈阳:辽宁教育出版社,1995.5.—47页;26cm
ISBN 7-5382-4096-9:¥1.90

G634　017721
初中作业本:义务教育三年制:初三代数(上)/魏超群等编.—沈阳:辽宁教育出版社,1995.5.—48页;26cm
ISBN 7-5382-4093-4:¥1.90

G634　017722
初中作业本:义务教育三年制:初三几何(上)/关成志,刘会成编.—沈阳:辽宁教育出版社,1995.5.—32页;26cm
ISBN 7-5382-4137-X:¥1.35

G634　017723
初中作业本:义务教育三年制:初三历史(上)/崔粲,王巨龙主编;李风等编.—沈阳:辽宁教育出版社,1995.5.—48页;26cm
ISBN 7-5382-4132-9:¥1.90

G634　017724
初中作业本:义务教育三年制:初三历史(下)/崔粲,王巨龙主编.—沈阳:辽宁教育出版社,1995.11.—48页;26cm
ISBN 7-5382-4278-3:¥2.10

G634　017725
初中作业本:义务教育三年制:初三物理(上)/岳振堂主编.—沈阳:辽宁教育出版社,1995.5.—48页;26cm
ISBN 7-5382-4168-X:¥1.90

G634　017726
初中作业本:义务教育三年制:初三英语(上)/裴志民主编;周贵林等编.—沈阳:辽宁教育出版社,1995.5.—64页;26cm
ISBN 7-5382-4167-1:¥2.50

G634　017727
初中作业本:义务教育三年制:初一历史(上)/崔粲,王巨龙主编;尚国元等编.—沈阳:辽宁教育出版社,1995.5.—48页;26cm
ISBN 7-5382-4131-0:¥1.90

G634　017728
初中作业本:义务教育三年制:初一物理(上)/王希穆主编.—沈阳:辽宁教育出版社,1995.5.—48页;26cm
ISBN 7-5382-4162-0:¥1.90

G634　017729
初中作业本:义务教育三年制:初一英语(上)/裴志民主编;韩光迪等编.—2版.—沈阳:辽宁教育出版社,1995.5.—64页;26cm
ISBN 7-5382-2933-7:¥2.50

G634　017730
从59分到90分:八年级英语/葛淑琴编.—上海:华东师范大学出版社,1995.12.—413页;19cm.—(走出低谷丛书/王鸿仁,赵凤飞主编)
ISBN 7-5617-1429-7:¥13.40

G634　017731
从59分到90分:六年级数学/麦嘉馨,夏钟英编.—上海:华东师范大学出版社,1995.12.—338页;19cm.—(走出低谷丛书/王鸿仁,赵凤飞主编)
ISBN 7-5617-1425-4:¥11.30

G634　017732
从59分到90分:六年级英语/何桂芸编.—上海:华东师范大学出版社,1995.12.—407页;19cm.—(走出低谷丛书/王鸿仁,赵凤飞主编)
ISBN 7-5617-1427-0:¥13.20

G634　017733
从59分到90分:六年级语文:H版/曹融编.—上海:华东师范大学出版社,1995.12.—373页;19cm.—(走出低谷丛书/王鸿仁,赵凤飞主编)
ISBN 7-5617-1423-8:¥11.60

G634　017734
从59分到90分:六年级语文:S版/瞿志军等编.—上海:华东师范大学出版社,1995.12.—343页;19cm.—(走出低谷丛书/王鸿仁,赵凤飞主编)
ISBN 7-5617-1421-1:¥10.70

G634　017735
从59分到90分:七年级数学/张佩蓓,李振芳编.—上海:华东师范大学出版社,1995.12.—408页;19cm.—(走出低谷丛书/王鸿仁,赵凤飞主编)
ISBN 7-5617-1426-2:¥13.20

G634　017736
从59分到90分:七年级英语/刘鼎立编.—上海:华东师范大学出版社,1995.12.—289页;19cm.—(走出低谷丛书/王鸿仁,赵凤飞主编)
ISBN 7-5617-1428-9:¥9.90

G634　017737
从59分到90分:七年级语文:S版/陈仲年等编.—上海:华东师范大学出版社,1995.12.—383页;19cm.—(走出低谷丛书/王鸿仁,赵凤飞主编)
ISBN 7-5617-1422-X:¥11.90

G634　017738
从课内到课外:语文:H版:八年级第二学期/余铭等编.—上海:上海教育出版社,1995.11.—165页;19cm
ISBN 7-5320-4598-6:¥4.00

G634 017739

从课内到课外:语文:H版:七年级第二学期/《从课内到课外》编写组编.—2版.—上海:上海教育出版社,1995.11.—128页;19cm

九年制义务教育课本

ISBN 7-5320-4599-4:¥3.30

G634 017740

从课内到课外:语文:H版:七年级第一学期/陈通等编.—上海:上海教育出版社,1995.6.—132页;19cm

ISBN 7-5320-4382-7:¥2.35

G634 017741

从课内到课外:语文:八年级第一学期/上海市教育局教材办编.—上海:上海教育出版社,1995.6.—146页;19cm

九年制义务教育课本:H版

ISBN 7-5320-4307-X:¥2.60

G634 017742

复习·应考·高效率:初中部分/张继先主编.—北京:中国农业出版社,1995.6.—487页;20cm

ISBN 7-109-03217-5:¥17.50

G634 017743

复习·应考·高效率:高中册/张继先,黄金泉编.—北京:中国农业出版社,1995.8.—703页;20cm

ISBN 7-109-03218-3:¥30.50

G634 017744

高二物理化学单元测试卷:上学期/吕严,赵铁祥编.—沈阳:辽宁教育出版社,1995.6.—65页;26cm

ISBN 7-5382-4232-5:¥3.10

G634 017745

高二物理化学单元测试卷:下学期/安建晔,官凤兰编.—沈阳:辽宁教育出版社,1995.11.—76页;26cm

ISBN 7-5382-4376-3:¥3.50

G634 017746

高二政治历史单元测试卷:上学期/李丽,尹超编.—沈阳:辽宁教育出版社,1995.6.—73页;26cm

ISBN 7-5382-4200-7:¥3.20

G634 017747

高二政治历史单元测试卷:下学期/尹超,鲍清编.—沈阳:辽宁教育出版社,1995.11.—73页;26cm

ISBN 7-5382-4297-X:¥3.40

G634 017748

高考答题指要与对策:理科版/金明凯主编.—沈阳:辽宁少年儿童出版社,1995.9.—390页;19cm

《升学考试最佳复习法》配套用书

ISBN 7-5315-2596-8:¥12.50

G634 017749

高考答题指要与对策:文科版/金明凯主编.—沈阳:辽宁少年儿童出版社,1995.9.—331页;19cm

《升学考试最佳复习法》配套用书

ISBN 7-5315-2595-X:¥12.00

G634 017750

高考丢分原因分析与解题指导:语文/孔繁春,顾昭琪编著.—合肥:安徽教育出版社,1995.10.—261页;19cm

ISBN 7-5336-1866-1:¥7.78

G634 017751

高考高分对策丛书:化学/胡学增主编;单福良等编.—西安:陕西人民教育出版社,1995.2.—207页;26cm

ISBN 7-5419-1394-4:¥8.15

G634 017752

高考高分对策丛书:数学/胡学增主编;于中等编.—西安:陕西人民教育出版社,1995.2.—155页;26cm.—(/胡学增主编)

ISBN 7-5419-6074-8:¥6.20

G634 017753

高考高分对策丛书:物理/胡学增主编;葛文驷主编.—西安:陕西人民教育出版社,1995.2.—159页;26cm

ISBN 7-5419-6075-6:¥6.50

G634 017754

高考高分对策丛书:英语/胡学增主编;冯大雄分册主编.—西安:陕西人民教育出版社,1995.2.—214页;26cm

ISBN 7-5419-2715-5:¥8.40

G634 017755

高考高分对策丛书:语文/胡学增主编;禹维民分册主编.—西安:陕西人民教育出版社,1995.2.—156页;26cm

ISBN 7-5419-3877-7:¥6.20

G634 017756

高考会考解题思路·技巧/张效民等主编.—成都:四川民族出版社,1995.10.—5册;19cm

ISBN 7-5409-1621-4:¥38.00

G634 017757

高考考点分项训练:化学分册/严正夫,张启仁主编.—修订版.—武汉:武汉工业大学出版社,1995.9.—200页;26cm.—(中国中学骨干教师编著丛书)

ISBN 7-5629-0908-3:¥11.80

G634 017758

高考能力要求与试题精解:化学/胡鼎文主编.—2版.—广州:广东高等教育出版社,1995.1.—172页;26cm

ISBN 7-5361-1169-X:¥6.15

G634 017759

高考能力要求与试题精解:历史/臧嵘主编.—2版.—广州:广东高等教育出版社,1995.1.—135页;26cm

ISBN 7-5361-1170-3:¥5.25

G634 017760

高考能力要求与试题精解:数学/蔡上鹤主编.—2版.—广州:广东高等教育出版社,1995.1.—182页;26cm

ISBN 7-5361-1166-5:¥6.60

G634 017761

高考能力要求与试题精解:物理/张同恂主编.—2版.—广州:广东高等教育出版社,1995.1.—179页;26cm

ISBN 7－5361－1168－1：¥6.15

G634 017762

高考能力要求与试题精解：英语/唐钧主编.—2版.—广州：广东高等教育出版社，1995.1.—192页；26cm

ISBN 7－5361－1167－3：¥6.60

G634 017763

高考能力要求与试题精解：语文/庄文中主编.—2版.—广州：广东高等教育出版社，1995.1.—164页；26cm

ISBN 7－5361－1165－7：¥5.70

G634 017764

高考题型题解大全：历史/《高考题型题解大全》编写组编.—长春：东北师范大学出版社，1995.10.—255页；19cm

ISBN 7－5602－1691－9：¥6.80

G634 017765

高考题型题解大全：英语/《高考题型题解大全》编写组编.—长春：东北师范大学出版社，1995.12.—276页；19cm

ISBN 7－5602－1707－9：¥7.50

G634 017766

高考题型题解大全：政治/《高考题型题解大全》编写组编.—长春：东北师范大学出版社，1995.11.—272页；19cm

ISBN 7－5602－1698－6：¥7.50

G634 017767

高考新题型：化学/高考新题型研究组编.—北京：北京教育出版社，1995.3.—254页；19cm

ISBN 7－5303－0600－6：¥5.40

G634 017768

高考新题型：历史/高考新题型研究组编.—北京：北京教育出版社，1995.3.—254页；19cm

ISBN 7－5303－0602－2：¥4.90

G634 017769

高考新题型：数学/高考新题型研究组编 .—北京：北京教育出版社，1995.2.—275页；19cm

ISBN 7－5303－0597－2：¥5.90

G634 017770

高考新题型：物理/高考新题型研究组编 .—北京：北京教育出版社，1995.3.—188页；19cm

ISBN 7－5303－0599－9：¥4.20

G634 017771

高考新题型：英语/高考新题型研究组编 .—北京：北京教育出版社，1995.2.—214页；19cm

ISBN 7－5303－0598－0：¥4.70

G634 017772

高考新题型：语文/高考新题型研究组编 .—北京：北京教育出版社，1995.2.—283页；19cm

ISBN 7－5303－0596－4：¥5.50

G634 017773

高考应变能力训练题析丛书：化学/张文熙，张秀家主编.—海口：海南出版社，1995.2.—438页；19cm

ISBN 7－80590－904－0：¥8.50

G634 017774

高考应变能力训练题析丛书：历史/王晓波，张敬江主编.—海口：海南出版社，1995.2.—311页；19cm

ISBN 7－80590－909－1：¥6.50

G634 017775

高考应变能力训练题析丛书：物理/余祖馨，汪少魁主编.—海口：海南出版社，1995.2.—329页；19cm

ISBN 7－80590－905－9：¥6.50

G634 017776

高考应变能力训练题析丛书：英语/陶文好，许根宝主编.—海口：海南出版社，1995.2.—231页；19cm

ISBN 7－80590－907－5：¥4.50

G634 017777

高考应变能力训练题析丛书：语文/李劲风主编.—海口：海南出版社，1995.2.—302页；19cm

文理通用

ISBN 7－80590－908－3：¥6.00

G634 017778

高考应变能力训练题析丛书：政治/杨治国主编.—海口：海南出版社，1995.2.—338页；19cm

ISBN 7－80590－910－5：¥6.50

G634 017779

高考应试能力跃升：化学/贺信淳主编；裘大彭等编著.—天津：天津教育出版社，1995.5.—334页；19cm

ISBN 7－5309－2085－5：¥6.45

G634 017780

高考应试能力跃升：数学/贺信淳主编；贺信淳，李平编著.—天津：天津教育出版社，1995.4.—414页；19cm

ISBN 7－5309－2083－9：¥7.90

G634 017781

高考应试能力跃升：物理/贺信淳主编；王天谡，刘彬媛编著.—天津：天津教育出版社，1995.4.—344页；19cm

ISBN 7－5309－2084－7：¥6.60

G634 017782

高考应试能力跃升：英语/贺信淳主编；李达荣等编著.—天津：天津教育出版社，1995.4.—299页；19cm

ISBN 7－5309－2087－1：¥5.80

G634 017783

高考应试能力跃升：语文/贺信淳主编；王有声等编著.—天津：天津教育出版社，1995.4.—366页；19cm

ISBN 7－5309－2086－3：¥7.05

G634 017784

高考指导"3＋2"丛书：政治分册/张康煊，张济正主编.—2版.—上海：上海科学技术出版社，1995.6.—224页；26cm

ISBN 7－5323－3964－5：¥8.50

G634 017785

高三物理化学单元测试卷：上学期/胡坤英，赵铁祥编.—沈阳：辽宁教育出版社，1995.6.—83页；26cm

ISBN 7－5382－4235－X：¥5.10

G634 017786

高三物理化学单元测试卷：下学期/潘宝香，赵铁祥编.—沈阳：辽宁教育出版社，1995.11.—84页；26cm

ISBN 7-5382-4346-1: ¥3.80

G634 017787

高三政治历史单元测试卷:上学期/丛惠春,杜志伟编.—沈阳:辽宁教育出版社,1995.6.—64页;26cm

ISBN 7-5382-4201-5: ¥3.10

G634 017788

高一物理化学单元测试卷:上学期/何风玲,官风兰编.—沈阳:辽宁教育出版社,1995.6.—74页;26cm

ISBN 7-5382-4231-7: ¥3.20

G634 017789

高一物理化学单元测试卷:下学期/何凤玲,官风兰编.—沈阳:辽宁教育出版社,1995.11.—75页;26cm

ISBN 7-5382-4335-6: ¥3.50

G634 017790

高一政治地理单元测试卷:上学期/李丽,朱春明编.—沈阳:辽宁教育出版社,1995.6.—67页;26cm

ISBN 7-5382-4213-9: ¥3.10

G634 017791

高一政治地理单元测试卷:下学期/朱春明,李静编.—沈阳:辽宁教育出版社,1995.11.—65页;26cm

ISBN 7-5382-4300-3: ¥3.20

G634 017792

高中毕业升学总复习:化学/施其康主编;洪东府等编.—3版.—天津:天津教育出版社,1995.6.—322页;19cm

ISBN 7-5309-1600-9: ¥6.75

G634 017793

高中毕业升学总复习:数学/闻炘威,黄萃椿主编.—3版.—天津:天津教育出版社,1995.6.—496页;19cm

ISBN 7-5309-1646-7: ¥10.05

G634 017794

高中毕业升学总复习:物理/张静甫编.—3版.—天津:天津教育出版社,1995.6.—443页;19cm

ISBN 7-5309-1615-7: ¥9.15

G634 017795

高中毕业升学总复习:英语/陈锡麟主编.—3版.—天津:天津教育出版社,1995.6.—320页;19cm

ISBN 7-5309-1597-5: ¥6.75

G634 017796

高中毕业升学总复习:语文/陆继椿主编.—3版.—天津:天津教育出版社,1995.6.—353页;19cm

ISBN 7-5309-1578-9: ¥7.35

G634 017797

高中二年级会考科目考试纲要:物理、化学、生物、历史:1996/天津市普通高中毕业会考办公室编.—3版.—天津:天津科学技术出版社,1995.10.—295页;19cm

ISBN 7-5308-1525-3: ¥7.90

G634 017798

高中复习用书:历史/浙江省教育委员会教研室编.—2版.—杭州:浙江教育出版社,1995.1.—403页;19cm

ISBN 7-5338-1048-1: ¥6.25

G634 017799

高中复习指导:英语/河北省教育科学研究所《高中复习指导》编写组编.—2版.—石家庄:河北教育出版社,1995.9.—188页;19cm

ISBN 7-5434-1746-4: ¥3.50

G634 017800

高中复习指导丛书:化学(上)/徐州市教育局教研室编.—北京:科学普及出版社,1995.9.—166页;26cm

ISBN 7-110-04010-0: ¥8.50

G634 017801

高中复习指导丛书:数学(上)/徐州市教育局教研室编.—北京:科学普及出版社,1995.9.—221页;26cm

ISBN 7-110-04006-2: ¥12.00

G634 017802

高中复习指导丛书:物理(上)/徐州市教育局教研室编.—北京:科学普及出版社,1995.9.—221页;26cm

ISBN 7-110-04007-0: ¥12.00

G634 017803

高中复习指导丛书:英语(上)/徐州市教育局教研室编.—北京:科学普及出版社,1995.9.—166页;26cm

ISBN 7-110-04004-6: ¥9.00

G634 017804

高中复习指导丛书:语文(上)/徐州市教育局教研室编.—北京:科学普及出版社,1995.9.—124页;26cm

ISBN 7-110-04008-9: ¥6.50

G634 017805

高中复习指导丛书:政治(上)/徐州市教育局教研室编.—北京:科学普及出版社,1995.9.—156页;26cm

ISBN 7-110-04005-4: ¥8.00

G634 017806

高中各科练习册参考答案:二年级上学期/《高中各科练习册参考答案》编写组编 .—南昌:江西教育出版社,1995.7.—75页;19cm

ISBN 7-5392-2000-7: ¥1.20

G634 017807

高中各科练习册参考答案:二年级下学期/《高中各科练习册参考答案》编写组编.—南昌:江西教育出版社,1995.12.—108页;19cm

ISBN 7-5392-2474-6: ¥2.35

G634 017808

高中各科练习册参考答案:三年级　全一册/《高中各科练习册参考答案》编写组编 .—南昌:江西教育出版社,1995.7.—75页;19cm

ISBN 7-5392-1994-7: ¥1.20

G634 017809

高中各科练习册参考答案:一年级上学期/《高中各科练习册参考答案》编写组编.—南昌:江西教育出版社,1995.7.—131页;19cm

ISBN 7-5392-2002-3: ¥1.85

G634 017810

高中各科练习册参考答案:一年级下学期/《高中各科练习册参考答案》编写组编.—南昌:江西教育出版社,1995.11.—109页;19cm

ISBN 7-5392-2203-4: ¥2.45

G634 017811

高中会考标准:高二年级/蔡建民主编;浙江省普通高中会考办公室编.—杭州:浙江教育出版社,1995.9.—476 页;19cm

分流试验学校适用

ISBN 7-5338-2134-3:¥11.00

G634　017812

高中会考标准:高二年级/蔡建民主编;浙江省普通高中会考办公室编.—杭州:浙江教育出版社,1995.9.—348 页;19cm

ISBN 7-5338-2132-7:¥8.30

G634　017813

高中会考标准:高三年级/蔡建民主编;浙江省普通高中会考办公室编.—杭州:浙江教育出版社,1995.8.—169 页;19cm

ISBN 7-5338-2133-5:¥4.35

G634　017814

高中会考标准:高一年级/蔡建民主编;浙江省普通高中会考办公室编.—杭州:浙江教育出版社,1995.8.—107 页;19cm

ISBN 7-5338-2131-9:¥3.15

G634　017815

高中会考复习测试:化学/《高中会考复习测试·化学》编写组编.—3 版.—南京:江苏教育出版社,1995.12.—42 页;26×38cm

ISBN 7-5343-2668-0:¥4.00

G634　017816

高中会考强化训练:地理/徐居正等编.—天津:天津教育出版社,1995.7.—255 页;19cm

ISBN 7-5309-2200-9:¥7.40

G634　017817

高中会考强化训练:化学/宁潜济等编.—天津:天津教育出版社,1995.7.—259 页;19cm

ISBN 7-5309-2209-2:¥7.50

G634　017818

高中会考强化训练:历史/左玉祥等编.—天津:天津教育出版社,1995.7.—343 页;19cm

ISBN 7-5309-2195-9:¥9.60

G634　017819

高中会考强化训练:生物/吕灿良等编著.—天津:天津教育出版社,1995.7.—266 页;19cm

ISBN 7-5309-2192-4:¥7.60

G634　017820

高中会考强化训练:数学/马成瑞编.—天津:天津教育出版社,1995.7.—302 页;19cm

ISBN 7-5309-2160-6:¥8.60

G634　017821

高中会考强化训练:物理/袁克群等编.—天津:天津教育出版社,1995.7.—274 页;19cm

ISBN 7-5309-2204-1:¥7.80

G634　017822

高中会考强化训练:英语/毕勤等编.—天津:天津教育出版社,1995.7.—243 页;19cm

ISBN 7-5309-2193-2:¥7.00

G634　017823

高中会考强化训练:语文/梁立夫等编.—天津:天津教育出版社,1995.7.—305 页;19cm

ISBN 7-5309-2191-6:¥8.60

G634　017824

高中会考试卷式单元练习:高二化学/《高中会考试卷单元练习》命题组编.—2 版.—石家庄:河北教育出版社,1995.6.—67 页;26cm

ISBN 7-5434-2016-3:¥1.90

G634　017825

高中会考试卷式单元练习:高二历史/《高中会考试卷单元练习》命题组编.—2 版.—石家庄:河北教育出版社,1995.6.—81 页;26cm

ISBN 7-5434-1670-0:¥2.20

G634　017826

高中会考试卷式单元练习:高二生物/《高中会考试卷式单元练习》命题组编.—2 版.—石家庄:河北教育出版社,1995.6.—89 页;26cm

ISBN 7-5434-2003-1:¥2.50

G634　017827

高中会考试卷式单元练习:高二数学/《高中会考试卷单元练习》命题组编.—石家庄:河北教育出版社,1995.6.—210 页;26cm

ISBN 7-5434-2411-8:¥5.80

G634　017828

高中会考试卷式单元练习:高二物理/《高中会考试卷单元练习》命题组编.—2 版.—石家庄:河北教育出版社,1995.6.—59 页;26cm

ISBN 7-5434-1671-9:¥1.70

G634　017829

高中会考试卷式单元练习:高二英语/《高中会考试卷单元练习》命题组编.—2 版.—石家庄:河北教育出版社,1995.6.—58 页;26cm

ISBN 7-5434-2017-1:¥1.70

G634　017830

高中会考试卷式单元练习:高一化学/《高中会考试卷单元练习》命题组编.—2 版.—石家庄:河北教育出版社,1995.6.—63 页;26cm

ISBN 7-5434-2002-3:¥1.80

G634　017831

高中会考试卷式单元练习:高一历史/《高中会考试卷单元练习》命题组编.—2 版.—石家庄:河北教育出版社,1995.6.—72 页;26cm

ISBN 7-5434-1669-7:¥2.00

G634　017832

高中会考试卷式单元练习:高一数学/《高中会考试卷单元练习》命题组编.—石家庄:河北教育出版社,1995.6.—132 页;26cm

ISBN 7-5434-2410-8:¥3.80

G634　017833

高中会考试卷式单元练习:高一物理/《高中会考试卷单元练习》命题组编.—2 版.—石家庄:河北教育出版社,1995.6.—51 页;26cm

ISBN 7-5434-2001-5:¥1.50

G634　017834

高中会考试卷式单元练习:高一英语/《高中会考试卷单元练习》命题组编.—2版.—石家庄:河北教育出版社,1995.6.—51页;26cm

ISBN 7-5434-2000-7:¥1.50

G634　017835

高中会考试卷式单元练习:高中地理/《高中会考试卷单元练习》命题组编.—2版.—石家庄:河北教育出版社,1995.6.—104页;26cm

ISBN 7-5434-1672-7:¥3.00

G634　017836

高中基础练习:思想政治:二年级　下册/基础练习编写组编.—福州:福建少年儿童出版社,1995.1.—166页;19cm

ISBN 7-5395-1152-6:¥3.00

G634　017837

高中基础练习:思想政治:一年级　下册/基础练习编写组编.—福州:福建少年儿童出版社,1995.1.—149页;19cm

ISBN 7-5395-1114-1:¥2.80

G634　017838

高中教材单元复习测试:代数　上册/《高中教材单元复习测试》编写组编.—2版.—长沙:湖南教育出版社,1995.6.—104页;26cm

ISBN 7-5355-1726-9:¥4.20

G634　017839

高中教材单元复习测试:代数　下册/《高中教材单元复习测试》编写组编.—2版.—长沙:湖南教育出版社,1995.6.—102页;26cm

ISBN 7-5355-1725-0:¥4.20

G634　017840

高中教材单元复习测试:化学　第二册:必修/《高中教材单元复习测试》编写组编.—2版.—长沙:湖南教育出版社,1995.6.—131页;26cm

ISBN 7-5355-1722-6:¥5.35

G634　017841

高中教材单元复习测试:化学　第三册:选修/《高中教材单元复习测试》编写组编.—2版.—长沙:湖南教育出版社,1995.5.—83页;26cm

ISBN 7-5355-1897-4:¥3.45

G634　017842

高中教材单元复习测试:化学　第一册:必修/《高中教材单元复习测试》编写组编.—3版.—长沙:湖南教育出版社,1995.5.—135页;26cm

ISBN 7-5355-1730-7:¥5.35

G634　017843

高中教材单元复习测试:立体几何:高中一年级/《高中教材单元复习测试》编写组编.—2版.—长沙:湖南教育出版社,1995.6.—105页;26cm

ISBN 7-5355-1721-8:¥4.20

G634　017844

高中教材单元复习测试:生物:高中二年级/《高中教材单元复习测试》编写组编.—2版.—长沙:湖南教育出版社,1995.6.—90页;26cm

ISBN 7-5355-1734-X:¥3.75

G634　017845

高中教材单元复习测试:生物:高中一年级/《高中教材单元复习测试》编写组编.—2版.—长沙:湖南教育出版社,1995.6.—58页;26cm

ISBN 7-5355-1736-6:¥2.60

G634　017846

高中教材单元复习测试:物理　第三册:选修/《高中教材单元复习测试》编写组编.—2版.—长沙:湖南教育出版社,1995.5.—129页;26cm

ISBN 7-5355-1895-8:¥5.20

G634　017847

高中教材单元复习测试:语文　第三册/《高中教材单元复习测试》编写组编.—2版.—长沙:湖南教育出版社,1995.6.—47页;26cm

ISBN 7-5355-1892-3:¥2.15

G634　017848

高中教材单元复习测试:中国近代现代史　上册:必修/《高中教材单元复习测试》编写组编.—2版.—长沙:湖南教育出版社,1995.6.—77页;26cm

ISBN 7-5355-1896-6:¥3.30

G634　017849

高中解题指导与同步测试丛书:数学/严治理等主编;孙丰良,索然分册主编.—天津:天津教育出版社,1995.8.—192页;26cm

ISBN 7-5309-2348-X:¥8.80

G634　017850

高中解题指导与同步测试丛书:物理/严治理等主编;王正新分册主编.—天津:天津教育出版社,1995.8.—203页;26cm

ISBN 7-5309-2348-X:¥9.80

G634　017851

高中解题指导与同步测试丛书:英语/严治理等主编;刘然,韩翠霞分册主编.—天津:天津教育出版社,1995.7.—168页;26cm

ISBN 7-5309-2348-X:¥8.80

G634　017852

高中解题指导与同步测试丛书:语文/严治理等主编;天然,张成文分册主编.—天津:天津教育出版社,1995.8.—185页;26cm

ISBN 7-5309-2348-X:¥9.80

G634　017853

高中课程训练:高二数学:调整本/《初高中课程训练》编委会编.—北京:北京出版社,1995.7.—107页;26cm

秋季用书

ISBN 7-200-02521-6:¥3.50

G634　017854

高中课程训练:高三化学:调整本/《初高中课程训练》编委会编.—北京:北京出版社,1995.7.—107页;26cm

秋季用书

ISBN 7-200-02528-3:¥3.50

G634　017855

高中课程训练:高三数学:调整本/《初高中课程训练

练》编委会编.—北京:北京出版社,1995.7.—111页;26cm
秋季用书
ISBN 7-200-02522-4:¥3.50

G634　　017856
高中课程训练:高三物理:调整本/《初高中课程训练》编委会编.—北京:北京出版社,1995.7.—110页;26cm
秋季用书
ISBN 7-200-02531-3:¥3.50

G634　　017857
高中课程训练:高三语文:调整本/《初高中课程训练》编委会编.—北京:北京出版社,1995.7.—83页;26cm
秋季用书
ISBN 7-200-02519-4:¥3.50

G634　　017858
高中课程训练:高一数学:调整本/《初高中课程训练》编委会编.—北京:北京出版社,1995.7.—89页;26cm
秋季用书
ISBN 7-200-02520-8:¥3.50

G634　　017859
高中课程训练:高一英语:调整本/《初高中课程训练》编委会编.—北京:北京出版社,1995.7.—96页;26cm
秋季用书
ISBN 7-200-02523-2:¥3.50

G634　　017860
高中练习与测试:生物/《高中练习与测试》编写组编.—修订本.—南京:江苏科学技术出版社,1995.6.—217页;19cm
高中二年级用
ISBN 7-5345-1937-3:¥5.50

G634　　017861
高中练习与测试:语文:三年级上学期/《高中练习与测试·语文》编写组编.—3版.—南京:江苏教育出版社,1995.6.—448页;19cm
ISBN 7-5343-1855-6:¥8.60

G634　　017862
高中练习与测试:语文:三年级下学期/《高中练习与测试·语文》编写组编.—南京:江苏教育出版社,1995.1.—337页;19cm
ISBN 7-5343-2276-6:¥4.35

G634　　017863
高中练习与测试:语文:三年级下学期/《高中练习与测试·语文》编写组编.—南京:江苏教育出版社,1995.12.—361页;19cm
ISBN 7-5343-2276-6:¥8.00

G634　　017864
高中生学习指导/龚春燕等主编.—重庆:西南师范大学出版社,1995.8.—240页;19cm.—(学生学习指导丛书)
高中生学习指导(学法)实验教材
ISBN 7-5621-1393-9:¥5.80

G634　　017865
高中水平测试及题型练习:英语/扈更生主编;叶阳,马瑛编著.—北京:科学普及出版社,1995.1.—418页;26cm
ISBN 7-110-03756-8:¥16.00

G634　　017866
高中同步训练精讲精练精测:语文　第二册/顾德希主编;卜昭荣等编写.—天津:天津教育出版社,1995.6.—219页;19cm
ISBN 7-5309-2173-8:¥4.80

G634　　017867
高中同步训练精讲精练精测:语文　第六册/顾德希主编;黄庆发等编写.—天津:天津教育出版社,1995.6.—213页;19cm
ISBN 7-5309-2175-4:¥4.70

G634　　017868
高中同步训练精讲精练精测:语文　第四册/顾德希主编;齐大群等编写.—天津:天津教育出版社,1995.6.—212页;19cm
ISBN 7-5309-2174-6:¥4.65

G634　　017869
高中五星级题库:物理/王祖善等编.—2版.—上海:上海科技教育出版社,1995.6.—301页;26cm
ISBN 7-5428-0882-6:¥17.00

G634　　017870
高中五星级题库:英语/陈锡麟,赵圣骅编.—2版.—上海:上海科技教育出版社,1995.6.—212页;26cm
ISBN 7-5428-0871-0:¥11.70

G634　　017871
高中习题集:化学(上)/毕毓秀主编;宋国权等编.—2版.—沈阳:辽宁教育出版社,1995.5.—225页;19cm
辽宁省普通教育教学用书
ISBN 7-5382-2813-6:¥4.50

G634　　017872
高中习题集:化学(下)/毕毓秀主编.—2版.—沈阳:辽宁教育出版社,1995.11.—143页;19cm
ISBN 7-5382-3771-2:¥3.25

G634　　017873
高中习题集:历史(上)/崔粲等主编.—3版.—沈阳:辽宁教育出版社,1995.5.—177页;19cm
辽宁省普通教育教学用书
ISBN 7-5382-2766-0:¥3.80

G634　　017874
高中习题集:数学(上)/魏超群等编.—2版.—沈阳:辽宁教育出版社,1995.5.—178页;19cm
辽宁省普通教育教学用书
ISBN 7-5382-2012-7:¥3.65

G634　　017875
高中习题集:数学(下)/魏超群主编;于长盈等编.—2版.—沈阳:辽宁教育出版社,1995.11.—169页;19cm
ISBN 7-5382-3934-0:¥3.90

G634　　017876

高中习题集:思想政治/赵子卿主编;张苏欣等编.—2版.—沈阳:辽宁教育出版社,1995.5.—226页;19cm
ISBN 7-5382-2816-0:¥4.55

G634　017877
高中习题集:物理(上)/岳振堂主编;杜贵忠,文静华编.—2版.—沈阳:辽宁教育出版社,1995.5.—178页;19cm
辽宁省普通教育教学用书
ISBN 7-5382-2818-7:¥3.65

G634　017878
高中习题集:物理(下)/岳振堂等编.—2版.—沈阳:辽宁教育出版社,1995.11.—154页;19cm
ISBN 7-5382-3781-X:¥3.60

G634　017879
高中习题集:英语(上)/裴志民主编;牛兰珍等编.—2版.—沈阳:辽宁教育出版社,1995.5.—142页;19cm
辽宁省普通教育教学用书
ISBN 7-5382-1969-2:¥2.90

G634　017880
高中习题集:英语(下)/裴志民主编.—沈阳:辽宁教育出版社,1995.11.—222页;19cm
ISBN 7-5382-1937-4:¥4.80

G634　017881
高中习题集:语文(上)/刘文忠主编;孙玉成等编.—2版.—沈阳:辽宁教育出版社,1995.5.—186页;19cm
辽宁省普通教育教学用书
ISBN 7-5382-1968-4:¥3.80

G634　017882
高中一年级会考科目考试纲要:地理:1996/天津市普通高中毕业会考办公室编.—3版.—天津:天津科学技术出版社,1995.10.—56页;19cm
ISBN 7-5308-1526-1:¥1.90

G634　017883
高中预考(会考)试卷:化学/一然主编.—西安:陕西人民教育出版社,1995.12.—83页;37cm
ISBN 7-5419-3932-3:¥7.20

G634　017884
高中预考(会考)试卷:历史/群力主编.—西安:陕西人民教育出版社,1995.11.—73页;26×37cm
ISBN 7-5419-6114-0:¥6.30

G634　017885
高中预考(会考)试卷:数学/一然主编.—西安:陕西人民教育出版社,1995.12.—68页;37cm
ISBN 7-5419-4068-2:¥6.00

G634　017886
高中预考(会考)试卷:物理/一然主编.—西安:陕西人民教育出版社,1995.12.—79页;37cm
ISBN 7-5419-3931-5:¥6.90

G634　017887
高中预考(会考)试卷:英语/群力主编.—西安:陕西人民教育出版社,1995.12.—76页;26×37cm
ISBN 7-5419-6272-4:¥6.60

G634　017888
高中预考(会考)试卷:语文/群力主编.—西安:陕西人民教育出版社,1995.11.—71页;37cm
ISBN 7-5419-4004-6:¥6.30

G634　017889
高中预考(会考)试卷:政治/《试卷》编写组编.—西安:陕西人民教育出版社,1995.11.—74页;37cm
ISBN 7-5419-4057-7:¥6.60

G634　017890
高中总复习教与学丛书:化学/严治理等主编;赵艳等分册主编.—天津:天津教育出版社,1995.6.—274页;26cm
ISBN 7-5309-2325-0:¥9.80

G634　017891
高中总复习教与学丛书:历史/严治理等主编;李树申,李成凯分册主编.—天津:天津教育出版社,1995.6.—254页;26cm
ISBN 7-5309-2325-0:¥9.60

G634　017892
高中总复习教与学丛书:政治/严治理等主编;张伟分册主编.—天津:天津教育出版社,1995.9.—167页;26cm
ISBN 7-5309-2325-0:¥7.50

G634　017893
各科知识图表丛书:高中卷:历史/林崇德主编;吴昌顺分主编.—昆明:晨光出版社,1995.8.—150页;26cm
ISBN 7-5414-1059-4:¥7.20

G634　017894
各科知识图表丛书:高中卷:生物/林崇德主编;吴昌顺主编.—昆明:晨光出版社,1995.11.—197页;26cm
ISBN 7-5414-1072-1:¥9.70

G634　017895
各科知识图表丛书:高中卷:语文/林崇德主编;吴昌顺分主编.—昆明:晨光出版社,1995.8.—179页;26cm
ISBN 7-5414-1060-8:¥8.25

G634　017896
跟我学:高二英语/江惠萍等编著.—长沙:湖南出版社,1995.10.—301页;19cm
ISBN 7-5438-1089-1:¥8.20

G634　017897
跟我学:高三英语/江惠萍等编著.—长沙:湖南出版社,1995.10.—311页;19cm
ISBN 7-5438-1090-5:¥8.50

G634　017898
跟我学:高一英语/江惠萍等编著.—长沙:湖南出版社,1995.10.—408页;19cm
ISBN 7-5438-1088-3:¥11.20

G634　017899
广东省1996年普通高中毕业会考:历史科纲要/广东省教育厅编.—3版.—广州:广东教育出版社,1995.12.—45页;26cm
ISBN 7-5406-3163-5:¥2.40

G634　017900
广西高中毕业会考复习指导丛书:地理/广西壮族自治区教委普教处编.—南宁:广西教育出版社,1995.

4.—115 页;19cm

ISBN 7-5435-2147-4: ¥2.00

G634 **017901**

广西高中毕业会考复习指导丛书:化学/广西壮族自治区教委普教处编 .—南宁:广西教育出版社,1995.4.—141 页;19cm

ISBN 7-5435-2159-8: ¥2.40

G634 **017902**

广西高中毕业会考复习指导丛书:历史/广西壮族自治区教委普教处编 .—南宁:广西教育出版社,1995.4.—118 页;19cm

ISBN 7-5435-2135-0: ¥2.05

G634 **017903**

广西高中毕业会考复习指导丛书:生物/广西壮族自治区教委普教处编.—南宁:广西教育出版社,1995.4.—137 页;19cm

ISBN 7-5435-2157-1: ¥2.25

G634 **017904**

广西高中毕业会考复习指导丛书:数学/广西壮族自治区教委普教处编.—南宁:广西教育出版社,1995.4.—194 页;19cm

ISBN 7-5435-2144-X: ¥3.10

G634 **017905**

广西高中毕业会考复习指导丛书:物理/广西壮族自治区教委普教处编.—南宁:广西教育出版社,1995.4.—129 页;19cm

ISBN 7-5435-2156-3: ¥2.15

G634 **017906**

广西高中毕业会考复习指导丛书:英语/广西壮族自治区教委普教处编.—南宁:广西教育出版社,1995.4.—109 页;19cm

ISBN 7-5435-2146-6: ¥1.85

G634 **017907**

广西高中毕业会考复习指导丛书:语文/广西壮族自治区教委普教处编.—南宁:广西教育出版社,1995.6.—149 页;19cm

ISBN 7-5435-2149-0: ¥2.70

G634 **017908**

广西高中毕业会考复习指导丛书:政治/广西壮族自治区教委普教处编.—南宁:广西教育出版社,1995.4.—106 页;19cm

ISBN 7-5435-2155-5: ¥2.10

G634 **017909**

江苏省重点中学中考总复习集粹:数学/马元鹿等编写.—南京:江苏教育出版社,1995.2.—143 页;26cm

ISBN 7-5343-2301-0: ¥6.40

G634 **017910**

江苏省重点中学中考总复习集粹:数学/金立建等编写.—南京:江苏教育出版社,1995.2.—99 页;26cm

ISBN 7-5343-2302-7: ¥4.55

G634 **017911**

江苏省重点中学中考总复习集粹:语文/孙芳铭等编写.—南京:江苏教育出版社,1995.2.—168 页;26cm

ISBN 7-5343-2300-2: ¥7.40

G634 **017912**

江苏省重点中学中考总复习集粹:语文/孙和平等编写.—南京:江苏教育出版社,1995.2.—121 页;26cm

ISBN 7-5343-2295-2: ¥5.60

G634 **017913**

精编高考复习指导与训练丛书:化学/傅全安,汪立丰主编.—北京:气象出版社,1995.9.—346 页;19cm

ISBN 7-5029-2024-2: ¥10.00

G634 **017914**

精编高考复习指导与训练丛书:数学/骆东平主编.—北京:气象出版社,1995.9.—330 页;19cm

ISBN 7-5029-2027-7: ¥10.00

G634 **017915**

精编高考复习指导与训练丛书:物理/龚霞玲主编.—北京:气象出版社,1995.9.—292 页;19cm

ISBN 7-5029-2028-5: ¥9.00

G634 **017916**

精编高考复习指导与训练丛书:英语/张奉中主编.—北京:气象出版社,1995.9.—234 页;19cm

ISBN 7-5029-2025-0: ¥7.00

G634 **017917**

精编高考复习指导与训练丛书:语文/汪道惠主编.—北京:气象出版社,1995.9.—282 页;19cm

ISBN 7-5029-2026-9: ¥9.00

G634 **017918**

九年义务教育初级中学初二测试卷答案与说明:上学期/测试卷编写组编.—2 版.—沈阳:辽宁教育出版社,1995.5.—64 页;26cm

ISBN 7-5382-3464-0: ¥2.70

G634 **017919**

九年义务教育初级中学初三测试卷答案与说明:上学期/测试卷编写组编.—2 版.—沈阳:辽宁教育出版社,1995.5.—48 页;26cm

ISBN 7-5382-3463-2: ¥2.10

G634 **017920**

九年义务教育初级中学教科书学习指要:代数 第三册/黑龙江省教育学院编.—哈尔滨:黑龙江教育出版社,1995.6.—131 页;19cm

ISBN 7-5316-2654-3: ¥2.35

G634 **017921**

九年义务教育初级中学教科书学习指要:俄语 第二册(上)/黑龙江省教育学院编.—2 版.—哈尔滨:黑龙江教育出版社,1995.5.—150 页;19cm

ISBN 7-5316-2315-3: ¥2.35

G634 **017922**

九年义务教育初级中学教科书学习指要:俄语 第三册(上)/黑龙江省教育学院编.—哈尔滨:黑龙江教育出版社,1995.5.—158 页;19cm

ISBN 7-5316-2667-5: ¥2.35

G634 **017923**

九年义务教育初级中学教科书学习指要:化学 全一册/黑龙江省教育学院编.—2 版.—哈尔滨:黑龙江教育出版社,1995.7.—151 页;19cm

ISBN 7-5316-2657-8: ¥1.95

G634　017924

九年义务教育初级中学教科书学习指要:几何　第三册/黑龙江省教育学院编.—哈尔滨:黑龙江教育出版社,1995.6.—93页;19cm

ISBN 7-5316-2671-3:￥2.35

G634　017925

九年义务教育初级中学教科书学习指要:历史　第二册/黑龙江省教育学院编.—哈尔滨:黑龙江教育出版社,1995.1.—107页;19cm

ISBN 7-5316-2454-0:￥1.80

G634　017926

九年义务教育初级中学教科书学习指要:生物　第一册(下)/黑龙江省教育学院中教部编.—哈尔滨:黑龙江教育出版社,1995.1.—98页;19cm

ISBN 7-5316-2176-2:￥2.10

G634　017927

九年义务教育初级中学教科书学习指要:世界历史　第一册/黑龙江省教育学院编.—哈尔滨:黑龙江教育出版社,1995.5.—123页;19cm

ISBN 7-5316-2679-9:￥1.95

G634　017928

九年义务教育初级中学教科书学习指要:思想政治课:三年级　全一册/黑龙江省教育学院编.—哈尔滨:黑龙江教育出版社,1995.5.—191页;19cm

ISBN 7-5316-2658-6:￥3.50

G634　017929

九年义务教育初级中学教科书学习指要:物理　第二册(上)/黑龙江省教育学院编.—2版.—哈尔滨:黑龙江教育出版社,1995.7.—82页;19cm

ISBN 7-5316-0106-6:￥1.95

G634　017930

九年义务教育初级中学教科书学习指要:英语　第三册(上)/黑龙江省教育学院编.—2版.—哈尔滨:黑龙江教育出版社,1995.7.—152页;19cm

ISBN 7-5316-0779-4:￥2.35

G634　017931

九年义务教育初级中学教科书学习指要:语文　第三册/黑龙江省教育学院编.—2版.—哈尔滨:黑龙江教育出版社,1995.7.—138页;19cm

ISBN 7-5316-2290-4:￥2.35

G634　017932

九年义务教育初级中学教科书学习指要:语文　第五册/黑龙江省教育学院编.—哈尔滨:黑龙江教育出版社,1995.7.—155页;19cm

ISBN 7-5316-2653-5:￥2.35

G634　017933

九年义务教育初级中学教科书学习指要:语文　第一册/黑龙江省教育学院编.—2版.—哈尔滨:黑龙江教育出版社,1995.7.—142页;19cm

ISBN 7-5316-2279-3:￥2.35

G634　017934

九年义务教育初级中学学习指导丛书:代数　第二册/云南省教育委员会教研室编.—昆明:云南教育出版社,1995.6.—100页;19cm

ISBN 7-5415-1013-0:￥1.80

G634　017935

九年义务教育初级中学学习指导丛书:地理　第三册/云南省教育委员会教研室编.—昆明:云南教育出版社,1995.6.—112页;19cm

ISBN 7-5415-0969-8:￥1.90

G634　017936

九年义务教育初级中学学习指导丛书:地理　第四册/云南省教育委员会教研室编.—昆明:云南教育出版社,1995.12.—121页;19cm

ISBN 7-5415-1131-5:￥2.70

G634　017937

九年义务教育初级中学学习指导丛书:地理　第一册/云南省教育委员会教研室编.—2版.—昆明:云南教育出版社,1995.6.—133页;19cm

ISBN 7-5415-0789-X:￥2.20

G634　017938

九年义务教育初级中学学习指导丛书:几何　第二册/云南省教育委员会教研室编.—昆明:云南教育出版社,1995.7.—126页;19cm

ISBN 7-5415-1047-5:￥2.10

G634　017939

九年义务教育初级中学学习指导丛书:几何　第一册/云南省教育委员会教研室编.—昆明:云南教育出版社,1995.11.—48页;19cm

ISBN 7-5415-1065-3:￥1.30

G634　017940

九年义务教育初级中学学习指导丛书:生物　第二册/云南省教育委员会教研室编.—昆明:云南教育出版社,1995.6.—139页;19cm

ISBN 7-5415-1025-4:￥2.30

G634　017941

九年义务教育初级中学学习指导丛书:思想政治:二年级　上册/云南省教育委员会教研室编.—昆明:云南教育出版社,1995.6.—128页;19cm

ISBN 7-5415-1032-7:￥2.10

G634　017942

九年义务教育初级中学学习指导丛书:思想政治:二年级　下册/云南省教育委员会教研室编.—昆明:云南教育出版社,1995.11.—106页;19cm

ISBN 7-5415-1066-1:￥2.30

G634　017943

九年义务教育初级中学学习指导丛书:英语　第二册/云南省教育委员会教研室编.—昆明:云南教育出版社,1995.6.—136页;19cm

ISBN 7-5415-1033-5:￥2.20

G634　017944

九年义务教育初级中学学习指导丛书:语文　第三册/云南省教育委员会教研室编.—昆明:云南教育出版社,1995.5.—217页;19cm

ISBN 7-5415-1012-2:￥3.40

G634　017945

九年义务教育初级中学学习指导丛书:中国历史　第三册/云南省教育委员会教研室编.—昆明:云南教

育出版社,1995.6.—167页;19cm
ISBN 7-5415-1029-7:¥2.70

G634　017946
九年义务教育初级中学学习指导丛书:中国历史　第四册/云南省教育委员会教研室编.—昆明:云南教育出版社,1995.12.—212页;19cm
ISBN 7-5415-1106-4:¥4.50

G634　017947
九年义务教育初三复习指导丛书:物理/陕西省教育委员会《复习指导》丛书编写组编写.—西安:陕西人民教育出版社,1995.6.—178页;26cm
ISBN 7-5419-6213-9:¥7.10

G634　017948
九年义务教育初三复习指导丛书:英语/陕西省教育委员会《复习指导》丛书编写组编写.—西安:陕西人民教育出版社,1995.6.—170页;26cm
ISBN 7-5419-6210-4:¥6.80

G634　017949
九年义务教育单元达标检测:初二代数　上册/《九年义务教育单元达标检测》编写组编.—北京:中国少年儿童出版社,1995.7.—58页;26cm
ISBN 7-5007-2687-2:¥3.80

G634　017950
九年义务教育单元达标检测:初二地理　上册/《九年义务教育单元达标检测》编写组编.—北京:中国少年儿童出版社,1995.7.—58页;26cm
ISBN 7-5007-2697-X:¥3.80

G634　017951
九年义务教育单元达标检测:初二几何　上册/《九年义务教育单元达标检测》编写组编.—北京:中国少年儿童出版社,1995.7.—58页;26cm
ISBN 7-5007-2689-9:¥3.80

G634　017952
九年义务教育单元达标检测:初二历史　上册/《九年义务教育单元达标检测》编写组编.—北京:中国少年儿童出版社,1995.7.—58页;26cm
ISBN 7-5007-2683-X:¥3.80

G634　017953
九年义务教育单元达标检测:初二生物　上册/《九年义务教育单元达标检测》编写组编.—北京:中国少年儿童出版社,1995.7.—58页;26cm
ISBN 7-5007-2695-3:¥3.80

G634　017954
九年义务教育单元达标检测:初二物理　上册/《九年义务教育单元达标检测》编写组编.—北京:中国少年儿童出版社,1995.7.—58页;26cm
ISBN 7-5007-2684-8:¥3.80

G634　017955
九年义务教育单元达标检测:初二英语　上册/《九年义务教育单元达标检测》编写组编.—北京:中国少年儿童出版社,1995.7.—58页;26cm
ISBN 7-5007-2692-9:¥3.80

G634　017956
九年义务教育单元达标检测:初二语文　上册/《九年义务教育单元达标检测》编写组编.—北京:中国少年儿童出版社,1995.7.—58页;26cm
ISBN 7-5007-2703-8:¥3.80

G634　017957
九年义务教育单元达标检测:初二政治　上册/《九年义务教育单元达标检测》编写组编.—北京:中国少年儿童出版社,1995.7.—58页;26cm
ISBN 7-5007-2700-3:¥3.80

G634　017958
九年义务教育单元达标检测:初一地理　上册/《九年义务教育单元达标检测》编写组编.—北京:中国少年儿童出版社,1995.7.—58页;26cm
ISBN 7-5007-2696-1:¥3.80

G634　017959
九年义务教育单元达标检测:初一历史　上册/《九年义务教育单元达标检测》编写组编.—北京:中国少年儿童出版社,1995.7.—58页;26cm
ISBN 7-5007-2682-1:¥3.80

G634　017960
九年义务教育单元达标检测:初一生物　上册/《九年义务教育单元达标检测》编写组编.—北京:中国少年儿童出版社,1995.7.—58页;26cm
ISBN 7-5007-2694-5:¥3.80

G634　017961
九年义务教育单元达标检测:初一数学　上册/《九年义务教育单元达标检测》编写组编.—北京:中国少年儿童出版社,1995.7.—58页;26cm
ISBN 7-5007-2686-4:¥3.80

G634　017962
九年义务教育单元达标检测:初一英语　上册/《九年义务教育单元检测》编写组编.—北京:中国少年儿童出版社,1995.7.—58页;26cm
ISBN 7-5007-2691-0:¥3.80

G634　017963
九年义务教育单元达标检测:初一语文　上册/《九年义务教育单元达标检测》编写组编.—北京:中国少年儿童出版社,1995.7.—58页;26cm
ISBN 7-5007-2702-X:¥3.80

G634　017964
九年义务教育单元达标检测:初一政治　上册/《九年义务教育单元达标检测》编写组编.—北京:中国少年儿童出版社,1995.7.—58页;26cm
ISBN 7-5007-2699-6:¥3.80

G634　017965
九年义务教育活动课程活页资料:初中二年级(上)/全国教育科学"八五"规划国家教委级重点课题"各类学校的科技活动及其师资培训"课题组编.—天津:天津教育出版社,1995.6.—16张;26×38cm
¥6.00

G634　017966
九年义务教育活动课程活页资料:初中二年级(下)/全国教育科学"八五"规划国家教委级重点课题"各类学校的科技活动及其师资培训"课题组编.—天津:天津教育出版社,1995.12.—15张;27×38cm

¥6.00

G634　017967

九年义务教育活动课程活页资料:初中一年级(上)/全国教育科学"八五"规划国家教委级重点课题"各类学校的科技活动及其师资培训"课题组编.—天津:天津教育出版社,1995.6.—16张;26×38cm

¥6.00

G634　017968

九年义务教育教·学·练 丛书:代数:初中三年级第一、二学期/北京市海淀区教师进修学校主编.—广州:广东教育出版社,1995.7.—205页;19cm

ISBN 7-5406-3297-6:¥4.60

G634　017969

九年义务教育教·学·练丛书:地理:初中二年级第二学期/北京市海淀区教师进修学校主编 .—广州:广东教育出版社,1995.7.—190页;19cm

ISBN 7-5406-3181-3:¥3.70

G634　017970

九年义务教育教·学·练丛书:化学:初中三年级第一、二学期/北京市海淀区教师进修学校主编.—广州:广东教育出版社,1995.7.—204页;19cm

ISBN 7-5406-3299-2:¥4.60

G634　017971

九年义务教育教·学·练丛书:几何:初中三年级第一、二学期/北京市海淀区教师进修学校主编.—广州:广东教育出版社,1995.7.—205页;19cm

ISBN 7-5406-3285-2:¥5.00

G634　017972

九年义务教育教·学·练丛书:历史:初中三年级第二学期/北京市海淀区教师进修学校主编.—广州:广东教育出版社,1995.12.—169页;19cm

ISBN 7-5406-3387-5:¥4.10

G634　017973

九年义务教育教·学·练丛书:历史:初中三年级第一学期/北京市海淀区教师进修学校主编.—广州:广东教育出版社,1995.7.—201页;19cm

ISBN 7-5406-3198-8:¥4.50

G634　017974

九年义务教育教·学·练丛书:物理:初中三年级第一学期/北京市海淀区教师进修学校主编.—广州:广东教育出版社,1995.7.—151页;19cm

ISBN 7-5406-3283-6:¥3.50

G634　017975

九年义务教育教·学·练丛书:英语:初中三年级第二学期/北京市海淀区教师进修学校主编.—广州:广东教育出版社,1995.12.—214页;19cm

ISBN 7-5406-3385-9:¥5.20

G634　017976

九年义务教育教·学·练丛书:语文:初中三年级第二学期/北京市海淀区教师进修学校主编.—广州:广东教育出版社,1995.12.—174页;19cm

ISBN 7-5406-3388-3:¥4.50

G634　017977

九年义务教育教·学·练丛书:语文:初中三年级第一学期/北京市海淀区教师进修学校主编.—广州:广东教育出版社,1995.7.—185页;19cm

ISBN 7-5406-3254-2:¥4.80

G634　017978

九年义务教育教材中考复习精要:化学/胡坤英主编;王素兰编.—大连:大连理工大学出版社,1995.10.—246页;19cm

ISBN 7-5611-1087-1:¥7.00

G634　017979

九年义务教育教材中考复习精要:数学/胡坤英主编;胡丹,郭秀玲编.—大连:大连理工大学出版社,1995.10.—269页;19cm

ISBN 7-5611-1085-5:¥7.00

G634　017980

九年义务教育教材中考复习精要:物理/胡坤英主编;牛丽华,魏民编.—大连:大连理工大学出版社,1995.10.—280页;19cm

ISBN 7-5611-1086-3:¥7.00

G634　017981

九年义务教育教材中考复习精要:语文/胡坤英主编;匡秀文,李兰芬编.—大连:大连理工大学出版社,1995.10.—237页;19cm

ISBN 7-5611-1084-7:¥7.00

G634　017982

九年义务教育三年制初级中学复习用书:英语/叶在田等编.—杭州:浙江教育出版社,1995.8.—334页;19cm

ISBN 7-5338-2098-3:¥5.80

G634　017983

九年义务教育三年制初级中学活动课教材　第一册:试用本/郴州市教科所编.—长沙:湖南出版社,1995.7.—59页;19cm

ISBN 7-5438-1037-9:¥2.00

G634　017984

九年义务教育三年制初级中学活动课教材:初一第二册/郴州市教科所编.—长沙:湖南出版社,1995.12.—51页;19cm

ISBN 7-5438-1144-8:¥1.98

G634　017985

九年义务教育三年制初中课课通:初中代数　第三册/吴公政编著.—南宁:广西教育出版社,1995.7.—205页;19cm

ISBN 7-5435-2277-2:¥4.35

G634　017986

九年义务教育三年制初中课课通:初中地理/杨荣新编著.—南宁:广西教育出版社,1995.7.—209页;19cm

ISBN 7-5435-2285-3:¥4.40

G634　017987

九年义务教育三年制初中课课通:初中地理　第一、二册/苏建基编著.—南宁:广西教育出版社,1995.7.—206页;19cm

一年级用

ISBN 7-5435-2284-5:¥4.35

G634　017988

九年义务教育三年制初中课课通:初中几何 第二册/郭恒清编著.—南宁:广西教育出版社,1995.7.—207页;19cm

ISBN 7-5435-2279-9:¥4.45

G634 017989

九年义务教育三年制初中课课通:初中几何 第三册/夏建军,刘佳佳编著.—南宁:广西教育出版社,1995.7.—171页;19cm

ISBN 7-5435-2280-2:¥3.70

G634 017990

九年义务教育三年制初中课课通:初中几何 第一册/宾沙编著.—南宁:广西教育出版社,1995.7.—108页;19cm

ISBN 7-5435-2278-0:¥2.55

G634 017991

九年义务教育三年制初中课课通:初中生物 第一册(上)/吴洁明等编著.—南宁:广西教育出版社,1995.7.—194页;19cm

ISBN 7-5435-2286-1:¥4.25

G634 017992

九年义务教育三年制初中课课通:初中语文 第三册/覃树楠,朱文娟编写.—南宁:广西教育出版社,1995.7.—229页;19cm

ISBN 7-5435-2289-6:¥4.80

G634 017993

九年义务教育三年制初中课课通:初中语文 第五册/温妮妮,钟键编写.—南宁:广西教育出版社,1995.7.—179页;19cm

ISBN 7-5435-2290-X:¥3.85

G634 017994

九年义务教育三年制初中课课通:代数 第二册/林松生编著.—南宁:广西教育出版社,1995.7.—183页;19cm

ISBN 7-5435-2276-4:¥4.00

G634 017995

九年义务教育三年制初中课课通:代数 第一册(上)/刘春妮编著.—南宁:广西教育出版社,1995.7.—146页;19cm

ISBN 7-5435-2275-6:¥3.25

G634 017996

九年义务教育三年制初中课课通:化学 全一册/彭运锋等编著.—南宁:广西教育出版社,1995.7.—193页;19cm

ISBN 7-5435-2283-7:¥4.10

G634 017997

九年义务教育三年制初中课课通:生物 第二册/黄芹等编著.—南宁:广西教育出版社,1995.7.—217页;19cm

ISBN 7-5435-2287-X:¥4.65

G634 017998

九年义务教育三年制初中课课通:生物 第一册(下)/莫怡祥等编著.—南宁:广西教育出版社,1995.11.—215页;19cm

ISBN 7-5435-2372-8:¥5.60

G634 017999

九年义务教育三年制初中课课通:世界历史 第二册/曾传斌编写.—南宁:广西教育出版社,1995.12.—136页;19cm

ISBN 7-5435-2357-4:¥3.75

G634 018000

九年义务教育三年制初中课课通:世界历史 第一册/曾传斌编写.—南宁:广西教育出版社,1995.7.—129页;19cm

ISBN 7-5435-2299-3:¥2.90

G634 018001

九年义务教育三年制初中课课通:思想政治:初二(上)/秦秀娥等编写.—南宁:广西教育出版社,1995.7.—121页;19cm

ISBN 7-5435-2292-6:¥2.80

G634 018002

九年义务教育三年制初中课课通:思想政治:初三(上)/刘翠萍等编写.—南宁:广西教育出版社,1995.7.—111页;19cm

ISBN 7-5435-2293-4:¥2.55

G634 018003

九年义务教育三年制初中课课通:思想政治:初一(上)/秦秀娥等编写.—南宁:广西教育出版社,1995.7.—101页;19cm

ISBN 7-5435-2291-8:¥2.40

G634 018004

九年义务教育三年制初中课课通:思想政治:初一(下)/杨乃良等编.—南宁:广西教育出版社,1995.11.—109页;19cm

ISBN 7-5435-2346-9:¥3.10

G634 018005

九年义务教育三年制初中课课通:思想政治:二年级(下)/杨乃良等编写.—南宁:广西教育出版社,1995.11.—123页;19cm

ISBN 7-5435-2347-7:¥3.45

G634 018006

九年义务教育三年制初中课课通:思想政治:三年级(下)/杨乃良等编写.—南宁:广西教育出版社,1995.11.—99页;19cm

ISBN 7-5435-2348-5:¥2.90

G634 018007

九年义务教育三年制初中课课通:物理 第二册/梁淡之等编著.—南宁:广西教育出版社,1995.7.—186页;19cm

ISBN 7-5435-2282-9:¥4.00

G634 018008

九年义务教育三年制初中课课通:物理 第一册/梁曼秋等编著.—南宁:广西教育出版社,1995.7.—220页;19cm

ISBN 7-5435-2281-0:¥4.65

G634 018009

九年义务教育三年制初中课课通:英语 第二册(上)/刘上扶,刘振林等编写.—南宁:广西教育出版社,1995.7.—283页;19cm

ISBN 7-5435-2295-0:￥5.85

G634　018010

九年义务教育三年制初中课课通:英语　第二册(上)/刘上扶,刘振林等编写.—南宁:广西教育出版社,1995.7.—283页;19cm

ISBN 7-5435-2295-0:￥5.85

G634　018011

九年义务教育三年制初中课课通:英语　第三册(上)/刘上扶主编.—南宁:广西教育出版社,1995.7.—290页;19cm

ISBN 7-5435-2296-9:￥6.00

G634　018012

九年义务教育三年制初中课课通:英语　第三册(下)/刘上扶等编写.—南宁:广西教育出版社,1995.11.—203页;19cm

ISBN 7-5435-2351-5:￥5.30

G634　018013

九年义务教育三年制初中课课通:英语　第一册(上)/梁廷扬编写 .—南宁:广西教育出版社,1995.7.—284页;19cm.—(初中课课通丛书)

ISBN 7-5435-2294-2:￥5.85

G634　018014

九年义务教育三年制初中课课通:语文　第六册/温妮妮,朱文娟编著.—南宁:广西教育出版社,1995.12.—187页;19cm

ISBN 7-5435-2354-X:￥4.95

G634　018015

九年义务教育三年制初中课课通:语文　第四册/覃树楠,钟健编写.—南宁:广西教育出版社,1995.12.—219页;19cm

ISBN 7-5435-2353-1:￥5.70

G634　018016

九年义务教育三年制初中课课通:语文　第一册/何伟萍,张维 编写.—南宁:广西教育出版社,1995.7.—250页;19cm

ISBN 7-5435-2288-8:￥5.20

G634　018017

九年义务教育三年制初中课课通:中国历史　第二册/阮连辉,梁平江编写.—南宁:广西教育出版社,1995.12.—126页;19cm

ISBN 7-5435-2355-8:￥3.55

G634　018018

九年义务教育三年制初中课课通:中国历史　第三册/曾圣如编写.—南宁:广西教育出版社,1995.7.—122页;19cm

ISBN 7-5435-2298-5:￥2.80

G634　018019

九年义务教育三年制初中课课通:中国历史　第四册/曾圣如,杨雯编写.—南宁:广西教育出版社,1995.12.—123页;19cm

ISBN 7-5435-2356-6:￥3.95

G634　018020

九年义务教育三年制初中课课通:中国历史　第一册/阮连辉,梁平江编写.—南宁:广西教育出版社,1995.7.—110页;19cm

ISBN 7-5435-2297-7:￥2.55

G634　018021

九年义务教育中考水平试卷式练习:物理　上册/《九年义务教育中考水平试卷式练习》编写组编.—2版.—石家庄:河北教育出版社,1995.7.—56页;26cm

ISBN 7-5434-2221-2:￥1.80

G634　018022

九年义务教育中考水平试卷式练习:物理　下册/《九年义务教育中考水平试卷式练习》编写组编.—石家庄:河北教育出版社,1995.7.—109页;26cm

ISBN 7-5434-2221-2:￥3.20

G634　018023

九年制义务教育初级中学单元检测:语文　第五册/萧仕途主编;李锦编著.—北京:北京教育出版社,1995.8.—43页;26cm

ISBN 7-5303-0826-2:￥2.60

G634　018024

九年制义务教育三年制初中家庭作业:城市版:代数:二年级上学期/《家庭作业》编写组编.—贵阳:贵州科技出版社,1995.5.—78页;19cm

ISBN 7-80584-448-8:￥1.20

G634　018025

九年制义务教育三年制初中家庭作业:城市版:代数:三年级上学期/《家庭作业》编写组编.—贵阳:贵州科技出版社,1995.5.—78页;19cm

ISBN 7-80584-454-2:￥1.20

G634　018026

九年制义务教育三年制初中家庭作业:城市版:代数:一年级上学期/《家庭作业》编写组编.—贵阳:贵州科技出版社,1995.5.—78页;19cm

ISBN 7-80584-445-3:￥1.20

G634　018027

九年制义务教育三年制初中家庭作业:城市版:化学:三年级上学期/《家庭作业》编写组编.—贵阳:贵州科技出版社,1995.5.—78页;19cm

ISBN 7-80584-458-5:￥1.20

G634　018028

九年制义务教育三年制初中家庭作业:城市版:几何:二年级上学期/《家庭作业》编写组编.—贵阳:贵州科技出版社,1995.5.—78页;19cm

ISBN 7-80584-449-6:￥1.20

G634　018029

九年制义务教育三年制初中家庭作业:城市版:几何:三年级上学期/《家庭作业》编写组编.—贵阳:贵州科技出版社,1995.5.—78页;19cm

ISBN 7-80584-455-0:￥1.20

G634　018030

九年制义务教育三年制初中家庭作业:城市版:物理:二年级上学期/《家庭作业》编写组编.—贵阳:贵州科技出版社,1995.5.—78页;19cm

ISBN 7-80584-452-6:￥1.20

G634　018031

九年制义务教育三年制初中家庭作业:城市版:物

理:三年级上学期/《家庭作业》编写组编.—贵阳:贵州科技出版社,1995.5.—78页;19cm

ISBN 7-80584-457-7:¥1.20

G634　018032

九年制义务教育三年制初中家庭作业:城市版:英语:二年级上学期/《家庭作业》编写组编.—贵阳:贵州科技出版社,1995.5.—78页;19cm

ISBN 7-80584-450-X:¥1.20

G634　018033

九年制义务教育三年制初中家庭作业:城市版:英语:三年级上学期/《家庭作业》编写组编.—贵阳:贵州科技出版社,1995.5.—78页;19cm

ISBN 7-80584-456-9:¥1.20

G634　018034

九年制义务教育三年制初中家庭作业:城市版:英语:一年级上学期/《家庭作业》编写组编.—贵阳:贵州科技出版社,1995.6.—75页;19cm

ISBN 7-80584-446-1:¥1.20

G634　018035

九年制义务教育三年制初中家庭作业:城市版:语文:二年级上学期/《家庭作业》编写组编.—贵阳:贵州科技出版社,1995.5.—78页;19cm

ISBN 7-80584-447-X:¥1.20

G634　018036

九年制义务教育三年制初中家庭作业:城市版:语文:三年级上学期/《家庭作业》编写组编.—贵阳:贵州科技出版社,1995.5.—77页;19cm

ISBN 7-80584-453-4:¥1.20

G634　018037

九年制义务教育三年制初中家庭作业:城市版:语文:一年级上学期/《家庭作业》编写组编.—贵阳:贵州科技出版社,1995.5.—77页;19cm

ISBN 7-80584-444-5:¥1.20

G634　018038

九年制义务教育三年制初中家庭作业:农村版:代数:二年级上学期/《家庭作业》编写组编.—贵阳:贵州科技出版社,1995.5.—78页;19cm

ISBN 7-80584-463-1:¥1.20

G634　018039

九年制义务教育三年制初中家庭作业:农村版:代数:三年级上学期/《家庭作业》编写组编.—贵阳:贵州科技出版社,1995.6.—78页;19cm

ISBN 7-80584-468-2:¥1.20

G634　018040

九年制义务教育三年制初中家庭作业:农村版:代数:一年级上学期/《家庭作业》编写组编.—贵阳:贵州科技出版社,1995.5.—78页;19cm

ISBN 7-80584-460-7:¥1.20

G634　018041

九年制义务教育三年制初中家庭作业:农村版:化学:三年级上学期/《家庭作业》编写组编.—贵阳:贵州科技出版社,1995.6.—78页;19cm

ISBN 7-80584-472-0:¥1.20

G634　018042

九年制义务教育三年制初中家庭作业:农村版:几何:二年级上学期/《家庭作业》编写组编.—贵阳:贵州科技出版社,1995.5.—78页;19cm

ISBN 7-80584-464-X:¥1.20

G634　018043

九年制义务教育三年制初中家庭作业:农村版:几何:三年级上学期/《家庭作业》编写组编.—贵阳:贵州科技出版社,1995.5.—78页;19cm

ISBN 7-80584-469-0:¥1.20

G634　018044

九年制义务教育三年制初中家庭作业:农村版:物理:二年级上学期/《家庭作业》编写组编.—贵阳:贵州科技出版社,1995.5.—78页;19cm

ISBN 7-80584-466-6:¥1.20

G634　018045

九年制义务教育三年制初中家庭作业:农村版:物理:三年级上学期/《家庭作业》编写组编.—贵阳:贵州科技出版社,1995.5.—78页;19cm

ISBN 7-80584-471-2:¥1.20

G634　018046

九年制义务教育三年制初中家庭作业:农村版:英语:二年级上学期/《家庭作业》编写组编.—贵阳:贵州科技出版社,1995.5.—78页;19cm

ISBN 7-80584-465-8:¥1.20

G634　018047

九年制义务教育三年制初中家庭作业:农村版:英语:三年级上学期/《家庭作业》编写组编.—贵阳:贵州科技出版社,1995.5.—78页;19cm

ISBN 7-80584-470-4:¥1.20

G634　018048

九年制义务教育三年制初中家庭作业:农村版:英语:一年级上学期/《家庭作业》编写组编.—贵阳:贵州科技出版社,1995.5.—79页;19cm

ISBN 7-80584-461-5:¥1.20

G634　018049

九年制义务教育三年制初中家庭作业:农村版:语文:二年级上学期/《家庭作业》编写组编.—贵阳:贵州科技出版社,1995.6.—76页;19cm

ISBN 7-80584-462-3:¥1.20

G634　018050

九年制义务教育三年制初中家庭作业:农村版:语文:三年级上学期/《家庭作业》编写组编.—贵阳:贵州科技出版社,1995.5.—75页;19cm

ISBN 7-80584-467-4:¥1.20

G634　018051

九年制义务教育三年制初中家庭作业:农村版:语文:一年级上学期/《家庭作业》编写组编.—贵阳:贵州科技出版社,1995.6.—76页;19cm

ISBN 7-80584-459-3:¥1.20

G634　018052

课程基础训练:代数:高中二年级　下册/湖南省教育科学研究所编.—4版.—长沙:湖南教育出版社,1995.6.—322页;19cm

ISBN 7-5355-0607-0:¥6.20

G634　018053
课程基础训练:代数:高中一年级　上册/《课程基础训练》编辑组编.—4版.—长沙:湖南教育出版社,1995.6.—222页;19cm
ISBN 7-5355-0606-2:¥4.30

G634　018054
课程基础训练:地理:高中一年级第一学期/湖南省教育科学研究所编写.—2版.—长沙:湖南教育出版社,1995.5.—71页;19cm
ISBN 7-5355-1595-9:¥1.50

G634　018055
课程基础训练:化学:高中　第二册:必修/湖南省教育科学研究所编.—5版.—长沙:湖南教育出版社,1995.6.—215页;19cm
ISBN 7-5355-0603-8:¥4.15

G634　018056
课程基础训练:立体几何:高中一年级/湖南省教育科学研究所编.—4版.—长沙:湖南教育出版社,1995.6.—228页;19cm
ISBN 7-5355-0604-6:¥4.45

G634　018057
课程基础训练:平面解析几何:高中二年级/湖南省教育科学研究所编.—4版.—长沙:湖南教育出版社,1995.6.—235页;19cm
ISBN 7-5355-0605-4:¥4.60

G634　018058
课程基础训练:生物:必修:高中一、二年级/湖南省教育科学研究所编.—3版.—长沙:湖南教育出版社,1995.5.—212页;19cm
ISBN 7-5355-1596-7:¥4.20

G634　018059
课程基础训练:世界近代现代史　上册:高中一年级第一学期/湖南省教育科学研究所编.—2版.—长沙:湖南教育出版社,1995.6.—135页;19cm
ISBN 7-5355-1598-3:¥2.80

G634　018060
课程基础训练:思想政治:高中二年级第一学期/湖南省教育科学研究所编.—3版.—长沙:湖南教育出版社,1995.6.—130页;19cm
ISBN 7-5355-1593-2:¥2.60

G634　018061
课程基础训练:思想政治:高中三年级　全一册/湖南省教育科学研究所编.—3版.—长沙:湖南教育出版社,1995.5.—148页;19cm
ISBN 7-5355-1594-0:¥2.95

G634　018062
课程基础训练:思想政治:高中一年级第一学期/湖南省教育科学研究所编.—3版.—长沙:湖南教育出版社,1995.5.—157页;19cm
ISBN 7-5355-1592-4:¥3.10

G634　018063
课程基础训练:物理:高中第二册:必修/湖南省教育科学研究所编.—4版.—长沙:湖南教育出版社,1995.6.—185页;19cm
ISBN 7-5355-0601-1:¥3.70

G634　018064
课程基础训练:物理:高中三年级　第三册:选修/湖南省教育科学研究所编.—2版.—长沙:湖南教育出版社,1995.6.—187页;19cm
ISBN 7-5355-1591-6:¥3.70

G634　018065
课程基础训练:英语:高中二年级第一学期/湖南省教育科学研究所编.—4版.—长沙:湖南教育出版社,1995.5.—122页;19cm
ISBN 7-5355-0595-3:¥2.50

G634　018066
课程基础训练:英语:高中三年级　全一册/湖南省教育科学研究所编;宋冬喜等编.—5版.—长沙:湖南教育出版社,1995.6.—238页;19cm
ISBN 7-5355-0596-1:¥4.60

G634　018067
课程基础训练:英语:高中一年级第一学期/湖南省教育科学研究所编.—4版.—长沙:湖南教育出版社,1995.5.—136页;19cm
ISBN 7-5355-0594-5:¥2.80

G634　018068
课程基础训练:语文:高中二年级第一学期/湖南省教育科学研究所编.—5版.—长沙:湖南教育出版社,1995.5.—150页;19cm
ISBN 7-5355-0598-8:¥2.95

G634　018069
课程基础训练:语文:高中三年级第一、二学期/湖南省教育科学研究所编.—5版.—长沙:湖南教育出版社,1995.5.—162页;19cm
ISBN 7-5355-0599-6:¥3.25

G634　018070
课程基础训练:语文:高中一年级第一学期 /湖南省教育科学研究所编.—5版.—长沙:湖南教育出版社,1995.5.—103页;19cm
ISBN 7-5355-0597-X:¥2.25

G634　018071
课程基础训练:中国古代史:选修:高中三年级/湖南省教育科学研究所编.—2版.—长沙:湖南教育出版社,1995.6.—175页;19cm
ISBN 7-5355-1597-5:¥3.45

G634　018072
课程基础训练:中国近代现代史:高中二年级第一学期　上册:必修/湖南省教育科学研究所编.—2版.—长沙:湖南教育出版社,1995.6.—143页;19cm
ISBN 7-5355-1655-6:¥2.85

G634　018073
课外辅导:化学:九年级/《课外辅导》编写组编.—上海:上海教育出版社,1995.6.—244页;19cm
九年制义务教育课本:试用本
ISBN 7-5320-4312-6:¥4.85

G634　018074
课外辅导:物理:九年级/沙兴信,陈颂基编.—上海:上海教育出版社,1995.6.—152页;19cm

ISBN 7-5320-4410-3: ¥3.20

G634 018075

课外自读课本　第六册/洪宗礼主编.—南京:江苏教育出版社,1995.12.—172页;20cm

九年义务教育三年制级中学语文试用课本

ISBN 7-5343-2621-4: ¥2.95

G634 018076

例题手册:初中英语/颜振主编;盛茂成等分主编.—修订本.—成都:四川辞书出版社,1995.8.—287页;19cm

九年制义务教育适用

ISBN 7-80543-462-X: ¥7.00

G634 018077

每日一刻钟:数学基本功训练:初三(下)/《每日一刻钟》编写组编.—3版.—天津:天津科学技术出版社,1995.12.—146页;19cm

ISBN 7-5308-0636-X: ¥3.50

G634 018078

每日一刻钟:英语基本功训练:初三(下)/《每日一刻钟》编写组编.—3版.—天津:天津科学技术出版社,1995.12.—120页;19cm

ISBN 7-5308-0627-0: ¥3.50

G634 018079

每日一刻钟:语文基本功训练:初三(下)/《每日一刻钟》编写组编.—2版.—天津:天津科学技术出版社,1995.12.—132页;19cm

ISBN 7-5308-1093-6: ¥3.50

G634 018080

名师导学:初三数学巩固提高讲座/吕学礼主编.—北京:北京工业大学出版社,1995.1.—322页;19cm

ISBN 7-5639-0406-9: ¥6.50

G634 018081

名师导学:初一数学巩固提高讲座/吕学礼主编.—北京:北京工业大学出版社,1995.5.—366页;19cm

ISBN 7-5639-0407-7: ¥8.90

G634 018082

名师导学:初中英语——词语/杨传纬,孟雁君主编;王国光等编写 .—北京:北京工业大学出版社,1995.8.—264页;19cm

ISBN 7-5639-0445-X: ¥7.80

G634 018083

名师导学:初中英语——语音、语法/杨传纬,孟雁君主编;王国光等编.—北京:北京工业大学出版社,1995.8.—319页;19cm

ISBN 7-5639-0446-8: ¥9.50

G634 018084

名师导学:初中英语——综合运用/杨传纬,孟雁君主编;王国光等编.—北京:北京工业大学出版社,1995.8.—326页;19cm

ISBN 7-5639-0449-2: ¥9.80

G634 018085

名师导学:初中语文综合讲座/张志公主编.—北京:北京工业大学出版社,1995.12.—243页;19cm

ISBN 7-5639-0462-X: ¥7.20

G634 018086

名师导学:高一物理巩固提高讲座/张同恂,缪钟英主编;郭鸣中等编著.—北京:北京工业大学出版社,1995.12.—398页;19cm

ISBN 7-5639-0467-0: ¥11.90

G634 018087

名师高考全方位辅导丛书:化学/张光勤主编;黄儒兰,王振山本册主编.—北京:水利电力出版社,电子工业出版社,1995.3.—314页;19cm

ISBN 7-120-02241-5: ¥10.00

G634 018088

名师高考全方位辅导丛书:数学/张光勤主编;陈捷本册主编.—北京:水利电力出版社,电子工业出版社,1995.3.—450页;19cm

ISBN 7-120-02239-3: ¥13.00

G634 018089

名师高考全方位辅导丛书:英语/张光勤主编;赵宗周本册主编.—北京:水利电力出版社,电子工业出版社,1995.3.—181页;19cm

ISBN 7-120-02242-3: ¥6.00

G634 018090

名师高考全方位辅导丛书:语文/张光勤主编;马雪鸿本册主编.—北京:水利电力出版社,电子工业出版社,1995.3.—372页;19cm

ISBN 7-120-02238-5: ¥12.00

G634 018091

名师中考全方位辅导丛书:化学/张光勤主编;魏安分册主编.—北京:水利电力出版社,电子工业出版社,1995.3.—322页;19cm

ISBN 7-120-02246-6: ¥10.00

G634 018092

名师中考全方位辅导丛书:数学/张光勤主编;王占元,宗福衡分册主编.—北京:水利电力出版社,电子工业出版社,1995.3.—411页;19cm

ISBN 7-120-02244-X: ¥12.00

G634 018093

名师中考全方位辅导丛书:物理/张光勤主编;张景林分册主编.—北京:水利电力出版社,电子工业出版社,1995.3.—400页;19cm

ISBN 7-120-02245-8: ¥12.00

G634 018094

名师中考全方位辅导丛书:英语/张光勤主编;徐文龙分册主编.—北京:水利电力出版社,电子工业出版社,1995.3.—257页;19cm

ISBN 7-120-02247-4: ¥9.00

G634 018095

名师中考全方位辅导丛书:语文/张光勤主编;高石曾分册主编.—北京:水利电力出版社,电子工业出版社,1995.3.—391页;19cm

ISBN 7-120-02243-1: ¥12.00

G634 018096

普通高中毕业会考标准及指导:地理/湖南省教育科学研究所编.—长沙:湖南教育出版社,1995.12.—147页;19cm

ISBN 7-5355-2301-3: ¥4.00

G634 018097

普通高中毕业会考标准及指导:化学/湖南省教育科学研究所编.—长沙:湖南教育出版社,1995.12.—165页;19cm

ISBN 7-5355-2299-8: ¥4.00

G634 018098

普通高中毕业会考标准及指导:数学/湖南省教育科学研究所编.—长沙:湖南教育出版社,1995.11.—154页;19cm

ISBN 7-5355-2273-4: ¥4.50

G634 018099

普通高中毕业会考标准及指导:英语/湖南省教育科学研究所编.—长沙:湖南教育出版社,1995.11.—164页;19cm

ISBN 7-5355-2275-0: ¥4.00

G634 018100

普通高中毕业会考标准及指导:语文/湖南省教育科学研究所编.—长沙:湖南教育出版社,1995.11.—155页;19cm

ISBN 7-5355-2272-6: ¥4.50

G634 018101

普通高中毕业会考标准及指导:政治/湖南省教育科学研究所编.—长沙:湖南教育出版社,1995.11.—151页;19cm

ISBN 7-5355-2274-2: ¥4.00

G634 018102

全国名牌中学试卷汇编:历史:初中一年级下学期/《全国名牌中学试卷汇编》编写组编.—2版.—厦门:鹭江出版社,1995.10.—58页;19×26cm

ISBN 7-80533-906-6: ¥3.50

G634 018103

全国名牌中学试卷汇编:地理:初中二年级下学期/《全国名牌中学试卷汇编》编写组编.—2版.—厦门:鹭江出版社,1995.10.—58页;19×26cm

ISBN 7-80533-929-5: ¥3.50

G634 018104

全国名牌中学试卷汇编:地理:初中一年级下学期/《全国名牌中学试卷汇编》编写组编.—2版.—厦门:鹭江出版社,1995.10.—65页;19×26cm

ISBN 7-80533-928-7: ¥3.90

G634 018105

全国名牌中学试卷汇编:化学:初中三年级下学期/《全国名牌中学试卷汇编》编写组编.—2版.—厦门:鹭江出版社,1995.10.—74页;19×26cm

ISBN 7-80533-927-9: ¥4.30

G634 018106

全国名牌中学试卷汇编:历史:初中二年级下学期/《全国名牌中学试卷汇编》编写组编.—2版.—厦门:鹭江出版社,1995.12.—57页;19×26cm

ISBN 7-80533-907-4: ¥3.50

G634 018107

全国名牌中学试卷汇编:生物:初中二年级下学期/《全国名牌中学试卷汇编》编写组编.—2版.—厦门:鹭江出版社,1995.10.—67页;19×26cm

ISBN 7-80533-930-9: ¥3.90

G634 018108

全国名牌中学试卷汇编:生物:初中一年级下学期/《全国名牌中学试卷汇编》编写组编.—2版.—厦门:鹭江出版社,1995.10.—62页;19×26cm

ISBN 7-80533-931-7: ¥3.70

G634 018109

全国名牌中学试卷汇编:数学:初中二年级下学期/《全国名牌中学试卷汇编》编写组编.—2版.—厦门:鹭江出版社,1995.10.—87页;19×26cm

ISBN 7-80533-899-X: ¥4.90

G634 018110

全国名牌中学试卷汇编:数学:初中三年级下学期/《全国名牌中学试卷汇编》编写组编.—2版.—厦门:鹭江出版社,1995.10.—88页;19×26cm

ISBN 7-80533-912-0: ¥4.90

G634 018111

全国名牌中学试卷汇编:数学:初中一年级下学期/《全国名牌中学试卷汇编》编写组编.—2版.—厦门:鹭江出版社,1995.10.—86页;19×26cm

ISBN 7-80533-898-1: ¥4.90

G634 018112

全国名牌中学试卷汇编:物理:初中二年级下学期/《全国名牌中学试卷汇编》编写组编.—2版.—厦门:鹭江出版社,1995.10.—68页;19×26cm

ISBN 7-80533-913-9: ¥3.90

G634 018113

全国名牌中学试卷汇编:物理:初中三年级下学期/《全国名牌中学试卷汇编》编写组编.—2版.—厦门:鹭江出版社,1995.10.—67页;19×26cm

ISBN 7-80533-926-0: ¥3.90

G634 018114

全国名牌中学试卷汇编:物理:初中三年级下学期/《全国名牌中学试卷汇编》编写组编.—2版.—厦门:鹭江出版社,1995.10.—67页;19×26cm

ISBN 7-80533-926-0: ¥3.90

G634 018115

全国名牌中学试卷汇编:英语:初中二年级下学期/《全国名牌中学试卷汇编》编写组编.—2版.—厦门:鹭江出版社,1995.10.—68页;19×26cm

ISBN 7-80533-901-5: ¥3.90

G634 018116

全国名牌中学试卷汇编:英语:初中三年级下学期/《全国名牌中学试卷汇编》编写组编.—2版.—厦门:鹭江出版社,1995.10.—67页;19×26cm

ISBN 7-80533-902-3: ¥3.90

G634 018117

全国名牌中学试卷汇编:英语:初中一年级下学期/《全国名牌中学试卷汇编》编写组编.—2版.—厦门:鹭江出版社,1995.10.—66页;19×26cm

ISBN 7-80533-900-7: ¥3.90

G634 018118

全国名牌中学试卷汇编:语文:初中二年级下学期/

《全国名牌中学试卷汇编》编写组编.—2版.—厦门:鹭江出版社,1995.10.—85页;19×26cm

ISBN 7-80533-909-0:¥4.90

G634 018119

全国名牌中学试卷汇编:语文:初中三年级下学期/《全国名牌中学试卷汇编》编写组编.—2版.—厦门:鹭江出版社,1995.10.—86页;19×26cm

ISBN 7-80533-910-4:¥4.90

G634 018120

全国名牌中学试卷汇编:语文:初中一年级下学期/《全国名牌中学试卷汇编》编写组编.—2版.—厦门:鹭江出版社,1995.10.—77页;19×26cm

ISBN 7-80533-908-2:¥4.90

G634 018121

全国名牌中学试卷汇编:政治:初中二年级下学期/《全国名牌中学试卷汇编》编写组编.—2版.—厦门:鹭江出版社,1995.10.—58页;19×26cm

ISBN 7-80533-904-X:¥3.50

G634 018122

全国名牌中学试卷汇编:政治:初中三年级下学期/《全国名牌中学试卷汇编》编写组编.—2版.—厦门:鹭江出版社,1995.10.—78页;19×26cm

ISBN 7-80533-905-8:¥4.50

G634 018123

全国名牌中学试卷汇编:政治:初中一年级下学期/《全国名牌中学试卷汇编》编写组编.—2版.—厦门:鹭江出版社,1995.10.—54页;19×26cm

ISBN 7-80533-903-1:¥3.30

G634 018124

全国名校训练试卷精选:高二代数/韦力主编;康岫岩等编写.—天津:天津教育出版社,1995.5.—198页;19cm

ISBN 7-5309-2256-4:¥4.20

G634 018125

全国名校训练试卷精选:高二化学/韦力主编;何广济,康慈编写.—天津:天津教育出版社,1995.5.—220页;19cm

ISBN 7-5309-2262-9:¥4.60

G634 018126

全国名校训练试卷精选:高二几何/韦力主编;康岫岩等编写.—天津:天津教育出版社,1995.5.—235页;19cm

ISBN 7-5309-2254-8:¥4.80

G634 018127

全国名校训练试卷精选:高二物理/韦力主编;袁克群等编写.—天津:天津教育出版社,1995.5.—313页;19cm

ISBN 7-5309-2259-9:¥6.20

G634 018128

全国名校训练试卷精选:高二英语/韦力主编;王树凯等编写.—天津:天津教育出版社,1995.5.—244页;19cm

ISBN 7-5309-2268-8:¥5.00

G634 018129

全国名校训练试卷精选:高二语文/韦力主编;梁玉章等编写.—天津:天津教育出版社,1995.5.—248页;19cm

ISBN 7-5309-2265-3:¥5.00

G634 018130

全国名校训练试卷精选:高三化学/韦力主编;何广济,张冠仁编写.—天津:天津教育出版社,1995.5.—261页;19cm

ISBN 7-5309-2263-7:¥5.30

G634 018131

全国名校训练试卷精选:高三数学/韦力主编;元以蒽等编写.—天津:天津教育出版社,1995.5.—228页;19cm

ISBN 7-5309-2257-2:¥4.70

G634 018132

全国名校训练试卷精选:高三物理/韦力主编;袁克群等编写.—天津:天津教育出版社,1995.5.—309页;19cm

ISBN 7-5309-2260-2:¥6.10

G634 018133

全国名校训练试卷精选:高三英语/韦力主编;王树凯等编写.—天津:天津教育出版社,1995.5.—261页;19cm

ISBN 7-5309-2269-6:¥5.30

G634 018134

全国名校训练试卷精选:高三语文/韦力主编;李溥等编写.—天津:天津教育出版社,1995.5.—234页;19cm

ISBN 7-5309-2266-1:¥4.80

G634 018135

全国名校训练试卷精选:高一代数/韦力主编;康岫岩等编写.—天津:天津教育出版社,1995.5.—196页;19cm

ISBN 7-5309-2255-6:¥4.20

G634 018136

全国名校训练试卷精选:高一化学/韦力主编;尤金石,张洪俊编写.—天津:天津教育出版社,1995.5.—170页;19cm

ISBN 7-5309-2261-0:¥3.70

G634 018137

全国名校训练试卷精选:高一几何/韦力主编;康岫岩等编写.—天津:天津教育出版社,1995.5.—153页;19cm

ISBN 253-X:¥3.50

G634 018138

全国名校训练试卷精选:高一物理/韦力主编;袁克群等编写.—天津:天津教育出版社,1995.5.—254页;19cm

ISBN 7-5309-2258-0:¥5.10

G634 018139

全国名校训练试卷精选:高一英语/韦力主编;王树凯等编写.—天津:天津教育出版社,1995.5.—247页;19cm

ISBN 7-5309-2267-X:¥5.00

G634 018140
全国名校训练试卷精选:高一语文/韦力主编;梁立夫等编写.—天津:天津教育出版社,1995.5.—223页;19cm
ISBN 7-5309-2264-5:¥4.60

G634 018141
如何获得100分:初中物理升学考前训练/晓星编写.—上海:少年儿童出版社,1995.4.—148页;26cm
ISBN 7-5324-2654-8:¥7.75

G634 018142
如何获得100分:初中语文升学考前训练/晓平编写.—上海:少年儿童出版社,1995.4.—192页;26cm
ISBN 7-5324-2656-4:¥9.70

G634 018143
上海十大名牌中学试题精选:初三毕业班:化学/施达编.—上海:华东师范大学出版社,1995.5.—286页;19cm
ISBN 7-5617-1326-6:¥6.00

G634 018144
上海十大名牌中学试题精选:初三毕业生班:物理/施达编.—上海:华东师范大学出版社,1995.5.—272页;19cm
ISBN 7-5617-1319-3:¥5.30

G634 018145
上海十大名牌中学试题精选:初三毕业生班:物理/施达编.—上海:华东师范大学出版社,1995.5.—272页;19cm
ISBN 7-5617-1319-3:¥5.30

G634 018146
上海十大名牌中学试题精选:初三毕业生班:物理/施达编.—上海:华东师范大学出版社,1995.5.—272页;19cm
ISBN 7-5617-1319-3:¥5.30

G634 018147
上好初中第一课丛书:化学分册/周亚光主编;《上好初中第一课丛书》编写组编.—哈尔滨:哈尔滨出版社,1995.12.—246页;19cm
ISBN 7-80557-877-X:¥7.00

G634 018148
上好初中第一课丛书:数学分册/郭奕津主编;《上好初中第一课丛书》编写组编.—哈尔滨:哈尔滨出版社,1995.12.—139页;19cm
ISBN 7-80557-875-3:¥4.50

G634 018149
上好初中第一课丛书:物理分册/关志辉主编;《上好初中第一课》编写组编.—哈尔滨:哈尔滨出版社,1995.12.—124页;19cm
ISBN 7-80557-876-1:¥4.50

G634 018150
升学导读·初中毕业升学指导:1995年全国中考试题精选·解答:数学/《升学导读》编写组编著.—成都:四川科学技术出版社,1995.10.—156页;19cm
ISBN 7-5364-3082-5:¥3.95

G634 018151
升学导读·初中毕业升学指导:1995年全国中考试题精选·解答:物理/《升学导读》编写组编著.—成都:四川科学技术出版社,1995.10.—156页;19cm
ISBN 7-5364-3082-5:¥3.95

G634 018152
升学导读·初中毕业升学指导:1995年全国中考试题精选·解答:英语/《升学导读》编写组编著.—成都:四川科学技术出版社,1995.10.—156页;19cm
ISBN 7-5364-3082-5:¥3.95

G634 018153
升学导读·初中毕业升学指导:1995年全国中考试题精选·解答:语文/《升学导读》编写组编著.—成都:四川科学技术出版社,1995.10.—156页;19cm
ISBN 7-5364-3082-5:¥3.95

G634 018154
升学导读·初中毕业升学指导:1995年全国中考试题精选·解答:政治/《升学导读》编写组编著.—成都:四川科学技术出版社,1995.10.—156页;19cm
ISBN 7-5364-3082-5:¥3.95

G634 018155
实验指导和实验报告:初中化学/徐运征编写.—4版.—长沙:湖南教育出版社,1995.5.—62页;26cm
九年义务教育教材 供三年级使用
ISBN 7-5355-0055-2:¥2.60

G634 018156
实验指导和实验报告:初中生物　第二册/高建军,程萃编写.—4版.—长沙:湖南教育出版社,1995.5.—30页;26cm
九年义务教育教材 供二年级使用
ISBN 7-5355-0053-6:¥1.45

G634 018157
实验指导和实验报告:初中生物　第一册上、下/刘翊咸,李冬久编写.—5版.—长沙:湖南教育出版社,1995.5.—40页;26cm
九年义务教育教材 供一年级用
ISBN 7-5355-0051-X:¥1.75

G634 018158
实验指导和实验报告:初中物理　第二册/王健夫等编.—3版.—长沙:湖南教育出版社,1995.5.—26页;26cm
九年义务教育教材 供三年级使用
ISBN 7-5355-0054-4:¥1.30

G634 018159
实验指导和实验报告:初中物理　第一册/《实验指导和实验报告》编写组编.—4版.—长沙:湖南教育出版社,1995.5.—32页;26cm
九年义务教育教材 供二年级使用
ISBN 7-5355-0052-8:¥1.45

G634 018160
实验指导和实验报告:高中化学　第二册:必修/陈意翼,杨光武编.—4版.—长沙:湖南教育出版社,1995.5.—36页;26cm
供二年级使用
ISBN 7-5355-0060-9:¥1.60

G634　018161
实验指导和实验报告:高中化学　第一册:必修/王德湘等编写.—4版.—长沙:湖南教育出版社,1995.5.—34页;26cm
供一年级使用
ISBN 7-5355-0058-7:¥1.60

G634　018162
实验指导和实验报告:高中物理　第二册:必修/《实验指导和实验报告》编写组编.—4版.—长沙:湖南教育出版社,1995.5.—59页;26cm
供二年级使用
ISBN 7-5355-0059-5:¥2.60

G634　018163
实验指导和实验报告:高中物理　第三册:选修/《实验指导和实验报告》编写组编.—2版.—长沙:湖南教育出版社,1995.5.—42页;26cm
供三年级使用
ISBN 7-5355-1589-4:¥1.90

G634　018164
实验指导和实验报告:高中物理　第一册:必修/《实验指导和实验报告》编写组编.—4版.—长沙:湖南教育出版社,1995.5.—49页;26cm
供一年级使用
ISBN 7-5355-0057-9:¥2.00

G634　018165
数理化重点知识与考试:高中数学/叶玉良主编.—成都:西南交通大学出版社,1995.7.—166页;26cm
ISBN 7-81022-826-9:¥8.40

G634　018166
图表式中学生高考知识总汇/史双元主编;徐志伟等编写.—南京:江苏科学技术出版社,1995.1.—792页;26cm
ISBN 7-5345-1859-8:¥35.00

G634　018167
向45分钟要效益系列丛书:初二、三物理精讲精练/《向四十五分钟要效益》丛书编委会编.—南京:南京师范大学出版社,1995.12.—2册;19cm
九年义务教育教材配套用书
ISBN 7-81047-036-1:¥13.60

G634　018168
向45分钟要效益系列丛书:初三化学精讲精练/《向四十五分钟要效益》丛书编委会编.—南京:南京师范大学出版社,1995.12.—299页;19cm
ISBN 7-81047-037-X:¥6.80

G634　018169
向45分钟要效益系列丛书:初一、二、三数学精讲精练/《向四十五分钟要效益》丛书编委会编.—南京:南京师范大学出版社,1995.12.—3册;19cm
九年义务教育教材配套用书
ISBN 7-81047-034-5:¥23.40

G634　018170
向45分钟要效益系列丛书:初一、二、三英语精讲精练/《向四十五分钟要效益》丛书编委会编.—南京:南京师范大学出版社,1995.12.—3册;19cm
九年义务教育教材配套用书
ISBN 7-81047-035-3:¥20.40

G634　018171
向45分钟要效益系列丛书:初一、二、三语文精讲精练/《向四十五分钟要效益》丛书编委会编.—南京:南京师范大学出版社,1995.12.—3册;19cm
九年义务教育教材配套用书
ISBN 7-81047-033-7:¥26.40

G634　018172
新编标准化训练与测试:初中代数　第一册(上)/佟惠兰等编著.—2版.—大连:大连出版社,1995.5.—191页;19cm
ISBN 7-80555-824-8:¥5.00

G634　018173
新编标准化训练与测试:初中化学　全一册/成兆兰等编著.—大连:大连出版社,1995.6.—231页;19cm
ISBN 7-80555-828-0:¥6.00

G634　018174
新编标准化训练与测试:初中英语　第三册(上)/曾晓鸥,王玥编.—大连:大连出版社,1995.5.—122页;19cm
ISBN 7-80555-825-6:¥3.80

G634　018175
新编测试与辅导:初中代数:二年级上学期/《新编测试与辅导》编写组编.—沈阳:辽宁教育出版社,1995.6.—100页;19cm
ISBN 7-5382-4140-X:¥2.35

G634　018176
新编测试与辅导:初中代数:二年级下学期/《新编测试与辅导》编写组编.—沈阳:辽宁教育出版社,1995.12.—60页;19cm
ISBN 7-5382-4391-7:¥1.70

G634　018177
新编测试与辅导:初中代数:三年级上学期/《新编测试与辅导》编写组编.—沈阳:辽宁教育出版社,1995.5.—73页;19cm
ISBN 7-5382-4188-4:¥1.85

G634　018178
新编测试与辅导:初中代数:三年级下学期/《新编测试与辅导》编写组编.—沈阳:辽宁教育出版社,1995.12.—67页;19cm
ISBN 7-5382-4395-X:¥1.90

G634　018179
新编测试与辅导:初中代数:一年级上学期/《新编测试与辅导》编写组编.—沈阳:辽宁教育出版社,1995.5.—103页;19cm
ISBN 7-5382-4129-9:¥2.40

G634　018180
新编测试与辅导:初中代数:一年级下学期/《新编测试与辅导》编写组编.—沈阳:辽宁教育出版社,1995.12.—88页;19cm
ISBN 7-5382-4457-3:¥2.30

G634　018181
新编测试与辅导:初中地理:二年级上学期/《新编测

试与辅导》编写组编.—沈阳:辽宁教育出版社,1995.5.—110页;19cm

ISBN 7-5382-4160-4:¥2.56

G634 **018182**

新编测试与辅导:初中地理:二年级下学期/《新编测试与辅导》编写组编.—沈阳:辽宁教育出版社,1995.12.—106页;19cm

ISBN 7-5382-4396-8:¥2.75

G634 **018183**

新编测试与辅导:初中地理:二年级下学期/《新编测试与辅导》编写组编.—沈阳:辽宁教育出版社,1995.12.—106页;19cm

ISBN 7-5382-4396-8:¥2.75

G634 **018184**

新编测试与辅导:初中地理:一年级上学期/《新编测试与辅导》编写组编.—沈阳:辽宁教育出版社,1995.6.—122页;19cm

ISBN 7-5382-4187-6:¥2.80

G634 **018185**

新编测试与辅导:初中化学:三年级上学期/《新编测试与辅导》编写组编.—沈阳:辽宁教育出版社,1995.6.—74页;19cm

ISBN 7-5382-4154-X:¥1.70

G634 **018186**

新编测试与辅导:初中化学:三年级下学期/《新编测试与辅导》编写组编.—沈阳:辽宁教育出版社,1995.12.—70页;19cm

ISBN 7-5382-4463-8:¥1.90

G634 **018187**

新编测试与辅导:初中几何:二年级上学期/《新编测试与辅导》编写组编.—沈阳:辽宁教育出版社,1995.6.—111页;19cm

ISBN 7-5382-4124-8:¥2.30

G634 **018188**

新编测试与辅导:初中几何:三年级上学期/《新编测试与辅导》编写组编.—沈阳:辽宁教育出版社,1995.6.—60页;19cm

ISBN 7-5382-4153-1:¥1.40

G634 **018189**

新编测试与辅导:初中几何:一年级下学期/《新编测试与辅导》编写组编.—沈阳:辽宁教育出版社,1995.12.—75页;19cm

ISBN 7-5382-4397-6:¥1.95

G634 **018190**

新编测试与辅导:初中生物:二年级上学期/《新编测试与辅导》编写组编.—沈阳:辽宁教育出版社,1995.6.—106页;19cm

ISBN 7-5382-4126-4:¥2.50

G634 **018191**

新编测试与辅导:初中生物:一年级上学期/《新编测试与辅导》编写组编.—沈阳:辽宁教育出版社,1995.6.—110页;19cm

ISBN 7-5382-4151-5:¥2.30

G634 **018192**

新编测试与辅导:初中思想政治:二年级上学期/《新编测试与辅导》编写组编.—沈阳:辽宁教育出版社,1995.6.—83页;19cm

ISBN 7-5382-4116-7:¥2.00

G634 **018193**

新编测试与辅导:初中思想政治:二年级下学期/《新编测试与辅导》编写组编.—沈阳:辽宁教育出版社,1995.11.—94页;19cm

ISBN 7-5382-4349-6:¥2.40

G634 **018194**

新编测试与辅导:初中思想政治:三年级上学期/《新编测试与辅导》编写组编.—沈阳:辽宁教育出版社,1995.6.—139页;19cm

ISBN 7-5382-4117-5:¥3.20

G634 **018195**

新编测试与辅导:初中思想政治:一年级上学期/《新编测试与辅导》编写组编.—沈阳:辽宁教育出版社,1995.5.—72页;19cm

ISBN 7-5382-4118-3:¥1.85

G634 **018196**

新编测试与辅导:初中物理:二年级上学期/《新编测试与辅导》编写组编.—沈阳:辽宁教育出版社,1995.6.—126页;19cm

ISBN 7-5382-4239-2:¥2.85

G634 **018197**

新编测试与辅导:初中物理:三年级上学期/《新编测试与辅导》编写组编.—沈阳:辽宁教育出版社,1995.6.—103页;19cm

ISBN 7-5382-4202-3:¥2.40

G634 **018198**

新编测试与辅导:初中英语:二年级上学期/《新编测试与辅导》编写组编.—沈阳:辽宁教育出版社,1995.6.—157页;19cm

ISBN 7-5382-4193-0:¥3.55

G634 **018199**

新编测试与辅导:初中英语:二年级下学期/《新编测试与辅导》编写组编.—沈阳:辽宁教育出版社,1995.12.—170页;19cm

ISBN 7-5382-4451-4:¥4.15

G634 **018200**

新编测试与辅导:初中英语:三年级上学期/《新编测试与辅导》编写组编.—沈阳:辽宁教育出版社,1995.6.—161页;19cm

ISBN 7-5382-4205-8:¥3.30

G634 **018201**

新编测试与辅导:初中英语:一年级上学期/《新编测试与辅导》编写组编.—沈阳:辽宁教育出版社,1995.6.—118页;19cm

ISBN 7-5382-4139-6:¥2.72

G634 **018202**

新编测试与辅导:初中语文:二年级上学期/《新编测试与辅导》编写组编.—沈阳:辽宁教育出版社,1995.5.—111页;19cm

ISBN 7-5382-4190-6:¥2.65

G634 **018203**

新编测试与辅导:初中语文:二年级下学期/《新编测试与辅导》编写组编.—沈阳:辽宁教育出版社,1995.12.—110页;19cm

ISBN 7-5382-4450-6:¥2.75

G634 **018204**

新编测试与辅导:初中语文:三年级上学期/《新编测试与辅导》编写组编.—沈阳:辽宁教育出版社,1995.5.—121页;19cm

ISBN 7-5382-4195-7:¥2.80

G634 **018205**

新编测试与辅导:初中语文:三年级下学期/《新编测试与辅导》编写组编.—沈阳:辽宁教育出版社,1995.12.—102页;19cm

ISBN 7-5382-4464-6:¥2.60

G634 **018206**

新编测试与辅导:初中语文:一年级上学期/《新编测试与辅导》编写组编.—沈阳:辽宁教育出版社,1995.5.—112页;19cm

ISBN 7-5382-4189-2:¥2.65

G634 **018207**

新编测试与辅导:初中语文:一年级下学期/《新编测试与辅导》编写组编.—沈阳:辽宁教育出版社,1995.12.—142页;19cm

ISBN 7-5382-4403-4:¥2.85

G634 **018208**

新编测试与辅导:初中中国历史:二年级上学期/《新编测试与辅导》编写组编.—沈阳:辽宁教育出版社,1995.6.—110页;19cm

ISBN 7-5382-4159-0:¥2.56

G634 **018209**

新编测试与辅导:初中中国历史:二年级下学期/《新编测试与辅导》编写组编.—沈阳:辽宁教育出版社,1995.11.—156页;19cm

ISBN 7-5382-4401-8:¥3.70

G634 **018210**

新编测试与辅导:初中中国历史:一年级上学期/《新编测试与辅导》编写组编.—沈阳:辽宁教育出版社,1995.5.—103页;19cm

ISBN 7-5382-4145-0:¥2.50

G634 **018211**

新编测试与辅导:高中代数　上册/《新编测试与辅导》编写组编.—沈阳:辽宁教育出版社,1995.6.—210页;19cm

ISBN 7-5382-4111-6:¥4.60

G634 **018212**

新编测试与辅导:高中代数　下册/《新编测试与辅导》编写组编.—沈阳:辽宁教育出版社,1995.6.—164页;19cm

ISBN 7-5382-4174-4:¥3.65

G634 **018213**

新编测试与辅导:高中化学　第二册/《新编测试与辅导》编写组编.—沈阳:辽宁教育出版社,1995.5.—228页;19cm

ISBN 7-5382-4138-8:¥4.95

G634 **018214**

新编测试与辅导:高中化学　第三册/《新编测试与辅导》编写组编.—沈阳:辽宁教育出版社,1995.6.—268页;19cm

ISBN 7-5382-4113-2:¥5.75

G634 **018215**

新编测试与辅导:高中化学　第一册/《新编测试与辅导》编写组编.—沈阳:辽宁教育出版社,1995.6.—287页;19cm

ISBN 7-5382-4152-3:¥5.60

G634 **018216**

新编测试与辅导:高中立体几何　全一册/《新编测试与辅导》编写组编.—沈阳:辽宁教育出版社,1995.6.—233页;19cm

ISBN 7-5382-4125-6:¥5.10

G634 **018217**

新编测试与辅导:高中平面解析几何　全一册/《新编测试与辅导》编写组编.—沈阳:辽宁教育出版社,1995.6.—190页;19cm

ISBN 7-5382-4134-5:¥4.28

G634 **018218**

新编测试与辅导:高中生物　全一册/《新编测试与辅导》编写组编.—沈阳:辽宁教育出版社,1995.6.—216页;19cm

ISBN 7-5382-4166-3:¥4.80

G634 **018219**

新编测试与辅导:高中世界近代现代史　下册/《新编测试与辅导》编写组编.—沈阳:辽宁教育出版社,1995.11.—148页;19cm

ISBN 7-5382-4393-3:¥3.60

G634 **018220**

新编测试与辅导:高中世界近现代史　上册/《新编测试与辅导》编写组编.—沈阳:辽宁教育出版社,1995.6.—190页;19cm

ISBN 7-5382-4156-6:¥4.20

G634 **018221**

新编测试与辅导:高中物理　第二册/《新编测试与辅导》编写组编.—沈阳:辽宁教育出版社,1995.6.—212页;19cm

ISBN 7-5382-4178-7:¥4.60

G634 **018222**

新编测试与辅导:高中物理　第三册/《新编测试与辅导》编写组编.—沈阳:辽宁教育出版社,1995.6.—257页;19cm

ISBN 7-5382-4173-6:¥5.60

G634 **018223**

新编测试与辅导:高中物理　第一册/《新编测试与辅导》编写组编.—沈阳:辽宁教育出版社,1995.6.—274页;19cm

ISBN 7-5382-4171-X:¥5.90

G634 **018224**

新编测试与辅导:高中英语　第二册/《新编测试与辅导》编写组编.—沈阳:辽宁教育出版社,1995.6.—

206页;19cm

ISBN 7-5382-4155-8:￥4.10

G634 018225

新编测试与辅导:高中英语　第三册/《新编测试与辅导》编写组编.—沈阳:辽宁教育出版社,1995.5.—243页;19cm

ISBN 7-5382-4157-4:￥5.30

G634 018226

新编测试与辅导:高中英语　第一册/《高中英语新编测试与辅导》编写组编.—沈阳:辽宁教育出版社,1995.5.—310页;19cm

ISBN 7-5382-4206-6:￥6.00

G634 018227

新编测试与辅导:高中语文　第二册/《新编测试与辅导》编写组编.—沈阳:辽宁教育出版社,1995.12.—155页;19cm

ISBN 7-5382-4404-2:￥3.80

G634 018228

新编测试与辅导:高中语文　第六册/《新编测试与辅导》编写组编.—沈阳:辽宁教育出版社,1995.11.—121页;19cm

ISBN 7-5382-4392-5:￥3.10

G634 018229

新编测试与辅导:高中语文　第三册/《新编测试与辅导》编写组编.—沈阳:辽宁教育出版社,1995.6.—154页;19cm

ISBN 7-5382-4164-7:￥3.45

G634 018230

新编测试与辅导:高中语文　第四册/《新编测试与辅导》编写组编.—沈阳:辽宁教育出版社,1995.11.—130页;19cm

ISBN 7-5382-4350-X:￥3.30

G634 018231

新编测试与辅导:高中语文　第五册/《新编测试与辅导》编写组编.—沈阳:辽宁教育出版社,1995.6.—159页;19cm

ISBN 7-5382-4158-2:￥3.65

G634 018232

新编测试与辅导:高中语文　第一册/《新编测试与辅导》编写组编.—沈阳:辽宁教育出版社,1995.6.—161页;19cm

ISBN 7-5382-4172-8:￥3.65

G634 018233

新编测试与辅导:高中中国古代史　全一册/《新编测试与辅导》编写组编.—沈阳:辽宁教育出版社,1995.6.—200页;19cm

ISBN 7-5382-4163-9:￥4.35

G634 018234

新编测试与辅导:高中中国近现代史　上册/《新编测试与辅导》编写组编.—沈阳:辽宁教育出版社,1995.6.—184页;19cm

ISBN 7-5382-4121-3:￥4.02

G634 018235

新编初中练习册:初二历史:上学期/杜志伟,文敏编.—2版.—沈阳:辽宁教育出版社,1995.5.—118页;19cm

ISBN 7-5382-3601-5:￥2.80

G634 018236

新编初中练习册:初二历史:下学期/林婻,孙敏编.—3版.—沈阳:辽宁教育出版社,1995.11.—90页;19cm

ISBN 7-5382-3732-1:￥2.25

G634 018237

新编初中练习册:初二英语:上学期/李丽,周威编.—2版.—沈阳:辽宁教育出版社,1995.5.—125页;19cm

ISBN 7-5382-3635-X:￥2.85

G634 018238

新编初中练习册:初三代数:上学期/苏蕴琦,朱子云编.—2版.—沈阳:辽宁教育出版社,1995.5.—104页;19cm

ISBN 7-5382-2253-7:￥2.45

G634 018239

新编初中练习册:初三代数:下学期/王林,王復编.—2版.—沈阳:辽宁教育出版社,1995.11.—105页;19cm

ISBN 7-5382-2253-7:￥2.50

G634 018240

新编初中练习册:初三化学:上学期/吴安岩编.—2版.—沈阳:辽宁教育出版社,1995.6.—165页;19cm

ISBN 7-5382-2254-5:￥3.70

G634 018241

新编初中练习册:初三化学:下学期/吴安岩编.—沈阳:辽宁教育出版社,1995.11.—145页;19cm

ISBN 7-5382-4332-1:￥3.30

G634 018242

新编初中练习册:初三几何:上学期/康长安等编.—2版.—沈阳:辽宁教育出版社,1995.5.—148页;19cm

ISBN 7-5382-2252-9:￥3.35

G634 018243

新编初中练习册:初三几何:下学期/康长安等编.—2版.—沈阳:辽宁教育出版社,1995.11.—141页;19cm

ISBN 7-5382-2252-9:￥3.25

G634 018244

新编初中练习册:初三历史:下学期/尹超编.—沈阳:辽宁教育出版社,1995.11.—90页;19cm

ISBN 7-5382-4293-7:￥2.25

G634 018245

新编初中练习册:初三历史:上学期/尹超编.—沈阳:辽宁教育出版社,1995.5.—101页;19cm

ISBN 7-5382-4115-9:￥2.35

G634 018246

新编初中练习册:初三物理:上学期/潘宝瓖编.—2版.—沈阳:辽宁教育出版社,1995.5.—146页;19cm

ISBN 7-5382-2255-3:￥3.35

G634 018247

新编初中练习册:初三物理:下学期/潘宝瓖,王群栋编.—沈阳:辽宁教育出版社,1995.11.—125页;19cm

ISBN 7-5382-4345-3:￥2.90

G634 018248

新编初中练习册:初三英语:上学期/金恒媞编.—2版.—沈阳:辽宁教育出版社,1995.5.—108页;19cm
ISBN 7-5382-2235-9:¥2.55
G634　018249
新编初中练习册:初三英语:下学期/金恒媞编.—3版.—沈阳:辽宁教育出版社,1995.11.—78页;19cm
ISBN 7-5382-3735-6:¥1.95
G634　018250
新编初中练习册:初三语文:下学期/唐振国,苏煊编.—3版.—沈阳:辽宁教育出版社,1995.11.—129页;19cm
ISBN 7-5382-3825-5:¥3.00
G634　018251
新编初中练习册:初三政治:上学期/鲍清,李伟编.—2版.—沈阳:辽宁教育出版社,1995.5.—91页;19cm
ISBN 7-5382-3547-7:¥2.10
G634　018252
新编初中练习册:初三政治:下学期/姜华,陈州编.—沈阳:辽宁教育出版社,1995.11.—96页;19cm
ISBN 7-5382-3547-7:¥2.35
G634　018253
新编初中练习册:初三作文:上学期/林雨霖,林凡编.—2版.—沈阳:辽宁教育出版社,1995.5.—109页;19cm
ISBN 7-5382-2858-6:¥2.55
G634　018254
新编初中练习册:初三作文:下学期/林雨霖等编.—2版.—沈阳:辽宁教育出版社,1995.11.—91页;19cm
ISBN 7-5382-2620-6:¥2.25
G634　018255
新编初中练习册:初一英语:上学期/冯爱红,刘柏森编.—2版.—沈阳:辽宁教育出版社,1995.5.—121页;19cm
ISBN 7-5382-3447-0:¥2.80
G634　018256
新编初中一课一练:初二代数:下学期/《新编初中一课一练初二代数》编写组编.—沈阳:辽宁教育出版社,1995.11.—64页;26cm
ISBN 7-5382-4427-1:¥3.20
G634　018257
新编初中一课一练:初二几何:下学期/《新编初中一课一练初二几何》编写组编.—沈阳:辽宁教育出版社,1995.12.—64页;26cm
ISBN 7-5382-4431-X:¥3.20
G634　018258
新编初中一课一练:初二物理:下学期/《新编初中一课一练初二物理》编写组编.—沈阳:辽宁教育出版社,1995.11.—64页;26cm
ISBN 7-5382-4433-6:¥3.20
G634　018259
新编初中一课一练:初二英语:下学期/《新编初中一课一练》编写组编.—沈阳:辽宁教育出版社,1995.11.—64页;26cm
ISBN 7-5382-4415-8:¥3.20
G634　018260
新编初中一课一练:初二语文:下学期/《新编初中一课一练》编写组编.—沈阳:辽宁教育出版社,1995.11.—64页;26cm
ISBN 7-5382-4418-2:¥3.20
G634　018261
新编初中一课一练:初三代数:下学期/《新编初中一课一练初三代数》编写组编.—沈阳:辽宁教育出版社,1995.11.—64页;26cm
ISBN 7-5382-4429-8:¥3.20
G634　018262
新编初中一课一练:初三化学:下学期/《新编初中一课一练》编写组编.—沈阳:辽宁教育出版社,1995.11.—64页;26cm
ISBN 7-5382-4420-4:¥3.20
G634　018263
新编初中一课一练:初三几何:下学期/《新编初中一课一练》编写组编.—沈阳:辽宁教育出版社,1995.10.—64页;26cm
ISBN 7-5382-4432-8:¥3.20
G634　018264
新编初中一课一练:初三物理:下学期/《新编初中一课一练》编写组编.—沈阳:辽宁教育出版社,1995.12.—64页;26cm
ISBN 7-5382-4434-4:¥3.20
G634　018265
新编初中一课一练:初三英语:下学期/《新编初中一课一练》编写组编.—沈阳:辽宁教育出版社,1995.11.—64页;26cm
ISBN 7-5382-4416-6:¥3.20
G634　018266
新编初中一课一练:初三语文:下学期/《新编初中一课一练》编写组编.—沈阳:辽宁教育出版社,1995.11.—64页;26cm
ISBN 7-5382-4419-0:¥3.20
G634　018267
新编初中一课一练:初一代数:下学期/《新编初中一课一练》编写组编.—沈阳:辽宁教育出版社,1995.11.—64页;26cm
ISBN 7-5382-4428-X:¥3.20
G634　018268
新编初中一课一练:初一几何:下学期/《新编初中一课一练》编写组编.—沈阳:辽宁教育出版社,1995.12.—64页;26cm
ISBN 7-5382-4430-1:¥3.20
G634　018269
新编初中一课一练:初一英语:下学期/《新编初中一课一练》编写组编.—沈阳:辽宁教育出版社,1995.11.—63页;26cm
ISBN 7-5382-4414-X:¥3.20
G634　018270
新编初中一课一练:初一语文:下学期/《新编初中一课一练》编写组编.—沈阳:辽宁教育出版社,1995.

11.—64页;26cm
ISBN 7-5382-4417-4:￥3.20

G634 **018271**
新编教材(语文、数学、英语、物理、化学)知识要点与记忆手册/冯林,刘绍强主编.—哈尔滨:黑龙江教育出版社,1995.9.—4册;9×13cm
ISBN 7-5316-2819-8:￥11.80

G634 **018272**
新编学习指导和测试:英语:八年级第二学期/《新编学习指导和测试》编写组编.—上海:上海教育出版社,1995.11.—226页;19cm
九年制义务教育课本
ISBN 7-5320-4463-7:￥6.10

G634 **018273**
新编学习指导和测试:英语:八年级第一学期/《新编学习指导和测试》编写组编.—上海:上海教育出版社,1995.6.—198页;19cm
九年制义务教育课本
ISBN 7-5320-4415-7:￥4.70

G634 **018274**
新编学习指导和测试:英语:九年级第二学期/《新编学习指导和测试》编写组编.—上海:上海教育出版社,1995.11.—232页;19cm
九年制义务教育课本
ISBN 7-5320-4638-9:￥6.30

G634 **018275**
新编学习指导和测试:英语:九年级第一学期/《新编学习指导和测试》编写组编.—上海:上海教育出版社,1995.6.—215页;19cm
九年制义务教育课本
ISBN 7-5320-4417-3:￥5.05

G634 **018276**
新编学习指导和测试:英语:九年级第一学期/《新编学习指导和测试》编写组编.—上海:上海教育出版社,1995.6.—215页;19cm
九年制义务教育课本
ISBN 7-5320-4417-3:￥5.05

G634 **018277**
新编学习指导和测试:英语:七年级第二学期/《新编学习指导和测试》编写组编.—上海:上海教育出版社,1995.11.—233页;19cm
九年制义务教育课本
ISBN 7-5320-4606-0:￥6.30

G634 **018278**
新编学习指导和测试:英语:七年级第一学期/《新编学习指导和测试》编写组编.—上海:上海教育出版社,1995.6.—193页;19cm
九年制义务教育课本
ISBN 7-5320-4426-2:￥4.70

G634 **018279**
新教材同步训练名师指导丛书:初中物理　第二册/叶禹卿主编.—北京:气象出版社,1995.7.—206页;19cm
配人教版
ISBN 7-5029-1997-X:￥5.60

G634 **018280**
学海轻舟:中学生学习指导/李银德主编.—广州:广东高等教育出版社,1995.8.—189页;19cm
ISBN 7-5361-1752-3:￥4.90

G634 **018281**
学生实验报告册:初中化学　全一册/初中化学实验报告册编写组编.—2版.—沈阳:辽宁教育出版社,1995.5.—49页;26cm
ISBN 7-5382-2100-X:￥2.40

G634 **018282**
学生实验报告册:初中生物　第一册(上)/生物实验报告册编写组编写.—2版.—沈阳:辽宁教育出版社,1995.4.—32页;26cm
ISBN 7-5382-2124-7:￥1.75

G634 **018283**
学生实验报告册:初中物理　第一册/物理实验报告册编写组编.—2版.—沈阳:辽宁教育出版社,1995.5.—34页;26cm
ISBN 7-5382-3630-9:￥1.75

G634 **018284**
扬起思维之帆/田运,林学谛编著.—福州:福建教育出版社,1995.3.—165页;18cm.—(当代中学生丛书)
ISBN 7-5334-1395-4:￥3.35

G634 **018285**
一课一测一练:初中物理　第二册(下)/忻尚智等编.—2版.—天津:天津教育出版社,1995.9.—50页;19cm
初中三年级使用
ISBN 7-5309-1422-7:￥1.80

G634 **018286**
一课一测一练:初中物理　第一册(上)/忻尚智等编.—2版.—天津:天津教育出版社,1995.7.—189页;19cm
初中二年级使用
ISBN 7-5309-1419-7:￥4.30

G634 **018287**
一课一练:初中几何　第三册(上)/梅向明主编.—北京:电子工业出版社,1995.7.—128页;19cm
供初中三年级第一学期使用
ISBN 7-5053-3065-9:￥3.80

G634 **018288**
一周一练一评丛书:初一数学/潘光博主编;侯秀贞,胡志敏编.—上海:汉语大词典出版社,1995.7.—237页;19cm
ISBN 7-5432-0164-X:￥7.80

G634 **018289**
一周一练一评丛书:初中理化/潘光博主编;邓莉莉等编.—上海:汉语大词典出版社,1995.7.—346页;19cm
ISBN 7-5432-0133-X:￥11.00

G634 **018290**
一周一练一评丛书:初中英语/潘光博主编;周国华,季雪瑛编.—上海:汉语大词典出版社,1995.8.—494

页;19cm

ISBN 7-5432-0163-1:¥15.00

G634　018291

一周一练一评丛书:高中化学:高考/潘光博主编;陈陆萍等编.—上海:汉语大词典出版社,1995.12.—290页;19cm

ISBN 7-5432-0175-5:¥9.50

G634　018292

一周一练一评丛书:高中化学:会考/潘光博主编;陈陆萍等编.—上海:汉语大词典出版社,1995.12.—249页;19cm

ISBN 7-5432-0121-6:¥8.50

G634　018293

一周一练一评丛书:高中物理:会考/潘光博主编;宋爱华等编.—上海:汉语大词典出版社,1995.11.—350页;19cm

ISBN 7-5432-0174-7:¥11.00

G634　018294

一周一练一评丛书:高中英语/潘光博主编;杨玉华等编.—上海:汉语大词典出版社,1995.12.—375页;19cm

ISBN 7-5432-0173-9:¥13.50

G634　018295

义务教育初级中学教科书单元达标测试卷:代数　第三册(上)·几何　第三册(上)/十亘编.—哈尔滨:黑龙江教育出版社,1995.4.—31页;19×26cm

三年级上学期用

ISBN 7-5316-2646-2:¥1.65

G634　018296

义务教育初级中学教科书单元达标测试卷:化学　全一册/张志茂等编.—2版.—哈尔滨:黑龙江教育出版社,1995.7.—81页;19×26cm

三年级用

ISBN 7-5316-2036-7:¥2.75

G634　018297

义务教育初级中学教科书单元达标测试卷:英语　第三册(上)/林森,杜文华编.—2版.—哈尔滨:黑龙江教育出版社,1995.7.—48页;19×26cm

三年级用

ISBN 7-5316-2026-X:¥1.65

G634　018298

义务教育初级中学教科书单元达标测试卷:英语　第一册(上)/李秀丽,贾雨岩编.—2版.—哈尔滨:黑龙江教育出版社,1995.7.—48页;19×26cm

一年级用

ISBN 7-5316-2371-4:¥1.65

G634　018299

义务教育初级中学教科书单元达标测试卷:语文　第五册/王传杰,王晓光编.—2版.—哈尔滨:黑龙江教育出版社,1995.7.—44页;19×26cm

三年级用

ISBN 7-5316-2019-7:¥1.65

G634　018300

义务教育初级中学课本(试用)自然科学实验实习册　第三册/浙江省义务教育教材编委会编.—杭州:浙江教育出版社,1995.3.—22页;19cm

ISBN 7-5338-1967-5:¥0.65

G634　018301

义务教育初级中学学习辅导:代数:三年级　第三册/刘奕主编;彭十仁等编.—昆明:云南教育出版社,1995.5.—189页;19cm

ISBN 7-5415-1010-6:¥3.10

G634　018302

义务教育初级中学学习辅导:几何　第三册/邸新考主编.—昆明:云南教育出版社,1995.6.—181页;19cm

ISBN 7-5415-0968-X:¥3.00

G634　018303

义务教育初级中学学习辅导:思想政治:三年级　全一册/宛枫,李雅兰编.—昆明:云南教育出版社,1995.5.—102页;19cm

ISBN 7-5415-0955-8:¥1.90

G634　018304

义务教育初级中学学习辅导:英语:三年级　第三册/雷平编.—昆明:云南教育出版社,1995.5.—300页;19cm

ISBN 7-5415-0962-0:¥4.70

G634　018305

义务教育初级中学学习辅导:语文:三年级　第五册/任国胜等编.—昆明:云南教育出版社,1995.5.—190页;19cm

ISBN 7-5415-0956-6:¥3.10

G634　018306

义务教育初级中学自然科学单元测试:AB卷　第二册/倪引令主编;温思雯等编写.—杭州:浙江教育出版社,1995.11.—96页;26cm

ISBN 7-5338-2256-0:¥5.30

G634　018307

义务教育初级中学自然科学单元测试:AB卷　第六册/倪引令主编.—杭州:浙江教育出版社,1995.10.—135页;26cm

ISBN 7-5338-2193-9:¥7.00

G634　018308

义务教育初级中学自然科学单元测试:AB卷　第三册/倪引令主编.—杭州:浙江教育出版社,1995.5.—128页;26cm

ISBN 7-5338-2067-3:¥4.85

G634　018309

义务教育初级中学自然科学单元测试:AB卷　第四册/倪引令主编.—杭州:浙江教育出版社,1995.10.—113页;26cm

ISBN 7-5338-2250-1:¥6.00

G634　018310

义务教育初级中学自然科学习题精选　第二册/《自然科学习题精选》编写组编.—杭州:浙江教育出版社,1995.11.—169页;19cm

ISBN 7-5338-2266-8:¥4.40

G634　018311

义务教育初级中学自然科学习题精选　第六册

(A)/《自然科学习题精选》编写组编写.—杭州:浙江教育出版社,1995.12.—199页;19cm
ISBN 7-5338-2070-6:¥5.10

G634　018312
义务教育初级中学自然科学习题精选　第三册/《义务教育初级中学自然科学习题精选》编写组编.—杭州:浙江教育出版社,1995.6.—136页;19cm
ISBN 7-5338-2077-0:¥2.60

G634　018313
义务教育初级中学自然科学习题精选　第四册/《自然科学习题精选》编写组编.—杭州:浙江教育出版社,1995.11.—161页;19cm
ISBN 7-5338-2269-2:¥4.20

G634　018314
义务教育初级中学自然科学习题精选　第五册/杨基松等编写.—杭州:浙江教育出版社,1995.6.—142页;19cm
ISBN 7-5338-2081-9:¥2.70

G634　018315
义务教育初级中学自然科学习题精选　第一册/《义务教育初级中学自然科学习题精选》编写组编.—杭州:浙江教育出版社,1995.5.—116页;19cm
ISBN 7-5338-2073-8:¥2.30

G634　018316
义务教育初级中学自然科学作业本　第二册/浙江省教委教研室编.—3版.—杭州:浙江教育出版社,1995.10.—71页;19cm
ISBN 7-5338-2162-9:¥2.20

G634　018317
义务教育初级中学自然科学作业本　第六册(A)/浙江省教委教研室　.—2版.—杭州:浙江教育出版社,1995.9.—88页;19cm
ISBN 7-5338-1953-5:¥2.50

G634　018318
义务教育初级中学自然科学作业本　第三册/浙江省教委教研室编.—杭州:浙江教育出版社,1995.3.—87页;19cm
ISBN 7-5338-1969-1:¥1.60

G634　018319
义务教育初级中学自然科学作业本　第四册/倪引令主编;浙江省教育委员会教研室编.—杭州:浙江教育出版社,1995.7.—82页;19cm
ISBN 7-5338-2122-X:¥2.40

G634　018320
义务教育初中复习用书:社会/浙江省教育委员会教研室编.—杭州:浙江教育出版社,1995.2.—505页;19cm
ISBN 7-5338-1955-1:¥8.50

G634　018321
义务教育初中复习用书:社会　第二分册/浙江省教育委员会教研室编.—杭州:浙江教育出版社,1995.12.—144页;19cm
ISBN 7-5338-2284-6:¥3.85

G634　018322
义务教育初中复习用书:社会　第一分册/浙江省教育委员会教研室编.—2版.—杭州:浙江教育出版社,1995.6.—367页;19cm
ISBN 7-5338-1955-1:¥6.40

G634　018323
义务教育初中复习用书:数学/浙江省教委教研室编.—杭州:浙江教育出版社,1995.3.—354页;19cm
义务教育初中复习用书
ISBN 7-5338-1924-1:¥6.20

G634　018324
义务教育初中复习用书:语文/浙江省教委教研室编.—杭州:浙江教育出版社,1995.2.—178页;19cm
ISBN 7-5338-1957-8:¥3.50

G634　018325
义务教育初中复习用书:自然科学/浙江省教育委员会教研室编写.—杭州:浙江教育出版社,1995.3.—471页;19cm
ISBN 7-5338-2003-7:¥8.00

G634　018326
义务教育初中自然科学　第二册/《同步练习丛书》编写组编.—杭州:浙江教育出版社,1995.10.—82页;26cm.—(同步练习丛书)
ISBN 7-5338-2225-0:¥5.20

G634　018327
义务教育初中自然科学　第六册/《同步练习丛书》编写组编.—杭州:浙江教育出版社,1995.10.—100页;26cm.—(同步练习丛书)
ISBN 7-5338-2227-7:¥6.00

G634　018328
义务教育初中自然科学　第三册/《同步练习丛书》编写组编写.—杭州:浙江教育出版社,1995.6.—63页;26cm.—(同步练习丛书)
ISBN 7-5338-2008-8:¥2.85

G634　018329
义务教育初中自然科学　第四册/《同步练习丛书》编写组编.—杭州:浙江教育出版社,1995.10.—109页;26cm.—(同步练习丛书)
ISBN 7-5338-2226-9:¥6.60

G634　018330
义务教育初中自然科学　第五册/《同步练习丛书》编写组编写.—杭州:浙江教育出版社,1995.6.—54页;26cm.—(同步练习丛书)
ISBN 7-5338-2009-6:¥2.70

G634　018331
义务教育初中自然科学　第一册/《同步练习丛书》编写组编写.—杭州:浙江教育出版社,1995.6.—73页;26cm.—(同步练习丛书)
ISBN 7-5338-1994-2:¥3.15

G634　018332
义务教育三年制初级中学教科书单元达标测试卷:英语　第二册(上)/王玉瑛编.—2版.—哈尔滨:黑龙江教育出版社,1995.7.—41页;19×26cm
二年级用
ISBN 7-5316-2368-4:¥1.65

G634　018333

义务教育三年制初中作业本:初二代数(上)/魏超群主编.—沈阳:辽宁教育出版社,1995.5.—48页;26cm

ISBN 7-5382-4090-X:¥1.90

G634　018334

义务教育三年制初中作业本:初二中国历史(下)/崔粲,金仁华主编;许华凌等编.—2版.—沈阳:辽宁教育出版社,1995.11.—48页;26cm

ISBN 7-5382-3959-6:¥2.10

G634　018335

义务教育三年制初中作业本:初三俄语(下)/郑涌涛等编.—沈阳:辽宁教育出版社,1995.11.—48页;26cm

ISBN 7-5382-4286-4:¥2.10

G634　018336

义务教育三年制初中作业本:初三日语(上)/马爱群等编.—沈阳:辽宁教育出版社,1995.5.—48页;26cm

ISBN 7-5382-4207-4:¥1.90

G634　018337

义务教育三年制初中作业本:初三日语(下)/周蕊等编.—沈阳:辽宁教育出版社,1995.11.—48页;26cm

ISBN 7-5382-4423-9:¥2.10

G634　018338

义务教育三年制初中作业本:初三思想政治(下)/赵子卿等编.—2版.—沈阳:辽宁教育出版社,1995.11.—48页;26cm

ISBN 7-5382-3851-4:¥2.10

G634　018339

义务教育三年制初中作业本:初三物理(下)/杜贵忠,王玉玲编.—2版.—沈阳:辽宁教育出版社,1995.11.—48页;26cm

ISBN 7-5382-3900-6:¥2.10

G634　018340

义务教育三年制初中作业本:初一思想政治(上)/赵子卿等编.—沈阳:辽宁教育出版社,1995.5.—47页;26cm

ISBN 7-5382-4102-7:¥1.90

G634　018341

有的放矢:初三毕业复习指导/上海教育电视台教学部编.—上海:复旦大学出版社,1995.2.—427页;20cm.—(ETV家庭教师辅导丛书)

ISBN 7-309-01501-0:¥12.00

G634　018342

语文·数学/胡铁军主编.—兰州:兰州大学出版社,1995.3.—133页;26cm.—(九年义务教育新教材帮你学丛书)

初二第一学期用

ISBN 7-311-00677-5:¥5.40

G634　018343

语文辅导与训练:四年制初中　第七册/于永超等编.—济南:明天出版社,1995.6.—259页;19cm.—(导与练丛书/梁忠杰,殷宝忠主编)

ISBN 7-5332-2130-3:¥4.60

G634　018344

语文辅导与训练:四年制初中　第五册/常乃恒等编.—2版.—济南:明天出版社,1995.6.—196页;19cm.—(导与练丛书/梁忠杰,殷宝忠主编)

ISBN 7-5332-2113-3:¥3.80

G634　018345

云南省九年义务教育教学单元目标检测:地理:初中一年级下学期/云南省义务教育教学单元目标检测编委会编.—昆明:云南教育出版社,1995.11.—28页;26cm

ISBN 7-5415-1093-9:¥1.80

G634　018346

云南省九年义务教育教学单元目标检测:历史:初中一年级下学期/云南省义务教育教学单元目标检测编委会编.—昆明:云南教育出版社,1995.11.—19页;26cm

ISBN 7-5415-1091-2:¥1.50

G634　018347

云南省九年义务教育教学单元目标检测:生物:初中二年级下学期/云南省义务教育教学单元目标检测编委会编.—昆明:云南教育出版社,1995.11.—28页;26cm

ISBN 7-5415-1090-4:¥1.80

G634　018348

云南省九年义务教育教学单元目标检测:数学:初中二年级下学期/云南省义务教育教学单元目标检测编委会编.—昆明:云南教育出版社,1995.11.—36页;26cm

ISBN 7-5415-1087-4:¥2.10

G634　018349

云南省九年义务教育教学单元目标检测:数学:初中一年级下学期/云南省义务教育教学单元目标检测编委会编.—昆明:云南教育出版社,1995.11.—48页;26cm

ISBN 7-5415-1086-6:¥2.50

G634　018350

云南省九年义务教育教学单元目标检测:物理:初中二年级下学期/云南省义务教育教学单元目标检测编委会编.—昆明:云南教育出版社,1995.11.—29页;26cm

ISBN 7-5415-1088-2:¥1.75

G634　018351

云南省九年义务教育教学单元目标检测:语文:初中二年级下学期/云南省义务教育教学单元目标检测编委会编.—昆明:云南教育出版社,1995.11.—61页;26cm

ISBN 7-5415-1083-1:¥3.00

G634　018352

云南省九年义务教育教学单元目标检测:语文:初中一年级下学期/云南省义务教育教学单元目标检测编委会编.—昆明:云南教育出版社,1995.11.—56页;26cm

ISBN 7-5415-1082-3:¥2.75

G634　018353

云南省义务教育教学单元目标检测:生物:初中一年级下学期/云南省义务教育教学单元目标检测编委会

编.—昆明:云南教育出版社,1995.11.—40页;26cm
ISBN 7-5415-1089-0:¥2.30

G634　　018354
掌握学习法:初中二年级(八年级):物理AB卷/《掌握学习法》编写组编写.—修订本.—上海:少年儿童出版社,1995.8.—131页;26cm
适合上海及发达地区使用:SK版
ISBN 7-5324-2762-5:¥7.00

G634　　018355
掌握学习法:初中二年级(八年级):物理AB卷/《掌握学习法》编写组编写.—修订本.—上海:少年儿童出版社,1995.8.—99页;26cm
适合上海及发达地区使用:SJ版
ISBN 7-5324-2744-7:¥5.55

G634　　018356
掌握学习法:初中二年级(八年级):英语AB卷/《掌握学习法》编写组编写.—修订本.—上海:少年儿童出版社,1995.8.—179页;26cm
适合上海及发达地区使用
ISBN 7-5324-2747-1:¥9.00

G634　　018357
掌握学习法:初中二年级(八年级):语文AB卷/《掌握学习法》编写组编写.—修订本.—上海:少年儿童出版社,1995.8.—130页;26cm
适合上海及发达地区使用:H版
ISBN 7-5324-2774-9:¥6.75

G634　　018358
掌握学习法:初中二年级(八年级):语文AB卷/《掌握学习法》编写组编写.—修订本.—上海:少年儿童出版社,1995.8.—146页;26cm
适合上海及发达地区使用:S版
ISBN 7-5324-2761-7:¥7.45

G634　　018359
掌握学习法:初中三年级(九年级):化学AB卷/《掌握学习法》编写组编写.—修订本.—上海:少年儿童出版社,1995.8.—117页;26cm
适合上海及发达地区使用:SJ版
ISBN 7-5324-2744-7:¥6.30

G634　　018360
掌握学习法:初中三年级(九年级):化学AB卷/《掌握学习法》编写组编写.—修订本.—上海:少年儿童出版社,1995.8.—143页;26cm
适合上海及发达地区使用:SK版
ISBN 7-5324-2737-4:¥7.45

G634　　018361
掌握学习法:初中三年级(九年级):物理AB卷/《掌握学习法》编写组编.—修订本.—上海:少年儿童出版社,1995.8.—106页;26cm
适合上海及发达地区使用
ISBN 7-5324-2760-9:¥5.70

G634　　018362
掌握学习法:初中三年级(九年级):物理AB卷/《掌握学习法》编写组编写.—修订本.—上海:少年儿童出版社,1995.8.—103页;26cm
适合上海及发达地区使用:SK版
ISBN 7-5324-2777-3:¥5.90

G634　　018363
掌握学习法:初中一年级(七年级):数学AB卷/《掌握学习法》编写组编写.—修订本.—上海:少年儿童出版社,1995.8.—170页;26cm
适合上海及发达地区使用
ISBN 7-5324-2727-7:¥8.50

G634　　018364
掌握学习指导:物理:初中二年级:全学年/广东省教育厅编.—2版.—广州:广东教育出版社,1995.7.—257页;19cm.—(掌握学习指导丛书)
九年义务教育三年制初中:沿海版:附测试题
ISBN 7-5406-3007-8:¥8.15

G634　　018365
掌握学习指导:初中语文　第六册/广东省教育厅编.—广州:广东教育出版社,1995.12.—113页;26cm.—(掌握学习指导丛书)
九年义务教育三年制
ISBN 7-5406-3492-8:¥5.05

G634　　018366
掌握学习指导:代数　第四册/广东省教育厅编.—广州:广东教育出版社,1995.1.—132页;19cm.—(掌握学习指导丛书)
ISBN 7-5406-3174-0:¥3.00

G634　　018367
掌握学习指导:代数　第五册/广东省教育厅编.—广州:广东教育出版社,1995.9.—155页;19cm.—(掌握学习指导丛书)
九年义务教育三年制初中:沿海版
ISBN 7-5406-3323-9:¥2.00

G634　　018368
掌握学习指导:代数　第一册(下)/广东省教育厅编.—2版.—广州:广东教育出版社,1995.7.—190页;19cm.—(掌握学习指导丛书)
九年义务教育三年制初中:沿海版
ISBN 7-5406-2398-5:¥4.10

G634　　018369
掌握学习指导:化学:初中三年级第二学期(下)/广东省教育厅编.—2版.—广州:广东教育出版社,1995.12.—119页;19cm.—(掌握学习指导丛书)
九年义务教育三年制初中:沿海版:附测试题
ISBN 7-5406-3378-6:¥3.85

G634　　018370
掌握学习指导:化学:初中三年级第一学期/广东省教育厅编.—广州:广东教育出版社,1995.7.—176页;19cm.—(掌握学习指导丛书)
九年义务教育三年制初中:沿海版 附测试题
ISBN 7-5406-3298-4:¥5.45

G634　　018371
掌握学习指导:化学:高中一年级　全一册/广东省教育厅编.—2版.—广州:广东教育出版社,1995.7.—302页;19cm.—(掌握学习指导丛书)
ISBN 7-5406-2238-5:¥7.85

G634　018372

掌握学习指导:几何　第二册/广东省教育厅编.—2版.—广州:广东教育出版社,1995.7.—168页;19cm.—(掌握学习指导丛书)

九年义务教育三年制初中:沿海版

ISBN 7-5406-3024-8:¥3.75

G634　018373

掌握学习指导:几何　第三册/广东省教育厅编.—广州:广东教育出版社,1995.1.—218页;19cm.—(掌握学习指导丛书)

九年义务教育三年制初中:沿海版

ISBN 7-5406-3180-5:¥3.00

G634　018374

掌握学习指导:几何　第四册/广东省教育厅编.—广州:广东教育出版社,1995.8.—145页;19cm.—(掌握学习指导丛书)

九年义务教育三年制初中:沿海版

ISBN 7-5406-3335-2:¥2.50

G634　018375

掌握学习指导:物理:初中三年级:全学年用/广东省教育厅编.—广州:广东教育出版社,1995.7.—236页;19cm.—(掌握学习指导丛书)

九年义务教育三年制初中:沿海版

ISBN 7-5406-3188-0:¥6.90

G634　018376

掌握学习指导:物理:高中一年级第一学期/广东省教育厅编.—2版.—广州:广东教育出版社,1995.7.—178页;19cm

ISBN 7-5406-3196-1:¥4.05

G634　018377

掌握学习指导:英语　第六册/广东省教育厅编.—广州:广东教育出版社,1995.12.—207页;19cm.—(掌握学习指导丛书)

九年义务教育三年制初中:沿海版

ISBN 7-5406-3480-4:¥4.55

G634　018378

掌握学习指导:英语　第四册:初中二年级下学期/广东省教育厅编.—广州:广东教育出版社,1995.12.—229页;19cm.—(掌握学习指导丛书)

九年义务教育三年制初中:沿海版

ISBN 7-5406-3151-1:¥5.05

G634　018379

掌握学习指导:英语　第五册:初中三年级上学期/广东省教育厅编.—广州:广东教育出版社,1995.8.—306页;19cm.—(掌握学习指导丛书)

九年义务教育三年制初中:沿海版:乙种本

ISBN 7-5406-3316-6:¥5.50

G634　018380

掌握学习指导:语文　第三册/广东省教育厅编.—广州:广东教育出版社,1995.1.—212页;19cm.—(掌握学习指导丛书)

九年义务教育三年制初中:沿海版

ISBN 7-5406-3301-8:¥4.70

G634　018381

掌握学习指导:语文　第三册/广东省教育厅编.—2版.—广州:广东教育出版社,1995.7.—209页;19cm.—(掌握学习指导丛书)

九年义务教育三年制初中:沿海版

ISBN 7-5406-3197-X:¥4.70

G634　018382

掌握学习指导:语文:高中一年级第一学期/广东省教育厅编.—2版.—广州:广东教育出版社,1995.8.—142页;26cm.—(掌握学习指导丛书)

ISBN 7-5406-3017-5:¥6.10

G634　018383

知识与能力训练:初中代数　第二册/四川省教育科学研究所主编.—2版.—成都:四川教育出版社,1995.5.—199页;19cm

ISBN 7-5408-2576-6:¥4.23

G634　018384

知识与能力训练:初中代数　第三册/冯惠芹等编写.—5版.—成都:四川教育出版社,1995.5.—107页;19cm

ISBN 7-5408-0449-1:¥2.36

G634　018385

知识与能力训练:初中代数　第一册(上)/四川省教育科学研究所主编.—2版.—成都:四川教育出版社,1995.5.—157页;19cm

ISBN 7-5408-2524-3:¥3.34

G634　018386

知识与能力训练:初中代数　第一册(下)/于克俊等编写.—2版.—成都:四川教育出版社,1995.11.—150页;19cm

ISBN 7-5408-2769-6:¥3.52

G634　018387

知识与能力训练:初中地理　第二册/彭华中等编写.—2版.—成都:四川教育出版社,1995.11.—121页;19cm

ISBN 7-5408-2773-4:¥2.95

G634　018388

知识与能力训练:初中地理　第三册/四川省教育科学研究所主编.—2版.—成都:四川教育出版社,1995.5.—105页;19cm

ISBN 7-5408-2549-9:¥2.28

G634　018389

知识与能力训练:初中地理　第四册/冯忠跃等编写.—2版.—成都:四川教育出版社,1995.11.—103页;19cm

ISBN 7-5408-2762-9:¥2.63

G634　018390

知识与能力训练:初中地理　第一册/李成平等编写.—2版.—成都:四川教育出版社,1995.5.—103页;19cm

ISBN 7-5408-2552-9:¥2.28

G634　018391

知识与能力训练:初中化学　全一册/华沂等编写.—5版.—成都:四川教育出版社,1995.5.—245页;19cm

ISBN 7-5408-0481-5: ¥5.20

G634 018392

知识与能力训练:初中几何 第三册/卢剑秋等编写.—5版.—成都:四川教育出版社,1995.5.—106页;19cm

ISBN 7-5408-0474-2: ¥2.28

G634 018393

知识与能力训练:初中几何 第一册/郑敬文等编写.—2版.—成都:四川教育出版社,1995.11.—98页;19cm

ISBN 7-5408-2768-8: ¥2.47

G634 018394

知识与能力训练:初中历史综合练习/四川省教育科学研究所编.—成都:四川教育出版社,1995.11.—46页;26cm

ISBN 7-5408-2763-7: ¥2.72

G634 018395

知识与能力训练:初中平面几何 第二册/王天经等编写.—2版.—成都:四川教育出版社,1995.5.—119页;19cm

ISBN 7-5408-0474-2: ¥2.60

G634 018396

知识与能力训练:初中生物/四川省教育科学研究所主编.—2版.—成都:四川教育出版社,1995.5.—206页;19cm

ISBN 7-5408-2557-X: ¥4.39

G634 018397

知识与能力训练:初中生物 第一册(下)/四川省教育科学研究所主编.—成都:四川教育出版社:四川科学技术出版社,1995.11.—183页;19cm

ISBN 7-5408-2525-1: ¥4.25

G634 018398

知识与能力训练:初中生物 第一册:续/杨文灿等编写.—成都:四川教育出版社,1995.11.—180页;19cm

ISBN 7-5408-2525-1: ¥4.17

G634 018399

知识与能力训练:初中世界历史 第二册/四川省教育科学研究所主编.—成都:四川人民出版社:四川教育出版社,1995.12.—77页;19cm

ISBN 7-220-03026-6: ¥2.10

G634 018400

知识与能力训练:初中世界历史 第一册/张平等编写.—成都:四川教育出版社,1995.5.—101页;19cm

ISBN 7-5408-1423-3: ¥2.20

G634 018401

知识与能力训练:初中数学综合练习/四川省教育科学研究所编.—3版.—成都:四川教育出版社,1995.11.—47页;26cm

ISBN 7-5408-1431-4: ¥2.72

G634 018402

知识与能力训练:初中物理 第二册/贺德昌等编写.—5版.—成都:四川教育出版社,1995.7.—154页;19cm

ISBN 7-5408-0480-7: ¥3.25

G634 018403

知识与能力训练:初中物理 第一册/四川省教育科学研究所主编.—2版.—成都:四川教育出版社,1995.5.—161页;19cm

ISBN 7-5408-2564-2: ¥3.42

G634 018404

知识与能力训练:初中物理综合练习/四川省教育科学研究所编.—4版.—成都:四川教育出版社,1995.11.—33页;26cm

ISBN 7-5408-1490-X: ¥2.23

G634 018405

知识与能力训练:初中英语 第二册(上)/四川省教育科学研究所主编;韩力等编写.—2版.—成都:四川教育出版社,1995.5.—155页;26cm

ISBN 7-5408-2521-9: ¥6.67

G634 018406

知识与能力训练:初中英语 第二册(下)/四川省教育科学研究所主编.—成都:四川教育出版社,1995.11.—165页;26cm

ISBN 7-5408-1440-3: ¥7.59

G634 018407

知识与能力训练:初中英语 第三册(上)/四川省教育科学研究所编.—成都:四川教育出版社,1995.5.—155页;26cm

ISBN 7-5408-0478-5: ¥6.67

G634 018408

知识与能力训练:初中英语 第三册(下)/四川省教育科学研究所主编.—5版.—成都:四川教育出版社,1995.11.—114页;26cm

ISBN 7-5408-1421-7: ¥5.48

G634 018409

知识与能力训练:初中英语 第一册(上)/四川省教育科学研究所主编.—2版.—成都:四川教育出版社,1995.5.—138页;26cm

ISBN 7-5408-2526-X: ¥5.85

G634 018410

知识与能力训练:初中英语 第一册(下)/四川省教育科学研究所主编.—2版.—成都:四川教育出版社,1995.11.—142页;26cm

ISBN 7-5408-2764-5: ¥6.62

G634 018411

知识与能力训练:初中英语综合练习知识与能力训练/四川省教育科学研究所编.—4版.—成都:四川教育出版社,1995.11.—49页;26cm

ISBN 7-5408-1446-2: ¥2.88

G634 018412

知识与能力训练:初中语文 第三册/杨成儒等编写.—2版.—成都:四川教育出版社,1995.5.—141页;19cm

ISBN 7-5408-2529-4: ¥3.09

G634 018413

知识与能力训练:初中语文 第五册:必修本/牟家辛等编写.—5版.—成都:四川教育出版社,1995.5.—

142页;19cm
ISBN 7-5408-0446-7:¥3.01

G634　018414
知识与能力训练:初中语文　第一册/四川教育科学研究所主编.—2版.—成都:四川教育出版社,1995.5.—182页;19cm
ISBN 7-5408-2574-X:¥3.82

G634　018415
知识与能力训练:初中语文综合练习/四川省教育科学研究所编.—3版.—成都:四川教育出版社,1995.11.—49页;26cm
ISBN 7-5408-1453-5:¥2.88

G634　018416
知识与能力训练:初中中国历史　第二册/四川省教育科学研究所主编.—成都:四川人民出版社:四川教育出版社,1995.12.—96页;19cm
ISBN 7-220-03007-X:¥2.50

G634　018417
知识与能力训练:初中中国历史　第三册/四川省教育科学研究所主编.—2版.—成都:四川教育出版社,1995.5.—107页;19cm
ISBN 7-5408-2577-4:¥2.36

G634　018418
知识与能力训练:初中中国历史　第四册/四川省教育科学研究所主编.—成都:四川人民出版社:四川教育出版社,1995.12.—95页;19cm
ISBN 7-220-03008-8:¥2.50

G634　018419
知识与能力训练:初中中国历史　第一册/四川省教育科学研究所编;江玉林等编写.—2版.—成都:四川教育出版社,1995.5.—72页;19cm
ISBN 7-5408-2565-0:¥1.63

G634　018420
知识与能力训练:高中代数　上册/冯国卫等编写.—5版.—成都:四川教育出版社,1995.5.—232页;19cm
ISBN 7-5408-0482-3:¥4.88

G634　018421
知识与能力训练:高中代数　下册/刘智银等编写.—4版.—成都:四川教育出版社,1995.5.—180页;19cm
ISBN 7-5408-0497-1:¥3.82

G634　018422
知识与能力训练:高中地理　上册/彭华中等编写.—5版.—成都:四川教育出版社,1995.5.—124页;19cm
ISBN 7-5408-1067-X:¥2.69

G634　018423
知识与能力训练:高中化学　第二册:必修/黄芝华等编写.—6版.—成都:四川教育出版社,1995.5.—262页;19cm
ISBN 7-5408-0485-8:¥5.45

G634　018424
知识与能力训练:高中化学　第三册:选修/钱明祥等编写.—2版.—成都:四川教育出版社,1995.5.—299页;19cm
ISBN 7-5408-2680-X:¥6.27

G634　018425
知识与能力训练:高中化学　第一册:必修/熊志远等编写.—5版.—成都:四川教育出版社,1995.5.—234页;19cm
ISBN 7-5408-0484-X:¥4.88

G634　018426
知识与能力训练:高中化学综合练习/四川教育科学研究所编.—5版.—成都:四川教育出版社,1995.11.—43页;26cm
ISBN 7-5408-1618-X:¥2.55

G634　018427
知识与能力训练:高中历史综合练习/四川省教育科学研究所编.—5版.—成都:四川教育出版社,1995.11.—78页;26cm
ISBN 7-5408-1483-7:¥4.02

G634　018428
知识与能力训练:高中立体几何　全一册/李方全等编写.—5版.—成都:四川教育出版社,1995.5.—78页;19cm
ISBN 7-5408-0496-3:¥1.71

G634　018429
知识与能力训练:高中平面解析几何　全一册:必修/罗介玲等编.—3版.—成都:四川教育出版社,1995.5.—195页;19cm
ISBN 7-5408-0497-1:¥4.15

G634　018430
知识与能力训练:高中生物　全一册:必修本/钟玉辉等编写.—6版.—成都:四川教育出版社,1995.5.—217页;19cm
ISBN 7-5408-2197-3:¥4.64

G634　018431
知识与能力训练:高中世界近代现代史　上册/周希伦等编写.—2版.—成都:四川教育出版社,1995.5.—138页;19cm
ISBN 7-5408-1764-X:¥2.93

G634　018432
知识与能力训练:高中世界近代现代史　下册:必修/四川省教育科学研究所主编.—成都:四川人民出版社:四川教育出版社,1995.12.—108页;19cm
ISBN 7-220-03009-6:¥2.70

G634　018433
知识与能力训练:高中数学综合部分/四川省教育科学研究所编.—2版.—成都:四川教育出版社,1995.11.—39页;26cm
ISBN 7-5408-1392-X:¥2.39

G634　018434
知识与能力训练:高中物理　第二册:必修本/李世中等编写.—6版.—成都:四川教育出版社,1995.5.—237页;19cm
ISBN 7-5408-0493-9:¥5.04

G634　018435

知识与能力训练:高中物理　第三册:选修/谈中浮等编写.—2版.—成都:四川教育出版社,1995.5.—204页;19cm
ISBN 7-5408-2527-8:￥4.31

G634　018436
知识与能力训练:高中物理综合练习/四川省教育科学研究所编.—3版.—成都:四川教育出版社,1995.11.—72页;26cm
ISBN 7-5408-1393-8:￥3.69

G634　018437
知识与能力训练:高中英语　第二册:必修本/四川省教育科学研究所主编.—6版.—成都:四川教育出版社,1995.5.—226页;19cm
ISBN 7-5408-0488-2:￥4.72

G634　018438
知识与能力训练:高中英语　第三册:选修/姜文第等编写.—8版.—成都:四川教育出版社,1995.5.—261页;19cm
ISBN 7-5408-0496-3:￥5.45

G634　018439
知识与能力训练:高中英语　第一册:必修本/四川省教育科学研究所主编.—8版.—成都:四川教育出版社,1995.5.—282页;19cm
ISBN 7-5408-0487-4:￥5.85

G634　018440
知识与能力训练:高中语文　第三册/郭山等编写.—6版.—成都:四川教育出版社,1995.5.—210页;19cm
ISBN 7-5408-0501-3:￥4.47

G634　018441
知识与能力训练:高中语文　第五册/岳洁等编写.—7版.—成都:四川教育出版社,1995.5.—160页;19cm
ISBN 7-5408-0502-1:￥3.42

G634　018442
知识与能力训练:高中语文　第一册:必修/李缵仁等编写.—4版.—成都:四川教育出版社,1995.5.—179页;19cm
ISBN 7-5408-0500-6:￥3.82

G634　018443
知识与能力训练:高中语文综合练习/四川省教育科学研究所编.—3版.—成都:四川教育出版社,1995.11.—64页;26cm
ISBN 7-5408-1451-9:￥3.37

G634　018444
知识与能力训练:高中中国古代史　上册:选修/四川省教育科学研究所　鞅.—2版.—成都:四川教育出版社,1995.5.—135页;19cm
ISBN 7-5408-2512-X:￥2.93

G634　018445
知识与能力训练:高中中国近代现代史　上册/四川省教育科学研究所主编.—成都:四川教育出版社,1995.5.—129页;19cm
ISBN 7-5408-2533-2:￥2.77

G634　018446
知识与能力训练:高中中国近代现代史　下册:必修/四川省教育科学研究所主编.—成都:四川人民出版社:四川教育出版社,1995.12.—137页;19cm
ISBN 7-220-03027-4:￥3.30

G634　018447
志在必得:高中毕业升学指导/上海教育电视台教学部编　.—上海:复旦大学出版社,1995.2.—415页;20cm.—(ETV家庭教师辅导丛书)
ISBN 7-309-01499-5:￥12.50

G634　018448
中等职业学校达标练习册:语文　第一册/《语文达标练习册》编写组编.—长沙:湖南出版社,1995.6.—124页;26cm
ISBN 7-5438-1006-9:￥5.90

G634　018449
中考12周夺优:化学/秦家达,阳照主编;王天开等编.—北京:北京工业大学出版社,1995.12.—172页;19cm
九年制义务教育新教材
ISBN 7-5639-0484-0:￥5.30

G634　018450
中考12周夺优:数学/秦家达,阳照主编;乔荣凝等编.—北京:北京工业大学出版社,1995.12.—399页;19cm
九年制义务教育新教材
ISBN 7-5639-0481-6:￥11.70

G634　018451
中考12周夺优:物理/秦家达,阳照主编;马思芳等编.—北京:北京工业大学出版社,1995.12.—346页;19cm
九年制义务教育新教材
ISBN 7-5639-0482-4:￥10.40

G634　018452
中考12周夺优:英语/秦家达,阳照主编;辜端英等编.—北京:北京工业大学出版社,1995.12.—375页;19cm
九年制义务教育新教材
ISBN 7-5639-0475-1:￥11.00

G634　018453
中考12周夺优:语文/秦家达,阳照主编;陈天敏等编.—北京:北京工业大学出版社,1995.12.—336页;19cm
九年制义务教育新教材
ISBN 7-5639-0483-2:￥10.20

G634　018454
中考复习指导测试卷:化学/兰州一中编.—兰州:甘肃教育出版社,1995.11.—96页;26cm
ISBN 7-5423-0571-9:￥5.80

G634　018455
中考复习指导测试卷:数学/兰州一中编.—兰州:甘肃教育出版社,1995.11.—111页;26cm
ISBN 7-5423-0572-7:￥6.50

G634　018456

中考复习指导测试卷:思想政治/兰州一中编.—兰州:甘肃教育出版社,1995.11.—95页;26cm

ISBN 7-5423-0569-7:¥5.80

G634 018457

中考复习指导测试卷:物理/兰州一中编.—兰州:甘肃教育出版社,1995.11.—96页;26cm

ISBN 7-5423-0570-0:¥5.80

G634 018458

中考复习指导测试卷:英语/兰州一中编.—兰州:甘肃教育出版社,1995.11.—95页;26cm

ISBN 7-5423-0573-5:¥5.80

G634 018459

中考复习指导测试卷:语文/兰州一中编.—兰州:甘肃教育出版社,1995.11.—103页;26cm

ISBN 7-5423-0574-3:¥6.00

G634 018460

中考高分对策丛书:化学/胡学增主编;吴峥等编.—西安:陕西人民教育出版社,1995.2.—96页;26cm

ISBN 7-5419-5049-1:¥3.95

G634 018461

中考高分对策丛书:数学/胡学增主编;陈颂国分册主编.—西安:陕西人民教育出版社,1995.2.—122页;26cm.—(中考高分对策丛书/胡学增主编)

ISBN 7-5419-5615-5:¥5.00

G634 018462

中考高分对策丛书:物理/胡学增主编;葛文驷分册主编.—西安:陕西人民教育出版社,1995.2.—125页;26cm

ISBN 7-5419-4528-5:¥5.00

G634 018463

中考高分对策丛书:英语/胡学增主编;冯大雄分册主编.—西安:陕西人民教育出版社,1995.2.—173页;26cm

ISBN 7-5419-4393-2:¥6.80

G634 018464

中考高分对策丛书:语文/胡学增主编;禹维民分册主编.—西安:陕西人民教育出版社,1995.2.—123页;26cm

ISBN 7-5419-4392-4:¥5.10

G634 018465

中考应试习题精选:生物/北京市海淀区教师进修学校主编.—长沙:湖南出版社,1995.12.—118页;26cm

ISBN 7-5438-1127-8:¥7.50

G634 018466

中学词海:地理/李昌文主编.—北京:知识出版社,1995.3.—365页;20cm

ISBN 7-5015-0517-9:¥12.00

G634 018467

中学词海:化学/赵德民主编.—北京:知识出版社,1995.3.—311页;20cm

ISBN 7-5015-0515-2:¥10.00

G634 018468

中学词海:历史/白月桥主编.—北京:知识出版社,1995.3.—469页;20cm

ISBN 7-5015-0516-0:¥15.00

G634 018469

中学词海:生物/叶佩珉主编.—北京:知识出版社,1995.3.—283页;20cm

ISBN 7-5015-0518-7:¥9.00

G634 018470

中学词海:数学/张君达主编.—北京:知识出版社,1995.3.—574页;20cm

ISBN 7-5015-0513-6:¥16.00

G634 018471

中学词海:物理/李申生主编.—北京:知识出版社,1995.3.—370页;20cm

ISBN 7-5015-0514-4:¥12.00

G634 018472

中学词海:语文/张厚感主编.—北京:知识出版社,1995.3.—381页;20cm

ISBN 7-5015-0512-8:¥12.00

G634 018473

中学各科同步帮教帮学丛书:历史:高中一年级/常文启主编;陈瑞勤等编著.—北京:开明出版社,1995.2.—248页;19cm

统编教材

ISBN 7-80077-816-9:¥6.00

G634 018474

中学生练习册:初中化学综合练习/四川省教育科学研究所编.—5版.—成都:四川教育出版社,1995.11.—42页;26cm

ISBN 7-5408-1447-0:¥2.55

G634 018475

中学生练习册:高中英语综合练习/四川省教育科学研究所编.—3版.—成都:四川教育出版社,1995.11.—112页;26cm

ISBN 7-5408-1396-2:¥5.32

G634 018476

中学生学习:初二版 第三期/严舟等编.—厦门:鹭江出版社,1995.4.—34页;26cm

ISBN 7-80610-131-4:¥1.45

G634 018477

中学生学习:初三版 第三、四期/杨建成等编.—厦门:鹭江出版社,1995.4.—68页;26cm

ISBN 7-80610-132-2:¥2.90

G634 018478

中学生学习:初一版 第三期/严舟等编.—厦门:鹭江出版社,1995.3.—26页;26cm

ISBN 7-80610-130-6:¥1.20

G634 018479

中学生学习一点通/时静琪等编写.—北京:中国少年儿童出版社,1995.8.—7册;19cm.—(金钥匙宝库)

ISBN 7-5007-2721-6:¥38.40

G634 018480

中学生学习指导丛书:义务教育三年制初中:代数第三册/魏超群主编;关成志,石懋山编.—2版.—沈阳:辽宁教育出版社,1995.5.—142页;19cm

ISBN 7-5382-0138-6:¥3.00

G634　018481

中学生学习指导丛书:义务教育三年制初中:几何　第二册/魏超群主编;赵光千等编.—2版.—沈阳:辽宁教育出版社,1995.5.—145页;19cm

ISBN 7-5382-2935-3:¥3.05

G634　018482

中学生学习指导丛书:义务教育三年制初中:几何　第三册/魏超群主编.—沈阳:辽宁教育出版社,1995.5.—144页;19cm

ISBN 7-5382-4130-2:¥3.00

G634　018483

中学生学习指导丛书:义务教育三年制初中:生物　第二册(下)/朱朝书等编.—沈阳:辽宁教育出版社,1995.11.—124页;19cm

ISBN 7-5382-3712-7:¥2.90

G634　018484

中学生学习指导丛书:义务教育三年制初中:世界历史　第二册/崔粲,王巨龙主编.—沈阳:辽宁教育出版社,1995.11.—163页;19cm

ISBN 7-5382-4279-1:¥3.70

G634　018485

中学生学习指导丛书:义务教育三年制初中:思想政治:二年级　上册/赵子卿主编.—3版.—沈阳:辽宁教育出版社,1995.5.—91页;19cm

ISBN 7-5382-2826-8:¥2.00

G634　018486

中学生学习指导丛书:义务教育三年制初中:思想政治:二年级　下册/赵子卿主编.—3版.—沈阳:辽宁教育出版社,1995.11.—119页;19cm

ISBN 7-5382-3901-4:¥2.80

G634　018487

中学生学习指导丛书:义务教育三年制初中:思想政治:三年级　全一册/赵子卿主编;姚杰等编.—3版.—沈阳:辽宁教育出版社,1995.5.—160页;19cm

ISBN 7-5382-2800-4:¥3.30

G634　018488

中学生学习指导丛书:义务教育三年制初中:思想政治:一年级　下册/赵子卿主编.—3版.—沈阳:辽宁教育出版社,1995.11.—115页;19cm

ISBN 7-5382-3826-3:¥2.75

G634　018489

中学生学习指导丛书:义务教育三年制初中:英语　第三册(上)/裴志民主编;李丽云等编.—2版.—沈阳:辽宁教育出版社,1995.5.—248页;19cm

ISBN 7-5382-0086-X:¥4.95

G634　018490

中学生学习指导丛书:义务教育三年制初中:英语　第三册(下)/裴志民主编.—沈阳:辽宁教育出版社,1995.11.—183页;19cm

ISBN 7-5382-0293-5:¥4.10

G634　018491

中学生学习指导丛书:义务教育三年制初中:语文　第二册/刘文忠主编.—3版.—沈阳:辽宁教育出版社,1995.11.—127页;19cm

ISBN 7-5382-2600-1:¥2.98

G634　018492

中学生学习指导丛书:义务教育三年制初中:语文　第六册/刘文忠主编.—3版.—沈阳:辽宁教育出版社,1995.11.—131页;19cm

ISBN 7-5382-0311-7:¥3.05

G634　018493

中学生学习指导丛书:义务教育三年制初中:语文　第五册/刘文忠主编;聂文升等编.—2版.—沈阳:辽宁教育出版社,1995.5.—129页;19cm

ISBN 7-5382-0104-1:¥2.70

G634　018494

中学生学习指导丛书:义务教育三年制初中:中国历史　第三册/崔粲,王巨龙主编;岳志忠等编.—2版.—沈阳:辽宁教育出版社,1995.5.—145页;19cm.—(中学生学习指导丛书)

ISBN 7-5382-0098-3:¥3.05

G634　018495

中学生学习指导丛书:义务教育三年制初中:中国历史　第四册/崔粲,王巨龙主编.—3版.—沈阳:辽宁教育出版社,1995.11.—165页;19cm

ISBN 7-5382-2174-3:¥3.70

G634　018496

中学生学习指导丛书:义务教育三年制初中:作文训练　第六册/刘文忠主编;白瑞丰等编.—3版.—沈阳:辽宁教育出版社,1995.11.—95页;19cm

ISBN 7-5382-2559-5:¥2.40

G634　018497

中学生学习指导丛书:义务教育三年制初中:作文训练　第五册/刘文忠主编;白瑞丰等编.—3版.—沈阳:辽宁教育出版社,1995.5.—141页;19cm

ISBN 7-5382-2175-1:¥2.90

G634　018498

中学生周假学习之友:初二上学期/弗才,甲元主编.—长春:吉林摄影出版社,1995.7.—128页;26cm

ISBN 7-80606-028-6:¥9.00

G634　018499

中学生周假学习之友:初三上学期/弗才,甲元主编.—长春:吉林摄影出版社,1995.7.—110页;26cm

ISBN 7-80606-029-4:¥8.10

G634　018500

中学生助学丛书:地理/姚凤逸主编.—海口:海南出版社,1995.1.—295页;19cm

全套书总定价:36.00元

ISBN 7-80590-153-8:¥0.00

G634　018501

中学生助学丛书:化学/姚凤逸主编.—海口:海南出版社,1995.1.—262页;19cm

全套书总定价:36.00元

ISBN 7-80590-153-8:¥0.00

G634　018502

中学生助学丛书:历史/姚凤逸主编.—海口:海南出版社,1995.1.—192页;19cm

全套书总定价:36.00元

ISBN 7-80590-153-8: ¥0.00

G634　018503

中学生助学丛书:数学/姚凤逸主编.—海口:海南出版社,1995.1.—254页;19cm

全套书总定价:36.00元

ISBN 7-80590-153-8: ¥0.00

G634　018504

中学生助学丛书:物理/姚凤逸主编.—海口:海南出版社,1995.1.—190页;19cm

全套书总定价:36.00元

ISBN 7-80590-153-8: ¥0.00

G634　018505

中学生助学丛书:语文/姚凤逸主编.—海口:海南出版社,1995.1.—324页;19cm

全套书总定价:36.00元

ISBN 7-80590-153-8: ¥0.00

G634　018506

中学数理化阶梯式复习精要:高中化学/张镇等主编;邢志飞等编.—北京:原子能出版社,1995.12.—264页;19cm

ISBN 7-5022-1418-6: ¥8.28

G634　018507

中学学科自测 ABC:初中化学/华东师大二附中编.—4版.—上海:上海科学技术出版社,1995.9.—83页;26cm

三年级用

ISBN 7-5323-4056-2: ¥4.60

G634　018508

中学学科自测 ABC:初中数学/华东师大二附中编.—上海:上海科学技术出版社,1995.8.—131页;26cm

一年级用

ISBN 7-5323-3959-9: ¥5.70

G634　018509

中学学科自测 ABC:初中物理/华东师大二附中编.—4版.—上海:上海科学技术出版社,1995.8.—127页;26cm

三年级用

ISBN 7-5323-4061-9: ¥6.90

G634　018510

中学学科自测 ABC:初中语文/华东师大二附中编.—4版.—上海:上海科学技术出版社,1995.8.—112页;26cm

二年级用

ISBN 7-5323-4053-8: ¥6.10

G634　018511

中学知识记忆手册:历史/周学人著.—福州:福建少年儿童出版社,1995.5.—114页;26cm

ISBN 7-5395-1155-9: ¥6.00

G634　018512

重点中学提高训练:初二数学(上)/北京六所重点附中编委会编.—北京:北京出版社,1995.7.—71页;26cm

ISBN 7-200-02746-4: ¥3.50

G634　018513

重点中学提高训练:初二物理(上)/北京六所重点附中编委会编.—北京:北京出版社,1995.7.—63页;26cm

ISBN 7-200-02765-0: ¥3.50

G634　018514

重点中学提高训练:初二英语(上)/北京六所重点附中编委会编.—北京:北京出版社,1995.7.—107页;26cm

ISBN 7-200-02747-2: ¥3.50

G634　018515

重点中学提高训练:初二语文(上)/北京六所重点附中编委会编.—北京:北京出版社,1995.7.—69页;26cm

ISBN 7-200-02763-4: ¥3.50

G634　018516

重点中学提高训练:初三化学(上)/北京六所重点附中编委会编.—北京:北京出版社,1995.7.—71页;26cm

ISBN 7-200-02585-2: ¥3.50

G634　018517

重点中学提高训练:初三数学(上)/北京六所重点附中编委会编.—北京:北京出版社,1995.7.—101页;26cm

ISBN 7-200-02605-0: ¥3.50

G634　018518

重点中学提高训练:初三英语(上)/北京六所重点附中编委会编.—北京:北京出版社,1995.7.—77页;26cm

ISBN 7-200-02594-1: ¥3.50

G634　018519

重点中学提高训练:初三语文(上)/北京六所重点附中编委会编.—北京:北京出版社,1995.7.—79页;26cm

ISBN 7-200-02592-5: ¥3.50

G634　018520

重点中学提高训练:初一数学(上)/北京六所重点附中编委会编.—北京:北京出版社,1995.7.—75页;26cm

ISBN 7-200-02755-3: ¥3.50

G634　018521

重点中学提高训练:初一语文(上)/北京六所重点附中编委会编.—北京:北京出版社,1995.7.—69页;26cm

ISBN 7-200-02742-1: ¥3.50

G634　018522

重点中学提高训练:高二化学(上)/北京六所重点附中编委会编.—北京:北京出版社,1995.7.—74页;26cm

ISBN 7-200-02764-2: ¥3.50

G634　018523

重点中学提高训练:高二数学(上)/北京六所重点附中编委会编.—北京:北京出版社,1995.7.—107页;26cm

ISBN 7-200-02758-8: ¥3.50

G634　018524

重点中学提高训练:高二物理(上)/北京六所重点附中编委会编.—北京:北京出版社,1995.7.—79页;26cm

ISBN 7-200-02738-3: ¥3.50

G634　018525

重点中学提高训练:高二英语(上)/北京六所重点附中编委会编.—北京:北京出版社,1995.7.—85页;26cm

ISBN 7-200-02713-8: ¥3.50

G634　018526

重点中学提高训练:高二语文(上)/北京六所重点附中编委会编.—北京:北京出版社,1995.7.—79页;26cm

ISBN 7-200-02752-9: ¥3.50

G634　018527

重点中学提高训练:高三化学(上)/北京六所重点附中编委会编.—北京:北京出版社,1995.7.—107页;26cm

ISBN 7-200-02571-2: ¥3.50

G634　018528

重点中学提高训练:高三化学(下)/北京六所重点附中编委会编.—北京:北京出版社,1995.7.—94页;26cm

ISBN 7-200-02572-0: ¥5.00

G634　018529

重点中学提高训练:高三数学(上)/北京六所重点附中编委会编.—北京:北京出版社,1995.7.—111页;26cm

ISBN 7-200-02613-1: ¥3.50

G634　018530

重点中学提高训练:高三物理(上)/北京六所重点附中编委会编.—北京:北京出版社,1995.7.—110页;26cm

ISBN 7-200-02591-7: ¥3.50

G634　018531

重点中学提高训练:高三英语(上)/北京六所重点附中编委会编.—北京:北京出版社,1995.7.—81页;26cm

ISBN 7-200-02589-5: ¥3.50

G634　018532

重点中学提高训练:高三语文(上)/北京六所重点附中编委会编.—北京:北京出版社,1995.7.—83页;26cm

ISBN 7-200-02595-X: ¥3.50

G634　018533

重点中学提高训练:高一化学(上)/北京六所重点附中编委会编.—北京:北京出版社,1995.7.—81页;26cm

ISBN 7-200-02760-X: ¥3.50

G634　018534

重点中学提高训练:高一数学(上)/柯冀主编;北京六所重点附中编委会编.—北京:北京出版社,1995.7.—89页;26cm

ISBN 7-200-02759-6: ¥3.50

G634　018535

重点中学提高训练:高一物理(上)/柯冀主编;北京六所重点附中编委会编.—北京:北京出版社,1995.7.—72页;26cm

ISBN 7-200-02757-X: ¥3.50

G634　018536

重点中学提高训练:高一语文(上)/柯冀主编;北京六所重点附中编委会编.—北京:北京出版社,1995.7.—71页;26cm

ISBN 7-200-02751-0: ¥3.50

G634　018537

自读课本　第一册/洪宗礼主编.—3版.—南京:江苏教育出版社,1995.6.—228页;20cm

九年义务教育三年制初级中学语文教科书

ISBN 7-5343-1802-5: ¥4.00

G634　018538

自然科学实验实习册　第二册/浙江省义务教育教材编委会编.—3版.—杭州:浙江教育出版社,1995.10.—54页;19cm

义务教育初级中学课本:试用

ISBN 7-5338-2143-2: ¥1.75

G634　018539

走出误区:化学卷/陈基福主编.—上海:华东师范大学出版社,1995.9.—191页;26cm.—(会考高考常见错误解析)

ISBN 7-5617-1368-1: ¥11.50

G634　018540

走出误区:数学卷/罗超主编.—上海:华东师范大学出版社,1995.11.—235页;26cm.—(会考高考常见错误解析)

ISBN 7-5617-1434-3: ¥13.50

G634　018541

走出误区:物理卷/张静甫,张甫楠主编.—上海:华东师范大学出版社,1995.8.—226页;26cm.—(会考高考常见错误解析)

ISBN 7-5617-1369-X: ¥13.10

G634　018542

走出误区:英语卷/尹福昌主编;沈裕兴等编.—上海:华东师范大学出版社,1995.9.—184页;26cm.—(会考高考常见错误解析)

ISBN 7-5617-1419-0: ¥10.70

G634　018543

走出误区:语文卷/金志浩,张永林主编.—上海:华东师范大学出版社,1995.9.—195页;26cm.—(会考高考常见错误解析)

ISBN 7-5617-1353-3: ¥11.50

G634　018544

最新同步夺标试卷(AB卷)精编　第三册:初二上学期/《最新同步夺标试卷AB卷精编》编写组编.—沈阳:沈阳出版社,1995.8.—5册;26cm

包括语文、代数、几何、物理、英语5册

ISBN 7-5441-0437-0: ¥17.50

G634 018545
最新同步夺标试卷(AB卷)精编 第一册:初一上学期/《最新同步夺标试卷AB卷精编》编写组编.—沈阳:沈阳出版社,1995.8.—3册;26cm
包括语文、代数、英语3册
ISBN 7-5441-0433-8: ¥10.50

G634-61 018546
中学生古代文化知识辞典/谢本梓编写.—南昌:江西人民出版社,1995.1.—241页;19cm
ISBN 7-210-01422-5: ¥5.00

G634-61 018547
中学生古代文化知识词典/马洪邦主编.—长春:北方妇女儿童出版社,1995.7.—509页;19cm
ISBN 7-5385-1115-6(精装): ¥23.00

G634-62 018548
初中数理化公式定律手册/唐治平等编著.—兰州:兰州大学出版社,1995.9.—231页;13cm
ISBN 7-311-00885-9: ¥5.00

G634-62 018549
高中数理化公式定律手册/唐治平等编著.—兰州:兰州大学出版社,1995.9.—313页;13cm
ISBN 7-311-00884-0: ¥6.60

G634-62 018550
中学数理化必备手册/唐尚斌等撰搞.—上海:上海辞书出版社,1995.11.—178页;19cm
ISBN 7-5326-0367-9: ¥6.90

G634-62 018551
中学知识记忆手册:化学/刘圣业,任心琴编著.—福州:福建少年儿童出版社,1995.5.—123页;26cm
ISBN 7-5395-1126-5: ¥6.10

G634-62 018552
中学知识记忆手册:数学/倪立志编.—福州:福建少年儿童出版社,1995.5.—154页;26cm
ISBN 7-5395-1125-7: ¥7.20

G634-62 018553
中学知识记忆手册:物理/滕可等著.—福州:福建少年儿童出版社,1995.5.—155页;26cm
ISBN 7-5395-1154-0: ¥8.00

G634-62 018554
中学知识记忆手册:英语/吴国渠等编著.—福州:福建少年儿童出版社,1995.5.—124页;26cm
ISBN 7-5395-1124-9: ¥6.00

G634-62 018555
中学知识记忆手册:语文/林志强编.—福州:福建少年儿童出版社,1995.5.—105页;26cm
ISBN 7-5395-1136-2: ¥5.30

G634-62 018556
中学知识记忆手册:语文/林志强编.—福州:福建少年儿童出版社,1995.5.—105页;26cm
ISBN 7-5395-1136-2: ¥5.30

G634.2 政治

G634.2 018557
1996高中政治毕业会考范围与标准/河南省教育委员会编.—北京:科学出版社,1995.7.—85页;19cm
河南省用
ISBN 7-03-004358-8: ¥1.30

G634.2 018558
1996年高考政治模拟题/《模拟题》编写组编.—西安:陕西人民教育出版社,1995.11.—94页;26cm
ISBN 7-5419-6328-3: ¥4.20

G634.2 018559
1996年中考政治模拟题/《模拟题》编写组编.—西安:陕西人民教育出版社,1995.12.—81页;26cm
ISBN 7-5419-6352-6: ¥3.60

G634.2 018560
'95初中时事政治教育材料/安徽省教学研究室编.—合肥:安徽教育出版社,1995.4.—70页;19cm
ISBN 7-5336-1814-9: ¥1.30

G634.2 018561
'95高中时事政治教育材料/安徽省教学研究室编.—合肥:安徽教育出版社,1995.4.—54页;26cm
ISBN 7-5336-1815-7: ¥2.00

G634.2 018562
爱国主义国防教育中学读本 上册/上海市杨浦区人民武装部,上海市杨浦区教育局编写.—上海:上海人民出版社,1995.8.—74页;26cm
ISBN 7-208-02099-X: ¥5.20

G634.2 018563
爱国主义国防教育中学读本 下册/上海市杨浦区人民武装部,上海市杨浦区教育局编写.—上海:上海人民出版社,1995.8.—84页;26cm
ISBN 7-208-02100-7: ¥5.40

G634.2 018564
爱国主义教育丛书:中学读本:中学政治补充读物(上)/杜江主编;许志坚分主编.—2版.—成都:四川人民出版社,1995.12.—95页;19cm
ISBN 7-220-02907-1: ¥2.70

G634.2 018565
爱国主义教育丛书:中学读本:中学政治补充读物(下)/杜江主编;许志坚分主编.—2版.—成都:四川人民出版社,1995.12.—86页;19cm
ISBN 7-220-02907-1: ¥2.60

G634.2 018566
爱国主义教育读本/《爱国主义教育读本》编写组编.—成都:四川教育出版社,1995.1.—136页;19cm
ISBN 7-5408-2663-0: ¥2.50

G634.2 018567
爱国主义教育读本:中学班会45分钟/张文鉴主编.—昆明:云南教育出版社,1995.6.—120页;19cm
ISBN 7-5415-1036-X: ¥2.00

G634.2 018568
初三政治单元测试卷:上学期/测试卷编写组编.—2版.—沈阳:辽宁教育出版社,1995.5.—48页;26cm
ISBN 7-5382-2926-4: ¥2.10

G634.2 018569

初三政治单元测试卷:下学期/《初三政治单元测试卷》编写组编.—2版.—沈阳:辽宁教育出版社,1995.11.—48页;26cm

ISBN 7-5382-3714-3:¥2.30

G634.2　018570

初一政治单元测试卷:上学期/测试卷编写组编.—2版.—沈阳:辽宁教育出版社,1995.5.—48页;26cm

ISBN 7-5382-3443-8:¥2.10

G634.2　018571

初中《思想政治》阅读指导与练习:初二　上册/高鸿志,徐月仁主编.—3版.—南京:江苏教育出版社,1995.6.—171页;19cm

ISBN 7-5343-1991-9:¥3.30

G634.2　018572

初中《思想政治》阅读指导与练习:初一　上册/高鸿志等主编;倪世清等编写.—3版.—南京:江苏教育出版社,1995.6.—169页;19cm

ISBN 7-5343-1990-0:¥3.30

G634.2　018573

初中毕业班思想政治综合练习册/《初中毕业班思想政治综合练习册》编写组编.—3版.—南京:江苏教育出版社,1995.6.—145页;19cm

ISBN 7-5343-1652-9:¥2.90

G634.2　018574

初中二年级思想政治辅导与练习　下册/《思想政治辅导与练习》编写组编.—2版.—西安:陕西人民出版社,1995.12.—108页;19cm

ISBN 7-224-04025-8:¥2.65

G634.2　018575

初中思想政治　第二册(上)/天津市中学思想政治课改革教材编审委员会编.—4版.—天津:天津教育出版社,1995.6.—196页;19cm

九年义务教育初级中学试用课本

ISBN 7-5309-1523-1:¥4.65

G634.2　018576

初中思想政治　第一册(上)/天津市中学思想政治课改革教材编审委员会编.—4版.—天津:天津教育出版社,1995.5.—236页;19cm

九年义务教育初级中学试用课本

ISBN 7-5309-1522-3:¥5.35

G634.2　018577

初中思想政治(公民)水平检测/《初中思想政治(公民)水平检测》编写组编.—上海:上海教育出版社,1995.3.—90页;26cm

ISBN 7-5320-4217-0:¥3.40

G634.2　018578

初中思想政治单元测验期中期末试卷集:二年级下学期/《单元测验期中期末试卷集》编写组编.—南昌:江西教育出版社,1995.12.—63页;26cm

ISBN 7-5392-2661-7:¥2.90

G634.2　018579

初中思想政治单元测验期中期末试卷集:三年级下学期/《单元测验期中期末试卷集》编写组编.—南昌:江西教育出版社,1995.12.—74页;26cm

ISBN 7-5392-2660-9:¥3.35

G634.2　018580

初中思想政治单元测验期中期末试卷集:一年级下学期/《初中思想政治单元测验期中期末试卷集》编写组编.—南昌:江西教育出版社,1995.12.—1册;26cm

ISBN 7-5392-2343-X:¥3.20

G634.2　018581

初中思想政治单元试卷集/白明,林晓蕉编.—2版.—南宁:广西教育出版社,1995.11.—48页;26cm.—(初中各科单元试卷集丛书)

三年级下学期用

ISBN 7-5435-1696-9:¥2.60

G634.2　018582

初中思想政治基础知识和训练/英礼煊等编.—2版.—广州:广东科技出版社,1995.2.—157页;19cm

ISBN 7-5359-1240-0:¥2.70

G634.2　018583

初中思想政治课单元检测试卷:二年级　上册/初中单元检测试卷编写组编.—太原:山西教育出版社,1995.5.—58页;26cm

ISBN 7-5440-0371-X:¥1.80

G634.2　018584

初中思想政治课单元检测试卷:三年级　全一册/初中单元检测试卷编写组编.—太原:山西教育出版社,1995.5.—86页;26cm

ISBN 7-5440-0085-0:¥2.50

G634.2　018585

初中思想政治课单元检测试卷:一年级　上册/初中单元检测试卷编写组编.—太原:山西教育出版社,1995.5.—49页;26cm

ISBN 7-5440-0370-1:¥1.50

G634.2　018586

初中思想政治课练习册:二年级　上册/詹强等编.—太原:山西教育出版社,1995.5.—157页;19cm

ISBN 7-80578-096-X:¥2.30

G634.2　018587

初中思想政治课练习册:三年级　全一册/冯水玲等编.—太原:山西教育出版社,1995.5.—273页;19cm

ISBN 7-5440-0383-3:¥3.80

G634.2　018588

初中思想政治课练习册:一年级　上册/王玉兰等编.—太原:山西教育出版社,1995.5.—165页;19cm

ISBN 7-80578-096-X:¥2.60

G634.2　018589

初中思想政治课指要/王智慧主编.—郑州:河南人民出版社,1995.12.—296页;19cm

ISBN 7-215-03590-5:¥7.60

G634.2　018590

初中思想政治练习册:二年级上学期/江西省教委教研室编.—南昌:江西教育出版社,1995.7.—54页;19cm

ISBN 7-5392-2199-2:¥1.05

G634.2　018591

初中思想政治练习册:二年级下学期/江西省教委教

研室编著.—南昌:江西人民出版社,1995.11.—54页;19cm

ISBN 7-210-01567-1:¥1.15

G634.2　018592

初中思想政治练习册:三年级　全一册/《初中思想政治练习册》编写组编.—南昌:江西教育出版社,1995.7.—64页;19cm

ISBN 7-5392-1976-9:¥1.05

G634.2　018593

初中思想政治练习册:一年级上学期/江西省教委教研室编.—南昌:江西教育出版社,1995.7.—48页;19cm

ISBN 7-5392-1789-5:¥0.85

G634.2　018594

初中思想政治练习册:一年级下学期/江西省教委教研室编著.—南昌:江西人民出版社,1995.11.—40页;19cm

ISBN 7-210-01566-3:¥0.90

G634.2　018595

初中思想政治试卷:二年级上学期/《初中思想政治试卷》编写组编.—3版.—南京:江苏教育出版社,1995.6.—35页;26×37cm

ISBN 7-5343-1825-4:¥3.20

G634.2　018596

初中思想政治试卷:三年级一学年/《初中思想政治试卷》编写组编.—3版.—南京:江苏教育出版社,1995.6.—57页;26×37cm

ISBN 7-5343-1847-5:¥4.70

G634.2　018597

初中思想政治试卷:一年级上学期/《初中思想政治试卷》编写组编.—3版.—南京:江苏教育出版社,1995.6.—38页;26×37cm

ISBN 7-5343-1824-6:¥3.30

G634.2　018598

初中思想政治试卷集:三年级上学期/《初中思想政治试卷集》编写组编.—南宁:广西科学技术出版社,1995.7.—62页;26cm

ISBN 7-80619-201-8:¥2.80

G634.2　018599

初中思想政治学习提要与检测/河南省教委中小学教研室编.—郑州:河南教育出版社,1995.12.—143页;19cm.—(初中各科学习提要与检测)

ISBN 7-5347-1900-3:¥2.80

G634.2　018600

初中思想政治学习与实践　第二册(上)/天津市中学思想政治课改革教材编审委员会编.—2版.—天津:天津教育出版社,1995.6.—40页;26cm

ISBN 7-5309-2089-8:¥1.65

G634.2　018601

初中思想政治学习与实践　第二册(下)/天津市中学思想政治课改革教材编审委员会编.—天津:天津教育出版社,1995.1.—59页;26cm

ISBN 7-5309-2233-5:¥1.70

G634.2　018602

初中思想政治学习与实践　第三册(下)/天津市中学思想政治课改革教材编审委员会编.—3版.—天津:天津教育出版社,1995.1.—22页;26cm

ISBN 7-5309-1662-9:¥0.90

G634.2　018603

初中思想政治学习与实践　第一册(下)/天津市中学思想政治课改革教材编审委员会编.—天津:天津教育出版社,1995.1.—15页;26cm

ISBN 7-5309-2232-7:¥0.80

G634.2　018604

初中思想政治学习与实践参考答案　(上)/天津市中学思想政治课改革教材编审委员会编.—2版.—天津:天津教育出版社,1995.6.—74页;19cm

ISBN 7-5309-2112-6:¥1.50

G634.2　018605

初中思想政治重点难点与训练基点:初一　下册/刘英钦编写.—南宁:广西科学技术出版社,1995.1.—74页;19cm

ISBN 7-80565-469-7:¥1.45

G634.2　018606

初中思想政治总复习指导/江西省教委教研室编.—南昌:江西教育出版社,1995.7.—156页;19cm

ISBN 7-5392-1988-2:¥2.75

G634.2　018607

初中政治复习导引/《初中政治复习导引》编写组编.—南昌:江西人民出版社,1995.12.—132页;19cm

ISBN 7-210-01591-4:¥4.00

G634.2　018608

初中政治升学分类试卷集.—南宁:广西科学技术出版社,1995.7.—69页;26cm

九年义务教育教材

ISBN 7-80619-232-8:¥3.75

G634.2　018609

初中政治习题集/山东省教学研究室编.—济南:山东教育出版社,1995.12.—182页;26cm

三年级用

¥8.65

G634.2　018610

初中政治学习指导/张维元等编.—5版.—上海:上海科学技术出版社,1995.12.—159页;19cm

ISBN 7-5323-4125-9:¥4.20

G634.2　018611

初中政治综合复习题/山西省教委教研室编.—太原:山西教育出版社,1995.2.—152页;26cm

ISBN 7-80578-269-5:¥3.80

G634.2　018612

初中政治综合复习指导/山西省教委教研室编.—太原:山西教育出版社,1995.9.—166页;26cm

ISBN 7-5440-0695-6:¥5.20

G634.2　018613

初中政治总复习/天津市教育教学研究室编.—3版.—天津:天津教育出版社,1995.1.—142页;19cm

ISBN 7-5309-1640-8:¥1.70

G634.2　018614

高二政治作业本:上学期/赵子卿等编.—2版.—沈阳:辽宁教育出版社,1995.5.—59页;26cm
ISBN 7-5382-2889-6:¥2.80

G634.2　018615
高级中学试用课本思想政治一年级上册训练指导/吴正禄等编.—长春:吉林教育出版社,1995.5.—120页;19cm
ISBN 7-5383-2510-7:¥2.10

G634.2　018616
高级中学试用课本思想政治一年级下册学习指导/《学习指导》编写组编.—2版.—重庆:重庆出版社,1995.1.—90页;19cm
ISBN 7-5366-2621-5:¥2.25

G634.2　018617
高三政治历史单元测试卷:下学期/丛惠春,杜志伟编.—沈阳:辽宁教育出版社,1995.11.—64页;26cm
ISBN 7-5382-4328-3:¥3.10

G634.2　018618
高三政治总复习:补充教材时事部分/天津市教育教学研究室编.—2版.—天津:天津教育出版社,1995.4.—151页;19cm
ISBN 7-5309-2033-2:¥2.75

G634.2　018619
高三政治总复习补充教材　(一)/天津市教育教学研究室编.—2版.—天津:天津教育出版社,1995.6.—327页;19cm
ISBN 7-5309-2167-3:¥4.20

G634.2　018620
高一政治作业本:上学期/赵子卿等编写.—2版.—沈阳:辽宁教育出版社,1995.5.—64页;26cm
ISBN 7-5382-2888-8:¥2.80

G634.2　018621
高一政治作业本:下学期/赵子卿等编.—2版.—沈阳:辽宁教育出版社,1995.11.—69页;26cm
ISBN 7-5382-3911-1:¥3.30

G634.2　018622
高中毕业班思想政治综合练习册/《高中毕业班思想政治综合练习册》编写组编.—3版.—南京:江苏教育出版社,1995.6.—282页;19cm
ISBN 7-5343-1657-X:¥5.70

G634.2　018623
高中毕业会考《思想政治》复习指导书/《思想政治》复习指导书编写组编.—修订版.—广州:广东高等教育出版社,1995.10.—184页;19cm
高中三年级试用
ISBN 7-5361-1574-1:¥6.50

G634.2　018624
高中二年级下学期思想政治测试卷/《中小学各科测试卷》编委会编.—2版.—武汉:湖北教育出版社,1995.11.—44页;26×38cm
ISBN 7-5351-1682-5:¥3.80

G634.2　018625
高中马克思主义常识第三册水平检测/《高中马克思主义常识第三册水平检测》编写组编.—上海:上海教育出版社,1995.6.—92页;26cm
ISBN 7-5320-4419-X:¥3.60

G634.2　018626
高中思想政治单元测验期中期末试卷集:二年级下学期/《高中思想政治单元测验期中期末试卷集》编写组编.—南昌:江西教育出版社,1995.7.—1册;26cm
ISBN 7-5392-2658-7:¥3.35

G634.2　018627
高中思想政治单元测验期中期末试卷集:一年级下学期/《高中思想政治单元测验期中期末试卷集》编写组编.—南昌:江西教育出版社,1995.12.—1册;26cm
ISBN 7-5392-2659-5:¥2.75

G634.2　018628
高中思想政治精讲:经济常识分册/王兆华主编.—南京:江苏教育出版社,1995.10.—340页;19cm
一年级用
ISBN 7-5343-2483-1:¥7.15

G634.2　018629
高中思想政治精讲:经济常识分册/王兆华主编.—南京:江苏教育出版社,1995.10.—340页;19cm
一年级用
ISBN 7-5343-2483-1:¥7.15

G634.2　018630
高中思想政治精讲:哲学常识分册/冷宗成主编.—南京:江苏教育出版社,1995.8.—249页;19cm
二年级用
ISBN 7-5343-2431-9:¥5.45

G634.2　018631
高中思想政治课单元检测试卷:二年级　上册/高中单元检测试卷编写组编.—太原:山西教育出版社,1995.5.—61页;26cm
ISBN 7-5440-0379-5:¥1.80

G634.2　018632
高中思想政治课单元检测试卷:三年级　全一册/高中单元检测试卷编写组编.—太原:山西教育出版社,1995.5.—73页;26cm
ISBN 7-5440-0523-2:¥2.10

G634.2　018633
高中思想政治课单元检测试卷:一年级　上册/高中单元检测试卷编写组编.—太原:山西教育出版社,1995.5.—62页;26cm
ISBN 7-80578-366-3:¥1.90

G634.2　018634
高中思想政治课练习册:二年级　上册/王大曼等编.—太原:山西教育出版社,1995.5.—241页;19cm
ISBN 7-5440-0382-5:¥3.40

G634.2　018635
高中思想政治课练习册:一年级　上册/品书等编.—太原:山西教育出版社,1995.5.—208页;19cm
ISBN 7-80578-367-1:¥3.00

G634.2　018636
高中思想政治练习册:二年级上学期/江西省教委教研室编.—南昌:江西教育出版社,1995.7.—57页;19cm

ISBN 7－5392－2516－5：￥1.00

G634.2 018637

高中思想政治练习册：二年级下学期/江西省教委教研室编.—南昌：江西人民出版社，1995.11.—54 页；19cm

ISBN 7－210－01569－8：￥1.15

G634.2 018638

高中思想政治练习册：三年级　全一册/《高中思想政治练习册》编写组编.—南昌：江西教育出版社，1995.7.—71 页；19cm

ISBN 7－5392－2514－9：￥1.15

G634.2 018639

高中思想政治练习册：一年级上学期/江西省教委教研室编.—南昌：江西教育出版社，1995.7.—62 页；19cm

ISBN 7－5392－1979－3：￥1.05

G634.2 018640

高中思想政治练习册：一年级下学期/江西省教委教研室编.—南昌：江西人民出版社，1995.11.—62 页；19cm

ISBN 7－210－01568－X：￥1.30

G634.2 018641

高中思想政治试卷：二年级上学期/《高中思想政治试卷》编写组编.—3 版.—南京：江苏教育出版社，1995.6.—29 页；26×38cm

ISBN 7－5343－1826－2：￥2.80

G634.2 018642

高中思想政治试卷：三年级一学年/《高三思想政治试卷》编写组编.—3 版.—南京：江苏教育出版社，1995.6.—51 页；26×37cm

ISBN 7－5343－1849－1：￥5.05

G634.2 018643

高中思想政治试卷：一年级上学期/《高中思想政治试卷》编写组编.—3 版.—南京：江苏教育出版社，1995.6.—34 页；26×38cm

ISBN 7－5343－1848－3：￥3.05

G634.2 018644

高中思想政治学习与实践　第二册(上)/天津市中学思想政治课改革教材编审委员会编.—3 版.—天津：天津教育出版社，1995.6.—49 页；26cm

ISBN 7－5309－1871－0：￥1.85

G634.2 018645

高中思想政治学习与实践　第三册/天津市中学思想政治课改革教材编审委员会编.—4 版.—天津：天津教育出版社，1995.6.—67 页；26cm

ISBN 7－5309－1528－2：￥2.30

G634.2 018646

高中思想政治学习与实践　第一册(上)/天津市中学思想政治课改革教材编审委员会编.—3 版.—天津：天津教育出版社，1995.6.—41 页；26cm

ISBN 7－5309－1556－8：￥1.65

G634.2 018647

高中思想政治学习与实践参考答案　上册/天津市中学思想政治课改革教材编审委员会编.—4 版.—天津：天津教育出版社，1995.6.—115 页；19cm

ISBN 7－5309－1529－0：￥2.20

G634.2 018648

高中思想政治综合复习题/山西省教委教研室编.—太原：山西教育出版社，1995.2.—142 页；26cm

ISBN 7－80578－198－2：￥3.60

G634.2 018649

高中思想政治总复习指导/江西省教委教学教材研究室编.—南昌：江西教育出版社，1995.7.—294 页；19cm

ISBN 7－5392－2294－8：￥4.80

G634.2 018650

高中一年级下学期思想政治测试卷/《中小学各科测试卷》编委会编.—2 版.—武汉：湖北教育出版社，1995.11.—38 页；26×38cm

ISBN 7－5351－1678－7：￥3.40

G634.2 018651

高中政治 350 题/陈凯编著.—南京：江苏人民出版社，1995.9.—227 页；19cm

ISBN 7－214－01556－0：￥5.80

G634.2 018652

高中政治复习提要/上海市中小学教材编写组编.—2 版.—上海：上海教育出版社，1995.11.—91 页；19cm

ISBN 7－5320－4647－8：￥2.00

G634.2 018653

高中政治同步训练/朱孟仪等主编.—北京：中国物价出版社，1995.11.—3 册；26cm

ISBN 7－80070－536－6：￥16.10

G634.2 018654

高中政治习题集/山东省教学研究室编.—济南：山东教育出版社，1995.12.—234 页；26×19cm

三年级用

￥10.90

G634.2 018655

高中政治综合复习指导/山西省教委教研室编.—太原：山西教育出版社，1995.7.—168 页；26cm

ISBN 7－5440－0701－4：￥5.00

G634.2 018656

个人 家庭 社会/上海中小学课程教材改革委员会编.—上海：上海教育出版社，1995.6.—55 页；19cm

高级中学选修课本 供高中一年级用

ISBN 7－5320－4369－X：￥1.20

G634.2 018657

光辉的旗帜：小平理论兴中华/沈兆平等主编.—北京：学习出版社：红旗出版社，1995.6.—133 页；19cm

中学生读本

ISBN 7－80116－043－6：￥4.50

G634.2 018658

国防教育　(1)/天津市教育局体卫处《国防教育》编写组编.—2 版.—天津：天津教育出版社，1995.5.—106 页；19cm

天津市初级中学试用课本

ISBN 7－5309－1881－8：￥1.95

G634.2 018659

国防教育　(2):三防知识/天津市教育局体卫处《国防教育》编写组编.—天津:天津教育出版社,1995.5.—82页;19cm
天津市初级中学试用课本
ISBN 7-5309-2280-7:¥1.60
G634.2　018660
国防教育:初中1~3年级/宋宝华著;国家教委学校国防教育办公室,总参谋部政治部宣传部编写.—北京:军事谊文出版社,1995.5.—182页;20cm
九年制义务教育初中补充教材
ISBN 7-80027-648-1:¥3.30
G634.2　018661
国内外时事政治资料:1994.5~1995.3/《中学生时事政治报》编辑部编.—北京:气象出版社,1995.4.—44页;19cm
ISBN 7-5029-1928-7:¥1.00
G634.2　018662
九年义务教育初级中学二年级思想政治学习指导书　下册/内蒙古自治区教育厅中小学学习指导书丛书编委会编.—呼和浩特:内蒙古教育出版社,1995.12.—62页;19cm
ISBN 7-5311-2701-6:¥1.35
G634.2　018663
九年义务教育初级中学试用课本思想政治一年级(上册)学习指导/《学习指导》编写组编.—2版.—重庆:重庆出版社,1995.7.—112页;19cm
ISBN 7-5366-2899-4:¥2.00
G634.2　018664
九年义务教育初级中学思想政治三年级(全一册)基本功训练/宛枫,李雅兰编.—石家庄:河北教育出版社,1995.5.—90页;19cm
ISBN 7-5434-2382-0:¥1.45
G634.2　018665
九年义务教育初中毕业升学政治模拟试卷/《初中毕业升学政治模拟试卷》编写组编.—石家庄:河北教育出版社,1995.11.—75页;26cm
附参考答案
ISBN 7-5434-2509-2:¥3.90
G634.2　018666
九年义务教育初中二年级下学期思想政治测试卷/《中小学各科测试卷》编委会编.—2版.—武汉:湖北教育出版社,1995.11.—40页;26×38cm
ISBN 7-5351-1672-8:¥3.50
G634.2　018667
九年义务教育初中一年级下学期思想政治测试卷/《中小学各科测试卷》编委会编.—3版.—武汉:湖北教育出版社,1995.10.—18页;26×38cm
ISBN 7-5351-1668-X:¥1.80
G634.2　018668
九年义务教育初中政治理论与实践:二年级(上)/初中政治《理论与实践》编写组编.—成都:四川教育出版社,1995.8.—143页;19cm.—(学法指导丛书)
ISBN 7-5408-2740-8:¥3.24
G634.2　018669
九年义务教育初中政治理论与实践:一年级(上)/初中政治《理论与实践》编写组编.—成都:四川教育出版社,1995.8.—96页;19cm.—(学法指导丛书)
ISBN 7-5408-2739-4:¥2.28
G634.2　018670
九年义务教育初中政治理论与实践:一年级(下)/初中政治《理论与实践》编写组编.—成都:四川教育出版社,1995.8.—106页;19cm.—(学法指导丛书)
ISBN 7-5408-2739-4:¥2.63
G634.2　018671
九年义务教育初中政治练习册/《初中政治练习册》编写组编.—银川:宁夏人民教育出版社,1995.7.—103页;19cm
供毕业班用
ISBN 7-80596-102-6:¥1.60
G634.2　018672
九年义务教育三年制初级中学政治达标练习/《达标练习》编写组编.—长沙:湖南教育出版社,1995.6.—151页;19cm
供初中三年级上学期用
ISBN 7-5355-2180-0:¥3.20
G634.2　018673
九年义务教育思想政治评估检测题:初中二年级下学期/程行文等编.—2版.—武汉:湖北教育出版社,1995.11.—65页;26cm
原名自测题
ISBN 7-5351-1611-6:¥3.20
G634.2　018674
九年义务教育思想政治评估检测题:初中三年级下学期/《评估检测题》编写委员会编.—2版.—武汉:湖北教育出版社,1995.11.—87页;26cm
原名自测题
ISBN 7-5351-1613-2:¥4.00
G634.2　018675
九年义务教育思想政治评估检测题:初中一年级下学期/《评估检测题》编写委员会编.—2版.—武汉:湖北教育出版社,1995.11.—94页;26cm
原名自测题
ISBN 7-5351-1620-5:¥4.40
G634.2　018676
九年义务教育四年制初中二年级上学期思想政治基础同步练习/《思想政治基础同步练习》编写组编.—北京:科学出版社:龙门书局,1995.6.—76页;19cm
配合北师大版教材
ISBN 7-03-004841-5:¥1.88
G634.2　018677
九年义务教育四年制初中一年级上学期思想政治基础同步练习/《思想政治基础同步练习》编写组编.—北京:科学出版社:龙门书局,1995.6.—107页;19cm
配合北师大版教材
ISBN 7-03-004839-3:¥2.63
G634.2　018678
两史一情爱国主义教育读本/郑际平主编;《两史一情爱国主义教育读本》编写组编写.—长沙:湖南少年

儿童出版社,1995.6.—145页;19cm
初中二年级用书
ISBN 7-5358-0799-2:¥2.70

G634.2 018679
马克思主义著作选读/上海中小学课程教材改革委员会编.—上海:上海教育出版社,1995.6.—98页;19cm
高级中学选修课本:试用本 供高中一、二年级用
ISBN 7-5320-4406-6:¥1.85

G634.2 018680
闽海流芳/刘平,刘通主编.—北京:民主与建设出版社,1995.3.—120页;19cm.—(福州市青少年德育基地教育读本:中学)
ISBN 7-80112-023-X:¥2.50

G634.2 018681
人口教育/吕荣侃编写.—2版(修订本).—济南:明天出版社,1995.7.—84页;19cm
山东省普通中学试用读本
ISBN 7-5332-2149-4:¥2.00

G634.2 018682
人口教育　全一册:必修/四川省高级中学《人口教育》教材编写组编.—成都:四川科学技术出版社,1995.7.—88页;20cm
四川省高级中学课本
ISBN 7-5364-1447-1:¥2.80

G634.2 018683
社会:八年级第二学期/上海中小学课程教材改革委员会编.—2版.—上海:上海教育出版社,1995.11.—126页;26cm
九年制义务教育课本:试用本
ISBN 7-5320-4597-8:¥5.00

G634.2 018684
社会:八年级第一学期/上海中小学课程教材改革委员会编.—2版.—上海:上海教育出版社,1995.6.—114页;26cm
九年制义务教育课本:试用本
ISBN 7-5320-4296-0:¥3.00

G634.2 018685
社会考察指南/上海教育杂志社编.—上海:上海社会科学院出版社,1995.4.—6册;19cm.—(中、小学活动课系列资料/金正扬主编)
ISBN 7-80618-080-X:¥12.00

G634.2 018686
社会图册　第二册/中国地图出版社,浙江省九年义务教育教材编辑委员会编制.—北京:中国地图出版社,1995.6.—45页;19cm
九年义务教育初中教材:试用本
ISBN 7-5031-0951-3:¥1.90

G634.2 018687
时事政治/胡冰之,辛一编.—北京:新华出版社,1995.4.—46页;19cm
ISBN 7-5011-2841-3:¥1.50

G634.2 018688
时事政治/沈阳市《时事政治》编写组编.—沈阳:辽宁民族出版社,1995.4.—72页;26cm
ISBN 7-80527-477-0:¥1.20

G634.2 018689
时事政治学习资料/江西省教委教研室编.—南昌:江西教育出版社,1995.5.—46页;19cm
ISBN 7-5392-1952-1:¥1.00

G634.2 018690
时政教育读本:初中分册/上海市教育委员会教学研究室编.—上海:上海教育出版社,1995.6.—62页;19cm
ISBN 7-5320-4450-5:¥1.00

G634.2 018691
思想政治　第二册(上)/天津市中学思想政治课改革教材编审委员会编.—3版.—天津:天津教育出版社,1995.6.—242页;19cm
高级中学试用课本
ISBN 7-5309-1851-6:¥4.95

G634.2 018692
思想政治达标手册:二年级　上册/刘芳培,么素梅编.—2版.—武汉:湖北人民出版社,1995.5.—62页;26cm
九年义务教育三年制初中教科书:试用
ISBN 7-216-01125-2:¥3.00

G634.2 018693
思想政治课外作业:初中二年级　上册/湖北省教学研究室编.—武汉:湖北教育出版社,1995.5.—75页;19cm.—(中学教学目标评价及课外作业丛书)
ISBN 7-5351-1728-7:¥1.55

G634.2 018694
思想政治课外作业:初中三年级　全一册/湖北省教学研究室编.—武汉:湖北教育出版社,1995.5.—115页;19cm.—(中学教学目标评价及课外作业丛书)
ISBN 7-5351-1726-0:¥2.15

G634.2 018695
思想政治课外作业:初中一年级　上册/湖北省教学研究室编.—武汉:湖北教育出版社,1995.5.—62页;19cm.—(中学教学目标评价及课外作业丛书)
ISBN 7-5351-1797-X:¥1.30

G634.2 018696
思想政治课外作业:初中一年级　下册/湖北省教学研究室编.—武汉:湖北教育出版社,1995.10.—57页;19cm.—(中学教学目标评价及课外作业丛书)
ISBN 7-5351-1871-2:¥1.35

G634.2 018697
思想政治课外作业:高中二年级　上册/湖北省教学研究室编.—武汉:湖北教育出版社,1995.6.—72页;19cm.—(中学教学目标评价及课外作业丛书)
ISBN 7-5351-1727-9:¥1.60

G634.2 018698
思想政治课外作业:高中二年级　下册/湖北省教学研究室编.—2版.—武汉:湖北教育出版社,1995.11.—74页;19cm.—(中学教学目标评价及课外作业丛书)
ISBN 7-5351-1869-0:¥1.80

G634.2　018699
思想政治课外作业:高中三年级　全一册/湖北省教学研究室编.—武汉:湖北教育出版社,1995.5.—117页;19cm.—(中学教学目标评价及课外作业丛书)
ISBN 7-5351-1799-6:¥2.20

G634.2　018700
思想政治课外作业:高中一年级　上册/湖北省教学研究室编.—武汉:湖北教育出版社,1995.5.—87页;19cm.—(中学教学目标评价及课外作业丛书)
ISBN 7-5351-1743-0:¥1.70

G634.2　018701
思想政治评估检测题:高中二年级下学期/《评估检测题》编写委员会编.—3版.—武汉:湖北教育出版社,1995.11.—95页;26cm
原名自测题
ISBN 7-5351-1257-9:¥4.40

G634.2　018702
思想政治评估检测题:高中一年级下学期/《评估检测题》编写委员会编.—3版.—武汉:湖北教育出版社,1995.11.—85页;26cm
原名自测题
ISBN 7-5351-1278-1:¥4.00

G634.2　018703
思想政治三年级(全一册)学习指导/《学习指导》编写组编.—2版.—重庆:重庆出版社,1995.7.—217页;19cm
九年义务教育初级中学试用课本
ISBN 7-5366-2901-X:¥3.70

G634.2　018704
四年制初中二年级第二学期思想政治基础练习/韩玉英编写.—北京:华文出版社,1995.12.—82页;19cm
ISBN 7-5075-0498-0:¥2.70

G634.2　018705
新编初中政治单元自测:二年级上学期/《新编初中政治单元自测》编写组编.—南昌:江西教育出版社,1995.7.—61页;26cm
原书名:单元测验期中期末试卷集
ISBN 7-5392-2539-4:¥2.10

G634.2　018706
新编初中政治单元自测:三年级上学期/《新编初中政治单元自测》编写组编.—南昌:江西教育出版社,1995.7.—67页;26cm
ISBN 7-5392-2538-6:¥2.35

G634.2　018707
新编初中政治单元自测:一年级上学期/《新编初中政治单元自测》编写组编.—南昌:江西教育出版社,1995.7.—67页;26cm
ISBN 7-5392-2537-8:¥2.35

G634.2　018708
新编初中政治知识重点难点分析及综合能力测试题/刘彦弟主编;金晓莉等编写.—北京:首都师范大学出版社,1995.1.—270页;19cm.—(新编中学各科知识重点难点分析及综合能力测试丛书)
ISBN 7-81039-252-2:¥5.20

G634.2　018709
新编高中思想政治单元自测:二年级上学期/《新编高中思想政治单元自测》编写组编.—南昌:江西教育出版社,1995.7.—74页;26cm
ISBN 7-5392-1992-0:¥2.55

G634.2　018710
新编高中思想政治单元自测:一年级上学期/《新编高中思想政治单元自测》编写组编.—南昌:江西教育出版社,1995.7.—82页;26cm
ISBN 7-5392-1970-2:¥2.80

G634.2　018711
新编高中政治单元自测:三年级　全一册/《新编高中政治单元自测》编写组编.—南昌:江西教育出版社,1995.7.—87页;26cm
3+2考试用 原书名:单元测验期中期末试卷集
ISBN 7-5392-2536-X:¥2.90

G634.2　018712
新编高中政治知识重点难点分析及综合能力测试题/赵德庆主编;刘淑华等编写.—北京:首都师范大学出版社,1995.1.—279页;19cm.—(新编中学各科知识重点难点分析及综合能力测试丛书)
ISBN 7-81039-250-6:¥5.40

G634.2　018713
新编九年义务教育初中思想政治单元综合测试卷:初二/北京市海淀区《初中测试卷》编写组编.—西安:陕西人民教育出版社,1995.6.—107页;26cm
ISBN 7-5419-4778-4:¥4.40

G634.2　018714
新编九年义务教育初中思想政治单元综合测试卷:初三/王德敏等编.—西安:陕西人民教育出版社,1995.5.—86页;26cm
ISBN 7-5419-4779-2:¥3.50

G634.2　018715
新编九年义务教育初中思想政治单元综合测试卷:初一/沙莉等编.—西安:陕西人民教育出版社,1995.5.—88页;26cm
ISBN 7-5419-4777-6:¥3.50

G634.2　018716
学会学习:思想方法和学习方法/广州市教育局普通高中选修课、活动课教材编写委员会编.—广州:广东教育出版社,1995.11.—84页;20cm
高级中学选修课教材
ISBN 7-5406-3495-2:¥3.00

G634.2　018717
一年时政/陈凯主编.—南京:江苏教育出版社,1995.3.—218页;19cm
含复习题精选
ISBN 7-5343-2312-6:¥3.00

G634.2　018718
义务教育初级中学《社会》作业本　第六册/浙江省教委教研室编.—2版.—杭州:浙江教育出版社,1995.11.—82页;19cm
ISBN 7-5338-2255-2:¥2.45

G634.2　018719

义务教育初级中学《社会》作业本　第四册/周文楠等编.—2版.—杭州:浙江教育出版社,1995.9.—130页;19cm

ISBN 7-5338-2152-1:¥3.50

G634.2　018720

义务教育初级中学《社会》作业本　第五册/浙江省教委教研室编.—2版.—杭州:浙江教育出版社,1995.6.—99页;19cm

ISBN 7-5338-2083-5:¥1.95

G634.2　018721

义务教育初级中学社会习题精选　第二册.—杭州:浙江教育出版社,1995.11.—217页;19cm

ISBN 7-5338-2178-5:¥5.40

G634.2　018722

义务教育初级中学社会习题精选　第六册/葛伏林等编.—杭州:浙江教育出版社,1995.12.—78页;19cm

ISBN 7-5338-2294-3:¥2.45

G634.2　018723

义务教育初级中学社会习题精选　第四册/周文楠等编.—杭州:浙江教育出版社,1995.12.—201页;19cm

ISBN 7-5338-2280-3:¥5.05

G634.2　018724

义务教育初级中学社会习题精选　第五册/何志庆等编.—杭州:浙江教育出版社,1995.6.—115页;19cm

ISBN 7-5338-2102-5:¥2.25

G634.2　018725

义务教育初级中学社会习题精选　第一册/杨岳生等编.—杭州:浙江教育出版社,1995.6.—235页;19cm

ISBN 7-5338-2093-2:¥4.10

G634.2　018726

义务教育初中公民　第二册/《同步练习丛书》编写组编.—杭州:浙江教育出版社,1995.10.—61页;26cm.—(同步练习丛书)

ISBN 7-5338-2231-5:¥4.00

G634.2　018727

义务教育初中公民　第三册/《同步练习丛书》编写组编写.—杭州:浙江教育出版社,1995.6.—74页;26cm.—(同步练习丛书)

ISBN 7-5338-2034-7:¥3.40

G634.2　018728

义务教育初中公民　第四册/《同步练习丛书》编写组编.—杭州:浙江教育出版社,1995.10.—52页;26cm.—(同步练习丛书)

ISBN 7-5338-2232-3:¥3.40

G634.2　018729

义务教育初中公民　第一册/《同步练习丛书》编写组编.—杭州:浙江教育出版社,1995.5.—77页;26cm.—(同步练习丛书)

ISBN 7-5338-2025-8:¥3.40

G634.2　018730

义务教育初中社会　第二册/《同步练习丛书》编写组编.—杭州:浙江教育出版社,1995.11.—111页;26cm.—(同步练习丛书)

ISBN 7-5338-2228-5:¥6.30

G634.2　018731

义务教育初中社会　第六册/《同步练习丛书》编写组编.—杭州:浙江教育出版社,1995.10.—73页;26cm.—(同步练习丛书)

ISBN 7-5338-2230-7:¥4.55

G634.2　018732

义务教育初中社会　第三册/《同步练习丛书》编写组编写.—杭州:浙江教育出版社,1995.6.—75页;26cm.—(同步练习丛书)

ISBN 7-5338-1988-8:¥3.25

G634.2　018733

义务教育初中社会　第四册/《同步练习丛书》编写组编.—杭州:浙江教育出版社,1995.11.—69页;26cm.—(同步练习丛书)

ISBN 7-5338-2229-3:¥4.60

G634.2　018734

义务教育初中社会　第五册/《同步练习丛书》编写组编写.—杭州:浙江教育出版社,1995.6.—95页;26cm.—(同步练习丛书)

ISBN 7-5338-2049-5:¥3.90

G634.2　018735

义务教育初中社会　第一册/《同步练习丛书》编写组编写.—杭州:浙江教育出版社,1995.6.—108页;26cm.—(同步练习丛书)

ISBN 7-5338-2033-9:¥4.60

G634.2　018736

义务教育初中社会单元测试(AB卷)　第六册/王蛟等编写.—杭州:浙江教育出版社,1995.12.—58页;26cm

ISBN 7-5338-2254-4:¥3.65

G634.2　018737

义务教育初中社会单元测试(AB卷)　第四册/李星驰,周文楠编写.—2版.—杭州:浙江教育出版社,1995.11.—68页;26cm

ISBN 7-5338-1927-6:¥4.15

G634.2　018738

义务教育初中社会单元测试(AB卷)　第五册/骆郁民等编写.—杭州:浙江教育出版社,1995.7.—68页;26cm

ISBN 7-5338-2120-3:¥3.10

G634.2　018739

政治　全一册/天津市第二教育局编.—天津:天津大学出版社,1995.8.—386页;19cm

天津市普及高中阶段教育系列教材

ISBN 7-5618-0784-8:¥8.80

G634.2　018740

政治复习指要:干部本/朱凯兵主编.—北京:军事谊文出版社,1995.10.—278页;20cm.—(军队院校招生统考复习丛书)

全套共4册,总定价:39.00元

ISBN 7-80027-762-3:¥0.00

G634.2　018741

政治复习指要:士兵本/朱凯兵主编.—北京:军事谊

文出版社，1995.10.—282页；20cm.—(军队院校招生统考复习丛书)
全套共6册，总定价：49.00元
ISBN 7-80027-754-2：¥0.00

G634.2 018742
中、高考时事问答：河北地区/郑文等编.—北京：科学普及出版社，1995.5.—72页；19cm
ISBN 7-110-03984-6：¥1.60

G634.2 018743
中等职业技术学校政治课同步辅导与练习/张建安，谭黎明主编；刘玉英等编.—北京：中国人民公安大学出版社，1995.6.—2册；19cm
ISBN 7-81011-598-7：¥8.00

G634.2 018744
中华民族传统美德：中学分册(一)/黑龙江省《中华民族传统美德》编写组编写.—哈尔滨：黑龙江人民出版社，1995.5.—145页；19cm
ISBN 7-207-03274-9：¥2.80

G634.2 018745
中考政治模拟试卷/中考模拟试卷编写组编.—石家庄：河北科学技术出版社，1995.11.—28页；26×37cm
ISBN 7-5375-1182-9：¥2.80

G634.2 018746
中学生爱国主义教育读本/《中学生爱国主义教育读本》编写组编.—福州：福建教育出版社，1995.3.—145页；19cm
ISBN 7-5334-1862-X：¥2.80

G634.2 018747
中学生国情教育：初中/新世纪出版社编.—广州：新世纪出版社，1995.6.—63页；19cm
ISBN 7-5405-1172-9：¥3.50

G634.2 018748
中学生国情教育读本　(二)/辽宁省教育委员会基础教育处编.—3版.—沈阳：辽宁教育出版社，1995.7.—105页；19cm
ISBN 7-5382-1197-7：¥2.30

G634.2 018749
中学思想政治课导读与能力训练：初中二年级　下册　/林藩主编.—3版.—厦门：鹭江出版社，1995.12.—146页；19cm
ISBN 7-80533-936-8：¥2.80

G634.2-51 018750
云南省中小学省情教育丛书：中学部分　第2辑/云南省中小学省情教育丛书编委会编.—昆明：晨光出版社，1995.12.—10册；19cm
本套包括：奔赴抗日战场等10册
ISBN 7-5414-1100-0：¥19.50

G634.2-62 018751
初中生政治手册/《初中生政治手册》编委会编.—北京：中国大百科全书出版社，1995.11.—493页；13cm
ISBN 7-5000-5456-4：¥7.20

G634.2-62 018752
初中政治学习手册/许允主编.—南京：江苏人民出版社，1995.4.—276页；19cm
ISBN 7-214-01467-X：¥7.20

G634.25 018753
礼仪常识：中学版/《礼仪教育丛书》编委会编.—哈尔滨：黑龙江教育出版社，1995.6.—112页；19cm.—(礼仪教育丛书)
ISBN 7-5316-2674-8：¥2.50

G634.25 018754
礼仪常识：中学版/《礼仪常识》编写组编.—北京：中华工商联合出版社，1995.5.—164页；19cm
ISBN 7-80100-135-4：¥4.50

G634.25 018755
青年学生礼仪/中共广西高等学校工作委员会宣传部，广西壮族自治区教育委员会政教处编写.—桂林：广西师范大学出版社，1995.5.—157页；19cm
ISBN 7-5633-2030-X：¥4.00

G634.25 018756
现代少年/丛立新，靳忠良主编.—北京：京华出版社，1995.6.—58页；26cm
青春期心理健康教育实验课程学生用书
ISBN 7-80600-095-X：¥4.00

G634.25 018757
学生礼仪训练/汪潮主编.—上海：华东师范大学出版社，1995.12.—173页；19cm
ISBN 7-5617-1452-1：¥5.00

G634.25 018758
中华传统美德教育读本/王信倍主编　.—大连：辽宁师范大学出版社，1995.8.—154页；19cm
ISBN 7-81042-084-4：¥3.50

G634.25 018759
中小学生行为礼仪规范须知/王健编.—兰州：兰州大学出版社，1995.8.—86页；19cm
ISBN 7-311-00906-5：¥2.95

G634.25 018760
中小学生行为礼仪修养/兰州市教育局编.—兰州：甘肃人民出版社，1995.5.—95页；19cm
ISBN 7-226-01477-7：¥3.20

G634.25 018761
中学生礼仪读本/辽宁省教委礼仪读本编写组编.—沈阳：辽宁人民出版社，1995.7.—118页；19cm
中学各年级用
ISBN 7-205-03419-1：¥2.40

G634.25 018762
中学生养成教育必读/丁福魁等著.—大连：辽宁师范大学出版社，1995.12.—196页；19cm
ISBN 7-81042-103-4：¥6.00

G634.26 018763
道德与法律/上海中小学课程教材改革委员会编.—上海：上海教育出版社，1995.6.—73页；19cm
高级中学选修课本：试用本 供高中一、二年级用
ISBN 7-5320-4368-1：¥1.45

G634.26 018764
法律常识/初中《法律常识》编写组编.—南昌：江西教育出版社，1995.7.—131页；19cm
江西省初级中学普法读本

ISBN 7-5392-2204-2:¥1.75

G634.26 018765

沿海地区中小学法制教育读本:初中二年级(上)/覃进威等编写.—桂林:广西师范大学出版社,1995.5.—124页;19cm

ISBN 7-5633-2034-2:¥2.55

G634.26 018766

沿海地区中小学法制教育读本:初中一年级(上)/覃进威等编著.—桂林:广西师范大学出版社,1995.5.—124页;19cm

ISBN 7-5633-2044-X:¥2.55

G634.26 018767

中小学生普法教育画册/霍宝珍主编.—海口:南海出版公司,1995.12.—2册;19cm

ISBN 7-5442-0590-8:¥10.00

G634.26 018768

中学法律常识　全一册/李宏勋,马燕主编.—乌鲁木齐:新疆青少年出版社,1995.5.—117页;19cm

ISBN 7-5371-2135-4:¥2.50

G634.26 018769

中学生日常行为规范指导/广东省教育厅编写.—广州:新世纪出版社,1995.1.—82页;19cm

ISBN 7-5405-1152-4:¥2.60

G634.3 语文

G634.3 018770

1995年普通高等学校招生全国统一考试语文科说明/国家教育委员会考试中心编.—北京:高等教育出版社,1995.2.—58页;19cm

ISBN 7-04-005367-5:¥1.50

G634.3 018771

1995年全国中招语文试题选编/王野编.—郑州:河南教育出版社,1995.11.—237页;19cm

ISBN 7-5347-1849-X:¥4.20

G634.3 018772

1996高中语文毕业会考范围与标准/河南省教育委员会编.—北京:科学出版社,1995.7.—98页;19cm

河南省用

ISBN 7-03-004357-X:¥1.43

G634.3 018773

1996年高考语文模拟题/《模拟题》编写组编.—西安:陕西人民教育出版社,1995.11.—98页;26cm

ISBN 7-5419-6335-6:¥4.40

G634.3 018774

1996年中考语文模拟题/《模拟题》编写组编.—西安:陕西人民教育出版社,1995.11.—82页;26cm

ISBN 7-5419-6319-4:¥3.70

G634.3 018775

1996语文高考题型解析与强化训练/王大中主编.—3版.—沈阳:东北大学出版社,1995.9.—386页;19cm

ISBN 7-81006-612-9:¥8.80

G634.3 018776

1996语文中考题型解析与强化训练/郭晓坤等编.—2版.—沈阳:东北大学出版社,1995.9.—234页;19cm

ISBN 7-81006-826-1:¥6.80

G634.3 018777

初二语文单元目标测试卷/单元测试研究组编.—重庆:重庆出版社,1995.7.—92页;26cm

¥4.00

G634.3 018778

初二语文练习/禹维民等编.—修订本.—上海:上海科学技术文献出版社,1995.7.—211页;19cm.—(中学生掌握学习丛书/胡学增主编)

ISBN 7-5439-0310-5:¥6.40

G634.3 018779

初二语文同步检测AB卷:第二学期/康立功,黄万盛编.—兰州:甘肃教育出版社,1995.12.—72页;26cm

ISBN 7-5423-0563-8:¥4.30

G634.3 018780

初二语文同步检测AB卷:第一学期/康立功,戴茜编.—兰州:甘肃教育出版社,1995.5.—72页;26cm

ISBN 7-5423-0501-8:¥3.30

G634.3 018781

初二语文自学检测　(上)/《中学课程自学检测》编写组编.—2版.—重庆:重庆出版社,1995.7.—98页;19cm.—(中学课程自学检测)

附参考答案

ISBN 7-5366-2784-X:¥1.90

G634.3 018782

初三语文单元测试卷:上学期/测试卷编写组编.—2版.—沈阳:辽宁教育出版社,1995.4.—48页;26cm

ISBN 7-5382-2905-1:¥2.10

G634.3 018783

初三语文单元测试卷:下学期/测试卷编写组编.—2版.—沈阳:辽宁教育出版社,1995.10.—48页;26cm

ISBN 7-5382-3834-4:¥2.30

G634.3 018784

初三语文期末总复习测试卷:下学期/测试卷编写组编.—2版.—沈阳:辽宁教育出版社,1995.11.—48页;26cm

ISBN 7-5382-3727-5:¥2.30

G634.3 018785

初三语文同步检测AB卷:第二学期/卢建国,陈效义编.—兰州:甘肃教育出版社,1995.12.—73页;26cm

ISBN 7-5423-0581-6:¥4.20

G634.3 018786

初三语文同步检测AB卷:第一学期/卢建国,陈效义编.—兰州:甘肃教育出版社,1995.6.—72页;26cm

ISBN 7-5423-0517-4:¥3.30

G634.3 018787

初一文科达标练习:语文　上册/《达标练习》编写组编.—长沙:湖南教育出版社,1995.6.—118页;19cm

供初中一年级上学期用

ISBN 7-5355-2161-4:¥2.60

G634.3　018788
初一语文练习/吴兆实,禹维民编.—修订本.—上海:上海科学技术文献出版社,1995.7.—206页;19cm.—(中学生掌握学习丛书/胡学增主编)
ISBN 7-5439-0309-1:¥6.20

G634.3　018789
初一语文期末总复习测试卷:上学期/《初一语文期末总复习测试卷》编写组编.—2版.—沈阳:辽宁教育出版社,1995.5.—48页;26cm
ISBN 7-5382-3603-1:¥2.10

G634.3　018790
初一语文同步检测AB卷:第二学期/卢君,王文槐编.—兰州:甘肃教育出版社,1995.12.—69页;26cm
ISBN 7-5423-0564-6:¥4.20

G634.3　018791
初一语文同步检测AB卷:第一学期/卢君,王文槐编.—兰州:甘肃教育出版社,1995.5.—72页;26cm
ISBN 7-5423-0505-0:¥3.30

G634.3　018792
初中词语手册/张尼波,钟碧琛主编;《初中词语手册》编写组编写.—3版.—南宁:广西科学技术出版社,1995.3.—564页;13cm
九年义务教育人教版最新语文教材
ISBN 7-80565-756-4(精装):¥5.90

G634.3　018793
初中古诗文对译简评/侯方域主编;陈岚等编.—西安:三秦出版社,1995.3.—219页;19cm
ISBN 7-80546-815-X:¥4.20

G634.3　018794
初中古诗文对译注释/杨雅丽主编;张坤晓等编.—西安:西安出版社,1995.4.—204页;19cm
ISBN 7-80594-212-9:¥5.00

G634.3　018795
初中古诗文译注讲析/王问渔,陶麟主编.—北京:金盾出版社,1995.10.—248页;19cm
ISBN 7-5082-0018-7:¥5.90

G634.3　018796
初中古诗文译注评析:三年级/陈兰村主编.—杭州:浙江教育出版社,1995.6.—135页;19cm
据浙江省义务教育教材编
ISBN 7-5338-2072-X:¥2.60

G634.3　018797
初中古文精译全书/李世录等著.—2版.—北京:中国工人出版社,1995.8.—360页;19cm
ISBN 7-5008-1667-7:¥9.80

G634.3　018798
初中汉语知识精讲精测/余文颢等编著.—南京:江苏古籍出版社,1995.12.—184页;19cm
ISBN 7-80519-656-7:¥4.50

G634.3　018799
初中汉语知识学习指导/孔繁珠主编.—北京:中华工商联合出版社,1995.12.—169页;19cm
ISBN 7-80100-183-4:¥6.80

G634.3　018800
初中三年级第二学期语文基础训练/河南省教委中小学教研室编.—郑州:河南教育出版社,1995.8.—122页;19cm
九年义务教育三年制初级中学教材
ISBN 7-5347-1827-9:¥3.40

G634.3　018801
初中三年级第二学期语文学习辅导　第一分册:基础知识阅读训练/《语文学习辅导》编写组编.—3版.—广州:广东教育出版社,1995.12.—178页;19cm
义务教育教材中学生课外辅导系列:人教版
ISBN 7-5406-2589-9:¥3.95

G634.3　018802
初中三年级语文综合训练　(上)/广东省教育厅编.—2版.—广州:广东教育出版社,1995.7.—98页;19cm
九年义务教育教材:人教版
ISBN 7-5406-2266-0:¥2.30

G634.3　018803
初中三年级语文综合训练　(下)/广东省教育厅编.—2版.—广州:广东教育出版社,1995.11.—95页;19cm
ISBN 7-5406-2266-0:¥2.40

G634.3　018804
初中文言读本/王栋生主编.—2版(修订本).—南京:江苏古籍出版社,1995.6.—184页;19cm
ISBN 7-80519-629-X:¥3.80

G634.3　018805
初中文言文评点译释/单丽欣等编著.—长春:长春出版社,1995.5.—105页;26cm
最新初中语文课本配套用书
ISBN 7-80604-288-1:¥6.50

G634.3　018806
初中文言文评点译释:言文对照、课文评点、语词释义/江夏等编著.—9版.—武汉:华中理工大学出版社,1995.4.—84页;26cm
全日制学校初中语文课本'95语文课本配套用书
ISBN 7-5609-0353-3:¥3.80

G634.3　018807
初中文言文综合练习与测试:新编/陈汇祥等编.—2版.—南京:江苏古籍出版社,1995.6.—146页;19cm
ISBN 7-80519-633-8:¥2.80

G634.3　018808
初中一、二、三年级第一学期语文学习辅导第一分册参考答案.—广州:广东教育出版社,1995.7.—145页;19cm.—(中学生课外辅导系列)
ISBN 7-5406-2913-4:¥3.30

G634.3　018809
初中易混易错字词辨析/峻峡,云汉编著.—北京:语文出版社,1995.10.—375页;19cm.—(中学生读写丛书)
ISBN 7-80126-009-0:¥13.00

G634.3　018810
初中语文　第四册/江苏省教委教研室编.—南京:江苏教育出版社,1995.12.—191页;19cm

学习指导用书:人教版
ISBN 7-5343-2555-2: ¥4.65

G634.3 018811
初中语文:人教版　第五册/江苏省教委教研室编.—南京:江苏教育出版社,1995.7.—188页;19cm
学习指导用书
ISBN 7-5343-2383-5: ¥4.00

G634.3 018812
初中语文:人教版　第二册/江苏省教委教研室编.—南京:江苏教育出版社,1995.12.—198页;19cm
学习指导用书
ISBN 7-5343-2554-4: ¥4.85

G634.3 018813
初中语文:人教版　第六册/江苏省教委教研室编.—南京:江苏教育出版社,1995.12.—367页;19cm
学习指导用书
ISBN 7-5343-2556-0: ¥8.00

G634.3 018814
初中语文:人教版　第三册/江苏省教委教研室编.—南京:江苏教育出版社,1995.7.—185页;19cm
学习指导用书
ISBN 7-5343-2382-7: ¥3.85

G634.3 018815
初中语文:人教版　第一册/江苏省教委教研室编.—南京:江苏教育出版社,1995.7.—196页;19cm
学习指导用书
ISBN 7-5343-2381-9: ¥4.15

G634.3 018816
初中语文标高训练与测试　第二册/《初中语文标高训练与测试》编写组编.—2版.—北京:语文出版社,1995.2.—135页;19cm
ISBN 7-80006-784-X: ¥4.00

G634.3 018817
初中语文标高训练与测试　第四册/《初中语文标高训练与测试》编写组编.—2版.—北京:语文出版社,1995.2.—150页;19cm
ISBN 7-80006-782-3: ¥4.30

G634.3 018818
初中语文创造性学法/卢明德,陈庆余主编.—南宁:广西民族出版社,1995.2.—278页;19cm
ISBN 7-5363-2960-1: ¥5.60

G634.3 018819
初中语文词语手册　第六册:三年级下学期/《初中语文词语手册》编写组编.—南昌:江西教育出版社,1995.12.—98页;19cm
ISBN 7-5392-2662-5: ¥2.40

G634.3 018820
初中语文词语手册　第五册/黄庆炎等编写.—2版.—杭州:浙江教育出版社,1995.5.—170页;19cm
ISBN 7-5338-2035-5: ¥3.05

G634.3 018821
初中语文词语手册　第五册/《初中语文词语手册》编写组编.—4版.—长沙:湖南教育出版社,1995.7.—134页;19cm
ISBN 7-5355-0256-3: ¥3.00

G634.3 018822
初中语文词语手册:二年级上学期/《初中语文词语手册》编写组编.—南昌:江西教育出版社,1995.7.—134页;19cm
ISBN 7-5392-2033-1: ¥2.45

G634.3 018823
初中语文词语手册:三年级上学期/《初中语文词语手册》编写组编.—南昌:江西教育出版社,1995.7.—112页;19cm
ISBN 7-5392-2019-8: ¥2.15

G634.3 018824
初中语文词语手册:三年级下学期/《初中语文词语手册》编写组编.—南昌:江西教育出版社,1995.12.—98页;19cm
ISBN 7-5392-2662-5: ¥2.45

G634.3 018825
初中语文词语手册:一年级上学期/《初中语文词语手册》编写组编.—南昌:江西教育出版社,1995.7.—125页;19cm
ISBN 7-5392-2033-0: ¥2.30

G634.3 018826
初中语文单元测验期中期末试卷集:二年级下学期/《初中语文单元测验期中期末试卷集》编写组编.—南昌:江西教育出版社,1995.12.—55页;26cm
ISBN 7-5392-2648-X: ¥2.60

G634.3 018827
初中语文单元测验期中期末试卷集:三年级下学期/《初中语文单元测验期中期末试卷集》编写组编.—南昌:江西教育出版社,1995.12.—55页;26cm
ISBN 7-5392-2345-6: ¥2.60

G634.3 018828
初中语文单元测验期中期末试卷集:一年级下学期/《初中语文单元测验期中期末试卷集》编写组编.—南昌:江西教育出版社,1995.12.—1册;26cm
ISBN 7-5392-2652-8: ¥2.60

G634.3 018829
初中语文单元学习与指导:三年级上学期/《单元学习与指导》丛书初中编写组编.—2版.—福州:福建人民出版社,1995.6.—166页;19cm
ISBN 7-211-02507-7: ¥2.90

G634.3 018830
初中语文单元学习与指导:三年级下学期/《单元学习与指导》丛书初中编写组编.—2版.—福州:福建人民出版社,1995.12.—136页;19cm
ISBN 7-211-02590-5: ¥3.65

G634.3 018831
初中语文第三册单元检测试卷/初中单元检测试卷编写组编.—太原:山西教育出版社,1995.5.—93页;26cm
ISBN 7-80578-457-4: ¥2.70

G634.3 018832
初中语文第三册练习册/高梅等编.—太原:山西教育出版社,1995.5.—198页;19cm

ISBN 7-80578-440-X: ¥2.90

G634.3　018833

初中语文第五册单元检测试卷/初中单元检测试卷编写组编.—太原:山西教育出版社,1995.6.—92页;26cm

ISBN 7-80578-458-2: ¥2.80

G634.3　018834

初中语文第五册练习册/卢传梁等编.—太原:山西教育出版社,1995.5.—157页;19cm

ISBN 7-80578-855-3: ¥2.30

G634.3　018835

初中语文第一册单元检测试卷/初中单元检测试卷编写组编.—太原:山西教育出版社,1995.5.—33页;26cm

ISBN 7-80578-456-6: ¥1.10

G634.3　018836

初中语文多用词语集释与训练　第三册/毛积源主编;彭建秀等编写.—南京:江苏少年儿童出版社,1995.7.—213页;19cm

九年义务教育省编语文教材

ISBN 7-5346-1428-7: ¥4.00

G634.3　018837

初中语文多用词语集释与训练　第五册/毛积源主编;朱桂兰等编写.—南京:江苏少年儿童出版社,1995.6.—204页;19cm

九年义务教育省编语文教材

ISBN 7-5346-1246-0: ¥3.80

G634.3　018838

初中语文多用词语集释与训练　第一册/毛积源主编;毛迪生等编写.—南京:江苏少年儿童出版社,1995.6.—175页;19cm

九年义务教育省编语文教材

ISBN 7-5346-1364-7: ¥3.60

G634.3　018839

初中语文解析/禹维民等编.—上海:上海交通大学出版社,1995.12.—239页;20cm.—(通向重点中学之路丛书)

ISBN 7-313-01537-2: ¥9.60

G634.3　018840

初中语文精讲:二年级/洪宗礼主编.—南京:江苏教育出版社,1995.10.—346页;19cm

ISBN 7-5343-2484-X: ¥7.30

G634.3　018841

初中语文精讲:二年级:人教版/王永昌主编.—南京:江苏教育出版社,1995.10.—250页;19cm

ISBN 7-5343-2480-7: ¥5.55

G634.3　018842

初中语文精讲:三年级:苏教版/洪宗礼主编.—南京:江苏教育出版社,1995.10.—375页;19cm

ISBN 7-5343-2472-6: ¥8.10

G634.3　018843

初中语文精讲:一年级/洪宗礼主编.—南京:江苏教育出版社,1995.10.—314页;19cm

ISBN 7-5343-2502-1: ¥6.75

G634.3　018844

初中语文精讲:一年级:人教版/徐德顺,周士魁主编.—南京:江苏教育出版社,1995.12.—308页;19cm

ISBN 7-5343-2567-6: ¥7.35

G634.3　018845

初中语文精讲:阅读/林润昌主编;朱光强等编写.—南京:江苏教育出版社,1995.10.—269页;19cm

ISBN 7-5343-2492-0: ¥5.90

G634.3　018846

初中语文课外练习　第二册/《初中语文课外练习》编写组编.—北京:北京教育出版社,1995.1.—111页;26cm

供二年级用 配北京·开明版

ISBN 7-5303-0655-3: ¥4.50

G634.3　018847

初中语文课外练习　第六册/《初中语文课外练习》编写组编.—北京:北京教育出版社,1995.12.—121页;26cm

供三年级用 配北京·开明版

ISBN 7-5303-0841-6: ¥7.40

G634.3　018848

初中语文课外练习　第四册/《初中语文课外练习》编写组编.—北京:北京教育出版社,1995.1.—115页;26cm

供二年级用 配北京·开明版

ISBN 7-5303-0653-7: ¥4.50

G634.3　018849

初中语文课外练习　第四册/《初中语文课外练习》编写组编.—北京:北京教育出版社,1995.1.—74页;26cm

供二年级用

ISBN 7-5303-0659-6: ¥3.30

G634.3　018850

初中语文课外练习　第五册/《初中语文课外练习》编写组编.—北京:北京教育出版社,1995.7.—128页;26cm

配北京·开明版

ISBN 7-5303-0725-8: ¥5.20

G634.3　018851

初中语文练习册　第二册/《中学生助学丛书》编写组编.—福州:福建人民出版社,1995.12.—79页;26cm.—(中学生助学丛书)

ISBN 7-211-02588-3: ¥4.55

G634.3　018852

初中语文练习册　第六册/《中学生助学丛书》编写组编.—福州:福建人民出版社,1995.11.—76页;26cm.—(中学生助学丛书)

ISBN 7-211-02594-8: ¥4.35

G634.3　018853

初中语文练习册　第三册/《中学生助学丛书》编写组编.—福州:福建人民出版社,1995.5.—60页;26cm.—(中学生助学丛书)

试用本

ISBN 7-211-02448-8: ¥2.40

G634.3　018854
初中语文练习册　第四册/《中学生助学丛书》编写组编.—福州:福建人民出版社,1995.11.—64页;26cm.—(中学生助学丛书)
试用本
ISBN 7-211-02584-0:¥3.80

G634.3　018855
初中语文练习册　第五册/《中学生助学丛书》编写组编.—福州:福建人民出版社,1995.6.—73页;26cm.—(中学生助学丛书)
ISBN 7-211-02465-8:¥2.90

G634.3　018856
初中语文练习册　第一册/《中学生助学丛书》编写组编.—福州:福建人民出版社,1995.7.—68页;26cm.—(中学生助学丛书)
试用本
ISBN 7-211-02467-4:¥2.75

G634.3　018857
初中语文练习册　第一册(下):试用本/《中学生助学丛书》编写组编.—福州:福建人民出版社,1995.11.—64页;26cm.—(中学生助学丛书)
ISBN 7-211-02582-4:¥3.60

G634.3　018858
初中语文练习册:二年级上学期/江西省教委教研室编.—南昌:江西教育出版社,1995.7.—96页;19cm
ISBN 7-5392-2034-1:¥1.45

G634.3　018859
初中语文练习册:二年级下学期/江西省教委教研室编.—南昌:江西教育出版社,1995.12.—96页;19cm
ISBN 7-5392-2501-7:¥1.85

G634.3　018860
初中语文练习册:三年级上学期/江西省教委教研室编.—南昌:江西教育出版社,1995.7.—109页;19cm
ISBN 7-5392-2559-9:¥1.60

G634.3　018861
初中语文练习册:三年级下学期/史仁广编写.—南昌:江西教育出版社,1995.12.—60页;19cm
ISBN 7-5392-2174-7:¥1.55

G634.3　018862
初中语文练习册:一年级上学期/江西省教委教研室编.—南昌:江西教育出版社,1995.7.—85页;19cm
ISBN 7-5392-2171-2:¥1.35

G634.3　018863
初中语文练习册:一年级下学期/江西省教委教研室编.—南昌:江西教育出版社,1995.12.—99页;19cm
ISBN 7-5392-2382-4:¥1.95

G634.3　018864
初中语文升学分类试卷集.—南宁:广西科学技术出版社,1995.7.—78页;26cm
九年义务教育教材
ISBN 7-80619-231-X:¥4.10

G634.3　018865
初中语文试卷:二年级上学期/《初中语文试卷》编写组编.—2版.—南京:江苏教育出版社,1995.6.—33页;26×37cm
ISBN 7-5343-2118-2:¥3.55

G634.3　018866
初中语文试卷:二年级上学期:人教版/《初中语文试卷》编写组编.—3版.—南京:江苏教育出版社,1995.6.—33页;26×37cm
ISBN 7-5343-1758-4:¥3.05

G634.3　018867
初中语文试卷:三年级上学期/《初中语文试卷》编写组编.—3版.—南京:江苏教育出版社,1995.6.—29页;26×37cm
ISBN 7-5343-1759-2:¥3.25

G634.3　018868
初中语文试卷:三年级上学期:苏教版/《初中语文试卷》编写组编.—2版.—南京:江苏教育出版社,1995.6.—35页;26×37cm
ISBN 7-5343-2114-X:¥3.75

G634.3　018869
初中语文试卷:三年级下学期/《初中语文试卷》编写组编.—3版.—南京:江苏教育出版社,1995.12.—36页;26×38cm
ISBN 7-5343-1961-7:¥3.80

G634.3　018870
初中语文试卷:三年级下学期:苏教版/《初中语文试卷》编写组编.—2版.—南京:江苏教育出版社,1995.12.—44页;26×37cm
ISBN 7-5343-2257-X:¥4.50

G634.3　018871
初中语文试卷:一年级上学期:人教版/《初中语文试卷》编写组编.—3版.—南京:江苏教育出版社,1995.6.—30页;26×37cm
ISBN 7-5343-1850-5:¥3.25

G634.3　018872
初中语文试卷:一年级上学期:苏教版/《初中语文试卷》编写组编.—3版.—南京:江苏教育出版社,1995.6.—31页;26×37cm
ISBN 7-5343-1819-X:¥3.40

G634.3　018873
初中语文试卷集:初二　第三册/《初中语文试卷集》编写组编.—南宁:广西科学技术出版社,1995.7.—73页;26cm
ISBN 7-80619-214-X:¥3.55

G634.3　018874
初中语文试卷集:初二　第三册/《初中语文试卷集》编写组编写.—南宁:广西科学技术出版社,1995.7.—73页;26cm
九年制义务教育人教版教材
ISBN 7-80619-212-3:¥3.55

G634.3　018875
初中语文试卷集:初三　第六册/《初中语文试卷集》编写组编写.—3版.—南宁:广西科学技术出版社,1995.12.—50页;26cm
九年义务教育人教版教材
ISBN 7-80565-694-0:¥3.10

G634.3　018876
初中语文试卷集:初三　第五册/《初中语文试卷集》编写组编.—南宁:广西科学技术出版社,1995.7.—61页;26cm
ISBN 7-80619-214-X:¥3.00

G634.3　018877
初中语文试题精选与分析/申易主编;寅玻等编写.—2版.—桂林:广西师范大学出版社,1995.1.—224页;19cm.—(初中教学丛书)
ISBN 7-5633-0082-1:¥4.40

G634.3　018878
初中语文素质训练　第二册/齐玉朝主编.—延吉:东北朝鲜民族教育出版社,1995.1.—170页;19cm
ISBN 7-5437-1904-5:¥3.90

G634.3　018879
初中语文同步训练/张家璇主编;全国中语会、苏鲁豫皖语文教学研究中心编.—西安:陕西人民教育出版社,1995.6.—115页;26cm
附:参考答案1册
ISBN 7-5419-5716-X:¥5.00

G634.3　018880
初中语文同步训练 ABC/谷公胜等编.—上海:上海科学技术出版社,1995.1.—140页;26cm.—(中学学科同步训练ABC丛书/顾振彪主编)
三年级用
ISBN 7-5323-3868-1:¥5.60

G634.3　018881
初中语文学练指要/钱梦龙主编;何以聪等编写.—上海:百家出版社,1995.2.—441页;19cm.—(中学生学习指导丛书/曾容,陈怀良主编)
ISBN 7-80576-506-5:¥9.70

G634.3　018882
初中语文学习导引　(一)/于漪主编.—济南:山东教育出版社,1995.1.—342页;19cm
ISBN 7-5328-2057-2:¥6.75

G634.3　018883
初中语文学习提要与检测/河南省教委中小学教研室编.—郑州:河南教育出版社,1995.12.—183页;19cm.—(初中各科学习提要与检测)
ISBN 7-5347-1895-3:¥3.50

G634.3　018884
初中语文学习之友/吴绍云主编.—上海:华东理工大学出版社,1995.8.—5册;19cm.—(家长·教师·学生助学自测丛书)
ISBN 7-5628-0596-2:¥40.00

G634.3　018885
初中语文学习指导/刘军等编.—5版.—上海:上海科学技术出版社,1995.12.—318页;19cm
ISBN 7-5323-4138-0:¥7.90

G634.3　018886
初中语文中考综合复习题型与解法/王凤臣主编.—2版.—济南:明天出版社,1995.11.—292页;19cm.—(初中中考综合复习与测试系列丛书/陈志诚,许传永主编)
ISBN 7-5332-1685-7:¥7.40

G634.3　018887
初中语文重点难点与训练基点:初二　第三册/魏而玲等编写.—南宁:广西科学技术出版社,1995.7.—164页;19cm
ISBN 7-80619-036-8:¥3.90

G634.3　018888
初中语文重点难点与训练基点:初二　第四册/李玉兰,尹辉编写.—南宁:广西科学技术出版社,1995.1.—157页;19cm
ISBN 7-80565-543-X:¥2.80

G634.3　018889
初中语文重点难点与训练基点:初三　第六册/魏功等编写.—南宁:广西科学技术出版社,1995.1.—163页;19cm
ISBN 7-80565-573-9:¥2.85

G634.3　018890
初中语文重点难点与训练基点:初一　第二册/韩慧英等编写.—南宁:广西科学技术出版社,1995.3.—223页;19cm
ISBN 7-80565-690-8:¥3.85

G634.3　018891
初中语文综合复习指导/山西省教委教研室编.—太原:山西教育出版社,1995.7.—135页;26cm
ISBN 7-5440-0696-4:¥4.40

G634.3　018892
初中语文总复习/《初中语文总复习》编写组编.—上海:上海科学技术文献出版社,1995.8.—286页;19cm.—(最优化总复习丛书)
ISBN 7-5439-0763-1:¥8.20

G634.3　018893
初中语文总复习指导/江西省教委教研室编.—南昌:江西教育出版社,1995.7.—242页;19cm
ISBN 7-5392-2560-2:¥3.85

G634.3　018894
段的知识和分段指导/安华水著.—南昌:21世纪出版社,1995.1.—132页;19cm
ISBN 7-5391-0848-7:¥3.20

G634.3　018895
高二语文单元测试卷:上学期/刘庆春,刘素香编.—沈阳:辽宁教育出版社,1995.6.—46页;26cm
ISBN 7-5382-4197-3:¥2.40

G634.3　018896
高二语文单元测试卷:下学期/刘庆春,刘素香编.—沈阳:辽宁教育出版社,1995.11.—54页;26cm
ISBN 7-5382-4336-4:¥2.60

G634.3　018897
高二语文作业本:上学期/刘文忠主编;王纪纲等编写.—2版.—沈阳:辽宁教育出版社,1995.6.—72页;26cm
ISBN 7-5382-3591-4:¥3.00

G634.3　018898
高级中学课本语文第三册学习指导:必修/《学习指导》编写组编.—修订本.—重庆:重庆出版社;北京:人

民教育出版社,1995.7.—94页;19cm
ISBN 7-5366-2903-6: ¥1.75

G634.3　018899
高考语文必备的课外知识/陈中复主编.—北京:语文出版社,1995.1.—287页;19cm.—(学习与升学指导丛书)
ISBN 7-80006-907-9: ¥8.20

G634.3　018900
高考语文能力释要/张伟明主编.—广州:广东高等教育出版社,1995.4.—168页;19cm
ISBN 7-5361-1625-X: ¥5.00

G634.3　018901
高考语文语言题应试指要/马炳鑫主编.—北京:华夏出版社,1995.1.—299页;19cm
ISBN 7-5080-0616-X: ¥6.50

G634.3　018902
高三语文单元测试卷:上学期/赵鸣镝等编.—沈阳:辽宁教育出版社,1995.6.—52页;26cm
ISBN 7-5382-4234-1: ¥2.40

G634.3　018903
高三语文单元测试卷:下学期/赵鸣镝,李志东编.—沈阳:辽宁教育出版社,1995.11.—64页;26cm
ISBN 7-5382-4303-8: ¥3.10

G634.3　018904
高一语文单元测试卷:上学期/高军录,朱庚编.—沈阳:辽宁教育出版社,1995.6.—52页;26cm
ISBN 7-5382-4233-3: ¥2.40

G634.3　018905
高一语文单元测试卷:下学期/王秀玲,贺健编.—沈阳:辽宁教育出版社,1995.11.—51页;26cm
ISBN 7-5382-4321-6: ¥2.50

G634.3　018906
高中毕业会考《语文》复习指导书/高中毕业会考《语文》复习指导书编写组编.—广州:广东高等教育出版社,1995.10.—212页;19cm
高中三年级试用
ISBN 7-5361-1778-7: ¥7.50

G634.3　018907
高中毕业会考《语文》复习指导书/高中毕业会考《语文》复习指导书编写组编.—修订版.—广州:广东高等教育出版社,1995.9.—191页;19cm
高中三年级试用
ISBN 7-5361-1778-7: ¥11.50

G634.3　018908
高中二年级下学期语文测试卷/《中小学各科测试卷》编委会编.—2版.—武汉:湖北教育出版社,1995.11.—28页;26×38cm
ISBN 7-5351-1327-3: ¥2.60

G634.3　018909
高中古诗文对译简评/侯良瑗主编.—西安:三秦出版社,1995.4.—443页;19cm
ISBN 7-80546-813-3: ¥8.50

G634.3　018910
高中汉语文第二册单元目标检测题/东北朝鲜民族教育出版社汉语文编辑室编.—延吉:东北朝鲜民族教育出版社,1995.2.—23页;26×37cm
ISBN 7-5437-1974-6: ¥1.70

G634.3　018911
高中汉语文第六册词语补充注释/东北朝鲜民族教育出版社汉语文编辑室编.—延吉:东北朝鲜民族教育出版社,1995.12.—35页;20cm
ISBN 7-5437-2278-X: ¥0.80

G634.3　018912
高中汉语文第四册单元目标检测题/东北朝鲜民族教育出版社汉语文编辑室编.—延吉:东北朝鲜民族教育出版社,1995.2.—24页;26×37cm
ISBN 7-5437-1975-4: ¥1.70

G634.3　018913
高中汉语文第五册词语补充注释/东北朝鲜民族教育出版社汉语文编辑室编.—延吉:东北朝鲜民族教育出版社,1995.6.—47页;19cm
ISBN 7-5437-2189-9: ¥0.67

G634.3　018914
高中三年级毕业升学总复习语文测试卷/《中小学各科测试卷》编委会编.—3版.—武汉:湖北教育出版社,1995.11.—38页;26×38cm
ISBN 7-5351-1330-3: ¥3.40

G634.3　018915
高中文言文综合练习与测试/范毓晖主编.—南京:江苏教育出版社,1995.11.—188页;19cm
ISBN 7-5343-2532-3: ¥4.60

G634.3　018916
高中一年级下学期语文测试卷/《中小学各科测试卷》编委会编.—3版.—武汉:湖北教育出版社,1995.11.—27页;26×38cm
ISBN 7-5351-1325-7: ¥2.60

G634.3　018917
高中语文　第二册:必修/江苏省教委教研室编.—南京:江苏教育出版社,1995.12.—196页;19cm
学习指导用书
ISBN 7-5343-2557-9: ¥4.45

G634.3　018918
高中语文　第六册:必修/江苏省教委教研室编.—南京:江苏教育出版社,1995.12.—495页;19cm
学习指导用书:人教版
ISBN 7-5343-2559-5: ¥10.95

G634.3　018919
高中语文　第六册:必修/江苏省教委教研室编.—南京:江苏教育出版社,1995.12.—495页;19cm
学习指导用书:人教版
ISBN 7-5343-2559-5: ¥10.95

G634.3　018920
高中语文　第三册:必修/江苏省教委教研室编.—南京:江苏教育出版社,1995.7.—186页;19cm
学习指导用书
ISBN 7-5343-2395-9: ¥3.80

G634.3　018921
高中语文　第四册:必修/江苏省教委教研室编.—

南京:江苏教育出版社,1995.12.—197页;19cm
学习指导用书
ISBN 7-5343-2558-7:¥4.50

G634.3　018922
高中语文　第五册:必修/江苏省教委教研室编.—南京:江苏教育出版社,1995.7.—359页;20cm
学习指导用书
ISBN 7-5343-2414-9:¥7.20

G634.3　018923
高中语文标高训练与测试　第二册/北京市东城区语文学科指导小组教研组编.—北京:语文出版社,1995.2.—179页;19cm
ISBN 7-80006-912-5:¥4.30

G634.3　018924
高中语文标高训练与测试　第六册/北京市东城区语文学科指导小组教研组编.—北京:语文出版社,1995.2.—132页;19cm
ISBN 7-80006-914-1:¥4.30

G634.3　018925
高中语文标高训练与测试　第四册/北京市东城区学科指导小组教研组编.—北京:语文出版社,1995.2.—148页;19cm
ISBN 7-80006-913-3:¥4.30

G634.3　018926
高中语文测试新编/李滏华,俞新知主编.—北京:语文出版社,1995.4.—218页;19cm.—(学习与升学指导丛书)
ISBN 7-80006-885-4:¥5.60

G634.3　018927
高中语文词语手册　第二册/殷茂心等编写.—4版.—杭州:浙江教育出版社,1995.11.—171页;19cm
ISBN 7-5338-2157-2:¥4.35

G634.3　018928
高中语文词语手册　第六册/蒋传一等编.—4版.—杭州:浙江教育出版社,1995.11.—132页;19cm
ISBN 7-5338-2260-9:¥3.50

G634.3　018929
高中语文词语手册　第三册/莫尧舜等编写.—4版.—杭州:浙江教育出版社,1995.7.—210页;19cm
ISBN 7-5338-2086-X:¥4.25

G634.3　018930
高中语文词语手册　第四册/莫尧舜等编写.—4版.—杭州:浙江教育出版社,1995.11.—168页;19cm
ISBN 7-5338-2236-6:¥4.35

G634.3　018931
高中语文词语手册　第五册/蒋传一等编写.—4版.—杭州:浙江教育出版社,1995.7.—220页;19cm
ISBN 7-5338-2104-1:¥4.35

G634.3　018932
高中语文单元测试:AB卷　第二册/黄庆炎,汤彩雅编写.—2版.—杭州:浙江教育出版社,1995.11.—118页;26cm
ISBN 7-5338-2176-9:¥6.25

G634.3　018933
高中语文单元测试:AB卷　第三册/莫尧舜,黄长城编写.—2版.—杭州:浙江教育出版社,1995.6.—119页;26cm
ISBN 7-5338-1699-4:¥4.50

G634.3　018934
高中语文单元测试:AB卷　第四册/殷茂心,朱昌元编写.—2版.—杭州:浙江教育出版社,1995.12.—90页;26cm
ISBN 7-5338-2194-7:¥5.20

G634.3　018935
高中语文单元测试:AB卷　第五、六册/曹文趣等编写.—2版.—杭州:浙江教育出版社,1995.7.—186页;26cm
ISBN 7-5338-1700-1:¥6.60

G634.3　018936
高中语文单元测试:AB卷　第一册/黎振盛等编写.—2版.—杭州:浙江教育出版社,1995.6.—117页;26cm
ISBN 7-5338-1698-6:¥4.35

G634.3　018937
高中语文单元测验期中期末试卷集:二年级下学期/《高中语文单元测验 期中期末试卷集》编写组编.—南昌:江西教育出版社,1995.12.—64页;26cm
ISBN 7-5392-2535-1:¥2.90

G634.3　018938
高中语文单元测验期中期末试卷集:一年级下学期/《高中语文单元测验 期中期末试卷集》编写组编.—南昌:江西教育出版社,1995.12.—63页;26cm
ISBN 7-5392-2534-3:¥2.90

G634.3　018939
高中语文复习提要/上海市中小学教材编写组编.—2版.—上海:上海教育出版社,1995.11.—485页;19cm
ISBN 7-5320-4215-4:¥9.35

G634.3　018940
高中语文古诗文对译/李樾等编译.—西安:未来出版社,1995.6.—287页;19cm
本书据高中语文(必修本)1-6册编
ISBN 7-5417-1070-9:¥7.60

G634.3　018941
高中语文古诗文详解　1~6册/蔡杰等编著.—长沙:湖南教育出版社,1995.8.—592页;19cm
ISBN 7-5355-2255-6:¥13.00

G634.3　018942
高中语文精讲:二年级/陈有明主编;郭志明编写.—南京:江苏教育出版社,1995.12.—396页;19cm
ISBN 7-5343-2578-1:¥9.05

G634.3　018943
高中语文精讲:高三年级/蒋念祖主编.—南京:江苏教育出版社,1995.11.—346页;19cm
ISBN 7-5343-2514-5:¥7.45

G634.3　018944
高中语文精讲:一年级/赵忠和主编;高国屏等编写.—南京:江苏教育出版社,1995.10.—374页;19cm
ISBN 7-5343-2470-X:¥8.00

G634.3 **018945**
高中语文课外练习　第六册/《高中语文课外练习》编写组编.—北京:北京教育出版社,1995.1.—80页;26cm
供三年级用
ISBN 7-5303-0649-9:¥3.60

G634.3 **018946**
高中语文练习册　第二册/《中学生助学丛书》编写组编.—福州:福建人民出版社,1995.11.—91页;26cm.—(中学生助学丛书)
ISBN 7-211-02592-1:¥4.90

G634.3 **018947**
高中语文练习册　第六册:试用本/《中学生助学丛书》编写组编.—福州:福建人民出版社,1995.11.—93页;26cm.—(中学生助学丛书)
ISBN 7-211-02580-8:¥5.10

G634.3 **018948**
高中语文练习册　第三册/《中学生助学丛书》编写组编.—福州:福建人民出版社,1995.7.—84页;26cm.—(中学生助学丛书)
ISBN 7-211-02449-6:¥3.30

G634.3 **018949**
高中语文练习册　第四册/《中学生助学丛书》编写组编.—福州:福建人民出版社,1995.12.—73页;26cm.—(中学生助学丛书)
ISBN 7-211-02602-2:¥4.15

G634.3 **018950**
高中语文练习册　第五册/《中学生助学丛书》编写组编.—福州:福建人民出版社,1995.5.—88页;26cm.—(中学生助学丛书)
ISBN 7-211-02444-5:¥3.40

G634.3 **018951**
高中语文练习册　第一册:试用本/《中学生助学丛书》编写组编.—福州:福建人民出版社,1995.6.—78页;26cm.—(中学生助学丛书)
ISBN 7-211-02439-9:¥3.05

G634.3 **018952**
高中语文练习册:二年级上学期/江西省教委教研室编.—南昌:江西教育出版社,1995.7.—96页;19cm
ISBN 7-5392-2521-1:¥1.45

G634.3 **018953**
高中语文练习册:二年级下学期/江西省教委教研室编.—南昌:江西教育出版社,1995.12.—100页;19cm
ISBN 7-5392-2647-1:¥1.95

G634.3 **018954**
高中语文练习册:三年级　全一册/《高中语文练习册》编写组编.—南昌:江西教育出版社,1995.7.—110页;19cm
ISBN 7-5392-1993-9:¥1.60

G634.3 **018955**
高中语文练习册:一年级上学期/江西省教委教研室编.—南昌:江西教育出版社,1995.7.—100页;19cm
ISBN 7-5392-2190-9:¥1.55

G634.3 **018956**
高中语文练习册:一年级下学期/江西省教委教研室编.—南昌:江西教育出版社,1995.12.—98页;19cm
ISBN 7-5392-1965-3:¥1.85

G634.3 **018957**
高中语文能力检测:S版:一年级第二学期/李雄豪主编.—上海:上海教育出版社,1995.11.—117页;19cm
ISBN 7-5320-4636-2:¥2.95

G634.3 **018958**
高中语文试卷:二年级上学期/《高中语文试卷》编写组编.—3版.—南京:江苏教育出版社,1995.6.—42页;26×37cm
ISBN 7-5343-1771-1:¥4.20

G634.3 **018959**
高中语文试卷:三年级上学期/《高中语文试卷》编写组编.—3版.—南京:江苏教育出版社,1995.6.—59页;26×38cm
ISBN 7-5343-1772-X:¥4.85

G634.3 **018960**
高中语文试卷:三年级下学期/《高中语文试卷》编写组编.—3版.—南京:江苏教育出版社,1995.12.—55页;26×37cm
ISBN 7-5343-1980-3:¥5.55

G634.3 **018961**
高中语文试卷:一年级上学期/《高中语文试卷》编写组编.—3版.—南京:江苏教育出版社,1995.6.—46页;26×37cm
ISBN 7-5343-1770-3:¥3.90

G634.3 **018962**
高中语文同步训练/张家璇主编;全国中语会、苏鲁豫皖语文教学研究中心编.—西安:陕西人民教育出版社,1995.7.—122页;26cm
附:参考答案1册
ISBN 7-5419-5717-8:¥5.20

G634.3 **018963**
高中语文习题集/山东省教学研究室编.—济南:山东教育出版社,1995.12.—205页;26cm
三年级用
¥9.70

G634.3 **018964**
高中语文现代文词语汇释　1~6册:必修/刘蔚式,贾晶丽编著.—西安:三秦出版社,1995.10.—294页;19cm
附思考练习题参考答案
ISBN 7-80546-911-3:¥9.80

G634.3 **018965**
高中语文学练指要/钱梦龙主编;何玳丽等编写.—上海:百家出版社,1995.2.—450页;19cm.—(中学生学习指导丛书/曾容,陈怀良主编)
ISBN 7-80576-524-3:¥9.90

G634.3 **018966**
高中语文总复习/《高中语文总复习》编写组编.—上海:上海科学技术文献出版社,1995.9.—414页;19cm.—(最优化总复习丛书)

ISBN 7-5439-0804-2: ¥11.40

G634.3　018967

高中语文总复习备考指导/湖北省教学研究室编.—武汉:湖北教育出版社,1995.1.—188页;26cm.—(高中总复习备考指导丛书)

ISBN 7-5351-1612-4: ¥6.60

G634.3　018968

高中语文总复习指导/江西省教委教研室编.—南昌:江西教育出版社,1995.7.—298页;19cm

ISBN 7-5392-1690-5: ¥4.85

G634.3　018969

古代语文助读/朱绍禹主编.—长春:东北师范大学出版社,1995.2.—549页;20cm

ISBN 7-5602-1529-7: ¥8.00

G634.3　018970

古诗文译注评析:高中三年级/熊江平主编.—修订本.—北京:语文出版社,1995.8.—437页;19cm

中学语文课本

ISBN 7-80006-962-1: ¥13.80

G634.3　018971

古文今读示例/赵乃昇编.—南京:江苏古籍出版社,1995.3.—253页;19cm

ISBN 7-80519-623-0: ¥5.50

G634.3　018972

古文选读/上海中小学课程教材改革委员会编.—上海:上海科学技术出版社,1995.6.—116页;19cm

高级中学选修课本:试用本 供高中一、二年级用

ISBN 7-5323-3879-7: ¥2.10

G634.3　018973

汉语文　(5)/内蒙古教育出版社汉语文编辑室编.—呼和浩特:内蒙古教育出版社,1995.6.—265页;19cm

义务教育三年制蒙古族初级中学教科书:试用本

ISBN 7-5311-2557-9: ¥3.20

G634.3　018974

汉语文　(5)/内蒙古教育出版社汉语文编辑室编.—呼和浩特:内蒙古教育出版社,1995.6.—250页;19cm

蒙古族高级中学教科书:试用本

ISBN 7-5311-2555-2: ¥2.95

G634.3　018975

汉语文　第六册/东北朝鲜民族教育出版社汉语文编辑室编.—延吉:东北朝鲜民族教育出版社,1995.3.—263页;20cm

义务教育初级中学教科书

ISBN 7-5437-2138-4: ¥3.50

G634.3　018976

汉语文　第六册/西藏自治区教材编译局编.—拉萨:西藏人民出版社,1995.8.—218页;19cm

九年制义务教育西藏自治区初级中学课本:试用本

ISBN 7-223-00849-0: ¥2.70

G634.3　018977

汉语文　第六册/东北朝鲜民族教育出版社汉语文编辑室编.—延吉:东北朝鲜民族教育出版社,1995.12.—221页;20cm

高级中学课本

ISBN 7-5437-2276-3: ¥3.80

G634.3　018978

汉语文　第六册/内蒙古教育出版社汉语文编辑室编.—呼和浩特:内蒙古教育出版社,1995.11.—186页;19cm

蒙古族高级中学教科书:试用本

ISBN 7-5311-2687-7: ¥3.25

G634.3　018979

汉语文　第六册/内蒙古教育出版社编.—呼和浩特:内蒙古教育出版社,1995.11.—277页;19cm

义务教育三年制蒙古族初级中学教科书:试用本

ISBN 7-5311-2688-5: ¥4.35

G634.3　018980

汉语文　第五册/西藏自治区教材编译局编.—拉萨:西藏人民出版社,1995.4.—196页;19cm

九年制义务教育西藏自治区初级中学课本:试用本

ISBN 7-223-00817-2: ¥2.50

G634.3　018981

汉语文　第五册/西藏自治区教材编译局编.—拉萨:西藏人民出版社,1995.5.—248页;19cm

西藏自治区高级中学课本:试用本

ISBN 7-223-00825-3: ¥4.30

G634.3　018982

汉语文　第五册/东北朝鲜民族教育出版社汉语文编辑室编.—延吉:东北朝鲜民族教育出版社,1995.6.—311页;20cm

高级中学课本

ISBN 7-5437-2186-4: ¥4.10

G634.3　018983

基础语文学习:初中　第三分册/毕养赛,吕正之主编;赵沛芳等编写.—北京:语文出版社,1995.8.—156页;19cm

ISBN 7-80126-019-8: ¥2.80

G634.3　018984

基础语文学习:初中　第五分册/毕养赛,吕正之主编;石友才等编写.—北京:语文出版社,1995.8.—156页;19cm

ISBN 7-80126-019-8: ¥2.80

G634.3　018985

基础语文学习:初中　第一分册/毕养赛,吕正之主编;王峥等编写.—北京:语文出版社,1995.8.—156页;19cm

ISBN 7-80126-019-8: ¥2.80

G634.3　018986

九年义务教育初级中学初二语文单元测试卷:上学期/测试卷编写组编.—2版.—沈阳:辽宁教育出版社,1995.5.—48页;26cm

ISBN 7-5382-3401-2: ¥2.10

G634.3　018987

九年义务教育初级中学初三语文单元测试卷:上学期/测试卷编写组编.—2版.—沈阳:辽宁教育出版社,1995.4.—48页;26cm

ISBN 7－5382－2905－1：¥2.10

G634.3　　**018988**

九年义务教育初级中学初三语文期末总复习测试卷：上学期/测试卷编写组编.—2版.—沈阳：辽宁教育出版社，1995.5.—48页；26cm

ISBN 7－5382－2856－X：¥2.10

G634.3　　**018989**

九年义务教育初级中学初一语文单元测试卷：上学期/测试卷编写组编.—2版.—沈阳：辽宁教育出版社，1995.4.—48页；26cm

ISBN 7－5382－2793－8：¥2.10

G634.3　　**018990**

九年义务教育初级中学语文达标测试卷　第六册/石平等编.—2版.—石家庄：河北教育出版社，1995.11.—32页；26×36cm

ISBN 7－5434－2268－9：¥2.45

G634.3　　**018991**

九年义务教育初级中学语文达标测试卷　第四册/盖海红，李志伟编.—2版.—石家庄：河北教育出版社，1995.11.—44页；26×38cm

ISBN 7－5434－2268－9：¥3.25

G634.3　　**018992**

九年义务教育初级中学语文第六册单元检测/孔令凯，周步炎编.—3版.—石家庄：河北教育出版社，1995.11.—56页；26cm

ISBN 7－5434－0948－8：¥2.20

G634.3　　**018993**

九年义务教育初级中学语文第六册基本功训练/宋子江等编著.—石家庄：河北教育出版社，1995.11.—169页；19cm

ISBN 7－5434－2520－3：¥3.20

G634.3　　**018994**

九年义务教育初级中学语文第五册单元检测/周建国等编.—3版.—石家庄：河北教育出版社，1995.7.—68页；26cm

ISBN 7－5434－0834－1：¥2.25

G634.3　　**018995**

九年义务教育初级中学语文第五册基本功训练.—石家庄：河北教育出版社，1995.6.—184页；19cm

ISBN 7－5434－2370－7：¥3.10

G634.3　　**018996**

九年义务教育初级中学语文课本练习册　第五册/《九年义务教育初级中学语文课本练习册》编写组编.—北京：北京大学出版社，1995.5.—74页；20cm

ISBN 7－301－02806－7：¥1.70

G634.3　　**018997**

九年义务教育初级中学语文总复习/《九年义务教育初级中学语文总复习》编写组编.—北京：北京大学出版社，1995.12.—328页；19cm

ISBN 7－301－02809－1：¥7.50

G634.3　　**018998**

九年义务教育初中毕业升学语文模拟试卷/《初中毕业升学语文模拟试卷》编写组编　.—石家庄：河北教育出版社，1995.11.—80页；26cm

附参考答案

ISBN 7－5434－2508－4：¥4.10

G634.3　　**018999**

九年义务教育初中二年级下学期语文测试卷/《中小学各科测试卷》编委会编.—3版.—武汉：湖北教育出版社，1995.10.—26页；26×38cm

ISBN 7－5351－1303－6：¥2.40

G634.3　　**019000**

九年义务教育初中三年级第一学期语文单元测试/语文科单元测试编写组编.—2版.—广州：广东教育出版社，1995.7.—76页；19cm

ISBN 7－5406－0953－2：¥1.90

G634.3　　**019001**

九年义务教育初中三年级下学期语文测试卷/《中小学各科测试卷》编委会编.—3版.—武汉：湖北教育出版社，1995.11.—28页；26×38cm

ISBN 7－5351－1308－7：¥2.60

G634.3　　**019002**

九年义务教育初中一年级下学期语文测试卷/《中小学各科测试卷》编委会编.—3版.—武汉：湖北教育出版社，1995.11.—26页；26×38cm

ISBN 7－5351－1297－8：¥2.40

G634.3　　**019003**

九年义务教育初中语文单元试卷集/马建华，张存威编写.—南宁：广西教育出版社，1995.1.—48页；26cm.—(初中各科单元试卷集丛书)

二年级下学期用

ISBN 7－5435－2207－1：¥1.45

G634.3　　**019004**

九年义务教育初中语文单元试卷集/梁曙明，邓雅学编.—2版.—南宁：广西教育出版社，1995.6.—52页；26cm.—(初中各科单元试卷集丛书)

一年级上学期用

ISBN 7－5435－1809－0：¥1.90

G634.3　　**019005**

九年义务教育初中语文单元试卷集/覃树楠，钟健编.—2版.—南宁：广西教育出版社，1995.12.—43页；26cm.—(初中各科单元试卷集丛书)

三年级下学期用

ISBN 7－5435－1703－5：¥2.40

G634.3　　**019006**

九年义务教育初中语文练习册/《初中语文练习册》编写组编.—银川：宁夏人民教育出版社，1995.7.—178页；19cm

供毕业班用

ISBN 7－80596－099－2：¥2.65

G634.3　　**019007**

九年义务教育初中语文听说与读写：二年级　上册/初中语文《听说与读写》编写组编.—成都：四川教育出版社，1995.8.—80页；19cm.—(学法指导丛书)

ISBN 7－5408－2736－X：¥1.93

G634.3　　**019008**

九年义务教育初中语文听说与读写：一年级　上册/初中语文《听说与读写》编写组编.—成都：四川教育出版

版社,1995.8.—82 页;19cm.—(学法指导丛书)

ISBN 7-5408-2735-1:¥1.93

G634.3 019009

九年义务教育全日制初级中学文言助读手册/臧文太编著.—武汉:湖北人民出版社,1995.2.—279 页;19cm

ISBN 7-216-01640-8:¥9.80

G634.3 019010

九年义务教育全新初中语文解难释疑:二年级/薛川东等编.—广州:广东教育出版社,1995.9.—190 页;19cm

ISBN 7-5406-3330-1:¥4.30

G634.3 019011

九年义务教育全新初中语文解难释疑:三年级/宋子江等编.—广州:广东教育出版社,1995.9.—138 页;19cm

ISBN 7-5406-3331-X:¥3.50

G634.3 019012

九年义务教育全新初中语文解难释疑:一年级/庄世群等编.—广州:广东教育出版社,1995.10.—195 页;19cm

ISBN 7-5406-3329-8:¥4.45

G634.3 019013

九年义务教育三年制初级中学教科书语文练习　第一册/洪宗礼主编;程华等编.—3 版.—南京:江苏教育出版社,1995.6.—185 页;19cm

ISBN 7-5343-1805-X:¥4.00

G634.3 019014

九年义务教育三年制初级中学试用本语文词语汇释　第三册/芦平,芦昭编写.—天津:新蕾出版社,1995.5.—114 页;19cm

ISBN 7-5307-1630-1:¥2.40

G634.3 019015

九年义务教育三年制初级中学语文达标练习/《达标练习》编写组编.—长沙:湖南教育出版社,1995.6.—142 页;19cm

供初中三年级上学期用

ISBN 7-5355-2177-0:¥3.05

G634.3 019016

九年义务教育三年制初级中学语文达标练习/《达标练习》编写组编.—长沙:湖南教育出版社,1995.12.—111 页;19cm

供初中三年级下学期用

ISBN 7-5355-2359-5:¥2.65

G634.3 019017

九年义务教育三年制初级中学语文达标练习/《达标练习》编写组编.—长沙:湖南教育出版社,1995.12.—148 页;19cm

供初中一年级下学期用

ISBN 7-5355-2343-9:¥3.50

G634.3 019018

九年义务教育三年制初级中学语文单元学习目标与检测　第五册/《语文单元学习目标与检测》编写组编.—济南:山东教育出版社,1995.6.—197 页;19cm

三年级上学期用

ISBN 7-5328-2173-0:¥3.15

G634.3 019019

九年义务教育三年制初级中学语文试用课本课外自读课本　第五册/洪宗礼主编.—南京:江苏教育出版社,1995.6.—265 页;20cm

ISBN 7-5343-2347-9:¥4.85

G634.3 019020

九年义务教育三年制初级中学语文试用课本练习　第五册/洪宗礼主编.—南京:江苏教育出版社,1995.6.—178 页;19cm

ISBN 7-5343-2348-7:¥3.70

G634.3 019021

九年义务教育三年制初级中学语文试用课本练习(第六册)及初中语文总复习/洪宗礼主编.—南京:江苏教育出版社,1995.12.—248 页;26cm

ISBN 7-5343-2622-2:¥12.30

G634.3 019022

九年义务教育三年制初中语文补充教材　第六册:作文/天津市教育教学研究室编.—3 版.—天津:天津教育出版社,1995.11.—74 页;26cm

ISBN 7-5309-0261-X:¥3.20

G634.3 019023

九年义务教育三年制初中语文补充教材　第五册/天津市教育教学研究室编.—2 版.—天津:天津教育出版社,1995.6.—114 页;19cm

ISBN 7-5309-1445-6:¥1.70

G634.3 019024

九年义务教育三年制初中语文补充教材　第五册:作文/天津市教育教学研究室编.—3 版.—天津:天津教育出版社,1995.6.—92 页;26cm

ISBN 7-5309-0371-3:¥2.85

G634.3 019025

九年义务教育三年制初中语文单元导读　第六册/耿法禹,黄少逸主编.—南宁:广西教育出版社,1995.12.—156 页;19cm

ISBN 7-5435-2374-4:¥4.00

G634.3 019026

九年义务教育三年制初中语文单元导读　第五册/耿法禹,黄少逸主编.—南宁:广西教育出版社,1995.7.—151 页;19cm

ISBN 7-5435-2332-9:¥3.15

G634.3 019027

九年义务教育三年制初中语文第六册课堂练习/刘国材主编;赵志彦等编.—2 版.—沈阳:辽宁教育出版社,1995.12.—170 页;19cm

ISBN 7-5382-3936-7:¥3.70

G634.3 019028

九年义务教育三年制初中语文第三册课堂练习/李兰芬等编.—2 版.—沈阳:辽宁教育出版社,1995.5.—135 页;19cm

ISBN 7-5382-3507-8:¥3.05

G634.3 019029

九年义务教育三年制初中语文第四册课堂练习/刘

国材主编;匡秀文等编.—2版.—沈阳:辽宁教育出版社,1995.11.—156页;19cm

ISBN 7-5382-3935-9:¥3.70

G634.3　019030

九年义务教育三年制初中语文第五册课堂练习/毛玉敏,鲁燕城编.—2版.—沈阳:辽宁教育出版社,1995.5.—153页;19cm

ISBN 7-5382-3487-X:¥3.05

G634.3　019031

九年义务教育三年制初中语文教科书(苏教版)词语手册/洪宗礼主编.—南京:江苏教育出版社,1995.8.—385页;13×9cm

一年级用

ISBN 7-5343-2422-X:¥5.05

G634.3　019032

九年义务教育三年制初中语文课程辅导与训练　第六册/《课程辅导与训练》编写组编.—西安:陕西人民教育出版社,1995.11.—189页;19cm

三年级第二学期用

ISBN 7-5419-4010-0:¥4.10

G634.3　019033

九年义务教育三年制初中语文课程辅导与训练　第五册/《课程辅导与训练》编写组编.—西安:陕西人民教育出版社,1995.5.—192页;19cm

三年级第一学期用

ISBN 7-5419-2479-2:¥3.80

G634.3　019034

九年义务教育三年制初中语文课程辅导与训练　第一册/《课程辅导与训练》编写组编.—西安:陕西人民教育出版社,1995.5.—208页;19cm

一年级第一学期用

ISBN 7-5419-5455-1:¥3.90

G634.3　019035

九年义务教育三年制初中语文思维训练　第六册/醒夫等编著.—2版.—沈阳:辽宁教育出版社,1995.12.—163页;19cm.—(思维训练指导丛书/苏才,韩宏宇主编)

ISBN 7-5382-3877-8:¥3.80

G634.3　019036

九年义务教育三年制语文课本初中文言文实词汇释/张洪宾编著.—赤峰:内蒙古科学技术出版社,1995.8.—89页;26cm

ISBN 7-5380-0299-5:¥6.60

G634.3　019037

九年义务教育四年制初级中学语文自读课本　第七册:灯下拾豆/人民教育出版社语文一室编.—北京:人民教育出版社,1995.12.—529页;19cm

ISBN 7-107-11570-7:¥10.80

G634.3　019038

九年义务教育四年制初中二年级上学期语文基础同步练习/《语文基础同步练习》编写组编.—北京:科学出版社:龙门书局,1995.6.—186页;19cm

配合北师大版教材

ISBN 7-03-004849-0:¥4.50

G634.3　019039

九年义务教育四年制初中三年级上学期语文基础同步练习/《语文基础同步练习》编写组编.—北京:科学出版社:龙门书局,1995.6.—204页;19cm

配合北师大版教材

ISBN 7-03-004974-8:¥4.90

G634.3　019040

九年义务教育四年制初中四年级上学期语文基础同步练习/《语文基础同步练习》编写组编.—北京:科学出版社:龙门书局,1995.6.—202页;19cm

配合北师大版教材

ISBN 7-03-004930-6:¥4.90

G634.3　019041

九年义务教育四年制初中一年级上学期语文基础同步练习/《语文基础同步练习》编写组编.—北京:科学出版社:龙门书局,1995.6.—188页;19cm

配合北师大版教材

ISBN 7-03-004852-0:¥4.50

G634.3　019042

九年义务教育语文评估检测题:初中二年级下学期/洪镇涛,胡明道主编.—2版.—武汉:湖北教育出版社,1995.11.—96页;26cm

原名自测题

ISBN 7-5351-1616-7:¥4.50

G634.3　019043

九年义务教育语文评估检测题:初中三年级下学期/《评估检测题》编写委员会编.—2版.—武汉:湖北教育出版社,1995.11.—92页;26cm

原名自测题

ISBN 7-5351-1614-0:¥4.40

G634.3　019044

九年义务教育最新初中语文课本同步读写指导　第二册/韩炜主编.—北京:中国环境科学出版社,1995.2.—178页;19cm

ISBN 7-80093-738-0:¥3.90

G634.3　019045

蒙古族高中汉语文同步训练　(5)/陈彦芳等编写.—呼和浩特:内蒙古教育出版社,1995.6.—99页;19cm

ISBN 7-5311-2559-5:¥2.05

G634.3　019046

蒙古族高中汉语文同步训练　(6)/陈彦芳等编写.—呼和浩特:内蒙古教育出版社,1995.12.—96页;19cm

ISBN 7-5311-2689-3:¥1.85

G634.3　019047

全国百所重点中学初中语文同步试卷(A、B卷)精选/江银漠主编;徐钦等编写.—银川:宁夏人民教育出版社,1995.12.—88页;26cm

初二第二学期使用

ISBN 7-80596-124-7:¥3.80

G634.3　019048

全国百所重点中学语文测试AB卷精编:初二(下)/黄文宁主编.—南京:南京出版社,1995.12.—96页;

26cm
ISBN 7-80614-191-X: ¥4.70

G634.3　019049
全国百所重点中学语文测试 AB 卷精编:初二(下)/曾曙明主编;周树人等分册主编.—南京:南京出版社,1995.12.—94 页;26cm
ISBN 7-80614-192-8: ¥4.70

G634.3　019050
全国百所重点中学语文测试 AB 卷精编:初三(下)/欧阳科谕主编.—南京:南京出版社,1995.12.—88 页;26cm
ISBN 7-80614-193-6: ¥4.70

G634.3　019051
全国百所重点中学语文测试 AB 卷精编:初三(下)/曾曙明主编;程绍兰等分册主编.—南京:南京出版社,1995.12.—98 页;26cm
ISBN 7-80614-194-4: ¥4.70

G634.3　019052
全国百所重点中学语文测试 AB 卷精编:初一(下)/陆竹君主编.—南京:南京出版社,1995.12.—95 页;26cm
ISBN 7-80614-189-8: ¥4.70

G634.3　019053
全国百所重点中学语文测试 AB 卷精编:初一(下)/曾曙明主编;王毅力等分册主编.—南京:南京出版社,1995.12.—95 页;26cm
ISBN 7-80614-190-1: ¥4.70

G634.3　019054
全国百所重点中学语文总复习 AB 卷精编:初中部分/曾曙明主编;朱茵分册主编.—南京:南京出版社,1995.12.—97 页;26cm
ISBN 7-80614-195-2: ¥4.70

G634.3　019055
全国职业高级中学八五规划教材语文第二册练习册/语文出版社第二编辑室主编.—2 版(修订本).—北京:语文出版社,1995.5.—98 页;26cm
ISBN 7-80006-684-3: ¥4.50

G634.3　019056
全国职业高级中学八五规划教材语文第三册练习册/语文出版社第二编辑室主编.—2 版(修订本).—北京:语文出版社,1995.5.—88 页;26cm
ISBN 7-80006-685-1: ¥4.00

G634.3　019057
全国职业高级中学八五规划教材语文第四册练习册/语文出版社第二编辑室主编.—2 版(修订本).—北京:语文出版社,1995.5.—85 页;26cm
ISBN 7-80006-730-0: ¥4.00

G634.3　019058
全国职业高级中学八五规划教材语文第一册练习册/语文出版社第二编辑室主编.—2 版(修订本).—北京:语文出版社,1995.5.—97 页;26cm
ISBN 7-80006-656-8: ¥4.50

G634.3　019059
全国中考语文试题精选与解题指导:1993～1995 年/赵立福主编;林春明等编.—北京:北京工业大学出版社,1995.11.—311 页;19cm.—(全国中考试题与解题指导丛书)
ISBN 7-5639-0471-9: ¥9.20

G634.3　019060
三年制初中语文单元水平测试与辅导:三年级第二学期/本书编写组编.—广州:广东教育出版社,1995.11.—107 页;19cm
九年义务教育教材:人教版
ISBN 7-5406-1000-X: ¥3.10

G634.3　019061
三年制初中语文单元水平测试与辅导:一年级第二学期/本书编写组编.—广州:广东教育出版社,1995.10.—118 页;19cm
九年义务教育教材:人教版
ISBN 7-5406-1002-6: ¥3.50

G634.3　019062
四年制初中二年级第二学期语文基础练习/丁怀正编写.—北京:华文出版社,1995.12.—191 页;19cm
ISBN 7-5075-0499-9: ¥6.20

G634.3　019063
写作与说话　第四册/周正逵主编;人民教育出版社中学语文室编.—北京:人民教育出版社,1995.8.—277 页;20cm
高中语文实验课本
ISBN 7-107-11452-2: ¥7.30

G634.3　019064
新编初中古诗文译析/骆绍勋,汤碧云编著.—广州:新世纪出版社,1995.12.—236 页;20cm
ISBN 7-5405-1178-8: ¥7.50

G634.3　019065
新编初中文言课文引读/邓开初主编.—长沙:湖南出版社,1995.9.—168 页;19cm
ISBN 7-5438-1067-0: ¥5.80

G634.3　019066
新编初中语文词语手册:三年级上学期/《新编初中语文词语手册》编写组编.—2 版.—厦门:鹭江出版社,1995.7.—116 页;19cm
ISBN 7-80533-646-6: ¥3.10

G634.3　019067
新编初中语文词语手册:三年级下学期/《新编初中语文词语手册》编写组编　.—2 版.—厦门:鹭江出版社,1995.11.—120 页;19cm
ISBN 7-80533-770-5: ¥3.60

G634.3　019068
新编初中语文单元自测:二年级上学期/《新编初中语文单元自测》编写组编.—南昌:江西教育出版社,1995.7.—54 页;26cm
ISBN 7-5392-1997-1: ¥2.00

G634.3　019069
新编初中语文单元自测:三年级上学期/《新编初中语文单元自测》编写组编.—南昌:江西教育出版社,1995.7.—55 页;26cm
ISBN 7-5392-1956-4: ¥2.00

G634.3　019070
新编初中语文单元自测:一年级上学期/《新编初中语文单元自测》编写组编.—南昌:江西教育出版社,1995.7.—55页;26cm
ISBN 7-5392-1974-2:¥2.00

G634.3　019071
新编初中语文知识重点难点分析及综合能力测试题/旷壬林主编;毛禹龄等编.—北京:首都师范大学出版社,1995.1.—262页;19cm.—(新编中学各科知识重点难点分析及综合能力测试丛书/霍恩儒主编)
ISBN 7-81039-252-2:¥5.00

G634.3　019072
新编高二语文同步练习/北京市海淀区特级、高级教师编写组编.—沈阳:辽宁人民出版社,1995.9.—130页;26cm
ISBN 7-205-03369-1:¥8.50

G634.3　019073
新编高三语文同步练习/北京市海淀区特级、高级教师编写组编.—沈阳:辽宁人民出版社,1995.9.—161页;26cm
ISBN 7-205-03370-5:¥9.50

G634.3　019074
新编高一语文同步练习/北京市海淀区特级、高级教师编写组编.—沈阳:辽宁人民出版社,1995.9.—146页;26cm
ISBN 7-205-03368-3:¥8.50

G634.3　019075
新编高中文言文译注评/李锋敏等主编.—兰州:甘肃教育出版社,1995.9.—363页;20cm
ISBN 7-5423-0491-7:¥9.80

G634.3　019076
新编高中语文单元自测:二年级上学期/《新编高中语文单元自测》编写组编.—南昌:江西教育出版社,1995.7.—62页;26cm
ISBN 7-5392-2552-1:¥2.20

G634.3　019077
新编高中语文单元自测:三年级　全一册/《新编高中语文单元自测》编写组编.—南昌:江西教育出版社,1995.7.—119页;26cm
3+2考试用
ISBN 7-5392-2549-1:¥3.80

G634.3　019078
新编高中语文单元自测:一年级上学期/《新编高中语文单元自测》编写组编.—南昌:江西教育出版社,1995.7.—58页;26cm
ISBN 7-5392-1990-4:¥2.10

G634.3　019079
新编高中语文课外练习题:二年级/人大附中等编写组编.—北京:北京出版社,1995.3.—349页;19cm
ISBN 7-200-02468-6:¥7.60

G634.3　019080
新编高中语文课外练习题:三年级/人大附中等编写组编.—北京:北京出版社,1995.3.—305页;19cm
ISBN 7-200-02495-3:¥6.70

G634.3　019081
新编高中语文课外练习题:一年级/人大附中等编写组编.—北京:北京出版社,1995.3.—349页;19cm
ISBN 7-200-02539-9:¥7.60

G634.3　019082
新编高中语文知识重点难点分析及综合能力测试题/王文元主编;王武镐等编写.—北京:首都师范大学出版社,1995.1.—388页;19cm.—(新编中学各科知识重点难点分析及综合能力测试丛书)
ISBN 7-81039-252-2:¥7.30

G634.3　019083
新编九年义务教育初中语文单元综合测试卷:初二/北京市海淀区《初中测试卷》编写组编写.—西安:陕西人民教育出版社,1995.6.—117页;26cm
ISBN 7-5419-4770-9:¥4.70

G634.3　019084
新编九年义务教育初中语文单元综合测试卷:初三/北京市海淀区《初中测试卷》编写组编写.—西安:陕西人民教育出版社,1995.6.—105页;26cm
ISBN 7-5419-4771-7:¥4.30

G634.3　019085
新编九年义务教育初中语文单元综合测试卷:初一/北京市海淀区《初中测试卷》编写组编写.—西安:陕西人民教育出版社,1995.6.—113页;26cm
ISBN 7-5419-4769-5:¥4.60

G634.3　019086
新编九年义务教育初中语文复习测试题:初中三年级　上册/北京市海淀区教育局高级教师编写组编写.—西安:陕西人民教育出版社,1995.5.—68页;26cm
ISBN 7-5419-4804-7:¥2.70

G634.3　019087
新编九年义务教育初中语文复习测试题:一年级上册/北京市海淀区教育局高级教师编写组编写.—西安:陕西人民教育出版社,1995.5.—59页;26cm
ISBN 7-5419-4797-0:¥2.30

G634.3　019088
新编九年义务教育语文复习测试题:初中三年级下册/北京市海淀区教育局高级教师编写组编.—西安:陕西人民教育出版社,1995.11.—75页;26cm
ISBN 7-5419-6285-6:¥3.60

G634.3　019089
新编学生成语词典/《新编学生成语词典》编写组编.—乌鲁木齐:新疆人民出版社,1995.10.—542页;13×9cm
ISBN 7-228-03529-1:¥7.88

G634.3　019090
新编语文单元水平测试与辅导:初中三年级第一学期/《新编语文单元水平测试与辅导》编写组编.—广州:新世纪出版社,1995.6.—80页;19cm.—(义务教育初中生自习丛书)
ISBN 7-5405-1041-2:¥2.35

G634.3　019091
新编语文单元水平测试与辅导:三年级第二学期/

《单元水平测试与辅导》编写组编.—广州:新世纪出版社,1995.12.—65 页;19cm.—(义务教育初中生自习丛书)

ISBN 7-5405-0651-2: ¥2.15

G634.3　**019092**

新编中学文言文注译评析:初中　第六册/《新编中学文言文注译评析》编写组编.—福州:福建教育出版社,1995.12.—151 页;19cm

ISBN 7-5334-2044-6: ¥4.60

G634.3　**019093**

新闻采访与写作/上海中小学课程教材改革委员会编.—上海:上海教育出版社,1995.6.—95 页;19cm

高级中学选修课本 供高中一、二年级用

ISBN 7-5320-4374-6: ¥1.80

G634.3　**019094**

学好语文的金钥匙/谷洪喜等主编.—北京:首都师范大学出版社,1995.11.—529 页;19cm

ISBN 7-81039-628-5: ¥12.70

G634.3　**019095**

学生语文知识趣话丛书:词语故事篇/刘玉瑛著.—北京:文化艺术出版社,1995.3.—254 页;19cm

全套共四册,总定价:23.00 元

ISBN 7-5039-1382-7: ¥0.00

G634.3　**019096**

学生语文知识趣话丛书:口才技巧篇/刘玉瑛著.—北京:文化艺术出版社,1995.3.—227 页;19cm

全套共四册,总定价:23.00 元

ISBN 7-5039-1382-7: ¥0.00

G634.3　**019097**

义务教育初级中学汉语文总复习/东北朝鲜民族教育出版社汉语文编辑室编.—延吉:东北朝鲜民族教育出版社,1995.10.—125 页;26cm

ISBN 7-5437-2253-4: ¥6.50

G634.3　**019098**

义务教育初级中学语文作业本　第二册/浙江省教委教研室编写.—3 版.—杭州:浙江教育出版社,1995.9.—125 页;19cm

ISBN 7-5338-1365-0: ¥3.50

G634.3　**019099**

义务教育初级中学语文作业本　第六册/浙江省教委教研室编写.—2 版.—杭州:浙江教育出版社,1995.9.—87 页;19cm

ISBN 7-5338-2148-3: ¥2.60

G634.3　**019100**

义务教育初级中学语文作业本　第五册/浙江省教委教研室编写.—2 版.—杭州:浙江教育出版社,1995.5.—129 页;19cm

ISBN 7-5338-2057-6: ¥3.80

G634.3　**019101**

义务教育初中二年级第一学期语文达纲训练/《义务教育初中二年级第一学期语文达纲训练》编写组编.—广州:广东人民出版社,1995.8.—101 页;19cm

ISBN 7-218-01843-2: ¥2.50

G634.3　**019102**

义务教育初中汉语文单元测试(AB)题　第二册/东北朝鲜民族教育出版社汉语文编辑室编.—延吉:东北朝鲜民族教育出版社,1995.2.—23 页;26×37cm

ISBN 7-5437-2158-9: ¥3.00

G634.3　**019103**

义务教育初中汉语文单元测试(AB)题　第三册/东北朝鲜民族教育出版社汉语文编辑室编.—延吉:东北朝鲜民族教育出版社,1995.6.—20 页;26×37cm

ISBN 7-5437-2236-4: ¥3.00

G634.3　**019104**

义务教育初中汉语文单元测试(AB)题　第四册/东北朝鲜民族教育出版社汉语文编辑室编.—延吉:东北朝鲜民族教育出版社,1995.2.—20 页;26×37cm

ISBN 7-5437-2158-9: ¥3.00

G634.3　**019105**

义务教育初中汉语文单元测试(AB)题　第五册/东北朝鲜民族教育出版社汉语文编辑室编.—延吉:东北朝鲜民族教育出版社,1995.6.—20 页;26×37cm

ISBN 7-5437-2237-2: ¥3.00

G634.3　**019106**

义务教育初中汉语文单元测试(AB)题　第一册/东北朝鲜民族教育出版社汉语文编辑室编.—延吉:东北朝鲜民族教育出版社,1995.6.—20 页;26×37cm

ISBN 7-5437-2235-6: ¥3.00

G634.3　**019107**

义务教育初中汉语文单元练习题　第六册/东北朝鲜民族教育出版社汉语文编辑室编.—延吉:东北朝鲜民族教育出版社,1995.10.—48 页;26cm

ISBN 7-5437-2288-7: ¥3.00

G634.3　**019108**

义务教育初中三年级第一学期语文达纲训练/《义务教育初中三年级第一学期语文达纲训练》编写组编.—广州:广东人民出版社,1995.8.—98 页;19cm

ISBN 7-218-01922-6: ¥2.50

G634.3　**019109**

义务教育初中一年级第一学期语文达纲训练/《义务教育初中一年级第一学期语文达纲训练》编写组编.—广州:广东人民出版社,1995.8.—106 页;19cm

ISBN 7-218-01842-4: ¥2.60

G634.3　**019110**

义务教育初中语文　第二册/《同步练习丛书》编写组编.—杭州:浙江教育出版社,1995.10.—102 页;26cm.—(同步练习丛书)

ISBN 7-5338-2222-6: ¥6.20

G634.3　**019111**

义务教育初中语文　第六册/《同步练习丛书》编写组编.—杭州:浙江教育出版社,1995.10.—80 页;26cm.—(同步练习丛书)

ISBN 7-5338-2224-2: ¥4.80

G634.3　**019112**

义务教育初中语文　第三册/《同步练习丛书》编写组编写.—杭州:浙江教育出版社,1995.6.—105 页;26cm.—(同步练习丛书)

ISBN 7-5338-2014-2: ¥4.50

G634.3　019113
义务教育初中语文　第四册/《同步练习丛书》编写组编.—杭州:浙江教育出版社,1995.10.—96页;26cm.—(同步练习丛书)
ISBN 7-5338-2223-4:¥5.80

G634.3　019114
义务教育初中语文　第五册/《同步练习丛书》编写组编写.—杭州:浙江教育出版社,1995.7.—96页;26cm.—(同步练习丛书)
ISBN 7-5338-2045-2:¥3.90

G634.3　019115
义务教育初中语文　第一册/《同步练习丛书》编写组编写.—杭州:浙江教育出版社,1995.6.—105页;26cm.—(同步练习丛书)
ISBN 7-5338-2039-8:¥4.60

G634.3　019116
义务教育初中语文单元测试AB卷:初三　全一册/沈江峰等编写.—杭州:浙江教育出版社,1995.4.—123页;26cm
ISBN 7-5338-1702-8:¥4.60

G634.3　019117
义务教育三年制初级中学语文第六册单元检测与思路点拨/韩丽鹏编.—石家庄:河北科学技术出版社,1995.11.—195页;19cm.—(中学生学习能力训练丛书)
ISBN 7-5375-1127-6:¥4.50

G634.3　019118
义务教育三年制初级中学语文第四册单元检测与思路点拨/杨维安等编.—石家庄:河北科学技术出版社,1995.11.—142页;19cm.—(中学生学习能力训练丛书)
ISBN 7-5375-1126-8:¥3.60

G634.3　019119
义务教育三年制初中语文词语十用手册:初中二年级/金双戈等编.—北京:经济日报出版社,1995.9.—309页;19cm
ISBN 7-80036-981-1:¥10.00

G634.3　019120
义务教育三年制初中语文课文同步·图示导读　第六册 /龚文,龚晨影主编.—长春:东北师范大学出版社,1995.11.—226页;19cm
ISBN 7-5602-1687-0:¥7.90

G634.3　019121
义务教育三年制初中语文课文同步·图示导读　第五册/龚文,杨传祥主编.—长春:东北师范大学出版社,1995.5.—238页;19cm
ISBN 7-5602-1567-X:¥5.90

G634.3　019122
义务教育三年制初中语文实验教材练习与检测　第二册/华亭主编;衣民等编.—天津:天津教育出版社,1995.6.—73页;26cm
ISBN 7-5309-2324-2:¥3.85

G634.3　019123
义务教育三年制初中语文实验教材练习与检测　第六册/侯剑峰等编.—天津:天津教育出版社,1995.6.—69页;26cm
ISBN 7-5309-2324-2:¥3.85

G634.3　019124
义务教育三年制初中语文实验教材练习与检测　第三册/华亭主编;继民,周敏编.—天津:天津教育出版社,1995.6.—77页;26cm
ISBN 7-5309-2324-2:¥3.40

G634.3　019125
义务教育三年制初中语文实验教材练习与检测　第四册/华亭主编;玉华,田卿编.—天津:天津教育出版社,1995.6.—69页;26cm
ISBN 7-5309-2324-2:¥3.85

G634.3　019126
义务教育三年制初中语文实验教材练习与检测　第五册/华亭主编;乔剑,燕子编.—天津:天津教育出版社,1995.6.—69页;26cm
ISBN 7-5309-2324-2:¥3.40

G634.3　019127
义务教育三年制初中语文实验教材练习与检测　第一册/华亭主编;继民,满芹编.—天津:天津教育出版社,1995.6.—77页;26cm
ISBN 7-5309-2324-2:¥3.40

G634.3　019128
义务教育三年制蒙古族初级中学汉语文同步训练(5)/钟晓雨等编写.—呼和浩特:内蒙古教育出版社,1995.5.—160页;19cm
ISBN 7-5311-2590-0:¥2.05

G634.3　019129
义务教育三年制蒙古族初级中学汉语文同步训练(6)/秋雪等编写.—呼和浩特:内蒙古教育出版社,1995.12.—175页;19cm
ISBN 7-5311-2691-5:¥3.15

G634.3　019130
义务教育三年制蒙古族初级中学汉语文同步训练(6)/秋雪等编写.—呼和浩特:内蒙古教育出版社,1995.12.—175页;19cm
ISBN 7-5311-2691-5:¥3.15

G634.3　019131
语文/福建省普通教育教学研究室编.—2版.—福州:福建教育出版社,1995.1.—237页;19cm.—(九年义务教育初三年级学习指导丛书)
ISBN 7-5334-0998-1:¥6.55

G634.3　019132
语文　第二册/北京师范大学附属实验中学,北京市教育局教学研究部编著.—北京:北京出版社,1995.1.—321页;19cm
九年义务教育三年制初级中学教科书
ISBN 7-200-02578-X:¥4.00

G634.3　019133
语文　第二册/语文出版社第二编辑室主编.—2版(修订本).—北京:语文出版社,1995.5.—353页;20cm
全国职业高级中学八五规划教材
ISBN 7-80006-592-8:¥6.20

G634.3　019134
语文　第二册/山西省职业技术教育教材编审委员会编.—太原:山西教育出版社,1995.1.—372页;19cm
职业高级中学课本
ISBN 7-5440-0674-3:¥5.40

G634.3　019135
语文　第二册/吴杰主编;《语文》编委会编.—开封:河南大学出版社,1995.7.—213页;19cm
育新教育初中课本
ISBN 7-81041-231-0:¥4.50

G634.3　019136
语文　第二册/张隆华主编.—新1版.—长沙:湖南科学技术出版社,1995.10.—316页;19cm
中等职业技术学校教材
ISBN 7-5357-1956-2:¥6.40

G634.3　019137
语文　第六册/北京师范大学附属实验中学,北京市教育局教学研究部编著.—北京:北京出版社:开明出版社,1995.1.—233页;19cm
九年义务教育三年制初级中学教科书
ISBN 7-200-02615-8:¥3.20

G634.3　019138
语文　第六册/林筱编著.—长春:吉林科学技术出版社,1995.11.—152页;19cm.—(九年义务教育六年制小学学习指导丛书)
ISBN 7-5384-1580-7:¥3.00

G634.3　019139
语文　第六册/浙江省义务教育教材编委会编.—2版.—杭州:浙江教育出版社,1995.—178页;20cm
义务教育初级中学课本:试用
ISBN 7-5338-2237-4:¥7.30

G634.3　019140
语文　第六册/洪宗礼主编.—南京:江苏教育出版社,1995.12.—314页;20cm
九年义务教育三年制初级中学试用课本
ISBN 7-5343-2534-X:¥7.00

G634.3　019141
语文　第六册/张志公主编;赵大鹏等编.—北京:北京大学出版社,1995.11.—231页;20cm
九年义务教育初级中学课本:研究、实验本
ISBN 7-301-02808-3:¥5.80

G634.3　019142
语文　第三册/语文出版社第二编辑室主编.—2版(修订本).—北京:语文出版社,1995.5.—228页;20cm
全国职业高级中学八五规划教材
ISBN 7-80006-643-6:¥4.70

G634.3　019143
语文　第三册/李寰英主编;湛江市初中语文实验教材编写组编.—北京:教育科学出版社,1995.8.—476页;19cm.—(情理知能连环导引)
初中适用
ISBN 7-5041-1506-1:¥12.60

G634.3　019144
语文　第三册/赵廷贤等编.—北京:教育科学出版社,1995.5.—295页;19cm
河北省义务教育三年制初级中学教材
ISBN 7-5041-0942-8:¥4.85

G634.3　019145
语文　第三册/方毛安主编;《语文》编委会编.—开封:河南大学出版社,1995.6.—215页;19cm
育新教育初中课本
ISBN 7-81041-227-2:¥4.50

G634.3　019146
语文　第四册/颜振遥编著.—2版.—成都:四川教育出版社,1995.1.—274页;26cm
九年义务教育三年制初级中学试用课本语文自学辅导教学试用课本
ISBN 7-5408-1879-4:¥9.77

G634.3　019147
语文　第四册/语文出版社第二编辑室主编.—2版(修订本).—北京:语文出版社,1995.5.—302页;20cm
全国职业高级中学八五规划教材
ISBN 7-80006-689-4:¥6.30

G634.3　019148
语文　第四册/北京师范大学附属实验中学,北京市教育局教学研究部编著.—北京:北京出版社:开明出版社,1995.1.—228页;19cm
九年义务教育三年制初级中学教科书
ISBN 7-200-02608-5:¥3.60

G634.3　019149
语文　第四册/颜振遥编著.—2版.—成都:四川教育出版社,1995.1.—274页;26cm
九年义务教育三年制初级中学试用课本
ISBN 7-5408-1879-4:¥9.77

G634.3　019150
语文　第四册/张隆华主编.—新1版.—长沙:湖南科学技术出版社,1995.10.—352页;19cm
中等职业技术学校教材
ISBN 7-5357-1943-0:¥7.00

G634.3　019151
语文　第四册/郑祥五,孟宪和主编.—北京:教育科学出版社,1995.11.—340页;19cm
河北省义务教育三年制初级中学教材
ISBN 7-5041-1539-8:¥6.70

G634.3　019152
语文　第五册/张志公主编;赵大鹏等编.—北京:北京大学出版社,1995.6.—271页;20cm
九年义务教育初级中学课本:研究、实验本
ISBN 7-301-02869-5:¥5.50

G634.3　019153
语文　第五册/洪宗礼主编.—南京:江苏教育出版社,1995.6.—326页:彩图;20cm
九年义务教育三年制初级中学试用课本
ISBN 7-5343-2346-0:¥5.65

G634.3　019154
语文　第五册/张隆华,程大琥主编.—长沙:湖南科学技术出版社,1995.10.—415页;19cm
中等职业技术学校教材

ISBN 7-5357-1944-9：¥8.20

G634.3　019155

语文　第五册：应用文读写/语文出版社第二编辑室主编.—2版(修订本).—北京：语文出版社，1995.5.—209页；20cm

全国职业高级中学八五规划教材

ISBN 7-80006-626-6：¥5.00

G634.3　019156

语文　第一册/广西教育学院教研部编.—2版.—南宁：广西教育出版社，1995.5.—426页；19cm

九年制义务教育初中语文试验课本

ISBN 7-5435-0070-1：¥5.10

G634.3　019157

语文　第一册/语文出版社第二编辑室主编.—2版(修订本).—北京：语文出版社，1995.5.—263页；20cm

全国职业高级中学八五规划教材

ISBN 7-80006-625-8：¥5.50

G634.3　019158

语文　第一册/湖南省中等职业教育教材编审委员会编.—2版.—长沙：湖南教育出版社，1995.7.—332页；19cm

中等职业学校教材

ISBN 7-5355-1288-7：¥6.90

G634.3　019159

语文　高三年级　全一册/北京市职业技术教育教材编审委员会编.—北京：高等教育出版社，1995.4.—227页；19cm

职业高级中学教材

ISBN 7-04-005322-5：¥4.10

G634.3　019160

语文：H版：七年级第一学期/上海中小学课程教材改革委员会编.—2版.—上海：上海教育出版社，1995.6.—163页；26cm

九年制义务教育课本：试用本

ISBN 7-5320-4278-2：¥4.30

G634.3　019161

语文：H版：七年级第二学期/上海中小学课程教材改革委员会编.—2版.—上海：上海教育出版社，1995.11.—156页；26cm

九年制义务教育课本

ISBN 7-5320-4482-3：¥5.80

G634.3　019162

语文：H版：一年级第二学期/上海中小学课程教材改革委员会编.—2版(修订本).—上海：上海教育出版社，1995.11.—164页；26cm

高级中学课本

ISBN 7-5320-4458-0：¥5.65

G634.3　019163

语文：H版：一年级第一学期/上海中小学课程教材改革委员会编.—2版.—上海：上海教育出版社，1995.6.—147页；26cm

高级中学课本：试用本

ISBN 7-5320-4277-4：¥4.25

G634.3　019164

语文：S版：一年级第二学期/上海中小学课程教材改革委员会编.—2版.—上海：上海教育出版社，1995.11.—166页；26cm

高级中学课本

ISBN 7-5320-4468-8：¥5.75

G634.3　019165

语文：S版：一年级第一学期/上海中小学课程教材改革委员会编.—2版.—上海：上海教育出版社，1995.6.—169页；26cm

高级中学课本：试用本

ISBN 7-5320-4276-6：¥4.65

G634.3　019166

语文复习指要：干部本/储道立主编.—北京：军事谊文出版社，1995.10.—551页；20cm.—(军队院校招生统考复习丛书)

全套共4册，总定价：39.00元

ISBN 7-80027-760-7：¥0.00

G634.3　019167

语文复习指要：士兵本/储道立主编.—北京：军事谊文出版社，1995.10.—389页；20cm.—(军队院校招生统考复习丛书)

全套共6册，总定价：49.00元

ISBN 7-80027-755-0：¥0.00

G634.3　019168

语文高考水平检测/华东师大一附中等编写.—2版(修订本).—上海：上海教育出版社，1995.11.—190页；26cm

ISBN 7-5320-4609-5：¥8.90

G634.3　019169

语文活动设计　第二册/郑祥五，孟宪和主编.—北京：教育科学出版社，1995.11.—193页；19cm

河北省义务教育三年制初级中学教材

ISBN 7-5041-1461-8：¥3.80

G634.3　019170

语文活动设计　第三册/郑祥五，孟宪和主编；赵廷贤等编.—北京：教育科学出版社，1995.5.—223页；19cm

河北省义务教育三年制初级中学教材

ISBN 7-5041-1526-6：¥3.65

G634.3　019171

语文活动设计　第四册/郑祥五，孟宪和主编.—北京：教育科学出版社，1995.11.—224页；19cm

河北省义务教育三年制初级中学教材

ISBN 7-5041-1540-1：¥5.10

G634.3　019172

语文课外作业：初中　第六册/湖北省教学研究室编.—2版.—武汉：湖北教育出版社，1995.11.—211页；19cm.—(中学教学目标评价及课外作业丛书)

ISBN 7-5351-1253-6：¥4.50

G634.3　019173

语文课外作业：高中　第二册/湖北省教学研究室编.—2版.—武汉：湖北教育出版社，1995.11.—167页；19cm.—(中学教学目标评价及课外作业丛书)

ISBN 7-5351-1290-0：¥3.80

G634.3　019174
语文课外作业:高中　第六册/湖北省教学研究室编.—2版.—武汉:湖北教育出版社,1995.11.—211页;19cm.—(中学教学目标评价及课外作业丛书)
ISBN 7-5351-1288-9:¥4.50

G634.3　019175
语文课外作业:高中　第四册/湖北省教学研究室编.—2版.—武汉:湖北教育出版社,1995.11.—189页;19cm.—(中学教学目标评价及课外作业丛书)
ISBN 7-5351-1289-7:¥4.05

G634.3　019176
语文能力的检测与迁移/郭开平等编.—上海:上海教育出版社,1995.6.—157页;19cm
供S版八年级第一学期用
ISBN 7-5320-4325-8:¥2.85

G634.3　019177
语文能力的检测与迁移/郭开平主编.—上海:上海教育出版社,1995.6.—173页;19cm
供S版七年级第一学期用
ISBN 7-5320-3832-7:¥3.10

G634.3　019178
语文能力的检测与迁移/郭开平等编.—上海:上海教育出版社,1995.11.—145页;19cm
供S版八年级第二学期用
ISBN 7-5320-4626-5:¥3.65

G634.3　019179
语文评估检测题:初中一年级下学期/《评估检测题》编写委员会编.—2版.—武汉:湖北教育出版社,1995.10.—102页;26cm
原名自测题
ISBN 7-5351-1615-9:¥4.70

G634.3　019180
语文评估检测题:高中二年级下学期/庞大岳等编写.—3版.—武汉:湖北教育出版社,1995.11.—113页;26cm
原名自测题
ISBN 7-5351-1275-7:¥5.10

G634.3　019181
语文评估检测题:高中三年级下学期/庞大岳等编写.—3版.—武汉:湖北教育出版社,1995.11.—112页;26cm
原名自测题
ISBN 7-5351-1268-4:¥5.10

G634.3　019182
语文评估检测题:高中一年级下学期/庞大岳等编写.—3版.—武汉:湖北教育出版社,1995.11.—101页;26cm
原名自测题
ISBN 7-5351-1284-6:¥4.70

G634.3　019183
语文题典:初中部分/杨友生等主编.—广州:中山大学出版社,1995.9.—342页;19cm
ISBN 7-306-00969-9:¥10.00

G634.3　019184
语文疑难释疑训练/张春凤,潘春爱编写.—北京:科学技术文献出版社,1995.6.—294页;19cm.—(初中新教材复习指导丛书)
ISBN 7-5023-2284-1:¥11.50

G634.3　019185
语文知识助读与练习　第五册/李应瑞,王传杰主编.—哈尔滨:哈尔滨工程大学出版社,1995.8.—194页;19cm
ISBN 7-81007-569-1:¥5.30

G634.3　019186
语言表达/人民教育出版社中学语文室,江苏省中小学教学研究室编.—南京:江苏教育出版社,1995.6.—330页;20cm
高级中学语文选修课本
ISBN 7-5343-2447-5:¥5.50

G634.3　019187
掌握语文　第六册/广东省教育厅编.—广州:广东教育出版社,1995.12.—261页;19cm.—(掌握学习指导丛书)
九年义务教育三年制初中:人教版
ISBN 7-5406-3483-9:¥5.85

G634.3　019188
掌握语文　第五册/广东省教育厅编.—广州:广东教育出版社,1995.7.—246页;19cm.—(掌握学习指导丛书)
九年义务教育三年制初中:人教版
ISBN 7-5406-3253-4:¥5.50

G634.3　019189
掌握语文　第五册/《初中学生课堂学习用书》编委会编.—长沙:湖南教育出版社,1995.6.—108页;26cm
义务教育三年制初中:人教版 初中学生课堂学习用书 供三年级第一学期使用
ISBN 7-5355-2153-3:¥4.60

G634.3　019190
掌握语文第二、四、六册参考答案/广东省教育厅编.—2版.—广州:广东教育出版社,1995.12.—156页;19cm.—(掌握学习指导丛书)
九年义务教育三年制初中:人教版
ISBN 7-5406-3128-7:¥3.45

G634.3　019191
掌握语文第二、四、六册参考答案/广东省教育厅编.—2版.—广州:广东教育出版社,1995.12.—141页;19cm.—(掌握学习指导丛书)
九年义务教育三年制初中:沿海版
ISBN 7-5406-3171-6:¥3.30

G634.3　019192
中考语文模拟试卷/中考模拟试卷编写组编.—石家庄:河北科学技术出版社,1995.11.—39页;26×37cm
ISBN 7-5375-1184-5:¥3.50

G634.3　019193
中师语文学习手册/李之舜等主编.—武汉:武汉工业大学出版社,1995.8.—375页;19cm
ISBN 7-5629-1013-8:¥9.00

G634.3　019194

中小学生常用词辨析/黄必胜著.—广州:华南理工大学出版社,1995.3.—264页;19cm
ISBN 7-5623-0763-6:¥7.80
G634.3　019195
中学古诗文精译评析全书:初、高中全译本/杨光主编.—北京:中国工人出版社,1995.10.—614页;19cm
ISBN 7-5008-1786-X:¥18.90
G634.3　019196
中学古诗文精译评析全书:初、高中全译本/杨光主编.—北京:中国工人出版社,1995.10.—614页;19cm
ISBN 7-5008-1785-1(精装):¥24.00
G634.3　019197
中学古诗文详解精练:初中二年级/方钧鹤主编.—南京:江苏古籍出版社,1995.12.—113页;19cm
配合苏版教材
ISBN 7-80519-667-2:¥3.40
G634.3　019198
中学古诗文详解精练:初中三年级/徐宗文主编;高世平等编写.—2版.—南京:江苏古籍出版社,1995.6.—195页;19cm
ISBN 7-80519-609-5:¥4.50
G634.3　019199
中学古诗文详解精练:初中三年级/方钧鹤主编.—南京:江苏古籍出版社,1995.12.—156页;19cm
配合苏版教材
ISBN 7-80519-668-0:¥4.50
G634.3　019200
中学古诗文详解精练:初中一年级/方钧鹤主编.—南京:江苏古籍出版社,1995.12.—118页;19cm
配合苏版教材
ISBN 7-80519-666-4:¥3.40
G634.3　019201
中学生反义词/曾凡巨主编.—石家庄:河北人民出版社,1995.8.—186页;19cm
ISBN 7-202-01670-2:¥6.00
G634.3　019202
中学生同义词/曾凡巨主编.—石家庄:河北人民出版社,1995.8.—227页;19cm
ISBN 7-202-01642-7:¥6.60
G634.3　019203
中学生语文实用处方/李从武著.—成都:四川少年儿童出版社,1995.8.—133页;19cm
ISBN 7-5365-1318-6:¥3.60
G634.3　019204
中学文言课文助读:6年级~9年级/士彪等编.—上海:上海教育出版社,1995.6.—421页;19cm
九年制义务教育课本
ISBN 7-5320-4432-7:¥8.95
G634.3　019205
中学文言文300句/吴开文,周本述编著.—北京:语文出版社,1995.1.—205页;19cm.—(中学生读写丛书)
ISBN 7-80006-903-6:¥6.20
G634.3　019206
中学文言文学习指要:初中/文田,迟钝主编;方凡等撰.—合肥:安徽教育出版社,1995.2.—211页;19cm
ISBN 7-5336-1681-2:¥3.90
G634.3　019207
中学文言文学习指要:高中/恺元,文田主编.—合肥:安徽教育出版社,1995.3.—290页;19cm
ISBN 7-5336-1700-2:¥5.00
G634.3　019208
中学语文词语汇释与训练:初中　第五册/词语汇释与训练编写组编.—太原:山西教育出版社,1995.5.—174页;19cm
ISBN 7-5440-0721-9:¥2.60
G634.3　019209
中学语文词语汇释与训练:高中　第一册/词语汇释与训练编写组编.—太原:山西教育出版社,1995.6.—173页;19cm
ISBN 7-5440-0725-1:¥2.50
G634.3　019210
中学语文词语手册:初中　第六册/陈达仁等编.—郑州:河南教育出版社,1995.10.—180页;19cm
ISBN 7-5347-1848-1:¥3.25
G634.3　019211
中学语文近义虚词辨析/欧阳克纯,陈白翎编著.—广州:广东高等教育出版社,1995.7.—179页;19cm
ISBN 7-5361-1704-3:¥6.30
G634.3　019212
中学语文课本古诗文译注评析:初中二年级/熊江平主编;杨军等编写.—修订本.—北京:语文出版社,1995.9.—338页;19cm
ISBN 7-80126-005-8:¥10.80
G634.3　019213
中学语文课本古诗文译注评析:初中三年级/熊江平主编;杨军等编写.—修订本.—北京:语文出版社,1995.9.—363页;19cm
ISBN 7-80126-006-6:¥11.60
G634.3　019214
中学语文课本古诗文译注评析:初中一年级/熊江平主编;师为公等编写.—修订本.—北京:语文出版社,1995.9.—356页;19cm
ISBN 7-80126-004-X:¥11.40
G634.3　019215
中学语文现代文重点句/张大文编.—2版.—北京:语文出版社,1995.9.—262页;19cm.—(中学生读写丛书)
ISBN 7-80006-751-3:¥8.70
G634.3　019216
中学语文修辞格/何让编著.—2版(修订本).—广州:广东教育出版社,1995.9.—157页;19cm
ISBN 7-5406-1340-8:¥6.50
G634.3　019217
中学语文助读　第三集/王自若等主编.—贵阳:贵州人民出版社,1995.8.—184页;19cm.—(语文助读系列丛书)
ISBN 7-221-03906-2:¥4.20

G634.3　019218
重点高中语文导读/钟为永主编.—上海:上海科学技术文献出版社,1995.9.—415页;19cm
ISBN 7-5439-0762-3: ¥11.60

G634.3　019219
重点中学初中语文(H版)导读/钟为永主编.—上海:上海科学技术文献出版社,1995.8.—350页;19cm
ISBN 7-5439-0784-4: ¥9.80

G634.3　019220
重点中学初中语文(S版)导读/陈昌富主编.—上海:上海科学技术文献出版社,1995.10.—459页;19cm
ISBN 7-5439-0875-1: ¥12.50

G634.3　019221
字族对子歌/鄢文俊主编.—北京:中共中央党校出版社;郑州:海燕出版社,1995.9.—105页;19cm.—(字族文识字法应用系列)
ISBN 7-5350-1355-4: ¥3.90

G634.3　019222
最新初中语文课本古诗文译注/谌贻祝等译注.—西安:陕西人民出版社,1995.8.—235页;19cm
原文、直译、意译对照、语法加注
ISBN 7-224-03871-7: ¥6.20

G634.3　019223
最新高考语文复习与训练/丁孝松,何艳主编.—南昌:江西高校出版社,1995.4.—191页;26cm
ISBN 7-81033-359-3: ¥6.20

G634.3　019224
最新高中语文课本古诗文译注　(上)/谌贻祝等译注.—西安:陕西人民出版社,1995.8.—291页;19cm
原文、直译、意译对照、语法加注
ISBN 7-224-03869-5: ¥7.60

G634.3　019225
最新高中语文课本古诗文译注　(下)/谌贻祝等译注.—西安:陕西人民出版社,1995.7.—266页;19cm
原文、直译、意译对照·语法加注
ISBN 7-224-03870-9: ¥6.90

G634.3-61　019226
初中语文学习辞典/罗怀崇等主编.—成都:四川少年儿童出版社,1995.5.—414页;19cm
ISBN 7-5365-1398-4: ¥6.80

G634.3-61　019227
新编初中语文词典/骆绍勋主编.—广州:广东高等教育出版社,1995.8.—310页;19cm
ISBN 7-5361-1680-2: ¥15.00

G634.3-61　019228
新编学生成语词典/陈策主编.—北京:中国书店,1995.4.—535页;19cm
ISBN 7-80568-696-3(精装): ¥26.00

G634.3-61　019229
新编中学古诗文鉴赏辞典/周振甫主编.—北京:光明日报出版社,1995.6.—2册(862页);19cm
ISBN 7-80091-496-8: ¥28.00

G634.3-61　019230
新华学生字典:汉语拼音字母音序排列.—延吉:延边人民出版社,1995.10.—575页;13cm
附部首检字表
ISBN 7-80599-397-1: ¥6.50

G634.3-61　019231
学生古诗文辞典　(1)/章培恒等主编.—上海:汉语大词典出版社,1995.5.—905页;19cm
ISBN 7-5432-0159-3(精装): ¥35.00

G634.3-61　019232
学生实用字典/华富主编;王波等编写.—南京:江苏人民出版社,1995.8.—691页;13cm
ISBN 7-214-01488-2(精装): ¥12.80

G634.3-61　019233
中华学生汉语褒贬义用法词典/夏生等编.—深圳:海天出版社,1995.10.—477页;10×13cm
ISBN 7-80615-234-2: ¥8.90

G634.3-61　019234
中华学生双向组词词典/夏征农等编著.—深圳:海天出版社,1995.10.—496页;13×9cm
ISBN 7-80615-233-4: ¥8.00

G634.3-61　019235
中小学生词语搭配词典/陈垂民主编.—广州:广东人民出版社,1995.9.—498页;19cm
ISBN 7-218-01631-6: ¥13.80

G634.3-61　019236
中小学语文多用词典/伊平主编;郎逸尔等编.—广州:广东人民出版社,1995.2.—699页;19cm
ISBN 7-218-01058-X: ¥16.00

G634.3-61　019237
中学成语词典/徐尚衡主编.—南京:江苏教育出版社,1995.3.—567页;19cm
ISBN 7-5343-2288-X(精装): ¥13.90

G634.3-61　019238
中学生常用成语分类词典/武安民编著.—北京:中国致公出版社,1995.1.—253页;19cm
ISBN 7-80096-101-X: ¥7.90

G634.3-61　019239
中学生成语典故辞典/周尊宇主编.—桂林:漓江出版社,1995.12.—331页;19cm
ISBN 7-5407-1846-3: ¥9.80

G634.3-61　019240
中学生古汉语字典/吴栋林著.—海口:海南出版社,1995.8.—346页;19cm
ISBN 7-80590-063-9: ¥13.00

G634.3-61　019241
中学语文多解词典/陈荣鑫主编.—武汉:湖北人民出版社,1995.7.—311页;19cm.—(中学生常用知识辞典系列)
ISBN 7-216-01730-7(精装): ¥14.60

G634.3-61　019242
中学语文知识词典/于文敏,李国祥主编.—长沙:湖南出版社,1995.9.—373页;19cm.—(学生系列工具书)
ISBN 7-5438-0951-6(精装): ¥13.80

①G634.3-61②H136.3-61　019243

学生十用成语词典/少目之主编.—北京:国际文化出版公司,1995.3.—823页;19cm

ISBN 7-80049-934-0(精装):¥38.00

G634.3-62　019244

初中生文言文手册/周继道主编.—北京:中国大百科全书出版社,1994.12.—471页;13cm.—(初中生系列工具书)

ISBN 7-5000-5455-6:¥6.80

G634.3-62　019245

初中生语文手册/马一萍主编;徐明献等编.—北京:中国大百科全书出版社,1995.12.—492页;13cm.—(初中生系列工具书)

ISBN 7-5000-5457-2:¥7.10

G634.3-62　019246

初中语文学习手册:新编初二分册/《初中语文学习手册》编写组编.—南京:江苏人民出版社,1995.7.—319页;19cm

ISBN 7-214-01522-6:¥10.00

G634.3-62　019247

学生实用成语口诀手册/丹舟,刘影编著.—重庆:西南师范大学出版社,1995.9.—228页;19cm

ISBN 7-5621-1402-1:¥8.80

G634.33　019248

初级中学语文课外同步阅读　第三册/九年义务教育教材(沿海版)编写委员会编.—广州:广东科技出版社,1995.8.—180页;19cm

九年制义务教育教材:沿海版

ISBN 7-5359-1555-8:¥4.50

G634.33　019249

初级中学语文课外同步阅读　第四册/九年制义务教育教材(沿海版)编辑委员会编.—广州:广东科技出版社,1995.2.—168页;19cm

九年制义务教育教材:沿海版

ISBN 7-5359-1464-0:¥4.80

G634.33　019250

初级中学语文课外同步阅读　第五册/九年义务教育教材(沿海版)编写委员会编.—广州:广东科技出版社,1995.8.—226页;19cm

九年制义务教育教材:沿海版

ISBN 7-5359-1556-6:¥4.50

G634.33　019251

初三语文阅读分析能力测试/严厚琪,胡一庆编.—上海:学林出版社,1995.3.—232页;19cm

ISBN 7-80616-096-5:¥6.80

G634.33　019252

初一阅读作业本　第一册/于洪俊等编.—沈阳:辽宁教育出版社,1995.6.—48页;26cm

初中试用课本

ISBN 7-5382-4018-7:¥2.30

G634.33　019253

初中三年级语文阅读训练指导/知友等编.—太原:山西教育出版社,1995.5.—269页;19cm.—(九年义务教育初中语文阅读训练指导丛书)

ISBN 7-5440-0136-9:¥3.80

G634.33　019254

初中现代文阅读解题精要/秦振良主编.—哈尔滨:黑龙江少年儿童出版社,1995.8.—206页;19cm

ISBN 7-5319-1336-4:¥5.00

G634.33　019255

初中学生阅读门径/廖广卿,伍德亮主编.—南宁:广西民族出版社,1995.2.—217页;19cm.—(初中语文知识自学丛书)

ISBN 7-5363-2901-6:¥4.20

G634.33　019256

初中语文课本同步阅读　第六册/黄光硕主编.—2版(修订本).—广州:广东教育出版社,1995.12.—143页;19cm

ISBN 7-5406-1009-3:¥3.80

G634.33　019257

初中语文课本同步阅读　第五册/黄光硕主编.—2版(修订本).—广州:广东教育出版社,1995.7.—169页;19cm

ISBN 7-5406-0766-1:¥3.95

G634.33　019258

初中语文课外文学读物　第四册/浙江省教委教研室编写.—杭州:浙江文艺出版社,1995.1.—159页;19cm

ISBN 7-5339-0616-0:¥2.95

G634.33　019259

初中语文课外文学读物　第五、六合册/浙江省教委教研室编.—杭州:浙江文艺出版社,1995.7.—174页;19cm

ISBN 7-5339-0807-4:¥3.50

G634.33　019260

典型语段阅读指导/黄彬主编.—长春:吉林大学出版社,1995.2.—265页;19cm

ISBN 7-5601-1684-1:¥6.70

G634.33　019261

高中诗词读本/沈乃景主编.—南京:江苏古籍出版社,1995.7.—176页;19cm

ISBN 7-80519-631-1:¥3.80

G634.33　019262

高中文言读本/王栋生主编.—2版(修订本).—南京:江苏古籍出版社,1995.6.—192页;19cm

ISBN 7-80519-630-3:¥4.00

G634.33　019263

高中语文精要语段导读/杨仕甫主编.—成都:四川辞书出版社,1995.8.—296页;19cm

ISBN 7-80543-486-7:¥6.80

G634.33　019264

高中语文现代文阅读训练/宋国梁,罗杰编.—太原:山西教育出版社,1995.5.—159页;26cm

ISBN 7-5440-0528-8:¥4.50

G634.33　019265

高中语文阅读指导与训练/赵政,刘华主编;范亚菲等编.—长春:吉林教育出版社,1995.5.—210页;19cm

ISBN 7-5383-2574-3:¥5.40

G634.33　019266

基础语段阅读训练/彭伦健编.—成都:西南交通大学出版社,1995.11.—287 页;19cm
ISBN 7-81022-836-6:¥8.50

G634.33 019267
九年义务教育三年制初级中学试用课本阅读第二册作业本/刘文忠主编;曹景惠等编.—沈阳:辽宁教育出版社,1995.11.—48 页;26cm
ISBN 7-5382-4275-9:¥2.30

G634.33 019268
九年制义务教育教材(沿海版)初级中学语文课外同步阅读 第二册/九年制义务教育教材(沿海版)编写委员会编著.—广州:广东科技出版社,1995.2.—186 页;19cm
ISBN 7-5359-1399-7:¥4.80

G634.33 019269
九年制义务教育课本中学文言课文助读:6 年级~9 年级:S 版/俞明芳,卢正言编.—上海:上海教育出版社,1995.6.—262 页;19cm
ISBN 7-5320-4431-9:¥5.85

G634.33 019270
少年阅读文库/韩蓁,华阳主编.—成都:四川文艺出版社,1995.11.—8 册;19cm
小学高年级及初中生适用
ISBN 7-5411-1409-X(盒装):¥58.00

G634.33 019271
外国文学名著选读 /上海中小学课程教材改革委员会编.—上海:上海教育出版社,1995.6.—218 页;19cm
高级中学选修课本:试用本 供高中一、二年级用
ISBN 7-5320-4404-1:¥3.70

G634.33 019272
文化读本 上册/周正逵主编;人民教育出版社中学语文室编.—北京:人民教育出版社,1995.12.—361 页;20cm
高中语文实验课本
ISBN 7-107-11654-1:¥9.10

G634.33 019273
文化著作选读 上册/周正逵主编;人民教育出版社中学语文室编.—北京:人民教育出版社,1995.12.—319 页;20cm
高中语文实验课本
ISBN 7-107-11588-X:¥8.20

G634.33 019274
文学读本 下册/周正逵主编;人民教育出版社中学语文室编.—北京:人民教育出版社,1995.8.—433 页;20cm
高中语文实验课本
ISBN 7-107-11456-5:¥10.90

G634.33 019275
现代诗文阅读/北京市教育局编.—北京:首都师范大学出版社,1995.7.—373 页;19cm
北京市高中选修课试用教材
ISBN 7-81039-146-1:¥9.00

G634.33 019276
现代文阅读/人民教育出版社中学语文室,江苏省中小学教学研究室编.—南京:江苏教育出版社,1995.6.—331 页;20cm
高级中学语文选修课本
ISBN 7-5343-2450-5:¥5.80

G634.33 019277
现代文阅读训练指导:一年级分册/张笑庸,刘华主编.—长春:东北师范大学出版社,1995.8.—180 页;19cm.—(高中语文训练教程丛书;1)
全套三册,总定价 10.40 元
ISBN 7-5602-1603-X:¥0.00

G634.33 019278
新编初中语文阅读指导 第二册/吴更主编.—3 版.—桂林:广西师范大学出版社,1995.1.—221 页;19cm
ISBN 7-5633-0615-3:¥3.60

G634.33 019279
语文百段阅读训练:八年级/胡锦星,孔庭瑶编.—上海:上海教育出版社,1995.6.—199 页;19cm
ISBN 7-5320-4430-0:¥3.95

G634.33 019280
语文百段阅读训练:七年级/徐红,刘福朝编.—上海:上海教育出版社,1995.6.—179 页;19cm
上海版
ISBN 7-5320-4418-1:¥3.25

G634.33 019281
语文课外阅读辅导:八年级第二学期/韦嵩等编.—上海:上海教育出版社,1995.11.—164 页;19cm
ISBN 7-5320-4611-7:¥4.10

G634.33 019282
语文课外阅读辅导:八年级第一学期/徐芬等编.—上海:上海教育出版社,1995.6.—170 页;19cm
ISBN 7-5320-4380-0:¥3.35

G634.33 019283
语文阅读与活动:初二分册/欧阳代娜主编.—太原:山西教育出版社,1995.10.—315 页;19cm
ISBN 7-5440-0824-X:¥7.00

G634.33 019284
语文阅读与活动:初三分册/欧阳代娜主编.—太原:山西教育出版社,1995.10.—306 页;19cm
ISBN 7-5440-0825-8:¥7.00

G634.33 019285
语文阅读与活动:初一分册/欧阳代娜主编.—太原:山西教育出版社,1995.10.—259 页;19cm
ISBN 7-5440-0823-1:¥6.00

G634.33 019286
阅读 第二册/欧阳代娜主编.—2 版.—沈阳:辽宁教育出版社,1995.12.—326 页;19cm
九年义务教育三年制初级中学试用课本
ISBN 7-5382-1615-4:¥7.10

G634.33 019287
阅读 第一册/欧阳代娜主编.—2 版.—沈阳:辽宁教育出版社,1995.6.—305 页;19cm
九年义务教育三年制初级中学试用课本
ISBN 7-5382-1217-5:¥5.70

G634.33　019288
阅读理解典型题同步精编:初中二年级分册/王光平主编.—长春:东北师范大学出版社,1995.8.—149页;19cm.—(九年制义务教育初中语文语段系列训练题库)
ISBN 7-5602-1080-5:¥3.75

G634.33　019289
阅读与口才/吴东淑,徐仁国主编.—延吉:延边人民出版社,1995.3.—480页;19cm
ISBN 7-80599-241-X:¥12.00

G634.33　019290
阅读指导与训练/戴文平,钱国利主编.—大连:东北财经大学出版社,1995.5.—253页;19cm
ISBN 7-81044-055-1:¥5.90

G634.33　019291
中学课外文言文导读:华夏美德古训/张兴隆,杜清军主编.—成都:四川少年儿童出版社,1995.11.—213页;19cm
ISBN 7-5365-1479-4:¥5.50

G634.33　019292
中学语文阅读讲析及训练/孙芳铭著.—南京:江苏教育出版社,1995.12.—406页;19cm
ISBN 7-5343-2576-5:¥8.80

G634.33　019293
中学语文阅读指导/张百栋,邵祖成编.—广州:新世纪出版社,1995.2.—182页;19cm
ISBN 7-5405-1283-0:¥5.00

G634.33-62　019294
初中语文阅读指南　第四册/万汉培主编.—福州:福建少年儿童出版社,1995.1.—182页;19cm
ISBN 7-5395-1128-1:¥3.50

G634.33-62　019295
初中语文阅读指南　第五册/万汉培主编.—福州:福建少年儿童出版社,1995.7.—197页;19cm
ISBN 7-5395-1129-X:¥4.50

G634.34　019296
1000个好作文题/刘荣地编著.—北京:语文出版社,1995.1.—207页;18cm
ISBN 7-80006-901-X:¥6.20

G634.34　019297
1986～1995中国高考十年优秀作文选评/傅道彬等主编.—哈尔滨:东北林业大学出版社,1995.12.—250页;20cm
ISBN 7-81008-604-9:¥9.80

G634.34　019298
1996年中考作文模拟题/辽宁教育出版社编.—2版.—沈阳:辽宁教育出版社,1995.10.—202页;19cm
ISBN 7-5382-2362-2:¥4.70

G634.34　019299
'95新高考全国优秀作文点评/王炽昌主编;《中国高校招生》杂志编辑部编.—成都:四川大学出版社,1995.12.—187页;19cm
ISBN 7-5614-1278-9:¥6.50

G634.34　019300
百篇优秀作文成功之路/艾吉等主编.—延吉:东北朝鲜民族教育出版社,1995.1.—250页;19cm
ISBN 7-5437-1895-2:¥4.00

G634.34　019301
材料作文:高考作文辅导/献智,刘颖编写.—海口:海南国际新闻出版中心,1995.2.—191页;19cm
ISBN 7-80609-036-3:¥4.95

G634.34　019302
初中快速作文指导与示范/李迪明主编.—西安:陕西科学技术出版社,1995.3.—328页;19cm.—(全国中学生读写丛书)
ISBN 7-5369-1263-3:¥5.50

G634.34　019303
初中生作文训练册　第二册/齐辛,李力编.—3版.—石家庄:河北教育出版社,1995.11.—89页;26cm
ISBN 7-5434-1719-7:¥5.10

G634.34　019304
初中生作文训练册　第六册/马京等编.—2版.—石家庄:河北教育出版社,1995.12.—96页;26cm
ISBN 7-5434-1717-0:¥3.45

G634.34　019305
初中生作文训练册　第五册/李连城编.—2版.—石家庄:河北教育出版社,1995.4.—76页;26cm
ISBN 7-5434-1609-3:¥2.35

G634.34　019306
初中生作文训练册　第一册/齐辛,李力编.—3版.—石家庄:河北教育出版社,1995.4.—94页;26cm
ISBN 7-5434-1607-7:¥2.80

G634.34　019307
初中同步优秀作文讲评:三年级下学期/陈小敏主编;陈旭等编写.—福州:福建人民出版社,1995.12.—112页;19cm
ISBN 7-211-02632-4:¥3.00

G634.34　019308
初中作文　第五册/湖南省中学语文教学研究会作文教学研究中心编写.—3版.—长沙:湖南教育出版社,1995.7.—84页;19cm
九年义务教育三年制教科书
ISBN 7-5355-0174-5:¥2.00

G634.34　019309
初中作文:二年级上学期/《初中作文》编写组编.—南昌:江西教育出版社,1995.7.—121页;19cm
ISBN 7-5392-1789-5:¥2.30

G634.34　019310
初中作文:二年级下学期/《初中作文》编写组编.—南昌:江西教育出版社,1995.12.—107页;19cm
ISBN 7-5392-2635-8:¥2.65

G634.34　019311
初中作文:三年级上学期/《初中作文》编写组编.—南昌:江西教育出版社,1995.7.—163页;19cm
ISBN 7-5392-1976-9:¥2.85

G634.34　019312
初中作文:三年级下学期/《初中作文》编写组编.—南昌:江西教育出版社,1995.12.—120页;19cm

ISBN 7-5392-2511-4: ¥2.90

G634.34　　**019313**

初中作文:一年级上学期/《初中作文》编写组编.—南昌:江西教育出版社,1995.7.—152页;19cm

ISBN 7-5392-2016-3: ¥2.65

G634.34　　**019314**

初中作文:一年级下学期/《初中作文》编写组编.—南昌:江西教育出版社,1995.12.—189页;19cm

ISBN 7-5392-2635-8: ¥4.15

G634.34　　**019315**

初中作文:一年级下学期/王济平等编.—南昌:江西教育出版社,1995.12.—189页;19cm

ISBN 7-5392-2641-2: ¥4.20

G634.34　　**019316**

初中作文教与学/李怿主编.—北京:北京师范大学出版社,1995.4.—486页;19cm

ISBN 7-303-03867-1: ¥10.00

G634.34　　**019317**

初中作文同步训练/李元昌编.—长春:吉林人民出版社,1995.6.—1册;19×26cm

一年级上学期用

ISBN 7-206-02190-5: ¥3.00

G634.34　　**019318**

初中作文同步训练/李元昌编.—长春:吉林人民出版社,1995.6.—1册;19×26cm

二年级上学期用

ISBN 7-206-02190-5: ¥3.00

G634.34　　**019319**

初中作文指导序列:新版　第五册/作文指导序列编写组编.—太原:山西教育出版社,1995.5.—176页;19cm

ISBN 7-80578-096-X: ¥2.60

G634.34　　**019320**

初中作文指导与练习/谢嗣极等编著.—南京:江苏古籍出版社,1995.6.—282页;19cm

ISBN 7-80519-634-6: ¥5.50

G634.34　　**019321**

读书与作文/李衍湘等主编.—2版.—长沙:湖南师范大学出版社,1995.9.—166页;19cm

ISBN 7-81031-365-7: ¥5.50

G634.34　　**019322**

高考议论文写作指要/高静江著.—广州:广东高等教育出版社,1995.3.—99页;20cm

ISBN 7-5361-1660-8: ¥3.00

G634.34　　**019323**

高考应试作文快速提高指要/杨墨秋主编.—上海:上海科学技术出版社,1995.1.—216页;19cm

ISBN 7-5323-3960-2: ¥4.10

G634.34　　**019324**

高考作文分档评析/黄玉峰等编著.—上海:上海科学技术文献出版社,1995.9.—279页;19cm

ISBN 7-5439-0866-2: ¥8.00

G634.34　　**019325**

高中生作文训练册:三年级　全一册/傅永安,郭外编.—2版.—石家庄:河北教育出版社,1995.6.—136页;26cm

ISBN 7-5434-1815-0: ¥4.20

G634.34　　**019326**

高中生作文训练册:一年级/曾凡巨,谷震需编.—2版.—石家庄:河北教育出版社,1995.6.—168页;26cm

ISBN 7-5434-1810-X: ¥5.10

G634.34　　**019327**

高中作文全程训练/张广祯,刘润章主编.—济南:山东教育出版社,1995.7.—221页;19cm

ISBN 7-5328-2183-8: ¥7.90

G634.34　　**019328**

花季风/卜仲康主编.—上海:上海科学普及出版社,1995.12.—179页;19cm.—(中学生佳作丛书)

ISBN 7-5427-1038-9: ¥4.50

G634.34　　**019329**

记叙文写作入门/姚芳藩等主编;陈文高等编写.—2版.—北京:语文出版社,1995.2.—156页;19cm.—(中学生写作指导丛书)

ISBN 7-80006-026-8: ¥4.40

G634.34　　**019330**

九年义务教育(人教版)初中语文同步作文借鉴　第六册/叶志盛,络绍勋编著.—广州:广东教育出版社,1995.12.—209页;19cm

ISBN 7-5406-3386-7: ¥5.00

G634.34　　**019331**

九年义务教育(人教版)初中语文同步作文借鉴　第五册/叶志盛,骆绍勋编著.—广州:广东教育出版社,1995.7.—220页;19cm

ISBN 7-5406-3257-7: ¥4.75

G634.34　　**019332**

九年义务教育初中同步优秀作文讲评:三年级上学期/陈小敏主编.—福州:福建人民出版社,1995.7.—142页;19cm

ISBN 7-211-02528-X: ¥2.60

G634.34　　**019333**

九年义务教育初中语文作文训练　第六册/《作文训练》编写组编.—西安:陕西人民教育出版社,1995.11.—92页;19cm

ISBN 7-5419-1176-3: ¥2.30

G634.34　　**019334**

九年义务教育三年制初级中学作文训练　第二册/四川省教育科学研究所编.—8版.—成都:四川教育出版社,1995.11.—174页;19cm

ISBN 7-5408-0790-3: ¥4.09

G634.34　　**019335**

九年义务教育三年制初级中学作文训练　第三册/四川省教育科学研究所主编.—2版.—成都:四川教育出版社,1995.5.—223页;19cm

ISBN 7-5408-2518-9: ¥4.72

G634.34　　**019336**

九年义务教育三年制初级中学作文训练　第五册/四川省教育科学研究所主编;杨顺发等编写.—7版.—成都:四川教育出版社,1995.5.—176页;19cm

ISBN 7-5408-0594-3: ¥3.74

G634.34　019337

九年义务教育三年制初级中学作文训练　第一册/四川省教育科学研究所主编;李俊林等编写.—成都:四川教育出版社,1995.5.—185页;19cm

ISBN 7-5408-2534-0: ¥3.99

G634.34　019338

九年义务教育三年制初中语文作文训练　第五册/《作文训练》编写组编.—西安:陕西人民教育出版社,1995.5.—77页;19cm

ISBN 7-5419-0988-2: ¥1.70

G634.34　019339

九年义务教育三年制高级中学作文训练　第三册/四川省教育科学研究所主编;何国英等编写.—8版.—成都:四川教育出版社,1995.5.—171页;19cm

ISBN 7-5408-0601-X: ¥3.66

G634.34　019340

历届高考作文试题分析及例文:1978~1994/邢磊编著.—西安:未来出版社,1995.3.—135页;19cm

ISBN 7-5417-1062-8: ¥3.50

G634.34　019341

请你打分:作文训练与观摩:初中三年级/陈庭茂主编.—上海:上海科技教育出版社,1995.6.—296页;19cm

ISBN 7-5428-0985-7: ¥7.00

G634.34　019342

请你打分:作文训练与观摩:初中一年级/李柏年主编.—上海:上海科技教育出版社,1995.6.—276页;19cm

ISBN 7-5428-0945-8: ¥6.50

G634.34　019343

全国100名优秀语文教师分类评析作文精华　第一辑/黄彬,王常光主编.—长春:东北师范大学出版社,1995.12.—179页;19cm

ISBN 7-5602-1652-8: ¥6.00

G634.34　019344

全国初中生100分作文精品屋:初一年级/司徒汉主编.—北京:中国少年儿童出版社,1995.8.—329页;19cm

ISBN 7-5007-2413-6: ¥9.70

G634.34　019345

全国高考优秀作文探秘:1979~1995/姜根发主编.—北京:中国物价出版社,1995.10.—248页;19cm

ISBN 7-80070-518-8: ¥8.80

G634.34　019346

全国高考作文精品评析:1979~1994年/张家新等编著.—天津:新蕾出版社,1995.7.—128页;20cm

ISBN 7-5307-1568-2: ¥3.75

G634.34　019347

全国中考金榜文最新分类学习指导/秦颜周等编著.—北京:北京工业大学出版社,1995.1.—353页;19cm

ISBN 7-5639-0285-6: ¥7.40

G634.34　019348

全国中学生优秀作文写作宝典:想象·应用分册/李保初,周靖主编;刘群让本卷主编.—兰州:兰州大学出版社,1995.1.—225页;20cm

ISBN 7-311-00833-6: ¥7.00

G634.34　019349

全国中学生优秀作文写作宝典:写景分册/李保初,周靖主编;郝嘉杰本卷主编.—兰州:兰州大学出版社,1995.1.—293页;20cm

ISBN 7-311-00833-6: ¥7.00

G634.34　019350

全国中学生优秀作文写作宝典:写人分册/李保初,周靖主编;冯笑霞本卷主编.—兰州:兰州大学出版社,1995.1.—289页;20cm

ISBN 7-311-00833-6: ¥7.00

G634.34　019351

全国中学生优秀作文写作宝典:叙事分册/李保初,周靖主编;周星本卷主编.—兰州:兰州大学出版社,1995.1.—312页;20cm

ISBN 7-311-00833-6: ¥7.00

G634.34　019352

全国中学生优秀作文写作宝典:议论分册/李保初,周靖主编;周可福本卷主编.—兰州:兰州大学出版社,1995.1.—248页;20cm

ISBN 7-311-00833-6: ¥7.00

G634.34　019353

全国中学生优秀作文写作宝典:状物说明分册/李保初,周靖主编;马笑霞本卷主编.—兰州:兰州大学出版社,1995.1.—293页;20cm

ISBN 7-311-00833-6: ¥7.00

G634.34　019354

全国中学作文新圃/东世扬,郑林森主编.—哈尔滨:哈尔滨出版社,1995.8.—263页;19cm

ISBN 7-80557-848-6: ¥5.50

G634.34　019355

实用中学生作文词汇语段手册/韦福昌等编写.—南宁:广西科学技术出版社,1995.7.—446页;13cm

ISBN 7-80619-229-8: ¥5.60

G634.34　019356

说明文写作入门/姚芳藩等主编.—2版.—北京:语文出版社,1995.2.—155页;19cm.—(中学生写作指导丛书)

ISBN 7-80006-002-0: ¥4.40

G634.34　019357

说事明理:陈老师教说明文/陈钟梁著.—上海:复旦大学出版社,1995.8.—149页;19cm.—(ETV家庭教师辅导丛书)

ISBN 7-309-01512-6: ¥4.50

G634.34　019358

同步作文/汪莹主编.—上海:上海教育出版社,1995.6.—169页;19cm

供语文H版七年级第一学期用

ISBN 7-5320-4305-3: ¥3.00

G634.34　019359

同步作文/居志良,李秋根主编;王伟娟等编写.—上

海:上海教育出版社,1995.6.—96页;19cm
供S版八年级第一学期用
ISBN 7-5320-4353-3:¥1.85

G634.34　019360
同步作文/陈虹编.—上海:上海教育出版社,1995.6.—154页;19cm
供语文H版八年级第一学期用
ISBN 7-5320-4402-5:¥2.75

G634.34　019361
同步作文/汪莹主编.—上海:上海教育出版社,1995.11.—150页;19cm
供语文H版七年级第二学期用
ISBN 7-5320-4596-X:¥3.80

G634.34　019362
同步作文/居志良,李秋根主编;崔德明等编写.—上海:上海教育出版社,1995.11.—100页;19cm
供语文S版八年级第二学期用
ISBN 7-5320-4627-3:¥2.60

G634.34　019363
同步作文/米庆身编.—上海:上海教育出版社,1995.11.—177页;19cm
供语文H版八年级第二学期用
ISBN 7-5320-4595-1:¥4.50

G634.34　019364
魏书生学生命题日记选/宋玉珍,汤永军编.—桂林:漓江出版社,1995.6.—273页;19cm
ISBN 7-5407-1686-X:¥7.20

G634.34　019365
校园的路/田令,张京明主编.—天津:百花文艺出版社,1995.2.—359页;19cm
ISBN 7-5306-1957-8:¥6.10

G634.34　019366
写作　第二册/欧阳代娜主编.—2版.—沈阳:辽宁教育出版社,1995.12.—147页;19cm
九年义务教育三年制初级中学试用课本
ISBN 7-5382-1614-6:¥3.60

G634.34　019367
写作材料分类精粹/徐宇安,马全德主编.—乌鲁木齐:新疆青少年出版社,1995.12.—250页;19cm
ISBN 7-5371-2091-9:¥4.80

G634.34　019368
新编初中课堂作文指导　第五册/邓日,周科发主编.—2版.—海口:海南出版社,1995.7.—87页;19cm
供三年一期用
ISBN 7-80617-681-0:¥2.85

G634.34　019369
新编初中语文作文训练例文/周政昌,于铸梁主编.—北京:北京教育出版社,1995.11.—143页;19cm
ISBN 7-5303-0801-7:¥5.00

G634.34　019370
新编初中作文学习指导/马振国主编.—重庆:西南师范大学出版社,1995.9.—226页;19cm.—(学生学习指导丛书)
紧扣最新初中语文统编教材
ISBN 7-5621-1395-5:¥5.80

G634.34　019371
新编初中作文指导:二年级/李玉江主编.—武汉:湖北少年儿童出版社,1995.7.—217页;19cm
九年制义务教育教材
ISBN 7-5353-1537-2:¥4.05

G634.34　019372
学生作文描写指南/成信等编.—石家庄:河北美术出版社,1995.3.—397页;19cm
ISBN 7-5310-0677-4:¥9.40

G634.34　019373
扬初春快速作文之谜/魏洪华著.—桂林:漓江出版社,1995.5.—140页;19cm
ISBN 7-5407-1687-8:¥4.20

G634.34　019374
议论文写作能力培养/童为凯主编.—南京:河海大学出版社,1995.5.—143页;19cm
ISBN 7-5630-0835-7:¥3.50

G634.34　019375
议论文写作入门/姚芳藩等主编.—2版.—北京:语文出版社,1995.2.—155页;19cm.—(中学生写作指导丛书)
ISBN 7-80006-003-9:¥4.40

G634.34　019376
应考作文指导/毕玉海,毛洪其著.—北京:中国人事出版社,1995.2.—175页;19cm
ISBN 7-80076-645-4:¥4.95

G634.34　019377
应用文　(上)/上海中小学课程教材改革委员会编.—上海:上海教育出版社,1995.6.—106页;19cm
九年制义务教育选修课本:试用本 供八年级或九年级用
ISBN 7-5320-4366-5:¥1.95

G634.34　019378
应用文　(下)/上海中小学课程教材改革委员会编.—上海:上海教育出版社,1995.6.—94页;19cm
九年制义务教育选修课本:试用本 供八年级或九年级用
ISBN 7-5320-4367-3:¥1.70

G634.34　019379
优秀作文技法大全/武文编.—武汉:华中理工大学出版社,1995.9.—686页;19cm
ISBN 7-5609-1150-1:¥19.80

G634.34　019380
中国中学生人物描写大全/钱汉东主编.—上海:上海远东出版社,1995.12.—499页;19cm
ISBN 7-80613-130-2:¥17.00

G634.34　019381
中国中学生人物描写大全/钱汉东主编.—上海:上海远东出版社,1995.12.—499页;19cm
ISBN 7-80613-551-0(精装):¥19.00

G634.34　019382
中国中学生文学　第二辑/李宜桢,郭占魁主编;全国中学生文学社联合会编.—天津:新蕾出版社,1995.

6.—145 页;20cm
ISBN 7-5307-1649-2:¥3.80
G634.34　　019383
中国中学生议论文写作大全/陆惠芳主编.—上海:上海远东出版社,1995.10.—648 页;19cm
ISBN 7-80613-131-0:¥17.00
G634.34　　019384
中小学生习作知识与例文评析/孙彦彬编著.—北京:民主与建设出版社,1995.11.—97 页;19cm
ISBN 7-80112-046-9:¥4.00
G634.34　　019385
中小学生作文描写手册/张福庆,赵连元主编.—2 版.—北京:北京师范大学出版社,1995.1.—253 页;19cm
ISBN 7-303-00426-2:¥6.10
G634.34　　019386
中学生优秀材料作文 100 篇/罗治馨,叶平编著.—长沙:湖南少年儿童出版社,1995.11.—241 页;19cm
ISBN 7-5358-1063-2:¥6.40
G634.34　　019387
中学生作文材料 100 例/肖笃宋编著.—长沙:湖南少年儿童出版社,1995.11.—156 页;19cm
ISBN 7-5358-1065-9:¥3.90
G634.34　　019388
中学生作文词汇语段手册/尔复中主编.—北京:北京师范大学出版社,1995.7.—710 页;19cm
ISBN 7-303-03868-X:¥19.80
G634.34　　019389
中学生作文技法全书/曾本宇主编.—2 版.—北京:中国工人出版社,1995.8.—414 页;19cm
ISBN 7-5008-1663-4:¥11.00
G634.34　　019390
中学生作文描写手册/王晓霞主编.—长沙:湖南少年儿童出版社,1995.11.—456 页;20cm
ISBN 7-5358-1066-7(精装):¥15.40
G634.34　　019391
中学生作文修改实例及评件/靳桂英主编.—海口:海南国际新闻出版中心,1995.3.—280 页;19cm
ISBN 7-80609-138-6:¥9.80
G634.34　　019392
中学生作文训练:初中　第六册/牟家辛等编写.—8 版.—成都:四川教育出版社,1995.11.—256 页;19cm
ISBN 7-5408-0348-7:¥5.80
G634.34　　019393
中学生作文训练:初中　第四册/金耀成等编写.—9 版.—成都:四川教育出版社,1995.10.—210 页;19cm
ISBN 7-5408-0791-1:¥4.82
G634.34　　019394
中学生作文训练:高中　第二册/吴德孟等编写.—7 版.—成都:四川教育出版社,1995.11.—178 页;19cm
ISBN 7-5408-0333-9:¥4.17
G634.34　　019395
中学生作文训练:高中　第六册/肖新等编写.—7 版.—成都:四川教育出版社,1995.11.—207 页;19cm
ISBN 7-5408-0340-1:¥4.74
G634.34　　019396
中学生作文训练:高中　第四册/补名方等编写.—8 版.—成都:四川教育出版社,1995.11.—207 页;19cm
ISBN 7-5408-1444-6:¥4.74
G634.34　　019397
中学生作文训练:高中　第五册/四川省教育科学研究所主编;姜吉雨等编写.—8 版.—成都:四川教育出版社,1995.5.—225 页;19cm
ISBN 7-5408-0602-8:¥4.80
G634.34　　019398
中学生作文训练:高中　第一册/四川省教育科学研究所主编;姜吉雨等编写.—7 版.—成都:四川教育出版社,1995.5.—210 页;19cm
ISBN 7-5408-0603-1:¥4.47
G634.34　　019399
中学议论文写作指导/陈振乾主编.—北京:华语教学出版社,1995.5.—215 页;19cm
ISBN 7-80052-414-0:¥5.60
G634.34　　019400
中学优秀作文评改与鉴赏:记事/彭延新主编.—延吉:延边人民出版社,1995.10.—153 页;19cm
ISBN 7-80599-327-0:¥3.90
G634.34　　019401
中学优秀作文评改与鉴赏:日记/彭延新主编.—延吉:延边人民出版社,1995.10.—152 页;19cm
ISBN 7-80599-327-0:¥3.90
G634.34　　019402
中学优秀作文评改与鉴赏:抒情/彭延新主编.—延吉:延边人民出版社,1995.10.—152 页;19cm
ISBN 7-80599-327-0:¥3.90
G634.34　　019403
中学优秀作文评改与鉴赏:书信/彭延新主编.—延吉:延边人民出版社,1995.10.—153 页;19cm
ISBN 7-80599-327-0:¥3.90
G634.34　　019404
中学优秀作文评改与鉴赏:说明/彭延新主编.—延吉:延边人民出版社,1995.10.—151 页;19cm
ISBN 7-80599-327-0:¥3.90
G634.34　　019405
中学优秀作文评改与鉴赏:写人/彭延新主编.—延吉:延边人民出版社,1995.10.—153 页;19cm
ISBN 7-80599-327-0:¥3.90
G634.34　　019406
中学优秀作文评改与鉴赏:演讲/彭延新主编.—延吉:延边人民出版社,1995.10.—151 页;19cm
ISBN 7-80599-327-0:¥3.90
G634.34　　019407
中学优秀作文评改与鉴赏:议论/彭延新主编.—延吉:延边人民出版社,1995.10.—152 页;19cm
ISBN 7-80599-327-0:¥3.90
G634.34　　019408
中学作文大全:初、高/刘明瑞编.—呼和浩特:内蒙古人民出版社,1995.5.—301 页;19cm

ISBN 7-204-02651-9:￥7.50

G634.34　019409

中学作文及应考技巧/刘绳著.—天津:新蕾出版社,1995.4.—191页;19cm

ISBN 7-5307-1598-4:￥5.00

G634.34　019410

中学作文致胜策略36招/张若茵著.—福州:福建少年儿童出版社,1995.9.—266页;19cm

ISBN 7-5395-1206-7:￥7.40

G634.34　019411

最新中学作文全功能题典/李成主编.—广州:广东高等教育出版社,1995.5.—448页;19cm

ISBN 7-5361-1652-7:￥13.80

G634.34　019412

作文丛谈/方仁工编著.—上海:上海教育出版社,1995.11.—337页;19cm

ISBN 7-5320-3942-0:￥8.80

G634.34　019413

作文获奖揭秘:中学生获奖作文评析/黄卓才编著.—广州:新世纪出版社,1995.8.—239页;19cm

ISBN 7-5405-1163-X:￥8.50

G634.34　019414

作文模式与范文大全/林治金主编.—济南:山东教育出版社,1995.8.—472页;20cm

ISBN 7-5328-2219-2:￥20.35

G634.34　019415

作文训练大观/刘凤著.—北京:首都师范大学出版社,1995.6.—402页;20cm

最新高考、中考、职考指南

ISBN 7-81039-402-9:￥10.00

G634.34　019416

作文训练指导:二年级分册/张郁英,杨耀辉主编.—长春:东北师范大学出版社,1995.8.—148页;19cm.—(高中语文训练教程丛书;2)

全套三册,总定价10.40元

ISBN 7-5602-1556-4:￥0.00

G634.34　019417

作文训练指南/王显槐主编.—长春:吉林大学出版社,1995.8.—130页;19cm

九年义务教育初中语文教科书第3~4册 初中二年级用

ISBN 7-5601-1757-0:￥4.00

G634.34　019418

作文训练指南/王显槐主编.—长春:吉林大学出版社,1995.8.—150页;19cm

九年义务教育初中语文教科书第5~6册 初中三年级用

ISBN 7-5601-1758-9:￥4.50

G634.34　019419

作文训练指南/王显槐主编.—长春:吉林大学出版社,1995.8.—142页;19cm

九年义务教育初中语文教科书第1~2册 初中一年级用

ISBN 7-5601-1756-2:￥4.00

G634.34　019420

作文怎样结尾/刘玉瑛,张倪编.—北京:语文出版社,1995.8.—144页;19cm.—(中学生写作指导丛书)

ISBN 7-80006-975-3:￥5.20

G634.34　019421

作文怎样开头/刘玉瑛,张倪编.—北京:语文出版社,1995.8.—187页;19cm.—(中学生写作指导丛书)

ISBN 7-80006-780-7:￥6.20

①G634.34②G624.24　019422

学生作文精彩开头结尾评析800例　上篇:作文开头/刘小伟主编;张济开等编写.—北京:中国书籍出版社,1995.3.—164页;19cm

ISBN 7-5068-0404-2:￥4.50

①G634.34②G624.24　019423

学生作文精彩开头结尾评析800例　下篇:作文结尾/刘小伟主编;张济开等编写.—北京:中国书籍出版社,1995.3.—160页;19cm

ISBN 7-5068-0405-0:￥4.50

①G634.34②H15　019424

作文技法举要/林少真,何国樑主编.—广州:广东旅游出版社,1995.3.—188页;19cm

ISBN 7-80521-579-0:￥4.80

G634.34-61　019425

学生作文描写辞典/文东,吴虹主编.—沈阳:东北大学出版社,1995.6.—800页;13cm

ISBN 7-81006-147-X(精装):￥9.80

G634.34-61　019426

中华少年作文辞典/陆树主编.—长春:吉林教育出版社,1995.8.—510页;20cm

ISBN 7-5383-2591-3(精装):￥19.00

G634.34-61　019427

作文法词典/陆鉴三,归瀚章主编.—杭州:浙江教育出版社,1995.12.—471页;20cm

ISBN 7-5338-1831-8:￥14.00

G634.34-61　019428

作文描写辞典/刘翀霄编著.—成都:四川辞书出版社,1995.5.—214页;19cm

ISBN 7-80543-452-2:￥6.80

G634.34-62　019429

褒义词贬义词用法词典:中小学生作文参考书/孙曼均编.—北京:东方出版社,1995.10.—464页;13cm

ISBN 7-5060-0507-7:￥12.00

G634.34-62　019430

初中600字作文借鉴手册/钱梦龙主编.—北京:语文出版社,1995.2.—415页;13cm

ISBN 7-80006-955-9:￥5.00

G634.34-62　019431

初中生作文手册/唐国耀主编;齐晓光等编.—北京:中国大百科全书出版社,1995.11.—451页;13cm.—(初中生系列工具书)

ISBN 7-5000-5447-5:￥6.60

G634.39　019432

汉语文　第六册/西藏自治区教材编译局编.—拉萨:西藏人民出版社,1995.8.—336页;19cm

西藏自治区高级中学课本:试用本
ISBN 7-223-00843-1:¥6.00

G634.4 外语

G634.41　019433
1995年普通高等学校招生全国统一考试英语科说明/国家教育委员会考试中心编.—北京:高等教育出版社,1995.2.—124页;19cm
ISBN 7-04-005362-4:¥2.90

G634.41　019434
1995年全国中招英语试题选编/赵华编.—郑州:河南教育出版社,1995.11.—251页;19cm
ISBN 7-5347-1851-1:¥4.40

G634.41　019435
1996年高考英语模拟题/《模拟题》编写组编.—西安:陕西人民教育出版社,1995.12.—109页;26cm
ISBN 7-5419-6314-3:¥4.70

G634.41　019436
1996年中考英语模拟题/《模拟题》编写组编.—西安:陕西人民教育出版社,1995.11.—82页;26cm
ISBN 7-5419-6318-6:¥3.70

G634.41　019437
1996年中考英语模拟题/辽宁教育出版社编.—3版.—沈阳:辽宁教育出版社,1995.12.—242页;19cm
ISBN 7-5382-2239-1:¥5.35

G634.41　019438
1996英语中考题型解析与强化训练/李世和主编.—2版.—沈阳:东北大学出版社,1995.9.—253页;19cm
ISBN 7-81006-826-1:¥6.80

G634.41　019439
ALL EARS=努力听　第三册/彭娜祺主编.—杭州:浙江教育出版社,1995.8.—67页;26cm
学生用
ISBN 7-5338-2069-X:¥3.70

G633.41　019440
ALL EARS=努力听　第三册/彭娜祺主编.—杭州:浙江教育出版社,1995.8.—115页;26cm
教师用
ISBN 7-5338-2068-1:¥4.90

G634.41　019441
NMET高中英语综合强化训练/齐心编写.—南京:译林出版社,1995.6.—178页;26cm
ISBN 7-80567-206-6:¥6.70

G634.41　019442
NMET试题精解/张奉中编.—武汉:湖北教育出版社,1995.10.—143页;26cm.—(高考英语分类精解丛书)
ISBN 7-5351-1821-6:¥8.60

G634.41　019443
NMET指导与测试/夏天林主编.—南京:南京大学出版社,1995.2.—306页;19cm.—(全国英语高考应试指南)
ISBN 7-305-02093-1:¥7.80

G634.41　019444
初二英语/李耘等编.—北京:首都师范大学出版社,1995.11.—271页;19cm.—(双休日一小时)
ISBN 7-81039-617-X:¥7.80

G634.41　019445
初二英语350句/张锡光编.—北京:东方出版社,1995.11.—295页;19cm.—(初中英语900句丛书)
ISBN 7-5060-0596-4:¥12.50

G634.41　019446
初二英语练习/冯大雄等编.—修订本.—上海:上海科学技术文献出版社,1995.7.—263页;19cm.—(中学生掌握学习丛书/胡学增主编)
ISBN 7-5439-0307-5:¥7.80

G634.41　019447
初二英语同步检测AB卷:第二学期/黄友之等编.—兰州:甘肃教育出版社,1995.12.—73页;26cm
ISBN 7-5423-0578-6:¥4.20

G634.41　019448
初二英语同步检测AB卷:第一学期/周红英,黄友之编.—兰州:甘肃教育出版社,1995.6.—72页;26cm
ISBN 7-5423-0502-6:¥3.30

G634.41　019449
初级英语完型填空精选80篇/谭佐全编.—广州:广东科技出版社,1995.5.—162页;19cm
ISBN 7-5359-1520-5:¥6.00

G634.41　019450
初级英语阅读理解精选90篇/谭佐全编.—广州:广东科技出版社,1995.1.—152页;19cm
ISBN 7-5359-1382-2:¥4.20

G634.41　019451
初三英语/文吉等编.—北京:首都师范大学出版社,1995.12.—311页;19cm.—(双休日一小时)
ISBN 7-81039-613-7:¥9.00

G634.41　019452
初三英语单元测试卷:上学期/测试卷编写组编.—2版.—沈阳:辽宁教育出版社,1995.4.—48页;26cm
ISBN 7-5382-2854-3:¥2.10

G634.41　019453
初三英语单元测试卷:下学期/测试卷编写组编.—2版.—沈阳:辽宁教育出版社,1995.10.—48页;26cm
ISBN 7-5382-3720-8:¥2.30

G634.41　019454
初三英语课课练/云骧主编.—天津:新蕾出版社,1995.8.—262页;19cm
ISBN 7-5307-1658-1:¥7.90

G634.41　019455
初三英语同步检测AB卷　全一册/李春涛,李萍编.—兰州:甘肃教育出版社,1995.6.—96页;26cm
ISBN 7-5423-0503-4:¥4.30

G634.41　019456
初一英语/沈庆斌等编.—北京:首都师范大学出版社,1995.12.—288页;19cm.—(双休日一小时)

ISBN 7-81039-618-8: ¥8.40

G634.41　　019457

初一英语 200 句/张锡光编.—北京:东方出版社,1995.10.—247 页;19cm.—(初中英语 900 句丛书)

ISBN 7-5060-0589-1: ¥10.00

G634.41　　019458

初一英语单元测试卷:上学期/测试卷编写组编.—2 版.—沈阳:辽宁教育出版社,1995.4.—44 页;26cm

ISBN 7-5382-3467-5: ¥2.10

G634.41　　019459

初一英语练习/冯大雄,金光华编.—修订本.—上海:上海科学技术文献出版社,1995.7.—204 页;19cm.—(中学生掌握学习丛书/胡学增主编)

ISBN 7-5439-0306-7: ¥6.00

G634.41　　019460

初一英语同步检测 AB 卷:第二学期/高静宜等编.—兰州:甘肃教育出版社,1995.12.—80 页;26cm

ISBN 7-5423-0577-8: ¥4.60

G634.41　　019461

初一英语同步检测 AB 卷:第一学期/高静宜,鄢佩诚编.—兰州:甘肃教育出版社,1995.5.—72 页;26cm

ISBN 7-5423-0504-2: ¥3.30

G634.41　　019462

初一英语自学检测　(上)/《中学课程自学检测》编写组编.—2 版.—重庆:重庆出版社,1995.7.—87 页;19cm.—(中学课程自学检测)

ISBN 7-5366-2786-6: ¥1.75

G634.41　　019463

初中三年级第二学期英语基础训练/河南省教委中小学教研室编.—郑州:河南教育出版社,1995.8.—161 页;19cm

九年义务教育三年制初级中学教材

ISBN 7-5347-1828-7: ¥3.05

G634.41　　019464

初中三年级第二学期英语综合训练　(下)/广东省教育厅编.—广州:广东教育出版社,1995.12.—144 页;26cm

九年义务教育教材:人教版

ISBN 7-5406-3471-5: ¥6.35

G634.41　　019465

初中三年级第一学期英语基础训练/河南省教委中小学教研室编.—郑州:河南教育出版社,1995.8.—115 页;19cm

九年义务教育三年制初级中学教材

ISBN 7-5347-1768-X: ¥1.65

G634.41　　019466

初中三年级英语综合训练　(上)/广东省教育厅编.—广州:广东教育出版社,1995.7.—165 页;26cm

九年义务教育教材:人教版

ISBN 7-5406-3185-6: ¥7.35

G634.41　　019467

初中英语　第三册(上)/江苏省教委教研室编.—南京:江苏教育出版社,1995.7.—204 页;19cm

学习指导用书

ISBN 7-5343-2390-8: ¥4.25

G634.41　　019468

初中英语词汇手册/黄金根编.—厦门:鹭江出版社,1995.9.—291 页;19cm

ISBN 7-80610-178-0: ¥7.00

G634.41　　019469

初中英语词汇学习手册/戚国南等编.—3 版(修订本).—广州:广东教育出版社,1995.9.—233 页;19cm

ISBN 7-5406-0025-X: ¥5.00

G634.41　　019470

初中英语词汇学习手册/李佩玲编著.—成都:四川人民出版社,1995.9.—240 页;19cm

ISBN 7-220-02977-2: ¥6.80

G634.41　　019471

初中英语词语学习手册:二年级/《初中英语词语学习手册》编写组编.—南昌:江西教育出版社,1995.7.—289 页;19cm

ISBN 7-5392-2573-4: ¥4.20

G634.41　　019472

初中英语词语学习手册:三年级/《初中英语词语学习手册》编写组编.—南昌:江西教育出版社,1995.7.—226 页;19cm

ISBN 7-5392-2573-4: ¥3.65

G634.41　　019473

初中英语词语学习手册:一年级/《初中英语词语学习手册》编写组编.—南昌:江西教育出版社,1995.7.—239 页;19cm

ISBN 7-5392-2511-4: ¥3.60

G634.41　　019474

初中英语词组·句型例释/姜东平编著.—2 版.—海口:南海出版公司,1995.1.—87 页;19cm.—(帮你学中学英语丛书)

ISBN 7-80570-528-3: ¥2.60

G634.41　　019475

初中英语单项选择题集注/熊天保,李旺达编.—合肥:安徽教育出版社,1995.3.—200 页;19cm

ISBN 7-5336-1650-2: ¥4.00

G634.41　　019476

初中英语单元测验期中期末试卷集:二年级下学期/《单元测验期中期末试卷集》编写组编.—南昌:江西教育出版社,1995.12.—95 页;26cm

ISBN 7-5392-2338-3: ¥4.10

G634.41　　019477

初中英语单元测验期中期末试卷集:三年级下学期/《初中英语单元测验期中期末试卷集》编写组编.—南昌:江西教育出版社,1995.12.—1 册;26cm

ISBN 7-5392-2339-3: ¥3.65

G634.41　　019478

初中英语单元测验期中期末试卷集:一年级下学期/《初中英语单元测验期中期末试卷集》编写组编.—南昌:江西教育出版社,1995.12.—80 页;26cm

ISBN 7-5392-2341-3: ¥3.50

G634.41　　019479

初中英语单元练习 10 分钟/初中英语练习编写组

编.—北京:宇航出版社,1995.9.—230页;19cm
ISBN 7-80034-799-0:¥8.00

G634.41　019480
初中英语单元评估:三年级上学期/实验中学外语组编.—天津:天津科技翻译出版公司,1995.2.—84页;26cm
九年义务教材
ISBN 7-5433-0721-9:¥3.60

G634.41　019481
初中英语单元评估:三年级下学期/实验中学外语组编.—天津:天津科技翻译出版公司,1995.2.—76页;26cm
九年义务教材
ISBN 7-5433-0721-9:¥3.60

G634.41　019482
初中英语单元学习与指导:三年级上学期/《单元学习与指导》丛书初中编写组编.—2版.—福州:福建人民出版社,1995.7.—146页;19cm
ISBN 7-211-02498-4:¥2.55

G634.41　019483
初中英语单元学习与指导:三年级下学期/《单元学习与指导》丛书初中编写组编.—2版.—福州:福建人民出版社,1995.11.—131页;19cm
ISBN 7-211-02586-7:¥3.45

G634.41　019484
初中英语导读与测试　第一册(下)/振华等编.—济南:明天出版社,1995.11.—82页;19cm
ISBN 7-5332-2334-9:¥2.50

G634.41　019485
初中英语第二册单元检测试卷　(上)/初中单元检测试卷编写组编.—太原:山西教育出版社,1995.5.—25页;26cm
ISBN 7-80578-478-7:¥1.00

G634.41　019486
初中英语第三册抄写本/朱淑贤,闵志平书.—2版.—南京:译林出版社,1995.6.—92页;13×19cm
江苏省九年义务教育三年制初中英语教科书:实验本
ISBN 7-80567-296-2:¥2.50

G634.41　019487
初中英语第三册单元检测试卷　(上)/初中单元检测试卷编写组编.—太原:山西教育出版社,1995.5.—34页;26cm
ISBN 7-80578-479-5:¥1.20

G634.41　019488
初中英语复习指导/常州市教委教研室编.—上海:上海科学技术出版社,1995.12.—302页;19cm
ISBN 7-5323-4174-7:¥7.00

G634.41　019489
初中英语会话手册　第二册/《初中英语会话手册》编写组编.—长春:吉林教育出版社,1995.5.—126页;19cm
ISBN 7-5383-2550-6:¥2.00

G634.41　019490
初中英语会话手册　第三册/《初中英语会话手册》编写组编.—长春:吉林教育出版社,1995.5.—112页;19cm
ISBN 7-5383-2557-3:¥2.00

G634.41　019491
初中英语会话手册　第一册/《初中英语会话手册》编写组编.—长春:吉林教育出版社,1995.5.—89页;19cm
ISBN 7-5383-2543-3:¥2.00

G634.41　019492
初中英语基本技能训练/李凤莹主编;麦惠芳等编写.—2版.—广州:广东教育出版社,1995.1.—155页;19cm
ISBN 7-5406-2634-8:¥3.20

G634.41　019493
初中英语基础训练:初二第二学期/李丹毅编.—广州:广东高等教育出版社,1995.11.—85页;19cm
ISBN 7-5361-1725-6:¥3.30

G634.41　019494
初中英语基础训练:初三第二学期/李丹毅编.—广州:广东高等教育出版社,1995.11.—92页;19cm
ISBN 7-5361-1725-6:¥3.60

G634.41　019495
初中英语基础训练:初一第二学期/李丹毅编.—广州:广东高等教育出版社,1995.11.—67页;19cm
ISBN 7-5361-1725-6:¥2.90

G634.41　019496
初中英语解析/冯大雄等编.—上海:上海交通大学出版社,1995.12.—290页;20cm.—(通向重点中学之路丛书)
ISBN 7-313-01538-0:¥11.20

G634.41　019497
初中英语精讲　第三册/史笑主编.—南京:江苏教育出版社,1995.8.—460页;19cm
ISBN 7-5343-2466-1:¥9.40

G634.41　019498
初中英语课课练　上册/余雁群,生果主编.—北京:科学出版社,1995.8.—231页;26cm
ISBN 7-03-003969-6:¥12.80

G634.41　019499
初中英语课外阅读:初三年级/俞唐主编.—北京:外语教学与研究出版社,1995.9.—171页;19cm
ISBN 7-5600-0957-3:¥4.90

G634.41　019500
初中英语口语500句/汪丽萍等编著.—北京:知识出版社,1995.5.—257页;19cm
ISBN 7-5015-1222-1:¥6.00

G634.41　019501
初中英语练习册　第二册/《中学生助学丛书》编写组编.—福州:福建人民出版社,1995.6.—117页;26cm.—(中学生助学丛书)
ISBN 7-211-02455-0:¥4.35

G634.41　019502
初中英语练习册　第三册/《中学生助学丛书》编写

组编.—福州:福建人民出版社,1995.6.—109页;26cm.—(中学生助学丛书)
ISBN 7-211-02476-3:¥4.05

G634.41　019503
初中英语练习册　第一册(上)/《中学生助学丛书》编写组编.—福州:福建人民出版社,1995.7.—59页;26cm.—(中学生助学丛书)
试用本
ISBN 7-211-02466-6:¥2.40

G634.41　019504
初中英语能力培养:阅读理解与完形填空/张海翔等编.—北京:中国旅游出版社,1995.11.—220页;19cm
ISBN 7-5032-1008-7:¥6.80

G634.41　019505
初中英语趣味阅读训练　(1)/许传凤,张涛编著.—武汉:湖北少年儿童出版社,1995.11.—248页;19cm
ISBN 7-5353-1475-9:¥5.20

G634.41　019506
初中英语趣味阅读训练　(2)/李四新,刘玲编著.—武汉:湖北少年儿童出版社,1995.11.—253页;19cm
ISBN 7-5353-1481-3:¥5.40

G634.41　019507
初中英语趣味阅读训练　(3)/孙翎,陈明编著.—武汉:湖北少年儿童出版社,1995.11.—257页;19cm
书名页著者名为:孙羚,陈明
ISBN 7-5353-1482-1:¥5.50

G634.41　019508
初中英语升学分类试卷集.—南宁:广西科学技术出版社,1995.12.—90页;26cm
九年义务教育教材
ISBN 7-80619-265-4:¥4.90

G634.41　019509
初中英语实用听力教程:初一分册/李增等主编.—长春:东北师范大学出版社,1995.8.—207页;19cm
ISBN 7-5602-1637-4:¥5.30

G634.41　019510
初中英语试卷:二年级上学期:人教版/徐国范等编.—3版(修订本).—南京:江苏教育出版社,1995.6.—30页;26×37cm
ISBN 7-5343-1764-9:¥3.25

G634.41　019511
初中英语试卷:二年级下学期:人教版/梁钧伟等编写.—3版(修订本).—南京:江苏教育出版社,1995.12.—38页;26×38cm
ISBN 7-5343-1956-0:¥4.00

G634.41　019512
初中英语试卷:三年级上学期/《初中英语试卷》编写组编.—3版.—南京:江苏教育出版社,1995.6.—32页;26×38cm
ISBN 7-5343-1765-7:¥3.40

G634.41　019513
初中英语试卷:三年级下学期/《初中英语试卷》编写组编.—3版.—南京:江苏教育出版社,1995.12.—46页;26×37cm
ISBN 7-5343-1957-9:¥4.70

G634.41　019514
初中英语试卷:一年级上学期/《初中英语试卷》编写组编.—3版.—南京:江苏教育出版社,1995.6.—32页;26×37cm
ISBN 7-5343-1823-8:¥2.90

G634.41　019515
初中英语试卷集　第三册:初三上学期/《初中英语试卷集》编写组编.—南宁:广西科学技术出版社,1995.7.—109页;26cm
ISBN 7-80619-226-3:¥5.10

G634.41　019516
初中英语试卷集　第三册:初三下学期/《初中英语试卷集》编写组编.—南宁:广西科学技术出版社,1995.12.—79页;26cm
九年义务教育人教版最新教材
ISBN 7-80619-276-X:¥4.50

G634.41　019517
初中英语思维训练:二年级(上)/宋学侠,裴志民主编.—沈阳:辽宁人民出版社,1995.11.—186页;19cm.—(思维训练指导丛书/苏才,韩宏宇主编)
ISBN 7-205-03523-6:¥5.60

G634.41　019518
初中英语天天练/李永生主编;胡顺远等编.—西安:陕西人民教育出版社,1995.5.—133页;26cm
九年义务教育三年制初中英语教材 二年级上学期使用
ISBN 7-5419-5951-0:¥5.30

G634.41　019519
初中英语天天练/李永生主编.—西安:陕西人民教育出版社,1995.5.—137页;26cm
九年义务教育三年制初中英语教材 三年级上学期使用
ISBN 7-5419-5952-9:¥5.60

G634.41　019520
初中英语天天练/李永生主编;张玉梅,丁原苍编.—西安:陕西人民教育出版社,1995.5.—101页;26cm
九年义务教育三年制初中英语教材 一年级上学期使用
ISBN 7-5419-5972-3:¥4.30

G634.41　019521
初中英语天天练/李永生,蔡录兴主编.—西安:陕西人民教育出版社,1995.11.—84页;26cm
九年义务教育三年制初中英语教材 三年级下学期使用
ISBN 7-5419-6266-X:¥3.90

G634.41　019522
初中英语听力训练:三年级/初中英语听力训练编写组编.—2版.—长春:北方妇女儿童出版社,1995.6.—75页;19cm
九年制义务教育新教材
ISBN 7-5385-0943-7:¥1.60

G634.41　019523
初中英语听力训练与测试　第二册/杜效明主编.—

合肥:安徽科学技术出版社,1995.1.—176页;19cm
九年义务教育三年制初级中学教科书
ISBN 7-5337-1146-7:¥3.80

G634.41 019524
初中英语听力训练与测试 第三册/杜效明主编.—合肥:安徽科学技术出版社,1995.1.—174页;19cm
九年义务教育三年制初级中学教科书
ISBN 7-5337-1147-5:¥3.80

G634.41 019525
初中英语听力训练与测试 第一册/杜效明主编.—合肥:安徽科学技术出版社,1995.1.—172页;19cm
九年义务教育三年制初级中学教科书
ISBN 7-5337-1145-9:¥3.80

G634.41 019526
初中英语听说训练 第二册/河北省电化教育馆编.—石家庄:河北科学技术出版社,1995.6.—167页;19cm
ISBN 7-5375-1503-4:¥3.60

G634.41 019527
初中英语听说训练 第三册/河北省电化教育馆编.—石家庄:河北科学技术出版社,1995.6.—167页;19cm
ISBN 7-5375-1488-7:¥3.70

G634.41 019528
初中英语听说训练 第一册/《电视讲座丛书》编写组编写.—沈阳:辽宁教育出版社,1995.8.—221页;19cm.—(电视讲座丛书/王洪升主编)
ISBN 7-5382-3677-5:¥4.95

G634.41 019529
初中英语听说训练 第一册/河北省电化教育馆编.—石家庄:河北科学技术出版社,1995.6.—137页;19cm
ISBN 7-5375-1502-6:¥3.20

G634.41 019530
初中英语同步练习册 第一册(下)/王通常等编.—2版.—济南:明天出版社,1995.12.—63页;26cm
ISBN 7-5332-2342-X:¥4.00

G634.41 019531
初中英语同步训练 ABC/董蔚君主编;陈理等编.—上海:上海科学技术出版社,1995.1.—182页;26cm.—(中学学科同步训练ABC丛书)
三年级用
ISBN 7-5323-3950-5:¥7.10

G634.41 019532
初中英语同步阅读训练/李萍等编写.—南京:译林出版社,1995.7.—60页;19cm
江苏省九年义务教育三年制初中英语教科书:实验本 初一上学期用
ISBN 7-80567-414-0:¥2.20

G634.41 019533
初中英语同步阅读训练/李萍等编写.—南京:译林出版社,1995.7.—140页;19cm
江苏省九年义务教育三年制初中英语教科书:实验本 初三上学期用
ISBN 7-80567-415-9:¥3.50

G634.41 019534
初中英语同步阅读训练/李萍等编写.—南京:译林出版社,1995.10.—103页;19cm
江苏省九年义务教育三年制初中英语教科书:实验本 初三下学期用
ISBN 7-80567-438-8:¥3.00

G634.41 019535
初中英语万题选:初三卷/周丽君等编.—北京:北京大学出版社,1995.12.—434页;19cm
ISBN 7-301-02886-5:¥13.50

G634.41 019536
初中英语习题集/山东省教学研究室编.—济南:山东教育出版社,1995.12.—181页;26cm
三年级用
¥8.65

G634.41 019537
初中英语袖珍词汇手册/《初中英语袖珍词汇手册》编写组编.—南京:江苏教育出版社,1995.5.—221页;15×9cm
ISBN 7-5343-2317-7:¥2.75

G634.41 019538
初中英语学练指要/陈锡麟主编;李绍贤等编写.—上海:百家出版社,1995.2.—261页;19cm.—(中学生学习指导丛书/曾容,陈怀良主编)
ISBN 7-80576-518-9:¥6.00

G634.41 019539
初中英语学习提要与检测/河南省教委中小学教研室编.—郑州:河南教育出版社,1995.12.—191页;19cm.—(初中各科学习提要与检测)
ISBN 7-5347-1896-1:¥3.60

G634.41 019540
初中英语学习之友/吴绍云主编.—上海:华东理工大学出版社,1995.8.—3册;19cm.—(家长·教师·学生助学自测丛书)
ISBN 7-5628-0597-0:¥20.00

G634.41 019541
初中英语学习指导/吴振明等编.—5版.—上海:上海科学技术出版社,1995.12.—232页;19cm
ISBN 7-5323-4153-4:¥5.90

G634.41 019542
初中英语语法详解/刘静波,王纪海编著.—2版.—海口:南海出版公司,1995.1.—194页;19cm.—(帮你学中学英语丛书)
ISBN 7-80570-527-5:¥5.60

G634.41 019543
初中英语中考综合复习疑难解析/闫虹,卢珊主编.—2版.—济南:明天出版社,1995.11.—165页;19cm.—(初中中考综合复习与测试系列丛书/陈志诚,许传永主编)
ISBN 7-5332-1697-0:¥4.70

G634.41 019544
初中英语重点·难点纵横谈 第三册/郑孝通编著.—合肥:中国科学技术出版社,1995.3.—208页;

19cm
ISBN 7-312-00604-3: ¥5.00
G634.41 019545
初中英语重点难点与训练基点:初二下学期 第二册/何者,梁燕编写.—南宁:广西科学技术出版社,1995.2.—232页;19cm
ISBN 7-80565-540-5: ¥3.90
G634.41 019546
初中英语重点难点与训练基点:初三 第六册/赵凤琴,霍玉良编写.—南宁:广西科学技术出版社,1995.12.—217页;19cm
ISBN 7-80565-542-1: ¥3.70
G634.41 019547
初中英语综合复习指导/山西省教委教研室编.—太原:山西教育出版社,1995.8.—86页;26cm
ISBN 7-5440-0699-9: ¥3.20
G634.41 019548
初中英语总复习/《初中英语总复习》编写组编.—上海:上海科学技术文献出版社,1995.8.—283页;19cm.—(最优化总复习丛书)
ISBN 7-5439-0788-7: ¥8.20
G634.41 019549
初中英语总复习指导/江西省教委教研室编.—南昌:江西教育出版社,1995.7.—245页;19cm
ISBN 7-5392-2558-0: ¥4.00
G634.41 019550
初中英语最佳学习应试指南/王翔,黄新文主编.—厦门:鹭江出版社,1995.2.—2册;19cm
ISBN 7-80610-157-8: ¥7.00
G634.41 019551
大学入学考试(高考)英语模拟试题新编/杜效明主编.—合肥:安徽科学技术出版社,1995.3.—276页;19cm.—(英语模拟试题新编丛书)
ISBN 7-5337-1113-0: ¥7.20
G634.41 019552
单项填空精解/张奉中主编.—武汉:湖北教育出版社,1995.10.—114页;26cm.—(高考英语分类精解丛书;1)
ISBN 7-5351-1861-5: ¥6.90
G634.41 019553
短文改错精解/黄炳灵主编;欧阳郁华等编.—武汉:湖北教育出版社,1995.10.—109页;26cm.—(高考英语分类精解丛书;1)
ISBN 7-5351-1838-0: ¥6.70
G634.41 019554
高二英语单元测试卷:上学期/王岚编.—沈阳:辽宁教育出版社,1995.6.—55页;26cm
ISBN 7-5382-4198-1: ¥2.40
G634.41 019555
高二英语单元测试卷:下学期/王岚编.—沈阳:辽宁教育出版社,1995.11.—52页;26cm
ISBN 7-5382-4337-2: ¥2.60
G634.41 019556
高二英语会考模拟试卷集/陆砚,陈江主编.—南京:译林出版社,1995.2.—143页;19cm
ISBN 7-80567-374-8: ¥3.20
G634.41 019557
高二英语作业本:下学期/裴志民主编;刘志鹏等编.—2版.—沈阳:辽宁教育出版社,1995.11.—64页;26cm
ISBN 7-5382-3731-3: ¥3.20
G634.41 019558
高级中学教科书英语第一册(上)学习目标与检测/刘文渊主编.—北京:中国旅游出版社,1995.7.—187页;19cm
供高中一年级第一学期使用
ISBN 7-5032-0978-X: ¥5.50
G634.41 019559
高级中学英语阅读训练第一册 (上)/董蔚君,司延亭主编.—北京:人民教育出版社,1995.12.—158页;19cm
ISBN 7-107-11424-7: ¥3.70
G634.41 019560
高考英语1800词学习手册/戚国南等编.—广州:广东教育出版社,1995.2.—300页;19cm
ISBN 7-5406-2836-7: ¥7.80
G634.41 019561
高考英语(NMET)水平应试指南:中、初级英语水平考试必备/张廷华主编.—北京:首都师范大学出版社,1995.9.—469页;26cm
ISBN 7-81039-505-X: ¥25.00
G634.41 019562
高考英语百题详解/顾天爵等编著.—北京:华语教学出版社,1995.—183页;19cm
ISBN 7-80052-412-4: ¥4.50
G634.41 019563
高考英语最后冲刺模拟题/高梁主编.—长沙:湖南出版社,1995.3.—261页;19cm
ISBN 7-5438-0953-2: ¥6.80
G634.41 019564
高三英语单元测试卷:上学期/杨福云编.—沈阳:辽宁教育出版社,1995.6.—59页;26cm
ISBN 7-5382-4199-X: ¥2.45
G634.41 019565
高三英语单元测试卷:下学期/杨福云编.—沈阳:辽宁教育出版社,1995.11.—54页;26cm
ISBN 7-5382-4338-0: ¥2.70
G634.41 019566
高一英语单元测试卷:上学期/李秀兰编.—沈阳:辽宁教育出版社,1995.6.—51页;26cm
ISBN 7-5382-4215-5: ¥2.40
G634.41 019567
高一英语单元测试卷:下学期/李秀兰编.—沈阳:辽宁教育出版社,1995.11.—48页;26cm
ISBN 7-5382-4384-4: ¥2.30
G634.41 019568
高一英语作业本:下学期/裴志民主编;石岩等编.—2版.—沈阳:辽宁教育出版社,1995.11.—66页;26cm

ISBN 7-5382-3759-3：￥3.20

G634.41　019569

高中毕业班英语综合练习册/《高中毕业班英语综合练习册》编写组编.—3版(修订本).—南京：江苏教育出版社，1995.12.—332页；19cm

ISBN 7-5343-1547-6：￥6.50

G634.41　019570

高中毕业会考《英语》复习指导书/《高中毕业会考<英语>复习指导书》编写组编.—广州：广东高等教育出版社，1995.12.—183页；19cm

高中二年级试用

ISBN 7-5361-1825-2：￥6.50

G634.41　019571

高中毕业会考英语模拟试题/张世萍等编.—2版.—成都：四川教育出版社，1995.1.—86页；26cm

ISBN 7-5408-1862-X：￥3.50

G634.41　019572

高中二年级下学期英语测试卷/《中小学各科测试卷》编委会编.—2版.—武汉：湖北教育出版社，1995.11.—32页；26×38cm

ISBN 7-5351-1328-1：￥2.90

G634.41　019573

高中二年级英语补充教材/天津市教育教学研究室编.—4版.—天津：天津教育出版社，1995.5.—147页；26cm

定价含磁带

ISBN 7-5309-1479-0：￥10.15

G634.41　019574

高中三年级毕业升学总复习英语测试卷/《中小学各科测试卷》编委会编.—2版.—武汉：湖北教育出版社，1995.11.—44页；26×38cm

ISBN 7-5351-1684-1：￥3.80

G634.41　019575

高中一、二年级第一、二学期英语学习辅导参考答案/广东省教育厅编.—2版.—广州：广东教育出版社，1995.7.—90页；19cm.—(中学生课外辅导系列)

ISBN 7-5406-2763-8：￥2.15

G634.41　019576

高中一年级下学期英语测试卷/《中小学各科测试卷》编委会编.—3版.—武汉：湖北教育出版社，1995.11.—34页；26×38cm

ISBN 7-5351-1325-7：￥3.00

G634.41　019577

高中一年级英语补充教材/天津市教育教学研究室编.—3版.—天津：天津教育出版社，1995.5.—170页；26cm

定价含磁带

ISBN 7-5309-1478-2：￥10.70

G634.41　019578

高中英语2000单词学得快/梁兴哲主编.—北京：科学出版社，1995.12.—263页；20cm

高考必备

ISBN 7-03-004415-0：￥14.00

G634.41　019579

高中英语500句/刘建群等著.—大连：大连出版社，1995.4.—254页；19cm

ISBN 7-80612-166-8：￥8.00

G634.41　019580

高中英语：二年级下学期/江苏省教委教研室编.—南京：江苏教育出版社，1995.12.—209页；19cm

学习指导用书

ISBN 7-5343-2564-1：￥4.70

G634.41　019581

高中英语：必修：二年级上学期/江苏省教委教研室编.—南京：江苏教育出版社，1995.7.—212页；19cm

学习指导用书

ISBN 7-5343-2401-7：￥4.40

G634.41　019582

高中英语：必修：一年级上学期/江苏省教委教研室编.—南京：江苏教育出版社，1995.7.—192页；19cm

学习指导用书

ISBN 7-5343-2400-9：￥4.00

G634.41　019583

高中英语：必修：一年级下学期/江苏省教委教研室编.—南京：江苏教育出版社，1995.12.—241页；19cm

学习指导用书

ISBN 7-5343-2563-3：￥5.35

G634.41　019584

高中英语词语手册/张锐主编.—天津：天津科学技术出版社，1995.5.—475页；19cm

ISBN 7-5308-1697-7：￥9.50

G634.41　019585

高中英语词组·句型例释/姜东平编著.—2版.—海口：南海出版公司，1995.1.—209页；19cm.—(帮你学中学英语丛书)

ISBN 7-80570-531-3：￥6.00

G634.41　019586

高中英语单元测验期中期末试卷集：二年级下学期/《高中英语单元测验期中期末试卷集》编写组编.—南昌：江西教育出版社，1995.12.—1册；26cm

ISBN 7-5392-2320-0：￥3.20

G634.41　019587

高中英语单元测验期中期末试卷集：一年级下学期/《高中英语单元测验期中期末试卷集》编写组编.—南昌：江西教育出版社，1995.12.—95页；26cm

ISBN 7-5392-2321-9：￥4.10

G634.41　019588

高中英语单元学习与指导　第二册：必修/《单元学习与指导丛书》高中编写组编.—2版.—福州：福建人民出版社，1995.6.—79页；26cm.—(单元学习与指导丛书)

ISBN 7-211-02536-0：￥3.70

G634.41　019589

高中英语单元学习与指导　第三册/《单元学习与指导丛书》高中编写组编.—2版.—福州：福建人民出版社，1995.6.—92页；26cm.—(单元学习与指导丛书)

ISBN 7-211-02537-9：￥4.45

G634.41　019590

高中英语单元学习与指导　第一册:必修/《单元学习与指导丛书》高中编写组编.—2版.—福州:福建人民出版社,1995.5.—99页;26cm.—(单元学习与指导丛书)

ISBN 7-211-02535-2:¥4.35

G634.41　019591

高中英语第二册练习册:二年级/孔兆麒主编;刘锐诚等编.—太原:山西教育出版社,1995.6.—155页;19cm

ISBN 7-80578-874-X:¥2.30

G634.41　019592

高中英语第二册训练指导/吉林省教育学院编写.—长春:吉林教育出版社,1995.5.—203页;19cm

ISBN 7-5383-2529-8:¥2.80

G634.41　019593

高中英语第三册练习册/杨国义主编;张祖梅等编.—太原:山西教育出版社,1995.5.—201页;19cm

ISBN 7-80578-790-5:¥2.90

G634.41　019594

高中英语第三册训练指导/吉林省教育学院编.—长春:吉林教育出版社,1995.5.—136页;19cm

ISBN 7-5383-2538-7:¥2.95

G634.41　019595

高中英语第一册练习册/梁荫蔼主编;赵月梅等编.—太原:山西教育出版社,1995.5.—247页;19cm

ISBN 7-80578-873-1:¥3.50

G634.41　019596

高中英语复习精编/蔡炳冲主编.—上海:上海科学普及出版社,1995.10.—252页;26cm

ISBN 7-5427-0991-7:¥15.00

G634.41　019597

高中英语精讲　第二册/斯佳主编.—南京:江苏教育出版社,1995.10.—386页;19cm

ISBN 7-5343-2478-5:¥8.25

G634.41　019598

高中英语精讲　第三册/斯佳主编.—南京:江苏教育出版社,1995.10.—420页;19cm

ISBN 7-5343-2471-8:¥8.90

G634.41　019599

高中英语口语700句/王之琪等编著.—北京:知识出版社,1995.5.—341页;19cm

ISBN 7-5015-1223-X:¥7.00

G634.41　019600

高中英语练习册　第二册/《中学生助学丛书》编写组编.—福州:福建人民出版社,1995.6.—109页;26cm.—(中学生助学丛书)

ISBN 7-211-02440-2:¥4.05

G634.41　019601

高中英语练习册　第三册/《中学生助学丛书》编写组编.—福州:福建人民出版社,1995.7.—114页;26cm.—(中学生助学丛书)

ISBN 7-211-02454-2:¥4.20

G634.41　019602

高中英语练习册　第一册/《中学生助学丛书》编写组编.—福州:福建人民出版社,1995.6.—129页;26cm.—(中学生助学丛书)

ISBN 7-211-02453-4:¥4.70

G634.41　019603

高中英语练习册:二年级上学期/江西省教委教研室编.—南昌:江西教育出版社,1995.7.—95页;19cm

ISBN 7-5392-2515-7:¥1.40

G634.41　019604

高中英语练习册:二年级下学期/江西省教委教研室编.—南昌:江西教育出版社,1995.12.—87页;19cm

ISBN 7-5392-2448-7:¥1.65

G634.41　019605

高中英语练习册:三年级　全一册/《高中英语练习册》编写组编.—南昌:江西教育出版社,1995.7.—93页;19cm

ISBN 7-5392-1943-2:¥1.40

G634.41　019606

高中英语练习册:一年级上学期/江西省教委教研室编.—南昌:江西教育出版社,1995.7.—80页;19cm

ISBN 7-5392-2513-0:¥1.25

G634.41　019607

高中英语练习册:一年级下学期/江西省教委教研室编.—南昌:江西教育出版社,1995.12.—92页;19cm

ISBN 7-5392-2482-7:¥1.80

G634.41　019608

高中英语试卷:二年级上学期/《高中英语试卷》编写组编.—3版.—南京:江苏教育出版社,1995.6.—53页;26×37cm

ISBN 7-5343-1783-5:¥5.20

G634.41　019609

高中英语试卷:二年级下学期/《高中英语试卷》编写组编.—3版.—南京:江苏教育出版社,1995.12.—72页;26×37cm

ISBN 7-5343-1982-X:¥6.95

G634.41　019610

高中英语试卷:三年级上学期/《高中英语试卷》编写组编.—3版(修订本).—南京:江苏教育出版社,1995.6.—50页;26×37cm

ISBN 7-5343-1829-7:¥4.15

G634.41　019611

高中英语试卷:一年级上学期/《高中英语试卷》编写组编.—3版(修订本).—南京:江苏教育出版社,1995.6.—44页;26×38cm

ISBN 7-5343-1828-9:¥4.40

G634.41　019612

高中英语同步强化训练/邬丽芳等编.—北京:宇航出版社,1995.1.—559页;19cm

ISBN 7-80034-721-4:¥12.60

G634.41　019613

高中英语完型填空200篇/谷禹,张长友主编.—长春:东北师范大学出版社,1995.10.—483页;19cm.—(中学英语语言能力训练丛书)

ISBN 7-5602-0136-9:¥12.80

G634.41　019614

高中英语万题选:高三卷/郭颖琪,陈夏平编.—北京:北京大学出版社,1995.12.—383页;19cm
ISBN 7-301-02900-4:¥12.50

G634.41　019615
高中英语习题集/山东省教学研究室编.—济南:山东教育出版社,1995.12.—198页;26cm
三年级用
¥9.35

G634.41　019616
高中英语袖珍词汇手册/于莉莉等编著.—南京:江苏教育出版社,1995.5.—276页;15×10cm
ISBN 7-5343-2316-9:¥3.25

G634.41　019617
高中英语学练指要/陈锡麟主编.—上海:百家出版社,1995.2.—395页;19cm.—(中学生学习指导丛书/曾容,陈怀良主编)
ISBN 7-80576-503-0:¥8.60

G634.41　019618
高中英语学习与应试/源可乐等编写.—广州:广东高等教育出版社,1995.1.—208页;19cm
中央电视台教育节目"高中英语学习"配套教材
ISBN 7-5361-1587-3:¥5.50

G634.41　019619
高中英语语法/孙明恩主编.—青岛:青岛出版社,1995.8.—248页;19cm.—(中学英语丛书)
ISBN 7-5436-1147-3:¥6.20

G634.41　019620
高中英语语法详解/刘道溶,倪秀珍编著.—2版.—海口:南海出版公司,1995.1.—196页;19cm.—(帮你学中学英语丛书)
ISBN 7-80570-530-5:¥5.60

G634.41　019621
高中英语阅读　第二册/北京市教育局编.—北京:外语教学与研究出版社,1995.6.—157页;26cm
北京市高中选修课试用教材
ISBN 7-5600-0954-9:¥8.90

G634.41　019622
高中英语阅读及完形练习手册:阅读理解、完形填空、短文改错/北京市海淀区教师进修学校编.—北京:外语教学与研究出版社,1995.8.—168页;26cm
ISBN 7-5600-0467-9:¥9.80

G634.41　019623
高中英语重点难点解析与同步强化训练:二年级/杨卫江等编著.—桂林:广西师范大学出版社,1995.1.—257页;19cm.—(中小学新教材重点难点解析与训练丛书)
ISBN 7-5633-1972-7:¥4.70

G634.41　019624
高中英语总复习/胡学增主编;《高中英语总复习》编写组编.—上海:上海科学技术文献出版社,1995.12.—481页;19cm.—(最优化总复习丛书)
ISBN 7-5439-0850-6:¥13.00

G634.41　019625
高中英语总复习:补充教材/天津市教育教学研究室编.—4版.—天津:天津教育出版社,1995.6.—329页;26cm
ISBN 7-5309-1488-X:¥8.40

G634.41　019626
高中英语总复习指导/江西省教委教学教材研究室编.—南昌:江西教育出版社,1995.7.—355页;19cm
ISBN 7-5392-1693-X:¥5.65

G634.41　019627
化学读本:高中一年级/广州培正中学编.—广州:广东教育出版社,1995.9.—269页;20cm.—(中学生英语阅读丛书)
ISBN 7-5406-3309-3:¥5.90

G634.41　019628
基础英语听力训练:初中分册/魏俊忠,武振平主编.—大连:大连海事大学出版社,1995.9.—206页;19cm
ISBN 7-5632-0906-9:¥7.80

G634.41　019629
江苏省九年义务教育三年制初中英语教科书(实验本)学生练习册　第六册/江苏省中学英语教材编写组编.—南京:译林出版社,1995.10.—75页;19cm
ISBN 7-80567-434-5:¥2.30

G634.41　019630
江苏省九年义务教育三年制初中英语教科书(实验本)学生练习册　第五册/高维正,赵雪如主编;江苏省中学英语教材编写组编.—南京:译林出版社,1995.7.—135页;19cm
ISBN 7-80567-396-9:¥3.50

G634.41　019631
江苏省九年义务教育三年制初中英语教科书(实验本)学生练习册　第一册/高维正,赵雪如主编;江苏省中学英语教材编写组编.—2版.—南京:译林出版社,1995.7.—98页;19cm
ISBN 7-80567-236-9:¥2.50

G634.41　019632
九年义务教育(人教版)初中三年级第一学期英语单元测试/英语科单元测试编写组编.—2版.—广州:广东教育出版社,1995.7.—63页;19cm
ISBN 7-5406-0789-0:¥1.70

G634.41　019633
九年义务教育初级中学初二英语期末总复习测试卷:上学期/测试卷编写组编.—2版.—沈阳:辽宁教育出版社,1995.5.—48页;26cm
ISBN 7-5382-3403-9:¥2.10

G634.41　019634
九年义务教育初级中学初三英语单元测试卷:上学期/测试卷编写组编.—2版.—沈阳:辽宁教育出版社,1995.4.—48页;26cm
ISBN 7-5382-2854-3:¥2.10

G634.41　019635
九年义务教育初级中学初三英语单元测试卷:上学期/测试卷编写组编.—2版.—沈阳:辽宁教育出版社,1995.4.—48页;26cm
ISBN 7-5382-2854-3:¥2.10

G634.41　019636
九年义务教育初级中学初三英语期末总复习测试卷:上学期/测试卷编写组编.—2版.—沈阳:辽宁教育出版社,1995.5.—48页;26cm
ISBN 7-5382-2815-5:¥2.10

G634.41　019637
九年义务教育初级中学初一英语单元测试卷:上学期/测试卷编写组编.—沈阳:辽宁教育出版社,1995.4.—44页;26cm
ISBN 7-5882-3467-5:¥2.10

G634.41　019638
九年义务教育初级中学初一英语期末总复习测试卷:上学期/测试卷编写组编.—2版.—沈阳:辽宁教育出版社,1995.5.—48页;26cm
ISBN 7-5382-3490-X:¥2.10

G634.41　019639
九年义务教育初级中学英语(乙种本)第六册练习册/方淑珍主编.—2版.—广州:广东教育出版社,1995.12.—122页;26cm
ISBN 7-5406-2098-6:¥9.65

G634.41　019640
九年义务教育初级中学英语词语手册　第二册/汪英云,臧丽丽编著.—济南:山东教育出版社,1995.7.—287页;7×10cm
人教版
ISBN 7-5328-2104-8:¥2.60

G634.41　019641
九年义务教育初级中学英语词语手册　第三册/徐晶,王春景编著.—济南:山东教育出版社,1995.8.—226页;7×10cm
人教版
ISBN 7-5328-2216-8:¥2.10

G634.41　019642
九年义务教育初级中学英语词语手册　第一册/徐晶,王春景编著.—济南:山东教育出版社,1995.7.—228页;7×10cm
人教版
ISBN 7-5328-2103-X:¥2.15

G634.41　019643
九年义务教育初级中学英语达标测试卷　第二册(下)/夏吟等编.—2版.—石家庄:河北教育出版社,1995.11.—58页;26×38cm
ISBN 7-5434-2268-9:¥4.25

G634.41　019644
九年义务教育初级中学英语达标测试卷　第二册(上)/夏吟等编.—2版.—石家庄:河北教育出版社,1995.5.—55页;26×36cm
ISBN 7-5434-2187-9:¥3.20

G634.41　019645
九年义务教育初级中学英语达标测试卷　第一册(下)/夏吟等编.—2版.—石家庄:河北教育出版社,1995.11.—58页;26×35cm
ISBN 7-5434-2268-9:¥4.25

G634.41　019646
九年义务教育初级中学英语第二册单元检测/钱富奎等编.—3版.—石家庄:河北教育出版社,1995.6.—144页;26cm
ISBN 7-5434-0978-X:¥4.55

G634.41　019647
九年义务教育初级中学英语试用课本:乙种本　第六册/九年义务教育教材(沿海地区)编写委员会编.—2版.—广州:广东教育出版社,1995.12.—95页;26cm
ISBN 7-5406-2061-7:¥9.40

G634.41　019648
九年义务教育初中毕业升学英语模拟试卷/《初中毕业升学英语模拟试卷》编写组编　.—石家庄:河北教育出版社,1995.11.—80页;26cm
附参考答案
ISBN 7-5434-2510-6:¥4.10

G634.41　019649
九年义务教育初中二年级下学期英语测试卷/《中小学各科测试卷》编委会编.—2版.—武汉:湖北教育出版社,1995.11.—36页;26×38cm
ISBN 7-5351-1305-2:¥3.20

G634.41　019650
九年义务教育初中三年级下学期英语测试卷/《中小学各科测试卷》编委会编.—3版.—武汉:湖北教育出版社,1995.11.—32页;26×38cm
ISBN 7-5351-1310-9:¥2.90

G634.41　019651
九年义务教育初中一年级下学期英语测试卷/《中小学各科测试卷》编委会编.—3版.—武汉:湖北教育出版社,1995.11.—30页;26×38cm
ISBN 7-5351-1299-4:¥2.70

G634.41　019652
九年义务教育初中英语答疑解惑　第六册/朱静荣等编著.—西安:陕西人民教育出版社,1995.12.—170页;19cm
ISBN 7-5419-3663-4:¥3.80

G634.41　019653
九年义务教育初中英语单元试卷集/邹仕诚等编.—2版.—南宁:广西教育出版社,1995.6.—84页;26cm.—(初中各科单元试卷集丛书)
三年级上学期用
ISBN 7-5435-1807-4:¥2.90

G634.41　019654
九年义务教育初中英语单元试卷集/赵丽琴等编.—2版.—南宁:广西教育出版社,1995.12.—72页;26cm.—(初中各科单元试卷集丛书)
三年级下学期用
ISBN 7-5435-1704-3:¥4.10

G634.41　019655
九年义务教育初中英语基本训练/广东省教育厅编.—2版.—广州:广东教育出版社,1995.7.—237页;19cm
ISBN 7-5406-0293-7:¥4.40

G634.41　019656
九年义务教育初中英语课程辅导与训练:三年级第

二学期/《课程辅导与训练》编写组编.—西安:陕西人民教育出版社,1995.11.—164页;19cm
ISBN 7-5419-1162-3:￥3.60

G634.41　019657
九年义务教育初中英语课程辅导与训练:三年级第一学期/《课程辅导与训练》编写组编.—2版.—西安:陕西人民教育出版社,1995.5.—235页;19cm
ISBN 7-5419-1010-4:￥4.30

G634.41　019658
九年义务教育初中英语练习册/《初中英语练习册》编写组编.—银川:宁夏人民教育出版社,1995.7.—135页;19cm
供毕业班用
ISBN 7-80596-103-4:￥2.10

G634.41　019659
九年义务教育全新初中英语解难释疑:二年级/唐钧主编;胡文静,林选青编写.—广州:广东教育出版社,1995.10.—223页;19cm
ISBN 7-5406-3328-X:￥4.95

G634.41　019660
九年义务教育全新初中英语解难释疑:三年级/唐钧主编;吴津,寿小曼编写.—广州:广东教育出版社,1995.10.—287页;19cm
ISBN 7-5406-3322-0:￥6.25

G634.41　019661
九年义务教育全新初中英语解难释疑:一年级/唐钧主编;郑璧,林松编写.—广州:广东教育出版社,1995.9.—187页;19cm
ISBN 7-5406-3321-2:￥4.30

G634.41　019662
九年义务教育三、四年制初级中学英语同步听力　第二册/庞金鳌等编.—北京:北京出版社,1995.6.—94页;26cm
ISBN 7-200-02774-X:￥5.20

G634.41　019663
九年义务教育三、四年制初级中学英语同步听力　第三册/刘兆义等编.—北京:北京出版社,1995.8.—76页;26cm
ISBN 7-200-02779-5:￥5.60

G634.41　019664
九年义务教育三年制、四年制初中一年级英语抄写本:下学期/裴昌义编写.—南昌:江西教育出版社,1995.12.—36页;13×19cm
ISBN 7-5392-2475-4:￥1.00

G634.41　019665
九年义务教育三年制、四年制初中英语第三册(上)课堂练习/李洁萍编.—2版.—沈阳:辽宁教育出版社,1995.5.—160页;19cm
ISBN 7-5382-3486-1:￥3.05

G634.41　019666
九年义务教育三年制、四年制初中英语第一册(上)课堂练习/王岚,牛兰珍编.—2版.—沈阳:辽宁教育出版社,1995.5.—172页;19cm
ISBN 7-5382-3509-4:￥3.05

G634.41　019667
九年义务教育三年制、四年制初中英语第一册(下)课堂练习/刘国材主编;韩淑菊等编.—2版.—沈阳:辽宁教育出版社,1995.11.—157页;19cm
ISBN 7-5382-3509-4:￥3.70

G634.41　019668
九年义务教育三年制初级中学英语达标练习/《达标练习》编写组编.—长沙:湖南教育出版社,1995.6.—140页;19cm
供初中三年级上学期用
ISBN 7-5355-2174-6:￥2.90

G634.41　019669
九年义务教育三年制初级中学英语达标练习/《达标练习》编写组编.—长沙:湖南教育出版社,1995.6.—148页;19cm
供初中一年级上学期用
ISBN 7-5355-2163-0:￥3.20

G634.41　019670
九年义务教育三年制初级中学英语达标练习/《达标练习》编写组编.—长沙:湖南教育出版社,1995.6.—136页;19cm
供初中二年级上学期用
ISBN 7-5355-2181-9:￥2.95

G634.41　019671
九年义务教育三年制初级中学英语达标练习/《达标练习》编写组编.—长沙:湖南教育出版社,1995.12.—141页;19cm
供初中二年级下学期用
ISBN 7-5355-2350-1:￥3.30

G634.41　019672
九年义务教育三年制初级中学英语达标练习/《达标练习》编写组编.—长沙:湖南教育出版社,1995.12.—123页;19cm
供初中三年级下学期用
ISBN 7-5355-2358-7:￥3.00

G634.41　019673
九年义务教育三年制初级中学英语达标练习/《达标练习》编写组编.—长沙:湖南教育出版社,1995.12.—136页;19cm
供初中一年级下学期用
ISBN 7-5355-2344-7:￥3.15

G634.41　019674
九年义务教育三年制初级中学英语单元测试　第二册/任关根,张学雅编.—杭州:浙江教育出版社,1995.12.—85页;26cm
ISBN 7-5338-2263-3:￥4.80

G634.41　019675
九年义务教育三年制初级中学英语单元测试　第六册/任关根等编.—杭州:浙江教育出版社,1995.12.—93页;26cm
ISBN 7-5338-2279-X:￥5.20

G634.41　019676
九年义务教育三年制初级中学英语单元测试　第三册/李小怡,叶在田编　.—杭州:浙江教育出版社,

1995.7.—89页;26cm
ISBN 7-5338-2059-2:¥3.50

G634.41　019677
九年义务教育三年制初级中学英语单元测试　第四册/李小怡,叶在田编.—杭州:浙江教育出版社,1995.11.—92页;26cm
ISBN 7-5338-2160-2:¥4.80

G634.41　019678
九年义务教育三年制初级中学英语单元测试　第五册/任关根等编.—杭州:浙江教育出版社,1995.7.—86页;26cm
ISBN 7-5338-2029-0:¥3.50

G634.41　019679
九年义务教育三年制初级中学英语单元测试　第一册/任关根,张学雅编.—杭州:浙江教育出版社,1995.7.—86页;26cm
ISBN 7-5338-1795-8:¥3.35

G634.41　019680
九年义务教育三年制初级中学英语第二册(下)一课一练与阶段测试/吴银实,裴良柱编.—沈阳:白山出版社,1995.12.—154页;19cm
ISBN 7-80566-415-3:¥5.00

G634.41　019681
九年义务教育三年制初级中学英语第一册(下)一课一练与阶段测试/裴良柱,吴银实编.—沈阳:白山出版社,1995.12.—147页;19cm
ISBN 7-80566-414-5:¥4.80

G634.41　019682
九年义务教育三年制初级中学英语随课训练30分:初二/《九年义务教育三年制初级中学英语随课训练30分》编写组编.—沈阳:辽宁科学技术出版社,1995.8.—130页;26cm
ISBN 7-5381-2215-X:¥8.60

G634.41　019683
九年义务教育三年制初级中学英语随课训练30分:初三/《九年义务教育三年制初级中学英语随课训练30分》编写组编.—沈阳:辽宁科学技术出版社,1995.8.—120页;26cm
ISBN 7-5381-2216-8:¥8.60

G634.41　019684
九年义务教育三年制初级中学英语随课训练30分:初一/《九年义务教育三年制初级中学英语随课训练30分》编写组编.—沈阳:辽宁科学技术出版社,1995.8.—134页;26cm
ISBN 7-5381-2214-1:¥8.60

G634.41　019685
九年义务教育三年制初级中学英语学习辅导　第三册(下)/吴兆颐等编著.—北京:人民教育出版社,1995.10.—160页;19cm
ISBN 7-107-11595-2:¥3.70

G634.41　019686
九年义务教育三年制初中一年级英语补充教材(一)/天津市教育教学研究室编.—3版.—天津:天津教育出版社,1995.6.—133页;19cm
定价含磁带
ISBN 7-5309-1449-9:¥9.75

G634.41　019687
九年义务教育三年制初中一年级英语补充教材(一)/天津市教育教学研究室编.—3版.—天津:天津教育出版社,1995.6.—133页;19cm
定价含磁带
ISBN 7-5309-1449-9:¥9.75

G634.41　019688
九年义务教育三年制初中英语补充教材　(三)/天津市教育教学研究室编.—3版.—天津:天津教育出版社,1995.6.—156页;19cm
定价含磁带
ISBN 7-5309-1450-2:¥10.30

G634.41　019689
九年义务教育三年制初中英语第三册(下)课堂练习/刘国材主编;李洁萍等编.—2版.—沈阳:辽宁教育出版社,1995.12.—146页;19cm
ISBN 7-5382-3890-5:¥3.70

G634.41　019690
九年义务教育四年制初级中学试用课本英语第六册练习册/"五·四"学制教材总编委会编.—2版.—济南:山东教育出版社,1995.11.—102页;19cm
ISBN 7-5328-1529-3:¥2.55

G634.41　019691
九年义务教育四年制初级中学试用课本英语第五册练习册/"五·四"学制教材总编委会编.—2版.—济南:山东教育出版社,1995.5.—114页;19cm
ISBN 7-5328-1379-7:¥1.50

G634.41　019692
九年义务教育四年制初级中学试用课本英语阅读理解　第二册/战德志等编.—济南:山东教育出版社,1995.10.—168页;19cm
供三年级下学期用
ISBN 7-5328-2241-9:¥4.10

G634.41　019693
九年义务教育四年制初级中学英语基础训练　第二册(下)/赫继生等编.—济南:山东教育出版社,1995.11.—205页;19cm
二年级下学期用:人教版
ISBN 7-5328-2252-4:¥4.95

G634.41　019694
九年义务教育四年制初级中学英语基础训练　第三册(上)/王丽华等编写.—济南:山东教育出版社,1995.7.—307页;19cm
三年级上学期用:人教版
ISBN 7-5328-2205-2:¥4.60

G634.41　019695
九年义务教育四年制初级中学英语基础训练　第三册(下)/王丽华等编写.—济南:山东教育出版社,1995.12.—305页;19cm
三年级下学期用:人教版
ISBN 7-5328-2253-2:¥7.05

G634.41　019696

九年义务教育四年制初级中学英语基础训练 第一册(上)/林泉等编写.—济南:山东教育出版社,1995.7.—195页;19cm
一年级上学期用:人教版
ISBN 7-5328-2203-6:¥3.05

G634.41 019697
九年义务教育四年制初级中学英语基础训练 第一册(下)/杨列桓等编写.—济南:山东教育出版社,1995.12.—190页;19cm
一年级下学期用:人教版
ISBN 7-5328-2251-6:¥4.60

G634.41 019698
九年义务教育四年制初中二年级上学期英语基础同步练习/《英语基础同步练习》编写组编.—北京:科学出版社:龙门书局,1995.6.—188页;19cm
配合北师大版教材
ISBN 7-03-004898-9:¥4.50

G634.41 019699
九年义务教育四年制初中三年级上学期英语基础同步练习/《英语基础同步练习》编写组编.—北京:科学出版社:龙门书局,1995.6.—155页;19cm
配合北师大版教材
ISBN 7-03-004977-2:¥3.80

G634.41 019700
九年义务教育四年制初中一年级上学期英语基础同步练习/《英语基础同步练习》编写组编.—北京:科学出版社:龙门书局,1995.6.—172页;19cm
配合北师大版教材
ISBN 7-03-004897-0:¥4.10

G634.41 019701
九年义务教育英语评估检测题:初中三年级下学期/《评估检测题》编写委员会编.—2版.—武汉:湖北教育出版社,1995.11.—104页;26cm
原名自测题
ISBN 7-5351-1582-9:¥4.80

G634.41 019702
九年制义务教育三年制初中英语第三册练习册(上)/王岩主编;郭砚冰等编.—太原:山西教育出版社,1995.5.—161页;26cm
ISBN 7-80578-865-0:¥4.60

G634.41 019703
九年制义务教育英语综合技能训练/李立主编;张沪平等编写.—上海:上海外语教育出版社,1995.2.—349页;20cm
供初中总复习用
ISBN 7-81046-013-7:¥6.50

G634.41 019704
九年制义务教育中学英语课本练习册/上海中小学课程教材改革委员会编.—上海:上海外语教育出版社,1995.12.—75页;26cm
供七年级第二学期使用
ISBN 7-81046-084-6:¥3.40

G634.41 019705
九年制义务教育中学英语课本练习册/上海中小学课程教材改革委员会编.—上海:上海外语教育出版社,1995.12.—82页;26cm
供六年级第二学期使用
ISBN 7-81046-085-4:¥3.70

G634.41 019706
课堂内外英语大全/陈家宁主编;北京教育学院英语系,英国茅莉房教育学院海外英语教学中心编.—北京:北京出版社,1995.10.—380页;26cm
ISBN 7-200-02125-3:¥24.00

G634.41 019707
梁氏新法英语单词神奇快速记忆/粱兴哲主编.—北京:中国国际广播出版社,1995.9.—205页;19cm
ISBN 7-5078-0702-9:¥8.50

G634.41 019708
每日晨读半小时:初二/史英,胡才文主编.—南昌:江西科学技术出版社,1995.1.—127页;26cm
三年制初中英语新教材配套练习
ISBN 7-5390-0888-1:¥5.70

G634.41 019709
每日晨读半小时:初三/史英,胡才文主编.—南昌:江西科学技术出版社,1995.1.—158页;26cm
三年制初中英语新教材配套练习
ISBN 7-5390-0887-3:¥6.80

G634.41 019710
每日晨读半小时:初一/史英,胡才文主编.—南昌:江西科学技术出版社,1995.1.—135页;26cm
三年制初中英语新教材配套练习
ISBN 7-5390-0885-7:¥6.00

G634.41 019711
全国百所重点中学英语总复习AB卷精编:初中部分/贺东亮主编.—南京:南京出版社,1995.12.—100页;26cm
ISBN 7-80614-203-7:¥4.70

G634.41 019712
全国普通高校招生统一考试英语试题解秘/刘宏,吴青编著.—大连:大连理工大学出版社,1995.1.—275页;20cm
ISBN 7-5611-0956-3:¥8.80

G634.41 019713
全国中考英语试题精选与解题指导:1993~1995年/张耀庭主编;王有华等编.—北京:北京工业大学出版社,1995.11.—302页;19cm.—(全国中考试题与解题指导丛书)
ISBN 7-5639-0472-7:¥9.00

G634.41 019714
全新高中英语篇章改错精选/孙少豪著.—广州:广东教育出版社,1995.9.—57页;19cm
ISBN 7-5406-2839-1:¥1.80

G634.41 019715
人体英语趣说/黄建华,何昆和著.—北京:商务印书馆国际有限公司,1995.12.—175页;20cm.—(趣味英语系列)
ISBN 7-80103-045-1:¥9.80

G634.41 019716

日用品英语趣说/黄建华,何昆和著.—北京:商务印书馆国际有限公司,1995.12.—177页;20cm.—(趣味英语系列)
ISBN 7-80103-046-X:¥9.80

G634.41　019717
三年制初中英语单元水平测试与辅导:二年级第二学期/本书编写组编.—广州:广东教育出版社,1995.11.—137页;19cm
九年义务教育教材:人教版
ISBN 7-5406-1004-2:¥3.80

G634.41　019718
三年制初中英语单元水平测试与辅导:三年级第二学期/本书编写组编.—广州:广东教育出版社,1995.10.—118页;19cm
九年义务教育教材:人教版
ISBN 7-5406-1005-0:¥3.45

G634.41　019719
三年制初中英语单元水平测试与辅导:一年级第二学期/本书编写组编.—广州:广东教育出版社,1995.10.—116页;19cm
九年义务教育教材:人教版
ISBN 7-5406-1003-4:¥3.30

G634.41　019720
深圳市中考英语试题评析:1988~1994年/禹明,张熙海主编;深圳市华侨城中学外语组,深圳市南山区教研室外语组编.—成都:四川教育出版社,1995.4.—91页;26cm
ISBN 7-5408-2696-7:¥4.50

G634.41　019721
熟能生巧:杨老师教英语/杨顺德著.—上海:复旦大学出版社,1995.7.—176页;19cm.—(ETV家庭教师辅导丛书)
ISBN 7-309-01513-4:¥5.50

G634.41　019722
四年制初中二年级第二学期英语基础练习/严海燕,隋国萍编写.—北京:华文出版社,1995.12.—153页;19cm
ISBN 7-5075-0505-7:¥5.00

G634.41　019723
台湾近五年高考英文试卷详解:1990~1994/赖世雄编著.—北京:清华大学出版社,1995.11.—363页;19cm.—(迎考热身系列丛书)
高考参考书
ISBN 7-302-01987-8:¥11.00

G634.41　019724
完形填空精解/张庆圭等编.—武汉:湖北教育出版社,1995.10.—104页;26cm.—(高考英语分类精解丛书)
ISBN 7-5351-1812-7:¥6.50

G634.41　019725
物理读本:初中二年级/广州培正中学编.—广州:广东教育出版社,1995.9.—116页;20cm.—(中学生英语阅读丛书)
ISBN 7-5406-3311-5:¥2.80

G634.41　019726
物理读本:高中一年级/广州培正中学编.—广州:广东教育出版社,1995.10.—200页;20cm.—(中学生英语阅读丛书)
ISBN 7-5406-3308-5:¥4.50

G634.41　019727
新编初级英语能力测试:预上/《新编初级英语能力测试》编写组编.—上海:复旦大学出版社,1995.7.—177页;26cm.—(初级英语系列丛书;1)
ISBN 7-309-01536-3:¥10.00

G634.41　019728
新编初中英语词汇手册/安琪编.—厦门:鹭江出版社,1995.6.—124页;13×10cm
ISBN 7-80610-181-0:¥2.10

G634.41　019729
新编初中英语单词手册/许居莹主编;刘雨秋等编写.—南昌:21世纪出版社,1995.12.—3册;13cm
九年义务教育三年制初级中学教科书
ISBN 7-5391-1033-3:¥7.50

G634.41　019730
新编初中英语单元自测:二年级上学期/《新编初中英语单元自测》编写组编.—南昌:江西教育出版社,1995.7.—150页;26cm
ISBN 7-5392-2625-0:¥4.70

G634.41　019731
新编初中英语单元自测:三年级上学期/《新编初中英语单元自测》编写组编.—南昌:江西教育出版社,1995.7.—81页;26cm
ISBN 7-5392-2304-9:¥2.65

G634.41　019732
新编初中英语单元自测:一年级上学期/《新编初中英语单元自测》编写组编.—南昌:江西教育出版社,1995.7.—91页;26cm
ISBN 7-5392-2533-5:¥3.00

G634.41　019733
新编初中英语精读:二年级/彭娜祺主编.—杭州:浙江教育出版社,1995.5.—152页;26cm
ISBN 7-5338-1954-3:¥6.00

G634.41　019734
新编初中英语精读:一年级/彭娜祺主编.—杭州:浙江教育出版社,1995.6.—150页;26cm
ISBN 7-5338-1707-9:¥6.00

G634.41　019735
新编初中英语课外练习题:二年级/清华附中等编写组编.—北京:北京出版社,1995.4.—376页;19cm
ISBN 7-200-02690-5:¥8.00

G634.41　019736
新编初中英语课外练习题:三年级/清华附中等编写组编.—北京:北京出版社,1995.6.—420页;19cm
ISBN 7-200-02711-1:¥8.90

G634.41　019737
新编初中英语能力测试　(二)/孙佩芳,范丽君主编.—上海:复旦大学出版社,1995.1.—118页;26cm.—(初级英语系列丛书)

ISBN 7-309-01451-0: ¥6.00

G634.41　019738

新编初中英语能力测试　(三)/《新编初中英语能力测试》编写组编.—上海:复旦大学出版社,1995.7.—140页;26cm.—(初级英语系列丛书;1)

ISBN 7-309-01316-6: ¥8.00

G634.41　019739

新编初中英语手册:三年级/匡吉等编写.—南京:译林出版社,1995.6.—440页;19cm

ISBN 7-80567-359-4: ¥9.50

G634.41　019740

新编初中英语同步双基训练　第二册/杜效明主编.—合肥:安徽科学技术出版社,1995.6.—188页;26cm

九年义务教育三年制初级中学英语辅导用书 供初中二年级全年使用

ISBN 7-5337-1186-6: ¥9.50

G634.41　019741

新编初中英语同步双基训练　第三册/杜效明主编.—合肥:安徽科学技术出版社,1995.7.—223页;26cm

九年义务教育三年制初级中学英语辅导用书 供初中三年级全年使用

ISBN 7-5337-1187-4: ¥9.90

G634.41　019742

新编初中英语同步双基训练　第一册/杜效明主编.—合肥:安徽科学技术出版社,1995.6.—167页;26cm

九年义务教育三年制初级中学英语辅导用书 供初中一年级全年使用

ISBN 7-5337-1185-8: ¥7.90

G634.41　019743

新编初中英语语法训练/《新编初中英语语法训练》编写组编.—厦门:鹭江出版社,1995.7.—211页;19cm

ISBN 7-80610-199-3: ¥5.30

G634.41　019744

新编初中英语知识重点难点分析及综合能力测试题/史佩珍主编;张学雅等编写.—北京:首都师范大学出版社,1995.1.—296页;19cm.—(新编中学各科知识重点难点分析及综合能力测试丛书/霍思儒主编)

ISBN 7-81039-252-2: ¥5.60

G634.41　019745

新编高二英语同步练习/北京市海淀区特级、高级教师编写组编.—沈阳:辽宁人民出版社,1995.9.—135页;26cm

ISBN 7-205-03373-X: ¥8.50

G634.41　019746

新编高三英语同步练习/北京市海淀区特级、高级教师编写组编.—沈阳:辽宁人民出版社,1995.9.—162页;26cm

ISBN 7-205-03374-8: ¥9.50

G634.41　019747

新编高一英语同步练习/北京市海淀区特级、高级教师编写组编.—沈阳:辽宁人民出版社,1995.9.—158页;26cm

ISBN 7-205-03372-1: ¥8.50

G634.41　019748

新编高中英语单元自测:二年级上学期/《新编高中英语单元自测》编写组编.—南昌:江西教育出版社,1995.7.—67页;26cm

ISBN 7-5392-1972-6: ¥2.35

G634.41　019749

新编高中英语单元自测:三年级　全一册/《新编高中英语单元自测》编写组编.—南昌:江西教育出版社,1995.7.—171页;26cm

3+2考试用 原书名:单元测验期中期末试卷集

ISBN 7-5392-1986-6: ¥5.25

G634.41　019750

新编高中英语单元自测:一年级上学期/《新编高中英语单元自测》编写组编.—南昌:江西教育出版社,1995.7.—94页;26cm

ISBN 7-5392-1971-8: ¥3.10

G634.41　019751

新编高中英语课外练习题:二年级/清华附中等编写组编.—北京:北京出版社,1995.3.—246页;19cm

ISBN 7-200-02492-9: ¥5.60

G634.41　019752

新编高中英语课外练习题:三年级/清华附中等编写组编.—北京:北京出版社,1995.3.—241页;19cm

ISBN 7-200-02548-8: ¥5.50

G634.41　019753

新编高中英语课外练习题:一年级/清华附中等编写组编.—北京:北京出版社,1995.3.—289页;19cm

ISBN 7-200-02491-0: ¥6.40

G634.41　019754

新编高中英语知识重点难点分析及综合能力测试题/刘兆义主编;施跃进等编写.—北京:首都师范大学出版社,1995.1.—237页;19cm.—(新编中学各科知识重点难点分析及综合能力测试丛书)

ISBN 7-81039-250-6: ¥4.80

G634.41　019755

新编九年义务教育初中三年级英语复习测试题(下)/北京市海淀区教育局高级教师编写组编.—西安:陕西人民教育出版社,1995.11.—63页;26cm.—(初中复习测试题)

ISBN 7-5419-5369-5: ¥2.90

G634.41　019756

新编九年义务教育初中三年级英语复习测试题　上册/北京市海淀区教育局高级教师编写组编写.—西安:陕西人民教育出版社,1995.5.—54页;26cm

ISBN 7-5419-4765-2: ¥2.10

G634.41　019757

新编九年义务教育初中英语单元综合测试卷:初一/北京市海淀区《初中测试卷》编写组编写.—西安:陕西人民教育出版社,1995.6.—85页;26cm

ISBN 7-5419-4767-9: ¥3.50

G634.41　019758

新编英语答疑解惑:高二/陈庆余,李新主编.—西

安:陕西人民出版社,1995.10.—237页;19cm
ISBN 7-224-03912-8:¥6.30

G634.41　　019759
新编英语单元水平测试与辅导:初中三年级第一学期/《新编英语单元水平测试与辅导》编写组编.—广州:新世纪出版社,1995.6.—91页;19cm.—(义务教育初中生自习丛书)
ISBN 7-5405-0784-5:¥2.55

G634.41　　019760
新编英语单元水平测试与辅导:三年级第二学期/《单元水平测试与辅导》编写组编.—广州:新世纪出版社,1995.12.—98页;19cm.—(义务教育初中生自习丛书)
ISBN 7-5405-0625-3:¥3.10

G634.41　　019761
新编英语结构——功能训练:八年级第一学期/尹福昌主编.—上海:同济大学出版社,1995.9.—137页;26cm
ISBN 7-5608-1580-4:¥9.00

G634.41　　019762
新编英语结构——功能训练:九年级第一学期/尹福昌主编.—上海:同济大学出版社,1995.9.—123页;26cm
ISBN 7-5608-1580-4:¥8.00

G634.41　　019763
新编英语自习与辅导:初中　第二册/卜亚南等编写.—上海:上海科学技术出版社,1995.12.—198页;26cm
ISBN 7-5323-4134-8:¥10.10

G634.41　　019764
新编英语自习与辅导:初中　第三册/杜庆平编.—上海:上海科学技术出版社,1995.12.—176页;26cm
ISBN 7-5323-4097-X:¥9.20

G634.41　　019765
新编英语自习与辅导:初中　第一册/王铭毓等编写.—上海:上海科学技术出版社,1995.12.—165页;26cm
ISBN 7-5323-4140-2:¥8.60

G634.41　　019766
新编中学生实用英汉词典:缩印本/任泳主编.—2版.—南京:江苏科学技术出版社,1995.4.—696页;13cm
ISBN 7-5345-1910-1(精装):¥9.80

G634.41　　019767
新编中学生英语语法手册/陈林主编.—长春:东北师范大学出版社,1995.9.—473页;13cm
ISBN 7-5602-1645-5(精装):¥6.00

G634.41　　019768
新编中学英语语法及常考题型解析/李颖主编;黄亚清等编著.—合肥:安徽科学技术出版社,1995.6.—438页;20cm
ISBN 7-5337-1136-X:¥9.80

G634.41　　019769
新教材英语单元试卷精编/《英语一课一练》编写组编.—上海:上海译文出版社,1995.6.—228页;26cm
七年级用
ISBN 7-5327-1781-X:¥8.40

G634.41　　019770
学生汉英分类彩图词典/梁严均编著;张为忠等绘.—大连:辽宁师范大学出版社,1995.1.—131页;20cm
ISBN 7-81042-032-1:¥9.80

G634.41　　019771
学生英语能力训练/张慧芬,孙佩芳编.—上海:上海外语教育出版社,1995.5.—152页;19cm.—(中学英语基本训练丛书)
供九年级第一学期使用
ISBN 7-81046-033-1:¥3.50

G634.41　　019772
学生英语能力训练/张慧芬,朱建华编.—上海:上海外语教育出版社,1995.1.—149页;19cm.—(中学英语基本训练丛书)
供八年级第二学期使用
ISBN 7-81046-004-8:¥3.00

G634.41　　019773
学生英语听力训练/张逸辉,朱建华编.—上海:上海外语教育出版社,1995.7.—129页;19cm.—(中学英语基本训练丛书)
供九年级使用
ISBN 7-81046-048-X:¥4.00

G634.41　　019774
义务教育初二英语听力练习册.—沈阳:辽宁科学技术出版社,1995.4.—40页;26cm
ISBN 7-5381-2153-6:¥14.00

G634.41　　019775
义务教育初级中学英语同步听说　第二册/石家庄市电化教育馆编.—石家庄:河北人民出版社,1995.6.—194页;19cm
供初中二年级学生使用
ISBN 7-202-01760-1:¥3.50

G634.41　　019776
义务教育初级中学英语同步听说　第三册/石家庄市电化教育馆编.—石家庄:河北人民出版社,1995.6.—138页;19cm
供初中三年级学生使用
ISBN 7-202-01761-X:¥2.80

G634.41　　019777
义务教育初级中学英语同步听说　第一册/石家庄市电化教育馆编.—石家庄:河北人民出版社,1995.6.—182页;19cm
供初中一年级学生使用
ISBN 7-202-01759-8:¥3.50

G634.41　　019778
义务教育初一英语听力练习册.—沈阳:辽宁科学技术出版社,1995.4.—36页;26cm
ISBN 7-5381-2152-8:¥14.00

G634.41　　019779
义务教育初中二年级第一学期英语达纲训练/《英语达纲训练》编写组编.—广州:广东人民出版社,1995.

8.—104页;19cm

ISBN 7-218-01839-4:￥2.60

G634.41　019780

义务教育初中三年级第一学期英语达纲训练/《义务教育初中三年级第一学期英语达纲训练》编写组编.—广州:广东人民出版社,1995.8.—103页;19cm

ISBN 7-218-01841-6:￥2.50

G634.41　019781

义务教育初中一年级第一学期英语达纲训练/《英语达纲训练》编写组编.—广州:广东人民出版社,1995.8.—109页;19cm

ISBN 7-218-01839-4:￥2.60

G634.41　019782

义务教育初中英语　第二册/《同步练习丛书》编写组编.—杭州:浙江教育出版社,1995.10.—84页;26cm.—(同步练习丛书)

ISBN 7-5338-2233-1:￥5.00

G634.41　019783

义务教育初中英语　第六册/《同步练习丛书》编写组编.—杭州:浙江教育出版社,1995.10.—104页;26cm.—(同步练习丛书)

ISBN 7-5338-2235-8:￥5.80

G634.41　019784

义务教育初中英语　第三册/《同步练习丛书》编写组编写.—杭州:浙江教育出版社,1995.6.—83页;26cm.—(同步练习丛书)

ISBN 7-5338-2038-X:￥3.60

G634.41　019785

义务教育初中英语　第四册/《同步练习丛书》编写组编.—杭州:浙江教育出版社,1995.10.—92页;26cm.—(同步练习丛书)

ISBN 7-5338-2234-X:￥5.50

G634.41　019786

义务教育初中英语　第五册/《同步练习丛书》编写组编写.—杭州:浙江教育出版社,1995.6.—102页;26cm.—(同步练习丛书)

ISBN 7-5338-2006-1:￥4.15

G634.41　019787

义务教育初中英语　第一册/《同步练习丛书》编写组编.—杭州:浙江教育出版社,1995.6.—73页;26cm.—(同步练习丛书)

ISBN 7-5338-2017-7:￥3.40

G634.41　019788

义务教育三年制、四年制初中英语答疑解惑　第五册/朱静荣等编著.—西安:陕西人民教育出版社,1995.6.—246页;19cm

ISBN 7-5419-4444-0:￥5.00

G634.41　019789

英语/铁玉,张宝红编著.—大连:大连理工大学出版社,1995.10.—223页;19cm.—(九年义务教育教材中考复习精要/胡坤英主编)

ISBN 7-5611-1088-X:￥7.00

G634.41　019790

英语/天津市第二教育局编.—天津:天津大学出版社,1995.9.—303页;26cm

天津市普及高中阶段教育系列教材

ISBN 7-5618-0780-5:￥12.80

G634.41　019791

英语　第二册(上)/江苏省教委教研室编.—南京:译林出版社,1995.6.—172页;19cm

初中学生学习指导用书

ISBN 7-80567-390-X:￥4.00

G634.41　019792

英语　第二册(下)/江苏省教委教研室编.—南京:译林出版社,1995.11.—128页;19cm

初中学生学习指导用书

ISBN 7-80567-442-6:￥3.40

G634.41　019793

英语　第六册/江苏省中学英语教材编写组编.—南京:译林出版社,1995.9.—61页;26cm

江苏省九年义务教育三年制初中英语教科书:实验本

ISBN 7-80567-428-0:￥4.00

G634.41　019794

英语　第六册/马俊明,胡铁成主编;"五·四"学制教材总编委会编.—济南:山东教育出版社,1995.11.—148页;19cm

九年义务教育四年制初级中学试用课本

ISBN 7-5328-1530-7:￥2.95

G634.41　019795

英语　第三册/杨振常主编.—成都:四川教育出版社,1995.7.—246页;20cm

九年义务教育初中分级要求实验教材

ISBN 7-5408-2713-0:￥5.60

G634.41　019796

英语　第三册(下)/江苏省教委教研室编.—南京:译林出版社,1995.11.—136页;19cm

初中学生学习指导用书

ISBN 7-80567-443-4:￥3.50

G634.41　019797

英语　第五册/九年义务教育教材(沿海地区)编写委员会编.—2版.—广州:广东教育出版社,1995.7.—124页;26cm

九年义务教育初级中学英语试用课本:乙种本

ISBN 7-5406-1875-2:￥9.20

G634.41　019798

英语　第五册/"五·四"学制教材总编委会编.—济南:山东教育出版社,1995.5.—149页;19cm

九年义务教育四年制初级中学试用课本

ISBN 7-5328-1381-9:￥1.45

G634.41　019799

英语　第五册/高维正,赵雪如主编;江苏省中学英语教材编写组编.—南京:译林出版社,1995.7.—114页;26cm

江苏省九年义务教育三年制初中英语教科书:实验本

ISBN 7-80567-399-3:￥5.00

G634.41　019800

英语　第一册/杨振常主编.—2版.—成都:四川教育出版社,1995.5.—222页;20cm
九年义务教育初中分级要求实验教材
ISBN 7-5408-2579-0:￥5.17

G634.41　019801
英语　第一册(下)/江苏省教委教研室编.—南京:译林出版社,1995.11.—168页;19cm
初中学生学习指导用书
ISBN 7-80567-445-0:￥4.20

G634.41　019802
英语:八年级第二学期/上海中小学课程教材改革委员会编.—修订本.—上海:上海外语教育出版社,1995.11.—156页;26cm
九年制义务教育课本:试用本
ISBN 7-81046-059-5:￥8.50

G634.41　019803
英语:高中卷/马同英,李荣美编著.—昆明:晨光出版社,1995.8.—124页;26cm.—(各科知识图表丛书/林崇主编)
ISBN 7-5414-1061-6:￥6.00

G634.41　019804
英语:一年级第二学期/上海中小学课程教材改革委员会编.—上海:上海外语教育出版社,1995.12.—167页;26cm
高级中学课本:试用本
ISBN 7-81046-063-3:￥7.30

G634.41　019805
英语抄写本:初一年级上学期/裴昌义编写.—南昌:江西教育出版社,1995.7.—32页;13×19cm
ISBN 7-5392-2195-X:￥0.90

G634.41　019806
英语初、中级听力及口语技能训练/刘大勇等编著.—天津:天津人民出版社,1995.5.—192页;19cm
ISBN 7-201-02260-1:￥4.95

G634.41　019807
英语单项填空测试指南/王全义,宋金龙编著.—济南:山东友谊出版社,1995.1.—214页;19cm
ISBN 7-80551-697-9:￥3.80

G634.41　019808
英语第三册译文/人民教育出版社外语室英语组编译.—开封:河南大学出版社,1995.5.—138页;19cm
九年义务教育三年制、四年制初级中学教科书
ISBN 7-81018-860-7:￥2.90

G634.41　019809
英语短文改错能力训练/周伟和主编;丁桂珍等编.—兰州:兰州大学出版社,1995.10.—144页;19cm
高中英语学习参考书
ISBN 7-311-00900-6:￥6.00

G634.41　019810
英语短语与同义词例析:中学部分/赵永安编著.—北京:测绘出版社,1995.8.—141页;19cm
ISBN 7-5030-0798-2:￥5.80

G634.41　019811
英语辅导丛书第二册听说写练习/董志肃等编.—北京:气象出版社,1995.7.—121页;19cm
ISBN 7-5029-1994-5:￥2.75

G634.41　019812
英语复习指要:干部本/石效娥主编.—北京:军事谊文出版社,1995.10.—289页;20cm.—(军队院校招生统考复习丛书)
全套共4册,总定价:39.00元
ISBN 7-80027-761-5:￥0.00

G634.41　019813
英语复习指要:士兵本/石效娥主编.—北京:军事谊文出版社,1995.10.—372页;20cm.—(军队院校招生统考复习丛书)
全套共6册,总定价:49.00元
ISBN 7-80027-757-7:￥0.00

G634.41　019814
英语考试主要题型:书面表达/黄炳灵等编.—2版(修订版).—武汉:华中理工大学出版社,1995.8.—205页;19cm.—(英语应试之友丛书)
附答案与简释 高考用书
ISBN 7-5609-0950-7:￥4.80

G634.41　019815
英语课外作业:初中三年级下学期/湖北省教学研究室编.—2版.—武汉:湖北教育出版社,1995.11.—141页;19cm.—(中学教学目标评价及课外作业丛书)
ISBN 7-5351-1186-6:￥3.20

G634.41　019816
英语课外作业:初中一年级下学期/湖北省教学研究室编.—2版.—武汉:湖北教育出版社,1995.10.—158页;19cm.—(中学教学目标评价及课外作业丛书)
ISBN 7-5351-1291-9:￥3.70

G634.41　019817
英语评估检测题:高中二年级下学期/王俊昌等编写.—3版.—武汉:湖北教育出版社,1995.11.—80页;26cm
原名自测题
ISBN 7-5351-1271-4:￥3.90

G634.41　019818
英语评估检测题:高中三年级上学期/《评估检测题》编写委员会编.—武汉:湖北教育出版社,1995.6.—80页;26cm
原名自测题
ISBN 7-5351-1841-0:￥3.30

G634.41　019819
英语评估检测题:高中三年级下学期/王俊昌等编写.—武汉:湖北教育出版社,1995.11.—79页;26cm
原名自测题
ISBN 7-5351-1920-4:￥3.90

G634.41　019820
英语评估检测题:高中一年级下学期/《评估检测题》编写委员会编.—3版.—武汉:湖北教育出版社,1995.11.—80页;26cm
原名自测题
ISBN 7-5351-1279-X:￥3.90

G634.41　019821

英语神奇记忆法/王佩夫编著.—青岛:青岛出版社,1995.2.—131页;19cm.—(中学英语丛书)

ISBN 7-5436-1250-X: ¥3.60

G634.41　019822

英语衔接教材/杨玉华等编写.—2版.—成都:四川教育出版社,1995.7.—238页;19cm

九年义务教育三年制初级中学试验课本:内地版 高中一年级适用

ISBN 7-5408-2144-2: ¥5.34

G634.41　019823

英语学习辅导:高中二年级第一、二学期/广东省教育厅编.—广州:广东教育出版社,1995.7.—287页;19cm.—(中学生课外辅导系列)

ISBN 7-5406-3184-8: ¥5.60

G634.41　019824

英语学习辅导:高中一年级第一、二学期/广东省教育厅编.—2版.—广州:广东教育出版社,1995.7.—308页;19cm.—(中学生课外辅导系列)

ISBN 7-5406-2764-6: ¥6.50

G634.41　019825

英语一课一练:八年级/《英语一课一练》编写组编.—上海:上海译文出版社,1995.6.—125页;26cm

八年级第一学期用

ISBN 7-5327-1804-2: ¥5.20

G634.41　019826

英语一课一练:高一第一学期/《英语一课一练》编写组编.—上海:上海译文出版社,1995.6.—100页;26cm

ISBN 7-5327-1797-6: ¥4.30

G634.41　019827

英语一课一练:六年级/《英语一课一练》编写组编.—上海:上海译文出版社,1995.12.—146页;26cm

六年级第二学期用

ISBN 7-5327-1838-7: ¥7.70

G634.41　019828

英语一课一练:六年级第一学期/《英语一课一练》编写组编.—上海:上海译文出版社,1995.5.—99页;26cm

ISBN 7-5327-1775-5: ¥4.40

G634.41　019829

英语一课一练:七年级/《英语一课一练》编写组编.—上海:上海译文出版社,1995.12.—138页;26cm

七年级第二学期用

ISBN 7-5327-1859-X: ¥7.50

G634.41　019830

英语一课一练:七年级第一学期/《英语一课一练》编写组编.—上海:上海译文出版社,1995.5.—146页;26cm

ISBN 7-5327-1776-3: ¥6.00

G634.41　019831

英语疑难释疑训练/沈信予等编写.—北京:科学技术文献出版社,1995.6.—181页;19cm.—(初中新教材复习指导丛书)

ISBN 7-5023-2285-X: ¥11.00

G634.41　019832

英语中级水平测试:高考英语上海卷试题汇析/上海市教育招生考试中心编著.—上海:复旦大学出版社,1995.4.—246页;26cm

ISBN 7-309-01508-8: ¥12.00

G634.41　019833

阅读理解精解/陈岚等编.—武汉:湖北教育出版社,1995.10.—113页;26cm.—(高考英语分类精解丛书)

ISBN 7-5351-1782-1: ¥7.30

G634.41　019834

阅读理解与完形填空/张民志主编;黄力等编.—天津:天津教育出版社,1995.5.—161页;19cm.—(初三英语能力培养与训练丛书)

ISBN 7-5309-2285-8: ¥3.20

G634.41　019835

掌握学习指导:英语　第三册/广东省教育厅编.—2版.—广州:广东教育出版社,1995.7.—190页;19cm.—(掌握学习指导丛书)

九年义务教育三年制初中:沿海版乙种本

ISBN 7-5406-2941-1: ¥5.35

G634.41　019836

掌握英语　第三册(上)/广东省教育厅编.—广州:广东教育出版社,1995.8.—444页;19cm.—(掌握学习指导丛书)

九年义务教育三年制初中:人教版

ISBN 7-5406-3307-7: ¥7.00

G634.41　019837

掌握英语　第三册(上)/《初中学生课堂学习用书》编委会编.—长沙:湖南教育出版社,1995.6.—92,16页;26cm

义务教育三年制初中:人教版 初中学生课堂学习用书 供三年级第一学期使用

ISBN 7-5355-2196-7: ¥4.80

G634.41　019838

掌握英语　第三册(下)/广东省教育厅编.—广州:广东教育出版社,1995.12.—248页;19cm.—(掌握学习指导丛书)

九年义务教育三年制初中:人教版

ISBN 7-5406-3478-2: ¥5.50

G634.41　019839

中级英语听能训练与测试　(二)/黄绍扬编著.—上海:复旦大学出版社,1995.4.—189页;26cm.—(中级英语系列丛书之一)

ISBN 7-309-01495-2: ¥8.80

G634.41　019840

中考英语模拟试卷/中考模拟试卷编写组编.—石家庄:河北科学技术出版社,1995.11.—27页;26×37cm

ISBN 7-5375-1183-7: ¥2.80

G634.41　019841

中小学生趣味英语/李虹主编.—北京:海潮出版社,1995.4.—2册(692页);19cm

ISBN 7-80054-659-4: ¥40.00

G634.41　019842

中学生学习英语常见错误700例/刘葆青主编;刘冰

等编著.—北京:金盾出版社,1995.3.—201 页;19cm
ISBN 7-80022-982-3:¥4.00

G634.41　019843
中学生英汉、汉英八用袖珍词典/潘熙祥主编;周文筑等编.—长沙:湖南出版社,1995.5.—442 页;15×8cm
ISBN 7-5438-0977-X(精装):¥9.80

G634.41　019844
中学生英文作文基本训练——词·句·篇章/王鸣凤等编写.—上海:上海教育出版社,1995.12.—238 页;19cm
附练习和答案
ISBN 7-5320-3928-5:¥7.40

G634.41　019845
中学生英语形容词用法分类详解/石丹杰,王新生著.—上海:上海社会科学院出版社,1995.6.—267 页;19cm
ISBN 7-80618-051-6:¥7.50

G634.41　019846
中学生英语语法精讲/王永祥等编.—南京:江苏教育出版社,1995.7.—577 页;19cm
ISBN 7-5343-2429-7:¥12.20

G634.41　019847
中学英语标准化试题集——同步单元测试:初中第二册/陈焕玲等编写.—广州:广东科技出版社,1995.9.—65 页;26cm
ISBN 7-5359-1424-1:¥3.50

G634.41　019848
中学英语标准化试题集——同步单元测试:初中第三册/陈权钊等编写.—广州:广东科技出版社,1995.9.—119 页;26cm
ISBN 7-5359-1433-0:¥5.50

G634.41　019849
中学英语标准化试题集——同步单元测试:初中第四册/蓝军等编写.—广州:广东科技出版社,1995.9.—119 页;26cm
ISBN 7-5359-1434-9:¥5.50

G634.41　019850
中学英语标准化试题集——同步单元测试:初中第一册/陈林娣等编写.—广州:广东科技出版社,1995.9.—66 页;26cm
ISBN 7-5359-1429-2:¥3.50

G634.41　019851
中学英语标准化试题集——同步单元测试:高中二年级/老洪辙等编著.—广州:广东科技出版社,1995.4.—115 页;26cm
ISBN 7-5359-1437-3:¥5.50

G634.41　019852
中学英语标准化试题集——同步单元测试:高中三年级/黄中成等编写.—广州:广东科技出版社,1995.4.—122 页;26cm
ISBN 7-5359-1438-1:¥5.80

G634.41　019853
中学英语标准化试题集——同步单元测试:高中一年级/陈坤炎等编写.—广州:广东科技出版社,1995.4.—124 页;26cm
ISBN 7-5359-1436-5:¥5.50

G634.41　019854
中学英语常见错误分析/刘静波等编著.—2 版.—海口:南海出版公司,1995.1.—206 页;19cm.—(帮你学中学英语丛书)
ISBN 7-80570-675-1:¥6.00

G634.41　019855
中学英语常用词辨异/董日亮,翟玉瑛主编.—青岛:青岛出版社,1995.12.—378 页;19cm.—(中学英语丛书)
ISBN 7-5436-1304-2:¥10.60

G634.41　019856
中学英语词汇表/广西壮族自治区教委普教处编.—南宁:广西教育出版社,1995.4.—85 页;13cm.—(广西高中毕业会考复习指导丛书)
ISBN 7-5435-2161-X:¥0.75

G634.41　019857
中学英语词汇用法词典/韩清民主编.—赤峰:内蒙古科学技术出版社,1995.2.—340 页;17cm
ISBN 7-5380-0268-5:¥6.95

G634.41　019858
中学英语词汇与短语/王正毅编著.—成都:四川人民出版社,1995.11.—454 页;13cm
本书版权页题名为:中学英语词汇和短语
ISBN 7-220-03011-8:¥8.00

G634.41　019859
中学英语单元检测试卷集:初中　第二册/广州市中学英语教研会编.—广州:广东教育出版社,1995.7.—123 页;26cm
ISBN 7-5406-3288-7:¥4.75

G634.41　019860
中学英语单元检测试卷集:初中　第四册/广州市中学英语教研会编.—广州:广东教育出版社,1995.9.—153 页;26cm
ISBN 7-5406-3290-9:¥6.70

G634.41　019861
中学英语单元检测试卷集:高中　第二册/广州市中学英语教研会编.—广州:广东教育出版社,1995.9.—62 页;26cm
ISBN 7-5406-3292-5:¥2.60

G634.41　019862
中学英语单元检测试卷集:高中　第三册/广州市中学英语教研会编.—广州:广东教育出版社,1995.9.—67 页;26cm
ISBN 7-5406-3293-3:¥3.25

G634.41　019863
中学英语单元检测试卷集:高中　第三册/广州市中学英语教研会编.—3 版.—广州:广东教育出版社,1995.9.—101 页;26cm
ISBN 7-5406-3293-3:¥5.80

G634.41　019864
中学英语单元检测试卷集:高中　第一册/广州市中

学英语教研会编.—广州:广东教育出版社,1995.9.—86页;26cm

ISBN 7-5406-3291-7:￥3.80

G634.41 **019865**

中学英语反义词手册/文亚,利亚编.—长沙:湖南出版社,1995.10.—563页;13×9cm

ISBN 7-5438-1092-1:￥8.90

G634.41 **019866**

中学英语汉英分类单词速记/王冰编著.—天津:新蕾出版社,1995.5.—301页;19cm

ISBN 7-5307-1636-0:￥7.85

G634.41 **019867**

中学英语听力:初中 第一册/虞苏美,李慧琴主编.—上海:华东师范大学出版社,1995.4.—71页;26cm

学生用书

ISBN 7-5617-1291-X:￥4.00

G634.41 **019868**

中学英语听力:初中预备级/虞苏美,李慧琴主编.—上海:华东师范大学出版社,1995.4.—62页;26cm

学生用书

ISBN 7-5617-1267-7:￥4.00

G634.41 **019869**

中学英语听力渐进:测试:初中一年级/李竹青主编.—贵阳:贵州教育出版社,1995.12.—52页;26cm

本书(初一~初三)共6册,总定价:14.00元

ISBN 7-80583-693-0:￥0.00

G634.41 **019870**

中学英语听力渐进:学生用书:初中一年级/李竹青主编.—贵阳:贵州教育出版社,1995.12.—141页;26cm

本书(初一~初三)共6册,总定价:14.00元

ISBN 7-80583-693-0:￥0.00

G634.41 **019871**

中学英语听力同步训练:初中 第二册/包天仁主编.—长春:吉林教育出版社,1995.1.—201页;19cm

ISBN 7-5383-2480-1:￥4.00

G634.41 **019872**

中学英语听力同步训练:初中 第三册/包天仁主编.—长春:吉林教育出版社,1995.1.—156页;19cm

ISBN 7-5383-2479-8:￥4.00

G634.41 **019873**

中学英语听力同步训练:初中 第一册/包天仁主编.—长春:吉林教育出版社,1995.1.—145页;19cm

ISBN 7-5383-2476-3:￥4.00

G634.41 **019874**

中学英语听力同步训练:高中 第三册/包天仁主编.—长春:吉林教育出版社,1995.1.—118页;19cm

ISBN 7-5383-2478-X:￥4.00

G634.41 **019875**

中学英语听力同步训练:高中 第一册/包天仁主编.—长春:吉林教育出版社,1995.1.—158页;19cm

ISBN 7-5383-2478-X:￥4.00

G634.41 **019876**

中学英语同义词辨析/杨宪国,唐宁编.—2版.—海口:南海出版公司,1995.1.—237页;19cm.—(帮你学中学英语丛书)

ISBN 7-80570-557-7:￥7.20

G634.41 **019877**

中学英语相似词辨析/黄文源编著.—广州:广东高等教育出版社,1995.10.—196页;19cm

ISBN 7-5361-1756-6:￥5.60

G634.41 **019878**

中学英语选择题讲与练/孟繁玉编著.—海口:南海出版公司,1995.3.—232页;19cm

ISBN 7-5442-0344-1:￥6.40

G634.41 **019879**

中学英语学习指导:初二英语同步辅导(上)/刘强,宋伯涛主编.—2版.—北京:外文出版社,1995.8.—150页;19cm

北京教育台《中学英语学习指导》广播讲座用书

ISBN 7-119-01210-X:￥4.60

G634.41 **019880**

中学英语学习指导:初二英语同步辅导(下)/刘强,宋伯涛主编.—2版.—北京:外文出版社,1995.8.—156页;19cm

北京教育台《中学英语学习指导》广播讲座用书

ISBN 7-119-01316-5:￥4.80

G634.41 **019881**

中学英语学习指导:初三英语同步辅导/刘强,宋伯涛主编.—北京:外文出版社,1995.8.—242页;19cm

北京教育台《中学英语学习指导》广播讲座用书

ISBN 7-119-01211-8:￥7.80

G634.41 **019882**

中学英语学习指导:初一英语同步辅导(上)/刘强,宋伯涛主编.—2版.—北京:外文出版社,1995.8.—146页;19cm

北京教育台《中学英语学习指导》广播讲座用书

ISBN 7-119-00975-3:￥4.40

G634.41 **019883**

中学英语学习指导:初一英语同步辅导(下)/刘强,宋伯涛主编.—2版.—北京:外文出版社,1995.8.—154页;19cm

北京教育台《中学英语学习指导》广播讲座用书

ISBN 7-119-01315-7:￥4.40

G634.41 **019884**

中学英语学习指导:初中英语专题与综合/刘强,宋伯涛主编.—2版.—北京:外文出版社,1995.8.—128页;26cm

北京教育台中学英语学习指导广播讲座用书

ISBN 7-119-01319-X:￥7.80

G634.41 **019885**

中学英语学习指导:高二英语同步辅导(上)/刘强,宋伯涛主编.—2版.—北京:外文出版社,1995.8.—152页;19cm

北京教育台《中学英语学习指导》广播讲座用书

ISBN 7-119-01265-7:￥4.80

G634.41 **019886**

中学英语学习指导:高二英语同步辅导(下)/刘强,宋伯涛主编.—2版.—北京:外文出版社,1995.8.—178页;19cm

北京教育台《中学英语学习指导》广播讲座用书

ISBN 7-119-01373-4:¥5.80

G634.41　019887

中学英语学习指导:高三英语同步辅导/刘强,宋伯涛主编.—2版.—北京:外文出版社,1995.8.—244页;19cm

北京教育台《中学英语学习指导》广播讲座用书

ISBN 7-119-01268-1:¥7.80

G634.41　019888

中学英语学习指导:高一英语同步辅导(上)/刘强,宋伯涛主编.—2版.—北京:外文出版社,1995.8.—162页;19cm

北京教育台《中学英语学习指导》广播讲座用书

ISBN 7-119-01243-6:¥4.80

G634.41　019889

中学英语学习指导:高一英语同步辅导(下)/刘强,宋伯涛主编.—2版.—北京:外文出版社,1995.8.—170页;19cm

北京教育台《中学英语学习指导》广播讲座用书

ISBN 7-119-01374-2:¥4.80

G634.41　019890

中学英语学习指导:高中英语专题与综合/刘强,宋伯涛主编.—2版.—北京:外文出版社,1995.8.—272页;26cm

北京教育台中学英语学习指导广播讲座用书

ISBN 7-119-01320-3:¥15.80

G634.41　019891

中学英语学习指南:初中/郝惠珍主编.—石家庄:河北科学技术出版社,1995.3.—532页;19cm

ISBN 7-5375-1416-X:¥12.00

G634.41　019892

中学英语语法问与答500/叶宗良,孙茂松编著.—修订版.—南京:江苏教育出版社,1995.2.—344页;19cm

ISBN 7-5343-2290-1:¥5.10

G634.41　019893

中学英语语法详解与练习/张瑞著.—2版.—海口:南海出版公司,1995.1.—504页;19cm

ISBN 7-80570-848-7:¥12.80

G634.41　019894

中学英语阅读理解指南/王玉凤编著.—海口:南海出版公司,1995.1.—181页;19cm.—(帮你学中学英语丛书)

ISBN 7-80570-559-3:¥5.20

G634.41　019895

中学英语知识总览/万菊萍等编.—成都:四川人民出版社,1995.12.—93页;26cm

供初中总复习使用

ISBN 7-220-02463-0:¥5.50

G634.41　019896

中学英语重点难点基点:初中　第三册/马寅初主编.—长沙:湖南师范大学出版社,1995.8.—158页;26cm

ISBN 7-81031-450-5:¥8.60

G634.41　019897

重点中学初中英语导读/《重点中学初中英语导读》编写组编.—上海:上海科学技术文献出版社,1995.10.—417页;19cm

ISBN 7-5439-0805-0:¥11.60

G634.41　019898

最新NMET强化训练十五套/王柏树主编.—武汉:湖北科学技术出版社,1995.3.—239页;19cm.—(英语学习指导丛书)

ISBN 7-5352-1676-5:¥5.50

G634.41　019899

最新初中英汉多用词典/杨玲玲等编著.—武汉:湖北人民出版社,1995.4.—686页;13×9cm

ISBN 7-216-01680-7(精装):¥12.00

G634.41　019900

最新全国初中毕业升学英语试题精选和解答/石连根,于秀芝主编;于秀芝,孙桂珍编.—长春:长春出版社,1995.10.—361页;19cm

ISBN 7-80604-376-4:¥10.00

G634.41　019901

最新中学英语语法:短语动词/余正主编.—上海:华东师范大学出版社,1995.12.—169页;20cm

ISBN 7-5617-1454-8:¥6.00

G634.41-44　019902

'96初三英语试题集/孟繁晶,王福义主编.—北京:中国农业科技出版社,1995.12.—275页;19cm

ISBN 7-80119-093-9:¥8.00

G634.41-61　019903

初中生袖珍英汉、汉英五用词典/潘熙祥主编;郭跃华等编.—重庆:重庆出版社,1995.3.—273页;17cm

ISBN 7-5366-2997-4:¥6.20

G634.41-61　019904

初中英语词语小辞典/尹玉成,李梦松主编;臧云哲等编.—天津:天津科技翻译出版公司,1995.9.—185页;19cm.—(新编英语教材系列小辞典/尹玉成主编)

ISBN 7-5433-0774-X:¥5.00

G634.41-61　019905

初中英语短语小词典:新教材/刘文渊主编.—天津:天津教育出版社,1995.6.—247页;19cm

ISBN 7-5309-2109-6:¥7.00

G634.41-61　019906

初中英语惯用法小辞典/周延义等编.—天津:天津科技翻译出版公司,1995.9.—178页;19cm.—(新编英语教材系列小辞典/尹玉成主编)

ISBN 7-5433-0776-6:¥5.00

G634.41-61　019907

初中英语惯用法小词典:新教材/刘文渊主编.—天津:天津教育出版社,1995.6.—283页;19cm

ISBN 7-5309-2328-5:¥8.20

G634.41-61　019908

初中英语口语小辞典/宋庆维等编.—天津:天津科

技翻译出版公司,1995.9.—182页;19cm.—(新编英语教材系列小辞典/尹玉成主编)

ISBN 7-5433-0775-8: ¥5.00

G634.41-61　019909

初中英语学习小词典:新教材/刘文渊主编.—天津:天津教育出版社,1995.6.—407页;19cm

ISBN 7-5309-2327-7: ¥9.80

G634.41-61　019910

初中英语用法小词典/张士宏主编.—天津:南开大学出版社,1995.6.—474页;15×8cm

ISBN 7-310-00787-5(精装): ¥8.80

G634.41-61　019911

活用中学英语辞典/吉磐华,毛福平主编.—天津:天津科技翻译出版公司,1995.7.—368页;19cm

ISBN 7-5433-0807-X: ¥9.80

G634.41-61　019912

通用中学英语应考词典/李锦芳,范思莲主编.—成都:四川大学出版社,1995.6.—528页;19cm

ISBN 7-5614-1044-1: ¥14.80

G634.41-61　019913

现代学生英汉词典/孙德玉,王佳英主编.—大连:辽宁师范大学出版社,1995.8.—680页;19cm

ISBN 7-81042-046-1(精装): ¥22.00

G634.41-61　019914

小博士初中英语速记词典/段彪主编.—北京:北京出版社,1995.10.—176页;13cm

ISBN 7-200-02821-5: ¥4.50

G634.41-61　019915

新版初中英语学习词典/张德会主编.—长沙:湖南出版社,1995.10.—429页;19cm.—(学生系列工具书)

ISBN 7-5438-1064-6(精装): ¥17.80

G634.41-61　019916

新编初中英语袖珍词典/江平等编著.—武汉:湖北少年儿童出版社,1995.7.—253页;13cm

ISBN 7-5353-1462-7: ¥2.80

G634.41-61　019917

新编图解英语入门多用辞典/王振刚主编;龚玫玉等编.—哈尔滨:哈尔滨出版社,1995.12.—604页;20cm

ISBN 7-80557-827-3: ¥24.80

G634.41-61　019918

新编学生英汉袖珍词典/文会等编著.—北京:警官教育出版社,1995.7.—310页;13×9cm

ISBN 7-81027-620-4(精装): ¥7.90

G634.41-61　019919

新编中学英汉·汉英双向综合辞典/张树林,赵小平主编.—长春:吉林人民出版社,1995.10.—545页;19cm

ISBN 7-206-02340-1(精装): ¥22.00

G634.41-61　019920

袖珍中学英汉词典/赵锡山编.—北京:中国民航出版社,1995.12.—368页;13cm

ISBN 7-80110-041-7: ¥10.00

G634.41-61　019921

英汉双解中小学英语词典/叶定国,康建明编.—郑州:河南人民出版社,1995.10.—582页;13cm

ISBN 7-215-03306-6: ¥10.00

G634.41-61　019922

英汉同步学习学生词典/冒国安,戴文年主编.—贵阳:贵州科技出版社,1995.8.—610页;13cm

ISBN 7-80584-483-6(精装): ¥9.80

G634.41-61　019923

中学生图解英汉词典/付朝等编著.—北京:华龄出版社,1995.1.—618页;13cm

ISBN 7-80082-366-0(精装): ¥19.80

G634.41-61　019924

中学生袖珍英语习语词典/王桂荣等编.—北京:知识出版社,1995.3.—378页;13cm

ISBN 7-5015-1242-6(精装): ¥7.00

G634.41-61　019925

中学英语词法大全/王振山等编著.—郑州:河南人民出版社,1995.10.—481页;19cm

含练习及习题答案

ISBN 7-215-03526-3: ¥13.80

G634.41-61　019926

中学英语口语小词典/尹玉成主编;周延义等编.—天津:天津科学技术出版社,1995.5.—611页;13cm.—(中学英语工具书系列)

ISBN 7-5308-1688-8(精装): ¥8.80

G634.41-61　019927

最新初中英语双解小词典/杨广育编著.—天津:天津教育出版社,1995.2.—295页;13×10cm

ISBN 7-5309-2031-6: ¥4.00

G634.41-61　019928

最新高中英语双解小词典/杨广育编著.—天津:天津教育出版社,1995.2.—662页;13×10cm

ISBN 7-5309-2064-2: ¥6.80

G634.41-61　019929

最新学生英汉双解词典/傅索雅,李白沙主编.—北京:中国文史出版社,1995.8.—530页;13cm

ISBN 7-5034-0720-4: ¥13.50

G634.41-62　019930

初级英语词汇手册/陈福华主编;李凤莹等编写.—广州:广东高等教育出版社,1995.7.—168页;19cm

ISBN 7-5361-1691-8: ¥4.30

G634.41-62　019931

初级英语语法学习手册/陈那福,陈福华主编;邱创鸿,李凤莹编.—广州:广东高等教育出版社,1995.12.—75页;26cm

ISBN 7-5361-1794-9: ¥4.50

G634.41-62　019932

初中生英语口语手册/谢宇鸿主编;何森阴等编.—北京:中国大百科全书出版社,1995.11.—471页;26×38cm.—(初中生系列工具书)

ISBN 7-5000-5432-7: ¥6.90

G634.41-62　019933

初中生英语手册/张文荣主编;赵莉等编.—北京:中国大百科全书出版社,1995.11.—384页;13cm.—(初中生系列工具书)

ISBN 7－5000－5448－3：￥5.80

G634.41－62　019934

初中英语词汇归类手册/蒋媚编.—南宁：广西科学技术出版社，1995.7.—208页；13cm

九年义务教育教材：人教版

ISBN 7－80619－204－2：￥2.80

G634.41－62　019935

初中英语词汇手册/芶祖贵，盖刚兴编.—重庆：重庆出版社，1995.1.—229页；7×10cm

ISBN 7－5366－2989－3：￥1.30

G634.41－62　019936

初中英语词汇双解速记手册/孙浩川，刘玉林编著.—2版.—海口：南海出版公司，1995.1.—269页；13cm.—（帮你学中学英语丛书）

ISBN 7－80570－526－7：￥4.20

G634.41－62　019937

初中英语单词识记手册　第二册/《初中英语单词识记手册》编写组编.—广州：新世纪出版社，1995.8.—155页；13cm

ISBN 7－5405－1175－3：￥2.60

G634.41－62　019938

初中英语单词识记手册　第三册/《初中英语单词识记手册》编写组编.—广州：新世纪出版社，1995.8.—139页；13cm

ISBN 7－5405－1176－1：￥2.50

G634.41－62　019939

初中英语单词识记手册　第一册/《初中英语单词识记手册》编写组编.—广州：新世纪出版社，1995.8.—139页；13cm

ISBN 7－5405－1177－X：￥2.50

G634.41－62　019940

初中英语单词速记手册/阳光等编著.—天津：天津人民美术出版社，1995.9.—480页；13cm

ISBN 7－5305－0523－8：￥8.60

G634.41－62　019941

初中英语学习手册/杨玲等编著.—南京：江苏人民出版社，1995.6.—309页；19cm

ISBN 7－214－01486－6：￥9.80

G634.41－62　019942

初中英语学习手册：二年级　上册/康见主编；王鹰，贾道新编写.—哈尔滨：黑龙江教育出版社，1995.7.—118页；26cm

据1995年人民教育出版社义务教育三年制、四年制初级中学教科书英语第二册编定

ISBN 7－5316－2665－9：￥6.80

G634.41－62　019943

初中英语学习手册：三年级　上册/康见主编；雷鸣等编写.—哈尔滨：黑龙江教育出版社，1995.7.—125页；26cm

ISBN 7－5316－2666－7：￥7.10

G634.41－62　019944

初中英语学习手册：一年级　上册/康见主编；贺梅莉等编写.—哈尔滨：黑龙江教育出版社，1995.7.—126页；26cm

ISBN 7－5316－2664－0：￥7.10

G634.41－62　019945

初中英语学习指南/郭文焕，王其正主编.—成都：四川人民出版社，1995.3.—204页；19cm.—（英语学习指南丛书）

ISBN 7－220－02379－0：￥4.50

G634.41－62　019946

初中英语语法学习手册/戚国南，袁绮云编.—2版.—广州：广东教育出版社，1995.7.—261页；19cm

ISBN 7－5406－1647－4：￥5.80

G634.41－62　019947

倒序中学英语单词学得快手册/梁兴哲主编.—北京：冶金工业出版社，1995.12.—74页；26cm

ISBN 7－5024－1805－9：￥7.60

G634.41－62　019948

高中英语词汇双解速记手册/孙浩川，刘玉林编.—2版.—海口：南海出版公司，1995.1.—177页；13cm.—（帮你学中学英语丛书）

ISBN 7－80570－529－1：￥2.80

G634.41－62　019949

英语词汇手册/人民教育出版社外语室英语组编.—2版（修订本）.—开封：河南大学出版社，1995.5.—169页；19cm

九年义务教育三年制、四年制初级中学教科书

ISBN 7－81018－857－7：￥3.40

G634.41－62　019950

英语词汇速记·活用手册/古国强，刘世童编著.—福州：福建科学技术出版社，1995.8.—365页；19cm

义务教育初中英语教材：人教版

ISBN 7－5335－0909－9：￥11.00

G634.41－62　019951

英语学习手册：初中篇/朱企儒主编.—大连：大连理工大学出版社，1995.7.—328页；19cm

本书共3册，总定价25.50元

ISBN 7－5611－1015－4：￥0.00

G634.41－62　019952

英语学习手册：高中篇/朱企儒主编.—大连：大连理工大学出版社，1995.7.—276页；19cm

本书共3册，总定价25.50元

ISBN 7－5611－1015－4：￥0.00

G634.41－62　019953

中学生实用交际英语手册/李升均，崔维明主编.—北京：中国国际广播出版社，1995.4.—335页；19cm

ISBN 7－5078－1173－5：￥10.00

G634.41－62　019954

中学英语词汇手册/应欣主编.—武汉：华中理工大学出版社，1995.4.—672页；13cm

ISBN 7－5609－1083－1：￥9.00

G634.41－62　019955

中学英语惯用法手册：合订本/庄志兴编.—福州：福建教育出版社，1995.8.—530页；20cm

ISBN 7－5334－1090－4：￥15.00

G634.41－62　019956

中学英语语法手册/刘锐诚等编.—2版.—太原：山

西科学教育出版社,1995.1.—394 页;19cm
ISBN 7-5377-0230-6: ¥7.00

G634.41-62 019957
最新高考英语指南/江惠萍,吴正纲编写.—长沙:湖南出版社,1995.1.—363 页;19cm
ISBN 7-5438-0910-9: ¥9.60

G634.41-62 019958
最新中学英语词汇用法指南/徐秀云,朱丽编.—长春:吉林科学技术出版社,1995.1.—201 页;19cm
ISBN 7-5384-1474-6: ¥5.30

G634.45 019959
初中俄语会话手册/《初中俄语会话手册》编写组编;于永明等著.—长春:吉林教育出版社,1995.5.—113 页;19cm
ISBN 7-5383-2549-2: ¥3.50

G634.45 019960
高考俄语解题方法与技巧/解寅华,王殿双主编.—哈尔滨:黑龙江教育出版社,1995.8.—260 页;19cm
ISBN 7-5316-2813-9: ¥7.50

G634.45 019961
高考俄语应试指南/于永年主编;王雪聪等编.—北京:北京出版社,1995.3.—231 页;19cm
ISBN 7-200-02645-X: ¥5.20

G634.45 019962
中学俄语标准化及多项训练/齐生华等编.—哈尔滨:黑龙江教育出版社,1995.1.—161 页;26cm
ISBN 7-5316-2526-1: ¥5.00

G634.46 019963
初中日语会话手册/《初中日语会话手册》编写组编.—长春:吉林教育出版社,1995.5.—125 页;19cm
ISBN 7-5383-2576-X: ¥3.50

G634.46 019964
日语　第六册/东北朝鲜民族教育出版社外语编辑室编.—延吉:东北朝鲜民族教育出版社,1995.10.—164 页;20cm
义务教育初级中学教科书
ISBN 7-5437-2271-2: ¥3.05

G634.46 019965
日语　第五册/东北朝鲜民族教育出版社外语编辑室编.—延吉:东北朝鲜民族教育出版社,1995.5.—131 页:照片;20cm
义务教育初级中学教科书
ISBN 7-5437-2171-6: ¥2.10

G634.46 019966
义务教育初级中学日语第六册练习册/东北朝鲜民族教育出版社外语编辑室编著 .—延吉:东北朝鲜民族教育出版社,1995.10.—122 页;19cm
ISBN 7-5437-2275-5: ¥2.20

G634.46 019967
义务教育初级中学日语第五册练习册/东北朝鲜民族教育出版社外语编辑室编.—延吉:东北朝鲜民族教育出版社,1995.4.—91 页;19cm
ISBN 7-5437-2076-7: ¥1.10

G634.46 019968
义务教育初级中学日语复习指导书/东北朝鲜民族教育出版社外语编辑室编.—延吉:东北朝鲜民族教育出版社,1995.12.—158 页;26cm
ISBN 7-5437-2311-5: ¥7.50

G634.5 历史、地理

G634.51 019969
1996 年高考历史模拟题/《模拟题》编写组编.—西安:陕西人民教育出版社,1995.11.—92 页;26cm
ISBN 7-5419-6330-5: ¥4.00

G634.51 019970
"3+2"150 分历史高考模拟试题/梁志雪等编.—沈阳:辽宁教育出版社,1995.2.—381 页;19cm
ISBN 7-5382-2788-1: ¥7.50

G634.51 019971
初三历史　全一册/华中师大第一附属中学,华中师大考试研究中心编 .—武汉:湖北人民出版社,1995.5.—122 页;26cm.—(中学教学考丛书/李水生主编)
ISBN 7-216-01711-0: ¥5.30

G634.51 019972
初一历史基础训练/福州教育学院编.—北京:中国社会出版社,1995.9.—52 页;26cm
初中单科结业考试用书
ISBN 7-80088-730-8: ¥3.00

G634.51 019973
初中历史单元测验期中期末试卷集:二年级下学期/《单元测验期中期末试卷集》编写组编.—南昌:江西教育出版社,1995.12.—35 页;26cm
ISBN 7-5392-2639-0: ¥1.85

G634.51 019974
初中历史单元测验期中期末试卷集:三年级下学期/《初中历史单元测验期中期末试卷集》编写组编.—南昌:江西教育出版社,1995.12.—33 页;26cm
ISBN 7-5392-2640-4: ¥1.70

G634.51 019975
初中历史单元测验期中期末试卷集:一年级下学期/《初中历史单元测验期中期末试卷集》编写组编.—南昌:江西教育出版社,1995.7.—1 册;26cm
ISBN 7-5392-2329-4: ¥1.70

G634.51 019976
初中历史课外练习:中国历史　第二册/《初中历史课外练习》编写组编.—北京:北京教育出版社,1995.12.—74 页;26cm
供一年级用
ISBN 7-5303-0859-9: ¥5.00

G634.51 019977
初中历史课外练习:中国历史 第一册/《初中历史课外练习》编写组编.—北京:北京教育出版社,1995.7.—44 页;26cm
一年级用
ISBN 7-5303-0719-3: ¥2.50

G634.51 019978

初中历史练习册:二年级上学期/《初中历史练习册》编写组编.—南昌:江西教育出版社,1995.7.—50页;19cm
ISBN 7-5392-1998-X:¥0.90

G634.51　019979
初中历史练习册:二年级下学期/《初中历史练习册》编写组编.—南昌:江西教育出版社,1995.12.—71页;19cm
ISBN 7-5392-2606-4:¥1.75

G634.51　019980
初中历史练习册:三年级上学期/《初中历史练习册》编写组编.—南昌:江西教育出版社,1995.7.—63页;19cm
ISBN 7-5392-1943-2:¥1.05

G634.51　019981
初中历史练习册:三年级下学期/《初中历史练习册》编写组编.—南昌:江西教育出版社,1995.12.—58页;19cm
ISBN 7-5392-2495-4:¥1.55

G634.51　019982
初中历史练习册:一年级上学期/《初中历史练习册》编写组编.—南昌:江西教育出版社,1995.7.—57页;19cm
ISBN 7-5392-1789-5:¥1.00

G634.51　019983
初中历史练习册:一年级下学期/《初中历史练习册》编写组编.—南昌:江西教育出版社,1995.12.—48页;19cm
ISBN 7-5392-2622-6:¥1.30

G634.51　019984
初中历史试卷:二年级上学期/《初中历史试卷》编写组编.—3版.—南京:江苏教育出版社,1995.6.—21页;26×37cm
ISBN 7-5343-1769-X:¥2.60

G634.51　019985
初中历史试卷:二年级下学期/《初中历史试卷》编写组编.—3版.—南京:江苏教育出版社,1995.12.—23页;26×37cm
ISBN 7-5343-1945-5:¥2.75

G634.51　019986
初中历史试卷:三年级上学期/《初中历史试卷》编写组编.—南京:江苏教育出版社,1995.6.—32页;26×37cm
ISBN 7-5343-2365-7:¥2.90

G634.51　019987
初中历史试卷:一年级上学期/《初中历史试卷》编写组编.—3版.—南京:江苏教育出版社,1995.6.—23页;26×37cm
ISBN 7-5343-1820-3:¥2.35

G634.51　019988
初中历史习题集/山东省教学研究室编.—济南:山东教育出版社,1995.12.—147页;26cm
三年制三年级、四年制四年级用
¥7.05

G634.51　019989
初中三年级第二学期历史基础训练/《历史基础训练》编写组编.—郑州:河南教育出版社,1995.8.—47页;19cm
九年义务教育三年制初级中学教材
ISBN 7-5347-1842-2:¥1.20

G634.51　019990
初中三年级第一学期历史基础训练/《历史基础训练》编写组编.—郑州:河南教育出版社,1995.5.—79页;19cm
ISBN 7-5347-1792-2:¥1.25

G634.51　019991
初中中国历史单元试卷集/阮连辉,海云编.—南宁:广西教育出版社,1995.5.—48页;26cm.—(初中各科单元试卷集丛书)
一年级上学期用
ISBN 7-5435-2246-2:¥1.75

G634.51　019992
高二历史作业本:上学期/崔粲,何芸生主编;左守国等编.—2版.—沈阳:辽宁教育出版社,1995.5.—80页;26cm
ISBN 7-5382-3475-6:¥3.30

G634.51　019993
高二历史作业本:下学期/崔粲,王巨龙主编;梁玉华等编.—2版.—沈阳:辽宁教育出版社,1995.11.—63页;26cm
ISBN 7-5382-3924-3:¥3.20

G634.51　019994
高中二年级下学期历史测试卷/《中小学各科测试卷》编委会编.—2版.—武汉:湖北教育出版社,1995.11.—30页;26×38cm
ISBN 7-5351-1681-7:¥2.70

G634.51　019995
高中历史材料解析:世界近代现代史/丁孔明编著.—武汉:湖北教育出版社,1995.7.—253页;19cm
ISBN 7-5351-1657-4:¥7.00

G634.51　019996
高中历史材料解析:中国古代史/林楚豪编著.—武汉:湖北教育出版社,1995.7.—261页;19cm
ISBN 7-5351-1656-6:¥7.20

G634.51　019997
高中历史材料解析:中国近代现代史/李统纲,曹松林编著.—武汉:湖北教育出版社,1995.7.—190页;19cm
ISBN 7-5351-1655-8:¥5.50

G634.51　019998
高中历史单元测验期中期末试卷集:一年级下学期/《单元测验期中期末试卷集》编写组编.—南昌:江西教育出版社,1995.12.—47页;26cm
ISBN 7-5392-2312-X:¥2.30

G634.51　019999
高中历史复习提要/上海市中小学教材编写组编.—2版.—上海:上海教育出版社,1995.11.—290页;19cm
ISBN 7-5320-4213-8:¥5.90

G634.51　020000
高中历史基础知识举要与练习/李连义,闻学主编;马德录等编.—2版(修订本).—沈阳:辽宁大学出版社,1995.11.—315页;19cm
ISBN 7-5610-2484-3:¥9.20

G634.51　020001
高中历史练习册:一年级上学期/江西省教委教研室编.—南昌:江西教育出版社,1995.7.—90页;19cm
ISBN 7-5392-2014-7:¥1.40

G634.51　020002
高中历史练习册:一年级下学期/江西省教委教研室编.—南昌:江西教育出版社,1995.12.—85页;19cm
ISBN 7-5392-2446-0:¥1.65

G634.51　020003
高中历史配套练习/甘肃省教材编审室编.—兰州:兰州大学出版社,1995.6.—58页;26cm
ISBN 7-311-00887-5:¥3.40

G634.51　020004
高中历史配套练习/甘肃省教材编审室编.—兰州:兰州大学出版社,1995.12.—57页;26cm
春季用书
ISBN 7-311-00976-6:¥4.00

G634.51　020005
高中历史试卷:二年级下学期/《高中历史试卷》编写组编.—3版.—南京:江苏教育出版社,1995.12.—42页;26×37cm
ISBN 7-5343-2047-X:¥4.35

G634.51　020006
高中历史试卷:三年级上学期/《高中历史试卷》编写组编.—2版.—南京:江苏教育出版社,1995.6.—42页;26×37cm
ISBN 7-5343-2125-5:¥4.20

G634.51　020007
高中历史习题集/山东省教学研究室编.—济南:山东教育出版社,1995.12.—278页;26×19cm
三年级用
¥12.90

G634.51　020008
高中历史综合复习题/山西省教委教研室编.—太原:山西教育出版社,1995.2.—144页;26cm
ISBN 7-80578-201-6:¥3.50

G634.51　020009
高中历史综合复习指导/山西省教委教研室编.—太原:山西教育出版社,1995.5.—165页;26cm
ISBN 7-5440-0707-3:¥4.70

G634.51　020010
高中历史总复习:补充教材/天津市教育教学研究室编.—4版.—天津:天津教育出版社,1995.7.—140页;26cm
ISBN 7-5309-1490-1:¥3.95

G634.51　020011
高中历史总复习备考指导/湖北省教学研究室编.—武汉:湖北教育出版社,1995.1.—184页;26cm.—(高中总复习备考指导丛书)
ISBN 7-5351-1641-8:¥6.50

G634.51　020012
高中历史总复习指导/江西省教委教研室编.—南昌:江西教育出版社,1995.7.—296页;19cm
ISBN 7-5392-2030-9:¥4.85

G634.51　020013
高中一年级下学期历史测试卷/《中小学各科测试卷》编委会编.—3版.—武汉:湖北教育出版社,1995.11.—30页;26×38cm
ISBN 7-5351-1324-9:¥2.70

G634.51　020014
九年义务教育初级中学初三历史单元测试卷:上学期/测试卷编写组编.—沈阳:辽宁教育出版社,1995.5.—48页;26cm
ISBN 7-5382-4114-0:¥2.10

G634.51　020015
九年义务教育初级中学初三历史单元测试卷:下学期/赵丽娟编.—沈阳:辽宁教育出版社,1995.11.—48页;26cm
ISBN 7-5382-4294-5:¥2.30

G634.51　020016
九年义务教育初级中学历史第三册单元检测/郭素卿等编.—2版.—石家庄:河北教育出版社,1995.5.—64页;26cm
ISBN 7-5434-1384-1:¥1.95

G634.51　020017
九年义务教育课本历史练习册:九年级第二学期/上海市中小学课程教材改革委员会编.—上海:上海教育出版社,1995.11.—76页;19cm
ISBN 7-5320-4443-2:¥1.70

G634.51　020018
九年义务教育历史评估检测题:初中二年级下学期/《评估检测题》编写委员会编.—武汉:湖北教育出版社,1995.11.—87页;26cm
原名自测题
ISBN 7-5351-1567-5:¥4.20

G634.51　020019
九年义务教育历史评估检测题:初中三年级上学期/宗五九等编;《评估检测题》编写委员会编.—武汉:湖北教育出版社,1995.6.—96页;26cm
ISBN 7-5351-1720-1:¥3.80

G634.51　020020
九年义务教育历史评估检测题:初中三年级下学期/《评估检测题》编写委员会编.—2版.—武汉:湖北教育出版社,1995.11.—79页;26cm
原名自测题
ISBN 7-5351-1863-1:¥3.70

G634.51　020021
九年义务教育历史评估检测题:初中一年级下学期/童绥宝等编.—2版.—武汉:湖北教育出版社,1995.11.—84页;26cm
原名自测题
ISBN 7-5351-1568-3:¥4.00

G634.51　020022

九年义务教育三年制初级中学历史达标练习/《达标练习》编写组编.—长沙:湖南教育出版社,1995.6.—84页;19cm
供初中二年级上学期用
ISBN 7-5355-2173-8:￥1.95

G634.51　　020023
九年义务教育三年制初级中学历史达标练习/《达标练习》编写组编.—长沙:湖南教育出版社,1995.12.—78页;19cm
供初中三年级下学期用
ISBN 7-5355-2354-4:￥1.95

G634.51　　020024
九年义务教育三年制初级中学历史达标练习/《达标练习》编写组编.—长沙:湖南教育出版社,1995.12.—86页;19cm
供初中二年级下学期用
ISBN 7-5355-2348-X:￥2.10

G634.51　　020025
九年义务教育三年制初级中学历史达标练习/《达标练习》编写组编.—长沙:湖南教育出版社,1995.12.—84页;19cm
供初中一年级下学期用
ISBN 7-5355-2341-2:￥2.10

G634.51　　020026
历史/天津市第二教育局编.—天津:天津大学出版社,1995.9.—521页;19cm
天津市普及高中阶段教育系列教材
ISBN 7-5618-0781-3:￥10.80

G634.51　　020027
历史:实验本/沈起炜主编;林丙义编.—上海:上海教育出版社,1995.6.—236页;26cm
高级中学选修课本 供三年级文科班用
ISBN 7-5320-4248-0:￥5.10

G634.51　　020028
历史:一年级/上海中小学课程教材改革委员会编.—2版.—上海:上海教育出版社,1995.6.—239页;26cm
高级中学课本:试用本
ISBN 7-5320-4332-0:￥5.90

G634.51　　020029
历史高考材料解析题最新设计:96版/郭福华主编.—西安:三秦出版社,1995.11.—92页;26cm
ISBN 7-80546-940-7:￥5.60

G634.51　　020030
历史高考问答题最新设计:96版/郭福华主编.—西安:三秦出版社,1995.11.—84页;26cm
ISBN 7-80546-941-5:￥5.60

G634.51　　020031
历史高考学科能力试卷精编:96版/厉如良等主编.—西安:三秦出版社,1995.11.—1册;26cm
ISBN 7-80546-939-3:￥5.00

G634.51　　020032
历史给我启示:辽宁省第二届中学生"学史一得"讲演集锦/杨振德,崔粲主编.—沈阳:辽宁教育出版社,1995.5.—213页;19cm.—(中学历史学科活动课程读物)
ISBN 7-5382-3453-5:￥3.90

G634.51　　020033
历史课外作业:初中二年级:中国历史　第三册/湖北省教学研究室编写.—武汉:湖北教育出版社,1995.5.—68页;19cm.—(九年义务教育中学教学目标评价及课外作业丛书)
ISBN 7-5351-1712-0:￥1.45

G634.51　　020034
历史课外作业:初中二年级:中国历史　第四册/湖北省教学研究室编.—武汉:湖北教育出版社,1995.11.—70页;19cm.—(中学教学目标评价及课外作业丛书)
ISBN 7-5351-1873-9:￥1.65

G634.51　　020035
历史课外作业:初中三年级:世界历史　第二册/湖北省教学研究室编.—武汉:湖北教育出版社,1995.10.—64页;19cm.—(中学教学目标评价及课外作业丛书)
ISBN 7-5351-1866-6:￥1.65

G634.51　　020036
历史课外作业:初中三年级:世界历史　第一册/湖北省教学研究室编写.—武汉:湖北教育出版社,1995.5.—78页;19cm.—(九年义务教育中学教学目标评价及课外作业丛书)
ISBN 7-5351-1740-6:￥1.55

G634.51　　020037
历史课外作业:初中一年级:中国历史　第二册/湖北省教学研究室编.—武汉:湖北教育出版社,1995.10.—76页;19cm.—(中学教学目标评价及课外作业丛书)
ISBN 7-5351-1886-0:￥1.80

G634.51　　020038
历史课外作业:世界近代现代史:高中一年级(上)/湖北省教学研究室编.—武汉:湖北教育出版社,1995.5.—88页;19cm.—(中学教学目标评价及课外作业丛书)
ISBN 7-5351-1835-6:￥1.80

G634.51　　020039
历史课外作业:世界近代现代史:高中一年级(下)/湖北省教学研究室编.—武汉:湖北教育出版社,1995.12.—49页;19cm.—(中学教学目标评价及课外作业丛书)
ISBN 7-5351-1925-5:￥1.20

G634.51　　020040
历史课外作业:中国近代现代史:高中二年级(下)/湖北省教学研究室编.—武汉:湖北教育出版社,1995.11.—83页;19cm.—(中学教学目标评价及课外作业丛书)
ISBN 7-5351-1922-0:￥1.95

G634.51　　020041
历史课外作业:中国近代现代史:高中二年级(上)/湖北省教学研究室编.—武汉:湖北教育出版社,1995.

5.—98页；19cm.—（中学教学目标评价及课外作业丛书）

ISBN 7-5351-1834-8：¥1.90

G634.51　020042

历史课外作业：中国历史：初中一年级　第一册/湖北省教学研究室编.—武汉：湖北教育出版社，1995.5.—90页；19cm.—（中学教学目标评价及课外作业丛书）

ISBN 7-5351-1791-0：¥1.80

G634.51　020043

历史评估检测题：高中二年级下学期/《评估检测题》编写委员会编.—2版.—武汉：湖北教育出版社，1995.11.—73页；26cm

原名自测题

ISBN 7-5351-1705-8：¥3.60

G634.51　020044

历史评估检测题：高中一年级下学期/《评估检测题》编写委员会编.—3版.—武汉：湖北教育出版社，1995.11.—73页；26cm

原名自测题

ISBN 7-5351-1276-5：¥3.60

G634.51　020045

历史网络：高二分册：中国近代史（上）/郝友明主编.—天津：天津古籍出版社，1995.6.—84页；26cm

ISBN 7-80504-429-5：¥4.60

G634.51　020046

四年制初中二年级第二学期历史基础练习/范瑞祥编写.—北京：华文出版社，1995.12.—136页；19cm

ISBN 7-5075-0504-9：¥4.50

G634.51　020047

新编初中历史单元自测：二年级上学期/《新编初中历史单元自测》编写组编.—南昌：江西教育出版社，1995.7.—60页；26cm

原书名：单元测验期中期末试卷集

ISBN 7-5392-1967-X：¥2.10

G634.51　020048

新编初中历史单元自测：三年级上学期/《新编初中历史单元自测》编写组编.—南昌：江西教育出版社，1995.7.—59页；26cm.—（原书名：单元测验期中期末试卷集）

ISBN 7-5392-1991-2：¥2.10

G634.51　020049

新编初中历史单元自测：一年级上学期/《新编初中历史单元自测》编写组编.—南昌：江西教育出版社，1995.7.—51页；26cm

原书名：单元测验期中期末试卷集

ISBN 7-5392-2540-8：¥1.90

G634.51　020050

新编高中历史单元自测：三年级　全一册/《新编高中历史单元自测》编写组编.—南昌：江西教育出版社，1995.7.—91页；19cm

3+2考试用

ISBN 7-5392-2010-4：¥3.00

G634.51　020051

新编高中历史单元自测：一年级上学期/《新编高中历史单元自测》编写组编.—南昌：江西教育出版社，1995.7.—43页；26cm

ISBN 7-5392-2517-3：¥1.65

G634.51　020052

新编高中历史知识重点难点分析及综合能力测试题/郎建中主编；陈奕望等编写.—北京：首都师范大学出版社，1995.1.—322页；19cm.—（新编中学各科知识重点难点分析及综合能力测试丛书）

ISBN 7-81039-250-6：¥6.20

G634.51　020053

新编中学历史课本表解/冯庆余，林德春主编.—沈阳：辽宁教育出版社，1995.2.—177页；26cm

ISBN 7-5382-3709-7：¥6.50

G634.51　020054

掌握历史：世界历史　第一册/《初中学生课堂学习用书》编委会编.—长沙：湖南教育出版社，1995.6.—57页；26cm

义务教育三年制初中：人教版 初中学生课堂学习用书 供三年级第一学期使用

ISBN 7-5355-2154-1：¥2.65

G634.51　020055

掌握历史：中国历史　第二册/《初中学生课堂学习用书》编委会编.—长沙：湖南教育出版社，1995.12.—57页；26cm

初中学生课堂学习用书 供一年二期使用

ISBN 7-5355-2310-2：¥3.00

G634.51　020056

掌握历史：中国历史　第三册/《初中学生课堂学习用书》编委会编.—长沙：湖南教育出版社，1995.6.—62页；26cm

义务教育三年制初中：人教版 初中学生课堂学习用书 供二年级第一学期使用

ISBN 7-5355-2183-5：¥2.90

G634.51　020057

掌握历史：中国历史　第一册/《初中学生课堂学习用书》编委会编.—长沙：湖南教育出版社，1995.6.—56页；26cm

义务教育三年制初中：人教版 初中学生课堂学习用书 供一年级第一学期使用

ISBN 7-5355-2150-9：¥2.65

G634.51　020058

中学历史课导读与能力训练：初中二年级/刘心坦主编.—厦门：鹭江出版社，1995.9.—190页；19cm

ISBN 7-80610-247-7：¥4.80

G634.51　020059

中学历史课导读与能力训练：初中三年级/陈超主编.—厦门：鹭江出版社，1995.9.—212页；19cm

ISBN 7-80610-243-4：¥4.80

G634.51　020060

中学历史课导读与能力训练：初中一年级/余小明主编.—厦门：鹭江出版社，1995.9.—186页；19cm

ISBN 7-80610-250-7：¥4.80

G634.51　020061

中学历史专题学法及解题指导/李忠慈主编.—天津:天津教育出版社,1995.4.—234页;26cm
ISBN 7-5309-1981-4: ¥7.20

G634.51-62　　020062
初中生历史手册/李秉国主编;陈隆涛等编.—北京:中国大百科全书出版社,1995.11.—477页;13cm.—(初中生系列工具书)
ISBN 7-5000-5451-3: ¥6.80

G634.52　　020063
初中世界历史单元试卷集/曾传斌,吕溅玉编.—南宁:广西教育出版社,1995.6.—66页;26cm.—(初中各科单元试卷集丛书)
三年级上学期用
ISBN 7-5435-2256-X: ¥2.40

G634.52　　020064
高级中学课本《世界近代现代史》同步提高练习册　上册/隋清钧,任知初编写.—天津:天津教育出版社,1995.7.—74页;19×26cm
ISBN 7-5309-2361-7: ¥4.50

G634.52　　020065
高中世界近代现代史补充教材　上册/天津市教育教学研究室编.—4版.—天津:天津教育出版社,1995.5.—62页;19×26cm
ISBN 7-5309-1480-4: ¥2.10

G634.52　　020066
高中世界近代现代史练习册　下册/《中学生助学丛书》编写组编.—福州:福建人民出版社,1995.12.—78页;26cm.—(中学生助学丛书)
ISBN 7-211-02605-7: ¥4.35

G634.52　　020067
高中世界近代现代史试卷:一年级上学期/《高中历史试卷》编写组编.—3版.—南京:江苏教育出版社,1995.6.—31页;26×37cm
ISBN 7-5343-1781-9: ¥2.90

G634.52　　020068
高中世界近代现代史同步练习　上册/李松韵编写.—2版.—南京:江苏古籍出版社,1995.5.—88页;19cm
ISBN 7-80519-468-8: ¥1.70

G634.52　　020069
高中世界近代现代史同步练习　下册/李华,刘淑琴编写.—南京:江苏教育出版社,1995.11.—116页;19cm
ISBN 7-5343-2530-7: ¥3.00

G634.52　　020070
九年义务教育初级中学世界历史达标测试卷　第二册/李志杰编.—石家庄:河北教育出版社,1995.11.—28页;26×36cm
ISBN 7-5434-2524-6: ¥2.20

G634.52　　020071
九年义务教育初级中学世界历史第二册单元检测/邓斯金等编.—石家庄:河北教育出版社,1995.10.—64页;26cm
ISBN 7-5434-2394-4: ¥2.45

G634.52　　020072
九年义务教育初级中学世界历史第二册基本功训练/《初级中学世界历史基本功训练》编写组编.—石家庄:河北教育出版社,1995.12.—165页;19cm
ISBN 7-5434-2526-2: ¥3.05

G634.52　　020073
九年义务教育初级中学世界历史第一册单元检测/何兵勇,于运来编.—石家庄:河北教育出版社,1995.5.—56页;26cm
ISBN 7-5434-2362-6: ¥1.75

G634.52　　020074
九年义务教育初级中学世界历史第一册基本训练/于友西主编.—石家庄:河北教育出版社,1995.6.—204页;19cm
ISBN 7-5434-2395-2: ¥2.95

G634.52　　020075
九年义务教育初中世界历史单元试卷集/曾传斌,吕溅玉编.—南宁:广西教育出版社,1995.12.—47页;26cm.—(初中各科单元试卷集丛书)
三年级下学期用
ISBN 7-5435-2360-4: ¥2.60

G634.52　　020076
九年义务教育三、四年制初级中学世界历史第一册、第二册练习册/王列遗,张荷编.—乌鲁木齐:新疆教育出版社,1995.6.—136页;19cm
初级中学三年级使用
ISBN 7-5370-2445-6: ¥1.92

G634.52　　020077
九年义务教育三年制、四年制初级中学世界历史基础训练　第二册/《世界历史基础训练》编写组编.—济南:山东教育出版社,1995.12.—148页;20cm
三年级下学期用
ISBN 7-5328-2248-6: ¥3.55

G634.52　　020078
九年义务教育三年制、四年制初级中学世界历史基础训练　上册/《世界历史基础训练》编写组编.—济南:山东教育出版社,1995.5.—161页;19cm
三年级上学期用
ISBN 7-5328-2160-9: ¥2.60

G634.52　　020079
九年义务教育三年制初中世界历史补充教材(一)/天津市教育教学研究室编.—天津:天津教育出版社,1995.5.—34页;19×26cm
ISBN 7-5309-2277-7: ¥1.45

G634.52　　020080
九年义务教育三年制初中世界历史补充教材　第二册/天津市教育教学研究室编.—天津:天津教育出版社,1995.11.—26页;19×26cm
ISBN 7-5309-2419-2: ¥1.80

G634.52　　020081
九年义务教育世界历史课程辅导与训练:初中三年级/《课程辅导与训练》编写组编.—西安:陕西人民教育出版社,1995.6.—209页;19cm
第一学期用

ISBN 7-5419-6224-4：¥3.90

G634.52 **020082**

九年义务教育世界历史课程辅导与训练：初中三年级/《课程辅导与训练》编写组编.—西安：陕西人民教育出版社，1995.11.—172页；19cm

第二学期用

ISBN 7-5419-0642-5：¥3.80

G634.52 **020083**

九年义务教育四年制初中三年级上学期世界历史基础同步练习/《世界历史基础同步练习》编写组编.—北京：科学出版社：龙门书局，1995.6.—76页；19cm

配合北师大版教材

ISBN 7-03-004922-5：¥1.90

G634.52 **020084**

人类进步的历程：世界历史述要/郭小凌主编；北京市教育局编.—北京：华夏出版社，1995.1.—274页；19cm

北京市高中选修课试用教材

ISBN 7-5080-0526-0：¥7.50

G634.52 **020085**

世界历史第一册单元检测试卷/初中单元检测试卷编写组编.—太原：山西教育出版社，1995.5.—66页；26cm

ISBN 7-5440-0689-1：¥2.00

G634.52 **020086**

世界历史第一册练习册/张宗文主编.—太原：山西教育出版社，1995.5.—145页；19cm

ISBN 7-5440-0690-5：¥2.20

G634.52 **020087**

义务教育三年制初中世界历史　第一册/崔粲，王巨龙主编；张国斌等编.—2版.—沈阳：辽宁教育出版社，1995.5.—180页；19cm.—(中学生学习指导丛书)

ISBN 7-5382-2359-2：¥3.65

G634.52 **020088**

中学历史填充图：世界历史　第二册：试用本/辽宁省中小学教学用书编审委员会编.—沈阳：辽宁教育出版社；北京：测绘出版社，1995.12.—30页；19×26cm

ISBN 7-5382-4474-3：¥2.20

G634.52 **020089**

中学历史填充图：世界历史　第一册：试用本/崔粲，杜尚侠主编，《世界历史》编写组编.—沈阳：辽宁教育出版社，1995.5.—32页；26cm

ISBN 7-5382-4242-2：¥1.80

G634.53 **020090**

《中国古代史》图示简表与练习/王建智编著.—西安：陕西人民教育出版社，1995.9.—91页；26cm

高级中学课本：选修

ISBN 7-5419-6186-8：¥4.20

G634.53 **020091**

初中中国历史单元试卷集/曾圣如，罗小聪编.—南宁：广西教育出版社，1995.6.—56页；26cm.—(初中各科单元试卷集丛书)

二年级上学期用

ISBN 7-5435-2255-1：¥2.00

G634.53 **020092**

初中中国历史单元试卷集/阮连辉，海云编.—南宁：广西教育出版社，1995.11.—48页；26cm.—(初中各科单元试卷集丛书)

一年级下学期用

ISBN 7-5435-2358-2：¥2.60

G634.53 **020093**

高中中国古代史试卷集：高三　全一册/《高中中国古代史试卷集》编写组编.—南宁：广西科学技术出版社，1995.7.—53页；26cm

ISBN 7-80619-202-6：¥2.50

G634.53 **020094**

高中中国近代现代史补充教材　上册/天津市教育教学研究室编.—2版.—天津：天津教育出版社，1995.5.—46页；19×26cm

ISBN 7-5309-1950-4：¥1.75

G634.53 **020095**

高中中国近代现代史练习册　上册/《中学生助学丛书》编写组编.—福州：福建人民出版社，1995.5.—84页；26cm.—(中学生助学丛书)

试用本

ISBN 7-211-02438-0：¥3.30

G634.53 **020096**

高中中国近代现代史练习册　下册/《中学生助学丛书》编写组编.—福州：福建人民出版社，1995.12.—88页；26cm.—(中学生助学丛书)

ISBN 7-211-02589-1：¥4.90

G634.53 **020097**

高中中国近代现代史试卷：二年级上学期/《高中历史试卷》编写组编.—3版.—南京：江苏教育出版社，1995.6.—42页；26×37cm

ISBN 7-5343-1868-8：¥3.60

G634.53 **020098**

高中中国近代现代史试卷集：高二上学期/《高中中国近代现代史试卷集》编写组编.—南宁：广西科学技术出版社，1995.7.—53页；26cm

ISBN 7-80619-198-4：¥2.40

G634.53 **020099**

高中中国近代现代史同步练习：新编　上册/李代辅主编.—2版.—南京：江苏古籍出版社，1995.6.—66页；26cm

ISBN 7-80519-632-X：¥2.80

G634.53 **020100**

高中中国近代现代史同步练习：新编　下册/李代辅主编；蒋孝天等编写.—2版.—南京：江苏教育出版社，1995.12.—62页；26cm

ISBN 7-5343-2531-5：¥3.20

G634.53 **020101**

九年义务教育初级中学中国历史达标测试卷　第二册/李静编写.—石家庄：河北教育出版社，1995.12.—72页；26×37cm

ISBN 7-5434-2528-9：¥2.70

G634.53 **020102**

九年义务教育初中二年级下学期中国历史测试卷/

《中小学各科测试卷》编委会编.—3 版.—武汉:湖北教育出版社,1995.11.—18 页;26×38cm

ISBN 7-5351-1307-9:¥1.80

G634.53　　**020103**

九年义务教育初中一年级下学期中国历史测试卷/《中小学各科测试卷》编委会编.—3 版.—武汉:湖北教育出版社,1995.11.—18 页;26×38cm

ISBN 7-5351-1300-1:¥1.80

G634.53　　**020104**

九年义务教育初中中国历史单元试卷集/曾圣如,罗小聪编.—南宁:广西教育出版社,1995.12.—48 页;26cm.—(初中各科单元试卷集丛书)

二年级下学期用

ISBN 7-5435-2359-0:¥2.60

G634.53　　**020105**

九年义务教育三年制初级中学中国历史第三册(试用本)达纲训练/冯玉荣编.—2 版.—成都:四川教育出版社,1995.5.—38 页;19cm

ISBN 7-5408-2452-2:¥0.90

G634.53　　**020106**

九年义务教育四年制初中二年级上学期中国历史基础同步练习/《中国历史基础同步练习》编写组编.—北京:科学出版社:龙门书局,1995.6.—60 页;19cm

配合北师大版教材

ISBN 7-03-004850-4:¥1.50

G634.53　　**020107**

九年义务教育四年制初中一年级上学期中国历史基础同步练习/《中国历史基础同步练习》编写组编.—北京:科学出版社:龙门书局,1995.6.—75 页;19cm

配合北师大版教材

ISBN 7-03-004840-7:¥1.88

G634.53　　**020108**

中国近代现代史(上)练习册:高中/张宗文主编.—太原:山西教育出版社,1995.5.—242 页;19cm

ISBN 7-5440-0387-6:¥3.40

G634.53　　**020109**

中国历代大系纪年表·中学历史辅助读物/欧阳明主编.—长沙:湖南出版社,1995.12.—1 张;76×53cm

ISBN 7-5438-1158-8:¥2.30

G634.53　　**020110**

中国历史地图册　第二册/中国地图出版社,五·四学制教材总编辑委员会编制.—北京:中国地图出版社,1995.1.—28 页;19cm

九年义务教育四年制初级中学试用 一年级下学期用图

ISBN 7-5031-1734-6:¥1.00

G634.53　　**020111**

中国历史第三册单元检测试卷/初中单元检测试卷编写组编.—太原:山西教育出版社,1995.5.—60 页;26cm

ISBN 7-5440-0541-0:¥1.80

G634.53　　**020112**

中国历史第一册单元检测试卷/初中单元检测试卷编写组编.—太原:山西教育出版社,1995.5.—48 页;26cm

ISBN 7-5440-0326-4:¥1.50

G634.53　　**020113**

中国文化简史/山西省教委教研室编.—太原:山西教育出版社,1995.5.—303 页;19cm

山西省普通高中选修教材

ISBN 7-5440-0385-X:¥4.70

G634.53　　**020114**

中学历史填充图:试用本:中国历史　第四册/辽宁省中小学教学用书编审委员会编.—沈阳:辽宁教育出版社,1995.12.—30 页;19×26cm

ISBN 7-5382-4475-1:¥2.20

G634.53　　**020115**

中学历史填充图:试用本:中国历史　第一册/《中学历史填充图》编写组编.—沈阳:辽宁教育出版社,1995.5.—32 页;19×26cm

ISBN 7-5382-4244-9:¥1.80

G634.53　　**020116**

中学历史填充图:中国历史　第二册:试用本 /辽宁省中小学教学用书编审委员会编.—沈阳:辽宁教育出版社;北京:测绘出版社,1995.12.—32 页;19×26cm

ISBN 7-5382-4473-5:¥2.20

G634.53　　**020117**

中学历史填充图:中国历史　第三册:试用本/《中学历史填充图》编写组编.—沈阳:辽宁教育出版社,1995.6.—1 册;19×26cm

ISBN 7-5382-4243-0:¥1.80

G634.55　　**020118**

1995 年高中地理毕业会考考前训练/单仁志,冯晓茹主编.—太原:山西教育出版社,1995.3.—73 页;19cm

ISBN 7-5440-0638-7:¥5.00

G634.55　　**020119**

初中地理单元测验期中期末试卷集:二年级下学期/《初中地理单元测验期中期末试卷集》编写组编 .—南昌:江西教育出版社,1995.12.—47 页;26cm

ISBN 7-5392-2328-6:¥2.30

G634.55　　**020120**

初中地理单元测验期中期末试卷集:一年级下学期/《初中地理单元测验期中期末试卷集》编写组编.—南昌:江西教育出版社,1995.12.—50 页;26cm

ISBN 7-5392-2328-6:¥2.45

G634.55　　**020121**

初中地理单元试卷集/江原编.—南宁:广西教育出版社,1995.5.—64 页;26cm.—(初中各科单元试卷集丛书)

二年级上学期用

ISBN 7-5435-2258-6:¥2.25

G634.55　　**020122**

初中地理单元试卷集/江原编.—南宁:广西教育出版社,1995.11.—60 页;26cm.—(初中各科单元试卷集丛书)

二年级下学期用

ISBN 7-5435-2345-0:¥3.15

G634.55　020123
初中地理单元试卷集/谭志编写.—南宁:广西教育出版社,1995.11.—80页;26cm.—(初中各科单元试卷集丛书)
一年级下学期用
ISBN 7-5435-2344-2:¥4.10

G634.55　020124
初中地理单元试卷集/谭志编.—南宁:广西教育出版社,1995.6.—56页;26cm.—(初中各科单元试卷集丛书)
一年级上学期用
ISBN 7-5435-2257-8:¥2.00

G634.55　020125
初中地理单元学习与指导:一年级下学期/《单元学习与指导》丛书初中编写组编.—3版.—福州:福建人民出版社,1995.11.—129页;19cm
ISBN 7-211-02599-9:¥3.45

G634.55　020126
初中地理会考阶段测验和综合练习/初中地理试题研究小组编.—2版.—上海:上海教育出版社,1995.6.—127页;26cm
ISBN 7-5320-4346-0:¥5.00

G634.55　020127
初中地理练习册:二年级上学期/《初中地理练习册》编写组编.—南昌:江西教育出版社,1995.7.—62页;19cm
ISBN 7-5392-2033-3:¥1.00

G634.55　020128
初中地理练习册:二年级下学期/《初中地理练习册》编写组编.—南昌:江西教育出版社,1995.12.—61页;19cm
ISBN 7-5392-2453-3:¥1.55

G634.55　020129
初中地理练习册:一年级上学期/《初中地理练习册》编写组编.—南昌:江西教育出版社,1995.7.—74页;19cm
ISBN 7-5392-2029-5:¥1.20

G634.55　020130
初中地理练习册:一年级下学期/《初中地理练习册》编写组编.—南昌:江西教育出版社,1995.12.—62页;19cm
ISBN 7-5392-2496-7:¥1.55

G634.55　020131
初中地理试卷:二年级上学期/《初中地理试卷》编写组编.—3版.—南京:江苏教育出版社,1995.6.—61页;26×37cm
ISBN 7-5343-1766-5:¥5.85

G634.55　020132
初中地理试卷:二年级下学期/《初中地理试卷》编写组编.—3版.—南京:江苏教育出版社,1995.12.—29页;26×38cm
ISBN 7-5343-1963-3:¥3.30

G634.55　020133
初中地理试卷:一年级上学期/《初中地理试卷》编写组编.—3版.—南京:江苏教育出版社,1995.6.—56页;26×37cm
ISBN 7-5343-1852-1:¥5.35

G634.55　020134
初中地理试卷集　第二册:初一下学期/《初中地理试卷集》编写组编.—南宁:广西科学技术出版社,1995.12.—72页;26cm
ISBN 7-80619-267-0:¥4.00

G634.55　020135
初中地理试卷集　第四册:初二下学期/《初中地理试卷集》编写组编.—南宁:广西科学技术出版社,1995.12.—45页;26cm
ISBN 7-80619-266-2:¥2.90

G634.55　020136
初中地理水平检测/初中地理试题研究小组编写.—2版.—上海:上海教育出版社,1995.6.—94页;26cm
ISBN 7-5320-4408-4:¥3.70

G634.55　020137
初中地理填充图册　第二册/九年义务教育教材(沿海地区)编写委员会编.—2版.—北京:中国地图出版社,1995.10.—22页;19×26cm
九年义务教育三年制初级中学:试用
ISBN 7-5031-1539-4:¥1.30

G634.55　020138
初中地理填充图册　第一册/北京市义务教育初中地理教材编写组编.—北京:中国地图出版社,1995.6.—45页;26cm
九年义务教育三年制初级中学教材实验本
ISBN 7-5031-1592-0:¥2.00

G634.55　020139
初中地理习题集/山东省教学研究室编.—济南:山东教育出版社,1995.12.—128页;26×19cm
三年制三年级、四年制四年级用
¥6.20

G634.55　020140
初中地理一年级下学期新编测试与辅导/《新编测试与辅导》编写组编.—沈阳:辽宁教育出版社,1995.11.—121页;19cm
ISBN 7-5382-4394-1:¥3.10

G634.55　020141
初中地图册　第二册/陈潮,徐岩主编;中国地图出版社编制.—北京:中国地图出版社,1995.6.—21页;19cm
九年义务教育三年制、四年制初级中学试用
ISBN 7-5031-1398-7:¥0.95

G634.55　020142
初中二年级第二学期地理基础训练/《地理基础训练》编写组编.—3版.—郑州:河南教育出版社,1995.8.—60页;19cm
ISBN 7-5347-1665-9:¥1.35

G634.55　020143
初中二年级第一学期地理基础训练/《地理基础训练》编写组编.—郑州:河南教育出版社,1995.4.—64页;19cm

ISBN 7-5347-1791-4:￥1.05

G634.55　020144

地理/怀化地区教育科学研究所编.—长沙:湖南地图出版社,1995.1.—63页;19cm

怀化地区中学乡土教材

ISBN 7-80552-161-1:￥1.35

G634.55　020145

地理　第二册/秘际韩主编;北京市义务教育初中地理教材编写组编.—北京:中国地图出版社,1995.10.—127页;26cm

九年义务教育三年制初级中学教科书:实验本

ISBN 7-5031-1914-4:￥9.55

G634.55　020146

地理　第三册/内地版初中地理教材编写组编.—2版.—北京:中国地图出版社,1995.3.—162页;19cm

九年义务教育三年制初级中学:试用

ISBN 7-5031-1089-3:￥3.60

G634.55　020147

地理　第一册/内地版初中地理教材编写组编.—2版.—北京:中国地图出版社,1995.3.—162页;19cm

九年义务教育三年制初级中学:试用

ISBN 7-5031-1774-5:￥3.60

G634.55　020148

地理课外作业:初中二年级　全一册/湖北省教学研究室编.—武汉:湖北教育出版社,1995.5.—78页;19cm.—(中学教学目标评价及课外作业丛书)

ISBN 7-5351-1798-8:￥1.55

G634.55　020149

地理课外作业:初中一年级　全一册/湖北省教学研究室编写.—武汉:湖北教育出版社,1995.6.—116页;19cm.—(中学教学目标评价及课外作业丛书)

ISBN 7-5351-1742-2:￥2.20

G634.55　020150

地理课外作业:高中一年级　全一册/湖北省教学研究室编.—武汉:湖北教育出版社,1995.5.—90页;19cm.—(中学教学目标评价及课外作业丛书)

ISBN 7-5351-1836-4:￥1.80

G634.55　020151

地理填充图册　第四册/人民教育出版社,中国地图出版社编制;内蒙古教育出版社译.—北京:中国地图出版社,1995.9.—14页;19×26cm

九年义务教育三年制初级中学:试用

ISBN 7-5031-1806-7:￥0.85

G634.55　020152

地理图册:选修/中国地图出版社编制.—2版.—北京:中国地图出版社,1995.2.—69页;19cm

高级中学适用

ISBN 7-5031-1128-7:￥2.20

G634.55　020153

地理学习方法与能力测试:中国地理/王克平主编;高秀敏等编著.—天津:天津教育出版社,1995.9.—184页;19cm

ISBN 7-5309-2391-9:￥4.25

G634.55　020154

地理学习方法指导/李鸣九著.—南昌:江西教育出版社,1995.7.—162页;19cm.—(实用学生课业学习方法指导丛书/冯克诚,西尔枭主编)

ISBN 7-5392-2621-8:￥6.15

G634.55　020155

高级中学地图册　上册/中国地图出版社编制.—2版.—北京:中国地图出版社,1995.2.—44页;19cm

ISBN 7-5031-1580-7:￥1.50

G634.55　020156

高中毕业会考《地理》复习指导书/《高中毕业会考<地理>复习指导书》编写组编.—广州:广东高等教育出版社,1995.12.—194页;19cm

高中一年级试用

ISBN 7-5361-1830-9:￥6.50

G634.55　020157

高中地理单元测验、期中期末试卷集:二年级下学期/《高中地理单元测验、期中期末试卷集》编写组编.—南昌:江西教育出版社,1995.12.—55页;26cm

ISBN 7-5392-2314-6:￥2.60

G634.55　020158

高中地理会考检测/《高中地理会考检测》编写组编.—2版.—济南:山东教育出版社,1995.2.—98页;26cm

ISBN 7-5328-1899-3:￥3.45

G634.55　020159

高中地理练习册:二年级上学期/《高中地理练习册》编写组编.—南昌:江西教育出版社,1995.7.—91页;19cm

ISBN 7-5392-2525-4:￥1.40

G634.55　020160

高中地理练习册:二年级下学期/《高中地理练习册》编写组编.—南昌:江西教育出版社,1995.12.—95页;19cm

ISBN 7-5392-2444-4:￥2.15

G634.55　020161

高中地理试卷:二年级下学期/《高中地理试卷》编写组编.—3版.—南京:江苏教育出版社,1995.12.—48页;26×37cm

ISBN 7-5343-1971-4:￥4.85

G634.55　020162

高中地理试卷:一年级上学期/《高中地理试卷》编写组编.—南京:江苏教育出版社,1995.6.—44页;26×37cm

ISBN 7-5343-2430-0:￥4.40

G634.55　020163

高中地理试卷:一年级下学期/《高中地理试卷》编写组编.—3版.—南京:江苏教育出版社,1995.12.—50页;26×38cm

ISBN 7-5343-1970-6:￥5.05

G634.55　020164

高中地理同步练习　上册/丁文卿,丁雪梅编著.—2版.—南京:江苏古籍出版社,1995.5.—149页;19cm

ISBN 7-80519-467-X:￥2.90

G634.55　020165

高中地理同步练习 下册/丁文卿等编著.—南京:江苏教育出版社,1995.11.—169页;19cm

ISBN 7-5343-2529-3:¥4.20

G634.55 020166

高中一年级地理补充教材 上册/天津市教育教学研究室编.—4版.—天津:天津教育出版社,1995.6.—84页;19×26cm

ISBN 7-5309-1481-2:¥2.65

G634.55 020167

九年义务教育初级中学地理达标测试卷 第二册/李志杰,李文中编.—石家庄:河北教育出版社,1995.11.—24页;26×37cm

ISBN 7-5434-2519-X:¥2.20

G634.55 020168

九年义务教育初级中学地理达标测试卷 第四册/杜树杭编.—石家庄:河北教育出版社,1995.12.—36页;26×36cm

ISBN 7-5434-2519-X:¥2.70

G634.55 020169

九年义务教育初中二年级下学期地理测试卷/《中小学各科测试卷》编委会编.—2版.—武汉:湖北教育出版社,1995.11.—19页;26×38cm

ISBN 7-5351-1667-1:¥1.90

G634.55 020170

九年义务教育初中一年级下学期地理测试卷/《中小学各科测试卷》编委会编.—3版.—武汉:湖北教育出版社,1995.11.—26页;26×38cm

ISBN 7-5351-1302-8:¥2.40

G634.55 020171

九年义务教育三年制、四年制初级中学地理基础训练 第一册/常华锋等编写.—2版.—济南:山东教育出版社,1995.5.—140页;19cm

一年级上学期用

ISBN 7-5328-1695-8:¥2.25

G634.55 020172

九年义务教育三年制初级中学地理达标练习/《达标练习》编写组编.—长沙:湖南教育出版社,1995.12.—76页;19cm

供初中二年级下学期用

ISBN 7-5355-2351-X:¥1.95

G634.55 020173

九年义务教育三年制初级中学地理达标练习/《达标练习》编写组编.—长沙:湖南教育出版社,1995.12.—102页;19cm

供初中一年级下学期用

ISBN 7-5355-2342-0:¥2.50

G634.55 020174

九年义务教育三年制初级中学地理达标练习 上册/《达标练习》编写组编.—长沙:湖南教育出版社,1995.6.—89页;19cm

供初中一年级上学期用

ISBN 7-5355-2166-5:¥2.10

G634.55 020175

九年义务教育三年制初级中学地理第四册练习册/王敏等编.—2版.—乌鲁木齐:新疆教育出版社,1995.11.—187页;19cm

初中二年级下学期使用

ISBN 7-5370-2400-6:¥2.34

G634.55 020176

九年义务教育三年制初级中学教材(实验本)初中地理填充图册 第二册/北京市义务教育初中地理教材编写组编.—北京:中国地图出版社,1995.11.—25页;26cm

ISBN 7-5031-1800-8:¥1.50

G634.55 020177

九年义务教育三年制初中二年级地理补充教材 上册/天津市教育教学研究室编.—3版.—天津:天津教育出版社,1995.6.—46页;19×26cm

ISBN 7-5309-1455-3:¥1.75

G634.55 020178

九年义务教育四年制初中二年级上学期地理基础同步练习/《地理基础同步练习》编写组编.—北京:科学出版社:龙门书局,1995.6.—91页;19cm

配合北师大版教材

ISBN 7-03-004842-3:¥2.25

G634.55 020179

九年义务教育四年制初中一年级上学期地理基础同步练习/《地理基础同步练习》编写组编.—北京:科学出版社:龙门书局,1995.6.—139页;19cm

配合北师大版教材

ISBN 7-03-004838-5:¥3.38

G634.55 020180

人文地理/上海中小学课程教材改革委员会编.—上海:上海科学技术出版社,1995.6.—79页;19cm

高级中学选修课本:试用本 供高中一、二年级用

ISBN 7-5323-3894-0:¥1.60

G634.55 020181

四年制初中二年级第二学期地理基础练习/张勇正编写.—北京:华文出版社,1995.12.—160页;19cm

ISBN 7-5075-0503-0:¥5.20

G634.55 020182

新编初中地理单元自测:二年级上学期/《新编初中地理单元自测》编写组编.—南昌:江西教育出版社,1995.7.—41页;26cm

ISBN 7-5392-1977-7:¥1.55

G634.55 020183

新编初中地理单元自测:一年级上学期/《新编初中地理单元自测》编写组编.—南昌:江西教育出版社,1995.7.—40页;26cm

原书名:单元测验期中期末试卷集

ISBN 7-5392-2541-6:¥1.55

G634.55 020184

新编高中地理单元自测:二年级上学期/《新编高中地理单元自测》编写组编.—南昌:江西教育出版社,1995.7.—60页;26cm

ISBN 7-5392-1940-8:¥2.20

G634.55 020185

义务教育初级中学(试用本)地理填充图册 第二

册:汉、朝鲜文对照/人民教育出版社,中国地图出版社编.—延吉:东北朝鲜民族教育出版社,1995.12.—44页;19×26cm

ISBN 7-5437-2309-3:¥2.25

G634.55 020186

义务教育初级中学(试用本)地理填充图册 第四册:汉、朝鲜文对照/人民教育出版社,中国地图出版社编.—延吉:东北朝鲜民族教育出版社,1995.11.—29页;19×26cm

ISBN 7-5437-2255-0:¥1.30

G634.55 020187

掌握地理 第三册/《初中学生课堂学习用书》编委会编.—长沙:湖南教育出版社,1995.6.—55页;26cm

义务教育三年制初中:人教版 初中学生课堂学习用书 供初中二年级第一学期使用

ISBN 7-5355-2195-9:¥2.65

G634.55 020188

中等师范地理作业册/王近仁主编;南京师范大学地理系编.—北京:测绘出版社,1995.3.—30页;19×26cm

ISBN 7-5030-0728-1:¥2.00

G634.55 020189

中国地理填充图册:八年级第二学期/上海中小学课程教材改革委员会编.—北京:中国地图出版社,1995.10.—22页;26cm

九年义务教育课本:试用本:发达地区版

ISBN 7-5031-1900-4:¥1.30

G634.55 020190

中学地理学习方法/吴胜明编著.—武汉:湖北教育出版社,1995.10.—155页;19cm

ISBN 7-5351-1700-7:¥4.10

G634.55-62 020191

初中生地理手册/杨家声主编;杜成等编.—北京:中国大百科全书出版社,1995.11.—566页;13cm.—(初中生系列工具书)

ISBN 7-5000-5450-5:¥8.20

G634.554 020192

新编测试与辅导:高中地理 上册/《新编测试与辅导》编写组编.—沈阳:辽宁教育出版社,1995.6.—164页;19cm

ISBN 7-5382-4144-2:¥3.75

G634.56 020193

地球大观园/孙祖芳,孙亮中编著.—北京:中国铁道出版社,1995.12.—178页;19cm

ISBN 7-113-02128-X:¥7.50

G634.56 020194

世界地图册/中国地图出版社编制.—2版.—北京:中国地图出版社,1995.6.—48页;26cm

九年义务教育三年制初级中学:试用

ISBN 7-5031-1755-9:¥3.20

G634.56 020195

中小学生万国通览/张文炜著.—石家庄:河北美术出版社,1995.5.—244页;图;19cm

ISBN 7-5310-0683-9:¥13.90

G634.57 020196

中国地理口诀歌集锦/聂宝利编著.—济南:山东友谊出版社,1995.12.—76页;19cm

ISBN 7-80551-753-3:¥3.80

G634.58 020197

鞍山地理/中国地图出版社编制.—3版.—北京:中国地图出版社,1995.7.—37页;19cm

辽宁省鞍山市中学乡土地理教材

ISBN 7-5031-1802-4:¥1.60

G634.58 020198

长汀地理/《长汀地理》编写组编.—福州:福建省地图出版社,1995.3.—97页:图;19cm

福建省初中乡土教材

ISBN 7-80516-256-5:¥3.10

G634.58 020199

成都市地理/成都市教育科学研究所,成都地图出版社编制.—成都:成都地图出版社,1995.4.—61页;19cm

九年义务教育初级中学乡土教材:试用本

ISBN 7-80544-420-X:¥2.50

G634.58 020200

福安地理/《福安地理》编写组编.—福州:福建省地图出版社,1995.3.—88页:图;19cm

福建省初中乡土教材

ISBN 7-80516-264-6:¥3.20

G634.58 020201

福鼎地理/《福鼎地理》编写组编.—福州:福建省地图出版社,1995.3.—92页:图;19cm

福建省初中乡土教材

ISBN 7-80516-260-3:¥3.20

G634.58 020202

抚州简史/周礼忠主编.—南昌:江西教育出版社,1995.7.—92页;19cm

中学生乡土教材

ISBN 7-5392-2590-4:¥1.40

G634.58 020203

甘肃省地理图册/甘肃省教材编审室编.—2版.—成都:成都地图出版社,1995.5.—28页;19cm

中学乡土地理教材

ISBN 7-80544-275-4:¥1.20

G634.58 020204

古田地理/《古田地理》编写组编.—福州:福建省地图出版社,1995.3.—89页:图;19cm

福建省初中乡土教材

ISBN 7-80516-258-1:¥3.20

G634.58 020205

广州地理/郑粤飞,李实主编;广州市教育局教研室,广东省地图出版社编.—广州:广东省地图出版社,1995.3.—45页;20cm

广东省乡土教材

ISBN 7-80522-292-4:¥2.90

G634.58 020206

菏泽地理/闫先德等主编.—2版.—北京:中国地图出版社,1995.10.—30页;19cm

菏泽地区中学乡土地理教材
ISBN 7-5031-1197-2:¥1.20

G634.58　020207

河北地理图册/河北省教育科学研究所,中国地图出版社合编.—北京:中国地图出版社,1995.5.—27页;19cm
河北省初级中学义务教育教材
ISBN 7-5031-1772-9:¥1.00

G634.58　020208

河北乡土历史图册/中国地图出版社,河北省教育科学研究所编.—北京:中国地图出版社,1995.1.—30页;19cm
河北省初中补充教材
ISBN 7-5031-1723-0:¥1.00

G634.58　020209

江西地理/江西省教委教学教材研究室编.—南昌:江西教育出版社,1995.7.—71页;19cm
中学生乡土教材
ISBN 7-5392-2592-0:¥1.10

G634.58　020210

江西历史/江西省教委教研室编.—南昌:江西教育出版社,1995.7.—177页;19cm
中学生乡土教材
ISBN 7-5392-134-8:¥2.50

G634.58　020211

金坛/金坛市教育局教研室编;汤钟音主编.—南京:江苏教育出版社,1995.5.—172页;19cm.—(江苏省乡土教材丛书)
ISBN 7-5343-2342-8:¥3.80

G634.58　020212

可爱的柴达木/孙孝欣,陈启福主编.—西宁:青海人民出版社,1995.10.—127页;19cm
ISBN 7-225-01168-5:¥4.00

G634.58　020213

连城地理/《连城地理》编写组编.—福州:福建省地图出版社,1995.3.—92页:图;19cm
福建省初中乡土教材
ISBN 7-80516-257-3:¥3.10

G634.58　020214

龙岩地理/《龙岩地理》编写组编.—福州:福建省地图出版社,1995.3.—105页:图;19cm
福建省初中乡土教材
ISBN 7-80516-251-4:¥3.30

G634.58　020215

闽侯地理/《闽侯地理》编写组编.—3版.—福州:福建省地图出版社,1995.1.—86页;19cm
福建省初中乡土教材
ISBN 7-80516-145-3:¥2.90

G634.58　020216

闽西历史/《闽西历史》编写组编.—福州:福建人民出版社,1995.9.—77页;19cm
福建省初中历史乡土教材
ISBN 7-211-02539-5:¥2.00

G634.58　020217

南昌地理/郭可让,梁仁铮著.—南昌:江西教育出版社,1995.2.—48页;19cm
中学生乡土教材
ISBN 7-5392-1996-3:¥2.00

G634.58　020218

南昌历史/《南昌历史》编写组编.—南昌:江西教育出版社,1995.3.—143页;19cm
中学生乡土教材
ISBN 7-5392-1981-5:¥2.60

G634.58　020219

宁波地理/宁波市初中乡土教材编委编.—宁波:宁波出版社,1995.8.—100页;19cm
宁波市初中乡土教材:试用
ISBN 7-80602-057-8:¥1.88

G634.58　020220

宁波历史/宁波市初中乡土教材编委会编.—宁波:宁波出版社,1995.8.—94页;19cm
宁波市初中乡土教材:试用
ISBN 7-80602-056-X:¥1.82

G634.58　020221

宁德地理/《宁德地理》编写组编.—福州:福建省地图出版社,1995.3.—88页:图;19cm
福建省初中乡土教材
ISBN 7-80516-259-X:¥2.90

G634.58　020222

屏南地理/《屏南地理》编写组编.—福州:福建省地图出版社,1995.3.—86页:图;19cm
福建省初中乡土教材
ISBN 7-80516-261-1:¥3.10

G634.58　020223

曲靖经济/曲靖行署教委职教办编.—昆明:云南人民出版社,1995.9.—120页;19cm
职业高中乡土教材:试用
ISBN 7-222-01847-6:¥4.70

G634.58　020224

三明历史/《三明历史》编写组编.—福州:福建人民出版社,1995.9.—77页;19cm
福建省初中历史乡土教材
ISBN 7-211-02534-4:¥2.00

G634.58　020225

山西历史/山西省教育委员会教研室,中国地图出版社历史图室编著.—北京:中国地图出版社,1995.3.—91页;19cm
山西省中学乡土教材
ISBN 7-5031-1767-2:¥2.80

G634.58　020226

陕西地理　全一册/《乡土地理》编写组编.—西安:陕西人民教育出版社,1995.5.—58页;19cm
全日制高级中学试用课本
ISBN 7-5419-0689-1:¥1.20

G634.58　020227

陕西地理　全一册/《乡土地理》编写组编.—3版.—西安:陕西人民教育出版社,1995.5.—51页;19cm

九年义务教育全日制初级中学试用课本
ISBN 7-5419-0688-3: ¥1.20

G634.58 **020228**
上杭地理/《上杭地理》编写组编.—福州:福建省地图出版社,1995.3.—119页:图;19cm
福建省初中乡土教材
ISBN 7-80516-252-2: ¥3.65

G634.58 **020229**
石家庄市历史/李增生,于运来主编;石家庄市教委教研室编.—石家庄:河北人民出版社,1995.8.—126页;19cm
初中乡土教材
ISBN 7-202-01776-8: ¥2.98

G634.58 **020230**
寿宁地理/《寿宁地理》编写组编.—福州:福建省地图出版社,1995.3.—90页;19cm
福建省初中乡土教材
ISBN 7-80516-266-2: ¥3.20

G634.58 **020231**
唐山地理/唐山市教育委员会教研室编.—3版.—石家庄:河北教育出版社,1995.8.—109页;19cm
初中乡土教材
ISBN 7-5434-0764-7: ¥1.90

G634.58 **020232**
唐山历史/唐山市教育委员会教研室编.—3版(修订本).—石家庄:河北教育出版社,1995.8.—111页;19cm
初中乡土教材
ISBN 7-5434-0853-6: ¥1.75

G634.58 **020233**
天津历史　全一册/天津市教育教学研究室编.—5版.—天津:天津教育出版社,1995.6.—94页;26cm
天津市中学乡土教材
ISBN 7-5309-0511-2: ¥2.90

G634.58 **020234**
通州地理/通州市教育局教研室,中国地图出版社合编.—北京:中国地图出版社,1995.3.—29页;19cm
中学乡土地理教材:试用
ISBN 7-5031-1754-0: ¥1.50

G634.58 **020235**
万县市地理/万县市教育科学研究所,成都地图出版社编.—2版.—成都:成都地图出版社,1995.3.—29页;19cm
乡土教材:试用本
ISBN 7-80544-246-0: ¥1.20

G634.58 **020236**
武汉地理/武汉市教学研究室编.—武汉:武汉出版社,1995.3.—92页;19cm
ISBN 7-5430-1335-5: ¥3.20

G634.58 **020237**
武平地理/《武平地理》编写组编.—福州:福建省地图出版社,1995.3.—91页:图;19cm
福建省初中乡土教材
ISBN 7-80516-255-7: ¥3.10

G634.58 **020238**
霞浦地理/《霞浦地理》编写组编.—福州:福建省地图出版社,1995.3.—91页:图;19cm
福建省初中乡土教材
ISBN 7-80516-262-X: ¥3.20

G634.58 **020239**
伊克昭盟地理/伊克昭盟教学研究室,中国地图出版社合编.—北京:中国地图出版社,1995.4.—44页;19cm
内蒙古自治区九年义务教育初级中学乡土地理教材:试用本
ISBN 7-5031-1771-0: ¥2.00

G634.58 **020240**
银川地理/银川市教育科学研究所编.—银川:宁夏少年儿童出版社,1995.3.—37页;26cm
初级中学地方教材:实验本
ISBN 7-80620-011-8: ¥1.95

G634.58 **020241**
银川历史/银川市教育科学研究所编.—银川:宁夏少年儿童出版社,1995.3.—77页;26cm
初级中学地方教科书:实验本
ISBN 7-80620-010-X: ¥2.40

G634.58 **020242**
永定地理/《永定地理》编写组编.—福州:福建省地图出版社,1995.3.—106页:图;19cm
福建省初中乡土教材
ISBN 7-80516-254-9: ¥3.30

G634.58 **020243**
云南地理/赵鸿伦等主编;中国地图出版社,云南省教委教研室编.—3版.—北京:中国地图出版社,1995.6.—59页;19cm
云南省九年义务教育全日制初级中学乡土教材
ISBN 7-5031-1151-8: ¥2.50

G634.58 **020244**
枣庄地理/刘高峰编著.—北京:中国地图出版社,1995.10.—60页;19cm
枣庄市乡土地理教材
ISBN 7-5031-1814-8: ¥2.20

G634.58 **020245**
漳平地理/《漳平地理》编写组编.—福州:福建省地图出版社,1995.3.—103页:图;19cm
福建省初中乡土教材
ISBN 7-80516-253-0: ¥3.30

G634.58 **020246**
张家口历史/张家口市教育委员会教研室编.—石家庄:河北教育出版社,1995.8.—107页;19cm
初中乡土教材
ISBN 7-5434-2405-3: ¥1.65

G634.58 **020247**
周宁地理/《周宁地理》编写组编.—福州:福建省地图出版社,1995.3.—98页:图;19cm
福建省初中乡土教材
ISBN 7-80516-263-8: ¥3.30

G634.58 **020248**

柘荣地理/《柘荣地理》编写组编.—福州:福建省地图出版社,1995.3.—85页:图;19cm
福建省初中乡土教材
ISBN 7-80516-265-4:¥3.10

G634.59　020249
新疆人口/新疆维吾尔自治区教育委员会教研室编著.—乌鲁木齐:新疆科技卫生出版社,1995.7.—95页;19cm
义务教育初级中学地方教材
ISBN 7-5372-1104-3:¥2.95

G634.6 数学

G634.6　020250
1995年全国中招数学试题选编/余新耀等编.—郑州:河南教育出版社,1995.11.—229页;19cm
ISBN 7-5347-1850-3:¥4.10

G634.6　020251
1996高中数学毕业会考范围与标准/河南省教育委员会编.—北京:科学出版社,1995.7.—93页;19cm
河南省用
ISBN 7-03-004356-1:¥1.33

G634.6　020252
1996年高考数学模拟题/《模拟题》编写组编.—西安:陕西人民教育出版社,1995.11.—115页;26cm
ISBN 7-5419-6323-2:¥5.00

G634.6　020253
1996年中考数学模拟题/辽宁教育出版社编.—2版.—沈阳:辽宁教育出版社,1995.12.—172页;19cm
ISBN 7-5382-2338-X:¥4.40

G634.6　020254
1996年中考数学模拟题/《模拟题》编写组编.—西安:陕西人民教育出版社,1995.12.—59页;26cm
ISBN 7-5419-6320-8:¥2.70

G634.6　020255
1996数学高考题型解析与强化训练/刘国材主编.—3版.—沈阳:东北大学出版社,1995.9.—352页;19cm
ISBN 7-81006-609-9:¥8.80

G634.6　020256
1996数学中考题型解析与强化训练/刘国材主编;童萍萍,杨慧玲编.—2版.—沈阳:东北大学出版社,1995.9.—247页;19cm
ISBN 7-81006-826-1:¥6.80

G634.6　020257
初二数学单元目标测试卷/单元测试研究组编.—2版.—重庆:重庆出版社,1995.7.—43页;26cm
¥2.20

G634.6　020258
初二数学练习/陈颂国等编.—修订本.—上海:上海科学技术文献出版社,1995.7.—181页;19cm.—(中学生掌握学习丛书/胡学增主编)
ISBN 7-5439-0313-X:¥5.80

G634.6　020259
初三代数、几何期末总复习测试卷:下学期/王明伟编.—2版.—沈阳:辽宁教育出版社,1995.10.—48页;26cm
ISBN 7-5382-3729-1:¥2.30

G634.6　020260
初一数学单元目标测试卷/单元测试研究组编.—2版.—重庆:重庆出版社,1995.7.—42页;26cm
¥2.20

G634.6　020261
初一数学练习/陈颂国等编.—修订本.—上海:上海科学技术文献出版社,1995.7.—227页;19cm.—(中学生掌握学习丛书/胡学增主编)
ISBN 7-5439-0312-1:¥6.60

G634.6　020262
初中三年级第一学期数学基础训练/河南省教委中小学教研室编.—郑州:河南教育出版社,1995.8.—119页;19cm
九年义务教育三年制初级中学教材
ISBN 7-5347-1766-3:¥1.70

G634.6　020263
初中三年级数学练习册/上海市中小学教材编写组编.—2版.—上海:上海教育出版社,1995.11.—162页;19cm
ISBN 7-5320-4570-6:¥3.35

G634.6　020264
初中升学数学应试解题策略/李本乾,陈晓云主编.—兰州:甘肃教育出版社,1995.11.—309页;19cm
ISBN 7-5423-0532-8:¥6.90

G634.6　020265
初中数学奥林匹克选讲　第二分册/郑维行主编.—苏州:苏州大学出版社,1995.1.—213页;19cm
ISBN 7-81037-121-5:¥4.40

G634.6　020266
初中数学奥林匹克选讲　第三分册/郑维行主编.—苏州:苏州大学出版社,1995.1.—212页;19cm
ISBN 7-81037-122-3:¥4.50

G634.6　020267
初中数学奥林匹克选讲　第一分册/郑维行主编.—苏州:苏州大学出版社,1995.1.—258页;19cm
ISBN 7-81037-120-7:¥5.40

G634.6　020268
初中数学伴读:二年级/蒋声等著.—南京:江苏教育出版社,1995.2.—267页;20cm
ISBN 7-5343-2298-7:¥4.00

G634.6　020269
初中数学伴读:三年级/蒋声等编著.—南京:江苏教育出版社,1995.2.—280页;20cm
ISBN 7-5343-2299-5:¥4.35

G634.6　020270
初中数学伴读:一年级/蒋声等著.—南京:江苏教育出版社,1995.2.—192页;20cm
ISBN 7-5343-2297-9:¥3.10

G634.6　020271

初中数学标准化训练1000题详解：升学复习必备 快速提高应试能力/杨宗豪等编写.—2版.—石家庄：河北教育出版社，1995.4.—362页；19cm

ISBN 7-5434-0735-3：¥8.30

G634.6　020272

初中数学单元测验期中期末试卷集：二年级下学期/《初中数学单元测验期中期末试卷集》编写组编.—南昌：江西教育出版社，1995.12.—61页；26cm

ISBN 7-5392-2336-7：¥2.75

G634.6　020273

初中数学单元测验期中期末试卷集：三年级下学期/《初中数学单元测验期中期末试卷集》编写组编.—南昌：江西教育出版社，1995.12.—1册；26cm

ISBN 7-5392-2337-5：¥3.50

G634.6　020274

初中数学单元测验期中期末试卷集：一年级下学期/《初中数学单元测验期中期末试卷集》编写组编.—南昌：江西教育出版社，1995.12.—78页；26cm

ISBN 7-5392-2341-2：¥3.50

G634.6　020275

初中数学单元试卷集/勒克编.—2版.—南宁：广西教育出版社，1995.6.—37页；26cm.—(初中各科单元试卷集丛书)

三年级上学期用

ISBN 7-5435-1836-8：¥1.50

G634.6　020276

初中数学单元试卷集/宾沙编.—2版.—南宁：广西教育出版社，1995.11.—68页；26cm.—(初中各科单元试卷集丛书)

三年级下学期用

ISBN 7-5435-1705-1：¥3.55

G634.6　020277

初中数学解题方法与技巧/刘绪占等编.—武汉：湖北教育出版社，1995.8.—272页；19cm.—(数理化解题方法与技巧丛书)

ISBN 7-5351-1718-X：¥7.80

G634.6　020278

初中数学解题思维/闻厚贵编著.—北京：北京工业大学出版社，1995.5.—329页；19cm

ISBN 7-5639-0444-1：¥7.90

G634.6　020279

初中数学解析/俞中等编.—上海：上海交通大学出版社，1995.12.—326页；20cm.—(通向重点中学之路丛书)

ISBN 7-313-01539-9：¥12.40

G634.6　020280

初中数学精编：代数　第三册/蔡文元，刘子葭编.—杭州：浙江教育出版社，1995.5.—194页；19cm

ISBN 7-5338-1979-9：¥3.65

G634.6　020281

初中数学精编：几何　第三册/殷志毅，郑宾之编.—杭州：浙江教育出版社，1995.5.—165页；19cm

ISBN 7-5338-2020-7：¥3.25

G634.6　020282

初中数学精讲：二年级：代数/陈梓人编著.—南京：江苏教育出版社，1995.11.—193页；19cm

ISBN 7-5343-2508-0：¥4.65

G634.6　020283

初中数学精讲复习强化/《初中数学精讲·复习强化》编写组编.—南京：江苏教育出版社，1995.5.—333页；19cm

三年级用

ISBN 7-5343-2318-5：¥5.40

G634.6　020284

初中数学竞赛辅导　第二册：函数与不等式/郭维亮主编.—济南：明天出版社，1995.2.—231页；19cm.—(数理化奥林匹克系列丛书)

ISBN 7-5332-1914-7：¥4.80

G634.6　020285

初中数学竞赛辅导　第三册：几何与逻辑推理/郭维亮主编.—济南：明天出版社，1995.2.—223页；19cm.—(数理化奥林匹克系列丛书)

ISBN 7-5332-1917-1：¥4.65

G634.6　020286

初中数学竞赛辅导　第一册：数与代数式/郭维亮主编.—济南：明天出版社，1995.2.—204页；19cm.—(数理化奥林匹克系列丛书)

ISBN 7-5332-1930-9：¥4.30

G634.6　020287

初中数学竞赛基础教程：初一分册/孟祥静，王国珍主编.—长春：吉林教育出版社，1995.3.—245页；19cm

ISBN 7-5383-2498-4：¥6.00

G634.6　020288

初中数学竞赛解题能力评估测试卷：初二分册/王岳庭，蒋通森主编.—郑州：河南教育出版社，1995.3.—78页；26cm

ISBN 7-5347-1748-5：¥2.15

G634.6　020289

初中数学竞赛解题能力评估测试卷：初三分册/王岳庭，南宫景主编.—郑州：河南教育出版社，1995.3.—66页；26cm

ISBN 7-5347-1749-3：¥1.90

G634.6　020290

初中数学竞赛解题能力评估测试卷：初一分册/王岳庭，陈光大主编.—郑州：河南教育出版社，1995.3.—86页；26cm

ISBN 7-5347-1747-7：¥2.35

G634.6　020291

初中数学竞赛名师指导/陈传理主编.—武汉：华中师范大学出版社，1995.4.—218页；19cm.—(奥林匹克教学辅导丛书)

适用初三

ISBN 7-5622-1476-X：¥4.30

G634.6　020292

初中数学竞赛名师指导/陈传理主编.—武汉：华中师范大学出版社，1995.4.—186页；19cm.—(奥林匹克教学辅导丛书)

适用初二

ISBN 7-5622-1475-1: ¥3.80

G634.6 020293

初中数学竞赛名师指导/陈传理主编.—武汉:华中师范大学出版社,1995.4.—154页;19cm.—(奥林匹克教学辅导丛书)

适用初一

ISBN 7-5622-1474-3: ¥3.20

G634.6 020294

初中数学竞赛训练/严镇军等编.—上海:上海科学技术出版社,1995.6.—155页;26cm

ISBN 7-5323-3491-0: ¥6.60

G634.6 020295

初中数学练习册:二年级上学期/江西省教委教研室编.—南昌:江西教育出版社,1995.7.—94页;19cm

ISBN 7-5392-1949-1: ¥1.40

G634.6 020296

初中数学练习册:二年级下学期/江西省教委教研室编.—南昌:江西教育出版社,1995.12.—94页;19cm

ISBN 7-5392-2481-9: ¥1.80

G634.6 020297

初中数学练习册:三年级上学期/练习册编写组编.—南昌:江西教育出版社,1995.7.—94页;19cm

ISBN 7-5392-1948-3: ¥1.40

G634.6 020298

初中数学练习册:三年级下学期/练习册编写组编.—南昌:江西教育出版社,1995.12.—80页;19cm

ISBN 7-5392-2489-4: ¥1.85

G634.6 020299

初中数学练习册:一年级上学期/江西省教委教研室编.—南昌:江西教育出版社,1995.7.—86页;19cm

ISBN 7-5392-1950-5: ¥1.30

G634.6 020300

初中数学练习册:一年级下学期/江西省教委教研室编.—南昌:江西教育出版社,1995.12.—96页;19cm

ISBN 7-5392-2417-7: ¥1.85

G634.6 020301

初中数学能力训练与竞赛辅导/范光中主编.—西安:陕西人民教育出版社,1995.11.—257页;19cm

数学课外活动资料 供二年级用

ISBN 7-5419-6240-6: ¥6.10

G634.6 020302

初中数学能力训练与竞赛辅导/范光中主编.—西安:陕西人民教育出版社,1995.11.—265页;19cm

数学课外活动资料 供一年级用

ISBN 7-5419-6239-2: ¥6.20

G634.6 020303

初中数学能力训练与竞赛辅导/范光中主编.—西安:陕西人民教育出版社,1995.11.—290页;19cm

数学课外活动资料 供三年级用

ISBN 7-5419-6241-4: ¥6.50

G634.6 020304

初中数学升学分类试卷集.—南宁:广西科学技术出版社,1995.7.—78页;26cm

九年义务教育教材

ISBN 7-80619-233-6: ¥4.10

G634.6 020305

初中数学试题精选与分析/汪真真,李慧超编著.—2版.—桂林:广西师范大学出版社,1995.4.—264页;19cm.—(初中教学丛书)

ISBN 7-5633-0001-5: ¥5.20

G634.6 020306

初中数学水平检测/《初中数学水平检测》编写组编.—2版.—上海:上海教育出版社,1995.11.—81页;26cm

ISBN 7-5320-4639-7: ¥4.45

G634.6 020307

初中数学同步学习与辅导:初二年级第二学期/忻黎明编.—上海:上海科技教育出版社,1995.12.—188页;19cm

ISBN 7-5428-1212-2: ¥5.50

G634.6 020308

初中数学同步学习与辅导:初二年级第一学期/忻黎明编.—上海:上海科技教育出版社,1995.7.—182页;19cm

ISBN 7-5428-1137-1: ¥4.40

G634.6 020309

初中数学同步学习与辅导:初三年级第二学期/张信荣编.—上海:上海科技教育出版社,1995.12.—299页;19cm

ISBN 7-5428-1229-7: ¥8.60

G634.6 020310

初中数学同步学习与辅导:初三年级第一学期/张荣信编.—上海:上海科技教育出版社,1995.7.—213页;19cm

ISBN 7-5428-1165-7: ¥5.00

G634.6 020311

初中数学同步学习与辅导:七年级第二学期/奚根荣等编.—上海:上海科技教育出版社,1995.12.—233页;19cm

ISBN 7-5428-1208-4: ¥6.70

G634.6 020312

初中数学同步学习与辅导:七年级第一学期/孙润芳,奚根荣编.—上海:上海科技教育出版社,1995.7.—188页;19cm

ISBN 7-5428-1127-4: ¥4.50

G634.6 020313

初中数学习题集/山东省教学研究室编.—济南:山东教育出版社,1995.12.—245页;26cm

三年级用

¥11.50

G634.6 020314

初中数学选择题/李树平等编写.—2版(修订本).—广州:广东教育出版社,1995.7.—272页;19cm

ISBN 7-5406-0615-0: ¥5.90

G634.6 020315

初中数学学练指要/曾容主编;滕永康等编写.—上海:百家出版社,1995.2.—398页;19cm.—(中学生学习指导丛书/曾容,陈怀良主编)

ISBN 7-80576-519-7: ¥8.80

G634.6 020316

初中数学学习提要与检测/河南省教委中小学教研室编.—郑州:河南教育出版社,1995.12.—194页;19cm.—(初中各科学习提要与检测)

ISBN 7-5347-1897-X: ¥3.60

G634.6 020317

初中数学学习之友/吴绍云主编.—上海:华东理工大学出版社,1995.8.—3册;19cm.—(家长·教师·学生助学自测丛书)

ISBN 7-5628-0600-4: ¥21.00

G634.6 020318

初中数学一题多解/黄东坡编.—武汉:湖北教育出版社,1995.8.—317页;19cm.—(数理化一题多解丛书)

ISBN 7-5351-1719-8: ¥8.90

G634.6 020319

初中数学知能培养与训练:初二分册/李广太,唐永校主编.—长春:长春出版社,1995.12.—212页;19cm

ISBN 7-80604-418-3: ¥6.00

G634.6 020320

初中数学知能培养与训练:初三分册/李铁平等主编.—长春:长春出版社,1995.12.—215页;19cm

ISBN 7-80604-418-3: ¥6.00

G634.6 020321

初中数学知能培养与训练:初一分册/李广太,朴成学主编.—长春:长春出版社,1995.12.—207页;19cm

ISBN 7-80604-418-3: ¥6.00

G634.6 020322

初中数学知识点的掌握与应用/庞关群等主编.—海口:海南国际新闻出版中心,1995.5.—516页;19cm

ISBN 7-80609-150-5: ¥10.18

G634.6 020323

初中数学中考综合复习题型与解法/许传永主编.—2版.—济南:明天出版社,1995.12.—349页;19cm.—(初中中考综合复习与测试系列丛书/陈志诚,许传永主编)

ISBN 7-5332-1683-0: ¥8.60

G634.6 020324

初中数学专题讲座精编/余致甫主编.—上海:华东理工大学出版社,1995.12.—462页;20cm

ISBN 7-5628-0633-0: ¥14.50

G634.6 020325

初中数学综合复习指导/山西省教委教研室编.—太原:山西教育出版社,1995.7.—144页;26cm

ISBN 7-80578-267-9: ¥4.30

G634.6 020326

初中数学综合能力培养:初二分册/侯敏义,吴德文主编.—长春:吉林科学技术出版社,1995.8.—217页;19cm

ISBN 7-5384-1530-0: ¥6.00

G634.6 020327

初中数学综合能力培养:初三分册/侯敏义等主编.—长春:吉林科学技术出版社,1995.8.—216页;19cm

ISBN 7-5384-1531-9: ¥6.00

G634.6 020328

初中数学综合能力培养:初一分册/侯敏义,钱雅莉主编.—长春:吉林科学技术出版社,1995.8.—217页;19cm

ISBN 7-5384-1529-7: ¥6.00

G634.6 020329

初中数学综合训练/黄松年主编.—上海:上海远东出版社,1995.11.—429页;19cm

ISBN 7-80613-173-6: ¥16.00

G634.6 020330

初中数学总复习/《初中数学总复习》编写组编.—上海:上海科学技术文献出版社,1995.9.—316页;19cm.—(最优化总复习丛书)

ISBN 7-5439-0808-5: ¥9.00

G634.6 020331

初中数学总复习指导/江西省教委教研室编.—南昌:江西教育出版社,1995.7.—209页;19cm

ISBN 7-5392-2574-2: ¥3.50

G634.6 020332

初中一年级第一学期数学达纲训练/《数学达纲训练》编写组编.—广州:广东人民出版社,1995.8.—139页;19cm

ISBN 7-218-01845-9: ¥3.20

G634.6 020333

打开你的数学思路/刘云章主编.—2版(修订本).—南京:江苏科学技术出版社,1995.1.—403页;19cm

ISBN 7-5345-1867-9: ¥9.20

G634.6 020334

第五届"希望杯"全国数学邀请赛试题、培训题及解答/"希望杯"全国数学邀请赛组委会编.—北京:气象出版社,1995.1.—202页;19cm

ISBN 7-5029-1876-0: ¥4.20

G634.6 020335

复数与三角/佩捷主编.—哈尔滨:哈尔滨出版社,1995.5.—358页;20cm.—(中学数学解题方法500招丛书)

ISBN 7-80557-795-1: ¥8.50

G634.6 020336

高二数学单元测试卷:上学期/岑志林,陈雪筠编.—沈阳:辽宁教育出版社,1995.6.—54页;26cm

ISBN 7-5382-4219-8: ¥2.40

G634.6 020337

高二数学单元测试卷:下学期/岑志林,陈雪筠编.—沈阳:辽宁教育出版社,1995.11.—58页;26cm

ISBN 7-5382-4385-2: ¥2.80

G634.6 020338

高二数学作业本:下学期/魏超群主编;于长盈,陶华慧编.—2版.—沈阳:辽宁教育出版社,1995.11.—65页;26cm

ISBN 7-5382-3835-2: ¥3.20

G634.6 020339

高考数学解题指南/万良平编写.—南昌:江西教育出版社,1995.6.—658页;19cm

ISBN 7-5392-2305-7:¥12.00

G634.6　　020340

高考数学新题型:探索题与应用题500例/王培德,蔡运安编.—天津:天津教育出版社,1995.11.—536页;19cm.—(高中学习指导丛书)

ISBN 7-5309-2049-9:¥14.00

G634.6　　020341

高三数学单元测试卷:上学期/高文生编.—沈阳:辽宁教育出版社,1995.6.—53页;26cm

ISBN 7-5382-4214-7:¥2.40

G634.6　　020342

高三数学单元测试卷:下学期/高文生编.—沈阳:辽宁教育出版社,1995.11.—69页;26cm

ISBN 7-5382-4304-6:¥3.35

G634.6　　020343

高一数学单元测试卷:上学期/岑志林,杨旭编.—沈阳:辽宁教育出版社,1995.6.—51页;26cm

ISBN 7-5382-4238-4:¥2.40

G634.6　　020344

高一数学单元测试卷:下学期/岑志林,杨旭编.—沈阳:辽宁教育出版社,1995.11.—47页;26cm

ISBN 7-5382-4386-0:¥2.40

G634.6　　020345

高中毕业班理科数学试卷:三年级上学期/《高中数学试卷》编写组编.—3版.—南京:江苏教育出版社,1995.6.—71页;26×37cm

ISBN 7-5343-1785-1:¥5.65

G634.6　　020346

高中毕业班理科数学试卷:三年级下学期/《高中毕业班理科数学试卷》编写组编.—3版.—南京:江苏教育出版社,1995.12.—26页;26×37cm

ISBN 7-5343-1989-7:¥2.95

G634.6　　020347

高中毕业班文科数学试卷:三年级上学期/《高中毕业班文科数学试卷》编写组编.—3版.—南京:江苏教育出版社,1995.6.—64页;26×37cm

ISBN 7-5343-1784-3:¥5.10

G634.6　　020348

高中毕业会考《数学》复习指导书/《高中毕业会考《数学》复习指导书》编写组编.—广州:广东高等教育出版社,1995.10.—189页;19cm

高中三年级试用

ISBN 7-5361-1777-9:¥6.50

G634.6　　020349

高中二年级下学期数学测试卷/《中小学各科测试卷》编委会编.—2版.—武汉:湖北教育出版社,1995.11.—42页;26×38cm

ISBN 7-5351-1679-5:¥3.70

G634.6　　020350

高中三年级毕业升学总复习数学测试卷/《中小学各科测试卷》编委会编.—2版.—武汉:湖北教育出版社,1995.11.—45页;26×38cm

ISBN 7-5351-1683-3:¥4.00

G634.6　　020351

高中三年级数学综合训练练习提示和答案/广东省教育厅编.—广州:广东教育出版社,1995.7.—259页;26cm

ISBN 7-5406-3183-X:¥11.40

G634.6　　020352

高中数学单元测验期中期末试卷集:二年级下学期/《单元测验期中期末试卷集》编写组编.—南昌:江西教育出版社,1995.12.—69页;26cm

ISBN 7-5392-2340-5:¥3.05

G634.6　　020353

高中数学单元测验期中期末试卷集:一年级下学期/《单元测验期中期末试卷集》编写组编.—南昌:江西教育出版社,1995.12.—69页;26cm

ISBN 7-5392-2315-4:¥3.05

G634.6　　020354

高中数学记忆手册/《高中数学记忆手册》编写组编.—上海:上海科技教育出版社,1995.8.—79页;13cm

ISBN 7-5428-1027-8:¥1.30

G634.6　　020355

高中数学解题方法与技巧/汪江松等编.—武汉:湖北教育出版社,1995.8.—437页;19cm.—(数理化解题方法与技巧丛书)

ISBN 7-5351-1704-X:¥12.00

G634.6　　020356

高中数学精讲:代数　上册/周学祁等编著.—2版.—南京:江苏教育出版社,1995.10.—255页;19cm

一年级用

ISBN 7-5343-1314-7:¥5.60

G634.6　　020357

高中数学精讲:代数　下册/仇炳生等编著.—2版.—南京:江苏教育出版社,1995.8.—230页;19cm

二年级用

ISBN 7-5343-1315-5:¥5.35

G634.6　　020358

高中数学练习册:二年级上学期/江西省教委教研室编.—南昌:江西教育出版社,1995.7.—94页;19cm

ISBN 7-5392-2008-2:¥1.45

G634.6　　020359

高中数学练习册:二年级下学期/樊亦昌,曾顺平编;江西省教委教研室编.—南昌:江西教育出版社,1995.12.—94页;19cm

ISBN 7-5392-2448-7:¥1.80

G634.6　　020360

高中数学练习册:三年级　全一册/练习册编写组编.—南昌:江西教育出版社,1995.7.—94页;19cm

ISBN 7-5392-2009-0:¥1.40

G634.6　　020361

高中数学练习册:一年级上学期/江西省教委教研室编.—南昌:江西教育出版社,1995.7.—94页;19cm

ISBN 7-5392-2006-6:¥1.40

G634.6　　020362

高中数学练习册:一年级下学期/江西省教委教研室编.—南昌:江西教育出版社,1995.12.—92页;19cm
ISBN 7-5392-2449-5:¥1.80

G634.6 020363
高中数学同步训练　上册/华东师范大学数学系《数学学习》丛书组编.—2版.—上海:华东师范大学出版社,1995.11.—97页;26cm.—(数学学习丛书)
高一年级用
ISBN 7-5617-1178-6:¥6.50

G634.6 020364
高中数学同步训练　下册:高中数学综合测试/华东师范大学数学系《数学学习》丛书组编.—2版.—上海:华东师范大学出版社,1995.11.—128页;26cm.—(数学学习丛书)
ISBN 7-5617-1178-6:¥8.00

G634.6 020365
高中数学习题集/《高中数学习题集》编写组编.—上海:上海教育出版社,1995.5.—828页;19cm
ISBN 7-5320-3654-5:¥16.60

G634.6 020366
高中数学习题集/山东省教学研究室编.—济南:山东教育出版社,1995.12.—243页;26×19cm
三年级用
¥11.30

G634.6 020367
高中数学选修读本　上册/陈昌平主编.—上海:上海科技教育出版社,1995.8.—201页;19cm
ISBN 7-5428-1183-5:¥6.60

G634.6 020368
高中数学学练指要/曾容主编.—上海:百家出版社,1995.2.—468页;19cm.—(中学生学习指导丛书/曾容,陈怀良主编)
ISBN 7-80576-502-2:¥10.00

G634.6 020369
高中数学学习导引:一年级第二学期/《高中数学学习导引》编写组编.—上海:上海教育出版社,1995.11.—191页;19cm
ISBN 7-5320-4628-1:¥5.40

G634.6 020370
高中数学学习导引:一年级第一学期/《高中数学学习导引》编写组编.—上海:上海教育出版社,1995.6.—172页;19cm
ISBN 7-5320-4409-2:¥3.75

G634.6 020371
高中数学学习指导/孙国璋主编.—大连:大连海事大学出版社,1995.12.—295页;26cm
ISBN 7-5632-0938-7:¥14.50

G634.6 020372
高中数学一题多解/琚兴广编.—武汉:湖北教育出版社,1995.9.—414页;19cm.—(数理化一题多解丛书)
ISBN 7-5351-1711-2:¥11.40

G634.6 020373
高中数学重点难点解析与同步强化训练:二年级/王建民,邓钧编著.—桂林:广西师范大学出版社,1995.2.—261页;19cm.—(中小学新教材重点难点解析与训练丛书/严大成主编)
ISBN 7-5633-1980-8:¥5.50

G634.6 020374
高中数学综合复习指导/山西省教委教研室编.—太原:山西教育出版社,1995.7.—150页;26cm
ISBN 7-5440-0703-0:¥4.20

G634.6 020375
高中数学总复习/《高中数学总复习》编写组编.—上海:上海科学技术文献出版社,1995.9.—343页;19cm.—(最优化总复习丛书)
ISBN 7-5439-0868-9:¥9.60

G634.6 020376
高中数学总复习　(下)/天津市教育教学研究室编.—天津:天津教育出版社,1995.1.—428页;26cm
ISBN 7-5309-1993-8:¥9.20

G634.6 020377
高中数学总复习:补充教材(上)/天津市教育教学研究室编.—2版.—天津:天津教育出版社,1995.6.—286页;26cm
ISBN 7-5309-1485-5:¥7.40

G634.6 020378
高中数学总复习备考指导/湖北省教学研究室编.—武汉:湖北教育出版社,1995.2.—362页;26cm.—(高中总复习备考指导丛书)
ISBN 7-5351-1642-6:¥13.50

G634.6 020379
高中一年级下学期数学测试卷/《中小学各科测试卷》编委会编.—2版.—武汉:湖北教育出版社,1995.11.—35页;26×38cm
ISBN 7-5351-1676-0:¥3.20

G634.6 020380
华罗庚数学学校试题解析:中学部:初二年级/刘彭芝主编;中国人民大学附中编.—2版(修订本).—北京:中国大百科全书出版社,1995.3.—384页;19cm.—(华罗庚数学学校奥林匹克系列丛书)
ISBN 7-5000-5222-7:¥7.80

G634.6 020381
华罗庚数学学校试题解析:中学部:初三年级/刘彭芝主编;中国人民大学附中编.—2版(修订本).—北京:中国大百科全书出版社,1995.3.—336页;19cm.—(华罗庚数学学校奥林匹克系列丛书)
ISBN 7-5000-5224-3:¥7.80

G634.6 020382
华罗庚数学学校试题解析:中学部:初一年级/刘彭芝主编;中国人民大学附中编.—2版(修订版).—北京:中国大百科全书出版社,1995.3.—336页;19cm.—(华罗庚数学学校奥林匹克系列丛书)
ISBN 7-5000-5138-7:¥6.80

G634.6 020383
华罗庚数学学校试题解析:中学部:高二年级/刘彭芝主编;中国人民大学附中编.—2版(修订本).—北京:中国大百科全书出版社,1995.3.—394页;19cm.—

(华罗庚数学学校奥林匹克系列丛书)

ISBN 7-5000-5225-1: ¥7.80

G634.6 020384

华罗庚数学学校试题解析:中学部:高三年级/刘彭芝主编;中国人民大学附中编.—2版(修订本).—北京:中国大百科全书出版社,1995.3.—315页;19cm.—(华罗庚数学学校奥林匹克系列丛书)

ISBN 7-5000-5223-5: ¥7.80

G634.6 020385

华罗庚数学学校试题解析:中学部:高一年级/刘彭芝主编;中国人民大学附中编.—2版(修订本).—北京:中国大百科全书出版社,1995.3.—328页;19cm.—(华罗庚数学学校奥林匹克系列丛书)

ISBN 7-5000-5221-9: ¥7.80

G634.6 020386

华罗庚数学学校数学课本:中学部:高二年级/刘彭芝主编;中国人民大学附中编.—北京:中国大百科全书出版社,1995.9.—258页;19cm.—(华罗庚数学学校奥林匹克系列丛书)

ISBN 7-5000-5360-6: ¥8.00

G634.6 020387

华罗庚数学学校数学课本:中学部:高三年级/刘彭芝主编;中国人民大学附中编.—北京:中国大百科全书出版社,1995.9.—290页;19cm.—(华罗庚数学学校奥林匹克系列丛书)

ISBN 7-5000-5361-4: ¥8.00

G634.6 020388

华罗庚数学学校数学课本:中学部:高一年级/刘彭芝主编;中国人民大学附中编.—北京:中国大百科全书出版社,1995.9.—258页;19cm.—(华罗庚数学学校奥林匹克系列丛书)

ISBN 7-5000-5359-2: ¥8.00

G634.6 020389

精编九年义务教育三年制初中数学重点难点手册:一年级/唐灵基编 .—桂林:广西师范大学出版社,1995.1.—171页;19cm.—(中小学新编教材教法丛书)

ISBN 7-5633-1953-0: ¥3.40

G634.6 020390

精编历届小学与初中奥林匹克数学试题解/谢鸿政等编.—哈尔滨:黑龙江教育出版社,1995.6.—409页;19cm

ISBN 7-5316-2735-3: ¥11.00

G634.6 020391

九年义务教育初二数学复习测试题　上册/北京市海淀区教育局高级教师编写组编.—2版.—西安:陕西人民教育出版社,1995.5.—96页;26cm.—(初中复习测试题)

ISBN 7-5419-4793-8: ¥3.50

G634.6 020392

九年义务教育初级中学初三代数、几何期末总复习测试卷:上学期/测试卷编写组编.—2版.—沈阳:辽宁教育出版社,1995.5.—48页;26cm

ISBN 7-5382-2904-3: ¥2.10

G634.6 020393

九年义务教育初三数学复习测试题　下册/北京市海淀区教育局高级教师编写组编.—西安:陕西人民教育出版社,1995.11.—59页;26cm.—(初中复习测试题)

ISBN 7-5419-5446-2: ¥2.90

G634.6 020394

九年义务教育初一数学复习测试题　下册/北京市海淀区教育局高级教师编写组编.—西安:陕西人民教育出版社,1995.11.—81页;26cm.—(初中复习测试题)

ISBN 7-5419-5571-X: ¥3.60

G634.6 020395

九年义务教育初中毕业升学数学模拟试卷/《初中毕业升学数学模拟试卷》编写组编 .—石家庄:河北教育出版社,1995.11.—79页;26cm

附参考答案

ISBN 7-5434-2511-4: ¥4.10

G634.6 020396

九年义务教育初中二年级下学期数学测试卷/《中小学各科测试卷》编委会编.—3版.—武汉:湖北教育出版社,1995.10.—37页;26×38cm

ISBN 7-5351-1304-4: ¥3.30

G634.6 020397

九年义务教育初中三年级第一学期数学单元测试/数学科单元测试编写组编.—广州:广东教育出版社,1995.7.—80页;19cm

ISBN 7-5406-2427-2: ¥2.00

G634.6 020398

九年义务教育初中三年级数学复习测试题　上册/北京市海淀区教育局高级教师编写组编.—西安:陕西人民教育出版社,1995.5.—66页;26cm

ISBN 7-5419-4792-X: ¥2.60

G634.6 020399

九年义务教育初中三年级下学期数学测试卷/《中小学各科测试卷》编委会编.—3版.—武汉:湖北教育出版社,1995.11.—36页;26×38cm

ISBN 7-5351-1309-5: ¥3.40

G634.6 020400

九年义务教育初中数学练习册/《初中数学练习册》编写组编.—银川:宁夏人民教育出版社,1995.7.—190页;19cm

供毕业班用

ISBN 7-80596-098-4: ¥2.85

G634.6 020401

九年义务教育初中一年级下学期数学测试卷/《中小学各科测试卷》编委会编.—3版.—武汉:湖北教育出版社,1995.10.—40页;26×38cm

ISBN 7-5351-1298-6: ¥3.50

G634.6 020402

九年义务教育课本数学练习册:B册:七年级第二学期:试用本/上海中小学课程教材改革委员会编.—上海:上海教育出版社,1995.11.—53页;26cm

ISBN 7-5320-4489-0: ¥2.35

G634.6 020403

九年义务教育全新初中数学解难释疑:二年级/何春等编.—广州:广东教育出版社,1995.9.—205 页;19cm
ISBN 7-5406-3319-0:¥4.50

G634.6　020404
九年义务教育全新初中数学解难释疑:三年级/彭广仁等编.—广州:广东教育出版社,1995.10.—237 页;19cm
ISBN 7-5406-3332-8:¥5.25

G634.6　020405
九年义务教育全新初中数学解难释疑:一年级/陶文中等编.—广州:广东教育出版社,1995.9.—239 页;19cm
ISBN 7-5406-3317-4:¥5.30

G634.6　020406
九年义务教育三年制初级中学数学达标练习/《达标练习》编写组编.—长沙:湖南教育出版社,1995.6.—176 页;19cm
供初中二年级上学期用
ISBN 7-5355-2167-3:¥3.65

G634.6　020407
九年义务教育三年制初级中学数学达标练习/《达标练习》编写组编.—长沙:湖南教育出版社,1995.6.—152 页;19cm
供初中一年级上学期用
ISBN 7-5355-2162-2:¥3.20

G634.6　020408
九年义务教育三年制初级中学数学达标练习/《达标练习》编写组编.—长沙:湖南教育出版社,1995.12.—89 页;19cm
供初中三年级下学期用
ISBN 7-5355-2357-9:¥2.30

G634.6　020409
九年义务教育三年制初级中学数学达标练习/《达标练习》编写组编.—长沙:湖南教育出版社,1995.12.—160 页;19cm
供初中二年级下学期用
ISBN 7-5355-2353-6:¥3.65

G634.6　020410
九年义务教育三年制初级中学数学达标练习/《达标练习》编写组编.—长沙:湖南教育出版社,1995.12.—160 页;19cm
供初中一年级下学期用
ISBN 7-5355-2340-4:¥3.65

G634.6　020411
九年义务教育三年制初级中学数学达标练习　上/《达标练习》编写组编.—长沙:湖南教育出版社,1995.6.—177 页;19cm
供初中三年级上学期用
ISBN 7-5355-2178-9:¥3.75

G634.6　020412
九年义务教育三年制初三数学补充教材:代数　第三册/天津市教育教学研究室编.—2 版.—天津:天津教育出版社,1995.6.—204 页;19cm
ISBN 7-5309-1448-0:¥2.75

G634.6　020413
九年义务教育数学单元测试:初中三年级第二学期/数学科单元测试编写组编.—广州:广东教育出版社,1995.12.—74 页;19cm
人教版
ISBN 7-5406-3491-X:¥2.00

G634.6　020414
九年义务教育数学评估检测题:初中三年级下学期/《评估检测题》编写委员会编.—2 版.—武汉:湖北教育出版社,1995.10.—116 页;26cm
原名自测题
ISBN 7-5351-1585-3:¥5.30

G634.6　020415
九年义务教育四年制初级中学数学课外读物　第四册/人民教育出版社中学数学室编著.—北京:人民教育出版社,1995.12.—178 页;19cm
ISBN 7-107-11573-1:¥3.90

G634.6　020416
九年制义务教育初中数学能力训练:三年级/宗福衡等编.—南昌:江西教育出版社,1995.7.—210 页;19cm
ISBN 7-5392-1919-X:¥3.55

G634.6　020417
九年制义务教育课本数学练习册:A 册:七年级第一学期:试用本/上海中小学课程教材改革委员会编.—上海:上海教育出版社,1995.6.—52 页;26cm
ISBN 7-5320-4267-7:¥1.60

G634.6　020418
九年制义务教育课本数学练习册:B 册:七年级第一学期:试用本/上海中小学课程教材改革委员会编.—上海:上海教育出版社,1995.6.—43 页;26cm
ISBN 7-5320-4268-5:¥1.40

G634.6　020419
九年制义务教育数学测试与评析:七年级第二学期/周继光,叶锦义主编.—上海:上海教育出版社,1995.11.—159 页;19cm
ISBN 7-5320-4602-8:¥4.15

G634.6　020420
九年制义务教育数学测试与评析:七年级第一学期/周继光,叶锦义主编.—上海:上海教育出版社,1995.6.—165 页;19cm
ISBN 7-5320-4328-2:¥3.20

G634.6　020421
名师帮你学数学:初中分册/郭立昌,宗福衡主编.—北京:中国青年出版社,1995.11.—352 页;19cm
ISBN 7-5006-2132-9:¥10.80

G634.6　020422
巧解中学数学题/胡世荣,沈海泉编著.—重庆:重庆出版社,1995.2.—233 页;19cm
ISBN 7-5366-3088-3:¥3.90

G634.6　020423
全国百所重点中学数学总复习 AB 卷精编:初中部分/曾曙明主编;刘田分册主编.—南京:南京出版社,1995.12.—94 页;26cm
ISBN 7-80614-199-5:¥4.70

G634.6　020424

全国职业高级中学八五规划教材数学通用本上册作业册/语文出版社第二编辑室主编.—2版(修订本).—北京:语文出版社,1995.5.—108页;26cm

ISBN 7-80006-504-9:¥4.90

G634.6　020425

全国职业高级中学八五规划教材数学通用本下册作业册/语文出版社第二编辑室主编.—2版(修订本).—北京:语文出版社,1995.5.—71页;26cm

ISBN 7-80006-507-3:¥3.20

G634.6　020426

全国中考数学试题精选与解题指导:1993~1995年/李良胜主编;邹敖等编.—北京:北京工业大学出版社,1995.11.—293页;19cm.—(全国中考试题与解题指导丛书)

ISBN 7-5639-0470-0:¥8.80

G634.6　020427

融会贯通:滕老师教初中数学/滕永康著.—上海:复旦大学出版社,1995.9.—233页;19cm.—(ETV家庭教师辅导丛书)

ISBN 7-309-01541-X:¥7.00

G634.6　020428

三年制初中数学单元水平测试与辅导:二年级第二学期/《三年制初中数学单元水平测试辅导》编写组编.—广州:广东教育出版社,1995.10.—108页;19cm

九年义务教育教材:人教版

ISBN 7-5406-0757-2:¥3.10

G634.6　020429

三年制初中数学单元水平测试与辅导:三年级第二学期/《三年制初中数学单元水平测试与辅导》编写组编.—广州:广东教育出版社,1995.10.—80页;19cm

九年义务教育教材:人教版

ISBN 7-5406-2433-7:¥2.50

G634.6　020430

三年制初中数学单元水平测试与辅导:一年级第二学期/《三年制初中数学水平测试与辅导》编写组编.—广州:广东教育出版社,1995.10.—70页;19cm

九年义务教育教材:人教版

ISBN 7-5406-0942-7:¥2.25

G634.6　020431

实用数学/上海中小学课程教材改革委员会编.—上海:上海科学技术出版社,1995.6.—140页;19cm

九年制义务教育选修课本:试用本 供八、九年级用

ISBN 7-5323-3886-X:¥2.50

G634.6　020432

实用数学选讲/上海中小学课程教材改革委员会编.—上海:上海科学技术出版社,1995.6.—62页;19cm

高级中学选修课本:试用本 供高中一、二年级用

ISBN 7-5323-3956-4:¥1.25

G634.6　020433

数论初步/上海中小学课程教材改革委员会编.—上海:上海科学技术出版社,1995.6.—82页;19cm

高级中学选修课本:试用本 供高中一、二年级用

ISBN 7-5323-3898-3:¥1.60

G634.6　020434

数学　第二册/山西省教委职业高中教材编写组编.—太原:山西教育出版社,1995.7.—366页;19cm

职业高级中学课本

ISBN 7-5440-0773-1:¥5.50

G634.6　020435

数学　第二册/北京市教育局编.—北京:华夏出版社,1995.2.—369页;19cm

北京市高中选修课试用教材

ISBN 7-5080-0563-5:¥8.80

G634.6　020436

数学　第六册(A)/浙江省义务教育教材编委会编.—杭州:浙江教育出版社,1995.—119页;20cm

义务教育初级中学课本:试用

ISBN 7-5338-2140-8:¥4.15

G634.6　020437

数学　第五册(A)/浙江省义务教育教材编委会编.—杭州:浙江教育出版社,1995.4.—148页;20cm

义务教育初级中学课本:试用

ISBN 7-5338-1962-4:¥3.30

G634.6　020438

数学　第五册(B)/浙江省义务教育教材编委会编著.—杭州:浙江教育出版社,1995.5.—156页;20cm

义务教育初级中学课本:试用

ISBN 7-5338-2036-3:¥3.45

G634.6　020439

数学　第一册/北京市教育局编.—北京:华夏出版社,1995.2.—236页;19cm

北京市高中选修课试用教材

ISBN 7-5080-0562-7:¥6.50

G634.6　020440

数学　第一册/湖南省中等职业教育教材编审委员会编.—2版.—长沙:湖南教育出版社,1995.7.—237页;19cm

中等职业学校教材

ISBN 7-5355-1289-5:¥4.90

G634.6　020441

数学　上册/天津市第二教育局编.—天津:天津大学出版社,1995.8.—2册;19cm

天津市普及高中阶段教育系列教材

ISBN 7-5618-0777-5:¥13.90

G634.6　020442

数学:七年级第二学期/上海中小学课程教材改革委员会编.—2版.—上海:上海教育出版社,1995.11.—108页;26cm

九年制义务教育课本:试用本

ISBN 7-5320-4490-4:¥3.60

G634.6　020443

数学:七年级第一学期/上海中小学课程教材改革委员会编.—2版.—上海:上海教育出版社,1995.6.—92页;26cm

九年制义务教育课本:试用本

ISBN 7-5320-4266-9:¥2.60

G634.6 **020444**

数学:通用本　上册/语文出版社第二编辑室主编.—2版(修订本).—北京:语文出版社,1995.5.—383页;20cm

全国职业高级中学八五规划教材

ISBN 7-80006-594-4:¥7.90

G634.6 **020445**

数学:通用本　下册/语文出版社第二编辑室主编.—2版(修订本).—北京:语文出版社,1995.5.—262页;20cm

全国职业高级中学八五规划教材

ISBN 7-80006-593-6:¥4.60

G634.6 **020446**

数学:一年级第二学期/陈昌平主编.—上海:华东师范大学出版社,1995.12.—127页;26cm

高级中学课本:试用本

ISBN 7-5617-1444-0:¥5.40

G634.6 **020447**

数学奥林匹克题典/《数学奥林匹克题典》编写组编.—南京:南京大学出版社,1995.2.—1726页;20cm.—(数理化奥林匹克题解丛书/单墫主编)

ISBN 7-305-02290-X(精装):¥42.50

G634.6 **020448**

数学单元学习基础 测试 拓广/许鸣岐,周齐主编.—上海:华东师范大学出版社,1995.9.—274页;19cm

七年级用

ISBN 7-5617-1384-3:¥7.00

G634.6 **020449**

数学辅导与测试/王剑青,毛梦奇主编;马积洋等编写.—上海:同济大学出版社,1995.10.—275页;19cm

初三年级用

ISBN 7-5608-1437-9:¥8.30

G634.6 **020450**

数学辅导与测试/王剑青,毛梦奇主编;徐惠珍等编写.—上海:同济大学出版社,1995.10.—195页;19cm

初二年级用

ISBN 7-5608-1437-9:¥5.90

G634.6 **020451**

数学辅导与测试/王剑青,毛梦奇主编;章蕊樱等编.—上海:同济大学出版社,1995.10.—221页;19cm

初一年级用

ISBN 7-5608-1437-9:¥6.80

G634.6 **020452**

数学复习指要:干部本/黄卓杰主编.—北京:军事谊文出版社,1995.10.—548页;20cm.—(军队院校招生统考复习丛书)

全套共4册,总定价:39.00元

ISBN 7-80027-763-1:¥0.00

G634.6 **020453**

数学复习指要:士兵本/黄卓杰主编.—北京:军事谊文出版社,1995.10.—500页;20cm.—(军队院校招生统考复习丛书)

全套共6册,总定价:49.00元

ISBN 7-80027-756-9:¥0.00

G634.6 **020454**

数学会考高考指导丛书:轨迹问题/吴沈泉等编.—上海:同济大学出版社,1995.10.—201页;19cm

ISBN 7-5608-1448-4:¥7.00

G634.6 **020455**

数学会考高考指导丛书:立体几何问题/吴沈泉等编.—上海:同济大学出版社,1995.10.—224页;19cm

ISBN 7-5608-1448-4:¥8.00

G634.6 **020456**

数学会考高考指导丛书:数列问题/陈汝作等编.—上海:同济大学出版社,1995.10.—205页;19cm

ISBN 7-5608-1448-4:¥7.00

G634.6 **020457**

数学会考高考指导丛书:最值问题/陈超俊等编.—上海:同济大学出版社,1995.10.—234页;19cm

ISBN 7-5608-1448-4:¥8.00

G634.6 **020458**

数学解题方法与典型问题分析/周连民,那日苏主编.—赤峰:内蒙古科学技术出版社,1995.8.—420页;19cm

ISBN 7-5380-0300-2:¥8.80

G634.6 **020459**

数学精解:高考数学综合训练指导/中山大学数学系编著.—广州:中山大学出版社,1995.3.—401页;20cm

ISBN 7-306-00996-6:¥7.80

G634.6 **020460**

数学课外作业:初中三年级下学期/湖北省教学研究室编.—2版.—武汉:湖北教育出版社,1995.10.—121页;19cm.—(中学教学目标评价及课外作业丛书)

ISBN 7-5351-1287-0:¥2.75

G634.6 **020461**

数学练习册　A册:七年级第二学期/上海中小学课程教材改革委员会编.—上海:上海教育出版社,1995.11.—51页;26cm

九年制义务教育课本:试用本

ISBN 7-5320-4488-2:¥2.35

G634.6 **020462**

数学评估检测题:初中二年级下学期/吴大帆等编写.—2版.—武汉:湖北教育出版社,1995.11.—144页;26cm

原名自测题

ISBN 7-5351-1591-8:¥6.40

G634.6 **020463**

数学评估检测题:初中一年级下学期/《评估检测题》编写委员会编.—2版.—武汉:湖北教育出版社,1995.11.—148页;26cm

原名自测题

ISBN 7-5351-1592-6:¥6.60

G634.6 **020464**

数学评估检测题:高中三年级上学期/刘汉文等编;《评估检测题》编写委员会编.—武汉:湖北教育出版社,1995.6.—93页;26cm

ISBN 7-5351-1840-2:¥3.70

G634.6　020465

数学评估检测题:高中三年级下学期/《评估检测题》编写委员会编.—3版.—武汉:湖北教育出版社,1995.11.—80页;26cm

原名自测题

ISBN 7-5351-1916-6:¥3.90

G634.6　020466

数学思想方法入门/上海中小学课程教材改革委员会编.—上海:上海科学技术出版社,1995.6.—134页;19cm

高级中学选修课本:试用本 供高中一、二年级用

ISBN 7-5323-3952-1:¥2.40

G634.6　020467

数学思想与方法:高考必备/陈文远主编.—乌鲁木齐:新疆青少年出版社,1995.2.—246页;19cm

ISBN 7-5371-1998-8:¥5.50

G634.6　020468

数学题典:初中部分/伍家德等主编.—广州:中山大学出版社,1995.9.—638页;19cm

ISBN 7-306-00968-0:¥19.00

G634.6　020469

数学同步训练:初中数学综合测试/华东师范大学数学系数学学习丛书组编.—上海:华东师范大学出版社,1995.10.—72页;38cm.—(数学学习丛书)

ISBN 7-5617-1449-1:¥4.50

G634.6　020470

数学同步训练:初中数学综合测试/华东师范大学数学系数学学习丛书组编.—2版.—上海:华东师范大学出版社,1995.12.—72页;26cm.—(数学学习丛书)

ISBN 7-5617-1449-1:¥4.50

G634.6　020471

数学同步训练:七年级初一/华东师范大学数学系数学学习丛书组编.—上海:华东师范大学出版社,1995.11.—73页;26cm.—(数学学习丛书)

ISBN 7-5617-1466-1:¥5.00

G634.6　020472

数学习题册:试用本:高中一年级第二学期/陈昌平主编.—上海:华东师范大学出版社,1995.12.—29页;26cm

ISBN 7-5617-1443-2:¥1.60

G634.6　020473

数学学习指导/荆向平,王翠云主编.—东营:石油大学出版社,1995.9.—312页;20cm

ISBN 7-5636-0715-3:¥9.80

G634.6　020474

数学疑难释疑训练/李芳宜编写.—北京:科学技术文献出版社,1995.6.—337页;19cm.—(初中新教材复习指导丛书)

ISBN 7-5023-2281-7:¥12.60

G634.6　020475

统计/上海中小学课程教材改革委员会编.—上海:上海科学技术出版社,1995.6.—93页;19cm

高级中学选修课本:试用本 供高中一、二年级用

ISBN 7-5323-3892-4:¥1.75

G634.6　020476

新编初中数学单元自测:二年级上学期/《新编初中数学单元自测》编写组编.—南昌:江西教育出版社,1995.7.—99页;26cm

ISBN 7-5392-2555-6:¥3.25

G634.6　020477

新编初中数学单元自测:三年级上学期/《新编初中数学单元自测》编写组编.—南昌:江西教育出版社,1995.7.—119页;26cm

ISBN 7-5392-2543-2:¥3.80

G634.6　020478

新编初中数学单元自测:一年级上学期/《新编初中数学单元自测》编写组编.—南昌:江西教育出版社,1995.7.—98页;26cm

ISBN 7-5392-2542-4:¥3.25

G634.6　020479

新编初中数学课外练习题:三年级/人大附中等编写组编.—北京:北京出版社,1995.5.—307页;19cm

ISBN 7-200-02705-7:¥6.70

G634.6　020480

新编初中数学学习手册/王永建等编著.—南京:江苏教育出版社,1995.10.—465页;19cm

ISBN 7-5343-2479-3:¥10.10

G634.6　020481

新编初中数学知识重点难点分析及综合能力测试题/游家骕主编;陈又农等编写.—北京:首都师范大学出版社,1995.1.—360页;19cm.—(新编中学各科知识重点难点分析及综合能力测试丛书)

ISBN 7-81039-252-2:¥6.90

G634.6　020482

新编高二数学同步练习/北京市海淀区特级、高级教师编写组编.—沈阳:辽宁人民出版社,1995.9.—145页;26cm

ISBN 7-205-03384-5:¥8.50

G634.6　020483

新编高三数学同步练习/北京市海淀区特级、高级教师编写组编.—沈阳:辽宁人民出版社,1995.9.—136页;26cm

ISBN 7-205-03371-3:¥9.50

G634.6　020484

新编高一数学同步练习/北京市海淀区特级、高级教师编写组编.—沈阳:辽宁人民出版社,1995.9.—161页;26cm

ISBN 7-205-03382-9:¥8.50

G634.6　020485

新编高中数学单元自测:二年级上学期/《新编高中数学单元自测》编写组编.—南昌:江西教育出版社,1995.7.—71页;26cm

ISBN 7-5392-2544-0:¥2.45

G634.6　020486

新编高中数学单元自测:三年级　全一册/《新编高中数学单元自测》编写组编.—南昌:江西教育出版社,1995.7.—120页;26cm

3+2考试用 原书名:单元测验期中期末试卷集

ISBN 7-5392-2553-X: ¥3.80

G634.6　　　　**020487**

新编高中数学单元自测:一年级上学期/《新编高中数学单元自测》编写组编.—南昌:江西教育出版社,1995.7.—74页;26cm

ISBN 7-5392-2554-8: ¥2.55

G634.6　　　　**020488**

新编高中数学解题途径/夏益辉等编.—上海:华东师范大学出版社,1995.3.—556页;19cm

ISBN 7-5617-1247-2: ¥10.30

G634.6　　　　**020489**

新编高中数学课外练习题:二年级/人大附中等编写组编.—2版.—北京:北京出版社,1995.12.—407页;19cm

ISBN 7-200-02007-9: ¥11.50

G634.6　　　　**020490**

新编高中数学课外练习题:三年级/人大附中等编写组编.—3版.—北京:北京出版社,1995.3.—446页;19cm

ISBN 7-200-00695-5: ¥9.40

G634.6　　　　**020491**

新编高中数学课外练习题:一年级/人大附中等编写组编.—2版.—北京:北京出版社,1995.3.—335页;19cm

ISBN 7-200-02006-0: ¥7.30

G634.6　　　　**020492**

新编高中数学知识重点难点分析及综合能力测试题/蒋佩锦主编;肖钰等编写.—北京:首都师范大学出版社,1995.1.—412页;19cm.—(新编中学各科知识重点难点分析及综合能力测试丛书)

ISBN 7-81039-250-6: ¥7.80

G634.6　　　　**020493**

新编九年义务教育初中数学单元综合测试卷:初三/北京市海淀区《初中测试卷》编写组编写.—西安:陕西人民教育出版社,1995.6.—157页;26cm

ISBN 7-5419-4995-7: ¥6.40

G634.6　　　　**020494**

新编九年义务教育初中数学单元综合测试卷:初一/汤伯禹等编;北京市海淀区《初中测试卷》编写组编.—西安:陕西人民教育出版社,1995.6.—106页;26cm

ISBN 7-5419-4775-X: ¥4.30

G634.6　　　　**020495**

新编数学单元水平测试与辅导:初中三年级第二学期/《新编数学单元水平测试与辅导》编写组编.—广州:新世纪出版社,1995.12.—92页;19cm.—(义务教育初中生自习丛书)

ISBN 7-5405-0680-6: ¥2.85

G634.6　　　　**020496**

新编数学单元水平测试与辅导:初中三年级第一学期/《新编数学单元水平测试与辅导》编写组编.—广州:新世纪出版社,1995.6.—94页;19cm.—(义务教育初中生自习丛书)

ISBN 7-5405-0787-X: ¥2.65

G634.6　　　　**020497**

义务教育初级中学数学单元测试:AB卷　第五册/岑申,金才华主编;张帆等编写.—杭州:浙江教育出版社,1995.4.—66页;26cm

ISBN 7-5338-2005-3: ¥2.55

G634.6　　　　**020498**

义务教育初级中学数学习题精选　第六册/浙江省初中数学教材编委会编.—杭州:浙江教育出版社,1995.12.—145页;19cm

ISBN 7-5338-2274-9: ¥3.80

G634.6　　　　**020499**

义务教育初级中学数学习题精选　第五册/浙江省初中数学教材编委会编.—杭州:浙江教育出版社,1995.7.—218页;19cm

ISBN 7-5338-2070-3: ¥3.80

G634.6　　　　**020500**

义务教育初级中学数学作业本　第二册(1)/浙江省教委教研室编.—2版.—杭州:浙江教育出版社,1995.10.—35页;19×26cm

ISBN 7-5338-1873-3: ¥2.50

G634.6　　　　**020501**

义务教育初级中学数学作业本　第二册(2)/浙江省教委教研室编.—2版.—杭州:浙江教育出版社,1995.9.—41页;19×26cm

ISBN 7-5338-1870-9: ¥2.80

G634.6　　　　**020502**

义务教育初级中学数学作业本　第六册:A(1)/浙江省教委教研室编.—杭州:浙江教育出版社,1995.9.—18页;19×26cm

ISBN 7-5338-2150-5: ¥1.70

G634.6　　　　**020503**

义务教育初级中学数学作业本　第六册:A(2)/浙江省教委教研室编.—杭州:浙江教育出版社,1995.9.—16页;19×26cm

ISBN 7-5338-2151-3: ¥1.60

G634.6　　　　**020504**

义务教育初级中学数学作业本　第四册(1)/浙江省教委教研室编.—2版.—杭州:浙江教育出版社,1995.10.—31页;19×26cm

ISBN 7-5338-1876-8: ¥2.30

G634.6　　　　**020505**

义务教育初级中学数学作业本　第四册(2)/浙江省教委教研室编.—2版.—杭州:浙江教育出版社,1995.9.—28页;19×26cm

ISBN 7-5338-1877-6: ¥2.10

G634.6　　　　**020506**

义务教育初级中学数学作业本　第五册:A(1)/浙江省教委教研室编.—杭州:浙江教育出版社,1995.5.—36页;19×26cm

ISBN 7-5338-1997-7: ¥1.70

G634.6　　　　**020507**

义务教育初级中学数学作业本　第五册:A(2)/浙江省教委教研室编.—杭州:浙江教育出版社,1995.5.—35页;19×26cm

ISBN 7-5338-1998-5: ¥1.70

G634.6　020508
义务教育初中二年级第一学期数学达纲训练/《数学达纲训练》编写组编.—广州:广东人民出版社,1995.8.—87页;19cm
ISBN 7-218-01846-7:¥2.30

G634.6　020509
义务教育初中三年级第一学期数学达纲训练/《数学达纲训练》编写组编.—广州:广东人民出版社,1995.8.—88页;19cm
ISBN 7-218-01847-5:¥2.30

G634.6　020510
义务教育初中数学　第二册/《同步练习丛书》编写组编.—杭州:浙江教育出版社,1995.11.—101页;26cm.—(同步练习丛书)
ISBN 7-5338-2219-6:¥5.80

G634.6　020511
义务教育初中数学　第六册/《同步练习丛书》编写组编.—杭州:浙江教育出版社,1995.11.—82页;26cm.—(同步练习丛书)
ISBN 7-5338-2221-8:¥5.20

G634.6　020512
义务教育初中数学　第三册/《同步练习丛书》编写组编写.—杭州:浙江教育出版社,1995.6.—77页;26cm.—(同步练习丛书)
ISBN 7-5338-2047-9:¥3.50

G634.6　020513
义务教育初中数学　第四册/《同步练习丛书》编写组编写.—杭州:浙江教育出版社,1995.10.—124页;26cm.—(同步练习丛书)
ISBN 7-5338-2220-X:¥6.80

G634.6　020514
义务教育初中数学　第五册/《同步练习丛书》编写组编写.—杭州:浙江教育出版社,1995.7.—54页;26cm.—(同步练习丛书)
ISBN 7-5338-2024-X:¥2.60

G634.6　020515
义务教育初中数学　第一册/《同步练习丛书》编写组编写.—杭州:浙江教育出版社,1995.6.—76页;26cm.—(同步练习丛书)
ISBN 7-5338-2004-5:¥3.25

G634.6　020516
义务教育初中数学单元测试:AB卷　第六册/岑申,金才华主编.—杭州:浙江教育出版社,1995.10.—28页;26cm
ISBN 7-5338-2193-9:¥2.20

G634.6　020517
运筹学选讲/上海中小学课程教材改革委员会编.—上海:上海科学技术出版社,1995.6.—142页;19cm
高级中学选修课本:试用本 供高中一、二年级用
ISBN 7-5323-3899-1:¥2.50

G634.6　020518
怎样学好数学/过伯祥编著.—南京:江苏教育出版社,1995.10.—263页;19cm
ISBN 7-5343-2517-X:¥6.75

G634.6　020519
掌握数学:代数　第三册(上)/《初中学生课堂学习用书》编委会编.—长沙:湖南教育出版社,1995.6.—60页;26cm
义务教育三年制初中:人教版 初中学生课堂学习用书 供三年级第一学期使用
ISBN 7-5355-2186-X:¥2.80

G634.6　020520
掌握数学:几何　第二册(上)/《初中学生课堂学习用书》编委会编.—长沙:湖南教育出版社,1995.6.—82页;26cm
义务教育三年制初中:人教版 初中学生课堂学习用书 供三年级第一学期使用
ISBN 7-5355-2187-8:¥3.70

G634.6　020521
中考数学模拟试卷/中考模拟试卷编写组编.—石家庄:河北科学技术出版社,1995.11.—31页;26×37cm
ISBN 7-5375-1179-9:¥2.80

G634.6　020522
中考数学压轴题解析/祖津主编.—北京:航空工业出版社,1995.1.—301页;19cm
ISBN 7-80046-851-8:¥8.00

G634.6　020523
中学数学标准训练题库/田化澜主编.—武汉:湖北人民出版社,1995.3.—977页;20cm.—(中学数理化标准训练题库丛书)
ISBN 7-216-01655-6:¥31.00

G634.6　020524
中学数学教与学——初中数学学习节节过关测试卷:代数　第二册/叶夫主编.—长沙:湖南出版社,1995.7.—59页;26cm
供初中二年级用
ISBN 7-5438-1022-0:¥4.00

G634.6　020525
中学数学教与学——初中数学学习节节过关测试卷:代数　第三册/叶夫主编.—长沙:湖南出版社,1995.7.—59页;26cm
供初中三年级用
ISBN 7-5438-1023-9:¥4.00

G634.6　020526
中学数学教与学——初中数学学习节节过关测试卷:代数　第一册(上)/叶夫主编.—长沙:湖南出版社,1995.7.—70页;26cm
供初中三年一期用
ISBN 7-5438-1020-4:¥4.50

G634.6　020527
中学数学教与学——初中数学学习节节过关测试卷:代数　第一册(下)与几何第一册/叶夫主编.—长沙:湖南出版社,1995.7.—72页;26cm
供初中一年二期用
ISBN 7-5438-1021-2:¥4.60

G634.6　020528
中学数学教与学——初中数学学习节节过关测试卷:几何　第二册/叶夫主编.—长沙:湖南出版社,

1995.7.—68页;26cm
供初中二年级用
ISBN 7-5438-1024-7:¥4.50

G634.6　020529
中学数学教与学——初中数学学习节节过关测试卷:几何　第三册/叶夫主编.—长沙:湖南出版社,1995.7.—67页;26cm
供初中三年级用
ISBN 7-5438-1025-5:¥4.50

G634.6　020530
中学数学解题策略/王学贤编著.—天津:新蕾出版社,1995.2.—170页;19cm
ISBN 7-5307-1532-1:¥4.30

G634.6　020531
中学数学解题策略36招/李于青著.—福州:福建少年儿童出版社,1995.9.—283页;19cm
ISBN 7-5395-1194-X:¥7.90

G634.6　020532
中学数学课外活动/广州市教育局普通高中选修课、活动课教材编写委员会编.—广州:广东教育出版社,1995.10.—100页;20cm
高级中学活动课教材
ISBN 7-5406-3479-0:¥4.40

G634.6　020533
中学数学思想方法启蒙/甘宝华,甘宜胜编.—上海:上海科学技术出版社,1995.8.—104页;19cm
ISBN 7-5323-3995-5:¥2.50

G634.6　020534
中学数学学习法/任勇著.—西安:西北工业大学出版社,1995.5.—347页;19cm
ISBN 7-5612-0731-X:¥7.90

G634.6　020535
中学数学与形式逻辑/上海中小学课程教材改革委员会编.—上海:上海科学技术出版社,1995.6.—129页;19cm
高级中学选修课本:试用本 供高中一、二年级用
ISBN 7-5323-3955-6:¥2.30

G634.6　020536
中学数学知识应用精编/上海市中学生数学知识应用竞赛委员会编写组编.—上海:华东理工大学出版社,1995.12.—278页;20cm.—(帮你步入大学丛书)
ISBN 7-5628-0647-0:¥11.50

G634.6　020537
中学数学重点难点基点:初中几何　第三册/李申榜主编;曾小平分主编.—长沙:湖南师范大学出版社,1995.10.—264页;19cm
三年级用
ISBN 7-81031-451-3:¥6.90

G634.6　020538
重点高中数学导读/王祥麟等编.—修订本.—上海:上海科学技术文献出版社,1995.8.—742页;19cm
ISBN 7-5439-481-2:¥19.60

G634.6　020539
重点中学初中数学导读/吴承鄯主编.—上海:上海科学技术文献出版社,1995.8.—563页;19cm
ISBN 7-5439-0802-6:¥15.20

G634.6　020540
综合与提高/卢四维著.—西安:陕西人民教育出版社,1995.12.—362页;19cm.—(高考数学精品系列;4)
ISBN 7-5419-5719-4:¥9.60

G634.6-61　020541
初中数学竞赛题解词典/刘和玉,张锦潢主编.—北京:科学技术文献出版社,1995.6.—378页;19cm
ISBN 7-5023-2223-X:¥12.80

G634.6-61　020542
高中数学解题辞典:立体几何、平面解析几何/周玉刚等主编.—广州:广东教育出版社,1995.8.—784页;19cm
ISBN 7-5406-3396-4:¥22.50

G634.6-61　020543
中学数学辞典/鲁振安,尹常永主编.—沈阳:东北大学出版社,1995.3.—776页;13cm
ISBN 7-81006-945-4(精装):¥9.80

G634.6-62　020544
初中生数学手册/李志民主编;王爱焰等编.—北京:中国大百科全书出版社,1995.11.—595页;13cm.—(初中生系列工具书)
ISBN 7-5000-5454-8:¥8.50

G634.6-62　020545
初中生数学手册/潘娉,范惠民主编;仇炳生等编.—2版.—南京:江苏少年儿童出版社,1995.12.—634页;19cm.—(九年义务教育系列工具书)
ISBN 7-5346-1429-5:¥13.00

G634.6-62　020546
初中生数学手册/李志民主编;王爱焰等编.—北京:中国大百科全书出版社,1995.11.—595页;13cm.—(初中生系列工具书)
ISBN 7-5000-5454-8:¥8.50

G634.6-62　020547
初中数学解题法手册　上册/张曾漪等编.—上海:上海科技教育出版社,1995.5.—452页;19cm
ISBN 7-5428-0500-2:¥11.40

G634.6-62　020548
初中数学解题法手册　下册/张曾漪等编.—上海:上海科技教育出版社,1995.5.—480页;19cm
ISBN 7-5428-1020-0:¥12.00

G634.6-62　020549
初中数学手册/李希廉等编.—长沙:湖南少年儿童出版社,1995.11.—364页;13cm
ISBN 7-5358-1064-0:¥4.30

G634.6-62　020550
初中数学训练手册/孙宝祺编著.—银川:宁夏人民教育出版社,1995.7.—393页;19cm
ISBN 7-80596-149-2:¥11.80

G634.6-62　020551
中学生数学手册/冯金岳编著.—北京:北京工业大学出版社,1995.9.—397页;13cm
ISBN 7-5639-0447-6(精装):¥8.80

G634.62 020552
初二代数同步检测 AB 卷:第二学期/王琰,秦翠萍编.—兰州:甘肃教育出版社,1995.12.—76 页;26cm
ISBN 7-5423-0580-8:¥4.40

G634.62 020553
初二代数同步检测 AB 卷:第一学期/王琰,秦翠萍编.—兰州:甘肃教育出版社,1995.5.—64 页;26cm
ISBN 7-5423-0492-5:¥3.00

G634.62 020554
初级中学课本代数第四册课堂练习册/上海市中小学教材编写组编.—上海:上海教育出版社,1995.6.—66 页;19cm
ISBN 7-5320-3230-2:¥1.05

G634.62 020555
初三代数单元测试卷:下学期/测试卷编写组编.—2 版.—沈阳:辽宁教育出版社,1995.10.—48 页;26cm
ISBN 7-5382-3855-7:¥2.30

G634.62 020556
初三代数同步检测 AB 卷:全学年/吴丽,孙光军编.—兰州:甘肃教育出版社,1995.5.—96 页;26cm
ISBN 7-5423-0500-X:¥4.30

G634.62 020557
初一代数同步检测 AB 卷:第二学期/曾秋林,徐申珠编.—兰州:甘肃教育出版社,1995.12.—64 页;26cm
ISBN 7-5423-0579-4:¥3.70

G634.62 020558
初一代数同步检测 AB 卷:第一学期/曹秋玲,徐申珠编.—兰州:甘肃教育出版社,1995.5.—96 页;26cm
ISBN 7-5423-0493-3:¥4.30

G634.62 020559
初一代数自学检测 (上)/《中学课程自学检测》编写组编.—2 版.—重庆:重庆出版社,1995.7.—105 页;19cm.—(中学课程自学检测)
附答案与提示
ISBN 7-5366-2791-2:¥2.00

G634.62 020560
初中毕业班代数综合练习册/《初中毕业班代数综合练习册》编写组编.—2 版.—南京:江苏教育出版社,1995.7.—124 页;20cm
ISBN 7-5343-1540-9:¥2.65

G634.62 020561
初中代数 (二)/华东师范大学数学系编.—新 1 版.—上海:华东师范大学出版社,1995.7.—159 页;19cm.—(数学学习丛书)
ISBN 7-5617-0494-1:¥4.50

G634.62 020562
初中代数 (三)/华东师范大学数学系编.—上海:华东师范大学出版社,1995.7.—130 页;19cm.—(数学学习丛书)
ISBN 7-5617-0483-6:¥3.70

G634.62 020563
初中代数 (四)/华东师范大学数学系编.—上海:华东师范大学出版社,1995.7.—210 页;19cm.—(数学学习丛书)
ISBN 7-5617-0484-4:¥5.60

G634.62 020564
初中代数 (一)/华东师范大学数学系编.—新 1 版.—上海:华东师范大学出版社,1995.7.—145 页;19cm.—(数学学习丛书)
ISBN 7-5617-0509-3:¥4.10

G634.62 020565
初中代数 第二册/江苏省教委教研室编.—南京:江苏教育出版社,1995.7.—143 页;26cm
学习指导用书
ISBN 7-5343-2388-6:¥6.05

G634.62 020566
初中代数 第三册/江苏省教委教研室编.—南京:江苏教育出版社,1995.7.—119 页;26cm
学习指导用书
ISBN 7-5343-2389-4:¥5.20

G634.62 020567
初中代数 第一册(上)/华中师大第一附属中学,华中师大考试研究中心编 .—武汉:湖北人民出版社,1995.5.—66 页;26cm.—(中学教学考丛书/李水生主编)
ISBN 7-216-01713-7:¥3.20

G634.62 020568
初中代数 第一册(上)/江苏省教委教研室编.—南京:江苏教育出版社,1995.7.—160 页;26cm
学习指导用书
ISBN 7-5343-2387-8:¥8.00

G634.62 020569
初中代数 第一册(下)/江苏省教委教研室编.—南京:江苏教育出版社,1995.12.—84 页;26cm
学习指导用书
ISBN 7-5343-2549-8:¥4.45

G634.62 020570
初中代数 ABC 三级题 第二册/贾大文主编;王玉琳等编 .—长春:北方妇女儿童出版社,1995.6.—195 页;19cm
ISBN 7-5385-1074-5:¥6.30

G634.62 020571
初中代数(省编)学习指导 第一册/连云港市教育委员会教研室编.—南京:江苏科学技术出版社,1995.6.—193 页;19cm
ISBN 7-5345-1948-9:¥4.90

G634.62 020572
初中代数单元学习与指导:三年级上学期/《单元学习与指导》丛书初中编写组编.—福州:福建人民出版社,1995.6.—143 页;19cm
ISBN 7-211-02488-7:¥2.55

G634.62 020573
初中代数单元学习与指导:三年级下学期/《单元学习与指导》丛书初中编写组编.—福州:福建人民出版社,1995.12.—116 页;19cm
ISBN 7-211-02610-3:¥3.15

G634.62 020574
初中代数第三册单元检测试卷/初中单元检测试卷

编写组编.—太原:山西教育出版社,1995.5.—36页;26cm
ISBN 7-80578-466-3:¥1.20

G634.62　020575
初中代数第三册一课一练:新编本　上册/梅向明主编.—北京:电子工业出版社,1995.7.—169页;19cm
供初三第一学期程度用
ISBN 7-5053-3008-X:¥4.60

G634.62　020576
初中代数课外练习　第一册(上)/《初中代数课外练习》编写组编.—2版.—北京:北京教育出版社,1995.7.—72页;26cm
供一年级用
ISBN 7-5303-0374-0:¥5.50

G634.62　020577
初中代数练习册　第二册/《中学生助学丛书》编写组编.—福州:福建人民出版社,1995.5.—76页;26cm.—(中学生助学丛书)
ISBN 7-211-02437-2:¥2.80

G634.62　020578
初中代数练习册　第三册/《中学生助学丛书》编写组编　.—福州:福建人民出版社,1995.6.—70页;26cm.—(中学生助学丛书)
ISBN 7-211-02493-3:¥2.75

G634.62　020579
初中代数练习册　第一册(上):试用本/《中学生助学丛书》编写组编.—福州:福建人民出版社,1995.6.—83页;26cm.—(中学生助学丛书)
ISBN 7-211-02441-0:¥3.15

G634.62　020580
初中代数练习册　第一册(下):试用本/《中学生助学丛书》编写组编.—福州:福建人民出版社,1995.11.—48页;26cm.—(中学生助学丛书)
ISBN 7-211-02583-2:¥3.05

G634.62　020581
初中代数试卷/《初中代数试卷》编写组编.—3版.—南京:江苏教育出版社,1995.6.—35页;26×37cm
三年级用
ISBN 7-5343-1798-3:¥3.75

G634.62　020582
初中代数试卷:三年级下学期/《初中代数试卷》编写组编.—3版.—南京:江苏教育出版社,1995.12.—50页;26×37cm
ISBN 7-5343-1954-4:¥5.05

G634.62　020583
初中代数试卷:二年级上学期/《初中代数试卷》编写组编.—3版.—南京:江苏教育出版社,1995.6.—38页;26×37cm
ISBN 7-5343-1797-5:¥3.30

G634.62　020584
初中代数试卷:二年级下学期/《初中代数试卷》编写组编.—3版.—南京:江苏教育出版社,1995.12.—27页;26×38cm
ISBN 7-5343-1953-6:¥3.10

G634.62　020585
初中代数试卷:一年级上学期/《初中代数试卷》编写组编.—3版.—南京:江苏教育出版社,1995.6.—46页;26×37cm
ISBN 7-5343-1796-7:¥3.90

G634.62　020586
初中代数试卷集　第三册:初三上学期/《初中代数试卷集》编写组编.—南宁:广西科学技术出版社,1995.7.—53页;26cm
ISBN 7-80619-207-7:¥2.65

G634.62　020587
初中代数同步训练 ABC/蔡上鹤主编;仇炳生等编.—上海:上海科学技术出版社,1995.1.—95页;26cm.—(中学学科同步训练ABC丛书)
三年级用
ISBN 7-5323-3878-9:¥4.10

G634.62　020588
初中代数学习指导/赵维坤等主编.—2版.—北京:中国致公出版社,1995.9.—257页;19cm.—(中学数学学习指导丛书)
ISBN 7-80096-095-1:¥8.50

G634.62　020589
初中代数重点难点与训练基点　第二册:初二下学期/欧丽,李军编写.—南宁:广西科学技术出版社,1995.2.—153页;19cm
ISBN 7-80565-544-8:¥2.70

G634.62　020590
初中代数重点难点与训练基点　第四册:初三/徐望根等编写.—南宁:广西科学技术出版社,1995.2.—249页;19cm
ISBN 7-80619-473-5:¥4.15

G634.62　020591
初中代数重点难点与训练基点　第一册:初一上学期/马在田,于辉编写.—南宁:广西科学技术出版社,1995.7.—162页;19cm
ISBN 7-80619-039-2:¥3.60

G634.62　020592
初中代数重点难点与训练基点　第一册:初一下学期/徐望根,刘静编写.—南宁:广西科学技术出版社,1995.2.—264页;19cm
ISBN 7-80565-466-2:¥4.40

G634.62　020593
初中三年级代数综合训练 /《初中三年级代数综合训练》编写组编.—广州:广东教育出版社,1995.8.—146页;19cm
九年义务教育教材:人教版
ISBN 7-5406-2316-0:¥3.30

G634.62　020594
代数/王龙生等编.—开封:河南大学出版社,1995.6.—2册;19cm
育新教育初中课本
ISBN 7-81041-238-8:¥6.90

G634.62　020595

代数 第二册/江苏省教育委员会教研室编.—南京:江苏科学技术出版社,1995.12.—148页;26cm

九年义务教育三年制初级中学实验课本

ISBN 7-5345-2048-7:¥8.00

G634.62 020596

代数 第二册/人民教育出版社中学数学室编著.—北京:人民教育出版社,1995.10.—324页;20cm

义务教育初中数学实验课本

ISBN 7-107-11653-3:¥6.80

G634.62 020597

代数 第六册/九年义务教育教材(沿海地区)编写委员会编.—北京:科学出版社,1995.12.—188页;19cm

九年义务教育三年制初级中学试用课本

ISBN 7-03-005060-6:¥6.85

G634.62 020598

代数 第三册/陈重穆主编.—成都:四川教育出版社,1995.5.—223页;19cm

九年义务教育三年制初级中学试用课本

ISBN 7-5408-2711-4:¥2.85

G634.62 020599

代数 第五册/九年义务教育教材(沿海地区)编写委员会编.—北京:科学出版社,1995.7.—180页;19cm

九年义务教育三年制初级中学试用课本

ISBN 7-03-004770-2:¥4.90

G634.62 020600

代数 上册:必修/人民教育出版社中学数学室编.—2版.—北京:人民教育出版社,1995.10.—302页;19cm

高级中学课本

ISBN 7-107-00966-4:¥4.80

G634.62 020601

代数读本:初中一年级/广州培正中学编.—广州:广东教育出版社,1995.10.—222页;20cm.—(中学生英语阅读丛书)

ISBN 7-5406-3334-4:¥5.00

G634.62 020602

代数读本:高中一年级/广州培正中学编.—广州:广东教育出版社,1995.10.—237页;20cm.—(中学生英语阅读丛书)

ISBN 7-5406-3310-7:¥5.50

G634.62 020603

代数基础训练:高中二年级第二学期/河南省教委中小学教研室编.—3版.—郑州:河南教育出版社,1995.9.—69页;19cm

ISBN 7-5347-0888-5:¥1.55

G634.62 020604

代数解题思路与典型问题/战维华等著.—西安:陕西人民教育出版社,1995.12.—332页;19cm.—(高考数学精品系列;3)

ISBN 7-5419-6189-2:¥8.80

G634.62 020605

复数的应用/广州市教育局普通高中选修课、活动课教材编写委员会编.—广州:广东教育出版社,1995.9.—75页;20cm

高级中学选修课教材

ISBN 7-5406-3344-1:¥2.60

G634.62 020606

高级中学代数基础训练 上册/辛克泰等编写.—2版.—济南:山东教育出版社,1995.5.—175页;19cm

一年级用

ISBN 7-5328-1449-1:¥2.80

G634.62 020607

高中代数 上册:必修/江苏省教委教研室编.—南京:江苏教育出版社,1995.7.—148页;26cm

学习指导用书

ISBN 7-5343-2402-5:¥6.20

G634.62 020608

高中代数 下册:必修/江苏省教委教研室编.—南京:江苏教育出版社,1995.7.—148页;26cm

学习指导用书

ISBN 7-5343-2403-3:¥6.20

G634.62 020609

高中代数练习册 上册/《中学生助学丛书》编写组编.—福州:福建人民出版社,1995.6.—108页;26cm.—(中学生助学丛书)

ISBN 7-211-02450-X:¥3.95

G634.62 020610

高中代数试卷:二年级上学期/《高中代数试卷》编写组编.—3版.—南京:江苏教育出版社,1995.6.—35页;26×37cm

ISBN 7-5343-1774-6:¥3.20

G634.62 020611

高中代数试卷:二年级下学期/《高中代数试卷》编写组编.—3版.—南京:江苏教育出版社,1995.12.—32页;26×37cm

ISBN 7-5343-1987-0:¥3.45

G634.62 020612

高中代数试卷:一年级上学期/《高中代数试卷》编写组编.—3版.—南京:江苏教育出版社,1995.6.—44页;26×37cm

ISBN 7-5343-1773-8:¥3.75

G634.62 020613

高中代数试卷:一年级下学期/《高中代数试卷》编写组编.—3版.—南京:江苏教育出版社,1995.12.—38页;26×37cm

ISBN 7-5343-1984-6:¥4.00

G634.62 020614

高中一、二年级第二学期代数基础训练参考答案/河南省教委中小学教研室编.—2版.—郑州:河南教育出版社,1995.10.—103页;19cm

ISBN 7-5347-0889-3:¥1.90

G634.62 020615

高中一、二年级第一学期代数基础训练参考答案/河南省教委中小学教研室编.—郑州:河南教育出版社,1995.5.—125页;19cm

ISBN 7-5347-0795-1:¥1.65

G634.62 020616

高中一年级第二学期代数基础训练/河南省教委中小学教研室编.—3版.—郑州:河南教育出版社,1995.10.—113页;19cm

ISBN 7-5347-0887-7:￥2.30

G634.62　020617

九年义务教育初级中学初一代数单元测试卷:上学期/测试卷编写组编.—2版.—沈阳:辽宁教育出版社,1995.4.—48页;26cm

ISBN 7-5382-2814-4:￥2.10

G634.62　020618

九年义务教育初级中学初一代数期末总复习测试卷:上学期/测试卷编写组编.—2版.—沈阳:辽宁教育出版社,1995.5.—48页;26cm

ISBN 7-5382-2792-X:￥2.10

G634.62　020619

九年义务教育初级中学代数第三册单元检测/蒙占先编.—2版.—石家庄:河北教育出版社,1995.7.—38页;26cm

ISBN 7-5434-0824-4:￥1.45

G634.62　020620

九年义务教育初级中学代数第三册基本功训练/刘奕主编;彭广仁等编.—石家庄:河北教育出版社,1995.7.—179页;19cm

ISBN 7-5434-2387-1:￥2.95

G634.62　020621

九年义务教育初级中学代数第一册(上)单元检测/王洁敏等编.—3版.—石家庄:河北教育出版社,1995.6.—63页;26cm

ISBN 7-5434-0818-X:￥1.95

G634.62　020622

九年义务教育初中代数思维与运算:二年级(上)/初中数学《思维与运算》编写组编.—成都:四川教育出版社,1995.8.—96页;19cm.—(学法指导丛书)

ISBN 7-5408-2738-6:￥2.28

G634.62　020623

九年义务教育初中代数思维与运算:一年级(上)/初中数学《思维与运算》编写组编.—成都:四川教育出版社,1995.8.—71页;19cm.—(学法指导丛书)

ISBN 7-5408-2737-8:￥1.75

G634.62　020624

九年义务教育三年制初级中学代数第三册练习册/刘奕主编.—乌鲁木齐:新疆教育出版社,1995.6.—220页;19cm

初中三年级使用

ISBN 7-5370-2483-9:￥2.82

G634.62　020625

九年义务教育三年制初级中学教科书代数第三册学习指导/《代数学习指导》编写组编.—重庆:重庆出版社;北京:人民教育出版社,1995.7.—220页;19cm

ISBN 7-5366-3149-9:￥5.10

G634.62　020626

九年义务教育三年制初中代数第三册课堂练习/刘国材主编;王洁英等编.—沈阳:辽宁教育出版社,1995.5.—168页;19cm

ISBN 7-5382-4136-1:￥3.05

G634.62　020627

九年义务教育三年制初中代数课程辅导与训练/《课程辅导与训练》编写组编.—西安:陕西人民教育出版社,1995.5.—100页;19cm

三年级全学年用

ISBN 7-5419-0003-6:￥2.00

G634.62　020628

九年义务教育三年制初中代数思维训练　第二册/魏超群等编著.—2版.—沈阳:辽宁教育出版社,1995.6.—232页;19cm.—(思维训练指导丛书/苏才,韩宏宇主编)

ISBN 7-5382-3588-4:￥5.20

G634.62　020629

九年义务教育三年制初中代数思维训练　第三册/刘会成,金广成编著.—2版.—沈阳:辽宁教育出版社,1995.6.—248页;19cm.—(思维训练指导丛书/苏才,韩宏宇主编)

ISBN 7-5382-3563-9:￥3.60

G634.62　020630

九年义务教育三年制初中代数思维训练　第一册(上)/赵瑞清等编著.—2版.—沈阳:辽宁教育出版社,1995.6.—221页;19cm.—(思维训练指导丛书/苏才,韩宏宇主编)

ISBN 7-5382-3554-X:￥5.20

G634.62　020631

九年义务教育四年制初级中学代数基础训练　第二册/谢廷桢等编写.—济南:山东教育出版社,1995.6.—182页;19cm

二年级用:人教版

ISBN 7-5328-2200-1:￥2.90

G634.62　020632

九年义务教育四年制初级中学代数基础训练　第三册/高文秀,康健民编写.—济南:山东教育出版社,1995.6.—124页;19cm

三年级用

ISBN 7-5328-2199-4:￥2.00

G634.62　020633

九年义务教育四年制初级中学代数基础训练　第一册(上)/钟澍,舒学编写.—济南:山东教育出版社,1995.5.—176页;19cm

一年级上学期用:人教版

ISBN 7-5328-2195-1:￥2.80

G634.62　020634

九年义务教育四年制初级中学代数基础训练　第一册(下)/魏良,贾铭编.—济南:山东教育出版社,1995.11.—133页;19cm

一年级下学期用:人教版

ISBN 7-5328-2234-6:￥3.20

G634.62　020635

九年义务教育四年制初中三年级上学期代数基础同步练习/《代数基础同步练习》编写组编.—北京:科学出版社:龙门书局,1995.8.—60页;19cm

配合北师大版教材

ISBN 7-03-004975-6: ¥1.50

G634.62 020636

九年义务教育四年制初中四年级上学期代数基础同步练习/《代数基础同步练习》编写组编.—北京:科学出版社:龙门书局,1995.6.—76页;19cm

配合北师大版教材

ISBN 7-03-004860-1: ¥1.88

G634.62 020637

九年义务教育四年制初中一年级上学期代数基础同步练习/《代数基础同步练习》编写组编.—北京:科学出版社:龙门书局,1995.6.—140页;19cm

配合北师大版教材

ISBN 7-03-004837-7: ¥3.38

G634.62 020638

全国百所重点中学代数测试AB卷精编:初一下学期/谢煜主编.—南京:南京出版社,1995.12.—92页;26cm

ISBN 7-80614-197-9: ¥4.70

G634.62 020639

四年制初中二年级第二学期代数基础练习/丁长勇编写.—北京:华文出版社,1995.12.—138页;19cm

ISBN 7-5075-0500-6: ¥4.50

G634.62 020640

掌握代数　第三册(上)/广东省教育厅编.—广州:广东教育出版社,1995.8.—214页;19cm.—(掌握学习指导丛书)

九年义务教育三年制初中:人教版

ISBN 7-5406-3314-X: ¥3.20

G634.62 020641

掌握代数　第三册(下)/广东省教育厅编.—广州:广东教育出版社,1995.8.—98页;19cm.—(掌握学习指导丛书)

九年义务教育三年制初中:人教版

ISBN 7-5406-3336-0: ¥3.50

G634.63 020642

初二几何单元测试卷:下学期/测试卷编写组编.—2版.—沈阳:辽宁教育出版社,1995.10.—48页;26cm

ISBN 7-5382-3765-8: ¥2.30

G634.63 020643

初二几何同步检测AB卷:第二学期/李波,陈芳编.—兰州:甘肃教育出版社,1995.12.—56页;26cm

ISBN 7-5423-0576-X: ¥3.30

G634.63 020644

初二几何同步检测AB卷:第一学期/李波,陈芳编.—兰州:甘肃教育出版社,1995.5.—60页;26cm

ISBN 7-5423-0494-1: ¥3.00

G634.63 020645

初三几何单元测试卷:上学期/测试卷编写组编.—2版.—沈阳:辽宁教育出版社,1995.4.—48页;26cm

ISBN 7-5382-2853-5: ¥2.10

G634.63 020646

初三几何单元测试卷:下学期/测试卷编写组编.—2版.—沈阳:辽宁教育出版社,1995.10.—48页;26cm

ISBN 7-5382-3853-0: ¥2.30

G634.63 020647

初三几何同步检测AB卷:全学年/罗俊,罗惠萍编.—兰州:甘肃教育出版社,1995.5.—96页;26cm

ISBN 7-5423-0511-5: ¥4.30

G634.63 020648

初一几何同步检测AB卷:第二学期/曾秋林,徐申珠编.—兰州:甘肃教育出版社,1995.12.—55页;26cm

ISBN 7-5423-0575-1: ¥3.30

G634.63 020649

初中几何　(二)/华东师范大学数学系编.—上海:华东师范大学出版社,1995.7.—237页;19cm.—(数学学习丛书)

ISBN 7-5617-0511-5: ¥6.30

G634.63 020650

初中几何　(一)/华东师范大学数学系编.—上海:华东师范大学出版社,1995.7.—150页;19cm.—(数学学习丛书)

ISBN 7-5617-0510-7: ¥4.20

G634.63 020651

初中几何　第二册/江苏省教委教研室编.—南京:江苏教育出版社,1995.7.—140页;26cm

学习指导用书

ISBN 7-5343-2391-6: ¥7.10

G634.63 020652

初中几何　第二册/杨安澜,奚根荣编.—上海:上海教育出版社,1995.9.—395页;19cm.—(自学提高丛书)

ISBN 7-5320-4026-7: ¥9.90

G634.63 020653

初中几何　第三册/江苏省教委教研室编.—南京:江苏教育出版社,1995.7.—122页;26cm

学习指导用书

ISBN 7-5343-2392-4: ¥5.30

G634.63 020654

初中几何　第一册/杨安澜等编.—上海:上海教育出版社,1995.9.—323页;19cm.—(自学提高丛书)

ISBN 7-5320-4255-3: ¥8.25

G634.63 020655

初中几何　第一册/江苏省教委教研室编.—南京:江苏教育出版社,1995.12.—76页;26cm

学习指导用书

ISBN 7-5343-2550-1: ¥3.80

G634.63 020656

初中几何单元学习与指导:三年级上学期/《单元学习与指导》丛书初中编写组编.—福州:福建人民出版社,1995.6.—136页;19cm

ISBN 7-211-02477-1: ¥2.40

G634.63 020657

初中几何单元学习与指导:三年级下学期/《单元学习与指导》丛书初中编写组编.—福州:福建人民出版社,1995.12.—118页;19cm

ISBN 7-211-02598-0: ¥3.15

G634.63 020658

初中几何第三册单元检测试卷/初中单元检测试卷

编写组编.—太原:山西教育出版社,1995.5.—37页;26cm
ISBN 7-5440-0483-X: ¥1.30

G634.63　020659
初中几何第三册练习册/武九保等编.—太原:山西教育出版社,1995.7.—199页;19cm
ISBN 7-5440-0484-8: ¥3.10

G634.63　020660
初中几何课外练习　第三册/《初中几何课外练习》编写组编.—北京:北京教育出版社,1995.7.—112页;26cm
三年级用
ISBN 7-5303-0733-9: ¥5.10

G634.63　020661
初中几何练习册　第二册:试用本/《中学生助学丛书》编写组编.—福州:福建人民出版社,1995.5.—75页;26cm.—(中学生助学丛书)
ISBN 7-211-02434-8: ¥2.90

G634.63　020662
初中几何练习册　第三册/《中学生助学丛书》编写组编.—福州:福建人民出版社,1995.6.—66页;26cm.—(中学生助学丛书)
ISBN 7-211-02502-6: ¥2.65

G634.63　020663
初中几何练习册　第一册:试用本/《中学生助学丛书》编写组编.—福州:福建人民出版社,1995.11.—43页;26cm.—(中学生助学丛书)
ISBN 7-211-02593-X: ¥2.65

G634.63　020664
初中几何试卷:二年级上学期/《初中几何试卷》编写组编.—3版.—南京:江苏教育出版社,1995.6.—29页;26×37cm
ISBN 7-5343-1760-6: ¥2.75

G634.63　020665
初中几何试卷:三年级上学期/《初中几何试卷》编写组编.—3版.—南京:江苏教育出版社,1995.6.—32页;26×37cm
ISBN 7-5343-1821-1: ¥3.40

G634.63　020666
初中几何试卷:三年级下学期/《初中几何试卷》编写组编.—3版.—南京:江苏教育出版社,1995.12.—52页;26×37cm
ISBN 7-5343-1951-X: ¥5.20

G634.63　020667
初中几何试卷集　第三册:初三上学期/《初中几何试卷集》编写组编.—南宁:广西科学技术出版社,1995.7.—59页;26cm
ISBN 7-80619-222-0: ¥2.85

G634.63　020668
初中几何试卷集　第三册:初三下学期/《初中几何试卷集》编写组编.—2版.—南宁:广西科学技术出版社,1995.12.—74页;26cm
九年义务教育人教版最新教材
ISBN 7-80565-688-6: ¥4.30

G634.63　020669
初中几何同步训练ABC/蔡上鹤主编;仇炳生等编著.—上海:上海科学技术出版社,1995.1.—106页;26cm.—(中学学科同步训练ABC丛书)
三年级用
ISBN 7-5323-3884-3: ¥4.30

G634.63　020670
初中平面几何学习指导/赵维坤等主编.—2版.—北京:中国致公出版社,1995.9.—194页;19cm.—(中学数学学习指导丛书)
ISBN 7-80096-094-3: ¥7.00

G634.63　020671
初中三年级几何综合训练/广东省教育厅编.—2版.—广州:广东教育出版社,1995.7.—175页;19cm
九年义务教育教材:人教版
ISBN 7-5406-2267-9: ¥3.95

G634.63　020672
高中立体几何:必修　全一册/江苏省教委教研室编.—南京:江苏教育出版社,1995.7.—79页;26cm
学习指导用书
ISBN 7-5343-2413-0: ¥3.70

G634.63　020673
高中立体几何练习册　全一册/《中学生助学丛书》编写组编.—福州:福建人民出版社,1995.6.—85页;26cm.—(中学生助学丛书)
ISBN 7-211-02452-6: ¥3.30

G634.63　020674
高中立体几何试卷:一年级上学期/《高中立体几何试卷》编写组编.—3版.—南京:江苏教育出版社,1995.6.—26页;26×37cm
ISBN 7-5343-1775-4: ¥2.50

G634.63　020675
高中立体几何试卷:一年级下学期/《高中立体几何试卷》编写组编.—2版.—南京:江苏教育出版社,1995.1.—22页;26×38cm
ISBN 7-5343-1985-4: ¥1.70

G634.63　020676
高中立体几何试卷:一年级下学期/《高中立体几何试卷》编写组编.—3版.—南京:江苏教育出版社,1995.12.—28页;26×37cm
ISBN 7-5343-1985-4: ¥3.10

G634.63　020677
高中平面解析几何:必修　全一册/江苏省教委教研室编.—南京:江苏教育出版社,1995.7.—131页;26cm
ISBN 7-5343-2404-1: ¥5.60

G634.63　020678
高中平面解析几何试卷:二年级上学期/《高中平面解析几何试卷》编写组编.—3版.—南京:江苏教育出版社,1995.6.—20页;26×38cm
ISBN 7-5343-1776-2: ¥2.10

G634.63　020679
高中一、二年级第二学期立体几何、解析几何基础训练参考答案/河南省教委中小学教研室编.—2版.—郑州:河南教育出版社,1995.10.—121页;19cm

ISBN 7-5347-0898-2: ¥2.20

G634.63　020680

高中一年级第一学期立体几何基础训练/河南省教委中小学教研室编.—3版.—郑州:河南教育出版社,1995.8.—82页;19cm

ISBN 7-5347-0796-3: ¥1.30

G634.63　020681

几何/王龙生等编.—开封:河南大学出版社,1995.6.—2册;19cm

育新教育初中课本

ISBN 7-81041-236-1: ¥6.50

G634.63　020682

几何　第四册/九年义务教育教材(沿海地区)编写委员会编.—北京:科学出版社,1995.7.—182页;19cm

九年义务教育三年制初级中学试用课本

ISBN 7-03-004769-9: ¥4.90

G634.63　020683

九年义务教育初级中学初三几何单元测试卷:上学期/《测试卷》编写组编.—2版.—沈阳:辽宁教育出版社,1995.4.—48页;26cm

ISBN 7-5382-2853-5: ¥2.10

G634.63　020684

九年义务教育初级中学几何达标测试卷　第二册/马晨月,司佳编.—石家庄:河北教育出版社,1995.7.—84页;26×36cm

ISBN 7-5434-2208-5: ¥2.75

G634.63　020685

九年义务教育初级中学几何达标测试卷　第三册/马晨月,司佳编.—石家庄:河北教育出版社,1995.7.—39页;26×36cm

ISBN 7-5434-2408-8: ¥2.60

G634.63　020686

九年义务教育初级中学几何达标测试卷　第一册/马晨月,司佳编.—石家庄:河北教育出版社,1995.11.—24页;26×38cm

ISBN 7-5434-2268-9: ¥1.95

G634.63　020687

九年义务教育初级中学几何第三册单元检测/胡天顺编.—石家庄:河北教育出版社,1995.7.—96页;26cm

ISBN 7-5434-2426-6: ¥3.10

G634.63　020688

九年义务教育初级中学几何第三册基本功训练/邸新考主编.—石家庄:河北教育出版社,1995.7.—153页;19cm

ISBN 7-5434-2393-6: ¥2.60

G634.63　020689

九年义务教育三年制初级中学几何第三册练习册/邸新考主编.—乌鲁木齐:新疆教育出版社,1995.6.—204页;19cm

ISBN 7-5370-2457-X: ¥2.64

G634.63　020690

九年义务教育三年制初级中学几何基础训练　第三册/杨岳等编写.—济南:山东教育出版社,1995.5.—188页;19cm

三年级用

ISBN 7-5328-2159-5: ¥2.90

G634.63　020691

九年义务教育三年制初级中学教科书几何第三册学习指导/《学习指导》编写组编.—重庆:重庆出版社;北京:人民教育出版社,1995.7.—213页;19cm

ISBN 7-5366-3150-2: ¥3.70

G634.63　020692

九年义务教育三年制初中几何第三册课堂练习/刘国材主编;郭秀玲等编.—2版.—沈阳:辽宁教育出版社,1995.5.—166页;19cm

ISBN 7-5382-3511-6: ¥3.05

G634.63　020693

九年义务教育三年制初中几何课程辅导与训练/《课程辅导与训练》编写组编.—西安:陕西人民教育出版社,1995.6.—200页;19cm

三年级全学年用

ISBN 7-5419-0262-4: ¥3.70

G634.63　020694

九年义务教育三年制初中几何思维训练　第二册/魏超群等编著.—2版.—沈阳:辽宁教育出版社,1995.6.—245页;19cm.—(思维训练指导丛书/苏才,韩宏宇主编)

ISBN 7-5382-3618-X: ¥5.20

G634.63　020695

九年义务教育三年制初中几何思维训练　第三册/宫长泰,高文生编著.—2版.—沈阳:辽宁教育出版社,1995.6.—170页;19cm.—(思维训练指导丛书/苏才,韩宏宇主编)

ISBN 7-5382-3561-2: ¥3.60

G634.63　020696

九年义务教育三年制初中试用课本几何第三册双基训练/戴家杰等编.—成都:四川教育出版社,1995.5.—82页;19cm

ISBN 7-5408-2708-4: ¥1.79

G634.63　020697

九年义务教育四年制初级中学几何基础训练　第二册/刘芳英等编写.—济南:山东教育出版社,1995.8.—148页;19cm

人教版 三年级用

ISBN 7-5328-2212-5: ¥2.35

G634.63　020698

九年义务教育四年制初级中学几何基础训练　第一册/梁亮等编写.—济南:山东教育出版社,1995.7.—169页;19cm

人教版 二年级用

ISBN 7-5328-2207-9: ¥2.70

G634.63　020699

九年义务教育四年制初中三年级上学期几何基础同步练习/《几何基础同步练习》编写组编.—北京:科学出版社:龙门书局,1995.8.—60页;19cm

配合北师大版教材

ISBN 7-03-004976-4: ¥1.50

G634.63　020700
立体几何解题思路与典型问题/杨宝剑著.—西安:陕西人民教育出版社,1995.12.—210页;19cm.—(高考数学精品系列;1)
ISBN 7-5419-6159-0:¥5.80

G634.63　020701
全国百所重点中学几何测试AB卷精编:初一下学期/曾曙明主编;华翔分册主编.—南京:南京出版社,1995.12.—76页;26cm
ISBN 7-80614-198-7:¥4.00

G634.63　020702
四年制初中二年级第二学期几何基础练习/傅佑珊等编写.—北京:华文出版社,1995.12.—143页;19cm
ISBN 7-5075-0501-4:¥4.70

G634.63　020703
四年制初中几何随课训练　第三册/王兰香主编;刘淑惠等编写.—2版.—济南:明天出版社,1995.5.—245页;19cm.—(初中随课训练丛书/沈渭明,刘均海主编)
ISBN 7-5332-2047-1:¥7.20

G634.63　020704
掌握几何　第三册(上)/广东省教育厅编.—广州:广东教育出版社,1995.8.—210页;19cm.—(掌握学习指导丛书)
九年义务教育三年制初中:人教版
ISBN 7-5406-3320-4:¥6.00

G634.63　020705
掌握几何　第三册(下)/广东省教育厅编.—广州:广东教育出版社,1995.7.—102页;19cm.—(掌握学习指导丛书)
九年义务教育三年制初中:人教版
ISBN 7-5406-3340-9:¥5.00

G634.65　020706
高中平面解析几何练习册:高中二年级/谢文泉等编.—太原:山西教育出版社,1995.8.—328页;19cm
ISBN 7-80578-933-9:¥5.00

G634.65　020707
高中平面解析几何试卷:二年级下学期/《高中平面解析几何试卷》编写组编.—3版.—南京:江苏教育出版社,1995.12.—43页;26×37cm
ISBN 7-5343-1986-2:¥4.50

G634.65　020708
平面解析几何解题思路与典型问题/卢四维著.—西安:陕西人民教育出版社,1995.12.—310页;19cm.—(高考数学精品系列;2)
ISBN 7-5419-5718-6:¥8.40

G634.67　020709
BASIC程序设计基础/广东省教育厅编.—2版.—广州:广东教育出版社,1995.7.—175页;20cm
广东省全日制普通中学劳动技术课本:试用本
ISBN 7-5406-3194-5:¥4.55

G634.67　020710
BASIC语言入门/广东省教育厅编.—广州:广东教育出版社,1995.7.—158页;20cm
广东省全日制普通中学劳动技术课本:试用本
ISBN 7-5406-3195-3:¥4.20

G634.67　020711
PASCAL程序设计基础/马长冰主编;周成,陈颖编.—福州:福建教育出版社,1995.9.—134页;26cm.—(福建省中学生计算机等级考试指导系列用书;3)
ISBN 7-5334-1968-5:¥7.80

G634.67　020712
奥林匹克计算机竞赛试题剖析/吴文虎等编著.—上海:上海科技教育出版社,1995.12.—226页;20cm
ISBN 7-5428-1126-6:¥9.70

G634.67　020713
初中计算机教材/天津市中学计算机数学实验中心编.—3版(修订本).—天津:天津教育出版社,1995.6.—141页;19cm
ISBN 7-5309-0068-4:¥2.00

G634.67　020714
电脑应用　上册/广东省教育厅编.—广州:广东教育出版社,1995.7.—118页;26cm
广东省全日制普通中学高中选修课试用教材
ISBN 7-5406-3193-7:¥5.75

G634.67　020715
高中计算机/湖南省中学计算机教材编写组主编.—长沙:湖南教育出版社,1995.7.—136页;26cm
湖南省普通高级中学试用教材
ISBN 7-5355-2105-3:¥4.80

G634.67　020716
计算机　第一册/广州市教委教学研究室编.—广州:广东教育出版社,1995.9.—104页;20cm
广州市初中计算机课本
ISBN 7-5406-3374-3:¥5.90

G634.67　020717
计算机:初中/江苏省教育委员会教研室编.—南京:江苏科学技术出版社,1995.5.—139页;26cm
江苏省中小学计算机教材:试用
ISBN 7-5345-1928-4:¥6.20

G634.67　020718
计算机:高中/江苏省教育委员会教研室编.—南京:江苏科学技术出版社,1995.5.—228页;26cm
江苏省中小学计算机教材:试用
ISBN 7-5345-1927-6:¥8.90

G634.67　020719
计算机基础教程/李静仪等编著.—昆明:云南教育出版社,1995.6.—195页;26cm
九年义务教育云南省乡土教材:必修
ISBN 7-5415-1042-4:¥5.40

G634.67　020720
计算机启蒙/刘定富主编.—武汉:湖北科学技术出版社,1995.9.—197页;19cm
ISBN 7-5352-1725-7:¥7.10

G634.67　020721
劳动技术:计算机输入操作基础:二年级上学期/江西省教育科学研究所编.—南昌:江西教育出版社,

1995.7.—119 页;19cm
江西省高级中学课本:试用
ISBN 7-5392-2293-X:¥1.55

G634.67 020722
劳动技术:计算机应用基础:二年级下学期/江西省教育科学研究所编.—南昌:江西科学技术出版社,1995.10.—146 页;19cm
江西省高级中学课本:试用
ISBN 7-5390-0973-X:¥3.35

G634.67 020723
青少年巧学电脑/李冬梅,姜宏编.—北京:兵器工业出版社,1995.8.—224 页;26cm
ISBN 7-80038-882-4:¥18.00

G634.67 020724
少年 LOGO 语言操作篇/陈文慧,蒋硕编著.—北京:北京大学出版社,1995.3.—159 页;19cm
ISBN 7-301-02797-4:¥4.80

G634.67 020725
微机实用操作教程/湖南省中师教育研究会编.—长沙:湖南教育出版社,1995.8.—331 页;19cm
湖南省中等师范学校试用教材
ISBN 7-5355-2235-1:¥6.80

G634.67 020726
小刚学电脑:电脑字帖/张航编著.—武汉:武汉大学出版社,1995.6.—107 页;26cm
ISBN 7-307-01980-9:¥7.80

G634.67 020727
中小学生电脑入门/洛一思著.—北京:金盾出版社,1995.8.—80 页:照片;26cm
ISBN 7-5082-0067-5:¥6.00

G634.67 020728
中学计算机基础教程:PC 版乙种本/全国中小学计算机教育研究中心主编.—2 版.—北京:北京师范大学出版社,1995.5.—161 页;26cm
ISBN 7-303-03751-9:¥6.60

G634.67 020729
中学计算机教程/王春明等编.—石家庄:河北人民出版社,1995.8.—161 页;26cm
ISBN 7-202-01770-9:¥7.60

G634.67 020730
中学生计算机应用入门/柯建武编.—南京:南京大学出版社,1995.9.—156 页;26cm
ISBN 7-305-02784-7:¥13.60

G634.67 020731
中学信息学课程/国家教委全国中小学计算机教育研究中心编.—北京:清华大学出版社,1995.9.—102 页;19cm
ISBN 7-302-01969-X:¥3.50

G634.67-62 020732
初中生计算机手册/陈春雷主编;孙秀光等编.—北京:中国大百科全书出版社,1995.11.—434 页;13cm.—(初中生系列工具书)
ISBN 7-5000-5280-4:¥6.30

G634.7 物理

G634.7 020733
1994 年全国部分省市物理中考精选试题解/山西教育出版社编.—太原:山西教育出版社,1995.1.—150 页;19cm
ISBN 7-80578-783-2:¥2.30

G634.7 020734
1994 全国中考物理试题精选/《1994 全国中考物理试题精选》编写组编.—广州:广东科技出版社,1995.2.—157 页;19cm
ISBN 7-5359-1415-2:¥4.00

G634.7 020735
1995 年全国中招物理试题选编/廖文等编.—郑州:河南教育出版社,1995.11.—191 页;19cm
ISBN 7-5347-1852-X:¥3.45

G634.7 020736
1996 年高考物理模拟题/《模拟题》编写组编.—西安:陕西人民教育出版社,1995.12.—79 页;26cm
ISBN 7-5419-6345-3:¥3.60

G634.7 020737
1996 年中考物理模拟题/《模拟题》编写组编.—西安:陕西人民教育出版社,1995.12.—69 页;26cm
ISBN 7-5419-6334-8:¥3.20

G634.7 020738
1996 物理高考题型解析与强化训练/吴万用主编.—3 版.—沈阳:东北大学出版社,1995.9.—364 页;19cm
ISBN 7-81006-610-2:¥8.80

G634.7 020739
1996 物理中考题型解析与强化训练/李光义主编;韩铁人,王淑文编.—2 版.—沈阳:东北大学出版社,1995.9.—268 页;19cm
ISBN 7-81006-826-1:¥6.80

G634.7 020740
初二物理练习/胡学增主编;朱成群等编.—修订本.—上海:上海科学技术文献出版社,1995.8.—219 页;19cm.—(中学生掌握学习丛书)
ISBN 7-5439-0315-6:¥6.60

G634.7 020741
初二物理同步检测 AB 卷:第二学期/朱培英,薛佐人编.—兰州:甘肃教育出版社,1995.12.—52 页;26cm
ISBN 7-5423-0566-2:¥3.00

G634.7 020742
初三物理单元测试卷:上学期/《测试卷》编写组编.—2 版.—沈阳:辽宁教育出版社,1995.4.—48 页;26cm
ISBN 7-5382-2786-5:¥2.10

G634.7 020743
初三物理单元测试卷:下学期/《测试卷》编写组编.—2 版.—沈阳:辽宁教育出版社,1995.10.—48 页;26cm
ISBN 7-5382-3854-9:¥2.30

G634.7　020744
初三物理期末总复习测试卷:下学期/《测试卷》编写组编.—2版.—沈阳:辽宁教育出版社,1995.11.—48页;26cm
ISBN 7-5382-3758-5:¥2.30

G634.7　020745
初三物理期末总复习测试卷:下学期/《测试卷》编写组编.—2版.—沈阳:辽宁教育出版社,1995.11.—48页;26cm
ISBN 7-5382-3758-5:¥2.30

G634.7　020746
初三物理同步检测AB卷:全学年/白亮,杨树渭编.—兰州:甘肃教育出版社,1995.5.—64页;26cm
ISBN 7-5423-0528-X:¥3.00

G634.7　020747
初中二年级第一、二学期物理学习辅导/《物理学习辅导》编写组编.—2版.—广州:广东教育出版社,1995.7.—320页;19cm.—(中学生课外辅导系列)
义务教育教材:人教版
ISBN 7-5406-2979-7:¥6.80

G634.7　020748
初中科技活动　第二册/《初中科技活动》编写组编.—南京:江苏教育出版社,1995.6.—81页;26cm
ISBN 7-5343-2416-5:¥3.60

G634.7　020749
初中科技活动　第一册/《初中科技活动》编写组编.—南京:江苏教育出版社,1995.7.—48页;26cm
ISBN 7-5343-2415-7:¥2.35

G634.7　020750
初中三年级第二学期物理基础训练/河南省教委中小学教研室编.—郑州:河南教育出版社,1995.8.—57页;19cm
九年义务教育三年制初级中学教材
ISBN 7-5347-1830-9:¥1.35

G634.7　020751
初中三年级第一学期物理基础训练/河南省教委中小学教研室编.—郑州:河南教育出版社,1995.8.—90页;19cm
九年义务教育三年制初级中学教材
ISBN 7-5347-1769-8:¥1.35

G634.7　020752
初中三年级物理综合训练/广东省教育厅编.—2版.—广州:广东教育出版社,1995.7.—308页;19cm
九年义务教育教材:人教版
ISBN 7-5406-2362-4:¥6.75

G634.7　020753
初中物理/阎金铎主编.—北京:中国书籍出版社,1995.11.—373页;19cm.—(优等生跨世纪丛书/林崇德主编)
ISBN 7-5068-0468-9:¥12.00

G634.7　020754
初中物理　(二)/宋宁生,许明编.—上海:上海教育出版社,1995.10.—230页;19cm.—(自学提高丛书/孙元清,陈和主编)
ISBN 7-5320-4173-5:¥5.90

G634.7　020755
初中物理　(二)/宋宁生,许明编.—上海:上海教育出版社,1995.10.—230页;19cm.—(自学提高丛书/孙元清,陈和主编)
ISBN 7-5320-4173-5:¥5.90

G634.7　020756
初中物理　(一)/张越编.—上海:上海教育出版社,1995.10.—326页;19cm.—(自学提高丛书/孙元清,陈和主编)
ISBN 7-5320-4183-2:¥8.20

G634.7　020757
初中物理(统编)总复习测试题/昆明市教委教研室,昆明市物理学会编.—昆明:云南教育出版社,1995.1.—19页;26×39cm
本书是1995年昆明市初中物理(统编)总复习测试题
ISBN 7-5415-0936-1:¥1.30

G634.7　020758
初中物理单元测验期中期末试卷集:二年级下学期/《初中物理单元测验期中期末试卷集》编写组编.—南昌:江西教育出版社,1995.12.—1册;26cm
ISBN 7-5392-2607-2:¥3.20

G634.7　020759
初中物理单元测验期中期末试卷集:三年级下学期/《初中物理单元测验期中期末试卷集》编写组编.—南昌:江西教育出版社,1995.12.—1册;26cm
ISBN 7-5392-2334-0:¥2.15

G634.7　020760
初中物理单元达标测试卷　第一册:二年级(下)/李淑平等编.—2版.—哈尔滨:黑龙江教育出版社,1995.1.—48页;19×26cm
ISBN 7-5316-2220-3:¥1.65

G634.7　020761
初中物理单元学习与指导:三年级上学期/《单元学习与指导》丛书初中编写组编.—2版.—福州:福建人民出版社,1995.6.—146页;19cm
ISBN 7-211-02489-5:¥2.60

G634.7　020762
初中物理单元学习与指导:三年级下学期/《单元学习与指导》丛书初中编写组编.—2版.—福州:福建人民出版社,1995.12.—147页;19cm
ISBN 7-211-02607-3:¥3.80

G634.7　020763
初中物理第二册单元检测试卷/初中单元检测试卷编写组编.—太原:山西教育出版社,1995.5.—37页;26cm
ISBN 7-80578-119-2:¥1.30

G634.7　020764
初中物理第二册练习册/牛继唐等编.—太原:山西教育出版社,1995.5.—166页;19cm
ISBN 7-80578-875-8:¥2.50

G634.7　020765
初中物理第一册单元检测试卷/初中单元检测卷编

写组编.—太原:山西教育出版社,1995.5.—50页;26cm

ISBN 7-80578-115-X:¥1.60

G634.7　020766

初中物理第一册练习册/牛继唐等编.—太原:山西教育出版社,1995.2.—193页;19cm

ISBN 7-80578-155-9:¥2.80

G634.7　020767

初中物理第一册一课一练:新编本/《初中物理一课一练》编写组编.—北京:电子工业出版社,1995.7.—147页;19cm

供初中二年级程度用

ISBN 7-5053-3093-4:¥3.60

G634.7　020768

初中物理复习向导/寇邦智主编.—2版.—昆明:云南教育出版社,1995.4.—100页;19cm

ISBN 7-5415-0757-1:¥1.90

G634.7　020769

初中物理解题方法与技巧/黄光龙等编.—武汉:湖北教育出版社,1995.4.—155页;19cm.—(数理化解题方法与技巧丛书)

ISBN 7-5351-1638-8:¥4.10

G634.7　020770

初中物理解析/邬云官等编.—上海:上海交通大学出版社,1995.12.—315页;20cm.—(通向重点中学之路丛书)

ISBN 7-313-01540-2:¥12.30

G634.7　020771

初中物理精编　第二册/宁波市物理学会编.—杭州:浙江教育出版社,1995.6.—197页;19cm

ISBN 7-5338-2028-2:¥3.75

G634.7　020772

初中物理精讲/贾广善等编;李悌华等编写.—南京:江苏教育出版社,1995.10.—208页;19cm

二年级用

ISBN 7-5343-2473-4:¥4.75

G634.7　020773

初中物理精选习题集/杨德泽主编;李志虹等编写.—长春:吉林教育出版社,1995.2.—289页;19cm

ISBN 7-5383-2486-0:¥6.70

G634.7　020774

初中物理竞赛辅导　第二册/梁忠杰,王明厚主编.—济南:明天出版社,1995.2.—189页;19cm.—(数理化奥林匹克系列丛书)

ISBN 7-5332-1933-3:¥4.05

G634.7　020775

初中物理竞赛辅导　第一册/梁忠杰,谷祖德主编.—济南:明天出版社,1995.2.—163页;19cm.—(数理化奥林匹克系列丛书)

ISBN 7-5332-1915-5:¥3.50

G634.7　020776

初中物理课外练习　第二册(上)/《初中物理课外练习》编写组编.—北京:北京教育出版社,1995.7.—42页;26cm

ISBN 7-5303-0798-3:¥2.90

G634.7　020777

初中物理课外练习　第二册(下)/《初中物理课外练习》编写组编.—北京:北京教育出版社,1995.12.—45页;26cm

配北教版

ISBN 7-5303-0852-1:¥3.60

G634.7　020778

初中物理课外练习　第一册(下)/《初中物理课外练习》编写组编.—北京:北京教育出版社,1995.1.—67页;26cm

供二年级用 配人教版

ISBN 7-5303-0663-4:¥3.10

G634.7　020779

初中物理课外练习　第一册(下)/《初中物理课外练习》编写组编.—北京:北京教育出版社,1995.1.—43页;26cm

供二年级用 配京教版

ISBN 7-5303-0669-3:¥2.40

G634.7　020780

初中物理练习册　第二册/《中学生助学丛书》编写组编.—福州:福建人民出版社,1995.7.—101页;26cm.—(中学生助学丛书)

试用本

ISBN 7-211-02474-7:¥3.80

G634.7　020781

初中物理练习册　第一册/《中学生助学丛书》编写组编.—福州:福建人民出版社,1995.7.—103页;26cm.—(中学生助学丛书)

ISBN 7-211-02460-7:¥3.80

G634.7　020782

初中物理练习册:二年级上学期/江西省教委教研室编.—南昌:江西教育出版社,1995.7.—90页;19cm

ISBN 7-5392-2172-0:¥1.40

G634.7　020783

初中物理练习册:二年级下学期/江西省教委研究室编.—南昌:江西教育出版社,1995.12.—73页;19cm

ISBN 7-5392-2642-0:¥1.55

G634.7　020784

初中物理练习册:三年级上学期/练习册编写组编.—南昌:江西教育出版社,1995.7.—106页;19cm

ISBN 7-5392-2577-7:¥1.60

G634.7　020785

初中物理练习册:三年级下学期 /江西省教委教研室编.—南昌:江西教育出版社,1995.12.—71页;19cm

ISBN 7-5392-2411-8:¥1.70

G634.7　020786

初中物理升学分类试卷集.—南宁:广西科学技术出版社,1995.7.—67页;26cm

九年义务教育教材

ISBN 7-80619-234-4:¥3.55

G634.7　020787

初中物理实验　第二册/初中物理实验编写组编写.—2版.—南昌:江西科学技术出版社,1995.7.—

101页;26cm
初中三年级用
ISBN 7-5390-0379-0:¥4.20

G634.7　020788
初中物理实验　第一册/初中物理实验编写组编写.—2版(修订本).—南昌:江西科学技术出版社,1995.6.—120页;26cm
初中二年级用
ISBN 7-5390-0850-4:¥4.80

G634.7　020789
初中物理实验报告　第二册/林承泽,牛继唐编.—太原:山西教育出版社,1995.6.—18页;19×26cm
ISBN 7-80578-025-0:¥1.00

G634.7　020790
初中物理实验报告册　第二册/河南省教育委员会编.—北京:科学出版社,1995.7.—17页;26cm
ISBN 7-03-003084-2:¥0.84

G634.7　020791
初中物理实验报告册　第一册/河南省教育委员会编.—北京:科学出版社,1995.6.—44页;26cm
ISBN 7-03-003085-0:¥1.44

G634.7　020792
初中物理实验分析与思考/王溢然,李之泓编.—上海:百家出版社,1995.1.—121页;19cm
ISBN 7-80576-481-6:¥2.40

G634.7　020793
初中物理试卷:二年级上学期/《初中物理试卷》编写组编.—3版.—南京:江苏教育出版社,1995.6.—51页;26×37cm
ISBN 7-5343-1761-4:¥4.30

G634.7　020794
初中物理试卷:三年级上学期/《初中物理试卷》编写组编.—3版.—南京:江苏教育出版社,1995.6.—37页;26×37cm
ISBN 7-5343-1762-2:¥3.90

G634.7　020795
初中物理试卷:三年级下学期/《初中物理试卷》编写组编.—3版.—南京:江苏教育出版社,1995.12.—30页;26×38cm
ISBN 7-5343-1965-X:¥3.30

G634.7　020796
初中物理试卷集　第二册:初三下学期/《初中物理试卷集》编写组编.—南宁:广西科学技术出版社,1995.12.—50页;26cm
九年制义务教育人教版最新教材
ISBN 7-80619-278-6:¥3.10

G634.7　020797
初中物理试卷集　第一册:初二上学期/《初中物理试卷集》编写组编.—南宁:广西科学技术出版社,1995.7.—47页;26cm
九年义务教育人教版最新教材
ISBN 7-80619-205-0:¥2.30

G634.7　020798
初中物理同步训练ABC/马淑美主编;周久璘等编.—上海:上海科学技术出版社,1995.1.—149页;26cm.—(中学学科同步训练ABC丛书)
三年级用
ISBN 7-5323-3965-3:¥6.00

G634.7　020799
初中物理习题集/山东省教学研究室编.—济南:山东教育出版社,1995.12.—194页;26×19cm
三年级用
¥9.15

G634.7　020800
初中物理学练指要/张越主编;陈颂基等编写.—上海:百家出版社,1995.2.—402页;19cm.—(中学生学习指导丛书/曾容,陈怀良主编)
ISBN 7-80576-522-7:¥8.80

G634.7　020801
初中物理学习提要与检测/河南省教委中小学教研室编.—郑州:河南教育出版社,1995.12.—152页;19cm.—(初中各科学习提要与检测)
ISBN 7-5347-1898-8:¥2.95

G634.7　020802
初中物理学习指导/张善贤等编.—5版.—上海:上海科学技术出版社,1995.10.—274页;19cm
ISBN 7-5323-4120-8:¥6.85

G634.7　020803
初中物理学习指导　第二册/江苏省教育委员会教研室编.—南京:江苏科学技术出版社,1995.8.—178页;19cm
ISBN 7-5345-1974-8:¥4.80

G634.7　020804
初中物理学习指导　第一册/江苏省教育委员会教研室编.—南京:江苏科学技术出版社,1995.6.—190页;19cm
ISBN 7-5345-1945-4:¥4.80

G634.7　020805
初中物理中考综合复习题型与解法/岳忠信,李传武主编.—2版.—济南:明天出版社,1995.11.—176页;19cm.—(初中中考综合复习与测试系列丛书/陈志诚,许传永主编)
封面著者为:岳忠信,郭传伦
ISBN 7-5332-1693-8:¥4.70

G634.7　020806
初中物理重点难点与训练基点:初二　第一册:下学期/王莉萍,许敏编写.—南宁:广西科学技术出版社,1995.3.—204页;19cm
ISBN 7-80565-474-3:¥3.25

G634.7　020807
初中物理重点难点与训练基点:初三　第二册:下学期/翁豪英编写.—南宁:广西科学技术出版社,1995.2.—161页;19cm
ISBN 7-80565-475-1:¥2.85

G634.7　020808
初中物理综合复习指导/山西省教委教研室编.—太原:山西教育出版社,1995.8.—108页;26cm
ISBN 7-5440-0700-6:¥3.70

G634.7　020809
初中物理总复习/《初中物理总复习》编写组编 .—上海:上海科学技术文献出版社,1995.10.—489 页;19cm.—(最优化总复习丛书)
ISBN 7-5439-0876-X: ¥13.20

G634.7　020810
初中物理总复习指导/江西省教委教学教材教研室编.—南昌:江西教育出版社,1995.7.—309 页;19cm
ISBN 7-5392-2583-1: ¥4.85

G634.7　020811
磁场中的电流问题/王兴桃主编.—合肥:安徽教育出版社,1995.3.—61 页;19cm.—(通过模型学解题:中学物理专辑/王兴桃主编)
ISBN 7-5336-1666-9: ¥1.50

G634.7　020812
打开你的物理思路/汪达开主编.—2 版(修订本).—南京:江苏科学技术出版社,1995.1.—361 页;19cm
ISBN 7-5345-1866-0: ¥8.30

G634.7　020813
带电粒子的运动问题/何国平等编写.—合肥:安徽教育出版社,1995.3.—73 页;19cm.—(通过模型学解题:中学物理专辑/王兴桃主编)
ISBN 7-5336-1673-1: ¥1.50

G634.7　020814
单向运动问题/王继珩,朱华宽编.—合肥:安徽教育出版社,1995.3.—78 页;19cm.—(通过模型学解题:中学物理专辑/王兴桃主编)
ISBN 7-5336-1691-X: ¥1.50

G634.7　020815
导体在磁场中的运动问题/王兴桃主编;史守华编.—合肥:安徽教育出版社,1995.3.—60 页;19cm.—(通过模型学解题:中学物理专辑/王兴桃主编)
ISBN 7-5336-1626-X: ¥1.50

G634.7　020816
电路问题/王兴桃主编;徐亦平编写.—合肥:安徽教育出版社,1995.3.—63 页;19cm.—(通过模型学解题:中学物理专辑/王兴桃主编)
ISBN 7-5336-1605-7: ¥1.50

G634.7　020817
电脑与人脑/上海教育杂志社编.—上海:上海社会科学院出版社,1995.9.—5 册;19cm.—(中、小学活动课系列资料/金正扬主编)
ISBN 7-80618-146-6: ¥10.00

G634.7　020818
电子小制作　(二)/上海教育杂志社编.—上海:上海社会科学院出版社,1995.5.—58 页;19cm.—(中、小学活动课系列资料/金正扬主编)
ISBN 7-80618-077-X: ¥2.00

G634.7　020819
高级中学课本物理实验册:一年级/上海中小学课程教材改革委员会编.—3 版.—上海:上海教育出版社,1995.6.—39 页;13×19cm
ISBN 7-5320-4322-3: ¥0.65

G634.7　020820
高考物理解题思路分析 108 例/张崑等主编.—太原:山西教育出版社,1995.3.—150 页;19cm
ISBN 7-5440-0623-9: ¥4.00

G634.7　020821
高考物理试题分章分类解析/高志君,温鸿纾编.—天津:南开大学出版社,1995.1.—236 页;20cm
ISBN 7-310-00780-8: ¥8.50

G634.7　020822
高考物理总复习专题讲座/卢华千编著.—乌鲁木齐:新疆科技卫生出版社,1995.1.—396 页;19cm
ISBN 7-5372-0946-4: ¥8.10

G634.7　020823
高中毕业班物理综合练习册/朱文章主编.—2 版.—南京:江苏教育出版社,1995.7.—341 页;19cm
包括附录一册,26cm
ISBN 7-5343-1544-1: ¥12.40

G634.7　020824
高中毕业会考《物理》复习指导书/《高中毕业会考<物理>复习指导书》编写组编.—广州:广东高等教育出版社,1995.12.—185 页;19cm
高中二年级试用
ISBN 7-5361-1826-0: ¥6.50

G634.7　020825
高中二年级下学期物理测试卷/《中小学各科测试卷》编委会编.—3 版.—武汉:湖北教育出版社,1995.11.—36 页;26×38cm
ISBN 7-5351-1329-X: ¥3.20

G634.7　020826
高中三年级毕业升学总复习物理测试卷/《中小学各科测试卷》编委会编.—2 版.—武汉:湖北教育出版社,1995.11.—40 页;26×38cm
ISBN 7-5351-1685-X: ¥3.50

G634.7　020827
高中三年级物理综合训练　(上)/广东省教育厅编.—3 版(修订本).—广州:广东教育出版社,1995.7.—183 页;26cm
ISBN 7-5406-3255-0: ¥7.85

G634.7　020828
高中三年级物理综合训练　(下)/广东省教育厅编.—3 版(修订本).—广州:广东教育出版社,1995.7.—101 页;26cm
ISBN 7-5406-3256-9: ¥4.65

G634.7　020829
高中物理:必修　第二册/江苏省教委教研室编.—南京:江苏教育出版社,1995.7.—220 页;26cm
学习指导用书
ISBN 7-5343-2406-8: ¥8.85

G634.7　020830
高中物理:必修　第一册/江苏省教委教研室编.—南京:江苏教育出版社,1995.7.—123 页;26cm
学习指导用书
ISBN 7-5343-2405-X: ¥5.30

G634.7　020831

高中物理:读本　第二册/江苏省教委教研室编.—南京:江苏教育出版社,1995.7.—99页;26cm
学习指导用书
ISBN 7-5343-2408-4:¥4.45
G634.7　　020832
高中物理:读本　第三册/江苏省教委教研室编.—南京:江苏教育出版社,1995.7.—140页;26cm
学习指导用书
ISBN 7-5343-2409-2:¥5.90
G634.7　　020833
高中物理:读本　第一册/江苏省教委教研室编.—南京:江苏教育出版社,1995.7.—224页;26cm
学习指导用书
ISBN 7-5343-2407-6:¥9.00
G634.7　　020834
高中物理奥林匹克讲座/《高中物理奥林匹克讲座》编写组编.—合肥:安徽教育出版社,1995.5.—392页;19cm
ISBN 7-5336-1747-9:¥5.20
G634.7　　020835
高中物理单元测验期中期末试卷集:二年级下学期/《高中物理单元测验期中期末试卷集》编写组编.—南昌:江西教育出版社,1995.12.—52页;26cm
ISBN 7-5392-2317-0:¥2.45
G634.7　　020836
高中物理单元测验期中期末试卷集:一年级下学期/《高中物理单元测验 期中期末试卷集》编写组编.—南昌:江西教育出版社,1995.12.—47页;26cm
ISBN 7-5392-2318-9:¥2.30
G634.7　　020837
高中物理第三册单元检测试卷/高中单元检测试卷编写组编.—2版.—太原:山西教育出版社,1995.5.—134页;26cm
ISBN 7-5440-0336-1:¥3.80
G634.7　　020838
高中物理第一册练习册/潘思嶂,周良襄编 .—太原:山西教育出版社,1995.6.—165页;19cm
ISBN 7-80578-903-7:¥2.40
G634.7　　020839
高中物理解题方法·技巧·能力/董先绪主编.—北京:国防工业出版社,1995.8.—242页;19cm
ISBN 7-118-01499-0:¥8.60
G634.7　　020840
高中物理竞赛一题多解/江楚桥等编.—武汉:湖北教育出版社,1995.4.—331页;19cm.—(数理化一题多解丛书)
ISBN 7-5351-1647-7:¥7.90
G634.7　　020841
高中物理课外练习　第三册(下)/《高中物理课外练习》编写组编.—北京:北京教育出版社,1995.1.—102页;26cm
供三年级用
ISBN 7-5303-0662-6:¥4.20
G634.7　　020842
高中物理课外练习　第一册(下)/《高中物理课外练习》编写组编.—北京:北京教育出版社,1995.1.—36页;26cm
供一年级用
ISBN 7-5303-0660-X:¥2.20
G634.7　　020843
高中物理练习册　第二册/《中学生助学丛书》编写组编.—福州:福建人民出版社,1995.6.—106页;26cm.—(中学生助学丛书)
试用本
ISBN 7-211-02462-3:¥3.95
G634.7　　020844
高中物理练习册　第三册/《中学生助学丛书》编写组编.—福州:福建人民出版社,1995.6.—113页;26cm.—(中学生助学丛书)
ISBN 7-211-02470-4:¥4.20
G634.7　　020845
高中物理练习册　第一册/《中学生助学丛书》编写组编.—福州:福建人民出版社,1995.7.—105页;26cm.—(中学生助学丛书)
ISBN 7-211-02456-9:¥3.95
G634.7　　020846
高中物理练习册:二年级上学期/江西省教委教研室编.—南昌:江西教育出版社,1995.7.—88页;19cm
ISBN 7-5392-2520-3:¥1.30
G634.7　　020847
高中物理练习册:二年级下学期/江西省教委教研室编.—南昌:江西教育出版社,1995.12.—103页;19cm
ISBN 7-5392-2450-9:¥1.95
G634.7　　020848
高中物理练习册:三年级　全一册/《高中物理练习册》编写组编.—南昌:江西教育出版社,1995.7.—125页;19cm
ISBN 7-5392-2523-8:¥1.85
G634.7　　020849
高中物理练习册:一年级上学期/江西省教委教研室编.—南昌:江西教育出版社,1995.7.—92页;19cm
ISBN 7-5392-2007-4:¥1.40
G634.7　　020850
高中物理三年级练习册/陈海鸿等编.—太原:山西教育出版社,1995.5.—407页;19cm
ISBN 7-80578-888-X:¥5.50
G634.7　　020851
高中物理试卷:二年级上学期/《高中物理试卷》编写组编.—3版.—南京:江苏教育出版社,1995.6.—32页;26×37cm
ISBN 7-5343-1780-0:¥3.40
G634.7　　020852
高中物理试卷:三年级上学期/《高中物理试卷》编写组编.—3版.—南京:江苏教育出版社,1995.6.—53页;26×37cm
ISBN 7-5343-1831-9:¥5.20
G634.7　　020853
高中物理试卷:一年级上学期/《高中物理试卷》编写

组编.—3版.—南京:江苏教育出版社,1995.6.—32页;26×37cm

ISBN 7-5343-1830-0:¥3.40

G634.7　020854

高中物理题解方法与技巧/徐辉等编.—2版.—武汉:湖北教育出版社,1995.3.—388页;19cm.—(数理化解题方法与技巧丛书)

ISBN 7-5351-0993-4:¥7.30

G634.7　020855

高中物理习题集/山东省教学研究室编.—济南:山东教育出版社,1995.12.—223页;26×19cm

三年级用

¥10.40

G634.7　020856

高中物理学练指要/张越主编.—上海:百家出版社,1995.2.—541页;19cm.—(中学生学习指导丛书/曾容,陈怀良主编)

ISBN 7-80576-525-1:¥11.70

G634.7　020857

高中物理重点知识/王溢然,朱从礼主编.—上海:百家出版社,1995.8.—252页;26cm.—(中学数理化重点知识丛书)

ISBN 7-80576-549-8:¥10.00

G634.7　020858

高中物理总复习/《高中物理总复习》编写组编.—上海:上海科学技术文献出版社,1995.11.—710页;19cm.—(最优化总复习丛书)

ISBN 7-5439-0883-2:¥18.80

G634.7　020859

高中物理总复习:补充教材/天津市教育教学研究室编.—4版.—天津:天津教育出版社,1995.7.—247页;26cm

ISBN 7-5309-1486-3:¥6.45

G634.7　020860

高中物理总复习备考指导/湖北省教学研究室编.—武汉:湖北教育出版社,1995.2.—248页;26cm.—(高中总复习备考指导丛书)

ISBN 7-5351-1634-5:¥9.30

G634.7　020861

高中一年级下学期物理测试卷/《中小学各科测试卷》编委会编.—3版.—武汉:湖北教育出版社,1995.11.—36页;26×38cm

ISBN 7-5351-1326-5:¥3.20

G634.7　020862

工艺小制作/上海教育杂志社编.—上海:上海社会科学院出版社,1995.3.—6册;19cm.—(中、小学活动课系列资料/金正扬主编)

ISBN 7-80618-076-1:¥12.00

G634.7　020863

沟通心灵的电波:怎样搞电子小制作/葛智伟著.—上海:上海古籍出版社,1995.5.—147页;19cm.—(学生乐园 /吕型伟主编)

ISBN 7-5325-1906-6:¥4.60

G634.7　020864

国际物理奥林匹克金牌试题精选精解/孙继炎主编;李伦伟等编.—昆明:云南大学出版社,1995.11.—473页;19cm

ISBN 7-81025-561-4:¥13.50

G634.7　020865

九年义务教育(人教版)初中三年级第一学期物理单元测试/物理科单元测试编写组编.—2版.—广州:广东教育出版社,1995.7.—35页;19cm

ISBN 7-5406-3251-8:¥1.05

G634.7　020866

九年义务教育初二物理复习测试题　上册/北京市海淀区教育局高级教师编写组编写.—西安:陕西人民教育出版社,1995.6.—79页;26cm

ISBN 7-5419-4783-0:¥3.00

G634.7　020867

九年义务教育初级中学初三物理单元测试卷:上学期/测试卷编写组编.—2版.—沈阳:辽宁教育出版社,1995.4.—48页;26cm

ISBN 7-5382-2786-5:¥2.10

G634.7　020868

九年义务教育初级中学初三物理期末总复习测试卷:上学期/测试卷编写组编.—2版.—沈阳:辽宁教育出版社,1995.5.—48页;26cm

ISBN 7-5382-2792-6:¥2.10

G634.7　020869

九年义务教育初级中学物理达标测试卷　第二册(上)/王恩贵编著 .—2版.—石家庄:河北教育出版社,1995.7.—22页;26×37cm

ISBN 7-5434-2196-8:¥1.55

G634.7　020870

九年义务教育初级中学物理达标测试卷　第二册(下)/徐向东编.—2版.—石家庄:河北教育出版社,1995.11.—32页;26×36cm

ISBN 7-5434-2268-9:¥2.45

G634.7　020871

九年义务教育初级中学物理达标测试卷　第一册(上).—2版.—石家庄:河北教育出版社,1995.7.—17页;26×37cm

ISBN 7-5434-2200-X:¥1.35

G634.7　020872

九年义务教育初级中学物理第二册单元检测/王根泉等编.—3版.—石家庄:河北教育出版社,1995.7.—111页;26cm

ISBN 7-5434-0828-7:¥4.00

G634.7　020873

九年义务教育初级中学物理第二册基本功训练/刘克桓主编;扈剑华等编.—石家庄:河北教育出版社,1995.7.—151页;19cm

ISBN 7-5434-2400-2:¥2.60

G634.7　020874

九年义务教育初级中学物理实验册:初中　第二册/云南省教育委员会教研室编 .—昆明:云南教育出版社,1995.5.—21页;26cm

ISBN 7-5415-0959-0:¥1.40

G634.7　020875
九年义务教育初级中学物理小实验　第二册/梁瑞生等编著.—广州:广东教育出版社,1995.7.—132页;19cm
ISBN 7-5406-2528-7:¥2.55

G634.7　020876
九年义务教育初三物理复习测试题　(下)/北京市海淀区教育局高级教师编写组编.—西安:陕西人民教育出版社,1995.11.—60页;26cm
ISBN 7-5419-5554-X:¥2.90

G634.7　020877
九年义务教育初三物理学习目标与检测/河北省教育科学研究所,物理通报杂志社编.—北京:北京教育出版社,1995.6.—154页;19cm
ISBN 7-5303-0785-1:¥3.20

G634.7　020878
九年义务教育初中毕业升学物理模拟试卷/《初中毕业升学物理模拟试卷》编写组编 .—石家庄:河北教育出版社,1995.11.—79页;26cm
附参考答案
ISBN 7-5434-2512-2:¥4.10

G634.7　020879
九年义务教育初中二年级下学期物理测试卷/《中小学各科测试卷》编委会编.—3版.—武汉:湖北教育出版社,1995.11.—40页;26×38cm
ISBN 7-5351-1306-0:¥3.50

G634.7　020880
九年义务教育初中三年级物理复习测试题　上册/北京市海淀区教育局高级教师编写组编.—西安:陕西人民教育出版社,1995.5.—68页;26cm
ISBN 7-5419-4799-7:¥2.70

G634.7　020881
九年义务教育初中三年级下学期物理测试卷/《中小学各科测试卷》编委会编.—2版.—武汉:湖北教育出版社,1995.11.—34页;26×38cm
ISBN 7-5351-1660-4:¥3.00

G634.7　020882
九年义务教育初中物理单元试卷集/顾琪,黎民生编.—南宁:广西教育出版社,1995.1.—77页;26cm
二年级下学期用
ISBN 7-5435-2079-6:¥2.45

G634.7　020883
九年义务教育初中物理单元试卷集/王其编.—2版.—南宁:广西教育出版社,1995.4.—64页;26cm.—(初中各科单元试卷集丛书)
三年级上学期用
ISBN 7-5435-1838-4:¥2.25

G634.7　020884
九年义务教育初中物理单元试卷集/顾琪,黎民生编.—2版.—南宁:广西教育出版社,1995.11.—68页;26cm.—(初中各科单元试卷集丛书)
二年级下学期用
ISBN 7-5435-2079-6:¥3.55

G634.7　020885
九年义务教育初中物理单元试卷集/王其,聂景编.—2版.—南宁:广西教育出版社,1995.11.—64页;26cm.—(初中各科单元试卷集丛书)
三年级下学期用
ISBN 7-5435-1706-X:¥3.35

G634.7　020886
九年义务教育初中物理练习册/《初中物理练习册》编写组编.—银川:宁夏人民教育出版社,1995.8.—138页;19cm
供毕业班用
ISBN 7-80596-100-X:¥2.15

G634.7　020887
九年义务教育初中物理物质与运动:二年级　上册/初中物理《物质与运动》编写组编.—成都:四川教育出版社,1995.8.—82页;19cm.—(学法指导丛书)
ISBN 7-5408-2741-6:¥1.93

G634.7　020888
九年义务教育初中物理知识结构表/章镇,陈峰主编.—厦门:鹭江出版社,1995.12.—40页;26×37cm
ISBN 7-80610-296-5:¥3.90

G634.7　020889
九年义务教育全新初中物理解难释疑:二年级/张同恂等编.—广州:广东教育出版社,1995.9.—171页;19cm
ISBN 7-5406-3327-1:¥4.00

G634.7　020890
九年义务教育全新初中物理解难释疑:三年级/张同恂等编.—广州:广东教育出版社,1995.10.—136页;19cm
ISBN 7-5406-3326-3:¥3.30

G634.7　020891
九年义务教育三年制初二物理补充教材/天津市教育教学研究室编.—3版.—天津:天津教育出版社,1995.6.—233页;19cm
ISBN 7-5309-1457-X:¥3.10

G634.7　020892
九年义务教育三年制初级中学物理达标练习/《达标练习》编写组编.—长沙:湖南教育出版社,1995.6.—100页;19cm
供初中三年级上学期用
ISBN 7-5355-2176-2:¥2.25

G634.7　020893
九年义务教育三年制初级中学物理达标练习/《达标练习》编写组编.—长沙:湖南教育出版社,1995.6.—88页;19cm
供初中二年级上学期用
ISBN 7-5355-2170-3:¥2.25

G634.7　020894
九年义务教育三年制初级中学物理达标练习/《达标练习》编写组编.—长沙:湖南教育出版社,1995.12.—70页;19cm
供初中三年级下学期用
ISBN 7-5355-2355-2:¥1.80

G634.7　020895

九年义务教育三年制初级中学物理达标练习/《达标练习》编写组编.—长沙:湖南教育出版社,1995.12.—79页;19cm
供初中二年级下学期用
ISBN 7-5355-2346-3:¥1.95

G634.7　020896
九年义务教育三年制初级中学物理基础训练　第二册/霍庆喜等编写.—2版.—济南:山东教育出版社,1995.4.—245页;19cm
三年级用
ISBN 7-5328-1440-8:¥3.80

G634.7　020897
九年义务教育三年制初级中学物理实验　第二册/华东地区初中物理教材编写协作组编.—苏州:苏州大学出版社,1995.8.—59页;26cm
ISBN 7-81037-151-7:¥2.60

G634.7　020898
九年义务教育三年制初级中学物理实验　第一册/华东地区初中物理教材编写协作组编.—苏州:苏州大学出版社,1995.8.—70页;26cm
ISBN 7-81037-150-9:¥3.00

G634.7　020899
九年义务教育三年制初级中学物理试卷　第一册(上)/李崇伟主编.—2版.—济南:山东教育出版社,1995.5.—76页;26cm
二年级上学期用
¥2.80

G634.7　020900
九年义务教育三年制初三物理补充教材实验报告册/天津市教育教学研究室编.—2版.—天津:天津教育出版社,1995.6.—18页;19×26cm
ISBN 7-5309-0486-8:¥1.10

G634.7　020901
九年义务教育三年制初中物理课程辅导与训练　第二册/《课程辅导与训练》编写组编.—西安:陕西人民教育出版社,1995.4.—232页;19cm
三年级全学年用
ISBN 7-5419-5732-1:¥4.40

G634.7　020902
九年义务教育三年制物理实验报告册:初中二年级/林华,黄文启编.—3版.—石家庄:河北教育出版社,1995.5.—35页;26cm
ISBN 7-5434-0222-X:¥1.30

G634.7　020903
九年义务教育三年制物理实验报告册:初中三年级/林华,黄文启编.—3版.—石家庄:河北教育出版社,1995.6.—21页;26cm
ISBN 7-5434-0126-6:¥1.00

G634.7　020904
九年义务教育四年制初级中学物理基础训练:北师大版　第二册/许长聚等编写.—2版.—济南:山东教育出版社,1995.4.—197页;19cm
四年级用
ISBN 7-5328-1940-X:¥3.05

G634.7　020905
九年义务教育四年制初级中学物理基础训练:人教版　第一册/宋洪涛等编写.—济南:山东教育出版社,1995.5.—172页;19cm
三年级用
ISBN 7-5328-2191-9:¥2.75

G634.7　020906
九年义务教育四年制初级中学物理实验报告册:北师大版 第二册/山东省教学研究室编.—济南:山东教育出版社,1995.4.—32页;26cm
供初中四年级学生用
ISBN 7-5328-2151-X:¥1.30

G634.7　020907
九年义务教育四年制初中三年级上学期物理基础同步练习/《物理基础同步练习》编写组编.—北京:科学出版社:龙门书局,1995.6.—91页;19cm
配合北师大版教材
ISBN 7-03-004843-1:¥2.30

G634.7　020908
九年义务教育四年制初中四年级上学期物理基础同步练习/《物理基础同步练习》编写组编.—北京:科学出版社:龙门书局,1995.6.—92页;19cm
配合北师大版教材
ISBN 7-03-004921-7:¥2.30

G634.7　020909
九年义务教育物理评估检测题:初中二年级上学期/梁书胜,黄治学编;《评估检测题》编写委员会编.—武汉:湖北教育出版社,1995.5.—98页;26cm
ISBN 7-5351-1407-5:¥3.80

G634.7　020910
九年义务教育物理评估检测题:初中二年级下学期/黄志雄等编写.—2版.—武汉:湖北教育出版社,1995.10.—104页;26cm
原名自测题
ISBN 7-5351-1562-4:¥4.80

G634.7　020911
九年义务教育物理实验报告册:初中三年级/广西中学理化生实验报告册编写组编.—2版.—南宁:广西教育出版社,1995.5.—26页;26cm
ISBN 7-5435-1792-2:¥0.90

G634.7　020912
九年义务三年制初三物理补充教材/天津市教育教学研究室编.—2版.—天津:天津教育出版社,1995.7.—242页;19cm
ISBN 7-5309-1458-8:¥3.15

G634.7　020913
九年制义务教育初三物理观察、实验与制作/物理通报杂志社编.—北京:北京教育出版社,1995.5.—87页;19cm
ISBN 7-5303-0786-X:¥2.10

G634.7　020914
九年制义务教育课本物理学习活动册:九年级第一学期/上海中小学课程教材改革委员会编.—2版.—上海:上海教育出版社,1995.6.—38页;19cm

ISBN 7－5320－4314－2：¥0.75

G634.7　　020915

九义制初中物理总复习测试题/昆明市教委教研室，昆明市物理学会编.—昆明：云南教育出版社，1995.4.—38页；26×38cm

ISBN 7－5415－0961－2：¥1.50

G634.7　　020916

科技活动：二年级/《科技活动》课本编写组编.—石家庄：河北科学技术出版社，1995.6.—89页；19cm

九年义务教育初中课本：试用

ISBN 7－5375－1496－8：¥2.00

G634.7　　020917

科技活动：一年级/《科技活动》课本编写组编.—石家庄：河北科学技术出版社，1995.6.—89页；19cm

九年义务教育初中课本：试用

ISBN 7－5375－1495－X：¥2.00

G634.7　　020918

空模制作　(一)/上海教育杂志社编.—上海：上海社会科学院出版社，1995.5.—58页；19cm.—(中、小学活动课系列资料/金正扬主编)

ISBN 7－80618－074－5：¥2.00

G634.7　　020919

联系实际学物理/廖标仁主编.—广州：广东科技出版社，1995.1.—202页；19cm.—(中学物理课外读物)

ISBN 7－5359－1243－5：¥4.50

G634.7　　020920

名师帮你学物理：初中分册/张景林，张克刚主编.—北京：中国青年出版社，1995.11.—296页；19cm.—(名师帮你学系列)

ISBN 7－5006－2133－7：¥9.10

G634.7　　020921

碰撞问题/王兴桃主编；王兴桃，陈传海编写.—合肥：安徽教育出版社，1995.3.—74页；19cm.—(通过模型学解题：中学物理专辑/王兴桃主编)

ISBN 7－5336－1639－1：¥1.50

G634.7　　020922

全国百所重点中学初中物理同步试卷(A、B卷)精选/江银漠主编；徐钦等编写.—银川：宁夏人民教育出版社，1995.12.—92页；26cm

供初二第二学期使用 与上海科学技术出版社教材配套

ISBN 7－80596－189－1：¥3.80

G634.7　　020923

全国百所重点中学初中物理同步试卷(A、B卷)精选/江银漠主编；徐钦等编写.—银川：宁夏人民教育出版社，1995.12.—91页；26cm

初三第二学期使用 与上海科学技术出版社教材配套

ISBN 7－80596－119－0：¥3.80

G634.7　　020924

全国百所重点中学物理总复习AB卷精编：初中部分/陈定军主编.—南京：南京出版社，1995.12.—100页；26cm

ISBN 7－80614－200－2：¥4.70

G634.7　　020925

全国百所重点中学物理总复习AB卷精编：沪科版：初中部分/濮玉春主编.—南京：南京出版社，1995.12.—98页；26cm

ISBN 7－80614－201－0：¥4.70

G634.7　　020926

全国中考物理试题精选与解题指导：1993～1995年/赵淑均主编；张卫群等编.—北京：北京工业大学出版社，1995.11.—326页；19cm.—(全国中考试题与解题指导丛书)

ISBN 7－5639－0473－5：¥9.70

G634.7　　020927

三年制初中物理单元水平测试与辅导：二年级第二学期/本书编写组编.—广州：广东教育出版社，1995.11.—125页；19cm

九年义务教育教材：人教版

ISBN 7－5406－1245－2：¥3.60

G634.7　　020928

三年制初中物理单元水平测试与辅导：三年级第二学期/本书编写组编.—广州：广东教育出版社，1995.10.—103页；19cm

九年义务教育教材：人教版

ISBN 7－5406－1246－0：¥3.05

G634.7　　020929

少年船模/上海教育杂志社编.—上海：上海社会科学院出版社，1995.5.—3册；19cm.—(中、小学活动课系列资料/金正扬主编)

ISBN 7－80618－073－7：¥6.00

G634.7　　020930

少年科技活动　第六册/林夏主编.—开封：河南大学出版社，1995.7.—104页；19cm.—(少年科技活动丛书)

初中三年级适用

ISBN 7－81041－220－5：¥2.50

G634.7　　020931

少年科技活动　第四册/曹增渝主编.—开封：河南大学出版社，1995.7.—105页；19cm.—(少年科技活动丛书)

初中一年级适用

ISBN 7－81041－218－3：¥2.50

G634.7　　020932

少年科技活动　第五册/冯振山主编.—开封：河南大学出版社，1995.7.—105页；19cm.—(少年科技活动丛书)

初中二年级适用

ISBN 7－81041－219－1：¥2.50

G634.7　　020933

实用物理/上海中小学课程教材改革委员会编.—上海：上海科学技术出版社，1995.6.—49页；19cm

九年制义务教育选修课本：试用本供九年级用

ISBN 7－5323－3889－4：¥1.10

G634.7　　020934

物理/上海中小学课程教材改革委员会编.—上海：上海科学技术出版社，1995.7.—145页；26cm

高级中学课本:试用本 一年级用
ISBN 7-5323-3998-X: ¥3.30

G634.7 020935
物理/上海中小学课程教材改革委员会编.—2版.—上海:上海科学技术出版社,1995.6.—66页;26cm
九年制义务教育课本:试用本 八年级第一学期用
ISBN 7-5323-3856-8: ¥1.70

G634.7 020936
物理/上海中小学课程教材改革委员会编.—2版.—上海:上海科学技术出版社,1995.6.—62页;26cm
九年制义务教育课本:试用本 九年级第一学期用
ISBN 7-5323-3984-X: ¥1.60

G634.7 020937
物理/石保安主编;《物理》编委会编.—开封:河南大学出版社,1995.6.—2册;19cm
育新教育初中课本
ISBN 7-81041-237-X: ¥6.30

G634.7 020938
物理/上海中小学课程教材改革委员会编.—2版.—上海:上海科学技术出版社,1995.12.—50页;26cm
九年制义务教育课本:试用本 九年级第二学期用
ISBN 7-5323-4176-3: ¥2.60

G634.7 020939
物理/天津市第二教育局编.—天津:天津大学出版社,1995.8.—330页;19cm
天津市普及高中阶段教育系列教材
ISBN 7-5618-0794-5: ¥7.80

G634.7 020940
物理 第二册/九年义务教育教材(沿海地区)编写委员会编.—广州:广东教育出版社,1995.7.—173页;26cm
九年义务教育初级中学试用课本
ISBN 7-5406-3252-6: ¥8.75

G634.7 020941
物理 第二册/华东地区初中物理教材编写协作组编.—上海:上海科学技术出版社,1995.5.—159页;26cm
九年义务教育三年制初级中学试用课本
ISBN 7-5323-3962-9: ¥4.98

G634.7 020942
物理 第二册/物理通报杂志社编.—北京:北京教育出版社,1995.6.—234页;20cm
九年义务教育试验教材
ISBN 7-5303-0712-6: ¥4.40

G634.7 020943
物理 第二册:必修/人民教育出版社物理室编.—2版.—北京:人民教育出版社,1995.10.—407页;19cm
高级中学课本
ISBN 7-107-00954-0: ¥6.80

G634.7 020944
物理 第二册:达标手册/丁肃纷,万芳华编.—3版.—武汉:湖北人民出版社,1995.5.—62页;26cm
九年义务教育三年制初中教科书:试用 初中三年级使用
ISBN 7-216-01686-6: ¥3.00

G634.7 020945
物理 第一册:必修/人民教育出版社物理室编.—2版.—北京:人民教育出版社,1995.10.—346页;19cm
高级中学课本
ISBN 7-107-00953-2: ¥5.80

G634.7 020946
物理:初三分册/王杏村,乔际平主编;北京市义务教育初中物理教材编写组编.—北京:首都师范大学出版社,1995.7.—160页;26cm
九年义务教育三年制初级中学教科书:试用本
ISBN 7-81039-552-1: ¥7.50

G634.7 020947
物理:九年级第一学期/上海市中小学课程教材改革委员会编.—2版.—上海:上海教育出版社,1995.6.—92页;26cm
九年制义务教育课本:试用本
ISBN 7-5320-4338-X: ¥2.70

G634.7 020948
物理:一年级第二学期/上海中小学课程教材改革委员会编.—2版.—上海:上海教育出版社,1995.11.—79页;26cm
高级中学课本:试用本
ISBN 7-5320-4492-0: ¥2.90

G634.7 020949
物理:一年级第一学期/上海市中小学课程教材改革委员会编.—2版.—上海:上海教育出版社,1995.6.—105页;26cm
高级中学课本:试用本
ISBN 7-5320-4315-0: ¥2.95

G634.7 020950
物理奥林匹克竞赛辅导讲座/郑永令,陈秉乾主编.—上海:上海科学技术出版社,1995.8.—383页;26cm
ISBN 7-5323-3828-2: ¥24.30

G634.7 020951
物理奥林匹克题典/杜先智等编.—南京:南京大学出版社,1995.2.—1229页;20cm.—(数理化奥林匹克题解丛书/单墫主编)
ISBN 7-305-02083-4(精装): ¥31.00

G634.7 020952
物理辅导与练习/《物理辅导与练习》编写组编.—上海:上海科学技术出版社,1995.8.—152页;26cm
八年级用
ISBN 7-5323-3996-3: ¥8.10

G634.7 020953
物理辅导与练习/《物理辅导与练习》编写组编.—上海:上海科学技术出版社,1995.10.—148页;26cm
九年级用
ISBN 7-5323-4094-5: ¥7.90

G634.7 020954

物理辅导与练习/《物理辅导与练习》编写组编.—上海:上海科学技术出版社,1995.12.—187页;26cm
高中一年级用
ISBN 7-5323-4131-3:¥9.60
G634.7　020955
物理复习指要:士兵本/夏家祚主编.—北京:军事谊文出版社,1995.10.—430页;20cm.—(军队院校招生统考复习丛书)
全套共6册,总定价:49.00元
ISBN 7-80027-758-5:¥0.00
G634.7　020956
物理练习册/上海中小学课程教材改革委员会编.—2版.—上海:上海科学技术出版社,1995.6.—49页;19cm
九年级第一学期用
ISBN 7-5323-3971-8:¥0.85
G634.7　020957
物理练习册/上海中小学课程教材改革委员会编.—上海:上海科学技术出版社,1995.6.—114页;19cm
高中一年级用
ISBN 7-5323-3890-8:¥1.70
G634.7　020958
物理练习册/上海中小学课程教材改革委员会编.—2版.—上海:上海科学技术出版社,1995.12.—47页;19cm
八年级第二学期用
ISBN 7-5323-2762-0:¥1.30
G634.7　020959
物理练习册/上海中小学课程教材改革委员会编.—2版.—上海:上海科学技术出版社,1995.12.—36页;19cm
九年级第二学期用
ISBN 7-5323-4133-X:¥0.95
G634.7　020960
物理评估检测题:初中三年级下学期/《评估检测题》编写委员会编.—2版.—武汉:湖北教育出版社,1995.10.—106页;26cm
原名自测题
ISBN 7-5351-1563-2:¥4.80
G634.7　020961
物理评估检测题:高中二年级下学期/黄干生等编写.—2版.—武汉:湖北教育出版社,1995.11.—90页;26cm
原名自测题
ISBN 7-5351-1272-2:¥4.20
G634.7　020962
物理评估检测题:高中三年级下学期/《评估检测题》编写委员会编.—3版.—武汉:湖北教育出版社,1995.11.—124页;26cm
原名自测题
ISBN 7-5351-1267-6:¥5.60
G634.7　020963
物理评估检测题:高中一年级下学期/《评估检测题》编写委员会编.—3版.—武汉:湖北教育出版社,1995.11.—91页;26cm
原名自测题
ISBN 7-5351-1281-1:¥4.40
G634.7　020964
物理实验/李寿松主编;江苏省《物理实验》编写组编.—南京:江苏教育出版社,1995.8.—212页;26cm
高等学校试用教材
ISBN 7-5343-2453-X:¥8.85
G634.7　020965
物理实验:初三分册/王杏村,乔际平主编;北京市义务教育初中物理教材编写组编.—北京:首都师范大学出版社,1995.7.—44页;26cm
九年义务教育三年制初级中学教科书:试用本
ISBN 7-81039-592-0:¥2.50
G634.7　020966
物理实验报告册:初中　第二册/河南教育学院物理系编.—3版.—郑州:河南教育出版社,1995.3.—27页;13×19cm
ISBN 7-5347-1763-9:¥0.55
G634.7　020967
物理试题分析与研究/常生龙等主编.—重庆:重庆大学出版社,1995.8.—335页;20cm
ISBN 7-5624-1083-6:¥7.85
G634.7　020968
物理新教材分析/刘诚杰主编.—西安:西北工业大学出版社,1995.11.—339页;19cm
ISBN 7-5612-0817-0:¥8.80
G634.7　020969
物理学习方法导引/广州市教育局普通高中选修课、活动课教材编写委员会编.—广州:广东教育出版社,1995.9.—49页;20cm
高级中学选修课教材
ISBN 7-5406-3345-X:¥3.80
G634.7　020970
物理疑难释疑训练/崔德山,曹首宪编写.—北京:科学技术文献出版社,1995.6.—324页;19cm.—(初中新教材复习指导丛书)
ISBN 7-5023-2282-5:¥12.60
G634.7　020971
斜面问题/刘允超等编写　.—合肥:安徽教育出版社,1995.3.—61页;19cm.—(通过模型学解题:中学物理专辑/王兴桃主编)
ISBN 7-5336-1618-9:¥1.50
G634.7　020972
新编初中物理单元自测:二年级上学期/《新编初中物理单元自测》编写组编.—南昌:江西教育出版社,1995.7.—59页;26cm
ISBN 7-5392-1985-8:¥2.10
G634.7　020973
新编初中物理单元自测:三年级上学期/《新编初中物理单元自测》编写组编.—南昌:江西教育出版社,1995.7.—60页;26cm
ISBN 7-5392-2550-5:¥2.10
G634.7　020974

新编初中物理课外练习题:二年级/人大附中等编写组编.—北京:北京出版社,1995.4.—269页;19cm

ISBN 7-200-02637-9:¥6.00

G634.7　020975

新编初中物理课外练习题:三年级/人大附中等编写组编.—北京:北京出版社,1995.6.—252页;19cm

ISBN 7-200-02708-1:¥5.90

G634.7　020976

新编初中物理试卷:二年级上学期/《新编初中物理试卷》编写组编.—2版.—南京:江苏教育出版社,1995.6.—37页;26×37cm

ISBN 7-5343-2148-4:¥3.30

G634.7　020977

新编初中物理试卷:三年级上学期/《新编初中物理试卷》编写组编.—2版.—南京:江苏教育出版社,1995.6.—51页;26×37cm

ISBN 7-5343-2149-2:¥4.30

G634.7　020978

新编初中物理知识重点难点分析及综合能力测试题/张越主编;邓莉莉等编写.—北京:首都师范大学出版社,1995.1.—329页;19cm.—(新编中学各科知识重点难点分析及综合能力测试丛书)

ISBN 7-81039-252-2:¥6.30

G634.7　020979

新编高二物理同步练习/北京市海淀区特级、高级教师编写组编.—沈阳:辽宁人民出版社,1995.9.—115页;26cm

ISBN 7-205-03386-1:¥8.50

G634.7　020980

新编高一物理同步练习/北京市海淀区特级、高级教师编写组编.—沈阳:辽宁人民出版社,1995.9.—140页;26cm

ISBN 7-205-03381-0:¥8.50

G634.7　020981

新编高中物理单元自测:二年级上学期/《新编高中物理单元自测》编写组编 .—南昌:江西教育出版社,1995.7.—58页;26cm

ISBN 7-5392-1983-1:¥2.10

G634.7　020982

新编高中物理单元自测:三年级　全一册/《新编高中物理单元自测》编写组编.—南昌:江西教育出版社,1995.7.—143页;26cm

3+2考试用

ISBN 7-5392-2551-3:¥4.45

G634.7　020983

新编高中物理单元自测:一年级上学期/《新编高中物理单元自测》编写组编.—南昌:江西教育出版社,1995.7.—48页;26cm

ISBN 7-5392-1984-X:¥1.90

G634.7　020984

新编高中物理解题途径/张正大等编.—上海:华东师范大学出版社,1995.3.—454页;19cm

ISBN 7-5617-1248-0:¥8.50

G634.7　020985

新编高中物理课外练习题:二年级:必修/人大附中等编写组编.—北京:北京出版社,1995.3.—374页;19cm

ISBN 7-200-02482-1:¥8.00

G634.7　020986

新编高中物理课外练习题:三年级:选修/人大附中等编写组编.—北京:北京出版社,1995.3.—277页;19cm

ISBN 7-200-02483-X:¥6.20

G634.7　020987

新编高中物理知识重点难点分析及综合能力测试题/张金华主编;游振平等编写.—北京:首都师范大学出版社,1995.1.—410页;19cm.—(新编中学各科知识重点难点分析及综合能力测试丛书)

ISBN 7-81039-250-6:¥7.80

G634.7　020988

新编九年义务教育初中物理单元综合测试卷:初二/北京市海淀区《初中测试卷》编写组编写.—西安:陕西人民教育出版社,1995.6.—77页;26cm

ISBN 7-5419-4773-3:¥3.20

G634.7　020989

新编物理单元水平测试与辅导:初中三年级第一学期/《新编物理单元水平测试与辅导》编写组编.—广州:新世纪出版社,1995.6.—86页;19cm.—(义务教育初中生自习丛书)

ISBN 7-5405-0781-0:¥2.55

G634.7　020990

新编物理单元水平测试与辅导:三年级第二学期/《单元水平测试与辅导》编写组编.—广州:新世纪出版社,1995.12.—47页;19cm.—(义务教育初中生自习丛书)

ISBN 7-5405-0682-2:¥1.65

G634.7　020991

义务教育初中二年级第一学期物理达纲训练 /《物理达纲训练》编写组编.—广州;广东人民出版社,1995.8.—93页;19cm

ISBN 7-218-01844-0:¥2.30

G634.7　020992

义务教育初中三年级第一学期物理达纲训练/《物理达纲训练》编写组编.—广州:广东人民出版社,1995.8.—82页;19cm

ISBN 7-218-01868-8:¥2.20

G634.7　020993

义务教育三年制初级中学物理第二册单元检测与思路点拨/高尚,封平编 .—石家庄:河北科学技术出版社,1995.11.—197页;19cm.—(中学生学习能力训练丛书)

ISBN 7-5375-1138-1:¥4.50

G634.7　020994

义务教育三年制初中物理　第二册/岳振堂主编;杜贵忠等编.—3版.—沈阳:辽宁教育出版社,1995.5.—222页;19cm.—(中学生学习指导丛书)

ISBN 7-5382-0134-3:¥4.40

G634.7　020995

应用物理/上海中小学课程教材改革委员会编.—上海:上海科学技术出版社,1995.6.—102页;19cm
高级中学选修课本:试用本 供高中一、二年级用
ISBN 7-5323-3954-8:¥1.95

G634.7　020996
运动合成问题/王兴桃主编;齐超,程民治编写.—合肥:安徽教育出版社,1995.3.—71页;19cm.—(通过模型学解题:中学物理专辑/王兴桃主编)
ISBN 7-5336-1693-6:¥1.50

G634.7　020997
掌握物理:初中三年级:全学年/广东省教育厅编.—广州:广东教育出版社,1995.7.—203页;19cm.—(掌握学习指导丛书)
九年义务教育三年制初中:人教版
ISBN 7-5406-3296-8:¥7.60

G634.7　020998
振动与波动问题/史守华编.—合肥:安徽教育出版社,1995.3.—63页;19cm.—(通过模型学解题·中学物理专辑/王兴桃主编)
ISBN 7-5336-1685-5:¥1.50

G634.7　020999
中学规范化物理实验报告册　第二册/《中学规范化物理实验报告册》编写组编.—西安:陕西人民教育出版社,1995.6.—24页;26cm
高中二年级全学年用
¥1.10

G634.7　021000
中学规范化物理实验报告册　第二册/《中学规范化物理实验报告册》编写组编.—西安:陕西人民教育出版社,1995.6.—21页;26cm
初中三年级全学年用
¥1.10

G634.7　021001
中学规范化物理实验报告册　第一册/《中学规范化物理实验报告册》编写组编.—西安:陕西人民教育出版社,1995.6.—24页;26cm
初中二年级全学年用
¥1.10

G634.7　021002
中学规范化物理实验报告册　第一册/《中学规范化物理实验报告册》编写组编.—西安:陕西人民教育出版社,1995.6.—23页;26cm
高中一年级全学年用
¥1.10

G634.7　021003
中学物理典型问题解法指南/华祎南主编.—天津:天津教育出版社,1995.2.—390页;19cm
ISBN 7-5309-1944-X:¥6.75

G634.7　021004
中学物理解题典型方法例说/彭大斌编著.—长沙:湖南师范大学出版社,1995.8.—270页;19cm
ISBN 7-81031-446-7:¥7.50

G634.7　021005
中学物理竞赛指导/舒幼生等编.—北京:北京大学出版社,1995.7.—534页;20cm
ISBN 7-301-02872-5:¥16.50

G634.7　021006
中学物理力学、光学及电磁现象训练图册/金明华,汪宗锐编.—上海:上海教育出版社,1995.10.—64页;13×19cm
ISBN 7-5320-4001-1:¥1.95

G634.7　021007
中学物理实验册:初中　第二册/《中学物理实验册》编写组编.—3版.—南京:江苏教育出版社,1995.6.—20页;26cm
ISBN 7-5343-0061-4:¥1.50

G634.7　021008
中学物理学生实验/广东省教育厅编.—4版.—广州:广东科技出版社,1995.7.—32页;26cm
配合义务教育物理试用教材:人教版 初中三年级用
ISBN 7-5359-1548-5:¥1.85

G634.7　021009
中学物理学生实验/广东省教育厅编.—4版.—广州:广东科技出版社,1995.7.—28页;26cm
配合义务教育物理试用教材 初中三年级用
ISBN 7-5359-1534-5:¥1.60

G634.7　021010
中学物理学生实验/广东省教育厅教学研究室编.—4版.—广州:广东科技出版社,1995.7.—54页;19cm
高中三年级用
ISBN 7-5359-0035-6:¥1.60

G634.7　021011
中学物理学生实验/广东省教育厅教学研究室编.—2版.—广州:广东科技出版社,1995.7.—42页;19cm
高中一年级用
ISBN 7-5359-0860-8:¥1.25

G634.7　021012
中学物理学生实验/广东省教育厅教学研究室编.—4版.—广州:广东科技出版社,1995.7.—47页;19cm
高中二年级用
ISBN 7-5359-0034-8:¥1.30

G634.7　021013
中学物理重点难点基点:初中三年级/罗维治主编;王沛清分主编.—2版.—长沙:湖南师范大学出版社,1995.7.—243页;19cm
ISBN 7-81031-436-X:¥6.80

G634.7　021014
重点高中物理导读/张越等编.—修订本.—上海:上海科学技术文献出版社,1995.10.—621页;19cm
ISBN 7-5439-0879-4:¥16.80

G634.7　021015
重点中学初中物理导读/刘海生主编.—上海:上海科学技术文献出版社,1995.9.—398页;19cm
ISBN 7-5439-0860-3:¥11.00

G634.7　021016
最新初中物理竞赛辅导与训练/徐金荣主编.—北京:中国环境科学出版社,1995.8.—148页;19cm
ISBN 7-80093-808-5:¥5.00

G634.7-43　021017
物理奥林匹克竞赛实验教程/青一平编著;湖南省奥林匹克竞赛委员会物理分会编.—长沙:湖南师范大学出版社,1995.8.—308页;19cm
ISBN 7-81031-441-6:¥8.00

G634.7-61　021018
高中物理解题辞典:电磁学、光学、原子物理学/俞贯中主编.—广州:广东教育出版社,1995.8.—987页;19cm
ISBN 7-5406-3395-6:¥27.80

G634.7-61　021019
中学物理词典/徐子湖编著.—北京:海洋出版社,1995.2.—442页;19cm
ISBN 7-5027-4045-7:¥12.80

G634.7-62　021020
初中生物理手册/叶九成主编;王金才等编.—北京:中国大百科全书出版社,1995.11.—530页;13cm.—(初中生系列工具书)
ISBN 7-5000-5452-1:¥7.80

G634.7-62　021021
初中生物理手册/叶九成主编;王金才等编.—北京:中国大百科全书出版社,1995.11.—530页;13cm.—(初中生系列工具书)
ISBN 7-5000-5452-1:¥7.80

G634.7-62　021022
初中生物理手册/许维亮主编;王济民等编.—南京:江苏少年儿童出版社,1995.8.—647页;19cm
ISBN 7-5346-1430-9:¥12.80

G634.7-62　021023
高中物理解题辞典:力学:分子物理学 热学/俞贯中主编.—广州:广东教育出版社,1995.8.—1002页;19cm
ISBN 7-5406-2856-1:¥28.20

G634.7-62　021024
新编初中物理指南　上册/李铁良编著.—哈尔滨:黑龙江教育出版社,1995.9.—253页;19cm
ISBN 7-5316-2836-8:¥6.00

G634.8 化学

G634.8　021025
1995年全国中招化学试题选编/靳华甲,姬修编.—郑州:河南教育出版社,1995.11.—201页;19cm
ISBN 7-5347-1853-8:¥3.70

G634.8　021026
1996化学高考题型解析与强化训练/朱锡杰主编.—3版.—沈阳:东北大学出版社,1995.9.—364页;19cm
ISBN 7-81006-611-0:¥8.80

G634.8　021027
1996化学中考题型解析与强化训练/谷祖裕主编;曾秀华等编.—2版.—沈阳:东北大学出版社,1995.9.—236页;19cm
ISBN 7-81006-826-1:¥6.80

G634.8　021028
1996年高考化学模拟题/《模拟题》编写组编.—西安:陕西人民教育出版社,1995.11.—86页;26cm
ISBN 7-5419-6338-0:¥3.90

G634.8　021029
1996年中考化学模拟题/《模拟题》编写组编.—西安:陕西人民教育出版社,1995.11.—66页;26cm
ISBN 7-5419-6336-4:¥3.10

G634.8　021030
1996年中考化学模拟题/辽宁教育出版社编.—沈阳:辽宁教育出版社,1995.11.—226页;19cm
ISBN 7-5382-2105-0:¥4.95

G634.8　021031
初三化学单元测试卷:上学期/测试卷编写组编.—2版.—沈阳:辽宁教育出版社,1995.4.—48页;26cm
ISBN 7-5382-2791-1:¥2.10

G634.8　021032
初三化学单元测试卷:下学期/测试卷编写组编.—2版.—沈阳:辽宁教育出版社,1995.10.—48页;26cm
ISBN 7-5382-3721-6:¥2.30

G634.8　021033
初三化学复习测试题　下册/北京市海淀区高级教师编写组编.—西安:陕西人民教育出版社,1995.11.—76页;26cm
ISBN 7-5419-5368-7:¥3.60

G634.8　021034
初三化学期末总复习测试卷:下学期/《初三化学期末总复习测试卷》编写组编.—2版.—沈阳:辽宁教育出版社,1995.11.—48页;26cm
ISBN 7-5382-3722-4:¥2.30

G634.8　021035
初三化学同步检测AB卷:全学年/王建平,金东升编.—兰州:甘肃教育出版社,1995.5.—105页;26cm
ISBN 7-5423-0508-5:¥4.70

G634.8　021036
初中毕业班化学综合练习册/《初中毕业班化学综合练习册》编写组编.—2版.—南京:江苏教育出版社,1995.6.—157页;19cm
ISBN 7-5343-1543-3:¥3.25

G634.8　021037
初中化学　全一册/江苏省教委教研室编.—南京:江苏教育出版社,1995.7.—240页;26cm
学习指导用书
ISBN 7-5343-2393-2:¥9.75

G634.8　021038
初中化学(上教版)形成性练习/《初中化学形成性练习》编写组编.—修订本.—上海:上海科学技术文献出版社,1995.10.—110页;26cm
ISBN 7-5439-0880-8:¥6.00

G634.8　021039
初中化学单元测验期中期末试卷集:三年级下学期/《初中化学单元测验期中期末试卷集》编写组编.—南昌:江西教育出版社,1995.12.—1册;26cm

ISBN 7-5392-2619-6:￥3.05

G634.8 021040

初中化学单元学习与指导:三年级上学期/《单元学习与指导》丛书初中编写组编.—福州:福建人民出版社,1995.7.—128页;19cm

ISBN 7-211-02494-1:￥2.35

G634.8 021041

初中化学单元学习与指导:三年级下学期/《单元学习与指导》丛书初中编写组编.—2版.—福州:福建人民出版社,1995.12.—118页;19cm

ISBN 7-211-02595-6:￥3.10

G634.8 021042

初中化学解析/吴峥等编.—上海:上海交通大学出版社,1995.12.—219页;20cm.—(通向重点中学之路丛书)

ISBN 7-313-01541-0:￥8.90

G634.8 021043

初中化学精编　全一册/萧千里等编写.—杭州:浙江教育出版社,1995.5.—224页;19cm

ISBN 7-5338-1973-X:￥4.15

G634.8 021044

初中化学精讲/臧继宝等编著.—南京:江苏教育出版社,1995.5.—274页;19cm

ISBN 7-5343-2341-X:￥5.15

G634.8 021045

初中化学竞赛辅导/魏富田主编.—济南:明天出版社,1995.2.—206页;19cm.—(数理化奥林匹克系列丛书)

ISBN 7-5332-1931-7:￥3.90

G634.8 021046

初中化学练习册　全一册/《中学生助学丛书》编写组编.—福州:福建人民出版社,1995.6.—109页;26cm.—(中学生助学丛书)

试用本

ISBN 7-211-02487-9:￥4.20

G634.8 021047

初中化学练习册:三年级上学期/《初中化学练习册》编写组编.—南昌:江西教育出版社,1995.7.—97页;19cm

ISBN 7-5392-2524-6:￥1.45

G634.8 021048

初中化学练习册:三年级下学期/练习册编写组编.—南昌:江西教育出版社,1995.12.—46页;19cm

ISBN 7-5392-2500-9:￥1.25

G634.8 021049

初中化学全一册单元检测试卷/初中单元检测试卷编写组编.—太原:山西教育出版社,1995.6.—56页;26cm

ISBN 7-80578-824-3:￥1.70

G634.8 021050

初中化学全一册练习册/张桂珍,孙静媛编.—太原:山西教育出版社,1995.6.—171页;19cm

ISBN 7-80578-876-6:￥2.70

G634.8 021051

初中化学升学分类试卷集.—南宁:广西科学技术出版社,1995.7.—54页;26cm

九年义务教育教材

ISBN 7-80619-235-2:￥3.00

G634.8 021052

初中化学实验报告册/河南省教育委员会编.—北京:科学出版社,1995.7.—42页;26cm

ISBN 7-03-003079-6:￥1.44

G634.8 021053

初中化学实验能力的培养和考核/高清编著.—上海:上海科学技术出版社,1995.3.—88页;19cm

ISBN 7-5323-3760-X:￥1.90

G634.8 021054

初中化学试卷:三年级上学期/《初中化学试卷》编写组编.—3版.—南京:江苏教育出版社,1995.6.—32页;26×37cm

ISBN 7-5343-1763-0:￥3.40

G634.8 021055

初中化学试卷:三年级下学期/《初中化学试卷》编写组编.—3版.—南京:江苏教育出版社,1995.12.—42页;26×38cm

ISBN 7-5343-1966-8:￥4.35

G634.8 021056

初中化学试卷集:初三　全一册:上学期/《初中化学试卷集》编写组编.—南宁:广西科学技术出版社,1995.7.—83页;26cm

ISBN 7-80619-221-2:￥3.90

G634.8 021057

初中化学试卷集:初三　全一册:下学期/《初中化学试卷集》编写组编.—南宁:广西科学技术出版社,1995.12.—49页;26cm

ISBN 7-80619-277-8:￥2.90

G634.8 021058

初中化学试题精选分析/黄汉松等主编.—2版(修订本).—桂林:广西师范大学出版社,1995.2.—222页;19cm.—(初中教学丛书)

ISBN 7-5633-0131-3:￥4.40

G634.8 021059

初中化学同步训练 ABC/柯绮霞等编.—上海:上海科学技术出版社,1995.1.—153页;26cm.—(中学学科同步训练 ABC 丛书)

三年级用

ISBN 7-5323-3882-7:￥6.00

G634.8 021060

初中化学习题集/山东省教学研究室编.—济南:山东教育出版社,1995.12.—130页;26×19cm

三年级用

￥6.35

G634.8 021061

初中化学学练指要/沈子为主编;陈蔚编写.—上海:百家出版社,1995.2.—193页;19cm.—(中学生学习指导丛书/曾容,陈怀良主编)

ISBN 7-80576-523-5:￥4.50

G634.8 021062

初中化学学生实验/广东省教育厅编.—2版.—广州:广东科技出版社,1995.7.—62页;26cm
配合九年义务教育化学教材:人教版
ISBN 7-5359-1545-0:¥3.00

G634.8 021063
初中化学学习提要与检测/河南省教委中小学教研室编.—郑州:河南教育出版社,1995.12.—119页;19cm.—(初中各科学习提要与检测)
ISBN 7-5347-1899-6:¥2.40

G634.8 021064
初中化学学习指导/许志铭等编.—5版.—上海:上海科学技术出版社,1995.12.—199页;19cm
ISBN 7-5323-4149-6:¥5.20

G634.8 021065
初中化学一课一练:新编本/《初中化学一课一练》编写组编.—北京:电子工业出版社,1995.7.—133页;19cm
供初中三年级程度用
ISBN 7-5053-3087-X:¥3.80

G634.8 021066
初中化学知识竞赛指南/罗秀传,赵成德编著.—沈阳:辽宁科学技术出版社,1995.1.—258页;19cm
ISBN 7-5381-1876-4:¥5.00

G634.8 021067
初中化学中考综合复习题型与解法/陈志诚主编.—2版.—济南:明天出版社,1995.11.—168页;19cm.—(初中中考综合复习与测试系列丛书/陈志诚,许传永主编)
ISBN 7-5332-1687-3:¥4.70

G634.8 021068
初中化学重点难点与训练基点 全一册:下学期/贾瑞枫等编写.—南宁:广西科学技术出版社,1995.2.—119页;19cm
ISBN 7-80565-476-X:¥2.15

G634.8 021069
初中化学综合复习指导/山西省教委教研室编.—太原:山西教育出版社,1995.9.—111页;26cm
ISBN 7-5440-0698-0:¥3.70

G634.8 021070
初中化学总复习/《初中化学总复习》编写组编.—上海:上海科学技术文献出版社,1995.10.—268页;19cm.—(最优化总复习丛书)
ISBN 7-5439-0877-8:¥7.80

G634.8 021071
初中化学总复习备考指导/《初中总复习备考指导》丛书编写组编.—武汉:湖北教育出版社,1995.12.—246页;19cm.—(初中总复习备考指导丛书)
ISBN 7-5351-1898-4:¥7.00

G634.8 021072
初中化学总复习训练/朱云祖编.—上海:上海科学技术出版社,1995.3.—71页;26cm
ISBN 7-5323-3835-5:¥3.00

G634.8 021073
初中化学总复习指导/江西省教委教研室编.—南昌:江西教育出版社,1995.7.—253页;19cm
ISBN 7-5392-2576-9:¥4.00

G634.8 021074
初中三年级第二学期化学基础训练/河南省教委中小学教研室编.—3版.—郑州:河南教育出版社,1995.9.—78页;19cm
九年义务教育三年制初级中学教材
ISBN 7-5347-1831-7:¥1.70

G634.8 021075
初中三年级第一学期化学基础训练/河南省教委中小学教研室编.—3版.—郑州:河南教育出版社,1995.8.—63页;19cm
ISBN 7-5347-1770-1:¥1.00

G634.8 021076
初中三年级化学综合训练/广东省教育厅编.—2版.—广州:广东教育出版社,1995.7.—238页;19cm
九年义务教育教材:人教版
ISBN 7-5406-2365-9:¥5.35

G634.8 021077
初中三年级化学综合训练/广东省教育厅编.—2版.—广州:广东教育出版社,1995.7.—238页;19cm
九年义务教育教材:人教版
ISBN 7-5406-2365-9:¥5.35

G634.8 021078
高二化学补充教材/天津市教育教学研究室编.—4版.—天津:天津教育出版社,1995.6.—238页;19cm
ISBN 7-5309-1475-8:¥2.35

G634.8 021079
高二化学补充教材实验报告册/天津市教育教学研究室编.—2版.—天津:天津教育出版社,1995.4.—29页;26cm
ISBN 7-5309-1482-0:¥1.25

G634.8 021080
高二化学作业本:上学期/毕毓秀等编.—2版.—沈阳:辽宁教育出版社,1995.4.—64页;26cm
ISBN 7-5382-3478-0:¥2.80

G634.8 021081
高考化学考点精选题解/褚民昌主编.—太原:山西教育出版社,1995.9.—185页;26cm
ISBN 7-5440-0812-6:¥9.80

G634.8 021082
高一化学教学目标和测试/上海市教育局教研室编.—4版(修订本).—上海:上海教育出版社,1995.8.—83页;26cm
学生用书
ISBN 7-5320-4299-5:¥3.40

G634.8 021083
高一化学选修教材 全一册/天津市教育教学研究室编.—4版.—天津:天津教育出版社,1995.4.—87页;19cm
ISBN 7-5309-1477-4:¥1.25

G634.8 021084
高中毕业会考《化学》复习指导书/《高中毕业会考<化学>复习指导书》编写组编.—广州:广东高等教育

出版社,1995.12.—193 页;19cm
高中二年级试用
ISBN 7-5361-1827-9:¥6.50

G634.8　021085
高中二年级下学期化学测试卷/《中小学各科测试卷》编委会编.—2 版.—武汉:湖北教育出版社,1995.11.—34 页;26×38cm
ISBN 7-5351-1680-9:¥3.00

G634.8　021086
高中化学　第二册:必修/江苏省教委教研室编.—南京:江苏教育出版社,1995.7.—170 页;26cm
学习指导用书
ISBN 7-5343-2411-4:¥7.10

G634.8　021087
高中化学　第三册:选修/江苏省教委教研室编.—南京:江苏教育出版社,1995.7.—204 页;26cm
学习指导用书
ISBN 7-5343-2412-2:¥8.30

G634.8　021088
高中化学　第一册:选修/江苏省教委教研室编.—南京:江苏教育出版社,1995.7.—98 页;26cm
学习指导用书
ISBN 7-5343-2410-6:¥4.45

G634.8　021089
高中化学补充教材/天津市教育教学研究室编.—4 版.—天津:天津教育出版社,1995.6.—238 页;19cm
ISBN 7-5309-1474-X:¥3.15

G634.8　021090
高中化学单元测验期中期末试卷集:二年级下学期/《单元测验期中期末试卷集》编写组编.—南昌:江西教育出版社,1995.12.—87 页;26cm
ISBN 7-5392-2620-X:¥3.80

G634.8　021091
高中化学单元测验期中期末试卷集:一年级下学期/《高中化学单元测验期中期末试卷集》编写组编.—南昌:江西教育出版社,1995.12.—58 页;26cm
ISBN 7-5392-2618-8:¥2.75

G634.8　021092
高中化学第一册训练指导/《高中化学训练指导》编写组编.—长春:吉林教育出版社,1995.5.—247 页;19cm
ISBN 7-5383-2554-9:¥3.15

G634.8　021093
高中化学复习精编/孔春明主编.—上海:上海科学普及出版社,1995.9.—267 页;26cm
ISBN 7-5427-0975-5:¥16.00

G634.8　021094
高中化学复习提要/上海市中小学教材编写组编.—2 版.—上海:上海教育出版社,1995.11.—422 页;19cm
ISBN 7-5320-4649-4:¥8.15

G634.8　021095
高中化学教学指导:高一、高二分册/范正慧,陈伟国主编.—苏州:苏州大学出版社,1995.7.—303 页;26cm
ISBN 7-81037-146-0:¥15.50

G634.8　021096
高中化学精讲　第一册/陈亦梅等编著.—2 版.—南京:江苏教育出版社,1995.11.—272 页;19cm
ISBN 7-5343-1569-7:¥6.10

G634.8　021097
高中化学练习册　第二册/《中学生助学丛书》编写组编.—福州:福建人民出版社,1995.6.—100 页;26cm.—(中学生助学丛书)
试用本
ISBN 7-211-02451-8:¥3.75

G634.8　021098
高中化学练习册　第三册/《中学生助学丛书》编写组编.—福州:福建人民出版社,1995.6.—118 页;26cm.—(中学生助学丛书)
试用本
ISBN 7-211-02469-0:¥4.30

G634.8　021099
高中化学练习册　第一册/《中学生助学丛书》编写组编.—福州:福建人民出版社,1995.6.—103 页;26cm.—(中学生助学丛书)
试用本
ISBN 7-211-02445-3:¥3.95

G634.8　021100
高中化学练习册:一年级下学期/江西省教委教研室编.—南昌:江西教育出版社,1995.12.—103 页;19cm
ISBN 7-5392-1847-9:¥1.95

G634.8　021101
高中化学练习册:二年级上学期/江西省教委教研室编.—南昌:江西教育出版社,1995.7.—95 页;19cm
ISBN 7-5392-2004-X:¥1.40

G634.8　021102
高中化学练习册:二年级下学期/江西教委教研室编.—南昌:江西教育出版社,1995.12.—99 页;19cm
ISBN 7-5392-1848-7:¥1.95

G634.8　021103
高中化学练习册:三年级　全一册/练习册编写组编.—南昌:江西教育出版社,1995.7.—114 页;19cm
ISBN 7-5392-2005-8:¥1.70

G634.8　021104
高中化学练习册:一年级上学期/江西省教委教研室编.—南昌:江西教育出版社,1995.7.—123 页;19cm
ISBN 7-5392-2003-1:¥1.80

G634.8　021105
高中化学试卷:二年级上学期/《高中化学试卷》编写组编.—3 版.—南京:江苏教育出版社,1995.6.—39 页;26×37cm
ISBN 7-5343-1778-9:¥3.45

G634.8　021106
高中化学试卷:三年级上学期/《高中化学试卷》编写组编.—3 版.—南京:江苏教育出版社,1995.6.—63 页;26×38cm
ISBN 7-5343-1779-7:¥6.00

G634.8　021107

高中化学试卷:一年级上学期/《高中化学试卷》编写组编.—3版.—南京:江苏教育出版社,1995.6.—31页;26×37cm

ISBN 7-5343-1777-0:¥2.90

G634.8 021108

高中化学同步点拨/丁文楚等主编.—延吉:东北朝鲜民族教育出版社,1995.8.—203页;26cm

ISBN 7-5437-1928-2:¥7.40

G634.8 021109

高中化学习题集/山东省教学研究室编.—济南:山东教育出版社,1995.12.—214页;26×19cm

三年级用

¥10.10

G634.8 021110

高中化学选修本学习指导/韩昭令等主编.—上海:百家出版社,1995.7.—268页;19cm

ISBN 7-80576-550-2:¥5.30

G634.8 021111

高中化学学练指要/沈子为主编.—上海:百家出版社,1995.2.—374页;19cm.—(中学生学习指导丛书/曾容,陈怀良主编)

ISBN 7-80576-526-X:¥8.20

G634.8 021112

高中化学总复习/高中化学总复习编写组编.—上海:上海科学技术文献出版社,1995.11.—381页;19cm.—(最优化总复习丛书)

ISBN 7-5439-0888-3:¥10.60

G634.8 021113

高中化学总复习:补充教材/天津市教育教学研究室编.—4版.—天津:天津教育出版社,1995.7.—77页;26cm

附习题部分一册

ISBN 7-5309-1487-1:¥6.30

G634.8 021114

高中化学总复习备考指导/湖北省教学研究室编.—武汉:湖北教育出版社,1995.2.—198页;26cm.—(高中总复习备考指导丛书)

ISBN 7-5351-1649-3:¥7.70

G634.8 021115

高中化学总复习指导/江西省教委教研室编.—南昌:江西教育出版社,1995.7.—271页;19cm

ISBN 7-5392-1241-1:¥4.40

G634.8 021116

高中三年级毕业升学总复习化学测试卷/《中小学各科测试卷》编委会编.—2版.—武汉:湖北教育出版社,1995.11.—40页;26×38cm

ISBN 7-5351-1686-8:¥3.50

G634.8 021117

高中一年级下学期化学测试卷/《中小学各科测试卷》编委会编.—2版.—武汉:湖北教育出版社,1995.11.—32页;26×38cm

ISBN 7-5351-1677-9:¥2.90

G634.8 021118

化学/刘正贤主编.—2版.—上海:上海科学技术出版社,1995.6.—218页;26cm

九年制义务教育课本:试用本 九年级用

ISBN 7-5323-3859-2:¥4.85

G634.8 021119

化学/九年义务教育教材(沿海地区)编写委员会编.—北京:科学出版社,1995.7.—171页;26cm

九年义务教育三年制初级中学试用课本

ISBN 7-03-004662-5:¥8.90

G634.8 021120

化学/上海中小学课程教材改革委员会编.—上海:上海科学技术出版社,1995.7.—176页;26cm

高级中学课本:试用本 一年级用

ISBN 7-5323-3993-9:¥4.50

G634.8 021121

化学/天津市第二教育局编.—天津:天津大学出版社,1995.9.—397页;19cm

天津市普及高中阶段教育系列教材

ISBN 7-5618-0772-4:¥8.80

G634.8 021122

化学 第二册/五·四学制教材总编委会编.—2版.—济南:山东教育出版社,1995.5.—189页;19cm

九年义务教育四年制初级中学试用课本

ISBN 7-5328-1976-0:¥1.90

G634.8 021123

化学 第二册:必修/人民教育出版社化学室编.—2版.—北京:人民教育出版社,1995.10.—203页;19cm

高级中学课本

ISBN 7-107-00991-5:¥4.00

G634.8 021124

化学 第一册/"五·四"学制教材总编委会编.—2版.—济南:山东教育出版社,1995.5.—190页;19cm

九年义务教育四年制初级中学试用课本

ISBN 7-5328-1114-X:¥1.75

G634.8 021125

化学 第一册:必修/人民教育出版社化学室编.—2版.—北京:人民教育出版社,1995.10.—231页;19cm

高级中学课本

ISBN 7-107-00990-7:¥4.65

G634.8 021126

化学 全一册/尹鸿藻等主编.—2版.—济南:山东教育出版社,1995.4.—323页;19cm

义务教育初级中学教材

ISBN 7-5328-1138-7:¥3.33

G634.8 021127

化学 全一册/唐力主编;广西师范大学化学教育研究室编著.—3版.—南宁:广西教育出版社,1995.5.—359页;19cm

九年义务教育初级中学教材:试用本

ISBN 7-5435-1834-1:¥4.35

G634.8 021128

化学 全一册/吴杰主编;《育新教育初中课本》编写组编.—开封:河南大学出版社,1995.6.—140页;19cm

育新教育初中课本

ISBN 7-81041-228-0:¥3.20

G634.8　021129
化学:一年级/上海中小学课程教材改革委员会编.—2版.—上海:上海教育出版社,1995.6.—182页;26cm
高级中学课本:试用本
ISBN 7-5320-4273-1:¥4.35

G634.8　021130
化学奥林匹克题典/何炳坤等编.—南京:南京大学出版社,1995.2.—1115页;20cm.—(数理化奥林匹克题解丛书/单埼主编)
ISBN 7-305-01950-X(精装):¥28.50

G634.8　021131
化学常规训练指南/廖国富等编著.—武汉:华中理工大学出版社,1995.9.—196页;19cm.—(帮你学化学丛书/余训民主编)
ISBN 7-5609-1177-3:¥5.00

G634.8　021132
化学辅导与练习/陈基福等编.—上海:上海科学技术出版社,1995.8.—91页;26cm
高中一年级用
ISBN 7-5323-3997-1:¥4.40

G634.8　021133
化学辅导与练习/《化学辅导与练习》编写组编.—上海:上海科学技术出版社,1995.8.—175页;26cm
九年级用
ISBN 7-5323-4055-4:¥9.10

G634.8　021134
化学复习指要:士兵本/何鹰主编.—北京:军事谊文出版社,1995.10.—309页;20cm.—(军队院校招生统考复习丛书)
全套共6册,总定价:49.00元
ISBN 7-80027-759-3:¥0.00

G634.8　021135
化学计算巧解大全/刘全明主编.—乌鲁木齐:新疆科技卫生出版社,1995.6.—183页;26cm
ISBN 7-5372-0828-X:¥7.90

G634.8　021136
化学计算型选择题精巧解法/陈其玉,匡增兰编著.—苏州:苏州大学出版社,1995.12.—325页;19cm
ISBN 7-81037-185-1:¥8.90

G634.8　021137
化学家的武器/张嘉同编著.—太原:山西教育出版社,1995.10.—126页;19cm.—(中学课外天地丛书·化学系列;5/张嘉同主编)
ISBN 7-5440-0572-0:¥5.20

G634.8　021138
化学精要解疑训练/赵洪英等主编.—2版.—济南:山东大学出版社,1995.8.—184页;26cm
ISBN 7-5607-1038-7:¥9.80

G634.8　021139
化学竞赛指导:高中版/陆禾等编著.—北京:北京大学出版社,1995.12.—249页;20cm
ISBN 7-301-02923-3:¥9.50

G634.8　021140
化学课堂练习　全一册/唐力主编;广西师范大学化学教育研究室编著.—2版.—南宁:广西教育出版社,1995.5.—137页;19cm
九年义务教育初级中学实验教材
ISBN 7-5435-1831-7:¥1.85

G634.8　021141
化学练习册　全一册/北京市义务教育初中化学教材编写组编.—北京:北京教育出版社,1995.10.—74页;26cm
九年义务教育三年制初级中学教科书:实验本
ISBN 7-5303-0780-0:¥4.60

G634.8　021142
化学练习和测试/上海中小学课程教材改革委员会编.—2版.—上海:上海科学技术出版社,1995.6.—83页;26×19cm
高中一年级用
ISBN 7-5323-3861-4:¥2.05

G634.8　021143
化学练习和测试/上海中小学课程教材改革委员会编.—2版.—上海:上海科学技术出版社,1995.6.—80页;26cm
九年级用
ISBN 7-5323-3581-X:¥2.40

G634.8　021144
化学魔术探源/王钧,石平编著.—太原:山西教育出版社,1995.10.—132页;19cm.—(中学课外天地丛书·化学系列;4/张嘉同主编)
ISBN 7-5440-0589-5:¥5.40

G634.8　021145
化学能力培养与训练:初三分册/崔黎明等主编.—大连:辽宁师范大学出版社,1995.6.—139页;19cm
ISBN 7-81042-077-1:¥3.48

G634.8　021146
化学能力培养与训练:高二分册/杨维才等主编.—大连:辽宁师范大学出版社,1995.6.—136页;19cm
ISBN 7-81042-077-1:¥3.48

G634.8　021147
化学能力培养与训练:高一分册/张志良等主编.—大连:辽宁师范大学出版社,1995.6.—136页;19cm
ISBN 7-81042-077-1:¥3.48

G634.8　021148
化学评估检测题:高中三年级下学期/《评估检测题》编写委员会编.—3版.—武汉:湖北教育出版社,1995.11.—102页;26cm
原名自测题
ISBN 7-5351-1266-8:¥4.70

G634.8　021149
化学评估检测题:高中一年级下学期/朱书超等编写.—3版.—武汉:湖北教育出版社,1995.11.—82页;26cm
原名自测题
ISBN 7-5351-1277-3:¥3.90

G634.8　021150
化学评估自测题:高中二年级下学期/朱书超等编

写.—3版.—武汉:湖北教育出版社,1995.11.—97页;26cm
原名自测题
ISBN 7-5351-1269-2:￥4.50

G634.8　021151
化学实验/刘正贤主编.—2版.—上海:上海科学技术出版社,1995.6.—83页;26cm
九年制义务教育课本:试用本 九年级用
ISBN 7-5323-3860-6:￥2.10

G634.8　021152
化学实验/尹鸿藻等主编;初中化学教材编写组编写.—济南:山东教育出版社,1995.4.—91页;13×19cm
义务教育初级中学教材
ISBN 7-5328-1141-7:￥1.02

G634.8　021153
化学实验/上海中小学课程教材改革委员会编.—上海:上海教育出版社,1995.6.—33页;26cm
九年制义务教育课本 九年级用
ISBN 7-5320-4274-X:￥1.10

G634.8　021154
化学实验　第二册/五·四学制教材总编委会编.—2版.—济南:山东教育出版社,1995.5.—48页;19cm
九年义务教育四年制初级中学试用课本
ISBN 7-5328-1383-5:￥0.55

G634.8　021155
化学实验　第一册/五·四学制教材总编委会编.—2版.—济南:山东教育出版社,1995.5.—56页;19cm
九年义务教育四年制初级中学试用课本
ISBN 7-5328-1116-6:￥0.60

G634.8　021156
化学实验:初级中学/九年义务教育教材(沿海地区)编写委员会编.—北京:科学出版社,1995.7.—55页;26cm
九年义务教育三年制初级中学试用课本
ISBN 7-03-004668-4:￥2.70

G634.8　021157
化学实验报告册　全一册/北京市义务教育初中化学教材编写组编.—北京:北京出版社,1995.6.—94页;26cm
九年义务教育三年制初级中学教科书:实验本
ISBN 7-200-02756-1:￥2.80

G634.8　021158
化学实验报告册:高中　第二册:必修本/广西中学理化生实验报告册编写组编.—2版.—南宁:广西教育出版社,1995.5.—29页;19×26cm
ISBN 7-5435-0292-5:￥0.98

G634.8　021159
化学实验报告册:高中　第一册:必修本/广西中学理化生实验报告册编写组编.—3版.—南宁:广西教育出版社,1995.5.—35页;19×26cm
ISBN 7-5435-0287-9:￥1.15

G634.8　021160
化学实验与思考/广州市教育局普通高中选修课、活动课教材编写委员会编.—广州:广东教育出版社,1995.9.—68页;20cm
高级中学活动课教材
ISBN 7-5406-3300-X:￥2.60

G634.8　021161
化学史歌/王德胜编著.—太原:山西教育出版社,1995.10.—140页;19cm.—(中学课外天地丛书·化学系列;1/张嘉同主编)
ISBN 7-5440-0573-9:￥5.60

G634.8　021162
化学世界景观/赵弘颖编.—太原:山西教育出版社,1995.10.—160页;19cm.—(中学课外天地丛书·化学系列;2/张嘉同主编)
ISBN 7-5440-0628-X:￥6.40

G634.8　021163
化学托福:初中化学竞赛应试必读/孔春明主编.—上海:华东理工大学出版社,1995.3.—231页;19cm.—(教与学丛书)
ISBN 7-5628-0551-2:￥5.50

G634.8　021164
化学写生画/张嘉同编.—太原:山西教育出版社,1995.10.—136页;19cm.—(中学课外天地丛书·化学系列;3/张嘉同主编)
ISBN 7-5440-0611-5:￥5.50

G634.8　021165
化学选择题快速解题技巧/吴振强编著.—广州:华南理工大学出版社,1995.3.—228页;19cm
ISBN 7-5623-0826-8:￥5.85

G634.8　021166
化学学习指导/初中化学教材编写组编.—2版.—济南:山东教育出版社,1995.6.—180页;19cm
义务教育初级中学教材
ISBN 7-5328-1139-5:￥3.20

G634.8　021167
化学疑难释疑训练/赵克义等编写.—北京:科学技术文献出版社,1995.6.—284页;19cm.—(初中新教材复习指导丛书)
ISBN 7-5023-2283-3:￥12.00

G634.8　021168
化学作业/黄浦区教育局、上师大教材编写组编.—3版.—上海:上海教育出版社,1995.11.—57页;19cm
九年制义务教育课本 九年级第二学期用
ISBN 7-5320-4487-4:￥1.40

G634.8　021169
九年义务教育(人教版)初中三年级第一学期化学单元测试/化学科单元测试编写组编.—2版.—广州:广东教育出版社,1995.7.—131页;19cm
ISBN 7-5406-0946-X:￥3.00

G634.8　021170
九年义务教育初级中学初三化学单元测试卷:上学期/测试卷编写组编.—2版.—沈阳:辽宁教育出版社,1995.4.—48页;26cm
ISBN 7-5382-2791-1:￥2.10

G634.8　021171

九年义务教育初级中学初三化学期末总复习测试卷:上学期/测试卷编写组编.—2版.—沈阳:辽宁教育出版社,1995.5.—48页;26cm
ISBN 7-5382-2790-3:¥2.10
G634.8　　021172
九年义务教育初级中学化学达标测试卷　全一册/张和平等编.—石家庄:河北教育出版社,1995.7.—53页;26×36cm
ISBN 7-5434-2432-0:¥3.50
G634.8　　021173
九年义务教育初级中学化学全一册单元检测/郑振勤编写.—3版.—石家庄:河北教育出版社,1995.7.—122页;26cm
ISBN 7-5434-0823-6:¥3.90
G634.8　　021174
九年义务教育初级中学化学全一册基本功训练/杨健等编.—石家庄:河北教育出版社,1995.6.—276页;19cm
ISBN 7-5434-2377-4:¥4.50
G634.8　　021175
九年义务教育初级中学化学实验册:初三　全一册/云南省教育委员会教研室编.—昆明:云南教育出版社,1995.6.—62页;26cm
ISBN 7-5415-1020-3:¥2.10
G634.8　　021176
九年义务教育初级中学教科书化学学习指导/江苏省教育委员会教研室编.—南京:江苏科学技术出版社,1995.7.—248页;26cm
ISBN 7-5345-1964-0:¥12.20
G634.8　　021177
九年义务教育初中毕业升学化学模拟试卷/《初中毕业升学化学模拟试卷》编写组编.—石家庄:河北教育出版社,1995.11.—80页;26cm
附参考答案
ISBN 7-5434-2513-0:¥4.10
G634.8　　021178
九年义务教育初中化学单元试卷集/丁峰编.—2版.—南宁:广西教育出版社,1995.5.—55页;26cm.—(初中各科单元试卷集丛书)
三年级上学期用
ISBN 7-5435-1786-8:¥2.00
G634.8　　021179
九年义务教育初中化学单元试卷集/丁峰编.—2版.—南宁:广西教育出版社,1995.11.—52页;26cm.—(初中各科单元试卷集丛书)
三年级下学期用
ISBN 7-5435-1707-8:¥2.80
G634.8　　021180
九年义务教育初中化学练习册/《初中化学练习册》编写组编.—银川:宁夏人民教育出版社,1995.7.—177页;19cm
供毕业班用
ISBN 7-80596-101-8:¥2.65
G634.8　　021181
九年义务教育初中三年级化学复习测试题　上册/北京市海淀区教育局高级教师编写组编.—西安:陕西人民教育出版社,1995.5.—72页;26cm
ISBN 7-5419-4794-6:¥2.80
G634.8　　021182
九年义务教育初中三年级下学期化学测试卷/《中小学各科测试卷》编委会编.—3版.—武汉:湖北教育出版社,1995.11.—32页;26×38cm
ISBN 7-5351-1310-9:¥2.90
G634.8　　021183
九年义务教育化学评估检测题:初中三年级下学期/《评估检测题》编写委员会编.—2版.—武汉:湖北教育出版社,1995.10.—111页;26cm
原名自测题
ISBN 7-5351-1601-9:¥5.10
G634.8　　021184
九年义务教育化学实验报告册:初中　全一册/广西中学理化生实验报告册编写组编.—3版.—南宁:广西教育出版社,1995.4.—34页;19×26cm
ISBN 7-5435-0323-9:¥1.10
G634.8　　021185
九年义务教育全新初中化学解难释疑:三年级/艾华等编.—广州:广东教育出版社,1995.10.—408页;19cm
ISBN 7-5406-3318-2:¥8.90
G634.8　　021186
九年义务教育三年制初级中学化学达标练习/《达标练习》编写组编.—长沙:湖南教育出版社,1995.6.—132页;19cm
供初中三年级上学期用
ISBN 7-5355-2179-7:¥2.90
G634.8　　021187
九年义务教育三年制初级中学化学达标练习/《达标练习》编写组编.—长沙:湖南教育出版社,1995.12.—144页;19cm
供初中三年级下学期用
ISBN 7-5355-2356-0:¥3.40
G634.8　　021188
九年义务教育三年制初级中学化学基础训练　全一册/孟庆灏等编写.—2版.—济南:山东教育出版社,1995.7.—221页;19cm
三年级用
ISBN 7-5328-1438-6:¥3.50
G634.8　　021189
九年义务教育三年制初级中学化学全一册练习册/杨健等编.—乌鲁木齐:新疆教育出版社,1995.6.—281页;19cm
ISBN 7-5370-2491-X:¥3.54
G634.8　　021190
九年义务教育三年制初级中学化学实验报告册　全一册/郑州市化学化工学会《实验报告册》编写组编.—郑州:河南教育出版社,1995.5.—50页;26cm
ISBN 7-5347-1760-4:¥1.35
G634.8　　021191

九年义务教育三年制初中化学(全一册)课堂练习/刘国材主编;郭郁琛等编.—2版.—沈阳:辽宁教育出版社,1995.5.—159页;19cm

ISBN 7-5382-3513-2:¥3.05

G634.8　021192

九年义务教育三年制初中化学补充教材实验报告册　全一册/天津市教育教学研究室编.—6版.—天津:天津教育出版社,1995.6.—43页;26cm

ISBN 7-5309-0465-5:¥1.75

G634.8　021193

九年义务教育三年制初中化学课程辅导与训练/《课程辅导与训练》编写组编.—西安:陕西人民教育出版社,1995.5.—311页;19cm

三年级全学年用

ISBN 7-5419-0284-5:¥5.70

G634.8　021194

九年义务教育四年制初级中学化学基础训练　第一册.—济南:山东教育出版社,1995.7.—144页;19cm

人教版 三年级用

ISBN 7-5328-2192-7:¥2.35

G634.8　021195

九年义务教育四年制初级中学化学课外习题集　第二册/人民教育出版社化学室编.—北京:人民教育出版社,1995.12.—210页;19cm

ISBN 7-107-11574-X:¥4.80

G634.8　021196

九年义务教育四年制初级中学化学实验册　第二册/人民教育出版社化学室编.—北京:人民教育出版社,1995.12.—31页;26cm

ISBN 7-107-11575-8:¥2.30

G634.8　021197

九年义务教育四年制初级中学试用课本化学第二册练习册/"五·四"学制教材总编委会编.—2版.—济南:山东教育出版社,1995.5.—85页;19cm

ISBN 7-5328-1382-7:¥1.20

G634.8　021198

九年义务教育四年制初级中学试用课本化学第一册练习册/"五·四"学制教材总编委会编.—2版.—济南:山东教育出版社,1995.4.—85页;19cm

ISBN 7-5328-1977-9:¥1.15

G634.8　021199

九年义务教育四年制初中三年级上学期化学基础同步练习/《化学基础同步练习》编写组编.—北京:科学出版社:龙门书局,1995.6.—91页;19cm

配合北师大版教材

ISBN 7-03-004978-0:¥2.30

G634.8　021200

九年义务教育四年制初中四年级上学期化学基础同步练习/《化学基础同步练习》编写组编.—北京:科学出版社:龙门书局,1995.6.—172页;19cm

配合北师大版教材

ISBN 7-03-004844-X:¥4.13

G634.8　021201

名师帮你学化学:初中分册/黄儒兰,陆禾主编.—2版(修订版).—北京:中国青年出版社,1995.11.—264页;19cm.—(名师帮你学系列)

ISBN 7-5006-1409-8:¥8.20

G634.8　021202

名师帮你学化学:高中化学规律与方法/陆禾等编著.—北京:中国青年出版社,1995.11.—225页;19cm.—(名师帮你学系列)

ISBN 7-5006-2131-0:¥7.30

G634.8　021203

炮火硝烟的秘密/张永安编著.—太原:山西教育出版社,1995.10.—120页;19cm.—(中学课外天地丛书·化学系列;9/张嘉同主编)

ISBN 7-5440-0586-0:¥5.00

G634.8　021204

奇特的家族/王秀琦编著.—太原:山西教育出版社,1995.10.—127页;19cm.—(中学课外天地丛书·化学系列;6/张嘉同主编)

ISBN 7-5440-0587-9:¥5.20

G634.8　021205

全国百所重点中学化学总复习AB卷精编:初中部分/王柏松,贝兆明主编.—南京:南京出版社,1995.12.—96页;26cm

ISBN 7-80614-202-9:¥4.70

G634.8　021206

全国中考化学试题精选与解题指导:1993~1995年/熊庆宇主编;唐云汉等编.—北京:北京工业大学出版社,1995.11.—288页;19cm.—(全国中考试题与解题指导丛书)

ISBN 7-5639-0474-3:¥8.60

G634.8　021207

三年制初中化学单元水平测试与辅导:三年级第二学期/本书编写组编.—广州:广东教育出版社,1995.10.—102页;19cm

九年义务教育教材:人教版

ISBN 7-5406-2429-9:¥3.00

G634.8　021208

生活园里的化学/黄佩丽,张改莲编著.—太原:山西教育出版社,1995.10.—146页;19cm.—(中学课外天地丛书·化学系列;8/张嘉同主编)

ISBN 7-5440-0571-2:¥5.90

G634.8　021209

实用化学/上海中小学课程教材改革委员会编.—上海:上海科学技术出版社,1995.6.—92页;19cm

九年制义务教育选修课本:试用本 供九年级用

ISBN 7-5323-3888-6:¥1.75

G634.8　021210

新编初中化学单元自测:三年级上学期/《新编初中化学单元自测》编写组编.—南昌:江西教育出版社,1995.7.—55页;26cm

ISBN 7-5392-2518-1:¥2.00

G634.8　021211

新编初中化学课外练习题:三年级/人大附中等编写组编.—北京:北京出版社,1995.6.—290页;19cm

ISBN 7-200-02724-3:¥6.60

G634.8　021212
新编初中化学知识重点难点分析及综合能力测试题/解振家主编;汤慧琼等编.—北京:首都师范大学出版社,1995.1.—269页;19cm.—(新编中学各科知识重点难点分析及综合能力测试丛书/霍恩儒主编)
ISBN 7-81039-252-2:¥5.20

G634.8　021213
新编高二化学同步练习/北京市海淀区特级、高级教师编写组编.—沈阳:辽宁人民出版社,1995.9.—157页;26cm
ISBN 7-205-03376-4:¥8.50

G634.8　021214
新编高三化学同步练习/北京市海淀区特级、高级教师编写组编.—沈阳:辽宁人民出版社,1995.9.—180页;26cm
ISBN 7-205-03377-2:¥9.50

G634.8　021215
新编高一化学同步练习/北京市海淀区特级、高级教师编写组编.—沈阳:辽宁人民出版社,1995.9.—145页;26cm
ISBN 7-205-03375-6:¥8.50

G634.8　021216
新编高中化学单元自测:二年级上学期/《新编高中化学单元自测》编写组编.—南昌:江西教育出版社,1995.7.—69页;26cm
原书名:单元测验期中期末试卷集
ISBN 7-5392-2522-X:¥2.35

G634.8　021217
新编高中化学单元自测:三年级　全一册/《新编高中化学单元自测》编写组编.—南昌:江西教育出版社,1995.7.—110页;26cm
原书名:单元测验期中期末试卷集
ISBN 7-5392-2035-X:¥3.55

G634.8　021218
新编高中化学单元自测:一年级上学期/《新编高中化学单元自测》编写组编.—南昌:江西教育出版社,1995.7.—61页;26cm
原书名:单元测验期中期末试卷集
ISBN 7-5392-2519-X:¥2.10

G634.8　021219
新编高中化学课外练习题:二年级/清华大学附属中学,北京一零一中学编写组编.—北京:北京出版社,1995.2.—222页;19cm
ISBN 7-200-02307-8:¥5.10

G634.8　021220
新编高中化学课外练习题:三年级/清华大学附属中学,北京一零一中学编写组编.—北京:北京出版社,1995.2.—286页;19cm
ISBN 7-200-02308-6:¥6.30

G634.8　021221
新编高中化学课外练习题:一年级/清华大学附属中学,北京一零一中学编写组编.—北京:北京出版社,1995.2.—256页;19cm
ISBN 7-200-02306-X:¥5.80

G634.8　021222
新编高中化学知识重点难点分析及综合能力测试题/韩三鱼主编;魏肖瑜等编写.—北京:首都师范大学出版社,1995.1.—420页;19cm.—(新编中学各科知识重点难点分析及综合能力测试丛书)
ISBN 7-81039-250-6:¥8.10

G634.8　021223
新编化学单元水平测试与辅导:初中三年级第一学期/《新编化学单元水平测试与辅导》编写组编.—广州:新世纪出版社,1995.6.—119页;19cm.—(义务教育初中生自习丛书)
ISBN 7-5405-0783-7:¥3.40

G634.8　021224
新编化学单元水平测试与辅导:三年级第二学期/《单元水平测试与辅导》编写组编.—广州:新世纪出版社,1995.12.—122页;19cm.—(义务教育初中生自习丛书)
ISBN 7-5405-0683-0:¥3.80

G634.8　021225
新编九年义务教育初三化学单元综合测试卷/北京市海淀区《初中测试卷》编写组编写.—西安:陕西人民教育出版社,1995.6.—65页;26cm
ISBN 7-5419-4772-5:¥2.80

G634.8　021226
学习指导:化学　全一册/《学习指导》编写组编.—重庆:重庆出版社;北京:人民教育出版社,1995.7.—181页;19cm
九年义务教育三年制初级中学教科书
ISBN 7-5366-3154-5:¥3.15

G634.8　021227
义务教育初中三年级第一学期化学达纲训练/《化学达纲训练》编写组编.—广州:广东人民出版社,1995.8.—122页;19cm
ISBN 7-218-01864-5:¥2.90

G634.8　021228
义务教育三年制初中化学　全一册/毕毓秀主编.—2版.—沈阳:辽宁教育出版社,1995.5.—233页;19cm.—(中学生学习指导丛书)
ISBN 7-5382-0112-2:¥4.70

G634.8　021229
应用化学/上海中小学课程教材改革委员会编.—上海:上海科学技术出版社,1995.6.—94页;19cm
高级中学选修课本:试用本 供高中一、二年级用
ISBN 7-5323-3895-9:¥1.75

G634.8　021230
有朋四方来/张金,张嘉同编著.—太原:山西教育出版社,1995.10.—103页;19cm.—(中学课外天地丛书·化学系列;7/张嘉同主编)
ISBN 7-5440-0588-7:¥4.40

G634.8　021231
掌握化学:初中三年级　(上)/广东省教育厅编.—广州:广东教育出版社,1995.7.—195页;19cm.—(掌握学习指导丛书)
九年义务教育三年制初中:人教版 附测试题

ISBN 7-5406-3304-2: ¥5.45

G634.8　　021232

掌握化学:初中三年级(下)/广东省教育厅编.—广州:广东教育出版社,1995.12.—136页;19cm.—(掌握学习指导丛书)

九年义务教育三年制初中:人教版:附测试题

ISBN 7-5406-3383-2: ¥4.30

G634.8　　021233

中等农业学校化学课同步辅导与练习　上册:无机及分析化学/郭立年,王占国主编;张春花等编.—长沙:湖南科学技术出版社,1995.6.—154页;19cm

ISBN 7-5357-1770-5: ¥8.00

G634.8　　021234

中等农业学校化学课同步辅导与练习　下册:有机化学/郭立年主编;冯宋荣等编.—长沙:湖南科学技术出版社,1995.6.—151页;19cm

ISBN 7-5357-1770-5: ¥8.00

G634.8　　021235

中等师范学校化学练习册　第二册:试用本/人民教育出版社化学室编.—石家庄:河北教育出版社,1995.7.—70页;26cm

ISBN 7-5434-2430-4: ¥2.50

G634.8　　021236

中考化学模拟试卷/中考模拟试卷编写组编.—石家庄:河北科学技术出版社,1995.11.—30页;26×37cm

ISBN 7-5375-1181-0: ¥2.80

G634.8　　021237

中学规范化化学实验报告册/《中学规范化化学实验报告册》编写组编.—西安:陕西人民教育出版社,1995.6.—37页;26cm

高中二年级全学年用

¥1.70

G634.8　　021238

中学规范化化学实验报告册/《中学规范化化学实验报告册》编写组编.—西安:陕西人民教育出版社,1995.6.—41页;26cm

高中一年级全学年用

¥1.90

G634.8　　021239

中学规范化化学实验报告册　全一册　/《中学规范化化学实验报告册》编写组编.—西安:陕西人民教育出版社,1995.6.—48页;26cm

初中三年级全学年用

¥2.00

G634.8　　021240

中学化学奥林匹克辅导/朱靖,张志茂编.—哈尔滨:黑龙江教育出版社,1995.12.—153页;19cm

ISBN 7-5316-2863-5: ¥5.00

G634.8　　021241

中学化学奥林匹克竞赛试题选解/胡满成,雷凌波主编.—西安:陕西师范大学出版社,1995.4.—191页;19cm.—(化学奥林匹克丛书)

ISBN 7-5613-1213-X: ¥4.50

G634.8　　021242

中学化学典型问题法指南/宁潜济主编;贾庆禄等编写.—天津:天津教育出版社,1995.2.—259页;19cm

ISBN 7-5309-1882-6: ¥4.70

G634.8　　021243

中学化学解题方法与技巧/张文军,周麟编.—武汉:湖北教育出版社,1995.9.—281页;19cm.—(数理化解题方法与技巧丛书)

ISBN 7-5351-1741-4: ¥8.10

G634.8　　021244

中学化学精编:初中分册/子明主编.—上海:华东理工大学出版社,1995.9.—185页;19cm.—(帮你步入大学丛书)

ISBN 7-5628-0609-8: ¥5.50

G634.8　　021245

中学化学精编:高中分册/子明主编.—上海:华东理工大学出版社,1995.9.—392页;19cm.—(帮你步入大学丛书)

ISBN 7-5628-0609-8: ¥10.00

G634.8　　021246

中学化学实验册:初中　全一册/江苏省教委教研室编.—3版.—南京:江苏教育出版社,1995.6.—61页;26cm

ISBN 7-5343-0056-8: ¥2.65

G634.8　　021247

中学化学同步疑难解析手册:初三卷/刘凯旋,杨曼华主编.—长沙:湖南出版社,1995.7.—205页;19cm

ISBN 7-5438-1028-X: ¥6.50

G634.8　　021248

中学化学同步疑难解析手册:高二卷/刘凯旋,杨曼华主编.—长沙:湖南出版社,1995.7.—237页;19cm

ISBN 7-5438-1030-1: ¥7.20

G634.8　　021249

中学化学同步疑难解析手册:高三卷/刘凯旋,杨曼华主编.—长沙:湖南出版社,1995.7.—205页;19cm

ISBN 7-5438-1031-X: ¥6.50

G634.8　　021250

中学化学重点难点基点:高中　第三册/杨慧仙等主编;邓星汉分主编.—长沙:湖南师范大学出版社,1995.7.—244页;19cm

高中三年级用

ISBN 7-81031-435-1: ¥6.20

G634.8　　021251

重点高中化学导读/王元莹等编.—修订本.—上海:上海科学技术文献出版社,1995.6.—479页;19cm

ISBN 7-5439-482-0: ¥13.00

G634.8　　021252

重点中学初中化学导读/高清主编;钟煜等编写.—上海:上海科学技术文献出版社,1995.9.—337页;19cm

ISBN 7-5439-0807-7: ¥9.40

G634.8　　021253

周期表之谜/许斌编著.—太原:山西教育出版社,1995.10.—120页;19cm.—(中学课外天地丛书·化学系列;10/张嘉同主编)

ISBN 7-5440-0585-2: ¥5.20

G634.8　021254

最新全国初中毕业升学化学试题精选和解答/石连根,于秀芝主编;李长春,邱雪飞编.—长春:长春出版社,1995.10.—228页;19cm

ISBN 7-80604-378-0: ¥7.50

G634.8-61　021255

高中化学解题辞典:基础部分/孙元清主编.—广州:广东教育出版社,1995.3.—532页;19cm

ISBN 7-5406-2845-6: ¥14.10

G634.8-62　021256

初中生化学手册/沈鑫甫,朱嘉泰主编;刘家欣等编.—北京:中国大百科全书出版社,1995.11.—492页;13cm.—(初中生系列工具书)

ISBN 7-5000-5453-X: ¥7.10

G634.8-62　021257

中学化学实验手册/张多霞主编.—广州:广东教育出版社,1995.7.—444页;20cm

ISBN 7-5406-2810-3: ¥11.85

G634.8-62　021258

中学化学同步疑难解析手册:高一卷/刘凯旋,杨曼华主编.—长沙:湖南出版社,1995.7.—216页;19cm

ISBN 7-5438-1029-8: ¥6.80

G634.91 生物

G634.91　021259

1996年中考生物模拟题/辽宁教育出版社编.—沈阳:辽宁教育出版社,1995.11.—247页;19cm

ISBN 7-5382-2313-4: ¥5.40

G634.91　021260

初一生物基础训练/福州教育学院编.—北京:中国社会出版社,1995.9.—67页;26cm

初中单科结业考试用书

ISBN 7-80088-729-4: ¥3.70

G634.91　021261

初中生物单元测验期中期末试卷集:二年级下学期/《初中生物单元测验期中期末试卷集》编写组编.—南昌:江西教育出版社,1995.12.—1册;26cm

ISBN 7-5392-2332-4: ¥1.85

G634.91　021262

初中生物单元测验期中期末试卷集:一年级下学期/《初中生物单元测验期中期末试卷集》编写组编.—南昌:江西教育出版社,1995.12.—40页;26cm

ISBN 7-5392-2330-8: ¥2.00

G634.91　021263

初中生物单元试卷集/莫默编.—南宁:广西教育出版社,1995.5.—44页;26cm.—(初中各科单元试卷集丛书)

一年级上学期用

ISBN 7-5435-2163-6: ¥1.65

G634.91　021264

初中生物单元试卷集/宋杰编.—南宁:广西教育出版社,1995.11.—68页;26cm.—(初中各科单元试卷集丛书)

二年级下学期用

ISBN 7-5435-2343-4: ¥3.55

G634.91　021265

初中生物单元试卷集/秦雄编.—南宁:广西教育出版社,1995.5.—46页;26cm.—(初中各科单元试卷集丛书)

二年级上学期用

ISBN 7-5435-2164-4: ¥1.75

G634.91　021266

初中生物第二册单元检测试卷/初中单元检测试卷编写组编.—太原:山西教育出版社,1995.5.—59页;26cm

ISBN 7-5440-0506-2: ¥1.80

G634.91　021267

初中生物第一册单元检测试卷　(上)/初中单元检测度卷编写组编.—太原:山西教育出版社,1995.5.—24页;26cm

初中第一学期用

ISBN 7-5440-0317-5: ¥1.00

G634.91　021268

初中生物基础知识和训练/楚秉编.—2版(新编本).—广州:广东科技出版社,1995.12.—179页;19cm

ISBN 7-5359-1443-8: ¥5.00

G634.91　021269

初中生物练习册:二年级上学期/江西省教委教研室编.—南昌:江西教育出版社,1995.7.—111页;19cm

ISBN 7-5392-2018-X: ¥1.60

G634.91　021270

初中生物练习册:二年级下学期/江西省教委教研室编.—南昌:江西教育出版社,1995.12.—77页;19cm

ISBN 7-5392-2494-0: ¥1.55

G634.91　021271

初中生物练习册:一年级上学期/江西省教委教研室编.—南昌:江西教育出版社,1995.7.—84页;19cm

ISBN 7-5392-2015-5: ¥1.30

G634.91　021272

初中生物练习册:一年级下学期/《初中生物练习册》编写组编.—南昌:江西教育出版社,1995.12.—111页;19cm

ISBN 7-5392-2486-X: ¥2.05

G634.91　021273

初中生物实验报告　第一册(上)/张晋英编.—太原:山西教育出版社,1995.5.—25页;13×19cm

ISBN 7-80578-023-4: ¥1.10

G634.91　021274

初中生物试卷:二年级上学期/《初中生物试卷》编写组编.—3版.—南京:江苏教育出版社,1995.6.—10页;26×38cm

ISBN 7-5343-1768-1: ¥1.60

G634.91　021275

初中生物试卷:一年级上学期/《初中生物试卷》编写组编.—3版.—南京:江苏教育出版社,1995.6.—8

页;26×37cm

ISBN 7-5343-1822-X: ¥1.45

G634.91 021276

初中生物习题集/山东省教学研究室编.—济南:山东教育出版社,1995.12.—146页;26×19cm

三年级用

¥7.05

G634.91 021277

高级中学课本生物全一册(必修)学习指导/《学习指导》编写组编.—2版.—重庆:重庆出版社;北京:人民教育出版社,1995.7.—177页;19cm

ISBN 7-5366-2918-4: ¥3.10

G634.91 021278

高中毕业会考《生物》复习指导书/《高中毕业会考<生物>复习指导书》编写组编.—广州:广东高等教育出版社,1995.12.—194页;19cm

高中二年级试用

ISBN 7-5361-1829-5: ¥6.50

G634.91 021279

高中生物补充教材:必修　全一册/天津市教育教学研究室编.—3版.—天津:天津教育出版社,1995.6.—135页;26cm

ISBN 7-5309-1483-9: ¥3.85

G634.91 021280

高中生物单元测验期中期末试卷集:一年级下学期/《单元测验期中期末试卷集》编写组编.—南昌:江西教育出版社,1995.12.—59页;26cm

ISBN 7-5392-2580-7: ¥2.75

G634.91 021281

高中生物练习册:一年级上学期/《高中生物练习册》编写组编.—南昌:江西教育出版社,1995.7.—73页;19cm

ISBN 7-5392-1975-0: ¥1.20

G634.91 021282

高中生物全一册单元检测试卷/高中单元检测试卷编写组编.—太原:山西教育出版社,1995.5.—72页;26cm

ISBN 7-5440-0318-3: ¥2.10

G634.91 021283

高中生物实验报告册/河南省教育委员会编.—北京:科学出版社,1995.6.—11页;26cm

ISBN 7-03-003088-5: ¥0.64

G634.91 021284

高中生物实验报告册/河南省教育委员会编.—北京:科学出版社,1995.5.—11页;26cm

ISBN 7-03-003088-5: ¥0.85

G634.91 021285

高中生物试卷:上学期/《高中生物试卷》编写组编.—3版.—南京:江苏教育出版社,1995.6.—16页;26×37cm

ISBN 7-5343-1782-7: ¥1.80

G634.91 021286

高中生物学常见错误答案解析/张文华主编.—上海:百家出版社,1995.1.—178页;19cm

ISBN 7-80576-521-9: ¥5.00

G634.91 021287

九年义务教育初级中学初一生物学单元测试卷:上学期/测试卷编写组编.—2版.—沈阳:辽宁教育出版社,1995.5.—48页;26cm

ISBN 7-5382-3466-7: ¥2.10

G634.91 021288

九年义务教育初级中学生物达标测试卷　第一册(下)/程洪昌编.—2版.—石家庄:河北教育出版社,1995.11.—72页;26×38cm

ISBN 7-5434-2268-9: ¥2.70

G634.91 021289

九年义务教育初级中学生物第一册(下)单元检测/史鸿云编.—2版.—石家庄:河北教育出版社,1995.11.—64页;26cm

ISBN 7-5434-2293-X: ¥2.45

G634.91 021290

九年义务教育初中二年级下学期生物测试卷/《中小学各科测试卷》编委会编.—3版.—武汉:湖北教育出版社,1995.11.—18页;26×38cm

ISBN 7-5351-1661-2: ¥1.80

G634.91 021291

九年义务教育初中生物单元试卷集/秦雄,芝桂编.—南宁:广西教育出版社,1995.11.—68页;26cm.—(初中各科单元试卷集丛书)

一年级下学期用

ISBN 7-5435-2342-6: ¥3.55

G634.91 021292

九年义务教育初中生物第二册课程辅导与训练/《课程辅导与训练》编写组编.—西安:陕西人民教育出版社,1995.5.—159页;19cm

二年级全学年用

ISBN 7-5419-5665-1: ¥2.90

G634.91 021293

九年义务教育初中一年级下学期生物测试卷/《中小学各科测试卷》编委会编.—武汉:湖北教育出版社,1995.11.—20页;26×38cm

ISBN 7-5351-1301-X: ¥1.90

G634.91 021294

九年义务教育三年制初级中学生物达标练习/《达标练习》编写组编.—长沙:湖南教育出版社,1995.6.—82页;19cm

供初中二年级上学期用

ISBN 7-5355-2171-1: ¥1.95

G634.91 021295

九年义务教育三年制初级中学生物达标练习/《达标练习》编写组编.—长沙:湖南教育出版社,1995.6.—124页;19cm

供初中一年级上学期用

ISBN 7-5355-2165-7: ¥2.75

G634.91 021296

九年义务教育三年制初级中学生物达标练习/《达标练习》编写组编.—长沙:湖南教育出版社,1995.12.—118页;19cm

供初中一年级下学期用
ISBN 7-5355-2349-8:¥2.80

G634.91　021297
九年义务教育三年制初级中学生物达标练习/《达标练习》编写组编.—长沙:湖南教育出版社,1995.12.—65页;19cm
供初中二年级下学期用
ISBN 7-5355-2345-5:¥1.70

G634.91　021298
九年义务教育三年制初级中学生物第二册学生实验册/广东省教育厅编.—2版.—广州:广东科技出版社,1995.7.—23页;26cm
ISBN 7-5359-1315-6:¥1.70

G634.91　021299
九年义务教育三年制初级中学实验课本生物实验报告册　第一册(下)/江苏省教育委员会教研室编.—南京:江苏科学技术出版社,1995.12.—37页;26cm
ISBN 7-5345-2047-9:¥3.00

G634.91　021300
九年义务教育三年制初中生物补充教材　第一册(上)/天津市教育教学研究室编.—2版.—天津:天津教育出版社,1995.6.—84页;26cm
ISBN 7-5309-1797-8:¥2.75

G634.91　021301
九年义务教育四年制初级中学生物基础训练　第三册/樊庆义等编写.—济南:山东教育出版社,1995.5.—169页;19cm
人教版 三年级用
ISBN 7-5328-2181-1:¥2.80

G634.91　021302
九年义务教育四年制初级中学生物基础训练　第一册/刘育民编写.—济南:山东教育出版社,1995.5.—120页;19cm
人教版 一年级用
ISBN 7-5328-2182-X:¥2.00

G634.91　021303
九年义务教育四年制初级中学生物基础训练:人教版　第二册/马玉兰等编写.—济南:山东教育出版社,1995.5.—207页;19cm
二年级用
ISBN 7-5328-2179-X:¥3.25

G634.91　021304
九年义务教育四年制初级中学生物实验报告册　第二册:北师大版/山东省教学研究室编.—济南:山东教育出版社,1995.4.—27页;26cm
ISBN 7-5328-2153-6:¥1.20

G634.91　021305
九年义务教育四年制初级中学生物实验报告册　第三册:北师大版/山东省教学研究室编.—济南:山东教育出版社,1995.4.—17页;26cm
ISBN 7-5328-2154-4:¥1.00

G634.91　021306
九年义务教育四年制初级中学生物实验报告册　第一册:北师大版/山东省教学研究室编.—济南:山东教育出版社,1995.5.—19页;26cm
ISBN 7-5328-2152-8:¥1.00

G634.91　021307
九年义务教育四年制初中二年级上学期生物基础同步练习/《生物基础同步练习》编写组编.—北京:科学出版社:龙门书局,1995.6.—123页;19cm
配合北师大版教材
ISBN 7-03-004854-7:¥3.00

G634.91　021308
九年义务教育四年制初中三年级上学期生物基础同步练习/《生物基础同步练习》编写组编.—北京:科学出版社:龙门书局,1995.8.—124页;19cm
配合北师大版教材
ISBN 7-03-004979-9:¥3.00

G634.91　021309
九年义务教育四年制初中一年级上学期生物基础同步练习/《生物基础同步练习》编写组编.—北京:科学出版社:龙门书局,1995.6.—140页;19cm
配合北师大版教材
ISBN 7-03-004852-9:¥3.40

G634.91　021310
生物/吕华主编;王绍中等编.—合肥:安徽教育出版社,1995.2.—333页;19cm
中等师范学校选修教材:试用本
ISBN 7-5336-1682-0:¥6.50

G634.91　021311
生物/上海中小学课程教材改革委员会编.—2版.—上海:上海科学技术出版社,1995.7.—118页;26cm
九年制义务教育课本:试用本 七年级第一学期用
ISBN 7-5323-3862-2:¥2.70

G634.91　021312
生物/戴冰青等编写.—银川:宁夏人民教育出版社,1995.5.—82页:照片;19cm
宁夏回族自治区中学乡土教材
ISBN 7-80596-137-9:¥1.35

G634.91　021313
生物/胡人亮主编.—2版.—上海:上海科学技术出版社,1995.12.—150页;26cm
九年义务教育课本:试用本 七年级第二学期用
ISBN 7-5323-4119-4:¥6.05

G634.91　021314
生物　第一册(上)/江苏省教育委员会教研室编.—南京:江苏科学技术出版社,1995.6.—99页:照片;26cm
九年义务教育初级中学教科书:实验本
ISBN 7-5345-1933-0:¥6.70

G634.91　021315
生物　第一册(下)/徐祥生,曹惠玲主编;江苏省教育委员会教研室编.—南京:江苏科学技术出版社,1995.12.—81页;26cm
九年义务教育三年制初级中学实验课本
ISBN 7-5345-2029-0:¥6.20

G634.91　021316

生物课外作业:初中二年级　第二册/湖北省教学研究室编.—武汉:湖北教育出版社,1995.5.—117页;19cm.—(中学教学目标评价及课外作业丛书)
ISBN 7-5351-1796-1:¥2.15

G634.91　021317
生物课外作业:初中一年级　第一册(上)/湖北省教学研究室编.—武汉:湖北教育出版社,1995.5.—71页;19cm.—(中学教学目标评价及课外作业丛书)
ISBN 7-5351-1795-3:¥1.45

G634.91　021318
生物课外作业:初中一年级　第一册(下)/湖北省教学研究室编.—武汉:湖北教育出版社,1995.10.—116页;19cm.—(中学教学目标评价及课外作业丛书)
ISBN 7-5351-1867-4:¥2.60

G634.91　021319
生物课外作业:高中二年级　全一册/湖北省教学研究室编.—武汉:湖北教育出版社,1995.6.—131页;19cm.—(中学教学目标评价及课外作业丛书)
ISBN 7-5351-1800-3:¥2.40

G634.91　021320
生物练习册/上海中小学课程教材改革委员会编.—2版.—上海:上海科学技术出版社,1995.6.—45页;19cm
七年级第一学期用
ISBN 7-5323-3863-0:¥0.75

G634.91　021321
生物练习册/上海中小学课程教材改革委员会编.—2版.—上海:上海科学技术出版社,1995.12.—52页;19cm
七年级第二学期用
ISBN 7-5323-4130-5:¥1.25

G634.91　021322
生物实验报告册　第一册(上)/江苏省教育委员会教研室编.—南京:江苏科学技术出版社,1995.6.—45页;26cm
九年义务教育初级中学教科书:实验本
ISBN 7-5345-1950-0:¥2.35

G634.91　021323
生物学　第一册(上)/祁乃成等主编.—北京:北京出版社,1995.6.—64页;26cm
北京市九年义务教育初级中学教科书:实验本
ISBN 7-200-02704-9:¥4.00

G634.91　021324
四年制初中二年级第二学期生物基础练习/王永惠编写.—北京:华文出版社,1995.12.—137页;19cm
ISBN 7-5075-0502-2:¥3.60

G634.91　021325
探究蛙蛇/《探究蛙蛇》编写组编.—上海:上海教育出版社,1995.8.—148页;18×10cm.—(中小学生生物科技活动指导书)
ISBN 7-5320-3869-6:¥3.60

G634.91　021326
新编初中生物单元自测:二年级上学期/《新编初中生物单元自测》编写组编.—南昌:江西教育出版社,1995.7.—39页;26cm
ISBN 7-5392-2026-0:¥1.55

G634.91　021327
新编初中生物单元自测:一年级上学期/《新编初中生物单元自测》编写组编.—南昌:江西教育出版社,1995.7.—51页;26cm
ISBN 7-5392-2025-2:¥1.90

G634.91　021328
新编高中生物单元自测:一年级上学期/《新编高中生物单元自测》编写组编.—南昌:江西教育出版社,1995.7.—63页;26cm
ISBN 7-5392-2024-4:¥2.20

G634.91　021329
义务教育三年制初级中学课本(实验本)生物实验报告册　第二册/秦浩然,马魁英编.—郑州:河南教育出版社,1995.10.—36页;19×26cm
ISBN 7-5347-1809-0:¥1.70

G634.91　021330
义务教育三年制初级中学课本(实验本)生物实验报告册　第三册/秦浩然,马魁英编著.—郑州:河南教育出版社,1995.5.—33页;26cm
ISBN 7-5347-1767-1:¥1.25

G634.91　021331
义务教育三年制初级中学课本(实验本)生物实验报告册　第三册/秦浩然,马魁英编著.—2版.—郑州:河南教育出版社,1995.5.—33页;26cm
ISBN 7-5347-1767-1:¥1.70

G634.91　021332
义务教育三年制初级中学课本(实验本)生物实验报告册　第四册/秦浩然,马魁英编.—郑州:河南教育出版社,1995.10.—32页;19×26cm
ISBN 7-5347-1810-4:¥1.55

G634.91　021333
义务教育三年制初级中学课本(实验本)生物实验报告册　第一册/秦浩然,马魁英编著.—郑州:河南教育出版社,1995.5.—39页;26cm
ISBN 7-5347-1764-7:¥1.40

G634.91　021334
义务教育三年制初级中学生物第一册(下)学生实验册/广东省教育厅编.—2版.—广州:广东科技出版社,1995.1.—37页;26cm
ISBN 7-5359-1233-8:¥1.70

G634.91　021335
义务教育三年制初中生物　第一册(上)/朱朝书等编.—2版.—沈阳:辽宁教育出版社,1995.5.—203页;19cm.—(中学生学习指导丛书)
ISBN 7-5382-2123-9:¥4.10

G634.91　021336
掌握生物　第二册(上)/《初中学生课堂学习用书》编委会编.—长沙:湖南教育出版社,1995.6.—53页;26cm
义务教育三年制初中:人教版 初中学生课堂学习用书 供二年级第一学期使用
ISBN 7-5355-2194-0:¥2.50

G634.91　021337
掌握生物　第一册(上)/《初中学生课堂学习用书》编委会编.—长沙:湖南教育出版社,1995.6.—78 页;26cm
义务教育三年制初中:人教版 初中学生课堂学习用书 供一年级第一学期使用
ISBN 7-5355-2185-1:¥3.40

G634.91　021338
植物与种植　上册/张才龙,葛敖川主编.—上海:华东理工大学出版社,1995.6.—186 页;19cm
ISBN 7-5628-0557-1:¥5.40

G634.91　021339
中学生物学奥林匹克竞赛辅导/吴相钰等编译.—长沙:湖南教育出版社,1995.6.—570 页;20cm
ISBN 7-5355-2109-6:¥14.80

G634.91　021340
中学生物重点难点基点　全一册:必修/汪古逊主编;郭子霞,梁瑞志分主编.—长沙:湖南师范大学出版社,1995.11.—323 页;19cm
ISBN 7-81031-458-0:¥9.50

G634.91　021341
中学生物重点难点基点:初中　第二册/汪古逊主编;李希圣,郑志宏分册主编.—长沙:湖南师范大学出版社,1995.11.—282 页;19cm
ISBN 7-81031-457-2:¥8.50

G634.91-62　021342
初中生生物手册/齐文耀,温鹏主编;刘又安等编.—北京:中国大百科全书出版社,1995.11.—504 页;13cm.—(初中生系列工具书)
ISBN 7-5000-5449-1:¥7.30

G634.92 生理、卫生

G634.92　021343
初级中学健康教育　第三册/张伯源主编.—北京:北京大学出版社,1995.6.—72 页;19cm
ISBN 7-301-02860-1:¥2.95

G634.92　021344
初级中学健康教育　第三册/贵州省教育委员会编.—贵阳:贵州教育出版社,1995.6.—45 页;19cm
九年制义务教育三年制中学试用课本
ISBN 7-80583-700-7:¥1.00

G634.92　021345
初级中学健康教育　第五册/张伯源主编.—北京:北京大学出版社,1995.5.—68 页;19cm
ISBN 7-301-02861-X:¥2.80

G634.92　021346
初级中学健康教育　第一册/张伯源主编.—北京:北京大学出版社,1995.6.—72 页;19cm
ISBN 7-301-02855-5:¥2.95

G634.92　021347
健康教育:初中分册/王杏英主编;江苏省中小学《健康教育》编写组编.—南京:江苏少年儿童出版社,1995.6.—95 页;20cm
九年义务教育中学课本:实验本
ISBN 7-5346-1333-7:¥3.00

G634.92　021348
健康教育:三年级　全一册/山东省教学研究室编.—济南:山东科学技术出版社,1995.3.—127 页;19cm
义务教育山东省初级中学试用课本
ISBN 7-5331-1550-3:¥1.50

G634.92　021349
青春期教育读本/张寄文,李兆源主编.—上海:百家出版社,1995.3.—142 页;19cm
ISBN 7-80576-485-9:¥3.80

G634.92　021350
青春期教育读本/《青春期教育读本》编写组编.—福州:福建人民出版社,1995.7.—128 页:彩图;20cm
九年义务教育三年制初级中学试用课本
ISBN 7-211-02517-4:¥2.75

G634.92　021351
医学初步/上海中小学课程教材改革委员会编.—上海:上海科学技术出版社,1995.6.—116 页;19cm
高级中学选修课本:试用本 供高中一、二年级用
ISBN 7-5323-3968-8:¥2.25

G634.92　021352
中学健康教育:初中二年级/《中学健康教育》编写组编.—2 版.—成都:四川教育出版社,1995.7.—60 页;19cm
ISBN 7-5408-1362-8:¥1.40

G634.92　021353
中学健康教育:初中三年级/《中学健康教育》编写组编.—成都:四川教育出版社,1995.7.—44 页;19cm
ISBN 7-5408-2726-2:¥1.05

G634.92　021354
中学健康教育:初中一年级/《中学健康教育》编写组编.—3 版.—成都:四川教育出版社,1995.7.—64 页;19cm
ISBN 7-5408-1361-X:¥1.58

G634.92-62　021355
中小学生运动保健指南/李珍妮主编.—广州:广东人民出版社,1995.12.—136 页;19cm
ISBN 7-218-01814-9:¥4.80

G634.93 专业技术知识

G634.93　021356
棒针和钩针编织/北京市教育局编.—北京:首都师范大学出版社,1995.8.—48 页;26cm
北京市中学劳动技术课试用教材
ISBN 7-81039-578-5:¥3.80

G634.93　021357
初中劳动技术:二年级:城市版/江西省教委教研室编.—南昌:江西教育出版社,1995.7.—157 页;19cm
江西省初级中学课本:试用

ISBN 7-5392-2010-4：￥2.00

G634.93　**021358**

初中劳动技术教材：综合本：三年级下学期/江苏省《初中劳动技术教材》编写组编.—南京：江苏教育出版社，1995.12.—48页；26cm

ISBN 7-5343-2620-6：￥2.65

G634.93　**021359**

初中劳动技术教材：综合本：二年级下学期/江苏省《初中劳动技术教材》编写组编.—南京：江苏教育出版社，1995.12.—71页；26cm

ISBN 7-5343-2619-2：￥3.45

G634.93　**021360**

初中劳动技术教材：综合本：三年级上学期/江苏省《初中劳动技术教材》编写组编 .—南京：江苏教育出版社，1995.6.—55页；26cm

ISBN 7-5343-2345-2：￥2.20

G634.93　**021361**

初中劳动技术教材：综合本：一年级上学期/江苏省《初中劳动技术教材》编写组编.—南京：江苏教育出版社，1995.6.—95页；26cm

ISBN 7-5343-2343-6：￥3.20

G634.93　**021362**

初中劳动技术教材：综合本：一年级下学期/江苏省《初中劳动技术教材》编写组编.—南京：江苏教育出版社，1995.12.—44页；26cm

ISBN 7-5343-2618-4：￥2.55

G634.93　**021363**

初中劳动技术教材综合本：二年级上学期/江苏省《初中劳动技术教材》编写组编.—南京：江苏教育出版社，1995.6.—72页；26cm

ISBN 7-5343-2344-4：￥2.75

G634.93　**021364**

大田作物栽培/杨玉民主编；北京市教育局编.—北京：首都师范大学出版社，1995.7.—132页；19cm

北京市中学劳动技术课试用教材

ISBN 7-81039-576-9：￥2.80

G634.93　**021365**

电工技术：初中二年级　全一册/广西壮族自治区中学技术课教材编写组编.—2版.—南宁：广西教育出版社，1995.5.—76页；19cm

中学劳动技术课教材

ISBN 7-5435-0303-4：￥1.10

G634.93　**021366**

电子技术/福建省普通教育教学研究室编.—福州：福建人民出版社，1995.7.—83页；19cm

福建省高中劳动技术课试用教材

ISBN 7-211-02509-3：￥1.70

G634.93　**021367**

服装裁剪和缝纫/杨玉民主编；北京市教育局编.—北京：首都师范大学出版社，1995.8.—156页；19cm

北京市中学劳动技术课试用教材

ISBN 7-81039-591-2：￥3.20

G634.93　**021368**

工艺制作/北京市教育局编.—北京：首都师范大学出版社，1995.7.—44页；26cm

北京市中学劳动技术课试用教材

ISBN 7-81039-577-7：￥3.60

G634.93　**021369**

果树栽培技术/中学劳动技术课本编写组编.—修订本.—西安：陕西人民教育出版社，1995.5.—160页；19cm

全日制中学劳动技术课试用课本

ISBN 7-5419-4593-5：￥2.80

G634.93　**021370**

果树栽培与造林技术：初中二年级　全一册/广西壮族自治区中学技术课教材编写组编.—2版.—南宁：广西教育出版社，1995.5.—81页；19cm

中学劳动技术课教材

ISBN 7-5435-0234-8：￥1.20

G634.93　**021371**

花卉栽培与盆景制作/中学劳动技术课本编写组编.—2版(修订本).—西安：陕西人民教育出版社，1995.5.—142页；19cm

全日制中学劳动技术课试用课本

ISBN 7-5419-4572-2：￥2.60

G634.93　**021372**

环境保护/上海中小学课程教材改革委员会编.—上海：上海科学技术出版社，1995.6.—68页；19cm

高级中学选修课本：试用本 供高中一、二年级用

ISBN 7-5323-3897-5：￥1.40

G634.93　**021373**

环境教育课外读本：初中分册/《环境教育课外读本》编写组编.—北京：中国环境科学出版社，1995.8.—136页；19cm

ISBN 7-80093-815-8：￥5.00

G634.93　**021374**

环境教育课外读本：高中分册/张振钿主编；《环境教育课外读本》编写组编.—北京：中国环境科学出版社，1995.8.—142页；19cm

ISBN 7-80093-827-1：￥5.00

G634.93　**021375**

家用电器/福建省普通教育教学研究室编.—福州：福建人民出版社，1995.7.—87页；19cm

福建省高中劳动技术课试用教材

ISBN 7-211-02510-7：￥1.65

G634.93　**021376**

家政：初中三年级　全一册/徐飞编写.—2版.—南宁：广西教育出版社，1995.5.—70页；19cm

广西中学劳动技术课教材

ISBN 7-5435-2245-4：￥0.86

G634.93　**021377**

军事/陈连翥主编.—北京：军事谊文出版社，1995.8.—200页；19cm

河北省高级中学军事课教材 内部发行

￥5.50

G634.93　**021378**

劳动技术　第二册/山东省教学研究室编.—济南：山东科学技术出版社，1995.3.—178页；26cm

山东省高级中学课本
ISBN 7-5331-1552-X:￥3.96

G634.93 021379

劳动技术　第二册/福建省普通教育教学研究室编.—福州:福建人民出版社,1995.7.—144页;19cm
福建省初中试用乡土教材:农村版
ISBN 7-211-02496-8:￥2.60

G634.93 021380

劳动技术　第二册/福建省普通教育教学研究室编.—福州:福建人民出版社,1995.7.—150页;19cm
福建省初中试用乡土教材:城市版
ISBN 7-211-02505-0:￥2.65

G634.93 021381

劳动技术　第二册/武汉市劳动技术教材编委会编.—4版.—武汉:武汉出版社,1995.12.—123页;26cm
武汉市初级中学试用教材
ISBN 7-5430-1456-4:￥5.20

G634.93 021382

劳动技术　第三册/山东省教学研究室编.—济南:山东科学技术出版社,1995.3.—199页;26cm
义务教育山东省三年制初级中学课本
ISBN 7-5331-1559-7:￥4.60

G634.93 021383

劳动技术　第三册/福建省普通教育教学研究室编.—福州:福建人民出版社,1995.7.—116页;19cm
福建省初中试用乡土教材:农村版
ISBN 7-211-02461-5:￥2.10

G634.93 021384

劳动技术　第三册/福建省普通教育教学研究室编.—福州:福建人民出版社,1995.7.—106页;19cm
福建省初中试用乡土教材:城市版
ISBN 7-211-02473-9:￥1.90

G634.93 021385

劳动技术　第三册/武汉市劳动技术教材编委会编.—4版.—武汉:武汉出版社,1995.6.—94页;26cm
初级中学试用教材
ISBN 7-5430-0332-5:￥3.40

G634.93 021386

劳动技术　第四册/武汉市劳动技术教材编委会编.—4版.—武汉:武汉出版社,1995.12.—104页;26cm
武汉市初级中学试用教材
ISBN 7-5430-1457-2:￥4.70

G634.93 021387

劳动技术　第一册/福建省普通教育教学研究室编.—福州:福建人民出版社,1995.6.—149页;19cm
福建省初中试用乡土教材:农村版
ISBN 7-211-02436-4:￥2.65

G634.93 021388

劳动技术　第一册/武汉市劳动技术教材编委会编.—4版.—武汉:武汉出版社,1995.6.—95页;26cm
初级中学试用教材
ISBN 7-5430-0331-7:￥3.40

G634.93 021389

劳动技术　全一册/黑龙江省教育学院编.—2版.—哈尔滨:黑龙江教育出版社,1995.5.—225页;19cm
义务教育黑龙江省初级中学试用教材:农村版
ISBN 7-5316-1342-5:￥3.90

G634.93 021390

劳动技术　全一册/黑龙江省教育学院编.—2版.—哈尔滨:黑龙江教育出版社,1995.5.—257页;19cm
义务教育黑龙江省初级中学试用教材:城市版
ISBN 7-5316-1343-3:￥4.15

G634.93 021391

劳动技术:城市版　第一册/福建省普通教育教学研究室编.—福州:福建人民出版社,1995.6.—122页;19cm
福建省初中试用乡土教材
ISBN 7-211-02475-5:￥2.15

G634.93 021392

劳动技术:初三　全一册/武汉市劳动技术教材编委会编.—4版.—武汉:武汉出版社,1995.6.—124页;26cm
初级中学试用教材
ISBN 7-5430-0333-3:￥4.20

G634.93 021393

劳动技术:淡季蔬菜栽培:一年级下学期/江西省教育科学研究所编.—南昌:江西科学技术出版社,1995.10.—111页;19cm
江西省高级中学课本:试用
ISBN 7-5390-0970-5:￥2.70

G634.93 021394

劳动技术:电动机的使用和维修:三年级上学期/江西省教育科学研究所编.—南昌:江西教育出版社,1995.7.—184页;19cm
江西省高级中学课本:试用
ISBN 7-5392-2295-6:￥2.35

G634.93 021395

劳动技术:电子技术/湖南省中学《劳动技术》、小学《劳动》编写委员会编.—长沙:湖南教育出版社,1995.6.—60页;26cm
湖南省九年义务教育初级中学课本:实验本
ISBN 7-5355-2102-9:￥2.00

G634.93 021396

劳动技术:电子制作:三年级下学期/江西省教育科学研究所编.—南昌:江西科学技术出版社,1995.10.—119页;19cm
江西省高级中学课本:试用
ISBN 7-5390-0972-1:￥2.85

G634.93 021397

劳动技术:二年级/江西省教育科学研究所编.—南昌:江西教育出版社,1995.7.—172页;19cm
江西省初级中学课本:试用 供农村中学用
ISBN 7-5392-2009-0:￥2.40

G634.93 021398

劳动技术:缝纫基础/湖南省中学《劳动技术》、小学《劳动》编写委员会编.—长沙:湖南教育出版社,1995.6.—60页;26cm
湖南省九年义务教育初级中学课本:实验本
ISBN 7-5355-2098-7:¥2.00

G634.93　　**021399**
劳动技术:观赏园艺:一年级下学期/江西省教育科学研究所编.—南昌:江西科学技术出版社,1995.10.—152页;19cm
江西省高级中学课本:试用
ISBN 7-5390-0969-1:¥3.50

G634.93　　**021400**
劳动技术:家用电工/湖南省中学《劳动技术》、小学《劳动》编写委员会编.—长沙:湖南教育出版社,1995.6.—60页;26cm
湖南省九年义务教育初级中学课本:实验本
ISBN 7-5355-2101-0:¥2.00

G634.93　　**021401**
劳动技术:简易木工/湖南省中学《劳动技术》、小学《劳动》编写委员会编.—长沙:湖南教育出版社,1995.6.—59页;26cm
湖南省九年义务教育初级中学课本:实验本
ISBN 7-5355-2103-7:¥2.00

G634.93　　**021402**
劳动技术:简易钳工修理:一年级上学期/江西省教育科学研究所编.—南昌:江西教育出版社,1995.7.—81页;19cm
ISBN 7-5392-1789-5:¥1.15

G634.93　　**021403**
劳动技术:三年级/江西省教育科学研究所编.—南昌:江西教育出版社,1995.7.—235页;19cm
江西省初级中学课本:农村版:试用 供农村中学用
ISBN 7-5392-1673-5:¥2.90

G634.93　　**021404**
劳动技术:三年级/江西省教育科学研究所编.—南昌:江西教育出版社,1995.7.—162页;19cm
江西省初级中学课本:城市版
ISBN 7-5392-1672-7:¥2.25

G634.93　　**021405**
劳动技术:食品加工/湖南省中学《劳动技术》、小学《劳动》编写委员会编.—长沙:湖南教育出版社,1995.6.—56页;26cm
湖南省九年义务教育高级中学课本:实验本
ISBN 7-5355-2100-2:¥2.00

G634.93　　**021406**
劳动技术:食用菌栽培:一年级上学期/江西省教委教研室编.—南昌:江西教育出版社,1995.7.—145页;19cm
江西省高级中学课本:试用
ISBN 7-5392-2296-4:¥1.90

G634.93　　**021407**
劳动技术:实用修理技术/湖南省中学《劳动技术》、小学《劳动》编写委员会编.—长沙:湖南教育出版社,1995.6.—60页;26cm
湖南省九年义务教育初级中学课本:实验本
ISBN 7-5355-2097-9:¥2.00

G634.93　　**021408**
劳动技术:饲养技术/湖南省中学《劳动技术》、小学《劳动》编写委员会编.—长沙:湖南教育出版社,1995.6.—59页;26cm
湖南省九年义务教育初级中学课本:实验本
ISBN 7-5355-2099-5:¥2.00

G634.93　　**021409**
劳动技术:特种稻生产:二年级下学期/江西省教育科学研究所编.—南昌:江西科学技术出版社,1995.10.—111页;19cm
江西省高级中学课本:试用
ISBN 7-5390-0971-3:¥2.70

G634.93　　**021410**
劳动技术:特种经济动物饲养:三年级上学期/江西省教委教研室编.—南昌:江西教育出版社,1995.7.—153页;19cm
江西省高级中学课本:试用
ISBN 7-5392-1789-5:¥2.00

G634.93　　**021411**
劳动技术:庭院经济:三年级下学期/江西省教育科学研究所编.—南昌:江西科学技术出版社,1995.10.—102页;19cm
江西省高级中学课本:试用
ISBN 7-5390-0974-8:¥2.55

G634.93　　**021412**
劳动技术:一年级/江西省教育科学研究所编.—南昌:江西教育出版社,1995.7.—138页;19cm
江西省初级中学课本:试用 供城市中学用
ISBN 7-5392-1668-9:¥1.80

G634.93　　**021413**
劳动技术:一年级/江西省教育科学研究所编.—南昌:江西教育出版社,1995.7.—255页;19cm
江西省初级中学课本:试用 供农村中学用
ISBN 7-5392-2252-2:¥2.90

G634.93　　**021414**
劳动技术:园林花卉/湖南省中学《劳动技术》、小学《劳动》编写委员会编.—长沙:湖南教育出版社,1995.6.—60页;26cm
湖南省九年义务教育初级中学课本:实验本
ISBN 7-5355-2104-5:¥2.00

G634.93　　**021415**
劳动技术:作物栽培与良种繁育/湖南省中学《劳动技术》、小学《劳动》编写委员会编.—长沙:湖南教育出版社,1995.6.—60页;26cm
湖南省九年义务教育初级中学课本:实验本
ISBN 7-5355-2096-0:¥2.50

G634.93　　**021416**
劳动技术教育　第二册:城市版/《劳动技术教育》编写组编.—南京:江苏科学技术出版社,1995.6.—207页;19cm
ISBN 7-5345-1949-7:¥5.30

G634.93　　**021417**

劳动技术教育 第二册:农村版/《劳动技术教育》编写组编.—南京:江苏科学技术出版社,1995.6.—119页;19cm
ISBN 7-5345-1940-3:¥3.30

G634.93 021418
劳动技术教育 第一册:城市版/《劳动技术教育》编写组编.—南京:江苏科学技术出版社,1995.6.—200页;19cm
ISBN 7-5345-1947-0:¥5.10

G634.93 021419
劳动技术教育:农村版 第三册/《劳动技术教育》编写组编.—南京:江苏科学技术出版社,1995.6.—99页;19cm
ISBN 7-5345-1941-1:¥2.90

G634.93 021420
绿化庭院 美化家庭/金洪学主编.—北京:首都师范大学出版社,1995.8.—121页;19cm
北京市中学劳动技术课试用教材
ISBN 7-81039-385-5:¥3.00

G634.93 021421
农业机械/福建省普通教育教学研究室编.—福州:福建人民出版社,1995.7.—56页;19cm
福建省高中劳动技术课试用教材
ISBN 7-211-02491-7:¥1.15

G634.93 021422
盆花与盆景/杨玉民主编;北京市教育局编.—北京:首都师范大学出版社,1995.7.—160页;19cm
北京市中学劳动技术课试用教材
ISBN 7-81039-566-1:¥3.40

G634.93 021423
上海市初级中学民防知识读本/上海市教育委员会,上海市民防办公室编.—2版.—上海:上海教育出版社,1995.6.—140页;19cm
ISBN 7-5320-4282-0:¥1.70

G634.93 021424
摄影与冲印:高中二年级 全一册/广西壮族自治区中学技术课教材编写组编.—2版.—南宁:广西教育出版社,1995.5.—75页;19cm
广西中学劳动技术课教材
ISBN 7-5435-0077-9:¥1.20

G634.93 021425
社会经济生活常识/上海中小学课程教材改革委员会编.—上海:华东师范大学出版社,1995.6.—176页;19cm
选修课本 供高中一年级使用
ISBN 7-5617-1359-2:¥2.00

G634.93 021426
实用农业技术课本/中共毕节地委统战部等主编.—贵阳:贵州科技出版社,1995.3.—98页;26cm
贵州省毕节地区农村初级中学及技校教材
ISBN 7-80584-443-7:¥5.00

G634.93 021427
手工制作·编织·刺绣:初一年级下学期/云南省教委教研室编.—昆明:云南教育出版社,1995.1.—70页;26cm
九年义务教育云南省初级中学劳动技术课本:试用
ISBN 7-5415-0879-9:¥1.95

G634.93 021428
水产养殖:高中一年级 全一册/广西壮族自治区中学劳动技术课教材编写组编.—2版.—南宁:广西教育出版社,1995.5.—115页;19cm
广西中学劳动技术课教材
ISBN 7-5435-0277-1:¥1.55

G634.93 021429
微机操作/北京市教育局编.—北京:首都师范大学出版社,1995.8.—80页;26cm
北京市中学劳动技术课试用教材
ISBN 7-81039-589-0:¥3.20

G634.93 021430
小型农机具:初中三年级 全一册/广西壮族自治区中学技术课教材编写组编.—2版.—南宁:广西教育出版社,1995.5.—107页;19cm
中学劳动技术课教材
ISBN 7-5435-0317-4:¥1.45

G634.93 021431
畜禽饲养/中学劳动技术课本编写组编.—修订本.—西安:陕西人民教育出版社,1995.5.—86页;19cm
全日制中学劳动技术课试用课本
ISBN 7-5419-4685-0:¥1.80

G634.93 021432
学本领 会生活:中学生实用劳动技术/北京市东城区劳动技术教育研究会编.—北京:中国铁道出版社,1995.8.—108页;26cm
ISBN 7-113-02124-7:¥6.80

G634.93 021433
英文打字/北京市教育局编.—北京:首都师范大学出版社,1995.8.—52页;26cm
北京市中学劳动技术课试用教材
ISBN 7-81039-583-1:¥2.80

G634.93 021434
粘贴画/金洪学编;王晓威摄.—北京:首都师范大学出版社,1995.8.—48页;14×19cm
北京市中学劳动技术课试用教材
ISBN 7-81039-587-4:¥5.50

G634.93 021435
制图/福建省普通教育教学研究室编.—福州:福建人民出版社,1995.8.—62页;26cm
福建省高中劳动技术课试用教材
ISBN 7-211-02506-9:¥2.35

G634.93 021436
制图练习册/福建省普通教育教学研究室编.—福州:福建人民出版社,1995.7.—36页;19×26cm
福建省高中劳动技术课试用教材
ISBN 7-211-02497-6:¥1.55

G634.93 021437
种养及其产品加工/于发 主编.—桂林:广西师范大学出版社,1995.8.—1册;19cm

中小学职业技术试用教材
ISBN 7-5633-2076-8:¥12.80

G634.93　　021438
自行车保养与维修/杨玉民主编;北京市教育局编.—北京:首都师范大学出版社,1995.7.—132页;19cm
北京市中学劳动技术课试用教材
ISBN 7-81039-574-2:¥2.60

G634.93　　021439
作物栽培基础知识与技术/中学劳动技术课本编写组编.—修订本.—西安:陕西人民教育出版社,1995.5.—196页;19cm
全日制中学劳动技术课试用课本
ISBN 7-5419-0447-3:¥3.40

①G634.93②TM-49　　021440
电子技术/云南省教育委员会教研室编.—昆明:云南教育出版社,1995.6.—65页;26cm
云南省高级中学技术课本:试用
ISBN 7-5415-1021-1:¥2.10

①G634.93②TM-49　　021441
电子技术/云南省教育委员会教研室编.—昆明:云南教育出版社,1995.6.—65页;26cm
云南省高级中学技术课本:试用
ISBN 7-5415-1021-1:¥2.10

①G634.93②TM-49　　021442
电子技术/云南省教育委员会教研室编.—昆明:云南教育出版社,1995.6.—65页;26cm
云南省高级中学技术课本:试用
ISBN 7-5415-1021-1:¥2.10

①G634.93②TM-49　　021443
电子技术/云南省教育委员会教研室编.—昆明:云南教育出版社,1995.6.—65页;26cm
云南省高级中学技术课本:试用
ISBN 7-5415-1021-1:¥2.10

①G634.93②TM-49　　021444
电子技术/云南省教育委员会教研室编.—昆明:云南教育出版社,1995.6.—65页;26cm
云南省高级中学技术课本:试用
ISBN 7-5415-1021-1:¥2.10

①G634.93②TM-49　　021445
电子技术/云南省教育委员会教研室编.—昆明:云南教育出版社,1995.6.—65页;26cm
云南省高级中学技术课本:试用
ISBN 7-5415-1021-1:¥2.10

①G634.93②TM-49　　021446
电子技术/云南省教育委员会教研室编.—昆明:云南教育出版社,1995.6.—65页;26cm
云南省高级中学技术课本:试用
ISBN 7-5415-1021-1:¥2.10

①G634.93②TM-49　　021447
电子技术/云南省教育委员会教研室编.—昆明:云南教育出版社,1995.6.—65页;26cm
云南省高级中学技术课本:试用
ISBN 7-5415-1021-1:¥2.10

G634.95 音乐、美术

G634.95　　021448
影视辅导/上海中小学课程教材改革委员会办公室编.—上海:上海科学技术出版社,1995.6.—82页;19cm
九年制义务教育选修课本:试用本 供八、九年级使用
ISBN 7-5323-3880-0:¥1.60

G634.951　　021449
唱唱跳跳玩玩:律动、集体舞、歌表演精品/上海音乐出版社青少年读物编辑室编.—上海:上海音乐出版社,1995.5.—130页;23×19cm.—(多来咪系列丛书/李丹芬主编)
ISBN 7-80553-544-2:¥7.90

G634.951　　021450
音乐/云南省教育委员会教研室编.—昆明:云南教育出版社,1995.7.—72页;26cm
云南省初级中学乡土教材
ISBN 7-5415-1045-9:¥2.60

G634.951　　021451
音乐　第二册/天津市教育教学研究室编.—天津:天津教育出版社,1995.6.—56页;26cm
天津市普通高中艺术欣赏课:试用本
ISBN 7-5309-2283-1:¥2.40

G634.951　　021452
音乐　第五册/天津市教育教学研究室编.—3版.—天津:天津教育出版社,1995.5.—26页;26cm
中学课本
ISBN 7-5309-0436-1:¥3.50

G634.951　　021453
音乐　第一册/天津市教育教学研究室编.—天津:天津教育出版社,1995.6.—50页;26cm
天津市普通高中艺术欣赏课
ISBN 7-5309-2093-6:¥2.30

G634.951　　021454
音乐:五线谱　第二册/广西壮族自治区中学音乐教材编写组编.—2版.—南宁:广西教育出版社,1995.12.—47页;26cm
广西壮族自治区九年义务教育初级中学试用课本
ISBN 7-5435-0403-0:¥3.70

G634.951　　021455
音乐:五线谱　第三册/广西壮族自治区中学音乐教材编写组编.—2版.—南宁:广西教育出版社,1995.7.—56页;26cm
广西壮族自治区九年义务教育初级中学试用课本
ISBN 7-5435-0322-0:¥2.00

G634.951　　021456
音乐:五线谱　第四册/广西壮族自治区中学音乐教材编写组编.—2版.—南宁:广西教育出版社,1995.12.—56页;26cm
广西壮族自治区九年义务教育初级中学试用课本

ISBN 7-5435-0408-1:¥3.90

G634.951 021457

音乐:五线谱　第五册/广西壮族自治区中学音乐教材编写组编.—2版.—南宁:广西教育出版社,1995.6.—47页;26cm

广西壮族自治区九年义务教育初级中学试用课本

ISBN 7-5435-0068-X:¥1.80

G634.951 021458

音乐:五线谱　第一册/广西壮族自治区中学音乐教材编写组编.—2版.—南宁:广西教育出版社,1995.6.—58页;26cm

广西壮族自治区九年义务教育初级中学试用课本

ISBN 7-5435-0311-5:¥2.10

G634.955 021459

北京市中小学生获奖及优秀美术作品精选/杨景芝,史建华主编.—北京:农村读物出版社,1995.3.—127页;17×19cm

ISBN 7-5048-2504-2:¥30.00

G634.955 021460

初级中学美术课本　(2):试用本/龙家桓,祁锦列主编.—南宁:广西美术出版社,1995.11.—32页;26cm

ISBN 7-80582-933-0:¥4.00

G634.955 021461

初级中学美术课本　(4):试用本/龙家桓,祁锦列主编.—南宁:广西美术出版社,1995.11.—32页;26cm

ISBN 7-80582-934-9:¥4.00

G634.955 021462

初中必背课文钢笔字帖/罗易编写.—广州:新世纪出版社,1995.9.—143页;26cm

ISBN 7-5405-1205-9:¥9.80

G634.955 021463

初中美术练习册　第六册.—南昌:江西美术出版社,1995.12.—1册;19×26cm

三年级下学期

ISBN 7-80580-277-7:¥2.20

G634.955 021464

初中美术练习册　第四册.—南昌:江西美术出版社,1995.12.—1册;19×26cm

二年级下学期

ISBN 7-80580-276-9:¥3.60

G634.955 021465

初中美术练习册:二年级上学期　第三册.—南昌:江西美术出版社,1995.7.—1册;19×26cm

ISBN 7-80580-236-X:¥2.97

G634.955 021466

初中美术练习册:三年级上学期　第五册.—南昌:江西美术出版社,1995.7.—1册;19×26cm

ISBN 7-80580-237-8:¥1.89

G634.955 021467

初中美术练习册:一年级上学期　第一册.—南昌:江西美术出版社,1995.7.—1册;19×26cm

ISBN 7-80580-235-1:¥3.09

G634.955 021468

初中语文写字(行楷)练习册:二年级　上册/汪习之编.—南昌:江西美术出版社,1995.9.—76页;20cm

ISBN 7-80580-238-6:¥2.02

G634.955 021469

初中语文写字(行楷)练习册:三年级　上册/赵定群编.—南昌:江西美术出版社,1995.9.—78页;20cm

ISBN 7-80580-239-4:¥2.02

G634.955 021470

高中必背课文钢笔字帖/罗易编写.—广州:新世纪出版社,1995.9.—80页;26cm

ISBN 7-5405-1206-7:¥6.80

G634.955 021471

高中生硬笔书法速成讲座/吴玉生著.—北京:农村读物出版社,1995.3.—102页;19cm

ISBN 7-5048-2518-2:¥4.00

G634.955 021472

九年义务教育全日制初级中学美术教材　第二册/沈阳市中小学美术教材编委会编.—沈阳:辽宁美术出版社,1995.12.—24页;26cm

ISBN 7-5314-1357-4:¥2.90

G634.955 021473

九年义务教育全日制初级中学美术教材　第三册/沈阳市中小学美术教材编委会编.—沈阳:辽宁美术出版社,1995.7.—24页;26cm

初中美术课本:试用本

ISBN 7-5314-1317-5:¥2.60

G634.955 021474

九年义务教育全日制初级中学美术教材　第四册/沈阳市中小学美术教材编委会编.—沈阳:辽宁美术出版社,1995.12.—24页;26cm

ISBN 7-5314-1358-2:¥2.90

G634.955 021475

九年义务教育全日制初级中学美术教材　第五、六册/沈阳市中小学美术教材编委会编.—沈阳:辽宁美术出版社,1995.7.—44页;26cm

初中美术课本:试用本

ISBN 7-5314-1318-3:¥4.00

G634.955 021476

九年义务教育全日制初级中学美术教材　第一册/沈阳市中小学美术教材编委会编.—沈阳:辽宁美术出版社,1995.7.—24页;26cm

初中美术课本:试用本

ISBN 7-5314-1316-7:¥2.60

G634.955 021477

九年义务教育全日制三年制初级中学美术课本　第六册/山东省教学研究室,山东省教育学会美术教学研究专业委员会编.—济南:山东美术出版社,1995.8.—32页;26cm

三年级下学期用:试用本

ISBN 7-5330-0906-1:¥2.75

G634.955 021478

九年义务教育全日制三年制初级中学美术课本　第五册/山东省教学研究室,山东省教育学会美术教学研究专业委员会编.—济南:山东美术出版社,1995.4.—32页;26cm

三年级上学期用:试用本

ISBN 7-5330-0879-0: ¥1.85

G634.955　021479

九年义务教育全日制四年制初中美术课本　第五册/米海峰主编;山东省教学研究室,山东省教育学会美术教学研究专业委员会编.—济南:山东美术出版社,1995.4.—32页;26cm

三年级上学期用:试用本

ISBN 7-5330-0880-4: ¥1.85

G634.955　021480

九年义务教育三年制初级中学美术试用课本　第三册/辽宁省教育学院编.—2版.—沈阳:辽宁美术出版社,1995.6.—28页;26cm

ISBN 7-5314-1285-3: ¥2.46

G634.955　021481

九年义务教育三年制初级中学美术试用课本　第五册/辽宁省教育学院编.—2版.—沈阳:辽宁美术出版社,1995.6.—28页;26cm

ISBN 7-5314-1287-X: ¥2.46

G634.955　021482

美术　(1)/龙家桓,祁锦列主编;广西壮族自治区教育委员会普教处组织编写.—南宁:广西美术出版社,1995.5.—32页;26cm

九年义务教育初级中学试用课本

ISBN 7-80582-853-9: ¥3.60

G634.955　021483

美术　(5)/龙家桓,祁锦列主编;广西壮族自治区教育委员会普教处组织编写.—南宁:广西美术出版社,1995.5.—32页;26cm

九年义务教育初级中学试用课本

ISBN 7-80582-855-5: ¥3.60

G634.955　021484

美术　(6)/米海峰主编;山东省教学研究室,山东省教育学会美术教学研究专业委员会编.—济南:山东美术出版社,1995.8.—32页;26cm

九年义务教育全日制四年制初级中学美术课本 三年级下学期用:试用本

ISBN 7-5330-0907-X: ¥2.75

G634.955　021485

美术　(6)/米海峰主编;山东省教学研究室,山东省教育学会美术教学研究专业委员会编.—济南:山东美术出版社,1995.8.—32页;26cm

九年义务教育全日制四年制初级中学美术课本 三年级下学期用:试用本

ISBN 7-5330-0907-X: ¥2.75

G634.955　021486

美术　(6)/龙家桓,祁锦列主编;广西壮族自治区教育委员会普教处编写组编写.—南宁:广西美术出版社,1995.11.—32页;26cm

广西壮族自治区九年义务教育初级中学试用课本

ISBN 7-80582-935-7: ¥4.00

G634.955　021487

美术　第二册/天津市教育教学研究室编.—天津:天津教育出版社,1995.6.—32页;26cm

天津市普通高中艺术欣赏:试用本

ISBN 7-5309-2282-3: ¥5.50

G634.955　021488

美术　第二册/柳咏絮编.—沈阳:辽宁教育出版社,1995.11.—29页;26cm

九年义务教育三年制初中试用课本

ISBN 7-5382-4408-5: ¥2.60

G634.955　021489

美术　第六册/王培秋主编;四川省教育科学研究所编.—成都:四川教育出版社,1995.1.—16页;26cm

四川省中学乡土试用课本

ISBN 7-5408-2616-9: ¥1.80

G634.955　021490

美术　第六册/柳咏絮编.—沈阳:辽宁教育出版社,1995.11.—29页;26cm

九年义务教育三年制初中试用课本

ISBN 7-5382-4410-7: ¥2.60

G634.955　021491

美术　第六册/湖北省教学研究室编.—武汉:湖北美术出版社,1995.9.—28页;26cm

九年义务教育全日制初级中学美术实验课本

ISBN 7-5394-0564-3: ¥3.90

G634.955　021492

美术　第四册/王培秋主编;四川省教育科学研究所编.—成都:四川教育出版社,1995.1.—16页;26cm

四川省中学乡土试用课本

ISBN 7-5408-2629-0: ¥1.80

G634.955　021493

美术　第四册/柳咏絮编.—沈阳:辽宁教育出版社,1995.11.—29页;26cm

九年义务教育三年制初中试用课本

ISBN 7-5382-4409-3: ¥2.60

G634.955　021494

美术　第四册/长春市教委,中国教育学会美术教研会编.—北京:人民美术出版社,1995.11.—24页;26cm

九年义务教育初级中学试用课本

ISBN 7-102-01599-2: ¥3.40

G634.955　021495

美术　第五册/湖北省教学研究室编.—武汉:湖北美术出版社,1995.4.—28页;26cm

九年制义务教育全日制中学美术实验课本

ISBN 7-5394-0560-0: ¥3.60

G634.955　021496

美术　第一册/天津市教育教学研究室编.—天津:天津教育出版社,1995.6.—37页;26cm

天津市普通高中艺术欣赏:试用本

ISBN 7-5309-2281-5: ¥6.30

G634.955　021497

美术　第一册/柳咏絮主编;辽宁省教育学院编.—2版.—沈阳:辽宁美术出版社,1995.6.—28页;26cm

九年义务教育三年制初级中学美术试用课本

ISBN 7-5314-1286-1: ¥2.46

G634.955　021498

美术:二年级上学期/江西省中学美术教材编写组

编.—南昌:江西美术出版社,1995.7.—32页;26cm
江西省初级中学课本
ISBN 7-80580-201-7:¥3.13

G634.955 021499
美术:三年级上学期/江西省中学美术教材编写组编.—南昌:江西美术出版社,1995.7.—24页;26cm
江西省初级中学课本
ISBN 7-80580-202-5:¥2.46

G634.955 021500
美术:欣赏基础:二年级/吴子南主编.—南昌:江西美术出版社,1995.7.—65页;26cm
江西省高级中学课本:试用
ISBN 7-80580-214-9:¥5.81

G634.955 021501
美术:欣赏基础:一年级/吴子南主编.—南昌:江西美术出版社,1995.7.—65页;26cm
江西省高级中学课本:试用
ISBN 7-80580-213-0:¥5.81

G634.955 021502
美术:一年级上学期/江西省中学美术教材编写组编.—南昌:江西美术出版社,1995.7.—40页;26cm
江西省初级中学课本
ISBN 7-80580-200-9:¥3.80

G634.955 021503
美术高考优秀彩画试卷赏评/程明泰编著.—济南:山东美术出版社,1995.1.—32页;26cm.—(美术高考优秀试卷赏评丛书:彩画卷)
ISBN 7-5330-0853-7:¥9.50

G634.955 021504
美术高考优秀素描试卷赏评/程明泰编著.—济南:山东美术出版社,1995.1.—32页;26cm.—(美术高考优秀试卷赏评丛书:素描卷)
ISBN 7-5330-0855-3:¥7.00

G634.955 021505
美术高考优秀速写试卷赏评/丁宁原编著.—济南:山东美术出版社,1995.1.—32页;26cm.—(美术高考优秀试卷赏评丛书:速写卷)
ISBN 7-5330-0856-1:¥7.00

G634.955 021506
美术高考优秀图案试卷赏评/张伟,孔笛编著.—济南:山东美术出版社,1995.1.—26页;26cm.—(美术高考优秀试卷赏评丛书:图案卷)
ISBN 7-5330-0854-5:¥7.50

G634.955 021507
美术欣赏　上册/湖南省高中美术教材编委会编.—长沙:湖南美术出版社,1995.5.—72页;26cm
湖南省高级中学课本:实验本
ISBN 7-5356-0682-2:¥6.80

G634.955 021508
美术欣赏　上册/广西壮族自治区教育委员会组织编写.—南宁:广西美术出版社,1995.6.—60页;26cm
广西壮族自治区高级中学试用课本
ISBN 7-80582-858-X:¥5.80

G634.955 021509
美术欣赏　上册/金汉杰主编.—合肥:安徽教育出版社,1995.10.—41页;26cm
安徽省普通高中试用课本 高一用
ISBN 7-5336-1862-9:¥5.50

G634.955 021510
美术欣赏　下册/金汉杰主编.—合肥:安徽教育出版社,1995.10.—34页;26cm
安徽省普通高中试用课本 高二用
ISBN 7-5336-1863-7:¥5.50

G634.955 021511
民间雕塑　(一)/上海教育杂志社编.—上海:上海社会科学院出版社,1995.5.—58页;19cm.—(中、小学活动课系列资料/金正扬主编)
ISBN 7-80618-147-4:¥2.00

G634.955 021512
民间工艺/上海教育杂志社编.—上海:上海社会科学院出版社,1995.9.—8册;19cm.—(中、小学活动课系列资料/金正扬主编)
ISBN 7-80618-071-0:¥16.00

G634.955 021513
普通院校高考中考美术书法加分指南/谭孝先编著.—济南:山东美术出版社,1995.2.—32页;26cm
ISBN 7-5330-0860-X:¥7.50

G634.955 021514
巧手制作家庭饰物.—天津:天津人民美术出版社,1995.1.—8张;26cm
ISBN 7-5305-0422-3:¥2.80

G634.955 021515
全国美术高考录取生"状元"试卷精选:创作卷/《全国美术高考录取生"状元"试卷精选》编委会编.—长沙:湖南少年儿童出版社:湖南美术出版社,1995.12.—40页;26×38cm
ISBN 7-5358-1044-6:¥25.00

G634.955 021516
全国美术高考录取生"状元"试卷精选:素描卷/《全国美术高考录取生"状元"试卷精选》编委会编.—长沙:湖南少年儿童出版社:湖南美术出版社,1995.12.—40页;26×38cm
ISBN 7-5358-1043-8:¥18.00

G634.955 021517
全国美术高考录取生"状元"试卷精选:色彩卷/张世范等编.—长沙:湖南少年儿童出版社:湖南美术出版社,1995.12.—40页;26×38cm
ISBN 7-5358-1045-4:¥25.00

G634.955 021518
三年制初中实验课本写字　第二册/《写字》编写组编.—2版.—长沙:湖南美术出版社,1995.11.—40页;26cm
ISBN 7-5356-0781-0:¥2.40

G634.955 021519
写字:钢笔　第二册/河北省教育学会书法教育专业委员会编.—2版.—石家庄:河北美术出版社,1995.6.—86页;26cm
河北省初中课本

ISBN 7-5310-0619-7: ¥4.80

G634.955 021520

写字:钢笔　第一册/河北省教育学会书法教育专业委员会编.—2版.—石家庄:河北美术出版社,1995.6.—78页;26cm

河北省初中课本

ISBN 7-5310-0618-9: ¥4.40

G634.955 021521

写字:毛笔　第三册/河北省教育学会书法教育专业委员会编.—2版.—石家庄:河北美术出版社,1995.6.—62页;26cm

河北省初中课本

ISBN 7-5310-0620-0: ¥3.60

J227 021522

应天齐西递村系列艺术作品:汉英对照/应天齐作.—广州:新世纪出版社,1995.6.—1册;25×26cm

ISBN 7-5405-1169-9: ¥43.00

G634.955 021523

中小学生钢笔正楷百法指南/宋连威书.—长春:北方妇女儿童出版社,1995.5.—64页;19cm

ISBN 7-5385-1059-1: ¥2.50

G634.955 021524

中学美术辅导:绘画部分/洪震球主编.—北京:新华出版社,1995.9.—86页;26cm

ISBN 7-5011-2963-0: ¥18.00

G634.955 021525

中学生写字训练　第三册/刘文忠主编;辽宁教育学院编.—2版.—沈阳:辽宁教育出版社,1995.5.—62页;26cm

ISBN 7-5382-2131-X: ¥3.00

G634.955 021526

中学生写字训练　第一册/刘文忠主编;辽宁教育学院编.—2版.—沈阳:辽宁教育出版社,1995.5.—64页;26cm

ISBN 7-5382-2132-8: ¥3.20

G634.955 021527

中学硬笔书法描临簿:初级中学　第二册/黄华生,陈朱书.—厦门:鹭江出版社,1995.11.—62页;19cm

ISBN 7-80610-279-5: ¥2.40

G634.955 021528

中学硬笔书法描临簿:初级中学　第六册/郑墨痕,许心真书.—厦门:鹭江出版社,1995.11.—62页;19cm

ISBN 7-80610-281-7: ¥2.40

G634.955 021529

中学硬笔书法描临簿:初级中学　第三册/钟晓平,陈朱书.—厦门:鹭江出版社,1995.6.—62页;19cm

ISBN 7-80610-194-2: ¥2.20

G634.955 021530

中学硬笔书法描临簿:初级中学　第四册/陈朱,钟晓平书.—厦门:鹭江出版社,1995.12.—62页;19cm

ISBN 7-80610-280-9: ¥2.40

G634.955 021531

中学硬笔书法描临簿:初级中学　第五册/陈朱,黄华生书.—厦门:鹭江出版社,1995.6.—62页;19cm

ISBN 7-80610-195-0: ¥2.20

G634.955 021532

中学硬笔书法描临簿:初级中学　第一册/黄华生,陈朱书.—厦门:鹭江出版社,1995.6.—62页;19cm

ISBN 7-80610-193-4: ¥2.20

G634.955 021533

中学硬笔书法描临簿:高级中学/顾仲安书.—厦门:鹭江出版社,1995.6.—62页;19cm

ISBN 7-80610-203-5: ¥2.20

①G634.955②J292.12 021534

汉字快写法/吴身元著.—杭州:浙江科学技术出版社,1995.3.—195页;20cm.—(学生习字丛书)

ISBN 7-5341-0815-2: ¥8.00

G634.96 体育

G634.96 021535

健美操/王吉林编著.—上海:上海音乐出版社,1995.8.—110页;26cm

高级中学选修课本 供高中一、二年级用

ISBN 7-80553-586-8: ¥5.30

G634.96 021536

桥牌/上海中小学课程教材改革委员会编.—上海:上海文化出版社,1995.8.—96页;19cm

选修课本 供中学用

ISBN 7-80511-813-2: ¥2.20

G634.96 021537

青春的风采:中小学男女生健美/于运联,许萍著.—上海:上海古籍出版社,1995.5.—100页;19cm.—(学生乐园/吕型伟主编)

ISBN 7-5325-1910-4: ¥3.50

G634.96 021538

体育　第二册/云南省教委教研室编.—昆明:晨光出版社,1995.12.—143页;19cm

九年义务教育云南省初级中学乡土教材

ISBN 7-5414-1119-1: ¥3.65

G634.96 021539

体育　第三册/沈阳市中小学体育教材编写组编.—沈阳:沈阳出版社,1995.7.—92页;19cm

沈阳市高级中学课本:试用

ISBN 7-5441-0529-6: ¥2.40

G634.96 021540

体育　第四册/云南省教委教研室编.—昆明:晨光出版社,1995.12.—121页;19cm

九年义务教育云南省初级中学乡土教材

ISBN 7-5414-1125-6: ¥2.80

G634.96 021541

体育·健康教育:二年级下学期/辽宁省教材编写组编.—沈阳:辽宁教育出版社,1995.10.—151页;19cm

辽宁省九年义务教育初级中学课本

ISBN 7-5382-4374-7: ¥3.40

G634.96 021542

体育·健康教育:三年级上学期/辽宁省教材编写组

编.—2版.—沈阳:辽宁教育出版社,1995.6.—140页;19cm
辽宁省九年义务教育初级中学课本
ISBN 7-5382-3416-0:¥3.70

G634.96　**021543**
体育·健康教育:三年级下学期/辽宁省教材编写组编.—沈阳:辽宁教育出版社,1995.11.—117页;19cm
辽宁省九年义务教育初级中学课本
ISBN 7-5382-4375-5:¥3.40

G634.96　**021544**
体育·健康教育:一年级下学期/辽宁省教材编写组编.—沈阳:辽宁教育出版社,1995.10.—151页;19cm
辽宁省九年义务教育初级中学课本
ISBN 7-5382-4373-9:¥3.40

G634.96　**021545**
体育:初中一年级/费光明等编.—3版.—成都:四川教育出版社,1995.6.—171页;19cm
成都市中学试用课本
ISBN 7-5408-1162-5:¥4.06

G634.96　**021546**
体育:二年级/天津市中学体育教材编委会编.—4版.—天津:天津教育出版社,1995.5.—199页;19cm
九年义务教育三年制初中试用课本
ISBN 7-5309-0373-X:¥2.65

G634.96　**021547**
体育:二年级　全一册/鲍泽惠主编.—济南:山东教育出版社,1995.5.—316页;19cm
义务教育山东省四年制初级中学试用课本
ISBN 7-5328-2169-2:¥2.94

G634.96　**021548**
体育:二年级上学期/江西省教委教研室编.—南昌:江西教育出版社,1995.7.—118页;19cm
江西省高级中学课本:试用
ISBN 7-5392-1946-7:¥1.65

G634.96　**021549**
体育:二年级上学期/江西省教委教学教材研究室编.—南昌:江西教育出版社,1995.7.—123页;19cm
江西省初级中学课本:试用
ISBN 7-5392-1969-6:¥1.65

G634.96　**021550**
体育:二年级下学期/章瑞麟主编;江西省教委教研室编.—南昌:江西教育出版社,1995.12.—123页;19cm
江西省高级中学课本:试用
ISBN 7-5392-2431-2:¥2.15

G634.96　**021551**
体育:二年级下学期/章瑞麟主编;江西省教委教研室编.—南昌:江西教育出版社,1995.12.—105页;19cm
江西省初级中学课本:试用
ISBN 7-5392-2428-2:¥1.90

G634.96　**021552**
体育:三年级/天津市中学体育教材编委会编.—3版.—天津:天津教育出版社,1995.6.—132页;19cm
九年义务教育三年制初级中学试用课本
ISBN 7-5309-0374-8:¥1.90

G634.96　**021553**
体育:三年级　全一册/鲍泽惠主编.—济南:山东教育出版社,1995.5.—250页;19cm
义务教育山东省三年制初级中学试用课本
ISBN 7-5328-0381-3:¥2.35

G634.96　**021554**
体育:三年级　全一册/山东省教学研究室编.—济南:山东教育出版社,1995.12.—258页;19cm
义务教育山东省四年制初级中学试用课本
ISBN 7-5328-2299-0:¥3.92

G634.96　**021555**
体育:三年级上学期/江西省教委教研室编.—南昌:江西教育出版社,1995.7.—107页;19cm
江西省初级中学课本:试用
ISBN 7-5392-1969-8:¥1.45

G634.96　**021556**
体育:三年级上学期/江西省教委教研室编.—南昌:江西教育出版社,1995.7.—106页;19cm
江西省高级中学课本:试用
ISBN 7-5392-1945-9:¥1.45

G634.96　**021557**
体育:三年级下学期/章瑞麟主编;江西省教委教研室编.—南昌:江西教育出版社,1995.12.—103页;19cm
江西省初级中学课本 试用
ISBN 7-5392-2426-6:¥2.05

G634.96　**021558**
体育:三年级下学期/章瑞麟主编;江西省教委教研室编.—南昌:江西教育出版社,1995.12.—100页;19cm
江西省高级中学课本:试用
ISBN 7-5392-2430-4:¥1.85

G634.96　**021559**
体育:一年级/天津市中学体育教材编委会编.—3版.—天津:天津教育出版社,1995.5.—117页;19cm
九年义务教育三年制初中试用课本
ISBN 7-5309-0372-1:¥1.75

G634.96　**021560**
体育:一年级上学期/江西省教委教研室编.—南昌:江西教育出版社,1995.7.—128页;19cm
江西省高级中学课本
ISBN 7-5392-1947-5:¥1.75

G634.96　**021561**
体育:一年级上学期/江西省教委教学教材研究室编.—南昌:江西教育出版社,1995.7.—121页;19cm
江西省初级中学课本:试用
ISBN 7-5392-1970-X:¥1.65

G634.96　**021562**
体育:一年级下学期/章瑞麟主编;江西省教委教研室编.—南昌:江西教育出版社,1995.12.—119页;19cm
江西省高级中学课本:试用

ISBN 7-5392-2427-4:￥2.15

G634.96　　021563

体育:一年级下学期/章瑞麟主编;江西省教委教研室编.—南昌:江西教育出版社,1995.12.—118页;19cm

江西省初级中学课本:试用

ISBN 7-5392-2611-0:￥2.15

G634.96　　021564

体育与保健/上海市中小学课程教材改革委员会编.—修订本.—上海:上海教育出版社,1995.6.—146页;26cm

高级中学课本:试用本

ISBN 7-5320-4428-9:￥3.70

G634.96　　021565

体育与保健:九年级/陈安槐主编.—2版.—上海:上海教育出版社,1995.6.—140页;26cm

九年制义务教育课本:试用本

ISBN 7-5320-4396-7:￥5.15

G634.96　　021566

体育与保健:乒乓球/上海市中小学课程教材改革委员会编.—上海:上海教育出版社,1995.6.—111页;26cm

高级中学课本:试用本

ISBN 7-5320-4390-8:￥3.00

G634.96　　021567

体育与保健:七年级/上海中小学课程教材改革委员会编.—2版.—上海:上海教育出版社,1995.6.—95页;26cm

九年制义务教育课本:试用本

ISBN 7-5320-4441-6:￥3.65

G634.96　　021568

体育与保健:体操与健美/上海市中小学课程教材改革委员会编.—上海:上海教育出版社,1995.6.—134页;26cm

高级中学课本:试用本

ISBN 7-5320-4407-6:￥3.40

G634.96　　021569

体育与保健:韵律体操与舞蹈/上海市中小学课程教材改革委员会编.—上海:上海教育出版社,1995.6.—170页;26cm

高级中学课本:试用本

ISBN 7-5320-4413-0:￥4.20

G634.96　　021570

体育与保健:足球/上海中小学课程教材改革委员会编.—上海:上海教育出版社,1995.6.—275页;26cm

高级中学课本

ISBN 7-5320-4242-1:￥5.90

G634.96　　021571

围棋/上海中小学课程教材改革委员会编.—上海:上海文化出版社,1995.8.—87页;19cm

选修课本 供高中一、二年级用

ISBN 7-80511-724-1:￥2.05

G634.96　　021572

舞蹈/朱蘋等编著.—上海:上海音乐出版社,1995.8.—75页;26cm

高级中学选修课本 供高中一、二年级用

ISBN 7-80553-587-6:￥4.60

G634.96　　021573

艺术体操/吕曼琳编著.—上海:上海音乐出版社,1995.7.—52页;26cm

高级中学选修课本 供高中一、二年级用

ISBN 7-80553-576-0:￥3.00

附:中学生寒暑假作业

021574

伴我过暑假:初中二年级/周人骅主编;《伴我过暑假》编写组编.—上海:上海科学技术出版社,1995.6.—64页;19×26cm

ISBN 7-5323-3986-6:￥2.30

021575

伴我过暑假:初中一年级/周人骅主编;《伴我过暑假》编写组编.—上海:上海科学技术出版社,1995.6.—64页;19×26cm

ISBN 7-5323-3985-8:￥2.30

021576

初二暑假作业:数学/赵菊芳等编;荷侠绘.—西安:陕西人民教育出版社,1995.—33页;19×26cm

ISBN 7-5419-5742-9:￥1.20

021577

初二暑假作业:物理/杨宏涛等编;贾亚芹绘.—西安:陕西人民教育出版社,1995.4.—33页;19×26cm

ISBN 7-5419-5746-1:￥1.20

021578

初二英语暑假作业/陕西省教育委员会《假期作业》编写组编.—西安:陕西人民教育出版社,1995.4.—32页;19×26cm

ISBN 7-5419-5952-9:￥1.20

021579

初级中学寒假生活:三年级/《初级中学寒假生活》编写组编.—5版.—石家庄:河北教育出版社,1995.10.—60页;26cm

ISBN 7-5434-0338-2:￥2.30

021580

初三化学寒假作业/北京教育学院编.—2版.—北京:北京教育出版社,1995.12.—49页;26cm

ISBN 7-5303-0526-3:￥2.00

021581

初三数学寒假作业/北京教育学院编.—2版.—北京:北京教育出版社,1995.12.—28页;26cm

ISBN 7-5303-0536-0:￥2.00

021582

初三物理寒假作业/北京教育学院编.—北京:北京教育出版社,1995.12.—31页;26cm

ISBN 7-5303-0546-8:￥2.00

021583

初三英语寒假作业/北京教育学院编.—2版.—北

京:北京教育出版社,1995.12.—34页;26cm
ISBN 7-5303-0539-5:¥2.00

021584
初三语文寒假作业/北京教育学院编.—2版.—北京:北京教育出版社,1995.12.—35页;26cm
ISBN 7-5303-0532-8:¥2.00

021585
初中二年级暑假作业:语文、数学、物理、英语/天津市教育教学研究室编.—3版.—天津:天津教育出版社,1995.4.—4册;26cm
ISBN 7-5309-0756-5:¥6.00

021586
初中二年级数学、物理、生物暑假作业/河南省教委中小学教研室编.—2版.—郑州:河南教育出版社,1995.8.—48页;26cm
ISBN 7-5347-1586-5:¥1.30

021587
初中二年级英语、历史、地理暑假作业/河南省教委中小学教研室编.—2版.—郑州:河南教育出版社,1995.8.—48页;26cm
ISBN 7-5347-1584-9:¥1.30

021588
初中二年级语文、政治暑假作业/河南省教委中小学教研室编.—3版.—郑州:河南教育出版社,1995.8.—40页;26cm
ISBN 7-5347-1585-7:¥1.10

021589
初中寒假作业:二年级/江西省教委教研室编.—南昌:江西教育出版社,1995.11.—64页;19×26cm
ISBN 7-5392-2381-2:¥2.65

021590
初中寒假作业:三年级/江西省教委教研室编.—南昌:江西教育出版社,1995.11.—64页;19×26cm
ISBN 7-5392-2382-4:¥2.65

021591
初中寒假作业:一年级/江西省教委教研室编.—南昌:江西教育出版社,1995.11.—32页;19×26cm
ISBN 7-5392-2380-4:¥1.55

021592
初中化学寒假作业　全一册/黄汉松编.—2版.—南宁:广西教育出版社,1995.10.—15页;19×26cm
ISBN 7-5435-1429-X:¥1.05

021593
初中三年级寒假作业:数学.—2版.—武汉:武汉出版社,1995.10.—48页;26cm
ISBN 7-5430-1209-X:¥2.30

021594
初中三年级寒假作业:英语.—2版.—武汉:武汉出版社,1995.10.—35页;26cm
ISBN 7-5430-1209-X:¥1.80

021595
初中三年级寒假作业:语文.—2版.—武汉:武汉出版社,1995.10.—55页;26cm
ISBN 7-5430-1209-X:¥2.80

021596
初中三年级寒假作业:政治、物理、化学.—2版.—武汉:武汉出版社,1995.10.—47页;26cm
ISBN 7-5430-1209-X:¥2.20

021597
初中暑假作业:二年级/江西省教委教学教材研究室编.—南昌:江西教育出版社,1995.7.—96页;19×26cm
ISBN 7-5392-2022-8:¥3.10

021598
初中暑假作业:一年级/江西省教委教学教材研究室编.—南昌:江西教育出版社,1995.7.—48页;19×26cm
ISBN 7-5392-2023-6:¥1.75

021599
初中数学寒假作业:三年级/申永年编.—2版.—南宁:广西教育出版社,1995.10.—16页;19×26cm
ISBN 7-5435-1427-3:¥1.05

021600
初中数学寒假作业:一年级/张诗敏等编.—2版.—南宁:广西教育出版社,1995.10.—14页;19×26cm
ISBN 7-5435-1436-2:¥1.05

021601
初中物理寒假作业:三年级/刘淞坚编.—2版.—南宁:广西教育出版社,1995.10.—16页;19×26cm
ISBN 7-5435-1440-0:¥1.05

021602
初中物理暑假作业:二年级/刘淞坚编.—2版.—南宁:广西教育出版社,1995.5.—37页;19×26cm
ISBN 7-5435-1544-X:¥1.40

021603
初中英语寒假作业:三年级/莫彦虹编.—2版.—南宁:广西教育出版社,1995.11.—16页;19×26cm
ISBN 7-5435-1438-9:¥1.05

021604
初中英语寒假作业:一年级/梁廷扬,杨力立编.—2版.—南宁:广西教育出版社,1995.11.—19页;19×26cm
ISBN 7-5435-1439-7:¥1.25

021605
初中语文寒假作业:三年级/宋悦编.—2版.—南宁:广西教育出版社,1995.10.—16页;19×26cm
ISBN 7-5435-1448-6:¥1.05

021606
初中语文寒假作业:一年级/廖祥林等编写.—2版.—南宁:广西教育出版社,1995.11.—32页;19×26cm
ISBN 7-5435-1428-1:¥1.75

021607
高级中学寒假生活:地理:二年级/河北省教育科学研究所编.—2版.—石家庄:河北教育出版社,1995.9.—14页;26cm
ISBN 7-5434-2494-0:¥0.52

021608

高级中学寒假生活:生物:二年级/河北省教育科学研究所编.—2版.—石家庄:河北教育出版社,1995.11.—18页;26cm

ISBN 7-5434-1214-4:¥0.78

021609

高级中学寒假生活:生物:一年级/河北省教育科学研究所编.—石家庄:河北教育出版社,1995.11.—18页;26cm

ISBN 7-5434-2493-2:¥0.78

021610

高级中学暑假生活:地理:一年级/吴宝居等编.—石家庄:河北教育出版社,1995.4.—16页;26cm

ISBN 7-5434-2381-2:¥0.67

021611

高级中学暑假生活:历史:二年级/河北省教育科学研究所编.—石家庄:河北教育出版社,1995.4.—18页;26cm

ISBN 7-5434-2386-3:¥0.78

021612

高级中学暑假生活:政治:二年级/河北省教育科学研究所编.—4版.—石家庄:河北教育出版社,1995.4.—16页;26cm

ISBN 7-5434-1415-5:¥0.67

021613

高级中学暑假生活:政治:一年级/河北省教育科学研究所编.—3版.—石家庄:河北教育出版社,1995.4.—18页;26cm

ISBN 7-5434-1416-3:¥0.78

021614

高中二年级暑假作业/山西省教委教研室编.—太原:山西教育出版社,1995.5.—96页;26cm

ISBN 7-80578-420-5:¥2.80

021615

高中二年级暑假作业:语文、数学、英语、政治/天津市教育教学研究室编.—2版.—天津:天津教育出版社,1995.4.—4册;26cm

ISBN 7-5309-1952-0:¥6.80

021616

高中寒假作业:二年级/江西省教委教研室编.—南昌:江西教育出版社,1995.11.—64页;19×26cm

ISBN 7-5392-2241-1:¥2.65

021617

高中寒假作业:一年级/江西省教委教研室编.—南昌:江西教育出版社,1995.12.—64页;19×26cm

ISBN 7-5392-2436-3:¥2.65

021618

高中暑假作业:二年级/江西省教委教学教材研究室编.—南昌:江西教育出版社,1995.5.—96页;19×26cm

ISBN 7-5392-2020-1:¥3.10

021619

高中暑假作业:一年级/江西省教委教学教材研究室编.—南昌:江西教育出版社,1995.5.—96页;19×26cm

ISBN 7-5392-2021-X:¥3.10

021620

高中一年级暑假作业:语文、数学、物理、化学、政治、历史、英语/天津市教育教学研究室编.—2版.—天津:天津教育出版社,1995.4.—7册;26cm

ISBN 7-5309-1951-2:¥12.00

021621

寒假生活:初中二年级/《寒假生活》编写组编.—海口:海南出版社,1995.11.—71页;26cm

ISBN 7-80617-570-9:¥3.50

021622

寒假生活:初中三年级/上海市教育委员会教研室编.—3版.—上海:上海教育出版社,1995.11.—36页;19×26cm

ISBN 7-5320-4600-1:¥1.85

021623

寒假生活:初中三年级/《寒假生活》编写组编.—海口:海南出版社,1995.11.—69页;26cm

ISBN 7-80617-571-7:¥3.50

021624

寒假生活:初中一年级/上海市教育委员会教研室编.—2版.—上海:上海教育出版社,1995.11.—32页;19×26cm

ISBN 7-5320-4601-X:¥1.70

021625

寒假生活:初中一年级/《寒假生活》编写组编.—海口:海南出版社,1995.11.—70页;26cm

ISBN 7-80617-569-5:¥3.50

021626

寒假生活:高一版/上海市市西中学编.—上海:上海教育出版社,1995.11.—40页;26cm

ISBN 7-5320-4616-8:¥2.00

021627

寒假生活:高中三年级/阳仁杰等编.—7版.—成都:四川教育出版社,1995.10.—35页;26cm

ISBN 7-5408-1886-7:¥2.07

021628

寒假英语/彭义,晓蓉编.—成都:四川教育出版社,1995.11.—39页;26cm

初中三年级适用

ISBN 7-5408-2759-9:¥2.40

021629

寒假英语/彭义,晓蓉编.—成都:四川教育出版社,1995.11.—39页;26cm

初中一年级适用

ISBN 7-5408-2757-2:¥2.40

021630

寒假英语/彭义,晓蓉编.—成都:四川教育出版社,1995.11.—40页;26cm

初中二年级适用

ISBN 7-5408-2758-0:¥2.40

021631

寒假园地:初中二年级/青岛市普通教育教研室编.—2版.—青岛:青岛出版社,1995.1.—48页;26cm

ISBN 7－5436－0737－9：¥1.65

021632

寒假作业：初二俄语/黑龙江省中学《寒假作业》编写组编.—哈尔滨：黑龙江少年儿童出版社，1995.10.—24页；19×26cm

ISBN 7－5319－1346－1：¥1.20

021633

寒假作业：初二理科/刘会成等编.—4版.—沈阳：辽宁教育出版社，1995.10.—56页；26cm

ISBN 7－5382－0239－0：¥2.50

021634

寒假作业：初二日语/杨桂华等编.—3版.—沈阳：辽宁教育出版社，1995.10.—32页；26cm

ISBN 7－5382－1858－0：¥1.50

021635

寒假作业：初二数学、物理、生物/黑龙江省中学《寒假作业》编写组编.—哈尔滨：黑龙江少年儿童出版社，1995.10.—48页；19×26cm

ISBN 7－5319－1354－2：¥2.10

021636

寒假作业：初二英语/黑龙江省中学《寒假作业》编写组编.—哈尔滨：黑龙江少年儿童出版社，1995.10.—24页；19×26cm

ISBN 7－5319－1238－4：¥1.20

021637

寒假作业：初三/宁夏回族自治区教育厅教研室假期作业编写组编.—银川：宁夏人民教育出版社，1995.10.—48页；19×26cm

ISBN 7－80596－187－5：¥1.75

021638

寒假作业：初三俄语/黑龙江省中学《寒假作业》编写组编.—哈尔滨：黑龙江少年儿童出版社，1995.10.—24页；19×26cm

ISBN 7－5319－1347－X：¥1.20

021639

寒假作业：初三日语/何伟等编.—2版.—沈阳：辽宁教育出版社，1995.10.—32页；26cm

ISBN 7－5382－1859－9：¥1.50

021640

寒假作业：初三数学、物理、化学/黑龙江省中学《寒假作业》编写组编.—哈尔滨：黑龙江少年儿童出版社，1995.10.—48页；19×26cm

ISBN 7－5319－1355－0：¥2.10

021641

寒假作业：初三文科/赵子卿等编.—6版.—沈阳：辽宁教育出版社，1995.10.—64页；26cm

ISBN 7－5382－3742－9：¥2.50

021642

寒假作业：初三文科：语文、思想政治、历史/黑龙江省中学《寒假作业》编写组编.—哈尔滨：黑龙江少年儿童出版社，1995.10.—48页；19×26cm

ISBN 7－5319－1356－9：¥2.10

021643

寒假作业：初三英语/黑龙江省中学《寒假作业》编写组编.—哈尔滨：黑龙江少年儿童出版社，1995.10.—24页；19×26cm

ISBN 7－5319－1240－6：¥1.20

021644

寒假作业：初一俄语/黑龙江省中学《寒假作业》编写组编.—哈尔滨：黑龙江少年儿童出版社，1995.10.—24页；19×26cm

ISBN 7－5319－1345－3：¥1.20

021645

寒假作业：初一日语/刘爱军等编.—2版.—沈阳：辽宁教育出版社，1995.10.—32页；26cm

ISBN 7－5382－1857－2：¥1.50

021646

寒假作业：初一数学、生物/黑龙江省中学《寒假作业》编写组编.—哈尔滨：黑龙江少年儿童出版社，1995.10.—34页；19×26cm

ISBN 7－5319－1235－X：¥1.50

021647

寒假作业：初一数学、生物/黑龙江省中学《寒假作业》编写组编.—哈尔滨：黑龙江少年儿童出版社，1995.10.—34页；19×26cm

ISBN 7－5319－1352－6：¥1.50

021648

寒假作业：初一文科/赵子卿等编.—5版.—沈阳：辽宁教育出版社，1995.10.—64页；26cm

ISBN 7－5382－2428－9：¥2.50

021649

寒假作业：初一英语/黑龙江省中学《寒假作业》编写组编.—哈尔滨：黑龙江少年儿童出版社，1995.10.—24页；19×26cm

ISBN 7－5319－1348－8：¥1.20

021650

寒假作业：初一语文、思想政治、历史、地理/黑龙江省中学《寒假作业》编写组编.—哈尔滨：黑龙江少年儿童出版社，1995.10.—58页；19×26cm

ISBN 7－5319－1351－8：¥2.40

021651

寒假作业：初中三年级/福建省普通教育教学研究室编.—4版.—福州：福建人民出版社，1995.10.—40页；19×26cm

ISBN 7－211－02557－3：¥1.80

021652

寒假作业：初中三年级/河南省教委中小学教研室编.—郑州：河南教育出版社，1995.8.—64页；26cm

ISBN 7－5347－1837－6：¥2.30

021653

寒假作业：高二数、理、化、语、英、政、史/黑龙江省中学《寒假作业》编写组编.—哈尔滨：黑龙江少年儿童出版社，1995.10.—150页；19×26cm

ISBN 7－5319－1153－1：¥5.90

021654

寒假作业：高中二年级/山西省教委教研室编.—太原：山西教育出版社，1995.10.—64页；26cm

ISBN 7－80578－285－7：¥2.20

021655

寒假作业:高中一年级/山西省教委教研室编.—太原:山西教育出版社,1995.10.—64页;26cm

ISBN 7-80578-286-5:¥2.20

021656

化学寒假作业:初中三年级/湖北省教学研究室编.—4版.—武汉:湖北少年儿童出版社,1995.11.—48页;19cm

ISBN 7-5353-0337-4:¥1.15

021657

九年义务教育初二语文暑假作业/陕西省教育委员会《假期作业》编写组编.—西安:陕西人民教育出版社,1995.4.—33页;26cm

ISBN 7-5419-5743-7:¥1.20

021658

九年义务教育初级中学英语暑假作业:一年级/梁廷杨编.—2版.—南宁:广西教育出版社,1995.5.—44页;19×26cm

ISBN 7-5435-1541-5:¥1.50

021659

九年义务教育初中二年级汉语暑假作业/王荣珠编写.—乌鲁木齐:新疆教育出版社,1995.4.—32页;26cm

供维吾尔族学生用

ISBN 7-5370-2436-7:¥1.08

021660

九年义务教育初中二年级数学暑假作业/湖北省教学研究室编.—4版.—武汉:湖北少年儿童出版社,1995.5.—96页;19cm

ISBN 7-5353-0803-1:¥1.60

021661

九年义务教育初中二年级数学暑假作业/翁之英,戴强欣编写.—乌鲁木齐:新疆教育出版社,1995.6.—33页;26cm

ISBN 7-5370-2456-1:¥1.12

021662

九年义务教育初中二年级物理暑假作业/湖北省教学研究室编.—武汉:湖北少年儿童出版社,1995.5.—94页;19cm

ISBN 7-5353-1009-5:¥1.60

021663

九年义务教育初中二年级英语暑假作业/湖北省教学研究室编.—4版.—武汉:湖北少年儿童出版社,1995.5.—96页;19cm

ISBN 7-5353-0804-X:¥1.60

021664

九年义务教育初中二年级语文暑假作业/湖北省教学研究室编.—5版.—武汉:湖北少年儿童出版社,1995.5.—96页;19cm

ISBN 7-5353-0802-3:¥1.60

021665

九年义务教育初中三年级汉语寒假作业/王荣珠编写.—乌鲁木齐:新疆教育出版社,1995.11.—32页;26cm

供维吾尔族学生用

ISBN 7-5370-2650-5:¥1.04

021666

九年义务教育初中三年级汉语寒假作业/王荣珠编写;申辉译.—乌鲁木齐:新疆教育出版社,1995.11.—32页;26cm

供哈萨克族学生用

ISBN 7-5370-2637-8:¥1.04

021667

九年义务教育初中三年级英语假期作业/庄力,梦梅编;陕西省教育科学研究所编.—西安:陕西人民教育出版社,1995.10.—49页;19×26cm

初中毕业班用

ISBN 7-5419-0588-7:¥2.10

021668

九年义务教育初中三年级语文寒假作业/陕西省教育委员会《假期作业》编写组编.—2版.—西安:陕西人民教育出版社,1995.10.—68页;26cm

初中毕业班用

ISBN 7-5419-0642-5:¥3.00

021669

九年义务教育初中数学暑假作业:二年级/张阳临,张成大编.—2版.—南宁:广西教育出版社,1995.5.—32页;19×26cm

ISBN 7-5435-1545-8:¥1.15

021670

九年义务教育化学寒假作业:初中三年级.—西安:陕西人民教育出版社,1995.10.—37页;19×26cm

ISBN 7-5419-0562-3:¥1.80

021671

九年义务教育三年制初级中学初中三年级语文寒假作业/胡爱光,沈逢桥编写.—乌鲁木齐:新疆教育出版社,1995.10.—25页;26cm

ISBN 7-5370-2639-4:¥0.91

021672

九年义务教育三年制初级中学暑假作业:初中一年级/王华,张吉聚主编.—北京:气象出版社,1995.6.—84页;26cm

ISBN 7-5029-1949-X:¥3.00

021673

九年义务教育三年制初级中学数学寒假作业/王晓燕,郭晓平编写.—乌鲁木齐:新疆教育出版社,1995.10.—25页;26cm

初中三年级用

ISBN 7-5370-2600-9:¥0.91

021674

九年义务教育三年制初级中学英语暑假作业:初二年级/叶在田等编.—杭州:浙江教育出版社,1995.3.—81页;19cm

ISBN 7-5338-1971-3:¥1.55

021675

九年义务教育三年制初中二年级物理暑假作业/孟宪文,杨雨燕编写.—乌鲁木齐:新疆教育出版社,1995.5.—33页;26cm

ISBN 7-5370-2476-6: ¥1.12

021676

九年义务教育三年制初中寒假作业:初二理科/苏蕴琦等编.—沈阳:辽宁教育出版社,1995.8.—33页;26cm

ISBN 7-5382-4247-3: ¥1.35

021677

九年义务教育三年制初中寒假作业:初二文科/苏瑄等编.—沈阳:辽宁教育出版社,1995.8.—38页;26cm

ISBN 7-5382-4253-8: ¥1.60

021678

九年义务教育三年制初中寒假作业:初二英语/寒假作业编写组编.—沈阳:辽宁教育出版社,1995.8.—24页;26cm

ISBN 7-5382-4257-0: ¥1.10

021679

九年义务教育三年制初中寒假作业:初三理科/苏蕴琦等编.—沈阳:辽宁教育出版社,1995.8.—40页;26cm

ISBN 7-5382-4248-1: ¥1.60

021680

九年义务教育三年制初中寒假作业:初三文科/唐振国等编.—沈阳:辽宁教育出版社,1995.8.—39页;26cm

ISBN 7-5382-4249-X: ¥1.60

021681

九年义务教育三年制初中寒假作业:初三英语/周威,李丽编.—沈阳:辽宁教育出版社,1995.8.—28页;26cm

ISBN 7-5382-4254-6: ¥1.22

021682

九年义务教育三年制初中寒假作业:初一理科/朱子云等编.—沈阳:辽宁教育出版社,1995.8.—32页;26cm

ISBN 7-5382-4246-5: ¥1.35

021683

九年义务教育三年制初中寒假作业:初一文科/苏等编.—沈阳:辽宁教育出版社,1995.8.—40页;26cm

ISBN 7-5382-4252-X: ¥1.60

021684

九年义务教育三年制初中寒假作业:初一英语/寒假作业编写组编.—沈阳:辽宁教育出版社,1995.8.—25页;26cm

ISBN 7-5382-4255-4: ¥1.10

021685

九年义务教育四年制初级中学寒假作业:北师大版/山东省教学研究室编.—济南:山东教育出版社,1995.11.—75页;26cm

初中四年级用

ISBN 7-5328-2233-8: ¥3.90

021686

九年义务教育四年制初级中学暑假作业:北师大版/山东省教学研究室编.—济南:山东教育出版社,1995.5.—89页;26cm

初中三年级用

ISBN 7-5328-2157-9: ¥3.10

021687

九年义务教育物理假期作业/杨宏涛等编.—西安:陕西人民教育出版社,1995.10.—66页;19×26cm

初中毕业班用

ISBN 7-5419-0597-6: ¥2.90

021688

九年制义务教育初中数学寒假作业:初中二年级/张诗敏,周艳编.—2版.—南宁:广西教育出版社,1995.11.—16页;19×26cm

ISBN 7-5435-1426-5: ¥1.05

021689

九年制义务教育初中物理寒假作业:初中二年级/刘淞坚编.—2版.—南宁:广西教育出版社,1995.11.—16页;19×26cm

ISBN 7-5435-1433-8: ¥1.05

021690

九年制义务教育初中英语寒假作业:初中二年级/何有日等编写.—2版.—南宁:广西教育出版社,1995.11.—20页;19×26cm

ISBN 7-5435-1437-0: ¥1.25

021691

九年制义务教育初中英语暑假作业:初中二年级/何有日等编.—2版.—南宁:广西教育出版社,1995.5.—51页;19×26cm

ISBN 7-5435-1542-3: ¥1.70

021692

九年制义务教育初中语文寒假作业:初中二年级/张尼波等编.—2版.—南宁:广西教育出版社,1995.11.—17页;19×26cm

ISBN 7-5435-1435-4: ¥1.05

021693

理科寒假作业:初中三年级:数学、物理、化学/云南省教育委员会教研室编.—昆明:云南教育出版社,1995.8.—51页;19×26cm

ISBN 7-5415-1051-3: ¥1.90

021694

理科暑假作业:初中二年级数学、物理、生物/云南省委教研室编.—昆明:云南教育出版社,1995.2.—68页;19×26cm

ISBN 7-5415-0942-6: ¥2.00

021695

暑假生活:九年义务教育初级中学二年级/河北省教育科学研究所编.—4版.—石家庄:河北教育出版社,1995.4.—62页;26cm

ISBN 7-5434-0132-0: ¥1.95

021696

暑假园地:数学·物理:初中二年级/广东省教育厅编.—2版.—广州:广东教育出版社,1995.7.—32页;19×26cm

ISBN 7-5406-2707-7: ¥1.45

021697

暑假作业:初二俄语/黑龙江省教育学院编.—哈尔

滨:黑龙江少年儿童出版社,1995.5.—24页;19×26cm
ISBN 7-5319-1288-0:¥1.20

021698

暑假作业:初二理科/岳振堂等编.—4版.—沈阳:辽宁教育出版社,1995.4.—64页;26cm
ISBN 7-5382-2062-3:¥2.50

021699

暑假作业:初二数学、物理、生物/黑龙江省教育学院编.—哈尔滨:黑龙江少年儿童出版社,1995.5.—48页;19×26cm
ISBN 7-5319-1289-9:¥1.90

021700

暑假作业:初二文科/赵子卿等编.—5版.—沈阳:辽宁教育出版社,1995.4.—64页;26cm
ISBN 7-5382-2094-1:¥2.50

021701

暑假作业:初二英语/黑龙江省教育学院编.—哈尔滨:黑龙江少年儿童出版社,1995.5.—24页;19×26cm
ISBN 7-5319-1287-2:¥1.20

021702

暑假作业:初二语文、思想政治、历史/黑龙江省教育学院编.—哈尔滨:黑龙江少年儿童出版社,1995.5.—49页;19×26cm
ISBN 7-5319-1290-2:¥1.90

021703

暑假作业:初一俄语/黑龙江省教育学院编.—哈尔滨:黑龙江少年儿童出版社,1995.5.—22页;19×26cm
ISBN 7-5319-1284-8:¥1.20

021704

暑假作业:初一数学、生物、地理/黑龙江省教育学院编.—哈尔滨:黑龙江少年儿童出版社,1995.5.—48页;19×26cm
ISBN 7-5319-1285-6:¥1.90

021705

暑假作业:初一英语/黑龙江省教育学院编.—哈尔滨:黑龙江少年儿童出版社,1995.5.—24页;19×26cm
ISBN 7-5319-1283-X:¥1.20

021706

暑假作业:初一语文、思想政治、历史/黑龙江省教育学院编.—哈尔滨:黑龙江少年儿童出版社,1995.5.—52页;19×26cm
ISBN 7-5319-1286-4:¥2.00

021707

暑假作业:初中:英语/裴志民等编.—2版.—沈阳:辽宁教育出版社,1995.4.—32页;26cm
ISBN 7-5382-0004-5:¥1.35

021708

暑假作业:初中二年级/怀化地区教育科学研究所编.—长沙:湖南教育出版社,1995.5.—72页;26cm
ISBN 7-5355-2080-4:¥2.50

021709

暑假作业:初中二年级/郴州市教育科学研究所编.—长沙:湖南教育出版社,1995.5.—64页;26cm
ISBN 7-5355-2077-4:¥2.80

021710

暑假作业:初中二年级:数学/福建省普通教育教学研究室主编.—5版.—福州:福建人民出版社,1995.4.—60页;26cm
ISBN 7-211-02427-5:¥2.20

021711

暑假作业:初中二年级:英语/福建省普通教育教学研究室编.—5版.—福州:福建人民出版社,1995.4.—48页;26cm
ISBN 7-211-02429-1:¥1.80

021712

暑假作业:初中二年级:语文/福建省普通教育教学研究室编.—4版.—福州:福建人民出版社,1995.4.—65页;26cm
ISBN 7-211-02428-3:¥2.30

021713

暑假作业:初中一年级/郴州市教育科学研究所编.—长沙:湖南教育出版社,1995.5.—63页;26cm
ISBN 7-5355-2076-6:¥2.80

021714

暑假作业:初中一年级/怀化地区教育科学研究所编.—长沙:湖南教育出版社,1995.5.—64页;26cm
ISBN 7-5355-2079-0:¥2.20

021715

暑假作业:高二数学、语文、英语、政治/黑龙江省教育学院编.—哈尔滨:黑龙江少年儿童出版社,1995.5.—105页;19×26cm
ISBN 7-5319-1299-6:¥3.70

021716

暑假作业:高二文科/赵子卿等编.—3版.—沈阳:辽宁教育出版社,1995.4.—80页;26cm
ISBN 7-5382-2095-X:¥2.90

021717

暑假作业:高一理科/关成志等编.—2版.—沈阳:辽宁教育出版社,1995.4.—80页;26cm
ISBN 7-5382-2082-8:¥2.90

021718

暑假作业:高一文科/赵子卿等编.—2版.—沈阳:辽宁教育出版社,1995.4.—80页;19×26cm
ISBN 7-5382-2809-8:¥2.90

021719

暑假作业:高一语文、政治、英语、数学、物理、化学/黑龙江省教育学院编.—哈尔滨:黑龙江少年儿童出版社,1995.5.—124页;19×26cm
ISBN 7-5319-1298-8:¥4.30

021720

暑假作业:九年义务教育初中二年级/宁夏回族自治区教育厅教研室假期作业编写组编.—银川:宁夏人民教育出版社,1995.5.—64页;19×26cm
ISBN 7-80596-134-4:¥1.75

021721

暑期生活:初中一年级.—3版.—上海:上海教育出版社,1995.6.—48页;19×26cm
ISBN 7-5320-4335-5:¥1.70

021722
数学、物理、化学寒假作业/甘肃省教材编审室编.—兰州:兰州大学出版社,1995.11.—63页;26cm
供高二年级用
ISBN 7-311-00943-X:¥4.00

021723
数学、物理、化学寒假作业/甘肃省教材编审室编.—兰州:兰州大学出版社,1995.11.—64页;26cm
供高一年级用
ISBN 7-311-00942-1:¥4.00

021724
数学、物理、化学暑假作业/甘肃省教材编审室编.—兰州:兰州大学出版社,1995.5.—61页;26cm
供高二年级用
ISBN 7-311-00875-1:¥3.40

021725
数学、物理、化学暑假作业/甘肃省教材编审室编.—兰州:兰州大学出版社,1995.5.—60页;26cm
供高一年级用
ISBN 7-311-00874-3:¥3.40

021726
数学寒假作业:初中三年级/湖北省教学研究室编.—4版.—武汉:湖北少年儿童出版社,1995.11.—48页;19cm
ISBN 7-5353-0682-9:¥1.15

021727
文科寒假作业:初中三年级:语文、英语/云南省教育委员会教研室编.—昆明:云南教育出版社,1995.8.—81页;19×26cm
ISBN 7-5415-1052-1:¥2.80

021728
文科暑假作业:初中二年级:语文、英语/云南省教育委员会教研室编.—昆明:云南教育出版社,1995.1.—90页;19×26cm
ISBN 7-5415-0953-1:¥2.70

021729
物理寒假作业:初中三年级/湖北省教学研究室编.—7版.—武汉:湖北少年儿童出版社,1995.11.—48页;19cm
ISBN 7-5353-1241-1:¥1.15

021730
义务教育初级中学暑假作业:社会/周文楠,黄崇法编写.—杭州:浙江教育出版社,1995.2.—104页;19cm
初二年级用
ISBN 7-5338-1503-3:¥1.95

021731
义务教育初级中学自然科学暑假作业:初中二年级/倪引令主编.—杭州:浙江教育出版社,1995.3.—107页;26cm
ISBN 7-5338-1972-1:¥4.00

021732
义务教育初中二年级俄语寒假作业/内蒙古自治区教育厅教研室,内蒙古教育出版社编.—呼和浩特:内蒙古教育出版社,1995.9.—20页;26cm
ISBN 7-5311-2624-9:¥0.80

021733
义务教育初中二年级数学暑假作业.—呼和浩特:内蒙古教育出版社,1995.3.—24页;26cm
ISBN 7-5311-2517-X:¥0.95

021734
义务教育初中三年级俄语寒假作业/陈弘法主编.—呼和浩特:内蒙古教育出版社,1995.9.—24页;26cm
ISBN 7-5311-2625-7:¥0.80

021735
义务教育初中三年级数学寒假作业.—呼和浩特:内蒙古教育出版社,1995.10.—24页;26cm
ISBN 7-5311-2627-3:¥0.90

021736
义务教育初中三年级英语寒假作业/内蒙古自治区教育厅教研室,内蒙古教育出版社编.—呼和浩特:内蒙古教育出版社,1995.10.—24页;26cm
ISBN 7-5311-2636-2:¥0.90

021737
义务教育初中一年级俄语寒假作业/陈弘法主编.—呼和浩特:内蒙古教育出版社,1995.9.—20页;26cm
ISBN 7-5311-2623-0:¥0.80

021738
义务教育三年制初中二年级语文暑假作业/内蒙古自治区教育厅组织编写.—呼和浩特:内蒙古教育出版社,1995.3.—24页;26cm
ISBN 7-5311-2516-1:¥0.95

021739
义务教育三年制初中三年级语文寒假作业/内蒙古自治区教育厅教研室组织编写.—呼和浩特:内蒙古教育出版社,1995.10.—24页;26cm
ISBN 7-5311-2634-6:¥0.90

021740
英语寒假作业:初中三年级/湖北省教学研究室编.—3版.—武汉:湖北少年儿童出版社,1995.11.—65页;19cm
ISBN 7-5353-0232-7:¥1.50

021741
语文、英语寒假作业/甘肃省教材编审室编.—兰州:兰州大学出版社,1995.11.—64页;26cm
供高二年级用
ISBN 7-311-00945-6:¥4.00

021742
语文、英语寒假作业/甘肃省教材编审室编.—兰州:兰州大学出版社,1995.11.—63页;26cm
供高一年级用
ISBN 7-311-00944-8:¥4.00

021743
语文、英语暑假作业/甘肃省教材编审室编.—兰州:兰州大学出版社,1995.5.—61页;26cm
供高二年级用
ISBN 7-311-00870-0:¥3.40

021744
语文、英语暑假作业/甘肃省教材编审室编.—兰州:

兰州大学出版社,1995.5.—62页;26cm
供高一年级用
ISBN 7-311-00869-7:¥3.40

021745
语文寒假作业:初中三年级/湖北省教学研究室编.—5版.—武汉:湖北少年儿童出版社,1995.11.—65页;19cm
ISBN 7-5353-0681-0:¥1.50

021746
自然科学暑假作业:初中一年级/倪引令主编;陈小真等编写.—杭州:浙江教育出版社,1995.3.—83页;26cm
ISBN 7-5338-1970-5:¥3.25

G635 教师与学生

G635.1　021747
班主任工作新论/杨文荣,王绪池主编.—北京:中国人民公安大学出版社,1995.6.—287页;19cm
ISBN 7-81011-718-1:¥8.00

G635.1　021748
班主任日记/黄静华著.—上海:上海教育出版社,1995.12.—170页;21cm.—(上海教育丛书/吕型伟主编)
ISBN 7-5320-4794-6:¥7.90

G635.1　021749
班主任诗篇/上海市中小学幼儿教师奖励基金会编.—上海:上海教育出版社,1995.8.—172页;20cm.—(耕耘者之歌;9)
ISBN 7-5320-4500-5:¥5.60

G635.1　021750
初中班主任/许高厚等主编.—北京:北京师范大学出版社,1995.8.—245页;20cm
ISBN 7-303-04072-2:¥6.80

G635.1　021751
中学班主任工作100例/《新时期中学班主任工作的理论与实践研究》课题组编.—北京:教育科学出版社,1995.4.—326页;20cm
ISBN 7-5041-1521-5:¥9.80

G635.1　021752
中学班主任工作概论/李一川,赵治修主编.—北京:中国科学技术出版社,1995.9.—305页;20cm
ISBN 7-5046-2033-5:¥8.90

G635.1　021753
中学班主任工作教程/林永柏等编著.—长春:吉林大学出版社,1995.11.—278页;19cm
高师职业技能教育系列教材
ISBN 7-5601-1834-8:¥9.00

G635.1　021754
中学班主任工作难题解析/李贵华等主编.—北京:科学技术文献出版社,1995.12.—230页;19cm.—(新时期班主任工作丛书/刘学谦主编)
ISBN 7-5023-2621-9:¥13.00

G635.1　021755
中学班主任工作优秀个案/周德藩,葛锁网主编.—苏州:苏州大学出版社,1995.12.—276页;20cm
ISBN 7-81037-178-9:¥9.40

G635.5　021756
《中学生日常行为规范》挂图/郑林生,王可君绘.—长沙:湖南教育出版社,1995.7.—5张;77×53cm
ISBN 7-5355-2064-2:¥15.00

G635.5　021757
把握住今天/舒风著.—福州:福建教育出版社,1995.3.—106页;19cm.—(当代中学生丛书)
ISBN 7-5334-1387-3:¥2.50

G635.5　021758
班会活动教育参考资料:6~8年级/傅宗奕等编.—上海:上海教育出版社,1995.6.—562页;19cm
ISBN 7-5320-4306-1:¥7.70

G635.5　021759
交际你我他:中小学生社交40例/沈宝良著.—上海:上海古籍出版社,1995.5.—131页;19cm.—(学生乐园/吕型伟主编)
ISBN 7-5325-1908-2:¥4.20

G635.5　021760
小学生中学生五百为什么/长河编著.—海口:海南摄影美术出版社,1995.1.—184页;19cm.—(教育与科学丛书)
ISBN 7-80571-550-5:¥5.00

G635.5　021761
怎样上好初中一年级/冉乃彦等编写.—北京:农村读物出版社,1995.5.—275页;19cm
ISBN 7-5048-2630-8:¥8.20

G635.5　021762
中学生日常行为规范宣传教育图片/丁荣魁等绘.—上海:上海教育出版社,1995.6.—10张;77×53cm
ISBN 7-5320-4434-3:¥10.00

G635.5　021763
中学生日常行为规范指导/陈晓棠主编.—广州:广东高等教育出版社,1995.7.—143页;19cm
ISBN 7-5361-1721-3:¥3.20

G635.5　021764
中学生心理辅导/蒋伟杰主编.—长沙:湖南出版社,1995.10.—294页;19cm
中小学生心理发展与辅导实验用书
ISBN 7-5438-1080-8:¥8.00

G635.5-61　021765
中学生课外康乐大全/吴晓明总编;李芳凡等主编.—北京:中国医药科技出版社,1995.10.—796页;20cm
ISBN 7-5067-1170-2:¥38.00

G635.5-62　021766
中小学生礼仪手册/杨连山,张遵融主编.—石家庄:河北少年儿童出版社,1995.1.—250页;19cm
ISBN 7-5376-1216-1:¥4.00

G636 学校与家庭、学校与社会

G636 021767
中学生的优育优教/曾汝弟等主编;毕宏志等编.—昆明:云南大学出版社,1995.9.—163页;19cm.—(家庭优生优育优教知识系列;4)
全套书共4册,总定价:20.00元
ISBN 7-81025-598-3:¥0.00

G636-62 021768
中学生家庭教育手册/方仁工主编.—上海:华东师范大学出版社,1995.10.—183页;19cm
ISBN 7-5617-1381-9:¥6.40

G637 学校管理

G637 021769
教育谋略与学校管理/李夜光著.—南京:河海大学出版社,1995.9.—255页;20cm
ISBN 7-5630-0896-9:¥12.00

G637-62 021770
中小学安全教育手册/山东省教委基础教育处编.—济南:明天出版社,1995.5.—206页;19cm
ISBN 7-5332-2001-3:¥3.50

G637.1 021771
中小学校长必读:文史卷/黄静林主编.—北京:中国建材工业出版社,1995.8.—438页;20cm
ISBN 7-80090-423-7:¥12.00

G637.1-53 021772
耕耘·奉献·探索:哈尔滨市中小学专家型校长培训班论文集/沈铭明等主编.—哈尔滨:东北林业大学出版社,1995.8.—358页;19cm
ISBN 7-81008-578-6:¥9.80

G637.2 021773
现代中小学教育督导与评价/郝喜明主编.—北京:中国农业出版社,1995.4.—422页;19cm
ISBN 7-109-03912-9:¥14.00

G637.3 021774
初中毕业生升学与择业/上海市中等学校招生办公室编.—乌鲁木齐:新疆青少年出版社,1995.4.—309页;19cm
ISBN 7-5371-2052-8:¥5.20

G637.3 021775
初中毕业生升学指导 1995/洪伟等编.—南京:南京出版社,1995.4.—210页:照片;19cm
ISBN 7-80614-107-3:¥5.00

G637.3 021776
天津市初中毕业生升学报考指南/郜敏芳等编写.—天津:天津大学出版社,1995.5.—281页;20cm
含普通中专、技校、职工中专
ISBN 7-5618-0753-8:¥9.00

G637.3 021777
职业指导/陈广禄主编;河南省教委中小学教材教学研究室编.—开封:河南大学出版社,1995.1.—167页;19cm
河南省初级中学选修课教材
ISBN 7-81041-135-7:¥2.50

G637.3 021778
职业指导/陈广禄主编;河南省教委中小学教材教学研究室编.—开封:河南大学出版社,1995.1.—228页;19cm
河南省高级中学选修课教材
ISBN 7-81041-139-X:¥3.20

G637.3 021779
职业指导/焦承华等编.—北京:气象出版社,1995.6.—153页;19cm
ISBN 7-5029-1998-8:¥4.00

G637.3 021780
中学生职业指导/郭嘉梅主编;江苏省教育委员会编.—南京:江苏科学技术出版社,1995.4.—182页;19cm
ISBN 7-5345-1913-6:¥3.60

G637.3-42 021781
职业指导教学参考书/北京市教育局教材编审部,北京市东城区教研科研中心编.—北京:首都师范大学出版社,1995.8.—202页;19cm
ISBN 7-81039-575-0:¥5.70

G637.3-61 021782
招生考试辞典/刘文超,丁秀菊主编.—济南:山东友谊出版社,1995.5.—513页;20cm
ISBN 7-80551-705-3:¥18.00

G637.3-62 021783
1995年北京市初中毕业生升学报考指南/北京市中等学校招生工作委员会办公室编.—北京:京华出版社,1995.4.—122页;19cm
ISBN 7-80600-060-7:¥3.50

G639′ 世界各国中等教育概况

G639.21 021784
面向21世纪的思考:沈阳二中教改探索/张佩纶主编.—沈阳:沈阳出版社,1995.1.—327页;19cm
ISBN 7-5441-0316-1:¥8.00

G639.21 021785
农村初中教育改革之路/国家教委基础教育司综合教改处编.—北京:语文出版社,1995.7.—173页;19cm
ISBN 7-80006-972-9:¥6.50

G639.21 021786
普通高中办学模式的探索/金一鸣主编.—上海:上海教育出版社,1995.9.—252页;20cm
ISBN 7-5320-4262-6:¥8.60

G639.21-53 021787
招生改革探索与实践/金旦生等主编.—南京:南京出版社,1995.10.—277页;20cm
ISBN 7-80614-174-X:¥8.50

G639.281 021788
圆明春雨育英才:北京一零一中学校史/王毓龙主

编.—北京:航空工业出版社,1995.12.—361页;20cm.—(北京一零一中校园文化丛书)

ISBN 7-80046-981-6:¥12.00

G639.283.4 021789

历史的丰碑:蛟河市朝中新教学楼落成庆典特辑:朝鲜文、汉文对照/蛟河市朝鲜族中学编.—延吉:东北朝鲜民族教育出版社,1995.10.—30页;26cm

ISBN 7-5437-2293-3:¥0.00

G639.284.14 021790

陕西省户县第一中学校志/陈炳森,张钟铭主编;《户县一中校志》编委会编.—西安:陕西人民出版社,1995.3.—261页;20cm

ISBN 7-224-03788-5:¥8.60

G639.284.2 021791

陇原园丁颂　第四集/白继忠主编;甘肃省中小学幼儿教师奖励基金会编.—兰州:甘肃教育出版社,1995.5.—104页;20cm

ISBN 7-5423-0541-7:¥6.50

G639.287.4 021792

云南省一级完中办学特色/云南省教育委员会普教处编.—昆明:云南教育出版社,1995.2.—283页;20cm

ISBN 7-5415-0939-6:¥8.60

G64 高等教育

G64 021793

高校教学与教务管理/杨树勋,马连湘主编.—北京:化学工业出版社,1995.9.—282页;19cm

ISBN 7-5025-1539-9:¥10.90

G64 021794

教学论与教育/张楚廷著.—长沙:湖南教育出版社,1995.8.—418页;20cm

ISBN 7-5355-2239-4:¥14.80

G64 021795

普通高等学校教学工作评价参考资料/国家教育委员会高等教育司编.—北京:北京航空航天大学出版社,1995.9.—306页;19cm

ISBN 7-81012-618-0:¥10.00

G64 021796

新时期高校工作研究/王桂中等主编.—哈尔滨:东北林业大学出版社,1995.12.—364页;19cm

ISBN 7-81008-617-0:¥9.80

G64-53 021797

实践与探索:教育改革论文集/陈优生著.—广州:广东高等教育出版社,1995.1.—296页;20cm

ISBN 7-5361-1624-1:¥8.00

G64-53 021798

思路与实践:高校教育与管理论文集/翁宗奕著.—广州:广东高等教育出版社,1995.7.—338页;20cm

ISBN 7-5361-1706-X:¥12.00

G640 021799

产学合作概论/李方葛,邵森万编著.—成都:四川大学出版社,1995.7.—277页;20cm

ISBN 7-5614-1161-8:¥8.50

G640 021800

大学学习论/王佐书,周宏立编著.—哈尔滨:黑龙江教育出版社,1995.1.—175页;20cm

ISBN 7-5316-2572-5:¥6.00

G640 021801

高等教育泛论/章崇义著.—桂林:漓江出版社,1995.6.—323页;19cm

ISBN 7-5407-1775-0:¥9.80

G640 021802

高等教育管理论稿/姚启和等编著.—武汉:华中理工大学出版社,1995.1.—285页;20cm

ISBN 7-5609-1078-5:¥9.10

G640 021803

高等教育理论与实践/《高等教育理论与实践》编委会编.—北京:中国林业出版社,1995.11.—438页;20cm

ISBN 7-5038-1625-2:¥18.00

G640 021804

高等教育新论/高忠兰等主编.—哈尔滨:黑龙江人民出版社,1995.12.—559页;20cm

ISBN 7-207-03406-7:¥19.80

G640 021805

高等教育学/潘懋元,王伟廉主编;中国教育学会教育学研究会编.—福州:福建教育出版社,1995.9.—356页;20cm.—(教育学丛书/叶立群主编)

ISBN 7-5334-1704-6:¥19.10

G640 021806

高等教育学教程/朱菊芳主编.—南京:南京师范大学出版社,1995.12.—223页;20cm

ISBN 7-81047-040-X:¥9.80

G640 021807

高等教育学新论/胡建华等著.—南京:江苏教育出版社,1995.10.—444页;20cm.—(当代教育新理论丛书/刘佛年主编)

ISBN 7-5343-2424-6:¥12.25

G640 021808

高等教育与生产劳动相结合新论/陈谟开主编.—长春:东北师范大学出版社,1995.12.—365页;20cm

ISBN 7-5602-1728-1(精装):¥15.00

G640 021809

建设有中国特色社会主义高等教育理论研究　第二集/建设有中国特色社会主义高等教育理论研究课题组编.—兰州:兰州大学出版社,1995.9.—633页;20cm

ISBN 7-311-00907-3:¥23.00

G640 021810

市场经济与中国高等教育体制问题/徐辉著.—长沙:湖南教育出版社,1995.11.—240页;20cm.—(中国教育问题研究丛书/张诗亚主编)

ISBN 7-5355-2261-0:¥11.90

G640 021811

中国高等教育目标论/文辅相著.—武汉:华中理工大学出版社,1995.6.—184页;20cm

ISBN 7-5609-1140-4:¥6.80

G640－53　021812
高等教育科学研究论丛　1995年5月/天津商学院高教研究室,天津商学院高等教育学会编.—天津:天津社会科学院出版社,1995.8.—258页;20cm
ISBN 7－80563－554－4:￥8.80

G640－53　021813
高等教育研究论丛/刘玉玲,陈云彦主编.—北京:当代中国出版社,1995.4.—559页;20cm
ISBN 7－80092－388－6:￥45.80

G640－53　021814
高教研究论丛　第四辑/《高教研究论丛》编委会编.—南京:河海大学出版社,1995.12.—701页;20cm
ISBN 7－5630－0921－3:￥15.00

G641　021815
大学读本/隗瀛涛主编;黄丽珊等编著.—成都:四川人民出版社,1995.7.—244页;19cm.—(爱国主义教育丛书/杜江主编)
ISBN 7－220－02887－3:￥6.00

G641　021816
大学生成才导论/郭志胜,楚志强编著.—西安:西北大学出版社,1995.6.—252页;19cm
ISBN 7－5604－0909－1:￥8.40

G641　021817
大学生成才修养导论/康强主编;《大学生成才修养导论》编写组编.—济南:黄河出版社,1995.7.—268页;20cm
山东省高等学校"两课"教改试用教材
ISBN 7－80558－667－5:￥7.80

G641　021818
大学生成才修养学/唐根华主编.—重庆:西南师范大学出版社,1995.6.—321页;19cm
ISBN 7－5621－1381－5:￥8.00

G641　021819
大学生思想道德修养/马素芬,谢曼华主编.—沈阳:辽宁人民出版社,1995.7.—250页;20cm
全国电力高等专科学校教学委员会推荐教材
ISBN 7－205－03365－9:￥7.50

G641　021820
大学生思想道德修养/陈宝庭,杨连生主编.—大连:大连理工大学出版社,1995.9.—346页;19cm
ISBN 7－5611－1027－8:￥9.80

G641　021821
大学生思想道德修养导论/胡树祥主编.—武汉:武汉大学出版社,1995.9.—366页;20cm
ISBN 7－307－02048－3:￥8.50

G641　021822
大学生思想品德概论/迟爱敏,李培俊主编.—北京:航空工业出版社,1995.8.—333页;19cm
ISBN 7－80046－921－2:￥7.80

G641　021823
大学生思想品德修养/王之汉等主编.—北京:北京农业大学出版社,1995.7.—253页;20cm
ISBN 7－81002－711－5:￥6.90

G641　021824
大学生思想品德修养/梁凤鸣,何玉洁主编.—哈尔滨:哈尔滨工程大学出版社,1995.6.—348页;19cm
ISBN 7－81007－573－X:￥9.55

G641　021825
大学生思想修养/谭祐德主编.—北京:中国农业出版社,1995.7.—315页;20cm
全国高等农业院校教材 农业院校各专业用
ISBN 7－109－03069－5:￥7.00

G641　021826
大学生思想修养/林永和主编.—北京:宇航出版社,1995.7.—223页;20cm
高校思想品德课试用教材
ISBN 7－80034－834－2:￥7.90

G641　021827
大学生思想修养十八讲/张代森,韩守学主编.—哈尔滨:哈尔滨工程大学出版社,1995.9.—254页;19cm
ISBN 7－81007－580－2:￥6.50

G641　021828
大学生思想政治教育的战略思考/刘仁学等主编.—长春:东北师范大学出版社,1995.12.—292页;20cm
ISBN 7－5602－1760－5(精装):￥8.00

G641　021829
大学生修养/胡大白等著.—郑州:河南人民出版社,1995.8.—314页;20cm
ISBN 7－215－03498－4:￥8.50

G641　021830
大学生修养概论/谭祐德主编.—北京:中国农业科技出版社,1995.12.—299页;20cm
ISBN 7－80119－065－3:￥9.80

G641　021831
大学生修养学/任者春,孙若彦主编 .—济南:黄河出版社,1995.8.—289页;20cm
"两课"改革系列教材
ISBN 7－80558－634－9:￥9.90

G641　021832
大学政治理论课辅助教程/王文寅,王志中主编.—北京:中国计划出版社,1995.9.—475页;20cm
ISBN 7－80058－430－5:￥13.80

G641　021833
大学铸魂工程论/张放涛等主编.—北京:新华出版社,1995.12.—482页;20cm
ISBN 7－5011－2992－4:￥25.60

G641　021834
当代大学生成材修养/马桂新主编.—沈阳:辽宁教育出版社,1995.12.—331页;20cm
ISBN 7－5382－4284－8:￥10.00

G641　021835
德育纵横/欧俊全主编.—广州:广东高等教育出版社,1995.11.—312页;20cm
ISBN 7－5361－1800－7:￥12.00

G641　021836
高等学校德育系统工程概论/田凤山著.—沈阳:东北大学出版社,1995.5.—225页;19cm
ISBN 7－81006－965－9:￥7.80

G641　021837
高等学校思想政治工作思考与实践/孟令臣,袁贵礼主编.—北京:中国农业科技出版社,1995.2.—298页;19cm
ISBN 7-80026-869-1:¥9.80

G641　021838
高校德育管理学/张兆华,赵志军著.—长春:吉林人民出版社,1995.10.—263页;20cm
ISBN 7-206-02335-5:¥10.00

G641　021839
高校德育实践与探索/李振纲,雷韶梅主编.—重庆:西南师范大学出版社,1995.6.—297页;19cm
ISBN 7-5621-1326-2:¥8.30

G641　021840
高校德育学与教育学/王守实等编著.—长春:东北师范大学出版社,1995.10.—124页;19cm.—(高校德育科学理论基础丛书)
ISBN 7-5602-1709-5:¥5.00

G641　021841
高校德育学与逻辑学/高家方编著.—长春:东北师范大学出版社,1995.12.—169页;19cm.—(高校德育科学理论基础丛书)
ISBN 7-5602-1712-5:¥5.00

G641　021842
高校德育学与美学/程喜田等编著.—长春:东北师范大学出版社,1995.12.—170页;19cm.—(高校德育科学理论基础丛书)
ISBN 7-5602-1711-7:¥5.00

G641　021843
高校德育研究/邵长卿,韩福元主编.—济南:山东大学出版社,1995.6.—398页;20cm
ISBN 7-5607-1505-2:¥12.60

G641　021844
高校德育研究/裘森芳等主编.—海口:南海出版公司,1995.11.—427页;20cm
ISBN 7-5442-0562-2:¥18.80

G641　021845
高校思想政治教育工作心理探索/宋书文等主编.—北京:教育科学出版社,1995.11.—443页;20cm
ISBN 7-5041-1508-8:¥14.00

G641　021846
高校思想政治教育研究/李焕生,张五洲主编.—北京:北京广播学院出版社,1995.3.—309页;19cm
ISBN 7-81004-681-0:¥10.00

G641　021847
科技职业道德与大学生职业设计/王学文等主编;《科技职业道德与大学生职业设计》编委会编.—北京:冶金工业出版社,1995.9.—267页;19cm.—(大学生思想教育丛书/李万庆等主编)
ISBN 7-5024-1546-7:¥7.80

G641　021848
论高校思想政治教育/田秭援,杜晓南著.—哈尔滨:黑龙江教育出版社,1995.12.—317页;20cm
ISBN 7-5316-2920-8:¥10.00

G641　021849
社会主义市场经济与高校德育建设/周光迅,傅传亮主编.—东营:石油大学出版社,1995.12.—264页;20cm
ISBN 7-5636-0608-4:¥10.00

G641　021850
市场经济与大学生人生观教育/张裕良等著.—长沙:湖南师范大学出版社,1995.7.—202页;19cm
ISBN 7-81031-437-8:¥8.00

G641　021851
市场经济与高校德育/刘继生主编.—武汉:武汉工业大学出版社,1995.7.—216页;20cm
ISBN 7-5629-0985-7:¥10.00

G641　021852
思想道德修养/陈杰主编.—上海:复旦大学出版社,1995.8.—272页;20cm
上海市高等专科学校通用教材
ISBN 7-309-01564-9:¥8.80

G641　021853
思想道德修养/刘汉德,杨国枢主编.—2版.—哈尔滨:黑龙江教育出版社,1995.5.—356页;19cm
黑龙江省高等学校思想政治教育课统编教材
ISBN 7-5316-1177-4:¥6.10

G641　021854
思想道德修养/罗国杰主编;国家教委思想政治工作司组编.—2版.—北京:高等教育出版社,1995.8.—335页;20cm
全国高等学校通用教材
ISBN 7-04-005468-X:¥9.30

G641　021855
思想道德修养/张立民主编.—西安:陕西人民出版社,1995.8.—276页;20cm
陕西省高等院校统编教材
ISBN 7-224-03176-3:¥7.60

G641　021856
思想道德修养/夏德明,李如凯主编.—开封:河南大学出版社,1995.10.—314页;20cm
高等学校思想政治教育课程
ISBN 7-81041-267-1:¥9.00

G641　021857
思想道德修养导论/唐克军,田官贵主编.—北京:当代世界出版社,1995.9.—258页;19cm
ISBN 7-80115-031-7:¥6.70

G641　021858
思想道德修养教程/王金栋主编.—哈尔滨:东北林业大学出版社,1995.12.—328页;19cm
ISBN 7-81008-616-2:¥11.80

G641　021859
思想品德修养/孙亮德,潘勇敏主编.—哈尔滨:黑龙江人民出版社,1995.10.—283页;20cm
ISBN 7-207-03317-6:¥15.00

G641　021860
思想品德修养教程/黄德云主编.—北京:中国商业出版社,1995.2.—220页;20cm

商业成人高教系列教材
ISBN 7－5044－1906－0：¥8.80

G641　　021861
新时期大学生思想道德修养/李春荣主编.—哈尔滨：哈尔滨工业大学出版社，1995.3.—384页；19cm
ISBN 7－5603－1069－9：¥7.50

G641　　021862
新时期高校思想政治工作思考与对策/王兆君等主编.—哈尔滨：黑龙江人民出版社，1995.12.—301页；20cm
ISBN 7－207－03440－7：¥14.80

G641　　021863
学生思想教育与管理工作探索/张润德主编.—西安：西北大学出版社，1995.5.—282页；20cm
ISBN 7－5604－0899－0：¥8.50

G641　　021864
医科大学生思想道德修养/高桂云等主编.—兰州：甘肃人民出版社，1995.7.—207页；19cm
ISBN 7－226－01492－0：¥5.90

G641　　021865
艺术院校大学生修养/张锦华等主编.—天津：天津社会科学院出版社，1995.9.—231页；20cm
ISBN 7－80563－561－7：¥12.00

G641　　021866
中学语文词语集释：初中　第五册/张定远主编.—4版(修订版).—天津：新蕾出版社，1995.5.—186页；19cm
ISBN 7－5307－1629－8：¥3.50

①G641②D92－49　　021867
道德与法律教程/陈柏卿，苏金发主编.—海口：南海出版公司，1995.7.—260页；20cm
ISBN 7－5442－0497－9：¥8.50

G641－43　　021868
大学生成才素养教程　(上)/孙路一主编.—上海：上海人民出版社，1995.8.—231页；20cm
ISBN 7－208－02063－9：¥8.00

G641－43　　021869
大学生成才素养教程　(下)/孙路一主编.—上海：上海人民出版社，1995.8.—247页；20cm
ISBN 7－208－02118－X：¥8.00

G641－53　　021870
东北三省地方大学德育经验论文集/孔庆祥主编.—沈阳：辽宁大学出版社，1995.12.—405页；20cm
ISBN 7－5610－3146－7：¥19.80

G641－53　　021871
上海中医药大学思想政治工作研究文集　第四辑/上海中医药大学、上海市中医药研究院党委办公室编.—上海：上海中医药大学出版社，1995.9.—251页；19cm
内部发行
ISBN 7－81010－297－4：¥0.00

G641－53　　021872
重要的战线 艰辛的探索：天津大学教职工思想政治工作论文集 /天津大学党委宣传部编.—天津：天津大学出版社，1995.10.—219页；20cm
ISBN 7－5618－0801－1：¥8.80

G642　　021873
大学教学理论与方法/李成良，顾美玲编著.—贵阳：贵州教育出版社，1995.7.—354页；20cm
云贵川高校教师教育科学理论培训教材
ISBN 7－80583－721－X：¥9.80

G642　　021874
高等学校教学概论/柳中海，林尚信编著.—济南：山东教育出版社，1995.9.—232页；20cm
ISBN 7－5328－2188－9：¥10.50

G642－53　　021875
兰州医学院基础教学论文集/秦晓民，曹喜生主编；张惠明等编.—兰州：兰州大学出版社，1995.12.—374页；20cm
ISBN 7－311－00982－0：¥12.00

G642－53　　021876
新视野·新思路·新方法学科教育与研究论文集/秦建华等主编.—太原：山西高校联合出版社，1995.8.—203页；26cm
ISBN 7－81032－806－9：¥16.80

G642.0　　021877
教学研究与实践/赵学仁著.—北京：北京理工大学出版社，1995.8.—224页；20cm
ISBN 7－81045－001－8：¥8.50

G642.0　　021878
教苑盛开改革花/叶世雄主编.—广州：广东高等教育出版社，1995.5.—459页；20cm
ISBN 7－5361－1684－5：¥15.00

G642.0　　021879
新时期军队医校教学改革/魏日宏主编 .—广州：广东高等教育出版社，1995.12.—446页；20cm
ISBN 7－5361－1831－7(精装)：¥15.00

G642.0－53　　021880
改革·发展·对策：第五届全国高教处长联席会论文集/杨树国，原光辉主编.—太原：山西高校联合出版社，1995.8.—219页；20cm
ISBN 7－81032－795－X：¥6.50

G642.3　　021881
教授谈高校专业　(二)：理科热、冷门专业的现状与展望/张进修主编；理科专业编委会编著.—广州：中山大学出版社，1995.5.—153页；20cm
ISBN 7－306－01000－X：¥7.80

G642.3　　021882
教授谈高校专业　(三)：工科热、冷门专业的现状与展望/刘焕彬主编；工科专业编委会编著.—广州：中山大学出版社，1995.5.—205页；20cm
ISBN 7－306－01001－8：¥8.60

G642.3　　021883
教授谈高校专业　(四)：农科热、冷门专业的现状与展望/梁深洪主编；农科专业编委会编著.—广州：中山大学出版社，1995.5.—128页；20cm
ISBN 7－306－01002－6：¥5.80

G642.3　　021884

教授谈高校专业　(五):医科热、冷门专业的现状与展望/谭绪昌主编;医科专业编委会编著.—广州:中山大学出版社,1995.5.—157页;20cm
ISBN 7-306-01003-4:¥6.80

G642.3　021885
教授谈高校专业　(一):文科热、冷门专业的现状与展望/张荣芳主编;文科专业编委会编著.—广州:中山大学出版社,1995.5.—181页;20cm
ISBN 7-306-00999-0:¥8.00

G642.33　021886
建设·改革·探索:全国高等学校教材工作研究文集/李进才主编.—西安:西安电子科技大学出版社,1995.10.—295页;20cm
ISBN 7-5606-0423-4:¥14.00

G642.4　021887
高等学校工科本科基础课程教学基本要求/国家教育委员会高等教育司编.—2版.—北京:高等教育出版社,1995.9.—301页;19cm
ISBN 7-04-005536-8:¥13.80

G642.4-53　021888
教学与科研论文集/吴章胜主编.—北京:团结出版社,1995.9.—765页;26cm
ISBN 7-80061-484-0:¥40.00

G642.42　021889
江西财经学院全日制本、专科教育学分制管理指南/伍世安,徐国荣主编.—南昌:江西人民出版社,1995.3.—319页;20cm
ISBN 7-210-01449-7:¥11.00

G642.44　021890
高校实习改革与实践/邱坤荣主编.—苏州:苏州大学出版社,1995.10.—406页;19cm
ISBN 7-81037-119-3:¥15.00

G642.46　021891
大学生学习指导/李方葛,何奇龄主编.—成都:四川大学出版社,1995.9.—379页;19cm
ISBN 7-5614-1201-0:¥9.60

G642.46　021892
大学学习导论/熊琦等编著.—长沙:湖南科学技术出版社,1995.8.—297页;20cm
ISBN 7-5357-1733-0:¥12.00

G642.46　021893
大学学习理论与方法/刘智运主编.—武汉:武汉大学出版社,1995.7.—374页;20cm
ISBN 7-307-01987-6:¥10.70

G642.477　021894
毕业论文指导/黄剑朋,纪迅主编.—南京:河海大学出版社,1995.7.—228页;19cm.—(函授辅导系列丛书;1)
大专教材
ISBN 7-5630-0864-0:¥9.00

G642.477　021895
学习·探索·求新:延边大学学生优秀论文选/崔文溢,马凤琴主编.—延吉:延边大学出版社,1995.11.—172页;19cm
ISBN 7-5634-0816-9:¥6.00

G642.477-53　021896
学术研究与实践探索:广州大学论文集/黄家泉主编;《广州大学学报》编辑部编.—广州:暨南大学出版社,1995.8.—2册;20cm
ISBN 7-81029-412-1:¥25.00

G642.479　021897
学员手册/郭长悟,杜彦卿主编.—北京:中国商业出版社,1995.9.—590页;20cm
高等教育自学考试财政会计专业
ISBN 7-5044-3039-0:¥16.00

G642.479　021898
云南省自学考试计划手册/高战平等编;云南省自学考试办公室编.—海口:海南出版社,1995.5.—191页;18×10cm
ISBN 7-80617-204-1(精装):¥4.70

G643　021899
全国攻读硕士学位研究生入学考试政治、英语、数学试题汇编:1991～1995/国家教育委员会考试中心编.—北京:高等教育出版社,1995.11.—5册;26cm
ISBN 7-04-005724-7:¥26.25

G643　021900
全国十所重点高校1996年研究生入学公共课考试分析与标准模拟试题/谢庆奎等主编.—北京:光明日报出版社,1995.10.—298页;26cm
根据国家教委1995年9月重新修订颁布大纲编写
ISBN 7-80091-742-8:¥28.50

G643.6　021901
1996年全国博士生招生专业目录/国家教委高校学生司编.—3版.—合肥:中国科学技术大学出版社,1995.8.—630页;26cm
ISBN 7-312-00737-6:¥30.00

G643.6　021902
1996年中国科学院攻读硕士学位研究生招生专业目录/中国科学院研究生招生办公室编.—合肥:中国科学技术大学出版社,1995.8.—192页;26cm
ISBN 7-312-00735-X:¥10.00

G643.6　021903
'96东北地区硕士生招生专业目录/黑、吉、辽三省招生办编.—哈尔滨:黑龙江人民出版社,1995.10.—372页;26cm
ISBN 7-207-03313-3:¥13.00

G643.6　021904
中国普通高等学校研究生院/陆叔云,范文曜主编.—北京:北京理工大学出版社,1995.10.—468页;20cm
ISBN 7-81045-078-6:¥22.80

G643.7　021905
中国学位授予单位名册:1994年版/国务院学位委员会办公室编.—2版.—北京:高等教育出版社,1995.2.—645页;26cm
ISBN 7-04-5453-1(精装):¥60.00

G643.7-66　021906
一九九二年学位与研究生教育统计资料/国务院学

位委员会办公室,国家教委研究生工作办公室编.—北京:中国档案出版社,1995.7.—251页;26cm
ISBN 7-80019-536-8(精装):￥70.00

G643.7-66　021907
一九九三年学位与研究生教育统计资料/国务院学位委员会办公室,国家教委研究生工作办公室编.—北京:中国档案出版社,1995.7.—240页;26cm
ISBN 7-80019-537-6(精装):￥68.00

G643.7-66　021908
一九九四年学位与研究生教育统计资料/国务院学位委员会办公室,国家教委研究生工作办公室编.—北京:中国档案出版社,1995.7.—258页;26cm
ISBN 7-80019-538-4(精装):￥72.00

G643.7-66　021909
一九九一年学位与研究生教育统计资料/国务院学位委员会办公室,国家教委研究生工作办公室编.—北京:中国档案出版社,1995.7.—254页;26cm
ISBN 7-80019-535-X(精装):￥70.00

G643.8　021910
本溪大学学术论文选集/相如杰,刘淑琴主编.—沈阳:辽宁大学出版社,1995.12.—372页;20cm
ISBN 7-5610-3090-8:￥13.00

G643.8　021911
纯朴之光:四川省社会科学院硕士研究生学位论文集摘要:1984~1994/刘平斋主编.—成都:四川大学出版社,1995.6.—933页;20cm
ISBN 7-5614-1129-4:￥39.80

G643.8　021912
研究生论坛/胡世国主编.—成都:四川大学出版社,1995.3.—146页;20cm
ISBN 7-5614-0875-7:￥4.80

G644　021913
高校科技管理研究与实践/程志煜等编著.—武汉:武汉工业大学出版社,1995.10.—208页;20cm
ISBN 7-5629-1032-4:￥8.80

G644　021914
湖北高校科技之光/陈传德,陶醒世主编.—武汉:中国地质大学出版社,1995.7.—344页;20cm
ISBN 7-5625-1001-6:￥6.00

G644　021915
江苏高校科技管理改革之路/孙东川等主编.—南京:河海大学出版社,1995.4.—274页;26cm
ISBN 7-5630-0818-7:￥20.00

G644.5　021916
现代科技与成才之路:东南大学学术讲演集(一)/闵卓编.—南京:东南大学出版社,1995.5.—349页;20cm
ISBN 7-81050-008-2:￥12.00

G644.6　021917
青春走进四季:发展中的东北大学软件中心/王殿元,邓美凤主编 .—沈阳:东北大学出版社,1995.1.—136页;19cm
ISBN 7-81006-931-4:￥9.80

G645.1　021918
大学班主任工作难题解析/赵云霞主编.—北京:科学技术文献出版社,1995.12.—282页;19cm.—(新时期班主任工作丛书/刘学谦主编)
ISBN 7-5023-2622-7:￥13.00

G645.5　021919
北京邮电大学学生工作管理手册/杨雪松主编.—修订本.—北京:北京邮电大学出版社,1995.7.—294页;20cm
ISBN 7-5635-0219-X:￥8.50

G645.5　021920
大学生成才学导论/孙元化等主编.—兰州:甘肃人民出版社,1995.8.—307页;20cm
高等院校试用教材
ISBN 7-226-01528-5:￥11.50

G645.5　021921
大学生创造力的培养与开发:青年成才指导/刘彩璋编著.—北京:测绘出版社,1995.6.—161页;19cm
ISBN 7-5030-0791-5:￥5.30

G645.5　021922
大学生创造性的发展与教育/林金辉著.—厦门:厦门大学出版社,1995.9.—231页;20cm.—(清洁高等教育系列丛书/潘懋元主编)
ISBN 7-5615-1087-X:￥7.00

G645.5　021923
大学生个性完善·心理调适/刘国秋等主编.—青岛:青岛海洋大学出版社,1995.8.—260页;19cm
ISBN 7-81026-739-6:￥9.80

G645.5　021924
大学生活向导/赵素贞主编.—北京:中国三峡出版社,1995.10.—229页;19cm
ISBN 7-80099-106-7:￥8.50

G645.5　021925
大学生活与成才/欧阳忠祥主编.—南昌:江西高校出版社,1995.4.—215页;20cm
ISBN 7-81033-360-7:￥6.80

G645.5　021926
大学生深造与涉世指南/马文祥,陈晓阳主编.—东营:石油大学出版社,1995.3.—260页;19cm
ISBN 7-5636-0689-0:￥5.90

G645.5　021927
大学生生活向导/杨淑环等主编.—沈阳:东北大学出版社,1995.2.—238页;19cm
ISBN 7-81006-932-2:￥5.80

G645.5　021928
大学生实用手册/张远宏主编;毛先长等编著.—成都:四川大学出版社,1995.8.—269页;20cm
ISBN 7-5614-1198-7:￥9.80

G645.5　021929
大学生校园生活指南/张汉文主编.—长沙:湖南师范大学出版社,1995.10.—241页;19cm
ISBN 7-81031-459-9:￥8.00

G645.5　021930
大学生心理发展及调适/张锦高主编.—北京:地质出版社,1995.3.—181页;19cm
大学生人文系列教材

ISBN 7-116-01822-0: ¥4.00

G645.5 021931

大学生心理辅导/刘敏,钱福永主编;丁森等编著.—哈尔滨:黑龙江教育出版社,1995.12.—410页;20cm

ISBN 7-5316-2539-3: ¥11.90

G645.5 021932

大学生心理健康导论/高希庚主编.—天津:天津大学出版社,1995.9.—277页;20cm

ISBN 7-5618-0771-6: ¥9.80

G645.5 021933

大学生之友/刘桂琴等主编.—沈阳:辽宁大学出版社,1995.1.—274页;19cm

ISBN 7-5610-2942-X: ¥8.60

G645.5 021934

大学心理学/赵鸣九编著.—北京:人民教育出版社,1995.1.—386页;20cm

全国高等学校教师培训教材

ISBN 7-107-11222-8: ¥10.70

G645.5 021935

当代大学生入学必读/姜桂石等主编.—呼和浩特:内蒙古人民出版社,1995.10.—405页;20cm

高等学校新生入学教育读物

ISBN 7-204-02814-7: ¥12.00

G645.5 021936

芳草常绿:写给女大学生的信/童芍素著.—杭州:浙江人民出版社,1995.1.—145页;19cm

ISBN 7-213-00975-3: ¥3.60

G645.5 021937

混沌初开:来自当代大学生心灵的报告/雷渡桥主编.—广州:中山大学出版社,1995.9.—250页;20cm.—(开放地区大学生道德问题研究丛书/李萍主编)

ISBN 7-306-01019-0: ¥10.00

G645.5 021938

青春的辉煌:当代林业大学生风采录/沙琢等主编.—北京:中国林业出版社,1995.5.—227页;20cm

ISBN 7-5038-1094-7: ¥12.00

G645.5 021939

入学导论/李嘉华主编.—成都:西南交通大学出版社,1995.7.—103页;19cm

ISBN 7-81022-821-8: ¥3.85

G645.5 021940

学生干部导读/张学军等主编.—大连:辽宁师范大学出版社,1995.11.—236页;19cm

ISBN 7-81042-108-5: ¥8.50

G645.5 021941

学生干部领导艺术/虞梅生主编.—南昌:江西高校出版社,1995.5.—255页;19cm

ISBN 7-81033-501-4: ¥6.60

G645.5 021942

愿你是21世纪的栋梁:新时期高校学生干部工作理论与实践/余际从等主编.—武汉:中国地质大学出版社,1995.8.—280页;20cm

ISBN 7-5625-0996-4: ¥6.60

G645.5 021943

中学生应试方略:在校大学生谈中榜奥秘/李金雨,孙平主编.—郑州:河南人民出版社,1995.12.—215页;19cm

ISBN 7-215-03601-4: ¥8.00

①G645.5②R395.1 021944

大学生心理健康与咨询/韦彦凌等主编.—北京:中国经济出版社,1995.8.—315页;19cm

ISBN 7-5017-3225-6: ¥10.80

G645.5-53 021945

北京邮电大学1994年学生工作研讨会论文集/王德宠主编.—北京:北京邮电大学出版社,1995.5.—118页;26cm

ISBN 7-5635-0210-6: ¥7.50

G645.5-61 021946

研究生教育辞典/孙义燧主编.—南京:南京大学出版社,1995.5.—537页;20cm

ISBN 7-305-02578-X(精装): ¥19.80

G645.5-62 021947

高等农业师范院校大学生行为指南/张永利,孟令臣主编.—北京:中国农业科技出版社,1995.8.—272页;20cm

ISBN 7-80026-928-0: ¥6.00

G645.5-62 021948

中国大学生手册/国家教委高教司,高等教育出版社编.—北京:高等教育出版社,1995.6.—218页;20cm

ISBN 7-04-005473-6(精装): ¥11.50

G647 021949

大学生安全防范指南/中共广东省委高校工委宣传教育处,广东省高等学校保卫学会组织编写.—广州:华南理工大学出版社,1995.7.—179页;19cm.—(大学生教育管理学丛书/贾益民,梅醒斌主编)

ISBN 7-5623-0895-0: ¥6.50

G647 021950

高等学校学生管理概论/田凤山主编.—沈阳:东北大学出版社,1995.5.—229页;19cm

ISBN 7-81006-966-7: ¥8.00

G647 021951

高校机构编制研究的理论与实践/季忠恕等主编.—大连:大连海事大学出版社,1995.8.—175页;19cm

ISBN 7-5632-0874-7: ¥8.80

G647 021952

高校纪检监察研究/湖北省高校纪检监察工作研究会编.—武汉:华中理工大学出版社,1995.5.—346页;20cm

ISBN 7-5609-1137-4: ¥10.50

G647 021953

美国 日本 德国 法国高等教育管理体制改革研究/陈学飞主编;邢克超等著.—北京:教育科学出版社,1995.9.—227页;19cm

ISBN 7-5041-1492-8: ¥10.00

G647 021954

中国高校管理思想研究/蔡锦林等主编.—北京:气象出版社,1995.5.—453页;19cm

ISBN 7-5029-1955-4: ¥25.00

G647.1 021955

新时期高等学校领导班子建设研究/《新时期高等学校领导班子建设研究》课题组编.—北京:北京理工大学出版社,1995.5.—347页;20cm.—(北京高等教育研究丛书)

ISBN 7-81045-034-4: ¥9.80

G647.12 021956

高校校长办公室工作纵横谈/金同康主编.—上海:上海外语教育出版社,1995.2.—343页;20cm

ISBN 7-81009-992-2: ¥10.00

G647.32 021957

1995年高考升学指导/辽宁省高中等教育招生考试委员会办公室编.—沈阳:辽宁人民出版社,1995.3.—373页;19cm

ISBN 7-205-03258-X: ¥8.50

G647.32 021958

1995年普通高校招生报考指导/岳传林,黄兴国编著.—修订版.—武汉:武汉大学出版社,1995.4.—229页;19cm

ISBN 7-307-01966-3: ¥4.30

G647.32 021959

高考填报志愿必读/苏清树等编著.—2版.—石家庄:河北教育出版社,1995.4.—127页;19cm

ISBN 7-5434-2085-6: ¥1.80

G647.32 021960

高考选报志愿的技巧与方法:考生、教师、家长必读/吴震,李景全编著.—北京:中国城市出版社,1995.4.—150页;19cm.—(城市青年生活丛书)

ISBN 7-5074-0752-7: ¥4.50

G647.32 021961

高考专业选择指南/北京市高等学校教育质量评议中心编.—北京:科学普及出版社,1995.5.—230页;19cm

ISBN 7-110-03988-9: ¥9.50

G647.32 021962

高校报考指南:选报高校专业志愿必读/郭文忠主编.—南京:江苏教育出版社,1995.5.—256页;20cm

ISBN 7-5343-2331-2: ¥7.20

G647.32 021963

高校招生考试及填报志愿指导全书/赵亮宏主编.—北京:中国人事出版社,1995.3.—467页;26cm

ISBN 7-80076-670-5: ¥38.00

G647.32 021964

考研成功之路/徐苏林等编.—北京:新时代出版社,1995.9.—317页;20cm

ISBN 7-5042-0286-X: ¥12.90

G647.32-54 021965

中国普通高等学校招生工作年鉴 1993/国家教育委员会高校学生司,中国高教学会高校招生研究会编.—北京:中央编译出版社,1995.1.—343页;20cm

ISBN 7-80109-063-2: ¥12.00

G647.32-62 021966

高考升学指南/江苏省高校招生办公室编.—南京:河海大学出版社,1995.4.—292页;19cm

ISBN 7-5630-0799-7: ¥6.60

G647.38 021967

大学毕业生成功就业200问/聂荣华等编著.—长沙:湖南大学出版社,1995.12.—233页;20cm

ISBN 7-81053-007-0: ¥9.50

G647.38 021968

大学毕业生就业指南/聂荣华,张华主编.—长沙:湖南科学技术出版社,1995.10.—226页;20cm

ISBN 7-5357-1883-3: ¥7.90

G647.38 021969

大学生就业导论/黄德富主编.—南京:东南大学出版社,1995.12.—267页;19cm

ISBN 7-81050-126-7: ¥9.50

G647.38 021970

大学生就业指导/焦述清主编;国家教育委员会全国高等学校毕业生就业指导中心编.—北京:高等教育出版社,1995.8.—252页;20cm

高等学校试用教材

ISBN 7-04-005539-2: ¥6.60

G647.38 021971

大学生就业指导/涂益杰,许克毅主编.—西安:西安电子科技大学出版社,1995.10.—292页;19cm

ISBN 7-5606-0409-9: ¥8.50

G647.38 021972

大学生择业指导概论/李培俊等主编.—东营:石油大学出版社,1995.4.—272页;20cm

ISBN 7-5636-0628-9: ¥6.40

G647.38 021973

当代大学生择业指南/刘家琦主编.—哈尔滨:哈尔滨工业大学出版社,1995.11.—308页;19cm

ISBN 7-5603-1113-X: ¥10.00

G647.38 021974

走向明天:大学毕业生择业侃谈/万钧主编;谢晓国等编著.—南昌:百花洲文艺出版社,1995.10.—234页;20cm

ISBN 7-80579-674-2: ¥6.10

①G647.38②C913.2 021975

大学生毕业生择业指导/张殿发主编.—沈阳:东北大学出版社,1995.1.—241页;19cm

ISBN 7-81006-942-X: ¥6.60

G647.4 021976

大学收费与学生资助政策/国家教育委员会财务司编.—北京:高等教育出版社,1995.10.—76页;19cm

供教育管理工作者使用

ISBN 7-04-005420-5: ¥3.00

G647.4 021977

大学收费与学生资助政策/国家教育委员会财务司编.—北京:高等教育出版社,1995.10.—42页;19cm

供学生使用

ISBN 7-04-005494-9: ¥2.00

G647.4 021978

高等林业院校资金管理和办学经济效益研究/崔俊岭主编;《高等林业院校资金管理和办学经济效益研

究》课题组编.—北京:中国林业出版社,1995.7.—241页;20cm
ISBN 7-5038-1522-1:¥8.80

G647.4 021979
高等学校后勤管理/蒋景华,卜中和主编.—北京:北京师范大学出版社,1995.11.—505页;20cm.—(中国高等教育管理研究丛书)
中国大学管理人员培训教材
ISBN 7-303-03444-7:¥20.00

G647.4 021981
高等学校学生宿舍管理备览/徐龙伟,孔剑平主编.—太原:山西人民出版社,1995.8.—310页;20cm
ISBN 7-203-03370-8:¥15.00

G647.4 021982
高校后勤研究与探索/宋占臣,张建胜主编.—哈尔滨:哈尔滨工程大学出版社,1995.3.—235页;20cm
ISBN 7-81007-550-0:¥8.00

G647.4 021983
教育财会改革与市场经济/冒瑞林等主编.—徐州:中国矿业大学出版社,1995.9.—445页;20cm
ISBN 7-81040-387-7:¥10.00

G647.4 021984
上海高校后勤改革探索/张子元主编.—上海:上海财经大学出版社,1995.11.—211页;20cm
ISBN 7-81049-019-2:¥10.00

G647.4 021985
天津高校财会改革与探讨/天津市高等教育会计学会编.—天津:天津大学出版社,1995.12.—268页;20cm
ISBN 7-5618-0824-0:¥10.00

G647.4-53 021986
高校后勤改革论文集/吕忠生主编.—北京:北京工业大学出版社,1995.12.—184页;20cm
ISBN 7-5639-0488-3:¥6.00

G647.4-53 021987
高校后勤育人论/刘洪森等主编.—东营:石油大学出版社,1995.9.—365页;20cm
ISBN 7-5636-0728-5:¥9.80

G648 021988
高校联合的理论与实践/叶春生,葛锁网主编.—苏州:苏州大学出版社,1995.11.—269页;20cm
ISBN 7-81037-181-9:¥12.80

G648.2 021989
高等农林院校新生必读/国家教委高教司编.—北京:教育科学出版社,1995.7.—141页;19cm
ISBN 7-5041-1494-4:¥5.00

G648.9 021990
攻玉论:关于廿世纪初期中国文人赴日留学的研究/靳明全著.—贵阳:贵州人民出版社,1995.5.—356页;20cm
ISBN 7-221-03871-6(精装):¥18.50

G648.9 021991
留学与救国:抗战时期海外学人群像/王奇生著.—桂林:广西师范大学出版社,1995.12.—321页;20cm.—(抗日战争史丛书·抗日战争史丛书续编·综合系列/王桧林主编)
ISBN 7-5633-2183-7:¥17.30

G648.9 021992
中国留学教育问题/黄新宪主编.—长沙:湖南教育出版社,1995.11.—293页;20cm.—(中国教育问题研究丛书 /张诗亚主编)
ISBN 7-5355-2259-9:¥13.50

G649 021993
中美日三国高等教育比较研究/强连庆主编 .—上海:复旦大学出版社,1995.10.—255页;20cm
ISBN 7-309-01574-6:¥14.00

G649.2 021994
1994年全国高等学校社科统计资料汇编/中华人民共和国国家教育委员会社科司编.—北京:高等教育出版社,1995.12.—417页;26cm
ISBN 7-04-005748-4(精装):¥60.00

G649.2 021995
广东高等教育与社会主义市场经济/许学强主编.—广州:广东高等教育出版社,1995.9.—313页;20cm
ISBN 7-5361-1760-4:¥12.00

G649.21 021996
改革·探索:高校改革新思路/王波,韩向利主编.—济南:山东友谊出版社,1995.4.—206页;19cm
ISBN 7-80551-703-7:¥8.60

G649.21 021997
高等工程专科教育改革 1994:第二批专业教学改革试点方案汇编/国家教育委员会高等教育司编.—北京:高等教育出版社,1995.6.—398页;26cm
ISBN 7-04-005465-5:¥24.95

G649.21 021998
高等教育改革的理论与实践/马秀莲,杨曜根主编.—哈尔滨:哈尔滨工程大学出版社,1995.4.—374页;20cm.—(黑龙江高教育研究论丛;3)
ISBN 7-81007-554-3:¥9.80

G649.21 021999
积极推进高等教育体制改革:全国高等教育体制改革座谈会文件汇编/国家教育委员会高等教育司编.—北京:中国铁道出版社,1995.9.—211页;20cm
ISBN 7-113-02064-X:¥9.50

G649.21 022000
在探索中前进:杭州大学教务处教学改革文集/陆坚主编.—杭州:杭州大学出版社,1995.8.—407页;20cm
ISBN 7-81035-753-0:¥11.00

G649.28 022001
普通高等学校工程专科专业目录和专业简介/国家教育委员会高等教育司编.—北京:高等教育出版社,1995.5.—447页;19cm
ISBN 7-04-005488-4:¥12.60

G649.28 022002
中国含地质类专业高等院校(系)概览/熊曾熙等主编.—北京:地质出版社,1995.12.—188页;26cm
ISBN 7-116-02075-6:¥21.50

G649.28-62 022003

新编报考高等院校简明手册/石耀焜,聂荣华主编.—2版(修订版).—长沙:湖南科学技术出版社,1995.4.—299页;19cm

ISBN 7-5357-0313-5:¥8.80

G649.281　022004

北京农业大学校史:1949~1987/王步峥主编;北京农业大学校史资料征集小组编著.—北京:北京农业大学出版社,1995.9.—644页:照片;20cm

ISBN 7-81002-732-8:¥25.00

G649.281　022005

北邮学生指南/王德宠主编.—修订本.—北京:北京邮电大学出版社,1995.5.—217页;20cm

ISBN 7-5635-0215-7:¥6.50

G649.281　022006

清华大学:中国/江崇廓等编著.—长沙:湖南教育出版社,1995.11.—282页:照片;20cm.—(世界著名学府丛书/曹先捷主编)

ISBN 7-5355-2271-8:¥8.75

G649.281　022007

清华校友通讯丛书　复31册/清华校友总会编.—北京:清华大学出版社,1995.4.—208页;20cm

ISBN 7-302-01829-4:¥0.00

G649.281　022008

日军铁蹄下的清华园/朱育和,陈兆玲主编.—北京:清华大学出版社,1995.12.—233页;20cm

ISBN 7-302-02012-4:¥12.00

G649.281　022009

燕大文史资料　第九辑/冰心,萧乾主编;燕大文史资料编委会编.—北京:北京大学出版社,1995.11.—511页:照片;20cm

ISBN 7-301-02899-7:¥18.00

G649.281-54　022010

北京高等教育年鉴　1994/北京市高等教育局编.—北京:高等教育出版社,1995.11.—533页;20cm

ISBN 7-04-005715-8:¥21.90

G649.282.1　022011

百年辉煌:北洋大学——天津大学/左森,胡如光编.—天津:天津大学出版社,1995.8.—485页;20cm

ISBN 7-5618-0791-0:¥16.00

G649.282.1　022012

北洋大学——天津大学校史　第二卷:1949年1月~1985年12月/北洋大学—天津大学校史编辑室编.—天津:天津大学出版社,1995.9.—430页:照片;20cm

ISBN 7-5618-0757-0:¥28.00

G649.282.1　022013

天津大学精密仪器工程系简史:1952~1995/庞振基,张国雄主编;系史编写组编.—天津:天津大学出版社,1995.9.—257页:照片;20cm

ISBN 7-5618-0803-8:¥12.00

G649.282.1　022014

天津旧南开学校覆没记:侵华日军1937年7月29-30日轰炸纵火全部毁没天津南开学校罪行录/申泮文编著.—天津:南开大学出版社,1995.7.—58页:照片;20cm

ISBN 7-310-00862-6:¥4.50

G649.282.2　022015

河北医学院院志:1915~1991/赵荣伦主编.—石家庄:河北科学技术出版社,1995.3.—579页:照片;26cm

ISBN 7-5375-1446-1(精装):¥90.00

G649.283.1　022016

东北大学校志　第二卷:东北工学院卷　上册:1949.2~1987.12/杨佩祯主编;校志办公室编.—沈阳:东北大学出版社,1995.7.—480页:照片;26cm

ISBN 7-81006-919-5(精装):¥70.00

G649.283.1　022017

辽宁大学规章制度选编/顾奎相主编;辽宁大学规章制度编辑委员会编.—沈阳:辽宁大学出版社,1995.12.—586页;20cm

ISBN 7-5610-3163-7:¥20.00

G649.283.5　022018

面向21世纪　建一流大学:哈尔滨工业大学75周年校庆/李家宝主编.—哈尔滨:哈尔滨工业大学出版社,1995.6.—294页;20cm

ISBN 7-5603-1004-4:¥7.50

G649.284.1　022019

宝鸡文理学院院史:1975~1995/赵尚东主编.—西安:西北工业大学出版社,1995.9.—238页;20cm

ISBN 7-5612-0799-9:¥18.00

G649.284.1　022020

西安工业学院校史:1955~1995/西安工业学院编写委员会编.—西安:陕西科学技术出版社,1995.1.—381页;20cm.—(中国兵器工业史丛书)

ISBN 7-5369-0427-4:¥9.00

G649.285.3　022021

(中国)南京大学/龚放,冒荣编著.—长沙:湖南教育出版社,1995.5.—266页:照片;20cm.—(世界著名学府)

ISBN 7-5355-2074-X:¥8.60

G649.285.3　022022

金陵女儿/《金陵女儿》编写组编.—南京:江苏教育出版社,1995.8.—437页;20cm

ISBN 7-5343-2419-X:¥12.25

G649.285.3-54　022023

东南大学年鉴　1994/郭学军主编;东南大学校长办公室编.—南京:东南大学出版社,1995.12.—431页;20cm

ISBN 7-81050-072-4:¥25.00

G649.285.5　022024

浙大校友　1995(下)/胡建雄主编;浙江大学校友总会编.—杭州:浙江大学出版社,1995.12.—235页;20cm

ISBN 7-308-01682-X:¥7.00

G649.286.1　022025

河南高校创先争优荟萃:1993~1994/亓国瑞,彭学敏主编.—开封:河南大学出版社,1995.8.—207页;20cm

ISBN 7-81041-249-3:¥5.90

G649.286.3 022026

武大校友通讯/武汉大学校友总会编.—武汉:武汉大学出版社,1995.10.—174页:照片;20cm

ISBN 7-307-02059-9:¥7.00

G649.286.3 022027

武汉大学:汉英对照.—武汉:武汉大学出版社,1995.11.—28页:彩照;29cm

ISBN 7-307-02070-X:¥25.00

G649.286.3 022028

中南政法学院史稿:1948~1994年/萧伯符主编.—武汉:武汉大学出版社,1995.4.—182页;20cm

ISBN 7-307-01960-4:¥10.00

G649.286.5 022029

山高水长:中山大学七十周年校庆荟萃/中山大学校长办公室编.—广州:中山大学出版社,1995.4.—107页;29cm

ISBN 7-306-01021-2:¥80.00

①G649.287.4②K266.51 022030

云大风云/杨知勇主编;云南大学老战友联谊会编.—昆明:云南大学出版社,1995.11.—473页:照片;20cm

ISBN 7-81025-607-6:¥15.00

G649.29 022031

百年留学潮/邱岭,范闽仙编著.—福州:福建教育出版社,1995.4.—186页;19cm.—(当代中学生丛书)

ISBN 7-5334-1390-3:¥3.75

G649.29 022032

河南高教90年:1902~1991/马纺编.—开封:河南大学出版社,1995.5.—360页;20cm

ISBN 7-81041-209-4:¥10.00

G649.29 022033

教会大学在近现代中国/谭双泉著.—长沙:湖南教育出版社,1995.8.—244页;19cm

ISBN 7-5355-2241-6:¥6.80

G649.299 022034

中国古代书院发展史/白新良著.—天津:天津大学出版社,1995.5.—301页;20cm

ISBN 7-5618-0745-7:¥10.00

G649.299 022035

中国历代书院志/赵所生,薛正兴主编.—影印本.—南京:江苏教育出版社,1995.9.—16册;26cm

ISBN 7-5343-2327-4(精装):¥2300.00

G649.299.56 022036

白鹿洞书院/李科友,黎华著.—南昌:江西美术出版社,1995.4.—30页:彩照;19cm.—(白鹿洞书院丛书;7)

ISBN 7-80580-199-1:¥2.00

G649.299.56 022037

白鹿洞书院碑记集/李才栋,熊庆年编撰.—南昌:江西教育出版社,1995.8.—310页;20cm.—(白鹿洞书院研究丛书;2)

ISBN 7-5392-1076-1(精装):¥16.00

G649.299.56 022038

白鹿洞书院古志五种/李梦阳等编;白鹿洞书院古志整理委员会整理.—北京:中华书局,1995.11.—2册(1446页);20cm

ISBN 7-101-01460-7(精装):¥68.00

G649.313 022039

日本高等教育与赴日留学总览/刘翠玲主编;国家教委留学服务中心编.—北京:北京语言学院出版社,1995.4.—462页;26cm

ISBN 7-5619-0327-8:¥27.00

G649.511.28 022040

(俄罗斯)莫斯科大学/卫道治编著.—长沙:湖南教育出版社,1995.5.—162页:照片;20cm.—(世界著名学府)

ISBN 7-5355-2073-1:¥5.80

G649.561 022041

英国高等科技教育/殷企平著.—杭州:杭州大学出版社,1995.3.—190页;20cm.—(钱塘青年学者论丛)

ISBN 7-81035-725-5:¥5.00

G649.561.28 022042

(英国)伦敦大学/王承绪编著.—长沙:湖南教育出版社,1995.6.—318页:照片;20cm.—(世界著名学府)

ISBN 7-5355-2110-X:¥10.00

G649.561.29 022043

英国的高等教育历史、现状/张泰金著.—上海:上海外语教育出版社,1995.6.—314页;20cm

ISBN 7-81009-974-4:¥12.00

G65 师范教育

G65 022044

高师生活导论/成长春主编.—徐州:中国矿业大学出版社,1995.8.—228页;20cm

ISBN 7-81040-401-6:¥6.80

G65 022045

民族地区师专教育模式的探索与实践/罗时法主编;黔南民族师范高等专科学校著.—贵阳:贵州教育出版社,1995.3.—153页;20cm

ISBN 7-80583-631-0:¥7.90

G650 022046

师范教育学/张燕镜主编.—福州:福建教育出版社,1995.6.—457页;20cm.—(教育学丛书/叶立群主编)

ISBN 7-5334-1709-7:¥23.65

G650 022047

中小学教师继续教育的理论与实践/武敏等主编;哈尔滨市教委、哈尔滨市教育学院编.—哈尔滨:黑龙江教育出版社,1995.8.—260页;19cm

ISBN 7-5316-2744-2:¥6.00

G650-53 022048

师专教育研究与实践:零陵师专十年改革论文选/周嗣海等主编.—长沙:湖南出版社,1995.12.—467页;20cm

ISBN 7-5438-1074-3:¥18.30

G651 022049

高师学生思想道德修养/刘和忠,杨丽主编.—长春:

东北师范大学出版社,1995.6.—260页;19cm
国家教委"两课"改革试点院校试用教材
ISBN 7-5602-1650-1:¥8.50

G652.0　　022050
贯彻《三年制中等师范学校教学方案(试行)》研究/贯彻《三年制中等师范学校教学方案》研究课题组编.—开封:河南大学出版社,1995.8.—349页;19cm
ISBN 7-81041-250-7:¥9.80

G652.44-62　　022051
高师学生实习指南/杨光彦主编.—重庆:西南师范大学出版社,1995.9.—306页;20cm
ISBN 7-5621-1363-7:¥7.00

G657.4　　022052
高师财务管理研究/冒顺安主编.—北京:首都师范大学出版社,1995.9.—332页;20cm
ISBN 7-81039-612-9:¥8.50

G658.3　　022053
中国师范院校学生手册/李燕杰等编写.—北京:高等教育出版社,1995.8.—192页;20cm
ISBN 7-04-005526-0:¥9.80

G658.3-53　　022054
奠基·探索·发展:献给河北农业技术师范学院建院十周年/王宗一,汤生玲主编.—北京:中国农业科技出版社,1995.11.—305页;20cm
ISBN 7-80119-104-8:¥18.00

G659.285.2　　022055
山东师范大学:汉英对照/宋建国编撰.—济南:山东画报出版社,1995.8.—36页;29×28cm
ISBN 7-80603-038-7:¥36.00

G659.286.7-54　　022056
广西师范大学年鉴　1992/张昌武,黄荫荣主编.—桂林:广西师范大学出版社,1995.9.—240页:照片;20cm
ISBN 7-5633-2070-9:¥8.50

G7 各类教育

G71 职业技术教育

G71　　022057
中国职业技术教育机构概览/《中国职业技术教育》编辑部等主编.—北京:中国书籍出版社,1995.5.—591页;26cm
ISBN 7-5068-0445-X(精装):¥120.00

G71-53　　022058
改革中的中国企业教育:全国企业教育综合改革研讨会论文集/郝铁生,谈全政主编.—兰州:兰州大学出版社,1995.8.—426页;20cm
ISBN 7-311-00905-7:¥18.00

G710　　022059
创业教育论集/胡晓风著.—成都:四川教育出版社,1995.9.—435页:照片;20cm.—(四川生活教育社丛书)
ISBN 7-5408-2730-0:¥15.00

G710　　022060
农村初等职业教育的理论与实践/纪芝信,曾子达主编.—沈阳:辽宁大学出版社,1995.5.—249页;20cm
ISBN 7-5610-2969-1:¥10.00

G710　　022061
职教实验研究新苑/钟毓锴等著.—沈阳:辽宁人民出版社,1995.3.—462页:彩图;20cm
ISBN 7-205-03303-9:¥15.00

G710　　022062
职业技术教育学/纪芝信主编;中国教育学会教育学研究会编.—福州:福建教育出版社,1995.12.—422页;20cm.—(教育学丛书/叶立群主编)
ISBN 7-5334-1707-0:¥15.30

G710　　022063
职业教育论丛/陈国平,王永祥主编.—重庆:重庆出版社,1995.10.—387页;20cm
ISBN 7-5366-3289-4:¥18.00

G710　　022064
职业教育学/郝庭智主编.—北京:中国农业科技出版社,1995.11.—440页;20cm
ISBN 7-80119-049-1:¥14.60

G711　　022065
道德·法律/汪建主编.—长沙:湖南出版社,1995.6.—260页;19cm
中等专业学校教材
ISBN 7-5438-1000-X:¥4.95

G711　　022066
科学世界观与当代社会发展/张建隆主编.—昆明:云南民族出版社,1995.8.—198页;19cm
中等职业技术学校教材:试用
ISBN 7-5367-1027-5:¥7.50

G711　　022067
跨世纪学生思想品德修养/张建隆主编.—昆明:云南民族出版社,1995.6.—267页;19cm
中等职业技术学校教材
ISBN 7-5367-1028-3:¥8.00

G711-44　　022068
《国情》习题集/中等职业技术学校政治教材习题丛书编写组编.—北京:中国商业出版社,1995.7.—2册;19cm.—(中等职业技术学校政治教材习题丛书)
ISBN 7-5044-2950-3:¥6.00

G712　　022069
现代职教课程论研究/俞立,郭扬主编.—北京:中国科学技术出版社,1995.12.—350页;20cm
ISBN 7-5046-2090-4:¥14.00

G712　　022070
职业高级中学优秀教案选/北京市职业技术教育中心编.—北京:高等教育出版社,1995.5.—223页;19cm
ISBN 7-04-005044-7:¥4.40

G712　　022071
职业中学课程体系研究/尚元明主编.—苏州:苏州大学出版社,1995.7.—184页;20cm

ISBN 7-81037-154-1: ¥12.00

G715 022072

职业技术教育教师学/董操等编.—东营:石油大学出版社,1995.1.—297页;20cm

ISBN 7-5636-0587-8: ¥9.80

G715 022073

职业教育教师学/宋同荣等主编.—海口:南海出版公司,1995.7.—260页;20cm

ISBN 7-5442-0547-9: ¥11.80

G715 022074

职业学校学生学习方法指导/蒋金镛,郭恒仪主编;定正章等编写.—武汉:湖北教育出版社,1995.2.—166页;19cm

ISBN 7-5351-1653-1: ¥3.80

G715-62 022075

现代中专生手册/丁保朗主编 .—杭州:浙江人民出版社,1995.7.—277页;20cm

ISBN 7-213-01262-2: ¥8.50

G715-62 022076

中国职业学校学生手册/李燕杰等编写.—北京:高等教育出版社,1995.8.—192页;20cm

ISBN 7-04-005525-2: ¥9.80

G715-62 022077

中国中等专业学校学生手册/《中国中等专业学校学生手册》编写组编.—北京:高等教育出版社,1995.8.—192页;20cm

ISBN 7-04-005527-9: ¥9.80

G718.1 022078

技工学校管理简明教程/费重阳,福健主编.—北京:中国劳动出版社,1995.10.—333页;20cm

职工教育管理干部和教师培训用书

ISBN 7-5045-1807-7: ¥16.50

G718.1 022079

全国技工学校招生考试职业能力应试辅导与练习/任清晨主编;秦宝利等编.—北京:民族出版社,1995.5.—227页;26cm

ISBN 7-105-02422-4: ¥9.50

G718.1 022080

生产实习教学概论/林日新,陈性永编.—北京:化学工业出版社,1995.5.—132页;19cm

技工学校教学用书

ISBN 7-5025-1461-9: ¥8.00

G718.2 022081

丰台区职业高中经验汇编　第六期/滑淑荣主编;丰台区教委职教科编.—北京:北京工业大学出版社,1995.12.—180页;20cm

ISBN 7-5639-0492-1: ¥9.00

G718.2 022082

国家教委认定第二批省级重点职业高级中学简介/国家教育委员会职业技术教育司编.—北京:高等教育出版社,1995.1.—495页;20cm

ISBN 7-04-004859-0: ¥13.50

①G718.2②C931.46-41 022083

全国职业高级中学文秘专业教学计划及部分专业课程教学大纲汇编/国家教育委员会职业技术教育司编.—北京:高等教育出版社,1995.6.—51页;20cm

ISBN 7-04-005504-X: ¥1.80

①G718.2②F713-41 022084

全国职业高级中学商品经营专业教学计划及专业课程教学大纲汇编/国家教育委员会职业技术教育司编.—北京:高等教育出版社,1995.6.—48页;20cm

ISBN 7-04-005505-8: ¥1.70

G718.3 022085

教学与辅导:1995级政治、数学、语文等专辑/中央农业广播电视学校主办.—北京:中国农业出版社,1995.11.—48页;26cm

农业经济与管理、贸易经济,企业经营管理、市场营销,会计统计与审计专业用

ISBN 7-109-04179-4: ¥2.00

G718.3 022086

中央农业广播电视学校中等机电专业教学计划及教学辅导大纲汇编/中央农业广播电视学校主编.—2版.—北京:中国农业出版社,1995.12.—205页;26cm

ISBN 7-109-04073-9: ¥8.80

G718.3 022087

中专校管理论/孙永昶主编.—海口:南海出版公司,1995.7.—270页;19cm

ISBN 7-5442-0233-X: ¥9.80

G718.3-53 022088

重点中专办学经验文集/袁吉林,胡耀华主编;《职教论坛》编辑部编.—北京:中国书籍出版社,1995.9.—2册;20cm.—(中国职业技术学校办学经验文集;2)

ISBN 7-5068-0493-X: ¥30.00

G719 022089

第二个出口:职业教育大潮的历史归宿/高建桐主编;寿涌等编著.—南昌:江西高校出版社,1995.12.—354页;19cm

ISBN 7-81033-478-6: ¥10.80

G719.2 022090

CBE理论与在中国职教中的实践/邓泽民编著.—北京:煤炭工业出版社,1995.4.—139页;26cm

ISBN 7-5020-1149-8: ¥10.50

G719.2 022091

势在必行:关于职业教育的思考/石其伟著.—上海:上海社会科学院出版社,1995.3.—199页;19cm

ISBN 7-80618-040-0: ¥7.00

G719.2 022092

现代企业与职业技术教育/沈纯道主编.—北京:中国建材工业出版社,1995.9.—234页;19cm

ISBN 7-80090-453-9: ¥11.80

G719.2-64 022093

中国职业技能开发:中国改革成就专题画册/中华人民共和国劳动部职业技能开发司,中国画报出版社北京华夏专题图片资料中心编.—北京:中国画报出版社,1995.11.—2册;33cm.—(中国改革成就专题画册)

ISBN 7-80024-067-3(精装): ¥0.00

G719.285.2 022094

山东职业教育大事记:1840~1994/赵维东,张思凯

主编.—北京:中国商业出版社,1995.7.—413页;20cm
ISBN 7-5044-2517-6:¥18.80

G72 成人教育、业余教育

G72　022095
继续教育导论/钟定华,张世高主编.—广州:广东人民出版社,1995.11.—348页;20cm
ISBN 7-218-01971-4:¥15.00

G72-53　022096
成人教育与社会发展:中英成人教育国际会议论文集/常立学,卞奎主编.—济南:山东教育出版社,1995.8.—445页;20cm
ISBN 7-5328-2232-X:¥24.00

G720　022097
成人管理教学/李永涛主编.—北京:北京科学技术出版社,1995.8.—311页;20cm
ISBN 7-5304-1780-0:¥15.00

G720　022098
成人教育发展改革的理论与实践/陈乃林主编.—南京:江苏教育出版社,1995.10.—240页;20cm
ISBN 7-5343-2593-5:¥7.95

G720　022099
成人教育学/张维主编;中国教育学会教育学研究会编.—福州:福建教育出版社,1995.8.—416页;20cm.—(教育学丛书/叶立群主编)
ISBN 7-5334-1708-9:¥22.05

G720　022100
成人教育学/陈明欣等主编.—东营:石油大学出版社,1995.8.—336页;20cm
ISBN 7-5636-0739-0:¥9.60

G720　022101
成人教育学/季东亮,毕田增主编.—哈尔滨:黑龙江教育出版社,1995.10.—307页;20cm
ISBN 7-5316-2157-6:¥8.80

G720　022102
湖南普通高等学校成人教育研究文选　第七辑/胡家楷主编;湖南普通高等学校成人教育研究会编.—长沙:中南工业大学出版社,1995.9.—392页;19cm
ISBN 7-81020-785-7:¥13.00

G722　022103
扫盲教学论/李春祥,侯占新主编.—郑州:河南人民出版社,1995.12.—343页;19cm
ISBN 7-215-03619-7:¥6.00

G722.4　022104
成人字族文识字读本/鄢文俊主编.—北京:中共中央党校出版社;郑州:海燕出版社,1995.10.—145页;19cm.—(字族文识字法应用系列)
ISBN 7-5035-1310-1:¥5.40

G722.4　022105
认识与行动:妇女扫盲/( )柯莱波斯卡著.—北京:中国对外翻译出版公司,1995.1.—56页;19cm
著者原题:克里斯蒂娜·柯莱波斯卡
ISBN 7-5001-0320-4:¥2.20

G723　022106
成人高等教育《专业证书》教学班考试辅导用书:政治·语文·数学/于涛主编.—沈阳:辽宁人民出版社,1995.4.—255页;19cm
ISBN 7-205-03318-7:¥8.00

G723.4　022107
成人高考复习丛书:历史/李道楷主编;李汝鋆等编.—修订版.—广州:广东高等教育出版社,1995.10.—442页;19cm
ISBN 7-5361-1296-3:¥13.00

G723.4　022108
成人高考复习丛书:语文/李道楷主编;黄允刚等编.—修订版.—广州:广东高等教育出版社,1995.10.—568页;19cm
ISBN 7-5361-1293-9:¥16.50

G723.4　022109
各类成人中等专业学校招生考试复习指导:政治·语文·数学/辽宁省高中等教育招生考试委员会办公室编.—沈阳:辽宁人民出版社,1995.11.—401页;19cm
ISBN 7-205-03497-3:¥14.00

G723.4　022110
广东省成人高中课本:地理/广东省教育厅编.—广州:广东人民出版社,1995.1.—310页;19cm
ISBN 7-218-01487-9:¥7.80

G723.4　022111
历史·地理/中国成人教育协会成人高中等学校招生研究会组编.—2版.—沈阳:辽宁人民出版社,1995.8.—303页;26cm
全国成人高考复习用书
ISBN 7-205-03124-9:¥14.00

G723.4　022112
全国成人高考复习用书练习题及参考答案:历史·地理/中国成人教育协会成人高中等学校招生研究会组编.—沈阳:辽宁人民出版社,1995.8.—91页;26cm
ISBN 7-205-03414-0:¥6.00

G723.4　022113
全国成人高考复习用书练习题及参考答案:物理·化学/中国成人教育协会成人高中等学校招生研究会组编.—沈阳:辽宁人民出版社,1995.8.—55页;26cm
ISBN 7-205-03434-5:¥6.00

G723.4　022114
全国成人高考复习用书练习题及参考答案:政治·语文·数学:理科/中国成人教育协会成人高中等学校招生研究会组编.—沈阳:辽宁人民出版社,1995.8.—96页;26cm
ISBN 7-205-03415-9:¥8.00

G723.4　022115
全国成人高考复习用书练习题及参考答案:政治·语文·数学:文科/中国成人教育协会成人高中等学校招生研究会组编.—沈阳:辽宁人民出版社,1995.8.—86页;26cm
ISBN 7-205-03413-2:¥8.00

G723.4　022116

全国成人高考试题汇编:1990~1995/福州教育学院编.—厦门:鹭江出版社,1995.12.—304页;26cm

ISBN 7-80610-288-4:¥16.00

G723.4 022117

全国各类成人高等学校统一招生考试模拟试题集:物理、化学分册/北京市成人教育考试办公室组编.—北京:中央广播电视大学出版社,1995.2.—186页;26cm

ISBN 7-304-01148-3:¥8.50

G723.4 022118

物理·化学/中国成人教育协会成人高中等学校招生研究会组编.—2版.—沈阳:辽宁人民出版社,1995.8.—257页;26cm

全国成人高考复习用书

ISBN 7-205-03122-2:¥14.00

G723.4 022119

新编成人高考考试复习总汇:重点、难点解析/张庆峰,郑宝风主编.—北京:中国国际广播出版社,1995.9.—223页;26cm

1996、1997年两年通用本 文史财经类

ISBN 7-5078-1259-6:¥17.50

G723.4 022120

新编成人高考考试复习总汇:重点、难点解析/张庆峰,郑宝风主编.—北京:中国国际广播出版社,1995.9.—244页;26cm

1996、1997年两年通用本 理工农医类

ISBN 7-5078-1260-X:¥18.00

G723.4 022121

新编全国成人高考同步应试指导:理科/全国成人高考同步应试指导编审组编写.—北京:科学普及出版社,1995.5.—441页;26cm.—(全国各类成人高等学校招生考试应试指导丛书)

ISBN 7-110-02937-9:¥33.80

G723.4 022122

新编全国成人高考同步应试指导:文科/全国成人高考同步应试指导编审组编写.—北京:科学普及出版社,1995.5.—400页;26cm.—(全国各类成人高等学校招生考试应试指导丛书)

ISBN 7-110-02936-0:¥33.80

G723.4 022123

政治·语文·数学:理科/中国成人教育协会成人高中等学校招生研究会组编.—2版.—沈阳:辽宁人民出版社,1995.8.—428页;26cm

全国成人高考复习用书

ISBN 7-205-03123-0:¥22.00

G723.4 022124

政治·语文·数学:文科/中国成人教育协会成人高中等学校招生研究会组编.—2版.—沈阳:辽宁人民出版社,1995.8.—407页;26cm

全国成人高考复习用书

ISBN 7-205-03125-7:¥22.00

G723.4 022125

最新各类成人高考复习指导/吴宪民,王志勇主编.—石家庄:河北人民出版社,1995.6.—9册;19cm

ISBN 7-202-01744-X:¥92.80

G723.4 022126

最新各类成人高考应试习题解答:政治、语文、数学、历史、地理/周振举,李增福主编.—沈阳:东北大学出版社,1995.6.—387页;26cm

全国各类成人高等学校招生复习考试大纲

ISBN 7-81006-979-9:¥26.00

G723.4 022127

最新全国成人高考全真试题分类汇编:理科本/全国成人高考命题研究小组编著.—北京:经济科学出版社,1995.11.—459页;26cm

ISBN 7-5058-0849-4:¥36.00

G723.4 022128

最新全国成人高考全真试题分类汇编:文科本/全国成人高考命题研究小组编著.—北京:经济科学出版社,1995.10.—483页;26cm

ISBN 7-5058-0848-6:¥36.90

G723.42 022129

道德与法律/国家教委成人教育司编.—沈阳:辽宁人民出版社,1995.6.—187页;19cm

全国成人中专政治理论课统编教材

ISBN 7-205-03336-5:¥5.80

G723.42 022130

各类成人高考政治综合复习指要/王生等编.—沈阳:辽宁民族出版社,1995.2.—131页;26cm.—(全国各类成人高考复习指导丛书)

ISBN 7-80527-477-0:¥7.00

G723.42 022131

新编成人高考政治应试指南/北京成人高考政治编写组编.—北京:宇航出版社,1995.9.—277页;19cm

ISBN 7-80034-802-4:¥12.00

G723.42 022132

政治/顾广泰主编.—天津:天津教育出版社,1995.6.—280页;19cm

天津市成人高级中学课本

ISBN 7-5309-2359-5:¥8.50

G723.42 022133

政治/苑儒颖,刘金相主编;四省市联合编写组编.—2版.—天津:天津科学技术出版社,1995.9.—313页;19cm.—(各类成人高考简明复习丛书)

ISBN 7-5308-1767-1:¥7.80

G723.42 022134

政治/黑龙江教育学院成人教育研究部编.—哈尔滨:黑龙江教育出版社,1995.4.—95页;19cm.—(各类成人中专招生考试指导丛书)

ISBN 7-5316-2546-6:¥2.10

G723.42 022135

政治/赖德恩主编;广州市成人教育教学研究室编.—修订版.—广州:广东高等教育出版社,1995.10.—383页;19cm.—(成人高考复习丛书/李道楷主编)

ISBN 7-5361-1294-7:¥11.00

G723.42 022136

政治 (上)/秦力,坚实编.—长春:东北师范大学出

版社,1995.8.—208页;19cm
吉林广播电视大学附设中专教材
ISBN 7-5602-1615-3:¥5.50

G723.42　022137
政治　(下)/李恒春,李志民编.—长春:东北师范大学出版社,1995.8.—201页;19cm
吉林广播电视大学附设中专教材
ISBN 7-5602-1615-3:¥5.50

G723.421　022138
辩证唯物主义基本原理解题指导/石瑞峰,王洵主编.—北京:高等教育出版社,1995.4.—130页;19cm
全国成人中专政治理论课统编教材
ISBN 7-04-005332-2:¥3.00

G723.43　022139
全国各类成人高考文科标准化习题解答/马绍明等编写.—沈阳:辽宁人民出版社,1995.7.—454页;26cm
ISBN 7-205-03310-1:¥22.00

G723.43　022140
语文/张盛如主编.—6版.—北京:高等教育出版社,1995.5.—429页;26cm.—(各类成人高考复习指导丛书)
附解题指导
ISBN 7-04-005023-4:¥14.60

G723.43　022141
语文/石海主编.—天津:天津教育出版社,1995.6.—416页;19cm
天津市成人高级中学课本
ISBN 7-5309-2358-7:¥11.00

G723.43　022142
语文/薛丽敏等编.—长春:东北师范大学出版社,1995.6.—384页;19cm
吉林广播电视大学附设中专教材
ISBN 7-5602-1621-8:¥10.50

G723.43　022143
语文/黑龙江省教育学院成人教育研究部编.—哈尔滨:黑龙江教育出版社,1995.3.—201页;19cm.—(各类成人中专招生考试复习指导丛书)
ISBN 7-5316-2545-8:¥3.80

G723.43　022144
语文基础知识/北京市成人教育教学研究室编.—北京:高等教育出版社,1995.4.—308页;20cm
全国成人中等专业学校教材
ISBN 7-04-005319-5:¥6.65

G723.43　022145
阅读与习作　上册/北京市成人教育教学研究室编.—北京:高等教育出版社,1995.4.—282页;20cm
全国成人中等专业学校教材 现代文秘专业系列教材
ISBN 7-04-005320-9:¥5.90

G723.441　022146
英语:试用本/上海市成人中等学校教材编写组编.—上海:上海教育出版社,1995.8.—479页;19cm
成人中等学校高中课本
ISBN 7-5320-4464-5:¥7.80

G723.451　022147
历史/孟广恒主编.—6版.—北京:高等教育出版社,1995.4.—315页;26cm.—(各类成人高考复习指导丛书)
附解题指导
ISBN 7-04-005030-7:¥11.70

G723.451　022148
历史/刘锡正主编.—天津:天津教育出版社,1995.6.—467页;19cm
天津市成人高级中学课本
ISBN 7-5309-2356-0:¥12.00

G723.451　022149
历史/黑龙江教育学院成人教育研究部编.—哈尔滨:黑龙江教育出版社,1995.3.—114页;19cm.—(各类成人中专招生考试指导丛书)
ISBN 7-5316-2548-2:¥2.40

G723.455　022150
地理/张秀梅主编.—天津:天津教育出版社,1995.6.—310页;19cm
天津市成人高级中学课本
ISBN 7-5309-2357-9:¥9.00

G723.455　022151
地理/黑龙江省教育学院成人教育研究部编.—哈尔滨:黑龙江教育出版社,1995.3.—103页;19cm.—(各类成人中专招生考试复习指导丛书)
ISBN 7-5316-2547-4:¥2.20

G723.455　022152
地理/文灿秀等编;广州市成人教育教学研究室编.—修订版.—广州:广东高等教育出版社,1995.10.—463页;19cm.—(成人高考复习丛书/李道楷主编)
ISBN 7-5361-1297-1:¥13.50

G723.455　022153
地理/孙从义主编;四省市联合编写组编.—2版.—天津:天津科学技术出版社,1995.9.—444页;19cm.—(各类成人高考简明复习丛书/苑儒颖,刘金相主编)
ISBN 7-5308-1782-5:¥11.00

G723.46　022154
数学/孙成基主编.—6版.—北京:高等教育出版社,1995.4.—331页;26cm.—(各类成人高考复习指导丛书)
附解题指导 理工农医类用
ISBN 7-04-005025-0:¥13.60

G723.46　022155
数学/苑儒颖,刘金相主编;四省市联合编写组编.—2版.—天津:天津科学技术出版社,1995.9.—401页;19cm.—(各类成人高考简明复习丛书)
ISBN 7-5308-1763-9:¥10.00

G723.46　022156
数学/关彩云,赵明珍主编.—长春:东北师范大学出版社,1995.8.—416页;19cm
吉林广播电视大学附设中专教材
ISBN 7-5602-1612-9:¥10.50

G723.46　022157

数学/何声威主编;广州市成人教育教学研究室编.—修订版.—广州:广东高等教育出版社,1995.10.—272页;19cm.—(成人高考复习丛书/李道楷主编)
文史财经类用
ISBN 7-5361-1295-5:¥8.00

G723.46　022158
数学/江苏省成人高中数学教材编写组编.—南京:南京师范大学出版社,1995.8.—2册;19cm
成人高级中学课本
ISBN 7-81047-024-8:¥15.00

G723.46　022159
数学/黑龙江教育学院成人教育研究部编.—哈尔滨:黑龙江教育出版社,1995.3.—240页;19cm.—(各类成人中专招生考试指导丛书)
ISBN 7-5316-2549-0:¥4.80

G723.46　022160
数学及解题指导:理工农医类/人民教育出版社中学数学室编.—北京:人民教育出版社,1995.3.—375页;26cm.—(全国各类成人高等学校招生考试丛书)
ISBN 7-107-11252-X:¥15.30

G723.467　022161
微型计算机应用基础/桂林,王增强编著.—上海:上海教育出版社,1995.1.—221页;26cm
成人中等学校高中课本
ISBN 7-5320-4264-2:¥7.20

G723.47　022162
全国各类成人高考理科标准化习题解答/马素兰等编写.—沈阳:辽宁人民出版社,1995.7.—395页;26cm
ISBN 7-205-03311-X:¥20.00

G723.47　022163
全国各类成人高考理科复习丛书/王立群等编写.—沈阳:辽宁人民出版社,1995.7.—705页;26cm
ISBN 7-205-03309-8:¥35.00

G723.47　022164
物理/北京市成人教育教学研究室组编.—北京:北京工业大学出版社,1995.8.—377页;19cm
北京市成人中等专业学校教材
ISBN 7-5639-0459-X:¥11.00

G723.47　022165
物理/黑龙江教育学院成人教育研究部编.—哈尔滨:黑龙江教育出版社,1995.3.—185页;19cm.—(各类成人中专招生考试复习指导丛书)
ISBN 7-5316-2543-1:¥3.00

G723.48　022166
化学/吴淑媛主编.—天津:天津教育出版社,1995.6.—350页;19cm
天津市成人高级中学课本
ISBN 7-5309-2355-2:¥9.00

G723.48　022167
化学/黑龙江教育学院成人教育研究部编.—哈尔滨:黑龙江教育出版社,1995.3.—126页;19cm.—(各类成人中专招生考试指导丛书)
ISBN 7-5316-2544-X:¥2.80

G724　022168
成人高考报名必读/吴宪民等主编.—石家庄:河北人民出版社,1995.6.—327页;19cm
ISBN 7-202-01782-2:¥9.80

G724　022169
全国各类成人高等学校专科起点本科班招生(师范类)考试大纲:音乐教育专业·体育教育专业·美术教育专业/国家教委考试中心制订.—北京:中央广播电视大学出版社,1995.5.—166页;26cm
ISBN 7-304-01203-X:¥12.00

G724　022170
全国各类成人高等学校专科起点本科班招生(师范类)考试大纲:政治和思想品德教育专业·生物教育专业/国家教委考试中心制订.—北京:中央广播电视大学出版社,1995.7.—206页;26cm
ISBN 7-304-01206-4:¥15.00

G724　022171
陕西省高等教育自学考试专业考试计划汇编/陕西省考试管理中心编.—西安:陕西人民出版社,1995.5.—209页;19cm
ISBN 7-224-03842-3:¥4.80

G724　022172
十年历程:武汉工业大学成人教育十年/钱芝宇主编.—武汉:武汉工业大学出版社,1995.10.—247页;20cm
ISBN 7-5629-1026-X:¥9.80

G724.82-62　022173
自学考试指南/江西省自学考试办公室编.—2版.—南昌:江西高校出版社,1995.12.—338页;19cm
ISBN 7-81033-357-7:¥6.80

G725　022174
农民教育学概论/黄明哲,陈东兵著.—南昌:江西人民出版社,1995.1.—202页;19cm
ISBN 7-210-01427-6:¥4.80

G725　022175
小康农村教育改革范例/张秀岩,丁日新主编.—天津:天津人民出版社,1995.11.—371页;20cm
ISBN 7-201-02408-6:¥10.50

G725-53　022176
中国农村教育综合改革里程碑:全国农村教育综合改革工作会议文集/国家教育委员会农村教育综合改革办公室编.—北京:教育科学出版社,1995.9.—423页;20cm.—(燎原丛书/王明达主编)
ISBN 7-5041-1531-2:¥13.00

G726　022177
职工高等教育教学论/韩德恩主编.—北京:机械工业出版社,1995.4.—267页;19cm
ISBN 7-111-04487-8:¥9.80

G728　022178
农业广播电视教育理论探讨与实践/张树恭著.—北京:中国农业出版社,1995.11.—297页;20cm
ISBN 7-109-04230-8:¥10.50

G728　022179
前进,上海电视中专/王守明主编.—上海:上海教育

出版社,1995.6.—640页:彩照;20cm

ISBN 7-5320-3952-8:¥25.00

G728　　022180

中国农村远距离教育论文集　第一集/中央农业广播电视学校,中国成人教育协会农村远距离教育委员会编.—北京:中国农业出版社,1995.11.—484页;26cm

ISBN 7-109-04239-1:¥35.00

G728-41　　022181

中央农业广播电视学校中等汽车拖拉机运用与维修专业教学计划及教学辅导大纲汇编/中央农业广播电视学校主编.—北京:中国农业出版社,1995.12.—203页;26cm

ISBN 7-109-04078-X:¥8.80

G728-41　　022182

中央农业广播电视学校中等畜牧兽医专业教学计划及教学辅导大纲汇编/中央农业广播电视学校主编.—2版.—北京:中国农业出版社,1995.12.—196页;26cm

ISBN 7-109-04048-8:¥8.30

G728.8　　022183

电大、自考机类教材研究与应试指南/王敏璋等主编.—沈阳:东北大学出版社,1995.6.—222页;26cm

ISBN 7-81006-980-2:¥15.10

G728.8　　022184

电大攻关:电大学生学习技巧及应用指南/张绍伦,金筑主编.—北京:学苑出版社,1995.6.—283页;19cm

ISBN 7-5077-0962-0:¥7.80

G728.8　　022185

唐山电大英华录/孙国辉主编.—天津:天津人民出版社,1995.10.—269页;19cm

ISBN 7-201-02405-1:¥11.00

G728.8　　022186

桃李芬芳满中州:河南电大英华录/张凯亭主编.—郑州:河南人民出版社,1995.1.—403页;20cm

ISBN 7-215-03015-6:¥6.50

G728.8-53　　022187

中国广播电视大学教师队伍建设文集/舒子佳,蒋全龙主编.—北京:中央广播电视大学出版社,1995.5.—308页;20cm

ISBN 7-304-01219-6:¥13.50

G728.8-53　　022188

中国教育电视的探索与实践:第一届教育电视研讨会论文选编/中国教育电视协会编.—北京:教育科学出版社,1995.10.—311页;20cm

ISBN 7-5041-1503-7:¥18.00

G728.8-54　　022189

全国广播电视大学教育统计年鉴　1994/中央广播电视大学教育管理信息中心编.—北京:中央广播电视大学出版社,1995.6.—284页;26cm

ISBN 7-304-01200-5(精装):¥25.00

G729.2　　022190

中国成人教育/赖春明,谢亚平主编.—北京:北京师范大学出版社,1995.5.—434页;20cm

ISBN 7-303-03949-X:¥20.50

G729.29　　022191

河南大学成人教育简史/《河南大学成人教育简史》编写组编.—开封:河南大学出版社,1995.10.—232页;20cm

ISBN 7-81041-268-X:¥10.00

G74　华侨教育、侨民教育

G749.336　　022192

崇实学校:暹罗《崇实学校》纪念文集/戈阳主编;《崇实学校》纪念文集编委会编.—北京:人民交通出版社,1995.1.—379页:照片;20cm

ISBN 7-114-02080-5:¥15.00

G75　少数民族教育

G759.2-09　　022193

中国少数民族教育史:当代卷/耿金声,崔斌子著.—长春:吉林教育出版社,1995.6.—510页;20cm

ISBN 7-5383-2573-5(精装):¥16.00

G76　特殊教育

G76　　022194

特殊儿童与早期教育/孟宪乐,刘岸英主编.—北京:气象出版社,1995.7.—249页;19cm

ISBN 7-5029-1937-6:¥7.50

G76　　022195

特殊教育名师授课纪实/马玉贵主编.—沈阳:辽宁教育出版社,1995.7.—335页;19cm

ISBN 7-5382-4236-8:¥8.90

G760　　022196

特殊教育学/林永馨主编;中国教育学会教育学研究会编.—福州:福建教育出版社,1995.6.—392页;20cm.—(教育学丛书/叶立群主编)

ISBN 7-5334-1702-X:¥14.20

G760　　022197

肢体残疾儿童的教育与训练/南登昆主编.—北京:华夏出版社,1995.9.—210页;20cm.—(特殊教育参考丛书/陈云英主编)

ISBN 7-5080-0745-X:¥8.00

G762　　022198

聋儿家长必读/巴重惠,陈振生主编;中国聋儿康复研究中心编.—北京:华夏出版社,1995.12.—56页;19cm

ISBN 7-5080-0889-8:¥4.00

G762　　022199

听觉障碍儿童的心理与教育/张宁生主编.—北京:华夏出版社,1995.1.—277页;20cm.—(特殊教育参考丛书/陈云英主编)

ISBN 7-5080-0615-1:¥7.60

G762.2　　022200

听力残疾儿童的语言教学/银春铭编著.—上海:上海教育出版社,1995.12.—301 页;20cm.—(上海教育丛书)
ISBN 7-5320-4793-8: ¥12.00

G762.2 022201
怎样教育帮助听力残疾孩子:教师家长必读/张茂聪主编.—济南:山东友谊出版社,1995.12.—259 页;19cm
ISBN 7-80551-779-7: ¥7.50

G762.4 022202
全日制聋校实验教材律动教师教学用书 第一册/吴履平主编;人民教育出版社音乐室编.—北京:人民教育出版社,1995.12.—117 页;26cm
ISBN 7-107-11691-6: ¥4.00

G762.4 022203
全日制聋校实验教材语文第三册教学参考书/人民教育出版社小学语文室编.—北京:人民教育出版社,1995.12.—73 页;19cm
ISBN 7-107-11663-0: ¥4.30

G762.4 022204
全日制聋校实验教材语文第一册教学参考书/人民教育出版社小学语文室编.—北京:人民教育出版社,1995.12.—56 页;19cm
ISBN 7-107-11695-9: ¥4.30

G762.4 022205
全日制聋校实验教材语言训练第三册教学参考书/人民教育出版社小学语文室编.—北京:人民教育出版社,1995.12.—66 页;19cm
ISBN 7-107-11773-4: ¥3.80

G762.4 022206
全日制聋校实验教材语言训练第一册教学参考书/人民教育出版社小学语文室编.—北京:人民教育出版社,1995.12.—82 页;19cm
ISBN 7-107-11772-6: ¥3.80

G762.4 022207
思想品德 第三册/人民教育出版社政治室编著.—北京:人民教育出版社,1995.12.—56 页;20cm
全日制聋校实验教材
ISBN 7-107-11697-5: ¥3.50

G762.4 022208
写字:教学参考书/人民教育出版社小学语文室编.—北京:人民教育出版社,1995.12.—279 页;19cm
全日制聋校实验教材
ISBN 7-107-11757-2: ¥5.30

G762.4 022209
写字:毛笔字描红/人民教育出版社小学语文室编.—北京:人民教育出版社,1995.12.—22 页;26cm
全日制聋校实验教材
ISBN 7-107-11763-7: ¥2.10

G762.4 022210
写字:毛笔字跳格临字/人民教育出版社小学语文室编.—北京:人民教育出版社,1995.12.—32 页;26cm
全日制聋校实验教材
ISBN 7-107-11764-5: ¥2.50

G762.4 022211
写字:铅笔字 第三册/人民教育出版社小学语文室编.—北京:人民教育出版社,1995.12.—38 页;19cm
全日制聋校实验教材
ISBN 7-107-11762-9: ¥1.50

G762.4 022212
写字:铅笔字 第一册/人民教育出版社小学语文室编.—北京:人民教育出版社,1995.12.—30 页;19cm
全日制聋校实验教材
ISBN 7-107-11761-0: ¥1.30

G762.4 022213
语文 第一册/人民教育出版社小学语文室编著.—北京:人民教育出版社,1995.11.—87 页;20cm
全日制聋校实验教材
ISBN 7-107-11591-X: ¥5.80

G762.4 022214
语言训练 第三册/人民教育出版社小学语文室编.—北京:人民教育出版社,1995.12.—54 页;20cm
全日制聋校实验教材
ISBN 7-107-11771-8: ¥4.30

G763 022215
东方神童潮:当代中国天才教育透视/曾德凤著.—长沙:湖南文艺出版社,1995.4.—213 页;20cm
ISBN 7-5404-1358-1: ¥6.30

G763 022216
培养神童的摇篮:东北育才学校超常、特长教育纪实/葛朝鼎主编.—北京:华艺出版社,1995.7.—167 页;20cm.—(儿童超常教育系列丛书)
ISBN 7-80039-913-3: ¥9.80

G763 022217
培养神童方法大全/张长生主编.—北京:华艺出版社,1995.9.—408 页;20cm.—(儿童超常教育系列丛书)
ISBN 7-80039-912-5: ¥19.80

G763 022218
培养神童指南/王学奇编著.—北京:华艺出版社,1995.5.—270 页;20cm.—(儿童超常教育系列丛书)
ISBN 7-80039-656-8: ¥10.80

G764 022219
弱智儿童教学与训练方法/徐云等编著.—杭州:杭州大学出版社,1995.6.—257 页;19cm
ISBN 7-81035-805-7: ¥7.80

G764 022220
弱智幼儿的管理与教育/茅于燕主编.—天津:新蕾出版社,1995.10.—266 页;19cm
ISBN 7-5307-1647-6: ¥9.80

G764 022221
数学 第十四册/全日制培智学校教材编委会编著.—北京:人民教育出版社,1995.6.—102 页;20cm
全日制培智学校教科书:试用本
ISBN 7-107-11444-1: ¥3.90

G764 022222
智力落后儿童教育学心理学 (上)/刘全礼等主编.—西宁:青海人民出版社,1995.12.—291 页;

20cm.—(西部教育文库)
ISBN 7-225-01204-5: ¥14.80

①G764②B844.14 022223
智力落后儿童教育学心理学 (下)/刘全礼等主编.—西宁:青海人民出版社,1995.12.—181页;20cm.—(西部教育文库)
ISBN 7-225-01204-5: ¥12.60

G764-42 022224
全日制培智学校语文(试用本)第八册教学参考书/全日制培智学校教材编委会编著.—北京:人民教育出版社,1995.10.—147页;19cm
ISBN 7-107-11590-1: ¥2.70

G764-42 022225
全日制培智学校语文(试用本)第十三册教学参考书/全日制培智学校教材编委会编著.—北京:人民教育出版社,1995.12.—104页;19cm
ISBN 7-107-11676-2: ¥2.30

G77 社会教育

G776 022226
北京妇女教育:汉英对照/关世雄,李巧云主编;北京市妇女联合会,北京市成人教育学会编.—北京:中华工商联合出版社,1995.8.—48页:彩照;29cm
ISBN 7-80100-150-8: ¥37.50

G776 022227
投资于全民:发展中国家的妇女教育问题/( )萨默斯(Summers.L.H.)著;李燕生译.—北京:中国财政经济出版社,1995.6.—28页;20cm
ISBN 7-5005-2827-2: ¥5.00

G776-092 022228
中国女子教育通史/杜学元著.—贵阳:贵州教育出版社,1995.8.—823页;20cm
ISBN 7-80583-546-2: ¥35.00

G777 022229
建设有中国特色的社会主义老年教育:杜子才老年教育文集/杜子才著.—武汉:武汉出版社,1995.4.—296,17页;20cm
ISBN 7-5430-1188-3: ¥15.00

G777-53 022230
贵州老年教育论文集/赵强主编;贵州省老年大学协会编.—贵阳:贵州教育出版社,1995.3.—316页;20cm
ISBN 7-80583-628-0: ¥11.00

G78 家庭教育

G78 022231
999个怎么办:小学卷:6~12岁/郑钢,陈建翔主编;丁东,丁湘本卷主编 .—长沙:湖南少年儿童出版社,1995.1.—319页;20cm
ISBN 7-5358-0992-8(精装): ¥9.00

G78 022232
999个怎么办:幼儿卷:0~6岁/郑钢,陈建翔主编;陈乐佳本卷主编.—长沙:湖南少年儿童出版社,1995.1.—441页;20cm
ISBN 7-5358-0991-X(精装): ¥11.00

G78 022233
999个怎么办:中学卷:12~17岁/郑钢,陈建翔主编;王本陆,徐雪冬本卷主编 .—长沙:湖南少年儿童出版社,1995.1.—375页;20cm
ISBN 7-5358-0993-6(精装): ¥9.80

G78 022234
爸爸手记/东瑞著;百玲选编.—成都:四川少年儿童出版社,1995.7.—259页;19cm.—(天下父母心丛书)
ISBN 7-5365-1274-0: ¥7.25

G78 022235
宝宝家教良方/武欣春等著.—北京:中国青年出版社,1995.4.—206页;19cm.—(新婚礼品丛书/柳宁主编)
ISBN 7-5006-1839-5: ¥7.50

G78 022236
成材因素的心理生理分析:独生子女家庭教育/刘惠林等主编.—哈尔滨:东北林业大学出版社,1995.6.—233页;19cm
ISBN 7-81008-556-5: ¥5.80

G78 022237
初中学生家庭教育/甘肃省妇联儿童工作部,甘肃省家庭教育协会主编.—兰州:甘肃文化出版社,1995.1.—225页;19cm
甘肃省广播家长学校教材(4)
ISBN 7-80608-021-X: ¥4.50

G78 022238
高考成功的子女教育:介绍考上大学的28位学生家长的切身体会高中生学习方法的经验总结/孙相晨,何凤兰编著.—哈尔滨:哈尔滨工程大学出版社,1995.5.—187页;19cm
ISBN 7-81007-541-1: ¥5.50

G78 022239
华人儿童社会化/吴燕和主编.—上海:上海科学技术文献出版社,1995.5.—169页;26cm
ISBN 7-5439-0689-9: ¥22.00

G78 022240
华夏家训/冯瑞龙,詹杭伦主编.—成都:天地出版社,1995.12.—442页;20cm
ISBN 7-80624-050-0(精装): ¥24.80

G78 022241
家教八讲/李春霖主编.—呼和浩特:内蒙古人民出版社,1995.9.—205页;19cm
供小学部使用
ISBN 7-204-02885-6: ¥6.00

G78 022242
家教艺术/李春霖,王怀中著.—呼和浩特:内蒙古人民出版社,1995.7.—232页;19cm
ISBN 7-204-02852-X: ¥6.00

G78 022243
家教之歌/黄业君编.—广州:广东高等教育出版社,1995.12.—65页;19cm

ISBN 7－5361－1813－9：¥4.50

G78　　022244

家庭博士/李钟男等著.—牡丹江:黑龙江朝鲜民族出版社,1995.1.—380页;20cm

ISBN 7－5389－0550－2：¥7.60

G78　　022245

家庭教育/林少玉主编.—福州:福建少年儿童出版社,1995.8.—376页;20cm

ISBN 7－5395－1234－2：¥15.50

G78　　022246

家庭教育/郝德毓编著.—哈尔滨:黑龙江教育出版社,1995.8.—42页;19cm

ISBN 7－5316－2750－7：¥1.20

G78　　022247

家庭教育"三名志"/李凌烟主编.—天津:天津教育出版社,1995.5.—413页;20cm

ISBN 7－5309－2159－2：¥9.25

G78　　022248

家庭教育的科学艺术/吴海灵主编.—上海:同济大学出版社,1995.3.—275页;19cm

ISBN 7－5608－1564－2：¥7.30

G78　　022249

家庭教育的艺术与方法/陈枚著.—北京:北京经济学院出版社,1995.5.—257页;19cm.—(逻辑应用智慧丛书)

ISBN 7－5638－0480－3：¥7.70

G78　　022250

家庭教育启示录/刘庆芳,凌敏主编.—济南:济南出版社,1995.8.—206页;20cm

ISBN 7－80572－931－X：¥7.20

G78　　022251

家庭教育学/邓佐君主编;中国教育学会教育学研究会编.—福州:福建教育出版社,1995.8.—320页;20cm.—(教育学丛书/叶立群主编)

ISBN 7－5334－1710－0：¥17.25

G78　　022252

家庭教育学/杨宝忠著.—太原:山西高校联合出版社,1995.10.—406页;19cm

ISBN 7－81032－828－X：¥15.80

G78　　022253

家庭教育学:婚姻家庭优生优育优教/余邦林,刘撷华编著.—南昌:江西科学技术出版社,1995.4.—325页;20cm

ISBN 7－5390－0891－1：¥10.00

G78　　022254

家庭教育艺术/章毓光,张益著.—上海:华东理工大学出版社,1995.9.—206页;19cm

ISBN 7－5628－0605－5：¥6.80

G78　　022255

家庭教育艺术/吴建攀主编.—海口:海南出版社,1995.9.—244页;20cm

ISBN 7－80617－267－X：¥8.00

G78　　022256

教子成龙100术/张小平编著.—北京:中国国际广播出版社,1995.11.—205页;19cm.—(百术丛书·第二辑/吴绪彬主编)

ISBN 7－5078－1274－X：¥8.00

G78　　022257

教子良方:儿童、青少年心理教育与性教育/杨霞,张元著.—北京:知识出版社,1995.4.—226页;20cm

ISBN 7－5015－1191－8：¥9.00

G78　　022258

快乐父与子:快乐家教手记/李白坚,黄雪君著.—上海:少年儿童出版社,1995.3.—148页;19cm

ISBN 7－5324－2560－6：¥3.80

G78　　022259

来自父母的爱/(美)达格尔(Dargatz, J.)等著;刘守华译.—成都:四川人民出版社,1995.9.—247页;20cm.—(全球畅销图书文库·生活系列)

ISBN 7－220－02856－3：¥10.00

G78　　022260

历代名人家教篇/胡贯中编著.—合肥:安徽人民出版社,1995.10.—376页;20cm

ISBN 7－212－01238－6：¥11.50

G78　　022261

脉脉两代情/(马来西亚)爱薇著;百玲选编.—成都:四川少年儿童出版社,1995.7.—179页;19cm.—(天下父母心丛书)

ISBN 7－5365－1272－4：¥5.50

G78　　022262

名臣家训/成晓军主编.—武汉:湖北人民出版社,1995.12.—351页;20cm.—(中国文化妙语系列)

ISBN 7－216－01790－0：¥12.60

G78　　022263

名人家庭教育/刘辉编.—北京:语文出版社,1995.4.—253页;19cm

ISBN 7－80006－918－4：¥6.50

G78　　022264

母亲的心/(新加玻)尤今著;百玲选编.—成都:四川少年儿童出版社,1995.7.—207页;19cm.—(天下父母心丛书)

ISBN 7－5365－1273－2：¥6.20

G78　　022265

说说我们教育子女的故事:献给年轻的父母们/侯守峰主编.—北京:首都师范大学出版社,1995.8.—179页;19cm

ISBN 7－81039－582－3：¥4.80

G78　　022266

为了孩子/李闻玺主编.—天津:天津教育出版社,1995.10.—195页;19cm.—(家庭教育丛书)

小学一年级学生家长使用

ISBN 7－5309－2407－9：¥7.40

G78　　022267

为了孩子/李闻玺主编.—天津:天津教育出版社,1995.10.—223页;19cm.—(家庭教育丛书)

小学四年级学生家长使用

ISBN 7－5309－2410－9：¥8.30

G78　　022268

为了孩子/李闻玺主编.—天津:天津教育出版社,1995.10.—175页;19cm.—(家庭教育丛书)
初中三年级学生家长使用
ISBN 7-5309-2415-X:¥6.80

G78　022269
为了孩子/李闻玺主编.—天津:天津教育出版社,1995.10.—166页;19cm.—(家庭教育丛书)
小学二年级学生家长使用
ISBN 7-5309-2408-7:¥6.30

G78　022270
为了孩子/李闻玺主编.—天津:天津教育出版社,1995.10.—227页;19cm.—(家庭教育丛书)
初中一年级学生家长使用
ISBN 7-5309-2413-3:¥8.70

G78　022271
为了孩子/李闻玺主编.—天津:天津教育出版社,1995.10.—225页;19cm.—(家庭教育丛书)
初中二年级学生家长使用
ISBN 7-5309-2414-1:¥8.50

G78　022272
为了孩子/李闻玺主编.—天津:天津教育出版社,1995.10.—142页;19cm.—(家庭教育丛书)
小学三年级学生家长使用
ISBN 7-5309-2409-5:¥5.50

G78　022273
为了孩子/李闻玺主编.—天津:天津教育出版社,1995.10.—209页;19cm.—(家庭教育丛书)
小学六年级学生家长使用
ISBN 7-5309-2412-5:¥7.90

G78　022274
为了孩子/李闻玺主编.—天津:天津教育出版社,1995.10.—205页;19cm.—(家庭教育丛书)
小学五年级学生家长使用
ISBN 7-5309-2411-7:¥8.30

G78　022275
温公家范/夏家善主编;王宗志注释.—天津:天津古籍出版社,1995.12.—224页;20cm.—(中国历代家训丛书/夏家善主编)
ISBN 7-80504-364-7:¥12.30

G78　022276
无语爱心:与婴儿交流的艺术/(美)墨今诗著;徐海涛译.—北京:中国青年出版社,1995.1.—148页;19cm
ISBN 7-5006-1819-0:¥6.30

G78　022277
现代家庭教育/廖香武编著.—长沙:湖南科学技术出版社,1995.11.—168页;20cm
ISBN 7-5357-1881-7:¥6.00

G78　022278
颜氏家训/颜之推著;夏家善,夏春田注释.—天津:天津古籍出版社,1995.7.—227页;20cm.—(中国历代家训丛书;1/夏家善主编)
ISBN 7-80504-366-3:¥12.50

G78　022279
颜氏家训:人情世故大全/(北齐)颜之推原著;唐汉译注.—西安:三秦出版社,1995.7.—352页;20cm.—(中国古代智谋精典)
ISBN 7-80546-887-7:¥13.20

G78　022280
幼儿家庭教育/侯锁生主编;《幼儿家庭教育》编写组编.—上海:上海教育出版社,1995.1.—204页;19cm.—(幼儿园教师继续教育丛书)
ISBN 7-5320-4017-8:¥4.65

G78　022281
袁氏世范/(宋)袁采著;贺恒祯,杨柳注释.—天津:天津古籍出版社,1995.12.—232页;20cm.—(中国历代家训丛书/夏家善主编)
ISBN 7-80504-365-5:¥12.50

G78　022282
怎样使孩子更聪明/王晋源,颂阳编著.—太原:山西科学技术出版社,1995.1.—447页;19cm
ISBN 7-5377-0886-X:¥9.60

G78　022283
怎样做个好家长:给小学生父母的建议/孙元清主编.—上海:上海科学普及出版社,1995.8.—130页;19cm
ISBN 7-5427-0994-1:¥5.00

G78　022284
职业女性的家庭教育/徐力等著.—北京:中国妇女出版社,1995.12.—158页;19cm.—(职业女性丛书/张默主编)
ISBN 7-80131-010-1:¥7.00

G78　022285
中学生家庭教育/郑德甫,张明安主编;陈庆斌等编著.—沈阳:辽宁民族出版社,1995.6.—253页;19cm
ISBN 7-80527-507-6:¥7.80

G78-49　022286
诺贝尔奖金获得者的家教/董兴文著.—北京:中华工商联合出版社,1995.5.—330页;19cm
ISBN 7-80100-129-X:¥9.50

G78-53　022287
磨难砺志:深圳南油小学磨难教育的实践探索/黄根东主编.—成都:四川民族出版社,1995.9.—175页;19cm
ISBN 7-5409-1610-9:¥6.00

G78-62　022288
家庭教育指南/朱培森主编.—济南:山东人民出版社,1995.7.—3册;19cm
ISBN 7-209-01770-4:¥17.40

G78-62　022289
年轻父母指南/胡祥明主编;毕化霄编.—北京:科学普及出版社,1995.1.—110页;26cm.—(家庭生活指南系列丛书;2)
ISBN 7-110-03848-3:¥5.90

G79　自学

G79 022290
让他玩个够:儿童玩具选择与智力开发/冯梦华著.—北京:华夏出版社,1995.1.—206页;19cm.—(母爱丛书/冯淑芝主编)
ISBN 7-5080-0497-3:¥6.80

G791 022291
高考状元谈学习方法与应试技巧/欣荣主编.—北京:冶金工业出版社,1995.12.—251页;19cm
ISBN 7-5024-1820-2:¥9.80

G791 022292
送您一把金钥匙/姚凤鸣等主编.—长春:时代文艺出版社,1995.1.—152页;19cm
ISBN 7-5387-0844-8:¥4.60

G791 022293
送您一把金钥匙:动脑方法趣谈、说话方法趣谈、发明方法趣谈/邢大华等编著.—南京:江苏人民出版社,1995.5.—3册;19cm
ISBN 7-214-01483-1:¥10.00

G792 022294
快速阅读训练/林少真主编.—广州:广东旅游出版社,1995.2.—145页;19cm
阅读教学试验材料
ISBN 7-80521-499-9:¥3.80

G792 022295
青年名著导读/林君雄主编 .—西安:陕西人民出版社,1995.8.—372页;20cm
ISBN 7-224-02842-8:¥12.90

G792 022296
外国文化名人论读书苦乐/老品选编.—北京:中央编译出版社,1995.8.—465页;20cm.—(中外文化名人谈丛)
ISBN 7-80109-079-9:¥16.80

G792 022297
中国文化名人论读书苦乐/老品编.—北京:中央编译出版社,1995.1.—402页;20cm
ISBN 7-80109-050-0:¥11.50

G8 体育

①G8②I253 022298
脚印:徐世平体育新闻作品集/徐世平著.—上海:上海社会科学院出版社,1995.9.—390页;20cm
ISBN 7-80618-130-X:¥19.80

G8-43 022299
体育/黄友田,司学政主编.—长春:吉林大学出版社,1995.10.—354页;20cm
普通高等财经专科学校适用教材
ISBN 7-5601-1820-8:¥12.50

G8-43 022300
体育　第三册/人民教育出版社体育室编著.—北京:人民教育出版社,1995.10.—237页;26cm
中等师范学校教科书:试用本
ISBN 7-107-11437-9:¥11.60

G8-49 022301
奇妙的进球/钱国华等编写.—北京:语文出版社,1995.9.—183页;19cm.—(少年百科趣味知识丛书/张伯华主编)
ISBN 7-80006-999-0:¥7.20

G8-49 022302
体育长廊/孔祥铸主编.—北京:中国华侨出版社,1995.12.—260页:照片;19cm.—(现代科技与人文大观)
ISBN 7-80120-047-0:¥12.90

①G8-49②G634.96 022303
体育演义/薛北等撰文.—北京:华语教学出版社,1995.—278页;20cm.—(中小学课堂学习新广角/刘以林,冯晓林主编)
ISBN 7-80052-488-4:¥11.00

G8-61 022304
中外体育百科辞典/海童主编.—济南:济南出版社,1995.9.—620页;20cm.—(学生工具书系列/施国等主编)
ISBN 7-80572-968-9:¥18.00

G80 体育理论

G80 022305
体育概论/曹湘君著.—北京:北京体育大学出版社,1995.5.—440页;20cm
ISBN 7-81003-939-3:¥18.00

G80 022306
体育概论/鲍冠文主编;体育概论教材编写组编.—北京:高等教育出版社,1995.3.—155页;20cm
高等学校教材
ISBN 7-04-005196-6:¥3.50

G80 022307
体育基础理论/秦云兴主编.—成都:成都科技大学出版社,1995.9.—270页;19cm
ISBN 7-5616-3151-0:¥9.50

G80-05 022308
体育管理学/秦椿林主编.—北京:北京体育大学出版社,1995.9.—461页;20cm
ISBN 7-81003-951-2:¥10.50

G80-05 022309
体育社会学教程/吕树庭,卢元镇编著.—北京:高等教育出版社,1995.4.—219页;20cm
ISBN 7-04-005145-1:¥5.00

G80-05 022310
体育市场导论/陈树华等主编.—广州:广东高等教育出版社,1995.5.—190页;20cm
ISBN 7-5361-1709-4:¥10.00

G80-05 022311
体育与养生理论教程/马安东等主编.—西安:陕西科学技术出版社,1995.6.—562页;19cm
ISBN 7-5369-2361-9:¥15.80

G80-32 022312

实用体育统计/祁国鹰等编著.—北京:北京体育大学出版社,1995.5.—234页;20cm
ISBN 7-81003-927-X: ¥5.50

G80-32　022313
体育统计/张秀璞主编.—哈尔滨:哈尔滨工业大学出版社,1995.12.—292页;19cm
ISBN 7-5603-1116-4: ¥9.50

G80-53　022314
体育科学研究与应用/周新华主编.—北京:人民体育出版社,1995.9.—335页;20cm
ISBN 7-5009-1250-1: ¥38.00

G80-62　022315
体育理论应试指南/任作虎,樊临虎编著.—北京:人民体育出版社,1995.1.—275页;19cm
ISBN 7-5009-1163-7: ¥8.20

G802　022316
体育美学研究与应用/刘慕梧等主编.—北京:北京体育大学出版社,1995.4.—345页;19cm
ISBN 7-81003-911-3: ¥5.00

G802　022317
体育与审美/朱长喜,谭淑萍编著.—北京:人民体育出版社,1995.1.—186页;19cm
ISBN 7-5009-1142-4: ¥5.80

G803　022318
体育教育专业学生实用礼仪/褚波主编.—北京:北京体育大学出版社,1995.8.—134页;17×9cm
ISBN 7-81003-201-1: ¥3.00

G803　022319
体育哲学与伦理问题新探/潘靖五,龙天启主编.—北京:北京体育大学出版社,1995.5.—480页;20cm
ISBN 7-81003-950-4: ¥15.00

G803　022320
武德修养/门惠丰主编.—北京:北京体育大学出版社,1995.8.—81页;19cm
ISBN 7-81003-862-1: ¥3.50

G804　022321
运动解剖生理学/王步标主编.—北京:高等教育出版社,1995.8.—368页;20cm
卫星电视教育中学教师培训教材
ISBN 7-04-004990-2: ¥10.00

G804.2　022322
运动·健康·内分泌调理/姜文凯,叶灯辉编著.—北京:人民体育出版社,1995.11.—384页;彩图;21cm
ISBN 7-5009-1224-2: ¥26.00

G804.2　022323
运动生理学/李香华主编.—长沙:湖南师范大学出版社,1995.8.—176页;26cm
高等师范院校专科体育教育专业课程
ISBN 7-81031-454-8: ¥12.00

①G804.2②R336　022324
中国人骨成熟度评价标准及应用:CHN计分法和骨龄标准图谱/张绍岩等著.—北京:人民体育出版社,1995.4.—228页;图;26cm
国家体委科学技术成果专辑
ISBN 7-5009-1181-5: ¥43.00

G804.3　022325
实用体育健康医学/杨锡让,傅浩坚主编.—北京:北京体育大学出版社,1995.4.—294页;20cm
ISBN 7-81003-973-3: ¥12.00

G804.3　022326
体育保健教程/梁培根等主编.—北京:人民体育出版社,1995.9.—467页;20cm
ISBN 7-5009-1218-8: ¥14.00

G804.3　022327
体育保健学/高维纬编.—沈阳:辽宁教育出版社,1995.3.—429页;20cm
ISBN 7-5382-4028-4: ¥10.00

G804.3　022328
体育保健学/董新华主编.—青岛:青岛海洋大学出版社,1995.8.—323页;19cm
ISBN 7-81026-736-1: ¥6.50

G804.32　022329
体育保健学/诸剑英等编写.—北京:人民体育出版社,1995.9.—394页;19cm
体育学院函授通用教材
ISBN 7-5009-1236-6: ¥8.50

G804.4　022330
人体解剖学/林斌主编.—长沙:湖南师范大学出版社,1995.8.—221页;26cm
高等师范院校专科体育教育专业课程
ISBN 7-81031-454-8: ¥15.00

G804.4　022331
运动解剖学习题集/王人侠主编;仇广信等编著.—北京:人民体育出版社,1995.3.—201页;26cm
ISBN 7-5009-1155-6: ¥9.80

G804.49　022332
体育测量评价.—北京:人民体育出版社,1995.6.—316页;19cm
体育学院通用教材
ISBN 7-5009-1133-5: ¥5.70

G804.7　022333
简明运动生物化学/张林,郑植友编著.—2版.—北京:人民体育出版社,1995.2.—256页;19cm
ISBN 7-5009-0630-7: ¥4.50

G804.7　022334
运动能力的生物化学/林文弢等编著.—北京:人民体育出版社,1995.8.—323页;19cm
ISBN 7-5009-1203-X: ¥9.30

G804.7　022335
运动生物化学原理/冯炜权主编.—北京:北京体育大学出版社,1995.5.—457页;20cm
ISBN 7-81003-926-1: ¥10.20

G804.8　022336
体育心理学/周希平,章淑慧主编.—长沙:湖南师范大学出版社,1995.8.—113页;26cm
高等师范院校专科体育教育专业课程
ISBN 7-81031-454-8: ¥8.90

G804.8　022337

体育心理学新编/祝蓓里主编.—上海:华东师范大学出版社,1995.11.—300页;20cm
ISBN 7-5617-1431-9:¥13.00

G804.8 022338
体育运动心理学应用指导/翟群,曾芊主编.—广州:广东高等教育出版社,1995.3.—254页;20cm
ISBN 7-5361-1548-2:¥8.50

G806 022339
健身健美训练:抗阻力训练的理论与实践/曹志发等编著.—徐州:中国矿业大学出版社,1995.8.—192页;20cm
ISBN 7-81040-397-4:¥6.80

G806 022340
科学晨练150问/相建华,田振华著.—北京:人民体育出版社,1995.11.—170页;19cm.—(全民健身指南丛书)
ISBN 7-5009-1189-0:¥6.00

G806 022341
青少年体育游戏与研究/张继东主编.—北京:人民体育出版社,1995.6.—153页;19cm
ISBN 7-5009-1207-2:¥6.50

G806 022342
体育健身与养生/刘同员编著.—北京:人民体育出版社,1995.6.—290页;19cm
ISBN 7-5009-1225-0:¥8.60

①G806②R161 022343
室内健身锻炼/徐军,汪玉平编著.—北京:金盾出版社,1995.9.—181页;19cm
ISBN 7-5082-0031-4:¥4.90

G807 022344
体育健身基础教程/刘同员等编著.—武汉:中国地质大学出版社,1995.7.—312页;19cm
ISBN 7-5625-0993-X:¥7.90

G807 022345
体育教学与训练理论教程/栾振昌,沈在天主编.—哈尔滨:黑龙江教育出版社,1995.12.—312页;19cm
ISBN 7-5316-2955-0:¥9.00

G807 022346
学校体育理论与研究/王则珊主编.—北京:北京体育大学出版社,1995.7.—334页;20cm
ISBN 7-81003-268-2:¥11.00

G807 022347
学校体育卫生工作指导/李煌果主编.—广州:广东高等教育出版社,1995.6.—459页;20cm
ISBN 7-5361-1932-1:¥25.00

G807 022348
学校体育学/白晋湘主编.—长沙:湖南师范大学出版社,1995.8.—178页;26cm
高等师范院校专科体育教育专业课程
ISBN 7-81031-454-8:¥12.00

G807-62 022349
青年体育教师工作指南/王伯中等主编.—西安:陕西科学技术出版社,1995.3.—247页;19cm
ISBN 7-5369-2281-7:¥6.50

G807.01 022350
体育基本理论与实践教程/王少华,张守欣主编.—北京:北京体育大学出版社,1995.8.—316页;20cm
普通高等学校体育教材
ISBN 7-81051-012-6:¥8.90

G807.01 022351
体育教学原理与教学模式/李杰凯著.—沈阳:辽宁教育出版社,1995.10.—130页;20cm
ISBN 7-5382-4329-1:¥3.70

G807.01 022352
现代体育教学/张强,邓清祥主编.—徐州:中国矿业大学出版社,1995.11.—297页;20cm
ISBN 7-81040-434-2:¥12.00

G807.04 022353
实用体育教学法/王勇等主编.—西安:陕西科学技术出版社,1995.10.—261页;19cm
ISBN 7-5369-2395-3:¥7.50

G807.04 022354
体育绘图/黄寿山编著.—修订本.—上海:上海科学技术文献出版社,1995.2.—155页;19cm
全国高等师范院校体育专业试用教材
ISBN 7-5439-0530-2:¥5.00

G807.04 022355
体育教育专业专科教材/体育专科教材编委会编.—长春:长春出版社,1995.8.—3册;26cm
ISBN 7-80604-387-X:¥108.00

G807.3 022356
体育/夏天霖,李清河主编.—郑州:中原农民出版社,1995.10.—303页;20cm
中等专业学校试用教材
ISBN 7-80538-801-6:¥11.50

G807.3 022357
中等专业学校体育/王继关,冯远孝主编.—2版.—东营:石油大学出版社,1995.5.—364页;20cm
ISBN 7-5636-0463-4:¥6.90

G807.3 022358
中专体育/王际兴,王庆稳主编;山东省中专体育专业委员会编著.—济南:山东大学出版社,1995.5.—296页;19cm
山东省地方教材
ISBN 7-5607-1454-4:¥4.80

G807.4 022359
安徽省高校体育科研论文集 = Collection of Theses on Physical Culture in Colleges and Universties Anhui Province/安徽省分析测试协会编.—合肥:安徽大学出版社,1995.6.—106页;26cm
ISBN 7-81052-001-6:¥6.50

G807.4 022360
大学基础体育:实践部分/刘守文等主编.—天津:天津教育出版社,1995.8.—298页;20cm
ISBN 7-5309-2381-1:¥9.50

G807.4 022361
大学生课余体育/张金强,杜鹏义主编.—西安:西北工业大学出版社,1995.8.—379页;19cm

ISBN 7-5612-0805-7: ¥11.00

G807.4 022362

大学实用体育教程/王大炜主编.—长春:吉林大学出版社,1995.7.—316页;20cm

ISBN 7-5601-1761-9: ¥9.80

G807.4 022363

大学体育/王建迎等主编;《大学体育》编写组编.—长春:吉林大学出版社,1995.5.—414页;19cm

全国高等学校普通体育课教材

ISBN 7-5601-1718-X: ¥11.50

G807.4 022364

大学体育教程/廖诗方,阎永宁主编.—北京:人民体育出版社,1995.8.—732页;20cm

ISBN 7-5009-1234-X: ¥15.80

G807.4 022365

高等师范院校体育教育专业教育实习指导/高棣等主编.—哈尔滨:东北林业大学出版社,1995.12.—248页;19cm

ISBN 7-81008-635-9: ¥12.60

G807.4 022366

高等学校体育理论与实践/何亚楼主编.—大连:大连海事大学出版社,1995.8.—276页;19cm

ISBN 7-5632-0923-9: ¥7.10

G807.4 022367

高校普通体育教程/金建中,王浩主编.—南京:东南大学出版社,1995.10.—301页;20cm

ISBN 7-81050-065-1: ¥9.10

G807.4 022368

基础体育新编/张红松等主编.—哈尔滨:东北林业大学出版社,1995.10.—304页;20cm

ISBN 7-81008-584-0: ¥10.80

G807.4 022369

普通高等学校体育教材——实践教程:大学一年级公共基础课/孙麒麟主编.—大连:大连理工大学出版社,1995.7.—452页;20cm

ISBN 7-5611-1014-6: ¥11.80

G807.4 022370

普通高等学校体育实践教程/于忠玉等主编.—大连:大连理工大学出版社,1995.12.—342页;20cm

ISBN 7-5611-1069-3: ¥11.00

G807.4 022371

普通高校体育与健康教育/张必清,高顺生主编.—长沙:中南工业大学出版社,1995.12.—2册;26cm

ISBN 7-81020-808-X: ¥28.00

G807.4 022372

素质班体育教材/李永生主编 .—北京:中国民航出版社,1995.1.—154页;20cm

ISBN 7-80110-020-4: ¥5.00

G807.4 022373

体育教程/姜瑞珍主编.—苏州:苏州大学出版社,1995.10.—409页;20cm

普通高等学校试用教材

ISBN 7-81037-160-6: ¥11.50

G807.4 022374

体育学/步德寿主编.—武汉:湖北科学技术出版社,1995.8.—482页;20cm

高等学校〔教材〕

ISBN 7-5352-1686-2: ¥11.00

G807.4 022375

现代体育实用技术与方法/李洪志等编.—沈阳:辽宁美术出版社,1995.10.—431页;20cm

ISBN 7-5314-1290-X: ¥15.80

G807.4-62 022376

中师体育合标准指南/张伟德主编.—哈尔滨:黑龙江教育出版社,1995.12.—319页;19cm

ISBN 7-5316-2940-2: ¥9.80

G808.1 022377

现代运动训练法与动作分析/史绍蓉,黄益苏编著.—长沙:湖南科学技术出版社,1995.9.—351页;20cm

ISBN 7-5357-1859-0: ¥12.80

G808.18 022378

江西省运动员科学选材标准/姚宏良等著;《江西省运动员科学选材标准》研究组编.—南昌:江西科学技术出版社,1995.12.—341页;20cm

ISBN 7-5390-0981-0: ¥17.00

G808.22 022379

运动训练管理学/孙汉超主编.—北京:人民体育出版社,1995.7.—448页;20cm

ISBN 7-5009-1226-9: ¥16.00

G81 世界各国体育事业

G811.119 022380

世界体育俱乐部制/蔡俊五编著.—北京:中国大百科全书出版社,1995.10.—147页;19cm.—(百卷本世界市场全书/顾海良等主编)

ISBN 7-5000-5548-X: ¥9.80

G811.219-49 022381

奥林匹克之最/张华力,马锦利编著.—北京:中国物资出版社,1995.3.—260页;20cm

ISBN 7-5047-0502-0: ¥8.80

G811.228 022382

第六届远东及南太平洋地区残疾人运动会总结报告/第六届远东及南太平洋地区残疾人运动会组织委员会编著.—北京:奥林匹克出版社,1995.4.—292页:彩图;30cm

ISBN 7-80067-251-4(精装): ¥0.00

①G811.228②I25 022383

'94远南冲击波/中国残疾人联合会编.—北京:华夏出版社,1995.3.—286页;20cm

ISBN 7-5080-0576-7: ¥12.00

G811.4-53 022384

中国金融职工体育论文集/李月明主编;中国银鹰体育协会编.—北京:中国金融出版社,1995.9.—121页;20cm

ISBN 7-5049-1510-6: ¥9.00

G811.6　022385
体育科学研究方法/杨迺军主编.—广州:广东高等教育出版社,1995.10.—203页;19cm
ISBN 7-5361-1821-X:￥8.00

G811.6　022386
体育科研概论/周登嵩编著.—北京:北京体育大学出版社,1995.5.—228页;20cm
ISBN 7-81003-925-3:￥5.40

G812.0　022387
体育管理方策论/汤起宇著.—北京:人民体育出版社,1995.6.—318页;20cm
ISBN 7-5009-1228-5:￥10.80

G812.20　022388
中华人民共和国第七届运动会竞赛资料汇编/吴寿章,张立华主编;第七届全国运动会组委会竞赛部编.—北京:人民体育出版社,1995.4.—447页;26cm
ISBN 7-5009-1182-3:￥38.00

①G812.274-64②J426.74　022389
云岭春潮:云南省第九届运动会/云南省第九届运动会组委会宣传处编.—昆明:云南科技出版社,1995.3.—86页:照片;29cm
ISBN 7-5416-0699-5:￥68.00

G812.37　022390
国家体育锻炼标准达标指南/申伟华,吴锡忠编著.—长沙:中南工业大学出版社,1995.12.—355页;19cm
ISBN 7-81020-819-5:￥12.00

G812.4-62　022391
全民健身运动指南/王和平主编.—北京:北京体育大学出版社,1995.6.—332页;19cm
ISBN 7-81051-000-2:￥6.80

G812.41　022392
职工体育管理/顾渊彦主编.—北京:北京体育大学出版社,1995.5.—211页;19cm
ISBN 7-81003-953-9:￥7.00

G812.47　022393
少数民族体育文化论/李立纲等主编;云南社会发展研究中心编.—昆明:云南民族出版社,1995.10.—283页;20cm
ISBN 7-5367-1100-X:￥19.50

G812.6　022394
系统科学与体育/伍绍祖主编.—北京:人民体育出版社,1995.10.—384页;20cm
ISBN 7-5009-1212-9:￥15.00

G812.722　022395
石家庄地区体育志/赵经建主编;石家庄地区体育史志编纂委员会编.—石家庄:河北人民出版社,1995.10.—377页;20cm
ISBN 7-202-01801-2:￥15.00

G812.726.3　022396
包头体育志/肖国柱主编.—呼和浩特:内蒙古人民出版社,1995.12.—399页:照片;20cm.—(包头市地方志丛书)
ISBN 7-204-02891-0:￥25.50

G812.744　022397
青海体育史略/方协邦编著.—兰州:甘肃民族出版社,1995.12.—259页;19cm
ISBN 7-5421-0438-1:￥11.70

G812.757　022398
福建省福州市体育志/贾小平,姚知行主编;福州市体育运动委员会编.—北京:方志出版社,1995.9.—233页;26cm
ISBN 7-80122-048-X(精装):￥45.00

G812.764.2　022399
体育志/戴建仁主编;《体育志》编写组编.—长沙:湖南出版社,1995.4.—204页;20cm.—(湘西土家族苗族自治州志丛书)
ISBN 7-5438-0956-7(精装):￥12.00

G812.765　022400
广东少数民族传统体育/王明兴著.—广州:广东高等教育出版社,1995.6.—108页;19cm
ISBN 7-5361-1699-3:￥6.20

G812.771　022401
内江地区体育志/董孝明主编;内江地区体育志编纂委员会编.—成都:四川辞书出版社,1995.8.—313页:照片;26cm.—(内江地区地方志丛书;53)
ISBN 7-80543-508-1(精装):￥35.00

G812.9　022402
中国延边体育运动史/金龙哲,朴京姬主编.—延吉:延边大学出版社,1995.10.—1128页:照片;20cm
ISBN 7-5634-0846-0(精装):￥80.00

G819　022403
实用体育构图学/门志平等著.—西安:陕西人民出版社,1995.2.—172页;19cm
ISBN 7-224-01489-3:￥4.20

G82 田径运动

G82　022404
大学生田径/黄文治著.—昆明:云南民族出版社,1995.7.—277页;19cm
ISBN 7-5367-1041-0:￥8.50

G820.1　022405
田径运动理论与实践/宋春华主编.—石家庄:河北教育出版社,1995.8.—454页;20cm
河北省田径教练员岗位培训教材
ISBN 7-5434-2470-3:￥15.80

G820.4-44　022406
田径裁判题解/林益茂等主编.—济南:济南出版社,1995.2.—254页;19cm
ISBN 7-80572-929-8:￥6.00

G820.4-62　022407
田径裁判考试复习指南/王爱丹等编著.—北京:北京体育大学出版社,1995.11.—271页;19cm
供报考一级、国家级裁判参考
ISBN 7-81003-941-5:￥9.50

G821　022408

走出健康与智慧/焦金堂编撰.—北京:中国世界语出版社,1995.9.—141页;19cm
ISBN 7-5052-0220-0: ¥6.00

G822　022409
健身跑 健身走/沈文益编著.—北京:人民体育出版社,1995.1.—175页;19cm.—(体育爱好者丛书/江声,丛明礼主编)
ISBN 7-5009-1123-8: ¥5.80

G824.1　022410
推铅球技术研究与教学/崔允龙,杨有为编著.—北京:人民体育出版社,1995.10.—131页;19cm
ISBN 7-5009-1241-2: ¥6.50

G83 体操运动

G830.2　022411
体操/柳光植等主编.—2版.—北京:高等教育出版社,1995.5.—318页;20cm
高等学校教材
ISBN 7-04-005197-4: ¥6.50

G830.2　022412
体操教学理论与方法/公有才主编;戈炳珠等编.—北京:高等教育出版社,1995.4.—233页;20cm
ISBN 7-04-005306-3: ¥5.45

①G831②R179　022413
强身健脑手指运动/罗群,张俊娥编.—北京:人民体育出版社,1995.10.—430页;14×20cm
ISBN 7-5009-1217-X: ¥16.00

G831.3　022414
健美操/王朝琼主编;成都体育学院体操教研室编著.—北京:人民体育出版社,1995.6.—276页;19cm
ISBN 7-5009-1222-6: ¥9.88

G831.3　022415
健身与健美/于忠玉等主编.—大连:辽宁师范大学出版社,1995.3.—358页;19cm
ISBN 7-81042-003-8: ¥8.00

G831.3　022416
马华健美操/马华著.—哈尔滨:黑龙江美术出版社,1995.8.—96页;24×18cm.—(五分钟健美)
ISBN 7-5318-0307-0: ¥13.80

G831.3　022417
青少年形体美练习/迟兴华,吴枫桐编著.—北京:北京体育大学出版社,1995.10.—312页;19cm
ISBN 7-81003-985-7: ¥12.00

G831.3　022418
形体健美与健美操/黄宽柔等主编;《形体健美与健美操》编委会编.—北京:高等教育出版社,1995.10.—465页;20cm
高等学校教材
ISBN 7-04-005722-0: ¥12.45

G834.01　022419
艺术体操编排理论与方法/邝丽著.—北京:北京体育大学出版社,1995.5.—310页:图;20cm
ISBN 7-81003-928-8: ¥6.80

G84 球类运动

G84　022420
超级球星画册　第一辑/张蓉编.—广州:广州出版社,1995.12.—1册:彩图;26cm
ISBN 7-80592-333-7: ¥14.98

G840.4　022421
球类运动竞赛规则汇编　1994/人民体育出版社编.—北京:人民体育出版社,1995.2.—758页;20cm
ISBN 7-5009-1139-4: ¥25.00

G841　022422
篮球/殷成年,袭长城编著.—北京:人民体育出版社,1995.5.—173页;19cm.—(体育爱好者丛书/江声,丛明礼主编)
ISBN 7-5009-1158-0: ¥5.80

G841　022423
现代篮球/高鹗,李峨恒编著.—2版.—北京:人民体育出版社,1995.7.—626页;20cm
ISBN 7-5009-1193-9: ¥26.00

G841.1　022424
篮球实践荟萃/白金申主编.—北京:人民体育出版社,1995.1.—184页;19cm
ISBN 7-5009-1148-3: ¥5.50

G841.2　022425
球类运动:篮球/孙民治主编.—2版(修订版).—北京:高等教育出版社,1995.5.—436页;20cm
高等学校教材
ISBN 7-04-005198-2: ¥8.75

G841.4-44　022426
篮球规则问答:1994～1998/郭玉佩著.—北京:人民体育出版社,1995.10.—230页;19cm.—(规则问答丛书/裴家荣主编)
ISBN 7-5009-1249-8: ¥8.00

G841.92　022427
中国篮球运动的故乡/崔景波主编.—天津:天津大学出版社,1995.11.—527页:照片;20cm
ISBN 7-5618-0809-7: ¥28.00

G842　022428
排球/秦风冰等主编.—哈尔滨:黑龙江教育出版社,1995.1.—177页;19cm
ISBN 7-5316-2339-0: ¥5.90

G842　022429
现代排球/李安格,黄辅周编著.—北京:人民体育出版社,1995.12.—718页;20cm
ISBN 7-5009-1219-6: ¥30.00

G842.2　022430
排球教学训练指导/吴中量等编写.—北京:人民体育出版社,1995.12.—303页;19cm
ISBN 7-5009-1261-7: ¥10.00

G843　022431
'95甲A风云录/斯人编选.—成都:四川人民出版

社,1995.9.—108页;26cm
ISBN 7-220-02884-9:¥6.80

G843　022432
AC米兰写真集/瞿优远主编.—广州:岭南美术出版社,1995.12.—56页:彩图;29cm
ISBN 7-5362-1326-3:¥25.80

G843　022433
'95中国足球大战/马军鸣著.—济南:黄河出版社,1995.4.—96页;26cm
ISBN 7-80558-605-5:¥5.80

G843　022434
天下第一运动:现代足球风云录/董华编著.—成都:四川少年儿童出版社,1995.4.—117页:照片;19×17cm.—(奥林匹克之光丛书)
ISBN 7-5365-1183-3:¥9.50

G843　022435
最后一个阻击手:现代足球门将技术与战术/汪兴国编著.—广州:广东科技出版社,1995.12.—115页;19cm
ISBN 7-5359-1552-3:¥6.00

G843-61　022436
现代英汉、汉英足球词典/吴禄成编著.—北京:人民体育出版社,1995.10.—319页;19cm
附1800例句
ISBN 7-5009-1144-0:¥15.00

G843-61　022437
足球词典/李宝耕主编.—上海:上海辞书出版社,1995.6.—425页;19cm.—(体育词典丛书)
ISBN 7-5326-0313-X(精装):¥19.60

G843-64　022438
世界足球明星　(一)/人民体育出版社编.—北京:人民体育出版社,1995.5.—20张;15cm
¥15.00

G843-64　022439
世界足坛明星谱.—南昌:百花洲文艺出版社,1995.9.—47页:彩照;28cm
ISBN 7-80579-684-X:¥23.80

G843.2　022440
徐根宝如是说/徐根宝著.—上海:复旦大学出版社,1995.12.—276页:照片;20cm
ISBN 7-309-01615-7:¥18.00

G843.4　022441
足球规则与竞赛/顾循惠,秦光樵主编.—重庆:西南师范大学出版社,1995.7.—282页;20cm
ISBN 7-5621-1353-X:¥8.50

G843.4　022442
足球竞赛规则　1995/中国足球协会译.—13版.—北京:人民体育出版社,1995.4.—104页;19cm
ISBN 7-5009-1190-4:¥5.00

G843.92　022443
中国的足球摇篮:上海足球运动半世纪:1896~1949/沈文彬主编.—上海:上海文化出版社,1995.4.—513页;20cm
ISBN 7-80511-715-2:¥18.00

G843.954.6　022444
意大利足球风云/张慧德著.—北京:人民体育出版社,1995.12.—284页;20cm
ISBN 7-5009-1263-3:¥12.00

G844　022445
学校手球运动/高德顺,曹振康编著.—上海:华东理工大学出版社,1995.12.—173页;19cm
ISBN 7-5628-0644-6:¥6.80

G845　022446
网球/王家正编著.—北京:人民体育出版社,1995.7.—164页;19cm.—(体育爱好者丛书/江声,丛明礼主编)
ISBN 7-5009-1165-3:¥6.00

G846　022447
现代乒乓球/丘钟惠等编著.—2版(修订本).—北京:人民体育出版社,1995.9.—512页;20cm
ISBN 7-5009-1213-7:¥22.00

G846.1　022448
乒乓球理论与实践方法探索/韩志忠,周建军编著.—昆明:云南大学出版社,1995.10.—217页;26cm
ISBN 7-81025-587-8:¥25.00

G846.2　022449
乒乓球教学与训练/苏丕仁编著.—北京:人民体育出版社,1995.5.—266页;19cm
ISBN 7-5009-1175-0:¥7.80

G847　022450
羽毛球/张惠春等著.—徐州:中国矿业大学出版社,1995.12.—155页;19cm.—(体育;2)
总定价:25.00元
ISBN 7-81040-376-1:¥0.00

G847.2　022451
羽毛球/中华人民共和国国家体育运动委员会编.—北京:人民体育出版社,1995.10.—537页;26cm
中国体育教练员岗位培训教材
ISBN 7-5009-1246-3:¥60.00

G847.4　022452
羽毛球竞赛规则:1995~1998/中华人民共和国体育运动委员会审定.—11版.—北京:人民体育出版社,1995.11.—62页;19cm
ISBN 7-5009-1257-9:¥4.00

G85　武术及民族形式体育

G85　022453
武术教程/杨永惠等主编.—北京:人民体育出版社,1995.4.—481页;20cm
ISBN 7-5009-1201-3:¥11.60

G85　022454
中外十大搏击/人民体育出版社编.—2版(修订本).—北京:人民体育出版社,1995.7.—432页;20cm
ISBN 7-5009-1196-3:¥19.00

G850.1　022455
武术理论基础/江百龙等编著.—北京:人民体育出

版社,1995.12.—152页;19cm
ISBN 7-5009-1233-1:¥7.50

G852　022456
点穴巧制招/魏峰编著.—北京:北京体育大学出版社,1995.10.—304页;19cm.—(武林四大秘招丛书)
ISBN 7-81003-890-7:¥11.00

G852　022457
武术入门/吴兆祥编著.—合肥:安徽科学技术出版社,1995.11.—322页;19cm
ISBN 7-5337-1282-X:¥9.80

G852　022458
武术学习指南/石天敬,李德祥编著.—昆明:云南民族出版社,1995.8.—302页;20cm
ISBN 7-5367-1079-8:¥12.00

G852　022459
中国武术:历史与文化/程大力著.—成都:四川大学出版社,1995.8.—300页;20cm
ISBN 7-5614-1193-6:¥10.80

G852-53　022460
搏击艺术论/孙豹隐著.—西安:陕西人民出版社,1995.10.—246页;20cm
ISBN 7-224-03803-2:¥9.80

G852-53　022461
徐才武术文集/徐才著.—北京:人民体育出版社,1995.11.—413页;19cm
ISBN 7-5009-1220-X:¥13.90

G852-61　022462
少林寺武术百科全书/少室山人著.—北京:京华出版社,1995.8.—4册;26cm.—(少林寺武术传世藏书)
ISBN 7-80600-099-2(精装):¥530.00

G852.1　022463
心意门秘籍/李新民编著;阎夫立绘.—北京:人民体育出版社,1995.5.—149页;19cm
ISBN 7-5009-1149-1:¥5.00

G852.11　022464
传统气功站桩太极五行拳/陈广德编著.—北京:中国人民公安大学出版社,1995.9.—230页;19cm
ISBN 7-81011-684-3:¥8.50

G852.11　022465
健身太极功/郭雷,陆丹编.—北京:北京体育大学出版社,1995.1.—230页;19cm
ISBN 7-81003-904-0:¥6.70

G852.11　022466
太极拳搏击精萃/安在峰编著.—北京:北京体育大学出版社,1995.2.—320页;19cm
ISBN 7-81003-725-0:¥9.50

G852.11　022467
太极拳健身套路与内功/李鸿义编著.—海口:南海出版公司,1995.4.—101页;19cm
ISBN 7-5442-0328-X:¥4.00

G852.11　022468
太极拳谱/(清)王宗岳等著;沈寿点校考译.—2版(修订本).—北京:人民体育出版社,1995.7.—362页;20cm.—(中国武术文库:古籍部)
ISBN 7-5009-1192-0:¥16.00

G852.11　022469
太极拳全书/人民体育出版社编.—2版(修订本).—北京:人民体育出版社,1995.7.—721页;20cm
ISBN 7-5009-1187-4:¥30.00

G852.11　022470
太极拳散手技击法/苏耘编著.—北京:北京体育大学出版社,1995.3.—337页;19cm
ISBN 7-81003-516-9:¥9.90

G852.11　022471
太极拳推手对练套路——教与学/阚桂香,门惠丰著.—北京:北京体育大学出版社,1995.8.—252页;19cm
ISBN 7-81003-793-5:¥8.80

G852.11　022472
太极拳运动/中华人民共和国体育运动委员会编.—增订本.—北京:人民体育出版社,1995.8.—521页;20cm
ISBN 7-5009-1150-5:¥17.80

G852.11　022473
武当气功太极拳:道家内功养生秘笈/马杰著.—北京:北京体育大学出版社,1995.4.—179页;19cm
ISBN 7-81003-923-7:¥5.90

G852.11　022474
武当赵堡大架太极拳/赵增福,赵超著;路迪民整理.—西安:陕西科学技术出版社,1995.8.—280页:照片;20cm
ISBN 7-5369-2397-X:¥22.00

G852.11　022475
武当赵堡和式太极拳/刘瑞著.—广州:广东高等教育出版社,1995.6.—137页;20cm
ISBN 7-5361-1667-5:¥13.00

G852.11　022476
杨式太极拳述真/汪永泉讲授;魏树人,齐一整理.—2版.—北京:人民体育出版社,1995.12.—261页:照片;20cm
ISBN 7-5009-1242-0:¥13.00

G852.11　022477
杨氏太极拳、剑、刀高难套路及秘方传九诀/李鸿义编著.—海口:南海出版公司,1995.5.—172页;19cm
ISBN 7-5442-0329-8:¥6.00

G852.11　022478
杨氏太极拳·剑·刀/杨振铎著.—2版.—太原:山西科学技术出版社,1995.5.—446页;20cm
ISBN 7-5377-1166-6:¥18.00

G852.12　022479
武术:长拳套路/陈厚荣,陈春茗主编.—南昌:江西高校出版社,1995.12.—306页;19cm
ISBN 7-8103-557-X:¥8.50

G852.12　022480
中国查拳典型器械套路/张文广编著.—北京:中国人民公安大学出版社,1995.10.—176页;19cm
ISBN 7-81011-735-1:¥18.00

G852.14　022481

五花炮:山西车派形意拳对练六法/杨吉生口述,张春贵整理.—太原:山西人民出版社,1995.6.—47页;19cm.—(山西车派形意拳对练丛书)
ISBN 7-203-03352-X: ¥4.80

G852.16　022482
阴阳八卦掌:蟒形掌/田迴著.—2版(修订本).—北京:人民体育出版社,1995.7.—493页;20cm.—(中华武术文库·拳械部拳术类)
ISBN 7-5009-1194-7: ¥16.00

G852.19　022483
实用腿法教程/尹伟著.—北京:中国人民公安大学出版社,1995.7.—154页;20cm
ISBN 7-81011-585-5: ¥7.50

G852.19　022484
中国孙膑拳/孟宪堂著.—北京:西苑出版社,1995.1.—412页;19cm
ISBN 7-80108-012-2: ¥9.80

G852.3　022485
对抗搏击/刘俊伟著.—成都:四川人民出版社,1995.10.—309页;19cm.—(实用搏击系列丛书/吴信良主编)
全书共3册,总定价:19.80元
ISBN 7-220-02982-9: ¥0.00

G852.4　022486
保安防卫特技/杨维编.—北京:北京体育大学出版社,1995.5.—197页;19cm
ISBN 7-81003-971-7: ¥7.00

G852.4　022487
闭脉镇服招/魏峰编著.—北京:北京体育大学出版社,1995.9.—265页;19cm.—(武林四大秘招丛书)
ISBN 7-81003-889-3: ¥10.50

G852.4　022488
夺命连环腿/赵振忠编著.—北京:北京体育大学出版社,1995.8.—144页;19cm
ISBN 7-81003-990-3: ¥5.80

G852.4　022489
防暴格斗/吴信良,余剑飞著.—成都:四川人民出版社,1995.10.—149页;19cm.—(实用搏击系列丛书/吴信良主编)
全书共3册,总定价:19.80元
ISBN 7-220-02982-9: ¥0.00

G852.4　022490
军警功夫要诀/杨启仁,覃新魁著.—南宁:广西民族出版社,1995.5.—175页;19cm
ISBN 7-5363-2985-7: ¥6.80

G852.4　022491
军警散手术/浦澍潍编著.—北京:北京体育大学出版社,1995.5.—154页;19cm
ISBN 7-81003-958-X: ¥6.00

G852.4　022492
抗暴制敌术/杨维等编.—北京:北京体育大学出版社,1995.5.—259页;19cm
ISBN 7-81003-972-5: ¥8.80

G852.4　022493
李小龙抗暴防身术/尚武主编.—乌鲁木齐:新疆青少年出版社,1995.12.—265页;19cm
ISBN 7-5371-2089-7: ¥9.80

G852.4　022494
男女抗暴术/孙崇雄编.—厦门:鹭江出版社,1995.6.—63页;19cm
ISBN 7-80610-105-5: ¥2.50

G852.4　022495
擒拿自卫/吴信良,成汉奎著.—成都:四川人民出版社,1995.10.—212页;19cm.—(实用搏击系列丛书/吴信良主编)
全书共3册,总定价:19.80元
ISBN 7-220-02982-9: ¥0.00

G852.4　022496
散手技法三十二势/庄亚军编著.—南京:江苏古籍出版社,1995.6.—163页;19cm
ISBN 7-80519-635-4: ¥6.80

G852.4　022497
伤元擒格招/魏峰编著.—北京:北京体育大学出版社,1995.10.—411页;19cm.—(武林四大秘招丛书)
ISBN 7-81003-888-5: ¥14.00

G852.4　022498
神招克敌/韩建中编著.—北京:北京体育大学出版社,1995.1.—235页;19cm
ISBN 7-81003-920-2: ¥7.00

G852.4　022499
现代女性自我防卫/丛亚贤著.—汕头:汕头大学出版社,1995.8.—174页;20cm
ISBN 7-81036-122-8: ¥7.00

G852.4　022500
现代女子防卫技法/于其森等著.—北京:中国华侨出版社,1995.—124页;19cm
ISBN 7-80074-934-7: ¥5.90

G852.4　022501
卸骨妙拿招/魏峰编著.—北京:北京体育大学出版社,1995.10.—344页;19cm.—(武林四大秘招丛书)
ISBN 7-81003-887-7: ¥12.00

G852.4　022502
中国散手/《中国武术散手》编写组编.—2版(修订本).—北京:人民体育出版社,1995.7.—445页;20cm
ISBN 7-5009-1185-8: ¥20.00

G852.4　022503
中华武术技击法/吴兆祥著.—合肥:安徽科学技术出版社,1995.6.—479页;20cm
ISBN 7-5337-1004-5: ¥18.00

G852.4　022504
自卫抗暴绝技/尹伟,邓海京编著.—北京:中国人民公安大学出版社,1995.6.—75页;19cm.—(实用技击丛书)
ISBN 7-81011-589-8: ¥3.50

G852.4　022505
镖师绝招/尹伟,谢惠敏编著.—北京:中国人民公安大学出版社,1995.3.—87页;19cm.—(实用技击丛书)
ISBN 7-81011-591-X: ¥3.50

G852.6　022506
揭开气功的奥秘/欧阳燕,张冠阳著.—深圳:海天出版社,1995.12.—117页;19cm
ISBN 7-80615-308-X:¥12.50

G852.6　022507
太乙混元球/刘铁成编著.—大连:大连出版社,1995.1.—241页;20cm.—(太乙混元大法系列)
ISBN 7-80555-710-1:¥12.00

G852.6　022508
武林轻功绝技/居山,慧根编著.—北京:北京体育大学出版社,1995.2.—253页;19cm
ISBN 7-81003-940-7:¥7.60

G852.6　022509
武林硬功绝技/安在峰编著.—北京:北京体育大学出版社,1995.8.—176页;19cm
ISBN 7-81003-989-X:¥6.60

G852.6　022510
宇心生命科学文化/徐杰河编著.—北京:国际文化出版公司,1995.1.—308页:彩照;20cm.—(东方神秘文化思悟)
ISBN 7-80105-213-7:¥15.80

G852.6　022511
宇宙初探:中国鹤翔庄气功秘密剖析/宇一著.—兰州:甘肃民族出版社,1995.4.—312页;19cm
ISBN 7-5421-0365-2:¥11.80

G852.6　022512
卦三合功/张全亮著.—北京:人民体育出版社,1995.7.—186页;19cm
ISBN 7-5009-1145-9:¥5.70

G86 水上、冰上与雪上运动

①G86②K928.703.4　022513
长白山冰雪运动与旅游:中国长白山高原冰雪训练基地介绍/刘永年等编著.—长春:吉林人民出版社,1995.12.—108页:彩照;20cm
ISBN 7-206-02383-5:¥15.00

G861.1　022514
碧波里的飞翔:世界游泳运动/锻炼编著.—成都:四川少年儿童出版社,1995.5.—113页:彩图;19×17cm.—(奥林匹克之光丛书)
ISBN 7-5365-1384-4:¥9.50

G861.1　022515
少年儿童学游泳/温仲华等编著.—北京:北京体育大学出版社,1995.6.—198页;19cm
ISBN 7-81003-960-1:¥5.50

G861.1　022516
现代游泳/胡晓峰编著.—昆明:云南大学出版社,1995.1.—211页;19cm
ISBN 7-81025-502-9:¥5.50

G861.4-64　022517
龙舟魂:第一届世界龙舟锦标赛专辑:汉英对照/《海关与大市场》杂志社编著.—长沙:湖南美术出版社,1995.6.—121:彩图;29cm
ISBN 7-5356-0736-5:¥80.00

G862　022518
最新滑冰技术241问/梁文喜等编著.—天津:天津科学技术出版社,1995.10.—99页;19cm
ISBN 7-5308-1814-7:¥4.20

G862.1　022519
速度滑冰/韦迪主编.—沈阳:辽宁教育出版社,1995.2.—115页;19cm.—(冰雪运动丛书)
ISBN 7-5382-4038-1:¥4.80

G862.1　022520
速度滑冰错误动作百例:著名教练员的"诊断"与"治疗"/韦迪主编.—沈阳:辽宁教育出版社,1995.2.—187页;19cm.—(速度滑冰教学丛书)
ISBN 7-5382-4091-8:¥4.80

G862.1　022521
速度滑冰教学与训练/王尔等主编.—沈阳:辽宁教育出版社,1995.2.—125页;19cm.—(速度滑冰教学丛书)
ISBN 7-5382-4091-8:¥4.80

G862.2　022522
花样滑冰/韦迪主编.—沈阳:辽宁教育出版社,1995.2.—129页;19cm.—(冰雪运动丛书)
ISBN 7-5382-4038-1:¥4.80

G862.3　022523
冰球/朱志强等主编.—哈尔滨:黑龙江教育出版社,1995.3.—355页;19cm
ISBN 7-5316-2557-1:¥7.60

G862.3　022524
冰球/韦迪主编.—沈阳:辽宁教育出版社,1995.2.—114页;19cm.—(冰雪运动丛书)
ISBN 7-5382-4038-1:¥4.80

G862.3　022525
冰球竞赛规划　1995/中华人民共和国体育运动委员会审定.—北京:人民体育出版社,1995.7.—81页;19cm
ISBN 7-5009-1240-4:¥5.00

G863.1　022526
自由式滑雪/韦迪主编.—沈阳:辽宁教育出版社,1995.2.—123页;19cm.—(冰雪运动丛书)
ISBN 7-5382-4038-1:¥4.80

G863.11　022527
高山滑雪/韦迪主编.—沈阳:辽宁教育出版社,1995.2.—114页;19cm.—(冰雪运动丛书)
ISBN 7-5382-4038-1:¥4.80

G863.11　022528
旅游滑雪入门/黑龙江亚布力旅游滑雪场滑雪学校编著.—北京:人民体育出版社,1995.11.—94页;20cm
ISBN 7-5009-1268-4:¥9.90

G863.12　022529
跳台滑雪/韦迪主编.—沈阳:辽宁教育出版社,1995.2.—117页;19cm.—(冰雪运动丛书)
ISBN 7-5382-4038-1:¥4.80

G863.13　022530

越野滑雪/韦迪主编.—沈阳:辽宁教育出版社,1995.2.—92页;19cm.—(冰雪运动丛书)
ISBN 7-5382-4038-1:¥4.80

G87 其他体育运动

G883 022531
健美与健美操/陈宝林,王宗静编著.—保定:河北大学出版社,1995.11.—261页;19cm
ISBN 7-81028-326-X:¥10.00

G883 022532
实用健美手册/李伟,赵世昶主编.—郑州:中原农民出版社,1995.1.—154页;19cm
ISBN 7-80538-756-7:¥4.90

G883 022533
形体健美体育锻炼法/桑振英编著.—北京:金盾出版社,1995.12.—185页:彩图;19cm
ISBN 7-5082-0078-0:¥7.00

G886.1 022534
拳击快速入门/安迪,戈盾编著.—北京:北京体育大学出版社,1995.8.—191页;19cm
ISBN 7-81003-991-1:¥7.20

G886.1 022535
拳击实战提高/安迪,戈盾编著.—北京:北京体育大学出版社,1995.8.—173页;19cm
ISBN 7-81003-992-X:¥7.00

G886.1 022536
世界拳王成名技法/安迪,戈盾编著.—北京:北京体育大学出版社,1995.8.—151页;19cm
ISBN 7-81003-993-8:¥6.30

G886.1 022537
世界拳王争霸绝技/安迪,戈盾编著.—北京:北京体育大学出版社,1995.8.—167页;19cm
ISBN 7-81003-994-6:¥6.90

G886.5 022538
琉球王府秘传武术/(日)松尾兼德左近著;许福海,郭蒲君译.—北京:人民体育出版社,1995.6.—190页;图;26cm
ISBN 7-5009-1134-3:¥28.00

G89 文体活动

G89 022539
心智的角逐:棋牌乐/陈健著.—上海:上海古籍出版社,1995.5.—98页;19cm.—(学生乐园/吕型伟主编)
ISBN 7-5325-1737-3:¥3.50

G891 022540
一日一招:棋牌初步300题/何左峰等编著.—北京:人民体育出版社,1995.12.—310页;19cm
ISBN 7-5009-1101-7:¥11.00

G891.1 022541
国际象棋/上海中小学课程教材改革委员会编.—上海:上海文化出版社,1995.8.—135页;19cm
选修课本 供高中一、二年级用
ISBN 7-80511-811-6:¥2.90

G891.1 022542
国际象棋计划与构思/言穆雄,王彩云编著.—北京:人民体育出版社,1995.3.—210页;19cm.—(国际象棋初级丛书)
ISBN 7-5009-1141-6:¥7.00

G891.1 022543
国际象棋入门/徐家亮著.—北京:人民体育出版社,1995.12.—407页;20cm
ISBN 7-5009-1243-9:¥18.50

G891.1 022544
国际象棋入门与提高/林峰著.—北京:光明日报出版社,1995.4.—241页;19cm
ISBN 7-80091-585-9:¥7.50

G891.1 022545
国际象棋纵横谈/林峰著.—上海:上海辞书出版社,1995.9.—490页;19cm
ISBN 7-5326-0322-9:¥18.00

G891.1 022546
新编国际象棋入门/刘镇国著.—合肥:安徽科学技术出版社,1995.7.—300页;19cm
ISBN 7-5337-1112-2:¥8.80

G891.2 022547
"上涌杯"过宫炮王棋王邀请赛专集 第二届/陈幸等编著.—广州:华南理工大学出版社,1995.11.—235页;19cm
ISBN 7-5623-0919-1:¥15.00

G891.2 022548
兵卒将帅的冷着/徐家亮等编著.—北京:人民体育出版社,1995.10.—225页;19cm
ISBN 7-5009-1170-X:¥8.00

G891.2 022549
布局妙手:棋开得胜的关键手段/刘殿中,齐津安编著.—北京:北京体育大学出版社,1995.2.—235页;19cm.—(象棋妙手丛书)
ISBN 7-81003-943-1:¥7.50

G891.2 022550
残局妙手:棋死回生的巧应妙对/刘殿中,齐津安编著.—北京:北京体育大学出版社,1995.2.—238页;19cm.—(象棋妙手丛书)
ISBN 7-81003-945-8:¥7.60

G891.2 022551
车马兵联攻妙招/李洹,任云编著.—北京:北京体育大学出版社,1995.2.—302页;19cm.—(象棋战法丛书)
ISBN 7-81003-938-5:¥9.00

G891.2 022552
车马冷着/孙尔康编著.—北京:人民体育出版社,1995.10.—200页;19cm
ISBN 7-5009-1210-2:¥7.50

G891.2 022553
车马炮兵攻杀法/李洹,任云著.—西安:陕西科学技术出版社,1995.7.—266页;19cm

ISBN 7-5369-2323-6:¥6.20

G891.2　022554

车马炮兵攻守战术/李洹,任云编著.—北京:北京体育大学出版社,1995.2.—223页;19cm.—(象棋战法丛书)

ISBN 7-81003-936-9:¥7.00

G891.2　022555

趁火打劫:攻窝心马战术/邱志源,沈祖勤编著.—北京:人民体育出版社,1995.3.—259页;19cm.—(象棋兵法丛书)

ISBN 7-5009-1022-3:¥8.00

G891.2　022556

江东俊秀徐天红专辑/徐天红,汪霞萍著.—武汉:湖北科学技术出版社,1995.3.—324页;19cm.—(中国象棋特级大师对局精选)

ISBN 7-5352-1539-4:¥8.00

G891.2　022557

决战棋枰无敌手:象棋10冠军棋艺精华/李洹,杨典编著.—北京:北京体育大学出版社,1995.7.—298页;19cm

ISBN 7-81003-935-0:¥9.80

G891.2　022558

排局新作/瑞龙著.—成都:蜀蓉棋艺出版社,1995.12.—146页;19cm

ISBN 7-80548-468-6:¥4.70

G891.2　022559

棋海拾珍:中国象棋特级大师博杀录/王毅人,孙志伟著.—哈尔滨:黑龙江科学技术出版社,1995.5.—212页;19cm

ISBN 7-5388-2672-6:¥8.20

G891.2　022560

棋坛俊杰世界冠军徐天红对局精选/孙志伟,刘海亭编著.—沈阳:辽宁科学技术出版社,1995.1.—281页;19cm

ISBN 7-5381-1880-2:¥8.80

G891.2　022561

全国象棋个人锦标赛对局选/陈伯琴等编.—长沙:湖南出版社,1995.5.—287页;20cm

ISBN 7-5438-0975-3:¥9.90

G891.2　022562

全国象棋赛对局精选　(八)/杨典,华世明著.—成都:蜀蓉棋艺出版社,1995.7.—304页;19cm

ISBN 7-80548-471-6:¥8.20

G891.2　022563

全国象棋争霸战/屠景明,葛维蒲编著.—上海:上海辞书出版社,1995.11.—217页;19cm

ISBN 7-5326-0368-7:¥8.00

G891.2　022564

全面妙手:棋乐无穷的全面提高/刘殿中,齐津安编著.—北京:北京体育大学出版社,1995.2.—199页;19cm.—(象棋妙手丛书)

ISBN 7-81003-946-6:¥6.60

G891.2　022565

杀王妙手:棋势汹汹的绝杀神招/刘殿中,齐津安编著.—北京:北京体育大学出版社,1995.2.—274页;19cm.—(象棋妙手丛书)

ISBN 7-81003-942-3:¥8.50

G891.2　022566

实用残局艺术探胜/崔鸿传著.—成都:蜀蓉棋艺出版社,1995.4.—213页;19cm

ISBN 7-80548-455-4:¥5.80

G891.2　022567

顺炮横车对直车　下集/王嘉良,李德林著.—成都:蜀蓉棋艺出版社,1995.4.—265页;19cm

ISBN 7-80548-456-2:¥6.80

G891.2　022568

特级大师布局攻防战术/王嘉良,杨典著.—北京:人民体育出版社,1995.10.—356页;19cm

ISBN 7-5009-1169-6:¥12.50

G891.2　022569

特级大师中局佳构/程明松著.—成都:蜀蓉棋艺出版社,1995.12.—271页;20cm.—(实战技巧丛书)

ISBN 7-80548-474-0:¥9.80

G891.2　022570

象棋布局飞刀/葛维蒲编著　.—上海:上海文化出版社,1995.3.—358页;19cm

ISBN 7-80511-703-9(精装):¥17.10

G891.2　022571

象棋布局陷井108招/尚威编著.—北京:北京体育大学出版社,1995.8.—304页;19cm.—(出棋制胜丛书)

ISBN 7-81003-983-0:¥11.50

G891.2　022572

象棋残局决胜108手/尚威编著.—北京:北京体育大学出版社,1995.12.—320页;19cm.—(出棋制胜丛书)

ISBN 7-81003-984-9:¥11.80

G891.2　022573

象棋残局决胜战术/王嘉良,杨典编著.—北京:北京体育大学出版社,1995.12.—285页;19cm.—(特级大师对局精解丛书)

ISBN 7-81003-981-4:¥9.70

G891.2　022574

象棋残局快速提高捷径/黄少龙著.—北京:北京体育大学出版社,1995.3.—161页;19cm.—(象棋快速提高捷径丛书)

ISBN 7-81003-949-0:¥5.80

G891.2　022575

象棋过河车名局评解/刘剑青等编著.—成都:蜀蓉棋艺出版社,1995.1.—289页;19cm

ISBN 7-80548-437-6:¥7.60

G891.2　022576

象棋后手布局良策/刘宝仁等编著.—北京:北京体育大学出版社,1995.12.—279页;19cm.—(特级大师对局精解丛书)

ISBN 7-81003-979-2:¥11.00

G891.2　022577

象棋教材　第三卷/程明松主编;林洪编著.—成都:

蜀蓉棋艺出版社,1995.6.—185页;19cm

ISBN 7-80548-457-0: ¥17.80

G891.2　　022578

象棋教材　第四卷/程明松主编;黄少龙编著.—成都:蜀蓉棋艺出版社,1995.3.—166页;19cm

ISBN 7-80548-460-0: ¥14.80

G891.2　　022579

象棋精彩名局选评/张宗辕编.—广州:广东科技出版社,1995.12.—288页;19cm

ISBN 7-5359-1603-1: ¥9.80

G891.2　　022580

象棋开局快速提高捷径/黄少龙著.—北京:北京体育大学出版社,1995.2.—154页;19cm.—(象棋快速提高捷径丛书)

ISBN 7-81003-947-4: ¥5.50

G891.2　　022581

象棋七十二诀/孙尔康编著.—上海:上海文化出版社,1995.9.—454页;19cm

ISBN 7-80511-764-0: ¥14.70

G891.2　　022582

象棋棋艺快速提高法/李中健,孙志伟编著.—沈阳:辽宁科学技术出版社,1995.1.—265页;19cm

ISBN 7-5381-1879-9: ¥8.30

G891.2　　022583

象棋弃子速胜技巧/尚威编著.—沈阳:辽宁科学技术出版社,1995.5.—280页;19cm

ISBN 7-5381-1920-5: ¥7.70

G891.2　　022584

象棋入门/褚石,梁兵编著.—北京:人民体育出版社,1995.9.—350页;20cm

ISBN 7-5009-1209-9: ¥16.00

G891.2　　022585

象棋入门与提高/齐铭,王政编著.—北京:光明日报出版社,1995.9.—169页;19cm

ISBN 7-80091-661-8: ¥6.50

G891.2　　022586

象棋杀着大全/李德林等编著.—2版(修订本).—北京:人民体育出版社,1995.7.—418页;20cm

ISBN 7-5009-1188-2: ¥18.00

G891.2　　022587

象棋实战技巧与绝招:绝招篇/吕默文编著.—成都:四川科学技术出版社,1995.12.—310页;19cm

ISBN 7-5364-3214-3: ¥11.80

G891.2　　022588

象棋提高指南/孙志伟,李中健著.—北京:人民体育出版社,1995.11.—306页;20cm

ISBN 7-5009-0914-4: ¥10.00

G891.2　　022589

象棋先手布局妙法/刘宝仁等编著.—北京:北京体育大学出版社,1995.12.—264页;19cm.—(特级大师对局精解丛书)

ISBN 7-81003-978-4: ¥10.80

G891.2　　022590

象棋中局攻杀技巧/温满红等编著.—北京:北京体育大学出版社,1995.12.—351页;19cm.—(特级大师对局精解丛书)

ISBN 7-81003-980-6: ¥12.60

G891.2　　022591

象棋中局快速提高捷径/黄少龙著.—北京:北京体育大学出版社,1995.2.—152页;19cm.—(象棋快速提高捷径丛书)

ISBN 7-81003-948-2: ¥5.50

G891.2　　022592

象棋中局拼杀108法/尚威编著.—北京:北京体育大学出版社,1995.12.—301页;19cm.—(出棋制胜丛书)

ISBN 7-81003-982-2: ¥10.80

G891.2　　022593

新编梅花谱/(清)王再越著;程明松改编.—2版.—成都:蜀蓉棋艺出版社,1995.5.—171页;19cm

ISBN 7-80548-470-8: ¥5.40

G891.2　　022594

中国象棋实用技法/柳大华,郭子福编著.—武汉:华中理工大学出版社,1995.3.—277页;19cm

ISBN 7-5609-1046-7: ¥6.50

G891.2　　022595

中局妙手:棋有此理的攻杀技巧/刘殿中,齐津安编著.—北京:北京体育大学出版社,1995.2.—221页;19cm.—(象棋妙手丛书)

ISBN 7-81003-944-X: ¥7.20

G891.2　　022596

中炮巡河炮对屏风马新编/刘彬和,徐家亮著.—北京:人民体育出版社,1995.8.—228页;19cm.—(象棋布局丛书)

ISBN 7-5009-1159-9: ¥6.80

G891.2-44　　022597

象棋棋题测验/金启昌等编著.—北京:人民体育出版社,1995.2.—240页;19cm

ISBN 7-5009-1135-1: ¥7.50

G891.2-54　　022598

中国象棋年鉴　1995/中国象棋协会主编.—成都:蜀蓉棋艺出版社,1995.7.—349页:彩照;20cm

ISBN 7-80548-469-4: ¥14.00

G891.2-61　　022599

象棋名局赏析辞典　第二辑/屠景明编著.—上海:上海辞书出版社,1995.8.—410页;19cm

ISBN 7-5326-0308-3(精装): ¥16.00

G891.3　　022600

段位测试/宋炯辉编著;.—北京:人民体育出版社,1995.2.—2册(170页);26cm

ISBN 7-5009-0939-X: ¥12.00

G891.3　　022601

攻棋要法/金疆编著.—北京:人民体育出版社,1995.12.—112页;19cm.—(围棋初级丛书)

ISBN 7-5009-1180-7: ¥4.50

G891.3　　022602

基本死活辞典/(日)江场弘树著;田振译.—北京:人民体育出版社,1995.7.—250页;19cm

ISBN 7-5009-1143-2:￥7.70

G891.3 022603

世界职业围棋大赛对局集　(二)/江铸久等编著.—成都:蜀蓉棋艺出版社,1995.10.—332页;20cm

ISBN 7-80548-463-5:￥10.20

G891.3 022604

围棋基础技术:打入与侵消/丁开明著.—成都:蜀蓉棋艺出版社,1995.4.—245页;19cm

ISBN 7-80548-453-8:￥7.60

G891.3 022605

围棋六日通/李晓佳编著.—北京:北京体育大学出版社,1995.8.—146页;19cm.—(围棋入门必读丛书)

ISBN 7-81003-986-5:￥6.60

G891.3 022606

围棋漫谈/杜荣升著.—石家庄:河北人民出版社,1995.10.—165页;19cm

ISBN 7-202-01800-4:￥5.80

G891.3 022607

围棋实用定式/朱小明主编;吉林棋院编著.—北京:北京体育大学出版社,1995.8.—280页;19cm.—(围棋入门必读丛书)

ISBN 7-81003-987-3:￥10.00

G891.3 022608

围棋实战攻防/廖渝生编著.—成都:蜀蓉棋艺出版社,1995.12.—262页;19cm

ISBN 7-80548-472-4:￥7.70

G891.3 022609

围棋实战妙手/黄永吉著.—成都:蜀蓉棋艺出版社,1995.3.—280页;19cm

ISBN 7-80548-451-1:￥6.70

G891.3 022610

围棋实战指南/赵之云编著.—上海:上海辞书出版社,1995.9.—316页;20cm

ISBN 7-5326-0324-5:￥13.80

G891.3 022611

围棋死活200例/李晓佳编著.—北京:北京体育大学出版社,1995.9.—214页;19cm.—(围棋入门必读丛书)

ISBN 7-81003-988-1:￥8.50

G891.3 022612

围棋死活趣题精选/韩祖新编.—长沙:湖南出版社,1995.8.—296页;19cm.—(中国围棋丛书)

ISBN 7-5438-0980-X:￥9.80

G891.3 022613

围棋推理技巧/王经伦著.—成都:蜀蓉棋艺出版社,1995.10.—268页;20cm

ISBN 7-80548-458-9:￥8.50

G891.3 022614

新编围棋入门/胡懋林等编著.—合肥:安徽科学技术出版社,1995.10.—204页;19cm

ISBN 7-5337-1163-7:￥6.50

G891.3 022615

中日韩超级棋星名局鉴赏/《围棋天地》编辑部编.—北京:人民体育出版社,1995.12.—354页;20cm

ISBN 7-5009-1247-1:￥16.00

G891.3-54 022616

中国围棋年鉴　1995/中国围棋协会主编.—成都:蜀蓉棋艺出版社,1995.6.—475页;20cm

ISBN 7-80548-465-1:￥13.50

G891.9 022617

初级职业连珠五子棋:二十四种开局/彭建国,那威编著.—北京:中国妇女出版社,1995.8.—237页;17×12cm

ISBN 7-80016-241-9:￥8.60

G891.9 022618

旋弈象棋入门/陈南星著.—汕头:汕头大学出版社,1995.7.—182页;19cm

ISBN 7-81036-140-6:￥6.00

G892 022619

打牌技巧高级指南/(澳)克林格(Klinger,R.)著;李舜善,朱文雄译.—上海:上海文化出版社,1995.9.—509页;19cm

ISBN 7-80511-722-5:￥17.60

G892 022620

叫牌中的逻辑:万能梅花制/郭巍著.—成都:蜀蓉棋艺出版社,1995.6.—282页;19cm

ISBN 7-80548-459-7:￥8.20

G892 022621

桥牌高级训练教程/王子旗编著.—北京:北京体育大学出版社,1995.4.—256页;19cm

ISBN 7-81003-903-2:￥8.50

G892 022622

桥牌简明入门教程/王子旗编著.—北京:北京体育大学出版社,1995.3.—330页;19cm

ISBN 7-81003-901-6:￥10.00

G892 022623

桥牌快速提高教程/王子旗编著.—北京:北京体育大学出版社,1995.5.—278页;19cm

ISBN 7-81003-902-4:￥9.50

G892 022624

桥牌名家名局精选/程程等编.—合肥:安徽科学技术出版社,1995.2.—379页;19cm.—(新编桥牌入门丛书;4)

ISBN 7-5337-1111-4:￥8.60

G892 022625

桥牌入门/(法)韦西尼(Versini,G.)著;肖民译.—北京:商务印书馆,1995.12.—159页;19cm.—(我知道什么?)

据法国大学出版社1982年第6版译出

ISBN 7-100-01951-6:￥7.50

G892 022626

桥牌入门与提高/漆有光编著.—北京:光明日报出版社,1995.7.—238页;19cm

ISBN 7-80091-659-6:￥7.80

G892 022627

桥牌失败的教训/瞿强立,董齐亮著.—成都:蜀蓉棋艺出版社,1995.8.—601页;19cm

ISBN 7-80548-461-9:￥16.40

G892 022628

桥牌五周通/(美)沙因沃德著;曹小莉等译.—2版.—北京:人民体育出版社,1995.12.—469页;20cm

著者原题:阿弗列·沙因沃德

ISBN 7-5009-1204-8:¥17.00

G892 022629

巧学桥牌/魏刚,王长有著.—太原:山西科学技术出版社,1995.8.—276页;19cm

ISBN 7-5377-0633-6:¥9.75

G892 022630

实用精确叫牌法/漆有光编著.—合肥:安徽科学技术出版社,1995.2.—212页;19cm.—(新编桥牌入门丛书;2)

ISBN 7-5337-1109-2:¥5.80

G892 022631

五张高花自然叫牌法/漆有光编著.—合肥:安徽科学技术出版社,1995.2.—239页;19cm.—(新编桥牌入门丛书;1)

ISBN 7-5337-1011-8:¥6.50

G892 022632

怎样打桥牌/刘德培著.—2版.—重庆:重庆出版社,1995.12.—519页;20cm

ISBN 7-5366-1372-5:¥16.50

G892 022633

自学桥牌的钥匙/孟明等著.—成都:蜀蓉棋艺出版社,1995.12.—160页;19cm

ISBN 7-80548-473-2:¥4.90

G892 022634

做庄与防守/于国明,杨岚著.—合肥:安徽科学技术出版社,1995.2.—321页;19cm.—(新编桥牌入门丛书;3)

ISBN 7-5337-1110-6:¥7.80

G893 022635

教你打台球(SNOOKER)/李凤山编著.—北京:人民体育出版社,1995.1.—196页;19cm

ISBN 7-5009-1147-5:¥6.80

G893 022636

你也能打好台球/孙棨先编写.—北京:国际文化出版公司,1995.11.—89页;19cm

ISBN 7-80105-303-6:¥5.50

G893 022637

台球入门/陈允中编著.—北京:金盾出版社,1995.3.—168页;19cm

ISBN 7-5082-0001-2:¥4.90

G893.4 022638

台球规则问答/付永康著.—北京:人民体育出版社,1995.4.—69页;19cm

ISBN 7-5009-1157-2:¥3.50

G894 022639

集邮传真/郭润康著.—北京:科学普及出版社,1995.8.—162页;19cm.—(集邮者必备丛书)

ISBN 7-110-03318-X:¥5.50

G894 022640

集邮美学/温福林著.—长春:长春出版社,1995.6.—155页:彩图;19cm

ISBN 7-80604-343-8:¥12.00

G894 022641

集邮业务/邮电部教育司主编.—北京:人民邮电出版社,1995.4.—81页;19cm

邮电生产人员岗位培训系列教材 邮电通信企业生产人员技术业务等级考核题解

ISBN 7-115-05579-3:¥2.85

G894 022642

津沽邮坛/赵保华主编.—天津:百花文艺出版社,1995.11.—308页:图;26cm

ISBN 7-5306-2179-3(精装):¥38.80

G894 022643

天地方寸间:怎样集邮/王根山著.—上海:上海古籍出版社,1995.5.—125页;19cm.—(学生乐园/吕型伟主编)

ISBN 7-5325-1902-3:¥4.10

G894 022644

新疆奇石谱:汉英对照/汤云编.—乌鲁木齐:新疆美术摄影出版社,1995.2.—91页:彩照;29cm

ISBN 7-80547-278-5:¥48.00

G894 022645

新中国邮票鉴赏/黄祥辉,杨文天编著.—北京:人民邮电出版社,1995.1.—182页;19cm

ISBN 7-115-05441-X:¥7.00

①G894②J6-49 022646

邮票上的世界音乐名曲/李近朱编著.—上海:上海音乐出版社,1995.4.—286页;19cm

ISBN 7-80553-501-9:¥12.40

①G894②TS933 022647

奇石世界/向科生,林汉涛主编.—桂林:漓江出版社,1995.10.—68页:彩图;26cm

ISBN 7-5407-1838-2:¥20.00

G894-52 022648

赵善长集邮文选/常州市集邮协会编.—西安:陕西人民出版社,1995.11.—336页;20cm

ISBN 7-224-03850-4(精装):¥48.00

G894-62 022649

集邮指南/潘兆柱主编.—牡丹江:黑龙江朝鲜民族出版社,1995.11.—175页;20cm

ISBN 7-5389-0606-1:¥10.00

G894-63 022650

中华世界邮票目录:欧洲卷 1995=Dragon World Stamp Catalogue(Volume of Europe)/朱祖威主编;《中华世界邮票目录》编辑委员会编.—北京:人民邮电出版社,1995.3.—2册(1906页);29cm

ISBN 7-115-05372-3:¥280.00

G894-64 022651

历史呼唤和平:纪念中国抗日战争暨世界反法西斯战争胜利50周年邮票图集/山东省邮电管理局,山东省集邮协会编.—北京:人民邮电出版社,1995.7.—100页:彩图;26cm

ISBN 7-115-05718-4(精装):¥120.00

G894-64 022652

世界著名妇女邮票图集/柴源,赵恕中编.—北京:人民邮电出版社,1995.8.—98页;26cm
ISBN 7-115-05703-6:¥55.00
G894-64 022653
邮票中的儿童世界/林轩等编.—北京:中国青年出版社,1995.5.—116页;19×21cm
ISBN 7-5006-1515-9:¥18.00
G894-64 022654
中华人民共和国邮票目录　1995/中华人民共和国邮电部编.—北京:人民邮电出版社,1995.7.—214页;20cm
ISBN 7-115-05712-5:¥25.00
G895 022655
浪漫郊游/毛英选编;何鑫业等撰文.—杭州:浙江人民美术出版社,1995.3.—72页;26cm.—(星期天丛书)
ISBN 7-5340-0503-5:¥12.80
G895 022656
中外著名探险故事/徐敬东,徐忻炜编著.—修订版.—合肥:安徽少年儿童出版社,1995.5.—226页;19cm.—(小学生精品书库·文化教育类)
ISBN 7-5397-1254-6:¥5.50
G897 022657
北京钓鱼指南/萧林,郭大民主编;北京市水产局,全国测绘资料信息中心编制.—北京:测绘出版社,1995.5.—86页:图;19cm
ISBN 7-5030-0793-1:¥7.80
G897 022658
垂钓:钓鱼文化、知识、技巧和竞赛/包凌云编著.—3版.—南京:江苏科学技术出版社,1995.4.—349页;19cm
ISBN 7-5345-0312-4:¥8.40
G897 022659
垂钓诀窍/凌熙和编著.—北京:中国农业出版社,1995.3.—257页;19cm
ISBN 7-109-03554-9:¥7.50
G897 022660
钓鱼技艺/刘铭昌编著.—2版.—北京:金盾出版社,1995.3.—118页;19cm
ISBN 7-80022-476-7:¥2.50
G897 022661
特效钓饵300种/少牛,姚渔夫编著.—长沙:湖南文艺出版社,1995.4.—164页;19cm
ISBN 7-5404-1361-1:¥4.80
G897 022662
溪钓/叶春晖著.—北京:人民体育出版社,1995.7.—142页;20cm.—(钓鱼入门丛书)
ISBN 7-5009-1156-4:¥5.70
G897-44 022663
台湾钓法问答/包凌云编著.—北京:长征出版社,1995.2.—135页;19cm
ISBN 7-80015-335-5:¥4.70
G897-62 022664
钓鱼手册/王长工主编.—上海:上海科学技术出版社,1995.11.—254页;19cm.—(休闲丛书)
ISBN 7-5323-3795-2(精装):¥12.10
G898 022665
GAME玩家　第一卷/程勇主编.—北京:中华工商联合出版社,1995.11.—56页;26cm
ISBN 7-80100-169-9:¥5.50
G898 022666
快乐大转盘游戏集锦/郑可壮主编.—上海:学林出版社,1995.6.—2册;20cm
ISBN 7-80616-104-X:¥13.50
G898 022667
快乐游戏/张黎晨编著.—大连:辽宁师范大学出版社,1995.1.—180页;19cm.—(糖葫芦书架丛书系列/滕毓旭,车培晶主编)
ISBN 7-81042-055-0:¥5.00
G898 022668
秘技宝典/《电子游戏软件》杂志编.—北京:北京科学技术出版社,1995.12.—2册;19cm
ISBN 7-5304-1821-1:¥22.00
G898-61 022669
中外体育游戏大全/鲍泽惠,李崇岗主编.—济南:山东教育出版社,1995.5.—757页;20cm
ISBN 7-5328-2100-5:¥17.45
G898.1 022670
快乐健身法/(日)滨田靖一著;赵振平译.—北京:人民体育出版社,1995.11.—195页;19cm.—(全民健身指南丛书)
ISBN 7-5009-1202-1:¥7.50
G898.1 022671
快乐体育　上册/广东省教育厅体育卫生教育处编著.—广州:广东科技出版社,1995.11.—154页;26cm
ISBN 7-5359-1614-7:¥13.00
G898.2 022672
GAME情报局/王陆编著.—天津:天津科学技术出版社,1995.8.—5册;19cm
ISBN 7-5308-1920-8:¥15.00
G898.2 022673
IQ头脑大操练　(10):IQ判断力大操练/旭东选编.—海口:海南摄影美术出版社,1995.1.—124页;13cm
ISBN 7-80571-740-0:¥1.98
G898.2 022674
IQ头脑大操练　(1):IQ脑力大操练/旭东选编.—海口:海南摄影美术出版社,1995.1.—124页;13cm
ISBN 7-80571-740-0:¥1.98
G898.2 022675
IQ头脑大操练　(2):IQ观察力大操练/旭东选编.—海口:海南摄影美术出版社,1995.1.—126页;13cm
ISBN 7-80571-740-0:¥1.98
G898.2 022676
IQ头脑大操练　(3):IQ迷案大操练/旭东选编.—海口:海南摄影美术出版社,1995.1.—122页;13cm
ISBN 7-80571-740-0:¥1.98
G898.2 022677

IQ 头脑大操练　(4):IQ 图形变化大操练/旭东选编.—海口:海南摄影美术出版社,1995.1.—126 页;13cm

ISBN 7-80571-740-0:¥1.98

G898.2　022678

IQ 头脑大操练　(5):IQ 火柴游戏大操练/旭东选编.—海口:海南摄影美术出版社,1995.1.—124 页;13cm

ISBN 7-80571-740-0:¥1.98

G898.2　022679

IQ 头脑大操练　(6):IQ 数字游戏大操练/旭东选编.—海口:海南摄影美术出版社,1995.1.—122 页;13cm

ISBN 7-80571-740-0:¥1.98

G898.2　022680

IQ 头脑大操练　(7):IQ 眼力大操练/旭东选编.—海口:海南摄影美术出版社,1995.1.—124 页;13cm

ISBN 7-80571-740-0:¥1.98

G898.2　022681

IQ 头脑大操练　(8):IQ 趣问大操练/旭东选编.—海口:海南摄影美术出版社,1995.1.—124 页;13cm

ISBN 7-80571-740-0:¥1.98

G898.2　022682

IQ 头脑大操练　(9):IQ 趣谜大操练/旭东选编.—海口:海南摄影美术出版社,1995.1.—122 页;13cm

ISBN 7-80571-740-0:¥1.98

G898.2　022683

电脑游戏发烧友/景贵飞等编.—北京:地震出版社,1995.10.—197 页;19cm.—(家用电脑实用丛书/王治龙等主编)

ISBN 7-5028-1145-1:¥9.20

G898.2　022684

电脑游戏荟萃/吴越等编著.—北京:人民邮电出版社,1995.11.—198 页;26cm

ISBN 7-115-05801-6:¥15.00

G898.2　022685

慧眼识奇图/沈安等编.—沈阳:辽宁科学技术出版社,1995.5.—142 页;19cm.—(考考你的智力系列;2)

全套丛书共 5 册,总定价:18.00 元

ISBN 7-5381-2127-7:¥

G898.2　022686

鸡蛋碰石头:脑筋大转盘/方方等绘.—2 版.—合肥:安徽人民出版社,1995.3.—157 页;19cm

ISBN 7-212-01155-X:¥4.80

G898.2　022687

家用电视游戏机/王学维等编著.—北京:电子工业出版社,1995.1.—347 页;26cm

ISBN 7-5053-2624-4:¥24.50

G898.2　022688

快乐的游戏宫/许延凤编著;姜海涛,盛岩绘.—济南:明天出版社,1995.4.—122 页;20cm.—(全国小学生课外丛书/李仲汉主编)

全套书共 120 册,总定价 385.00 元

ISBN 7-5332-2142-7:¥0.00

G898.2　022689

迷宫大王/沙利等编写.—上海:少年儿童出版社,1995.1.—58 页;26cm

ISBN 7-5324-2468-5:¥4.00

G898.2　022690

脑筋大转弯　(1)/姜建华,杨睿编绘.—西宁:青海人民出版社,1995.10.—94 页;19cm

ISBN 7-225-01128-6:¥3.98

G898.2　022691

脑筋大转弯　(2)/姜建华,杨睿编绘.—西宁:青海人民出版社,1995.10.—94 页;19cm

ISBN 7-225-01128-6:¥3.98

G898.2　022692

脑筋大转弯　(3)/姜建华,杨睿编绘.—西宁:青海人民出版社,1995.10.—94 页;19cm

ISBN 7-225-01128-6:¥3.98

G898.2　022693

脑筋大转弯　(4)/姜建华,杨睿编绘.—西宁:青海人民出版社,1995.10.—94 页;19cm

ISBN 7-225-01128-6:¥3.98

G898.2　022694

七巧板趣谜/张巍然著.—海口:南海出版公司,1995.4.—89 页;19cm

ISBN 7-5442-0480-4:¥2.80

G898.2　022695

巧玩自然数/沈安等编.—沈阳:辽宁科学技术出版社,1995.5.—144 页;19cm.—(考考你的智力系列;3)

全套丛书共 5 册,总定价:18.00 元

ISBN 7-5381-2127-7:¥0.00

G898.2　022696

趣味问答:动动小脑筋(4)/庄大伟等著;金戈等绘.—上海:少年儿童出版社,1995.11.—62 页;19cm

ISBN 7-5324-2841-9:¥3.20

G898.2　022697

少儿智能训练丛书/汤振华主编.—北京:北京师范大学出版社,1995.4.—4 册;19cm

包括《教我怎么办》等 4 册

ISBN 7-303-02882-X:¥14.00

G898.2　022698

试做大侦探/沈安等编.—沈阳:辽宁科学技术出版社,1995.5.—96 页;19cm.—(考考你的智力系列;5)

全套丛书共 5 册,总定价:18.00 元

ISBN 7-5381-2127-7:¥0.00

G898.2　022699

头脑转弯急/邸雄绘 .—沈阳:沈阳出版社,1995.6.—4 册;19cm

ISBN 7-5441-0392-7:¥12.00

G898.2　022700

推理找答案/沈安等编.—沈阳:辽宁科学技术出版社,1995.5.—138 页;19cm.—(考考你的智力系列;4)

全套丛书共 5 册,总定价:18.00 元

ISBN 7-5381-2127-7:¥0.00

G898.2　022701

小学生智力竞赛百题/吉国编绘.—天津:天津人民

美术出版社,1995.6.—96页;19cm.—(小学生智力开发丛书)

ISBN 7-5305-0424-X:¥2.80

G898.2 022702

益智游戏/晓勤等编撰.—杭州:浙江人民美术出版社,1995.3.—72页:彩照;26cm.—(星期天丛书)

ISBN 7-5340-0510-8:¥11.60

G898.2 022703

智闯迷宫/沈安等编.—沈阳:辽宁科学技术出版社,1995.5.—159页;19cm.—(考考你的智力系列;1)

全套丛书共5册,总定价:18.00元

ISBN 7-5381-2127-7:¥0.00

G898.2 022704

智力测验大全/尹明,艾克编写.—2版(增订本).—北京:北京少年儿童出版社,1995.9.—5册;19cm.—(智力测验大全)

ISBN 7-5301-0548-5(盒装):¥55.00

G898.2 022705

中小学生益智游艺500题/辛明,源灵编.—北京:中国书籍出版社,1995.6.—202页;19cm

ISBN 7-5068-0433-6:¥6.60

①G898.2②③J228.2 022706

鸡蛋碰石头:脑筋大转盘(二)/凌风等编;王芳等绘.—合肥:安徽人民出版社,1995.3.—188页;19cm

ISBN 7-212-01185-1:¥4.80

①G898.2②③J228.2 022707

鸡蛋碰石头:脑筋大转盘(三)/凌风等编;王芳等绘.—合肥:安徽人民出版社,1995.3.—188页;19cm

ISBN 7-212-01186-X:¥4.80

G898.2-39 022708

Windows **游戏精华**/崔智,韩祀瑾编著.—北京:人民邮电出版社,1995.10.—168页;20cm.—(计算机培训丛书)

ISBN 7-115-05689-7:¥10.00

G899 022709

DJ风采/赵小敏,谭勇军编著.—成都:四川少年儿童出版社,1995.11.—138页;19cm.—(中学校园文化活动实用丛书)

ISBN 7-5365-1533-2:¥4.60

G899 022710

"方圆"中的雅趣:怎样集币/傅为群著.—上海:上海古籍出版社,1995.5.—106页;19cm.—(学生乐园/吕型伟主编)

ISBN 7-5325-1909-0:¥3.70

G899 022711

麻将竞技指南/孟心斋著.—北京:新世界出版社,1995.10.—154页;19cm

ISBN 7-80005-250-8:¥7.00

G899 022712

麻将实战技巧与赢牌/李杨编.—深圳:海天出版社,1995.11.—266页;19cm.—(麻将牌集成)

ISBN 7-80615-260-1:¥9.80

G899 022713

名表藏珍/张寿平著.—成都:四川科学技术出版社,1995.2.—117页;26cm

ISBN 7-5364-3018-3:¥39.00

G899 022714

扑克牌游戏与预测:扑克牌集成/李杨编.—深圳:海天出版社,1995.12.—411页;19cm

ISBN 7-80615-314-4:¥16.80

G899 022715

实用朴克魔术大全/李善良编著.—北京:农村读物出版社,1995.6.—184页;19cm

ISBN 7-5048-2402-X:¥6.80

G899 022716

收藏热/叶永烈著.—上海:文汇出版社,1995.1.—164页;19cm.—(叶永烈专列)

ISBN 7-80531-336-9:¥7.00

G899 022717

顽石的灵性:怎样集石/俞莹著.—上海:上海古籍出版社,1995.5.—93页;19cm.—(学生乐园/吕型伟主编)

ISBN 7-5325-1904-X:¥3.50

G899 022718

最新扑克绝招大全/向明编著.—广州:岭南美术出版社,1995.9.—286页;19cm

ISBN 7-5362-1274-7:¥9.60

G899-61 022719

图解扑克魔术大全/杨廷梓,宋维炳编著;周庆绘.—北京:中国三峡出版社,1995.11.—187页;19cm

ISBN 7-80099-121-0:¥7.80

G899-64 022720

蟋蟀图谱/边文华,杨平主编.—上海:上海科学技术出版社,1995.7.—132页:彩照;19cm

ISBN 7-5323-3972-6:¥23.00

H 语言、文字

H-61 022721
剑桥语言百科全书/(英)克里斯特尔(Crystal, D.)著;方晶等译.—北京:中国社会科学出版社,1995.6.—722页;26cm
ISBN 7-5004-1159-6(精装):¥80.00

H0 语言学

H0 022722
当代语言理论与应用/胡壮麟著.—北京:北京大学出版社,1995.5.—257页;20cm
ISBN 7-301-02631-5:¥9.80

H0 022723
社会心理语言学/王德春等著.—上海:上海外语教育出版社,1995.12.—279页;20cm
ISBN 7-81009-972-8:¥12.00

H0 022724
双语研究/余惠邦主编.—成都:四川大学出版社,1995.12.—516页;20cm
ISBN 7-5614-1307-6:¥26.00

H0 022725
语感论/王尚文著.—上海:上海教育出版社,1995.8.—251页;20cm
ISBN 7-5320-3635-9:¥8.35

H0 022726
语境与语言运用/王占馥著.—呼和浩特:内蒙古教育出版社,1995.3.—277页;20cm
ISBN 7-5311-2139-5:¥6.30

H0 022727
语言理论与应用研究/杨忠,张绍杰著.—长春:东北师范大学出版社,1995.10.—321页;20cm.—(东北师范大学文库)
ISBN 7-5602-1660-9(精装):¥10.00

H0 022728
语言论/高名凯著.—北京:商务印书馆,1995.1.—591页;20cm
ISBN 7-100-01459-X:¥20.80

H0 022729
语言文字原理/彭泽润,李葆嘉主编.—长沙:岳麓书社,1995.8.—384页;20cm
高等学校语言学概论教材
ISBN 7-80520-610-4:¥14.00

H0 022730
语言学概论/唐雪凝,李彦苓编著.—东营:石油大学出版社,1995.10.—245页;20cm
ISBN 7-5636-0726-9:¥9.80

H0 022731
语言学研究的通用方法/梁锦祥编著.—广州:广东科技出版社,1995.6.—168页;20cm
ISBN 7-5359-1497-7:¥5.60

H0 022732
语言学知识的计算机辅助发现/白硕著.—北京:科学出版社,1995.7.—117页;20cm
ISBN 7-03-004527-0(精装):¥9.80

H0-05 022733
思想文综 第一辑:语言与思想文化专辑/饶子芃主编.—广州:暨南大学出版社,1995.6.—303页;20cm
ISBN 7-81029-410-5:¥15.00

H0-05 022734
文化语言学中国潮/邵敬敏主编.—北京:语文出版社,1995.1.—289页;20cm
ISBN 7-80006-852-8:¥10.00

①H0-05②B81-05 022735
逻辑、语言和蒙太格语法/邹崇理著.—北京:社会科学文献出版社,1995.11.—203页;20cm
ISBN 7-80050-721-1:¥9.80

H0-06 022736
洪堡特:人文研究和语言研究/姚小平著.—北京:外语教学与研究出版社,1995.4.—235页;20cm
ISBN 7-5600-0881-X:¥7.80

H0-06 022737
西方语言学流派/刘润清编著.—北京:外语教学与研究出版社,1995.4.—331页;20cm
ISBN 7-5600-0813-5:¥9.80

H0-43 022738
普通语言学教程/刘耀武著.—哈尔滨:黑龙江教育出版社,1995.12.—322页;20cm
ISBN 7-5316-2921-6:¥12.00

H0-49 022739
语文闲谈 上册/周有光著.—北京:三联书店,1995.5.—214页;19cm
ISBN 7-108-00791-6:¥9.80

①H0-49②B81-49 022740
心灵的桥梁:语言学与逻辑学/傅根清等主编.—北京:中国华侨出版社,1995.12.—226页;19cm.—(现代科技与人文大观/崔惟琳,潘承洞主编)
ISBN 7-80120-042-X:¥6.20

H0-53 022741
叶籁士文集/叶籁士著.—北京:中国世界语出版社,1995.9.—502页:照片;20cm
ISBN 7-5052-0246-4:¥16.00

①H0-53②I045-53 022742
语言文学论文集/黄树红等主编.—广州:华南理工

大学出版社,1995.8.—280 页;20cm
ISBN 7-5623-0900-0:¥12.00
H018.4　022743
语言病理学引论/单兴缘著.—哈尔滨:黑龙江科学技术出版社,1995.4.—169 页;19cm
ISBN 7-5388-2757-9:¥5.50
H019　022744
辩论的实战技巧/朱峰等著.—北京:北京大学出版社,1995.11.—312 页;20cm
ISBN 7-301-02947-0:¥13.00
H019　022745
辩论学:怎样开展大学生辩论赛/季世昌主编.—南京:江苏教育出版社,1995.9.—358 页;20cm
ISBN 7-5343-2463-7:¥11.90
H019　022746
播音员语言基本功训练教程/赵秀环编著.—北京:华文出版社,1995.5.—248 页;26cm
汉语普通话语言训练教程
ISBN 7-5075-0448-4:¥19.80
H019　022747
诡辨术——制胜利器/左干编著.—西宁:青海人民出版社,1995.9.—158 页;19cm.—(口才一点通)
ISBN 7-225-01120-0:¥5.30
H019　022748
即兴演讲的艺术/李仲华主编;刘政等编.—长沙:湖南科学技术出版社,1995.5.—282 页;19cm
ISBN 7-5357-1723-3:¥8.20
H019　022749
交际口才 365 例/方寿中主编.—福州:福建科学技术出版社,1995.1.—165 页;19cm.—(精彩口才实例丛书)
ISBN 7-5335-0862-9:¥4.70
H019　022750
教师口语基本技能训练/张汉民主编;浙江省教育委员会组织编写.—杭州:杭州大学出版社,1995.11.—186 页;20cm
高等师范院校教材·教师职业基本技能训练教程:公共卷
ISBN 7-81035-835-9:¥5.50
H019　022751
精彩舌战赏析/董新兴等编著.—天津:天津教育出版社,1995.1.—353 页;19cm
ISBN 7-5309-2210-6:¥7.50
H019　022752
口才学/石美珊等主编.—重庆:西南师范大学出版社,1995.8.—313 页;19cm
ISBN 7-5621-1366-1:¥7.90
H019　022753
李燕杰演讲答问录 300 题/曾凡莹编.—北京:北京理工大学出版社,1995.7.—239 页;19cm
ISBN 7-81045-045-X:¥7.40
H019　022754
论辩胜术/赵传栋著.—上海:复旦大学出版社,1995.10.—577 页;20cm
ISBN 7-309-01515-0:¥20.00
H019　022755
明明白白我的心:怎样演说/谢承志著.—上海:上海古籍出版社,1995.5.—84 页;19cm.—(学生乐园/吕型伟主编)
ISBN 7-5325-1912-0:¥3.30
H019　022756
如何讲 如何听/(美)阿德勒(Adler,M.J.)著;周成刚,徐兴方译 .—上海:上海译文出版社,1995.12.—219 页;19cm.—(广角丛书)
ISBN 7-5327-1701-1:¥10.00
H019　022757
世界名人校园演说精粹/庄建明,李兆雄主编.—南昌:百花洲文艺出版社,1995.12.—354 页;20cm.—(世界著名演说文库/陈燮君等主编)
ISBN 7-80579-589-4(精装):¥19.00
H019　022758
说话术——彼岸之桥/左干编著.—西宁:青海人民出版社,1995.9.—158 页;19cm.—(口才一点通)
ISBN 7-225-01120-0:¥5.30
H019　022759
现代讲说艺术/郑玉珍主编.—哈尔滨:黑龙江教育出版社,1995.8.—238 页;19cm
ISBN 7-5316-2834-1:¥8.00
H019　022760
应用口才模式训练/刘伯奎著.—北京:农村读物出版社,1995.4.—230 页;19cm
ISBN 7-5048-2538-7:¥7.20
H019　022761
有效演讲口才技能/高捍东编著.—长沙:中南工业大学出版社,1995.4.—317 页;19cm.—(现代文秘实用系列丛书)
ISBN 7-81020-741-5:¥8.50
H019　022762
语言的突破/(美)卡耐基著;刘沅编译.—北京:中国文联出版公司,1995.12.—300 页;19cm.—(卡耐基:成功之路丛书)
著者原题:戴尔·卡耐基
ISBN 7-5059-0228-8:¥13.60
H019　022763
中外劝导艺术博观/王政挺主编.—北京:东方出版社,1995.12.—387 页;20cm
ISBN 7-5060-0584-0:¥19.00
H019　022764
著名企业家演讲鉴赏/王恒运主编.—济南:山东人民出版社,1995.8.—284 页;20cm.—(世界名人演讲鉴赏丛集/葛谷,武传涛主编)
ISBN 7-209-01761-5(精装):¥16.80
H019　022765
著名文学家演讲鉴赏/魏建主编.—济南:山东人民出版社,1995.8.—461 页;20cm.—(世界名人演讲鉴赏丛集/葛谷,武传涛主编)
ISBN 7-209-01760-7(精装):¥16.80
H019　022766

著名政治家演讲鉴赏/武传涛主编.—济南:山东人民出版社,1995.8.—373页;20cm.—(世界名人演讲鉴赏丛集/葛谷,武传涛主编)
ISBN 7-209-01759-3(精装):¥16.80

H019 022767
纵横申城:上海市大学生第三届辩论赛撷英/张止静,吴刚主编.—上海:华东师范大学出版社,1995.5.—268页;20cm
ISBN 7-5617-1342-8:¥9.80

H019 022768
最佳辩论·演讲·写作论据1500例/巫龙春等编著.—北京:华龄出版社,1995.9.—404页;19cm
ISBN 7-80082-534-5:¥12.50

H019 022769
最新实用口才技巧/周绪全等著.—重庆:重庆出版社,1995.12.—360页;19cm
ISBN 7-5366-3312-2:¥12.90

①H019②C913.1 022770
谈情说爱口才术/林灵编.—广州:广州出版社,1995.12.—120页;19cm
ISBN 7-80592-335-3:¥4.80

①H019②D5-53 022771
著名外交家演讲鉴赏/林奎山主编.—济南:山东人民出版社,1995.9.—337页;20cm.—(世界名人演讲鉴赏丛书/葛谷,武传涛主编)
ISBN 7-209-01766-6(精装):¥16.80

①H019②F715 022772
商务口才艺术/郁长荣著.—北京:地质出版社,1995.12.—185页;19cm
ISBN 7-116-01864-6:¥6.80

①H019②G621 022773
国旗下的演讲:小学本/王南勋等主编.—济南:济南出版社,1995.2.—123页;19cm
ISBN 7-80572-924-7:¥3.50

①H019②G631 022774
国旗下的演讲:中学本/王南勋等主编.—济南:济南出版社,1995.2.—142页;19cm
ISBN 7-80572-925-5:¥3.50

①H019②J0-53 022775
著名艺术家演讲鉴赏/阮文涛主编.—济南:山东人民出版社,1995.10.—309页;20cm.—(世界名人演讲鉴赏丛集/葛谷,武传涛主编)
ISBN 7-209-01767-4(精装):¥16.80

H019-43 022776
高师演讲训练教程/索松华等编著.—长春:吉林大学出版社,1995.11.—332页;19cm
高师职业技能教育系列教材
ISBN 7-5601-1834-8:¥9.00

H026.3 022777
教你学手语/闻大敏等编著.—石家庄:河北人民出版社,1995.4.—196页;20cm
ISBN 7-202-01735-0:¥8.60

H030 022778
语义学/徐烈炯著.—2版(修订本).—北京:语文出版社,1995.10.—310页;20cm
ISBN 7-80006-237-6:¥13.40

H033 022779
爱情妙语精华/徐景濂,刘竞希选编.—广州:新世纪出版社,1995.6.—142页;19cm.—(妙语箴言丛书)
ISBN 7-5405-0710-1:¥4.30

H033 022780
贺卡金言/曹明纲,王立翔编.—上海:上海人民出版社,1995.12.—208页;19cm.—(智慧小屋)
ISBN 7-208-02148-1:¥9.00

H033 022781
名人箴言录:成功秘诀/卓成栋主编;陈文满编撰.—北京:中国人事出版社,1995.1.—133页;19cm
ISBN 7-80076-114-2:¥6.00

H033 022782
魔味谐语/宋韵声编译.—桂林:漓江出版社,1995.6.—312页;19cm
ISBN 7-5407-1715-7:¥9.00

H033 022783
青春妙语精华/徐景濂,刘竞希选编.—广州:新世纪出版社,1995.6.—168页;19cm.—(妙语箴言丛书)
ISBN 7-5405-0712-8:¥5.00

H033 022784
人际妙语精华/丁有钦,雨田选编.—广州:新世纪出版社,1995.6.—150页;19cm.—(妙语箴言丛书)
ISBN 7-5405-0713-6:¥4.60

H033 022785
人生妙语精华/丁有钦,雨田选编.—广州:新世纪出版社,1995.6.—149页;19cm.—(妙语箴言丛书)
ISBN 7-5405-0711-X:¥4.60

H033 022786
人生名言选粹/兰州军区政治部宣传部编.—兰州:兰州大学出版社,1995.4.—110页;19cm
ISBN 7-311-00873-5:¥3.98

H033 022787
人生隽言/萧怀编.—上海:上海人民出版社,1995.12.—215页;19cm.—(智慧小屋)
ISBN 7-208-02145-7:¥9.80

H033 022788
圣经谚语/(美)米德(Mieder,B.W.)辑编;胡信年译注.—乌鲁木齐:新疆青少年出版社,1995.7.—240页;19cm
书名原文:NOT BY BREAD ALONE
据美国The New England Press 1990年版译注
ISBN 7-5371-2062-5:¥12.45

H033 022789
世界文豪妙语集/纹绮编.—兰州:敦煌文艺出版社,1995.1.—2册;20cm.—(豪华本精品系列书)
ISBN 7-80587-255-4(精装):¥96.00

H033 022790
犹太格言集/( )托卡雅编著;林郁译.—海口:南海出版公司,1995.2.—171页;19cm.—(犹太人智慧丛书)
著者原题:马文·托卡雅

ISBN 7-5442-0044-2: ¥5.50

H033　022791

智者箴言/施中宪,柴志光编.—上海:上海人民出版社,1995.12.—315页;19cm.—(智慧小屋)

ISBN 7-208-02144-9: ¥12.80

H033　022792

中外名言金库/张纯美主编.—上海:上海文化出版社,1995.12.—1777页;20cm

ISBN 7-80511-608-3(精装): ¥78.00

①H033②B821　022793

秋思:你只有一种人生/杨正润主编;《秋思》编委会编.—南京:江苏人民出版社,1995.7.—449页;20cm.—(名人话人生丛书/刘勇坚主编)

ISBN 7-214-01502-1: ¥18.00

①H033②J228.2　022794

西方十句话　(Ⅰ)/蔡志忠编绘.—北京:三联书店,1995.3.—119页;20cm.—(十句话丛书)

ISBN 7-108-00762-2: ¥5.20

①H033②J228.2　022795

西方十句话　(Ⅳ)/蔡志忠编绘.—北京:三联书店,1995.9.—98页;20cm.—(十句话丛书)

ISBN 7-108-00832-7: ¥4.70

①H033②J228.2　022796

西方十句话　(Ⅴ)/蔡志忠编绘.—北京:三联书店,1995.9.—120页;20cm.—(十句话丛书)

ISBN 7-108-00833-5: ¥5.80

H033-61　022797

3000年世界名言大辞典/毓麟主编.—上海:汉语大词典出版社,1995.9.—1226页;20cm

ISBN 7-5432-0152-6(精装): ¥60.00

H033-61　022798

汉英德法成语词典/席士敏编.—北京:商务印书馆,1995.4.—330页;20cm

ISBN 7-100-00513-2: ¥11.80

H033-61　022799

妙语箴言集成大词典/丁海顺编著.—长春:东北师范大学出版社,1995.1.—1071页;20cm

ISBN 7-5602-1552-1(精装): ¥43.50

H033-61　022800

世界名人语典/郭庆祥主编.—济南:济南出版社,1995.9.—855页;20cm.—(学生工具书系列/施国等主编)

ISBN 7-80572-960-3: ¥24.00

H033-61　022801

外国典故词典/林书武主编;马秋武等编.—上海:上海辞书出版社,1995.11.—396页;19cm

ISBN 7-5326-0303-2(精装): ¥15.10

H04　022802

语言·系统·结构/任绍曾主编.—杭州:杭州大学出版社,1995.6.—301页;20cm

ISBN 7-81035-803-0: ¥15.00

H05　022803

文章学教程/张会恩,曾祥芹主编;王德中等编著.—上海:上海教育出版社,1995.5.—399页;20cm

ISBN 7-5320-4182-4: ¥12.00

H05　022804

现代修辞学/李贵如主编.—北京:经济科学出版社,1995.8.—378页;19cm

ISBN 7-5058-0837-0: ¥12.00

H05　022805

写作学基础/胡欣编著.—武汉:武汉大学出版社,1995.4.—284页;20cm

ISBN 7-307-01958-2: ¥7.50

H05　022806

修辞/张炼强著.—北京:首都师范大学出版社,1995.6.—231页;20cm.—(语文基础知识读本)

ISBN 7-81039-429-0: ¥6.40

H059　022807

三湘译论/刘重德主编.—长沙:湖南出版社,1995.3.—435页;20cm

ISBN 7-5438-0940-0: ¥13.80

H059　022808

外语翻译与研究/华泉坤主编.—合肥:安徽大学出版社,1995.8.—366页;20cm

ISBN 7-81052-010-5: ¥9.80

H061　022809

辞书学概论/林玉山主编.—福州:海峡文艺出版社,1995.12.—424页;20cm.—(福建省社科联丛书)

ISBN 7-80534-906-1: ¥17.00

H061　022810

袖珍俄英汉词典/初克臻编著.—北京:首都师范大学出版社,1995.6.—660页;13cm

ISBN 7-81039-001-5: ¥8.80

H061　022811

英俄汉学习词典/左边草编撰.—北京:中国社会出版社,1995.1.—1052页;20cm

ISBN 7-80088-471-6(精装): ¥45.00

①H08②C912.1　022812

语言交际的艺术/周靖编著.—北京:华文出版社,1995.8.—285页;20cm

ISBN 7-5075-0149-3: ¥12.50

H085　022813

自然语言机器翻译新论/冯志伟著.—北京:语文出版社,1995.—259页;26cm

ISBN 7-80006-744-0: ¥39.00

H09　022814

柜台实用外语:汉、英、日、俄语对照/陈颖卓主编.—北京:中国国际广播出版社,1995.11.—264页;13×19cm

ISBN 7-5078-1278-2: ¥11.00

H09　022815

汉、英、俄实用会话手册/刘玉才编.—哈尔滨:哈尔滨工程大学出版社,1995.5.—208页;19cm

ISBN 7-81007-489-X: ¥5.50

H09　022816

汉俄维对照日常生活交际用语/艾合买提·帕萨尔等编.—北京:民族出版社,1995.1.—444页;13×19cm

ISBN 7-105-02478-X: ¥13.90

H09-62　022817

维汉乌英阿会话手册/阿布力克木·努尔穆罕莫德·阿吉编著.—乌鲁木齐:新疆科技卫生出版社,1995.5.—241页;19cm

ISBN 7-5372-0652-X: ¥7.80

H1 汉语

H1　022818

财经汉语/郭富海主编;新疆财政(贸)学校编.—乌鲁木齐:新疆人民出版社,1995.3.—454页;20cm

供民族学生使用

ISBN 7-228-03407-4: ¥16.50

H1　022819

大学语文/张镜秋主编.—武汉:武汉工业大学出版社,1995.10.—414页;19cm

ISBN 7-5629-1031-6: ¥14.00

H1　022820

大学语文/郜萼编著.—北京:学苑出版社,1995.9.—440页;20cm

高等艺术院校教材

ISBN 7-5077-0556-0: ¥15.00

H1　022821

大学语文/刘公望编著.—兰州:甘肃人民出版社,1995.9.—301页;19cm.—(全国高等教育自学考试辅导丛书)

ISBN 7-226-01554-4: ¥12.00

H1　022822

大学语文/王贵忱,王正春主编.—沈阳:辽宁人民出版社,1995.9.—453页;20cm

ISBN 7-205-03405-1: ¥15.00

H1　022823

大学语文自学指导与练习题/吴国忠主编;韩式朋等编.—哈尔滨:哈尔滨工程大学出版社,1995.3.—374页;20cm.—(高等教育自学考试指导书)

ISBN 7-81007-465-2: ¥9.60

H1　022824

电子技术专业汉语　(上)/新疆邮电学校编.—乌鲁木齐:新疆人民出版社,1995.7.—345页;20cm

ISBN 7-228-03371-1: ¥13.20

H1　022825

电子技术专业汉语　(下)/新疆邮电学校编.—乌鲁木齐:新疆人民出版社,1995.7.—347~672页;20cm

ISBN 7-228-03371-1: ¥13.20

H1　022826

古今汉语比较导论/刘绪湖著.—乌鲁木齐:新疆人民出版社,1995.10.—171页;19cm

ISBN 7-228-03918-1: ¥12.00

H1　022827

汉语/杨光汉等编著.—昆明:云南大学出版社,1995.6.—513页;20cm

高等学校文科教材

ISBN 7-81025-575-4: ¥19.50

H1　022828

汉语概说/(美)罗杰瑞(Norman,J.)著;张惠英译.—北京:语文出版社,1995.1.—247页;20cm

ISBN 7-80006-838-2: ¥9.20

H1　022829

汉语学/许威汉著.—广州:广东教育出版社,1995.9.—516页;20cm

ISBN 7-5406-2819-7: ¥26.80

H1　022830

汉语言文化研究　第五辑/南开大学汉语言文化学院编.—天津:天津人民出版社,1995.12.—198页;20cm

ISBN 7-201-02862-6: ¥20.00

H1　022831

汉语言研究与汉文化/古敬垣,张爱民著.—重庆:重庆大学出版社,1995.12.—228页;20cm

ISBN 7-5624-1292-8: ¥8.20

H1　022832

汉语与写作/康元皓主编.—兰州:兰州大学出版社,1995.9.—319页;20cm

ISBN 7-311-00915-4: ¥11.80

H1　022833

军队大学语文/张金根等主编.—桂林:漓江出版社,1995.4.—391页;20cm

ISBN 7-5407-1748-3: ¥11.50

H1　022834

文秘基础汉语/何思成,夏中易编著.—成都:四川人民出版社,1995.10.—2册;20cm

高等教育自学考试用书

ISBN 7-220-03029-0: ¥17.20

H1　022835

新语文建设史话/凌远征著.—开封:河南大学出版社,1995.1.—343页;20cm

ISBN 7-81041-120-9: ¥10.80

H1　022836

音韵与方言研究/麦耘著.—广州:广东人民出版社,1995.4.—322页;20cm

ISBN 7-218-01791-6: ¥13.00

H1　022837

语文　第二册/刘品元主编.—成都:西南财经大学出版社,1995.7.—234页;19cm

金融中等专业学校教材

ISBN 7-81017-962-4: ¥8.80

H1　022838

语文　第三册:基础写作/洪文明主编.—2版(修订本).—北京:中国财政经济出版社,1995.11.—435页;19cm

中等财经学校(四年制)教材

ISBN 7-5005-2933-3: ¥11.30

H1　022839

语文　第四册:应用文/沙蓉主编.—成都:西南财经大学出版社,1995.7.—238页;19cm

金融中等专业学校教材

ISBN 7-81017-964-0: ¥8.80

H1 022840
语文 上册/刘立是等主编.—北京:石油工业出版社,1995.6.—282页;19cm
ISBN 7-5021-1505-6:¥10.60

H1 022841
语文 下册/熊静中,程树芳主编.—北京:石油工业出版社,1995.6.—271页;19cm
ISBN 7-5021-1505-6:¥10.60

H1 022842
语文 中册/薄宝林等主编.—北京:石油工业出版社,1995.6.—283页;19cm
ISBN 7-5021-1505-6:¥10.60

H1 022843
语文基础教程/吴积才主编.—昆明:云南科技出版社,1995.6.—375页;19cm.—(云南省高等院校大学预科丛书)
ISBN 7-5416-0713-4:¥9.50

H1 022844
语言文学讲座:成人中文自学指导/伍雅珍主编.—北京:中国和平出版社,1995.9.—425页;20cm
ISBN 7-80101-546-0:¥18.00

H1 022845
中国传统文化和语言/沈锡伦著.—上海:上海教育出版社,1995.7.—310页;20cm
ISBN 7-5320-3822-X:¥12.00

H1 022846
中国的语言和文字/班弨著.—南宁:广西教育出版社,1995.7.—253页;20cm
ISBN 7-5435-2316-7:¥9.60

H1 022847
中国语言精粹/谭学纯,朱玲著.—合肥:安徽少年儿童出版社,1995.10.—262页;20cm.—(中国传统文化精粹丛书/钱念孙主编)
ISBN 7-5397-1157-4(精装):¥8.30

①H1②I206.2 022848
汉语言文学知识:中级考试/刘兰英主编;国家旅游局人事劳动教育司编.—北京:旅游教育出版社,1995.8.—231页;20cm
全国导游人员资格等级考试系列教材
ISBN 7-5637-0623-2:¥10.00

H1-05 022849
汉语交际与中国文化/陆庆和著.—苏州:苏州大学出版社,1995.12.—250页;19cm
ISBN 7-81037-190-8:¥12.00

H1-42 022850
体育运动学校教学参考书:语文/体育运动学校教学参考书《语文》编写组编.—北京:人民体育出版社,1995.7.—410页;19cm
ISBN 7-5009-1178-5:¥10.00

H1-43 022851
医用汉语文/王福荣主编;汪泉等编写.—呼和浩特:内蒙古人民出版社,1995.10.—178页;26cm
内蒙古中等卫生学校教材
ISBN 7-204-02969-0:¥16.00

H1-43 022852
语文/吴景山等主编.—哈尔滨:东北林业大学出版社,1995.9.—4册;19cm
中等专业学校试用教材
ISBN 7-81008-569-7:¥34.00

H1-43 022853
语文/李源臣主编.—南京:东南大学出版社,1995.7.—2册;20cm
机械工业中等专业教育机械制造专业系列教材
ISBN 7-81050-010-4:¥17.70

H1-43 022854
语文/邵富谦主编.—北京:中国人口出版社,1995.10.—2册;19cm
各类职业中等专业学校教材
ISBN 7-80079-301-X:¥17.80

H1-43 022855
语文/李德华主编.—武汉:武汉测绘科技大学出版社,1995.6.—406页;19cm
湖北省中等专业教育自学考试教材
ISBN 7-81030-386-4:¥11.80

H1-43 022856
语文 第二册:听说基础/洪文明主编.—2版(修订本).—北京:中国财政经济出版社,1995.11.—359页;19cm
中等财经学校(四年制)教材
ISBN 7-5005-2932-5:¥9.40

H1-43 022857
语文 第三册/赵金宇主编.—成都:西南财经大学出版社,1995.7.—201页;19cm
金融中等专业学校教材
ISBN 7-81017-963-2:¥8.00

H1-43 022858
语文 第四册/刘星,王恒斐主编.—徐州:中国矿业大学出版社,1995.12.—260页;19cm
中等专业学校教学用书
ISBN 7-81040-495-4:¥5.60

H1-43 022859
语文 第四册:财经应用写作基础/洪文明主编.—(修订本).—北京:中国财政经济出版社,1995.11.—438页;19cm
中等财经学校(四年制)教材
ISBN 7-5005-2934-1:¥11.30

H1-43 022860
语文 第五册:经济古文阅读基础/洪文明编.—2版(修订本).—北京:中国财政经济出版社,1995.11.—300页;19cm
中等财经学校(四年制)教材
ISBN 7-5005-2935-X:¥8.00

H1-43 022861
语文 第一册/宋家起主编.—成都:西南财经大学出版社,1995.7.—223页;19cm
金融中等专业学校教材
ISBN 7-81017-961-6:¥8.00

H1-43 022862

语文　第一册:阅读基础/洪文明主编.—2版(修订本).—北京:中国财政经济出版社,1995.11.—319页;19cm

中等财经学校(四年制)教材

ISBN 7-5005-2931-7:¥8.30

H1-44　022863

大学语文自学考试自测题集/《大学语文自学考试自测题集》编写组编.—上海:华东师范大学出版社,1995.12.—221页;20cm

高等教育自学考试应用专科·公共课

ISBN 7-5617-1382-7:¥6.60

H1-44　022864

高教自考汉语言文学专业各科题解总汇/张振德主编.—成都:四川人民出版社,1995.4.—748页;26cm

ISBN 7-220-02468-1:¥39.00

H1-44　022865

语言文字工作百题/国家语言文字工作委员会政策法规室编.—北京:语文出版社,1995.7.—178页;19cm

ISBN 7-80006-977-X:¥7.00

H1-49　022866

"拾遗"与"十姨"/许叶枫编写.—北京:语文出版社,1995.9.—159页;19cm.—(少年百科趣味知识丛书/张伯华主编)

ISBN 7-80006-995-8:¥6.00

H1-49　022867

语文博览/江凯波编.—广州:暨南大学出版社,1995.5.—175页;19cm.—(语文月刊精选丛书)

ISBN 7-81029-378-8:¥5.00

H1-49　022868

语文博览:续编/江凯波编.—广州:暨南大学出版社,1995.12.—178页;19cm.—(语文月刊精选丛书·第二辑)

ISBN 7-81029-433-4:¥6.80

H1-49　022869

中华语文拾趣/王增培著.—乌鲁木齐:新疆人民出版社,1995.10.—166页;19cm

ISBN 7-228-03620-4:¥5.80

H1-49　022870

字和词的趣味故事/曹小乐,岳冬梅编著.—北京:蓝天出版社,1995.1.—293页;19cm.—(语文基础知识趣味故事系列/岳冬梅主编)

ISBN 7-80081-563-3:¥7.80

①H1-49②G634.304　022871

语文演义/李湘云撰文.—北京:华语教学出版社,1995.—269页;20cm.—(中小学课堂学习新广角/刘以林,冯晓林主编)

ISBN 7-80052-484-1:¥11.00

①H1-49②O1-49　022872

语文数学的奇事/陈锦生,钱克健编著.—南宁:接力出版社,1995.8.—209页;20cm.—(少年百科知识丛书/王寿山,张中主编)

ISBN 7-80581-913-0:¥8.00

H1-53　022873

北京语言学院第六届科学报告会论文选/北京语言学院教务处编.—北京:北京语言学院出版社,1995.1.—523页;20cm

ISBN 7-5619-0515-7:¥19.00

H1-53　022874

汉语和汉语教学探究/梅立崇著.—北京:华语教学出版社,1995.—205页;20cm

ISBN 7-80052-440-X:¥15.95

H1-53　022875

黄景欣语言研究论文集/黄景欣著;李开,姜明宝编.—南京:江苏教育出版社,1995.11.—411页;20cm

ISBN 7-5343-2507-2(精装):¥31.10

H1-54　022876

中国语言学年鉴　1994/李行健主编.—北京:语文出版社,1995.8.—328页;20cm

ISBN 7-80006-957-5:¥17.00

H1-55　022877

语言研究集刊　第四辑/江苏省语言学会主编.—南京:江苏教育出版社,1995.11.—320页;20cm

ISBN 7-5343-2396-7:¥16.45

H1-55　022878

中国语言学报　第七期/《中国语言学报》编委会编.—北京:语文出版社,1995.4.—201页;26cm

ISBN 7-80006-881-1:¥17.00

H1-61　022879

王力语言学词典/冯春田等撰稿.—济南:山东教育出版社,1995.3.—754页;20cm

ISBN 7-5328-2145-5(精装):¥28.00

H1-61　022880

语文知识辞典/叶斌,郭亮主编.—杭州:杭州大学出版社,1995.6.—234页;19cm

ISBN 7-81035-813-8:¥6.80

H1-61　022881

中国语文大辞典:分类版/于根元等主编.—北京:华夏出版社,1995.9.—1312页;26cm

ISBN 7-5080-0488-4(精装):¥135.00

H1-62　022882

正字正词正句手册/王昕若主编.—北京:中国国际广播出版社,1995.7.—389页;19cm

ISBN 7-5078-1091-7:¥12.00

H102　汉语的规范化、标准化、推广普通话

H102　022883

普通话异读词汇编/王新民,侯玉茹编.—北京:语文出版社,1995.6.—172页;19cm.—(语言文字规范化知识丛书/李行健主编)

ISBN 7-80006-909-5:¥7.00

H102　022884

普通话正音知识/李乐毅著.—北京:语文出版社,1995.2.—167页;19cm.—(语言文字规范化知识丛书/李行建主编)

ISBN 7-80006-897-8:¥6.20

H102　022885
适应 服务 结合:上海市语言文字工作经验集/上海市语言文字工作委员会办公室编.—上海:上海教育出版社,1995.10.—164页;19cm
ISBN 7-5320-3982-X:¥4.60

H102　022886
咬文嚼字　第八辑/郝铭鉴主编.—上海:上海文化出版社,1995.8.—48页;19cm
ISBN 7-80511-821-3:¥1.20

H102　022887
咬文嚼字　第二辑/郝铭鉴主编;李玲璞等编著.—上海:上海文化出版社,1995.2.—48页;19cm
ISBN 7-80511-777-2:¥1.20

H102　022888
咬文嚼字　第九辑/郝铭鉴主编.—上海:上海文化出版社,1995.9.—48页;19cm
ISBN 7-80511-832-9:¥1.20

H102　022889
咬文嚼字　第六辑/郝铭鉴主编.—上海:上海文化出版社,1995.6.—48页;19cm
ISBN 7-80511-810-8:¥1.20

H102　022890
咬文嚼字　第七辑/郝铭鉴主编.—上海:上海文化出版社,1995.7.—48页;19cm
ISBN 7-80511-814-0:¥1.20

H102　022891
咬文嚼字　第三辑/郝铭鉴主编.—上海:上海文化出版社,1995.3.—48页;19cm
ISBN 7-80511-788-8:¥1.20

H102　022892
咬文嚼字　第十二辑/郝铭鉴主编.—上海:上海文化出版社,1995.12.—48页;19cm
ISBN 7-80511-839-6:¥1.20

H102　022893
咬文嚼字　第十辑/郝铭鉴主编.—上海:上海文化出版社,1995.10.—48页;19cm
ISBN 7-80511-823-X:¥1.20

H102　022894
咬文嚼字　第十一辑/郝铭鉴主编.—上海:上海文化出版社,1995.11.—48页;19cm
ISBN 7-80511-835-3:¥1.20

H102　022895
咬文嚼字　第四辑/郝铭鉴主编.—上海:上海文化出版社,1995.4.—48页;19cm
ISBN 7-80511-792-6:¥1.20

H102　022896
咬文嚼字　第五辑/郝铭鉴主编.—上海:上海文化出版社,1995.5.—48页;19cm
ISBN 7-80511-808-6:¥1.20

H102-43　022897
普通话基本功训练教程/蒋有经,汪应乐编著.—北京:中国书籍出版社,1995.9.—382页;19cm.—(师范生语言文字基本功训练丛书)
ISBN 7-5068-0478-6:¥12.00

H102-43　022898
普通话训练教程/邵新芬主编.—贵阳:贵州教育出版社,1995.8.—269页;19cm
ISBN 7-80583-710-4:¥6.80

H102-62　022899
语言文字规范化指南/大庆市语言文字工作委员会编.—北京:教育科学出版社,1995.8.—382页;19cm
ISBN 7-5041-1496-0:¥10.00

H109.2 古代汉语

H109.2　022900
古代汉语/李先耕,吴国忠主编.—哈尔滨:黑龙江教育出版社,1995.9.—2册;20cm
ISBN 7-5316-2838-4:¥21.00

H109.2　022901
古代汉语　上册/荆贵生主编.—济南:黄河出版社,1995.8.—456页;20cm
全套总定价35.00元
ISBN 7-80558-645-4:¥0.00

H109.2　022902
古代汉语基础练习/朱振家,吴鸿清编.—北京:中央广播电视大学出版社,1995.3.—380页;20cm
ISBN 7-304-01189-0:¥11.50

H109.2　022903
古汉语的言语美学/赵纯伟著.—沈阳:东北大学出版社,1995.4.—168页;19cm
ISBN 7-81006-952-7:¥8.20

H109.2　022904
古汉语论稿/刘宜善著.—赤峰:内蒙古科学技术出版社,1995.4.—170页;20cm
ISBN 7-5380-0276-6:¥6.90

H109.2　022905
古汉语知识辨异/江灏著.—长沙:湖南教育出版社,1995.4.—244页;20cm
ISBN 7-5355-2067-7:¥10.00

H109.2　022906
古汉语知识解疑/姜鸿德编著.—上海:上海社会科学院出版社,1995.7.—336页;19cm
自修古文工具书
ISBN 7-80618-136-9:¥10.85

H109.2　022907
全国高等教育自学考试古代汉语自学指导/张博编.—西安:陕西人民出版社,1995.12.—381页;20cm
ISBN 7-224-03852-0:¥11.00

H109.2　022908
中国古代语言学史/何九盈著.—广州:广东教育出版社,1995.9.—448页;20cm
ISBN 7-5406-3400-6:¥16.00

H109.2　022909
中国古书校读法/宋子然著.—成都:巴蜀书社,1995.6.—483页;20cm
ISBN 7-80523-660-7:¥13.50

①H109.2－53②H214－53　022910
原始汉语与汉藏语/(美)包拟古(Bodman,N.C.)著;潘悟云,冯蒸译.—北京:中华书局,1995.6.—286页;20cm
ISBN 7－101－00924－7:¥12.00

H109.4 现代汉语

H109.4　022911
《现代汉语》使用说明/胡裕树主编.—5版(重订本).—上海:上海教育出版社,1995.6.—222页;20cm
高等学校文科教材
ISBN 7－5320－4039－9:¥4.00

H109.4　022912
标准化现代汉语教程:题库/许建章等主编.—天津:天津教育出版社,1995.7.—260页;20cm
高等师范院校教材
ISBN 7－5309－2350－1:¥8.80

H109.4　022913
现代汉语/林祥楣主编.—2版.—北京:语文出版社,1995.12.—532页;20cm
全国高等教育自学考试教材 汉语言文学专业
ISBN 7－80006－362－3:¥14.00

H109.4　022914
现代汉语/张政飚等主编.—西安:三秦出版社,1995.5.—511页;20cm
ISBN 7－80546－867－2:¥11.80

H109.4　022915
现代汉语专题研究/王立廷等编.—青岛:青岛海洋大学出版社,1995.7.—437页;20cm
汉语言文学专业"专起本"系列教材
ISBN 7－81026－742－6:¥14.50

H109.4　022916
中国现代语言学史/何九盈著.—广州:广东教育出版社,1995.9.—671页;20cm
ISBN 7－5406－3399－9:¥22.75

H109.4－42　022917
现代汉语教参/陈庆武等主编.—北京:中国书籍出版社,1995.6.—348页;19cm
全国高等师范院校文科教材
ISBN 7－5068－0437－9:¥11.00

H109.4－43　022918
标准化现代汉语教程/许建章等主编.—天津:天津教育出版社,1995.7.—514页;20cm
高等师范院校教材
ISBN 7－5309－2350－1:¥14.80

H109.4－43　022919
现代汉语教程/应雨田等主编.—北京:中国书籍出版社,1995.6.—589页;19cm
全国高等师范院校文科教材
ISBN 7－5068－0436－0:¥15.00

H109.4－53　022920
语文现代化论丛/王均主编.—济南:山东教育出版社,1995.10.—296页:彩照;20cm
ISBN 7－5328－2244－3:¥11.50

H11 语音(音韵学)

H11　022921
汉语音韵学概要/陈壬秋著.—成都:四川大学出版社,1995.12.—357页;19cm
ISBN 7－5614－1191－X:¥12.00

H11　022922
音韵学概论/黄群建编著.—武汉:武汉大学出版社,1995.10.—282页;20cm
ISBN 7－307－02050－5:¥12.00

H11　022923
中国音韵学研究/(瑞典)高本汉著;赵元任等译.—北京:商务印书馆,1995.3.—748页;20cm
ISBN 7－100－00018－1:¥32.50

H11　022924
中国音韵学研究述评/李维琦著.—长沙:岳麓书社,1995.11.—198页;26cm
ISBN 7－80520－625－2:¥15.00

H114.9　022925
韵略汇通音系研究/张玉来著.—济南:山东教育出版社,1995.4.—220页;20cm
ISBN 7－5328－2051－3:¥8.95

H116－43　022926
普通话语言教程/雷昌蛟主编;兰卡佳等编写.—贵阳:贵州教育出版社,1995.7.—259页;19cm
ISBN 7－80583－722－8:¥6.40

H116－61　022927
汉语正音类编词典/张军,景然主编.—哈尔滨:黑龙江人民出版社,1995.11.—526页;19cm
ISBN 7－207－02811－3(精装):¥25.00

H116－62　022928
汉语语音实用手册/黄闻应编著.—海口:海南出版社,1995.12.—110页;19cm
ISBN 7－80617－297－1:¥4.00

H116.1－62　022929
汉字正音辨形实用手册/崔玉松主编.—济南:山东教育出版社,1995.12.—226页;14×10cm
ISBN 7－5328－2224－9:¥3.65

H116.4　022930
普通话的轻声和儿化/鲁允中著.—北京:商务印书馆,1995.5.—182页;19cm
ISBN 7－100－01431－X:¥5.80

H119　022931
古代辩术精萃/牛鸿恩主编.—延吉:延边大学出版社,1995.5.—1031页;19cm
ISBN 7－5634－0709－X:¥30.00

①H119②C912.1　022932
说话的技巧/赵路保,王晨著.—南京:江苏教育出版社,1995.9.—249页;20cm.—(大众心理学丛书/邓伟志主编)

ISBN 7-5343-2468-8: ¥6.45

H12 文字学

H12 022933
常用汉字区别运用要诀/王道清,晨鹰编著.—郑州:海燕出版社,1995.5.—223页;19cm
ISBN 7-5350-1284-1: ¥5.30

H12 022934
古今字/洪成玉著.—北京:语文出版社,1995.10.—162页;20cm
ISBN 7-80006-976-1: ¥7.50

H12 022935
汉字阐释与文化传统/黄德宽,常森著.—合肥:中国科学技术大学出版社,1995.10.—221页;20cm
ISBN 7-312-00753-8: ¥6.00

H12 022936
汉字的演变和构造/李诗锷,张作富著.—成都:四川科学技术出版社,1995.11.—234页;19cm
ISBN 7-5364-1087-5: ¥6.95

H12 022937
汉字的演化与基本常识/曲径著.—沈阳:辽宁古籍出版社,1995.5.—167页;19cm.—(中华民族优秀传统文化丛书:常识卷/胡阿祥,丁炳麟主编)
全套共8册,总定价52.00元
ISBN 7-80507-279-5: ¥0.00

H12 022938
汉字谐趣/宋连昌著.—西安:陕西人民教育出版社,1995.8.—111页;19cm
ISBN 7-5419-4708-3: ¥4.30

H12 022939
汉字研究的轨迹:汉字研究纪事/陈海洋编著.—南昌:江西教育出版社,1995.8.—147页;20cm.—(汉字文化丛书)
ISBN 7-5392-2297-2: ¥7.30

H12 022940
汉字字法/栾宜民著.—石家庄:河北教育出版社,1995.12.—403页;19cm
ISBN 7-5434-2100-3: ¥11.70

H12 022941
文化的透视:汉字论衡/吴长安著.—长春:吉林教育出版社,1995.1.—229页;20cm.—(文化语言学丛书)
ISBN 7-5383-2457-7: ¥6.10

H12 022942
中国汉字文化大观/何九盈等主编.—北京:北京大学出版社,1995.1.—410页;28cm
ISBN 7-301-01858-4(精装): ¥45.00

H12-05 022943
汉字人文精神论/申小龙著;陈海洋主编.—南昌:江西教育出版社,1995.8.—293页;20cm.—(汉字文化丛书)
ISBN 7-5392-2295-6: ¥11.30

H12-09 022944
中国文字学史/姚孝遂主编.—长春:吉林教育出版社,1995.9.—597页;20cm
ISBN 7-5383-2631-6: ¥15.00

H12-49 022945
汉字巧记歌/冯宝山编著.—北京:大众文艺出版社,1995.10.—148页;19cm
ISBN 7-80094-162-0: ¥4.60

H12-49 022946
有趣的汉字/尹键,宋博编著;刘宗征,李延如绘.—济南:明天出版社,1995.4.—122页;20cm.—(全国小学生课外丛书/李仲汉主编)
全套120册,总定价:385.00元
ISBN 7-5332-2142-7: ¥0.00

H12-64 022947
汉字演绎图典/廖振斌,于光编著;文海红,译语绘;卢定山,陆有珠书.—南宁:广西美术出版社,1995.12.—188页;26cm
ISBN 7-80582-926-8: ¥38.00

H121-52 022948
张颔学术文集/张颔著.—北京:中华书局,1995.3.—249页;26cm
ISBN 7-101-01337-6: ¥37.00

H121-53 022949
胡小石论文集三编/胡小石著.—上海:上海古籍出版社,1995.10.—627页;20cm
ISBN 7-5325-1968-6: ¥30.00

H121-53 022950
朱德熙古文字论集/朱德熙著;裘锡圭,李家浩整理.—北京:中华书局,1995.2.—216页;26cm
ISBN 7-101-01336-8(精装): ¥57.00

H122-61 022951
常见通假字字典/欧绍华编.—广州:广东教育出版社,1995.8.—542页;19cm
ISBN 7-5406-2800-6: ¥21.00

H122-64 022952
汉字图解精典:汉英对照/李明著.—北京:中国书籍出版社,1995.7.—2册;17×19cm
附词组造句
ISBN 7-5068-0454-9: ¥19.60

H123 022953
现行汉字形音关系研究/龚嘉镇著.—武汉:湖北人民出版社,1995.2.—302页;20cm
ISBN 7-216-01642-4: ¥9.80

H124-61 022954
简繁正异辨析字典/傅永和编著.—沈阳:辽宁教育出版社,1995.1.—250页;20cm
ISBN 7-5382-1930-7: ¥18.00

H124-62 022955
汉语多音字手册/朴辉策编著.—长春:东北师范大学出版社,1995.5.—194页;19cm
ISBN 7-5602-1595-5: ¥4.80

H124.1 022956
常用多音字辨析/陈利,谭笑编著.—沈阳:辽宁民族出版社,1995.3.—131页;19cm

ISBN 7-80527-494-0:¥4.20

H124.1 **022957**

广碑别字/秦公,刘大新著.—北京:国际文化出版公司,1995.8.—849,19页;26cm

ISBN 7-80105-332-X(精装):¥168.00

H124.1 **022958**

汉字规范常识/杨秋立,张化忠主编;蔚素娴等编.—北京:语文出版社,1995.5.—221页;18cm

ISBN 7-80006-956-7(18):¥5.30

H124.1 **022959**

容易读错写错的字/杨林编著.—昆明:云南大学出版社,1995.3.—140页;19cm

ISBN 7-81025-513-4:¥3.80

H124.1 **022960**

容易读错写错的字/杨林编著.—2版.—昆明:云南大学出版社,1995.8.—144页;19cm

ISBN 7-81025-513-4:¥4.00

H124.1 **022961**

现代汉字规范化问题/苏培成,尹斌庸编选.—北京:语文出版社,1995.4.—252页;19cm

ISBN 7-80006-889-7:¥9.00

H124.1 **022962**

语言文字学习小丛书/毛世屏等主编.—深圳:海天出版社,1995.10.—3册;19cm

包括:《容易写错的字》、《容易读错的字》、《容易用错的字》三册。

ISBN 7-80615-162-1:¥27.00

H124.1-61 **022963**

辨形正字字典/傅永和编著.—沈阳:辽宁教育出版社,1995.1.—384页;20cm

ISBN 7-5382-2532-3:¥40.00

H124.1-62 **022964**

汉字读写规范指南/吕静,朱文献编著.—上海:学林出版社,1995.10.—170页;19cm

ISBN 7-80616-173-2:¥5.00

H124.2 **022965**

简化汉字一夕谈/叶籁士著.—北京:语文出版社,1995.1.—54页;19cm

ISBN 7-80006-895-1:¥3.00

H124.3 **022966**

汉语俗字研究/张涌泉著.—长沙:岳麓书社,1995.4.—394页;20cm.—(中国传统文化研究丛书)

ISBN 7-80520-577-9:¥19.80

H124.5 **022967**

四角号码查字法/程养之,程惠华编.—北京:商务印书馆,1995.2.—285页;19cm

ISBN 7-100-01695-9:¥8.20

H124.5-61 **022968**

计算机中文输入常用编码字典/丁海椒,陈汉忠编.—南京:南京大学出版社,1995.1.—674页;26cm

ISBN 7-305-02707-3(精装):¥60.00

H124.7 **022969**

2500字笔顺及词例/东北朝鲜民族出版社汉语文编辑室编.—延吉:东北朝鲜民族教育出版社,1995.3.—252页;19cm

ISBN 7-5437-1866-9:¥6.50

H125 **022970**

当代中国的文字改革/王均主编.—北京:当代中国出版社,1995.5.—876页;20cm.—(当代中国丛书/邓力群等主编)

ISBN 7-80092-297-9(精装):¥36.00

H125 **022971**

汉字改革史纲/陈永舜著.—修订版.—长春:吉林大学出版社,1995.6.—463页;20cm

ISBN 7-5601-1737-6:¥12.60

H125.2 **022972**

汉语拼音方案基础知识/周有光著.—北京:语文出版社,1995.6.—113页;19cm.—(语言文字规范化知识丛书/李行健主编)

ISBN 7-80006-680-0:¥5.00

H125.4 **022973**

Ei,肥猪!Ou,瘦猴:拼拼读读做做/任溶溶编;金诚等绘.—上海:上海教育出版社,1995.3.—96页;26cm

ISBN 7-5320-4117-4:¥9.30

H125.4 **022974**

冰淇淋太阳:念拼音·学生字·读童话/红云编选;管克龄注音.—天津:新蕾出版社,1995.8.—131页;19cm

ISBN 7-5307-1588-7:¥4.60

H125.4 **022975**

聪明屋/王湘芸,乔林编.—通辽:内蒙古少年儿童出版社,1995.12.—90页;19cm.—(注音儿童俱乐部)

ISBN 7-5312-0521-1:¥3.00

H125.4 **022976**

故事岛/王湘芸,乔林编.—通辽:内蒙古少年儿童出版社,1995.12.—92页;19cm.—(注音儿童俱乐部)

ISBN 7-5312-0521-1:¥3.00

H125.4 **022977**

惊险宫/王湘芸,乔林编.—通辽:内蒙古少年儿童出版社,1995.12.—92页;19cm.—(注音儿童俱乐部)

ISBN 7-5312-0521-1:¥3.00

H125.4 **022978**

快活林/王湘芸,乔林编.—通辽:内蒙古少年儿童出版社,1995.12.—92页;19cm.—(注音儿童俱乐部)

ISBN 7-5312-0521-1:¥3.00

H125.4 **022979**

快乐的拼音王国/张怡编文;孙移风等绘.—北京:中国妇女出版社,1995.3.—5册;17×19cm

本书包括:惊险拼音故事等5册

ISBN 7-80016-967-7:¥18.00

H125.4 **022980**

猫科长的故事/孙幼忱著.—成都:四川少年儿童出版社,1995.10.—236页;19cm.—(拼音读物丛书)

ISBN 7-5365-1390-9:¥7.65

H125.4 **022981**

美女与野兽:注音精华本/余莉萍改编.—成都:四川少年儿童出版社,1995.5.—140页;19cm.—(世界著名童话精粹;4)

ISBN 7-5365-1385-2:¥4.20

H125.4 022982
拇指姑娘:注音精华本/余莉萍改编.—成都:四川少年儿童出版社,1995.5.—140页;19cm.—(世界著名童话精粹;3)
ISBN 7-5365-1385-2:¥4.20

H125.4 022983
狮子照哈哈镜/盛如梅,冰子著.—成都:四川少年儿童出版社,1995.10.—240页;19cm.—(拼音读物丛书)
ISBN 7-5365-1389-5:¥7.90

H125.4 022984
俗语故事/李保平编写;李元注音.—北京:北京少年儿童出版社,1995.1.—186页;13cm.—(汉语拼音读物)
ISBN 7-5301-0480-2:¥2.00

H125.4 022985
万里寻母记:注音精华本/余莉萍改编.—成都:四川少年儿童出版社,1995.5.—140页;19cm.—(世界著名童话精粹;2)
ISBN 7-5365-1385-2:¥4.20

H125.4 022986
西瓜的故事/郑光中选编;晓舟注音.—成都:四川少年儿童出版社,1995.10.—216页;19cm.—(拼音读物丛书)
ISBN 7-5365-1392-5:¥7.20

H125.4 022987
小孔雀穿高跟鞋/邓小秋著.—成都:四川少年儿童出版社,1995.10.—236页;19cm.—(拼音读物丛书)
ISBN 7-5365-1391-7:¥7.65

H125.4 022988
小鹿公主:注音精华本/余莉萍改编.—成都:四川少年儿童出版社,1995.5.—140页;19cm.—(世界著名童话精粹;1)
ISBN 7-5365-1385-2:¥4.20

H125.4 022989
与敏豪生比吹牛:念拼音·学生字·读童话/罗奈编选;佟桂芝,李向兰注音.—天津:新蕾出版社,1995.8.—149页;19cm
ISBN 7-5307-1587-9:¥4.90

H125.4 022990
中国寓言故事 上册.—杭州:浙江人民美术出版社,1995.3.—1册;17×19cm
汉语拼音读物
ISBN 7-5340-0570-0:¥12.00

H125.4 022991
中国寓言故事 下册.—杭州:浙江人民美术出版社,1995.3.—1册;17×19cm
汉语拼音读物
ISBN 7-5340-0571-X:¥12.00

H125.4 022992
中华英杰五字歌/刘毅然编著.—北京:语文出版社,1995.10.—140页;19cm.—(爱我中华注音歌谣丛书)
ISBN 7-80006-990-7:¥5.50

H125.4 022993
中外名人幽默100篇/刘龙森编.—北京:中国铁道出版社,1995.7.—118页;19cm.—(少儿拼音读物)
ISBN 7-113-01968-4:¥4.00

H125.4 022994
注音聪聪儿歌 (1)/聪聪著;杨小青注音.—郑州:海燕出版社,1995.5.—32页;26cm
ISBN 7-5350-0946-8:¥3.40

H125.4 022995
注音聪聪儿歌 (2)/聪聪著;杨小青注音.—郑州:海燕出版社,1995.5.—32页;26cm
ISBN 7-5350-0946-8:¥3.40

H125.4 022996
注音聪聪儿歌 (3)/聪聪著;杨小青注音.—郑州:海燕出版社,1995.5.—32页;26cm
ISBN 7-5350-0946-8:¥3.40

H125.4 022997
注音聪聪儿歌 (4)/聪聪著;杨小青注音.—郑州:海燕出版社,1995.5.—32页;26cm
ISBN 7-5350-0946-8:¥3.40

H125.4 022998
注音聪聪儿歌 (5)/聪聪著;杨小青注音.—郑州:海燕出版社,1995.5.—32页;26cm
ISBN 7-5350-0946-8:¥3.40

H125.4 022999
注音绕口令/于修志等著.—济南:明天出版社,1995.12.—146页;19cm
ISBN 7-5332-2339-X:¥4.50

①H125.4②H136.3 023000
拼音成语故事/老铁编写.—石家庄:河北少年儿童出版社,1995.1.—92页;19cm.—(拼音故事丛书)
ISBN 7-5376-1266-8:¥2.50

①H125.4②I561.44 023001
傲慢与偏见:注音本/(英)奥斯丁(Austen,J.)原著;刘丽简译;程英,李惠注音.—北京:语文出版社,1995.8.—395页;19cm.—(世界文学名著少儿读本)
ISBN 7-80006-951-6:¥12.30

①H125.4②I561.44 023002
大卫·科波菲尔:注音本/(英)狄更斯(Dickens,C.)原著;张鹰简译;洪小琳,刘万武注音.—北京:语文出版社,1995.8.—268页;19cm.—(世界文学名著少儿读本)
ISBN 7-80006-949-4:¥8.70

①H125.4②I561.44 023003
福尔摩斯探案集选:注音本/(英)道尔(Doyle,C.A.)原著;刘凤梅,纪淑萍简译;王民,王欣注音.—北京:语文出版社,1995.8.—380页;19cm.—(世界文学名著少儿读本)
ISBN 7-80006-928-1:¥11.70

①H125.4②I561.44 023004
蝴蝶梦:注音本/(英)杜穆里埃原著;郝杰,林记明简译;晓明注音.—北京:语文出版社,1995.8.—325页;19cm.—(世界文学名著少儿读本)
ISBN 7-80006-940-0:¥10.20

①H125.4②I561.44 023005
简·爱:注音本/(英)勃朗特(Bronte,C.)原著;刘凤梅

简译；晓玲注音.—北京：语文出版社，1995.8.—486页；19cm.—（世界文学名著少儿读本）

ISBN 7-80006-939-7：¥14.60

①H125.4②I561.44　023006

莎士比亚故事集：注音本/（英）莎士比亚（Shakespeare，W.）原著；毛子欣简译；黄晓，周正光注音.—北京：语文出版社，1995.8.—276页；19cm.—（世界文学名著少儿读本）

ISBN 7-80006-911-7：¥8.80

①H125.4②I561.44　023007

双城记：注音本/（英）狄更斯（Dickens，C.）原著；马占稳简译；袁是奇注音.—北京：语文出版社，1995.8.—388页；19cm.—（世界文学名著少儿读本）

ISBN 7-80006-943-5：¥11.20

①H125.4②I561.44　023008

牙买加旅店：注音本/（英）杜穆里埃原著；张志臣简译；晓明注音.—北京：语文出版社，1995.8.—354页；19cm.—（世界文学名著少儿读本）

ISBN 7-80006-941-9：¥11.00

①H125.4②I565.44　023009

基度山伯爵：注音本/（法）大仲马（Dumas，A.）原著；扬旭刚简译；燕山注音.—北京：语文出版社，1995.8.—221页；19cm.—（世界文学名著少儿读本）

ISBN 7-80006-945-1：¥7.40

①H125.4②I712.44　023010

小妇人：注音本/（美）阿尔科特（Alcott，L.M.）原著；王蓓简译；张宏，赫颖注音.—北京：语文出版社，1995.8.—280页；19cm.—（世界文学名著少儿读本）

ISBN 7-80006-938-9：¥9.00

H126.1　023011

党政速记教程/徐瑞新等著.—北京：中国档案出版社，1995.7.—241页；19cm

ISBN 7-80019-507-4：¥9.80

H126.1　023012

汉字简明速记法/唐亚伟，唐可智编著.—北京：金盾出版社，1995.6.—159页；19cm

ISBN 7-5082-0010-1：¥4.90

H126.1　023013

群成汉语速记学通论/邵群群，吉栓午著.—郑州：河南人民出版社，1995.1.—592页；20cm

ISBN 7-215-02328-1：¥21.00

H13　语义、词汇、词义（训诂学）

H13　023014

当代中国词汇学/苏新春著.—广州：广东教育出版社，1995.12.—269页；20cm.—（中国文化语言学丛书/申小龙主编）

ISBN 7-5406-3208-9：¥11.60

H13　023015

古代文化词义集类辨考/黄金贵著.—上海：上海教育出版社，1995.5.—1594页：图；20cm

ISBN 7-5320-3121-7（精装）：¥60.00

H13　023016

古今词语通俗类解/吾三省著.—上海：上海辞书出版社，1995.9.—404页；20cm

ISBN 7-5326-0331-8（精装）：¥19.10

H13　023017

汉语词汇研究史纲/周荐著.—北京：语文出版社，1995.8.—242页；20cm

ISBN 7-80006-920-6：¥10.80

H13　023018

汉语词汇与文化/常敬宇著.—北京：北京大学出版社，1995.8.—208页；20cm

ISBN 7-301-02839-3：¥8.80

H13　023019

汉语词汇语义学论稿/黎良军著.—桂林：广西师范大学出版社，1995.5.—241页；20cm

ISBN 7-5633-2031-8（精装）：¥14.00

H13　023020

训诂学/柳长华主编；孙迎节等编写.—北京：中国医药科技出版社，1995.8.—199页；26cm

高等中医院校（试用）教材 供中医文献专业用

ISBN 7-5067-1153-2：¥10.00

H13　023021

训诂学概要/陈焕良编著.—广州：中山大学出版社，1995.9.—254页；20cm

ISBN 7-306-01043-3：¥10.00

H13　023022

中国训诂学/冯浩菲著.—济南：山东大学出版社，1995.9.—2册（618页）；20cm

ISBN 7-5607-1449-8：¥23.00

H13　023023

骈字类编音序索引/程千帆，陶芸编.—武汉：武汉出版社，1995.8.—609页；26cm

ISBN 7-5430-1373-8（精装）：¥60.00

H13-53　023024

徐复语言文字学论稿/徐复著.—南京：江苏教育出版社，1995.12.—389页；20cm

ISBN 7-5343-2874-8：¥15.60

H131　023025

赤雅考释/（明）邝露著；蓝鸿恩考释.—南宁：广西民族出版社，1995.12.—186页；20cm

ISBN 7-5363-3115-0：¥10.00

H131　023026

古汉语词汇简论/张福德著.—哈尔滨：黑龙江教育出版社，1995.12.—301页；20cm

ISBN 7-5316-2885-6：¥9.80

H131　023027

古史音释/赵帆声著.—开封：河南大学出版社，1995.6.—606页；20cm

ISBN 7-81041-117-9：¥22.00

H131　023028

古语词今用词典/谢光琼，周永惠主编.—成都：四川辞书出版社，1995.12.—348页；19cm

ISBN 7-80543-496-4：¥12.00

H134　023029

近代汉语释词丛稿/李申著.—南京:江苏教育出版社,1995.4.—201页;19cm
ISBN 7-5343-2307-X:¥3.80

H136　023030
当代实用新词汇/蒋芸等主编.—南昌:江西人民出版社,1995.1.—516页;19cm
ISBN 7-210-01414-4:¥19.00

H136　023031
中国当代新词语的来龙去脉/李起民等主编.—北京:中国文史出版社,1995.1.—289页;19cm
ISBN 7-5034-0701-8:¥8.60

H136-61　023032
同形词词典/周世烈编著.—北京:中国国际广播出版社,1995.9.—441页;19cm
ISBN 7-5078-0734-7:¥16.00

H136-61　023033
万条典故分类辞典/夏禹甸编.—长沙:岳麓书社,1995.4.—1138页;19cm
ISBN 7-80520-571-1(精装):¥39.80

H136-61　023034
写作措辞参考词典/林联合主编.—北京:中央编译出版社,1995.8.—1089页;20cm
ISBN 7-80109-084-5(精装):¥58.00

H136.1-61　023035
现代汉语常用词用法词典/李忆民主编;傅亿芳等编写.—北京:北京语言学院出版社,1995.8.—1652页;19cm
ISBN 7-5619-0279-4(精装):¥82.00

H136.2　023036
《说文》同义词研究/冯蒸著.—北京:首都师范大学出版社,1995.12.—256页;20cm
ISBN 7-81039-581-5:¥12.70

H136.2-61　023037
汉语借代义词典/韩陈其编著 .—广州:广东教育出版社,1995.9.—605页;19cm
ISBN 7-5406-3201-1:¥23.50

H136.2-61　023038
现代汉语反义词辞典/闫秀清等编.—北京:中国国际广播出版社,1995.1.—285页;19cm.—(现代汉语辞系/陶然等主编)
ISBN 7-5078-1190-5(精装):¥21.00

H136.2-61　023039
现代汉语同义词辞典/闫秀清等编.—北京:中国国际广播出版社,1995.1.—600页;19cm.—(现代汉语辞系/陶然等主编)
ISBN 7-5078-1189-1(精装):¥40.00

H136.2-61　023040
新编同义反义词典/王问渔,饶杰腾主编;杨燕昌等编写.—北京:金盾出版社,1995.7.—690页;13×9cm
ISBN 7-5082-0071-3(精装):¥9.00

①H136.2-61②G634.3-61　023041
中学近义词词典/黄运梅编著.—南京:江苏教育出版社,1995.11.—417页;20cm
ISBN 7-5343-2491-2(精装):¥14.80

H136.3　023042
成语大观园/隋日忠,张秀美编著.—大连:辽宁师范大学出版社,1995.1.—174页;19cm.—(糖葫芦书架丛书系列/滕毓旭,车培晶主编)
ISBN 7-81042-055-0:¥5.00

H136.3　023043
邓小平名言/新华通讯社新闻摄影部国际编辑室供稿.—南宁:接力出版社,1995.12.—1张;77×53cm
¥2.50

H136.3　023044
观世界:明人闲余笔谈/何成云等编.—北京:中国文联出版公司,1995.4.—222页;19cm
ISBN 7-5059-2088-X:¥8.50

H136.3　023045
观世录:清人闲余笔谈/何成云等编.—北京:中国文联出版公司,1995.4.—188页;19cm
ISBN 7-5059-2087-1:¥7.20

H136.3　023046
观世录:清人闲余笔谈/何成云等编.—北京:中国文联出版公司,1995.4.—188页;19cm
ISBN 7-5059-2087-1:¥7.20

H136.3　023047
看图学格言/王汀编;王礼平绘.—武汉:湖北少年儿童出版社,1995.10.—52页;17×19cm.—(新幼学启蒙丛书)
ISBN 7-5353-1591-7:¥7.00

H136.3　023048
连珠法巧记成语1000例/傅铁平编.—长春:吉林人民出版社,1995.3.—196页;19cm
ISBN 7-206-02193-X:¥6.50

H136.3　023049
刘少奇名言/新华通讯社新闻摄影部国际编辑室供稿.—南宁:接力出版社,1995.12.—1张;77×53cm
¥2.50

H136.3　023050
迷你格言/滕毓旭编著.—大连:辽宁师范大学出版社,1995.1.—183页;19cm.—(糖葫芦书架丛书系列/滕毓旭,车培晶主编)
ISBN 7-81042-055-0:¥5.00

H136.3　023051
妙语精华/石凤桐编著.—长春:吉林大学出版社,1995.7.—396页;13×10cm
ISBN 7-5601-1739-2:¥5.80

H136.3　023052
秦成语典故/朱思红,朱君孝编著.—西安:陕西人民教育出版社,1995.2.—294页;20cm.—(秦俑·秦文化丛书)
ISBN 7-5419-5696-1(精装):¥15.00

H136.3　023053
书法常用佳句三千条/王先国编著.—北京:农村读物出版社,1995.12.—220页;19cm
ISBN 7-5048-2519-0:¥9.50

H136.3　023054
思路花雨/张声大主编.—武汉:长江文艺出版社,

1995.9.—182 页;19cm

ISBN 7-5354-1260-2: ¥8.00

H136.3 **023055**

通用成语词典/王朋,钟鸣主编.—长沙:湖南出版社,1995.3.—885 页;13×9cm

ISBN 7-5438-0949-4(精装): ¥12.50

H136.3 **023056**

小小座右铭/晓鸣等编.—沈阳:辽宁人民出版社,1995.1.—522 页;9cm.—(小小丛书)

ISBN 7-205-03081-1(精装): ¥5.00

H136.3 **023057**

歇后语金库/滕毓旭编著.—大连:辽宁师范大学出版社,1995.1.—164 页;19cm.—(糖葫芦书架丛书系列/滕毓旭,车培晶主编)

ISBN 7-81042-055-0: ¥5.00

H136.3 **023058**

学生常用成语例解与辨误/蔡祖周,蔡莹涓编著.—修订本.—厦门:鹭江出版社,1995.8.—469 页;19cm

ISBN 7-80533-356-4: ¥18.00

H136.3 **023059**

学生成语用法词典/祝捷,古辛主编.—武汉:湖北辞书出版社,1995.10.—463 页;19cm.—(学生工具书系列)

ISBN 7-5403-0179-1: ¥12.00

H136.3 **023060**

用人之道名言录/陈少能主编;上海市金桥出口加工区开发公司等编注.—天津:百花文艺出版社,1995.4.—771 页;20cm

ISBN 7-5306-1882-2(精装): ¥47.40

H136.3 **023061**

友谊赠言:我们共同拥有/戈良选编.—杭州:浙江文艺出版社,1995.1.—128 页;19cm.—(现代语丝丛书)

ISBN 7-5339-0752-3: ¥6.00

H136.3 **023062**

赠言寄语/杨尊田著;赵勤国绘.—济南:明天出版社,1995.4.—148 页;20cm.—(全国小学生课外丛书/李仲汉主编)

全套 120 册,总定价:385.00 元

ISBN 7-5332-2142-7: ¥0.00

H136.3 **023063**

哲思小语:生命是一种缘/戈良选编.—杭州:浙江文艺出版社,1995.1.—126 页;19cm.—(现代语丝丛书)

ISBN 7-5339-0751-5: ¥6.00

H136.3 **023064**

中华格言与民族精神/周绍森主编.—南昌:江西教育出版社,1995.9.—280 页;19cm

ISBN 7-5392-1966-1: ¥8.20

H136.3 **023065**

中华民族传统美德警语名言 500 句/栾传大主编.—长春:吉林教育出版社,1995.2.—129 页;19cm

ISBN 7-5383-2482-8: ¥3.50

H136.3 **023066**

周恩来名言/新华通讯社新闻摄影部国际编辑室供稿.—南宁:接力出版社,1995.12.—1 张;77×53cm

¥2.50

H136.3 **023067**

诸子百家格言警句:白话解/赵一生,朱宏达主编.—杭州:浙江古籍出版社,1995.12.—916 页;20cm

ISBN 7-80518-282-5: ¥33.00

①H136.3②C912.1 **023068**

汪国真哲思短语/汪国真著.—成都:四川少年儿童出版社,1995.9.—200 页;19cm

ISBN 7-5365-1311-9(精装): ¥9.00

①H136.3②D647 **023069**

一千句爱国名言/齐平,宁我编.—北京:中国青年出版社,1995.4.—248 页;19cm.—(爱国主义教育丛书)

ISBN 7-5006-1734-8: ¥6.30

H136.3-61 **023070**

常用成语词典/罗小玲主编.—广州:广东高等教育出版社,1995.1.—651,53 页;13×9cm

ISBN 7-5361-1543-1(精装): ¥7.80

H136.3-61 **023071**

常用成语典故词典/戴召萃编著.—南京:南京大学出版社,1995.2.—561 页;19×12cm

ISBN 7-305-01972-0: ¥14.50

H136.3-61 **023072**

常用成语近义反义辨析词典/王问渔,饶杰腾主编.—北京:北京工业大学出版社,1995.8.—578 页;13cm

ISBN 7-5639-0448-4(精装): ¥12.00

H136.3-61 **023073**

成语趣味强记辞典/李虎根编著.—广州:华南理工大学出版社,1995.11.—279 页;19cm

ISBN 7-5623-0923-X: ¥9.95

H136.3-61 **023074**

分类与辨析成语词典/陶征,石惠泉编著.—桂林:漓江出版社,1995.9.—568 页;19cm

ISBN 7-5407-1804-8: ¥25.00

H136.3-61 **023075**

汉语成语词典/《汉语成语词典》编写组编.—上海:上海远东出版社,1995.9.—1092 页;13cm

ISBN 7-80613-157-4(精装): ¥9.50

H136.3-61 **023076**

汉语成语组群词典/萧灼如编.—青岛:青岛海洋大学出版社,1995.6.—1063 页;20cm

ISBN 7-81026-719-1(精装): ¥48.00

H136.3-61 **023077**

六用成语词典/于杨编著.—天津:天津人民出版社,1995.7.—363 页;13cm

中小学生学习语文必读

ISBN 7-201-02261-X: ¥7.50

H136.3-61 **023078**

每日一辞/王新民等主编.—南京:江苏文艺出版社,1995.11.—688 页;20cm

ISBN 7-5399-0838-6: ¥28.00

H136.3-61 **023079**

偶句成语词典/徐宗文,袁雪洪主编.—南京:江苏古籍出版社,1995.5.—494 页;19cm

ISBN 7-80519-624-9(精装):¥15.50

H136.3-61　023080
配图成语词典/杨荫深主编;鲍克怡等编文;阿达等绘.—上海:上海辞书出版社,1995.3.—283页;19cm.—(配图系列)
ISBN 7-5326-0347-4:¥8.90

H136.3-61　023081
配图典故词典/刘力生编文;胡伟耀等绘.—上海:上海辞书出版社,1995.4.—237页;19cm.—(配图系列)
ISBN 7-5326-0356-3:¥7.30

H136.3-61　023082
实用易学成语辞典/祖秉天著.—沈阳:辽宁人民出版社,1995.5.—489页;19cm
ISBN 7-205-03203-2(精装):¥22.00

H136.3-61　023083
新编成语词典/胡正晖等编.—上海:上海远东出版社,1995.9.—660页;10×13cm
ISBN 7-80613-090-X(精装):¥12.80

H136.3-61　023084
新编成语词典/高宁主编.—沈阳:沈阳出版社,1995.11.—634页;13cm
ISBN 7-5441-0456-7:¥8.80

H136.3-61　023085
新编汉语成语小词典/田梦,方琳编.—延吉:延边人民出版社,1995.7.—441页;13×10cm
ISBN 7-80599-355-6(精装):¥6.60

H136.3-61　023086
新编学生多功能成语词典/刘燕等主编.—长春:吉林大学出版社,1995.4.—466页;19cm
ISBN 7-5601-1705-8:¥12.80

H136.3-61　023087
中国圣贤启智语典/鲁越,李淑捷主编.—北京:中国人民公安大学出版社,1995.10.—886页;19cm.—(青少年智慧书库)
ISBN 7-81011-753-X:¥30.00

H136.3-61　023088
中华成语典故辞典/刘雪枫,郑瑞侠主编.—沈阳:辽宁民族出版社,1995.12.—835页;19cm
ISBN 7-80527-586-6(精装):¥34.80

H136.3-61　023089
中华成语典故大辞典:历史人物卷/曹东方主编.—延吉:延边大学出版社,1995.11.—1586页;20cm
ISBN 7-5634-0808-8(精装):¥79.60

H136.3-61　023090
中华成语典故大辞典:历史事件卷/曹东方主编.—延吉:延边大学出版社,1995.11.—1263页;20cm
ISBN 7-5634-0808-8(精装):¥79.60

H136.3-61　023091
中华成语典故大辞典:文学人物卷/于逢春主编.—延吉:延边大学出版社,1995.11.—1469页;20cm
ISBN 7-5634-0808-8(精装):¥79.60

H136.3-61　023092
中华成语典故大辞典:文苑景物卷/侯兴维,黄毓文主编.—延吉:延边大学出版社,1995.11.—1483页;20cm
ISBN 7-5634-0808-8(精装):¥79.60

H136.3-61　023093
中华成语典故大辞典:寓言神话卷/叶德本,杨秀兰主编;吕金华,宋效全分主编.—延吉:延边大学出版社,1995.11.—1382页;20cm
ISBN 7-5634-0808-8(精装):¥79.60

H136.3-61　023094
中华成语拾遗辞典/吴作桥等主编.—长春:东北师范大学出版社,1995.9.—521页;19cm
ISBN 7-5602-1651-X(精装):¥28.00

H136.3-61　023095
中华成语熟语辞海/唐枢主编.—北京:学苑出版社,1995.7.—1966,275页;26cm
ISBN 7-5077-0289-8(精装):¥248.00

H136.3-61　023096
最新多功能成语词典/唐明古主编.—北京:光明日报出版社,1995.10.—758页;19cm
ISBN 7-80091-573-5(精装):¥28.00

H136.3-61　023097
最新学生成语小辞海/王会,王旭光主编.—北京:中华工商联合出版社,1995.12.—854页;19cm
ISBN 7-80100-128-1(精装):¥49.00

①H136.3-61②G634.3-61　023098
成语词典/仲阳等主编.—郑州:中原农民出版社,1995.3.—883页;13cm
学生专用
ISBN 7-80538-639-0(精装):¥7.95

H136.3-64　023099
邯郸成语典故:绘画本/韩荔编文;赵宜忠译文.—石家庄:河北美术出版社,1995.9.—386页;20cm
ISBN 7-5310-0726-6:¥18.00

H136.4　023100
北京俚语俗谚趣谈/刘建斌著.—北京:中国城市出版社,1995.8.—165页;19cm
ISBN 7-5074-0766-7:¥7.30

H136.4　023101
俗语中的动物形象/王树山,范瑞婷编著.—太原:山西教育出版社,1995.10.—230页;19cm
ISBN 7-5440-0606-9:¥8.70

H136.4　023102
通用良言/宫家寰主编.—大连:大连海事大学出版社,1995.12.—152页;19cm
ISBN 7-5632-0937-9:¥6.80

H136.4　023103
现代汉语常用口语词典/张艳华编著.—济南:济南出版社,1995.5.—397页;19cm
ISBN 7-80572-826-7(精装):¥20.80

H136.4　023104
中华隐语大全/潘庆云主编.—上海:学林出版社,1995.1.—954页;20cm
ISBN 7-80510-999-0(精装):¥48.00

H136.4-61　023105
汉语惯用语新解/周培兴主编.—青岛:青岛海洋大

学出版社,1995.8.—1276页;20cm
ISBN 7-81026-749-3(精装):¥62.50
H136.4-61　023106
中国隐语行话大辞典/曲彦斌主编.—沈阳:辽宁教育出版社,1995.4.—798,187页;26cm
ISBN 7-5382-3599-X(精装):¥88.00

H14 语法

H14　023107
当代中国语法学/申小龙著.—广州:广东教育出版社,1995.12.—425页;20cm.—(中国文化语言学丛书/申小龙主编)
ISBN 7-5406-3217-8:¥18.00
H14　023108
语法研究和探索　(七)/中国语文杂志社编.—北京:商务印书馆,1995.12.—320页;20cm.—(中国语文丛书)
ISBN 7-100-01722-X:¥11.70
H14　023109
主题在汉语中的功能研究:迈向语段分析的第一步/曹逢甫著;谢天蔚译.—北京:语文出版社,1995.4.—134页;20cm
ISBN 7-80006-904-4:¥5.70
H14-49　023110
语法修辞的趣味故事/乐牛,岳春华编著.—北京:蓝天出版社,1995.1.—297页;19cm.—(语文基础知识趣味故事系列/岳冬梅主编)
ISBN 7-80081-564-1:¥7.80
H14-53　023111
语法问题思索集/邢福义著.—北京:北京语言学院出版社,1995.9.—356页;20cm
ISBN 7-5619-0531-9:¥20.00
H14-61　023112
现代汉语语法修辞辞典/赵淑敏主编.—北京:中国国际广播出版社,1995.1.—225页;19cm.—(现代汉语辞系/陶然等主编)
ISBN 7-5078-1195-6(精装):¥16.00
H141　023113
古代汉语常识集解/马明贤编著.—银川:宁夏人民出版社,1995.7.—259页;20cm
ISBN 7-227-01479-7:¥7.80
H141　023114
中国中世语法史研究/(日)志村良治著;江蓝生,白维国译.—北京:中华书局,1995.9.—457页;20cm
ISBN 7-101-01221-3:¥19.00
H141-53　023115
《马氏文通》论集/蒋文野著.—石家庄:河北教育出版社,1995.11.—192页;20cm
ISBN 7-5434-2516-5:¥9.50
H141-61　023116
文言文小字典/范金德编　.—太原:山西古籍出版社,1995.3.—277页;19cm
ISBN 7-80598-057-8:¥8.50
H146　023117
常见语病的辨别与修改/向春等著.—北京:中国物资出版社,1995.2.—225页;19cm
ISBN 7-5047-1039-3:¥10.00
H146　023118
词语评改300例/林连通等编.—北京:语文出版社,1995.6.—145页;20cm
ISBN 7-80006-910-9:¥6.00
H146　023119
汉语的时相时制时态/龚千炎著.—北京:商务印书馆,1995.10.—114页;19cm.—(汉语知识丛书)
ISBN 7-100-01625-8:¥3.80
H146　023120
近代汉语语法资料汇编:元代明代卷/刘坚,蒋绍愚主编.—北京:商务印书馆,1995.1.—391页;20cm
ISBN 7-100-01129-9:¥16.00
H146　023121
现代汉语配价语法研究/沈阳,郑定欧主编.—北京:北京大学出版社,1995.6.—262页;20cm
ISBN 7-301-02762-1:¥12.00
H146　023122
现代汉语实用语法/李裕德著.—北京:教育科学出版社,1995.8.—404页;19cm
ISBN 7-5041-1485-5:¥10.80
H146　023123
现代汉语语法修辞/祝万勤,王忠良编.—长春:吉林大学出版社,1995.6.—251页;20cm
ISBN 7-5601-1736-8:¥7.50
H146-44　023124
HSK之桥——**习题与注释**:语法结构/耿二岭编著.—北京:北京语言学院出版社,1995.5.—120页;20cm
ISBN 7-5619-0440-1:¥10.00
H146-53　023125
语法论稿/宋玉柱著.—北京:北京语言学院出版社,1995.1.—410页;20cm
ISBN 7-5619-0416-9:¥11.50
H146.1-61　023126
现代汉语"离合词"用法词典/杨庆蕙主编.—北京:北京师范大学出版社,1995.4.—1018页;19cm
供外国人学汉语用
ISBN 7-303-03773-X(精装):¥38.00
H146.2　023127
动词研究/胡裕树,范晓主编.—开封:河南大学出版社,1995.4.—420页;20cm
ISBN 7-81041-118-7:¥13.50
H146.2　023128
近代汉语助词/曹广顺著.—北京:语文出版社,1995.6.—185页;20cm
ISBN 7-80006-952-4:¥7.00
H146.2　023129
量词修辞审美论/张向群著.—西安:陕西人民教育出版社,1995.4.—412页;20cm

ISBN 7-5419-4822-5: ¥14.50

H146.2-61 023130

现代汉语动词辞典/闫秀清等编.—北京:中国国际广播出版社,1995.1.—391页;19cm.—(现代汉语辞系/陶然等主编)

ISBN 7-5078-1191-3(精装): ¥30.00

H146.2-61 023131

现代汉语名词辞典/闫秀清等编.—北京:中国国际广播出版社,1995.1.—548页;19cm.—(现代汉语辞系/陶然等主编)

ISBN 7-5078-1192-1(精装): ¥40.00

H146.2-61 023132

现代汉语形容词辞典/闫秀清等编.—北京:中国国际广播出版社,1995.1.—270页;19cm.—(现代汉语辞系/陶然等主编)

ISBN 7-5078-1193-X(精装): ¥21.00

H146.2-61 023133

现代汉语虚词辞典/孙滢编.—北京:中国国际广播出版社,1995.1.—346页;19cm.—(现代汉语辞系/陶然等主编)

ISBN 7-5078-1194-8(精装): ¥23.00

H146.3 023134

现代汉语复句研究/陈中干著.—北京:语文出版社,1995.5.—98页;19cm

ISBN 7-80006-925-7: ¥4.50

H146.3 023135

现代汉语特殊句型研究/邢欣著.—乌鲁木齐:新疆科技卫生出版社,1995.3.—232页;19cm

ISBN 7-5372-0640-6: ¥8.00

H15 写作、修辞

H15 023136

汉语古今修辞格通编/史尘封著.—天津:天津古籍出版社,1995.12.—552页;20cm

ISBN 7-80504-464-3: ¥18.00

H15 023137

汉语写作学/徐振宗等编著.—北京:北京师范大学出版社,1995.9.—457页;20cm

高等院校汉语言文学专业必修课系列教材

ISBN 7-303-03462-5: ¥14.50

H15 023138

汉语修辞通论/王勤著.—武汉:华中理工大学出版社,1995.1.—386页;20cm

ISBN 7-5609-1060-2: ¥10.80

H15 023139

汉语修辞学史/袁晖,宗廷虎主编.—修订本.—太原:山西人民出版社,1995.12.—512页;20cm

ISBN 7-203-03410-0: ¥25.00

H15 023140

唐五代书仪研究/周一良,赵和平著.—北京:中国社会科学出版社,1995.12.—339页;20cm.—(唐研究基金会丛书)

ISBN 7-5004-1796-9: ¥28.00

H15 023141

文章写作学/彭思毛等编著.—长沙:中南工业大学出版社,1995.12.—485页;19cm.—(现代写作学丛书;2/陈果安等主编)

ISBN 7-81020-813-6: ¥16.00

H15 023142

现代修辞学/骆小所著.—2版(修订版).—昆明:云南人民出版社,1995.11.—372页;20cm

ISBN 7-222-01870-0: ¥13.90

H15 023143

写作技能与文章修改/石耿立,杨智主编.—天津:天津社会科学院出版社,1995.11.—376页;19cm

ISBN 7-80563-546-3: ¥8.60

H15 023144

写作学论稿/程克夷,王朝彦主编.—武汉:武汉工业大学出版社,1995.8.—538页;20cm

ISBN 7-5629-1020-0: ¥13.60

H15 023145

新编写作学/段胜鸥主编;王子华等编写.—昆明:云南民族出版社,1995.12.—468页;20cm

ISBN 7-5367-1178-6: ¥14.80

H15 023146

修辞面面观/冯学锋,郑远汉著.—武汉:武汉出版社,1995.1.—328页;19cm

ISBN 7-5430-1330-4: ¥9.80

H15 023147

修辞学练指导/吴金关,王观竹主编.—合肥:中国科学技术大学出版社,1995.8.—204页;19cm

ISBN 7-312-00685-X: ¥6.00

H15 023148

语病求医:文章语病的评析与修改/金锡谟著.—北京:书目文献出版社,1995.2.—176页;20cm

ISBN 7-5013-1118-8: ¥6.40

H15 023149

中国修辞学史稿/郑于瑜著.—2版.—上海:上海教育出版社,1995.1.—572页;20cm

ISBN 7-5320-0609-3: ¥15.00

①H15②③I206 023150

阅读与习作 下册/北京市成人教育教学研究室编.—北京:高等教育出版社,1995.10.—350页;20cm

全国成人中等专业学校教材

ISBN 7-04-005409-4: ¥9.60

①H15②I04 023151

读写艺术谈/王启鹏著.—广州:华南理工大学出版社,1995.6.—259页;19cm

ISBN 7-5623-0836-5: ¥6.50

①H15②I044 023152

比喻论析/李济中著.—保定:河北大学出版社,1995.10.—272页;20cm

ISBN 7-81028-352-9: ¥10.00

H15-43 023153

写作学教程/陈国屏主编.—哈尔滨:黑龙江教育出版社,1995.11.—619页;20cm

ISBN 7-5316-2862-7: ¥18.00

H15-49 023154

阅读写作的趣味故事/曹蓉晖,师远钟编著.—北京:蓝天出版社,1995.1.—233页;19cm.—(语文基础知识趣味故事系列/岳冬梅主编)

ISBN 7-80081-565-X: ¥6.80

H15-61 023155

汉语修辞格鉴赏辞典/黄建霖主编.—南京:东南大学出版社,1995.5.—608页;19cm

ISBN 7-81050-013-9: ¥20.00

H15-61 023156

汉语修辞艺术大辞典/杨春霖,刘帆主编;马鸣春等编写.—西安:陕西人民出版社,1995.1.—1449页;20cm

ISBN 7-224-02765-0(精装): ¥39.00

H15-61 023157

现代汉语写作辞典/唐陵岩等编.—北京:中国国际广播出版社,1995.1.—365页;19cm.—(现代汉语辞系/陶然等主编)

ISBN 7-5078-1196-4(精装): ¥24.00

①H15-61②K810.2 023158

人名妙用趣味词典/王德春主编.—北京:语文出版社,1995.8.—196页;13×10cm

ISBN 7-80006-137-X: ¥7.50

H152 023159

高师写作训练教程/邵守义等主编;索松华等编著.—长春:吉林大学出版社,1995.11.—280页;19cm

高师职业技能教育系列教材

ISBN 7-5601-1834-8: ¥9.00

H152 023160

公务员写作概论/李清廉,王志远主编.—北京:中共中央党校出版社,1995.5.—261页;20cm

ISBN 7-5035-1213-X: ¥5.80

H152 023161

古代写作学概论/张廉新等编.—青岛:青岛海洋大学出版社,1995.7.—333页;20cm

汉语言文学专业"专起本"系列教材

ISBN 7-81026-753-1: ¥14.00

H152 023162

科技写作指导/陈昌才主编.—天津:百花文艺出版社,1995.8.—400页;20cm

ISBN 7-5306-2103-3: ¥13.80

H152 023163

实用民间文书写作/杨帆,林啸主编.—南宁:广西人民出版社,1995.9.—302页;19cm.—(中国实用文体写作丛书)

ISBN 7-219-03066-5: ¥9.80

H152 023164

特殊学员写作指南/樊兆文,唐冬庆编.—济南:山东人民出版社,1995.11.—548页;20cm

ISBN 7-209-01838-7: ¥20.00

H152 023165

文秘写作学/许震铎,杨美进编著.—成都:四川人民出版社,1995.12.—410页;20cm

高等教育自学考试用书

ISBN 7-220-03075-4: ¥12.00

H152 023166

文体述要/孙春旻主编.—郑州:中州古籍出版社,1995.8.—380页;20cm

高等学校写作教材

ISBN 7-5348-1382-4: ¥12.80

H152 023167

文体写作导引/王正春主编.—大连:大连理工大学出版社,1995.7.—242页;19cm

ISBN 7-5611-1016-2: ¥9.00

H152 023168

文章写作二十八讲/梁明标著.—海口:南海出版公司,1995.11.—240页;19cm

ISBN 7-5442-0426-X: ¥9.80

H152 023169

文章学新探:面向未来的写作技法/陈亚丽著.—北京:科学技术文献出版社,1995.9.—296页;19cm

ISBN 7-5023-2458-5: ¥10.30

H152 023170

现代写作原理/陈果安著.—长沙:中南工业大学出版社,1995.12.—426页;19cm.—(现代写作学丛书;1/陈果安等主编)

ISBN 7-81020-812-8: ¥14.00

H152 023171

写作辅导与练习/郎大地主编.—北京:中国商业出版社,1995.8.—370页;19cm

高等教育自学考试 汉语言文学专业

ISBN 7-5044-2968-6: ¥9.80

H152 023172

写作技巧教程/洪威雷,柳有青编.—2版(修订本).—武汉:华中理工大学出版社,1995.1.—252页;19cm

ISBN 7-5609-0190-5: ¥5.00

H152 023173

写作知识与训练/张建国主编;陈瑞衡等编.—长沙:湖南科学技术出版社,1995.10.—269页;19cm

中等职业技术学校教材

ISBN 7-5357-1935-X: ¥5.80

H152 023174

应用写作教程/宁致远主编;司法部法学教材编辑部编审.—北京:中国政法大学出版社,1995.1.—389页;20cm

成人高等法学教育通用教材

ISBN 7-5620-0752-7: ¥10.50

H152-43 023175

公共写作课教程/路德庆主编.—北京:高等教育出版社,1995.3.—384页;20cm

ISBN 7-04-005310-1: ¥7.85

H152-43 023176

通用写作教程/傅德岷,甘利增主编.—成都:四川教育出版社,1995.8.—640页;20cm

ISBN 7-5408-2725-4: ¥16.50

H152-43 023177

现代科技写作简明教程/闫俊清主编.—天津:天津科学技术出版社,1995.10.—385页;20cm
ISBN 7-5308-1911-9:¥8.20

H152.1 023178
怎样写记叙文/赵曙东著.—2版.—北京:学苑出版社,1995.5.—163页;19cm.—(写作基础丛书/叶苍岑主编)
ISBN 7-5077-0075-5:¥6.00

H152.2 023179
科技论文的规范表达:写作与编辑/李兴昌编著.—北京:清华大学出版社,1995.7.—458页;20cm
ISBN 7-302-01873-1:¥14.00

H152.2 023180
科技论文写作入门/窦邃,张宏健编著.—昆明:云南科技出版社,1995.4.—112页;19cm
ISBN 7-5416-0676-6:¥4.50

H152.2 023181
千字议论文选/周本清等编选.—西安:陕西人民教育出版社,1995.7.—275页;19cm.—(节日礼品丛书·写作借鉴/沈宝良主编)
ISBN 7-5419-5669-4:¥7.70

H152.2 023182
石油科技论文写作/李兰芝,王承勇主编.—东营:石油大学出版社,1995.3.—303页;20cm
ISBN 7-5636-0572-X:¥6.50

H152.2 023183
实用医学论文写作/石金玉等编著.—北京:人民军医出版社,1995.11.—252页;19cm
ISBN 7-80020-590-8:¥12.00

H152.2 023184
医学检验论文写作/赵辉,王克强主编.—北京:中国医药科技出版社,1995.7.—250页;19cm
ISBN 7-5067-1425-6:¥9.60

H152.2 023185
医学论文撰写必读/杨善芝,胡清建主编.—沈阳:辽宁科学技术出版社,1995.9.—242页;19cm
ISBN 7-5381-2106-4:¥5.70

H152.2 023186
医学论文撰写实用指南/李培武主编.—太原:山西科学技术出版社,1995.10.—743页;19cm
ISBN 7-5377-1177-1:¥23.00

H152.2 023187
医学论文撰写与投稿/刘志诚,陶旭东编著.—沈阳:辽宁科学技术出版社,1995.3.—321页;20cm
ISBN 7-5381-1989-2:¥11.50

H152.2 023188
议论文写作宝囊/张恒编著.—太原:山西高校联合出版社,1995.9.—119页;19cm
ISBN 7-81032-809-3:¥4.00

H152.2 023189
怎样写议论文/叶苍岑著.—2版.—北京:学苑出版社,1995.5.—147页;19cm.—(写作基础丛书/叶苍岑主编)
ISBN 7-5077-0078-X:¥5.80

H152.3 023190
安全生产文章写作基础知识/田雨平,周凤鸣编著.—沈阳:白山出版社,1995.8.—258页;19cm
ISBN 7-80566-441-2:¥8.80

H152.3 023191
编辑应用写作/吴添汉编著.—沈阳:辽宁教育出版社,1995.12.—390页;20cm
普通高等教育编辑出版类规划教材
ISBN 7-5382-4250-3:¥17.00

H152.3 023192
财经实用写作训练/王素芝,刘惠敏主编.—哈尔滨:黑龙江人民出版社,1995.1.—149页;19cm
ISBN 7-207-03179-3:¥5.60

H152.3 023193
财经应用文写作/易忠元,朱月英主编.—北京:中国商业出版社,1995.7.—255页;20cm
商业成人高教系列教材
ISBN 7-5044-2034-4:¥12.50

H152.3 023194
财经应用文写作/邱宣煌主编.—2版.—大连:东北财经大学出版社,1995.4.—299页;19cm
高等财经管理干部院校试用教材
ISBN 7-81005-554-2:¥9.80

H152.3 023195
财经应用写作/夏静文主编.—沈阳:东北大学出版社,1995.11.—392页;20cm
财政系统在职干部训系列教材
ISBN 7-81006-765-6:¥11.60

H152.3 023196
财经专业写作/胡明扬主编.—2版(修订版).—北京:中国人民大学出版社,1995.10.—408页;20cm
高等学校文科教材 实用写作教材系列
ISBN 7-300-02025-9:¥14.50

H152.3 023197
常用应用文写作/梁邻德主编;顾之耀等编著.—北京:中国劳动出版社,1995.6.—328页;20cm
劳动经济管理专业高等教育教材
ISBN 7-5045-1697-X:¥12.00

H152.3 023198
打工仔、打工妹怎样学写家信/李扬编.—广州:广州出版社,1995.10.—239页;19cm
ISBN 7-80592-325-6:¥6.80

H152.3 023199
打工仔、打工妹怎样学写情书/李扬编.—广州:广州出版社,1995.10.—279页;19cm
ISBN 7-80592-326-4:¥8.00

H152.3 023200
对外经济贸易写作/王学真等编著.—济南:山东友谊出版社,1995.9.—247页;19cm
ISBN 7-80551-742-8:¥9.80

H152.3 023201
法制实用写作/张广崑编著.—北京:中国人民公安大学出版社,1995.8.—350页;20cm
ISBN 7-81011-748-3:¥15.80

H152.3　023202
干部应用文写作/李凯源,李振起编著.—天津:南开大学出版社,1995.11.—286页;20cm
ISBN 7-310-00849-9:￥9.90

H152.3　023203
工科应用写作/傅德甫主编;机电部中专基础课教学指导委员会语文学科组编.—北京:机械工业出版社,1995.7.—402页;20cm
中等专业学校试用教材
ISBN 7-111-04677-3:￥11.00

H152.3　023204
公安公文写作/柴珮珍主编.—北京:警官教育出版社,1995.6.—448页;20cm
内部发行
ISBN 7-81027-637-9:￥12.80

H152.3　023205
公安文书写作/陈普宪,张康年主编.—北京:中国人民公安大学出版社,1995.8.—370页;19cm
人民警察学校试用教材 内部发行
ISBN 7-81011-692-4:￥12.00

H152.3　023206
公安应用写作教程/王淑安主编.—北京:警官教育出版社,1995.10.—380页;20cm
人民警察高等教育规划教材 内部发行
ISBN 7-81027-701-4:￥16.00

H152.3　023207
公关应用文体写作/李必成,江长顺主编.—郑州:河南人民出版社,1995.9.—242页;20cm
ISBN 7-215-03522-0:￥10.80

H152.3　023208
公文写作的理论与操作/萧庆元著.—徐州:中国矿业大学出版社,1995.12.—399页;20cm
ISBN 7-81040-474-1:￥15.00

H152.3　023209
公文写作技巧/盛鲁杰,李莱著.—北京:中国青年出版社,1995.2.—388页;19cm
ISBN 7-5006-1755-0:￥9.10

H152.3　023210
公文修辞探析/王李和著.—广州:广东高等教育出版社,1995.8.—147页;20cm
ISBN 7-5361-1750-7:￥8.00

H152.3　023211
公务经济应用文写作指南/潘寿全,陶炳麟主编.—南宁:广西科学技术出版社,1995.3.—495页;19cm
ISBN 7-80619-186-0:￥11.90

H152.3　023212
公务文书写作/赵立波编著.—青岛:青岛海洋大学出版社,1995.12.—215页;20cm.—(当代公务员系列丛书)
ISBN 7-81026-786-8:￥8.50

H152.3　023213
管理应用写作/李春燕等主编.—大连:辽宁师范大学出版社,1995.10.—247页;20cm
ISBN 7-81042-097-6:￥10.00

H152.3　023214
机关应用文写作概要/姜寿兰主编.—北京:石油工业出版社,1995.12.—228页;20cm
ISBN 7-5021-1611-7:￥8.50

H152.3　023215
教你写好信/苏跃编.—广州:中山大学出版社,1995.12.—221页;19cm
ISBN 7-306-01083-2:￥7.95

H152.3　023216
金融写作全索/汤步青,陈柏寿编著.—南京:江苏人民出版社,1995.1.—395页;20cm
ISBN 7-214-01431-9:￥15.00

H152.3　023217
金融信息写作例话/郑向阳主编.—北京:中国金融出版社,1995.7.—191页;19cm
ISBN 7-5049-1444-4:￥7.80

H152.3　023218
金融应用写作指要/夏利光,何长志主编.—沈阳:辽宁人民出版社,1995.2.—357页;19cm
ISBN 7-205-03280-6:￥10.00

H152.3　023219
经济管理应用写作/何京敏主编.—武汉:武汉工业大学出版社,1995.12.—353页;20cm
ISBN 7-5629-1059-6:￥13.80

H152.3　023220
经济写作/鲍庆林主编.—贵阳:贵州教育出版社,1995.10.—273页;19cm
ISBN 7-80583-732-5:￥6.40

H152.3　023221
经济应用文/罗于蓝,朱宁生主编.—修订版.—南京:江苏科学技术出版社,1995.12.—299页;19cm
全国广播电视中专教材
ISBN 7-5345-2018-5:￥7.70

H152.3　023222
经济应用文写作/吴秉忱,邵明才主编.—青岛:青岛海洋大学出版社,1995.6.—442页;20cm
ISBN 7-81026-738-8:￥13.50

H152.3　023223
经济应用写作/徐运汉,彭思毛编著.—北京:中国商业出版社,1995.8.—387页;20cm
ISBN 7-5044-2948-1:￥12.50

H152.3　023224
经济应用写作/李学勤主编.—沈阳:辽宁人民出版社,1995.3.—717页;19cm
成人高等学校会计学专业(专科)统编教材
ISBN 7-205-03271-7:￥15.40

H152.3　023225
经济应用写作/陈学璞主编.—南宁:广西人民出版社,1995.11.—249页;19cm
ISBN 7-219-03083-5:￥7.60

H152.3　023226
经验文章写作方法/张文田著.—北京:中国和平出版社,1995.9.—307页;20cm.—(现代实用文写作速成丛书)

ISBN 7-80101-483-9: ¥9.00

H152.3 **023227**

军队院校实用写作教程/刘同干,苗秀娟主编.—合肥:安徽教育出版社,1995.4.—381页;19cm

ISBN 7-5336-1738-X: ¥8.00

H152.3 **023228**

礼仪文体写作/衡均著.—兰州:甘肃教育出版社,1995.7.—320页;20cm

ISBN 7-5423-0529-8: ¥12.00

H152.3 **023229**

农村实用文书/陈和平,李建力编著.—太原:山西科学技术出版社,1995.3.—190页;19cm

ISBN 7-5377-1162-3: ¥6.00

H152.3 **023230**

千字说明文选/梁康华,吴念农编选.—西安:陕西人民教育出版社,1995.7.—267页;19cm.—(节日礼品丛书·写作借鉴/沈宝良主编)

ISBN 7-5419-5666-X: ¥7.50

H152.3 **023231**

商贸应用文写作/张遗成主编.—北京:中国商业出版社,1995.7.—2册;19cm

中等职业学校营销系列教材

ISBN 7-5044-2561-3: ¥16.50

H152.3 **023232**

商务文秘写作教程/刘翔飞著.—长沙:中南工业大学出版社,1995.12.—338页;19cm.—(商务文秘系列丛书/刘翔飞主编)

ISBN 7-81020-807-1: ¥11.00

H152.3 **023233**

商务信函实例事典/(日)东乡实著;滑本忠等译.—天津:天津大学出版社,1995.4.—1023页;20cm

ISBN 7-5618-0734-1(精装): ¥42.00

H152.3 **023234**

实用公文写作/赵学武主编.—海口:海南出版社,1995.12.—516页;19cm

ISBN 7-80617-272-6: ¥15.00

H152.3 **023235**

实用涉外文书写作/廖雄军等编.—南宁:广西人民出版社,1995.11.—255页;19cm.—(中国实用文体写作丛书)

ISBN 7-219-03036-3: ¥7.80

H152.3 **023236**

实用审计应用文写作/《实用审计应用文写作》编写组编.—北京:中国审计出版社,1995.6.—388页;20cm

ISBN 7-80064-360-3: ¥13.00

H152.3 **023237**

实用文书写作/徐瑞海主编.—北京:中国人口出版社,1995.10.—288页;19cm

ISBN 7-80079-302-8: ¥8.90

H152.3 **023238**

实用文写作技巧/刘从良等主编.—南京:河海大学出版社,1995.10.—291页;19cm

ISBN 7-5630-0865-9: ¥9.50

H152.3 **023239**

实用写作/刘泽江,王金祥主编.—哈尔滨:哈尔滨工程大学出版社,1995.6.—372页;20cm

ISBN 7-81007-566-7: ¥14.00

H152.3 **023240**

实用最新应用文写作方法大全/冯春明等著.—石家庄:河北人民出版社,1995.12.—350页;19cm

ISBN 7-202-01816-0: ¥11.80

H152.3 **023241**

税务应用文写作/卢仁法主编;《税务应用文写作》编写组编著.—北京:中国财政经济出版社,1995.6.—414页;19cm

全国税务系统公务员培训系列教材

ISBN 7-5005-2862-0: ¥11.50

H152.3 **023242**

统计应用写作/钟勤建,钟沛然主编.—北京:中国统计出版社,1995.10.—378页;19cm

全国中等专业学校(含职业高中)统计专业规划教材

ISBN 7-5037-1791-2: ¥9.50

H152.3 **023243**

外经贸常用应用文写作/叶穗编著.—上海:上海科学技术文献出版社,1995.6.—308页;19cm

ISBN 7-5439-0734-8: ¥10.00

H152.3 **023244**

外贸应用文书与单证制作/冯德连,周平编.—北京:中国商业出版社,1995.12.—229页;26cm

大中专学校适用教材

ISBN 7-5044-2904-X: ¥16.80

H152.3 **023245**

文秘写作/余荩,李孝华编著.—杭州:杭州大学出版社,1995.8.—278页;20cm.—(秘书业务知识丛书/余荩等主编)

ISBN 7-81035-844-8: ¥10.00

H152.3 **023246**

武警公文写作/李继峰编著.—武汉:武汉大学出版社,1995.5.—359页;20cm

武警初级指挥学校干部轮训试用教材 内部发行

ISBN 7-307-01972-8: ¥12.00

H152.3 **023247**

现代机关应用写作/郑敬东,齐瑞端主编.—重庆:西南师范大学出版社,1995.8.—328页;20cm

ISBN 7-5621-1334-3: ¥10.00

H152.3 **023248**

现代商务文秘/陈晓霞,张静主编.—青岛:青岛出版社,1995.11.—268页;20cm.—(现代文秘丛书/史玉峤主编)

ISBN 7-5436-1183-X: ¥10.70

H152.3 **023249**

现代商业应用文/张颖主编.—哈尔滨:黑龙江教育出版社,1995.9.—248页;19cm

ISBN 7-5316-2848-1: ¥8.50

H152.3 **023250**

现代实用经济写作/欧阳周主编.—长沙:中南工业大学出版社,1995.5.—407页;19cm.—(现代文秘实用系列丛书)

ISBN 7-81020-750-4: ¥11.50

H152.3 023251

现代文秘写作/史玉峤主编.—青岛:青岛出版社,1995.9.—260页;20cm.—(现代文秘丛书/史玉峤主编)

ISBN 7-5436-1181-3: ¥9.40

H152.3 023252

现代文秘写作实用范例/臧宣衡等编著.—青岛:青岛出版社,1995.9.—328页;20cm.—(现代文秘丛书/史玉峤主编)

ISBN 7-5436-1182-1: ¥11.80

H152.3 023253

现代应用文写作/李凯源主编.—2版(修订本).—北京:中国商业出版社,1995.5.—345页;20cm

ISBN 7-5044-0270-2: ¥8.80

H152.3 023254

现代应用文写作/李文河编.—北京:人民邮电出版社,1995.1.—223页;20cm

ISBN 7-115-05368-5: ¥6.00

H152.3 023255

写情信千事通/蔡祥编.—广州:广东旅游出版社,1995.1.—215页;19cm

ISBN 7-80521-555-3: ¥4.90

H152.3 023256

写信小秘术/文锋编著.—海口:海南摄影美术出版社,1995.—149页;19cm.—(生活小秘术丛书;2)

ISBN 7-80571-798-2: ¥3.98

H152.3 023257

新编财经写作/辛业江,尹依主编.—北京:中国商业出版社,1995.1.—329页;20cm

ISBN 7-5044-2646-6: ¥9.80

H152.3 023258

新编公文写作/张文田主编.—北京:中国和平出版社,1995.8.—385页;20cm

ISBN 7-80101-520-7: ¥12.00

H152.3 023259

新编金融常用文体写作/杨刚主编.—武汉:武汉大学出版社,1995.10.—333页;20cm.—(金融实用写作丛书 /刘承根,杨刚主编)

ISBN 7-307-02058-0: ¥11.00

H152.3 023260

新编写信不求人/卓华编.—海口:海南摄影美术出版社,1995.2.—183页;19cm

ISBN 7-80571-850-4: ¥5.60

H152.3 023261

新编应用文体写作/姚征昆主编.—长沙:湖南出版社,1995.9.—369页;20cm

ISBN 7-5438-1068-9: ¥9.80

H152.3 023262

新编应用文写作/陈江平主编.—乌鲁木齐:新疆青少年出版社,1995.6.—440页;20cm

ISBN 7-5371-2061-7: ¥9.40

H152.3 023263

新编应用写作教程/龚再梅,沈霞映主编.—天津:天津古籍出版社,1995.11.—400页;19cm

ISBN 7-80504-475-9: ¥11.25

H152.3 023264

医学科技与应用写作/胡祖斌主编.—武汉:武汉工业大学出版社,1995.12.—313页;19cm

ISBN 7-5629-1060-X: ¥9.80

H152.3 023265

医用写作/郑延年等主编.—上海:上海医科大学出版社,1995.9.—240页;20cm

ISBN 7-5627-0261-6: ¥8.90

H152.3 023266

应用文体写作/张俊明,安树一主编.—天津:天津人民出版社,1995.6.—476页;20cm

ISBN 7-201-02184-2: ¥12.00

H152.3 023267

应用文写作/李凯源主编 .—修订本.—北京:中国财政经济出版社,1995.7.—395页;19cm

ISBN 7-5005-2868-X: ¥12.80

H152.3 023268

应用文写作基础/梁朝川主编.—北京:石油工业出版社,1995.12.—217页;19cm

中等专业学校教学用书

ISBN 7-5021-1551-X: ¥6.00

H152.3 023269

应用写作/朱悦雄编著.—2版.—广州:广东人民出版社,1995.8.—461页;19cm

ISBN 7-218-01186-1: ¥14.50

H152.3 023270

应用写作/姜庆仁等主编.—北京:中国人事出版社,1995.9.—423页;20cm

ISBN 7-80076-780-9: ¥13.80

H152.3 023271

应用写作/林宗源编著.—北京:北京经济学院出版社,1995.8.—238页;20cm.—(现代农村经济管理丛书)

ISBN 7-5638-0495-1: ¥8.80

H152.3 023272

应用写作基础/袁一锋主编.—上海:华东理工大学出版社,1995.8.—319页;20cm

ISBN 7-5628-0509-7: ¥10.00

H152.3 023273

应用写作理论研究/张波著.—南昌:百花洲文艺出版社,1995.10.—186页;19cm

ISBN 7-80579-619-X: ¥7.00

H152.3 023274

应用写作学/闵庚尧等编著.—北京:经济科学出版社,1995.8.—355页;19cm

ISBN 7-5058-0815-X: ¥12.50

H152.3 023275

语文知识与公文写作/张耀辉主编.—北京:中国人事出版社,1995.12.—419页;20cm.—(安徽省国家公务员录用考试丛书)

ISBN 7-80076-823-6: ¥17.20

H152.3 023276

怎样写说明文/叶苍岑著.—2版.—北京:学苑出版社,1995.5.—187页;19cm.—(写作基础丛书/叶苍岑主编)

ISBN 7-5077-0077-1:¥6.50

H152.3　　023277

怎样写应用文/王殿松等著.—2版.—北京:学苑出版社,1995.5.—203页;19cm.—(写作基础丛书/叶苍岑主编)

ISBN 7-5077-0076-3:¥7.20

H152.3　　023278

中国工会应用文实用写作全书/王永进,张同华主编.—北京:中国建材工业出版社,1995.—1242页;20cm

ISBN 7-80090-379-6(精装):¥58.00

H152.3　　023279

中国公文史/吕发成主编.—兰州:甘肃文化出版社,1995.12.—398页;20cm

ISBN 7-80608-177-1:¥16.00

H152.3　　023280

中国现代实用文体范本大全/周建秋,程爱学主编.—北京:中华工商联合出版社,1995.5.—4册;20cm

包括"公文写作宝典"、"合同写作宝典"、"法律文书写作宝典"、"常用写作宝典"。

ISBN 7-80100-117-6(精装):¥168.00

H152.3　　023281

中国应用文发展史/刘壮著.—北京:书目文献出版社,1995.6.—237页;20cm

ISBN 7-5013-1192-7:¥9.10

H152.3　　023282

最新应用文体写作/张元忠等主编.—武汉:华中理工大学出版社,1995.8.—360页;20cm

ISBN 7-5609-1178-1:¥7.80

①H152.3②C931.46　　023283

公安文书写作与训练/艾方白主编.—北京:中国人民公安大学出版社,1995.9.—500页;20cm

内部发行

ISBN 7-81011-725-4:¥18.00

①H152.3②G275.2　　023284

现代教育公文管理与写作/祁振仓,马琦明主编.—兰州:甘肃教育出版社,1995.6.—286页;20cm

ISBN 7-5423-0535-2:¥8.50

H152.3-41　　023285

公安应用写作自学考试大纲:含考核目标/全国高等教育自学考试指导委员会制订.—北京:警官教育出版社,1995.10.—97页;19cm

人民警察高等教育规划教材 高等教育自学考试刑事侦察专业 内部发行

ISBN 7-81027-715-4:¥4.60

H152.3-42　　023286

经济应用写作学习参考书/任鹰主编.—北京:北京大学出版社,1995.8.—282页;20cm

ISBN 7-301-02889-X:¥10.60

H152.3-43　　023287

经济写作教程/张佐邦主编.—昆明:云南人民出版社,1995.8.—376页;20cm

ISBN 7-222-01755-0:¥12.00

H152.3-43　　023288

经济应用文写作教程/马鸿飞,范洵主编.—哈尔滨:黑龙江科学技术出版社,1995.1.—343页;19cm

ISBN 7-5388-2705-6:¥9.80

H152.3-43　　023289

现代应用文写作教程/刘池清,潘桂枝主编.—长沙:中南工业大学出版社,1995.10.—305页;19cm

ISBN 7-81020-792-X:¥11.00

H152.3-43　　023290

现代应用文写作教程/刘俐,周维群编著.—重庆:西南师范大学出版社,1995.8.—221页;26cm

ISBN 7-5621-1398-X:¥10.00

H152.3-43　　023291

新编应用写作教程/于冰,于立源主编.—沈阳:辽宁人民出版社,1995.9.—525页;20cm

ISBN 7-205-03403-5:¥17.00

H152.3-43　　023292

应用文写作教程/王景科主编.—济南:山东人民出版社,1995.7.—332页;20cm

山东干部函授大学教材

ISBN 7-209-01793-3:¥11.00

H152.3-43　　023293

应用写作教程/龙朝双主编.—武汉:中国地质大学出版社,1995.9.—405页;19cm

ISBN 7-5625-1004-0:¥8.70

H152.3-43　　023294

应用写作速成教程/方航仙编著.—北京:中国人民公安大学出版社,1995.5.—255页;19cm

ISBN 7-81011-699-1:¥9.00

H152.3-44　　023295

财经应用文习题/霍焕民主编.—北京:中国商业出版社,1995.12.—149页;26cm

中华会计函授学校教材

ISBN 7-5044-3078-1:¥7.20

H152.3-61　　023296

经济应用文写作大全/龚时中,李兆荣主编.—武汉:湖北辞书出版社,1995.11.—607页;20cm

ISBN 7-5403-0183-X:¥18.00

H152.3-61　　023297

中国现代应用文全书/顾铭新编著.—长春:时代文艺出版社,1995.6.—460页;20cm

ISBN 7-5387-0883-9:¥16.50

H152.3-62　　023298

应用写作指南/朱玉富主编.—福州:福建人民出版社,1995.8.—300页;19cm

ISBN 7-211-02521-2:¥7.80

H155　　023299

标点符号规范用法/苏培实著.—长沙:湖南出版社,1995.4.—242页;19cm

ISBN 7-5438-0955-9:¥6.80

H155-64　　023300

标点符号用法表.—南宁:接力出版社,1995.7.—1

张;77×53cm.—(接力挂图世界)
¥2.50

H16 字典、词典、古代字书

H161 023301
《说文解字》导读辞典/潘天烈著.—成都:四川辞书出版社,1995.6.—301页;20cm
ISBN 7-80543-484-0:¥16.00

H161 023302
说文解字读/(清)段玉裁著;朱小建,张和生点校.—北京:北京师范大学出版社,1995.9.—373页;26cm
ISBN 7-303-03347-5:¥45.00

H161 023303
徐锴《说文系传》研究/古敬恒著.—重庆:重庆大学出版社,1995.11.—242页;19cm
ISBN 7-5624-1190-5:¥6.50

H162 023304
原本玉篇零卷音韵/周祖庠著.—贵阳:贵州教育出版社,1995.5.—231页;26cm
ISBN 7-80583-684-1(精装):¥21.80

H162 023305
篆隶万象名义/(日)释空海编.—北京:中华书局,1995.10.—402页;26cm
ISBN 7-101-01339-2(精装):¥60.00

H163 023306
多功能汉字手册/张奇主编.—杭州:浙江人民出版社,1995.1.—297页;20cm
ISBN 7-213-01072-7:¥12.00

H163 023307
国家标准汉字人机两用字典/王继同,赵鸣编.—南昌:江西科学技术出版社,1995.8.—654页;20cm
ISBN 7-5390-0909-8(精装):¥40.00

H163 023308
汉语大字典/汉语大字典编辑委员会编著.—成都:四川辞书出版社;武汉:湖北辞书出版社,1995.5.—3册(4850页);26cm
ISBN 7-80543-427-1(精装):¥390.00

H163 023309
康熙字典.—影印本.—天津:天津古籍出版社,1995.9.—1174页;26cm
据清末上海鸿宝书局石印本影印
ISBN 7-80504-447-3(精装):¥198.00

H163 023310
快速识字字典/杨洪清,朱新兰编著.—南京:江苏古籍出版社,1995.2.—516页;19cm
ISBN 7-80519-613-3:¥10.00

H163 023311
迷你字典/贺国伟,刘爱群编著.—上海:汉语大词典出版社,1995.10.—518页;13cm
ISBN 7-5432-0179-8(精装):¥10.00

H163 023312
实用形近字字典/王火著.—北京:学苑出版社,1995.6.—407页;19cm
ISBN 7-5077-0842-X(精装):¥20.00

H163 023313
现代汉语多功能字典/郭兴超主编.—北京:知识出版社,1995.3.—703页;20cm
ISBN 7-5015-1041-5(精装):¥28.00

H163 023314
现代学生词典/文东主编.—沈阳:东北大学出版社,1995.3.—900页;19cm
ISBN 7-81006-917-9(精装):¥129.80

H163 023315
新编汉语字典:三笔查字/韦德培编.—北京:北京师范大学出版社,1995.12.—667页;20cm
ISBN 7-303-02712-2(精装):¥42.00

H163 023316
学生字典/王素梅,朱俊芳主编.—沈阳:沈阳出版社,1995.5.—813页;13×9cm
ISBN 7-5441-0237-8:¥7.90

H164 023317
3500常用字组词词典/郑万泽主编;杜功乐等编写.—杭州:浙江教育出版社,1995.9.—1591页;19cm
ISBN 7-5338-1851-2:¥37.00

H164 023318
儿童辞海:普及本/巢峰主编.—上海:上海辞书出版社,1995.12.—641页;20cm
ISBN 7-5326-0365-2(精装):¥35.00

H164 023319
汉语常用词典/顾士熙主编.—西安:未来出版社,1995.10.—1223页;20cm
ISBN 7-5417-1127-6(精装):¥50.00

H164 023320
汉语多功能小辞典/刘兴策主编.—武汉:武汉出版社,1995.12.—667页;13×10cm
ISBN 7-5430-1421-1:¥10.00

H164 023321
汉语理据词典/王艾录编著.—北京:北京语言学院出版社,1995.7.—258页;19cm
ISBN 7-5619-0444-4:¥16.60

H164 023322
汉语图解词典/纪年,罗友松编文;石富等绘.—上海:上海辞书出版社,1995.11.—559页;26cm
ISBN 7-5326-0312-1(精装):¥42.90

H164 023323
实用古汉语大词典/王松茂主编;《实用古汉语大词典》编纂委员会编.—郑州:河南人民出版社,1995.7.—1334页;26cm
ISBN 7-215-00537-2(精装):¥125.00

H164 023324
特称数词知识汇释/周瑞南主编.—北京:中国物资出版社,1995.1.—459页;19cm
ISBN 7-5047-1008-3(精装):¥23.80

H164 023325
现代汉语小词典/郭奇,杜宏记主编.—沈阳:沈阳出版社,1995.9.—774页;13cm

ISBN 7-5441-0407-9(精装):￥9.80

H164　023326

现代汉语学习词典/孙全洲主编.—上海:上海外语教育出版社,1995.7.—1935页;19cm

ISBN 7-81009-480-7(精装):￥60.00

H164　023327

现代汉语正误辞典/杨庆蕙主编.—长沙:湖南出版社,1995.12.—798页;19cm

ISBN 7-5438-1119-7(精装):￥26.80

H164　023328

新编古今汉语大词典/胡裕树主编.—上海:上海辞书出版社,1995.11.—1202页;26cm

ISBN 7-5326-0242-7(精装):￥82.00

H164　023329

新编现代汉语多功能词典/冯志纯,周行健主编.—北京:当代中国出版社,1995.6.—1614页;19cm

ISBN 7-80092-387-8(精装):￥49.80

H17 方言

H17　023330

吴语和闽语的比较研究　第一辑＝Comparative Studies Among Wu and Min Dialects.—上海:上海教育出版社,1995.5.—154页;26cm.—(中国东南方言比较研究丛书)

ISBN 7-5320-3345-7:￥8.30

H17-61　023331

汉语方言词汇/北京大学中国语言文学系语言学教研室编.—2版.—北京:语文出版社,1995.6.—628页;26cm

ISBN 7-80006-310-0(精装):￥52.00

H172.1　023332

东营方言辨正与普通话/魏丕永主编.—东营:石油大学出版社,1995.8.—219页;19cm

ISBN 7-5636-0717-X:￥7.60

H172.1　023333

满族话与北京话/赵杰著.—沈阳:辽宁民族出版社,1995.7.—303页;20cm

ISBN 7-80527-594-7:￥10.00

H172.1　023334

荣成方言志/王淑霞编著.—北京:语文出版社,1995.2.—247页;20cm.—(山东方言志丛书/钱曾怡主编)

ISBN 7-80006-795-5:￥7.00

H172.1　023335

寿光方言志/张树铮编著.—北京:语文出版社,1995.1.—230页;20cm.—(山东方言志丛书/钱曾怡主编)

ISBN 7-80006-921-4:￥7.50

H172.1　023336

威海人学普通话/李创业主编.—北京:中国社会出版社,1995.12.—309页;19cm

ISBN 7-80088-774-X:￥7.80

H172.1　023337

莒县方言志/石明远著;日照市莒县地方志办公室编.—北京:语文出版社,1995.1.—258页;20cm

ISBN 7-80006-834-X:￥9.00

H172.1-61　023338

河北方言词汇编/李行健主编.—北京:商务印书馆,1995.10.—955页;19cm

ISBN 7-100-00439-X(精装):￥41.00

H172.2　023339

平遥方言民俗语汇/侯精一著.—北京:语文出版社,1995.4.—283页;19cm

ISBN 7-80006-899-4:￥9.80

H172.2　023340

循化方言志/郭纬国著.—西宁:青海人民出版社,1995.8.—109页;19cm

ISBN 7-225-01095-6:￥5.00

H172.2　023341

中卫方言志/林涛主编;中卫县县志编纂委员会办公室编.—银川:宁夏人民出版社,1995.9.—252页;26cm

ISBN 7-227-01524-6:￥16.00

H172.2-61　023342

乌鲁木齐方言词典/李荣主编.—南京:江苏教育出版社,1995.12.—411页;20cm.—(现代汉语方言大词典·分卷)

ISBN 7-5343-2505-6(精装):￥33.90

H172.2-61　023343

忻州方言词典/李荣主编;温端政,张光明编纂.—南京:江苏教育出版社,1995.12.—450页;20cm.—(现代汉语方言大词典/李荣主编)

ISBN 7-5343-2627-3(精装):￥36.55

H172.3　023344

贵州人学普通话/薛国富著.—贵阳:贵州人民出版社,1995.8.—258页;19cm

ISBN 7-221-03943-7:￥6.00

H172.3　023345

黔东南方言与普通话正音/王贵生编著.—贵阳:贵州教育出版社,1995.8.—383页;19cm

ISBN 7-80583-712-0:￥9.60

H172.3-61　023346

柳州方言词典/李荣主编;刘村汉编纂.—南京:江苏教育出版社,1995.12.—445页;20cm.—(现代汉语方言大词典/李荣主编)

ISBN 7-5343-2630-3(精装):￥36.55

H172.3-61　023347

武汉方言词典/李荣主编;朱建颂编纂.—南京:江苏教育出版社,1995.5.—447页;20cm.—(现代汉语方言大词典/李荣主编)

ISBN 7-5343-2329-0(精装):￥34.40

①H172.4-61②H173-61　023348

丹阳方言词典/李荣主编;蔡国璐编纂.—南京:江苏教育出版社,1995.12.—387页;20cm.—(现代汉语方言大词典/李荣主编)

ISBN 7-5343-2628-1(精装):￥32.90

H173　023349

青田话/张钱松等编著.—北京:中国社会出版社,1995.3.—331页;20cm
ISBN 7-80088-366-3: ¥25.00

H173　023350
上海方言韵编:国际音标注音/钱广才编.—上海:百家出版社,1995.6.—118页;20cm
ISBN 7-80576-486-7: ¥6.80

H173　023351
学说上海话/唐发铙编写.—上海:上海教育出版社,1995.11.—76页;19cm.—(现代汉语方言音库/侯精一主编)
ISBN 7-5320-4235-9: ¥0.00

H173　023352
浙江人学普通话测试训练手册/王晓秋主编;浙江省语言文字工作委员会编.—杭州:杭州大学出版社,1995.8.—281页;20cm
普通话水平测试教材
ISBN 7-81035-811-1: ¥7.50

H173-61　023353
南京方言词典/李荣主编;刘丹青编纂.—南京:江苏教育出版社,1995.12.—440页;20cm.—(现代汉语方言大词典/李荣主编)
ISBN 7-5343-2629-X(精装): ¥37.10

H173-61　023354
吴方言词典/吴连生等编著.—上海:汉语大词典出版社,1995.8.—606页;19cm
ISBN 7-5432-0158-5(精装): ¥35.00

H174　023355
安仁方言/陈满华著.—北京:北京语言学院出版社,1995.11.—256页;20cm
ISBN 7-5619-0525-4: ¥16.00

H175-61　023356
黎川方言词典/李荣主编;颜森编纂.—南京:江苏教育出版社,1995.12.—310页;20cm.—(现代汉语方言大词典/李荣主编)
ISBN 7-5343-2626-5(精装): ¥28.15

H175-61　023357
南昌方言词典/李荣主编;熊正辉编纂.—南京:江苏教育出版社,1995.5.—363页;20cm.—(现代汉语方言大词典/李荣主编)
ISBN 7-5343-2330-4(精装): ¥29.80

H176　023358
客家方言/罗美珍,邓晓华编著.—福州:福建教育出版社,1995.12.—204页;20cm.—(客家文化丛书/谢重光主编)
ISBN 7-5334-1940-5: ¥11.25

H176-61　023359
客家话词典/张维耿主编.—广州:广东人民出版社,1995.7.—252页;19cm
ISBN 7-218-01504-2(精装): ¥18.00

H176-61　023360
梅县方言词典/李荣主编;黄雪贞编纂.—南京:江苏教育出版社,1995.12.—376页;20cm.—(现代汉语方言大词典/李荣主编)
ISBN 7-5343-2506-4(精装): ¥32.30

H177.2　023361
说潮州话/刘尧咨编撰.—广州:华南理工大学出版社,1995.10.—665页;20cm
ISBN 7-5623-0797-0: ¥28.00

H177.2-61　023362
新编潮州音字典:普通话对照/林伦伦主编.—汕头:汕头大学出版社,1995.8.—560页;13cm
ISBN 7-81036-074-4: ¥10.00

H178　023363
广州方言研究/李新魁等著.—广州:广东人民出版社,1995.6.—606页;20cm
ISBN 7-218-01374-2: ¥27.00

H178　023364
广州话·普通话:汉英对照/许尚威,刁宗广编著;范凡,马伊莎译.—合肥:安徽科学技术出版社,1995.3.—112页;19cm
ISBN 7-5337-1031-2: ¥3.80

H178　023365
广州话普通话对照365/陈慧英编著.—北京:北京语言学院出版社,1995.10.—265页;19cm
ISBN 7-5619-0503-3: ¥12.00

H178　023366
广州话音档/李新魁等编写.—上海:上海教育出版社,1995.11.—143页;19cm.—(现代汉语方言音库/侯精一主编)
ISBN 7-5320-4081-X: ¥0.00

H178　023367
快速学会广州话:广州话、普通话译音对照/石亮编.—深圳:海天出版社,1995.11.—220页;19cm
ISBN 7-80615-264-4: ¥7.00

H178　023368
学讲广州话/祝言语,吴美文编.—广州:广东高等教育出版社,1995.5.—473页;13cm
ISBN 7-5361-1546-6: ¥7.80

H178　023369
学说广州话/麦耘编写.—上海:上海教育出版社,1995.10.—84页;19cm.—(现代汉语方言音库/侯精一主编)
ISBN 7-5320-4082-8: ¥0.00

H178　023370
云浮方言志/云浮市地方志编纂委员会组编.—广州:广东高等教育出版社,1995.10.—362页;20cm
ISBN 7-5361-1669-1: ¥20.00

H178-62　023371
粤港澳学生用普通话常用词手册/詹伯慧编著.—广州:暨南大学出版社,1995.12.—350页;19cm
ISBN 7-81029-387-7: ¥16.80

H19 汉语教学

H19　023372
文艺学与语文教育/王纪人主编.—上海:上海教育

出版社,1995.4.—423页;20cm.—(语文教师必读)
ISBN 7-5320-3867-X:¥12.50

H19 023373
文章学与语文教育/曾祥芹主编;王严平等编写.—上海:上海教育出版社,1995.4.—474页;20cm
ISBN 7-5320-3617-0:¥13.70

H19 023374
语言能力与中文教学/王培光著.—北京:北京师范大学出版社,1995.9.—165页;20cm
ISBN 7-303-03475-7:¥8.25

H19 023375
语言学与语文教育/仉宝元主编;王希杰等编写.—上海:上海教育出版社,1995.4.—461页;20cm
ISBN 7-5320-3716-9:¥13.50

①H19②J292.1 023376
教师书写技能与书面表达训练/王永钊主编.—上海:华东师范大学出版社,1995.6.—304页;20cm
高等师范院校"教师职业技能训练"系列教材
ISBN 7-5617-1351-7:¥6.50

H19-53 023377
第四届国际汉语教学讨论会论文选/胡明扬主编;《第四届国际汉语教学讨论会论文选》编委会编.—北京:北京语言学院出版社,1995.6.—607页;26cm
ISBN 7-5619-0501-7(精装):¥98.00

H19-53 023378
海外华文教育文集/廖胜带主编;中国海外交流协会文教部编.—广州:暨南大学出版社,1995.10.—445页;20cm
ISBN 7-81029-431-8:¥16.80

H19-53 023379
吕叔湘论语文教育/李行健等编.—郑州:河南教育出版社,1995.5.—510页:照片;20cm
ISBN 7-5347-1754-X(精装):¥14.20

H193 023380
大学语文与写作/蒋彰明主编.—兰州:甘肃人民出版社,1995.3.—324页;20cm
ISBN 7-226-01462-9:¥10.50

H193 023381
阅读和写作　第四册/人民教育出版社中学语文室编著.—北京:人民教育出版社,1995.12.—230页;19cm
中等师范学校语文教科书:试用本
ISBN 7-107-08181-0:¥4.60

H193 023382
阅读和写作　第五册/人民教育出版社中学语文室编著.—北京:人民教育出版社,1995.12.—228页;19cm
中等师范学校语文教科书:试用本
ISBN 7-107-11430-1:¥5.40

H193 023383
中等师范学校阅读和写作第五册(试用本)教学参考书/人民教育出版社中学语文室编著.—北京:人民教育出版社,1995.12.—207页;19cm
ISBN 7-107-11431-X:¥5.10

H193 023384
中国当代写作与阅读测试/章熊著.—成都:四川教育出版社,1995.4.—465页;20cm.—(中国语文教育丛书/刘国正等主编)
ISBN 7-5408-2615-0:¥12.50

H193 023385
中国古代语文教育史/张隆华,曾仲珊著.—成都:四川教育出版社,1995.3.—501页;20cm.—(中国语文教育丛书/刘国正等主编)
ISBN 7-5408-2600-2:¥13.50

H193 023386
中国语文教学实验述评/汪潮编著.—上海:华东师范大学出版社,1995.11.—272页;20cm
ISBN 7-5617-1432-7:¥14.00

H193-53 023387
大学语文研究文集/全国大学语文研究会编.—上海:华东师范大学出版社,1995.4.—210页;19cm
ISBN 7-5617-1321-5:¥7.90

H193.2 023388
普通话水平测试指要/颜逸明主编;范可育等编著.—上海:华东师范大学出版社,1995.9.—398页;20cm
ISBN 7-5617-1437-8:¥11.50

H193.2 023389
普通话与口语表达训练/杨烈雄主编.—广州:广东高等教育出版社,1995.6.—291页;20cm
广东高师院校教师职业技能训练试用教材
ISBN 7-5361-1708-6:¥7.80

H193.2 023390
中小学普及普通话学习手册/湖南省教育委员会普教处,湖南省语言文字工作委员会编.—长沙:湖南教育出版社,1995.6.—203页;19cm
ISBN 7-5355-2106-1:¥3.50

H193.2-43 023391
实用口语教程/吴佩琨主编;阮金纯等编写.—昆明:云南美术出版社,1995.12.—212页;19cm
中专、技校、职高教材
ISBN 7-80586-224-9:¥6.20

H193.3 023392
汉字教学的规律和方法/郝恩美,范平强编著.—杭州:浙江教育出版社,1995.12.—327页;19cm
ISBN 7-5338-1778-8:¥9.80

H193.4 023393
词句的学习与应用/刘国宪编.—广州:广东高等教育出版社,1995.10.—92页;19cm
ISBN 7-5361-1788-4:¥3.60

H193.6 023394
普通写作例文选/路德庆主编.—北京:高等教育出版社,1995.4.—364页;20cm
ISBN 7-04-005311-X:¥7.45

H193.6 023395
写作技巧例谈/诸孝正编.—广州:暨南大学出版社,1995.12.—182页;19cm.—(语文月刊精选丛书·第三辑)

ISBN 7-81029-435-0: ¥6.80

H193.6 023396

作文训练与作文评价/陆逐等编.—南京:江苏教育出版社,1995.12.—205页;20cm.—(中学语文教师高级进修丛书/顾黄初主编)

ISBN 7-5343-2603-6: ¥8.25

H194 023397

新千字文/郝耀华等著.—呼和浩特:远方出版社,1995.5.—136页;19cm

ISBN 7-80595-107-1: ¥4.60

H194 023398

语文闲谈 下册/周有光著.—北京:三联书店,1995.5.—233页;19cm

ISBN 7-108-00787-8: ¥9.80

H194.1 023399

《古代汉语》古文今译/刘德琸编.—石家庄:河北美术出版社,1995.1.—202页;19cm

ISBN 7-5310-0678-2: ¥6.20

H194.1 023400

白话新解千字文/张惠泽著.—汕头:汕头大学出版社,1995.11.—94页;19cm

ISBN 7-81036-137-6: ¥5.00

H194.1 023401

百家姓/文成点校.—太原:北岳文艺出版社,1995.2.—116页;19cm.—(蒙学精华丛书;2)

ISBN 7-5378-1399-X: ¥3.20

H194.1 023402

百家姓/陈作仪编校.—天津:南开大学出版社,1995.9.—125页;20cm.—(中华幼学文库·第一辑/来新夏主编)

ISBN 7-310-00795-6: ¥7.00

H194.1 023403

传统蒙学书集成/喻岳衡主编.—长沙:岳麓书社,1995.8.—306页;20cm

ISBN 7-80520-682-1(精装): ¥12.80

H194.1 023404

干部常用古文选译/陈素贞,刘春平主编.—兰州:兰州大学出版社,1995.3.—245页;20cm

ISBN 7-311-00854-9: ¥10.00

H194.1 023405

古文观止/(清)吴楚材,(清)吴调候选编.—海口:海南国际新闻出版中心,1995.4.—721页;19cm

ISBN 7-80609-100-9(精装): ¥23.50

H194.1 023406

古文观止点睛/(清)吴楚材,吴调侯选注;杨宝发选编.—北京:光明日报出版社,1995.1.—133页;20cm.—(光明文库·中国优秀传统文化点睛丛书/杨宝发主编)

ISBN 7-80091-614-6: ¥4.60

H194.1 023407

华夏珍闻:三字经源说/郑丽著.—成都:四川科学技术出版社,1995.5.—339页;19cm

ISBN 7-5364-2900-2: ¥9.98

H194.1 023408

绘画三字经故事:中、英、日文对照/李维政等编著.—哈尔滨:哈尔滨出版社,1995.4.—314页;20cm

ISBN 7-80557-808-7: ¥9.20

H194.1 023409

近代汉语读本/刘坚编著.—2版(修订本).—上海:上海教育出版社,1995.5.—419页;20cm

ISBN 7-5320-0297-7: ¥12.00

H194.1 023410

千家诗/马光琅编校.—天津:南开大学出版社,1995.9.—283页;20cm.—(中华幼学文库·第一辑/来新夏主编)

ISBN 7-310-00795-6: ¥11.20

H194.1 023411

千家诗/段晖译校.—太原:北岳文艺出版社,1995.2.—167页;19cm.—(蒙学精华丛书;4)

ISBN 7-5378-1399-X: ¥4.90

H194.1 023412

千字文/文成校注.—太原:北岳文艺出版社,1995.2.—133页;19cm.—(蒙学精华丛书;3)

ISBN 7-5378-1399-X: ¥3.80

H194.1 023413

千字文/张格编校.—天津:南开大学出版社,1995.9.—235页;20cm.—(中华幼学文库·第一辑/来新夏主编)

ISBN 7-310-00795-6: ¥10.00

H194.1 023414

三字经/涂宗涛编校.—天津:南开大学出版社,1995.9.—232页;20cm.—(中华幼学文库·第一辑/来新夏主编)

ISBN 7-310-00795-6: ¥9.80

H194.1 023415

三字经/文成校注.—太原:北岳文艺出版社,1995.2.—152页;19cm.—(蒙学精华丛书;1)

ISBN 7-5378-1399-X: ¥4.30

H194.1 023416

声律启蒙/冯毅点校.—太原:北岳文艺出版社,1995.2.—123页;19cm.—(蒙学精华丛书;7)

ISBN 7-5378-1399-X: ¥3.40

H194.1 023417

文言故事选译/刘辉编.—北京:北京大学出版社,1995.8.—281页;20cm

ISBN 7-301-02760-5: ¥13.50

H194.1 023418

小学译注/(宋)朱熹辑著;刘文刚译注.—成都:四川大学出版社,1995.12.—325页;19cm

ISBN 7-5614-0620-7: ¥15.40

H194.1 023419

新编女儿经/郝耀华著;班和平注.—呼和浩特:远方出版社,1995.6.—72页;19cm

ISBN 7-80595-135-7: ¥4.98

H194.1 023420

新编五育三字经/鄢文俊主编.—成都:四川人民出版社,1995.8.—105页;19cm

ISBN 7-220-02973-X: ¥3.50

H194.1　023421
续古文观止/王文濡选编;张学舒点校.—杭州:浙江古籍出版社,1995.5.—356页;19cm.—(幽兰珍丛)
ISBN 7-80518-259-0:¥7.40
H194.1　023422
译注《续古文观止》/王文濡选;段晓华译注.—南昌:百花洲文艺出版社,1995.12.—712页;20cm
ISBN 7-80579-561-4(精装):¥24.50
H194.1　023423
幼学琼林/冯翲点校.—太原:北岳文艺出版社,1995.2.—240页;19cm.—(蒙学精华丛书;6)
ISBN 7-5378-1399-X:¥6.60
H194.1　023424
杂字/高维国编校.—天津:南开大学出版社,1995.9.—314页;20cm.—(中华幼学文库·第一辑/来新夏主编)
ISBN 7-310-00795-6:¥12.00
H194.1　023425
增广贤文/冯翲点校.—太原:北岳文艺出版社,1995.2.—125页;19cm.—(蒙学精华丛书;5)
ISBN 7-5378-1399-X:¥3.40
H194.1　023426
中国古代蒙学读本选译/毕玉德译注.—昆明:云南民族出版社,1995.9.—125页;19cm
ISBN 7-5367-1022-4:¥4.80
H194.1　023427
中国古代蒙学书大观/陆养涛编著.—上海:同济大学出版社,1995.12.—534页;19cm
ISBN 7-5608-1607-X(精装):¥38.00
H194.1　023428
中国古代修身齐家处世格言典籍选注　(上):三字经、千字文、百家姓、幼学琼林/吕友仁编选.—乌鲁木齐:新疆美术摄影出版社,1995.3.—289页;19cm
ISBN 7-80547-256-4:¥6.80
H194.1　023429
中华古文观止/黄坤,刘永翔编.—上海:学林出版社,1995.12.—1397页;20cm.—(中华传统文化观止丛书)
ISBN 7-80616-081-7(精装):¥67.00
H194.1　023430
朱子家训/石世校订.—太原:北岳文艺出版社,1995.2.—119页;19cm.—(蒙学精华丛书;8)
ISBN 7-5378-1399-X:¥3.40
①H194.1②G78　023431
中国古代家训精选/丁晓山编著.—北京:中国国际广播出版社,1995.8.—262页;19cm
ISBN 7-5078-1204-9:¥12.00
H194.3　023432
《新三字经》教与学/《〈新三字经〉教与学》编委会编.—广州:广东教育出版社,1995.7.—241页;20cm
ISBN 7-5406-3212-7:¥5.80
H194.3　023433
德智体美新千字文/成志伟编著.—福州:海峡文艺出版社,1995.9.—64页;20cm
ISBN 7-80534-813-8:¥4.20
H194.3　023434
科技三字经/鲁东莱编著.—石家庄:河北科学技术出版社,1995.8.—94页;19cm
ISBN 7-5375-1497-6:¥4.80
H194.3　023435
青年习作选粹/陈佳民编.—广州:暨南大学出版社,1995.12.—181页;19cm.—(语文月刊精选丛书;第三辑)
ISBN 7-81029-435-0:¥6.80
H194.3　023436
新编女儿经/郭久麟著;吴日华绘.—北京:中国妇女出版社,1995.12.—28页;18cm
ISBN 7-80131-023-3:¥4.00
H194.3　023437
新编三字经/《新编三字经》编写委员会编.—济南:明天出版社,1995.9.—93页;19cm
ISBN 7-5332-2122-2:¥2.60
H194.3　023438
新编三字经/《新编三字经》编写组编;朱兴华等插图.—石家庄:河北少年儿童出版社,1995.4.—89页;20cm
ISBN 7-5376-1302-8(精装):¥3.30
H194.3　023439
新编小三百千/《新编小三百千》编写委员会编.—济南:明天出版社,1995.6.—4册;20cm
本套书包括:新编小儿语、新编三字经、新编百家姓、新编千字文。
ISBN 7-5332-2335-7(盒装):¥21.60
H194.3　023440
新编中国"三字经":道德篇/芮人主编;孙红著.—北京:同心出版社,1995.5.—154页;19cm
ISBN 7-80593-081-3:¥4.80
H194.3　023441
新编中国"三字经":地理篇/芮人主编;卢云亭著.—北京:同心出版社,1995.5.—152页;19cm
ISBN 7-80593-139-9:¥4.80
H194.3　023442
新编中国"三字经":古代史篇/芮人主编;宁欣,杨仁毅著.—北京:同心出版社,1995.5.—84页;19cm
ISBN 7-80593-142-9:¥3.00
H194.3　023443
新编中国"三字经":近代史篇/芮人主编;白光跃,袁立新著.—北京:同心出版社,1995.5.—129页;19cm
ISBN 7-80593-140-2:¥4.00
H194.3　023444
新编中国"三字经":科技篇/芮人主编;宁欣,杨仁毅著.—北京:同心出版社,1995.5.—73页;19cm
ISBN 7-80593-141-0:¥2.60
H194.3　023445
新编中国"三字经":勤学篇/芮人主编;赵文友著.—北京:同心出版社,1995.5.—87页;19cm
ISBN 7-80593-077-5:¥3.00
H194.3　023446

新编中国"三字经":文学篇/芮人主编;宋慧献等著.—北京:同心出版社,1995.5.—119页;19cm

ISBN 7-80593-082-1:¥3.80

H194.3　023447

新千字文/谢之峰编著.—合肥:安徽人民出版社,1995.9.—97页;19cm

ISBN 7-212-01253-X:¥3.70

H194.3　023448

新千字文/李而已编撰.—广州:新世纪出版社,1995.12.—62页;20cm.—(新世纪启蒙教育系列/岑桑主编)

ISBN 7-5405-1115-X:¥5.10

H194.3　023449

新三字经/李汉秋主编;王靖哲,孙强绘.—北京:科学出版社:龙门书局,1995.3.—94页;18×12cm

ISBN 7-03-004626-9:¥3.80

H194.3　023450

新三字经/《新三字经》编写委员会编.—广州:广东教育出版社,1995.1.—125页:彩图;21cm

ISBN 7-5406-2852-9:¥4.60

H194.3　023451

新三字经讲解/黄天骥编.—广州:广东高等教育出版社,1995.3.—90页;19cm

ISBN 7-5361-1622-5:¥2.80

H194.3　023452

新幼学故事琼林/李而已编撰.—广州:新世纪出版社,1995.12.—57页;20cm.—(新世纪启蒙教育系列/岑桑主编)

ISBN 7-5405-1116-8:¥5.10

H194.3　023453

新增广贤文/邬梦兆主编.—广州:广东人民出版社,1995.9.—84页;20cm

ISBN 7-218-01670-7:¥5.50

H194.3　023454

新增广贤文/朱帆编撰.—广州:新世纪出版社,1995.12.—60页;20cm.—(新世纪启蒙教育系列/岑桑主编)

ISBN 7-5405-1117-6:¥5.10

H194.3　023455

学用多功能新三字经/黄穗中等绘.—广州:岭南美术出版社,1995.5.—125页;20cm

ISBN 7-5362-1222-4:¥5.00

①H194.3②G414　023456

历史·国情·爱国主义教育:三字经/韩业广编著.—济南:山东人民出版社,1995.8.—107页;19cm

ISBN 7-209-01773-9:¥4.90

①H194.3②G624　023457

新三字经:绘画本/刘蔚华编;周申等绘.—济南:山东画报出版社,1995.4.—110页;19cm

ISBN 7-80603-027-1:¥2.60

H194.4　023458

1995年小学毕业考试优秀作文选/北京市海淀区教师进修学校编.—北京:中国水利水电出版社,1995.12.—180页;19cm

ISBN 7-80124-062-6:¥6.00

H194.4　023459

21世纪的我:博白县学生优秀作文选/博白县教育局编.—南宁:广西民族出版社,1995.4.—119页;19cm

ISBN 7-5363-2999-7:¥2.50

H194.4　023460

90年代中国小学生作文选评　(四)/《90年代中国小学生作文选评》编写组编.—福州:福建教育出版社,1995.10.—156页;21cm

ISBN 7-5334-1961-8:¥5.35

H194.4　023461

百篇动物作文/孙硕夫,王晓英主编.—长春:北方妇女儿童出版社,1995.1.—117页;19cm.—(种太阳丛书)

ISBN 7-5385-1025-7:¥3.80

H194.4　023462

百篇景物作文/孙硕夫,迟玉霞主编.—长春:北方妇女儿童出版社,1995.1.—120页;19cm.—(种太阳丛书)

ISBN 7-5385-1028-1:¥3.80

H194.4　023463

百篇人物作文/孙硕夫,周新英主编;黄晓宁编著.—长春:北方妇女儿童出版社,1995.1.—120页;19cm.—(种太阳丛书)

ISBN 7-5385-1026-5:¥3.80

H194.4　023464

百篇植物作文/孙硕夫,李茜秀主编;张世安编.—长春:北方妇女儿童出版社,1995.1.—126页;19cm.—(种太阳丛书)

ISBN 7-5385-1027-3:¥3.80

H194.4　023465

北京海淀区高级教师点评小学生作文/龙之脊主编.—北京:中国社会出版社,1995.10.—3册;19cm

ISBN 7-80088-612-3:¥17.61

H194.4　023466

第二届全国中小学生作文竞赛获奖作文选:小学分册:1994~1995年度/竞赛组委会编.—北京:语文出版社,1995.4.—178页;19cm

ISBN 7-80006-959-1:¥4.50

H194.4　023467

第九届全国中小学生学作文竞赛获奖作文集:小学分册/竞赛组织委员会编.—北京:中国国际广播出版社,1995.4.—188页;19cm

ISBN 7-5078-0586-7:¥4.70

H194.4　023468

第六届"小萌芽杯"全国小学生作文大赛获奖作品选/金浩主编.—上海:上海科学技术文献出版社,1995.4.—248页;19cm

ISBN 7-5439-0708-9:¥5.00

H194.4　023469

第五届小学生"雏鹰奖"作文竞赛获奖作文选:高年级/第五届小学生"雏鹰奖"作文竞赛评委会编.—杭州:浙江少年儿童出版社,1995.3.—194页;19cm

ISBN 7-5342-1305-3:¥4.45

H194.4　023470
第五届小学生“雏鹰奖”作文竞赛获奖作文选:中低年级/第五届小学生“雏鹰奖”作文竞赛评委会编.—杭州:浙江少年儿童出版社,1995.3.—128页;19cm
ISBN 7-5342-1306-1:¥3.20

H194.4　023471
记人范文百篇/宋忠报,陈廷一主编.—青岛:青岛出版社,1995.12.—205页;19cm.—(中国小学生分类作文文库)
ISBN 7-5436-1314-X:¥7.20

H194.4　023472
记事范文百篇/宋忠报,陈廷一主编.—青岛:青岛出版社,1995.12.—193页;19cm.—(中国小学生分类作文文库)
ISBN 7-5436-1315-8:¥6.80

H194.4　023473
精编小学生作文大全/马军编.—贵阳:贵州人民出版社,1995.5.—388页;19cm
ISBN 7-221-03664-0:¥9.80

H194.4　023474
课堂同步作文范文百篇/刘云霞,陈廷一主编.—青岛:青岛出版社,1995.12.—160页;19cm.—(中国小学生分类作文文库)
ISBN 7-5436-1316-6:¥5.60

H194.4　023475
趣味童话作文/王大新著.—武汉:湖北教育出版社,1995.5.—185页;19cm
ISBN 7-5351-1673-6:¥4.50

H194.4　023476
全国百所名牌小学优秀作文精品精评:六年级/丁益等编.—银川:宁夏人民教育出版社,1995.9.—209页;19cm.—(全国百所名牌小学优秀作文精品精评丛书/聿明等主编)
ISBN 7-80596-184-0:¥4.00

H194.4　023477
全国百所名牌小学优秀作文精品精评:三年级/聿明等主编.—银川:宁夏人民教育出版社,1995.12.—177页;19cm
ISBN 7-80596-181-6:¥4.00

H194.4　023478
全国百所名牌小学优秀作文精品精评:四年级/聿明等主编.—银川:宁夏人民教育出版社,1995.9.—208页;19cm
ISBN 7-80596-046-1:¥4.00

H194.4　023479
全国百所名牌小学优秀作文精品精评:五年级/聿明等主编.—银川:宁夏人民教育出版社,1995.9.—211页;19cm
ISBN 7-80596-183-2:¥4.00

H194.4　023480
全国城市小学生获奖作文精选:六年级/子敏,陶雪梅主编.—北京:华语教学出版社,1995.9.—183页;19cm
ISBN 7-80052-420-5:¥5.50

H194.4　023481
全国城市小学生获奖作文精选:三年级/子敏,陶雪梅主编.—北京:华语教学出版社,1995.9.—184页;19cm
ISBN 7-80052-417-5:¥5.50

H194.4　023482
全国城市小学生获奖作文精选:四年级/子敏,黄林主编.—北京:华语教学出版社,1995.9.—184页;19cm
ISBN 7-80052-418-3:¥5.50

H194.4　023483
全国城市小学生获奖作文精选:五年级/子敏主编.—北京:华语教学出版社,1995.9.—181页;19cm
ISBN 7-80052-419-1:¥5.50

H194.4　023484
全国名牌小学优秀作文选评/任明姑,林猛晖选编.—厦门:鹭江出版社,1995.4.—190页;19cm
ISBN 7-80610-182-9:¥4.80

H194.4　023485
全国小学生100分作文精品屋:毕业升学考试/司徒汉主编.—北京:中国少年儿童出版社,1995.8.—171页;19cm
ISBN 7-5007-2443-8:¥5.60

H194.4　023486
全国小学生百场作文大赛获奖作文精选/李大川主编.—北京:人民体育出版社,1995.7.—244页;19cm
ISBN 7-5009-1171-8:¥6.80

H194.4　023487
全国小学生大赛夺魁作文/何平,彭作龙编.—兰州:甘肃教育出版社,1995.7.—225页;19cm
ISBN 7-5423-0538-7:¥6.00

H194.4　023488
全国小学生得奖作文精选/牟文正等编.—济南:明天出版社,1995.4.—4册;20cm
ISBN 7-5332-2143-5(盒装):¥32.00

H194.4　023489
全国小学生获奖作文100篇/薛其祥,赵虎乔选编.—南京:江苏教育出版社,1995.6.—231页;19cm
ISBN 7-5343-2355-X:¥6.25

H194.4　023490
全国小学生获奖作文大全/袁野等编.—延吉:东北朝鲜民族教育出版社,1995.3.—337页;19cm
ISBN 7-5437-1923-1:¥7.20

H194.4　023491
全国小学生获奖作文鉴赏:感想/程戈主编.—延吉:东北朝鲜民族教育出版社,1995.5.—198页;19cm
ISBN 7-5437-1921-5:¥4.80

H194.4　023492
全国小学生获奖作文鉴赏:记事/程戈主编.—延吉:东北朝鲜民族教育出版社,1995.5.—199页;19cm
ISBN 7-5437-1921-5:¥4.80

H194.4　023493
全国小学生获奖作文鉴赏:写景/程戈主编.—延吉:东北朝鲜民族教育出版社,1995.5.—199页;19cm
ISBN 7-5437-1921-5:¥4.80

H194.4 **023494**

全国小学生获奖作文鉴赏：写人/程戈主编.—延吉：东北朝鲜民族教育出版社，1995.5.—199页；19cm

ISBN 7-5437-1921-5：¥4.80

H194.4 **023495**

全国小学生获奖作文精选/周曙光编.—西安：三秦出版社，1995.6.—298页；19cm

ISBN 7-80546-878-8：¥7.80

H194.4 **023496**

全国小学生获奖作文精选精评 （A）/豫文主编.—郑州：中原农民出版社，1995.12.—182页；19cm

ISBN 7-80538-725-7：¥6.60

H194.4 **023497**

全国小学生获奖作文精选精评 （B）/豫文主编.—郑州：中原农民出版社，1995.12.—244页；19cm

ISBN 7-80538-725-7：¥8.80

H194.4 **023498**

全国小学生获一等奖作文精选精评/徐桂芸，李建东主编.—北京：海豚出版社，1995.—254页；19cm

ISBN 7-80051-794-2：¥6.80

H194.4 **023499**

全国小学生描写故土乡情优秀作文选/晓云选编.—福州：福建少年儿童出版社，1995.2.—246页；19cm.—(全国小学生写人记事分类作文丛书)

ISBN 7-5395-1088-9：¥5.40

H194.4 **023500**

全国小学生描写课外活动优秀作文选/晓云等选编.—福州：福建少年儿童出版社，1995.2.—199页；19cm.—(全国小学生写人记事分类作文丛书)

ISBN 7-5395-1091-9：¥4.50

H194.4 **023501**

全国小学生描写社会见闻优秀作文选/晓云等选编.—福州：福建少年儿童出版社，1995.1.—179页；19cm.—(全国小学生写人记事分类作文丛书)

ISBN 7-5395-1095-1：¥4.00

H194.4 **023502**

全国小学生描写童年童趣优秀作文选/晓云等选编.—福州：福建少年儿童出版社，1995.2.—294页；19cm.—(全国小学生写人记事分类作文丛书)

ISBN 7-5395-1089-7：¥4.80

H194.4 **023503**

全国小学生描写心中楷模优秀作文选/晓云等选编.—福州：福建少年儿童出版社，1995.2.—181页；19cm.—(全国小学生写人记事分类作文丛书)

ISBN 7-5395-1092-7：¥4.00

H194.4 **023504**

全国小学生日记精选评点：高、中年级 /徐家城主编.—沈阳：沈阳出版社，1995.4.—2册；13cm

ISBN 7-5441-0352-8：¥9.00

H194.4 **023505**

全国小学生优秀记事作文大全/程弓选编.—北京：民族出版社，1995.11.—280页；19cm

ISBN 7-105-02339-2：¥9.80

H194.4 **023506**

全国小学生优秀写人作文大全/程弓选编.—北京：民族出版社，1995.11.—277页；19cm

ISBN 7-105-02338-4：¥9.80

H194.4 **023507**

全国小学生优秀作文分类大观/广衷主编.—福州：福建少年儿童出版社，1995.6.—348页；20cm

供中低年级用

ISBN 7-5395-1481-7：¥12.50

H194.4 **023508**

全国小学生优秀作文分类大观/广衷主编.—福州：福建少年儿童出版社，1995.6.—334页；20cm

供高年级用

ISBN 7-5395-1482-5：¥12.50

H194.4 **023509**

全国小学生优秀作文分类大观/广衷主编；麦纳等编写.—福州：福建少年儿童出版社，1995.6.—348页；20cm

供中低年级用

ISBN 7-5395-1127-3(精装)：¥15.00

H194.4 **023510**

全国小学生优秀作文精品集萃400字作文/王悦主编；齐宛群等编评.—北京：九洲图书出版社，1995.1.—214页；19cm

ISBN 7-80114-018-4：¥5.20

H194.4 **023511**

全国小学生优秀作文精品集萃600字作文/王悦主编；齐宛群等编评.—北京：九洲图书出版社，1995.1.—216页；19cm

ISBN 7-80114-018-4：¥5.20

H194.4 **023512**

全国小学生优秀作文精品集萃800字作文/王悦主编；齐宛群等编评.—北京：九洲图书出版社，1995.1.—198页；19cm

ISBN 7-80114-018-4：¥5.20

H194.4 **023513**

全国小学生优秀作文精选/21世纪出版社选编.—南昌：21世纪出版社，1995.4.—185页；19cm

ISBN 7-5391-0843-6：¥4.80

H194.4 **023514**

全国小学生优秀作文精选 （6）/钟钟主编.—上海：华东理工大学出版社，1995.11.—232页；19cm

ISBN 7-5628-0616-0：¥6.90

H194.4 **023515**

全国小学生优秀作文精选：小学生评/江金宝主编.—南京：江苏教育出版社，1995.11.—298页；20cm

ISBN 7-5343-2509-9：¥9.05

H194.4 **023516**

全国小学生优秀作文评点/李卫等编.—天津：天津古籍出版社，1995.7.—154页；19cm

ISBN 7-80504-455-4：¥5.60

H194.4 **023517**

全国小学生游记作文精选/路遥，连生主编.—西安：陕西人民教育出版社，1995.6.—192页；19cm

ISBN 7-5419-5695-3：¥4.20

H194.4　023518
热爱家乡·歌颂家乡:小学生优秀作文讲评/程地超主编.—昆明:晨光出版社,1995.6.—153页;19cm
ISBN 7-5414-0994-4:¥2.90

H194.4　023519
日记范文百篇/宋忠报,陈廷一主编.—青岛:青岛出版社,1995.12.—196页;19cm.—(中国小学生分类作文文库)
ISBN 7-5436-1321-2:¥6.70

H194.4　023520
十年获奖作文精选:武汉市中小学生楚才作文竞赛小学部分/海洋,张少文主编.—武汉:湖北教育出版社,1995.6.—305页;19cm
ISBN 7-5351-1820-8:¥7.80

H194.4　023521
首届"甘肃杯"获奖作文选:小学卷/张克让总主编;谢瑞,冯国荣分卷主编.—兰州:甘肃人民出版社,1995.11.—289页;19cm
ISBN 7-226-01573-0:¥8.00

H194.4　023522
书信范文百篇/宋忠报,陈廷一主编.—青岛:青岛出版社,1995.12.—209页;19cm.—(中国小学生分类作文文库)
ISBN 7-5436-1319-0:¥7.20

H194.4　023523
说明文范文百篇/宋忠报,陈廷一主编.—青岛:青岛出版社,1995.12.—175页;19cm.—(中国小学生分类作文文库)
ISBN 7-5436-1322-0:¥6.20

H194.4　023524
万校小学生优秀作文精品文库/孙世同主编.—沈阳:沈阳出版社,1995.8.—7册;19cm
ISBN 7-5441-0364-1(盒装):¥38.00

H194.4　023525
我爱北京,我爱博物馆征文获奖作品精选:小学组/北京市文物局,北京市教育局编.—北京:中国书籍出版社,1995.11.—121页;19cm
ISBN 7-5068-0480-8:¥4.50

H194.4　023526
我爱我的祖国:吉林省第二届长白山希望杯作文竞赛获奖作文精选:高年级/赵士英等主编.—长春:东北师范大学出版社,1995.8.—151页;19cm
ISBN 7-5602-1614-5:¥3.50

H194.4　023527
我爱我的祖国:吉林省第二届长白山希望杯作文竞赛获奖作文精选:中年级/赵士英等主编.—长春:东北师范大学出版社,1995.8.—152页;19cm
ISBN 7-5602-1613-7:¥3.50

H194.4　023528
五年制全国百所名牌小学优秀作文精品精评:三年级.—2版.—银川:宁夏人民教育出版社,1995.10.—178页;19cm
ISBN 7-80596-045-3:¥4.00

H194.4　023529
五年制全国百所名牌小学优秀作文精品精评:五年级/聿明等主编.—2版.—银川:宁夏人民教育出版社,1995.9.—211页;19cm
ISBN 7-80596-047-X:¥4.00

H194.4　023530
小灵通专题作文宝库:社会活动、理想志向:小学版/孟德会主编;马淑荣等编.—延吉:延边人民出版社,1995.9.—149页;19cm
ISBN 7-80599-383-1:¥4.15

H194.4　023531
小灵通专题作文宝库:四季风光、亲情乡情:小学版/孟德会主编;赵淑琴等编.—延吉:延边人民出版社,1995.9.—150页;19cm
ISBN 7-80599-383-1:¥4.15

H194.4　023532
小灵通专题作文宝库:校园生活、家庭生活:小学版/孟德会主编;马云等编.—延吉:延边人民出版社,1995.9.—150页;19cm
ISBN 7-80599-383-1:¥4.15

H194.4　023533
小灵通专题作文宝库:植物动物、器物描写:小学版/孟德会主编;葛永双,葛岩编.—延吉:延边人民出版社,1995.9.—150页;19cm
ISBN 7-80599-383-1:¥4.15

H194.4　023534
小学毕业升学考试作文精选/沈永主编;韦淑红等编.—南宁:接力出版社,1995.6.—169页;19cm
ISBN 7-80581-894-0:¥4.50

H194.4　023535
小学绘景作文/林心,王安民主编.—北京:中华工商联合出版社,1995.4.—174页;19cm.—(全国中小学生优秀作文比较系列丛书)
ISBN 7-80100-125-7:¥3.50

H194.4　023536
小学生100—200字作文/鲍志伸编.—上海:学林出版社,1995.12.—264页;19cm
ISBN 7-80616-129-5:¥8.00

H194.4　023537
小学生700字获奖作文精选精评/出竺,闻奇主编;刘旭麟等选评.—北京:华语教学出版社,1995.—236页;19cm
ISBN 7-80052-596-1:¥5.30

H194.4　023538
小学生800字获奖作文精选精评/出竺,闻奇主编;刘旭麟等选评.—北京:华语教学出版社,1995.—241页;19cm
ISBN 7-80052-598-8:¥5.30

H194.4　023539
小学生900字获奖作文精选精评/出竺,闻奇主编;刘旭麟等选评.—北京:华语教学出版社,1995.—241页;19cm
ISBN 7-80052-597-X:¥5.30

H194.4　023540
小学生"五心"教育征文集/沈洪冰,任辉主编;马晓

莲等编.—沈阳:辽宁教育出版社,1995.11.—176页;19cm
ISBN 7-5382-4405-0:¥4.40

H194.4 023541
小学生常见问题作文/谢恩光主编;浙江少年儿童出版社编.—杭州:浙江少年儿童出版社,1995.3.—231页;19cm
ISBN 7-5342-1316-9:¥5.10

H194.4 023542
小学生精彩作文:分类评析·写景/华景霖主编.—北京:中国发展出版社,1995.4.—209页;19cm
ISBN 7-80087-119-3:¥4.90

H194.4 023543
小学生全国作文大赛精品·精选·精评　(一)/汪敬东等编著.—成都:四川科学技术出版社,1995.1.—199页;19cm
ISBN 7-5364-0736-X:¥4.98

H194.4 023544
小学生全面发展教育实验学校学生作文选/吴凯等主编.—北京:民族出版社,1995.6.—178页;19cm
ISBN 7-105-02454-2:¥6.20

H194.4 023545
小学生同步优秀作文:六年级/杨琼主编.—北京:华语教学出版社,1995.—200页;19cm
ISBN 7-80052-468-X:¥6.50

H194.4 023546
小学生同步优秀作文:三年级/张群主编.—北京:华语教学出版社,1995.—203页;19cm
ISBN 7-80052-465-5:¥6.50

H194.4 023547
小学生同步优秀作文:四年级/李敬主编.—北京:华语教学出版社,1995.—212页;19cm
ISBN 7-80052-466-3:¥6.50

H194.4 023548
小学生同步优秀作文:五年级/李大力主编.—北京:华语教学出版社,1995.—215页;19cm
ISBN 7-80052-467-1:¥6.50

H194.4 023549
小学生优秀日记精选精评:低年级/陆丹华等编.—北京:华语教学出版社,1995.—231页;19cm
ISBN 7-80052-409-4:¥6.20

H194.4 023550
小学生优秀日记精选精评:高年级/李建荣等编.—北京:华语教学出版社,1995.—245页;19cm
ISBN 7-80052-411-6:¥6.20

H194.4 023551
小学生优秀日记精选精评:中年级/张国雄等编.—北京:华语教学出版社,1995.—245页;19cm
ISBN 7-80052-410-8:¥6.20

H194.4 023552
小学生优秀习作　1995年　第1辑　总第73辑/《小学生优秀习作》编委会编.—福州:福建教育出版社,1995.1.—46页;19cm
ISBN 7-5334-1825-5:¥0.80

H194.4 023553
小学生优秀作文文库:读后感/赵毅,吴玉英主编.—长春:北方妇女儿童出版社,1995.1.—245页;19cm
ISBN 7-5385-1003-6:¥6.30

H194.4 023554
小学生优秀作文文库:记事/赵毅,吴玉英主编.—长春:北方妇女儿童出版社,1995.1.—245页;19cm
ISBN 7-5385-1008-7:¥6.30

H194.4 023555
小学生优秀作文文库:写景状物/赵毅,吴玉英主编.—长春:北方妇女儿童出版社,1995.1.—239页;19cm
ISBN 7-5385-1005-2:¥6.10

H194.4 023556
小学生优秀作文文库:写人/赵毅,吴玉英主编.—长春:北方妇女儿童出版社,1995.1.—340页;19cm
ISBN 7-5385-1006-0:¥8.20

H194.4 023557
小学生优秀作文选评:观察大自然专辑(3)/刘友成编.—天津:天津教育出版社,1995.11.—149页;19cm
ISBN 7-5309-1988-1:¥3.90

H194.4 023558
小学生作文精彩开头400例/暗星等编.—海口:南海出版公司,1995.4.—130页;19cm
ISBN 7-80570-886-X:¥4.00

H194.4 023559
小学生作文精彩语段选/李海松等编.—昆明:云南科技出版社,1995.12.—188页;19cm
ISBN 7-5416-0741-X:¥6.50

H194.4 023560
小学生作文文库:精华本/全国作文研究中心编.—郑州:文心出版社,1995.3.—882页;20cm
ISBN 7-80537-569-0(精装):¥35.00

H194.4 023561
小学想象作文/林心,王安民主编.—北京:中华工商联合出版社,1995.4.—168页;19cm.—(全国中小学生优秀作文比较系列丛书)
ISBN 7-80100-125-7:¥3.50

H194.4 023562
小学写人作文/林心,王安民主编.—北京:中华工商联合出版社,1995.4.—170页;19cm.—(全国中小学生优秀作文比较系列丛书)
ISBN 7-80100-125-7:¥3.50

H194.4 023563
小学叙事作文/林心,王安民主编.—北京:中华工商联合出版社,1995.4.—166页;19cm.—(全国中小学生优秀作文比较系列丛书)
ISBN 7-80100-125-7:¥3.50

H194.4 023564
小学状物作文/林心,王安民主编.—北京:中华工商联合出版社,1995.4.—170页;19cm.—(全国中小学生优秀作文比较系列丛书)
ISBN 7-80100-125-7:¥3.50

H194.4 023565

小学作文大王/邱士龙主编;中国福利会儿童时代社编.—上海:华东师范大学出版社,1995.12.—437页;20cm
ISBN 7-5617-1294-4(精装):¥14.00

H194.4 023566
小学作文考试指南/奕彤,叶楠编著.—合肥:安徽少年儿童出版社,1995.9.—235页;19cm
ISBN 7-5397-1154-X:¥6.80

H194.4 023567
写景范文百篇/宋忠报,陈廷一主编.—青岛:青岛出版社,1995.12.—161页;19cm.—(中国小学生分类作文文库)
ISBN 7-5436-1318-2:¥5.90

H194.4 023568
新编女儿经/季胜昔,何学惠主编;《新编女儿经》编写委员会编.—昆明:云南教育出版社,1995.9.—127页:彩图;20cm
ISBN 7-5415-1050-5:¥6.80

H194.4 023569
新编小学生获奖优秀作文精选/荣华编.—海口:海南出版社,1995.9.—230页;19cm
ISBN 7-80617-212-2:¥4.90

H194.4 023570
新编小学生获奖作文选/河北少年儿童出版社编.—石家庄:河北少年儿童出版社,1995.8.—746页;19cm
ISBN 7-5376-1270-6:¥14.20

H194.4 023571
新编小学生优秀作文选/凡心编.—兰州:甘肃民族出版社,1995.1.—3册;19cm
ISBN 7-5421-0340-7:¥11.94

H194.4 023572
新编小学生作文大全/绿洲主编.—昆明:晨光出版社,1995.8.—513页;20cm
ISBN 7-5414-1024-1(精装):¥14.00

H194.4 023573
新芽吐翠:小学生优秀作文选评/李章岱,白万有主编.—郑州:文心出版社,1995.9.—213页;19cm
ISBN 7-80537-609-3:¥5.00

H194.4 023574
一九九四年福建省小学毕业、初招考试考场优秀作文选评/卓启湛主编.—福州:海峡文艺出版社,1995.1.—115页;19cm
ISBN 7-80534-754-9:¥2.60

H194.4 023575
游记范文百篇/姜清沂,陈廷一主编.—青岛:青岛出版社,1995.12.—172页;19cm.—(中国小学生分类作文文库)
ISBN 7-5436-1320-4:¥6.00

H194.4 023576
中国小学生获奖作文大全/戴瑞等编著.—西安:陕西师范大学出版社,1995.3.—520页;19cm
ISBN 7-5613-1215-6:¥12.00

H194.4 023577
中国小学生作文大赛金奖作文精选/李明,永昌编.—郑州:文心出版社,1995.1.—245页;19cm
ISBN 7-80537-565-8:¥4.40

H194.4 023578
中国小学生作文年选:1995年卷/陈刚主编.—北京:语文出版社,1995.5.—214页;20cm
ISBN 7-80006-954-0:¥7.30

H194.4 023579
中华少年微型作文大观/王宝贵主编.—沈阳:辽宁人民出版社,1995.4.—630页;19cm
ISBN 7-205-03204-0:¥19.50

H194.4 023580
中小学生优秀作文选评:小学/裴士袖等编.—北京:金城出版社,1995.5.—171页;19cm
ISBN 7-80084-035-2:¥4.50

H194.4 023581
祝你生日快乐——海峡两岸少年儿童生日征文精选/顾传菁,桂文亚主编.—合肥:安徽少年儿童出版社,1995.3.—230页;19cm
ISBN 7-5397-1099-3:¥4.80

H194.4 023582
状物范文百篇/宋忠报,陈廷一主编.—青岛:青岛出版社,1995.12.—172页;19cm.—(中国小学生分类作文文库)
ISBN 7-5436-1317-4:¥5.80

H194.4 023583
作文百家:小学版　第一辑/全国中学作文讲习所编.—北京:中国妇女出版社,1995.2.—121页;19cm.—(中小学写作丛书/邓衡仪主编)
ISBN 7-80016-620-1:¥2.50

H194.4 023584
作文大王　第一集/王道远等主编.—贵阳:贵州人民出版社,1995.6.—215页;19cm
ISBN 7-221-03873-2:¥4.26

H194.4 023585
作文大王:红星集/钱关康主编.—深圳:海天出版社,1995.11.—6册;19cm
ISBN 7-80615-248-2:¥15.00

H194.4 023586
蓓蕾初绽:小学生优秀作文选/黄承基主编.—广州:华南理工大学出版社,1995.2.—243页;19cm
ISBN 7-5623-0798-9:¥4.50

H194.4 023587
瓯江畔的新歌:青田县小学生优秀作文选/唐永生主编.—杭州:浙江少年儿童出版社,1995.8.—125页;19cm
ISBN 7-5342-1336-3:¥3.80

H194.5 023588
100个中国孩子眼中的妈妈:《中国少年报》全国征文精品选/卢勤,申东选编.—南昌:21世纪出版社,1995.9.—204页;19cm
ISBN 7-5391-0990-4:¥6.00

H194.5 023589
1995年高考优秀作文选评/北京市高考语文阅卷领导小组主编.—北京:教育科学出版社,1995.11.—201

页;19cm
ISBN 7-5041-1561-4:¥6.00
H194.5　023590
90年代中国中学生作文选评　(4)/中国中学生作文选评编写组编.—福州:福建教育出版社,1995.9.—268页;20cm
ISBN 7-5334-1921-9:¥8.50
H194.5　023591
爱我中华、爱我家优秀作文选/隆昌县教委编.—重庆:重庆出版社,1995.1.—147页;19cm
ISBN 7-5366-3099-9:¥2.80
H194.5　023592
爱我中华:陕西省中小学生集邮演讲作文选/陕西省集邮协会编.—西安:未来出版社,1995.6.—291页;19cm
ISBN 7-5417-1074-1:¥7.50
H194.5　023593
北大附中学生小论文选/吴祖兴主编.—北京:北京大学出版社,1995.10.—268页;19cm
ISBN 7-301-02167-4:¥11.40
H194.5　023594
北大附中作文精选/吴祖兴等编.—北京:北京大学出版社,1995.10.—337页;19cm
ISBN 7-301-01886-X:¥10.60
H194.5　023595
采芝:中学生优秀作文选/于铸梁编.—北京:北京教育出版社,1995.1.—238页;19cm
ISBN 7-5303-0661-8:¥5.00
H194.5　023596
初中生特色作文精选/金志浩主编.—上海:上海科学技术文献出版社,1995.11.—297页;19cm
ISBN 7-5439-0747-X:¥8.50
H194.5　023597
初中生同步优秀作文:二年级/郭铁良主编.—北京:华语教学出版社,1995.—215页;19cm
ISBN 7-80052-470-1:¥7.00
H194.5　023598
初中生同步优秀作文:三年级/郭铁良主编.—北京:华语教学出版社,1995.—211页;19cm
ISBN 7-80052-471-X:¥7.00
H194.5　023599
初中生同步优秀作文:一年级/郭铁良主编.—北京:华语教学出版社,1995.—207页;19cm
ISBN 7-80052-469-8:¥7.00
H194.5　023600
初中生优秀作文选评/许建中,齐晓茹主编.—石家庄:河北教育出版社,1995.4.—181页;19cm
ISBN 7-5434-2404-5:¥3.90
H194.5　023601
初中生优秀作文选评/祁宏伟,皇甫幼逞主编.—郑州:文心出版社,1995.4.—136页;19cm
ISBN 7-80537-574-7:¥3.50
H194.5　023602
初中学生优秀作文选评　第一册/王问渔主编.—北京:金盾出版社,1995.11.—261页;19cm
ISBN 7-5082-0108-6:¥8.30
H194.5　023603
初中作文大观/周丽明主编.—南京:南京大学出版社,1995.1.—730页;20cm.—(作文大观丛书)
ISBN 7-305-02040-0:¥16.00
H194.5　023604
雏凤心声:湖南省中、小学生优秀影视片观后感征文选/湖南省优秀影视片教育活动办公室编.—长沙:湖南少年儿童出版社,1995.11.—273页;19cm
ISBN 7-5358-1067-5:¥7.30
H194.5　023605
第二届“慧光怀”全国中小学生作文竞赛优秀作品选/孙丕任等编.—沈阳:沈阳出版社,1995.12.—175页;19cm
ISBN 7-5441-0476-1:¥7.80
H194.5　023606
第二届“浦东之春”中学生优秀作文选/卢方等主编.—上海:学林出版社,1995.5.—248页;19cm
ISBN 7-80510-366-6:¥7.60
H194.5　023607
第二届“振兴杯”全国作文大赛初中生获奖作文选/王敬业等主编.—郑州:文心出版社,1995.11.—191页;19cm
ISBN 7-80537-622-0:¥4.60
H194.5　023608
第二届“振兴杯”全国作文大赛高中生获奖作文选/张永江等主编;河南大学《中学语文》编辑部编.—郑州:文心出版社,1995.11.—230页;19cm
ISBN 7-80537-621-2:¥5.30
H194.5　023609
第二届全国中小学生作文竞赛获奖作文选:中学分册:1994~1995年度/竞赛组委会编.—北京:语文出版社,1995.4.—224页;19cm
ISBN 7-80006-958-3:¥5.80
H194.5　023610
第九届全国中小学生学作文竞赛获奖作文集:初中分册/竞赛组织委员会编.—北京:中国国际广播出版社,1995.4.—173页;19cm
ISBN 7-5078-0587-5:¥4.35
H194.5　023611
第九届全国中小学生学作文竞赛获奖作文集:高中分册/竞赛组织委员会编.—北京:中国国际广播出版社,1995.4.—160页;19cm
ISBN 7-5078-0617-0:¥4.30
H194.5　023612
东海岛百景文选/王福主编.—广州:广东人民出版社,1995.4.—225页;19cm
ISBN 7-218-01714-2:¥6.00
H194.5　023613
甘肃省中学生优秀作文选/甘肃教育学院编.—兰州:兰州大学出版社,1995.4.—217页;19cm
ISBN 7-311-00866-2:¥4.00
H194.5　023614

高考满分作文100篇/劳子,眉山主编.—北京:新世界出版社,1995.1.—233页;19cm
ISBN 7-80005-274-5: ¥5.90
H194.5　023615
高中作文大观/徐英海,董秀英主编.—南京:南京大学出版社,1995.2.—763页;20cm.—(作文大观丛书)
ISBN 7-305-02041-9: ¥17.00
H194.5　023616
广东名校优秀作文精品:《语文月报》十年学生习作精选/《语文月报》编辑部编.—海口:海南摄影美术出版社,1995.3.—229页;19cm
ISBN 7-80571-554-8: ¥6.00
H194.5　023617
花季风/吴新民等主编.—北京:中国妇女出版社,1995.4.—182页;19cm.—(中学生佳作丛书/卜仲康主编)
ISBN 7-80016-760-7: ¥4.00
H194.5　023618
吉林省中专学生作文竞赛获奖作文选/吉林省中等专业学校语文教学研究会主编.—北京:中国林业出版社,1995.4.—231页;19cm
ISBN 7-5038-1466-7: ¥4.40
H194.5　023619
建国以来上海市中学生作文精编/上海教师写作研究会编.—上海:上海教育出版社,1995.12.—324页;19cm
ISBN 7-5320-4227-8: ¥9.00
H194.5　023620
今文选读:少年版/刘勇坚主编;《今文选读》编写组编著.—南京:江苏人民出版社,1995.11.—333页;19cm
ISBN 7-214-01584-6: ¥13.00
H194.5　023621
老师比我们大五岁:中国著名中学作文精华版:记叙文卷/岚木编.—长春:北方妇女儿童出版社,1995.7.—365页;20cm
ISBN 7-5385-1054-0: ¥12.00
H194.5　023622
青春帆影:全国中学生优秀作文选评/张成淦主编.—广州:广东人民出版社,1995.3.—207页;19cm
ISBN 7-218-01848-3: ¥6.00
H194.5　023623
全国城市中学生获奖作文精选:初中二年级/陶雪梅编著.—北京:华语教学出版社,1995.9.—181页;19cm
ISBN 7-80052-422-1: ¥5.50
H194.5　023624
全国城市中学生获奖作文精选:初中三年级/陶雪梅编著.—北京:华语教学出版社,1995.9.—183页;19cm
ISBN 7-80052-423-X: ¥5.50
H194.5　023625
全国城市中学生获奖作文精选:初中一年级/陶雪梅编著.—北京:华语教学出版社,1995.9.—177页;19cm
ISBN 7-80052-421-3: ¥5.50
H194.5　023626
全国初中生100分作文精品屋:初三年级/司徒汉主编.—北京:中国少年儿童出版社,1995.8.—358页;19cm
ISBN 7-5007-2415-2: ¥10.30
H194.5　023627
全国初中生百场作文大赛获奖作文精选/李俊民主编.—北京:人民体育出版社,1995.7.—246页;19cm
ISBN 7-5009-1172-6: ¥6.80
H194.5　023628
全国初中生获奖作文100篇:记事/郭铁良主编.—北京:华语教学出版社,1995.—229页;19cm
ISBN 7-80052-446-9: ¥7.00
H194.5　023629
全国初中生获奖作文100篇:写景/郭铁良主编.—北京:华语教学出版社,1995.—213页;19cm
ISBN 7-80052-445-0: ¥7.00
H194.5　023630
全国初中生获奖作文100篇:写人/郭铁良主编.—北京:华语教学出版社,1995.—217页;19cm
ISBN 7-80052-447-7: ¥7.00
H194.5　023631
全国初中生获奖作文100篇:应用文/郭铁良主编.—北京:华语教学出版社,1995.—215页;19cm
ISBN 7-80052-444-2: ¥7.00
H194.5　023632
全国初中生获奖作文100篇:状物/郭铁良主编.—北京:华语教学出版社,1995.—215页;19cm
ISBN 7-80052-448-5: ¥7.00
H194.5　023633
全国初中生特等奖一等奖作文大全/巫龙春等选编.—延吉:东北朝鲜民族教育出版社,1995.7.—409页;19cm
ISBN 7-5437-2435-9: ¥8.80
H194.5　023634
全国初中生优秀作文/于波主编.—哈尔滨:黑龙江美术出版社,1995.5.—64页;19cm
ISBN 7-5318-0272-4: ¥1.00
H194.5　023635
全国初中生优秀作文:中考作文辅导专号(上)/于波主编.—哈尔滨:黑龙江美术出版社,1995.3.—64页;19cm
ISBN 7-5318-0272-4: ¥1.00
H194.5　023636
全国初中生优秀作文分类大观/广衷主编;麦纳等编写.—福州:福建少年儿童出版社,1995.5.—323页;20cm
ISBN 7-5395-1000-5(精装): ¥15.00
H194.5　023637
全国高中生100分作文精品屋/司徒汉主编.—北京:中国少年儿童出版社,1995.8.—381页;19cm
ISBN 7-5007-2442-X: ¥10.90
H194.5　023638
全国高中生百场作文大赛获奖作文精选/占东仁主编.—北京:人民体育出版社,1995.7.—250页;19cm

ISBN 7-5009-1171-8: ¥6.80

H194.5　　023639

全国高中生特等奖一等奖作文大全/巫龙春等选编.—延吉:东北朝鲜民族教育出版社,1995.7.—428页;19cm

ISBN 7-5437-2436-7: ¥9.20

H194.5　　023640

全国名牌中学优秀作文选评/《全国名牌中学优秀作文选评》编写组编.—厦门:鹭江出版社,1995.6.—166页;19cm

ISBN 7-80610-184-5: ¥5.00

H194.5　　023641

全国名校获奖优秀作文精选精评/曾迪,辉电编.—海口:海南出版社,1995.9.—3册;19cm.—(九年义务教育作文丛书)

ISBN 7-80617-284-X: ¥18.00

H194.5　　023642

全国中学百所名校获奖作文选/陶金编.—郑州:文心出版社,1995.8.—324页;19cm

ISBN 7-80537-607-7: ¥7.10

H194.5　　023643

全国中学生大赛夺魁作文/李永昌等编.—兰州:甘肃教育出版社,1995.7.—250页;19cm

ISBN 7-5423-0539-5: ¥6.50

H194.5　　023644

全国中学生电影观后感获奖文集/戴又权等主编.—武汉:湖北教育出版社,1995.8.—287页;19cm.—(爱国主义影视教育丛书)

ISBN 7-5351-1646-9: ¥7.70

H194.5　　023645

全国中学生获奖作文大全/袁野等编.—延吉:东北朝鲜民族教育出版社,1995.3.—370页;19cm

ISBN 7-5437-1924-X: ¥7.80

H194.5　　023646

全国中学生获奖作文鉴赏:写景/程戈主编.—延吉:东北朝鲜民族教育出版社,1995.5.—198页;19cm

ISBN 7-5437-1922-3: ¥4.80

H194.5　　023647

全国中学生获奖作文鉴赏:写人/程戈主编.—延吉:东北朝鲜民族教育出版社,1995.5.—200页;19cm

ISBN 7-5437-1922-3: ¥4.80

H194.5　　023648

全国中学生获一等奖作文精选精评/张志达等编著.—北京:海豚出版社,1995.—263页;19cm

ISBN 7-80051-780-2: ¥6.90

H194.5　　023649

全国中学生描写故土乡情优秀作文选/晓云等选编.—福州:福建少年儿童出版社,1995.6.—261页;19cm.—(全国中学生写人记事分类作文丛书)

ISBN 7-5395-1149-4: ¥5.60

H194.5　　023650

全国中学生描写课外活动优秀作文选/晓云等选编.—福州:福建少年儿童出版社,1995.5.—292页;19cm.—(全国中学生写人记事分类作文丛书)

ISBN 7-5395-1148-6: ¥5.60

H194.5　　023651

全国中学生描写亲人亲情优秀作文选/晓云等选编.—福州:福建少年儿童出版社,1995.5.—394页;19cm.—(全国中学生写人记事分类作文丛书)

ISBN 7-5395-1146-X: ¥8.20

H194.5　　023652

全国中学生描写社会见闻优秀作文选/晓云等选编.—福州:福建少年儿童出版社,1995.5.—278页;19cm.—(全国中学生写人记事分类作文丛书)

ISBN 7-5395-1150-8: ¥5.90

H194.5　　023653

全国中学生描写师生情谊优秀作文选/晓云等选编.—福州:福建少年儿童出版社,1995.5.—250页;19cm.—(全国中学生写人记事分类作文丛书)

ISBN 7-5395-1138-9: ¥5.50

H194.5　　023654

全国中学生描写童年童趣优秀作文选/晓云等选编.—福州:福建少年儿童出版社,1995.5.—348页;19cm.—(全国中学生写人记事分类作文丛书)

ISBN 7-5395-1147-8: ¥7.20

H194.5　　023655

全国中学生描写校园生活优秀作文选/晓云等选编.—福州:福建少年儿童出版社,1995.5.—261页;19cm.—(全国中学生写人记事分类作文丛书)

ISBN 7-5395-1137-0: ¥6.00

H194.5　　023656

全国中学生描写心中楷模优秀作文选/晓云等选编.—福州:福建少年儿童出版社,1995.5.—338页;19cm.—(全国中学生写人记事分类作文丛书)

ISBN 7-5395-1151-6: ¥7.10

H194.5　　023657

全国中学生一等奖作文精评精选/赵大鹏,庄世群编.—北京:中华工商联合出版社,1995.7.—3册;19cm

ISBN 7-80100-147-8: ¥14.85

H194.5　　023658

全国中学生优秀作文大观/许可主编;谢家宇等编.—武汉:湖北少年儿童出版社,1995.11.—746页;19cm

ISBN 7-5353-1590-9: ¥13.70

H194.5　　023659

全国中学生优秀作文评点/李卫等编.—天津:天津古籍出版社,1995.7.—154页;19cm

ISBN 7-80504-456-2: ¥5.60

H194.5　　023660

全国著名中学作文精华赏析/孙绍振等主编.—厦门:鹭江出版社,1995.11.—461页;20cm

ISBN 7-80610-254-X: ¥17.00

H194.5　　023661

热爱家乡·歌颂家乡:中学生优秀作文讲评/程地超主编.—昆明:晨光出版社,1995.6.—197页;19cm

ISBN 7-5414-1016-0: ¥3.60

H194.5　　023662

山东省中师学生优秀作文选/聂在富主编.—济南:

山东教育出版社,1995.8.—293 页;19cm

ISBN 7-5328-2198-6:¥6.45

H194.5 **023663**

上海市十大名牌中学优秀作文选/施达选编.—上海:华东师范大学出版社,1995.10.—307 页;19cm

ISBN 7-5617-1420-3:¥7.50

H194.5 **023664**

沈阳教育杯第四届作文竞赛获奖作文/《沈阳教育》编辑部编.—沈阳:辽宁人民出版社,1995.5.—178 页;19cm

ISBN 7-205-03321-7:¥4.00

H194.5 **023665**

世界中学生优秀作文 100 篇/宣森主编.—长沙:湖南少年儿童出版社,1995.9.—361 页;19cm

ISBN 7-5358-1014-4:¥8.70

H194.5 **023666**

首届“甘肃杯”获奖作文选:初中卷/张克让总主编;孔庆复,王金寿分卷主编.—兰州:甘肃人民出版社,1995.12.—268 页;19cm

ISBN 7-226-01572-2:¥8.00

H194.5 **023667**

说明议论 99/陈江波主编.—郑州:文心出版社,1995.11.—197 页;19cm.—(初中生分类作文精汇)

ISBN 7-80537-604-2:¥4.70

H194.5 **023668**

同龄人心曲:中国著名中学作文精华版:议论文卷/青木编.—长春:北方妇女儿童出版社,1995.7.—371 页;20cm

ISBN 7-5385-1057-5:¥12.00

H194.5 **023669**

吐鲁番中学生作文选/李琦主编.—乌鲁木齐:新疆人民出版社,1995.8.—267 页;19cm

ISBN 7-228-03285-3:¥9.80

H194.5 **023670**

我爱北京,我爱博物馆征文获奖作品精选:中学组/北京市文物局,北京市教育局编.—北京:中国书籍出版社,1995.11.—182 页;19cm

ISBN 7-5068-0481-6:¥6.50

H194.5 **023671**

乌海学生作文选/乔澍声,赵秀亭主编.—呼和浩特:内蒙古人民出版社,1995.4.—2 册;19cm

ISBN 7-204-02727-2:¥7.10

H194.5 **023672**

乡野春花:农村中学生作文选评/张同华编.—北京:语文出版社,1995.8.—212 页;19cm

ISBN 7-80006-927-3:¥4.40

H194.5 **023673**

小博士专题作文宝库:社会活动、理想志向:中学版/徐思严主编.—延吉:延边人民出版社,1995.9.—152 页;19cm

ISBN 7-80599-382-3:¥4.15

H194.5 **023674**

小博士专题作文宝库:四季风光、亲情乡情:中学版/徐思严主编.—延吉:延边人民出版社,1995.9.—152 页;19cm

ISBN 7-80599-382-3:¥4.15

H194.5 **023675**

小博士专题作文宝库:校园生活、家庭生活:中学版/徐思严主编.—延吉:延边人民出版社,1995.9.—152 页;19cm

ISBN 7-80599-382-3:¥4.15

H194.5 **023676**

小博士专题作文宝库:植物动物、器物描写:中学版/徐思严主编.—延吉:延边人民出版社,1995.9.—152 页;19cm

ISBN 7-80599-382-3:¥4.15

H194.5 **023677**

小荷才露尖尖角:优秀作文竞赛精选/贾国丰,刘铁铮主编.—北京:中国农业科技出版社,1995.5.—228 页;19cm

ISBN 7-80026-899-3:¥5.00

H194.5 **023678**

小荷集——中学生作文精选/杨敏忠等主编.—北京:中国计量出版社,1995.5.—199 页;19cm

ISBN 7-5026-0785-4:¥4.50

H194.5 **023679**

校园即事——云南省中学生征文佳作选/程地超,石玉成主编.—昆明:晨光出版社,1995.2.—162 页;19cm

ISBN 7-5414-0953-7:¥3.80

H194.5 **023680**

校园新绿:中小学生获奖作文选/刘东元主编.—南宁:广西人民出版社,1995.12.—188 页;19cm

ISBN 7-219-03095-9:¥3.60

H194.5 **023681**

写景抒情 99/陈江波主编.—郑州:文心出版社,1995.11.—210 页;19cm.—(初中生分类作文精汇)

ISBN 7-80537-603-4:¥4.90

H194.5 **023682**

写人记事 99/陈江波主编.—郑州:文心出版社,1995.11.—224 页;19cm.—(初中生分类作文精汇)

ISBN 7-80537-602-6:¥5.20

H194.5 **023683**

新编全国初中优秀作文选/李德林等编.—南昌:江西教育出版社,1995.9.—242 页;19cm

ISBN 7-5392-2575-0:¥4.10

H194.5 **023684**

新编全国高中优秀作文选/郭文达等编.—南昌:江西教育出版社,1995.9.—296 页;19cm

ISBN 7-5392-2572-6:¥4.80

H194.5 **023685**

新编中学生作文大全/绿洲主编.—昆明:晨光出版社,1995.8.—561 页;20cm

ISBN 7-5414-1025-X(精装):¥15.00

H194.5 **023686**

阳光·灯·我的家:中国著名中学作文精华版:抒情文卷/木木编.—长春:北方妇女儿童出版社,1995.7.—407 页;20cm

ISBN 7-5385-1056-7:¥12.00

H194.5 023687

沂河水花:纪念沂源建县50周年/沂源县文联,沂源县教委编.—天津:百花文艺出版社,1995.10.—269页;19cm

ISBN 7-5306-2009-6:¥6.90

H194.5 023688

应用文章99/陈江波主编.—郑州:文心出版社,1995.11.—189页;19cm.—(初中生分类作文精汇)

ISBN 7-80537-605-0:¥4.60

H194.5 023689

月有阴晴圆缺:中国著名中学作文精华版:说明文卷·创作卷/欣木编.—长春:北方妇女儿童出版社,1995.7.—318页;20cm

ISBN 7-5385-1055-9:¥12.00

H194.5 023690

真文·妙文·趣文:"伊利杯"中小学生征文大赛精品集/内蒙古教育杂志社编.—呼和浩特:内蒙古人民出版社,1995.1.—196页;19cm

ISBN 7-204-02750-7:¥3.50

H194.5 023691

中国少儿心目中的2010年/张崇高,李嘉曾主编.—南京:江苏少年儿童出版社,1995.1.—188页;19cm

ISBN 7-5346-1291-8:¥3.00

H194.5 023692

中国中学生获奖作文/逮华编著.—武汉:武汉出版社,1995.8.—280页;19cm

ISBN 7-5430-1394-0:¥8.80

H194.5 023693

中国中学生获奖作文大全/肖爱云等编著.—西安:陕西师范大学出版社,1995.3.—541页;19cm

ISBN 7-5613-1211-3:¥12.50

H194.5 023694

中国中学生作文大全:续编/程功等编著.—上海:上海远东出版社,1995.3.—556页;19cm

ISBN 7-80613-043-8:¥12.00

H194.5 023695

中国中学生作文大赛金奖作文精选/李鲲,陆永仁编.—郑州:文心出版社,1995.3.—277页;19cm

ISBN 7-80537-572-0:¥6.20

H194.5 023696

中国中学生作文年选:1995年卷/陈刚主编.—北京:语文出版社,1995.5.—322页;20cm

ISBN 7-80006-397-6:¥10.50

H194.5 023697

中考满分作文100篇/劳子,眉山主编.—北京:新世界出版社,1995.1.—234页;19cm

ISBN 7-80005-273-7:¥5.90

H194.5 023698

中小学生优秀作文大全:初中、高中部分/王强选编.—海口:海南摄影美术出版社,1995.1.—215页;19cm

ISBN 7-80571-574-2:¥5.20

H194.5 023699

中小学生优秀作文选评:中学/赵树春等编.—北京:金城出版社,1995.5.—188页;19cm

ISBN 7-80084-035-2:¥4.50

H194.5 023700

中学记叙文/林心,王安民主编.—北京:中华工商联合出版社,1995.4.—177页;19cm.—(全国中小学生优秀作文比较系列丛书)

ISBN 7-80100-125-7:¥3.50

H194.5 023701

中学教师示范作文/闵文著.—北京:中国书籍出版社,1995.4.—277页;19cm

ISBN 7-5068-0442-5:¥6.00

H194.5 023702

中学生"五心"教育征文集/沈洪冰,任辉主编;杨红等编.—沈阳:辽宁教育出版社,1995.11.—145页;19cm

ISBN 7-5382-4406-9:¥4.40

H194.5 023703

中学生常见同题作文/杨东赴主编.—杭州:浙江少年儿童出版社,1995.3.—228页;19cm

ISBN 7-5342-1281-2:¥5.00

H194.5 023704

中学生考试急智作文/龙之脊主编.—乌鲁木齐:新疆青少年出版社,1995.12.—184页;19cm.—(作文钥匙丛书;1)

ISBN 7-5371-2075-7:¥5.88

H194.5 023705

中学生快速反应作文/龙之脊主编.—乌鲁木齐:新疆青少年出版社,1995.12.—184页;19cm.—(作文钥匙丛书;2)

ISBN 7-5371-2075-7:¥5.88

H194.5 023706

中学生特级能力作文/龙之脊主编.—乌鲁木齐:新疆青少年出版社,1995.12.—184页;19cm.—(作文钥匙丛书;3)

ISBN 7-5371-2075-7:¥5.88

H194.5 023707

中学生同人同题对比佳作/龙之脊主编.—乌鲁木齐:新疆青少年出版社,1995.12.—184页;19cm.—(作文钥匙丛书;4)

ISBN 7-5371-2075-7:¥5.88

H194.5 023708

中学生优秀作文——作文大全/张德亮主编.—呼和浩特:内蒙古人民出版社,1995.8.—325页;19cm

ISBN 7-204-02819-8:¥8.80

H194.5 023709

中学生优秀作文精讲·精练·精评:记叙文/姜文,邹树发主编.—延吉:延边人民出版社,1995.12.—150页;19cm

ISBN 7-80599-366-1:¥5.20

H194.5 023710

中学生优秀作文精讲·精练·精评:看图作文/姜文,邹树发主编.—延吉:延边人民出版社,1995.12.—153页;19cm

ISBN 7-80599-366-1:¥5.20

H194.5　023711
中学生优秀作文精讲·精练·精评:描写/姜文,邹树发主编.—延吉:延边人民出版社,1995.12.—152页;19cm
ISBN 7-80599-366-1:¥5.20

H194.5　023712
中学生优秀作文精讲·精练·精评:日记/姜文,邹树发主编.—延吉:延边人民出版社,1995.12.—154页;19cm
ISBN 7-80599-366-1:¥5.20

H194.5　023713
中学生优秀作文精讲·精练·精评:抒情/姜文,邹树发主编.—延吉:延边人民出版社,1995.12.—153页;19cm
ISBN 7-80599-366-1:¥5.20

H194.5　023714
中学生优秀作文精讲·精练·精评:说明文/姜文,邹树发主编.—延吉:延边人民出版社,1995.12.—151页;19cm
ISBN 7-80599-366-1:¥5.20

H194.5　023715
中学生优秀作文精讲·精练·精评:议论文/姜文,邹树发主编.—延吉:延边人民出版社,1995.12.—151页;19cm
ISBN 7-80599-366-1:¥5.20

H194.5　023716
中学生优秀作文精讲·精练·精评:应用文/姜文,邹树发主编.—延吉:延边人民出版社,1995.12.—152页;19cm
ISBN 7-80599-366-1:¥5.20

H194.5　023717
中学生优秀作文精评/黎明主编.—北京:首都师范大学出版社,1995.3.—213页;19cm
ISBN 7-81039-240-9:¥4.50

H194.5　023718
中学生优秀作文选　1995年　第1期/《中学生优秀作文选》编委会编.—福州:福建教育出版社,1995.1.—46页;19cm
ISBN 7-5334-1848-4:¥0.90

H194.5　023719
中学生优秀作文选　1995年　第2期/《中学生优秀作文选》编委会编.—福州:福建教育出版社,1995.2.—46页;19cm
ISBN 7-5334-1857-3:¥0.90

H194.5　023720
中学生优秀作文选　1995年　第3期/《中学生优秀作文选》编委会编.—福州:福建教育出版社,1995.3.—46页;19cm
ISBN 7-5334-1874-3:¥0.90

H194.5　023721
中学生优秀作文选:同龄人/金华市教育学会中学语文分会,金华市教委教学研究室编.—杭州:浙江教育出版社,1995.11.—101页;19cm
ISBN 7-5338-2182-3:¥3.80

H194.5　023722
中学生主题作文选评/许志远等主编.—南昌:21世纪出版社,1995.9.—244页;19cm
ISBN 7-5391-0997-1:¥5.70

H194.5　023723
中学生作文大师/林楠主编.—北京:气象出版社,1995.9.—4册;19cm
ISBN 7-5029-2006-4:¥15.80

H194.5　023724
中学生作文文库:精华本/全国作文研究中心编.—郑州:文心出版社,1995.5.—1187页;20cm
ISBN 7-80537-601-8(精装):¥42.80

H194.5　023725
中学说明文/林心,王安民主编.—北京:中华工商联合出版社,1995.4.—176页;19cm.—(全国中小学生优秀作文比较系列丛书)
ISBN 7-80100-125-7:¥3.50

H194.5　023726
中学议论文/林心,王安民主编.—北京:中华工商联合出版社,1995.4.—176页;19cm.—(全国中小学生优秀作文比较系列丛书)
ISBN 7-80100-125-7:¥3.50

H194.5　023727
最新中学生获奖作文选/湖北省教育学会中学语文专业委员会编.—武汉:湖北教育出版社,1995.9.—323页;19cm
ISBN 7-5351-1881-X:¥9.00

H194.5　023728
作文百家:中学版　第一辑/蒋立权,秦兆基主编;全国中学作文讲习所编.—北京:中国妇女出版社,1995.2.—122页;19cm.—(中小学写作丛书/邓衡仪主编)
ISBN 7-80016-620-1:¥5.00

H194.5　023729
作文佳作选/赵凤飞等主编.—上海:上海交通大学出版社,1995.11.—198页;20cm
ISBN 7-313-01536-4:¥6.20

H194.5-61　023730
中国中学生作文大全:续编/程功等编著.—上海:上海远东出版社,1995.3.—556页;20cm
ISBN 7-80613-044-6(精装):¥14.00

H194.5-61　023731
中学生作文大全/周钧衡,周更文主编.—沈阳:辽宁民族出版社,1995.5.—438页;19cm
ISBN 7-80527-221-2:¥10.50

H195　023732
汉语言与文化研究/许惟贤,王相宝主编.—南京:江苏文艺出版社,1995.2.—404页;20cm.—(对外教育学术丛书)
ISBN 7-5399-0884-X:¥15.00

H195　023733
外国留学生教育管理研究/王相宝主编.—南京:江苏文艺出版社,1995.2.—233页;20cm.—(对外教育学术丛书)
ISBN 7-5399-0884-X:¥15.00

H195　023734

语言对比研究与对外汉语教学/赵永新著.—北京:华语教学出版社,1995.—233页;20cm

ISBN 7-80052-495-7:¥17.00

H195-53　023735

北京语言学院对外汉语教学论集/北京语言学院教务处编.—北京:北京语言学院出版社,1995.1.—452页;20cm

ISBN 7-5619-0516-5:¥18.00

H195-53　023736

首届汉语考试国际学术讨论会论文选/《首届汉语考试国际学术讨论会论文选》编委会编.—北京:北京语言学院出版社,1995.4.—356页;26cm

ISBN 7-5619-0432-0:¥30.00

H195-53　023737

天津市对外汉语教学论文集　1994/天津市对外汉语教学研究会编.—天津:天津人民出版社,1995.12.—294页;20cm

ISBN 7-201-02508-2:¥14.00

H195.1-53　023738

语言文化教学论文集　第一辑/北京语言学院汉语学院编.—北京:北京语言学院出版社,1995.5.—315页;20cm

ISBN 7-5619-0396-0:¥15.00

H195.2　023739

中高级对外汉语教学等级大纲:词汇·语法/孙瑞珍主编.—北京:北京大学出版社,1995.10.—370页;26cm

ISBN 7-301-02867-9:¥29.00

H195.3　023740

外国留学生汉语写作指导/乔惠芬,赵建华编著.—北京:北京大学出版社,1995.5.—154页;26cm

ISBN 7-301-02618-8:¥26.00

H195.4　023741

HSK中国汉语水平考试大纲:初、中等/国家汉语水平考试委员会办公室编.—5版.—北京:现代出版社,1995.4.—197页;20cm

ISBN 7-80028-279-1:¥15.00

H195.4　023742

《基础汉语课本》修订本第二册汉字练习本/北京语言学院编.—北京:华语教学出版社,1995.—104页;26cm

ISBN 7-80052-174-5:¥16.25

H195.4　023743

《基础汉语课本》修订本第一册汉字练习本/北京语言学院编.—北京:华语教学出版社,1995.—86页;26cm

ISBN 7-80052-173-7:¥13.70

H195.4　023744

儿童汉语　第二册/刘珣等编著;李士伋插图.—北京:华语教学出版社,1995.—56页:插图;26cm

ISBN 7-80052-013-7:¥18.80

H195.4　023745

儿童汉语　第三册/刘珣等编著;李士伋插图.—北京:华语教学出版社,1995.—76页:插图;26cm

ISBN 7-80052-014-5:¥20.00

H195.4　023746

儿童汉语　第一册/刘珣等编著;李士伋插图.—北京:华语教学出版社,1995.—56页:插图;26cm

ISBN 7-80052-002-1:¥18.00

H195.4　023747

高级汉语课本/梁霞,王学松编著.—北京:北京师范大学出版社,1995.2.—420页;20cm

对外汉语教学教材

ISBN 7-303-02815-3:¥16.50

H195.4　023748

汉语风:口语篇/刘乃华等编著;约汉译.—南京:江苏科学技术出版社,1995.2.—238页;26cm

对外汉语与文化系列教材

ISBN 7-5345-1886-5:¥18.00

H195.4　023749

汉语水平考试(HSK)模拟试题集/刘颂浩等编著.—北京:华语教学出版社,1995.—216页;26cm

ISBN 7-80052-443-4:¥28.00

H195.4　023750

汉语语言学/钱乃荣主编.—北京:北京语言学院出版社,1995.7.—447页;20cm

ISBN 7-5619-0321-9:¥30.00

H195.4　023751

黄河——长城/李白坚,丁迪蒙编著.—上海:同济大学出版社,1995.10.—162页;26cm

对外汉语启蒙教材

ISBN 7-5608-1444-1:¥50.00

H195.4　023752

基础汉语教程/蒋可心,杨华主编.—哈尔滨:黑龙江教育出版社,1995.3.—479页;20cm

国家汉办规划教材

ISBN 7-5316-2561-X:¥18.00

H195.4　023753

基础汉语教程　(一)/赵贤州主编.—上海:上海外语教育出版社,1995.6.—418页;20cm

国家汉办规划教材 德语地区用

ISBN 7-81009-919-1:¥12.50

H195.4　023754

看图学量词:英语注释/焦凡编;孙移风,王志插图.—北京:华语教学出版社,1995.—244页;26cm

ISBN 7-80052-201-6:¥40.00

H195.4　023755

实用文化交际400句/倪明亮主编;马新等编.—北京:华语教学出版社,1995.—351页;20cm

ISBN 7-80052-480-9:¥28.18

H195.4　023756

外国留学生汉语写作指导/乔惠芬,赵建华编著.—北京:北京大学出版社,1995.5.—154页;26cm

ISBN 7-301-02618-8:¥18.00

H195.4　023757

外国人学中国语　(1)/王福祥主编;北京外国语大学《外国人学中国语》编委会编.—北京:华语教学出版

社,1995.—137页;26cm
ISBN 7-80052-611-9:¥33.50

H195.4 023758
外国人学中国语 (2)/王福祥主编;北京外国语大学《外国人学中国语》编委会编.—北京:华语教学出版社,1995.—184页;26cm
ISBN 7-80052-612-7:¥41.90

H195.4 023759
外国人在华常用应用文/徐竹君编.—北京:华语教学出版社,1995.—159页;26cm
ISBN 7-80052-217-2:¥26.00

H195.4 023760
文科通用汉语/李芳杰主编.—武汉:武汉大学出版社,1995.12.—428页;20cm
ISBN 7-307-02069-6:¥14.60

H195.4 023761
现代千字文/张朋朋著.—北京:北京大学出版社,1995.10.—155页;26cm
ISBN 7-301-02892-X:¥25.00

H195.4 023762
新汉语教程:情景·功能·结构/李晓琪等编著.—北京:北京大学出版社,1995.4.—3册;20cm
ISBN 7-301-02582-3:¥67.00

H195.4 023763
中级汉语听与说:听力训练/王彦承等编著.—天津:南开大学出版社,1995.6.—401页;20cm
ISBN 7-310-00694-1:¥13.50

H195.5 023764
中国新事/黄政澄等编.—北京:北京语言学院出版社,1995.4.—298页;20cm
汉语初级读物
ISBN 7-5619-0427-4:¥14.00

H2 中国少数民族语言

H2 023765
中国少数民族语文使用研究/周耀文著.—北京:中国社会科学出版社,1995.12.—299页;20cm
ISBN 7-5004-1751-9:¥20.00

H209 023766
黔东南十年民族语文工作/黔东南苗族侗族自治州民族事务委员会编.—贵阳:贵州民族出版社,1995.9.—263页;20cm
ISBN 7-5412-0580-X:¥8.80

H209 023767
云南少数民族双语教学研究/云南少数民族双语教学研究课题组著.—昆明:云南民族出版社,1995.10.—259页;20cm
ISBN 7-5367-1087-9:¥12.00

H212 023768
现代蒙古语/莫德勒图主编.—沈阳:辽宁民族出版社,1995.11.—497页;19cm
高等学校教材
ISBN 7-80527-529-7:¥11.68

H212-43 023769
蒙古语文教程/巴特尔编著.—北京:北京大学出版社,1995.3.—476页;20cm
北京大学东方语言文学系教材
ISBN 7-301-02150-X:¥15.50

H212.94 023770
蒙汉对照新三字经/李汉秋主编;策·旺吉乐译.—沈阳:辽宁民族出版社,1995.9.—94页;19cm
ISBN 7-80527-557-2:¥3.80

H212.94 023771
蒙汉语会话读本:商品交易/乌恩其编.—赤峰:内蒙古科学技术出版社,1995.6.—316页;19cm
ISBN 7-5380-0254-5:¥6.50

H212.94-43 023772
速成蒙古语会话广播教材/海青主编;《速成蒙古语会话广播教材》编写组编.—呼和浩特:内蒙古教育出版社,1995.4.—2册;20cm
ISBN 7-5311-2398-3:¥16.50

H214.3 023773
藏文缩写词手册/古文义,史学礼收集整理;白智书写.—兰州:甘肃民族出版社,1995.3.—51页;19×26cm
ISBN 7-5421-0316-4:¥3.50

H214.4 023774
简明藏文文法/胡书津编著.—2版(修订本).—昆明:云南民族出版社,1995.12.—323页;20cm
ISBN 7-5367-0954-4:¥9.00

H214.7 023775
一河两江流域藏语方言汇要/杨士宏著.—兰州:甘肃民族出版社,1995.5.—286页;19cm
ISBN 7-5421-0372-5:¥8.50

H215.3 023776
简明汉维熟语/李金葆编著.—乌鲁木齐:新疆人民出版社,1995.1.—146页;19cm
ISBN 7-228-02926-7:¥3.20

H215.5 023777
汉维语修辞格概要/刘珉著.—乌鲁木齐:新疆人民出版社,1995.8.—379页;20cm
ISBN 7-228-03436-8:¥9.30

H215.6 023778
规范化名词术语:维吾尔文汉文对照/新疆维吾尔自治区语委会编.—北京:民族出版社,1995.9.—436页;19cm
ISBN 7-105-02356-2:¥11.00

H215.6 023779
汉维新词新语词典/阿布都拉,阿依夏木编.—北京:民族出版社,1995.10.—385页;20cm
ISBN 7-105-02477-1:¥8.50

H215.94 023780
维吾尔语日常会话手册/新疆军区政治部群工处编.—乌鲁木齐:新疆人民出版社,1995.2.—35页;19cm
ISBN 7-228-03193-8:¥2.00

H216.9 023781

苗文学习/李锦平主编;《苗文学习》编写组编.—贵阳:贵州民族出版社,1995.6.—3册;19cm

ISBN 7-5412-0574-5:¥3.60

H216.94 023782

初中古文苗译:苗汉对照/杨通胜编译.—贵阳:贵州民族出版社,1995.11.—134页;19cm

ISBN 7-5412-0600-8:¥6.80

H217.6 023783

彝汉字典:楚雄本/白显云主编;楚雄彝族自治州民族事务委员会等编.—昆明:云南民族出版社,1995.6.—207页;19cm

ISBN 7-5367-1005-4(精装):¥19.00

H217.94 023784

赛特阿育:彝文文献选读/王继超,张和平编著.—贵阳:贵州民族出版社,1995.—175页;19cm

ISBN 7-5412-0582-6:¥5.00

H218 023785

现代壮语/覃晓航编著.—北京:民族出版社,1995.8.—343页;19cm

ISBN 7-105-02373-2:¥11.00

H218.4 023786

壮语特殊语法现象研究/覃晓航著.—北京:民族出版社,1995.6.—275页;20cm

ISBN 7-105-02431-3:¥9.80

H219 023787

中级朝鲜语 (2)/许东振编.—延吉:延边大学出版社,1995.3.—389页;20cm

ISBN 7-5634-0762-6:¥14.00

H219.6 023788

六用朝鲜语词典/韩永俊著.—牡丹江:黑龙江朝鲜民族出版社,1995.11.—534页;19cm

ISBN 7-5389-0601-0:¥19.00

H219.9 023789

中国朝鲜语文教育史/南日成等编著 .—延吉:东北朝鲜民族教育出版社,1995.9.—492页;20cm

ISBN 7-5437-1945-2:¥16.00

H243 023790

现代锡伯语/郭秀昌等著.—乌鲁木齐:新疆人民出版社,1995.6.—634页;19cm

ISBN 7-228-03361-2(精装):¥12.20

H252-43 023791

白文教程/杨应新等编写.—昆明:云南民族出版社,1995.7.—271页;19cm

ISBN 7-5367-1003-8:¥7.00

H254 023792

哈尼语概论/戴庆厦,段贶乐编著.—昆明:云南民族出版社,1995.5.—320页;19cm.—(云南少数民族语言文库)

ISBN 7-5367-1021-6:¥8.00

H255 023793

佤文读本/陈相木等编.—2版(修订本).—昆明:云南民族出版社,1995.1.—140页;19cm

ISBN 7-5367-0950-1:¥2.00

H257.2 023794

纳西象形文字谱/方国瑜编撰.—2版.—昆明:云南人民出版社,1995.10.—645页:照片;26cm

ISBN 7-222-01751-8(精装):¥128.00

H259 023795

汉载新词术语集/朵示拥汤主编;云南省少数民族语文指导工作委员会,德宏州民族语文指导工作委员会编.—芒市:德宏民族出版社,1995.10.—145页;19cm

ISBN 7-80525-243-2:¥2.00

H259.94 023796

景颇族祭祀古歌/金学良搜集整理.—昆明:云南民族出版社,1995.12.—468页;20cm

ISBN 7-5367-1217-0:¥10.00

H3 常用外国语

H3 023797

论外语学习/张文府主编.—呼和浩特:远方出版社,1995.4.—220页;20cm

ISBN 7-80595-118-7:¥6.50

H3 023798

外语教学多学科研究/林汝昌主编.—北京:北京理工大学出版社,1995.5.—397页;20cm.—(英汉语言文化丛书)

ISBN 7-81045-040-9:¥15.00

H3 023799

现代企业管理实用外语:英日俄/现代企业管理实用外语编写组编.—上海:华东理工大学出版社,1995.7.—194页;20cm

ISBN 7-5628-0572-5:¥9.00

H3-42 023800

1996年全国硕士研究生入学考试日语、俄语考试大纲:非日语、俄语专业 /中华人民共和国国家教育委员会制订.—北京:高等教育出版社,1995.8.—65页;19cm

ISBN 7-04-005518-X:¥4.80

H3-42 023801

外语立体化教学法的原理与模式/张正东,杜培俸主编.—重庆:重庆出版社,1995.10.—432页;20cm

ISBN 7-5366-3181-2:¥15.60

H3-53 023802

四川省大学外语教学研究论文集 第三集/顾焕玙主编.—成都:西南交通大学出版社,1995.5.—261页;19cm

ISBN 7-81022-802-1:¥5.50

H3-53 023803

外语教学与研究论文集 第三辑/胡伟民主编;浙江省外文学会编.—杭州:杭州大学出版社,1995.11.—380页;20cm

ISBN 7-81035-851-0:¥15.00

H3-53 023804

外语论丛 1995/杭州大学外语学院学术委员会编.—杭州:杭州大学出版社,1995.10.—259页;19cm

ISBN 7-81035-747-6: ¥10.00

H31 英语

H31　023805

CET-6成功之路:大学英语六级统考试题透视/金泉元,张长缨编著.—北京:宇航出版社,1995.2.—362页;20cm

附模拟试题

ISBN 7-80034-748-6: ¥9.40

H31　023806

GMAT600分应试能力训练:词汇掌握分册/陈湛匀编著.—上海:华东师范大学出版社,1995.9.—262页;20cm

上海市前进进修学院教程

ISBN 7-5617-1300-2: ¥12.00

H31　023807

GRE语言能力考试应试指导/高远等编著.—北京:北京航空航天大学出版社,1995.1.—381页;26cm

ISBN 7-81012-497-8: ¥20.00

H31　023808

GRE阅读技巧:出国人员备考之友/马斌,赵文越编.—北京:清华大学出版社,1995.3.—216页;26cm

ISBN 7-302-01687-9: ¥12.80

H31　023809

TOEFL短文写作及IELTS考试培训教程/何隽良编写.—修订本.—上海:上海外语教育出版社,1995.6.—283页;19cm

ISBN 7-81009-894-2: ¥6.70

H31　023810

《大学英语》导读/周领顺,顾中潭主编.—郑州:河南人民出版社,1995.10.—2册(800页);20cm

文理科本科用

ISBN 7-215-03557-3: ¥35.00

H31　023811

《大学英语》精选/袁懋梓编.—北京:北京航空航天大学出版社,1995.7.—259页;20cm

ISBN 7-81012-584-2: ¥9.95

H31　023812

《大学英语》自学辅导:精读(Ⅱ)/沙露茵编著.—北京:北京大学出版社,1995.7.—149页;19cm

北京大学成人教育学院教材

ISBN 7-301-02838-5: ¥5.00

H31　023813

《大学英语》自学手册/么建华主编.—北京:地震出版社,1995.1.—2册;19cm

ISBN 7-5028-0689-X: ¥16.80

H31　023814

《大学英语(精读)》语法结构及写作表达　下册/贝聿建主编.—上海:复旦大学出版社,1995.8.—304页;19cm

ISBN 7-309-01569-X: ¥9.00

H31　023815

《经济管理英语》自学指导书/史培生,贾春华编著.—上海:上海人民出版社,1995.8.—121页;20cm.—(市场经济与管理者丛书/励永庆主编)

ISBN 7-208-02069-8: ¥6.00

H31　023816

报刊英语/苗普敬等编著.—开封:河南大学出版社,1995.9.—340页;20cm

ISBN 7-81041-173-X: ¥10.50

H31　023817

财经英语/王振芳主编;刘明景等编.—北京:中国商业出版社,1995.1.—328页;20cm

ISBN 7-5044-1838-2: ¥9.80

H31　023818

财经英语教程　第二册/陈雪翎主编.—上海:立信会计出版社,1995.11.—241页;19cm

ISBN 7-5429-0342-X: ¥8.50

H31　023819

财经英语教程　第三册/陈雪翎主编.—上海:立信会计出版社,1995.8.—231页;19cm

ISBN 7-5429-0322-5: ¥8.00

H31　023820

财经英语教程　第一册/陈雪翎主编.—上海:立信会计出版社,1995.7.—212页;19cm

ISBN 7-5429-0316-0: ¥7.80

H31　023821

财经英语学习指导/王振芳主编;刘明景等编.—北京:中国商业出版社,1995.1.—201页;19cm

ISBN 7-5044-1869-2: ¥5.60

H31　023822

财税英语/李俊生,郜彦编写.—北京:中国审计出版社,1995.9.—346页;20cm

ISBN 7-80064-382-4: ¥13.50

H31　023823

财务会计英语教程/吴金龙编著.—上海:复旦大学出版社,1995.12.—184页;20cm.—(国际商务英语系列教材)

ISBN 7-309-01601-7: ¥10.00

H31　023824

成人大学英语综合训练/李甘林主编.—广州:华南理工大学出版社,1995.5.—194页;26cm

ISBN 7-5623-0860-8: ¥19.50

H31　023825

成人教育英语考试指导:专科升本科/闫学迅,刘爱萍编.—合肥:中国科学技术大学出版社,1995.4.—279页;19cm

ISBN 7-312-00664-7: ¥6.80

H31　023826

程控交换机专业英语/高廷健,李冰编.—北京:人民邮电出版社,1995.10.—190页;26cm

邮电中等专业学校教材

ISBN 7-115-05623-4: ¥11.00

H31　023827

初级实用英语教程/南京市干部培训工作领导小组办公室编.—南京:东南大学出版社,1995.6.—425页;

20cm
ISBN 7-81050-021-X: ¥11.50

H31　023828
初级英语教程　上册/上海市通用外语水平等级考试办公室编.—上海:上海外语教育出版社,1995.10.—282页;20cm.—(九十年代上海紧缺人才培训工程教学系列丛书)
ISBN 7-81046-052-8: ¥9.40

H31　023829
初级英语入门训练　第二册/刘强业等编写.—福州:福建美术出版社,1995.3.—75页;26cm
ISBN 7-5393-0274-7: ¥3.20

H31　023830
初级英语入门训练　第一册/刘强业等编写.—福州:福建美术出版社,1995.3.—68页;26cm
ISBN 7-5393-0273-9: ¥3.00

H31　023831
出口业务/谢毅斌编著.—北京:中国国际广播出版社,1995.8.—468页;20cm
国际商业英语广播课程高等经贸院校教学用书
ISBN 7-5078-1270-7: ¥21.10

H31　023832
大家谈 Say We Together/邸爱英编著.—成都:电子科技大学出版社,1995.8.—253页;20cm
ISBN 7-81043-335-0: ¥8.90

H31　023833
大学核心英语同步测试:答案及听力原文 /李正中主编.—上海:上海远东出版社,1995.7.—143页;19cm
ISBN 7-80613-031-4: ¥7.00

H31　023834
大学核心英语同步测试:第三级/李正中主编.—上海:上海远东出版社,1995.7.—223页;19cm
ISBN 7-80613-029-2: ¥8.80

H31　023835
大学核心英语同步测试:第一级/李正中主编.—上海:上海远东出版社,1995.7.—178页;19cm
ISBN 7-80613-021-7: ¥8.00

H31　023836
大学核心英语同步测试:第二级/付桂芝,沈晨声主编.—上海:上海远东出版社,1995.7.—196页;19cm
ISBN 7-80613-028-4: ¥8.50

H31　023837
大学核心英语同步测试:第四级/周星,汪洁主编.—上海:上海远东出版社,1995.7.—225页;19cm
ISBN 7-80613-030-6: ¥8.90

H31　023838
大学科技英语/罗英豪,杨松青主编.—长沙:湖南科学技术出版社,1995.12.—190页;26cm
ISBN 7-5357-1755-1: ¥13.50

H31　023839
大学理工科专业英语:兵器分册/乔红军等编著.—北京:兵器工业出版社,1995.3.—296页;26cm
高等学校教材
ISBN 7-80038-868-9: ¥18.60

H31　023840
大学民族英语实用教程　第一册/李彤主编;西安公路交通大学编.—西安:陕西人民出版社,1995.8.—153页;26cm
ISBN 7-224-03894-6: ¥9.50

H31　023841
大学生高级实用英语:新型阅读技巧　下册/郗庆华主编.—天津:南开大学出版社,1995.10.—445页;20cm
ISBN 7-310-00844-8: ¥14.80

H31　023842
大学英语(精读)学习指南　下册/赵振春主编.—南昌:江西高校出版社,1995.2.—247页;20cm
ISBN 7-81033-456-5: ¥6.50

H31　023843
大学英语:二级　第二册/广东省《大学英语》(二级)教材编写组编.—2版.—广州:华南理工大学出版社,1995.9.—334页;20cm
ISBN 7-5623-0655-9: ¥9.10

H31　023844
大学英语:泛读　第五册:教师用书/张砚秋编著.—上海:上海外语教育出版社,1995.1.—220页;19cm
高等学校教材
ISBN 7-81009-929-9: ¥4.50

H31　023845
大学英语词汇与结构指要/乔英主编.—上海:上海交通大学出版社,1995.2.—315页;20cm.—(英语学习精英丛书)
ISBN 7-313-01397-3: ¥11.50

H31　023846
大学英语词汇与语法训练/王海啸,沈蕾编.—南京:南京大学出版社,1995.4.—282页;26cm
ISBN 7-305-02778-2: ¥13.80

H31　023847
大学英语导读/杨兆民主编.—天津:天津大学出版社,1995.10.—210页;26cm
ISBN 7-5618-0797-X: ¥18.00

H31　023848
大学英语导与练/高平主编.—大连:大连理工大学出版社,1995.8.—201页;26cm
ISBN 7-5611-1033-2: ¥11.00

H31　023849
大学英语读写教程　第一册/王海啸编.—南京:南京大学出版社,1995.10.—235页;26cm
新起点系列教材
ISBN 7-305-02862-2: ¥20.00

H31　023850
大学英语短语例解辨析/廖永煌,李昂主编.—广州:暨南大学出版社,1995.8.—443页;20cm
四、六级应试用书
ISBN 7-81029-405-9: ¥16.00

H31　023851
大学英语泛读精编:第三级/张友生等主编;梁素琴等编.—上海:上海交通大学出版社,1995.1.—178页;

20cm
ISBN 7-313-01402-3: ¥6.80

H31 023852

大学英语分级测试:二级/李书民,孙怀庆主编.—长春:吉林大学出版社,1995.8.—138页;26cm.—(大学英语晋步丛书)
ISBN 7-5601-1786-4: ¥8.30

H31 023853

大学英语分级测试:三级/孙怀庆,李书民主编.—长春:吉林大学出版社,1995.8.—157页;26cm.—(大学英语晋步丛书)
ISBN 7-5601-1787-2: ¥9.50

H31 023854

大学英语分级测试:四级/李书民,孙怀庆主编.—长春:吉林大学出版社,1995.8.—172页;26cm.—(大学英语晋步丛书)
ISBN 7-5601-1788-0: ¥10.50

H31 023855

大学英语分级测试:一级/孙怀庆,李书民主编.—长春:吉林大学出版社,1995.8.—131页;26cm.—(大学英语晋步丛书)
ISBN 7-5601-1785-6: ¥7.50

H31 023856

大学英语辅助教程/渠秀芳,吴京一主编.—南京:河海大学出版社,1995.8.—181页;26cm
ISBN 7-5630-0873-X: ¥12.50

H31 023857

大学英语改错指要/乔英主编;程林,阳明编.—上海:上海交通大学出版社,1995.3.—170页;20cm.—(英语学习精英丛书)
ISBN 7-313-01414-7: ¥6.60

H31 023858

大学英语教程自学综合辅导 第三册/陈世丹主编.—大连:辽宁师范大学出版社,1995.5.—432页;20cm
ISBN 7-81042-073-9: ¥12.50

H31 023859

大学英语教程自学综合辅导 第四册/陈世丹主编.—大连:辽宁师范大学出版社,1995.5.—448页;20cm
ISBN 7-81042-073-9: ¥13.50

H31 023860

大学英语精读1~4册同步练习/汪晓峰,杨子明主编.—北京:警官教育出版社,1995.9.—240页;26cm
文理科本科用
ISBN 7-81027-679-4: ¥16.00

H31 023861

大学英语考级必读:四级考试要点、技巧、套题分析及训练/隋玉玮主编.—大连:大连理工大学出版社,1995.1.—301页;26cm
ISBN 7-5611-0968-7: ¥16.00

H31 023862

大学英语考试四点法/杨枫,杨仲韬主编.—长春:吉林科学技术出版社,1995.12.—239页;19cm
ISBN 7-5384-1586-6: ¥12.50

H31 023863

大学英语练习集:四级/关素琴,庄其祥主编.—哈尔滨:哈尔滨工业大学出版社,1995.8.—463页;19cm
ISBN 7-5603-1096-6: ¥14.00

H31 023864

大学英语六级考试重难点精解/梁为祥主编.—合肥:安徽科学技术出版社,1995.5.—309页;19cm
ISBN 7-5337-1141-6: ¥9.00

H31 023865

大学英语四、六级应试技巧:阅读理解与题解/李薇主编.—北京:机械工业出版社,1995.8.—119页;19cm
ISBN 7-111-04803-2: ¥4.85

H31 023866

大学英语四级跟踪测试训练/冯艳荣等主编.—大连:大连理工大学出版社,1995.11.—229页;26cm
ISBN 7-5611-1078-2: ¥15.50

H31 023867

大学英语四级考试常见错误分析/范希运主编;刘海燕等编.—大连:辽宁师范大学出版社,1995.9.—188页;19cm
大学英语四级考试备考用书;5
ISBN 7-81042-085-2: ¥5.00

H31 023868

大学英语四级考试辅导/傅树斌主编;李鲁平等编.—郑州:河南人民出版社,1995.12.—289页;26cm
ISBN 7-215-03607-3: ¥16.00

H31 023869

大学英语四级考试辅导/傅树斌主编.—郑州:河南人民出版社,1995.12.—289页;26cm
ISBN 7-215-03607-3: ¥16.00

H31 023870

大学英语四级考试精编与注释 (1):试题与解答/王汉明,张丽君主编;李卉敏等编.—大连:辽宁师范大学出版社,1995.1.—185页;26cm
ISBN 7-81042-041-0: ¥8.50

H31 023871

大学英语四级考试精编与注释 (2):语法与词汇/王汉明,许迎军主编;张素艳等编.—大连:辽宁师范大学出版社,1995.1.—186页;26cm
ISBN 7-81042-041-0: ¥8.50

H31 023872

大学英语四级考试精编与注释 (3):综合填空与解答/王汉明,张丽君主编;刘艳杰等编.—大连:辽宁师范大学出版社,1995.1.—186页;26cm
ISBN 7-81042-041-0: ¥8.50

H31 023873

大学英语四级考试精编与注释 (4):阅读与解答/王汉明,刘艳杰主编;张丽君等编.—大连:辽宁师范大学出版社,1995.1.—182页;26cm
ISBN 7-81042-041-0: ¥8.50

H31 023874

大学英语四级考试阅读精选/闫传海主编.—西安:西北工业大学出版社,1995.2.—225页;19cm

ISBN 7-5612-0682-8:¥5.20

H31 023875

大学英语四级试题精编/邢立君等主编.—北京:海潮出版社,1995.3.—260页;26cm

ISBN 7-80054-664-0:¥8.70

H31 023876

大学英语四级新题型测试丛书:模拟试题/陆魁秋,章晋新主编.—长沙:湖南大学出版社,1995.12.—2册(224页);20cm

ISBN 7-81053-012-7:¥9.50

H31 023877

大学英语四级应试必读/郭平建,白爱菊主编.—北京:学苑出版社,1995.10.—266页;26cm

ISBN 7-5077-0553-6:¥18.50

H31 023878

大学英语四级应试技巧及训练指南/张景忠,刘素霞主编.—北京:军事科学出版社,1995.7.—185页;28cm

ISBN 7-80021-864-3:¥14.00

H31 023879

大学英语四级应试指要/谢东主编.—武汉:武汉工业大学出版社,1995.7.—357页;19cm

ISBN 7-5629-1003-0:¥12.00

H31 023880

大学英语四级最新题型考试指导与练习/王英主编.—北京:中国科学技术出版社,1995.9.—297页;26cm

ISBN 7-5046-2039-4:¥14.80

H31 023881

大学英语四六级和托福听力点拨:分类实践·综合提高/马迎军,张瑞莲编著.—天津:天津科技翻译出版公司,1995.2.—256页;19cm

磁带三盒

ISBN 7-5433-0731-6:¥24.80

H31 023882

大学英语阅读/娄俊岭,樊宝凤主编.—北京:中国社会出版社,1995.10.—323页;26cm

ISBN 7-80088-756-1:¥17.50

H31 023883

大学英语阅读理解与测试研究/余丽华,兰冰主编.—昆明:云南大学出版社,1995.6.—2册;26cm

ISBN 7-81025-504-5:¥16.80

H31 023884

大学英语阅读与写作知识精编:4~6级/张长祥等主编.—济南:山东大学出版社,1995.9.—244页;26cm.—(新编大学英语丛书;2)

ISBN 7-5607-1516-8:¥10.80

H31 023885

大学英语专业八级测试训练/胡向华,徐正华编.—天津:天津大学出版社,1995.8.—337页;20cm

ISBN 7-5618-0773-2:¥10.80

H31 023886

大学英语专业八级考试应试教程/宁一中等编著.—长沙:湖南科学技术出版社,1995.1.—200页;26cm

ISBN 7-5357-1523-0:¥11.90

H31 023887

大学英语自学导读 (1)/唐义均编著.—北京:外文出版社,1995.—251页;20cm.—(大学英语自学丛书)

ISBN 7-119-01796-9:¥12.80

H31 023888

大学英语自学导读 (2)/唐义均编著.—北京:外文出版社,1995.—253页;20cm.—(大学英语自学丛书)

ISBN 7-119-01797-7:¥12.80

H31 023889

大学英语自学导读 (3)/唐义均编著.—北京:外文出版社,1995.—262页;20cm.—(大学英语自学丛书)

ISBN 7-119-01798-5:¥12.80

H31 023890

大学英语自学导读 (4)/唐义均编著.—北京:外文出版社,1995.—269页;20cm.—(大学英语自学丛书)

ISBN 7-119-01799-3:¥12.80

H31 023891

大学英语自主学习与同步训练(精读) 第二册/高玉娟主编.—大连:大连理工大学出版社,1995.7.—151页;26cm

ISBN 7-5611-1006-5:¥8.00

H31 023892

大学英语自主学习与同步训练(精读) 第三册/高玉娟主编.—大连:大连理工大学出版社,1995.7.—176页;26cm

ISBN 7-5611-1006-5:¥8.00

H31 023893

大学英语自主学习与同步训练(精读) 第四册/高玉娟主编.—大连:大连理工大学出版社,1995.7.—180页;26cm

ISBN 7-5611-1006-5:¥8.00

H31 023894

大学英语自主学习与同步训练(精读) 第一册/高玉娟主编.—大连:大连理工大学出版社,1995.7.—187页;26cm

ISBN 7-5611-1006-5:¥8.00

H31 023895

大学英语自主学习与阅读指导(泛读) 第二册/高玉娟主编.—大连:大连理工大学出版社,1995.8.—158页;26cm

ISBN 7-5611-1007-3:¥10.00

H31 023896

大学英语自主学习与阅读指导(泛读) 第三册/高玉娟主编.—大连:大连理工大学出版社,1995.8.—166页;26cm

ISBN 7-5611-1007-3:¥10.00

H31 023897

大学英语自主学习与阅读指导(泛读) 第一册/高玉娟主编.—大连:大连理工大学出版社,1995.8.—183页;26cm

ISBN 7-5611-1007-3:¥10.00

H31 023898

大学英语综合能力训练集:英文/门顺德,龚长华主编.—北京:煤炭工业出版社,1995.2.—172页;26cm

ISBN 7-5020-1131-5:¥9.00

H31　023899

大学专科英语教程　第一册/熊静宜主编.—北京:原子能出版社,1995.10.—259页;20cm

ISBN 7-5022-1389-9:¥10.80

H31　023900

电话英语/林连书编.—广州:中山大学出版社,1995.1.—100页;19cm

ISBN 7-306-00935-4:¥3.50

H31　023901

电力专业英语:经济管理类/张汝器主编;电力部华北电业管理局编写.—北京:北京科学技术出版社,1995.3.—431页;19cm

ISBN 7-5304-1749-5:¥12.80

H31　023902

对外经贸英语教程/卢世雄编著.—2版.—杭州:杭州大学出版社,1995.11.—242页;20cm

ISBN 7-81035-757-3:¥8.50

H31　023903

饭店情景英语学习指南/郭兆康主编.—上海:复旦大学出版社,1995.2.—285页;20cm

ISBN 7-309-01467-7:¥11.00

H31　023904

房地产英语/钱瑛瑛编著.—上海:百家出版社,1995.9.—132页;26cm.—(中国房地产丛书/夏克强主编)

ISBN 7-80576-450-6:¥12.00

H31　023905

福建干部英语读本:初级/林兰心主编;中共福建省委干部培训领导小组编.—福州:福建教育出版社,1995.4.—222页;26cm

ISBN 7-5334-1911-1:¥6.50

H31　023906

干部中级实用英语/张相铭主编;青岛市干部教育工作领导小组办公室组织编写.—青岛:青岛出版社,1995.7.—429页;20cm.—(干部外语系列)

ISBN 7-5436-1303-4:¥16.00

H31　023907

高等学校电子类专业英语/李鹏飞等编.—北京:电子工业出版社,1995.12.—268页;26cm

ISBN 7-5053-3025-X:¥22.00

H31　023908

高等专科英语教程:读写本　第二册/杨荣泉主编;尹协钧等编.—修订本.—上海:上海交通大学出版社,1995.5.—279页;20cm

ISBN 7-313-01452-X:¥8.90

H31　023909

高等专科英语教程:读写本　第三册/杨荣泉主编;马德昆等编写.—修订本.—上海:上海交通大学出版社,1995.5.—294页;20cm

ISBN 7-313-01458-9:¥9.30

H31　023910

高等专科英语教程:读写本　第一册/杨荣泉主编.—修订本.—上海:上海交通大学出版社,1995.5.—274页;20cm

ISBN 7-313-01447-3:¥8.70

H31　023911

高等专科英语教程:泛读本/杨荣泉主编.—上海:上海交通大学出版社,1995.6.—302页;20cm

ISBN 7-313-01462-7:¥6.00

H31　023912

高级英语　第二册/张汉熙主编;王立礼编.—修订本.—北京:外语教学与研究出版社,1995.6.—268页;20cm

ISBN 7-5600-0942-5:¥7.80

H31　023913

高级英语　第一册/张汉熙主编;王立礼编.—修订本.—北京:外语教学与研究出版社,1995.6.—378页;20cm

ISBN 7-5600-0940-9:¥10.80

H31　023914

高级英语　下册/巫漪云,黄关福主编.—上海:复旦大学出版社,1995.2.—461页;20cm

ISBN 7-309-01453-7:¥13.00

H31　023915

高级英语教师用书　第二册/张汉熙编.—修订本.—北京:外语教学与研究出版社,1995.6.—413页;20cm

ISBN 7-5600-0943-3:¥11.80

H31　023916

高级英语教师用书　第一册/梅仁毅,王立礼编.—修订本.—北京:外语教学与研究出版社,1995.6.—492页;20cm

ISBN 7-5600-0941-7:¥14.80

H31　023917

高级英语阅读技能/陆炳华编著.—上海:上海外语教育出版社,1995.5.—393页;19cm

ISBN 7-81009-966-3:¥9.00

H31　023918

高校英语专业八级统考模拟试题集/刘玉珍主编.—天津:南开大学出版社,1995.2.—398页;20cm

ISBN 7-310-00821-9:¥9.90

H31　023919

高校英语专业四级考试指南/朱嫣华主编.—上海:上海外语教育出版社,1995.7.—356页;26cm

ISBN 7-81046-022-6:¥18.00

H31　023920

高校英语专业四级统考指导及测试/王涛主编.—天津:天津科技翻译出版公司,1995.6.—336页;20cm

ISBN 7-5433-0740-5:¥12.40

H31　023921

工程师英语应试指南:高级/吴启金主编;机械工业部教育司组编.—北京:机械工业出版社,1995.4.—208页;26cm

ISBN 7-111-04549-1:¥18.00

H31　023922

公安英语/张梦黎,杨朝莲主编;米红岩等编.—北京:中国检察出版社,1995.8.—187页;20cm.—(专业

英语丛书)
中等专业学校教材
ISBN 7-80086-303-4: ¥8.60

H31 **023923**
国际会计英语/崔晓霞主编.—昆明:云南大学出版社,1995.8.—147页;26cm
ISBN 7-81025-579-7: ¥8.00

H31 **023924**
国际贸易英语:国际市场、营销策略及实用语言/程晏萍,彭长征主编.—武汉:武汉工业大学出版社,1995.9.—502页;20cm
ISBN 7-5629-1023-5: ¥28.00

H31 **023925**
国际商务英语2000句/杜滨,罗耀明编著.—上海:上海交通大学出版社,1995.1.—292页;20cm.—(外贸英语系列)
ISBN 7-313-01438-4: ¥8.70

H31 **023926**
航空商务英语/张连仲编.—北京:中国商业出版社,1995.8.—424页;20cm
ISBN 7-5044-2921-X: ¥18.80

H31 **023927**
航政管理专业英语/张钦良主编.—大连:大连海事大学出版社,1995.8.—367页;26cm
ISBN 7-5632-0881-X: ¥31.80

H31 **023928**
化工英语/吴景贤主编.—北京:化学工业出版社,1995.8.—179页;20cm
中等专业学校试用教材
ISBN 7-5025-1552-6: ¥5.20

H31 **023929**
环境保护——环境工程专业英语/马志毅,苏玉民编.—北京:中国环境科学出版社,1995.6.—205页;26cm
ISBN 7-80093-834-4: ¥15.00

H31 **023930**
会计英语　下册/朱半侯等编著.—2版(修订本).—上海:上海教育出版社,1995.2.—423页;19cm
ISBN 7-5320-3260-4: ¥10.00

H31 **023931**
基础英语/姚俊德主编.—北京:中国农业出版社,1995.6.—327页;19cm
中央农业广播电视学校试用教材
ISBN 7-109-04029-1: ¥6.10

H31 **023932**
基础英语/邮电部教育司主编.—北京:人民邮电出版社,1995.1.—198页;19cm
邮电技工学校教材
ISBN 7-115-05556-4: ¥6.00

H31 **023933**
基础英语词句转换与情境会话/谭佐全等编著.—广州:广东科技出版社,1995.7.—154页;19cm
ISBN 7-5359-1513-2: ¥6.00

H31 **023934**
基础英语考试(PET)应试对策/曹文莉,韩东升编.—北京:旅游教育出版社,1995.1.—126页;26cm
本书封面作者之一为曹东生
ISBN 7-5637-0560-0: ¥8.50

H31 **023935**
基础英语能力培养导引/赵书杰主编.—郑州:河南人民出版社,1995.9.—121页;26cm
ISBN 7-215-03495-X: ¥4.80

H31 **023936**
基础英语要点集锦/金长辉编著.—上海:上海外语教育出版社,1995.7.—643页;19cm
ISBN 7-81009-960-4: ¥18.00

H31 **023937**
计算机英语/马宪庆,常晓东编.—北京:人民邮电出版社,1995.5.—624页;19cm
邮电中等专业学校教材
ISBN 7-115-05459-2: ¥12.00

H31 **023938**
计算机英语:计算机专业英语阅读/王开铸主编.—哈尔滨:哈尔滨工业大学出版社,1995.8.—235页;19cm
ISBN 7-5603-1106-7: ¥7.80

H31 **023939**
计算机英语教程/程琼主编.—郑州:河南人民出版社,1995.8.—326页;19cm
ISBN 7-215-03533-6: ¥11.50

H31 **023940**
计算机与通信专业英语/徐秀兰等编.—北京:北京邮电大学出版社,1995.12.—304页;26cm
ISBN 7-5635-0216-5: ¥20.30

H31 **023941**
计算机专业英语/朱晋蜀编.—北京:北京理工大学出版社,1995.8.—161页;19cm
中等专业学校工科电子类规划教材
ISBN 7-81045-033-6: ¥6.00

H31 **023942**
剑桥大学商务英语证书考试练习题集/孙玉浚,王士钧编.—天津:天津大学出版社,1995.8.—156页;26cm
ISBN 7-5618-0785-6: ¥10.80

H31 **023943**
剑桥商务英语证书2(BEC2)考试应试技巧及模拟试题/谌馨荪主编;李守京等编.—北京:机械工业出版社,1995.8.—210页;26cm
ISBN 7-111-04537-8: ¥16.00

H31 **023944**
剑桥商务英语证书应试指南/魏葆霖主编;张逸等编写.—上海:华东师范大学出版社,1995.1.—244页;20cm
ISBN 7-5617-1297-9: ¥8.50

H31 **023945**
进出口实务英语/曾蕙兰编著.—长春:吉林科学技术出版社;广州:广东科技出版社,1995.10.—300页;20cm.—(实用商贸英语丛书)
ISBN 7-5384-1538-6: ¥16.10

H31　　023946
经济管理英语/史培生,贾春华编著.—上海:上海人民出版社,1995.8.—339页;20cm.—(市场经济与管理者丛书/励永庆主编)
ISBN 7-208-02051-5:¥13.00

H31　　023947
经贸实用英语　(上)/韩松岭,汤静芳主编;王红等编.—北京:气象出版社,1995.7.—251页;19cm
ISBN 7-5029-1985-6:¥8.05

H31　　023948
经贸实用英语　(下)/国洪莲,汤静芳主编;王红等编.—北京:气象出版社,1995.7.—266页;19cm
ISBN 7-5029-1985-6:¥8.40

H31　　023949
经贸实用英语　(中)/国洪莲,汤静芳主编;王红等编.—北京:气象出版社,1995.7.—265页;19cm
ISBN 7-5029-1985-6:¥8.55

H31　　023950
经贸英语:上、下编合订本/李孝全,阮美华主编.—东营:石油大学出版社,1995.7.—288页;26cm
财经贸易类专业试用教材
ISBN 7-5636-0705-6:¥16.90

H31　　023951
科技英语/殷名清,谭少青编著.—成都:四川人民出版社,1995.5.—635页;19cm
高等教育自学考试用书
ISBN 7-220-02804-0:¥14.20

H31　　023952
矿山通风与安全专业英语/赵益芳等编.—北京:煤炭工业出版社,1995.5.—122页;26cm
高等学校规划教材
ISBN 7-5020-1087-4:¥4.90

H31　　023953
汽车专业英语/邓贤贵,徐达编著.—北京:人民交通出版社,1995.12.—372页;20cm
ISBN 7-114-02234-4:¥18.00

H31　　023954
巧学英语100法/李子强主编.—北京:农村读物出版社,1995.8.—397页;19cm
ISBN 7-5048-2537-9:¥12.00

H31　　023955
全国成人高校英语学习指导:1~3册合订本/张少林主编;广西成人高校英语教学协作组编写.—桂林:漓江出版社,1995.2.—312页;19cm
ISBN 7-5407-1678-9:¥8.75

H31　　023956
全国中等卫生学校教材英语教学参考书/梁遇清编.—合肥:安徽科学技术出版社,1995.2.—221页;19cm
ISBN 7-5337-1128-9:¥5.00

H31　　023957
全国专业技术资格英语等级考试辅导教材模拟试题/复旦大学专业技术资格英语等级考试辅导教材编写组编.—上海:复旦大学出版社,1995.12.—298页;19cm
全国专业技术资格英语等级考试辅导教材
ISBN 7-309-01614-9:¥12.00

H31　　023958
全国专业技术资格英语等级考试应试指导:含A、B、C三个等级/《全国专业技术资格英语等级考试应试指导》编审组编.—北京:企业管理出版社,1995.11.—486页;26cm
ISBN 7-80001-635-8:¥50.00

H31　　023959
如何学习外语/应云天著.—上海:同济大学出版社,1995.6.—104页;13cm
ISBN 7-5608-1538-3:¥2.80

H31　　023960
商贸基础英语/孔丽莎主编.—北京:中国商业出版社,1995.8.—339页;20cm
商业成人高教系列教材
ISBN 7-5044-2033-6:¥12.80

H31　　023961
商贸英语/邓汝锐主编.—北京:中国商业出版社,1995.6.—239页;19cm
国内贸易部部编中等专业学校商贸系列教材
ISBN 7-5044-1481-6:¥6.80

H31　　023962
商贸英语/顾乾毅编.—广州:华南理工大学出版社,1995.8.—484页;19cm
ISBN 7-5623-0832-2:¥13.80

H31　　023963
商贸英语900句　第三分册:外贸英语/沈建新主编;上海市东辉职业技术学校组织编写.—上海:华东理工大学出版社,1995.10.—376页;19cm.—(职校英语教学丛书)
ISBN 7-5628-0604-7:¥11.50

H31　　023964
商贸英语实用教程/刘岗,彭志忠主编.—济南:山东人民出版社,1995.8.—368页;20cm
高等学校管理专业系列教材
ISBN 7-209-01801-8:¥12.80

H31　　023965
商务英语/崔长青,张碧竹编著.—北京:中国物资出版社,1995.6.—587页;19cm
ISBN 7-5047-1088-1:¥22.00

H31　　023966
商务英语快车/田德新等编著.—西安:西北工业大学出版社,1995.10.—199页;26cm
ISBN 7-5612-0774-3:¥14.00

H31　　023967
实用国际商务英语/高文志主编.—石家庄:河北科学技术出版社,1995.1.—345页;20cm
ISBN 7-5375-1373-2:¥11.50

H31　　023968
实用计算机英语/吴拓编著.—长沙:湖南出版社,1995.2.—303页;20cm.—(实用外语学习丛书)
ISBN 7-5438-0931-1:¥9.50

H31　023969

实用金融保险英语/彭世勇编.—长沙:湖南出版社,1995.4.—271 页;20cm.—(实用外语学习丛书;9)

ISBN 7-5438-0969-9: ¥8.90

H31　023970

实用外贸英语/李宣松编著.—青岛:青岛出版社,1995.2.—339 页;20cm

ISBN 7-5436-1282-8: ¥11.00

H31　023971

实用文秘英语/胡敏主编.—2 版.—长沙:湖南出版社,1995.2.—389 页;20cm.—(实用外语学习丛书)

ISBN 7-5438-0614-2: ¥11.50

H31　023972

实用英语　第四册/楼世达主编;陈扬兴等编著.—上海:上海科技教育出版社,1995.4.—114 页;26cm

ISBN 7-5428-1119-3: ¥6.40

H31　023973

实用英语:泛读教程　第一册/国家教委高等专科英语教材编写组编.—北京:高等教育出版社,1995.8.—119 页;26cm

高等专科学校教材

ISBN 7-04-005528-7: ¥7.10

H31　023974

实用英语:综合教程　第一册/国家教委高等专科英语教材编写组编.—北京:高等教育出版社,1995.8.—271 页;26cm

高等专科学校教材

ISBN 7-04-005303-9: ¥12.90

H31　023975

水利水电专业英语/姜同主编.—北京:水利电力出版社,1995.10.—166 页;26cm

中等专业学校教材

ISBN 7-120-02211-3: ¥6.20

H31　023976

硕士研究生入学考试英语复习综合指导　1996/黄震华主编　.—北京:外语教学与研究出版社,1995.8.—407 页;26cm

ISBN 7-5600-1004-0: ¥25.80

H31　023977

硕士研究生入学考试英语考前强化训练/刘金亮,宫万春编著.—北京:现代出版社,1995.9.—465 页;19cm

ISBN 7-80028-288-0: ¥15.00

H31　023978

硕士研究生入学英语考试仿真集/李爱华等编.—武汉:华中理工大学出版社,1995.1.—227 页;20cm

附答案分析

ISBN 7-5609-1077-7: ¥6.20

H31　023979

硕士研究生入学英语考试强化训练/索金梅等编著.—天津:天津大学出版社,1995.12.—377 页;20cm

ISBN 7-5618-0825-9: ¥10.80

H31　023980

硕士研究生入学英语考试指导/王监龙主编;赵春霞等编著.—北京:清华大学出版社,1995.6.—402 页;19cm

ISBN 7-302-01860-X: ¥11.00

H31　023981

四级、六级常见错误辨析/赫英等编著.—杭州:杭州大学出版社,1995.6.—201 页;20cm.—(大学英语系列)

ISBN 7-81035-804-9: ¥5.80

H31　023982

四级统考应试策略与测试/张彤华主编.—杭州:杭州大学出版社,1995.9.—192 页;26cm.—(大学英语系列)

ISBN 7-81035-846-4: ¥11.00

H31　023983

速度与技巧:研究生英语入学考试及五、六级考试应试指南/李晓涛,薛粤云编著.—成都:四川大学出版社,1995.8.—332 页;26cm

ISBN 7-5614-1153-7: ¥17.00

H31　023984

随身听英语/孙亦丽主编.—北京:北京体育大学出版社,1995.8.—4 册;19cm

ISBN 7-81003-860-5: ¥40.00

H31　023985

体育英语教程/周正太主编.—广州:广东高等教育出版社,1995.12.—2 册;26cm

ISBN 7-5361-1670-5: ¥32.00

H31　023986

通用外语水平等级考试英语初级教程/苏州市通用外语水平等级考试办公室编.—苏州:苏州大学出版社,1995.7.—357 页;26cm

通用外语水平等级考试

ISBN 7-81037-149-5: ¥18.00

H31　023987

通用英语学习津梁/田国柱主编.—乌鲁木齐:新疆人民出版社,1995.10.—262 页;20cm

ISBN 7-228-03652-2: ¥12.90

H31　023988

外经贸英语:复习与测试/凌华倍编著.—上海:复旦大学出版社,1995.10.—259 页;20cm

ISBN 7-309-01587-8: ¥12.00

H31　023989

外贸初级英语　上册/雷雨人主编.—北京:中国对外经济贸易出版社,1995.9.—234 页;19cm

ISBN 7-80004-464-5: ¥9.00

H31　023990

外贸初级英语　下册/雷雨人主编.—北京:中国对外经济贸易出版社,1995.9.—290 页;19cm

ISBN 7-80004-465-3: ¥11.00

H31　023991

外贸谈判/陆墨珠编著.—北京:中国国际广播出版社,1995.8.—293 页;20cm

国际商业英语广播课程高等经贸院校教学用书

ISBN 7-5078-1142-5: ¥14.40

H31　023992

外贸英语:写作与套语/戚云方编著.—杭州:浙江大

学出版社,1995.12.—244 页;19cm

ISBN 7-308-01639-0:￥8.00

H31 023993

现代大学英语:大学英语四级、六级统考读本/俞德圣主编.—北京:化学工业出版社,1995.9.—308 页;26cm

ISBN 7-5025-1581-X:￥21.50

H31 023994

现代管理英语/江镜朗编著.—南京:南京大学出版社,1995.5.—342 页;26cm

ISBN 7-305-02761-8:￥27.60

H31 023995

现代商业英语与实务/卓美玲编著.—广州:广东科技出版社;长春:吉林科学技术出版社,1995.9.—301 页;20cm.—(实用商贸英语丛书)

ISBN 7-5359-1523-X:￥16.50

H31 023996

现代英语 第二册/许国璋编.—北京:商务印书馆,1995.1.—70 页;26cm

ISBN 7-100-01842-0:￥4.70

H31 023997

现代英语 第一册/许国璋编.—北京:商务印书馆,1995.1.—122 页;26cm

ISBN 7-100-01841-2:￥7.40

H31 023998

现代英语实用指导/许扬琴编.—福州:福建教育出版社,1995.3.—303 页;20cm

ISBN 7-5334-1858-1:￥13.50

H31 023999

现代英语学生练习册:第 3 级/乔梦铎主编.—2 版.—北京:高等教育出版社,1995.5.—209 页;20cm

ISBN 7-04-004436-6:￥5.30

H31 024000

现代英语学生练习册:第 4 级/辛柯主编.—2 版.—北京:高等教育出版社,1995.10.—238 页;20cm

ISBN 7-04-005375-6:￥6.75

H31 024001

想学英语吗? OK! /庄恩平编著;黄定安插图.—上海:同济大学出版社,1995.6.—159 页;19×17cm

ISBN 7-5608-1505-7:￥6.60

H31 024002

新编《大学英语》二级测试/夏国佐,高亚萍主编 .—上海:复旦大学出版社,1995.9.—188 页;26cm

ISBN 7-309-01546-0:￥12.30

H31 024003

新编《大学英语》三级测试/余建中,唐荣杰主编.—上海:复旦大学出版社,1995.9.—213 页;26cm

ISBN 7-309-01547-9:￥14.00.

H31 024004

新编《大学英语》四级测试/余建中,罗家礼主编.—上海:复旦大学出版社,1995.8.—280 页;26cm

ISBN 7-309-01548-7:￥18.50

H31 024005

新编《大学英语》一级测试/余建中,冯豫主编 .—上海:复旦大学出版社,1995.8.—199 页;26cm

ISBN 7-309-01545-2:￥13.00

H31 024006

新编《大学英语(精读)》自学指导 上册/李传英,王天锡主编 .—武汉:中国地质大学出版社,1995.10.—374 页;19cm

文理科本科用

ISBN 7-5625-1011-3:￥12.50

H31 024007

新编大学英语分级水平测试:二级/卫雪娟主编.—上海:中国纺织大学出版社,1995.8.—162 页;26cm

ISBN 7-81038-057-5:￥10.20

H31 024008

新编大学英语分级水平测试:三级/张益明,房定坚主编.—上海:中国纺织大学出版社,1995.8.—183 页;26cm

ISBN 7-81038-058-3:￥11.50

H31 024009

新编大学英语分级水平测试:四级/徐玲主编.—上海:中国纺织大学出版社,1995.8.—177 页;26cm

ISBN 7-81038-059-1:￥11.00

H31 024010

新编大学英语分级水平测试:一级/王正忠主编.—上海:中国纺织大学出版社,1995.8.—159 页;26cm

ISBN 7-81038-056-7:￥10.00

H31 024011

新编英语教程 (6)/李观仪主编.—上海:上海外语教育出版社,1995.2.—261 页;26cm

高等学校教材 英语专业用 学生用书

ISBN 7-81009-996-5:￥8.80

H31 024012

新编英语教程 (6):练习参考答案/李观仪主编.—上海:上海外语教育出版社,1995.2.—83 页;26cm

高等学校教材 英语专业用 内部发行

ISBN 7-81009-997-3:￥3.10

H31 024013

新编英语考试指导/唐爱芳主编.—上海:同济大学出版社,1995.1.—352 页;20cm

ISBN 7-5608-1400-X:￥12.00

H31 024014

新编邮政英语 第二册/万素素,王小平编.—北京:人民邮电出版社,1995.2.—402 页;20cm

邮电高等学校专科教材

ISBN 7-115-05425-8:￥9.70

H31 024015

新餐馆英语/卓美玲编著.—长春:吉林科学技术出版社;广州:广东科技出版社,1995.10.—238 页;20cm.—(实用商贸英语丛书)

ISBN 7-5384-1539-4:￥13.30

H31 024016

新贸易书信宝典/林叙仪编著.—广州:广东科技出版社,1995.9.—303 页;20cm.—(实用商贸英语丛书)

ISBN 7-5359-1521-3:￥16.50

H31 024017

新英语教程:英语阅读第六册教师参考书/萧家琛主编;吕中舌编.—北京:清华大学出版社,1995.5.—294页;19cm
ISBN 7-302-01821-9:¥8.20

H31 024018
新英语教程:英语阅读第五册教师参考书/萧家琛主编;侯成源等编.—北京:清华大学出版社,1995.5.—292页;19cm
ISBN 7-302-01820-0:¥8.20

H31 024019
许国璋《英语》:职称考试、自学考试辅导版 第二册/许国璋主编.—北京:商务印书馆,1995.7.—415页;20cm
ISBN 7-100-01729-7:¥15.60

H31 024020
许国璋《英语》:职称考试、自学考试辅导版 第一册/许国璋主编.—北京:商务印书馆,1995.7.—345页;20cm
ISBN 7-100-01728-9:¥13.10

H31 024021
学术英语教程/赵静鹏等编.—北京:国防工业出版社,1995.8.—237页;26cm
理工类三年级以上学生用
ISBN 7-118-01471-0:¥19.60

H31 024022
研究生入学考试英语复习指南与模拟试题 1996/石春祯主编;北京大学英语系编.—北京:北京大学出版社,1995.5.—391页;20cm
ISBN 7-301-02826-1:¥15.00

H31 024023
研究生入学考试英语复习专用教材/张卫平主编;张勇先等编.—北京:北京教育出版社,1995.7.—285页;26cm
ISBN 7-5303-0783-5:¥18.50

H31 024024
研究生入学考试英语新题库/白靖宇,寇菊霞编著.—西安:西北大学出版社,1995.5.—405页;19cm
ISBN 7-5604-0880-X:¥9.50

H31 024025
研究生英语测试/曾道明主编.—上海:复旦大学出版社,1995.5.—395页;20cm
ISBN 7-309-01498-7:¥13.00

H31 024026
研究生英语入学考试指导/陈克衡,陈韵韵编著.—合肥:中国科学技术大学出版社,1995.4.—169页;26cm
ISBN 7-312-00660-4:¥8.80

H31 024027
易错的英语单项选择题及详解/李延林编著.—长沙:中南工业大学出版社,1995.9.—192页;19cm
ISBN 7-81020-776-8:¥6.00

H31 024028
英汉语篇对比/杨信彰著.—福州:福建人民出版社,1995.11.—134页;20cm
ISBN 7-211-02600-6:¥6.50

H31 024029
英文商业知识入门/卓美玲编著.—广州:广东科技出版社;长春:吉林科学技术出版社,1995.9.—309页;20cm.—(实用商贸英语丛书)
ISBN 7-5359-1514-0:¥16.50

H31 024030
英语/技工学校电子类专业教材编审委员会组织编写.—北京:中国劳动出版社,1995.5.—300页;19cm
全国技工学校电子类通用教材
ISBN 7-5045-1612-0:¥7.20

H31 024031
英语/邵秋芬编著.—武汉:武汉大学出版社,1995.12.—248页;21cm
经济类专业用
ISBN 7-307-02106-4:¥7.20

H31 024032
英语/侯明君,孙忻主编.—济南:山东友谊出版社,1995.7.—384页;26cm
山东省成人高等教育教材
ISBN 7-80551-715-0:¥17.90

H31 024033
英语/赵月娥等主编.—西安:西北大学出版社,1995.8.—235页;19cm
专业技术职务晋升外语考试教材
ISBN 7-5604-0942-3:¥9.50

H31 024034
英语/魏鹰主编.—西宁:青海人民出版社,1995.12.—227页;19cm
财政、金融类专业用书
ISBN 7-225-01197-9:¥9.80

H31 024035
英语/汪榕培主编;宋非等编.—沈阳:辽宁大学出版社;长春:东北师范大学出版社,1995.10.—2册;26cm
专业技术资格外语等级考试教材
ISBN 7-5610-3039-8:¥36.00

H31 024036
英语/中等专业学校英语教材编写组编.—天津:天津科学技术出版社,1995.7.—2册;19cm
ISBN 7-5308-1909-7:¥15.30

H31 024037
英语 (3)/高介耿主编.—长沙:湖南科学技术出版社,1995.6.—241页;20cm
中等专业学校职业高级中学通用教材
ISBN 7-5357-1766-7:¥4.85

H31 024038
英语 (下)/李桂香主编;丁育秦等编.—长沙:湖南科学技术出版社,1995.1.—154页;26cm
中等卫校、中等卫生职业技术学校教材 供西医士、乡村医士专业用
ISBN 7-5357-1672-5:¥6.70

H31 024039
英语 第二册/董芳滨,路振远主编.—成都:西南财经大学出版社,1995.8.—247页;26cm

金融中等专业学校教材
ISBN 7-81017-966-7：¥17.60

H31　024040
英语　第六册/王伟明主编.—成都：西南财经大学出版社，1995.7.—165页；26cm
金融中等专业学校教材
ISBN 7-81017-970-5：¥12.80

H31　024041
英语　第三册/葛萍主编.—成都：西南财经大学出版社，1995.8.—245页；26cm
金融中等专业学校教材
ISBN 7-81017-967-5：¥17.60

H31　024042
英语　第四册/《英语》编写组编著.—北京：对外贸易教育出版社，1995.7.—226页；26cm
对外经济贸易各专业适用·学生用书
ISBN 7-81000-589-8：¥18.00

H31　024043
英语　第四册/《英语》编写组编著.—北京：对外贸易教育出版社，1995.7.—160页；26cm
对外经济贸易各专业适用·教师用书
ISBN 7-81000-593-6：¥13.50

H31　024044
英语　第五册/高培明主编.—成都：西南财经大学出版社，1995.7.—137页；26cm
金融中等专业学校教材
ISBN 7-81017-969-1：¥10.80

H31　024045
英语　第五册：教师用书/刘精忠编著.—上海：华东师范大学出版社，1995.4.—398页；20cm
高等学校教材 师范院校英语专业用
ISBN 7-5617-1271-5：¥8.80

H31　024046
英语　第一册/王守林，杨静主编.—成都：西南财经大学出版社，1995.8.—204页；26cm
金融中等专业学校教材
ISBN 7-81017-965-9：¥12.60

H31　024047
英语　上册/江苏省教委组编.—北京：高等教育出版社，1995.4.—222页；20cm
全国成人中等专业学校教材
ISBN 7-04-005299-7：¥4.85

H31　024048
英语·语篇·文体·阅读/张步通编.—长春：吉林教育出版社，1995.9.—95页；19cm
ISBN 7-5383-2629-4：¥5.00

H31　024049
英语(1)练习册/伍刚中主编.—长沙：湖南科学技术出版社，1995.7.—162页；20cm
中等专业学校职业高级中学通用教材
ISBN 7-5357-1798-5：¥3.75

H31　024050
英语(第1～2册)教学参考/伍刚中主编.—长沙：湖南科学技术出版社，1995.7.—216页；20cm
中等专业学校·职业高级中学通用教材
ISBN 7-5357-1776-4：¥9.00

H31　024051
英语：工程类/华泉坤主编；安徽省人事厅职位职称处、职称考试指导中心组织编写.—合肥：安徽科学技术出版社，1995.2.—336页；20cm
安徽省职称外语考试指定用书
ISBN 7-5337-1168-8：¥10.90

H31　024052
英语：基础分册/劳允栋主编.—南京：江苏科学技术出版社，1995.6.—350页；20cm
全国广播电视中专教材
ISBN 7-5345-1932-2：¥10.50

H31　024053
英语：农业类/梁为祥主编；安徽省人事厅职位职称处、职称考试指导中心组织编写.—合肥：安徽科学技术出版社，1995.2.—379页；20cm
安徽省职称外语考试指定用书
ISBN 7-5337-1169-6：¥12.30

H31　024054
英语：卫生类/杨有涛主编；安徽省人事厅职位职称处、职称考试指导中心组织编写.—合肥：安徽科学技术出版社，1995.2.—416页；20cm
安徽省职称外语考试指定用书
ISBN 7-5337-1172-6：¥13.40

H31　024055
英语：资格考试/陆志宝主编；国家旅游局人事劳动教育司编.—北京：旅游教育出版社，1995.8.—255页；20cm
全国导游人员资格等级考试系列教材
ISBN 7-5637-0624-0：¥13.00

H31　024056
英语：综合类·高教类通用/华泉坤主编；安徽省人事厅职位职称处、职称考试指导中心组织编写.—合肥：安徽科学技术出版社，1995.2.—375页；20cm
安徽省职称外语考试指定用书
ISBN 7-5337-1170-X：¥12.30

H31　024057
英语八级自测评估/王黎云编著.—杭州：杭州大学出版社，1995.9.—168页；26cm
ISBN 7-81035-817-0：¥9.90

H31　024058
英语交际常识：中国人与外国人之间的误会实例分析/夏纪梅主编.—广州：中山大学出版社，1995.3.—219页；20cm
ISBN 7-306-00993-1：¥7.50

H31　024059
英语面试成功之路/赵圣骅等编写.—上海：上海外语教育出版社，1995.6.—159页；19cm
ISBN 7-81009-980-9：¥4.00

H31　024060
英语难题解析/马登阁，杨联萍编著.—北京：旅游教育出版社，1995.1.—526页；20cm
ISBN 7-5637-0592-9：¥13.90

H31 024061
英语四级考试:写作/周少南,秦傲松编.—武汉:华中理工大学出版社,1995.2.—229页;19cm
ISBN 7-5609-1076-9:¥5.20

H31 024062
英语疑难例解/张芳谔,黄铁聚主编.—哈尔滨:哈尔滨船舶工程学院出版社,1995.12.—278页;19cm
ISBN 7-81007-633-7:¥10.00

H31 024063
英语语法与听力题型训练技巧 (1)/孙艳主编.—哈尔滨:东北林业大学出版社,1995.9.—90页;26cm
ISBN 7-81008-575-1:¥5.00

H31 024064
英语语言学导论/文秋芳著.—南京:江苏教育出版社,1995.2.—304页;20cm
ISBN 7-5343-2291-X:¥5.40

H31 024065
英语阅读策略与技巧/王彦彬主编;臧岿力等编著.—沈阳:东北大学出版社,1995.5.—387页;19cm
ISBN 7-81006-969-1:¥12.00

H31 024066
阅读与理解/应天主编.—北京:外语教学与研究出版社,1995.6.—387页;26cm.—(自学英语丛书)
ISBN 7-5600-0921-2:¥19.80

H31 024067
职称英语/康星华编著.—南昌:江西高校出版社,1995.12.—210页;19cm
晋升职称英语统考参考书 大学生等级考试参考用书
ISBN 7-81033-575-8:¥12.60

H31 024068
职称英语考试要览:工程、自然科学卷/袁洪庚,魏晓明主编.—兰州:兰州大学出版社,1995.1.—442页;19cm
ISBN 7-311-00787-9:¥11.40

H31 024069
职称英语考试要览:人文、社会科学卷/袁洪庚,魏晓明主编.—兰州:兰州大学出版社,1995.1.—463页;19cm
ISBN 7-311-00787-9:¥12.00

H31 024070
中级会计英语/徐仁燕,张新民主编.—北京:中国商业出版社,1995.2.—472页;20cm
ISBN 7-5044-2822-1:¥15.90

H31 024071
专业英语/朱琢华主编.—北京:煤炭工业出版社,1995.3.—293页;26cm
高等学校规划教材 矿建、交通土建专业通用
ISBN 7-5020-1032-7:¥10.75

H31 024072
综合测试/李淑芬主编;阳志清,鲁松平等编.—长沙:湖南科学技术出版社,1995.7.—232页;19cm
研究生英语实用系列教材
本套书共5册,总定价35.00元
ISBN 7-5357-1784-5:¥

H31 024073
最新GRE全真试题详解/陈晨等编.—北京:光明日报出版社,1995.1.—429页;19cm
高等学院经济类专业适用教材 附GRE高分词汇表
ISBN 7-80091-477-1:¥12.50

H31 024074
最新接待英语/叶淑霞编著.—广州:广东科技出版社;长春:吉林科学技术出版社,1995.9.—262页;20cm.—(实用商贸英语丛书)
ISBN 7-5359-1525-6:¥14.00

H31 024075
最新求职英语/刘文钦编著.—长春:吉林科学技术出版社;广州:广东科技出版社,1995.10.—216页;20cm.—(实用商贸英语丛书)
ISBN 7-5384-1536-X:¥11.90

H31 024076
最新银行英语/黄玉真编著.—长春:吉林科学技术出版社;广州:广东科技出版社,1995.10.—217页;20cm.—(实用商贸英语丛书)
ISBN 7-5384-1540-8:¥12.60

H31 024077
最新英语学习门径/黄志顺编著.—南昌:江西高校出版社,1995.6.—348页;19cm
ISBN 7-81033-502-2:¥9.20

H31-41 024078
1996年全国硕士研究生入学考试英语考试大纲:非英语专业/中华人民共和国国家教育委员会制订.—北京:高等教育出版社,1995.8.—372页;19cm
ISBN 7-04-005517-1:¥14.10

H31-41 024079
全国专业技术资格英语等级考试大纲:试行/人事部专业技术人员职称司编.—北京:外语教学与研究出版社,1995.8.—305页;19cm
ISBN 7-5600-1023-7:¥12.00

H31-42 024080
出国留学考试指导/欧阳俊林等编.—合肥:安徽科学技术出版社,1995.1.—356页;20cm
ISBN 7-5337-1021-5:¥11.80

H31-42 024081
基础英语参考书/邢建玉,张二虎主编.—北京:中国商业出版社,1995.10.—481页;19cm
自学高考经贸类指定英语教材
ISBN 7-5044-3069-2:¥19.50

H31-43 024082
大学英语六级与研考辅导教程/周开鑫主编.—重庆:西南师范大学出版社,1995.6.—364页;26cm
ISBN 7-5621-1335-1:¥18.80

H31-43 024083
大学英语三级辅导教程/周开鑫主编.—重庆:西南师范大学出版社,1995.6.—361页;26cm
ISBN 7-5621-1327-0:¥18.00

H31-43 024084
国际商务英语教程/邬性宏编著.—上海:复旦大学

出版社,1995.6.—366 页;20cm
ISBN 7-309-01477-4:¥10.00

H31-43　**024085**
建筑工程专业英语教程/魏万德,谢伟平主编;《建筑工程专业英语教程》编写组编著.—武汉:武汉工业大学出版社,1995.7.—248 页;26cm
高等学校试用教材
ISBN 7-5629-0996-2:¥16.00

H31-43　**024086**
实用外贸英语/职业高中外贸专业教材编写组编.—上海:上海科技教育出版社,1995.7.—133 页;19cm
职业高中外经贸专业教材试用本
ISBN 7-5428-1147-9:¥3.90

H31-43　**024087**
新英语教程:快读　第二册/饶建华等编.—2 版.—北京:清华大学出版社,1995.8.—81 张;26cm
ISBN 7-302-01920-7:¥4.00

H31-43　**024088**
新英语教程:快读　第一册/程建华等编.—2 版.—北京:清华大学出版社,1995.8.—81 张;26cm
ISBN 7-302-01919-3:¥4.00

H31-43　**024089**
新英语教程:听说　第三册/何福胜,范红编.—2 版.—北京:清华大学出版社,1995.8.—109 页;26cm
ISBN 7-302-01926-6:¥5.50

H31-43　**024090**
新英语教程:阅读　第三册/蒋毅君等编.—2 版.—北京:清华大学出版社,1995.7.—410 页;26cm
ISBN 7-302-01930-4:¥16.50

H31-43　**024091**
英语/孟升怀主编.—南京:东南大学出版社,1995.8.—2 册;20cm
机械工业中等专业教育机械制造专业系列教材
ISBN 7-81050-042-2:¥23.30

H31-43　**024092**
英语教程/侯建珍等主编.—哈尔滨:东北林业大学出版社,1995.9.—4 册;19cm
中等专业学校试用教材
ISBN 7-81008-565-4:¥18.80

H31-43　**024093**
英语综合技能教程/梁绛,郝冰编著.—哈尔滨:黑龙江教育出版社,1995.8.—328 页;19cm
ISBN 7-5316-2812-0:¥11.80

H31-44　**024094**
BEC 考试指导丛书:阅读/倪进主编.—合肥:中国科学技术大学出版社,1995.6.—413 页;20cm
ISBN 7-312-00693-0:¥12.80

H31-44　**024095**
GRE 类比 1000 题/胡开宝编著.—北京:清华大学出版社,1995.11.—308 页;26cm.—(出国人员备考之友)
ISBN 7-302-01981-9:¥20.00

H31-44　**024096**
GRE 语言高分探秘/崔长青,张碧竹编著.—北京:中国物资出版社,1995.12.—496 页;19cm
ISBN 7-5047-1087-3:¥20.00

H31-44　**024097**
出国人员外语水平考试 WSK(EPT)应试指导/何玲编著.—合肥:中国科学技术大学出版社,1995.9.—302 页;19cm
ISBN 7-312-00709-0:¥8.80

H31-44　**024098**
大学生、研究生熟练英语——试题汇编/熊惠珍主编.—上海:同济大学出版社,1995.12.—358 页;19cm
ISBN 7-5608-1475-1:¥14.00

H31-44　**024099**
大学英语词汇语法结构练习题集/刘学斌等编.—长春:吉林大学出版社,1995.10.—264 页;19cm
ISBN 7-5601-1819-4:¥7.50

H31-44　**024100**
大学英语二级、三级统考试题精解/王从芳编著.—天津:天津科技翻译出版公司,1995.3.—404 页;20cm
ISBN 7-5433-0680-8:¥11.0

H31-44　**024101**
大学英语二级测试题集/田秀珍主编.—长春:吉林大学出版社,1995.9.—129 页;26cm
ISBN 7-5601-1815-1:¥6.90

H31-44　**024102**
大学英语二级统考模拟试题精编/李萍主编;广州师范学院大学英语部编写.—广州:广东高等教育出版社,1995.4.—194 页;26cm
ISBN 7-5361-1643-8:¥12.00

H31-44　**024103**
大学英语二级自测试题集/于洪颖主编.—南昌:江西高校出版社,1995.2.—285 页;19cm
ISBN 7-81033-453-0:¥6.95

H31-44　**024104**
大学英语考试模拟试题集:1~3 级/柯应中主编;刘路喜,俞美君编.—上海:上海交通大学出版社,1995.9.—229 页;20cm
ISBN 7-313-01417-1:¥8.30

H31-44　**024105**
大学英语六级考试模拟试题详解/谈玉兴等编著.—南京:河海大学出版社,1995.10.—351 页;19cm
ISBN 7-5630-0892-6:¥12.00

H31-44　**024106**
大学英语四、六级考试新题型集萃/王秀珍,王大铭主编.—武汉:武汉大学出版社,1995.10.—181 页;26cm
ISBN 7-307-02051-3:¥11.80

H31-44　**024107**
大学英语四级考试模拟题集注/黄淑琳主编.—2 版.—北京:清华大学出版社,1995.11.—346 页;19cm.—(迎考热身系列丛书)
ISBN 7-302-01976-2:¥10.00

H31-44　**024108**
大学英语四级考试试题精解/范希运主编;刘海燕等编.—大连:辽宁师范大学出版社,1995.9.—186 页;19cm

大学英语四级考试备考用书;4
ISBN 7-81042-085-2:¥5.00

H31-44　024109
大学英语应试指南/曾立主编.—成都:成都科技大学出版社,1995.7.—284页;19cm
ISBN 7-5616-3037-9:¥7.80

H31-44　024110
攻关:最新研究生英语入学考试模拟试题/余运华主编.—武汉:武汉大学出版社,1995.9.—213页;26cm
ISBN 7-307-02008-4:¥13.70

H31-44　024111
江苏省通用外语(英语)水平等级考试初级英语模拟试题/赵靖宇等编.—南京:南京师范大学出版社,1995.12.—173页;20cm
ISBN 7-81047-043-4:¥6.00

H31-44　024112
考研英语测试分析与模拟/张法连主编;栗长江等编著.—北京:机械工业出版社,1995.9.—624页;19cm
ISBN 7-111-04802-4:¥28.00

H31-44　024113
民航英语水平考试指南/孙建东主编.—北京:中国民航出版社,1995.7.—229页;20cm
ISBN 7-80110-026-3:¥8.00

H31-44　024114
全国专业技术资格英语等级考试习题集/汪琦编著.—上海:上海中医药大学出版社,1995.12.—367页;20cm
ISBN 7-81010-316-4:¥23.00

H31-44　024115
全新大学英语四、六级统考模拟试题及题解/白洁等编著.—北京:机械工业出版社,1995.6.—485页;19cm
ISBN 7-111-04478-9:¥17.50

H31-44　024116
上海市通用外语(英语)水平等级考试(初级)模拟考试练习题:试用本/上海市通用外语水平等级考试办公室编.—上海:上海外语教育出版社,1995.12.—261页;20cm.—(九十年代上海紧缺人才培训工程教学系列丛书)
ISBN 7-81046-051-X:¥8.00

H31-44　024117
硕士研究生入学考试全新英语模拟试题集/陆建非,洪岗主编.—南京:河海大学出版社,1995.7.—290页;20cm
ISBN 7-5630-0876-4:¥10.50

H31-44　024118
托福经典千题评析/洪阳,庄茅主编.—北京:中国物资出版社,1995.6.—357页;19cm
ISBN 7-5047-0764-3:¥16.00

H31-44　024119
新编大学英语六级考试模拟题集精解:NEW CET-6/汪士彬主编;黄跃华等编.—天津:南开大学出版社,1995.9.—397页;20cm
ISBN 7-310-00850-2:¥12.90

H31-44　024120
新编大学英语四级强化训练题集/姜淑芬,李新民主编.—长春:吉林科学技术出版社,1995.5.—322页;19cm
ISBN 7-5384-1516-5:¥8.00

H31-44　024121
新英语教程(第二版)四级听力模拟练习/李瑞芳,黄淑林编.—北京:清华大学出版社,1995.12.—123页;19cm
ISBN 7-302-02054-X:¥4.00

H31-44　024122
研究生入学考试英语模拟试题/王洪力等编.—北京:北京师范大学出版社,1995.4.—142页;26cm.—(大学英语系列丛书)
ISBN 7-303-03800-0:¥7.00

H31-44　024123
英语试题精解/刘宗峨主编.—大连:大连海事大学出版社,1995.9.—370页;20cm
迎考热身——最新研究生入学考试
ISBN 7-5632-0921-2:¥15.00

H31-44　024124
英语四级考试精练精析1200题/熊敦礼等编.—武汉:华中理工大学出版社,1995.11.—240页;19cm
ISBN 7-5609-1167-6:¥5.50

H31-44　024125
英语自学金钥匙/刘光主编.—合肥:安徽人民出版社,1995.9.—225页;19cm
ISBN 7-212-01243-2:¥6.80

H31-44　024126
中国民航英语水平考试题集/韩丽娟主编.—北京:中国商业出版社,1995.8.—2册;20cm
ISBN 7-5044-2936-8:¥26.00

H31-44　024127
中级英语试题集粹:大学生、研究生、EPT应试必读/朱十昌等编.—上海:华东理工大学出版社,1995.3.—570页;20cm
ISBN 7-5628-0595-4:¥18.00

H31-44　024128
最新大学英语3~4级模拟试题集/廖瑛主编.—北京:气象出版社,1995.1.—161页;26cm
ISBN 7-5029-1853-1:¥9.80

H31-44　024129
最新大学英语四级测试题集/孙怀庆主编.—长春:吉林大学出版社,1995.3.—390页;20cm
ISBN 7-5601-1697-3:¥9.80

H31-44　024130
最新大学英语四级考试模拟试题精选/钱景明,解又明主编.—北京:北京大学出版社,1995.7.—283页;20cm
ISBN 7-301-02804-0:¥10.50

H31-44　024131
最新模式大学英语四级考试模拟试题及精解/孙强华编著.—合肥:安徽科学技术出版社,1995.8.—357页;19cm.—(大学英语学习指南)
ISBN 7-5337-1219-6:¥10.00

H31－44 024132
最新中高级英语习题集及疑难解 (A)/归楠华编著.—成都:电子科技大学出版社,1995.7.—369页;19cm
ISBN 7－81043－385－7:￥9.80

H31－44 024133
最新中高级英语习题集及疑难解 (B)/归楠华编著.—成都:电子科技大学出版社,1995.7.—347页;19cm
ISBN 7－81043－385－7:￥9.80

H31－53 024134
山东省大学英语教学研究论文集 (一)/山东省大学外语教学研究会编.—东营:石油大学出版社,1995.7.—292页;20cm
ISBN 7－5636－0627－0:￥9.80

H31－61 024135
情景英语词典/朱华明主编.—成都:四川人民出版社,1995.7.—798页;19cm
ISBN 7－220－02734－6:￥24.00

H31－61 024136
英美语言闪电记忆词典:小学初中版/马玉洁著.—北京:专利文献出版社,1995.11.—443页;19cm
ISBN 7－80011－178－4:￥20.00

H31－62 024137
《大学英语教程》学习指南 下册/张鑫友主编.—武汉:中国地质大学出版社,1995.10.—381页;20cm
高校英语专业学生用书
ISBN 7－5625－1010－5:￥13.00

H31－62 024138
大学英语(二级)课程辅导与应试指南/杨建军,何高大主编.—广州:华南理工大学出版社,1995.9.—574页;19cm
ISBN 7－5623－0863－2:￥17.00

H31－62 024139
大学英语二、三级考试指南/刘迎春主编.—大连:大连理工大学出版社,1995.8.—231页;26cm
ISBN 7－5611－1044－8:￥10.00

H31－62 024140
大学英语假期自测手册 上册/孙建中主编.—北京:兵器工业出版社,1995.6.—341页;19cm
ISBN 7－80038－914－6:￥7.60

H31－62 024141
大学英语假期自测手册 下册/李敦之主编.—北京:兵器工业出版社,1995.6.—305页;19cm
ISBN 7－80038－914－6:￥6.90

H31－62 024142
大学英语精读辅导手册 (上)/彭光璇,岑如意主编.—天津:天津大学出版社,1995.9.—235页;19cm.—(英语学习指导丛书)
ISBN 7－5618－0759－7:￥8.60

H31－62 024143
大学英语精读辅导手册 (下)/高云智,曾立主编.—天津:天津大学出版社,1995.9.—255页;19cm.—(英语学习指导丛书)
ISBN 7－5618－0793－7:￥9.80

H31－62 024144
大学英语升级考试指南/郭晓燕编著.—北京:中国工人出版社,1995.3.—310页;20cm
ISBN 7－5008－1738－X:￥15.00

H31－62 024145
电大英语学生手册 (Ⅲ)/鄂鹤年等编.—北京:中央广播电视大学出版社,1995.5.—267页;26cm
中央广播电视大学教材
ISBN 7－304－01186－6:￥18.70

H31－62 024146
高级英语考试指南/顾南华编著.—3版(修订版).—武汉:华中理工大学出版社,1995.9.—888页;19cm.—(顾南华英语考试丛书)
ISBN 7－5609－1043－2:￥19.50

H31－62 024147
高校英语专业八级考试指南/朱嫣华主编.—上海:上海外语教育出版社,1995.12.—377页;26cm
ISBN 7－81046－030－7:￥25.00

H31－62 024148
全国外销员外贸英语统考辅导手册/隋思忠主编.—北京:对外贸易教育出版社,1995.6.—492页;20cm
ISBN 7－81000－711－4:￥23.50

H31－62 024149
硕士研究生入学英语考试指南/李景雨主编.—天津:南开大学出版社,1995.9.—516页;20cm
ISBN 7－310－00875－8:￥16.50

H31－62 024150
研究生入学考试英语综合复习指南 1996/严旭阳,陈民惠主编.—北京:宇航出版社,1995.6.—368页;26cm
ISBN 7－80034－784－2:￥25.00

H31－62 024151
英语等级考试(中级)指南:试题精编/程星华,朱士昌编著.—上海:华东理工大学出版社,1995.5.—402页;19cm
ISBN 7－5628－0592－X:￥11.50

H31－62 024152
英语应试指导手册 第二册/顾文佳编著.—北京:光明日报出版社,1995.1.—424页;20cm
ISBN 7－80091－636－7:￥15.00

H31－62 024153
英语应试指导手册 第一册/顾文佳编著.—北京:光明日报出版社,1995.1.—441页;20cm
ISBN 7－80091－636－7:￥15.00

H31－62 024154
最新研究生入学英语应试指南/李晔编著.—成都:电子科技大学出版社,1995.10.—335页;20cm
ISBN 7－81043－299－0:￥11.50

H31－64 024155
标准英语字母表.—济南:山东友谊出版社,1995.8.—1张;77×53cm
￥3.40

H310.1 024156

美国商贸英语/施蔼仪编译.—北京:国际文化出版公司,1995.12.—270,40页;20cm
原版引进
ISBN 7-80105-322-2: ¥16.00

H310.9 024157
英语的发展与英美语的比较/戚文琴编著.—北京:旅游教育出版社,1995.1.—135页;19cm
ISBN 7-5637-0565-1: ¥3.80

H310.9 024158
英语美语特点及发展趋势/杨道英等著.—西安:陕西人民教育出版社,1995.8.—568页;20cm
ISBN 7-5419-4394-0: ¥19.50

H310.9 024159
英语史话/解楚兰著.—南京:江苏教育出版社,1995.5.—170页;19cm
ISBN 7-5343-2313-4: ¥4.15

H311 024160
标准英语音标表.—济南:山东友谊出版社,1995.8.—1张;77×53cm
¥3.40

H311 024161
实用英语语音学/周朝华,张建华主编 .—沈阳:辽宁人民出版社,1995.4.—120页;26cm
ISBN 7-205-03241-5: ¥9.50

H311 024162
实用英语语音训练教程/戴淑艳编著 .—长春:吉林大学出版社,1995.9.—201页;20cm
ISBN 7-5601-1810-0: ¥7.00

H311 024163
英汉比较语音学/赵德梅编著.—青岛:青岛海洋大学出版社,1995.12.—328页;20cm
ISBN 7-81026-796-5: ¥10.00

H311 024164
英语国际音标卡片/小宇编绘.—长沙:湖南少年儿童出版社,1995.12.—48张;19cm
ISBN 7-5358-1093-4: ¥5.50

H313 024165
AAA **双向式英语词汇星火式巧记速记**/马德高,李文丛主编.—济南:山东人民出版社,1995.8.—531页;19cm.—(英语星火式巧记速记系列)
ISBN 7-209-01663-5: ¥16.80

H313 024166
《大学英语泛读》词语汇编/苑淑文主编.—北京:机械工业出版社,1995.2.—213页;26cm
ISBN 7-111-04452-5: ¥13.00

H313 024167
常用短语和搭配/黄淑琳编.—北京:清华大学出版社,1995.8.—344页;19cm.—(大学英语词汇丛书)
ISBN 7-302-01891-X: ¥10.00

H313 024168
出国必备英语词语/伍谦光编著.—北京:世界图书出版公司,1995.3.—364页;19cm
ISBN 7-5062-2018-0: ¥11.50

H313 024169
大学四级英语应试词汇测试1200题/闫传海,张梅娟编著.—西安:西北工业大学出版社,1995.2.—275页;19cm
据新版大纲词表编写 文、理、工科通用
ISBN 7-5612-0683-6: ¥5.50

H313 024170
大学英语词汇联想式快速记忆法/尹富林编.—上海:上海科学技术文献出版社,1995.3.—354页;19cm
ISBN 7-5439-0551-5: ¥18.30

H313 024171
大学英语词汇同步测试专集 (上)/袁桂英主编.—武汉:武汉测绘科技大学出版社,1995.8.—237页;19cm
全套2册,总定价:15.00元
ISBN 7-81030-406-2: ¥0.00

H313 024172
大学英语四、六级通用词汇/王宇,韩志明主编.—长春:东北师范大学出版社,1995.10.—386页;19cm
ISBN 7-5602-1673-0: ¥9.50

H313 024173
大学英语四级词汇精练/谢芳,吴丽敏主编.—北京:兵器工业出版社,1995.8.—325页;20cm
ISBN 7-80038-910-3: ¥9.60

H313 024174
大学英语四级词组用法手册:94年修订版/王兴国编.—北京:北京航空航天大学出版社,1995.3.—182页;19cm
ISBN 7-81012-544-3: ¥5.80

H313 024175
大学英语四六级词汇突破:动词·副词·短语·介词/王艳萍,郭喜玲主编.—哈尔滨:哈尔滨工业大学出版社,1995.3.—395页;19cm
含新增800词
ISBN 7-5603-1076-1: ¥9.80

H313 024176
大学英语四六级词汇突破:名词·形容词·连词·代词/王艳萍,郭喜玲主编.—哈尔滨:哈尔滨工业大学出版社,1995.3.—416页;19cm
含新增800词
ISBN 7-5603-1076-1: ¥9.80

H313 024177
大学英语通用词汇分类记忆:1~4级/李桂云主编;朱晓慧等编.—武汉:武汉测绘科技大学出版社,1995.3.—290页;19cm.—(大学英语统考必备)
ISBN 7-81030-375-9: ¥5.80

H313 024178
大学英语同步学习词汇 第二册/李秋明主编.—大连:大连理工大学出版社,1995.7.—237页;19cm
ISBN 7-5611-1008-1: ¥6.50

H313 024179
大学英语同步学习词汇 第四册/李秋明主编.—大连:大连理工大学出版社,1995.7.—335页;19cm
ISBN 7-5611-1008-1: ¥6.50

H313 024180

大学英语同步学习词汇　第一册/李秋明主编.—大连:大连理工大学出版社,1995.7.—231页;19cm
ISBN 7-5611-1008-1:¥6.50

H313　024181
大学英语易错易混词语辨析/马德高,文蔚主编.—济南:山东人民出版社,1995.8.—2册;19cm.—(英语星火式巧记速记系列)
ISBN 7-209-01799-2:¥16.80

H313　024182
三、四、六级测试 硕士生入学考试英语分级词汇表/李星主编.—武汉:武汉工业大学出版社,1995.7.—375页;19cm
ISBN 7-5629-1001-4:¥13.50

H313　024183
实用英语词组/李圣鑫等编.—福州:福建教育出版社,1995.3.—827页;19cm
ISBN 7-5334-1816-6(精装):¥35.00

H313　024184
实用英语用法指南/于相祥,饶健华编著.—长沙:国防科技大学出版社,1995.12.—456页;19cm
ISBN 7-81024-355-1:¥18.00

H313　024185
谈笑下英伦:象形英语记忆法/宋宜昌著.—北京:学苑出版社,1995.1.—234页;19cm
ISBN 7-5077-0904-3:¥5.95

H313　024186
同根词解析/黄淑琳主编,时博,李甸编.—北京:清华大学出版社,1995.4.—424页;19cm.—(大学英语词汇丛书)
ISBN 7-302-01672-0:¥11.50

H313　024187
突破大学英语四级词汇难关/孙湘生,陆魁秋主编.—长沙:湖南师范大学出版社,1995.7.—307页;20cm.—(大学英语四级考试教程)
ISBN 7-81031-445-9:¥8.80

H313　024188
新编活用大学英语通用词汇/刘鉴生,李剑波主编.—大连:大连海事大学出版社,1995.6.—340页;19cm
ISBN 7-5632-0899-2:¥11.00

H313　024189
医学检验英语词汇快速记忆/肖质编著.—昆明:云南科技出版社,1995.4.—246页;19cm
ISBN 7-5416-0665-0:¥8.80

H313　024190
英语6000关键词与检测/夏政,胡燕平编.—2版.—重庆:重庆出版社,1995.1.—312页;19cm
ISBN 7-5366-2215-5:¥7.80

H313　024191
英语常用8000词测试/崔建社编著.—长沙:中南工业大学出版社,1995.10.—597页;19cm
ISBN 7-81020-779-2:¥21.00

H313　024192
英语词汇的魅力/王逢鑫著.—北京:北京大学出版社,1995.10.—304页;18cm
ISBN 7-301-02854-7:¥11.50

H313　024193
英语词汇多途径记忆/左九如等编.—武汉:华中理工大学出版社,1995.9.—354页;20cm
ISBN 7-5609-1098-X:¥9.80

H313　024194
英语词汇逻辑记忆法/黎学智著.—长春:吉林科学技术出版社,1995.7.—559页;19cm
中央电视台教育节目用书
ISBN 7-5384-0358-2:¥18.00

H313　024195
英语单词科学记忆法:大学文理科版/李平武主编;陈开俊等编.—福州:福建人民出版社,1995.6.—648页;19cm
ISBN 7-211-02322-8:¥21.00

H313　024196
英语单词学得快系列丛书:新编许国璋英语(1993年版)/梁兴哲主编;齐艳洁等编.—北京:中国农业科技出版社,1995.7.—506页;20cm
ISBN 7-80026-865-9:¥16.00

H313　024197
英语麻烦词语一点通/刘海燕,魏健主编.—郑州:河南人民出版社,1995.9.—323页;19cm
ISBN 7-215-03518-2:¥9.80

H313　024198
英语易混词语辨析1000例/童慎耀主编.—沈阳:辽宁人民出版社,1995.12.—513页;19cm
ISBN 7-205-03530-9:¥15.50

H313　024199
最新大学四级英语词汇分类习题详解/张光前著.—合肥:安徽科学技术出版社,1995.6.—268页;19cm
ISBN 7-5337-1217-X:¥7.90

H313　024200
最新英汉双解CET、EPT词汇记忆捷经/齐振海主编.—3版.—北京:现代出版社,1995.11.—332页;19cm
全国大学英语外语水平考试辅导材料
ISBN 7-80028-226-0:¥9.00

H313-44　024201
大学英语词汇认知检测题/裴邦贵,李鸿春主编.—武汉:武汉工业大学出版社,1995.8.—128页;26cm
ISBN 7-5629-1004-9:¥8.00

H313-44　024202
如何提高四、六级词汇(新大纲)应试能力/陈纪梁,陶伟编著.—合肥:中国科学技术大学出版社,1995.9.—242页;19cm.—(大学英语学习指南)
ISBN 7-312-00682-5:¥6.50

H313-44　024203
新编大学英语词汇试题集:1~4级/庄恩平,庄恩忠编著.—上海:上海外语教育出版社,1995.9.—210页;26cm
ISBN 7-81046-026-9:¥13.80

H313-61　024204

大学核心英语词汇补充词典/黄忠廉，周永模主编.—北京:航空工业出版社，1995.12.—292页;19cm

ISBN 7-80046-914-X: ¥15.50

H313-61　　024205

简明汉英新词语词典/张健，唐见端编著.—北京:金盾出版社，1995.12.—511页;13cm

ISBN 7-80022-981-5(精装): ¥9.90

H313-61　　024206

新编大学英语考试词语与用法词典/蔡昌卓主编.—桂林:漓江出版社，1995.1.—305页;19cm

ISBN 7-5407-1665-7: ¥5.75

H313-61　　024207

英语常考词实用多功能大词典/郑太平等主编.—长沙:湖南科学技术出版社，1995.12.—645页;19cm

ISBN 7-5357-1753-5: ¥30.00

H313-62　　024208

常用英语词汇用法手册/谭佐全主编.—广州:广东科技出版社，1995.6.—649页;19cm

ISBN 7-5359-1462-4: ¥20.00

H313-62　　024209

大学英语四级通用4000词汇学习手册/杜宝胜等编.—南京:东南大学出版社，1995.12.—635页;20cm.—(大学英语教学和应试丛书;1)

ISBN 7-81050-103-8: ¥22.00

H313-62　　024210

大学英语通用词汇用法手册/王正文等编著.—南京:译林出版社，1995.5.—424页;19cm

ISBN 7-80567-387-X: ¥10.00

H313-62　　024211

大学英语袖珍词汇手册/殷元骥，施昌美编著.—南京:江苏教育出版社，1995.5.—578页;15×10cm

ISBN 7-5343-2321-5: ¥5.95

H313-62　　024212

精选·分级大学英语词汇手册/史冰岩等编.—上海:上海科学普及出版社，1995.10.—443页;19cm

ISBN 7-5427-0937-2: ¥14.00

H313-62　　024213

新编大学英语词汇手册/司树森，司亮编著.—北京:宇航出版社，1995.5.—393页;19cm

ISBN 7-80034-786-9: ¥10.00

H313-62　　024214

研究生入学考试英语词汇专项复习指南　1996/严旭阳，陈民惠主编.—北京:宇航出版社，1995.6.—366页;26cm

ISBN 7-80034-783-4: ¥25.00

H313-62　　024215

研究生英语词汇实用手册/林强等编.—北京:中国电力出版社，1995.12.—148页;19cm

ISBN 7-80125-037-0: ¥6.70

H313-62　　024216

英语疑难大全/毕勤胜编.—天津:天津大学出版社，1995.5.—709页;19cm

ISBN 7-5618-0640-X(精装): ¥28.00

①H313-62②TP3-62　　024217

电脑起步必备英语词语手册/林慕新著.—北京:光明日报出版社，1995.5.—276页;19cm.—(起步丛书)

ISBN 7-80091-646-4: ¥7.90

H313.1　　024218

10000英语单词联想记忆/徐坚著.—北京:旅游教育出版社，1995.1.—548页;19cm

ISBN 7-5637-0582-1: ¥13.00

H313.1　　024219

4000英语单词核心密码破译/黄青山主编.—武汉:武汉出版社，1995.8.—410页;17×10cm

ISBN 7-5430-1369-X: ¥10.00

H313.1　　024220

NMET词汇用法与操练/杨德平主编;张德琼等编.—武汉:湖北教育出版社，1995.4.—341页;20cm

ISBN 7-5351-1600-0: ¥9.60

H313.1　　024221

《大学英语教程》第三、四册分级词汇/安纯人，刘国尧编.—银川:宁夏人民出版社，1995.9.—154页;20cm

附语言点提示

ISBN 7-227-01520-3: ¥8.00

H313.1　　024222

大学英语4500基础词/李寄主编;李庆国，金鑫荣编.—上海:上海科学技术出版社，1995.12.—315页;20cm

文理工通用

ISBN 7-5323-3821-5(精装): ¥20.00

H313.1　　024223

大学英语5000词速记捷径/倪志良，赵春玲著.—天津:天津科学技术出版社，1995.5.—172页;19cm

ISBN 7-5308-1658-6: ¥5.00

H313.1　　024224

大学英语词汇/刘学云等主编.—青岛:青岛海洋大学出版社，1995.8.—471页;20cm

ISBN 7-81026-744-2: ¥13.50

H313.1　　024225

大学英语四级考试最新词汇4000/范希运主编;吴建等编.—大连:辽宁师范大学出版社，1995.9.—186页;19cm

大学英语四级考试备考用书(1)

ISBN 7-81042-085-2: ¥5.00

H313.1　　024226

硕士研究生、博士研究生学位课程考试及入学考试英语词汇/曹元寿主编;李建华等编.—北京:北京理工大学出版社，1995.12.—406页;19cm

ISBN 7-81045-072-7: ¥15.50

H313.1　　024227

统测必备大学英语精读词汇　(下)/吴燮元等编.—杭州:浙江科学技术出版社，1995.8.—164页;19cm

ISBN 7-5341-0752-0: ¥8.00

H313.1　　024228

英文单字分解记忆法:探索英语字首字根字尾的秘密/蒋争著.—北京:世界图书出版公司北京公司;台湾:笛藤出版图书有限公司，1995.7.—365页;20cm.—(BWPC语言学习丛书)

ISBN 7-5062-2571-9：¥9.80

H313.1　　　　024229

英语基本词分解·观察·联想速记法/李道生著.—武汉：武汉大学出版社，1995.6.—351页；20cm

ISBN 7-307-01951-5：¥10.50

H313.1　　　　024230

英语基本词汇快速记忆/许俊农主编；宣东等编著.—合肥：安徽人民出版社，1995.2.—333页；20cm

ISBN 7-212-01180-0：¥10.00

H313.1　　　　024231

英语快速记忆20000词：组块、阶梯记忆法/顾元达编著.—南京：江苏教育出版社，1995.10.—594页；20cm

ISBN 7-5343-2490-4：¥14.95

H313.1　　　　024232

最新大学英语教学大纲通用词汇详解手册：1～4级/侯宁海主编.—南京：河海大学出版社，1995.8.—431页；19cm

ISBN 7-5630-0787-3：¥13.00

H313.1　　　　024233

最新英语8000单词科学记忆法/佳坤编著.—大连：辽宁师范大学出版社，1995.9.—313页；19cm

ISBN 7-81042-095-X：¥11.50

①H313.1②F719-61　　　　024234

汉英对照饭店词汇/陈江，林缨编写.—北京：中国旅游出版社，1995.4.—248页；19cm

ISBN 7-5032-1105-9：¥8.00

H313.1-43　　　　024235

新大学英语词汇听记教程/徐进等编.—成都：成都科技大学出版社，1995.9.—222页；19cm

ISBN 7-5616-3173-1：¥6.50

H313.1-61　　　　024236

大学英语单词形象联想记忆词典/陆康生著.—北京：航空工业出版社，1995.5.—447页；19cm

英汉快速记忆工具书

ISBN 7-80046-811-9：¥16.00

H313.1-61　　　　024237

新编大学英语通用词汇用法词典/李灏主编；王梅英等编写.—徐州：中国矿业大学出版社，1995.10.—412页；19cm

ISBN 7-81040-418-0：¥13.00

H313.1-61　　　　024238

英语万词千句百事典/董蕾等编著.—北京：中国环境科学出版社，1995.4.—330页；19cm

ISBN 7-80093-687-2：¥14.60

H313.1-62　　　　024239

大学英语常用词用法手册/王兴国主编；刘喜文，刘大军编.—北京：北京航空航天大学出版社，1995.9.—526页；18cm

ISBN 7-81012-583-4：¥19.00

H313.1-62　　　　024240

大学英语通用词汇多用手册/赵清顺主编.—武汉：武汉测绘科技大学出版社，1995.9.—364页；19cm

ISBN 7-81030-412-7：¥10.00

H313.1-62　　　　024241

倒序大学英语单词学得快手册/梁兴哲主编.—北京：冶金工业出版社，1995.12.—181页；26cm

ISBN 7-5024-1806-7：¥16.50

H313.1-62　　　　024242

电视机、录像机、游戏机、收音机、录音机、电子琴常用英汉词汇对照手册/郑雯等编译.—济南：济南出版社，1995.3.—181页；16cm

ISBN 7-80572-936-0：¥6.00

H313.1-62　　　　024243

新编英语常用词例解手册/俞颂熙主编；王霞一等编.—北京：机械工业出版社，1995.8.—651页；19cm

ISBN 7-111-04748-6：¥30.00

H313.1-62　　　　024244

英语词汇学习指南　（上）/张国保，潘前进主编.—太原：山西高校联合出版社，1995.8.—486页；20cm

ISBN 7-81032-797-6：¥14.00

H313.1-62　　　　024245

最新大学英语词汇手册/刘俊烈主编.—合肥：安徽科学技术出版社，1995.8.—378页；20cm

供大学本科、专科生使用

ISBN 7-5337-1233-1：¥11.80

H313.2　　　　024246

英语同义词辨析手册/刘世英主编.—长春：吉林教育出版社，1995.7.—220页；19cm

ISBN 7-5383-2588-3：¥6.80

H313.2　　　　024247

英语易混淆词400对/周林编著.—北京：农村读物出版社，1995.8.—224页；19cm

ISBN 7-5048-2556-5：¥8.50

H313.2-61　　　　024248

现代英语近义词词典/王英主编；梁学伦等编.—天津：天津科学技术出版社，1995.1.—715页；19cm

ISBN 7-5308-1650-0：¥20.00

H313.2-61　　　　024249

英语近义短语用法词典/王达金主编.—武汉：华中理工大学出版社，1995.11.—729页；19cm

ISBN 7-5609-1084-X(精装)：¥30.00

H313.2-61　　　　024250

英语同义词大全/段平等编译.—郑州：河南人民出版社，1995.1.—1558页；20cm

ISBN 7-215-01157-7(精装)：¥46.00

H313.2-62　　　　024251

大学英语常用反义词手册/王兴国编.—北京：北京航空航天大学出版社，1995.10.—277页；18cm

ISBN 7-81012-595-8：¥9.20

H313.3　　　　024252

爱的絮语/王问生，沈蕾编译.—北京：北京大学出版社，1995.9.—281页；19cm.—(英汉对照·外国格言系列)

ISBN 7-301-02850-4：¥9.60

H313.3　　　　024253

常用英语成语词典/侯梅琴著.—2版.—广州：广东教育出版社，1995.7.—679页；20cm

ISBN 7-5406-2862-6: ¥21.00

H313.3　024254

成功步履/封一函编译.—北京:北京大学出版社,1995.9.—194页;19cm.—(英汉对照·外国格言系列)

ISBN 7-301-02852-0: ¥7.30

H313.3　024255

当代英语格言300句/龚景浩编注.—上海:上海译文出版社,1995.2.—69页;15×9cm

附汉语解释

ISBN 7-5327-1555-8: ¥2.30

H313.3　024256

人生心迹/朱刚,杨晋编译.—北京:北京大学出版社,1995.9.—177页;19cm.—(英汉对照·外国格言系列)

ISBN 7-301-02849-0: ¥6.60

H313.3　024257

商海箴言/(美)莫兰(Moran.R.)著;王佐良译.—北京:北京大学出版社,1995.9.—81页;19cm.—(英汉对照·外国格言系列)

ISBN 7-301-02853-9: ¥3.70

H313.3　024258

通俗美国习语集萃/(美)柯里,(美)拉夫琳编著;霍建强等编译.—北京:北京师范大学出版社,1995.10.—587页;19cm.—(走向英语世界)

著者原题:迪安·科里,谢利·万斯·拉夫琳

ISBN 7-303-03446-3: ¥15.50

H313.3　024259

现代英美常用习语/方飞编著.—上海:上海外语教育出版社,1995.11.—307页;15×10cm

ISBN 7-81009-969-8: ¥7.00

H313.3　024260

学苑警句/赵伯英编译.—北京:北京大学出版社,1995.9.—457页;19cm.—(英汉对照·外国格言系列)

ISBN 7-301-02851-2: ¥14.80

H313.3　024261

英语名言、格言、警言、赠言菁华/肖坤学等编译.—长沙:中南工业大学出版社,1995.12.—154页;19cm

ISBN 7-81020-773-3: ¥6.00

H313.3-61　024262

常用汉语成语英译词典/侯梅琴著.—广州:广东教育出版社,1995.10.—754页;20cm

ISBN 7-5406-2848-0: ¥24.75

H313.3-61　024263

朗文英汉双解英语成语辞典.—上海:上海科学技术出版社;香港:朗文出版亚洲有限公司,1995.10.—582页;20cm

ISBN 7-5323-3901-7(精装): ¥35.00

H313.3-61　024264

美国常用成语及短语词典/刘光炜编著.—北京:商务印书馆国际有限公司,1995.1.—559页;19cm

ISBN 7-80103-090-7(精装): ¥27.00

H313.3-61　024265

实用英语成语词典/沈玲芬编著.—太原:山西科学技术出版社,1995.1.—303页;19cm

ISBN 7-5377-1050-3: ¥10.00

H313.3-61　024266

新编汉英对等成语词典/谢大任编.—合肥:安徽科学技术出版社,1995.12.—193页;19cm

ISBN 7-5337-0946-2: ¥7.00

H313.3-61　024267

英汉亚文化词典/王吉玉等编译.—石家庄:河北教育出版社,1995.9.—398页;20cm

ISBN 7-5434-1850-9: ¥14.40

H313.3-61　024268

英语短语成语特殊用法词典/廖文渊主编.—武汉:湖北教育出版社,1995.3.—866页;20cm

ISBN 7-5351-1337-0: ¥24.80

H313.6-61　024269

新英汉缩略语词典/史群编.—北京:商务印书馆,1995.4.—1035页;20cm

ISBN 7-100-01449-2(精装): ¥33.70

H313.61　024270

英语人体成语词典/季拜华,刘阳编.—天津:天津人民出版社,1995.10.—343页;19cm

ISBN 7-201-01838-8: ¥14.80

H314　024271

词汇与完形填空/罗德芬主编;杨庆萍,曹立等编.—长沙:湖南科学技术出版社,1995.7.—221页;19cm

研究生英语实用系列教材

本套书共5册,总定价:35.00元

ISBN 7-5357-1784-5: ¥

H314　024272

大学英语词汇用法精编/黄人杰主编.—上海:上海交通大学出版社,1995.8.—559页;20cm

ISBN 7-313-01503-8: ¥18.80

H314　024273

大学英语级别考试词语辨析与例解/杨珏,刘育文主编.—北京:气象出版社,1995.5.—252页;26cm

ISBN 7-5029-1910-4: ¥14.50

H314　024274

大学英语四级语法应试捷径/彭萍,赵毅编著.—成都:四川大学出版社,1995.5.—226页;19cm

ISBN 7-5614-1154-5: ¥5.80

H314　024275

大学英语完形填空指要/乔英主编;李加宣,夏莲莲编.—上海:上海交通大学出版社,1995.7.—176页;20cm.—(英语学习精英丛书)

ISBN 7-313-01419-8: ¥7.20

H314　024276

大学英语语法精讲与实践/张树臻,田祖开主编.—修订版.—东营:石油大学出版社,1995.3.—248页;26cm

ISBN 7-5636-0577-0: ¥11.50

H314　024277

大学英语语法精萃/郑玉琪,孙迪民编.—南京:东南大学出版社,1995.12.—279页;26cm

ISBN 7-81050-070-8: ¥19.50

H314　024278

大专英语语法教程/张少伯主编.—杭州:杭州大学出版社,1995.4.—349页;19cm.—(大学英语系列)
ISBN 7-81035-749-2:¥9.80

H314　　　　024279
活用图解英语语法/陈启贤,陈明亮编.—北京:知识出版社:建宏出版社,1995.5.—561页;19cm
ISBN 7-5015-0511-X:¥25.00

H314　　　　024280
基础英语语法及训练/缪笑怡,陈道明编著.—广州:暨南大学出版社,1995.12.—458页;20cm
基础英语教材系列
ISBN 7-81029-553-5:¥19.80

H314　　　　024281
简明医用英语语法/李虹主编;兰勇等编著.—北京:海潮出版社,1995.4.—289页;19cm
ISBN 7-80054-660-8:¥12.90

H314　　　　024282
剑桥英语语法:第二版/(英)墨菲(Muiphy, R.)著;韩闽红,赵东泓编译.—北京:外语教学与研究出版社;剑桥:剑桥大学出版社,1995.10.—35页;26cm
附练习及答案
ISBN 7-5600-1037-7:¥33.00

H314　　　　024283
科技英语应用话语分析/陈忠华,管新平著.—武汉:湖北教育出版社,1995.9.—158页;20cm
ISBN 7-5351-1717-1:¥5.50

H314　　　　024284
实用大学英语语法/丁丽军,何岑成主编;许丽芹等编.—南昌:江西科学技术出版社,1995.12.—205页;26cm
ISBN 7-5390-1013-4:¥12.00

H314　　　　024285
实用英语语法/张道真编著.—修订本.—北京:外语教学与研究出版社,1995.8.—738页;20cm
ISBN 7-5600-1005-9:¥22.80

H314　　　　024286
实用英语语法基础/叶明儿编.—北京:中国环境科学出版社,1995.7.—141页;19cm
ISBN 7-80093-794-1:¥7.50

H314　　　　024287
现代大学英语语法与测试/张廷国主编;钟明等编.—东营:石油大学出版社,1995.8.—363页;20cm
ISBN 7-5636-0716-1:¥12.90

H314　　　　024288
新编大学英语语法及训练/汪士彬主编;迟传荣等编.—天津:天津科技翻译出版公司,1995.6.—453页;20cm
ISBN 7-5433-0742-1:¥11.60

H314　　　　024289
新编英语语法教程/章振邦主编;张月祥,强增吉编.—2版.—上海:上海外语教育出版社,1995.6.—805页;20cm
高等学校教材 学生用书
ISBN 7-81009-799-7:¥12.30

H314　　　　024290
新编英语语法教程/章振邦主编.—上海:上海外语教育出版社,1995.6.—419页;20cm
高等学校教材 教师用书
ISBN 7-81009-885-3:¥8.00

H314　　　　024291
形象·联想·学英语/叶永昌主编.—天津:天津大学出版社,1995.6.—231页;19cm
ISBN 7-5618-0761-9:¥7.00

H314　　　　024292
袖珍中级英语语法/尚志强,张振盛主编.—北京:中国商业出版社,1995.4.—359页;17×10cm
ISBN 7-5044-2339-4:¥5.80

H314　　　　024293
学生实用英语语法/彭许根主编.—武汉:华中理工大学出版社,1995.6.—652页;19cm.—(英语银手杖系列)
ISBN 7-5609-1079-3:¥13.50

H314　　　　024294
医学英语实用语法和翻译技巧/王重稼编著.—上海:上海医科大学出版社,1995.7.—793页;19cm
ISBN 7-5627-0256-X(精装):¥49.00

H314　　　　024295
英语动词填空与句型转换/肖心为主编;周伟芳等编.—上海:华东理工大学出版社,1995.1.—208页;19cm
ISBN 7-5628-0544-X:¥6.40

H314　　　　024296
英语结构难题解析:大学英语四、六级及托福测试实用指导/姚林生编注.—上海:复旦大学出版社,1995.4.—391页;19cm
ISBN 7-309-01486-3:¥10.00

H314　　　　024297
英语口诀语法/李忠华著.—2版(修订本).—沈阳:辽宁科学技术出版社,1995.5.—666页;19cm
ISBN 7-5381-1536-6:¥18.00

H314　　　　024298
英语模式语法精编/徐兵主编.—大连:大连理工大学出版社,1995.6.—311页;26cm
ISBN 7-5611-1001-4:¥16.00

H314　　　　024299
英语模式语法精编练习/徐兵主编.—大连:大连理工大学出版社,1995.12.—138页;26cm
ISBN 7-5611-1077-4:¥9.50

H314　　　　024300
英语完形填空:解题方法、题集及题解/谢邦秀主编.—北京:机械工业出版社,1995.9.—529页;19cm
ISBN 7-111-04603-X:¥18.80

H314　　　　024301
英语语法/董瑞花主编.—北京:人民卫生出版社,1995.10.—329页;26cm
卫生部英语培训系列教材
ISBN 7-117-02299-X:¥26.80

H314　　　　024302

英语语法和惯用表达精点:一日一框架/赵亚翘主编.—大连:大连理工大学出版社,1995.9.—346页;20cm
ISBN 7-5611-1023-5:¥10.00

H314　024303
英语语法精萃/邢敦勇等编著.—杭州:杭州大学出版社,1995.3.—376页;19cm
ISBN 7-81035-771-9:¥8.00

H314　024304
英语语法练习:综合类、高教类、工程类、卫生类、农业类通用/华泉坤主编;安徽省人事厅职位职称处、职称考试指导中心组织编写.—合肥:安徽科学技术出版社,1995.2.—443页;20cm
安徽省职称外语考试指定用书
ISBN 7-5337-1173-4:¥14.30

H314　024305
英语语法能力提高/孙翠兰,任怀平主编.—上海:上海交通大学出版社,1995.8.—215页;20cm.—(英语学习指南丛书)
ISBN 7-313-01473-2:¥7.80

H314　024306
英语语法札记　第三册/薄冰著.—北京:外语教学与研究出版社,1995.12.—259页;19cm.—(袖珍英语知识丛书)
ISBN 7-5600-0952-2:¥8.80

H314　024307
英语语法指要/田桂荣等编著.—上海:上海交通大学出版社,1995.4.—355页;20cm
ISBN 7-313-01398-1:¥13.10

H314　024308
英语正误辨异类解/赵厚宪编著.—重庆:重庆出版社,1995.9.—175页;19cm
ISBN 7-5366-3233-9:¥5.20

H314　024309
英语转换语言学/张法科,樊肇昌编著.—济南:山东教育出版社,1995.8.—359页;20cm
ISBN 7-5328-2226-5:¥14.80

H314　024310
应试英语语法指南/伊秀波主编.—长春:吉林科学技术出版社,1995.6.—263页;19cm
ISBN 7-5384-1503-3:¥6.50

H314　024311
语法理论基础/辛斌编著.—长春:吉林大学出版社,1995.9.—333页;20cm
ISBN 7-5601-1811-9:¥11.00

H314　024312
专科学校英语语法/王冠注,李正林主编.—开封:河南大学出版社,1995.8.—297页;19cm
ISBN 7-81041-255-8:¥9.00

H314　024313
最新大学英语四级词汇用法手册/李颖,张而立主编.—长春:吉林大学出版社,1995.8.—612页;26cm
ISBN 7-5601-1784-8:¥32.00

H314-42　024314
现代英语语法教程教学参考书/(美)莫西亚(Murcia,M.C.),(美)费里曼(Freeman,D.L.)著;何自然等译.—北京:商务印书馆,1995.8.—345页;20cm
ISBN 7-100-01455-7:¥15.00

H314-43　024315
现代英语语法教程/曾宪正,张振盛主编.—天津:天津科学技术出版社,1995.11.—2册(600页);19cm
ISBN 7-5308-1971-2:¥16.80

H314-44　024316
大学英语语法重点难点详析与自测/王艳,刘孟兰主编.—哈尔滨:哈尔滨工业大学出版社,1995.10.—296页;19cm
ISBN 7-5603-1107-5:¥10.50

H314-44　024317
如何提高六级改错应试能力/夏学文编著.—合肥:中国科学技术大学出版社,1995.6.—202页;19cm.—(大学英语学习指南)
ISBN 7-312-00672-8:¥5.50

H314-61　024318
现代英语惯用法词典/李在铭著.—北京:现代出版社,1995.5.—842页;19cm
ISBN 7-80028-267-8(精装):¥22.00

①H314-61②G634.41-61　024319
英语语法辞典/贾磊主编.—济南:济南出版社,1995.9.—781页;20cm.—(学生工具书系列/施国等主编)
ISBN 7-80572-965-4:¥18.00

H314-62　024320
大学英语四、六级语法指南/金桂林,刘升民编.—成都:西南交通大学出版社,1995.9.—234页;19cm
ISBN 7-81022-834-X:¥8.00

H314-62　024321
实用英语语法指南/杨育民,张惠珍主编.—北京:中国世界语出版社,1995.6.—312页;19cm
ISBN 7-5052-0210-3:¥7.90

H314-62　024322
英语语法要点手册/(美)达特著;竟成,任芝瑛译.—上海:上海译文出版社,1995.6.—384页;20cm
著者原题:阿兰·肯特·达特
ISBN 7-5327-1310-5:¥10.80

H314.2　024323
英语动词功能详解/张连仲,孟红妹编著.—北京:中国人民大学出版社,1995.6.—470页;20cm
ISBN 7-300-02045-3:¥16.90

H314.2　024324
英语非限定动词用法、区别及测试/张奎金编.—济南:山东友谊出版社,1995.4.—231页;20cm
ISBN 7-80551-701-0:¥8.50

H314.2　024325
英语冠词的理论与用法/赵增辉编著.—北京:商务印书馆,1995.1.—205页;19cm
ISBN 7-100-01451-4:¥5.90

H314.2-61　024326
英语基本动词用法词典/《英语基本动词用法词典》

编写组编.—西安:陕西人民出版社,1995.6.—770页;19cm
ISBN 7-224-03124-0(精装):¥18.50

H314.2-62　　024327
大学生英汉双解短语动词词典/滕巧云,罗林泉编著.—兰州:甘肃教育出版社,1995.5.—441页;19cm
ISBN 7-5423-0513-1:¥12.80

H314.2-62　　024328
英语形容词搭配手册/梁栋华编著.—广州:暨南大学出版社,1995.12.—320页;19cm
ISBN 7-81029-402-4:¥12.00

H314.3　　024329
常用英语句型转换/谭佐全编.—2版(修订本).—广州:广东科技出版社;长春:吉林科学技术出版社,1995.10.—196页;19cm
ISBN 7-5359-1203-6:¥7.50

H314.3　　024330
大学英语常用词组分类汇编/许之所主编.—武汉:武汉工业大学出版社,1995.7.—234页;20cm
ISBN 7-5629-0983-0:¥8.20

H314.3　　024331
大学英语词组用法辨析/杨群才,田琳主编.—北京:海洋出版社,1995.10.—339页;19cm
ISBN 7-5027-4107-0:¥12.00

H314.3　　024332
大学英语短语集解/王治学等编著.—开封:河南大学出版社,1995.4.—315页;19cm
大学英语四、六级考试用
ISBN 7-81041-203-5:¥6.90

H314.3　　024333
大学英语四级考试最新短语800/范希运主编;刘海燕等编.—大连:辽宁师范大学出版社,1995.9.—187页;19cm
大学英语四级考试备考用书;2
ISBN 7-81042-085-2:¥5.00

H314.3　　024334
分级应试英语词组手册/王禹奇主编;童菁等编.—北京:石油工业出版社,1995.7.—237页;19cm
ISBN 7-5021-1486-6:¥9.50

H314.3　　024335
全国英语标准化考试(NMET)短文改错分类指导/任关根,吴鸿斌编著.—杭州:浙江教育出版社,1995.1.—163页;26cm
ISBN 7-5338-1794-X:¥4.80

H314.3　　024336
通用英语词汇造句手册/初克臻主编.—北京:首都师范大学出版社,1995.7.—481页;19cm
ISBN 7-81039-487-8:¥16.00

H314.3　　024337
外贸英语分类句型/宋德利编著.—天津:天津科技翻译出版公司,1995.2.—430页;19cm
ISBN 7-5433-0744-8:¥12.00

H314.3　　024338
外贸英语函电句型150例/冯祥春,刘卓林编写.—南京:南京大学出版社,1995.1.—118页;19cm
ISBN 7-305-01624-1:¥3.30

H314.3　　024339
英语句子的否定形式/曾昭智编著.—武汉:武汉大学出版社,1995.2.—179页;19cm
ISBN 7-307-01924-8:¥5.50

H314.3-61　　024340
英语句型实例词典/吴骅主编;许道林等编.—南京:江苏教育出版社,1995.11.—507页;19cm
ISBN 7-5343-2486-6:¥11.90

H314.3-62　　024341
大学生、研究生英语短语双解多功能手册/赵洪定,曾燕编著.—成都:四川人民出版社,1995.10.—652页;19cm
ISBN 7-220-02946-2:¥26.80

H314.3-62　　024342
新编英语常用短语词组用法手册/李灏,刘永主编.—徐州:中国矿业大学出版社,1995.8.—234页;19cm
大学英语四、六级统考必备
ISBN 7-81040-398-2:¥7.80

H315　　024343
BEC考试指导丛书:写作/倪进主编.—合肥:中国科学技术大学出版社,1995.9.—260页;20cm
ISBN 7-312-00696-5:¥7.80

H315　　024344
CET-4英语写作教程与作文题集/马广惠主编;王志文等编.—西安:西北工业大学出版社,1995.5.—157页;19cm
ISBN 7-5612-0778-6:¥6.00

H315　　024345
大学英文写作/王崇义编著.—长沙:湖南师范大学出版社,1995.1.—476页;20cm
ISBN 7-81031-405-X:¥10.80

H315　　024346
大学英语四、六级写作:实践与提高/严苏华编著.—北京:航空工业出版社,1995.10.—230页;19cm
ISBN 7-80046-909-3:¥8.50

H315　　024347
大学英语四、六级写作技巧及范文/孙艺之编著.—北京:中国人民大学出版社,1995.8.—201页;20cm
ISBN 7-300-02065-8:¥8.20

H315　　024348
大学英语写作/张弘,张磊著.—哈尔滨:黑龙江教育出版社,1995.12.—203页;18cm
ISBN 7-5316-2948-8:¥6.00

H315　　024349
大学英语写作训练/朱菊芬等编著.—南京:南京大学出版社,1995.9.—209页;20cm
ISBN 7-305-02801-0:¥9.80

H315　　024350
大学英语写作指导/许迎军等主编.—大连:大连理工大学出版社,1995.4.—200页;20cm
ISBN 7-5611-0994-6:¥9.80

H315　024351
大学英语写作指南与范文精编/栾述文主编;王华琴等编.—北京:石油工业出版社,1995.5.—247页;20cm
ISBN 7-5021-1447-5:¥8.80

H315　024352
大学英语写作指要/乔英主编.—上海:上海交通大学出版社,1995.2.—120页;20cm.—(英语学习精英丛书)
ISBN 7-313-01387-6:¥5.00

H315　024353
国际金融与贸易英文函电/苏丽萍编著.—厦门:厦门大学出版社,1995.8.—291页;20cm
厦门大学财政金融系列教材
ISBN 7-5615-1039-X:¥10.00

H315　024354
国际商贸英语文函写作:英汉对照/吴宝康编著.—上海:华东理工大学出版社,1995.12.—571页;20cm.—(国际商贸英语系列)
ISBN 7-5628-0615-2:¥22.00

H315　024355
国际商务函电/蔡兴扬编著.—长春:吉林大学出版社,1995.2.—253页;19cm.—(国际商务丛书;2/池元吉主编)
ISBN 7-5601-1671-X:¥6.60

H315　024356
国际商务写作教程/王素清编著.—北京:对外贸易教育出版社,1995.8.—384页;20cm
ISBN 7-81000-759-9:¥20.00

H315　024357
国际商务英语/申娜娜,邹力主编.—北京:中国商业出版社,1995.10.—382页;26cm
ISBN 7-5044-3041-2:¥23.50

H315　024358
商务英文书信写作错误剖析/黎平海编著.—广州:广东教育出版社,1995.5.—558页;20cm
ISBN 7-5406-2818-9:¥17.00

H315　024359
商业书信/马宗贤编著.—北京:中国国际广播出版社,1995.8.—281页;20cm
国际商业英语广播课程高等经贸院校教学用书
ISBN 7-5078-1269-3:¥14.30

H315　024360
实用英语作文集锦:大学英语四、六级考试必备/胡永久,袁桂英主编.—武汉:武汉工业大学出版社,1995.6.—377页;19cm
ISBN 7-5629-0999-7:¥12.50

H315　024361
外经贸保险函电/朱大卫,许学群编.—上海:上海科学技术文献出版社,1995.10.—343页;19cm
ISBN 7-5439-0865-4:¥12.00

H315　024362
外贸英语函电/冯祥春主编.—2版.—北京:中国林业出版社,1995.6.—169页;26cm
涉外经济类专业系列教材
ISBN 7-5038-1376-8:¥13.80

H315　024363
外贸英语函电/曲清德,蓝天著.—2版(修订版).—大连:东北财经大学出版社,1995.4.—547页;20cm
ISBN 7-81005-533-X:¥16.80

H315　024364
现代实用英语写作大全/何向明主编.—北京:中国文史出版社,1995.8.—524页;19cm
ISBN 7-5034-0716-6(精装):¥25.80

H315　024365
现代英语散文读写教程:教师手册/翟福金,潘永樑编.—上海:上海译文出版社,1995.2.—187页;20cm
ISBN 7-5327-1650-3:¥5.50

H315　024366
写作与翻译/谢立特主编;冯建奇,李耿编.—长沙:湖南科学技术出版社,1995.7.—191页;19cm
研究生英语实用系列教材
本套书共5册,总定价:35.00元
ISBN 7-5357-1784-5:¥0.00

H315　024367
医学英语写作常见错误/张惠良等编著.—北京:人民卫生出版社,1995.11.—238页;19cm
ISBN 7-117-02286-8:¥9.50

H315　024368
英汉对照应用文大全 = English - Chinese Practied Writings in All Occasions/张立民等编.—2版.—南京:江苏科学技术出版社,1995.1.—901页;19cm
ISBN 7-5345-1732-X:¥24.00

H315　024369
英文广告文体与欣赏/杨荣琦,陈玉红编.—武汉:华中理工大学出版社,1995.5.—234页;19cm
ISBN 7-5609-1087-4:¥5.50

H315　024370
英文商业书信入门/叶淑霞编著.—广州:广东科技出版社;长春:吉林科学技术出版社,1995.9.—192页;20cm.—(实用商贸英语丛书)
ISBN 7-5359-1529-9:¥10.50

H315　024371
英文写作晋阶/陈新仁等编著.—海口:南海出版公司,1995.12.—431页;20cm
ISBN 7-5442-0600-9:¥15.60

H315　024372
英语实用文大全/井升华编著.—南京:译林出版社,1995.12.—1214页;20cm
ISBN 7-80567-380-2(精装):¥47.00

H315　024373
英语实用文书简明手册/杨旭光,汤燕瑜编著.—南宁:广西人民出版社,1995.9.—203页;19cm
ISBN 7-219-02994-2:¥6.30

H315　024374
英语写作/桑乃华主编.—北京:人民卫生出版社,1995.10.—210页;26cm
卫生部英语培训系列教材
ISBN 7-117-02298-1:¥18.10

H315　024375
英语写作能力提高/任怀平,李玉军主编.—上海:上海交通大学出版社,1995.8.—194页;20cm.—(英语学习指南丛书)
ISBN 7-313-01474-0:¥7.30

H315　024376
英语修辞大全/冯翠华著.—北京:外语教学与研究出版社,1995.12.—271页;20cm
ISBN 7-5600-0969-7:¥10.80

H315　024377
英语应用文写作/《英语应用文写作》编写组编.—天津:天津科学技术出版社,1995.6.—302页;19cm
ISBN 7-5308-1910-0:¥8.85

H315　024378
英语作文、书信、修辞/程存熹,邵锦娣编著.—天津:天津科技翻译出版公司,1995.12.—556页;19cm
ISBN 7-5433-0782-0:¥18.00

H315　024379
应用文体写作指南/张学萬,汪琳编著.—天津:南开大学出版社,1995.10.—294页;18cm.—(随身带英语系列丛书)
ISBN 7-310-00867-7:¥9.20

H315　024380
怎样写好英语作文/邢敏捷,王景惠编著.—哈尔滨:黑龙江教育出版社,1995.10.—341页;19cm
ISBN 7-5316-2854-6:¥10.00

H315　024381
中国大学生优秀英语作文选评/刘希彦主编.—长春:吉林大学出版社,1995.6.—228页;20cm
ISBN 7-5601-1727-9:¥8.00

①H315②D923.6　024382
怎样写英文本涉外经济合同/刘敢生,苑秩伦编著.—2版(修订版).—武汉:华中理工大学出版社,1995.7.—541页;19cm
ISBN 7-5609-1153-6:¥11.50

H315-62　024383
大学英语写作指南/李雅新编著.—郑州:河南人民出版社,1995.10.—332页;19cm
ISBN 7-215-03476-3:¥9.80

H315-62　024384
大学英语应试写作指南/李传英,潘承礼主编.—武汉:中国地质大学出版社,1995.8.—284页;19cm
供本科生、研究生、出国生用
ISBN 7-5625-0973-5:¥9.50

H315-62　024385
英语论文写作手册/卢仲逖,李瑾编著.—哈尔滨:黑龙江教育出版社,1995.4.—186页;19cm
ISBN 7-5316-2491-5:¥0.00

H315.9　024386
翻译基础:原理与方法/但汉源编著.—武汉:华中师范大学出版社,1995.8.—337页;20cm
成人高等师范教育专科起点本科教材
ISBN 7-5622-1516-2:¥11.00

H315.9　024387
海南常用语汉英翻译手册/陈维明主编;海南省对外宣传翻译小组编.—海口:海南出版社,1995.11.—395页;19cm
ISBN 7-80617-090-1(精装):¥43.80

H315.9　024388
汉译英口译教程/吴冰主编;陈恕等编写.—修订本.—北京:外语教学与研究出版社,1995.5.—525页;20cm
ISBN 7-5600-0887-9:¥13.80

H315.9　024389
汉英翻译指导/陆钰明著.—上海:上海远东出版社,1995.9.—275页;20cm
ISBN 7-80613-119-1:¥12.80

H315.9　024390
汉英职业职务职称词语翻译手册/顾钢,毛子欣编译.—北京:书目文献出版社,1995.5.—230页;19×11cm
ISBN 7-5013-1223-0:¥9.30

H315.9　024391
商务英汉翻译教程/郭颐顿,张颖编著.—广州:中山大学出版社,1995.9.—222页;19cm
ISBN 7-306-01031-X:¥10.00

H315.9　024392
实用英汉翻译技巧/冯树鉴编著.—上海:同济大学出版社,1995.12.—313页;19cm
ISBN 7-5608-1455-7:¥12.00

H315.9　024393
实用英汉口译技巧/朱佩芬编著.—上海:华东理工大学出版社,1995.8.—275页;20cm
ISBN 7-5628-0593-8:¥9.00

H315.9　024394
唐宋绝句名篇英译/文殊等译.—北京:外语教学与研究出版社,1995.6.—272页;18cm
ISBN 7-5600-0989-1:¥7.80

H315.9　024395
英汉语比较与科技翻译/周志培,冯文池编著.—上海:华东理工大学出版社,1995.12.—223页;19cm
ISBN 7-5628-0625-X:¥8.00

H315.9　024396
英语句子翻译技巧/黄志顺编著.—北京:现代出版社,1995.3.—193页;19cm
ISBN 7-80028-172-8:¥6.50

H315.9-62　024397
中英文广告实用手册/丁树德等编.—天津:天津科技翻译出版公司,1995.9.—337页;20cm
ISBN 7-5433-0715-4(精装):¥18.50

H316　024398
3u实用英汉词典/靳平妥等编.—北京:北京航空航天大学出版社,1995.11.—1107页;19cm
ISBN 7-81012-588-5(精装):¥46.00

H316　024399
3u学生英汉词典=3u Student's English-Chinese Dictionary/靳平妥,郑建德主编;李政等编.—北京:北京航空航天大学出版社,1995.1.—1160页;19cm

ISBN 7-81012-494-3(精装):¥39.00

H316 024400

Collins 英汉双解词典/( )Camer,D.J.,( )Wallace,M.J.编;厦门大学外文系译.—上海:汉语大词典出版社,1995.5.—1077页;19cm

ISBN 7-5432-0077-5(精装):¥40.00

H316 024401

VOA BBC 广播新闻英语词典/陈登,谭琼琳编.—长沙:湖南科学技术出版社,1995.10.—455页;19cm

ISBN 7-5357-1593-1:¥14.00

H316 024402

本科生研究生英语双解词典/《本科生研究生英语双解词典》编写组编.—上海:同济大学出版社,1995.3.—620页;19cm

ISBN 7-5608-1479-4(精装):¥23.20

H316 024403

初级英汉学习词典/战德志主编.—北京:北京大学出版社,1995.6.—459页;19cm

ISBN 7-301-02721-4(精装):¥15.00

H316 024404

初级英语活用辞典/乔南新,黄健如主编.—北京:世界图书出版公司,1995.2.—274页;19cm

ISBN 7-5062-1970-0:¥7.70

H316 024405

大学生英汉双解词典/李炳昌,赵慧秋编.—北京:宇航出版社,1995.1.—1305页;19cm

ISBN 7-80034-424-X:¥34.80

H316 024406

大学英语实用英汉词典/蒋开陆主编.—武汉:武汉工业大学出版社,1995.10.—530页;19cm

ISBN 7-5629-1033-2:¥24.80

H316 024407

当代英语搭配辞典/王文昌,简清国主编.—北京:现代出版社,1995.12.—1810页;19cm

ISBN 7-80028-258-9(精装):¥58.00

H316 024408

汉英词典/北京外国语大学英语系词典组编.—修订本.—北京:外语教学与研究出版社,1995.8.—1435页;26cm

ISBN 7-5600-0739-2(精装):¥98.00

H316 024409

汉英小词典:微型工具版/孙凌玉,汤志强主编.—北京:华龄出版社,1995.11.—603页;9cm

ISBN 7-80082-652-X(精装):¥5.80

H316 024410

基础英语插图词典/李桂馥等编.—沈阳:辽宁人民出版社,1995.8.—409页;13cm

ISBN 7-205-03416-7(精装):¥8.50

H316 024411

简明实用英汉词典/吕志士等编.—北京:机械工业出版社,1995.1.—892页;19cm

ISBN 7-111-04055-4(精装):¥39.00

H316 024412

简明英汉、汉英速记词典/齐振海主编.—北京:现代出版社,1995.12.—800页;13cm

ISBN 7-80028-281-3(精装):¥12.00

H316 024413

精读·双解大学英语学习词典/俞凤娣主编.—南京:南京大学出版社,1995.2.—1039页;19cm

ISBN 7-305-02746-4(精装):¥25.00

H316 024414

精选汉英词典/吴景荣等编.—北京:商务印书馆;香港:牛津大学出版社,1995.10.—600页;15×8cm

ISBN 7-100-01825-0(精装):¥17.00

H316 024415

经济特区汉英实用词语/杨汉保,蒋韧编译.—厦门:厦门大学出版社,1995.10.—341页;20cm

ISBN 7-5615-1015-2:¥15.00

H316 024416

钱伯斯英语词典:英文原文版.—北京:现代出版社,1995.6.—2062页;25cm

ISBN 7-80028-284-8(精装):¥148.00

H316 024417

全新汉英词典:经济改革类/陆乃圣主编;奚雅贤等编.—上海:华东理工大学出版社,1995.12.—476页;19cm

ISBN 7-5628-0606-3(精装):¥24.00

H316 024418

实用学生英语词典/顾兆立主编.—上海:上海远东出版社,1995.5.—1326页;19cm

ISBN 7-80514-552-0(精装):¥34.50

H316 024419

唯物汉英双解词典/王还,黄金富主编.—北京:北京语言学院出版社,1995.5.—1244页;26cm

ISBN 7-5619-0433-9(精装):¥98.00

H316 024420

现代英汉倒序词典/梁兴哲主编.—北京:现代出版社,1995.7.—977页;19cm

ISBN 7-80028-280-5(精装):¥26.00

H316 024421

现代英汉小词典/谢振清主编.—北京:现代出版社,1995.11.—713页;13cm

ISBN 7-80028-296-1:¥10.00

H316 024422

新编实用学生英汉双解词典/胡惟慈,张爽寅主编.—保定:河北大学出版社,1995.5.—441页;19cm

ISBN 7-81028-321-9:¥9.80

H316 024423

新编英汉词典:阶梯考试工具书/祁光华,许海云主编.—北京:学苑出版社,1995.5.—860页;19cm

ISBN 7-5077-1010-6(精装):¥34.00

H316 024424

新编英汉汉英小词典/程培社主编.—北京:中国物价出版社,1995.5.—490页;13cm

ISBN 7-80070-450-5(精装):¥6.98

H316 024425

新英汉双解词典/姚秀清,韩高安主编.—青岛:青岛出版社,1995.6.—831页;19cm

ISBN 7-5436-1215-1(精装):￥44.20

H316　024426

新英汉小词典/姚大伟,赵崇文主编.—延吉:延边大学出版社,1995.10.—955页;13cm

ISBN 7-5634-0803-7(精装):￥15.00

H316　024427

新英汉学生实用辞典/李育成主编.—2版.—北京:中国商业出版社,1995.1.—1064页;19cm

ISBN 7-5044-2515-X(精装):￥55.00

H316　024428

袖珍现代英汉词典/贾正传,赵红岩主编.—大连:辽宁师范大学出版社,1995.9.—748页;13cm

ISBN 7-81042-067-4(精装):￥12.00

H316　024429

袖珍新汉英词典/武陵仁主编.—海口:海南出版社,1995.4.—500页;13cm

ISBN 7-80617-103-7(精装):￥14.00

H316　024430

袖珍新英汉词典/黄石成主编.—海口:海南出版社,1995.8.—793页;13cm

ISBN 7-80617-104-5(精装):￥15.00

H316　024431

学生英汉词典/刘正埮编 .—上海:上海科技教育出版社,1995.2.—1431页;20cm

ISBN 7-5428-0411-1(精装):￥54.00

H316　024432

学生英汉汉英词典/魏相主编.—北京:学苑出版社,1995.10.—795页;19cm

ISBN 7-5077-0246-4(精装):￥48.00

H316　024433

学生英汉双解词典/王庆麟,陈锡麟编.—上海:上海教育出版社,1995.9.—632页;19cm

ISBN 7-5320-2464-4(精装):￥22.80

H316　024434

英汉汉英双向小词海/柴仲凯主编.—长春:吉林教育出版社,1995.9.—386页;19cm

ISBN 7-5383-2605-7(精装):￥39.00

H316　024435

英汉视听实用解义与缩略语词典/丁启芬等主编.—北京:光明日报出版社,1995.5.—949页;19cm

ISBN 7-80091-510-7(精装):￥37.00

H316　024436

英汉双解小词典:新编本/张德会主编.—3版.—长沙:湖南出版社,1995.12.—1086页;13cm

ISBN 7-5438-0053-5(精装):￥13.80

H316　024437

英汉双解英语关键词词典/( )爱德华兹(Edwards,M.)著;李媄等译.—北京:世界图书出版公司北京公司,1995.10.—488页;19cm

ISBN 7-5062-2103-9(精装):￥23.00

H316　024438

英汉小词典/甄春亮主编.—天津:天津人民出版社,1995.5.—1588页;10cm

ISBN 7-201-02229-6(精装):￥11.00

H316　024439

英文词典实用指南/徐振忠编著.—上海:华东师范大学出版社,1995.9.—257页;20cm

ISBN 7-5617-1356-8:￥15.00

H316　024440

英文词典实用指南/徐振忠编著.—上海:华东师范大学出版社,1995.9.—257页;20cm

ISBN 7-5617-1356-8(精装):￥17.00

H316　024441

英语词组大典/唐述宗编.—合肥:中国科学技术大学出版社,1995.9.—956页;19cm

ISBN 7-312-00700-7:￥26.00

H316　024442

英语拼读、用法、辨义、翻译疑难词典/罗显华等编著.—成都:四川人民出版社,1995.1.—1962页;19cm

ISBN 7-220-02030-9(精装):￥49.00

H316　024443

英语正误辨析词典/杨霞华主编.—上海:上海外语教育出版社,1995.6.—393页;19cm.—(英语学习系列词典)

ISBN 7-81009-962-0(精装):￥15.00

①H316②G634.41-61　024444

汉英词典/苏建东主编.—济南:济南出版社,1995.9.—630页;20cm.—(学生工具书系列/施国等主编)

ISBN 7-80572-970-0:￥18.00

H319　024445

英语·教学新概念/邹永谊,赖莉娅编著.—重庆:重庆出版社,1995.1.—172页;19cm.—(走向世界英语能力丛书)

ISBN 7-5366-2952-4:￥4.80

H319　024446

英语教育语言学/李春培等编著.—沈阳:辽宁人民出版社,1995.8.—164页;26cm

ISBN 7-205-03240-7:￥12.80

H319-43　024447

大学英语四级辅导教程/周开鑫主编.—重庆:西南师范大学出版社,1995.6.—377页;26cm

ISBN 7-5621-1328-9:￥18.80

H319-53　024448

英语语言与教学研究论文集/罗飞今,邝岚主编.—郑州:河南人民出版社,1995.12.—452页;20cm

ISBN 7-215-03580-8:￥18.00

H319.3　024449

高等教育自学考试基础英语自学考试大纲/四川省高等教育自学考试委员会编.—重庆:重庆大学出版社,1995.3.—75页;19cm

ISBN 7-5624-1034-8:￥2.00

H319.3　024450

具有中国特色的英语教学法/李观仪主编.—上海:上海外语教育出版社,1995.7.—191页;20cm

ISBN 7-81009-977-9(精装):￥12.00

H319.3　024451

英语教学法基础/何广铿编著.—广州:暨南大学出版社,1995.12.—257页;20cm

基础英语教材系列
ISBN 7-81029-480-6: ¥12.00

H319.3 024452

英语教育测评/林燕华编著.—广州:中山大学出版社,1995.9.—190页;19cm
ISBN 7-306-01047-6: ¥8.00

H319.4 024453

《新英语教程》(第二版)补充读物　第二册/刘平梅等编.—北京:清华大学出版社,1995.2.—120页;26cm
ISBN 7-302-01750-6: ¥4.50

H319.4 024454

《新英语教程》(第二版)阅读　第二册/刘平梅等编.—北京:清华大学出版社,1995.2.—346页;26cm
ISBN 7-302-01641-0: ¥10.70

H319.4 024455

《新英语教程》(第二版)阅读第二册教师参考书/萧家琛等编.—北京:清华大学出版社,1995.2.—248页;19cm
ISBN 7-302-01756-5: ¥7.00

H319.4 024456

爱国者:英汉对照/( )金斯利著;王涌晖译.—大连:辽宁师范大学出版社,1995.2.—186页;19cm
著者原题:西德尼·金斯利
ISBN 7-81042-039-9: ¥3.80

H319.4 024457

爱丽丝漫游奇境记:英汉对照/(英)卡洛尔著;俞洪亮,肖英译.—南京:江苏教育出版社,1995.10.—254页;19cm.—(英语世界名著简读丛书)
著者原题:刘易斯·卡洛尔
ISBN 7-5343-2460-2: ¥5.95

H319.4 024458

安东尼与克莉奥佩特拉/裘克安注释.—北京:商务印书馆,1995.6.—273页;19cm.—(莎士比亚注释丛书)
ISBN 7-100-01450-6: ¥7.90

H319.4 024459

安娜·卡列尼娜:英文/(俄)托尔斯泰原著;王敏注释.—北京:外语教学与研究出版社,1995.10.—882页;18cm.—(英语经典世界文学名著丛书)
ISBN 7-5600-0712-0: ¥27.80

H319.4 024460

安徒生童话选:英文/(丹麦)安徒生(Andersen, H.)著.—北京:外语教学与研究出版社,1995.6.—348页;18cm.—(英语经典世界文学名著丛书)
ISBN 7-5600-0986-7: ¥9.80

H319.4 024461

奥德赛:英文/(希腊)荷马(Homer)著.—北京:外语教学与研究出版社,1995.6.—349页;18cm.—(英语经典世界文学名著丛书)
ISBN 7-5600-0981-6: ¥9.80

H319.4 024462

八十天环游地球/(法)凡尔纳(Verne, J.)著;祖德注;前进译.—南京:江苏教育出版社,1995.9.—171页;19cm.—(英语世界名著简读丛书)
ISBN 7-5343-1598-0: ¥4.30

H319.4 024463

巴黎圣母院:英文/(法)雨果(Hugo, V.)著.—北京:外语教学与研究出版社,1995.6.—561页;18cm.—(英语经典世界文学名著丛书)
ISBN 7-5600-0987-5: ¥14.80

H319.4 024464

财经英语阅读教程/彭苏颖主编.—北京:外语教学与研究出版社,1995.6.—209页;20cm
ISBN 7-5600-0965-4: ¥6.80

H319.4 024465

财经英语阅读教程/王素丽,王竞主编.—沈阳:辽宁人民出版社,1995.8.—2册;19cm
财经类专业课程内容改革系列教材
ISBN 7-205-03460-4: ¥18.00

H319.4 024466

错误的喜剧/支荩忠注释.—北京:商务印书馆,1995.10.—153页;19cm.—(莎士比亚注释丛书)
ISBN 7-100-01517-0: ¥5.20

H319.4 024467

大卫·科波菲尔/(英)狄更斯(Dickens, C.)著;侯萍,闻炜译注.—南京:江苏教育出版社,1995.10.—363页;19cm.—(英语世界名著简读丛书)
ISBN 7-5343-2461-0: ¥8.10

H319.4 024468

大学四级英语考试阅读精选/闫传海编著.—西安:西北工业大学出版社,1995.2.—225页;19cm
ISBN 7-5612-0682-8: ¥5.20

H319.4 024469

大学英语泛读精编:第四级/张友生等主编.—上海:上海交通大学出版社,1995.5.—181页;20cm
ISBN 7-313-01403-1: ¥6.50

H319.4 024470

大学英语泛读新编　上册/杨重鑫主编;丁棣等编.—上海:复旦大学出版社,1995.6.—322页;19cm
ISBN 7-309-01550-9: ¥10.00

H319.4 024471

大学英语泛读新编　下册/周荣鑫主编.—上海:复旦大学出版社,1995.6.—296页;19cm
ISBN 7-309-01551-7: ¥9.00

H319.4 024472

大学英语分级阅读理解大全/萧立明主编;万茂林等编.—长沙:湖南科学技术出版社,1995.9.—804页;20cm.—(大学英语语料题库)
ISBN 7-5357-0991-5: ¥25.00

H319.4 024473

大学英语精读(复旦)单元测试　1~4册/宫亚利,李利群主编.—长春:东北师范大学出版社,1995.11.—129页;26cm.—(大学英语语言实践指南丛书/刘永兵,魏承杰主编)
ISBN 7-5602-1704-4: ¥7.00

H319.4 024474

大学英语精读教程　(1)/金筑云等编著.—南京:南京大学出版社,1995.12.—169页;26cm

ISBN 7-305-02908-4: ¥18.00

H319.4　024475

大学英语快速阅读技巧与训练/赵景春主编.—延吉:延边大学出版社,1995.4.—239页;19cm

ISBN 7-5634-0765-X: ¥6.80

H319.4　024476

大学英语四级阅读200篇/杨荣泉主编;田桂荣等编.—修订版.—上海:上海交通大学出版社,1995.10.—370页;20cm

ISBN 7-313-01507-0: ¥10.70

H319.4　024477

大学英语四级阅读训练/苗虹主编.—天津:天津科学技术出版社,1995.9.—196页;19cm.—(大学英语统考训练丛书)

ISBN 7-5308-1947-X: ¥7.80

H319.4　024478

大学英语阅读理解攻克指南/王达金主编;吴志芳等编著.—武汉:武汉测绘科技大学出版社,1995.3.—299页;19cm.—(大学英语统考必备丛书)

ISBN 7-81030-376-7: ¥5.80

H319.4　024479

大学英语阅读理解教程/姜丽蓉主编.—北京:兵器工业出版社,1995.8.—330页;26cm

ISBN 7-80038-898-0: ¥15.00

H319.4　024480

大学英语阅读理解指要/乔英主编;刘路喜,俞美君等编著.—上海:上海交通大学出版社,1995.7.—222页;20cm.—(英语学习精英丛书)

ISBN 7-313-01418-X: ¥8.20

H319.4　024481

电脑英语快易通/周虹等编.—北京:电子工业出版社,1995.12.—304页;20cm.—(快易通电脑系列丛书/朱继生主编)

ISBN 7-5053-3447-6: ¥16.00

H319.4　024482

电子专业英语文选/杨曾宪,张凌编译.—北京:航空工业出版社,1995.8.—192页;26cm

ISBN 7-80046-828-3: ¥13.50

H319.4　024483

福尔摩斯探案集:英文/(英)柯南道尔(Conan Doyle,A.)著.—北京:外语教学与研究出版社,1995.6.—435页;18cm.—(英语经典世界文学名著丛书)

ISBN 7-5600-0983-2: ¥11.80

H319.4　024484

高级英语阅读教程/吴克明编.—南京:南京大学出版社,1995.2.—207页;26cm

ISBN 7-305-02570-4: ¥10.50

H319.4　024485

格林童话精选:英汉对照/(德)格林(Grimm,J.),(德)格林(Grimm,W.)著;王朝晖译.—北京:学苑出版社,1995.1.—241页;18×11cm.—(英语基础读物丛书;第二辑)

ISBN 7-5077-0667-2: ¥7.20

H319.4　024486

关贸总协定概说 = ESSENTIALS OF THE GATT/诸葛霖等编著.—北京:对外贸易教育出版社,1995.7.—248页;19cm.—(对外经贸英语读物丛书/孙维炎主编)

ISBN 7-81000-758-0: ¥12.00

H319.4　024487

国际经营导论 = INTRODUCTION TO INTERNATIONAL BUSINESS/徐子健,姚志君编著.—北京:对外贸易教育出版社,1995.8.—350页;19cm.—(对外经贸英语读物丛书/孙维炎主编)

ISBN 7-81000-755-6: ¥13.70

H319.4　024488

国际商情导读:英汉对照/冯光华等编著.—武汉:中国地质大学出版社,1995.6.—366页;20cm.—(国际商业英语交流丛书)

ISBN 7-5625-0964-6: ¥12.00

H319.4　024489

国际商务英语选读:外贸实务、市场营销/汪刚等编著.—上海:上海交通大学出版社,1995.1.—450页;20cm.—(外贸英语系列)

ISBN 7-313-01456-2: ¥14.60

H319.4　024490

国际商务英语阅读/张春铗等编著.—2版.—上海:上海交通大学出版社,1995.11.—313页;20cm.—(外贸英语系列)

ISBN 7-313-01591-7: ¥9.70

H319.4　024491

国际商务英语阅读/张春铗等编著.—上海:上海交通大学出版社,1995.2.—215页;20cm.—(外贸英语系列)

ISBN 7-313-01465-1: ¥7.80

H319.4　024492

哈克贝里·芬恩历险记/(美)马克·吐温(Twain,M.)著;倪钧为改译.—南京:江苏教育出版社,1995.10.—337页;19cm.—(英语世界名著简读丛书)

ISBN 7-5343-2462-9: ¥7.55

H319.4　024493

蝴蝶梦:英、汉对照/杨慎生主编;缪雪如等译.—北京:清华大学出版社,1995.11.—270页;19cm.—(英语爱好者丛书·优秀电影文学视听系列;4)

ISBN 7-302-01719-0: ¥8.80

H319.4　024494

华文粹编:汉英文对照/黄然伟编选 .—北京:中国戏剧出版社,1995.5.—323,29页;20cm

ISBN 7-104-00678-8: ¥12.80

H319.4　024495

化学和化工/伍爱成主编;黄树坤等编写.—上海:上海外语教育出版社,1995.7.—202页;26cm

大学英语专业阅读精选系列教材

ISBN 7-81046-031-5: ¥12.50

H319.4　024496

机器设计基础:英文/黄运尧编著.—广州:广东高等教育出版社,1995.7.—100页;26cm

ISBN 7-5361-1717-5: ¥13.00

H319.4　　024497

机械工程/颜国伟主编.—上海:上海外语教育出版社,1995.10.—176页;26cm

大学英语专业阅读精选系列教材

ISBN 7-81046-044-7: ¥15.00

H319.4　　024498

吉姆爷:中英文对照/(英)康拉德著;张向阳译.—南京:江苏教育出版社,1995.9.—204页;19cm.—(英语世界名著简读丛书)

著者原题:约瑟夫·康拉德

ISBN 7-5343-2465-3: ¥5.15

H319.4　　024499

建筑学中高级英语注释读物/方瑞昌主编;邓林翰等编.—哈尔滨:黑龙江科学技术出版社,1995.8.—140页;26cm

ISBN 7-5388-2823-0: ¥10.00

H319.4　　024500

金银岛:英汉对照/(英)史蒂文森(Stevenson, R. L.)著;陈伟民译注.—南京:江苏教育出版社,1995.9.—490页;19cm.—(英语世界名著简读丛书)

ISBN 7-5343-2459-9: ¥10.80

H319.4　　024501

金银岛:英文/(英)斯蒂文森(Stevenson, R. L.)著.—北京:外语教学与研究出版社,1995.6.—210页;18cm.—(英语经典世界文学名著丛书)

ISBN 7-5600-0985-9: ¥6.80

H319.4　　024502

经贸英语选读/严忠志等编著.—重庆:重庆大学出版社,1995.9.—342页;19cm

高等教育自学考试用书

ISBN 7-5624-1100-X: ¥10.00

H319.4　　024503

经贸英语阅读/刘新民主编.—上海:上海外语教育出版社,1995.6.—644页;20cm

ISBN 7-81009-940-X: ¥17.00

H319.4　　024504

卡斯特桥镇长:中英文对照/(英)Hardy. T.著;胡娅莉,王晓燕译.—南京:江苏教育出版社,1995.10.—276页;19cm.—(英语世界名著简读丛书)

ISBN 7-5343-2458-0: ¥6.30

H319.4　　024505

坎特伯雷故事集:英文/(英)乔叟(Chaucer, G.)著.—北京:外语教学与研究出版社,1995.6.—482页;18cm.—(英语经典世界文学名著丛书)

ISBN 7-5600-0984-0: ¥12.80

H319.4　　024506

洛丽塔:英文/(美)纳博科夫(Nabokov, V.)著;杨昊成,史伏荣注释.—南京:译林出版社,1995.10.—323页;19cm.—(英语文学名著注释系列)

ISBN 7-80567-429-9: ¥11.50

H319.4　　024507

玛丽·巴顿:英文/(英)盖斯凯尔夫人(Mrs. Gaskell)著.—北京:外语教学与研究出版社,1995.6.—493页;18cm.—(英语经典世界文学名著丛书)

ISBN 7-5600-0980-8: ¥13.80

H319.4　　024508

摩尔·弗兰德斯:英文/(英)笛福(Defoe, D.)著.—北京:外语教学与研究出版社,1995.6.—398页;18cm.—(英语经典世界文学名著丛书)

ISBN 7-5600-0978-6: ¥10.80

H319.4　　024509

农科专业英语阅读教程/俞保丽,申立主编.—北京:中国农业出版社,1995.5.—376页;19cm

全国高等农业院校教材 农学、植保、土化专业用

ISBN 7-109-03448-8: ¥6.95

H319.4　　024510

欧美名人语录手册:英汉对照/因迟,立早编译.—天津:天津社会科学院出版社,1995.5.—192页;19cm

ISBN 7-80563-534-X: ¥6.00

H319.4　　024511

强化英语阅读理解/张家秀,陈一萍编.—广州:华南理工大学出版社,1995.9.—363页;26cm

封面书名为:强化英语阅读训练

ISBN 7-5623-0835-7: ¥18.50

H319.4　　024512

三个火枪手:英文/(法)大仲马(Dumas, A.)著.—北京:外语教学与研究出版社,1995.6.—663页;18cm.—(英语经典世界文学名著丛书)

ISBN 7-5600-0982-4: ¥17.80

H319.4　　024513

三人同舟:泰晤士河漫游记:英汉对照/(英)杰罗姆(Jerome, J. K.)著;关品枢译.—北京:商务印书馆,1995.4.—415页;20cm

ISBN 7-100-01460-3: ¥14.70

H319.4　　024514

圣经故事选:新约:英汉对照/吕志士译.—北京:学苑出版社,1995.1.—231页;18×11cm.—(英语基础读物丛书·第二辑)

ISBN 7-5077-0664-8: ¥6.75

H319.4　　024515

圣经故事选:英汉对照/( )霍恩(Horn, G.),( )卡瓦诺(Cavanaugh, A.)改写;吕志士,袁锡兴译.—北京:商务印书馆,1995.10.—289页;19cm.—(英语世界丛书)

ISBN 7-100-01602-9: ¥9.00

H319.4　　024516

食品专业英语选读/江云生主编.—北京:中国轻工业出版社,1995.6.—282页;20cm

中等专业学校轻工专业试用教材

ISBN 7-5019-1724-8: ¥6.40

H319.4　　024517

实用英语泛读教程　(2)/国家教委高等专科英语教材编写组编.—北京:高等教育出版社,1995.12.—134页;26cm

高等专科学校教材 非英语专业用

ISBN 7-04-005733-6: ¥7.10

H319.4　　024518

实用英语综合教程　第二册/国家教委高等专科英

语教材编写组编.—北京:高等教育出版社,1995.11.—271页;26cm
高等专科学校教材 非英语专业用
ISBN 7-04-005304-7:¥12.90

H319.4　　024519
市场分析与预测/张军编.—上海:复旦大学出版社,1995.10.—222页;19cm.—(英汉对照经济知识丛书/陈锡镖主编)
ISBN 7-309-01535-5:¥7.00

H319.4　　024520
水利工程/孙以芳编.—北京:商务印书馆,1995.4.—123页;19cm.—(工程技术英语注释读物)
ISBN 7-100-01334-8:¥4.10

H319.4　　024521
所罗门王的宝藏:英文/(英)哈格德(Haggard,H.)著.—北京:外语教学与研究出版社,1995.6.—337页;18cm.—(英语经典世界文学名著丛书)
ISBN 7-5600-0979-4:¥9.80

H319.4　　024522
汤姆·索耶历险记:英文/(美)马克·吐温(Mark,Twain)著.—北京:外语教学与研究出版社,1995.6.—291页;18cm.—(英语经典世界文学名著丛书)
ISBN 7-5600-0711-2:¥8.80

H319.4　　024523
特洛伊罗斯和克瑞西达/何其莘注释.—北京:商务印书馆,1995.10.—241页;19cm.—(莎士比亚注释丛书)
ISBN 7-100-01350-X:¥7.20

H319.4　　024524
天方夜谭:英汉对照/张德懿译.—北京:学苑出版社,1995.1.—249页;18×11cm.—(英语基础读物丛书·第二辑)
ISBN 7-5077-0668-0:¥7.80

H319.4　　024525
通用英语选读:译文与注释/中国石油天然气总公司职称考试中心编.—东营:石油大学出版社,1995.3.—210页;26cm
内部发行 英语水平考试复习材料
ISBN 7-5636-0682-3:¥9.00

H319.4　　024526
文化震撼/(美)Waters,J.著;刘捷编.—西安:西安交通大学出版社,1995.12.—336页;20cm.—(当今美国热门话题丛书;2)
ISBN 7-5605-0761-1:¥10.00

H319.4　　024527
希腊神话与传说　(一):英汉对照/吕志士译.—北京:学苑出版社,1995.1.—327页;18×11cm.—(英语基础读物丛书·第二辑)
ISBN 7-5077-0666-4:¥8.95

H319.4　　024528
现代商务英语阅读/董广才,耿德本主编.—大连:大连理工大学出版社,1995.9.—2册;20cm
ISBN 7-5611-1045-6:¥15.00

H319.4　　024529
现代英语散文读写教程　下册:英文/潘永梁,翟福金编.—上海:上海译文出版社,1995.2.—225页;20cm
ISBN 7-5327-1649-X:¥3.70

H319.4　　024530
现代营销交际英语/赵军峰,潘德冰编著.—北京:石油工业出版社,1995.10.—283页;20cm.—(市场营销新潮丛书/王煌今主编)
ISBN 7-5021-1517-X:¥12.80

H319.4　　024531
小狗的故事:汉英文对照/(美)希金斯(Higgins,D.)著.—北京:北京理工大学出版社,1995.5.—102页;19cm
ISBN 7-81045-031-X:¥5.30

H319.4　　024532
新英语教程阅读第三册教师参考书/萧家琛等编.—2版.—北京:清华大学出版社,1995.7.—368页;19cm
ISBN 7-302-01925-8:¥9.50

H319.4　　024533
休闲英语:迷你小说与智力挑战/简庆闽,陆建平编;单斌绘.—杭州:浙江大学出版社,1995.12.—172页;19cm.—(休闲英语系列:初级本)
ISBN 7-308-01671-4:¥6.00

H319.4　　024534
休闲英语:趣味小品与游戏/简庆闽,陆建平编;单斌绘.—杭州:浙江大学出版社,1995.12.—165页;19cm.—(休闲英语系列:初级本)
ISBN 7-308-01672-2:¥6.00

H319.4　　024535
休闲英语:小幽默与绕口令/简庆闽,陆建平编;宋纪浔绘.—杭州:浙江大学出版社,1995.12.—161页;19cm.—(休闲英语系列:初级本)
ISBN 7-308-01670-6:¥6.00

H319.4　　024536
研究生英语阅读教程/夏国芳,王承康编著.—南京:南京大学出版社,1995.2.—286页;26cm
ISBN 7-305-02665-4:¥14.50

H319.4　　024537
医用英语专业阅读/华仲乐主编.—上海:上海科学技术文献出版社,1995.4.—418页;26cm
供医学院校学生及医务人员使用
ISBN 7-5439-0608-2:¥28.00

H319.4　　024538
伊利亚特:英文/(希腊)荷马(Homer)著.—北京:外语教学与研究出版社,1995.6.—446页;18cm.—(英语经典世界文学名著丛书)
ISBN 7-5600-0976-X:¥11.80

H319.4　　024539
英汉对照国际经济贸易概览/岳厚斌主编.—哈尔滨:黑龙江人民出版社,1995.2.—388页;20cm
ISBN 7-207-03018-5:¥40.00

H319.4　　024540
英美概况:英文/严威夷,胡新云主编.—杭州:浙江大学出版社,1995.12.—360页;26cm
内部发行

ISBN 7－308－01668－4：￥22.50

H319.4　024541

英美概况：英文/来安方编著.—3版.—郑州：河南教育出版社，1995.11.—629页；20cm

ISBN 7－5347－1892－9：￥16.60

H319.4　024542

英美概况习题集/方周编.—武汉：华中理工大学出版社，1995.3.—261页；19cm.—（英语应试之友：大学版）

ISBN 7－5609－1096－3：￥6.80

H319.4　024543

英诗导论与选读/谭天健，周式中主编；李贵仓，胡宗锋编.—西安：西北大学出版社，1995.8.—343页；20cm

ISBN 7－5604－0961－X：￥13.00

H319.4　024544

英语　第一册：阅读课本/伍刚中编写.—长沙：湖南科学技术出版社，1995.6.—134页；20cm

中等专业学校、职业高级中学通用教材

ISBN 7－5357－1775－6：￥2.95

H319.4　024545

英语·报刊阅读/王虹编著.—重庆：重庆出版社，1995.1.—306页；19cm.—（走向世界英语能力丛书）

ISBN 7－5366－2955－9：￥7.20

H319.4　024546

英语·速读技巧/吴念，张荣建编著.—重庆：重庆出版社，1995.1.—258页；19cm.—（走向世界英语能力丛书）

ISBN 7－5366－2953－2：￥6.50

H319.4　024547

英语短篇小说精品：英汉对照/李素苗编.—北京：北京大学出版社，1995.8.—394页；19cm.—（英语精品廊）

ISBN 7－301－02756－7：￥12.80

H319.4　024548

英语分级阅读教程　(3)/李长泰，李尚武主编.—修订版.—重庆：西南师范大学出版社，1995.9.—250页；26cm

ISBN 7－5621－0333－X：￥15.00

H319.4　024549

英语分类阅读珍萃：核心词汇集林/范家材，林璇珠编著.—上海：上海交通大学出版社，1995.1.—428页；20cm

ISBN 7－313－01320－5：￥15.20

H319.4　024550

英语广播收听技巧/陶百强编著.—成都：西南交通大学出版社，1995.12.—215页；19cm

ISBN 7－81022－873－0：￥7.00

H319.4　024551

英语话说天津城/王建民编著.—天津：天津大学出版社，1995.3.—90页；20cm

ISBN 7－5618－0747－3：￥3.60

H319.4　024552

英语精读教学研究/欧阳琦著.—北京：中国国际广播出版社，1995.4.—192页；20cm

ISBN 7－5078－0959－5：￥7.80

H319.4　024553

英语课外阅读文选/伍小龙，梁洪玉编著.—广州：暨南大学出版社，1995.12.—614页；20cm

基础英语教材系列

ISBN 7－81029－554－3：￥25.00

H319.4　024554

英语课外阅读文摘：人间趣谈：英汉对照/吴上利编著；张季馨译.—上海：上海科学技术文献出版社，1995.1.—481页；19cm

ISBN 7－5439－0514－0：￥19.80

H319.4　024555

英语名家故事会：英汉对照/王蓝译.—合肥：安徽科学技术出版社，1995.1.—621页；19cm

ISBN 7－5337－0993－4：￥12.50

H319.4　024556

英语趣味小品菁华　（二）/吴润星，吴晓静译注.—长沙：中南工业大学出版社，1995.12.—153页；19cm

ISBN 7－81020－832－2：￥6.00

H319.4　024557

英语趣味小品菁华　（三）/吴润星，余雅译注.—长沙：中南工业大学出版社，1995.12.—167页；19cm

ISBN 7－81020－833－0：￥6.00

H319.4　024558

英语趣味小品菁华　（一）/李玫，李宗柏译注.—长沙：中南工业大学出版社，1995.12.—181页；19cm

ISBN 7－81020－771－7：￥6.00

H319.4　024559

英语散文精品：英汉对照/金衡山编.—北京：北京大学出版社，1995.8.—246页；19cm.—（英语精品廊）

ISBN 7－301－02755－9：￥8.50

H319.4　024560

英语散文阅读教程/孔祥平等主编.—大连：大连出版社，1995.3.—2册；19cm

ISBN 7－80612－158－7：￥12.80

H319.4　024561

英语诗歌精品：英汉对照/胡家峦编.—北京：北京大学出版社，1995.8.—302页；19cm.—（英语精品廊）

ISBN 7－301－02754－0：￥10.80

H319.4　024562

英语体会阅读/石英编著.—北京：化学工业出版社，1995.1.—317页；20cm

ISBN 7－5025－1362－0：￥12.00

H319.4　024563

英语幽默精品：英汉对照/柯彦玢编.—北京：北京大学出版社，1995.8.—225页；19cm.—（英语精品廊）

ISBN 7－301－02753－2：￥7.90

H319.4　024564

英语幽默与笑语：英中对照/邱耀德，王淑香编.—海口：南海出版公司，1995.1.—209页；19cm

ISBN 7－5442－0330－1：￥6.00

H319.4　024565

英语阅读/刘景兴，岳春芳主编.—天津：天津人民出版社，1995.11.—372页；20cm

ISBN 7-201-02354-3：¥14.00

H319.4　　024566

英语阅读　第三册/苏西亚主编；徐育年等编.—北京：人民卫生出版社，1995.6.—251页；26cm

卫生部英语培训系列教材

ISBN 7-117-02264-7：¥17.50

H319.4　　024567

英语阅读教程/严忠志编著.—成都：四川科学技术出版社，1995.4.—389页；26cm

高等教育自学考试用书

ISBN 7-5364-3085-X：¥17.50

H319.4　　024568

英语阅读教程　第三册/吴景惠原编著；刘希彦，吴景惠修订.—修订本.—长春：吉林大学出版社，1995.9.—325页；26cm

ISBN 7-5601-1291-9：¥18.00

H319.4　　024569

诱拐/(英)斯蒂文森(Stevenson, R. L.)著；李汝仪，张素珍注译.—南京：江苏教育出版社，1995.9.—327页；19cm.—(英语世界名著简读丛书)

ISBN 7-5343-1668-5：¥7.40

H319.4　　024570

远大前程：英文/(英)狄更斯(Dickens, C.)著.—北京：外语教学与研究出版社，1995.6.—505页；18cm.—(英语经典世界文学名著丛书)

ISBN 7-5600-0974-3：¥13.80

H319.4　　024571

远离尘嚣：英文/(英)哈代(Hardy, T.)著.—北京：外语教学与研究出版社，1995.6.—468页；18cm.—(英语经典世界文学名著丛书)

ISBN 7-5600-0977-8：¥12.80

H319.4　　024572

阅读理解/宁之寿主编；陈晓耘等编.—长沙：湖南科学技术出版社，1995.7.—224页；19cm

研究生英语实用系列教材

本套书共5册，总定价35.00元

ISBN 7-5357-1784-5：¥

H319.4　　024573

阅读与翻译实践/张伟，张广林主编.—长春：东北师范大学出版社，1995.11.—184页；26cm.—(大学英语语言实践指南丛书/刘永兵，魏承杰主编)

ISBN 7-5602-1705-2：¥11.00

H319.4　　024574

中央银行与货币政策/薛万祥编.—上海：复旦大学出版社，1995.7.—213页；19cm.—(英汉对照经济知识丛书·第一辑/陈锡镖主编)

ISBN 7-309-01516-9：¥6.50

①H319.4②C931.46　　024575

英语·新族秘书/夏政编著.—重庆：重庆出版社，1995.1.—206页；19cm.—(走向世界英语能力丛书)

ISBN 7-5366-2992-3：¥5.70

①H319.4②F590.63　　024576

英语·创意导游/何道宽编著.—重庆：重庆出版社，1995.1.—255页；19cm.—(走向世界英语能力丛书)

ISBN 7-5366-2993-1：¥6.80

①H319.4②F74　　024577

英语·国际贸易/胡燕平编著.—重庆：重庆出版社，1995.1.—213页；19cm.—(走向世界英语能力丛书)

ISBN 7-5366-2952-4：¥5.60

①H319.4②F74　　024578

英语·商务函件/曹德骏编著.—重庆：重庆出版社，1995.1.—201页；19cm.—(走向世界英语能力丛书)

ISBN 7-5366-2956-7：¥5.40

①H319.4②G634.41　　024579

汉英对照知识寓言百则/王君玲著；君玲等译.—郑州：海燕出版社，1995.3.—265页；19cm

ISBN 7-5350-1046-6：¥6.00

①H319.4②G649.712　　024580

英语·美国校园/罗世军，陈国蓉编著.—重庆：重庆出版社，1995.1.—212页；19cm.—(走向世界英语能力丛书)

ISBN 7-5366-2961-3：¥5.60

①H319.4②I561.4　　024581

金银岛：英文/(英)斯蒂文森(Stevenson, R. L.)著；莱特利(Letley, E.)注.—北京：外语教学与研究出版社；英国牛津大学出版社，1995.6.—210页；19cm.—(英语经典世界文学名著丛书)

ISBN 7-5600-0985-9：¥6.80

①H319.4②TP36　　024582

微机操作常用英语/郑光华编.—哈尔滨：哈尔滨工程大学出版社，1995.1.—148页；20cm

ISBN 7-81007-527-6：¥4.80

H319.4-43　　024583

泛读教程/申立，诸沛浩主编.—开封：河南大学出版社，1995.5.—732页；20cm

研究生英语通用系列教材

ISBN 7-81041-099-7：¥22.00

H319.4-43　　024584

全新英语阅读教程/杨云峰等编.—西安：西北工业大学出版社，1995.12.—150页；26cm

ISBN 7-5612-0758-1：¥9.00

H319.4-43　　024585

现代英语阅读教程/赵纬编.—北京：冶金工业出版社，1995.7.—403页；20cm

ISBN 7-5024-1720-6：¥18.00

H319.4-61　　024586

现代英语报刊阅读词典/唐述宗编.—合肥：中国科学技术大学出版社，1995.1.—1077页；19cm

ISBN 7-312-00600-0：¥28.00

H319.4-62　　024587

大学英语精读教程学习手册/谭云杰，艾朝阳编著.—长沙：湖南科学技术出版社，1995.8.—217页；26cm

ISBN 7-5357-1822-1：¥13.80

H319.4-62　　024588

饭店英文实务手册/张广瑞，杨冬松著.—北京：中国经济出版社，1995.1.—475页；19cm

ISBN 7-5017-2544-6(精装)：¥25.00

H319.4-62　　024589

研究生入学考试英语阅读理解专项复习指南 1996/严旭阳,陈民惠主编.—北京:宇航出版社,1995.6.—343页;26cm

ISBN 7-80034-782-6:¥25.00

H319.9　　024590

BEC考试指导丛书:听力/倪进,张碧桂编.—合肥:中国科学技术大学出版社,1995.9.—159页;20cm

ISBN 7-312-00695-7:¥6.00

H319.9　　024591

E2儿童美语　(1):课本/阶梯股份有限公司,上海东方青少年发展中心供稿.—上海:上海教育出版社:海文音像出版社,1995.8.—63页;27cm

ISBN 7-5320-4519-6:¥13.40

H319.9　　024592

E2儿童美语　(1):练习册/阶梯股份有限公司,上海东方青少年发展中心供稿.—上海:上海教育出版社:海文音像出版社,1995.8.—81页;26cm

ISBN 7-5320-4520-X:¥5.80

H319.9　　024593

E2儿童美语　(1):学习指导/阶梯股份有限公司,上海东方青少年发展中心供稿.—上海:上海教育出版社:海文音像出版社,1995.8.—36页;26cm

ISBN 7-5320-4521-8:¥3.80

H319.9　　024594

《新英语教程》(第二版)听说　第二册/何福胜等编.—北京:清华大学出版社,1995.2.—107页;26cm

ISBN 7-302-01748-4:¥3.50

H319.9　　024595

《新英语教程》(第二版)听说第二册教师参考书/何福胜等编.—北京:清华大学出版社,1995.2.—206页;19cm

ISBN 7-302-01749-2:¥5.80

H319.9　　024596

奥林匹克体育交流英语/徐群主编.—武汉:华中理工大学出版社,1995.11.—341页;19cm

ISBN 7-5609-1168-4:¥8.80

H319.9　　024597

办公室英语300句:英汉对照/吴宝康编著.—上海:立信会计出版社,1995.5.—264页;19cm.—(英语会话300句丛书)

ISBN 7-5429-0256-3:¥8.10

H319.9　　024598

贝立兹生活美语会话/夏祖煃,吴景棠改编.—北京:外语教学与研究出版社,1995.10.—2册;26cm

中央电视台教育节目用书

ISBN 7-5600-1029-6:¥39.80

H319.9　　024599

宾馆旅游实用英语/孙蔚虹主编.—南京:河海大学出版社,1995.12.—525页;19cm

ISBN 7-5630-0788-1:¥15.00

H319.9　　024600

宾馆旅游英语/齐永志主编.—沈阳:辽宁人民出版社,1995.10.—409页;19cm

ISBN 7-205-03454-X:¥13.00

H319.9　　024601

宾馆日常用语/崔玉军,叶敏编写.—济南:山东教育出版社,1995.1.—260页;19cm

ISBN 7-5328-2066-1:¥4.35

H319.9　　024602

宾馆英语300句:英汉对照/吴宝康,赵圣骅编著.—上海:立信会计出版社,1995.5.—277页;19cm.—(英语会话300句丛书)

ISBN 7-5429-0257-1:¥8.50

H319.9　　024603

财经英语听力/王振芳编著.—长沙:湖南出版社,1995.3.—215页;19cm

ISBN 7-5438-0938-9:¥4.50

H319.9　　024604

财经英语听力　下册/王振芳主编;林岚编者.—长沙:湖南科学技术出版社,1995.8.—192页;19cm

ISBN 7-5357-1824-8:¥7.00

H319.9　　024605

船舶驾驶英语会话/朱垲等编著.—北京:人民交通出版社,1995.11.—294页;19cm

ISBN 7-114-02199-2:¥15.00

H319.9　　024606

大学英语初级听力　第一册/孙玉编.—北京:北京大学出版社,1995.9.—116页;19cm

ISBN 7-301-02885-7:¥5.00

H319.9　　024607

大学英语六级听力教程与模拟试题/苗润萍,谭户森编著.—北京:北京师范大学出版社,1995.5.—230页;26cm.—(大学英语系列丛书)

教师用书

ISBN 7-303-03798-5:¥11.00

H319.9　　024608

大学英语六级听力教程与模拟试题/苗润萍,谭户森编著.—北京:北京师范大学出版社,1995.5.—114页;26cm.—(大学英语系列丛书)

学生用书

ISBN 7-303-03799-3:¥6.00

H319.9　　024609

大学英语四级考试听力水平测试/范希运主编;许迎军等编.—大连:辽宁师范大学出版社,1995.9.—182页;19cm

大学英语四级考试备考用书;3

ISBN 7-81042-085-2:¥5.00

H319.9　　024610

大学英语四级听力应试技巧与实践/林建强,王月凤编.—上海:华东理工大学出版社,1995.12.—153页;19cm

ISBN 7-5628-0618-7:¥5.50

H319.9　　024611

大学英语听力/张志明主编.—沈阳:辽宁民族出版社,1995.4.—214页;19cm

ISBN 7-80527-484-3:¥6.50

H319.9　　024612

大学英语听力分级强化训练　第二册/邢立君等主编.—大连:辽宁师范大学出版社,1995.11.—174页;26cm
ISBN 7-81042-111-5:¥12.00

H319.9　024613
大学英语听力分级强化训练　第三册/邢立君等主编.—大连:辽宁师范大学出版社,1995.11.—215页;26cm
ISBN 7-81042-111-5:¥13.00

H319.9　024614
大学英语听力分级强化训练　第四册/邢立君等主编.—大连:辽宁师范大学出版社,1995.11.—205页;26cm
ISBN 7-81042-111-5:¥13.00

H319.9　024615
大学英语听力分级强化训练　第一册/邢立君,张素艳主编.—大连:辽宁师范大学出版社,1995.11.—135页;26cm
ISBN 7-81042-111-5:¥11.00

H319.9　024616
大学英语听力教程/何玲梅等主编.—北京:气象出版社,1995.3.—146页;26cm
高等学校教材
ISBN 7-5029-1922-8:¥9.80

H319.9　024617
大学英语听力理解教程/姜丽蓉主编;乔红军等编.—北京:兵器工业出版社,1995.7.—231页;26cm
ISBN 7-80038-915-4:¥12.50

H319.9　024618
大学英语听力理解指要/乔英主编;王伟民,焦红编著.—上海:上海交通大学出版社,1995.3.—183页;20cm.—(英语学习精英丛书)
ISBN 7-313-01420-1:¥7.20

H319.9　024619
大学英语听力强化训练/汪梅琼,吴江编著.—上海:复旦大学出版社,1995.7.—296页;20cm
ISBN 7-309-01505-3:¥10.00

H319.9　024620
当代美国英语会话/杨鑫南编著.—2版.—北京:外语教学与研究出版社,1995.7.—319页;19cm
ISBN 7-5600-0552-7:¥8.80

H319.9　024621
当代英语百科会话集成/贾钺,郑蔚主编.—北京:中国铁道出版社,1995.3.—958页;14×10cm
ISBN 7-113-01886-6:¥25.00

H319.9　024622
电话英语.—北京:外文出版社,1995.—293页;17×11cm.—(迷你惯用句系列丛书)
据台湾英文杂志社有限公司版
ISBN 7-119-01766-7:¥9.95

H319.9　024623
赴外人员实用英语会话/四川省干部教育学会,四川省对外管理人员培训中心编.—成都:西南交通大学出版社,1995.8.—195页;19cm
ISBN 7-81022-842-0:¥14.80

H319.9　024624
干部实用英语会话/孙炳舜主编.—济南:山东大学出版社,1995.9.—331页;20cm
行政学院经济干院系列教材
ISBN 7-5607-1484-6:¥8.60

H319.9　024625
柜台英语/钱建文主编.—北京:中国商业出版社,1995.7.—240页;19cm
中等职业学校财会系列教材
ISBN 7-5044-2571-0:¥8.80

H319.9　024626
汉字注音实用英语速成 888 句/贾文渊,李荣荣著译.—太原:北岳文艺出版社,1995.2.—152页;19cm
版权页书名:汉字注音实用英语速成
ISBN 7-5378-1462-7:¥4.80

H319.9　024627
基础英语听力训练:大学分册/武振东,刘迎春主编.—大连:大连海事大学出版社,1995.9.—181页;19cm
ISBN 7-5632-0906-9:¥7.80

H319.9　024628
家庭英语情景会话/陈燕平,吴文智主编;杨思明,张晓鲁绘.—南京:江苏教育出版社,1995.12.—257页;17×19cm
ISBN 7-5343-2594-3:¥9.85

H319.9　024629
交际英语/王全义编.—济南:山东教育出版社,1995.7.—174页;19cm
ISBN 7-5328-2209-5:¥4.20

H319.9　024630
交际英语:听说读教程/李志云,罗国梁编著.—上海:华东理工大学出版社,1995.12.—478页;20cm
ISBN 7-5628-0626-8:¥19.50

H319.9　024631
交际英语口语教程/徐飙主编;舒红曦编著.—杭州:浙江大学出版社,1995.10.—144页;19cm
ISBN 7-308-01534-3:¥7.00

H319.9　024632
交通民警常用英语/刘勤编著.—北京:人民交通出版社,1995.6.—123页;13×9cm
ISBN 7-114-02192-5:¥4.00

H319.9　024633
接着学/英国广播公司编著;曹根望译注.—北京:中国国际广播出版社,1995.4.—263页;20cm.—(BBC英语教学丛书)
ISBN 7-5078-1137-9:¥9.40

H319.9　024634
经贸英语 300 句:英汉对照/康青编著.—上海:立信会计出版社,1995.5.—293页;19cm.—(英语会话300句丛书)
ISBN 7-5429-0251-2:¥9.00

H319.9　024635
留学英伦/英国广播公司编著;史春永译注.—北京:

中国国际广播出版社,1995.4.—239 页;20cm.—(BBC英语教学丛书)

ISBN 7－5078－1138－7:¥8.50

H319.9　024636

旅游、宾馆、餐厅英语/马其华,刘小涵编著.—苏州:苏州大学出版社,1995.10.—526 页;19cm

ISBN 7－81037－123－1:¥15.00

H319.9　024637

旅游接待英语 300 句:英汉对照/赵圣骅,吴宝康编著.—上海:立信会计出版社,1995.5.—276 页;19cm.—(英语会话 300 句丛书)

ISBN 7－5429－0250－4:¥8.50

H319.9　024638

伦敦欢迎你/吕晓丽等编译.—郑州:河南教育出版社,1995.6.—2 册;26cm.—(初级英语听说系列节目)

ISBN 7－5347－1794－9:¥22.00

H319.9　024639

美式英语会话手册/荆蓟主编;佟志慧等编.—北京:学苑出版社,1995.6.—278 页;19cm

ISBN 7－5077－0841－1:¥13.50

H319.9　024640

美语会话速成/汪榕培等编著.—北京:旅游教育出版社,1995.1.—325 页;19cm

ISBN 7－5637－0586－4:¥9.80

H319.9　024641

妙语连珠:常见常听的英美口语一千句/罗斯编著.—北京:商务印书馆国际有限公司,1995.8.—304 页;20cm.—(当代英语)

ISBN 7－80103－122－9:¥14.80

H319.9　024642

民航客运服务会话:中英对照/周石田编著.—北京:中国民航出版社,1995.10.—293 页;20cm

ISBN 7－80110－013－1:¥15.00

H319.9　024643

情景英语听力荟萃/樊葳葳,许明武编.—武汉:华中理工大学出版社,1995.5.—410 页;19cm.—(英语银手杖系列)

ISBN 7－5609－1088－2:¥8.50

H319.9　024644

三资企业实用英语/齐伟均编著.—上海:上海交通大学出版社,1995.10.—342 页;19cm

ISBN 7－313－01495－3:¥12.70

H319.9　024645

商场英语口语 100 句/上海市财贸人才培训中心编.—上海:华东理工大学出版社,1995.12.—112 页;19cm

ISBN 7－5628－0642－X:¥4.00

H319.9　024646

商店购物英语 300 句:英汉对照/李惠,康青编著.—上海:立信会计出版社,1995.5.—272 页;19cm.—(英语会话 300 句丛书)

ISBN 7－5429－0255－5:¥8.50

H319.9　024647

商贸公关英语 900 句/卢荣基主编.—北京:华龄出版社,1995.2.—288 页;19cm

ISBN 7－80082－503－5:¥7.80

H319.9　024648

商贸日常英语口语/上海市财贸人才培训中心编.—上海:华东理工大学出版社,1995.9.—203 页;19cm

ISBN 7－5628－0582－2:¥8.00

H319.9　024649

商贸英语 900 句　第二分册:商业英语/沈建新主编;上海市东辉职业技术学校组织编写.—上海:华东理工大学出版社,1995.4.—251 页;19cm

ISBN 7－5628－0566－0:¥7.50

H319.9　024650

商贸英语 900 句　第一分册:日常英语/沈建新主编;上海市东辉职业技术学校组织编写.—上海:华东理工大学出版社,1995.6.—224 页;19cm.—(职校英语教学丛书)

ISBN 7－5628－0577－6:¥6.50

H319.9　024651

商业英语/英国广播公司编著;李健译注.—北京:中国国际广播出版社,1995.4.—126 页;20cm.—(BBC 英语教学丛书)

ISBN 7－5078－1135－2:¥6.00

H319.9　024652

沈阳市民外语会话一百句/刘迎初主编;沈阳市民外语学习活动领导小组办公室编.—沈阳:沈阳出版社,1995.5.—159 页;10×13cm

ISBN 7－5441－0395－1:¥2.80

H319.9　024653

实用出国交际英语/程建华,程飞编著.—2 版.—长沙:国防科技大学出版社,1995.5.—301 页;20cm

ISBN 7－81024－297－0:¥10.00

H319.9　024654

实用公关英语/廖瑛编著.—3 版.—长沙:湖南出版社,1995.1.　486 页;20cm.—(实用外语学习丛书)

ISBN 7－5438－0259－7:¥12.80

H319.9　024655

实用三资企业英语/林文平,徐德任编著.—北京:北京语言学院出版社,1995.5.—264 页;20cm

ISBN 7－5619－0506－8:¥11.60

H319.9　024656

实用英语会话/赵文华主编.—大连:大连理工大学出版社,1995.5.—156 页;26cm

中等职业技术学校教材

ISBN 7－5611－0990－3:¥9.00

H319.9　024657

实用英语口语/文亚,利亚编著.—广州:广东人民出版社,1995.8.—232 页;19cm

ISBN 7－218－01932－3:¥7.90

H319.9　024658

实用英语口语教程/孟建钢等编著.—长沙:湖南科学技术出版社,1995.6.—256 页;19cm

ISBN 7－5357－1758－6:¥8.20

H319.9　024659

实用英语听力/李青林,周静萍编著.—长沙:湖南出

版社,1995.4.—402页;20cm.—(实用外语学习丛书)
ISBN 7-5438-0964-8:¥12.40

H319.9　024660
特别英语收听指导/张正举等编.—2版(增订本).—长沙:湖南大学出版社,1995.12.—244页;20cm
ISBN 7-81053-019-4:¥10.00

H319.9　024661
听力理解/易文主编;范献龙等编.—长沙:湖南科学技术出版社,1995.7.—220页;19cm
研究生英语实用系列教材
本套书共5册,总定价35.00元
ISBN 7-5357-1784-5:¥

H319.9　024662
外贸英语会话/尹小莹编著.—西安:西安交通大学出版社,1995.3.—309页;20cm
ISBN 7-5605-0719-0:¥8.80

H319.9　024663
外贸英语会话/刘荣恒,王杨主编.—沈阳:辽宁大学出版社,1995.4.—341页;19cm.—(实用英语系列丛书)
全套6册,总定价64.80元
ISBN 7-5610-2966-7:¥0.00

H319.9　024664
外贸英语口语600句速成/苏立昌,陈彤编著.—天津:天津科技翻译出版公司,1995.6.—183页;20cm
ISBN 7-5433-0729-4:¥21.80

H319.9　024665
无师自通英语50课/戚云方主编.—上海:上海外语教育出版社,1995.7.—351页;20cm
ISBN 7-81009-930-2:¥12.00

H319.9　024666
现代英语听与说:第四级/《现代英语》修订组编.—2版.—北京:高等教育出版社,1995.7.—64页;20cm
ISBN 7-04-005492-2:¥2.55

H319.9　024667
新编大学英语精读课语言点讲析/张绍全,林忠主编.—重庆:西南师范大学出版社,1995.8.—394页;19cm.—(大学英语3、4、6级丛书)
ISBN 7-5621-1311-4:¥11.00

H319.9　024668
新向导英语口语/凌敏著.—上海:汉语大词典出版社,1995.7.—126页;26cm
ISBN 7-5432-0153-4:¥14.00

H319.9　024669
新英语教程:听力训练册　第二册/李瑞芳,黄淑琳编.—北京:清华大学出版社,1995.1.—177页;19cm
ISBN 7-302-01695-X:¥4.00

H319.9　024670
新英语教程听说第三册教师参考书/何福胜,范红编.—北京:清华大学出版社,1995.8.—249页;19cm
ISBN 7-302-01927-4:¥6.80

H319.9　024671
袖珍英语口语出国咨询手册/晓文等编著.—北京:中国环境科学出版社,1995.4.—308页;13cm
ISBN 7-80093-668-6:¥5.80

H319.9　024672
研究生英语精读教程　(下)/刘利君等主编.—北京:中国人民大学出版社,1995.4.—553页;20cm
研究生英语系列教材
ISBN 7-300-02043-7:¥18.50

H319.9　024673
研究生英语精读教程(下)教师参考书/刘利君等主编.—北京:中国人民大学出版社,1995.4.—171页;20cm
研究生英语系列教材
ISBN 7-300-02044-5:¥6.00

H319.9　024674
研究生英语听说教程　(下)/罗立胜等编写.—北京:中国人民大学出版社,1995.2.—167页;20cm
研究生英语系列教材
ISBN 7-300-02041-0:¥6.80

H319.9　024675
研究生英语听说教程　(下)/罗立胜等编写.—北京:中国人民大学出版社,1995.2.—212页;220cm
研究生英语系列教材 老师用书
ISBN 7-300-02042-9:¥8.60

H319.9　024676
银行英语300句/奚鸿源编著.—上海:立信会计出版社,1995.8.—240页;19cm.—(英语会话300句丛书)
ISBN 7-5429-0309-8:¥9.00

H319.9　024677
银行英语会话/胡莺主编.—武汉:武汉出版社,1995.12.—299页;19cm.—(银行岗位培训丛书)
ISBN 7-5430-1440-8:¥11.00

H319.9　024678
英汉对照365/朱文俊编著.—北京:北京语言学院出版社,1995.7.—124页;19cm
ISBN 7-5619-0397-9:¥5.90

H319.9　024679
英语300句课本　中册　第一部　第三册、第四册/(美)科尼利厄斯(Cornelius,E.T.Jr)编著.—北京:国际文化出版公司,1995.1.—386页;26cm
中央电视台英语教育节目用
ISBN 7-80105-208-0:¥23.00

H319.9　024680
英语300句练习本　中册/(美)坎尔森(Ersan,C.)编著.—北京:国际文化出版公司,1995.1.—175页;26cm.—(英语300句系列)
中央电视台英语教育节目用
ISBN 7-80105-208-0:¥12.00

H319.9　024681
英语泛读教程:教师参考手册/王炳炎,周红编.—上海:上海外语教育出版社,1995.12.—344页;19cm
高等学校教材
ISBN 7-81046-018-8:¥11.00

H319.9　024682
英语会话百日通/赵津南,安凤岐编.—天津:天津科

学技术出版社,1995.11.—494页;19cm
ISBN 7-5308-1780-9:¥15.00

H319.9　024683
英语三百句/孙亦丽编著.—北京:北京大学出版社,1995.6.—219页;19cm.—(外语实用口语三百句系列;1)
ISBN 7-301-02659-5:¥8.50

H319.9　024684
英语听力　第三册/孙晓玲主编.—北京:人民卫生出版社,1995.6.—290页;26cm
卫生部英语培训系列教材
ISBN 7-117-02265-5:¥20.00

H319.9　024685
英语听力:基本技能训练　第二册/刘爱真,苏建红编著.—南京:东南大学出版社,1995.9.—151页;26cm
ISBN 7-81050-052-X:¥9.00

H319.9　024686
英语听力和运用　第一册/尹协钧,姜德杰主编.—上海:上海交通大学出版社,1995.9.—176页;20cm
ISBN 7-313-01500-3:¥7.10

H319.9　024687
英语听力技能训练/李守京主编;李建华等编.—北京:中国人民大学出版社,1995.1.—225页;20cm
ISBN 7-300-02023-2:¥6.30

H319.9　024688
英语听力教程:基础训练/李养龙主编.—西安:陕西科学技术出版社,1995.6.—397页;19cm
ISBN 7-5369-2340-6:¥9.40

H319.9　024689
英语听力教程:提高训练/董会庆主编.—西安:陕西科学技术出版社,1995.6.—341页;19cm
ISBN 7-5369-2340-6:¥8.40

H319.9　024690
英语听力能力提高/王杰等主编.—上海:上海交通大学出版社,1995.9.—205页;20cm.—(英语学习指南丛书)
ISBN 7-313-01472-4:¥7.60

H319.9　024691
英语听力入门辅导　第二册/曹文莉等著.—北京:旅游教育出版社,1995.1.—204页;19cm
ISBN 7-5637-0595-3:¥6.00

H319.9　024692
英语听力入门辅导　第三册/曹文莉等著.—北京:旅游教育出版社,1995.1.—214页;19cm
ISBN 7-5637-0596-1:¥7.00

H319.9　024693
英语听说/李立,黄绍扬编著.—上海:上海教育出版社,1995.2.—372页;19cm.—(中学教师继续教育丛书)
ISBN 7-5320-3916-1:¥8.05

H319.9　024694
英语幽默与口语表达训练:英汉对照/邱耀德,王淑香编著.—海口:南海出版公司,1995.9.—346页;19cm
ISBN 7-5442-0447-2:¥12.80

H319.9　024695
邮政业务英语/邮电部教育司主编.—北京:人民邮电出版社,1995.11.—211页;19cm
邮电技工学校教材
ISBN 7-115-05820-2:¥7.20

H319.9　024696
宅区风云/冯丁妮主编.—大连:大连海事大学出版社,1995.5.—152页;26cm
英语听力教材
ISBN 7-5632-0880-1:¥10.00

H319.9　024697
展望未来:英语教程:教师用书(1):英汉双语简体字版/(英)Vivier, M. D.等著;朱嫣华改编.—上海:上海外语教育出版社;香港:朗文出版亚洲有限公司,1995.12.—143页;26cm
ISBN 7-81046-056-0:¥18.00

H319.9　024698
展望未来:英语教程:练习册(1):英汉双语简体字版/(英)Vivier, M. D.等著;梅德明改编.—上海:上海外语教育出版社;香港:朗文出版亚洲有限公司,1995.12.—67页;26cm
ISBN 7-81046-057-9:¥9.00

H319.9　024699
展望未来:英语教程:学生用书(1):英汉双语简体字版/(英)Hopkins, A.,(英)Potter, J.著;梅德明改编.—上海:上海外语教育出版社;香港:朗文出版亚洲有限公司,1995.12.—165页;26cm
ISBN 7-81046-058-7:¥25.00

H319.9　024700
针对中国人的英语900句/杨松编著.—合肥:中国科学技术大学出版社,1995.7.—153页;19cm
ISBN 7-312-00714-7:¥4.80

H319.9　024701
中高级美语听力/汪学立编.—南京:南京大学出版社,1995.4.—157页;26cm
《新起点》系列教材
ISBN 7-305-02752-9:¥8.80

H319.9　024702
中国学生英语交际失误分析/唐德根编著.—长沙:中南工业大学出版社,1995.11.—265页;19cm
ISBN 7-81020-803-9:¥9.00

H319.9　024703
中英常用会话快译通/晓舟主编.—昆明:云南科技出版社,1995.10.—326页;11×8cm
ISBN 7-5416-0761-4(精装):¥10.80

H319.9　024704
祝君健康:求医诊病常用会话:中英文对照/孔昭铁著;孔宪琨助编.—广州:广东科技出版社,1995.4.—289页;19cm
ISBN 7-5359-1317-2:¥9.50

H319.9　024705
自己动手/英国广播公司编著;周泓译注.—北京:中国国际广播出版社,1995.4.—241页;20cm.—(BBC英语教学丛书)

ISBN 7－5078－1136－0：¥8.50

H319.9　　024706

自学英语口语速成/李叶，张金陵编著.—福州：福建科学技术出版社，1995.3.—408页；20cm

ISBN 7－5335－0807－6：¥10.50

H319.9　　024707

最新BBC听力训练/朱宪伦，瞿梦怡编.—上海：上海教育出版社，1995.12.—106页；19cm

ISBN 7－5320－2757－0：¥0.00

H319.9　　024708

最新大学英语听力系列教程/黄铁聚主编.—哈尔滨：哈尔滨船舶工程学院出版社，1995.8.—4册；19cm

ISBN 7－81007－591－8：¥30.00

H319.9－43　　024709

强化英语听说教程　第一册/朱维芳，牛双虹主编.—北京：外语教学与研究出版社，1995.6.—196页；26cm

ISBN 7－5600－0736－8：¥9.80

H319.9－43　　024710

英语口语自学教程　上册/余志远主编.—北京：外语教学与研究出版社，1995.11.—341页；20cm

ISBN 7－5600－1012－1：¥11.80

H319.9－43　　024711

英语听力与口语教程/刘明霞，王勇主编.—济南：山东友谊出版社，1995.8.—412页；19cm

ISBN 7－80551－727－4：¥10.00

H319.9－49　　024712

英语怎么"说"/刘扬，文瑞琦编写.—北京：语文出版社，1995.9.—207页；19cm.—(少年百科趣味知识丛书/张伯华主编)

ISBN 7－80006－993－1：¥7.90

H319.9－61　　024713

彩图英汉会话词典　(上)/段芹，钟明主编.—济南：山东人民出版社，1995.12.—379页；19cm

ISBN 7－209－01828－X(精装)：¥22.00

H319.9－62　　024714

短期出国访问人员简明英语会话手册/蔡素文，高春丽编著.—北京：北京语言学院出版社，1995.7.—105页；19cm

ISBN 7－5619－0529－7：¥6.50

H319.9－62　　024715

实用礼仪会话手册：中英文对照/孙全仁，吴立志编著.—天津：天津科技翻译出版公司，1995.3.—285页；19cm

ISBN 7－5433－0720－0：¥8.00

H319.9－62　　024716

实用英语口语手册：中英文对照/田力，张辰龙主编.—北京：旅游教育出版社，1995.1.—650页；19cm

ISBN 7－5637－0518－X：¥19.00

H319.9－62　　024717

实用英语口语指南/张健，唐见端编著.—2版.—北京：金盾出版社，1995.12.—311页；19cm

ISBN 7－5082－0074－8：¥9.50

H319.9－62　　024718

现代美国交际口语手册/(美)科温，张彦斌等编.—上海：上海交通大学出版社，1995.7.—720页；20cm

著者原题：查尔斯·科温

ISBN 7－313－01480－5：¥25.50

H32　法语

H32　　024719

大学法语　(1)/李志清主编；王晓峰等编.—北京：高等教育出版社，1995.7.—209页；20cm

高等学校教材

ISBN 7－04－005131－1：¥9.85

H32　　024720

大学法语简明教程/薛建成主编；周正言等编.—北京：外语教学与研究出版社，1995.9.—530页；20cm

全国高校法语(第二外语)统编教材

ISBN 7－5600－1002－4：¥17.80

H32　　024721

法语：资格考试/冯百才主编；国家旅游局人事劳动教育司编.—北京：旅游教育出版社，1995.8.—254页；20cm

全国导游人员资格等级考试系列教材

ISBN 7－5637－0627－5：¥13.00

H32　　024722

实用法语：合订本/张世鉴编.—北京：商务印书馆，1995.1.—315页；19cm

ISBN 7－100－00661－9：¥21.10

H32　　024723

实用公关法语/黄建华，余秀梅编著.—长沙：湖南出版社，1995.8.—207页；20cm.—(实用外语学习丛书；22)

ISBN 7－5438－1053－0：¥8.20

H32－43　　024724

新编法语教程续集/束景哲等编.—上海：上海译文出版社，1995.10.—255页；26cm

上海市业余外语广播讲座

ISBN 7－5327－1839－5：¥17.40

H325　　024725

法语实用修辞学/赵善继编著.—天津：天津大学出版社，1995.10.—156页；19cm

ISBN 7－5618－0820－8：¥4.80

H325　　024726

法语应用文写作/史美珍，董茂永编著.—北京：旅游教育出版社，1995.1.—559页；19cm

ISBN 7－5637－0580－5：¥16.50

H326　　024727

法汉简明词典/钱治安，王志杰编.—武汉：华中理工大学出版社，1995.10.—621页；10×13cm

ISBN 7－5609－1089－0：¥9.80

H326　　024728

新编法汉袖珍词典/杨苑编.—上海：上海外语教育出版社，1995.1.—622页；15×9cm

ISBN 7－81009－796－2(精装)：¥12.00

H329.2　024729

出国留学人员法语强化教学大纲/《出国留学人员法语强化教学大纲》研订组编.—上海:上海外语教育出版社,1995.7.—227页;20cm

ISBN 7-81046-023-4:¥7.00

H329.4　024730

法汉对照365/乔承伟,王悦编著.—北京:北京语言学院出版社,1995.9.—151页;19cm

附盒式录音带

ISBN 7-5619-0522-X:¥7.20

H329.9　024731

法语三百句/王庭荣编著.—北京:北京大学出版社,1995.6.—277页;19cm.—(外语实用口语三百句系列;2)

ISBN 7-301-02660-9:¥8.80

H329.9　024732

简易法语会话:听说练习40例/王焕义,许振鹤编写.—北京:北京语言学院出版社,1995.5.—167页;19cm

ISBN 7-5619-0502-5:¥6.00

H329.9　024733

实用交际法语/黄玉山等编著.—北京:文津出版社,1995.5.—457页;20cm

ISBN 7-80554-264-3:¥15.00

H329.9-62　024734

实用礼仪会话手册:中法文对照/裘荣庆,闫沐新编著.—天津:天津科技翻译出版公司,1995.3.—298页;19cm

ISBN 7-5433-0720-0:¥9.00

H33　德语

H33　024735

大学德语　(4)/戴鸣钟,顾士渊主编.—北京:高等教育出版社,1995.11.—260页;20cm

ISBN 7-04-005479-5:¥7.80

H33　024736

德语:资格考试/王志佑主编;国家旅游局人事劳动教育司编.—北京:旅游教育出版社,1995.8.—174页;20cm

全国导游人员资格等级考试系列教材

ISBN 7-5637-0626-7:¥13.00

H33　024737

德语教程　第四册/赵登荣等编著.—北京:北京大学出版社,1995.11.—476页;26cm

ISBN 7-301-02814-8:¥30.00

H33　024738

求实德语强化教程/杭国生等编.—上海:同济大学出版社,1995.10.—287页;28cm

ISBN 7-5608-1591-X:¥20.00

H33　024739

实用公关德语/黄敬甫,彭念慈编著.—长沙:湖南出版社,1995.4.—338页;20cm.—(实用外语学习丛书)

ISBN 7-5438-0970-2:¥11.00

H33　024740

语言学/(德)塔洛维兹(Tallowitz,U.)编著;李新建译.—北京:北京语言学院出版社,1995.1.—160页;20cm

模块式专业德语系列教程

ISBN 7-5619-0511-4:¥5.00

H333　024741

瑞士德语词汇汇编/徐智儿编.—上海:上海外语教育出版社,1995.6.—284页;13cm

ISBN 7-81009-899-3:¥4.50

H334　024742

现代德语实用语法/王兆渠等编著.—上海:同济大学,1995.3.—615页;20cm

ISBN 7-5608-1507-3:¥18.80

H334.1　024743

德语构词学/陈越祖编著.—北京:商务印书馆,1995.11.—326页;19cm

ISBN 7-100-01900-1:¥13.00

H334.2　024744

德语常用动词例解/( )罗伦茨主编;朱章才编译.—2版.—北京:外语教学与研究出版社,1995.2.—184页;13×19cm

著者原题:于尔根·罗伦茨

ISBN 7-5600-0371-0:¥4.80

H335　024745

德语修辞学教程/郑华汉著.—北京:旅游教育出版社,1995.3.—230页;19cm

德语高年级教材

ISBN 7-5637-0589-9:¥6.50

H336　024746

简明德汉词典/施其南等编.—北京:商务印书馆,1995.11.—1269页;16×11cm

ISBN 7-100-01332-1(精装):¥46.00

H336　024747

简明汉德词典/江燮松等编写.—上海:上海外语教育出版社,1995.2.—936页;19cm.—(上外(SISU/西索)简明汉外系列词典)

ISBN 7-81009-177-8(精装):¥28.00

H339　024748

大学德语四级考试大纲及样题/大学德语考试组编.—上海:上海外语教育出版社,1995.4.—31页;19cm

ISBN 7-81046-038-2:¥1.30

H339-53　024749

德语强化教学论文集/王赵森,杭国生主编.—上海:同济大学出版社,1995.7.—156页;20cm

ISBN 7-5608-1471-9:¥20.00

H339-62　024750

《目标》强化德语教程综合课第三、四册教师手册/(德)普薇(Pohland,V.),(德)葛汉(Gerbig,J.J.)编著.—北京:外语教学与研究出版社,1995.10.—302页;26cm

ISBN 7-5600-1007-5:¥21.80

H339.4　　024751
德国简史/姚宝编著.—修订本.—上海:上海外语教育出版社,1995.3.—480页;20cm
高等学校德语专业用
ISBN 7-81009-777-6:¥8.70

H339.4　　024752
德语文学选读　(Ⅲ):1933~1993/孙坤荣编注.—北京:北京大学出版社,1995.12.—541页;20cm
高等学校文科教材
ISBN 7-301-02840-7:¥22.00

H339.9　　024753
德语三百句/佟秀英编著.—北京:北京大学出版社,1995.5.—288页;19cm.—(外语实用口语三百句系列;3)
ISBN 7-301-02661-7:¥9.00

H34　西班牙语

H34　　024754
西班牙语:资格考试/孙家坤主编;国家旅游局人事劳动教育司编.—北京:旅游教育出版社,1995.8.—235页;20cm
全国导游人员资格等级考试系列教材
ISBN 7-5637-0628-3:¥13.00

H34　　024755
西班牙语自学课本/李多,梁德润编.—北京:外语教学与研究出版社,1995.9.—193页;20cm
ISBN 7-5600-1013-X:¥6.80

H343.3-61　　024756
简明汉西成语词典/方瑛等编辑.—北京:商务印书馆,1995.8.—625页;19cm
ISBN 7-100-01386-0(精装):¥25.40

H349.9　　024757
西班牙语三百句/王平媛编著.—北京:北京大学出版社,1995.6.—220页;19cm.—(外语实用口语三百句系列;4)
ISBN 7-301-02662-5:¥8.50

H349.9-62　　024758
实用礼仪会话手册:中西班牙文对照/马云桢编著.—天津:天津科技翻译出版公司,1995.3.—261页;19cm
ISBN 7-5433-0720-0:¥9.00

H35　俄语

H35　　024759
大学俄语简明教程/张宝钤,钱晓蕙编.—北京:高等教育出版社,1995.11.—362页;20cm
高等学校教材 第二外语用
ISBN 7-04-005508-2:¥11.00

H35　　024760
大学俄语阅读与写作/侯爱莉等编.—哈尔滨:哈尔滨工程大学出版社,1995.3.—2册;19cm
ISBN 7-81007-513-6:¥16.20

H35　　024761
俄语/孙尚文等编.—沈阳:辽宁大学出版社,1995.11.—2册;26cm
专业技术资格外语等级考试教材
ISBN 7-5610-3037-1:¥38.00

H35　　024762
俄语:1~2册参考书/黑龙江大学俄语系编.—北京:外语教学与研究出版社,1995.6.—380页;20cm
高等学校教材
ISBN 7-5600-0944-1:¥8.90

H35　　024763
俄语:资格考试/刘廷璋主编;国家旅游局人事劳动教育司编.—北京:旅游教育出版社,1995.8.—298页;20cm
全国导游人员资格等级考试系列教材
ISBN 7-5637-0629-1:¥13.00

H35　　024764
实用商贸俄语/丁树杞,张建华编.—北京:外语教学与研究出版社,1995.3.—271页;20cm
ISBN 7-5600-0966-2:¥6.90

H35　　024765
外贸俄语课本/蒋春雨主编.—北京:中国人民大学出版社,1995.2.—467页;20cm
ISBN 7-300-01901-3:¥12.90

H35　　024766
现代俄语概论/黑龙江大学俄语系编.—哈尔滨:黑龙江教育出版社,1995.12.—440页;20cm
黑龙江大学专业俄语系列教材
ISBN 7-5316-2906-2:¥17.00

H35　　024767
现代科技俄语教程/杨希正主编.—西安:陕西科学技术出版社,1995.12.—316页;20cm
ISBN 7-5369-2486-0:¥14.00

H35-43　　024768
外贸俄语强化教程/唐光彤,胡守信编著.—北京:北京大学出版社,1995.6.—590页;19cm
ISBN 7-301-02617-X:¥19.00

H353　　024769
大学俄语四级词汇语法精解/陈国亭,田文清主编.—哈尔滨:哈尔滨工业大学出版社,1995.5.—410页;26cm
ISBN 7-5603-1080-X:¥25.00

H353　　024770
俄汉科技常用词汇/蓝仁侠等编.—北京:国防工业出版社,1995.7.—1175页;19cm
ISBN 7-118-00254-2(精装):¥50.00

H353　　024771
俄语常用词快速记忆/阎国栋编.—天津:南开大学出版社,1995.9.—440页;18cm
ISBN 7-310-00815-4:¥12.50

H353　　024772
俄语词汇修辞/姜鸿霄,朱邦芳编.—北京:北京大学出版社,1995.6.—202页;19cm

ISBN 7-301-02567-X：￥6.30

H353　024773

俄语语义学/倪波，顾柏林编著.—上海：上海外语教育出版社，1995.3.—278页；20cm

ISBN 7-81009-931-0(精装)：￥12.00

H353.2　024774

俄语同义词辨异/于永明编.—长春：吉林人民出版社，1995.7.—313页；19cm

ISBN 7-206-02421-1：￥12.80

H354-62　024775

简明俄语语法手册/满达人编译.—兰州：兰州大学出版社，1995.10.—96页；19cm

ISBN 7-311-00839-5：￥4.80

H355.9　024776

经贸文章文件汉译俄教程/陆勇编；(俄)叶戈罗娃校.—北京：对外贸易教育出版社，1995.7.—165页；20cm

ISBN 7-81000-752-1：￥8.10

H355.9　024777

实用俄汉、汉俄翻译/张永全主编.—济南：山东大学出版社，1995.3.—336页；20cm

ISBN 7-5607-1472-2：￥11.00

H356　024778

俄汉-汉俄外贸常用语词典/阎洪菊，回晓文主编.—石家庄：河北教育出版社，1995.10.—686页；20cm

ISBN 7-5434-1907-6：￥26.70

H356　024779

汉俄翻译词典/张宝梁主编.—北京：商务印书馆，1995.10.—2746页；26cm

ISBN 7-100-00994-4(精装)：￥268.00

H356　024780

实用俄汉词典/宋云泮主编.—北京：北京出版社，1995.9.—1114页；20cm

ISBN 7-200-00967-9(精装)：￥45.00

H356　024781

袖珍新俄汉词典/温玉霞编.—海口：海南出版社，1995.3.—459页；13cm

ISBN 7-80590-507-X(精装)：￥12.00

H356　024782

袖珍新汉俄词典/温玉霞编.—海口：海南出版社，1995.8.—486页；13cm

ISBN 7-80617-105-3(精装)：￥12.00

H359.4　024783

地下室手记/(俄)陀思妥耶夫斯基(Досмоевскщ，Ф.М.)著；伊信译；蔚乾注.—北京：商务印书馆，1995.6.—259页；19cm.—(俄汉对照文学名著丛书)

ISBN 7-100-01290-2：￥9.60

H359.4　024784

俄罗斯观光：俄汉对照/孙蕾编著.—上海：上海外语教育出版社，1995.10.—381页；19cm

ISBN 7-81046-007-2：￥12.80

H359.4　024785

俄语阅读　第六册/荣洁主编；黑龙江大学俄语系编.—哈尔滨：黑龙江教育出版社，1995.7.—373页；20cm

黑龙江大学专业俄语系列教材

ISBN 7-5316-2807-4：￥12.00

H359.4　024786

俄语阅读　第五册/卫作华主编；黑龙江大学俄语系编.—哈尔滨：黑龙江教育出版社，1995.7.—353页；20cm

黑龙江大学专业俄语系列教材

ISBN 7-5316-2740-X：￥11.50

H359.9　024787

初级俄语会话/赵景蕙编.—天津：天津大学出版社，1995.4.—85页；20cm

ISBN 7-5618-0740-6：￥2.80

H359.9　024788

俄语现代口语及应用文：俄汉文对照/马文奇等编.—合肥：安徽科学技术出版社，1995.3.—531页；19cm

ISBN 7-5337-1054-1：￥14.50

H359.9　024789

汉俄英对照实用会话/陈洪安等主编.—北京：现代出版社，1995.2.—349页；20cm

ISBN 7-80028-256-2：￥9.00

H359.9　024790

汉字注音实用俄语速成888句/潭贝著；安德列译注.—太原：北岳文艺出版社，1995.2.—162页；19cm

版权页书名：汉字注音实用俄语速成

ISBN 7-5378-1463-5：￥5.00

H359.9　024791

商业俄语会话/吕道权编.—北京：外语教学与研究出版社，1995.6.—389页；18cm

ISBN 7-5600-0882-8：￥10.80

H359.9-62　024792

实用礼仪会话手册：中俄文对照/李维颐编著.—天津：天津科技翻译出版公司，1995.3.—317页；19cm

ISBN 7-5433-0720-0：￥9.00

H359.9-62　024793

速成俄语会话手册/叶铁林，钱庆元编.—北京：中国工人出版社，1995.7.—205页；19cm

ISBN 7-5008-1615-4：￥7.60

H36 日语

H36　024794

唱歌学日语/蔡茂丰编译.—北京：京华出版社，1995.7.—2册；20cm

ISBN 7-80600-023-2：￥13.60

H36　024795

出国留学预备人员基础日语/曹纯朴等编著；北京语言学院出国留学预备人员培训部日语教研室编.—北京：北京语言学院出版社，1995.1.—447页；26cm

ISBN 7-5619-0296-4：￥23.80

H36 024796
大酒店餐饮·旅游服务日语:中日对照/战庆胜主编.—大连:大连理工大学出版社,1995.10.—408页;19cm
ISBN 7-5611-1052-9:¥15.00

H36 024797
大学日语:第二外语/王诗荣,林璋编.—北京:高等教育出版社,1995.7.—374页;20cm
高等学校教材
ISBN 7-04-004828-0:¥13.60

H36 024798
大学日语:预备级　(Ⅰ)/顾明耀,田忠魁主编.—北京:高等教育出版社,1995.2.—239页;20cm
高等学校教材
ISBN 7-04-004941-4:¥4.75

H36 024799
大学日语:预备级　(Ⅱ)/顾明耀,田忠魁主编;(日)泉原省二等编.—北京:高等教育出版社,1995.7.—247页;20cm
高等学校教材
ISBN 7-04-005301-2:¥7.95

H36 024800
干部初级实用日语/王际周主编;青岛市干部教育工作领导小组办公室组织编写.—青岛:青岛出版社,1995.7.—228页;19cm
ISBN 7-5436-1256-9:¥7.00

H36 024801
汉字注音实用日语速成888句/谭贝编著;王捷译注.—太原:北岳文艺出版社,1995.3.—184页;19cm
ISBN 7-5378-1428-7:¥5.20

H36 024802
基础日本语　第二册/对外经济贸易大学《基础日本语》编写组编.—北京:对外贸易教育出版社,1995.9.—356页;20cm
对外经贸日语专业用教材
ISBN 7-81000-760-2:¥17.50

H36 024803
基础日本语　第一册/对外经济贸易大学《基础日本语》编写组编.—北京:对外贸易教育出版社,1995.6.—336页;20cm
对外经贸日语专业用教材
ISBN 7-81000-745-9:¥16.00

H36 024804
捷径日语:15日间の近道/张佩德等编著.—上海:上海科学技术文献出版社,1995.10.—219页;20cm
成年人学习日语用书
ISBN 7-5439-0725-9:¥14.50

H36 024805
全国导游人员资格等级考试复习大纲:试用:日语/国家旅游局人事劳动教育司编.—北京:中国旅游出版社,1995.10.—241页;19cm
ISBN 7-5032-1123-7:¥9.00

H36 024806
日语/刘金钊等编.—沈阳:辽宁大学出版社,1995.11.—2册;26cm
专业技术资格外语等级考试教材
ISBN 7-5610-3038-X:¥36.00

H36 024807
日语:资格考试/铁军主编;国家旅游局人事劳动教育司编.—北京:旅游教育出版社,1995.8.—348页;20cm
全国导游人员资格等级考试系列教材
ISBN 7-5637-0625-9:¥13.00

H36 024808
日语能力考试指导与训练/刘桂敏,石云艳编.—天津:南开大学出版社,1995.9.—376页;20cm
ISBN 7-310-00758-1:¥15.50

H36 024809
日语速修100时通/都祖尧编.—北京:外文出版社,1995.—320页;20cm
ISBN 7-119-01427-7:¥18.40

H36 024810
日语一月通/陈松编著.—北京:中国物资出版社,1995.9.—365页;19cm
ISBN 7-5047-1112-8:¥13.00

H36 024811
日语自学读本　第二册/张我为主编;张群舟,辛玫编著.—北京:商务印书馆,1995.10.—458页;19cm.—(日语自学丛书)
ISBN 7-100-00908-1:¥16.50

H36 024812
日语自学读本　第三册/张群舟主编;史纪新等编著.—北京:商务印书馆,1995.10.—791页;19cm.—(日语自学丛书)
ISBN 7-100-00909-X:¥28.00

H36 024813
日语自学读本　第一册/张我为主编.—北京:商务印书馆,1995.1.—403页;19cm.—(日语自学丛书)
ISBN 7-100-00907-3:¥11.00

H36 024814
商贸日语自学教程/战庆胜主编.—大连:辽宁师范大学出版社,1995.2.—214页;19cm
ISBN 7-81042-057-7:¥6.00

H36 024815
实用商贸日语/李福贵主编.—长沙:湖南出版社,1995.9.—397页;20cm.—(实用外语学习丛书;19)
ISBN 7-5438-1070-0:¥14.30

H36 024816
新编基础日语　第三册/简佩芝等编著.—上海:上海译文出版社,1995.7.—416页;20cm
高等学校教材 日语专业用
ISBN 7-5327-1711-9:¥6.60

H36 024817
新编基础日语　第四册/简佩芝等编著.—上海:上海译文出版社,1995.11.—440页;20cm
高等学校教材 日语专业用
ISBN 7-5327-1814-X:¥10.20

H36 024818

新编日语　第四册/周平,陈小芬编.—上海:上海外语教育出版社,1995.2.—434页;20cm
高等学校教材 日语专业用
ISBN 7-81009-995-7:¥9.00

H36　024819
新编日语语法与会话基础:日汉对照/(日)横山皖一著.—长春:吉林大学出版社,1995.10.—222页;19cm
ISBN 7-5601-1816-X:¥9.00

H36　024820
新日语入门/周炎辉,周飞帆编.—长沙:湖南出版社,1995.5.—523页;20cm.—(实用外语学习丛书)
ISBN 7-5438-0973-7:¥18.50

H36　024821
中日交流标准日本语自学教程:初级　(上)/宋国治主编.—大连:大连出版社,1995.1.—410页;19cm
中央电视台、人民教育出版社、大连外国语学院电视函授教材
ISBN 7-80612-135-8:¥10.00

H36　024822
中日交流标准日本语自学教程:初级　(下)/宋国治主编.—大连:大连出版社,1995.1.—376页;19cm
中央电视台、人民教育出版社、大连外国语学院电视函授教材
ISBN 7-80612-135-8:¥9.80

H36-43　024823
基础日语/高克勤等编著　.—武汉:武汉大学出版社,1995.9.—327页;19cm
ISBN 7-307-01988-4:¥10.80

H36-43　024824
基础日语教程　第一册/北京第二外国语学院日语系编.—北京:旅游教育出版社,1995.8.—240页;26cm
ISBN 7-5637-0546-5:¥16.00

H36-44　024825
日语能力测试试题集:1991-1994/财团法人等编著.—上海:上海外语教育出版社,1995.10.—629页;26cm
ISBN 7-81046-077-3:¥40.00

H36-44　024826
日语能力考试模拟题:3级/(日)中川良雄编.—上海:上海外语教育出版社,1995.1.—101页;20cm
ISBN 7-81009-952-3:¥3.30

H36-44　024827
日语能力考试模拟题:4级/(日)中川良雄编.—上海:上海外语教育出版社,1995.1.—109页;20cm
ISBN 7-81009-953-1:¥3.50

H36-44　024828
日语能力考试模拟题:1级/(日)中川良雄编.—上海:上海外语教育出版社,1995.1.—231页;20cm
ISBN 7-81009-950-7:¥6.00

H36-44　024829
日语能力考试模拟题:2级/(日)中川良雄编.—上海:上海外语教育出版社,1995.1.—188页;20cm
ISBN 7-81009-951-5:¥5.30

H362-62　024830
汉日常用字手册/王锡祥编.—沈阳:辽宁人民出版社,1995.4.—238页;19cm
ISBN 7-205-03086-2:¥28.00

H363　024831
日本语类似词语解析与自测/崔慕洁编著.—延吉:延边大学出版社,1995.10.—173页;19cm
ISBN 7-5634-0824-X:¥8.50

H363-61　024832
日汉同形词辨异词典/王健宜,王彦良编.—北京:商务印书馆,1995.1.—126页;19cm
ISBN 7-100-00842-5:¥4.40

H363.1　024833
日语资格考试必备词汇:初级部分/宫力编.—北京:清华大学出版社,1995.10.—245页;19cm.—(出国人员备考之友)
ISBN 7-302-01747-6:¥8.00

H363.3　024834
日本流行词语趣谈/高宁编写.—上海:上海译文出版社,1995.12.—173页;19cm
ISBN 7-5327-1792-5:¥7.30

H363.5-61　024835
图解日语外来语词典/(日)吉泽典男编;(日)大泽泰夫绘.—郑州:河南人民出版社,1995.1.—693,120页;19cm
ISBN 7-215-00734-0(精装):¥32.00

H363.5-61　024836
现代日语片假名语实用词典/秦延通主编.—北京:中国社会出版社,1995.3.—830页;20cm
ISBN 7-80088-561-5(精装):¥45.00

H364　024837
日语语法:词法、句法/周炎辉著.—长沙:湖南大学出版社,1995.12.—398页;20cm
ISBN 7-81053-021-6:¥17.80

H364　024838
现代日语语法/(日)益冈隆志,田窪行则著;梁传宝译.—上海:上海外语教育出版社,1995.6.—287页;20cm
ISBN 7-81009-988-4:¥8.00

H364.3　024839
留日学生学日语错句解析/徐宝妹,许慈惠编著.—上海:上海外语教育出版社,1995.4.—252页;19cm
ISBN 7-81009-895-0:¥6.50

H364.3　024840
日语惯用型详析/周炎辉著.—长沙:湖南出版社,1995.6.—458页;20cm
ISBN 7-5438-1007-7:¥16.40

H365　024841
实用日语外贸书信:日汉对照100例/高仁生,赵文华编著.—天津:天津人民出版社,1995.9.—255页;19cm
ISBN 7-201-02325-X:¥9.60

H365.9-43　024842
日汉互译教程/高宁编著.—天津:南开大学出版社,1995.4.—321页;20cm

高等学校教材
ISBN 7-310-00772-7: ¥10.70

H366 024843
日汉·汉日双向辞典/黄幸主编;马君雷等编.—北京:北京大学出版社,1995.8.—1562页;26cm
ISBN 7-301-02449-5(精装): ¥120.00

H366 024844
日汉详解用例辞典/王兴阁,池泽肇主编.—北京:中国国际广播出版社,1995.8.—666页;20cm
ISBN 7-5078-1076-3(精装): ¥30.00

H366 024845
实用汉日小词典/张维,任远主编.—北京:北京语言学院出版社,1995.1.—917页;16×9cm
ISBN 7-5619-0430-4(精装): ¥22.00

H366 024846
新版日汉辞典/陈涛主编.—北京:机械工业出版社,1995.10.—2770页;19cm
ISBN 7-111-03447-3(精装): ¥118.00

H369 024847
日本语教育的研究/(日)今井喜昭著.—北京:对外贸易教育出版社,1995.7.—157页;20cm
ISBN 7-81000-756-4: ¥9.50

H369 024848
日语教学与研究文集/顾盘明主编.—南京:南京大学出版社,1995.4.—173页;20cm
ISBN 7-305-02748-0: ¥6.80

H369.4 024849
日本报刊选读:中日文对照/苏琦编译.—北京:旅游教育出版社,1995.2.—267页;19cm
ISBN 7-5637-0547-3: ¥7.90

H369.4 024850
日本世情:日汉对照/(日)佐佐木瑞枝著;陈泽军,赵军民编译.—北京:外语教学与研究出版社,1995.9.—331页;20cm
ISBN 7-5600-0953-0: ¥11.80

H369.4 024851
日英语学习读本:日英汉对照/王文斌主编.—北京:中国社会出版社,1995.6.—404页;19cm
ISBN 7-80088-646-8: ¥18.00

H369.4 024852
现代日语阅读教程　(2)/王秀文主编.—北京:高等教育出版社,1995.2.—188页;20cm
ISBN 7-04-005087-0: ¥4.10

H369.4 024853
现代日语阅读教程　(3)/王秀文主编.—北京:高等教育出版社,1995.7.—201页;20cm
高等学校教材
ISBN 7-04-005300-4: ¥6.50

H369.9 024854
保健科技会话/(日)曾野桐子,计钢编著.—武汉:华中理工大学出版社,1995.1.—212页;19cm.—(日汉对照实用会话集锦)
ISBN 7-5609-1082-3: ¥5.10

H369.9 024855
宾馆交通会话/计钢,(日)曾野桐子著.—武汉:华中理工大学出版社,1995.1.—161页;19cm.—(日汉对照实用会话集锦)
ISBN 7-5609-1003-3: ¥4.00

H369.9 024856
汉日英对照实用会话/于永海,陈洪安主编.—北京:现代出版社,1995.12.—398页;20cm
ISBN 7-80028-293-7: ¥12.80

H369.9 024857
旅游导游会话/计钢,(日)曾野桐子著.—武汉:华中理工大学出版社,1995.1.—564页;19cm.—(日汉对照实用会话集锦)
ISBN 7-5609-1030-0: ¥12.80

H369.9 024858
贸易洽谈会话/计钢,(日)曾野桐子著.—武汉:华中理工大学出版社,1995.1.—219页;19cm.—(日汉对照实用会话集锦)
ISBN 7-5609-1029-7: ¥5.30

H369.9 024859
日汉汉日会话魔方/潘涛编著.—合肥:安徽科学技术出版社,1995.1.—200页;19cm
ISBN 7-5337-0995-0: ¥5.80

H369.9 024860
日语交际口语/陶友公编.—南京:东南大学出版社,1995.8.—349页;20cm
ISBN 7-81050-047-3: ¥14.50

H369.9 024861
日语三百句/刘金才编著.—北京:北京大学出版社,1995.6.—293页;19cm.—(外语实用口语三百句系列;6)
ISBN 7-301-02664-1: ¥9.00

H369.9 024862
日语生活交际会话/朱春跃,相原茂编.—北京:外语教学与研究出版社,1995.11.—2册;20cm
ISBN 7-5600-0960-3: ¥29.80

H369.9 024863
艺术娱乐会话/计钢,(日)曾野桐子著.—武汉:华中理工大学出版社,1995.1.—199页;19cm.—(日汉对照实用会话集锦)
ISBN 7-5609-1010-6: ¥4.80

H369.9-62 024864
实用礼仪会话手册:汉、日文对照/高仁生,刘凤嵩编著.—天津:天津科技翻译出版公司,1995.3.—237页;19cm
ISBN 7-5433-0720-0: ¥9.00

H37 阿拉伯语

H37 024865
阿拉伯语语言学/周烈编著.—北京:外语教学与研究出版社,1995.9.—299页;20cm
ISBN 7-5600-1018-0: ¥11.80

H37 024866

中级阿拉伯语速成　（上）/马忠厚等编著.—北京：外语教学与研究出版社，1995.8.—346页；20cm
全套2册；总定价：21.00元
ISBN 7-5600-0996-4：¥0.00

H37　024867
中级阿拉伯语速成　（下）/马忠厚等编著.—北京：外语教学与研究出版社，1995.9.—390页；20cm
全套2册；总定价：24.00元
ISBN 7-5600-0996-4：¥0.00

H373.3-61　024868
阿拉伯语汉语成语谚语辞典/杨言洪主编；王双信等编.—北京：对外经济贸易大学出版社，1995.10.—1035页；20cm
ISBN 7-81000-710-6(精装)：¥90.00

H375.9　024869
阿汉翻译教程　第二册/朱立才，高彦德编著.—北京：现代出版社，1995.12.—220页；20cm
ISBN 7-80028-246-5：¥10.50

H375.9　024870
阿汉翻译教程　第一册/高彦德，朱立才编著.—北京：现代出版社，1995.12.—128页；20cm
ISBN 7-80028-167-1：¥6.00

H379.9　024871
阿拉伯语维吾尔语对话/阿木敦·卡德尔等编.—乌鲁木齐：新疆人民出版社，1995.9.—302页；20cm
ISBN 7-228-03065-6：¥8.90

H4　汉藏语系

H412　024872
泰语　第四册/邱苏伦，卢居正编.—北京：外语教学与研究出版社，1995.2.—344页；20cm
ISBN 7-5600-0951-4：¥7.00

H421　024873
缅甸语　第四册/许清章编.—北京：外语教学与研究出版社，1995.6.—433页；20cm
ISBN 7-5600-0972-7：¥8.60

H421.6　024874
简明汉缅、缅汉词典/北京大学东方学系缅甸语言文化教研室编.—北京：北京大学出版社，1995.8.—615页；19cm
ISBN 7-301-02469-X(精装)：¥42.00

H421.99　024875
缅甸语300句/李谋等编著.—北京：北京大学出版社，1995.8.—298页；18cm.—(外语实用口语三百句系列；8)
ISBN 7-301-02490-8：¥10.80

H431　024876
苗瑶语古音构拟/王辅世，毛宗武著.—北京：中国社会科学出版社，1995.5.—715页；20cm
ISBN 7-5004-1383-1(精装)：¥52.00

H449.9　024877
越汉常用生活及商贸会话/余祥基，何敬业编.—上海：上海译文出版社，1995.10.—158页；15×10cm
ISBN 7-5327-1702-X(精装)：¥10.00

H449.9　024878
越南语口语教程/马克承编著.—北京：北京大学出版社，1995.6.—287页；20cm
ISBN 7-301-02676-5：¥12.80

H449.9　024879
越南语三百句/马克承编著.—北京：北京大学出版社，1995.6.—282页；18cm.—(外语实用口语三百句系列；7)
ISBN 7-301-02665-X：¥9.00

H5　阿尔泰语系

H55　024880
朝鲜语：资格考试/林从纲主编；国家旅游局人事劳动教育司编.—北京：旅游教育出版社，1995.8.—225页；20cm
全国导游人员资格等级考试系列教材
ISBN 7-5637-0630-5：¥13.00

H55　024881
干部初级实用韩国语/张建国主编；青岛市干部教育工作领导小组办公室组织编写.—青岛：青岛出版社，1995.7.—295页；19cm
ISBN 7-5436-1257-7：¥11.00

H554　024882
韩国语实用语法/韦旭升，许东振编著.—北京：外语教学与研究出版社，1995.6.—439页；20cm
ISBN 7-5600-0920-4：¥14.80

H556　024883
朝鲜语词典　第二卷/延边社会科学院语言研究所编纂.—延吉：延边人民出版社，1995.4.—1522页；26cm
ISBN 7-80599-282-7(精装)：¥140.00

H556　024884
朝鲜语词典　第三卷/延边社会科学院语言研究所编纂.—延吉：延边人民出版社，1995.6.—1535页；26cm
ISBN 7-80599-290-8(精装)：¥140.00

H559.4　024885
韩汉对照365/韩宗律，朴松兰编著.—北京：北京语言学院出版社，1995.10.—144页；19cm
附盒式录音带
ISBN 7-5619-0519-X：¥7.00

H559.9　024886
韩国语会话/金忠实著.—牡丹江：黑龙江朝鲜民族出版社，1995.10.—159页；19cm
ISBN 7-5389-0603-7：¥5.80

H559.9　024887
韩国语口语教程/张敏，黄一仙编著.—北京：北京大学出版社，1995.12.—361页；20cm
ISBN 7-301-02942-X：¥14.50

H559.9　024888

韩国语三百句/张敏编著.—北京:北京大学出版社,1995.7.—285页;18cm.—(外语实用口语三百句系列;9)

ISBN 7-301-02667-6:¥10.50

H559.9　　　　　　　　　　　　　　　　　　　　　　**024889**

韩汉外贸实务会话/姜信道编著.—北京:对外贸易教育出版社,1995.9.—329页;20cm

ISBN 7-81000-751-3:¥17.00

H559.9　　　　　　　　　　　　　　　　　　　　　　**024890**

现代韩国语会话:韩、中文对照/(韩)金钟贤,朴钟锦编.—北京:旅游教育出版社,1995.1.—146页;19cm

ISBN 7-5637-0579-1:¥5.40

H63　南岛语系

H631.9.9　　　　　　　　　　　　　　　　　　　　　**024891**

印度尼西亚语三百句/梁敏和编著.—北京:北京大学出版社,1995.8.—218页;18cm.—(外语实用口语三百句系列;10)

ISBN 7-301-02668-4:¥10.00

H7　印欧语系

H741　　　　　　　　　　　　　　　　　　　　　　　**024892**

基础乌克兰语/刘东主编.—武汉:武汉大学出版社,1995.11.—315页;19cm

ISBN 7-307-02036-X:¥7.65

H746　　　　　　　　　　　　　　　　　　　　　　　**024893**

保加利亚语　第四册/刘知白编.—北京:外语教学与研究出版社,1995.4.—380页;20cm

ISBN 7-5600-0968-9:¥6.50

H746.4　　　　　　　　　　　　　　　　　　　　　　**024894**

保加利亚语语法/杨燕杰编著.—北京:外语教学与研究出版社,1995.2.—345页;20cm

ISBN 7-5600-0958-1:¥7.10

H747-62　　　　　　　　　　　　　　　　　　　　　**024895**

塞尔维亚语简明实用手册/王春元,(塞尔维亚)米契奇(Micic,T.)著.—北京:外语教学与研究出版社,1995.12.—127页;19cm

ISBN 7-5600-1053-9:¥5.80

H772.94　　　　　　　　　　　　　　　　　　　　　**024896**

意汉对照365/张全森编著.—北京:北京语言学院出版社,1995.7.—126页;19cm

附盒式录音带

ISBN 7-5619-0520-3:¥6.30

H773.59　　　　　　　　　　　　　　　　　　　　　**024897**

翻译参考资料:葡萄牙语姓名译名手册/新华通讯社译名室编.—北京:商务印书馆,1995.8.—168页;17×10cm

ISBN 7-100-01663-0:¥7.30

H776.99　　　　　　　　　　　　　　　　　　　　　**024898**

汉罗会话手册/李家渔,褚一平著.—北京:中国国际广播出版社,1995.1.—438页;19cm.—(中国国际广播电台汉语教学丛书)

ISBN 7-5078-0588-3:¥0.00

H776.99-62　　　　　　　　　　　　　　　　　　　**024899**

罗汉会话手册/丁超,(罗马尼亚)弗洛里契格编.—北京:外语教学与研究出版社,1995.10.—406页;19cm

著者原题:扬·弗洛里契格

ISBN 7-5600-1014-8:¥12.80

H9　国际辅助语

H91-53　　　　　　　　　　　　　　　　　　　　　**024900**

巴金与世界语/许善述编.—北京:中国世界语出版社,1995.5.—403页:照片;20cm

ISBN 7-5052-0207-3:¥12.80

H91-61　　　　　　　　　　　　　　　　　　　　　**024901**

简明汉世词典/魏原枢主编.—上海:上海外语教育出版社,1995.2.—700页;19cm.—(上外SISU/西索简明汉外系列词典)

ISBN 7-81009-642-7(精装):¥24.00

H919.4　　　　　　　　　　　　　　　　　　　　　**024902**

助学小唱:世界语/李士俊著.—北京:中国世界语出版社,1995.9.—127页;18cm

ISBN 7-5052-0242-1:¥8.00

I 文　　　学

I　024903
中国孩子的疑问:文学艺术篇/黎明编著;徐宝信绘.—北京:中国少年儿童出版社,1995.8.—167页;20cm
ISBN 7-5007-2172-2:¥11.50

I-49　024904
文学漫步/张筱强,吴素玲编著.—北京:中国华侨出版社,1995.12.—171页;19cm.—(现代科技与人文大观/崔惟琳,潘承洞主编)
ISBN 7-80120-044-6:¥6.50

I-53　024905
艺术·人·真诚:钱谷融论文自选集/钱乐融著.—上海:华东师范大学出版社,1995.4.—623页;20cm
ISBN 7-5617-1296-0(精装):¥20.00

I0 文学理论

I0　024906
春华秋实:深圳文艺发展理论与思考/深圳市文学艺术界联合会主编.—深圳:海天出版社,1995.12.—218页;20cm
ISBN 7-80615-177-X:¥18.00

I0　024907
但求无愧无悔/冯牧著.—北京:人民文学出版社,1995.7.—251页;20cm.—(文学评论家丛书/陈荒煤,冯牧主编)
ISBN 7-02-002060-7:¥7.90

I0　024908
点燃灵魂的一簇圣火/陈荒煤著.—北京:人民文学出版社,1995.7.—333页;20cm.—(文学评论家丛书/陈荒煤,冯牧主编)
ISBN 7-02-002059-3:¥9.70

I0　024909
东窗聊艺/成志伟著.—福州:海峡文艺出版社,1995.6.—318页;20cm
ISBN 7-80534-780-8:¥8.50

I0　024910
对话的喧声:巴赫金的文化转型理论/刘康著.—北京:中国人民大学出版社,1995.8.—260页;20cm.—(海外中国博士文丛/乐黛云,周文柏主编)
ISBN 7-300-02060-7:¥10.70

I0　024911
马克思主义文艺理论发展史/复旦大学中文系文艺理论教研室编著.—北京:中国文联出版公司,1995.3.—779页;20cm
ISBN 7-5059-2084-7:¥25.30

I0　024912
全国高等教育自学考试文学概论自学考试指导书/童庆炳主编.—修订本.—武汉:武汉大学出版社,1995.9.—234页;20cm
ISBN 7-307-02049-1:¥9.30

I0　024913
神话与文学/(美)维克雷编;潘国庆等译.—上海:上海文艺出版社,1995.4.—417页;20cm.—(世界民间文化译丛)
著者原题:约翰·维克雷
ISBN 7-5321-1218-7:¥13.60

I0　024914
神思·文质编/徐中玉主编;侯毓信编选.—北京:中国社会科学出版社,1995.12.—464页;20cm.—(中国古代文艺理论专题资料丛刊/徐中玉主编)
ISBN 7-5004-1693-8:¥22.00

I0　024915
文学概论/李留记等编著.—郑州:河南人民出版社,1995.12.—394页;20cm
高等学校文科教材
ISBN 7-215-03642-1:¥15.80

I0　024916
文学概论讲稿/高学栋著.—沈阳:春风文艺出版社,1995.10.—237页;19cm
ISBN 7-5313-1549-1:¥10.00

I0　024917
文学概论新编/童庆炳主编.—北京:北京师范大学出版社,1995.10.—427页;20cm
高等院校汉语言文学专业必修课系列教材
ISBN 7-303-03461-7:¥14.10

I0　024918
文学理论要略/童庆炳主编.—北京:人民文学出版社,1995.7.—396页;20cm
高等学校文科教材
ISBN 7-02-002126-3:¥15.35

I0　024919
文学原理/凌珑著.—上海:上海社会科学院出版社,1995.7.—266页;20cm
ISBN 7-80618-120-2:¥8.80

I0　024920
文艺津梁/刘鸿渝主编.—昆明:云南美术出版社,1995.11.—465页;20cm
ISBN 7-80586-209-5:¥25.00

I0　024921
文艺认识论:从认识论视角探讨文学艺术的本质/朱日复著.—长沙:湖南文艺出版社,1995.5.—355页;20cm

ISBN 7-5404-1442-1:￥11.10

I0　024922

文艺学基本原理/杨星映主编.—重庆:重庆出版社,1995.8.—416页;20cm

ISBN 7-5366-3258-4:￥14.50

I0　024923

文艺学问题论稿/姜哲军著.—哈尔滨:黑龙江人民出版社,1995.12.—298页;19cm

ISBN 7-207-03354-0:￥11.50

I0　024924

新文学理论原理/袁仁琮著.—贵阳:贵州教育出版社,1995.11.—365页;20cm

ISBN 7-80583-686-8:￥13.00

I0　024925

需要理论与文艺创作/黄鸣奋著.—乌鲁木齐:新疆人民出版社,1995.11.—312页;19cm.—(理论与实践丛书)

ISBN 7-228-03699-9:￥9.00

I0　024926

叙事文学感染力研究/胡平著.—天津:百花文艺出版社,1995.12.—279页;20cm.—(21世纪文学之星丛书:1995年卷:理论)

ISBN 7-5306-2166-1:￥12.70

I0　024927

语言的牢笼·马克思主义与形式/(美)詹姆逊著;钱佼汝,李自修译.—南昌:百花洲文艺出版社,1995.5.—363页;20cm.—(二十世纪欧美文论丛书/陈燊主编)

著者原题:弗雷德里克·詹姆逊

ISBN 7-80579-601-7(精装):￥23.30

I0　024928

周恩来文艺思想新论/王凤胜著.—济南:山东人民出版社,1995.1.—387页;20cm

ISBN 7-209-01674-0:￥12.00

①I0②H033　024929

艺林妙语/温湲主编.—上海:上海文艺出版社,1995.7.—401页;20cm

ISBN 7-5321-1196-2(精装):￥18.40

①I0②I206.7　024930

文学的理性和良知/何西来著.—北京:人民文学出版社,1995.7.—253页;20cm.—(文学评论家丛书/陈荒煤,冯牧主编)

ISBN 7-02-002055-0:￥8.85

I0-02　024931

文艺政治学导论/曾永成著.—成都:四川大学出版社,1995.12.—411页;20cm

ISBN 7-5614-1275-4:￥16.00

I0-03　024932

法国作家与中国/钱林森著.—福州:福建教育出版社,1995.12.—704页;20cm.—(南京大学比较文学丛书)

ISBN 7-5334-1712-7(精装):￥39.00

I0-03　024933

觉醒与挣扎:20世纪初中日"人的文学"比较/秦弓著.—北京:东方出版社,1995.2.—220页;20cm.—(日本研究博士丛书)

ISBN 7-5060-0556-5:￥8.00

I0-03　024934

中西文学类型比较史/李万钧著.—福州:海峡文艺出版社,1995.11.—882页;20cm

ISBN 7-80534-825-1:￥29.50

①I0-03②G0-03　024935

中西文化深层结构和中西文学的思想导向/肖锦龙著.—北京:中国社会科学出版社,1995.12.—195页;19cm

ISBN 7-5004-1838-8:￥8.00

①I0-03②I206.2　024936

比较文学与中国古典文学/徐志啸著.—上海:学林出版社,1995.8.—262页;20cm

ISBN 7-80510-591-X:￥10.00

①I0-03②I206.6　024937

比较文学与现代文艺学/贾益民著.—广州:华南理工大学出版社,1995.9.—353页;20cm

ISBN 7-5623-0932-9:￥16.80

①I0-03②I313.064　024938

日本白桦派与中国作家/刘立善著.—沈阳:辽宁大学出版社,1995.3.—632页;20cm

ISBN 7-5610-2940-3(精装):￥48.00

I0-05　024939

法律与文学的交叉地/余宗其著.—沈阳:春风文艺出版社,1995.5.—461页;20cm

ISBN 7-5313-1494-0(精装):￥20.80

I0-05　024940

后现代精神分析/(美)霍兰德著;潘国庆译.—上海:上海文艺出版社,1995.7.—318页;20cm

著者原题:诺曼·N.霍兰德

ISBN 7-5321-1227-6:￥11.70

I0-05　024941

女性文学与美学/任一鸣著.—乌鲁木齐:新疆人民出版社,1995.7.—226页;20cm

ISBN 7-228-03518-6:￥9.80

I0-05　024942

写作心理探微/金道行著.—南宁:广西教育出版社,1995.7.—416页;20cm

ISBN 7-5435-2334-5:￥15.50

I0-05　024943

新编文艺心理学/周冠生主编.—上海:上海文艺出版社,1995.4.—325页;20cm

ISBN 7-5321-1160-1:￥10.20

I0-091　024944

欧美文学理论史/刘庆璋著.—福州:福建教育出版社,1995.7.—704页;20cm

ISBN 7-5334-0359-2:￥36.00

I0-53　024945

波佩的面纱:日内瓦学派文论选/中国社会科学院外国文学研究所《世界文论》编辑委员会编.—北京:社会科学文献出版社,1995.6.—250页;20cm.—(世界文论;5)

ISBN 7-80050-631-2: ¥13.60

I0-53　024946

论女性文学:中外女性文学国际研讨会文选/高琳主编.—北京:中国妇女出版社,1995.8.—306页;20cm

ISBN 7-80016-593-0: ¥9.00

I0-53　024947

文苑拾穗/滕云主编.—天津:百花文艺出版社,1995.12.—209页;19cm

ISBN 7-5306-2196-3: ¥8.80

I01　文艺美学

I01　024948

接受美学新论/马以鑫著.—上海:学林出版社,1995.10.—236页;20cm

ISBN 7-80616-101-5: ¥10.00

I01　024949

南北文化与美学思潮/钟仕伦著.—成都:四川大学出版社,1995.8.—311页;20cm

ISBN 7-5614-1205-3: ¥10.00

I01　024950

审美的感悟与追求/缪俊杰著.—北京:人民文学出版社,1995.7.—254页;20cm.—(文学评论家丛书/陈荒煤,冯牧主编)

ISBN 7-02-002058-5: ¥11.80

I01　024951

审美之窗/王春元著.—北京:人民文学出版社,1995.7.—257页;20cm.—(文学评论家丛书/陈荒煤,冯牧主编)

ISBN 7-02-002052-6: ¥11.45

I01　024952

世纪初的苦魂/夏中义著.—上海:上海文艺出版社,1995.6.—275页;20cm.—(文艺探索书系)

ISBN 7-5321-1309-4: ¥9.50

I01　024953

文学的哲理美/张震著.—广州:广东教育出版社,1995.3.—174页;19cm

ISBN 7-5406-2812-X: ¥4.30

I01　024954

文艺审美意象学/郎保东著.—天津:南开大学出版社,1995.7.—248页;20cm

ISBN 7-310-00812-X: ¥8.30

I01　024955

形象美学/荣宋著.—沈阳:春风文艺出版社,1995.3.—499页;20cm

ISBN 7-5313-1432-0(精装): ¥23.00

I01　024956

意境:中国古代文艺美学范畴研究/夏昭炎著.—长沙:岳麓书社,1995.5.—297页;19cm

ISBN 7-80520-495-0: ¥8.50

I02　文学理论的基本问题

I02　024957

文学象征论/严云受,刘锋杰著.—合肥:安徽教育出版社,1995.12.—480页;20cm.—(文学新思维丛书)

ISBN 7-5336-1763-0(精装): ¥20.20

I023-53　024958

儒商大趋势:首届儒商文学国际研讨会论文集/国际儒商学会秘书组编.—广州:暨南大学出版社,1995.12.—194页;20cm.—(李氏基金儒商文丛/潘亚暾主编)

ISBN 7-81029-478-4: ¥13.80

I03　文艺工作者

①I03②K825.6　024959

中国三代作家纪实/涂光群著.—北京:中国文联出版公司,1995.6.—517页:照片;20cm

ISBN 7-5059-2242-4: ¥18.80

I04　文学写作学、文学创作方法

I04　024960

批评的激情:奥克塔维奥·帕斯谈创作/(墨西哥)帕斯著;赵振江译.—昆明:云南人民出版社,1995.7.—255页;20cm.—(拉丁美洲文学丛书·拉美作家谈创作)

著者原题:奥克塔维奥·帕斯

ISBN 7-222-01784-4: ¥6.80

I04　024961

文学创作成功的诀窍/贾继红编著.—兰州:敦煌文艺出版社,1995.5.—509页;20cm

ISBN 7-80587-267-8: ¥18.00

I04　024962

文学写作学/彭恺奇等编著.—长沙:中南工业大学出版社,1995.12.—438页;19cm.—(现代写作学丛书;3/陈果安等主编)

ISBN 7-81020-814-4: ¥14.00

I04　024963

叙述学:叙事理论导论/(荷)巴尔(Bal,M.)著;谭君强译;万千校.—北京:中国社会科学出版社,1995.11.—189页;19cm.—(当代外国文艺理论译丛)

ISBN 7-5004-1722-5: ¥6.80

I04　024964

营造一方自己的天地:写作艺术漫论/高卫华著.—武汉:武汉大学出版社,1995.11.—177页;20cm

ISBN 7-307-02071-8: ¥6.50

I04　024965

与青年谈写作艺术:文学创作论/谢四箴著.—西安:三秦出版社,1995.3.—242页;19cm

ISBN 7-80546-639-4: ¥5.80

I04　024966

作家们的作家:豪·路·博尔赫斯谈创作/(阿根廷)博尔赫斯著;倪华迪译.—昆明:云南人民出版社,1995.7.—214页;20cm.—(拉丁美洲文学丛书·拉美作家谈

创作)
著者原题:豪·路·博尔赫斯
ISBN 7-222-01782-8:¥6.20

①I04②F121　　024967
论万丰模式与潘强恩文学创作/展锋著.—珠海:珠海出版社,1995.10.—319页;20cm
ISBN 7-80607-094-X:¥14.00

I04-61　　024968
创作与描写辞典/王旭主编.—大连:东北财经大学出版社,1995.8.—806页;19cm
ISBN 7-81044-047-0:¥36.00

I042　　024969
世界文豪精彩景物·人物描写:景物A卷/徐政可主编.—长春:东北师范大学出版社,1995.10.—261页;19cm
ISBN 7-5602-1643-9:¥6.90

I042　　024970
世界文豪精彩景物·人物描写:景物B卷/徐政可主编.—长春:东北师范大学出版社,1995.10.—263~532页;19cm
ISBN 7-5602-1643-9:¥6.90

I042　　024971
世界文豪精彩景物·人物描写:人物A卷/徐政可主编.—长春:东北师范大学出版社,1995.10.—535~797页;19cm
ISBN 7-5602-1643-9:¥6.90

I042　　024972
世界文豪精彩景物·人物描写:人物B卷/徐政可主编.—长春:东北师范大学出版社,1995.10.—799~1063页;19cm
ISBN 7-5602-1643-9:¥6.90

I042　　024973
文学中的共产党员形象/聂德虎主编.—武汉:武汉大学出版社,1995.7.—186页;20cm
ISBN 7-307-01984-1:¥10.00

I044　　024974
创作技巧一二三/郑定宇著.—西安:陕西人民教育出版社,1995.9.—180页;20cm
ISBN 7-5419-4405-X:¥6.50

I045　　024975
泥土的诗韵:河南现代文学语言审美阐释/杜田材著.—郑州:海燕出版社,1995.10.—208页;20cm
ISBN 7-5350-1368-6:¥4.75

I045　　024976
小说语言美学/唐跃,谭学纯著.—合肥:安徽教育出版社,1995.1.—331页;20cm.—(文学新思维丛书)
ISBN 7-5336-1629-4(精装):¥16.00

I05　各体文学理论和创作方法

I05　　024977
古代名家论写作/戴钦祥选注.—北京:中共中央党校出版社,1995.12.—510页;20cm
ISBN 7-5035-1234-2:¥19.50

I05　　024978
文学写作ABC/张德明著.—上海:少年儿童出版社,1995.9.—151页;19cm
ISBN 7-5324-2714-5:¥6.00

I052　　024979
诗歌修辞学/古远清,孙光萱著.—武汉:湖北教育出版社,1995.10.—360页;20cm
ISBN 7-5351-1708-2:¥11.40

I052　　024980
诗学心裁/杨匡汉著.—西安:陕西人民教育出版社,1995.7.—471页;20cm
ISBN 7-5419-3124-1(精装):¥17.00

I052-53　　024981
考德威尔文学论文集/(英)考德威尔(Caudwell,C.)著;陆建德等译.—南昌:百花洲文艺出版社,1995.5.—441页;20cm.—(二十世纪欧美文论丛书/陈燊主编)
ISBN 7-80579-471-5(精装):¥18.50

I053　　024982
影视剧作引论/韩世华,朱少玲编著.—广州:广东高等教育出版社,1995.8.—355页;20cm
ISBN 7-5361-1745-0:¥15.00

I053.5　　024983
现代电影剧作艺术论/王迪著.—北京:中国电影出版社,1995.5.—226页;20cm.—(电影学新论丛书)
ISBN 7-106-01035-9:¥8.00

I053.5　　024984
现代电影剧作艺术论/王迪著.—北京:中国电影出版社,1995.5.—226页;20cm.—(电影学新论丛书)
ISBN 7-106-01034-0(精装):¥10.00

I054　　024985
比较故事学/刘守华著.—上海:上海文艺出版社,1995.9.—514页;20cm.—(中国民俗文化研究丛书)
ISBN 7-5321-1293-4:¥20.50

I054　　024986
小说的艺术:小说创作论述/中国社会科学院外国文学研究所《世界文论》编辑委员会编.—北京:社会科学文献出版社,1995.6.—235页;20cm.—(世界文论;6)
ISBN 7-80050-562-6:¥11.60

I054　　024987
小说是一种需要:阿莱霍·卡彭铁尔谈创作/(古巴)卡彭铁尔著;陈众议译.—昆明:云南人民出版社,1995.7.—142页;20cm.—(拉丁美洲文学丛书)
著者原题:阿莱霍·卡彭铁尔
ISBN 7-222-01781-X:¥4.60

I054　　024988
小说学引论/李洁非著.—南宁:广西教育出版社,1995.4.—279页;20cm.—(艺术学丛书/黄海澄主编)
ISBN 7-5435-2262-4:¥7.50

I056　　024989
散文创作论/修龙恩著.—北京:中国国际广播出版社,1995.5.—300页;20cm

ISBN 7-5078-1254-5: ¥10.00

I056 024990
散文写作例话/萧忠华,萧雪松编著.—成都:四川大学出版社,1995.11.—276页;19cm
ISBN 7-5614-1209-6: ¥8.80

I058 024991
儿童文学的三大母题/刘绪源著.—上海:少年儿童出版社,1995.7.—329页;20cm
ISBN 7-5324-2163-5: ¥9.90

I058 024992
儿童文学的三大母题/刘绪源著.—上海:少年儿童出版社,1995.7.—336页;20cm.—(跨世纪儿童文学论丛)
ISBN 7-5324-2163-5(精装): ¥18.50

I058 024993
幼儿文学原理/黄云生著.—南京:江苏教育出版社,1995.4.—249页;19cm
ISBN 7-5343-2308-8: ¥3.75

I059 024994
回族文学创作论/杨继国著.—银川:宁夏人民出版社,1995.12.—184页;20cm
ISBN 7-227-01571-8: ¥11.80

I06 文学评论、文学欣赏

I06 024995
当代西藏文艺论集/张治维著.—北京:民族出版社,1995.8.—277页;19cm.—(西藏当代作家丛书/张治维主编)
ISBN 7-105-02497-6: ¥9.98

I06 024996
荧膏集/田志伟著.—沈阳:春风文艺出版社,1995.11.—378页;20cm
ISBN 7-5313-1510-6: ¥15.00

I06 024997
辽宁作家理论书系/宁珍志主编.—沈阳:春风文艺出版社,1995.4.—14册;19cm
本套书包括《守望"后新时期"文学》等十四册。
ISBN 7-5313-1476-2(盒装): ¥98.00

I06 024998
女性主义文学批评在中国/林树明著.—贵阳:贵州人民出版社,1995.12.—401页;20cm
ISBN 7-221-03971-2: ¥15.50

I06 024999
文学批评学/李国华著.—石家庄:河北教育出版社,1995.12.—357页;20cm
ISBN 7-5434-2639-0: ¥12.70

I06 025000
文学欣赏导引/胡山林著.—开封:河南大学出版社,1995.11.—320页;20cm
ISBN 7-81041-223-X: ¥12.50

I1 世界文学

I1-61 025001
中外文学百科辞典/海童,郭静主编.—济南:济南出版社,1995.9.—682页;20cm.—(学生工具书系列/施国等主编)
ISBN 7-80572-966-2: ¥18.00

I106 作品评论和研究

I106 025002
反法西斯战争与欧美文学/吴文辉主编.—广州:广东高等教育出版社,1995.12.—248页;20cm
ISBN 7-5361-1984-4: ¥15.00

I106 025003
海外华文文学综论/赵遐秋,马相武主编.—太原:山西教育出版社,1995.9.—210页;20cm
ISBN 7-5440-0835-5: ¥8.00

I106 025004
蜜与蜡:西方文学阅读心得/李赋宁著.—北京:北京大学出版社,1995.4.—251页;19cm
ISBN 7-301-02445-2: ¥9.50

I106 025005
欧美文学讲评/孟德群编著.—天津:天津人民出版社,1995.5.—2册(869页);20cm
ISBN 7-201-02253-9: ¥26.80

I106 025006
赏雅鉴俗集/白烨著.—西安:陕西人民教育出版社,1995.5.—176页;20cm
ISBN 7-5419-6031-4: ¥7.00

I106 025007
世界华文作品鉴赏:散文卷 (上)/李保初,周靖主编.—北京:中华工商联合出版社,1995.5.—317页;20cm
ISBN 7-80100-119-2: ¥18.00

I106 025008
世界文学大师与世界文学名著/鲁越,李洁主编.—北京:中国华侨出版社,1995.3.—12册;19cm
ISBN 7-80074-957-6: ¥45.00

I106 025009
外国文学名著选讲学习指导书/魏丽明编.—北京:中央广播电视大学出版社,1995.3.—161页;21cm
中央广播电视大学教材
ISBN 7-304-01017-7: ¥4.40

I106 025010
湾底石:外国文学与外国影视论集/方位津著.—北京:外语教学与研究出版社,1995.5.—326页;20cm
ISBN 7-5600-0973-5: ¥8.80

I106 025011
文学世界与代际关系/王震亚著.—北京:社会科学文献出版社,1995.5.—215页;19cm
ISBN 7-80050-611-8: ¥9.60

I106 025012
文艺杂谈/虞尔昌译.—上海:同济大学出版社,

1995.1.—26页;19cm
ISBN 7-5608-1366-6:¥10.00

I106 025013
中日启蒙文学论/何德功著.—北京:东方出版社,1995.1.—260页;20cm.—(日本研究博士丛书)
ISBN 7-5060-0555-7:¥9.00

I106 025014
中外名著100部析读/杨丽萍主编.—海口:南海出版公司,1995.9.—579页;19cm
ISBN 7-5442-0124-4:¥20.00

I106 025015
中外文学名家名作评要/徐波,李文焕主编.—长春:吉林教育出版社,1995.2.—1413页;20cm
ISBN 7-5383-2471-2(精装):¥29.00

I106 025016
中外著名文学人物鉴赏/李春梅等主编.—长春:东北师范大学出版社,1995.5.—792页;20cm
ISBN 7-5602-1342-2(精装):¥35.00

I106 025017
走出男权传统的樊篱:文学中男权意识的批判/刘慧英著.—北京:三联书店,1995.4.—224页;20cm.—(三联·哈佛燕京学术丛书)
ISBN 7-108-00132-2:¥9.80

I106.2 025018
散文诗鉴赏集/郑洛主编.—上海:百家出版社,1995.3.—195页;19cm.—(师范生阅读丛书)
ISBN 7-80576-484-0:¥6.00

I106.2 025019
智水仁山:中日诗歌自然意象对谈录/王晓平,(日)中西进著.—北京:中华书局,1995.11.—313页;20cm
ISBN 7-101-01394-5:¥16.00

I106.4 025020
女作家笔下的女性世界/吴宗蕙著.—北京:首都师范大学出版社,1995.11.—250页;20cm
ISBN 7-81039-548-3:¥12.80

I106.4 025021
欧美小说模式/张世君著.—南宁:广西教育出版社,1995.12.—388页;20cm
ISBN 7-5435-2390-6:¥15.50

I106.4 025022
外国戏剧小说论稿/张德政著.—桂林:广西师范大学出版社,1995.6.—182页;20cm
ISBN 7-5633-2052-0:¥8.00

I106.4 025023
西方现代派小说概论/赖干坚著.—厦门:厦门大学出版社,1995.7.—316页;20cm.—(南强丛书)
ISBN 7-5615-1016-0:¥11.50

I106.7 025024
学点幽默:浅谈幽默的逻辑技巧/陈如松著.—北京:金盾出版社,1995.11.—167页;19cm.—(旅途文化小丛书)
ISBN 7-5082-0117-5:¥5.50

I106.8 025025
童话的魅力/(瑞士)吕蒂(Lüthi,M.)著;张田英译.—北京:社会科学文献出版社,1995.1.—138页;20cm
ISBN 7-80050-578-2:¥6.60

I106.99 025026
伊斯兰文学/元文琪著.—北京:中国社会科学出版社,1995.8.—150页;19cm.—(伊斯兰文化丛书/吴云贵等主编)
ISBN 7-5004-1728-4:¥5.00

I109 文学史、文学思想史

I109 025027
东方文学史/季羡林主编.—长春:吉林教育出版社,1995.12.—2册(1692页);20cm
ISBN 7-5383-2734-7(精装):¥78.00

I109 025028
东方文学通论/曹汾著.—西安:陕西人民教育出版社,1995.11.—364页;20cm
ISBN 7-5419-6254-6:¥18.50

I109 025029
外国文学/江忠霖主编;江苏省小学教师自学考试小学教育专业教材编写组编.—苏州:苏州大学出版社,1995.3.—422页;20cm
江苏省中小学幼儿园教师自学考试系列教材
ISBN 7-81037-125-8:¥9.00

I109 025030
外国文学里程碑/邓启龙著.—广州:广东高等教育出版社,1995.4.—227页;19cm
ISBN 7-5361-1640-3:¥6.00

I109 025031
外国文学史纲要/陈惇,何乃英主编.—北京:北京师范大学出版社,1995.10.—453页;20cm
高等院校汉语言文学专业必修课系列教材
ISBN 7-303-03457-9:¥15.15

I109 025032
现当代西方文学/曾繁亭主编.—济南:山东友谊出版社,1995.11.—330页;20cm
ISBN 7-80551-766-5:¥10.80

I109 025033
中外文学史基础知识/李仲谋编著.—合肥:中国科学技术大学出版社,1995.6.—201页;20cm
ISBN 7-312-00628-0:¥6.00

I109-41 025034
外国文学史教学大纲/国家教委高教司编.—北京:高等教育出版社,1995.3.—142页;19cm
ISBN 7-04-005314-4:¥3.25

I109.31 025035
文艺复兴/(法)富尔(Faure,P.)著;冯棠译.—北京:商务印书馆,1995.12.—144页;18cm.—(我知道什么百科知识丛书)
ISBN 7-100-01929-X:¥7.50

I109.5 025036
二十世纪欧美文学史 (二)/张玉书主编.—北京:

北京大学出版社,1995.12.—521 页;20cm
ISBN 7-301-02686-2: ¥27.50

I109.5 025037
二十世纪欧美文学史 (一)/张玉书主编.—北京:北京大学出版社,1995.9.—416 页;20cm
ISBN 7-301-02685-4: ¥22.50

I109.9 025038
1900~1949:**中国现代主义寻踪**/吴中杰,吴立昌主编.—上海:学林出版社,1995.12.—436 页;20cm
ISBN 7-80616-155-4: ¥18.00

I109.9 025039
布拉格学派及其他/中国社会科学院外国文学研究所《世界文论》编辑委员会编.—北京:社会科学文献出版社,1995.12.—261 页;20cm.—(世界文论;7/钱善行主编)
ISBN 7-80050-671-1: ¥13.60

I109.9 025040
从现实主义到后现代主义:西方马克思主义文艺理论评析/徐文泽著.—广州:广东高等教育出版社,1995.11.—318 页;20cm
ISBN 7-5361-1817-1: ¥14.60

I109.9 025041
今日先锋 第三辑/《今日先锋》编委会编.—北京:三联书店,1995.7.—190 页;20cm
ISBN 7-108-00794-0: ¥13.00

I109.9 025042
西方现代主义文学思潮/潘翠青著.—北京:高等教育出版社,1995.7.—300 页;20cm
ISBN 7-04-004303-3: ¥10.05

I109.9 025043
现代与现代主义:西方文化思潮的历史转型 /(美)卡尔著;陈永国,付景川译.—长春:吉林教育出版社,1995.11.—751 页;19cm
著者原题:弗莱德里克·阿·卡尔
ISBN 7-5383-2688-X: ¥21.00

I109.9 025044
中国现当代文学与外国文艺思潮/赖干坚著.—福州:海峡文艺出版社,1995.12.—326 页;20cm
ISBN 7-80534-845-6: ¥12.00

I11 作品集

I11 025045
阿伽门农王/(希腊)埃斯库罗斯等著;叶君健译.—北京:中国工人出版社,1995.8.—443 页;20cm.—(中国翻译名家自选集·叶君健卷)
ISBN 7-5008-1720-7: ¥20.80

I11 025046
奥德修纪/(希腊)荷马史诗等著;杨宪益译.—北京:中国工人出版社,1995.8.—339 页;20cm.—(中国翻译名家自选集·杨宪益卷)
ISBN 7-5008-1725-8: ¥16.20

I11 025047
唱给祖国的歌:中外爱国主义优秀诗文选:中学卷 /沈永编.—桂林:广西师范大学出版社,1995.2.—144 页;19cm.—(爱国主义教育丛书/余瑾主编)
ISBN 7-5633-1977-8: ¥3.60

I11 025048
荒原/(美)艾略特(Eliot,T.S.)等著;赵萝蕤译.—北京:中国工人出版社,1995.8.—403 页;20cm.—(中国翻译名家自选集·赵萝蕤卷)
著者原题:T.S.艾略特
ISBN 7-5008-1723-1: ¥19.20

I11 025049
今文选读:青年版/喻旭初,孙芳铭主编.—南京:江苏人民出版社,1995.11.—326 页;19cm
ISBN 7-214-01585-4: ¥12.00

I11 025050
蒙扎修女的故事/(意)曼佐尼(Manzoni,A.)著;吕同六译.—北京:中国工人出版社,1995.8.—392 页;20cm.—(中国翻译名家自选集·吕同六卷)
ISBN 7-5008-1721-5: ¥18.20

I11 025051
名篇赏析/魏筌主编.—济南:黄河出版社,1995.10.—383 页;20cm
ISBN 7-80558-662-4: ¥14.90

I11 025052
拳拳之心献祖国——中外爱国主义优秀诗文选:大中专卷.—桂林:广西师范大学出版社,1995.1.—181 页;19cm.—(爱国主义教育丛书/余瑾主编)
ISBN 7-5633-1949-2: ¥4.20

I11 025053
萨柯和樊塞蒂的受难/(美)法斯特(Faster)等著;冯亦代译.—北京:中国工人出版社,1995.8.—360 页;20cm.—(中国翻译名家自选集·冯亦代卷)
ISBN 7-5008-1726-6: ¥17.20

I11 025054
沙恭达罗/(印度)迦梨陀娑等著;季羡林译.—北京:中国工人出版社,1995.8.—426 页;20cm.—(中国翻译名家自选集·季羡林卷)
ISBN 7-5008-1727-4: ¥19.80

I11 025055
驶向拜占庭/(英)叶芝(Yeats,W.B.)等著;袁可嘉译.—北京:中国工人出版社,1995.8.—246 页;20cm.—(中国翻译名家自选集·袁可嘉卷)
ISBN 7-5008-1724-X: ¥12.00

I11 025056
世界名家经典美文百选/夏风扬选编.—成都:四川文艺出版社,1995.6.—590 页;20cm
ISBN 7-5411-1304-2: ¥18.80

I11 025057
世界文学名著精缩本:传统卷/贺祥麟,凡尼主编.—南宁:广西人民出版社,1995.12.—687 页;20cm
ISBN 7-219-03104-1: ¥25.00

I11 025058
温柔的激情/段若川,吴正仪选编.—石家庄:河北教育出版社,1995.7.—741 页;20cm.—(蓝袜子丛书·拉

美南欧卷)

外国女性文学作品集

ISBN 7-5434-2421-5:¥27.20

I11　025059

我爱祖国妈妈:中外爱国主义优秀诗文选:小学卷/马汉彦等编.—桂林:广西师范大学出版社,1995.2.—115页;19cm.—(爱国主义教育丛书/余瑾主编)

ISBN 7-5633-1978-6:¥3.00

I11　025060

先知/(黎巴嫩)纪伯伦(Gibran,K.)等著;冰心译.—北京:中国工人出版社,1995.8.—300页;20cm.—(中国翻译名家自选集·冰心卷)

ISBN 7-5008-1722-3:¥14.00

I11　025061

中外爱国诗文名言丛书/陈龙俊主编.—北京:社会科学文献出版社,1995.6.—4册;19cm

全套书包括:《外国爱国名言》、《中国爱国名言》、《外国爱国诗文名篇》、《中国爱国诗文名篇》四册。

ISBN 7-80050-646-0:¥23.20

I11　025062

紫罗兰姑娘/(英)衣修午德等著;卞之琳译.—北京:中国工人出版社,1995.8.—421页;20cm.—(中国翻译名家自选集·卞之琳卷)

著者原题:克里斯托弗·衣修午德

ISBN 7-5008-1719-3:¥19.80

I12　025063

爱的回忆:英美爱情诗精选:英汉对照/崔健编.—北京:外文出版社,1995.—149页;19cm.—(中外名诗系列丛书)

ISBN 7-119-00857-9:¥6.50

I12　025064

爱情短诗:爱是一棵月亮树/戈良选编.—杭州:浙江文艺出版社,1995.1.—128页;19cm.—(现代语丝丛书)

ISBN 7-5339-0749-3:¥6.00

I12　025065

国际华文诗人百家手稿集/野曼主编.—广州:广州出版社,1995.12.—220页:彩照;20cm

ISBN 7-80592-362-0(精装):¥60.00

I12　025066

欧美女子诗选/孙凤城选编.—北京:北京大学出版社,1995.8.—255页;19cm

ISBN 7-301-02739-7:¥9.80

I12　025067

世界三家诗精品:泰戈尔、屠格涅夫、波德莱尔/纯建等选评.—合肥:安徽文艺出版社,1995.6.—242页;19cm

ISBN 7-5396-1294-0:¥5.30

I12　025068

世界散文诗宝典/楼肇明,天波编.—杭州:浙江文艺出版社,1995.6.—610页;20cm

ISBN 7-5339-0764-7:¥23.60

I12　025069

世界抒情诗精品/邹荻帆编选.—西安:陕西人民出版社,1995.7.—151页;20cm.—(中学生课外读丛/冯亦代,李文俊主编)

ISBN 7-224-03722-2:¥6.10

I12　025070

世界五千年名诗一万首/于洪笙主编;于国庆等编写.—石家庄:河北人民出版社,1995.8.—2册;26cm

ISBN 7-202-01754-7(精装):¥108.00

I12　025071

中外情诗三百首/司徒杰选析.—广州:广东高等教育出版社,1995.5.—3册;19cm

ISBN 7-5361-1628-4:¥18.00

I12　025072

自由与爱情:世界名诗百首欣赏/许来渠编著.—北京:外文出版社,1995.—204页;19cm.—(中外名诗系列丛书)

ISBN 7-119-00876-5:¥6.70

I12　025073

最明亮与最黑暗的:20家诺贝尔文学奖获奖诗人作品新译集/沈睿,王家新选编.—北京:解放军文艺出版社,1995.6.—303页;20cm

ISBN 7-5033-0479-0:¥12.00

I135　025074

奥斯卡爱情经典名作/李建华编.—北京:中国电影出版社,1995.1.—599页:照片;20cm

ISBN 7-106-01037-5:¥19.80

I14　025075

20世纪世界女性小说珍赏/吴怡,许乃青编.—上海:复旦大学出版社,1995.7.—394页;20cm

ISBN 7-309-01400-6:¥12.50

I14　025076

白夜/梦湖编选.—西宁:青海人民出版社,1995.12.—272页;20cm.—(世界经典情爱小说系列;3)

ISBN 7-225-00971-0:¥11.80

I14　025077

被背叛的遗嘱/( )昆德拉著;孟湄译.—上海:上海人民出版社;英国:牛津大学出版社,1995.12.—260页;20cm.—(东方书林俱乐部文库)

著者原题:米兰·昆德拉

ISBN 7-208-02162-7:¥13.00

I14　025078

潮骚/梦湖编选.—西宁:青海人民出版社,1995.12.—259页;20cm.—(世界经典情爱小说系列;4)

ISBN 7-225-00971-0:¥11.80

I14　025079

帝国双星/陈渊主编.—福州:福建少年儿童出版社,1995.10.—201页;19cm.—(世界科幻小说精品丛书·第五辑)

ISBN 7-5395-1184-2:¥6.30

I14　025080

断剑:推理小说精选/杨冬,未民主编.—长春:时代文艺出版社,1995.6.—360页;20cm.—(世界中短篇小说经典书系)

本套书共4册,总定价:54.00元

ISBN 7-5387-0888-X:¥

I14 025081
二十世纪汉语小说精选/张玦编.—西宁:青海人民出版社,1995.4.—2册(1113页);20cm.—(二十世纪汉语文学精品系列)
ISBN 7-225-01014-X:¥36.80

I14 025082
废墟天堂/( )汉弥顿(Hamilton,D.)著;蔡丽风译.—北京:现代出版社;加拿大:禾林图书股份有限公司,1995.1.—188页;17×11cm.—(一世情缘系列)
书名原文:Savage Obsession
ISBN 7-80028-260-0:¥5.80

I14 025083
公关俏佳人/( )李(Leigh,R.)著;陈祖芳译.—北京:现代出版社;加拿大:禾林图书股份有限公司,1995.1.—188页;17×11cm.—(一世情缘系列)
书名原文:Two-Timing Man
ISBN 7-80028-261-9:¥5.80

I14 025084
蓝胡子/吕同六编选.—长春:时代文艺出版社,1995.6.—466页;20cm.—(20世纪末世界文学作品精选中篇小说卷;2)
ISBN 7-5387-0901-0:¥19.70

I14 025085
纽约的恋人们:海外大陆女作家异域生活小说选/虹影,韩作荣主编.—北京:中国华侨出版社,1995.12.—539页;20cm
ISBN 7-80074-931-2:¥20.80

I14 025086
诺贝尔文学奖获奖作家袖珍小说精品/林如求编.—兰州:甘肃人民出版社,1995.2.—387页;20cm
ISBN 7-226-01392-4:¥11.80

I14 025087
瓶魔:怪诞小说精选/杨冬,未民主编.—长春:时代文艺出版社,1995.6.—351页;20cm.—(世界中短篇小说经典书系)
本套书共4册,总定价:54.00元
ISBN 7-5387-0888-X:¥0.00

I14 025088
青春:生命小说精选/杨冬,未民主编.—长春:时代文艺出版社,1995.6.—389页;20cm.—(世界中短篇小说经典书系)
本套书共4册,总定价:54.00元
ISBN 7-5387-0888-X:¥0.00

I14 025089
情人:爱情小说精选/杨冬,未民主编.—长春:时代文艺出版社,1995.6.—433页;20cm.—(世界中短篇小说经典书系)
本套书共4册,总定价:54.00元
ISBN 7-5387-0888-X:¥0.00

I14 025090
人们的梦:20世纪电影精品/庞贝编著 .—北京:中国人民大学出版社,1995.12.—288页;19cm
ISBN 7-300-02058-5:¥12.50

I14 025091
世界当代破案故事集/(美)霍克等著;谭宝全编.—北京:中国国际广播出版社,1995.4.—212页;20cm
著者原题:爱德华·D.霍克
ISBN 7-5078-1157-3:¥6.50

I14 025092
世界经典爱情小说大观 (1):幸福/荔心主编;臧传真等译 .—石家庄:花山文艺出版社,1995.4.—284页;20cm
ISBN 7-80611-274-X:¥12.00

I14 025093
世界经典爱情小说大观 (2):初恋/荔心主编;唐其慈等译 .—石家庄:花山文艺出版社,1995.4.—333页;20cm
ISBN 7-80611-274-X:¥12.00

I14 025094
世界经典爱情小说大观 (3):爱情/荔心主编;唐其慈等译 .—石家庄:花山文艺出版社,1995.4.—348页;20cm
ISBN 7-80611-274-X:¥12.00

I14 025095
世界经典爱情小说大观 (4):月光/荔心主编;亚丁等译 .—石家庄:花山文艺出版社,1995.4.—341页;20cm
ISBN 7-80611-274-X:¥12.00

I14 025096
世界经典爱情小说大观 (5):太阳/荔心主编;钱鸿嘉等译 .—石家庄:花山文艺出版社,1995.4.—356页;20cm
ISBN 7-80611-274-X:¥12.00

I14 025097
世界经典爱情小说大观 (6):白夜/荔心主编;唐其慈等译 .—石家庄:花山文艺出版社,1995.4.—340页;20cm
ISBN 7-80611-274-X:¥12.00

I14 025098
世界经典爱情小说大观 (7):忏悔/荔心主编;沉樱等译 .—石家庄:花山文艺出版社,1995.4.—348页;20cm
ISBN 7-80611-274-X:¥12.00

I14 025099
世界经典爱情小说大观 (8):弃绝/荔心主编;谢冰心等译 .—石家庄:花山文艺出版社,1995.4.—345页;20cm
ISBN 7-80611-274-X:¥12.00

I14 025100
世界科幻名著故事精华本:奇人卷/李红等编.—天津:天津科技翻译出版公司,1995.12.—379页;19cm
ISBN 7-5433-0812-6:¥12.00

I14 025101
世界科幻名著精选 (二)/《科幻世界》编辑部编.—成都:四川人民出版社,1995.10.—187页;19cm
ISBN 7-220-02960-8:¥5.80

I14 025102
世界科幻名著精选 (三)/《科幻世界》编辑部编.—

成都:四川人民出版社,1995.10.—187 页;19cm
ISBN 7-220-02960-8:¥5.80

I14　025103
世界科幻名著精选　(一)/《科幻世界》编辑部编.—成都:四川人民出版社,1995.10.—179 页;19cm
ISBN 7-220-02960-8:¥5.80

I14　025104
世界名家小说经典/孙世同,郭芳编.—沈阳:沈阳出版社,1995.10.—3 册;20cm
ISBN 7-5441-0460-5:¥49.80

I14　025105
世界名著中篇小说精品集/尹考臻主编.—石家庄:花山文艺出版社,1995.10.—2 册;20cm
ISBN 7-80611-317-7:¥38.80

I14　025106
世界情爱小说名著/(法)巴尔扎克等著;王嘉陵编.—成都:四川文艺出版社,1995.1.—444 页;20cm
ISBN 7-5411-1265-8:¥12.90

I14　025107
世界情爱小说名著/(英)劳伦斯等著;王嘉陵编.—成都:四川文艺出版社,1995.1.—444 页;20cm
著者原题:大卫·劳伦斯
ISBN 7-5411-1265-8:¥12.90

I14　025108
世界微型小说精品选辑/邓开善选编.—上海:上海文化出版社,1995.12.—157 页;19cm.—(五角丛书;149)
ISBN 7-80511-802-7:¥5.00

I14　025109
世界文学名著精缩本:现代卷/贺祥麟,凡尼主编.—南宁:广西人民出版社,1995.12.—435 页;20cm
ISBN 7-219-03103-3:¥16.00

I14　025110
世界侦探推理小说大观/曹正文主编.—上海:上海辞书出版社,1995.11.—913 页;19cm
ISBN 7-5326-0352-0(精装):¥29.80

I14　025111
世界著名短篇小说精选/徐如麒,颜家文选编.—乌鲁木齐:新疆人民出版社,1995.4.—2 册;20cm
ISBN 7-228-03211-X:¥27.30

I14　025112
首脑谋略故事/杨成竹主编.—长沙:湖南出版社,1995.8.—322 页;19cm
ISBN 7-5438-1054-9:¥10.20

I14　025113
外国鬼怪文学名作大观/朱乃长,朱海宏编译.—上海:上海远东出版社,1995.9.—843 页;19cm
ISBN 7-80613-047-0(精装):¥26.00

I14　025114
外国文学名著:精华本/之人主编.—武汉:武汉出版社,1995.10.—4 册;20cm
包括:呼啸山庄、简爱、巴黎圣母院、复活 4 种。
ISBN 7-5430-1400-9(盒装):¥59.80

I14　025115
外国文学名著普及本/新世纪出版社编.—2 版.—广州:新世纪出版社,1995.10.—16 册;20cm
ISBN 7-5405-0451-X(盒装):¥118.00

I14　025116
外国智慧大王:插图本/文雅主编.—广州:广州出版社,1995.5.—320 页;19cm
ISBN 7-80592-258-6:¥8.80

I14　025117
外国智慧故事集/朱长超,董进泉主编.—上海:上海社会科学院出版社,1995.12.—564 页;20cm
ISBN 7-80618-140-7:¥22.00

I14　025118
危险遗产/( )贺尔(Howard,S.)著;陈凯伦译.—北京:现代出版社;加拿大:禾林图书股份有限公司,1995.1.—187 页;17×11cm.—(一世情缘系列)
书名原文:Dangerous Inheritance
ISBN 7-80028-262-7:¥5.80

I14　025119
一个精神爱滋病患者/吕同六编选.—长春:时代文艺出版社,1995.6.—335 页;20cm.—(20 世纪末世界文学作品精选短篇小说卷;1)
ISBN 7-5387-0903-7:¥14.70

I14　025120
异星远征/陈渊主编.—福州:福建少年儿童出版社,1995.10.—233 页;19cm.—(世界科幻小说精品丛书·第五辑)
ISBN 7-5395-1187-7:¥7.00

I14　025121
引爆激情/( )卡希迪(Cassidy,C.)著;王迎译.—北京:现代出版社;加拿大:禾林图书股份有限公司,1995.1.—186 页;17×11cm.—(一世情缘系列)
书名原文:Fire and Spice
ISBN 7-80028-263-5:¥5.80

I14　025122
幽默小说/李保初等编.—北京:华文出版社,1995.9.—316 页;19cm.—(幽默人生丛书/黎裕斌,魏明炎主编)
ISBN 7-5075-0456-5:¥10.00

I14　025123
有限岁月/吕同六编选.—长春:时代文艺出版社,1995.6.—294 页;20cm.—(20 世纪末世界文学作品精选短篇小说卷;2)
ISBN 7-5387-0902-9:¥13.20

I14　025124
在那时/吕同六编选.—长春:时代文艺出版社,1995.6.—473 页;20cm.—(20 世纪末世界文学作品精选中篇小说卷;1)
ISBN 7-5387-0900-2:¥20.00

I14　025125
中外侦探故事大王/张秋生主编;大鸟等编.—上海:上海远东出版社,1995.10.—431 页;20cm
ISBN 7-80613-142-6(精装):¥14.00

I15　025126
奉献树:中英文对照/曹谷溪,郝瑜主编.—西安:西

安出版社,1995.8.—287页;20cm
ISBN 7-80594-225-0:¥36.00

I15 025127
古今中外悬疑谜案集/鲍学谦主编.—南宁:广西民族出版社,1995.12.—422页;19cm
ISBN 7-5363-3096-0:¥16.50

I15 025128
绝处逢生:中外越狱奇闻 A卷/文龙编著.—西宁:青海人民出版社,1995.9.—80页;26cm
ISBN 7-225-01066-2:¥4.50

I15 025129
绝处逢生:中外越狱奇闻 B卷/文龙编著.—西宁:青海人民出版社,1995.9.—80页;26cm
ISBN 7-225-01066-2:¥4.50

I15 025130
女兵蒙难记/吴太尚,丁萍编著.—成都:四川人民出版社,1995.5.—251页;20cm
ISBN 7-220-02826-1:¥10.80

I15 025131
世界名人记事经典/李柯,唐傲主编.—沈阳:辽宁人民出版社,1995.8.—1016页;20cm.—(世界名人经典系列)
ISBN 7-205-03399-3(精装):¥59.60

I15 025132
世界特种部队 A卷/朱丽茄编著.—西宁:青海人民出版社,1995.5.—74页;26cm
ISBN 7-225-01026-3:¥3.98

I15 025133
世界特种部队 B卷/朱丽茄编著.—西宁:青海人民出版社,1995.5.—74页;26cm
ISBN 7-225-01026-3:¥3.98

I16 025134
春情——生活教你学会爱/《春情——生活教你学会爱》编委会编.—南京:江苏人民出版社,1995.7.—444页;20cm.—(名人话人生丛书/刘勇坚主编)
ISBN 7-214-01500-5:¥18.00

I16 025135
凋零的芳菲:英年早逝作家的美文随笔/(英)勃朗特等著;孙硕夫选编;高健等译.—长春:吉林文史出版社,1995.1.—316页;19cm.—(沉淀的人生丛书)
著者原题:夏洛蒂·勃朗特
ISBN 7-80528-924-7:¥8.80

I16 025136
花鸟鱼写意/尤廉,袁勇麟编.—福州:海峡文艺出版社,1995.8.—216页;19cm.—(外国名家随笔精品系列)
ISBN 7-80534-769-7:¥7.30

I16 025137
几回魂梦与君同:爱情篇/麻文琦,杨云峰编.—北京:中国社会出版社,1995.1.—237页;19cm.—(七彩人生散文丛书;三)
ISBN 7-80088-147-4:¥6.80

I16 025138
巨匠的风采:诺贝尔文学奖作家的美文随笔/(法)罗兰等著;孙硕夫选编;张振辉等译.—长春:吉林文史出版社,1995.1.—314页;19cm.—(沉淀的人生丛书)
著者原题:罗曼·罗兰
ISBN 7-80528-925-5:¥8.80

I16 025139
拉丁美洲的孤独/吕同六编选.—长春:时代文艺出版社,1995.7.—361页;20cm.—(20世纪末世界文学作品精选·散文卷)
ISBN 7-5387-0914-2:¥15.80

I16 025140
浪漫之旅/崔宝衡,王立新主编.—石家庄:花山文艺出版社,1995.3.—593页;20cm.—(世界散文精品大观·游记篇)
ISBN 7-80611-243-X:¥17.00

I16 025141
灵魂之翼/崔宝衡,王立新主编.—石家庄:花山文艺出版社,1995.3.—542页;20cm.—(世界散文精品大观·哲思篇)
ISBN 7-80611-240-5:¥18.00

I16 025142
美文赏析金典/张虞主编.—济南:济南出版社,1995.11.—5册;20cm
包括《中国名家美文卷》三册,《外国名家美文卷》两册。
ISBN 7-80572-957-3:¥35.00

I16 025143
名家经典情书选/向弓主编;四川文艺出版社编选.—成都:四川文艺出版社,1995.4.—375页;20cm
ISBN 7-5411-1302-6:¥11.00

I16 025144
名家经典散文精选:珍藏版 第3卷:小品、游记/向弓主编.—成都:四川文艺出版社,1995.10.—409页;20cm
ISBN 7-5411-1358 1:¥24.50

I16 025145
名家经典散文精选:珍藏版 第4卷:演说、情书/向弓主编.—成都:四川文艺出版社,1995.10.—413页;20cm
ISBN 7-5411-1357-3:¥24.50

I16 025146
名家经典散文诗选/向弓主编;林夕编.—成都:四川文艺出版社,1995.2.—436页;20cm
ISBN 7-5411-1279-8:¥12.80

I16 025147
名家经典演说辞选/向弓主编.—成都:四川文艺出版社,1995.2.—398页;20cm.—(名家经典书系)
ISBN 7-5411-1272-0:¥11.80

I16 025148
名家散文/徐雪莉编.—太原:山西高校联合出版社,1995.9.—252页;19cm.—(梦思文丛)
ISBN 7-81032-796-8:¥8.80

I16 025149
名人心灵的咏叹:中外古今名人家书精编/褚赣生主编.—上海:上海文艺出版社,1995.6.—769页;20cm

ISBN 7-5321-1260-8(精装):¥28.60

I16　025150

名人演讲录/李秀忠,曾繁亭主编.—济南:山东友谊出版社,1995.12.—694页;19cm

ISBN 7-80551-800-9(精装):¥24.00

I16　025151

幕落时分/李桂芳编选.—北京:光明日报出版社,1995.1.—378页;20cm.—(二十世纪中外巨人随笔精品文库·艺术家卷/张胜友主编)

ISBN 7-80091-684-7:¥15.80

I16　025152

女性手记:因为有了秘密/戈良选编.—杭州:浙江文艺出版社,1995.1.—124页;19cm.—(现代语丝丛书)

ISBN 7-5339-0748-5:¥6.00

I16　025153

诺贝尔奖金获得者演说词精粹:英汉对照/刘启云等编译.—2版(修订本).—北京:中国大百科全书出版社,1995.2.—343页;19cm

ISBN 7-5000-5143-3:¥6.80

I16　025154

奇文大观/陈节,黄键选编、评注.—福州:海峡文艺出版社,1995.3.—494页;19cm

ISBN 7-80534-766-2:¥13.50

I16　025155

情书选萃:离别如美丽的病/亦祺选编.—杭州:浙江文艺出版社,1995.1.—123页;19cm.—(现代语丝丛书)

ISBN 7-5339-0750-7:¥6.00

I16　025156

情系中华/《瞭望》周刊编辑部编.—北京:新华出版社,1995.3.—326页;20cm

ISBN 7-5011-2807-3(精装):¥40.00

I16　025157

人迹罕至的地方/孙珉编选.—北京:光明日报出版社,1995.1.—410页;20cm.—(二十世纪中外巨人随笔精品文库·社会科学家卷/张胜友主编)

ISBN 7-80091-683-9:¥15.80

I16　025158

人生随笔/徐亚丽编.—太原:山西高校联合出版社,1995.9.—252页;19cm.—(梦思文丛)

ISBN 7-81032-796-8:¥8.80

I16　025159

生活调色板/尤廉,袁勇麟编.—福州:海峡文艺出版社,1995.8.—222页;19cm.—(外国名家随笔精品系列)

ISBN 7-80534-770-0:¥7.50

I16　025160

生命之舞/汤学智,贺学君编选.—北京:光明日报出版社,1995.6.—394页;20cm.—(二十世纪中外巨人随笔精品文库·人文科学家卷/张胜友主编)

ISBN 7-80091-688-X:¥15.80

I16　025161

世界美文精品/俞鸣编.—杭州:浙江文艺出版社,1995.6.—406页;20cm

ISBN 7-5339-0734-5:¥14.20

I16　025162

世界名家散文经典/袁峰,王立军编.—沈阳:沈阳出版社,1995.5.—3册;20cm

ISBN 7-5441-0355-2:¥38.40

I16　025163

世界名人访谈经典/李柯,唐傲主编.—沈阳:辽宁人民出版社,1995.8.—1024页;20cm.—(世界名人经典系列)

ISBN 7-205-03400-0(精装):¥59.60

I16　025164

世界名人随笔经典/李柯,唐傲主编.—沈阳:辽宁人民出版社,1995.8.—1027页;20cm.—(世界名人经典系列)

ISBN 7-205-03397-7(精装):¥59.60

I16　025165

世界名人演说精萃/王建华,蒋荣钧主编.—3版.—南昌:江西人民出版社,1995.5.—598页;20cm

ISBN 7-210-01503-5:¥17.80

I16　025166

世界名人演说经典/李柯,唐傲主编.—沈阳:辽宁人民出版社,1995.8.—1025页;20cm.—(世界名人经典系列)

ISBN 7-205-03398-5(精装):¥59.60

I16　025167

世界散文精品/陶洁编选.—西安:陕西人民出版社,1995.7.—261页;20cm.—(中学生课外读丛/冯亦代,李文俊主编)

ISBN 7-224-03725-7:¥8.70

I16　025168

世界散文小品精粹:动物小品/李潜龙编.—珠海:珠海出版社,1995.6.—325页;20cm

ISBN 7-80607-081-8:¥11.80

I16　025169

世界散文小品精粹:舞弊小品/余白,程静英编.—珠海:珠海出版社,1995.6.—366页;20cm

ISBN 7-80607-081-8:¥11.80

I16　025170

世界散文小品精粹:游记小品/李潜龙编.—珠海:珠海出版社,1995.6.—340页;20cm

ISBN 7-80607-081-8:¥11.80

I16　025171

世界散文小品精粹:哲理小品/李潜龙编.—珠海:珠海出版社,1995.6.—330页;20cm

ISBN 7-80607-081-8:¥11.80

I16　025172

世界散文小品精粹:自然小品/李潜龙编.—珠海:珠海出版社,1995.6.—336页;20cm

ISBN 7-80607-081-8:¥11.80

I16　025173

世界文豪同题散文经典:人生之旅/张昌华,汪修荣主编.—贵阳:贵州人民出版社,1995.1.—587页;20cm

ISBN 7-221-03514-8:¥17.80

I16　025174

世界文豪同题散文经典:社会之窗/张昌华,汪修荣主编.—贵阳:贵州人民出版社,1995.1.—453页;20cm

ISBN 7-221-03514-8:¥14.20

I16 025175

世界文豪同题散文经典:自然之歌/张昌华,汪修荣主编.—贵阳:贵州人民出版社,1995.1.—543页;20cm

ISBN 7-221-03514-8:¥17.20

I16 025176

世界幽默笑话精品/方成编选.—西安:陕西人民出版社,1995.7.—184页;20cm.—(中学生课外读丛/冯亦代,李文俊主编)

ISBN 7-224-03724-9:¥7.20

I16 025177

世界著名散文精选/曹润海,苗莉选编.—乌鲁木齐:新疆人民出版社,1995.4.—2册;20cm

ISBN 7-228-03212-8:¥26.80

I16 025178

世界著名幽默演说精粹/王建华,杨伟民主编.—南昌:百花洲文艺出版社,1995.12.—343页;20cm.—(世界著名演说文库/陈燮君等主编)

ISBN 7-80579-627-0(精装):¥18.50

I16 025179

水是眼波山是眉:女人篇/麻文琦,杨云峰编.—北京:中国社会出版社,1995.1.—240页;19cm.—(七彩人生散文丛书;二)

ISBN 7-80088-458-9:¥6.80

I16 025180

素昧平生的友人/黄中林,李任仲编选.—北京:光明日报出版社,1995.1.—438页;20cm.—(20世纪中外巨人随笔精品文库·文学家卷/张胜友主编)

ISBN 7-80091-681-2:¥15.80

I16 025181

岁月的回眸/尤廉,袁勇麟编.—福州:海峡文艺出版社,1995.8.—214页;19cm.—(外国名家随笔精品系列)

ISBN 7-80534-786-7:¥7.00

I16 025182

桃花潭水深千尺:友谊篇/麻文琦,杨云峰编.—北京:中国社会出版社,1995.1.—226页;19cm.—(七彩人生散文丛书;六)

ISBN 7-80088-564-X:¥6.80

I16 025183

外国散文传世之作/张秋红主编.—济南:山东文艺出版社,1995.11.—2册;20cm

ISBN 7-5329-1259-0:¥42.00

I16 025184

外国散文观止/闻逸选编;安徽文艺出版社编.—合肥:安徽文艺出版社,1995.12.—4册;20cm

ISBN 7-5396-1282-7:¥54.00

I16 025185

温馨的摇篮/崔宝衡,王立新主编.—石家庄:花山文艺出版社,1995.3.—413页;20cm.—(世界散文精品大观·家园篇)

ISBN 7-80611-244-8:¥13.00

I16 025186

文化咖啡座/尤廉,袁勇麟编.—福州:海峡文艺出版社,1995.8.—221页;19cm.—(外国名家随笔精品系列)

ISBN 7-80534-767-0:¥7.50

I16 025187

我们都是未解之谜/齐家莹,徐葆耕编选.—北京:光明日报出版社,1995.1.—390页;20cm.—(二十世纪中外巨人随笔精品文库·自然科学家卷/张胜友主编)

ISBN 7-80091-682-0:¥15.80

I16 025188

夏梦——人生路上取与舍/《夏梦——人生路上取与舍》编委会编.—南京:江苏人民出版社,1995.7.—413页;20cm.—(名人话人生丛书/刘勇坚主编)

ISBN 7-214-01501-3:¥17.00

I16 025189

闲敲棋子落灯花:闲情篇/麻文琦,杨云峰编.—北京:中国社会出版社,1995.1.—249页;19cm.—(七彩人生散文丛书;八)

ISBN 7-80088-513-5:¥6.80

I16 025190

闲情四季/崔宝衡,王立新主编.—石家庄:花山文艺出版社,1995.3.—583页;20cm.—(世界散文精品大观·闲情篇)

ISBN 7-80611-241-3:¥16.00

I16 025191

闲情小品/王丽青编.—太原:山西高校联合出版社,1995.9.—250页;19cm.—(梦思文丛)

ISBN 7-81032-796-8:¥8.80

I16 025192

夜半无人私语时:婚姻篇/麻文琦,杨云峰编.—北京:中国社会出版社,1995.1.—239页;19cm.—(七彩人生散文丛书;四)

ISBN 7-80088-321-3:¥6.80

I16 025193

艺术的彩虹/崔宝衡,王立新主编.—石家庄:花山文艺出版社,1995.3.—585页;20cm.—(世界散文精品大观·艺术篇)

ISBN 7-80611-242-1:¥16.00

I16 025194

异域的风情/尤廉,袁勇麟编.—福州:海峡文艺出版社,1995.8.—208页;19cm.—(外国名家随笔精品系列)

ISBN 7-80534-768-9:¥7.00

I16 025195

影响世界历史进程的演说精粹/董进泉等主编.—南昌:百花洲文艺出版社,1995.12.—329页;20cm.—(世界著名演说文库/陈燮君等主编)

ISBN 7-80579-588-6(精装):¥17.90

I16 025196

幽默小品/许京生等编.—北京:华文出版社,1995.9.—334页;19cm.—(幽默人生丛书/黎裕斌,魏明炎主编)

ISBN 7-5075-0455-7:¥11.00

I16　025197
有梦不觉人生寒:人生篇/麻文琦,杨云峰编.—北京:中国社会出版社,1995.1.—249页;19cm.—(七彩人生散文丛书;五)
ISBN 7-80088-538-0:¥6.80

I16　025198
月出惊鸟花细落:风物篇/麻文琦,杨云峰编.—北京:中国社会出版社,1995.1.—246页;19cm.—(七彩人生散文丛书;七)
ISBN 7-80088-537-2:¥6.80

I16　025199
哲人的思絮/尤廉,袁勇麟编.—福州:海峡文艺出版社,1995.8.—223页;19cm.—(外国名家随笔精品系列)
ISBN 7-80534-785-9:¥7.50

I16　025200
真诚的祝福/崔宝衡,王立新主编.—石家庄:花山文艺出版社,1995.3.—424页;20cm.—(世界散文精品大观·友谊篇)
ISBN 7-80611-245-6:¥13.00

I16　025201
征衣似雪杯邀月:男人篇/麻文琦,杨云峰编.—北京:中国社会出版社,1995.1.—229页;19cm.—(七彩人生散文丛书;一)
ISBN 7-80088-455-4:¥6.80

I16　025202
中外著名演讲辞赏析/林书编.—武汉:长江文艺出版社,1995.8.—2册(597页);19cm.—(智慧文化三典)
ISBN 7-5354-1257-2:¥20.60

I16　025203
著名伤逝随笔30篇/郑舍农,韩新民编.—上海:上海文化出版社,1995.12.—184页;19cm.—(五角丛书;142)
ISBN 7-80511-805-1:¥5.80

I16　025204
兹拉塔日记:一个萨拉热窝少女的生活/(波黑)菲利波维奇著;夏国芳,侯萍译.—南京:译林出版社,1995.8.—188页;19cm
ISBN 7-80567-423-X:¥8.00

I17　025205
十二月世界精品民间故事/李遵义,陈日朋主编.—长春:吉林人民出版社,1995.3.—3册;20cm
ISBN 7-206-02237-5(精装):¥73.00

I17　025206
世界法制幽默集锦/张正涵编.—北京:中国人民公安大学出版社,1995.3.—279页;19cm
ISBN 7-81011-702-5:¥9.00

I17　025207
世界民间故事精品/刘锡诚编选.—西安:陕西人民出版社,1995.7.—2册;20cm.—(中学生课外读丛/冯亦代,李文俊主编)
ISBN 7-224-03726-5:¥16.80

I17　025208
世界民间故事精萃:白船篇/潘延选编.—长沙:湖南少年儿童出版社,1995.12.—618页;20cm
ISBN 7-5358-1084-5(精装):¥19.80

I17　025209
世界民间故事精萃:红帆篇/骆之选编.—长沙:湖南少年儿童出版社,1995.12.—625页;20cm
ISBN 7-5358-1083-7(精装):¥20.00

I17　025210
世界民间故事精萃:绿海篇/飞三选编.—长沙:湖南少年儿童出版社,1995.12.—578页;20cm
ISBN 7-5358-1085-3(精装):¥18.80

I17　025211
世界文豪幽默作品经典:谐趣卷/金湖,白马主编.—北京:国际文化出版公司,1995.6.—538页;20cm
ISBN 7-80105-257-9:¥43.80

I17　025212
外国幽默大王/张秋生主编.—上海:上海远东出版社,1995.9.—529页;20cm
ISBN 7-80613-138-8(精装):¥15.00

I17　025213
外国幽默精选/李乔等译.—长春:东北师范大学出版社,1995.12.—233页;19cm
ISBN 7-5602-1729-X:¥6.00

I17　025214
小小校园幽默/陈默等编.—沈阳:辽宁人民出版社,1995.1.—457页;9cm.—(小小丛书)
ISBN 7-205-03089-7(精装):¥5.00

I17　025215
幽默答辩/潘红主编.—成都:四川人民出版社,1995.10.—298页;20cm.—(机智与幽默丛书;3)
ISBN 7-220-02995-0:¥13.80

I17　025216
幽默故事/王武群等编.—北京:华文出版社,1995.9.—324页;19cm.—(幽默人生丛书/黎裕斌,魏明炎主编)
ISBN 7-5075-0457-3:¥11.00

I17　025217
幽默妙言/赵志伟,姚子明编.—上海:上海人民出版社,1995.12.—282页;19cm.—(智慧小屋)
ISBN 7-208-02142-2:¥12.50

I17　025218
幽默巧辩/潘红主编.—成都:四川人民出版社,1995.10.—298页;20cm.—(机智与幽默丛书;2)
ISBN 7-220-02995-0:¥13.80

I17　025219
幽默雄辩/潘红主编.—成都:四川人民出版社,1995.10.—298页;20cm.—(机智与幽默丛书;1)
ISBN 7-220-02995-0:¥13.80

I17　025220
幽默语言/周靖等编.—北京:华文出版社,1995.9.—307页;19cm.—(幽默人生丛书/黎裕斌,魏明炎主编)
ISBN 7-5075-0454-9:¥11.00

I17　025221
幽默寓言/罗立等编.—北京:华文出版社,1995.

9.—306页;19cm.—(幽默人生丛书/黎裕斌,魏明炎主编)

ISBN 7-5075-0385-2:¥10.00

I17 025222

犹太5000年智慧/( )托卡雅编著;林郁译.—海口:南海出版公司,1995.2.—170页;19cm.—(犹太人智慧丛书)

著者原题:马文·托卡雅

ISBN 7-5442-0042-6:¥5.50

I17 025223

犹太人的机智/司马长风编著;林郁译.—海口:南海出版公司,1995.2.—150页;19cm.—(犹太人智慧丛书)

ISBN 7-5442-0035-2:¥5.00

I17 025224

犹太人的幽默/( )兰杜曼(Landmann,D.S.)编著;林郁译.—海口:南海出版公司,1995.2.—163页;19cm.—(犹太人智慧丛书)

ISBN 7-5442-0043-4:¥5.00

I17 025225

中外讽刺故事大观/胡吉等编.—武汉:湖北少年儿童出版社,1995.4.—1190页;20cm

ISBN 7-5353-1324-8(精装):¥32.30

①I17②H319 025226

幽默 笑话 趣闻:英汉对照/金立强编译.—南昌:江西教育出版社,1995.9.—158页;19cm

ISBN 7-5392-2598-X(精装):¥7.00

①I17②H319.4 025227

外国幽默讽刺故事精选 (2):英汉对照/耿阿齐等主编.—天津:天津科技翻译出版公司,1995.10.—115页;19cm

ISBN 7-5433-0809-6:¥4.20

①I17②J228.4 025228

克雷洛夫寓言/湘人改编;吴思等绘.—乌鲁木齐:新疆青少年出版社,1995.12.—312页;20cm.—(世界经典寓言画库/崔合美主编)

ISBN 7-5371-2076-5(精装):¥12.80

①I17②J228.4 025229

拉封丹寓言/王以平改编;潘仁林等绘.—乌鲁木齐:新疆青少年出版社,1995.12.—314页;20cm.—(世界经典寓言画库/崔合美主编)

ISBN 7-5371-2076-5(精装):¥12.80

①I17②J228.4 025230

莱辛寓言/慕贤改编;周元勋等绘.—乌鲁木齐:新疆青少年出版社,1995.12.—314页;20cm.—(世界经典寓言画库/崔合美主编)

ISBN 7-5371-2076-5(精装):¥12.80

I18 025231

365夜神童故事/鲁兵主编.—上海:少年儿童出版社,1995.12.—505页;19cm

ISBN 7-5324-2718-8:¥15.00

I18 025232

阿里巴巴和四十大盗/潘晓龙等主编.—海口:海南国际新闻出版中心,1995.9.—120页;19cm.—(世界著名童话大系)

全套书共8册,总定价:29.80元

ISBN 7-80609-140-8:¥0.00

I18 025233

安徒生·格林童话精品集/苏武,木夫编.—长春:吉林美术出版社,1995.5.—434页;19cm

ISBN 7-5386-0477-4:¥13.50

I18 025234

彩色世界童话全集/光复书局编辑部编.—北京:海豚出版社;台北:光复书局,1995.3.—10册;35cm

ISBN 7-80051-735-7(精装):¥600.00

I18 025235

彩图世界著名寓言故事精选 上册:中国/李广之,肖章编著.—上海:同济大学出版社,1995.6.—68页;17×19cm

ISBN 7-5608-1542-1:¥7.00

I18 025236

彩图世界著名寓言故事精选 下册:外国/李广之,肖章编著.—上海:同济大学出版社,1995.6.—68页;17×19cm

ISBN 7-5608-1542-1:¥7.00

I18 025237

德国幽默故事精选/(德)毕尔格等著;王克澄等译.—上海:上海译文出版社,1995.5.—456页;20cm.—(儿童外国文学精选本)

ISBN 7-5327-1592-2(精装):¥14.10

I18 025238

儿童彩色故事大世界:外国卷/吉裕生等编.—上海:少年儿童出版社,1995.8.—8册;19cm

本套书包括:《外国故事世界》2卷、《外国童话世界》3卷、《外国动物世界》2卷、《外国寓言世界》1卷。

ISBN 7-5324-2859-1(盒装):¥64.00

I18 025239

儿童彩色故事大世界:中国卷/孟昭禹编.—上海:少年儿童出版社,1995.8.—8册;19cm

本套书包括:《童话世界》5卷、《动物世界》2卷、《寓言世界》1卷。

ISBN 7-5324-2648-3:¥68.00

I18 025240

儿童小说精华/依青等编.—北京:北京少年儿童出版社,1995.6.—8册;19cm.—(世界儿童文学丛书)

ISBN 7-5301-0561-2:¥98.00

I18 025241

儿童幽默/熊克寒编著.—北京:东方出版社,1995.5.—317页;20cm

ISBN 7-5060-0558-1:¥12.00

I18 025242

飞船奇案/陈渊主编.—福州:福建少年儿童出版社,1995.10.—213页;19cm.—(世界科幻小说精品丛书·第五辑)

ISBN 7-5395-1183-4:¥6.50

I18 025243

怪城历险记/陈渊主编.—福州:福建少年儿童出版社,1995.10.—350页;19cm.—(世界科幻小说精品丛

书·第五辑）

ISBN 7-5395-1208-3：¥10.00

I18 025244

海的女儿/潘晓龙等主编.—海口：海南国际新闻出版中心，1995.9.—119页；19cm.—（世界著名童话大系）

全套书共8册，总定价：29.80元

ISBN 7-80609-140-8：¥0.00

I18 025245

金苹果乐园：中外童话·神话·传说·寓言大观/王帆，金娜主编.—长春：吉林摄影出版社，1995.12.—910页：插图；19cm

ISBN 7-80606-048-0（精装）：¥31.00

I18 025246

精彩动物故事/王竹编著.—石家庄：河北科学技术出版社，1995.1.—244页；19cm

ISBN 7-5375-1370-8：¥6.25

I18 025247

精彩童话故事/石东编著.—石家庄：河北科学技术出版社，1995.1.—246页；19cm

ISBN 7-5375-1370-8：¥6.25

I18 025248

精彩益智故事/王竹编著.—石家庄：河北科学技术出版社，1995.1.—263页；19cm

ISBN 7-5375-1370-8：¥6.25

I18 025249

精彩寓言故事/石东编著.—石家庄：河北科学技术出版社，1995.1.—246页；19cm

ISBN 7-5375-1370-8：¥6.25

I18 025250

绝路逢生/高帆主编.—长春：吉林人民出版社，1995.5.—280页；19cm.—（世界著名少儿历险故事丛书）

ISBN 7-206-02255-3（精装）：¥15.00

I18 025251

林中睡美人/潘晓龙等主编.—海口：海南国际新闻出版中心，1995.9.—120页；19cm.—（世界著名童话大系）

全套书共8册，总定价：29.80元

ISBN 7-80609-140-8：¥0.00

I18 025252

木偶奇遇记/潘晓龙等主编.—海口：海南国际新闻出版中心，1995.9.—120页；19cm.—（世界著名童话大系）

全套书共8册，总定价：29.80元

ISBN 7-80609-140-8：¥0.00

I18 025253

奇境历险/高帆主编.—长春：吉林人民出版社，1995.5.—286页；19cm.—（世界著名少儿历险故事丛书）

ISBN 7-206-02255-3（精装）：¥15.00

I18 025254

奇袭/陈渊主编.—福州：福建少年儿童出版社，1995.10.—271页；19cm.—（世界科幻小说精品丛书·第五辑）

ISBN 7-5395-1186-9：¥8.00

I18 025255

骑鹅旅行记/潘晓龙等主编.—海口：海南国际新闻出版中心，1995.9.—119页；19cm.—（世界著名童话大系）

全套书共8册，总定价：29.80元

ISBN 7-80609-140-8：¥0.00

I18 025256

亲子共读好故事365：春天的故事/张美妮，巢扬主编.—广州：新世纪出版社，1995.5.—242页；19cm

ISBN 7-5405-1294-6：¥7.60

I18 025257

亲子共读好故事365：冬天的故事/张美妮，巢扬主编.—广州：新世纪出版社，1995.5.—246页；19cm

ISBN 7-5405-1294-6：¥7.80

I18 025258

亲子共读好故事365：秋天的故事/张美妮，巢扬主编.—广州：新世纪出版社，1995.5.—256页；19cm

ISBN 7-5405-1293-8：¥8.00

I18 025259

亲子共读好故事365：夏天的故事/张美妮，巢扬主编.—广州：新世纪出版社，1995.5.—259页；19cm

ISBN 7-5405-1292-X：¥8.20

I18 025260

蛇公主和金钥匙：斯拉夫民间童话精选　（三）：插图本/星灿，劳白译.—桂林：漓江出版社，1995.9.—182页；20cm

ISBN 7-5407-1721-1：¥5.80

I18 025261

十二月世界精品童话/李海，高帆主编.—长春：吉林人民出版社，1995.3.—3册；20cm

ISBN 7-206-02238-3（精装）：¥58.00

I18 025262

世界儿童文学名著：配图珍藏本/（美）马克·吐温等著；王韦等译.—南昌：21世纪出版社，1995.11.—10册；19cm

本套书包括：《木偶奇遇记》等10册。

ISBN 7-5391-0998-X（盒装）：¥58.00

I18 025263

世界儿童文学名著精品库.—海口：海南出版社，1995.9.—10册；19cm

ISBN 7-80617-240-8（盒装）：¥56.80

I18 025264

世界故事精品/韩蓁，华阳编著.—成都：四川文艺出版社，1995.8.—4册；19cm

ISBN 7-5411-1335-2（盒装）：¥21.80

I18 025265

世界精美儿童图书.—北京：中国少年儿童出版社，1995.8.—5册；19cm

本套书包括：《巴巴尔在家里》、《一个苹果馅饼》、《三只小猪》、《一本荒唐书》、《伯伯的伞》5册。

ISBN 7-5007-2747-X（盒装）：¥24.00

I18 025266

世界科幻故事大观/献杰主编.—合肥:安徽少年儿童出版社,1995.12.—742 页;20cm.—(世界故事大观丛书)

ISBN 7-5397-1150-7(精装):¥22.00

I18 025267

世界历险故事名著/(美)马克·吐温等著;吴岩等译.—上海:少年儿童出版社,1995.12.—9 册;20cm

本套书包括:《汤姆·沙耶历险记》等 9 本。

ISBN 7-5324-2891-5(盒装):¥70.00

I18 025268

世界童话精品/束沛德编选.—西安:陕西人民出版社,1995.7.—275 页;20cm.—(中学生课外读丛/冯亦代,李文俊主编)

ISBN 7-224-03723-0:¥9.10

I18 025269

世界童话名著拼音读本/学林编.—成都:四川民族出版社,1995.12.—6 册;19cm

ISBN 7-5409-1449-1:¥43.80

I18 025270

世界文学名著少儿历险丛书:豪华插图本/吴琳主编.—南宁:广西民族出版社,1995.9.—4 册;19cm

ISBN 7-5363-3028-6(盒装):¥56.00

I18 025271

世界文学名著少年文库:红宝库.—北京:中国少年儿童出版社,1995.8.—10 册;19cm

ISBN 7-5007-2724-0:¥70.00

I18 025272

世界幽默故事精选/安宁,周雨编译.—修订版.—合肥:安徽少年儿童出版社,1995.5.—138 页;19cm.—(小学生精品书库·文学艺术类)

ISBN 7-5397-1241-4:¥4.00

I18 025273

世界优秀寓言智力问答/晓春编著.—上海:上海人民出版社,1995.10.—2 册;19cm

ISBN 7-80505-998-5:¥16.98

I18 025274

世界著名童话宝库:安徒生卷/徐江运主编.—长春:吉林人民出版社,1995.1.—439 页;19cm.—(小聪聪伴读)

ISBN 7-206-02205-7(精装):¥12.00

I18 025275

世界著名童话宝库:德俄卷/徐江运主编.—长春:吉林人民出版社,1995.1.—425 页;19cm.—(小聪聪伴读)

ISBN 7-206-02196-4(精装):¥12.00

I18 025276

世界著名童话宝库:东方卷/徐江运主编.—长春:吉林人民出版社,1995.1.—428 页;19cm.—(小聪聪伴读)

ISBN 7-206-02206-5(精装):¥12.00

I18 025277

世界著名童话宝库:非洲卷/徐江运主编.—长春:吉林人民出版社,1995.1.—431 页;19cm.—(小聪聪伴读)

ISBN 7-206-02203-0(精装):¥12.00

I18 025278

世界著名童话宝库:格林卷/徐江运主编.—长春:吉林人民出版社,1995.1.—432 页;19cm.—(小聪聪伴读)

ISBN 7-206-02198-0(精装):¥12.00

I18 025279

世界著名童话宝库:欧美卷/徐江运主编.—长春:吉林人民出版社,1995.1.—432 页;19cm.—(小聪聪伴读)

ISBN 7-206-02204-9(精装):¥12.00

I18 025280

世界著名童话宝库:英法卷/徐江运主编.—长春:吉林人民出版社,1995.1.—433 页;19cm.—(小聪聪伴读)

ISBN 7-206-02199-9(精装):¥12.00

I18 025281

世界著名童话宝库:中国卷/徐江运主编.—长春:吉林人民出版社,1995.1.—430 页;19cm.—(小聪聪伴读)

ISBN 7-206-02197-2(精装):¥12.00

I18 025282

世界著名童话大全/高明强编.—宁波:宁波出版社,1995.11.—540 页;19cm

ISBN 7-80602-067-5:¥15.00

I18 025283

童话精华/倪维中,王晔译.—北京:北京少年儿童出版社,1995.5.—10 册;19cm.—(世界儿童文学丛书/易文诗主编)

ISBN 7-5301-0549-3:¥89.00

I18 025284

童话名篇精选精评/段有文,柴文一主编.—太原:北岳文艺出版社,1995.6.—3 册;19cm

ISBN 7-5378-1491-0:¥21.90

I18 025285

外国儿童文学名作大观:童话寓言卷/村夫等主编.—长春:北方妇女儿童出版社,1995.9.—652 页;20cm

ISBN 7-5385-1096-6(精装):¥30.00

I18 025286

外国故事大王 (3)/陈伯吹,任大霖主编.—上海:少年儿童出版社,1995.3.—173 页;19cm

ISBN 7-5324-2479-0:¥4.00

I18 025287

外国故事大王 (4)/陈伯吹,任大霖主编.—上海:少年儿童出版社,1995.3.—142 页;19cm

ISBN 7-5324-2480-4:¥3.40

I18 025288

外国故事大王 (5)/陈伯吹,任大霖主编.—上海:少年儿童出版社,1995.3.—155 页;19cm

ISBN 7-5324-2638-6:¥3.60

I18 025289

外国故事大王 (6)/陈伯吹,任大霖主编.—上海:少年儿童出版社,1995.3.—145 页;19cm

ISBN 7-5324-2639-4:¥3.60

I18 025290

外国好童话/韩进廉主编.—石家庄:花山文艺出版社,1995.10.—3册;19cm

ISBN 7-80611-171-9(盒装):¥30.00

I18 025291

外国童话大王/张秋生主编.—上海:上海远东出版社,1995.9.—529页;20cm

ISBN 7-80613-141-8(精装):¥15.00

I18 025292

外国童话精品/(丹麦)安徒生等著;王晓明等绘.—合肥:安徽少年儿童出版社,1995.5.—1册:彩图;26cm

ISBN 7-5397-1199-X(精装):¥25.00

I18 025293

外国文学名著少年读本/朱洪国等译.—成都:四川少年儿童出版社,1995.8.—9册;19cm

本套书包括:大卫·科波菲尔等9册。

ISBN 7-5365-1302-X:¥50.00

I18 025294

外国著名童话 /柯玉生,李志明编.—海口:海南出版社,1995.4.—3册;19cm

ISBN 7-80617-076-6:¥25.00

I18 025295

五大洲童话/(法)苏保尔,(法)苏保尔选编.—昆明:云南大学出版社,1995.1.—474页;19cm

著者原题:雷·苏保尔,菲力普·苏保尔

ISBN 7-5365-1303-8(精装):¥11.50

I18 025296

险象环生/高帆主编.—长春:吉林人民出版社,1995.5.—280页;19cm.—(世界著名少儿历险故事丛书)

ISBN 7-206-02255-3(精装):¥15.00

I18 025297

险中妙趣/高帆主编.—长春:吉林人民出版社,1995.5.—286页;19cm.—(世界著名少儿历险故事丛书)

ISBN 7-206-02255-3(精装):¥15.00

I18 025298

小狗摇尾巴:英美儿童诗精选/韦高安等主编.—上海:华东师范大学出版社,1995.10.—81页;17×19cm.—(三人世界小丛书)

ISBN 7-5617-1341-X:¥6.00

I18 025299

小红帽/潘晓龙等主编.—海口:海南国际新闻出版中心,1995.9.—120页;19cm.—(世界著名童话大系)

全套书共8册,总定价:29.80元

ISBN 7-80609-140-8:¥0.00

I18 025300

新编战争故事200篇:外国卷/俞沛铭主编.—上海:上海科技教育出版社,1995.9.—427页;19cm

ISBN 7-5428-0589-4(精装):¥21.60

I18 025301

寻踪探秘/高帆主编.—长春:吉林人民出版社,1995.5.—285页;19cm.—(世界著名少儿历险故事丛书)

ISBN 7-206-02255-3(精装):¥15.00

I18 025302

一休的故事/潘晓龙等主编.—海口:海南国际新闻出版中心,1995.9.—119页;19cm.—(世界著名童话大系)

全套书共8册,总定价:29.80元

ISBN 7-80609-140-8:¥0.00

I18 025303

异国少女/毛尖等整理.—上海:少年儿童出版社,1995.10.—108页;19cm.—(少女的天空丛书)

ISBN 7-5324-2875-3:¥6.70

I18 025304

月亮盘子和烙饼:中外童话精选/耿哲夫编著;崔宁宁,张萍绘.—济南:明天出版社,1995.4.—122页;20cm.—(全国小学生课外丛书/李仲汉主编)

全套120册,总定价:385.00元

ISBN 7-5332-2142-7:¥0.00

I18 025305

征服时间的人/陈渊主编.—福州:福建少年儿童出版社,1995.10.—323页;19cm.—(世界科幻小说精品丛书·第五辑)

ISBN 7-5395-1185-0:¥9.00

I18 025306

智生危途/高帆主编.—长春:吉林人民出版社,1995.5.—289页;19cm.—(世界著名少儿历险故事丛书)

ISBN 7-206-02255-3(精装):¥15.00

I18 025307

中俄现代童话选/陈伯吹等著.—上海:少年儿童出版社;莫斯科:小朋友出版社,1995.8.—123页;19×21cm

ISBN 7-5324-2850-8(精装):¥53.00

I18 025308

中外儿童文学精品文库:外国故事:寓言卷/浦漫汀主编;郑原编.—桂林:广西师范大学出版社,1995.10.—214页;20cm

ISBN 7-5633-2102-0(精装):¥25.00

I18 025309

中外儿童文学精品文库:外国科幻小说卷/浦漫汀主编;郑原编.—桂林:广西师范大学出版社,1995.10.—226页;20cm

ISBN 7-5633-2093-8(精装):¥25.00

I18 025310

中外儿童文学精品文库:外国科学文艺卷/浦漫汀主编;郑原编.—桂林:广西师范大学出版社,1995.10.—206页;20cm

ISBN 7-5633-2083-0(精装):¥24.00

I18 025311

中外儿童文学精品文库:外国散文:诗歌卷/浦漫汀主编;郑原编.—桂林:广西师范大学出版社,1995.10.—242页;20cm

ISBN 7-5633-2095-4(精装):¥26.00

I18 025312

中外儿童文学精品文库:外国童话卷/浦漫汀主编;郑原编.—桂林:广西师范大学出版社,1995.10.—233页;20cm

ISBN 7-5633-2126-8(精装):¥26.00

I18 025313

中外儿童文学精品文库:外国小说卷/浦漫汀主编;郑原编.—桂林:广西师范大学出版社,1995.10.—219页;20cm

ISBN 7-5633-2128-4(精装):¥25.00

I18 025314

中外儿童笑话集锦/刘龙森选编.—修订版.—合肥:安徽少年儿童出版社,1995.5.—247页;19cm.—(小学生精品书库·文化教育类)

ISBN 7-5397-1250-3:¥6.00

I18 025315

中外童话精品屋/莫林改编;张毅刚等绘.—长沙:湖南少年儿童出版社,1995.12.—10册;17×19cm

ISBN 7-5358-1041-1(盒装):¥22.00

I18 025316

猪八戒学本领/潘晓龙等主编.—海口:海南国际新闻出版中心,1995.9.—119页;19cm.—(世界著名童话大系)

全套书共8册,总定价:29.80元

ISBN 7-80609-140-8:¥

①I18②G634.33 025317

中华少儿阅读全书:中学卷 上册/赵丽宏,陈刚主编.—天津:天津教育出版社,1995.12.—509页;20cm

ISBN 7-5309-2375-7(精装):¥30.40

①I18②G634.33 025318

中华少儿阅读全书:中学卷 下册/陈刚,赵丽宏主编.—天津:天津教育出版社,1995.12.—501页;20cm

ISBN 7-5309-2376-5(精装):¥30.40

①I18②N49 025319

童话十万个为什么:动物世界(一)/关福堃主编.—大连:辽宁师范大学出版社,1995.4.—249页;20cm

ISBN 7-81042-060-7:¥7.60

①I18②N49 025320

童话十万个为什么:天体宇宙 (三)/关福堃主编.—大连:辽宁师范大学出版社,1995.4.—249页;20cm

ISBN 7-81042-060-7:¥7.60

①I18②N49 025321

童话十万个为什么:植物王国(二)/关福堃主编.—大连:辽宁师范大学出版社,1995.4.—249页;20cm

ISBN 7-81042-060-7:¥7.60

I199 025322

圣经故事/郭程惠编.—上海:三联书店上海分店,1995.9.—625页;20cm

ISBN 7-5426-0899-1:¥22.50

①I199②B971 025323

圣经语典与妙用/郭海博等编著.—2版.—南昌:江西人民出版社,1995.11.—315页;19cm

ISBN 7-210-01209-5:¥9.80

I2 中国文学

I2 025324

南社史长编/杨天石,王学庄编著.—北京:中国人民大学出版社,1995.5.—691页;20cm.—(国际南社学会·南社丛书/柳无忌主编)

ISBN 7-300-01772-X:¥26.00

I2 025325

中国近代文学大系:1840~1919 第2集 第4卷:小说集 (二)/吴组缃等主编.—上海:上海书店,1995.11.—1023页;20cm

ISBN 7-80569-545-8(精装):¥50.00

I2-43 025326

大学文学教程:中国古典文学部分/刘镇干主编.—大连:大连海事大学出版社,1995.8.—484页;19cm

ISBN 7-5632-0882-8:¥21.80

I2-54 025327

中国文学年鉴 1994/中国社会科学院文学研究所,《中国文学年鉴》编辑委员会编.—北京:社会科学文献出版社,1995.7.—767页;26cm

ISBN 7-80050-568-5(精装):¥64.00

I206 文学评论和研究

I206 025328

百部爱国主义文学名作导读/赵士奎主编.—北京:中国物资出版社,1995.4.—348页;19cm.—(德育读物)

ISBN 7-5047-0684-1:¥7.80

I206 025329

刺丛里的求索/王晓明著.—上海:上海远东出版社,1995.3.—299页;20cm.—(火凤凰文库)

ISBN 7-80613-057-8:¥13.00

I206 025330

华夏爱国者的足迹:人物评传及作品选析/崔晓航,孙民主编.—沈阳:春风文艺出版社,1995.11.—429页;20cm

高校德育辅助教材

ISBN 7-5313-1522-X:¥11.80

I206 025331

近世文学论稿/周月亮著.—北京:中国青年出版社,1995.5.—317页;19cm

ISBN 7-5006-1873-5:¥8.30

I206 025332

灵魂溶于文学的一群:论浅草社、沉钟社/陈永志著.—上海:华东师范大学出版社,1995.4.—207页;20cm.—(中国新文学社团、流派丛书/钱谷融主编)

ISBN 7-5617-1208-1:¥6.70

I206 025333

论象征主义文学/陶长坤著.—呼和浩特:内蒙古教育出版社,1995.4.—432页;20cm

ISBN 7-5311-2409-6:¥9.35

I206 025334

文学作品与评论名篇选读/童庆炳，齐大卫选编.—北京：中央广播电视大学出版社，1995.2.—329页；20cm

中央广播电视大学教材

ISBN 7-304-01168-8：¥8.20

I206　　025335

寻梦集：傅正谷文选/傅正谷著.—天津：天津社会科学院出版社，1995.6.—919页；20cm

ISBN 7-80563-514-5(精装)：¥49.00

I206　　025336

中国旅游文学论稿/冯乃康著.—北京：旅游教育出版社，1995.6.—313页；19cm

ISBN 7-5637-0548-1：¥12.00

I206　　025337

中国文学：理性与浪漫的永恒巨流/何锡章著.—武汉：湖北人民出版社，1995.4.—157页；19cm.—(青少年文史库/王余光，王三山主编)

ISBN 7-216-01666-1：¥4.80

I206　　025338

中国优秀传统文化三字经：神话·戏剧篇/张云生，常法宽主编；阎敬业，张云生著.—北京：学习出版社，1995.3.—258页；19cm

ISBN 7-80116-007-X：¥9.00

I206　　025339

中华文学鉴赏宝库/黄岳洲，茅宗祥主编.—西安：陕西人民教育出版社，1995.1.—1168页；26cm

ISBN 7-5419-2665-5(精装)：¥138.00

①I206②I26　　025340

美文观止/罗自立主编.—海口：海南出版社，1995.4.—723页；20cm

ISBN 7-80590-354-9(精装)：¥25.80

I206-53　　025341

费德林集/赵永穆编选；奉真等译.—天津：天津人民出版社，1995.2.—377页；20cm.—(现代世界社会科学名家学术丛书·中国研究系列)

ISBN 7-201-01711-X(精装)：¥13.50

I206.09　　025342

传统文艺思想的现代阐释/谭帆著.—上海：上海社会科学院出版社，1995.6.—234页；20cm

ISBN 7-80618-047-8：¥12.00

I206.09　　025343

中国文学理论批评发展史　上卷/张少康，刘三富著.—北京：北京大学出版社，1995.6.—468页；20cm

ISBN 7-301-02683-8：¥15.60

I206.09　　025344

中国文学理论批评发展史　下卷/张少康，刘三富著.—北京：北京大学出版社，1995.12.—471页；20cm

ISBN 7-301-02811-3：¥16.50

I206.09　　025345

中国文学批评史话/王恺著.—南京：江苏教育出版社，1995.7.—432页；20cm

ISBN 7-5343-2357-6：¥11.80

I206.09　　025346

中国现代文学批评史/许道明著.—南京：江苏文艺出版社，1995.9.—509页；20cm.—(跨世纪文论丛书)

ISBN 7-5399-0812-2：¥18.00

I206.2　　025347

《文心雕龙》研究/牟世金著.—北京：人民文学出版社，1995.8.—571页；20cm.—(中国古典文学研究丛书)

ISBN 7-02-001822-X：¥21.05

I206.2　　025348

《文心雕龙》研究　第一辑/中国《文心雕龙》学会编.—北京：北京大学出版社，1995.7.—278页；20cm

ISBN 7-301-02865-2：¥12.00

I206.2　　025349

部族文化与先秦文学/李炳海著.—北京：高等教育出版社，1995.11.—514页；20cm

ISBN 7-04-005422-1：¥20.60

I206.2　　025350

充溢文苑的爱国精神/周群著.—沈阳：辽宁古籍出版社，1995.5.—164页；19cm.—(中华民族优秀传统文化丛书·文学卷/于景祥主编)

本卷12册，总定价：73.00元

ISBN 7-80507-278-7：¥

I206.2　　025351

范仲淹研究论集/范仲淹研究会编.—苏州：苏州大学出版社，1995.1.—322页；20cm

ISBN 7-81037-108-8：¥13.30

I206.2　　025352

古代文学理论研究·丛刊　第十七辑/古代文学理论研究编委会编.—上海：上海古籍出版社，1995.5.—328页；20cm

ISBN 7-5325-1851-5：¥9.90

I206.2　　025353

古典文学论丛/林水檬著.—汕头：汕头大学出版社，1995.11.—164页；20cm

ISBN 7-81036-077-9：¥10.00

I206.2　　025354

古今名篇析谭/刘懋畴，李丹华著.—南昌：江西教育出版社，1995.12.—237页；20cm

ISBN 7-5392-1954-8：¥10.80

I206.2　　025355

国魂颂：中国古代爱国主义作家与作品一百讲/贵州古典文学学会编.—贵阳：贵州教育出版社，1995.6.—775页；20cm

ISBN 7-80583-729-5：¥25.50

I206.2　　025356

汉魏六朝文学与儒学/姚文铸著.—石家庄：河北人民出版社，1995.8.—265页；20cm

ISBN 7-202-01805-5：¥12.50

I206.2　　025357

明代隆庆、万历间文学思想转变研究：诗文部分/饶龙隼著.—重庆：西南师范大学出版社，1995.6.—314页；20cm.—(博士论丛)

ISBN 7-5621-1336-X：¥9.40

I206.2　　025358

欧阳修资料汇编/洪本建编.—北京：中华书局，

1995.5.—3册(1352页);20cm.—(古典文学研究资料汇编)

ISBN 7-101-01140-3:¥57.00

I206.2 025359

清代文学批评史/邬国平,王镇远著.—上海:上海古籍出版社,1995.11.—846页;20cm.—(中国文学批评通史;6/王运熙,顾易生主编)

ISBN 7-5325-1925-2:¥34.00

I206.2 025360

屈原及其作品新探/曲德来著.—沈阳:辽宁古籍出版社,1995.5.—238页;19cm

ISBN 7-80507-093-8:¥10.00

I206.2 025361

儒道玄佛与中国文学/叶金著.—汕头:汕头大学出版社,1995.1.—306页;19cm

ISBN 7-81036-068-X:¥14.00

I206.2 025362

深浅集/黄天骥著.—广州:广东高等教育出版社,1995.9.—323页;20cm

ISBN 7-5361-1679-9:¥13.00

I206.2 025363

体大思精的《文心雕龙》/左健著.—沈阳:辽宁古籍出版社,1995.5.—154页;19cm.—(中华民族优秀传统文化丛书·文学卷/于景祥主编)

本卷12册,总定价:73.00元

ISBN 7-80507-278-7:¥

I206.2 025364

文心雕龙辨疑/张灯著.—贵阳:贵州人民出版社,1995.10.—339页;20cm

ISBN 7-221-03926-7:¥14.50

I206.2 025365

文心雕龙译注/(梁)刘勰著;陆侃如,牟世金译注.—济南:齐鲁书社,1995.4.—613页;19cm.—(中国古典名著普及丛书)

ISBN 7-5333-0424-1(精装):¥18.00

I206.2 025366

中国古代文学原理八论/孙秋克著.—昆明:云南大学出版社,1995.9.—216页;19cm

ISBN 7-81025-567-3:¥6.80

I206.2 025367

中国古典文学研究史/郭英德等著.—北京:中华书局,1995.11.—683,16页;20cm

ISBN 7-101-01381-3:¥43.50

I206.2 025368

中国历代文论精品/张少康主编.—长春:时代文艺出版社,1995.12.—741页;20cm.—(中国古典文学名著精品大系)

ISBN 7-5387-0976-2(精装):¥37.80

I206.2-53 025369

中国古代文论的双璧:《文心雕龙》、《诗品》论文集/蒋祖怡著.—济南:山东教育出版社,1995.9.—282页;20cm

ISBN 7-5328-2214-1:¥12.30

I206.5 025370

晚清民国文学研究集刊 第二辑/张正吾主编.—桂林:漓江出版社,1995.12.—396页;20cm

ISBN 7-5407-1866-8:¥14.00

I206.5 025371

晚清民国文学研究集刊 第一辑/张正吾主编.—桂林:漓江出版社,1995.12.—269页;20cm

ISBN 7-5407-1865-X:¥10.50

I206.6 025372

"S会馆"与五四新文学的起源/彭晓丰,舒建华著.—长沙:湖南教育出版社,1995.11.—315页;20cm.—(二十世纪中国文学与区域文化丛书/严家炎主编)

ISBN 7-5355-2277-7(精装):¥16.00

I206.6 025373

"山药蛋派"与三晋文化/朱晓进著.—长沙:湖南教育出版社,1995.8.—348页;20cm.—(二十世纪中国文学与区域文化丛书/严家炎主编)

ISBN 7-5355-2249-1(精装):¥16.90

I206.6 025374

二十世纪中国文学论纲/刘明馨,赵金钟主编.—郑州:河南人民出版社,1995.8.—2册;20cm

ISBN 7-215-03575-1:¥28.00

I206.6 025375

黑土地文化与东北作家群/逄增玉著.—长沙:湖南教育出版社,1995.8.—316页;20cm.—(二十世纪中国文学与区域文化丛书/严家炎主编)

ISBN 7-5355-2251-3(精装):¥16.00

I206.6 025376

画梦与释梦:何其芳创作的心路历程/何锐等著.—贵阳:贵州人民出版社,1995.3.—228页;20cm

ISBN 7-221-03890-2:¥12.00

I206.6 025377

回溯长河之源:现代中国作家与传统文化/罗成琰著.—长沙:湖南文艺出版社,1995.3.—248页;20cm

ISBN 7-5404-1347-6:¥7.40

I206.6 025378

江南士风与江苏文学/费振钟著.—长沙:湖南教育出版社,1995.8.—362页;20cm.—(二十世纪中国文学与区域文化丛书/严家炎主编)

ISBN 7-5355-2250-5(精装):¥17.20

I206.6 025379

抗战名诗名文赏析/段茂南,郭仁怀主编.—南京:江苏教育出版社,1995.8.—475页;20cm

ISBN 7-5343-2449-1:¥12.50

I206.6 025380

抗战时期的上海文学/陈青生著.—上海:上海人民出版社,1995.2.—387页;20cm

ISBN 7-208-01830-8:¥15.00

I206.6 025381

五四文学新论/朱德发著.—济南:山东文艺出版社,1995.9.—329页;20cm

ISBN 7-5329-1263-9:¥10.80

I206.6 025382

现代四川文学的巴蜀文化阐释/李怡著.—长沙:湖

南教育出版社,1995.8.—293页;20cm.—(二十世纪中国文学与区域文化丛书/严家炎主编)
ISBN 7-5355-2252-1(精装):¥15.20

I206.6　　025383
新文学作家与外国文化/顾国柱编.—上海:上海文艺出版社,1995.6.—243页;19cm
ISBN 7-5321-1306-X:¥8.10

I206.6　　025384
郁达夫研究/(捷)多勒扎洛娃著;黄川,黄向晖译.—乌鲁木齐:新疆美术摄影出版社,1995.6.—175页;20cm
著者原题:安娜·多勒扎洛娃
ISBN 7-80547-291-2:¥8.50

I206.6　　025385
中国现代浪漫派文学综论/赵凌河著.—沈阳:辽宁人民出版社,1995.12.—372页;20cm
ISBN 7-205-03540-6:¥16.00

I206.6　　025386
中国现代六大批评家/刘锋杰著.—合肥:安徽文艺出版社,1995.8.—337页;20cm
ISBN 7-5396-1289-4:¥11.00

I206.6　　025387
中国现代文学比较研究/冯锡玮著.—上海:上海社会科学院出版社,1995.11.—229页;20cm
ISBN 7-80618-104-0:¥10.00

I206.6　　025388
中国现代文学专题研究/李复兴著.—济南:山东文艺出版社,1995.7.—454页;20cm
ISBN 7-5329-1255-8:¥14.00

I206.6　　025389
中国现代文学自学导引/商景云,赵向阳编.—呼和浩特:内蒙古人民出版社,1995.6.—364页;20cm
ISBN 7-204-02724-8:¥15.40

I206.6　　025390
中国现当代文学辅导/蒋潇主编;王耀文等编著.—北京:高等教育出版社,1995.5.—209页;20cm
ISBN 7-04-005093-5:¥5.25

I206.6　　025391
中国现当代文学作品评析/李琬,高克贤编著.—银川:宁夏人民教育出版社,1995.3.—442页;20cm
ISBN 7-80596-136-0:¥12.50

I206.6　　025392
中国新文学的源流/周作人著;杨扬校订.—上海:华东师范大学出版社,1995.12.—97页;20cm.—(二十世纪国学丛书)
ISBN 7-5617-1378-9:¥5.70

I206.6　　025393
中国新文学思潮研究/王泽龙著.—武汉:武汉大学出版社,1995.12.—284页;20cm
ISBN 7-307-02101-3:¥13.80

I206.6　　025394
重建楚文学的神话系统/凌宇著.—长沙:湖南文艺出版社,1995.3.—306页;20cm
ISBN 7-5404-1348-4:¥8.60

I206.6　　025395
左联五烈士评传/郑择魁等著.—重庆:重庆出版社,1995.11.—419页;20cm.—(中国现代作家评传丛书·第二辑)
ISBN 7-5366-3214-2:¥20.10

①I206.6②K825.6　　025396
朱自清的艺术世界/李孝全著.—福州:福建教育出版社,1995.12.—275页;20cm
ISBN 7-5334-1965-0:¥12.50

I206.7　　025397
80年代中国通俗文学/王先霈,于可训主编.—武汉:湖北教育出版社,1995.5.—714页;20cm
ISBN 7-5351-1481-4(精装):¥25.60

I206.7　　025398
艾芜评传/谭兴国著.—重庆:重庆出版社,1995.8.—389页;20cm.—(中国现代作家评传丛书·第二辑)
ISBN 7-5366-3073-5:¥13.15

I206.7　　025399
编余随笔/龙世辉著.—北京:人民文学出版社,1995.8.—283页;20cm
ISBN 7-02-001846-7:¥11.80

I206.7　　025400
从艺术到人生/冯立三著.—北京:人民文学出版社,1995.7.—321页;20cm.—(文学评论家丛书/陈荒煤,冯牧主编)
ISBN 7-02-002057-7:¥13.40

I206.7　　025401
滇二李/凝溪著.—昆明:云南人民出版社,1995.10.—163页;19cm.—(云南作家丛书)
ISBN 7-222-01886-7:¥7.00

I206.7　　025402
二十世纪中国女性文学史/盛英主编.—天津:天津人民出版社,1995.6.—2册(1109页);20cm
ISBN 7-201-02029-3:¥33.00

I206.7　　025403
繁荣与选择/李准著.—北京:大众文艺出版社,1995.7.—230页;20cm
ISBN 7-80094-146-9:¥7.50

I206.7　　025404
放逐与回归:中国现代乡土文学论/杨剑龙著.—上海:上海书店出版社,1995.9.—371页;20cm
ISBN 7-80622-076-3:¥22.00

I206.7　　025405
感悟与沉思:一个当代文学研究者的手记/朱寨著.—北京:人民文学出版社,1995.7.—144页;20cm.—(文学评论家丛书/陈荒煤,冯牧主编)
ISBN 7-02-002054-2:¥7.85

I206.7　　025406
港台文学论/党鸿枢著.—兰州:甘肃人民出版社,1995.5.—205页;20cm
ISBN 7-226-01485-8:¥12.00

I206.7　　025407
郭沫若研究新论/卜庆华著.—北京:首都师范大学出版社,1995.11.—328页;20cm

ISBN 7-81039-579-3:¥16.00

I206.7 025408

海边草/顾骧著.—北京:人民文学出版社,1995.7.—181页;20cm.—(文学评论家丛书/陈荒煤,冯牧主编)

ISBN 7-02-002066-6:¥9.20

I206.7 025409

红鸽子:电大学生作品与评析/苏铮,吴伟主编.—武汉:中国地质大学出版社,1995.11.—433页;19cm

ISBN 7-5625-1025-3:¥8.80

I206.7 025410

激扬与沉思:当代文学评论集/沈涌著.—广州:广东高等教育出版社,1995.9.—247页;20cm

ISBN 7-5361-1755-8:¥12.20

I206.7 025411

金秋集/刘彦钊著.—郑州:文心出版社,1995.11.—298页;20cm

ISBN 7-80537-606-9:¥11.80

I206.7 025412

今天将会过去/洁泯著.—北京:人民文学出版社,1995.7.—256页;20cm.—(文学评论家丛书/陈荒煤,冯牧主编)

ISBN 7-02-002065-8:¥11.25

I206.7 025413

开放境界/曾文经著.—深圳:海天出版社,1995.10.—338页;19cm.—('95深圳作家丛书)

ISBN 7-80615-191-5:¥38.00

I206.7 025414

撩动缪斯之魂:钱钟书的文学世界/辛广伟,李洪岩编.—石家庄:河北教育出版社,1995.5.—282页;20cm.—(钱钟书研究丛书)

ISBN 7-5434-2283-2:¥10.10

I206.7 025415

刘白羽评传/朱兵著.—天津:百花文艺出版社,1995.12.—370页;20cm

ISBN 7-5306-1989-6:¥16.00

I206.7 025416

绿叶无悔/郑明标著.—北京:作家出版社,1995.7.—281页;19cm

ISBN 7-5063-0882-7:¥8.10

I206.7 025417

落叶集/杨红昆著.—昆明:云南人民出版社,1995.10.—178页;19cm.—(云南作家丛书/李钧龙主编)

ISBN 7-222-01891-3:¥7.80

I206.7 025418

茅盾研究 (6)/《茅盾研究》编辑部编.—北京:北京师范大学出版社,1995.2.—401页;20cm

ISBN 7-303-03602-4:¥14.00

I206.7 025419

南窗乱弹/唐达成著.—北京:人民文学出版社,1995.7.—273页;20cm.—(文学评论家丛书/陈荒煤,冯牧主编)

ISBN 7-02-002053-4:¥9.25

I206.7 025420

期待回答的声音:'93张炜文学周/张炜著.—济南:明天出版社,1995.5.—345页;20cm

ISBN 7-5332-2285-7(精装):¥9.30

I206.7 025421

秋水与火焰:作家访谈录/郭在精著.—上海:上海远东出版社,1995.9.—461页;20cm

ISBN 7-80613-093-4:¥26.00

I206.7 025422

人性的幻影:魏威文学评论集/魏威著.—西宁:青海人民出版社,1995.3.—427页;20cm

ISBN 7-225-00943-5:¥10.00

I206.7 025423

书香缘:作家捐书题词集/费滨海编.—上海:上海人民出版社,1995.11.—390页:照片;20cm

ISBN 7-208-02133-3:¥32.00

I206.7 025424

孙犁评传/郭志刚著.—重庆:重庆出版社,1995.8.—276页;20cm.—(中国现代作家评传丛书·第二辑)

ISBN 7-5366-2998-2:¥9.55

I206.7 025425

天涯觅美/张志忠著.—太原:北岳文艺出版社,1995.12.—433页;20cm

ISBN 7-5378-1393-0:¥19.20

I206.7 025426

文林察辨/江晓天著.—北京:人民文学出版社,1995.7.—239页;20cm.—(文学评论家丛书/陈荒煤,冯牧主编)

ISBN 7-02-002064-X:¥9.80

I206.7 025427

文坛寻胜/赵铁信著.—郑州:中原农民出版社,1995.8.—225页;20cm

ISBN 7-80538-768-0:¥12.00

I206.7 025428

文体的自觉与抉择/何镇邦著.—北京:人民文学出版社,1995.8.—226页;20cm.—(文学评论家丛书/陈荒煤,冯牧主编)

ISBN 7-02-002071-2:¥10.40

I206.7 025429

文心的合鸣/石英,古耜著.—北京:军事谊文出版社,1995.1.—311页;19cm

ISBN 7-80027-628-7:¥8.50

I206.7 025430

文学复兴十年/毕光明著.—海口:海南出版社,1995.12.—309页;20cm

ISBN 7-80590-848-6:¥10.80

I206.7 025431

文学活着/雷达著.—北京:人民文学出版社,1995.8.—331页;20cm.—(文学评论家丛书/陈荒煤,冯牧主编)

ISBN 7-02-002069-0:¥13.30

I206.7 025432

文学守望者/赵光著.—北京:中国和平出版社,1995.11.—208页;20cm.—(地火文学丛书/古耜主编)

ISBN 7-80101-060-4:¥7.50

I206.7　　025433
文艺的新潮汐:黄泽新文艺评论二集/黄泽新著.—天津:百花文艺出版社,1995.6.—307页;20cm
ISBN 7-5306-2026-6:¥11.60

I206.7　　025434
文艺观潮:文艺评论自选集/陈德宏著.—兰州:甘肃人民出版社,1995.12.—314页;20cm
ISBN 7-226-01561-7:¥16.80

I206.7　　025435
无援的思想:张承志《心灵史》/萧夏林主编.—北京:华艺出版社,1995.6.—353页;20cm.—(抵抗投降书系·张承志卷)
ISBN 7-80039-917-6:¥12.80

I206.7　　025436
吴正研究/张晓云等编.—北京:中国文联出版公司,1995.4.—371页:彩图;20cm
ISBN 7-5059-2124-X:¥14.50

I206.7　　025437
西北军旅作家论集/西北师范大学西北文化研究所主编.—兰州:甘肃文化出版社,1995.9.—192页;19cm
ISBN 7-80608-139-9:¥6.25

I206.7　　025438
萧乾文学生涯六十年/傅光明,孙伟华编著.—厦门:鹭江出版社,1995.2.—370页;20cm
ISBN 7-80610-107-1:¥14.50

I206.7　　025439
新潮女性文学导引/荒林著.—长沙:湖南文艺出版社,1995.5.—209页;20cm
ISBN 7-5404-1386-7:¥6.70

I206.7　　025440
演进与代价/秦晋著.—北京:人民文学出版社,1995.7.—224页;20cm.—(文学评论家丛书/陈荒煤,冯牧主编)
ISBN 7-02-002063-1:¥9.80

I206.7　　025441
扬子江与阿里山的对话:海峡两岸文学比较/杨匡汉主编.—上海:上海文艺出版社,1995.12.—427页;20cm
ISBN 7-5321-1335-3:¥17.00

I206.7　　025442
忧愤的归途:张炜《九月寓言》/萧夏林主编.—北京:华艺出版社,1995.6.—371页;20cm.—(抵抗投降书系·张炜卷)
ISBN 7-80039-918-4:¥12.80

I206.7　　025443
于伶研究专集/孔海珠编.—上海:学林出版社,1995.5.—518页;20cm.—(中国当代文学研究资料丛书)
ISBN 7-80510-808-0:¥18.00

I206.7　　025444
在历史的边缘/陈丹晨著.—北京:人民文学出版社,1995.8.—217页;20cm.—(文学评论家丛书/陈荒煤,冯牧主编)
ISBN 7-02-002072-0:¥9.50

I206.7　　025445
真精神与旧途径:钱钟书的人文思想/胡河清编.—石家庄:河北教育出版社,1995.5.—192页;20cm.—(钱钟书研究丛书)
ISBN 7-5434-2281-6:¥7.80

I206.7　　025446
智者的心路历程:钱钟书的生平与学术/李洪岩编.—石家庄:河北教育出版社,1995.5.—541页;20cm.—(钱钟书研究丛书)
ISBN 7-5434-2282-4:¥17.30

I206.7　　025447
中国当代文学/阎奇男主编.—北京:中国文学出版社,1995.8.—2册(1339页);20cm
ISBN 7-5071-0306-4:¥42.00

I206.7　　025448
中国当代文学/刘景荣主编.—开封:河南大学出版社,1995.11.—502页;20cm.—(高等学校文稿教材丛书)
ISBN 7-81041-269-8:¥16.70

I206.7　　025449
中国当代文学的叙事与性别/陈顺馨著.—北京:北京大学出版社,1995.4.—306页;20cm.—(北京大学青年学者文库)
ISBN 7-301-02706-0:¥9.50

I206.7　　025450
中国当代文学阅读指导/王成铮编写.—上海:上海教育出版社,1995.2.—226页;19cm.—(中学教师继续教育丛书)
ISBN 7-5320-3886-6:¥5.10

I206.7　　025451
追寻永远的美丽/谢天炳选编.—广州:岭南美术出版社,1995.12.—298页;20cm.—(粤北文学丛书·第一辑:文学评论卷)
全套5本,总定价:105.00元
ISBN 7-5362-1307-7:¥0.00

I207　各体文学评论和研究

I207　　025452
古典文献研究论丛/北京大学中文系古典文献专业古文献研究所编著.—北京:北京大学出版社,1995.3.—344页;20cm
ISBN 7-301-02766-4:¥19.50

I207　　025453
品书四绝/夏楞主编.—武汉:湖北辞书出版社,1995.2.—455页;20cm
ISBN 7-5403-0167-8:¥12.00

I207.2　　025454
古代诗歌修辞/周生亚著.—北京:语文出版社,1995.4.—264页;20cm
ISBN 7-80006-886-2:¥11.00

I207.2　　025455
画中诗:中国题画名诗鉴赏/李儒光编著.—长沙:岳

麓书社,1995.12.—310页;20cm
ISBN 7-80520-645-7:¥13.80
I207.2　025456
江山多娇:青少年爱国主义诗歌读本/张效民主编.—成都:四川辞书出版社,1995.10.—187页;20cm.—(特区中小学历史与国情教育丛书/赵祝武,刘晓明主编)
ISBN 7-80543-505-7:¥7.80
I207.2　025457
历代奇词怪诗鉴赏/李争光编著.—长春:吉林大学出版社,1995.8.—287页;20cm
ISBN 7-5601-1789-9:¥11.00
I207.2　025458
刘禹锡诗论/肖瑞峰著.—长春:吉林教育出版社,1995.9.—329页;19cm
ISBN 7-5383-2641-3:¥9.80
I207.2　025459
流沙河诗话/流沙河著.—成都:四川文艺出版社,1995.10.—472页;20cm.—(皇冠书库)
ISBN 7-5411-1340-9:¥18.80
I207.2　025460
毛泽东诗词格律研究/刘金琼编著.—呼和浩特:内蒙古人民出版社,1995.4.—125页;20cm
ISBN 7-204-02793-0:¥8.80
I207.2　025461
三国演义诗词鉴赏/郑铁生著.—北京:北京出版社,1995.3.—498页;20cm
ISBN 7-200-02553-4:¥13.40
I207.2　025462
三国演义诗词鉴赏/郑铁生著.—北京:北京出版社,1995.3.—498页;20cm
ISBN 7-200-02490-2(精装):¥17.20
I207.2　025463
诗词鉴赏概论/许山河著.—海口:海南出版社,1995.12.—336页;19cm
ISBN 7-80617-323-4:¥12.50
I207.2　025464
诗词鉴赏通论/李善奎著.—济南:齐鲁书社,1995.1.—305页;20cm
ISBN 7-5333-0459-4:¥8.50
I207.2　025465
诗词曲新探/金志仁著.—太原:北岳文艺出版社,1995.11.—332页;20cm
ISBN 7-5378-1550-X:¥17.50
I207.2　025466
诗词趣话/葛煦存原编;琴石山人校阅;杨扬点校.—北京:书目文献出版社,1995.4.—286页;20cm
ISBN 7-5013-1092-0:¥10.60
I207.2　025467
诗林漫步/纪鹏著.—北京:解放军文艺出版社,1995.2.—340页;19cm
ISBN 7-5033-0449-9:¥9.80
I207.2　025468
诗论/艾青著.—2版.—北京:人民文学出版社,1995.12.—245页;20cm
ISBN 7-02-002178-6:¥10.80
I207.2　025469
诗品笺证/蒋祖怡编著.—郑州:中州古籍出版社,1995.12.—197页;20cm
ISBN 7-5348-1372-7:¥9.60
I207.2　025470
诗骚魅力/祝振玉著.—上海:上海古籍出版社,1995.8.—96页;19cm.—(中华文明宝库/李国章,马樟根主编)
ISBN 7-5325-1894-9:¥6.70
I207.2　025471
诗坛双星座:罗门、蓉子"文学世界"学术研讨会论文集/周伟民,唐玲玲主编.—成都:四川文艺出版社,1995.2.—426页;20cm
ISBN 7-5411-1270-4:¥15.00
I207.2　025472
诗之梦/纪宇著.—济南:山东文艺出版社,1995.5.—338页;20cm
ISBN 7-5329-1207-8:¥10.80
I207.2　025473
十四行体在中国/许霆,鲁德俊著.—苏州:苏州大学出版社,1995.5.—438页;20cm
ISBN 7-81037-124-X:¥14.50
I207.2　025474
唐宋诗词欣赏启蒙/帅建中编著.—成都:四川教育出版社,1995.3.—602页;19cm
ISBN 7-5408-2602-9(精装):¥16.00
I207.2　025475
新诗品/冯中一著.—济南:山东教育出版社,1995.9.—334页;20cm
ISBN 7-5328-2206-0:¥15.10
I207.2　025476
中国古典诗词读本/李炜编著.—北京:中国国际广播出版社,1995.5.—229页;19cm
北京外国语大学国际交流学院对外汉语教材
全套5册,总定价:80.00元
ISBN 7-5078-0855-6:¥0.00
I207.2　025477
中国历代诗学论著选/陈良运主编.—南昌:百花洲文艺出版社,1995.9.—1207页;20cm
ISBN 7-80579-499-5(精装):¥45.00
I207.2　025478
中国少数民族英雄史诗《格萨尔》/杨恩洪著.—2版.—杭州:浙江教育出版社,1995.3.—201页:图;20cm.—(中国民间文化丛书/刘魁立主编)
ISBN 7-5338-2173-4(精装):¥9.15
I207.2　025479
中国少数民族英雄史诗《江格尔》/仁钦道尔吉著.—2版.—杭州:浙江教育出版社,1995.3.—224页:图;20cm.—(中国民间文化丛书/刘魁立主编)
ISBN 7-5338-2174-2(精装):¥9.60
I207.2　025480
中国少数民族英雄史诗《玛纳斯》/郎樱著.—2

版.—杭州:浙江教育出版社,1995.3.—188页:彩图;20cm.—(中国民间文化丛书/刘魁立主编)
ISBN 7-5338-2175-0(精装):¥8.65

I207.2　　025481
中国现代主义诗潮论/王泽龙著.—武汉:华中师范大学出版社,1995.10.—343页;20cm
ISBN 7-5622-1533-2:¥12.00

I207.2　　025482
中华爱国诗歌导读/谢璞等编著.—乌鲁木齐:新疆青少年出版社,1995.3.—118页;19cm.—(青少年爱国主义文学读本)
ISBN 7-5371-2001-3:¥2.50

I207.2　　025483
臧克家的文艺世界:诗歌管窥/常文昌著.—北京:新华出版社,1995.12.—181页;20cm
ISBN 7-5011-2997-5:¥9.80

①I207.2②B948　　025484
佛学与中国近代诗坛/王广西著.—开封:河南大学出版社,1995.5.—392页;20cm
ISBN 7-81041-149-7:¥13.00

①I207.2②I287.5　　025485
唐诗名篇故事/李中华,于方主编.—武汉:湖北少年儿童出版社,1995.8.—758页:彩图;19cm
ISBN 7-5353-1512-7(精装):¥18.80

①I207.2②I313.072　　025486
节奏的美学:日中诗歌论/(日)松浦友久著;石观海等译.—沈阳:辽宁大学出版社,1995.11.—265页;20cm
ISBN 7-5610-3076-2(精装):¥15.80

①I207.2②K825.6　　025487
唐才子传校笺　第五册:补正/傅璇琮主编.—北京:中华书局,1995.11.—517页;20cm
ISBN 7-101-01248-5:¥23.00

I207.2-61　　025488
李白大辞典/郁贤皓主编.—南宁:广西教育出版社,1995.1.—881页;20cm
ISBN 7-5435-2129-6(精装):¥58.00

I207.2-61　　025489
诗词曲知识辞典/《诗词曲知识辞典》编委会编.—广州:广东人民出版社,1995.12.—845页;20cm
ISBN 7-218-00612-4(精装):¥48.00

I207.2-61　　025490
中国诗话辞典/蒋祖怡,陈志椿主编.—北京:北京出版社,1995.11.—863页;20cm
ISBN 7-200-02787-1(精装):¥36.00

I207.209　　025491
元明清诗歌批评史/丁放,朱欣欣著.—合肥:安徽大学出版社,1995.9.—308页;20cm
ISBN 7-81052-017-2:¥9.50

I207.209　　025492
中国古代诗词曲史/陈玉刚著.—南昌:百花洲文艺出版社,1995.2.—521页;20cm
ISBN 7-80579-483-9(精装):¥19.00

I207.209　　025493
中国诗学批评史/陈良运著.—南昌:江西人民出版社,1995.7.—626页;20cm.—(东方文化丛书/季羡林等主编)
ISBN 7-210-01533-7(精装):¥28.80

I207.209　　025494
中国诗学史纲/余荩著.—杭州:浙江古籍出版社,1995.12.—250页;19cm
ISBN 7-80518-311-2:¥8.00

I207.21　　025495
格律诗写作技巧/王永义编著.—青岛:青岛出版社,1995.10.—234页;20cm
ISBN 7-5436-1302-6:¥9.60

I207.21　　025496
诗韵全璧/(清)汤祥瑟原辑;华锟重编.—上海:上海古籍出版社,1995.2.—634页;26cm
ISBN 7-5325-1845-0(精装):¥35.40

I207.21　　025497
唐代近体诗格律新探/于作龙著.—北京:警官教育出版社,1995.3.—459页;19cm
ISBN 7-81027-588-7:¥14.90

I207.21　　025498
中国诗歌声律学/孟祥鲁著.—济南:山东大学出版社,1995.1.—376页;20cm
ISBN 7-5607-1388-2:¥11.80

I207.22　　025499
笔走龙蛇笑古今:启功先生印象记/陆昕著.—北京:学苑出版社,1995.9.—129页;19cm
ISBN 7-5077-0596-X:¥7.00

I207.22　　025500
楚辞文化背景研究/赵辉著.—武汉:湖北教育出版社,1995.7.—276页;20cm.—(楚学文库/张正明主编)
ISBN 7-5351-1000-2(精装):¥19.00

I207.22　　025501
辞赋新探/毕庶春著.—沈阳:东北大学出版社,1995.12.—193页;20cm
ISBN 7-81054-028-9:¥10.00

I207.22　　025502
大历诗人研究/蒋寅著.—北京:中华书局,1995.8.—2册(777页);20cm.—(中国社会科学院青年学者文库/胡绳主编)
ISBN 7-101-01341-4:¥34.00

I207.22　　025503
独具魅力的六朝骈文/于景祥著.—沈阳:辽宁古籍出版社,1995.5.—174页;19cm.—(中华民族优秀传统文化丛书·文学卷/于景祥主编)
本卷12册,总定价:73.00元
ISBN 7-80507-278-7:¥0.00

I207.22　　025504
独领风骚两千年:屈原/金开诚,刘东葵编著.—北京:中国文联出版公司,1995.10.—145页;19cm.—(中华文库/杨牧之主编)
ISBN 7-5059-2187-8:¥8.90

I207.22　　025505
杜园说杜/(清)梁运昌著.—北京:书目文献出版社,

1995.2.—1165 页;20cm.—(北京图书馆稿本钞本丛刊)
ISBN 7-5013-1218-4(精装):¥75.00

I207.22 025506
风骚论集/周秉高著.—呼和浩特:内蒙古大学出版社,1995.9.—257 页;20cm
ISBN 7-81015-550-4:¥7.50

I207.22 025507
风韵高标的《楚辞》/郭维森,包景诚著.—沈阳:辽宁古籍出版社,1995.5.—201 页;19cm.—(中华民族优秀传统文化丛书·文学卷/于景祥主编)
本卷 12 册,总定价:73.00 元
ISBN 7-80507-278-7:¥0.00

I207.22 025508
冠绝古今的唐诗/于汉唐著.—沈阳:辽宁古籍出版社,1995.5.—221 页;19cm.—(中华民族优秀传统文化丛书·文学卷/于景祥主编)
本卷 12 册,总定价:73.00 元
ISBN 7-80507-278-7:¥0.00

I207.22 025509
广西百代诗踪/韦湘秋著.—南宁:广西人民出版社,1995.12.—698 页;19cm
ISBN 7-219-03122-X:¥20.00

I207.22 025510
桓台国际王渔洋讨论会论文集/桓台国际王渔洋讨论会组委会编.—济南:山东大学出版社,1995.9.—431 页;20cm
ISBN 7-5607-1544-3(精装):¥15.00

I207.22 025511
黄培芳诗话三种/(清)黄培芳撰;管林标点.—广州:广东高等教育出版社,1995.3.—130 页;20cm.—(岭南丛书)
ISBN 7-5361-1607-1:¥6.90

I207.22 025512
辉映千古的《诗经》/朱崇才著.—沈阳:辽宁古籍出版社,1995.5.—148 页;19cm.—(中华民族优秀传统文化丛书·文学卷/于景祥主编)
本卷 12 册,总定价:73.00 元
ISBN 7-80507-278-7:¥0.00

I207.22 025513
江湖诗派研究/张宏生著.—北京:中华书局,1995.1.—419 页;20cm
ISBN 7-101-01149-7:¥18.65

I207.22 025514
跨世纪中国诗歌描述/姜耕玉著.—天津:百花文艺出版社,1995.8.—281 页;20cm
ISBN 7-5306-2073-8:¥12.00

I207.22 025515
离骚讲读/颜兰亭讲述;颜心存整理.—济南:山东友谊出版社,1995.12.—52 页;19cm
ISBN 7-80551-807-6:¥3.00

I207.22 025516
李白在兖州/武秀主编.—济南:山东友谊出版社,1995.12.—216 页;20cm
ISBN 7-80551-812-2:¥20.00

I207.22 025517
历代帝王将相诗注析/毛远明主编.—北京:中国国际广播出版社,1995.9.—742 页;19cm
ISBN 7-5078-0249-3:¥24.00

I207.22 025518
历代律诗三百首译析/马世一编著.—长春:吉林文史出版社,1995.1.—419 页;20cm
ISBN 7-80528-907-7:¥14.80

I207.22 025519
历代诗人笔下的苏州/杭炳森,陆新主编.—苏州:古吴轩出版社,1995.7.—150 页;19cm
ISBN 7-80574-190-5:¥3.90

I207.22 025520
历代叙事诗赏析/刘学锴等著.—北京:中国文联出版公司,1995.9.—289 页;19cm
ISBN 7-5059-2118-5:¥10.90

I207.22 025521
罗门论/蔡源煌等著.—北京:中国社会科学出版社,1995.4.—430 页;20cm.—(罗门、蓉子文学创作系列)
ISBN 7-5004-1657-1:¥14.00

I207.22 025522
气象非凡的汉赋/骆冬青著.—沈阳:辽宁古籍出版社,1995.5.—145 页;19cm.—(中华民族优秀传统文化丛书·文学卷/于景祥主编)
本卷 12 册,总定价:73.00 元
ISBN 7-80507-278-7:¥0.00

I207.22 025523
清淡的歌吟:中国古代清淡诗风与诗人心态/马自力著.—苏州:苏州大学出版社,1995.6.—208 页;19cm.—(中国文人心态丛书/王钟陵主编)
ISBN 7-81037-133-9:¥8.45

I207.22 025524
三曹诗歌赏析/周满江选析.—南宁:广西教育出版社,1995.12.—156 页;19cm.—(中国古典文学作品选析丛书)
ISBN 7-5435-2366-3:¥5.40

I207.22 025525
诗赋论集/赵逵夫主编.—兰州:甘肃人民出版社,1995.2.—259 页;20cm.—(诗赋研究丛书/赵逵夫主编)
ISBN 7-226-01418-1:¥7.70

I207.22 025526
诗美漫议/顾绍康著.—银川:宁夏人民出版社,1995.8.—198 页;20cm
ISBN 7-227-01505-X:¥8.00

I207.22 025527
苏轼禅诗研究/朴永焕著.—北京:中国社会科学出版社,1995.11.—225 页;20cm
ISBN 7-5004-1816-7:¥11.50

I207.22 025528
唐诗风流佳话:唐诗本事研究/萧延恕著.—长沙:岳麓书社,1995.5.—441 页;19cm.—(中国古典诗词佳话系列)

ISBN 7-80520-492-6: ¥11.80

I207.22　　　　025529

唐诗汇评/陈伯海主编.—杭州:浙江教育出版社,1995.5.—3册(3401页);20cm

ISBN 7-5338-1696-X(精装): ¥98.00

I207.22　　　　025530

唐诗名篇典故详析/张墨林等编.—大连:辽宁师范大学出版社,1995.2.—274页;19cm

ISBN 7-81042-049-6: ¥8.00

I207.22　　　　025531

唐诗三百首赏析/韩成武,张国伟主编;赵维江等注析.—石家庄:河北人民出版社,1995.4.—609页;20cm

ISBN 7-202-01669-9: ¥21.00

I207.22　　　　025532

唐诗四百首注释赏析/张新吾编著.—北京:中国工人出版社,1995.6.—389页;19cm

ISBN 7-5008-1459-3(精装): ¥14.00

I207.22　　　　025533

唐诗四百首注释赏析/张新吾编著.—北京:中国工人出版社,1995.6.—389页;19cm

ISBN 7-5008-1730-4: ¥9.80

I207.22　　　　025534

唐诗四百首注释赏析/张新吾著.—北京:中国工人出版社,1995.6.—389页;19cm

ISBN 7-5008-1459-3(精装): ¥16.80

I207.22　　　　025535

推陈出新的宋诗/莫砺锋著.—沈阳:辽宁古籍出版社,1995.5.—305页;19cm.—(中华民族优秀传统文化丛书·文学卷/于景祥主编)

本卷12册,总定价:73.00元

ISBN 7-80507-278-7: ¥0.00

I207.22　　　　025536

谢朓与李白管窥/梁森著.—北京:人民文学出版社,1995.12.—147页;19cm

ISBN 7-02-002159-X: ¥6.15

I207.22　　　　025537

谢朓与李白研究/茆家培,李子龙主编.—北京:人民文学出版社,1995.9.—424页;20cm

ISBN 7-02-002116-6(精装): ¥29.30

I207.22　　　　025538

新声律启蒙/李而已编撰.—广州:新世纪出版社,1995.12.—60页;20cm.—(新世纪启蒙教育系列/岑桑主编)

ISBN 7-5405-1118-4: ¥5.10

I207.22　　　　025539

新唐诗三百首赏析/孟庆文主编.—海口:南海出版公司,1995.2.—556页;20cm

ISBN 7-5442-0306-9: ¥17.60

I207.22　　　　025540

中国古代诗歌/杜永菊,王宏元编著.—北京:北京科学技术出版社,1995.1.—168页;19cm.—(中国历史知识全书·灿烂文化/朱仲玉主编)

ISBN 7-5304-1661-8: ¥3.90

I207.22　　　　025541

中国历代诗学论著选/陈良运主编.—南昌:百花洲文艺出版社,1995.9.—1207页;20cm.—(中国历代文学论著丛书)

ISBN 7-80579-952-0(精装): ¥45.00

I207.22　　　　025542

中小学古诗百首赏析/周承义编著.—2版.—济南:山东教育出版社,1995.11.—342页;19cm

ISBN 7-5328-0858-0: ¥9.30

I207.22　　　　025543

走向世俗:南朝诗歌思潮/詹福瑞著.—天津:百花文艺出版社,1995.5.—254页;20cm

ISBN 7-5306-1732-X: ¥8.80

I207.22　　　　025544

岑参诗集编年笺注/刘开扬笺注.—成都:巴蜀书社,1995.11.—950页;20cm

ISBN 7-80523-611-9(精装): ¥52.00

①I207.22②B94　　　　025545

禅诗鉴赏辞典/高文,曾广开主编.—郑州:河南人民出版社,1995.7.—855页;19cm

ISBN 7-215-03105-5(精装): ¥26.00

①I207.22②H141　　　　025546

楚辞语法研究/廖序东著.—北京:语文出版社,1995.2.—210页;20cm

ISBN 7-80006-906-0: ¥10.00

①I207.22②J222.7　　　　025547

唐·十大诗人诗画雅鉴/陈东华,贺飞白主编;常进等编绘.—武汉:湖北美术出版社,1995.10.—252页;29cm

ISBN 7-5394-0488-4(精装): ¥280.00

①I207.22②K203　　　　025548

教化百科:《诗经》与中国文化/孙克强,张小平著.—开封:河南大学出版社,1995.6.—320页;20cm.—(元典文化丛书/李振宏主编)

ISBN 7-81041-192-6: ¥11.50

①I207.22②K928.707.11　　　　025549

女诗人薛涛与望江楼公园:中英文合编本/张正则,季国平编著.—成都:四川人民出版社,1995.8.—159页;19cm

ISBN 7-220-02953-5: ¥5.00

I207.22-49　　　　025550

汉赋揽胜/程章灿著.—上海:上海古籍出版社,1995.8.—96页:照片;19cm.—(中华文明宝库/李国章,马樟根主编)

ISBN 7-5325-1960-0: ¥6.70

I207.22-53　　　　025551

日本白居易研究论文选/马歌东译.—西安:三秦出版社,1995.12.—291页;20cm

ISBN 7-80546-955-5: ¥20.00

I207.23　　　　025552

《人间词话》与《人间词》/王振铎编著.—郑州:河南人民出版社,1995.8.—218页;20cm

ISBN 7-215-03532-8: ¥9.30

I207.23　　　　025553

爱国诗词百首赏析/吴绍钒,郑淑慧编著.—延吉:延

边大学出版社,1995.6.—265 页;19cm
ISBN 7-5634-0777-4: ¥7.50

I207.23 025554
白香词谱浅释/徐迅,徐高祉释.—南昌:江西人民出版社,1995.1.—211 页;20cm
ISBN 7-210-01406-3: ¥6.70

I207.23 025555
江西历代词论集/蒋克己著.—南昌:百花洲文艺出版社,1995.10.—379 页;20cm.—(百花洲文学创作丛书)
ISBN 7-80579-678-5: ¥12.00

I207.23 025556
金元词纪事会评/钟陵编著.—合肥:黄山书社,1995.12.—476 页;20cm.—(历代词纪事会评丛书/史双元等主编)
ISBN 7-80630-002-3(精装): ¥37.00

I207.23 025557
近现代词纪事会评/严迪昌编著.—合肥:黄山书社,1995.12.—421 页;20cm.—(历代词纪事会评丛书/史双元等主编)
ISBN 7-80630-005-8(精装): ¥34.00

I207.23 025558
明词纪事会评/尤振中,尤以丁编著.—合肥:黄山书社,1995.12.—409 页;20cm.—(历代词纪事会评丛书/史双元等主编)
ISBN 7-80630-003-1(精装): ¥33.00

I207.23 025559
清词纪事会评/尤振中,尤以丁编著.—合肥:黄山书社,1995.12.—1074 页;20cm.—(历代词纪事会评丛书/史双元等主编)
ISBN 7-80630-004-X(精装): ¥78.00

I207.23 025560
情韵并美的宋词/莫砺锋,童强著.—沈阳:辽宁古籍出版社,1995.5.—150 页;19cm.—(中华民族优秀传统文化丛书·文学卷/于景祥主编)
本卷 12 册,总定价:73.00 元
ISBN 7-80507-278-7: ¥0.00

I207.23 025561
人间词话/王国维著.—成都:四川大学出版社,1995.8.—142 页;19cm.—(中国国学经典美学名著系列)
ISBN 7-5614-1219-3: ¥6.90

I207.23 025562
宋词三百首赏析/李索主编;张占根等注析.—石家庄:河北人民出版社,1995.4.—451 页;20cm
ISBN 7-202-01668-0: ¥19.00

I207.23 025563
宋婉约词品评/高福寿,葛全诚编著.—北京:中国青年出版社,1995.9.—272 页;20cm
ISBN 7-5006-1815-8: ¥12.50

I207.23 025564
唐宋词研究/(日)青山宏著;程郁缀译.—北京:北京大学出版社,1995.1.—384 页;20cm
ISBN 7-301-02725-7: ¥13.50

I207.23 025565
唐五代词纪事会评/史双元编著.—合肥:黄山书社,1995.12.—1013 页;20cm.—(历代词纪事会评丛书/史双元等主编)
ISBN 7-80630-000-7(精装): ¥68.00

I207.23 025566
新宋词三百首赏析/孟庆文主编.—海口:南海出版公司,1995.3.—661 页;20cm
ISBN 7-5442-0305-0: ¥19.80

I207.23 025567
幼学宋词 100 首/松鹤,少民编著.—北京:中国书店,1995.6.—216 页;19cm
ISBN 7-80568-665-3: ¥4.00

I207.23 025568
中华词学 第二辑/吴熊和等主编;东南大学中华词学研究所编.—南京:东南大学出版社,1995.12.—283 页;20cm
ISBN 7-81050-117-8: ¥14.00

①I207.23②I247.8 025569
宋词名篇故事/杨合鸣,陈深主编.—武汉:湖北少年儿童出版社,1995.8.—762 页:彩图;19cm
ISBN 7-5353-1513-5(精装): ¥19.00

I207.23-61 025570
全宋词鉴赏词典/贺新辉主编.—北京:中国妇女出版社,1995.1.—1611 页;19cm
ISBN 7-80016-357-1(精装): ¥46.00

I207.24 025571
瑰丽璀璨的元曲/俞为民著.—沈阳:辽宁古籍出版社,1995.5.—175 页;19cm.—(中华民族优秀传统文化丛书·文学卷/于景祥主编)
本卷 12 册,总定价:73.00 元
ISBN 7-80507-278-7: ¥0.00

I207.24 025572
散曲艺术谈/汤易水著.—杭州:浙江古籍出版社,1995.6.—163 页;20cm
ISBN 7-80518-271-X: ¥6.50

I207.24-09 025573
中国散曲史/梁扬,杨东甫著.—南宁:广西人民出版社,1995.6.—372 页;20cm
ISBN 7-219-02950-0: ¥13.00

I207.25 025574
吕进诗论选/吕进著.—重庆:西南师范大学出版社,1995.5.—526 页;20cm
ISBN 7-5621-1288-6(精装): ¥28.00

I207.25 025575
吕进诗论选/吕进著.—重庆:西南师范大学出版社,1995.5.—526 页;20cm
ISBN 7-5621-1288-6: ¥20.00

I207.25 025576
罗门论文集/罗门著.—北京:中国社会科学出版社,1995.4.—401 页;20cm.—(罗门、蓉子文学创作系列)
ISBN 7-5004-1658-X: ¥14.00

I207.25 025577
日月的双轨:罗门、蓉子创作世界评介/周伟民,唐玲

玲著.—北京:中国社会科学出版社,1995.4.—394页;20cm.—(罗门、蓉子文学创作系列)
ISBN 7-5004-1659-8:¥13.00

I207.25　　025578
蓉子论/余光中等著.—北京:中国社会科学出版社,1995.4.—239页;20cm.—(罗门、蓉子文学创作系列)
ISBN 7-5004-1662-8:¥10.00

I207.25　　025579
台湾诗论精华/沈奇,王荣编选.—西安:陕西人民教育出版社,1995.7.—305页;20cm
ISBN 7-5419-6173-6:¥9.50

I207.25　　025580
新诗体艺术论/於可训著.—武汉:武汉大学出版社,1995.8.—301页;20cm
ISBN 7-307-02004-1:¥6.25

I207.25　　025581
新时期诗歌美学考察/张德厚著.—北京:北京大学出版社,1995.12.—233页;19cm
ISBN 7-301-02484-3:¥10.00

I207.25　　025582
燕赵诗人论稿/周申明,苗雨时著.—天津:百花文艺出版社,1995.11.—296页;20cm
ISBN 7-5306-2047-9:¥12.00

I207.25　　025583
张藜歌诗评论集/靳树增编.—北京:中国电影出版社,1995.5.—157页;19cm
ISBN 7-106-01048-0:¥3.60

I207.25　　025584
中国当代诗学论/张孝评著.—西安:西北大学出版社,1995.3.—297页;20cm
ISBN 7-5604-0874-5:¥8.00

I207.25　　025585
中国人民解放军将帅诗词赏鉴/庆振轩,文乙主编.—兰州:甘肃文化出版社,1995.12.—230页;20cm
ISBN 7-80608-180-1:¥10.80

I207.3　　025586
曹禺剧评/张慧珠著.—北京:北京十月文艺出版社,1995.2.—554页;20cm
ISBN 7-5302-0320-7:¥12.20

I207.3　　025587
儿童戏剧艺术的魅力/李涵著.—北京:中国戏剧出版社,1995.12.—284页;20cm
ISBN 7-104-00705-9:¥11.50

I207.3　　025588
李德书戏剧文选/李德书著.—成都:四川大学出版社,1995.10.—115页;19cm
ISBN 7-5614-1255-X:¥6.00

I207.3　　025589
戏曲艺术论文选:献给中国戏曲学院建校45周年/朱文相主编;中国戏曲学院研究所编.—北京:文化艺术出版社,1995.5.—401页;20cm
ISBN 7-5039-1392-4:¥15.20

I207.3　　025590
徐渭三辨/王长安著.—北京:中国戏剧出版社,1995.10.—166页;19cm
ISBN 7-104-00710-5:¥6.20

I207.3　　025591
赵纪鑫戏剧作品评论集/李廷舫,肖兰英主编.—呼和浩特:远方出版社,1995.6.—284页:彩图;20cm
ISBN 7-80595-131-4:¥8.60

I207.3-52　　025592
张东川剧本评论选集/张东川著.—沈阳:辽宁人民出版社,1995.12.—321页;20cm
ISBN 7-205-03502-3:¥16.50

I207.309　　025593
栏杆拍遍:古代剧作家心路/刘彦君著.—北京:文化艺术出版社,1995.12.—262页;20cm.—(戏曲史论丛书/张庚,郭汉城主编)
ISBN 7-5039-1391-6:¥13.80

I207.309　　025594
三十年代中国喜剧文学论稿/张健著.—开封:河南大学出版社,1995.6.—216页;20cm
ISBN 7-81041-161-6:¥7.50

I207.309　　025595
中国当代戏曲文学史/谢柏梁著.—北京:中国社会科学出版社,1995.11.—491页;20cm
ISBN 7-5004-1633-4:¥24.00

I207.309　　025596
中国的戏曲文化/陈抱成著.—北京:中国戏剧出版社,1995.10.—247页;19cm
ISBN 7-104-00711-3:¥8.20

I207.352　　025597
电视剧的本色·方位·走向/广东文艺批评家协会编.—广州:广东人民出版社,1995.9.—248页;20cm
ISBN 7-218-02029-1:¥11.00

I207.36　　025598
江南民间社戏/蔡丰明著.—上海:百家出版社,1995.12.—354页;20cm
ISBN 7-80576-542-1:¥25.00

I207.365.3　　025599
江淮话剧寻踪/李培仁著.—北京:文津出版社,1995.10.—122页;19cm
ISBN 7-80554-281-3:¥4.80

I207.37　　025600
《西厢记》论证/张人和著.—长春:东北师范大学出版社,1995.8.—357页;20cm.—(东北师范大学文库)
ISBN 7-5602-1636-6(精装):¥15.00

I207.37　　025601
元曲三百首赏析/张国伟,奚海主编;黄宗健等注析.—石家庄:河北人民出版社,1995.4.—572页;20cm
ISBN 7-202-01667-2:¥21.00

I207.4　　025602
当代小说闻见录/谢永旺著.—北京:人民文学出版社,1995.7.—234页;20cm.—(文学评论家丛书/陈荒煤,冯牧主编)
ISBN 7-02-002056-9:¥8.30

I207.4　　025603
都市漩流中的海派小说/吴福辉著.—长沙:湖南教

育出版社,1995.8.—351页;20cm.—(二十世纪中国文学与区域文化丛书/严家炎主编)
ISBN 7-5355-2248-3(精装):¥17.50

I207.4　025604
剑气横空/韩云波著.—成都:四川人民出版社,1995.12.—277页;19cm.—(游侠·武功·江湖—中国侠文化系列丛书)
ISBN 7-220-02942-X:¥9.70

I207.4　025605
民国章回小说大观/秦和鸣主编.—北京:中国文联出版公司,1995.4.—827页;26cm
ISBN 7-5059-2231-9(精装):¥75.00

I207.4　025606
人在江湖/韩云波著.—成都:四川人民出版社,1995.12.—262页;19cm.—(游侠·武功·江湖——中国侠文化系列丛书)
ISBN 7-220-02942-X:¥9.70

I207.4　025607
谁是英雄/韩云波著.—成都:四川人民出版社,1995.12.—269页;19cm.—(游侠·武功·江湖——中国侠文化系列丛书)
ISBN 7-220-02942-X:¥9.70

I207.4　025608
侠林玄珠/韩云波著.—成都:四川人民出版社,1995.12.—294页;19cm.—(游侠·武功·江湖——中国侠文化系列丛书)
ISBN 7-220-02942-X:¥9.70

I207.4　025609
悠悠游子情:游子文学透视/殷仪著.—上海:学林出版社,1995.10.—222页;20cm
ISBN 7-80616-169-4:¥10.50

I207.4　025610
中国分体文学史:小说卷/张稔穰主编.—青岛:青岛海洋大学出版社,1995.12.—352页;20cm
ISBN 7-81026-851-1:¥13.80

I207.4　025611
中国优秀传统文化三字经:小说篇/张云生,常法宽主编;张云生著.—北京:学习出版社,1995.4.—229页;19cm
ISBN 7-80116-006-1:¥8.00

I207.409　025612
20世纪中国乡土小说史/陈继会主编.—郑州:中原农民出版社,1995.7.—409页;20cm
ISBN 7-80538-770-2:¥15.00

I207.409　025613
中国古典小说史论/杨义著.—北京:中国社会科学出版社,1995.12.—541页;20cm
ISBN 7-5004-1756-X:¥21.10

I207.409　025614
中国现代小说流派史/王才路著.—天津:天津人民出版社,1995.8.—442页;20cm
ISBN 7-201-02107-9:¥16.90

I207.409　025615
中国中篇小说史/王万森,张达著.—天津:百花文艺出版社,1995.9.—434页;20cm
ISBN 7-5306-2124-6:¥14.80

I207.41　025616
《聊斋》艺术的魅力/林植峰著.—上海:学林出版社,1995.4.—217页;20cm
ISBN 7-80616-110-4:¥9.00

I207.41　025617
成就辉煌的明清小说/于唐著.—沈阳:辽宁古籍出版社,1995.5.—175页;19cm.—(中华民族优秀传统文化丛书·文学卷/于景祥主编)
本卷12册,总定价:73.00元
ISBN 7-80507-278-7:¥0.00

I207.41　025618
古体小说钞:宋元卷/程毅中编著.—北京:中华书局,1995.11.—710页;20cm
ISBN 7-101-01142-X(精装):¥31.00

I207.41　025619
金瓶梅人物世界探论/陈桂声著.—珠海:珠海出版社,1995.12.—247页;20cm
ISBN 7-80607-137-7:¥12.00

I207.41　025620
金瓶梅与中国文化/何香久著.—石家庄:河北人民出版社,1995.2.—325页;20cm
ISBN 7-202-01691-5:¥10.50

I207.41　025621
聊斋志异艺术研究/张稔穰著.—济南:山东教育出版社,1995.12.—543页;20cm
ISBN 7-5328-2227-3(精装):¥24.60

I207.41　025622
明代言情小说创作模式研究/曹萌著.—济南:齐鲁书社,1995.11.—314页;20cm
ISBN 7-5333-0493-4:¥14.80

I207.41　025623
明清小说考论:脂粉神侠中的百态人生/王增斌,廉钢生著.—太原:山西高校联合出版社,1995.10.—519页;19cm
ISBN 7-81032-789-5:¥15.80

I207.41　025624
明清小说论稿/赵兴勤著.—南京:南京出版社,1995.9.—290页;20cm
ISBN 7-80560-998-5:¥14.80

I207.41　025625
清代长篇讽刺小说研究/(韩)吴淳邦著.—北京:北京大学出版社,1995.12.—317页;20cm
ISBN 7-301-02924-1:¥18.00

I207.41　025626
清代长篇讽刺小说研究/(韩)吴淳邦著.—北京:北京大学出版社,1995.12.—317页;20cm
ISBN 7-301-02924-1(精装):¥30.00

I207.41　025627
儒林外史与中国士文化/胡益民,周月亮著.—合肥:安徽大学出版社,1995.11.—234页;20cm
ISBN 7-81052-018-0:¥11.00

I207.41　025628

三言二拍佳篇鉴赏/陈昌恒,阮忠主编.—武汉:武汉出版社,1995.2.—1592页;20cm
ISBN 7-5430-1104-2(精装):¥45.00

I207.41　　025629
宋明理学与章回小说/宋克夫著.—武汉:武汉出版社,1995.12.—297页;20cm
ISBN 7-5430-1446-7:¥15.00

I207.41　　025630
幽冥人生:蒲松龄和《聊斋志异》/马瑞芳著.—北京:三联书店,1995.9.—237页;20cm.—(中华文库/许力以,林言椒主编)
ISBN 7-108-00134-9:¥11.80

I207.41　　025631
中国古典小说论稿/梅庆吉著.—哈尔滨:黑龙江教育出版社,1995.3.—361页;19cm
ISBN 7-5316-2577-6:¥11.00

I207.411　　025632
曹雪芹披露的故宫秘闻/冯精志编著.—北京:中国文联出版公司,1995.2.—316页;19cm
ISBN 7-5059-2065-0:¥9.50

I207.411　　025633
封建末世"破天"的武器:《红楼梦》迷宫剖析论红学的悲喜剧/杜福华著.—郑州:中州古籍出版社,1995.2.—349页;20cm
ISBN 7-5348-1091-4:¥8.60

I207.411　　025634
红楼放眼录/胡文彬著.—北京:华艺出版社,1995.6.—399页;20cm
ISBN 7-80039-935-4:¥16.80

I207.411　　025635
红楼解梦　第一集/霍国玲等著.—增订本.—北京:中国文学出版社,1995.3.—360页;20cm
ISBN 7-5071-0279-3:¥12.80

I207.411　　025636
红楼梦的真故事/周汝昌著.—北京:华艺出版社,1995.12.—365页;20cm
ISBN 7-80039-938-9:¥15.00

I207.411　　025637
红楼梦哲学精神:石头的生命循环与悲剧指归/梅新林著.—上海:学林出版社,1995.5.—381页;20cm.—(学林文库)
ISBN 7-80616-128-7:¥14.50

I207.411　　025638
红楼梦魇/张爱玲著.—上海:上海古籍出版社,1995.12.—302页;20cm
ISBN 7-5325-2001-3:¥17.10

I207.411　　025639
红楼十二论/张锦池著.—修订版.—天津:百花文艺出版社,1995.8.—427页;20cm
ISBN 7-5306-1853-9:¥14.10

I207.411　　025640
红楼悟识/于雷著.—南京:南京出版社,1995.1.—217页;20cm
ISBN 7-80614-077-8:¥8.80

I207.411　　025641
红楼艺术/周汝昌著;周伦苓协助整理.—北京:人民文学出版社,1995.9.—256页;20cm
ISBN 7-02-002139-5:¥13.90

I207.411　　025642
贾宝玉与大观园/胡文炜著.—北京:华艺出版社,1995.12.—285页;20cm
ISBN 7-80039-967-2:¥11.80

I207.411　　025643
人与梦:《红楼梦》的现代解释/单世联著.—广州:广东旅游出版社,1995.5.—295页;19cm
ISBN 7-80521-575-8:¥8.80

I207.411　　025644
太极红楼梦:北京曹雪芹祠庙落成纪念专版/王国华著.—北京:中国国际广播出版社,1995.7.—822页;26cm
本书是研究《红楼梦》(曹雪芹著)创作结构的著作。
ISBN 7-5078-1257-X(精装):¥108.00

I207.411-53　　025645
'92中国国际红楼梦研讨会论文集/冯其庸主编.—北京:文化艺术出版社,1995.9.—925页;20cm
ISBN 7-5039-1365-7:¥45.00

I207.412　　025646
水浒传新论/曲家源著.—北京:中国和平出版社,1995.10.—444页;20cm
ISBN 7-80101-503-7:¥16.00

①I207.412②C96　　025647
读水浒话人才/孙宝义,勾联璧著.—北京:知识出版社,1995.5.—274页;19cm
ISBN 7-5015-1220-5:¥9.00

I207.412-64　　025648
明崇祯刻本水浒人物图谱/(明)杜堇绘.—南宁:广西美术出版社,1995.—59页;26cm
ISBN 7-80582-739-7:¥15.00

I207.413　　025649
"三国"美的欣赏/霍雨佳著.—北京:中国经济出版社,1995.1.—282页;20cm.—(三国三书)
ISBN 7-5017-3168-3:¥10.00

I207.413　　025650
谋略《三国》/清泉著.—长春:吉林教育出版社,1995.11.—150页;19cm
ISBN 7-5383-2685-5:¥4.90

I207.413　　025651
三国趣谈/白丁著.—珠海:珠海出版社,1995.4.—299页;20cm
ISBN 7-80607-051-6:¥8.80

I207.413　　025652
三国演义丛考/周兆新主编.—北京:北京大学出版社,1995.7.—439页;20cm.—(北京大学中国传统文化研究中心国学研究丛刊;7)
ISBN 7-301-02720-6:¥24.00

I207.413　　025653
三国智愚百态/霍雨佳著.—北京:中国经济出版社,1995.1.—210页;20cm.—(三国三书)

ISBN 7-5017-3169-1:¥8.00

I207.413 025654

舌战《三国》/刘树林著.—长春:吉林教育出版社,1995.11.—134页;19cm

ISBN 7-5383-2684-7:¥4.90

I207.413 025655

智取天下:《三国演义》之魂/陈继征,吴宝玲著.—西安:三秦出版社,1995.7.—312页;20cm

ISBN 7-80546-882-6:¥12.80

I207.413 025656

侃三国/刘平著.—西安:西安出版社,1995.1.—183页;19cm

ISBN 7-80594-204-8:¥4.95

①I207.413②F713 025657

三国演义与经商谋略/蔡茂友,夏天阳著.—北京:民族出版社,1995.7.—399页;20cm

ISBN 7-105-02445-3:¥13.80

I207.42 025658

安妮丝之谜/赉舍主编.—青岛:青岛出版社,1995.10.—398页;20cm.—(当代争鸣小说丛书)

ISBN 7-5436-1190-2:¥14.90

I207.42 025659

城市情人/赉舍主编.—青岛:青岛出版社,1995.10.—416页;20cm.—(当代争鸣小说丛书)

ISBN 7-5436-1195-3:¥15.50

I207.42 025660

都市的诱惑/赉舍主编.—青岛:青岛出版社,1995.10.—446页;20cm.—(当代争鸣小说丛书)

ISBN 7-5436-1194-5:¥16.60

I207.42 025661

感悟与预言/周政保著 .—北京:华艺出版社,1995.5.—270页;19cm.—(中国当代著名军中作家精品大系/王蒙等主编)

ISBN 7-80039-041-1:¥9.50

I207.42 025662

红硕的花朵:新时期女性小说论/金戈主编 .—北京:民族出版社,1995.8.—257页;20cm

ISBN 7-105-02516-6:¥10.00

I207.42 025663

今夜好难熬/王世春等著.—青岛:青岛出版社,1995.10.—418页;20cm.—(当代争鸣小说丛书)

ISBN 7-5436-1191-0:¥15.60

I207.42 025664

老舍小说新论/王润华著.—上海:学林出版社,1995.12.—225页;20cm

ISBN 7-80616-135-X:¥9.50

I207.42 025665

撒谎的爱情/邹月照等著.—青岛:青岛出版社,1995.10.—395页;20cm.—(当代争鸣小说丛书)

ISBN 7-5436-1193-7:¥14.80

I207.42 025666

生命从中午消失:路遥的小说世界/赵学勇著.—兰州:兰州大学出版社,1995.1.—297页;20cm

ISBN 7-311-00828-X:¥7.80

I207.42 025667

送你七只活王八/赉舍主编.—青岛:青岛出版社,1995.10.—428页;20cm.—(当代争鸣小说丛书)

ISBN 7-5436-1196-1:¥15.80

I207.42 025668

武侠世界的怪才:古龙小说艺术谈/曹正文著.—修订本.—上海:学林出版社,1995.12.—225页;19cm.—(畅销作品鉴赏丛书/周清霖主编)

ISBN 7-80510-551-0:¥9.50

I207.42 025669

新方法:新时期小说批评探险/刘克宽著.—天津:百花文艺出版社,1995.3.—254页;20cm

ISBN 7-5306-1928-4:¥7.90

I207.42 025670

新时期争鸣小说纵横谈/黎风著.—成都:四川大学出版社,1995.9.—385页;20cm

ISBN 7-5614-1233-9:¥13.00

I207.42 025671

野河女/赉舍主编.—青岛:青岛出版社,1995.10.—461页;20cm.—(当代争鸣小说丛书)

ISBN 7-5436-1192-9:¥17.00

I207.42 025672

悠闲的女人/刘汉太等著.—青岛:青岛出版社,1995.10.—440页;20cm.—(当代争鸣小说丛书)

ISBN 7-5436-1189-9:¥16.20

I207.42 025673

贼王艳遇记/赉舍主编.—青岛:青岛出版社,1995.10.—421页;20cm.—(当代争鸣小说丛书)

ISBN 7-5436-1188-0:¥15.80

I207.42 025674

中国语言大师锦句录:周立波卷/黎瑞清,高丹波编.—上海:文汇出版社,1995.8.—161页;19cm

ISBN 7-80531-340-7:¥5.50

I207.42-53 025675

孙犁的人品和作品/韩映山著.—北京:大众文艺出版社,1995.1.—237页;19cm

ISBN 7-80094-094-2:¥6.60

I207.425 025676

点评金庸/施爱东编著.—广州:中山大学出版社,1995.12.—488页;20cm

ISBN 7-306-01038-7:¥19.80

I207.425 025677

桂系演义纵横谈/林建华,甘棠惠主编.—南宁:接力出版社 ,1995.7.—283页;20cm

ISBN 7-80581-906-8:¥12.00

I207.425 025678

金庸小说与中国文化/陈墨著.—南昌:百花洲文艺出版社,1995.12.—659页;20cm

ISBN 7-80579-633-5:¥22.00

I207.425 025679

文学的发现/戴翊编著.—上海:学林出版社,1995.5.—341页;20cm

ISBN 7-80510-994-X:¥11.80

I207.427 025680

陈映真小说欣赏/林焕标著.—南宁:广西教育出版社,1995.11.—290页;21×13cm.—(中国现代作家作品欣赏丛书)

ISBN 7-5435-2361-2:¥10.20

I207.427　　025681

全国小说奖获奖落选代表作及批评:短篇卷/王蒙主编.—长沙:湖南文艺出版社,1995.10.—2册(1600页);20cm

ISBN 7-5404-1424-3(精装):¥26.00

I207.5　　025682

汉魏六朝传记文学史稿/李祥年著.—上海:复旦大学出版社,1995.4.—199页;20cm.—(复旦大学博士丛书)

ISBN 7-309-01473-1:¥14.00

I207.5　　025683

史记文学论稿/李志慧著.—西安:三秦出版社,1995.4.—249页;20cm.—(文史研究丛书)

ISBN 7-80546-351-4:¥8.00

I207.5　　025684

新时期报告文学概观/章罗生著.—广州:华南理工大学出版社,1995.5.—431页;20cm

ISBN 7-5623-0847-0:¥10.00

I207.5　　025685

中国报告文学史/朱子南著.—南昌:百花洲文艺出版社,1995.11.—1135页;20cm

ISBN 7-80579-492-8(精装):¥42.00

I207.6　　025686

对联趣谈/张瑞雯编.—杭州:浙江人民出版社,1995.1.—225页;19cm

ISBN 7-213-01196-0:¥6.60

I207.6　　025687

对联艺术/胡奇光,强永华著.—上海:上海古籍出版社,1995.8.—129页:彩照;19cm.—(中华文明宝库/李国章,马樟根主编)

ISBN 7-5325-1716-0:¥7.40

I207.6　　025688

港台精美散文鉴赏/江凯波编.—广州:暨南大学出版社,1995.4.—180页;19cm.—(语文月刊精选丛书)

ISBN 7-81029-378-8:¥5.00

I207.6　　025689

精短散文佳作赏析/江凯波编.—广州:暨南大学出版社,1995.4.—180页;19cm.—(语文月刊精选丛书)

ISBN 7-81029-378-8:¥5.00

I207.6　　025690

青少年学对联/熊尚鸿编著.—长沙:湖南师范大学出版社,1995.8.—268页;19cm

ISBN 7-81031-448-3:¥7.80

I207.6　　025691

散文艺术美/吴周文著.—南京:江苏文艺出版社,1995.9.—448页;20cm

ISBN 7-5399-0815-7(精装):¥17.00

I207.6　　025692

现代散文精选赏析/杜守敏,王世龙主编.—北京:农村读物出版社,1995.1.—256页;19cm.—(中国文学·学生阅读丛书)

ISBN 7-5048-2333-3:¥5.50

I207.6　　025693

征婚征友妙语鉴赏/龙春,绍棠编著.—北京:人民体育出版社,1995.8.—203页;19cm

ISBN 7-5009-1166-1:¥6.10

I207.6　　025694

中国古代铭文选/王建编.—贵阳:贵州教育出版社,1995.8.—211页;19cm

ISBN 7-80583-725-2:¥5.50

I207.6　　025695

中国现代散文精品欣赏/李扬镜编著.—海口:海南出版社,1995.9.—363页;20cm

ISBN 7-80617-154-1:¥15.00

I207.6　　025696

中国现代杂文史论/姜振昌著.—北京:人民文学出版社,1995.10.—346页;20cm

ISBN 7-02-002158-1:¥13.60

I207.62　　025697

盛极一时的先秦散文/朱孔阳著.—沈阳:辽宁古籍出版社,1995.5.—128页;19cm.—(中华民族优秀传统文化丛书·文学卷/于景祥主编)

本卷12册,总定价:73.00元

ISBN 7-80507-278-7:¥0.00

I207.62　　025698

先秦散文艺术新探/谭家健著.—北京:首都师范大学出版社,1995.10.—514页;20cm.—(当代中国学者文库)

ISBN 7-81039-275-1:¥24.00

I207.62　　025699

中国散文之源/尹砥廷著.—北京:民族出版社,1995.3.—378页;19cm

ISBN 7-105-02371-6:¥11.80

I207.67　　025700

美文之美/古耜著.—北京:中国和平出版社,1995.11.—216页;20cm.—(地火文学丛书/古耜主编)

ISBN 7-80101-060-4:¥7.50

I207.7　　025701

潮汐集/周兴华著.—沈阳:春风文艺出版社,1995.5.—266页;20cm

ISBN 7-5313-1480-0:¥9.80

I207.7　　025702

奇趣妙绝对联1001/常江等编.—北京:中国青年出版社,1995.4.—541页;19cm.—(1001系列丛书)

ISBN 7-5006-1737-2:¥14.50

I207.7　　025703

中国谜语、谚语、歇后语/王仿著.—2版.—杭州:浙江教育出版社,1995.3.—232页;20cm.—(中国民间文化丛书/刘魁立主编)

ISBN 7-5338-2172-6(精装):¥9.15

I207.7　　025704

中国民歌/吴超著.—2版.—杭州:浙江教育出版社,1995.3.—254页;20cm.—(中国民间文化丛书/刘魁立主编)

ISBN 7-5338-2166-1(精装):¥10.20

I207.7 025705

中国民间传说/程蔷著.—2版.—杭州:浙江教育出版社,1995.3.—228页;20cm.—(中国民间文化丛书/刘魁立主编)

ISBN 7-5338-2164-5(精装):¥9.10

I207.7 025706

中国民间文学新论/高国藩著.—南京:河海大学出版社,1995.8.—402页;20cm

ISBN 7-5630-0807-1:¥9.50

I207.7 025707

中国神话/谢选骏著.—2版.—杭州:浙江教育出版社,1995.3.—220页;20cm.—(中国民间文化丛书/刘魁立主编)

ISBN 7-5338-2163-7(精装):¥8.95

I207.7 025708

中国四大传说/贺学君著.—2版.—杭州:浙江教育出版社,1995.3.—262页:图;20cm.—(中国民间文化丛书/刘魁立主编)

ISBN 7-5338-2165-3(精装):¥10.35

I207.8 025709

儿童文学的当代思考/方卫平编著.—济南:明天出版社,1995.7.—329页;20cm

ISBN 7-5332-1881-7:¥7.50

I207.8 025710

儿童文学面临新的超越/樊发稼著.—郑州:海燕出版社,1995.12.—438页;20cm

ISBN 7-5350-1405-4(精装):¥15.00

I207.8 025711

儿童文学使我快乐/沈虎根著.—上海:少年儿童出版社,1995.5.—286页;20cm.—(作家论丛)

ISBN 7-5324-2175-9:¥8.80

I207.8 025712

二十世纪中国儿童文学导论/孙建江著.—南京:江苏少年儿童出版社,1995.2.—441页;20cm.—(中华当代儿童文学理论丛书)

ISBN 7-5346-1290-X:¥9.00

I207.8 025713

我的儿童文学观/任大霖著.—上海:少年儿童出版社,1995.7.—304页;20cm.—(作家论丛)

ISBN 7-5324-2084-1:¥8.70

I207.8 025714

新时期儿童文学/朱彦著.—上海:少年儿童出版社,1995.8.—338页;20cm.—(作家论丛)

ISBN 7-5324-2093-0:¥14.00

I207.8 025715

追寻小精灵:金波儿童文学评论集/金波著.—合肥:安徽少年儿童出版社,1995.4.—323页;20cm

ISBN 7-5397-1164-7:¥7.00

I207.9 025716

阿拜研究文集/哈拜著.—北京:民族出版社,1995.9.—251页;20cm

ISBN 7-105-02275-2:¥8.50

I207.9 025717

布朗族文学简史/王国祥著.—昆明:云南民族出版社,1995.12.—400页;20cm.—(中国少数民族文学史丛书·云南少数民族文学史系列)

ISBN 7-5367-1123-9:¥15.80

I207.9 025718

察合台语后期文学 (上):十九世纪至二十世纪初/赵国栋,张世荣编.—乌鲁木齐:新疆人民出版社,1995.9.—287页;20cm.—(维吾尔族古典文学大系;10/刘宾,张宏超主编)

ISBN 7-228-03276-4:¥12.60

I207.9 025719

察合台语早期文学:十三世纪至十六世纪/张宏超编.—乌鲁木齐:新疆人民出版社,1995.9.—321页;20cm.—(维吾尔族古典文学大系;3/刘宾,张宏超主编)

ISBN 7-228-03275-6:¥13.50

I207.9 025720

傣族文学史/岩峰等著.—昆明:云南民族出版社,1995.10.—831页;20cm.—(中国少数民族文学史丛书·云南少数民族文学史系列)

ISBN 7-5367-1016-X:¥28.80

I207.9 025721

喀喇汗朝时期的文学:九世纪~十三世纪/刘宾编.—乌鲁木齐:新疆人民出版社,1995.9.—656页;20cm.—(维吾尔族古典文学大系;2/刘宾,张宏超主编)

ISBN 7-228-03274-8:¥25.00

I207.9 025722

拉祜族文学简史/雷波,刘辉豪著.—昆明:云南民族出版社,1995.12.—338页;20cm.—(中国少数民族文学史丛书·云南少数民族文学史系列)

ISBN 7-5367-1117-4:¥16.80

I207.9 025723

求索集/买买提祖农著.—乌鲁木齐:新疆人民出版社,1995.9.—143页;19cm

ISBN 7-228-03498-8:¥7.50

I207.9 025724

上古至高昌汗国时期的文学:上古至十四世纪/赵国栋,刘宾编.—乌鲁木齐:新疆人民出版社,1995.9.—296页;20cm.—(维吾尔族古典文学大系;1/刘宾,张宏超主编)

ISBN 7-228-03273-X:¥13.60

I207.9 025725

中古与近代民间文学 (上)/张世荣,赵国栋编.—乌鲁木齐:新疆人民出版社,1995.9.—277页;20cm.—(维吾尔族古典文学大系;8/刘宾,张宏超主编)

ISBN 7-228-03277-2:¥11.60

I207.9-09 025726

中国多民族文学史论/邓敏文著.—北京:社会科学文献出版社,1995.9.—253页;20cm

ISBN 7-80050-602-9:¥13.60

I207.99 025727

灵尘化境:佛教文学/龙晦著.—成都:四川人民出版社,1995.4.—277页;19cm.—(中华佛学文化系列/龙

晦,万本根主编）
ISBN 7-220-02755-9: ¥8.00

I209　文学史、文学思想史

I209　025728
简明中国文学史稿/白本松等主编.—开封:河南大学出版社,1995.10.—2册;20cm
ISBN 7-81041-272-8: ¥25.70

I209　025729
历史的足迹:论民族文学与文化/丁守璞著.—成都:四川民族出版社,1995.10.—375页;20cm
ISBN 7-5409-1453-X: ¥9.50

I209　025730
文学史　第二辑/陈平原,陈国球主编.—北京:北京大学出版社,1995.10.—350页;20cm
ISBN 7-301-02550-5: ¥19.50

I209　025731
中国分体文学史:散文卷/刘振东主编.—青岛:青岛海洋大学出版社,1995.12.—407页;20cm
山东省高等师范中国古代文学本科教材
ISBN 7-81026-855-4: ¥15.80

I209　025732
中国分体文学史:诗歌卷/李伯齐主编.—青岛:青岛海洋大学出版社,1995.12.—479页;20cm
山东省高等师范中国古代文学本科教材
ISBN 7-81026-857-0: ¥19.00

I209　025733
中国分体文学史:戏曲卷/许金榜主编.—青岛:青岛海洋大学出版社,1995.12.—357页;20cm
山东省高等师范中国古代文学本科教材
ISBN 7-81026-853-8: ¥14.50

I209　025734
中国历代文学家之地理分布/曾大兴著.—武汉:湖北教育出版社,1995.10.—515页;20cm
ISBN 7-5351-1639-6: ¥17.40

I209　025735
中国文学史/(日)前野直彬主编;骆玉明等译.—上海:上海古籍出版社,1995.4.—309页;20cm
ISBN 7-5325-1786-1: ¥11.90

I209　025736
中国文学史之宏观/陈伯海著.—北京:中国社会科学出版社,1995.12.—289页;20cm.—(宏观文学史丛书)
ISBN 7-5004-1813-2: ¥13.00

I209　025737
中国现当代文学/王嘉良,金汉主编.—杭州:杭州大学出版社,1995.12.—625页;20cm
ISBN 7-81035-746-8: ¥24.00

I209.2　025738
中国古代文学史/李晖,冯宇主编.—哈尔滨:哈尔滨出版社,1995.5.—3册;20cm
ISBN 7-80557-843-5: ¥24.60

I209.2　025739
中国文学简史/林庚著.—北京:北京大学出版社,1995.7.—737页;20cm.—(国学研究丛刊;1)
ISBN 7-301-02745-1: ¥35.00

I209.35　025740
魏晋六朝文学与玄学思想/袁峰著.—西安:三秦出版社,1995.12.—202页;20cm
ISBN 7-80546-993-8: ¥12.00

I209.42　025741
唐代文学史　(上)/乔象钟,陈铁民主编.—北京:人民文学出版社,1995.12.—614页;20cm.—(中国文学通史系列)
ISBN 7-02-001216-7: ¥25.85

I209.42　025742
唐代文学史　(下)/吴庚舜,董乃斌主编.—北京:人民文学出版社,1995.12.—769页;20cm.—(中国文学通史系列)
ISBN 7-02-001272-8: ¥31.85

I209.44　025743
宋代文学思想史/张毅著.—北京:中华书局,1995.4.—355页;20cm.—(中国文学思想通史/罗宗强主编)
ISBN 7-101-01222-1: ¥16.00

I209.48　025744
明代中期文学演进与城市形态/郑利华著.—上海:复旦大学出版社,1995.4.—212页;20cm.—(复旦大学博士丛书)
ISBN 7-309-01510-X: ¥14.00

I209.6　025745
中国现代文学期刊史略/黄志雄著.—南昌:百花洲文艺出版社,1995.8.—268页;20cm
ISBN 7-80579-672-6: ¥12.00

I209.6　025746
中国现代文学史论/朱本轩主编;魏建等编.—青岛:青岛海洋大学出版社,1995.6.—334页;20cm
汉语言文学专业"专起本"系列教材
ISBN 7-81026-735-3: ¥10.50

I209.6　025747
中国现代文学史研究概论/冯光廉,谭桂林著.—南京:南京大学出版社,1995.1.—360页;20cm
ISBN 7-305-02284-5: ¥10.00

I209.6　025748
中国现代文学思潮史/马良春,张大明主编;陈学超等著.—北京:北京十月文艺出版社,1995.11.—2册(1317页);20cm
ISBN 7-5302-0402-5(精装): ¥50.00

I209.6　025749
中国现代文学思潮史/马良春,张大明主编;陈学超等著.—北京:北京十月文艺出版社,1995.11.—2册(1317页);20cm
ISBN 7-5302-0401-7: ¥42.00

I209.6　025750
中国新文学史编纂史/黄修己著.—北京:北京大学出版社,1995.5.—565页;20cm
ISBN 7-301-02594-7: ¥28.00

I209.6 025751
中央苏区文学史/刘国清著.—南昌:江西高校出版社,1995.12.—186 页;20cm
ISBN 7-81033-563-4:¥9.50

I209.7 025752
当代中国女性文学史论/林丹娅著.—厦门:厦门大学出版社,1995.8.—347 页;20cm
ISBN 7-5615-1040-3:¥15.00

I209.7-67 025753
中国当代文学史料选:1948~1975/谢冕,洪子诚主编.—北京:北京大学出版社,1995.12.—767 页:彩照;20cm
ISBN 7-301-02788-5:¥26.00

I209.93 025754
东北解放区文学史/王建中等著.—沈阳:辽宁大学出版社,1995.5.—382 页;20cm
ISBN 7-5610-2994-2:¥8.50

I209.952 025755
胶东当代文学史略/安家正著.—济南:山东大学出版社,1995.3.—440 页;20cm
ISBN 7-5607-1460-9(精装):¥30.00

I209.952 025756
齐鲁文化与山东新文学/魏建,贾振勇著.—长沙:湖南教育出版社,1995.9.—298 页;20cm.—(二十世纪中国文学与区域文化丛书/严家炎主编)
ISBN 7-5355-2405-2(精装):¥15.50

I209.963 025757
湖北文学史/王齐洲,王泽龙著.—武汉:华中理工大学出版社,1995.11.—642 页;20cm
ISBN 7-5609-1171-4:¥18.80

I209.965.8 025758
香港文学简论/易明善著.—成都:四川大学出版社,1995.9.—249 页;19cm
ISBN 7-5614-0881-1:¥10.00

I209.965.8 025759
香港文学史/王剑丛著.—南昌:百花洲文艺出版社,1995.11.—418 页;20cm
ISBN 7-80579-585-1:¥16.50

I21 作品集

I210.1 025760
鲁迅全集/鲁迅先生纪念委员会编;吴龙辉等整理.—乌鲁木齐:新疆人民出版社,1995.10.—8 册;20cm
ISBN 7-228-03616-6(精装):¥288.00

I210.2 025761
鲁迅警世寓言/张新元选编.—北京:光明日报出版社,1995.12.—363 页;19cm
ISBN 7-80091-741-X:¥12.00

I210.2 025762
鲁迅选集/鲁迅著.—2 版.—成都:四川人民出版社,1995.3.—2 册(1064 页);20cm.—(中国现代作家选集丛书/)
ISBN 7-220-02698-6:¥17.80

I210.2 025763
鲁迅语录/鲁迅著;单力主编.—成都:四川人民出版社,1995.8.—469 页;19cm
ISBN 7-220-02799-0:¥13.80

I210.4 025764
新编鲁迅杂文集/黄政安编选.—哈尔滨:黑龙江人民出版社,1995.6.—3 册(1013 页);19cm
ISBN 7-207-03268-4:¥25.80

I210.6 025765
阿Q正传:鲁迅小说集/鲁迅著.—北京:中国文联出版公司,1995.2.—392 页:照片;20cm
ISBN 7-5059-2206-8:¥12.80

I210.6 025766
中国现代小说精品:鲁迅卷/周鹏飞主编;伍仁编.—西安:陕西人民出版社,1995.3.—378 页;20cm
ISBN 7-224-03763-X:¥10.80

I210.8-52 025767
鲁迅手稿选集:中国文化名人手稿书法艺术尝析/鲁迅书.—广州:广州出版社,1995.9.—252 页;26cm
ISBN 7-80592-280-2:¥28.80

I210.97 025768
"人"与"鬼"的纠葛:鲁迅小说论析/(日)丸尾常喜著;秦弓译.—北京:人民文学出版社,1995.12.—319 页;20cm
ISBN 7-02-002238-3:¥16.30

I210.97 025769
《两地书》研究/王得后著.—天津:天津人民出版社,1995.6.—465 页;20cm
ISBN 7-201-02276-8:¥16.00

I210.97 025770
价值批评与阿Q十八面/黄鸣奋,林拓著.—乌鲁木齐:新疆人民出版社,1995.8.—222 页;19cm.—(理论与实践丛书)
ISBN 7-228-03613-1:¥8.00

I210.97 025771
散文点评/陕闪,戴林点评.—广州:广州出版社,1995.2.—154 页;19cm.—(鲁迅作品点评系列)
ISBN 7-80592-225-X:¥5.50

I210.97 025772
上海鲁迅研究 (六)/上海鲁迅纪念馆编.—上海:百家出版社,1995.7.—253 页;20cm
ISBN 7-80576-532-4:¥16.00

I210.97 025773
小说点评/石蜡,陕闪点评.—广州:广州出版社,1995.2.—282 页;19cm.—(鲁迅作品点评系列)
ISBN 7-80592-225-X:¥9.80

I210.97 025774
杂文点评/陕闪点评.—广州:广州出版社,1995.2.—215 页;19cm.—(鲁迅作品点评系列)
ISBN 7-80592-225-X:¥7.50

I210.97 025775
智者的思考:鲁迅的思维方法/邱存平著.—北京:解

放军出版社,1995.1.—374页;20cm
ISBN 7-5065-2600-X:¥19.80
I210.97 025776
走进鲁迅世界——鲁迅著作解读文库:杂文卷/李文儒主编;李文儒编著.—北京:北京工业大学出版社,1995.5.—494页;20cm
ISBN 7-5639-0427-1:¥15.90
I210.97 025777
走进鲁迅世界:鲁迅著作解读文库:散文卷/李文儒主编;黄乔生编著.—北京:北京工业大学出版社,1995.5.—301页;20cm
ISBN 7-5639-0426-3:¥10.70
I210.97 025778
走进鲁迅世界:鲁迅著作解读文库:诗歌卷/李文儒主编;孙郁等编著.—北京:北京工业大学出版社,1995.5.—252页;20cm
ISBN 7-5639-0425-5:¥9.40
I210.97 025779
走进鲁迅世界:鲁迅著作解读文库:书信卷/李文儒主编;李允经编著.—北京:北京工业大学出版社,1995.5.—301页;20cm
ISBN 7-5639-0422-0:¥10.80
I210.97 025780
走进鲁迅世界:鲁迅著作解读文库:小说卷/李文儒主编;高远东等编著.—北京:北京工业大学出版社,1995.5.—334页;20cm
ISBN 7-5639-0424-7:¥11.60
I211 025781
三清山诗文选/帅经芝选编.—南昌:百花洲文艺出版社,1995.12.—262页;19cm
ISBN 7-80579-666-1:¥9.80
I211 025782
文白对照四部精华/王昶等主编.—石家庄:河北人民出版社,1995.1.—3册;26cm
ISBN 7-202-01637-0(精装):¥186.00
I211 025783
文学名著选读/孙进主编.—济南:黄河出版社,1995.6.—222页;20cm
ISBN 7-80558-612-8:¥7.40
I211 025784
昭明文选/房聚棉等注释.—沈阳:春风文艺出版社,1995.4.—2册;20cm.—(新注古典诗文十大传统选本/马清福主编)
ISBN 7-5313-1461-4(精装):¥80.00
I211 025785
中国传统文化精华/裘仁,林骧华主编.—上海:复旦大学出版社,1995.4.—989页;20cm
ISBN 7-309-01282-8(精装):¥28.00
I211 025786
中国历代分体文学作品选:散文卷/高洪奎主编.—青岛:青岛海洋大学出版社,1995.12.—452页;20cm
山东省高等师范中国古代文学本科教材
ISBN 7-81026-854-6:¥18.00
I211 025787
中国历代分体文学作品选:诗歌卷/王文清,陈元锋主编.—青岛:青岛海洋大学出版社,1995.12.—480页;20cm
山东省高等师范中国古代文学本科教材
ISBN 7-81026-856-2:¥19.00
I211 025788
中国历代分体文学作品选:戏曲卷/徐人忠主编.—青岛:青岛海洋大学出版社,1995.12.—275页;20cm
山东省高等师范中国古代文学本科教材
ISBN 7-81026-852-X:¥10.80
I211 025789
中国历代分体文学作品选:小说卷/孙永都,杜贵晨主编.—青岛:青岛海洋大学出版社,1995.12.—265页;20cm
山东省高等师范中国古代文学本科教材
ISBN 7-81026-850-3:¥10.50
I211 025790
中国历代文学精华译注/陈器之等主编.—长沙:湖南出版社,1995.8.—2册(1368页);20cm
ISBN 7-5438-1050-6:¥54.80
I211 025791
中国历代文学精华译注/刘伯严等主编.—2版(修订本).—长沙:湖南出版社,1995.8.—2册(1588页);20cm
ISBN 7-5438-1050-6:¥59.80
I211 025792
中国历代文学作品选今译　第二册:秦汉部分(二):三国两晋南北朝部分/李生龙著.—合肥:安徽文艺出版社,1995.6.—306页;19cm
ISBN 7-5396-1318-1:¥7.00
I211 025793
中国历代文学作品选今译　第三册:隋唐五代宋金部分/祝德纯译.—合肥:安徽文艺出版社,1995.6.—312页;19cm
ISBN 7-5396-1319-X:¥7.00
I211 025794
中国历代文学作品选今译　第四册/刘周堂译.—合肥:安徽文艺出版社,1995.6.—308页;19cm
ISBN 7-5396-1320-3:¥7.00
I211 025795
中国历代文学作品选今译　第一册:先秦部分、秦汉部分　(一)/李生龙,刘周堂译.—合肥:安徽文艺出版社,1995.6.—389页;19cm
ISBN 7-5396-1228-2:¥8.80
I211 025796
中国诗文名句大辞典/刘建国主编.—西安:三秦出版社,1995.12.—593页;20cm
ISBN 7-80546-962-8(精装):¥28.00
I211 025797
中国饮食诗文大典/熊四智主编.—青岛:青岛出版社,1995.5.—908页;26cm.—(中华饮食文库)
ISBN 7-5436-1275-5(精装):¥208.00
I211 025798
中国语文新编/谢浩范主编.—上海:上海财经大学

出版社,1995.8.—414页;20cm.—(高校公共课丛书)
ISBN 7-81049-002-8:¥12.80

I211　025799
羲皇古域历代诗文传记选注/杨育峰编著.—兰州:甘肃文化出版社,1995.8.—442页;20cm
ISBN 7-80608-204-2:¥18.80

I212　025800
古典名著普及文库文选/(梁)萧统编;(唐)李善注;华慧等点校.—长沙:岳麓书社,1995.9.—2册(2141页);19cm
ISBN 7-80520-616-3(精装):¥60.00

I212　025801
唐诗宋词元曲三百首:珍藏注释本/张筱蕾,王澍慧编注.—成都:四川人民出版社,1995.8.—825页;19cm
ISBN 7-220-02596-3(精装):¥29.80

I212　025802
中国古典文学精华　(六):小说/王泽君,常思春选注.—北京:北京十月文艺出版社,1995.4.—1093页;20cm
ISBN 7-5302-0375-4(精装):¥28.40

I212　025803
中国古典文学精华　(一):诗经·楚辞/蒋立甫,金开诚选注.—北京:北京十月文艺出版社,1995.3.—516页;20cm
ISBN 7-5302-0370-3(精装):¥16.80

I212.1　025804
古代文学作品选读/田军锋主编.—天津:天津古籍出版社,1995.10.—274页;19cm
ISBN 7-80504-467-8:¥8.80

I212.1　025805
曾国藩精选经史百家文/曾国藩纂;何善周主校点.—长春:时代文艺出版社,1995.1.—2册(1474页);20cm
ISBN 7-5387-0906-1(精装):¥70.00

I212.1　025806
中国古代文学作品选:东汉、魏晋、南北朝部分/郭预衡主编.—长沙:湖南出版社,1995.12.—509页;20cm
高等学校文科教材
ISBN 7-5438-1100-6:¥19.60

I212.1　025807
中国古代文学作品选:清及近代部分/郭预衡主编.—长沙:湖南出版社,1995.12.—570页;20cm
高等学校文科教材
ISBN 7-5438-1094-8:¥20.80

I212.1　025808
中国古代文学作品选:宋、辽、金部分/郭预衡主编.—长沙:湖南出版社,1995.12.—566页;20cm
高等学校文科教材
ISBN 7-5438-1102-2:¥20.50

I212.1　025809
中国古代文学作品选:先秦、西汉部分 /郭预衡主编.—长沙:湖南出版社,1995.12.—538页;20cm
高等学校文科教材
ISBN 7-5438-1098-0:¥19.80

I212.1　025810
中国古代文学作品选简编/白本松,华锋主编.—开封:河南大学出版社,1995.10.—2册;20cm
ISBN 7-81041-273-6:¥25.40

I213.62　025811
曹操集/张扬标点.—长春:时代文艺出版社,1995.3.—223页;20cm
ISBN 7-5387-0872-3:¥8.50

I213.62　025812
诸葛亮集/木石,舒洁标点.—长春:时代文艺出版社,1995.3.—203页;20cm
ISBN 7-5387-0873-1:¥8.50

I214.22　025813
杜牧选集/朱碧莲选注.—上海:上海古籍出版社,1995.5.—324页;20cm.—(中国古典文学名家选集)
ISBN 7-5325-1688-1:¥10.60

I214.22　025814
段成式诗文辑注 /(唐)段成式著;元锋,烟照编注.—济南:济南出版社,1995.3.—154页;20cm.—(济南名士丛书)
ISBN 7-80572-824-0(精装):¥8.00

I214.22　025815
李白全集/(唐)李白著;王琦注.—成都:四川人民出版社,1995.9.—2册(992页);20cm
ISBN 7-220-02927-6:¥38.80

I214.22　025816
王子安集注/(唐)王勃著;(清)蒋清翊注.—上海:上海古籍出版社,1995.11.—689页;20cm
ISBN 7-5325-1752-7(精装):¥43.40

I214.22　025817
王子安集注 /(唐)王勃著;(清)蒋清翊注.—上海:上海古籍出版社,1995.11.—689页;20cm.—(中国古典文学丛书)
ISBN 7-5325-1751-9:¥37.20

I214.41　025818
宋文纪事/曾枣庄等编.—成都:四川大学出版社,1995.12.—2册(1505页);20cm
ISBN 7-5614-1220-7(精装):¥120.00

I214.42　025819
辛稼轩诗文笺注/(宋)辛弃疾撰;邓广铭辑校;辛更儒笺注.—上海:上海古籍出版社,1995.12.—291页;20cm
ISBN 7-5325-1892-2:¥16.30

I214.81　025820
徐霞客家集/薛仲良编纂.—北京:新华出版社,1995.12.—274页;19cm
ISBN 7-5011-2938-X(精装):¥16.80

①I214.9②K291　025821
话梦集·春明梦录·东华琐录/何刚德,沈太侔著.—北京:北京古籍出版社,1995.5.—200页;20cm
ISBN 7-5300-0103-5:¥7.80

I215.1　025822
中国近代文学大系:1840~1919　第六集　第十八卷:笔记文学集　(一)/柯灵,张海珊主编.—上海:上

海书店,1995.12.—768页;20cm
ISBN 7-80569-907-0(精装):¥44.00

I215.1 025823
中国近代文学大系:1840~1919　第六集　第十九卷:笔记文学集　(二)/柯灵,张海珊主编.—上海:上海书店,1995.12.—938,10页;20cm
ISBN 7-80569-908-9(精装):¥48.00

I215.2 025824
康有为诗文选/马自毅选注.—上海:华东师范大学出版社,1995.4.—230页;19cm.—(中国近代文学丛书)
ISBN 7-5617-0998-6:¥7.20

I216.1 025825
文旗随战鼓:《晋察冀日报》文学作品选/晋察冀日报史研究会编.—北京:解放军文艺出版社,1995.10.—467页;19cm
ISBN 7-5033-0708-0:¥20.90

I216.2 025826
林语堂文集　第八卷:吾国吾民　八十自叙/林语堂著.—北京:作家出版社,1995.11.—391页;20cm
ISBN 7-5063-0895-9:¥16.30

I216.2 025827
林语堂文集　第二卷:京华烟云　下册/林语堂著.—北京:作家出版社,1995.7.—342~823页;20cm
ISBN 7-5063-0742-1:¥19.00

I216.2 025828
林语堂文集　第九卷:散文/林语堂著.—北京:作家出版社,1995.10.—600页;20cm
ISBN 7-5063-0820-7:¥23.40

I216.2 025829
林语堂文集　第六卷:苏东坡传　武则天正传/林语堂著.—北京:作家出版社,1995.7.—520页;20cm
ISBN 7-5063-0750-2:¥20.10

I216.2 025830
林语堂文集　第七卷:生活的艺术/林语堂著.—北京:作家出版社,1995.9.—388页;20cm
ISBN 7-5063-0894-0:¥15.00

I216.2 025831
林语堂文集　第三卷:红牡丹/林语堂著.—北京:作家出版社,1995.7.—412页;20cm
ISBN 7-5063-0763-4:¥16.50

I216.2 025832
林语堂文集　第四卷:风声鹤唳/林语堂著.—北京:作家出版社,1995.7.—345页;20cm
ISBN 7-5063-0743-X:¥14.50

I216.2 025833
林语堂文集　第五卷:朱门/林语堂著.—北京:作家出版社,1995.7.—368页;20cm
ISBN 7-5063-0773-1:¥11.20

I216.2 025834
林语堂文集　第一卷:京华烟云　上册/林语堂著.—北京:作家出版社,1995.7.—338页;20cm
ISBN 7-5063-0741-3:¥15.00

I216.2 025835
徐志摩全集/徐志摩著.—上海:上海书店出版社,1995.8.—9册;20cm
ISBN 7-80622-013-5(精装):¥195.00

I216.2 025836
周作人文选　(Ⅰ):1898~1929/钟叔河编.—广州:广州出版社,1995.12.—603页;20cm
全套4册,总定价:118.00元
ISBN 7-80592-354-X:¥0.00

I216.2 025837
周作人文选　(Ⅱ):1930~1936/钟叔河编.—广州:广州出版社,1995.12.—623页;20cm
全套4册,总定价:118.00元
ISBN 7-80592-354-X:¥0.00

I216.2 025838
周作人文选　(Ⅲ):1937~1944/钟叔河编.—广州:广州出版社,1995.12.—614页;20cm
全套4册,总定价:118.00元
ISBN 7-80592-354-X:¥0.00

I216.2 025839
周作人文选　(Ⅳ):1945~1966/钟叔河编.—广州:广州出版社,1995.12.—603页;20cm
全套4册,总定价:118.00元
ISBN 7-80592-354-X:¥0.00

I217.1 025840
爱国主义文粹/李庆才等编.—2版.—沈阳:辽宁教育出版社,1995.11.—263页;19cm
ISBN 7-5382-1699-5:¥7.50

I217.1 025841
佛舍利传奇/苏宝敦,张玉泉著.—北京:中国华侨出版社,1995.1.—380页;19cm
ISBN 7-80074-717-4:¥8.80

I217.1 025842
覆瓿存稿/李壮鹰著.—天津:百花文艺出版社,1995.5.—344页;20cm
ISBN 7-5306-2008-8:¥12.40

I217.1 025843
耕耘集/伊心恬,程敏著.—杭州:杭州大学出版社,1995.11.—344页;20cm
ISBN 7-81035-748-4:¥15.00

I217.1 025844
故事刚刚开始:第一支队(1990~1994)文学作品选集/陈长德,刘焰主编.—福州:海风出版社,1995.3.—92页;19cm
ISBN 7-80597-076-9:¥5.00

I217.1 025845
桂香时节:中小学生优秀作品专辑/叶礼茂主编.—福州:海风出版社,1995.5.—202页;19cm
ISBN 7-80597-070-X:¥3.98

I217.1 025846
含笑文丛/黄懿陆,刘德荣主编;文山州文联编.—芒市:德宏民族出版社,1995.10.—11册;19cm
ISBN 7-80525-273-4(盒装):¥0.00

I217.1 025847
精短美文800篇/张燕玲,田景丰主编.—南宁:广西

民族出版社,1995.8.—685页;20cm

ISBN 7-5363-2953-9:¥29.00

I217.1 025848

蓝天鸽哨:《云帆》文学社校园诗文选/林春源主编.—北京:农村读物出版社,1995.5.—194页;19cm

ISBN 7-5048-2590-5:¥5.80

I217.1 025849

老一辈革命家青少年时期作品赏析/曹志为主编.—南昌:江西教育出版社,1995.—331页;20cm

ISBN 7-5392-2545-9(精装):¥16.15

I217.1 025850

犁铧梦/才杰,刘爱英主编.—北京:北京农业大学出版社,1995.10.—185页;19cm

ISBN 7-81002-737-9:¥6.20

I217.1 025851

裸岩:梅山报十年文学作品选/胡敏,王承志主编.—南京:江苏文艺出版社,1995.5.—679页;20cm

ISBN 7-5399-0774-6:¥20.00

I217.1 025852

农税之歌/刘贤斌等主编.—武汉:长江文艺出版社,1995.7.—207页;19cm

ISBN 7-5354-1255-6:¥6.50

I217.1 025853

情渊:中国女性作家情爱精品　上卷:小说精品/何人主编;袁军等选编.—银川:宁夏人民出版社,1995.9.—443页;20cm

ISBN 7-227-01518-1:¥16.60

I217.1 025854

情渊:中国女性作家情爱精品　下卷:散文精品/何人主编;袁军等选编.—银川:宁夏人民出版社,1995.9.—456页;20cm

ISBN 7-227-01518-1:¥16.60

I217.1 025855

情渊:中国女性作家情爱精品　中卷:小说精品/何人主编;袁军等选编.—银川:宁夏人民出版社,1995.9.—444页;20cm

ISBN 7-227-01518-1:¥16.60

I217.1 025856

润物杂吟/王又之等主编.—武汉:武汉工业大学出版社,1995.—268页;19cm

ISBN 7-5629-1007-3:¥9.80

I217.1 025857

商戎/李彦才,徐红京主编.—北京:解放军出版社,1995.9.—217页:照片;20cm

ISBN 7-5065-2885-1:¥10.50

I217.1 025858

诗文话漳县/赵国玺选注.—兰州:甘肃民族出版社,1995.5.—338页;20cm

ISBN 7-5421-0371-7:¥9.80

I217.1 025859

世界屋脊的军人:解放军总后第二届军事文学获奖作品集/解放军总后勤部政治部文化部编.—天津:百花文艺出版社,1995.4.—445页;20cm

ISBN 7-5306-1986-1:¥14.00

I217.1 025860

水乡闻涛:石油风景线/李富著.—北京:石油工业出版社,1995.2.—455页;20cm

ISBN 7-5021-1373-8:¥12.00

I217.1 025861

太阳树/沈继汉主编.—武汉:武汉出版社,1995.1.—270页;19cm

ISBN 7-5430-1334-7:¥8.30

I217.1 025862

天圆地方/中国作家编辑部编.—兰州:敦煌文艺出版社,1995.5.—436页;20cm.—(中国作家十年精品选·散文诗歌卷)

ISBN 7-80587-282-1:¥16.80

I217.1 025863

我们只举行过一次婚礼/李普,沈容著.—广州:广东高等教育出版社,1995.10.—370页;20cm

ISBN 7-5361-1639-X:¥12.00

I217.1 025864

向未来倾诉/韦丘选编.—广州:岭南美术出版社,1995.12.—417页;20cm.—(粤北文学丛书·第一辑:粤赣湘边革命老区纪行)

全套5册,总定价:105.00元

ISBN 7-5362-1307-7:¥0.00

I217.1 025865

心海潮声:辽宁工学院庆祝建国四十五周年征文诗歌、散文选/田丰主编.—沈阳:东北大学出版社,1995.8.—219页;19cm

ISBN 7-81054-040-8:¥12.00

I217.1 025866

驯水人之歌:全国首届水利艺术节文学作品选/陈明致主编;中国水利文学艺术协会编.—郑州:黄河水利出版社,1995.7.—316页;20cm

ISBN 7-80621-033-4:¥9.60

I217.1 025867

中国报纸副刊作品选/王继周主编.—呼和浩特:内蒙古人民出版社,1995.5.—255页;19cm

ISBN 7-204-02728-0:¥6.50

I217.1 025868

中国当代文学作品精选:1949~1989/谢冕,洪子诚主编.—北京:北京大学出版社,1995.7.—567页;20cm

ISBN 7-301-02712-5:¥19.50

I217.1 025869

中国电业职工文学作品选/黄莺等主编.—西安:陕西人民出版社,1995.10.—3册;20cm

本书包括:影视文学卷、小说卷、诗歌散文卷三册。

ISBN 7-224-03977-2:¥47.40

I217.1 025870

曦园放歌:复旦大学学生散文诗歌集/郭建平等主编.—上海:复旦大学出版社,1995.4.—293页;19cm

ISBN 7-309-01504-5:¥8.00

I217.1 025871

麟乡风采/贾庆超主编.—北京:文津出版社,1995.12.—274页;19cm

ISBN 7-80554-290-2:¥11.50

①I217.1②I227　025872
楚天晚晴作品选　第一册:诗词集/武汉老年大学编.—武汉:武汉出版社,1995.4.—110页;26cm
ISBN 7-5430-1189-1:¥98.00

①I217.1②J222.7　025873
楚天晚晴作品选　第三册:国画集/武汉老年大学编.—武汉:武汉出版社,1995.4.—100页;26cm
ISBN 7-5430-1189-1:¥98.00

①I217.1②J292.28　025874
楚天晚晴作品选　第二册:书法集/武汉老年大学编.—武汉:武汉出版社,1995.4.—76页;26cm
ISBN 7-5430-1189-1:¥98.00

I217.2　025875
百合/王厚光主编;大庆石油管理局物资供应处文联编.—天津:百花文艺出版社,1995.8.—458页;20cm
ISBN 7-5306-2089-4:¥15.80

I217.2　025876
碧榭听歌:芜湖女子文学作品选/王兴国,周祥鸿主编;阿英文学基金会编纂.—北京:中国妇女出版社,1995.7.—287页;20cm.—(阿英文学基金会丛书)
ISBN 7-80016-679-1:¥11.00

I217.2　025877
毕淑敏作品精选/毕淑敏著.—北京:中国三峡出版社,1995.5.—520页;20cm
ISBN 7-80099-092-3:¥20.50

I217.2　025878
卞之琳/卞之琳著;张曼仪编.—北京:人民文学出版社,1995.12.—329页;20cm.—(中国现代作家选集丛书)
ISBN 7-02-002045-3:¥16.45

I217.2　025879
彩焰腾空/李逸江著.—天津:百花文艺出版社,1995.12.—251页;19cm
ISBN 7-5306-2227-7:¥10.00

I217.2　025880
畅怀集:马红诗文选/马红著.—桂林:漓江出版社,1995.11.—130页;19cm
ISBN 7-5407-1836-6:¥5.90

I217.2　025881
陈绍伟自选集/陈绍伟著.—广州:广州出版社,1995.12.—386页;20cm.—(广州作家创作丛书)
ISBN 7-80592-372-8:¥19.00

I217.2　025882
陈逵中英诗文选/张墨编.—天津:南开大学出版社,1995.6.—269页;20cm
ISBN 7-310-00792-1:¥12.00

①B821②F270　025883
创业 守业 人生/杨钊著;广东中华民族凝聚力研究会编.—广州:广东人民出版社,1995.4.—328页:彩照;20cm
ISBN 7-218-01613-8:¥26.60

I217.2　025884
春的记忆/卢凌著.—广州:广东旅游出版社,1995.12.—149页;19cm
ISBN 7-80521-623-1:¥8.00

I217.2　025885
春华秋实/海惕著.—北京:经济科学出版社,1995.7.—250页;20cm
ISBN 7-5058-0829-X:¥13.00

I217.2　025886
春天里的秋天/巴金著.—北京:中国华侨出版社,1995.6.—2册:照片;20cm.—(中国国际文学大奖得主自选文库/邹海岗,王俊英主编)
ISBN 7-80120-001-2:¥32.00

I217.2　025887
大草地歌吟/夏鹏远著.—海拉尔:内蒙古文化出版社,1995.12.—217页;20cm
ISBN 7-80506-455-5:¥12.00

I217.2　025888
迪庆小说散文选　第四集/迪庆州文联编.—昆明:云南民族出版社,1995.11.—277页;19cm
ISBN 7-5367-1063-1:¥10.00

I217.2　025889
丁玲文集　第九卷/丁玲著.—长沙:湖南文艺出版社,1995.1.—364页;20cm
ISBN 7-5404-1319-0(精装):¥13.00

I217.2　025890
丁玲文集　第十卷/丁玲著.—长沙:湖南文艺出版社,1995.2.—458页;20cm
ISBN 7-5404-1320-4(精装):¥15.65

I217.2　025891
杜康王国的沉沦/华力诚著.—天津:百花文艺出版社,1995.12.—401页;20cm
ISBN 7-5306-2172-6:¥15.00

I217.2　025892
端木蕻良/端木蕻良著;钟耀群编.—北京:人民文学出版社,1995.8.—289页:照片;20cm.—(中国现代作家选集丛书)
ISBN 7-02-001937-4:¥12.40

I217.2　025893
风雨世纪行:曲子贞文选/曲子贞著.—北京:中国文联出版公司,1995.8.—570页,22页:照片;20cm
ISBN 7-5059-2265-3:¥18.80

I217.2　025894
佛肚珊瑚和斑马叶:杂文·评论集/李敏克著.—贵阳:贵州人民出版社,1995.5.—328页;20cm.—(报林人系列丛书/张学武主编)
ISBN 7-221-03832-5:¥12.60

I217.2　025895
高晓声幽默作品自选集/高晓声著.—桂林:漓江出版社,1995.6.—460页;20cm.—(作家自选集系列)
ISBN 7-5407-1722-X:¥15.00

I217.2　025896
高晓声幽默作品自选集/高晓声著.—桂林:漓江出版社,1995.6.—460页;20cm.—(作家自选集系列)
ISBN 7-5407-1722-X(精装):¥20.00

I217.2　025897
高原笛声/周廷高著.—贵阳:贵州人民出版社,

1995.5.—255页;19cm
ISBN 7-221-03834-1:¥6.00

I217.2　　**025898**

孤芳诗文集/刘荣之著.—宁波:宁波出版社,1995.9.—246页;20cm
ISBN 7-80602-050-0:¥12.80

I217.2　　**025899**

关振东自选集/关振东著.—广州:广州出版社,1995.12.—411页;20cm.—(广州作家创作丛书)
ISBN 7-80592-366-3:¥19.80

I217.2　　**025900**

管桦文集:诗歌、散文卷/管桦著.—北京:中国青年出版社,1995.6.—629页;20cm
ISBN 7-5006-1874-3(精装):¥26.60

I217.2　　**025901**

归本/卓慧阳著.—南昌:百花洲文艺出版社,1995.12.—406页;19cm
ISBN 7-80579-717-X:¥16.00

I217.2　　**025902**

鬼妹·大哥·路/朱思菊著.—成都:四川人民出版社,1995.11.—283页;19cm
ISBN 7-220-03003-7:¥9.80

I217.2　　**025903**

郭仲强自选集/郭仲强著.—广州:广州出版社,1995.12.—375页;20cm.—(广州作家创作丛书)
ISBN 7-80592-369-8:¥18.00

I217.2　　**025904**

海蜃彩虹:韩耀先新闻文学作品选/韩耀先著.—成都:西南交通大学出版社,1995.12.—323页;20cm
ISBN 7-81022-858-7:¥9.80

I217.2　　**025905**

汉子·女人·酒/王志刚著.—呼和浩特:远方出版社,1995.12.—122页;19cm.—(呼伦贝尔作家作品选)
ISBN 7-80595-167-5:¥80.00

I217.2　　**025906**

何家槐小说散文精编/浙江文艺出版社编.—杭州:浙江文艺出版社,1995.12.—273页;20cm.—(现代经典作家诗文全编书系)
ISBN 7-5339-0857-0:¥12.30

I217.2　　**025907**

红白集/周宪法著.—上海:汉语大词典出版社,1995.2.—350页;20cm
ISBN 7-5432-0141-0:¥12.80

I217.2　　**025908**

红杏出墙/王柏栋著 .—兰州:甘肃人民出版社,1995.6.—348页;20cm
ISBN 7-226-01503-X:¥12.00

I217.2　　**025909**

姜今诗文集/广州美术学院编.—广州:广东高等教育出版社,1995.8.—302页:彩图;19cm
ISBN 7-5361-1743-4:¥10.00

I217.2　　**025910**

江浩文集/江浩著.—北京:华艺出版社,1995.9.—4册;20cm
ISBN 7-80039-954-0:¥82.00

I217.2　　**025911**

金秋情/马开印著.—哈尔滨:哈尔滨出版社,1995.8.—364页:彩照;20cm
ISBN 7-80557-857-5:¥18.00

I217.2　　**025912**

静思录/甄彦苍著.—保定:河北大学出版社,1995.8.—176页;19cm
ISBN 7-81028-324-3:¥4.95

I217.2　　**025913**

柯岗文集/柯岗著.—北京:新华出版社,1995.9.—5册;20cm
ISBN 7-5011-2862-6:¥120.00

I217.2　　**025914**

柯岩文集/柯岩著.—青岛:青岛出版社,1995.7.—6册:彩照;20cm
ISBN 7-5436-1372-7(精装):¥260.00

I217.2　　**025915**

烂漫的山杜鹃/袁启生,黄海风选编.—广州:岭南美术出版社,1995.12.—420页;20cm.—(粤北文学丛书·第一辑:小说散文集)
全套5册,总定价:105.00元
ISBN 7-5362-1307-7:¥0.00

I217.2　　**025916**

李广田作品精选/彭军编.—桂林:广西师范大学出版社,1995.6.—280页;19cm
ISBN 7-5633-2001-6:¥7.80

I217.2　　**025917**

李叶小说散文集/李叶著.—乌鲁木齐:新疆人民出版社,1995.8.—433页;20cm
ISBN 7-228-03253-6:¥10.80

I217.2　　**025918**

林园春韵/刘森水著.—广州:新世纪出版社,1995.8.—156页;19cm
ISBN 7-5405-1180-X:¥5.00

I217.2　　**025919**

鳞爪集/孙振茂著.—珠海:珠海出版社,1995.12.—380页;20cm
ISBN 7-80607-131-8:¥16.00

I217.2　　**025920**

刘绍棠文集　第1卷/刘绍棠著.—北京:北京十月文艺出版社,1995.4.—518页;20cm.—(大运河乡土文学体系)
ISBN 7-5302-0377-0:¥12.80

I217.2　　**025921**

刘绍棠文集　第1卷/刘绍棠著.—北京:北京十月文艺出版社,1995.4.—518页;20cm.—(大运河乡土文学体系)
ISBN 7-5302-0378-9(精装):¥17.80

I217.2　　**025922**

流星吟/姚雅星著.—兰州:甘肃人民出版社,1995.2.—220页;19cm
ISBN 7-226-01446-7:¥5.30

I217.2　　**025923**

柳嘉自选集/柳嘉著.—广州:广州出版社,1995.12.—348页;20cm.—(广州作家创作丛书)

ISBN 7-80592-387-6:¥16.50

I217.2　　　　　　　　　　　　　　　　025924

柳亚子诗文选/李昌集选注.—上海:华东师范大学出版社,1995.4.—271页;19cm.—(中国近代文学丛书)

ISBN 7-5617-1270-1:¥8.20

I217.2　　　　　　　　　　　　　　　　025925

六十年来人和事/温田丰著.—重庆:重庆出版社,1995.5.—536页;20cm

ISBN 7-5366-3064-6:¥27.15

I217.2　　　　　　　　　　　　　　　　025926

路遥文集　(上):中短篇小说·随笔/路遥著.—西安:陕西人民出版社,1995.12.—645页;20cm

ISBN 7-224-03838-5:¥22.00

I217.2　　　　　　　　　　　　　　　　025927

路翎文集/林莽编.—合肥:安徽文艺出版社,1995.6.—4册;20cm

ISBN 7-5396-1307-6:¥42.80

I217.2　　　　　　　　　　　　　　　　025928

漫步集/符忠昌著.—海口:南海出版公司,1995.2.—308页:照片;19×11cm

ISBN 7-5442-0352-2:¥8.80

I217.2　　　　　　　　　　　　　　　　025929

没有栅栏的地平线:白茫茫小说散文选:汉文哈尼文对照/白茫茫著;白波龙等译.—昆明:云南民族出版社,1995.6.—338页;20cm

ISBN 7-5367-1085-2:¥7.50

I217.2　　　　　　　　　　　　　　　　025930

美丽而勇敢的灵魂/向义光著.—成都:四川文艺出版社,1995.1.—432页;20cm

ISBN 7-5411-1186-4:¥11.80

I217.2　　　　　　　　　　　　　　　　025931

梦幻咖啡屋/寸月著.—福州:海峡文艺出版社,1995.7.—221页;20cm

ISBN 7-80534-791-3:¥7.00

I217.2　　　　　　　　　　　　　　　　025932

迷彩路/王士彬著.—天津:百花文艺出版社,1995.12.—517页;19cm

ISBN 7-5306-2206-4:¥13.80

I217.2　　　　　　　　　　　　　　　　025933

觅迹/徐刚著.—北京:民族出版社,1995.4.—136页;19cm

ISBN 7-105-02424-0:¥3.80

I217.2　　　　　　　　　　　　　　　　025934

苗韵/杨光富著.—南宁:广西美术出版社,1995.11.—188页;20cm

ISBN 7-80582-951-9:¥7.80

I217.2　　　　　　　　　　　　　　　　025935

莫言文集　第2卷:酩酊国/莫言著.—北京:作家出版社,1995.5.—555页;20cm

ISBN 7-5063-0861-4:¥20.40

I217.2　　　　　　　　　　　　　　　　025936

莫言文集　第4卷:鲜女人/莫言著.—北京:作家出版社,1995.5.—588页;20cm

ISBN 7-5063-0865-7:¥24.50

I217.2　　　　　　　　　　　　　　　　025937

莫言文集　第5卷:道神嫖/莫言著.—北京:作家出版社,1995.5.—520页;20cm

ISBN 7-5063-0867-3:¥19.40

I217.2　　　　　　　　　　　　　　　　025938

潘汉年诗文选/《潘汉年诗文选》编辑组编.—上海:上海人民出版社,1995.12.—554页;20cm

ISBN 7-208-02188-0:¥29.00

I217.2　　　　　　　　　　　　　　　　025939

聘如自选集/聘如著.—广州:广州出版社,1995.12.—379页;20cm.—(广州作家创作丛书)

ISBN 7-80592-368-X:¥18.00

I217.2　　　　　　　　　　　　　　　　025940

平安符/卢庆春著.—东营:石油大学出版社,1995.5.—192页;19cm

ISBN 7-5636-0690-4:¥5.80

I217.2　　　　　　　　　　　　　　　　025941

青枝文荟:秦生有新闻作品选/秦生有著.—桂林:漓江出版社,1995.10.—425页;19cm

ISBN 7-5407-1840-4:¥11.50

I217.2　　　　　　　　　　　　　　　　025942

情感的牺牲:散文·报告文学集/穆倍贤著.—贵阳:贵州人民出版社,1995.5.—359页;20cm.—(报林人系列丛书/张学武主编)

ISBN 7-221-03829-5:¥13.70

I217.2　　　　　　　　　　　　　　　　025943

求索与反思/金为民著.—桂林:漓江出版社,1995.10.—428页;20cm

ISBN 7-5407-1823-4:¥13.80

I217.2　　　　　　　　　　　　　　　　025944

曲终集/孙犁著.—天津:百花文艺出版社,1995.11.—431页;19cm

ISBN 7-5306-2074-6:¥13.80

I217.2　　　　　　　　　　　　　　　　025945

人生·友谊·爱情:郭蕊诗文集/郭蕊著 .—北京:群言出版社,1995.11.—267页;19cm

ISBN 7-80080-171-3:¥8.00

I217.2　　　　　　　　　　　　　　　　025946

人生之路/陈超编著.—南京:江苏人民出版社,1995.4.—117页;20cm

ISBN 7-214-01462-9:¥6.00

I217.2　　　　　　　　　　　　　　　　025947

人生之旅:杨道立文学作品选/杨道立著.—北京:国际文化出版公司,1995.8.—403页:彩照;21cm

ISBN 7-80049-957-X:¥26.00

I217.2　　　　　　　　　　　　　　　　025948

三十未立集/李越西著.—北京:中华工商联合出版社,1995.1.—167页;19cm

ISBN 7-80100-058-7:¥10.00

I217.2　　　　　　　　　　　　　　　　025949

砂粒集/李富胜著.—济南:明天出版社,1995.7.—

122 页;19cm
ISBN 7-5332-2295-4: ¥4.00
I217.2 025950
山道·水道·天道:陈浩志散文小说集/陈浩志著.—福州:海峡文艺出版社,1995.8.—203 页;19cm
ISBN 7-80534-794-8: ¥7.00
I217.2 025951
山风/王金梁著.—北京:中国文联出版公司,1995.7.—201 页;19cm
ISBN 7-5059-2260-2: ¥6.40
I217.2 025952
山情海韵/庄进忠著.—福州:海峡文艺出版社,1995.11.—243 页;20cm
ISBN 7-80534-829-4: ¥7.50
I217.2 025953
山水情/谭桂贤著.—天津:百花文艺出版社,1995.7.—339 页;19cm
ISBN 7-5306-2037-1: ¥10.60
I217.2 025954
生活刚刚开始/陈福楏著.—厦门:鹭江出版社,1995.11.—239 页;19cm
ISBN 7-80610-259-0: ¥8.90
I217.2 025955
拾迹集/张士伦著.—南京:江苏人民出版社,1995.1.—356 页;19cm
ISBN 7-214-01434-3: ¥8.30
I217.2 025956
拾叶集/翟向东著.—北京:人民日报出版社,1995.8.—473 页;20cm
ISBN 7-80002-769-4: ¥14.65
I217.2 025957
识途集/江振麟著.—广州:广东高等教育出版社,1995.8.—254 页;19cm
ISBN 7-5361-1689-6: ¥9.80
I217.2 025958
史铁生作品集/史铁生著.—北京:中国社会科学出版社,1995.6.—3 册;20cm
ISBN 7-5004-1626-1: ¥38.00
I217.2 025959
谁是被告/孟翔聚著.—北京:华龄出版社,1995.2.—201 页;19cm.—(燕赵文学创作丛书/龚富忠主编)
ISBN 7-80082-441-1: ¥6.00
I217.2 025960
岁月风铃/曲力容著.—哈尔滨:黑龙江人民出版社,1995.8.—227 页;19cm.—(小兴安岭文学丛书/姜孟之,鲁喜森主编)
ISBN 7-207-03271-4: ¥7.50
I217.2 025961
岁月回声/江子辰著.—厦门:鹭江出版社,1995.12.—195 页;19cm.—(武夷文苑丛书)
ISBN 7-80610-295-7: ¥8.50
I217.2 025962
唐弢文集/唐弢著.—北京:社会科学文献出版社,1995.3.—10 册;20cm
ISBN 7-80050-610-X(精装): ¥380.00
I217.2 025963
往事如金:范平诗文集/范平著.—昆明:云南民族出版社,1995.1.—176 页;20cm
ISBN 7-5367-0847-6: ¥9.80
I217.2 025964
韦君宜/韦君宜著.—北京:人民文学出版社,1995.12.—465 页;20cm.—(中国当代作家选集丛书)
ISBN 7-02-002132-8: ¥18.10
I217.2 025965
纬地经天:新闻文学作品集/程金明编著.—哈尔滨:哈尔滨地图出版社,1995.11.—402 页:照片;19cm
ISBN 7-80529-279-5: ¥9.50
I217.2 025966
文坛边缘随笔/冯至著.—上海:上海书店出版社,1995.8.—283 页;19cm.—(文史探索书系/柯灵,范泉主编)
ISBN 7-80569-738-8: ¥10.00
I217.2 025967
文苑漫步/李晓燕著.—北京:民族出版社,1995.9.—2 册;20cm
ISBN 7-105-02410-0: ¥12.80
I217.2 025968
我们属于长城:中国海关文学作品选/区锡刚主编.—北京:中国经济出版社,1995.10.—629 页;20cm
ISBN 7-5017-2708-2: ¥24.80
I217.2 025969
我永远年轻:唐文标纪念集/关博文编.—北京:三联书店,1995.12.—413 页;20cm
ISBN 7-108-00892-0: ¥18.00
I217.2 025970
吴祖光选集/吴祖光著.—石家庄:河北人民出版社,1995.12.—6 册:照片;20cm
ISBN 7-202-01810-1(精装): ¥210.00
I217.2 025971
五味集/王廷彦著.—北京:华文出版社,1995.12.—248 页;19cm
ISBN 7-5075-0506-5(精装): ¥7.80
I217.2 025972
夕拾集/石铭著.—哈尔滨:黑龙江教育出版社,1995.6.—418 页;19cm
ISBN 7-5316-2536-9: ¥9.50
I217.2 025973
献给真纳祖国的花环/纪鹏著.—长沙:湖南教育出版社,1995.6.—149 页:彩照;20cm
ISBN 7-5355-2155-X: ¥6.80
I217.2 025974
橡胶大王传奇/宗洲著.—上海:三联书店上海分店,1995.1.—190 页;19cm
ISBN 7-5426-0836-3: ¥6.00
I217.2 025975
谢六逸文集/陈江,陈庚初编.—北京:商务印书馆,1995.1.—482 页;20cm
ISBN 7-100-01390-9: ¥20.00

I217.2　025976
新疆石油作家丛书:诗歌、散文卷/安定一主编.—乌鲁木齐:新疆青少年出版社,1995.1.—10册;20cm
包括《野太阳》等十册。
ISBN 7-5371-2049-8(盒装):¥80.00

I217.2　025977
新疆石油作家丛书:小说、报告文学卷/安定一主编.—乌鲁木齐:新疆青少年出版社,1995.1.—10册;20cm
包括《大漠之恋》等十册。
ISBN 7-5371-2049-8(盒装):¥100.00

I217.2　025978
心香集/邓汉征著.—福州:海峡文艺出版社,1995.8.—455页;20cm
ISBN 7-80534-809-X:¥15.00

I217.2　025979
心血铸长城/涂学能著.—沈阳:春风文艺出版社,1995.2.—458页;19cm
ISBN 7-5313-1406-1:¥15.0

I217.2　025980
徐光霄(戈茅)诗文集/徐光霄著.—北京:中国文联出版公司,1995.8.—376页;19cm.—(新文化史料丛书/卢山主编)
ISBN 7-5059-2157-6:¥13.50

I217.2　025981
徐启文自选集/徐启文著.—广州:广州出版社,1995.12.—499页;20cm.—(广州作家创作丛书)
ISBN 7-80592-371-X:¥25.00

I217.2　025982
许宝蘅先生文稿/许宝蘅著.—北京:中国书籍出版社,1995.11.—216页;19cm
ISBN 7-5068-0494-8:¥8.00

I217.2　025983
雪山作证/孟力主编.—乌鲁木齐:新疆人民出版社,1995.6.—298页;20cm
ISBN 7-228-03552-6:¥8.00

I217.2　025984
寻芳集/王辉民著.—海口:南海出版公司,1995.12.—335页;19cm.—(海口作家丛书)
ISBN 7-5442-0626-2:¥14.80

I217.2　025985
严文井/严文井著.—北京:人民文学出版社,1995.12.—410页;20cm.—(中国当代作家选集丛书)
ISBN 7-02-002168-9:¥19.80

I217.2　025986
杨朔文集/杨朔著.—济南:山东文艺出版社,1995.6.—3册;20cm
ISBN 7-5329-1242-6(精装):¥88.15

I217.2　025987
阳光/赵妙晴著.—北京:中国文联出版公司,1995.7.—299页;19cm
ISBN 7-5059-2259-9:¥9.20

I217.2　025988
叶君健近期作品选/叶君健著.—长沙:湖南少年儿童出版社,1995.1.—497页;20cm
ISBN 7-5358-0834-4(精装):¥12.30

I217.2　025989
夜雨心窗:散文·报告文学集/李放眉著.—贵阳:贵州人民出版社,1995.5.—312页;20cm.—(报林人系列丛书/张学武主编)
ISBN 7-221-03833-3:¥13.70

I217.2　025990
伊洛瓦底江两岸:云南作家访缅诗文集/杨红昆主编.—昆明:云南美术出版社,1995.5.—321页;19cm
ISBN 7-80586-178-1:¥12.00

I217.2　025991
忧郁女猎人/简姨著.—石家庄:河北教育出版社,1995.12.—364页;20cm.—(金蜘蛛丛书/戴小华主编)
ISBN 7-5434-2533-5:¥13.90

I217.2　025992
玉壶冰心/叶雪松著.—北京:文津出版社,1995.10.—112页;20cm
ISBN 7-80554-273-2:¥5.50

I217.2　025993
原草/陈肖潇著.—贵阳:贵州人民出版社,1995.3.—184页;19cm
ISBN 7-221-03707-8:¥6.50

I217.2　025994
月季芬芳/李远庄著.—重庆:重庆出版社,1995.7.—223页;19cm
ISBN 7-5366-3132-4:¥9.70

I217.2　025995
月园/犁青著.—北京:中国文联出版公司,1995.11.—340页;20cm.—(香港皇冠文学经典·紫荆花书系)
ISBN 7-5059-2316-1:¥13.80

I217.2　025996
阅世戏言:沙叶新幽默作品50篇/沙叶新著.—上海:华东师范大学出版社,1995.12.—509页;20cm
ISBN 7-5617-1467-X(精装):¥26.50

I217.2　025997
云岭烽火/甘发俊著.—合肥:安徽人民出版社,1995.8.—237页;20cm
ISBN 7-212-01237-8:¥7.50

I217.2　025998
杂花生树/林文密著.—北京:中国建材工业出版社,1995.7.—304页;19cm
ISBN 7-80090-111-4:¥6.00

I217.2　025999
杂说·圣水与牡丹/李相平著.—呼和浩特:内蒙古人民出版社,1995.9.—241页;20cm
ISBN 7-204-02878-3:¥9.80

I217.2　026000
载歌行/萧代贤著.—武汉:湖北美术出版社,1995.12.—148页;20cm
ISBN 7-5394-0577-5:¥8.00

I217.2　026001
章以武自选集/章以武著.—广州:广州出版社,

1995.12.—310页;20cm.—(广州作家创作丛书)
ISBN 7-80592-367-1: ¥14.80
I217.2　026002
张承志文学作品选集:长篇小说卷/张承志著.—海口:海南出版社,1995.8.—333页;20cm
ISBN 7-80590-770-6: ¥16.00
I217.2　026003
张承志文学作品选集:散文卷/张承志著.—海口:海南出版社,1995.8.—572页;20cm
ISBN 7-80590-771-4: ¥24.00
I217.2　026004
张承志文学作品选集:新诗卷/张承志著.—海口:海南出版社,1995.8.—197页;20cm
ISBN 7-80590-259-3: ¥9.00
I217.2　026005
张承志文学作品选集:中短篇小说卷/张承志著.—海口:海南出版社,1995.8.—440页;20cm
ISBN 7-80590-770-6: ¥19.00
I217.2　026006
张国基诗文选/梁英明主编.—北京:中国华侨出版社,1995.6.—303页:照片;20cm.—(赤子情丛书)
ISBN 7-80074-745-X(精装): ¥36.00
I217.2　026007
张贤亮近作/高嵩编.—珠海:珠海出版社,1995.12.—339页;20cm
ISBN 7-80607-127-X(精装): ¥21.00
I217.2　026008
张贤亮近作/高嵩编.—珠海:珠海出版社,1995.12.—339页;20cm
ISBN 7-80607-127-X: ¥16.00
I217.2　026009
真要出事/韩少功著.—北京:中共中央党校出版社,1995.2.—170页;19cm.—(当代世相十万言/洁泯主编)
ISBN 7-5035-1124-9: ¥6.80
I217.2　026010
郑逸夫自选集/郑逸夫著.—广州:广州出版社,1995.12.—362页;20cm.—(广州作家创作丛书)
ISBN 7-80592-370-1: ¥17.00
I217.2　026011
知命集/柴乃桢著.—天津:百花文艺出版社,1995.11.—151页;19cm
ISBN 7-5306-2138-6: ¥7.00
I217.2　026012
中华"大地之光"获奖作品选/安子贞主编;中华"大地之光"评委会编.—北京:人民日报出版社,1995.12.—4册;20cm
ISBN 7-80002-807-0(精装): ¥200.00
I217.2　026013
追逐文明/黄刚著.—广州:广东人民出版社,1995.10.—272页;20cm
ISBN 7-218-02030-5: ¥11.80
I217.2　026014
紫藤文萃/任全良主编 .—济南:黄河出版社,1995.9.—332页;20cm
ISBN 7-80558-616-0: ¥10.60
I217.2　026015
子央诗文选/子央著.—北京:蓝天出版社,1995.12.—167页:图;20cm
ISBN 7-80081-620-6: ¥20.00
I217.2　026016
足迹和心迹/赵先著.—银川:宁夏人民出版社,1995.5.—198页:照片;20cm
ISBN 7-227-01449-5: ¥6.40
I217.2　026017
作家眼中的石狮/庄东贤著.—南昌:百花洲文艺出版社,1995.9.—289页;20cm
ISBN 7-80579-638-6(精装): ¥15.00
I217.2　026018
撷绿拾翠/李双临著.—赤峰:内蒙古科学技术出版社,1995.10.—267页;20cm
ISBN 7-5380-0306-1: ¥8.40
①I217.2②D64　026019
魂系中华/朴健主编.—沈阳:辽宁民族出版社,1995.7.—364页;19cm
爱国主义教育用书
ISBN 7-80527-501-7: ¥4.20
①I217.2②K827.6　026020
周浩然烈士文集/周保安主编;即墨市档案局编.—青岛:青岛出版社,1995.7.—229页;20cm
ISBN 7-5436-1310-7: ¥9.60
I218.22　026021
河北古代作家作品选/张国伟主编.—石家庄:河北教育出版社,1995.1.—543页;20cm
ISBN 7-5434-2330-8: ¥10.25
I218.45　026022
校园诗文精选/赵君哲主编.—乌鲁木齐:新疆人民出版社,1995.7.—334页;19cm
ISBN 7-228-03261-6: ¥12.00
I218.56　026023
江西古文精华丛书:游记卷/胡迎建编注.—南昌:江西人民出版社,1995.4.—333页;20cm
ISBN 7-210-01445-4: ¥12.00
I218.63　026024
潇洒红杉/韵松等著.—海拉尔:内蒙古文化出版社,1995.3.—243页;19cm
ISBN 7-80506-407-5: ¥6.85
I218.644　026025
边城风采:湖南桂东县文学作品选/朱昌庭主编.—长沙:湖南文艺出版社,1995.10.—334页;19cm
ISBN 7-5404-1437-5: ¥10.50
I218.653　026026
深圳湾浪花/曾培新著.—深圳:海天出版社,1995.10.—321页;19cm.—(95深圳作家丛书)
全套4册,总定价:38.00元
ISBN 7-80615-191-5: ¥0.00
I218.74　026027
绿海明珠礼赞:普洱茶乡采风录/李钧龙主编.—成

都:四川民族出版社,1995.4.—298页;19cm
ISBN 7-5409-1506-4: ¥12.80

I218.74　　026028
思茅地区女作家作品精选/李师程主编.—成都:四川民族出版社,1995.4.—313页;19cm
ISBN 7-5409-1505-6: ¥10.80

I22 诗歌、韵文

I22　　026029
百首爱国诗词/河北省爱国主义教育普及读物编委会编;张圣洁选注.—石家庄:花山文艺出版社,1995.9.—311页;19cm.—(河北省爱国主义教育普及读物丛书)
ISBN 7-80611-308-8: ¥11.50

I22　　026030
春树人家诗词钞/张采庵著.—广州:广东人民出版社,1995.10.—397页;20cm
ISBN 7-218-01760-6: ¥25.00

I22　　026031
峨眉山诗文选注/魏奕雄编注.—成都:西南交通大学出版社,1995.4.—202页;19cm
ISBN 7-81022-800-5: ¥4.00

I22　　026032
敬老爱老诗词三百首/王玉尧等选注.—沈阳:东北大学出版社,1995.11.—590页;20cm
ISBN 7-81006-985-3(精装): ¥37.00

I22　　026033
历代爱国名诗评注/邓文,何云峰主编.—郑州:河南人民出版社,1995.10.—212页;19cm
ISBN 7-215-03558-1: ¥6.30

I22　　026034
历代浪漫爱情诗三百首/辛一村主编.—长春:时代文艺出版社,1995.9.—562页;20cm.—(青少年古诗丛书)
ISBN 7-5387-0921-5(精装): ¥25.80

I22　　026035
历代天才少年诗三百首/李淼,王淑娟主编.—长春:时代文艺出版社,1995.9.—466页;20cm
ISBN 7-5387-0924-X(精装): ¥23.00

I22　　026036
千古绝唱:诗歌选/张天华等编著.—北京:中共中央党校出版社,1995.3.—245页;20cm.—(爱国主义教育丛书/张大可主编)
ISBN 7-5035-1177-X: ¥7.80

I22　　026037
千年爱国诗/黄益庸等编著.—哈尔滨:黑龙江少年儿童出版社,1995.6.—346页;19cm
ISBN 7-5319-1277-5: ¥9.10

I22　　026038
台儿庄大战诗词选/枣庄市政协文史资料委员会编.—北京:中国文史出版社,1995.7.—257页;20cm
ISBN 7-5034-0754-9: ¥10.80

I22　　026039
象山历代诗选/林志龙主编;象山县政协委员会编.—西安:三秦出版社,1995.12.—453页;20cm
ISBN 7-80546-960-1: ¥16.00

I22　　026040
中国历代女子诗选/葛晓音选注.—北京:北京大学出版社,1995.7.—191页;19cm
ISBN 7-301-02738-9: ¥8.80

I22　　026041
中华爱国诗歌选/汤瑞桢主编.—开封:河南大学出版社,1995.6.—210页;19cm
ISBN 7-81041-116-0: ¥5.50

I22　　026042
中华五千年名诗一万首/胡小伟主编.—石家庄:河北人民出版社,1995.8.—2册;26cm
ISBN 7-202-01755-5(精装): ¥108.00

I22　　026043
禅诗三百首译析/李淼编著.—长春:吉林文史出版社,1995.1.—357页;20cm
ISBN 7-80528-910-7: ¥12.00

I222　　026044
常用古诗五百首/姜葆夫等注析.—南宁:广西教育出版社,1995.3.—687页;20cm
ISBN 7-5435-2218-7: ¥18.00

I222　　026045
风/孙立,张水娟选评.—南京:江苏古籍出版社,1995.8.—236页;19cm.—(古典诗词风物风情系列)
ISBN 7-80519-638-9: ¥9.00

I222　　026046
古典诗词精品手册/南湖居士等选编.—广州:广州出版社,1995.9.—5册;10×13cm
本套包括清诗三百首等五册。
ISBN 7-80592-272-1(精装): ¥42.80

I222　　026047
古诗源/何思美主编;华章等分主编.—哈尔滨:哈尔滨出版社,1995.11.—3册;20cm
ISBN 7-80557-825-7: ¥69.00

I222　　026048
汉魏六朝辞赋与骈文精品/曹道衡主编.—长春:时代文艺出版社,1995.12.—750页;20cm.—(中国古典文学名著精品大系)
ISBN 7-5387-0974-6(精装): ¥37.80

I222　　026049
花/傅承洲,沙文选评.—南京:江苏古籍出版社,1995.8.—234页;19cm.—(古典诗词风物风情系列)
ISBN 7-80519-639-7: ¥9.00

I222　　026050
江心屿历代题咏选/黄立中主编.—杭州:浙江古籍出版社,1995.11.—311页:图;20cm
ISBN 7-80518-285-X: ¥15.00

I222　　026051
看图画学古诗:续集/郑万泽选译.—上海:上海教育出版社,1995.3.—1册;23×19cm
ISBN 7-5320-4239-1: ¥23.00

I222　026052
李清照、秦观诗词精选 180首/贾炳棣选注.—太原:山西古籍出版社,1995.10.—267页;17×12cm.—(唐宋诗词三十家/霍松林,卢兴基主编)
ISBN 7-80598-085-3:¥9.80

I222　026053
柳永、周邦彦、姜夔诗词精选 180首/阎凤梧选注.—太原:山西古籍出版社,1995.12.—357页;17×12cm.—(唐宋诗词三十家/霍松林,卢兴基主编)
ISBN 7-80598-084-5:¥13.30

I222　026054
配画明清诗词一百首/徐又良主编;刘应宗绘.—武汉:华中理工大学出版社,1995.9.—258页;19cm.—(配画古典诗词选读丛书)
ISBN 7-5609-1130-7:¥7.60

I222　026055
翘楚之吟:先秦两汉诗歌卷/刘冀,鲁晋编著.—西安:陕西人民教育出版社,1995.2.—200页;20cm.—(开卷丛书/杨匡汉,赵喜民主编)
ISBN 7-5419-0800-2:¥5.90

I222　026056
山/李汝勤选评.—南京:江苏古籍出版社,1995.8.—236页;19cm.—(古典诗词风物风情系列)
ISBN 7-80519-642-7:¥9.00

I222　026057
诗经与楚辞精品/余冠英,韦凤娟主编.—长春:时代文艺出版社,1995.12.—795页;20cm.—(中国古典文学名著精品大系)
ISBN 7-5387-0969-X(精装):¥40.80

I222　026058
水/赵梦禅选评.—南京:江苏古籍出版社,1995.8.—236页;19cm.—(古典诗词风物风情系列)
ISBN 7-80519-643-5:¥9.00

I222　026059
苏轼、黄庭坚诗词精选 200首/霍松林,吴言生选注.—太原:山西古籍出版社,1995.10.—318页;17×12cm.—(唐宋诗词三十家/霍松林,卢兴基主编)
ISBN 7-80598-083-7:¥11.60

I222　026060
唐诗三百首·宋词三百首·元曲三百首/(清)蘅塘退士等编;陆明注释.—长沙:岳麓书社,1995.6.—479页;19cm
ISBN 7-80520-600-7(精装):¥16.80

I222　026061
唐诗宋词六百首:合订插图本/吴鸣编.—贵阳:贵州人民出版社,1995.—326页;20cm.—(中国古代名著丛书)
ISBN 7-221-03718-3(精装):¥13.80

I222　026062
唐诗宋词译注/王重阳译注.—沈阳:沈阳出版社,1995.4.—2册;19cm
ISBN 7-5441-0367-6:¥11.00

I222　026063
唐诗宋词元曲六百首/孙雅萍,李兴华选注.—沈阳:辽宁古籍出版社,1995.9.—315页;19cm
ISBN 7-80507-308-2:¥12.80

I222　026064
温庭筠、韦庄、冯延巳、李煜诗词精选 180首/朱鉴珉选注.—太原:山西古籍出版社,1995.10.—266页;17×12cm.—(唐宋诗词三十家/霍松林,卢兴基主编)
ISBN 7-80598-073-X:¥9.80

I222　026065
小学古诗精选/包全恩编著;孙乐中绘.—济南:明天出版社,1995.4.—118页;20cm.—(全国小学生课外丛书/李仲汉主编)
全套书共120册,总定价:385.00元
ISBN 7-5332-2142-7:¥0.00

I222　026066
小学古诗精选/包全恩编著;孙乐中绘.—济南:明天出版社,1995.4.—118页;20cm.—(全国小学生课外丛书/李仲汉主编)
全套书共120册,总定价:385.00元
ISBN 7-5332-2142-7:¥0.00

I222　026067
辛弃疾、陆游诗词精选 200首/樊维纲选注.—太原:山西古籍出版社,1995.12.—362页;17×12cm.—(唐宋诗词三十家/霍松林,卢兴基主编)
ISBN 7-80598-086-1:¥13.50

I222　026068
雪/王星琦选评.—南京:江苏古籍出版社,1995.8.—232页;19cm.—(古典诗词风物风情系列)
ISBN 7-80519-640-0:¥9.00

I222　026069
咏潼关诗词选析/梁建邦选析.—西安:西北大学出版社,1995.3.—165页;19cm
ISBN 7-5604-0877-X:¥6.80

I222　026070
雨/钟陵选评.—南京:江苏古籍出版社,1995.8.—234页;19cm.—(古典诗词风物风情系列)
ISBN 7-80519-645-1:¥9.00

I222　026071
月/程章灿,成林选评.—南京:江苏古籍出版社,1995.8.—236页;19cm.—(古典诗词风物风情系列)
ISBN 7-80519-641-9:¥9.00

I222　026072
云/程杰,吴新哲选评.—南京:江苏古籍出版社,1995.8.—232页;19cm.—(古典诗词风物风情系列)
ISBN 7-80519-644-3:¥9.00

I222　026073
泖河秋泛图/谢天祥编.—上海:学林出版社,1995.12.—136页;19cm
ISBN 7-80616-158-9:¥6.50

I222　026074
晏殊、晏几道、欧阳修诗词精选 180首/邓绍基,李玫选注.—太原:山西古籍出版社,1995.10.—192页;17×12cm.—(唐宋诗词三十家/霍松林,卢兴基主编)
ISBN 7-80598-082-9:¥8.00

①I222②I276.8　026075

古代谜诗集锦/徐公,姚兰主编.—太原:山西教育出版社,1995.2.—207页;19cm
ISBN 7-5440-0581-X:¥6.00

I222.2　　026076
白话诗经/程俊英,蒋见元译.—长沙:岳麓书社,1995.11.—552页;19cm.—(古典名著今译读本)
ISBN 7-80520-622-8(精装):¥19.00

I222.2　　026077
诗经:中英文版/汪榕培,任秀桦译注.—沈阳:辽宁教育出版社,1995.6.—1657页;20cm
ISBN 7-5382-3903-0(精装):¥55.00

I222.2　　026078
诗经释证/罗文宗编.—西安:陕西人民出版社,1995.2.—489页;20cm
ISBN 7-224-01915-1:¥13.20

I222.2　　026079
诗经译注/韩峥嵘译注.—长春:吉林文史出版社,1995.2.—465页;20cm.—(中国古代名著今译丛书)
ISBN 7-80528-916-6(精装):¥18.50

I222.4　　026080
历代名赋译释/田兆民主编.—哈尔滨:黑龙江人民出版社,1995.6.—1533页;20cm
ISBN 7-207-02012-0(精装):¥68.0

I222.5　　026081
历代骈文精华/殷海国选注.—上海:上海文艺出版社,1995.5.—268页;19cm
ISBN 7-5321-1228-4:¥7.90

I222.7　　026082
《石林诗话》选释/(宋)樊运宽述;(宋)叶梦得撰.—桂林:广西师范大学出版社,1995.10.—118页;19cm.—(中国古代诗话选释丛书/周满江,张葆全主编)
ISBN 7-5633-2106-3:¥4.50

I222.7　　026083
白居易、元稹、韩愈、柳宗元诗精选200首/王一娟,傅绍良选注.—太原:山西古籍出版社,1995.10.—315页;17×12cm.—(唐宋诗词三十家/霍松林,卢兴基主编)
ISBN 7-80598-080-2:¥11.60

I222.7　　026084
打油诗三百首/南枫编著;缪印堂配图.—北京:北京出版社,1995.11.—199页;19cm
ISBN 7-200-02745-6:¥9.00

I222.7　　026085
古诗斋/张峰德编著.—大连:辽宁师范大学出版社,1995.1.—150页;19cm.—(少儿益智游乐园;4/于颖新主编)
ISBN 7-81042-038-0:¥3.80

I222.7　　026086
古诗中的云南/赵浩如选注.—昆明:云南人民出版社,1995.5.—546页;20cm
ISBN 7-222-01746-1:¥16.50

I222.7　　026087
贵阳五家诗钞/许德龙,龙尚学主编.—贵阳:贵州教育出版社,1995.8.—305页;20cm.—(金筑丛书/许德龙主编)
ISBN 7-80583-624-8(精装):¥12.00

I222.7　　026088
魂梦与君:中国历代爱情诗歌今译/崔健编译.—北京:外文出版社,1995.—197页;19cm.—(中外名诗系列丛书)
ISBN 7-119-00940-0:¥6.90

I222.7　　026089
精选古代烹饪诗赋注释/孙静斋主编.—沈阳:辽宁人民出版社,1995.5.—169页;19cm.—(中国烹饪文化丛书/高国枢主编)
ISBN 7-205-03103-6:¥4.50

I222.7　　026090
李白、杜甫诗精选240首/杜维沫,高光起选注.—太原:山西古籍出版社,1995.12.—352页;17×12cm.—(唐宋诗词三十家/霍松林,卢兴基主编)
ISBN 7-80598-078-0:¥13.50

I222.7　　026091
李贺、李商隐、韦应物、杜牧诗精选200首/霍松林,张强选注.—太原:山西古籍出版社,1995.10.—383页;17×12cm.—(唐宋诗词三十家/霍松林,卢兴基主编)
ISBN 7-80598-081-0:¥14.50

I222.7　　026092
历代情诗精选/辛新编.—广州:广州出版社,1995.4.—224页;19cm
ISBN 7-80592-226-8:¥6.80

I222.7　　026093
历代情诗三百首/陈耳东编注.—天津:百花文艺出版社,1995.12.—472页;20cm
ISBN 7-5306-1770-2:¥16.80

I222.7　　026094
历代题画诗/(清)陈邦彦编.—北京:人民美术出版社,1995.10.—2册(4164页);26cm
ISBN 7-102-01165-2(精装):¥350.00

I222.7　　026095
罗浮山历代诗选/杨怀玉编选.—广州:广东旅游出版社,1995.1.—90页;19cm
ISBN 7-80521-488-3:¥4.00

I222.7　　026096
梅兰竹菊四君子颂/雷光照,曾庆全选注.—石家庄:河北少年儿童出版社,1995.1.—283页;20cm
ISBN 7-5376-1269-2:¥6.80

I222.7　　026097
千家诗/马力注释.—沈阳:春风文艺出版社,1995.4.—396页;20cm.—(新注古典诗文十大传统选本/马清福主编)
ISBN 7-5313-1466-5(精装):¥15.00

I222.7　　026098
千家诗全译/陈绪万编.—2版(修订本).—北京:语文出版社,1995.2.—320页;19cm
ISBN 7-80006-868-4:¥9.00

I222.7　　026099

千家诗新编/杨乃乔等注评.—北京:中央编译出版社,1995.4.—334页;20cm
ISBN 7-80109-069-1:¥12.80
I222.7 026100
人面桃花:唐宋抒情绝句今译:汉英对照/崔健,亚西编译.—北京:外文出版社,1995.—130页;19cm.—(中外名诗系列丛书)
ISBN 7-119-00933-8:¥6.30
I222.7 026101
王维、孟浩然、高适、岑参诗精选200首/傅如一,姜剑云选注.—太原:山西古籍出版社,1995.12.—296页;17×12cm.—(唐宋诗词三十家/霍松林,卢兴基主编)
ISBN 7-80598-079-9:¥11.40
I222.7 026102
新编古诗三百首/陈庆元等编著.—南京:江苏古籍出版社,1995.8.—574页;19cm.—(新编三百首系列)
ISBN 7-80519-649-4:¥19.50
I222.7 026103
新编千家诗三百首/陶文鹏编著.—南京:江苏古籍出版社,1995.8.—495页;19cm
ISBN 7-80519-653-2:¥20.80
I222.7 026104
新登古诗三百首/李椿芳编注.—杭州:浙江文艺出版社,1995.12.—273页;19cm
ISBN 7-5339-0866-X:¥13.50
I222.7 026105
曾国藩精选十八家诗/曾国藩纂;谷云义等校点.—长春:时代文艺出版社,1995.6.—2册;20cm
ISBN 7-5387-0890-1(精装):¥70.00
I222.7 026106
中国古代体育诗选/李庆洪编著.—济南:山东友谊出版社,1995.12.—178页;19cm
ISBN 7-80551-813-0:¥6.80
I222.7 026107
中国古诗精华:绘图解译珍本/马石利等编著.—沈阳:春风文艺出版社,1995.3.—2册(848页);20cm
ISBN 7-5313-1353-7:¥25.00
I222.7 026108
中华古诗观止/马美信等编 .—上海:学林出版社,1995.12.—1515页;20cm.—(中华传统文化观止丛书)
ISBN 7-80616-080-9(精装):¥74.00
I222.7 026109
中学生哲理古诗百首/平原主编.—石家庄:河北美术出版社,1995.3.—105页;19cm
ISBN 7-5310-0668-5:¥2.80
①I222.7②H319.4 026110
唐宋诗一百五十首:汉英对照/许渊冲译.—北京:北京大学出版社,1995.5.—382页;19cm.—(汉英对照古典名著丛书·汉语拼音标调注音)
ISBN 7-301-02555-6:¥12.50
①I222.7②H319.4 026111
中国古诗英译:整齐美集:中英文对照/林健民译.—北京:解放军文艺出版社,1995.5.—159页;20cm
ISBN 7-5033-0447-2(精装):¥12.80
I222.72 026112
历代爱国诗歌选译/陶文鹏主编.—北京:北京工业大学出版社,1995.2.—791页;19cm
ISBN 7-5639-0404-2:¥17.80
I222.72 026113
配画古诗一百首/阮忠选注;李春富绘.—武汉:华中理工大学出版社,1995.6.—246页:插图;19cm.—(配画古典诗词选读丛书)
ISBN 7-5609-1128-5:¥6.60
I222.72 026114
新编先秦诗歌三百首/张采民编著.—南京:江苏古籍出版社,1995.9.—580页;19cm.—(新编三百首系列)
ISBN 7-80519-648-6:¥20.80
I222.73 026115
淳安古诗词选/刘志华,方润生主编;浙江省淳安县文联编.—上海:汉语大词典出版社,1995.11.—591页;20cm
ISBN 7-5432-0162-3(精装):¥22.00
I222.735 026116
魏晋南北朝诗精品/黄明编等编著.—上海:上海社会科学院出版社,1995.6.—469页;20cm.—(中国古典诗文精品系列)
ISBN 7-80515-951-3:¥13.00
I222.739 026117
沈约集校笺/陈庆元校笺.—杭州:浙江古籍出版社,1995.12.—588页;20cm.—(两浙作家文丛)
ISBN 7-80518-298-1:¥26.00
I222.74 026118
唐宋诗醇/艾荫范等注释.—沈阳:春风文艺出版社,1995.4.—3册;20cm.—(新注古典诗文十大传统选本/马清福主编)
ISBN 7-5313-1465-7(精装):¥140.00
I222.74 026119
岳麓书院历代诗选注/谭修,周祖文选注.—2版(增订本).—长沙:湖南大学出版社,1995.12.—178页;20cm
ISBN 7-81053-004-6:¥7.00
I222.742 026120
寒山诗选:中英文对照/(唐)寒山子著.—北京:中国文学出版社,1995.9.—149页;20cm.—(熊猫丛书)
ISBN 7-5071-0317-X:¥18.00
I222.742 026121
李峤诗注 苏味道诗注/(唐)李峤,苏味道撰;徐定祥注.—上海:上海古籍出版社,1995.6.—1册;19cm.—(唐诗小集)
ISBN 7-5325-1706-3:¥8.70
I222.742 026122
孟郊集校注/(唐)孟郊著;韩泉欣校注.—杭州:浙江古籍出版社,1995.12.—518页;20cm.—(两浙作家文丛)
ISBN 7-80518-278-7:¥20.00
I222.742 026123

孟郊诗集校注/(唐)孟郊著;华忱之,喻学才校注.—北京:人民文学出版社,1995.12.—697页;20cm.—(新注古代文学名家集)
ISBN 7-02-001657-X:¥29.75

I222.742　　026124
配画注音唐诗三百首:繁简体字对照/(清)蘅塘退士编;李代远等配画;邱闻箫,邱俊鹏注音.—成都:四川人民出版社,1995.12.—340页;26cm
ISBN 7-220-02705-2(精装):¥139.00

I222.742　　026125
唐人万首绝句选校注/(清)王士禛选;李永祥校注.—济南:齐鲁书社,1995.3.—431页;20cm
ISBN 7-5333-0407-1:¥17.50

I222.742　　026126
唐诗观止/徐北文,李永祥评注.—济南:济南出版社,1995.5.—578页;20cm
ISBN 7-80572-825-9(精装):¥22.80

I222.742　　026127
唐诗精华/缪钺,张志烈主编.—成都:巴蜀书社,1995.6.—975页;20cm.—(中国古典文学精华丛书)
ISBN 7-80523-692-5(精装):¥36.00

I222.742　　026128
唐诗精品/霍松林,霍有明主编.—长春:时代文艺出版社,1995.12.—859页;20cm.—(中国古典文学名著精品大系)
附历代诗精品
ISBN 7-5387-0970-3(精装):¥45.80

I222.742　　026129
唐诗精选/张亚新选释.—北京:中国国际广播出版社,1995.9.—3册(965页);19cm.—(中国古典韵文精选文库/黄克主编)
ISBN 7-5078-1285-5(精装):¥40.00

I222.742　　026130
唐诗三百首/(清)蘅塘退士编;陈婉俊补注;刘严整理.—北京:光明日报出版社,1995.6.—233页;20cm.—(光明文库·中国优秀传统文化点睛丛书)
ISBN 7-80091-674-X:¥11.80

I222.742　　026131
唐诗三百首/周刚,李泽淳注释.—沈阳:春风文艺出版社,1995.4.—507页;20cm.—(新注古典诗文十大传统选本/马清福主编)
ISBN 7-5313-1468-1(精装):¥19.00

I222.742　　026132
唐诗三百首:今译新析/(清)蘅塘退士编选;弘征译析.—2版(修订本).—桂林:漓江出版社,1995.5.—330页;20cm
ISBN 7-5407-0792-6:¥10.90

I222.742　　026133
唐诗三百首译注评/朱炯远等著.—沈阳:辽宁古籍出版社,1995.4.—707页;20cm
ISBN 7-80507-271-X(精装):¥25.80

I222.742　　026134
闻一多选唐诗一千首/徐承伟等注.—北京:东方出版社,1995.8.—859页;19cm.—(中国古典文学精品名家选本)
ISBN 7-5060-0433-X:¥38.00

I222.742　　026135
新编唐人绝句三百首/何严等编著.—南京:江苏古籍出版社,1995.9.—514页;19cm.—(新编三百首系列)
ISBN 7-80519-650-8:¥19.50

I222.742　　026136
新编唐人律诗三百首/姜光斗编著.—南京:江苏古籍出版社,1995.11.—577页;19cm
ISBN 7-80519-657-5:¥20.80

I222.742　　026137
新编唐诗三百首/葛晓音主编.—保定:河北大学出版社,1995.1.—341页;20cm
ISBN 7-81028-256-5:¥12.80

I222.742　　026138
浙东唐诗之路/邹志方著.—杭州:浙江古籍出版社,1995.12.—316页;20cm
ISBN 7-80518-315-5:¥15.00

I222.742　　026139
中唐十家诗注/郭延龄,李浩校注.—西安:西北大学出版社,1995.7.—372页;20cm
ISBN 7-5604-0926-1:¥14.80

I222.742　　026140
岑参西域诗新释/徐百成著.—乌鲁木齐:新疆人民出版社,1995.2.—239页;20cm
ISBN 7-228-03334-5:¥15.00

I222.744　　026141
后山诗注补笺/(宋)陈师道撰;(宋)任渊注;冒广生补笺;冒怀辛整理.—北京:中华书局,1995.6.—2册(629页);20cm.—(中国古典文学基本丛书)
ISBN 7-101-01034-2:¥31.00

I222.744　　026142
林景熙诗集校注/(宋)林景熙著;陈增杰校注.—杭州:浙江古籍出版社,1995.12.—471页;20cm.—(两浙作家文丛)
ISBN 7-80518-302-3:¥20.00

I222.744　　026143
宋诗三百首/金性尧选注.—上海:上海古籍出版社,1995.12.—442页;20cm
ISBN 7-5325-1709-8(精装):¥19.80

I222.744　　026144
宋诗三百首/金性尧选注.—上海:上海古籍出版社,1995.12.—442页;20cm
ISBN 7-5325-1707-1:¥16.00

I222.744　　026145
苏轼诗选注/王宇九选注.—乌鲁木齐:新疆人民出版社,1995.12.—267页;20cm
ISBN 7-228-03380-9:¥11.00

I222.746　　026146
全金诗/薛瑞兆,郭明志编纂.—天津:南开大学出版社,1995.11.—4册;20cm
ISBN 7-310-00670-4(精装):¥180.00

I222.748　　026147

明诗三百首/金性尧选注.—上海:上海古籍出版社,1995.4.—482页;20cm

ISBN 7-5325-1741-1:¥14.10

I222.748 026148

明诗三百首/金性尧选注.—上海:上海古籍出版社,1995.4.—482页;20cm

ISBN 7-5325-1779-9(精装):¥16.60

I222.749 026149

程含章诗注/李辉注释.—昆明:云南民族出版社,1995.11.—385页;20cm

ISBN 7-5367-1107-7:¥26.00

I222.749 026150

龚自珍编年诗注/刘逸生,周锡䪖注.—杭州:浙江古籍出版社,1995.12.—788页;20cm.—(两浙作家文丛)

ISBN 7-80518-304-X:¥33.20

I222.749 026151

新编清诗三百首/王英志编著.—南京:江苏古籍出版社,1995.3.—579页;19cm

ISBN 7-80519-614-1:¥16.80

I222.75 026152

吟秋山馆诗词钞/(清)周婉如原著;盛郁文注评;贵州省毕节地区文化局,贵州省毕节地区乌蒙诗社编.—贵阳:贵州人民出版社,1995.11.—202页;20cm

ISBN 7-221-03993-3:¥7.20

I222.8 026153

爱情词品珍:问世间情为何物/王寅生,张福海选注.—北京:东方出版社,1995.8.—237页;17cm.—(把酒品珍丛书)

ISBN 7-5060-0566-2:¥10.00

I222.8 026154

词综/(清)朱彝尊,(清)汪森编;民辉校点.—长沙:岳麓书社,1995.3.—784页;19cm.—(古典名著普及文库)

ISBN 7-80520-486-1(精装):¥22.80

I222.8 026155

金元明词三百首今译/弓保安著.—西安:陕西人民出版社,1995.5.—663页;19cm

ISBN 7-224-03787-7:¥14.80

I222.8 026156

历代宫词纪事/丘良任编著.—广州:暨南大学出版社,1995.10.—505页;20cm

ISBN 7-81029-401-6(精装):¥98.00

I222.8 026157

婉约词300首/大鹏主编.—天津:天津社会科学院出版社,1995.5.—366页;20cm

ISBN 7-80563-515-3(精装):¥17.80

I222.8 026158

婉约词三百首/林音等编著.—西安:三秦出版社,1995.8.—395页;19cm.—(中国传统文化丛书)

ISBN 7-80546-376-X:¥9.50

I222.8 026159

新编千家词三百首/刘尊明,王兆鹏编著.—南京:江苏古籍出版社,1995.9.—553页;19cm.—(新编三百首系列)

ISBN 7-80519-651-6:¥20.80

I222.8 026160

咏物词品珍:杨柳行间燕子轻/管士光选注.—北京:东方出版社,1995.8.—226页;17cm.—(把酒品珍丛书)

ISBN 7-5060-0567-0:¥10.00

I222.8 026161

中华古词观止/严迪昌等编.—上海:学林出版社,1995.12.—674页;20cm.—(中华传统文化观止丛书)

ISBN 7-80616-082-5(精装):¥40.00

I222.84 026162

此身天地一浮萍:纪游词品珍/于绍卿选注.—北京:东方出版社,1995.8.—228页;19cm.—(把酒品珍丛书)

ISBN 7-5060-0565-4:¥10.00

I222.84 026163

胡适选唐宋词三百首/絮絮注.—北京:东方出版社,1995.4.—323页;19×15cm.—(中国古典文学精品名家选本)

ISBN 7-5060-0434-8:¥16.00

I222.84 026164

花间集/毕宝魁,王素梅注释.—沈阳:春风文艺出版社,1995.4.—670页;20cm.—(新注古典诗文十大传统选本/马清福主编)

ISBN 7-5313-1464-9(精装):¥24.00

I222.84 026165

六代豪华春去也:咏史词品珍/刘文忠,刘元煌选注.—北京:东方出版社,1995.8.—216页;19cm.—(把酒品珍丛书)

ISBN 7-5060-0568-9:¥10.00

I222.84 026166

我思君处君思我:友谊词品珍/常振国,绛云选注.—北京:东方出版社,1995.8.—202页;19cm.—(把酒品珍丛书)

ISBN 7-5060-0564-6:¥10.00

I222.84 026167

新编唐宋小令三百首/曹济平编著.—南京:江苏古籍出版社,1995.9.—533页;19cm

ISBN 7-80519-652-4:¥19.50

I222.84 026168

阳春白雪/王祥等注释.—沈阳:春风文艺出版社,1995.4.—2册;20cm.—(新注古典诗文十大传统选本/马清福主编)

ISBN 7-5313-1462-2(精装):¥55.00

I222.842 026169

花间集/徐国良,方红芹注析.—武汉:武汉出版社,1995.7.—184页;19cm

ISBN 7-5430-1370-3:¥6.50

I222.842 026170

配画唐五代词一百首/徐安琪选注;徐炼绘.—武汉:华中理工大学出版社,1995.10.—235页;19cm.—(配画古典诗词选读丛书)

ISBN 7-5609-1129-3:¥7.60

I222.844 026171

北宋婉约派四大名家词/孙崇恩编著.—北京:中国书籍出版社,1995.10.—212页;20cm
ISBN 7-5068-0394-1:¥9.00
I222.844　　026172
花外集笺注/詹安泰笺注;蔡起贤整理.—广州:广东人民出版社,1995.12.—200页;20cm
ISBN 7-218-00841-0:¥8.50
I222.844　　026173
绝妙好词/刘维治注释.—沈阳:春风文艺出版社,1995.4.—696页;20cm.—(新注古典诗文十大传统选本/马清福主编)
ISBN 7-5313-1463-0(精装):¥25.00
I222.844　　026174
全宋词精华:注释·解说·集评/俞朝刚,周航主编.—沈阳:辽宁古籍出版社,1995.6.—5册;20cm
ISBN 7-80507-285-X:¥70.00
I222.844　　026175
宋词精华/顾易生等主编 .—成都:巴蜀书社,1995.6.—754页;20cm.—(中国古典文学精华丛书)
ISBN 7-80523-691-7(精装):¥28.00
I222.844　　026176
宋词精品/吴熊和主编 .—长春:时代文艺出版社,1995.12.—710页;20cm.—(中国古典文学名著精品大系)
附历代词精品
ISBN 7-5387-0973-8(精装):¥37.80
I222.844　　026177
宋词精选/赵伯陶选释.—北京:中国国际广播出版社,1995.9.—3册(945页);19cm.—(中国古典韵文精选文库/黄克主编)
ISBN 7-5078-1286-3(精装):¥39.00
I222.844　　026178
宋词全集/任汴,武陟仁编集.—北京:国际文化出版公司,1995.8.—1454页;26cm
ISBN 7-80105-173-4(精装):¥120.00
I222.844　　026179
宋词三百首/刘严选注.—北京:光明日报出版社,1995.6.—252页;20cm.—(光明文库·中国优秀传统文化点睛丛书)
ISBN 7-80091-675-8:¥12.80
I222.844　　026180
宋词三百首/丹岩,崔棠华注释.—沈阳:春风文艺出版社,1995.4.—442页;20cm.—(新注古典诗文十大传统选本/马清福主编)
ISBN 7-5313-1469-X(精装):¥16.00
I222.844　　026181
宋词三百首今译/姚敏杰等译注.—西安:三秦出版社,1995.8.—613页;19cm.—(中国传统文化丛书)
ISBN 7-80546-866-4:¥14.80
I222.844　　026182
宋遗民词选注/沙灵娜选注.—成都:巴蜀书社,1995.10.—317页;19cm
ISBN 7-80523-687-9:¥12.00
I222.844　　026183
新编宋词三百首/刁毅等主编.—保定:河北大学出版社,1995.1.—322页;20cm
ISBN 7-81028-257-3:¥12.00
①I222.844②J222.7　　026184
宋·十大词人词画雅鉴/陈平等编.—武汉:湖北美术出版社,1995.10.—252页;29cm
ISBN 7-5394-0489-2(精装):¥280.00
I222.848　　026185
元宫词百章笺注/傅乐淑著.—北京:书目文献出版社,1995.3.—127页;20cm.—(清慎堂丛书·射集·初集)
ISBN 7-5013-1191-9:¥5.00
I222.849　　026186
纳兰词笺注/(清)纳兰性德著;张草纫笺注.—上海:上海古籍出版社,1995.10.—424页;20cm.—(中国古典文学丛书)
ISBN 7-5325-1895-7:¥22.40
I222.849　　026187
纳兰词笺注/(清)纳兰性德著;张草纫笺注.—上海:上海古籍出版社,1995.10.—424页;20cm.—(中国古典文学丛书)
ISBN 7-5325-1896-5(精装):¥26.00
I222.849　　026188
清词精选评注/田遨著.—青岛:青岛出版社,1995.2.—247页;19cm
ISBN 7-5436-1244-5:¥8.80
I222.85　　026189
近代词选释/张德鸿,刘平都编.—昆明:云南教育出版社,1995.12.—509页;20cm
ISBN 7-5415-1053-X:¥17.80
①I222.87②J292.28　　026190
正正词笺/张正正著.—北京:中国文联出版公司,1995.10.—186页;17×19cm
ISBN 7-5059-0760-3:¥26.00
I222.9　　026191
沜东乐府校注/(明)康海著;赵俊玠校注.—西安:三秦出版社,1995.8.—242页;20cm
ISBN 7-80546-923-7:¥12.80
I222.9　　026192
全元散曲简编/隋树森选编.—上海:上海古籍出版社,1995.9.—534页;20cm
ISBN 7-5325-1825-6(精装):¥28.20
I222.9　　026193
新编元曲三百首/俞为民,孙蓉蓉编著.—南京:江苏古籍出版社,1995.8.—567页;19cm.—(新编三百首系列)
ISBN 7-80519-646-X:¥20.80
I222.9　　026194
元曲精选/黄克等选释.—北京:中国国际广播出版社,1995.9.—3册(936页);19cm.—(中国古典韵文精选文库/黄克主编)
ISBN 7-5078-1287-1(精装):¥39.00
I222.9　　026195
元曲三百首/刘严选注.—北京:光明日报出版社,

1995.6.—171 页;20cm.—(光明文库·中国优秀传统文化点睛丛书)
ISBN 7-80091-676-6: ¥9.00

I222.9 026196
元曲三百首详注/褚斌杰主编.—南昌:百花洲文艺出版社,1995.12.—407 页;19cm
ISBN 7-80579-653-X(精装): ¥16.60

I222.9 026197
元曲三百首注/程杰选注.—天津:天津人民出版社,1995.9.—367 页;13×9cm.—(袖珍典籍丛书)
ISBN 7-201-01554-0: ¥7.50

I222.9 026198
元散曲三百首/李复波选注.—桂林:漓江出版社,1995.12.—353 页;20cm
ISBN 7-5407-1860-9: ¥12.50

I222.9 026199
张可久集校注/(元)张可久著;吕薇芬,杨镰校注.—杭州:浙江古籍出版社,1995.12.—664 页;20cm.—(两浙作家文丛)
ISBN 7-80518-287-6: ¥28.00

I222.9-61 026200
元曲大辞典/李修生主编.—南京:江苏古籍出版社,1995.1.—784 页;19cm
附附录和音序索引
ISBN 7-80519-610-9(精装): ¥32.00

I226 026201
陈独秀诗集/任建树等编注.—长春:时代文艺出版社,1995.4.—226 页;19cm
ISBN 7-5387-0876-6: ¥8.00

I226 026202
繁星/冰心著.—兰州:敦煌文艺出版社,1995.10.—90 页;19×13cm.—(中国现代文学大师名作珍本复刻丛书/中国现代文学馆主编)
据上海商务印书馆 1931 年 1 月初版影印
ISBN 7-80587-298-8: ¥26.00

I226 026203
红宝石之歌:纪实短诗集/张云晓著.—大连:大连出版社,1995.5.—146 页;19cm
ISBN 7-80612-007-6: ¥5.00

I226 026204
李叔同诗全编/余涉编.—杭州:浙江文艺出版社,1995.12.—236 页;20cm.—(现代经典作家诗文全编书系)
ISBN 7-5339-0765-5: ¥12.30

I226 026205
情感世界之约:徐志摩真言妙语/周钟,晓明编选.—西宁:青海人民出版社,1995.6.—149 页;19cm
ISBN 7-225-01056-5: ¥5.80

I226 026206
人间词话 人间词/王国维著;谭沼为校注.—北京:群言出版社,1995.12.—233 页;19cm
ISBN 7-80080-176-4: ¥10.40

I226 026207
粟庐诗集/郑晓沧著.—杭州:杭州大学出版社,1995.2.—218 页;20cm
ISBN 7-81035-696-8: ¥18.00

I226 026208
闻一多诗全编/蓝棣之编.—杭州:浙江文艺出版社,1995.12.—452 页;20cm.—(现代经典作家诗文全编书系)
ISBN 7-5339-0852-X: ¥18.70

I226 026209
修人漠华诗全编/尔矢编.—杭州:浙江文艺出版社,1995.12.—324 页;20cm.—(现代经典作家诗文全编书系)
ISBN 7-5339-0848-1: ¥14.10

I226 026210
云岩 第五集/云南省老干部诗词协会编.—昆明:云南人民出版社,1995.10.—314 页;19cm.—(云岩诗丛;5)
ISBN 7-222-01859-X: ¥6.00

I226 026211
再别康桥:中国二三十年代情诗回味/崔健编.—北京:外文出版社,1995.—177 页;19cm.—(中外名诗系列丛书)
ISBN 7-119-00938-9: ¥6.50

I226 026212
周作人诗全编笺注/王仲三笺注.—上海:学林出版社,1995.1.—488 页;20cm
ISBN 7-80616-095-7: ¥17.00

I226 026213
壮暮堂诗钞/谢稚柳著.—上海:上海书画出版社,1995.12.—72 页;20cm
ISBN 7-80512-933-9: ¥20.00

I227 026214
爱的春夏秋冬/高丕忠著.—天津:百花文艺出版社,1995.10.—163 页;19cm
ISBN 7-5306-2053-3: ¥6.50

I227 026215
爱的祭礼:陈时龙诗集/陈时龙著.—南宁:广西美术出版社,1995.9.—100 页;19cm
ISBN 7-80582-897-0(精装): ¥6.28

I227 026216
爱恨年华/叶萼叶著.—芒市:德宏民族出版社,1995.10.—122 页;19cm.—(金孔雀诗丛)
ISBN 7-80525-267-X: ¥5.80

I227 026217
爱情舞步/张永胜著.—兰州:敦煌文艺出版社,1995.9.—243 页;19cm
ISBN 7-80587-286-4: ¥8.80

I227 026218
爱吾庐诗集:诗·词·曲·楹联/胡廉夫著.—贵阳:贵州人民出版社,1995.5.—241 页;20cm.—(报林人系列丛书)
ISBN 7-221-03831-7: ¥12.00

I227 026219
爱语呢喃/赖年华著.—广州:广东旅游出版社,1995.1.—121 页;19cm.—(五月诗丛·第三辑/桂汉标

主编)
ISBN 7-80521-247-3:￥3.00

I227　026220
暗夜里的恋歌/白森涛著.—西安:陕西人民教育出版社,1995.9.—195页;20cm
ISBN 7-5419-5854-9:￥10.80

I227　026221
巴松诗歌集/黄友凡著.—重庆:重庆出版社,1995.3.—256页;19cm
ISBN 7-5366-2968-0:￥11.65

I227　026222
白首吟/袁治章著.—乌鲁木齐:新疆人民出版社,1995.8.—167页;19cm
ISBN 7-228-03267-5:￥9.00

I227　026223
百鸟诗集/郑立于著.—桂林:漓江出版社,1995.2.—276页;19cm
ISBN 7-5407-1545-6:￥12.00

I227　026224
半叶续集/江婴著.—上海:学林出版社,1995.1.—63页;19cm
ISBN 7-80616-062-0:￥3.50

I227　026225
鲍明路诗选/鲍明路编著.—南京:江苏文艺出版社,1995.1.—154页;19cm
ISBN 7-5399-0758-4:￥5.00

I227　026226
鲍明路诗选/鲍明路著.—南京:江苏文艺出版社,1995.11.—183页;21cm
ISBN 7-5399-0758-4:￥8.00

I227　026227
北方诗丛/董俊生主编.—沈阳:辽宁民族出版社,1995.8.—12册;19cm
包括《认识生命》等12册。
ISBN 7-80527-522-X:￥84.00

I227　026228
冰唇/娜夜著.—天津:百花文艺出版社,1995.10.—198页;20cm
ISBN 7-5306-2064-9(精装):￥13.50

I227　026229
玻璃花园:超现实主义诗集/西蒙著.—北京:国际文化出版公司,1995.7.—113页;18cm
ISBN 7-80105-282-X:￥5.98

I227　026230
播光者/胡维纲著.—兰州:甘肃民族出版社,1995.4.—131页;19cm
ISBN 7-5421-0361-X:￥6.70

I227　026231
苍茫自咏稿/阮璞著.—广州:岭南美术出版社,1995.1.—102,18页;19cm
ISBN 7-5362-1164-3:￥3.80

I227　026232
沧桑小调/刘畅园著.—北京:中国青年出版社,1995.3.—188页;19cm
ISBN 7-5006-1872-7:￥5.50

I227　026233
藏柏园诗选/白祖诚著.—北京:华艺出版社,1995.2.—178页;19cm
ISBN 7-80039-659-2:￥5.30

I227　026234
菿草集:楚图南诗词选集 /张仲田编.—北京:人民文学出版社,1995.12.—294页;20cm
ISBN 7-02-002200-6:￥25.30

I227　026235
草莓为谁红/夏冰著.—厦门:鹭江出版社,1995.12.—203页;19cm.—(武夷文苑丛书)
ISBN 7-80610-295-7:￥8.50

I227　026236
陈厚实诗文集/黄荣章,李志浦执编.—广州:花城出版社,1995.3.—283页:照片;20cm
ISBN 7-5360-2012-0:￥20.00

I227　026237
陈雷诗抄/陈雷著.—哈尔滨:黑龙江人民出版社,1995.4.—381页;20cm
ISBN 7-207-03120-3:￥5.00

I227　026238
陈梦家诗全编/蓝棣之编.—杭州:浙江文艺出版社,1995.12.—240页;20cm.—(现代经典作家诗文全编书系)
ISBN 7-5339-0847-3:￥11.80

I227　026239
成群结队的梦:文爱艺散文诗精品集/文爱艺著.—成都:四川人民出版社,1995.10.—82页;19cm
全套共3册,总定价:18.00元
ISBN 7-220-02889-X:￥0.00

I227　026240
穿越诗的旋律/王树梅等编.—太原:北岳文艺出版社,1995.6.—277页;19cm
ISBN 7-5378-1212-8:￥11.80

I227　026241
窗子与风/袁滨著.—呼和浩特:远方出版社,1995.12.—131页;19cm.—(北国风文学丛书)
ISBN 7-80595-163-2:￥8.80

I227　026242
春华秋实:圣地的回声/斯英琦主编;宝安诗社编.—深圳:海天出版社,1995.10.—167页;19cm.—(95深圳作家丛书)
全套共4册,总定价:38.00元
ISBN 7-80615-191-5:￥0.00

I227　026243
春盛秋实吟/王效才著.—重庆:重庆出版社,1995.5.—202页;19cm
ISBN 7-5366-3109-X:￥10.05

I227　026244
春藤秋蔓/袁学林著.—厦门:鹭江出版社,1995.12.—121页;19cm.—(武夷文苑丛书)
ISBN 7-80610-295-7:￥6.00

I227　026245

此心依旧/史晓京著.—南宁:广西人民出版社,1995.10.—194页;19cm
ISBN 7-219-03009-6:¥6.50
I227　026246

崔永生诗选/崔永生著.—北京:文津出版社,1995.11.—202页;20cm
ISBN 7-80554-278-3:¥8.00
I227　026247

带露的独白/顾国强著.—天津:百花文艺出版社,1995.1.—184页;19cm
ISBN 7-5306-1889-X:¥5.80
I227　026248

当代百家咏珍珠/邱灼明主编.—广州:广东旅游出版社,1995.11.—132页;20cm
ISBN 7-80521-614-2:¥12.00
I227　026249

当代满族诗丛/鲁野,佟明光主编.—沈阳:辽宁民族出版社,1995.10.—23册;19cm
本套书包括:《蓝色的倾诉》等23册。
ISBN 7-80527-574-2(盒装):¥117.30
I227　026250

灯下集/马惠荣著.—沈阳:春风文艺出版社,1995.11.—226页;20cm
ISBN 7-5313-1567-X:¥18.00
I227　026251

点燃人生/赖运添著.—芒市:德宏民族出版社,1995.10.—107页;19cm.—(金孔雀诗丛)
ISBN 7-80525-267-X:¥5.80
I227　026252

蝶之天空/刘振学著.—天津:百花文艺出版社,1995.11.—246页;19cm
ISBN 7-5306-1884-9:¥8.00
I227　026253

丁洪诗词选/丁洪著.　沈阳:白山出版社,1995.4.—148页;19cm
ISBN 7-80566-422-6:¥8.00
I227　026254

东岗书屋断联选/邓大永著.—贵阳:贵州民族出版社,1995.12.—132页;19cm
ISBN 7-5412-0621-0:¥5.00
I227　026255

东虹新边塞诗选/东虹著.—乌鲁木齐:新疆人民出版社,1995.5.—258页;19cm
ISBN 7-228-03459-7:¥8.00
I227　026256

短笛横吹/吴志昆著.—南昌:百花洲文艺出版社,1995.6.—114页;20cm.—(百花洲文学创作丛书/陈世旭主编)
ISBN 7-80579-639-4:¥4.00
I227　026257

敦煌魂曲/杨雄,周维平著.—兰州:甘肃民族出版社,1995.3.—107页;19cm
ISBN 7-5421-0350-4:¥4.20
I227　026258

多彩的花季:校园诗歌选/李海燕,唐惟煜编选.—济南:明天出版社,1995.1.—135页;19cm
ISBN 7-5332-2241-5:¥4.00
I227　026259

多彩情绪:沉石抒情诗精选 /沉石著.—北京:中国青年出版社,1995.5.—234页;20cm
ISBN 7-5006-1719-4:¥8.80
I227　026260

枫叶心痕/郑清为著 .—福州:海峡文艺出版社,1995.4.—130页;19cm
ISBN 7-80534-774-3:¥4.00
I227　026261

风流孝妇河/国承新著.—北京:华艺出版社,1995.12.—150页;19cm
ISBN 7-80039-070-5:¥6.38
I227　026262

风雨沧桑集/徐放著.—沈阳:春风文艺出版社,1995.11.—545页;20cm.—(辽宁文化名人系列丛书/于金兰主编)
ISBN 7-5313-1517-3(精装):¥25.00
I227　026263

浮藻/也斯著.—北京:中国文联出版公司,1995.11.—312页;20cm.—(香港皇冠文学经典·紫荆花书系)
ISBN 7-5059-2301-3:¥13.80
I227　026264

福建诗词　第六集/福建省诗词学会编.—福州:福建美术出版社,1995.12.—256页;20cm
ISBN 7-5393-0382-4:¥11.00
I227　026265

复述/野舟著.—沈阳:春风文艺出版社,1995.10.—257页;20cm
ISBN 7-5313-1507-6:¥16.50
I227　026266

甘肃青年诗词选集/袁第锐主编.—兰州:甘肃文化出版社,1995.12.—448页;20cm
ISBN 7-80608-187-9:¥18.00
I227　026267

感受季节/尹作礼著.—沈阳:春风文艺出版社,1995.8.—228页;20cm
ISBN 7-5313-1493-2:¥10.00
I227　026268

感受岁月/肖政球著.—芒市:德宏民族出版社,1995.10.—110页;19cm.—(金孔雀诗丛)
ISBN 7-80525-267-X:¥5.80
I227　026269

刚走第一步/李志亮著.—郑州:河南人民出版社,1995.3.—207页;19cm
ISBN 7-215-03396-1:¥6.50
I227　026270

高星诗选/高星著.—北京:中国文联出版公司,1995.5.—227页;19cm
ISBN 7-5059-2141-X:¥6.60
I227　026271

高颖哲理抒情诗集/高颖著.—沈阳:辽宁美术出版社,1995.4.—153页;19cm

ISBN 7-5314-1059-1:¥5.00

I227　　026272

公刘短诗精读/刘粹编.—北京:人民文学出版社,1995.10.—204页;20cm

ISBN 7-02-002007-0:¥11.65

I227　　026273

共和国文学作品经典丛书:诗歌卷/缪俊杰主编.—石家庄:花山文艺出版社,1995.10.—2册;20cm

ISBN 7-80611-325-8(精装):¥25.40

I227　　026274

古风今韵/穆向阳著.—呼和浩特:内蒙古人民出版社,1995.9.—119页;19cm

ISBN 7-204-02861-9:¥5.90

I227　　026275

故乡情/李彬著.—广州:广东旅游出版社,1995.7.—88页;19cm

ISBN 7-80521-573-1:¥4.80

I227　　026276

顾城诗全编/顾工编.—上海:上海三联书店,1995.6.—929页;20cm

ISBN 7-5426-0815-0(精装):¥39.80

I227　　026277

关月吟/孙一峰著.—兰州:甘肃人民出版社,1995.10.—100页;18cm

ISBN 7-226-01562-5:¥5.80

I227　　026278

灌木年轮/冀汸著.—北京:人民文学出版社,1995.8.—235页;19cm

ISBN 7-02-001873-4:¥8.95

I227　　026279

光汉诗选/胡光汉著.—兰州:甘肃民族出版社,1995.3.—69页;19cm

ISBN 7-5421-0358-X:¥2.40

I227　　026280

广西旅游风光诗词选/钟家佐主编;广西壮族自治区旅游局,广西诗词学会编.—南宁:广西美术出版社,1995.4.—287页;19cm

ISBN 7-80582-841-5:¥8.50

I227　　026281

海北馆诗集/张震泽著.—沈阳:春风文艺出版社,1995.5.—256页;20cm

ISBN 7-5313-1283-2:¥10.80

I227　　026282

海子的诗/海子著;西川编.—北京:人民文学出版社,1995.4.—262页;19cm.—(当代诗人丛书)

ISBN 7-02-001998-6:¥6.55

I227　　026283

韩练成诗词选/洪流等编注.—广州:广东高等教育出版社,1995.4.—115页;19cm

ISBN 7-5361-1427-3:¥8.00

I227　　026284

韩作荣自选诗/韩作荣著.—天津:百花文艺出版社,1995.7.—291页;20cm

ISBN 7-5306-2051-7:¥12.00

I227　　026285

慓悍的西部/刘树靖著.—乌鲁木齐:新疆人民出版社,1995.6.—156页;19cm

ISBN 7-228-03398-1:¥6.00

I227　　026286

汗血马/李瑜著.—乌鲁木齐:新疆青少年出版社,1995.12.—220页;19cm

ISBN 7-5371-2092-7:¥12.00

I227　　026287

汉清诗词选/刘汉清著.—大连:大连出版社,1995.12.—116页;19cm

ISBN 7-80612-227-3:¥8.00

I227　　026288

好雨轩吟草:梁东诗词/梁东著.—北京:中国青年出版社,1995.9.—144页;20cm

ISBN 7-5006-2056-X:¥9.30

I227　　026289

何岗五言诗选/何岗著.—兰州:甘肃人民出版社,1995.11.—141页;19cm

ISBN 7-226-01580-3:¥6.80

I227　　026290

何其芳诗全编/蓝棣之编.—杭州:浙江文艺出版社,1995.12.—578页;20cm.—(现代经典作家诗文全编书系)

ISBN 7-5339-0830-9:¥22.30

I227　　026291

黑色恋歌/杨朝东著.—贵阳:贵州民族出版社,1995.10.—166页;19cm

ISBN 7-5412-0581-8:¥7.80

I227　　026292

红柳集/邓荃著.—北京:大众文艺出版社,1995.1.—32页;19cm

ISBN 7-80094-113-2:¥1.50

I227　　026293

红丝线/康后元著.—贵阳:贵州民族出版社,1995.11.—213页;19cm

ISBN 7-5412-0628-8:¥5.50

I227　　026294

红太阳一朵玫瑰:槐华诗选/吴晓选编.—天津:百花文艺出版社,1995.7.—154页;19cm

ISBN 7-5306-2052-5:¥6.50

I227　　026295

红叶　第十二辑/红叶诗社编.—北京:解放军文艺出版社,1995.7.—242页;19cm.—(老战士诗词丛书)

ISBN 7-5033-0664-5:¥10.00

I227　　026296

红叶　第十一辑/红叶诗社编.—北京:解放军文艺出版社,1995.3.—171页;19cm.—(老战士诗词丛书)

ISBN 7-5033-0494-4:¥7.80

I227　　026297

花开的声音/韩莹著.—济南:山东友谊出版社,1995.12.—162页;19cm

ISBN 7－80551－778－9：¥9.00

I227 026298

怀念高原/和法堡著.—芒市：德宏民族出版社，1995.4.—95页；19cm.—(杜鹃诗丛/和法堡主编)

ISBN 7－80525－258－0：¥3.80

I227 026299

环岛行吟/唐成思著.—海口：南海出版公司，1995.10.—108页；19cm

ISBN 7－5442－0583－5：¥6.20

I227 026300

黄河诗草/吴全志著.—郑州：河南人民出版社，1995.1.—209页：照片；19cm

ISBN 7－215－03402－X：¥7.20

I227 026301

黄楼诗草/徐山林著；武复兴，韩望愈注释.—西安：陕西人民出版社，1995.11.—160页；20cm

ISBN 7－224－04021－5(精装)：¥12.80

I227 026302

黄施民诗词集/黄施民著.—天津：百花文艺出版社，1995.11.—123页；20cm

ISBN 7－5306－2085－1：¥7.50

I227 026303

火与花/王昆编著.—海口：南海出版公司，1995.9.—203页；19cm

ISBN 7－5442－0572－X：¥9.50

I227 026304

击水词·书·画/高介华著；陈经义书；李春富画.—南京：江苏文艺出版社，1995.12.—287页：彩照；20cm

ISBN 7－5399－0878－5(精装)：¥28.00

I227 026305

击楫集/李一氓著.—北京：中华书局，1995.11.—133页；20cm

ISBN 7－101－01254－X：¥7.00

I227 026306

吉祥鸟/戴凤举主编.—北京：中国文联出版公司，1995.5.—226页；19cm

ISBN 7－5059－2143－6：¥6.50

I227 026307

寂寞的风景/王超英著.—天津：百花文艺出版社，1995.11.—178页；19cm

ISBN 7－5306－2123－8：¥9.00

I227 026308

记忆的瓷瓶/李龙年著.—厦门：鹭江出版社，1995.12.—152页；19cm.—(武夷文苑丛书)

ISBN 7－80610－295－7：¥8.00

I227 026309

纪念陈毅诗词选/沙地主编.—北京：中国青年出版社，1995.12.—371页；20cm

ISBN 7－5006－1961－8：¥16.50

I227 026310

纪弦精品/纪弦著.—北京：人民文学出版社，1995.5.—266页；20cm

ISBN 7－02－002036－4：¥10.00

I227 026311

贾云程诗词选/贾云程著.—赤峰：内蒙古科学技术出版社，1995.5.—261页；19cm

ISBN 7－5380－0304－5：¥15.50

I227 026312

剪云集/林林著.—北京：北京大学出版社，1995.7.—89页；19cm

ISBN 7－301－01795－2：¥6.50

I227 026313

剑风楼诗钞/裘沛然著；徐伯清书.—上海：上海中医药大学出版社，1995.8.—186页；20cm

ISBN 7－81010－307－5：¥15.20

I227 026314

蕉舍诗词/顾毓琇著.—北京：清华大学出版社，1995.12.—378页；20cm

ISBN 7－302－01915－0：¥20.00

I227 026315

解味集/萧挺著.—上海：华东师范大学出版社，1995.2.—156页；20cm

ISBN 7－5617－1256－1：¥10.80

I227 026316

金兰草/于金兰著.—北京：华艺出版社，1995.4.—130页；19cm

ISBN 7－80039－657－6：¥4.50

I227 026317

金陵春草/顾浩著.—南京：南京出版社，1995.1.—84页；20cm

ISBN 7－80614－069－7：¥4.80

I227 026318

惊蛰的雷声/彭凯雷著.—兰州：敦煌文艺出版社，1995.6.—83页；19cm

ISBN 7－80587－285－6：¥3.00

I227 026319

静静的白桦林：诗集/王晓琳主编.—哈尔滨：黑龙江人民出版社，1995.8.—203页；19cm.—(小兴安岭文学丛书/姜孟之，鲁喜森主编)

ISBN 7－207－03271－4：¥7.50

I227 026320

镜中水波/王小未著.—乌鲁木齐：新疆人民出版社，1995.8.—127页；19cm

ISBN 7－228－03561－5：¥6.80

I227 026321

九九情歌/梁学平著.—北京：中国文联出版公司，1995.8.—121页；19cm

ISBN 7－5059－1632－7：¥4.40

I227 026322

菊与剑/孙悦著.—天津：百花文艺出版社，1995.1.—165页；19cm

ISBN 7－5306－1961－6：¥5.40

I227 026323

君住深山里/钱杰林著.—昆明：云南美术出版社，1995.12.—242页；18cm

ISBN 7－80586－233－8：¥6.80

I227 026324

卡盘上的爱/蔡葵著.—贵阳：贵州人民出版社，

1995.11.—158页;19cm
ISBN 7-221-04072-9:¥2.98

I227　026325
孔繁森之歌/商泽军,耿立著.—北京:中国青年出版社,1995.11.—118页;20cm
ISBN 7-5006-2147-7:¥7.20

I227　026326
匡庐情思/姚辉云著.—南昌:百花洲文艺出版社,1995.6.—138页;20cm.—(百花洲文学创作丛书/陈世旭主编)
ISBN 7-80579-647-5:¥6.00

I227　026327
狂雪/王久辛著.—北京:解放军文艺出版社,1995.1.—248页;19cm
ISBN 7-5033-0473-1(精装):¥13.50

I227　026328
来不及摇醒的美丽:文爱艺爱情诗精品集/文爱艺著.—成都:四川人民出版社,1995.10.—82页;19cm
全套共3册,总定价:18.00元
ISBN 7-220-02889-X:¥0.00

I227　026329
蓝色的十四行/唐　著.—北京:北京燕山出版社,1995.7
ISBN 7-5402-0215-7:¥

I227　026330
蓝天绿地白云:献给乌海市建市20周年/刘永符著.—呼和浩特:内蒙古人民出版社,1995.10.—150页;20cm
ISBN 7-204-02414-1:¥8.00

I227　026331
浪漫军旅/峭岩著.—北京:华艺出版社,1995.6.—381页;20cm.—(中国当代著名军中诗人自选集)
ISBN 7-80039-049-7:¥15.00

I227　026332
浪漫诗笺/傅天琳等著.—上海:少年儿童出版社,1995.12.—86页;19cm.—(少女的天空丛书)
ISBN 7-5324-2872-9:¥5.20

I227　026333
黎明之根/郭玉山著.—广州:广东旅游出版社,1995.1.—249页;20cm.—(南天文学丛书/程贤章主编)
ISBN 7-80521-613-4:¥10.00

I227　026334
漓江诗魂/河井著.—桂林:漓江出版社,1995.12.—137页;19cm
ISBN 7-5407-1863-3:¥9.80

I227　026335
李静声诗集/李静声著.—北京:中国档案出版社,1995.8.—157页;20cm
ISBN 7-80019-542-2:¥8.00

I227　026336
李庭桂诗选/李庭桂著.—贵阳:贵州人民出版社,1995.12.—339页;19cm
ISBN 7-221-04112-1:¥14.00

I227　026337
李真诗稿/李真著.—北京:解放军文艺出版社,1995.10.—255页:照片;20cm
ISBN 7-5033-0701-3:¥15.00

I227　026338
李中权诗词选/李中权著;老战士诗文集编委会编.—北京:蓝天出版社,1995.8.—149页;19cm
ISBN 7-80081-589-7:¥15.00

I227　026339
凌文远自选集/凌文远著.—重庆:重庆出版社,1995.8.—292页;19cm
ISBN 7-5366-3257-6:¥11.00

I227　026340
凌燕魂/村夫主编;《凌燕魂》编委会编.—天津:百花文艺出版社,1995.11.—414页;20cm
ISBN 7-5306-2185-8:¥15.00

I227　026341
凌云徐志刚诗词合辑/凌云,徐志刚著.—海口:南海出版公司,1995.8.—224页;19cm
ISBN 7-5442-0217-8:¥7.50

I227　026342
流浪的灵魂/杜正春著.—北京:华艺出版社,1995.5.—128页;20cm.—(太阳鸟文学丛书·第一辑/正春主编)
ISBN 7-80039-941-9:¥9.80

I227　026343
流梦的太阳河/代海主编.—天津:百花文艺出版社,1995.1.—215页;19cm
ISBN 7-5306-1912-8:¥7.80

I227　026344
流行传唱/荣荣著.—天津:百花文艺出版社,1995.6.—212页;19cm
ISBN 7-5306-1999-3:¥8.70

I227　026345
龙胆紫集:新编/李锐著.—广州:广东人民出版社,1995.12.—209页;20cm
ISBN 7-218-00849-6:¥15.00

I227　026346
龙虎吟:中国龙虎山诗会作品集/张炜主编.—南昌:百花洲文艺出版社,1995.4.—91页;20cm
ISBN 7-80579-604-1:¥5.00

I227　026347
旅途手记/思凡著.—福州:海峡文化出版社,1995.1.—128页;19cm
ISBN 7-80534-755-7:¥4.30

I227　026348
绿百合/程楷著.—厦门:鹭江出版社,1995.12.—108页;19cm.—(武夷文苑丛书)
ISBN 7-80610-295-7:¥6.00

I227　026349
绿风诗刊百期集萃/石河主编.—乌鲁木齐:新疆人民出版社,1995.9.—313页;19cm
ISBN 7-228-03282-9:¥10.80

I227　026350

绿色放歌/汪丛林著.—重庆:重庆出版社,1995.12.—106页;19cm
ISBN 7-5366-3332-7:¥7.80
I227　026351
绿洲集/赵国强著.—天津:百花文艺出版社,1995.5.—159页;19cm
ISBN 7-5306-1798-2:¥8.00
I227　026352
罗门长诗选/罗门著.—北京:中国社会科学出版社,1995.4.—227页;20cm.—(罗门、蓉子文学创作系列)
ISBN 7-5004-1655-5:¥10.00
I227　026353
罗门短诗选/罗门著.—北京:中国社会科学出版社,1995.4.—249页;20cm.—(罗门、蓉子文学创作系列)
ISBN 7-5004-1656-3:¥11.00
I227　026354
落霞裙/王晓满著.—天津:百花文艺出版社,1995.11.—141页;19cm
ISBN 7-5306-2121-1:¥5.60
I227　026355
落雪的信笺/唐俊珊,唐泓著.—哈尔滨:东北林业大学出版社,1995.12.—255页;19cm
ISBN 7-81008-662-6:¥8.50
I227　026356
骆驼集:抗日老战士诗选/徐朗主编.—北京:当代中国出版社,1995.12.—184页;20cm
ISBN 7-80092-492-0:¥12.00
I227　026357
梅斋集/陈焕彬著.—武汉:湖北人民出版社,1995.10.—161页;19cm
ISBN 7-216-01772-2:¥5.60
I227　026358
梦的小鸟:献给小学生的诗/刘育贤著.—西安:陕西人民教育出版社,1995.12.—126页;19cm
ISBN 7-5419-6072-1:¥4.00
I227　026359
梦蝴蝶/汪智刚著.—北京:华夏出版社,1995.4.—101页;19cm
ISBN 7-5080-0670-4:¥6.00
I227　026360
梦是唯一的行李/桂汉标选编.—广州:岭南美术出版社,1995.12.—220页;20cm.—(粤北文学丛书·第一辑:新诗卷)
全套5册,总定价:105.00元
ISBN 7-5362-1307-7:¥0.00
I227　026361
梦未了:钟鸿诗选/钟鸿著.—北京:华艺出版社,1995.8.—149页:照片;19cm
ISBN 7-80039-970-2:¥7.00
I227　026362
梦之谷/南瑟著.—广州:广东旅游出版社,1995.9.—90页;19cm
ISBN 7-80521-610-X:¥3.50
I227　026363
面对雕象/嵇亦工著.—杭州:浙江文艺出版社,1995.9.—122页;19cm
ISBN 7-5339-0858-9:¥5.00
I227　026364
抹不掉的伤痕/柳倩著.—北京:解放军出版社,1995.11.—240页;20cm
ISBN 7-5065-2944-0:¥23.50
I227　026365
木叶的旋律/文玉深,胡荣胜著.—贵阳:贵州人民出版社,1995.8.—109页;19cm
ISBN 7-221-03894-5:¥2.98
I227　026366
南歌:熊召正诗歌自选集/熊召正著.—北京:作家出版社,1995.1.—224页;20cm
ISBN 7-5063-0832-0:¥6.10
I227　026367
南怀瑾著作诗词辑录/练性乾编.—上海:复旦大学出版社,1995.4.—288页;20cm
ISBN 7-309-01482-0:¥11.00
I227　026368
南窒明草/张振著.—兰州:甘肃人民出版社,1995.2.—70页;19cm
ISBN 7-226-01438-6:¥2.60
I227　026369
南苑诗钞/唐仲仪著.—武汉:武汉大学出版社,1995.2.—171页;20cm
ISBN 7-307-01923-X:¥8.60
I227　026370
男兵蓝梦/李奋程著.—福州:海风出版社,1995.6.—107页;19cm
ISBN 7-80597-078-5:¥4.95
I227　026371
涅槃/清子著.—北京:华夏出版社,1995.4.—177页;19cm
ISBN 7-5080-0229-6(精装):¥19.00
I227　026372
琵琶声响幸福长/李四益著;怒江傈僳族自治州民族宗教事务委员会编.—昆明:云南民族出版社,1995.12.—252页;19cm
ISBN 7-5367-1120-4:¥26.00
I227　026373
漂泊的云/韩青著.—天津:百花文艺出版社,1995.7.—156页;19cm
ISBN 7-5306-2050-9:¥6.00
I227　026374
蒲公英的梦/乔大学著.—贵阳:贵州人民出版社,1995.6.—137页;19cm.—(金果实丛书)
ISBN 7-221-03893-7:¥2.98
I227　026375
气功悟诗/林清泉著.—广州:岭南美术出版社,1995.10.—54页;19cm
ISBN 7-5362-1297-6:¥10.00
I227　026376
青春的荒原/段金泉著.—西宁:青海人民出版社,

1995.2.—181 页;19cm
ISBN 7-225-01013-1:¥6.80

I227　026377
青春的玫瑰/徐鲁著.—郑州:海燕出版社,1995.5.—255 页;19cm.—(青春快车丛书)
ISBN 7-5350-1195-0:¥6.90

I227　026378
青萍集/骆子程著.—哈尔滨:哈尔滨出版社,1995.12.—236 页;20cm
ISBN 7-80557-907-5:¥9.80

I227　026379
轻握的温柔/许燕影著.—海口:海南出版社,1995.4.—130 页;19cm
ISBN 7-80617-134-7:¥3.70

I227　026380
清楚与糊涂/仲卫善著.—兰州:敦煌文艺出版社,1995.10.—215 页;19cm
ISBN 7-80587-309-7:¥9.80

I227　026381
清韵集/黎沛虹著.—南京:河海大学出版社,1995.8.—174 页;19cm
ISBN 7-5630-0880-2:¥6.50

I227　026382
晴川碧草/钟琼奎著.—芒市:德宏民族出版社,1995.10.—111 页;19cm.—(金孔雀诗丛)
ISBN 7-80525-267-X:¥5.80

I227　026383
秋的呼唤/黄粲兮著.—桂林:漓江出版社,1995.9.—139 页;19cm
ISBN 7-5407-1744-0:¥6.20

I227　026384
秋辉集/钱家耀著.—昆明:云南人民出版社,1995.6.—214 页;19cm
ISBN 7-222-01795-X:¥6.50

I227　026385
秋声集/张野,吴宗和著.—天津:百花文艺出版社,1995.7.—116 页;25×13cm
ISBN 7-5306-2070-3:¥5.60

I227　026386
全国诗歌报刊十年作品精选:1985~1995/《中国诗坛》编辑部编.—天津:百花文艺出版社,1995.8.—417 页;20cm
ISBN 7-5306-2066-5:¥17.00

I227　026387
群山之中/贺中著.—北京:民族出版社,1995.8.—161 页;19cm.—(西藏当代作家丛书/张治维主编)
ISBN 7-105-02499-2:¥5.20

I227　026388
燃烧的心/周本森著.—芒市:德宏民族出版社,1995.4.—95 页;19cm.—(杜鹏诗丛)
ISBN 7-80525-258-0:¥3.80

I227　026389
热土恋歌/黄志毅著.—济南:山东友谊出版社,1995.11.—147 页;20cm
ISBN 7-80551-793-2:¥6.80

I227　026390
人生是一种缘/桂汉标著.—南宁:广西民族出版社,1995.12.—122 页;19cm.—(雪莲诗丛/林涛,孙浩东主编)
ISBN 7-5363-3111-8:¥4.50

I227　026391
人生真情录/刘定中著.—长沙:湖南文艺出版社,1995.10.—184 页;19cm
ISBN 7-5404-1436-7:¥5.00

I227　026392
蓉子诗选/蓉子著.—北京:中国社会科学出版社,1995.4.—246 页;20cm.—(罗门、蓉子文学创作系列)
ISBN 7-5004-1660-1:¥11.00

I227　026393
三峡放歌词曲精粹/刘荣波等主编.—北京:中国文联出版公司,1995.8.—450 页;20cm
ISBN 7-5059-2273-4:¥15.80

I227　026394
三馀吟草:沈鹏诗词选/沈鹏著.—北京:荣宝斋出版社,1995.12.—184 页;20cm
ISBN 7-5003-0240-1:¥25.00

I227　026395
散文诗世界　1995 年　第 2 辑　总第 19 期/《散文诗世界》编辑部编.—成都:四川民族出版社,1995.4.—64 页;26cm
ISBN 7-5409-1454-8:¥2.80

I227　026396
散文诗世界　1995 年　第 3 期　总第 20 期/李峰铭主编;《散文诗世界》编辑部编.—成都:四川民族出版社,1995.5.—64 页;26cm
ISBN 7-5409-1512-9:¥2.80

I227　026397
散文诗世界　1995 年　第 4 期　总第 21 期/李峰铭主编;《散文诗世界》编辑部编.—成都:四川民族出版社,1995.7.—72 页:彩图;26cm
ISBN 7-5409-1533-1:¥3.50

I227　026398
散文诗世界　1995 年　第 4 期　总第 21 期/李峰铭主编;《散文诗世界》编辑部编.—成都:四川民族出版社,1995.7.—72 页:彩图;26cm
ISBN 7-5409-1533-1:¥3.50

I227　026399
散文诗世界　1995 年　第 5 期　总第 22 期/李峰铭主编;《散文诗世界》编辑部编.—成都:四川民族出版社,1995.9.—72 页;26cm
ISBN 7-5409-1573-0:¥3.50

I227　026400
散文诗世界　1995 年　第 6 期　总第 23 期/李峰铭主编;《散文诗世界》编辑部编 .—成都:四川民族出版社,1995.11.—72 页;26cm
ISBN 7-5409-1613-3:¥3.50

I227　026401
山风吹来/吴仲华著.—贵阳:贵州人民出版社,

1995.7.—108页;19cm
ISBN 7-221-03848-1: ¥2.98

I227　026402
山谷漫歌/王庆复著.—沈阳:辽宁大学出版社,1995.5.—201页;19cm
ISBN 7-5610-2977-2: ¥5.80

I227　026403
山魂/宋炳龙著.—芒市:德宏民族出版社,1995.4.—99页;19cm.—(杜鹃诗丛/和法堡主编)
ISBN 7-80525-258-0: ¥3.80

I227　026404
山水文化颂桂林/林焕平著.—桂林:漓江出版社,1995.10.—82页;19cm
ISBN 7-5407-1830-7: ¥5.00

I227　026405
深山短笛/和贵生著.—芒市:德宏民族出版社,1995.4.—95页;19cm.—(沧江文丛·第一辑/和贵群主编)
ISBN 7-80525-257-2: ¥3.80

I227　026406
生命的歌没有年纪/莫洛著.—杭州:浙江文艺出版社,1995.10.—345页;19cm
ISBN 7-5339-0850-3: ¥10.10

I227　026407
生命的花朵:文爱艺抒情诗精品集/文爱艺著.—成都:四川人民出版社,1995.10.—82页;19cm
全套共3册,总定价:18.00元
ISBN 7-220-02889-X: ¥

I227　026408
生命苦旅/苏小玲著.—北京:现代出版社,1995.7.—135页;19cm
ISBN 7-80028-287-2: ¥5.00

I227　026409
生命是一片叶子/李瑛著.—北京:解放军出版社,1995.6.—250页;20cm
ISBN 7-5065-2665-4: ¥8.80

I227　026410
盛开的心情/殷健灵著.—上海:百家出版社,1995.10.—98页;19cm
ISBN 7-80576-548-0: ¥6.80

I227　026411
胜利之歌/杨正南著.—昆明:云南人民出版社,1995.9.—133页;19cm
ISBN 7-222-01851-4: ¥5.40

I227　026412
诗歌点灯:马策诗集 /马策著.—南昌:百花洲文艺出版社,1995.11.—148页;20cm
ISBN 7-80579-680-7: ¥8.00

I227　026413
诗苑嘤鸣/彭祖熙主编.—广州:广东人民出版社,1995.4.—414页;20cm
ISBN 7-218-01759-2: ¥15.60

I227　026414
瞬间的美丽/王碧莹著.—北京:民族出版社,1995.11.—118页;19cm
ISBN 7-105-02565-4: ¥6.80

I227　026415
瞬息/沈玉秋著.—天津:百花文艺出版社,1995.11.—133页;20cm
ISBN 7-5306-2173-4: ¥7.30

I227　026416
松鹤苑诗草/林钟美主编.—贵阳:贵州教育出版社,1995.1.—173页;20cm
ISBN 7-80583-612-4: ¥8.00

I227　026417
素笺/唐启贵著.—合肥:安徽文艺出版社,1995.2.—65页;20cm
ISBN 7-5396-1296-7: ¥2.80

I227　026418
他从天边来:白渔诗选/白渔著.—北京:人民文学出版社,1995.4.—374页;20cm
ISBN 7-02-002003-8: ¥11.70

I227　026419
台阶上的诗笺/张况著.—天津:百花文艺出版社,1995.4.—137页;19cm
ISBN 7-5306-1923-3: ¥4.80

I227　026420
台湾抒情短诗100首/江水选编.—上海:上海文艺出版社,1995.6.—145页;19cm
ISBN 7-5321-1251-9: ¥5.00

I227　026421
太阳·大地·女人/斯日古郎著.—呼和浩特:内蒙古人民出版社,1995.8.—188页;19cm
ISBN 7-204-02876-7: ¥9.80

I227　026422
太阳魂/邵春生著.—芒市:德宏民族出版社,1995.4.—126页;19cm.—(杜鹃诗丛/和法堡主编)
ISBN 7-80525-258-0: ¥4.20

I227　026423
叹息笔记:杜十三诗选/杜十三著.—北京:中国友谊出版公司,1995.4.—238页;19cm
ISBN 7-5057-0845-7: ¥9.98

I227　026424
疼痛的目光/一南著.—长春:时代文艺出版社,1995.6.—172页;20cm
ISBN 7-5387-0898-7: ¥9.80

I227　026425
蹄声:诗词集/张晶著.—北京:解放军文艺出版社,1995.10.—231页:照片;20cm
ISBN 7-5033-0710-2: ¥24.00

I227　026426
天涯飞絮:诗的游记/李书光著.—海口:南海出版公司,1995.6.—119页;19cm
ISBN 7-5442-0401-4: ¥6.50

I227　026427
听涛集/孙德汉著.—济南:山东友谊出版社,1995.12.—61页:照片;19cm
ISBN 7-80551-777-0: ¥6.80

I227 026428
万木林/黄文忠著.—厦门:鹭江出版社,1995.12.—79页;19cm.—(武夷文苑丛书)
ISBN 7-80610-295-7:¥4.50

I227 026429
万叶飘零/商河著.—天津:百花文艺出版社,1995.5.—180页;19cm.—(蓬江文学丛书)
ISBN 7-5306-0925-4:¥6.00

I227 026430
王德芳诗选/王德芳著.—西安:三秦出版社,1995.12.—496页;20cm
ISBN 7-80546-957-1:¥25.00

I227 026431
微笑:高占祥诗选/高占祥著.—天津:百花文艺出版社,1995.7.—188页;20cm
ISBN 7-5306-1991-8:¥12.80

I227 026432
蔚蓝的夜空/范传统著.—北京:文津出版社,1995.5.—228页;19cm
ISBN 7-80554-240-6:¥7.70

I227 026433
温柔之门/马力著.—北京:中国华侨出版社,1995.7.—119页;19cm.—(女性的独白/刘湛秋主编)
ISBN 7-80074-947-9:¥6.00

I227 026434
我的爱恋/马德清著.—成都:四川民族出版社,1995.5.—203页;19cm
ISBN 7-5409-1379-7:¥3.90

I227 026435
我的梦/张浩然著.—沈阳:白山出版社,1995.11.—71页;19cm
ISBN 7-80566-448-X:¥7.30

I227 026436
我的文学梦/曲传久著.—海口:南海出版公司,1995.5.—177页;19cm
ISBN 7-5442-0160-0:¥8.00

I227 026437
无法忘记/王幅明著.—郑州:海燕出版社,1995.10.—151页;19cm
ISBN 7-5350-1283-3:¥4.00

I227 026438
无言的树/梅君著.—西宁:青海人民出版社,1995.5.—139页;20cm.—(瀚海丛书)
ISBN 7-225-01061-1:¥5.50

I227 026439
无鱼之河/孙国章著.—济南:济南出版社,1995.1.—84页;20cm
ISBN 7-80572-927-1:¥4.20

I227 026440
无云的天空/周存云著.—北京:语文出版社,1995.4.—148页;19cm
ISBN 7-80006-963-X:¥4.00

I227 026441
五桂山房诗文集/欧初著.—广州:广州出版社,1995.10.—330页:图;20cm
ISBN 7-80592-232-2:¥26.80

I227 026442
夕阳碎影/杨克兴著.—银川:宁夏人民出版社,1995.2.—137页;20cm
ISBN 7-227-01457-6:¥7.00

I227 026443
夏夜的幽会:散文诗卷/陈词著.—北京:中国文联出版公司,1995.6.—301页;20cm.—(中国文坛黑马丛书/艳齐主编)
ISBN 7-5059-0816-2:¥9.80

I227 026444
现代名家袖珍抒情诗赏析/李复威主编.—北京:同心出版社,1995.1.—5册;19cm
ISBN 7-80593-119-4(盒装):¥14.80

I227 026445
现代抒情诗100首/徐荣街主编.—南京:江苏教育出版社,1995.10.—375页;20cm
ISBN 7-5343-2485-8:¥10.45

I227 026446
献给圣地的歌/葛·嘉洋益喜著.—芒市:德宏民族出版社,1995.10.—143页;19cm.—(金孔雀诗丛)
ISBN 7-80525-267-X:¥5.80

I227 026447
乡风/庞述生著.—芒市:德宏民族出版社,1995.10.—154页;19cm.—(金孔雀诗丛)
ISBN 7-80525-267-X:¥5.80

I227 026448
萧向荣诗词集/萧向荣著.—北京:解放军出版社,1995.3.—138页:照片;19cm
ISBN 7-5065-2660-3:¥14.60

I227 026449
新从军行/唐晓云著.—北京:解放军文艺出版社,1995.11.—300页;19cm
ISBN 7-5033-0703-X:¥13.90

I227 026450
新感觉:汉、藏对照/多智合著.—兰州:甘肃民族出版社,1995.1.—124页;19cm
ISBN 7-5421-0352-0:¥4.00

I227 026451
新华诗叶　第十辑　(上)　总第十四辑/张洁等主编;新华诗社编.—北京:新华出版社,1995.6.—165页;19cm
ISBN 7-5011-2877-4:¥4.50

I227 026452
新华诗叶　第十辑　(下)　总第十五辑/张结等主编;新华诗社编.—北京:新华出版社,1995.12.—157页;19cm
ISBN 7-5011-2877-4:¥5.00

I227 026453
新税吟:新税杯诗词楹联大奖赛专辑/赵焱森主编.—长沙:岳麓书社,1995.9.—166页;20cm
ISBN 7-80520-618-X:¥8.80

I227 026454

心版上的手记/晓寒著.—北京:文津出版社,1995.6.—119页;19cm
ISBN 7-80554-276-7:¥10.00

I227 026455

心潮腾细浪:李庆国诗词乙亥年集/李庆国著.—北京:蓝天出版社,1995.2.—170页;19cm
ISBN 7-80081-556-0:¥5.50

I227 026456

心灵的约会/成坚著.—广州:广东旅游出版社,1995.3.—137页;19cm
ISBN 7-80521-521-9:¥4.50

I227 026457

心桥丛书:诗歌卷/洋雨,丹江主编.—乌鲁木齐:新疆青少年出版社,1995.1.—12册;19cm
包括《流星》等12册
ISBN 7-5371-2002-1:¥48.00

I227 026458

心影集/王希坚著.—济南:山东文艺出版社,1995.7.—268页;20cm
ISBN 7-5329-1268-X:¥10.00

I227 026459

心韵/杨永建著.—厦门:鹭江出版社,1995.5.—101页;19cm
ISBN 7-80533-522-2:¥4.20

I227 026460

星辰的黄昏/李在春著.—牡丹江:黑龙江朝鲜民族出版社,1995.3.—152页;19cm
ISBN 7-5389-0580-4:¥3.50

I227 026461

星星鼓楼/吴跃军主编.—贵阳:贵州民族出版社,1995.5.—144页;19cm
ISBN 7-5412-0565-6:¥8.20

I227 026462

星与月:爱情诗歌选/常青著.—北京:中国电影出版社,1995.9.—96页:照片;19cm
ISBN 7-106-01042-1:¥5.60

I227 026463

胸怀如雪/廖自力著.—桂林:漓江出版社,1995.10.—94页;19cm.—(生命情结系列;1)
ISBN 7-5407-1839-0:¥5.00

I227 026464

虚构的玫瑰/海男著.—昆明:云南人民出版社,1995.1.—201页:照片;20cm
ISBN 7-222-01549-3:¥6.15

I227 026465

雪莲诗丛/林涛,孙浩东主编.—南宁:广西民族出版社,1995.12.—12册;19cm
本书包括:《蹈海集》等12册。
ISBN 7-5363-3111-8:¥54.00

I227 026466

寻回/赵永波著.—济南:黄河出版社,1995.6.—129页;19cm
ISBN 7-80558-609-8:¥5.80

I227 026467

寻觅光荣/辛茹著.—天津:百花文艺出版社,1995.12.—148页;20cm.—(21世纪文学之星丛书·1995年卷·诗歌)
ISBN 7-5306-2154-8:¥7.50

I227 026468

寻翼之梦/梁洪涛著.—北京:文津出版社,1995.9.—144页;19cm
ISBN 7-80554-279-1:¥5.30

I227 026469

严辰诗歌六十年选/严辰著.—北京:中国文联出版公司,1995.4.—360页;20cm
ISBN 7-5059-2227-0:¥12.40

I227 026470

严力诗选/严力著.—上海:上海文艺出版社,1995.8.—145页;19cm
ISBN 7-5321-1333-7:¥5.50

I227 026471

椰岛踏歌行/蔡旭著.—海口:南海出版公司,1995.7.—174页;19cm.—(海南作家丛书)
ISBN 7-5442-0543-6:¥7.50

I227 026472

野草无花也芬芳/老品选编.—北京:同心出版社,1995.9.—308页;19cm.—(人生奠基石丛书·范文选读系列/肖衍庆等主编)
全套书共10册,总定价:145.00元
ISBN 7-80593-150-X(精装):¥

I227 026473

野草无花也芬芳:优秀散文诗选读/老品选编.—北京:同心出版社,1995.9.—308页;19cm.—(人生奠基石丛书·范文选读系列/肖衍庆等主编)
ISBN 7-80593-150-X:¥9.50

I227 026474

野花的梦/苏辑黎著.—南昌:百花洲文艺出版社,1995.7.—154页;20cm.—(百花洲文学创作丛书/陈世旭,蒋克己主编)
ISBN 7-80579-655-6:¥5.95

I227 026475

一行乘三/严力等著.—西宁:青海人民出版社,1995.6.—194页;19cm
ISBN 7-225-01071-9:¥6.80

I227 026476

一只候鸟在感觉/吴强著.—长春:吉林人民出版社,1995.9.—167页;19cm.—(三峡丛书/李华章,陈传新主编)
ISBN 7-206-02331-2:¥10.50

I227 026477

翼之吻/毓明著.—北京:中国工人出版社,1995.3.—112页;19cm
ISBN 7-5008-1755-X:¥5.60

I227 026478

殷殷乡土情/石书仁著.—沈阳:春风文艺出版社,1995.12.—246页;19cm
ISBN 7-5313-1570-X:¥11.80

I227 026479

隐蜜:许娜诗集/许娜著.—桂林:漓江出版社,1995.12.—106页;19cm
ISBN 7-5407-1850-1:¥4.50
I227　026480
鹰群/程步涛著.—北京:解放军出版社,1995.10.—208页;20cm
ISBN 7-5065-2677-8:¥11.00
I227　026481
萤窗诗草/郭盛福著.—贵阳:贵州民族出版社,1995.8.—111页;19cm
ISBN 7-5412-0592-3:¥3.98
I227　026482
用我的手接触/苗同利著.—呼和浩特:远方出版社,1995.5.—194页;19cm
ISBN 7-80595-129-2:¥5.60
I227　026483
悠悠儿女情:萧剑峰诗歌选/萧剑峰著.—武汉:湖北少年儿童出版社,1995.10.—214页;20cm
ISBN 7-5353-1432-5:¥6.50
I227　026484
悠悠蓝天情:《情深总向蓝天说》续集/李永金著.—福州:海风出版社,1995.9.—185页;19×18cm
ISBN 7-80597-097-1:¥28.00
I227　026485
余暇集/王成学著.—天津:百花文艺出版社,1995.12.—200页;20cm
ISBN 7-5306-2193-9:¥11.80
I227　026486
与你倾诉:陈景文爱情诗选之二/陈景文著.—北京:文化艺术出版社,1995.8.—300页;20cm
ISBN 7-5039-1387-8:¥12.00
I227　026487
与你同行/何岗著.—兰州:甘肃人民出版社,1995.9.—146页;19cm
ISBN 7-226-01544-7:¥4.00
I227　026488
喻晓诗选/喻晓著.—北京:长征出版社,1995.3.—295页;19cm
ISBN 7-80015-337-1:¥7.90
I227　026489
远航/陈日生著.—天津:百花文艺出版社,1995.1.—125页;19cm.—(蓬江文学丛书)
ISBN 7-5306-0736-7:¥4.85
I227　026490
月亮河诗选/刘丹选编.—郑州:河南人民出版社,1995.3.—233页;19cm
ISBN 7-215-03395-3:¥5.80
I227　026491
云南诗词　第四集/张文勋,薛波主编;云南省诗词学会编辑.—昆明:云南教育出版社,1995.1.—282页;20cm
ISBN 7-5415-0940-X:¥7.00
I227　026492
云往何处去/李志鹏著.—南昌:百花洲文艺出版社,1995.2.—125页;19cm
ISBN 7-80579-552-5:¥5.00
I227　026493
在瞬间逗留/沈苇著.—天津:百花文艺出版社,1995.12.—143页;20cm.—(21世纪文学之星丛书:1995年卷:诗歌)
ISBN 7-5306-2155-6:¥7.20
I227　026494
在心灵的天际/白玛娜珍著.—北京:民族出版社,1995.8.—85页;19cm.—(西藏当代作家丛书/张治维主编)
ISBN 7-105-02496-8:¥3.30
I227　026495
战迹游踪/罗立斌著.—桂林:广西师范大学出版社,1995.4.—479页:照片;20cm
ISBN 7-5633-2007-5:¥21.00
I227　026496
郑世芳校园朗诵诗/郑世芳著.—石家庄:河北教育出版社,1995.4.—200页;20cm
ISBN 7-5434-2401-0(精装):¥12.00
I227　026497
郑世芳校园朗诵诗/郑世芳著.—石家庄:河北教育出版社,1995.4.—200页;20cm
ISBN 7-5434-2401-0:¥4.90
I227　026498
郑玉昆画韵跋句/郑玉昆著;冷柯,柳正昌编选.—北京:中国旅游出版社,1995.9.—62页;19cm
ISBN 7-5032-1143-1:¥4.00
I227　026499
中国百家名诗赏析/许霆等编著.—南京:江苏教育出版社,1995.5.—323页;19cm
ISBN 7-5343-2339-8:¥7.55
I227　026500
中国当代诗词选　第二集/熊朝元主编;陕西省紫阳县南山报社等编辑.—西安:陕西人民教育出版社,1995.4.—316页;19cm
ISBN 7-5419-5641-4:¥9.00
I227　026501
中国诗坛:95.1~2合辑　总15辑/何首巫主编.—北京:人民音乐出版社,1995.3.—119页;30cm
ISBN 7-5039-1380-0:¥9.80
I227　026502
中国四川新时期诗选/培贵主编.—重庆:重庆出版社,1995.12.—716页;20cm
ISBN 7-5366-3354-8:¥25.00
I227　026503
中华当代咏物诗词选/张宜武主编.—南昌:江西高校出版社,1995.9.—287页;20cm
ISBN 7-81033-532-4:¥14.90
I227　026504
中华诗魂/孟允安主编.—桂林:漓江出版社,1995.8.—773页:照片;20cm
ISBN 7-5407-1806-4(精装):¥35.00
I227　026505

中华禅诗　第二辑/中华禅诗研究会编.—北京:宗教文化出版社,1995.12.—209页;19cm
ISBN 7-80123-023-X:¥15.00

I227 026506
周虚白诗选/周虚白著.—昆明:云南民族出版社,1995.9.—112页;20cm
ISBN 7-5367-1095-X:¥8.90

I227 026507
壮怀天地唱人生:优秀新诗选读/老品选编.—北京:同心出版社,1995.9.—316页;19cm.—(人生奠基石丛书·范文选读系列/肖衍庆等主编)
全套书共10册,总定价:145.00元
ISBN 7-80593-150-X(精装):¥

I227 026508
壮怀天地唱人生:优秀新诗选读/老品选编.—北京:同心出版社,1995.9.—316页;19cm.—(人生奠基石丛书·范文选读系列/肖衍庆等主编)
ISBN 7-80593-150-X:¥9.50

I227 026509
走向西高原/李维开著.—北京:解放军文艺出版社,1995.8.—168页;19cm
ISBN 7-5033-0666-1:¥12.00

I227 026510
祖国,我永远属于你:新中国爱国主义诗选/韩作黎主编.—桂林:广西师范大学出版社,1995.7.—418页;19cm
ISBN 7-5633-2062-8:¥11.40

I227 026511
最初的梦/戴默著.—沈阳:春风文艺出版社,1995.12.—100页;19cm
ISBN 7-5313-1558-0:¥8.00

I227 026512
最后的玫瑰/孙大梅著.—沈阳:沈阳出版社,1995.12.—214页;19cm
ISBN 7-5441-0458-3:¥11.80

I227 026513
莓子诗集:虚构的暖意:1987～1995/莓子著.—成都:四川美术出版社,1995.—196页;20cm
ISBN 7-5410-1070-7(精装):¥18.00

I227 026514
蓦回首/余春钗著.—北京:文津出版社,1995.11.—118页;20cm
ISBN 7-80554-294-5:¥6.80

I227 026515
岷峨诗稿　第36辑/四川省诗书画院,《岷峨诗稿》编辑部编.—成都:巴蜀书社,1995.6.—60页;26×16cm
ISBN 7-80523-734-4(线装):¥3.00

I227 026516
岷峨诗稿　第37辑/四川省诗书画院,《岷峨诗稿》编辑部编.—成都:巴蜀书社,1995.9.—54页;26×16cm
ISBN 7-80523-741-7(线装):¥3.00

I227 026517
岷峨诗稿　第38辑/四川省诗书画院,《岷峨诗稿》编辑部编.—成都:巴蜀书社,1995.12.—55页;26×16cm
ISBN 7-80523-767-0(线装):¥3.00

I227 026518
湄筑吟选/谭科模著;岑荣光注释.—贵阳:贵州教育出版社,1995.7.—117页;19cm
ISBN 7-80583-696-5:¥5.50

I227 026519
濯缨楼诗草/刘清宏著.—南宁:接力出版社,1995.8.—112页;20cm
ISBN 7-80581-925-4:¥8.00

I227 026520
耆献集/王闲等著.—福州:海峡文艺出版社,1995.10.—250页;20cm
ISBN 7-80534-819-7:¥9.60

I227 026521
晏明山水诗选/晏明著.—北京:中国和平出版社,1995.3.—255页;20cm
ISBN 7-80101-196-1:¥9.00

I227 026522
滕利娜抒情诗选/滕利娜著.—北京:解放军文艺出版社,1995.6.—117页;19cm
ISBN 7-5033-0467-7:¥4.50

①I227②J121 026523
吴祖光、新凤霞诗书画集/吴祖光,新凤霞著.—北京:华艺出版社,1995.9.—70页;24×24cm
ISBN 7-80039-977-X:¥50.00

①I227②J121 026524
珠玑吟:南雄珠玑巷诗书画印集/南雄珠玑巷人南迁后裔联谊会编 .—广州:暨南大学出版社,1995.10.—161页;19cm.—(珠玑巷丛书;9/吴述超主编)
ISBN 7-81029-438-5:¥19.50

①I227②J292.12 026525
同醉一壶酒:百友诗抄/夏吉文编著.—昆明:云南教育出版社,1995.7.—96页;19cm
ISBN 7-5415-1040-8:¥3.60

①I227②J292.28 026526
大漠西风歌/王良旺著.—兰州:敦煌文艺出版社,1995.5.—104页;20cm
ISBN 7-80587-283-X:¥28.00

①I227②K825.6 026527
华夏吟友/王成纲主编.—北京:中国文联出版公司,1995.6.—1164页;26cm
ISBN 7-5059-2209-2(精装):¥180.00

I23 戏剧

I230 026528
常剑钧剧作选/常剑钧著.—桂林:漓江出版社,1995.12.—257页;20cm
ISBN 7-5407-1861-7:¥11.00

I230 026529

马三杰剧作选/马三杰著.—沈阳:春风文艺出版社,1995.12.—199页;19cm.—(燕东文苑/张文金主编)
ISBN 7-5313-1569-6:￥6.40

I230　026530
笑比哭好:炳宣剧作选/朱炳宣著.—成都:四川人民出版社,1995.8.—422页;19cm
ISBN 7-220-02906-3:￥14.50

I230　026531
中华古典观止/吴国钦编.—上海:学林出版社,1995.12.—660页;20cm.—(中华传统文化观止丛书)
ISBN 7-80616-083-3(精装):￥39.00

I230.5　026532
近代戏曲选/黄希坚,俞为民选注.—上海:华东师范大学出版社,1995.4.—297页;19cm.—(中国近代文学丛书)
ISBN 7-5617-1066-6:￥8.40

I230.7　026533
巾帼集/张步虹著.—北京:中国戏剧出版社,1995.9.—335页;20cm
ISBN 7-104-00716-4:￥14.50

I230.7　026534
齐鲁儿女的风采/田云鹏著.—天津:天津人民出版社,1995.12.—325页;20cm
ISBN 7-201-02418-3:￥12.00

I230.7　026535
天一剧作选/天一著.—北京:中国戏剧出版社,1995.12.—277页;20cm
ISBN 7-104-00704-0:￥13.80

I230.7　026536
文武生续亲/李正思著.—天津:百花文艺出版社,1995.12.—185页;19cm
ISBN 7-5306-2194-7:￥8.00

I234　026537
百优小品集/《剧本》杂志社编.—北京:解放军文艺出版社,1995.4.—436页;20cm
ISBN 7-5033-0631-9:￥17.00

I234　026538
王承友小品短剧选/王承友著.—北京:中国戏剧出版社,1995.4.—380页;20cm.—(当代剧作家创作丛书)
ISBN 7-104-00693-1:￥11.00

I234.7　026539
傅铎剧作选:续集/傅铎著.—北京:解放军文艺出版社,1995.5.—483页;20cm
ISBN 7-5033-0496-0:￥15.00

I234.7　026540
三更月芽:戏剧小品集/石仁勇,关华主编.—乌鲁木齐:新疆人民出版社,1995.10.—164页;20cm
ISBN 7-228-03591-7:￥9.80

I234.7　026541
谢民剧作选/谢民著.—桂林:漓江出版社,1995.1.—266页;19cm
ISBN 7-5407-1499-9:￥8.30

I235　026542
潘胜奎影视文学剧作集/潘胜奎著.—沈阳:春风文艺出版社,1995.2.—352页;19cm
ISBN 7-5313-1478-9:￥9.28

I235　026543
铁马烟尘:影视文学剧本集/罗大胜著.—贵阳:贵州人民出版社,1995.5.—364页;20cm.—(报林人系列丛书/张学武主编)
ISBN 7-221-03825-2:￥15.40

I235.07　026544
则天大帝/葛广建著.—天津:百花文艺出版社,1995.2.—689页;19cm
ISBN 7-5306-1715-X:￥18.00

I235.1　026545
浪尖上的女人/王黎拓著.—成都:四川文艺出版社,1995.2.—470页;20cm
ISBN 7-5411-1145-7:￥10.55

I235.1　026546
血简/金梅著.—合肥:安徽文艺出版社,1995.12.—265页;20cm
ISBN 7-5396-1180-4:￥12.00

I235.2　026547
曹雪芹梦断西山:四集电视剧/梅子,树林编剧.—北京:中国国际广播出版社,1995.7.—141页:彩图;20cm
ISBN 7-5078-1258-8(精装):￥21.00

I235.2　026548
扯去迷雾的画卷/崔家欣,郑昌隆编剧.—北京:中国戏剧出版社,1995.6.—172页;19cm
ISBN 7-104-00699-0:￥6.80

I235.2　026549
大型电视纪录片《毛泽东》/杨伟光主编.—北京:人民出版社,1995.3.—361页:照片;20cm
ISBN 7-01-002111-2:￥16.00

I235.2　026550
大型电视系列片中华之最解说词精选/纪良主编.—济南:山东教育出版社,1995.4.—506页;20cm
ISBN 7-5328-2147-1:￥11.95

I235.2　026551
广播连续剧《三国演义》/四川省广播电视厅,四川省广播艺术委员会编.—成都:四川大学出版社,1995.8.—1174页;20cm
据罗贯中原著改编108集全本
ISBN 7-5614-1132-4(精装):￥45.00

I235.2　026552
海南电视优秀专题片解说词/鹿松林主编.—海口:南海出版公司,1995.2.—297页;19cm.—(海南电视业务丛书)
ISBN 7-5442-0172-4:￥9.00

I235.2　026553
和平年代:长篇电视连续剧文学剧本/张波等著.—珠海:珠海出版社,1995.4.—543页;20cm
ISBN 7-80607-078-8(精装):￥68.00

I235.2　026554
龙之珠:二十集电视连续剧/汪遵熹著.—北京:华艺出版社,1995.12.—355页;19cm.—(天艺影视文库)

ISBN 7-80039-106-X:¥15.00

I235.2 026555

人生急转弯:二十集电视系列剧文学剧本/瞿新华编.—上海:上海社会科学院出版社,1995.12.—267页;20cm

ISBN 7-80618-157-1:¥16.00

I235.2 026556

中华之剑 中华之门:电视文学台本/李荃总撰稿.—上海:三联书店上海分店,1995.11.—293页;20cm

ISBN 7-5426-0909-2:¥12.00

I235.27 026557

湖畔情韵/阮波著.—北京:大众文艺出版社,1995.7.—145页;19cm

ISBN 7-80094-112-4:¥6.80

I235.27 026558

花谢花会再开:30集电视连续剧《蔷薇雨》/胡辛著.—南昌:百花洲文艺出版社,1995.4.—812页;20cm

ISBN 7-80579-620-3:¥19.80

I235.27 026559

中国空姐/程蔚东著.—杭州:浙江文艺出版社,1995.3.—558页;20cm

ISBN 7-5339-0770-1:¥18.80

I236.537 026560

江苏十年新剧作选/刘俊鸿主编;江苏省文化厅剧目工作室编.—北京:中国戏剧出版社,1995.4.—620页;20cm

ISBN 7-104-00695-8:¥15.80

I236.55 026561

谭伟剧作选/李光耀,沈祖安主编;浙江省戏剧家协会,浙江省艺术研究所编.—北京:中国戏剧出版社,1995.10.—462页;20cm

ISBN 7-104-00713-X:¥18.00

I236.57 026562

明刊闽南戏曲:管选本三种/龙彼得辑;泉州地方戏曲研究社编.—影印本.—北京:中国戏剧出版社,1995.10.—1册;23×17cm

ISBN 7-104-00707-5(精装):¥45.00

I236.64 026563

岁月韵弹:戏剧曲艺选集/刘松培著.—天津:百花文艺出版社,1995.8.—274页;20cm

ISBN 7-5306-2092-4:¥11.20

I236.64 026564

戏品人生:剧本选集/彭棣华著.—天津:百花文艺出版社,1995.8.—475页;20cm

ISBN 7-5306-2091-6:¥17.80

I236.657 026565

陈自强粤曲作品选/广州振兴粤剧基金会编.—广州:广州出版社,1995.5.—165页;20cm.—(广州振兴粤剧丛书)

ISBN 7-80592-264-0(精装):¥28.00

I236.667 026566

戏剧春秋/韩栖洲著;海南省文化广播体育厅,海南省文学艺术界联合会编.—海口:海南出版社,1995.1.—288页;20cm

ISBN 7-80617-142-8:¥10.80

I237 026567

元曲精品/王季思,董上德主编.—长春:时代文艺出版社,1995.12.—665页;20cm.—(中国古典文学名著精品大系)

附明杂剧精品

ISBN 7-5387-0971-1(精装):¥35.80

I237 026568

中国古代十大名剧/章自福整理.—贵阳:贵州人民出版社,1995.3.—392页;20cm

ISBN 7-221-03613-6(精装):¥16.80

I239 026569

玉如意/(清)严振先著;叶秀中校注.—南京:江苏古籍出版社,1995.3.—225页;19cm

ISBN 7-80519-622-2:¥10.00

I239.6 026570

朱光斗快板选/朱光斗著.—北京:解放军文艺出版社,1995.4.—344页;20cm

ISBN 7-5033-0499-5:¥13.50

I239.8 026571

金刀杨令公/郝赫编写.—北京:书目文献出版社,1995.12.—317页;19cm.—(杨家将九代英雄传;2/耿瑛主编)

ISBN 7-5013-1229-X:¥12.00

I239.8 026572

卢俊义:扬州评话王派水浒/王丽堂口述;汪福昌,费力整理.—南京:江苏文艺出版社,1995.1.—944页;20cm

ISBN 7-5399-0745-2(精装):¥38.00

I239.8 026573

杨金豹下山/黄秉刚,王樵编写.—北京:书目文献出版社,1995.12.—321页;19cm.—(杨家将九代英雄传;8/耿瑛主编)

ISBN 7-5013-1244-3:¥12.00

I239.8 026574

杨满堂除奸/李庆溪等编写.—北京:书目文献出版社,1995.12.—242页;19cm.—(杨家将九代英雄传;9/耿瑛主编)

ISBN 7-5013-1248-6:¥9.60

I239.8 026575

杨士瀚扫北/黄秉刚,熙明编写.—北京:书目文献出版社,1995.12.—227页;19cm.—(杨家将九代英雄传;7/耿瑛主编)

ISBN 7-5013-1243-5:¥9.00

I239.8 026576

杨文广征南/郝赫编写.—北京:书目文献出版社,1995.12.—298页;19cm.—(杨家将九代英雄传;5/耿瑛主编)

ISBN 7-5013-1236-2:¥11.00

I239.8 026577

杨宗保招亲/田连元,耿柳编写.—北京:书目文献出版社,1995.12.—318页;19cm.—(杨家将九代英雄传;4/耿瑛主编)

ISBN 7-5013-1232-X:¥12.00

I24 小说

I242　026578
白话太平广记/(宋)李昉等编;刁晏斌等译.—石家庄:河北教育出版社,1995.6.—5册(5134页);20cm
ISBN 7-5434-1872-x(精装):¥234.30

I242　026579
大谷本明清小说叙录/刘镇伟等编著.—大连:大连出版社,1995.5.—234页;19cm
ISBN 7-80612-152-8:¥6.00

I242　026580
历代神仙演义/(清)徐道撰;(清)程毓奇续;周晶等校点.—沈阳:辽宁古籍出版社,1995.4.—2册(1275页);20cm
ISBN 7-80507-270-1(精装):¥48.00

I242　026581
明清小说精品/邓绍基主编.—长春:时代文艺出版社,1995.12.—739页;20cm.—(中国古典文学名著精品大系)
附历代文言小说精品
ISBN 7-5387-0972-X(精装):¥38.80

I242　026582
明清小说精品/邓绍基主编.—长春:时代文艺出版社,1995.12.—687页;20cm.—(中国古典文学名著精品大系)
附历代白话小说精品
ISBN 7-5387-0977-0(精装):¥35.80

I242　026583
中国古典通俗小说文库:少年版.—昆明:晨光出版社,1995.—8册;19cm
本套书包括:《包公案》等八册。
ISBN 7-5414-1069-1(盒装):¥68.80

I242.1　026584
白话全本后聊斋志异/(清)王韬著;曹庆霖等译.—上海:上海古籍出版社,1995.12.—519页;19cm.—(十大文言短篇小说今译丛书)
ISBN 7-5325-2054-4(精装):¥16.80

I242.1　026585
白话全本后聊斋志异/(清)王韬著;曹庆霖等译.—上海:上海古籍出版社,1995.12.—519页;19cm.—(十大文言短篇小说今译丛书)
ISBN 7-5325-2053-6:¥14.70

I242.1　026586
白话全本剪灯新话/(明)瞿佑著;颜治茂译.—上海:上海古籍出版社,1995.10.—205页;19cm.—(十大文言短篇小说今译丛书)
附剪灯余话
ISBN 7-5325-1927-9(精装):¥9.60

I242.1　026587
白话全本剪灯新话/(明)瞿佑著;颜治茂译.—上海:上海古籍出版社,1995.10.—205页;19cm.—(十大文言短篇小说今译丛书)
附剪灯余话
ISBN 7-5325-1926-0:¥7.50

I242.1　026588
白话全本聊斋志异/(清)蒲松龄著;丁如明等译.—上海:上海古籍出版社,1995.10.—890页;19cm.—(十大文言短篇小说今译丛书)
ISBN 7-5325-2056-0(精装):¥25.10

I242.1　026589
白话全本聊斋志异/(清)蒲松龄著;丁如明等译.—上海:上海古籍出版社,1995.10.—890页;19cm.—(十大文言短篇小说今译丛书)
ISBN 7-5325-2055-2:¥23.10

I242.1　026590
白话全本搜神记/(晋)干宝撰;(明)胡应麟辑;王一工,唐书文译.—上海:上海古籍出版社,1995.10.—188页;19cm.—(十大文言短篇小说今译丛书)
ISBN 7-5325-2042-0(精装):¥9.40

I242.1　026591
白话全本搜神记/(晋)干宝撰;(明)胡应麟辑;王一工,唐书文译.—上海:上海古籍出版社,1995.10.—188页;19cm.—(十大文言短篇小说今译丛书)
ISBN 7-5325-2041-2:¥7.30

I242.1　026592
白话全本唐宋传奇集/鲁迅校录;蔡义江,蔡宛若译.—上海:上海古籍出版社,1995.10.—231页;19cm.—(十大文言短篇小说今译丛书)
ISBN 7-5325-2039-0:¥8.10

I242.1　026593
白话全本唐宋传奇集/鲁迅校录;蔡义江,蔡宛若译.—上海:上海古籍出版社,1995.10.—231页;19cm.—(十大文言短篇小说今译丛书)
ISBN 7-5325-2040-4(精装):¥10.20

I242.1　026594
白话全本夜谭随录/(清)和邦额著;束景南等译.—上海:上海古籍出版社,1995.10.—279页;19cm.—(十大文言短篇小说今译丛书)
ISBN 7-5325-2043-9:¥9.20

I242.1　026595
白话全本夜雨秋灯录/(清)宣鼎著;曹光甫等译.—上海:上海古籍出版社,1995.10.—794页;19cm.—(十大文言短篇小说今译丛书)
ISBN 7-5325-2049-8:¥20.90

I242.1　026596
白话全本夜雨秋灯录/(清)宣鼎著;曹光甫等译.—上海:上海古籍出版社,1995.10.—794页;19cm.—(十大文言短篇小说今译丛书)
ISBN 7-5325-2050-1(精装):¥23.00

I242.1　026597
白话全本萤窗异草/(清)长白浩歌子著;邬国平等译.—上海:上海古籍出版社,1995.10.—470页;19cm.—(十大文言短篇小说今译丛书)
ISBN 7-5325-2048-X(精装):¥15.50

I242.1　026598
白话全本萤窗异草/(清)长白浩歌子著;邬国平等译

.—上海:上海古籍出版社,1995.10.—470页;19cm.—(十大文言短篇小说今译丛书)
ISBN 7-5325-2047-1:¥13.40

I242.1　026599
白话全本阅微草堂笔记/(清)纪昀著;邵海清等译.—上海:上海古籍出版社,1995.12.—758页;19cm.—(十大文言短篇小说今译丛书)
ISBN 7-5325-2045-5:¥20.60

I242.1　026600
白话全本子不语/(清)袁枚编撰;陆海明等译.—上海:上海古籍出版社,1995.10.—789页;19cm.—(十大文言短篇小说今译丛书)
ISBN 7-5325-2051-X:¥21.10

I242.1　026601
白话全本子不语/(清)袁枚编撰;陆海明等译.—上海:上海古籍出版社,1995.10.—789页;19cm.—(十大文言短篇小说今译丛书)
ISBN 7-5325-2052-8(精装):¥23.20

I242.1　026602
白话子不语/(清)袁枚原著;若水今译.—长沙:岳麓书社,1995.12.—911页;19cm.—(古典名著今译读本)
ISBN 7-80520-628-7(精装):¥26.80

I242.1　026603
浮生六记/(清)沈复原著;吴言生校点.—西安:西安出版社,1995.5.—194页;19cm.—(中国古典文学名著)
ISBN 7-80594-209-9:¥6.80

I242.1　026604
古今谭概/(明)冯梦龙著;张万钧主编.—天津:天津古籍出版社,1995.11.—2册(1257页);20cm
ISBN 7-80504-471-6:¥45.80

I242.1　026605
鬼怪世界:中国志怪故事大观/上海古籍出版社编.—上海:上海古籍出版社,1995.12.—803页;19cm
ISBN 7-5325-1969-4(精装):¥34.10

I242.1　026606
聊斋志异/(清)蒲松龄著.—济南:齐鲁书社,1995.3.—549页;19cm.—(中国古典小说普及丛书)
ISBN 7-5333-0423-3(精装):¥13.50

I242.1　026607
聊斋志异/(清)蒲松龄著;雷树田点评.—西安:陕西人民出版社,1995.3.—701页;20cm.—(中国古代文学名著点评丛书)
ISBN 7-224-03798-2(精装):¥19.50

I242.1　026608
聊斋志异/(清)蒲松龄著.—乌鲁木齐:新疆人民出版社,1995.10.—442页;19cm.—(中国古典名著文库)
ISBN 7-228-03581-X(精装):¥18.80

I242.1　026609
聊斋志异/(清)蒲松龄著.—长春:吉林文史出版社,1995.10.—916页;20cm.—(中国古典小说名著珍藏本)
ISBN 7-80528-996-4(精装):¥49.00

I242.1　026610
聊斋志异/(清)蒲松龄著.—长春:长春出版社,1995.4.—655页;20cm.—(传世名著·中国古典小说系列丛书/杨国祥,杨德宏主编)
ISBN 7-80604-253-9(精装):¥25.00

I242.1　026611
聊斋志异故事精华/古蓟著.—西安:陕西人民出版社,1995.3.—507页;19cm.—(中国古代传奇故事纵览丛书;2)
ISBN 7-224-02986-6:¥10.80

I242.1　026612
聊斋志异精华/沈新林注译.—天津:天津人民出版社,1995.8.—503页;13×9cm.—(袖珍典籍丛书)
ISBN 7-201-01559-1:¥8.00

I242.1　026613
搜神记精华/董志广选译.—天津:天津人民出版社,1995.9.—449页;13×9cm.—(袖珍典籍丛书)
ISBN 7-201-01557-5:¥7.50

I242.1　026614
太平广记/(宋)李昉等编;高明才等点校.—哈尔滨:哈尔滨出版社,1995.2.—10册(4685页);20cm
ISBN 7-80557-719-6(精装):¥198.00

I242.1　026615
唐宋传奇集/鲁迅编;华夫点校.—长沙:岳麓书社,1995.1.—248页;19cm.—(古典名著普及文库)
ISBN 7-80520-557-4(精装):¥8.80

I242.1　026616
文白对照聊斋志异/(清)蒲松龄著;王皎译注.—长春:时代文艺出版社,1995.1.—2册;20cm
ISBN 7-5387-0831-6:¥33.00

①I242.1②K820.2　026617
中国名传大观/方伯荣主编.—北京:语文出版社,1995.5.—563页;20cm
ISBN 7-80006-877-3:¥25.00

I242.3　026618
"二拍":初刻拍案惊奇·二刻拍案惊奇/(明)凌濛初编著;晓伟等校点.—北京:文化艺术出版社,1995.5.—921页;19cm.—(中国古典文学菁华便携文库)
ISBN 7-5039-1376-2:¥28.00

I242.3　026619
"三言":喻世明言·警世通言·醒世恒言/(清)冯梦龙编著;艾克等校点.—北京:文化艺术出版社,1995.5.—2册(1441页);19cm.—(中国古典文学菁华便携文库)
ISBN 7-5039-1375-4:¥44.00

I242.3　026620
初刻拍案惊奇/(明)凌濛初编撰;石昌渝点校.—南京:江苏古籍出版社,1995.3.—539页;19cm.—(中国话本大系:普及本)
ISBN 7-80519-617-6:¥15.00

I242.3　026621
初刻拍案惊奇/(明)凌濛初著.—沈阳:辽宁古籍出版社,1995.7.—427页;19cm.—(中国古典小说名著/

徐彻主编）
ISBN 7－80507－293－0(精装)：¥15.00

I242.3　026622
初刻拍案惊奇/(明)凌濛初著.—长春：吉林文史出版社，1995.11.—481页；19cm.—(中国古典小说名著普及本)
ISBN 7－80626－052－8(精装)：¥19.50

I242.3　026623
初刻拍案惊奇/(明)凌濛初著.—长春：吉林文史出版社，1995.9.—550页；20cm.—(中国古典小说名著珍藏本)
ISBN 7－80528－993－X(精装)：¥32.00

I242.3　026624
初刻拍案惊奇·二刻拍案惊奇/(明)凌濛初著.—长春：长春出版社，1995.4.—2册；20cm.—(传世名著·中国古典小说系列丛书/杨国祥，杨德宏主编)
ISBN 7－80604－257－1(精装)：¥40.00

I242.3　026625
二刻拍案惊奇/(明)凌濛初编著；保群，萧邸校点.—济南：齐鲁书社，1995.2.—827页；20cm
ISBN 7－5333－0395－4(精装)：¥30.00

I242.3　026626
二刻拍案惊奇/(明)凌濛初编撰；石昌渝点校.—南京：江苏古籍出版社，1995.3.—581页；19cm.—(中国话本大系：普及本)
ISBN 7－80519－618－4：¥17.00

I242.3　026627
二刻拍案惊奇/(明)凌濛初著.—沈阳：辽宁古籍出版社，1995.7.—462页；19cm.—(中国古典小说名著/徐彻主编)
ISBN 7－80507－294－9(精装)：¥15.00

I242.3　026628
二刻拍案惊奇/(明)凌濛初著.—长春：吉林文史出版社，1995.9.—613页；20cm.—(中国古典小说名著珍藏本)
ISBN 7－80528－994－8(精装)：¥34.50

I242.3　026629
二刻拍案惊奇/(明)凌濛初著.—长春：吉林文史出版社，1995.11.—543页；19cm.—(中国古典小说名著普及本)
ISBN 7－80626－054－4(精装)：¥21.00

I242.3　026630
今古奇观/(明)抱翁老人编；李明点校.—西安：三秦出版社，1995.4.—604页；20cm.—(中国古典文学名著丛书)
ISBN 7－80546－785－4(精装)：¥21.00

I242.3　026631
警世通言/(明)冯梦龙编；魏同贤点校.—南京：江苏古籍出版社，1995.3.—499页；19cm.—(中国话本大系：普及本)
ISBN 7－80519－619－2：¥15.00

I242.3　026632
警世通言/(明)冯梦龙编著；余雨校点.—济南：齐鲁书社，1995.2.—721页；20cm
ISBN 7－5333－0398－9(精装)：¥26.00

I242.3　026633
警世通言/(明)冯梦龙著.—沈阳：辽宁古籍出版社，1995.7.—414页；19cm.—(中国古典小说名著/徐彻主编)
ISBN 7－80507－290－6(精装)：¥14.00

I242.3　026634
警世通言/(明)冯梦龙编.—长春：吉林文史出版社，1995.9.—559页；20cm.—(中国古典小说名著珍藏本)
ISBN 7－80626－002－1(精装)：¥32.00

I242.3　026635
警世通言/(明)冯梦龙编.—长春：吉林文史出版社，1995.11.—499页；19cm.—(中国古典小说名著普及本)
ISBN 7－80626－053－6(精装)：¥20.00

I242.3　026636
觉世名言/(清)李渔著.—沈阳：辽宁古籍出版社，1995.7.—246页；19cm.—(中国古典小说名著/徐彻主编)
ISBN 7－80507－297－3(精装)：¥16.00

I242.3　026637
拍案惊奇/(明)凌濛初编著；尚乾，文古校点.—济南：齐鲁书社，1995.2.—788页：插图；20cm
ISBN 7－5333－0394－6(精装)：¥28.50

I242.3　026638
醒世恒言/(明)冯梦龙编；魏同贤点校.—南京：江苏古籍出版社，1995.3.—690页；19cm.—(中国话本大系：普及本)
ISBN 7－80519－620－6：¥19.50

I242.3　026639
醒世恒言/(明)冯梦龙编著；郝力校点.—济南：齐鲁书社，1995.2.—970页；20cm
ISBN 7－5333－0399－7(精装)：¥32.50

I242.3　026640
醒世恒言/(明)冯梦龙著.—沈阳：辽宁古籍出版社，1995.7.—573页；19cm.—(中国古典小说名著/徐彻主编)
ISBN 7－80507－291－4(精装)：¥20.00

I242.3　026641
醒世恒言/(明)冯梦龙编.—长春：吉林文史出版社，1995.11.—644页；19cm.—(中国古典小说名著普及本)
ISBN 7－80626－055－2(精装)：¥24.50

I242.3　026642
醒世恒言/(明)冯梦龙编.—长春：吉林文史出版社，1995.10.—739页；20cm.—(中国古典小说名著珍藏本)
ISBN 7－80626－001－3(精装)：¥40.50

I242.3　026643
喻世明言/(明)冯梦龙编著；梁成校点.—济南：齐鲁书社，1995.2.—680页；20cm
ISBN 7－5333－0397－0(精装)：¥26.00

I242.3　026644
喻世明言/(明)冯梦龙编；魏同贤点校.—南京：江苏

古籍出版社,1995.3.—499页;19cm.—(中国话本大系:普及本)

ISBN 7-80519-621-4:¥15.00

I242.3 026645

喻世明言/(明)冯梦龙著.—沈阳:辽宁古籍出版社,1995.7.—405页;19cm.—(中国古典小说名著/徐彻主编)

ISBN 7-80507-292-2(精装):¥14.00

I242.3 026646

喻世明言/(明)冯梦龙著.—长春:吉林文史出版社,1995.11.—484页;19cm.—(中国古典小说名著普及本)

ISBN 7-80626-057-9(精装):¥19.50

I242.3 026647

喻世明言/(明)冯梦龙编.—长春:吉林文史出版社,1995.9.—547页;20cm.—(中国古典小说名著珍藏本)

ISBN 7-80626-000-5(精装):¥31.50

I242.3 026648

喻世明言·警世通言·醒世恒言/(明)冯梦龙编.—长春:长春出版社,1995.4.—3册;20cm.—(传世名著·中国古典小说系列丛书/杨国祥,杨德宏主编)

ISBN 7-80604-256-3(精装):¥65.00

I242.4 026649

八美图/(清)荆园居士著.—西宁:青海人民出版社,1995.12.—2册;20cm

ISBN 7-225-01124-3:¥18.80

I242.4 026650

白话东周列国演义/(明)冯梦龙,蔡元放编;田禹疏,李靖之译.—北京:中国戏剧出版社,1995.12.—2册(1483页);20cm

ISBN 7-104-00724-5:¥49.00

I242.4 026651

包公案/(明)佚名著;(明)不题撰人;维濉校点.—西安:三秦出版社,1995.4.—307页;19cm.—(明清公案小说系列)

ISBN 7-80546-804-4:¥7.60

I242.4 026652

大八义/(清)佚名著.—长春:吉林文史出版社,1995.3.—794页;19cm.—(中华武侠经典)

ISBN 7-80528-921-2(精装):¥19.80

I242.4 026653

狄公案/(清)佚名著;刘强,朱志志校点.—西安:三秦出版社,1995.2.—342页;19cm.—(明清公案小说系列)

ISBN 7-80546-806-0:¥7.60

I242.4 026654

东周列国志/(明)冯梦龙,(清)蔡元放著;念群校点.—北京:文化艺术出版社,1995.5.—771页;19cm.—(中国古典文学青华便携文库)

ISBN 7-5039-1373-8:¥23.50

I242.4 026655

东周列国志/(清)蔡元放编;陈先行,李梦生标点.—上海:上海古籍出版社,1995.12.—772页;19cm.—(中国古典小说珍本丛书)

ISBN 7-5325-1984-8:¥21.40

I242.4 026656

东周列国志/(明)冯梦龙,(清)蔡元放编;雷树田点评.—西安:陕西人民出版社,1995.3.—984页;20cm.—(中国古代文学名著点评丛书)

ISBN 7-224-03799-0(精装):¥24.00

I242.4 026657

东周列国志/(明)冯梦龙,(清)蔡元放著.—石家庄:花山文艺出版社,1995.8.—2册(695页);28×18cm.—(中国古典文学名著)

ISBN 7-80611-292-8(函套装):¥100.00

I242.4 026658

东周列国志/(明)冯梦龙,(清)蔡元放编;王继权标点.—长沙:湖南文艺出版社,1995.12.—2册(1229页);20cm.—(珍图古典小说名著丛书)

ISBN 7-5404-1444-8(精装):¥68.00

I242.4 026659

东周列国志/(明)冯梦龙,(清)蔡元放编.—长春:长春出版社,1995.4.—898页;20cm.—(传世名著·中国古典小说系列丛书/杨国祥,杨德宏主编)

ISBN 7-80604-225-3(精装):¥25.00

I242.4 026660

东周列国志/(明)冯梦龙编;(清)蔡元放评;黎恒点校.—西安:三秦出版社,1995.5.—1197页;20cm.—(中国古典文学名著丛书)

ISBN 7-80546-801-X(精装):¥38.00

I242.4 026661

东周列国志/(明)冯梦龙,(清)蔡元放编.—长春:吉林文史出版社,1995.11.—794页;20cm.—(中国古典小说名著普及本)

ISBN 7-80626-045-5(精装):¥29.00

I242.4 026662

东周列国志/(明)冯梦龙编著;(清)蔡元放评注;朱光甫校点.—南昌:江西美术出版社,1995.12.—996页;20cm.—(中国古典文学名著绣像珍藏本)

ISBN 7-80580-294-7(精装):¥44.80

I242.4 026663

东周列国志/(明)冯梦龙,(清)蔡元放编.—乌鲁木齐:新疆人民出版社,1995.10.—590页;19cm.—(中国古典名著文库)

ISBN 7-228-03589-5(精装):¥24.60

I242.4 026664

东周列国志/(明)冯梦龙,(清)蔡元放编.—长春:吉林文史出版社,1995.11.—971页;20cm.—(中国古典小说名著珍藏本)

ISBN 7-80626-003-X(精装):¥50.50

I242.4 026665

东周列国志:通俗读本/周立仁等改编.—天津:百花文艺出版社,1995.8.—286页;19cm

ISBN 7-5306-2099-1:¥10.00

I242.4 026666

东周列国志:现代语文版/(清)蔡元放著;刘国辉等译.—北京:时事出版社,1995.6.—2册(1361页);19cm

ISBN 7-80009-284-4:¥45.00

I242.4　026667
儿女英雄传/(清)文康著;启泰校点.—济南:齐鲁书社,1995.3.—560页;19cm.—(中国古典小说普及丛书)
ISBN 7-5333-0448-9(精装):¥14.00

I242.4　026668
儿女英雄传/(清)文康著.—沈阳:辽宁古籍出版社,1995.7.—573页;19cm.—(中国古典小说名著/徐彻主编)
ISBN 7-80507-298-1(精装):¥20.00

I242.4　026669
儿女英雄传/(清)文康著;仿白,刘才点校.—北京:北京十月文艺出版社,1995.4.—834页;20cm.—(中国侠义经典系列)
ISBN 7-5302-0362-2:¥24.00

I242.4　026670
儿女英雄传/(清)文康著.—长春:吉林文史出版社,1995.10.—697页;20cm.—(中国古典小说名著珍藏本)
ISBN 7-80528-999-9(精装):¥39.00

I242.4　026671
儿女英雄传/(清)文康著.—乌鲁木齐:新疆人民出版社,1995.10.—466页;19cm.—(中国古典名著文库)
ISBN 7-228-03667-0(精装):¥19.50

I242.4　026672
儿女英雄传/(清)文康著.—西安:三秦出版社,1995.5.—710页;20cm.—(中国古典文学名著丛书)
ISBN 7-80546-795-1(精装):¥24.00

I242.4　026673
二十年目睹之怪现状/(清)吴趼人著;方玮校点.—北京:文化艺术出版社,1995.5.—635页;19cm.—(中国古典文学菁华便携文库)
ISBN 7-5039-1378-9:¥23.50

I242.4　026674
二十年目睹之怪现状/(清)吴趼人著;郑庆笃,朱秀梅校点.—济南:山东文艺出版社,1995.6.—2册(852页);20cm.—(近代文学四大名著)
ISBN 7-5329-1232-9(精装):¥55.00

I242.4　026675
二十年目睹之怪现状/(清)吴趼人著.—沈阳:辽宁古籍出版社,1995.7.—585页;19cm.—(中国古典小说名著/徐彻主编)
ISBN 7-80507-303-1(精装):¥20.00

I242.4　026676
飞龙全传/(清)吴璿著;李玉广校点.—济南:齐鲁书社,1995.3.—350页;19cm.—(中国古典小说普及丛书)
ISBN 7-5333-0446-2(精装):¥9.80

I242.4　026677
飞龙全传/(清)吴璿著;唐林标点.—上海:上海古籍出版社,1995.8.—400页;19cm.—(十大古典英雄传奇小说丛书)
ISBN 7-5325-1918-X:¥9.40

I242.4　026678
飞龙全传/(清)吴璿著;唐林标点.—上海:上海古籍出版社,1995.8.—400页;19cm.—(十大古籍英雄传奇小说丛书)
ISBN 7-5325-1919-8(精装):¥11.40

I242.4　026679
粉妆楼/(清)竹溪山人编撰;晓意标点.—上海:上海古籍出版社,1995.8.—286页;19cm.—(十大古典英雄传奇小说丛书)
ISBN 7-5325-1948-1:¥7.50

I242.4　026680
粉妆楼/(清)竹溪山人编撰;晓意标点.—上海:上海古籍出版社,1995.8.—286页;19cm.—(十大古典英雄传奇小说丛书)
ISBN 7-5325-1949-X(精装):¥9.50

I242.4　026681
封神演义/(明)许仲琳著;黄椿,曹辉校点.—北京:文化艺术出版社,1995.5.—684页;19cm.—(中国古典文学菁华便携文库)
ISBN 7-5039-1374-6:¥20.00

I242.4　026682
封神演义/(明)许仲琳著;雷树田点评.—西安:陕西人民出版社,1995.3.—861页;20cm.—(中国古代文学名著点评丛书)
ISBN 7-224-03800-8(精装):¥22.50

I242.4　026683
封神演义/(明)陆西星著;路云亭评点;梁归智校.—太原:山西古籍出版社,1995.8.—2册(1331页);20cm.—(新评新校古典名著系列)
ISBN 7-80598-064-0(精装):¥78.00

I242.4　026684
封神演义/(明)许仲琳著.—沈阳:辽宁古籍出版社,1995.7.—650页;19cm.—(中国古典小说名著/徐彻主编)
ISBN 7-80507-296-5(精装):¥24.00

I242.4　026685
封神演义/(明)许仲琳著.—长春:吉林文史出版社,1995.10.—785页;20cm.—(中国古典小说名著珍藏本)
ISBN 7-80528-995-6(精装):¥39.00

I242.4　026686
封神演义/(明)许仲琳著.—长春:长春出版社,1995.4.—832页;20cm.—(传世名著·中国古典小说系列丛书/杨国祥,杨德宏主编)
ISBN 7-80604-251-2(精装):¥25.00

I242.4　026687
封神演义/(明)许仲琳著.—长春:吉林文史出版社,1995.11.—636页;19cm.—(中国古典小说名著普及本)
ISBN 7-80626-056-0(精装):¥25.00

I242.4　026688
封神演义/(明)许仲琳编.—乌鲁木齐:新疆人民出版社,1995.10.—531页;19cm.—(中国古典名著文库)

ISBN 7－228－03580－1(精装)：¥22.00

I242.4　026689

隔帘花影/(明)佚名著；卫风，李琴校注．—桂林：漓江出版社，1995.9.—385页；20cm.—(古代小说禁书系列/安平秋，杨忠主编)

ISBN 7－5407－1725－4：¥13.50

I242.4　026690

古代公案小说精选译文/牛宝彤主编；孙方恩等译注．—青岛：青岛出版社，1995.8.—323页；20cm

ISBN 7－5436－1296－8：¥11.60

I242.4　026691

官场百态/(清)李宝嘉等著；张友鹤等校注．—哈尔滨：黑龙江人民出版社，1995.5.—5册；20cm.—(谴责小说名篇系列)

包括"官场现形记"等5册。

ISBN 7－207－03034－7(精装)：¥198.00

I242.4　026692

官场现形记/(清)李宝嘉著；尧雅校点．—北京：文化艺术出版社，1995.5.—685页；19cm.—(中国古典文学青华便携文库)

ISBN 7－5039－1377－0：¥22.00

I242.4　026693

官场现形记/(清)李宝嘉著；王恒展校点．—济南：山东文艺出版社，1995.6.—2册(958页)；20cm.—(近代文学四大名著)

ISBN 7－5329－1233－7(精装)：¥56.40

I242.4　026694

官场现形记/(清)李伯元著．—沈阳：辽宁古籍出版社，1995.7.—668页；19cm.—(中国古典小说名著/徐御主编)

ISBN 7－80507－302－3(精装)：¥22.00

I242.4　026695

官场现形记/(清)李宝嘉著；汪协如标点．—海口：海南出版社，1995.12.—2册(862页)；20cm.—(古典小说名著丛书)

ISBN 7－80617－146－0：¥32.00

I242.4　026696

官场现形记/(清)李宝嘉原著；吴炘改编．—北京：书目文献出版社，1995.3.—216页；19cm.—(中国古典小说名著新编丛书/胡文彬主编)

ISBN 7－5013－1177－3：¥7.10

I242.4　026697

官场现形记/(清)李宝嘉著．—乌鲁木齐：新疆人民出版社，1995.10.—556页；19cm.—(中国古典名著文库)

ISBN 7－228－03584－4(精装)：¥23.00

I242.4　026698

官场现形记/(清)李宝嘉著．—长春：长春出版社，1995.4.—809页；20cm.—(传世名著·中国古典小说系列丛书/杨国祥，杨德宏主编)

ISBN 7－80604－255－5(精装)：¥25.00

I242.4　026699

海公案/(明)佚名著；(清)不题撰人；任豪校点．—西安：三秦出版社，1995.5.—549页；19cm.—(明清公案小说系列)

ISBN 7－80546－808－7：¥12.50

I242.4　026700

海上繁华梦/(清)孙家振著；邹子鹤校点．—济南：齐鲁书社，1995.3.—761页；19cm.—(中国古典小说普及丛书)

ISBN 7－5333－0444－6(精装)：¥18.00

I242.4　026701

红楼梦/(清)曹雪芹，(清)高鹗著；青杉校点．—北京：文化艺术出版社，1995.5.—974页；19cm.—(中国古典文学菁华便携文库)

ISBN 7－5039－1369－X：¥29.00

I242.4　026702

红楼梦/(清)曹雪芹，(清)高鹗著；潘渊校点．—杭州：浙江文艺出版社，1995.1.—869页；14cm.—(袖珍名著)

ISBN 7－5339－0766－3(精装)：¥13.60

I242.4　026703

红楼梦/(清)曹雪芹著；汪原放标点．—海口：海南出版社，1995.1.—3册(1286页)；20cm.—(古典小说名著丛书)

ISBN 7－80590－919－9：¥19.00

I242.4　026704

红楼梦/(清)曹雪芹，(清)高鹗原著；梁归智评校．—太原：山西古籍出版社，1995.4.—2册(1776页)；20cm.—(新评新校古典名著系列)

ISBN 7－80598－062－4(精装)：¥83.00

I242.4　026705

红楼梦/(清)曹雪芹，(清)高鹗著．—贵阳：贵州人民出版社，1995.1.—630页；20cm.—(中国古典文学名著)

ISBN 7－221－03684－5(精装)：¥16.20

I242.4　026706

红楼梦/(清)曹雪芹，(清)高鹗著．—长春：吉林文史出版社，1995.9.—1361页；20cm.—(中国古典小说名著珍藏本)

ISBN 7－80528－978－6(精装)：¥72.00

I242.4　026707

红楼梦/(清)曹雪芹著．—长春：长春出版社，1995.4.—1111页；20cm.—(传世名著·中国古典小说系列丛书/杨国祥，杨德宏主编)

ISBN 7－80604－226－1(精装)：¥30.00

I242.4　026708

红楼梦/(清)曹雪芹原著；程有庆，君浩校点．—北京：京华出版社，1995.8.—2册(1170页)；20cm.—(中国古典文学名著)

ISBN 7－80600－109－3(精装)：¥42.00

I242.4　026709

红楼梦/(清)曹雪芹，(清)高鹗著．—乌鲁木齐：新疆人民出版社，1995.10.—742页；19cm.—(中国古典名著文库)

ISBN 7－228－03659－X(精装)：¥27.50

I242.4　026710

红楼梦/(清)曹雪芹，(清)高鹗著．—西安：陕西人民

出版社,1995.10.—2册(1394页);22cm.—(中国古典文学名著)
ISBN 7-224-03767-2(精装):¥78.00

I242.4　026711
红楼梦/(清)曹雪芹,(清)高鹗著;张国光校订.—武汉:长江文艺出版社,1995.11.—872页;20cm
ISBN 7-5354-1111-8:¥28.00

I242.4　026712
红楼梦/(清)曹雪芹著.—长春:吉林文史出版社,1995.11.—1132页;19cm.—(中国古典小说名著普及本)
ISBN 7-80626-047-1(精装):¥41.50

I242.4　026713
红楼梦/(清)曹雪芹,(清)高颚原著;石锋改写.—西安:三秦出版社,1995.5.—545页;19cm.—(中国古典名著:白话版)
ISBN 7-80546-873-7:¥12.50

I242.4　026714
红楼梦/(清)曹雪芹,(清)高鹗著;古木点校.—上海:上海古籍出版社,1995.12.—1330页:彩图;20cm.—(名家绘图珍藏全本四大古典小说)
ISBN 7-5325-1924-4(精装):¥71.60

I242.4　026715
红楼梦:少年版/(清)曹雪芹著;林冠夫改写.—北京:中国少年儿童出版社,1995.8.—506页;19cm
ISBN 7-5007-2647-3:¥14.30

I242.4　026716
红楼梦:张本/(清)曹雪芹著;墨人修订批注.—长沙:湖南出版社,1995.12.—2册(1612页);20cm
ISBN 7-5438-1117-0(精装):¥56.50

I242.4　026717
红楼梦大系/李智量,刘可主编.—哈尔滨:黑龙江人民出版社,1995.11.—5册(6749页);20cm
本书包括:红楼梦等5种
ISBN 7-207-03075-4(精装):¥398.00

I242.4　026718
后红楼梦/(清)佚名著;杨必胜校注.—桂林:漓江出版社,1995.9.—346页;20cm.—(古代小说禁书系列/安平秋,杨忠主编)
ISBN 7-5407-1724-6:¥10.80

I242.4　026719
后续杨家将传奇/(清)西湖散人著;王西平等点校.—西安:陕西人民出版社,1995.12.—481页;19cm
ISBN 7-224-02139-3:¥12.90

I242.4　026720
绘图八仙传奇/(清)无垢道人著;张钧等校点.—长春:吉林文史出版社,1995.1.—641页;19cm
ISBN 7-80528-933-6:¥18.00

I242.4　026721
济公全传/(清)郭小亭著.—乌鲁木齐:新疆人民出版社,1995.10.—612页;19cm.—(中国古典名著文库)
ISBN 7-228-03582-8(精装):¥25.50

I242.4　026722
镜花缘/(清)李汝珍著;孟蓬生点校.—石家庄:河北人民出版社,1995.3.—502页;26cm
ISBN 7-202-1482-3(盒装):¥88.00

I242.4　026723
镜花缘/(清)李汝珍著;金江,余芳校点.—济南:齐鲁书社,1995.3.—436页;19cm.—(中国古典小说普及丛书)
ISBN 7-5333-0450-0(精装):¥11.50

I242.4　026724
镜花缘/(清)李汝珍著.—沈阳:辽宁古籍出版社,1995.7.—449页;19cm.—(中国古典小说名著/徐彻主编)
ISBN 7-80507-300-7(精装):¥16.00

I242.4　026725
镜花缘/(清)李汝珍著.—长春:吉林文史出版社,1995.10.—682页;20cm.—(中国古典小说名著珍藏本)
ISBN 7-80528-998-0(精装):¥39.00

I242.4　026726
康熙私访/(清)贪梦道人,郭广瑞著;蓉晖等整理.—2版.—南昌:江西人民出版社,1995.9.—2册;19cm.—(古本通俗小说)
ISBN 7-210-01515-9(精装):¥32.80

I242.4　026727
老残游记/(清)刘鹗著;郁守校点.—济南:山东文艺出版社,1995.6.—290页;20cm.—(近代文学四大名著)
ISBN 7-5329-1234-5(精装):¥21.40

I242.4　026728
老残游记/(清)刘鹗著;李韵改编.—北京:书目文献出版社,1995.6.—201页;19×11cm.—(中国古典小说名著新编丛书/胡文彬主编)
ISBN 7-5013-1174-9:¥6.80

I242.4　026729
岭南逸史/(清)花溪逸士著;中英,中雄校点.—天津:百花文艺出版社,1995.3.—317页;19cm
ISBN 7-5306-1601-3:¥8.80

I242.4　026730
刘国龙抄本红楼梦/(清)曹雪芹,高鹗著.—影印本.—北京:荣宝斋出版社,1995.5.—16册(2函);29cm
ISBN 7-5003-0280-0(函套装):¥1500.00

I242.4　026731
绿野仙踪/(清)李百川著;老水番校点.—济南:齐鲁书社,1995.3.—632页;19cm.—(中国古典小说普及丛书)
ISBN 7-5333-0441-1(精装):¥15.80

I242.4　026732
孽海花/(清)曾朴著;王培元校点.—济南:山东文艺出版社,1995.6.—406页;20cm.—(近代文学四大名著)
ISBN 7-5329-1235-3(精装):¥25.20

I242.4　026733
孽海花/(清)曾朴著·**老残游记**/(清)刘颚著.—沈

阳:辽宁古籍出版社,1995.7.—268,184 页;19cm.—(中国古典小说名著/徐御主编)
ISBN 7-80507-304-X(精装):¥16.00
I242.4 026734
女仙外史/(清)吕熊著;王巷人,刘承武校点.—济南:齐鲁书社,1995.3.—559 页;19cm.—(中国古典小说普及丛书)
ISBN 7-5333-0453-5(精装):¥14.00
I242.4 026735
彭公案/(清)贪梦道人著;白莉蓉,张金环校点.—济南:齐鲁书社,1995.3.—342 页;19cm.—(中国古典小说普及丛书)
ISBN 7-5333-0447-0(精装):¥9.60
I242.4 026736
彭公案/(清)贪梦道人著.—北京:北京十月文艺出版社,1995.5.—2 册(1500 页):插图;20cm.—(中国公案经典系列)
ISBN 7-5302-0343-6:¥41.00
I242.4 026737
彭公案/(清)贪梦道人著;南郭子等校点.—西安:三秦出版社,1995.4.—495 页;19cm.—(明清公案小说系列)
ISBN 7-80546-807-9:¥11.00
I242.4 026738
七剑十三侠/唐芸洲著;钟涛,黄良玉点校.—北京:北京十月文艺出版社,1995.4.—897 页;20cm.—(中国侠义经典系列)
ISBN 7-5302-0365-7:¥26.00
I242.4 026739
儒林外史/(清)吴敬梓著;高江汉校注.—福州:海峡文艺出版社,1995.4.—549 页;20cm
ISBN 7-80534-765-4:¥16.00
I242.4 026740
儒林外史/(清)吴敬梓著;杜经国,林小宁点校.—贵阳:贵州民族出版社,1995.9.—314 页;20cm
ISBN 7-5412-0577-X(精装):¥14.80
I242.4 026741
儒林外史/(清)吴敬梓著.—沈阳:辽宁古籍出版社,1995.7.—374 页;19cm.—(中国古典小说名著/徐御主编)
ISBN 7-80507-301-5(精装):¥15.00
I242.4 026742
儒林外史/(清)吴敬梓著;汪原放标点.—海口:海南出版社,1995.11.—442 页;20cm.—(中国古典小说名著丛书)
ISBN 7-80617-147-9:¥17.50
I242.4 026743
儒林外史/(清)吴敬梓原著;周月亮评校.—太原:山西古籍出版社,1995.4.—860 页;20cm.—(新评新校古典名著系列)
ISBN 7-80598-061-6(精装):¥45.00
I242.4 026744
儒林外史/(清)吴敬梓著;赵望秦,原非点校.—西安:三秦出版社,1995.5.—453 页;20cm.—(中国古典文学名著丛书)
ISBN 7-80546-796-X(精装):¥15.80
I242.4 026745
儒林外史/(清)吴敬梓著·孽海花/(清)曾朴著.—乌鲁木齐:新疆人民出版社,1995.10.—498 页;19cm.—(中国古典名著文库)
ISBN 7-228-03585-2(精装):¥19.80
I242.4 026746
儒林外史/(清)吴敬梓著.—长春:吉林文史出版社,1995.9.—492 页;20cm.—(中国古典小说名著珍藏本)
ISBN 7-80528-997-2(精装):¥31.00
I242.4 026747
儒林外史/(清)吴敬梓著.—长春:长春出版社,1995.4.—436 页;20cm.—(传世名著·中国古典小说系列丛书/杨国祥,杨德宏主编)
ISBN 7-80604-254-7(精装):¥20.00
I242.4 026748
三国演义/(明)罗贯中著;潘渊校点.—杭州:浙江文艺出版社,1995.1.—608 页;14cm.—(袖珍名著)
ISBN 7-5339-0767-1(精装):¥10.80
I242.4 026749
三国演义/(明)罗贯中著;(清)毛宗岗评;禹克坤等注.—北京:同心出版社,1995.1.—2 册(1628 页);20cm.—(中国古典文学名著丛书)
ISBN 7-80593-008-2(精装):¥55.00
I242.4 026750
三国演义/(明)罗贯中著;宇文校点.—北京:文化艺术出版社,1995.5.—711 页;19cm.—(中国古典文学菁华便携文库)
ISBN 7-5039-1368-1:¥21.50
I242.4 026751
三国演义/(明)罗贯中著;春明校点.—上海:上海古籍出版社,1995.12.—975 页:彩图;20cm.—(名家绘图珍藏全本四大古典小说)
ISBN 7-5325-1952-X(精装):¥57.70
I242.4 026752
三国演义/(明)罗贯中原著;沈伯俊评校.—太原:山西古籍出版社,1995.4.—2 册(1541 页);20cm.—(新评新校古典名著系列)
ISBN 7-80598-066-7(精装):¥80.00
I242.4 026753
三国演义/(明)罗贯中著.—长春:吉林文史出版社,1995.9.—1059 页;20cm.—(中国古典小说名著珍藏本)
ISBN 7-80528-980-8(精装):¥58.00
I242.4 026754
三国演义/(明)罗贯中原著;一芳改写.—西安:三秦出版社,1995.5.—644 页;19cm.—(中国古典名著:白话版)
ISBN 7-80546-871-0:¥13.00
I242.4 026755
三国演义/(明)罗贯中著.—长春:长春出版社,1995.4.—805 页;20cm.—(传世名著·中国古典小说系列丛书/杨国祥,杨德宏主编)

ISBN 7-80604-224-5(精装):¥30.00

I242.4　026756

三国演义/(明)罗贯中著.—长春:吉林文史出版社,1995.10.—901页;19cm.—(中国古典小说名著珍藏本)

ISBN 7-80626-023-4(精装):¥34.50

I242.4　026757

三国演义/(明)罗贯中原著;程有庆,君浩校点.—北京:京华出版社,1995.8.—2册(833页);20cm.—(中国古典文学名著)

ISBN 7-80600-096-8(精装):¥32.00

I242.4　026758

三国演义/(明)罗贯中著;汤昕点校.—贵阳:贵州人民出版社,1995.1.—415页;20cm.—(中国古典文学名著)

ISBN 7-221-03687-X(精装):¥11.20

I242.4　026759

三国演义/(明)罗贯中著.—西安:陕西人民出版社,1995.10.—2册(1037页);22cm.—(中国古典文学名著)

ISBN 7-224-03678-1(精装):¥64.00

I242.4　026760

三国演义/(明)罗贯中著.—乌鲁木齐:新疆人民出版社,1995.10.—503页;19cm.—(中国古典名著文库)

ISBN 7-228-03586-0(精装):¥18.60

I242.4　026761

三国演义:补正本/(明)罗贯中著;盛巽昌补正.—上海:上海画报出版社,1995.6.—904页:彩图;20cm.—(古典文学名著)

ISBN 7-80530-165-4(精装):¥42.00

I242.4　026762

三国演义:回评本/(明)罗贯中原著;沈伯俊校注;丘振声回评.—南宁:广西人民出版社,1995.5.—916页;20cm

ISBN 7-219-02962-4:¥26.00

I242.4　026763

三国志演义/(明)罗贯中著;毛纶,毛宗岗评改.—济南:山东文艺出版社,1995.12.—2册(1228页);20cm

ISBN 7-5329-1272-8(精装):¥48.00

I242.4　026764

三国志演义:醉耕堂本四大奇书第一种/(明)罗贯中著;毛纶,毛宗岗评;刘世德,郑铭点校.—北京:中华书局,1995.3.—3册(1345页);20cm.—(中华版古典小说宝库)

ISBN 7-101-01323-6:¥54.00

I242.4　026765

三侠剑/张杰鑫著;李寅,思齐点校.—北京:北京十月文艺出版社,1995.3.—2册(1367页);20cm.—(中国侠义经典系列)

ISBN 7-5302-0363-0:¥40.20

I242.4　026766

三侠五义/(清)石玉昆著.—长春:吉林文史出版社,1995.1.—774页;19cm.—(中华武侠经典)

ISBN 7-80528-918-2(精装):¥17.50

I242.4　026767

三侠五义/(清)石玉昆著;俞平伯标点.—海口:海南出版社,1995.11.—2册(717页);20cm.—(中国古典小说名著丛书)

ISBN 7-80590-345-X:¥27.50

I242.4　026768

三侠五义/(清)无名氏编.—乌鲁木齐:新疆人民出版社,1995.10.—445页;19cm.—(中国古典名著文库)

ISBN 7-228-03672-7(精装):¥18.60

I242.4　026769

三侠五义/(清)石玉昆著;罗天焕点校.—武汉:湖北人民出版社,1995.12.—570页;20cm

ISBN 7-216-01787-0(精装):¥18.50

I242.4　026770

石秀:扬州评话派水浒/王凡堂口述;汪福昌等整理.—南京:江苏文艺出版社,1995.1.—794页;20cm

ISBN 7-5399-0744-4(精装):¥32.50

I242.4　026771

水浒/(明)施耐庵著;汪原放标点.—海口:海南出版社,1995.1.—2册(781页);19cm.—(古典小说名著丛书)

ISBN 7-80590-920-2:¥17.80

I242.4　026772

水浒传/(明)罗贯中,(明)施耐庵著;艾水校点.—北京:文化艺术出版社,1995.5.—901页;19cm.—(中国古典文学菁华便携文库)

ISBN 7-5039-1371-1:¥27.00

I242.4　026773

水浒传/(明)施耐庵,(明)罗贯中著;陈家琪评;曹水阁校.—太原:山西古籍出版社,1995.7.—2册(1449页);20cm.—(新评新校古典名著系列)

ISBN 7-80598-063-2(精装):¥78.00

I242.4　026774

水浒传/(元)施耐庵著.—长春:长春出版社,1995.4.—1038页;20cm.—(传世名著·中国古典小说系列丛书/杨国祥,杨德宏主编)

ISBN 7-80604-246-6(精装):¥30.00

I242.4　026775

水浒传/(明)施耐庵著;李卓吾,金圣叹评.—济南:山东文艺出版社,1995.10.—2册(1573页);20cm

ISBN 7-5329-1258-2(精装):¥68.00

I242.4　026776

水浒传/(明)施耐庵原著;程有庆校点.—北京:京华出版社,1995.8.—2册(1240页);20cm.—(中国古典文学名著)

ISBN 7-80600-111-5(精装):¥46.00

I242.4　026777

水浒传/(明)施耐庵,(明)罗贯中著.—西安:陕西人民出版社,1995.10.—2册(1348页);22cm.—(中国古典文学名著)

ISBN 7-224-03677-3(精装):¥74.00

I242.4　026778

水浒传/(明)施耐庵原著;唐汉改写.—西安:三秦出版社,1995.4.—455页;19cm.—(中国古典名著:白话版)
ISBN 7-80546-872-9:¥10.00

I242.4 026779
水浒全传/(明)施耐庵著;潘渊校点.—杭州:浙江文艺出版社,1995.1.—915页;14cm.—(袖珍名著)
ISBN 7-5339-0768-X(精装):¥13.80

I242.4 026780
水浒全传/(明)施耐庵著;林峻校点.—上海:上海古籍出版社,1995.12.—1419页:图;20cm.—(名家绘图珍藏全本四大古典小说)
ISBN 7-5325-1923-6(精装):¥74.00

I242.4 026781
水浒全传/(明)施耐庵,(明)罗贯中著.—长春:吉林文史出版社,1995.9.—1088页;20cm.—(中国古典小说名著珍藏本)
ISBN 7-80528-979-4(精装):¥58.50

I242.4 026782
水浒全传/(明)施耐庵,(明)罗贯中著;刘璟源点校.—贵阳:贵州人民出版社,1995.1.—616页;20cm.—(中国古典文学名著)
ISBN 7-221-03686-1(精装):¥15.80

I242.4 026783
水浒全传/(明)施耐庵,(明)罗贯中著.—长春:吉林文史出版社,1995.11.—887页;20cm
ISBN 7-80626-046-3(精装):¥33.00

I242.4 026784
水浒全传/(明)施耐庵,(明)罗贯中著.—乌鲁木齐:新疆人民出版社,1995.10.—770页;19cm.—(中国古典名著文库)
ISBN 7-228-03583-6(精装):¥28.60

I242.4 026785
说呼全传/(清)佚名撰;鲍方标点.—上海:上海古籍出版社,1995.8.—149页;19cm.—(十大古典英雄传奇小说丛书)
ISBN 7-5325-1964-3:¥5.30

I242.4 026786
说呼全传/(清)佚名撰;鲍方标点.—上海:上海古籍出版社,1995.8.—149页;19cm.—(十大古籍英雄传奇小说丛书)
ISBN 7-5325-1965-1(精装):¥7.30

I242.4 026787
说唐全传/(清)鸳湖渔叟校订;傅成,吴蒙标点.—上海:上海古籍出版社,1995.8.—409页;19cm.—(十大古典英雄传奇小说丛书)
ISBN 7-5325-1955-4:¥9.50

I242.4 026788
说唐全传/(清)鸳湖渔叟校订;傅成,吴蒙标点.—上海:上海古籍出版社,1995.8.—409页;19cm.—(十大古典英雄传奇小说丛书)
ISBN 7-5325-1956-2(精装):¥11.60

I242.4 026789
说唐演义:少年版普及本/苏宁燕编.—南京:江苏少年儿童出版社,1995.7.—451页;19cm.—(古代通俗小说精编)
ISBN 7-5346-1363-9:¥13.50

I242.4 026790
说唐演义后传/(清)鸳湖渔叟校订;丁山,李驷标点.—上海:上海古籍出版社,1995.8.—462页;19cm.—(十大古典英雄传奇小说丛书)
ISBN 7-5325-1981-3:¥10.50

I242.4 026791
说唐演义后传/(清)鸳湖渔叟校订,丁山,李驷标点.—上海:上海古籍出版社,1995.8.—462页;19cm.—(十大古典英雄传奇小说丛书)
ISBN 7-5325-1982-1(精装):¥12.50

I242.4 026792
说唐演义后传/(清)鸳湖渔叟校订;丁山,李驷标点.—上海:上海古籍出版社,1995.8.—462页;19cm.—(十大古典英雄传奇小说丛书)
ISBN 7-5325-1982-1(精装):¥15.10

I242.4 026793
说岳全传/(清)钱彩编次;(清)金丰增订;钟天,芙蓉校点.—济南:齐鲁书社,1995.3.—424页;19cm.—(中国古典小说普及丛书)
ISBN 7-5333-0452-7(精装):¥11.00

I242.4 026794
说岳全传/(清)钱彩编次;(清)金丰增订;钟平标点.—上海:上海古籍出版社,1995.8.—503页;19cm.—(十大古典英雄传奇小说丛书)
ISBN 7-5325-1932-5(精装):¥13.10

I242.4 026795
说岳全传/(清)钱彩编次;(清)金丰增订;钟平标点.—上海:上海古籍出版社,1995.8.—503页;19cm.—(十大古典英雄传奇小说丛书)
ISBN 7-5325-1931-7:¥11.10

I242.4 026796
隋唐演义/(清)褚人获著;余泽校点.—济南:齐鲁书社,1995.3.—650页;19cm.—(中国古典小说普及丛书)
ISBN 7-5333-0451-9(精装):¥16.00

I242.4 026797
隋唐演义/(清)褚人获著;黄永林点校.—武汉:湖北人民出版社,1995.10.—590页;20cm
ISBN 7-216-01767-6(精装):¥19.00

I242.4 026798
隋唐演义/(清)褚人获著.—长春:长春出版社,1995.4.—864页;20cm.—(传世名著·中国古典小说系列丛书/杨国祥,杨德宏主编)
ISBN 7-80604-252-0(精装):¥25.00

I242.4 026799
隋唐演义 /(明)褚人获著.—乌鲁木齐:新疆人民出版社,1995.10.—547页;19cm.—(中国古典名著文库)
ISBN 7-228-03587-9(精装):¥22.80

I242.4 026800
万花楼演义/(清)李雨堂著;冷时峻标点 .—上海:

上海古籍出版社,1995.8.—347 页;19cm.—(十大古典英雄传奇小说丛书)

ISBN 7-5325-1921-X:¥8.60

I242.4　　026801

万花楼演义/(清)李雨堂著;冷时峻标点.—上海:上海古籍出版社,1995.8.—347 页;19cm.—(十大古典英雄传奇小说丛书)

ISBN 7-5325-1922-8(精装):¥10.60

I242.4　　026802

五虎平南/黄顺强等校点.—2 版.—南昌:江西人民出版社,1995.9.—224 页;19cm.—(古本通俗小说)

ISBN 7-210-01513-2(精装):¥7.20

I242.4　　026803

五虎平南演义/(清)佚名著;觉园,愚谷标点.—上海:上海古籍出版社,1995.8.—169 页;19cm.—(十大古典英雄传奇小说丛书)

ISBN 7-5325-1971-6:¥5.60

I242.4　　026804

五虎平南演义/(清)佚名著;觉园,愚谷标点.—上海:上海古籍出版社,1995.8.—169 页;19cm.—(十大古籍英雄传奇小说丛书)

ISBN 7-5325-1972-4(精装):¥7.70

I242.4　　026805

五虎平西/黄顺强等校订.—2 版.—南昌:江西人民出版社,1995.11.—485 页;19cm.—(古本通俗小说)

ISBN 7-210-01512-4(精装):¥17.80

I242.4　　026806

五虎平西演义/(清)无名氏著;尚成,秦克标点.—上海:上海古籍出版社,1995.8.—448 页;19cm.—(十大古典英雄传奇小说丛书)

ISBN 7-5325-1935-X:¥10.20

I242.4　　026807

五虎平西演义/(清)无名氏著;尚成,秦克标点.—上海:上海古籍出版社,1995.8.—448 页;19cm.—(十大古典英雄传奇小说丛书)

ISBN 7-5325-1936-8(精装):¥14.80

I242.4　　026808

西游记/吴承恩著;晓晨校点.—杭州:浙江文艺出版社,1995.1.—742 页;14cm.—(袖珍名著)

ISBN 7-5339-0769-8(精装):¥11.80

I242.4　　026809

西游记/(明)吴承恩著;王健校点.—北京:文化艺术出版社,1995.5.—820 页;19cm.—(中国古典文学菁华便携文库)

ISBN 7-5039-1370-3:¥25.50

I242.4　　026810

西游记/(明)吴承恩著;曹松校点.—上海:上海古籍出版社,1995.12.—1173 页:图;20cm.—(名家绘图珍藏全本四大古典小说)

ISBN 7-5325-1954-6(精装):¥64.10

I242.4　　026811

西游记/(明)吴承恩著;汪原放标点　.—海口:海南出版社,1995.6.—2 册(1074 页);19cm.—(古典小说名著丛书)

ISBN 7-80617-130-4:¥27.80

I242.4　　026812

西游记/(明)无名氏原著;李安纲评校　.—太原:山西古籍出版社,1995.4.—2 册(1656 页);20cm.—(新评新校古典名著系列)

ISBN 7-80598-065-9(精装):¥78.00

I242.4　　026813

西游记/(明)吴承恩原著;文信改写.—西安:三秦出版社,1995.4.—595 页;19cm.—(中国古典名著:白话版)

ISBN 7-80546-901-6:¥12.50

I242.4　　026814

西游记/(明)吴承恩著.—长春:吉林文史出版社,1995.9.—1052 页;20cm.—(中国古典小说名著珍藏本)

ISBN 7-80528-981-6(精装):¥57.50

I242.4　　026815

西游记/(明)吴承恩著.—乌鲁木齐:新疆人民出版社,1995.10.—587 页;19cm.—(中国古典名著文库)

ISBN 7-228-03658-1(精装):¥21.60

I242.4　　026816

西游记/(明)吴承恩著.—西安:陕西人民出版社,1995.10.—2 册(1178 页);22cm.—(中国古典文学名著)

ISBN 7-224-03676-5(精装):¥64.00

I242.4　　026817

西游记/(明)吴承恩著.—贵阳:贵州人民出版社,1995.1.—480 页;20cm.—(中国古典文学名著)

ISBN 7-221-03685-3(精装):¥12.60

I242.4　　026818

西游记/(明)吴承恩著.—长春:长春出版社,1995.4.—988 页;20cm.—(传世名著·中国古典小说系列丛书/杨国祥,杨德宏主编)

ISBN 7-80604-250-4(精装):¥30.00

I242.4　　026819

西游记/(明)吴承恩原著;程有庆校点.—北京:京华出版社,1995.8.—2 册(1026 页);20cm.—(中国古典文学名著)

ISBN 7-80600-110-7(精装):¥38.00

I242.4　　026820

西游记/(明)吴承恩著;张晓注.—北京:同心出版社,1995.5.—2 册(1511)页:插图;20cm.—(中国古典文学名著丛书)

ISBN 7-80593-122-4(精装):¥52.00

I242.4　　026821

西游记/(明)吴承恩著.—长春:吉林文史出版社,1995.11.—853 页;19cm.—(中国古典小说名著普及本)

ISBN 7-80626-044-7(精装):¥32.50

I242.4　　026822

小八义/(清)佚名著.—长春:吉林文史出版社,1995.3.—553 页;19cm.—(中华武侠经典)

ISBN 7-80528-920-4(精装):¥15.50

I242.4　　026823

小五义/(清)石玉昆著.—长春:吉林文史出版社,1995.1.—552页;19cm.—(中华武侠经典)
ISBN 7-80528-917-4(精装):¥15.80

I242.4　026824
小五义/(清)石玉昆著;文白,一夫点校.—北京:北京十月文艺出版社,1995.4.—681页;20cm.—(中国侠义经典系列)
ISBN 7-5302-0367-3:¥20.40

I242.4　026825
小五义:古本通俗小说.—2版.—南昌:江西人民出版社,1995.9.—388页;19cm
ISBN 7-210-01510-8(精装):¥12.20

I242.4　026826
型世言/(明)陆人龙编著;崔恩烈,田禾校点.—济南:齐鲁书社,1995.3.—355页;19cm.—(中国古典小说普及丛书)
ISBN 7-5333-0445-4(精装):¥9.80

I242.4　026827
型世言/(明)陆人龙著.—沈阳:辽宁古籍出版社,1995.7.—396页;19cm.—(中国古典小说名著/徐彻主编)
ISBN 7-80507-295-7(精装):¥14.00

I242.4　026828
醒世姻缘传/(明)西周生著;筱月校点.—北京:文化艺术出版社,1995.5.—878页;19cm.—(中国古典文学菁华便携文库)
ISBN 7-5039-1372-X:¥27.00

I242.4　026829
醒世姻缘传/(明)西周生著.—乌鲁木齐:新疆人民出版社,1995.10.—698页;19cm.—(中国古典名著文库)
ISBN 7-228-03668-9(精装):¥29.00

I242.4　026830
续三国演义:新刻绣像/(明)酉阳野史著;尹考臻总校点;刘飞阅校.—石家庄:花山文艺出版社,1995.12.—3册;20cm.—(中国古典名著)
ISBN 7-80611-315-0:¥58.80

I242.4　026831
续小五义/(清)石玉昆著.—长春:吉林文史出版社,1995.1.—611页;19cm.—(中华武侠经典)
ISBN 7-80528-919-0(精装):¥15.50

I242.4　026832
续小五义/何振作等校点.—2版.—南昌:江西人民出版社,1995.9.—541页;19cm.—(古本通俗小说)
ISBN 7-210-01511-6(精装):¥17.20

I242.4　026833
续小五义/(清)石玉昆著;蔚茗点校.—北京:北京十月文艺出版社,1995.4.—687页;20cm.—(中国侠义经典系列)
ISBN 7-5302-0368-1:¥20.60

I242.4　026834
杨家将演义/(明)熊大木编撰;穆公标点.—上海:上海古籍出版社,1995.8.—194页;19cm.—(十大古典英雄传奇小说丛书)
ISBN 7-5325-1937-6:¥6.00

I242.4　026835
杨家将演义/(明)熊大木编撰;穆公标点.—上海:上海古籍出版社,1995.8.—194页;19cm.—(十大古籍英雄传奇小说丛书)
ISBN 7-5325-1938-4(精装):¥8.00

I242.4　026836
野草闲花臭姻缘/(清)月湖渔隐,黄世仲著;筱惠,狄迪整理.—天津:百花文艺出版社,1995.1.—558页;19cm
ISBN 7-5306-1600-5:¥14.00

I242.4　026837
永庆升平前传/姜振名,郭广瑞著;树惠,洁人点校.—北京:北京十月文艺出版社,1995.4.—541页;20cm.—(中国侠义经典系列)
ISBN 7-5302-0366-5:¥16.80

I242.4　026838
岳飞全传/(清)钱彩,(清)金丰著;李桂峰,李琏生点校.—成都:四川文艺出版社,1995.5.—651页:插图;20cm
ISBN 7-5411-1315-8:¥21.80

I242.4　026839
岳飞演义:少年版普及本/苏早编.—南京:江苏少年儿童出版社,1995.7.—364页;19cm.—(古代通俗小说精编)
ISBN 7-5346-1362-0:¥11.00

I242.4　026840
正德皇帝游江南.—长沙:岳麓书社,1995.1.—406页;19cm.—(古典通俗小说文库)
本书包括:正德游江南/(清)何梦梅著;文华标点·白牡丹/(清)翁山柱砥著;文华,阳斌标点
ISBN 7-80520-553-1:¥8.80

I242.4　026841
正气歌/宋纯编.—海口:海南国际新闻出版中心,1995.5.—716页;20cm
ISBN 7-80609-144-0:¥22.80

I242.4　026842
钟伯敬批评忠义水浒传/(明)施耐庵,(明)罗贯中著;(明)钟惺评点;钱威海等整理.—合肥:安徽文艺出版社,1995.2.—2册(1205页);20cm
ISBN 7-5396-1105-7:¥28.80

I242.4　026843
梼杌闲评/不题撰人著;止戈,韦行校点.—济南:齐鲁书社,1995.3.—362页;19cm.—(中国古典小说普及丛书)
ISBN 7-5333-0449-7(精装):¥10.00

I242.7　026844
笔记古案/马成生等编撰.—杭州:浙江人民出版社,1995.11.—310页;19cm.—(公案故事集粹/平慧善主编)
ISBN 7-213-01303-3:¥12.00

I242.7　026845
初刻拍案惊奇:绘图本/(明)凌濛初原著;魏汉杰编写;阎雎绘.—哈尔滨:黑龙江人民出版社,1995.3.—

549页;20cm.—(缩编通俗绘画本"三言二拍"丛书/希玉主编)

ISBN 7-207-03237-4(精装):¥33.00

I242.7　　026846

二刻拍案惊奇:绘图本/(明)凌濛初原著;马福兴,霍志英编写;阎睢绘.—哈尔滨:黑龙江人民出版社,1995.3.—680页;20cm.—(缩编通俗绘画本"三言二拍"丛书/希玉主编)

ISBN 7-207-03237-4(精装):¥41.00

I242.7　　026847

古代经典微型小说:神话志怪篇:古今对照/谭令仰注译.—北京:中国人民大学出版社,1995.2.—258页;20cm

ISBN 7-300-01918-8:¥9.80

I242.7　　026848

古今奇观外编/喻岳衡编.—海口:海南出版社,1995.9.—816页;19cm

ISBN 7-80590-737-4:¥28.60

I242.7　　026849

花影集/(明)陶辅撰;程毅中校点·**鸳渚志余雪窗谈异**/(明)钓鸳湖客撰;徐野校点.—长春:吉林大学出版社,1995.11.—78页;19cm.—(中国古代稀见珍本小说丛书/王汝梅,薛洪勣)

ISBN 7-5601-1829-1:¥8.00

I242.7　　026850

话本疑案/江涓等编撰.—杭州:浙江人民出版社,1995.12.—414页;19cm.—(公案故事集粹/平慧善主编)

ISBN 7-213-01304-1:¥15.00

I242.7　　026851

警世通言:绘图本/(明)冯梦龙原著;杨庆旺等编写;阎睢绘.—哈尔滨:黑龙江人民出版社,1995.3.—506页;20cm.—(缩编通俗绘画本"三言二拍"丛书/希玉主编)

ISBN 7-207-03236-6(精装):¥31.00

I242.7　　026852

柳崖外编/(清)徐昆撰;杜维沫,薛洪勣校点.—长春:吉林大学出版社,1995.11.—354页;19cm.—(中国古代稀见珍本小说丛书/王汝梅,薛洪勣主编)

ISBN 7-5601-1828-3:¥13.00

I242.7　　026853

清代奇案/李达三等编撰.—杭州:浙江人民出版社,1995.12.—411页;19cm.—(公案故事集粹/平慧善主编)

ISBN 7-213-01306-8:¥15.00

I242.7　　026854

三公断案/朱然等编撰.—杭州:浙江人民出版社,1995.12.—360页;19cm.—(公案故事集粹/平慧善主编)

ISBN 7-213-01305-X:¥13.50

I242.7　　026855

四海惊奇/古林编.—长沙:岳麓书社,1995.12.—4册;20cm

ISBN 7-80520-619-8:¥55.20

I242.7　　026856

新编绘图今古奇观/陈治平等辑.—长春:长春出版社,1995.6.—2册(1610页);19cm

ISBN 7-80604-331-4(精装):¥60.00

I242.7　　026857

醒世恒言:绘图本/(明)冯梦龙原著;吴耀中编写;阎睢绘.—哈尔滨:黑龙江人民出版社,1995.3.—728页;20cm.—(缩编通俗绘画本"三言二拍"丛书/希玉主编)

ISBN 7-207-03236-6(精装):¥44.00

I242.7　　026858

萤窗异草/(清)长白浩歌子著.—沈阳:辽宁古籍出版社,1995.7.—437页;19cm.—(中国古典小说名著/徐彻主编)

ISBN 7-80507-299-X(精装):¥16.00

I242.7　　026859

喻世明言:绘图本/(明)冯梦龙原著;黄玫,翟露编写;阎睢绘.—哈尔滨:黑龙江人民出版社,1995.3.—636页;20cm.—(缩编通俗绘画本"三言二拍"丛书/希玉主编)

ISBN 7-207-03236-6(精装):¥39.00

I246　　026860

中国现代小说精品:张恨水卷/周鹏飞主编;伍仁编.—西安:陕西人民出版社,1995.12.—486页;20cm

ISBN 7-224-04004-5:¥16.30

I246.1　　026861

民国笔记小说大观　第一辑/孙安邦主编.—太原:山西古籍出版社,1995.12.—10册;20cm

ISBN 7-80598-102-7:¥128.00

I246.4　　026862

海上花开/韩子云原著;张爱玲注译.—上海:上海古籍出版社,1995.8.—324页:插图;20cm.—(国语海上花列传;1)

ISBN 7-5325-1989-9:¥18.40

I246.4　　026863

海上花落/韩子云原著;张爱玲注译.—上海:上海古籍出版社,1995.8.—326~648页:插图;20cm.—(国语海上花列传;2)

ISBN 7-5325-1990-2:¥17.50

I246.4　　026864

旧巷斜阳/刘云若著.—天津:百花文艺出版社,1995.11.—3册(1227页);20cm.—(民国通俗小说名著丛书)

ISBN 7-5306-1780-X:¥45.00

I246.4　　026865

快活神仙传/程瞻庐原著;汤哲声整理.—重庆:重庆出版社,1995.8.—505页;20cm

ISBN 7-5366-3067-0:¥20.50

I246.4　　026866

蜀山剑侠传/还珠楼主著.—长沙:岳麓书社,1995.11.—5册;20cm

ISBN 7-80520-620-1(精装):¥165.00

I246.4　　026867

曾国藩演义/徐哲身著;董晖校点.—长春:吉林文史

出版社,1995.1.—2册(877页);19cm
ISBN 7-80528-935-2: ¥28.00

I246.5 **026868**
巴金选集 第二卷:春/巴金著.—2版.—成都:四川人民出版社,1995.2.—442页;20cm.—(中国现代作家选集丛书)
ISBN 7-220-02737-0: ¥15.40

I246.5 **026869**
巴金选集 第三卷:秋/巴金著.—2版.—成都:四川人民出版社,1995.2.—562页;20cm.—(中国现代作家选集丛书)
ISBN 7-220-02738-9: ¥19.50

I246.5 **026870**
巴金选集 第四卷:雾·雨·电/巴金著.—2版.—成都:四川人民出版社,1995.2.—460页;20cm.—(中国现代作家选集丛书)
ISBN 7-220-02739-7: ¥16.50

I246.5 **026871**
巴金选集 第一卷:家/巴金著.—2版.—成都:四川人民出版社,1995.2.—401页;20cm.—(中国现代作家选集丛书)
ISBN 7-220-02736-2: ¥14.40

I246.5 **026872**
第四病室/巴金著.—兰州:敦煌文艺出版社,1995.10.—364页;17×12cm.—(中国现代文学大师名作珍本复刻丛书/中国现代文学馆主编)
据良友复兴图书印刷公司1945年版影印
ISBN 7-80587-299-6: ¥88.00

I246.5 **026873**
冬儿姑娘/冰心著.—兰州:敦煌文艺出版社,1995.10.—161页;15×11cm.—(中国现代文学大师名作珍本复刻丛书/中国现代文学馆主编)
据上海北新书局1935年版影印
ISBN 7-80587-297-X: ¥38.00

I246.5 **026874**
寒夜/巴金著.—北京:人民文学出版社,1995.12.—282页;20cm.—(中国现代长篇小说丛书)
ISBN 7-02-002306-1: ¥13.70

I246.5 **026875**
红牡丹/林语堂著.—北京:华龄出版社,1995.4.—377页;19cm
ISBN 7-80082-578-7: ¥10.00

I246.5 **026876**
老舍小说经典/老舍著.—北京:九洲图书出版社,1995.6.—4册;20cm.—(回顾中外文学大师丛书)
ISBN 7-80114-060-5: ¥55.00

I246.5 **026877**
猫城记/老舍著.—兰州:敦煌文艺出版社,1995.10.—271页;19×13cm.—(中国现代文学大师名作珍本复刻丛书/中国现代文学馆主编)
据上海现代书局1933年8月初版影印
ISBN 7-80587-302-X: ¥66.00

I246.5 **026878**
蚀/茅盾著.—北京:人民文学出版社,1995.12.—357页;20cm.—(中国现代长篇小说丛书)
ISBN 7-02-002179-4: ¥16.70

I246.5 **026879**
死水微澜/李劼人著.—北京:人民文学出版社,1995.8.—229页;20cm.—(中国现代长篇小说丛书)
ISBN 7-02-001848-3: ¥10.05

I246.5 **026880**
淘金记/沙汀著.—北京:人民文学出版社,1995.12.—261页;20cm.—(中国现代长篇小说丛书)
ISBN 7-02-002039-9: ¥13.10

I246.5 **026881**
小坡的生日/老舍著.—兰州:敦煌文艺出版社,1995.10.—333页;16×11cm.—(中国现代文学大师名作珍本复刻丛书/中国现代文学馆主编)
据上海生活书店1934年7月初版影印
ISBN 7-80587-303-8(精装): ¥88.00

I246.5 **026882**
新儿女英雄传/孔厥,袁静著.—贵阳:贵州人民出版社,1995.8.—346页;19cm.—(中华之魂丛书/卢惠龙主编)
ISBN 7-221-03884-8: ¥12.80

I246.5 **026883**
葬故人:鲜血上漂来一群人/纪刚著.—延吉:延边人民出版社,1995.2.—440页;20cm.—(世界华人文学名著)
ISBN 7-80599-229-0: ¥14.90

I246.7 **026884**
冰心小说集/冰心著.—兰州:敦煌文艺出版社,1995.10.—341页;19×13cm.—(中国现代文学大师名作珍本复刻丛书/中国现代文学馆主编)
据上海北新书局1933年1月初版影印
ISBN 7-80587-301-1(精装): ¥138.00

I246.7 **026885**
赶集/老舍著.—兰州:敦煌文艺出版社,1995.10.—259页;18×12cm.—(中国现代文学大师名作珍本复刻丛书/中国现代文学馆主编)
据上海良友图书印刷公司1934年9月初版影印
ISBN 7-80587-300-3(精装): ¥118.00

I246.7 **026886**
庐隐小说精编/朱珩青编.—杭州:浙江文艺出版社,1995.2.—826页;20cm.—(现代经典作家诗文全编书系)
ISBN 7-5339-0710-8: ¥21.40

I246.7 **026887**
灭亡/巴金著.—兰州:敦煌文艺出版社,1995.10.—375页;15×12cm.—(中国现代文学大师名作珍本复刻丛书/中国现代文学馆主编)
据上海开明书店1929年10月初版影印
ISBN 7-80587-295-3: ¥88.00

I246.7 **026888**
萧红小说全编/刘云编.—杭州:浙江文艺出版社,1995.12.—713页;20cm.—(现代经典作家诗文全编书系)
ISBN 7-5339-0855-4: ¥25.80

I246.7　026889
忆/巴金著.—兰州:敦煌文艺出版社,1995.10.—178页;18×13cm.—(中国现代文学大师名作珍本复刻丛书/中国现代文学馆主编)
据上海文化生活出版社1936年8月初版影印
ISBN 7-80587-296-1:¥38.00

I246.7　026890
郁达夫小说:珍藏本/郁达夫著.—北京:九洲图书出版社,1995.1.—2册;20cm.—(中国现代文学大系/刘佳主编)
ISBN 7-80114-042-7:¥24.50

I246.7　026891
中国现代小说精品:冰心卷/周鹏飞主编;伍仁编.—西安:陕西人民出版社,1995.10.—427页;20cm
ISBN 7-224-03962-4:¥14.80

I246.7　026892
中国现代小说精品:郭沫若卷/周鹏飞主编;伍仁编.—西安:陕西人民出版社,1995.12.—474页;20cm
ISBN 7-224-03959-4:¥16.00

I246.7　026893
中国现代小说精品:茅盾卷/周鹏飞主编;伍仁编.—西安:陕西人民出版社,1995.3.—457页;20cm
ISBN 7-224-03762-1:¥12.60

I246.7　026894
中国现代小说精品:张天翼卷/周鹏飞主编;伍仁编.—西安:陕西人民出版社,1995.12.—502页;20cm
ISBN 7-224-03961-6:¥16.80

I246.8　026895
中国十大经典喜剧故事集/程炳达主编;蔡运长等改编.—北京:学苑出版社,1995.2.—374页;20cm
ISBN 7-5077-0969-8(精装):¥32.00

I247　026896
柏杨小说全集/柏杨著.—北京:中国社会科学出版社,1995.3.—3册;20cm.—(台湾文学名著大系/常君实主编)
ISBN 7-5004-1690-3:¥48.80

I247　026897
光阴/谭谈著.—北京:作家出版社,1995.7.—276页;19cm
ISBN 7-5063-0885-1:¥8.80

I247　026898
倾述:《小说家》首届精短中篇擂台赛/郑法清,谢大光主编;《小说家》编辑部编.—天津:百花文艺出版社,1995.3.—585页;20cm.—(20世纪中国小说经典文库)
ISBN 7-5306-1953-5:¥18.80

I247　026899
人种:《小说家》首届精短中篇擂台赛/郑法清,谢大光主编;《小说家》编辑部编.—天津:百花文艺出版社,1995.2.—690页;20cm.—(20世纪中国小说经典文库)
ISBN 7-5306-1952-7:¥22.80

I247　026900
日蚀:《小说家》首届精短中篇擂台赛/郑法清,谢大光主编;《小说家》编辑部编.—天津:百花文艺出版社,1995.3.—563页;20cm.—(20世纪中国小说经典文库)
ISBN 7-5306-1955-1:¥18.80

I247　026901
失重/崔希明著.—天津:百花文艺出版社,1995.5.—493页;20cm
ISBN 7-5306-1988-8:¥14.80

I247　026902
王蒙幽默小说自选集/王蒙著.—桂林:漓江出版社,1995.8.—494页;20cm.—(作家自选集系列)
ISBN 7-5407-1732-7(精装):¥20.90

I247　026903
余华作品集/余华著.—北京:中国社会科学出版社,1995.3.—3册;20cm
ISBN 7-5004-1601-6:¥35.80

I247　026904
重影:《小说家》首届精短中篇擂台赛/郑法清,谢大光主编;《小说家》编辑部编.—天津:百花文艺出版社,1995.3.—551页;20cm.—(20世纪中国小说经典文库)
ISBN 7-5306-1954-3:¥18.80

①I247②I207.42　026905
全国小说奖获奖落选代表作及批评:中篇卷(上)/王蒙主编.—长沙:湖南文艺出版社,1995.10.—859页;20cm
ISBN 7-5404-1425-1(精装):¥28.00

①I247②I207.42　026906
全国小说奖获奖落选代表作及批评:中篇卷(下)/王蒙主编.—长沙:湖南文艺出版社,1995.10.—861～1644页;20cm
ISBN 7-5404-1426-X(精装):¥26.00

I247.4　026907
八路军演义/胡兆才著.—哈尔滨:黑龙江美术出版社,1995.—2册;20cm
ISBN 7-5318-0253-8:¥19.80

I247.4　026908
东游历险记/吴绍云著.—沈阳:辽宁少年儿童出版社,1995.6.—284页;19cm.—(儿童文学中短篇丛书)
ISBN 7-5315-2576-3:¥7.00

I247.4　026909
法西斯演义/贾佳撰文.—沈阳:沈阳出版社,1995.5.—571页;20cm
ISBN 7-5441-0341-2:¥16.80

I247.4　026910
凡人秘史/黎民著.—北京:经济日报出版社,1995.8.—314页;19cm
ISBN 7-80127-031-2:¥12.00

I247.4　026911
风流乾隆/徐永华著.—太原:北岳文艺出版社,1995.9.—436页;19cm
ISBN 7-5378-1465-1:¥14.80

I247.4　026912
海盗演义/朱孟良著.—沈阳:沈阳出版社,1995.

6.—566页;20cm
ISBN 7-5441-0346-3:¥16.80

I247.4 026913
河口风云/单昭章著.—北京:文津出版社,1995.10.—220页;20cm
ISBN 7-80554-292-9:¥8.80

I247.4 026914
黑手党演义/郑远星撰文.—沈阳:沈阳出版社,1995.5.—573页;20cm
ISBN 7-5441-0345-5:¥16.80

I247.4 026915
黑鹰传奇/戊戟著.—广州:广东人民出版社,1995.8.—6册(1955页);19cm.—(戊戟传奇系列)
ISBN 7-218-01954-4:¥50.00

I247.4 026916
呼延庆出山/王润生等编著.—长沙:湖南出版社,1995.12.—426页;19cm
ISBN 7-5438-1112-X:¥13.20

I247.4 026917
江海英雄/古尤著.—银川:宁夏人民出版社,1995.10.—4册(1063页);20cm
ISBN 7-227-01532-7:¥43.80

I247.4 026918
江湖传奇/戊戟著.—广州:广东人民出版社,1995.5.—6册(1775页);19cm
ISBN 7-218-01794-0:¥40.00

I247.4 026919
江湖三杀手/陈青云著.—太原:北岳文艺出版社,1995.4.—373页;20cm.—(陈青云武侠小说专辑)
ISBN 7-5378-1452-X:¥18.80

I247.4 026920
江会洪兵传奇/戈枫著.—广州:花城出版社,1995.1.—193页;19cm
ISBN 7-5360-1963-7:¥7.00

I247.4 026921
蒋介石的侧室姚冶诚/汤雄著.—北京:中国文联出版公司,1995.12.—300页;20cm
ISBN 7-5059-2343-9:¥13.00

I247.4 026922
开创共和国群英演义/金岩编著.—北京:中国档案出版社,1995.9.—3册(1419页);20cm
ISBN 7-80019-533-3:¥56.80

I247.4 026923
罗成叫关/王润生等著.—长沙:湖南出版社,1995.12.—468页;19cm
ISBN 7-5438-1110-3:¥14.50

I247.4 026924
七剑十三侠/尹明主编;龙东节编.—天津:天津古籍出版社,1995.1.—570页;19cm.—(中国武侠小说名著精编)
ISBN 7-80504-398-1:¥17.10

I247.4 026925
清史演义:现代白话本/蔡东藩原著;傅索雅等编译.—北京:中国文史出版社,1995.10.—2册(724页);19cm
ISBN 7-5034-0721-2:¥28.00

I247.4 026926
驱寇英雄传/刘伟等著.—长春:吉林人民出版社,1995.5.—176页;19cm
ISBN 7-206-02257-X:¥6.00

I247.4 026927
三请薛仁贵/郝艳霞,王润生编著.—长沙:湖南出版社,1995.12.—229页;19cm
ISBN 7-5438-1109-X:¥7.50

I247.4 026928
双剑吼天狠/敖牙著.—北京:华龄出版社,1995.1.—3册(823页);19cm
ISBN 7-80082-457-8:¥19.80

I247.4 026929
四杰一雄/郝艳霞,王润生著.—长沙:湖南出版社,1995.12.—244页;19cm
ISBN 7-5438-1111-1:¥7.90

I247.4 026930
孙武演义/陈农村著.—济南:山东友谊出版社,1995.8.—302页;20cm
ISBN 7-80551-672-3:¥13.00

I247.4 026931
太平公主:长篇历史小说《武则天》续篇/李端科著.—广州:广州出版社,1995.11.—400页;20cm
ISBN 7-80592-320-5:¥16.50

I247.4 026932
太平天国:长篇历史小说/扬骞著.—哈尔滨:黑龙江人民出版社,1995.12.—2册(976页);20cm
ISBN 7-207-03327-3:¥42.80

I247.4 026933
武则天风流艳史/罗自立编.—海口:海南出版社,1995.4.—357页;20cm
ISBN 7-80590-466-9:¥11.80

I247.4 026934
西游别传/岳文昌著.—石家庄:河北人民出版社,1995.11.—541页;20cm
ISBN 7-202-01636-2:¥18.60

I247.4 026935
玄门剑侠传/云中子著.—长春:时代文艺出版社,1995.4.—3册(836页);19cm
ISBN 7-5387-0847-2:¥19.80

I247.4 026936
阎罗剑客/陈青云著.—太原:北岳文艺出版社,1995.4.—2册(826页);20cm.—(陈青云武侠小说专辑)
ISBN 7-5378-1454-6:¥37.60

I247.4 026937
义勇军演义/戴尔宝著.—沈阳:春风文艺出版社,1995.6.—395页;19cm
ISBN 7-5313-1516-5:¥14.00

I247.4 026938
淫暴·隋炀帝/何士夫著.—成都:四川人民出版社,1995.8.—2册;20cm.—(红茶馆纪实文丛/刘茂才主

编)
ISBN 7-220-02934-9: ¥25.80

I247.4　　026939
雍正剑侠图/常杰淼著;燕雨石点校.—北京:北京十月文艺出版社,1995.6.—2册(1669页);20cm.—(中国侠义经典系列)
ISBN 7-5302-0364-9: ¥47.90

I247.4　　026940
粤东剑侠/伍云儿著.—南昌:百花洲文艺出版社,1995.12.—232页;19cm
ISBN 7-80579-324-7: ¥8.00

I247.4　　026941
中华人民共和国演义/张涛之著.—北京:作家出版社,1995.6.—3册(1383页);20cm
ISBN 7-5063-0933-5: ¥48.30

I247.5　　026942
20世纪世界经典电影书系:情爱卷/刘演林主编.—北京:京华出版社,1995.8.—3册;20cm
包括《巴黎最后的探戈》等三卷。
ISBN 7-80600-097-6: ¥58.00

I247.5　　026943
27军传奇:聂凤智与27军征战纪实/郁雪编著.—兰州:敦煌文艺出版社,1995.2.—377页;20cm
ISBN 7-80587-277-5: ¥13.98

I247.5　　026944
'93中国小说精萃/舒楠,兴安选编.—北京:农村读物出版社,1995.12.—428页;20cm.—(九十年代中国小说佳作·第四辑)
ISBN 7-5048-2690-1: ¥19.50

I247.5　　026945
阿鹰/唐樱著.—北京:中国文联出版公司,1995.7.—237页;19cm
ISBN 7-5059-2258-0: ¥7.20

I247.5　　026946
哀兵:西安事变后的东北军纪实/张百如著.—哈尔滨:黑龙江人民出版社,1995.6.—496页;20cm
ISBN 7-207-03118-1: ¥18.80

I247.5　　026947
艾扎中篇小说选/艾扎著.—昆明:云南民族出版社,1995.12.—363页;20cm.—(哈尼族当代文学丛书)
ISBN 7-5367-1132-8: ¥14.00

I247.5　　026948
爱情岁月/洪峰著.—长春:时代文艺出版社,1995.1.—352页;20cm
ISBN 7-5387-0840-5: ¥11.80

I247.5　　026949
八荒龙蛇/云中岳著.—长春:时代文艺出版社,1995.8.—3册(670页);19cm
ISBN 7-5387-0905-3: ¥18.50

I247.5　　026950
巴黎的中国女人/梵之著.—桂林:漓江出版社,1995.6.—285页;19cm
ISBN 7-5407-1731-9: ¥9.00

I247.5　　026951
巴山传奇/周慧著.—武汉:武汉大学出版社,1995.8.—218页;20cm.—(中国戏曲故事丛书/吴洪激主编)
ISBN 7-307-02022-X: ¥11.80

I247.5　　026952
把酒问月/梁奇才著.—南宁:广西民族出版社,1995.12.—238页;20cm
ISBN 7-5363-3068-5: ¥11.80

I247.5　　026953
霸剑横枕/卧龙生著.—长春:时代文艺出版社,1995.12.—2册(469页);19cm.—(紫龙佩全传;3)
全8册,总定价:68.80元
ISBN 7-5387-0957-6: ¥0.00

I247.5　　026954
霸王项羽/范金山著.—北京:中国文联出版公司,1995.8.—498页;20cm
ISBN 7-5059-2160-6: ¥18.80

I247.5　　026955
白领伊人/佳云,雁宁著.—北京:中国青年出版社,1995.6.—597页;20cm
ISBN 7-5006-1971-5: ¥22.00

I247.5　　026956
白梦/方方著.—南京:江苏文艺出版社,1995.12.—403页;20cm.—(方方文集)
ISBN 7-5399-0868-8: ¥15.80

I247.5　　026957
白色天使/岑凯伦著.—广州:花城出版社,1995.3.—263页;19cm
ISBN 7-5360-1822-3: ¥6.80

I247.5　　026958
白霞/叶君健著.—北京:华文出版社,1995.7.—249页;20cm
ISBN 7-5075-0447-6: ¥9.80

I247.5　　026959
白夜/贾平凹著.—北京:华夏出版社,1995.7.—389页;20cm.—(中国当代作家文库)
ISBN 7-5080-0757-3: ¥19.00

I247.5　　026960
百年惶惑/杨志鹏著.—北京:中国文联出版公司,1995.1.—346页;20cm
ISBN 7-5059-2171-1: ¥10.96

I247.5　　026961
拜月亭/(元)施惠原著;陈圆改编.—太原:山西古籍出版社,1995.12.—360页;20cm.—(六大古典爱情名剧白话小说/潘慎,张斎主编)
全套6册,总定价:90.00元
ISBN 7-80598-089-6: ¥0.00

I247.5　　026962
棒打江山/云中岳著.—郑州:中原农民出版社,1995.12.—556页;20cm.—(新派武侠小说精品)
ISBN 7-80538-804-0: ¥19.80

I247.5　　026963
保卫延安/杜鹏程著.—石家庄:花山文艺出版社,1995.5.—469页;20cm.—(共和国长篇小说经典丛书/冯牧,缪俊杰主编)

ISBN 7-80611-300-2: ¥17.00

I247.5　026964

悲壮的跋涉:红军长征始末纪实/袁鸿雁著.—南昌:百花洲文艺出版社,1995.5.—753页;20cm.—(红土地纪实文学丛书)

ISBN 7-80579-493-6: ¥22.00

I247.5　026965

悲怆的恐龙/范小天著.—西安:陕西人民出版社,1995.6.—278页;19cm

ISBN 7-224-03110-0: ¥6.85

I247.5　026966

奔腾的红水河/蒙光明著.—北京:民族出版社,1995.12.—322页;20cm

ISBN 7-105-02259-0: ¥13.80

I247.5　026967

边城浪子全集/古龙著.—西安:三秦出版社,1995.5.—3册(975页);19cm.—(经典武侠作品珍藏本)

ISBN 7-80546-952-0: ¥29.50

I247.5　026968

边地风流/尹瑞伟,阳少连著.—北京:解放军文艺出版社,1995.10.—255页;19cm

ISBN 7-5033-0688-2: ¥12.60

I247.5　026969

边境女检查官/凃平著.—桂林:漓江出版社,1995.12.—290页;19cm

ISBN 7-5407-1857-9: ¥12.80

I247.5　026970

边走边唱/吕锦华著.—沈阳:沈阳出版社,1995.12.—226页;19cm.—(中国当代作家自况体丛书·吕锦华卷/刘毅主骗)

ISBN 7-5441-0462-1: ¥7.80

I247.5　026971

表衣修罗/陈青云著.—太原:北岳文艺出版社,1995.4.—2册(888页);20cm.—(陈青云武侠小说专辑)

ISBN 7-5378-1453-8: ¥37.60

I247.5　026972

宾馆疑雾/毛志成著.—北京:农村读物出版社,1995.3.—210页;19cm.—(20世纪末爱情与侦破小说丛书)

ISBN 7-5048-2570-0: ¥5.40

I247.5　026973

搏命猛男/雪米莉著.—长春:时代文艺出版社,1995.3.—268页;19cm.—(雪米莉"命"字系列)

ISBN 7-5387-0855-3: ¥6.80

I247.5　026974

不肯嫁春风/蒋九霄著.—合肥:安徽文艺出版社,1995.5.—248页;19cm

ISBN 7-5396-1323-8: ¥6.40

I247.5　026975

不是女皇的女皇:慈禧全传/华明园著.—长春:北方妇女儿童出版社,1995.8.—442页;19cm

ISBN 7-5385-1082-6(精装): ¥18.00

I247.5　026976

不是奇葩也风流/刘融忱著.—北京:长征出版社,1995.5.—266页;20cm

ISBN 7-80015-342-8: ¥9.80

I247.5　026977

不是忏悔/赵长天著.—北京:人民文学出版社,1995.5.—279页;20cm

ISBN 7-02-002027-5: ¥8.40

I247.5　026978

不朽的单相思/周忠陵著.—天津:百花文艺出版社,1995.12.—230页;20cm.—(21世纪文学之星丛书·1995年卷:小说)

ISBN 7-5306-2161-0: ¥10.80

I247.5　026979

不夜红灯/星显著.—太原:北岳文艺出版社,1995.6.—474页;20cm

ISBN 7-5378-1496-1: ¥15.80

I247.5　026980

才女名姬杜秋娘/高旅著.—广州:花城出版社,1995.10.—307页;20cm

ISBN 7-5360-2102-X: ¥11.80

I247.5　026981

彩虹剑影/陈青云著.—太原:北岳文艺出版社,1995.4.—479页;20cm.—(陈青云武侠小说专辑)

ISBN 7-5378-1454-6: ¥18.80

I247.5　026982

彩霞在眉梢/林自勇著.—兰州:甘肃人民出版社,1995.10.—269页;19cm

ISBN 7-226-01537-4: ¥8.80

I247.5　026983

残骨金龙令/柳残阳著.—长春:时代文艺出版社,1995.3.—2册(604页);20cm

ISBN 7-5387-0862-6: ¥19.80

I247.5　026984

残花/壶拯著.—沈阳:春风文艺出版社,1995.8.—632页;20cm

ISBN 7-5313-1497-5: ¥19.80

I247.5　026985

苍生/浩然著.—北京:华龄出版社,1995.9.—565页;20cm

ISBN 7-80082-512-4: ¥18.80

I247.5　026986

苍生/浩然著.—沈阳:沈阳出版社,1995.9.—526页;20cm

ISBN 7-5441-0414-1: ¥19.80

I247.5　026987

苍天在上/陆天明著.—上海:上海文艺出版社,1995.9.—409页;20cm.—(小说界文库·长篇系列)

ISBN 7-5321-1412-0: ¥14.90

I247.5　026988

沧海横流/李玉生著.—北京:长征出版社,1995.10.—434页;20cm

ISBN 7-80015-349-5: ¥13.00

I247.5　026989

曹操/曹仲怀著.—北京:九洲图书出版社,1995.

1.—2册(875页);20cm
ISBN 7-80114-049-4:¥28.80

I247.5　　026990
草原烽火/乌兰巴干著.—贵阳:贵州人民出版社,1995.8.—522页;19cm.—(中华之魂丛书/卢惠龙主编)
ISBN 7-221-03877-5:¥18.80

I247.5　　026991
查果拉的故事:《雪山春秋》第四卷/杨星火著.—北京:解放军出版社,1995.8.—145页;19cm
ISBN 7-5065-2870-3:¥6.00

I247.5　　026992
长辫子精灵的情事/席绢著.—南京:江苏文艺出版社,1995.2.—214页;20cm.—(席绢作品集·豆蔻系列/阡陌主编)
ISBN 7-5399-0760-6:¥6.40

I247.5　　026993
长空勇士——杜凤瑞/逄塬,流柱著.—郑州:海燕出版社,1995.6.—150页;20cm.—(河南英烈传)
ISBN 7-5350-1217-5:¥5.60

I247.5　　026994
长生殿/(清)洪昇原著;张雪静改编.—太原:山西古籍出版社,1995.12.—358页;20cm.—(六大古典爱情名剧白话小说/潘慎,张畜主编)
全套6册,总定价:90.00元
ISBN 7-80598-089-6:¥0.00

I247.5　　026995
超级爱情死亡/嗟夫,燕娜著.—长春:时代文艺出版社,1995.6.—240页;19cm
ISBN 7-5387-0585-2:¥8.30

I247.5　　026996
尘世的夏娃/张琢真著.—北京:中国文联出版公司,1995.6.—336页;20cm.—(中国文坛黑马丛书·长篇小说卷/艳齐主编)
ISBN 7-5059-0870-7:¥12.00

I247.5　　026997
晨钟响彻黄昏/迟子建著.—沈阳:沈阳出版社,1995.3.—294页;20cm.—(中国新状态丛书/未凡主编)
ISBN 7-5441-0313-7:¥12.80

I247.5　　026998
陈世美真传/文江著.—重庆:重庆出版社,1995.10.—287页;20cm
ISBN 7-5366-3278-9:¥15.80

I247.5　　026999
城市白皮书/李佩甫著.—北京:人民文学出版社,1995.12.—351页;20cm.—(探索者丛书)
ISBN 7-02-002210-3:¥18.00

I247.5　　027000
吃城/林深著.—天津:百花文艺出版社,1995.6.—441页;20cm
ISBN 7-5306-1998-5:¥18.50

I247.5　　027001
痴迷爱一生/林晓筠著.—成都:四川人民出版社,1995.8.—204页;19cm.—(爱之旅丛书·第一辑)
ISBN 7-220-02894-6:¥7.20

I247.5　　027002
痴心只是难懂/于晴著.—西宁:青海人民出版社;台湾万盛出版有限公司,1995.10.—228页;20cm.—(豆蔻系列·第二辑;4:于晴言情作品集)
ISBN 7-225-01135-9:¥9.80

I247.5　　027003
赤彤丹朱/张抗抗著.—北京:人民文学出版社,1995.4.—427页;20cm
ISBN 7-02-002137-9:¥20.80

I247.5　　027004
丑巷/青汶著.—西宁:青海人民出版社,1995.1.—399页;20cm
ISBN 7-225-00966-4:¥11.80

I247.5　　027005
楚留香传奇系列续集:诡异刀声/古龙著.—郑州:中州古籍出版社,1995.1.—474页;20cm
ISBN 7-5348-1330-1:¥13.80

I247.5　　027006
楚留香传奇系列续集:黑血牡丹/古龙著.—郑州:中州古籍出版社,1995.1.—502页;20cm
ISBN 7-5348-1330-1:¥13.80

I247.5　　027007
楚留香传奇系列续集:生死无恨/古龙著.—郑州:中州古籍出版社,1995.1.—400页;20cm
ISBN 7-5348-1330-1:¥13.80

I247.5　　027008
楚留香传奇系列续集:狮銮/古龙著.—郑州:中州古籍出版社,1995.1.—479页;20cm
ISBN 7-5348-1330-1:¥13.80

I247.5　　027009
楚留香传奇系列续集:铁骑英杰/古龙著.—郑州:中州古籍出版社,1995.1.—484页;20cm
ISBN 7-5348-1330-1:¥13.80

I247.5　　027010
触不到的爱/于晴著.—西宁:青海人民出版社;台湾万盛出版有限公司,1995.9.—228页;19cm.—(于晴作品感性系列;8)
ISBN 7-225-01105-7:¥9.80

I247.5　　027011
穿越死亡/朱秀海著.—北京:中国工人出版社,1995.8.—541页;20cm
ISBN 7-5008-1718-5:¥19.80

I247.5　　027012
春潮夜夜深/章容裴著.—杭州:浙江文艺出版社,1995.12.—187页;20cm
ISBN 7-5339-0839-2:¥7.40

I247.5　　027013
春骚/张晓枫等著.—延吉:延边人民出版社,1995.6.—341页;20cm.—(四季情爱小说精品;A/天虹主编)
本套书共4册,总定价:46.80元
ISBN 7-80599-325-4:¥0.00

I247.5　027014
此间风水/叶文玲著.—石家庄:河北教育出版社,1995.3.—378页:照片;20cm.—(红罂粟丛书/王蒙主编)
ISBN 7-5434-2337-5:¥12.80

I247.5　027015
从媚娘到女皇:武则天全传/孟昕伯著.—长春:北方妇女儿童出版社,1995.8.—515页;19cm
ISBN 7-5385-1080-X(精装):¥20.00

I247.5　027016
大刀记/郭澄清著.—贵阳:贵州人民出版社,1995.8.—2册(1338页);19cm.—(中华之魂丛书/卢惠龙主编)
ISBN 7-221-03876-7:¥49.80

I247.5　027017
大饭店风云/莫然著.—北京:北京出版社,1995.1.—415页;20cm.—(商海言情系列小说)
ISBN 7-200-02467-8:¥10.40

I247.5　027018
大河湾:长篇三部曲/李庆著.—北京:中国文联出版公司,1995.12.—504页;20cm
ISBN 7-5059-2351-X:¥17.80

I247.5　027019
大荒天神/墨阳子著.—延吉:延边人民出版社,1995.4.—3册(905页);19cm.—(科幻历史武侠《大悲天地》系列;3)
ISBN 7-80599-260-6:¥23.50

I247.5　027020
大漠雄风:中篇历史传奇小说集/成雁,王琦著.—乌鲁木齐:新疆人民出版社,1995.6.—145页;19cm
ISBN 7-228-03526-7:¥6.00

I247.5　027021
大清帝国的八旗子弟/戴宝军著.—沈阳:沈阳出版社,1995.8.—511页;20cm
ISBN 7-5441-0418-4:¥18.80

I247.5　027022
大蜀三雄/大川,兰峰著.—成都:四川民族出版社,1995.1.—510页;20cm
ISBN 7-5409-1422-X:¥14.80

I247.5　027023
大侠风清扬/金庸新著.—延吉:延边人民出版社,1995.4.—3册(703页);19cm
ISBN 7-80599-292-4:¥19.80

I247.5　027024
大禹传奇/曹尧德著.—北京:华文出版社,1995.8.—376页;20cm
ISBN 7-5075-0480-8:¥14.50

I247.5　027025
大争霸/行人著.—北京:中国文学出版社,1995.1.—2册(761页);20cm
ISBN 7-5071-0289-0:¥24.80

I247.5　027026
当粉红撞上了黑色/陈美琳著.—北京:中国文联出版公司,1995.8.—159页;19cm.—(紫色梦幻系列·第一辑)
ISBN 7-5059-2275-0:¥6.50

I247.5　027027
当时已惘然/梁凤仪著.—北京:人民文学出版社,1995.1.—283页;19cm
ISBN 7-02-002104-2:¥8.75

I247.5　027028
刀的灵异/丁情著.—太原:北岳文艺出版社,1995.5.—2册(566页);19cm.—(丁情武侠精品集)
ISBN 7-5378-1484-8:¥16.80

I247.5　027029
敌工部长/乔健元著.—郑州:文心出版社,1995.2.—553页;20cm
ISBN 7-80537-568-2:¥16.80

I247.5　027030
地雷战/翟永瑚著.—贵阳:贵州人民出版社,1995.8.—314页;19cm.—(中华之魂丛书/卢惠龙主编)
ISBN 7-221-03880-5:¥11.80

I247.5　027031
地球的红飘带/魏巍编.—北京:人民文学出版社,1995.10.—682页;19cm
ISBN 7-02-001010-5:¥18.70

I247.5　027032
东风呼啸之前/沈洪著.—成都:四川文艺出版社,1995.6.—213页;20cm
ISBN 7-5411-1331-X:¥8.25

I247.5　027033
东洋金银梦/孔明珠著.—上海:上海文艺出版社,1995.9.—211页;19cm.—(西洋镜丛书)
ISBN 7-5321-1355-8:¥8.30

I247.5　027034
东岳庙的钟声/群峰著.—兰州:敦煌文艺出版社,1995.5.—323页;19cm
ISBN 7-80587-271-6:¥9.00

I247.5　027035
冬逝/路远等著.—延吉:延边人民出版社,1995.6.—333页;20cm.—(四季情爱小说精品;D/天虹主编)
本套书共4册,总定价:46.80元
ISBN 7-80599-325-4:¥0.00

I247.5　027036
都市放牛/田雁宁,潭力著.—北京:中国青年出版社,1995.8.—604页;20cm
ISBN 7-5006-1993-6:¥22.00

I247.5　027037
都市迷情　(上)/何卓琼等编.—广州:广州出版社,1995.5.—252页:照片;19cm
ISBN 7-80592-253-5:¥8.00

I247.5　027038
都市之狼/宗岱著.—保定:河北大学出版社,1995.8.—264页;20cm
ISBN 7-81028-308-1:¥9.80

I247.5　027039
赌国龙虎/星显著.—太原:北岳文艺出版社,1995.

6.—286页;20cm.—(港澳商战系列小说;1)
ISBN 7-5378-1495-3:¥9.80

I247.5　　027040
赌命靓女/雪米莉著.—长春:时代文艺出版社,1995.3.—281页;19cm.—(雪米莉"命"字系列)
ISBN 7-5387-0854-5:¥6.80

I247.5　　027041
赌女悲情/沙利文著.—哈尔滨:哈尔滨出版社,1995.9.—281页;19cm.—(赌王之战;1)
ISBN 7-80557-840-0:¥8.90

I247.5　　027042
赌雄喋血/沙利文著.—哈尔滨:哈尔滨出版社,1995.6.—283页;19cm.—(赌王之战;2)
ISBN 7-80557-839-7:¥8.90

I247.5　　027043
短刀行/于东楼著.—昆明:云南人民出版社,1995.9.—470页;20cm
ISBN 7-222-01841-7:¥18.00

I247.5　　027044
断魂血琵琶/云中岳著.—长春:时代文艺出版社,1995.6.—3册(710页);19cm.—(云中岳新武侠小说全集;27)
封底定价:18.50元
ISBN 7-5387-0886-3:¥19.80

I247.5　　027045
断头肥鼠——李斯/常万生著.—沈阳:春风文艺出版社,1995.9.—303页;20cm.—(春风史传小说系列·冤臣系列/常万生,王德昌主编)
ISBN 7-5313-1500-9:¥11.80

I247.5　　027046
对面/铁凝著.—石家庄:河北教育出版社,1995.4.—375页:照片;20cm.—(红罂粟丛书/王蒙主编)
ISBN 7-5434-2328-6:¥12.80

I247.5　　027047
多情名姬董小宛/张德义,刘培林著.—广州:花城出版社,1995.10.—2册(765页);20cm
ISBN 7-5360-2099-6:¥28.80

I247.5　　027048
俄罗斯不相信眼泪/宋万伟著.—北京:作家出版社,1995.12.—410页;20cm
ISBN 7-5063-0979-3:¥16.80

I247.5　　027049
俄罗斯姑娘在哈尔滨/巴威著.—北京:作家出版社,1995.1.—497页;20cm
ISBN 7-5063-0840-1:¥14.20

I247.5　　027050
恶江湖/云中岳著.—郑州:中原农民出版社,1995.12.—2册(694页);20cm.—(新派武侠小说精品)
ISBN 7-80538-804-0:¥26.80

I247.5　　027051
耳报神/塞民著.—长沙:湖南文艺出版社,1995.2.—397页;20cm
ISBN 7-5404-1341-7:¥10.30

I247.5　　027052
反复被害的情人/孙树源著.—海口:南海出版公司,1995.3.—333页;19cm
ISBN 7-5442-0244-5:¥9.00

I247.5　　027053
反三国志演义/周大荒著.—北京:中央民族大学出版社,1995.3.—472页;19cm
ISBN 7-81001-911-2:¥13.80

I247.5　　027054
放肆之后/梁望峰著.—北京:中国文联出版公司,1995.9.—233页;19cm.—(清纯恋情系列小说)
全套5册,总定价:39.50元
ISBN 7-5059-2249-1:¥0.00

I247.5　　027055
飞刀小祖宗/云中岳著.—郑州:中原农民出版社,1995.12.—567页;20cm.—(新派武侠小说精品)
ISBN 7-80538-804-0:¥19.80

I247.5　　027056
飞虎英雄传/隋发升著;隋春青整理.—北京:文津出版社,1995.9.—348页;20cm
ISBN 7-80554-284-8:¥18.50

I247.5　　027057
飞艳——王昭君/金斯顿著.—北京:华龄出版社,1995.7.—383页;20cm.—(中国四大美女传记文学丛书)
ISBN 7-80082-550-7:¥15.50

I247.5　　027058
飞越沧桑/梁凤仪著.—北京:人民文学出版社,1995.1.—202页;19cm
ISBN 7-02-002103-4:¥6.75

I247.5　　027059
废园刀声/云中岳著.—郑州:中原农民出版社,1995.12.—2册(599页);20cm.—(新派武侠小说精品)
ISBN 7-80538-804-0:¥22.80

I247.5　　027060
费家有女/范小青等著.—北京:人民文学出版社,1995.9.—602页;20cm
ISBN 7-02-002248-0:¥21.50

I247.5　　027061
风尘怪侠/云中岳著.—长春:时代文艺出版社,1995.11.—3册(737页);19cm.—(云中岳新武侠小说全集;31)
ISBN 7-5387-0949-5:¥22.50

I247.5　　027062
风谷/陈瑞欢著.—北京:中国文联出版公司,1995.8.—214页;19cm
ISBN 7-5059-2245-9:¥7.80

I247.5　　027063
风景/方方著.—南京:江苏文艺出版社,1995.12.—396页;20cm.—(方方文集)
ISBN 7-5399-0870-X:¥15.20

I247.5　　027064
风流大理王/西门镛著.—延吉:延边人民出版社,1995.9.—3册(745页);19cm.—(金庸《天龙八部》演义;1)

ISBN 7-80599-380-7: ¥19.80

I247.5 027065

风流公主:康熙的情人/苏方桂著.—成都:四川文艺出版社,1995.10.—365页;20cm

ISBN 7-5411-1339-5: ¥13.80

I247.5 027066

风流古镇/字心著.—成都:四川文艺出版社,1995.5.—441页;20cm

ISBN 7-5411-1314-X: ¥13.80

I247.5 027067

风流皇帝风流史:光绪与珍妃/王云高著.—北京:中国文联出版公司,1995.4.—191页;19cm

ISBN 7-5059-2064-2: ¥5.80

I247.5 027068

风流镇的痴男怨女/王忠范,李亚轩著.—哈尔滨:黑龙江美术出版社,1995.3.—381页;20cm

ISBN 7-5318-0278-3: ¥12.00

I247.5 027069

风逝/灵石著.—兰州:甘肃文化出版社,1995.4.—188页;19cm

ISBN 7-80608-060-0: ¥6.80

I247.5 027070

风雨人生路/蓝洁著.—北京:民族出版社,1995.2.—366页;20cm

ISBN 7-105-02399-6: ¥9.80

I247.5 027071

风云初记/孙犁著.—石家庄:花山文艺出版社,1995.5.—415页;20cm.—(共和国长篇小说经典丛书/冯牧,缪俊杰主编)

ISBN 7-80611-277-4: ¥15.00

I247.5 027072

风云四客/古龙著.—北京:大众文艺出版社,1995.4.—4册;19cm.—(风云四客系列)

ISBN 7-80094-139-6: ¥68.00

I247.5 027073

风云五剑/云中岳著.—长春:时代文艺出版社,1995.11.—4册(1059页);19cm.—(云中岳新武侠小说全集;30)

ISBN 7-5387-0932-0: ¥27.50

I247.5 027074

烽火动地歌/王炳银著.—天津:百花文艺出版社,1995.9.—407页;20cm

ISBN 7-5306-2110-6: ¥11.70

I247.5 027075

浮城/梁晓声著.—贵阳:贵州人民出版社,1995.10.—458页;20cm.—(金熊系列丛书·当代名家精品·梁晓声自选集)

ISBN 7-221-03949-6: ¥18.00

I247.5 027076

抚爱:唱给飞蛾的安魂曲/陈薇著.—成都:四川文艺出版社,1995.11.—315页;20cm

ISBN 7-5411-1364-6: ¥13.80

I247.5 027077

功高灭门——年羹尧/于平著.—沈阳:春风文艺出版社,1995.9.—301页;20cm.—(春风史传小说系列·冤臣系列/常万生,王德昌主编)

ISBN 7-5313-1503-3: ¥11.80

I247.5 027078

共和国文学作品经典丛书:中篇小说卷/缪俊杰主编.—石家庄:花山文艺出版社,1995.10.—2册;20cm

ISBN 7-80611-324-X(精装): ¥31.00

I247.5 027079

孤独的心痛/林晓筠著.—成都:四川人民出版社,1995.8.—202页;19cm.—(爱之旅丛书·第一辑)

ISBN 7-220-02894-6: ¥7.20

I247.5 027080

孤鸿影/林自勇著.—兰州:甘肃人民出版社,1995.10.—260页;19cm

ISBN 7-226-01535-8: ¥8.80

I247.5 027081

孤人/何开广著.—天津:百花文艺出版社,1995.7.—288页;19cm

ISBN 7-5306-2054-1: ¥9.80

I247.5 027082

孤星传/古尤著.—银川:宁夏人民出版社,1995.10.—2册(587页);20cm

ISBN 7-227-01533-5: ¥24.60

I247.5 027083

古城堡的儿女们/陆平著.—上海:上海文艺出版社,1995.5.—352页;20cm

ISBN 7-5321-1284-5: ¥11.00

I247.5 027084

古都/乔犁著.—西宁:青海人民出版社,1995.9.—520页;20cm

ISBN 7-225-01074-3: ¥19.60

I247.5 027085

古龙武侠精品七种武器系列/古龙著.—沈阳:沈阳出版社,1995.4.—6册;19cm

本书包括:《拳头》等6册。

ISBN 7-5441-0307-2: ¥45.00

I247.5 027086

故事集 (18)/成功选编.—西宁:青海人民出版社,1995.12.—62页;19cm

ISBN 7-225-01159-6: ¥1.98

I247.5 027087

故园夜雨:《浮沉》三部曲之二/黎汝清著.—上海:上海文艺出版社,1995.6.—653页;20cm.—(小说界文库·长篇系列/江曾培,范政浩主编)

ISBN 7-5321-1256-X: ¥18.20

I247.5 027088

故渎/刘金忠著.—北京:中国青年出版社,1995.7.—331页;20cm

ISBN 7-5006-1975-8: ¥14.00

I247.5 027089

关山渡若飞/张克著.—贵阳:贵州人民出版社,1995.1.—2册(1275页):照片;20cm

ISBN 7-221-03722-1: ¥34.00

I247.5 027090

官居七品/陈旭著.—北京:京华出版社,1995.11.—458页;20cm
ISBN 7-80600-127-1:¥15.90
I247.5　027091
光线/吕新著.—北京:中国青年出版社,1995.12.—288页;20cm.—(九十年代长篇小说系列)
ISBN 7-5006-2136-1:¥13.30
I247.5　027092
广州教父/冯沛祖著.—沈阳:沈阳出版社,1995.4.—508页;20cm
ISBN 7-5441-0227-0:¥16.80
I247.5　027093
归巢/章珺著.—北京:华艺出版社,1995.4.—442页;20cm
ISBN 7-80039-919-2:¥13.80
I247.5　027094
鬼畜/梁晓声著.—乌鲁木齐:新疆人民出版社,1995.10.—434页;20cm
ISBN 7-228-03592-5:¥17.60
I247.5　027095
诡道/王熹亮著.—天津:百花文艺出版社,1995.4.—434页;20cm
ISBN 7-5306-1979-9:¥13.80
I247.5　027096
跪下/凡一平著.—长春:时代文艺出版社,1995.12.—352页;20cm.—(野玫瑰丛书;2)
ISBN 7-5387-0931-2:¥16.80
I247.5　027097
国际刑警破案秘录/沙利文著.—沈阳:沈阳出版社,1995.10.—2册;19cm
包括:《绝命追杀》、《风流豪赌》。
ISBN 7-5441-0402-8:¥13.80
I247.5　027098
海底人/龚泽华著.—杭州:浙江少年儿童出版社,1995.2.—118页;19cm.—(中国科幻创作丛书)
ISBN 7-5342-1156-5:¥3.00
I247.5　027099
海口干杯/郭潜力著.—天津:百花文艺出版社,1995.11.—470页;20cm
ISBN 7-5306-2184-X:¥16.20
I247.5　027100
寒江独钓/丁旭光著.—长春:长春出版社,1995.4.—238页;19cm
ISBN 7-80604-216-4:¥6.50
I247.5　027101
好梦难圆/邓友梅著.—北京:作家出版社,1995.5.—321页;20cm.—(邓友梅自选集·第四卷·中篇小说卷)
ISBN 7-5063-0748-0:¥11.60
I247.5　027102
和平年代/洪峰著.—南昌:百花洲文艺出版社,1995.2.—325页;20cm
ISBN 7-80579-459-6:¥9.00
I247.5　027103
和平年代/洪峰著.—北京:中国社会出版社,1995.6.—343页;20cm
ISBN 7-80088-625-5:¥13.80
I247.5　027104
何处是我家园/方方著.—石家庄:河北教育出版社,1995.4.—366页:照片;20cm.—(红罂粟丛书/王蒙主编)
ISBN 7-5434-2346-4:¥12.80
I247.5　027105
合家欢/周郎著.—北京:文化艺术出版社,1995.12.—166页;19cm.—(奇兵系列)
全套共5册,总定价:34.00元
ISBN 7-5039-1434-3:¥0.00
I247.5　027106
河湟风云/逯有章著.—西宁:青海人民出版社,1995.5.—399页;20cm
ISBN 7-225-01007-7:¥11.99
I247.5　027107
黑唇/老河著.—西宁:青海人民出版社,1995.8.—318页;20cm
ISBN 7-225-01098-0:¥12.80
I247.5　027108
黑洞/方方著.—南京:江苏文艺出版社,1995.12.—379页;20cm.—(方方文集)
ISBN 7-5399-0867-X:¥14.40
I247.5　027109
黑劫/华德民著.—济南:山东大学出版社,1995.9.—259页;20cm
ISBN 7-5607-1510-9:¥9.60
I247.5　027110
黑命魔女/雪米莉著.—长春:时代文艺出版社,1995.3.—293页;19cm.—(雪米莉"命"字系列)
ISBN 7-5387-0857-X:¥6.80
I247.5　027111
黑色情人/温金海著.—北京:中国文联出版公司,1995.8.—320页;20cm.—(黑玫瑰小说系列;3)
本套书共3册,总定价:35.40元
ISBN 7-5059-2272-6:¥0.00
I247.5　027112
黑色鱼枪/温金海著.—北京:中国文联出版公司,1995.8.—318页;20cm.—(黑玫瑰小说系列;2)
本套书共3册,总定价:35.40元
ISBN 7-5059-2272-6:¥0.00
I247.5　027113
黑鹫/孟德,周实著.—北京:中国文联出版公司,1995.10.—504页;20cm
封面、书名页有"金粉狂飚"字样
ISBN 7-5059-2233-5:¥18.00
I247.5　027114
黑蝙蝠/刘子成著.—天津:天津社会科学院出版社,1995.12.—343页;20cm
ISBN 7-80563-438-6:¥12.00
I247.5　027115
横剑狂歌/云中岳著.—长春:时代文艺出版社,

1995.4.—3册(1008页);19cm.—(云中岳新武侠小说全集;25)

ISBN 7-5387-0875-8:¥23.80

I247.5 **027116**

红尘漫漫/徐女著.—北京:华艺出版社,1995.5.—527页;20cm.—(太阳鸟文学丛书·第一辑/正春主编)

ISBN 7-80039-943-5:¥16.80

I247.5 **027117**

红花奇祸/韩非墨著.—北京:中国文联出版公司,1995.4.—367页;20cm.—(狂花侠女恩仇录;4)

ISBN 7-5059-2226-2:¥12.00

I247.5 **027118**

红戒指令/刘晓滨著.—天津:百花文艺出版社,1995.8.—250页;20cm

ISBN 7-5306-1971-3:¥9.80

I247.5 **027119**

红狼/孟德,周实著.—北京:中国文联出版公司,1995.6.—587页;20cm

封面、书名页有"亚洲教父"字样

ISBN 7-5059-2256-4:¥19.80

I247.5 **027120**

红楼梦断 第二部:茂陵秋/高阳著.—海口:南海出版公司,1995.4.—575页;19cm

ISBN 7-5442-0264-X:¥15.50

I247.5 **027121**

红楼梦断 第三部:五陵游/高阳著.—海口:南海出版公司,1995.4.—479页;19cm

ISBN 7-5442-0265-8:¥12.50

I247.5 **027122**

红楼梦断 第四部:延陵剑/高阳著.—海口:南海出版公司,1995.4.—667页;19cm

ISBN 7-5442-0266-6:¥16.70

I247.5 **027123**

红楼梦断 第一部:秣陵春/高阳著.—海口:南海出版公司,1995.4.—344页;19cm

ISBN 7-5442-0263-1:¥9.50

I247.5 **027124**

红梅劫:"青春"三部曲 第一部/老嘎著.—长春:时代文艺出版社,1995.7.—286页;19cm

ISBN 7-5387-0893-6:¥9.50

I247.5 **027125**

红苹果之恋/于晴著.—西宁:青海人民出版社;台湾万盛出版有限公司,1995.9.—231页;19cm.—(于晴作品感性系列;1)

ISBN 7-225-01105-7:¥9.80

I247.5 **027126**

红色舰队/宗良煜著.—北京:农村读物出版社,1995.11.—364页;20cm

ISBN 7-5048-2652-9:¥15.90

I247.5 **027127**

红土/张宗栻著.—南宁:广西人民出版社,1995.12.—407页;20cm

ISBN 7-219-03159-9:¥15.00

I247.5 **027128**

红锈/熊正良著.—天津:百花文艺出版社,1995.12.—263页;20cm.—(21世纪文学之星丛书·1995年卷·小说)

ISBN 7-5306-2163-7:¥12.00

I247.5 **027129**

红颜孤乘/周梅森著.—杭州:浙江文艺出版社,1995.12.—229页;20cm

ISBN 7-5339-0842-2:¥8.60

I247.5 **027130**

红枭/宋小武著.—成都:四川文艺出版社,1995.10.—571页;20cm

ISBN 7-5411-1363-8:¥19.80

I247.5 **027131**

红殇/蒋韵著.—呼和浩特:内蒙古人民出版社,1995.6.—335页;20cm.—(天泽文库/蒋子龙主编)

ISBN 7-204-02791-4:¥13.80

I247.5 **027132**

红蜻蛉/欧之德,肖国用著.—成都:四川文艺出版社,1995.2.—414页;20cm

ISBN 7-5411-1285-2:¥11.80

I247.5 **027133**

葫芦套/戴之尧著.—长春:时代文艺出版社,1995.11.—396页;20cm

ISBN 7-5387-0956-8:¥16.80

I247.5 **027134**

狐说/冯苓植著.—呼和浩特:内蒙古人民出版社,1995.9.—444页;20cm.—(天泽文库·长篇小说系列/蒋子龙主编)

ISBN 7-204-02790-6:¥16.80

I247.5 **027135**

糊涂和尚/韩非墨著.—北京:中国文联出版公司,1995.4.—371页;20cm.—(狂花侠女恩仇录;3)

ISBN 7-5059-2226-2:¥12.00

I247.5 **027136**

虎头蛇尾:中日甲午战争实录/袁定基著.—成都:四川人民出版社,1995.8.—586页;20cm

ISBN 7-220-02903-9:¥19.80

I247.5 **027137**

虎穴歼仇逞绝技/鲁帝著.—西宁:青海人民出版社,1995.5.—218页;19cm.—(社会奇情斗智《夜游神》系列小说)

ISBN 7-225-01029-8:¥5.95

I247.5 **027138**

花从佩影/卧龙生著.—长春:时代文艺出版社,1995.12.—2册(470页);19cm.—(紫龙佩全传;1)

全8册,总定价:68.80元

ISBN 7-5387-0957-6:¥0.00

I247.5 **027139**

花花皇帝/丛耸著.—济南:济南出版社,1995.5.—294页;20cm

ISBN 7-80572-939-5:¥8.50

I247.5 **027140**

华夏俊杰——彭雪枫/郭德欣,傅今著.—郑州:海燕出版社,1995.6.—177页;20cm.—(河南英烈传)

ISBN 7-5350-1216-7:¥6.00

I247.5　027141
槐乡传奇/吴万锁,马希斌著.—太原:北岳文艺出版社,1995.3.—435页;19cm
ISBN 7-5378-1461-9:¥12.80

I247.5　027142
环日之光/鲁仲著.—济南:山东文艺出版社,1995.12.—350页;20cm
ISBN 7-5329-1297-3:¥11.20

I247.5　027143
还俗/范小青著.—石家庄:河北教育出版社,1995.4.—349页:照片;20cm.—(红罂粟丛书/王蒙主编)
ISBN 7-5434-2333-2:¥12.80

I247.5　027144
荒野无缘/陈夫康著.—天津:百花文艺出版社,1995.11.—395页;19cm
ISBN 7-5306-2151-3:¥13.00

I247.5　027145
黄巢/徐德煊著.—银川:宁夏人民出版社,1995.10.—582页:照片;20cm
ISBN 7-227-01497-5:¥18.80

I247.5　027146
黄埔将帅:陈明仁/周全著.—北京:长征出版社,1995.5.—508页;20cm
ISBN 7-80015-340-1:¥16.00

I247.5　027147
黄埔将帅:唐生明/周全著.—北京:长征出版社,1995.5.—499页;20cm
ISBN 7-80015-339-8:¥16.00

I247.5　027148
黄埔将帅:唐生智　第二部/周全著.—北京:长征出版社,1995.5.—508页;20cm
ISBN 7-80015-338-X:¥16.00

I247.5　027149
黄埔将帅:唐生智　第一部/周全著.—北京:长征出版社,1995.5.—506页;20cm
ISBN 7-80015-338-X:¥16.00

I247.5　027150
黄土屋黑土屋/钟亦非著.—北京:北京十月文艺出版社,1995.1.—342页;20cm
ISBN 7-5302-0376-2:¥8.70

I247.5　027151
黄兴:长篇历史小说/任光椿著.—北京:文化艺术出版社,1995.2.—2册(955页);20cm
ISBN 7-5039-1362-2:¥28.80

I247.5　027152
皇后吕雉——情绝:长篇历史言情小说/元阳著.—成都:四川文艺出版社,1995.5.—393页;20cm
ISBN 7-5411-1294-1:¥13.80

I247.5　027153
辉煌的日子/残雪著.—石家庄:河北教育出版社,1995.4.—342页:照片;20cm.—(红罂粟丛书/王蒙主编)
ISBN 7-5434-2349-9:¥12.80

I247.5　027154
回族抗倭名将:左宝贵/丁文方著.—济南:山东文艺出版社,1995.7.—505页;20cm
ISBN 7-5329-1250-7:¥15.80

I247.5　027155
浑黄的海/郭兆瑞编著.—天津:百花文艺出版社,1995.7.—306页;20cm
ISBN 7-5306-2201-3:¥14.50

I247.5　027156
祸根·祸水/李胜利著.—北京:华艺出版社,1995.5.—173页;20cm.—(太阳鸟文学丛书·第一辑/正春主编)
ISBN 7-80039-940-0:¥9.80

I247.5　027157
祸女/熊尚志著.—成都:四川文艺出版社,1995.10.—395页;20cm
ISBN 7-5411-1352-2:¥14.80

I247.5　027158
积雪的山谷/孙景瑞著.—郑州:海燕出版社,1995.5.—169页;20cm
ISBN 7-5350-1218-3:¥6.50

I247.5　027159
寂寞难逃/梁望峰著.—北京:中国文联出版公司,1995.9.—149页;19cm.—(清纯恋情系列小说)
全套5册,总定价:39.50元
ISBN 7-5059-2249-1:¥0.00

I247.5　027160
家教/叶辛著.—南京:江苏文艺出版社,1995.3.—354页;20cm.—(叶辛代表作系列)
ISBN 7-5399-0761-4:¥11.00

I247.5　027161
家族/张炜著.—上海:上海文艺出版社,1995.9.—544页;20cm.—(小说界文库·长篇系列 /江曾培主编)
ISBN 7-5321-1396-5:¥21.20

I247.5　027162
假如我给你我的心/于晴著.—西宁:青海人民出版社;台湾万盛出版有限公司,1995.9.—229页;19cm.—(于晴作品感性系列;7)
ISBN 7-225-01105-7:¥9.80

I247.5　027163
剑光中的魅影:楚留香传奇后续/丁情著.—太原:北岳文艺出版社,1995.5.—2册(535页);19cm.—(丁情武侠精品集)
ISBN 7-5378-1484-8:¥16.60

I247.5　027164
剑影侠魂/陈青云著.—海拉尔:内蒙古文化出版社,1995.8.—3册(728页);19cm
ISBN 7-80506-442-3:¥26.80

I247.5　027165
江湖行/朱维坚,刘锡顺著.—北京:中国文联出版公司,1995.11.—3册(872页);19cm
ISBN 7-5059-2219-X:¥29.80

I247.5　027166

江畔黎明/于承福著.—济南:山东文艺出版社,1995.3.—265页;20cm

ISBN 7-5329-1217-5:¥7.75

I247.5 027167

蒋桂势力大抗争:国民党内战纪实/黄继树著.—桂林:漓江出版社,1995.3.—2册(572页):照片;20cm

ISBN 7-5407-1677-0:¥23.80

I247.5 027168

蒋家御林军:国民党整编74师兴亡录/杨桦,卢圣虎编著.—西宁:青海人民出版社,1995.8.—374页;20cm

ISBN 7-225-01080-8:¥14.95

I247.5 027169

蒋宋孔陈四大家族/唐汉著.—北京:金城出版社,1995.5.—514页:照片;20cm

ISBN 7-80084-109-X:¥16.80

I247.5 027170

降临/袁华悦著.—深圳:海天出版社,1995.4.—6册(1567页);19cm

ISBN 7-80615-135-4:¥86.00

I247.5 027171

交错时光的爱恋/席绢著.—南京:江苏文艺出版社,1995.2.—212页;20cm.—(席绢作品集·豆蔻系列/阡陌主编)

ISBN 7-5399-0760-6:¥6.40

I247.5 027172

绞刑架上的战犯与汉奸/徐星平编著.—北京:中国青年出版社,1995.10.—310页:照片;20cm

ISBN 7-5006-1964-2:¥13.80

I247.5 027173

劫命佳人/雪米莉著.—北京:华龄出版社,1995.10.—284页;19cm.—(雪米莉最新命字系列)

ISBN 7-80082-636-8:¥9.50

I247.5 027174

金花鞭/周郎著.—北京:文化艺术出版社,1995.12.—180页;19cm.—(奇兵系列)

全套共5册,总定价:34.00元

ISBN 7-5039-1434-3:¥0.00

I247.5 027175

金陵残照记/陈少校著.—北京:农村读物出版社,1995.1.—2册(1049页);20cm

ISBN 7-5048-0385-5:¥29.80

I247.5 027176

金秋恋/符晓著.—昆明:云南民族出版社,1995.12.—732页;19cm

ISBN 7-5367-1183-2:¥16.00

I247.5 027177

金色的恋情/方舒著.—西宁:青海人民出版社,1995.11.—269页;19cm.—(方舒集美爱情小说)

ISBN 7-225-01110-3:¥9.80

I247.5 027178

金锁姻缘/于晴著.—西宁:青海人民出版社;台湾万盛出版有限公司,1995.10.—214页;20cm.—(豆蔻系列·第二辑;3:于晴言情作品集)

ISBN 7-225-01136-7:¥9.80

I247.5 027179

金帖侠盗/巍琦著.—昆明:云南人民出版社,1995.9.—2册(881页);20cm

ISBN 7-222-01843-3:¥33.00

I247.5 027180

今生只为你/席绢著.—南京:江苏文艺出版社;台湾万盛出版有限公司,1995.2.—213页;20cm.—(席绢作品集·豆蔻系列/阡陌主编)

ISBN 7-5399-0760-6:¥6.40

I247.5 027181

今宵多珍重/林晓筠著.—成都:四川人民出版社,1995.8.—204页;19cm.—(爱之旅丛书·第二辑)

ISBN 7-220-02895-4:¥7.20

I247.5 027182

津沽大侠范成卫/刘洪海,陈无奈著.—天津:百花文艺出版社,1995.11.—310页;20cm

ISBN 7-5306-2167-X:¥14.80

I247.5 027183

晋阳秋/慕湘著.—贵阳:贵州人民出版社,1995.8.—570页;19cm.—(中华之魂丛书/卢惠龙主编)

ISBN 7-221-03882-1:¥20.80

I247.5 027184

禁止拥抱/邓燕婷著.—广州:花城出版社,1995.12.—265页;19cm

ISBN 7-5360-2216-6:¥11.90

I247.5 027185

警魂猎影/李振著.—郑州:海燕出版社,1995.4.—359页;20cm

ISBN 7-5350-1223-X:¥9.80

I247.5 027186

净界/王钟著.—呼和浩特:内蒙古人民出版社,1995.10.—373页;20cm

ISBN 7-204-02815-5:¥14.80

I247.5 027187

九合掌/周郎著.—北京:文化艺术出版社,1995.12.—180页;19cm.—(奇兵系列)

全套共5册,总定价:34.00元

ISBN 7-5039-1434-3:¥0.00

I247.5 027188

旧欢如梦/江国英著.—郑州:中原农民出版社,1995.1.—284页;20cm

ISBN 7-80538-681-1:¥9.50

I247.5 027189

旧金山之魔/雪米莉著.—北京:金城出版社,1995.5.—258页;19cm

ISBN 7-80084-107-3:¥7.00

I247.5 027190

菊园主逸事/时麟著.—济南:山东文艺出版社,1995.12.—270页;20cm

ISBN 7-5329-1269-8:¥8.20

I247.5 027191

咀嚼罪恶/阿成著.—天津:百花文艺出版社,1995.3.—289页;20cm

ISBN 7-5306-1704-4:¥9.60

I247.5　027192
绝唱:十位早逝作家名作珍藏/野莽主编.—北京:中国文学出版社,1995.10.—3册;20cm
ISBN 7-5071-0309-9:¥55.80

I247.5　027193
绝代名姬杨玉环/左云霖著.—广州:花城出版社,1995.10.—628页;20cm
ISBN 7-5360-2194-1:¥22.80

I247.5　027194
军统四巨头/金峰编著.—北京:国际文化出版公司,1995.6.—565页;20cm
ISBN 7-80105-258-7:¥18.60

I247.5　027195
抗联的后代/陈风著.—天津:百花文艺出版社,1995.1.—306页;20cm
ISBN 7-5306-1874-1:¥11.50

I247.5　027196
抗日名将张自忠/张秋华著.—天津:百花文艺出版社,1995.10.—414页;20cm
ISBN 7-5306-2134-3:¥15.00

I247.5　027197
恐惧/梁晓声著 .—贵阳:贵州人民出版社,1995.12.—424页;20cm
ISBN 7-221-03952-6:¥17.80

I247.5　027198
孔府传说/孟继新著.—济南:山东友谊出版社,1995.6.—486页;20cm
ISBN 7-80551-710-X:¥12.80

I247.5　027199
孔雀湖/方敏著.—北京:中国青年出版社,1995.12.—316页:图;20cm
ISBN 7-5006-1876-X:¥14.10

I247.5　027200
苦斗/欧阳山著.—北京:人民文学出版社,1995.11.—415~860页;20cm.—(一代风流丛书;2)
ISBN 7-02-002269-3:¥19.70

I247.5　027201
苦玫瑰/唐文清著.—长春:时代文艺出版社,1995.12.—443页;20cm
ISBN 7-5387-0952-5:¥17.80

I247.5　027202
苦涩的爱/铜城著.—北京:中国文联出版公司,1995.3.—153页;20cm
ISBN 7-5059-2223-8:¥6.00

I247.5　027203
苦涩的罗曼史/邹获帆著.—长沙:湖南文艺出版社,1995.11.—514页;20cm
ISBN 7-5404-1445-6:¥15.10

I247.5　027204
苦屋/殷慧芬著.—北京:九洲图书出版社,1995.6.—342页;20cm.—(苦情长篇系列;2)
ISBN 7-80114-063-X:¥11.90

I247.5　027205
苦悟/白桦著.—北京:作家出版社,1995.11.—346页;20cm
ISBN 7-5063-0981-5:¥14.50

I247.5　027206
苦叶/殷慧芬著.—北京:九洲图书出版社,1995.6.—304页;20cm.—(苦情长篇系列;1)
ISBN 7-80114-063-X:¥11.90

I247.5　027207
苦缘/殷慧芬著.—北京:九洲图书出版社,1995.6.—336页;20cm.—(苦情长篇系列;3)
ISBN 7-80114-063-X:¥11.90

I247.5　027208
快活婆婆/韩非墨著.—北京:中国文联出版公司,1995.4.—375页;20cm.—(狂花侠女恩仇录;2)
ISBN 7-5059-2226-2:¥12.00

I247.5　027209
旷代逸才　(上):长篇历史小说/唐浩明著.—长沙:湖南文艺出版社,1995.10.—474页;20cm.—(千秋长篇历史小说系列)
ISBN 7-5404-1428-6(精装):¥16.30

I247.5　027210
旷代逸才　(下):长篇历史小说/唐浩明著.—长沙:湖南文艺出版社,1995.10.—425页;20cm.—(千秋长篇历史小说系列)
ISBN 7-5404-1430-8(精装):¥15.10

I247.5　027211
旷代逸才　(中):长篇历史小说/唐浩明著.—长沙:湖南文艺出版社,1995.10.—491页;20cm.—(千秋长篇历史小说系列)
ISBN 7-5404-1429-4(精装):¥16.60

I247.5　027212
昆仑殇:毕淑敏中篇小说集/毕淑敏著.—北京:解放军文艺出版社,1995.10.—342页;19cm
ISBN 7-5033-0628-9:¥14.90

I247.5　027213
困惑的土地/璀咸蒿著.—海口:南海出版公司,1995.8.—349页;20cm
ISBN 7-5442-0574-6:¥16.80

I247.5　027214
来劲/王蒙著.—北京:中共中央党校出版社,1995.2.—202页;19cm.—(当代世相十万言/洁泯主编)
ISBN 7-5035-0931-7:¥6.80

I247.5　027215
蓝彩霞的春天/李乔著.—沈阳:春风文艺出版社,1995.1.—359页;20cm
ISBN 7-5313-1449-5:¥12.00

I247.5　027216
蓝蝴蝶/陈礼著.—西宁:青海人民出版社,1995.11.—418页;20cm.—(西部传奇系列;1)
ISBN 7-225-01117-0:¥14.80

I247.5　027217
蓝旗兵巴图鲁:庞天舒历史战争小说/庞天舒著.—沈阳:辽宁民族出版社,1995.9.—280页;19cm
ISBN 7-80527-565-3:¥8.50

I247.5　027218

蓝天神箭/毛满生著.—北京:长征出版社,1995.3.—350页;19cm

ISBN 7-80015-318-5:¥9.70

I247.5　027219

阑珊/杨道金著.—北京:华艺出版社,1995.1.—626页;20cm

ISBN 7-80039-038-1:¥17.80

I247.5　027220

狼坝/赵熙著.—北京:中国工人出版社,1995.10.—638页;20cm

ISBN 7-5008-1795-9:¥19.80

I247.5　027221

浪漫一生又何妨/席绢著.—南京:江苏文艺出版社;台湾万盛出版有限公司,1995.2.—218页;20cm.—(席绢作品集·豆蔻系列/阡陌主编)

ISBN 7-5399-0760-6:¥6.40

I247.5　027222

浪影/何德来著.—广州:广州出版社,1995.6.—335页;20cm.—(金羊毛丛书·城市系列)

ISBN 7-80592-261-6:¥13.90

I247.5　027223

浪子出马/云中岳著.—郑州:中原农民出版社,1995.12.—2册(616页);20cm.—(新派武侠小说精品)

ISBN 7-80538-804-0:¥23.80

I247.5　027224

浪子闹江湖/沧浪客著.—郑州:中原农民出版社,1995.5.—307页;20cm.—(新派武侠小说精品)

ISBN 7-80538-769-9:¥8.60

I247.5　027225

老窍续传/谭江鹰著.—南宁:广西民族出版社,1995.3.—310页;19cm

ISBN 7-5363-2978-4:¥7.30

I247.5　027226

乐山大佛传奇/罗志君著.—成都:巴蜀书社,1995.9.—432页;19cm

ISBN 7-80523-700-X:¥13.00

I247.5　027227

雷蒙博士和我们/张继红,宁珍志著.—杭州:浙江少年儿童出版社,1995.2.—114页;19cm.—(中国科幻创作丛书)

ISBN 7-5342-1158-1:¥3.00

I247.5　027228

泪洒海峡/陈歆耕著.—北京:长征出版社,1995.4.—156页;19cm

ISBN 7-80015-343-6:¥6.30

I247.5　027229

冷暖人生/李梦秋著.—桂林:漓江出版社,1995.8.—394页;19cm

ISBN 7-5407-1739-4:¥9.80

I247.5　027230

冷月无声/王振华,杨茂林著.—北京:中国文联出版公司,1995.1.—647页;20cm.—(金莲花文学丛书)

ISBN 7-5059-1074-4:¥18.40

I247.5　027231

梨花魂/李志同,阎国瑞著.—北京:作家出版社,1995.4.—378页;20cm

ISBN 7-5063-0887-8:¥12.50

I247.5　027232

丽人湖畔/王国海著.—北京:中华工商联合出版社,1995.7.—722页;20cm

ISBN 7-80100-089-7:¥22.00

I247.5　027233

炼魂/林德发著.—北京:人民文学出版社,1995.5.—280页;20cm

ISBN 7-02-002051-8:¥9.80

I247.5　027234

凉山月:长篇小说卷/邓友梅著.—北京:作家出版社,1995.5.—399页;20cm.—(邓友梅自选集;1)

ISBN 7-5063-0758-8:¥13.80

I247.5　027235

梁山伯与祝英台/顾志坤著.—南京:南京出版社,1995.9.—351页;20cm

ISBN 7-80614-076-X:¥13.80

I247.5　027236

烈原/张国全著.—北京:中国文联出版公司,1995.8.—436页;20cm

ISBN 7-5059-2308-0:¥16.80

I247.5　027237

林海雪原/曲波著.—石家庄:花山文艺出版社,1995.5.—579页;20cm.—(共和国长篇小说经典丛书/冯牧,缪俊杰主编)

ISBN 7-80611-296-0:¥20.00

I247.5　027238

林则徐:长篇历史小说/穆陶著.—济南:山东文艺出版社,1995.3.—537页;20cm

ISBN 7-5329-1221-3:¥12.80

I247.5　027239

临危一吻情无价/鲁帝著.—西宁:青海人民出版社,1995.5.—217页;19cm.—(社会奇情斗智《夜游神》系列小说)

ISBN 7-225-01029-8:¥5.95

I247.5　027240

灵感侦探/赵立中著.—北京:农村读物出版社,1995.3.—211页;19cm.—(20世纪末爱情与侦破小说丛书)

ISBN 7-5048-2569-7:¥5.40

I247.5　027241

灵欲挣扎/方舒著.—西宁:青海人民出版社,1995.11.—316页;19cm.—(方舒集美爱情小说)

ISBN 7-225-01110-3:¥11.60

I247.5　027242

刘锷·老残遗恨:长篇历史小说/寒波著.—长沙:湖南文艺出版社,1995.8.—466页;20cm

ISBN 7-5404-1427-8(精装):¥15.55

I247.5　027243

流浪长江/王渝飞著.—深圳:海天出版社,1995.11.—407页;20cm

ISBN 7-80615-309-8:¥18.00

I247.5　027244
流星蝴蝶剑/古龙著.—西安:三秦出版社,1995.5.—3册(606页);19cm
ISBN 7-80546-953-9:￥19.00

I247.5　027245
流星前夕:流星蝴蝶剑后续/丁情著.—太原:北岳文艺出版社,1995.5.—2册(561页);19cm.—(丁情武侠精品集)
ISBN 7-5378-1484-8:￥16.80

I247.5　027246
柳暗花明/欧阳山著.—北京:人民文学出版社,1995.11.—861~1309页;20cm.—(一代风流;3)
ISBN 7-02-002270-7:￥20.30

I247.5　027247
龙的新娘/于晴著.—西宁:青海人民出版社;台湾万盛出版有限公司,1995.10.—229页;20cm.—(豆蔻系列·第二辑;1:于晴言情作品集)
ISBN 7-225-01135-9:￥9.80

I247.5　027248
龙凤旗/倪景翔著.—北京:北京十月文艺出版社,1995.7.—509页;20cm
ISBN 7-5302-0426-2(精装):￥21.00

I247.5　027249
龙警虎女/雪米莉著.—成都:四川文艺出版社,1995.11.—292页;19cm.—(雪米莉警字系列)
ISBN 7-5411-1397-2:￥8.80

I247.5　027250
龙卢演义/曾令云著.—北京:华夏出版社,1995.7.—411页;20cm
ISBN 7-5080-0720-4:￥14.80

I247.5　027251
路涛/刘维兴著.—呼和浩特:远方出版社,1995.9.—341页;20cm
ISBN 7-80595-146-2:￥12.80

I247.5　027252
路遥文集　(下):平凡的世界/路遥著.—西安:陕西人民出版社,1995.12.—647~1469页;20cm
ISBN 7-224-03838-5:￥28.00

I247.5　027253
路遥小说名作选/陈泽顺选编.—北京:华夏出版社,1995.6.—558页;20cm.—(中国当代作家文库)
ISBN 7-5080-0558-9:￥19.50

I247.5　027254
绿火/齐庚林著.—哈尔滨:哈尔滨出版社,1995.8.—402页;20cm
ISBN 7-80557-859-1:￥15.80

I247.5　027255
绿血/齐庚林著.—西宁:青海人民出版社,1995.2.—348页;20cm
ISBN 7-225-00968-0:￥10.80

I247.5　027256
伦文叙全传/衬叔著;秦周校撰.—广州:广东旅游出版社,1995.3.—3册(1109页);20cm
ISBN 7-80521-571-5:￥39.00

I247.5　027257
沦陷/周梅森著.—福州:海峡文艺出版社,1995.7.—275页;20cm
ISBN 7-80534-792-1:￥10.50

I247.5　027258
裸性生灵/唐克雪著.—桂林:漓江出版社,1995.12.—284页;20cm
ISBN 7-5407-1649-5:￥11.00

I247.5　027259
裸野/青汶著.—西宁:青海人民出版社,1995.2.—339页;20cm.—(乡土文学精品)
ISBN 7-225-00965-6:￥10.80

I247.5　027260
埋伏/方方著.—南京:江苏文艺出版社,1995.12.—411页;20cm.—(方方文集)
ISBN 7-5399-0869-6:￥15.80

I247.5　027261
满洲国妖艳——川岛芳子/李碧华著.—北京:人民文学出版社,1995.1.—181页;19cm
ISBN 7-02-001982-X:￥5.05

I247.5　027262
满洲国妖艳——川岛芳子/李碧华著.—北京:人民文学出版社,1995.1.—181页;19cm.—(李碧华小说精品系列)
ISBN 7-02-002846-2:￥7.70

I247.5　027263
盲流黑子/吴强著.—长春:吉林人民出版社,1995.9.—233页;19cm.—(三峡丛书/李华章,陈传新主编)
ISBN 7-206-02331-2:￥15.00

I247.5　027264
莽野神龙/云中岳著.—长春:时代文艺出版社,1995.6.—3册(731页);19cm.—(云中岳新武侠小说全集;26)
ISBN 7-5387-0885-5:￥19.80

I247.5　027265
冒顿王子/李兴叶著.—北京:解放军文艺出版社,1995.12.—387页;20cm
ISBN 7-5033-0689-0:￥18.00

I247.5　027266
玫瑰房间/黄蓓佳著.—石家庄:河北教育出版社,1995.3.—349页:照片;20cm.—(红罂粟丛书/王蒙主编)
ISBN 7-5434-2325-1:￥12.80

I247.5　027267
玫瑰血/李轻松著.—西宁:青海人民出版社,1995.9.—409页;20cm
ISBN 7-225-01111-1:￥16.80

I247.5　027268
玫瑰之门:当代女作家情爱小说精品大系/王安忆等著.—长春:时代文艺出版社,1995.9.—3册;20cm
ISBN 7-5387-0912-6:￥48.00

I247.5　027269
梅娘/吕明辉著.—长春:时代文艺出版社,1995.9.—345页;20cm

ISBN 7-5387-0913-4: ¥13.80

I247.5　027270

梅娘日记/吕明辉著.—长春:时代文艺出版社,1995.10.—334页;20cm

ISBN 7-5387-0926-6: ¥13.80

I247.5　027271

没有加冕的女皇:吕雉全传/孟昕伯著.—长春:北方妇女儿童出版社,1995.8.—443页;19cm

ISBN 7-5385-1081-8(精装): ¥18.00

I247.5　027272

没有微笑/刘敏著.—桂林:漓江出版社,1995.8.—206页;19cm

ISBN 7-5407-1741-6: ¥6.50

I247.5　027273

美国来的妻子/唐颖著.—上海:上海远东出版社,1995.8.—290页;20cm.—(今日文丛)

ISBN 7-80613-052-7: ¥13.50

I247.5　027274

美国梦里/雷辛著.—北京:北京出版社,1995.8.—516页;20cm

ISBN 7-200-02681-6: ¥16.70

I247.5　027275

美国密码大王秘密潜入中国战区/红孩儿著.—北京:法律出版社,1995.1.—280页;20cm

ISBN 7-5036-1617-2: ¥8.70

I247.5　027276

美人拳/周郎著.—北京:文化艺术出版社,1995.12.—168页;19cm.—(奇兵系列)

全套共5册,总定价:34.00元

ISBN 7-5039-1434-3: ¥0.00

I247.5　027277

媚魂——杨玉环/金斯顿著.—北京:华龄出版社,1995.7.—368页;20cm.—(中国四大美女传记文学丛书)

ISBN 7-80082-551-5: ¥15.00

I247.5　027278

媚娘迷情/沧浪客著.—郑州:中原农民出版社,1995.5.—294页;20cm.—(新派武侠小说精品)

ISBN 7-80538-769-9: ¥8.30

I247.5　027279

梦断红楼/孙修文,邵长鸣著.—银川:宁夏人民出版社,1995.1.—457页;20cm

ISBN 7-227-01398-7: ¥12.80

I247.5　027280

梦恨春秋——唐宫内史/林辰著.—沈阳:沈阳出版社,1995.7.—381页;19cm

ISBN 7-5441-0426-5: ¥10.00

I247.5　027281

梦侣/叶玉生著.—桂林:漓江出版社,1995.11.—215页;19cm

ISBN 7-5407-1843-9: ¥5.40

I247.5　027282

梦醒澳大利亚/一夫著.—北京:中国工人出版社,1995.3.—219页;20cm

ISBN 7-5008-1644-8: ¥6.80

I247.5　027283

梦中岁月/崔耀中,崔建中著.—天津:百花文艺出版社,1995.5.—376页;20cm

ISBN 7-5306-1987-X: ¥12.00

I247.5　027284

梦魇:东西方冷战之谜/陈志斌,孙晓著.—济南:黄河出版社,1995.8.—413页:照片;20cm.—(二战风云系列;4)

ISBN 7-80558-627-6: ¥16.20

I247.5　027285

迷魂魔宫/沧浪客著.—郑州:中原农民出版社,1995.5.—277页;20cm.—(新派武侠小说精品)

ISBN 7-80538-769-9: ¥7.80

I247.5　027286

迷离的忧郁:特区第一美人/纪平,怡平著.—西宁:青海人民出版社,1995.6.—373页;20cm

ISBN 7-225-01024-7: ¥12.80

I247.5　027287

迷人的情网/林晓筠著.—成都:四川人民出版社,1995.8.—204页;19cm.—(爱之旅丛书·第二辑)

ISBN 7-220-02895-4: ¥7.20

I247.5　027288

迷途中的女人/刘平著.—北京:中国文联出版公司,1995.6.—264页;20cm

ISBN 7-5059-2241-6: ¥8.80

I247.5　027289

迷园:当代情爱小说选/天虹主编.—北京:中国文联出版公司,1995.11.—2册;20cm

ISBN 7-5059-2344-7: ¥34.80

I247.5　027290

秘闯黑道/温金海著.—北京:中国文联出版公司,1995.8.—320页;20cm.—(黑玫瑰小说系列;1)

本套书共3册,总定价:35.40元

ISBN 7-5059-2272-6: ¥0.00

I247.5　027291

面目全非/任国俊著.—乌鲁木齐:新疆人民出版社,1995.3.—297页;19cm

ISBN 7-228-03251-9: ¥8.20

I247.5　027292

民族英魂——吉鸿昌/付开沛等著.—郑州:海燕出版社,1995.4.—219页;20cm.—(河南英烈传)

ISBN 7-5350-1139-X: ¥6.20

I247.5　027293

明宫十六帝传奇/张晓虎主编.—沈阳:辽宁人民出版社,1995.5.—4册(2276页);20cm

ISBN 7-205-03053-6(盒装): ¥85.00

I247.5　027294

名妓小凤仙传/高阳著.—北京:华艺出版社,1995.6.—546页;20cm.—(高阳人物传记遗作孤本;2)

ISBN 7-80039-907-9: ¥20.80

I247.5　027295

名门之后/李赋英著.—西安:陕西人民出版社,1995.3.—297页;20cm

ISBN 7-224-03669-2:￥7.10
I247.5　027296
蘑菇云升起的时候/李殿奎著.—天津:百花文艺出版社,1995.11.—347页;19cm
ISBN 7-5306-2190-4:￥12.60
I247.5　027297
魔王盛世才:外传篇/童马著.—沈阳:沈阳出版社,1995.6.—2册(739页);20cm
ISBN 7-5441-0386-2:￥28.00
I247.5　027298
末日之门/乔良著.—北京:昆仑出版社,1995.8.—610页;20cm
ISBN 7-80040-248-7:￥28.50
I247.5　027299
莫斯科追杀/雪米莉著.—北京:金城出版社,1995.5.—244页;19cm
ISBN 7-80084-106-5:￥6.80
I247.5　027300
牡丹亭/(明)汤显祖原著;王建平改编.—太原:山西古籍出版社,1995.12.—358页;20cm.—(六大古典爱情名剧白话小说/潘慎,张裔主编)
全套6册,总定价:90.00元
ISBN 7-80598-089-6:￥0.00
I247.5　027301
牧羊女的玫瑰/李燕楠著.—北京:中国文联出版公司,1995.10.—291页;19cm
ISBN 7-5059-2309-9:￥9.20
I247.5　027302
那五/邓友梅著.—北京:作家出版社,1995.5.—332页;20cm.—(邓友梅自选集·第二卷·中篇小说卷)
ISBN 7-5063-0760-X:￥11.80
I247.5　027303
南岛战歌/黄富和著.—海口:南海出版公司,1995.7.—292页;19cm
ISBN 7-5442-0542-8:￥16.00
I247.5　027304
南方有嘉木/王旭烽著.—杭州:浙江文艺出版社,1995.12.—549页;20cm.—(浙江作家长篇小说丛书)
ISBN 7-5339-0851-1:￥22.00
I247.5　027305
南疆血/黄伊,卢万成著.—北京:金城出版社,1995.2.—515页;19cm
ISBN 7-80084-017:￥15.80
I247.5　027306
男人辛苦/范稳著.—昆明:云南人民出版社,1995.10.—241页;19cm.—(云南作家丛书/李钧龙主编)
ISBN 7-222-01766-6:￥9.00
I247.5　027307
难言的温情/方舒著.—西宁:青海人民出版社,1995.11.—250页;19cm.—(方舒集美爱情小说)
ISBN 7-225-01110-3:￥9.00
I247.5　027308
难言的温柔/林晓筠著.—成都:四川人民出版社,1995.8.—204页;19cm.—(爱之旅丛书·第一辑)
ISBN 7-220-02894-6:￥7.20
I247.5　027309
霓梦——西施/金斯顿著.—北京:华龄出版社,1995.7.—352页;20cm.—(中国四大美女传记文学丛书)
ISBN 7-80082-539-6:￥14.50
I247.5　027310
年轻时我热恋/顾工著.—天津:天津人民出版社,1995.8.—301页:照片;20cm
ISBN 7-201-02302-0:￥12.80
I247.5　027311
孽狱/贺景文著.—北京:中国社会出版社,1995.7.—283页;20cm
ISBN 7-80088-620-4:￥12.80
I247.5　027312
孽债/叶辛著.—贵阳:贵州人民出版社,1995.6.—399,11页;20cm.—(金熊系列丛书·当代名家精品·叶辛自选集)
ISBN 7-221-03889-9:￥15.80
I247.5　027313
怒汉偏遇怒娇娃/鲁帝著.—西宁:青海人民出版社,1995.5.—216页;19cm.—(社会奇情斗智《夜游神》系列小说)
ISBN 7-225-01029-8:￥5.95
I247.5　027314
怒剑飞魔/陈青云著.—太原:北岳文艺出版社,1995.4.—470页;20cm.—(陈青云武侠小说专辑)
ISBN 7-5378-1454-6:￥18.80
I247.5　027315
女刺客/雪米莉著.—沈阳:沈阳出版社,1995.4.—311页;19cm.—(雪米莉女字系列)
ISBN 7-5441-0394-3:￥11.80
I247.5　027316
女带家/雪米莉著.—济南:山东文艺出版社,1995.4.—285页;19cm
ISBN 7-5329-1245-0:￥7.80
I247.5　027317
女儿谷:纪实小说/周建萍著.—北京:中国文联出版公司,1995.9.—274页;19cm
ISBN 7-5059-2326-9:￥12.60
I247.5　027318
女儿红/何鹰著.—沈阳:沈阳出版社,1995.5.—476页;20cm
ISBN 7-5441-0369-2:￥15.80
I247.5　027319
女儿吟/何鹰著.—延吉:延边人民出版社,1995.5.—543页;19cm
《血性女人》三部曲之一
ISBN 7-80599-280-0:￥15.60
I247.5　027320
女匪/李锦著.—沈阳:沈阳出版社,1995.10.—394页;19cm
ISBN 7-5441-0445-1:￥14.80
I247.5　027321

女记者/寒冰著.—北京:作家出版社,1995.1.—382页;19cm
ISBN 7-5063-0836-3:¥9.20
I247.5 027322
女警霸/雪米莉著.—沈阳:沈阳出版社,1995.4.—285页;19cm.—(雪米莉女字系列)
ISBN 7-5441-0385-4:¥9.80
I247.5 027323
女老板/雪米莉著.—济南:山东文艺出版社,1995.4.—285页;19cm
ISBN 7-5329-1248-5:¥7.80
I247.5 027324
女囚/杨居燔著 .—长春:时代文艺出版社,1995.2.—312页;19cm
ISBN 7-5387-0852-9:¥9.20
I247.5 027325
女酋长/雪米莉著.—济南:山东文艺出版社,1995.4.—285页;19cm
ISBN 7-5329-1246-9:¥7.80
I247.5 027326
女人的彼岸/张廷竹著.—天津:百花文艺出版社,1995.9.—359页;20cm.—(金桨丛书)
ISBN 7-5306-1725-7:¥12.00
I247.5 027327
女人的规则/陆星儿著.—石家庄:河北教育出版社,1995.3.—390页:照片;20cm.—(红罂粟丛书/王蒙主编)
ISBN 7-5434-2327-8:¥12.80
I247.5 027328
女人谷/吴新奇著.—太原:北岳文艺出版社,1995.8.—409页;20cm
ISBN 7-5378-1487-2:¥14.50
I247.5 027329
女人花/苏方桂著.—成都:四川文艺出版社,1995.10.—440页;20cm
ISBN 7-5411-1348-4:¥15.80
I247.5 027330
女人无归路/杜保平著.—桂林:漓江出版社,1995.12.—497页;20cm.—(漓江长篇小说文库)
ISBN 7-5407-1919-2:¥16.00
I247.5 027331
女生·妇人:"五四"四女性肖像/蒋丽萍,程俊英著.—上海:上海文艺出版社,1995.8.—429页;20cm.—(小说界文库·长篇系列)
ISBN 7-5321-1329-9:¥14.70
I247.5 027332
女特警/雪米莉著.—济南:山东文艺出版社,1995.4.—285页;19cm
ISBN 7-5329-1247-7:¥7.80
I247.5 027333
女性独白/荒林等著.—长春:时代文艺出版社,1995.11.—288页;20cm
ISBN 7-5387-0951-7:¥13.50
I247.5 027334
女妖与天鹅/楚玉著.—南昌:百花洲文艺出版社,1995.3.—416页;20cm
ISBN 7-80579-519-3:¥12.50
I247.5 027335
女娲/徐坤著.—石家庄:河北教育出版社,1995.4.—344页:照片;20cm.—(红罂粟丛书/王蒙主编)
ISBN 7-5434-2334-0:¥12.80
I247.5 027336
徘徊爱河间/方舒著.—西宁:青海人民出版社,1995.11.—284页;19cm.—(方舒集美爱情小说)
ISBN 7-225-01110-3:¥10.20
I247.5 027337
潘金莲/张凤洪著.—2版.—成都:四川文艺出版社,1995.2.—338页;20cm
ISBN 7-5411-0306-3:¥11.80
I247.5 027338
咆哮的黄河/万清洁著.—济南:黄河出版社,1995.9.—3册(887页);20cm
ISBN 7-80558-628-4:¥29.40
I247.5 027339
彭湃/薛汕著.—汕头:汕头大学出版社,1995.10.—310页;20cm
ISBN 7-81036-090-6:¥14.00
I247.5 027340
琵琶记/(明)高明原著;陈畅,尹天玺改编.—太原:山西古籍出版社,1995.12.—359页;20cm.—(六大古典爱情名剧白话小说/潘慎,张裔主编)
全套6册,总定价:90.00元
ISBN 7-80598-089-6:¥0.00
I247.5 027341
飘香剑雨/古龙著.—西安:三秦出版社,1995.5.—2册(998页);19cm
ISBN 7-80546-951-2:¥29.50
I247.5 027342
漂人/仲昭川著.—北京:中国文联出版公司,1995.9.—389页;20cm.—(都市浪子系列)
ISBN 7-5059-2278-5:¥15.80
I247.5 027343
平原烈火:纪念抗日战争胜利五十周年/徐光耀著.—贵阳:贵州人民出版社,1995.8.—442页;19cm.—(中华之魂丛书/卢惠龙主编)
ISBN 7-221-03885-6:¥16.40
I247.5 027344
平原枪声/李晓明,韩安庆著 .—贵阳:贵州人民出版社,1995.8.—505页;19cm.—(中华之魂丛书/卢惠龙主编)
ISBN 7-221-03883-X:¥18.40
I247.5 027345
奇情侠少/卧龙生著.—长春:时代文艺出版社,1995.12.—2册(470页);19cm.—(紫龙佩全传;1)
全8册,总定价:68.80元
ISBN 7-5387-0957-6:¥0.00
I247.5 027346
乞儿弄蝶/于晴著.—西宁:青海人民出版社;台湾万

盛出版有限公司,1995.10.—214页;20cm.—(豆蔻系列·第二辑;5:于晴言情作品集)
ISBN 7-225-01136-7:¥9.80

I247.5 027347
牵挂你的我/林晓筠著.—成都:四川人民出版社,1995.8.—203页;19cm.—(爱之旅丛书·第四辑)
ISBN 7-220-02897-0:¥7.20

I247.5 027348
乾坤一煞/钟梦然著.—兰州:甘肃民族出版社,1995.12.—2册(736页);20cm
ISBN 7-5421-0403-9:¥28.80

I247.5 027349
乾隆皇帝:夕照空山/二月河著.—郑州:河南人民出版社,1995.12.—545页;20cm
ISBN 7-215-03465-8:¥18.00

I247.5 027350
潜性逸事/陈染著.—石家庄:河北教育出版社,1995.4.—362页:照片;20cm.—(红罂粟丛书/王蒙主编)
ISBN 7-5434-2339-1:¥12.80

I247.5 027351
蔷薇青青/阮波著.—北京:大众文艺出版社,1995.6.—397页;19cm
ISBN 7-80094-111-6:¥11.00

I247.5 027352
俏罗刹/诸葛青云著.—西安:陕西人民出版社,1995.2.—2册(954页);19cm
ISBN 7-224-03590-4:¥20.50

I247.5 027353
亲密宝贝/于晴著.—西宁:青海人民出版社;台湾万盛出版有限公司,1995.9.—232页;19cm.—(于晴作品感性系列;3)
ISBN 7-225-01105-7:¥9.80

I247.5 027354
亲亲我的爱/于晴著.—延吉:延边人民出版社,1995.9.—231页;20cm.—(于晴作品感性系列;4)
ISBN 7-225-01105-7:¥9.80

I247.5 027355
亲与仇/何辛著.—沈阳:春风文艺出版社,1995.2.—616页;19cm
ISBN 7-5313-1391-X:¥14.00

I247.5 027356
秦府/任树杰著.—济南:山东文艺出版社,1995.11.—377页;20cm
ISBN 7-5329-1278-7:¥14.80

I247.5 027357
秦少游:长篇历史小说/薛序著.—南京:江苏文艺出版社,1995.11.—601页;20cm
本书原名《风流秦淮海》。
ISBN 7-5399-0857-2:¥19.80

I247.5 027358
秦始皇/王中文著.—北京:中国华侨出版社,1995.1.—3册(2363页);20cm
ISBN 7-80074-954-1:¥79.80

I247.5 027359
秦始皇:长篇历史小说/吴亲群著.—贵阳:贵州人民出版社,1995.4.—2册(735页);20cm
ISBN 7-221-03736-1:¥24.00

I247.5 027360
青春之歌/杨沫著.—石家庄:花山文艺出版社,1995.5.—654页;20cm.—(共和国长篇小说经典丛书/冯牧,缪俊杰主编)
ISBN 7-80611-299-5:¥22.00

I247.5 027361
青蛇/李碧华著.—北京:人民文学出版社,1995.1.—150页;19cm
ISBN 7-02-001983-8:¥4.40

I247.5 027362
青蛇/孟德,周实著.—北京:中国文联出版公司,1995.9.—523页;20cm
封面、书名页有"柔魅刚气"字样
ISBN 7-5059-2255-6:¥18.80

I247.5 027363
青蛇/李碧华著.—北京:人民文学出版社,1995.1.—150页;19cm.—(李碧华小说精品系列)
ISBN 7-02-002851-9:¥6.80

I247.5 027364
青苔/林白著.—北京:华艺出版社,1995.1.—257页;20cm.—(华艺时事文库/陈晓明主编)
ISBN 7-80039-768-8:¥10.50

I247.5 027365
倾城之恋:梁实秋与韩菁清/叶永烈著.—北京:中国青年出版社,1995.1.—248页;20cm
ISBN 7-5006-1778-X:¥8.80

I247.5 027366
清风冷看/鸽鸽著.—天津:百花文艺出版社,1995.12.—246页;20cm.—(21世纪文学之星丛书·1995年卷·小说)
ISBN 7-5306-2164-5:¥11.40

I247.5 027367
清明雨/薛怀珠著.—太原:北岳文艺出版社,1995.7.—278页;20cm
ISBN 7-5378-1505-4:¥9.80

I247.5 027368
清末名妓赛金花传/柯兴著.—2版.—北京:华艺出版社,1995.8.—520页;20cm
ISBN 7-80039-376-3:¥21.60

I247.5 027369
情爱路迢迢/林晓筠著.—成都:四川人民出版社,1995.8.—203页;19cm.—(爱之旅丛书·第三辑)
ISBN 7-220-02896-2:¥7.20

I247.5 027370
情霸天下/梁凤仪著.—北京:人民文学出版社,1995.1.—398页;19cm
ISBN 7-02-002102-6:¥11.55

I247.5 027371
情动百年/方艺程著.—北京:作家出版社,1995.10.—388页;20cm

ISBN 7-5063-0906-8：¥12.90

I247.5　027372

情荒/方楠编.—哈尔滨：黑龙江人民出版社，1995.5.—3册(1907页)；20cm.—(台湾当代情爱小说精品大系：1949~1995)

ISBN 7-207-03264-1：¥69.80

I247.5　027373

情劫：当代农村情爱小说精品大系：1978~1994/周彦文，花子金主编.—广州：广州出版社，1995.4.—4册；20cm

ISBN 7-80592-245-4：¥89.80

I247.5　027374

情死/汤世杰著.—北京：作家出版社，1995.6.—597页；20cm

ISBN 7-5063-0901-7：¥20.10

I247.5　027375

情殇　第三集/陈琛主编.—北京：九洲图书出版社，1995.3.—2册；20cm.—(当代情爱小说精品大系)

ISBN 7-80114-057-5：¥29.60

I247.5　027376

请多给我一点点温柔/陈美琳著.—北京：中国文联出版公司，1995.8.—186页；19cm.—(紫色梦幻系列·第一辑)

ISBN 7-5059-2275-0：¥6.50

I247.5　027377

琼州双娇/林锋著.—海口：南海出版公司，1995.7.—2册(519页)；19cm

ISBN 7-5442-0561-4：¥18.00

I247.5　027378

秋水目光/于青著.—南京：江苏文艺出版社，1995.9.—222页；20cm

ISBN 7-5399-0829-7：¥8.40

I247.5　027379

秋殇/汪笨湖等著.—延吉：延边人民出版社，1995.6.—361页；20cm.—(四季情爱小说精品；C/大虹主编)

本套书共4册，总定价：46.80元

ISBN 7-80599-325-4：¥0.00

I247.5　027380

求学，在大洋彼岸/樊明著.—郑州：河南人民出版社，1995.7.—459页；20cm

ISBN 7-215-03468-2：¥15.40

I247.5　027381

去美国找妈妈/王建华著.—沈阳：沈阳出版社，1995.6.—298页；20cm

ISBN 7-5441-0243-2：¥12.80

I247.5　027382

圈/康象贤著.—深圳：海天出版社，1995.12.—174页；20cm

ISBN 7-80615-191-5：¥7.50

I247.5　027383

让我糊涂一回/陈祖芬著.—石家庄：河北教育出版社，1995.4.—363页：照片；20cm.—(红罂粟丛书/王蒙主编)

ISBN 7-5434-2348-0：¥12.80

I247.5　027384

人间烟火/梁晓声著.—贵阳：贵州人民出版社，1995.2.—510页；20cm.—(当代名家精品·小说卷)

ISBN 7-221-03809-0：¥16.80

I247.5　027385

人蛇皇后/张士敏著.—上海：学林出版社，1995.5.—261页；20cm

ISBN 7-80510-807-2：¥10.50

I247.5　027386

人生备忘录：亡命的故事/阿凡著.—兰州：敦煌文艺出版社，1995.9.—270页；20cm

ISBN 7-80587-294-5：¥9.80

I247.5　027387

人与佛 /熊尚志著.—成都：四川人民出版社，1995.10.—644页；20cm

ISBN 7-220-02951-9：¥23.80

I247.5　027388

人之窝/陆文夫著 .—上海：上海文艺出版社，1995.9.—497页；20cm.—(小说界文库·长篇系列)

ISBN 7-5321-1400-7：¥17.70

I247.5　027389

日食/蒋志杰，叶树人著.—济南：济南出版社，1995.12.—424页；20cm

ISBN 7-80629-004-4：¥14.80

I247.5　027390

荣氏家族/桑逢康著.—北京：中国青年出版社，1995.1.—529页；20cm

ISBN 7-5006-1890-5：¥18.00

I247.5　027391

柔姿/储福金著.—北京：中国青年出版社，1995.4.—256页；20cm.—(九十年代长篇小说系列)

ISBN 7-5006-1701-1：¥7.70

I247.5　027392

如花似玉的原野/张炜著.—北京：人民文学出版社，1995.12.—338页；20cm.—(探索者丛书·第一辑)

ISBN 7-02-002198-0：¥18.00

I247.5　027393

如影随形/徐小斌著.—石家庄：河北教育出版社，1995.4.—344页：照片；20cm.—(红罂粟丛书/王蒙主编)

ISBN 7-5434-2343-X：¥12.80

I247.5　027394

若你轻轻叫着我的名/陈美琳著.—北京：中国文联出版公司，1995.8.—187页；19cm.—(紫色梦幻系列·第一辑)

ISBN 7-5059-2275-0：¥6.50

I247.5　027395

三家巷/欧阳山著.—石家庄：花山文艺出版社，1995.5.—375页；20cm.—(共和国长篇小说经典丛书/冯牧，缪俊杰主编)

ISBN 7-80611-275-8：¥14.00

I247.5　027396

三家巷/欧阳山著.—北京：人民文学出版社，1995.

11.—414页;20cm.—(一代风流丛书;1)
ISBN 7-02-002268-5:¥18.50

I247.5　　027397
三里湾/赵树理著.—石家庄:花山文艺出版社,1995.5.—346页;20cm.—(共和国长篇小说经典丛书/冯牧,缪俊杰主编)
ISBN 7-80611-276-6:¥14.00

I247.5　　027398
桑树镇/李克仁著.—沈阳:沈阳出版社,1995.12.—357页;20cm
ISBN 7-5441-0466-4:¥14.00

I247.5　　027399
桑烟为谁升起/蒋子丹著.—石家庄:河北教育出版社,1995.4.—352页:照片;20cm.—(红罂粟丛书/王蒙主编)
ISBN 7-5434-2347-2:¥12.80

I247.5　　027400
丧魂掌/陈青云著.—太原:北岳文艺出版社,1995.4.—451页;20cm.—(陈青云武侠小说专辑)
ISBN 7-5378-1453-8:¥18.80

I247.5　　027401
骚客/贺景文著.—长春:时代文艺出版社,1995.9.—413页;20cm
ISBN 7-5387-0930-4:¥16.80

I247.5　　027402
扫黑警鹫/傅文杰著.—长春:时代文艺出版社,1995.2.—640页;20cm
ISBN 7-5387-0850-2:¥22.00

I247.5　　027403
色影——貂蝉/金斯顿著.—北京:华龄出版社,1995.7.—368页;20cm.—(中国四大美女传记文学丛书)
ISBN 7-80082-549-3:¥15.00

I247.5　　027404
山鬼/董宏猷著.—杭州:浙江少年儿童出版社,1995.2.—125页;19cm.—(中国科幻创作丛书)
ISBN 7-5342-1157-3:¥3.10

I247.5　　027405
山里人,城里人/万昌言著.—长春:吉林人民出版社,1995.9.—220页;19cm.—(三峡丛书/李华章,陈传新主编)
ISBN 7-206-02331-2:¥12.50

I247.5　　027406
山路弯弯/罗朝军著.—天津:百花文艺出版社,1995.11.—389页;20cm
ISBN 7-5306-2174-2:¥13.70

I247.5　　027407
山妮儿/赵辉著.—银川:宁夏人民出版社,1995.7.—425页;20cm
ISBN 7-227-01472-X:¥12.50

I247.5　　027408
伤兵东四郎/秦俊著.—北京:华龄出版社,1995.9.—196页;19cm
ISBN 7-80082-628-7:¥7.80

I247.5　　027409
伤感的情人/林晓筠著.—成都:四川人民出版社,1995.8.—202页;19cm.—(爱之旅丛书·第二辑)
ISBN 7-220-02895-4:¥7.20

I247.5　　027410
商·盗·寇:双屿港遗闻/何守先,谢善实著.—北京:文化艺术出版社,1995.12.—5000页;20cm
ISBN 7-5039-1324-X:¥19.50

I247.5　　027411
商海沉浮/莫然著.—北京:北京出版社,1995.1.—193页;20cm.—(商海言情系列小说)
ISBN 7-200-02425-2:¥6.00

I247.5　　027412
上帝原谅/丁家桐著.—北京:大众文艺出版社,1995.2.—273页;19cm
ISBN 7-80094-100-0:¥7.50

I247.5　　027413
上海的早晨/周而复著.—石家庄:花山文艺出版社,1995.5.—2册;20cm.—(共和国长篇小说经典丛书/冯牧,缪俊杰主编)
ISBN 7-80611-279-0:¥60.00

I247.5　　027414
上海第二届(1992-1993)"长中篇小说优秀作品大奖"获奖作品集/评奖办公室编.—上海:上海文艺出版社,1995.6.—383页;20cm.—(小说界文库·年选系列/江曾培,范政浩主编)
ISBN 7-5321-1307-8:¥13.00

I247.5　　027415
上海人/吴正著.—北京:人民文学出版社,1995.7.—443页;20cm
ISBN 7-02-002067-4:¥18.00

I247.5　　027416
上海滩奇情录/陈倬云著.—天津:百花文艺出版社,1995.5.—380页;19cm.—(蓬江文学丛书)
ISBN 7-5306-2144-0:¥14.00

I247.5　　027417
上海滩三大亨之三:张啸林/赖云青著.—北京:作家出版社,1995.5.—337页;20cm
ISBN 7-5063-0879-7:¥9.50

I247.5　　027418
少年本色/张复兴著.—郑州:海燕出版社,1995.5.—326页;20cm
ISBN 7-5350-1264-7:¥9.80

I247.5　　027419
少年无情/温瑞安著.—银川:宁夏人民出版社,1995.6.—3册(967页);19cm.—(四大名捕斗将军系列)
ISBN 7-227-01478-9:¥29.80

I247.5　　027420
蛇缘/陈峰著.—银川:宁夏人民出版社,1995.8.—422页;19cm
ISBN 7-227-01475-4:¥10.80

I247.5　　027421
深宫绝学/张叹凤著.—北京:人民文学出版社,

1995.8.—628页;20cm
ISBN 7-02-002080-1:¥22.80
I247.5　027422
神兵/杨茂林等著.—北京:中国文联出版公司,1995.9.—284页;20cm
ISBN 7-5059-2307-2:¥12.80
I247.5　027423
神厨传奇/边东子著.—北京:作家出版社,1995.12.—280页;19cm
ISBN 7-5063-0945-9:¥11.50
I247.5　027424
神笛杀手/云中岳著.—郑州:中原农民出版社,1995.12.—451页;20cm.—(新派武侠小说精品)
ISBN 7-80538-804-0:¥16.80
I247.5　027425
神龙大侠传/镜湖人著.—北京:北京十月文艺出版社,1995.7.—3册(1506页);20cm
ISBN 7-5302-0359-2:¥43.70
I247.5　027426
神秘的峨眉怪兽/葛冰著.—杭州:浙江少年儿童出版社,1995.2.—130页;19cm.—(中国科幻创作丛书)
ISBN 7-5342-1159-X:¥3.10
I247.5　027427
神秘的孔二小姐/李与王著.—深圳:海天出版社,1995.7.—186页:照片;19cm
ISBN 7-80615-172-9:¥9.80
I247.5　027428
生生不已/毕淑敏著.—石家庄:河北教育出版社,1995.3.—368页:照片;20cm.—(红罂粟丛书/王蒙主编)
ISBN 7-5434-2329-4:¥12.80
I247.5　027429
生死集:中篇小说集/钟良明著.—长沙:湖南文艺出版社,1995.10.—317页;20cm
ISBN 7-5404-1443-X:¥9.80
I247.5　027430
生死链/曾印泉著.—北京:华艺出版社,1995.2.—261页;19cm
ISBN 7-80039-899-4:¥9.60
I247.5　027431
圣地/欧阳山著.—北京:人民文学出版社,1995.11.—1311~1740页;20cm.—(一代风流丛书;4)
ISBN 7-02-002271-5:¥19.10
I247.5　027432
师魂:纪实小说/卞庆奎著.—广州:广州出版社,1995.9.—155页;19cm
ISBN 7-80592-292-6:¥6.90
I247.5　027433
失魂引/古龙著.—银川:宁夏人民出版社,1995.10.—323页;20cm
ISBN 7-227-01535-1:¥14.80
I247.5　027434
施普瑞传奇/杨可著.—北京:人民文学出版社,1995.12.—169页;20cm
ISBN 7-02-002281-2:¥9.35
I247.5　027435
十面埋伏擒蛟龙/鲁帝著.—西宁:青海人民出版社,1995.5.—217页;19cm.—(社会奇情斗智《夜游神》系列小说)
ISBN 7-225-01029-8:¥5.95
I247.5　027436
石达开·天朝悲歌:长篇历史小说/寒波著.—长沙:湖南文艺出版社,1995.12.—427页;20cm
ISBN 7-5404-1450-2(精装):¥16.80
I247.5　027437
使你为我迷醉/席绢著.—南京:江苏文艺出版社;台湾万盛出版有限公司,1995.2.—215页;20cm.—(席绢作品集·豆蔻系列/阡陌主编)
ISBN 7-5399-0760-6:¥6.40
I247.5　027438
世纪预言/许谋清著.—北京:北京十月文艺出版社,1995.11.—379页:图;20cm.—(十月长篇小说创作丛书)
ISBN 7-5302-0427-0:¥17.80
I247.5　027439
世纪预言/许谋清著.—北京:北京十月文艺出版社,1995.11.—379页;20cm.—(十月长篇小说创作丛书)
ISBN 7-5302-0428-9(精装):¥21.80
I247.5　027440
是否真爱我/林晓筠著.—成都:四川人民出版社,1995.8.—204页;19cm.—(爱之旅丛书·第三辑)
ISBN 7-220-02896-2:¥7.20
I247.5　027441
双麻将军——孙殿英/肖阳著.—北京:中国文联出版公司,1995.11.—257页;20cm
ISBN 7-5059-2285-8:¥19.80
I247.5　027442
水上传奇/李克著.—贵阳:贵州人民出版社,1995.8.—665页;19cm.—(中华之魂丛书/卢惠龙主编)
ISBN 7-221-03878-3:¥24.80
I247.5　027443
水运宪中篇作品选/水运宪著.—长沙:湖南文艺出版社,1995.7.—484页;20cm
ISBN 7-5404-1410-3:¥14.60
I247.5　027444
私家女侦探/孙德平著.—北京:法律出版社,1995.1.—328页;20cm
ISBN 7-5036-1598-2:¥9.80
I247.5　027445
私生子/周林等编译.—哈尔滨:黑龙江人民出版社,1995.5.—609页;19cm
ISBN 7-207-01045-1:¥12.00
I247.5　027446
私生子/叶辛著.—贵阳:贵州人民出版社,1995.6.—410页;20cm.—(金熊系列丛书·当代名家精品·叶辛自选集)
ISBN 7-221-03887-2:¥15.80
I247.5　027447

死不瞑目/抑残阴著.—沈阳:沈阳出版社,1995.4.—3册(610页);19cm.—(超级现代武侠名著精品)
ISBN 7-5441-0357-9:¥16.80

I247.5　　027448
死城/陈青云著.—海拉尔:内蒙古文化出版社,1995.8.—3册(784页);19cm
ISBN 7-80506-437-7:¥29.80

I247.5　　027449
寺内/刘以鬯著.—北京:中国文联出版公司,1995.11.—313页;20cm.—(香港皇冠文学经典·紫荆花书系)
ISBN 7-5059-2274-2:¥13.80

I247.5　　027450
四大名捕震关东:亡命·追杀/温瑞安著.—北京:中国友谊出版公司,1995.3.—239页;19cm
ISBN 7-5057-0849-X:¥6.50

I247.5　　027451
四个四十岁的女人/胡辛著.—石家庄:河北教育出版社,1995.4.—366页:照片;20cm.—(红罂粟丛书/王蒙主编)
ISBN 7-5434-2344-8:¥12.80

I247.5　　027452
四海游骑/云中岳著.—长春:时代文艺出版社,1995.8.—3册(693页);19cm
ISBN 7-5387-0904-5:¥18.50

I247.5　　027453
四世同堂:作者缩写本/老舍著.—北京:北京十月文艺出版社,1995.9.—745页;19cm
ISBN 7-5302-0423-8:¥22.00

I247.5　　027454
四月的旋律/郭良蕙著.—北京:中国文联出版公司,1995.10.—353页;19cm
ISBN 7-5059-0747-6:¥10.80

I247.5　　027455
送你下地狱/陈冲著.—呼和浩特:内蒙古人民出版社,1995.9.—411页;20cm.—(天泽文库·长篇小说系列/蒋子龙主编)
ISBN 7-204-02860-0:¥15.60

I247.5　　027456
苏东坡演义/宁业高,宁枟编著.—北京:东方出版社,1995.2.—302页;20cm
ISBN 7-5060-0476-3:¥11.00

I247.5　　027457
俗情孽缘/雪米莉著.—贵阳:贵州人民出版社,1995.4.—283页;19cm
ISBN 7-221-03567-9:¥7.20

I247.5　　027458
隋炀帝:长篇历史小说/王占君著.—北京:华夏出版社,1995.6.—650页;20cm
ISBN 7-5080-0708-5:¥22.00

I247.5　　027459
岁月/金玉福著.—长春:吉林人民出版社,1995.11.—350页;19cm
ISBN 7-206-02327-4:¥16.80

I247.5　　027460
孙武/韩静霆著.—北京:解放军文艺出版社,1995.1.—527页;20cm.—(韩静霆春秋人物长篇系列)
ISBN 7-5033-0471-5:¥16.00

I247.5　　027461
孙子/杨书案著.—北京:中国文学出版社,1995.1.—530页;20cm
ISBN 7-5071-0238-6:¥17.80

I247.5　　027462
太阳部落/梅卓著.—北京:中国文联出版公司,1995.2.—414页;20cm
ISBN 7-5059-2210-6:¥12.80

I247.5　　027463
太阳女:汉、哈尼文对照/朗确著;白居舟译.—昆明:云南民族出版社,1995.9.—218页;19cm
ISBN 7-5367-1156-5:¥6.00

I247.5　　027464
太阳峡谷/赵玫著.—石家庄:河北教育出版社,1995.4.—374页:照片;20cm.—(红罂粟丛书/王蒙主编)
ISBN 7-5434-2338-3:¥12.80

I247.5　　027465
太阳照在桑干河上/丁玲著.—石家庄:花山文艺出版社,1995.5.—355页;20cm.—(共和国长篇小说经典丛书/冯牧,缪俊杰主编)
ISBN 7-80611-297-9:¥13.00

I247.5　　027466
谭嗣同:长篇历史小说/任光椿著.—北京:文化艺术出版社,1995.2.—2册(876页);20cm
ISBN 7-5039-1363-0:¥26.80

I247.5　　027467
唐宫血情剑/江靖飞著.—北京:华文出版社,1995.10.—466页;19cm
ISBN 7-5075-0477-8:¥18.00

I247.5　　027468
唐太宗李世民/徐彬扬,朱向敢原著;张亚红改编.—北京:作家出版社,1995.12.—2册;20cm
ISBN 7-5063-1008-2:¥38.80

I247.5　　027469
趟过男人河的女人/张雅文,远方著.—北京:人民文学出版社,1995.2.—355页;20cm
ISBN 7-02-002050-X:¥10.45

I247.5　　027470
桃花扇/(清)孔尚任原著;潘慎改编.—太原:山西古籍出版社,1995.12.—352页;20cm.—(六大古典爱情名剧白话小说/潘慎,张裔主编)
全套6册,总定价:90.00元
ISBN 7-80598-089-6:¥0.00

I247.5　　027471
逃出孤独/李治邦著.—天津:百花文艺出版社,1995.12.—259页;20cm.—(金桨丛书)
ISBN 7-5306-2040-1:¥10.00

I247.5　　027472
逃犯:悲情三部曲/从维熙著.—北京:中国青年出版

社,1995.2.—484 页;20cm.—(九十年代长篇小说系列)
ISBN 7-5006-1648-1:¥13.20

I247.5 027473
逃离家园/秋枫,子初著.—北京:华艺出版社,1995.1.—2册(709页);20cm
ISBN 7-80039-947-8:¥28.80

I247.5 027474
逃情一线/梁望峰著.—北京:中国文联出版公司,1995.9.—167页;19cm.—(清纯恋情系列小说)
全套5册,总定价:39.50元
ISBN 7-5059-2249-1:¥0.00

I247.5 027475
疼痛与抚摸/张宇著.—北京:人民文学出版社,1995.5.—266页;20cm.—(探索者丛书·第一辑)
ISBN 7-02-002133-6:¥12.55

I247.5 027476
替身/张寒著.—北京:中国文联出版公司,1995.3.—485页;20cm
ISBN 7-5059-2168-1:¥13.90

I247.5 027477
天敌/白万清著.—天津:百花文艺出版社,1995.3.—444页;20cm
ISBN 7-5306-1941-1:¥12.00

I247.5 027478
天国童子营/夏有志著.—南宁:接力出版社,1995.4.—519页;20cm
ISBN 7-80581-892-4:¥13.50

I247.5 027479
天下一剑/熊沐著.—北京:中国文联出版公司,1995.1.—3册(702页);19cm.—(天下第一系列)
ISBN 7-5059-2197-5:¥17.60

I247.5 027480
天狱/牛伯成著.—天津:百花文艺出版社,1995.12.—326页;20cm.—(金桨丛书)
ISBN 7-5306-2038-X:¥12.80

I247.5 027481
天园有路/杨英国著.—北京:民族出版社,1995.8.—405页;20cm
ISBN 7-105-02495-X:¥15.80

I247.5 027482
天缘/陈心豪著.—合肥:安徽文艺出版社,1995.3.—383页;20cm
ISBN 7-5396-1297-5:¥11.80

I247.5 027483
铁道游击队/知侠著.—石家庄:花山文艺出版社,1995.5.—581页;20cm.—(共和国长篇小说经典丛书/冯牧,缪俊杰主编)
ISBN 7-80611-169-7:¥20.00

I247.5 027484
铁道游击队/知侠著.—贵阳:贵州人民出版社,1995.8.—602页;19cm.—(中华之魂丛书/卢惠龙主编)
ISBN 7-221-03881-3:¥21.80

I247.5 027485
铁道游击队/知侠著.—济南:黄河出版社,1995.7.—567页:照片;20cm
ISBN 7-80558-606-3:¥19.80

I247.5 027486
铁梗镶荷/魏继新著.—重庆:重庆出版社,1995.11.—198页;20cm
ISBN 7-5366-3240-1:¥11.00

I247.5 027487
铁血风云/谷跃先著.—南京:江苏人民出版社,1995.8.—2册;20cm
ISBN 7-214-01539-0:¥38.00

I247.5 027488
偷渡客/曹桂林著.—北京:现代出版社,1995.9.—546页;20cm
ISBN 7-80028-297-X:¥17.50

I247.5 027489
土地梦/吕敬贤著.—郑州:河南人民出版社,1995.1.—189页;20cm
ISBN 7-215-03408-9:¥6.50

I247.5 027490
土匪/张碧涛著.—西宁:青海人民出版社,1995.11.—344页;20cm
ISBN 7-225-01164-2:¥14.80

I247.5 027491
托起黎明:白求恩的"女儿"/杨润身著.—北京:大众文艺出版社,1995.1.—202页;19cm
ISBN 7-80094-101-9:¥5.40

I247.5 027492
玩古/彭见明著.—北京:中国青年出版社,1995.4.—581页;20cm.—(九十年代长篇小说系列)
ISBN 7-5006-1899-9:¥17.50

I247.5 027493
万年春/欧阳山著.—北京:人民文学出版社,1995.11.—1741~2182页;20cm.—(一代风流丛书;5)
ISBN 7-02-002272-3:¥19.70

I247.5 027494
汪精卫:长篇历史小说/黄鹤逸著.—太原:北岳文艺出版社,1995.1.—5册;20cm
ISBN 7-5378-1420-1:¥87.30

I247.5 027495
王玉环传奇/刘开芳著.—武汉:武汉大学出版社,1995.8.—238页;20cm.—(中国戏曲故事丛书/吴洪激主编)
ISBN 7-307-02021-1:¥12.80

I247.5 027496
忘了我是谁/林晓筠著.—成都:四川人民出版社,1995.8.—202页;20cm.—(爱之旅丛书·第四辑)
ISBN 7-220-02897-0:¥7.20

I247.5 027497
桅顶瞭望/宋安娜著.—天津:百花文艺出版社,1995.11.—285页;20cm.—(金桨丛书)
ISBN 7-5306-2039-8:¥11.00

I247.5 027498

为你收藏片片真心/于晴著.—西宁:青海人民出版社;台湾万盛出版有限公司,1995.9.—230页;19cm.—(于晴作品感性系列;2)

ISBN 7-225-01105-7:¥9.80

I247.5　　027499

未穿的红嫁衣/霍达著.—北京:北京十月文艺出版社,1995.9.—422页;20cm.—(北京长篇小说创作丛书)

ISBN 7-5302-0392-4(精装):¥18.00

I247.5　　027500

未穿的红嫁衣/霍达著.—北京:北京十月文艺出版社,1995.9.—422页;20cm.—(北京长篇小说创作丛书)

ISBN 7-5302-0391-6:¥13.60

I247.5　　027501

温馨的港湾/方舒著.—西宁:青海人民出版社,1995.11.—220页;19cm.—(方舒集美爱情小说)

ISBN 7-225-01110-3:¥8.00

I247.5　　027502

文武将军——李翔梧/张宇,刘京岳著.—郑州:海燕出版社,1995.6.—161页;20cm.—(河南英烈传)

ISBN 7-5350-1126-8:¥5.80

I247.5　　027503

吻上你的心/席绢著.—南京:江苏文艺出版社;台湾万盛出版有限公司,1995.2.—217页;20cm.—(席绢作品集·豆蔻系列/阡陌主编)

ISBN 7-5399-0760-6:¥6.40

I247.5　　027504

翁同和传/高阳著.—北京:华艺出版社,1995.6.—425页;20cm.—(高阳人物传记遗作孤本;1)

ISBN 7-80039-906-0:¥16.80

I247.5　　027505

我的一家/陶承口述.—北京:中国工人出版社,1995.6.—118页;19cm

ISBN 7-5008-1783-5:¥3.40

I247.5　　027506

我们去南方:长篇纪实小说/杨杰著.—乌鲁木齐:新疆青少年出版社,1995.8.—296页;19cm

ISBN 7-5371-2068-4:¥12.80

I247.5　　027507

我要活下去/梁凤仪著 .—北京:人民文学出版社,1995.8.—422页;19cm

ISBN 7-02-002195-6:¥14.60

I247.5　　027508

我依然恋你如昔/于晴著.—西宁:青海人民出版社;台湾万盛出版有限公司,1995.9.—231页;19cm.—(于晴作品感性系列;9)

ISBN 7-225-01105-7:¥9.80

I247.5　　027509

呜咽的澜沧江/竹林著.—北京:人民文学出版社,1995.11.—317页;20cm

又名《女性一人》

ISBN 7-02-002169-7:¥12.95

I247.5　　027510

乌托邦诗篇/王安忆著.—北京:华艺出版社,1995.6.—291页;19cm.—(中国当代著名作家新作大系/孙波主编)

ISBN 7-80039-729-7:¥9.50

I247.5　　027511

无悔人生/杨秀生著.—深圳:海天出版社,1995.11.—498页;19cm

ISBN 7-80615-288-1:¥23.60

I247.5　　027512

无价的墨宝/张成新著.—郑州:海燕出版社,1995.7.—228页;20cm

ISBN 7-5350-1262-0:¥7.00

I247.5　　027513

无奈恋情/王心丽著.—成都:四川文艺出版社,1995.3.—242页;19cm

ISBN 7-5411-1277-5:¥6.90

I247.5　　027514

吴佩孚/安家正著.—合肥:安徽文艺出版社,1995.2.—363页;19cm

ISBN 7-5396-1298-3:¥8.50

I247.5　　027515

吴三桂:长篇历史小说/荒耕著.—西安:陕西人民出版社,1995.1.—417页;20cm

ISBN 7-224-03727-3:¥13.80

I247.5　　027516

武林生死状/陈青云著.—太原:北岳文艺出版社,1995.4.—2册(792页);20cm.—(陈青云武侠小说专辑)

ISBN 7-5378-1453-8:¥37.60

I247.5　　027517

武林汤家/韩非墨著.—北京:中国文联出版公司,1995.4.—389页;20cm.—(狂花侠女恩仇录;1)

ISBN 7-5059-2226-2:¥12.00

I247.5　　027518

武则天/冉平著.—济南:山东文艺出版社,1995.3.—549页;20cm

ISBN 7-5329-1224-8:¥14.00

I247.5　　027519

五爱街/木青著.—天津:百花文艺出版社,1995.10.—401页;20cm

ISBN 7-5306-2032-0:¥20.00

I247.5　　027520

五指毒印/巨龙生著.—沈阳:沈阳出版社,1995.7.—3册(636页);19cm.—(巨龙生武侠小说系列丛书)

ISBN 7-5441-0410-9:¥19.80

I247.5　　027521

戊班生怪谈/梁望峰著.—北京:中国文联出版公司,1995.9.—164页;19cm.—(清纯恋情系列小说)

全套5册,总定价:39.50元

ISBN 7-5059-2249-1:¥0.00

I247.5　　027522

西北王——马步芳/谷风著.—北京:中国文联出版公司,1995.11.—400页;20cm

ISBN 7-5059-1029-9:¥14.80

I247.5　027523

西部传奇精粹/董斐主编.—乌鲁木齐:新疆人民出版社,1995.1.—299页;20cm

ISBN 7-228-03230-6:¥8.50

I247.5　027524

西厂与东厂:长篇历史小说/东方明著.—北京:中国文联出版公司,1995.5.—2册(804页);20cm

ISBN 7-5059-2243-2:¥28.80

I247.5　027525

西门无恨:楚留香传奇后续/丁情著.—太原:北岳文艺出版社,1995.5.—373页;19cm.—(丁情武侠精品集)

ISBN 7-5378-1484-8:¥11.80

I247.5　027526

西施/陈玮君著.—杭州:浙江文艺出版社,1995.1.—2册(883页);20cm

ISBN 7-5339-0718-3:¥23.00

I247.5　027527

西厢传奇/田晖东,杨月珍著.—武汉:武汉大学出版社,1995.7.—222页;20cm.—(中国戏曲故事丛书/吴洪激主编)

ISBN 7-307-02020-3:¥11.80

I247.5　027528

西厢记/(元)王实甫原著;潘慎改编.—太原:山西古籍出版社,1995.12.—358页;20cm.—(六大古典爱情名剧白话小说/潘慎,张裔主编)

全套6册,总定价:90.00元

ISBN 7-80598-089-6:¥0.00

I247.5　027529

戏点鸳鸯/席绢著.—南京:江苏文艺出版社,1995.2.—211页;20cm.—(席绢作品集·豆蔻系列/阡陌主编)

ISBN 7-5399-0760-6:¥6.40

I247.5　027530

戏说康熙/安顺编著.—北京:中国档案出版社,1995.4.—73页;26cm.—(戏说大清十三皇朝;1:盛世天子传奇)

ISBN 7-80019-521-X:¥3.80

I247.5　027531

戏说乾隆/霜玉编著.—北京:中国档案出版社,1995.4.—73页;26cm.—(戏说大清十三皇朝;1:盛世天子传奇)

ISBN 7-80019-522-8:¥3.80

I247.5　027532

细腰/池莉著.—南京:江苏文艺出版社,1995.8.—425页;20cm.—(池莉文集;3)

ISBN 7-5399-0789-4:¥16.00

I247.5　027533

侠骨柔情英雄泪/鲁帝著.—西宁:青海人民出版社,1995.5.—214页;19cm.—(社会奇情斗智《夜游神》系列小说)

ISBN 7-225-01029-8:¥5.95

I247.5　027534

狭路相逢:吴强中篇小说选/吴强著;上海文学发展基金会编选.—上海:上海文艺出版社,1995.4.—378页;19cm

ISBN 7-5321-1312-4:¥12.00

I247.5　027535

夏大刀传奇/杨子忱等著.—成都:四川文艺出版社,1995.5.—80页;26cm.—(传奇选萃丛书)

ISBN 7-5411-1297-6:¥3.60

I247.5　027536

夏惑/刁斗等著.—延吉:延边人民出版社,1995.6.—342页;20cm.—(四季情爱小说精品;B/天虹主编)

本套书共4册,总定价:46.80元

ISBN 7-80599-325-4:¥0.00

I247.5　027537

夏天后面不是秋/赵淑芳著.—呼和浩特:内蒙古人民出版社,1995.3.—314页;19cm

ISBN 7-204-02769-8:¥10.80

I247.5　027538

先锋/徐坤著.—太原:北岳文艺出版社,1995.3.—319页;20cm

ISBN 7-5378-1440-6:¥9.80

I247.5　027539

仙侣怨偶:郁达夫与王映霞/桑逢康著.—北京:中国青年出版社,1995.1.—309页;20cm

ISBN 7-5006-1779-8:¥10.60

I247.5　027540

仙人承露盘/刘心武著.—北京:华艺出版社,1995.3.—284页;20cm

ISBN 7-80039-739-4:¥10.50

I247.5　027541

闲静河谷的桃色新闻/叶辛著.—贵阳:贵州人民出版社,1995.6.—450页;20cm.—(金熊系列丛书·当代名家精品·叶辛自选集)

ISBN 7-221-03888-0:¥15.80

I247.5　027542

相思的颜色正浓/陈美琳著.—北京:中国文联出版公司,1995.8.—188页;19cm.—(紫色梦幻系列·第一辑)

ISBN 7-5059-2275-0:¥6.50

I247.5　027543

相思苦难捱/林晓筠著.—成都:四川人民出版社,1995.8.—204页;19cm.—(爱之旅丛书·第三辑)

ISBN 7-220-02896-2:¥7.20

I247.5　027544

相思鸟/王兰英著.—西安:三秦出版社,1995.10.—357页;20cm

ISBN 7-80546-725-0:¥16.00

I247.5　027545

相思与君绝/章容裴著.—杭州:浙江文艺出版社,1995.12.—188页;20cm

ISBN 7-5339-0840-6:¥7.40

I247.5　027546

香江王/金河著.—广州:广州出版社,1995.12.—355

页;20cm.—(香港直击系列)
ISBN 7-80592-357-4:¥14.90

I247.5　027547
香气/海男著.—沈阳:沈阳出版社,1995.5.—455页;20cm.—(中国新状态丛书/未凡主编)
ISBN 7-5441-0315-3:¥18.80

I247.5　027548
香妃酒家/宗岱著.—保定:河北大学出版社,1995.8.—291页;20cm
ISBN 7-81028-309-X:¥11.00

I247.5　027549
湘军传奇/徐哲松著.—郑州:中原农民出版社,1995.3.—2册(991页);20cm
ISBN 7-80538-746-X:¥29.80

I247.5　027550
销魂一指令/独孤残红著.—昆明:云南人民出版社,1995.9.—2册(930页);20cm
ISBN 7-222-01839-5:¥36.00

I247.5　027551
小路迷梦/区永堂著.—广州:广州出版社,1995.12.—264页;20cm
ISBN 7-80592-339-6:¥16.00

I247.5　027552
孝庄皇后/烜晔著.—太原:山西古籍出版社,1995.4.—533页;20cm
ISBN 7-80598-060-8:¥18.80

I247.5　027553
邪门怪侠/沧浪客著.—郑州:中原农民出版社,1995.5.—305页;20cm.—(新派武侠小说精品)
ISBN 7-80538-769-9:¥8.60

I247.5　027554
新地宝图/宁氏居隐著.—呼和浩特:远方出版社,1995.12.—453页;20cm.—(新《三宝图》系列小说;2)
ISBN 7-80595-162-4:¥16.80

I247.5　027555
新世纪儿的忏悔/石磅著.—沈阳:春风文艺出版社,1995.4.—312页;20cm
ISBN 7-5313-1441-X:¥9.90

I247.5　027556
心役/王元丰,王元著.—北京:华夏出版社,1995.3.—360页;19cm
ISBN 7-5080-0667-4:¥12.40

I247.5　027557
心约/陈玉霞编.—北京:中国文联出版公司,1995.2.—313页;19cm
ISBN 7-5059-2137-1:¥8.20

I247.5　027558
雄龙娇凤/金庸巨著.—北京:华龄出版社,1995.6.—3册(977页);19cm
ISBN 7-80082-496-9:¥24.80

I247.5　027559
虚实终晓/邢国城,邢文山著.—呼和浩特:内蒙古人民出版社,1995.3.—260页;19cm
ISBN 7-204-02699-3:¥6.50

I247.5　027560
徐老虎与白寡妇/高阳著.—北京:华艺出版社,1995.6.—480页;20cm.—(高阳人物传记遗作孤本;3)
ISBN 7-80039-908-7:¥18.80

I247.5　027561
悬眼国门——伍子胥/史双元,刘汉龙著.—沈阳:春风文艺出版社,1995.9.—333页;20cm.—(春风史传小说系列·冤臣系列/常万生,王德昌主编)
ISBN 7-5313-1502-5:¥11.80

I247.5　027562
眩目的云彩/叶辛著.—南京:江苏文艺出版社,1995.9.—250页;20cm
ISBN 7-5399-0820-3:¥9.80

I247.5　027563
雪城/梁晓声著.—贵阳:贵州人民出版社,1995.10.—2册(994页);20cm.—(金熊系列丛书·当代名家精品·梁晓声自选集)
ISBN 7-221-03950-X:¥36.00

I247.5　027564
雪儿姑娘/席绢著.—南京:江苏文艺出版社;台湾万盛出版有限公司,1995.2.—218页;20cm.—(席绢作品集·豆蔻系列/阡陌主编)
ISBN 7-5399-0760-6:¥6.40

I247.5　027565
雪剑冰心/陈青云著.—海拉尔:内蒙古文化出版社,1995.8.—2册(655页);19cm
ISBN 7-80506-441-5:¥23.80

I247.5　027566
雪狼/彭瑾著.—天津:百花文艺出版社,1995.8.—232页;19cm
ISBN 7-5306-2126-2:¥8.00

I247.5　027567
雪殇/辛实著.—北京:中国文学出版社,1995.10.—485页;20cm
ISBN 7-5071-0311-0:¥16.80

I247.5　027568
血谷幽魂/陈青云著.—海拉尔:内蒙古文化出版社,1995.8.—3册(719页);19cm
ISBN 7-80506-439-3:¥25.80

I247.5　027569
血剑魔情/云中子著.—南宁:广西民族出版社,1995.—2册;19cm
ISBN 7-5363-1940-1:¥9.98

I247.5　027570
血猎:长篇惊险纪实小说/萧潇著.—兰州:甘肃人民出版社,1995.5.—286页;20cm
ISBN 7-226-01464-5:¥10.80

I247.5　027571
血梅/青影著.—西宁:青海人民出版社,1995.11.—332页;20cm
ISBN 7-225-01165-0:¥14.80

I247.5　027572
血色河谷/徐景辉著.—长春:时代文艺出版社,1995.9.—481页;20cm.—(野玫瑰丛书;1·当代都市长

卷)
ISBN 7-5387-0925-8: ¥18.00
I247.5 027573
血色星期天/林中虎著.—杭州:浙江文艺出版社,1995.12.—271页;20cm
ISBN 7-5339-0845-7: ¥9.80
I247.5 027574
血帖亡魂记/陈青云著.—海拉尔:内蒙古文化出版社,1995.8.—3册(830页);19cm
ISBN 7-80506-443-1: ¥30.80
I247.5 027575
血原/赵熙著.—西安:陕西人民出版社,1995.5.—457页;20cm
ISBN 7-224-02261-6: ¥15.80
I247.5 027576
寻荒/庐山著.—长春:长春出版社,1995.4.—271页;20cm
ISBN 7-80604-259-8: ¥9.50
I247.5 027577
烟雨阳关/梁崇真著.—北京:中国文联出版公司,1995.1.—255页;19cm
ISBN 7-5059-2181-9: ¥9.30
I247.5 027578
艳阳天/浩然著.—北京:华龄出版社,1995.9.—3册;20cm.—(浩然长篇小说文库)
ISBN 7-80082-510-8: ¥66.60
I247.5 027579
洋老板在中国/姜琍敏著.—北京:北京出版社,1995.9.—290页;20cm
ISBN 7-200-02651-4: ¥10.40
I247.5 027580
摇篮曲/韩作黎著.—郑州:文心出版社,1995.11.—303页;20cm
ISBN 7-80537-626-3(精装): ¥13.80
I247.5 027581
遥远的腾格里:长篇小说/敖·奇达布日著.—呼和浩特:内蒙古人民出版社,1995.2.—413页;20cm
ISBN 7-204-02749-3: ¥11.80
I247.5 027582
野草魂/曹何著.—南昌:百花洲文艺出版社,1995.9.—252页;20cm
ISBN 7-80579-641-6: ¥7.20
I247.5 027583
野唱/原非著.—西宁:青海人民出版社,1995.12.—334页;20cm.—(五色土丛书/刘绍棠主编)
ISBN 7-225-01189-8: ¥14.80
I247.5 027584
野狼滩/陈礼著.—西宁:青海人民出版社,1995.12.—383页;20cm.—(西部传奇系列;2)
ISBN 7-225-01129-4: ¥14.80
I247.5 027585
夜空流星/沈大力著.—北京:中国文联出版公司,1995.11.—293页;19cm
ISBN 7-5059-2348-X: ¥11.00
I247.5 027586
一代帝王刘邦/张文洲著.—北京:国际文化出版公司,1995.1.—530页;20cm
ISBN 7-80105-218-8: ¥16.80
I247.5 027587
一个"日本特务"的传奇/李翔,叶家林著.—北京:华艺出版社,1995.3.—220页;19cm
ISBN 7-80039-488-3: ¥9.80
I247.5 027588
一个日本女人在中国的传奇经历/杨剑鸣著.—济南:山东画报出版社,1995.8.—249页:照片;19cm
ISBN 7-80603-037-9: ¥12.80
I247.5 027589
一剑平江湖/沧浪客著.—昆明:云南人民出版社,1995.9.—532页;20cm
ISBN 7-222-01838-7: ¥18.50
I247.5 027590
一枪伤心恨断肠/鲁帝著.—西宁:青海人民出版社,1995.5.—215页;19cm.—(社会奇情斗智《夜游神》系列小说)
ISBN 7-225-01029-8: ¥5.95
I247.5 027591
一天中的四季:特区移民故事/杨雪萍著.—北京:中国青年出版社,1995.5.—430页;20cm
ISBN 7-5006-1756-9: ¥12.70
I247.5 027592
一种诞生/梅洁著.—沈阳:沈阳出版社,1995.12.—277页;19cm.—(中国当代作家自况体丛书·梅洁卷/刘毅主编)
ISBN 7-5441-0452-4: ¥7.80
I247.5 027593
意外恋人/梁望峰著.—北京:中国文联出版公司,1995.9.—136页;19cm.—(清纯恋情系列小说)
全套5册,总定价:39.50元
ISBN 7-5059-2249-1: ¥0.00
I247.5 027594
意外死亡/王小鹰著.—石家庄:河北教育出版社,1995.3.—359页:照片;20cm.—(红罂粟丛书/王蒙主编)
ISBN 7-5434-2336-7: ¥12.80
I247.5 027595
音乐大师贝多芬:长篇传记小说/郑孝时著.—郑州:河南人民出版社,1995.12.—319页;20cm
ISBN 7-215-03371-6(精装): ¥16.50
I247.5 027596
隐形伴侣/张抗抗著.—北京:华艺出版社,1995.4.—439页;20cm
ISBN 7-80039-834-X: ¥15.00
I247.5 027597
英魂厉鬼/抑残阴著.—沈阳:沈阳出版社,1995.4.—3册(972页);19cm.—(超级现代武侠名著精品)
ISBN 7-5441-0358-9: ¥22.80
I247.5 027598
英雄·杀手/古龙著.—沈阳:沈阳出版社,1995.

10.—5册;20cm
包括《天骄·天魔》等5册。
ISBN 7-5441-0420-6:¥75.00

I247.5　027599
樱都突降夜游神/鲁帝著.—西宁:青海人民出版社,1995.5.—218页;19cm.—(社会奇情斗智《夜游神》系列小说)
ISBN 7-225-01029-8:¥5.95

I247.5　027600
永不忏悔/张抗抗著.—石家庄:河北教育出版社,1995.4.—353页:照片;20cm.—(红罂杰丛书/王蒙主编)
ISBN 7-5434-2342-1:¥12.80

I247.5　027601
永乐君臣/梁史著.—成都:四川人民出版社,1995.12.—2册(1086页);20cm
ISBN 7-220-03099-1:¥34.00

I247.5　027602
幽灵别墅/林中虎著.—杭州:浙江文艺出版社,1995.12.—360页;20cm
ISBN 7-5339-0846-5:¥12.60

I247.5　027603
幽灵门/陈青云著.—太原:北岳文艺出版社,1995.4.—626页;20cm.—(陈青云武侠小说专辑)
ISBN 7-5378-1452-X:¥18.80

I247.5　027604
悠悠恨别奈何天/鲁帝著.—西宁:青海人民出版社,1995.5.—217页;19cm.—(社会奇情斗智《夜游神》系列小说)
ISBN 7-225-01029-8:¥5.95

I247.5　027605
游侠录/古尤著.—银川:宁夏人民出版社,1995.10.—327页;20cm
ISBN 7-227-01534-3:¥14.80

I247.5　027606
诱僧/李碧华著.—北京:人民文学出版社,1995.1.—142页;19cm
ISBN 7-02-001984-6:¥4.15

I247.5　027607
诱僧/李碧华著.—北京:人民文学出版社,1995.1.—142页;19cm.—(李碧华小说精品系列)
ISBN 7-02-002847-0:¥6.60

I247.5　027608
又见深秋/梁凤仪著.—北京:人民文学出版社,1995.1.—300页;19cm
ISBN 7-02-002105-0:¥9.15

I247.5　027609
鱼泉/潘孟贤著.—深圳:海天出版社,1995.12.—398页;19cm
ISBN 7-80615-324-1:¥19.50

I247.5　027610
玉蚌仙珠/龙骧子著.—延吉:延边人民出版社,1995.12.—3册(750页);19cm.—(龙骧子新派奇情武侠系列;2)
ISBN 7-80599-428-5:¥21.80

I247.5　027611
玉女春秋/魏树海著.—北京:中国文联出版公司,1995.8.—297页;20cm
ISBN 7-5059-2186-X:¥10.50

I247.5　027612
欲望别墅/郑建华著.—济南:山东文艺出版社,1995.8.—470页;20cm
ISBN 7-5329-1261-2:¥14.80

I247.5　027613
鸳鸯血/周郎著.—昆明:云南人民出版社,1995.9.—2册(901页);20cm.—(首届中华武侠小说大奖获奖作品)
ISBN 7-222-01840-9:¥33.50

I247.5　027614
原来是你/于晴著.—西宁:青海人民出版社;台湾万盛出版有限公司,1995.9.—231页;19cm.—(于晴作品感性系列;6)
ISBN 7-225-01105-7:¥9.80

I247.5　027615
原始风/肖元著.—北京:中国文联出版公司,1995.8.—404页;20cm
ISBN 7-5059-2283-1:¥15.00

I247.5　027616
原邪/阿辛著.—沈阳:沈阳出版社,1995.5.—317页;20cm.—(香港奇情原字系列)
ISBN 7-5441-0368-4:¥10.80

I247.5　027617
原欲/韩冬著.—沈阳:春风文艺出版社,1995.5.—418页;20cm
ISBN 7-5313-1446-0:¥13.80

I247.5　027618
远东大受降/林成西,许蓉生著.—西宁:青海人民出版社,1995.8.—490页:图;20cm
ISBN 7-225-01102-2:¥19.80

I247.5　027619
月牙泉/邵振国著.—北京:人民文学出版社,1995.12.—360页;20cm
ISBN 7-02-002061-5:¥14.00

I247.5　027620
月有阴晴圆缺/梁清凡著.—北京:中国文联出版公司,1995.1.—271页;20cm
ISBN 7-5059-2182-7:¥10.10

I247.5　027621
云断澳洲路/刘奥著.—北京:群众出版社,1995.12.—318页;19cm
ISBN 7-5014-1195-6:¥10.80

I247.5　027622
云归何处/林自勇著.—兰州:甘肃人民出版社,1995.10.—254页;19cm
ISBN 7-226-01538-2:¥8.80

I247.5　027623
云居寺静琬大和尚传奇/莘德良等著.—北京:中国工人出版社,1995.5.—404页;19cm

ISBN 7-5008-1769-X: ¥14.00

I247.5 027624

早安,美利坚/薛海翔著.—上海:上海文艺出版社,1995.6.—463页;20cm.—(小说界文库·长篇系列)

ISBN 7-5321-1314-0: ¥13.80

I247.5 027625

则天女皇/个竹等著.—沈阳:沈阳出版社,1995.7.—715页;20cm

ISBN 7-5441-0417-6: ¥26.00

I247.5 027626

贼王/金河著.—广州:广州出版社,1995.12.—348页;20cm.—(香港直击系列)

ISBN 7-80592-376-0: ¥15.20

I247.5 027627

摘下满天星/林晓筠著.—成都:四川人民出版社,1995.8.—203页;19cm.—(爱之旅丛书·第四辑)

ISBN 7-220-02897-0: ¥7.20

I247.5 027628

战斗的青春/雪克著.—石家庄:花山文艺出版社,1995.5.—574页;20cm.—(共和国长篇小说经典丛书/冯牧,缪俊杰主编)

ISBN 7-80611-278-2: ¥19.50

I247.5 027629

战争故事/廉声著.—天津:百花文艺出版社,1995.12.—238页;20cm.—(21世纪文学之星丛书·1995年卷·小说)

ISBN 7-5306-2162-9: ¥10.80

I247.5 027630

战争启示录/柳溪著.—北京:北京十月文艺出版社,1995.7.—2册(1241页);20cm.—(北京长篇小说创作丛书)

ISBN 7-5302-0390-8(精装): ¥42.50

I247.5 027631

张贤亮小说自选集/张贤亮著.—桂林:漓江出版社,1995.8.—524页;20cm.—(作家自选集系列)

ISBN 7-5407-1766-1: ¥14.80

I247.5 027632

张贤亮小说自选集/张贤亮著.—桂林:漓江出版社,1995.8.—524页;20cm.—(作家自选集系列)

ISBN 7-5407-1766-1(精装): ¥19.80

I247.5 027633

这里没有硝烟/牟国璋著.—福州:海峡文艺出版社,1995.9.—266页;19cm

ISBN 7-80534-812-X: ¥9.00

I247.5 027634

真爱/宗仁发,林建法主编.—长春:时代文艺出版社,1995.6.—3册;20cm.—(世纪名家品荐经典大系·小说卷)

ISBN 7-5387-0907-X: ¥46.80

I247.5 027635

真纯依旧/张欣著.—石家庄:河北教育出版社,1995.4.—362页:照片;20cm.—(红罂粟丛书/王蒙主编)

ISBN 7-5434-2340-5: ¥12.80

I247.5 027636

震天弓/周郎著.—北京:文化艺术出版社,1995.12.—177页;19cm.—(奇兵系列)

全套共5册,总定价:34.00元

ISBN 7-5039-1434-3: ¥0.00

I247.5 027637

正宫娘娘/王晓玉著.—石家庄:河北教育出版社,1995.4.—360页:照片;20cm.—(红罂粟丛书/王蒙主编)

ISBN 7-5434-2335-9: ¥12.80

I247.5 027638

智斗黑罂粟/石凯著.—沈阳:沈阳出版社,1995.3.—310页;19cm

ISBN 7-5441-0327-7: ¥10.00

I247.5 027639

中国人,还有什么没玩过/阿鸿,方刚著.—北京:中国文联出版公司,1995.8.—210页;20cm.—(东方纪实丛书)

ISBN 7-5059-2195-9: ¥9.50

I247.5 027640

中国十大古典悲喜剧:配图故事本/黎孟德等编著.—成都:巴蜀书社,1995.7.—3册(1312页);20cm

ISBN 7-80523-681-X(精装): ¥57.00

I247.5 027641

中国西部大剿匪/袁志刚著.—兰州:敦煌文艺出版社,1995.5.—477页;20cm

ISBN 7-80587-279-1: ¥15.80

I247.5 027642

中国现代小说精品:老舍卷/周鹏飞主编.—西安:陕西人民出版社,1995.3.—492页;20cm

ISBN 7-224-03764-8: ¥13.50

I247.5 027643

住别墅的女人/戴凌著.—北京:中国文联出版公司,1995.1.—310页;19cm

ISBN 7-5059-2192-4: ¥8.60

I247.5 027644

注定独身:现代中篇情爱小说集/凌子云编.—成都:四川文艺出版社,1995.8.—2册;20cm

ISBN 7-5411-1346-8: ¥23.60

I247.5 027645

转场/王以培著.—北京:东方出版社,1995.10.—212页;19cm.—(王以培作品系列)

ISBN 7-5060-0657-X: ¥11.60

I247.5 027646

追夫狂想/于晴著.—西宁:青海人民出版社;台湾万盛出版有限公司,1995.10.—213页;20cm.—(豆蔻系列·第二辑;2:于晴言情作品集)

ISBN 7-225-01135-9: ¥9.80

I247.5 027647

追魂流星剑/沧浪客著.—郑州:中原农民出版社,1995.5.—330页;20cm.—(新派武侠小说精品)

ISBN 7-80538-769-9: ¥9.30

I247.5 027648

追枪记/赵清学著.—郑州:海燕出版社,1995.5.—

339 页;19cm
ISBN 7-5350-1182-9:¥9.00

I247.5　027649
追寻今生的最爱/席绢著.—南京:江苏文艺出版社;台湾万盛出版有限公司,1995.2.—214 页;20cm.—(席绢作品集·豆蔻系列/阡陌主编)
ISBN 7-5399-0760-6:¥6.40

I247.5　027650
浊世鸳盟/卧龙生著.—长春:时代文艺出版社,1995.12.—2 册(472 页);19cm.—(紫龙佩全传;4)
全 8 册,总定价:68.80 元
ISBN 7-5387-0957-6:¥0.00

I247.5　027651
紫罗兰的春天/方舒著.—西宁:青海人民出版社,1995.11.—283 页;19cm.—(方舒集美爱情小说)
ISBN 7-225-01110-3:¥10.20

I247.5　027652
紫陌红尘/池莉著.—南京:江苏文艺出版社,1995.8.—393 页;20cm.—(池莉文集;1)
ISBN 7-5399-0787-8:¥12.50

I247.5　027653
紫色梦魇/王心丽著.—成都:四川文艺出版社,1995.3.—289 页;19cm
ISBN 7-5411-1276-3:¥8.30

I247.5　027654
紫藤花园/王晓玉著.—上海:上海远东出版社,1995.6.—537 页;20cm
ISBN 7-80613-112-4:¥18.00

I247.5　027655
紫衣情未了/舒慧著.—兰州:甘肃人民出版社,1995.10.—230 页;19cm
ISBN 7-226-01536-6:¥8.20

I247.5　027656
自己的故事/张旻著.—北京:作家出版社,1995.12.—453 页;20cm.—(新状态小说文库/王干主编)
ISBN 7-5063-0985-8:¥18.80

I247.5　027657
自救人/王淑春著.—天津:百花文艺出版社,1995.12.—386 页;20cm
ISBN 7-5306-2197-1:¥16.80

I247.5　027658
走出山门/姚波烈著.—南昌:百花洲文艺出版社,1995.3.—408 页;20cm
ISBN 7-80579-579-7:¥12.00

I247.5　027659
走进秋天/王明新著.—北京:中国三峡出版社,1995.10.—251 页;19cm
ISBN 7-80099-122-9:¥8.50

I247.5　027660
最后那个父亲/蒋金彦著.—北京:中国文联出版公司,1995.5.—568 页;20cm.—(金莲花文学丛书)
ISBN 7-5059-2237-8:¥21.50

I247.5　027661
昨天的探戈/夏翘著.—上海:上海文艺出版社,1995.5.—310 页;19cm
ISBN 7-5321-1244-6:¥8.20

I247.5　027662
昨夜西风/冯敬兰著.—北京:中国三峡出版社,1995.11.—321 页;20cm
ISBN 7-80099-118-0:¥15.20

I247.5　027663
作法自毙——商鞅/孙宝镛著.—沈阳:春风文艺出版社,1995.9.—309 页;20cm.—(春风史传小说系列·冤臣系列/常万生,王德昌主编)
ISBN 7-5313-1501-7:¥11.80

I247.5　027664
噩恋:情断知青梦/刘军著.—北京:中国工人出版社,1995.11.—409 页;20cm.—(红麒麟丛书)
ISBN 7-5008-1712-6:¥14.80

I247.5　027665
芙蓉铁流/刘正洪著.—长沙:湖南文艺出版社,1995.10.—508 页;20cm
ISBN 7-5404-1438-3:¥18.00

I247.5　027666
弑母三部曲　第二部:地欲/哲夫著.—深圳:海天出版社,1995.6.—430 页;20cm.—(猎字黑色浪漫系列长篇小说)
ISBN 7-80615-180-X:¥15.80

I247.5　027667
弑母三部曲　第三部:人欲/哲夫著.—深圳:海天出版社,1995.6.—433 页;20cm.—(猎字黑色浪漫系列长篇小说)
ISBN 7-80615-181-8:¥15.80

I247.5　027668
弑母三部曲　第一部:天欲/哲夫著.—深圳:海天出版社,1995.6.—434 页;20cm.—(猎字黑色浪漫系列长篇小说)
ISBN 7-80615-179-6:¥15.80

I247.5　027669
嗨!偷心俏佳人/于晴著.—西宁:青海人民出版社;台湾万盛出版有限公司,1995.9.—230 页;20cm.—(感性系列·第一辑;5:于晴言情作品集)
ISBN 7-225-01105-7:¥9.80

I247.5　027670
汴京风骚:暮鼓卷/颜廷瑞著.—北京:解放军文艺出版社,1995.5.—379 页;20cm
ISBN 7-5033-0325-5:¥13.40

I247.5　027671
汴京风骚:午朝卷/颜廷瑞著.—北京:解放军文艺出版社,1995.5.—362 页;20cm
ISBN 7-5033-0325-5:¥12.80

I247.5　027672
泯灭/梁晓声著.—贵阳:贵州人民出版社,1995.10.—379 页;20cm.—(金熊文学丛书·当代名家精品·梁晓声自选集)
ISBN 7-221-03951-8:¥16.80

I247.5　027673
浣花洗剑录/古龙著.—西安:三秦出版社,1995.

5.—3册(1021页);19cm
ISBN 7-80546-954-7: ¥29.50

I247.5　027674
浣纱王后/杨佩瑾著.—北京:中国青年出版社,1995.2.—641页;20cm
ISBN 7-5006-1880-8(精装): ¥40.00

I247.5　027675
潇洒出阁/席绢著.—南京:江苏文艺出版社,1995.10.—203页;20cm
ISBN 7-5399-0832-7: ¥7.80

I247.5　027676
潇洒走南方/莫然著.—北京:北京出版社,1995.1.—373页;20cm.—(商海言情系列小说)
ISBN 7-200-02424-4: ¥9.20

I247.5　027677
逍遥花主/龙骧子著.—延吉:延边人民出版社,1995.12.—3册(824页);19cm.—(龙骧子新派奇情武侠系列;1)
ISBN 7-80599-429-3: ¥21.80

I247.5　027678
逍遥浪书生/柳线阳著.—长春:时代文艺出版社,1995.12.—3册(616页);19cm
ISBN 7-5387-0863-4: ¥19.90

I247.5　027679
飓风/叶辛著.—西宁:青海人民出版社,1995.12.—377页;20cm.—(五色土丛书/刘绍棠主编)
ISBN 7-225-01143-X: ¥15.80

I247.5　027680
鑫镇兄弟/马泰泉著.—北京:解放军文艺出版社,1995.7.—341页;20cm
ISBN 7-5033-0484-7: ¥16.00

I247.5　027681
鹫王/老村著.—北京:群众出版社,1995.2.—464页;20cm
ISBN 7-5014-1304-5: ¥14.80

I247.5　027682
罂粟的情人/席绢著.—南京:江苏文艺出版社,1995.9.—199页;20cm
ISBN 7-5399-0817-3: ¥7.80

I247.5　027683
蹉跎岁月/叶辛著.—南京:江苏文艺出版社,1995.3.—507页;20cm.—(叶辛代表作系列)
ISBN 7-5399-0762-2: ¥15.00

I247.5　027684
蹉跎岁月/叶辛著.—贵阳:贵州人民出版社,1995.6.—391页;20cm.—(金熊系列丛书·当代名家精品·叶辛自选集)
ISBN 7-221-03886-4: ¥15.80

①I247.5②I565.45　027685
魂系花都:一个中国姑娘在巴黎的遭遇/(法)克娜,梵之著.—成都:四川人民出版社,1995.5.—401页;20cm
ISBN 7-220-02778-8: ¥13.50

①I247.5②K152　027686
德意日法西斯覆灭记/解力夫著.—北京:世界知识出版社,1995.2.—2册(1010页);20cm
ISBN 7-5012-0700-3: ¥35.00

①I247.5②K825.3　027687
火柴大王刘鸿生/何况著.—北京:解放军出版社,1995.10.—320页:照片;20cm.—(中国红色资本家丛书)
ISBN 7-5065-2710-3: ¥15.00

①I247.5②K825.3　027688
金笔女王汤蒂因/辛茹著.—北京:解放军出版社,1995.10.—290页:照片;20cm.—(中国红色资本家丛书)
ISBN 7-5065-2712-X: ¥13.00

①I247.5②K825.3　027689
猪鬃大王古耕虞/陶纯著.—北京:解放军出版社,1995.10.—256页:照片;20cm.—(中国红色资本家丛书)
ISBN 7-5065-2708-1: ¥13.00

I247.7　027690
1994**短篇小说选**/何启治等编选.—北京:人民文学出版社,1995.12.—523页;20cm
ISBN 7-02-002244-8: ¥22.25

I247.7　027691
《中国作家》十年精品选·小说卷:瀚海/中国作家编辑部编.—兰州:敦煌文艺出版社,1995.5.—2册(837页);20cm
ISBN 7-80587-281-3: ¥31.80

I247.7　027692
啊,我的森林:张连荣中篇小说选/张连荣著.—海口:南海出版公司,1995.7.—316页;19cm
ISBN 7-5442-0292-5: ¥8.00

I247.7　027693
艾芜中短篇名著:芭蕉谷、山中牧歌、南山记/艾芜著.—成都:四川文艺出版社,1995.9.—553页;20cm
ISBN 7-5411-1286-0: ¥19.00

I247.7　027694
爱情无规则/游慈琛著.—福州:海峡文艺出版社,1995.1.—227页;20cm
ISBN 7-80534-757-3: ¥7.50

I247.7　027695
白刺:小说集/匡文立著.—兰州:敦煌文艺出版社,1995.—231页;19cm.—(甘肃作家丛书)
ISBN 7-80587-266-X: ¥7.00

I247.7　027696
白雪的墓园 /迟子建著.—昆明:云南人民出版社,1995.8.—379页;20cm.—(她们文学丛书·小说卷)
ISBN 7-222-01830-1: ¥14.70

I247.7　027697
白杨木鼻子:毕淑敏短篇小说集/毕淑敏著.—北京:中国对外翻译出版公司,1995.8.—336页;20cm.—(紫丁香文丛/萧阳主编)
ISBN 7-5001-0348-4: ¥8.50

I247.7　027698
北门口预言/韩少功著.—海口:南海出版公司,

1995.4.—301页;19cm.—(海南作家丛书)
ISBN 7-5442-0406-5:¥10.80
I247.7　027699
逼近世纪末小说选　卷二　1994/陈思和主编.—上海:上海文艺出版社,1995.9.—560页;20cm
ISBN 7-5321-1377-9:¥22.70
I247.7　027700
逼近世纪末小说选　卷一:1990～1993/陈思和主编.—上海:上海文艺出版社,1995.9.—727页;20cm
ISBN 7-5321-1376-0:¥28.40
I247.7　027701
变调的结婚进行曲/曾庆瑞,黄金华编.—北京:中国人民大学出版社,1995.10.—262页;20cm.—(台港澳与海外华文文学精读文库·尹雪曼卷/曾庆瑞等主编)
ISBN 7-300-02020-8:¥11.00
I247.7　027702
仓皇/任峻著.—天津:百花文艺出版社,1995.12.—289页;20cm
ISBN 7-5306-2214-5:¥14.80
I247.7　027703
尘海波澜/蒋石麟著.—南昌:百花洲文艺出版社,1995.8.—219页;20cm.—(百花洲文学创作丛书)
ISBN 7-80579-640-8:¥8.00
I247.7　027704
陈伯坚小说选/陈伯坚著.—广州:花城出版社,1995.3.—282页;19cm
ISBN 7-5360-2007-4(精装):¥12.80
I247.7　027705
城市情人/张欣著.—北京:华艺出版社,1995.1.—530页;20cm.—(华艺时事文库/陈晓明主编)
ISBN 7-80039-671-1:¥20.50
I247.7　027706
赤色小子/张品成著.—上海:少年儿童出版社,1995.12.—344页;19cm.—(巨人丛书)
ISBN 7-5324-2913-X:¥11.30
I247.7　027707
仇钱/张凯著.—呼和浩特:内蒙古人民出版社,1995.8.—206页;20cm.—(张凯作品集)
ISBN 7-204-02880-5:¥13.50
I247.7　027708
穿过欲望/述平著.—北京:华艺出版社,1995.1.—270页;20cm.—(华艺时事文库·晚生代丛书/陈晓明主编)
ISBN 7-80039-712-2:¥11.00
I247.7　027709
大地的思念/侯树槐,侯明亮著.—长春:吉林人民出版社,1995.8.—297页;19cm
ISBN 7-206-02300-2:¥9.80
I247.7　027710
弹道无痕/徐贵祥著.—天津:百花文艺出版社,1995.12.—263页;20cm.—(21世纪文学之星丛书·1995年卷·小说)
ISBN 7-5306-2159-9:¥12.00
I247.7　027711
丁玲女性小说金作　(上)/丁玲著;晨光选编.—长沙:湖南文艺出版社,1995.12.—324页;20cm
ISBN 7-5404-1447-2:¥10.00
I247.7　027712
丁玲女性小说金作　(下)/丁玲著;晨光选编.—长沙:湖南文艺出版社,1995.12.—325～661页;20cm
ISBN 7-5404-1448-0:¥10.30
I247.7　027713
丁玲选集　第二卷:莎非女士的日记、从夜晚到天明、我在霞村的时候/丁玲编.—成都:四川文艺出版社,1995.9.—492页;20cm
ISBN 7-5411-1283-6:¥18.00
I247.7　027714
都市迷情　(下)/陶建军等著.—广州:广州出版社,1995.8.—301页;19cm
ISBN 7-80592-285-3:¥8.90
I247.7　027715
独奏之梦/汤世杰著.—昆明:云南人民出版社,1995.10.—273页;19cm.—(云南作家丛书/李钧龙主编)
ISBN 7-222-01892-1:¥8.80
I247.7　027716
飞天梦/李鸣生著.—北京:华艺出版社,1995.5.—289页;19cm.—(中国当代著名军中作家精品大系)
ISBN 7-80039-945-1:¥10.50
I247.7　027717
风流大亨/喜葆著.—西宁:青海人民出版社,1995.11.—346页;19cm
ISBN 7-225-01076-X:¥11.80
I247.7　027718
风庐故事:宗璞短篇小说集/宗璞著.—北京:中国对外翻译出版公司,1995.8.—294页;20cm.—(紫丁香文丛/萧阳主编)
ISBN 7-5001-0349-2:¥8.00
I247.7　027719
疯狂的石榴树/海南著.—昆明:云南人民出版社,1995.8.—384页;20cm.—(她们文学丛书·小说卷)
ISBN 7-222-01831-X:¥14.90
I247.7　027720
共和国文学作品经典丛书:短篇小说卷/缪俊杰主编.—石家庄:花山文艺出版社,1995.10.—2册;20cm
ISBN 7-80611-323-1(精装):¥33.00
I247.7　027721
孤旅/张慧敏著.—北京:解放军文艺出版社,1995.6.—329页;19cm
ISBN 7-5033-0639-4:¥11.60
I247.7　027722
古桥/那家佐著.—昆明:云南人民出版社,1995.10.—200页;19cm.—(云南作家丛书/李钧龙主编)
ISBN 7-222-01887-5:¥8.50
I247.7　027723
瓜田月下/宋歌著.—北京:农村读物出版社,1995.3.—213页;19cm.—(20世纪末爱情与侦破小说丛书/杨向红主编)

ISBN 7-5048-2571-9: ¥5.50

I247.7 027724

桂中作家小说选/韦俊海等著.—桂林:漓江出版社,1995.9.—5册;19cm

包括《裸河》等5册。

ISBN 7-5407-1740-8: ¥30.00

I247.7 027725

海地/张坚军著.—天津:百花文艺出版社,1995.7.—322页;20cm

ISBN 7-5306-2068-1: ¥15.30

I247.7 027726

航鹰幽默小说选/航鹰著.—天津:百花文艺出版社,1995.5.—293页;19cm

ISBN 7-5306-2002-9: ¥8.80

I247.7 027727

禾镰草/万斌生著.—南昌:百花洲文艺出版社,1995.9.—243页;20cm.—(百花洲文学创作丛书)

ISBN 7-80579-670-X: ¥7.98

I247.7 027728

红喇叭、蓝喇叭/杨玉珍著.—昆明:云南人民出版社,1995.10.—177页;19cm.—(云南作家丛书/李钧龙主编)

ISBN 7-222-01767-4: ¥7.80

I247.7 027729

滑过的风/金国政著.—桂林:漓江出版社,1995.6.—335页;19cm

ISBN 7-5407-1718-1: ¥9.50

I247.7 027730

慌乱的指头/毕飞宇著.—北京:华艺出版社,1995.1.—358页;20cm.—(华艺时事文库·晚生代丛书/陈晓明主编)

ISBN 7-80039-678-9: ¥14.00

I247.7 027731

黄金女/彭忠彦著.—郑州:河南人民出版社,1995.1.—292页;19cm

ISBN 7-215-03421-6: ¥8.60

I247.7 027732

皇天后土/南豫见著.—天津:百花文艺出版社,1995.8.—358页;20cm

ISBN 7-5306-1723-0: ¥11.60

I247.7 027733

回廊之椅/林白著.—昆明:云南人民出版社,1995.8.—321页;20cm.—(她们文学丛书·小说卷)

ISBN 7-222-01824-7: ¥12.50

I247.7 027734

火狐/刘星著.—厦门:鹭江出版社,1995.12.—209页;19cm.—(武夷文苑丛书)

ISBN 7-80610-295-7: ¥8.80

I247.7 027735

佳人相见一千年/鲁羊著.—北京:作家出版社,1995.12.—407页;20cm.—(新状态小说文库/王干主编)

ISBN 7-5063-0984-X: ¥17.20

I247.7 027736

假面裸脸/贲舍主编.—青岛:青岛出版社,1995.10.—425页;20cm.—(当代争鸣小说丛书)

ISBN 7-5436-1197-X: ¥15.80

I247.7 027737

姐妹寮/孔屏著.—福州:海峡文艺出版社,1995.9.—216页;19cm

ISBN 7-80534-803-0: ¥6.00

I247.7 027738

金钱梦/贾德顺著.—石家庄:花山文艺出版社,1995.12.—377页;19cm

ISBN 7-80611-362-2: ¥11.80

I247.7 027739

酒后的爱情观/张梅著.—北京:作家出版社,1995.12.—361页;20cm.—(新状态小说文库/王干主编)

ISBN 7-5063-0986-6: ¥15.20

I247.7 027740

狼祸/张浩文著.—海口:南海出版公司,1995.4.—306页;19cm.—(海南作家丛书)

ISBN 7-5442-0378-6: ¥10.80

I247.7 027741

老骥赶潮/黄干荣,黄卓荣著.—天津:百花文艺出版社,1995.7.—216页;19cm

ISBN 7-5306-2049-5: ¥7.00

I247.7 027742

李长山小说集/李长山著.—大连:大连出版社,1995.9.—195页;20cm

ISBN 7-80612-207-9: ¥8.00

I247.7 027743

李国文小说自选集/李国文著.—桂林:漓江出版社,1995.8.—584页;20cm.—(作家自选集系列)

ISBN 7-5407-1733-5: ¥18.80

I247.7 027744

李国文小说自选集/李国文著.—桂林:漓江出版社,1995.8.—584页;20cm.—(作家自选集系列)

ISBN 7-5407-1733-5(精装): ¥23.80

I247.7 027745

辽宁作家小说书系/宁珍志主编.—沈阳:春风文艺出版社,1995.4.—18册;19cm

包括《困惑中年》等18册。

ISBN 7-5313-1475-4(盒装): ¥90.00

I247.7 027746

猎刀/敖长福著.—呼和浩特:远方出版社,1995.4.—344页;20cm

ISBN 7-80595-296-5: ¥22.00

I247.7 027747

鹿城挽歌/张永久著.—长春:吉林人民出版社,1995.9.—220页;19cm.—(三峡丛书/李华章,陈传新主编)

ISBN 7-206-02331-2: ¥12.50

I247.7 027748

绿梦/娜朵著.—昆明:云南人民出版社,1995.12.—246页;19cm.—(红高原文学丛书)

ISBN 7-222-01907-3: ¥6.60

I247.7 027749

绿水长流/池莉著.—石家庄：河北教育出版社，1995.4.—354页；20cm.—(红罂粟丛书/王蒙主编)
ISBN 7-5434-2341-3：¥12.80

I247.7　　027750
落空的晚宴/杨远新著.—长沙：湖南少年儿童出版社，1995.9.—227页；19cm.—(风铃丛书)
ISBN 7-5358-1047-0：¥5.80

I247.7　　027751
茂密的山楂树/冰坚著.—天津：百花文艺出版社，1995.11.—284页；20cm
ISBN 7-5306-2170-X：¥14.00

I247.7　　027752
梅龙镇三贤/刘文起著.—杭州：浙江文艺出版社，1995.12.—265页；20cm.—(吴越风情小说书系)
ISBN 7-5339-0877-5：¥10.20

I247.7　　027753
门前有棵苦楝树/谢涵著.—北京：华夏出版社，1995.7.—175页；19cm
ISBN 7-5080-0540-6：¥6.00

I247.7　　027754
梦魂/杨克兴著.—银川：宁夏人民出版社，1995.10.—125页；20cm
ISBN 7-227-01519-X：¥8.00

I247.7　　027755
迷幻花园/徐小斌著.—北京：华艺出版社，1995.1.—276页；20cm.—(华艺时事文库·风头正健才女书/陈晓明主编)
ISBN 7-80039-670-3：¥11.00

I247.7　　027756
名家经典短篇小说选/向弓主编.—成都：四川文艺出版社，1995.3.—518页；20cm
ISBN 7-5411-1290-9：¥15.00

I247.7　　027757
魔琴/轩锡明著.—西宁：青海人民出版社，1995.5.—327页；20cm
ISBN 7-225-01053-0：¥12.50

I247.7　　027758
穆时英小说：珍藏本/穆时英著.—北京：九洲图书出版社，1995.7.—2册；20cm.—(中国现代文学大系/刘佳主编)
ISBN 7-80114-064-8：¥22.50

I247.7　　027759
女警官与男囚犯/韦春芳著.—桂林：漓江出版社，1995.9.—218页；19cm
ISBN 7-5407-1826-9：¥6.80

I247.7　　027760
女人河/王同尧著.—长春：吉林人民出版社，1995.9.—181页；19cm.—(三峡丛书/李华章，陈传新主编)
ISBN 7-206-02331-2：¥12.50

I247.7　　027761
飘不散的梦/张希征著.—沈阳：沈阳出版社，1995.12.—297页；19cm
ISBN 7-5441-0482-6：¥7.50

I247.7　　027762
七星文学丛书/柳元彬主编.—大连：大连出版社，1995.12.—3册；20cm
包括《小说选》等3册。
ISBN 7-80612-179-X：¥28.50

I247.7　　027763
枪族：阎欣宁短篇小说集/阎欣宁著.—北京：解放军文艺出版社，1995.10.—266页；19cm
ISBN 7-5033-0629-7：¥12.30

I247.7　　027764
倾斜的雪山/彭鸽子著.—昆明：云南民族出版社，1995.3.—181页；19cm
ISBN 7-5367-1006-2：¥5.80

I247.7　　027765
清明节前/尹瑞伟著.—昆明：云南人民出版社，1995.10.—209页；19cm.—(云南作家丛书/李钧龙主编)
ISBN 7-222-01893-X：¥8.50

I247.7　　027766
情幻/张旻著.—北京：华艺出版社，1995.1.—317页；20cm.—(华艺时事文库·晚生代丛书/陈晓明主编)
ISBN 7-80039-711-4：¥12.50

I247.7　　027767
情绪/冯良著.—北京：民族出版社，1995.8.—382页；19cm.—(西藏当代作家丛书/张治维主编)
ISBN 7-105-02500-X：¥10.00

I247.7　　027768
情缘：中短篇小说集/蔡洪声著.—北京：中国文联出版公司，1995.2.—337页；19cm
ISBN 7-5059-2142-8：¥9.20

I247.7　　027769
秋日无语/吉成著.—昆明：云南人民出版社，1995.10.—239页；19cm.—(云南作家丛书/李钧龙主编)
ISBN 7-222-01888-3：¥8.80

I247.7　　027770
山杠爷/李一清著.—成都：四川文艺出版社，1995.6.—256页；19cm
ISBN 7-5411-1328-X：¥6.80

I247.7　　027771
山梁上的白马或爱的折磨：小说集/扎西东珠著.—兰州：敦煌文艺出版社，1995.—246页；19cm.—(甘肃作家丛书)
ISBN 7-80587-266-X：¥7.80

I247.7　　027772
陕军名家韩起小说/韩起著.—西安：三秦出版社，1995.9.—4册；20cm
ISBN 7-80546-888-5：¥56.00

I247.7　　027773
神奇的脑锁/姜义田著.—合肥：安徽少年儿童出版社，1995.4.—127页；19cm.—(当代科幻新丛)
ISBN 7-5397-1126-4：¥3.20

I247.7　　027774
生活无罪/何顿著.—北京：华艺出版社，1995.1.—432页；20cm.—(华艺时事文库·晚生代丛书/陈晓明主编)

ISBN 7-80039-694-0: ¥17.00

I247.7 027775

生活像条河/黄薇著.—天津:百花文艺出版社,1995.12.—213页;20cm.—(21世纪文学之星丛书·1995年卷·小说)

ISBN 7-5306-2160-2: ¥10.10

I247.7 027776

石板路 水竹林/刘春来著.—天津:百花文艺出版社,1995.12.—243页;20cm.—(21世纪文学之星丛书·1995年卷·小说)

ISBN 7-5306-2165-3: ¥11.40

I247.7 027777

世界上最疼我的那个人去了/张洁著.—北京:中国华侨出版社,1995.1.—692页;20cm.—(中国国际文学大奖得主自选文库/邹海岗,王俊英主编)

ISBN 7-80074-301-2: ¥24.00

I247.7 027778

疏星淡月:中短篇小说选集/刘亨安著.—天津:百花文艺出版社,1995.8.—313页;20cm

ISBN 7-5306-2094-0: ¥12.80

I247.7 027779

树杈间的月亮/韩东著.—北京:作家出版社,1995.12.—420页;20cm.—(新状态小说文库/王干主编)

ISBN 7-5063-0983-1: ¥17.80

I247.7 027780

双眼井之恋/张昆华著.—昆明:云南人民出版社,1995.10.—360页;19cm.—(云南作家丛书/李钧龙主编)

ISBN 7-222-01890-5: ¥12.00

I247.7 027781

太太:张廷竹自选小说集/张廷竹著.—银川:宁夏人民出版社,1995.6.—399页;20cm

ISBN 7-227-01421-5: ¥12.00

I247.7 027782

太阳河/金文备主编.—天津:百花文艺出版社,1995.12.—321页;20cm.—(宝钢文学艺术丛书·短篇小说集)

ISBN 7-5306-2203-X: ¥11.20

I247.7 027783

天黄有雨/任真著.—兰州:甘肃民族出版社,1995.6.—234页;20cm

ISBN 7-5421-0381-4: ¥8.80

I247.7 027784

筒车咿哑/郭威著.—北京:中国文联出版公司,1995.6.—231页;19cm

ISBN 7-5059-2257-2: ¥6.40

I247.7 027785

王安忆/王安忆著.—北京:人民文学出版社,1995.12.—517页;20cm.—(中国当代作家选集丛书)

ISBN 7-02-002164-6: ¥23.40

I247.7 027786

王蒙幽默小说自选集/王蒙著.—桂林:漓江出版社,1995.8.—494页;20cm.—(作家自选集系列)

ISBN 7-5407-1732-7: ¥15.90

I247.7 027787

我爱美元/朱文著.—北京:作家出版社,1995.12.—420页;20cm.—(新状态小说文库/王干主编)

ISBN 7-5063-0982-3: ¥17.80

I247.7 027788

我们之间/苏伟贞著.—石家庄:河北教育出版社,1995.12.—259页;20cm.—(金蜘蛛丛书/戴小华主编)

ISBN 7-5434-2534-3: ¥10.40

I247.7 027789

吴邦国小说选/吴邦国著.—南昌:百花洲文艺出版社,1995.10.—330页;20cm.—(百花洲文学创作丛书)

ISBN 7-80579-668-8: ¥12.00

I247.7 027790

夏可可作品选:小说集《谁知我心》/夏可可著.—南宁:广西民族出版社,1995.10.—220页;19cm

ISBN 7-5363-3024-3: ¥16.00

I247.7 027791

乡村情感/张宇著.—天津:百花文艺出版社,1995.12.—316页;20cm

ISBN 7-5306-1413-4: ¥12.00

I247.7 027792

乡里故事/阎连科著.—天津:百花文艺出版社,1995.3.—426页;20cm

ISBN 7-5306-1943-8: ¥12.80

I247.7 027793

向着白夜旅行/迟子建著.—石家庄:河北教育出版社,1995.3.—343页;20cm.—(红罂粟丛书/王蒙主编)

ISBN 7-5434-2326-X: ¥12.80

I247.7 027794

小说九章/清雪著.—天津:百花文艺出版社,1995.2.—311页;19cm

ISBN 7-5306-1937-3: ¥9.80

I247.7 027795

小院·辉煌:小说集/祝正祥著.—兰州:敦煌文艺出版社,1995.—211页;19cm.—(甘肃作家丛书)

ISBN 7-80587-266-X: ¥7.50

I247.7 027796

心疼初恋:刘庆邦小说选/刘庆邦著.—北京:京华出版社,1995.7.—296页;20cm

ISBN 7-80600-102-6: ¥10.50

I247.7 027797

凶案/方方著.—南京:江苏文艺出版社,1995.12.—408页;20cm.—(方方文集)

ISBN 7-5399-0866-1: ¥15.80

I247.7 027798

须兰小说选/须兰著.—上海:上海文艺出版社,1995.7.—356页;20cm.—(小说界文库·中短篇系列)

ISBN 7-5321-1303-5: ¥12.70

I247.7 027799

悬轨/雪心著.—厦门:鹭江出版社,1995.12.—163页;19cm.—(武夷文苑丛书)

ISBN 7-80610-295-7: ¥8.00

I247.7 027800

寻访乔里亚/斯好著.—昆明:云南人民出版社,1995.8.—316页;20cm.—(她们文学丛书·小说卷)
ISBN 7-222-01833-6:¥12.50

I247.7　027801
野马河风情/刘水著.—兰州:甘肃民族出版社,1995.9.—214页;19cm
ISBN 7-5421-0385-7:¥7.50

I247.7　027802
夜祭/东瑞著.—北京:中国文联出版公司,1995.11.—338页;20cm.—(香港皇冠文学经典·紫荆花书系)
ISBN 7-5059-2315-3:¥13.80

I247.7　027803
一冬无雪/池莉著.—南京:江苏文艺出版社,1995.8.—373页;20cm.—(池莉文集;2)
ISBN 7-5399-0788-6:¥14.40

I247.7　027804
伊德尔夫小说选/伊德尔夫著.—北京:民族出版社,1995.5.—159页;20cm
ISBN 7-105-02374-0:¥6.90

I247.7　027805
银人/李广智著.—乌鲁木齐:新疆人民出版社,1995.12.—228页;19cm
ISBN 7-228-03867-3:¥7.90

I247.7　027806
鹰飞起的地方/景俊著.—乌鲁木齐:新疆人民出版社,1995.10.—142页;19cm
ISBN 7-228-03617-4:¥6.80

I247.7　027807
远天的风/乔良著.—北京:华艺出版社,1995.5.—301页;19cm.—(中国当代著名军中作家精品大系/王蒙等主编)
ISBN 7-80039-048-9:¥10.50

I247.7　027808
月儿弯弯/崔世雄,孙洁著.—广州:花城出版社,1995.7.—175页;19cm
ISBN 7-5360-2093-7:¥6.50

I247.7　027809
月神集——苏叔阳爱情小说选/苏叔阳著.—哈尔滨:哈尔滨出版社,1995.6.—490页;20cm
ISBN 7-80557-784-6:¥16.80

I247.7　027810
站在无人的风口/陈染著.—昆明:云南人民出版社,1995.8.—326页;20cm.—(她们文学丛书·小说卷)
ISBN 7-222-01832-8:¥12.60

I247.7　027811
郑建桥小说选/郑建桥著.—哈尔滨:黑龙江人民出版社,1995.8.—216页;19cm.—(小兴安岭文学丛书/姜孟之,鲁喜森主编)
ISBN 7-207-03271-4:¥7.50

I247.7　027812
致富之梦　(上)/伍陆其编撰.—成都:四川文艺出版社,1995.9.—80页;26cm
ISBN 7-5411-1312-3:¥4.60

I247.7　027813
致富之梦　(下)/伍陆其编撰.—成都:四川文艺出版社,1995.9.—80页;26cm
ISBN 7-5411-1312-3:¥4.60

I247.7　027814
中国超情感小说精选/陈晓明编选.—西宁:青海人民出版社,1995.9.—654页;20cm
ISBN 7-225-01087-5:¥26.80

I247.7　027815
中国现代小说精品:巴金卷/周鹏飞主编;伍仁编.—西安:陕西人民出版社,1995.3.—457页;20cm
ISBN 7-224-03766-4:¥12.60

I247.7　027816
中国现代小说精品:丁玲卷/周鹏飞主编;伍仁编.—西安:陕西人民出版社,1995.3.—442页;20cm
ISBN 7-224-03761-3:¥12.20

I247.7　027817
中国现代小说精品:沈从文卷/周鹏飞主编;伍仁编.—西安:陕西人民出版社,1995.3.—453页;20cm
ISBN 7-224-03762-5:¥12.50

I247.7　027818
中国现代小说精品:萧红卷/周鹏飞主编;伍仁编.—西安:陕西人民出版社,1995.4.—455页;20cm
ISBN 7-224-03765-6:¥12.60

I247.7　027819
中国小说名家新作丛书:韶华卷/韶华著.—福州:海峡文艺出版社,1995.8.—305页;20cm
ISBN 7-80534-793-X:¥11.50

I247.7　027820
中国新本小说精选/陈晓明编选.—西宁:青海人民出版社,1995.9.—528页;20cm
ISBN 7-225-01086-7:¥22.80

I247.7　027821
专车上的乘坐者:小说集/张喜洛著.—哈尔滨:黑龙江人民出版社,1995.8.—207页;19cm.—(小兴安岭文学丛书/姜孟之,鲁喜森主编)
ISBN 7-207-03271-4:¥7.50

I247.7　027822
子弹穿过苹果/林白著.—石家庄:河北教育出版社,1995.4.—354页:照片;20cm.—(红罂粟丛书/王蒙主编)
ISBN 7-5434-2345-6:¥12.80

I247.7　027823
总后勤部作家短篇小说精选:花开的声音/王宗仁编.—北京:解放军文艺出版社,1995.11.—344页;20cm
ISBN 7-5033-0695-5:¥21.20

I247.7　027824
昨夜月光/陈占敏著.—济南:山东文艺出版社,1995.3.—312页;20cm
ISBN 7-5329-1223-X:¥8.90

I247.7　027825
倩影背后/杨向红著.—北京:农村读物出版社,1995.3.—217页;19cm.—(20世纪末爱情与侦破小说

丛书)

ISBN 7-5048-2568-9:￥5.50

I247.7 **027826**

绛紫的白马河/刘茂盛著.—天津:百花文艺出版社,1995.8.—279页;19cm

ISBN 7-5306-2084-3:￥10.50

I247.8 **027827**

100个王后的故事/葛向明,华阳著.—北京:农村读物出版社,1995.4.—180页;19cm

ISBN 7-5048-2560-3:￥5.90

I247.8 **027828**

16岁故事/《故事会》编辑部编.—上海:上海文艺出版社,1995.7.—186页;19cm.—(故事会爱好者丛书/何承伟主编)

ISBN 7-5321-1373-6:￥4.50

I247.8 **027829**

《龙门阵》精选 (1).—成都:四川人民出版社,1995.11.—337页;19cm

ISBN 7-220-03069-X:￥9.60

I247.8 **027830**

爱国爱民的故事/朱志宏编著.—济南:山东文艺出版社,1995.8.—156页;19cm.—(中国古代美德故事丛书/周光复,吕世国主编)

全套书共10册,总定价:45.00元

ISBN 7-5329-1267-1:￥0.00

I247.8 **027831**

爱国历史故事集/解继忠主编.—兰州:甘肃人民出版社,1995.8.—381页;19cm

ISBN 7-226-01527-7:￥11.05

I247.8 **027832**

爱国主义故事100个/杨尊田,高玉清主编;中共山东省委宣传部,山东省教育委员会编.—济南:明天出版社,1995.2.—303页;19cm

"五个一百"教育活动用书

ISBN 7-5332-2158-3:￥6.00

I247.8 **027833**

爱国主义故事精粹/刘迎初,张春雷主编.—沈阳:沈阳出版社,1995.9.—240页;19cm

ISBN 7-5441-0457-5:￥5.80

I247.8 **027834**

爱国主义历史故事100个/刘月丽编著.—昆明:晨光出版社,1995.8.—223页;19cm.—(爱国主义故事丛书/陈冰清主编)

ISBN 7-5414-1033-0:￥5.20

I247.8 **027835**

爱国主义历史人物故事100个/常春等编著.—昆明:晨光出版社,1995.8.—236页;19cm.—(爱国主义故事丛书/陈冰清主编)

ISBN 7-5414-1038-1:￥5.20

I247.8 **027836**

爱国主义优秀图书故事100个/武广久编著.—昆明:晨光出版社,1995.8.—223页;19cm.—(爱国主义故事丛书/陈冰清主编)

ISBN 7-5414-1042-X:￥5.20

I247.8 **027837**

爱因斯坦的故事/韩玉荣著.—福州:福建少年儿童出版社,1995.10.—167页;19cm.—(诺贝尔奖获得者的青少年时代/谢冕主编)

ISBN 7-5395-1113-3:￥5.60

I247.8 **027838**

爱因斯坦的青少年时代/陆钦红编译.—重庆:西南师范大学出版社,1995.5.—156页;19cm.—(世界名人的青少年时代丛书)

全套共5册,总定价:18.80元

ISBN 7-5621-1226-6:￥0.00

I247.8 **027839**

安徒生的青少年时代/赵伐编译.—重庆:西南师范大学出版社,1995.5.—114页;19cm.—(世界名人的青少年时代丛书)

全套共5册,总定价:18.80元

ISBN 7-5621-1226-6:￥

I247.8 **027840**

八一枪声/虞壮等著.—上海:少年儿童出版社,1995.—138页;19cm

ISBN 7-5324-1246-6:￥4.50

I247.8 **027841**

巴斯德的青少年时代/李尚武编译.—重庆:西南师范大学出版社,1995.5.—160页;19cm.—(世界名人的青少年时代丛书)

全套共5册,总定价:18.80元

ISBN 7-5621-1226-6:￥0.00

I247.8 **027842**

白话改写帝鉴图说/牛创平等改写.—沈阳:辽宁古籍出版社,1995.4.—237页;13×19cm

古代小皇帝课本

ISBN 7-80507-238-8:￥8.80

I247.8 **027843**

百个爱国故事/河北省爱国主义教育普及读物编委会编.—石家庄:花山文艺出版社,1995.9.—348页;19cm.—(河北省爱国主义教育普及读物丛书)

ISBN 7-80611-307-X:￥13.50

I247.8 **027844**

百名河北爱国人物/刘刚范主编;河北省爱国主义教育普及读物编委会编.—石家庄:花山文艺出版社,1995.9.—385页;19cm.—(河北省爱国主义教育普及读物丛书)

ISBN 7-80611-309-6:￥14.00

I247.8 **027845**

包青天/王瑞等点校.—石家庄:河北人民出版社,1995.4.—330页;19cm

ISBN 7-202-01507-2:￥10.20

I247.8 **027846**

悲剧故事/《故事会》编辑部编.—上海:上海文艺出版社,1995.7.—184页;19cm.—(故事会爱好者丛书/何承伟主编)

ISBN 7-5321-1254-3:￥4.50

I247.8 **027847**

北宋重臣范仲淹/鄢家声著.—武汉:武汉大学出版

社；台北：台湾汉欣文化事业有限公司，1995.7.—258页；20cm.—（中国名人轶事丛书；14/吴洪激主编）

ISBN 7-307-02010-6：¥13.80

I247.8　027848

不能忘记的岁月：豫东抗日故事/辛善良，张晓地主编.—郑州：河南人民出版社，1995.12.—156页；19cm

ISBN 7-215-03854-8：¥3.50

I247.8　027849

不朽的篇章/海涛，阿葵编著；唐勇力，何兴泉绘.—杭州：浙江教育出版社，1995.12.—120页：插图；20cm.—（中国传统文化故事荟萃；6：文学篇/曹余章主编）

ISBN 7-5338-2247-1：¥12.00

I247.8　027850

长乐宫惊梦/刘金著.—杭州：浙江文艺出版社，1995.1.—266页；20cm

ISBN 7-5339-0716-7：¥7.40

I247.8　027851

超级间谍007/邹宁编著.—北京：九洲图书出版社，1995.1.—2册；20cm

ISBN 7-80114-043-5：¥22.80

I247.8　027852

陈少白的故事/林惠国主编.—广州：花城出版社，1995.7.—287页；20cm

ISBN 7-5360-2088-0：¥12.80

I247.8　027853

成才的足迹/陈永耀编著；吴山明绘.—杭州：浙江教育出版社，1995.12.—118页：插图；20cm.—（中国传统文化故事荟萃；4·成才篇/曹余章主编）

ISBN 7-5338-2245-5：¥12.00

I247.8　027854

成语故事　第三集/赵立生主编；赵曙东等编著.—北京：金盾出版社，1995.8.—191页；19cm.—（旅途文化小丛书）

ISBN 7-5082-0043-8：¥4.80

I247.8　027855

诚实正直的故事/杨金编著.—济南：山东文艺出版社，1995.8.—156页；19cm.—（中国古代美德故事丛书/周光复，吕世国主编）

全套书共10册，总定价：45.00元

ISBN 7-5329-1267-1：¥0.00

I247.8　027856

赤子的心怀/陆逐编著；张卫民绘.—杭州：浙江教育出版社，1995.12.—102页：插图；20cm.—（中国传统文化故事荟萃；1·爱国篇/曹余章主编）

ISBN 7-5338-2246-3：¥12.00

I247.8　027857

蠢事大全/徐荪铭等编著.—北京：光明日报出版社，1995.1.—502页；20cm

ISBN 7-80091-612-X：¥18.50

I247.8　027858

词坛女杰李清照/金仕善著.—武汉：武汉大学出版社；台北：台湾汉欣文化事业有限公司，1995.11.—250页；20cm.—（中国名人轶事丛书；15/吴洪激主编）

ISBN 7-307-02015-7：¥13.20

I247.8　027859

聪明女人故事/刁一君编.—广州：华南理工大学出版社，1995.3.—124页；19cm.—（聪明人的故事丛书）

ISBN 7-5623-0783-0：¥3.50

I247.8　027860

聪明智慧的故事/戴志强编著.—济南：山东文艺出版社，1995.8.—137页；19cm.—（中国古代美德故事丛书/周光复，吕世国主编）

全套书共10册，总定价：45.00元

ISBN 7-5329-1267-1：¥0.00

I247.8　027861

大千世界探奥秘：科学发现系列故事/陈成鲁编著.—汕头：汕头大学出版社，1995.1.—190页；19cm

ISBN 7-81036-066-3：¥6.50

I247.8　027862

当代爱国杰出人物故事100个/朋来编著.—昆明：晨光出版社，1995.8.—234页；19cm.—（爱国主义故事丛书/陈冰清主编）

ISBN 7-5414-1034-9：¥5.20

I247.8　027863

道家 杂家 神仙家故事集/龚方震主编.—上海：上海社会科学院出版社，1995.7.—394页；20cm

ISBN 7-80618-066-4：¥15.80

I247.8　027864

邓小平的故事/李和文主编.—北京：中共党史出版社，1995.1.—8册；19cm

ISBN 7-80023-842-3：¥25.00

I247.8　027865

地灭天诛：灾害变异/陈廷榔，贾利亚编著.—南宁：广西教育出版社，1995.5.—265页：图；20cm.—（中国古代野史精华丛书/郭英德，张铭心主编）

ISBN 7-5435-2238-1：¥9.55

I247.8　027866

东方十日谈：老三届人的故事/金永华主编.—上海：上海人民出版社，1995.12.—547页；20cm

ISBN 7-208-02120-1：¥22.00

I247.8　027867

东周列国故事选编/周立仁主编.—天津：百花文艺出版社，1995.8.—146页；19cm

ISBN 7-5306-2100-9：¥6.40

I247.8　027868

多味人生/陈四长著.—西安：陕西人民教育出版社，1995.5.—249页；20cm

ISBN 7-5419-5561-2：¥7.50

I247.8　027869

二拍故事精华/池万兴，胡群英编写.—西安：陕西师范大学出版社，1995.4.—246页；20cm.—（中国古典名著启蒙丛书）

ISBN 7-5613-1206-7：¥7.60

I247.8　027870

二万五千里长征/段万翰著.—上海：少年儿童出版社，1995.—142页；19cm

ISBN 7-5324-1754-9：¥4.50

I247.8 027871

二战惊险战争故事:连环画/宋瑞芝等撰稿;李洵等绘.—武汉:湖北人民出版社,1995.4.—268 页;19cm

ISBN 7-216-01676-9:¥10.00

I247.8 027872

风流七千年/贺挺主编.—宁波:宁波出版社,1995.12.—3 册;19cm

ISBN 7-80602-021-7:¥25.00

I247.8 027873

风流神判郑板桥/吴洪激著.—武汉:武汉大学出版社;台北:台湾汉欣文化事业有限公司,1995.11.—243 页;20cm.—(中国名人轶事丛书;12/吴洪激主编)

ISBN 7-307-02009-2:¥12.80

I247.8 027874

佛教故事图说/业露华撰文;张德宝绘.—上海:上海书店出版社,1995.10.—149 页;20cm

ISBN 7-80569-959-3:¥9.00

I247.8 027875

涪江壮歌:绵阳革命故事选/中共绵阳市委宣传部等编.—成都:四川大学出版社,1995.10.—218 页;19cm

ISBN 7-5614-1243-6:¥5.90

I247.8 027876

港岛蛇女/成功著.—西宁:青海人民出版社,1995.7.—2 册(159 页);26cm

ISBN 7-225-01050-6:¥8.40

I247.8 027877

高洁青衫:文人雅事/于全有编著.—南宁:广西教育出版社,1995.5.—217 页:图;20cm.—(中国古代野史精华丛书/郭英德,张铭心主编)

ISBN 7-5435-2237-3:¥8.45

I247.8 027878

宫廷之秘:帝王奇趣/刘本臣编著.—南宁:广西教育出版社,1995.4.—218 页:图;20cm.—(中国古代野史精华丛书/郭英德,张铭心主编)

ISBN 7-5435-2235-7:¥8.55

I247.8 027879

古代名臣故事/郝荣斋主编.—石家庄:河北少年儿童出版社,1995.12.—278 页;19cm.—(古代君臣将故事小丛书)

ISBN 7-5376-1382-6:¥7.60

I247.8 027880

古代名将故事/郝荣斋主编.—石家庄:河北少年儿童出版社,1995.12.—284 页;19cm.—(古代君臣将故事小丛书)

ISBN 7-5376-1383-4:¥7.80

I247.8 027881

古代名君故事/郝荣斋主编.—石家庄:河北少年儿童出版社,1995.12.—278 页;19cm.—(古代君臣将故事小丛书)

ISBN 7-5376-1384-2:¥7.60

I247.8 027882

故事大王惊险故事精选/《故事大王》编辑部编.—上海:少年儿童出版社,1995.1.—262 页;19cm

ISBN 7-5324-2845-1:¥8.80

I247.8 027883

故事会:1994 年合订本/《故事会》编辑部编.—上海:上海文艺出版社,1995.3.—2 册;19cm

ISBN 7-5321-1347-7:¥20.00

I247.8 027884

故事会:1995 年(1~6):合订本/《故事会》编辑部编.—上海:上海文艺出版社,1995.12.—1 册;19cm

ISBN 7-5321-1390-6:¥12.80

I247.8 027885

故事汇/木子等著.—北京:华龄出版社,1995.8.—3 册;19cm

ISBN 7-80082-517-5:¥4.95

I247.8 027886

故事集 (16)/成功选编.—西宁:青海人民出版社,1995.12.—62 页;19cm

ISBN 7-225-01159-6:¥1.98

I247.8 027887

故事集 (17)/成功选编.—西宁:青海人民出版社,1995.12.—62 页;19cm

ISBN 7-225-01159-6:¥1.98

I247.8 027888

故事世界 1994:合订本/高明星,张明武主编;海燕出版社编.—郑州:海燕出版社,1995.5.—2 册;19cm

ISBN 7-5350-1272-8:¥7.60

I247.8 027889

故事园/柯沙编.—北京:中国社会出版社,1995.9.—6 册;19cm

ISBN 7-80088-662-X:¥12.00

I247.8 027890

官场舌战/李同成著.—北京:中国华侨出版社,1995.4.—323 页;19cm

ISBN 7-80074-961-4:¥9.50

I247.8 027891

光辉的历程:邓小平的故事/周志兴著.—北京:中国少年儿童出版社,1995.8.—208 页;19cm.—(共和国领袖故事丛书)

ISBN 7-5007-2597-3:¥7.00

I247.8 027892

广州故事/曾应枫著.—广州:广州出版社,1995.8.—267 页;19cm

ISBN 7-80592-301-9:¥8.60

I247.8 027893

郭沫若的青少年时代/廖安厚,黄子建编著.—重庆:西南师范大学出版社,1995.5.—116 页;19cm.—(世界名人的青少年时代丛书)

全套共 5 册,总定价:18.80 元

ISBN 7-5621-1226-6:¥0.00

I247.8 027894

汉魏六朝志怪故事精编/向明主编.—深圳:海天出版社,1995.6.—2 册;19cm

ISBN 7-80615-171-0:¥19.60

I247.8 027895

和爸爸一起坐牢的日子/少年儿童出版社选编.—上海:少年儿童出版社,1995.—142 页;19cm

ISBN 7-5324-0937-6: ¥4.60

I247.8 027896

红颜薄命:名妓优伶/纪德君编著.—南宁:广西教育出版社,1995.4.—223页:图;20cm.—(中国古代野史精华丛书/郭英德,张铭心主编)

ISBN 7-5435-2239-X: ¥8.60

I247.8 027897

湖北抗战故事/雷河清等主编;湖北省新四军暨华中抗日根据地历史研究会,湖北省教委编.—武汉:湖北人民出版社,1995.12.—252页;19cm

ISBN 7-216-01782-X: ¥4.95

I247.8 027898

华夏英杰:中国近现代爱国志士故事/章良著.—长沙:湖南出版社,1995.3.—154页;19cm

ISBN 7-5438-0941-9: ¥4.00

I247.8 027899

荒诞故事/《故事会》编辑部编.—上海:上海文艺出版社,1995.7.—184页;19cm.—(故事会爱好者丛书/何承伟主编)

ISBN 7-5321-1290-X: ¥4.50

I247.8 027900

荒原:九故事/朱玉葆著.—北京:中国青年出版社,1995.9.—213页;20cm

ISBN 7-5006-1720-8: ¥10.70

I247.8 027901

皇帝的一天/刘德增著.—济南:山东画报出版社,1995.12.—177页;19cm

ISBN 7-80603-046-8: ¥6.50

I247.8 027902

基督教故事图说/晏可佳,葛壮撰文;洪健等绘.—上海:上海书店出版社,1995.11.—219页;20cm

ISBN 7-80569-960-7: ¥12.00

I247.8 027903

机智故事精萃:古今实用机智术/明山编.—北京:农村读物出版社,1995.3.—161页;19cm

ISBN 7-5048-2516-6: ¥4.60

I247.8 027904

机智勇敢的故事/罗汝钧编著.—济南:山东文艺出版社,1995.8.—145页;19cm.—(中国古代美德故事丛书/周光复,吕世国主编)

全套书共10册,总定价:45.00元

ISBN 7-5329-1267-1: ¥0.00

I247.8 027905

今古奇观故事精选/吴言生,王鸿编写.—西安:陕西师范大学出版社,1995.4.—261页;20cm.—(中国古典名著启蒙丛书)

ISBN 7-5613-1205-9: ¥7.90

I247.8 027906

尽职敬业的故事/欧阳光复等编著.—济南:山东文艺出版社,1995.8.—127页;19cm.—(中国古代美德故事丛书/周光复,吕世国主编)

全套书共10册,总定价:45.00元

ISBN 7-5329-1267-1: ¥0.00

I247.8 027907

绝色美人西施/熊文祥著.—武汉:武汉大学出版社;台北:台湾汉欣文化事业有限公司,1995.11.—303页;20cm.—(中国名人轶事丛书;20/吴洪激主编)

ISBN 7-307-02014-9: ¥15.80

I247.8 027908

抗日英雄故事365/奚广庆,袁福成主编.—北京:华夏出版社,1995.5.—618页;20cm

ISBN 7-5080-0704-2: ¥19.80

I247.8 027909

克勤克俭的故事/罗栋编著.—济南:山东文艺出版社,1995.8.—202页;19cm.—(中国古代美德故事丛书/周光复,吕世国主编)

全套书共10册,总定价:45.00元

ISBN 7-5329-1267-1: ¥0.00

I247.8 027910

刻雨雕风:能人巧匠/陈国栋编著.—南宁:广西教育出版社,1995.4.—219页:图;20cm.—(中国古代野史精华丛书/郭英德,张铭心主编)

ISBN 7-5435-2242-X: ¥8.50

I247.8 027911

礼貌敬贤的故事/余建忠编著.—济南:山东文艺出版社,1995.8.—165页;19cm.—(中国古代美德故事丛书/周光复,吕世国主编)

全套书共10册,总定价:45.00元

ISBN 7-5329-1267-1: ¥0.00

I247.8 027912

历代官场趣事大观/程虎编著.—郑州:河南人民出版社,1995.8.—1040页;20cm

ISBN 7-215-03257-4(精装): ¥45.00

I247.8 027913

历代奇案/刁立山主编.—济南:山东人民出版社,1995.5.—353页;19cm

ISBN 7-209-01679-1: ¥8.60

I247.8 027914

历史上今天的故事/戎林,顾鸣主编.—合肥:安徽少年儿童出版社,1995.4.—279页;20cm

ISBN 7-5397-1104-3: ¥6.50

I247.8 027915

聊斋故事/杨雯主编;李双文等编写.—北京:中国书店,1995.12.—198页;19cm

ISBN 7-80568-670-X: ¥7.00

I247.8 027916

灵璧革命斗争故事/中共灵璧县委党史办公室编.—北京:解放军文艺出版社,1995.9.—228页;19cm

ISBN 7-5033-0698-X: ¥11.90

I247.8 027917

鲁迅的青少年时代/廖安厚,黄子建编著.—重庆:西南师范大学出版社,1995.5.—95页;19cm.—(世界名人的青少年时代丛书)

全套共5册,总定价:18.80元

ISBN 7-5621-1226-6: ¥0.00

I247.8 027918

没有讲过的故事:100位名人少年时代的传奇/华杉主编;陈山等编写.—西安:陕西人民出版社,1995.

4.—487 页;20cm
ISBN 7-224-03413-4: ¥11.30

I247.8 027919
梦花结/杨晓敏,郭昕主编.—西宁:青海人民出版社,1995.6.—490 页;20cm.—(名家精品小小说选·爱情、军旅篇)
ISBN 7-225-00911-7: ¥15.80

I247.8 027920
秘密大营救/刘英,王弘编著.—重庆:重庆大学出版社,1995.9.—137 页;19cm.—(红岩革命故事丛书)
ISBN 7-5624-1093-3: ¥4.20

I247.8 027921
民间小故事/民艺编.—沈阳:沈阳出版社,1995.12.—4 册;19cm
ISBN 7-5441-0446-X: ¥8.00

I247.8 027922
明清狐仙故事精华/辛茜编写.—西安:陕西师范大学出版社,1995.4.—258 页;20cm.—(中国古典名著启蒙丛书)
ISBN 7-5613-1219-9: ¥7.80

I247.8 027923
明清十大奇案/刘建业著.—北京:外文出版社,1995.—316 页;19cm
ISBN 7-119-01380-7: ¥9.80

I247.8 027924
名家断案/吴明编著.—郑州:中原农民出版社,1995.5.—228 页;19cm
ISBN 7-80538-603-X: ¥5.80

I247.8 027925
名人的机遇/郑国柱编著.—北京:中国青年出版社,1995.7.—148 页;19cm.—(名人丛书)
ISBN 7-5006-1832-8: ¥7.60

I247.8 027926
名人的生活趣事/何庄等编.—北京:中国青年出版社,1995.3.—182 页;19cm.—(名人丛书)
ISBN 7-5006-1745-3: ¥6.00

I247.8 027927
名人尊师佳话/赵如彬主编 .—西安:陕西人民出版社,1995.8.—330 页;20cm
ISBN 7-224-03935-7: ¥11.80

I247.8 027928
牡丹江抗日故事/宋德山,黄云军编著.—牡丹江:黑龙江朝鲜民族出版社,1995.9.—196 页;19cm
ISBN 7-5389-0593-6: ¥6.00

I247.8 027929
女人的故事/范蓉主编.—沈阳:春风文艺出版社,1995.9.—323 页;20cm
ISBN 7-5313-1525-4: ¥12.98

I247.8 027930
怕老婆故事/《故事会》编辑部编.—上海:上海文艺出版社,1995.7.—184 页;19cm.—(故事会爱好者丛书/何承伟主编)
ISBN 7-5321-1291-8: ¥4.50

I247.8 027931
平原卫士:刘锡琨智勇斗敌故事集/刘庆悦,方学编.—东营:石油大学出版社,1995.8.—211 页;20cm
ISBN 7-5636-0623-8: ¥8.60

I247.8 027932
千般云路:解梦圆梦/余继军,庄莹编著.—南宁:广西教育出版社,1995.5.—202 页:图;20cm.—(中国古代野史精华丛书/郭英德,张铭心主编)
ISBN 7-5435-2234-9: ¥8.05

I247.8 027933
千古一相姜子牙/汪鹤年著.—武汉:武汉大学出版社;台北:台湾汉欣文化事业有限公司,1995.11.—239 页;20cm.—(中国名人轶事丛书;19/吴洪激主编)
ISBN 7-307-02017-3: ¥13.80

I247.8 027934
千字小小说选/孙云卿,左文中编选 .—西安:陕西人民教育出版社,1995.7.—246 页;19cm.—(节日礼品丛书·写作借鉴/沈宝良主编)
ISBN 7-5419-5667-8: ¥6.90

I247.8 027935
谦虚自律的故事/余敬忠编著.—济南:山东文艺出版社,1995.8.—142 页;19cm.—(中国古代美德故事丛书/周光复,吕世国主编)
全套书共 10 册,总定价:45.00 元
ISBN 7-5329-1267-1: ¥0.00

I247.8 027936
秦淮八艳/马春阳等编.—北京:国际文化出版公司,1995.6.—267 页;19cm
ISBN 7-80105-055-X: ¥7.60

I247.8 027937
勤奋刻苦的故事/王琦编著.—济南:山东文艺出版社,1995.8.—127 页;19cm.—(中国古代美德故事丛书/周光复,吕世国主编)
全套书共 10 册,总定价:45.00 元
ISBN 7-5329-1267-1: ¥0.00

I247.8 027938
青山烽火/中共包头市委党史征研办公室,包头市文学艺术界联合会编.—呼和浩特:远方出版社,1995.6.—252 页;20cm
ISBN 7-80595-136-5: ¥8.68

I247.8 027939
青少年爱国英雄故事 100 个/弦歌编著.—昆明:晨光出版社,1995.8.—187 页;19cm.—(爱国主义故事丛书/陈冰清主编)
ISBN 7-5414-1040-3: ¥5.20

I247.8 027940
情爱故事/《故事会》编辑部编.—上海:上海文艺出版社,1995.7.—186 页;19cm.—(故事会爱好者丛书/何承伟主编)
ISBN 7-5321-1288-8: ¥4.50

I247.8 027941
热血写春秋/夏江雷主编.—上海:上海社会科学院出版社,1995.2.—160 页;19cm.—(革命传统教育读物)
ISBN 7-80515-973-4: ¥4.00

I247.8　027942
人格的完善/刘蔚编著;钱贵荪绘.—杭州:浙江教育出版社,1995.12.—88页:插图;20cm.—(中国传统文化故事荟萃;3·修身篇/曹余章主编)
ISBN 7-5338-2239-0:¥12.00

I247.8　027943
人生万花筒　(5):醒世的警铃/袁汀仁主编.—贵阳:贵州人民出版社,1995.3.—76页;26cm.—(法制文学丛书)
ISBN 7-221-03652-7:¥3.50

I247.8　027944
人兽奇战/凌涵,哲俊编著.—上海:上海文化出版社,1995.11.—131页;19cm.—(五角丛书;145)
ISBN 7-80511-776-4:¥4.50

I247.8　027945
三国传奇故事　(A)/志和,小伟编.—西宁:青海人民出版社,1995.1.—75页;26cm
ISBN 7-225-00974-5:¥3.50

I247.8　027946
三国传奇故事　(B)/志和,小伟编.—西宁:青海人民出版社,1995.1.—76页;26cm
ISBN 7-225-00974-5:¥3.50

I247.8　027947
三国传奇故事　(C)/志和,小伟编.—西宁:青海人民出版社,1995.1.—76页;26cm
ISBN 7-225-00974-5:¥3.50

I247.8　027948
三国故事/杨雯主编;杨霖等编写.—北京:中国书店,1995.12.—190页;19cm
ISBN 7-80568-668-8:¥7.00

I247.8　027949
三国演义大揭秘　(A)/志和,小伟编.—西宁:青海人民出版社,1995.1.—76页;26cm
ISBN 7-225-00973-7:¥3.50

I247.8　027950
三国演义大揭秘　(B)/志和,小伟编.—西宁:青海人民出版社,1995.1.—76页;26cm
ISBN 7-225-00973-7:¥3.50

I247.8　027951
三国演义大揭秘　(C)/志和,小伟编.—西宁:青海人民出版社,1995.1.—76页;26cm
ISBN 7-225-00973-7:¥3.50

I247.8　027952
三言故事精华/吴言生,王鸿编写.—西安:陕西师范大学出版社,1995.4.—261页;20cm.—(中国古典名著启蒙丛书)
ISBN 7-5613-1207-5:¥7.90

I247.8　027953
山花:闽东革命故事集(一)/黄垂超主编;中共宁德地委党史研究室编.—福州:福建美术出版社,1995.12.—244页;20cm
ISBN 7-5393-0392-1:¥8.50

I247.8　027954
山水诗人孟浩然/陈文道著.—武汉:武汉大学出版社;台北:台湾汉欣文化事业有限公司,1995.11.—227页;20cm.—(中国名人轶事丛书;17/吴洪激主编)
ISBN 7-307-02016-5:¥14.80

I247.8　027955
沈兹九的故事/金平著.—石家庄:河北少年儿童出版社,1995.8.—173页;19cm.—(她们与世纪同行丛书)
ISBN 7-5376-1325-7:¥6.10

I247.8　027956
沈祖连微型小说108篇/沈祖连著.—南昌:百花洲文艺出版社,1995.6.—262页;19cm
ISBN 7-80579-612-2:¥9.30

I247.8　027957
史鉴故事丛书/李德龙等编著.—北京:知识出版社,1995.6.—6册;19cm
包括《帝王沉浮》等6册。
ISBN 7-5015-1133-0(盒装):¥60.00

I247.8　027958
世界美德五千年/吕型伟主编.—上海:文汇出版社,1995.10.—460页;20cm
ISBN 7-80531-360-1:¥20.00

I247.8　027959
世界伟人的儿童时代/李晓雯,刘英杰主编.—长春:北方妇女儿童出版社,1995.2.—558页;20cm
ISBN 7-5385-1033-8:¥15.80

I247.8　027960
世界音乐家故事大观/卞国福等编著.—合肥:安徽少年儿童出版社,1995.10.—370页;20cm.—(世界故事大观丛书)
ISBN 7-5397-1122-1(精装):¥14.00

I247.8　027961
世界著名悬案集粹/李运明,王世华主编.—合肥:黄山书社,1995.12.—470页;19cm
ISBN 7-80535-595-9:¥16.80

I247.8　027962
水浒故事/杨雯主编;晓杨等编写.—北京:中国书店,1995.12.—178页;19cm
ISBN 7-80568-669-6:¥6.60

I247.8　027963
思想家/孙立峰编著.—昆明:晨光出版社,1995.8.—152页;20cm.—(外国名家传记故事丛书/梁瑜主编)
ISBN 7-5414-1029-2:¥5.55

I247.8　027964
宋词风流佳话:宋词本事研究/萧延恕著.—长沙:岳麓书社,1995.5.—458页;19cm.—(中国古典诗词佳话系列)
ISBN 7-80520-493-4:¥12.80

I247.8　027965
孙膑故事集/刘起朝主编.—济南:黄河出版社,1995.4.—144页;19cm
ISBN 7-80558-584-9:¥5.20

I247.8　027966
探戈皇后/杨晓敏,郭昕主编.—西宁:青海人民出版版

社,1995.6.—478页;20cm.—(名家精品小小说选·传奇、幽默篇)

ISBN 7-225-00913-3: ¥15.50

I247.8 027967

探险家/马光复,富德娴编著.—昆明:晨光出版社,1995.8.—183页;20cm.—(外国名家传记故事丛书/梁瑜主编)

ISBN 7-5414-1045-4: ¥6.20

I247.8 027968

唐宋传奇故事精华/江南等编写.—西安:陕西师范大学出版社,1995.4.—256页;20cm.—(中国古典名著启蒙丛书)

ISBN 7-5613-1193-1: ¥7.80

I247.8 027969

土默川革命英雄故事集/张秀北等编.—呼和浩特:内蒙古人民出版社,1995.12.—385页;20cm

ISBN 7-204-02978-X: ¥15.00

I247.8 027970

外国影视精品博览/依耘,凌尔编著.—上海:上海人民出版社,1995.1.—518页;19cm

ISBN 7-208-01897-9: ¥15.00

I247.8 027971

外国战争故事30则/程金明选编.—北京:金盾出版社,1995.9.—244页;19cm.—(旅途文化小丛书)

ISBN 7-5082-0034-9: ¥5.90

I247.8 027972

为国争光故事100个/楚石编著.—昆明:晨光出版社,1995.8.—225页;19cm.—(爱国主义故事丛书/陈冰清主编)

ISBN 7-5414-1041-1: ¥5.20

I247.8 027973

魏晋狂士竹林七贤/毕珍著.—武汉:武汉大学出版社;台北:台湾汉欣文化事业有限公司,1995.11.—236页;20cm.—(中国名人轶事丛书;13/吴洪激主编)

ISBN 7-307-02013-0: ¥12.80

I247.8 027974

魏晋志怪故事精华/清流,段税武编写.—西安:陕西师范大学出版社,1995.4.—262页;20cm.—(中国古典名著启蒙丛书)

ISBN 7-5613-1208-3: ¥7.90

I247.8 027975

文明的历程/李安瑜编著;冯远绘.—杭州:浙江教育出版社,1995.12.—119页:插图;20cm.—(中国传统文化故事荟萃;5·科技篇/曹余章主编)

ISBN 7-5338-2241-2: ¥12.00

I247.8 027976

文学世界的女性人生/杨恩芳,赖云琪编著.—重庆:重庆出版社,1995.9.—628页;20cm

ISBN 7-5366-3279-7: ¥20.00

I247.8 027977

文苑异才金圣叹/郑卫国著.—武汉:武汉大学出版社;台北:台湾汉欣文化事业有限公司,1995.10.—282页;20cm.—(中国名人轶事丛书;16/吴洪激主编)

ISBN 7-307-02018-1: ¥14.80

I247.8 027978

武侠故事/《故事会》编辑部编.—上海:上海文艺出版社,1995.7.—186页;19cm.—(故事会爱好者丛书/何承伟主编)

ISBN 7-5321-1301-9: ¥4.50

I247.8 027979

物华天宝:如东名特优新产品故事选/刘昌年等主编.—北京:中国农业出版社,1995.4.—203页;20cm

ISBN 7-109-03809-2: ¥7.50

I247.8 027980

西游故事/杨雯主编;李文涛等编写.—北京:中国书店,1995.12.—175页;19cm

ISBN 7-80568-667-X: ¥6.50

I247.8 027981

峡谷趣闻录/罗世保著.—昆明:云南民族出版社,1995.5.—140页;19cm

ISBN 7-5367-1011-9: ¥7.00

I247.8 027982

香港的故事/靳书伦,李振声编著.—宁波:宁波出版社,1995.5.—178页;19cm

ISBN 7-80602-044-6: ¥5.60

I247.8 027983

萧伯纳的故事/孙玲玲编著.—福州:福建少年儿童出版社,1995.10.—164页;19cm.—(诺贝尔奖获得者的青少年时代/谢冕主编)

ISBN 7-5395-1068-4: ¥5.60

I247.8 027984

啸傲江湖:豪强侠客/武卫政编著.—南宁:广西教育出版社,1995.4.—220页:图;20cm.—(中国古代野史精华丛书/郭英德,张铭心主编)

ISBN 7-5435-2240-3: ¥8.55

I247.8 027985

新编中国古代智慧故事200篇/李楚城编著.—上海:上海科技教育出版社,1995.8.—487页;19cm

ISBN 7-5428-1139-8(精装): ¥23.80

I247.8 027986

新三字经故事集/于幼军主编;中共广东省委宣传部组织编写.—广州:广东教育出版社,1995.9.—329页;20cm

ISBN 7-5406-3393-X: ¥6.80

I247.8 027987

新四军抗战故事集/石言等编著.—南京:江苏人民出版社,1995.8.—594页;20cm

ISBN 7-214-01517-X: ¥28.00

I247.8 027988

徐特立的故事/赵如彬,张晓宜主编.—西安:陕西人民教育出版社,1995.12.—186页:照片;19cm

ISBN 7-5419-6355-0: ¥5.50

I247.8 027989

血溅青龙:高敬亭将军的故事/晏慎钧著.—郑州:海燕出版社,1995.6.—180页;19cm

ISBN 7-5350-1215-9: ¥4.00

I247.8 027990

阎锡山轶闻趣事/张建新编.—太原:山西古籍出版

社,1995.10.—246页;19cm.—(阎府揭秘丛书;7)
ISBN 7-80598-090-X:¥8.50
I247.8　027991
谚语故事精选/胡铭心,文毅编著.—武汉:湖北少年儿童出版社,1995.1.—479页;19cm.—(学语汇丛书)
ISBN 7-5353-1339-6:¥8.50
I247.8　027992
一代风范/段连成,郑观州主编.—北京:中共中央党校出版社,1995.9.—322页;20cm
ISBN 7-5035-1270-9:¥12.00
I247.8　027993
一代名媛王昭君/宁发新著.—武汉:武汉大学出版社;台北:台湾汉欣文化事业有限公司,1995.7.—245页;20cm.—(中国名人轶事丛书;11/吴洪激主编)
ISBN 7-307-02011-4:¥12.80
I247.8　027994
一个中国布尔什维克的幽默人生/李延柱著.—南宁:广西民族出版社,1995.3.—157页;20cm
ISBN 7-5363-2977-6:¥7.00
I247.8　027995
彝海结盟:红军长征顺利通过彝区的故事/幸晓峰等编著.—成都:四川人民出版社,1995.7.—159页;19cm
ISBN 7-220-02926-8:¥3.00
I247.8　027996
艺术的风采/沈蓓,郑朝编著;吴声绘.—杭州:浙江教育出版社,1995.12.—119页:插图;20cm.—(中国传统文化故事荟萃;7·艺术篇/曹余章主编)
ISBN 7-5338-2243-9:¥12.00
I247.8　027997
艺术名流/邓福星,王安葵主编.—北京:龙门书局,1995.2.—211页;20cm.—(中华骄子/张国祚主编)
ISBN 7-80111-029-3:¥5.80
I247.8　027998
于右任的故事/潘志新编著.—西安:三秦出版社,1995.4.—151页;19cm
ISBN 7-80546-913-X:¥9.00
I247.8　027999
浴血山河:中华抗日英烈故事选/龚汝枢主编.—南昌:江西美术出版社,1995.1.—230页;19cm
ISBN 7-80580-195-9:¥3.40
I247.8　028000
豫鄂边区抗战故事:纪念中国抗日战争胜利五十周年/徐蓬等编著.—北京:军事科学出版社,1995.7.—182页:照片;20cm
ISBN 7-80021-879-1:¥9.00
I247.8　028001
再看明朝:北京明皇蜡像宫场景故事/黄新亚著.—北京:中国工人出版社,1995.10.—211页;19cm
ISBN 7-5008-1804-1:¥9.80
I247.8　028002
则天女皇:电视连续故事/张天民原著;张大勤改编.—北京:中国国际广播出版社,1995.4.—454页;20cm
ISBN 7-5078-1206-5:¥18.00
I247.8　028003
张自忠之死/张传华编著.—武汉:湖北人民出版社,1995.6.—86页;19cm
ISBN 7-216-01723-4:¥3.50
I247.8　028004
正义的威仪/陆逐编著;刘健绘.—杭州:浙江教育出版社,1995.12.—95页:插图;20cm.—(中国传统文化故事荟萃;2·节操篇/曹余章主编)
ISBN 7-5338-2242-0:¥12.00
I247.8　028005
智多星出击/陈伟民著.—上海:三联书店上海分店,1995.12.—169页;19cm.—(三联文库·青草地丛书)
ISBN 7-5426-0889-4:¥6.80
I247.8　028006
智慧故事精萃:古今实用智慧术/明山编.—北京:农村读物出版社,1995.3.—163页;19cm
ISBN 7-5048-2515-8:¥4.80
I247.8　028007
智力超群男子汉故事/陈爱晖编.—广州:华南理工大学出版社,1995.1.—130页;19cm.—(聪明人的故事丛书)
ISBN 7-5623-0781-4:¥3.80
I247.8　028008
智力开发趣味故事/陈贤编.—广州:华南理工大学出版社,1995.3.—137页;19cm.—(聪明人的故事丛书)
ISBN 7-5623-0782-2:¥3.80
I247.8　028009
智谋故事精萃:古今实用智谋术/明山编.—北京:农村读物出版社,1995.3.—159页;19cm
ISBN 7-5048-2517-4:¥4.60
I247.8　028010
智者奇术/范良智编著.—长沙:湖南出版社,1995.9.—246页;19cm
ISBN 7-5438-1061-1:¥8.20
I247.8　028011
中国成语故事/仇江,沈正邦编写.—广州:新世纪出版社,1995.6.—1002页;19cm
ISBN 7-5405-1088-9(精装):¥38.00
I247.8　028012
中国大将军的故事/石仲泉,陈登才主编.—北京:中共党史出版社,1995.3.—8册;19cm
ISBN 7-80023-843-1:¥25.00
I247.8　028013
中国典故故事选/张肇祺等编.—上海:上海教育出版社,1995.8.—251页;19cm
ISBN 7-5320-3863-7:¥5.70
I247.8　028014
中国古代女杰的故事/陈云发著.—上海:上海远东出版社,1995.12.—306页;19cm.—(中国古代故事系列)
ISBN 7-80613-127-2:¥12.50
I247.8　028015

中国古代清官的故事/蒋星煜,张泽纲著.—上海:上海远东出版社,1995.12.—280页;19cm.—(中国古代故事系列)

ISBN 7-80613-126-4:¥12.00

I247.8　028016

中国古代文豪的故事/蒋星煜著.—上海:上海远东出版社,1995.11.—272页;19cm.—(中国古代故事系列)

ISBN 7-80613-125-6:¥11.00

I247.8　028017

中国近现代名人家教故事/俞润生,鲍瑜臻编著.—南京:江苏教育出版社,1995.11.—225页;19cm

ISBN 7-5343-2515-3:¥5.10

I247.8　028018

中国历史故事/左振坤等主编.—沈阳:辽宁教育出版社,1995.10.—1135页:彩图;26cm

ISBN 7-5382-4027-6(精装):¥98.00

I247.8　028019

中国梦幻故事大观/王毅,盛瑞裕主编.—武汉:华中理工大学出版社,1995.4.—393页;20cm.—(中国故事大观丛书)

ISBN 7-5609-0909-4:¥11.50

I247.8　028020

中国奇案故事大观/王毅,盛瑞裕主编.—武汉:华中理工大学出版社,1995.4.—381页;20cm.—(中国故事大观丛书)

ISBN 7-5609-0947-7:¥11.00

I247.8　028021

中国十大古典悲剧故事/吴家林等编著.—北京:中国书籍出版社,1995.12.—624页;20cm

ISBN 7-5068-0323-2:¥22.00

I247.8　028022

中国十大古典喜剧故事/吴家林等编著.—北京:中国书籍出版社,1995.12.—363页;20cm

ISBN 7-5068-0324-0:¥13.00

I247.8　028023

中国智慧大王:插图本/文雅主编.—广州:广州出版社,1995.5.—320页;19cm

ISBN 7-80592-257-8:¥8.80

I247.8　028024

中华爱国抗日故事/谢璞等编著.—乌鲁木齐:新疆青少年出版社,1995.5.—120页;19cm.—(青少年爱国主义文学读本)

ISBN 7-5371-2046-1:¥2.80

I247.8　028025

中华爱国名人故事/谢璞等编著.—乌鲁木齐:新疆青少年出版社,1995.3.—121页;19cm.—(青少年爱国主义文学读本)

ISBN 7-5371-2000-5:¥2.50

I247.8　028026

中华传统美德成语故事/童富勇,谢恩光主编.—杭州:浙江教育出版社,1995.6.—302页;19cm.—(中华传统美德教育丛书)

ISBN 7-5338-1951-9:¥4.00

I247.8　028027

中华传统美德故事精粹/李玉良等编著.—北京:中央编译出版社,1995.4.—2册(556页);20cm

ISBN 7-80109-064-0:¥16.80

I247.8　028028

中华杰出历史人物故事集:军事家/韩旺辰主编.—北京:农村读物出版社,1995.10.—153页;19cm.—(爱我中华故事小丛书)

ISBN 7-5048-2602-2:¥7.80

I247.8　028029

中华杰出历史人物故事集:科学家/韩旺辰主编.—北京:农村读物出版社,1995.9.—132页;19cm.—(爱我中华故事小丛书)

ISBN 7-5048-2601-4:¥7.20

I247.8　028030

中华杰出历史人物故事集:思想家/韩旺辰主编.—北京:农村读物出版社,1995.10.—155页;19cm.—(爱我中华故事小丛书)

ISBN 7-5048-2599-9:¥7.80

I247.8　028031

中华杰出历史人物故事集:文学家/韩旺辰主编.—北京:农村读物出版社,1995.10.—137页;19cm.—(爱我中华故事小丛书)

ISBN 7-5048-2600-6:¥7.20

I247.8　028032

中华名人格言故事精粹/夏天民,张兰初主编.—长春:吉林大学出版社,1995.7.—384页;20cm

ISBN 7-5601-1741-4:¥10.00

I247.8　028033

中华人物故事全书:近现代部分·爱国志士卷:普通本/金大业等编写;中国少年儿童出版社主编.—北京:中国少年儿童出版社,1995.8.—365页;20cm

ISBN 7-5007-2465-9:¥13.80

I247.8　028034

中华人物故事全书:近现代部分·革命烈士卷:普通本/边继石等编写;中国少年儿童出版社主编.—北京:中国少年儿童出版社,1995.8.—367页;20cm

ISBN 7-5007-2421-7:¥13.60

I247.8　028035

中华人物故事全书:近现代部分·开国元勋卷:普通本/边继石等编写;中国少年儿童出版社主编.—北京:中国少年儿童出版社,1995.8.—353页;20cm

ISBN 7-5007-2416-0:¥13.30

I247.8　028036

中华人物故事全书:近现代部分·科学巨匠卷:普通本/扬文衡等编写;中国少年儿童出版社主编.—北京:中国少年儿童出版社,1995.8.—355页;20cm

ISBN 7-5007-2543-4:¥13.30

I247.8　028037

中华人物故事全书:近现代部分·晚清英杰卷:普通本/王世义等编写;中国少年儿童出版社主编.—北京:中国少年儿童出版社,1995.8.—343页;20cm

ISBN 7-5007-2445-4:¥13.10

I247.8　028038

中华人物故事全书:近现代部分·文豪艺杰卷:普通本/雷风行等编写;中国少年儿童出版社主编 .—北京:中国少年儿童出版社,1995.8.—346页;20cm

ISBN 7-5007-2544-2:¥13.10

I247.8　028039

中华人物故事全书:近现代部分·辛亥先驱卷:普通本/陈建洲等编写;中国少年儿童出版社主编 .—北京:中国少年儿童出版社,1995.8.—320页;20cm

ISBN 7-5007-2449-7:¥12.20

I247.8　028040

中华人物故事全书:近现代部分·英雄模范卷:普通本/陶小康等编写;中国少年儿童出版社主编.—北京:中国少年儿童出版社,1995.8.—390页;20cm

ISBN 7-5007-2546-9:¥14.00

I247.8　028041

中华小故事精选/郑洛主编.—上海:百家出版社,1995.10.—172页;19cm

ISBN 7-80576-567-7:¥7.50

I247.8　028042

周恩来与国际友人/王泓等编著.—重庆:重庆大学出版社,1995.8.—139页;19cm.—(红岩革命故事丛书)

ISBN 7-5624-1054-2:¥4.20

I247.8　028043

诸子智慧丛书/王良等编著.—济南:山东友谊出版社,1995.12.—6册;19cm

包括《儒家故事集》等6册

ISBN 7-80551-806-8:¥30.00

I247.8　028044

卓异的智慧/李安瑜编著;冯远榆绘.—杭州:浙江教育出版社,1995.12.—104页:插图;20cm.—(中国传统文化故事荟萃;8·智慧篇/曹余章主编)

ISBN 7-5338-2244-7:¥12.00

I247.8　028045

自我修养的故事/潘广发编著.—济南:山东文艺出版社,1995.8.—144页;19cm.—(中国古代美德故事丛书/周光复,吕世国主编)

全套书共10册,总定价:45.00元

ISBN 7-5329-1267-1:¥0.00

I247.8　028046

祖国建设成就故事100个/王信予编著.—昆明:晨光出版社,1995.8.—218页;19cm.—(爱国主义故事丛书/陈冰清主编)

ISBN 7-5414-1035-7:¥5.20

I247.8　028047

亘古英才陆放翁/万文武著.—武汉:武汉大学出版社;台北:台湾汉欣文化事业有限公司,1995.11.—365页;20cm.—(中国名人轶事丛书;18/吴洪激主编)

ISBN 7-307-02012-2:¥17.80

I247.8　028048

诙谐故事/《故事会》编辑部编.—上海:上海文艺出版社,1995.7.—184页;19cm.—(故事会爱好者丛书/何承伟主编)

ISBN 7-5321-1371-X:¥4.50

I247.8　028049

恽代英的故事/周复新,赵永康主编.—武汉:华中师范大学出版社,1995.8.—178页;20cm

ISBN 7-5622-1509-X:¥5.00

I247.8　028050

驸马的故事/徐晓青著.—济南:山东画报出版社,1995.11.—166页;19cm

ISBN 7-80603-047-6:¥6.50

①I247.8②F713.8　028051

广告谈趣/韩伯泉等编著.—广州:华南理工大学出版社,1995.6.—190页;19cm

ISBN 7-5623-0842-X:¥6.50

①I247.8②G634.3　028052

学生语文知识趣话丛书:诗词歌谣篇/刘玉瑛著.—北京:文化艺术出版社,1995.3.—267页;19cm

全套共4册,总定价:23.00元

ISBN 7-5039-1382-7:¥0.00

①I247.8②G634.3　028053

学生语文知识趣话丛书:语法修辞篇/刘玉瑛著.—北京:文化艺术出版社,1995.3.—239页;19cm

全套共4册,总定价:23.00元

ISBN 7-5039-1382-7:¥0.00

①I247.8②K2　028054

宫闱之祸/徐君慧著.—南宁:广西民族出版社,1995.1.—266页;20cm.—(中国历代祸患丛书/梁扬主编)

ISBN 7-5363-2928-8:¥7.00

①I247.8②K2　028055

后妃之祸/杨东甫,卢斯飞著.—南宁:广西民族出版社,1995.1.—198页;20cm.—(中国历代祸患丛书/梁扬主编)

ISBN 7-5363-2924-5:¥7.00

①I247.8②K2　028056

宦官之祸/梁扬,杨东甫著.—南宁:广西民族出版社,1995.1.—219页;20cm.—(中国历代祸患丛书/梁扬主编)

ISBN 7-5363-2930-X:¥7.00

①I247.8②K2　028057

贪官之祸/吴光文,吴光宇著.—南宁:广西民族出版社,1995.1.—233页;20cm.—(中国历代祸患丛书/梁扬主编)

ISBN 7-5363-2926-1:¥7.00

①I247.8②K2　028058

外戚之祸/李家鸿著.—南宁:广西民族出版社,1995.1.—257页;20cm.—(中国历代祸患丛书/梁扬主编)

ISBN 7-5363-2927-X:¥7.00

①I247.8②K2　028059

文字之祸/徐君慧著.—南宁:广西民族出版社,1995.1.—307页;20cm.—(中国历代祸患丛书/梁扬主编)

ISBN 7-5363-2925-3:¥7.00

①I247.8②K2　028060

巫蛊方术之祸/李瑶著.—南宁:广西民族出版社,

1995.1.—210页;20cm.—(中国历代祸患丛书/梁扬主编)

ISBN 7-5363-2929-6:¥7.00

①I247.8②K815.3 028061

军事家/蒋宗宁,高贤君编著.—昆明:晨光出版社,1995.1.—2册;20cm.—(外国名家传记故事丛书/梁瑜主编)

ISBN 7-5414-0942-1:¥13.25

①I247.8②K815.6 028062

文学家/许延风,于玉珍编著.—昆明:晨光出版社,1995.1.—2册;20cm.—(外国名家传记故事丛书/梁瑜主编)

书名页、封面作者为姜晓云,赵泽生

ISBN 7-5414-0946-4:¥12.90

①I247.8②K815.7 028063

艺术家/王朗,沈符民编著.—昆明:晨光出版社,1995.1.—2册;20cm.—(外国名家传记故事丛书/梁瑜主编)

ISBN 7-5414-0943-X:¥10.85

①I247.8②K816.1 028064

发明家/于玉珍,许延风编著.—昆明:晨光出版社,1995.1.—2册;20cm.—(外国名家传记故事丛书/梁瑜编著)

ISBN 7-5414-0945-6:¥9.95

①I247.8②K816.1 028065

科学家/郝勇编著.—昆明:晨光出版社,1995.1.—2册;20cm.—(外国名家传记故事丛书/梁瑜编著)

ISBN 7-5414-0944-8:¥10.20

①I247.8②K817 028066

外交家/辛晓谋,宫少鹏编著.—昆明:晨光出版社,1995.1.—2册;20cm.—(外国名家传记故事丛书/梁瑜主编)

ISBN 7-5414-0941-3:¥13.10

①I247.8②K827.7 028067

春雨:模范政治委员吴岱/史大伟著.—沈阳:白山出版社,1995.8.—351页;20cm.—(万岁军传奇人物;1)

ISBN 7-80566-440-4:¥13.00

I25 报告文学

I25 028068

115师征战纪实/东方桀著.—北京:中共中央党校出版社,1995.2.—371页;20cm.—(抗日军魂)

ISBN 7-5035-1180-X:¥13.00

I25 028069

120师征战纪实/东方桀著.—北京:中共中央党校出版社,1995.3.—334页;20cm.—(抗日军魂)

ISBN 7-5035-1181-8:¥13.00

I25 028070

12军传奇/梦哲编著.—兰州:敦煌文艺出版社,1995.6.—397页;20cm

ISBN 7-80587-284-8:¥15.80

I25 028071

177万军人之生/吴蛊,古寿著.—北京:国际文化出版公司,1995.1.—409页:照片;20cm

ISBN 7-80105-219-6:¥13.80

I25 028072

1949中国历史大转折:大反戈/葛天宇主编;晓荻著.—南宁:广西人民出版社,1995.12.—383页;20cm

ISBN 7-219-03041-X:¥15.00

I25 028073

1949·净化大上海纪实/刘立云著.—北京:法律出版社,1995.1.—267页;20cm

ISBN 7-5036-1615-6:¥8.40

I25 028074

1975:文坛风暴纪实/夏杏珍著.—北京:中共党史出版社,1995.11.—154页;20cm

ISBN 7-80023-932-2:¥8.30

I25 028075

1993~1994年报告文学选/刘茵等编选.—北京:人民文学出版社,1995.12.—619页;20cm

ISBN 7-02-002215-4:¥26.05

I25 028076

AV风骚:大陆音像圈探秘/吴海民著.—北京:华艺出版社,1995.1.—226页;20cm.—("高保真"长篇纪实系列)

ISBN 7-80039-666-5:¥10.80

I25 028077

"国军第一王牌"七十四军胜败录/芦业明编著.—北京:中国档案出版社,1995.8.—2册;26cm

ISBN 7-80019-539-2:¥9.00

I25 028078

"黑寡妇"及其家族:二战新奇武器探秘/张锋,姚芳著.—北京:解放军文艺出版社,1995.7.—266页;19cm.—(战后热点追踪丛书/刘增新,项小米主编)

ISBN 7-5033-0677-7:¥9.80

I25 028079

"老外"在中国/阿鸿,方刚著.—北京:中国文联出版公司,1995.8.—275页;20cm.—(东方纪实丛书)

ISBN 7-5059-2196-7:¥11.80

I25 028080

"洋钦差"外传/卢弘著.—北京:解放军出版社,1995.11.—506页;20cm

ISBN 7-5065-3007-4:¥19.00

I25 028081

《中国作家》十年精品选·报告文学纪实文学卷:辉煌的悲怆/中国作家编辑部编.—兰州:敦煌文艺出版社,1995.5.—2册(761页);20cm

ISBN 7-80587-280-5:¥28.80

I25 028082

爱心无价:好军嫂韩素云/总政治部宣传部编.—北京:蓝天出版社,1995.2.—196页;19cm

ISBN 7-80081-569-2:¥4.60

I25 028083

安有警报器的采访车/孙泽敏著.—上海:上海画报出版社,1995.2.—202页:彩图;20cm

ISBN 7-80530-131-X:￥10.00

I25　　028084

白山黑水的尊严/高树桥著.—沈阳:辽宁人民出版社,1995.7.—267页;19cm.—(东北抗战纪实丛书/高树桥主编)

ISBN 7-205-03437-X:￥9.60

I25　　028085

白山松水赤子情/张伟民主编.—长春:吉林大学出版社,1995.11.—320页;20cm

ISBN 7-5601-1830-5:￥12.80

I25　　028086

白天鹅之歌:卫生战线报告文学选/张志强著.—西安:陕西人民出版社,1995.3.—361页;19cm

ISBN 7-224-03809-1:￥8.80

I25　　028087

白星逐日:从中途岛到东京湾/马骏著.—北京:光明日报出版社,1995.1.—353页;20cm.—(不朽的功勋——奏响二战凯歌的人们丛书/傅雁南,程广中主编)

ISBN 7-80091-561-1:￥11.00

I25　　028088

百年梦想/王太国著.—天津:百花文艺出版社,1995.2.—298页;20cm

ISBN 7-5306-1829-6:￥9.80

I25　　028089

百万日军魔首大审判:战争狂人的末日/郑海金著.—成都:四川文艺出版社,1995.4.—252页;20cm

ISBN 7-5411-1295-X:￥10.80

I25　　028090

报春花/赵三祝著.—天津:百花文艺出版社,1995.12.—254页;20cm

ISBN 7-5306-2137-8:￥12.80

I25　　028091

北大荒精神:几代拓荒者的真诚奉献/孙勇才主编.—哈尔滨:黑龙江人民出版社,1995.12.—153页;20cm

ISBN 7-207-03154-8:￥10.00

I25　　028092

北戴河国事风云/金岩编著.—北京:中国档案出版社,1995.9.—2册(837页):照片;20cm

ISBN 7-80019-564-3:￥34.80

I25　　028093

北国佳人:汉英对照/孙莉,马道子著.—北京:中国妇女出版社,1995.8.—362页;20cm

ISBN 7-80016-765-8(精装):￥28.00

I25　　028094

北京电信科技之星　第二辑/北京市电信管理局党委宣传部编.—北京:文津出版社,1995.1.—272页;20cm

ISBN 7-80554-266-X:￥0.00

I25　　028095

奔向21世纪:报告文学集/深圳商报社编.—深圳:海天出版社,1995.3.—244页:照片;20cm

ISBN 7-80615-132-X:￥22.00

I25　　028096

冰点的解冻/贾宏图著.—成都:四川人民出版社,1995.8.—441页;20cm.—(当代纪实名家精品文库·贾宏图之卷)

ISBN 7-220-02917-9:￥17.50

I25　　028097

拨开历史的迷雾/叶永烈著.—成都:四川人民出版社,1995.8.—448页;20cm.—(当代纪实名家精品文库·叶永烈之卷)

ISBN 7-220-02913-6:￥18.00

I25　　028098

搏击/谭谈著.—长沙:湖南出版社,1995.4.—246页;20cm

ISBN 7-5438-0959-1:￥9.80

I25　　028099

不愿做奴隶的人们/赵杰著.—沈阳:辽宁人民出版社,1995.7.—236页;19cm.—(东北抗战纪实丛书/高树桥主编)

ISBN 7-205-03438-8:￥9.60

I25　　028100

布新集/许新复著.—天津:天津社会科学院出版社,1995.4.—303页;19cm

ISBN 7-80563-516-1:￥9.80

I25　　028101

裁剪江湖/萧正著.—南昌:百花洲文艺出版社,1995.1.—203页;19cm

ISBN 7-80579-500-2:￥6.50

I25　　028102

采撷年华的光点:一个老红军的战斗历程/张天伟著.—成都:四川民族出版社,1995.6.—300页;19cm

ISBN 7-5409-1381-9:￥7.50

I25　　028103

苍茫海峡/姜解平著.—南昌:百花洲文艺出版社,1995.10.—280页;19cm

ISBN 7-80579-654-8:￥12.00

I25　　028104

苍茫人间/杜卫东著.—成都:四川人民出版社,1995.8.—415页;20cm.—(当代纪实名家精品文库·杜卫东之卷)

ISBN 7-220-02915-2(精装):￥16.50

I25　　028105

沧海遗珠/曾鼎尧著.—福州:海峡文艺出版社,1995.3.—221页;19cm

ISBN 7-80534-771-9:￥5.40

I25　　028106

草地龙虎/陈宇著.—北京:解放军出版社,1995.10.—439页;20cm.—(长征纪实文学丛书;3)

ISBN 7-5065-2704-9:￥22.00

I25　　028107

茶王写真/屠燮昌著.—昆明:云南人民出版社,1995.4.—121页;19cm

ISBN 7-222-01748-8:￥2.80

I25　　028108

昌晋源票号/渠川著.—太原:山西古籍出版社,1995.12.—360页;20cm.—(晋商大系)

ISBN 7－80598－098－5：￥14.80

I25 028109

长空飞虎：飞虎队在中国/苏真，肖石忠主编；刘平安等编著.—北京：九洲图书出版社，1995.3.—317页：图；20cm.—（回眸二战丛书）

ISBN 7－80114－016－8：￥16.80

I25 028110

超越时空/葛逊著.—北京：解放军文艺出版社，1995.6.—282页；20cm

ISBN 7－5033－0683－1：￥13.50

I25 028111

潮起嘉陵/张永琛著.—北京：经济日报出版社，1995.12.—223页；19cm.—（中国名牌丛书；1/艾丰，刘工践主编）

ISBN 7－80127－067－3：￥10.00

I25 028112

潮汐九章/辛石著.—北京：中国广播电视出版社，1995.5.—257页；20cm

ISBN 7－5043－2703－4：￥15.00

I25 028113

潮涌大江：湖北省长江沿岸县市扫描/江作苏，陈堂明主编；湖北日报记者部编.—武汉：武汉大学出版社，1995.8.—465页；20cm

ISBN 7－307－02027－0：￥18.00

I25 028114

沉浮莱茵河/虎头著.—北京：解放军文艺出版社，1995.6.—313页；20cm

ISBN 7－5033－0480－4：￥10.00

I25 028115

沉重的金盾：石家庄市交警第一支队纪实/肖玚著.—北京：知识出版社，1995.4.—201页；20cm

ISBN 7－5015－1112－8：￥7.00

I25 028116

成功女人的故事/薛宝根主编.—北京：中国妇女出版社，1995.8.—341页；20cm

ISBN 7－80016－731－3：￥18.00

I25 028117

成功之路/碧彤主编.—北京：中国三峡出版社，1995.10.—9册；20cm

ISBN 7－80099－116－4：￥207.00

I25 028118

成功之路：日本企业家在中国/（日）正木义也著；王屏，陶冶译.—北京：经济科学出版社，1995.11.—151页；19cm

ISBN 7－5058－0887－7：￥6.00

I25 028119

成年人的童话：陈祖芬报告文学集/陈祖芬著.—北京：中国对外翻译出版公司，1995.8.—320页；20cm.—（紫丁香文丛/萧阳主编）

ISBN 7－5001－0347－6：￥8.00

I25 028120

惩治卖国贼：战胜国大锄奸/于建坤著.—北京：解放军文艺出版社，1995.7.—293页；19cm.—（战后热点追踪丛书/刘增新，项小米主编）

ISBN 7－5033－0676－9：￥10.50

I25 028121

迟到的理解/关鸿等编.—珠海：珠海出版社，1995.12.—408页；20cm.—（中华名人纪实丛书·专家学者实业家卷；3）

ISBN 7－80607－111－3：￥16.00

I25 028122

赤子之情：长篇报告文学/徐长福等著.—杭州：浙江文艺出版社，1995.12.—182页；20cm

ISBN 7－5339－0909－7：￥11.80

I25 028123

仇城：通州兵变纪实/王梓夫，田广智著.—天津：百花文艺出版社，1995.10.—228页；20cm

ISBN 7－5306－2136－X：￥10.00

I25 028124

初造辉煌：张家界建市六周年报告文学通讯集/罗长江主编；张家界市作家协会，张家界日报社编.—天津：百花文艺出版社，1995.12.—616页；20cm

ISBN 7－5306－2224－2：￥20.60

I25 028125

出国哀乐人物/康捷等主编.—西安：太白文艺出版社，1995.3.—373页；20cm.—（二十世纪名人纪实丛书/康捷等主编）

ISBN 7－80605－180－5：￥11.60

I25 028126

雏鹰展翅向未来：雏鹰行动报告文学集/孙云晓主编；中国少年先锋队全国工作委员会编.—郑州：海燕出版社，1995.5.—242页；20cm

ISBN 7－5350－1316－3：￥5.75

I25 028127

滁河湾的明月/张映实，陈建安主编 .—天津：百花文艺出版社，1995.10.—473页；20cm

ISBN 7－5306－2168－8：￥24.80

I25 028128

穿越历史隧道的中国：张胜友电视报告文学集/张胜友著.—北京：中共中央党校出版社，1995.1.—371页；20cm.—（"穿山甲"丛书）

ISBN 7－5035－1138－9：￥13.50

I25 028129

创荣誉的女人们/梁芳昌主编.—桂林：漓江出版社，1995.9.—296页；19cm

ISBN 7－5407－1825－0：￥7.00

I25 028130

创造辉煌/王秋和著.—北京：改革出版社，1995.9.—310页；19cm

ISBN 7－80072－657－6：￥12.50

I25 028131

春风秋雨：刘文艳报告文学集/刘文艳著.—沈阳：辽宁人民出版社，1995.7.—317页；20cm

ISBN 7－205－03389－6：￥10.00

I25 028132

春华秋实/陈晓东著.—北京：解放军文艺出版社，1995.8.—328页；20cm

ISBN 7－5033－0626－2：￥16.70

I25　028133
纯金的金婚/贺茂之著.—北京:解放军文艺出版社,1995.11.—241页;20cm
ISBN 7-5033-0662-9:¥13.80

I25　028134
从泥瓦匠到总经理/岳林著.—太原:山西经济出版社,1995.5.—148页;19cm
ISBN 7-80577-866-3:¥6.80

I25　028135
从乡间小路走向世界/《人物》编辑部编.—北京:人民出版社,1995.12.—208页;19cm.—(农民之子系列图书·科学家)
ISBN 7-01-002157-0:¥10.00

I25　028136
从战场到商场:献给复员、退伍、转业军人/薛典祝著.—合肥:安徽人民出版社,1995.8.—226页;20cm
ISBN 7-212-01223-8:¥8.50

I25　028137
大案要案纪实/阳红编.—海口:海南出版社,1995.3.—2册;26cm
ISBN 7-80617-143-6:¥7.60

I25　028138
大比武:辉煌与悲壮的回忆/陶克,任燕军著.—北京:中国社会出版社,1995.6.—292页;19cm
ISBN 7-80088-365-5:¥8.00

I25　028139
大潮清风/马世龙主编;兰州铁路局纪委编.—兰州:甘肃人民出版社,1995.5.—201页;19cm
ISBN 7-226-01479-3:¥5.60

I25　028140
大潮与暗流/张荣久著.—长春:时代文艺出版社,1995.2.—324页;20cm
ISBN 7-5387-0860-X:¥10.00

I25　028141
大地的回声/刘祥等著.—北京:作家出版社,1995.8.—288页:彩照;20cm
ISBN 7-5063-0938-6:¥12.50

I25　028142
大法之下/郝在今等编.—北京:中共中央党校出版社,1995.4.—271页;20cm.—(90年代社会纪实丛书)
ISBN 7-5035-1150-8:¥8.80

I25　028143
大海与船的协奏/苏玉光著.—海口:海南出版社,1995.8.—280页;19cm
ISBN 7-80617-282-3:¥9.80

I25　028144
大荒军魂/郑国莺主编.—北京:解放军文艺出版社,1995.1.—357页;20cm
ISBN 7-5033-0482-0:¥12.70

I25　028145
大路歌/唐似亮著.—桂林:漓江出版社,1995.12.—233页;20cm.—(潮涌珠江源丛书·曲靖沧桑卷;2)
ISBN 7-5407-1862-5:¥15.00

I25　028146
大路歌:国道324线福建路段拓改工程纪实/林开钦等编.—福州:海潮摄影艺术出版社,1995.10.—215页:照片;19cm
ISBN 7-80562-333-3:¥14.00

I25　028147
大漠狼烟:北非的角斗/刘平安,贾存福编著.—北京:九洲图书出版社,1995.2.—315页:照片;20cm.—(回眸二战/苏真,肖石忠主编)
ISBN 7-80114-023-0:¥16.80

I25　028148
大漠铁路女英雄/李广品主编;乌鲁木齐铁路局工会编.—乌鲁木齐:新疆人民出版社,1995.8.—297页;20cm
ISBN 7-228-03653-0:¥10.00

I25　028149
大迁徙/李镜著.—北京:解放军出版社,1995.12.—519页;20cm.—(中国革命斗争报告文学丛书·长征卷)
ISBN 7-5065-2691-3:¥18.80

I25　028150
大青岛之梦/杨志鹏主编.—青岛:青岛出版社,1995.8.—278页;20cm
ISBN 7-5436-1163-5:¥9.80

I25　028151
大上海骄子:第三届上海市科技精英报告文学通讯集/刘海涛主编;上海市科学技术协会编.—上海:上海科学技术出版社,1995.8.—222页;19cm
ISBN 7-5323-3957-2:¥9.00

I25　028152
大无缝人/柴德森,张连波著.—天津:百花文艺出版社,1995.3.—289页;20cm
ISBN 7-5306-1939-X:¥9.80

I25　028153
大写的东方女性/索峰光著.—北京:中国妇女出版社,1995.7.—308页:彩照;20cm
ISBN 7-80016-762-3:¥16.80

I25　028154
当代警世通言/王灵书著.—北京:中国文联出版公司,1995.8.—321页;20cm.—(北京十记者社会纪实丛书)
ISBN 7-5059-2162-2:¥10.20

I25　028155
当代中国富豪之路/高尔煊等主编.—福州:福建人民出版社,1995.4.—380页;19cm
ISBN 7-211-02407-0:¥9.80

I25　028156
地火天光:中国常规兵器试验纪实/马成翼著.—北京:中共中央党校出版社,1995.12.—313页;20cm.—(中国国防科技报告文学丛书/伍献军主编)
ISBN 7-5035-1340-3:¥17.00

I25　028157
滇东涌春潮/夏潮著.—昆明:云南民族出版社,1995.8.—455页;20cm
ISBN 7-5367-1044-5:¥15.00

I25　028158

点燃西域地火/杨晓东主编;新疆石油管理局采油一厂编.—北京:石油工业出版社,1995.7.—484页:照片;20cm

ISBN 7-5021-1529-3:¥15.20

I25　028159

电脑业世纪商战:IBM、苹果、微软创业争霸纪实/(美)刘力明著.—广州:广东旅游出版社,1995.10.—270页;20cm

ISBN 7-80521-602-9:¥11.80

I25　028160

东方大港梦/张文宝,蒯天著.—南京:江苏文艺出版社,1995.12.—215页;20cm

ISBN 7-5399-0880-7:¥10.50

I25　028161

东方巨响:中国核武器试验纪实/彭继超著.—北京:中共中央党校出版社,1995.12.—409页;20cm.—(中国国防科技报告文学丛书/伍献军主编)

ISBN 7-5035-1331-4:¥19.20

I25　028162

东方行:记斯特朗/白黎著.—北京:中国青年出版社,1995.5.—414页;20cm

ISBN 7-5006-1877-8:¥12.70

I25　028163

东方之子:济南军区优秀科技人才风采录/关谨武等主编.—济南:黄河出版社,1995.10.—376页;20cm

ISBN 7-80558-562-8:¥11.00

I25　028164

东非,半个月亮和半个太阳/周纲著.—北京:中国文联出版公司,1995.7.—563页;20cm

ISBN 7-5059-2244-0:¥18.80

I25　028165

冬草:一个流亡女学生的故事/苑茵著.—北京:长征出版社,1995.7.—267页;20cm

ISBN 7-80015-314-2:¥8.50

I25　028166

冻土:斯大林荣辱之迷/陈志斌,孙晓著.—济南:黄河出版社,1995.2.—436页:照片;20cm

ISBN 7-80558-580-6:¥14.80

I25　028167

洞天风雷:中国空气动力研究试验纪实/陈怀国著.—北京:中共中央党校出版社,1995.12.—295页;20cm.—(中国国防科技报告文学丛书/伍献军主编)

ISBN 7-5035-1341-1:¥17.00

I25　028168

独臂厂长/钱小惠著.—北京:西苑出版社,1995.5.—158页;19cm

ISBN 7-80108-033-5:¥5.00

I25　028169

渡江战役大写真/李玉著.—北京:中共中央党校出版社,1995.2.—372页;20cm

ISBN 7-5035-0942-2:¥9.50

I25　028170

恶有恶报:漏网战犯末日/王雷,杨进英著.—北京:解放军文艺出版社,1995.7.—260页;19cm.—(战后热点追踪丛书/刘增新,项小米主编)

ISBN 7-5033-0675-0:¥9.90

I25　028171

法庭内外话婚姻:一位女律师关于当代婚姻家庭问题的报道/杲峰著.—济南:济南出版社,1995.2.—321页;20cm

ISBN 7-80572-903-4:¥7.00

I25　028172

奋斗风云记实/张绍杰著.—广州:广州出版社,1995.6.—351页:照片;20cm

ISBN 7-80592-243-8:¥15.00

I25　028173

丰碑/汤效文主编.—哈尔滨:黑龙江人民出版社,1995.12.—157页:图;20cm.—(邮电新时代风采丛书)

ISBN 7-207-03339-7:¥15.00

I25　028174

风骨/潘少贤,姚华主编.—哈尔滨:黑龙江人民出版社,1995.10.—242页;19cm

ISBN 7-207-03295-1:¥6.60

I25　028175

风流志/吕艺主编.—乌鲁木齐:新疆人民出版社,1995.5.—356页;20cm

ISBN 7-228-03451-1:¥10.50

I25　028176

风雪吹边关/李振国,张宝印著.—哈尔滨:哈尔滨出版社,1995.7.—436页;20cm

ISBN 7-80557-837-0:¥13.00

I25　028177

风雨丹江口/王太国著.—天津:百花文艺出版社,1995.11.—347页;20cm

ISBN 7-5306-2083-5:¥12.50

I25　028178

风云魂/徐衍东主编.—哈尔滨:黑龙江人民出版社,1995.12.—516页:彩图;20cm

ISBN 7-207-03159-9:¥19.00

I25　028179

奉献者足迹:天津市第三届金帆·金鹰奖文集/天津市企业管理协会,天津市企业家协会编.—天津:天津科学技术出版社,1995.2.—559页;20cm

ISBN 7-5308-1809-0:¥15.40

I25　028180

扶贫西海固:长篇报告文学/秦钧著.—西安:西北大学出版社,1995.7.—230页;20cm

ISBN 7-5604-0905-9:¥9.50

I25　028181

傅雷与傅聪:叶永烈自选集/叶永烈著.—北京:作家出版社,1995.10.—248页;20cm

ISBN 7-5063-0911-4:¥11.00

I25　028182

改革大潮　上集/刘远清主编.—广州:华南理工大学出版社,1995.12.—441页;20cm

ISBN 7-5623-0944-2:¥13.80

I25　028183

改革者的风范/徐麟瑞著.—沈阳:辽宁人民出版社,1995.10.—244页;19cm
ISBN 7-205-03467-1:¥10.80

I25　028184
敢立潮头听春雷:全国金融系统先进集体巡礼/金融时报社,中国金融工会编.—北京:中国金融出版社,1995.9.—367页;19cm
ISBN 7-5049-1490-8:¥9.80

I25　028185
高原 高歌 高人/韩雄亮著.—呼和浩特:内蒙古人民出版社,1995.12.—226页;19cm
ISBN 7-204-03017-6:¥13.80

I25　028186
高原雪魂——孔繁森:长篇报告文学/郭保林著.—济南:山东文艺出版社,1995.5.—314页:照片;20cm
ISBN 7-5329-1251-5:¥9.90

I25　028187
告别贫困/吴淮生等编.—银川:宁夏人民出版社,1995.10.—202页;20cm
ISBN 7-227-01529-7:¥12.00

I25　028188
跟恶魔打交道的人/房余龙著.—北京:群众出版社,1995.3.—200页;19cm
ISBN 7-5014-1268-5:¥5.50

I25　028189
功铸天河/中共湖北省委宣传部宣传处,湖北省企业文化研究会秘书处主编.—武汉:武汉出版社,1995.9.—383页;20cm
ISBN 7-5430-1398-3:¥12.50

I25　028190
公安部高级侦探秘闻:中国超级大案纪实/李玉轩著.—沈阳:春风文艺出版社,1995.5.—2册;26cm
ISBN 7-5313-1445-2:¥4.60

I25　028191
公仆颂/中共黄州市纪律检查委员会,黄州市监察局编.—武汉:武汉出版社,1995.8.—163页;19cm
ISBN 7-5430-1385-1:¥4.00

I25　028192
共和国脊梁　第八卷(下):当代功臣录/王玉才等著.—哈尔滨:黑龙江人民出版社,1995.7.—656页;19cm
ISBN 7-207-03141-6:¥26.60

I25　028193
孤儿泪/张平著.—太原:山西人民出版社,1995.10.—420页;20cm
ISBN 7-203-03394-5:¥18.00

I25　028194
鼓角/陈育进著.—厦门:鹭江出版社,1995.12.—220页;19cm.—(武夷文苑丛书)
ISBN 7-80610-295-7:¥9.00

I25　028195
古郡春色/吴汉林主编.—广州:广东人民出版社,1995.2.—205页;19cm
ISBN 7-218-01748-7:¥5.20

I25　028196
光彩之路/雷鸣主编;中共湖南省委宣传部编.—长沙:湖南出版社,1995.3.—231页;20cm
ISBN 7-5438-0936-2:¥7.80

I25　028197
光辉的里程/唐航,李春争著.—牡丹江:黑龙江朝鲜民族出版社,1995.4.—251页;20cm
ISBN 7-5389-0579-0:¥8.80

I25　028198
光岳新旅/蔡传法主编.—北京:中国人事出版社,1995.1.—309页;19cm
ISBN 7-80076-634-9:¥6.80

I25　028199
广岛遗恨:第一朵蘑菇云及核武器走势/崔向华,陈大鹏著.—北京:解放军文艺出版社,1995.7.—353页;19cm.—(战后热点追踪丛书/刘增新,项小米主编)
ISBN 7-5033-0678-5:¥11.25

I25　028200
广铁风流系列丛书/王勇平主编;广州铁路集团公司宣传部编.—长沙:湖南出版社,1995.9.—10册;19cm
ISBN 7-5438-1060-3(盒装):¥46.00

I25　028201
国际经济间谍大战/聂云编著.—北京:军事科学出版社,1995.2.—155页;20cm
ISBN 7-80021-815-5:¥4.50

I25　028202
国难当头的抉择:抗战时期的100位中国人/钟君,石坚主编.—北京:华夏出版社,1995.4.—658页;20cm
ISBN 7-5080-0692-5:¥19.80

I25　028203
哈军工魂:中国国防科技人才培养纪实/罗来勇著.—北京:中共中央党校出版社,1995.12.—327页;20cm.—(中国国防科技报告文学丛书/伍献军主编)
ISBN 7-5035-1334-9:¥17.00

I25　028204
海魂:长篇报告文学/霍达著.—北京:北京十月文艺出版社,1995.2.—380页;20cm
ISBN 7-5302-0410-6:¥12.50

I25　028205
海鲁之歌:科技新闻作品荟萃/王美功著.—济南:山东科学技术出版社,1995.9.—525页;20cm
ISBN 7-5331-1642-9:¥30.00

I25　028206
汉商路:一家中国商场崛起的故事/周翼南著.—武汉:长江文艺出版社,1995.4.—293页:彩图;20cm
ISBN 7-5354-1247-5(精装):¥15.20

I25　028207
何基沣将军/赤布著.—长春:时代文艺出版社,1995.1.—535页;20cm
ISBN 7-5387-0838-3:¥14.80

I25　028208
何智丽风波/叶永烈著.—西宁:青海人民出版社,1995.4.—274页:照片;20cm
ISBN 7-225-01030-1:¥13.80

I25　028209

贺龙元帅/黎白著.—北京:北京十月文艺出版社,1995.5.—627页;20cm

ISBN 7-5302-0379-7:¥18.00

I25　028210

贺龙元帅/黎白著.—北京:北京十月文艺出版社,1995.5.—627页;20cm

ISBN 7-5302-0380-0(精装):¥22.00

I25　028211

黑道走险人物/康捷等主编.—西安:太白文艺出版社,1995.3.—566页;20cm.—(二十世纪名人纪实丛书)

ISBN 7-80605-183-X:¥17.10

I25　028212

黑脸:当代包公传奇/一合著.—北京:作家出版社,1995.12.—525页;20cm

ISBN 7-5063-0936-X:¥18.70

I25　028213

黑龙江人　(二):辉煌岁月/王德进,郭启新主编.—哈尔滨:黑龙江人民出版社,1995.10.—498页;20cm

共3册,总定价:30.00元

ISBN 7-207-00597-0:¥0.00

I25　028214

黑龙江人　(三):文明之光/安永范,王礼民主编;鹤岗市精神文明建设办公室,鹤岗市作家协会编.—哈尔滨:黑龙江人民出版社,1995.10.—137页;20cm

共3册,总定价:30.00元

ISBN 7-207-00597-0:¥0.00

I25　028215

黑龙江人　(三):文明之光/安永范,王礼民主编;鹤岗市精神文明建设办公室,鹤岗市作家协会编.—哈尔滨:黑龙江人民出版社,1995.10.—137页;20cm

共3册,总定价:30.00元

ISBN 7-207-00597-0:¥0.00

I25　028216

黑色财族/宇剑,红岩著.—北京:人民法院出版社,1995.4.—344页;19cm

ISBN 7-80056-267-0:¥11.00

I25　028217

横店魂:报告文学/李琦著.—北京:中共中央党校出版社,1995.10.—222页;20cm

ISBN 7-5035-1278-4:¥12.00

I25　028218

横空出世:广东世联商战录/张颖著.—广州:花城出版社,1995.12.—214页;19cm

ISBN 7-5360-1257-8:¥12.80

I25　028219

红朝传奇/权延赤著.—成都:四川人民出版社,1995.8.—435页;20cm.—(当代纪实名家精品文库·权延赤之卷)

ISBN 7-220-02919-5:¥18.00

I25　028220

红色硝烟:西南边境大扫雷纪实/丁光洪著.—北京:解放军出版社,1995.7.—271页;19cm

ISBN 7-5065-2662-X:¥11.80

I25　028221

红土春色/周春芳,任华主编;红安县委宣传部编.—武汉:长江文艺出版社,1995.7.—372页;19cm

ISBN 7-5354-1256-4:¥8.80

I25　028222

红土黑血:长征大写真之一/石钟山著.—北京:解放军出版社,1995.10.—310页;20cm.—(长篇纪实文学丛书)

ISBN 7-5065-2702-2:¥14.00

I25　028223

红土赞歌/邱炳皓主编 .—福州:海峡文艺出版社,1995.5.—141页;20cm

ISBN 7-80534-779-4:¥4.00

I25　028224

沪上女英/谈桂裘著 .—上海:百家出版社,1995.9.—195页;19cm

ISBN 7-80576-564-2:¥10.00

I25　028225

华南虎:SOS/饶欠林著.—北京:中国林业出版社,1995.8.—178页;19cm

ISBN 7-5038-1512-4:¥5.80

I25　028226

华能精煤:补连塔/何思恩主编.—呼和浩特:内蒙古人民出版社,1995.4.—440页;20cm

ISBN 7-204-02634-9:¥13.80

I25　028227

华夏英杰　卷四/萧宽主编.—北京:中国人事出版社,1995.9.—594页:彩照;20cm.—(大型系列丛书)

ISBN 7-80076-778-7(精装):¥48.00

I25　028228

荒原启示录/苏福成主编.—东营:石油大学出版社,1995.3.—438页;20cm

ISBN 7-5636-0670-X:¥13.80

I25　028229

荒原情链/白描著.—成都:四川人民出版社,1995.8.—352页;20cm.—(当代纪实名家精品文库·白描之卷)

ISBN 7-220-02916-0:¥14.00

I25　028230

黄色诱惑:来自扫黄第一线的报告/吴海民著.—北京:华艺出版社,1995.1.—275页;20cm.—("高保真"长篇纪实系列)

ISBN 7-80039-663-0:¥10.80

I25　028231

辉煌,从这里起步/刘培鸿主编;上海市普陀区教育局编 .—上海:华东师范大学出版社,1995.10.—171页;20cm

ISBN 7-5617-1380-0:¥6.00

I25　028232

辉煌的爱:当代英模的故事/刘勇坚主编;江苏人民出版社编著.—南京:江苏人民出版社,1995.4.—296页;19cm

ISBN 7-214-01458-0:¥8.00

I25　028233

辉煌的历程/矫健主编;新疆报告文学研究会编.—乌鲁木齐:新疆科技卫生出版社,1995.5.—323页;20cm
ISBN 7-5372-1102-7:¥10.00

I25　　028234
辉煌的足迹/中国石化乌鲁木齐石化总厂党委宣传部,《中国西部文学》编辑部编.—乌鲁木齐:新疆人民出版社,1995.8.—364页;彩照;20cm
ISBN 7-228-03280-3:¥18.50

I25　　028235
辉煌二十年/郭军民主编.—兰州:甘肃人民出版社,1995.9.—357页;19cm
ISBN 7-226-01545-5:¥15.00

I25　　028236
辉煌西南/樊强著.—北京:解放军出版社,1995.8.—326页;20cm.—(中国革命斗争报告文学丛书·解放西南卷)
ISBN 7-5065-2673-5(精装):¥23.80

I25　　028237
辉煌序章/益法禹主编.—青岛:青岛出版社,1995.3.—324页;20cm
ISBN 7-5436-1158-9:¥13.00

I25　　028238
毁于贪欲/中国检察报社,《方圆》编辑部编.—济南:山东文艺出版社,1995.4.—368页;20cm
ISBN 7-5329-1244-2:¥11.80

I25　　028239
魂断激流岛/麦琪著.—成都:四川人民出版社,1995.4.—341页:照片;20cm
ISBN 7-220-02776-1:¥13.80

I25　　028240
魂系国脉/童新野著.—北京:中国工人出版社,1995.10.—386页;20cm.—(当代中国工人阶级丛书·邮电卷/孙士修主编)
ISBN 7-5008-1800-9:¥15.00

I25　　028241
魂系国脉/童新野著.—北京:中国工人出版社,1995.10.—386页;20cm.—(当代中国工人阶级丛书·邮电卷/孙士修主编)
ISBN 7-5008-1799-1(精装):¥18.00

I25　　028242
魂系军旗　第二卷/总政干部部编.—北京:解放军文艺出版社,1995.3.—287页;20cm
ISBN 7-5033-0472-3:¥9.50

I25　　028243
火中舞者:著名女谍的最后归宿/辛茹著.—北京:解放军文艺出版社,1995.7.—308页;19cm.—(战后热点追踪丛书/刘增新,项小米主编)
ISBN 7-5033-0668-8:¥11.60

I25　　028244
霍达报告文学选/霍达著.—南京:江苏文艺出版社,1995.1.—430页;20cm
ISBN 7-5399-0700-2:¥11.80

I25　　028245
击毙侵华日军将领纪实/张子申,薛春德著.—北京:蓝天出版社,1995.2.—321页;20cm
ISBN 7-80081-568-4:¥9.80

I25　　028246
缉毒神探/丁光洪著.—北京:解放军文艺出版社,1995.5.—252页;19cm
ISBN 7-5033-0478-2:¥7.50

I25　　028247
脊梁/周唯一,张列编.—北京:中国文联出版公司,1995.10.—323页;19cm.—(中国跨世纪报告文学丛书/程树榛主编)
ISBN 7-5059-2339-0:¥11.60

I25　　028248
技师风采录/李天星,陈涛主编.—北京:石油工业出版社,1995.5.—251页;20cm
ISBN 7-5021-1455-6:¥8.60

I25　　028249
寂寞的辉煌/中共湖北省委宣传部等编.—武汉:长江文艺出版社,1995.1.—376页;19cm
ISBN 7-5354-1242-4:¥11.80

I25　　028250
尖兵风采/铁道部第三勘测设计院编.—北京:中国铁道出版社,1995.9.—209页:照片;19cm
ISBN 7-113-02069-0:¥16.80

I25　　028251
将军决战岂止在战场/黄济人著.—成都:四川人民出版社,1995.5.—443页:照片;20cm
ISBN 7-220-02810-5:¥16.00

I25　　028252
将星之陨:中国军事奇才——抗日名将左权将军真传/谢忱著.—北京:中国社会出版社,1995.8.—398页:照片;20cm
ISBN 7-80088-661-1:¥14.80

I25　　028253
江山如此多娇/章慧敏著.—上海:百家出版社,1995.8.—167页:照片;20cm
ISBN 7-80576-565-0(精装):¥14.00

I25　　028254
江苏广播电视大学校友英华/张存库主编.—南京:江苏人民出版社,1995.7.—330页;20cm
ISBN 7-214-01495-5:¥8.50

I25　　028255
蒋家"天下第一军":新一军胜败录/芦业明编著.—北京:中国档案出版社,1995.9.—2册;26cm
ISBN 7-80019-555-4:¥9.00

I25　　028256
蒋介石对付政敌秘录/张希贤等著.—乌鲁木齐:新疆人民出版社,1995.12.—373页;20cm.—(百卷文史知识丛书;2)
ISBN 7-228-03560-7:¥16.80

I25　　028257
蒋介石和他的密友与政敌　上卷/王朝柱著.—北京:中国青年出版社,1995.7.—538页;20cm
ISBN 7-5006-1957-X:¥28.10

I25　028258
蒋介石和他的密友与政敌　下卷/王朝柱著.—北京:中国青年出版社,1995.7.—445页;20cm
ISBN 7-5006-1959-6:¥26.90

I25　028259
蒋介石和他的密友与政敌　中卷/王朝柱著.—北京:中国青年出版社,1995.6.—401页;20cm
ISBN 7-5006-1958-8:¥26.50

I25　028260
角力群雄/季一德主编.—上海:上海科技教育出版社,1995.8.—165页;19cm.—(体育明星丛书)
ISBN 7-5428-1122-3:¥7.20

I25　028261
教师的奉献:湖南省优秀教师先进事迹报告文学集　第二集/湖南省教育委员会,湖南省教师奖励基金会编.—长沙:湖南教育出版社,1995.7.—369页;19cm
ISBN 7-5355-2188-6:¥11.00

I25　028262
劫后辉煌:在磨难中崛起的知青·老三届·共和国第三代人/王江主编.—北京:光明日报出版社,1995.1.—340页:照片;20cm
口述实录体全景式报告文学
ISBN 7-80091-645-4:¥11.50

I25　028263
界碑恋/舒云著.—北京:军事科学出版社,1995.12.—253页;19cm
ISBN 7-80021-937-2:¥16.80

I25　028264
巾帼丰碑/吴海坤主编.—昆明:云南民族出版社,1995.12.—270页;20cm.—(潮涌珠江源丛书)
ISBN 7-5367-1125-5:¥15.00

I25　028265
金箔传人/刘道春,颜世贵著.—北京:解放军文艺出版社,1995.8.—205页;20cm
ISBN 7-5033-0627-0:¥17.80

I25　028266
金剑出鞘/孙向军著.—济南:黄河出版社,1995.7.—265页;20cm
ISBN 7-80558-579-2:¥6.60

I25　028267
金张掖之光/陶明著.—兰州:甘肃人民出版社,1995.12.—418页;20cm.—(西部之星丛书;2)
ISBN 7-226-01590-0:¥16.80

I25　028268
今天的中国人/大型电视系列片《今天的中国人》摄制组编.—天津:百花文艺出版社,1995.8.—118页;19cm
ISBN 7-5306-2080-0:¥5.30

I25　028269
锦州之恋:记锦州市委书记张鸣岐/邢军纪,曹岩著.—北京:解放军出版社,1995.1.—242页;19cm
ISBN 7-5065-2550-X:¥7.00

I25　028270
京城正气歌:首都百名见义勇为英雄谱/刘全旺主编;首都文明办等编.—北京:中华工商联合出版社,1995.9.—461页;19cm
ISBN 7-80100-161-3:¥14.00

I25　028271
惊世骇俗才女情:庐隐的不了缘/卢君著.—成都:四川文艺出版社,1995.3.—392页:照片;20cm.—(中国现代著名作家情与爱丛书·庐隐)
ISBN 7-5411-1175-9:¥14.60

I25　028272
经贸人的足迹/张金香,姚殿菊编著.—北京:红旗出版社,1995.1.—278页;20cm
ISBN 7-80068-768-6:¥12.00

I25　028273
井冈风:报告文学集/刘文源,李继善主编.—南昌:百花洲文艺出版社,1995.12.—336页;19cm
ISBN 7-80579-706-4:¥12.00

I25　028274
警世档案:我眼里的丑陋人/王明远著.—成都:四川文艺出版社,1995.7.—425页;20cm.—(皇冠书库)
ISBN 7-5411-1318-2:¥15.60

I25　028275
警惕新法西斯/冯建军著.—北京:解放军文艺出版社,1995.7.—247页;19cm.—(战后热点追踪丛书/刘增新,项小米主编)
ISBN 7-5033-0681-5:¥11.00

I25　028276
竞展风流:来自小康村的报告/冯品清主编.—天津:天津社会科学院出版社,1995.9.—375页:照片;19cm
ISBN 7-80563-560-9:¥8.50

I25　028277
巨人之战:第二次世界大战中的罗斯福、斯大林和丘吉尔/汪文军著.—北京:同心出版社,1995.3.—536页;20cm
ISBN 7-80593-036-8:¥16.00

I25　028278
决战赣南/张裕芳主编.—太原:北岳文艺出版社,1995.10.—258页;19cm
ISBN 7-5378-1523-2:¥8.60

I25　028279
军旅峥嵘人物/康捷等主编.—西安:太白文艺出版社,1995.3.—722页;20cm.—(二十世纪名人纪实丛书)
ISBN 7-80605-178-3:¥21.50

I25　028280
开拓者之歌/黄兆华等著;四川省通俗文艺研究会编.—成都:四川文艺出版社,1995.4.—189页;19cm.—(新时代报告文学丛书;1)
ISBN 7-5411-1298-4:¥3.90

I25　028281
看着天堂的黑眼睛/马役军著.—北京:中共中央党校出版社,1995.1.—383页;20cm.—("穿山甲"丛书)
马役军报告文学集
ISBN 7-5035-1139-7:¥13.50

I25　028282

抗日十大战役/章荣等编著.—广州:广东旅游出版社,1995.1.—359页:照片;20cm
ISBN 7-80521-547-2:¥10.80

I25　　028283
抗日战士金光植/许永吉等著;紫荆译.—延吉:东北朝鲜民族教育出版社,1995.8.—257页;20cm
长篇报告文学
ISBN 7-5437-1944-4(精装):¥15.50

I25　　028284
跨世纪的风采——当代县长书记风采录/祁人著.—北京:中国文联出版公司,1995.10.—299页;20cm
ISBN 7-5059-2337-4:¥11.20

I25　　028285
跨越苍茫/咏慷著.—北京:解放军文艺出版社,1995.7.—221页;19cm
ISBN 7-5033-0682-3:¥11.00

I25　　028286
狂乱世界的女主人/阮耀斌著.—南京:南京出版社,1995.2.—190页;19cm
ISBN 7-80614-078-6:¥6.50

I25　　028287
昆仑作证/贺贵成著.—西宁:青海人民出版社,1995.6.—303页;20cm
ISBN 7-225-01048-4:¥10.00

I25　　028288
昆山之路:1991~1995/杨守松著.—南京:江苏文艺出版社,1995.9.—271页:彩照;20cm
ISBN 7-5399-0811-4:¥11.80

I25　　028289
来自法庭上的报告/宁诗敏等著;彭大新编.—北京:解放军文艺出版社,1995.7.—329页;20cm
ISBN 7-5033-0483-9:¥15.80

I25　　028290
蓝天鏖战:中国空军空战征战史实:长篇纪实/小叶秀子著.—北京:华艺出版社,1995.5.—357页;20cm
ISBN 7-80039-939-7:¥12.80

I25　　028291
蓝焰熊熊:德阳市天然气总公司建司十周年/李富荣主编.—成都:四川民族出版社,1995.7.—290页;20cm
ISBN 7-5409-1540-4:¥12.80

I25　　028292
烂漫山花/苏玉范,高治平主编.—哈尔滨:黑龙江教育出版社,1995.12.—283页;20cm.—(辉煌岁月丛书)
ISBN 7-5316-2977-1:¥9.80

I25　　028293
浪花集/刘世远著.—呼和浩特:远方出版社,1995.5.—343页;20cm
ISBN 7-80595-111-X:¥8.00

I25　　028294
老虎团记事/徐文华著.—南京:江苏人民出版社,1995.1.—172页;19cm
ISBN 7-214-01435-1:¥5.50

I25　　028295
老英雄孙明芝:长篇报告文学/廖化兵等编著.—南京:江苏人民出版社,1995.11.—142页;19cm
ISBN 7-214-01587-0:¥6.00

I25　　028296
泪洒长城:长城抗战纪实/肖玚著.—北京:知识出版社,1995.1.—264页;20cm
ISBN 7-5015-0872-0:¥8.50

I25　　028297
黎明,太阳的风景线/郭保林著.—北京:中国文联出版公司,1995.4.—247页;20cm
ISBN 7-5059-2224-6:¥9.50

I25　　028298
李莉,一枝鲜艳的花朵:献给绝症患者及其亲友/张怀曾主编.—西宁:青海人民出版社,1995.11.—199页:照片;20cm
ISBN 7-225-01194-4:¥9.80

I25　　028299
李正海/麦展穗,刘正军著.—南宁:接力出版社,1995.2.—170页;19cm
ISBN 7-80581-887-8:¥4.50

I25　　028300
荔乡刑警风云录/叶振飞著.—福州:海峡文艺出版社,1995.8.—372页;19cm
ISBN 7-80534-795-6:¥8.60

I25　　028301
历史悲云/叶永烈著.—西宁:青海人民出版社,1995.9.—324页;20cm.—(叶永烈纪实文集;2)
ISBN 7-225-01092-1:¥13.80

I25　　028302
历史的错位/秦晓鹰著.—北京:中国社会科学出版社,1995.8.—373页;20cm
ISBN 7-5004-1781-0:¥16.00

I25　　028303
历史的追寻/钱传清等编著.—徐州:中国矿业大学出版社,1995.10.—553页:图;20cm
ISBN 7-81040-409-1:¥15.00

I25　　028304
历史的漩涡:一个韩国"慰安妇"的悲惨故事/(韩国)朴宣泠,刘宝春著.—上海:上海文艺出版社,1995.8.—230页;20cm
ISBN 7-5321-1406-6:¥9.40

I25　　028305
历史性的跨越/方家文主编.—北京:现代出版社,1995.10.—724页;20cm.—(当代中国企业家丛书;17)
ISBN 7-80028-306-2:¥25.00

I25　　028306
历史漩涡中的蒋介石与周恩来/尹家民著.—北京:中共中央党校出版社,1995.2.—376页;20cm
ISBN 7-5035-1148-6:¥12.50

I25　　028307
梁实秋 韩菁清/叶永烈著.—北京:中国青年出版社,1995.1.—196页;20cm.—(名人情结丛书)
ISBN 7-5006-1787-9:¥6.80

I25　　028308
疗骨神贴:记骨伤病专家宋德培/孙家才主编.—天

津:天津人民出版社,1995.12.—122页:彩照;19cm

ISBN 7-201-02428-0:¥6.00

I25 028309

凌空雁:《妇女》杂志十五年/陈本德,董永冰主编.—北京:中国妇女出版社,1995.5.—228页;19cm.—(中国妇女报刊精粹丛书/姚维斗主编)

ISBN 7-80016-276-1:¥9.80

I25 028310

灵与肉之间:胡适的情爱苦旅/郭宛著.—成都:四川文艺出版社,1995.3.—302页:照片;20cm.—(中国现代著名作家情与爱丛书·胡适)

ISBN 7-5411-1175-9:¥11.60

I25 028311

龙川英才/陈建寿主编;中共龙岩市委组织部,龙岩市委党史研究室编.—厦门:鹭江出版社,1995.9.—139页;20cm

ISBN 7-80610-244-2:¥6.80

I25 028312

龙河赤子/吕健主编;米泉县总工会编.—乌鲁木齐:新疆青少年出版社,1995.12.—127页;19cm

ISBN 7-5371-2182-6:¥5.00

I25 028313

龙马精神皇台人/仲春,何学平著.—兰州:甘肃人民出版社,1995.8.—205页;20cm

ISBN 7-226-01524-2:¥10.00

I25 028314

龙云之路/尹力等主编.—郑州:河南人民出版社,1995.12.—201页;20cm

ISBN 7-215-03686-3:¥8.00

I25 028315

卢隐 李唯建/肖凤著.—北京:中国青年出版社,1995.1.—204页;20cm.—(名人情结丛书)

ISBN 7-5006-1789-5:¥6.80

I25 028316

鲁北当代企业家/官延水主编.—济南:山东友谊出版社,1995.4.—325页;19cm

ISBN 7-80551-702-9:¥8.60

I25 028317

鲁迅 许广平/张恩和著.—北京:中国青年出版社,1995.1.—268页;20cm.—(名人情结丛书)

ISBN 7-5006-1784-4:¥8.80

I25 028318

路:吉林工业大学优秀毕业生事迹集/王守实等主编.—长春:长春出版社,1995.8.—375页;20cm

ISBN 7-80604-260-1:¥18.20

I25 028319

路洪祥:纪实文学集/刘建民主编.—北京:中国铁道出版社,1995.9.—212页;19cm

ISBN 7-113-02160-3:¥8.00

I25 028320

鹿城巾帼:报告文学集/姜翠英主编.—上海:上海科学技术文献出版社,1995.2.—138页;20cm

ISBN 7-5439-0698-8:¥8.30

I25 028321

绿城正气歌/刁文主编.—郑州:河南人民出版社,1995.8.—270页;19cm

ISBN 7-215-03478-X:¥8.50

I25 028322

绿染的风采/李振瑜主编.—北京:中国林业出版社,1995.8.—188页;19cm

ISBN 7-5038-1479-9:¥6.00

I25 028323

绿染三湘/傅德保主编.—北京:中国林业出版社,1995.10.—250页:彩照;20cm

ISBN 7-5038-1567-1:¥6.80

I25 028324

绿野狂飚:从诺曼底到易北河/傅雁南著.—北京:光明日报出版社,1995.5.—452页;20cm.—(不朽的功勋—奏响二战凯歌的人们丛书/傅雁南,程广中主编)

ISBN 7-80091-560-3:¥13.50

I25 028325

绿叶风采:上海市浦东新区名校长办学经集/童国源主编;浦东新区小学教育研究联谊会编.—成都:西南交通大学出版社,1995.8.—266页;19cm

ISBN 7-81022-833-1:¥13.00

I25 028326

绿茵骄子/叶志明主编.—上海:上海科技教育出版社,1995.5.—175页;19cm.—(体育明星丛书)

ISBN 7-5428-1047-2:¥7.00

I25 028327

骆驼集:参加塔里木石油会战的大庆人/赵景臣主编.—乌鲁木齐:新疆人民出版社,1995.7.—206页:彩图;19cm

ISBN 7-228-03605-0:¥10.50

I25 028328

满江红/王玉彬,王苏红著.—北京:解放军出版社,1995.10.—288页;20cm.—(中国革命斗争报告文学丛书·江南抗战卷)

ISBN 7-5065-2697-2(精装):¥23.80

I25 028329

满江红/王玉彬,王苏红著.—北京:解放军出版社,1995.10.—288页;20cm.—(中国革命斗争报告文学丛书·江南抗战卷)

ISBN 7-5065-2696-4:¥13.80

I25 028330

梅开二度:离退休老同志发挥作用纪实 /姚远方等编.—北京:中国工人出版社,1995.7.—316页;19cm

ISBN 7-5008-1780-0:¥11.80

I25 028331

美国律师在中国/徐列著.—北京:群言出版社,1995.4.—291页;20cm

ISBN 7-80080-157-8:¥10.00

I25 028332

美军败于我手:朝鲜战争纪实/张永枚著.—北京:解放军出版社,1995.12.—320页;20cm

ISBN 7-5065-2718-9:¥15.00

I25 028333

梦断葡京/骆锦辉著.—广州:广东人民出版社,

1995.5.—202页;19cm
ISBN 7-218-01625-1:¥6.30
I25　028334
梦想成真:同济人参与重大工程纪实/叶传满,钟勤主编.—上海:同济大学出版社,1995.5.—240页;20cm
ISBN 7-5608-1446-8:¥8.80
I25　028335
梦在世纪之交/徐刚著.—成都:四川人民出版社,1995.8.—455页;20cm.—(当代纪实名家精品文库·徐刚之卷)
ISBN 7-220-02920-9:¥18.00
I25　028336
民国要闻要案录/陆茂清著.—汕头:汕头大学出版社,1995.2.—420页;20cm
ISBN 7-81036-025-6:¥11.95
I25　028337
民俗之光　第一集:写北京的北京人/北京史地民俗学会编.—北京:中国人事出版社,1995.6.—217页;19cm
ISBN 7-80076-637-3:¥8.80
I25　028338
民族脊梁:内蒙古优秀退伍军人纪实/贾伟民主编.—呼和浩特:远方出版社,1995.12.—401页;20cm
ISBN 7-80595-166-7:¥14.80
I25　028339
明星初升的轨迹/李涵著.—上海:上海远东出版社,1995.12.—177页;20cm
ISBN 7-80613-193-0:¥9.00
I25　028340
名将解甲/江永红著.—北京:解放军文艺出版社,1995.7.—351页;19cm.—(战后热点追踪丛书/刘增新,项小米主编)
ISBN 7-5033-0669-6:¥12.30
I25　028341
名人弥留之际纪实/郭存亮主编.—北京:中国社会出版社,1995.1.—339页;20cm
ISBN 7-80088-364-7:¥13.80
I25　028342
名人诉讼/刘文等编著.—苏州:苏州大学出版社,1995.8.—261页;18cm.—(热点话题丛书)
ISBN 7-81037-145-2:¥9.30
I25　028343
名人探秘/王灵书著.—北京:华艺出版社,1995.6.—324页;19cm
ISBN 7-80039-760-2:¥10.50
I25　028344
牡丹江市四十五年文学作品选:1949~1994/牡丹江市作家协会编.—牡丹江:黑龙江朝鲜民族出版社,1995.12.—3册;19cm
包括《散文诗歌选》、《短篇小说选》、《报告文学选》。
ISBN 7-5389-0620-7:¥66.00
I25　028345
南昆群雕:南昆铁路报告文学集/钮鲁生主编.—昆明:云南人民出版社,1995.12.—340页;20cm
ISBN 7-222-01895-6:¥17.00
I25　028346
南粤新旅/朱卫华著.—广州:广东教育出版社,1995.11.—189页;19cm
ISBN 7-5406-3220-8:¥4.40
I25　028347
南珠魂/《女性天地》杂志社编.—北京:中国妇女出版社,1995.7.—237页;19cm.—(中国妇女报刊精粹丛书/姚维斗主编)
ISBN 7-80016-775-5:¥8.80
I25　028348
难忘的征尘:周而复报告文学集/周而复著.—北京:经济日报出版社,1995.5.—573页;20cm
ISBN 7-80127-024-X:¥18.50
I25　028349
内地刑警与香港警方联合大行动/杨远新著.—长沙:湖南出版社,1995.6.—308页;20cm
ISBN 7-5438-0997-4:¥9.50
I25　028350
霓虹掠影:北京青年报精华本.—成都:四川人民出版社,1995.11.—76页;26cm
ISBN 7-220-02972-1:¥4.80
I25　028351
霓裳群芳:中国名模风采/李庭昆主编.—上海:上海科技教育出版社,1995.4.—172页;19cm.—(今日明星丛书)
ISBN 7-5428-0540-1:¥6.70
I25　028352
你的秘密并不秘密:胡平报告文学集/胡平著.—北京:中共中央党校出版社,1995.1.—343页;20cm.—(“穿山甲”丛书)
ISBN 7-5035-1143-5:¥13.20
I25　028353
娘家·摇篮/罗如岗著.—福州:海峡文艺出版社,1995.2.—196页;20cm
ISBN 7-80534-758-1:¥7.00
I25　028354
弄潮推波追太阳:改革中的湖北民建企业家/中国民主建国会湖北省委员会,湖北省民建企业家联谊会编.—北京:民主与建设出版社,1995.11.—135页;20cm
ISBN 7-80112-054-X:¥8.00
I25　028355
弄潮者之歌/莫增夫,王玉主编.—济南:黄河出版社,1995.2.—299页;20cm
报告文学集
ISBN 7-80558-561-X:¥8.00
I25　028356
怒水红波/段培东编著.—昆明:云南教育出版社,1995.7.—117页:照片;19cm
ISBN 7-5415-1037-8:¥3.50
I25　028357
女民营企业家风采录/中国工商杂志社编.—北京:中国妇女出版社,1995.7.—184页:彩照;20cm

ISBN 7-80016-995-2: ¥11.00

I25 028358

女外交官/程湘君主编.—北京:人民体育出版社,1995.2.—588页;20cm

ISBN 7-5009-1146-7: ¥25.00

I25 028359

女作家眼中的世界:孙晶岩报告文学集/孙晶岩著.—北京:中共中央党校出版社,1995.2.—355页;20cm.—("穿山甲"丛书)

ISBN 7-5035-1142-7: ¥13.50

I25 028360

暖流/唐曾孝著.—长沙:湖南出版社,1995.12.—201页;19cm

ISBN 7-5438-1108-1: ¥8.50

I25 028361

陪都进步文化人/张鲁,刘蜀仪编著.—重庆:重庆大学出版社,1995.2.—159页:照片;19cm.—(红岩革命故事丛书)

ISBN 7-5624-1002-X: ¥3.70

I25 028362

普教标兵与世家:优秀教师事迹报告文学集/天津市中小学幼儿教师奖励基金会编.—天津:天津教育出版社,1995.9.—307页;20cm.—(教坛风流·第六部)

ISBN 7-5309-2392-7: ¥16.50

I25 028363

七彩路/冯贵家著.—北京:北京体育大学出版社,1995.9.—331页:彩照;19cm

ISBN 7-81003-861-3: ¥12.00

I25 028364

七个日本兵在中国:纪念反法西斯战争胜利50周年/易水著.—济南:山东文艺出版社,1995.4.—329页;20cm

ISBN 7-5329-1243-4: ¥10.80

I25 028365

奇鲸神龙:中国核潜艇纪实/彭子强著.—北京:中共中央党校出版社,1995.12.—433页;20cm.—(中国国防科技报告文学丛书/伍献军主编)

ISBN 7-5035-1320-9: ¥19.80

I25 028366

奇人张祥/志强著.—沈阳:辽宁人民出版社,1995.7.—231页:彩照;19cm

ISBN 7-205-03349-7: ¥9.90

I25 028367

奇特的旅程:中外要犯押解纪实/高厚满编著.—北京:解放军出版社,1995.3.—147页;19cm.—(世界军警行动纪实丛书;5)

ISBN 7-5065-2653-0: ¥6.30

I25 028368

气功开悟/王建成著.—银川:宁夏人民出版社,1995.5.—255页;20cm

ISBN 7-227-01477-0: ¥9.80

I25 028369

气骨铮铮/陈夫康著.—天津:百花文艺出版社,1995.6.—188页;19cm

ISBN 7-5306-2028-2: ¥6.50

I25 028370

汽车业世纪商战:通用、福特、克莱斯勒创业争霸纪实/(美)刘力明著.—广州:广东旅游出版社,1995.10.—331页;20cm

ISBN 7-80521-603-7: ¥13.80

I25 028371

千里荡寇:从莫斯科到柏林/杜正艾著.—北京:光明日报出版社,1995.5.—416页;20cm.—(不朽的功勋——奏响二战凯歌的人们丛书/傅雁南,程广中主编)

ISBN 7-80091-563-8: ¥12.50

I25 028372

秦之星:来自宝鸡啤酒厂的报告/王智信,将金彦主编.—北京:中国文联出版公司,1995.8.—212页:彩照;20cm

ISBN 7-5059-2253-X: ¥7.00

I25 028373

青春大写意:来自太阳部落的故事/北京中学生通讯社著.—沈阳:辽宁少年儿童出版社,1995.3.—459页;20cm

ISBN 7-5315-2536-4: ¥15.80

I25 028374

青春的证明:大中专毕业生走向经济主战场纪实/董德明主编.—贵阳:贵州教育出版社,1995.6.—500页;20cm

ISBN 7-80583-701-5: ¥14.00

I25 028375

青春方程式:五十个北京女知青的自述/刘中陆主编.—北京:北京大学出版社,1995.8.—424页:照片;20cm

ISBN 7-301-02775-3: ¥15.80

I25 028376

情度双间/卢明衍等主编.—桂林:漓江出版社,1995.5.—260页;19cm

ISBN 7-5407-1755-6: ¥6.95

I25 028377

情系魂牵黑土地/高树桥,阎中发著.—沈阳:辽宁人民出版社,1995.7.—260页;19cm.—(东北抗战纪实丛书/高树桥主编)

ISBN 7-205-03436-1: ¥9.60

I25 028378

琼瑶的梦/熊源美著.—福州:海风出版社,1995.1.—172页:照片;19cm

ISBN 7-80597-065-3: ¥6.50

I25 028379

求索之旅 /艾蒲著.—沈阳:春风文艺出版社,1995.8.—239页;19cm

ISBN 7-5313-1508-4: ¥8.00

I25 028380

拳拳报国心:北京市海淀区部分归侨侨眷事迹纪实/北京市海淀区归国华侨联合会编.—北京:中国华侨出版社,1995.7.—122页;20cm

ISBN 7-80120-013-6: ¥4.20

I25 028381

群星璀璨/李子骏主编.—上海:上海远东出版社,1995.5.—235页;20cm

ISBN 7-80514-175-4:¥8.00

I25　　028382

群星璀璨:报告文学集/中共丹徒县委组织部,丹徒县文联编.—南京:江苏人民出版社,1995.2.—259页;19cm

ISBN 7-214-01445-9:¥6.85

I25　　028383

燃烧的生命:长篇报告文学/邱成佑,张汝宜著.—重庆:重庆出版社,1995.8.—133页;19cm

ISBN 7-5366-3242-8:¥5.50

I25　　028384

燃烧的太阳/吕立峰著.—乌鲁木齐:新疆科技卫生出版社,1995.1.—360页;20cm

ISBN 7-5372-1013-6:¥12.00

I25　　028385

让笑声伴随着你:海派笑星别传/李惠康主编.—上海:上海科技教育出版社,1995.3.—189页;19cm.—(今日明星丛书)

ISBN 7-5428-0474-X:¥6.10

I25　　028386

热土,有一群好男好女/李引进著.—兰州:甘肃教育出版社,1995.8.—223页;19cm

ISBN 7-5423-0496-8:¥8.15

I25　　028387

热血:陇东当代名人报告文学集/张文智著.—兰州:甘肃人民出版社,1995.2.—301页;20cm

ISBN 7-226-01433-5:¥9.00

I25　　028388

热血忠魂:英杰传/何乃光等编著.—北京:中共中央党校出版社,1995.3.—300页;20cm.—(爱国主义教育丛书/张大可主编)

ISBN 7-5035-1178-8:¥8.00

I25　　028389

人虫儿/刘一达著.—北京:中国文联出版公司,1995.8.—214页;20cm.—(北京十记者社会纪实丛书)

ISBN 7-5059-2165-7:¥7.20

I25　　028390

人鬼的角逐/刘丹华,(日)土屋芳雄著.—沈阳:辽宁教育出版社,1995.8.—242页;19cm

ISBN 7-5382-4059-4:¥8.80

I25　　028391

人海深处/齐浩滨著.—乌鲁木齐:新疆人民出版社,1995.9.—197页;19cm

ISBN 7-228-03797-9:¥9.80

I25　　028392

人民的好法官鹿道有/金长赫著;陈雪鸿译.—延吉:延边人民出版社,1995.10.—153页;19cm

ISBN 7-80599-395-5:¥5.60

I25　　028393

人生支点:周喜俊报告文学集/周喜俊著.—石家庄:河北教育出版社,1995.11.—294页;19cm

ISBN 7-5434-2070-8:¥9.20

I25　　028394

人在歧途/毛磊著.—北京:中国文联出版公司,1995.8.—279页;20cm.—(北京十记者社会纪实丛书/杨菊芳主编)

ISBN 7-5059-2166-5:¥8.90

I25　　028395

日本投降内幕/王俊彦著.—北京:中国华侨出版社,1995.10.—405页;19cm.—(日本侵华系列纪实)

ISBN 7-80074-505-8:¥15.00

I25　　028396

日本战犯审判秘闻/王俊彦著.—北京:中国华侨出版社,1995.5.—474页;19cm.—(日本侵华系列纪实)

ISBN 7-80074-583-X:¥17.50

I25　　028397

塞上女杰/中共宁夏回族自治区委员会宣传部等编.—银川:宁夏人民出版社,1995.8.—320页;20cm

ISBN 7-227-01509-2:¥10.00

I25　　028398

三晋第一路/姜志春,姜中石著.—天津:百花文艺出版社,1995.5.—352页;20cm

ISBN 7-5306-1983-7:¥14.50

I25　　028399

三千里路云和月:报告文学集/高振富主编;丹东铁路分局文联编.—北京:中国铁道出版社,1995.8.—310页;20cm

ISBN 7-113-02151-4:¥8.00

I25　　028400

扫荡黑三角/刘守忠著.—长春:时代文艺出版社,1995.2.—286页;20cm

ISBN 7-5387-0851-0:¥9.80

I25　　028401

沙红海腥:从阿拉曼到罗马/程广中,方林著.—北京:光明日报出版社,1995.5.—414页;20cm.—(不朽的功勋——奏响二战凯歌的人们丛书/傅雁南,程广中主编)

ISBN 7-80091-559-X:¥12.50

I25　　028402

山水狂飙:长征大写真之二/伍近先著.—北京:解放军出版社,1995.10.—341页;20cm.—(长篇纪实文学丛书)

ISBN 7-5065-2703-0:¥18.00

I25　　028403

闪光的星座/苏凯东主编.—哈尔滨:哈尔滨出版社,1995.9.—349页;19cm.—(新绿文学丛书/贾宏图主编)

全套总定价:80.00元

ISBN 7-80557-861-3:¥0.00

I25　　028404

商界沉浮人物/康捷等主编.—西安:太白文艺出版社,1995.3.—463页;20cm.—(二十世纪名人纪实丛书/康捷等主编)

ISBN 7-80605-184-8:¥14.20

I25　　028405

商殇:中国商界厚黑实录/明君著.—成都:四川人民

出版社,1995.6.—288页;20cm
ISBN 7-220-02847-4:¥10.98

I25　028406
上海人是怎样创造奇迹的:独领风骚话当年/马福龙主编;中共上海市委党史研究室编.—上海:上海远东出版社,1995.5.—491页:彩照;20cm
ISBN 7-80514-397-8:¥19.50

I25　028407
社会风云人物/康捷等主编.—西安:太白文艺出版社,1995.3.—558页;20cm.—(二十世纪名人纪实丛书/康捷等主编)
ISBN 7-80605-177-5:¥16.90

I25　028408
深圳的斯芬克思之谜/中共深圳市委宣传部写作组编.—深圳:海天出版社,1995.9.—243页;19cm
ISBN 7-80615-211-3:¥7.30

I25　028409
深圳的维纳斯之谜/倪元辂等著.—深圳:海天出版社,1995.6.—308页;20cm
ISBN 7-80542-993-6(精装):¥38.00

I25　028410
神探纪事　A卷/伍陆其等编.—成都:四川文艺出版社,1995.4.—80页;26cm
ISBN 7-5411-1292-5:¥3.80

I25　028411
神探纪事　B卷/伍陆其等编.—成都:四川文艺出版社,1995.4.—80页;26cm
ISBN 7-5411-1292-5:¥3.80

I25　028412
审判"海盗":知识产权与名人出庭/吴海民著.—北京:华艺出版社,1995.1.—248页;20cm.—("高保真"长篇纪实系列)
ISBN 7-80039-665-7:¥10.80

I25　028413
生非容易死非甘:郁达夫风雨爱路行/桑逢康著.—成都:四川文艺出版社,1995.3.—324页:照片;20cm.—(中国现代著名作家情与爱丛书·郁达夫)
ISBN 7-5411-1175-9:¥12.30

I25　028414
生命从80岁开始/关鸿等编.—珠海:珠海出版社,1995.12.—410页;20cm.—(中华名人纪实丛书·作家诗人卷;4)
ISBN 7-80607-112-1:¥16.00

I25　028415
师魂:北京、天津、河北、山西卷/韩作黎主编;《师魂》编辑委员会编.—武汉:湖北少年儿童出版社,1995.3.—561页;20cm.—(大型报告文学丛书)
ISBN 7-5353-1381-7(精装):¥18.80

I25　028416
师魂:广东、广西、海南、台湾、香港卷/韩作黎主编;《师魂》编辑委员会编.—武汉:湖北少年儿童出版社,1995.8.—444页;20cm.—(大型报告文学丛书)
ISBN 7-5353-1509-7(精装):¥15.90

I25　028417
师魂:黑龙江、吉林、辽宁、内蒙古卷/韩作黎主编;《师魂》编辑委员会编.—武汉:湖北少年儿童出版社,1995.8.—497页;20cm.—(大型报告文学丛书)
ISBN 7-5353-1411-2(精装):¥17.20

I25　028418
师魂:湖北、湖南、河南卷/韩作黎主编;《师魂》编辑委员会编.—武汉:湖北少年儿童出版社,1995.3.—629页;20cm.—(大型报告文学丛书)
ISBN 7-5353-1356-6(精装):¥20.50

I25　028419
师魂:山东、江苏、江西卷/韩作黎主编;《师魂》编辑委员会编.—武汉:湖北少年儿童出版社,1995.3.—554页;20cm.—(大型报告文学丛书)
ISBN 7-5353-1363-9(精装):¥18.60

I25　028420
师魂:陕西、甘肃、宁夏、青海、新疆卷/韩作黎主编;《师魂》编辑委员会编.—武汉:湖北少年儿童出版社,1995.8.—566页;20cm.—(大型报告文学丛书)
ISBN 7-5353-1510-0(精装):¥18.90

I25　028421
师魂:上海、浙江、安徽、福建卷/韩作黎主编;《师魂》编辑委员会编.—武汉:湖北少年儿童出版社,1995.3.—442页;20cm.—(大型报告文学丛书)
ISBN 7-5353-1476-7(精装):¥15.80

I25　028422
师魂:四川、云南、贵州、西藏卷/韩作黎主编;《师魂》编辑委员会编.—武汉:湖北少年儿童出版社,1995.8.—409页;20cm.—(大型报告文学丛书)
ISBN 7-5353-1508-9(精装):¥15.00

I25　028423
十年沧桑风雨路/雷积贤主编.—西安:陕西人民出版社,1995.12.—419页:彩图;20cm
ISBN 7-224-03901-2:¥16.00

I25　028424
时代笔踪:谷文雨新闻作品集/谷文雨著.—北京:国际文化出版公司,1995.9.—406页;20cm
ISBN 7-80105-131-9:¥15.00

I25　028425
时代弄潮人/王正强主编.—武汉:湖北人民出版社,1995.12.—333页;20cm
ISBN 7-216-01757-9:¥10.80

I25　028426
时代强音/张杰主编.—天津:百花文艺出版社,1995.9.—404页;20cm
ISBN 7-5306-2122-X:¥18.00

I25　028427
世纪桥畔的梦:长篇纪实文学/张重天著.—北京:华艺出版社,1995.4.—278页;20cm
ISBN 7-80039-900-1:¥10.00

I25　028428
世纪之春/祖丁远,陈建安主编.—北京:中国国际广播出版社,1995.9.—300页;20cm.—(开拓者之歌报告文学丛书;1)
ISBN 7-5078-0786-X:¥16.00

I25　028429
世纪之交的丰碑/阳敦福,江志明主编.—石家庄:花山文艺出版社,1995.12.—383页;20cm
ISBN 7-80611-361-4:¥15.50

I25　028430
世间万象:北京青年报精华本.—成都:四川人民出版社,1995.11.—76页;26cm
ISBN 7-220-02972-1:¥4.80

I25　028431
世界著名大案奇案选　(上)/艾昕编著.—成都:四川人民出版社,1995.8.—368页;20cm.—(世界警察特工丛书)
ISBN 7-220-02877-6:¥12.00

I25　028432
誓言在燃烧/王然彤著.—呼和浩特:远方出版社,1995.10.—354页;20cm
ISBN 7-80595-158-6:¥15.80

I25　028433
是真名士自风流/关鸿等编.—珠海:珠海出版社,1995.12.—399页;20cm.—(中华名人纪实丛书·美术家戏剧艺术家卷;5)
ISBN 7-80607-114-8:¥15.80

I25　028434
书号魔方:出版者的慢性自杀/吴海民著.—北京:华艺出版社,1995.1.—258页;20cm.—("高保真"长篇纪实系列)
ISBN 7-80039-662-2:¥10.80

I25　028435
蜀豪/四川省委宣传部理论处,四川经济研究杂志社编.—成都:四川大学出版社,1995.12.—282页;19cm.—(川中改革纪实丛书;1)
ISBN 7-5614-1276-2:¥12.00

I25　028436
双拥模范城　第10卷/全国"拥军优属、拥政爱民"工作领导小组办公室编.—北京:中国社会出版社,1995.9.—234页:彩照;20cm.—(报告文学丛书)
ISBN 7-80088-724-3:¥9.80

I25　028437
双拥模范城　第9卷/全国"拥军拥属、拥政爱民"工作领导小组办公室编.—北京:中国社会出版社,1995.8.—299页:彩图;20cm.—(报告文学丛书)
ISBN 7-80088-682-4:¥9.80

I25　028438
死地:三巨头谋略之迷/陈志斌,孙晓著.—济南:黄河出版社,1995.5.—452页:照片;20cm
ISBN 7-80558-595-4:¥15.80

I25　028439
死魂灵在呐喊:战后全球索赔潮/李正堂著.—北京:解放军文艺出版社,1995.7.—386页;19cm.—(战后热点追踪丛书/刘增新,项小米主编)
ISBN 7-5033-0679-3:¥12.50

I25　028440
死里逃生:王牌特工摩萨迪/辛赋编著.—成都:四川人民出版社,1995.6.—369页;20cm.—(世界警察特工丛书)
ISBN 7-220-02769-9:¥12.00

I25　028441
四十年一梦/赵雁著.—沈阳:春风文艺出版社,1995.12.—187页;19cm.—(燕东文苑/张文金主编)
ISBN 7-5313-1569-6:¥6.40

I25　028442
送你一颗勿忘草/关鸿等编.—珠海:珠海出版社,1995.12.—410页;20cm.—(中华名人纪实丛书·电影艺术家音乐家卷;6)
ISBN 7-80607-113-X:¥16.20

I25　028443
绥远九·一九/班佳灵,王新洲执笔.—呼和浩特:内蒙古人民出版社,1995.12.—279页;20cm
ISBN 7-204-03061-3:¥14.80

I25　028444
岁月·社会·人/马利著.—贵阳:贵州教育出版社,1995.8.—415页;20cm
ISBN 7-80583-718-X:¥12.50

I25　028445
岁月的脚步/严军等主编.—北京:中国国际广播出版社,1995.2.—231页;20cm.—(走向21世纪报告文学丛书)
ISBN 7-5078-1207-3:¥6.80

I25　028446
岁月随想/赵忠祥著.—上海:上海人民出版社,1995.12.—415页:照片;20cm
ISBN 7-208-02179-1:¥19.00

I25　028447
岁月消磨不了的记忆/关鸿等编.—珠海:珠海出版社,1995.12.—401页;20cm.—(中华名人纪实丛书·中共党政军领袖人物卷;1)
ISBN 7-80607-109-1:¥15.80

I25　028448
他们托起这片绿洲　第二集/韩明人主编;《他们托起这片绿洲》编委会编.—乌鲁木齐:新疆人民出版社,1995.4.—243页:照片;20cm
ISBN 7-228-03388-4:¥8.80

I25　028449
他们在创造/范军昌等著.—北京:解放军文艺出版社,1995.9.—205页;19cm
ISBN 7-5033-0474-X:¥11.30

I25　028450
踏浪者的故事/程健君主编.—郑州:河南人民出版社,1995.12.—282页;20cm
ISBN 7-215-03606-5:¥13.60

I25　028451
台湾特工在大陆/东方明著.—北京:中国文联出版公司,1995.7.—284页;20cm
ISBN 7-5059-2135-5:¥10.80

I25　028452
台湾新一代企业家/董玉洪,翁林楠编著.—厦门:鹭江出版社,1995.2.—284页;20cm.—(台湾研究丛书·经济/陈孔立主编)

ISBN 7-80610-126-8: ¥9.00

I25　028453
太空追踪:中国航天测控纪实/李培才著.—北京:中共中央党校出版社,1995.12.—431页;20cm.—(中国国防科技报告文学丛书/伍献军主编)
ISBN 7-5035-1321-7: ¥19.50

I25　028454
太阳·烛光·天平/黄传会著.—成都:四川人民出版社,1995.8.—376页;20cm.—(当代纪实名家精品文库·黄传会之卷)
ISBN 7-220-02914-4: ¥15.00

I25　028455
贪欲悲歌:金融系统工作人员犯罪警示录/陈朝仁主编.—北京:中国检察出版社,1995.11.—194页;20cm
ISBN 7-80086-333-6: ¥10.00

I25　028456
唐山大地震百人亲历记/王长胜主编;唐山市政协文史资料委员会编.—北京:社会科学文献出版社,1995.10.—636页:照片;20cm
ISBN 7-80050-689-4(精装): ¥28.00

I25　028457
特区飞虎团:长篇报告文学/中国人民解放军53205部队编.—深圳:海天出版社,1995.4.—180页;20cm.—(特区保卫者丛书/李青主编)
ISBN 7-80615-056-0: ¥8.80

I25　028458
特区忠诚卫士/中国人民解放军深圳警备区政治部编.—深圳:海天出版社,1995.1.—310页;20cm.—(特区保卫者丛书)
ISBN 7-80615-056-0: ¥7.80

I25　028459
特赦令:中国无在押战犯/潜龙著.—北京:中国社会出版社,1995.8.—306页:照片;20cm
ISBN 7-80088-653-0: ¥12.80

I25　028460
体操群英/季一德主编.—上海:上海科技教育出版社,1995.8.—156页;19cm.—(体育明星丛书)
ISBN 7-5428-1187-8: ¥8.60

I25　028461
体坛争雄人物/康捷等主编.—西安:太白文艺出版社,1995.3.—385页;20cm.—(二十世纪名人纪实丛书)
ISBN 7-80605-185-6: ¥11.90

I25　028462
天鹅之歌/王梦樵主编.—北京:中国商业出版社,1995.8.—383页;19cm
ISBN 7-5044-2938-4: ¥11.50

I25　028463
天路迢迢:中国火箭、卫星发射纪实/李鸣生著.—北京:中共中央党校出版社,1995.12.—433页;20cm.—(中国国防科技报告文学丛书/伍献军主编)
ISBN 7-5035-1319-5: ¥19.50

I25　028464
田径巨子/季一德主编.—上海:上海科技教育出版社,1995.8.—177页;19cm.—(体育明星丛书)
ISBN 7-5428-1121-5: ¥7.60

I25　028465
铁路群英　第一部/铁道部政治部编.—北京:中国铁道出版社,1995.5.—516页;20cm
ISBN 7-113-02076-3: ¥15.00

I25　028466
铁幕割裂的世界:柏林墙沧桑/赵晴,张煜著.—北京:解放军文艺出版社,1995.7.—247页;19cm.—(战后热点追踪丛书/刘增新,项小米主编)
ISBN 7-5033-0667-X: ¥10.60

I25　028467
同性恋在中国/方刚著.—长春:吉林人民出版社,1995.4.—348页;20cm.—(方刚社会纪实系列)
ISBN 7-206-02239-1: ¥13.50

I25　028468
突破湘江/汪记雨等著.—南宁:广西人民出版社,1995.10.—155页;19cm
ISBN 7-219-03092-4: ¥7.00

I25　028469
托起大都市的脊梁/施文彬主编;南北高架工程建设指挥部编.—上海:上海远东出版社,1995.12.—291页:彩照;20cm
ISBN 7-80514-208-4: ¥15.00

I25　028470
外交斗智人物/康捷等主编.—西安:太白文艺出版社,1995.3.—482页;20cm.—(二十世纪名人纪实丛书/康捷等主编)
ISBN 7-80605-182-1: ¥14.80

I25　028471
万荣精神万荣路/陆峰波汇编.—北京:人民交通出版社,1995.8.—253页:彩照;20cm
ISBN 7-114-02232-8: ¥18.00

I25　028472
万种风情无地着:诗痴情痴徐志摩/文木,郁华著.—成都:四川文艺出版社,1995.3.—349页:照片;20cm.—(中国现代著名作家情与爱丛书·徐志摩)
ISBN 7-5411-1175-9: ¥13.15

I25　028473
巍巍牡丹峰/唐航,李春争著.—哈尔滨:黑龙江人民出版社,1995.7.—502页;20cm
ISBN 7-207-03283-8: ¥18.00

I25　028474
为复土还乡那一天/王连捷著.—沈阳:辽宁人民出版社,1995.7.—224页;19cm.—(东北抗战纪实丛书/高树桥主编)
ISBN 7-205-03435-3: ¥9.60

I25　028475
为了和平:反法西斯"三部曲"出版纪实/沈世鸣著.—重庆:重庆出版社,1995.6.—274页:彩照;20cm
ISBN 7-5366-3180-4: ¥14.50

I25　028476
未来不是梦/张溪芜主编;北京作家协会编.—北京:中国人事出版社,1995.1.—265页;19cm.—(北京百业

撷英·第一辑)
ISBN 7-80076-619-5:¥7.50

I25　028477
卫星陨落以后的报告/杨伊苏著.—昆明:云南民族出版社,1995.6.—285页;19cm
ISBN 7-5367-1031-3:¥10.00

I25　028478
温情的暴风雪/桑吉仁谦著.—兰州:甘肃人民出版社,1995.6.—204页;20cm
ISBN 7-226-01500-5:¥9.80

I25　028479
温柔之乡:女兵纪实/麦道,王影著.—北京:中央编译出版社,1995.3.—412页;20cm
ISBN 7-80109-066-7:¥13.60

I25　028480
文典论丛/丁振阳等著.—赤峰:内蒙古科学技术出版社,1995.10.—10册;19cm
包括《播火者之歌》等10册
ISBN 7-5380-0314-2:¥78.00

I25　028481
文革名人风云录/叶永烈著.—西宁:青海人民出版社,1995.9.—455页;20cm.—(叶永烈纪实文集;3)
ISBN 7-225-01093-X:¥18.00

I25　028482
文学大师们的婚恋/马蹄疾等著.—北京:中国文联出版公司,1995.8.—176页;20cm
ISBN 7-5059-2159-2:¥9.90

I25　028483
文韬武略陈少敏/朱金明主编.—郑州:河南人民出版社,1995.10.—288页;19cm
ISBN 7-215-03847-5:¥10.00

I25　028484
我当县委书记/黄海编著.—海口:海南出版社,1995.7.—172页;19cm
ISBN 7-80617-269-6:¥12.80

I25　028485
我可以爱:鲁迅的情恋世界/马蹄疾著.—成都:四川文艺出版社,1995.3.—373页:照片;20cm.—(中国现代著名作家情与爱丛书·鲁迅)
ISBN 7-5411-1175-9:¥14.00

I25　028486
我们新疆好地方:报告文学作品集/中共新疆维吾尔自治区委员会宣传部编.—乌鲁木齐:新疆人民出版社,1995.9.—323页;20cm
ISBN 7-228-03753-7:¥11.00

I25　028487
我在越南当阔佬/张重光著.—桂林:漓江出版社,1995.1.—264页;20cm
ISBN 7-5407-1666-5:¥7.80

I25　028488
卧龙群英谱/王皓主编.—北京:人民日报出版社,1995.12.—561页;20cm
ISBN 7-80002-788-0:¥18.00

I25　028489
乌蒙壮歌/刘群峰,张化吉著.—贵阳:贵州人民出版社,1995.10.—129页:照片;19cm
ISBN 7-221-03992-5:¥6.60

I25　028490
武之魂:中州武林名人大写实/李诚等编著.—北京:国际文化出版公司,1995.7.—404页;19cm
ISBN 7-80105-274-9:¥15.00

I25　028491
五环人世相/王崇理著.—北京:中国文联出版公司,1995.8.—321页;20cm.—(北京十记者社会纪实丛书/杨菊芳主编)
ISBN 7-5059-2164-9:¥9.80

I25　028492
五七年的血泪/叶永烈著.—西宁:青海人民出版社,1995.9.—275页;20cm.—(叶永烈纪实文集;1)
ISBN 7-225-01091-3:¥11.80

I25　028493
雾灵山下战洪图/中共兴隆县委宣传部,兴隆县水利局编.—石家庄:河北人民出版社,1995.6.—226页;19cm
ISBN 7-202-01745-8:¥9.50

I25　028494
西部之光:特种工程部队纪事/马苏政,王贤根著.—北京:海潮出版社,1995.12.—281页:照片;20cm
ISBN 7-80054-745-0:¥18.00

I25　028495
西部之路/邱文银主编.—乌鲁木齐:新疆人民出版社,1995.2.—256页;19cm.—(西部之路文学丛书/邱文银主编)
ISBN 7-228-03364-7:¥7.50

I25　028496
西藏高原上的不朽丰碑/王华主编.—南京:河海大学出版社,1995.8.—309页:彩图;20cm
ISBN 7-5630-0867-5:¥35.00

I25　028497
西疆国界山/郭培中著.—乌鲁木齐:新疆人民出版社,1995.10.—302页;20cm
ISBN 7-228-03495-2:¥10.00

I25　028498
西线大捷/刘富道主编.—武汉:长江文艺出版社,1995.9.—249页;20cm
ISBN 7-5354-1259-9:¥12.00

I25　028499
希望:长篇报告文学/叶达俊主编;中共韶关市委宣传部,韶关市文联著.—广州:广东人民出版社,1995.12.—243页;19cm
ISBN 7-218-01821-1:¥11.50

I25　028500
献给后代的报告:采访老一辈报告文学集　第二辑/上海市当代人物研究会,萌芽杂志社主编.—北京:中国工人出版社,1995.5.—277页;20cm
ISBN 7-5008-1746-0:¥18.20

I25　028501
献给后代的报告:采访老一辈报告文学集　第二辑/

上海市当代人物研究会，萌芽杂志社主编．—北京：中国工人出版社，1995.5.—277 页；20cm
ISBN 7－5008－1746－0(精装)：¥22.00

I25 028502
想对商人说我：恩波商战/王力著．—北京：中国文联出版公司，1995.8.—319 页；19cm
ISBN 7－5059－2271－8：¥12.60

I25 028503
向往太阳/李娟著．—乌鲁木齐：新疆人民出版社，1995.8.—257 页；20cm
ISBN 7－228－03530－5：¥9.50

I25 028504
萧红 萧军/肖凤著．—北京：中国青年出版社，1995.1.—262 页；20cm.—(名人情结丛书)
ISBN 7－5006－1788－7：¥8.60

I25 028505
萧乾 文洁若/丁亚平著．—北京：中国青年出版社，1995.1.—228 页；20cm.—(名人情结丛书)
ISBN 7－5006－1783－6：¥7.60

I25 028506
萧萧落红情依依：萧红的情与爱/丁言昭著．—成都：四川文艺出版社，1995.3.—385 页：照片；20cm.—(中国现代著名作家情与爱丛书·萧红)
ISBN 7－5411－1175－9：¥14.50

I25 028507
小康之花艳太行：阳泉市农村小康建设纪实/王克恭主编．—太原：山西人民出版社，1995.9.—285 页；20cm
ISBN 7－203－03382－1：¥18.00

I25 028508
校友风采：山东水利专科学校校友事迹专辑(一)/颜振元等主编．—北京：中国水利水电出版社，1995.9.—283 页；20cm
ISBN 7－80124－083－9：¥15.00

I25 028509
笑泪生涯中的女明星/张维国著．—北京：中国文联出版公司，1995.8.—185 页；20cm.—(北京十记者社会纪实丛书/杨菊芳主编)
ISBN 7－5059－2163－0：¥8.60

I25 028510
新河洲升起了彩虹/刘富道著．—武汉：湖北人民出版社，1995.6.—211 页：照片；20cm
ISBN 7－216－01722－6：¥12.80

I25 028511
新时代的乐章/黄维华，周志高主编．—南昌：百花洲文艺出版社，1995.12.—290 页；19cm
ISBN 7－80579－716－1：¥6.00

I25 028512
新忏悔录/冯武著．—北京：解放军文艺出版社，1995.7.—344 页；19cm.—(战后热点追踪丛书/刘增新，项小米主编)
ISBN 7－5033－0674－2：¥12.10

I25 028513
心愿/安宗翰著．—北京：专利文献出版社，1995.4.—278 页；20cm
ISBN 7－80011－170－9：¥6.80

I25 028514
雄风催春：广西优秀军队转业干部报告文学集/王贞松主编；广西壮族自治区军队转业干部安置工作小组办公室编．—南宁：广西人民出版社，1995.1.—422 页：彩照；20cm
ISBN 7－219－02893－8(精装)：¥15.00

I25 028515
徐悲鸿 廖静文/廖静文著．—北京：中国青年出版社，1995.1.—252 页；20cm.—(名人情结丛书)
ISBN 7－5006－1780－1：¥8.50

I25 028516
徐志摩 陆小曼/曾庆瑞，赵遐秋著．—北京：中国青年出版社，1995.1.—282 页；20cm.—(名人情结丛书)
ISBN 7－5006－1781－X：¥9.60

I25 028517
选美冲击中国/方刚，阿鸿编著．—北京：中国文联出版公司，1995.8.—290 页；20cm.—(东方纪实丛书)
ISBN 7－5059－2194－0：¥12.20

I25 028518
学海行舟人物/康捷等主编．—西安：太白文艺出版社，1995.3.—501 页；20cm.—(二十世纪名人纪实丛书)
ISBN 7－80605－176－7：¥15.20

I25 028519
雪域之魂：来自西藏阿里的报告/杨年华著．—西宁：青海人民出版社，1995.6.—160 页；19cm
ISBN 7－225－01075－1：¥6.50

I25 028520
血祭马家军/西尔枭著．—北京：国际文化出版公司，1995.1.—400 页：照片；20cm
ISBN 7－80105－220－X：¥13.80

I25 028521
血色黎明：民族命运大决战中的毛泽东与蒋介石/孙建军编著．—成都：四川文艺出版社，1995.5.—397 页；20cm
ISBN 7－5411－1320－4：¥14.80

I25 028522
血思：追访战灾幸存者/陈宗舜著．—北京：解放军文艺出版社，1995.7.—205 页：照片；19cm.—(战后热点追踪丛书/刘增新，项小米主编)
ISBN 7－5033－0672－6：¥8.50

I25 028523
寻找储安平/邓加荣著．—北京：北京十月文艺出版社，1995.10.—478 页；19cm
ISBN 7－5302－0398－3：¥14.00

I25 028524
寻找高手"角斗"/李容焕等著．—广州：新世纪出版社，1995.6.—84 页；19cm
ISBN 7－5405－1168－0：¥6.00

I25 028525
寻找家园：二战失踪军人觅踪/侯健飞著．—北京：解放军文艺出版社，1995.7.—381 页；19cm.—(战后热点追踪丛书/刘增新，项小米主编)

ISBN 7-5033-0673-4: ¥13.20

I25　028526

鸭绿江告诉你/孙佑杰著.—北京:人民文学出版社,1995.4.—260页:肖像;20cm

ISBN 7-02-002068-2: ¥8.05

I25　028527

沿着东纵的脚印:东江纵队华南抗战寻踪/丘盘连,弓玄主编.—北京:中国青年出版社,1995.10.—549页;20cm.—(深圳特区报丛书)

ISBN 7-5006-2157-4: ¥25.60

I25　028528

燕东之星/潘建民等著.—沈阳:春风文艺出版社,1995.12.—168页;19cm.—(燕东文苑/张文金主编)

ISBN 7-5313-1569-6: ¥6.00

I25　028529

扬起生命之帆/朱水主编;龙岗区卫生局编著.—深圳:海天出版社,1995.12.—216页;20cm

ISBN 7-80615-258-X: ¥16.80

I25　028530

羊城十二钗/柳明著.—广州:广州出版社,1995.5.—275页;19cm

ISBN 7-80592-218-7: ¥8.80

I25　028531

洋中猎"狼":大西洋之战/陈虎等著.—北京:光明日报出版社,1995.5.—294页;20cm.—(不朽的功勋——奏响二战凯歌的人们丛书/傅雁南,程广中主编)

ISBN 7-80091-562-X: ¥9.50

I25　028532

阳光岛上的"黑马"/李忠效,刘纪舟著.—北京:解放军出版社,1995.1.—187页:彩照;20cm

ISBN 7-5065-2651-4: ¥9.80

I25　028533

样板戏的风风雨雨:江青·样板戏及内幕/戴嘉枋著.—北京:知识出版社,1995.4.—346页;20cm

ISBN 7-5015-1160-8: ¥10.80

I25　028534

瑶山大风歌/龚政宇著.—广州:广东高等教育出版社,1995.12.—220页:照片;19cm

ISBN 7-5361-1806-6: ¥9.00

I25　028535

野火神州:从苦苦相持到曙光初照/高翠莲著.—北京:光明日报出版社,1995.5.—387页;20cm.—(不朽的功勋——奏响二战凯歌的人们丛书/傅雁南,程广中主编)

ISBN 7-80091-564-6: ¥12.00

I25　028536

夜鹰热线/刘巽达著.—上海:华东师范大学出版社,1995.12.—225页;20cm.—(文化快餐丛书·刘巽达家庭社会系列)

ISBN 7-5617-1461-0: ¥10.30

I25　028537

一代风流/王松青主编.—北京:中国人事出版社,1995.6.—267页;20cm

ISBN 7-80076-728-0: ¥12.80

I25　028538

一个傻子和一个市场/张嵩山著.—北京:解放军文艺出版社,1995.8.—209页;19cm

ISBN 7-5033-0493-6: ¥9.50

I25　028539

一群女人在西部/王建刚著.—乌鲁木齐:新疆人民出版社,1995.6.—182页;19cm

ISBN 7-228-03340-X: ¥8.80

I25　028540

一树春风千万枝/班羽斐主编.—太原:北岳文艺出版社,1995.4.—251页;20cm

ISBN 7-5378-1213-6: ¥6.75

I25　028541

遗孤残妇大寻亲/崔纪敏,张锡杰著.—北京:解放军文艺出版社,1995.4.—265页;19cm.—(战后热点追踪丛书/刘增新,项小米主编)

ISBN 7-5033-0670-X: ¥11.30

I25　028542

倚天长剑/揭光保著.—南昌:21世纪出版社,1995.12.—317页;19cm

ISBN 7-5391-1036-8: ¥8.50

I25　028543

倚天斩鲸记/于振瀛著.—天津:百花文艺出版社,1995.9.—128页;19cm

ISBN 7-5306-1623-4: ¥5.00

I25　028544

以人民的名义/卢跃刚著.—北京:中国青年出版社,1995.6.—274页;20cm.—(中国社会转型春秋;1)

ISBN 7-5006-1948-0: ¥9.50

I25　028545

艺苑沧桑人物/康捷等主编.—西安:太白文艺出版社,1995.3.—580页;20cm.—(二十世纪名人纪实丛书/康捷等主编)

ISBN 7-80605-179-1: ¥17.50

I25　028546

饮马人/焦炳琨著.—兰州:敦煌文艺出版社,1995.4.—216页:彩照;20cm.—(陇上春潮丛书)

ISBN 7-80587-270-8: ¥9.80

I25　028547

隐秘与灾变/韩作荣著.—成都:四川人民出版社,1995.8.—305页;20cm.—(当代纪实名家精品文库·韩作荣之卷)

ISBN 7-220-02918-7: ¥13.50

I25　028548

英雄太行:长篇纪实文学/闫爱英,王家璧主编.—太原:山西人民出版社,1995.9.—525页;20cm

ISBN 7-203-03387-2: ¥15.80

I25　028549

鹰击长空/刘大平主编.—呼和浩特:远方出版社,1995.3.—387页;20cm.—(中国名星企业丛书)

ISBN 7-80595-094-6: ¥28.00

I25　028550

鹰迹/田丽华著.—乌鲁木齐:新疆人民出版社,1995.9.—253页;20cm

ISBN 7-228-03268-3: ¥9.80

I25　028551
营救张学良/东方明著.—银川:宁夏人民出版社,1995.10.—2册;26cm
ISBN 7-227-01467-3: ¥9.60

I25　028552
影视后幕揭秘/郭向星著.—北京:海潮出版社,1995.1.—404页:照片;20cm
ISBN 7-80054-598-9: ¥15.00

I25　028553
颍河之星:报告文学集/王天瑞,金鸿钧主编.—呼和浩特:内蒙古人民出版社,1995.12.—307页;20cm
ISBN 7-204-02991-7: ¥12.00

I25　028554
拥抱与决裂/马泰泉著.—北京:解放军出版社,1995.12.—418页;20cm
ISBN 7-5065-2995-5: ¥16.50

I25　028555
泳池蛟龙/季一德主编.—上海:上海科技教育出版社,1995.8.—171页;19cm.—(体育明星丛书)
ISBN 7-5428-1179-7: ¥9.20

I25　028556
永生人:续集/孔祥庚,周保昌著.—昆明:云南民族出版社,1995.9.—246页;19cm
ISBN 7-5367-1119-0: ¥12.80

I25　028557
永远十九岁/王建华著.—乌鲁木齐:新疆人民出版社,1995.8.—225页;20cm
ISBN 7-228-03539-9: ¥13.50

I25　028558
与世纪同行:一位老作家的坎坷经历/萧英著.—北京:华艺出版社,1995.7.—281页;19cm
ISBN 7-80039-946-X: ¥9.00

I25　028559
宇宙探秘人物/康捷等主编.—西安:太白文艺出版社,1995.3.—542页;20cm.—(二十世纪名人纪实丛书/康捷等主编)
ISBN 7-80605-181-3: ¥16.40

I25　028560
玉龙山花情/木丽春著.—北京:民族出版社,1995.6.—216页;20cm
ISBN 7-105-02347-3: ¥6.80

I25　028561
郁达夫 王映霞/桑逢康著.—北京:中国青年出版社,1995.1.—242页;20cm.—(名人情结丛书)
ISBN 7-5006-1786-0: ¥8.20

I25　028562
预备役部队风采录:1983~1993/总参谋部动员部,解放军报社编.—北京:海潮出版社,1995.11.—369页;20cm
内部发行
ISBN 7-80054-748-5: ¥12.50

I25　028563
圆梦曲/张明河著.—乌鲁木齐:新疆人民出版社,1995.5.—209页;19cm
ISBN 7-228-03425-2: ¥9.80

I25　028564
越不过的屏障:中外边关缉私秘录/高厚满著.—北京:解放军出版社,1995.3.—147页;19cm.—(世界军警行动纪实丛书)
ISBN 7-5065-2654-9: ¥6.30

I25　028565
月儿弯弯照九洲:北京九洲揽月床具公司纪实/红孩著.—北京:北京出版社,1995.8.—100页:照片;20cm
ISBN 7-200-02784-7: ¥8.40

I25　028566
云岭创业歌:昆明卷烟材料厂艰辛历程/丁峻著.—昆明:云南民族出版社,1995.6.—104页:彩照;20cm
ISBN 7-5367-1036-4: ¥15.00

I25　028567
云岭漫笔/甘发俊著.—合肥:安徽大学出版社,1995.8.—147页;20cm.—(新四军研究丛书)
ISBN 7-81052-011-3: ¥6.20

I25　028568
陨石之歌/袁厚春著.—北京:华艺出版社,1995.5.—307页;19cm.—(中国当代著名军中作家精品大系/王蒙等主编)
ISBN 7-80039-043-8: ¥10.50

I25　028569
再度辉煌/北京亚联经济研究所企业文化丛书编辑部编.—北京:中信出版社,1995.2.—470页;20cm.—(走向卓越企业文化丛书)
ISBN 7-80073-090-5: ¥16.80

I25　028570
躁动的中国牛:百姓眼中的股市行情/钱石明著.—北京:法律出版社,1995.4.—207页;20cm
ISBN 7-5036-1552-4: ¥11.00

I25　028571
张家港人/凤章编著.—南京:江苏人民出版社,1995.12.—160页:彩图;20cm
ISBN 7-214-01611-7(精装): ¥12.50

I25　028572
这一片橄榄绿/刘珍华主编;重庆公安报社,重庆作家协会编.—重庆:重庆出版社,1995.1.—250页;19cm
ISBN 7-5366-3098-0: ¥9.00

I25　028573
浙北腾龙:走向大市场的长兴人/刘世军主编;中共浙江省长兴县委宣传部编.—北京:解放军文艺出版社,1995.9.—277页:照片;19cm
ISBN 7-5033-0634-3: ¥17.00

I25　028574
侦察员在行动/邱镛怡著.—贵阳:贵州人民出版社,1995.12.—217页;20cm
ISBN 7-221-03924-0: ¥9.80

I25　028575
正义的赞歌/山东省社会治安综合治理委员会办公室编著.—济南:黄河出版社,1995.12.—182页;20cm
ISBN 7-80558-693-4: ¥5.50

I25　028576
知情者说:与历史关键人物的对话/王凡著.—北京:中国青年出版社,1995.1.—310页;20cm
ISBN 7-5006-1834-4:¥9.80

I25　028577
智擒一指残匪王:中国特大案件纪实之一/李玉轩著.—沈阳:春风文艺出版社,1995.5.—2册;26cm.—(三警系列丛书/达众主编)
ISBN 7-5313-1444-4:¥9.20

I25　028578
中国“野模”/方刚著.—长春:吉林人民出版社,1995.4.—288页;20cm.—(方刚社会纪实系列)
ISBN 7-206-02241-3:¥13.50

I25　028579
中国:另一种危机/徐刚著.—沈阳:春风文艺出版社,1995.1.—419页;20cm
ISBN 7-5313-1413-4:¥12.80

I25　028580
中国大地颂　(一)/大地文化艺术交流中心编.—北京:民族出版社,1995.6.—698页;20cm
ISBN 7-105-02432-1:¥29.50

I25　028581
中国的女老板/云梦泽主编.—武汉:湖北人民出版社,1995.3.—233页;19cm
ISBN 7-216-01646-7:¥6.50

I25　028582
中国第一厂风采录/江南造船厂《中国第一厂风采录》编写组编.—上海:上海文艺出版社,1995.5.—259页;20cm
ISBN 7-5321-1382-5:¥20.00

I25　028583
中国改革者风采录　第一辑/王高升,何剑鸣主编.—北京:石油工业出版社,1995.2.—772页;20cm
全套总定价:148.00元
ISBN 7-5021-1418-1:¥0.00

I25　028584
中国广告人风采/杜连成编著.—北京:中国文联出版公司,1995.8.—302页:彩照;20cm
ISBN 7-5059-2266-1:¥22.00

I25　028585
中国广告人风采/杜连成编著.—北京:中国文联出版公司,1995.8.—302,16页:彩图;20cm
ISBN 7-5059-2267-X(精装):¥32.00

I25　028586
中国机电日报副刊文选/贾柱,胡晓晶主编.—北京:兵器工业出版社,1995.12.—293页;19cm
ISBN 7-80038-972-3:¥14.00

I25　028587
中国留学大潮纪实/陈玲著.—北京:海潮出版社,1995.1.—293页;19cm
ISBN 7-80054-596-2:¥9.80

I25　028588
中国敏感地带/吴海民著.—成都:四川人民出版社,1995.8.—455页;20cm.—(当代纪实名家精品文库·吴海民之卷)
ISBN 7-220-02912-8(精装):¥18.00

I25　028589
中国女官员/铁楠著.—北京:作家出版社,1995.12.—168页;19cm
ISBN 7-5063-0944-0:¥6.00

I25　028590
中国人的情感隐秘/方刚著.—长春:吉林人民出版社,1995.4.—316页;20cm.—(方刚社会纪实系列)
ISBN 7-206-02242-1:¥13.50

I25　028591
中国人体模特儿/方刚,阿鸿著.—北京:中国文联出版公司,1995.8.—305页;20cm.—(东方纪实丛书)
ISBN 7-5059-2193-2:¥12.80

I25　028592
中国武警第一旅/武警广东省边防总队第七支队编.—深圳:海天出版社,1995.1.—310页;20cm.—(特区保卫者丛书)
ISBN 7-80615-056-0:¥8.00

I25　028593
中国隐秘角/郝在今等编.—北京:中共中央党校出版社,1995.3.—310页;20cm.—(90年代社会纪实丛书/郝在今主编)
ISBN 7-5035-1161-3:¥10.00

I25　028594
中国优秀女企业家　(2)/中国女企业家协会编.—北京:北京出版社,1995.8.—356页;20cm
ISBN 7-200-02749-9:¥12.50

I25　028595
中国之约/乔迈著.—成都:四川人民出版社,1995.8.—430页;20cm.—(当代纪实名家精品文库·乔迈之卷)
ISBN 7-220-02911-X:¥17.00

I25　028596
中华创业者/张令主编.—北京:海潮出版社,1995.12.—1055页;20cm.—(中华创业者丛书;16/张令主编)
ISBN 7-80054-755-8:¥48.00

I25　028597
中华历代800奇案:画苑卷/史实编著.—长春:北方妇女儿童出版社,1995.1.—404页;19cm
ISBN 7-5385-0997-6:¥12.00

I25　028598
中华历代800奇案:文坛卷/史实编著.—长春:北方妇女儿童出版社,1995.1.—452页;19cm
ISBN 7-5385-0997-6:¥12.00

I25　028599
中华历代800奇案:戏府影视卷/史实编著.—长春:北方妇女儿童出版社,1995.1.—401页;19cm
ISBN 7-5385-0997-6:¥12.00

I25　028600
中华历代800奇案:政界卷/史实编著.—长春:北方妇女儿童出版社,1995.1.—400页;19cm
ISBN 7-5385-0997-6:¥12.00

I25 028601
中华奇人——侯希贵新传/陈浩望著.—南宁:广西民族出版社,1995.2.—236页:彩照;20cm
ISBN 7-5363-2873-7:¥10.80

I25 028602
中华之魂潍水之光/吴兰婷主编.—济南:山东大学出版社,1995.11.—200页;20cm
ISBN 7-5607-1531-1:¥5.00

I25 028603
中山魂/王苏红著.—北京:华文出版社,1995.7.—199页;19cm
ISBN 7-5075-0389-5:¥6.00

I25 028604
中外名人与井冈山/熊敏,晏蔚青编著.—南京:江苏人民出版社,1995.6.—221页;19cm
ISBN 7-214-01491-2:¥8.80

I25 028605
中外书摘精华/倪国雄等编.—长沙:湖南文艺出版社,1995.2.—298页;20cm
ISBN 7-5404-1333-6:¥7.10

I25 028606
重大案件侦破纪实:A卷/曹剑萍编著.—西宁:青海人民出版社,1995.6.—64页;26cm
ISBN 7-225-01044-1:¥3.98

I25 028607
重塑辉煌:跨向新纪元的革命老区/沈其新著.—长沙:湖南教育出版社,1995.12.—304页;20cm
ISBN 7-5355-2379-X:¥13.60

I25 028608
周恩来外交风云/杨明伟,陈扬勇著.—北京:解放军文艺出版社,1995.12.—409页;19cm
ISBN 7-5033-0690-4:¥18.30

I25 028609
珠海:走向蔚蓝色/林丹著.—广州:暨南大学出版社,1995.12.—253页;20cm
ISBN 7-81029-566-7:¥12.00

I25 028610
珠穆朗玛之魂/张健著.—成都:四川少年儿童出版社,1995.12.—279页;20cm
ISBN 7-5365-1407-7:¥11.00

I25 028611
朱湘 霓君/王伟,周红著.—北京:中国青年出版社,1995.1.—259页;20cm.—(名人情结丛书)
ISBN 7-5006-1782-8:¥8.60

I25 028612
烛照篇:黄伊和当代作家/王立道著.—西宁:青海人民出版社,1995.9.—281页;20cm
ISBN 7-225-01104-9:¥11.50

I25 028613
转战沂蒙的老一团:为纪念抗日战争胜利五十周年作/齐戈著.—北京:新时代出版社,1995.8.—273页;20cm
ISBN 7-5042-0309-2:¥10.80

I25 028614
走出地球村:长篇报告文学/李鸣生著.—北京:人民文学出版社,1995.12.—398页;20cm
ISBN 7-02-002253-7:¥19.40

I25 028615
走出黄土地/刘启俊主编.—北京:新华出版社,1995.6.—514页;20cm
ISBN 7-5011-2874-X:¥15.00

I25 028616
走出平原/张建军;曹宝华主编.—天津:百花文艺出版社,1995.2.—257页:照片;19cm
ISBN 7-5306-1915-2:¥7.20

I25 028617
走进大山:改革启示录/杨柏著.—贵阳:贵州人民出版社,1995.5.—384页;20cm
ISBN 7-221-03640-3:¥7.58

I25 028618
走向成熟:经营赞/王水官主编.—上海:同济大学出版社,1995.5.—217页;19cm
ISBN 7-5608-1450-6:¥8.40

I25 028619
走向大市场 (三):报告文学集/何来,西岭编.—北京:新华出版社,1995.12.—385页;20cm.—(大陆桥丛书)
ISBN 7-5011-3018-3:¥14.00

I25 028620
走向辉煌/《莫愁》杂志社编.—北京:中国妇女出版社,1995.8.—329页;19cm.—(中国妇女报刊精粹丛书/姚维斗主编)
ISBN 7-80016-706-2:¥12.00

I25 028621
走向辉煌——创业者人生大写真/王裕安等主编.—北京:新华出版社,1995.7.—252页;20cm
ISBN 7-5011-2912-6:¥9.50

I25 028622
走向未来/陈宏博主编;新疆文联作家协会编.—乌鲁木齐:新疆人民出版社,1995.11.—257页;20cm
ISBN 7-228-03777-4:¥9.80

I25 028623
最后的采访/关鸿等编.—珠海:珠海出版社,1995.12.—414页;20cm.—(中华名人纪实丛书·中共党政军高级领导著名民主人士卷;2)
ISBN 7-80607-110-5:¥16.30

I25 028624
最后的支那梦:"残留"日军败绩与下场/周慧著.—北京:解放军文艺出版社,1995.7.—315页;19cm.—(战后热点追踪丛书/刘增新,项小米主编)
ISBN 7-5033-0671-8:¥11.20

I25 028625
喋血东线:苏德的较量/李久林等编著.—北京:九洲图书出版社,1995.4.—283页:照片;20cm.—(回眸二战/苏真,肖石忠主编)
ISBN 7-80114-047-8:¥16.80

I25 028626
嗨!申花队/马申等著.—上海:上海社会科学院出

版社,1995.12.—150页;彩照;20cm
ISBN 7-80618-192-X:¥12.00

I25　028627
滏阳之歌/程汉卿,宋茂岭著.—北京:文津出版社,1995.10.—260页;19cm
ISBN 7-80554-285-6:¥9.80

I25　028628
瀚海扬帆/高虹,王志明主编.—乌鲁木齐:新疆人民出版社,1995.4.—269页;20cm
ISBN 7-228-03402-3:¥12.80

I25　028629
璀璨的明珠/宝源等主编.—郑州:河南人民出版社,1995.12.—431页;20cm
ISBN 7-215-03629-4:¥16.50

I25　028630
橄榄血:一代警魂——李小咪:长篇报告文学/夏思荣著.—重庆:重庆出版社,1995.8.—260页;19cm
ISBN 7-5366-3237-1:¥8.50

I25　028631
蹊径芳菲/胡兆龙著.—天津:百花文艺出版社,1995.7.—294页;20cm
ISBN 7-5306-2025-8:¥12.00

I25　028632
瞿秋白 杨之华/冒炘著.—北京:中国青年出版社,1995.1.—188页;20cm.—(名人情结丛书)
ISBN 7-5006-1785-2:¥6.30

I25　028633
鏖战塔山/林健民著.—北京:解放军出版社,1995.12.—153页;19cm
ISBN 7-5065-2735-9:¥6.00

①I25②③K826.1　028634
王介福传奇/孔献之著.—深圳:海天出版社,1995.10.—342页;彩照;19cm.—(95深圳作家丛书)
全套共4册,总定价:38.00元
ISBN 7-80615-191-5:¥0.00

①I25②C913.1　028635
二十世纪最伟大的爱情/陶春芳等编.—珠海:珠海出版社,1995.12.—314页;20cm.—(家庭万象丛书/陶春芳,乔桑主编)
ISBN 7-80607-120-2:¥12.70

①I25②C913.1　028636
黑色家族的覆灭/陶春芳编.—珠海:珠海出版社,1995.12.—387页;20cm.—(家庭万象丛书/陶春芳,乔桑主编)
ISBN 7-80607-126-1:¥15.50

①I25②C913.1　028637
跨越三国的诉讼/陶春芳等编.—珠海:珠海出版社,1995.12.—342页;20cm.—(家庭万象丛书/陶春芳,乔桑主编)
ISBN 7-80607-125-3:¥13.80

①I25②C913.1　028638
蓝眼睛和黑眼睛的对话/陶春芳等编.—珠海:珠海出版社,1995.12.—320页;20cm.—(家庭万象丛书/陶春芳,乔桑主编)
ISBN 7-80607-124-5:¥12.80

①I25②C913.1　028639
泣血盼魄归/陶春芳等编.—珠海:珠海出版社,1995.12.—399页;20cm.—(家庭万象丛书/陶春芳,乔桑主编)
ISBN 7-80607-123-7:¥16.00

①I25②C913.1　028640
一千封求爱信/陶春芳等编.—珠海:珠海出版社,1995.12.—386页;20cm.—(家庭万象丛书/陶春芳,乔桑主编)
ISBN 7-80607-121-0:¥15.50

①I25②C913.1　028641
一条船上的双桨/陶春芳等编.—珠海:珠海出版社,1995.12.—342页;20cm.—(家庭万象丛书/陶春芳,乔桑主编)
ISBN 7-80607-122-9:¥13.80

①I25②D263　028642
高原雪魂——孔繁森/郭保林著.—2版.—济南:山东文艺出版社,1995.10.—412页;20cm
ISBN 7-5329-1301-5(精装):¥16.80

①I25②D44　028643
女人自己的歌/张桂琴主编.—青岛:青岛出版社,1995.4.—608页;20cm.—(中外巾帼风采)
ISBN 7-5436-1308-5:¥22.60

①I25②D526　028644
兵不血刃:世界间谍大战纪实/铁周,钟启编著.—北京:国际文化出版公司,1995.6.—2册;20cm
ISBN 7-80105-263-3:¥28.80

①I25②D618　028645
金陵新传:海峡两岸关系纪实/李健编著.—北京:华文出版社,1995.11.—4册(2291页):照片;20cm
ISBN 7-5075-0490-5:¥98.80

①I25②D619.55　028646
十年辉煌/张汉楚等主编.—北京:新华出版社,1995.4.—209页;20cm
ISBN 7-5011-2865-0:¥8.80

①I25②D632.5　028647
沈阳人·沈阳情·沈阳心:沈阳市救灾捐赠纪实/于作义著.—北京:中国社会出版社,1995.3.—268页;19cm
ISBN 7-80088-515-1:¥8.00

①I25②D64　028648
天山魂:记新时期献身新疆建设事业的英烈们/中共新疆维吾尔自治区委员会宣传部编.—乌鲁木齐:新疆人民出版社,1995.7.—266页;19cm
ISBN 7-228-03433-3:¥6.50

①I25②D669　028649
流动的历史:社会热点问题透视/赵成杰著.—长春:吉林大学出版社,1995.11.—215页;20cm
ISBN 7-5601-1846-1:¥9.00

①I25②D738.236　028650
全球大追捕:摩萨迪追杀纳粹元凶内幕/洋子,晓伟著.—广州:花城出版社,1995.6.—437页;20cm.—(军界大广角丛书;1)
ISBN 7-5360-2069-4:¥17.80

①I25②D738.236 028651
以色列特工/江浩著.—成都:四川人民出版社,1995.7.—442页;20cm
ISBN 7-220-02771-0:¥14.80

①I25②D829 028652
谁为中国声辩:八年抗日外交风云录/尹家民著.—北京:解放军文艺出版社,1995.6.—448页:照片;20cm.—(中国抗日战争纪实丛书/王颖,吴振录主编)
ISBN 7-5033-0633-5:¥17.00

①I25②D920.5 028653
辽河警示录:辽宁地区重大典型案件审判纪实/张焕文主编.—北京:人民法院出版社,1995.2.—295页;19cm.—(审判纪实丛书)
ISBN 7-80056-278-6:¥9.00

①I25②E212 028654
一代精兵:参谋业务尖子分册/总参谋部军训部编.—北京:解放军出版社,1995.4.—334页;20cm
内部发行
ISBN 7-5065-2823-1:¥0.00

①I25②E297.2 028655
山河呼啸:东北抗联征战实录/全勇著.—长沙:湖南出版社,1995.6.—321页;20cm.—(中国共产党武装力量抗战纪实丛书)
ISBN 7-5438-0993-1:¥16.80

①I25②E297.3 028656
江淮出师:新四军初创与征战/常敬竹,董保存著.—北京:解放军文艺出版社,1995.6.—390页:照片;20cm.—(中国抗日战争纪实丛书/王颖,吴振录主编)
ISBN 7-5033-0643-2:¥15.00

①I25②E297.3 028657
晋绥鏖兵:八路军120师征战记/冯捷著.—北京:解放军文艺出版社,1995.7.—371页:照片;20cm.—(中国抗日战争纪实丛书/王颖,吴振录主编)
ISBN 7-5033-0655-6:¥16.50

①I25②E297.3 028658
山河呼啸:八路军一二0师征战实录/孙科佳著.—长沙:湖南出版社,1995.6.—278页;20cm.—(中国共产党武装力量抗战纪实丛书)
ISBN 7-5438-0989-3:¥15.50

①I25②E297.3 028659
山河呼啸:八路军一二九师征战实录/刘泰著.—长沙:湖南出版社,1995.6.—380页;20cm.—(中国共产党武装力量抗战纪实丛书)
ISBN 7-5438-0987-7:¥18.80

①I25②E297.3 028660
山河呼啸:八路军一一五师征战实录/李文著.—长沙:湖南出版社,1995.6.—348页;20cm.—(中国共产党武装力量抗战纪实丛书)
ISBN 7-5438-0985-0:¥17.80

①I25②E297.3 028661
山河呼啸:新四军征战实录/蔡仁照,孙科佳著.—长沙:湖南出版社,1995.6.—283页;20cm.—(中国共产党武装力量抗战纪实丛书)
ISBN 7-5438-0991-5:¥15.50

①I25②E297.3 028662
太行雄师:八路军129师征战记/傅建文著.—北京:解放军文艺出版社,1995.7.—371页:照片;20cm.—(中国抗日战争纪实丛书/王颖,吴振录主编)
ISBN 7-5033-0641-6:¥16.50

①I25②E297.3 028663
铁军——新四军征战纪实/刘翀霄编著.—成都:四川人民出版社,1995.3.—502页;20cm
ISBN 7-220-02749-4:¥15.80

①I25②E297.3 028664
铁流东进:八路军115师征战记/魏碧海著.—北京:解放军文艺出版社,1995.7.—406页:照片;20cm.—(中国抗日战争纪实丛书/王颖,吴振录主编)
ISBN 7-5033-0654-8:¥18.00

①I25②E297.3 028665
铁血N4A:重新崛起的新四军/顾保孜著.—北京:解放军文艺出版社,1995.6.—335页:照片;20cm.—(中国抗日战争纪实丛书/王颖,吴振录主编)
ISBN 7-5033-0644-0:¥13.60

①I25②E297.5 028666
世界屋脊大战/韩学润著.—西安:陕西人民教育出版社,1995.6.—544页;20cm
ISBN 7-5419-6192-2:¥18.00

①I25②E382.9 028667
百战王牌:以色列军人铁血作战纪实/江浩著.—成都:四川人民出版社,1995.2.—395页;20cm
ISBN 7-220-02732-X:¥12.80

①I25②F276.3 028668
浙江乡镇企业英才/姚正顺主编.—杭州:浙江古籍出版社,1995.11.—226页;19cm
ISBN 7-80518-333-3:¥10.00

①I25②F324 028669
闪光的足迹/段拦洪主编;中华全国农民报协会丛书编辑部编.—北京:中国农业出版社,1995.9.—411页;20cm.—(中国农村经济丛书;1)
ISBN 7-109-04191-3(精装):¥35.00

①I25②F407.6 028670
太阳之舟/张铭洲主编.—济南:山东人民出版社,1995.1.—611页;20cm
ISBN 7-209-01697-X:¥13.80

①I25②F426.22 028671
新疆石油40年:1955～1995/新疆石油管理局等编.—乌鲁木齐:新疆人民出版社,1995.9.—2册(1052页):照片;20cm
ISBN 7-228-03494-4:¥34.50

①I25②F718 028672
成功的经纪人/汪朗,陈颐著.—北京:中国青年出版社,1995.8.—271页;19cm.—(成功者丛书)
ISBN 7-5006-1725-5:¥10.60

①I25②IK265 028673
血肉长城.—南京:江苏少年儿童出版社,1995.6.—5册;19cm
ISBN 7-5346-1359-0:¥40.00

①I25②K105 028674

国际大审判:远东国际军事法庭审判日本战犯始末/黄鹤逸著.—长沙:湖南文艺出版社,1995.9.—469页;20cm

ISBN 7-5404-1441-3:¥14.50

①I25②K152　028675

蓝眼睛,黑眼睛:国际友人援华抗日纪实/马祥林著.—北京:解放军文艺出版社,1995.7.—343页:照片;20cm.—(中国抗日战争纪实丛书/王颖,吴振录主编)

ISBN 7-5033-0659-9:¥15.30

①I25②K152　028676

陆海空鏖战奇观:第二次世界大战著名战役写真/郭颖主编.—北京:军事科学出版社,1995.6.—351页;20cm.—(纪念抗日战争及世界反法西斯战争胜利五十周年丛书)

ISBN 7-80021-863-5:¥15.00

①I25②K262.340.6　028677

阎锡山软禁冯玉祥纪实/陈应谦,张建新著.—太原:山西古籍出版社,1995.10.—265页;19cm.—(阎府揭秘丛书;3)

ISBN 7-80598-092-6:¥9.20

①I25②K264.3　028678

东北烽火:抗日联军抗战纪实/杨慧清著.—开封:河南大学出版社,1995.5.—164页;19cm.—(抗日战争著名战事纪实丛书)

ISBN 7-81041-184-5:¥4.50

①I25②K264.3　028679

黑的土,红的雪:东北抗日联军苦战记/朱秀海著.—北京:解放军文艺出版社,1995.7.—507页:照片;20cm.—(中国抗日战争纪实丛书/王颖,吴振录主编)

ISBN 7-5033-0648-3:¥19.80

①I25②K264.4　028680

巾帼悲歌:女红军长征全景报告/席君编著.—成都:四川人民出版社,1995.12.—344页;20cm

ISBN 7-220-03064-9:¥13.80

①I25②K265　028681

赤子热血:环球华侨抗日行动/冷燕虎,欧阳惠著.—北京:解放军文艺出版社,1995.7.—326页:照片;20cm.—(中国抗日战争纪实丛书/王颖,吴振录主编)

ISBN 7-5033-0657-2:¥15.80

①I25②K265　028682

东方大审判:审判侵华日军战犯纪实/郭晓晔著.—北京:解放军文艺出版社,1995.7.—356页:照片;20cm.—(中国抗日战争纪实丛书/王颖,吴振录主编)

ISBN 7-5033-0660-2:¥14.00

①I25②K265　028683

最后的秋日:抗日战争的反攻和受降/徐焰著.—北京:解放军文艺出版社,1995.7.—403页:照片;20cm.—(中国抗日战争纪实丛书/王颖,吴振录主编)

ISBN 7-5033-0658-0:¥18.60

①I25②K265　028684

喋血台湾岛/汪柏田著.—北京:中国国际广播出版社,1995.5.—358页:照片;20cm

ISBN 7-5078-0736-3:¥14.80

①I25②K265.1　028685

"陪都"风云:风波云诡雾重庆/杨景民著.—北京:解放军文艺出版社,1995.7.—381页:照片;20cm.—(中国抗日战争纪实丛书/王颖,吴振录主编)

ISBN 7-5033-0656-4:¥16.90

①I25②K265.1　028686

敌后神兵:八路军、新四军反"扫荡"纪实/孙月娥,徐伯勇著.—开封:河南大学出版社,1995.5.—144页;19cm.—(抗日战争著名战事纪实丛书)

ISBN 7-81041-191-8:¥4.50

①I25②K265.1　028687

南粤之剑:粤海抗战实录/雷铎等著.—北京:解放军文艺出版社,1995.7.—418页:照片;20cm.—(中国抗日战争纪实丛书/王颖,吴振录主编)

ISBN 7-5033-0645-9:¥18.30

①I25②K265.1　028688

威震华北:百团大战纪实/张绛著.—开封:河南大学出版社,1995.5.—132页;19cm.—(抗日战争著名战事纪实丛书)

ISBN 7-81041-188-8:¥4.50

①I25②K265.1　028689

陷寇汪洋:晋察冀军民战寇记/李金明著.—北京:解放军文艺出版社,1995.7.—406页:照片;20cm.—(中国抗日战争纪实丛书/王颖,吴振录主编)

ISBN 7-5033-0642-4:¥18.50

①I25②K265.1　028690

雄关荡寇:平型关大捷纪实/郑纯方著.—开封:河南大学出版社,1995.5.—127页;19cm.—(抗日战争著名战事纪实丛书)

ISBN 7-81041-180-2:¥4.20

①I25②K265.1　028691

钟山硝烟:南京保卫战纪实/孙宅巍著.—开封:河南大学出版社,1995.5.—153页;19cm.—(抗日战争著名战事纪实丛书)

ISBN 7-81041-190-X:¥4.50

①I25②K265.19　028692

红太阳白太阳:第二次国共合作启示录/柳建伟著.—北京:解放军文艺出版社,1995.6.—391页:照片;20cm.—(中国抗日战争纪实丛书/王颖,吴振录主编)

ISBN 7-5033-0640-8:¥15.00

①I25②K265.21　028693

《牺盟·牺盟》:山西牺盟会、新军抗战纪实/曾凡华著.—北京:解放军文艺出版社,1995.7.—379页:照片;20cm.—(中国抗日战争纪实丛书/王颖,吴振录主编)

ISBN 7-5033-0661-0:¥16.60

①I25②K265.21　028694

哀兵怒号:徐州会战纪实/张欣山著.—开封:河南大学出版社,1995.5.—143页;19cm.—(抗日战争著名战事纪实丛书)

ISBN 7-81041-186-1:¥4.50

①I25②K265.21　028695

长河落日:武汉会战纪实/陈道阔著.—北京:解放军

文艺出版社,1995.7.—375页:照片;20cm.—(中国抗日战争纪实丛书/王颖,吴振录主编)

ISBN 7-5033-0652-1:¥16.20

①I25②K265.21　　028696

楚天战鹰:武汉空战纪实/赵中森著.—开封:河南大学出版社,1995.5.—109页;19cm.—(抗日战争著名战事纪实丛书)

ISBN 7-81041-187-X:¥4.20

①I25②K265.21　　028697

焦土热血:枣宜会战纪实/李占才著.—开封:河南大学出版社,1995.5.—131页;19cm.—(抗日战争著名战事纪实丛书)

ISBN 7-81041-211-6:¥4.20

①I25②K265.21　　028698

昆仑悲秋:昆仑关战役纪实/王少华著.—开封:河南大学出版社,1995.5.—137页;19cm

ISBN 7-81041-182-9:¥4.50

①I25②K265.21　　028699

湘江战火:长沙会战纪实/戚厚杰著.—开封:河南大学出版社,1995.5.—127页;19cm.—(抗日战争著名战事纪实丛书)

ISBN 7-81041-189-6:¥4.20

①I25②K265.21　　028700

湘水潇潇:湖南会战记/马正建著.—北京:解放军文艺出版社,1995.7.—391页:照片;20cm.—(中国抗日战争纪实丛书/王颖,吴振录主编)

ISBN 7-5033-0653-X:¥15.30

①I25②K265.21　　028701

血色雄关:太原会战纪实/陶纯著.—北京:解放军文艺出版社,1995.7.—393页:照片;20cm.—(中国抗日战争纪实丛书/王颖,吴振录主编)

ISBN 7-5033-0651-3:¥15.00

①I25②K265.21　　028702

血战长城:长城抗战纪实/刘广志著.—开封:河南大学出版社,1995.5.—122页;19cm.—(抗日战争著名战事纪实丛书)

ISBN 7-81041-183-7:¥4.20

①I25②K265.21　　028703

鏖战淞沪:上海抗战纪实/徐智勇,王少华著.—开封:河南大学出版社,1995.5.—169页;19cm.—(抗日战争著名战事纪实丛书)

ISBN 7-81041-185-3:¥4.50

①I25②K265.3　　028704

恸问苍冥:日军侵华暴行备忘录/金辉著.—北京:解放军文艺出版社,1995.6.—512页;20cm.—(中国抗日战争纪实丛书/王颖,吴振录主编)

ISBN 7-5033-0649-1:¥20.00

①I25②K265.4　　028705

睡狮怒醒:枪响卢沟桥/王宗仁著.—北京:解放军文艺出版社,1995.6.—384页:照片;20cm.—(中国抗日战争纪实丛书/王颖,吴振录主编)

ISBN 7-5033-0647-5:¥15.60

①I25②K265.5　　028706

浴血淞沪:"八·一三"大上海保卫战/徐志耕著.—北京:解放军文艺出版社,1995.7.—431页:照片;20cm.—(中国抗日战争纪实丛书/王颖,吴振录主编)

ISBN 7-5033-0650-5:¥19.00

①I25②K265.9　　028707

滇缅军魂:中国远征军纪实/王晓华著.—开封:河南大学出版社,1995.5.—141页;19cm.—(抗日战争著名战事纪实丛书)

ISBN 7-81041-179-9:¥4.50

①I25②K265.9　　028708

母亲行动:战时难童联合大抢救/周献明著.—北京:解放军文艺出版社,1995.10.—451页:照片;20cm

ISBN 7-5033-0684-X:¥22.30

①I25②K266　　028709

血祭黄埔:黄埔同窗在1946~1949/老木编著.—北京:新世界出版社,1995.—2册:照片;20cm

ISBN 7-80005-271-0:¥19.80

①I25②K269.5　　028710

山坳圣地:风云际会红河谷/肖思科著.—北京:解放军文艺出版社,1995.7.—456页:照片;20cm.—(中国抗日战争纪实丛书/王颖,吴振录主编)

ISBN 7-5033-0646-7:¥19.50

①I25②K297.1　　028711

乐园·乐土·丘陵明珠——乐至县/徐其璋等著.—成都:四川人民出版社,1995.1.—224页;19cm

ISBN 7-220-00714-0:¥2.50

①I25②K825.3　　028712

创造中国人的名牌/《人物》编辑部编.—北京:人民出版社,1995.12.—174页;19cm.—(农民之子系列图书·港台海外实业家)

ISBN 7-01-002288-7:¥10.40

①I25②K825.3　　028713

去太阳那里背金子/《人物》编辑部编.—北京:人民出版社,1995.12.—274页;19cm.—(农民之子系列图书·实业家)

ISBN 7-01-002289-5:¥12.50

①I25②K825.3　　028714

世界船王:包玉刚传/冷夏,晓笛著.—广州:广东人民出版社,1995.5.—341页:彩图;20cm

ISBN 7-218-01774-6:¥16.90

①I25②K825.4　　028715

困苦艰难中崛起/《人物》编辑部编.—北京:人民出版社,1995.12.—203页;19cm.—(农民之子系列图书·社科学者)

ISBN 7-01-002219-4:¥9.80

①I25②K825.4　　028716

枪恋/《人物》编辑部编.—北京:人民出版社,1995.12.—187页;19cm.—(农民之子系列图书·体育明星)

ISBN 7-01-002287-9:¥10.00

①I25②K825.4　　028717

她们拥抱太阳:北大女学者的足迹/魏国英主编.—北京:北京大学出版社,1995.8.—386页;19cm.—(女性研究丛书)

ISBN 7-301-02774-5:¥15.00

①I25②K825.4　　028718

一百位体育世界冠军/谷丙夫,于学岭主编.—北京:中国青年出版社,1995.4.—368页;19cm.—(爱国主义教育丛书)
ISBN 7-5006-1770-4:¥9.20
①I25②K825.6 028719
叩开文学殿堂的大门/《人物》编辑部编.—北京:人民出版社,1995.12.—198页;19cm.—(农民之子系列图书·作家)
ISBN 7-01-002213-5:¥9.50
①I25②K825.7 028720
泥土之魂/《人物》编辑部编.—北京:人民出版社,1995.12.—225页;19cm.—(农民之子系列图书·艺术家)
ISBN 7-01-002212-7:¥10.60
①I25②K826.1 028721
陇原科星 第一集/赵养廷主编;甘肃省科学技术协会编.—兰州:甘肃人民出版社,1995.1.—413页;20cm
ISBN 7-226-01434-3:¥10.50
①I25②K826.3 028722
绿苑巾帼/吕飞杰主编.—北京:中国农业科技出版社,1995.7.—365页;20cm
ISBN 7-80026-915-9:¥12.00
①I25②K827.6 028723
将帅夫人传 (1)/赵云声,王红晖主编.—长春:北方妇女儿童出版社,1995.6.—496页:照片;20cm
ISBN 7-5385-1066-4(精装):¥25.00
①I25②K827.6 028724
将帅夫人传 (2)/赵云声,王红晖主编.—长春:北方妇女儿童出版社,1995.6.—526页:照片;20cm
ISBN 7-5385-1067-2(精装):¥25.00
①I25②K827.6 028725
将帅夫人传 (3)/赵云声,王红晖主编.—长春:北方妇女儿童出版社,1995.6.—517页:照片;20cm
ISBN 7-5385-1068-0(精装):¥25.00
①I25②K827.6 028726
将帅夫人传 (4)/赵云声,王红晖主编.—长春:北方妇女儿童出版社,1995.6.—462页:照片;20cm
ISBN 7-5385-1071-0(精装):¥25.00
①I25②K827.6 028727
将帅夫人传 (5)/赵云声,王红晖主编.—长春:北方妇女儿童出版社,1995.6.—493页:照片;20cm
ISBN 7-5385-1070-2(精装):¥25.00
①I25②K827.6 028728
将帅夫人传 (6)/赵云声,王红晖主编.—长春:北方妇女儿童出版社,1995.6.—499页:照片;20cm
ISBN 7-5385-1071-0(精装):¥25.00
①I25②K827.7 028729
蒋门四遗孀/窦应泰著.—哈尔滨:黑龙江人民出版社,1995.12.—588页;20cm
ISBN 7-207-03318-4:¥22.80
①I25②K827.7 028730
一代赌王:何鸿燊传/冷夏著.—2版.—广州:广东人民出版社,1995.6.—364页:照片;20cm.—(名人传记丛书)
ISBN 7-218-01593-X:¥15.90
①I25②K827.7 028731
一对外交官夫妇的足迹/熊真著.—南京:江苏人民出版社,1995.1.—255页;20cm.—(新中国大使丛书)
ISBN 7-214-01391-6:¥11.00
①I25②K837.127.5 028732
韩丁与中国/李昌钊著.—北京:中国国际广播出版社,1995.5.—253页;20cm
ISBN 7-5078-1072-0:¥9.80
①I25②K927.14 028733
卫星升起的地方——冕宁:纪念红军长征过冕宁暨"彝海结盟"60周年/冕宁县人民政府编.—成都:四川人民出版社,1995.7.—89页:照片;19cm
ISBN 7-220-02892-X:¥4.80
①I25②Q98 028734
野人:来自神农架的报告/杜永林编著.—北京:中国三峡出版社,1995.3.—255页:照片;19cm.—(长江三峡旅游文化丛书)
ISBN 7-80099-025-7:¥7.50
①I25②R167 028735
女医生日记/赖妍彤著.—北京:中国文联出版公司,1995.9.—278页:彩照;20cm
ISBN 7-5059-2314-5:¥14.80
①I25②R247.4 028736
中国香功潮/郭牧华,黄强著.—北京:新华出版社,1995.5.—376页;20cm
ISBN 7-5011-2892-8:¥13.00
①I25②U491.3 028737
车祸备忘录/铁流著;常德市公安局交通警察支队编.—北京:长城出版社,1995.12.—492页;20cm
ISBN 7-80017-268-6:¥19.80
I251 028738
"双枪老太婆":陈联诗自述/林雪,林民涛编著.—北京:中国青年出版社,1995.8.—584页:照片;20cm
ISBN 7-5006-1998-7:¥23.60
I251 028739
把一切献给党/吴运铎著.—北京:中国工人出版社,1995.6.—153页;19cm
ISBN 7-5008-1765-7:¥4.25
I251 028740
白杨演艺谈/白杨著.—上海:上海文艺出版社,1995.10.—224页:图;20cm.—(表演艺术丛书)
ISBN 7-5321-1418-X:¥18.60
I251 028741
白衣战士的光辉篇章:回忆延安中央医院:1939.4~1950.8/赵炎主编;《白衣战士的光辉篇章》编委会编.—西安:陕西人民出版社,1995.9.—525页:照片;20cm
ISBN 7-224-03864-4:¥43.30
I251 028742
晨星集/陆璀著.—北京:人民日报出版社,1995.11.—307页;照片;20cm.—(名人名家书系)
ISBN 7-80002-794-5:¥14.50
I251 028743

驰骋华中:和少奇同志在一起的日子/王阑西著.—北京:中国文联出版公司,1995.8.—217页;19cm.—(新文化史料丛书/卢山主编)
ISBN 7-5059-2134-7:¥8.80

I251 028744
大策反:国民党要员身边的中共地下党/吴江雄编著.—深圳:海天出版社,1995.6.—2册:照片;20cm
ISBN 7-80615-167-2:¥28.60

I251 028745
单臂驰骋五十春/张晋著.—北京:华夏出版社,1995.3.—260页;19cm
ISBN 7-5080-0674-7:¥12.00

I251 028746
风雨五十载:中国朝鲜族著名学者原延边大学副校长郑判龙回忆录/郑判龙著;陈雪鸿等译.—延吉:延边大学出版社,1995.12.—380页;20cm
ISBN 7-5634-0832-0:¥13.00

I251 028747
鸿爪遗踪/罗贵波等著.—南京:江苏人民出版社,1995.12.—359页;20cm.—(新中国大使丛书)
ISBN 7-214-01598-6:¥14.00

I251 028748
红旗飘飘/中国青年出版社编.—北京:中国青年出版社,1995.10.—32册;20cm
ISBN 7-5006-1979-0:¥384.40

I251 028749
红旗飘飘/中国青年出版社编.—北京:中国青年出版社,1995.10.—32册;20cm
ISBN 7-5006-1979-0(精装):¥544.40

I251 028750
红岩之路/邵积平主编.—重庆:重庆出版社,1995.9.—171页;19cm
ISBN 7-5366-3227-4:¥6.80

I251 028751
淮滨春秋/骆子程著.—哈尔滨:哈尔滨出版社,1995.12.—390页;20cm
ISBN 7-80557-913-X:¥16.80

I251 028752
黄宇宙传奇/吕源等著.—天津:百花文艺出版社,1995.1.—296页:照片;20cm
ISBN 7-5306-1919-5:¥13.80

I251 028753
记钱钟书先生/牟晓朋,范旭仑编.—大连:大连出版社,1995.11.—401页;20cm
ISBN 7-80612-195-1:¥17.80

I251 028754
柯鲁克夫妇在中国:汉英对照/李正凌等编.—北京:外语教学与研究出版社,1995.6.—503页:照片;20cm.—(国际友人丛书·第四辑)
ISBN 7-5600-0963-8:¥18.80

I251 028755
李德生征程忆怀/李德生著.—上海:上海文艺出版社,1995.9.—286页:图;20cm
ISBN 7-5321-1325-6:¥13.80

I251 028756
李锐往事杂忆/李锐编著.—南京:江苏人民出版社,1995.8.—473页;20cm
ISBN 7-214-01516-1:¥19.80

I251 028757
历史的使命:在特殊战线上进行胜利斗争纪实/杨斯德著.—北京:华艺出版社,1995.9.—80页;19cm
ISBN 7-80039-134-5:¥5.00

I251 028758
龙卷风/蓝翎著.—上海:上海远东出版社,1995.3.—244页;20cm.—(火凤凰文库)
ISBN 7-80613-068-3:¥13.00

I251 028759
路漫漫:袁溥之自述/周焱执笔.—广州:广东高等教育出版社,1995.5.—140,27页;20cm
ISBN 7-5361-1677-2:¥7.00

I251 028760
漫话当年:革命回忆录/杨有才著.—乌鲁木齐:新疆青少年出版社,1995.12.—195页:照片;20cm
ISBN 7-5371-2171-0:¥15.00

I251 028761
难忘的1942:八路军总部反偷袭纪实/戈洪著.—济南:黄河出版社,1995.10.—256页:照片;20cm
ISBN 7-80558-658-6:¥11.80

I251 028762
难忘军营/中央人民广播电台军事部,济南军区政治部联络部编.—北京:中国广播电视出版社,1995.12.—276页;20cm
ISBN 7-5043-2819-7:¥8.80

I251 028763
朋友人/惠浴宇口述;俞黑子记录整理.—南京:江苏人民出版社,1995.4.—276页:照片;20cm
ISBN 7-214-01456-4:¥12.80

I251 028764
青春作证:续集:知青和他们的儿女们/濮振远,陶文正主编;《青春作证》编委会编.—贵阳:贵州民族出版社,1995.12.—357页;20cm
ISBN 7-5412-0608-3:¥16.00

I251 028765
沙上的脚迹/施蛰存著.—沈阳:辽宁教育出版社,1995.3.—219页;20cm.—(书趣文丛·第一辑;1)
ISBN 7-5382-3684-8:¥8.80

I251 028766
闪光的青春/张林苏,黄铁主编.—武汉:武汉出版社,1995.8.—226页:照片;20cm
ISBN 7-5430-1382-7:¥9.80

I251 028767
岁月的记忆/王寿臣著.—乌鲁木齐:新疆人民出版社,1995.9.—159页:照片;20cm
ISBN 7-228-03590-9:¥16.80

I251 028768
太原情报站/郑校先著.—济南:山东人民出版社,1995.12.—197页;19cm
ISBN 7-209-01831-X:¥10.00

I251　028769
铁流东进/郑志石编.—南京:江苏人民出版社,1995.7.—344页;20cm
ISBN 7-214-01515-3:¥14.00

I251　028770
通天河女儿歌:王昆评传/程云著.—广州:广东高等教育出版社,1995.1.—347页:照片;20cm
ISBN 7-5361-1637-3:¥12.00

I251　028771
王宗槐回忆录/王宗槐著.—北京:解放军出版社,1995.12.—375页:照片;20cm
ISBN 7-5065-2688-3(精装):¥25.00

I251　028772
忘不了的是老师:一个女硕士的成长历程/丛凤辉著.—北京:改革出版社,1995.7.—216页:彩图;19cm.—(人生途采撷丛书;1)
ISBN 7-80072-696-7:¥9.60

I251　028773
文革中的我/于光远著.—上海:上海远东出版社,1995.3.—159页;20cm.—(火凤凰文库)
ISBN 7-80613-067-5:¥12.00

I251　028774
武功儿女翻江海:我和李珊的战斗生涯/段焕竞著.—上海:上海文艺出版社,1995.4.—351页;20cm
ISBN 7-5321-1310-8:¥14.00

I251　028775
五十年革命生涯/张旗著.—沈阳:辽宁人民出版社,1995.7.—294页;20cm
ISBN 7-205-03425-6:¥12.00

I251　028776
硝烟剧魂:抗敌演剧一队回忆录/李超著;李布尔整理.—北京:中国广播电视出版社,1995.12.—231页;20cm
ISBN 7-5043-2790-5:¥12.00

I251　028777
新安旅行团在桂林/崔达主编.—桂林:漓江出版社,1995.5.—217页;19cm
ISBN 7-5407-1758-0:¥8.00

I251　028778
血染战旗红:武钢新四军老战士回忆录/武钢宣传部,武钢老干部处编.—北京:冶金工业出版社,1995.7.—396页;19cm
ISBN 7-5024-1731-1:¥14.00

I251　028779
血沃长城/金肇野著.—北京:当代世界出版社,1995.10.—290页;20cm
ISBN 7-80115-050-3:¥14.80

I251　028780
血沃中华:抗日战争亲历记/袁占先,高月泽编.—沈阳:白山出版社,1995.4.—443页;20cm
ISBN 7-80566-436-6:¥15.00

I251　028781
严峻的考验:抗日老战士吕英俊回忆录/吕英俊口述;韩兑岳整理.—延吉:延边大学出版社,1995.12.—199页;19cm
ISBN 7-5634-0825-8:¥5.00

I251　028782
阎锡山军闹揭秘——位原阎军师长的自述/杨元璐著.—天津:百花文艺出版社,1995.11.—204页;19cm
ISBN 7-5306-2150-5:¥7.00

I251　028783
一个老八路的日记:1945~1995/戴翼著.—青岛:青岛出版社,1995.6.—206页;20cm
ISBN 7-5436-1198-8:¥7.60

I251　028784
忆范子侠将军/韩寅等编.—合肥:安徽人民出版社,1995.7.—153页;20cm
ISBN 7-212-01209-2(精装):¥10.00

I251　028785
忆我的爸爸董必武/董良翚著.—北京:中国文联出版公司,1995.6.—185页;19cm
ISBN 7-5059-2158-4:¥7.20

I251　028786
悠悠我魂:蕲春抗战纪实精华/操鹏,张梁森主编.—武汉:湖北人民出版社,1995.8.—131页;19cm
ISBN 7-216-01165-1:¥3.50

I251　028787
狱里狱外/贾植芳著.—上海:上海远东出版社,1995.3.—214页;20cm.—(火凤凰文库)
ISBN 7-80613-066-7:¥12.00

I251　028788
在革命洪流中:晋察冀边区联中回忆录/孟明义主编.—北京:航空工业出版社,1995.11.—607页;20cm.—(北京101中校园文化丛书)
ISBN 7-80046-931-X:¥20.00

I251　028789
在血与火中成长/方兆麟,杜文彬主编;天津市政协文史资料委员会编.—天津:天津教育出版社,1995.8.—252页;20cm
ISBN 7-5309-2352-8:¥6.80

I251　028790
战地重访/孙洪康等著.—上海:上海远东出版社,1995.2.—285页;20cm
ISBN 7-80613-050-0:¥12.00

I251　028791
战斗的青春:投身煤炭科研前的战斗岁月/孙正心主编.—北京:煤炭工业出版社,1995.10.—165页:照片;19cm.—(煤炭科学研究总院上海分院双文明建设系列丛书;第一辑)
ISBN 7-5020-1270-2:¥11.20

I251　028792
战俘手记/张泽石著.—西宁:青海人民出版社,1995.1.—429页:照片;20cm
ISBN 7-225-00967-2:¥14.80

I251　028793
这里曾是胡杨林/杨昭平,朱同同主编.—南京:江苏人民出版社,1995.9.—428页:图;20cm
ISBN 7-214-01550-1:¥18.00

I251 028794
钟期光回忆录/钟期光著.—北京:解放军出版社,1995.10.—600页:照片;20cm
ISBN 7-5065-2719-7(精装):¥36.00

I251 028795
鏖战齐鲁:抗日战争回忆录/吴瑞林著.—北京:金城出版社,1995.8.—243页:照片;20cm
ISBN 7-80084-112-X:¥12.00

①I251②D829 028796
当代中国使节外交生涯 第一辑/外交部外交史研究室编.—北京:世界知识出版社,1995.1.—183页;20cm
ISBN 7-5012-0683-X:¥6.00

①I251②K266 028797
天翻地覆三年间:解放战争回忆录/陈士榘著.—北京:中共中央党校出版社,1995.11.—328页:照片;20cm
ISBN 7-5035-1256-3:¥16.00

①I251②K827.7 028798
王稼祥夫人朱仲丽自传三部曲/朱仲丽著.—2版(修订版).—长春:北方妇女儿童出版社,1995.2.—897页:照片;20cm
ISBN 7-5385-0225-4(精装):¥30.00

I252 028799
跋涉者的足韵/赵庆翔,刘柏生主编;牡丹江市作家协会编.—牡丹江:黑龙江朝鲜民族出版社,1995.7.—224页;19cm
ISBN 7-5389-0585-5:¥6.50

I252 028800
荆山开拓人/薛毅主编.—武汉:武汉大学出版社,1995.6.—170页;20cm
ISBN 7-307-01979-5:¥8.18

I253 028801
1993年度广东新闻奖一等奖作品集/广东省新闻工作者协会等编.—广州:广东人民出版社,1995.1.—441页;19cm
ISBN 7-218-01756-8:¥8.00

I253 028802
"死亡之海"60天/强荧著.—上海:上海人民美术出版社,1995.1.—126页:照片;20cm
ISBN 7-5322-1379-X:¥9.80

I253 028803
跋涉在创业路上的人/祁文旺,张瑞卿主编.—郑州:河南人民出版社,1995.10.—414页;20cm
ISBN 7-215-03567-0:¥15.00

I253 028804
百家风采:创业者采风录/施怀德等著.—宁波:宁波出版社,1995.6.—166页;20cm
ISBN 7-80602-069-1:¥5.50

I253 028805
百业人物谱/黄炜棠主编;佛山人民广播电台编.—北京:中国国际广播出版社,1995.12.—221页;19cm
ISBN 7-5078-1295-2:¥7.50

I253 028806
爆破在子夜/龚云龙著.—北京:国防大学出版社,1995.12.—261页;19cm
ISBN 7-5626-0659-5:¥9.80

I253 028807
边地回声:保山报新闻作品荟萃/边逵主编.—昆明:云南美术出版社,1995.12.—209页;19cm
ISBN 7-80586-202-8:¥8.80

I253 028808
沧浪之水清兮/杨世运著.—重庆:重庆出版社,1995.10.—302页:彩照;20cm
ISBN 7-5366-3277-0:¥19.80

I253 028809
沧桑巨变写春秋:半月谈十五年作品选:1980~1994/高萍主编.—北京:新华出版社,1995.4.—2册;20cm
ISBN 7-5011-2856-1:¥19.80

I253 028810
沧桑正道/许守尧,徐南鹏著.—福州:海峡文艺出版社,1995.11.—226页;20cm
ISBN 7-80534-828-6:¥7.50

I253 028811
冲浪者之歌/潘志新编著.—西安:三秦出版社,1995.8.—353页:照片;19cm
ISBN 7-80546-948-2:¥16.00

I253 028812
初日芙蓉/安郁燧主编.—济南:山东人民出版社,1995.3.—308页;19cm
ISBN 7-209-01739-9:¥9.80

I253 028813
楚天群星/鄢来旭,王永珍主编;湖北省精神文明建设协调办公室编.—武汉:湖北人民出版社,1995.1.—662页;20cm
ISBN 7-216-01512-6:¥19.50

I253 028814
创业者的足迹:时代骄子 (下)/顾兰英,王长令主编.—北京:海潮出版社,1995.8.—484页;20cm.—(中华创业者丛书;14)
全套2册,总定价:48.00元
ISBN 7-80054-727-2:¥0.00

I253 028815
创业者风采录:1982~1995/张兆浦,王进华主编;大庆石油管理局农工商局机关分公司编.—北京:石油工业出版社,1995.11.—228页;20cm
ISBN 7-5021-1627-3:¥16.20

I253 028816
从北冰洋到印度洋/齐志文著.—北京:光明日报出版社,1995.6.—518页;20cm
ISBN 7-80091-686-3:¥13.00

I253 028817
丛文滋新闻作品选/丛文滋著.—天津:天津人民出版社,1995.12.—395页;20cm
ISBN 7-201-02174-5:¥18.00

I253 028818
大潮竞风流/杨衍银等编.—北京:解放军出版社,

1995.12.—629页;20cm
ISBN 7-5065-3002-3: ¥35.00

I253　　028819
大地星河:曹可凡名家访谈录/曹可凡著.—上海:上海文艺出版社,1995.12.—216页:照片;20cm
ISBN 7-5321-1437-6: ¥13.20

I253　　028820
大江奔腾:杜述古和大江公司/程新国,胡军著.—上海:上海人民出版社,1995.4.—298页:彩照;20cm
ISBN 7-208-01945-2: ¥14.00

I253　　028821
大漠女儿情/《伴侣》杂志编.—北京:中国妇女出版社,1995.7.—225页;19cm.—(中国妇女报刊精粹丛书)
ISBN 7-80016-829-8: ¥9.00

I253　　028822
大漠铁魂/韩永义主编;哈密铁路分局党委,哈密铁路分局编.—乌鲁木齐:新疆人民出版社,1995.12.—369页:彩照;20cm
ISBN 7-228-03679-4: ¥14.50

I253　　028823
大市场/王海滨主编;《中国公共关系丛书》编辑部编.—北京:现代出版社,1995.12.—308页;20cm
ISBN 7-80028-309-7: ¥10.00

I253　　028824
大特区风云录/杨连成著.—北京:警官教育出版社,1995.4.—410页;19cm
ISBN 7-81027-312-4: ¥16.00

I253　　028825
当代南粤记者　第一卷/广东新闻人才基金会主编.—广州:广东人民出版社,1995.8.—444页;21cm.—(岭南记者丛书)
ISBN 7-218-01757-6: ¥9.50

I253　　028826
挡不住的春光:优秀编辑优秀记者新闻作品选/周家奎等著.—北京:人民邮电出版社,1995.12.—358页;19cm.—(邮电新闻丛书)
ISBN 7-115-06036-3: ¥5.00

I253　　028827
地铁情/上海地铁总公司,《文学报》社编.—上海:华东师范大学出版社,1995.4.—520页;20cm
ISBN 7-5617-1339-8: ¥20.00

I253　　028828
东方的夏娃/妇女生活杂志社编.—北京:中国妇女出版社,1995.7.—360页;19cm.—(中国妇女报刊精粹丛书/姚维斗主编)
ISBN 7-80016-453-5: ¥15.80

I253　　028829
东方之星/代琇,庄辛著.—上海:华东师范大学出版社,1995.9.—332页;20cm
ISBN 7-5617-1336-3: ¥16.20

I253　　028830
都市热线/潘新华主编;新民晚报记者集体采写.—上海:上海远东出版社,1995.12.—611页;20cm
ISBN 7-80514-457-5(精装): ¥55.00

I253　　028831
鄂州明珠/程福鳌主编.—武汉:湖北人民出版社,1995.7.—143页;19cm
ISBN 7-216-01728-5: ¥4.50

I253　　028832
法网恢恢　(上)/关中人编.—西宁:青海人民出版社,1995.7.—80页;26cm
ISBN 7-225-01039-5: ¥4.50

I253　　028833
法网恢恢　(下)/关中人编.—西宁:青海人民出版社,1995.7.—80页;26cm
ISBN 7-225-01039-5: ¥4.50

I253　　028834
法网恢恢　(中)/关中人编.—西宁:青海人民出版社,1995.7.—80页;26cm
ISBN 7-225-01039-5: ¥4.50

I253　　028835
法苑报春花:法制日报十五年作品选/杨耀秦主编;法制日报社新闻研究室编.—北京:法律出版社,1995.7.—607页;20cm
ISBN 7-5036-1669-5: ¥15.00

I253　　028836
奉献永恒:献给威力用户的爱/广东省优秀企业家丛书编委会编.—北京:中国工人出版社,1995.3.—377页:彩照;20cm
ISBN 7-5008-1750-9: ¥36.00

I253　　028837
改革大潮中的军队后勤:全军第二届“三九杯”军事后勤好新闻作品选/解放军报军事工作宣传部编.—北京:长征出版社,1995.7.—231页;19cm
ISBN 7-80015-344-4: ¥7.00

I253　　028838
敢向潮头驭飞舟:《深圳商报》、《深圳晚报》'94新闻作品选/高兴烈主编.—深圳:海天出版社,1995.8.—402页:照片;20cm
ISBN 7-80615-257-1: ¥29.80

I253　　028839
钢城风采/蔡丽林,赵相如编著.—北京:中国文联出版公司,1995.4.—446页;20cm
ISBN 7-5059-2232-7: ¥13.90

I253　　028840
高原科技之星/陈祖鹤等编.—拉萨:西藏人民出版社,1995.1.—267页;19cm
ISBN 7-223-00769-9: ¥4.50

I253　　028841
耕耘者之歌:记湖北省高校优秀女职工/罗花英,胡金枝主编.—武汉:中国地质大学出版社,1995.9.—276页;19cm
ISBN 7-5625-1021-0: ¥9.00

I253　　028842
沟后大垮坝/仁青侃卓主编.—西宁:青海人民出版社,1995.3.—350页;20cm
ISBN 7-225-01022-0: ¥12.20

I253　028843
轨迹:路英香新闻作品集/路英香著.—郑州:中原农民出版社,1995.7.—513页;20cm
ISBN 7-80538-786-9:¥15.80

I253　028844
好军嫂韩素云/共青团上海市委宣传部,青年报社《生活周刊》编.—上海:上海画报出版社,1995.1.—102页;19cm
ISBN 7-80530-134-4:¥3.50

I253　028845
好新闻:一九九三年度军区军兵种报纸/总政治部宣传部编.—北京:解放军出版社,1995.5.—339页;19cm
ISBN 7-5065-2543-7:¥10.00

I253　028846
黑珍珠:辽河石油报社优秀新闻作品集锦/赵永河,李午主编.—北京:石油工业出版社,1995.9.—325页;20cm
ISBN 7-5021-1600-1:¥13.00

I253　028847
红盾风采录/潘德钧主编.—苏州:苏州大学出版社,1995.8.—274页;20cm
ISBN 7-81037-162-2:¥12.80

I253　028848
红土地上的奉献/肖东海等主编.—南昌:百花洲文艺出版社,1995.5.—279页;19cm
ISBN 7-80579-631-9:¥5.70

I253　028849
红星万里行/王燕光主编.—北京:解放军出版社,1995.12.—228页;20cm
ISBN 7-5065-3062-7:¥15.00

I253　028850
红烛辉煌/武培真主编.—哈尔滨:黑龙江人民出版社,1995.12.—731页;20cm
ISBN 7-207-03484-9:¥28.00

I253　028851
华夏师魂:续编/阎纯德主编.—北京:光明日报出版社,1995.10.—389页;20cm
ISBN 7-80091-738-X(精装):¥40.00

I253　028852
辉煌的事业/熊胜主编.—北京:中国商业出版社,1995.3.—823页;20cm.—(中国当代企业家心理丛书/岱岷,熊胜主编)
ISBN 7-5044-2752-7:¥23.00

I253　028853
火洲骄子/孙昌华主编;中共吐鲁番番地委编.—乌鲁木齐:新疆人民出版社,1995.8.—136页;19cm
ISBN 7-228-03598-4:¥8.00

I253　028854
获奖新闻作品集/哈尔滨日报创刊五十周年系列丛书编委会编.—哈尔滨:黑龙江人民出版社,1995.11.—592页;20cm.—(哈尔滨日报创刊五十周年系列丛书;2)
ISBN 7-207-03156-4:¥18.00

I253　028855
记忆的底片/陈绍鸿著.—北京:新华出版社,1995.12.—368页;20cm.—(中国地方报记者丛书)
ISBN 7-5011-3027-2:¥13.00

I253　028856
记者文集/董俊生,任清顺主编.—沈阳:辽宁民族出版社,1995.10.—10册;19cm
包括《人生不是梦》等10册
ISBN 7-80527-553-X:¥80.00

I253　028857
记者眼里的世界/赵泽琨著.—北京:改革出版社,1995.9.—285页;19cm
ISBN 7-80072-658-4:¥11.50

I253　028858
剑犁篇/李槐庄著.—广州:广东人民出版社,1995.9.—205页;19cm
ISBN 7-218-02022-4:¥6.90

I253　028859
江城风采录:李玉友轻工经济改革新闻作品选(二)/李玉友著.—北京:中国轻工业出版社,1995.11.—256页;20cm
ISBN 7-5019-1870-8:¥15.00

I253　028860
金色的平湖/陈正玉著.—上海:文汇出版社,1995.10.—365页;20cm
ISBN 7-80531-359-8:¥15.00

I253　028861
金色十年:《信息日报》专访集/张志主编.—南昌:江西人民出版社,1995.8.—378页;20cm
ISBN 7-210-01556-6:¥10.00

I253　028862
金叶耀高原:当代报告·烟草卷/任泽琼主编;中国经济写作研究会编.—贵阳:贵州民族出版社,1995.6.—184页;19cm
ISBN 7-5412-0575-3:¥12.50

I253　028863
劲旅英豪/李畅兴著.—天津:天津社会科学院出版社,1995.8.—221页;19cm
ISBN 7-80563-273-1:¥9.80

I253　028864
警惕,白色毒魔/刘益善著.—珠海:珠海出版社,1995.3.—224页;19cm.—(警世钟系列)
ISBN 7-80607-007-9:¥5.80

I253　028865
警惕,黑枪走火/中府河,江津人著.—珠海:珠海出版社,1995.3.—176页;19cm.—(警世钟系列)
ISBN 7-80607-048-6:¥4.80

I253　028866
警惕,金融蛀虫/王振中等编.—珠海:珠海出版社,1995.3.—291页;19cm.—(警世钟系列)
ISBN 7-80607-050-8:¥7.80

I253　028867
警惕,伪钞陷阱/中府河,敖江波著.—珠海:珠海出版社,1995.3.—231页;19cm.—(警世钟系列)
ISBN 7-80607-049-4:¥6.20

I253　028868
抗洪救灾先锋赞/《抗洪救灾先锋赞》编写组编.—沈阳:辽宁大学出版社,1995.11.—183页;19cm
ISBN 7-5610-3078-9:¥6.00

I253　028869
克拉玛依的光荣:党和国家领导人视察克拉玛依纪实/衣培显,傅宏图主编;新疆石油局党委宣传部,中国石油报新疆记者站编.—乌鲁木齐:新疆人民出版社,1995.12.—93页;20cm
ISBN 7-228-03700-6:¥10.00

I253　028870
蓝盾之光耀云开:信宜公安卫士风采录/李运容,陈波主编.—广州:广东人民出版社,1995.3.—257页:彩图;20cm
ISBN 7-218-01767-3:¥8.50

I253　028871
历史写真/舒士越主编;杭州日报社编.—北京:华艺出版社,1995.8.—357页;20cm.—(杭报丛书;1·新闻卷)
ISBN 7-80039-930-3:¥8.00

I253　028872
两地集/张荣大著.—北京:新华出版社,1995.9.—470页;20cm
ISBN 7-5011-2956-8:¥16.00

I253　028873
两个文明建设中的楷模/王云普等主编;人民日报新闻信息中心,人民政协张家口市桥西区委员会编.—石家庄:河北教育出版社,1995.4.—184页;20cm
ISBN 7-5434-2403-7:¥8.00

I253　028874
林苑女杰/沙琢等主编;中国林业报社编.—北京:中国林业出版社,1995.8.—356页;20cm
ISBN 7-5038-1527-2:¥15.00

I253　028875
刘海虎教育新闻作品集/刘海虎著.—上海:华东师范大学出版社,1995.12.—275页;19cm
ISBN 7-5617-1389-4:¥12.00

I253　028876
流波集/曹敦钰著.—北京:人民邮电出版社,1995.12.—255页;19cm.—(邮电新闻丛书)
ISBN 7-115-06035-5:¥5.00

I253　028877
陇塞情/白应东主编.—乌鲁木齐:新疆人民出版社,1995.8.—438页:照片;20cm
ISBN 7-228-03281-0:¥15.00

I253　028878
路苑英志/马永振,黄玉国主编.—郑州:河南人民出版社,1995.12.—403页;20cm
ISBN 7-215-03852-1:¥14.00

I253　028879
绿的奉献:全国百家报刊军民书信征文优秀作品选/濮继江,薛宝根主编.—北京:中国妇女出版社,1995.7.—243页;19cm
ISBN 7-80016-492-6:¥9.00

I253　028880
绿色辉煌/丘振声主编.—南宁:广西人民出版社,1995.2.—379页;20cm
ISBN 7-219-02936-5:¥12.00

I253　028881
绿野春潮/陈羽芝主编;漓江日报社编.—桂林:漓江出版社,1995.10.—322页;19cm
ISBN 7-5407-1833-1:¥12.00

I253　028882
马歇尔——失去中国/袁小伦著.—北京:光明日报出版社,1995.1.—303页:照片;20cm
ISBN 7-80091-663-4:¥11.80

I253　028883
迈向新世纪的法官队伍/人民法院报社编.—北京:人民法院出版社,1995.12.—201页;19cm
ISBN 7-80056-376-6:¥6.00

I253　028884
迷你软新闻/吴广生主编.—海拉尔:内蒙古文化出版社,1995.10.—281页;19cm.—(新闻鉴赏丛书;4)
ISBN 7-80506-390-7:¥8.00

I253　028885
民国旧报集萃　上册/刘永龙,苏从林编.—北京:国际文化出版公司,1995.2.—75页;26cm
ISBN 7-80105-123-8:¥3.30

I253　028886
民国旧报集萃　下册/刘永龙,苏从林编.—北京:国际文化出版公司,1995.2.—74页;26cm
ISBN 7-80105-123-8:¥3.30

I253　028887
明星写真/林洋编.—广州:广东旅游出版社,1995.10.—2册:照片;26cm
ISBN 7-80521-558-8:¥9.90

I253　028888
目击当代热点战争/王继雨,周立宪主编.—北京:新华出版社,1995.3.—358页:图;20cm
ISBN 7-5011-2802-2:¥12.80

I253　028889
南方天空下/董建伟著.—2版.—长春:时代文艺出版社,1995.7.—232页;20cm.—(大地文丛)
ISBN 7-5387-0846-4:¥6.60

I253　028890
内蒙古不仅仅有草原:16省市区党报记者'94北疆采风/朝鲁巴根,岱钦主编.—呼和浩特:内蒙古人民出版社,1995.6.—306页:彩图;20cm
ISBN 7-204-02806-6:¥10.80

I253　028891
女部长球队/张彩珍主编.—北京:中国妇女出版社,1995.8.—287页:彩照;20cm
ISBN 7-80016-310-5:¥18.00

I253　028892
女友百相/吴大英编.—北京:中国妇女出版社,1995.6.—278页;19cm.—(中国妇女报刊精粹丛书/姚维斗主编)
ISBN 7-80016-646-5:¥9.80

I253　028893
浦东开发开放之路:真诚的奉献/苏端鲁编.—上海:上海远东出版社,1995.12.—199页;20cm
ISBN 7-80613-221-X:¥25.00

I253　028894
齐鲁英才/自牧,沂峰主编.—济南:山东友谊出版社,1995.7.—440页;20cm.—(齐鲁之光丛书)
ISBN 7-80551-708-8:¥12.80

I253　028895
齐鲁英杰/潍坊市文联编.—天津:百花文艺出版社,1995.2.—465页;20cm
ISBN 7-5306-1958-6:¥17.50

I253　028896
青未了/李毅,王占寅著.—济南:山东友谊出版社,1995.8.—182页;19cm
ISBN 7-80551-688-X:¥8.00

I253　028897
全国法制好新闻精选点评/中华全国法制新闻协会,中华人民共和国司法部法制宣传司编.—北京:法律出版社,1995.5.—471页;20cm.—(全国优秀法制新闻作品系列丛书)
ISBN 7-5036-1670-9:¥16.80

I253　028898
群星灿烂/刘云莱主编;新华社河南分社编.—北京:新华出版社,1995.7.—597页;20cm.—(中国企业之光系列丛书)
ISBN 7-5011-2920-7:¥24.00

I253　028899
人口与计划生育新闻作品选/林坚著.—福州:海风出版社,1995.5.—252页;20cm
ISBN 7-80597-082-3:¥7.00

I253　028900
润物细无声:社科学报编辑家耕耘录/潘国琪,胡梅娜主编.—开封:河南大学出版社,1995.1.—258页;20cm.—(编辑学丛书)
ISBN 7-81041-286-8:¥11.00

I253　028901
塞上英模/周文吉等主编.—银川:宁夏人民出版社,1995.8.—563页;20cm
ISBN 7-227-01508-4:¥19.00

I253　028902
三峡之光/秦建士等著.—成都:四川大学出版社,1995.8.—98页;19cm
ISBN 7-5614-1200-2:¥5.00

I253　028903
闪光的归程/石少明主编.—北京:国际文化出版公司,1995.8.—230页;19cm
ISBN 7-80105-286-2:¥6.50

I253　028904
陕西新闻奖作品选:1992～1993/王长安,杨安民主编;陕西省新闻工作者协会,西安日报社编.—西安:三秦出版社,1995.11.—494页;20cm
ISBN 7-80546-905-9:¥8.00

I253　028905
商丘日报十年佳作选:1985～1995/李自力等主编.—北京:中国书籍出版社,1995.9.—1114页;20cm
ISBN 7-5068-0415-8(精装):¥88.75

I253　028906
社会广角/舒士越主编;杭州日报社编.—北京:华艺出版社,1995.8.—313页;20cm.—(杭报丛书;4·大特写卷)
ISBN 7-80039-932-X:¥8.00

I253　028907
生活的浪花/张国杰著.—西安:陕西人民教育出版社,1995.5.—165页;19cm
ISBN 7-5419-4698-2:¥5.80

I253　028908
十载如歌伴我行/翟汉球,林础蒲主编.—天津:百花文艺出版社,1995.8.—477页;19cm
ISBN 7-5306-1963-2:¥14.00

I253　028909
时代采风/舒士越主编;杭州日报社编.—北京:华艺出版社,1995.8.—382页;20cm.—(杭报丛书;2·通讯卷)
ISBN 7-80039-931-1:¥8.00

I253　028910
世界魔难:美国艾滋病采访纪实/张彤著.—天津:天津社会科学院出版社,1995.1.—60页;26cm
ISBN 7-80563-445-9:¥3.90

I253　028911
世界魔难:美国艾滋病采访纪实/张彤著.—天津:天津社会科学院出版社,1995.1.—147页;19cm
ISBN 7-80563-443-2:¥5.00

I253　028912
世界奇人三峡走钢丝/赵贵林著.—北京:中国三峡出版社,1995.10.—35页;26cm
ISBN 7-80099-114-8:¥5.00

I253　028913
收获季节:老记者编辑新闻作品选/广州日报编委会主编.—广州:广东高等教育出版社,1995.9.—245页;20cm.—(广州日报丛书)
ISBN 7-5361-1735-3:¥9.50

I253　028914
首届"深圳新闻奖"获奖作品集/旷昕等主编.—深圳:海天出版社,1995.3.—380页;20cm
ISBN 7-80615-148-6:¥34.00

I253　028915
首届韬奋新闻奖文集/中华全国新闻工作者协会等编.—广州:广州出版社,1995.10.—397页:照片;20cm
ISBN 7-80592-317-5:¥28.30

I253　028916
谁是最可爱的人/魏巍著.—4版.—北京:人民文学出版社,1995.10.—131页;19cm
ISBN 7-02-002252-9:¥3.85

I253　028917
太旧路英雄谱　上卷/杜五安主编.—太原:山西人民出版社,1995.9.—800页;26cm
ISBN 7-203-03383-X(精装):¥80.00

I253　028918
太行烽火/刘备耕编.—重庆:重庆出版社,1995.5.—533页;19cm
ISBN 7-5366-2982-6:¥13.60

I253　028919
涛声/楚剑锋著.—海口:南海出版公司,1995.9.—300页;19cm
ISBN 7-5442-0570-3:¥9.80

I253　028920
特警英姿/张宇堂著.—深圳:海天出版社,1995.4.—305页:照片;20cm.—(特区保卫者丛书/李青主编)
ISBN 7-80615-094-3:¥18.00

I253　028921
天涯拾翠/周宏编.—北京:石油工业出版社,1995.3.—312页;19cm.—(远离闹市丛书/叶青主编)
ISBN 7-5021-1426-2:¥10.00

I253　028922
天中骄子:优秀人物通讯集/尚国干主编.—郑州:河南人民出版社,1995.12.—369页;20cm
ISBN 7-215-03646-4:¥12.80

I253　028923
透视激荡的年代:北京青年报精华文荟/北京青年报读物编辑部编.—成都:四川人民出版社,1995.6.—374页;20cm
ISBN 7-220-02870-9:¥19.60

I253　028924
突破封锁访延安:1944年的通讯和家书/爱泼斯坦著;张扬等译.—北京:人民日报出版社,1995.4.—151页;20cm.—(国际友人丛书/爱泼斯坦,高粱主编)
著者原题:伊斯雷尔·爱泼斯坦
ISBN 7-80002-746-5:¥7.80

I253　028925
万里长城永不倒/胡延宁,李宏著.—北京:中国档案,1995.10.—189页;19cm
ISBN 7-80019-549-X:¥7.90

I253　028926
威远楼下:特写专辑/温继忠著.—兰州:甘肃人民出版社,1995.5.—277页;20cm
ISBN 7-226-01471-8:¥10.50

I253　028927
文明建设采风:四川省省级最佳文明单位纪实/四川省精神文明办编著.—成都:成都科技大学出版社,1995.4.—256页;19cm
ISBN 7-5616-3047-6:¥5.80

I253　028928
文泉集/柏生著.—北京:中国社会出版社,1995.9.—299页;20cm
ISBN 7-80088-692-1:¥11.20

I253　028929
我的书斋/赵镜明,叶秀峰主编.—深圳:海天出版社,1995.3.—304页;20cm.—(深圳特区报丛书)
ISBN 7-80615-150-8:¥28.00

I253　028930
我们新疆人/克矛主编.—乌鲁木齐:新疆青少年出版社,1995.9.—674页;20cm
ISBN 7-5371-2077-3:¥25.00

I253　028931
我们正年轻/龙佑云主编.—北京:中国广播电视出版社,1995.4.—531页;20cm.—(常德电视台丛书)
ISBN 7-5043-2199-0:¥10.00

I253　028932
我在德国:一个女记者的旅德纪实/胡兰著.—长春:北方妇女儿童出版社,1995.9.—312页;20cm
ISBN 7-5385-1099-0:¥12.80

I253　028933
无锡风华录:新闻作品集/丁祥荣著;邹荫辛译.—乌鲁木齐:新疆人民出版社,1995.10.—150页;19cm
ISBN 7-228-03607-7:¥6.00

I253　028934
五花山:刘如森新闻作品选/刘如森著.—长春:吉林人民出版社,1995.9.—492页;20cm
ISBN 7-206-02324-X:¥18.00

I253　028935
五年耕耘春满园:深圳商报、深圳晚报获奖新闻作品选/高兴烈主编.—深圳:海天出版社,1995.12.—417页:照片;20cm
ISBN 7-80615-257-1:¥30.00

I253　028936
务本求真/刘占锋著.—开封:河南大学出版社,1995.8.—302页;20cm
ISBN 7-81041-279-5:¥10.80

I253　028937
西部涛声/王富海著.—兰州:甘肃教育出版社,1995.9.—279页;20cm
ISBN 7-5423-0544-1:¥12.00

I253　028938
西藏散记/宝音著.—呼和浩特:内蒙古教育出版社,1995.9.—126页;16×12cm
ISBN 7-5311-2593-5:¥3.40

I253　028939
夕拾集/周汉杰著.—郑州:河南人民出版社,1995.3.—329页;19cm
ISBN 7-215-03418-6:¥6.50

I253　028940
小发议论:蔡旭新闻短论选/蔡旭著.—海口:海南出版社,1995.5.—187页;19cm.—(海南名记者新闻作品系列/林凤生,张仲彩主编)
ISBN 7-80617-132-0:¥6.60

I253　028941
小花,你不能凋谢:救治杨小霞新闻日志/郭建跃等编著.—北京:长征出版社,1995.5.—163页;19cm
ISBN 7-80015-309-6:¥8.50

I253　028942
小康路上铸辉煌/王者礼主编.—石家庄:河北人民出版社,1995.11.—224页:彩图;19cm
ISBN 7-202-01818-7:¥9.80

I253　028943

校友成才启示录/和亚民等主编.—北京:冶金工业出版社,1995.9.—194页;19cm
ISBN 7-5024-1783-4:¥6.00

I253　028944
新安弄潮人:1984～1994/阎景龙主编.—郑州:河南人民出版社,1995.2.—375页;20cm.—(新安县地方史志资料丛书)
ISBN 7-215-03423-2:¥10.50

I253　028945
新华社优秀新闻选　1993年/新华社新闻研究所编.—北京:新华出版社,1995.9.—292页;20cm
ISBN 7-5011-2913-4:¥13.00

I253　028946
新华社优秀新闻选　1994年/新华社新闻研究所编.—北京:新华出版社,1995.9.—340页;20cm
ISBN 7-5011-2914-2:¥13.00

I253　028947
新闻报道精品选　1994年　第4辑/中共中央宣传部新闻局编.—北京:学习出版社,1995.6.—232页;20cm
ISBN 7-80116-036-3:¥6.50

I253　028948
新闻报道精品选　1995年　第2辑/中共中央宣传部新闻局编.—北京:学习出版社,1995.12.—170页;20cm
ISBN 7-80116-055-X:¥6.50

I253　028949
新娱乐/曾纪荣,陈淑英主编.—南宁:广西民族出版社,1995.3.—4册;20cm
ISBN 7-5363-2972-5:¥16.00

I253　028950
心织笔耕:长春日报编辑记者获奖作品选/刘作礼等主编.—长春:吉林人民出版社,1995.10.—2册(981页);20cm
ISBN 7-206-02339-8(精装):¥32.00

I253　028951
信笔摩风云:朱争平新闻作品选/朱争平著.—福州:海风出版社,1995.5.—478页;20cm
ISBN 7-80597-069-6:¥12.00

I253　028952
星海梦幻/于彦军著.—太原:山西经济出版社,1995.5.—262页;19cm
ISBN 7-80577-844-2:¥6.00

I253　028953
旋转的多棱镜:王大莹新闻通讯精选/李志广主编;王大莹著.—北京:中国档案出版社,1995.8.—306页;19cm
ISBN 7-80019-473-6:¥8.20

I253　028954
延边优秀广播作品选:1985～1994/李延平主编.—延吉:延边人民出版社,1995.6.—302页;20cm
ISBN 7-80599-287-8:¥8.00

I253　028955
燕石集:满运来新闻作品选/满运来著.—北京:中国国际广播出版社,1995.9.—449页;20cm
ISBN 7-5078-1263-4:¥14.00

I253　028956
医药好新闻选　第四集/白惠良主编.—北京:中国医药科技出版社,1995.12.—215页;19cm
ISBN 7-5067-1479-5:¥10.00

I253　028957
以才生财/乔地著.—郑州:河南人民出版社,1995.6.—414页;20cm
ISBN 7-215-03537-9:¥14.00

I253　028958
艺海弄潮/王晔著.—沈阳:辽宁美术出版社,1995.10.—210页;20cm
ISBN 7-5314-1243-8:¥25.00

I253　028959
银海之星/杜百舜主编.—哈尔滨:黑龙江人民出版社,1995.8.—254页;19cm.—(小兴安岭文学丛书/姜孟之,鲁喜森主编)
ISBN 7-207-03271-4:¥7.50

I253　028960
勇立潮头唱大风:来自"珠三角"的报告/杨桂煊,杨力主编.—广州:岭南美术出版社,1995.4.—350页;20cm
ISBN 7-5362-1214-3:¥8.30

I253　028961
邮电劳模风采/中国邮电工会全国委员会编.—北京:人民邮电出版社,1995.12.—264页;19cm
ISBN 7-115-05884-9:¥9.50

I253　028962
与名人约会/淳子著.—上海:上海远东出版社,1995.12.—145页:照片;19cm
ISBN 7-80613-188-4:¥9.00

I253　028963
粤北剿匪记/朱瑞钦等主编.-广州:广东高等教育出版社,1995.4.　324页;20cm
ISBN 7-5361-1638-1:¥7.50

I253　028964
正义之师:对台宣传稿选/常舜主编.-福州:海风出版社,1995.6.-258页;19cm
ISBN 7-80597-046-7:¥5.90

I253　028965
中国电视奖获奖新闻作品选评:1994年度/中国广播电视学会编.-北京:中国广播电视出版社,1995.8.-287页;19cm
ISBN 7-5043-2778-6:¥7.00

I253　028966
中国纺织优秀新闻选:1986～1995/栾忠信,薛庆时主编.-北京:经济科学出版社,1995.11.-340页;20cm
ISBN 7-5058-0897-4:¥16.50

I253　028967
中国女教授/铁铮等主编.—北京:中国城市出版社,1995.8.—360页;20cm
ISBN 7-5074-0763-2:¥11.70

I253　028968
中国石油新闻奖作品选集:1992～1994/陈实主编;中国石油新闻工作者协会秘书处编.—北京:石油工业出版社,1995.9.—502页;20cm
ISBN 7-5021-1592-7:￥26.80

I253　028969
中国新闻奖作品选　1993年　第四届/“中国新闻奖”评选委员会办公室编.—北京:新华出版社,1995.4.—295页;20cm
ISBN 7-5011-2812-X:￥9.50

I253　028970
中国新闻奖作品选　1994年　第五届/“中国新闻奖”评选委员会办公室编.—北京:新华出版社,1995.11.—308页;20cm
ISBN 7-5011-2986-X:￥11.40

I253　028971
中原的脚步/杨英兰主编　.—郑州:河南人民出版社,1995.11.—364页;20cm
ISBN 7-215-02834-8:￥13.00

I253　028972
钟墨集/刘祖禹著.—沈阳:辽宁人民出版社,1995.2.—205页;19cm
ISBN 7-205-03246-6:￥6.00

I253　028973
舟山英模/王更华,林纪浩主编;中共舟山市委党史资料征集研究委员会编.—北京:当代中国出版社,1995.2.—178页;20cm
ISBN 7-80092-242-1:￥8.00

I253　028974
葑菲集/张振亭主编;中国体育报社编.—乌鲁木齐:新疆科技卫生出版社,1995.7.—405页;20cm
ISBN 7-5372-1154-X:￥9.80

I253　028975
崛起的轨迹/展庆芳,李坤杰主编.—东营:石油大学出版社,1995.6.—397页;20cm
ISBN 7-5636-0634-3:￥8.50

I253　028976
崛起的天山:新闻通讯作品集/邵强主编;中共新疆维吾尔自治区委员会宣传部编　.—乌鲁木齐:新疆人民出版社,1995.9.—399页;20cm
ISBN 7-228-03763-4:￥12.80

I253　028977
橄榄·彩虹:一个女记者眼中的人生/马宝珠著.—北京:法律出版社,1995.6.—309页;20cm
ISBN 7-5036-1643-1:￥12.50

①I253②D441　028978
当代世界职业女性风采撷英/凌寒编著.—北京:中国检察出版社,1995.1.—215页;19cm.—(当代职业女性丛书/侯梅先,赵健杰主编)
全套8册,总定价:38.80元
ISBN 7-80086-264-X:￥0.00

①I253②D674.5　028979
情系天山:党和国家领导人在新疆/陈统渭主编;中共新疆维吾尔自治区委员会党史研究室编.—北京:中共党史出版社,1995.8.—230页:照片;20cm
ISBN 7-80023-901-2:￥25.00

①I253②E24　028980
辉煌的四十年:庆祝新疆生产建设兵团成立四十周年新闻作品选/中共新疆生产建设兵团委员会宣传部编.—乌鲁木齐:新疆人民出版社,1995.4.—369页;20cm
ISBN 7-228-03521-6:￥10.80

①I253②F426.84　028981
初访台湾/范慕韩等著.—北京:印刷工业出版社,1995.10.—129页:彩照;20cm
ISBN 7-80000-204-7:￥20.00

①I253②G212　028982
朝前走 莫回头/史纪南著.—天津:百花文艺出版社,1995.6.—242页;19cm
ISBN 7-5306-1981-0:￥7.00

①I253②G812　028983
寒立体育新闻作品选/寒立著.—海口:南海出版公司,1995.8.—370页;20cm
ISBN 7-5442-0175-9:￥15.00

①I253②K265　028984
记者笔下的抗日战争/宋世琦,颜景政主编　.—北京:人民日报出版社,1995.6.—508页;20cm
ISBN 7-80002-735-X:￥18.00

①I253②R291.2　028985
塞外医苑百花开:健康报记者笔下的内蒙古卫生事业/郑泽民,徐晓宁著.—呼和浩特:远方出版社,1995.7.—252页;19cm
ISBN 7-80595-142-X:￥8.80

I26 散文

I26　028986
20世纪中国名家散文精品/林非主编;李晓虹等编.—深圳:海天出版社,1995.2.—353页;20cm
ISBN 7-80615-118-4:￥12.80

I26　028987
大路歌:散文作品集/袁远著.—呼和浩特:内蒙古人民出版社,1995.3.—328页;20cm
ISBN 7-204-02817-1:￥7.00

I26　028988
华嘉文集　卷一/华嘉著.—广州:广州出版社,1995.9.—448页;20cm
ISBN 7-80592-284-5:￥18.00

I26　028989
华夏二十世纪散文精编　(1):感时咏志卷/袁鹰编.—北京:华夏出版社,1995.12.—606页;20cm
ISBN 7-5080-0415-9(精装):￥24.20

I26　028990
华夏二十世纪散文精编　(2):叙事纪实卷/袁鹰编.—北京:华夏出版社,1995.12.—652页;20cm
ISBN 7-5080-0691-7(精装):￥25.80

I26　028991

华夏二十世纪散文精编 (3):抒情遣兴卷/袁鹰编.—北京:华夏出版社,1995.12.—608 页;20cm
ISBN 7-5080-0933-9(精装):¥24.30

I26 028992
华夏二十世纪散文精编 (4):山川风物卷/袁鹰编.—北京:华夏出版社,1995.12.—611 页;20cm
ISBN 7-5080-0934-7(精装):¥24.30

I26 028993
华夏二十世纪散文精编 (5):怀人伤逝卷/袁鹰编.—北京:华夏出版社,1995.12.—625 页;20cm
ISBN 7-5080-0935-5(精装):¥25.00

I26 028994
华夏二十世纪散文精编 (6):随笔小品卷/袁鹰编.—北京:华夏出版社,1995.12.—652 页;20cm
ISBN 7-5080-0936-3(精装):¥26.00

I26 028995
华夏二十世纪散文精编 (7):文谈书话卷/袁鹰编.—北京:华夏出版社,1995.12.—645 页;20cm
ISBN 7-5080-0937-1(精装):¥25.80

I26 028996
华夏二十世纪散文精编 (8):书简日记卷/袁鹰编.—北京:华夏出版社,1995.12.—565 页;20cm
ISBN 7-5080-0938-X(精装):¥22.60

I26 028997
活着的滋味/鹰扬编选.—青岛:青岛出版社,1995.12.—420 页;20cm.—(名家人生漫笔精品丛书·A 卷)
ISBN 7-5436-1336-0:¥16.40

I26 028998
精美散文:青春·温情卷/王嘉陵等编.—武汉:长江文艺出版社,1995.7.—372 页;20cm
ISBN 7-5354-1250-5:¥13.80

I26 028999
精美散文:幽默·杂趣卷/王嘉陵等编.—武汉:长江文艺出版社,1995.7.—375 页;20cm
ISBN 7-5354-1250-5:¥13.80

I26 029000
精美散文:哲理·文化卷/王嘉陵等编.—武汉:长江文艺出版社,1995.7.—374 页;20cm
ISBN 7-5354-1250-5:¥13.80

I26 029001
历代名贤处世家书/徐益棠,刘奉文编.—长春:时代文艺出版社,1995.7.—315 页;20cm
ISBN 7-5387-0897-9:¥14.00

I26 029002
历代散文精品/吴小平主编.—南京:南京出版社,1995.12.—5 册;20cm
本套书包括:《雪泥飞鸿》等 5 册
ISBN 7-80614-110-3:¥84.00

I26 029003
历代抒情散文精选/孙育华,张雪静编著.—太原:山西古籍出版社,1995.12.—390 页;20cm
ISBN 7-80598-100-0:¥16.80

I26 029004
另一种柔情/鹰扬编选.—青岛:青岛出版社,1995.12.—408 页;20cm.—(名家人生漫笔精品丛书·B 卷)
ISBN 7-5436-1337-9:¥16.00

I26 029005
梦里花落/筱芫编.—福州:福建教育出版社,1995.3.—107 页;20cm.—(20 世纪中国爱情散文精品丛书)
ISBN 7-5334-1673-2:¥5.65

I26 029006
名家笔下的草木虫鱼/老品选编.—北京:中国国际广播出版社,1995.3.—337 页;20cm.—(中国文化名人谈丛)
ISBN 7-5078-1203-0:¥11.00

I26 029007
名家笔下的春夏秋冬/老品选编.—北京:中国国际广播出版社,1995.3.—366 页;20cm.—(中国文化名人谈丛)
ISBN 7-5078-1201-4:¥11.90

I26 029008
名家笔下的风花雪月/老品选编.—北京:中国国际广播出版社,1995.3.—330 页;20cm.—(中国文化名人谈丛)
ISBN 7-5078-1202-2:¥10.50

I26 029009
名家笔下的生老病死/老品选编.—北京:中国国际广播出版社,1995.3.—359 页;20cm.—(中国文化名人谈丛)
ISBN 7-5078-1198-0:¥11.50

I26 029010
名家笔下的烟酒茶点/老品选编.—北京:中国国际广播出版社,1995.3.—343 页;20cm.—(中国文化名人谈丛)
ISBN 7-5078-1200-6:¥11.00

I26 029011
名家笔下的衣食住行/老品选编.—北京:中国国际广播出版社,1995.3.—354 页;20cm.—(中国文化名人谈丛)
ISBN 7-5078-1199-9:¥11.20

I26 029012
气贯长虹:散文选/李家发等编著.—北京:中共中央党校出版社,1995.3.—232 页;20cm.—(爱国主义教育丛书/张大可主编)
ISBN 7-5035-1175-3:¥7.60

I26 029013
情思缕缕:书信选/左用章等编著.—北京:中共中央党校出版社,1995.3.—191 页;20cm.—(爱国主义教育丛书/张大可主编)
ISBN 7-5035-1176-1:¥7.20

I26 029014
人情四品/李敞等选编.—长沙:湖南出版社,1995.7.—598 页;20cm
ISBN 7-5438-1017-4:¥20.80

I26 029015
人生四关:生老病死/陈静等编.—长沙:湖南出版社,1995.12.—525 页;20cm
ISBN 7-5438-1105-7:¥18.60

I26　029016
文豪精品/陈果安,彭恺奇编.—北京:国际文化出版公司,1995.6.—897页;20cm
ISBN 7-80105-265-X:¥29.80

I26　029017
晓玉随笔/王晓玉著.—南京:江苏人民出版社,1995.12.—212页;20cm
ISBN 7-214-01538-2:¥8.80

I26　029018
笑骂人生嘻语/梁实秋等著;张树武选编.—长春:吉林文史出版社,1995.3.—365页;20cm.—(现代中国名士名女精品系列)
ISBN 7-80528-956-5:¥11.80

I26　029019
月落乌啼/筱芫编.—福州:福建教育出版社,1995.3.—153页;20cm.—(20世纪中国爱情散文精品丛书)
ISBN 7-5334-1675-9:¥7.00

I26　029020
哲理文谭/邵纯著.—乌鲁木齐:新疆青少年出版社,1995.10.—276页;20cm
ISBN 7-5371-2088-9:¥10.00

I26　029021
中国百年散文选:怀人卷/李昌荣选编.—杭州:浙江文艺出版社,1995.3.—324页;20cm
ISBN 7-5339-0692-6:¥12.00

I26　029022
中国百年散文选:品艺卷/陈国华选编.—杭州:浙江文艺出版社,1995.3.—231页;20cm
ISBN 7-5339-0691-8:¥9.10

I26　029023
中国历代散文精品/郭预衡主编.—长春:时代文艺出版社,1995.12.—2册;20cm.—(中国古典文学名著精品大系)
ISBN 7-5387-0975-4(精装):¥77.60

I26　029024
中国文化名人笔下:宠物情浓/李戟主编.—大连:大连出版社,1995.5.—370页;20cm
全套4册,总定价:48.00元
ISBN 7-80612-147-1:¥0.00

I26　029025
中国文化名人笔下:骨肉情深/李戟主编.—大连:大连出版社,1995.4.—366页;20cm
全套4册,总定价:48.00元
ISBN 7-80612-147-1:¥0.00

I26　029026
中国文化名人笔下:师友情重/李戟主编.—大连:大连出版社,1995.5.—369页;20cm
全套4册,总定价:48.00元
ISBN 7-80612-147-1:¥0.00

I26　029027
中国文化名人笔下:往事情长/李戟主编.—大连:大连出版社,1995.5.—363页;20cm
全套4册,总定价:48.00元
ISBN 7-80612-147-1:¥0.00

I26　029028
中国文化名人自画像/欧阳湜编.—北京:中央编译出版社,1995.7.—476页;20cm.—(中外名人谈丛)
ISBN 7-80109-073-X:¥14.80

I26　029029
昨夜星辰/筱芫编.—福州:福建教育出版社,1995.3.—129页;20cm.—(20世纪中国爱情散文精品丛书)
ISBN 7-5334-1674-0:¥6.25

①I26②K971.29　029030
一个企业家的访美杂记/刘代禄著.—贵阳:贵州人民出版社,1995.12.—216页;20cm
ISBN 7-221-04114-8:¥14.80

I262　029031
古文观止/周子来,陈穆校注.—南京:江苏文艺出版社,1995.11.—532页;20cm
ISBN 7-5399-0821-1:¥24.00

I262　029032
古文观止/朱俊芳等注释.—沈阳:春风文艺出版社,1995.4.—804页;20cm.—(新注古典诗文十大传统选本/马清福主编)
ISBN 7-5313-1470-3(精装):¥28.00

I262　029033
历代西域散文选注/钟兴麒,王有德选注.—乌鲁木齐:新疆人民出版社,1995.10.—282页;20cm
ISBN 7-228-02572-5:¥9.80

I262　029034
中华散文观止　(1):千古名篇集萃/何汉主编.—北京:中国戏剧出版社,1995.12.—585页;20cm
ISBN 7-104-00698-2:¥23.90

I262　029035
中华散文观止　(2):现代言志精品/何汉主编.—北京:中国戏剧出版社,1995.12.—563页;20cm
ISBN 7-104-00698-2:¥22.00

I262　029036
中华散文观止　(3):现代言情精品/何汉主编.—北京:中国戏剧出版社,1995.12.—559页;20cm
ISBN 7-104-00698-2:¥22.00

I262　029037
中华散文观止　(4):现代消闲精品/何汉主编.—北京:中国戏剧出版社,1995.12.—562页;20cm
ISBN 7-104-00698-2:¥22.00

I262　029038
注音·注解·今释·插图古文小品二百篇/李玫选注;叶向阳,钟小季插图.—大连:大连出版社,1995.1.—607页;19cm.—(青少年古典文学修养丛书)
ISBN 7-80612-055-6:¥12.00

I263.1　029039
庄子散文选集/(战国)庄周著;冯钟芸选注.—天津:百花文艺出版社,1995.1.—165页;20cm.—(百花散文书系/徐柏容,郑法清主编)
本书版权页选注者为冯钟芸
ISBN 7-5306-1785-0:¥6.40

I264　029040
太平广记精华/卢盛江选译.—天津:天津人民出版

社,1995.9.—515 页;13×9cm.—(袖珍典籍丛书)
ISBN 7-201-01558-3:¥8.00

I264 029041
唐宋八大家散文精选/陈扬炯等编著.—太原:山西古籍出版社,1995.10.—2 册;20cm
ISBN 7-80598-087-X:¥32.50

I264 029042
唐宋八大家散文总集:新版校评本/郭预衡主编.—石家庄:河北人民出版社,1995.11.—10 册(7605 页);20cm
ISBN 7-202-01809-8(精装):¥468.00

I264 029043
唐宋八大家文/(清)沈德潜选编;宋晶如注释;刘欣生标点.—长沙:岳麓书社,1995.7.—804 页;19cm.—(古典名著普及文库)
ISBN 7-80520-606-6(精装):¥24.80

I264.2 029044
韩愈散文精品选/高海夫编著.—西安:陕西人民出版社,1995.12.—203 页;20cm.—(唐宋八大家散文精品丛书/弓保安主编)
ISBN 7-224-03882-2:¥8.40

I264.2 029045
柳宗元散文精品选:原文·注释·译文·赏析/吴企明编著.—西安:陕西人民出版社,1995.12.—180 页;20cm.—(唐宋八大家散文精品丛书/弓保安主编)
ISBN 7-224-03883-0:¥7.60

I264.2 029046
晚唐小品文选注/廖士杰,樊修章选注.—上海:上海古籍出版社,1995.5.—257 页;19cm
ISBN 7-5325-1739-X:¥7.30

I264.4 029047
欧阳修散文精品选/姜光斗编著.—西安:陕西人民出版社,1995.12.—212 页;20cm.—(唐宋八大家散文精品丛书/弓保安主编)
ISBN 7-224-03884-9:¥8.60

I264.4 029048
容斋随笔/(宋)洪迈著;鲁同群,刘宏起点校.—北京:中国世界语出版社,1995.10.—612 页;20cm.—(中国古典名著)
ISBN 7-5052-0230-8:¥24.80

I264.4 029049
苏辙散文精品选:原文·注释·译文·赏析/王拾遗,唐骥编著.—西安:陕西人民出版社,1995.12.—252 页;20cm.—(唐宋八大家散文精品丛书/弓保安主编)
ISBN 7-224-03885-7:¥10.00

I264.4 029050
苏洵散文精品选/周振甫编著.—西安:陕西人民出版社,1995.12.—239 页;20cm.—(唐宋八大家散文精品丛书/弓保安主编)
ISBN 7-224-03886-5:¥9.50

I264.4 029051
苏轼散文精品选/姜光斗编著.—西安:陕西人民出版社,1995.12.—205 页;20cm.—(唐宋八大家散文精品丛书/弓保安主编)
ISBN 7-224-03887-3:¥8.50

I264.4 029052
王安石散文精品选/谈凤梁,王欲祥编著.—西安:陕西人民出版社,1995.12.—228 页;20cm.—(唐宋八大家散文精品丛书/弓保安主编)
ISBN 7-224-03888-1:¥9.25

I264.4 029053
曾巩散文精品选/吴功正等编著.—西安:陕西人民出版社,1995.12.—238 页;20cm.—(唐宋八大家散文精品丛书/弓保安主编)
ISBN 7-224-03889-X:¥9.50

I264.8 029054
归有光散文选集/(明)归有光著;张家英,徐治娴选注.—天津:百花文艺出版社,1995.1.—183 页;20cm.—(百花散文书系/徐柏容,郑法清主编)
ISBN 7-5306-1784-2:¥6.80

I264.8 029055
明六十家小品文精品/夏成淳编.—上海:上海社会科学院出版社,1995.6.—486 页;20cm.—(中国古典诗文精品系列)
ISBN 7-80515-840-1:¥13.50

I264.8 029056
明人小品选/刘大杰编选;迟赵俄,滕云注.—上海:上海古籍出版社,1995.12.—262 页;19cm
ISBN 7-5325-1970-8:¥10.70

I264.8 029057
盆山蕴秀:明清小品文卷/秦豫等编著.—西安:陕西人民教育出版社,1995.4.—217 页;20cm.—(开卷丛书/杨匡汉,赵喜民主编)
ISBN 7-5419-3916-1:¥6.50

I264.9 029058
方苞散文选集/(清)方苞著;王沛霖,王朝晖选注.—天津:百花文艺出版社,1995.1.—229 页;20cm.—(百花散文书系/徐柏容,郑法清主编)
ISBN 7-5306-1783-4:¥8.00

I264.9 029059
浮生六记/(清)沈复著.—长沙:湖南文艺出版社,1995.2.—163 页:插图;20cm
ISBN 7-5404-1334-4(精装):¥8.90

I265 029060
两般秋雨庵随笔:毛泽东生平批注最为丰富的书:文白对照全译/(清)梁绍壬撰;范春三编译.—乌鲁木齐:新疆人民出版社,1995.9.—2 册(965 页);20cm
ISBN 7-228-03594-1:¥39.80

I266 029061
哀乐人生/张小春,龚建星编.—上海:上海社会科学院出版社,1995.1.—232 页;19cm.—(名家谈丛;4)
ISBN 7-80515-880-0:¥6.50

I266 029062
爱情小品/蔡清富编.—天津:百花文艺出版社,1995.1.—137 页;19cm.—(情之旅散文丛书/蔡清富主编)
ISBN 7-5306-1641-2:¥5.00

I266 029063

悲情散文精品/陈引驰等编.—昆明:云南人民出版社,1995.3.—615页;20cm
ISBN 7-222-01744-5:¥16.80

I266　　　　029064
背影/朱自清著.—北京:中国青年出版社,1995.11.—120页;26×14cm.—(典藏开明书店版名家散文系列)
ISBN 7-5006-2073-X:¥26.50

I266　　　　029065
春醪集/梁遇春著.—北京:东方出版社,1995.10.—353页;14×10cm.—(名士雅品小集书系)
ISBN 7-5060-0626-X:¥10.80

I266　　　　029066
灯下漫笔/鲁迅等著;杨扬等编选.—北京:中国社会科学出版社,1995.3.—404页;20cm.—(中国现代散文精品文库/钱谷融,陈子善主编)
ISBN 7-5004-1699-7:¥13.50

I266　　　　029067
东方智慧:中国学者文化散文精粹/岑杰选编.—南昌:百花洲文艺出版社,1995.10.—719页;20cm
ISBN 7-80579-582-7(精装):¥29.00

I266　　　　029068
丰子恺集:纳凉和避雨/许道明,冯金牛选编.—上海:汉语大词典出版社,1995.2.—165页;19cm
ISBN 7-5432-0144-5:¥6.50

I266　　　　029069
关于女人/冰心著.—北京:中国青年出版社,1995.11.—162页;26×14cm.—(典藏开明书店版名家散文系列)
ISBN 7-5006-2079-9:¥32.50

I266　　　　029070
灌木集/李广田著.—北京:中国青年出版社,1995.11.—291页;26×14cm.—(典藏开明书店版名家散文系列)
ISBN 7-5006-2084-5:¥48.50

I266　　　　029071
画梦录/何其芳著.—北京:东方出版社,1995.10.—262页;14×10cm.—(名士雅品小集书系)
ISBN 7-5060-0603-0:¥8.80

I266　　　　029072
怀念/巴金著.—北京:中国青年出版社,1995.11.—103页;26×14cm.—(典藏开明书店版名家散文系列)
ISBN 7-5006-2072-1:¥25.00

I266　　　　029073
火种集/秦牧著.—北京:中国青年出版社,1995.11.—178页;26×14cm.—(典藏开明书店版名家散文系列)
原名《秦牧杂文》
ISBN 7-5006-2075-6:¥33.50

I266　　　　029074
寂寞花/萧红著;周细刚选编.—合肥:安徽文艺出版社,1995.3.—209页;20cm.—(现代名家情感写意文丛)
ISBN 7-5396-1232-9:¥4.50

I266　　　　029075
寂寞集/鲁彦著.—北京:中国青年出版社,1995.11.—113页;26×14cm.—(典藏开明书店版名家散文系列)
原名《鲁彦散文集》
ISBN 7-5006-2077-2:¥38.00

I266　　　　029076
江湖集/芦焚著.—北京:中国青年出版社,1995.11.—114页;26×14cm.—(典藏开明书店版名家散文系列)
ISBN 7-5006-2082-9:¥26.00

I266　　　　029077
看人集/师陀著.—北京:中国青年出版社,1995.11.—106页;26×14cm.—(典藏开明书店版名家散文系列)
ISBN 7-5006-2083-7:¥25.00

I266　　　　029078
黎烈文散文精编/陈子善编.—杭州:浙江文艺出版社,1995.10.—310页;20cm.—(现代经典作家诗文全编书系)
ISBN 7-5339-0849-X:¥13.60

I266　　　　029079
刘半农作品精选/彰军主编.—桂林:广西师范大学出版社,1995.6.—278页;19cm
ISBN 7-5633-2005-9:¥7.80

I266　　　　029080
庐隐散文精编/朱珩青编.—杭州:浙江文艺出版社,1995.1.—240页;20cm.—(现代经典作家诗文全编书系)
ISBN 7-5339-0722-1:¥8.00

I266　　　　029081
庐隐作品精选/彰军编.—桂林:广西师范大学出版社,1995.6.—279页;19cm
ISBN 7-5633-2004-0:¥7.80

I266　　　　029082
陆蠡散文全编/熊融编.—杭州:浙江文艺出版社,1995.10.—240页;20cm.—(现代经典作家诗文全编书系)
ISBN 7-5339-0835-X:¥11.70

I266　　　　029083
绿天/绿漪著.—北京:东方出版社,1995.10.—287页;14×10cm.—(名士雅品小集书系)
ISBN 7-5060-0605-7:¥10.80

I266　　　　029084
论语派作品选/庄钟庆编选.—北京:人民文学出版社,1995.12.—339页;20cm.—(中国现代文学流派创作选)
ISBN 7-02-002114-X:¥14.70

I266　　　　029085
猫与短简/靳以著.—北京:中国青年出版社,1995.11.—149页;26×14cm.—(典藏开明书店版名家散文系列)
ISBN 7-5006-2086-1:¥30.00

I266　　　　029086

名家经典山水游记选/向弓主编.—成都:四川文艺出版社,1995.1.—565页;20cm.—(名家经典书系)

ISBN 7-5411-1252-6:¥16.00

I266　029087

名家经典小品文选/向弓主编.—成都:四川文艺出版社,1995.2.—410页;20cm.—(名家经典书系)

ISBN 7-5411-1281-X:¥12.00

I266　029088

名物采访/张晓春,龚建星编.—上海:上海社会科学院出版社,1995.1.—243页;19cm.—(名家谈丛;3)

ISBN 7-80515-879-7:¥6.70

I266　029089

欧游集/王统照著.—北京:中国青年出版社,1995.11.—208页;26×14cm.—(典藏开明书店版名家散文系列)

原名:欧游散记

ISBN 7-5006-2081-0:¥37.50

I266　029090

叛逆人生狂语:现代中国名士名女/周作人等著;扬子选编.—长春:吉林文史出版社,1995.1.—277页;20cm

ISBN 7-80528-923-9:¥9.10

I266　029091

平屋杂文/夏丏尊著.—北京:中国青年出版社,1995.11.—201页;26×14cm.—(典藏开明书店版名家散文系列)

ISBN 7-5006-2085-3:¥36.50

I266　029092

亲情小品/周天编.—天津:百花文艺出版社,1995.1.—156页;19cm.—(情之旅散文丛书/蔡清富主编)

ISBN 7-5306-1639-0:¥5.30

I266　029093

人情长短/张小春,龚建星编.—上海:上海社会科学院出版社,1995.1.—239页;19cm.—(名家谈丛;2)

ISBN 7-80515-878-9:¥6.60

I266　029094

人生空山灵雨/许地山著;李夏选编.—长沙:湖南文艺出版社,1995.3.—414页;19cm.—(人生的盛宴系列)

ISBN 7-5404-1343-3:¥9.20

I266　029095

塞纳河畔的无名少女/梁实秋等著;杨扬等编选.—北京:中国社会科学出版社,1995.3.—396页;20cm.—(中国现代散文精品文库/钱谷融,陈子善主编)

ISBN 7-5004-1702-0:¥13.50

I266　029096

商市街/萧红著.—北京:东方出版社,1995.10.—340页;14×10cm.—(名士雅品小集书系)

ISBN 7-5060-0625-1:¥10.80

I266　029097

施蛰存作品精选/彰军编.—桂林:广西师范大学出版社,1995.6.—280页;19cm

ISBN 7-5633-2002-4:¥7.80

I266　029098

石评梅情语/何春耕等编.—桂林:漓江出版社,1995.4.—209页;19cm.—(中国女作家情语系列·现代女作家情语)

ISBN 7-5407-1684-3:¥6.75

I266　029099

世情小品/马晓声编.—天津:百花文艺出版社,1995.1.—133页;19cm.—(情之旅散文丛书/蔡清富主编)

ISBN 7-5306-1643-9:¥4.80

I266　029100

水样的春愁/郁达夫等著;杨扬等编选.—北京:中国社会科学出版社,1995.3.—391页;20cm.—(中国现代散文精品文库/钱谷融,陈子善主编)

ISBN 7-5004-1700-4:¥13.50

I266　029101

苏青散文精编/亦清等编 .—杭州:浙江文艺出版社,1995.1.—576页;20cm.—(现代经典作家诗文全编书系)

ISBN 7-5339-0772-8:¥17.50

I266　029102

速写与随笔/茅盾著.—北京:中国青年出版社,1995.11.—249页;26×14cm.—(典藏开明书店版名家散文系列)

ISBN 7-5006-2076-4:¥42.00

I266　029103

太阳下的风景/宗璞等著;杨扬等选编.—北京:中国社会科学出版社,1995.3.—386页;20cm.—(中国现代散文精品文库/钱谷融,陈子善主编)

ISBN 7-5004-1706-3:¥13.50

I266　029104

谈龙集/周作人著.—北京:中国青年出版社,1995.11.—254页;26×14cm.—(典藏开明书店版名家散文系列)

ISBN 7-5006-2074-8:¥44.50

I266　029105

王统照作品精选/彰军编.—桂林:广西师范大学出版社,1995.6.—280页;19cm

ISBN 7-5633-2000-8:¥7.80

I266　029106

未厌居习作/叶绍钧著.—北京:中国青年出版社,1995.11.—124页;26×14cm.—(典藏开明书店版名家散文系列)

ISBN 7-5006-2080-2:¥42.00

I266　029107

西滢闲话/陈西滢著.—北京:东方出版社,1995.10.—351页;14×10cm.—(名士雅品小集书系)

ISBN 7-5060-0604-9:¥10.80

I266　029108

闲情逸致/张小春,龚建星编.—上海:上海社会科学院出版社,1995.1.—249页;19cm.—(名家谈丛;1)

ISBN 7-80515-877-0:¥6.90

I266　029109

萧红情语/海涛等编.—桂林:漓江出版社,1995.4.—200页;19cm.—(中国女作家情语系列·现代女作

家情语）
ISBN 7-5407-1685-1：￥6.40

I266　　029110
萧红作品精选/彰军编.—桂林：广西师范大学出版社，1995.6.—277页；19cm
ISBN 7-5633-1997-2：￥7.80

I266　　029111
严修东游日记/严修撰；武安隆，刘玉敏点注.—天津：天津人民出版社，1995.12.—259页；20cm.—（南开日本研究丛书/武安隆主编）
ISBN 7-201-02364-0：￥14.50

I266　　029112
叶紫作品精选/彰军编.—桂林：广西师范大学出版社，1995.6.—279页；19cm
ISBN 7-5633-1996-4：￥7.80

I266　　029113
一草一木总关情/钱钟书等著；杨扬等编选.—北京：中国社会科学出版社，1995.3.—391页；20cm.—（中国现代散文精品文库/钱谷融，陈子善主编）
ISBN 7-5004-1703-9：￥13.50

I266　　029114
雨中吟/周作人著；黄开发选编.—合肥：安徽文艺出版社，1995.3.—220页；20cm.—（现代名家情感写意文丛）
ISBN 7-5396-1235-5：￥4.60

I266　　029115
语堂文选/林太乙编.—长春：时代文艺出版社，1995.5.—2册；20cm
ISBN 7-5387-0878-2：￥26.00

I266　　029116
语堂幽默文选/林太乙编.—长春：时代文艺出版社，1995.5.—2册；20cm
ISBN 7-5387-0879-0：￥28.00

I266　　029117
缘缘堂再笔/丰子恺著.—北京：中国青年出版社，1995.11.—162页；26×14cm.—（典藏开明书店版名家散文系列）
ISBN 7-5006-2071-3：￥31.50

I266　　029118
杂拌儿集/俞平伯著.—北京：中国青年出版社，1995.11.—206页；26×14cm.—（典藏开明书店版名家散文系列）
原名《杂拌儿》
ISBN 7-5006-2078-0：￥38.00

I266　　029119
章克标集：风凉话和登龙术/许道明，冯金牛选编.—上海：汉语大词典出版社，1995.2.—171页；19cm.—（海派小品集丛）
ISBN 7-5432-0145-3：￥6.50

I266　　029120
张爱玲集：到底是上海人/许道明，冯金牛选编.—上海：汉语大词典出版社，1995.2.—156页；19cm.—（海派小品集丛）
ISBN 7-5432-0147-X：￥6.50

I266　　029121
郑振铎作品精选/彰军编.—桂林：广西师范大学出版社，1995.6.—280页；19cm
ISBN 7-5633-2003-2：￥7.80

I266　　029122
中国百年散文选：怀乡卷/程绍武选编.—杭州：浙江文艺出版社，1995.3.—246页；20cm
ISBN 7-5339-0693-4：￥9.60

I266　　029123
中国百年散文选：随感卷/李平选编.—杭州：浙江文艺出版社，1995.3.—347页；20cm
ISBN 7-5339-0690-X：￥12.60

I266　　029124
中国散文名家作品精选/林天著.—北京：中国档案出版社，1995.9.—437页；20cm
ISBN 7-80019-485-X：￥16.80

I266　　029125
中书集/朱湘著.—北京：东方出版社，1995.10.—231页；14×10cm.—（名士雅品小集书系）
ISBN 7-5060-0627-8：￥8.80

I266　　029126
朱自清散文全编/吴为公，李树平编.—杭州：浙江文艺出版社，1995.12.—603页；20cm.—（现代经典作家诗文全编书系）
ISBN 7-5339-0856-2：￥22.30

I266　　029127
醉中人生/梁遇春著；宋文华选编.—长沙：湖南文艺出版社，1995.3.—494页；19cm.—（人生的盛宴系列）
ISBN 7-5404-1342-5：￥10.70

I266　　029128
做文与做人：林语堂小品精萃/林语堂著；程汉编.—上海：上海书店出版社，1995.11.—238页；19cm.—（鹈鹕丛书）
ISBN 7-80622-067-4：￥9.00

①I266②G634.34　　029129
中国现代散文选/朱永，文宪宁编.—兰州：兰州大学出版社，1995.9.—547页；20cm.—（中学生阅读丛书/张应华主编）
ISBN 7-311-00904-9：￥16.00

①I266②I267　　029130
芭蕉花——忆母亲/邓九平，于海婴编.—北京：中国对外翻译出版公司，1995.8.—396页；19cm.—（相思四种；1）
ISBN 7-5001-0363-8：￥12.00

①I266②I267　　029131
红菊——忆故人/邓九平，于海婴编.—北京：中国对外翻译出版公司，1995.8.—409页；19cm.—（相思四种；3）
ISBN 7-5001-0361-1：￥12.00

①I266②I267　　029132
天冬草——忆故乡/邓九平，于海婴编.—北京：中国对外翻译出版公司，1995.8.—376页；19cm.—（相思四种；4）
ISBN 7-5001-0362-X：￥12.00

①I266②I267 029133
纸雁——忆父亲/邓九平,于海婴编.—北京:中国对外翻译出版公司,1995.8.—409 页;19cm.—(相思四种;2)
ISBN 7-5001-0360-3:¥12.00

I267 029134
20 岁进行时/元元著.—北京:文化艺术出版社,1995.12.—149 页;19cm.—(金苹果散文系列·新生代新女性新作品/兴安主编)
全套共 5 册,总定价:39.00 元
ISBN 7-5039-1433-5:¥0.00

I267 029135
《希氏内科学》作证/王贤才著.—青岛:青岛出版社,1995.5.—162 页;19cm
ISBN 7-5436-1270-4:¥5.00

I267 029136
;——命运的分号:冯亦代,黄宗英辑/姜金城,张昌华选编.—南京:江苏文艺出版社,1995.6.—170,196 页;照片;20cm.—(双叶丛书)
ISBN 7-5399-0748-7:¥15.00

I267 029137
爱,是不会沉淀的:抒情美文集/赵熙德著.—上海:上海人民出版社,1995.1.—231 页;20cm
ISBN 7-208-01947-9:¥9.00

I267 029138
爱的悄悄话:100 封第一次公开的情书/王艳编.—北京:农村读物出版社,1995.11.—182 页;19cm
ISBN 7-5048-2635-9:¥7.90

I267 029139
爱情问题/史铁生著.—南京:江苏文艺出版社,1995.8.—209 页;19cm.—(鸡鸣文库·当代名家散文随笔系列)
ISBN 7-5399-0802-5:¥6.70

I267 029140
爱与被爱之间:散文、散文诗选集/肖止民著.—天津:百花文艺出版社,1995.8.—217 页;20cm
ISBN 7-5306-2093-2:¥9.36

I267 029141
爱之门/叶全新著.—天津:百花文艺出版社,1995.4.—182 页;20cm
ISBN 7-5306-1926-8:¥6.20

I267 029142
澳洲见闻录/王晋军著.—太原:山西人民出版社,1995.7.—377 页;彩照;20cm
ISBN 7-203-03361-9:¥18.00

I267 029143
八面来风:人的价值和物的价值/余心言著.—青岛:青岛出版社,1995.3.—271 页;20cm
ISBN 7-5436-1272-0:¥10.80

I267 029144
巴中一散文选/巴中一著.—北京:工商出版社,1995.11.—220 页;19cm
ISBN 7-80012-178-X:¥7.00

I267 029145
跋涉人生/王建华著.—西安:陕西人民出版社,1995.3.—183 页;19cm
ISBN 7-224-03785-0:¥4.45

I267 029146
白下晴窗闲笔/忆明珠著.—上海:上海人民出版社,1995.12.—222 页;20cm.—(名家手记)
ISBN 7-208-02136-8:¥10.70

I267 029147
白云生处有人家:梅门造创作电视片解说词选粹之二/梅门造著.—北京:中国华侨出版社,1995.3.—167 页;19cm
ISBN 7-80074-955-X:¥5.00

I267 029148
柏杨奇语/柏杨著;欧阳哲生编.—长沙:岳麓书社,1995.4.—319 页;19cm
ISBN 7-80520-579-5:¥8.80

I267 029149
百叶窗集/于永军著.—济南:黄河出版社,1995.12.—277 页;20cm
ISBN 7-80558-699-3:¥8.80

I267 029150
半山半水半书窗:黄宗英散文随笔集/黄宗英著.—北京:中国对外翻译出版公司,1995.8.—324 页;20cm.—(紫丁香文丛/萧阳主编)
ISBN 7-5001-0355-7:¥8.00

I267 029151
包公审歌星/张聿温著.—北京:解放军出版社,1995.4.—333 页;19cm
ISBN 7-5065-2594-1:¥9.00

I267 029152
卑微者的生存智慧/孔见著.—海口:南海出版公司,1995.4.—312 页;19cm.—(海南作家丛书)
ISBN 7-5442-0407-3:¥10.80

I267 029153
北北话廊/北北著.—福州:海峡文艺出版社,1995.7.—207 页;19cm
ISBN 7-80534-787-5:¥7.00

I267 029154
北京人/肖复兴著.—杭州:浙江人民出版社,1995.12.—230 页;19cm.—(都市人丛书)
ISBN 7-213-01062-X:¥8.80

I267 029155
北京杂文选集:1979~1992/北京市杂文学会编.—北京:北京出版社,1995.7.—734 页;20cm
ISBN 7-200-02662-X:¥18.60

I267 029156
北京滋味/陈建功著.—北京:中国城市出版社,1995.6.—146 页;16×12cm.—(眼睛丛书)
ISBN 7-5074-0736-5:¥3.80

I267 029157
笨拙境界/周国忠著.—天津:百花文艺出版社,1995.9.—186 页;20cm
ISBN 7-5306-1969-1:¥8.00

I267 029158

笔耕录:深圳社会扫描/沙金成著.—深圳:海天出版社,1995.12.—240页;19cm.—(95深圳作家丛书)
全套共4册,总定价:38.00元
ISBN 7-80615-191-5:¥0.00

I267　029159
碧野散文选集/碧野著;熊述隆编.—天津:百花文艺出版社,1995.8.—239页;20cm.—(百花散文书系/徐柏容,郑法清主编)
ISBN 7-5306-1322-7:¥8.20

I267　029160
毕淑敏散文:素面朝天/毕淑敏著.—海口:海南出版社,1995.5.—375页;20cm.—(雅志散文丛书)
ISBN 7-80590-812-5:¥12.00

I267　029161
壁上之榕/张品成著.—海口:南海出版公司,1995.7.—241页;19cm.—(海南作家丛书)
ISBN 7-5442-0544-4:¥9.00

I267　029162
边缘人语/董乐山著.—沈阳:辽宁教育出版社,1995.3.—299页;20cm.—(书趣文丛·第一辑;6)
ISBN 7-5382-3683-X:¥12.00

I267　029163
边缘小品/张贤亮著.—西安:陕西人民出版社,1995.3.—207页;20cm.—(中国当代名人随笔)
ISBN 7-224-03704-4:¥5.85

I267　029164
别情依依/高代记著.—武汉:长江文艺出版社,1995.1.—214页;19cm
ISBN 7-5354-1241-6:¥6.80

I267　029165
别让心灵寂寞:青春情调美文/赵冬著.—上海:上海人民出版社,1995.3.—272页;19cm
ISBN 7-208-01964-9:¥8.00

I267　029166
别人的窗口/王璞著.—上海:上海人民出版社,1995.12.—277页;19cm.—(都市女性随笔)
ISBN 7-208-02167-8:¥9.00

I267　029167
冰魂华梦/阿明著.—沈阳:春风文艺出版社,1995.10.—153页;19cm.—(美文纵横·辽宁散文丛书之三/鲁野主编)
ISBN 7-5313-1534-3:¥5.90

I267　029168
冰心散文全编/傅光明,许正林编.—杭州:浙江文艺出版社,1995.9.—2册;20cm.—(现代经典作家诗文全编书系)
ISBN 7-5339-0621-7:¥46.80

I267　029169
不浪漫之旅/高风著.—广州:花城出版社,1995.4.—271页;19cm
ISBN 7-5360-1695-6:¥8.30

I267　029170
不老的歌/陆建华著.—南京:江苏文艺出版社,1995.9.—363页;20cm
ISBN 7-5399-0818-1:¥14.00

I267　029171
不能缺钙/公刘著.—银川:宁夏人民出版社,1995.10.—385页;20cm.—(中国当代名家杂文精品丛书)
ISBN 7-227-01496-7:¥14.00

I267　029172
采椿芽/金振华著.—沈阳:春风文艺出版社,1995.10.—153页;19cm.—(美文纵横·辽宁散文丛书之三/鲁野主编)
ISBN 7-5313-1534-3:¥5.90

I267　029173
采访人生:车辐文集/车辐著.—北京:中国文联出版公司,1995.10.—316页;19cm
ISBN 7-5059-2317-X:¥11.20

I267　029174
苍茫大地/邓咏著.—桂林:漓江出版社,1995.7.—255页;19cm
ISBN 7-5407-1526-X:¥6.00

I267　029175
掺沙的文字/牧惠著.—银川:宁夏人民出版社,1995.10.—352页;20cm.—(中国当代名家杂文精品丛书)
ISBN 7-227-01481-9:¥13.00

I267　029176
长短集:随感与随记/石俊升著.—杭州:浙江大学出版社,1995.12.—206页;20cm
ISBN 7-308-01650-1:¥8.50

I267　029177
唱给太阳/王真茂著.—沈阳:春风文艺出版社,1995.10.—152页;19cm.—(美文纵横·辽宁散文丛书之三/鲁野主编)
ISBN 7-5313-1534-3:¥5.90

I267　029178
朝翔青春处世小语/朝翔著.—郑州:海燕出版社,1995.5.—256页;19cm.—(青春快车丛书)
ISBN 7-5350-1196-9:¥6.90

I267　029179
辰雨杂文集/黄震白著.—贵阳:贵州人民出版社,1995.1.—206页;19cm
ISBN 7-221-03709-4:¥7.00

I267　029180
尘世的风铃:蔡桂林随笔散文集/蔡桂林著.—济南:黄河出版社,1995.9.—271页;20cm
ISBN 7-80558-652-7:¥11.80

I267　029181
尘世风景线/刘绍楹著.—北京:解放军出版社,1995.3.—321页;19cm
ISBN 7-5065-2601-8:¥8.00

I267　029182
沉寂/冰人著.—沈阳:春风文艺出版社,1995.10.—152页;19cm.—(美文纵横·辽宁散文丛书之三/鲁野主编)
ISBN 7-5313-1534-3:¥5.90

I267　029183

城市纵览/蒋子龙著.—北京:中国城市出版社,1995.6.—187页;16×12cm.—(眼睛丛书)
ISBN 7-5074-0733-0:¥4.80

I267　029184
成都人/林文询著.—杭州:浙江人民出版社,1995.12.—182页;19cm.—(都市人丛书)
ISBN 7-213-01273-8:¥7.80

I267　029185
乘火车旅行/王安忆著.—北京:中国华侨出版社,1995.9.—178页;19cm.—(金蔷薇随笔文丛·第二辑/李辉主编)
ISBN 7-80074-884-7:¥7.20

I267　029186
虫草文辑/何满子著.—银川:宁夏人民出版社,1995.10.—408页;20cm.—(中国当代名家杂文精品丛书)
ISBN 7-227-01492-4:¥15.00

I267　029187
初放的鲜花/马振华主编;蒲安应编选.—兰州:敦煌文艺出版社,1995.12.—456页;19cm
ISBN 7-80587-318-6:¥14.80

I267　029188
串味读书/舒芜著.—沈阳:辽宁教育出版社,1995.10.—408页;20cm.—(书趣文丛·第二辑;5)
ISBN 7-5382-4259-7:¥16.00

I267　029189
窗前絮语:杂文集/李庆国著.—北京:华艺出版社,1995.7.—143页;19cm
ISBN 7-80039-936-2:¥5.00

I267　029190
窗外世界/林祖基著.—深圳:海天出版社,1995.12.—271页;20cm
ISBN 7-80615-191-5(精装):¥15.00

I267　029191
吹箫说剑/李元洛著.　长沙:湖南文艺出版社,1995.12.—327页;20cm.—(潇湘散文精品丛书)
ISBN 7-5404-1446-4:¥9.70

I267　029192
春天并不遥远:电视片解说词选/高庆彦著.—沈阳:春风文艺出版社,1995.8.—105页;19cm
与《慧眼》一书,两册定价:9.50元
ISBN 7-5313-1453-3:¥0.00

I267　029193
纯净的落叶/唐敏著.—成都:四川人民出版社,1995.6.—237页;20cm.—(当代女作家散文精品·红辣椒女性文丛/陈骏涛主编)
ISBN 7-220-02850-4:¥8.00

I267　029194
纯情歌手/赵冬著.—郑州:海燕出版社,1995.5.—310页;19cm.—(青春快车丛书)
ISBN 7-5350-1197-7:¥7.80

I267　029195
此种风情谁解/张梅著.—上海:上海人民出版社,1995.12.—268页;19cm.—(都市女性随笔)
ISBN 7-208-02166-X:¥9.00

I267　029196
从北部湾到渤海湾:冯英才散文选/冯英才著.—上海:上海教育出版社,1995.3.—298页;20cm
ISBN 7-5320-3888-2:¥9.00

I267　029197
从雾里走出来的女孩/雾谛著.—北京:华艺出版社,1995.5.—162页;19cm
ISBN 7-80039-485-9:¥6.90

I267　029198
打捞碎月/省三著.—南昌:江西人民出版社,1995.10.—376页;20cm
ISBN 7-210-01562-0:¥12.50

I267　029199
大地风景/云杉著.—北京:东方出版社,1995.10.—356页;20cm
ISBN 7-5060-0628-6:¥22.80

I267　029200
大地上的事情/苇岸著.—北京:中国对外翻译出版公司,1995.4.—207页;19cm.—(游心者笔丛/楼肇明主编)
ISBN 7-5001-0330-1:¥7.90

I267　029201
大山恋歌/和贵群著.—芒市:德宏民族出版社,1995.4.—96页;19cm.—(沧江文丛·第一辑/和贵群主编)
ISBN 7-80525-257-2:¥3.80

I267　029202
大学校长忆老师散文选/蒋南翔等著.—长沙:湖南文艺出版社,1995.4.—442页;20cm
ISBN 7-5404-1344-1:¥11.30

I267　029203
带露的红豆/安石著.—沈阳:春风文艺出版社,1995.10.—150页;19cm.—(美文纵横·辽宁散文丛书之二/鲁野主编)
ISBN 7-5313-1534-3:¥5.90

I267　029204
带锁的日记/黄文婷著.—天津:百花文艺出版社,1995.12.—202页;19cm.—(蓬江文学丛书)
ISBN 7-5306-2191-2:¥7.00

I267　029205
单身女子手记/刘亚丽,李震编.—深圳:海天出版社,1995.8.—172页;19cm.—(现代女性随笔精品系列)
全套书共10册,总定价:98.00元
ISBN 7-80615-145-1:¥0.00

I267　029206
淡香的枣花/富饶著.—天津:百花文艺出版社,1995.9.—227页;19cm
ISBN 7-5306-2125-4:¥8.00

I267　029207
当代女性散文选粹/宗璞主编;叶稚珊选编.—上海:三联书店上海分店,1995.10.—282页;20cm.—(当代女性丛书/冰心主编)

ISBN 7-5426-0888-6:¥11.80

I267　　　　029208

稻草人:记人散文精选/于学礼编著;赵勤国绘.—济南:明天出版社,1995.4.—122页;20cm.—(全国小学生课外丛书/李仲汉主编)

全套书共120册,总定价:385.00元

ISBN 7-5332-2142-7:¥0.00

I267　　　　029209

盗火集/葛江洋著.—沈阳:春风文艺出版社,1995.10.—151页;19cm.—(美文纵横·辽宁散文丛书之三/鲁野主编)

ISBN 7-5313-1534-3:¥5.90

I267　　　　029210

德尔沃的月光/林白著.—昆明:云南人民出版社,1995.8.—199页;20cm.—(她们文学丛书·散文卷)

ISBN 7-222-01828-X:¥8.00

I267　　　　029211

灯下/董治顺著.—西安:未来出版社,1995.7.—315页;20cm

ISBN 7-5417-1037-7:¥11.50

I267　　　　029212

等蓝色沉入黑暗/韩少功等著.—北京:中国社会科学出版社,1995.3.—384页;20cm.—(中国现代散文精品文库/钱谷融,陈子善主编)

ISBN 7-5004-1707-1:¥13.50

I267　　　　029213

滴水的书卷/蓝蓝著.—北京:东方出版社,1995.8.—223页;19cm.—(东方书林之旅·如梦令书系)

ISBN 7-5060-0606-5:¥12.00

I267　　　　029214

滴水可以映太阳:优秀小语选读/老品选编.—北京:同心出版社,1995.9.—308页;19cm.—(人生奠基石丛书·范文选读系列/肖衍庆等主编)

ISBN 7-80593-150-X:¥9.50

I267　　　　029215

第十三位使徒/楼肇明著.—北京:中国对外翻译出版公司,1995.4.—286页;19cm.—(游心者笔丛/楼肇明主编)

ISBN 7-5001-0333-6:¥9.90

I267　　　　029216

雕虫集:杂文集/李成森著.—贵阳:贵州人民出版社,1995.5.—299页;20cm.—(报林人系列丛书/张学武主编)

ISBN 7-221-03826-0:¥12.40

I267　　　　029217

丁玲作品精选/彰军编.—桂林:广西师范大学出版社,1995.6.—279页;19cm

ISBN 7-5633-1998-0:¥7.80

I267　　　　029218

东京漫笔/赵梦云著.—上海:上海文艺出版社,1995.12.—179页;20cm

ISBN 7-5321-1444-9:¥8.50

I267　　　　029219

东京梅兰:上海姑娘在东京/梅兰著.—天津:天津社会科学院出版社,1995.2.—153页:照片;19cm

ISBN 7-80563-511-0:¥8.80

I267　　　　029220

东寻西找集:杂文集/彭石麟著.—贵阳:贵州人民出版社,1995.5.—404页;20cm.—(报林人系列丛书/张学武主编)

ISBN 7-221-03827-9:¥13.60

I267　　　　029221

都市的茶客/施康强著.—沈阳:辽宁教育出版社,1995.3.—245页;20cm.—(书趣文丛·第一辑;9)

ISBN 7-5382-3688-0:¥9.80

I267　　　　029222

都有病/赵健雄著.—上海:上海人民出版社,1995.3.—186页;19×12cm.—(都市随笔书丛)

ISBN 7-208-01984-3:¥5.90

I267　　　　029223

独步岚楼/肖云儒著.—西安:陕西人民教育出版社,1995.5.—405页;20cm

ISBN 7-5419-6045-4:¥11.50

I267　　　　029224

独唱/刘湘晨著.—乌鲁木齐:新疆人民出版社,1995.1.—257页;20cm

ISBN 7-228-03299-3:¥6.50

I267　　　　029225

赌城夜话/步峰著.—福州:海峡文艺出版社,1995.8.—207页;20cm

ISBN 7-80534-798-0:¥12.00

I267　　　　029226

断片残简/陈染著.—昆明:云南人民出版社,1995.8.—169页;20cm.—(她们文学丛书·散文卷)

ISBN 7-222-01829-8:¥6.00

I267　　　　029227

多彩的美利坚/朱大鸣著.—北京:中国广播电视出版社,1995.1.—160页;19cm

ISBN 7-5043-1805-1:¥5.60

I267　　　　029228

多味人生/矫健著.—乌鲁木齐:新疆科技卫生出版社,1995.6.—203页;19cm

ISBN 7-5372-1103-5:¥6.00

I267　　　　029229

二堂喧哗集:江苏省散文作家作品选萃/浙江省作协散文创作委员会编.—杭州:浙江文艺出版社,1995.2.—322页;20cm

ISBN 7-5339-0783-3:¥10.00

I267　　　　029230

发自肺腑的心声:优秀书信选读/老品选编.—北京:同心出版社,1995.9.—313页;19cm.—(人生奠基石丛书·范文选读系列/肖衍庆等主编)

ISBN 7-80593-150-X:¥9.50

I267　　　　029231

放牧阳刚/李继伦著.—沈阳:春风文艺出版社,1995.10.—152页;19cm.—(美文纵横·辽宁散文丛书之三/鲁野主编)

ISBN 7-5313-1534-3:¥5.90

I267　029232
放眼华夏第一州/刘友军著.—乌鲁木齐:新疆人民出版社,1995.5.—159页;19cm
ISBN 7-228-03500-3:¥7.00

I267　029233
飞花依翠/危仁晸著.—南昌:江西人民出版社,1995.12.—187页;19cm
ISBN 7-210-01590-6:¥8.00

I267　029234
粉红通知/陈燕妮著.—北京:文化艺术出版社,1995.12.—167页;19cm.—(金苹果散文系列·新生代新女性新作品/兴安主编)
全套共5册,总定价:39.00元
ISBN 7-5039-1433-5:¥0.00

I267　029235
丰子恺作品精选/彭军编.—桂林:广西师范大学出版社,1995.6.—278页;19cm
ISBN 7-5633-1999-9:¥7.80

I267　029236
风伴我行/杨立新著.—北京:中国文联出版公司,1995.4.—377页;19cm
ISBN 7-5059-2126-6:¥12.00

I267　029237
风花雪月/童素心著.—北京:国际文化出版公司,1995.8.—179页;19cm
ISBN 7-80105-292-7:¥9.80

I267　029238
风雨梦舟:女人之思/禹燕著.—北京:东方出版社,1995.8.—205页;19cm.—(东方书林之旅·一剪梅书系)
ISBN 7-5060-0591-3:¥10.80

I267　029239
冯骥才散文自选集/冯骥才著.—天津:百花文艺出版社,1995.5.—251页;20cm.—(当代名家散文精品文库)
ISBN 7-5306-1841-5:¥14.60

I267　029240
夫妻故事/刘巽达著.—上海:华东师范大学出版社,1995.12.—293页;20cm.—(文化快餐丛书·刘巽达家庭社会系列)
ISBN 7-5617-1460-2:¥12.80

I267　029241
符启文自选集/符启文著.—广州:广州出版社,1995.12.—363页;20cm.—(广州作家创作丛书)
ISBN 7-80592-373-6:¥17.00

I267　029242
复兴随笔/肖复兴著.—郑州:中原农民出版社,1995.12.—251页;19cm.—(当代名家感悟人生丛书)
ISBN 7-80538-795-8:¥6.90

I267　029243
高洪波军旅散文选/高洪波著.—北京:解放军出版社,1995.12.—307页;20cm
ISBN 7-5065-2698-0:¥19.00

I267　029244
高尚的中国人/王福如编著.—天津:天津教育出版社,1995.12.—323页;20cm
ISBN 7-5309-2401-X:¥13.50

I267　029245
高胜历散文随笔选/高胜历著.—青岛:青岛出版社,1995.3.—203页;20cm
ISBN 7-5436-1170-8:¥6.90

I267　029246
给太太打分/周剑倩著.—上海:上海人民出版社,1995.12.—209页;19cm.—(都市女性随笔)
ISBN 7-208-02169-4:¥7.00

I267　029247
公今度杂文选续集/徐震著.—上海:复旦大学出版社,1995.5.—472页;19cm
ISBN 7-309-01481-2:¥12.00

I267　029248
共和国文学作品经典丛书:散文卷/缪俊杰主编.—石家庄:花山文艺出版社,1995.10.—2册;20cm
ISBN 7-80611-326-6(精装):¥29.60

I267　029249
姑苏书简/周瘦鹃著.—北京:新华出版社,1995.5.—304页;19cm
ISBN 7-5011-2847-2:¥12.00

I267　029250
故乡/马蹄声著.—桂林:漓江出版社,1995.12.—286页;19cm
ISBN 7-5407-1859-5:¥8.00

I267　029251
故乡的酒河/曹玉模著.—上海:上海文艺出版社,1995.8.—231页;19cm
ISBN 7-5321-1261-6:¥6.90

I267　029252
故乡寄情:乌裕尔河之恋/何久成著.—哈尔滨:黑龙江少年儿童出版社,1995.7.—154页;19cm
ISBN 7-5319-1317-8:¥4.70

I267　029253
故乡在远方/张抗抗著.—成都:四川人民出版社,1995.6.—234页;20cm.—(当代女作家散文精品·红辣椒女性文丛/陈骏涛主编)
ISBN 7-220-02850-4:¥8.00

I267　029254
顾盼集/中申著.—北京:北京出版社,1995.8.—315页;19cm
ISBN 7-200-02793-6:¥9.50

I267　029255
关于妇女/张中行著.—北京:国际文化出版公司,1995.9.—223页;20cm
ISBN 7-80105-300-1:¥10.00

I267　029256
关于死的反思/萧乾著.—西安:陕西人民出版社,1995.3.—153页;20cm.—(中国当代名人随笔)
ISBN 7-224-03709-5:¥4.65

I267　029257
观察者的幻象/耿占春著.—北京:东方出版社,

1995.8.—340页;19cm.—(东方书林之旅·一剪梅书系)
ISBN 7-5060-0587-5:¥18.00

I267　　029258
归来的陌生人:林祁散文选:1985~1994/林祁著.—天津:百花文艺出版社,1995.6.—208页;20cm
ISBN 7-5306-2077-0:¥9.20

I267　　029259
归梦:张之宇散文选/张之宇著.—长春:吉林人民出版社,1995.7.—212页;19cm
ISBN 7-206-02280-4:¥8.50

I267　　029260
归燕集/老鸣著.—武汉:湖北辞书出版社,1995.8.—132页;19cm
ISBN 7-5403-0186-4:¥5.00

I267　　029261
归隐书林/黄宗英,冯亦代著.—上海:上海文艺出版社,1995.6.—310页:照片;20cm
ISBN 7-5321-1346-9:¥15.00

I267　　029262
贵州杂文集/贵州省杂文学会编.—贵阳:贵州人民出版社,1995.12.—534页;20cm
ISBN 7-221-03990-9:¥25.00

I267　　029263
郭风散文选集/郭风著;姚春树编.—天津:百花文艺出版社,1995.12.—237页;20cm.—(百花散文书系/徐柏容,郑法清主编)
ISBN 7-5306-2107-6:¥8.30

I267　　029264
郭沫若睿语/朱成甲编.—长沙:岳麓书社,1995.3.—454页;19cm
ISBN 7-80520-565-5:¥11.80

I267　　029265
过把什么瘾:求实篇——杂文五集/中国青年报评论部编.—北京:群言出版社,1995.4.—250页;19cm
ISBN 7-80080-158-6:¥6.00

I267　　029266
哈尔滨人/阿成著.—杭州:浙江人民出版社,1995.12.—166页;19cm.—(都市人丛书)
ISBN 7-213-01257-6:¥7.50

I267　　029267
孩子,你是妈妈的世界/孙宜君主编.—太原:山西教育出版社,1995.1.—289页;20cm.—(20世纪中国纯情散文精品·亲情卷)
ISBN 7-5440-0501-1:¥8.80

I267　　029268
海陵岛:东方夏威夷/江俊桃著.—广州:广东旅游出版社,1995.7.—152页;19cm
ISBN 7-80521-572-3:¥7.20

I267　　029269
海棠依旧/康启昌著.—沈阳:春风文艺出版社,1995.10.—152页;19cm.—(美文纵横·辽宁散文丛书之三/鲁野主编)
ISBN 7-5313-1534-3:¥5.90

I267　　029270
海峡情与爱国心/云昌瑛著.—海口:南海出版公司,1995.6.—363页;19cm
ISBN 7-5442-0548-7:¥8.50

I267　　029271
海与人的交响/刘凤翔著.—大连:大连出版社,1995.12.—252页;20cm
ISBN 7-80612-229-X:¥8.00

I267　　029272
韩丁与中国/予舒著.—呼和浩特:内蒙古人民出版社,1995.7.—236页:彩照;20cm
ISBN 7-204-02839-2:¥15.80

I267　　029273
韩少功散文:海念/韩少功著.—2版.—海口:海南出版社,1995.6.—317页;20cm.—(雅志散文丛书)
ISBN 7-80590-988-1:¥13.00

I267　　029274
韩英小品文选/韩英著.—北京:中国文联出版公司,1995.4.—225页;19cm
ISBN 7-5059-2230-0:¥11.80

I267　　029275
含笑回眸/楚云飞著.—乌鲁木齐:新疆人民出版社,1995.9.—184页;19cm
ISBN 7-228-03553-4:¥8.00

I267　　029276
好运设计/史铁生著.—沈阳:春风文艺出版社,1995.3.—316页;20cm.—(布老虎丛书·散文卷)
ISBN 7-5313-1484-3(精装):¥16.80

I267　　029277
何立伟散文:月唱/何立伟著.—海口:海南出版社,1995.8.—241页;20cm.—(雅志散文丛书)
ISBN 7-80590-330-1:¥11.00

I267　　029278
何为散文选集/何为著;车敦安编.—天津:百花文艺出版社,1995.8.—276页;20cm.—(百花散文书系/徐柏容,郑法清主编)
ISBN 7-5306-1705-2:¥9.30

I267　　029279
鹤约/张沐兴著.—长沙:湖南文艺出版社,1995.8.—118页;19cm
ISBN 7-5404-1422-7:¥3.35

I267　　029280
贺星寒随笔/贺星寒著.—成都:四川文艺出版社,1995.11.—405页;20cm.—(皇冠书库)
ISBN 7-5411-1383-2:¥17.80

I267　　029281
黑土地风采:优秀党员电教片解说词精选/闻峻主编;中共黑龙江省组织部电教中心编.—长春:时代文艺出版社,1995.7.—489页:彩照;20cm
ISBN 7-5387-0859-6:¥11.50

I267　　029282
红尘·梦幻/陈小文著.—广州:广东人民出版社,1995.12.—302页;19cm
ISBN 7-218-01770-3:¥12.00

I267　029283
红尘净土/梦湖编.—西安:西安出版社,1995.10.—2册;20cm.—(佛缘散文名家精品)
ISBN 7-80594-229-3:¥26.00

I267　029284
红帆船:刘小敏散文作品选/刘小敏著.—福州:海峡文艺出版社,1995.10.—204页;19cm
ISBN 7-80534-820-0:¥6.50

I267　029285
红红的酸果果/和金林著.—芒市:德宏民族出版社,1995.4.—95页;19cm.—(沧江文丛·第一辑/和贵群主编)
ISBN 7-80525-257-2:¥3.80

I267　029286
红瀑布/王强著.—天津:百花文艺出版社,1995.6.—320页;19cm
ISBN 7-5306-2035-5:¥9.80

I267　029287
红树林散文作品选/韦照斌主编.—桂林:漓江出版社,1995.11.—8册;19cm
包括《人生风景》等8册。
ISBN 7-5407-1855-2(盒装):¥49.00

I267　029288
红腰带:鹿松林散文自选集/鹿松林著.—海口:南海出版公司,1995.10.—225页;19cm
ISBN 7-5442-0588-6:¥8.80

I267　029289
红油纸伞:都市女作家红尘散文集/红尘著.—成都:四川文艺出版社,1995.5.—158页:彩照;20cm
ISBN 7-5411-1325-5:¥10.50

I267　029290
壶中日月/陆文夫著.—沈阳:春风文艺出版社,1995.3.—315页;20cm.—(布老虎丛书·散文卷)
ISBN 7-5313-1485-1(精装):¥16.80

I267　029291
胡适妙语/欧阳哲生编.—长沙:岳麓书社,1995.3.—294页;19cm
ISBN 7-80520-564-7:¥7.80

I267　029292
花丛漫步/舒士越主编;杭州日报社编.—北京:华艺出版社,1995.8.—369页;20cm.—(杭报丛书;5·文化随笔卷)
ISBN 7-80039-933-8:¥8.00

I267　029293
花季情:少男少女抒情佳作精选110篇/邱易东,韩蓁选编.—新1版.—成都:四川文艺出版社,1995.9.—294页;20cm
ISBN 7-5411-1133-3:¥11.80

I267　029294
花见集/张泽著.—广州:广州出版社,1995.8.—324页;19cm
ISBN 7-80592-300-0:¥14.80

I267　029295
花椒红了/梅志著.—北京:中国华侨出版社,1995.9.—259页;19cm.—(金蔷薇随笔文丛·第二辑/李辉主编)
ISBN 7-80074-884-7:¥7.20

I267　029296
花裙子/李小青著.—沈阳:春风文艺出版社,1995.10.—152页;19cm.—(美文纵横·辽宁散文丛书之三/鲁野主编)
ISBN 7-5313-1534-3:¥5.90

I267　029297
花妖/黄爱东西著.—上海:上海人民出版社,1995.3.—292页;19×12cm.—(都市随笔书丛)
ISBN 7-208-01966-5:¥8.00

I267　029298
花雨集/石花雨著.—天津:百花文艺出版社,1995.5.—198页;20cm
ISBN 7-5306-1893-8:¥7.80

I267　029299
话语和回忆之乡/耿占春著.—北京:东方出版社,1995.12.—166页;19cm.—(东方书林之旅·一剪梅书系)
ISBN 7-5060-0664-2:¥10.00

I267　029300
槐前夜话/罗文华著.—天津:天津社会科学院出版社,1995.7.—268页;20cm
ISBN 7-80563-522-6:¥14.80

I267　029301
槐园梦/梁实秋著;墨非,英子选编.—合肥:安徽文艺出版社,1995.3.—252页;20cm.—(现代名家情感写意文丛)
ISBN 7-5396-1236-3:¥5.40

I267　029302
欢笑的礼物/吕雁著.—长沙:湖南少年儿童出版社,1995.5.—220页;19cm.—(风铃丛书)
ISBN 7-5358-1025-X:¥5.50

I267　029303
黄河你听/赵敏著.—沈阳:春风文艺出版社,1995.10.—152页;19cm.—(美文纵横·辽宁散文丛书之三/鲁野主编)
ISBN 7-5313-1534-3:¥5.90

I267　029304
黄昏小品/周劭著.—上海:上海古籍出版社,1995.7.—248页;20cm
ISBN 7-5325-1235-5:¥11.90

I267　029305
辉煌的相伴:散文·随笔集/管远祚著.—贵阳:贵州人民出版社,1995.5.—403页;20cm.—(报林人系列丛书/张学武主编)
ISBN 7-221-03828-7:¥13.70

I267　029306
活着/季志敏著.—沈阳:春风文艺出版社,1995.10.—153页;19cm.—(美文纵横·辽宁散文丛书之三/鲁野主编)
ISBN 7-5313-1534-3:¥5.90

I267　029307

获奖节目文稿集:纪念山东电视台建台三十五周年/曾昭明,武云芳主编.—济南:山东友谊出版社,1995.8.—2册(1145页);20cm
ISBN 7-80551-723-1:¥36.00

I267　　029308
击浪集/李峰著.—北京:国际文化出版公司,1995.6.—214页;19cm
ISBN 7-80105-285-4:¥8.60

I267　　029309
季羡林散文选集/季羡林著;马相武编.—天津:百花文艺出版社,1995.2.—270页;20cm.—(百花散文书系/徐柏容,郑法清主编)
ISBN 7-5306-1616-1:¥9.60

I267　　029310
悸动的偶像/苏军著.—上海:三联书店上海分店,1995.12.—224页:照片;19cm.—(三联文库·青草地丛书)
ISBN 7-5426-0883-5:¥8.60

I267　　029311
寄语绿水——瑰丽的错误:台湾少女抒情散文/江秀云著.—成都:四川文艺出版社,1995.1.—122页;19cm
ISBN 7-5411-1271-2:¥4.80

I267　　029312
寄语晓风——想你,男孩:台湾少女抒情散文/江秀云著.—成都:四川文艺出版社,1995.1.—122页;19cm
ISBN 7-5411-1271-2:¥4.80

I267　　029313
家住广州/何燕屏著.—广州:广东人民出版社,1995.8.—162页;19cm
ISBN 7-218-01639-1:¥6.00

I267　　029314
贾宏图散文/贾宏图著.—哈尔滨:黑龙江教育出版社,1995.8.—340页;20cm
ISBN 7-5316-2656-X:¥12.00

I267　　029315
渐行渐远/赵新初著.—沈阳:春风文艺出版社,1995.10.—151页;19cm.—(美文纵横·辽宁散文丛书之三/鲁野主编)
ISBN 7-5313-1534-3:¥5.90

I267　　029316
蒋子龙散文自选集/蒋子龙著.—天津:百花文艺出版社,1995.5.—287页;20cm.—(当代名家散文精品文库)
ISBN 7-5306-1821-0:¥15.90

I267　　029317
讲真话的书/巴金著.—成都:四川人民出版社,1995.10.—1281页;20cm
ISBN 7-220-03016-9(精装):¥51.00

I267　　029318
金坚范海外游记/金坚范著.—北京:华文出版社,1995.12.—260页;19cm.—(中国作家海外游记丛书)
ISBN 7-5075-0469-7:¥10.20

I267　　029319
金兰散文/于金兰著.—沈阳:春风文艺出版社,1995.12.—334页;20cm
ISBN 7-5313-1556-4(精装):¥19.80

I267　　029320
金秋/吕锦华著.—北京:中国妇女出版社,1995.10.—185页;20cm
ISBN 7-80016-046-7:¥7.00

I267　　029321
金石恋/吴传玖著.—昆明:云南人民出版社,1995.11.—219页;19cm
ISBN 7-222-01872-7:¥7.20

I267　　029322
今晚,我与青春有约/冯慧莲著.—天津:百花文艺出版社,1995.5.—168页;19cm.—(青年作家散文丛书/郑法清,张雪杉主编)
ISBN 7-5306-1887-3:¥6.00

I267　　029323
今夜,我是你的新娘/孙宜君选编.—太原:山西教育出版社,1995.1.—290页;20cm.—(20世纪中国纯情散文精品·爱情卷)
ISBN 7-5440-0502-X:¥8.90

I267　　029324
津门杂文选　第三集/天津市杂文研究会编.—天津:天津社会科学院出版社,1995.10.—250页;20cm
ISBN 7-80563-398-7:¥6.50

I267　　029325
靳以散文选集/靳以著;章洁思编.—天津:百花文艺出版社,1995.8.—238页;20cm.—(百花散文书系/徐柏容,郑法清主编)
ISBN 7-5306-1405-3:¥8.30

I267　　029326
京都神韵/吕国庆主编;北京日报编.—北京:华艺出版社,1995.1.—317页;19cm
ISBN 7-80039-762-9:¥9.80

I267　　029327
京密河札记/忽培元编著.—西安:陕西人民出版社,1995.1.—309页;19cm
ISBN 7-224-03793-1:¥9.40

I267　　029328
精神故乡:陈保平陈丹燕散文40篇/陈保平,陈丹燕著.—上海:华东师范大学出版社,1995.12.—346页;20cm
ISBN 7-5617-1456-4(精装):¥19.10

I267　　029329
九月衣裳/彭荆风著.—昆明:云南教育出版社,1995.12.—206页;20cm
ISBN 7-5415-0993-0:¥7.30

I267　　029330
就做一个红粉知己/素素著.—上海:上海远东出版社,1995.8.—218页;19cm
ISBN 7-80613-098-5:¥7.00

I267　　029331
咀嚼世味/潘旭澜著.—南昌:百花洲文艺出版社,1995.5.—318页;19cm
ISBN 7-80579-583-5:¥10.00

I267　029332
举起这杯热酒:秦兆阳散文选/秦兆阳著;秦晴编.—北京:人民文学出版社,1995.12.—273页;20cm
ISBN 7-02-002204-9: ¥12.30

I267　029333
绝唱:吴祖光,新凤霞辑/张昌华选编.—南京:江苏文艺出版社,1995.6.—204,172页:照片;20cm.—(双叶丛书)
ISBN 7-5399-0746-0: ¥15.00

I267　029334
军营之夜静悄悄/缪志尧著.—天津:百花文艺出版社,1995.7.—194页;20cm
ISBN 7-5306-2058-4: ¥6.00

I267　029335
峻青散文选集/峻青著;孙珞珈编.—天津:百花文艺出版社,1995.1.—303页;20cm.—(百花散文书系·当代散文丛书/徐柏容,郑法清主编)
ISBN 7-5306-1615-3: ¥10.50

I267　029336
堪隐斋随笔/谢兴尧著.—沈阳:辽宁教育出版社,1995.10.—342页;20cm.—(书趣文丛·第二辑;1)
ISBN 7-5382-4263-5: ¥13.60

I267　029337
空中花园/海男著.—昆明:云南人民出版社,1995.8.—312页;20cm.—(她们文学丛书·散文卷)
ISBN 7-222-01826-3: ¥12.30

I267　029338
孔见集/王树青著.—呼和浩特:远方出版社,1995.7.—264页;20cm
ISBN 7-80595-143-8: ¥10.00

I267　029339
孔令铜军事随笔/孔令铜著.—太原:山西人民出版社,1995.10.—374页;20cm
ISBN 7-203-03393-7: ¥9.60

I267　029340
哭笑不得/徐映珉著.—西宁:青海人民出版社,1995.1.—286页;19cm
ISBN 7-225-01003-4: ¥9.20

I267　029341
苦茶:周作人回想录/周作人著.—兰州:敦煌文艺出版社,1995.3.—573页;20cm
ISBN 7-80587-273-2: ¥19.80

I267　029342
苦瓜的味道/李锐著.—北京:中国华侨出版社,1995.9.—161页;19cm.—(金蔷薇随笔文丛·第二辑/李辉主编)
ISBN 7-80074-884-7: ¥7.20

I267　029343
苦瓜苦瓜/李国文著.—西安:陕西人民出版社,1995.3.—216页;20cm.—(中国当代名人随笔)
ISBN 7-224-03705-2: ¥6.00

I267　029344
快乐问题:甲乙随笔自选集/甲乙著.—天津:百花文艺出版社,1995.8.—297页;20cm
ISBN 7-5306-1964-0: ¥13.00

I267　029345
宽容是首歌/沫沫著.—上海:上海人民出版社,1995.3.—155页;19×12cm.—(都市随笔书丛)
ISBN 7-208-01978-9: ¥5.30

I267　029346
烂漫少女族/徐奕琳等著.—上海:上海人民出版社,1995.6.—179页;19cm.—(少女系列/吉传仁主编)
ISBN 7-208-01905-3: ¥5.40

I267　029347
廊桥寻梦:从小说到电影/萧朴编.—上海:华东师范大学出版社,1995.12.—225页;20cm
ISBN 7-5617-1455-6: ¥8.30

I267　029348
浪漫的骑士:散文卷/洪烛著.—北京:中国文联出版公司,1995.2.—307页;20cm.—(中国文坛黑马丛书/艳齐主编)
ISBN 7-5059-0946-0: ¥9.80

I267　029349
老舍趣语/京一,抒臻编.—长沙:岳麓书社,1995.3.—268页;19cm
ISBN 7-80520-566-3: ¥7.30

I267　029350
老宅流水:张小苏散文小说集/张小苏著.—北京:华艺出版社,1995.4.—267页;19cm
ISBN 7-80039-161-2: ¥10.00

I267　029351
冷暖人情/姚业涌著.—延吉:延边人民出版社,1995.2.—243页;19cm
ISBN 7-80599-251-7: ¥6.80

I267　029352
黎明札说/陈明远著.—延吉:延边人民出版社,1995.10.—178页;19cm.—(东北亚文化丛书)
ISBN 7-80599-252-5: ¥3.90

I267　029353
李敖狂语/欧阳哲生编.—长沙:岳麓书社,1995.4.—484页;19cm
ISBN 7-80520-587-6: ¥12.00

I267　029354
李若冰散文选/李若冰著.—西安:陕西人民教育出版社,1995.11.—648页;20cm
ISBN 7-5419-5752-6: ¥27.80

I267　029355
荔城放歌/许培元著.—福州:海峡文艺出版社,1995.10.—189页;19cm
ISBN 7-80534-821-9: ¥5.20

I267　029356
历史的踌躇/孙越生著.—北京:中国华侨出版社,1995.9.—169页;19cm.—(金蔷薇随笔文丛·第二辑/李辉主编)
ISBN 7-80074-884-7: ¥7.20

I267　029357
立言论语/何立庠著.—北京:中国广播电视出版社,1995.12.—385页;20cm

ISBN 7-5043-1987-2:¥13.80

I267　029358
恋:王尚政文集/王尚政著.—北京:中国友谊出版公司,1995.8.—194页;19cm
ISBN 7-5057-1265-9:¥5.50

I267　029359
恋情祭/李一信著.—长春:时代文艺出版社,1995.3.—263页;19cm
ISBN 7-5387-0874-X:¥8.50

I267　029360
梁山古道/许评著.—北京:人民文学出版社,1995.9.—157页;19cm
ISBN 7-02-002117-4:¥6.10

I267　029361
两种生活/斯妤著.—成都:四川人民出版社,1995.6.—243页;20cm.—(当代女作家散文精品·红辣椒女性文丛/陈骏涛主编)
ISBN 7-220-02850-4:¥8.00

I267　029362
林语堂隽语/张跃铭编.—长沙:岳麓书社,1995.3.—326页;19cm
ISBN 7-80520-563-9:¥8.80

I267　029363
临界的倾听/萌萌著.—珠海:珠海出版社,1995.12.—249页;20cm.—(独行者丛书)
ISBN 7-80607-108-3:¥10.40

I267　029364
灵度:少林武僧日记/释延王著.—北京:人民文学出版社,1995.8.—269页;19cm
ISBN 7-02-002196-4:¥9.90

I267　029365
灵魂的伊甸园/叶文玲著.—天津:百花文艺出版社,1995.1.—319页;19cm.—(红玫瑰散文丛书)
ISBN 7-5306-1412-6:¥8.60

I267　029366
领地/刘烨园著.—珠海:珠海出版社,1995.12.—332页;20cm.—(独行者丛书)
ISBN 7-80607-105-9:¥13.65

I267　029367
另眼相看/闵中王著.—北京:中国国际广播出版社,1995.7.—415页;20cm
ISBN 7-5078-1148-4:¥20.00

I267　029368
留梦集/张中行著;徐秀珊编.—北京:中国文联出版公司,1995.1.—350页;19cm
ISBN 7-5059-1170-8:¥12.50

I267　029369
留一点谜语给你猜/朱正著.—上海:上海远东出版社,1995.3.—239页;20cm.—(火凤凰文库)
ISBN 7-80613-069-1:¥13.00

I267　029370
刘心武海外游记/刘心武著.—北京:华文出版社,1995.12.—350页;19cm.—(中国作家海外游记丛书)
ISBN 7-5075-0476-X:¥12.80

I267　029371
流光:周公散文集/周昱麟著.—桂林:漓江出版社,1995.8.—242页;19cm
ISBN 7-5407-1778-5:¥5.85

I267　029372
流花忆梦/李存修,陈义敏著.—天津:百花文艺出版社,1995.8.—364页;19cm
ISBN 7-5306-2087-8:¥15.00

I267　029373
流浪之夜/叶兆言著.—南京:江苏文艺出版社,1995.8.—221页;19cm.—(鸡鸣文库·当代名家散文随笔系列)
ISBN 7-5399-0800-9:¥7.00

I267　029374
流沙河随笔/流沙河著.—成都:四川文艺出版社,1995.5.—401页;20cm
ISBN 7-5411-1299-2:¥15.80

I267　029375
六弦如瀑:青春灵感美文/周德东著.—上海:上海人民出版社,1995.3.—230页;19cm
ISBN 7-208-01974-6:¥7.50

I267　029376
露白葭苍/裴兆焱著.—沈阳:春风文艺出版社,1995.12.—181页;19cm.—(燕东文苑/张文金主编)
ISBN 7-5313-1569-6:¥6.40

I267　029377
旅人的绿洲:萧乾,文洁若辑 /傅光明,张昌华选编.—南京:江苏文艺出版社,1995.6.—182,190页;照片;20cm.—(双叶丛书)
ISBN 7-5399-0749-5:¥15.00

I267　029378
旅人随笔/王景山著.—北京:首都师范大学出版社,1995.11.—290页;19cm
ISBN 7-81039-629-3:¥16.00

I267　029379
率性人生:惜梦轩笔记/刘宁著.—天津:百花文艺出版社,1995.7.—375页;19cm
ISBN 7-5306-2045-2:¥9.50

I267　029380
绿色崇拜/蒋子龙,马明利主编.—天津:百花文艺出版社,1995.7.—446页;20cm
ISBN 7-5306-2000-2:¥18.00

I267　029381
绿色的剪影/张锦才编著.—厦门:鹭江出版社,1995.12.—139页;19cm
ISBN 7-80610-277-9:¥5.90

I267　029382
绿色呐喊/何满子著.—西安:陕西人民教育出版社,1995.6.—436页;20cm
ISBN 7-5419-5816-6:¥12.80

I267　029383
绿野/袁采然著.—桂林:漓江出版社,1995.1.—164页;19cm
ISBN 7-5407-1520-0:¥4.00

I267　029384
罗兰小语/罗兰著.—深圳:海天出版社,1995.9.—853页;20cm
ISBN 7-80615-158-3:¥39.80

I267　029385
罗兰信箱/罗兰著.—深圳:海天出版社,1995.12.—648页;20cm
全编珍藏本
ISBN 7-80615-318-7:¥29.80

I267　029386
罗平之旅/纪爱华,何晓坤编.—昆明:云南大学出版社,1995.8.—160页;19cm.—(崛起的罗平系列丛书;1)
ISBN 7-81025-588-6:¥4.80

I267　029387
妈妈 您不能走/程锡铭著.—天津:百花文艺出版社,1995.12.—173页;20cm
ISBN 7-5306-2195-5:¥10.00

I267　029388
妈妈手记/刘亚丽,李震编.—深圳:海天出版社,1995.8.—214页;19cm.—(现代女性随笔精品系列)
全套书共10册,总定价:98.00元
ISBN 7-80615-145-1:¥0.00

I267　029389
毛毛狗:东方妮散文杂文集/东方妮著.—海口:海南国际新闻出版中心,1995.1.—196页;19cm
ISBN 7-80609-055-X:¥5.00

I267　029390
没有神/巴金著.—银川:宁夏人民出版社,1995.10.—381页;20cm.—(中国当代名家杂文精品丛书)
ISBN 7-227-01480-0:¥14.00

I267　029391
美国棒球实录/梁友德著.—北京:文津出版社,1995.8.—416页;20cm
ISBN 7-80554-272-4:¥10.00

I267　029392
美丽到永远/宋晓琪著.—广州:花城出版社,1995.7.—335页;19cm.—(下辈子我还当女人系列散文;2)
ISBN 7-5360-2058-9:¥9.80

I267　029393
美丽家园/金萍著.—天津:百花文艺出版社,1995.8.—215页;19cm
ISBN 7-5306-2063-0:¥7.10

I267　029394
美利坚风情录/左森著.—天津:百花文艺出版社,1995.8.—349页;20cm
ISBN 7-5306-2048-7:¥12.60

I267　029395
美文入门/于化龙著.—沈阳:春风文艺出版社,1995.10.—156页;19cm.—(美文纵横·辽宁散文丛书之三/鲁野主编)
ISBN 7-5313-1534-3:¥5.90

I267　029396
门外文谈/叶昌柱著.—乌鲁木齐:新疆人民出版社,1995.10.—355页;19cm
ISBN 7-228-03064-8:¥11.80

I267　029397
蒙娜·丽莎的遗憾/张继忠著.—天津:百花文艺出版社,1995.9.—185页;19cm
ISBN 7-5306-2097-5:¥9.80

I267　029398
梦痕烟雨/伍立杨著.—成都:四川人民出版社,1995.12.—320页;20cm
ISBN 7-220-03051-7:¥13.80

I267　029399
梦见紫荆树开花/张爱玲等著.—北京:中国社会科学出版社,1995.3.—388页;20cm.—(中国现代散文精品文库/钱谷融,陈子善主编)
ISBN 7-5004-1705-5:¥13.50

I267　029400
梦里蝴蝶/赵大年著.—天津:百花文艺出版社,1995.1.—248页;19cm.—(红玫瑰散文丛书)
ISBN 7-5306-0722-7:¥7.20

I267　029401
梦系昨天的旷野/孙勃著.—济南:明天出版社,1995.9.—217页;20cm
ISBN 7-5332-2296-2:¥6.20

I267　029402
梦中的船/徐朝夫著.—北京:作家出版社,1995.10.—248页;19cm
ISBN 7-5063-0903-3:¥8.10

I267　029403
迷者的悟/周国平著.—西安:陕西人民出版社,1995.3.—325页;20cm.—(中国当代名人随笔)
ISBN 7-224-03707-9:¥8.25

I267　029404
蜜蜂的午后/老愚著.—北京:中国对外翻译出版公司,1995.4.—267页;19cm.—(游心者笔丛/楼肇明主编)
ISBN 7-5001-0331-X:¥8.90

I267　029405
面对陌生人/孙绍振著.—福州:福建人民出版社,1995.11.—224页;19cm.—(人生三昧系列)
ISBN 7-211-02514-X:¥6.20

I267　029406
闽山逶迤/马照南著.—厦门:鹭江出版社,1995.12.—151页;19cm.—(武夷文苑丛书)
ISBN 7-80610-295-7:¥8.00

I267　029407
名家亲情散文精选/任建煜编.—西安:西安出版社,1995.4.—811页;20cm
ISBN 7-80594-205-6:¥24.00

I267　029408
名人日记　1994:金融之回响/刘金宝著.—上海:上海人民出版社,1995.1.—189页;20cm
ISBN 7-208-01959-2:¥8.00

I267　029409
名人日记　1994:精神家园/沙叶新著.—上海:上海

人民出版社,1995.1.—214页;20cm
ISBN 7-208-01949-5:¥8.50

I267　　029410
名人日记　1994:潘虹独语/潘虹著.—上海:上海人民出版社,1995.1.—177页;20cm
ISBN 7-208-01975-4:¥8.80

I267　　029411
名人日记　1994:匣中剑声/刘吉著.—上海:上海人民出版社,1995.1.—211页;20cm
ISBN 7-208-01954-1:¥8.10

I267　　029412
莫斯科相信不相信眼泪/陈福廷著.—北京:金城出版社,1995.6.—265页:照片;19cm
ISBN 7-80084-099-9:¥7.50

I267　　029413
墨西哥散记/邱根发著.—上海:学林出版社,1995.5.—150页;19cm
ISBN 7-80616-041-8:¥6.80

I267　　029414
墨中三味/马立诚著.—北京:华艺出版社,1995.2.—339页;19cm
ISBN 7-80039-898-6:¥10.00

I267　　029415
陌上花:黄苗子,郁风辑/张昌华选编.—南京:江苏文艺出版社,1995.6.—198,178页;照片;20cm.—(双叶丛书)
ISBN 7-5399-0747-9:¥15.00

I267　　029416
某年某月/斯妤著.—北京:华艺出版社,1995.5.—270页;19cm.—(中国当代著名军中作家精品大系/王蒙等主编)
ISBN 7-80039-539-1:¥9.50

I267　　029417
牡丹的拒绝/张抗抗著.—沈阳:春风文艺出版社,1995.3.—315页;20cm.—(布老虎丛书·散文卷)
ISBN 7-5313-1483-5(精装):¥16.80

I267　　029418
母亲手记/骆晓戈著.—长沙:湖南少年儿童出版社,1995.4.—300页;19cm
ISBN 7-5358-1007-1:¥7.30

I267　　029419
木槿情/田樱著.—大连:大连出版社,1995.9.—375页;20cm
ISBN 7-80612-206-0:¥9.80

I267　　029420
南国的梦:关于鼓浪屿的散文/厦门市鼓浪屿区人民政府,政协厦门市鼓浪屿区委员会编.—厦门:鹭江出版社,1995.7.—186页;19cm
ISBN 7-80610-185-3:¥4.70

I267　　029421
南海行/陈雄昌著.—天津:百花文艺出版社,1995.9.—189页;19cm
ISBN 7-5306-2105-X:¥7.60

I267　　029422
南怀瑾谈历史与人生/练性乾编.—上海:复旦大学出版社,1995.4.—389页;20cm
ISBN 7-309-01480-4:¥14.00

I267　　029423
男人的蜕变/古清生著.—北京:中国文联出版公司,1995.2.—307页:肖像;20cm.—(中国文坛黑马丛书·散文卷/艳齐主编)
ISBN 7-5059-0864-2:¥9.80

I267　　029424
男人咖啡/安文江著.—天津:百花文艺出版社,1995.2.—199页;20cm
ISBN 7-5306-1956-X:¥7.20

I267　　029425
男人与女人:徐国静哲思录/徐国静著.—北京:中国对外翻译出版公司,1995.1.—348页;20cm
ISBN 7-5001-0325-5:¥11.00

I267　　029426
男子汉/谢星著.—沈阳:春风文艺出版社,1995.10.—152页;19cm.—(美文纵横·辽宁散文丛书之三/鲁野主编)
ISBN 7-5313-1534-3:¥5.90

I267　　029427
内心花园/黄锦萍著.—南昌:百花洲文艺出版社,1995.7.—252页;19cm
ISBN 7-80579-642-4:¥9.00

I267　　029428
你,可爱的艺术/黄宗江著.—北京:中国华侨出版社,1995.9.—278页;19cm.—(金蔷薇随笔文丛·第二辑/李辉主编)
ISBN 7-80074-884-7:¥7.20

I267　　029429
你本是条汉子/查舜著.—北京:中国文联出版公司,1995.10.—233页;20cm
ISBN 7-5059-2334-X:¥8.80

I267　　029430
凝眸:中国当代女作家随笔新作选/彭钟岷主编.—贵阳:贵州民族出版社,1995.8.—2册;20cm
ISBN 7-5412-0589-3:¥34.80

I267　　029431
牛棚日记:1966～1972年/陈白尘著.—北京:三联书店,1995.5.—233页;19cm
ISBN 7-108-00795-9:¥7.80

I267　　029432
弄潮集/林源昌著.—深圳:海天出版社,1995.7.—343页;20cm
ISBN 7-80615-198-2:¥26.00

I267　　029433
女孩子的抽屉/张咏晴编.—上海:三联书店上海分店,1995.12.—278页;19cm.—(三联文库·青草地丛书)
ISBN 7-5426-0901-7:¥9.50

I267　　029434
女孩子的梦/黄少云著.—天津:百花文艺出版社,1995.6.—226页;19cm

ISBN 7-5306-2010-X:￥9.50

I267 029435

女记者手记/刘亚丽,李震编.—深圳:海天出版社,1995.8.—182页;19cm.—(现代女性随笔精品系列)

全套书共10册,总定价:98.00元

ISBN 7-80615-145-1:￥0.00

I267 029436

女明星手记/刘亚丽,李震编.—深圳:海天出版社,1995.8.—223页;19cm.—(现代女性随笔精品系列)

全套书共10册,总定价:98.00元

ISBN 7-80615-145-1:￥0.00

I267 029437

女名家谈服饰与美容/刘亚丽,李震编.—深圳:海天出版社,1995.8.—203页;19cm.—(现代女性随笔精品系列)

全套书共10册,总定价:98.00元

ISBN 7-80615-145-1:￥0.00

I267 029438

女人的"情人节"只在心里:走出婚姻?走出婚姻之后/田鹰主编.—成都:四川人民出版社,1995.10.—136页;19cm.—(情爱难言的女人们系列)

ISBN 7-220-02984-5:￥4.80

I267 029439

女人的出头之日/陆星儿著.—上海:上海人民出版社,1995.12.—374页:彩照;20cm.—(名家手记)

ISBN 7-208-02122-8:￥14.00

I267 029440

女人的风景这边也好:趟过情感之河/田鹰主编.—成都:四川人民出版社,1995.10.—134页;19cm.—(情爱难言的女人们系列)

ISBN 7-220-02984-5:￥4.80

I267 029441

女人的一束玫瑰花:女人献给女人的心意/田鹰著.—成都:四川人民出版社,1995.10.—134页;19cm.—(情爱难言的女人们系列)

ISBN 7-220-02984-5:￥4.80

I267 029442

女人谈男人/刘亚丽,李震编.—深圳:海天出版社,1995.8.—178页;19cm.—(现代女性随笔精品系列)

全套书共10册,总定价:98.00元

ISBN 7-80615-145-1:￥0.00

I267 029443

女人谈女人/刘亚丽,李震编.—深圳:海天出版社,1995.8.—246页;19cm.—(现代女性随笔精品系列)

全套书共10册,总定价:98.00元

ISBN 7-80615-145-1:￥0.00

I267 029444

女性新潮散文选/陈长吟编选.—西安:太白文艺出版社,1995.1.—549页;20cm

ISBN 7-80605-059-0:￥13.80

I267 029445

女性与城市/刘心武著.—北京:中国城市出版社,1995.6.—193页;16×12cm.—(眼睛丛书)

ISBN 7-5074-0734-9:￥4.80

I267 029446

女学生手记/刘亚丽,李震编.—深圳:海天出版社,1995.8.—178页;19cm.—(现代女性随笔精品系列)

全套书共10册,总定价:98.00元

ISBN 7-80615-145-1:￥0.00

I267 029447

欧罗巴之梦/航鹰著.—天津:百花文艺出版社,1995.5.—287页;19cm

ISBN 7-5306-2001-0:￥8.80

I267 029448

潘序祖集:饭后茶余/许道明,冯金牛选编.—上海:汉语大词典出版社,1995.2.—157页;19cm.—(海派小品集丛·第二集)

ISBN 7-5432-0148-8:￥6.50

I267 029449

批判文化人:一举成名的奥秘/骆爽著.—北京:中国社会出版社,1995.7.—344页;20cm

ISBN 7-80088-616-6:￥13.80

I267 029450

平常心/哈雷著.—福州:福建人民出版社,1995.11.—160页;19cm.—(人生三昧系列)

ISBN 7-211-02513-1:￥4.70

I267 029451

屏山夜话/吴建华著.—厦门:鹭江出版社,1995.7.—171页;19cm

ISBN 7-80610-242-6:￥5.60

I267 029452

菩提树下的禅者:青春哲理美文/邓皓著.—上海:上海人民出版社,1995.3.—212页;19cm

ISBN 7-208-01970-3:￥7.20

I267 029453

蒲公英/罗林著.—太原:希望出版社,1995.5.—151页;19cm

ISBN 7-5379-1493-1:￥3.00

I267 029454

朴素的闲话/常利民著.—北京:中国和平出版社,1995.9.—271页;19cm

ISBN 7-80101-218-6:￥7.00

I267 029455

七彩人生/魏家骏,袁德粱主编.—南京:南京出版社,1995.10.—364页;19cm

ISBN 7-80614-170-7:￥9.50

I267 029456

千古母亲河/王润泓著.—天津:百花文艺出版社,1995.12.—308页;20cm

ISBN 7-5306-2189-0(精装):￥17.40

I267 029457

千里伴君行:小品文50篇/韩英著.—天津:百花文艺出版社,1995.12.—207页;19cm.—(韩英小品文系列)

ISBN 7-5306-2192-0:￥7.00

I267 029458

千山一叶:写景、游记散文精选/刘文杰选编;陈建设绘.—济南:明天出版社,1995.4.—152页;20cm.—(全

国小学生课外丛书/李仲汉主编)
全套书共120册,总定价:385.00元
ISBN 7-5332-2142-7:¥0.00

I267　029459
千字散文选　(上)/李祥杰等编选.—西安:陕西人民教育出版社,1995.7.—276页;19cm.—(节日礼品丛书·写作借鉴/沈宝良主编)
ISBN 7-5419-5668-6:¥7.70

I267　029460
千字散文选　(下)/李祥杰等编选.—西安:陕西人民教育出版社,1995.7.—277~540页;19cm.—(节日礼品丛书·写作借鉴/沈宝良主编)
ISBN 7-5419-5668-6:¥7.20

I267　029461
钱歌川集:偷闲絮语/许道明,冯金牛选编.—上海:汉语大词典出版社,1995.2.—173页;19cm.—(海派小品集丛·第二辑)
ISBN 7-5432-0146-1:¥6.50

I267　029462
钱往哪儿跑/高晓声著.—北京:中共中央党校出版社,1995.2.—180页;19cm.—(当代世相十万言/洁泯主编)
ISBN 7-5035-1126-5:¥6.10

I267　029463
浅踪深梦/杨国民著.—天津:百花文艺出版社,1995.4.—254页;19cm
ISBN 7-5306-1691-9:¥7.80

I267　029464
青春的星空/胡廷楣著.—上海:上海远东出版社,1995.6.—179页;19cm.—(二十一世纪人才文库·励志馆)
ISBN 7-80514-642-X:¥9.50

I267　029465
青橄榄/余以琳著.—福州:海峡文艺出版社,1995.2.—305页;19cm
ISBN 7-80534-763-8:¥6.80

I267　029466
倾听诉说/王子君著.—海口:南海出版公司,1995.6.—298页;19cm
ISBN 7-5442-0455-3:¥8.00

I267　029467
倾斜的风景/赵翼如著.—天津:百花文艺出版社,1995.12.—166页;20cm.—(21世纪文学之星丛书·1995年卷·散文)
ISBN 7-5306-2153-X:¥8.80

I267　029468
倾心相告:散文卷/斯妤,李虹主编.—北京:中国青年出版社,1995.6.—392页;20cm.—(当代女性散文随笔精粹)
ISBN 7-5006-1878-6:¥16.40

I267　029469
倾心相告:随笔卷/斯妤,李虹主编.—北京:中国青年出版社,1995.7.—412页;20cm.—(当代女性散文随笔精粹)
ISBN 7-5006-1879-4:¥17.20

I267　029470
清水无虾/周小娅著.—上海:上海人民出版社,1995.12.—252页;19cm.—(都市女性随笔)
ISBN 7-208-02168-6:¥8.50

I267　029471
晴朗的天空不下雨/林凤群著.—天津:百花文艺出版社,1995.8.—150页;19cm
ISBN 7-5306-2090-8:¥5.20

I267　029472
情人手记/刘亚丽,李震编.—深圳:海天出版社,1995.8.—210页;19cm.—(现代女性随笔精品系列)
全套书共10册,总定价:98.00元
ISBN 7-80615-145-1:¥0.00

I267　029473
情系屋檐下/刘霄著.—福州:福建人民出版社,1995.11.—196页;19cm.—(人生三昧系列)
ISBN 7-211-02515-8:¥5.70

I267　029474
秋日私语/徐建新著.—北京:中国文联出版公司,1995.11.—168页;19cm
ISBN 7-5059-2218-1:¥6.60

I267　029475
秋天的情绪/舒婷著.—北京:中国华侨出版社,1995.9.—165页;19cm.—(金蔷薇随笔文丛·第二辑/李辉主编)
ISBN 7-80074-884-7:¥7.20

I267　029476
热点与冷点/余心言著.—广州:广东人民出版社,1995.9.—327页;20cm
ISBN 7-218-01671-5:¥11.00

I267　029477
热话冷说集/邵燕祥著.—银川:宁夏人民出版社,1995.10.—391页;20cm.—(中国当代名家杂文精品丛书)
ISBN 7-227-01484-3:¥15.00

I267　029478
人间烟火/梦娟著.—天津:百花文艺出版社,1995.11.—250页;20cm
ISBN 7-5306-2147-5:¥9.80

I267　029479
人民心声/舒士越主编;杭州日报社编.—北京:华艺出版社,1995.8.—402页;20cm.—(杭报丛书;3·言论卷)
ISBN 7-80039-929-X:¥8.00

I267　029480
人生百味/舒士越主编;杭州日报社编.—北京:华艺出版社,1995.8.—461页;20cm.—(杭报丛书;6·散文卷)
ISBN 7-80039-925-7:¥9.80

I267　029481
人生轨迹/齐军著.—桂林:漓江出版社,1995.1.—132页;19cm
ISBN 7-5407-1533-2:¥4.00

I267 029482
人生几何:纪实性散文集/唐流德著.—贵阳:贵州人民出版社,1995.1.—355页;20cm
ISBN 7-221-03730-2(精装):¥15.00

I267 029483
人生里程的注释:优秀日记选读/老品选编.—北京:同心出版社,1995.9.—311页;19cm.—(人生奠基石丛书·范文选读系列/肖衍庆等主编)
ISBN 7-80593-150-X:¥9.50

I267 029484
人生趣谈/高洪波著.—郑州:海燕出版社,1995.5.—466页;20cm
ISBN 7-5350-1227-2:¥11.80

I267 029485
人生扫描/李辉著.—上海:上海远东出版社,1995.3.—312页;20cm.—(火凤凰文库)
ISBN 7-80613-063-2:¥13.00

I267 029486
人生无圆/朱蕊著.—上海:上海远东出版社,1995.12.—239页;19cm
ISBN 7-80613-189-2:¥10.50

I267 029487
人生侃不透/梁庆通著.—长春:长春出版社,1995.3.—233页;19cm
ISBN 7-80604-217-2:¥6.50

I267 029488
日本的"月亮":夫妻留学见闻录/鲁学海,张燕著.—北京:中国和平出版社,1995.4.—230页;19cm
ISBN 7-80101-453-7:¥7.50

I267 029489
蓉子散文选/蓉子著.—北京:中国社会科学出版社,1995.4.—224页;20cm.—(罗门、蓉子文学创作系列)
ISBN 7-5004-1661-X:¥10.00

I267 029490
如诗如画:"教师—美好的职业"散文征文获奖作品集/《人民教育》编辑部编.—北京:语文出版社,1995.8.—186页;19cm
ISBN 7-80006-991-5:¥7.00

I267 029491
如诗如梦60记/晏迟著.—重庆:重庆出版社,1995.3.—312页;19cm
ISBN 7-5366-2963-X:¥7.50

I267 029492
三步斋夜话/刘书全著.—北京:国际文化出版公司,1995.6.—239页;19cm
ISBN 7-80105-240-4:¥7.50

I267 029493
三个女人一台戏/蜀女著.—贵阳:贵州人民出版社;新加坡:新加坡泛太平洋出版私人有限公司,1995.9.—289页;19cm
ISBN 7-221-03917-8:¥9.80

I267 029494
三原色/刘志武著.—济南:黄河出版社,1995.9.—259页;19cm
ISBN 7-80558-644-6:¥6.80

I267 029495
散文诗世界 总第十八辑/《散文诗世界》编辑部编.—成都:四川民族出版社,1995.1.—64页;26cm
ISBN 7-5409-1442-4:¥2.80

I267 029496
散文杂拌/邓友梅著.—北京:作家出版社,1995.5.—457页;20cm.—(邓友梅自选集·第五卷·散文卷)
ISBN 7-5063-0751-0:¥15.50

I267 029497
桑榆集/周春元著.—北京:群众出版社,1995.10.—197页;19cm
ISBN 7-5014-0954-4:¥7.80

I267 029498
傻瓜相册/杜文远著.—石家庄:花山文艺出版社,1995.11.—394页;19cm
ISBN 7-80611-374-6:¥14.00

I267 029499
山径崎岖/柳杞著.—北京:华艺出版社,1995.10.—174页;19cm
ISBN 7-80039-944-3:¥6.50

I267 029500
山居随笔/李长廷著.—北京:中国文联出版公司,1995.8.—233页;19cm
ISBN 7-5059-2261-0:¥7.30

I267 029501
山山水水总关情:优秀游记选读/老品选编.—北京:同心出版社,1995.9.—313页;19cm.—(人生奠基石丛书·范文选读系列/肖衍庆等主编)
ISBN 7-80593-150-X:¥9.50

I267 029502
山是青的 云是白的/梁遇春等著.—北京:中国社会科学出版社,1995.3.—371页;20cm.—(中国现代散文精品文库/钱谷融,陈子善主编)
ISBN 7-5004-1704-7:¥13.50

I267 029503
山乡情/张秀玲著.—呼和浩特:内蒙古人民出版社,1995.6.—378页;19cm
ISBN 7-204-02877-5:¥10.00

I267 029504
山野寻趣/刘先平著.—修订版.—合肥:安徽少年儿童出版社,1995.5.—286页;19cm.—(小学生精品书库·文学艺术类)
ISBN 7-5397-1238-4:¥6.50

I267 029505
善良是一棵矮树/鲍尔吉·原野著.—北京:中国对外翻译出版公司,1995.4.—331页;19cm.—(游心者笔丛/楼肇明主编)
ISBN 7-5001-0332-8:¥11.00

I267 029506
伤怀之美/迟子建著.—昆明:云南人民出版社,1995.8.—240页;20cm.—(她们文学丛书·散文卷)
ISBN 7-222-01825-5:¥9.80

I267 029507

商海文心:梁凤仪散文精选/梁凤仪著.—北京:人民文学出版社,1995.12.—466页;19cm
ISBN 7-02-002165-4:¥15.00
I267　029508
上帝就是你自己/廖祖笙编著.—福州:海峡文艺出版社,1995.9.—165页;19cm
ISBN 7-80534-807-3:¥6.50
I267　029509
上海人/沈善增著.—杭州:浙江人民出版社,1995.12.—193页;19cm.—(都市人丛书)
ISBN 7-213-01176-6:¥7.80
I267　029510
尚公杂议　第二集/诸尚一著.—上海:上海人民出版社,1995.10.—239页;20cm
ISBN 7-208-02106-6(精装):¥24.00
I267　029511
少妇集/杨莹著.—西安:陕西人民教育出版社,1995.9.—199页;20cm
ISBN 7-5419-3076-8:¥11.00
I267　029512
邵燕祥随笔/邵燕祥著.—成都:四川文艺出版社,1995.11.—429页;20cm.—(皇冠书库)
ISBN 7-5411-1384-0:¥18.80
I267　029513
伸脚录/金性尧著.—沈阳:辽宁教育出版社,1995.10.—278页;20cm.—(书趣文丛·第二辑;3)
ISBN 7-5382-4265-1:¥11.00
I267　029514
深藏的挚爱/万振环著.—天津:百花文艺出版社,1995.5.—331页;19cm
ISBN 7-5306-1997-7:¥9.00
I267　029515
生活回声/陈友泉著.—上海:百家出版社,1995.7.—357页;19cm
ISBN 7-80576-490-5:¥10.80
I267　029516
生命的呼吸/张炜著.—珠海:珠海出版社,1995.12.—310页;20cm.—(独行者丛书)
ISBN 7-80607-130-X:¥12.80
I267　029517
生命的辉煌/张宝树著.—天津:百花文艺出版社,1995.4.—247页;19cm
ISBN 7-5306-1927-6:¥8.00
I267　029518
生命的景象/艾明波著.—郑州:海燕出版社,1995.5.—300页;19cm.—(青春快车丛书)
ISBN 7-5350-1198-5:¥7.60
I267　029519
生命的频道/李云良著.—上海:上海人民出版社,1995.3.—268页;19×12cm.—(都市随笔书丛)
ISBN 7-208-01982-7:¥7.50
I267　029520
生命激荡的印痕/黄蓓佳著.—上海:上海人民出版社,1995.12.—234页;20cm.—(名家手记)
ISBN 7-208-02130-9:¥10.70
I267　029521
生命旅程/谭谈著.—长沙:湖南文艺出版社,1995.5.—172页;19cm
ISBN 7-5404-1388-3:¥5.00
I267　029522
生命泉/章武著.—福州:福建人民出版社,1995.11.—171页;19cm.—(人生三昧系列)
ISBN 7-211-02516-6:¥5.00
I267　029523
圣诞夜/肖复兴著.—贵阳:贵州人民出版社,1995.8.—311页;20cm
ISBN 7-221-03850-3:¥12.80
I267　029524
圣歌,为你而唱/芦笛著.—芒市:德宏民族出版社,1995.4.—95页;19cm.—(沧江文丛·第一辑/和贵群主编)
ISBN 7-80525-257-2:¥3.80
I267　029525
石不语/黑瑛著.—天津:百花文艺出版社,1995.1.—363页;19cm.—(红玫瑰散文丛书)
ISBN 7-5306-1384-7:¥9.70
I267　029526
拾荒天涯路/林岚著.—福州:福建人民出版社,1995.11.—211页;19cm.—(人生三昧系列)
ISBN 7-211-02525-5:¥6.10
I267　029527
拾梦/崔玉平著.—沈阳:春风文艺出版社,1995.10.—151页;19cm.—(美文纵横·辽宁散文丛书之三/鲁野主编)
ISBN 7-5313-1534-3:¥5.90
I267　029528
时光的耳语/艺辛著.—北京:东方出版社,1995.12.—299页;19cm.—(东方书林之旅·如梦令书系)
ISBN 7-5060-0629-4:¥16.00
I267　029529
时髦表情/石娃著.—上海:上海人民出版社,1995.12.—272页;19cm.—(都市女性随笔)
ISBN 7-208-02164-3:¥9.00
I267　029530
世纪的回音/冰心著.—银川:宁夏人民出版社,1995.10.—413页;20cm.—(中国当代名家杂文精品丛书)
ISBN 7-227-01495-9:¥15.00
I267　029531
世纪之梦/汪澜编.—上海:上海人民出版社,1995.5.—168页;19cm
ISBN 7-208-01943-6:¥5.70
I267　029532
世事杂说/端木昌著.—上海:同济大学出版社,1995.5.—345页;19cm
ISBN 7-5608-1414-4:¥12.00
I267　029533
逝水集/常风著.—沈阳:辽宁教育出版社,1995.

10.—244 页;20cm.—(书趣文丛·第二辑;2)
ISBN 7-5382-4264-3: ¥10.30

I267 029534
是是非非集/康凯著.—武汉:长江文艺出版社,1995.8.—546 页;20cm
ISBN 7-5354-1258-0: ¥21.20

I267 029535
抒情美文集:爱,是不会沉淀的/赵熙德著.—上海:上海人民出版社,1995.1.—231 页;20cm
ISBN 7-208-01947-9(精装): ¥9.00

I267 029536
书边小语/卢润祥著.—重庆:重庆出版社,1995.7.—229 页;19cm
ISBN 7-5366-3068-9: ¥6.00

I267 029537
书边杂写/谷林著.—沈阳:辽宁教育出版社,1995.3.—204 页;20cm.—(书趣文丛·第一辑;3)
ISBN 7-5382-3693-7: ¥8.50

I267 029538
书廊信步/吴小如著.—沈阳:辽宁教育出版社,1995.10.—267 页;20cm.—(书趣文丛·第二辑;4)
ISBN 7-5382-4266-X: ¥11.00

I267 029539
书枝艺叶/贾非贤著.—沈阳:辽宁教育出版社,1995.6.—281 页;20cm
ISBN 7-5382-4047-0: ¥10.00

I267 029540
谁主宰着我们/冯敬兰著.—北京:中国和平出版社,1995.11.—196 页;20cm.—(地火文学丛书/古耜主编)
ISBN 7-80101-060-4: ¥7.50

I267 029541
水流何处/陈丹晨著.—西安:陕西人民出版社,1995.2.—175 页;20cm.—(中国当代名人随笔)
ISBN 7-224-03708-7: ¥5.00

I267 029542
水流云在琐语/邓云乡著.—沈阳:辽宁教育出版社,1995.10.—280 页;20cm.—(书趣文丛·第二辑;9)
ISBN 7-5382-4261-9: ¥11.60

I267 029543
水中情/沈从文著;楠人选编.—合肥:安徽文艺出版社,1995.3.—281 页;20cm.—(现代名家情感写意文丛)
ISBN 7-5396-1233-9: ¥6.00

I267 029544
瞬间俯览/纪学著.—北京:国防大学出版社,1995.11.—291 页;19cm
ISBN 7-5626-0601-3: ¥9.50

I267 029545
说爱/孔明著.—西安:西安出版社,1995.9.—342 页;20cm
ISBN 7-80594-210-2: ¥11.80

I267 029546
说话/贾平凹著.—西安:陕西人民出版社,1995.3.—151 页;20cm.—(中国当代名人随笔)
ISBN 7-224-03703-6: ¥4.65

I267 029547
说钱集/江曾培著.—上海:三联书店上海分店,1995.1.—442 页;19cm
ISBN 7-5426-0809-6: ¥13.80

I267 029548
说书集/张中行著;高莉芙编.—北京:北京师范大学出版社,1995.12.—270 页;20cm
ISBN 7-303-04169-9: ¥14.00

I267 029549
私语张爱玲/陈子善编.—杭州:浙江文艺出版社,1995.11.—291 页;20cm
ISBN 7-5339-0784-1: ¥12.00

I267 029550
四海环游:曾敏之散文集/曾敏之著.—南宁:广西人民出版社,1995.12.—198 页;20cm
ISBN 7-219-03109-2: ¥18.00

I267 029551
四季风/郝毓森主编.—北京:新华出版社,1995.3.—316 页;19cm
ISBN 7-5011-2859-6: ¥6.00

I267 029552
苏叶散文自选集/苏叶著.—天津:百花文艺出版社,1995.5.—259 页;20cm.—(当代名家散文精品文库)
ISBN 7-5306-1880-6: ¥14.90

I267 029553
虽然已成过去:新闻、专题、广告获奖作品选/吴钟谟主编.—合肥:安徽人民出版社,1995.8.—302 页;20cm
ISBN 7-212-01208-4: ¥11.00

I267 029554
随缘/陈慧瑛著.—天津:百花文艺出版社,1995.1.—296 页;19cm.—(红玫瑰散文丛书)
ISBN 7-5306-1626-9: ¥8.50

I267 029555
随缘不变心/南妮著.—上海:上海人民出版社,1995.12.—264 页;19cm.—(都市女性随笔)
ISBN 7-208-02165-1: ¥8.80

I267 029556
岁月作证:徐刚文学作品选/徐刚著.—昆明:云南美术出版社,1995.12.—416 页;20cm
ISBN 7-80586-239-7: ¥20.00

I267 029557
琐琐集/苏勃著.—北京:华艺出版社,1995.1.—219 页;19cm
ISBN 7-80039-652-5: ¥6.80

I267 029558
苔绿/彦火著.—北京:中国文联出版公司,1995.11.—243 页;20cm.—(香港皇冠文学经典·紫荆花书系)
ISBN 7-5059-2311-0: ¥11.80

I267 029559
台港散文 40 家/方忠编.—郑州:中原农民出版社,1995.9.—744 页;20cm
ISBN 7-80538-781-8: ¥26.00

I267　029560
台港杂文精品鉴赏/李安东,朱文华编著.—郑州:河南人民出版社,1995.1.—246页;20cm.—(台港文学艺术丛书)
ISBN 7-215-03068-7:¥9.50

I267　029561
台湾散文名篇欣赏　第二集/张百栋编著.—广州:暨南大学出版社,1995.12.—245页;19cm
ISBN 7-81029-351-6:¥7.80

I267　029562
台湾杂文选/徐学编.—天津:百花文艺出版社,1995.3.—501页;19cm
ISBN 7-5306-1617-X:¥12.80

I267　029563
太行虹/刘有根著.—北京:华夏出版社,1995.4.—213页;19cm
ISBN 7-5080-0672-0:¥5.00

I267　029564
太阳升起来/冯秋子著.—北京:文化艺术出版社,1995.12.—163页;19cm.—(金苹果散文系列·新生代新女性新作品/兴安主编)
全套共5册,总定价:39.00元
ISBN 7-5039-1433-5:¥0.00

I267　029565
贪看无边月/范小青著.—南京:江苏文艺出版社,1995.8.—215页;19cm.—(鸡鸣文库·当代名家散文随笔系列)
ISBN 7-5399-0805-X:¥7.00

I267　029566
谈爱说情/刘巽达著.—上海:华东师范大学出版社,1995.12.—184页;20cm.—(文化快餐丛书·刘巽达家庭社会系列)
ISBN 7-5617-1458-0:¥8.60

I267　029567
谈是说非集:评论·杂谈/颜平之著.—贵阳:贵州人民出版社,1995.5.—197页;20cm.—(报林人系列丛书/张学武主编)
ISBN 7-221-03830-9:¥12.60

I267　029568
谈易集/张辛豹著.—上海:上海人民出版社,1995.2.—395页;19cm
ISBN 7-208-01902-9:¥12.50

I267　029569
唐弢散文选集/唐弢著;刘纳编.—天津:百花文艺出版社,1995.8.—233页;20cm.—(百花散文书系·当代散文丛书/徐柏容,郑法清主编)
ISBN 7-5306-1661-7:¥8.20

I267　029570
天·人·书/戴逸如著.—上海:上海远东出版社,1995.12.—281页;20cm
ISBN 7-80613-172-8:¥14.00

I267　029571
天窗亮话/张红著.—乌鲁木齐:新疆人民出版社,1995.2.—324页;19cm
ISBN 7-228-03403-1:¥7.60

I267　029572
天伦小乐/蔡旭著.—海口:南海出版公司,1995.5.—165页;19cm
ISBN 7-5442-0215-1:¥5.50

I267　029573
天棚居随笔/段荃法著.—郑州:中原农民出版社,1995.1.—284页;19cm
ISBN 7-80538-526-2:¥7.50

I267　029574
天圆地方/朱苏进著.—南京:江苏文艺出版社,1995.8.—216页;19cm.—(鸡鸣文库·当代名家散文随笔系列)
ISBN 7-5399-0803-3:¥7.00

I267　029575
铁凝散文自选集/铁凝著.—天津:百花文艺出版社,1995.5.—246页;20cm.—(当代名家散文精品文库)
ISBN 7-5306-1892-X:¥14.30

I267　029576
听潮微语/张桂辉著.—福州:海峡文艺出版社,1995.5.—206页;19cm
ISBN 7-80534-778-6:¥5.60

I267　029577
偷闲要紧/思果著.—沈阳:辽宁教育出版社,1995.10.—248页;20cm.—(书趣文丛·第二辑;8)
ISBN 7-5382-4268-6:¥10.30

I267　029578
托福中国/程宝林著.—北京:东方出版社,1995.3.—241页;19cm.—(东方书林之旅·如梦令书系)
ISBN 7-5060-0540-9:¥9.20

I267　029579
托物寄情情胜情:优秀散文选读/老品,张丽妧选编.—北京:同心出版社,1995.9.—305页;19cm.—(人生奠基石丛书·范文选读系列/肖衍庆等主编)
ISBN 7-80593-150-X:¥9.50

I267　029580
王蒙——"放逐"新疆十六年/方蕤著.—北京:东方出版社,1995.10.—255页;19cm
ISBN 7-5060-0538-7:¥14.00

I267　029581
王蒙海外游记/王蒙著.—北京:华文出版社,1995.12.—382页;19cm.—(中国作家海外游记丛书)
ISBN 7-5075-0439-5:¥14.50

I267　029582
王蒙散文自选集/王蒙著.—天津:百花文艺出版社,1995.5.—269页;20cm.—(当代名家散文精品文库)
ISBN 7-5306-1850-4:¥15.20

I267　029583
王英琦散文精品自选集/王英琦著.—北京:中国文联出版公司,1995.8.—265页;19cm
ISBN 7-5059-2138-X:¥8.80

I267　029584
王英琦散文自选集/王英琦著.—天津:百花文艺出版社,1995.5.—274页;20cm.—(当代名家散文精品文

库）

ISBN 7-5306-1891-1：¥15.30

I267 029585

往事/李致著.—成都：四川民族出版社，1995.6.—260页：照片；19cm

ISBN 7-5409-1529-3：¥6.80

I267 029586

往事已然苍老/贾平凹等著.—北京：中国社会科学出版社，1995.3.—380页；20cm.—(中国现代散文精品文库/钱谷融，陈子善主编)

ISBN 7-5004-1708-X：¥13.50

I267 029587

微笑的康乃馨/孙泽敏著.—上海：上海远东出版社，1995.7.—335页；19cm

ISBN 7-80613-017-9：¥18.00

I267 029588

韦娅心语/韦娅著.—福州：海峡文艺出版社，1995.10.—224页；19cm

ISBN 7-80534-823-5：¥6.90

I267 029589

为什么远行/李书磊著.—珠海：珠海出版社，1995.12.—277页；20cm.—(独行者丛书)

ISBN 7-80607-129-6：¥11.50

I267 029590

为霞满天——关于冰心老人的生活与情思/周明著.—西安：太白文艺出版社，1995.4.—172页：照片；19×12cm

ISBN 7-80605-081-7：¥4.40

I267 029591

未了斋杂碎/袁鹰著.—北京：中国华侨出版社，1995.9.—210页；19cm.—(金蔷薇随笔文丛·第二辑/李辉主编)

ISBN 7-80074-884-7：¥7.20

I267 029592

蔚蓝色：海关散文集萃/刘巍主编.—长春：时代文艺出版社，1995.7.—297页；20cm

ISBN 7-5387-0892-8：¥10.00

I267 029593

文坛忆旧录/马子华著.—昆明：云南人民出版社，1995.6.—346页；19cm

ISBN 7-222-01769-0：¥7.05

I267 029594

蜗角古今谈/金克木著.—沈阳：辽宁教育出版社，1995.3.—169页；20cm.—(书趣文丛·第一辑；2)

ISBN 7-5382-3686-4：¥7.40

I267 029595

我的家在哪里/冰心著.—西安：陕西人民出版社，1995.3.—308页；20cm.—(中国当代名人随笔)

ISBN 7-224-03710-9：¥8.00

I267 029596

我的年轮/萧乾著.—北京：中国华侨出版社，1995.9.—187页；19cm.—(金蔷薇随笔文丛·第二辑/李辉主编)

ISBN 7-80074-884-7：¥7.20

I267 029597

我的生命环/叶辛著.—上海：上海人民出版社，1995.12.—368页：照片；20cm

ISBN 7-208-02123-6：¥14.00

I267 029598

我的太阳/张蓬云著.—沈阳：春风文艺出版社，1995.10.—152页；19cm.—(美文纵横·辽宁散文丛书之三/鲁野主编)

ISBN 7-5313-1534-3：¥5.90

I267 029599

我的湘西/彭学明著.—天津：百花文艺出版社，1995.12.—150页；20cm.—(21世纪文学之星丛书·1995年卷·散文)

ISBN 7-5306-2152-1：¥7.60

I267 029600

我对年轻人说/韦君宜著.—北京：人民文学出版社，1995.8.—217页；19cm

ISBN 7-02-001985-4：¥7.90

I267 029601

我歌我泣/林湄著.—上海：三联书店上海分店，1995.8.—352页；19cm

ISBN 7-5426-0666-2：¥10.20

I267 029602

我梦中的小翠鸟/冰心著；傅光明编.—北京：人民日报出版社，1995.12.—353页；20cm.—(名人名家书系)

ISBN 7-80002-799-6：¥13.00

I267 029603

我欠妈妈的泪/段存章著.—北京：农村读物出版社，1995.3.—181页；19cm

ISBN 7-5048-2592-1：¥4.20

I267 029604

我说美利坚/杨玉圣等编.—济南：山东人民出版社，1995.3.—513页；20cm

ISBN 7-209-01701-1：¥13.80

I267 029605

我因为什么而孤独/斯妤著.—昆明：云南人民出版社，1995.8.—179页；20cm.—(她们文学丛书·散文卷)

ISBN 7-222-01827-1：¥7.50

I267 029606

我与花园都在风中/吴强著.—长春：吉林人民出版社，1995.9.—143页；19cm.—(三峡丛书/李华章，陈传新主编)

ISBN 7-206-02331-2：¥12.00

I267 029607

我在俄罗斯的日日夜夜/孙禹著.—沈阳：春风文艺出版社，1995.9.—218页；19cm

ISBN 7-5313-1520-3：¥6.80

I267 029608

无穷红艳烟尘里/王力等著.—北京：中国社会科学出版社，1995.3.—405页；20cm.—(中国现代散文精品文库/钱谷融，陈子善主编)

ISBN 7-5004-1701-2：¥13.50

I267 029609

无声岁月/傅松巍著.—沈阳：春风文艺出版社，

1995.10.—154页;19cm.—(美文纵横·辽宁散文丛书之三/鲁野主编)
ISBN 7-5313-1534-3:¥5.90

I267　029610
无所不侃/刘巽达著.—上海:华东师范大学出版社,1995.12.—302页;20cm.—(文化快餐丛书·刘巽达家庭社会系列)
ISBN 7-5617-1459-9:¥13.10

I267　029611
无字我心/张洁著.—西安:陕西人民出版社,1995.2.—289页;20cm.—(中国当代名人随笔)
ISBN 7-224-03706-0:¥7.60

I267　029612
五彩石:叙事散文精选/刘靖年选编;徐正绘.—济南:明天出版社,1995.4.—122页;20cm.—(全国小学生课外丛书/李仲汉主编)
全套书共120册,总定价:385.00元
ISBN 7-5332-2142-7:¥0.00

I267　029613
五彩云/高栋槟著.—沈阳:春风文艺出版社,1995.10.—152页;19cm.—(美文纵横·辽宁散文丛书之三/鲁野主编)
ISBN 7-5313-1534-3:¥5.90

I267　029614
五人美文选/张承志等著;周政保,殷实选编.—西宁:青海人民出版社,1995.4.—587页;20cm
ISBN 7-225-00938-9:¥16.80

I267　029615
五色彩笔/舒士越主编;杭州日报社编.—北京:华艺出版社,1995.8.—318页;20cm.—(杭报丛书;7·五色笔卷)
ISBN 7-80039-926-5:¥8.00

I267　029616
午夜后的恰恰:旅美女作家写美国/张彤著.—天津:百花文艺出版社,1995.4.—182页;20cm
ISBN 7-5306-1985-3:¥5.60

I267　029617
西藏文化之旅/闫振中著.—北京:民族出版社,1995.8.—372页;19cm.—(西藏当代作家丛书/张治维主编)
ISBN 7-105-02501-8:¥10.20

I267　029618
悉尼写真/张奥列著.—福州:海峡文艺出版社,1995.1.—236页;19cm
ISBN 7-80534-772-7:¥5.00

I267　029619
鲜亮的青春/郭光豹著.—北京:中国文联出版公司,1995.8.—250页;19cm
ISBN 7-5059-2254-8:¥9.50

I267　029620
闲聊/方方著.—成都:四川人民出版社,1995.6.—260页;20cm.—(当代女作家散文精品·红辣椒女性文丛/陈骏涛主编)
ISBN 7-220-02850-4:¥8.00

I267　029621
闲情桂花:文海精品小撷/丁莹编著.—乌鲁木齐:新疆人民出版社,1995.10.—270页;20cm.—(百卷文史知识丛书;3)
ISBN 7-228-03559-3:¥15.80

I267　029622
闲情小品/刘勇编.—天津:百花文艺出版社,1995.1.—131页;19cm.—(情之旅散文丛书/蔡清富主编)
ISBN 7-5306-1642-0:¥4.80

I267　029623
闲着也是闲着/黄茵著.—上海:上海人民出版社,1995.3.—264页;19×12cm.—(都市随笔书丛)
ISBN 7-208-01960-6:¥7.50

I267　029624
现在的心情/素素著.—上海:上海人民出版社,1995.3.—244页;19×12cm
ISBN 7-208-01973-8:¥7.00

I267　029625
献给少女高和远/吴迪安著.—天津:百花文艺出版社,1995.1.—269页;19cm
ISBN 7-5306-1815-6:¥7.50

I267　029626
相逢是缘/严宝康著.—上海:百家出版社,1995.5.—208页;19cm
ISBN 7-80576-520-0:¥5.80

I267　029627
相忘于江湖/黄爱东西著.—上海:上海人民出版社,1995.12.—221页;19cm.—(都市女性随笔)
ISBN 7-208-02163-5:¥7.50

I267　029628
香港散文选/潘亚暾主编.—天津:百花文艺出版社,1995.3.—274页;19cm
ISBN 7-5306-0665-4:¥7.60

I267　029629
湘江北去/杨汇泉著.—长沙:湖南文艺出版社,1995.10.—293页;20cm
ISBN 7-5404-1440-5:¥12.00

I267　029630
乡邦人文/孙淑彦著.—汕头:汕头大学出版社,1995.10.—245页;20cm
ISBN 7-81036-117-1:¥10.00

I267　029631
向阳集/吴刚著.—兰州:甘肃民族出版社,1995.12.—517页;19cm
ISBN 7-5421-0414-4:¥12.00

I267　029632
萧乾散文精编/傅光明编.—杭州:浙江文艺出版社,1995.12.—510页;20cm.—(现代经典作家诗文全编书系)
ISBN 7-5339-0860-0:¥20.00

I267　029633
晓月摇情/俞元桂著.—福州:海峡文艺出版社,1995.10.—204页;19cm
ISBN 7-80534-822-7:¥5.00

I267 029634

写给妈妈的话:名人·知识分子卷/王晨主编;《光明日报》社编.—北京:大众文艺出版社,1995.8.—206页;20cm.—(写给妈妈的话丛书)

ISBN 7-80094-155-8:¥9.80

I267 029635

写给妈妈的话:青年卷/陈泉涌主编;《中国青年报》社编.—北京:大众文艺出版社,1995.8.—237页;20cm.—(写给妈妈的话丛书)

ISBN 7-80094-156-6:¥9.80

I267 029636

写给妈妈的话:少年儿童卷/温愉新主编;《中国少年报》社编.—北京:大众文艺出版社,1995.8.—225页;20cm.—(写给妈妈的话丛书)

ISBN 7-80094-157-4:¥9.80

I267 029637

写给妈妈的话:作家卷/杨筱怀主编;《中华儿女》杂志社编.—北京:大众文艺出版社,1995.8.—242页;20cm.—(写给妈妈的话丛书)

ISBN 7-80094-154-X:¥9.80

I267 029638

新桃旧符集:夏红散文小说选/夏红著.—北京:北京出版社,1995.8.—295页;19cm

ISBN 7-200-02730-8:¥7.50

I267 029639

心巢:《空中之友》十年散文精粹/易允武主编.—长沙:湖南文艺出版社,1995.3.—527页;20cm

ISBN 7-5404-1340-9:¥13.50

I267 029640

心火:范传统散文集/范传统著.—郑州:中原农民出版社,1995.12.—165页;19cm

ISBN 7-80538-810-5:¥6.80

I267 029641

心灵小语:献给所有追求完美及挚爱的人/灵恩编著.—广州:广东高等教育出版社,1995.10.—534页;20cm

ISBN 7-5361-1711-6(精装):¥36.00

I267 029642

心灵有约/斯寒编.—厦门:鹭江出版社,1995.11.—214页;20cm

ISBN 7-80610-270-1:¥12.00

I267 029643

心声集/胡恒俊等著.—天津:百花文艺出版社,1995.9.—248页;19cm

ISBN 7-5306-2109-2:¥9.50

I267 029644

心印集/胡普江著.—南昌:百花洲文艺出版社,1995.6.—297页;19cm

ISBN 7-80579-578-9:¥12.00

I267 029645

信仰和友谊/杨广平著 .—北京:文津出版社,1995.12.—219页;20cm

ISBN 7-80554-301-1:¥12.50

I267 029646

信仰与信任:朱兆龙杂文集/朱兆龙著.—南京:河海大学出版社,1995.6.—236页;19cm

ISBN 7-5630-0697-4:¥6.80

I267 029647

许钦文散文选集/许钦文著;高松年,龙渊编.—天津:百花文艺出版社,1995.9.—232页;20cm.—(百花散文书系·当代散文丛书/徐柏容,郑法清主编)

ISBN 7-5306-1706-0:¥8.00

I267 029648

畜界 人界:一个文本主义者的随笔集/钟鸣著.—北京:东方出版社,1995.4.—371页;20cm.—(象罔丛书)

ISBN 7-5060-0511-5:¥15.00

I267 029649

絮语碎言/《现代家庭》杂志编.—北京:中国妇女出版社,1995.8.—272页;19cm.—(中国妇女报刊精粹丛书/姚维斗主编)

ISBN 7-80016-462-4:¥9.80

I267 029650

学海岸边/陈乐民,资中筠著.—沈阳:辽宁教育出版社,1995.10.—206页;20cm.—(书趣文丛·第二辑;10)

ISBN 7-5382-4262-7:¥8.80

I267 029651

学者的人间情怀/陈平原著.—珠海:珠海出版社,1995.12.—265页;20cm.—(独行者丛书)

ISBN 7-80607-107-5:¥11.20

I267 029652

雪晴集/王雪丽著.—沈阳:春风文艺出版社,1995.10.—152页;19cm.—(美文纵横·辽宁散文丛书之三/鲁野主编)

ISBN 7-5313-1534-3:¥5.90

I267 029653

雪羽短文/刘雪羽著.—济南:山东友谊出版社,1995.12.—234页;19cm

ISBN 7-80551-775-4:¥9.80

I267 029654

寻常情怀:王小鹰散文80篇/王小鹰著.—上海:华东师范大学出版社,1995.12.—451页;20cm

ISBN 7-5617-1436-X(精装):¥20.50

I267 029655

寻诗觅梦到江南/石在著.—宁波:宁波出版社,1995.10.—253页;20cm

ISBN 7-80602-068-3:¥12.00

I267 029656

寻找灯绳/苏童著.—南京:江苏文艺出版社,1995.8.—190页;19cm.—(鸡鸣文库·当代名家散文随笔系列)

ISBN 7-5399-0804-1:¥6.20

I267 029657

寻找生命的庄严/刘登翰著.—福州:海峡文艺出版社,1995.8.—261页;20cm

ISBN 7-80534-797-2:¥8.50

I267 029658

烟梦往事:孙颙散文60篇.—上海:华东师范大学出版社,1995.3.—214页;20cm

ISBN 7-5617-1286-3(精装):¥9.80

I267　029659

淹没在江涛中的书简/傅宁军著.—北京:解放军文艺出版社,1995.8.—230页;19cm

ISBN 7-5033-0663-7:¥11.80

I267　029660

言以助味:费孝通杂文选集/费孝通著.—苏州:苏州大学出版社,1995.6.—148页;20cm

ISBN 7-81037-138-X(精装):¥15.50

I267　029661

遥远的大海/王雄著.—北京:中国工人出版社,1995.3.—167页;19cm

ISBN 7-5008-1756-8:¥5.85

I267　029662

野狐禅/马瑞芳著.—济南:山东文艺出版社,1995.10.—453页;20cm

ISBN 7-5329-1271-X:¥13.90

I267　029663

叶文玲散文自选集/叶文玲著.—天津:百花文艺出版社,1995.5.—235页;20cm.—(当代名家散文精品文库)

ISBN 7-5306-1881-4:¥14.00

I267　029664

叶永烈笔下风情:我的家一半在美国/叶永烈著.—上海:同济大学出版社,1995.12.—572页:照片;20cm

ISBN 7-5608-1401-8:¥23.00

I267　029665

夜行者独语/暮远著.—银川:宁夏人民出版社,1995.11.—263页;19cm

ISBN 7-227-01526-2:¥8.00

I267　029666

一个女播音员的手记/刘沙著.—乌鲁木齐:新疆人民出版社,1995.9.—182页;19cm

ISBN 7-228-03266-7:¥7.50

I267　029667

一个人的时候/蒋子丹著.—成都:四川人民出版社,1995.6.—217页;20cm.—(当代女作家散文精品·红辣椒女性文丛/陈骏涛主编)

ISBN 7-220-02850-4:¥8.00

I267　029668

一个王朝的背影:穿越中国历史的散文之旅/余秋雨等著;任征,于之编.—成都:四川文艺出版社,1995.5.—357页;20cm

ISBN 7-5411-1137-6:¥11.50

I267　029669

一个性学家的日记/刘达临著.—银川:宁夏人民出版社,1995.5.—258页:照片;19cm

ISBN 7-227-01474-6:¥8.00

I267　029670

一个中国记者看二战/萧乾著.—北京:三联书店,1995.5.—348页;20cm

ISBN 7-108-00782-7:¥14.80

I267　029671

一九九七逼近香港:叶永烈笔下风情/叶永烈著.—上海:同济大学出版社,1995.12.—387页:彩照;20cm

ISBN 7-5608-1401-8:¥17.00

I267　029672

一棵树/邵英著.—沈阳:春风文艺出版社,1995.10.—152页;19cm.—(美文纵横·辽宁散文丛书之三/鲁野主编)

ISBN 7-5313-1534-3:¥5.90

I267　029673

一盆无名草/施向平著.—天津:百花文艺出版社,1995.6.—215页;19cm

ISBN 7-5306-2036-3:¥6.80

I267　029674

一捧屑:人生与社会随想/高低著.—上海:同济大学出版社,1995.8.—273页;19cm

ISBN 7-5608-1418-2:¥10.00

I267　029675

一人上路/陈志红著.—北京:中共中央党校出版社,1995.2.—204页;19cm.—(当代世相十万言/洁泯主编)

ISBN 7-5035-1125-7:¥6.90

I267　029676

一吐集/左郁文著.—长沙:湖南文艺出版社,1995.5.—175页;19cm

ISBN 7-5404-1396-4:¥5.00

I267　029677

伊甸园之恶:原始罪恶的神秘智慧/翁绍军著.—北京:中国文联出版公司,1995.4.—261页;19cm.—(神秘的智慧丛书/顾晓鸣主编)

ISBN 7-5059-2049-9:¥6.90

I267　029678

沂蒙情思/魏建玲著.—天津:百花文艺出版社,1995.8.—110页;19cm

ISBN 7-5306-2079-7:¥4.80

I267　029679

艺林散叶荟编/郑逸梅著.—北京:中华书局,1995.1.—680页;20cm

ISBN 7-101-01369-4:¥30.25

I267　029680

异国情/张黎洲著.—福州:海峡文艺出版社,1995.5.—269页;19cm

ISBN 7-80534-781-6:¥7.00

I267　029681

异乡人语/原昌著.—沈阳:春风文艺出版社,1995.10.—154页;19cm.—(美文纵横·辽宁散文丛书之三/鲁野主编)

ISBN 7-5313-1534-3:¥5.90

I267　029682

因为我爱:冯锐散文集/冯锐著.—天津:百花文艺出版社,1995.10.—174页;19cm

ISBN 7-5306-2143-2:¥7.80

I267　029683

殷殷妈妈钟/小民原著;百玲选编.—成都:四川少年儿童出版社,1995.10.—278页;18cm.—(天下父母心丛书)

ISBN 7-5365-1395-X：¥7.60

I267　029684

隐匿的城堡/鲁枢元著.—珠海：珠海出版社，1995.12.—303页；20cm.—(独行者丛书)

ISBN 7-80607-106-7：¥12.50

I267　029685

樱花绯红/王佐贤著.—沈阳：春风文艺出版社，1995.10.—151页；19cm.—(美文纵横·辽宁散文丛书之三/鲁野主编)

ISBN 7-5313-1534-3：¥5.90

I267　029686

影子：文哲散文集/文哲著.—沈阳：辽宁教育出版社，1995.9.—224页；19cm

ISBN 7-5382-4277-5：¥6.00

I267　029687

永久的悔/韩小蕙主编.—北京：华艺出版社，1995.5.—440页；19cm

ISBN 7-80039-894-3：¥14.50

I267　029688

永留人间的声音：优秀演讲词选读/老品选编.—北京：同心出版社，1995.9.—314页；19cm.—(人生奠基石丛书·范文选读系列/肖衍庆等主编)

ISBN 7-80593-150-X：¥9.50

I267　029689

永远的白玫瑰/王德凤著.—兰州：敦煌文艺出版社，1995.11.—231页；19cm

ISBN 7-80587-293-7：¥9.60

I267　029690

幽默随笔精选/杜正春编.—北京：华艺出版社，1995.5.—141页；20cm.—(太阳鸟文学丛书·第一辑/正春主编)

ISBN 7-80039-942-7：¥9.80

I267　029691

悠悠心会：韩小惠散文集/韩小惠著.—北京：中国文联出版公司，1995.4.—289页；20cm

ISBN 7-5059-2229-7：¥10.30

I267　029692

有朋在彼岸/史中兴著.—天津：百花文艺出版社，1995.12.—468页；20cm

ISBN 7-5306-2198-X：¥19.80

I267　029693

有戏没戏/舒展著.—北京：中国华侨出版社，1995.9.—298页；19cm.—(金蔷薇随笔文丛·第二辑/李辉主编)

ISBN 7-80074-884-7：¥7.20

I267　029694

友情小品/李丽编.—天津：百花文艺出版社，1995.1.—144页；19cm.—(情之旅散文丛书/蔡清富主编)

ISBN 7-5306-1640-4：¥5.00

I267　029695

又是月季芬芳时/孙宜君选编.—太原：山西教育出版社，1995.1.—266页；20cm.—(20世纪中国纯情散文精品·友情卷)

ISBN 7-5440-0500-3：¥8.20

I267　029696

于景宁杂文/于景宁著.—大连：大连出版社，1995.6.—269页；20cm

ISBN 7-80612-126-9：¥8.00

I267　029697

与伟人对话/王雅军著.—上海：上海文化出版社，1995.12.—107页；19cm.—(五角丛书；144)

ISBN 7-80511-801-9：¥3.80

I267　029698

遇旧/曾敏之著.—北京：中国文联出版公司，1995.11.—370页；20cm.—(香港皇冠文学经典·紫荆花书系)

ISBN 7-5059-2306-4：¥14.80

I267　029699

喻世心语/向尚瞰著.—南昌：百花洲文艺出版社，1995.5.—239页；20cm

ISBN 7-80579-600-9：¥7.80

I267　029700

元帅之后有猛将/王鼎华著.—北京：人民体育出版社，1995.12.—298页；19cm

ISBN 7-5009-1269-2：¥10.00

I267　029701

缘/张文祥著.—北京：海豚出版社：外文出版社，1995.1.—234页；19cm

ISBN 7-80051-000-X：¥6.80

I267　029702

远方来的白鹭/解放军总后政治部文化部编.—天津：百花文艺出版社，1995.5.—201页；20cm

ISBN 7-5306-1996-9：¥7.80

I267　029703

远郊不寂寞/王英琦著.—天津：百花文艺出版社，1995.2.—304页；19cm.—(红玫瑰散文丛书)

ISBN 7-5306-1627-7：¥8.50

I267　029704

远行集/寓真著.—太原：北岳文艺出版社，1995.12.—176页；19cm

ISBN 7-5378-1535-6：¥6.90

I267　029705

远行人独语/和谷著.—北京：人民文学出版社，1995.9.—245页；20cm

ISBN 7-02-002106-9：¥10.70

I267　029706

粤人忧天：章氏七日谈/章采著.—广州：广东人民出版社，1995.1.—234页；20cm

ISBN 7-218-01597-2：¥7.00

I267　029707

月亮雨/张跃虎著.—广州：广东旅游出版社，1995.10.—278页；19cm

ISBN 7-80521-583-9：¥6.90

I267　029708

月夜孤舟/庐隐著；抒忧编.—海口：海南出版社，1995.7.—409页；20cm.—(桂冠散文系列；4)

ISBN 7-80617-205-X(精装)：¥21.00

I267　029709

云帆/张幼琪著.—贵阳:贵州人民出版社,1995.12.—260页;19cm
ISBN 7-221-04111-3:¥11.80

I267　　029710
云之恋/徐志摩著;文沁选编.—合肥:安徽文艺出版社,1995.3.—299页;20cm.—(现代名家情感写意文丛)
ISBN 7-5396-1234-7:¥6.40

I267　　029711
杂识拾零:谷长春杂文集/谷长春著.—北京:现代出版社,1995.7.—237页;19cm
ISBN 7-80028-282-1:¥6.75

I267　　029712
再思录/巴金著.—上海:上海远东出版社,1995.3.—154页;20cm.—(火凤凰文库)
ISBN 7-80613-055-1:¥12.00

I267　　029713
在雪原上/李佳俊著.—北京:民族出版社,1995.8.—246页;19cm.—(西藏当代作家丛书/张治维主编)
ISBN 7-105-02498-4:¥6.40

I267　　029714
在这片神圣的土地上/上海市教育工会,上海教育报编.—上海:华东师范大学出版社,1995.12.—269页;20cm
ISBN 7-5617-1390-8:¥7.90

I267　　029715
灶台上的玫瑰/曾维浩著.—天津:百花文艺出版社,1995.11.—261页;19cm
ISBN 7-5306-2186-6:¥8.68

I267　　029716
曾经痴情/楚明著.—广州:广州出版社,1995.8.—231页;19cm
ISBN 7-80592-296-9:¥8.80

I267　　029717
张洁海外游记/张洁著.—北京:华文出版社,1995.12.—253页;19cm.—(中国作家海外游记丛书)
ISBN 7-5075-0475-1:¥9.80

I267　　029718
张抗抗散文自选集/张抗抗著.—天津:百花文艺出版社,1995.5.—246页;20cm.—(当代名家散文精品文库)
ISBN 7-5306-1842-3:¥14.40

I267　　029719
张锲散文选/张锲著.—北京:解放军文艺出版社,1995.1.—374页;20cm
ISBN 7-5033-0485-5:¥13.80

I267　　029720
赵丽宏美文/赵丽宏著.—长春:吉林人民出版社,1995.6.—362页;20cm
ISBN 7-206-02234-0(精装):¥14.50

I267　　029721
赵丽宏散文自选集/赵丽宏著.—天津:百花文艺出版社,1995.5.—280页;20cm.—(当代名家散文精品文库)
ISBN 7-5306-1822-9:¥15.60

I267　　029722
这个春天 这个冬天/尹慧著.—北京:文化艺术出版社,1995.12.—153页;19cm.—(金苹果散文系列·新生代新女性新作品/兴安主编)
全套共5册,总定价:39.00元
ISBN 7-5039-1433-5:¥0.00

I267　　029723
这种感觉你不会懂/胡晓梦著.—北京:文化艺术出版社,1995.12.—158页;19cm.—(金苹果散文系列·新生代新女性新作品/兴安主编)
全套共5册,总定价:39.00元
ISBN 7-5039-1433-5:¥0.00

I267　　029724
珍藏的签名本/曹正文著.—上海:汉语大词典出版社,1995.12.—203页;19cm
ISBN 7-5432-0185-2:¥8.80

I267　　029725
珍惜生命/李秋生著.—南京:河海大学出版社,1995.5.—227页;19cm
ISBN 7-5630-0850-0:¥8.00

I267　　029726
珍惜生命的根/汪长纬著.—上海:百家出版社,1995.5.—207页;20cm
ISBN 7-80576-533-2:¥9.80

I267　　029727
真实的日子/池莉著.—南京:江苏文艺出版社,1995.8.—407页;20cm.—(池莉文集;4)
ISBN 7-5399-0790-8:¥15.60

I267　　029728
脂麻通鉴/扬之水著.—沈阳:辽宁教育出版社,1995.3.—311页;20cm.—(书趣文丛·第一辑;10)
ISBN 7-5382-3685-6:¥13.00

I267　　029729
中国当代散文精品大观/吴泽永编选.—西安:太白文艺出版社,1995.1.—2册(1656页);20cm
ISBN 7-80605-146-5(精装):¥47.20

I267　　029730
中国的思路:优秀电视专题片解说词集萃/宋长利,蔡玖著.—大连:大连理工大学出版社,1995.12.—201页:照片;20cm
ISBN 7-5611-1060-X:¥12.00

I267　　029731
中国之旅/(新加坡)美华著.—沈阳:春风文艺出版社,1995.6.—291页;20cm
ISBN 7-5313-1482-7:¥14.80

I267　　029732
中华散文杰作珍藏本:当代卷/名门主编.—珠海:珠海出版社,1995.9.—493页;20cm
ISBN 7-80607-083-4:¥18.00

I267　　029733
中华散文杰作珍藏本:海外卷/名门主编.—珠海:珠海出版社,1995.9.—493页;20cm
ISBN 7-80607-083-4:¥18.00

I267 029734

中华散文杰作珍藏本:现代卷/名门主编.—珠海:珠海出版社,1995.9.—493页;20cm

ISBN 7-80607-083-4:¥18.00

I267 029735

中华散文珍藏本:冯骥才卷/冯骥才著.—北京:人民文学出版社,1995.12.—268页;20cm

ISBN 7-02-002187-5:¥14.50

I267 029736

中华散文珍藏本:贾平凹卷/贾平凹著.—北京:人民文学出版社,1995.12.—265页;20cm

ISBN 7-02-002193-X:¥13.90

I267 029737

中华散文珍藏本:余秋雨卷/余秋雨著.—北京:人民文学出版社,1995.12.—240页;20cm

ISBN 7-02-002191-3:¥13.30

I267 029738

中华散文珍藏本:周涛卷/周涛著.—北京:人民文学出版社,1995.12.—277页;20cm

ISBN 7-02-002189-1:¥14.50

I267 029739

中楼集/王佐良著.—沈阳:辽宁教育出版社,1995.10.—212页;20cm.—(书趣文丛·第二辑;6)

ISBN 7-5382-4260-0:¥8.80

I267 029740

重访散文的家园/陈星著.—上海:三联书店上海分店,1995.12.—151页;19cm.—(三联文库·青草地丛书)

ISBN 7-5426-0884-3:¥6.80

I267 029741

重轭浮生/公刘著.—北京:中共中央党校出版社,1995.2.—174页;19cm.—(当代世相十万言/洁泯主编)

ISBN 7-5035-1127-3:¥6.00

I267 029742

诸神下凡/王蒙著.—北京:中国华侨出版社,1995.9.—239页;19cm.—(金蔷薇随笔文丛·第二辑/李辉主编)

ISBN 7-80074-884-7:¥7.20

I267 029743

逐浪集/扬子江著.—乌鲁木齐:新疆人民出版社,1995.9.—192页;19cm

ISBN 7-228-03435-X:¥6.00

I267 029744

主妇手记/刘亚丽,李震编.—深圳:海天出版社,1995.8.—208页;19cm.—(现代女性随笔精品系列)

全套书共10册,总定价:98.00元

ISBN 7-80615-145-1:¥0.00

I267 029745

筑城纪事/吴纯俭著.—贵阳:贵州人民出版社,1995.6.—344页;20cm

ISBN 7-221-03713-2:¥10.50

I267 029746

祝人民胜利:"求实篇"杂文外集/焦加著.—北京:华艺出版社,1995.8.—152页;19cm

ISBN 7-80039-934-6:¥5.00

I267 029747

转向/潘铭燊著.—北京:中国文联出版公司,1995.11.—359页;20cm.—(香港皇冠文学经典·紫荆花书系)

ISBN 7-5059-2304-8:¥13.80

I267 029748

紫塞情/孙守方著.—北京:国防大学出版社,1995.3.—220页;20cm

ISBN 7-5626-0674-9:¥6.00

I267 029749

紫燕集/胡砚著.—呼和浩特:远方出版社,1995.12.—280页;19cm

ISBN 7-80595-175-6:¥12.80

I267 029750

总在异乡/池莉著.—南京:江苏文艺出版社,1995.8.—218页;19cm.—(鸡鸣文库·当代名家散文随笔系列)

ISBN 7-5399-0801-7:¥7.00

I267 029751

走出雨季/刘智业著.—沈阳:春风文艺出版社,1995.10.—152页;19cm.—(美文纵横·辽宁散文丛书之三/鲁野主编)

ISBN 7-5313-1534-3:¥5.90

I267 029752

走动的诗/李福德著.—天津:百花文艺出版社,1995.2.—247页;19cm

ISBN 7-5306-1947-0:¥7.00

I267 029753

走过一串心:散文报告文学选/艾君著.—北京:华艺出版社,1995.8.—344页;20cm

ISBN 7-80039-957-5:¥12.80

I267 029754

走进九峰绿/叶礼旋著.—厦门:鹭江出版社,1995.12.—129页;19cm.—(武夷文苑丛书)

ISBN 7-80610-295-7:¥7.00

I267 029755

走进葡萄的世界/李琦编.—乌鲁木齐:新疆人民出版社,1995.7.—249页;19cm

ISBN 7-228-03571-2:¥9.80

I267 029756

走进夏天/张东生著.—沈阳:春风文艺出版社,1995.10.—152页;19cm.—(美文纵横·辽宁散文丛书之三/鲁野主编)

ISBN 7-5313-1534-3:¥5.90

I267 029757

走向生命的花季/何少美编著.—天津:百花文艺出版社,1995.2.—221页;19cm

ISBN 7-5306-1925-X:¥6.80

I267 029758

最难风雨故人来/赵国青著.—北京:中国和平出版社,1995.11.—224页;20cm.—(地火文学丛书/古耜主编)

ISBN 7-80101-060-4: ¥7.50

I267　029759

坐看云起/岳强著.—天津:百花文艺出版社,1995.7.—265页;20cm.—(散文之友丛书;3)

ISBN 7-5306-2012-6: ¥8.00

I267　029760

噢,金蝶儿/阮远清著.—芒市:德宏民族出版社,1995.4.—95页;19cm.—(沧江文丛·第一辑/和贵群主编)

ISBN 7-80525-257-2: ¥3.80

I267　029761

崛起的个性/白渔著.—西安:陕西人民教育出版社,1995.4.—251页;20cm

ISBN 7-5419-6044-6: ¥9.50

I267　029762

沐泉集/苏开著.—沈阳:春风文艺出版社,1995.10.—153页;19cm.—(美文纵横·辽宁散文丛书之三/鲁野主编)

ISBN 7-5313-1534-3: ¥5.90

I267　029763

沐浴书香/黄成勇著.—海口:海南出版社,1995.12.—221页;19cm

ISBN 7-80617-295-5: ¥9.50

I267　029764

涓泉集/李泉佃著.—厦门:鹭江出版社,1995.11.—204页;19cm.—(南国文学丛书)

ISBN 7-80610-258-2: ¥7.20

I267　029765

潇湘巨变:《农行杯·潇湘巨变》散文大赛获奖作品集/谢璞,王德振主编.—长沙:湖南教育出版社,1995.5.—294页;20cm

ISBN 7-5355-2072-3: ¥9.60

I267　029766

潇园随笔/朱健著.—沈阳:辽宁教育出版社,1995.10.—208页;20cm.—(书趣文丛·第二辑;7)

ISBN 7-5382-4267-8: ¥8.60

I267　029767

屐齿印痕/曾岩著.—沈阳:春风文艺出版社,1995.5.—170页;19cm

ISBN 7-5313-1499-1: ¥7.00

I267　029768

嬉笑怒骂匡时政:优秀杂文选读/老品,老康选编.—北京:同心出版社,1995.9.—311页;19cm.—(人生奠基石丛书·范文选读系列/肖衍庆等主编)

ISBN 7-80593-150-X: ¥9.50

I267　029769

樗下随笔/止庵著.—北京:中国对外翻译出版公司,1995.4.—257页;19cm.—(游心者笔丛/楼肇明主编)

ISBN 7-5001-0334-4: ¥8.90

I267　029770

橄榄绿絮语/丁荣锦著.—济南:黄河出版社,1995.6.—207页;19cm

ISBN 7-80558-613-6: ¥8.50

I267　029771

饔飧集/唐振常著.—沈阳:辽宁教育出版社,1995.3.—198页;20cm.—(书趣文丛·第一辑;4)

ISBN 7-5382-3687-2: ¥8.00

①I267②D630.9　029772

蒋平杂谈:反腐倡廉集/蒋平著.—大连:大连理工大学出版社,1995.12.—372页;20cm

ISBN 7-5611-1072-3: ¥14.00

①I267②D647　029773

山晖川媚:"爱我河山"颂/朱兵,赵英著.—北京:教育科学出版社,1995.10.—171页;19cm.—(爱我中华教育丛书/思穗主编)

ISBN 7-5041-1505-3: ¥6.00

①I267②G21　029774

新闻记者的日常生活/林里著.—广州:广东高等教育出版社,1995.7.—380页;20cm

ISBN 7-5361-1736-1: ¥15.80

①I267②G40-53　029775

风尘碎叶:王庆生从教四十周年笔耕录/王庆生著.—桂林:漓江出版社,1995.7.—544页:照片;19cm

ISBN 7-5407-1742-4: ¥15.90

①I267②H1　029776

发人深思的笑话:《语言大典》短评集/上海辞书出版社编辑.—上海:上海辞书出版社,1995.4.—248页;19cm

ISBN 7-5326-0348-2: ¥8.50

①I267②K928.705.33　029777

梦游梅花楼:南通人文景观/祖丁远,姚锷主编;南通市政协文史编辑部编.—天津:百花文艺出版社,1995.4.—292页:彩照;20cm

ISBN 7-5306-1994-2: ¥16.80

I267.7　029778

云楼碎语/孙豹隐著.—西安:陕西人民教育出版社,1995.8.—221页;20cm

ISBN 7-5419-5648-1: ¥7.90

I269 杂著

I269　029779

风景对联三千副/赵金光,王玉彩选编.—北京:金盾出版社,1995.3.—228页;19cm

ISBN 7-80022-980-7: ¥5.50

I269　029780

名联三百副评注/白雉山编著.—海口:海南国际新闻出版中心,1995.11.—199页;20cm

ISBN 7-80609-221-8: ¥8.80

I269　029781

趣联掇奇/刘一平编著.—福州:海峡文艺出版社,1995.3.—425页;19cm

ISBN 7-80534-760-3: ¥9.80

I269　029782

岳阳楼楹联荟萃/何培金编注.—长沙:岳麓书社,1995.7.—164页;20cm.—(岳阳楼丛书)

ISBN 7-80520-604-X: ¥7.30

I269　　029783
中国行业对联大观/谷向阳,何慧琴编.—长春:北方妇女儿童出版社,1995.1.—772页;20cm
ISBN 7-5385-0994-1(精装):¥23.50

①I269②I287.5　　029784
中国神童妙对/张世安编写.—修订版.—合肥:安徽少年儿童出版社,1995.5.—304页;19cm.—(小学生精品书库·文化教育类)
ISBN 7-5397-1247-3:¥7.00

I269.6　　029785
闲情偶寄 /(清)李渔著.—成都:四川辞书出版社,1995.10.—414页;20cm
ISBN 7-80543-490-5:¥14.80

I269.6　　029786
中国抗战楹联大观/何培金编著.—长沙:湖南文艺出版社,1995.8.—492页:照片;20cm
ISBN 7-5404-1420-0(精装):¥19.20

①I269.6②J292.26　　029787
明清名人名联选/文巨,丁白编.—桂林:漓江出版社,1995.12.—210页;34×19cm
ISBN 7-5407-1848-X:¥26.00

I269.7　　029788
对联选用手册/何华编.—2版.—南昌:江西人民出版社,1995.11.—346页;19cm
ISBN 7-210-01557-4(精装):¥8.80

I269.7　　029789
联苑撷英/庞波,陈田贵编著.—兰州:甘肃人民出版社,1995.10.—371页;19cm
ISBN 7-226-01523-4:¥9.60

I269.7　　029790
民间实用对联精选/谢飞编.—太原:山西古籍出版社,1995.7.—412页;19cm
ISBN 7-80598-076-4:¥12.80

I269.7　　029791
巧妙对联三千副/常江,王玉彩选编.—北京:金盾出版社,1995.9.—274页;19cm
ISBN 7-80022-979-3:¥6.50

I269.7　　029792
实用传统对联/蒙智扉等编著.—北京:中国商业出版社,1995.9.—306页;19cm
ISBN 7-5044-2338-6:¥9.80

I269.7　　029793
喜庆对联/胡锡龙,曾维纲主编.—2版(增订本).—长沙:湖南科学技术出版社,1995.9.—283页;13cm
ISBN 7-5357-0629-0:¥4.00

I269.7　　029794
新编大众对联/刘金亮编.—福州:福建科学技术出版社,1995.1.—130页;19cm
ISBN 7-5335-0867-X:¥3.80

I269.7　　029795
行业对联三千副/赵金光,李喜声选编.—3版.—北京:金盾出版社,1995.7.—194页;19cm
ISBN 7-5082-0064-0:¥3.90

I269.7　　029796
中国军旅对联/黄炳富编著.—济南:黄河出版社,1995.12.—185页;19cm
ISBN 7-80558-511-3:¥5.50

I269.7　　029797
中华实用对联/炜评编著.—西安:三秦出版社,1995.12.—350页;19cm
ISBN 7-80546-682-3:¥13.80

I27 民间文学

I276　　029798
永明女书/杨仁里等编译.—长沙:岳麓书社,1995.5.—128页;20cm
ISBN 7-80520-560-4:¥6.50

I276.297.2　　029799
侗耶/杨锡光,杨锡采录译注.—长沙:岳麓书社,1995.8.—148页;20cm.—(中国少数民族古籍侗族古籍;4)
ISBN 7-80520-559-0:¥7.00

I276.3　　029800
包公故事大观/童叟编著.—西安:陕西人民出版社,1995.3.—597页;19cm.—(中国古代传奇故事纵览丛书;1)
ISBN 7-224-02987-4:¥12.60

I276.3　　029801
黄河传说故事/申法海编著.—北京:人民体育出版社,1995.1.—242页;19cm
ISBN 7-5009-1024-X:¥7.00

I276.3　　029802
临水夫人陈靖姑/翁惠文主编;《临水夫人陈靖姑》编委会编.—福州:海峡文艺出版社,1995.6.—138页;19cm
ISBN 7-80534-764-6:¥4.50

I276.3　　029803
中国豪侠故事大观/王毅等编撰.—武汉:华中理工大学出版社,1995.4.—395页;20cm.—(中国故事大观丛书/王毅,盛瑞裕主编)
ISBN 7-5609-1075-0:¥11.50

I276.3　　029804
注音·注解·今释·插图神话传说三百篇/么书仪选注;孙月强等插图.—大连:大连出版社,1995.1.—601页;19cm.—(青少年古典文学修养丛书)
ISBN 7-80612-054-8:¥12.00

I276.4　　029805
汉魏六朝劝戒寓言/叶祖帅选注.—广州:新世纪出版社,1995.2.—193页;19cm.—(中国寓言精选 /陈新璋主编)
ISBN 7-5405-0739-X:¥5.00

I276.4　　029806
唐宋讽刺寓言/陈咏红选编.—广州:新世纪出版社,1995.2.—185页;19cm.—(中国寓言精选/陈新璋主编)
ISBN 7-5405-0737-3:¥4.80

I276.4　029807
先秦哲理寓言/庄立英选编.—广州:新世纪出版社,1995.3.—224页;19cm.—(中国寓言精选/陈新璋主编)
ISBN 7-5405-0567-2:¥5.60

I276.4　029808
幼学寓言100篇/留文,段玉梅编著.—北京:中国书店,1995.6.—208页;19cm
ISBN 7-80568-665-3:¥4.00

I276.4　029809
元明清诙谐寓言/文斌选注.—广州:新世纪出版社,1995.2.—227页;19cm.—(中国寓言精选/陈新璋主编)
ISBN 7-5405-0738-1:¥5.80

I276.8　029810
中国笑话大观/王利器,王贞珉选编.—北京:北京出版社,1995.1.—952页;20cm
ISBN 7-200-02382-5(精装):¥24.00

I276.8　029811
中国笑话大观/王利器,王贞珉选编.—北京:北京出版社,1995.1.—952页;20cm
ISBN 7-200-02381-7:¥20.00

I276.8　029812
中国笑林博览/唐子恒等编译.—济南:山东大学出版社,1995.8.—667页;20cm
ISBN 7-5607-1435-8(精装):¥22.00

I277　029813
三峡民间文学集粹:故事·歌谣·谚语/彭万廷,屈定富主编.—北京:中国三峡出版社,1995.12.—3册;19cm
ISBN 7-80099-120-2:¥38.00

I277　029814
土默川风情:内蒙古西部民间文学/金保年著.—呼和浩特:内蒙古人民出版社,1995.7.—224页;19cm
ISBN 7-204-02810-4:¥10.80

I277.2　029815
中华民族故事大系　第四卷/乌丙安等主编;《中华民族故事大系》编委会编.—上海:上海文艺出版社,1995.12.—933页:彩照;20cm
ISBN 7-5321-1361-2(精装):¥35.30

I277.252.3　029816
淄博歌谣卷/张文主编.—济南:山东文艺出版社,1995.8.—527页;20cm.—(山东民间文学系列丛书)
ISBN 7-5329-1265-5:¥17.20

I277.275　029817
中国民间文学三套集成地区卷:山南民间歌谣集成第一册/山南地区民族文化遗产抢救领导小组办公室,山南地区民间文学三套集成总编委员会搜集、整理.—拉萨:西藏人民出版社,1995.2.—398页:照片;20cm
ISBN 7-223-00793-1:¥8.50

①I277.295.5②J642.2　029818
佤山歌声/高立旗执编;中共西盟佤族自治县委员会,西盟佤族自治县人民政府组编.—昆明:云南人民出版社,1995.3.—2册;19cm
本书上册为歌谣,下册为歌曲。
ISBN 7-222-01733-X:¥8.00

I277.295.7　029819
纳西族民歌译注/和志武著.—昆明:云南人民出版社,1995.6.—446页;19cm
ISBN 7-222-01770-4:¥12.90

I277.298.3　029820
闽东畲族歌谣集成/蔡文青主编;宁德地区民间文学集成编委会编.—福州:海峡文艺出版社,1995.1.—393页;19cm
ISBN 7-80534-805-7:¥13.30

I277.3　029821
阿凡提的故事/赵世杰译.—2版.—乌鲁木齐:新疆人民出版社,1995.7.—160页;19cm
ISBN 7-228-03543-7:¥6.80

I277.3　029822
八仙人物的传说/刘锡诚主编;萧蓉,逢之编.—石家庄:花山文艺出版社,1995.4.—302页;19cm.—(中国民间信仰传说丛书)
ISBN 7-80611-250-2:¥9.00

I277.3　029823
长江传说故事/郝尚勤编写.—西安:陕西人民教育出版社,1995.9.—100页;19cm
ISBN 7-5419-5759-3:¥3.20

I277.3　029824
道教神仙故事/袁志鸿编著.—北京:华夏出版社,1995.5.—267页;20cm
ISBN 7-5080-0676-3:¥8.80

I277.3　029825
敦煌壁画故事　(1)/段文杰主编;敦煌研究院,甘肃少年儿童出版社编.—兰州:甘肃少年儿童出版社,1995.3.—141页;20cm
ISBN 7-5422-1008-4:¥5.00

I277.3　029826
敦煌壁画故事　(2)/段文杰主编;敦煌研究院,甘肃少年儿童出版社编.—兰州:甘肃少年儿童出版社,1995.3.—126页;20cm
ISBN 7-5422-1007-6:¥5.00

I277.3　029827
敦煌壁画故事　(3)/敦煌研究院,甘肃少年儿童出版社编.—兰州:甘肃少年儿童出版社,1995.3.—126页;20cm
ISBN 7-5422-1009-2:¥5.00

I277.3　029828
敦煌壁画故事　(4)/段文杰主编;敦煌研究院,甘肃少年儿童出版社编.—兰州:甘肃少年儿童出版社,1995.3.—126页;20cm
ISBN 7-5422-1010-6:¥5.00

I277.3　029829
敦煌壁画故事　(5)/段文杰主编;敦煌研究院,甘肃少年儿童出版社编.—兰州:甘肃少年儿童出版社,1995.3.—126页;20cm
ISBN 7-5422-1006-8:¥5.00

I277.3 029830
敦煌壁画故事 第四辑/敦煌研究院编.—南京:江苏古籍出版社,1995.2.—138页:彩图;20cm
ISBN 7-80519-616-8:¥0.00

I277.3 029831
凤凰帽的故事:民俗传说故事精选/李凤智,杨月华编著;高峰绘.—济南:明天出版社,1995.4.—154页;20cm.—(全国小学生课外丛书/李仲汉主编)
全套书共120册,总定价:385.00元
ISBN 7-5332-2142-7:¥0.00

I277.3 029832
关公的民间传说/刘锡诚主编;马昌仪编.—石家庄:花山文艺出版社,1995.4.—489页;19cm.—(中国民间信仰传说丛书)
ISBN 7-80611-254-5:¥14.00

I277.3 029833
观音的传说/刘锡诚主编;长生编.—石家庄:花山文艺出版社,1995.4.—292页;19cm.—(中国民间信仰传说丛书)
ISBN 7-80611-251-0:¥9.00

I277.3 029834
济公故事大全/李灯台,梁忠信编写.—西安:陕西人民出版社,1995.3.—459页;19cm.—(中国古代传奇故事纵览丛书;3)
ISBN 7-224-02985-8:¥10.00

I277.3 029835
考婚/黎珊编著.—郑州:中原农民出版社,1995.9.—217页;19cm.—(中国民俗故事文库)
ISBN 7-80538-783-4:¥6.80

I277.3 029836
烂柯山的传说:新安县艺文志/任国栋搜集;刘勤华等整理.—郑州:中州古籍出版社,1995.5.—224页;20cm.—(河南民间文学地方丛书)
ISBN 7-5348-1364-6:¥7.80

I277.3 029837
罗浮传说/苏方桂整理.—广州:广东旅游出版社,1995.8.—163页;19cm
ISBN 7-80521-439-5:¥7.20

I277.3 029838
门神人物的传说/刘锡诚主编;刘晓路编.—石家庄:花山文艺出版社,1995.4.—393页;19cm.—(中国民间信仰传说丛书)
ISBN 7-80611-255-3:¥10.00

I277.3 029839
名人故事/樊兆阳主编.—海口:南海出版公司,1995.7.—309页;19cm.—(中国民间文学丛书)
ISBN 7-5442-0176-7:¥12.00

I277.3 029840
木兰山·湖和将军们的传说/周大望编.—2版.—武汉:湖北人民出版社,1995.5.—123页;19cm.—(爱国主义教育辅助读物)
ISBN 7-216-01688-2:¥4.80

I277.3 029841
南澳岛传奇/林俊聪著.—广州:广东高等教育出版社,1995.5.—509页;19cm.—(文化走廊丛书)
ISBN 7-5361-1566-0:¥14.00

I277.3 029842
娘子关古今传奇/孙祥栋著.—太原:山西古籍出版社,1995.7.—301页;19cm
ISBN 7-80598-075-6:¥13.50

I277.3 029843
扭计师爷陈梦吉/陈一峰著.—广州:岭南美术出版社,1995.12.—216页;19cm
ISBN 7-5362-1306-9:¥6.98

I277.3 029844
秦淮风俗/高安宁编.—南京:南京出版社,1995.9.—242页;19cm.—(漫话秦淮丛书/庄小军,黄元春主编)
ISBN 7-80614-169-3:¥24.00

I277.3 029845
热土/王人秋著.—芒市:德宏民族出版社,1995.12.—108页;19cm
ISBN 7-80525-275-0:¥7.80

I277.3 029846
人祖传说故事/杨复竣著.—2版.—郑州:海燕出版社,1995.3.—150页;20cm
ISBN 7-5350-0029-0:¥3.40

I277.3 029847
傻妇/黎珊编著.—郑州:中原农民出版社,1995.9.—218页;19cm.—(中国民俗故事文库)
ISBN 7-80538-783-4:¥6.80

I277.3 029848
审槐/黎珊编著.—郑州:中原农民出版社,1995.9.—219页;19cm.—(中国民俗故事文库)
ISBN 7-80538-783-4:¥6.80

I277.3 029849
泰山典故与传说/李京泰编著.—济南:山东友谊出版社,1995.12.—96页;19cm
ISBN 7-80551-712-6:¥4.00

I277.3 029850
桃花岛传说/郑祝顺著.—北京:当代中国出版社,1995.12.—143页;19cm
ISBN 7-80092-474-2:¥12.00

I277.3 029851
芜湖县地名传奇/薛良椿主编.—合肥:安徽人民出版社,1995.12.—208页;20cm
ISBN 7-212-01233-5:¥8.50

I277.3 029852
新聊斋故事/浩文搜集整理.—乌鲁木齐:新疆美术摄影出版社,1995.12.—3册;26cm
ISBN 7-80547-353-6:¥13.80

I277.3 029853
寻甸民族民间故事集/马开尧主编;寻甸回族彝族自治县县志编纂委员会办公室编.—昆明:云南民族出版社,1995.9.—217页;20cm
ISBN 7-5367-1071-2:¥7.50

I277.3 029854
烟台旅游故事/于秉杰主编.—北京:中国旅游出版

社,1995.3.—291页;20cm

ISBN 7-5032-0949-6:¥5.80

I277.3 029855

野汉/黎珊编著.—郑州:中原农民出版社,1995.9.—219页;19cm.—(中国民俗故事文库)

ISBN 7-80538-783-4:¥6.80

I277.3 029856

玉皇大帝的传说/刘锡诚主编;陈建宪编.—石家庄:花山文艺出版社,1995.4.—479页;19cm.—(中国民间信仰传说丛书)

ISBN 7-80611-252-9:¥12.00

I277.3 029857

灶王爷的传说/刘锡诚主编;刘锡诚编.—石家庄:花山文艺出版社,1995.4.—289页;19cm.—(中国民间信仰传说丛书)

ISBN 7-80611-253-7:¥9.00

I277.3 029858

中国民间童话精华/宁锐主编.—西安:未来出版社,1995.8.—570页:彩图;20cm

ISBN 7-5417-1057-1(精装):¥24.00

I277.3 029859

中国丝绸之路著名景物故事系列:民俗故事卷/胡沙主编.—兰州:甘肃人民出版社,1995.2.—375页;20cm

ISBN 7-226-01519-6(精装):¥15.50

I277.3 029860

中国丝绸之路著名景物故事系列:名产故事卷/胡沙主编.—兰州:甘肃人民出版社,1995.2.—222页;20cm

ISBN 7-226-01520-X(精装):¥11.20

I277.3 029861

中国丝绸之路著名景物故事系列:名城故事卷/胡沙主编.—兰州:甘肃人民出版社,1995.2.—362页;20cm

ISBN 7-226-01518-8(精装):¥15.00

I277.3 029862

中国丝绸之路著名景物故事系列:名关故事卷/胡沙主编.—兰州:甘肃人民出版社,1995.2.—112页:照片;20cm

ISBN 7-226-01450-5(精装):¥8.20

I277.3 029863

中国丝绸之路著名景物故事系列:名窟故事卷/胡沙主编.—兰州:甘肃人民出版社,1995.2.—75页:照片;20cm

ISBN 7-226-01451-3(精装):¥7.20

I277.3 029864

中国丝绸之路著名景物故事系列:名人故事卷/胡沙主编.—兰州:甘肃人民出版社,1995.2.—407页:照片;20cm

ISBN 7-226-01459-9(精装):¥16.50

I277.3 029865

中国丝绸之路著名景物故事系列:名山故事卷/胡沙主编.—兰州:甘肃人民出版社,1995.2.—342页;20cm

ISBN 7-226-01522-6(精装):¥14.50

I277.3 029866

中国丝绸之路著名景物故事系列:名食故事卷/胡沙主编.—兰州:甘肃人民出版社,1995.2.—130页:照片;20cm

ISBN 7-226-01449-1(精装):¥9.00

I277.3 029867

中国丝绸之路著名景物故事系列:名水故事卷/胡沙主编.—兰州:甘肃人民出版社,1995.2.—164页;20cm

ISBN 7-226-01521-8(精装):¥9.70

I277.3 029868

中国丝绸之路著名景物故事系列:名塔故事卷/胡沙主编.—兰州:甘肃人民出版社,1995.2.—258页:照片;20cm

ISBN 7-226-01458-0(精装):¥12.50

I277.3 029869

中华民族故事大系　第九卷/祖岱年等主编;《中华民族故事大系》编委会编.—上海:上海文艺出版社,1995.12.—1001页:照片;20cm

ISBN 7-5321-1352-3(精装):¥37.30

I277.3 029870

中华民族故事大系　第六卷/刘辉豪等主编;《中华民族故事大系》编委会编.—上海:上海文艺出版社,1995.12.—933页:彩照;20cm

ISBN 7-5321-1356-6(精装):¥35.30

I277.3 029871

中华民族故事大系　第七卷/祝发清等主编;《中华民族故事大系》编委会编.—上海:上海文艺出版社,1995.12.—986页:彩照;20cm

ISBN 7-5321-1353-1(精装):¥36.90

I277.3 029872

中华民族故事大系　第十二卷/岩温扁等主编;《中华民族故事大系》编委会编.—上海:上海文艺出版社,1995.12.—846页:照片;20cm

ISBN 7-5321-1363-9(精装):¥33.00

I277.3 029873

中华民族故事大系　第十卷/鸥鹍渤等主编;《中华民族故事大系》编委会编.—上海:上海文艺出版社,1995.12.—911页:彩照;20cm

ISBN 7-5321-1370-1(精装):¥34.80

I277.3 029874

中华民族故事大系　第十六卷/王士媛等主编;《中华民族故事大系》编委会编.—上海:上海文艺出版社,1995.12.—988页:彩照;20cm

ISBN 7-5321-1354-X(精装):¥37.00

I277.3 029875

中华民族故事大系　第十三卷/田金海等主编;《中华民族故事大系》编委会编.—上海:上海文艺出版社,1995.12.—959页:照片;20cm

ISBN 7-5321-1374-4(精装):¥36.10

I277.3 029876

中华民族故事大系　第十五卷/刘辉豪等主编;《中华民族故事大系》编委会编.—上海:上海文艺出版社,1995.12.—1061页:彩照;20cm

ISBN 7-5321-1366-3(精装):¥38.80

I277.3 029877

中华民族故事大系　第十一卷/孟志东等主编;《中华民族故事大系》编委会编.—上海:上海文艺出版社,

1995.12.—986页:彩照;20cm

ISBN 7-5321-1358-2(精装):¥36.90

I277.3 029878

中华民族故事大系 第五卷/苏胜兴等主编;《中华民族故事大系》编委会编.—上海:上海文艺出版社,1995.12.—979页:彩照;20cm

ISBN 7-5321-1365-5(精装):¥36.60

①I277.3②K892.24 029879

艺术的功能:民间工艺美术及传统文化研究/韦兴儒著.—贵阳:贵州人民出版社,1995.12.—157页;20cm

ISBN 7-221-03998-4:¥4.90

I277.4 029880

当代寓言/邝金鼻选编.—广州:新世纪出版社,1995.2.—239页;19cm.—(中国寓言精选/陈新璋主编)

ISBN 7-5405-0735-7:¥6.20

I277.4 029881

现代寓言/邝金鼻选编.—广州:新世纪出版社,1995.2.—263页;19cm.—(中国寓言精选/陈新璋主编)

ISBN 7-5405-0736-5:¥6.50

I277.4 029882

亦索寓言/刘亦索著.—北京:农村读物出版社,1995.6.—306页:插图;19cm

ISBN 7-5048-2626-X(精装):¥19.00

I277.4-61 029883

配图寓言词典/孙锡信编文;黄培中等绘.—上海:上海辞书出版社,1995.4.—298页;19cm.—(配图系列)

ISBN 7-5326-0354-7:¥8.90

I277.5 029884

中国精怪故事/车锡伦,孙叔瀛编.—上海:上海文艺出版社,1995.1.—1068页;20cm

ISBN 7-5321-1225-X(精装):¥32.00

I277.7 029885

新编学生谚语大全/张宝珊选编 .—杭州:杭州大学出版社,1995.5.—433页;20cm

ISBN 7-81035-776-X:¥9.00

I277.7 029886

谚语精品屋/谢世萍编.—大连:辽宁师范大学出版社,1995.1.—184页;19cm.—(糖葫芦书架丛书系列/滕毓旭,车培晶主编)

ISBN 7-81042-055-0:¥5.00

I277.7 029887

玉溪谚语:云南民间文学集成/崎松主编.—昆明:云南美术出版社,1995.10.—175页;20cm.—(玉溪地区民间文学集成丛书)

ISBN 7-80586-220-6:¥8.00

I277.7 029888

中国民间谚语/嘉乐编.—广州:广东旅游出版社,1995.9.—234页;19cm

ISBN 7-80521-589-8:¥7.80

I277.8 029889

"请君入瓮"的计谋/景波编.—成都:四川人民出版社,1995.9.—180页;19cm.—(幽默5分钟·诡辩幽默/瓜田主编)

ISBN 7-220-02855-5:¥5.80

I277.8 029890

"歪"的智慧——苦乐定律/彼得编.—成都:四川人民出版社,1995.8.—175页;19cm

全套3册,总定价:19.50元

ISBN 7-220-02968-3:¥0.00

I277.8 029891

"歪"的智慧——谋略手册/彼得编.—成都:四川人民出版社,1995.8.—172页;19cm

全套3册,总定价:19.50元

ISBN 7-220-02968-3:¥0.00

I277.8 029892

"歪"的智慧——情爱原理/彼得编.—成都:四川人民出版社,1995.8.—174页;19cm

全套3册,总定价:19.50元

ISBN 7-220-02968-3:¥0.00

I277.8 029893

阿凡提笑话故事精粹/赵世杰编译.—乌鲁木齐:新疆青少年出版社,1995.5.—399页;20cm

ISBN 7-5371-2039-0:¥13.80

I277.8 029894

阿凡提幽默/吴泽清著.—北京:中国世界语出版社,1995.9.—272页;20cm

ISBN 7-5052-0270-7(精装):¥31.80

I277.8 029895

阿凡提幽默/吴泽清著.—北京:中国世界语出版社,1995.9.—272页;20cm

ISBN 7-5052-0267-7:¥13.80

I277.8 029896

猜谜学成语/思莹编.—海口:海南摄影美术出版社,1995.4.—8册;13cm

ISBN 7-80571-858-X:¥16.00

I277.8 029897

吹牛的学问/西湖櫓编.—成都:四川人民出版社,1995.9.—163页;19cm.—(幽默5分钟·夸张幽默/瓜田主编)

ISBN 7-220-02855-5:¥5.80

I277.8 029898

词谜三百韵/马中良编著.—长沙:湖南文艺出版社,1995.3.—135页;19cm

ISBN 7-5404-1345-X:¥3.70

I277.8 029899

聪明的阿凡提:幽默故事250则/吴治编著.—乌鲁木齐:新疆美术摄影出版社,1995.2.—217页;20cm

ISBN 7-80547-129-0:¥6.00

I277.8 029900

大众幽默/晓畅编.—北京:东方出版社,1995.7.—173页;19cm.—(生活幽默系列/李保华主编)

ISBN 7-5060-0608-1:¥8.00

I277.8 029901

大嘴和小抠儿/罗博编.—成都:四川人民出版社,1995.9.—179页;19cm.—(幽默5分钟·贪欲幽默/瓜田主编)

ISBN 7－220－02855－5：¥5.80

I277.8　　029902

高级笑话/流沙河等著.—成都：四川文艺出版社，1995.2.—264页；19cm.—（皇冠书库·幽默系列）

ISBN 7－5411－1274－7：¥6.80

I277.8　　029903

广播幽默：全国广播幽默作品比赛精选/张农，张连城主编.—北京：中国广播电视出版社，1995.11.—191页；19cm

ISBN 7－5043－2802－2：¥6.80

I277.8　　029904

滑稽故事/《故事会》编辑部编.—上海：上海文艺出版社，1995.7.—184页；19cm.—（故事会爱好者丛书/何承伟主编）

ISBN 7－5321－1289－6：¥4.50

I277.8　　029905

军人幽默/李爱华编.—北京：东方出版社，1995.7.—156页；19cm.—（生活幽默系列/李保华主编）

ISBN 7－5060－0616－2：¥8.00

I277.8　　029906

没傻透的"人精儿"/秋子编.—成都：四川人民出版社，1995.9.—178页；19cm.—（幽默5分钟·愚蠢幽默/瓜田主编）

ISBN 7－220－02855－5：¥5.80

I277.8　　029907

谜语故事110则/卢少华选编.—北京：金盾出版社，1995.11.—149页；19cm.—（旅途文化小丛书）

ISBN 7－5082－0104－3：¥5.00

I277.8　　029908

谜语金库/江更生编.—上海：上海远东出版社，1995.10.—297页；20cm

ISBN 7－80613－117－5：¥12.80

I277.8　　029909

民间谜语及猜谜方法/谢飞编著.—太原：山西古籍出版社，1995.7.—482页；19cm

ISBN 7－80598－077－2：¥12.80

I277.8　　029910

民间笑话故事精萃/刘永龙，苏从林编.—北京：国际文化出版公司，1995.5.—2册；26cm

ISBN 7－80105－235－8：¥7.90

I277.8　　029911

男人＋女人＝一台好戏/司空编.—成都：四川人民出版社，1995.9.—180页；19cm.—（幽默5分钟·婚恋幽默/瓜田主编）

ISBN 7－220－02855－5：¥5.80

I277.8　　029912

情人幽默/晓畅编.—北京：东方出版社，1995.7.—191页；19cm.—（生活幽默系列/李保华主编）

ISBN 7－5060－0594－8：¥10.00

I277.8　　029913

趣味谜语/戴鸿杰编著.—大连：辽宁师范大学出版社，1995.1.—184页；19cm.—（糖葫芦书架丛书系列/滕毓旭，车培晶主编）

ISBN 7－81042－055－0：¥5.00

I277.8　　029914

趣味谜语1001/马耳齿，马洋主编.—北京：中国青年出版社，1995.4.—462页；19cm.—（1001系列）

ISBN 7－5006－1736－4：¥12.00

I277.8　　029915

商人幽默/李保华编.—北京：东方出版社，1995.7.—170页；19cm.—（生活幽默系列/李保华主编）

ISBN 7－5060－0617－0：¥8.00

I277.8　　029916

世界名人幽默　第二集/龙森，杨扬编著.—哈尔滨：黑龙江少年儿童出版社，1995.5.—128页；19cm

ISBN 7－5319－1274－0：¥3.70

I277.8　　029917

世界名人幽默　第三集/龙森，杨扬编著.—哈尔滨：黑龙江少年儿童出版社，1995.8.—202页；19cm

ISBN 7－5319－1275－9：¥5.30

I277.8　　029918

世界名人幽默　第一集/汉银等编.—哈尔滨：黑龙江少年儿童出版社，1995.8.—92页；19cm

ISBN 7－5319－1273－2：¥2.80

I277.8　　029919

玩谜语破奇案　(1)/思莹编.—海口：海南摄影美术出版社，1995.3.—83页；19cm.—（猜谜系列）

全套8册，总定价：24.00元

ISBN 7－80571－741－9：¥0.00

I277.8　　029920

玩谜语破奇案　(2)/思莹编.—海口：海南摄影美术出版社，1995.3.—83页；19cm.—（猜谜系列）

全套8册，总定价：24.00元

ISBN 7－80571－741－9：¥0.00

I277.8　　029921

玩谜语破奇案　(3)/思莹编.—海口：海南摄影美术出版社，1995.3.—83页；19cm.—（猜谜系列）

全套8册，总定价：24.00元

ISBN 7－80571－741－9：¥0.00

I277.8　　029922

玩谜语破奇案　(4)/思莹编.—海口：海南摄影美术出版社，1995.3.—83页；19cm.—（猜谜系列）

全套8册，总定价：24.00元

ISBN 7－80571－741－9：¥0.00

I277.8　　029923

玩谜语破奇案　(5)/思莹编.—海口：海南摄影美术出版社，1995.3.—83页；19cm.—（猜谜系列）

全套8册，总定价：24.00元

ISBN 7－80571－741－9：¥0.00

I277.8　　029924

玩谜语破奇案　(6)/思莹编.—海口：海南摄影美术出版社，1995.3.—83页；19cm.—（猜谜系列）

全套8册，总定价：24.00元

ISBN 7－80571－741－9：¥0.00

I277.8　　029925

玩谜语破奇案　(7)/思莹编.—海口：海南摄影美术出版社，1995.3.—83页；19cm.—（猜谜系列）

全套8册，总定价：24.00元

ISBN 7-80571-741-9:￥0.00

I277.8 029926

玩谜语破奇案 (8)/思莹编.—海口:海南摄影美术出版社,1995.3.—83页;19cm.—(猜谜系列)

全套8册,总定价:24.00元

ISBN 7-80571-741-9:￥0.00

I277.8 029927

文人幽默/王广平,王政挺编.—北京:东方出版社,1995.7.—155页;19cm.—(生活幽默系列/李保华主编)

ISBN 7-5060-0607-3:￥8.00

I277.8 029928

小品笑话300篇/段金林著.—沈阳:白山出版社,1995.12.—206页;19cm

ISBN 7-80566-452-8:￥6.90

I277.8 029929

校园幽默/晓畅编.—北京:东方出版社,1995.7.—270页;19cm.—(生活幽默系列/李保华主编)

ISBN 7-5060-0597-2:￥10.00

I277.8 029930

笑不笑由你:笑话精品集/高洁主编.—北京:中国人事出版社,1995.1.—176页;19cm

ISBN 7-80076-679-9:￥5.80

I277.8 029931

笑典/晁岳佩编著 .—济南:山东人民出版社,1995.8.—691页;20cm

ISBN 7-209-01737-2:￥26.00

I277.8 029932

笑话大王:现代笑话/林阳等编文;李小平等绘.—武汉:湖北少年儿童出版社,1995.8.—90页;17×19cm

ISBN 7-5353-1552-6:￥6.30

I277.8 029933

笑话精品屋/田之章编著.—北京:光明日报出版社,1995.1.—225页;19cm

ISBN 7-80091-483-6:￥6.90

I277.8 029934

笑话新编/王金华等编著.—天津:百花文艺出版社,1995.11.—97页;19cm

ISBN 7-5306-1980-2:￥3.50

I277.8 029935

笑口常开 (二)/喜欣编.—广州:广东旅游出版社,1995.1.—214页;19cm

ISBN 7-80521-556-1:￥5.50

I277.8 029936

新编大众谜语/骆仲敏编著.—福州:福建科学技术出版社,1995.9.—171页;19cm

ISBN 7-5335-0939-0:￥5.40

I277.8 029937

新编谜语大全/熊辉编著 .—武汉:武汉出版社,1995.12.—249页;19cm

ISBN 7-5430-1451-3:￥7.50

I277.8 029938

一千零一夜新谜语/郭颖编.—海口:南海出版公司,1995.5.—152页;19cm

ISBN 7-5442-0253-4:￥4.20

I277.8 029939

应急巧变 (1):应急应变/李玉鹏等编著;杨亿绘.—哈尔滨:东北林业大学出版社,1995.5.—90页;19cm

ISBN 7-81008-529-8:￥2.80

I277.8 029940

应急巧变 (2):智谋脱险/李玉鹏等编著;杨亿绘.—哈尔滨:东北林业大学出版社,1995.5.—90页;19cm

ISBN 7-81008-529-8:￥2.80

I277.8 029941

应急巧变 (3):摆脱尴尬/李玉鹏等编著;杨亿绘.—哈尔滨:东北林业大学出版社,1995.5.—90页;19cm

ISBN 7-81008-529-8:￥2.80

I277.8 029942

应急巧变 (4):巧思妙想/李玉鹏等编著;杨亿绘.—哈尔滨:东北林业大学出版社,1995.5.—90页;19cm

ISBN 7-81008-529-8:￥2.80

I277.8 029943

幽默大师:开心一刻(A)/宇森主编.—北京:华艺出版社,1995.9.—58页;26cm

全套共2册,总定价:8.60元

ISBN 7-80039-949-4:￥0.00

I277.8 029944

幽默大师:开心一刻(B)/宇森主编.—北京:华艺出版社,1995.9.—58页;26cm

全套共2册,总定价:8.60元

ISBN 7-80039-949-4:￥0.00

I277.8 029945

幽默可乐/贺俏编.—大连:辽宁师范大学出版社,1995.1.—184页;19cm.—(糖葫芦书架丛书系列/滕毓旭,车培晶主编)

ISBN 7-81042-055-0:￥5.00

I277.8 029946

幽默谜语/小杏等编.—北京:华文出版社,1995.9.—309页;19cm.—(幽默人生丛书/黎裕斌,魏明炎主编)

ISBN 7-5075-0458-1:￥10.00

I277.8 029947

幽默三十六计/张瑞君,贺建华编.—太原:北岳文艺出版社,1995.2.—256页;19cm

ISBN 7-5378-1464-3:￥7.80

I277.8 029948

智者的玩笑/冬郭编.—成都:四川人民出版社,1995.9.—180页;19cm.—(幽默5分钟·机智幽默/瓜田主编)

ISBN 7-220-02855-5:￥5.80

I277.8 029949

中国烟名谜/沈鸿章著.—沈阳:辽宁科学技术出版社,1995.10.—214页;19cm

ISBN 7-5381-2268-0:￥8.00

I277.8　029950
中国幽默大王/张秋生主编.—上海:上海远东出版社,1995.9.—532页;20cm
ISBN 7-80613-139-6(精装):¥15.00

I277.8　029951
字谜游乐园/张长春,田鸿牛.—西安:西安交通大学出版社,1995.2.—132页;17×9cm
ISBN 7-5605-0701-8:¥4.20

I277.8　029952
噗嗤一笑/陈顺增编著.—北京:农村读物出版社,1995.12.—119页;19cm
ISBN 7-5048-1768-1:¥7.00

I277.8-62　029953
灯谜入门日读手册/李泰和编.—乌鲁木齐:新疆青少年出版社,1995.11.—366页;13cm
ISBN 7-5371-2086-2:¥5.40

I28 儿童文学

I28　029954
世界华文儿童文学选/吴珹主编.—石家庄:河北少年儿童出版社,1995.10.—897页;20cm
ISBN 7-5376-1375-3(精装):¥29.00

I286.2　029955
儿童看图学古诗/韩陆编;景晖绘.—兰州:甘肃人民美术出版社,1995.9.—46页;17×19cm.—(宝宝启蒙成才丛书)
ISBN 7-80588-095-6:¥3.80

I286.2　029956
儿童看图学唐诗/韩陆编;申幼伽绘.—兰州:甘肃人民美术出版社,1995.9.—46页;17×19cm.—(宝宝启蒙成才丛书)
ISBN 7-80588-094-8:¥3.80

I286.2　029957
绘画本少儿诗一百首/孙鸿钧,孙开佐编写;黄耕渔绘.—南京:江苏教育出版社,1995.8.—203页;19cm
ISBN 7-5343-2350-9:¥4.25

I286.2　029958
千古童谣/谷斯涌编.—北京:华夏出版社,1995.10.—139页;19cm.—(华夏古典文学千古精品选粹/邓加荣主编)
ISBN 7-5080-0887-1:¥5.60

I286.2-61　029959
彩图儿童唐宋词词典/陈崎等编;张培础等绘.—上海:汉语大词典出版社,1995.12.—163页;17×19cm
ISBN 7-5432-0180-1(精装):¥15.00

I286.3　029960
孩子剧团抗战儿童剧佳作选/陈模,曹大庆编.—上海:少年儿童出版社,1995.11.—317页;19cm
ISBN 7-5324-2644-0:¥9.15

I286.5　029961
中外探险故事大观/范汜等著.—上海:少年儿童出版社,1995.1.—644页:彩图;20cm
ISBN 7-5324-2474-X(精装):¥19.20

I287　029962
笨老鼠和自鸣钟/陈伯吹著.—修订版.—合肥:安徽少年儿童出版社,1995.12.—86页;19cm.—(中国著名作家幼儿文学作品选)
ISBN 7-5397-1204-X:¥3.50

I287　029963
彩图注音儿歌精萃/张静等编;陈泽新等绘.—福州:福建少年儿童出版社,1995.5.—71页;17×19cm
ISBN 7-5395-1111-7:¥6.50

I287　029964
第三届冰心儿童图书新作奖:获奖作品集/浙江少年儿童出版社编.—杭州:浙江少年儿童出版社,1995.8.—317页;20cm
ISBN 7-5342-1337-1(精装):¥9.80

I287　029965
龚泽华儿童文学作品选/龚泽华著.—杭州:浙江少年儿童出版社,1995.9.—293页;20cm
ISBN 7-5342-1310-X:¥8.80

I287　029966
河南儿童文学大系:散文卷/张明武,张中义主编,晨鹰编.—郑州:海燕出版社,1995.5.—406页;20cm
ISBN 7-5350-1041-5(精装):¥12.70

I287　029967
河南儿童文学大系:诗歌卷/张明武,张中义主编;余思静编.—郑州:海燕出版社,1995.5.—316页;20cm
ISBN 7-5350-1040-7(精装):¥10.80

I287　029968
河南儿童文学大系:小说卷/张明武,张中义主编;高明星编.—郑州:海燕出版社,1995.5.—578页;20cm
ISBN 7-5350-1038-5(精装):¥16.00

I287　029969
河南儿童文学大系:综合卷/张明武,张中义主编;张帆编.—郑州:海燕出版社,1995.5.—352页;20cm
ISBN 7-5350-1039-3(精装):¥11.40

I287　029970
回归:陈伯吹儿童文学奖得奖作品集刊(13)/陈伯吹著.—上海:少年儿童出版社,1995.7.—143页;20cm
ISBN 7-5324-2738-2:¥5.50

I287　029971
火狐狸/金波著.—合肥:安徽少年儿童出版社,1995.12.—129页;19cm.—(中国著名作家幼儿文学作品集)
ISBN 7-5397-1193-0:¥4.50

I287　029972
精编父母必备丛书/陈伯吹等主编.—太原:希望出版社,1995.8.—8册;19cm
本套书包括《幼学谜语故事百讲》等8册。
ISBN 7-5379-1670-5:¥35.90

I287　029973
快乐的蒲公英/饶远选编.—广州:岭南美术出版社,1995.12.—391页;20cm.—(粤北文学丛书·第一辑,儿童文学卷)
全套5册,总定价:105.00元

ISBN 7-5362-1307-7:￥0.00

I287 029974

快乐的小鸡/杲向真著.—修订版.—合肥:安徽少年儿童出版社,1995.12.—75页;19cm.—(中国著名作家幼儿文学作品集)

ISBN 7-5397-1214-7:￥3.00

I287 029975

老虎的弟弟/鲁兵著.—修订版.—合肥:安徽少年儿童出版社,1995.12.—111页;19cm.—(中国著名作家幼儿文学作品集)

ISBN 7-5397-1205-8:￥4.00

I287 029976

李建树儿童文学作品选/李建树著.—杭州:浙江少年儿童出版社,1995.8.—323页;20cm

ISBN 7-5342-1312-6:￥9.20

I287 029977

木青儿童文学精选/木青著.—天津:百花文艺出版社,1995.2.—570页;20cm

ISBN 7-5306-1945-4:￥18.00

I287 029978

奇奇梦游标点王国/思锐编.—天津:新蕾出版社,1995.6.—199页;19cm

ISBN 7-5307-1584-4:￥6.40

I287 029979

趣味宝葫芦:童话、寓言、故事/佘腾辉主编;李少白等著.—长沙:湖南美术出版社,1995.5.—3册;19cm

ISBN 7-5356-0735-7:￥18.60

I287 029980

绒毛小熊/任溶溶著.—修订版.—合肥:安徽少年儿童出版社,1995.12.—144页;19cm.—(中国著名作家幼儿文学作品集)

ISBN 7-5397-1212-0:￥4.50

I287 029981

小铅笔历险记/贺宜著.—修订版.—合肥:安徽少年儿童出版社,1995.12.—79页;19cm.—(中国著名作家幼儿文学作品集)

ISBN 7-5397-1203-1:￥3.00

I287 029982

小熊拔牙/柯岩著.—修订版.—合肥:安徽少年儿童出版社,1995.12.—85页;19cm.—(中国著名作家幼儿文学作品集)

ISBN 7-5397-1202-3:￥3.50

I287 029983

小学生图书精品库.—南宁:接力出版社,1995.6.—45册;19cm

本套书包括《我爱五星红旗》等45册。

ISBN 7-80581-891-6:￥160.00

I287 029984

音乐故事会:音乐名人名曲故事传说集锦/上海音乐出版社青少年读物编辑室编.—上海:上海音乐出版社,1995.6.—126页;23×19cm.—(多来咪丛书/李丹芬主编)

ISBN 7-80553-538-8:￥8.70

I287 029985

余通化儿童文学作品选/余通化著.—杭州:浙江少年儿童出版社,1995.9.—325页;20cm

ISBN 7-5342-1311-8:￥9.20

I287 029986

中外儿童文学精品文库:中国故事·寓言卷/浦漫汀主编;陶力编.—桂林:广西师范大学出版社,1995.10.—369页;20cm

ISBN 7-5633-2124-1(精装):￥32.00

I287 029987

中外儿童文学精品文库:中国散文·诗歌卷/浦漫汀主编;陶力编.—桂林:广西师范大学出版社,1995.10.—334页;20cm

ISBN 7-5633-2091-1(精装):￥30.00

I287 029988

猪八戒吃西瓜/包蕾著.—修订版.—合肥:安徽少年儿童出版社,1995.12.—79页;19cm.—(中国著名作家幼儿文学作品集)

ISBN 7-5397-1210-4:￥3.00

I287-52 029989

秦牧儿童文学全集/秦牧著.—广州:新世纪出版社,1995.12.—595页:照片;20cm

ISBN 7-5405-1023-4:￥30.00

I287.2 029990

365夜知识儿歌/吴晓宁等主编 .—成都:四川少年儿童出版社,1995.3.—431页;19cm

ISBN 7-5365-1364-X(精装):￥11.20

I287.2 029991

彩图·注音·儿童诗精萃/张芳等编;张汝为等绘.—福州:福建少年儿童出版社 ,1995.5.—71页;17×19cm

ISBN 7-5395-1110-9:￥6.50

I287.2 029992

彩图·注音·童谣精萃/张静,梅梅编;吴鑫华等绘.—福州:福建少年儿童出版社 ,1995.5.—71页;17×19cm

ISBN 7-5395-1109-5:￥6.50

I287.2 029993

传统歌谣百首/毛毛柳编选,丛榕绘.—沈阳:沈阳出版社,1995.12.—101页;17×19cm.—(幼儿画王系列)

ISBN 7-5441-0497-4:￥9.80

I287.2 029994

儿童保健歌谣/董洪芳等编文;刘燕君注音;痴枫,霞光绘.—石家庄:河北美术出版社,1995.4.—2册;14×16cm

ISBN 7-5310-0517-4:￥7.30

I287.2 029995

儿童诗:希望号/艾青等编.—上海:少年儿童出版社,1995.10.—48页;17×19cm

ISBN 7-5324-2929-6:￥2.50

I287.2 029996

古诗配画 6~10/王惠,章林选译;杜炳申等绘.—石家庄:河北美术出版社,1995.10.—5册;17×19cm.—(幼儿知识画库丛书·拼音古诗配画)

ISBN 7-5310-0695-2:￥15.00

I287.2　029997
乖乖猴的笑话/王清秀著.—济南:明天出版社,1995.4.—30页;20cm.—(笑歪嘴的儿歌)
ISBN 7-5332-2236-9:¥2.50

I287.2　029998
乖乖脸:郑春华儿歌集/郑春华,早早编;王晓明绘.—太原:希望出版社,1995.4.—24页;29cm
ISBN 7-5379-1486-9:¥3.00

I287.2　029999
金本童话诗选.—青岛:青岛出版社,1995.2.—157页;17×9cm
ISBN 7-5436-1142-2:¥4.60

I287.2　030000
看图识物儿歌读本/齐敏著;吴带生绘.—济南:明天出版社,1995.1.—4册;17×19cm
适合1~3岁
ISBN 7-5332-2221-0:¥12.00

I287.2　030001
看图学童谣/李扬编;陈畅绘.—武汉:湖北少年儿童出版社,1995.10.—52页;17×19cm.—(新幼学启蒙丛书)
ISBN 7-5353-1588-7:¥7.00

I287.2　030002
老老狼的下场/王清秀著.—济南:明天出版社,1995.4.—30页;20cm.—(笑歪嘴的儿歌)
ISBN 7-5332-2238-5:¥2.50

I287.2　030003
毛毛驴的傻气/王清秀著.—济南:明天出版社,1995.4.—30页;20cm.—(笑歪嘴的儿歌)
ISBN 7-5332-2235-0:¥2.50

I287.2　030004
胖胖猪的趣事/王清秀著.—济南:明天出版社,1995.4.—30页;20cm.—(笑歪嘴的儿歌)
ISBN 7-5332-2240-7:¥2.50

I287.2　030005
苹果囡囡:郑春华儿歌集/郑春华,早早写;郝惠芬,王新民绘.—太原:希望出版社,1995.4.—24页;29cm
ISBN 7-5379-1487-7:¥3.00

I287.2　030006
趣味儿歌百首/毛毛柳编著,徐鹤绘.—沈阳:沈阳出版社,1995.12.—100页;17×19cm.—(幼儿画王系列)
ISBN 7-5441-0484-2:¥9.80

I287.2　030007
绕口令精选百首/毛毛柳编文;尚世勇,邹春艳绘画.—沈阳:沈阳出版社,1995.12.—100页;17×19cm.—(幼儿画王系列)
ISBN 7-5441-0490-7:¥9.80

I287.2　030008
绕口令三百首/过世杰,肖国桢编.—上海:上海文化出版社,1995.10.—163页;19cm
ISBN 7-80511-794-2:¥5.30

I287.2　030009
童谣村/王代红编著.—大连:辽宁师范大学出版社,1995.1.—151页;19cm.—(少儿益智游乐园;5/于颖新主编)
ISBN 7-81042-038-0:¥3.80

I287.2　030010
小喇叭儿歌精选:全文拼音/金波等编文;李可等绘.—南昌:21世纪出版社,1995.4.—1册;17×19cm
ISBN 7-5391-0812-6:¥3.60

I287.2　030011
小鸟的眼睛:儿童意象诗集/李扶阳著.—长沙:湖南少年儿童出版社,1995.8.—115页;19cm
ISBN 7-5358-1046-2:¥3.70

I287.2　030012
小小鼠的丑闻/王清秀著.—济南:明天出版社,1995.4.—30页;20cm.—(笑歪嘴的儿歌)
ISBN 7-5332-2237-7:¥2.50

I287.2　030013
新编儿童诗苑/陆慕松编著.—乌鲁木齐:新疆青少年出版社,1995.10.—263页;19cm
ISBN 7-5371-2081-1:¥8.00

I287.2　030014
有趣的绕口令/吴晓宁选编;朱宝绘.—北京:金盾出版社,1995.2.—1册;17×19cm
ISBN 7-80022-960-2:¥3.00

I287.2　030015
幼读百家宋词/夏俊芝,张黎编.—石家庄:河北少年儿童出版社,1995.7.—112页;20cm.—(幼学启蒙宝库)
ISBN 7-5376-1311-7:¥5.65

I287.2　030016
幼读百家唐诗/白雪,萧云编.—石家庄:河北少年儿童出版社,1995.7.—104页;20cm.—(幼学启蒙宝库)
ISBN 7-5376-1308-7:¥5.40

I287.2　030017
幼读百家童谣/白雨,李梦阳编.—石家庄:河北少年儿童出版社,1995.7.—108页;20cm.—(幼学启蒙宝库)
ISBN 7-5376-1312-5:¥5.50

I287.2　030018
珍藏这份情/饶远著.—广州:新世纪出版社,1995.10.—122页;19cm
ISBN 7-5405-1235-0:¥4.80

I287.2　030019
中国童谣/张秋生选编.—上海:上海教育出版社,1995.12.—192页;19×17cm
ISBN 7-5320-4246-4(精装):¥16.60

I287.2　030020
中华民族传统美德教育丛书　(二)/郭学勤编著.—北京:中国少年儿童出版社,1995.9.—138页;19cm
ISBN 7-5007-2277-X:¥5.20

I287.2　030021
中华民族传统美德教育丛书　(三)/郭学勤编著.—北京:中国少年儿童出版社,1995.9.—154页;19cm
ISBN 7-5007-2278-8:¥5.60

I287.2　030022
中华民族传统美德教育丛书　(四)/郭学勤编著.—

北京:中国少年儿童出版社,1995.9.—156页;19cm
ISBN 7-5007-2279-6:¥5.60

I287.2 030023
中华民族传统美德教育丛书 (一)/郭学勤编著.—北京:中国少年儿童出版社,1995.9.—205页;19cm
ISBN 7-5007-2276-1:¥9.10

I287.2 030024
咪咪熊的洋相/王清秀著.—济南:明天出版社,1995.4.—30页;20cm.—(笑歪嘴的儿歌)
ISBN 7-5332-2239-3:¥2.50

I287.2 030025
馊馊狐的诡计/王清秀著.—济南:明天出版社,1995.4.—30页;20cm.—(笑歪嘴的儿歌)
ISBN 7-5332-2234-2:¥2.50

I287.3 030026
获奖儿童剧本选/安徽少年儿童出版社编.—合肥:安徽少年儿童出版社,1995.5.—198页;19cm.—(小学生精品书库·文化教育类)
ISBN 7-5397-1256-2:¥6.00

I287.3 030027
山东儿童短剧选:1988~1993/高洁,王欣编选.—济南:明天出版社,1995.2.—156页;19cm
ISBN 7-5332-2284-9:¥4.30

I287.3 030028
寻找野人:邱士龙儿童剧创作选/邱士龙著.—上海:上海远东出版社,1995.4.—137页;20cm
ISBN 7-80613-056-X:¥14.00

I287.39 030029
巧巧嘴——儿童趣味绕口令/吕莺,王庆杰编著.—北京:中国书籍出版社,1995.1.—87页;19cm
ISBN 7-5068-0296-1:¥4.50

I287.39 030030
小喇叭绕口令精选:全文拼音/晓号等编文;田俊民等绘.—南昌:21世纪出版社,1995.4.—1册;17×19cm
ISBN 7-5391-0811-8:¥4.50

I287.4 030031
豁耳朵白额狼/王树槐著.—长沙:湖南少年儿童出版社,1995.9.—202页;19cm.—(风铃丛书)
ISBN 7-5358-1050-0:¥5.10

I287.4 030032
秘密行动:杲向真儿童文学作品选/杲向真著.—郑州:海燕出版社,1995.5.—292页;20cm
ISBN 7-5350-1176-4:¥5.30

I287.4 030033
青春风景/玉清著.—上海:少年儿童出版社,1995.8.—267页;19cm
ISBN 7-5324-2844-3:¥10.50

I287.4 030034
台湾儿童小说选/桂文亚,李潼编选.—上海:少年儿童出版社,1995.3.—330页;19cm
ISBN 7-5324-2576-2:¥9.00

I287.4 030035
太阳探险记:科幻小说精选/郑达军选编;陈建设绘.—济南:明天出版社,1995.4.—153页;20cm.—(全国小学生课外丛书/李仲汉主编)
全套书共120册,总定价:385.00元
ISBN 7-5332-2142-7:¥0.00

I287.4 030036
小巷三杰/范锡林著.—上海:少年儿童出版社,1995.12.—147页:插图;19cm.—(巨人丛书)
ISBN 7-5324-2888-5:¥7.30

I287.4 030037
雪魂/邓湘子著.—长沙:湖南少年儿童出版社,1995.9.—212页;19cm.—(风铃丛书)
ISBN 7-5358-1051-9:¥5.40

I287.4 030038
中外儿童文学精品文库:中国科幻小说卷/浦漫汀主编;陶力编.—桂林:广西师范大学出版社,1995.10.—305页;20cm
ISBN 7-5633-2092-X(精装):¥29.00

I287.4 030039
中外儿童文学精品文库:中国小说卷/浦漫汀主编;陶力编.—桂林:广西师范大学出版社,1995.10.—313页;20cm
ISBN 7-5633-2127-6(精装):¥29.00

I287.45 030040
长毛巨人/苗虎著.—上海:少年儿童出版社,1995.12.—192页;19cm.—(巨人丛书·第三辑)
ISBN 7-5324-2890-7:¥8.40

I287.45 030041
疯羊血顶儿/沈石溪著.—上海:少年儿童出版社,1995.12.—236页;19cm.—(巨人丛书·第三辑)
ISBN 7-5324-2889-3:¥9.50

I287.45 030042
海魔/章萍萍著.—2版.—合肥:安徽少年儿童出版社,1995.5.—215页;19cm.—(小学生精品书库·文学艺术类)
ISBN 7-5397-1235-X:¥5.00

I287.45 030043
红楼梦/郭明艳等主编.—长春:长春出版社,1995.5.—544页;19cm.—(中小学生读用古典名著/杜少辉等主编)
ISBN 7-80604-322-5(精装):¥17.00

I287.45 030044
金十字架/李建树著.—上海:少年儿童出版社,1995.12.—207页;19cm.—(巨人丛书·第三辑)
ISBN 7-5324-2907-5:¥8.80

I287.45 030045
聊斋志异:少年版/(清)蒲松龄原著;筱琳等改写.—北京:中国少年儿童出版社,1995.8.—275页;19cm
ISBN 7-5007-2647-3:¥8.50

I287.45 030046
绿太阳 红月亮/卢振中著.—济南:明天出版社,1995.2.—324页;19cm
ISBN 7-5332-1821-3:¥6.65

I287.45 030047
男儿十五/吴牧玲著.—上海:少年儿童出版社,1995.12.—152页;19cm.—(巨人丛书·第三辑)

ISBN 7-5324-2906-7: ¥7.50

I287.45 030048

山海英雄/李子玉著.—上海:少年儿童出版社,1995.12.—334页;19cm.—(巨人丛书·第三辑)

ISBN 7-5324-2914-8: ¥12.10

I287.45 030049

少年抗日特工队/张彦平著.—合肥:安徽少年儿童出版社,1995.12.—469页;20cm

ISBN 7-5397-1143-4: ¥16.00

I287.45 030050

万兽之王/魏雅华著.—修订版.—合肥:安徽少年儿童出版社,1995.5.—148页;19cm.—(小学生精品书库·文学艺术类)

ISBN 7-5397-1237-6: ¥4.00

I287.45 030051

西游记/郭明艳等主编.—长春:长春出版社,1995.5.—478页;19cm.—(中小学生读用古典名著/杜少辉等主编)

ISBN 7-80604-322-5(精装): ¥17.00

I287.45 030052

稀罕的脚印/冀夫著.—上海:少年儿童出版社,1995.7.—265页;19cm

ISBN 7-5324-2125-2: ¥7.10

I287.45 030053

象王泪/沈石溪著.—合肥:安徽少年儿童出版社,1995.10.—228页;20cm

ISBN 7-5397-1094-2: ¥6.00

I287.45 030054

阳光雨季:浪漫的节季/钟琨著.—北京:中国少年儿童出版社,1995.1.—226页;19cm

ISBN 7-5007-2128-5: ¥5.60

I287.45 030055

野鸭洲历险记/徐瑛著.—修订版.—合肥:安徽少年儿童出版社,1995.5.—156页;19cm.—(小学生精品书库·文学艺术类)

ISBN 7-5397-1233-3: ¥4.00

I287.45 030056

幽灵计划/章萍萍著.—合肥:安徽少年儿童出版社,1995.12.—259页;19cm

ISBN 7-5397-1161-2: ¥6.50

I287.45 030057

中华当代少年小说丛书/黄世衡等著.—修订版.—南京:江苏少年儿童出版社,1995.12.—10册;19cm

本套丛书包括《生活不相信祝福》等10册。

ISBN 7-5346-0815-5: ¥55.00

I287.45 030058

缭乱青春/赵立中著.—上海:少年儿童出版社,1995.12.—283页;19cm.—(巨人丛书·第三辑)

ISBN 7-5324-2860-5: ¥10.80

①I287.45②K265 030059

黄河怒涛/陈志明,杨洮明著.—长沙:湖南少年儿童出版社,1995.5.—217页;19cm

ISBN 7-5358-1015-2: ¥5.70

I287.47 030060

鬼谷/林红宾著.—济南:明天出版社,1995.2.—339页;19cm

ISBN 7-5332-2114-1: ¥6.95

I287.47 030061

鲤岛传奇/刘厚明著.—修订版.—合肥:安徽少年儿童出版社,1995.5.—245页;19cm.—(小学生精品书库·文学艺术类)

ISBN 7-5397-1234-1: ¥5.80

I287.47 030062

迷人的池塘/安徽省儿童文学创作委员会编.—合肥:安徽少年儿童出版社,1995.5.—237页;19cm.—(小学生精品书库·文学艺术类)

ISBN 7-5397-1240-6: ¥6.00

I287.47 030063

三道彩虹/吴天著.—重庆:重庆出版社,1995.4.—252页;19cm

ISBN 7-5366-3076-X: ¥7.35

I287.47 030064

刑侦员的眼睛/崔亚斌著.—长沙:湖南少年儿童出版社,1995.5.—296页;19cm

ISBN 7-5358-1103-5: ¥7.20

I287.47 030065

走过冬天/彭培君等著.—上海:少年儿童出版社,1995.10.—91页;19cm.—(少女的天空丛书)

ISBN 7-5324-2876-1: ¥6.10

I287.5 030066

20世纪中国少年英雄传/聪聪编著.—修订版.—合肥:安徽少年儿童出版社,1995.5.—271页;19cm.—(小学生精品书库·思想品德类)

ISBN 7-5397-1219-8: ¥6.60

I287.5 030067

"决战"取消了:自律的故事/谭险峰编著.—海口:海南出版社,1995.4.—71页;19cm.—(少儿"五自"教育故事丛书)

ISBN 7-80617-174-6: ¥1.96

I287.5 030068

百万雄师过大江:渡江战役始末记/虎郎著.—长沙:湖南少年儿童出版社,1995.12.—83页;20cm.—(中外著名战争故事丛书·中国部分)

ISBN 7-5358-1089-6: ¥3.70

I287.5 030069

包公案精彩故事/云生等编写.—石家庄:河北少年儿童出版社,1995.1.—397页;19cm.—(古典文学启蒙读本)

ISBN 7-5376-1278-1: ¥5.85

I287.5 030070

宝物传奇故事/江苏少年儿童出版社编.—南京:江苏少年儿童出版社,1995.7.—151页;19cm.—(少年故事大金库)

ISBN 7-5346-1415-5: ¥4.50

I287.5 030071

捕雕少年/吴天著.—上海:少年儿童出版社,1995.2.—62页;19cm.—(故事大王丛书·第八辑)

ISBN 7-5324-2676-9: ¥1.90

I287.5　030072
长城下的红楼/杨萍等撰稿.—长春:长春出版社,1995.5.—246页;19cm.—(世界名著儿童故事读本;1·中国卷/曾煜,石晓峰主编)
ISBN 7-80604-241-5:¥7.50

I287.5　030073
聪明儿童99/耿发友,盛巽昌编著.—北京:农村读物出版社,1995.3.—283页;19cm
ISBN 7-5048-2545-X:¥7.20

I287.5　030074
聪明少年故事/王盼盼编.—广州:华南理工大学出版社,1995.3.—122页;19cm.—(聪明人的故事丛书)
ISBN 7-5623-0784-9:¥3.50

I287.5　030075
从自理走向发明:自理的故事/华戈,佳林编著.—海口:海南出版社,1995.4.—72页;19cm.—(少儿"五自"教育故事丛书)
ISBN 7-80617-173-8:¥1.96

I287.5　030076
丛林探险的故事/刘永国,王友英编著.—天津:新蕾出版社,1995.3.—101页;19cm.—(小学生科学大世界丛书·探险卷/李家诚等主编)
ISBN 7-5307-1614-X:¥2.60

I287.5　030077
德育故事大金库/颜煦之,刘健屏主编.—南京:江苏少年儿童出版社,1995.8.—10册;19cm
ISBN 7-5346-1427-9:¥45.00

I287.5　030078
邓小平和孩子们/陈国旺,王建平编著 .—长春:北方妇女儿童出版社,1995.10.—158页:照片;19cm
ISBN 7-5385-1101-6:¥5.00

I287.5　030079
东方小故事:续编/中共上海市委宣传部组织编写.—上海:上海远东出版社,1995.8.　278页;19cm
ISBN 7-80613-118-3:¥7.80

I287.5　030080
动物传奇故事/江苏少年儿童出版社编.—南京:江苏少年儿童出版社,1995.7.—156页;19cm.—(少年故事大金库)
ISBN 7-5346-1414-7:¥4.50

I287.5　030081
动物竞争故事/江苏少年儿童出版社编.—南京:江苏少年儿童出版社,1995.7.—154页;19cm.—(少年故事大金库)
ISBN 7-5346-1411-2:¥4.50

I287.5　030082
动物生存故事/江苏少年儿童出版社编.—南京:江苏少年儿童出版社,1995.7.—158页;19cm.—(少年故事大金库)
ISBN 7-5346-1412-0:¥4.50

I287.5　030083
动物友爱故事/江苏少年儿童出版社编.—南京:江苏少年儿童出版社,1995.7.—159页;19cm.—(少年故事大金库)
ISBN 7-5346-1413-9:¥4.50

I287.5　030084
洞穴探险的故事/郑石平编著.—天津:新蕾出版社,1995.3.—85页;19cm.—(小学生科学大世界丛书·探险卷/李家诚主编)
ISBN 7-5307-1615-8:¥2.30

I287.5　030085
读和写的故事/杜惠珍,邓增松编著;袁伶绘.—济南:明天出版社,1995.4.—152页;20cm.—(全国小学生课外丛书/李仲汉主编)
全套书共120册,总定价:385.00元
ISBN 7-5332-2142-7:¥0.00

I287.5　030086
儿女英雄传精彩故事/刘书祥等编写.—石家庄:河北少年儿童出版社,1995.1.—413页;19cm.—(古典文学启蒙读本)
ISBN 7-5376-1278-1:¥6.00

I287.5　030087
儿童故事精品屋/李博等编.—北京:知识出版社,1995.9.—5册;19cm
包括《寓言故事》等5册
ISBN 7-5015-1295-7:¥30.00

I287.5　030088
儿童妙对故事大全/成家学编著.—武汉:湖北少年儿童出版社,1995.8.—359页;19cm.—(动手动脑丛书)
ISBN 7-5353-1431-7:¥6.90

I287.5　030089
洱海的孩子/张焰铎著.—昆明:晨光出版社,1995.10.—215页;19cm
ISBN 7-5414-1055-1:¥5.50

I287.5　030090
二千里行军/黑黎著.—2版.—上海:少年儿童出版社,1995.7.—142页;19cm
ISBN 7-5324-0587-7:¥4.30

I287.5　030091
发明发现故事/王霞梅等改写;黄吉丽等绘.—上海:少年儿童出版社,1995.1.—120页;20cm.—(绘画汉语拼音注音文库)
ISBN 7-5324-2706-4:¥6.60

I287.5　030092
法庭上的小男孩:自护的故事/吴荣桦编著.—海口:海南出版社,1995.4.—72页;19cm.—(少儿"五自"教育故事丛书)
ISBN 7-80617-175-4:¥1.96

I287.5　030093
费米的故事/彭为弘编著.—福州:福建少年儿童出版社,1995.10.—177页;19cm.—(诺贝尔奖获得者的青少年时代)
ISBN 7-5395-1067-6:¥5.90

I287.5　030094
烽火戏诸侯:中国历史故事精选/刘辉编著;周申绘.—济南:明天出版社,1995.4.—118页;20cm.—(全国小学生课外丛书/李仲汉主编)

全套书共120册,总定价:385.00元
ISBN 7-5332-2142-7:¥0.00

I287.5　　030095
负责任守信用的故事/杜功礼,徐长贵编著;李兆虬,李晓雯绘.—济南:明天出版社,1995.4.—120页;20cm.—(全国小学生课外丛书/李仲汉主编)
全套书共120册,总定价385.00元
ISBN 7-5332-2142-7:¥0.00

I287.5　　030096
古代探险家的故事/郝尚勤编著.—天津:新蕾出版社,1995.3.—68页;19cm.—(小学生科学大世界丛书·探险卷/李家诚等主编)
ISBN 7-5307-1608-5:¥2.00

I287.5　　030097
故事城/盖壤编著.—大连:辽宁师范大学出版社,1995.1.—149页;19cm.—(少儿益智游乐园;3/于颖新主编)
ISBN 7-81042-038-0:¥3.80

I287.5　　030098
故事大王丛书　第七辑/傅星等著.—上海:少年儿童出版社,1995.1.—6册;19cm
ISBN 7-5324-2605-X(盒装):¥15.20

I287.5　　030099
故事大王选集　(11)/故事大王编辑部编.—上海:少年儿童出版社,1995.2.—288页;19cm
ISBN 7-5324-2578-9:¥5.80

I287.5　　030100
故事葫芦111/任东升著.—北京:同心出版社,1995.1.—342页;19cm
ISBN 7-80593-096-1:¥8.00

I287.5　　030101
故事集　(10)/成功编.—西宁:青海人民出版社,1995.9.—61页;19cm
ISBN 7-225-01077-8:¥1.70

I287.5　　030102
故事集　(11)/成功编.—西宁:青海人民出版社,1995.9.—62页;19cm
ISBN 7-225-01077-8:¥1.70

I287.5　　030103
故事集　(12)/成功编.—西宁:青海人民出版社,1995.9.—61页;19cm
ISBN 7-225-01077-8:¥1.70

I287.5　　030104
故事集　(13)/海声选编.—西宁:青海人民出版社,1995.11.—62页;19cm
ISBN 7-225-01078-6:¥1.80

I287.5　　030105
故事集　(14)/海声选编.—西宁:青海人民出版社,1995.11.—61页;19cm
ISBN 7-225-01078-6:¥1.80

I287.5　　030106
故事集　(15)/海声选编.—西宁:青海人民出版社,1995.11.—62页;19cm
ISBN 7-225-01078-6:¥1.80

I287.5　　030107
故事集　(2)/吴艺选编.—西宁:青海人民出版社,1995.3.—62页;19cm
ISBN 7-225-01005-0:¥1.30

I287.5　　030108
故事集　(3)/吴艺选编.—西宁:青海人民出版社,1995.3.—62页;19cm
ISBN 7-225-01005-0:¥1.30

I287.5　　030109
故事集　(4)/成功选编.—西宁:青海人民出版社,1995.5.—61页;19cm
ISBN 7-225-01034-4:¥1.50

I287.5　　030110
故事集　(5)/成功选编.—西宁:青海人民出版社,1995.5.—61页;19cm
ISBN 7-225-01034-4:¥1.50

I287.5　　030111
故事集　(6)/成功选编.—西宁:青海人民出版社,1995.5.—61页;19cm
ISBN 7-225-01034-4:¥1.50

I287.5　　030112
故事集　(7)/成功选编.—西宁:青海人民出版社,1995.6.—61页;19cm
ISBN 7-225-01035-2:¥1.50

I287.5　　030113
故事集　(8)/成功选编.—西宁:青海人民出版社,1995.6.—61页;19cm
ISBN 7-225-01035-2:¥1.50

I287.5　　030114
故事集　(9)/成功选编.—西宁:青海人民出版社,1995.6.—61页;19cm
ISBN 7-225-01035-2:¥1.50

I287.5　　030115
故事迷丛书　(34)/《故事迷》编委会编.—贵阳:贵州人民出版社,1995.5.—3册;19cm
ISBN 7-221-03810-4:¥4.50

I287.5　　030116
故事迷丛书　(35)/陈石选编.—贵阳:贵州人民出版社,1995.9.—3册;19cm
ISBN 7-221-03811-2:¥4.95

I287.5　　030117
故事王讲故事/杨向红主编.—北京:农村读物出版社,1995.6.—214页;19cm
ISBN 7-5048-2505-0:¥8.40

I287.5　　030118
故事王讲故事100篇/于玉珍,虞农编.—北京:民族出版社,1995.4.—4册;19cm
ISBN 7-105-02341-4:¥23.00

I287.5　　030119
关不住的防盗门/朱伟杰,马昇嘉著.—上海:少年儿童出版社,1995.2.—83页;19cm.—(故事大王丛书·第八辑)
ISBN 7-5324-2672-6:¥2.30

I287.5　　030120

官场现形记精彩故事/王卿等编写.—石家庄:河北少年儿童出版社,1995.5.—431页;19cm.—(古典文学启蒙读本)

ISBN 7-5376-1290-0:¥6.70

I287.5 030121

海公全传精彩故事/张黎等编写.—石家庄:河北少年儿童出版社,1995.1.—394页;19cm.—(古典文学启蒙读本)

ISBN 7-5376-1278-1:¥5.80

I287.5 030122

海洋探险的故事/夏培卓编著.—天津:新蕾出版社,1995.3.—108页;19cm.—(小学生科学大世界丛书·探险卷/李家诚等主编)

ISBN 7-5307-1616-6:¥2.70

I287.5 030123

后院的秘密/吴林森,贾叙伦主编.—郑州:海燕出版社,1995.1.—191页;19cm

ISBN 7-5350-1185-3:¥2.90

I287.5 030124

虎口拔牙/郑春基著.—上海:少年儿童出版社,1995.2.—87页;19cm.—(故事大王丛书·第八辑)

ISBN 7-5324-2673-4:¥2.30

I287.5 030125

环球探险的故事/石国勇编著.—天津:新蕾出版社,1995.3.—101页;19cm.—(小学生科学大世界丛书·探险卷/李家诚等主编)

ISBN 7-5307-1610-7:¥2.60

I287.5 030126

极地探险的故事/王行国编著.—天津:新蕾出版社,1995.3.—101页;19cm.—(小学生科学大世界丛书·探险卷/李家诚等主编)

ISBN 7-5307-1611-5:¥2.60

I287.5 030127

集体在我心中/严学勤编著;安景黎绘.—济南:明天出版社,1995.4.—120页;20cm.—(全国小学生课外丛书/李仲汉主编)

全套书共120册,总定价:385.00元

ISBN 7-5332-2142-7:¥

I287.5 030128

济公全传精彩故事/武桂珍,解玉琦编写.—石家庄:河北少年儿童出版社,1995.1.—335页;19cm.—(古典文学启蒙读本)

ISBN 7-5376-1278-1:¥4.20

I287.5 030129

贾力更的故事/于永发,王奎元著.—通辽:内蒙古少年儿童出版社,1995.12.—157页;19cm.—(世纪行丛书)

ISBN 7-5312-0539-4:¥5.50

I287.5 030130

坚韧的小草:自强的故事/李少白编著.—海口:海南出版社,1995.4.—72页;19cm.—(少儿"五自"教育故事丛书)

ISBN 7-80617-172-X:¥1.96

I287.5 030131

江河探险的故事/赵之洪编著.—天津:新蕾出版社,1995.3.—85页;19cm.—(小学生科学大世界丛书·探险卷/李家诚等主编)

ISBN 7-5307-1617-4:¥2.30

I287.5 030132

精编365夜历史小故事/羽人著.—上海:少年儿童出版社,1995.4.—2册(1015页);19cm

ISBN 7-5324-2626-2:¥23.10

I287.5 030133

精彩故事天天讲:谜语故事/春晓编.—乌鲁木齐:新疆青少年出版社,1995.9.—156页;19cm

ISBN 7-5371-2115-X:¥5.80

I287.5 030134

精彩故事天天讲:民间故事/春晓编.—乌鲁木齐:新疆青少年出版社,1995.9.—156页;19cm

ISBN 7-5371-2115-X:¥5.80

I287.5 030135

精彩故事天天讲:童话故事/春晓编.—乌鲁木齐:新疆青少年出版社,1995.9.—156页;19cm

ISBN 7-5371-2115-X:¥5.80

I287.5 030136

精彩故事天天讲:寓言故事/春晓编.—乌鲁木齐:新疆青少年出版社,1995.9.—156页;19cm

ISBN 7-5371-2115-X:¥5.80

I287.5 030137

军犬敢死队:献给勇敢孩子的书/张志荣编著.—呼和浩特:内蒙古人民出版社,1995.1.—63页;17×19cm.—(大黄狗送百福丛书;1)

ISBN 7-204-02536-9:¥3.98

I287.5 030138

抗战英杰故事/易麟等编著.—南昌:21世纪出版社,1995.7.—183页;19cm

ISBN 7-5391-0823-1:¥4.20

I287.5 030139

科学寓言故事/黄廷元选编.—上海:少年儿童出版社,1995.1.—120页;20cm.—(绘图汉语拼音注音文库)

ISBN 7-5324-2705-6:¥6.60

I287.5 030140

快乐城:野兽逛大街/陈伟著.—大连:大连出版社,1995.11.—171页;20cm

ISBN 7-80612-027-0:¥12.00

I287.5 030141

历史人物小故事丛书:春秋战国~南北朝.—济南:明天出版社,1995.8.—20册;19cm

本套书包括《孙武和孙膑的故事》等20册。

ISBN 7-5332-2327-6(盒装):¥60.00

I287.5 030142

历史人物小故事丛书:隋~宋.—济南:明天出版社,1995.8.—17册;19cm

本套书包括《暴君隋炀帝的故事》等17册。

ISBN 7-5332-2326-8(盒装):¥60.00

I287.5 030143

历史人物小故事丛书:元~清.—新1版.—济南:明

天出版社,1995.8.—22册;19cm
本套书包括《成吉思汗的故事》等22册。
ISBN 7-5332-1999-6(盒装):¥63.00

I287.5　030144
历史事件小故事丛书:唐~清.—新1版.—济南:明天出版社,1995.8.—15册;19cm
本套书包括《安史之乱》等15册。
ISBN 7-5332-1998-8(盒装):¥46.00

I287.5　030145
历史事件小故事丛书:远古~三国.—济南:明天出版社,1995.8.—14册;19cm
本套书包括《中国远古神话》等14册。
ISBN 7-5332-2325-X(盒装):¥45.00

I287.5　030146
立案破案故事/江苏少年儿童出版社编.—南京:江苏少年儿童出版社,1995.7.—158页;19cm.—(少年故事大金库)
ISBN 7-5346-1408-2:¥4.50

I287.5　030147
两分钟皇子故事/尹迪,韶棠编著.—武汉:湖北少年儿童出版社,1995.2.—253页;19cm.—(两分钟丛书)
ISBN 7-5353-1469-4:¥4.50

I287.5　030148
两分钟状元故事/高兴,钟城编著.—武汉:湖北少年儿童出版社,1995.10.—206页;19cm.—(两分钟丛书)
ISBN 7-5353-1480-5:¥3.80

I287.5　030149
刘少奇的故事/欣昕等编著.—南昌:21世纪出版社,1995.9.—249页;19cm
ISBN 7-5391-0994-7:¥6.80

I287.5　030150
刘主席和小战士/杜文勇,韩振东编写.—2版.—长春:北方妇女儿童出版社,1995.10.—80页:照片;19cm
ISBN 7-5385-0576-8:¥3.20

I287.5　030151
卢瑟福的故事/汪雪莲编著.—福州:福建少年儿童出版社,1995.9.—147页;19cm.—(诺贝尔奖获得者的青少年时代/谢冕主编)
ISBN 7-5395-1057-9:¥5.10

I287.5　030152
毛主席和红小鬼/杜文勇,韩振东编写.—2版.—长春:北方妇女儿童出版社,1995.10.—107页:图;19cm
ISBN 7-5385-0561-X:¥3.80

I287.5　030153
冒险探险故事/江苏少年儿童出版社编.—南京:江苏少年儿童出版社,1995.7.—161页;19cm.—(少年故事大金库)
ISBN 7-5346-1406-6:¥4.50

I287.5　030154
没有尾巴的狐狸:趣味故事百篇/施效人编.—北京:语文出版社,1995.4.—223页;19cm
ISBN 7-80006-919-2:¥6.70

I287.5　030155
民间传说故事/余鹤仙选编.—上海:少年儿童出版社,1995.1.—121页;20cm.—(绘图汉语拼音注音文库)
ISBN 7-5324-2704-8:¥6.60

I287.5　030156
铭记在人们心中的故事/赵大明编著.—桂林:漓江出版社,1995.8.—114页;19cm
ISBN 7-5407-1765-3:¥3.58

I287.5　030157
名人勤学故事/石文浩编著;张弘,刘振忠绘.—济南:明天出版社,1995.4.—152页;20cm.—(全国小学生课外丛书/李仲汉主编)
全套书共120册,总定价:385.00元
ISBN 7-5332-2142-7:¥0.00

I287.5　030158
莫斯科大血战/罗庆元著.—长沙:湖南少年儿童出版社,1995.12.—137页;20cm.—(中外著名战争故事丛书·外国部分)
ISBN 7-5358-1087-X:¥4.95

I287.5　030159
谋杀刺杀故事/江苏少年儿童出版社编.—南京:江苏少年儿童出版社,1995.7.—154页;19cm.—(少年故事大金库)
ISBN 7-5346-1422-8:¥4.50

I287.5　030160
脑筋急转弯故事/段轩如,高玲编著;袁晖等绘.—济南:明天出版社,1995.9.—143页;20cm
ISBN 7-5332-2294-6:¥4.50

I287.5　030161
牛郎织女:汉语拼音对照/郑艺编文;廖爱霞绘.—广州:广东人民出版社,1995.12.—36页;18×19cm.—(少儿经典故事丛书)
ISBN 7-218-01489-5:¥4.90

I287.5　030162
女间谍的故事/江苏少年儿童出版社编.—南京:江苏少年儿童出版社,1995.7.—150页;19cm.—(少年故事大金库)
ISBN 7-5346-1417-1:¥4.50

I287.5　030163
彭公案精彩故事/北山,高戈编写.—石家庄:河北少年儿童出版社,1995.1.—396页;19cm.—(古典文学启蒙读本)
ISBN 7-5376-1278-1:¥5.80

I287.5　030164
普法战争:欧洲两个第二帝国争霸的故事/姚建文,程金明著.—长沙:湖南少年儿童出版社,1995.12.—145页;20cm.—(中外著名战争故事丛书·外国部分)
ISBN 7-5358-1091-8:¥5.25

I287.5　030165
奇趣故事/姚华飞,姚泓编.—石家庄:河北少年儿童出版社,1995.1.—210页;19cm
ISBN 7-5376-1275-7:¥3.40

I287.5　030166
千里送秘药/范锡林著.—上海:少年儿童出版社,1995.2.—114页;19cm.—(故事大王丛书·第八辑)

ISBN 7-5324-2674-2: ¥2.70

I287.5 030167

抢险救险故事/江苏少年儿童出版社编.—南京:江苏少年儿童出版社,1995.7.—156页;19cm.—(少年故事大金库)

ISBN 7-5346-1407-4: ¥4.50

I287.5 030168

勤俭 孝敬/王娇萍,木子编著.—银川:宁夏少年儿童出版社,1995.5.—213页;19cm.—(中华传统美德故事丛书/许嘉璐主编)

ISBN 7-80620-006-1: ¥5.35

I287.5 030169

勤劳节俭创业/肖竹等编著;刘文涛绘.—济南:明天出版社,1995.4.—120页;20cm.—(全国小学生课外丛书/李仲汉主编)

全套书共120册,总定价:385.00元

ISBN 7-5332-2142-7: ¥

I287.5 030170

青春岁月/王贤才著.—南昌:21世纪出版社,1995.9.—125页;19cm

ISBN 7-5391-0987-4: ¥4.00

I287.5 030171

拳王斗狮子/戎林著.—上海:少年儿童出版社,1995.2.—89页;19cm.—(故事大王丛书·第八辑)

ISBN 7-5324-2671-8: ¥2.30

I287.5 030172

人类的美德/张际康等编著;崔岩,孙乐中绘.—济南:明天出版社,1995.4.—153页;20cm.—(全国小学生课外丛书/李仲汉主编)

全套书共120册,总定价:385.00元

ISBN 7-5332-2142-7: ¥0.00

I287.5 030173

人物传奇故事/江苏少年儿童出版社编.—南京:江苏少年儿童出版社,1995.7.—153页;19cm.—(少年故事大金库)

ISBN 7-5346-1415-5: ¥4.50

I287.5 030174

日本偷袭珍珠港/张世斌著.—长沙:湖南少年儿童出版社,1995.12.—99页;20cm.—(中外著名战争故事丛书·外国部分)

ISBN 7-5358-1088-8: ¥4.00

I287.5 030175

三国演义/郭明艳等主编.—长春:长春出版社,1995.5.—528页;19cm.—(中小学生读用古典名著/杜少辉等主编)

ISBN 7-80604-322-5(精装): ¥17.00

I287.5 030176

三侠五义精彩故事/仁正,岫奕编写.—石家庄:河北少年儿童出版社,1995.1.—356页;19cm.—(古典文学启蒙读本)

ISBN 7-5376-1278-1: ¥5.20

I287.5 030177

沙漠探险的故事/洛生,一舒编著.—天津:新蕾出版社,1995.3.—69页;19cm.—(小学生科学大世界丛书·探险卷/李家诚等主编)

ISBN 7-5307-1613-1: ¥2.00

I287.5 030178

山地探险的故事/吴胜明编著.—天津:新蕾出版社,1995.3.—91页;19cm.—(小学生科学大世界丛书·探险卷/李家诚等主编)

ISBN 7-5307-1612-3: ¥2.50

I287.5 030179

神笔马良:汉语拼音对照/黄曼君编文;梁镇雄绘.—广州:广东人民出版社,1995.12.—35页;18×19cm.—(少儿经典故事丛书)

ISBN 7-218-01472-0: ¥4.90

I287.5 030180

神秘间谍故事/江苏少年儿童出版社编.—南京:江苏少年儿童出版社,1995.7.—160页;19cm.—(少年故事大金库)

ISBN 7-5346-1419-8: ¥4.50

I287.5 030181

神奇的小精灵/师振中,谷玉峰编著.—北京:华龄出版社,1995.1.—291页;19cm

ISBN 7-80082-373-3: ¥12.80

I287.5 030182

神犬归家记:献给善良孩子的书/张志荣编著.—呼和浩特:内蒙古人民出版社,1995.1.—64页;17×19cm.—(大黄狗送百福丛书;3)

ISBN 7-204-02536-9: ¥3.98

I287.5 030183

审"羊皮"案/刘学彬编写.—北京:语文出版社,1995.9.—168页;19cm.—(少年百科趣味知识丛书/张伯华主编)

ISBN 7-80006-996-6: ¥6.60

I287.5 030184

审案定案故事/江苏少年儿童出版社编.—南京:江苏少年儿童出版社,1995.7.—156页;19cm.—(少年故事大金库)

ISBN 7-5346-1410-4: ¥4.50

I287.5 030185

施公案精彩故事/王吉祥,李元卿编写.—石家庄:河北少年儿童出版社,1995.1.—307页;19cm.—(古典文学启蒙读本)

ISBN 7-5376-1278-1: ¥4.50

I287.5 030186

使你长知识的故事/汤锐等编选.—北京:中国和平出版社,1995.4.—423页;20cm.—(好听的故事丛书/巢扬主编)

ISBN 7-80101-349-2: ¥12.60

I287.5 030187

使你聪明的故事/汤锐等编选.—北京:中国和平出版社,1995.4.—379页;20cm.—(好听的故事丛书/巢扬主编)

ISBN 7-80101-347-6: ¥12.60

I287.5 030188

使你惊奇的故事/汤锐等编选.—北京:中国和平出版社,1995.4.—324页;20cm.—(好听的故事丛书/巢

扬主编)

ISBN 7-80101-350-6: ¥12.60

I287.5　030189

使你开心的故事/汤锐等编选.—北京:中国和平出版社,1995.4.—338页;20cm.—(好听的故事丛书/巢扬主编)

ISBN 7-80101-348-4: ¥12.60

I287.5　030190

世界·欧洲大洋洲城市/郑国柱主编.—福州:福建教育出版社,1995.8.—165页;20cm.—(中外名城故事;5/傅崇兰主编)

ISBN 7-5334-1841-7: ¥5.00

I287.5　030191

世界传奇故事/范林秋等编著.—南京:江苏少年儿童出版社,1995.7.—150页;19cm.—(儿童故事大金库)

ISBN 7-5346-1391-4: ¥4.50

I287.5　030192

世界帝王故事/彭志成等编著.—南京:江苏少年儿童出版社,1995.7.—148页;19cm.—(儿童故事大金库)

ISBN 7-5346-1393-0: ¥4.50

I287.5　030193

世界动物故事/徐尚衡等编著.—南京:江苏少年儿童出版社,1995.7.—158页;19cm.—(儿童故事大金库)

ISBN 7-5346-1388-4: ¥4.50

I287.5　030194

世界发明故事/何瑞英等编著.—南京:江苏少年儿童出版社,1995.7.—149页;19cm.—(儿童故事大金库)

ISBN 7-5346-1387-6: ¥4.50

I287.5　030195

世界间谍故事/李白林等编著.—南京:江苏少年儿童出版社,1995.7.—157页;19cm.—(儿童故事大金库)

ISBN 7-5346-1392-2: ¥4.50

I287.5　030196

世界惊险故事/徐子洲等编著.—南京:江苏少年儿童出版社,1995.7.—158页;19cm.—(儿童故事大金库)

ISBN 7-5346-1389-2: ¥4.50

I287.5　030197

世界历史故事/沈浩等编著.—南京:江苏少年儿童出版社,1995.7.—151页;19cm.—(儿童故事大金库)

ISBN 7-5346-1398-1: ¥4.50

I287.5　030198

世界民间故事/吴成方等编著.—南京:江苏少年儿童出版社,1995.7.—150页;19cm.—(儿童故事大金库)

ISBN 7-5346-1382-5: ¥4.50

I287.5　030199

世界名臣故事/李泉水等编著.—南京:江苏少年儿童出版社,1995.7.—151页;19cm.—(儿童故事大金库)

ISBN 7-5346-1394-9: ¥4.50

I287.5　030200

世界名将故事/杨东成等编著.—南京:江苏少年儿童出版社,1995.7.—152页;19cm.—(儿童故事大金库)

ISBN 7-5346-1395-7: ¥4.50

I287.5　030201

世界名人故事/顾天华等编著.—南京:江苏少年儿童出版社,1995.7.—151页;19cm.—(儿童故事大金库)

ISBN 7-5346-1397-3: ¥4.50

I287.5　030202

世界神话故事/石宗华等编著.—南京:江苏少年儿童出版社,1995.7.—156页;19cm.—(儿童故事大金库)

ISBN 7-5346-1383-3: ¥4.50

I287.5　030203

世界神秘故事/张海林等编著.—南京:江苏少年儿童出版社,1995.7.—150页;19cm.—(儿童故事大金库)

ISBN 7-5346-1400-7: ¥4.50

I287.5　030204

世界童话故事/刘金剑等编著.—南京:江苏少年儿童出版社,1995.7.—154页;19cm.—(儿童故事大金库)

ISBN 7-5346-1381-7: ¥4.50

I287.5　030205

世界危机故事/卞仁珠等编著.—南京:江苏少年儿童出版社,1995.7.—157页;19cm.—(儿童故事大金库)

ISBN 7-5346-1399-X: ¥4.50

I287.5　030206

世界文学名著故事画窗/忆南,夏禾主编.—哈尔滨:哈尔滨出版社,1995.6.—4册;19cm

ISBN 7-80557-835-4(精装): ¥119.80

I287.5　030207

世界笑话故事/沙陵华等编著.—南京:江苏少年儿童出版社,1995.7.—158页;19cm.—(儿童故事大金库)

ISBN 7-5346-1385-X: ¥4.50

I287.5　030208

世界寓言故事/邓云龙等编著.—南京:江苏少年儿童出版社,1995.7.—151页;19cm.—(儿童故事大金库)

ISBN 7-5346-1384-1: ¥4.50

I287.5　030209

世界战争故事/金光生等编著.—南京:江苏少年儿童出版社,1995.7.—151页;19cm.—(儿童故事大金库)

ISBN 7-5346-1396-5: ¥4.50

I287.5　030210

世界侦探故事/赵纪方等编著.—南京:江苏少年儿童出版社,1995.7.—153页;19cm.—(儿童故事大金

库)

ISBN 7-5346-1390-6:￥4.50

I287.5 030211

世界智慧故事/金辉等编著.—南京:江苏少年儿童出版社,1995.7.—151页;19cm.—(儿童故事大金库)

ISBN 7-5346-1386-8:￥4.50

I287.5 030212

事变事件故事/江苏少年儿童出版社编.—南京:江苏少年儿童出版社,1995.7.—150页;19cm.—(少年故事大金库)

ISBN 7-5346-1423-6:￥4.50

I287.5 030213

手拉手奔向新世纪:故事篇/中国少年先锋队全国工作委员会编.—天津:新蕾出版社,1995.9.—149页;19cm

中国少年儿童"手拉手"互助活动指定参考书

ISBN 7-5307-1660-3:￥5.00

I287.5 030214

数学故事篇/李毓佩等著;《小学生数学报》编辑部编.—南京:江苏教育出版社,1995.5.—129页;20cm.—(小学生数学报10年精选本)

ISBN 7-5343-2324-X:￥3.70

I287.5 030215

双重间谍故事/江苏少年儿童出版社编.—南京:江苏少年儿童出版社,1995.7.—152页;19cm.—(少年故事大金库)

ISBN 7-5346-1418-X:￥4.50

I287.5 030216

水浒传/郭明艳等主编.—长春:长春出版社,1995.5.—529页;19cm.—(中小学生读用古典名著/杜少辉等主编)

ISBN 7-80604-322-5(精装):￥17.00

I287.5 030217

水浒故事系列:大型插图本/方羽主编;许延风等编;刘家峰等绘.—北京:知识出版社,1995.3.—8册;20cm.—(古典文学名著)

本套书包括《逼上梁山泊》等8册。

ISBN 7-5015-1250-7:￥38.00

I287.5 030218

说话的学问/徐静茜编著;袁晖绘.—济南:明天出版社,1995.4.—152页;20cm.—(全国小学生课外丛书/李仲汉主编)

全套书共120册,总定价:385.00元

ISBN 7-5332-2142-7:￥0.00

I287.5 030219

宋奶奶和小运动员/杜文勇,韩振东编写.—2版.—长春:北方妇女儿童出版社,1995.10.—82页:照片;19cm

ISBN 7-5385-0563-6:￥3.20

I287.5 030220

宋庆龄的故事/马光复编著.—沈阳:辽宁少年儿童出版社,1995.8.—154页;19cm

ISBN 7-5315-0018-3:￥4.50

I287.5 030221

他发现青霉素:弗莱明的故事/毛翊编著.—福州:福建少年儿童出版社,1995.8.—154页;19cm.—(诺贝尔奖获得者的青少年时代)

ISBN 7-5395-1235-0:￥5.30

I287.5 030222

他会使用"金钥匙":自学的故事/梅嘉陵编著.—海口:海南出版社,1995.4.—72页;19cm.—(少儿"五自"教育故事丛书)

ISBN 7-80590-702-1:￥1.96

I287.5 030223

唐宋传奇精彩故事/张占军,刘秀萍编写.—石家庄:河北少年儿童出版社,1995.1.—382页;19cm.—(古典文学启蒙读本)

ISBN 7-5376-1278-1:￥5.60

I287.5 030224

田螺姑娘:汉语拼音对照/郑艺编文;陈咏绘.—广州:广东人民出版社,1995.12.—35页;18×19cm.—(少儿经典故事丛书)

ISBN 7-218-01471-2:￥4.90

I287.5 030225

铁流二万五千里:话说长征/窦益山著.—长沙:湖南少年儿童出版社,1995.12.—136页;20cm.—(中外著名战争故事丛书·中国部分)

ISBN 7-5358-1086-1:￥4.85

I287.5 030226

童年梦:苏阿芒的故事/许春耘著.—修订版.—合肥:安徽少年儿童出版社,1995.6.—264页;19cm.—(小学生精品书库·思想品德类)

ISBN 7-5397-1221-X:￥6.00

I287.5 030227

外国战争故事/江苏少年儿童出版社编.—南京:江苏少年儿童出版社,1995.7.—150页;19cm.—(少年故事大金库)

ISBN 7-5346-1421-X:￥4.50

I287.5 030228

王稼祥一生/卢弘著.—修订版.—合肥:安徽少年儿童出版社,1995.5.—244页;19cm.—(小学生精品书库·思想品德类)

ISBN 7-5397-1218-X:￥6.00

I287.5 030229

为独立与自由而战:话说美国独立战争/彭训厚著.—长沙:湖南少年儿童出版社,1995.12.—195页;20cm.—(中外著名战争故事丛书·外国部分)

ISBN 7-5358-1090-X:￥6.35

I287.5 030230

文成公主远嫁/赵海云,赵娜编写.—北京:语文出版社,1995.9.—142页;19cm.—(少年百科趣味知识丛书/张伯华主编)

ISBN 7-80126-002-3:￥5.60

I287.5 030231

我们爱祖国/张国祥编著;张宏伟绘.—济南:明天出版社,1995.4.—152页;20cm.—(全国小学生课外丛书/李仲汉主编)

全套书共120册,总定价:385.00元

ISBN 7-5332-2142-7: ¥0.00

I287.5　　030232

我们的先锋/吕向文,胡景芳编著;侯诚之绘.—济南:明天出版社,1995.4.—152页;20cm.—(全国小学生课外丛书/李仲汉主编)

全套书共120册,总定价:385.00元

ISBN 7-5332-2142-7: ¥0.00

I287.5　　030233

我有一个梦想:马丁·路德·金的故事/王道余编著.—福州:福建少年儿童出版社,1995.8.—173页;19cm.—(诺贝尔奖获得者的青少年时代)

ISBN 7-5395-1193-1: ¥5.80

I287.5　　030234

小故事大道理——聪颖斗智故事/刘贵富主编.—延吉:延边大学出版社,1995.10.—278页;19cm

ISBN 7-5634-0809-6: ¥8.00

I287.5　　030235

小故事大道理——历史镜鉴故事/刘贵富主编.—延吉:延边大学出版社,1995.10.—270页;19cm

ISBN 7-5634-0809-6: ¥8.00

I287.5　　030236

小故事大道理——逻辑推理故事/刘贵富主编.—延吉:延边大学出版社,1995.10.—270页;19cm

ISBN 7-5634-0809-6: ¥8.00

I287.5　　030237

小故事大道理——奇谋妙计故事/刘贵富主编.—延吉:延边大学出版社,1995.10.—270页;19cm

ISBN 7-5634-0809-6: ¥8.00

I287.5　　030238

小故事大道理——趣味科学故事/刘贵富主编.—延吉:延边大学出版社,1995.10.—270页;19cm

ISBN 7-5634-0809-6: ¥8.00

I287.5　　030239

小故事大道理——为人处世故事/刘贵富主编.—延吉:延边大学出版社,1995.10.—270页;19cm

ISBN 7-5634-0809-6: ¥8.00

I287.5　　030240

小故事大道理——语言文字故事/刘贵富主编.—延吉:延边大学出版社,1995.10.—268页;19cm

ISBN 7-5634-0809-6: ¥8.00

I287.5　　030241

小事例大启迪丛书/史明理主编.—北京:文化艺术出版社,1995.1.—6册;20cm

本套丛书包括《小失误大教训》等6册。

ISBN 7-5039-1366-5: ¥33.00

I287.5　　030242

小学生传统美德教育故事:低年级/华宝元等编著.—南京:江苏教育出版社,1995.12.—159页;19cm

ISBN 7-5343-2590-0: ¥4.60

I287.5　　030243

小学生传统美德教育故事:高年级/翁伟良等编著.—南京:江苏教育出版社,1995.12.—101页;19cm

ISBN 7-5343-2591-9: ¥3.40

I287.5　　030244

小学生心目中著名作家的故事/顾秋克编.—长春:吉林教育出版社,1995.12.—176页;19cm

ISBN 7-5383-2741-X: ¥5.00

I287.5　　030245

熊猫和我/叶永烈著.—上海:同济大学出版社,1995.7.—124页;19cm

ISBN 7-5608-1546-4: ¥4.50

I287.5　　030246

悬案奇案故事/江苏少年儿童出版社编.—南京:江苏少年儿童出版社,1995.7.—159页;19cm.—(少年故事大金库)

ISBN 7-5346-1409-0: ¥4.50

I287.5　　030247

雪山追"狐"记:儿童历险故事/周竞著.—广州:新世纪出版社,1995.5.—111页;19cm

ISBN 7-5405-1167-2: ¥5.00

I287.5　　030248

杨家将演义精彩故事/白雨等编写.—石家庄:河北少年儿童出版社,1995.1.—344页;19cm.—(古典文学启蒙读本)

ISBN 7-5376-1278-1: ¥5.05

I287.5　　030249

音乐多来咪/马里编著;邱丽君,马广旺绘.—济南:明天出版社,1995.4.—119页;20cm.—(全国小学生课外丛书/李仲汉主编)

全套书共120册,总定价:385.00元

ISBN 7-5332-2142-7: ¥0.00

I287.5　　030250

萤火虫找朋友/孙幼军著.—修订版.—合肥:安徽少年儿童出版社,1995.12.—76页;19cm.—(中国著名作家幼儿文学作品选)

ISBN 7-5397-1209-0: ¥3.00

I287.5　　030251

宇宙探险的故事/林然,叶曼编著.—天津:新蕾出版社,1995.3.—84页;19cm.—(小学生科学大世界丛书·探险卷/李家诚等主编)

ISBN 7-5307-1609-3: ¥2.30

I287.5　　030252

语文知识趣味故事/梁同著.—广州:广州出版社,1995.8.—183页;19cm

ISBN 7-80592-329-9: ¥5.00

I287.5　　030253

遇险历险故事/江苏少年儿童出版社编.—南京:江苏少年儿童出版社,1995.7.—157页;19cm.—(少年故事大金库)

ISBN 7-5346-1405-8: ¥4.50

I287.5　　030254

灾难灾害故事/江苏少年儿童出版社编.—南京:江苏少年儿童出版社,1995.7.—157页;19cm.—(少年故事大金库)

ISBN 7-5346-1424-4: ¥4.50

I287.5　　030255

侦探大王　(1)/侯道夫主编.—武汉:湖北少年儿童出版社,1995.8.—141页;19cm

ISBN 7-5353-1483-X：￥3.20

I287.5　030256

侦探大王　(2)/侯道夫主编.—武汉：湖北少年儿童出版社，1995.8.—150页；19cm

ISBN 7-5353-1484-8：￥3.40

I287.5　030257

智慧　诚信/陈金华，由淑敏编著.—银川：宁夏少年儿童出版社，1995.5.—208页；19cm.—(中华传统美德故事丛书/许嘉璐主编)

ISBN 7-80620-005-3：￥5.25

I287.5　030258

智慧的火花：小机灵的故事/袁捷著.—北京：金盾出版社，1995.10.—215页；19cm

ISBN 7-5082-0086-1：￥7.90

I287.5　030259

智慧故事/车培晶编.—大连：辽宁师范大学出版社，1995.1.—178页；19cm.—(糖葫芦书架丛书系列/滕毓旭，车培晶主编)

ISBN 7-81042-055-0：￥5.00

I287.5　030260

中国古代神童故事100则/董玉整主编.—修订版.—合肥：安徽少年儿童出版社，1995.5.—294页；19cm.—(小学生精品书库·文化教育类)

ISBN 7-5397-1248-1：￥6.50

I287.5　030261

中国近代历史小故事/陈建洲等编写.—北京：中国少年儿童出版社，1995.9.—316页；19cm

ISBN 7-5007-2749-6：￥8.80

I287.5　030262

中国历代名人尊师的故事/沈雄飞，张勉主编.—广州：新世纪出版社，1995.1.—92页；19cm

ISBN 7-5405-1279-2：￥3.00

I287.5　030263

中国少年抗战记/冉淮舟，刘绳著.—天津：新蕾出版社，1995.5.—274页；19cm

ISBN 7-5307-1639-5：￥6.40

I287.5　030264

中国少年英雄谱/刘友开编著.—南京：河海大学出版社，1995.8.—134页；19cm.—(小学德育丛书)

ISBN 7-5630-0839-X：￥3.10

I287.5　030265

中国圣人丛书/贺星寒等著.—成都：四川少年儿童出版社，1995.12.—9册；19cm

本丛书包括《至圣先师孔子》等9册。

ISBN 7-5365-1537-5：￥48.00

I287.5　030266

中国诗词故事大观/任大霖主编.—上海：少年儿童出版社，1995.5.—729页：彩图；19cm

ISBN 7-5324-2614-9(精装)：￥25.90

I287.5　030267

中国文史故事精读/史明理主编.—北京：北京燕山出版社，1995.11.—15册：插图；19cm

ISBN 7-5402-0636-5：￥60.00

I287.5　030268

中国战争故事/江苏少年儿童出版社编.—南京：江苏少年儿童出版社，1995.7.—150页；19cm.—(少年故事大金库)

ISBN 7-5346-1420-1：￥4.50

I287.5　030269

中华英杰　(4)/庄似旭主编.—杭州：浙江少年儿童出版社，1995.12.—10册；19cm

本套书包括《人民数学家——华罗庚》等10册。

ISBN 7-5342-1345-2：￥26.00

I287.5　030270

中华英杰故事/陈进等编著.—北京：中国少年儿童出版社，1995.8.—2册；19cm

ISBN 7-5007-2799-2：￥9.00

I287.5　030271

中外儿童文学精品文库：中国科学文艺卷/浦漫汀主编；陶力编.—桂林：广西师范大学出版社，1995.10.—327页；20cm

ISBN 7-5633-2091-1(精装)：￥30.00

I287.5　030272

中外女杰故事/费佩君等著.—上海：少年儿童出版社，1995.6.—351页；19cm

ISBN 7-5324-2594-0：￥9.45

I287.5　030273

中外智谋故事大观/邹凤毅主编.—武汉：湖北少年儿童出版社，1995.12.—530页；20cm

ISBN 7-5353-1548-8(精装)：￥18.50

I287.5　030274

中外著名科学家的故事　第2辑/松鹰等编著.—成都：四川少年儿童出版社，1995.4.—16册；19cm

本套书包括《张衡》等16册。

ISBN 7-5365-1297-X：￥56.15

I287.5　030275

忠狗救主记：献给忠诚孩子的书/张志荣编著.—呼和浩特：内蒙古人民出版社，1995.1.—64页；17×19cm.—(大黄狗送百福丛书；2)

ISBN 7-204-02536-9：￥3.98

I287.5　030276

忠恕　谦逊/黄晨等编著.—银川：宁夏少年儿童出版社，1995.5.—206页；19cm.—(中华传统美德故事丛书/许嘉璐主编)

ISBN 7-80620-009-6：￥5.25

I287.5　030277

周恩来的故事/梦遥，易旻编著.—南昌：21世纪出版社，1995.9.—231页；19cm

ISBN 7-5391-0995-5：￥6.40

I287.5　030278

周总理和放牛娃/杜文勇，韩振东编写.—2版.—长春：北方妇女儿童出版社，1995.10.—105页：图；19cm

ISBN 7-5385-0562-8：￥3.80

I287.5　030279

朱德的故事/窦益山编著.—南昌：21世纪出版社，1995.9.—169页；19cm

ISBN 7-5391-0996-3：￥4.70

I287.5　030280

朱胜吉的故事/车京淑著;陈雪鸿译.—延吉:延边人民出版社,1995.4.—115页;19cm
ISBN 7-80599-272-X:¥3.00

I287.5 030281
自强者的脚步/朱正义编著;李爱玲,安景黎绘.—济南:明天出版社,1995.4.—152页;20cm.—(全国小学生课外丛书/李仲汉主编)
全套书共120册,总定价:385.00元
ISBN 7-5332-2142-7:¥0.00

I287.5 030282
总司令和儿童团员/杜文勇,韩振东编写.—2版.—长春:北方妇女儿童出版社,1995.10.—84页:照片;19cm
ISBN 7-5385-0575-X:¥3.20

I287.5 030283
做时间的主人/徐铁锋编著;柳涛,张丽绘.—济南:明天出版社,1995.4.—120页;20cm.—(全国小学生课外丛书/李仲汉主编)
全套书共120册,总定价:385.00元
ISBN 7-5332-2142-7:¥0.00

I287.5 030284
羿射九日:汉语拼音对照/黄曼君编文;邵珊绘.—广州:广东人民出版社,1995.12.—35页;18×19cm.—(少儿经典故事丛书)
ISBN 7-218-01450-X:¥4.90

①I287.5②D442 030285
何香凝的故事/盛永华,彬子著.—石家庄:河北少年儿童出版社,1995.8.—270页:照片;19cm.—(她们与世纪同行丛书)
ISBN 7-5376-1322-2:¥8.60

①I287.5②D442 030286
李德全的故事/刘巨才著.—石家庄:河北少年儿童出版社,1995.8.—184页;19cm.—(她们与世纪同行丛书)
ISBN 7-5376-1324-9:¥6.40

①I287.5②D442 030287
罗叔章的故事/张欣欣著.—石家庄:河北少年儿童出版社,1995.8.—198页:照片;19cm.—(她们与世纪同行丛书)
ISBN 7-5376-1327-3:¥6.70

①I287.5②D442 030288
史良的故事/周天度,韩荣芳著.—石家庄:河北少年儿童出版社,1995.8.—217页:照片;19cm.—(她们与世纪同行丛书)
ISBN 7-5376-1328-1:¥7.20

①I287.5②D442 030289
宋庆龄的故事/王思梅著.—石家庄:河北少年儿童出版社,1995.8.—313页:照片;19cm.—(她们与世纪同行丛书)
ISBN 7-5376-1323-0:¥9.60

①I287.5②D442 030290
许广平的故事/陈漱渝,丁言昭著.—石家庄:河北少年儿童出版社,1995.8.—226页:照片;19cm.—(她们与世纪同行丛书)
ISBN 7-5376-1326-5:¥7.40

①I287.5②G414 030291
名人爱国故事/蔡正耀主编.—武汉:华中理工大学出版社,1995.9.—158页;19cm
ISBN 7-5609-1184-6:¥4.80

①I287.5②G624.21 030292
益智益趣故事/靳琼等撰;费嘉等绘.—上海:少年儿童出版社,1995.1.—121页;20cm.—(绘图汉语拼音注音文库)
ISBN 7-5324-2703-X:¥6.60

①I287.5②G624.21 030293
幽默笑话故事/朱家栋撰;孟石初等绘.—上海:少年儿童出版社,1995.1.—121页;20cm.—(绘图汉语拼音注音文库)
ISBN 7-5324-2701-5:¥6.60

①I287.5②G631 030294
中华民族传统美德故事:高中/栾传大编著.—长春:吉林文史出版社,1995.2.—243页;19cm.—(中华民族传统美德教育故事丛书)
ISBN 7-80528-953-0:¥4.80

①I287.5②H125.4 030295
拼音神话故事/肖岩编选.—石家庄:河北少年儿童出版社,1995.1.—123页;19cm.—(拼音故事丛书)
ISBN 7-5376-1267-6:¥3.00

①I287.5②K152 030296
同仇敌忾/阿康,林静如著.—长沙:湖南少年儿童出版社,1995.5.—214页;19cm
ISBN 7-5358-1022-5:¥5.60

①I287.5②K265 030297
热血英魂/周延东,周莲著.—长沙:湖南少年儿童出版社,1995.5.—174页;19cm
ISBN 7-5358-1023-3:¥4.85

①I287.5②K265 030298
中流砥柱/宗介华,铁志英著.—长沙:湖南少年儿童出版社,1995.5.—214页;19cm
ISBN 7-5358-1024-1:¥5.55

①I287.5②K826.2 030299
生命天使:人民医学家林巧稚的故事/郭建尧著.—修订版.—合肥:安徽少年儿童出版社,1995.5.—196页;19cm.—(小学生精品书库·思想品德类)
ISBN 7-5397-1220-1:¥4.50

①I287.5②U-49 030300
轮子的故事/马光复编著.—石家庄:河北教育出版社,1995.6.—79页;19cm.—(小科学家丛书/葛翠琳主编)
ISBN 7-5434-1956-4:¥2.80

I287.6 030301
女孩船:秦文君散文自选集/秦文君著.—合肥:安徽少年儿童出版社,1995.8.—244页;19cm.—(青春风景创作丛书)
ISBN 7-5397-1147-7:¥6.80

I287.6 030302
我想对你说,爸爸妈妈/徐珏等著.—上海:少年儿童出版社,1995.12.—140页;19cm

I287.7 **030400**

威克堡历险/谢徽著.—成都:四川少年儿童出版社,1995.1.—171 页:插图;19cm.—(格格和巴比路系列童话)

ISBN 7-5365-1280-5: ¥3.90

I287.7 **030401**

西瓜房子/常瑞编;沈苑苑绘.—济南:明天出版社,1995.4.—64 页;24cm.—(亲亲七彩童话林/赵镇琬主编)

ISBN 7-5332-1981-3: ¥7.50

I287.7 **030402**

西游小字辈/周锐著.—郑州:海燕出版社,1995.10.—218 页;20cm

ISBN 7-5350-1268-X: ¥6.00

I287.7 **030403**

乡下老鼠和城里老鼠.—海口:海南摄影美术出版社,1995.4.—25 页:彩图;17×18cm.—(新童话大世界丛书;13)

ISBN 7-80571-442-8: ¥2.80

I287.7 **030404**

小聪聪童话集/常聪著.—哈尔滨:黑龙江教育出版社,1995.12.—219 页;19cm

ISBN 7-5316-2833-3: ¥6.00

I287.7 **030405**

小狗狗要当大市长/谢璞著.—长沙:湖南少年儿童出版社,1995.12.—145 页:插图;20cm.—(长篇童话系列)

ISBN 7-5358-1079-9: ¥5.70

I287.7 **030406**

小故事大道理——精彩寓言故事/刘贵富主编.—延吉:延边大学出版社,1995.10.—274 页;19cm

ISBN 7-5634-0809-6: ¥8.00

I287.7 **030407**

小故事大道理——迷人动物故事/刘贵富主编.—延吉:延边大学出版社,1995.10.—278 页;19cm

ISBN 7-5634-0809-6: ¥8.00

I287.7 **030408**

小故事大道理——奇妙童话故事/刘贵富主编.—延吉:延边大学出版社,1995.10.—270 页;19cm

ISBN 7-5634-0809-6: ¥8.00

I287.7 **030409**

小红帽.—海口:海南摄影美术出版社,1995.4.—25 页:彩图;17×18cm.—(新童话大世界丛书;1)

ISBN 7-80571-442-8: ¥2.80

I287.7 **030410**

小花公鸡/严文井著.—修订版.—合肥:安徽少年儿童出版社,1995.2.—96 页;19cm.—(中国著名作家幼儿文学作品集)

ISBN 7-5397-1213-9: ¥3.50

I287.7 **030411**

小木人历险/罗辰生著.—郑州:海燕出版社,1995.5.—98 页;20cm

ISBN 7-5350-1263-9: ¥4.60

I287.7 **030412**

小胖鳄鱼的惊人之旅/张秋生著.—郑州:海燕出版社,1995.10.—150 页;20cm

ISBN 7-5350-1214-0: ¥4.80

I287.7 **030413**

小小谜语/草明编写;王彤等绘.—沈阳:辽宁美术出版社,1995.7.—48 页;17×19cm

ISBN 7-5314-1220-9: ¥3.20

I287.7 **030414**

小学生作文知识童话:动物专辑/王大新著.—郑州:海燕出版社,1995.4.—196 页;17×19cm

ISBN 7-5350-1159-4: ¥4.70

I287.7 **030415**

小猪罗罗的故事/方铁群编;郑建新绘.—济南:明天出版社,1995.4.—64 页;24cm.—(亲亲七彩童话林/赵镇琬主编)

ISBN 7-5332-2189-3: ¥7.50

I287.7 **030416**

新编神话大王/剑云主编;尚亚萍绘 .—北京:京华出版社,1995.2.—237 页;19cm

ISBN 7-80600-071-2: ¥4.90

I287.7 **030417**

新编童话大王/剑云主编;何玉门绘.—北京:京华出版社,1995.2.—241 页;19cm

ISBN 7-80600-072-0: ¥4.90

I287.7 **030418**

新编寓言大王/剑云主编;张立绘.—北京:京华出版社,1995.2.—231 页;19cm

ISBN 7-80600-070-4: ¥4.90

I287.7 **030419**

新潮童话/四川少年儿童出版社编.—成都:四川少年儿童出版社,1995.10.—10 册;19cm

包括《毒蜘蛛之死》等 10 册。

ISBN 7-5365-1484-0(盒装): ¥50.00

I287.7 **030420**

新童话故事/张萌著.—石家庄:河北少年儿童出版社,1995.1.—153 页;19cm

ISBN 7-5376-1274-9: ¥2.75

I287.7 **030421**

寻找快活林/杨红樱著.—重庆:重庆出版社,1995.4.—178 页;19cm

ISBN 7-5366-3075-1: ¥7.05

I287.7 **030422**

爷爷鸟/胡莲娟著;胡莲娟,方敏绘.—广州:新世纪出版社,1995.4.—78 页;21×19cm.—(当代儿童文学佳作选:低幼)

ISBN 7-5405-1096-X: ¥14.00

I287.7 **030423**

一天一个新童话　下册/霍道贤选编.—石家庄:河北少年儿童出版社,1995.1.—346 页;19cm

ISBN 7-5376-1273-0: ¥5.80

I287.7 **030424**

已经消失的动物/史庆礼撰文;于福庚,韩燕绘.—武汉:湖北少年儿童出版社,1995.6.—97 页;26cm.—(动物知识童话)

ISBN 7-5353-1525-9(精装):¥13.00

I287.7　　030425

益智谜语精选:动物谜·人体动作谜·物品谜/华珍编;缪伯绘 .—广州:广东高等教育出版社,1995.9.—128页;19cm

ISBN 7-5361-1727-2:¥4.50

I287.7　　030426

益智谜语精选:植物谜·物品谜/华珍编;缪伯绘 .—广州:广东高等教育出版社,1995.9.—128页;19cm

ISBN 7-5361-1727-2:¥4.50

I287.7　　030427

益智谜语精选:自然现象谜·文字谜/华珍编;缪伯绘 .—广州:广东高等教育出版社,1995.9.—124页;19cm

ISBN 7-5361-1727-2:¥4.50

I287.7　　030428

萤火虫找朋友/孙幼军著.—修订版.—合肥:安徽少年儿童出版社,1995.12.—76页;19cm.—(中国著名作家幼儿文学作品集)

ISBN 7-5397-1209-0:¥3.00

I287.7　　030429

幽默童话/刘培生著.—上海:上海文艺出版社,1995.9.—104页;19cm

ISBN 7-5321-1323-X:¥4.20

I287.7　　030430

幼读百家神话/肖峰,冬梅编.—石家庄:河北少年儿童出版社,1995.7.—122页;20cm.—(幼学启蒙宝库)

ISBN 7-5376-1313-3:¥6.00

I287.7　　030431

幼读百家童话/汪群,肖礼编.—石家庄:河北少年儿童出版社,1995.7.—114页;20cm.—(幼学启蒙宝库)

ISBN 7-5376-1309-5:¥5.65

I287.7　　030432

幼读百家寓言/石源,李月生编.—石家庄:河北少年儿童出版社,1995.7.—114页;20cm.—(幼学启蒙宝库)

ISBN 7-5376-1310-9:¥5.65

I287.7　　030433

幼读古代笑话二百则/周维,陈振洁编撰.—上海:上海社会科学院出版社,1995.4.—219页;19cm

ISBN 7-80618-041-9:¥5.60

I287.7　　030434

幼儿彩图知识童话/刘保法编;唐云辉等绘.—上海:上海教育出版社,1995.12.—1册;17×19cm

ISBN 7-5320-4537-4:¥3.90

I287.7　　030435

幼儿彩图智力童话/缪启明编;王小君等绘.—上海:上海教育出版社,1995.12.—48页;17×19cm

ISBN 7-5320-4538-2:¥3.90

I287.7　　030436

寓言岛/葆劼编著.—大连:辽宁师范大学出版社,1995.1.—150页;19cm.—(少儿益智游乐园;2/于颖新主编)

ISBN 7-81042-038-0:¥3.80

I287.7　　030437

真假格格巴比路/谢徽著.—成都:四川少年儿童出版社,1995.1.—183页:插图;19cm.—(格格和巴比路系列童话)

ISBN 7-5365-1278-3:¥4.00

I287.7　　030438

知识童话故事/鲁克选编.—上海:少年儿童出版社,1995.1.—121页;20cm.—(绘图汉语拼音注音文库)

ISBN 7-5324-2702-1:¥6.60

I287.7　　030439

知识寓言百篇/卢培英著.—2版.—沈阳:辽宁少年儿童出版社,1995.7.—151页;19cm.—(儿童文学中短篇丛书)

ISBN 7-5315-0720-X:¥4.70

I287.7　　030440

中国儿童民间故事选/贺嘉编.—修订版.—合肥:安徽少年儿童出版社,1995.5.—256页;19cm.—(小学生精品书库·文学艺术类)

ISBN 7-5397-1239-2:¥5.80

I287.7　　030441

中国古代动物寓言故事/马达著.—修订版.—合肥:安徽少年儿童出版社,1995.5.—131页;19cm.—(小学生精品书库·文学艺术类)

ISBN 7-5397-1230-9:¥3.80

I287.7　　030442

中国好童话/韩进廉主编.—石家庄:花山文艺出版社,1995.10.—3册;19cm

ISBN 7-80611-170-0(盒装):¥30.00

I287.7　　030443

中国科学寓言/徐强华编.—增订本.—北京:北京少年儿童出版社,1995.1.—457页;19cm

ISBN 7-5301-0391-1:¥7.50

I287.7　　030444

中国民间童话宝典/汪玉良选编.—兰州:甘肃少年儿童出版社,1995.8.—674页;20cm

ISBN 7-5422-1072-6(精装):¥20.00

I287.7　　030445

中国民间寓言宝典/薛贤荣选编.—兰州:甘肃少年儿童出版社,1995.8.—272页;20cm

ISBN 7-5422-1070-X(精装):¥15.00

I287.7　　030446

中国神话故事选/张友臣选编.—大连:大连海事大学出版社,1995.11.—169页;19cm.—(少儿精读丛书)

ISBN 7-5632-0935-2:¥6.50

I287.7　　030447

中国童话大王/张秋生主编.—上海:上海远东出版社,1995.9.—532页;20cm

ISBN 7-80613-140-X(精装):¥15.00

I287.7　　030448

中外儿童文学精品文库:中国童话卷/浦漫汀主编;陶力编.—桂林:广西师范大学出版社,1995.10.—315页;20cm

ISBN 7-5633-2125-X(精装):¥29.00

I287.7　　030449

装扮成狮子的驴.—海口:海南摄影美术出版社,

1995.4.—25 页:彩图;17×18cm.—(新童话大世界丛书;14)
ISBN 7-80571-442-8:¥2.80

I287.7　030450
蟋蟀哥俩/黄庆云著.—修订版.—合肥:安徽少年儿童出版社,1995.12.—97 页;19cm.—(中国著名作家幼儿文学作品集)
ISBN 7-5397-1206-6:¥3.50

①I287.7②H125.4　030451
拼音寓言故事/凤宇编选.—石家庄:河北少年儿童出版社,1995.1.—123 页;19cm.—(拼音故事丛书)
ISBN 7-5376-1265-X:¥3.00

①I287.7②J228.4　030452
小小童话/秀时,石涧编写;尚士勇等绘 .—沈阳:辽宁美术出版社,1995.7.—48 页;17×19cm
ISBN 7-5314-1221-7:¥3.20

①I287.7②J228.4　030453
小小寓言/肖蓉等编写;尚士勇等绘 .—沈阳:辽宁美术出版社,1995.7.—48 页;17×19cm
ISBN 7-5314-1222-5:¥3.20

I287.8　030454
365 夜识字故事　(4)/李璐蕾等编文;陈有群等绘.—上海:少年儿童出版社,1995.8.—62 页;26cm
ISBN 7-5324-2660-7:¥8.80

I287.8　030455
365 夜新故事彩画本/卢玲编辑;徐润润,孔祥文绘.—乌鲁木齐:新疆青少年出版社,1995.11.—2 册;26cm
ISBN 7-5371-2084-6:¥12.80

I287.8　030456
阿凡提智慧宫/王梦娟编写,张军,王伟绘.—西宁:青海人民出版社,1995.12.—218 页:插图;19cm
ISBN 7-225-01100-6:¥7.90

I287.8　030457
八戒当经理/海樱改编;周爱兵绘.—西安:未来出版社,1995.9.—23 页;17×19cm.—(猪八戒外传故事画丛)
ISBN 7-5417-1085-7:¥1.50

I287.8　030458
八戒盖房/寒海改编;杜庆元绘.—西安:未来出版社,1995.9.—28 页;17×19cm.—(猪八戒外传故事画丛)
ISBN 7-5417-1088-1:¥1.90

I287.8　030459
八戒开饭店/海樱改编;张汝为绘.—西安:未来出版社,1995.9.—28 页;17×19cm.—(猪八戒外传故事画丛)
ISBN 7-5417-1086-5:¥1.90

I287.8　030460
笨耗子的故事:梅梅阿姨讲故事/程逸汝编文.—上海:上海画报出版社,1995.8.—22 页;26cm.—(开心鸟丛书·带唱片的图画读物)
ISBN 7-80530-173-5:¥28.00

I287.8　030461
打破砂锅问到底:万物寻源　(2)/完颜绍元等编;费嘉等绘.—上海:少年儿童出版社,1995.1.—63 页;26cm
ISBN 7-5324-2611-4:¥7.00

I287.8　030462
乖乖袋鼠在家里:1 岁~2 岁/张秋生,沈灿编文;胡宁娜,冯忆南绘.—上海:上海人民美术出版社,1995.5.—23 页;17×19cm
ISBN 7-5322-1422-2:¥2.20

I287.8　030463
乖乖小狗出门:1 岁~2 岁/张秋生,沈灿编文;胡宁娜,冯忆南绘.—上海:上海人民美术出版社,1995.5.—23 页;17×19cm
ISBN 7-5322-1424-9:¥2.20

I287.8　030464
乖乖小猴讲卫生:1 岁~2 岁/张秋生,沈灿编文;胡宁娜,冯忆南绘.—上海:上海人民美术出版社,1995.5.—23 页;17×19cm
ISBN 7-5322-1425-7:¥2.20

I287.8　030465
乖乖小熊猫做客:1 岁~2 岁/张秋生,沈灿编文;胡宁娜,冯忆南绘.—上海:上海人民美术出版社,1995.5.—23 页;17×19cm
ISBN 7-5322-1423-0:¥2.20

I287.8　030466
蝴蝶姐姐找家/刘嘉敏,魏公编;绿霞等绘.—西安:陕西人民教育出版社,1995.5.—48 页;17×19cm.—(科学童话:奇妙的世界;7)
本套丛书共 7 册,总定价:32.00 元
ISBN 7-5419-6018-7:¥0.00

I287.8　030467
会飞的灯笼/刘嘉敏,魏公编;绿霞等绘.—西安:陕西人民教育出版社,1995.5.—48 页;17×19cm.—(科学童话:奇妙的世界;3)
本套丛书共 7 册,总定价:32.00 元
ISBN 7-5419-6018-7:¥0.00

I287.8　030468
鹿弟弟看像册/刘嘉敏,魏公编;绿霞等绘.—西安:陕西人民教育出版社,1995.5.—48 页;17×19cm.—(科学童话:奇妙的世界;1)
本套丛书共 7 册,总定价:32.00 元
ISBN 7-5419-6018-7:¥0.00

I287.8　030469
森林联欢会/胡国旺绘编.—银川:宁夏少年儿童出版社,1995.5.—24 页;17×19cm.—(小不点系列·找朋友;4)
本套丛书共 4 册,总定价:7.20 元
ISBN 7-80620-015-0:¥0.00

I287.8　030470
世界儿童科幻故事 365/李可,金霞编文;白小锭,张中良绘.—昆明:云南科技出版社,1995.12.—142 页;18×19cm.—(儿童故事 365 系列/王立科,张中良主编)
ISBN 7-5416-0772-X(精装):¥18.00

I287.8　　030471
松松旅游日记/刘嘉敏,魏公编;绿霞等绘.—西安:陕西人民教育出版社,1995.5.—48页;17×19cm.—(科学童话:奇妙的世界;2)
本套丛书共7册,总定价:32.00元
ISBN 7-5419-6018-7:¥0.00

I287.8　　030472
天鹅姑娘交新友/刘嘉敏,魏公编;绿霞等绘.—西安:陕西人民教育出版社,1995.5.—48页;17×19cm.—(科学童话:奇妙的世界;6)
本套丛书共7册,总定价:32.00元
ISBN 7-5419-6018-7:¥0.00

I287.8　　030473
乌龟船/胡国旺绘编.—银川:宁夏少年儿童出版社,1995.5.—24页;17×19cm.—(小不点系列·找朋友;3)
本套丛书共4册,总定价:7.20元
ISBN 7-80620-015-0:¥0.00

I287.8　　030474
小黄鱼探亲/刘嘉敏,魏公编;绿霞等绘.—西安:陕西人民教育出版社,1995.5.—48页;17×19cm.—(科学童话:奇妙的世界;5)
本套丛书共7册,总定价:32.00元
ISBN 7-5419-6018-7:¥0.00

I287.8　　030475
小老鼠救狮子:外国著名寓言故事/叶光改编;胡萍丽等绘.—北京:农村读物出版社,1995.4.—12页;17×18cm.—(拼音读物)
ISBN 7-5048-2593-X(精装):¥11.80

I287.8　　030476
小企鹅拜访邻居/刘嘉敏,魏公编;绿霞等绘.—西安:陕西人民教育出版社,1995.5.—48页;17×19cm.—(科学童话:奇妙的世界;4)
本套丛书共7册,总定价:32.00元
ISBN 7-5419-6018-7:¥0.00

I287.8　　030477
小羊找妈妈/胡国旺绘编.—银川:宁夏少年儿童出版社,1995.5.—24页;17×19cm.—(小不点系列·找朋友;1)
本套丛书共4册,总定价:7.20元
ISBN 7-80620-015-0:¥0.00

I287.8　　030478
小猪洗澡/胡国旺绘编.—银川:宁夏少年儿童出版社,1995.5.—24页;17×19cm.—(小不点系列·找朋友;2)
本套丛书共4册,总定价:7.20元
ISBN 7-80620-015-0:¥0.00

I287.8　　030479
幼年故事大王:大嘴蛙/赵冰波著;温泉源绘.—上海:少年儿童出版社,1995.1.—69页;17×19cm
ISBN 7-5324-2596-7:¥5.65

I287.8　　030480
猪八戒改错/周宁,人和编绘.—武汉:湖北美术出版社,1995.—48页;17×19cm.—(多彩的儿童故事画库)
ISBN 7-5394-0576-9:¥3.40

①I287.8②G624.214　　030481
谜语故事/吴红编著;张桂琴注音.—北京:北京少年儿童出版社,1995.1.—217页;13cm.—(汉语拼音读物)
ISBN 7-5301-0485-3:¥2.30

①I287.8②H125.4　　030482
拼音童话故事/袁崇清编选.—石家庄:河北少年儿童出版社,1995.1.—156页;19cm.—(拼音故事丛书)
ISBN 7-5376-1268-4:¥3.50

①I287.8②J228.4　　030483
小小故事/凡言编写;天依等绘.—沈阳:辽宁美术出版社,1995.7.—48页;17×19cm
ISBN 7-5314-1219-5:¥3.20

I29　少数民族文学

①I293.66②I267　　030484
阿拜箴言录:汉哈对照/粟周熊,艾克拜尔·米吉提译.—北京:民族出版社,1995.6.—110,136页;20cm
ISBN 7-105-02382-1(精装):¥16.00

I295.2　　030485
白文作品选/杨应新,奚寿鼎编.—昆明:云南民族出版社,1995.4.—114页;19cm
ISBN 7-5367-0985-4:¥2.50

I295.98　　030486
景颇族童话/云南民族出版社景颇文组编.—昆明:云南民族出版社,1995.10.—245页;19cm
ISBN 7-5367-1056-9:¥6.00

I299　宗教文学

I299　　030487
大智度论的故事/龙树菩萨原著;鸠摩罗什,刘欣如译.—广州:花城出版社,1995.8.—383页;20cm.—(佛教与人生丛书)
ISBN 7-5360-2076-7:¥16.30

I299　　030488
禅诗二百首/段晓华选注.—南昌:江西人民出版社,1995.9.—188页;20cm.—(禅文化丛书·第一辑/袁宾主编)
ISBN 7-210-01320-2:¥7.80

I3/7　各国文学

I304　　030489
东方文学名著故事/文殊,帕特主编.—北京:中国国际广播出版社,1995.6.—192页;19cm.—(世界文学名著故事选集之二:少儿版)
ISBN 7-5078-1094-1:¥7.30

I308.5　　030490
亚细亚的明珠/张冬梅,胡玉伟撰稿.—长春:长春出版社,1995.5.—246页;19cm.—(世界名著儿童故事读

本;2:亚洲其它国家卷/曾煜,石晓峰主编)
ISBN 7-80604-234-2:¥7.50

I310.2　030491
中日诗谊/黄铁城等编注.—西安:陕西人民出版社,1995.3.—464页;20cm
ISBN 7-224-03603-X(精装):¥13.10

I312.072　030492
朝鲜古典诗话研究/任范松等著.—延吉:延边大学出版社,1995.3.—289页;20cm
ISBN 7-5634-0793-6:¥8.00

I312.074　030493
朝鲜古典小说叙述模式研究/金宽雄著.—延吉:延边大学出版社,1995.4.—385页;20cm
ISBN 7-5634-0747-2:¥12.00

I312.45　030494
扭曲了的英雄/(韩国)李文烈著;(韩国)金宰民译.—上海:学林出版社,1995.1.—82页;19cm
ISBN 7-80616-093-0:¥4.00

I312.607.4　030495
韩国小说名著鉴赏/崔雄权编著.—延吉:延边大学出版社,1995.10.—370页;20cm
ISBN 7-5634-0812-6:¥16.00

I312.65　030496
圣火/(韩国)安东民著;张琳译.—北京:人民文学出版社,1995.7.—211页;19cm
ISBN 7-02-002113-1:¥7.95

I312.655　030497
中国人是谁/(韩国)吴太东著;金宽植译.—大连:大连出版社,1995.4.—252页;20cm
ISBN 7-80612-106-4:¥8.00

I312.66　030498
在辽阔的海边/(韩国)尹炯斗著;金毅泉,张贤淑译.—北京:东方出版社,1995.8.—225页;20cm
ISBN 7-5060-0632-4:¥15.00

I313.064　030499
长谷川 泉日本文学论著选:森鸥外论考/(日)长谷川泉著;谷学谦译.—长春:时代文艺出版社,1995.6.—451页;20cm
ISBN 7-5387-0895-2(精装):¥19.80

I313.064　030500
鲁迅、创造社与日本文学:中日近现代比较文学初探/(日)伊藤虎丸著;孙猛等译.—北京:北京大学出版社,1995.2.—356页;20cm
ISBN 7-301-02691-9(精装):¥0.00

I313.065　030501
日本现代文章鉴赏/(日)长谷川泉著;林璋译.—南京:译林出版社,1995.4.—174页;19cm
ISBN 7-80567-383-7:¥8.00

I313.09　030502
日本文学史序说/(日)加藤周一著;叶渭渠,唐月梅译.—北京:开明出版社,1995.9.—2册;20cm
ISBN 7-80077-092-3:¥50.00

I313.092　030503
日本文学史话/刘振瀛编著.—北京:商务印书馆,1995.5.—140页;19cm
ISBN 7-100-01509-X:¥5.70

I313.11　030504
清贫赋/高慧勤选编.—石家庄:河北教育出版社,1995.7.—549页;20cm.—(蓝袜子丛书·日本卷)
外国女性文学作品集
ISBN 7-5434-2417-7:¥20.70

I313.15　030505
万里风/(日)中村龙夫著;周良儒译.—杭州:浙江文艺出版社,1995.5.—174页:照片;19cm
ISBN 7-5339-0836-8:¥13.00

I313.2　030506
日本汉诗撷英/王福祥等编.—北京:外语教学与研究出版社,1995.10.—677页;20cm
ISBN 7-5600-1033-4(精装):¥28.00

I313.25　030507
赤松唯俳句选集/(日)赤松唯著;李芒译注.—南京:译林出版社,1995.9.—100页;19cm.—(和歌俳句丛书/李芒主编)
ISBN 7-80567-422-1:¥8.00

I313.25　030508
我们觉醒的一代/(日)野本雄子著;罗兴典译.—南京:译林出版社,1995.4.—101页;19cm
ISBN 7-80567-385-3(精装):¥12.00

I313.35　030509
世阿弥/(日)山崎正和著;王冬兰译.—深圳:海天出版社,1995.12.—136页;19cm
ISBN 7-80615-333-0:¥9.00

I313.45　030510
爱的饥渴·午后曳航/(日)三岛由纪夫著;唐月梅,许金龙译.—北京:作家出版社,1995.3.—344页;20cm.—(三岛由纪夫文学系列)
ISBN 7-5063-0872-X:¥13.20

I313.45　030511
奔马:"丰饶之海"四部曲之二/(日)三岛由纪夫著;许金龙译.—北京:作家出版社,1995.8.—385页;20cm.—(三岛由纪夫文学系列)
ISBN 7-5063-0874-6:¥16.60

I313.45　030512
彩虹梦/(日)森村诚一著;文洁若译.—天津:百花文艺出版社,1995.11.—292页;20cm.—(域外小说新译丛书)
ISBN 7-5306-1004-X:¥11.00

I313.45　030513
春雪:"丰饶之海"四部曲之一/(日)三岛由纪夫著;唐月梅译.—北京:作家出版社,1995.6.—381页;20cm.—(三岛由纪夫文学系列)
ISBN 7-5063-0854-1:¥14.20

I313.45　030514
冬虹/(日)津村节子著;时卫国译.—北京:中国文联出版公司,1995.9.—256页;20cm
ISBN 7-5059-2296-3:¥9.80

I313.45　030515
个人的体验/(日)大江健三郎著;王中忱译.—北京:

光明日报出版社,1995.5.—327页;20cm.—(大江健三郎作品集/叶渭渠主编)
ISBN 7-80091-698-7: ¥14.80

I313.45　　030516
个人的体验/(日)大江健三郎著;王琢译.—北京:中国文联出版公司,1995.6.—328页;20cm
ISBN 7-5059-2263-7: ¥13.80

I313.45　　030517
黑白旅路/(日)夏树静子著;黄来顺译.—广州:花城出版社,1995.5.—316页;20cm
ISBN 7-5360-2054-6: ¥10.80

I313.45　　030518
假面自白·潮骚 /(日)三岛由纪夫著;唐月梅,许金龙译 .—北京:作家出版社,1995.5.—337页;20cm.—(三岛由纪夫文学系列)
ISBN 7-5063-0856-8: ¥12.60

I313.45　　030519
梦断巴蜀:竹川藤太郎和他的《重庆日报》/(日)加藤雅彦著;向蜀珍等译 .—成都:四川人民出版社,1995.8.—270页;19cm
ISBN 7-220-02971-3: ¥9.80

I313.45　　030520
三色猫怪谈/(日)赤川次郎著;宋明清译.—哈尔滨:黑龙江人民出版社,1995.9.—272页;19cm
ISBN 7-207-03289-7: ¥10.80

I313.45　　030521
三色猫狂死曲/(日)赤川次郎著;吕慧珍译.—哈尔滨:黑龙江人民出版社,1995.9.—261页;19cm
ISBN 7-207-03286-2: ¥10.60

I313.45　　030522
三色猫探案/(日)赤川次郎著;陆仁译.—哈尔滨:黑龙江人民出版社,1995.9.—262页;19cm
ISBN 7-207-03285-4: ¥10.80

I313.45　　030523
死者的奢华:中短篇小说集/(日)大江健三郎著;斯海等译.—北京:光明日报出版社,1995.5.—377页;20cm.—(大江健三郎作品集/叶渭渠主编)
ISBN 7-80091-696-0: ¥15.80

I313.45　　030524
天人五衰:"丰饶之海"四部曲之四/(日)三岛由纪夫著;林少华译 .—北京:作家出版社,1995.5.—259页;20cm.—(三岛由纪夫文学系列)
ISBN 7-5063-0857-6: ¥10.20

I313.45　　030525
万延元年的足球队/(日)大江健三郎著;于长敏,王新新译.—北京:光明日报出版社,1995.5.—359页;20cm.—(大江健三郎作品集/叶渭渠主编)
ISBN 7-80091-695-2: ¥14.80

I313.45　　030526
无脸十字架/(日)赤川次郎著;宋明清译.—哈尔滨:黑龙江人民出版社,1995.9.—295页;19cm
ISBN 7-207-03284-6: ¥11.80

I313.45　　030527
晓寺:"丰饶之海"四部曲之三/(日)三岛由纪夫著;刘光宇,徐秉洁译 .—北京:作家出版社,1995.10.—318页;20cm.—(三岛由纪夫文学系列)
ISBN 7-5063-0875-4: ¥13.70

I313.45　　030528
小偷物语/(日)赤川次郎著;宋明清译.—哈尔滨:黑龙江人民出版社,1995.9.—265页;19cm
ISBN 7-207-03287-0: ¥10.60

I313.45　　030529
幽灵同好会/(日)赤川次郎著;宋明清译.—哈尔滨:黑龙江人民出版社,1995.9.—236页;19cm
ISBN 7-207-03288-9: ¥9.60

I313.45　　030530
靓女历险记/(日)斋藤荣著;徐锦峰等译.—北京:人民体育出版社,1995.2.—170页;19cm
ISBN 7-5009-1119-X: ¥6.00

I313.55　　030531
可亲的同学,可爱的中国:一个日本少女眼中的朝鲜战争/(日)法村香音子著;张世俊译.—沈阳:辽宁大学出版社,1995.12.—195页:照片;19cm
ISBN 7-5610-3096-7: ¥10.80

I313.55　　030532
滔滔的松花江:一位日本少女在中国的亲身经历 /(日)内藤玲子著;刘述森译.—上海:少年儿童出版社,1995.7.—151页;19cm
ISBN 7-5324-2716-1: ¥5.40

I313.65　　030533
阿波罗之杯:散文随笔集/(日)三岛由纪夫著;申非等译 .—北京:作家出版社,1995.10.—380页;20cm.—(三岛由纪夫文学系列)
ISBN 7-5063-0873-8: ¥16.30

I313.65　　030534
广岛札记/(日)大江健三郎著;刘光宇等译.—北京:光明日报出版社,1995.5.—363页;20cm.—(大江健三郎作品集/叶渭渠主编)
ISBN 7-80091-699-5: ¥15.80

I313.65　　030535
向世界播种文明的种子:冈松庆久先生通信集/贾蕙萱,李玉编译.—北京:北京大学出版社,1995.5.—302页;20cm
ISBN 7-301-02780-X(精装): ¥0.00

I313.85　　030536
巧克力战争/(日)大石真著;沈振明译.—上海:少年儿童出版社,1995.2.—101页;19cm.—(故事大王丛书·第八辑)
ISBN 7-5324-2675-0: ¥2.60

I313.85　　030537
野性的叫声/(日)椋鸠十著;安伟邦译.—石家庄:河北少年儿童出版社,1995.4.—126页;19cm.—(椋鸠十动物故事)
ISBN 7-5376-1272-2: ¥2.20

I313.87　　030538
蜡笔王国童话　(2)/(日)福永令三著;孟英,李景芳译.—南宁:接力出版社,1995.12.—670页;20cm.—(接力童话世界)

ISBN 7-80581-963-7(精装):¥33.50

I336.076 030539

恨君不似江楼月:泰国梦莉散文鉴赏/古远清编著.—天津:百花文艺出版社,1995.7.—289页;20cm

ISBN 7-5306-1965-9:¥9.60

I336.15 030540

大自然的儿子/(泰国)曾心著.—昆明:云南民族出版社,1995.12.—287页;21cm

ISBN 7-5367-1198-0:¥16.80

I338.15 030541

孟沙文集/孟沙著.—厦门:鹭江出版社,1995.9.—257页;20cm.—(东南亚华文文学大系·马来西亚卷/云里风主编)

ISBN 7-80610-143-8:¥16.60

I338.15 030542

云里风文集/云里风主编.—厦门:鹭江出版社,1995.4.—578页;20cm.—(东南亚华文文学大系·马来西亚卷/云里风主编)

ISBN 7-80610-142-X:¥32.00

I338.4 030543

温瑞安微型武侠小说集/(马来西亚)温瑞安著.—南京:江苏文艺出版社,1995.4.—418页;19cm

ISBN 7-5399-0765-7:¥12.00

I338.45 030544

碧澄文集/碧澄著.—厦门:鹭江出版社,1995.9.—254页;20cm.—(东南亚华文文学大系·马来西亚卷/云里风主编)

ISBN 7-80610-173-X:¥16.40

I338.45 030545

陈政欣文集/陈政欣著.—厦门:鹭江出版社,1995.9.—184页;20cm.—(东南亚华文文学大系·马来西亚卷/云里风主编)

ISBN 7-80610-172-1:¥13.20

I338.45 030546

李忆君文集/李忆君著.—厦门:鹭江出版社,1995.9.—199页;20cm.—(东南亚华文文学大系·马来西亚卷/云里风主编)

ISBN 7-80610-145-4:¥13.75

I338.45 030547

马宦文集/马宦著.—厦门:鹭江出版社,1995.9.—232页;20cm.—(东南亚华文文学大系·马来西亚卷/云里风主编)

ISBN 7-80610-174-8:¥15.25

I338.45 030548

马汉文集/马汉著.—厦门:鹭江出版社,1995.9.—224页;20cm.—(东南亚华文文学大系·马来西亚卷/云里风主编)

ISBN 7-80610-175-6:¥14.90

I338.45 030549

四大名捕战天王:纵横/(马来西亚)温瑞安著.—南京:江苏文艺出版社,1995.3.—503页;19cm.—(武侠小说名家新作)

ISBN 7-5399-0764-9:¥14.00

I338.45 030550

驼铃文集/驼铃著.—厦门:鹭江出版社,1995.9.—206页;20cm.—(东南亚华文文学大系·马来西亚卷/云里风主编)

ISBN 7-80610-146-2:¥14.15

I338.45 030551

温柔一刀/(马来西亚)温瑞安著.—昆明:云南人民出版社,1995.9.—625页;20cm

ISBN 7-222-01842-5:¥23.00

I338.45 030552

曾沛文集/曾沛著.—厦门:鹭江出版社,1995.9.—163页;20cm.—(东南亚华文文学大系·马来西亚卷/云里风主编)

ISBN 7-80610-176-4:¥12.10

I338.65 030553

甄供文集/甄供著.—厦门:鹭江出版社,1995.9.—197页;20cm.—(东南亚华文文学大系·马来西亚卷/云里风主编)

ISBN 7-80610-144-6:¥13.90

I338.85 030554

魔轮:马来西亚儿童文学选/爱薇选编.—上海:少年儿童出版社,1995.10.—160页;19cm

ISBN 7-5324-2650-5:¥7.20

I339.15 030555

陈华淑文集/黄孟文主编.—厦门:鹭江出版社,1995.7.—250页;20cm.—(东南亚华文文学大系·新加坡卷/杨加清主编)

ISBN 7-80610-147-0:¥15.20

I339.15 030556

淡莹文集/黄孟文主编.—厦门:鹭江出版社,1995.7.—185页;20cm.—(东南亚华文文学大系·新加坡卷/杨加清主编)

ISBN 7-80610-154-3:¥12.20

I339.15 030557

黄孟文文集/黄孟文主编.—厦门:鹭江出版社,1995.7.—217页;21cm.—(东南亚华文文学大系·新加坡卷/杨加清主编)

ISBN 7-80610-152-7:¥13.70

I339.15 030558

林高文集/黄孟文主编.—厦门:鹭江出版社,1995.7.—260页;20cm.—(东南亚华文文学大系·新加坡卷/杨加清主编)

ISBN 7-80610-149-7:¥15.60

I339.15 030559

林锦文集/黄孟文主编.—厦门:鹭江出版社,1995.5.—242页;20cm.—(东南亚华文文学大系·新加坡卷/杨加清主编)

ISBN 7-80610-148-9:¥15.00

I339.15 030560

南子文集/黄孟文主编.—厦门:鹭江出版社,1995.7.—240页;21cm.—(东南亚华文文学大系·新加坡卷/杨加清主编)

ISBN 7-80610-150-0:¥14.80

I339.15 030561

王润华文集/黄孟文主编.—厦门:鹭江出版社,

1995.7.—200页;20cm.—(东南亚华文文学大系·新加坡卷/杨加清主编)
ISBN 7-80610-151-9:¥12.75

I339.15　　030562
尤今自选集:散文/(新加坡)尤今著.—石家庄:河北教育出版社,1995.7.—367页:照片;20cm
ISBN 7-5434-2350-2:¥12.80

I339.15　　030563
尤今自选集:小品/(新加坡)尤今著.—石家庄:河北教育出版社,1995.7.—403页:照片;20cm
ISBN 7-5434-2353-7:¥14.10

I339.15　　030564
尤今自选集:小说/(新加坡)尤今著.—石家庄:河北教育出版社,1995.7.—437页:照片;20cm
ISBN 7-5434-2352-9:¥14.90

I339.15　　030565
尤今自选集:游记/(新加坡)尤今著.—石家庄:河北教育出版社,1995.7.—430页:照片;20cm
ISBN 7-5434-2351-0:¥14.80

I339.15　　030566
张挥文集/黄孟文主编.—厦门:鹭江出版社,1995.7.—284页;20cm.—(东南亚华文文学大系·新加坡卷/杨加清主编)
ISBN 7-80610-156-X:¥16.70

I339.15　　030567
周粲文集/黄孟文主编.—厦门:鹭江出版社,1995.7.—210页;20cm.—(东南亚华文文学大系·新加坡卷/杨加清主编)
ISBN 7-80610-153-5:¥13.30

I339.25　　030568
梦的风帆/(新加坡)李龙著.—昆明:云南人民出版社,1995.12.—69页;19cm
ISBN 7-222-01900-6:¥2.50

I339.45　　030569
瑰丽的漩涡/(新加坡)尤今著.—杭州:浙江文艺出版社,1995.12.—226页;19cm
ISBN 7-5339-0652-7:¥7.10

I339.45　　030570
孙爱玲文集/黄孟文主编.—厦门:鹭江出版社,1995.7.—237页;20cm.—(东南亚华文文学大系·新加坡卷/杨加清主编)
ISBN 7-80610-155-1:¥14.40

I339.45　　030571
珠玑巷传奇/(新加坡)李大傻著;南雄珠玑巷人南迁后裔联谊会筹委会编.—广州:暨南大学出版社,1995.6.—246页;19cm.—(珠玑巷丛书;4/吴述超主编)
ISBN 7-81029-408-3:¥10.00

I339.65　　030572
长屋生涯原是梦/(新加坡)尤今著.—杭州:浙江文艺出版社,1995.12.—263页;19cm
ISBN 7-5339-0815-5:¥8.30

I339.65　　030573
回首叫云飞风起/(新加坡)尤今著.—杭州:浙江文艺出版社,1995.12.—245页;19cm
ISBN 7-5339-0838-4:¥7.80

I339.65　　030574
尤今看世界:广场上的舞者/(新加坡)尤今著.—2版.—太原:北岳文艺出版社,1995.6.—325页;19cm
ISBN 7-5378-1170-9:¥9.80

I351.06　　030575
诗人的追述:文论选/(印度)泰戈尔(Tagore,R.)著;倪培耕译.—桂林:漓江出版社,1995.10.—419页;20cm.—(大师文集·泰戈尔卷/倪培耕主编)
ISBN 7-5407-1829-3:¥14.50

I351.06　　030576
诗人的追述:文论选/(印度)泰戈尔(Tagore,R.)著;倪培耕等译.—桂林:漓江出版社,1995.10.—419页;20cm.—(大师文集·泰戈尔卷/倪培耕主编)
ISBN 7-5407-1829-3(精装):¥19.50

①I351.065②K833.515.6　　030577
恒河边的诗哲:泰戈尔传记/(印度)克里巴拉尼著;倪培耕译.—桂林:漓江出版社,1995.12.—465页;20cm.—(大师文集·泰戈尔卷/倪培耕主编)
著者原题:克·克里巴拉尼
ISBN 7-5407-1844-7:¥15.00

I351.15　　030578
泰戈尔文集/刘湛秋主编.—合肥:安徽文艺出版社,1995.6.—4册;20cm
ISBN 7-5396-1315-7:¥36.80

I351.24　　030579
吉檀迦利:散文诗选/(印度)泰戈尔(Tagore,R.)著;冰心,郑振铎译.—桂林:漓江出版社,1995.6.—197页;20cm.—(大师文集·泰戈尔卷/倪培耕主编)
ISBN 7-5407-1756-4:¥8.00

I351.24　　030580
吉檀迦利:散文诗选/(印度)泰戈尔(Tagore,R.)著;冰心,郑振铎译.—桂林:漓江出版社,1995.6.—197页;20cm.—(大师文集·泰戈尔卷/倪培耕主编)
ISBN 7-5407-1756-4(精装):¥13.00

I351.24　　030581
恋歌之河:爱情诗选/(印度)泰戈尔(Tagore,R.)著;白开元译.—桂林:漓江出版社,1995.9.—375页;20cm.—(大师文集·泰戈尔卷/倪培耕主编)
ISBN 7-5407-1809-9(精装):¥18.80

I351.24　　030582
恋歌之河:爱情诗选/(印度)泰戈尔(Tagore,R.)著;白开元译.—桂林:漓江出版社,1995.9.—375页;20cm.—(大师文集·泰戈尔卷/倪培耕主编)
ISBN 7-5407-1809-9:¥13.80

I351.24　　030583
泰戈尔诗选/(印度)泰戈尔(Tagore,R.)著;杨涛,跃坤译.—石家庄:花山文艺出版社,1995.5.—301页;20cm.—(海外名家诗丛)
ISBN 7-80611-267-7(精装):¥16.80

I351.25　　030584
泰戈尔散文诗全集:欣赏本/秦天,玲子编.—北京:中国检察出版社,1995.6.—2册(527页);20cm

ISBN 7-80086-305-0:￥19.80

I351.25 030585

泰戈尔诗选:微思集·随想集·火花集/(印度)泰戈尔(Tagore, R.)著;黄志坤译.—长沙:湖南文艺出版社,1995.4.—191页;20cm

ISBN 7-5404-1371-9:￥5.90

I351.44 030586

素芭:短篇小说选/(印度)泰戈尔(Tagore, R.)著;倪培耕等译.—桂林:漓江出版社,1995.11.—477页;20cm.—(大师文集·泰戈尔卷/倪培耕主编)

ISBN 7-5407-1831-5(精装):￥21.00

I351.44 030587

素芭:短篇小说选/(印度)泰戈尔(Tagore, R.)著;倪培耕等译.—桂林:漓江出版社,1995.11.—477页;20cm.—(大师文集·泰戈尔卷/倪培耕主编)

ISBN 7-5407-1831-5:￥16.00

I351.45 030588

四个人:泰戈尔中短篇小说精选/(印)泰戈尔(Tagore, R.)著;董友忱等译.—北京:华文出版社,1995.4.—357页;20cm.—(金丝带丛书/叶君健,李保初主编)

ISBN 7-5075-0423-9:￥13.80

I351.64 030589

炉火情:泰戈尔谈话录/(印度)黛维夫人著;季羡林译.—桂林:漓江出版社,1995.10.—239页;20cm.—(大师文集·泰戈尔卷/倪培耕主编)

著者原题:梅特丽耶·黛维夫人

ISBN 7-5407-1822-6(精装):￥14.90

I351.87 030590

印度童话/易文诗主编.—北京:北京少年儿童出版社,1995.5.—254页;19cm.—(世界儿童文学丛书)

ISBN 7-5301-0526-4:￥7.80

I362.78 030591

阿凡提笑话集/刘竞编译.—上海:同济大学出版社,1995.1.—297页;20cm

ISBN 7-5608-1419-5:￥17.00

I371.11 030592

四分之一个丈夫/李琛选编.—石家庄:河北教育出版社,1995.7.—485页;20cm.—(蓝袜子丛书·阿拉伯卷)

外国女性文学作品集

ISBN 7-5434-2419-3:￥18.80

I371.87 030593

阿拉伯童话/易文诗主编.—北京:北京少年儿童出版社,1995.5.—350页;19cm.—(世界儿童文学丛书)

ISBN 7-5301-0524-8:￥9.50

I373.22 030594

波斯古代诗选/张鸿年编选;邢秉顺等译.—北京:人民文学出版社,1995.5.—348页;20cm.—(外国文学名著丛书)

ISBN 7-02-002032-1:￥13.05

I378.15 030595

纪伯伦全集/(黎巴嫩)纪伯伦(Gibran, K.)著;伊宏主编.—兰州:甘肃人民出版社,1995.3.—3册;20cm

本套书共3册,总定价:83.00元

ISBN 7-226-01453-X(精装):￥0.00

I378.25 030596

纪伯伦散文诗选/(黎巴嫩)纪伯伦著;吴岩译.—天津:百花文艺出版社,1995.9.—554页;20cm.—(外国名家散文丛书/郑法清,谢大光主编)

著者原题:K.J.纪伯伦

ISBN 7-5306-1714-1:￥17.00

I382.45 030597

婚礼华盖/(以色列)阿格农著;徐新等译.—桂林:漓江出版社,1995.2.—560页;20cm.—(获诺贝尔文学奖作家丛书/刘硕良主编)

著者原题:撒母尔·约瑟夫·阿格农

ISBN 7-5407-1671-1:￥18.00

I382.45 030598

婚礼华盖/(以色列)阿格农著;徐新等译.—桂林:漓江出版社,1995.2.—560页;20cm.—(获诺贝尔文学奖作家丛书/刘硕良主编)

著者原题:撒母尔·约瑟夫·阿格农

ISBN 7-5407-1671-1(精装):￥23.00

I387.7 030599

天方夜谭:少年版/王瑞琴改写.—兰州:甘肃少年儿童出版社,1995.5.—3册(1218页);17×19cm

ISBN 7-5422-1032-7:￥45.00

I408.7 030600

非洲童话/易文诗主编.—北京:北京少年儿童出版社,1995.5.—353页;19cm.—(世界儿童文学丛书)

ISBN 7-5301-0519-1:￥9.50

I413.45 030601

昔日恋人/(利比亚)法格海著;李荣建译.—上海:上海译文出版社,1995.12.—185页;19cm

著者原题:艾哈迈德·易卜拉欣·法海格

ISBN 7-5327-1616-3:￥8.10

I500.74 030602

欧洲小说史/蹇昌槐著.—武汉:武汉大学出版社,1995.4.—441页;20cm

ISBN 7-307-01955-8:￥12.50

I504 030603

曼侬·雷斯戈/梦湖编选.—西宁:青海人民出版社,1995.12.—257页;20cm.—(世界经典情爱小说系列;2)

ISBN 7-225-00971-0:￥11.80

I504 030604

欧洲文学名著故事/文殊,帕特主编 .—北京:中国国际广播出版社,1995.6.—213页;19cm.—(世界文学名著故事选集;1:少儿版)

ISBN 7-5078-1093-3:￥8.00

I508.5 030605

欧罗巴海盗/张云峰,石晓峰主编.—长春:长春出版社,1995.5.—244页;19cm.—(世界名著儿童故事读本;5:欧洲其它国家卷/曾煜,石晓峰主编)

ISBN 7-80604-239-3:￥7.50

I508.7 030606

青蛙姑娘和伤心王子:插图本/星灿,劳白译.—桂

林:漓江出版社,1995.9.—230 页;20cm.—(斯拉夫民间童话精选;2)
ISBN 7-5407-1720-3:¥7.80

I508.7　　030607
下金蛋的母鸡:插图本/星灿,劳白译.—桂林:漓江出版社,1995.9.—210 页;20cm.—(斯拉夫民间童话精选;1)
ISBN 7-5407-1719-X:¥6.80

I510.11　　030608
莫斯科女人/孙美玲选编.—石家庄:河北教育出版社,1995.7.—490 页;20cm.—(蓝袜子丛书·俄苏卷)
外国女性文学作品集
ISBN 7-5434-2413-4:¥19.20

I510.11　　030609
我曾在那个世界里/蒋承俊选编.—石家庄:河北教育出版社,1995.7.—510 页;20cm.—(蓝袜子丛书·东欧卷)
外国女性文学作品集
ISBN 7-5434-2414-2:¥19.50

I512.06　　030610
俄罗斯文学中的女性/徐稚芳著.—北京:北京大学出版社,1995.8.—262 页;19cm.—(女性研究丛书)
ISBN 7-301-02776-1:¥9.80

I512.095　　030611
现代俄罗斯文学史纲/汪介之著.—南京:南京出版社,1995.12.—325 页;20cm
ISBN 7-80614-211-8:¥15.00

I512.14　　030612
普希金文集　第二卷:抒情诗/(俄)普希金著;乌兰汗等译;卢永选编.—北京:人民文学出版社,1995.12.—513 页;20cm
ISBN 7-02-002019-4:¥24.35

I512.14　　030613
普希金文集　第六卷:小说·特写/(俄)普希金著;迎秀等译;卢永选编.—北京:人民文学出版社,1995.12.—641 页;20cm
ISBN 7-02-002023-2:¥29.15

I512.14　　030614
普希金文集　第七卷:文学论文·书信·自传性散文/(俄)普希金著;张铁夫等译;卢永选编.—北京:人民文学出版社,1995.12.—619 页;20cm
ISBN 7-02-002024-0:¥28.55

I512.14　　030615
普希金文集　第三卷:长诗/(俄)普希金著;王士燮等译;卢永选编.—北京:人民文学出版社,1995.12.—569 页;20cm
ISBN 7-02-002020-8:¥26.15

I512.14　　030616
普希金文集　第四卷:童话·戏剧/(俄)普希金著;任溶溶等译;卢永选编.—北京:人民文学出版社,1995.12.—541 页;20cm
ISBN 7-02-002021-6:¥24.95

I512.14　　030617
普希金文集　第五卷:叶甫盖尼·奥涅金 诗体长篇小说/(俄)普希金著;智量译;卢永选编.—北京:人民文学出版社,1995.12.—466 页;20cm
ISBN 7-02-002022-4:¥22.55

I512.14　　030618
普希金文集　第一卷:抒情诗/(俄)普希金著;王士燮等译;卢永选编.—北京:人民文学出版社,1995.12.—520 页;20cm
ISBN 7-02-002018-6:¥25.55

I512.14　　030619
普希金文集:抒情诗二/(俄)普希金(Пушкин,А.С.)著;冯春译.—上海:上海译文出版社,1995.10.—345 页;20cm
ISBN 7-5327-1543-4(精装):¥21.30

I512.14　　030620
普希金文集:抒情诗三/(俄)普希金(Пушкин,А.С.)著;冯春译.—上海:上海译文出版社,1995.10.—305 页;20cm
ISBN 7-5327-1645-7(精装):¥19.80

I512.14　　030621
普希金文集:抒情诗一/(俄)普希金(Пушкин,А.С.)著;冯春译.—上海:上海译文出版社,1995.10.—293 页;20cm
ISBN 7-5327-1492-6(精装):¥20.00

I512.14　　030622
屠格涅夫作品精粹/张瑞安选编.—2 版.—石家庄:河北教育出版社,1995.12.—419 页;20cm.—(世界文学博览丛书/巫宁坤主编)
ISBN 7-5434-0578-4:¥10.80

I512.15　　030623
奥斯特洛夫斯基两卷集/(苏)奥斯特洛夫斯基(Островскдй,Н.А.)著;梅益等译.—2 版.—北京:中国青年出版社,1995.8.—2 册(982 页);20cm
ISBN 7-5006-0500-5(精装):¥31.50

I512.24　　030624
莱蒙托夫诗选/(俄)莱蒙托夫(Лермонтов,М.Ю.)著;骆继光,温小红译.—石家庄:花山文艺出版社,1995.5.—268 页;20cm.—(海外名家诗丛)
ISBN 7-80611-271-5(精装):¥16.80

I512.24　　030625
普希金诗选/(俄)普希金(Пушкин,А.С.)著;王志耕译.—石家庄:花山文艺出版社,1995.5.—326 页;20cm.—(海外名家诗丛)
ISBN 7-80611-272-3(精装):¥16.80

I512.4　　030626
俄国文学名著故事/文殊,帕特主编.—北京:中国国际广播出版社,1995.6.—182 页;19cm.—(世界文学名著故事选集;3:少儿版)
ISBN 7-5078-1095-X:¥7.00

I512.44　　030627
阿列霞/(俄)列斯科夫(Лесков,Н.С.)著;多人译.—北京:人民文学出版社,1995.7.—256 页;19cm.—(俄国女性命运小说十种丛书)
ISBN 7-02-002156-5:¥7.20

I512.44　　030628

爱情/(俄)托尔斯泰(Толстой,А.Н.)著;冯南江,郭家申译.—北京:人民文学出版社,1995.7.—219页;19cm.—(俄国女性命运小说十种丛书)
ISBN 7-02-002151-4:¥6.20

I512.44　030629
安娜·卡列尼娜/(俄)托尔斯泰(Толстой,Л.Н.)著;李东,许钧伟缩写 .—成都:四川人民出版社,1995.7.—206页;20cm.—(世界文学名著精华本)
ISBN 7-220-02852-0:¥8.50

I512.44　030630
白夜/(俄)陀思妥耶夫斯基(Достоевский,Ф.М.)等著;多人译.—北京:人民文学出版社,1995.7.—265页;19cm.—(俄国女性命运小说十种丛书)
ISBN 7-02-002154-9:¥7.20

I512.44　030631
变色龙:契诃夫中短篇小说精选/(俄)契诃夫(Чехов,А.П.)著;汝龙译.—北京:华文出版社,1995.4.—357页;20cm.—(金丝带丛书/叶君健,李保初主编)
ISBN 7-5075-0425-5:¥13.80

I512.44　030632
迟开的花朵/(俄)契诃夫(Чехов,А.П.)著;汝龙译.—北京:人民文学出版社,1995.7.—312页;19cm.—(俄国女性命运小说十种丛书)
ISBN 7-02-002149-2:¥8.20

I512.44　030633
初恋/(俄)屠格涅夫著;萧珊,陈殿兴译 .—北京:人民文学出版社,1995.7.—273页;19cm.—(俄国女性命运小说十种丛书)
ISBN 7-02-002150-6:¥7.50

I512.44　030634
初恋/(俄)屠格涅夫著;丽尼译.—济南:山东文艺出版社,1995.12.—364页;19cm.—(世界文学名著插图本)
ISBN 7-5329-1294-9:¥12.80

I512.44　030635
初恋:屠格涅夫中短篇小说精选/(俄)屠格涅夫(Тургенев,И.С.)著;李永云等译.—北京:华文出版社,1995.4.—360页;20cm.—(金丝带丛书/叶君健,李保初主编)
ISBN 7-5075-0428-X:¥13.80

I512.44　030636
处女地/(俄)屠格涅夫(Тургенев,И.С.)著;黄伟经译.—南昌:百花洲文艺出版社,1995.5.—403页;20cm.—(屠格涅夫小说集)
ISBN 7-80579-537-1(精装):¥15.80

I512.44　030637
当代英雄:插图本/(俄)莱蒙托夫著;周启超译.—桂林:漓江出版社,1995.12.—369页;20cm
ISBN 7-5407-1700-9:¥15.00

I512.44　030638
复活 /(俄)托尔斯泰(Толстой,Л.Н.)著;杨子缩写.—成都:四川人民出版社,1995.7.—179页;20cm.—(世界文学名著精华本)
ISBN 7-220-02852-0:¥8.50

I512.44　030639
哥萨克:中短篇小说:1857~1863/(俄)托尔斯泰(Толстой,Л.Н.)著;草婴译.—上海:上海译文出版社,1995.2.—404页;20cm.—(托尔斯泰文集)
书名原文:Повести и рассказы:1857~1863
ISBN 7-5327-1494-2:¥11.20

I512.44　030640
哥萨克:中短篇小说:1857~1863/(俄)托尔斯泰(Толстой,Л.Н.)著;草婴译.—上海:上海译文出版社,1995.2.—404页;20cm.—(托尔斯泰文集)
ISBN 7-5327-1495-0(精装):¥15.90

I512.44　030641
黑桃皇后/(俄)普希金著;磊然,刘辽逸译.—北京:人民文学出版社,1995.7.—278页;19cm.—(俄国女性命运小说十种丛书)
ISBN 7-02-002141-7:¥7.50

I512.44　030642
火坑:俄国妓女辛酸史/(俄)库谱宁著;张华译.—海拉尔:内蒙古文化出版社,1995.2.—391页;20cm
ISBN 7-80506-379-6:¥12.00

I512.44　030643
克莱采奏鸣曲/(俄)托尔斯泰著;刘辽逸,臧仲伦译.—北京:人民文学出版社,1995.7.—325页;19cm.—(俄国女性命运小说十种丛书)
著者原题:列夫·托尔斯泰
ISBN 7-02-002148-4:¥8.50

I512.44　030644
苦难的历程/(俄)托尔斯泰著;朱雯译;周霞缩改.—济南:明天出版社,1995.9.—374页:插图;19cm.—(世界文豪经典金库:少年版/梅子涵主编)
著者原题:阿·托尔斯泰
ISBN 7-5332-2304-7:¥13.00

I512.44　030645
蓝眼睛的女人/(俄)高尔基(Горький,М.)著;多人译.—北京:人民文学出版社,1995.7.—275页;19cm.—(俄国女性命运小说十种丛书)
ISBN 7-02-002152-2:¥7.50

I512.44　030646
马尔娃/(俄)高尔基(Горький,М.)著;刘文飞译.—桂林:漓江出版社,1995.8.—145页:插图;20cm
ISBN 7-5407-1743-2:¥9.50

I512.44　030647
契诃夫短篇小说选/(俄)契诃夫(Чехов,А.П.)著;汝龙译.—上海:上海译文出版社,1995.6.—537页;20cm.—(俄国古典文学丛书)
ISBN 7-5327-1567-1(精装):¥18.80

I512.44　030648
契诃夫讽刺小说/夏仲翼编选.—上海:上海文艺出版社,1995.9.—180页;19cm.—(世界文学大师小说名作典藏本)
ISBN 7-5321-1380-9:¥9.60

I512.44　030649
契诃夫小说全集　第八卷/(俄)契诃夫(Чехов,А.

П.)著;汝龙译.—上海:上海译文出版社,1995.7.—497页;20cm

ISBN 7-5327-1770-4(精装):￥22.20

I512.44　　　　　　　　　　　　**030650**

契诃夫小说全集　第二卷/(俄)契诃夫(Чехов,А.П.)著;汝龙译.—上海:上海译文出版社,1995.7.—646页;20cm

ISBN 7-5327-1764-X(精装):￥26.90

I512.44　　　　　　　　　　　　**030651**

契诃夫小说全集　第九卷/(俄)契诃夫(Чехов,А.П.)著;汝龙译.—上海:上海译文出版社,1995.7.—537页;20cm

ISBN 7-5327-1771-2(精装):￥23.40

I512.44　　　　　　　　　　　　**030652**

契诃夫小说全集　第六卷/(俄)契诃夫(Чехов,А.П.)著;汝龙译.—上海:上海译文出版社,1995.7.—476页;20cm

ISBN 7-5327-1768-2(精装):￥21.50

I512.44　　　　　　　　　　　　**030653**

契诃夫小说全集　第七卷/(俄)契诃夫(Чехов,А.П.)著;汝龙译.—上海:上海译文出版社,1995.7.—477页;20cm

ISBN 7-5327-1769-0(精装):￥21.50

I512.44　　　　　　　　　　　　**030654**

契诃夫小说全集　第三卷/(俄)契诃夫(Чехов,А.П.)著;汝龙译.—上海:上海译文出版社,1995.7.—501页;20cm

ISBN 7-5327-1765-8(精装):￥22.30

I512.44　　　　　　　　　　　　**030655**

契诃夫小说全集　第十卷/(俄)契诃夫(Чехов,А.П.)著;汝龙译.—上海:上海译文出版社,1995.7.—564页;20cm

ISBN 7-5327-1772-0(精装):￥24.20

I512.44　　　　　　　　　　　　**030656**

契诃夫小说全集　第四卷/(俄)契诃夫(Чехов,А.П.)著;汝龙译.—上海:上海译文出版社,1995.7.—521页;20cm

ISBN 7-5327-1766-6(精装):￥22.90

I512.44　　　　　　　　　　　　**030657**

契诃夫小说全集　第五卷/(俄)契诃夫(Чехов,А.П.)著;汝龙译.—上海:上海译文出版社,1995.7.—517页;20cm

ISBN 7-5327-1767-4(精装):￥22.80

I512.44　　　　　　　　　　　　**030658**

契诃夫小说全集　第一卷/(俄)契诃夫(Чехов,А.П.)著;汝龙译.—上海:上海译文出版社,1995.7.—540页;20cm

ISBN 7-5327-1763-1(精装):￥24.30

I512.44　　　　　　　　　　　　**030659**

上尉的女儿/(俄)普希金(Пушкин,А.С.)著;戴启篁译.—2版.—长沙:湖南文艺出版社,1995.5.—482页;20cm.—(世界文学名著·第二辑)

ISBN 7-5404-1365-4:￥12.30

I512.44　　　　　　　　　　　　**030660**

上尉的女儿/(俄)普希金(Пушкин,А.С.)著.—济南:山东文艺出版社,1995.12.—226页;19cm.—(世界文学名著插图本)

ISBN 7-5329-1295-7:￥8.60

I512.44　　　　　　　　　　　　**030661**

上尉的女儿/(俄)普希金(Пушкин,А.С.)著;冯春,张蕙译.—上海:上海译文出版社,1995.7.—369页;20cm.—(俄国古典文学丛书)

ISBN 7-5327-1584-1:￥9.20

I512.44　　　　　　　　　　　　**030662**

上尉的女儿/(俄)普希金(Пушкин,А.С.)著;冯春,张蕙译.—上海:上海译文出版社,1995.7.—369页;20cm.—(俄国古典文学丛书)

ISBN 7-5327-1585-X(精装):￥13.60

I512.44　　　　　　　　　　　　**030663**

死魂灵/(俄)果戈理(Гоголь,Н.В.)著;陈殿兴,刘广琦译.—2版.—长沙:湖南文艺出版社,1995.5.—424页;20cm.—(世界文学名著·第二辑)

ISBN 7-5404-1364-6:￥11.00

I512.44　　　　　　　　　　　　**030664**

她有罪过吗?/(俄)皮谢姆斯基著;王之译 .—北京:人民文学出版社,1995.7.—356页;19cm.—(俄国女性命运小说十种丛书)

ISBN 7-02-002155-7:￥9.15

I512.44　　　　　　　　　　　　**030665**

怎么办/(俄)车尔尼雪夫斯基(Чернышевский,Н.Г.)著;萧燕,李思贲译.—长沙:湖南文艺出版社,1995.5.—523页;20cm.—(世界文学名著·第二辑)

ISBN 7-5404-1370-0:￥13.20

I512.44　　　　　　　　　　　　**030666**

怎么办?/(俄)车尔尼雪夫斯基著;铎耀编译.—北京:中国文联出版公司,1995.2.—522页;20cm.—(世界文学名著)

ISBN 7-5059-2200-9:￥15.60

I512.44　　　　　　　　　　　　**030667**

战争与和平/(俄)托尔斯泰著;刘辽逸译 .—北京:人民文学出版社,1995.5.—2册(1596页);20cm.—(外国古典文学名著选粹)

著者原题:列夫·托尔斯泰

ISBN 7-02-002167-0:￥43.55

I512.44　　　　　　　　　　　　**030668**

战争与和平/(俄)托尔斯泰(Толстой,Л.Н.)著;子冉缩写 .—成都:四川人民出版社,1995.7.—236页;20cm.—(世界文学名著精华本)

ISBN 7-220-02852-0:￥8.50

I512.44　　　　　　　　　　　　**030669**

战争与和平/(俄)托尔斯泰(Tolstoy,L.)著;师伟,佑强译.—西宁:青海人民出版社,1995.10.—983页;20cm

ISBN 7-225-01109-X(精装):￥42.00

I512.44　　　　　　　　　　　　**030670**

战争与和平/(俄)托尔斯泰(Толстой,Л.Н.)著;草婴译.—上海:上海译文出版社,1995.12.—2册(1634页);20cm

ISBN 7－5327－1773－9(精装)：¥61.40

I512.44 030671

战争与和平　(二)/(俄)托尔斯泰(Толстой,Л.Н.)著;盛震江等译.—长沙:湖南文艺出版社,1995.4.—433～882页;20cm.—(世界文学名著·第二辑)

ISBN 7－5404－1391－3：¥11.50

I512.44 030672

战争与和平　(三)/(俄)托尔斯泰(Толстой,Л.Н.)著;盛震江等译.—长沙:湖南文艺出版社,1995.4.—885～1325页;20cm.—(世界文学名著·第二辑)

ISBN 7－5404－1392－1：¥11.50

I512.44 030673

战争与和平　(四)/(俄)托尔斯泰(Толстой,Л.Н.)著;盛震江等译.—长沙:湖南文艺出版社,1995.4.—1329～1713页;20cm.—(世界文学名著·第二辑)

ISBN 7－5404－1393－X：¥10.20

I512.44 030674

战争与和平　(一)/(俄)托尔斯泰(Толстой,Л.Н.)著;盛震江等译.—长沙:湖南文艺出版社,1995.4.—432页;20cm.—(世界文学名著·第二辑)

ISBN 7－5404－1390－5：¥11.10

I512.44 030675

罪与罚/(俄)陀思妥耶夫斯基(Достоевский,Ф.М.)著;白沙缩写.—成都:四川人民出版社,1995.7.—196页;20cm.—(世界文学名著精华本)

ISBN 7－220－02852－0：¥8.50

I512.44 030676

罪与罚/(俄)陀思妥耶夫斯基(Достоевский,Ф.М.)著;臧仲伦译.—长沙:湖南文艺出版社,1995.5.—662页;20cm.—(世界文学名著;2)

ISBN 7－5404－1363－8：¥16.90

I512.44 030677

罪与罚/(俄)陀思妥耶夫斯基(Достоевский,Ф.М.)著;岳麟译.—上海:上海译文出版社,1995.12.—639页;20cm.—(世界文学名著珍藏本)

ISBN 7－5327－1807－7(精装)：¥34.40

I512.45 030678

暴风雨所诞生的/(苏)奥斯特洛夫斯基著;孙广英译.—北京:中国青年出版社,1995.5.—318页;19cm.—(红帆船丛书·青少年优秀外国文学读物系列)

ISBN 7－5006－1938－3：¥11.60

I512.45 030679

暴风雨中诞生的:插图本/(苏)奥斯特洛夫斯基(Островский,Н.)著;黄树南等译.—桂林:漓江出版社,1995.12.—249页;20cm

本书是《钢铁是怎样炼成的》姊妹篇。

ISBN 7－5407－1847－1(精装)：¥14.20

I512.45 030680

暴风雨中诞生的:插图本/(苏)奥斯特洛夫斯基(Островский,Н.)著;黄树南等译.—桂林:漓江出版社,1995.12.—249页;20cm

本书是《钢铁是怎样炼成的》姊妹篇。

ISBN 7－5407－1847－1：¥9.20

I512.45 030681

底萨河畔/(苏)阿富捷因柯著;张达三,刘健鸣译.—沈阳:春风文艺出版社,1995.1.—182页;19cm.—(前苏联冒险侦破小说丛书/李勤学主编)

ISBN 7－5313－1460－6：¥5.00

I512.45 030682

匪巢覆灭记/(苏)布良采夫著;吴景平译.—沈阳:春风文艺出版社,1995.1.—296页;19cm.—(前苏联冒险侦破小说丛书/李勤学主编)

著者原题:葛·布良采夫

ISBN 7－5313－1460－6：¥7.80

I512.45 030683

钢铁是怎样炼成的/(苏)奥斯特洛夫斯基(Островский,Н.)著;梅益译.—5版.—北京:人民文学出版社,1995.10.—494页;20cm

ISBN 7－02－002205－7：¥21.30

I512.45 030684

钢铁是怎样炼成的/(苏)奥斯特洛夫斯基(Островский,Н.)著;曹缦西,王志棣译.—南京:译林出版社,1995.10.—458页;20cm

据苏联消息出版社1965年版译出

ISBN 7－80567－425－6：¥14.00

I512.45 030685

钢铁是怎样炼成的/(苏)奥斯特洛夫斯基(Островский,Н.)著;曹缦西,王志棣译.—南京:译林出版社,1995.10.—458页;20cm.—(世界文学名著)

ISBN 7－80567－425－6(精装)：¥20.20

I512.45 030686

古丽雅的道路/(苏)伊林娜著;任溶溶译.—深圳:海天出版社,1995.3.—239页;19cm.—(革命英雄主义金典)

著者原题:叶·伊林娜

ISBN 7－80615－144－3：¥7.80

I512.45 030687

莉卡/(俄)布宁,(俄)绥拉菲莫维奇著;多人译.—北京:人民文学出版社,1995.7.—243页;19cm.—(俄国女性命运小说十种丛书)

ISBN 7－02－002153－0：¥6.85

I512.45 030688

秘密路/(苏)布良采夫著;陈复庵,鲁林译.—沈阳:春风文艺出版社,1995.1.—2册(522页);19cm.—(前苏联冒险侦破小说丛书/李勤学主编)

著者原题:葛·布良采夫

ISBN 7－5313－1460－6：¥13.20

I512.45 030689

女人十日谈/(苏)沃兹涅先斯卡娅(Вознесенская,Ю.)著;伊芙,尚实译.—广州:广州出版社,1995.12.—348页;20cm

ISBN 7－80592－391－4：¥16.80

I512.45 030690

普通一兵/(苏)茹尔巴著;金人,陈大维译.—深圳:海天出版社,1995.4.—387页;19cm

著者原题:巴维尔·茹尔巴

ISBN 7－80615－156－7：¥11.70

I512.45　030691
齐瓦哥医生/(俄)帕斯捷尔纳克(Пастернак,Б.Л.)著;顾亚玲缩写.—成都:四川人民出版社,1995.7.—199页;20cm.—(世界文学名著精华本)
ISBN 7-220-02852-0:￥8.50

I512.45　030692
驱魔记/(苏)阿达莫夫著;陈复庵,鲁林译.—沈阳:春风文艺出版社,1995.1.—2册(574页);19cm.—(前苏联冒险侦破小说丛书/李勤学主编)
著者原题:格·阿达莫夫
ISBN 7-5313-1460-6:￥16.80

I512.45　030693
热的雪/(苏)邦达列夫(Бондарев,Ю.)著;朱纯等译.—上海:上海译文出版社,1995.8.—496页;19cm
ISBN 7-5327-1805-0:￥17.10

I512.45　030694
山里的春天/(苏)阿夫吉延柯著;王国庆等译.—沈阳:春风文艺出版社,1995.1.—2册(556页);19cm.—(前苏联冒险侦破小说丛书/李勤学主编)
著者原题:A·阿夫吉延柯
ISBN 7-5313-1460-6:￥13.80

I512.45　030695
铁木儿和他的队伍/(苏)盖达尔著;任溶溶等译.—上海:上海译文出版社,1995.8.—442页;20cm
ISBN 7-5327-1802-6(精装):￥14.80

I512.45　030696
我是11-17号/(苏)阿尔达马茨基著;吉金译.—沈阳:春风文艺出版社,1995.1.—334页;19cm.—(前苏联冒险侦破小说丛书/李勤学主编)
著者原题:弗·阿尔达马茨基
ISBN 7-5313-1460-6:￥8.20

I512.45　030697
一颗铜纽扣/(苏)奥瓦洛夫著;竺光译.—沈阳:春风文艺出版社,1995.1.—338页;19cm.—(前苏联冒险侦破小说丛书/李勤学主编)
著者原题:列夫.奥瓦洛夫
ISBN 7-5313-1460-6:￥8.20

I512.45　030698
真正的人/(苏)波列伏依(Полевой,Б.Н.)著;袁永乐等译.—深圳:海天出版社,1995.1.—359页;19cm.—(革命英雄主义金典)
书名原文:Повесть о настоя шемчеловеке
ISBN 7-80615-139-7:￥12.90

I512.45　030699
真正的人/(苏)波列伏依著;磊然译.—南宁:接力出版社,1995.12.—382页;19cm.—(世界小说名著/刘硕良主编)
ISBN 7-80581-953-X:￥13.00

I512.45　030700
卓娅和舒拉的故事/(苏)科斯莫杰米扬斯卡娅著;苏卓兴,陶薰仁译.—深圳:海天出版社,1995.1.—270页;19cm.—(革命英雄主义金典)
著者原题:柳·科斯莫杰米扬斯卡娅
ISBN 7-80615-151-6:￥10.50

I512.45　030701
卓娅与舒拉:插图本/(苏)科斯莫杰米扬斯卡娅著;李天民,李业勛译.—桂林:漓江出版社,1995.12.—330页;20cm
著者原题:柳·科斯莫杰米扬斯卡娅
ISBN 7-5407-1858-7:￥12.50

I512.45　030702
卓娅与舒拉:插图本/(苏)科斯莫杰米扬斯卡娅著;李天民,李业勛译.—桂林:漓江出版社,1995.12.—330页;20cm
著者原题:柳·科斯莫杰米扬斯卡娅
ISBN 7-5407-1858-7(精装):￥17.50

I512.5　030703
泉源/(苏)斯米尔诺娃著;孟广钧译.—兰州:敦煌文艺出版社,1995.10.—339页;20cm
ISBN 7-80587-316-X:￥11.80

I512.54　030704
群星灿烂的年代:作家回忆录/(俄)巴纳耶夫(Панаев,И.Й.)著;刘敦建译.—上海:上海译文出版社,1995.7.—476页;20cm
ISBN 7-5327-1554-X:￥15.60

I512.55　030705
围困纪事:列宁格勒大血战/(苏)阿达莫维奇,(苏)格拉宁著;思齐等译.—北京:昆仑出版社,1995.9.—659页;20cm
著者原题:A·阿达莫维奇,Д·格拉宁
ISBN 7-80040-027-1:￥29.00

I512.64　030706
普希金散文选/(俄)普希金著;谢天振译.—天津:百花文艺出版社,1995.12.—218页;21cm.—(外国名家散文丛书/郑法清,谢大光主编)
ISBN 7-5306-2183-1:￥9.80

I512.65　030707
阿斯塔菲耶夫散文选/(俄)阿斯塔菲耶夫著;陈淑贤,张大本译.—天津:百花文艺出版社,1995.12.—291页;21cm.—(外国名家散文丛书/郑法清,谢大光主编)
ISBN 7-5306-1894-6:￥12.00

I512.74　030708
克雷洛夫寓言精选/(俄)克雷洛夫(Крылов,И.А.)著;辛未艾译.—上海:上海译文出版社,1995.6.—248页;20cm.—(儿童外国文学精选本)
ISBN 7-5327-1603-1(精装):￥9.80

I512.84　030709
大西洲的沉没/(俄)布雷乔夫著;严信长译.—合肥:安徽少年儿童出版社,1995.5.—171页;20cm.—(名家儿童文学译丛·阿莉萨历险系列;3)
著者原题:基尔·布雷乔夫
ISBN 7-5397-1196-5:￥6.50

I512.84　030710
第三星球的秘密/(俄)布雷乔夫著;严信长译.—合肥:安徽少年儿童出版社,1995.12.—229页;20cm.—(名家儿童文学译丛·阿莉萨历险系列;1)
著者原题:基尔·布雷乔夫
ISBN 7-5397-1189-2:￥8.00

I512.84　030711

柯利亚的日记;维加的故事/(俄)诺索夫著;孔延庚,龙飞等译.—北京:中国青年出版社,1995.5.—276页;19cm.—(红帆船丛书·青少年优秀外国文学读物系列)

著者原题:尼·尼·诺索夫

ISBN 7-5006-1937-5:¥10.50

I512.84　030712

小行星上的俘虏/(俄)布雷乔夫著;严信长译.—合肥:安徽少年儿童出版社,1995.10.—214页;20cm.—(名家儿童文学译丛·阿莉萨历险系列;4)

著者原题:基尔·布雷乔夫

ISBN 7-5397-1195-7:¥7.00

I512.84　030713

智慧飞船"盖多"/(俄)布雷乔夫著;严信长译.—合肥:安徽少年儿童出版社,1995.10.—205页;20cm.—(名家儿童文学译丛·阿莉萨历险系列;2)

著者原题:基尔·布雷乔夫

ISBN 7-5397-1191-4:¥6.50

I512.85　030714

伏尔加河的歌声/崔建军等撰稿.—长春:长春出版社,1995.5.—244页;19cm.—(世界名著儿童故事读本;6:苏俄卷/曾煜,石晓峰主编)

ISBN 7-80604-238-5:¥7.50

I512.87　030715

俄罗斯童话/易文诗主编.—北京:北京少年儿童出版社,1995.5.—329页;19cm.—(世界儿童文学丛书)

ISBN 7-5301-0521-3:¥9.00

I513.074　030716

艾萨克·辛格/(美)爱德华(Alexander,E.)著;汪榕培,任秀桦译.—沈阳:春风文艺出版社,1995.8.—170页;20cm

ISBN 7-5313-1490-8(精装):¥9.00

I513.44　030717

你往何处去/(波兰)显克维奇著;李洪亮译.—桂林:漓江出版社,1995.2.—753页;20cm.—(获诺贝尔文学奖作家丛书/刘硕良主编)

著者原题:亨利克·显克维奇

ISBN 7-5407-1670-3:¥24.60

I513.44　030718

你往何处去/(波兰)显克维奇著;李洪亮译.—桂林:漓江出版社,1995.2.—753页;20cm.—(获诺贝尔文学奖作家丛书/刘硕良主编)

著者原题:亨利克·显克维奇

ISBN 7-5407-1670-3(精装):¥29.00

I513.73　030719

哭泣的铃铛:波兰民间故事/曲桂兰译.—北京:中国国际广播出版社,1995.3.—160页;19cm

ISBN 7-5078-0585-9:¥5.70

I514.45　030720

绞刑架下的报告/(捷)伏契克著;蒋承俊译.—桂林:漓江出版社,1995.8.—211页:照片;20cm

著者原题:尤利乌斯·伏契克

ISBN 7-5407-1703-3:¥11.30

I514.45　030721

绞刑架下的报告:全译本/(捷)伏契克著;刘捷生译.—太原:山西高校联合出版社,1995.11.—280页;20cm

著者原题:尤利乌斯·伏契克

ISBN 7-81032-830-1:¥11.98

I514.55　030722

绞刑架下的报告:全译本/(捷)伏契克著;徐耀宗,白力殳译.—北京:中国青年出版社,1995.8.—153页;20cm

著者原题:尤利乌斯·伏契克

ISBN 7-5006-1995-2:¥12.80

I514.87　030723

山羊明星/(捷)贝德纳尔(Беднар,B.)著;傅石球译.—上海:上海译文出版社,1995.4.—232页;19cm

书名原文:Коза

ISBN 7-5327-1605-8:¥6.00

I515.09　030724

匈牙利文学史/冯植生著.—北京:社会科学文献出版社,1995.5.—276页;20cm

ISBN 7-80050-606-1:¥12.00

I515.24　030725

裴多菲诗选/(匈)裴多菲著;张清福等译.—石家庄:花山文艺出版社,1995.5.—365页;20cm.—(海外名家诗丛)

ISBN 7-80611-266-9(精装):¥16.80

I515.87　030726

猫咪米卡的故事:匈牙利童话集/(俄)拉扎尔编;刘松筠译.—上海:上海译文出版社,1995.2.—229页;19cm.—(东欧童话系列)

著者原题:埃尔温·拉扎尔编

ISBN 7-5327-1573-6:¥6.70

I516.074　030727

贝克特小说研究/卢永茂等著.—开封:河南大学出版社,1995.8.—240页;20cm

ISBN 7-81041-252-3:¥7.50

I516.11　030728

害怕爱情/劳人,宁瑛选编.—石家庄:河北教育出版社,1995.7.—468页;20cm.—(蓝袜子丛书·德语国家卷)

外国女性文学作品集

ISBN 7-5434-2422-3:¥18.00

I516.24　030729

海涅诗选/(德)海涅(Heine,H.)著;靳虎,京宁译.—石家庄:花山文艺出版社,1995.5.—269页;20cm.—(海外名家诗丛)

ISBN 7-80611-270-7(精装):¥16.80

I516.24　030730

海涅抒情诗100首/(德)海涅(Heine,H.)著;杨武能译.—桂林:漓江出版社,1995.7.—197页;20cm

ISBN 7-5407-1714-9:¥8.60

I516.44　030731

少年维特的烦恼/(德)歌德(Goethe,J.W.)著;韩耀成译.—南京:译林出版社,1995.4.—153页;20cm

ISBN 7-80567-379-9:￥4.80

I516.44　　030732

少年维特的烦恼;亲和力/(德)歌德(Goethe,J.W.)著;杨武能等译.—北京:人民文学出版社,1995.8.—388页;20cm.—(世界文学名著文库:珍藏本)

ISBN 7-02-001980-3(精装):￥27.80

I516.44　　030733

威廉·麦斯特的漫游年代/(德)歌德(Goethe,J.W.)著;董问樵译.—上海:上海译文出版社,1995.5.—441页;20cm

书名原文:Wilhelm Melsters Wanderjahre

ISBN 7-5327-1487-X:￥13.10

I516.64　　030734

歌德散文选/(德)歌德著;陈宗显译.—天津:百花文艺出版社,1995.12.—336页;20cm.—(外国名家散文丛书/郑法清,谢大光主编)

著者原题:约翰·歌德

ISBN 7-5306-1908-X:￥13.00

I516.64　　030735

尼采散文选/(德)尼采著;钱春绮译.—天津:百花文艺出版社,1995.12.—326页;21cm.—(外国名家散文丛书/郑法清,谢大光主编)

ISBN 7-5306-1733-8:￥12.00

I516.73　　030736

希腊古典神话/(德)施瓦布(Schwab,G.)著;曹乃云译.—南京:译林出版社,1995.5.—739页;20cm

ISBN 7-80567-500-7:￥24.60

I516.73　　030737

希腊神话英雄/(德)施瓦布著;曹乃云译.—南京:译林出版社,1995.5.—232页;20cm.—(世界神话童话传奇系列)

著者原题:古斯塔夫·施瓦布

ISBN 7-80567-382-9:￥7.00

I516.85　　030738

黑森林的鬼精灵/吴晓峰等撰稿.—长春:长春出版社,1995.5.—243页;19cm.—(世界名著儿童故事读本;7:德国卷/曾煜,石晓峰主编)

ISBN 7-80604-237-7:￥7.50

I516.87　　030739

德国童话/易文诗主编.—北京:北京少年儿童出版社,1995.5.—367页;19cm.—(世界儿童文学丛书)

ISBN 7-5301-0525-6:￥9.30

I516.87　　030740

格林童话全集:旧译重刊/(德)格林兄弟著;魏以新译.—长沙:岳麓书社,1995.5.—707页;19cm

ISBN 7-80520-484-5(精装):￥19.80

I521.072　　030741

纯粹的声音:倾听《杜英诺悲歌》/崔建军著.—北京:东方出版社,1995.12.—267页;20cm.—(东方书林之旅·西江月书系)

ISBN 7-5060-0677-4:￥15.00

I521.44　　030742

城堡 变形记/(奥)卡夫卡(Kafka,F.)著;韩耀成,李文俊译.—杭州:浙江文艺出版社,1995.8.—356页;20cm.—(外国文学名著精品/李文俊主编)

ISBN 7-5339-0732-9(精装):￥18.80

I521.44　　030743

卡夫卡文集/学思主编.—武汉:武汉大学出版社,1995.1.—3册;20cm

ISBN 7-307-01911-6:￥29.80

I521.44　　030744

同情的罪/(奥)茨威格著;沉樱译.—济南:山东文艺出版社,1995.9.—326页;19cm.—(世界文学名著插图本)

ISBN 7-5329-1277-9:￥11.60

I521.45　　030745

茨威格小说全集/(奥)茨威格著;高中甫主编.—西安:西安出版社,1995.10.—3册;20cm.—(世界经典名著)

ISBN 7-80594-228-5:￥69.80

I521.45　　030746

断头艳后:从合欢床开始的悲剧/(奥)茨威格(Zweig,S.)著;刘微亮等译.—北京:光明日报出版社,1995.4.—433页;20cm.—(世界传记文学名著)

据美国纽约瓦伊金出版公司1933年版译出

ISBN 7-80091-680-4:￥15.00

I521.45　　030747

心灵易帜/(奥)索科尔(Szokoll,C.)著;申文林译.—北京:中国电影出版社,1995.11.—401页;20cm

ISBN 7-106-01106-1:￥14.80

I522.45　　030748

春江/(瑞士)赵淑侠著.—石家庄:河北教育出版社,1995.12.—277页;20cm.—(金蜘蛛丛书/戴小华主编)

ISBN 7-5434-2529-7:￥10.50

I533.14　　030749

挑战的手套/(挪威)比昂松著;常力,裴显亚译.—桂林:漓江出版社,1995.12.—392页;20cm.—(获诺贝尔文学奖作家丛书/刘硕良主编)

ISBN 7-5407-1752-1:￥15.20

I533.87　　030750

挪威童话/(挪威)阿斯别约恩生,姆厄编;乔步法,朱荣法译.—上海:上海文艺出版社,1995.6.—738页;20cm

著者原题:彼·阿斯别约恩生,约·姆厄

ISBN 7-5321-1222-5(精装):￥28.30

I534.87　　030751

安徒生童话故事全集:新译本/(丹麦)安徒生(Andersen,H.C.)著;林桦译.—北京:中国少年儿童出版社,1995.9.—4册:插图;20cm

ISBN 7-5007-2762-3(精装):￥88.00

I534.87　　030752

安徒生童话全集/(丹麦)安徒生(Andersen,H.C.)著;叶君健译.—杭州:浙江文艺出版社,1995.2.—4册;20cm.—(世界童话名著)

ISBN 7-5339-0747-7:￥66.00

I534.87　　030753

安徒生童话全集/李新,晓平改编.—长春:吉林摄影出版社,1995.12.—471页;19cm.—(世界名著)

ISBN 7-80606-032-4(精装): ¥17.80

I534.87 030754

丹麦童话/易文诗主编.—北京:北京少年儿童出版社,1995.5.—285页;19cm.—(世界儿童文学丛书)

ISBN 7-5301-0522-1: ¥8.20

I534.87 030755

格林童话全集/李新,晓平改编.—长春:吉林摄影出版社,1995.12.—467页;19cm.—(世界名著)

ISBN 7-80606-033-2(精装): ¥17.80

I540.7 030756

希腊罗马神话和传说:插图本 /(法)默尼耶著;梁启炎译.—桂林:漓江出版社,1995.8.—431页:彩图;20cm

著者原题:马里奥·默尼耶

ISBN 7-5407-1712-2: ¥16.90

I541.87 030757

湖美人:阿尔巴尼亚童话集/(俄罗斯)谢尔科娃编;小楼等译.—上海:上海译文出版社,1995.1.—447页;19cm

著者原题:塔·谢尔科娃

ISBN 7-5327-1483-7: ¥10.50

I545.072 030758

神话·悲剧·《诗学》:对古希腊诗学传统的重新认识/吕新雨著.—上海:复旦大学出版社,1995.12.—158页;20cm.—(复旦大学博士丛书)

ISBN 7-309-01593-2: ¥10.00

I545.22 030759

诗体伊索寓言/宋文富编译.—西安:陕西师范大学出版社,1995.3.—197页;19cm

ISBN 7-5613-1243-1: ¥5.00

I545.25 030760

画眉鸟/(希腊)塞菲里斯著;李野光等译.—桂林:漓江出版社,1995.2.—399页;20cm.—(获诺贝尔文学奖作家丛书/刘硕良主编)

著者原题:乔治·塞菲里斯

ISBN 7-5407-1669-X(精装): ¥18.80

I545.25 030761

画眉鸟/(希腊)塞菲里斯著;李野光等译.—桂林:漓江出版社,1995.2.—399页;20cm.—(获诺贝尔文学奖作家丛书/刘硕良主编)

著者原题:乔治·塞菲里斯

ISBN 7-5407-1669-X: ¥13.80

I545.25 030762

英雄挽歌/(希腊)埃利蒂斯著;李野光译.—桂林:漓江出版社,1995.2.—388页;20cm.—(获诺贝尔文学奖作家丛书/刘硕良主编)

著者原题:奥迪塞乌斯·埃利蒂斯

ISBN 7-5407-0157-9: ¥13.50

I545.25 030763

英雄挽歌/(希腊)埃利蒂斯著;李野光译.—桂林:漓江出版社,1995.2.—388页;20cm.—(获诺贝尔文学奖作家丛书/刘硕良主编)

著者原题:奥迪塞乌斯·埃利蒂斯

ISBN 7-5407-0157-9(精装): ¥18.50

I545.42 030764

俄底修斯历险记/(希腊)荷马原著;葛诗文缩编.—长春:吉林文史出版社,1995.3.—122页;19cm.—(世界名著历险游记故事丛书)

ISBN 7-80528-966-2: ¥4.80

I545.73 030765

觅取金羊毛:希腊神话故事/(苏)斯米尔诺娃编;朱志顺译.—上海:上海译文出版社,1995.6.—128页;19cm

著者原题:B·斯米尔诺娃

ISBN 7-5327-1544-2: ¥3.70

①I545.73②I546.73 030766

希腊罗马神话和传说:插图本/(法)默尼耶著;梁启炎译.—桂林:漓江出版社,1995.8.—431页;20cm.—(外国文学名著插图本系列:法国部分)

著者原题:马里奥·默尼耶

ISBN 7-5407-1712-2(精装): ¥21.90

I545.74 030767

伊索寓言/王汶编译.—天津:新蕾出版社,1995.12.—258页;19cm.—(世界名著)

ISBN 7-5307-1685-9: ¥9.00

I545.74 030768

伊索寓言/王汶编译.—天津:新蕾出版社,1995.12.—258页;19cm.—(世界名著)

ISBN 7-5307-1710-3(精装): ¥12.00

I546.43 030769

十日谈/(意)卜迦丘著;丘林译.—郑州:中原农民出版社,1995.1.—629页;20cm.—(求真套书:世界禁书名著文库)

据前苏联国家文艺出版社1955年等版本译编

ISBN 7-80538-741-9: ¥19.80

I546.45 030770

卡不里岛来信/(意)索尔达蒂著;周智韵译.—合肥:安徽文艺出版社,1995.11.—225页;20cm.—(意大利二十世纪文学丛书 /吕同六主编)

ISBN 7-5396-1353-X: ¥7.40

I546.45 030771

蛇/(意)马莱尔巴著;杨顺详译.—合肥:安徽文艺出版社,1995.6.—160页;20cm.—(意大利二十世纪文学丛书/吕同六主编)

著者原题:路易吉·马莱尔巴

ISBN 7-5396-1242-8: ¥4.10

I546.45 030772

忘却的面具/(意)皮兰德娄著;吴正仪译.—合肥:安徽文艺出版社,1995.6.—271页;20cm.—(意大利二十世纪文学丛书/吕同六主编)

ISBN 7-5396-1243-6: ¥6.80

I546.45 030773

在地狱中游荡:我的日本间谍生涯/(意)阿·维斯帕著;武寒青整理.—北京:中国世界语出版社,1995.6.—163页;19cm

ISBN 7-5052-0241-3: ¥6.80

I546.45 030774

泽诺的意识/(意)斯韦沃(Svevo,I.)著;黄文捷译.—

合肥:安徽文艺出版社,1995.11.—439页;20cm.—(意大利二十世纪文学丛书/吕同六主编)
ISBN 7-5396-1352-1:¥14.20

I546.86　　030775
爱的教育/(意)亚米契斯(Amicis,E.D.)著;夏丏尊译.—上海:华东师范大学出版社,1995.12.—278页;19cm
ISBN 7-5617-1397-5:¥7.00

I546.87　　030776
木偶奇遇记/(意)科洛迪(Collodi,C.)著;祝本雄译.—南京:译林出版社,1995.1.—209页;20cm.—(世界神话童话传奇系列)
书名原文:Le avventure di Pinocchio
据意大利蒙达多里出版社1981年版译出
ISBN 7-80567-412-4:¥5.50

I546.87　　030777
意大利童话/易文诗主编.—北京:北京少年儿童出版社,1995.5.—324页;19cm.—(世界儿童文学丛书)
ISBN 7-5301-0517-5:¥9.00

I551.23　　030778
熙德之歌/段继承译.—北京:中国文联出版公司,1995.10.—205页;20cm
ISBN 7-5059-2189-4:¥9.80

I551.34　　030779
伟大的牵线人/(西班牙)埃切加赖著;沈石岩等译.—桂林:漓江出版社,1995.12.—382页;20cm.—(获诺贝尔文学奖作家丛书/刘硕良主编)
著者原题:何塞·埃切加赖
ISBN 7-5407-1717-3(精装):¥23.00

I551.34　　030780
伟大的牵线人/(西班牙)埃切加赖著;沈石岩等译.—桂林:漓江出版社,1995.12.—382页;20cm.—(获诺贝尔文学奖作家丛书/刘硕良主编)
著者原题:何塞·埃切加赖
ISBN 7-5407-1717-3:¥18.00

I551.43　　030781
堂吉诃德/(西班牙)塞万提斯著;董燕生译.—杭州:浙江文艺出版社,1995.6.—999页;20cm.—(外国文学名著精品:豪华本/李文俊主编)
著者原题:米盖尔·德·塞万提斯·萨维德拉
ISBN 7-5339-0799-X(精装):¥37.60

I551.43　　030782
堂吉诃德/(西班牙)塞万提斯著;董燕生译.—杭州:浙江文艺出版社,1995.6.—994页;19cm.—(外国文学名著精品/李文俊主编)
著者原题:米盖尔·德·塞万提斯·萨维德拉
ISBN 7-5339-0800-7:¥26.60

I551.43　　030783
堂吉诃德/(西班牙)塞万提斯著;屠孟超译.—南京:译林出版社,1995.8.—2册;20cm.—(世界文学名著)
ISBN 7-80567-400-0(精装):¥38.50

I551.43　　030784
堂吉诃德:全译本/(西班牙)塞万提斯著;屠孟超译.—南京:译林出版社,1995.9.—797页;19cm
ISBN 7-80567-421-3:¥22.00

I551.43　　030785
唐吉诃德/(西班牙)塞万提斯(Saavedra,M.C.)著;远达缩写.—成都:四川人民出版社,1995.7.—249页;20cm.—(世界文学名著精华本)
ISBN 7-220-02852-0:¥8.50

I551.43　　030786
唐吉诃德/(西班牙)塞万提斯(Cervantes,M.)著;刘京胜译.—桂林:漓江出版社,1995.10.—1020页;20cm.—(世界幽默文学经典)
ISBN 7-5407-1827-7:¥35.00

I551.44　　030787
茅屋/(西班牙)伊巴涅斯(Ibanez,V.B.)著;赵伐,王宏译.—重庆:重庆出版社,1995.5.—161页;20cm
书名原文:La Barraca
据Prometeo,Valencia,1919年版译出
ISBN 7-5366-3087-5(精装):¥8.50

I551.44　　030788
五月花/(西班牙)伊巴涅斯(Ibanez,V.B.)著;尹承东等译.—重庆:重庆出版社,1995.5.—181页;20cm
书名原文:Flor De Mayo
据Aguilar,Madrid,1969年版译出
ISBN 7-5366-3091-3(精装):¥8.50

I551.44　　030789
血溅斗牛场/(西班牙)伊巴涅斯(Ibanez,V.B.)著;高峰译.—重庆:重庆出版社,1995.5.—308页;20cm
书名原文:Sangre y Arena
据ESPASA-CALPE,S.A.Madrid 1964年版译出
ISBN 7-5366-3090-5(精装):¥13.00

I551.45　　030790
杀人的水库/(西班牙)法那那斯著;钱建平,马红彦译.—长春:吉林人民出版社,1995.8.—93页;19cm
著者原题:米盖尔·法那那斯
ISBN 7-206-02302-9:¥9.80

I551.84　　030791
画童奇遇/(西班牙)莫利娜(Molina,P.L.)著;冯思刚译.—重庆:重庆出版社,1995.9.—99页;20cm
书名原文:EI aprendiz
ISBN 7-5366-3206-1:¥3.80

I552.23　　030792
卢济塔尼亚人之歌/(葡)卡蒙斯著;张维民译.—北京:中国文联出版公司,1995.4.—572页;20cm.—(葡萄牙文学丛书)
著者原题:路易斯·德·卡蒙斯
ISBN 7-5059-2095-2:¥16.50

I552.25　　030793
索菲娅诗选/( )安德雷森著;姚京明译.—石家庄:花山文艺出版社;澳门:澳门文化司署,1995.3.—202页;20cm.—(葡语作家丛书·文学系列;4)
著者原题:索菲亚·安德雷森
ISBN 7-80611-229-4:¥5.50

I552.44　　030794
马亚一家/(葡)盖罗斯著;任吉生,张宝生译.—石家

庄:花山文艺出版社,1995.5.—2 册(853 页);20cm.—(葡语作家丛书·文学系列;6)
著者原题:埃隆·德·盖罗斯
ISBN 7-80611-263-4:¥21.00

I552.44　　030795
一个天使的堕落/(葡)布朗库(Branco,C.C.)著;王锁瑛译.—石家庄:花山文艺出版社,1995.10.—230 页;20cm.—(葡语作家丛书·文学系列;8)
ISBN 7-80611-259-6:¥6.60

I552.45　　030796
短篇小说范例/( )安德雷森著;崔维孝译.—石家庄:花山文艺出版社;澳门:澳门文化司署,1995.10.—94 页;20cm.—(葡语作家丛书·文学系列;9)
著者原题:索菲亚·安德雷森
ISBN 7-80611-260-X:¥3.20

I552.45　　030797
痛苦的晚餐/( )蒙特洛著;陈凤吾译.—石家庄:花山文艺出版社;澳门:澳门文化司署,1995.10.—197 页;20cm.—(葡语作家丛书·文学系列;7)
著者原题:路易斯·蒙特洛
ISBN 7-80611-262-6:¥5.60

I561.063　　030798
莎士比亚新观/黄龙著.—南京:江苏人民出版社,1995.2.—439 页;20cm
ISBN 7-214-01439-4:¥18.00

①I561.07②I712.07　　030799
英美文学名家名著论/吕文斌,陈世丹著.—大连:辽宁师范大学出版社,1995.8.—348 页;19cm
ISBN 7-81042-110-7:¥14.00

I561.073　　030800
莎士比亚文化艺术论/佟立,韩之栋主编.—天津:百花文艺出版社,1995.8.—296 页;20cm
ISBN 7-5306-1904-7:¥12.00

I561.073-54　　030801
中国莎学年鉴/孟宪强主编.—长春:东北师范大学出版社,1995.12.—473 页;20cm
ISBN 7-5602-1747-8:¥18.50

I561.074　　030802
超越传统的新起点:1875~1914/文美惠主编.—北京:中国社会科学出版社,1995.11.—307 页;20cm.—(英国小说研究)
ISBN 7-5004-1685-7:¥13.50

I561.074　　030803
劳伦斯评论集/蒋炳贤编选.—上海:上海文艺出版社,1995.5.—422 页;20cm.—(外国文学研究资料丛书/陈燊主编)
ISBN 7-5321-1217-9:¥12.80

I561.074　　030804
现代主义浪潮下:1914~1945 年/黄梅主编.—北京:中国社会科学出版社,1995.11.—319 页;20cm.—(英国小说研究)
ISBN 7-5004-1638-5:¥13.80

I561.076　　030805
英国散文名篇欣赏:汉英文对照/杨自伍编.—上海:上海外语教育出版社,1995.11.—470 页;20cm
ISBN 7-81046-061-7:¥22.00

I561.076　　030806
英国散文名篇欣赏:汉英文对照/杨自伍编.—上海:上海外语教育出版社,1995.11.—470 页;20cm
ISBN 7-81046-062-5(精装):¥28.00

I561.11　　030807
自己的一间屋/黄梅选编.—石家庄:河北教育出版社,1995.7.—501 页;20cm.—(蓝袜子丛书·英国卷)
外国女性文学作品集
ISBN 7-5434-2416-9:¥19.30

I561.23　　030808
莎士比亚十四行诗全集/(英)莎士比亚(Shakespeare,W.)著;曹明伦译.—桂林:漓江出版社,1995.7.—247 页;20cm
ISBN 7-5407-1734-3:¥11.50

I561.23　　030809
莎士比亚十四行诗全集/(英)莎士比亚(Shakespeare,W.)著;曹明伦译.—桂林:漓江出版社,1995.7.—247 页;20cm
ISBN 7-5407-1734-3(精装):¥16.50

I561.23　　030810
维纳丝与阿多尼/(英)莎士比亚(Shakespeare,W.)著;曹明伦译.—桂林:漓江出版社,1995.8.—124 页;20cm
ISBN 7-5407-1735-1:¥7.00

I561.23　　030811
友谊与爱情:莎士比亚十四行诗欣赏:英汉对照/石宗山,崔健编著.—北京:外文出版社,1995.—169 页;19cm.—(中外名诗系列丛书)
ISBN 7-119-00869-2:¥6.50

I561.24　　030812
勃朗宁夫人诗选/(英)勃朗宁(Braoning,E.B.)著;袁芳远等译.—石家庄:花山文艺出版社,1995.5.—295 页;20cm.—(海外名家诗丛)
ISBN 7-80611-268-5(精装):¥16.80

I561.24　　030813
丁尼生诗选/(英)丁尼生(Tennyson,A.)著;黄杲炘译.—上海:上海译文出版社,1995.6.—302 页;20cm
ISBN 7-5327-1519-1:¥10.80

I561.33　　030814
冬日故事/(英)莎士比亚(Shakespeare,W.)著;孙大雨译.—上海:上海译文出版社,1995.2.—175 页;20cm
ISBN 7-5327-1561-2:¥6.50

I561.33　　030815
冬日故事/(英)莎士比亚(Shakespeare,W.)著;孙大雨译.—上海:上海译文出版社,1995.2.—175 页;20cm
ISBN 7-5327-1562-0(精装):¥12.70

I561.33　　030816
莎士比亚四大悲剧/(英)莎士比亚(Shakespeare,W.)著;孙大雨译.—上海:上海译文出版社,1995.1.—895 页:图;20cm.—(世界文学名著珍藏本)
书名原文:Four tragedies by Shakespeare
ISBN 7-5327-1628-7(精装):¥37.00

I561.33　030817
威尼斯商人/(英)莎士比亚(Shakespeare,W.)著;孙大雨译.—上海:上海译文出版社,1995.2.—114页;20cm
ISBN 7-5327-1564-7(精装):¥11.30

I561.33　030818
威尼斯商人/(英)莎士比亚(Shakespeare,W.)著;孙大雨译.—上海:上海译文出版社,1995.2.—114页;20cm
ISBN 7-5327-1563-9:¥5.00

I561.44　030819
傲慢与偏见/(英)奥斯丁(Austen,J.)著;王科一译.—上海:上海译文出版社,1995.6.—432页;20cm
据Oxford University Press,1948年版译出
ISBN 7-5327-1760-7(精装):¥16.90

I561.44　030820
傲慢与偏见/(英)奥斯汀(Austen,J.)著;孙乃修缩写.—成都:四川人民出版社,1995.7.—165页;20cm.—(世界文学名著精华本)
ISBN 7-220-02852-0:¥8.50

I561.44　030821
傲慢与偏见/(英)奥斯汀(Austen,J.)著;王科一译;萧萍缩改.—济南:明天出版社,1995.9.—301页:插图;19cm.—(世界文豪经典金库:少年版/梅子涵主编)
著者原题:简·奥斯汀
ISBN 7-5332-2302-0:¥11.00

I561.44　030822
巴兰特雷公子/(英)史蒂文生著;周永启,倪庆饩译.—天津:百花文艺出版社,1995.12.—242页;20cm.—(域外小说新译丛书)
著者原题:R.L.史蒂文生
ISBN 7-5306-1924-1:¥11.00

I561.44　030823
勃朗特三姐妹文集/(英)勃朗特著;梁虹译.—长春:时代文艺出版社,1995.5.—2册(896页);20cm
ISBN 7-5387-0887-1:¥29.80

I561.44　030824
大卫·考波菲尔/(英)狄更斯(Dickens,C.)著;李彭恩译.—太原:北岳文艺出版社,1995.1.—940页;19cm
ISBN 7-5378-1391-4:¥22.40

I561.44　030825
浮华世界/(英)萨克雷(Thackeray,W.M.)著;傅勇林缩写.—成都:四川人民出版社,1995.7.—208页;20cm.—(世界文学名著精华本)
ISBN 7-220-02852-0:¥8.50

I561.44　030826
格列佛游记/(英)斯威夫特(Swift,J.)著;杨昊成译.—南京:译林出版社,1995.10.—268页;20cm
ISBN 7-80567-437-X:¥10.00

I561.44　030827
格列佛游记/(英)斯威夫特(Swift,J.)著;杨昊成译.—南京:译林出版社,1995.10.—268页;20cm.—(世界文学名著)
ISBN 7-80567-437-X(精装):¥16.00

I561.44　030828
呼啸山庄/(英)勃朗特(Bronte,E.)著;孙恺祥译.—成都:四川文艺出版社,1995.12.—344页;20cm.—(世界文学名著精品译丛)
ISBN 7-5411-1423-5:¥15.60

I561.44　030829
呼啸山庄/(英)勃朗特(Bronte,E.)著;徐希法,刘万润译.—北京:九洲图书出版社,1995.2.—349页;20cm
ISBN 7-80114-052-4:¥11.80

I561.44　030830
呼啸山庄:注音本/(英)勃朗特(Bronte,E.)原著;董敬之简译.—北京:语文出版社,1995.8.—462页;19cm.—(世界文学名著少儿读本)
ISBN 7-80006-948-6:¥14.00

I561.44　030831
简·爱/(英)勃朗特(Bronte,C.)著;祝庆英译.—上海:上海译文出版社,1995.7.—596页;20cm
ISBN 7-5327-1761-5(精装):¥21.40

I561.44　030832
简·爱/(英)勃朗特(Bronte,C.)著;伍厚恺译.—成都:四川文艺出版社,1995.12.—510页;20cm.—(世界文学名著精品译丛)
ISBN 7-5411-1422-7:¥19.80

I561.44　030833
简·爱/(英)勃朗特(Bronte,C.)著;萧泞译.—长春:长春出版社,1995.5.—560页;20cm.—(新译世界文豪代表作文库)
ISBN 7-80604-300-4(精装):¥23.80

I561.44　030834
简爱/(英)勃朗特(Bronte,C.)著;孙乃修缩写.—成都:四川人民出版社,1995.7.—206页;20cm.—(世界文学名著精华本)
ISBN 7-220-02852-0:¥8.50

I561.44　030835
简爱/(英)勃朗特(Bronte,C.)著;黄淑仁译.—长沙:湖南文艺出版社,1995.5.—500页;20cm.—(世界文学名著·第二辑)
ISBN 7-5404-1369-7:¥12.80

I561.44　030836
金银岛:注音本/(英)史蒂文森(Stevenson,R.S.)原著;刘丽简译.—北京:语文出版社,1995.8.—469页;19cm.—(世界文学名著少儿读本)
ISBN 7-80006-942-7:¥14.30

I561.44　030837
康拉德海洋小说/薛诗绮编选.—上海:上海文艺出版社,1995.9.—210页;19cm.—(世界文学大师小说名作典藏本)
ISBN 7-5321-1368-X:¥10.60

I561.44　030838
利己主义者/(英)梅瑞狄斯(Meredith,G.)著;项星耀译.—上海:上海译文出版社,1995.6.—653页;20cm
ISBN 7-5327-1454-3:¥19.10

I561.44　030839
鲁滨孙漂流记:注音本/(英)笛福(Defoe,D.)原著;

孙怀亮简译.—北京:语文出版社,1995.8.—78页;19cm.—(世界文学名著少儿读本)

ISBN 7-80006-944-3:¥3.40

I561.44　030840

鲁滨逊飘流记/(英)笛福(Defoe,D.)著;卢欣渝译.—北京:中国青年出版社,1995.10.—348页;19cm.—(红帆船丛书·青少年优秀外国文学读物系列)

ISBN 7-5006-1976-6:¥12.50

I561.44　030841

鲁滨逊漂流记/(英)笛福(Defoe,D.)著;办义发,李晓飞缩编.—长春:吉林文史出版社,1995.3.—125页;19cm.—(世界名著历险游记故事丛书)

ISBN 7-80528-964-6:¥5.20

I561.44　030842

鲁宾逊漂流记/(英)笛福(Defoe,D.)著;唐荫荪译.—南宁:接力出版社,1995.12.—367页;19cm.—(世界小说名著/刘硕良主编)

ISBN 7-80581-955-6:¥12.50

I561.44　030843

彭伯利:《傲慢与偏见》续集/(英)坦南特(Tennant,E.)著;孙致礼译.—南京:译林出版社,1995.7.—166页;20cm

ISBN 7-80567-395-0:¥6.00

I561.44　030844

如今世道/(英)泰罗洛普(Trollope,A.)著;秭佩译.—兰州:敦煌文艺出版社,1995.12.—2册(876页);20cm.—(世界名著)

ISBN 7-80587-307-0:¥38.80

I561.44　030845

莎士比亚故事续集:注音本/(英)莎士比亚(Shakespeare,W.)原著;朱孟佳简译.—北京:语文出版社,1995.8.—239页;19cm.—(世界文学名著少儿读本)

ISBN 7-80006-935-4:¥7.90

I561.44　030846

双城记/(英)狄更斯(Dickens,C.)著;石永礼,赵文娟译.—北京:人民文学出版社,1995.5.—388页;20cm

ISBN 7-02-002111-5:¥11.65

I561.44　030847

双城记/(英)狄更斯(Dickens,C.)著;宋兆霖,姚暨荣译.—杭州:浙江文艺出版社,1995.6.—438页;20cm.—(外国文学名著精品:豪华本/李文俊主编)

书名原文:A Tale of Two Cities

ISBN 7-5339-0833-3(精装):¥18.80

I561.44　030848

双城记/(英)狄更斯(Dickens,C.)著;高奋等译.—长沙:湖南文艺出版社,1995.5.—390页;20cm.—(世界文学名著·第二辑)

ISBN 7-5404-1366-2:¥10.40

I561.44　030849

双城记:全译本/(英)狄更斯(Dickens,C.)著;马小弥译.—成都:四川文艺出版社,1995.12.—383页;20cm.—(世界文学名著精品译丛)

ISBN 7-5411-1208-9:¥16.40

I561.44　030850

司各特小说故事总集/(英)司各特(Scott,W.)著;上海文艺出版社编.—上海:上海文艺出版社,1995.12.—882页;19cm

ISBN 7-5321-1246-2(精装):¥28.00

I561.44　030851

苔丝/(英)哈代(Hardy,T.)著;黄宪芳译.—广州:花城出版社,1995.12.—458页;20cm.—(世界女性题材经典名著)

ISBN 7-5360-2129-1:¥17.70

I561.44　030852

诱拐:注音本/(英)史蒂文森(Stevenson,R.L.)原著;赫建国简译.—北京:语文出版社,1995.8.—246页;19cm.—(世界文学名著少儿读本)

ISBN 7-80006-937-0:¥8.00

I561.44　030853

远大前程:注音本/(英)狄更斯(Dickens,C.)原著;李秀莲简译.—北京:语文出版社,1995.8.—387页;19cm.—(世界文学名著少儿读本)

ISBN 7-80006-946-X:¥11.90

I561.44　030854

月亮宝石/(英)柯林斯著;朱秀美译.—南宁:接力出版社,1995.9.—312页;19cm.—(世界小说名著/刘硕良主编)

著者原题:威·柯林斯

ISBN 7-80581-934-3:¥12.00

I561.44　030855

织工马南/(英)爱略特(Eliot,G.)著;曹庸译.—上海:上海译文出版社,1995.4.—250页;19cm

书名原文:Silas Marner

ISBN 7-5327-1580-9:¥5.50

I561.45　030856

阿嘉莎·克莉丝蒂小说选　(10)/三毛主编.—北京:华文出版社,1995.1.—697页;20cm

ISBN 7-5075-0445-X:¥20.00

I561.45　030857

阿嘉莎·克莉丝蒂小说选　(1)/三毛主编.—北京:华文出版社,1995.1.—674页;20cm

ISBN 7-5075-0239-2:¥20.00

I561.45　030858

阿嘉莎·克莉丝蒂小说选　(2)/三毛主编.—北京:华文出版社,1995.1.—678页;20cm

ISBN 7-5075-0417-4:¥20.00

I561.45　030859

阿嘉莎·克莉丝蒂小说选　(3)/三毛主编.—北京:华文出版社,1995.1.—658页;20cm

ISBN 7-5075-0418-2:¥20.00

I561.45　030860

阿嘉莎·克莉丝蒂小说选　(4)/三毛主编.—北京:华文出版社,1995.1.—620页;20cm

ISBN 7-5075-0419-0:¥20.00

I561.45　030861

阿嘉莎·克莉丝蒂小说选　(5)/三毛主编.—北京:

华文出版社,1995.1.—665页;20cm
ISBN 7-5075-0440-9:¥20.00

I561.45 030862
阿嘉莎·克莉丝蒂小说选 (6)/三毛主编.—北京:华文出版社,1995.1.—643页;20cm
ISBN 7-5075-0441-7:¥20.00

I561.45 030863
阿嘉莎·克莉丝蒂小说选 (7)/三毛主编.—北京:华文出版社,1995.1.—702页;20cm
ISBN 7-5075-0442-5:¥20.00

I561.45 030864
阿嘉莎·克莉丝蒂小说选 (8)/三毛主编.—北京:华文出版社,1995.1.—725页;20cm
ISBN 7-5075-0443-3:¥20.00

I561.45 030865
阿嘉莎·克莉丝蒂小说选 (9)/三毛主编.—北京:华文出版社,1995.1.—721页;20cm
ISBN 7-5075-0444-1:¥20.00

I561.45 030866
爱情交易/(英)魏斯顿(Weston,S.)著;苏怡如译.—北京:外文出版社,1995.—186页;17cm.—(爱不释手系列;10)
ISBN 7-119-01732-2:¥5.80

I561.45 030867
白孔雀/(英)劳伦斯(Lawrence,D.H.)著;谢显宁等译.—成都:四川文艺出版社,1995.11.—426页;20cm.—(世界经典文学名著)
ISBN 7-5411-1387-5:¥14.00

I561.45 030868
补心假期/(英)莫提摩(Mortimer,C.)著;胡幼平译.—北京:外文出版社,1995.—186页;17cm.—(爱不释手系列;5)
ISBN 7-119-01726-8:¥5.80

I561.45 030869
船长之恋/(英)温沃丝(Wentworth,S.)著;张文慧译.—北京:外文出版社,1995.—186页;17cm.—(爱不释手系列;7)
ISBN 7-119-01729-2:¥5.80

I561.45 030870
慈禧外记/(英)濮兰德,白克好司著;陈冷汰,陈诒先译;张宪春整理.—珠海:珠海出版社,1995.12.—273页;19cm.—(外国人笔下的清宫秘闻)
ISBN 7-80607-115-6:¥11.00

I561.45 030871
儿子与情人/(英)劳伦斯(Lawrence,D.H.)著;李建,何善强译.—成都:四川文艺出版社,1995.6.—526页;20cm.—(世界经典文学名著)
ISBN 7-5411-1388-3:¥16.00

I561.45 030872
好狗莱希/(英)奈特原著;冯宽译.—兰州:甘肃少年儿童出版社,1995.5.—193页;19cm
著者原题:埃里克·奈特
ISBN 7-5422-1042-4:¥4.20

I561.45 030873
虹/(英)劳伦斯(Lawrence,D.H.)著;史志康等译.—成都:四川文艺出版社,1995.6.—563页;20cm.—(世界经典文学名著)
ISBN 7-5411-1386-7:¥18.50

I561.45 030874
剧院风情/(英)毛姆(Maugham,W.S.)著;俞亢咏译.—上海:上海译文出版社,1995.5.—272页;20cm.—(毛姆文集)
书名原文:Theatre
ISBN 7-5327-1557-4(精装):¥12.40

I561.45 030875
恋爱中的女人/(英)劳伦斯(Lawrence,D.H.)著;李建译.—成都:四川文艺出版社,1995.6.—594页;20cm.—(世界经典文学名著)
ISBN 7-5411-1385-9:¥18.50

I561.45 030876
六月玫瑰/(英)乔登(Jordan,P.)著;张文笙译.—北京:外文出版社,1995.1.—178页;17cm.—(爱不释手系列;1)
书名原文:Mistaken Adversary
ISBN 7-119-01384-X:¥5.80

I561.45 030877
掳心定律/(英)乔登(Jordan,P.)著;林静译.—北京:外文出版社,1995.—186页;17cm.—(爱不释手系列;8)
ISBN 7-119-01730-6:¥5.80

I561.45 030878
明月向晚春/(英)马瑟(Mather,A.)著;陈文君译.—北京:外文出版社,1995.1.—186页;17cm.—(爱不释手系列;4)
书名原文:Guilty
ISBN 7-119-01543-5:¥5.80

I561.45 030879
孽缘/(英)劳伦斯(Lawrence,D.H.)著;李建译.—成都:四川文艺出版社,1995.11.—371页;20cm.—(世界经典文学名著)
ISBN 7-5411-1434-0:¥15.00

I561.45 030880
乾隆英使觐见记/(英)濮兰德,白克好司著;李广生整理.—珠海:珠海出版社,1995.12.—144页;19cm.—(外国人笔下的清宫秘闻)
ISBN 7-80607-117-2:¥12.20

I561.45 030881
人性枷锁/(英)毛姆(Maugham,W.S.)著;斯馨缩写.—成都:四川人民出版社,1995.7.—212页;20cm.—(世界文学名著精华本)
ISBN 7-220-02852-0:¥8.50

I561.45 030882
实习新娘/(英)尼尔斯(Neele,B.)著;林玫君译.—北京:外文出版社,1995.1.—186页;17×11cm.—(爱不释手系列;2)
ISBN 7-119-01382-3:¥5.80

I561.45 030883
误入岐途的女人/(英)劳伦斯(Lawrence,D.H.)著;

李建译.—成都:四川文艺出版社,1995.11.—427页;20cm.—(世界经典文学名著)
ISBN 7-5411-1433-2:¥16.00

I561.45 030884
希特勒档案/(英)戴福顿(Deighton,L.)著;文思译.—郑州:河南人民出版社,1995.1.—422页;19cm
书名原文:Das Hitler-Protokoll
ISBN 7-215-02157-2:¥11.90

I561.45 030885
玄机之桥/(英)虹影著.—昆明:云南人民出版社,1995.8.—450页;20cm.—(她们文学丛书·小说卷)
ISBN 7-222-01834-4:¥17.30

I561.45 030886
血字/(英)柯南道尔著;姚锦镕等译.—南宁:接力出版社,1995.12.—424页;19cm.—(世界小说名著/刘硕良主编)
ISBN 7-80581-954-8:¥14.50

I561.45 030887
玉米的咒语/(英)虹影著.—长春:时代文艺出版社,1995.8.—287页;20cm.—(海外中国女作家丛书/金钟鸣主编)
ISBN 7-5387-0916-9:¥14.40

I561.45 030888
月亮和六便士/(英)毛姆(Mangham,W.S.)著;傅惟慈译.—上海:上海译文出版社,1995.12.—295页;20cm.—(毛姆文集)
ISBN 7-5327-1696-1(精装):¥15.80

I561.45 030889
藻海无边:《简·爱》前篇/(英)里斯(Rhys,J.)著;陈良廷,刘文澜译.—上海:上海译文出版社,1995.8.—150页;20cm
ISBN 7-5327-1809 3(精装):¥11.00

I561.45 030890
紫禁城的黄昏/(英)庄士敦著;众城等译.—珠海:珠海出版社,1995.12.—390页;19cm.—(外国人笔下的清宫秘闻)
ISBN 7-80607-118-0:¥15.60

I561.45 030891
黛丝姑娘/(英)哈代(Hardy,T.)著;周乐诗缩写.—成都:四川人民出版社,1995.7.—224页;20cm.—(世界文学名著精华本)
ISBN 7-220-02852-0:¥8.50

I561.64 030892
普里斯特利散文选/(英)普里斯特利著;林荇译.—天津:百花文艺出版社,1995.12.—237页;20cm.—(外国名家散文丛书/郑法清,谢大光主编)
著者原题:J.B.普里斯特利
ISBN 7-5306-1907-1:¥10.00

I561.65 030893
异乡人手记/(英)虹影著.—昆明:云南人民出版社,1995.8.—296页;20cm.—(她们文学丛书:散文卷)
ISBN 7-222-01823-9:¥10.00

I561.85 030894
雾都玫瑰/潘晓娟等撰稿.—长春:长春出版社,1995.5.—247页;19cm.—(世界名著儿童故事读本;3·英国卷/曾煜,石晓峰主编)
ISBN 7-80604-235-0:¥7.50

I561.87 030895
爱丽丝漫游奇境记/(英)卡罗尔著;容向前等译.—南京:译林出版社,1995.5.—208页;20cm.—(世界神话童话传奇系列)
著者原题:刘易斯·卡罗尔
ISBN 7-80567-384-5:¥6.20

I561.87 030896
水孩子/(英)金斯莱著;周煦良译.—上海:少年儿童出版社,1995.3.—204页;20cm
著者原题:查·金斯莱
ISBN 7-5324-2697-1(精装):¥11.40

I561.87 030897
英国童话/易文诗主编.—北京:北京少年儿童出版社,1995.5.—324页;19cm.—(世界儿童文学丛书)
ISBN 7-5301-0523-X:¥9.00

I561.87 030898
紫色童话/(英)朗格编;徐朴译.—上海:少年儿童出版社,1995.12.—348页:彩图;20cm.—(彩色童话集)
著者原题:安德鲁·朗格
ISBN 7-5324-2857-5(精装):¥21.00

I561.87 030899
紫色童话/(英)朗格编;徐朴译.—上海:少年儿童出版社,1995.12.—348页:彩图;20cm.—(彩色童话集)
著者原题:安德鲁·朗格
ISBN 7-5324-2856-7:¥16.00

I562.15 030900
乔伊斯文集/(爱尔兰)乔伊斯(Joyce,J.)著;安知译.—成都:四川文艺出版社,1995.10.—2册:插图;20cm
ISBN 7-5411-1403-0:¥29.80

I562.44 030901
牛虻/(爱尔兰)伏尼契(Voynich,E.L.)著;古绪满译.—南京:译林出版社,1995.6.—310页;20cm
ISBN 7-80567-389-6:¥9.00

I562.44 030902
牛虻/(爱尔兰)伏尼契(Voynich,E.L.)著;庆学先译.—桂林:漓江出版社,1995.9.—348页;20cm
ISBN 7-5407-1817-X:¥12.50

I562.44 030903
牛虻/(爱尔兰)伏尼契(Voynich,E.L.)著;古绪满译.—南京:译林出版社,1995.6.—310页;20cm.—(世界文学名著)
ISBN 7-80567-389-6(精装):¥14.50

I562.44 030904
牛虻/(爱尔兰)伏尼契(Voynich,E.L.)著;蔡慧译.—上海:上海译文出版社,1995.10.—285页;19cm.—(世界文学名著普及本)
ISBN 7-5327-1823-9:¥8.00

I562.44 030905
牛虻:全译本/(爱尔兰)伏尼契(Voynich,E.L.)著;古绪满译.—南京:译林出版社,1995.6.—258页;19cm

ISBN 7－80567－393－4：￥6.80

I564.45　　030906

俄狄浦斯漂流记/(比利时)博寿(Bauchau,H.)著；韩树站译.—北京：群众出版社，1995.10.—259页；19cm

ISBN 7－5014－1335－5：￥8.80

I565.073　　030907

荒诞、怪异、离奇：法国荒诞派戏剧研究/张容著.—北京：社会科学文献出版社，1995.2.—169页；20cm.—(中国社会科学院青年学者文库/胡绳主编)

ISBN 7－80050－540－5：￥6.00

I565.074　　030908

法国现代小说史/(法)莱蒙(Ralmond,M.)著；徐知免，杨剑译.—上海：上海译文出版社，1995.3.—347页；20cm

书名原文：Le Roman depuis la Revolution

ISBN 7－5327－1400－4：￥9.90

I565.09　　030909

法国文学流派的变迁/吴岳添著.—北京：北京大学出版社，1995.8.—278页；20cm

ISBN 7－301－02718－4：￥14.80

I565.11　　030910

第二性/张容选编.—石家庄：河北教育出版社，1995.7.—645页；20cm.—(蓝袜子丛书·法国卷)

外国女性文学作品集

ISBN 7－5434－2420－7：￥24.80

I565.15　　030911

萨特文集/(法)萨特(Sartre,J.P.)著；秦天，玲子编.—北京：中国检察出版社，1995.8.—3册；20cm

ISBN 7－80086－304－2：￥35.00

I565.24　　030912

雨果诗选：插图本/(法)雨果(Hugo,V.)著；杜青钢译.—桂林：漓江出版社，1995.9.—402页；20cm.—(外国文学名著插图本系列：法国部分)

ISBN 7－5407－1730－0：￥16.00

I565.4　　030913

情人/梦湖编选.—西宁：青海人民出版社，1995.12.—284页；20cm.—(世界经典情爱小说系列；1)

ISBN 7－225－00971－0：￥11.80

I565.43　　030914

巴黎圣母院/(法)雨果著；陈宗宝译.—长沙：湖南文艺出版社，1995.5.—548页；20cm.—(世界文学名著·第二辑)

ISBN 7－5404－1362－X：￥11.80

I565.43　　030915

巴黎圣母院/(法)雨果(Hugo,V.)著；施康强，张新木译.—南京：译林出版社，1995.10.—468页；20cm.—(世界文学名著)

ISBN 7－80567－432－9(精装)：￥21.00

I565.44　　030916

八十天周游世界：注音本/(法)凡尔纳(Verne,J.)原著；玉梅，宋敏简译.—北京：语文出版社，1995.8.—405页；19cm.—(世界文学名著少儿读本)

ISBN 7－80006－917－6：￥12.60

I565.44　　030917

巴尔扎克讽刺小说集/(法)巴尔扎克(Balzac,H.)著；陈原译.—长沙：岳麓书社，1995.12.—394页；19cm

ISBN 7－80520－614－7：￥14.00

I565.44　　030918

邦斯舅舅/(法)巴尔扎克(Balzac,H.)著；许钧译.—南京：译林出版社，1995.4.—296页；20cm

书名原文：Le Cousin Pons

ISBN 7－80567－377－2：￥8.30

I565.44　　030919

包法利夫人/(法)福楼拜(Flaubert,G.)著；蒋思宇译.—郑州：中原农民出版社，1995.1.—374页；20cm.—(求真套书：世界禁书名著文库)

据Lidraire de france,Paris 1921年版译编

ISBN 7－80538－741－9：￥11.00

I565.44　　030920

包法利夫人/(法)福楼拜(Flaubert,G.)著；管筱明译.—长沙：湖南文艺出版社，1995.5.—354页；20cm.—(世界文学名著·第二辑)

ISBN 7－5404－1367－0：￥9.40

I565.44　　030921

冰岛渔夫·菊子夫人/(法)洛蒂(Loti,P.)著；艾珉译.—上海：上海译文出版社，1995.9.—353页；20cm

ISBN 7－5327－1704－6(精装)：￥14.60

I565.44　　030922

冰岛渔夫·菊子夫人/(法)洛蒂(Loti,P.)著；艾珉译.—上海：上海译文出版社，1995.10.—243页；19cm.—(世界文学名著普及本：全译本)

ISBN 7－5327－1800－X：￥7.20

I565.44　　030923

波斯人信札：插图本/(法)孟德斯鸠著；梁守锵，孙鹏译.—桂林：漓江出版社，1995.12.—346页；20cm.—(外国文学名著插图本系列：法国部分)

ISBN 7－5407－1842－0：￥17.50

I565.44　　030924

茶花女/(法)小仲马(Dumas,F.A.)著；石宇译.—长春：长春出版社，1995.5.—294页；20cm.—(新译世界文豪代表作文库)

ISBN 7－80604－302－0(精装)：￥12.80

I565.44　　030925

伏尔泰哲理小说/柳鸣九编选.—上海：上海文艺出版社，1995.9.—194页；19cm.—(世界文学大师小说名作典藏本)

ISBN 7－5321－1359－0：￥10.20

I565.44　　030926

高龙巴：梅里美中短篇小说精选/(法)梅里美(Merimee,P.)著；郑永慧，傅雷译.—北京：华文出版社，1995.4.—367页；20cm.—(金丝带丛书/叶君健，李保初主编)

ISBN 7－5075－0426－3：￥13.80

I565.44　　030927

歌剧魅影/(法)勒胡(Leroux,G.)著；杨力译.—北京：九洲图书出版社，1995.9.—418页；20cm.—(新浪漫小说经典·第一辑/文硕主编)

全套书共5册，总定价：65.00元

ISBN 7-80114-053-2：¥0.00

I565.44 **030928**

海底航行两万里/(法)凡尔纳(Verne,J.)著；张森林译注.—南京：江苏教育出版社，1995.12.—222页；19cm.—(英语世界名著简读丛书)

ISBN 7-5343-2566-8：¥5.90

I565.44 **030929**

海底两万里/(法)凡尔纳原著；李晓飞，苏义发缩编.—长春：吉林文史出版社，1995.3.—134页；19cm.—(世界名著历险游记故事丛书)

ISBN 7-80528-965-4：¥5.00

I565.44 **030930**

海底两万里/(法)凡尔纳(Verne,J.)著；王荣生，曾令富译.—成都：四川人民出版社，1995.5.—2册；19cm.—(英汉选注世界科幻名著精选)

ISBN 7-220-02821-0：¥6.50

I565.44 **030931**

海上劳工 /(法)雨果(Hugo,V.)著；陈乐译.—上海：上海译文出版社，1995.12.—484页；20cm

据 Gallimard 1975 年版译出

ISBN 7-5327-1572-8：¥23.40

I565.44 **030932**

海上劳工：全译本/(法)雨果(Hugo,V.)著；罗玉君译.—成都：四川文艺出版社，1995.12.—396页；20cm.—(世界文学名著精品译丛)

ISBN 7-5411-1257-7：¥16.60

I565.44 **030933**

红与黑/(法)司汤达(Stendhal)著；郝运译.—上海：上海译文出版社，1995.8.—691页；20cm

ISBN 7-5327-1762-3(精装)：¥23.20

I565.44 **030934**

红与黑/(法)司汤达(Stendhal)著；杨德庆等译.—北京：九洲图书出版社，1995.2.—548页；20cm

ISBN 7-80114-051-6：¥17.80

I565.44 **030935**

红与黑/(法)司汤达(Stendlhal)著；亦青译.—长春：长春出版社，1995.5.—603页；20cm.—(新译世界文豪代表作文库)

ISBN 7-80604-301-2(精装)：¥25.80

I565.44 **030936**

环球80天/(法)凡尔纳(Verne,J.)著；吴福临译.—成都：四川人民出版社，1995.5.—231页；19cm.—(英汉选注世界科幻名著精选)

ISBN 7-220-02821-0：¥6.50

I565.44 **030937**

基督山伯爵：全译本/(法)大仲马(Dumas,A.)著；肖娅译.—长春：时代文艺出版社，1995.5.—2册(1302页)；20cm

ISBN 7-5387-0880-4：¥36.80

I565.44 **030938**

嘉尔曼 高龙巴/(法)梅里美(Merimee,P.)著；杨松河译.—南京：译林出版社，1995.1.—195页；20cm

书名原文：Carmen Suivie DE Colomba

据摩纳哥 Editions du Rocher 出版社 1947 年版译出

ISBN 7-80567-409-4：¥5.50

I565.44 **030939**

卡门/(法)梅里美著.—济南：山东文艺出版社，1995.12.—348页；19cm.—(世界文学名著插图本)

ISBN 7-5329-1303-1：¥12.30

I565.44 **030940**

勒沪菊命案/(法)加伯黎奥(Gaboriau,E.)著；郭幼回译.—北京：九洲图书出版社，1995.9.—398页；20cm.—(新浪漫小说经典·第一辑/文硕主编)

全套书共5册，总定价：65.00元

ISBN 7-80114-053-2：¥0.00

I565.44 **030941**

曼侬/(法)普弗(Prevost,A.F.)著；林志芸译.—北京：九洲图书出版社，1995.9.—261页；20cm.—(新浪漫小说经典·第一辑/文硕主编)

全套书共5册，总定价：65.00元

ISBN 7-80114-053-2：¥0.00

I565.44 **030942**

梅里美传奇小说/郑克鲁编选.—上海：上海文艺出版社，1995.9.—162页；19cm.—(世界文学大师小说名作典藏本)

ISBN 7-5321-1334-5：¥9.10

I565.44 **030943**

魔鬼池塘 奥拉斯/(法)乔治桑(Sand,G.)著；郑永慧，罗国林译.—2版.—长沙：湖南文艺出版社，1995.5.—383页；20cm.—(世界文学名著·第二辑)

ISBN 7-5404-1368-9：¥12.10

I565.44 **030944**

娜娜/(法)左拉(Zola,E.)著；赵继阜，王启涛译.—成都：四川文艺出版社，1995.12.—437页；20cm.—(世界文学名著精品译丛)

ISBN 7-5411-1424-3：¥18.60

I565.44 **030945**

娜娜/(法)左拉(Zola,E.)著；王士元译 .—南京：译林出版社，1995.12.—409页；20cm.—(世界文学名著)

据法国 Fasquelle 出版社 1955 年本译出

ISBN 7-80567-471-X：¥13.20

I565.44 **030946**

娜娜/(法)左拉(Zola,E.)著；王士元译.—南京：译林出版社，1995.12.—409页；20cm.—(世界文学名著)

据法国 Fasquelle 出版社 1955 年本译出

ISBN 7-80567-470-1(精装)：¥18.50

I565.44 **030947**

娜娜：全译本/(法)左拉(Zola,E.)著；王士元译.—南京：译林出版社，1995.12.—329页；19cm

ISBN 7-80567-477-9：¥10.50

I565.44 **030948**

陪衬人：左拉中短篇小说精选/(法)左拉(Zola,E.)著；王振孙等译.—北京：华文出版社，1995.4.—360页；20cm.—(金丝带丛书/叶君健，李保初主编)

ISBN 7-5075-0424-7：¥13.80

I565.44 **030949**

漂亮朋友/(法)莫泊桑(Maupassant,G.)著；陈祚敏译.—南京：译林出版社，1995.7.—303页；19cm

据 Librairie Ollendorff 版译出
ISBN 7-80567-388-8:¥8.00

I565.44　　030950
漂亮朋友 /(法)莫泊桑(Maupassant, G.)著;陈祚敏译.—南京:译林出版社,1995.7.—371 页;20cm
ISBN 7-80567-386-1:¥11.00

I565.44　　030951
泣血乡恋/(法)左拉(Zola, E.)著;刘益庾译.—北京:人民文学出版社,1995.8.—504 页;20cm
本书原名《土地》
ISBN 7-02-001935-8:¥18.00

I565.44　　030952
三个火枪手/(法)大仲马(Dumas, A.)著;郝运,王振孙译.—上海:上海译文出版社,1995.6.—625 页;19cm.—(世界文学名著普及本)
书名原文:Les Trois Mousquetaires
ISBN 7-5327-1694-5:¥11.80

I565.44　　030953
三个火枪手/(法)大仲马(Dunas, A.)著;李青崖译;蒋莹缩改.—济南:明天出版社,1995.9.—374 页:插图;19cm.—(世界文豪经典金库:少年版/梅子涵主编)
ISBN 7-5332-2297-0:¥13.00

I565.44　　030954
三剑客/(法)大仲马(Dumas, A.)著;周克希译.—北京:人民文学出版社,1995.11.—2 册(802 页);20cm
书名原文:Les Trois Mousquetaires
ISBN 7-02-002173-5:¥38.15

I565.44　　030955
神秘岛/(法)凡尔纳(Verne, J.)原著;刘积林缩编.—长春:吉林文史出版社,1995.3.—153 页;19cm.—(世界名著历险游记故事丛书)
ISBN 7-80528-968-9:¥5.50

I565.44　　030956
神秘岛/(法)凡尔纳(Verne, J.)著;邱望生译.—成都:四川人民出版社,1995.5.—2 册;19cm.—(英汉选注世界科幻名著精选)
ISBN 7-220-02821-0:¥6.50

I565.44　　030957
失落的庄园/(法)浮尼叶(Fournier, A.)著;王若璧译.—北京:九洲图书出版社,1995.9.—204 页;20cm.—(新浪漫小说经典·第一辑/文硕主编)
全套书共 5 册,总定价:65.00 元
ISBN 7-80114-053-2:¥0.00

I565.44　　030958
十五少年漂流记/(法)凡尔纳著;朱福铮译.—哈尔滨:黑龙江人民出版社,1995.6.—319 页;20cm
著者原题:儒勒·凡尔纳
ISBN 7-207-02908-X:¥9.00

I565.44　　030959
世界主宰者/(法)凡尔纳(Verne, J.)著;文楚安译.—成都:四川人民出版社,1995.5.—172 页;19cm.—(英汉选注世界科幻名著精选)
ISBN 7-220-02821-0:¥6.50

I565.44　　030960
泰蕾丝·拉甘;玛德兰·费拉/(法)左拉著;韩沪麟,罗国林译.—广州:花城出版社,1995.12.—466 页;20cm.—(世界爱情经典名著)
ISBN 7-5360-2116-X:¥19.50

I565.44　　030961
太雷马克历险记/(法)费纳龙(Fenelon, F.S.)著;倪维中,王晔译.—广州:广州出版社,1995.6.—355 页;20cm
ISBN 7-80592-266-7:¥13.00

I565.44　　030962
小法黛特/(法)桑(Sand, G.)著;郑鸿康,郑克鲁译.—济南:山东文艺出版社,1995.9.—356 页;19cm.—(世界文学名著插图本)
ISBN 7-5329-1276-0:¥12.60

I565.44　　030963
羊脂球/(法)莫泊桑(Maupassant, G.)著;吴岳添译.—桂林:漓江出版社,1995.9.—161 页:插图;20cm.—(法国中篇名作精品/许钧主编)
ISBN 7-5407-1819-6:¥10.00

I565.44　　030964
羊脂球:莫泊桑中短篇小说精选/(法)莫泊桑(Maupassant, G.)著;赵少侯等译.—北京:华文出版社,1995.4.—364 页;20cm.—(金丝带丛书/叶君健,李保初主编)
ISBN 7-5075-0430-1:¥13.80

I565.44　　030965
一生/(法)莫泊桑(Maupassant, G.)著;林秀清译.—桂林:漓江出版社,1995.7.—412 页;20cm.—(外国文学名著插图本系列)
ISBN 7-5407-1761-0:¥17.80

I565.44　　030966
一生/(法)莫泊桑(Maupassant, G.)著;林秀清译.—桂林:漓江出版社,1995.7.—412 页;20cm.—(外国文学名著插图本系列)
ISBN 7-5407-1761-0(精装):¥22.80

I565.44　　030967
欲魔/(法)左拉著;刘思明译.—郑州:中原农民出版社,1995.1.—330 页;20cm.—(求真套书:世界禁书名著文库)
据 Fasquelle E, ditions, Paris 1954 年版译编
ISBN 7-80538-741-9:¥10.20

I565.44　　030968
最后一课:都德中短篇小说精选/(法)都德(Daudet, A.)著;赵少侯等译.—北京:华文出版社,1995.4.—364 页;20cm.—(金丝带丛书/叶君健,李保初主编)
ISBN 7-5075-0422-0:¥13.80

I565.44　　030969
忏悔录/(法)卢梭(Rousseau, J.J.)著;蒋行健译.—郑州:中原农民出版社,1995.1.—554 页;20cm.—(求真套书:世界禁书名著文库)
据埃迪逊·博尔达斯 1949 年等版本译编
ISBN 7-80538-741-9:¥16.80

I565.44　　030970
忏悔录/(法)卢梭(Rousseau, J.J.)著;陈筱卿译.—

南京:译林出版社,1995.8.—592页;20cm.—(世界文学名著)

ISBN 7-80567-420-5: ¥17.50

I565.44　030971

忏悔录/(法)卢梭(Rousseau, J. J.)著;陈筱卿译.—南京:译林出版社,1995.8.—592页;20cm.—(世界文学名著)

据 Editions Garnier1964年版译出

ISBN 7-80567-420-5(精装): ¥22.50

I565.44　030972

忏悔录:全译本/(法)卢梭(Rousseau, J. J.)著;陈筱卿译.—南京:译林出版社,1995.10.—475页;19cm

ISBN 7-80567-431-0: ¥14.00

①I565.44②I565.34　030973

大鼻子情圣/(法)罗斯丹(Rostand, E.)著;王若璧译.—北京:九洲图书出版社,1995.9.—340页;20cm.—(新浪漫小说经典·第一辑/文硕主编)

全套书共5册,总定价:65.00元

ISBN 7-80114-053-2: ¥0.00

I565.45　030974

茶花女正传/(法)布代著;程依荣译.—广州:花城出版社,1995.8.—213页;20cm

著者原题:米歇丽·布代

ISBN 7-5360-1953-X: ¥8.40

I565.45　030975

地铁姑娘扎姬/(法)格诺(Queneau, R.)著;陶晓峰,朱福林译.—南京:译林出版社,1995.11.—176页;19cm.—(法国当代文学名著)

ISBN 7-80567-436-1: ¥7.50

I565.45　030976

二十年后/(法)大仲马著;李湄等编译.—北京:中国文联出版公司,1995.1.—2册(1018页);20cm

ISBN 7-5059-2198-3: ¥29.00

I565.45　030977

红百合花/(法)法朗士(France, A.)著;吴岳添,赵家鹤译.—重庆:重庆出版社,1995.12.—355页;19cm

书名原文:Le Lys Rouge

据巴黎卡尔芒—莱维出版社1894年版译出

ISBN 7-5366-3215-0: ¥14.80

I565.45　030978

康熙帝传/(法)白晋著;春林,广建编.—珠海:珠海出版社,1995.12.—362页;19cm.—(外国人笔下的清宫秘闻)

ISBN 7-80607-119-9: ¥14.40

I565.45　030979

马耳他人/(法)博尼什(Borniche, R.)著;胡洪庆译.—上海:上海译文出版社,1995.12.—341页;19cm.—(当代外国通俗小说)

据法国中格拉塞出版社1981年版译出

ISBN 7-5327-1653-8: ¥14.60

I565.45　030980

血手浴金/(法)皮埃尔(Rey, P.)著;陈筱卿译.—北京:中国文联出版公司,1995.6.—473页;20cm

ISBN 7-5059-2247-5: ¥15.85

I565.45　030981

一个郁郁寡欢的国王/(法)吉奥诺(Giono, J.)著;杨剑译.—南京:译林出版社,1995.11.—224页;19cm.—(法国当代文学名著)

ISBN 7-80567-435-3: ¥8.50

I565.47　030982

新婚旅行/(法)莫泊桑(Maupassant, G.)著;郝运,王振孙译.—北京:人民文学出版社,1995.5.—244页;19cm.—(莫泊桑中短篇小说全集)

书名原文:Voyage de Noce

ISBN 7-02-001999-4: ¥6.90

I565.64　030983

卢梭散文选/(法)卢梭著;李平沤译.—天津:百花文艺出版社,1995.12.—284页;21cm.—(外国名家散文丛书/郑法清,谢大光主编)

ISBN 7-5306-2175-0: ¥11.60

I565.64　030984

马尔多罗之歌:全译本/(法)洛特雷阿蒙著;车槿山译.—郑州:河南人民出版社,1995.4.—234页;19cm

ISBN 7-215-03469-0: ¥7.30

I565.64　030985

雨果散文选/(法)雨果著;郑克鲁译.—天津:百花文艺出版社,1995.12.—318页;21cm.—(外国名家散文丛书/郑法清,谢大光主编)

ISBN 7-5306-1855-5: ¥11.60

I565.64　030986

左拉文学书简/(法)左拉著;吴岳添译.—合肥:安徽文艺出版社,1995.9.—359页;20cm.—(外国作家文学书简丛书)

ISBN 7-5396-1265-7: ¥11.50

I565.65　030987

纪德散文选/(法)纪德著;罗国林译.—天津:百花文艺出版社,1995.12.—227页;21cm.—(外国名家散文丛书/郑法清,谢大光主编)

ISBN 7-5306-2011-8: ¥9.00

I565.65　030988

流过记忆/(法)吕大明著.—石家庄:河北教育出版社,1995.12.—331页;20cm.—(金蜘蛛丛书/戴小华主编)

ISBN 7-5434-2537-8: ¥13.00

I565.65　030989

莫斯科日记/(法)罗兰(Rolland, R.)著;周启超译.—桂林:漓江出版社,1995.1.—207页;19cm

ISBN 7-5407-1663-0: ¥5.20

I565.65　030990

莫斯科日记/(法)罗兰著;夏伯铭译.—上海:上海人民出版社,1995.12.—196页;20cm

著者原题:罗曼·罗兰

ISBN 7-208-02141-4: ¥9.00

I565.84　030991

环游地球八十天/(法)凡尔纳原著;姜国,谷英姿缩编.—长春:吉林文史出版社,1995.3.—144页;19cm.—(世界名著历险游记故事丛书)

ISBN 7-80528-967-0: ¥5.20

I565.85　030992
多情的塞纳河/张隽永等撰稿.—长春:长春出版社,1995.5.—246页;19cm.—(世界名著儿童故事读本;4:法国卷/曾煜,石晓峰主编)
ISBN 7-80604-236-9:¥7.50

I565.87　030993
法兰西童话/易文诗主编.—北京:北京少年儿童出版社,1995.5.—361页;19cm.—(世界儿童文学丛书)
ISBN 7-5301-0520-5:¥9.50

I611.06　030994
澳大利亚文学论/黄源深著.—重庆:重庆出版社,1995.6.—251页;20cm
ISBN 7-5366-3216-9(精装):¥14.00

I611.25　030995
悉尼的情思/(澳)林木著.—南京:译林出版社,1995.6.—112页;18cm
ISBN 7-80567-392-6:¥8.00

I611.45　030996
飞去吧,彼得/(澳)马洛夫(Malouf,D.)著;欧阳昱译.—重庆:重庆出版社,1995.1.—103页;20cm
ISBN 7-5366-3000-X(精装):¥4.80

I611.45　030997
浪子/(澳)米勒(Miller,A.)著;李尧译.—重庆:重庆出版社,1995.6.—278页;20cm
书名原文:The Ancestor Game
据企鹅出版公司1992年版译出
ISBN 7-5366-3134-0(精装):¥18.50

I611.45　030998
她看见了两个月亮/(澳)友友著.—长春:时代文艺出版社,1995.8.—287页;20cm.—(海外中国女作家丛书/金钟鸣主编)
ISBN 7-5387-0915-0:¥14.40

I611.45　030999
瞭望塔/(澳)哈罗尔(Harrower,E.)著;陈正发,马祖毅译.—重庆:重庆出版社,1995.6.—238页;20cm
ISBN 7-5366-3100-6(精装):¥15.30

I611.5　031000
黑与白/(澳)摩根(Morgan,S.)著;(新加坡)潘小芬译.—北京:中国青年出版社,1995.4.—538页;20cm
书名原文:Black and White
ISBN 7-5006-1757-7:¥20.00

I612.73　031001
毛利神话与部落传说/(新西兰)安东尼·阿尔珀斯著;涂开益等译.—成都:四川大学出版社,1995.6.—252页;19cm
ISBN 7-5614-1071-9:¥7.00

I711-61　031002
加拿大文学词典:作家专册/王彤福主编.—上海:上海外语教育出版社,1995.4.—303页;19cm
ISBN 7-81009-924-8(精装):¥16.00

I711.11　031003
房中鸟/申慧辉,孙桂荣选编.—石家庄:河北教育出版社,1995.7.—604页;20cm.—(蓝袜子丛书·加拿大卷)
外国女性文学作品集
ISBN 7-5434-2418-5:¥22.60

I711.2　031004
加拿大抒情诗选/朱徽译析.—成都:四川大学出版社,1995.9.—189页;19cm
ISBN 7-5614-0892-7:¥6.50

I711.55　031005
天皇之客:香港沦陷与加拿大战俘/(加拿大)凯姆本(Cambon,k.)著;吴启之译.—北京:民族出版社,1995.5.—165页;20cm
ISBN 7-105-02301-5:¥7.20

I712-43　031006
美国文学教程/胡荫桐,刘树森主编;谭捍卫等编著.—天津:南开大学出版社,1995.8.—606页;20cm
ISBN 7-310-00751-4:¥19.50

I712.072　031007
二十世纪美国诗歌:从庞德到罗伯特·布莱/彭予著.—开封:河南大学出版社,1995.11.—512页;20cm
ISBN 7-81041-240-X:¥18.00

I712.074　031008
美国小说家述评/王誉公等著.—济南:山东大学出版社,1995.9.—323页;20cm
ISBN 7-5607-1500-1:¥10.50

I712.074　031009
美国小说与反小说选评/陈慧,张震久主编.—保定:河北大学出版社,1995.12.—385页;20cm
ISBN 7-81028-332-4:¥16.00

I712.074　031010
约翰·斯坦贝克/(美)弗伦奇(French,W.)著;王义国译.—沈阳:春风文艺出版社,1995.7.—203页;20cm
ISBN 7-5313-1487-8(精装):¥9.80

I712.09　031011
美国文学纲要/贾福林著.—沈阳:辽宁人民出版社,1995.4.—214页;20cm
ISBN 7-205-03323-3:¥7.50

I712.11　031012
我,生为女人/钱满素选编.—石家庄:河北教育出版社,1995.7.—526页;20cm.—(蓝袜子丛书·美国卷)
外国女性文学作品集
ISBN 7-5434-2415-0:¥20.20

I712.14　031013
爱伦·坡集　(上):诗歌与故事/(美)奎恩(Quinn,P.F.)编;曹明伦译.—北京:三联书店,1995.3.—740页;20cm.—(美国文库)
ISBN 7-108-00799-1(精装):¥38.00

I712.14　031014
爱伦·坡集　(下):诗歌与故事/(美)奎恩(Quinn,P.F.)编;曹明伦译.—北京:三联书店,1995.3.—1520页;20cm.—(美国文库)
ISBN 7-108-00799-1(精装):¥38.00

I712.15　031015
陈香梅文集/金宏达,于青编.—合肥:安徽文艺出版社,1995.8.—4册;20cm
ISBN 7-5396-1314-9:¥56.00

I712.24　031016
惠特曼诗选/(美)惠特曼(Whitman,W.)著;刘唤群等译 .—石家庄:花山文艺出版社,1995.5.—343 页;20cm.—(海外名家诗丛)
ISBN 7-80611-269-3(精装):¥16.80

I712.25　031017
生命默想:当代美国诗坛一瞥/(美)林茨迈尔著;姬玉珊,白延雷选注.—兰州:兰州大学出版社,1995.7.—204 页;19cm
著者原题:约瑟夫·林茨迈尔
ISBN 7-311-00862-X:¥6.60

I712.25　031018
悠悠楚客情/(美)黄天楚著.—合肥:安徽文艺出版社,1995.7.—128 页;19cm.—(海外华人诗丛/宋煦谦主编)
ISBN 7-5396-1249-5:¥4.50

I712.35　031019
奥尼尔集　(上):1932~1943/(美)博加德编;汪义群等译.—北京:三联书店,1995.5.—723 页;20cm.—(美国文库)
著者原题:特拉维斯·博加德
ISBN 7-108-00758-4(精装):¥35.00

I712.35　031020
奥尼尔集　(下):1932~1943/(美)博加德编;汪义群等译.—北京:三联书店,1995.5.—569 页;20cm.—(美国文库)
著者原题:特拉维斯·博加德
ISBN 7-108-00758-4(精装):¥28.00

I712.44　031021
哈克贝恩历险记/(美)马克·吐温著;蒋蕾缩编.—长春:吉林文史出版社,1995.3.—176 页;19cm.—(世界名著历险游记故事丛书)
ISBN 7-80528-963-8:¥6.00

I712.44　031022
赫克尔贝里·芬历险记/(美)马克·吐温著;许汝祉译.—南京:译林出版社,1995.7.—332 页;20cm.—(世界文学名著)
ISBN 7-80567-439-6(精装):¥16.00

I712.44　031023
赫克尔贝里·芬历险记/(美)马克·吐温著;许汝祉译.—南京:译林出版社,1995.7.—332 页;20cm
ISBN 7-80567-441-8:¥11.50

I712.44　031024
红色的英勇勋章/(美)克莱恩著;徐齐平,薛琛译.—北京:中国青年出版社,1995.5.—173 页;19cm.—(红帆船丛书·青少年优秀外国文学读物系列)
著者原题:斯蒂芬·克莱恩
ISBN 7-5006-2118-3:¥7.80

I712.44　031025
红字:霍桑作品集/(美)霍桑(Hawthorne,N.)著;周晓贤,邓延远译.—杭州:浙江文艺出版社,1995.6.—468 页;19cm.—(外国文学名著精品/李文俊主编)
书名原文:The Scarlet Letter
ISBN 7-5339-0832-5:¥13.20

I712.44　031026
荒野的呼唤:白牙/(美)杰克·伦敦著;孙毅兵,崔永禄译.—北京:中国青年出版社,1995.5.—304 页;19cm.—(红帆船丛书·青少年优秀外国文学读物系列)
ISBN 7-5006-2124-8:¥11.40

I712.44　031027
竞选州长:马克·吐温中短篇小说精选/(美)马克·吐温著;张友松译.—北京:华文出版社,1995.4.—358 页;20cm.—(金丝带丛书/叶君健,李保初主编)
ISBN 7-5075-0429-8:¥13.80

I712.44　031028
马克·吐温幽默小说/李文俊编选.—上海:上海文艺出版社,1995.9.—160 页;19cm.—(世界文学大师小说名作典藏本)
ISBN 7-5321-1375-2:¥9.00

I712.44　031029
麦琪的礼物:欧·亨利中短篇小说精选/(美)亨利著;王仲年译.—北京:华文出版社,1995.4.—351 页;20cm.—(金丝带丛书/叶君健,李保初主编)
著者原题:欧·亨利
ISBN 7-5075-0421-2:¥13.80

I712.44　031030
野性的呼唤/(美)杰克·伦敦著;林之鹤译.—济南:山东文艺出版社,1995.12.—353 页;19cm.—(世界文学名著插图本)
ISBN 7-5329-1302-3:¥12.50

I712.44　031031
一块牛排:杰克·伦敦中短篇小说精选/(美)杰克·伦敦著;万紫等译.—北京:华文出版社,1995.4.—360 页;20cm.—(金丝带丛书/叶君健,李保初主编)
ISBN 7-5075-0427-1:¥13.80

I712.45　031032
R 密件/(美)华莱士著;王金铃译.—西宁:青海人民出版社,1995.11.—333 页;20cm
著者原题:欧文·华莱士
ISBN 7-225-01133-2:¥15.80

I712.45　031033
阿甘正传/(美)格卢姆(Groom,W.)著;李卫民译.—沈阳:辽宁民族出版社,1995.8.—252 页:照片;20cm
ISBN 7-80527-558-0:¥14.80

I712.45　031034
爱上牛仔/(美)菲利普斯(Phillips,L.)著;梁华祥译.—桂林:漓江出版社,1995.4.—240 页;19cm.—(情蜜浪漫小说)
据美国迈托出版公司 1992 年版译出
ISBN 7-5407-1689-4:¥7.80

I712.45　031035
宝马缘/(美)莱恩(Lane,B.)著;陈俊群译 .—桂林:

漓江出版社,1995.4.—238 页;19cm
书名原文:Sweet Victory
ISBN 7-5407-1688-6:￥7.80

I712.45　031036
变色的诱惑/(美)贾德诺(Gardner,E.S.)著;周辛南译.—海口:海南出版社,1995.12.—468 页;19cm.—(妙探奇案系列)
ISBN 7-80617-316-1:￥15.00

I712.45　031037
初出茅庐破大案/(美)贾德诺(Gardner,E.S.)著;周辛南译.—海口:海南出版社,1995.12.—434 页;19cm.—(妙探奇案系列)
ISBN 7-80617-313-7:￥13.80

I712.45　031038
慈禧写照记/(美)卡尔著;陈霆锐译;张琳整理.—珠海:珠海出版社,1995.12.—225 页;19cm.—(外国人笔下的清宫秘闻)
ISBN 7-80607-116-4:￥14.80

I712.45　031039
丛林下的冰河/(美)查建英著.—长春:时代文艺出版社,1995.8.—306 页;20cm.—(海外中国女作家丛书/金钟鸣主编)
ISBN 7-5387-0919-3:￥15.20

I712.45　031040
错了位的婚姻:根据一个中国女人真实生活编写的故事/(美)陈凯玻著.—上海:上海文艺出版社,1995.6.—255 页;20cm
ISBN 7-5321-1344-2:￥9.10

I712.45　031041
第二夫人/(美)华莱士著;王金铃译.—西宁:青海人民出版社,1995.11.—391 页;20cm
著者原题:欧文·华莱士
ISBN 7-225-01130-8:￥17.80

I712.45　031042
第二十七夫人/(美)华莱士著;王金铃,王基闯译.—西宁:青海人民出版社,1995.11.—348 页;20cm
著者原题:欧文·华莱士
ISBN 7-225-01131-6:￥15.80

I712.45　031043
风流女富豪/(美)布雷德福特著;张焕,杨运芳译.—太原:北岳文艺出版社,1995.3.—559 页;20cm
著者原题:芭芭拉·泰勒·布雷德福特
ISBN 7-5378-0073-1:￥16.80

I712.45　031044
海岛情秘/(美)赖斯(Rice,D.)著;刘玉经译 .—桂林:漓江出版社,1995.4.—196 页;19cm.—(情蜜浪漫小说;14)
书名原文:Island Secrets
据美国迈托出版公司 1991 年版译出
ISBN 7-5407-1692-4:￥7.80

I712.45　031045
海明威短篇小说全集　上册/(美)海明威(Hemingway,E.)著;陈良廷等译.—上海:上海译文出版社,1995.10.—595 页;20cm
ISBN 7-5327-1521-3(精装):￥25.30

I712.45　031046
海明威短篇小说全集　下册/(美)海明威(Hemingway,E.)著;蔡慧,朱世达译.—上海:上海译文出版社,1995.10.—527 页;20cm
ISBN 7-5327-1451-9(精装):￥22.90

I712.45　031047
和上帝决斗的老牛仔/(美)海明威(Hemingway,E.)著;王秀珍译.—长春:时代文艺出版社,1995.9.—2 册(953 页);20cm.—(海明威文集)
ISBN 7-5387-0894-4:￥29.80

I712.45　031048
黑色方尖碑/(美)雷马克(Remarque,E.M.)著;李清华译.—上海:上海译文出版社,1995.12.—535 页;19cm.—(雷马克文集)
ISBN 7-5327-1667-8(精装):￥21.10

I712.45　031049
洪荒孤女/(美)奥尔(Auel,J.M.)著;赵忠孝等译.—长春:吉林人民出版社,1995.12.—4 册;20cm
ISBN 7-206-02301-0:￥106.00

I712.45　031050
红粉大亨/(美)泰勒著;霍文翔译.—成都:四川文艺出版社,1995.3.—430 页;20cm
著者原题:芭芭拉·泰勒
ISBN 7-5411-1211-9:￥13.80

I712.45　031051
花绽放/(美)史密斯(Smith,K.R.)著;刘豫君,柳明译 .—桂林:漓江出版社,1995.5.—261 页;19cm.—(情蜜浪漫小说;18)
书名原文:Love in Bloom
据美国迈托出版公司 1993 年版译出
ISBN 7-5407-1691-6:￥7.80

I712.45　031052
宦海情仇/(美)沃兹(Woods,S.)著;殷元骥等译.—南京:译林出版社,1995.9.—389 页;20cm.—(当代外国流行小说名篇丛书)
ISBN 7-80567-424-8:￥12.00

I712.45　031053
黄金的秘密/(美)贾德诺(Gardner,E.S.)著;周辛南译.—海口:海南出版社,1995.12.—485 页;19cm.—(妙探奇案系列)
ISBN 7-80617-314-5:￥15.00

I712.45　031054
火线大行动/(美)柯林斯(Collins,M.A.)著;孙汉云等译.—广州:花城出版社,1995.3.—316 页;20cm
ISBN 7-5360-2001-5:￥10.80

I712.45　031055
嘉莉妹妹/(美)德莱塞(Dreiser,X.)著;刘坤尊译.—广州:花城出版社,1995.12.—532 页;20cm.—(世界女性题材经典名著)
ISBN 7-5360-2130-5:￥20.40

I712.45　031056
教父/(美)普佐著;周汉林译 .—南京:译林出版社,1995.10.—494 页;20cm.—(当代外国流行小说名篇丛

书)
著者原题:马里奥·普佐
ISBN 7-80567-427-2:¥15.80

I712.45 031057
金楼劫/(美)华莱士(Wallace,I.)著;王金铃,张国铭译.—北京:中国文联出版公司,1995.5.—265页;20cm
据1989年Dell Book版译出
ISBN 7-5059-2251-3:¥11.80

I712.45 031058
凯旋门/(美)雷马克(Remarque,E.M.)著;朱雯译.—上海:上海译文出版社,1995.12.—662页;19cm.—(雷马克文集)
ISBN 7-5327-1664-3(精装):¥24.70

I712.45 031059
老人与海/(美)海明威(Hemingway,E.)著;吴劳译.—上海:上海译文出版社,1995.10.—85页;19cm
ISBN 7-5327-1741-0(精装):¥8.90

I712.45 031060
老人与海·获而一无所获/(美)海明威著;李锡胤,魏志远译.—成都:四川文艺出版社,1995.5.—329页;20cm.—(外国文学名著)
著者原题:欧内斯特·海明威
ISBN 7-5411-1177-5:¥12.00

I712.45 031061
里斯本之夜/(美)雷马克(Remarque,E.M.)著;朱雯译.—上海:上海译文出版社,1995.12.—322页;19cm.—(雷马克文集)
ISBN 7-5327-1665-1(精装):¥14.80

I712.45 031062
恋恋穹苍/(美)韦芙莉(Wawerly,S.)著;白忆梅译.—北京:外文出版社,1995.—186页;17cm.—(爱不释手系列;6)
ISBN 7-119-01728-4:¥5.80

I712.45 031063
流亡曲/(美)雷马克(Remarque,E.M.)著;朱雯译.—上海:上海译文出版社,1995.12.—441页;19cm.—(雷马克文集)
ISBN 7-5327-1643-0(精装):¥18.50

I712.45 031064
绿色贝雷帽/(美)肯尼迪(Kennedy,W.P.)著;黄禄善译.—南京:译林出版社,1995.3.—334页;20cm.—(当代外国流行小说名篇丛书)
ISBN 7-80567-394-2:¥9.80

I712.45 031065
掠夺/(美)谢尔顿著.—深圳:海天出版社,1995.11.—344页;20cm.—(世界之窗文丛)
著者原题:罗伯特·谢尔顿
ISBN 7-80615-194-X:¥13.80

I712.45 031066
裸面/(美)谢尔顿著;何曾栮等译.—南京:译林出版社,1995.10.—181页;20cm.—(当代外国流行小说名篇丛书)
著者原题:西德尼·谢尔顿
ISBN 7-80567-426-4:¥7.50

I712.45 031067
洛丽塔/(美)纳波科夫著;宁戈良译.—郑州:中原农民出版社,1995.1.—327页;20cm.—(求真套书:世界禁书名著文库)
据美国道格拉斯1958年版译编
ISBN 7-80538-741-9:¥10.20

I712.45 031068
洛杉矶的女人们/(美)华莱士著;王金铃译.—西宁:青海人民出版社,1995.11.—425页;20cm
著者原题:欧文·华莱士
ISBN 7-225-01132-4:¥17.80

I712.45 031069
迷惘/(美)谢尔顿著.—深圳:海天出版社,1995.11.—314页;20cm.—(世界之窗文丛)
著者原题:罗伯特·谢尔顿
ISBN 7-80615-194-X:¥13.80

I712.45 031070
魔鬼情人/(美)甘佩儿(Campbell,B.)著;孙凡轩译.—北京:外文出版社,1995.1.—178页;17cm.—(爱不释手系列;3)
书名原文:Spellbinder
ISBN 7-119-01542-7:¥5.80

I712.45 031071
末日追杀/(美)谢尔顿著;赖惠辛等译.—成都:四川文艺出版社,1995.10.—364页;20cm
ISBN 7-5411-1362-X:¥14.80

I712.45 031072
难忘是旧情/(美)黛尔(Dyer,L.F.)著;黄薇,林春海译.—桂林:漓江出版社,1995.6.—248页;19cm
书名原文:More Than A Memory
ISBN 7-5407-1695-9:¥7.80

I712.45 031073
飘/(美)米契尔(Mitchell,M.)著;智圆缩写.—成都:四川人民出版社,1995.7.—196页;20cm.—(世界文学名著精华本)
ISBN 7-220-02852-0:¥8.50

I712.45 031074
飘/(美)米歇尔(Mitchell,M.)著;阿奕,广希译.—西宁:青海人民出版社,1995.10.—804页;20cm
ISBN 7-225-01106-5(精装):¥36.00

I712.45 031075
飘/(美)米切尔(Mitchell,M.)著;简宗译.—长春:长春出版社,1995.4.—2册(932页);20cm.—(新译世界文豪代表作文库)
ISBN 7-80604-262-8(精装):¥37.80

I712.45 031076
三个战友/(美)雷马克(Remarque,E.M.)著;朱雯译.—上海:上海译文出版社,1995.12.—597页;19cm.—(雷马克文集)
ISBN 7-5327-1666-X(精装):¥22.80

I712.45 031077
失踪的女人/(美)贾德诺(Gardner,E.S.)著;周辛南译.—海口:海南出版社,1995.12.—459页;19cm.—(妙探奇案系列)

ISBN 7-80617-315-3: ¥14.50

I712.45　031078

兽与魔/(美)丛苏著.—石家庄:河北教育出版社,1995.12.—292页;20cm.—(金蜘蛛丛书/戴小华主编)

ISBN 7-5434-2530-0: ¥11.50

I712.45　031079

蔬果爱情战/(美)赖可蕾(Leclaire,D.)著;叶达蓉译.—北京:外文出版社,1995.—186页;17cm.—(爱不释手系列;9)

ISBN 7-119-01731-4: ¥5.80

I712.45　031080

似梦非梦/(美)肯特(Kent,L.)著;张海楼译.—桂林:漓江出版社,1995.6.—240页;19cm

书名原文:No Illusion

ISBN 7-5407-1716-5: ¥7.80

I712.45　031081

太阳照常升起/(美)海明威(Hemingway,E.)著;赵静男译.—上海:上海译文出版社,1995.12.—270页;20cm.—(海明威文集)

ISBN 7-5327-1707-0(精装): ¥15.90

I712.45　031082

天鹅恋/(美)丹瑟著;张磊,张维佳译.—桂林:漓江出版社,1995.5.—240页;19cm.—(情蜜浪漫小说;17)

著者原题:莱茜·丹瑟

据美国迈托出版公司1992年版译出

ISBN 7-5407-1697-5: ¥7.80

I712.45　031083

同根苦恋/(美)理查兹(Richards,D.)著;子柳译.—桂林:漓江出版社,1995.5.—241页;19cm

书名原文:Hannah's Hero

ISBN 7-5407-1696-7: ¥7.80

I712.45　031084

我弥留之际/(美)福克纳(Faulkner,W.)著;李文俊译.—上海:上海译文出版社,1995.11.—238页;20cm.—(威廉·福克纳文集)

ISBN 7-5327-1656-2(精装): ¥13.80

I712.45　031085

先婚后友/周腓力著.—北京:金城出版社,1995.12.—365页;20cm.—(周腓力文集·小说卷)

ISBN 7-80084-108-1: ¥13.80

I712.45　031086

校园秘史/(美)戴德(Tartt,D.)著;程虹等译.—北京:中国文联出版公司,1995.7.—683页;19cm

ISBN 7-5059-2094-4: ¥22.60

I712.45　031087

喧哗与骚动/(美)福克纳(Faulkner,W.)著;李文俊译.—上海:上海译文出版社,1995.11.—361页;20cm.—(威廉·福克纳文集)

ISBN 7-5327-1655-4(精装): ¥18.40

I712.45　031088

寻梦/(美)纪虹,向红著.—北京:农村读物出版社,1995.3.—212页;19cm.—(20世纪末爱情与侦破小说丛书/杨向红主编)

ISBN 7-5048-2567-0: ¥5.50

I712.45　031089

夜半日出/(美)芒恩(Munn,V.)著;刘新民译.—桂林:漓江出版社,1995.5.—246页;19cm.—(情蜜浪漫小说)

据美国迈托出版公司1993年版译出

ISBN 7-5407-1690-8: ¥7.80

I712.45　031090

伊甸的礼物/(美)白瑞特(Barrett,K.L.)著;裴玉译.—桂林:漓江出版社,1995.4.—249页;19cm

书名原文:Promise of Paradise

ISBN 7-5407-1693-2: ¥7.80

I712.45　031091

涌泉相报/(美)帕蒂克(Patrlck,A.)著;张海楼译.—桂林:漓江出版社,1995.6.—239页;19cm.—(情蜜浪漫小说;23)

书名原文:For Services Rendered

ISBN 7-5407-1698-3: ¥7.80

I712.45　031092

永别了,武器/(美)海明威(Hemingway,E.)著;林疑今译.—上海:上海译文出版社,1995.12.—358页;20cm.—(海明威文集)

ISBN 7-5327-1708-9(精装): ¥19.20

I712.45　031093

永别了,武器/(美)海明威(Hemingway,E.)著;林疑今译.—上海:上海译文出版社,1995.7.—245页;19cm.—(世界文学名著普及本:全译本)

ISBN 7-5327-1801-8: ¥7.20

I712.45　031094

雨中起舞:一个孤独症患儿母亲的经历/(美)斯帖理(Stehli,A.)著;陈景亭译.—北京:北京出版社,1995.8.—239页;20cm

ISBN 7-200-02754-5: ¥9.00

I712.45　031095

战争风云/(美)沃克(Work,H.)著;施咸荣等译.—上海:上海译文出版社,1995.8.—1029页;20cm

ISBN 7-5327-1784-4(精装): ¥33.40

I712.45　031096

战争风云/(美)沃克(Wouk,H.)著;施咸荣等译.—上海:上海译文出版社,1995.8.—1029页;20cm

ISBN 7-5327-1827-1(精装): ¥37.60

I712.45　031097

战争与回忆/(美)沃克(Wouk,H.)著;王圣珊等译.—上海:上海译文出版社,1995.7.—1344页;20cm

书名原文:War and Remembrance

ISBN 7-5327-1602-3(精装): ¥40.80

I712.45　031098

战争与回忆/(美)沃克(Wouk,H.)著;王圣珊等译.—上海:上海译文出版社,1995.7.—1344页;20cm

ISBN 7-5327-1826-3(精装): ¥45.60

I712.45　031099

挚爱/(美)谢尔顿著.—深圳:海天出版社,1995.11.—314页;20cm.—(世界之窗文丛)

著者原题:罗伯特·谢尔顿

ISBN 7-80615-194-x: ¥13.80

I712.45 031100
重归爱河/(美)丹瑟尔(Dancer,L.)著;国永春,李警予译.—桂林:漓江出版社,1995.12.—242页;19cm.—(情蜜浪漫小说)
据美国迈托出版公司1991年版译出
ISBN 7-5407-1736-X:¥7.80

I712.45 031101
专横:《傲慢与偏见》续集/(美)巴雷特(Barrett,J.)著;王蕾,筱章译.—上海:上海译文出版社,1995.7.—276页;20cm
书名原文:Presumption
ISBN 7-5327-1668-6(精装):¥12.80

I712.45 031102
总统恋/(美)华莱士(Wallace,I.)著;王金铃,王基闯译.—北京:中国文联出版公司,1995.5.—271页;20cm
据1989年Dell Book版译出
ISBN 7-5059-2250-5:¥11.80

I712.45 031103
钻石的杀机/(美)贾德诺(Gardner,E.S.)著;周辛南译.—海口:海南出版社,1995.12.—457页;19cm.—(妙探奇案系列)
ISBN 7-80617-317-X:¥14.50

I712.55 031104
她说了些什么?:报纸女专栏作家采访记/(美)布雷登(Braden,M.)著;达洲等译.—北京:新华出版社,1995.9.—266页;20cm
ISBN 7-5011-2961-4:¥13.50

I712.64 031105
爱默生散文选/(美)爱默生著;姚暨荣译.—天津:百花文艺出版社,1995.12.—232页;21cm.—(外国名家散文丛书/郑法清,谢大光主编)
ISBN 7-5306-1896-2:¥9.80

I712.65 031106
陈燕妮:纽约意识——她在大洋彼岸/陈燕妮著.—北京:中国社会出版社,1995.5.—228页;20cm
ISBN 7-80088-520-8:¥8.50

I712.65 031107
海那边/(美)严歌苓著.—长春:时代文艺出版社,1995.8.—279页;20cm.—(海外中国女作家丛书/金钟鸣主编)
ISBN 7-5387-0918-5:¥14.30

I712.65 031108
阑干拍遍/(美)喻丽清著.—石家庄:河北教育出版社,1995.12.—326页;20cm.—(金蜘蛛丛书/戴小华主编)
ISBN 7-5434-2532-7:¥12.80

I712.65 031109
没有天使的天使岛/(美)吴瑞卿著.—石家庄:河北教育出版社,1995.12.—346页;20cm.—(金蜘蛛丛书/戴小华主编)
ISBN 7-5434-2531-9:¥13.40

I712.65 031110
雾里的女人/(美)王克难著.—石家庄:河北教育出版社,1995.12.—312页;20cm.—(金蜘蛛丛书/戴小华主编)
ISBN 7-5434-2536-X:¥12.20

I712.65 031111
洋人吹牛/周腓力著.—北京:金城出版社,1995.12.—314页;20cm.—(周腓力文集·散文卷)
ISBN 7-80084-108-1:¥12.80

I712.7-61 031112
魔鬼辞典/(美)比尔斯(Bierce,A.)著;莫雅平译.—2版.—桂林:漓江出版社,1995.8.—268页;19cm
ISBN 7-5407-0654-6(精装):¥15.00

I712.7-61 031113
魔鬼辞典/(美)比尔斯(Bierce,A.)著;莫雅平译.—2版.—桂林:漓江出版社,1995.8.—268页;19cm
书名原文:The Devil's Dictionary
ISBN 7-5407-0654-6:¥10.00

I712.78 031114
现代美国幽默精品/李宗骥等编译.—上海:上海社会科学院出版社,1995.9.—623页;20cm
ISBN 7-80618-110-5:¥22.00

I712.84 031115
复活节小兔历险记/(美)帕克德著;王戈斌译.—成都:四川文艺出版社,1995.1.—1册;19cm.—(少年文学历险丛书;7)
著者原题:爱德华·帕克德
ISBN 7-5411-1253-4:¥4.90

I712.84 031116
海上历险记/(美)康普顿著;王戈斌译.—成都:四川文艺出版社,1995.1.—1册;19cm.—(少年文学历险丛书;3)
著者原题:萨拉·康普顿
ISBN 7-5411-1253-4:¥4.90

I712.84 031117
和恐龙一起玩一天:汉英对照/(美)派卡尔著;筱峰译.—成都:四川文艺出版社,1995.1.—1册;19cm.—(少年文学历险丛书;8)
著者原题:爱德华·派卡尔
ISBN 7-5411-1253-4:¥4.90

I712.84 031118
绿色粘液/(美)桑德斯著;筱峰译.—成都:四川文艺出版社,1995.1.—1册;19cm.—(少年文学历险丛书;6)
著者原题:苏珊·桑德斯
ISBN 7-5411-1253-4:¥4.90

I712.84 031119
美国的悲剧/(美)德莱塞(Dreiser,T.)著;许汝祉译;李雯改写.—北京:中国少年儿童出版社,1995.2.—221页:插图;19cm.—(世界文学名著少年文库)
ISBN 7-5007-2060-2:¥5.00

I712.84 031120
魔幻阁楼/(美)里德著;雷丽敏译.—成都:四川文艺出版社,1995.1.—1册;19cm.—(少年文学历险丛书;2)
著者原题:阿黛尔·里德
ISBN 7-5411-1253-4:¥4.90

I712.84　031121
闹鬼的万圣节舞会/(美)蒙哥马利著;王戈斌译.—成都:四川文艺出版社,1995.1.—1册;19cm.—(少年文学历险丛书;9)
著者原题:R.A.蒙哥马利
ISBN 7-5411-1253-4:¥4.90

I712.84　031122
闹鬼的屋子/(美)蒙哥马利著;雷丽敏译.—成都:四川文艺出版社,1995.1.—1册;19cm.—(少年文学历险丛书;5)
著者原题:R.A.蒙哥马利
ISBN 7-5411-1253-4:¥4.90

I712.84　031123
年度赛马大会/(美)蒙哥马利著;王戈斌译.—成都:四川文艺出版社,1995.1.—1册;19cm.—(少年文学历险丛书;1)
著者原题:R.A.蒙哥马利
ISBN 7-5411-1253-4:¥4.90

I712.84　031124
隐身衣/(美)桑德斯著;筱峰译.—成都:四川文艺出版社,1995.1.—1册;19cm.—(少年文学历险丛书;4)
著者原题:苏珊·桑德斯
ISBN 7-5411-1253-4:¥4.90

I712.84　031125
准时回家过圣诞/(美)蒙哥马利,(美)吉利甘著;王戈斌译.—成都:四川文艺出版社,1995.1.—1册;19cm.—(少年文学历险丛书;10)
著者原题:R.A.蒙歌马利,夏龙·吉利甘
ISBN 7-5411-1253-4:¥4.90

I712.85　031126
自由女神下的红字/贺萍等撰稿.—长春:长春出版社,1995.5.—244页;19cm.—(世界名著儿童故事读本;8·美国卷/曾煜,石晓峰主编)
ISBN 7-80604-240-7:¥7.50

I712.87　031127
阿拉丁/张磊译.—上海:上海译文出版社,1995.4.—31页;18×19cm.—(迪斯尼儿童文学丛书)
ISBN 7-5327-1740-2:¥5.00

I712.87　031128
白雪公主/世畅译.—上海:上海译文出版社,1995.4.—31页;18×19cm.—(迪斯尼儿童文学丛书)
ISBN 7-5327-1735-6:¥5.00

I712.87　031129
狐狸和猎狗/费礼译.—上海:上海译文出版社,1995.4.—31页;18×19cm.—(迪斯尼儿童文学丛书)
ISBN 7-5327-1742-9:¥5.00

I712.87　031130
绿野仙踪/(美)鲍姆著;陈伯吹译.—上海:少年儿童出版社,1995.3.—166页;20cm
著者原题:莱·弗·鲍姆
ISBN 7-5324-2696-3(精装):¥10.80

I712.87　031131
罗宾汉/陈悠耀译.—上海:上海译文出版社,1995.4.—31页;18×19cm.—(迪斯尼儿童文学丛书)
ISBN 7-5327-1732-1:¥5.00

I712.87　031132
猫儿历险记/亦骏译.—上海:上海译文出版社,1995.4.—31页;18×19cm.—(迪斯尼儿童文学丛书)
ISBN 7-5327-1787-9:¥5.00

I712.87　031133
美女与野兽/亦骏译.—上海:上海译文出版社,1995.4.—31页;18×19cm.—(迪斯尼儿童文学丛书)
ISBN 7-5327-1736-4:¥5.00

I712.87　031134
森林王子/陈诞译.—上海:上海译文出版社,1995.4.—31页;18×19cm.—(迪斯尼儿童文学丛书)
ISBN 7-5327-1733-X:¥5.00

I712.87　031135
狮子王/亦玲译.—上海:上海译文出版社,1995.4.—31页;18×19cm.—(迪斯尼儿童文学丛书)
ISBN 7-5327-1786-0:¥5.00

I712.87　031136
石中剑/顾清扬译.—上海:上海译文出版社,1995.4.—31页;18×19cm.—(迪斯尼儿童文学丛书)
ISBN 7-5327-1731-3:¥5.00

I712.87　031137
塔拉姆与神锅/吴文华译.—上海:上海译文出版社,1995.4.—31页;18×19cm.—(迪斯尼儿童文学丛书)
ISBN 7-5327-1785-2:¥5.00

I712.87　031138
小飞侠/阿林译.—上海:上海译文出版社,1995.4.—31页;18×19cm.—(迪斯尼儿童文学丛书)
ISBN 7-5327-1734-8:¥5.00

I712.87　031139
一零一忠狗/顾清扬译.—上海:上海译文出版社,1995.4.—31页;18×19cm.—(迪斯尼儿童文学丛书)
ISBN 7-5327-1743-7:¥5.00

I730.74　031140
拉美当代小说流派/陈众议著.—北京:社会科学文献出版社,1995.2.—280页;20cm.—(中国社会科学院青年学者文库/胡绳主编)
ISBN 7-80050-541-3:¥9.00

I751.14　031141
长笛与利剑:何塞·马蒂诗文选/(古巴)马蒂著;毛金里,徐世澄编.—昆明:云南人民出版社,1995.2.—447页;20cm.—(拉丁美洲文学丛书)
著者原题:何塞·马蒂
ISBN 7-222-01709-7(精装):¥13.20

I751.14　031142
长笛与利剑:何塞·马蒂诗文选/(古巴)马蒂著;毛金里,徐世澄编.—昆明:云南人民出版社,1995.2.—447页;20cm.—(拉丁美洲文学丛书)
著者原题:何塞·马蒂
ISBN 7-222-01708-9:¥7.20

I770.87　031143
南美洲童话/易文诗主编.—北京:北京少年儿童出版社,1995.5.—272页;19cm.—(世界儿童文学丛书)
ISBN 7-5301-0518-3:¥8.20

I774.45 031144

独裁者的葬礼/(委内瑞拉)彼特里(Pietri,A.U.)著;屠孟超译.—2版.—昆明:云南人民出版社,1995.9.—388页;20cm.—(拉丁美洲文学丛书)

据西班牙巴塞罗那 Seix Barral 出版社1976年版译出

ISBN 7-222-01815-8:¥11.20

I775.45 031145

一个遇难者的故事/(哥伦比亚)马尔克斯(Marquez,G.)著;王银福译.—2版.—昆明:云南人民出版社,1995.9.—275页;20cm.—(拉丁美洲文学丛书)

书名原文:Relato De Un Naufrago

据古巴哈瓦那文艺出版社1981年版译出

ISBN 7-222-01811-5:¥9.90

I777.45 031146

大埋伏/(巴西)亚马多(Amado,J.)著;孙成敖,范维信译.—2版.—昆明:云南人民出版社,1995.9.—659页;20cm.—(拉丁美洲文学丛书)

据葡萄牙欧美(Europa-America)出版社1984年版译出

ISBN 7-222-01808-5:¥18.90

I778.45 031147

狂人玛伊塔/(秘鲁)略萨(Llosa,M.V.)著;孟宪臣,王成家译.—2版.—昆明:云南人民出版社,1995.9.—358页;20cm.—(拉丁美洲文学丛书)

据西班牙巴塞罗纳 Seix Barral 出版社1984年版译出

ISBN 7-222-01810-7:¥11.00

I782.45 031148

请听清风倾诉/(乌拉圭)奥内蒂(Onetti,J.C.)著;徐鹤林译.—昆明:云南人民出版社,1995.9.—268页;20cm.—(拉丁美洲文学丛书)

书名原文:Dejemos hablar al viento

据勃鲁盖拉出版社1980年版译出

ISBN 7-222-01783-6:¥9.80

I783.45 031149

红唇/(阿根廷)普伊格(Puig,M.)著;徐尚志,张志良译.—2版.—昆明:云南人民出版社,1995.9.—224页;20cm.—(拉丁美洲文学丛书)

据西班牙巴塞罗那 Seix Barral 出版社1976年版译出

ISBN 7-222-01809-3:¥8.20

I784.25 031150

漫歌/(智利)聂鲁达著;江之水,林之木译.—昆明:云南人民出版社,1995.10.—705页;20cm.—(拉丁美洲文学丛书)

著者原题:巴勃罗·聂鲁达

ISBN 7-222-01764-X:¥21.00

I784.45 031151

旁边的花园/(智利)多诺索(Donoso,J.)著;段若川,罗海燕译.—2版.—昆明:云南人民出版社,1995.9.—263页;20cm.—(拉丁美洲文学丛书)

据西班牙 Editorial Seix Barral 1981年版译出

ISBN 7-222-01816-6:¥8.60

I784.45 031152

污秽的夜鸟/(智利)多诺索(Donoso,J.)著;沈根发,张永泰译.—2版.—长春:时代文艺出版社,1995.5.—449页;20cm.—(世界文学名著丛书)

ISBN 7-5387-0298-9:¥17.60

1 9 9 5

全国总书目

QUANGUO ZONGSHUMU

（下 册）

新闻出版署信息中心
中国版本图书馆 编

中 华 书 局

二〇〇〇年·北京

编 辑 说 明

一、本书目是一本图书年鉴性质的综合性、系列性图书目录。自建国以来，逐年编纂。它依据全国各正式出版单位每一年度向中国版本图书馆缴送的出版物样本编纂而成。比较全面、系统地反映了每一年度我国图书出版的概貌。

二、本书目(1995年本)收录了1995年(以图书版权页记载的出版时间为准)出版的初版和改版图书(不包括重印书)共计50686种，其中初版图书47080种，改版图书3606种。分为上、下两册。上册从《中图法》A至I类；下册从《中图法》J至Z类，以及“专门目录”和“附录”。

三、本书目由“分类目录”、“专门目录”和“附录”三部分组成。“分类目录”所收录的均为汉文图书(包括我国译成汉文出版的外文图书)，除一般书籍外，还包括画册、画辑、图片、画页、年历、挂历、歌谱、碑帖、地图、旅游图、技术标准、线装古籍、影印书刊等。“专门目录”包括少数民族文字图书目录和外国文字图书目录。“附录”包括全国出版社名录和书名索引。

四、本书目依据《中国图书馆图书分类法》(第3版)的分类体系进行编排，对个别不适应的类目作了订正或扩充(如“艺术”类的“图片、画页”等类目)。分类类目均列出类目标题，并标示每本图书的类号。同一类目所收图书，则按书名款目的汉语拼音音序排列。

五、本书目依据国家标准《普通图书著录规则》(GB3792.2－85)著录。著录项目包括：书名与责任者项、版本项、出版项、载体形态项、丛书项、附注项、装订形式和价格项、提要及版本说明项。基本著录格式如下：

书名＝并列书名：副书名及说明文字/第一责任者；其他责任者.－版次及其他版本形式/与本版有关的责任者.－出版地：出版者，出版年.月.－页数或卷(册)数：图；开本＋附件.－(丛书名；丛书编号/编者)

附注

国际标准书号(装订)：价格

提要及版本说明

六、1995年《全国总书目》，我们是采用计算机编排，在技术上有待进一步完善，有不当之处，望请读者谅解。

J 艺　　术

J－49　031153

美术音乐的奇话/王永康,陈明兴编著.—南宁:接力出版社,1995.8.—180页;20cm.—(少年百科知识丛书/王寿山,张中主编)

ISBN 7－80581－914－9:¥8.00

J－61　031154

美术辞林:中国绘画卷　(上)/林树中,王崇人主编.—西安:陕西人民美术出版社,1995.6.—1509页:图版;20cm

ISBN 7－5368－0517－9(精装):¥78.50

J－61　031155

外国艺术形象辞典/杨振武主编.—北京:世界知识出版社,1995.10.—428页;20cm

ISBN 7－5012－0699－6(精装):¥20.00

J－61　031156

中华艺术文化辞典/严云受主编.—合肥:安徽文艺出版社,1995.10.—1004页:图;26cm

ISBN 7－5396－1017－1(精装):¥78.00

J－61　031157

中外艺术百科辞典/吕兰亭,郝利群主编.—济南:济南出版社,1995.9.—784页;20cm.—(学生工具书系列/施国等主编)

ISBN 7－80572－967－0:¥22.00

J0 艺术理论

J0　031158

透视/莫言等著.—北京:国际文化出版公司,1995.2.—712页;20cm.—(《O》艺术工程丛书)

ISBN 7－80105－205－6:¥19.80

J0　031159

现代艺术学导论/李心峰著.—南宁:广西教育出版社,1995.5.—252页;20cm.—(艺术学丛书/黄海澄主编)

ISBN 7－5435－2300－0:¥6.70

J0　031160

艺术概论/党伯明编著.—兰州:兰州大学出版社,1995.4.—184页:图;20cm

ISBN 7－311－00822－0:¥6.90

J0　031161

艺术论要/王振德,周卫东著.—天津:百花文艺出版社,1995.7.—387页:图;20cm

ISBN 7－5306－2060－6:¥38.00

J0　031162

艺术生产概论/林澎,龚曙光著.—长沙:湖南出版社,1995.12.—229页;20cm.—(精神生产研究丛书/夏赞忠主编)

ISBN 7－5438－1134－0(精装):¥11.40

J0　031163

中国艺术意境论/蒲震元著.—北京:北京大学出版社,1995.4.—247页;20cm.—(文艺美学丛书)

ISBN 7－301－02692－7:¥8.00

J0－02　031164

艺术的哲学/黄海澄著.—南宁:广西教育出版社,1995.4.—261页;20cm.—(艺术学丛书/黄海澄主编)

ISBN 7－5435－2260－8:¥7.00

J0－02　031165

中国艺术理性/赵宪章著.—沈阳:辽宁古籍出版社,1995.5.—176页;19cm.—(中华民族优秀传统文化丛书·艺术卷/赵宪章主编)

本卷8册,总定价:43.00元

ISBN 7－80507－280－9:¥0.00

J0－43　031166

艺术基础教程/童山东等主编.—北京:首都师范大学出版社,1995.9.—2册;26cm

高等院校公共艺术教材

ISBN 7－81039－635－8:¥29.60

J01　031167

人类对世界的艺术掌握/庄锡华著.—天津:百花文艺出版社,1995.2.—293页;20cm.—(青年学者丛书)

ISBN 7－5306－1948－9:¥9.50

J01　031168

审美场论/袁鼎生著.—南宁:广西教育出版社,1995.12.—267页;20cm.—(艺术学丛书/黄海澄主编)

ISBN 7－5435－2370－1:¥9.75

J01　031169

艺术意象论/鲁西著.—南宁:广西教育出版社,1995.5.—241页;20cm.—(艺术学丛书/黄海澄主编)

ISBN 7－5435－2301－9:¥6.45

J03　031170

艺术职业道德/中华人民共和国文化部教科司编.—北京:中国美术学院出版社,1995.9.—210页;19cm

中国中等艺术学校统编教材:试用

ISBN 7－81019－496－8:¥6.80

J04　031171

艺术创作论/张文金著.—沈阳:春风文艺出版社,1995.12.—214页;19cm.—(燕东文苑/张文金主编)

ISBN 7－5313－1569－6:¥8.00

J05　031172

大学生现代艺术鉴赏与修养/英若诚,英若识主编.—沈阳:沈阳出版社,1995.2.—707页:彩图;20cm

ISBN 7－5441－0305－6(精装):¥17.50

J05　031173

廊下巡礼:从传统到现代的艺术探讨/钟涵著 .—北京:人民美术出版社,1995.2.—400页;20cm
ISBN 7-102-01369-8:¥11.00

J05 031174
美术审美漫话/王兆一著.—太原:山西教育出版社,1995.12.—149页:彩图;19cm.—(美育丛书·美术系列;1/李凌,王琦主编)
ISBN 7-5440-0803-7:¥6.60

J05 031175
西方裸体艺术鉴赏/左庄伟著.—2版.—长沙:湖南美术出版社,1995.3.—150页:彩图;19cm
ISBN 7-5356-0715-2:¥9.80

J05 031176
艺术百花园/薛正安主编.—北京:中国华侨出版社,1995.12.—2册;19cm.—(现代科技与人文大观丛书/崔惟琳,潘承洞主编)
ISBN 7-80120-045-4:¥18.90

J05 031177
走进艺术之门:杨道立艺术笔记/杨道立著.—沈阳:春风文艺出版社,1995.8.—247页;20cm
ISBN 7-5313-1481-9:¥26.00

J06 031178
构成设计/蓝先琳主编.—北京:中国旅游出版社,1995.9.—94页:彩图;26cm
中国书画函授大学教材
ISBN 7-5032-1174-1:¥18.00

J06 031179
光构成:光构成作品评介/(日)朝仓直巳,陈小清编著.—南宁:广西美术出版社,1995.3.—64页;26cm
ISBN 7-80582-745-1:¥28.80

J06 031180
造型基础/辛华泉著.—西安:陕西人民美术出版社,1995.11.—137页:彩图;26cm.—(工艺美术成人高等教育丛书)
ISBN 7-5368-0748-1:¥18.00

J06 031181
中国古代艺术成象论/黄广华著.—南宁:广西教育出版社,1995.4.—151页;20cm.—(艺术学丛书/黄海澄主编)
ISBN 7-5435-2261-6:¥4.45

J061 031182
黑白设计/陈雅丹编著.—昆明:云南美术出版社,1995.12.—110页;26cm
ISBN 7-80586-212-5:¥30.00

J062 031183
视觉传达流程设计/鲁开疆编著.—合肥:安徽美术出版社,1995.7.—86页;26cm.—(实用美术技法丛书)
ISBN 7-5398-0404-1:¥19.80

J063 031184
美术高考指南:色彩/王小勤编.—合肥:安徽教育出版社,1995.4.—24页;25×25cm
ISBN 7-5336-1760-6:¥10.00

J063 031185
色彩平面构成/王化斌著.—北京:人民美术出版社,1995.9.—186页;26cm
ISBN 7-102-01409-0:¥32.00

J063 031186
色彩设计/孙晋云,赵巍编著.—南京:江苏美术出版社,1995.12.—1册;26cm.—(设计系列丛书;2)
ISBN 7-5344-0503-3:¥48.00

J063 031187
设计色彩与表现技法/祖乃甡编著.—哈尔滨:黑龙江美术出版社,1995.12.—73页:彩图;26cm.—(中央工艺美术学院装潢设计艺术系教材丛书/陈汉民主编)
ISBN 7-5318-0322-4:¥36.00

J063-49 031188
色彩趣典/夏南强主编.—武汉:湖北人民出版社,1995.9.—310页;20cm.—(圆心文化趣典)
ISBN 7-216-01745-5(精装):¥16.50

J1 世界各国艺术概况

J11 世界艺术

J11 031189
20世纪欧美具象艺术:博特罗/啸声编.—南昌:江西美术出版社,1995.10.—67页;26cm.—(20世纪欧美具象艺术丛书)
ISBN 7-80580-247-5:¥33.00

J11 031190
20世纪欧美具象艺术:菲加里/啸声编.—南昌:江西美术出版社,1995.10.—75页;26cm.—(20世纪欧美具象艺术丛书)
ISBN 7-80580-249-1:¥36.00

J11 031191
20世纪欧美具象艺术:塔马约/啸声编.—南昌:江西美术出版社,1995.10.—115页;26cm.—(20世纪欧美具象艺术丛书)
ISBN 7-80580-248-3:¥49.00

J11 031192
20世纪欧美具象艺术:祖尼加/啸声编.—南昌:江西美术出版社,1995.10.—67页;26cm.—(20世纪欧美具象艺术丛书)
ISBN 7-80580-246-7:¥33.00

J110.9 031193
外国美术史纲要/陈洛加编著.—重庆:西南师范大学,1995.1.—235页:照片;26cm
ISBN 7-5621-1163-4:¥16.50

J110.9 031194
艺术发生学/于文杰著.—上海:上海人民出版社,1995.1.—225页;20cm
ISBN 7-208-01806-5:¥9.30

J110.9 031195
中外美术简史对览 上册/方长江编著.—武汉:湖北美术出版社,1995.12.—174页;30cm
ISBN 7-5394-0262-8:¥26.00

J110.9 031196
中外美术简史对览　下册/方长江编著.—武汉:湖北美术出版社,1995.12.—235页;30cm
ISBN 7-5394-0263-6:¥12.00

J110.95 031197
当代艺术/(德)霍内夫(Honnef,K.)著;李宏,滕卫东译.—南京:江苏美术出版社,1995.9.—136页;19cm.—(外国现代美术理论丛书)
ISBN 7-5344-0481-9:¥6.95

J110.95 031198
作为艺术的行为能指/邹建平主编.—长沙:湖南美术出版社,1995.11.—46页;28cm.—(当代艺术系列丛书;8)
ISBN 7-5356-0773-X:¥12.00

J110.99-53 031199
超越现代主义:70年代和80年代艺术论文集/(美)莱文(Levin,K.)著;常宁生等译.—南京:江苏美术出版社,1995.9.—351页;19cm.—(外国现代美术理论丛书)
ISBN 7-5344-0480-0:¥18.00

J111 031200
世界当代少儿美术书法摄影优秀作品精选/张建明主编;赵涛等编.—西宁:青海人民出版社,1995.1.—468页;26cm
ISBN 7-225-01009-3(精装):¥325.00

J111 031201
现代艺术大参考　第14辑/晓曙等编译.—长沙:湖南美术出版社,1995.6.—60页;26cm
ISBN 7-5356-0724-1:¥22.50

J111 031202
现代艺术大参考　第15辑/晓曙等编译.—长沙:湖南美术出版社,1995.7.—60页;26cm
ISBN 7-5356-0731-4:¥22.50

J111 031203
艺苑新秀:中国和亚太地区少年儿童书画大赛作品选/中国《美术报》编辑部编.—杭州:中国美术学院出版社,1995.12.—116页;29cm
ISBN 7-81019-520-4:¥100.00

①J111②K815.7 031204
中外书画家作品大观/张虎臣主编.—昆明:云南美术出版社,1995.7.—470页;20cm
ISBN 7-80586-211-7(精装):¥58.00

J12 中国艺术

J12 031205
当代中国的美术状态/王林著.—南京:江苏美术出版社,1995.8.—431页;20cm.—(中国当代美术研究系列)
ISBN 7-5344-0482-7:¥16.50

J12 031206
东方书画　1995年　第1期 总第3期/许祖良主编;东方书画编辑部编.—南京:江苏美术出版社,1995.1.—56页;29cm
ISBN 7-5344-0424-X:¥6.80

J12 031207
湖北文化艺术/周祖元,周济洋主编.—武汉:湖北美术出版社,1995.5.—88页:彩图;29cm
ISBN 7-5394-0579-1:¥98.00

J12-54 031208
中华书画篆刻年鉴:1993~1994/中国书画报社,中国教育学会书法教育研究会编纂.—沈阳:辽宁教育出版社,1995.10.—818页;26cm
ISBN 7-5382-4280-5(精装):¥168.00

J12-62 031209
高等艺术院校(系科)报考指南/刘相臣主编.—北京:中国纺织出版社,1995.2.—136页:彩图;19cm
ISBN 7-5064-1141-5:¥10.00

J12-62 031210
中国艺术院校艺术团体报考从艺指南/卢晨泉主编;《中国艺术院校艺术团体报考从艺指南》编委会编.—大连:辽宁师范大学出版社,1995.4.—448页;20cm
ISBN 7-81042-054-2:¥20.00

J120.2 031211
艺林采英:生活·艺术随感录/赵镜明,叶秀峰主编.—深圳:海天出版社,1995.3.—641页;20cm.—(深圳特区报丛书)
ISBN 7-80615-078-1:¥38.00

J120.2 031212
袁运甫悟艺录/袁运甫著.—北京:人民美术出版社,1995.3.—328页;20cm.—(中国当代美术名家艺术论丛)
ISBN 7-102-01454-6:¥34.00

J120.2 031213
中国民间美术/徐炼编著.—武汉:华中理工大学出版社,1995.5.—275页:照片;20cm
ISBN 7-5609-1061-0:¥9.80

J120.2-49 031214
中国书画:笔墨中的异彩神韵/黄正雨著.—武汉:湖北人民出版社,1995.4.—146页;19cm.—(青少年文史库/王余光,王三山主编)
ISBN 7-216-01670-X:¥4.80

J120.2-53 031215
陈滢美术文集/陈滢著.—广州:广东人民出版社,1995.6.—341页:图;19cm.—(广州美术馆美术史论丛书)
ISBN 7-218-01629-4:¥10.00

J120.9 031216
云南艺术史/李昆声著.—昆明:云南教育出版社,1995.12.—468页:彩照;20cm
ISBN 7-5415-1064-5:¥19.80

J120.9 031217
中国美术史概要/马延岳编.—济南:山东友谊出版社,1995.12.—161页:图版;19cm
ISBN 7-80551-776-2:¥5.50

J120.9 031218
中国美术史稿/温友言著.—西安:三秦出版社,

1995.10.—216页;20cm

ISBN 7-80546-072-8: ¥10.50

J120.9 031219

中国少数民族美术史:1~5编/王伯敏主编.—福州:福建美术出版社,1995.3.—6册;29cm

ISBN 7-5393-0214-3(精装): ¥1880.00

J120.9 031220

中国艺术的生命精神/朱良志著.—合肥:安徽教育出版社,1995.9.—459页;20cm

ISBN 7-5336-1690-1(精装): ¥18.00

J120.9 031221

中国艺术经济史/李向民著.—南京:江苏教育出版社,1995.11.—724页;20cm

ISBN 7-5343-2494-7: ¥20.40

J120.9 031222

中国宗教美术史/金维诺,罗世平著.—南昌:江西美术出版社,1995.6.—258页;29cm

ISBN 7-80580-158-4(精装): ¥218.00

J120.931 031223

楚艺术史/皮道坚编著.—武汉:湖北教育出版社,1995.7.—312页:照片;20cm.—(楚学文库/张正明主编)

ISBN 7-5351-1087-8(精装): ¥24.00

J120.96-53 031224

摇篮情 军旅爱:延安、东北、中南部队艺术学校纪念文集/李伟主编.—北京:长征出版社,1995.10.—400页:照片;20cm

ISBN 7-80015-348-7: ¥17.50

J121 031225

"慧光杯"全国少年儿童美术、书法、摄影大赛作品选/大赛编委会编.—沈阳:沈阳出版社,1995.1.—120页;26cm

ISBN 7-5441-0331-5(精装): ¥185.00

J121 031226

诗书画/中央文史研究馆编.—北京:文物出版社,1995.11.—63页;26cm

ISBN 7-5010-0884-1: ¥0.00

J121 031227

八卦杯国际书画大赛作品集/施志新主编.—乌鲁木齐:新疆人民出版社,1995.10.—196页;26cm

ISBN 7-228-03637-9: ¥130.00

J121 031228

白续智书画篆刻作品选/白续智作.—赤峰:内蒙古科学技术出版社,1995.5.—100页;26cm

ISBN 7-5380-0281-2: ¥18.00

J121 031229

白银书画作品选/《白银书画作品选》编委会编.—兰州:甘肃文化出版社,1995.7.—1册;29cm

ISBN 7-80608-093-7(精装): ¥68.00

J121 031230

百花诗书画荟萃/周英主编.—天津:天津教育出版社,1995.2.—120页;25×26cm

ISBN 7-5309-2199-1: ¥68.00

J121 031231

北京七人书画金石/黄均等编著.—北京:北京体育大学出版社,1995.3.—43页;25×24cm

ISBN 7-81003-961-X: ¥18.00

J121 031232

陈丁书画/陈丁绘.—广州:岭南美术出版社,1995.1.—96页;29cm

ISBN 7-5362-1204-6: ¥120.00

J121 031233

点石斋丛画/法伦帝图形设计中心制作.—北京:中国书店,1995.10.—2册;20cm.—(中国历代书画丛书)

ISBN 7-80568-663-7: ¥47.00

J121 031234

东北民族民间美术总集:剪纸卷/胡蓉,周卫主编.—沈阳:辽宁美术出版社,1995.12.—213页;29cm

ISBN 7-5314-0929-1(精装): ¥240.00

J121 031235

东海戎韵:南京军区老战士书画作品集/施友义主编.—福州:海风出版社,1995.12.—109页;29cm

ISBN 7-80597-107-2: ¥68.00

J121 031236

段志华书画/段志华绘.—北京:现代出版社,1995.1.—80页;26cm

ISBN 7-80028-264-3: ¥35.00

J121 031237

对山集:贵阳艺苑 第三辑/夏文俊等绘.—长春:吉林摄影出版社,1995.12.—18册;25×26cm

画册

ISBN 7-80606-041-3: ¥290.00

J121 031238

朵云轩首届书画拍卖会作品集/上海朵云轩艺术品拍卖公司编.—上海:上海书画出版社,1995.—1册;29cm

ISBN 7-80512-011-0: ¥125.00

J121 031239

冯凭箑扇书画集/冯凭作.—青岛:青岛出版社,1995.6.—60张;28×42cm

ISBN 7-5436-1187-2: ¥168.00

J121 031240

改订历代流传绘画编年表/徐邦达编.—北京:人民美术出版社,1995.3.—280页;20cm

附画家书

ISBN 7-102-01438-4(精装): ¥40.00

J121 031241

甘肃省书画研究院书画集:笔墨情/陈伯希主编;甘肃省书画研究院,兰州市农工商公司编.—兰州:甘肃人民美术出版社,1995.8.—148页;28cm

ISBN 7-80588-110-3: ¥68.00

J121 031242

高启云书画集/于峰主编.—济南:山东美术出版社,1995.12.—78页;29cm

ISBN 7-5330-0946-0(精装): ¥150.00

J121 031243

沽水翰墨舟/冯爱国主编.—天津:天津古籍出版社,1995.6.—163页;26cm

ISBN 7-80504-348-5:¥80.00

J121　031244

故宫博物院藏明清扇面书画集　第五集/故宫博物院《明清扇面书画集》编辑组编选.—北京:人民美术出版社,1995.2.—100页;37cm

ISBN 7-102-00242-4(精装):¥0.00

J121　031245

顾冠群石晓玲书画集/顾冠群,石晓玲绘.—沈阳:辽宁美术出版社,1995.7.—78页;25×26cm

画家专集

ISBN 7-5314-1266-7:¥118.00

J121　031246

海口市美术书法摄影作品选:椰乡风情/林世治主编.—海口:三环出版社,1995.3.—78页;29cm

ISBN 7-80564-699-1:¥88.00

J121　031247

海峡两岸百名爱国将军书画集:纪念抗日战争胜利五十周年/黄诚忠主编.—武汉:湖北美术出版社,1995.8.—174页;28cm

ISBN 7-5394-0586-4(精装):¥98.00

J121　031248

海峡两岸书画家作品大观/张本平主编.—郑州:河南美术出版社,1995.7.—428页:彩照;29cm

ISBN 7-5401-0478-3(精装):¥228.00

J121　031249

胡世浩将军书画珍藏集　(1).—银川:宁夏人民出版社,1995.5.—223页;29cm

ISBN 7-227-01439-8(精装):¥148.00

J121　031250

黄安仁书画集:汉英对照/黄安仁作.—广州:岭南美术出版社,1995.3.—223页;37cm

ISBN 7-5362-1259-3(精装):¥380.00

J121　031251

黄绮八十寿辰书画展览作品选/黄绮绘.—北京:清华大学出版社,1995.10.—139页;26cm

ISBN 7-302-01965-7:¥56.00

J121　031252

黄绮八十寿辰书画展览作品选/黄绮著.—北京:清华大学出版社,1995.10.—139页;26cm

ISBN 7-302-01965-7(精装):¥68.00

J121　031253

黄昶书画/黄昶绘.—广州:岭南美术出版社,1995.11.—84页;25×26cm

ISBN 7-5362-1331-X:¥120.00

J121　031254

纪念民族英雄刘志丹书画作品荟萃/王廷祥等主编.—西安:陕西人民出版社,1995.7.—119页;29cm

ISBN 7-224-03859-8(精装):¥168.00

J121　031255

纪念民族英雄谢子长书画作品荟萃/马骥名等主编.—西安:陕西人民出版社,1995.7.—119页;29cm

ISBN 7-224-03860-1(精装):¥168.00

J121　031256

江苏电视台藏画选:汉英对照/苏子龙,程大利主编.—南京:江苏美术出版社,1995.5.—124页;37cm

ISBN 7-5344-0469-X(精装):¥240.00

J121　031257

晋绥革命根据地书画作品选/刘振华主编.—太原:山西人民出版社,1995.9.—78页;29cm

ISBN 7-203-03301-5:¥20.00

J121　031258

李照东书画集/李照东绘.—广州:岭南美术出版社,1995.4.—1册;38cm

ISBN 7-5362-1207-0(精装):¥180.00

J121　031259

林明书签艺术/林明绘.—福州:福建美术出版社,1995.4.—58页;19×26cm

ISBN 7-5393-0280-1:¥18.00

J121　031260

林勇逊书画集/林勇逊编绘.—广州:岭南美术出版社,1995.8.—95页;25×26cm

ISBN 7-5362-1183-X:¥0.00

J121　031261

马万里三代书画选/广西文史研究馆编.—南宁:广西美术出版社,1995.7.—89页;29cm

ISBN 7-80582-880-6(精装):¥100.00

J121　031262

马万里书画篆刻集/马万里作.—北京:荣宝斋出版社,1995.9.—89页;37cm

ISBN 7-5003-0324-6(精装):¥230.00

J121　031263

美术书法摄影作品选:湖北省工商银行储蓄宣传成果集/李开万主编.—武汉:湖北美术出版社,1995.7.—95页;29cm

ISBN 7-5394-0587-2:¥55.00

J121　031264

名川艺术作品集/徐乃湘编.—广州:岭南美术出版社,1995.11.—99页;23×21cm

ISBN 7-5362-1273-9:¥78.00

J121　031265

墨友书画精作集 /孙瑞成主编.—沈阳:辽宁美术出版社,1995.4.—234页;26cm

ISBN 7-5314-1245-4(精装):¥148.00

J121　031266

清风墨韵:广东省纪检监察干部书画选/党风杂志社编.—广州:岭南美术出版社,1995.12.—43页;25×26cm

ISBN 7-5362-1367-0:¥48.00

J121　031267

全国书画名家精品展作品集/中国诗书画研究院编.—天津:百花文艺出版社,1995.7.—266页;26cm

ISBN 7-5306-2067-3:¥288.00

J121　031268

荣宝斋:1894~1994.—北京:荣宝斋出版社,1995.—133页:彩图;29cm

ISBN 7-5003-0272-X(精装):¥168.00

J121　031269

山东省文史研究馆书画选集/于峰主编.—济南:山

东美术出版社,1995.12.—126页;38cm
ISBN 7-5330-0945-2(精装):¥260.00
J121 031270
陕西省文史研究馆书画珍品选/陕西省文史研究馆编.—广州:岭南美术出版社,1995.7.—44页;37cm
ISBN 7-5362-1238-0(精装):¥198.00
J121 031271
上海美育节书画作品选/墨谷子主编;上海市美育学会等编.—上海:上海文艺出版社,1995.5.—79页;26cm
ISBN 7-5321-1379-5:¥15.00
J121 031272
施展墨迹/施展绘.—沈阳:辽宁美术出版社,1995.10.—95页;25×26cm
ISBN 7-5314-1335-3(精装):¥100.00
J121 031273
诗画舫.—北京:中国书店,1995.10.—2册(886页);20cm.—(中国历代书画丛书)
ISBN 7-80568-664-5:¥37.00
J121 031274
石涛书画全集/(明)石涛编绘.—天津:天津人民美术出版社,1995.6.—2册(428页);38cm
ISBN 7-5305-0491-6(精装):¥0.00
J121 031275
书画集锦:书画界朋友向中华见义勇为基金会捐赠作品选/丁兆甲主编;《书画集锦》编委会编.—北京:群众出版社,1995.8.—119页;28cm
ISBN 7-5014-1354-1:¥60.00
J121 031276
书画千家诗/任新昌书;胡明军绘.—西安:陕西人民出版社,1995.11.—406页;26cm
ISBN 7-224-03029-5:¥88.00
J121 031277
铜城杯书画艺术大观/《铜城杯书画艺术大观》编委会编.—兰州:甘肃文化出版社,1995.10.—77页;29cm
ISBN 7-80608-146-1:¥68.00
J121 031278
王乃壮书画集/王乃壮绘.—北京:清华大学出版社,1995.7.—76页;28cm
ISBN 7-302-01922-3:¥58.00
J121 031279
王征远书画印选/王征远作.—天津:百花文艺出版社,1995.11.—1册;26×24cm
ISBN 7-5306-2169-6:¥32.80
J121 031280
徐龙晚年艺苑/吕平等主编.—乌鲁木齐:新疆美术摄影出版社,1995.11.—1册;29cm
ISBN 7-80547-351-X:¥120.00
J121 031281
于涛书画集:汉英文对照/于涛作.—北京:文物出版社,1995.5.—1册;25×24cm
ISBN 7-5010-0847-7:¥68.00
J121 031282
赵凤桐书画作品选/史秋一编.—保定:河北大学出版社,1995.12.—86页;26cm
ISBN 7-81028-357-X:¥30.00
J121 031283
中国古代书画:汉英对照/杨涵主编;上海人民美术出版社《艺苑掇英》丛刊编辑部编.—2版.—北京:朝华出版社,1995.—167页;37×25cm
ISBN 7-5054-0421-0(精装):¥260.00
J121 031284
中国美术分类全集:中国漆器全集　第五卷:明/朱家溍,夏更起主编;中国漆器全集编辑委员会编.—福州:福建美术出版社,1995.10.—220,67页;29cm
ISBN 7-5393-0316-6(精装):¥388.00
J121 031285
中国美术学院教师作品展/李子侯,周道明编.—杭州:中国美术学院出版社,1995.—24页;26cm
ISBN 7-81019-484-4:¥15.00
J121 031286
中国名人书画集/刘绍霆收藏;刘远致选编.—西安:陕西人民出版社,1995.8.—216页;37cm
ISBN 7-224-03500-9(精装):¥150.00
J121 031287
中国书画　(38)/沈鹏主编.—北京:人民美术出版社,1995.2.—1册;36cm
ISBN 7-102-01444-9:¥16.00
J121 031288
中国书画家作品精选/王猛仁主编.—郑州:河南美术出版社,1995.12.—208,725页;26cm
ISBN 7-5401-0509-7(精装):¥280.00
J121 031289
中国小书画家/王希弟,李文越主编.—哈尔滨:黑龙江美术出版社,1995.4.—185页;29cm
ISBN 7-5318-0287-2:¥68.00
J121 031290
朱乃正60小书画:汉英对照/朱乃正绘.—北京:北京工艺美术出版社,1995.9.—1册;11×11cm
ISBN 7-80526-166-0(精装):¥85.00
J121 031291
庄征作品集:汉英对照/庄征绘.—天津:天津杨柳青画社,1995.4.—36页;25×27cm
ISBN 7-80503-269-6:¥39.00
J121 031292
璞玉集:20世纪中国女艺术家美术作品荟萃:汉英对照/孙美兰,吴丽珠主编.—北京:中国档案出版社,1995.8.—333页;29cm
ISBN 7-80019-513-9(精装):¥280.00
①J121②I227 031293
中国当代诗书画印精品集/李之鹏等主编.—郑州:河南美术出版社,1995.5.—880页;26cm
ISBN 7-5401-0467-8(精装):¥175.00

J19 宗教艺术

J19 031294

佛教与中国舞蹈/王克芬等著.—天津:天津人民出版社,1995.12.—142页;19cm.—(佛教艺术丛书)
ISBN 7-201-02190-7:¥12.00

J19　031295
佛陀世界/阮荣春,黄宗贤编著.—南京:江苏美术出版社,1995.12.—63,106页:图版;26cm
ISBN 7-5344-0423-1:¥88.00

J19　031296
净域奇葩:佛教艺术/徐湘霖著.—成都:四川人民出版社,1995.4.—242页;19cm.—(中华佛学文化系列/龙晦,万本根主编)
ISBN 7-220-02755-9:¥8.00

J19　031297
中国佛教美术史/戴蕃豫著.—北京:书目文献出版社,1995.12.—1004页;26cm
ISBN 7-5013-1149-8(精装):¥195.00

J2 绘画

J2　031298
黄申发美术教育文集/黄申发著.—西安:陕西人民美术出版社,1995.4.—116页;25×26cm
ISBN 7-5368-0734-1:¥21.68

J2　031299
美术基础知识/李敦祥编著.—西安:陕西人民美术出版社,1995.5.—134页:图;26cm.—(美术技法丛书)
ISBN 7-5368-0581-0:¥15.50

J2　031300
美术教育论丛/李永长著.—兰州:兰州大学出版社,1995.10.—188页;19cm
ISBN 7-311-00853-0:¥7.00

J2-4　031301
美术及其教育/尹少淳著.—长沙:湖南美术出版社,1995.6.—329页;20cm.—(跨世纪美术教育研究丛书/尹少淳,章瑞安主编)
ISBN 7-5356-0723-3:¥11.00

J2-41　031302
河南省高等学校招生美术类专业考试大纲/侯福禄,肖红主编.—郑州:河南美术出版社,1995.8.—28页:照片;26cm
ISBN 7-5401-0488-0:¥12.00

J2-42　031303
中等师范学校教科书美术第一册教学参考书/常锐伦主编;三年制中师美术教材编写组编.—北京:人民美术出版社,1995.10.—216页;26cm
供一年级使用
ISBN 7-102-01555-0:¥25.00

J2-42　031304
中师美术课外活动指导/叶茂涵主编;四川省教育委员会师范处编.—2版.—成都:四川教育出版社,1995.10.—172页;26cm
ISBN 7-5408-2297-X:¥12.00

J2-43　031305
美术　第二册/国家教育委员会师范教育司组编.—北京:人民美术出版社,1995.7.—140页;26cm
中等师范学校教科书:试用本
ISBN 7-102-01449-X:¥18.50

J2-43　031306
美术选修教程/叶茂涵主编.—成都:四川教育出版社,1995.12.—62,176页;26cm
四川省中等师范学校进修课教材
ISBN 7-5408-2749-1:¥14.00

J2-44　031307
中央工艺美术学院入学考试专业试卷评析:素描、速写、色彩专业设计基础/张廷禄主编.—长春:吉林美术出版社,1995.2.—158页:图;26cm
ISBN 7-5386-0454-5:¥32.00

J2-49　031308
彩色的世界/武广久编著;车天德等绘.—济南:明天出版社,1995.4.—122页;20cm.—(全国小学生课外丛书/李仲汉主编)
全套120册,总定价:385.00元
ISBN 7-5332-2142-7:¥0.00

J2-49　031309
走进美术王国/武广久编著;王静等绘.—济南:明天出版社,1995.4.—154页;20cm.—(全国小学生课外丛书/李仲汉主编)
全套120册,总定价:385.00元
ISBN 7-5332-2142-7:¥0.00

①J2-49②G634.954　031310
美术演义/蒋家举,相匀撰文.—北京:华语教学出版社,1995.—270页;20cm.—(中小学课堂学习新广角/刘以林,冯晓林主编)
ISBN 7-80052-483-3:¥11.00

J2-53　031311
吴冠中谈艺集/吴冠中著.—北京:人民美术出版社,1995.3.—313页;20cm.—(中国当代美术名家艺术论丛)
ISBN 7-102-01455-4:¥34.00

J2-62　031312
美术高考指南:素描/陈世和编.—合肥:安徽教育出版社,1995.4.—24页;25×25cm
ISBN 7-5336-1759-2:¥8.00

J20 绘画理论

J20　031313
画坛:一位女评论者的思考/陶咏白著.—南京:江苏美术出版社,1995.8.—311页;20cm.—(中国当代美术研究系列)
ISBN 7-5344-0471-1:¥12.50

J20　031314
重建中国精英艺术/郎绍君著.—武汉:湖北美术出版社,1995.7.—484页;20cm
ISBN 7-5394-0485-X:¥20.00

①J20②K825.7　031315

汪亚尘的艺术世界/王震,荣君立编.—北京:民主与建设出版社,1995.9.—373页:图版;20cm
ISBN 7-80112-026-4:¥18.00

J20-53 031316
广州美术学院中国画系硕士论文集:1981~1995/岭南画学丛书编委会编.—广州:岭南美术出版社,1995.9.—247页;20cm
ISBN 7-5362-1336-0:¥16.00

J201 031317
书画语言与审美效应/钟家骥著.—福州:福建美术出版社,1995.7.—173页;20cm
ISBN 7-5393-0307-7:¥12.00

J203 031318
当代画家系列:肖映川.—广州:岭南美术出版社,1995.12.—183页;20cm.—(画廊丛书)
ISBN 7-5362-1257-7:¥20.00

J203 031319
红土感觉——中国西南画家罗江/罗江编绘.—昆明:云南美术出版社,1995.7.—118页:照片;20cm
ISBN 7-80586-186-2:¥56.00

J203 031320
记者笔下的画人/赵君谋编著.—广州:广东旅游出版社,1995.5.—265页:彩照;20cm
ISBN 7-80521-570-7:¥25.00

J203 031321
作家的画梦/贡岩编.—北京:中国人民大学出版社,1995.4.—136页:彩图;20cm
ISBN 7-300-01717-7:¥16.50

J203-52 031322
杨之光四十年回顾文集/《岭南画学丛书》编委会编.—广州:岭南美术出版社,1995.12.—243页;20cm.—(岭南画学丛书;2/陈振国主编)
ISBN 7-5362-1337-9:¥16.00

J204 031323
我画我说:关中风情漫笔/贺荣敏著.—西安:陕西人民美术出版社,1995.4.—64页;29cm
ISBN 7-5368-0725-2:¥22.50

J205 031324
传神写意的中国绘画/沈亚丹著.—沈阳:辽宁古籍出版社,1995.5.—184页:图;19cm.—(中华民族优秀传统文化丛书·艺术卷/赵宪章主编)
本卷8册,总定价:43.00元
ISBN 7-80507-280-9:¥0.00

J205 031325
大河风:河南民间美术文集/倪宝诚主编.—郑州:河南人民出版社,1995.9.—696页;20cm
ISBN 7-215-03492-5:¥23.00

J205 031326
古画鉴赏/王迎著.—桂林:漓江出版社,1995.1.—193页;20cm.—(中国文物鉴赏丛书/李学勤主编)
ISBN 7-5407-1667-3:¥9.00

J205 031327
红土高原的画卷:段锡美术论文集/段锡著.—昆明:云南美术出版社,1995.12.—173页;19cm
ISBN 7-80586-228-1:¥8.00

J205 031328
画坛风情谈艺录/王杰著.—沈阳:辽宁美术出版社,1995.6.—171页;26cm
ISBN 7-5314-1034-6:¥28.80

J205 031329
今栋美术论集/王今栋编著.—郑州:河南美术出版社,1995.11.—292页:插图;26cm
ISBN 7-5401-0504-6:¥39.00

J205 031330
洛羊论画/邵洛羊著.—上海:上海人民美术出版社,1995.4.—327页;20cm
ISBN 7-5322-1371-4:¥18.00

J205 031331
美术文献 1995年 第1辑 总第3辑:九十年代彩墨画/彭德主编;《美术文献》编辑部编.—武汉:湖北美术出版社,1995.—60页;29cm
ISBN 7-5394-0524-4:¥15.00

J205 031332
美术文献 1995年 第2辑 总第4辑:中国女画家专辑/彭德主编;《美术文献》编辑部编.—武汉:湖北美术出版社,1995.9.—60页;29cm
ISBN 7-5394-0599-6:¥15.00

J205 031333
美术文献 1995年 第3辑 总第5辑:乡土油画专辑/彭德主编;《美术文献》编辑部编.—武汉:湖北美术出版社,1995.12.—60页;29cm
ISBN 7-5394-0605-4:¥15.00

J205 031334
美术文献:增卷(一)/《美术文献》编辑部编辑.—武汉:湖北美术出版社,1995.5.—99页;29cm
ISBN 7-5394-0578-3:¥25.00

J205 031335
美术新闻话芳菲:报刊美术散论/李荣升著.—沈阳:辽宁美术出版社,1995.4.—144页;20cm
ISBN 7-5314-1267-5:¥9.80

J205 031336
趣墨:当代名家评/杨新主编.—北京:紫禁城出版社,1995.—95页;29cm
ISBN 7-80047-209-4(精装):¥0.00

J205 031337
世界绘画:外国卷/刘惠民等编著.—长沙:湖南少年儿童出版社,1995.9.—100页:彩图;26×23cm.—(世界美术欣赏丛书)
ISBN 7-5358-1055-1:¥17.50

J205 031338
外国名画赏析/刘树杞编著.—天津:新蕾出版社,1995.12.—72页;26cm.—(小画家丛书·青少年学画正规技法训练/郭占魁,华克齐主编)
ISBN 7-5307-1664-6:¥12.00

J205 031339
形神记:陈树人的写生与绘画/陈真魂著.—广州:岭南美术出版社,1995.7.—47页;26cm
ISBN 7-5362-1272-0:¥25.00

J205　031340
中国名画赏析/刘树杞编著.—天津:新蕾出版社,1995.12.—62页;26cm.—(小画家丛书·青少年学画正规技法训练/郭占魁,华克齐主编)
ISBN 7-5307-1663-8:¥11.00

①J205②G624.75　031341
全国学生美术欣赏图库:小学篇/肖峰,靳尚谊主编;国家教委艺术教育委员会编.—杭州:中国美术学院出版社,1995.7.—74页;26cm
国家教委指定学校图书馆必备图书
ISBN 7-81019-460-7(精装):¥45.00

①J205②G634.955　031342
全国学生美术欣赏图库:初中篇/肖峰,靳尚谊主编;国家教委艺术教育委员会编.—杭州:中国美术学院出版社,1995.7.—106页;26cm
国家教委指定学校图书馆必备图书
ISBN 7-81019-461-5(精装):¥65.00

①J205②G634.955　031343
全国学生美术欣赏图库:高中篇/肖峰,靳尚谊主编;国家教委艺术教育委员会编.—杭州:中国美术学院出版社,1995.7.—184页;26cm
国家教委指定学校图书馆必备图书
ISBN 7-81019-462-3(精装):¥95.00

①J205②I247.8　031344
名画的故事/欧阳英,王心祺著.—北京:中国美术学院出版社,1995.7.—313页;19cm
ISBN 7-81019-481-X:¥10.00

J205-53　031345
林风眠研究文集/郑朝选编.—杭州:中国美术学院出版社,1995.8.—531页;20cm
ISBN 7-81019-489-5(精装):¥39.50

J205-53　031346
门外絮语:杨悦浦美术评论文选/杨悦浦著.—长沙:湖南美术出版社,1995.10.—485页;20cm
ISBN 7-5356-0775-6:¥27.00

J206　031347
花卉造型技法/王善珏著.—杭州:中国美术学院出版社,1995.12.—184页:图版;29cm.—(服饰染织设计丛书/陈守义主编)
ISBN 7-81019-485-2(精装):¥52.00

J206　031348
绘画造型原理与技法/张伯仁著.—青岛:青岛出版社,1995.4.—1册;26cm
ISBN 7-5436-1251-8:¥16.00

J206　031349
美术设计中的色彩·图像·构成/白鸽编著;谭红丽,唐家祥绘.—北京:北京工艺美术出版社,1995.7.—114页;26cm.—(自学成画家丛书)
ISBN 7-80526-158-X:¥25.00

①J206②TP391.4　031350
电脑美术设计实践/文增著,王雪编著.—哈尔滨:黑龙江美术出版社,1995.11.—238页;29cm
ISBN 7-5318-0318-6:¥98.00

J206.1　031351
构图基础入门/黄菁著.—南宁:广西美术出版社,1995.8.—32页;26cm.—(美术基础入门画库)
ISBN 7-80582-893-8:¥3.60

J206.1-43　031352
新编平面构成教程/田旭桐著.—南宁:广西美术出版社,1995.6.—140页;26cm
ISBN 7-80582-856-3:¥17.50

J206.2　031353
美术技法理论:透视、解剖/魏永利,殷金山编著.—北京:高等教育出版社,1995.5.—241页:图版;26cm
ISBN 7-04-005313-6:¥19.70

J206.2　031354
透视基础入门/雷时康著.—南宁:广西美术出版社,1995.8.—32页;26cm.—(美术基础入门画库)
ISBN 7-80582-895-4:¥3.60

J206.3　031355
色彩风景入门/覃忠华著.—南宁:广西美术出版社,1995.7.—32页;26cm.—(美术基础入门画库)
ISBN 7-80582-886-5:¥5.80

J206.3　031356
色彩基础入门/刘南一著.—南宁:广西美术出版社,1995.6.—32页;26cm.—(美术基础入门画库)
ISBN 7-80582-901-2:¥5.80

J206.3　031357
色彩技法/白鸽编著.—北京:北京工艺美术出版社,1995.6.—111页;26cm.—(自学成画家丛书)
ISBN 7-80526-155-5:¥25.00

J206.4　031358
人体解剖入门/陈伟生著.—南宁:广西美术出版社,1995.9.—58页;26cm.—(美术基础入门画库)
ISBN 7-80582-919-5:¥5.80

J209　031359
中国古代绘画/杜永菊,孟庆荣编著.—北京:北京科学技术出版社,1995.1.—128页;19cm.—(中国历史知识全书·灿烂文化/朱仲玉主编)
ISBN 7-5304-1662-6:¥3.90

J209.1　031360
西方绘画史话/左庄伟著.—上海:上海文艺出版社,1995.1.—200页;19cm.—(希望美育文库/王新民主编)
ISBN 7-5321-1271-3:¥3.00

J209.2　031361
上海油画史/李超著.—上海:上海人民美术出版社,1995.11.—358页;26cm
ISBN 7-5322-1522-9(精装):¥0.00

J209.2　031362
中国壁画史纲/祝重寿著.—北京:文物出版社,1995.12.—97页:图;20cm
ISBN 7-5010-0878-7:¥18.50

J209.2　031363
中国画论　卷一/吴孟复主编;张劲秋校注.—合肥:安徽美术出版社,1995.9.—840页;20cm
ISBN 7-5398-0445-9(精装):¥35.00

J209.2　031364

中国绘画/王克文著.—上海:上海古籍出版社,1995.8.—161页;19cm.—(中华文明宝库/李国章,马樟根主编)

ISBN 7-5325-1934-1:¥9.10

J209.2　031365

中国绘画史话/华明著.—上海:上海文艺出版社,1995.1.—185页;19cm.—(希望美育文库/王新民主编)

ISBN 7-5321-1269-1:¥3.00

J209.2　031366

中国绘画演义/殷伟著.—上海:上海文艺出版社,1995.9.—451页;20cm.—(文艺演义丛书/钱念孙主编)

ISBN 7-5321-1337-X:¥18.60

J21 绘画技法

J21　031367

画面构成技法/白鸽编著.—北京:北京工艺美术出版社,1995.11.—113页;26cm.—(自学成画家丛书)

ISBN 7-80526-151-2:¥24.00

J211　031368

美术少年宫/施绍辰主编.—南昌:21世纪出版社,1995.8.—4册;19cm

包括《中国画》等4册

ISBN 7-5391-0839-8:¥28.00

J211　031369

实用美术技法　(16)/薄贯休主编;北京市百花美术用品公司《实用美术技法》编辑部编.—北京:国际文化出版公司,1995.2.—92页:图;26cm

ISBN 7-80105-211-0:¥9.00

J211.25　031370

色彩人像入门/周度其著.—南宁:广西美术出版社,1995.7.—32页;26cm.—(美术基础入门画库)

ISBN 7-80582-885-7:¥5.80

J211.26　031371

山水画构图/吴守明编著.—石家庄:河北美术出版社,1995.5.—40页;26cm

ISBN 7-5310-0690-1:¥28.00

J211.26　031372

写生山水画创作技法/张建明著.—北京:中国工人出版社,1995.8.—60页;26cm

ISBN 7-5008-1714-2:¥13.80

J211.26　031373

怎样画水口/叶维著.—南京:江苏美术出版社,1995.1.—40页;26cm.—(初级美术基础读物·美术爱好者之友)

ISBN 7-5344-0419-3:¥4.90

J211.27　031374

花鸟画章法入门/蔺高管编著.—北京:人民美术出版社,1995.3.—71册;26cm

ISBN 7-102-01360-4:¥10.00

J211.28　031375

画鱼/王雪蕉编绘.—北京:中国书籍出版社,1995.5.—47页;26cm

ISBN 7-5068-0419-0:¥20.00

①J211.29-61②TS941.1-61　031376

服装画技法大全/何智明,刘晓刚著.—上海:上海文化出版社,1995.12.—136页;29cm

ISBN 7-80511-824-8(精装):¥55.00

J212　031377

本土回归:面对当代世界文化水墨语言的转型策略/邹建平主编.—长沙:湖南美术出版社,1995.9.—48页;29cm.—(当代艺术系列丛书·第七辑)

ISBN 7-5356-0742-X:¥12.00

J212　031378

第一回推荐展·中国画　1995/浙江省美术家协会主编.—杭州:中国美术学院出版社,1995.12.—1册;21×19cm

ISBN 7-81019-459-3:¥20.00

J212　031379

儿童趣味国画:笔墨情趣/宁佳录编著.—北京:中国和平出版社,1995.10.—45页;26cm.—(儿童美术技法丛书)

ISBN 7-80101-582-7:¥7.00

J212　031380

儿童趣味国画:色彩情趣/宁佳录编著.—北京:中国和平出版社,1995.10.—45页;26cm.—(儿童美术技法丛书)

ISBN 7-80101-583-5:¥7.00

J212　031381

儿童趣味国画:生活情趣/宁佳录编著.—北京:中国和平出版社,1995.10.—45页;26cm.—(儿童美术技法丛书)

ISBN 7-80101-585-1:¥7.00

J212　031382

儿童趣味国画:图形情趣/宁佳录编著.—北京:中国和平出版社,1995.10.—45页;26cm.—(儿童美术技法丛书)

ISBN 7-80101-584-3:¥7.00

J212　031383

儿童硬笔中国画入门:快学山水画、花鸟画/永珍编绘.—北京:京华出版社,1995.12.—150页;26cm

ISBN 7-80600-130-1:¥11.50

J212　031384

黄宾虹笔墨探微/王小川编著.—杭州:浙江人民美术出版社,1995.12.—98页;28cm.—(名家画艺撷秀)

ISBN 7-5340-0641-4:¥29.80

J212　031385

陆一飞画山水/陆一飞著.—上海:上海人民美术出版社,1995.—32页;26cm.—(名家教画丛书)

ISBN 7-5322-1398-6:¥10.70

J212　031386

论东北中国画/贲庆余主编.—沈阳:辽宁美术出版社,1995.9.—2册;20cm

ISBN 7-5314-1200-4:¥51.00

J212　031387

马骀画宝/马骀著.—北京:中国书店,1995.10.—2册;20cm.—(中国历代书画丛书)
ISBN 7-80568-662-9: ¥50.00
J212　031388
潘天寿绘画技法简析/潘公凯著.—杭州:中国美术学院出版社,1995.9.—1册;26cm
ISBN 7-81019-374-0(精装): ¥40.00
J212　031389
情系山水:浙江当代山水画名家选论/叶子著.—杭州:西泠印社,1995.6.—271页;20cm
ISBN 7-80517-180-7: ¥19.80
J212　031390
荣宝斋画谱　(102):山水部分/赖少其绘.—北京:荣宝斋出版社,1995.1.—42页;26×38cm
ISBN 7-5003-0249-5: ¥14.80
J212　031391
荣宝斋画谱　(103):蔬果杂画部分/来楚生绘.—北京:荣宝斋出版社,1995.4.—42页;26×38cm
ISBN 7-5003-0250-9: ¥14.80
J212　031392
荣宝斋画谱　(105):写意人物部分/方增先绘.—北京:荣宝斋出版社,1995.1.—42页;26×38cm
ISBN 7-5003-0275-4: ¥14.80
J212　031393
荣宝斋画谱　(106):花鸟山水部分/张大壮绘.—北京:荣宝斋出版社,1995.12.—42页;26×38cm
ISBN 7-5003-0290-8: ¥16.00
J212　031394
荣宝斋画谱　(107):人物部分/李斛绘.—北京:荣宝斋出版社,1995.9.—42页;26×38cm
ISBN 7-5003-0288-6: ¥16.00
J212　031395
荣宝斋画谱　(108):写意花鸟部分/来楚生绘.—北京:荣宝斋出版社,1995.12.—42页;26×38cm
ISBN 7-5003-0289-4: ¥16.00
J212　031396
荣宝斋画谱　(109):写意山水部分/关山月绘.—北京:荣宝斋出版社,1995.12.—42页;26×38cm
ISBN 7-5003-0291-6: ¥16.00
J212　031397
荣宝斋画谱　(110):写意花鸟部分/江寒汀绘.—北京:荣宝斋出版社,1995.12.—42页;26×38cm
ISBN 7-5003-0292-4: ¥16.00
J212　031398
荣宝斋画谱:古代部分(五):百花图卷/(宋)无名氏绘.—北京:荣宝斋出版社,1995.12.—54页;26×38cm
ISBN 7-5003-0301-7: ¥28.00
J212　031399
荣宝斋画谱:古代部分(一):课徒画稿(一)/(清)龚贤绘.—北京:荣宝斋出版社,1995.12.—51页;26×38cm
ISBN 7-5003-0312-2: ¥26.00
J212　031400
三希堂画谱大观　(二):人物/叶九如选辑.—北京:中国书店,1995.10.—484页;20cm.—(中国历代书画丛书)
ISBN 7-80568-656-4: ¥15.50
J212　031401
三希堂画谱大观　(六):草虫·花卉·石谱/叶九如选辑.—北京:中国书店,1995.10.—1册;20cm.—(中国历代书画丛书)
ISBN 7-80568-660-2: ¥18.50
J212　031402
三希堂画谱大观　(三):竹谱·菊谱/叶九如选辑.—北京:中国书店,1995.10.—1册;20cm.—(中国历代书画丛书)
ISBN 7-80568-657-2: ¥14.00
J212　031403
三希堂画谱大观　(四):仕女·翎毛·花卉/叶九如选辑.—北京:中国书店,1995.10.—1册;20cm.—(中国历代书画丛书)
ISBN 7-80568-658-0: ¥22.00
J212　031404
三希堂画谱大观　(五):梅谱·兰谱/叶九如选辑.—北京:中国书店,1995.10.—1册;20cm.—(中国历代书画丛书)
ISBN 7-80568-659-9: ¥20.00
J212　031405
三希堂画谱大观　(一):山水/叶九如选辑.—北京:中国书店,1995.10.—566页;20cm.—(中国历代书画丛书)
ISBN 7-80568-655-6: ¥18.50
J212　031406
现代中国画论集/郎绍君著.—南宁:广西美术出版社,1995.12.—501页;20cm.—(中国当代美术理论家文丛)
ISBN 7-80625-065-4: ¥35.00
J212　031407
萧云从画谱/陈传席编著.—合肥:安徽美术出版社,1995.9.—69页;19×26cm
ISBN 7-5398-0381-9: ¥9.50
J212　031408
新版芥子园画谱　第二集:兰竹梅菊/(清)巢勋临绘.—北京:中国和平出版社,1995.11.—306页;20cm
ISBN 7-80101-459-6: ¥14.00
J212　031409
新版芥子园画谱　第三集:花卉翎毛/(清)巢勋临绘.—北京:中国和平出版社,1995.11.—320页;20cm
ISBN 7-80101-460-X: ¥14.00
J212　031410
新版芥子园画谱　第四集:人物/(清)巢勋临绘.—北京:中国和平出版社,1995.11.—420页;20cm
ISBN 7-80101-461-8: ¥16.00
J212　031411
新版芥子园画谱　第一集:山水/(清)巢勋临绘.—北京:中国和平出版社,1995.11.—422页;20cm
ISBN 7-80101-458-8: ¥16.00
J212　031412

学国画/蒋正鸿主编.—北京:科学普及出版社,1995.4.—115页;19×26cm
中国画技法普及教材(四)
ISBN 7-110-03310-4:¥20.00

J212　031413
一品堂画谱:花鸟虫草本/陈履生编著.—南宁:广西美术出版社,1995.5.—87页;26×37cm
ISBN 7-80582-862-8:¥17.60

J212　031414
一品堂画谱:梅兰竹菊本/陈履生编著.—南宁:广西美术出版社,1995.5.—44页;26×37cm
ISBN 7-80582-863-6:¥9.80

J212　031415
一品堂画谱:人物本/陈履生编著.—南宁:广西美术出版社,1995.5.—113页;26×37cm
ISBN 7-80582-859-8:¥22.80

J212　031416
一品堂画谱:山水本/陈履生编著.—南宁:广西美术出版社,1995.5.—48页;26×37cm
ISBN 7-80582-861-X:¥9.90

J212　031417
一品堂画谱:仕女本/陈履生编著.—南宁:广西美术出版社,1995.5.—61页;26×37cm
ISBN 7-80582-860-1:¥12.80

J212　031418
张仃山水/王鲁湘等编.—上海:上海书画出版社,1995.11.—311页:图;30cm
ISBN 7-80512-924-X(精装):¥380.00

J212　031419
中国古代书画的复制/沈亚洲著.—北京:高等教育出版社,1995.5.—103页:图版;20cm
ISBN 7-04-005317-9:¥4.70

J212　031420
中国画　1995年　第3期　总第68期/文关旺主编.—北京:荣宝斋出版社,1995.7.—80页;29cm
ISBN 7-5003-0266-5:¥18.00

J212　031421
中国画　1995年　第4期　总第69期/文关旺主编.—北京:荣宝斋出版社,1995.10.—80页;29cm
ISBN 7-5003-0267-3:¥18.00

J212　031422
中国画　(66)/文关旺主编.—北京:荣宝斋出版社,1995.1.—80页;29cm
ISBN 7-5003-0264-9:¥18.00

J212　031423
中国画　(67)/文关旺主编.—北京:荣宝斋出版社,1995.4.—80页;29cm
ISBN 7-5003-0265-7:¥18.00

J212　031424
中国画论　卷一/吴孟复主编.—合肥:安徽美术出版社,1995.9.—840页;20cm
ISBN 7-5398-0427-0(精装):¥35.00

①J212②K825.7　031425
当代十大画家/徐建融著.—上海:上海人民美术出版社,1995.11.—240页:彩图;20cm
ISBN 7-5322-1421-4:¥28.00

J212-43　031426
少儿国画教程:花鸟篇/张大钧著.—福州:福建美术出版社,1995.12.—120页;26cm
ISBN 7-5393-0378-6:¥26.80

J212.1　031427
国画/孙振新主编.—上海:上海画报出版社,1995.11.—62页;26cm.—(少年儿童美术技法丛书)
ISBN 7-80530-179-4:¥8.50

J212.1　031428
少儿学国画/范华,兰西编著.—西安:陕西人民美术出版社,1995.6.—59页;19×26cm
ISBN 7-5368-0735-X:¥9.80

J212.1　031429
少儿中国画入门:飞禽/凌子波编绘.—长沙:湖南美术出版社,1995.5.—32页;26cm
ISBN 7-5356-0720-9:¥3.50

J212.1　031430
少儿中国画入门:画理画法浅谈/宋子正著.—长沙:湖南美术出版社,1995.9.—36页;26cm
ISBN 7-5356-0748-9:¥3.50

J212.1　031431
少儿中国画入门:走兽/周光荣编绘.—长沙:湖南美术出版社,1995.5.—32页;26cm
ISBN 7-5356-0719-5:¥3.50

J212.1　031432
水墨山水画技法100问/宁日曾著.—西安:陕西人民美术出版社,1995.3.—106页;26cm
ISBN 7-5368-0719-8:¥19.50

J212.2　031433
戴敦邦话艺录/戴敦邦著.—上海:上海人民美术出版社,1995.6.—138页:图;20cm
ISBN 7-5322-1397-8:¥12.00

J212.2　031434
乔木画花鸟/乔木著.—上海:上海人民美术出版社,1995.—1册;26cm.—(名家教画丛书)
ISBN 7-5322-1399-4:¥10.70

J212.2　031435
中国画摹本:花鸟画技法(10):鹰/杨家聪绘.—广州:岭南美术出版社,1995.4.—16页;37cm
ISBN 7-5362-1167-8:¥9.00

J212.2　031436
中国画摹本:花鸟画技法(1):牡丹.—广州:岭南美术出版社,1995.4.—16页;38cm
ISBN 7-5362-1172-4:¥8.00

J212.2　031437
中国画摹本:花鸟画技法(2):小鸟.—广州:岭南美术出版社,1995.4.—16页;38cm
ISBN 7-5362-1168-6:¥8.00

J212.2　031438
中国画摹本:花鸟画技法(3):鱼、青蛙、蟛蜞.—广州:岭南美术出版社,1995.4.—16页;38cm
ISBN 7-5362-1169-4:¥8.00

J212.2　031439
中国画摹本:花鸟画技法(4):观赏鱼.—广州:岭南美术出版社,1995.4.—16页;38cm
ISBN 7-5362-1170-8:¥8.00

J212.2　031440
中国画摹本:花鸟画技法(6):荷花/方楚雄绘.—广州:岭南美术出版社,1995.4.—16页;37cm
ISBN 7-5362-1166-X:¥9.00

J212.2　031441
中国画摹本:花鸟画技法(7):菊花/陈少珊等绘.—广州:岭南美术出版社,1995.4.—16页;37cm
ISBN 7-5362-1165-1:¥9.00

J212.2　031442
中国画摹本:花鸟画技法(8):梅花、水仙/陈子毅等绘.—广州:岭南美术出版社,1995.4.—16页;37cm
ISBN 7-5362-1173-2:¥9.00

J212.2　031443
中国画摹本:花鸟画技法(9):翠鸟、八哥鸟/林墉等绘.—广州:岭南美术出版社,1995.4.—16页;37cm
ISBN 7-5362-1174-0:¥9.00

J212.2　031444
中国画摹本:山水画技法(5):树石山云水.—广州:岭南美术出版社,1995.4.—16页;38cm
ISBN 7-5362-1171-6:¥8.00

J212.25　031445
刘国辉人物画教学随笔/刘国辉绘.—天津:天津人民美术出版社,1995.12.—116页;26cm.—(名家教学手稿系列)
ISBN 7-5305-0475-4(精装):¥45.00

J212.25　031446
人物画法/丁战著.—苏州:古吴轩出版社,1995.7.—76页:图版;26cm.—(中国书画自学丛书)
ISBN 7-80574-191-3:¥16.80

J212.25　031447
人物画小品技法/吴宪生著.—济南:山东美术出版社,1995.2.—28页;26cm
ISBN 7-5330-0863-4:¥7.80

J212.25　031448
水墨仕女画技法/谢志高著.—杭州:中国美术学院出版社,1995.5.—72页:图版;26cm
ISBN 7-81019-407-0:¥18.00

J212.25　031449
写意仕女画法:中国画人物技法/王义胜编绘.—济南:山东美术出版社,1995.2.—22页;26cm
ISBN 7-5330-0865-0:¥6.20

J212.25　031450
怎样画水墨人物/谢志高著.—北京:西苑出版社,1995.8.—44页:图;26cm.—(中国画基础技法丛书)
ISBN 7-80108-051-3:¥10.00

J212.25　031451
中国现代人物白描精选/申少君主编.—南昌:江西美术出版社,1995.12.—170页;21×19cm
ISBN 7-80580-299-8:¥15.80

J212.26　031452
单剑锋其人其画/单晓丹等选编.—广州:岭南美术出版社,1995.12.—192页;23×21cm
ISBN 7-5362-1140-6:¥138.00

J212.26　031453
黑白装饰风景/李松柴著.—杭州:浙江人民美术出版社,1995.10.—62页:图版;26cm
ISBN 7-5340-0636-8:¥12.50

J212.26　031454
金陵名家山水画技法解析/徐善编.—南京:江苏教育出版社,1995.12.—24张;37×26cm
ISBN 7-5343-2518-8:¥19.50

J212.26　031455
山水画法/叶维,李海陆著.—苏州:古吴轩出版社,1995.5.—76页;26cm.—(中国书画自学丛书)
ISBN 7-80574-189-1:¥16.80

J212.26　031456
山水画谱/徐英槐,俞建华著.—杭州:浙江人民美术出版社,1995.10.—126页:图版;26cm
ISBN 7-5340-0632-5:¥14.50

J212.26　031457
山水画入门:陆俨少课徒画稿新编/陆俨少绘.—杭州:西泠印社,1995.1.—53页;38cm.—(中国绘画大师技法画谱)
ISBN 7-80517-167-X:¥22.00

J212.26　031458
怎样画山水/王心昌著.—北京:西苑出版社,1995.8.—40页:图;26cm.—(中国画基础技法丛书)
ISBN 7-80108-053-X:¥10.00

J212.27　031459
韩敏画竹/韩敏著.—上海:上海人民美术出版社,1995.3.—1册;26cm.—(名家教画丛书)
ISBN 7-5322-1400-1:¥10.70

J212.27　031460
花卉写生/夏春明著.—杭州:浙江人民美术出版社,1995.10.—62页:图版;26cm
ISBN 7-5340-0639-2:¥9.80

J212.27　031461
花鸟画法/张继馨著.—苏州:古吴轩出版社,1995.5.—68页;26cm.—(中国书画自学丛书)
ISBN 7-80574-188-3:¥16.80

J212.27　031462
花鸟画谱/宁佳录编著.—北京:中国和平出版社,1995.3.—81页;26cm.—(画谱丛书)
ISBN 7-80101-372-7:¥18.00

J212.27　031463
刘东瀛工笔花鸟画创意/刘东瀛著.—沈阳:辽宁美术出版社,1995.3.—60页;25×26cm.—(画家画库·作品与技法)
ISBN 7-5314-1206-3:¥28.80

J212.27　031464
牡丹画法/周俊鹤著.—济南:山东美术出版社,1995.2.—42页;26cm
ISBN 7-5330-0864-2:¥7.90

J212.27　031465

写意花鸟画法/张世简编绘.—北京:人民美术出版社,1995.1.—94页;26cm
中央电视台教育节目部电视讲座
ISBN 7-102-01453-8: ¥19.80

J212.27　031466
怎样画荷花·兰花/刘大洪,史如源著.—北京:西苑出版社,1995.8.—44页:图;26cm.—(中国画基础技法丛书)
ISBN 7-80108-050-5: ¥10.00

J212.27　031467
怎样画葫芦·丝瓜/踪岩夫著.—北京:西苑出版社,1995.8.—44页;26cm.—(中国画基础技法丛书)
ISBN 7-80108-047-5: ¥10.00

J212.27　031468
怎样画梅·竹/郭书仁,刘玉楼著.—北京:西苑出版社,1995.8.—44页:图;26cm.—(中国画基础技法丛书)
ISBN 7-80108-049-1: ¥10.00

J212.27　031469
怎样画牡丹·菊花/张军,郭书仁著.—北京:西苑出版社,1995.8.—44页:图;26cm.—(中国画基础技法丛书)
ISBN 7-80108-048-3: ¥10.00

J212.27　031470
怎样画葡萄/裴玉林著.—石家庄:河北美术出版社,1995.5.—29页;26cm.—(中国画自学丛书)
ISBN 7-5310-0701-0: ¥8.00

J212.27　031471
怎样画小写意花鸟画:入门步骤20例/葛俊生著.—合肥:安徽美术出版社,1995.9.—43页;26cm
ISBN 7-5398-0416-5: ¥15.00

J212.27　031472
怎样画紫藤·牵牛花/陈征,踪岩夫著.—北京:西苑出版社,1995.8.—28页:图;26cm.—(中国画基础技法丛书)
ISBN 7-80108-046-7: ¥10.00

J212.27　031473
怎样画翎毛/李勤,徐士钦编著.—石家庄:河北美术出版社,1995.5.—30页;26cm.—(中国画自学丛书)
ISBN 7-5310-0687-1: ¥5.90

J212.27　031474
中国画葡萄技法/程梦臻著.—北京:九洲图书出版社,1995.1.—40页;18×18cm
ISBN 7-80114-021-4: ¥12.00

J212.28　031475
汪观清画牛/汪观清著.—上海:上海人民美术出版社,1995.—1册;26cm.—(名家教画丛书)
ISBN 7-5322-1401-X: ¥10.70

J212.28　031476
怎样画大熊猫/王同仁绘著.—北京:中国文联出版公司,1995.8.—1册;26cm.—(自学美术丛书·动物篇;2)
ISBN 7-5059-1608-4: ¥3.80

J212.28　031477
怎样画鹅·虎头鹅/王同仁绘著.—北京:中国文联出版公司,1995.8.—1册;26cm.—(自学美术丛书·动物篇;6)
ISBN 7-5059-1630-0: ¥3.80

J212.28　031478
怎样画鸡·鹰/史如源,刘玉楼著.—北京:西苑出版社,1995.8.—44页:图;26cm.—(中国画基础技法丛书)
ISBN 7-80108-052-1: ¥10.00

J212.28　031479
怎样画驴/王同仁绘著.—北京:中国文联出版公司,1995.8.—1册;26cm.—(自学美术丛书·动物篇;3)
ISBN 7-5059-1609-2: ¥3.80

J212.28　031480
怎样画骆驼/王同仁绘著.—北京:中国文联出版公司,1995.8.—1册;26cm.—(自学美术丛书·动物篇;4)
ISBN 7-5059-1610-6: ¥3.80

J212.28　031481
怎样画麻雀/孙其峰,孙季康著.—石家庄:河北美术出版社,1995.9.—30页;26cm.—(中国画自学丛书)
ISBN 7-5310-0722-3: ¥8.00

J212.28　031482
怎样画马/王同仁绘著.—北京:中国文联出版公司,1995.8.—1册;26cm.—(自学美术丛书·动物篇;1)
ISBN 7-5059-1607-6: ¥3.80

J212.28　031483
怎样画猫/曹克家编绘.—2版.—北京:人民美术出版社,1995.4.—1册;19cm
ISBN 7-102-01512-7: ¥3.50

J212.28　031484
怎样画毛驴/全太安编著.—石家庄:河北美术出版社,1995.9.—29页;26cm.—(中国画自学丛书)
ISBN 7-5310-0709-6: ¥8.00

J212.28　031485
怎样画牛/王同仁绘著.—北京:中国文联出版公司,1995.8.—1册;26cm.—(自学美术丛书·动物篇;7)
ISBN 7-5059-1631-9: ¥3.80

J212.28　031486
怎样画羊/王同仁绘著.—北京:中国文联出版公司,1995.8.—1册;26cm.—(自学美术丛书·动物篇;5)
ISBN 7-5059-1629-7: ¥3.80

J213　031487
当代中国油画10家风格与技法研究/范迪安,李豫闽著.—福州:福建美术出版社,1995.4.—163页;29cm
ISBN 7-5393-0258-5: ¥88.00

J213　031488
油画艺术欣赏/吴达志,沈莹著.—太原:山西教育出版社,1995.12.—288页:彩图;19cm.—(美育丛书音乐舞蹈系列;1)
ISBN 7-5440-0600-X: ¥10.00

J213.9　031489
漆画绘制工艺/张燕著.—上海:上海人民美术出版社,1995.4.—63页:图;19×17cm
ISBN 7-5322-1402-8: ¥12.00

J213.9　031490
漆画设计基础/张连生,单德林著.—北京:北京工艺美术出版社,1995.4.—97页;彩图;20cm
ISBN 7-80526-140-7:¥8.50

J214　031491
动态速写入门/姚秦著.—南宁:广西美术出版社,1995.9.—32页;26cm.—(美术基础入门画库)
ISBN 7-80582-910-1:¥3.60

J214　031492
风景素描/程钰林著.—上海:上海教育出版社,1995.3.—113页;图;26cm
ISBN 7-5320-3831-9:¥12.00

J214　031493
风景素描写生技法/董旭著.—海口:海南出版社,1995.2.—57页;26cm
ISBN 7-80617-106-1:¥18.00

J214　031494
风景速写技法/王兴来著绘.—修订版.—北京:中国轻工业出版社,1995.12.—132页;20×29cm
ISBN 7-5019-1779-5:¥25.00

J214　031495
绘画与设计速写/蔡汝震著.—北京:北京理工大学出版社,1995.12.—149页;26cm
ISBN 7-81045-014-X:¥14.80

J214　031496
人体动作速画形象符谱教程/吴曼英等编.—西安:陕西人民教育出版社,1995.9.—139页;26cm
ISBN 7-5419-6091-8:¥12.50

J214　031497
石膏静物入门/傅俊山著.—南宁:广西美术出版社,1995.8.—28页;26cm.—(美术基础入门画库)
ISBN 7-80582-894-6:¥3.60

J214　031498
石膏头像入门/邵伟尧著.—南宁:广西美术出版社,1995.8.—32页;26cm.—(美术基础入门画库)
ISBN 7-80582-892-X:¥3.60

J214　031499
瞬间的艺术:速写作品欣赏/林扬编.—广州:岭南美术出版社,1995.11.—102页;26cm
ISBN 7-5362-1270-4:¥33.50

J214　031500
素描/胡世勇编著.—武汉:湖北美术出版社,1995.9.—146页;26cm.—(中等美术技法·高考辅导丛书)
ISBN 7-5394-0526-0:¥16.80

J214　031501
素描/郑林生编著.—长沙:湖南美术出版社,1995.7.—66页;26cm.—(青少年美术辅导丛书)
ISBN 7-5356-0725-X:¥11.90

J214　031502
素描/顾黎明著.—北京:海豚出版社,1995.12.—81页:图;26cm.—(绘画与设计基础)
ISBN 7-80051-977-5:¥13.20

J214　031503
素描风景入门/雷务武著.—南宁:广西美术出版社,1995.9.—32页;26cm.—(美术基础入门画库)
ISBN 7-80582-909-8:¥3.60

J214　031504
素描静物入门/刘晨煌著.—南宁:广西美术出版社,1995.8.—32页;26cm.—(美术基础入门画库)
ISBN 7-80582-905-5:¥3.60

J214　031505
素描求索/全显光著.—沈阳:辽宁美术出版社,1995.4.—83页;26cm
ISBN 7-5314-1253-5:¥18.00

J214　031506
素描人像入门/孙见光著.—南宁:广西美术出版社,1995.8.—32页;26cm.—(美术基础入门画库)
ISBN 7-80582-908-X:¥3.60

J214　031507
素描入门/周度其著.—南宁:广西美术出版社,1995.6.—136页;26cm
ISBN 7-80582-902-0:¥14.60

J214　031508
素描入门/刘金成编绘.—北京:金盾出版社,1995.8.—70页;17×19cm
ISBN 7-5082-0053-5:¥4.20

J214　031509
素描石膏头像/陆嘉陵编著.—杭州:浙江人民美术出版社,1995.12.—96页;26cm
ISBN 7-5340-0667-8:¥14.50

J214　031510
素描谈/靳尚宜等著.—长春:吉林美术出版社,1995.1.—82页:画;20cm
ISBN 7-5386-0446-4(精装):¥25.00

J214　031511
素描头像入门/孙见光著.—南宁:广西美术出版社,1995.8.—32页;26cm.—(美术基础入门画库)
ISBN 7-80582-891-1:¥3.60

J214　031512
素描艺术　(1)/张克让主编.—北京:人民美术出版社,1995.6.—1册;26×27cm
ISBN 7-102-01508-9:¥9.00

J214　031513
速写/刘曙光编著.—重庆:西南师范大学出版社,1995.8.—44页:图;26cm
ISBN 7-5621-1271-1:¥13.00

J214　031514
速写/蔡玉水著.—北京:海豚出版社,1995.12.—82页:图;26cm.—(绘画与设计基础)
ISBN 7-80051-958-9:¥13.60

J214　031515
速写技法/杜滋龄著.—北京:西苑出版社,1995.10.—76页:图;26cm.—(美术教程丛书)
ISBN 7-80108-064-5:¥10.00

J214　031516
速写人物步骤/黄菁编著.—南宁:广西美术出版社,1995.2.—80页;26cm.—(美术技法丛书)
ISBN 7-80582-765-6:¥6.90

J214　031517
王云林木笔绘画技法研究/王云林编绘.—上海:上海人民美术出版社,1995.1.—106页;26cm
ISBN 7-5322-1382-X(精装):¥28.00

J214　031518
现代素描技法/白鸽编著;迟海波,李雪玫绘.—北京:北京工艺美术出版社,1995.8.—113页;26cm.—(自学成画家丛书)
ISBN 7-80526-154-7:¥18.00

J214　031519
新速写表现实技/赵贵德著.—沈阳:辽宁美术出版社,1995.9.—169页;26cm
ISBN 7-5314-1281-0:¥16.80

J214　031520
最新简笔画宝典:中英对照/夫龙工作室编绘.—北京:中国青年出版社,1995.4.—6册;17×19cm
ISBN 7-5006-1953-7:¥9.80

J214　031521
最新一笔画宝典:中英对照/夫龙工作室编绘.—北京:中国青年出版社,1995.4.—4册;17×19cm
ISBN 7-5006-1949-9:¥6.80

J214.1　031522
铅笔画技法/粒子编著;王海燕等绘.—北京:北京工艺美术出版社,1995.6.—121页;26cm.—(自学成画家丛书)
ISBN 7-80526-153-9:¥18.00

J214.3　031523
炭笔画技法/白鸽编著;杨海,董洲绘 .—北京:北京工艺美术出版社,1995.8.—121页;26cm.—(自学成画家丛书)
ISBN 7-80526-152-0:¥15.00

J215　031524
儿童学色彩:水粉画入门、练习与创作 /李毅编著.—北京:北京工艺美术出版社,1995.7.—62,16页;26cm
ISBN 7-80526-139-3:¥20.00

J215　031525
风景·人物水彩画艺术/何志生著.—杭州:中国美术学院出版社,1995.5.—1册;26cm.—(美术基础技法教材丛书)
ISBN 7-81019-399-6:¥17.80

J215　031526
色彩/陈华新编著.—上海:上海画报出版社,1995.11.—62页;26cm.—(少年儿童美术技法丛书/孙振新主编)
上海市业余艺术教育教材
ISBN 7-80530-180-8:¥8.50

J215　031527
色彩·水粉画技法/韩勇,薛益寿编著 .—北京:中国连环画出版社,1995.3.—60页;26cm
ISBN 7-5061-0644-2:¥25.00

J215　031528
色彩静物入门/雷务武著.—南宁:广西美术出版社,1995.7.—32页;26cm.—(美术基础入门画库)
ISBN 7-80582-875-X:¥5.80

J215　031529
水彩艺术　(5)/田郁文主编.—北京:人民美术出版社,1995.9.—48页;26×27cm
ISBN 7-102-01557-7:¥20.00

J215　031530
水粉静物画技法/余益友编绘.—7版.—天津:天津人民美术出版社,1995.4.—30页;26cm
ISBN 7-5305-0163-1:¥8.00

J216　031531
水粉画艺术教学创作/许世虎著.—成都:四川美术出版社,1995.3.—124页;25×26cm
ISBN 7-5410-1001-4:¥29.00

J217　031532
版画/华维光编著.—长沙:湖南美术出版社,1995.4.—48页;26cm.—(儿童美术辅导丛书)
ISBN 7-5356-0709-8:¥7.50

J217　031533
版画印刷艺术/黄浩庭等著.—广州:岭南美术出版社,1995.3.—36页;26cm.—(少儿版画技法丛书/戴立德,关小蕾主编)
ISBN 7-5362-1161-9:¥10.80

J217　031534
多种纸材的版艺术/戴立德等编著.—广州:岭南美术出版社,1995.3.—24页;26cm.—(少儿版画技法丛书/戴立德,关小蕾主编)
ISBN 7-5362-1158-9:¥7.80

J217　031535
天然妙趣的实物版艺术/司徒锦璇,苏珊著.—广州:岭南美术出版社,1995.4.—24页;26cm.—(少儿版画技法丛书/戴立德,关小蕾主编)
ISBN 7-5362-1160-0:¥7.80

J217　031536
晁楣论/于美成编.—哈尔滨:黑龙江美术出版社,1995.4.—254页;21cm
ISBN 7-5318-0271-6:¥19.60

J218　031537
喷绘技法指南/左乾,金石主编.—长春:长春出版社,1995.6.—2册;26cm
ISBN 7-80604-299-7(精装):¥120.00

J218.2　031538
漫画技巧入门/吴辉,(日)村中志津枝著.—广州:广东高等教育出版社,1995.10.—62页;26cm
少男少女漫画教室
ISBN 7-5361-1764-7:¥16.00

J218.2　031539
漫画艺术欣赏/方成著.—太原:山西教育出版社,1995.12.—270页;19cm.—(美育丛书·美术系列;1/李凌,王琦主编)
ISBN 7-5440-0596-8:¥8.80

J218.2　031540
美,在你身边/王旭晓著.—太原:山西教育出版社,1995.12.—245页;19cm.—(美育丛书·美术系列;1/李凌,王琦主编)

ISBN 7-5440-0595-X: ¥8.30

J218.5 031541

插图设计艺术/孙德珊,吴冠英编著.—哈尔滨:黑龙江美术出版社,1995.12.—79页:彩图;26cm.—(中央工艺美术学院装潢设计艺术系教材丛书/陈汉民主编)

ISBN 7-5318-0311-9: ¥32.80

J218.6 031542

敦煌壁画线描集/欧阳琳等编绘.—上海:上海书店出版社,1995.12.—231页;26cm

ISBN 7-80622-059-3: ¥24.00

J218.7 031543

一看就会画:最新学卡通画速成/杨学等编绘.—2版.—北京:中国华侨出版社,1995.6.—2册;17×19cm

ISBN 7-80074-870-7: ¥22.00

J218.9 031544

装饰画基础教程/王亚非编著.—沈阳:辽宁美术出版社,1995.11.—176页;26cm.—(现代设计表现技法;6)

ISBN 7-5314-1345-0: ¥33.00

J22 中国绘画

J221 031545

'95中国艺术博览会图录:汉英对照/高占祥主编.—南京:江苏美术出版社,1995.7.—342页:图画;29cm

ISBN 7-5344-0473-8: ¥180.00

J221 031546

百集电视短剧《东方小故事》书画集/尹继佐主编;中共上海市委宣传部组织编绘.—上海:上海画报出版社,1995.4.—1册;28cm

ISBN 7-80530-137-9: ¥70.00

J221 031547

北普陀藏画集　(一):汉、英文对照/梅子,秀时主编.—沈阳:辽宁美术出版社,1995.5.—206页;25×26cm

ISBN 7-5314-1277-2(精装): ¥150.00

J221 031548

黑龙江日报社珍藏:绘画卷/关玉良编.—哈尔滨:黑龙江美术出版社,1995.—153页;38cm

ISBN 7-5318-0305-4(精装): ¥268.00

J221 031549

丝绸古道行:求索集/赵以雄,耿玉昆著.—北京:北京出版社,1995.10.—1册:彩图;20cm

ISBN 7-200-02791-X: ¥36.00

J221 031550

娃娃自己的画:杨浦艺术幼儿园儿童画选/江萍编.—上海:上海教育出版社,1995.4.—20页;17×19cm

ISBN 7-5320-4391-6: ¥4.00

J221 031551

中国当代美术家图鉴/星座文化艺术研究中心主编.—北京:京华出版社,1995.7.—313页;29cm

ISBN 7-80600-113-1: ¥295.00

J221 031552

中国当代艺术家画库　(13)/《中国当代艺术家画库》编委会编.—北京:中国画报出版社,1995.—10册;26cm

ISBN 7-80024-184-X(盒装): ¥58.00

J221 031553

中国当代艺术家画库　(14)/《中国当代艺术家画库》编委会编.—北京:中国画报出版社,1995.—10册;26cm

ISBN 7-80024-183-1(盒装): ¥58.00

J221 031554

中国当代艺术家画库　(15)/《中国当代艺术家画库》编委会编.—北京:中国画报出版社,1995.—5册;26cm

ISBN 7-80024-182-3(盒装): ¥58.00

J221 031555

中国当代艺术家画库　(16)/《中国当代艺术家画库》编委会编.—北京:中国画报出版社,1995.—10册;26cm

ISBN 7-80024-181-5(盒装): ¥58.00

J221 031556

中国当代艺术家画库　(17)/《中国当代艺术家画库》编委会编.—北京:中国画报出版社,1995.—10册;26cm

ISBN 7-80024-180-7(盒装): ¥58.00

J221 031557

中华女画家邀请展作品集:汉英对照/杜键主编.—北京:文化艺术出版社,1995.8.—214页;29cm

ISBN 7-5039-1401-7(精装): ¥158.00

①J221②K825.7 031558

中国当代女画家:汉英对照/石铃,郑小娟主编.—北京:外文出版社;长沙:湖南美术出版社,1995.8.—245页;37cm

ISBN 7-119-00724-6(精装): ¥298.00

J221.22 031559

河北美术家/程栋才主编.—石家庄:河北美术出版社,1995.6.—170页;28×29cm

ISBN 7-5310-0713-4(精装): ¥238.00

J221.22 031560

河北美术家画集:汉、英文对照/李丰田主编;河北省美术家协会编.—石家庄:河北美术出版社,1995.5.—102页;29cm

ISBN 7-5310-0700-2: ¥98.00

J221.22 031561

河北书画作品集/辛鹤江等编.—保定:河北大学出版社,1995.5.—63页;25×26cm

ISBN 7-81028-255-7: ¥28.00

J221.35 031562

黑龙江省画院作品集:1980～1995/冯建福主编.—哈尔滨:黑龙江美术出版社,1995.12.—87页;29cm

ISBN 7-5318-0328-3: ¥88.00

J221.51 031563

上海新架上画派/俞晓夫等编著.—上海:上海画报

出版社,1995.2.—60页;29cm
ISBN 7-80530-132-8:¥44.00
J221.573　031564
泉州画粹/泉州晚报社编.—福州:福建美术出版社,1995.3.—49页;25×26cm
ISBN 7-5393-0272-0:¥48.00
J221.574　031565
莆田书画选集/吴金水主编;福建省莆田县人民政府编.—福州:福建美术出版社,1995.11.—127页;38cm
ISBN 7-5393-0373-5:¥218.00
J221.575　031566
新桥画乡现代民间绘画作品选/陈永林主编.—福州:福建美术出版社,1995.12.—1册;25×26cm
ISBN 7-5393-0376-X:¥60.00
J221.64　031567
湖南师范大学艺术学院美术作品集/聂南溪主编.—长沙:湖南美术出版社,1995.6.—1册;38cm
ISBN 7-5356-0732-2(精装):¥178.00
J221.71　031568
阿鸽:汉英对照/阿鸽绘.—成都:四川民族出版社,1995.9.—40页;29cm.—(四川少数民族画家画库/何承纪主编)
ISBN 7-5409-1574-9:¥60.00
J221.74　031569
云南艺术学院美术系'96艺术双年展教师作品集:汉英对照/李小明主编.—昆明:云南美术出版社,1995.12.—69页;28cm
ISBN 7-80586-223-0:¥48.50
J221.8　031570
查国钧画集:混沌世界系列/查国钧绘.—上海:上海远东出版社,1995.7.—45页;29cm.—(当代画家作品大系/谢春彦主编)
ISBN 7-80613-101-9(精装):¥70.00
J221.8　031571
陈良敏画集:汉英对照/陈良敏绘.—福州:福建美术出版社,1995.9.—64页;29cm
ISBN 7-5393-0315-8:¥78.00
J221.8　031572
丁同成画集:汉英对照/丁同成绘.—武汉:湖北美术出版社,1995.10.—42页;25×26cm
ISBN 7-5394-0596-1:¥68.00
J221.8　031573
李剑晨画集:赠豫作品/河南省文化厅主编.—郑州:河南美术出版社,1995.8.—1册;37cm
ISBN 7-5401-0475-9(精装):¥140.00
J221.8　031574
刘维之写生画集:1985～1995/刘维之绘.—武汉:华中理工大学出版社,1995.11.—106页;25×26cm
ISBN 7-5609-1218-4:¥25.00
J221.8　031575
刘溢线迹:中国当代线描精本/刘溢绘.—南宁:广西美术出版社,1995.1.—102页;26cm
ISBN 7-80582-738-9:¥20.00
J221.8　031576
马南坡书画集/马南坡绘.—郑州:河南美术出版社,1995.11.—70页;29cm
ISBN 7-5401-0497-X:¥68.00
J221.8　031577
纳日松画集/纳日松绘.—呼和浩特:远方出版社,1995.8.—1册;26×25cm
ISBN 7-80595-122-5:¥55.00
J221.8　031578
邵灶友画集/邵灶友绘.—合肥:安徽美术出版社,1995.12.—78页;28cm
ISBN 7-5398-0451-3:¥40.00
J221.8　031579
王德亮画集/王德亮绘.—天津:天津人民美术出版社,1995.7.—1册;25×26cm
ISBN 7-5305-0522-X:¥32.50
J221.8　031580
魏传义艺术/魏传义绘.—福州:福建美术出版社,1995.12.—1册;25×26cm
ISBN 7-5393-0377-8:¥108.00
J221.8　031581
吴作人作品集:素描速写水彩卷/艾中信主编;刘勃舒分卷主编.—沈阳:辽宁美术出版社,1995.12.—149页;29cm
ISBN 7-5314-0947-X(精装):¥280.00
J221.8　031582
吴作人作品集:油画卷/艾中信主编;钟涵分卷主编.—沈阳:辽宁美术出版社,1995.6.—143页;29cm
ISBN 7-5314-1226-8(精装):¥280.00
J221.8　031583
吴作人作品集:中国画卷/艾中信主编;李松分卷主编.—沈阳:辽宁美术出版社,1995.12.—164页;29cm
ISBN 7-5314-1040-0(精装):¥280.00
J221.8　031584
徐灵作品选/曹振峰主编;晋察冀文艺研究会,文化部党史资料征集工作委员会编.—北京:中国书籍出版社,1995.5.—71页;26cm
ISBN 7-5068-0422-0:¥50.00
J221.8　031585
赵宋生画集:汉英对照/赵宋生绘.—昆明:云南美术出版社,1995.12.—72页;25×26cm
ISBN 7-80586-229-X:¥70.00
J221.8　031586
郇兆雄画集/郇兆雄绘.—北京:北京工艺美术出版社,1995.3.—70页;26×23cm
ISBN 7-80526-141-5:¥65.00
J221.8　031587
寰宇觅知音:吴冠中九十年代作品选:法汉对照/吴冠中绘.—北京:外文出版社,1995.—124页;32×26cm
ISBN 7-119-01794-2(精装):¥196.00
J221.8　031588
寰宇觅知音:吴冠中九十年代作品选:英汉对照/吴冠中绘.—北京:外文出版社,1995.—124页;32×26cm
ISBN 7-119-01793-4(精装):¥196.00
J222　031589

方少青画集:汉英对照/方少青绘.—上海:上海书画出版社,1995.3.—28页;25×25cm
ISBN 7-80512-823-5:¥30.00

J222　　031590
黄鹤楼藏画集/黄鹤楼丛书编辑委员会编.—上海:上海人民美术出版社,1995.5.—1册;29cm.—(黄鹤楼丛书/杨蒲林主编)
ISBN 7-5322-1479-6:¥60.00

J222　　031591
中国历代绘画精品100幅赏析/周卫明,徐建融编著.—济南:山东科学技术出版社,1995.10.—205页;29cm.—(工艺的·美术的·文物的·中华艺术精品100丛书;2)
ISBN 7-5331-1573-2:¥138.00

J222　　031592
中国历代梅花写意画风/曾莉等编.—重庆:重庆出版社,1995.8.—144页;26cm.—(中国古代绘画大师画风系列/张晓凌,冻月主编)
ISBN 7-5366-3272-X(精装):¥48.00

J222.47　　031593
赵孟頫画集/(元)赵孟頫绘.—上海:上海书画出版社,1995.3.—151页;36cm
ISBN 7-80512-890-1(精装):¥280.00

J222.48　　031594
边文进三友百禽图/上海人民美术出版社编.—上海:上海人民美术出版社,1995.2.—46页;38cm.—(名画鉴赏丛书)
ISBN 7-5322-1241-6:¥18.00

J222.48　　031595
仇英画风/仇英绘;唐丹虹等编.—重庆:重庆出版社,1995.9.—118页:图版;26cm.—(中国古代绘画大师画风系列/张晓凌,冻月主编)
ISBN 7-5366-3273-8(精装):¥0.00

J222.48　　031596
明代山水画风/张晓凌等编.—重庆:重庆出版社,1995.10.—1册:图版;26cm.—(中国古代绘画大师画风系列/张晓凌,冻月主编)
ISBN 7-5366-3267-3(精装):¥48.00

J222.48　　031597
沈周画风/沈周绘;田军等编.—重庆:重庆出版社,1995.9.—1册:图版;26cm.—(中国古代绘画大师画风系列/张晓凌,冻月主编)
ISBN 7-5366-3270-3(精装):¥68.00

J222.48　　031598
沈周庐山高图/上海人民美术出版社编.—上海:上海人民美术出版社,1995.2.—45页;38cm.—(名画鉴赏丛书)
ISBN 7-5322-1240-8:¥18.00

J222.48　　031599
唐寅画风/王剑等编.—重庆:重庆出版社,1995.9.—123页;26cm.—(中国古代绘画大师画风系列/张晓凌,冻月主编)
ISBN 7-5366-3269-X(精装):¥48.00

J222.48　　031600
文征明画风/文征明绘;梁江等编.—重庆:重庆出版社,1995.10.—1册:图版;26cm.—(中国古代绘画大师画风系列/张晓凌,冻月主编)
ISBN 7-5366-3266-5(精装):¥48.00

J222.48　　031601
徐渭、石涛花鸟画风/刘朴等编.—重庆:重庆出版社,1995.9.—140页;26cm.—(中国古代绘画大师画风系列/张晓凌,冻月主编)
ISBN 7-5366-3247-9(精装):¥48.00

J222.49　　031602
百美图谱/(清)王钵池绘.—石家庄:河北美术出版社,1995.1.—1册;26cm
ISBN 7-5310-0669-3:¥21.00

J222.49　　031603
李鱓、高凤翰、李方膺画风/巫晓文等编.—重庆:重庆出版社,1995.10.—25页;26cm.—(中国古代绘画大师画风系列/张晓凌,冻月主编)
ISBN 7-5366-3265-7(精装):¥48.00

J222.49　　031604
清代人物画风/施达夫等编.—重庆:重庆出版社,1995.9.—150页;26cm.—(中国古代绘画大师画风系列/张晓凌,冻月主编)
ISBN 7-5366-3271-1(精装):¥48.00

J222.49　　031605
清代山水画风/李一等编.—重庆:重庆出版社,1995.10.—1册:图版;26cm.—(中国古代绘画大师画风系列/张晓凌,冻月主编)
ISBN 7-5366-3268-1(精装):¥48.00

J222.49　　031606
石涛山水画风/石涛绘;李一等编.—重庆:重庆出版社,1995.9.—143页:图版;26cm.—(中国古代绘画大师画风系列/张晓凌,冻月主编)
ISBN 7-5366-3264-9(精装):¥48.00

J222.49　　031607
王鉴画集/(清)王鉴绘;陈履生,李老十编.—北京:人民美术出版社,1995.5.—260页;19cm
ISBN 7-102-01496-1:¥25.00

J222.49　　031608
王时敏画集/陈履生,李老十编著.—北京:人民美术出版社,1995.5.—250页;19cm
ISBN 7-102-01493-7:¥25.00

J222.49　　031609
恽南田画风/李一等编.—重庆:重庆出版社,1995.9.—101页;26cm.—(中国古代绘画大师画风系列/张晓凌,冻月主编)
ISBN 7-5366-3246-0(精装):¥40.00

J222.52　　031610
虚谷画风/虚谷绘;田军等编.—重庆:重庆出版社,1995.9.—1册:图版;26cm.—(中国古代绘画大师画风系列/张晓凌,冻月主编)
ISBN 7-5366-3248-7(精装):¥48.00

J222.7　　031611
阿万提画集/阿万提绘.—长沙:湖南美术出版社,1995.6.—1册;29cm

ISBN 7-5356-0717-9: ¥53.00

J222.7 031612

阿云画集/阿云绘.—长沙:湖南美术出版社,1995.4.—1册;25×26cm

ISBN 7-5356-0718-7: ¥28.00

J222.7 031613

宝岛风情:吴广泉山水画选:汉英对照/吴广泉绘编.—北京:中国三峡出版社,1995.10.—32页;29cm

ISBN 7-80099-098-2: ¥36.00

J222.7 031614

悲鸿画集:纪念徐悲鸿一百周年诞辰/上海市对外文化交流协会编.—上海:上海文艺出版社,1995.6.—124页;37cm

ISBN 7-5321-1378-7(精装): ¥0.00

J222.7 031615

蔡旺林国画选:汉英对照/蔡旺林绘.—杭州:中国美术学院出版社,1995.11.—1册;29cm

ISBN 7-81019-497-6: ¥75.00

J222.7 031616

曹建华画集/曹建华绘.—兰州:甘肃人民美术出版社,1995.8.—24页;25×27cm

ISBN 7-80588-113-8: ¥20.00

J222.7 031617

曹清同乐画集/陈履生编.—北京:人民美术出版社,1995.10.—46页;26×23cm

ISBN 7-102-01574-7: ¥30.00

J222.7 031618

曹延路爱地球画集:汉英对照/曹延路绘.—昆明:云南民族出版社,1995.4.—47页;29cm

ISBN 7-5367-0989-7: ¥36.00

J222.7 031619

陈大业画集/陈大业绘.—福州:福建美术出版社,1995.1.—42页;28cm

ISBN 7-5393-0269-0: ¥38.00

J222.7 031620

陈寿荣飞鹰集/陈寿荣绘.—济南:山东友谊出版社,1995.5.—38页;26cm

ISBN 7-80551-707-X: ¥16.80

J222.7 031621

陈晓明画集/陈晓明绘.—广州:岭南美术出版社,1995.10.—1册;37cm

ISBN 7-5362-1295-X(精装): ¥138.00

J222.7 031622

陈振国画集/陈振国绘.—长沙:湖南美术出版社,1995.1.—63页;34×25cm

ISBN 7-5356-0714-4(精装): ¥138.00

J222.7 031623

陈政明画集:汉英对照/陈政明绘.—广州:岭南美术出版社,1995.12.—114页;38cm

ISBN 7-5362-1313-1(精装): ¥250.00

J222.7 031624

陈葆棣画集:汉英对照/陈葆棣绘编.—北京:中国三峡出版社,1995.10.—48页;25×26cm

ISBN 7-80099-099-0: ¥59.00

J222.7 031625

陈洙龙画集/陈洙龙绘.—杭州:中国美术学院出版社,1995.2.—48页;28×29cm

ISBN 7-81019-402-X: ¥58.00

J222.7 031626

成弘夫山水画集:中英文对照/成弘夫绘.—济南:山东友谊出版社,1995.9.—24页;25×26cm

ISBN 7-80551-735-5: ¥32.80

J222.7 031627

程旭光画集:汉英对照/程旭光绘.—呼和浩特:内蒙古人民出版社,1995.9.—40页;26cm

ISBN 7-204-02986-0: ¥35.00

J222.7 031628

崔谷平画集/崔谷平绘.—乌鲁木齐:新疆美术摄影出版社,1995.9.—22页;25×26cm

ISBN 7-80547-352-8: ¥35.00

J222.7 031629

崔松石画集/崔松石绘.—北京:奥林匹克出版社,1995.9.—56页;25×26cm

ISBN 7-80067-264-6: ¥26.00

J222.7 031630

戴顺智画集/戴顺智绘.—北京:中国和平出版社,1995.6.—1册;25×26cm

ISBN 7-80101-519-3: ¥12.00

J222.7 031631

当代中国山水画:汉英对照/罗铭等绘.—郑州:河南美术出版社,1995.10.—1册;29cm

ISBN 7-5401-0491-0(精装): ¥185.00

J222.7 031632

邓文欣仙鹤画集/邓文欣绘.—长春:吉林美术出版社,1995.5.—36页;29cm

ISBN 7-5386-0476-6: ¥39.80

J222.7 031633

丁宝栋画集/丁宝栋绘.—天津:天津人民美术出版社,1995.9.—1册;26cm

ISBN 7-5305-0515-7: ¥7.50

J222.7 031634

东南中国画/黄种生,魏献忠主编;福建日报社编.—厦门:鹭江出版社,1995.7.—127页;29cm

ISBN 7-80610-240-X: ¥120.00

J222.7 031635

都冰如画集:汉英对照/徐昌酩主编.—上海:上海远东出版社,1995.11.—125页;38×26cm

ISBN 7-80613-234-1(精装): ¥300.00

J222.7 031636

杜世斌画集/杜世斌绘.—郑州:河南美术出版社,1995.7.—35页;25×26cm

ISBN 7-5401-0477-5: ¥46.00

J222.7 031637

敦煌飞天:汉英对照 /范兴儒临;白力,吕钢维摄影.—兰州:敦煌文艺出版社,1995.2.—46页;29cm

ISBN 7-80587-291-0(精装): ¥150.00

J222.7 031638

范扬画集/范扬绘.—南京:南京师范大学出版社,

1995.12.—51页;29×29cm
ISBN 7-81047-032-9(精装):¥88.00

J222.7　　031639
范曾绘画壹佰幅作品:珍藏本/范曾绘.—北京:中国青年出版社,1995.—189页;37cm
ISBN 7-5006-1913-8(精装):¥300.00

J222.7　　031640
方济众画集/方济众绘.—北京:荣宝斋出版社,1995.9.—240页;31×23cm
ISBN 7-5003-0322-X(精装):¥320.00

J222.7　　031641
方铝现代画/方铝绘.—北京:人民美术出版社,1995.4.—71页;25×25cm
ISBN 7-102-01498-8(精装):¥75.00

J222.7　　031642
方向画集/方向绘.—广州:广东旅游出版社,1995.5.—1册;25×26cm
ISBN 7-80521-585-5:¥43.00

J222.7　　031643
方攸敏画册/方攸敏绘.—上海:上海书画出版社,1995.10.—1册;29cm
ISBN 7-80512-925-8:¥38.00

J222.7　　031644
房新泉画集/房新泉绘.—北京:国际文化出版公司,1995.1.—1册;29cm
ISBN 7-80049-655-4:¥68.00

J222.7　　031645
风景这边独好:王复才山水写生/王复才绘.—长沙:湖南少年儿童出版社,1995.11.—90页;26cm
ISBN 7-5358-1074-8:¥9.80

J222.7　　031646
冯墨石画集/冯墨石绘.—北京:中国摄影出版社,1995.12.—46页;25×26cm
ISBN 7-80007-200-2:¥60.00

J222.7　　031647
冯石甫、冯祥伦父子画集:汉英对照/冯石甫,冯祥伦绘.—成都:四川美术出版社,1995.—58页;25×26cm.—(中国当代美术家)
ISBN 7-5410-0999-7:¥48.00

J222.7　　031648
傅梅影国画选集/傅梅影绘.—北京:中国画报出版社,1995.6.—111页;33cm
ISBN 7-80024-242-0(精装):¥128.00

J222.7　　031649
傅以新水墨画选/荣宝斋出版社编;傅以新绘.—北京:荣宝斋出版社,1995.6.—43页;25×26cm
ISBN 7-5003-0294-0:¥46.00

J222.7　　031650
高冠华画集/高冠华绘.—北京:人民中国出版社,1995.9.—175页;36cm
ISBN 7-80065-485-0(精装):¥398.00

J222.7　　031651
高水发画集/高水发绘.—福州:福建美术出版社,1995.10.—46页;29cm
ISBN 7-5393-0318-2:¥38.00

J222.7　　031652
谷宝玉画集/谷宝玉绘.—石家庄:河北美术出版社,1995.12.—96页;26×37cm
ISBN 7-5310-0740-1(精装):¥268.00

J222.7　　031653
国画集:吴宪生人物画:汉英对照/吴宪生绘.—杭州:中国美术学院出版社,1995.12.—1册;42×29cm.—(美术作品示范系列;1)
ISBN 7-81019-500-X:¥18.00

J222.7　　031654
国画小品/丁蕉作.—北京:人民美术出版社,1995.2.—154页;19cm
ISBN 7-102-01451-1:¥12.00

J222.7　　031655
韩界平作品选:汉英对照/韩界平绘.—上海:上海书画出版社,1995.4.—38页;26cm
ISBN 7-80512-856-1:¥24.00

J222.7　　031656
韩静霆彩墨小品/韩静霆绘.—北京:中国世界语出版社,1995.8.—1册;25×26cm
ISBN 7-5052-0251-0:¥11.00

J222.7　　031657
韩浪画集:汉、英文对照/韩浪绘.—广州:岭南美术出版社,1995.5.—1册;25×26cm
ISBN 7-5362-1240-2:¥27.00

J222.7　　031658
韩耀进画集:汉英对照/韩耀进绘.—济南:山东美术出版社,1995.5.—70页;29cm
ISBN 7-5330-0884-7(精装):¥168.00

J222.7　　031659
韩之泳山水诗画集:画家专辑/韩之泳绘.—沈阳:辽宁美术出版社,1995.7.—54页;25×26cm
ISBN 7-5314-1268-3:¥38.00

J222.7　　031660
郝石林画集/郝石林绘.—哈尔滨:黑龙江美术出版社,1995.10.—1册;37cm
ISBN 7-5318-0309-7(精装):¥158.00

J222.7　　031661
何远鸣画集:汉英对照/何远鸣绘.—福州:海风出版社,1995.6.—59页;25×26cm
ISBN 7-80597-089-0:¥50.00

J222.7　　031662
侯诚之画集/山东画院编.—济南:山东友谊出版社,1995.11.—16页;26cm
¥16.80

J222.7　　031663
花鱼观:栾禄璋花鸟画/栾禄璋绘.—沈阳:辽宁美术出版社,1995.9.—1张;23×102cm
ISBN 7-5314-3070-3:¥7.00

J222.7　　031664
花之颂:魏运秀画集:汉英文对照/魏运秀绘.—哈尔滨:黑龙江美术出版社,1995.6.—1册;29cm
ISBN 7-5318-0299-6:¥18.00

J222.7 031665
华三川绘画粉本精选/天津人民美术出版社编.—天津:天津人民美术出版社,1995.12.—160页;38cm
ISBN 7-5305-0532-7:¥68.00

J222.7 031666
黄格胜山水线描集/黄格胜绘;谷子编.—南宁:广西美术出版社,1995.12.—74页;26×39cm
ISBN 7-80582-937-3:¥28.00

J222.7 031667
黄润华山水画集:汉英对照/黄润华绘.—北京:荣宝斋出版社,1995.1.—38页;25×26cm
ISBN 7-5003-0276-2:¥38.00

J222.7 031668
黄叶村画集:汉英对照/黄叶村绘 .—合肥:安徽美术出版社,1995.4.—82页;29cm
ISBN 7-5398-0403-3(精装):¥98.00

J222.7 031669
姜炳文京剧人物画选/姜炳文绘.—沈阳:辽宁美术出版社,1995.8.—30页;26cm
ISBN 7-5314-1320-5:¥28.00

J222.7 031670
江寒汀百鸟百卉册/李卓云,鸿飞编.—上海:上海人民美术出版社,1995.12.—100页;26×36cm
ISBN 7-5322-1429-X(精装):¥198.00

J222.7 031671
蒋风白画集:汉英对照/宋忠元主编.—杭州:中国美术学院出版社,1995.10.—1册;37cm
ISBN 7-81019-490-9(精装):¥260.00

J222.7 031672
蒋振涛国画集:汉英对照/蒋振涛绘.—沈阳:辽宁民族出版社,1995.11.—46页;24×26cm
ISBN 7-80527-587-4:¥35.00

J222.7 031673
金祥龙画选:汉英对照/金祥龙绘.—上海:上海书画出版社,1995.7.—45页;25×26cm
ISBN 7-80512-894-4:¥30.00

J222.7 031674
旧京环顾图/王大观绘.—昆明:云南人民出版社,1995.12.—79页;28×28cm
ISBN 7-222-01926-X(精装):¥0.00

J222.7 031675
魁正泼绘:汉英对照/李魁正绘.—北京:荣宝斋出版社,1995.12.—63页;25×26cm
ISBN 7-5003-0281-9:¥68.00

J222.7 031676
李道五画集/李道五绘.—北京:民族出版社,1995.6.—1册;24×25cm
ISBN 7-105-02489-5:¥26.00

J222.7 031677
李东升国画集:汉英对照/李东升绘.—济南:山东美术出版社,1995.7.—32页;26×24cm
ISBN 7-5330-0901-0:¥33.80

J222.7 031678
李涵画集/李涵绘.—天津:天津杨柳青画社,1995.—16张;38cm
ISBN 7-80503-265-3:¥24.00

J222.7 031679
李绍周工笔画:送给炎热尘世的一缕清风/李绍周绘.—北京:中国文联出版公司,1995.4.—40页;25×25cm
ISBN 7-5059-0791-3:¥58.00

J222.7 031680
李右军画集/李右军绘.—上海:上海画报出版社,1995.9.—46页;25×26cm
封面书名"李右军画册"
ISBN 7-80530-176-X:¥62.00

J222.7 031681
梁纪画集/梁纪绘.—广州:岭南美术出版社,1995.9.—78页;37cm
ISBN 7-5362-1289-5(精装):¥230.00

J222.7 031682
梁培浩画集/梁培浩绘.—珠海:珠海出版社,1995.6.—48页;29cm
ISBN 7-80607-092-3:¥38.00

J222.7 031683
林大岫山水画集/林大岫绘.—福州:福建美术出版社,1995.9.—30页;26×25cm
ISBN 7-5393-0312-3:¥35.00

J222.7 031684
林良丰画集/林良丰绘.—福州:福建美术出版社,1995.7.—70页;29cm
ISBN 7-5393-0308-5(精装):¥118.00

J222.7 031685
林培松山水画集/林培松绘.—福州:福建美术出版社,1995.7.—1册;29cm.—(中国当代山水画集)
ISBN 7-5393-0235-6:¥38.00

J222.7 031686
林时熊画集/林时熊绘.—福州:福建美术出版社,1995.5.—97页;29cm
ISBN 7-5393-0302-6:¥68.00

J222.7 031687
林瑛珊画集:汉英对照/林瑛珊编绘.—沈阳:辽宁美术出版社,1995.12.—84页;37cm
ISBN 7-5314-1370-1(精装):¥268.00

J222.7 031688
林曦明画集:中英文对照 /林曦明绘;当代著名中国画画家专列编委会编 .—上海:上海教育出版社,1995.10.—36页;25×27cm.—(当代著名中国画画家专列·上海/韩天衡主编)
ISBN 7 5320-1543-9:¥55.00

J222.7 031689
凌文虎画集:汉英对照/凌文虎绘.—长沙:湖南美术出版社,1995.5.—1册;25×26cm
ISBN 7-5356-0734-9:¥30.00

J222.7 031690
刘国辉水墨人体琐谈/刘国辉绘.—武汉:湖北美术出版社,1995.6.—68页;22×19cm
ISBN 7-5394-0581-3(精装):¥35.00

J222.7　031691
刘继卣动物画集:汉英文对照/刘继卣绘.—北京:人民美术出版社,1995.3.—161页;38cm
ISBN 7-102-01476-7(精装):¥0.00

J222.7　031692
刘继卣绘画精品选:汉英对照/中南海画册编辑委员会编.—北京:西苑出版社,1995.10.—1册;37cm
ISBN 7-80108-060-2(精装):¥280.00

J222.7　031693
刘文樑画集/刘文樑绘.—石家庄:河北美术出版社,1995.5.—50页;29cm
ISBN 7-5310-0673-1:¥46.00

J222.7　031694
卢光照、程莉影近作集:汉英对照/卢光照,程莉影绘.—北京:人民美术出版社,1995.10.—164页;38cm
ISBN 7-102-01495-3(精装):¥0.00

J222.7　031695
陆俨少册页精选/陆俨少编绘.—上海:上海书画出版社,1995.11.—1册;38cm
ISBN 7-80512-871-5(精装):¥360.00

J222.7　031696
吕蒙画集:中英文对照 /吕蒙绘;当代著名中国画画家专列编委会编 .—上海:上海教育出版社,1995.10.—39页;25×27cm.—(当代著名中国画画家专列·上海/韩天衡主编)
ISBN 7-5320-4542-0:¥55.00

J222.7　031697
马志和画集/马志和绘.—郑州:河南美术出版社,1995.6.—1册;25×26cm
ISBN 7-5401-0471-6:¥35.00

J222.7　031698
满族画家刘宝平画集:汉、英对照/刘宝平绘.—北京:民族出版社,1995.8.—60页;25×26cm
ISBN 7-105-02513-1:¥56.80

J222.7　031699
米文杰画集/米文杰绘.—北京:国际文化出版公司,1995.10.—80页;28cm
ISBN 7-80105-325-7:¥120.00

J222.7　031700
墨缘画集:中国美术家协会第三期国画研修班师生作品选.—天津:天津人民美术出版社,1995.7.—1册;25×26cm
ISBN 7-5305-0516-5:¥32.00

J222.7　031701
穆家善画集:汉英对照/穆家善绘.—北京:中国画报出版社,1995.3.—28页;26cm.—(中国当代艺术家画库)
ISBN 7-80024-224-2:¥20.00

J222.7　031702
欧豪年画集/欧豪年绘.—广州:广州出版社,1995.12.—48页;29cm
ISBN 7-80592-355-8:¥50.00

J222.7　031703
欧阳世俊写意画集:汉英对照/欧阳世俊绘.—成都:四川美术出版社,1995.12.—38页;25×26cm
ISBN 7-5410-1121-5:¥48.00

J222.7　031704
裴玉林画集:汉英对照/荣宝斋出版社编;裴玉林绘.—北京:荣宝斋出版社,1995.4.—30页;25×26cm
ISBN 7-5003-0283-5:¥48.00

J222.7　031705
黔苑墨迹:汉英对照/王振中等绘.—贵阳:贵州人民出版社,1995.7.—125页;29cm
ISBN 7-221-03858-9:¥168.00

J222.7　031706
情系荒原:大庆中国画/李智簾主编.—哈尔滨:黑龙江美术出版社,1995.2.—1册;29cm
ISBN 7-5318-0270-8:¥65.00

J222.7　031707
丘金峰画集:山水/丘金峰绘.—福州:福建美术出版社,1995.9.—39页;26cm
ISBN 7-5393-0317-4:¥48.00

J222.7　031708
邱祥锐画集/邱祥锐绘.—福州:福建美术出版社,1995.11.—51页;28cm
ISBN 7-5393-0374-3(精装):¥98.00

J222.7　031709
求索:陈发源中国画精选/陈发源绘.—郑州:河南美术出版社,1995.12.—50页;25×26cm
ISBN 7-5401-0508-9:¥75.00

J222.7　031710
上海百景中国画集/上海振海艺术品公司,海上名家画廊编.—上海:上海远东出版社,1995.3.—106页;28cm
ISBN 7-80613-053-5(精装):¥120.00

J222.7　031711
沈勃画集/沈勃绘.—兰州:甘肃人民美术出版社,1995.7.—86页;29cm
ISBN 7-80588-108-1:¥35.00

J222.7　031712
沈亮画集/沈亮绘.—福州:福建美术出版社,1995.3.—32页;29cm
ISBN 7-5393-0267-4:¥30.00

J222.7　031713
沈柔坚画集:中英文对照/沈柔坚绘;当代著名中国画画家专列编委会编 .—上海:上海教育出版社,1995.10.—36页;25×27cm.—(当代著名中国画画家专列·上海/韩天衡主编)
ISBN 7-5320-4540-4:¥55.00

J222.7　031714
施南池画兰谱/施兰池绘.—福州:福建美术出版社,1995.7.—32页;26cm
ISBN 7-5393-0309-3:¥15.00

J222.7　031715
石长厚山水画集/石长厚绘.—大连:大连出版社,1995.8.—46页;30×21cm
ISBN 7-80612-197-8:¥30.00

J222.7　031716

史国良画集/荣宝斋出版社编;史国良绘.—北京:荣宝斋出版社,1995.10.—56页;25×26cm

ISBN 7-5003-0326-2:¥53.00

J222.7　031717

仕女白描画谱/柴万里著.—南宁:广西美术出版社,1995.12.—82页;26cm.—(白描画谱丛书)

ISBN 7-80582-948-9:¥9.80

J222.7　031718

宋涤绘画近作:汉、英、日对照/荣宝斋出版社编;宋涤绘.—北京:荣宝斋出版社,1995.5.—1册;25×26cm

ISBN 7-5003-0314-9:¥98.00

J222.7　031719

宋丰光、张锦平画集/宋丰光,张锦平绘.—济南:山东美术出版社,1995.8.—31页;25×26cm

ISBN 7-5330-0913-4:¥39.80

J222.7　031720

隋易夫画集/隋易夫绘.—北京:人民美术出版社,1995.6.—1册;38×26cm

ISBN 7-102-01431-7(精装):¥234.00

J222.7　031721

孙恩同山水画集/孙恩同绘.—沈阳:辽宁美术出版社,1995.12.—72页;24×26cm

ISBN 7-5314-1011-7:¥88.00

J222.7　031722

孙其峰画集:汉英文对照/孙其峰绘.—北京:人民美术出版社,1995.3.—1册;38cm

ISBN 7-102-01456-2(精装):¥0.00

J222.7　031723

孙太仁画集:汉英对照/孙太仁绘.—昆明:云南美术出版社,1995.10.—1册;25×26cm

ISBN 7-80586-204-4:¥50.00

J222.7　031724

天平楼画集　(1):汉英对照/张守成等编.—上海:上海书画出版社,1995.7.—160页;38cm

ISBN 7-80512-765-4(精装):¥0.00

J222.7　031725

田瑞花鸟画集/田瑞绘.—济南:山东友谊出版社,1995.7.—28页;29cm

ISBN 7-80551-726-6:¥28.00

J222.7　031726

汪观清画集/汪观清绘.—上海:上海人民美术出版社,1995.5.—1册;38cm

ISBN 7-5322-1251-3(精装):¥195.00

J222.7　031727

汪苗国画作品选/汪苗绘.—北京:人民美术出版社,1995.4.—1册;25×24cm

ISBN 7-102-01505-4:¥50.50

J222.7　031728

汪天亮现代水墨画 = Modern ink and wash paintings by wang tian-liang /汪天亮绘.—福州:福建美术出版社,1995.1.—30页;29cm

ISBN 7-5393-0268-2:¥30.00

J222.7　031729

王利锁画集/王利锁绘.—北京:北京工艺美术出版社,1995.11.—42页;25×23cm

ISBN 7-80526-164-4:¥45.00

J222.7　031730

王立堂画集/王立堂绘.—成都:四川美术出版社,1995.6.—93页;29cm

ISBN 7-5410-0990-3:¥110.00

J222.7　031731

王其华花鸟画:葡萄辑:英汉对照/王其华绘.—天津:天津杨柳青画社,1995.12.—9张;19cm

ISBN 7-80503-299-8:¥9.60

J222.7　031732

王守志画集:山水篇:汉英对照/王守志绘.—济南:山东文艺出版社,1995.6.—89页;25×26cm

ISBN 7-5329-1256-6:¥108.00

J222.7　031733

王书平花鸟画选:汉英对照/刘文敏主编.—北京:中国画报出版社,1995.—12张;29cm

ISBN 7-80024-116-5:¥7.50

J222.7　031734

王同君中国画集/王同君绘.—哈尔滨:黑龙江美术出版社,1995.7.—32页;29cm

ISBN 7-5318-0296-1:¥26.00

J222.7　031735

王文郁画集:中英日文对照/王文郁绘.—北京:人民中国出版社,1995.8.—71页;25×25cm

ISBN 7-80065-561-X:¥45.00

J222.7　031736

王西京画集:汉英对照/陈伟光主编.—北京:荣宝斋出版社,1995.5.—164页;38cm

ISBN 7-5003-0323-8(精装):¥0.00

J222.7　031737

王翔白描荷花/王翔绘.—2版.—北京:人民美术出版社,1995.1.—133页;18×17cm

ISBN 7-102-00875-9:¥6.00

J222.7　031738

王小古画集/王小古绘;山东临沂羲之书画艺术研究院编.—济南:山东美术出版社,1995.10.—58页;29cm

ISBN 7-5330-0921-5:¥65.00

J222.7　031739

王自修画集/王自修绘.—沈阳:辽宁美术出版社,1995.7.—60页;25×26cm

ISBN 7-5314-1280-2:¥70.00

J222.7　031740

翁开恩画集/翁开恩绘.—福州:福建美术出版社,1995.5.—42页;25×26cm

ISBN 7-5393-0299-2:¥48.00

J222.7　031741

翁开恩写生/翁开恩绘.—福州:福建美术出版社,1995.9.—21页;29cm

ISBN 7-5393-0371-9:¥18.00

J222.7　031742

吴冠南画集:汉英日对照/吴冠南绘.—上海:上海远东出版社,1995.12.—1册;29cm.—(当代画家作品大系/谢春彦主编)

ISBN 7-80613-237-6(精装):￥150.00

J222.7　　031743

吴江春画集/吴江春著.—北京:中国华侨出版社,1995.4.—47页;29cm

ISBN 7-80074-959-2:￥50.00

J222.7　　031744

吴墨林画集:汉英文对照/吴墨林绘.—北京:荣宝斋出版社,1995.9.—50页;29cm

ISBN 7-5003-0325-4:￥78.00

J222.7　　031745

吴雅明画集/中南海画册编辑委员会编辑.—北京:西苑出版社,1995.6.—133页;38cm

ISBN 7-80108-034-3(精装):￥280.00

J222.7　　031746

现代山水画库:续编/林海钟等绘.—郑州:河南美术出版社,1995.6.—15册;28cm.—(中国画画库;4)

ISBN 7-5401-0437-6:￥115.00

J222.7　　031747

现代中国画集粹:汉英对照/朝华出版社编辑.—2版.—北京:朝华出版社,1995.—112页;37cm

ISBN 7-5054-0428-8(精装):￥260.00

J222.7　　031748

徐昌酩画集:中英文对照/徐昌酩绘;当代著名中国画画家专列编委会编.—上海:上海教育出版社,1995.10.—36页;25×27cm.—(当代著名中国画画家专列·上海/韩天衡主编)

ISBN 7-5320-4541-2:￥55.00

J222.7　　031749

许金宝画集:汉英对照/许金宝绘.—福州:福建美术出版社,1995.12.—57页;29cm

ISBN 7-5393-0321-2:￥50.00

J222.7　　031750

许亚君画集:汉英对照/许亚君绘.—上海:上海人民美术出版社,1995.12.—1册;29cm

ISBN 7-5322-1614-4:￥58.00

J222.7　　031751

杨长槐画集/杨长槐绘.—广州:岭南美术出版社,1995.4.—38页;29cm

ISBN 7-5362-1236-4(精装):￥50.00

J222.7　　031752

杨枫山水画集/杨枫绘.—济南:山东友谊出版社,1995.12.—16张;26cm

￥10.00

J222.7　　031753

杨耿画集:汉英对照/杨耿绘.—呼和浩特:内蒙古人民出版社,1995.8.—57页;34cm

ISBN 7-204-02855-4:￥88.00

J222.7　　031754

杨石朗画集/杨石朗绘.—南昌:江西美术出版社,1995.12.—106页;29cm

ISBN 7-80580-282-3:￥68.00

J222.7　　031755

杨为农仿古画集/杨为农绘.—合肥:黄山书社,1995.8.—60页;26cm

ISBN 7-80535-643-2:￥48.00

J222.7　　031756

杨先画集/杨先作.—兰州:甘肃民族出版社,1995.5.—1册;28×29cm

ISBN 7-5421-0360-1:￥0.00

J222.7　　031757

杨象宪画辑/杨象宪绘.—济南:山东友谊出版社,1995.7.—12张;26cm

￥9.80

J222.7　　031758

杨鹓画选/杨鹓绘.—济南:山东美术出版社,1995.3.—1册;26×24cm

ISBN 7-5330-0861-8:￥18.00

J222.7　　031759

姚有多画集/姚有多绘.—北京:荣宝斋出版社,1995.10.—50页;25×26cm

ISBN 7-5003-0329-7:￥60.00

J222.7　　031760

易至群画集:汉英对照/易至群绘.—广州:岭南美术出版社,1995.5.—129页;29cm

ISBN 7-5362-1187-2:￥98.00

J222.7　　031761

喻继高画集/喻继高绘.—南京:江苏美术出版社,1995.10.—100页;37cm.—(中国现代著名画家作品集)

ISBN 7-5344-0485-1(精装):￥258.00

J222.7　　031762

袁维新花鸟画集:汉英对照/袁维新绘.—郑州:河南美术出版社,1995.4.—27页;29cm.—(中国美术家丛书)

ISBN 7-5401-0428-7:￥20.00

J222.7　　031763

袁晓岑画孔雀/徐中敏编.—长沙:湖南美术出版社,1995.12.—41页;26cm.—(著名国画家专题绘画/徐中敏主编)

ISBN 7-5356-0799-3:￥38.00

J222.7　　031764

袁学军山水画选/袁学军绘.—广州:岭南美术出版社,1995.6.—26页;29cm

ISBN 7-5362-1181-3:￥48.00

J222.7　　031765

岳黔山画集/岳黔山绘.—北京:新华出版社,1995.4.—40页;25×25cm

ISBN 7-5011-2845-6:￥60.00

J222.7　　031766

曾嵘画集:汉英对照/曾嵘绘.—广州:岭南美术出版社,1995.—70页;25×26cm

ISBN 7-5362-1301-8(精装):￥100.00

J222.7　　031767

张承汉扇面书画集/宋忠元主编.—杭州:中国美术学院出版社,1995.12.—1册;26×29cm

ISBN 7-81019-456-9(精装):￥200.00

J222.7　　031768

张大千画集:汉、英文对照/张大千绘.—上海:上海

人民美术出版社,1995.9.—1册;38cm
ISBN 7-5322-1508-3(精装):¥210.00

J222.7 031769
张继馨画集:汉英对照/张继馨绘.—南京:江苏美术出版社,1995.4.—79页;29cm
ISBN 7-5344-0406-1(精装):¥51.00

J222.7 031770
张京德画集:中英文对照/张京德绘.—长沙:湖南美术出版社,1995.12.—42页;25×26cm
ISBN 7-5356-0793-4:¥62.00

J222.7 031771
张培武画集/张培武绘.—上海:上海书画出版社,1995.10.—1册;25×26cm
ISBN 7-80512-930-4:¥38.00

J222.7 031772
张凭山水画集/张凭绘.—北京:荣宝斋出版社,1995.12.—100页;29×29cm
ISBN 7-5003-0282-7(精装):¥158.00

J222.7 031773
张秋波画集/张秋波绘.—上海:上海书画出版社,1995.1.—32页;26×24cm
ISBN 7-80512-812-X:¥18.00

J222.7 031774
张少华山水画/张少华绘.—北京:人民美术出版社,1995.5.—24页;25×24cm
ISBN 7-102-01519-4:¥14.00

J222.7 031775
张书旂画选/张书旂绘.—北京:人民美术出版社,1995.10.—177页;19cm
ISBN 7-102-01437-6:¥12.00

J222.7 031776
张天翼京剧人物画选集/张天翼绘.—天津:天津人民美术出版社,1995.8.—52页;26cm
ISBN 7-5305-0428-2:¥35.00

J222.7 031777
张晓寒画集/张晓寒绘.—福州:福建美术出版社,1995.7.—129页;29cm
ISBN 7-5393-0310-7(精装):¥118.00

J222.7 031778
赵蕴玉国画集/赵蕴玉绘.—成都:四川美术出版社,1995.3.—134页;31cm
ISBN 7-5410-0962-8:¥280.00

J222.7 031779
郑方山水画集:汉英对照/郑方绘.—宁波:宁波出版社,1995.12.—1册;27×28cm
ISBN 7-80602-074-8:¥20.00

J222.7 031780
郑利平画集/郑利平绘.—广州:岭南美术出版社,1995.3.—1册;38cm
ISBN 7-5362-1184-8:¥80.00

J222.7 031781
中国当代花鸟画作品精选/鲁慕迅,祝焘主编.—拉萨:西藏人民出版社,1995.12.—61页;29cm
ISBN 7-223-00892-X:¥80.00

J222.7 031782
中国工笔画:当代女画家精品选/蒋采萍主编;中国工笔画学会编.—福州:福建美术出版社,1995.8.—80页;29cm
ISBN 7-5393-0314-X:¥55.00

J222.7 031783
中国工笔画当代精英画家作品集 (1)/周彦生等绘.—福州:福建美术出版社,1995.5.—73页;29cm
ISBN 7-5393-0300-X:¥48.00

J222.7 031784
中国山水画百图/王温良绘.—北京:华文出版社,1995.5.—55页;23×26cm
ISBN 7-5075-0076-4:¥60.00

J222.7 031785
中国神话人物百图/彭连熙编.—天津:天津杨柳青画社,1995.2.—100页;33×16cm
ISBN 7-80503-261-0:¥10.20

J222.7 031786
钟质夫画集/钟质夫绘.—北京:荣宝斋出版社,1995.3.—111页;37cm
ISBN 7-5003-0278-9(精装):¥168.00

J222.7 031787
周明画集:汉英文对照/周明绘.—南宁:广西美术出版社,1995.9.—52页;29×29cm
ISBN 7-80582-921-7:¥165.00

J222.7 031788
周彦生画集:1980年至1995年的工笔花鸟画/周彦生绘.—郑州:河南美术出版社,1995.8.—1册;37cm
ISBN 7-5401-0481-3(精装):¥296.00

J222.7 031789
朱宝善中国画选:汉英文对照/朱宝善绘.—广州:岭南美术出版社,1995.1.—46页;29cm
ISBN 7-5362-1189-9:¥46.00

J222.7 031790
朱立升画集:汉英对照/朱立升绘.—北京:中国画报出版社,1995.3.—1册;25×26cm
ISBN 7-80024-219-6:¥39.00

J222.7 031791
庄名渠画集/庄名渠绘.—广州:岭南美术出版社,1995.12.—1册;29cm
ISBN 7-5362-1342-5:¥48.00

J222.7 031792
卓然画集 (一):狮虎专册:汉英对照/卓然绘.—北京:人民中国出版社,1995.—102页;37cm
ISBN 7-80065-560-1(精装):¥268.00

J222.7 031793
邹建源画集/邹建源绘.—北京:国际文化出版公司,1995.4.—1册;19×26cm
ISBN 7-80105-209-9(经折装):¥60.00

J222.7 031794
晏少翔画集/晏少翔绘.—北京:荣宝斋出版社,1995.3.—78页;37cm
ISBN 7-5003-0279-7:¥138.00

J222.7 031795

瞿谷量山水册　1994:甲戌:汉、英文对照/瞿谷量绘.—上海:上海远东出版社,1995.2.—1册;26×23cm
ISBN 7-80613-054-3:¥26.00

①J222.7②I227　031796
叶人诗画集/叶人绘.—上海:百家出版社,1995.10.—75页;26cm
ISBN 7-80576-571-5:¥66.00

①J222.7②K827　031797
中国一百皇子图/舒少华绘;陈华新编文.—广州:新世纪出版社,1995.12.—213页;26cm
ISBN 7-5405-1226-1:¥18.00

①J222.7②P195.2　031798
中国著名画家作品选:96记事年历/刘文敏主编.—北京:中国三峡出版社,1995.9.—1册;25×18cm
ISBN 7-80099-109-1:¥45.00

J222.7-64　031799
当代名家中国画全集:黄宾虹/张瑞林主编;黄宾虹绘.—苏州:古吴轩出版社,1995.3.—22页;38cm
ISBN 7-80574-164-6:¥68.00

J222.7-64　031800
当代名家中国画全集:潘天寿/张瑞林主编;潘天寿绘.—苏州:古吴轩出版社,1995.3.—22页;38cm
ISBN 7-80574-165-4:¥68.00

J222.7-64　031801
方增先古装人物图集/方增先绘.—上海:上海书画出版社,1995.1.—64页;38cm
ISBN 7-80512-854-5:¥98.00

J223　031802
95中央美术学院油画系教师作品集/孙为民,李志强主编.—天津:天津杨柳青画社,1995.4.—115页;29cm
ISBN 7-80503-270-X:¥98.00

J223　031803
曹力/曹力绘.—南宁:广西美术出版社,1995.6.—66页;21×19cm.—(中国现代艺术品评丛书/水天中主编)
ISBN 7-80582-867-9(精装):¥38.00

J223　031804
陈本画集/陈本绘.—广州:岭南美术出版社,1995.6.—1册;29×40cm
ISBN 7-5362-1176-7(精装):¥186.00

J223　031805
丁孟芳油画集/郑子钢主编;丁孟芳绘.—北京:中国妇女出版社,1995.6.—81页;30cm
ISBN 7-80016-454-3(精装):¥160.00

J223　031806
丁孟芳油画集:汉英对照/郑子钢主编.—北京:中国妇女出版社,1995.6.—1册;30×24cm
ISBN 7-80016-454-3:¥160.00

J223　031807
宫立龙/宫立龙绘.—南宁:广西美术出版社,1995.6.—61页;21×19cm.—(中国现代艺术品评丛书/水天中主编)
ISBN 7-80582-866-0(精装):¥38.00

J223　031808
郭绍纲油画风景写生/郭绍纲绘.—广州:广东人民出版社,1995.1.—62页;25×25cm
ISBN 7-218-01604-9:¥56.00

J223　031809
海上油画集:汉英对照/韩碧池编.—上海:上海书画出版社,1995.10.—282页;36cm
ISBN 7-80512-923-1(精装):¥580.00

J223　031810
胡善余画集:汉英对照/胡善余绘.—杭州:中国美术学院出版社,1995.—80页;37cm
ISBN 7-81019-375-9(精装):¥180.00

J223　031811
黄建新油画集/黄建新绘.—乌鲁木齐:新疆美术摄影出版社,1995.12.—65页;29cm
ISBN 7-80547-356-0:¥68.00

J223　031812
黄申发画集/黄申发绘.—西安:陕西人民美术出版社,1995.1.—36页;25×26cm
ISBN 7-5368-0551-9:¥26.00

J223　031813
李发山画集/李发山绘;丁洁因主编.—北京:中国档案出版社,1995.10.—1册;29cm.—(中国当代艺术家丛书;九)
ISBN 7-80019-499-X:¥80.00

J223　031814
刘德维绘画集:汉英文对照/刘德维绘.—北京:人民美术出版社,1995.5.—1册;25×24cm
ISBN 7-102-01514-3:¥42.80

J223　031815
刘勉怡油画集/刘勉怡绘.—长沙:湖南美术出版社,1995.5.—1册;20×18cm
ISBN 7-5356-0721-7:¥9.80

J223　031816
刘依闻油画集.—长沙:湖南美术出版社,1995.2.—1册;25×26cm
ISBN 7-5356-0712-8:¥28.00

J223　031817
女子肖像油画集:封尘作品选之一/张勇绘.—北京:中国文联出版公司,1995.8.—52页;26×23cm
ISBN 7-5059-1737-4:¥66.00

J223　031818
秦大虎油画选:汉英对照/秦大虎绘.—杭州:中国美术学院出版社,1995.6.—45页;26×29cm
ISBN 7-81019-396-1(精装):¥100.00

J223　031819
王靖国油画集/王靖国绘.—济南:山东美术出版社,1995.11.—20页;26×24cm
ISBN 7-5330-0911-8:¥25.00

J223　031820
谢东明/谢东明绘.—南宁:广西美术出版社,1995.6.—61页;21×19cm.—(中国现代艺术品评丛书/水天中主编)
ISBN 7-80582-868-7(精装):¥38.00

J223 031821
徐里油画选/徐里绘.—杭州:中国美术学院出版社,1995.12.—1册;29cm
ISBN 7-81019-477-1:¥120.00

J223 031822
许江/许江绘.—南宁:广西美术出版社,1995.6.—65页;21×19cm.—(中国现代艺术品评丛书/水天中主编)
ISBN 7-80582-865-2(精装):¥38.00

J223 031823
赵士英画集:汉、英文对照/赵士英绘.—北京:中国文联出版公司,1995.7.—1册;25×26cm
ISBN 7-5059-1883-4:¥58.00

J223 031824
中国静物油画/龙起涛主编.—北京:中国三峡出版社,1995.3.—1册;30cm
ISBN 7-80099-095-8(精装):¥360.00

J223 031825
朱贻德油画选/朱贻德绘.—青岛:青岛出版社,1995.4.—24页;25×26cm
ISBN 7-5436-1295-X:¥25.00

J223.9 031826
蔡克振漆画选/蔡克振绘.—广州:岭南美术出版社,1995.10.—53页;25×26cm
ISBN 7-5362-1309-3:¥40.00

J223.9 031827
郑崇尧漆画艺术/林荫煊主编.—福州:福建人民出版社,1995.1.—32页;26×25cm.—(当代福建工艺美术家丛刊)
ISBN 7-211-02394-5(精装):¥50.00

J224 031828
百鸟百态/李燕生绘.—合肥:安徽美术出版社,1995.6.—76页;26cm.—(美术资料丛书)
ISBN 7-5398-0405-X:¥7.00

J224 031829
蔡道东访越速写选集:汉英文对照/蔡道东绘.—北京:人民美术出版社,1995.4.—1册;25×24cm
ISBN 7-102-01521-6:¥22.00

J224 031830
曹大士速写集/曹大士绘.—济南:山东美术出版社,1995.2.—20页;21×18cm
ISBN 7-5330-0850-2:¥4.80

J224 031831
当代文化名人线描肖像/萧惠祥绘.—石家庄:河北教育出版社,1995.8.—77页;25×25cm
ISBN 7-5434-2473-8(精装):¥15.80

J224 031832
段正渠素描/段正渠绘.—郑州:文心出版社,1995.12.—1册;21×19cm
ISBN 7-80537-627-1:¥18.00

J224 031833
敦煌飞天/吴荣鉴绘;敦煌研究院文献研究所编.—兰州:甘肃人民出版社,1995.9.—101页;29cm.—(敦煌壁画白描精萃/谢生保主编)
ISBN 7-226-01496-3:¥50.00

J224 031834
敦煌供养人/赵俊荣绘;敦煌研究院文献研究所编.—兰州:甘肃人民出版社,1995.9.—105页;29cm.—(敦煌壁画白描精萃/谢生保主编)
ISBN 7-226-01497-1:¥50.00

J224 031835
敦煌乐伎/赵俊荣,赵吴成绘;敦煌研究院文献研究所编.—兰州:甘肃人民出版社,1995.9.—128页;29cm.—(敦煌壁画白描精萃/谢生保主编)
ISBN 7-226-01495-5:¥50.00

J224 031836
龚建新速写集/龚建新绘.—乌鲁木齐:新疆美术摄影出版社,1995.5.—78页;25×26cm
ISBN 7-80547-292-0:¥21.00

J224 031837
古锦其速写/古锦其绘.—珠海:珠海出版社,1995.5.—1册;25×27cm
ISBN 7-80607-090-7:¥28.80

J224 031838
韩黎坤、吴宪生人体素描/山东美术出版社编.—济南:山东美术出版社,1995.12.—52页;21×18cm
ISBN 7-5330-0938-X:¥8.00

J224 031839
何辉素描选集/何辉绘.—长沙:湖南美术出版社,1995.10.—1册;25×26cm
ISBN 7-5356-0782-9:¥12.50

J224 031840
今栋速写白描选集/王今栋绘.—郑州:河南美术出版社,1995.11.—1册;26cm
ISBN 7-5401-0503-8:¥38.00

J224 031841
静物素描范画精选/张怀林编著.—福州:福建美术出版社,1995.5.—1册;34cm.—(美术自学向导丛书)
ISBN 7-5393-0306-9:¥7.00

J224 031842
刘斌描艺术:画册/刘斌绘.—济南:山东美术出版社,1995.9.—65页;26cm
ISBN 7-5330-0931-2:¥26.00

J224 031843
刘明君草原速写集/刘明君绘.—通辽:内蒙古少年儿童出版社,1995.10.—75,12页;19×21cm
ISBN 7-5312-0556-4:¥12.80

J224 031844
刘远智建筑速写/刘远智绘.—北京:中国建筑工业出版社,1995.8.—106页;26cm
ISBN 7-112-02527-3:¥21.00

J224 031845
面塑大师汤子博画稿/汤夙国编;刘宗仁译.—北京:中国世界语出版社,1995.1.—110页;19×26cm
ISBN 7-5052-0197-2:¥0.00

J224 031846
名家速写大系——刘国辉/刘国辉著.—苏州:古吴轩出版社,1995.8.—1册;26cm

ISBN 7－80574－193－X：¥19.80

J224　031847
全国美术学院学生优秀素描选/吴作人国际美术基金会，北京国际艺苑美术基金会编．—3版．—福州：福建美术出版社，1995.4.—80页；34cm
ISBN 7－5393－0210－0：¥28.00

J224　031848
山城老屋：士伏线描写生/邓士伏绘．—武汉：湖北美术出版社，1995.10.—1册；21×19cm
ISBN 7－5394－0591－0：¥9.50

J224　031849
生命之光：许海钢笔画集/许海绘．—成都：四川美术出版社，1995.10.—60页；17×19cm
ISBN 7－5410－1085－5：¥18.00

J224　031850
石膏像素描：全国美术院校考生范画/汪辉等绘．—石家庄：河北美术出版社，1995.10.—42页；25×26cm
ISBN 7－5310－0727－4：¥12.00

J224　031851
石膏像素描范画精选/张怀林编著．—福州：福建美术出版社，1995.5.—1册；34cm.—(美术自学向导丛书)
ISBN 7－5393－0305－0：¥7.00

J224　031852
四川美术学院附中学生习作：素描/四川美术学院附中编．—西安：陕西人民美术出版社，1995.3.—92页；28cm
ISBN 7－5368－0583－7：¥12.00

J224　031853
素描集　(1)/中国美术学院出版社美术画册编辑部编．—杭州：中国美术学院出版社，1995.3.—1册；42cm
ISBN 7－81019－403－8：¥18.00

J224　031854
素描集　(2)/中国美术学院出版社美术画册编辑部编．—杭州：中国美术学院出版社，1995.3.—1册；42cm
ISBN 7－81019－404－6：¥18.00

J224　031855
速写集：郑墨作品选/郑墨绘．—杭州：中国美术学院出版社，1995.12.—42页；17×19cm
ISBN 7－81019－504－2：¥10.50

J224　031856
孙明华速写集/孙明华绘．—北京：机械工业出版社，1995.6.—117页；26cm
ISBN 7－111－04619－6：¥15.00

J224　031857
头像素描．—石家庄：河北美术出版社，1995.12.—43页；25×27cm.—(全国美术院校考生范画)
ISBN 7－5310－0743－6：¥11.00

J224　031858
王乃壮白描写生集/王乃壮绘．—北京：清华大学出版社，1995.7.—143页；20×28cm
ISBN 7－302－01912－6：¥28.00

J224　031859
吴学敏、张宏旺风景线描集/吴学敏，张宏旺绘．—太原：山西人民出版社，1995.12.—84页；17×19cm
ISBN 7－203－03408－9：¥13.80

J224　031860
西安美术学院附中学生习作：素描/西安美术学院附中编．—西安：陕西人民美术出版社，1995.4.—89页；29cm
ISBN 7－5368－0585－3：¥12.00

J224　031861
线的艺术：林墉人体速写/林墉绘．—广州：岭南美术出版社，1995.6.—69页；29cm
ISBN 7－5362－1182－1：¥21.00

J224　031862
萧启益速写选/萧启益绘．—北京：中国建筑工业出版社，1995.4.—56页；25×25cm
ISBN 7－112－02547－8(精装)：¥40.00

J224　031863
萧涛生素描集　第一集：汉英对照/萧涛生绘．—成都：四川美术出版社，1995.2.—1册；37cm
ISBN 7－5410－0963－6：¥56.00

J224　031864
杨家永黑白画/杨家永绘．—合肥：安徽美术出版社，1995.8.—1册；17×19cm
ISBN 7－5398－0382－7：¥5.80

J224　031865
杨之光速写/杨之光绘．—广州：岭南美术出版社，1995.8.—157页；29cm
ISBN 7－5362－1185－6：¥80.00

J224　031866
赵一楷小朋友画册．—上海：上海画报出版社，1995.4.—1册；25×29cm
ISBN 7－80530－135－2：¥16.00

J224　031867
中央美术学院素描回顾作品集：1952～1994/王华祥编．—石家庄：河北美术出版社，1995.4.—154页；29cm
ISBN 7－5310－0686－3：¥28.00

J224　031868
主玛·于江线画集/主玛·于江绘．—北京：新华出版社，1995.4.—58页；25×26cm
ISBN 7－5011－2854－5：¥18.00

J225　031869
白荻水彩画选集：汉英对照/白荻绘．—郑州：河南美术出版社，1995.7.—1册；25×25cm
ISBN 7－5401－0444－9：¥36.00

J225　031870
何韵兰画集：汉英对照/何韵兰绘．—南京：江苏美术出版社，1995.11.—1册；29cm
ISBN 7－5344－0505－X：¥42.00

J225　031871
金立德水彩画集：汉英文对照/金立德绘．—南宁：广西美术出版社，1995.4.—44页；25×26cm
ISBN 7－80582－746－X：¥55.00

J225　031872
马庆云水粉水彩画集/马庆云绘．—郑州：河南美术出版社，1995.12.—69页；24×26cm

ISBN 7-5401-0495-3: ¥40.00

J225　031873

南风歌:韦虹色彩风景写生集/韦虹著.—海口:海南出版社,1995.5.—40页;26cm

ISBN 7-80617-187-8: ¥26.00

J225　031874

色彩集　(1)/中国美术学院出版社美术画册编辑部编.—杭州:中国美术学院出版社,1995.3.—1册;42cm

ISBN 7-81019-405-4: ¥18.00

J225　031875

色彩集　(2)/中国美术学院出版社美术画册编辑部编.—杭州:中国美术学院出版社,1995.3.—1册;42cm

ISBN 7-81019-406-2: ¥18.00

J225　031876

色彩静物:全国美术院校考生范画/郭振山等绘.—石家庄:河北美术出版社,1995.9.—43页;25×26cm

ISBN 7-5310-0723-1: ¥28.00

J225　031877

水彩　第二十六辑:人物、风景、静物/上海人民美术出版社编辑.—上海:上海人民美术出版社,1995.7.—1册;26cm

ISBN 7-5322-1481-8: ¥9.60

J225　031878

水彩　第二十四辑/上海人民美术出版社编.—上海:上海人民美术出版社,1995.1.—1册;26cm

ISBN 7-5322-1393-5: ¥8.50

J225　031879

水彩　第二十五辑/上海人民美术出版社编辑.—上海:上海人民美术出版社,1995.3.—1册;26cm

ISBN 7-5322-1412-5: ¥8.60

J225　031880

水彩:第二十七辑:人物·风景·静物/上海人民美术出版社编.—上海:上海人民美术出版社,1995.12.—1册;26cm

ISBN 7-5322-1524-5: ¥11.20

J225　031881

水彩画选/梁栋编.—石家庄:河北美术出版社,1995.8.—45页;25×26cm

ISBN 7-5310-0708-8: ¥32.00

J225　031882

汪蕙珍花卉水粉画/汪蕙珍绘.—北京:中国文联出版公司,1995.3.—1册;25×25cm

ISBN 7-5059-1666-1: ¥30.00

J225　031883

王永钦水彩画集/王永钦绘.—福州:福建美术出版社,1995.4.—48页;25×26cm

ISBN 7-5393-0277-1: ¥48.00

J225　031884

邢鹏翥特殊水彩画创意/邢鹏翥编绘.—沈阳:辽宁美术出版社,1995.8.—57页;25×26cm.—(画家书库·作品与技法)

ISBN 7-5314-1279-9: ¥38.00

J225　031885

徐之炎水彩画集/徐之炎绘.—武汉:湖北美术出版社,1995.9.—21页;25×26cm

ISBN 7-5394-0589-9: ¥40.00

J225　031886

杨家聪水彩画选/杨家聪绘.—广州:岭南美术出版社,1995.12.—12页;29cm

ISBN 7-5362-1344-1: ¥18.00

J225　031887

中国《水彩艺术》　第4期/田郁文主编;中国《水彩艺术》编辑部编辑.—北京:人民美术出版社,1995.3.—48页;25×24cm

ISBN 7-102-01485-6: ¥20.00

J226　031888

陈十梅粉画作品/陈十梅绘.—武汉:湖北美术出版社,1995.5.—12张;26cm

ISBN 7-5394-0527-9: ¥15.00

J226　031889

帅立学粉笔画集.—南宁:广西美术出版社,1995.2.—134页;28cm

ISBN 7-80582-740-0: ¥100.00

J226　031890

韦康橡皮笔绘画艺术:汉英文对照/韦康编著.—上海:上海画报出版社,1995.6.—48页;29cm

ISBN 7-80530-168-9: ¥38.00

J227　031891

冯兆平版画选/冯兆平绘.—广州:岭南美术出版社,1995.12.—18页;29cm

ISBN 7-5362-1327-1: ¥18.00

J227　031892

戈壤黑白画　(上)/戈壤绘.—昆明:云南美术出版社,1995.2.—91页;26cm

ISBN 7-80586-147-1: ¥25.00

J227　031893

黄庭相版画选/黄庭相绘.—汕头:汕头大学出版社,1995.8.—1册;25×26cm

ISBN 7-81036-076-0: ¥40.00

J227　031894

列仙酒牌/任渭长等编绘.—影印本.—北京:文物出版社,1995.10.—1册(1函);26cm

ISBN 7-5010-0882-5(函套装): ¥60.00

J227　031895

西藏风马旗/韩书力编著.—北京:人民美术出版社,1995.5.—152页;19cm.—(西藏艺术丛书)

ISBN 7-102-01467-8: ¥19.00

J227　031896

薛周琦版画选集:汉英对照/薛周琦绘.—乌鲁木齐:新疆美术摄影出版社,1995.8.—90页;17×19cm

ISBN 7-80547-299-8: ¥12.00

J227　031897

应天齐西递村系列艺术作品:汉英对照/应天齐作.—广州:新世纪出版社,1995.6.—1册;25×26cm

ISBN 7-5405-1169-9: ¥43.00

J227　031898

於越先贤传/任渭长等编绘.—影印本.—北京:文物出版社,1995.10.—2册(1函);26cm

ISBN 7-5010-0881-7(函套装):¥165.00

J227-54　　031899

中国版画年鉴　1992/中国版画年鉴编辑委员会编.—沈阳:辽宁美术出版社,1995.12.—263页;20cm

ISBN 7-5314-1152-0:¥29.80

J228　　031900

新小儿语:绘画本/刘蔚华编;周申等绘.—济南:山东画报出版社,1995.9.—90页;19cm

ISBN 7-80603-044-1:¥2.80

J228.1　　031901

《新三字经》宣传画/黄俊武,郑立君绘.—广州:广东高等教育出版社,1995.5.—1张;76×54cm

ISBN 7-5361-1661-6:¥33.00

J228.1　　031902

毛泽东名言/新华通讯社新闻摄影部国际编辑室供稿.—南宁:接力出版社,1995.12.—1张;77×53cm

¥2.50

J228.1　　031903

中国历代科学家挂图.—北京:朝花美术出版社,1995.10.—8张;77×53cm

包括:张衡、祖冲之、毕升、李时珍、詹天佑、李四光、竺可桢、华罗庚。

ISBN 7-5056-0252-7:¥19.00

J228.2　　031904

《松花蛋》漫画集/卜愚绘.—天津:天津人民美术出版社,1995.12.—58页;21×19cm

ISBN 7-5305-0565-3:¥28.00

J228.2　　031905

储蓄与生活漫画集/杨介元,王建伟主编.—郑州:河南美术出版社,1995.4.—122页;17×19cm

ISBN 7-5401-0448-1:¥9.80

J228.2　　031906

聪明儿子糊涂爸/老莫主编;岳昕等绘.—郑州:海燕出版社,1995.6.—178页;17×19cm.—(少儿安全防护漫画故事)

ISBN 7-5350-1293-0:¥12.00

J228.2　　031907

大漫画/王林主编.—广州:岭南美术出版社,1995.1.—47页;26cm

ISBN 7-5362-1206-2:¥3.40

J228.2　　031908

大漫画/陈松南主编.—广州:岭南美术出版社,1995.5.—48页;26cm

ISBN 7-5362-1241-0:¥2.98

J228.2　　031909

大漫画　(2)/肖文津编绘.—广州:岭南美术出版社,1995.3.—47页;26cm

ISBN 7-5362-1212-7:¥2.98

J228.2　　031910

电视漫画赏析100幅/缪印堂编著.—北京:农村读物出版社,1995.8.—201页;13×15cm

ISBN 7-5048-2548-4:¥9.80

J228.2　　031911

儿童漫画佳作选:包青天审奇案/徐淦改编;贺友直绘.—北京:人民美术出版社,1995.5.—32页;26cm

ISBN 7-102-01511-9:¥2.40

J228.2　　031912

儿童漫画佳作选:获奖作品精选/顾朴编.—北京:人民美术出版社,1995.5.—93页;26cm

ISBN 7-102-01509-7:¥6.80

J228.2　　031913

发明大王爱迪生/简朴等编著.—沈阳:辽宁民族出版社,1995.6.—72页;19×17cm.—(名人故事漫画丛书)

ISBN 7-80527-496-7:¥3.80

J228.2　　031914

反腐倡廉漫画:汉英对照/于祥,张新华主编.—哈尔滨:黑龙江人民出版社,1995.9.—145页;17×19cm

ISBN 7-207-03296-X:¥13.80

J228.2　　031915

丰子恺连环漫画/陈星编.—银川:宁夏人民出版社,1995.12.—68页;25×27cm

ISBN 7-227-01546-7:¥11.80

J228.2　　031916

国际获奖漫画选/萧继石编.—乌鲁木齐:新疆美术摄影出版社,1995.9.—163页;16×19cm.—(国际获奖漫画选丛书;1)

ISBN 7-80547-298-X:¥9.80

J228.2　　031917

国际漫画杰作选/萧继石编.—乌鲁木齐:新疆美术摄影出版社,1995.9.—163页;17×19cm.—(国际获奖漫画选丛书;2)

ISBN 7-80547-298-X:¥9.80

J228.2　　031918

华君武漫画:1991~1994/华君武绘.—石家庄:河北教育出版社,1995.11.—198页;24×22cm

ISBN 7-5434-2523-8:¥19.50

J228.2　　031919

荒唐画集/王俭绘.—上海:上海人民出版社,1995.12.—135页;13×16cm

ISBN 7-208-02180-5:¥9.00

J228.2　　031920

火王　1~4/游素兰编绘.—沈阳:沈阳出版社,1995.5.—4册;20cm.—(精致漫画系列)

ISBN 7-5441-0382-X:¥19.80

J228.2　　031921

火王　5~8/游素兰编绘.—沈阳:沈阳出版社,1995.5.—4册;20cm.—(精致漫画系列)

ISBN 7-5441-0383-8:¥19.80

J228.2　　031922

火战士　第一集/夏有志编;徐志明等绘.—南宁:接力出版社,1995.12.—140页;19cm.—(中国青春漫画书系)

ISBN 7-80581-951-3:¥7.50

J228.2　　031923

京吟集:北京日报新闻漫画百图/孙以增主编.—北京:同心出版社,1995.5.—113页;17×19cm

ISBN 7-80593-071-6:¥5.50

J228.2 031924
科学巨星牛顿/简朴等编著.—沈阳:辽宁民族出版社,1995.6.—72 页; 19×17cm.—(名人故事漫画丛书)
ISBN 7-80527-496-7: ¥3.80

J228.2 031925
孔老三 (1):连环漫画/朱康林绘.—广州:岭南美术出版社,1995.9.—71 页;19cm.—(幽默大世界)
ISBN 7-5362-1283-6: ¥4.20

J228.2 031926
孔老三 (2):连环漫画/朱康林绘.—广州:岭南美术出版社,1995.9.—72 页;19cm.—(幽默大世界)
ISBN 7-5362-1284-4: ¥4.20

J228.2 031927
镭的母亲居里夫人/简朴等编著.—沈阳:辽宁民族出版社,1995.6.—72 页;19×17cm.—(名人故事漫画丛书)
ISBN 7-80527-496-7: ¥3.80

J228.2 031928
了如指掌:行之有效的市场调查/陈明编文;张文竹等绘.—武汉:湖北人民出版社,1995.12.—120 页;19cm.—(1分钟经济漫画系列)
ISBN 7-216-01785-4: ¥5.80

J228.2 031929
龙霸天下 (1):赤帝之子/博采图书工作室制作.—银川:宁夏人民出版社,1995.5.—93 页;19cm.—(九头狼丛书·新型漫画系列)
ISBN 7-227-01470-3: ¥3.30

J228.2 031930
龙霸天下 (2):霸王出世/博采图书工作室制作.—银川:宁夏人民出版社,1995.5.—93 页;19cm.—(九头狼丛书·新型漫画系列)
ISBN 7-227-01470-3: ¥3.30

J228.2 031931
龙霸天下 (3):巨鹿之战/博采图书工作室制作.—银川:宁夏人民出版社,1995.5.—94 页;19cm.—(九头狼丛书·新型漫画系列)
ISBN 7-227-01470-3: ¥3.30

J228.2 031932
[illegible]关/博采图书工作室制作.—
[illegible]95.5.—94 页;19cm.—(九头
[illegible]
[illegible]¥3.30

031933
[illegible]1)/雨心编写;胡平利,王
[illegible]童出版社,1995.12.—228
[illegible]
[illegible].00

J228.2 031934
漫画奥林匹克探案游戏 (2)/雨心编写;胡平利,王凌波绘.—北京:北京少年儿童出版社,1995.12.—253 页;19cm
ISBN 7-5301-0569-8: ¥8.00

J228.2 031935
漫画奥林匹克探案游戏 (3)/雨心编写;胡平利,王凌波绘.—北京:北京少年儿童出版社,1995.12.—243 页;19cm
ISBN 7-5301-0570-1: ¥8.00

J228.2 031936
漫画奥林匹克头脑游戏 (4)/李其震,于瑾编著;杨兮绘.—北京:北京少年儿童出版社,1995.12.—181 页;19cm
ISBN 7-5301-0558-2: ¥8.00

J228.2 031937
漫画奥林匹克头脑游戏 (5)/李其震,于瑾编著;郭晓牧绘.—北京:北京少年儿童出版社,1995.12.—180 页;19cm
ISBN 7-5301-0559-0: ¥8.00

J228.2 031938
漫画奥林匹克头脑游戏 (6)/李其震,于瑾编著;王凌波绘.—北京:北京少年儿童出版社,1995.12.—180 页;19cm
ISBN 7-5301-0560-4: ¥8.00

J228.2 031939
漫画初中文言课文/郭小虎编绘.—合肥:安徽教育出版社,1995.6.—177 页;20cm
ISBN 7-5336-1739-8: ¥4.50

J228.2 031940
漫画汉书/李敬泽撰文;王增弟等绘.—石家庄:河北教育出版社,1995.2.—4 册;26cm.—(三味漫画屋)
ISBN 7-5434-2360-X: ¥110.0

J228.2 031941
漫画汉书/李敬泽,阎明魁主编;李敬泽撰文;王增弟等绘.—石家庄:河北教育出版社,1995.2.—4 册;26cm.—(三味漫画屋)
ISBN 7-5434-2359-6(精装): ¥130.00

J228.2 031942
漫画礼仪/齐来陵,张平治著;王彦斌绘.—广州:广东科技出版社,1995.7.—171 页;19cm
ISBN 7-5359-1469-1: ¥6.00

J228.2 031943
漫画史记/魏连科等主编;张文等撰文;张安等绘.—石家庄:河北教育出版社,1995.2.—5 册;26cm.—(三味漫画屋)
ISBN 7-5434-2357-X(精装): ¥150.00

J228.2 031944
漫画史记/魏连科等主编.—石家庄:河北教育出版社,1995.2.—5 册;26cm.—(三味漫画屋)
ISBN 7-5434-2358-8: ¥120.00

J228.2 031945
漫画四大名著《红楼梦》、《西游记》、《三国演义》、《水浒》/何宇宏等绘.—北京:长征出版社,1995.1.—8 册;20cm
ISBN 7-80015-332-0(盒装): ¥116.00

J228.2 031946
奇妙乐园:画童笔下的神奇王国/袁路绘.—贵阳:贵州人民出版社,1995.8.—118 页;17×19cm
ISBN 7-221-03914-3: ¥9.80

J228.2 031947
蔷薇园:漫画作品集/《贵阳晚报》社编.—贵阳:贵州人民出版社,1995.5.—119页;26cm
ISBN 7-221-03706-X:¥6.80

J228.2 031948
瞧!男人真面目/戴逸如绘画.—上海:三联书店上海分店,1995.5.—1册;19cm
ISBN 7-5426-0728-6:¥9.80

J228.2 031949
倾国怨伶:古镜奇谭第一章/游素兰著.—沈阳:沈阳出版社,1995.5.—4册;19cm
ISBN 7-5441-0379-X:¥18.40

J228.2 031950
三毛流浪记:全集/张乐平作.—上海:少年儿童出版社,1995.10.—263页;17×19cm
ISBN 7-5324-2918-0(精装):¥18.00

J228.2 031951
山东漫画作品选/耿本清主编;山东省漫画学会编.—济南:山东美术出版社,1995.5.—149页;21×19cm
ISBN 7-5330-0851-0:¥17.00

J228.2 031952
神乎其神:广告在促销中的妙用/陈桂芳,刘可风编文;刘可风绘.—武汉:湖北人民出版社,1995.12.—140页;19cm.—(1分钟经济漫画系列)
ISBN 7-216-01784-6:¥6.50

J228.2 031953
水浒全传　(1):乱世出枭雄/博采图书工作室制作.—银川:宁夏人民出版社,1995.4.—94页;19cm.—(九头狼丛书·新型漫画系列)
ISBN 7-227-01466-5:¥3.30

J228.2 031954
水浒全传　(2):智取生辰纲/博采图书工作室制作.—银川:宁夏人民出版社,1995.4.—94页;19cm.—(九头狼丛书·新型漫画系列)
ISBN 7-227-01466-5:¥3.30

J228.2 031955
水浒全传　(3):夜闯景阳冈/博采图书工作室制作.—银川:宁夏人民出版社,1995.4.—94页;19cm.—(九头狼丛书·新型漫画系列)
ISBN 7-227-01466-5:¥3.30

J228.2 031956
水浒全传　(4):血溅鸳鸯楼/博采图书工作室制作.—银川:宁夏人民出版社,1995.4.—94页;19cm.—(九头狼丛书·新型漫画系列)
ISBN 7-227-01466-5:¥3.30

J228.2 031957
西方十句话　(Ⅱ)/蔡志忠编绘.—北京:三联书店,1995.9.—115页;20cm.—(十句话丛书)
ISBN 7-108-00830-0:¥5.60

J228.2 031958
西方十句话　(Ⅲ)/蔡志忠编绘.—北京:三联书店,1995.9.—107页;20cm.—(十句话丛书)
ISBN 7-108-00831-9:¥5.20

J228.2 031959
消费的学问/肖翠祥编文;刘可风绘.—武汉:湖北人民出版社,1995.12.—154页;19cm.—(1分钟经济漫画系列)
ISBN 7-216-01786-2:¥7.20

J228.2 031960
小秃笔师生漫画选/张兆新编著.—上海:上海教育出版社,1995.2.—136页;17×19cm
ISBN 7-5320-4226-X:¥3.00

J228.2 031961
异想天开:阿明幽默画:汉英对照/阿明绘.—西安:陕西人民美术出版社,1995.8.—96页;17×19cm
著者本名:宋晓明
ISBN 7-5368-0757-0:¥6.80

J228.2 031962
于守洋体育幽默画集/于守洋绘.—济南:山东文艺出版社,1995.8.—70页;19×17cm
ISBN 7-5329-1274-4:¥4.50

J228.2 031963
原子弹之父爱因斯坦/简朴等编著.—沈阳:辽宁民族出版社,1995.6.—72页;19×17cm.—(名人故事漫画丛书)
ISBN 7-80527-496-7:¥3.80

J228.2 031964
智慧快餐:郑辛遥幽默画/郑辛遥绘.—上海:上海人民出版社,1995.12.—134页;13×16cm
ISBN 7-208-02160-0:¥9.00

J228.2 031965
纵横捭阖:商务谈判的制胜之道/陈明编文;张文竹等绘.—武汉:湖北人民出版社,1995.12.—158页;19cm.—(1分钟经济漫画系列)
ISBN 7-216-01783-8:¥7.50

①J228.2②③I277.8 031966
中国笑林博览绘画本　(八):大千世界·世情篇/唐子恒等编译;金马等绘画.—济南:山东大学出版社,1995.12.—101页;19cm
ISBN 7-5607-1552-4:¥5.10

①J228.2②③I277.8 031967
中国笑林博览绘画本　(二):戏谑人生·诙谐篇/唐子恒等编译;金马等绘画.—济南:山东大学出版社,1995.12.—99页;19cm
ISBN 7-5607-1552-4:¥5.10

①J228.2②③I277.8 031968
中国笑林博览绘画本　(六):画龙点睛·夸张篇/唐子恒等编译;金马等绘画.—济南:山东大学出版社,1995.12.—101页;19cm
ISBN 7-5607-1552-4:¥5.10

①J228.2②③I277.8 031969
中国笑林博览绘画本　(七):说假道真·荒诞篇/唐子恒等编译;金马等绘画.—济南:山东大学出版社,1995.12.—103页;19cm
ISBN 7-5607-1552-4:¥5.10

①J228.2②③I277.8 031970
中国笑林博览绘画本　(三):智慧快餐·幽默篇/唐子恒等编译;金马等绘画.—济南:山东大学出版社,

1995.12.—102页;19cm
ISBN 7-5607-1552-4:¥5.10

①J228.2②③I277.8 031971
中国笑林博览绘画本 (四):笑口常开·滑稽篇/唐子恒等编译;金马等绘画.—济南:山东大学出版社,1995.12.—105页;19cm
ISBN 7-5607-1552-4:¥5.10

①J228.2②③I277.8 031972
中国笑林博览绘画本 (五):声东击西·影射篇/唐子恒等编译;金马等绘画.—济南:山东大学出版社,1995.12.—101页;19cm
ISBN 7-5607-1552-4:¥5.10

①J228.2②③I277.8 031973
中国笑林博览绘画本 (一):冷眼观世·嘲讽篇/唐子恒等编译;金马等绘画.—济南:山东大学出版社,1995.12.—102页;19cm
ISBN 7-5607-1552-4:¥5.10

①J228.2②G449.4 031974
脑筋快转弯/张黎晨编.—大连:辽宁师范大学出版社,1995.1.—186页;19cm.—(糖葫芦书架丛书系列/滕毓旭,车培晶主编)
ISBN 7-81042-055-0:¥5.00

①J228.2②Q95-61 031975
动物趣味小百科/(韩)金忠元著.—北京:中国电影出版社,1995.10.—639页;19cm
ISBN 7-106-01087-1(精装):¥26.00

J228.3 031976
杨柳青 1996/李志强主编.—天津:天津杨柳青画社,1995.—1册;29cm
年画样张
¥40.00

J228.3 031977
中国民间年画/王树村著.—2版.—杭州:浙江教育出版社,1995.3.—172页:图;20cm.—(中国民间文化丛书/刘魁立主编)
ISBN 7-5338-2169-6(精装):¥9.25

J228.4 031978
啊呜喵 (二)/周锐编文;郭召明等绘.—上海:上海人民美术出版社,1995.4.—94页;19cm
ISBN 7-5322-1427-3:¥5.80

J228.4 031979
啊呜喵 (三)/周锐编文;郭召明等绘.—上海:上海人民美术出版社,1995.4.—94页;19cm
ISBN 7-5322-1428-1:¥5.80

J228.4 031980
啊呜喵 (一)/周锐编文;郭召明等绘.—上海:上海人民美术出版社,1995.4.—94页;19cm
ISBN 7-5322-1426-5:¥5.80

J228.4 031981
安娜·卡列尼娜/(俄)托尔斯泰(Толстон,Л.Н.)著;仓兴改编;陈志强等绘.—海口:海南国际新闻出版中心,1995.5.—1册;20cm.—(世界文学名著连环画)
全套4册,总定价:68.00元
ISBN 7-80609-061-4:¥

J228.4 031982
安徒生童话/(丹麦)安徒生著;高峰,匡纪龙改编;华华等绘.—南京:江苏美术出版社,1995.2.—46页;17×19cm.—(彩图童话故事精选系列丛书)
ISBN 7-5344-0436-3:¥3.95

J228.4 031983
安徒生童话/(丹麦)安徒生著;华锐等编绘.—合肥:安徽少年儿童出版社,1995.5.—134页;26cm.—(世界名著故事)
ISBN 7-5397-1165-5(精装):¥16.00

J228.4 031984
安徒生童话/沈群等编文;赵一宁等绘.—杭州:浙江少年儿童出版社,1995.9.—237页;26cm.—(幼儿版名著系列)
ISBN 7-5342-1286-3(精装):¥45.00

J228.4 031985
八戒断官司/寒海改编;冀维静绘.—西安:未来出版社,1995.9.—20页;17×19cm.—(猪八戒外传故事画丛)
ISBN 7-5417-1087-3:¥1.50

J228.4 031986
八戒教书/鲁江原著;海樱改编;杨梦君绘.—西安:未来出版社,1995.9.—22页;17×19cm.—(猪八戒外传故事画丛)
ISBN 7-5417-1082-2:¥1.50

J228.4 031987
八戒卖西瓜/安鸿编文;杨梦楼绘.—西安:未来出版社,1995.9.—18页;17×19cm.—(猪八戒外传故事画丛)
ISBN 7-5417-1084-9:¥1.50

J228.4 031988
八戒写错字/田如瑞原著;寒海改编;胡基明绘.—西安:未来出版社,1995.9.—20页;17×19cm.—(猪八戒外传故事画丛)
ISBN 7-5417-1083-0:¥1.50

J228.4 031989
八仙传:绘图本:四大神话小说/(清)无垢道人著;老山改编;郭秀庚等绘 .—长沙:岳麓书社,1995.4.—1册;19cm.—(古典文学绘图文库)
ISBN 7-80520-576-0:¥12.80

J228.4 031990
霸王别姬/董乃德编文;王阔海绘.—济南:明天出版社,1995.6.—1册:彩图;25×26cm.—(中国花木故事传奇/赵镇琬主编)
ISBN 7-5332-2211-3(精装):¥30.00

J228.4 031991
白马/张秀石改编;赵明钧绘.—沈阳:辽宁美术出版社,1995.9.—75页;17×19cm
ISBN 7-5314-1272-1:¥5.00

J228.4 031992
宝宝动物园 (1)/巢扬编文;陈永镇绘.—北京:北京少年儿童出版社,1995.1.—10册;15×13cm
ISBN 7-5301-0509-4:¥8.50

J228.4 031993

悲惨世界/(法)雨果(Hugo,V.)著;仓兴改编;杨文理等绘.—海口:海南国际新闻出版中心,1995.5.—1册;20cm.—(世界文学名著连环画)
全套4册,总定价:68.00元
ISBN 7-80609-061-4:¥

J228.4　　031994
彩色故事王国365游/李亚生等编绘.—西安:陕西人民出版社,1995.3.—1册;26cm
ISBN 7-224-03435-5(精装):¥39.00

J228.4　　031995
彩色故事王国365游　(1)/徐红蕾等编绘.—西安:陕西人民出版社,1995.3.—1册;26cm
ISBN 7-224-03435-5:¥9.50

J228.4　　031996
彩色故事王国365游　(2)/李亚生等编绘.—西安:陕西人民出版社,1995.3.—1册;26cm
ISBN 7-224-03435-5:¥9.50

J228.4　　031997
彩色故事王国365游　(3)/李亚生等编绘.—西安:陕西人民出版社,1995.3.—1册;26cm
ISBN 7-224-03435-5:¥9.50

J228.4　　031998
彩色故事王国365游　(4)/李亚生等编绘.—西安:陕西人民出版社,1995.3.—1册;26cm
ISBN 7-224-03435-5:¥9.50

J228.4　　031999
彩色童话新世界/董科军编.—北京:宇航出版社,1995.5.—10册;17×19cm
ISBN 7-80034-744-3:¥22.00

J228.4　　032000
彩图世界著名民间故事365:春/燕平等编文;赵青河等绘.—武汉:湖北少年儿童出版社,1995.10.—180页;17×19cm
ISBN 7-5353-1575-5(精装):¥15.80

J228.4　　032001
彩图世界著名民间故事365:冬/兰琴等编文;牛东等绘.—武汉:湖北少年儿童出版社,1995.10.—184页;17×19cm
ISBN 7-5353-1578-X(精装):¥15.80

J228.4　　032002
彩图世界著名民间故事365:秋/乐九波等编文;高奇等绘.—武汉:湖北少年儿童出版社,1995.10.—184页;17×19cm
ISBN 7-5353-1577-1(精装):¥15.80

J228.4　　032003
彩图世界著名民间故事365:夏/张明明等编文;洪智等绘.—武汉:湖北少年儿童出版社,1995.10.—182页;17×19cm
ISBN 7-5353-1576-3(精装):¥15.80

J228.4　　032004
彩图小学语文课本故事/陈元山等改编;蔡宏等绘.—上海:上海人民美术出版社,1995.4.—410页;20cm
ISBN 7-5322-1432-X:¥20.00

J228.4　　032005
馋猫立大功/严振国编文;阿华等绘.—上海:上海人民美术出版社,1995.3.—23页;17×19cm.—(童话大世界丛书)
ISBN 7-5322-1383-8:¥2.20

J228.4　　032006
沉鳖洲/叶宗翰改编;白露绘.—南宁:广西美术出版社,1995.12.—94页;10×13cm.—(爱国主义教育连环画丛书·抗日战争故事)
ISBN 7-80582-998-5:¥1.80

J228.4　　032007
成语故事连环画库/韩向东等主编.—海口:海南国际新闻出版中心,1995.9.—4册;19cm
ISBN 7-80609-139-4:¥18.80

J228.4　　032008
程咬金　(上)/元山改编;晓慧等绘.—2版.—上海:上海人民美术出版社,1995.3.—39页;17×19cm.—(古典小说英雄人物系列画库)
ISBN 7-5322-1140-1:¥5.50

J228.4　　032009
闯入月亮山/王勇,王柏玲编文;卫平贤等绘.—上海:上海科技教育出版社,1995.8.—90页;19cm.—(少年探险家丛书)
ISBN 7-5428-1182-7:¥4.30

J228.4　　032010
打破砂锅问到底:万物寻源(3):图画本/赵大明等编文;陈大元等绘画.—上海:少年儿童出版社,1995.11.—62页;26cm
ISBN 7-5324-2896-6:¥9.20

J228.4　　032011
打仗的故事/关健等编文;高中造等绘.—石家庄:河北少年儿童出版社,1995.12.—10册;10×13cm
本套包括:《马陵大战》等10册。
ISBN 7-5376-1329-X:¥11.50

J228.4　　032012
大弯伏击战/石磊,宋安群改编;谢森绘.—南宁:广西美术出版社,1995.4.—98页;10×14cm
ISBN 7-80582-848-2:¥1.70

J228.4　　032013
大战马堂镇/王传珍,腾毓旭改编;刘铁权,周卫绘.—南宁:广西美术出版社;沈阳:辽宁美术出版社,1995.12.—194页;10×13cm.—(爱国主义教育连环画丛书·抗日战争故事)
ISBN 7-80582-970-5:¥3.70

J228.4　　032014
大战乌龙山/李平改编;陈水远绘.—南宁:广西美术出版社,1995.10.—118页;10×13cm
ISBN 7-80582-930-6:¥1.90

J228.4　　032015
大战鸳鸯泺/李宝柱编文;孟喜元绘.—2版.—南宁:广西美术出版社,1995.12.—86页;9×13cm.—(爱国主义教育连环画丛书·抗日战争故事)
ISBN 7-80582-991-8:¥1.70

J228.4　　032016

党的女儿/钱怡舟改编;梁柯制作.—南宁:广西美术出版社;北京:中国电影出版社,1995.12.—124 页;10×13cm.—(爱国主义教育连环画丛书·百部电影故事)
ISBN 7-80582-965-9:¥2.40

J228.4 032017
捣顽堡/李涛改编;沈名存绘.—南宁:广西美术出版社,1995.4.—110 页;9×13cm
ISBN 7-80582-845-8:¥1.40

J228.4 032018
德觉桑布和魔术师七兄弟:汉藏文对照/史学礼编译;李生琦,李川绘画.—西宁:青海民族出版社,1995.4.—160 页;13cm.—(说不完的故事之一)
ISBN 7-5420-0523-5:¥3.00

J228.4 032019
敌后武工队/颜枫改编;王兆海,王玉良绘.—南宁:广西美术出版社;沈阳:辽宁美术出版社,1995.12.—3 册;10×13cm.—(爱国主义教育连环画丛书·抗日战争故事)
ISBN 7-80582-974-8:¥10.00

J228.4 032020
第二次世界大战间谍战 第二册:飞弹秘密发射场·邱吉尔的"秘密圈"/褚良才等编;叶果等绘.—杭州:浙江人民美术出版社,1995.3.—127 页;19cm
ISBN 7-5340-0605-8:¥4.80

J228.4 032021
第二次世界大战间谍战 第三册:"小白狐"之死·追踪"独行侠"/荣子改编;孙愚绘.—杭州:浙江人民美术出版社,1995.3.—119 页;19cm
ISBN 7-5340-0606-6:¥4.60

J228.4 032022
第二次世界大战间谍战 第四册:超级间谍·沙漠谍影/褚良才等编;方其林绘.—杭州:浙江人民美术出版社,1995.3.—149 页;19cm
ISBN 7-5340-0607-4:¥4.80

J228.4 032023
第二次世界大战间谍战 第一册:潜伏珍珠港·日本海军密码/褚良才等编;钱定华等绘.—杭州:浙江人民美术出版社,1995.3.—120 页;19cm
ISBN 7-5340-0604-X:¥4.60

J228.4 032024
第二次世界大战连环画:著名海战/陈珍,陈玲编文;陈玮等绘.—海口:海南出版社,1995.1.—299 页;19cm
全套书共 3 册,总定价:36.00 元
ISBN 7-80617-176-2:¥0.00

J228.4 032025
第二次世界大战连环画:著名空战/杨平,长林编文;曾琪等绘.—海口:海南出版社,1995.5.—247 页;19cm
全套书共 3 册,总定价:36.00 元
ISBN 7-80617-176-2:¥

J228.4 032026
第二次世界大战连环画:著名陆战/彭训厚,王玉玲编文;曾琪等绘.—海口:海南出版社,1995.1.—312 页;19cm
全套书共 3 册,总定价:36.00 元
ISBN 7-80617-176-2:¥

J228.4 032027
第三帝国兴亡史:连环画/大鲁编文;雷德祖绘.—合肥:安徽美术出版社,1995.5.—1 册;20cm
ISBN 7-5398-0329-0(精装):¥15.00

J228.4 032028
东方小故事:精选本/中共上海市委宣传部组织编创.—上海:上海画报出版社,1995.10.—90 页;19cm
电脑彩色卡通连环画
ISBN 7-80530-184-0:¥8.00

J228.4 032029
东周列国志/(明)冯梦龙,(清)蔡元放著;宋经讳等编写,吴跃明等绘.—武汉:湖北少年儿童出版社,1995.5.—232 页;21×19cm.—(中国古典文学名著画库)
ISBN 7-5353-1426-0:¥11.50

J228.4 032030
东周列国志:绘画本/邵远改编;范振涯,戴友生绘.—长沙:湖南少年儿童出版社,1995.3.—1 册;20cm.—(中国四大古典历史小说)
ISBN 7-5358-0990-1:¥13.75

J228.4 032031
动脑筋编结尾/陈振桂编著;文海红等绘.—南宁:广西美术出版社,1995.11.—150 页:彩图;17×19cm
ISBN 7-80582-957-8(精装):¥26.00

J228.4 032032
动脑筋爷爷精选本/颜志强,黄平选编;李名慈等编文;孙绍波等绘.—上海:少年儿童出版社,1995.8.—78 页;19cm
ISBN 7-5324-2898-2:¥3.55

J228.4 032033
动脑筋爷爷图画本:军事篇/文叶编文;绍波等绘.—上海:少年儿童出版社,1995.11.—60 页;26cm
ISBN 7-5324-2807-9:¥8.00

J228.4 032034
动脑筋爷爷图画本:天文气象篇/刘正兴编文;绍波等绘.—上海:少年儿童出版社,1995.11.—60 页;26cm
ISBN 7-5324-2742-0:¥8.00

J228.4 032035
动物故事/余书等改编;刘明等绘.—武汉:湖北少年儿童出版社,1995.11.—190 页;17×19cm.—(两分钟故事画库)
ISBN 7-5353-1584-4(精装):¥16.00

J228.4 032036
动物故事 (二)/胡宁娜等绘.—南京:江苏美术出版社,1995.2.—50 页;17×19cm.—(彩图童话故事精选系列丛书)
ISBN 7-5344-0434-7:¥3.95

J228.4 032037
动物故事 (一)/黄峻等绘.—南京:江苏美术出版社,1995.2.—46 页;17×19cm.—(彩图童话故事精选系列丛书)
ISBN 7-5344-0433-9:¥3.95

J228.4 032038

斗川岛/刘凤桥改编;刘廷相绘.—南宁:广西美术出版社;沈阳:辽宁美术出版社,1995.12.—106页;10×13cm.—(爱国主义教育连环画丛书·抗日战争故事)

ISBN 7-80582-977-2:¥2.10

J228.4　　032039

渡江侦察记/黄一红,张桂萍改编;甘振钊等制作.—南宁:广西美术出版社;北京:中国电影出版社,1995.11.—126页;10×13cm.—(爱国主义教育连环画丛书·百部电影故事)

ISBN 7-80582-814-8:¥2.40

J228.4　　032040

多彩童话世界/张中良主编;毛履鄂等编文;白小锭等绘图.—上海:百家出版社,1995.5.—142页;17×19cm.—(儿童知识金典)

ISBN 7-80576-488-3(精装):¥12.80

J228.4　　032041

俄国·前苏联童话　(1)/闲逸等改编;王文花等注音;孙泽良等绘.—杭州:浙江人民美术出版社,1995.10.—70页;17×19cm.—(童话大王·拼音读物)

ISBN 7-5340-0644-9:¥6.50

J228.4　　032042

俄国·前苏联童话　(2)/赵明等改编;文静等注音;江健文等绘.—杭州:浙江人民美术出版社,1995.10.—70页;17×19cm.—(童话大王·拼音读物)

ISBN 7-5340-0645-7:¥6.50

J228.4　　032043

儿童彩色故事108精选/李亚生等编绘.—西安:陕西人民出版社,1995.3.—1册;26cm

ISBN 7-224-03419-3:¥11.50

J228.4　　032044

儿童历史启蒙　(上):彩图本/雪岗主编;边继石等编写;黄哲等绘.—北京:中国少年儿童出版社,1995.8.—91页;20cm

ISBN 7-5007-2744-5:¥7.00

J228.4　　032045

儿童历史启蒙　(下):彩图本/雪岗主编;边继石等编写;黄哲等绘.—北京:中国少年儿童出版社,1995.8.—91页;20cm

ISBN 7-5007-2745-3:¥7.00

J228.4　　032046

儿童童话故事/李平编;黎明绘.—海口:海南摄影美术出版社,1995.3.—46页;17×19cm.—(多彩的世界儿童画库;5)

ISBN 7-80571-839-3:¥3.20

J228.4　　032047

儿童童话故事/李平编;黎明绘.—海口:海南摄影美术出版社,1995.3.—46页;17×19cm.—(多彩的世界儿童画库;6)

ISBN 7-80571-839-3:¥3.20

J228.4　　032048

方世玉打擂台　(上)/黄宗祥等编绘.—南宁:广西美术出版社,1995.11.—202页;9×13cm

ISBN 7-80582-946-2:¥3.20

J228.4　　032049

方世玉打擂台　(下)/黄宗祥等编绘.—南宁:广西美术出版社,1995.11.—178页;9×13cm

ISBN 7-80582-947-0:¥2.80

J228.4　　032050

飞碟大追捕/李名慈编文;陆小弟等绘.—上海:少年儿童出版社,1995.1.—158页;19cm.—(故事王画库)

ISBN 7-5324-2619-X:¥4.80

J228.4　　032051

飞珠打坏总:台湾民间故事/肖甘牛,肖丁三编;刘绍昆绘.—南宁:广西美术出版社,1995.9.—62页;10×13cm

ISBN 7-80582-913-6:¥1.00

J228.4　　032052

封神演义/(明)许仲琳等著;张大昌等编写;强阳等绘.—武汉:湖北少年儿童出版社,1995.5.—232页;21×19cm.—(中国古典文学名著画库)

ISBN 7-5353-1427-9:¥11.50

J228.4　　032053

封神演义:绘图本四大神话小说/(明)许仲琳原著;铁如改编;蒋太禄绘.—长沙:岳麓书社,1995.4.—1册;19cm.—(古典文学绘图文库)

ISBN 7-80520-573-6:¥12.80

J228.4　　032054

枫树坳的战斗/于汤改编;郑君里绘.—南宁:广西美术出版社,1995.9.—150页;10×13cm.—(爱国主义教育连环画丛书·抗日战争故事)

ISBN 7-80582-922-5:¥2.85

J228.4　　032055

风筝飘飘/王金中改编;贺文跃绘.—南宁:广西美术出版社;南京:江苏人民出版社,1995.12.—78页;10×13cm.—(爱国主义教育连环画丛书·抗日战争故事)

ISBN 7-80582-987-X:¥1.50

J228.4　　032056

伏羲与八卦/于忠正主编;曹昌光等文图.—兰州:甘肃人民美术出版社,1995.5.—160页;20cm.—(漫画丝绸之路·天水卷)

ISBN 7-80588-086-7:¥9.80

J228.4　　032057

复仇女神:刑警803/叶孝慎原著;吴文焕改编;谢颖等绘.—上海:上海人民美术出版社,1995.3.—126页;10×13cm

ISBN 7-5322-1377-3:¥1.50

J228.4　　032058

革命战斗英雄故事/武凯军等绘.—南京:江苏美术出版社,1995.2.—65页;17×19cm.—(彩图童话故事精选系列丛书)

ISBN 7-5344-0425-8:¥3.95

J228.4　　032059

格林童话/(德)格林著;匡纪龙,高峰改编;林同等绘.—南京:江苏美术出版社,1995.2.—46页;17×19cm.—(彩图童话故事精选系列丛书)

ISBN 7-5344-0435-5:¥3.95

J228.4　　032060

格林童话/(德)格林著;华锐等编绘.—合肥:安徽少

年儿童出版社,1995.5.—149页;26cm.—(世界名著故事)

ISBN 7-5397-1166-3(精装):¥17.00

J228.4　　032061

格林童话/李心等编;柴立青等绘.—杭州:浙江少年儿童出版社,1995.9.—253页;26cm.—(幼儿版名著系列)

ISBN 7-5342-1287-1(精装):¥47.00

J228.4　　032062

格林童话:白雪公主/章燕等编绘.—2版.—北京:气象出版社,1995.8.—49~96页;17×19cm

ISBN 7-5029-2001-3:¥3.60

J228.4　　032063

格林童话:灰姑娘/章燕等编绘.—2版.—北京:气象出版社,1995.8.—97~144页;17×19cm

ISBN 7-5029-2001-3:¥3.60

J228.4　　032064

格林童话:青蛙王子/章燕等编绘.—2版.—北京:气象出版社,1995.8.—145~192页;17×19cm

ISBN 7-5029-2001-3:¥3.60

J228.4　　032065

格林童话:王子和小公主/章燕等编绘.—2版.—北京:气象出版社,1995.8.—48页;17×19cm

ISBN 7-5029-2001-3:¥3.60

J228.4　　032066

公正无私 廉洁律己:汉英对照/于辰文,天天改编;李乃宙等绘.—北京:中国少年儿童出版社,1995.7.—1册;17×19cm.—(中华民族传统美德故事丛书)

ISBN 7-5007-2439-X:¥14.50

J228.4　　032067

姑苏春/芮衡之改编;丁德邻绘.—南宁:广西美术出版社;沈阳:辽宁美术出版社,1995.12.—166页;10×13cm.—(爱国主义教育连环画丛书·抗日战争故事)

ISBN 7-80582-967-5:¥3.20

J228.4　　032068

古今中外聪明娃:中国部分(1)/盛如梅等主编.—郑州:海燕出版社,1995.6.—98页;21×19cm

ISBN 7-5350-1311-2:¥8.80

J228.4　　032069

古今中外聪明娃:中国部分(2)/盛如梅等主编.—郑州:海燕出版社,1995.6.—92页;21×19cm

ISBN 7-5350-1311-2:¥8.20

J228.4　　032070

古今中外聪明娃:中国部分(3)/盛如梅等主编.—郑州:海燕出版社,1995.6.—100页;21×19cm

ISBN 7-5350-1311-2:¥8.80

J228.4　　032071

关东响马　上集/众志改编;王伯良等绘.—南宁:广西美术出版社;南京:江苏少年儿童出版社,1995.12.—150页;10×13cm.—(爱国主义教育连环画丛书·抗日战争故事)

本套书共2册,总定价:5.70元

ISBN 7-80582-963-2:¥0.00

J228.4　　032072

关东响马　下集/众志改编;王伯良等绘.—南宁:广西美术出版社;南京:江苏少年儿童出版社,1995.12.—150页;10×13cm.—(爱国主义教育连环画丛书·抗日战争故事)

本套书共2册,总定价:5.70元

ISBN 7-80582-963-2:¥0.00

J228.4　　032073

国说中国谚语故事/张学成编著;国良等绘.—杭州:浙江少年儿童出版社,1995.2.—337页;20cm

ISBN 7-5342-1200-6:¥7.50

J228.4　　032074

好孩子童话:家庭篇/王蔚编文;程思新等绘.—杭州:浙江人民美术出版社,1995.10.—79页;17×19cm.—(儿童德育丛书·行为规范)

ISBN 7-5340-0650-3:¥9.80

J228.4　　032075

好孩子童话:社会篇/高蕾编文;戎念竹等绘.—杭州:浙江人民美术出版社,1995.10.—83页;17×19cm.—(儿童德育丛书·行为规范)

ISBN 7-5340-0648-1:¥9.80

J228.4　　032076

好孩子童话:幼儿园篇/高蕾编文;李全华等绘.—杭州:浙江人民美术出版社,1995.10.—76页;17×19cm.—(儿童德育丛书·行为规范)

ISBN 7-5340-0651-1:¥9.80

J228.4　　032077

好军嫂韩素云:绘画本/广州市妇女联合会主编;林超,吴绿星编文;邓超华等绘.—广州:新世纪出版社,1995.2.—115页;19cm

ISBN 7-5405-1284-9:¥3.50

J228.4　　032078

黑市上的爱情:刑警803/马一亭,张久荣原著;吴文焕改编;殷恩光等绘.—上海:上海人民美术出版社,1995.3.—126页;10×13cm

ISBN 7-5322-1376-5:¥1.50

J228.4　　032079

洪湖赤卫队/莫蕾改编;雷时圣等制作.—南宁:广西美术出版社;北京:中国电影出版社,1995.11.—126页;10×13cm.—(爱国主义教育连环画丛书·百部电影故事)

ISBN 7-80582-818-0:¥2.40

J228.4　　032080

红鼻子洛克　(二)/韩王荣等编文;陈旸等绘.—上海:上海科技教育出版社,1995.8.—60页;26cm

ISBN 7-5428-1038-3:¥7.30

J228.4　　032081

红鼻子洛克　(三)/李名慈等编文;陈旸等绘.—上海:上海科技教育出版社,1995.8.—60页;26cm

ISBN 7-5428-1039-1:¥7.30

J228.4　　032082

红鼻子洛克　(四)/盛如梅,鲁克编文;陈旸等绘.—上海:上海科技教育出版社,1995.8.—60页;26cm

ISBN 7-5428-1040-5:¥7.30

J228.4　　032083

红鼻子洛克　(一)/郁慧芳编文;陈旸等绘.—上海:上海科技教育出版社,1995.8.—60页;26cm
ISBN 7-5428-1037-5:¥7.30
J228.4　032084
红楼梦/(清)曹雪芹著;黎耀等编写;于友善等绘.—武汉:湖北少年儿童出版社,1995.5.—232页;21×19cm.—(中国古典文学名著画库)
ISBN 7-5353-1429-5:¥11.50
J228.4　032085
红楼梦:连环画/杨兆麟等绘.—上海:少年儿童出版社,1995.11.—2册(1210页);20cm
ISBN 7-5324-2920-2:¥49.00
J228.4　032086
红色娘子军/江城子改编;梁柯,胡建瑜制作.—南宁:广西美术出版社;北京:中国电影出版社,1995.12.—125页;10×13cm.—(爱国主义教育连环画丛书·百部电影故事)
ISBN 7-80582-960-8:¥2.40
J228.4　032087
葫芦娃前传/宏义编文;积昆等绘画.—北京:中国电影出版社,1995.1.—1册;17×19cm
ISBN 7-106-01026-X(精装):¥9.80
J228.4　032088
虎口接亲人/张洪民改编;韩文武绘.—南宁:广西美术出版社;沈阳:辽宁美术出版社,1995.12.—98页;10×13cm.—(爱国主义教育连环画丛书·抗日战争故事)
ISBN 7-80582-971-3:¥1.90
J228.4　032089
花王花后/郭崇华编文;徐永生绘.—济南:明天出版社,1995.6.—1册:彩图;25×26cm.—(中国花木故事传奇/赵镇琬主编)
ISBN 7-5332-2214-8(精装):¥30.00
J228.4　032090
皇姑屯事件/赵吉南改编;卢恺等绘.—南宁:广西美术出版社,1995.12.—158页;10×13cm
ISBN 7-80582-955-1:¥2.50
J228.4　032091
慧童故事/陈松等改编;李峰等绘.—武汉:湖北少年儿童出版社,1995.11.—190册;17×19cm.—(两分钟故事画库)
ISBN 7-5353-1581-X(精装):¥16.00
J228.4　032092
绘画福尔摩斯探案全集　(1)/(英)柯南道尔(Dogle,A.C.)著;晓佳等译编;白兰等绘　.—大连:大连出版社,1995.3.—474页;20cm
ISBN 7-80612-141-2:¥16.00
J228.4　032093
绘画福尔摩斯探案全集　(2)/(英)柯南道尔(Dogle,A.C.)著;晓佳等译编;张闻清等绘　.—大连:大连出版社,1995.3.—476页;20cm
ISBN 7-80612-141-2:¥16.00
J228.4　032094
绘画福尔摩斯探案全集　(3)/(英)柯南道尔(Dogle,A.C.)著;张永超等译编;周勇等绘　.—大连:大连出版社,1995.3.—476页;20cm
ISBN 7-80612-141-2:¥16.00
J228.4　032095
绘画福尔摩斯探案全集　(4)/(英)柯南道尔(Dogle,A.C.)著;张守连等译编;禹海亮等绘　.—大连:大连出版社,1995.3.—476页;20cm
ISBN 7-80612-141-2:¥16.00
J228.4　032096
绘图本三十六计/马森亮原著;何新波编文;焦成根等绘.—长沙:湖南出版社,1995.12.—593页;20cm
ISBN 7-5438-1106-5:¥22.80
J228.4　032097
济公传:绘图本四大神话小说/(清)无名氏著;志和改编;吴国威等绘　.—长沙:岳麓书社,1995.4.—1册;19cm.—(古典文学绘图文库)
ISBN 7-80520-575-2:¥12.80
J228.4　032098
计歼东洋虎/甘成光改编;蒋晓东绘.—南宁:广西美术出版社,1995.12.—94页;10×13cm.—(爱国主义教育连环画丛书·抗日战争故事)
ISBN 7-80582-999-3:¥1.80
J228.4　032099
甲午风云/雷时圣改编;梁惠统,雷时圣制作.—南宁:广西美术出版社;北京:中国电影出版社,1995.11.—125页;10×13cm.—(爱国主义教育连环画丛书·百部电影故事)
ISBN 7-80582-816-4:¥2.40
J228.4　032100
假话国历险记/宗道等编文;张晓等绘.—西安:未来出版社,1995.4.—60页;21×19cm.—(童话游乐城;5)
本套书共5册,总定价:23.00元
ISBN 7-5417-1058-X:¥0.00
J228.4　032101
简爱/(英)勃朗特(Brontë,C.)著;冯源改编;焦成根等绘.—海口:海南国际新闻出版中心,1995.5.—1册;20cm.—(世界文学名著连环画)
全套4册,总定价:68.00元
ISBN 7-80609-061-4:¥0.00
J228.4　032102
江口激战/凌祖余编文;闭克绘.—南宁:广西美术出版社,1995.5.—166页;10×13cm
ISBN 7-80582-852-0:¥2.10
J228.4　032103
节振国/王瑞改编;刘汉宗绘.—南宁:广西美术出版社;石家庄:河北美术出版社,1995.12.—169页;10×13cm.—(爱国主义教育连环画丛书·抗日战争故事)
ISBN 7-80582-981-0:¥3.25
J228.4　032104
金方昌/朱华堂,龙海顺改编;张永太绘.—南宁:广西美术出版社;北京:人民美术出版社,1995.12.—94页;10×13cm.—(爱国主义教育连环画丛书·抗日战争故事)
ISBN 7-80582-968-3:¥1.80
J228.4　032105

金凤凰的传说/植谋,海歌编;纬仁等绘.—南宁:广西美术出版社,1995.9.—78页;10×13cm
连环画
ISBN 7-80582-912-8:¥1.25

J228.4 032106
金珍儿/张树勤改编;张增木绘.—南宁:广西美术出版社,1995.1.—54页;10×13cm.—(爱国主义教育连环画丛书·抗日战争故事)
ISBN 7-80582-975-6:¥1.05

J228.4 032107
今古奇观/杜俭等编文;时卫平等绘.—南京:江苏少年儿童出版社,1995.8.—288页;17×19cm.—(彩图中国古典名著)
ISBN 7-5346-1448-1(精装):¥22.00

J228.4 032108
镜花缘:绘图本四大神话小说/(清)李汝珍著;龚曙光改编;戴友生等绘 .—长沙:岳麓书社,1995.4.—1册;19cm.—(古典文学绘图文库)
ISBN 7-80520-574-4:¥12.80

J228.4 032109
开心城堡/陈苗海编文;姚红等绘.—上海:上海人民美术出版社,1995.3.—23页;17×19cm.—(童话大世界丛书)
ISBN 7-5322-1389-7:¥2.20

J228.4 032110
开心岛　卷二/么树森著;王家训等绘.—杭州:浙江少年儿童出版社,1995.2.—5册;19cm
ISBN 7-5342-1252-9:¥13.00

J228.4 032111
开心岛　卷一/么树森著;刘羽等绘.—杭州:浙江少年儿童出版社,1995.2.—5册;19cm
本书包括:《可控降落伞》等5册。
ISBN 7-5342-1251-0:¥13.00

J228.4 032112
开心果/白云等编绘.—济南:山东文艺出版社,1995.12.—6册;17×19cm.—(压岁丛书)
ISBN 7-5329-1286-8:¥29.40

J228.4 032113
抗日斗争故事/李晓明,韩安庆原著;曹治淮改编;段秀苍等绘.—石家庄:河北美术出版社,1995.5.—3册;19cm.—(爱国主义教育连环画库)
ISBN 7-5310-0696-0:¥36.00

J228.4 032114
科幻故事/别行等改编;文牧江等绘.—武汉:湖北少年儿童出版社,1995.11.—190页;17×19cm.—(两分钟故事画库)
ISBN 7-5353-1579-8(精装):¥16.00

J228.4 032115
科学寓言王国 365/张中良主编 .—昆明:云南科技出版社,1995.8.—2册;17×19cm
ISBN 7-5416-0727-4(精装):¥26.80

J228.4 032116
克雷洛夫寓言精选/刘中信等编文;夫婴等绘.—武汉:湖北少年儿童出版社,1995.3.—140页;21×19cm.—(寓言王国画丛)
ISBN 7-5353-1465-1(精装):¥11.30

J228.4 032117
空中蛋糕/贺起龙改编;雷似祖绘.—南宁:广西美术出版社,1995.4.—110页;9×13cm
ISBN 7-80582-847-4:¥1.40

J228.4 032118
快活故事:动物篇:彩图本/韦笮原著;天文等改编;张伟忠等绘.—昆明:晨光出版社,1995.4.—62页;26cm
ISBN 7-5414-0971-5:¥5.80

J228.4 032119
快活故事:人物篇:彩图本/韦笮原著;欣童改编;戴问社等绘.—昆明:晨光出版社,1995.4.—62页;26cm
ISBN 7-5414-0979-0:¥5.80

J228.4 032120
矿山小八路/任愚颖改编;贺成,王启钧绘.—南宁:广西美术出版社;南京:江苏美术出版社,1995.12.—172页;10×13cm.—(爱国主义教育连环画丛书·抗日战争故事)
ISBN 7-80582-982-9:¥3.30

J228.4 032121
蓝鸟画库:横空出世号/蓝鸟画库编辑部编.—西宁:青海人民出版社,1995.5.—32页;28cm
ISBN 7-225-01036-0:¥3.90

J228.4 032122
蓝皮大脸猫游怪岛/葛冰编文;丛林绘.—青岛:青岛出版社,1995.5.—36页;26cm
ISBN 7-5436-1162-7:¥3.00

J228.4 032123
李元霸　(上)/张企荣改编;重慧等绘.—2版.—上海:上海人民美术出版社,1995.3.—39页;17×19cm.—(古典小说英雄人物系列画库)
ISBN 7-5322-1141-X:¥5.50

J228.4 032124
李逵　(上)/张企荣改编;刘斌昆等绘.—上海:上海人民美术出版社,1995.1.—46页;17×19cm.—(古典小说英雄人物系列画库)
ISBN 7-5322-0739-0:¥6.50

J228.4 032125
历险故事/王晓东等改编;仇修等绘.—武汉:湖北少年儿童出版社,1995.11.—190页;17×19cm.—(两分钟故事画库)
ISBN 7-5353-1582-8(精装):¥16.00

J228.4 032126
历险亚马孙/裘树刚编文;陈旸等绘.—上海:上海科技教育出版社,1995.8.—90页;19cm.—(少年探险家丛书)
ISBN 7-5428-1191-6:¥4.30

J228.4 032127
连环画小二黑结婚/赵树理原著;贺友直编绘.—沈阳:辽宁美术出版社,1995.12.—16页;25×13cm
ISBN 7-5314-1372-8:¥25.00

J228.4 032128
两分钟故事画库:民间故事/王梨等改编;王跖等

绘.—武汉:湖北少年儿童出版社,1995.11.—190页;17×19cm
ISBN 7-5353-1583-6(精装):¥16.00
J228.4　032129
两分钟故事画库:音乐故事/傅责等改编;周翔等绘.—武汉:湖北少年儿童出版社,1995.11.—190页;17×19cm
ISBN 7-5353-1586-0(精装):¥16.00
J228.4　032130
聊斋志异/(清)蒲松龄著;冯慧明等编写;孙恩道等绘.—武汉:湖北少年儿童出版社,1995.5.—232页;21×19cm.—(中国古典文学名著画库)
ISBN 7-5353-1414-7:¥11.50
J228.4　032131
聊斋志异:绘画本/(清)蒲松龄原著;伍国庆改编;草妍,众志绘.—海口:海南出版社,1995.9.—4册;20cm.—(中国古典文学名著)
ISBN 7-80617-268-8(函套装):¥64.80
J228.4　032132
辽沈战役、淮海战役、平津战役/王洪宽,李方元主编;赵勋等绘.—哈尔滨:哈尔滨出版社,1995.5.—3册;20cm.—(中国现代军事文学连环画库·三大战役卷)
ISBN 7-80557-756-0(精装):¥66.00
J228.4　032133
六兄弟:汉藏文对照/史学礼编译;李川,李生琦绘画.—西宁:青海民族出版社,1995.8.—158页;13cm.—(说不完的故事;2)
ISBN 7-5420-0544-8:¥3.00
J228.4　032134
龙州枪声/柴立扬改编;陈水远绘.—南宁:广西美术出版社,1995.10.—110页;10×13cm
ISBN 7-80582-939-X:¥1.80
J228.4　032135
鲁智深　(上)/庄宏安改编;陆华等绘.—3版.—上海:上海人民美术出版社,1995.3.—46页;17×19cm.—(古典小说英雄人物系列画库)
ISBN 7-5322-0743-9:¥6.50
J228.4　032136
罗成　(上)/张企荣改编;斌昆等绘.—2版.—上海:上海人民美术出版社,1995.3.—39页;17×19cm.—(古典小说英雄人物系列画库)
ISBN 7-5322-1142-8:¥5.50
J228.4　032137
妈妈讲的故事/衣爱军,丁苏改编.—南京:江苏人民出版社,1995.4.—2册;17×19cm
ISBN 7-214-01463-7:¥6.40
J228.4　032138
蚂蚁王国的战争/林阳编文;王居等绘.—北京:人民美术出版社,1995.2.—5册;17×18cm
新编彩色连环画
ISBN 7-102-01488-0:¥12.00
J228.4　032139
卖鹅仔复仇记/陆巨一改编;黄启茂绘.—南宁:广西美术出版社,1995.9.—62页;10×13cm
ISBN 7-80582-906-3:¥1.00
J228.4　032140
猛虎报恩/李颀编文;于新生绘.—济南:明天出版社,1995.6.—1册:彩图;25×26cm.—(中国花木故事传奇/赵镇琬主编)
ISBN 7-5332-2218-0(精装):¥30.00
J228.4　032141
米尔奇遇记/严振国编文;速泰熙等绘.—上海:上海人民美术出版社,1995.1.—23页;17×19cm.—(童话大世界丛书)
ISBN 7-5322-1384-6:¥2.20
J228.4　032142
敏豪生奇游记/沈闰水等编文;徐炜等绘.—西安:未来出版社,1995.4.—60页;21×19cm.—(童话游乐城;1)
本套书共5册,总定价:23.00元
ISBN 7-5417-1058-X:¥0.00
J228.4　032143
名山大川的传说　上册/方君默等编著.—合肥:安徽少年儿童出版社,1995.12.—1册;20×19cm
ISBN 7-5397-1295-3(精装):¥17.00
J228.4　032144
拇指小人动画大世界/蓉蓉等改编;王尔强等绘.—北京:中国少年儿童出版社,1995.8.—236页;19×21cm.—(著名童话汉语拼音读物)
ISBN 7-5007-2658-9(精装):¥28.00
J228.4　032145
牧人与家狼/肖伟,水真改编;贾兴桐,韩健勇绘.—昆明:晨光出版社,1995.4.—60页;17×19cm.—(人和动物系列故事)
ISBN 7-5414-0970-7:¥4.20
J228.4　032146
农仔与摩登女　(二)/李政敏编绘;金莲兰译.—延吉:延边人民出版社,1995.5.—167页;19cm.—(当代爱情连环画)
ISBN 7-80599-299-1:¥5.50
J228.4　032147
农仔与摩登女　(一)/李政敏编绘;金莲兰译.—延吉:延边人民出版社,1995.5.—167页;19cm.—(当代爱情连环画)
ISBN 7-80599-299-1:¥5.50
J228.4　032148
琵琶泉/金彦华,王景全编文;二龙,二火绘.—南宁:广西美术出版社,1995.9.—102页;10×13cm
ISBN 7-80582-914-4:¥1.65
J228.4　032149
皮司令从天而降/忻趵等编文;陈大元等绘.—上海:少年儿童出版社,1995.1.—90页;19cm.—(皮司令系列连环画)
ISBN 7-5324-2634-3:¥3.20
J228.4　032150
皮司令野营遇险/忻趵等编文;陈大元等绘.—上海:少年儿童出版社,1995.1.—92页;19cm

ISBN 7-5324-2636-X: ¥3.20

J228.4 032151

皮司令智斗魔星/忻趵等编文;陈大元等绘.—上海:少年儿童出版社,1995.1.—92页;19cm

ISBN 7-5324-2637-8: ¥3.20

J228.4 032152

破案故事/张放等改编;罗彬等绘.—武汉:湖北少年儿童出版社,1995.11.—190页;17×19cm.—(两分钟故事画库)

ISBN 7-5353-1580-1(精装): ¥16.00

J228.4 032153

奇袭鹰头山/闭立群编文;闭克绘.—南宁:广西美术出版社,1995.4.—134页;9×13cm

ISBN 7-80582-846-6: ¥1.70

J228.4 032154

齐会歼灭战/孙铁宝,王玉良编文;黄玉忠绘.—南宁:广西美术出版社;石家庄:河北美术出版社,1995.12.—134页;10×13cm.—(爱国主义教育连环画丛书·抗日战争故事)

ISBN 7-80582-990-X: ¥2.60

J228.4 032155

旗开得胜/李应改编;刘端绘.—南宁:广西美术出版社;石家庄:河北美术出版社,1995.12.—54页;10×13cm.—(爱国主义教育连环画丛书·抗日战争故事)

ISBN 7-80582-980-2: ¥1.10

J228.4 032156

气球探险记/王远改编;黄宗湖绘.—南宁:广西美术出版社,1995.4.—122页;9×13cm

ISBN 7-80582-844-X: ¥1.60

J228.4 032157

谦恭虚心 刻苦学习:汉英对照/晓丹,天天改编;赵隆义等绘.—北京:中国少年儿童出版社,1995.7.—1册;17×19cm.—(中华民族传统美德故事丛书)

ISBN 7-5007-2438-1: ¥14.50

J228.4 032158

钱塘轶事:杭州地名故事/舒士越主编;钱贵荪等绘.—北京:华艺出版社,1995.8.—471页;20cm.—(杭报丛书;9·连环画卷)

ISBN 7-80039-928-1: ¥15.80

J228.4 032159

乔梓之别/郭崇华编文;董安山绘 .—济南:明天出版社,1995.6.—1册:彩图;25×26cm.—(中国花木故事传奇/赵镇琬主编)

ISBN 7-5332-2216-4(精装): ¥30.00

J228.4 032160

巧取军火船/刘树强改编;辛鹤江绘.—南宁:广西美术出版社;石家庄:河北美术出版社,1995.12.—86页;10×13cm.—(爱国主义教育连环画丛书·抗日战争故事)

ISBN 7-80582-983-7: ¥1.65

J228.4 032161

巧取硫磺/黄富能改编;马廷奎绘.—南宁:广西美术出版社;北京:人民美术出版社,1995.12.—158页;10×13cm.—(爱国主义教育连环画丛书·抗日战争故事)

ISBN 7-80582-972-1: ¥3.00

J228.4 032162

巧施拖兵计/张汝川改编;纬仁等绘.—南宁:广西美术出版社;沈阳:辽宁美术出版社,1995.12.—90页;10×13cm.—(爱国主义教育连环画丛书·抗日战争故事)

ISBN 7-80582-976-4: ¥1.75

J228.4 032163

群龙聚会/凌祖余编文;苏华聪,陈家波绘.—南宁:广西美术出版社,1995.10.—118页;10×13cm

ISBN 7-80582-940-3: ¥1.90

J228.4 032164

让大人委屈一天/庄大伟编文;郭召明等绘.—上海:上海人民美术出版社,1995.3.—23页;17×19cm.—(童话大世界丛书)

ISBN 7-5322-1385-4: ¥2.20

J228.4 032165

人民公仆——孔繁森/刘恩水等编文;周建国等绘.—济南:山东美术出版社,1995.9.—1册;19×18cm

ISBN 7-5330-0912-6: ¥5.80

J228.4 032166

绒兔子·布老虎和铁皮小人 (1)/孙幼军原著;文真改编;王祖民等绘.—郑州:海燕出版社,1995.6.—30页;26cm

ISBN 7-5350-1163-2: ¥3.60

J228.4 032167

绒兔子·布老虎和铁皮小人 (2)/孙幼军原著;文真改编;王祖民等绘.—郑州:海燕出版社,1995.6.—30页;26cm

ISBN 7-5350-1163-2: ¥3.60

J228.4 032168

绒兔子·布老虎和铁皮小人 (3)/孙幼军原著;文真改编;王祖民等绘.—郑州:海燕出版社,1995.6.—30页;26cm

ISBN 7-5350-1163-2: ¥3.60

J228.4 032169

儒林外史/(清)吴敬梓等著;江驰等编写;查加伍等绘.—武汉:湖北少年儿童出版社,1995.5.—232页;21×19cm.—(中国古典文学名著画库)

ISBN 7-5353-1430-9: ¥11.50

J228.4 032170

三个结尾的故事/郑允钦等编绘.—上海:上海教育出版社,1995.3.—60页;17×19cm

ISBN 7-5320-4158-1: ¥3.60

J228.4 032171

三国演义/(明)罗贯中著;徐森等编写;陆林等绘.—武汉:湖北少年儿童出版社,1995.5.—232页;21×19cm.—(中国古典文学名著画库)

ISBN 7-5353-1416-3: ¥11.50

J228.4 032172

三国演义/(明)罗贯中著;杨兆林等改编;周申等绘.—北京:中国连环画出版社,1995.3.—3套;20cm

ISBN 7-5061-0640-X(精装): ¥48.00

J228.4 032173

三国演义/笑挺改编;清泉绘.—武汉:武汉出版社,

1995.7.—266页;20cm
ISBN 7-5430-1356-8:¥9.80

J228.4 032174
三国演义儿童绘画本:妈妈教我看三国/周岳峰编绘.—哈尔滨:哈尔滨出版社,1995.4.—288页;17×19cm
ISBN 7-80557-806-0(精装):¥16.00

J228.4 032175
莎士比亚全集:绘画本/庞邦本,常振国主编.—北京:改革出版社,1995.1.—6册;20cm
ISBN 7-80072-609-6:¥98.00

J228.4 032176
沙河破击战/阎涛编文;刘瑞等绘.—南宁:广西美术出版社,1995.12.—118页;9×13cm.—(爱国主义教育连环画丛书·抗日战争故事)
ISBN 7-80582-985-3:¥2.30

J228.4 032177
沙滩疑云:刑警803/沈瑜德,金志健原著;南明改编;沈勇等绘.—上海:上海人民美术出版社,1995.3.—126页;13cm
ISBN 7-5322-1374-9:¥1.50

J228.4 032178
傻负鼠/俞妮亚编著;毛用坤等绘.—南宁:广西美术出版社,1995.11.—20页;17×19cm
ISBN 7-80582-944-6:¥2.20

J228.4 032179
山村复仇记　(上)/刘玉峰原著;杜建文改编;龙山农,王介明绘.—南宁:广西美术出版社,1995.9.—126页;9×13cm
ISBN 7-80582-924-1:¥2.00

J228.4 032180
山村复仇记　(下)/刘玉峰原著;杜建文改编;龙山农,王介明绘.—南宁:广西美术出版社,1995.9.—126页;9×13cm
ISBN 7-80582-925-X:¥2.00

J228.4 032181
上甘岭/雷时圣改编;梁惠统等制作.—南宁:广西美术出版社;北京:中国电影出版社,1995.11.—126页;10×13cm.—(爱国主义教育连环画丛书·百部电影故事)
ISBN 7-80582-815-6:¥2.40

J228.4 032182
射雕英雄传/张致,李清改编;黄少林等绘画.—长沙:湖南少年儿童出版社,1995.8.—1册;20cm.—(金庸著名武侠小说·绘画本;第一辑)
ISBN 7-5358-1002-0:¥16.25

J228.4 032183
神雕侠侣/文武,月生改编;徐锋等绘画.—长沙:湖南少年儿童出版社,1995.8.—1册;20cm.—(金庸著名武侠小说·绘画本;第一辑)
ISBN 7-5358-1002-0:¥16.25

J228.4 032184
神话故事/李银玲等改编;陈联光等绘.—武汉:湖北少年儿童出版社,1995.11.—190页;17×19cm.—(两分钟故事画库)
ISBN 7-5353-1585-2(精装):¥16.00

J228.4 032185
神腿传奇/季一德,王亚法改编;柴万里,周度其绘.—南宁:广西美术出版社,1995.9.—166页;10×13cm
ISBN 7-80582-903-9:¥2.65

J228.4 032186
生死恋树/郭崇华编文;姜炳清绘.—济南:明天出版社,1995.6.—1册:彩图;25×26cm.—(中国花木故事传奇/赵镇琬主编)
ISBN 7-5332-2220-2(精装):¥30.00

J228.4 032187
生肖动物趣画/金戈编文;海云绘.—北京:中国电影出版社,1995.8.—240页;17×19cm
ISBN 7-106-00842-7(精装):¥19.80

J228.4 032188
失去权力的将军　(上)/李宝靖改编;周度其等绘.—南宁:广西美术出版社,1995.8.—202页;10×13cm
ISBN 7-80582-899-7:¥3.20

J228.4 032189
失去权力的将军　(下)/李宝靖改编;卢仲坚等绘.—南宁:广西美术出版社,1995.8.—206页;10×13cm
ISBN 7-80582-900-4:¥3.25

J228.4 032190
十八罗汉闹天宫/李向伟编绘.—郑州:河南美术出版社,1995.1.—2册;13×19cm
ISBN 7-5401-0430-9:¥5.96

J228.4 032191
十二英烈/陈廷一改编;刘丰杰绘.—南宁:广西美术出版社:石家庄:河北美术出版社,1995.12.—102页;10×13cm.—(爱国主义教育连环画丛书·抗日战争故事)
ISBN 7-80582-986-1:¥1.95

J228.4 032192
史记　(上)/高国文等编文;于友善等绘.—南京:江苏少年儿童出版社,1995.9.—288页;17×19cm.—(彩图中国古典名著)
ISBN 7-5346-1449-X(精装):¥22.00

J228.4 032193
史记　(下)/高国文等编文;于友善等绘.—南京:江苏少年儿童出版社,1995.10.—288页;17×19cm.—(彩图中国古典名著)
ISBN 7-5346-1450-3(精装):¥22.00

J228.4 032194
世界科幻名著精编连环画　(4)/李亚平等编文;班岑等绘.—合肥:安徽少年儿童出版社,1995.2.—357页;20cm
ISBN 7-5397-1148-5:¥7.00

J228.4 032195
世界十大爱情电影/上海文艺出版社编.—上海:上海文艺出版社,1995.6.—438页;19cm

ISBN 7-5321-1101-6: ¥15.00

J228.4 032196

世界著名童话精选:玫瑰花号/肖森等改编;黄碧霞等绘.—北京:中国连环画出版社,1995.5.—1册;18×17cm.—(拼音读本)

ISBN 7-5061-0646-9: ¥10.60

J228.4 032197

世界著名童话精选:水仙花号/大苗等改编;李曙光等绘.—北京:中国连环画出版社,1995.5.—1册;18×17cm.—(拼音读本)

ISBN 7-5061-0645-0: ¥10.60

J228.4 032198

手枪队长/江丰改编;方大川绘.—南宁:广西美术出版社;福州:福建美术出版社,1995.12.—86页;10×13cm.—(爱国主义教育连环画丛书·抗日战争故事)

ISBN 7-80582-992-6: ¥1.70

J228.4 032199

谁对谁不对/吕连甫,熊艳君编绘.—沈阳:辽宁美术出版社,1995.3.—78页;19×26cm

ISBN 7-5314-1236-5: ¥11.80

J228.4 032200

谁是乖宝宝/黄碧云编写;冀维静绘.—沈阳:辽宁少年儿童出版社,1995.6.—1册;17×19cm

ISBN 7-5315-1695-0: ¥4.00

J228.4 032201

水娃的故事/曹治淮编文;刘业通绘.—南宁:广西美术出版社;石家庄:河北美术出版社,1995.12.—102页;10×13cm.—(爱国主义教育连环画丛书·抗日战争故事)

ISBN 7-80582-978-0: ¥1.95

J228.4 032202

水浒传/(明)施耐庵著;柳笛等编写;刘斌昆等绘.—武汉:湖北少年儿童出版社,1995.5.—232页;21×19cm.—(中国古典文学名著画库)

ISBN 7-5353-1428-7: ¥11.50

J228.4 032203

说唐:绘画本/如月改编;戴友生,马永欣绘.—长沙:湖南少年儿童出版社,1995.3.—1册;20cm.—(中国四大古典历史小说)

ISBN 7-5358-0990-1: ¥13.75

J228.4 032204

说岳全传:绘画本/如月改编;廖先悟绘.—长沙:湖南少年儿童出版社,1995.1.—1册;20cm.—(中国四大古典历史小说)

ISBN 7-5358-0990-1: ¥13.75

J228.4 032205

斯佳丽/(美)里普利著;冯源改编;杨文理等绘.—海口:海南国际新闻出版中心,1995.5.—1册;20cm.—(世界文学名著连环画)

著者原题:亚历山德拉·里普利

全套4册,总定价:68.00元

ISBN 7-80609-061-4: ¥0.00

J228.4 032206

四大天王闹西周/厉永斌,金木编文;夫婴等绘.—上海:少年儿童出版社,1995.1.—78页;19cm

ISBN 7-5324-2617-3: ¥2.80

J228.4 032207

孙悟空大战八大金刚/张企荣,梅初编文;陆华等绘画.—上海:上海人民美术出版社,1995.3.—110页;19cm

ISBN 7-5322-1419-2: ¥5.70

J228.4 032208

孙悟空大战二郎神/张企荣,梅初编;陆华等绘.—上海:上海人民美术出版社,1995.3.—110页;19cm

ISBN 7-5322-1255-6: ¥5.70

J228.4 032209

孙悟空大战哪吒/张企荣编文;陆华等绘.—上海:上海人民美术出版社,1995.3.—110页;19cm

ISBN 7-5322-1381-1: ¥5.70

J228.4 032210

孙小圣与猪小能/范玉山编绘.—郑州:河南美术出版社,1995.2.—2册;13×19cm

ISBN 7-5401-0429-5: ¥5.96

J228.4 032211

太阳神鹰:磨难森林/伊豆,阿麦撰稿;田蔚元,谢晓勇绘.—北京:中国少年儿童出版社,1995.7.—120页;17×19cm.—(雏鹰图书系列;1·学会生存)

ISBN 7-5007-2547-7(精装): ¥14.00

J228.4 032212

太阳神鹰:智慧城堡/伊豆,阿麦撰稿;田蔚元,谢晓勇绘.—北京:中国少年儿童出版社,1995.7.—120页;17×19cm.—(雏鹰图书系列;2·学会创造)

ISBN 7-5007-2548-5(精装): ¥14.00

J228.4 032213

特别通行证/周锐编文;王国庆等绘.—上海:上海教育出版社,1995.2.—1册;17×19cm

ISBN 7-5320-4160-3: ¥3.00

J228.4 032214

特种部队/于文清改编;梅云绘.—南宁:广西美术出版社;南京:江苏美术出版社,1995.12.—134页;10×13cm.—(爱国主义教育连环画丛书·抗日战争故事)

ISBN 7-80582-984-5: ¥2.60

J228.4 032215

天龙八部/木力,木子改编;刘岳虢等绘画.—长沙:湖南少年儿童出版社,1995.8.—1册;20cm.—(金庸著名武侠小说·绘画本;第一辑)

ISBN 7-5358-1002-0: ¥16.25

J228.4 032216

铁道游击队/陈明娟改编;甘振钊,梁柯制作.—南宁:广西美术出版社;北京:中国电影出版社,1995.11.—125页;10×13cm.—(爱国主义教育连环画丛书·百部电影故事)

ISBN 7-80582-812-1: ¥2.40

J228.4 032217

童淑英/襄樊市新闻出版局改编;汪耀海绘.—武汉:湖北美术出版社,1995.6.—81页;13×19cm

ISBN 7-5394-0585-6: ¥2.50

J228.4 032218

突袭尚河桥/敏博改编;刘端,马廷奎绘.—南宁:广西美术出版社,1995.12.—66页;10×13cm.—(爱国主义教育连环画丛书·抗日战争故事)
ISBN 7-80582-997-7:¥1.30

J228.4　032219
图解中华民族传统美德故事/栾传大主编;王庆宏绘.—长春:吉林文史出版社,1995.9.—168页;19cm.—(中华民族传统美德教育故事丛书)
ISBN 7-80626-021-8:¥5.00

J228.4　032220
图说中国俗语故事/段晓平编著;王家训等绘.—杭州:浙江少年儿童出版社,1995.2.—329页;20cm
ISBN 7-5342-1199-9:¥7.30

J228.4　032221
万水千山/黄一红,张桂萍改编;甘振钊等制作.—南宁:广西美术出版社;北京:中国电影出版社,1995.11.—125页;10×13cm.—(爱国主义教育连环画丛书·百部电影故事)
ISBN 7-80582-819-9:¥2.40

J228.4　032222
望帝化鹃/郭崇华编文;何丽绘.—济南:明天出版社,1995.6.—1册:彩图;25×26cm.—(中国花木故事传奇/赵镇琬主编)
ISBN 7-5332-2217-2(精装):¥30.00

J228.4　032223
威武不屈 忠心报国:汉英对照/雨文,天天改编;谢志高等绘.—北京:中国少年儿童出版社,1995.7.—1册;17×19cm.—(中华民族传统美德故事丛书)
ISBN 7-5007-2441-1:¥14.50

J228.4　032224
伟大的宋庆龄/王素改编;李春绘.—北京:中国连环画出版社,1995.4.—138页;19×17cm.—(革命领袖人物连环画丛书/姜维朴,陈惠冠主编)
ISBN 7-5061-0516-0:¥6.00

J228.4　032225
吴刚伐桂/郭崇华编文;孙爱国绘.—济南:明天出版社,1995.6.—1册:彩图;25×26cm.—(中国花木故事传奇/赵镇琬主编)
ISBN 7-5332-2212-1(精装):¥30.00

J228.4　032226
武小松打虎/庄大伟编文;周翔等绘.—上海:上海人民美术出版社,1995.3.—23页;17×19cm.—(童话大世界丛书)
ISBN 7-5322-1390-0:¥2.20

J228.4　032227
五龙风云/吕振光编文;丁晓峰绘.—南宁:广西美术出版社:南京:江苏美术出版社,1995.12.—126页;10×13cm.—(爱国主义教育连环画丛书·抗日战争故事)
ISBN 7-80582-989-6:¥2.40

J228.4　032228
五颜六色的童话:彩图本/尹泽华主编.—南宁:接力出版社,1995.12.—167页;17×19cm.—(接力精品画库)
ISBN 7-80581-952-1(精装):¥20.00

J228.4　032229
西游记/(明)吴承恩著;杨水青等编写;陆华等绘.—武汉:湖北少年儿童出版社,1995.5.—232页;21×19cm.—(中国古典文学名著画库)
ISBN 7-5353-1415-5:¥11.50

J228.4　032230
西游记/昌蒲,陶野编文;郑凯军,诸侠军绘.—杭州:浙江少年儿童出版社,1995.9.—253页;26cm.—(幼儿版名著系列)
ISBN 7-5342-1288-X(精装):¥47.00

J228.4　032231
西游记　(上)/(明)吴承恩著;邓柯等编绘.—2版.—广州:新世纪出版社,1995.5.—1册;17×19cm
少年儿童版连环画
ISBN 7-5405-1286-5:¥14.00

J228.4　032232
西游记　(下)/(明)吴承恩著;邓柯等编绘.—2版.—广州:新世纪出版社,1995.5.—1册;17×19cm
少年儿童版连环画
ISBN 7-5405-1288-1:¥16.00

J228.4　032233
西游记　(中)/(明)吴承恩著;邓柯等编绘.—2版.—广州:新世纪出版社,1995.5.—1册;17×19cm
少年儿童版连环画
ISBN 7-5405-1287-3:¥14.00

J228.4　032234
西游记人物故事/项东等编文;王家训等绘.—杭州:浙江人民美术出版社,1995.7.—1册;17×19cm.—(汉语拼音读物)
ISBN 7-5340-0629-5(精装):¥9.80

J228.4　032235
西游记之二　(下):三打白骨精/桑建国等编绘.—济南:济南出版社,1995.11.—1册;17×19cm.—(中国古典文学名著农村少年入门画库)
ISBN 7-80572-910-7:¥3.80

J228.4　032236
西游记之三　(上):大闹通天河/桑建国等编绘.—济南:济南出版社,1995.11.—1册;17×19cm.—(中国古典文学名著农村少年入门画库)
ISBN 7-80572-910-7:¥3.80

J228.4　032237
西游记之一　(下):大闹天宫/桑建国等编绘.—济南:济南出版社,1995.11.—1册;17×19cm.—(中国古典文学名著农村少年入门画库)
ISBN 7-80572-910-7:¥3.80

J228.4　032238
希腊神话传说/万莹华等改编;励国仪等绘.—杭州:浙江人民美术出版社,1995.7.—1册;17×19cm.—(汉语拼音读物)
ISBN 7-5340-0630-9(精装):¥19.00

J228.4　032239
鲜花凶宅:刑警803/杨洪原著;陈蔻棣改编;罗希贤,姚人雄绘　.—上海:上海人民美术出版社,1995.3.—126页;10×13cm

ISBN 7-5322-1378-1: ¥1.50

J228.4 032240

像不像/俞妮亚编著;毛用坤等绘.—南宁:广西美术出版社,1995.11.—20页;17×19cm

ISBN 7-80582-943-8: ¥2.20

J228.4 032241

小兵张嘎/钱怡舟,陈家寿改编;刘华毅,赵进制作.—南宁:广西美术出版社;北京:中国电影出版社,1995.11.—124页;10×13cm.—(爱国主义教育连环画丛书·百部电影故事)

ISBN 7-80582-820-2: ¥2.40

J228.4 032242

小飞虎/史而已编文;孙庆国绘.—南宁:广西美术出版社;南京:江苏美术出版社,1995.12.—158页;10×13cm.—(爱国主义教育连环画丛书·抗日战争故事)

ISBN 7-80582-988-8: ¥3.00

J228.4 032243

小和尚:幽默长篇/凯军,凯平编绘 .—上海:上海人民美术出版社,1995.4.—294页;19cm

ISBN 7-5322-1434-6: ¥8.00

J228.4 032244

小红屋/俞妮亚编著;毛用坤等绘.—南宁:广西美术出版社,1995.11.—20页;17×19cm

ISBN 7-80582-941-1: ¥2.20

J228.4 032245

小脚趾历险记/石岭等编文;王萍逢等绘.—西安:未来出版社,1995.4.—60页;21×19cm.—(童话游乐城;4)

全套书共5册,总定价:23.00元

ISBN 7-5417-1058-X: ¥0.00

J228.4 032246

小喇叭故事精选/王鹏霄等编文;熊三仔等绘.—南昌:21世纪出版社,1995.4.—1册;17×19cm

ISBN 7-5391-0810-X: ¥4.50

J228.4 032247

小喇叭童话精选/李晓冰等编文;丽娟等绘.—南昌:21世纪出版社,1995.4.—1册;17×19cm

ISBN 7-5391-0809-6: ¥5.40

J228.4 032248

小小动物园/邹越非等绘.—武汉:湖北少年儿童出版社,1995.7.—2册;15×13cm

ISBN 7-5353-1574-7(精装): ¥18.60

J228.4 032249

小熊警官/常胜利等编文;李颖等绘.—北京:中国电影出版社,1995.1.—1册;17×19cm

ISBN 7-106-01030-8: ¥7.40

J228.4 032250

小英雄王璞/赵建国改编;刘根涛,赵建国绘.—南宁:广西美术出版社;石家庄:河北美术出版社,1995.12.—118页;10×13cm.—(爱国主义教育连环画丛书·抗日战争故事)

ISBN 7-80582-979-9: ¥2.25

J228.4 032251

新编猎狗大侦探/丁一编文;增仁等绘 .—天津:天津人民美术出版社,1995.6.—2册(142页);17×19cm

ISBN 7-5305-0478-9: ¥12.80

J228.4 032252

新儿女英雄传/李大振改编;辛鹤江绘.—南宁:广西美术出版社;石家庄:河北美术出版社,1995.12.—3册;10×13cm.—(爱国主义教育连环画丛书·抗日战争故事)

ISBN 7-80582-973-X: ¥6.60

J228.4 032253

新绿林传　(上)/里汗原著;李大发改编;谢森等绘.—南宁:广西美术出版社,1995.10.—194页;9×13cm

ISBN 7-80582-916-0(;): ¥3.10

J228.4 032254

新绿林传　(下)/里汗原著;李大发改编;谢森等绘.—南宁:广西美术出版社,1995.10.—210页;9×13cm

ISBN 7-80582-917-9: ¥3.30

J228.4 032255

熊猫小胖:续集/小冬编文;领祥等绘画.—北京:中国电影出版社,1995.1.—1册;17×19cm

ISBN 7-106-01027-8(精装): ¥9.40

J228.4 032256

亚洲民间故事　(二)/顾华明等绘.—南京:江苏美术出版社,1995.2.—48页;17×19cm.—(彩图童话故事精选系列丛书)

ISBN 7-5344-0431-2: ¥3.95

J228.4 032257

亚洲民间故事　(三)/林华等绘.—南京:江苏美术出版社,1995.2.—59页;17×19cm.—(彩图童话故事精选系列丛书)

ISBN 7-5344-0432-0: ¥3.95

J228.4 032258

亚洲民间故事　(一)/卢新民等绘 .—南京:江苏美术出版社,1995.2.—45页;17×19cm.—(彩图童话故事精选系列丛书)

ISBN 7-5344-0430-4: ¥3.95

J228.4 032259

扬·比比扬历险记/灵石等编文;安涛等绘.—西安:未来出版社,1995.4.—60页;21×19cm.—(童话游乐城;3)

全套书共5册,总定价:23.00元

ISBN 7-5417-1058-X: ¥0.00

J228.4 032260

洋葱头历险记/王惠等编文;徐炜等绘.—西安:未来出版社,1995.4.—60页;21×19cm.—(童话游乐城;2)

全套书共5册,总定价:23.00元

ISBN 7-5417-1058-X: ¥0.00

J228.4 032261

妖精村的故事/仲元等编译;荣琦等绘.—长沙:湖南少年儿童出版社,1995.8.—2册;21×18cm

ISBN 7-5358-0997-9: ¥22.00

J228.4 032262

夜战青龙峡/刘洁改编;唐廷桄绘.—南宁:广西美术

出版社,1995.9.—88页;10×13cm

ISBN 7-80582-918-7:¥1.40

J228.4　032263

一千零一夜:连环画/周晴等编文;陈旸等绘.—上海:上海科技教育出版社,1995.1.—432页;20cm

ISBN 7-5428-0939-3(精装):¥15.00

J228.4　032264

一千零一夜连环画库/攸笛等主编.—海口:海南国际新闻出版中心,1995.9.—4册;19cm

ISBN 7-80609-136-X:¥18.80

J228.4　032265

伊索寓言精选/刘卓良等编文;刘明等绘.—武汉:湖北少年儿童出版社,1995.3.—140页;21×19cm.—(寓言王国画丛)

ISBN 7-5353-1466-X(精装):¥11.30

J228.4　032266

倚天屠龙记/子青,莫真改编;毛国保等绘画.—长沙:湖南少年儿童出版社,1995.8.—1册;20cm.—(金庸著名武侠小说·绘画本;第一辑)

ISBN 7-5358-1002-0:¥16.25

J228.4　032267

印度童话　(1)/程鞭等改编;喜春等注音;张建明等绘.—杭州:浙江人民美术出版社,1995.10.—70页;17×19cm.—(童话大王·拼音读物)

ISBN 7-5340-0642-2:¥6.50

J228.4　032268

印度童话　(2)/何培新等改编;华建武等注音;兰承恺等绘.—杭州:浙江人民美术出版社,1995.10.—70页;17×19cm.—(童话大王·拼音读物)

ISBN 7-5340-0643-0:¥6.50

J228.4　032269

影响一代人成长的文学名著:连环画　第三辑/晓明等改编;夏维等绘.—昆明:晨光出版社,1995.5.—326页;20cm

ISBN 7-5414-0962-6:¥8.00

J228.4　032270

勇探神秘岛/余文琪编文;陈旸等绘.—上海:上海科技教育出版社,1995.8.—90页;19cm.—(少年探险家丛书)

ISBN 7-5428-1185-1:¥4.30

J228.4　032271

幼儿七彩故事世界:古今中外精品故事365/张新洲,姚毅主编.—北京:首都师范大学出版社,1995.5.—4册;26cm

ISBN 7-81039-568-8:¥40.00

J228.4　032272

幼儿生日礼品书:3岁/胡莲娟等写;温泉源等画.—上海:少年儿童出版社,1995.12.—192页;17×19cm

ISBN 7-5324-2902-4(精装):¥24.00

J228.4　032273

幼儿掌中书:成语故事.—杭州:浙江少年儿童出版社,1995.—5册;9×9cm

ISBN 7-5342-1285-5:¥13.00

J228.4　032274

幼儿掌中书:童话故事.—杭州:浙江少年儿童出版社,1995.—5册;9×9cm

ISBN 7-5342-1284-7:¥13.00

J228.4　032275

幼儿掌中书:童谣古诗.—杭州:浙江少年儿童出版社,1995.—5册;9×9cm

ISBN 7-5342-1282-0:¥13.00

J228.4　032276

幼儿掌中书:寓言故事.—杭州:浙江少年儿童出版社,1995.—5册;9×9cm

ISBN 7-5342-1283-9:¥13.00

J228.4　032277

岳飞/李向伟等编绘.—北京:气象出版社,1995.10.—3册(144页);17×19cm

ISBN 7-5029-2040-4:¥11.40

J228.4　032278

岳飞传/高梅仪等改编;王亦秋等绘.—2版.—北京:人民美术出版社,1995.4.—2册;19cm.—(中国历史故事连环画库)

ISBN 7-102-00611-X:¥25.00

J228.4　032279

月季降妖/郭崇华编文;姜炳清绘.—济南:明天出版社,1995.6.—1册:彩图;25×26cm.—(中国花木故事传奇/赵镇琬主编)

ISBN 7-5332-2219-9(精装):¥30.00

J228.4　032280

月亮饼/俞妮亚编著;毛用坤等绘.—南宁:广西美术出版社,1995.11.—20页;17×19cm

ISBN 7-80582-942-X:¥2.20

J228.4　032281

月亮找邻居/高蕾编写;张敏绘.—杭州:浙江少年儿童出版社,1995.12.—1册;17×19cm

ISBN 7-5342-1203-0:¥2.20

J228.4　032282

曾国藩　第二部:野焚/唐浩明著;朱诚改编;武凯军绘.—长沙:湖南少年儿童出版社,1995.9.—1册;20cm.—(长篇历史小说·绘画本)

ISBN 7-5358-1013-6:¥17.30

J228.4　032283

曾国藩　第三部:黑雨/唐浩明著;朱诚改编;覃仕泉绘.—长沙:湖南少年儿童出版社,1995.9.—1册;20cm.—(长篇历史小说·绘画本)

ISBN 7-5358-1013-6:¥17.30

J228.4　032284

曾国藩　第一部:血祭/唐浩明著;朱诚改编;陈安民绘.—长沙:湖南少年儿童出版社,1995.9.—1册;20cm.—(长篇历史小说·绘画本)

ISBN 7-5358-1013-6:¥17.40

J228.4　032285

征服大猩猩/杨有祥,杨炯明编文;陈旸等绘.—上海:上海科技教育出版社,1995.8.—90页;19cm.—(少年探险家丛书)

ISBN 7-5428-1186-X:¥4.30

J228.4　032286

拯救太阳系:《儿童画报》故事精选/张钟龄改编;刘延江绘画.—天津:天津人民出版社,1995.1.—64页;26cm
ISBN 7-5305-0425-8(精装):¥12.80
J228.4 032287
芝麻开门:少儿科学故事画集/赵世洲等主编.—沈阳:辽宁科学技术出版社,1995.5.—12册;26cm
ISBN 7-5381-2130-7:¥60.00
J228.4 032288
智斗兽中王/郝思军编文;戈十绘.—上海:上海科技教育出版社,1995.8.—90页;19cm.—(少年探险家丛书)
ISBN 7-5428-1194-0:¥4.30
J228.4 032289
智歼笑面虎/李葆青编;王国仁绘.—南宁:广西美术出版社,1995.11.—126页;9×13cm
ISBN 7-80582-949-7:¥2.00
J228.4 032290
中国动画片故事 (二)/吕晋等绘.—南京:江苏美术出版社,1995.2.—48页;17×19cm.—(彩图童话故事精选系列丛书)
ISBN 7-5344-0429-0:¥3.95
J228.4 032291
中国动画片故事 (一)/黄峻等绘.—南京:江苏美术出版社,1995.2.—46页;17×19cm.—(彩图童话故事精选系列丛书)
ISBN 7-5344-0428-2:¥3.95
J228.4 032292
中国工艺玩具故事/佳音等编;朱成梁等绘.—北京:中国少年儿童出版社,1995.8.—1册;17×19cm
ISBN 7-5007-2740-2(精装):¥23.00
J228.4 032293
中国民间故事/余芳编文.—武汉:湖北少年儿童出版社,1995.1.—94页;17×19cm.—(拼拼读读丛书;1)
ISBN 7-5353-1479-1:¥5.00
J228.4 032294
中国民间故事 (二)/华华等绘.—南京:江苏美术出版社,1995.2.—58页;17×19cm.—(彩图童话故事精选系列丛书)
ISBN 7-5344-0427-4:¥3.95
J228.4 032295
中国民间故事 (一)/张志和等绘.—南京:江苏美术出版社,1995.2.—56页;17×19cm.—(彩图童话故事精选系列丛书)
ISBN 7-5344-0426-6:¥3.95
J228.4 032296
中国母亲:绘画本/钟起煌主编.—南昌:21世纪出版社,1995.8.—128页;20cm
ISBN 7-5391-0989-0:¥4.00
J228.4 032297
中国山川传说故事/荆其柱改编;阎善春等绘.—北京:中国少年儿童出版社,1995.8.—1册;17×19cm
ISBN 7-5007-2657-0(精装):¥23.00
J228.4 032298
中国神话童话故事/赵明等改编;陈明钧等绘.—杭州:浙江人民美术出版社,1995.7.—1册;17×19cm.—(汉语拼音读物)
ISBN 7-5340-0631-7(精装):¥22.00
J228.4 032299
中华爱国将领画传/张明金等编文;何兵等绘.—北京:军事谊文出版社,1995.12.—5册;19cm
国家教委图书馆工作委员会装备用书
ISBN 7-80027-767-4:¥38.00
J228.4 032300
中华百杰图传:军事奇才篇/陈显泗主编.—海口:海南国际新闻出版中心,1995.8.—10册;20cm
本套书包括:《宝岛功臣——郑成功》等10册。
ISBN 7-80609-146-7:¥58.00
J228.4 032301
中华百杰图传:文坛巨擘篇/陈显泗主编.—海口:海南国际新闻出版中心,1995.12.—10册;20cm
本套书包括:《诗国宗师——屈原》等10册。
ISBN 7-80609-220-X:¥58.00
J228.4 032302
中华少年精英画传全书 (二)/尹世霖编著.—南宁:接力出版社,1995.12.—332页;20cm
ISBN 7-80581-974-2:¥19.00
J228.4 032303
中华少年精英画传全书 (三)/尹世霖编著.—南宁:接力出版社,1995.12.—324页;20cm
ISBN 7-80581-973-4:¥18.50
J228.4 032304
中华少年精英画传全书 (四)/尹世霖编著.—南宁:接力出版社,1995.12.—315页;20cm
ISBN 7-80581-965-3:¥18.00
J228.4 032305
中华少年精英画传全书 (一)/尹世霖编著.—南宁:接力出版社,1995.12.—300页;20cm
ISBN 7-80581-972-6:¥17.50
J228.4 032306
中华五千年:连环画本/忠湖主编.—沈阳:沈阳出版社,1995.12.—1000页;20cm
ISBN 7-5441-0440-0(精装):¥45.00
J228.4 032307
中华五千年:中国历史故事/许祖馨,张忠良编;张忠良绘.—银川:宁夏少年儿童出版社,1995.5.—4册;17×19cm
全套丛书共4册,总定价:51.20元
ISBN 7-80620-012-6(精装):¥0.00
J228.4 032308
中外童话精粹:全集/张莹编文;王伟绘.—沈阳:沈阳出版社,1995.1.—1册;17×19cm
ISBN 7-5441-0311-0(精装):¥12.00
J228.4 032309
中外智慧故事/白·巴干,黑子编绘.—通辽:内蒙古少年儿童出版社,1995.5.—1册;19×21cm
ISBN 7-5312-0496-7:¥4.80
J228.4 032310

中学生文言故事连环画/吴稷曾等选注.—长沙:湖南美术出版社,1995.3.—4册;20cm
ISBN 7-5356-0708-X:¥55.00

J228.4　032311
忠直的故事/刘萌瑜改编;农建坡绘.—南宁:广西美术出版社,1995.12.—78页;10×13cm
ISBN 7-80582-954-3:¥1.30

J228.4　032312
钟馗与蒲/董乃德编文;李承东绘.—济南:明天出版社,1995.6.—1册:彩图;25×26cm.—(中国花木故事传奇/赵镇琬主编)
ISBN 7-5332-2213-X(精装):¥30.00

J228.4　032313
猪八戒传奇/日广绘.—贵阳:贵州民族出版社,1995.5.—2册;13×19cm
ISBN 7-5412-0515-X:¥6.60

J228.4　032314
庄子化蝶/董乃德编文;许锦集绘.—济南:明天出版社,1995.6.—1册:彩图;25×26cm.—(中国花木故事传奇/赵镇琬主编)
ISBN 7-5332-2215-6(精装):¥30.00

J228.4　032315
紫荆蛟龙/凌祖余编文;冼小前绘.—南宁:广西美术出版社,1995.5.—134页;9×13cm
ISBN 7-80582-851-2:¥1.70

J228.4　032316
最新幼儿故事大王:好学的故事/周锐等编文;管慧勇等绘.—杭州:浙江少年儿童出版社,1995.1.—1册;17×19cm
ISBN 7-5342-1253-7:¥4.10

J228.4　032317
最新幼儿故事大王:节俭的故事/陆鹿等编文;程思新等绘.—杭州:浙江少年儿童出版社,1995.1.—1册;17×19cm
ISBN 7-5342-1254-5:¥4.10

J228.4　032318
最新幼儿故事大王:礼貌的故事/陆鹿等编文;程思新等绘.—杭州:浙江少年儿童出版社,1995.1.—1册;17×19cm
ISBN 7-5342-1256-1:¥4.10

J228.4　032319
最新幼儿故事大王:孝顺的故事/李想等编文;蔡红等绘.—杭州:浙江少年儿童出版社,1995.1.—1册;17×19cm
ISBN 7-5342-1255-3:¥4.10

J228.4　032320
尊师敬长 勇敢聪慧:汉英对照/天天,于辰文改编;郭小凌等绘.—北京:中国少年儿童出版社,1995.7.—1册;17×19cm.—(中华民族传统美德故事丛书)
ISBN 7-5007-2440-3:¥14.50

J228.4　032321
獾洞里的孩子/肖伟,水真改编;刘晓钟等绘.—昆明:晨光出版社,1995.5.—60页;17×19cm.—(人和动物系列故事)
ISBN 7-5414-0957-X:¥4.20

①J228.4②G613.3　032322
幼儿知识世界　(1)/王洪主编.—沈阳:辽宁美术出版社,1995.7.—188页:彩图;26cm
ISBN 7-5314-1304-3:¥18.00

①J228.4②G613.3　032323
幼儿知识世界　(2)/王洪主编.—沈阳:辽宁美术出版社,1995.7.—166页:彩图;26cm
ISBN 7-5314-1305-1:¥18.00

①J228.4②G624.21　032324
熊家婆:小学生低年级注音配画故事/梁子高编文;吕莎等绘.—成都:四川少年儿童出版社,1995.4.—91页;17×19cm
ISBN 7-5365-1308-9(精装):¥11.00

①J228.4②H125.4　032325
八仙过海:成语故事连环画/胡玉洁编注;贾肇曾等绘.—北京:语文出版社,1995.9.—173页;19cm
ISBN 7-80006-974-5:¥6.40

①J228.4②I247.8　032326
狼牙山五壮士:木刻连环画/华山编文;彦涵木刻.—北京:中国铁道出版社,1995.8.—37页;19cm
ISBN 7-113-02143-3:¥3.80

①J228.4②I545.74　032327
伊索寓言/霍梅改编;夏可等绘.—乌鲁木齐:新疆青少年出版社,1995.12.—313页;20cm.—(世界经典寓言画库/崔合美主编)
ISBN 7-5371-2076-5(精装):¥12.80

①J228.4②N49　032328
万斯历险记:异想天开的交通工具/凌云,高飞编著;刘静,画风绘.—南宁:接力出版社,1995.3.—70页;20cm
ISBN 7-80581-889-4:¥3.80

J228.5　032329
章桂征插图集/章桂征绘.—长春:时代文艺出版社,1995.1.—158页;17×19cm
ISBN 7-5387-8001-7:¥19.80

J228.5-52　032330
买买提·阿尤甫插图作品集/买买提·阿尤甫编绘.—乌鲁木齐:新疆美术摄影出版社,1995.12.—178页;17×19cm
ISBN 7-80547-354-4:¥12.00

①J228.6②K879.41　032331
阴戈民临摹敦煌壁画作品:汉英对照/阴戈民绘.—成都:四川美术出版社,1995.1.—1册;25×26cm
ISBN 7-5410-0956-3:¥0.00

J228.7　032332
21世纪小小博士画库/宋雪梅等编;王庆宏等绘.—长春:吉林科学技术出版社,1995.—50册;19cm
ISBN 7-5384-1478-9:¥140.00

J228.7　032333
365夜笑话精选本/谷冰选编;蔡体荣等编文;陆汝浩等绘.—上海:少年儿童出版社,1995.8.—78页;19cm
ISBN 7-5324-2834-6:¥3.55

J228.7 032334
365夜知识童话精选本/李名慈,郑孟煦选编;文杰等编文;金雪林等绘.—上海:少年儿童出版社,1995.8.—78页;19cm
ISBN 7-5324-2833-8:¥3.55

J228.7 032335
变形飞碟/李广之编文;山仁友和绘.—上海:上海远东出版社,1995.12.—188页;19cm.—(科幻卡通连环画)
ISBN 7-80613-137-X:¥12.00

J228.7 032336
长颈鹿和小羊/张汝川编文;高山,晓蕾绘.—石家庄:河北美术出版社,1995.4.—1册;17×19cm.—(拼音童话)
ISBN 7-5310-0691-X:¥2.95

J228.7 032337
丛林大逃亡/文蔚等编文;刘展国等绘.—上海:少年儿童出版社,1995.8.—1册;19cm.—(探险世界)
ISBN 7-5324-2882-6:¥3.00

J228.7 032338
大海搏鲨/文蔚等编文;陈国飞等绘.—上海:少年儿童出版社,1995.8.—1册;19cm.—(探险世界)
ISBN 7-5324-2881-8:¥3.00

J228.7 032339
大灰狼罗克 (1)/郑渊洁著;孙移风等绘.—南昌:21世纪出版社,1995.10.—144页;17×19cm.—(郑渊洁系列童话)
ISBN 7-5391-0833-9(精装):¥18.00

J228.7 032340
大灰狼罗克 (2)/郑渊洁著;孙移风等绘.—南昌:21世纪出版社,1995.10.—144页;17×19cm.—(郑渊洁系列童话)
ISBN 7-5391-0834-7(精装):¥18.00

J228.7 032341
大闹天宫 (上)/方澎编文;严定宪等绘.—2版.—合肥:安徽少年儿童出版社,1995.9.—59页;21×19cm
ISBN 7-5397-1272-4(精装):¥15.00

J228.7 032342
大人国:世界名著选绘/魏峰编文;王又文绘.—郑州:河南美术出版社,1995.10.—1册;17×19cm
ISBN 7-5401-0334-5:¥4.50

J228.7 032343
地球超人 第一套.—北京:华艺出版社,1995.2.—5册;20cm.—(最新惊险卡通系列)
ISBN 7-80039-716-5:¥19.90

J228.7 032344
电视动画:胖胖/张林编文;李莘绘.—石家庄:河北美术出版社,1995.5.—2册;17×19cm.—(拼音电视动画系列)
ISBN 7-5310-0711-8:¥6.30

J228.7 032345
东行平妖记 (1):天下第一擂台赛/赵鹏编绘.—西安:西安出版社,1995.1.—94页;19cm
ISBN 7-80594-203-X:¥3.00

J228.7 032346
东行平妖记 (2):往事如烟/赵鹏编绘.—西安:西安出版社,1995.1.—94页;19cm
ISBN 7-80594-203-X:¥3.00

J228.7 032347
东行平妖记 (3):受阻雾水河/赵鹏编绘.—西安:西安出版社,1995.1.—94页;19cm
ISBN 7-80594-203-X:¥3.00

J228.7 032348
东行平妖记 (4):激战含沙峰/赵鹏编绘.—西安:西安出版社,1995.1.—94页;19cm
ISBN 7-80594-203-X:¥3.00

J228.7 032349
东行平妖记 (5):兄弟之战/赵鹏编绘.—西安:西安出版社,1995.1.—93页;19cm
ISBN 7-80594-203-X:¥3.00

J228.7 032350
动物卡通:恐龙明星/卞宝强,曹珉编绘.—天津:天津科学技术出版社,1995.9.—30张;26cm
ISBN 7-5308-1918-6:¥13.80

J228.7 032351
儿童卡通简笔画:动物篇/龙林等编绘.—南宁:广西美术出版社,1995.8.—120页;17×19cm.—(儿童卡通简笔画系列丛书)
ISBN 7-80582-884-9:¥5.80

J228.7 032352
儿童卡通简笔画:器物篇/龙林等编绘.—南宁:广西美术出版社,1995.8.—120页;17×19cm.—(儿童卡通简笔画系列丛书)
ISBN 7-80582-882-2:¥5.80

J228.7 032353
儿童卡通简笔画:人物篇/龙林等编绘.—南宁:广西美术出版社,1995.8.—120页;17×19cm.—(儿童卡通简笔画系列丛书)
ISBN 7-80582-883-0:¥5.80

J228.7 032354
儿童卡通简笔画:植物篇/龙林等编绘.—南宁:广西美术出版社,1995.8.—120页;17×19cm.—(儿童卡通简笔画系列丛书)
ISBN 7-80582-881-4:¥5.80

J228.7 032355
二郎神:全集/林奇编.—成都:四川美术出版社,1995.11.—1册;26cm
ISBN 7-5410-1066-9(精装):¥19.80

J228.7 032356
古代笑话新编:博你一笑 (1)/卢玲主编;孔祥文编;徐润润绘.—北京:中国电影出版社,1995.2.—124页;19cm
ISBN 7-106-01043-X:¥4.50

J228.7 032357
古代笑话新编:博你一笑 (2)/卢玲主编;孔祥文编;徐润润绘.—北京:中国电影出版社,1995.2.—124页;19cm
ISBN 7-106-01044-8:¥4.50

J228.7　032358
故事魔方/张克必改编.—沈阳:辽宁美术出版社,1995.3.—4册;26cm
ISBN 7-5314-1213-6:¥27.20

J228.7　032359
黑猫警长新传　(上):图画幼儿童话故事/程运改编;于水等绘.—太原:希望出版社,1995.6.—62页;13×19cm
ISBN 7-5379-1505-9:¥2.10

J228.7　032360
黑猫警长新传　(下):图画幼儿童话故事/程运改编;于水等绘.—太原:希望出版社,1995.6.—62页;13×19cm
ISBN 7-5379-1505-9:¥2.10

J228.7　032361
红孩儿:古今大战疯魔怪/凌舒,凌云编文;山青,林刚绘.—上海:少年儿童出版社,1995.11.—1册;18×19cm
ISBN 7-5324-2729-3:¥20.20

J228.7　032362
葫芦娃:全集/严潇编.—成都:四川美术出版社,1995.11.—1册;17×19cm.—(孙悟空丛书)
ISBN 7-5410-1065-0(精装):¥14.20

J228.7　032363
葫芦兄妹除妖记　(上)/丞丞编;邱冬绘.—乌鲁木齐:新疆青少年出版社,1995.12.—1册;18×19cm
ISBN 7-5371-2085-4:¥3.60

J228.7　032364
葫芦兄妹除妖记　(下)/丞丞编;邱冬绘.—乌鲁木齐:新疆青少年出版社,1995.12.—1册;18×19cm
ISBN 7-5371-2085-4:¥3.60

J228.7　032365
机器狗丛书　(二)/白欢龙编文;王力生等绘.—天津:天津人民美术出版社,1995.6.—95页;19cm
ISBN 7-5305-0488-6:¥2.80

J228.7　032366
机器狗丛书　(三)/胡玉兰编文;孙志远绘.—天津:天津人民美术出版社,1995.6.—95页;19cm
ISBN 7-5305-0487-8:¥2.80

J228.7　032367
机器狗丛书　(四)/胡玉兰编文;程少利,程英绘.—天津:天津人民美术出版社,1995.6.—95页;19cm
ISBN 7-5305-0490-8:¥2.80

J228.7　032368
机器狗丛书　(一)/白欢龙,贾文涛编文;文涛等绘.—天津:天津人民美术出版社,1995.6.—95页;19cm
ISBN 7-5305-0487-8:¥2.80

J228.7　032369
济公外传　(二):济公戏斗"格格巫"/雪桥编文;张建国等绘 .—武汉:湖北少年儿童出版社,1995.8.—24页;17×19cm
ISBN 7-5353-1511-9:¥1.80

J228.7　032370
济公外传　(三):济公勇胜"多多占"/雪桥编文;张建国等绘 .—武汉:湖北少年儿童出版社,1995.8.—24页;17×19cm
ISBN 7-5353-1511-9:¥1.80

J228.7　032371
济公外传　(四):济公笑擒"米米西"/雪桥编文;张建国等绘 .—武汉:湖北少年儿童出版社,1995.8.—24页;17×19cm
ISBN 7-5353-1511-9:¥1.80

J228.7　032372
济公外传　(五):济公网尽"害人精"/雪桥编文;张建国等绘 .—武汉:湖北少年儿童出版社,1995.8.—24页;17×19cm
ISBN 7-5353-1511-9:¥1.80

J228.7　032373
济公外传　(一):济公初闯"麻烦多"/雪桥编文;张建国等绘 .—武汉:湖北少年儿童出版社,1995.8.—24页;17×19cm
ISBN 7-5353-1511-9:¥1.80

J228.7　032374
九魂神龙　第二卷　上册:拉比奇王/冰波编著;杨杰绘.—杭州:浙江少年儿童出版社,1995.9.—62页;26cm
ISBN 7-5342-1217-0:¥4.50

J228.7　032375
九魂神龙　第二卷　下册:五龙子/冰波编著;杨杰绘.—杭州:浙江少年儿童出版社,1995.9.—62页;26cm
ISBN 7-5342-1219-7:¥4.50

J228.7　032376
九魂神龙　第二卷　中册:老庄的计谋/冰波编著;杨杰绘.—杭州:浙江少年儿童出版社,1995.9.—62页;26cm
ISBN 7-5342-1218-9:¥4.50

J228.7　032377
九魂神龙　第三卷　上册:龙子的战斗/冰波编著;杨杰绘.—杭州:浙江少年儿童出版社,1995.9.—62页;26cm
ISBN 7-5342-1220-0:¥4.50

J228.7　032378
九魂神龙　第三卷　下册:神龙之炼/冰波编著;杨杰绘.—杭州:浙江少年儿童出版社,1995.9.—62页;26cm
ISBN 7-5342-1222-7:¥4.50

J228.7　032379
九魂神龙　第三卷　中册:魔王之死/冰波编著;杨杰绘.—杭州:浙江少年儿童出版社,1995.9.—62页;26cm
ISBN 7-5342-1221-9:¥4.50

J228.7　032380
九魂神龙　第一卷　上册:迷失的神龙/冰波编著;杨杰绘.—杭州:浙江少年儿童出版社,1995.9.—62页;26cm
ISBN 7-5342-1214-6:¥4.50

J228.7　032381
九魂神龙　第一卷　下册:龙子出世/冰波编著;杨杰绘.—杭州:浙江少年儿童出版社,1995.9.—62页;26cm
ISBN 7-5342-1216-2: ¥4.50

J228.7　032382
九魂神龙　第一卷　中册:神龙之子/冰波编著;杨杰绘.—杭州:浙江少年儿童出版社,1995.9.—62页;26cm
ISBN 7-5342-1215-4: ¥4.50

J228.7　032383
恐龙大战　(1):寻找恐龙/吴昊,向前编绘.—北京:海豚出版社,1995.10.—78页;19cm
ISBN 7-80051-936-8: ¥3.80

J228.7　032384
龙虎斗/乌山鸣策划制作.—呼和浩特:内蒙古人民出版社,1995.11.—2册;26cm
ISBN 7-204-02882-1: ¥9.60

J228.7　032385
美猴王　(A)/(明)吴承恩原著;晓欧,晓霄主编.—大连:大连出版社,1995.5.—1册;17×18cm
ISBN 7-80612-157-9(精装): ¥12.80

J228.7　032386
美猴王新传·深海擒魔/常胜利等编绘.—北京:中国连环画出版社,1995.11.—3册;17×19cm
ISBN 7-5061-0674-4: ¥10.80

J228.7　032387
霹雳星　(1)/张纪平等编;张纪平等绘.—上海:上海人民美术出版社,1995.3.—63页;19cm
ISBN 7-5322-1430-3: ¥2.50

J228.7　032388
霹雳星　(2)/张纪平等编文;张纪平等绘.—上海:上海人民美术出版社,1995.3.—63页;19cm
ISBN 7-5322-1433-8: ¥2.50

J228.7　032389
霹雳星　(3)/张纪平等编文;张纪平等绘.—上海:上海人民美术出版社,1995.3.—63页;19cm
ISBN 7-5322-1436-2: ¥2.50

J228.7　032390
霹雳星　(4)/张纪平等编文;张纪平等绘.—上海:上海人民美术出版社,1995.3.—63页;19cm
ISBN 7-5322-1437-0: ¥2.50

J228.7　032391
霹雳星　(5)/张纪平等编文;张纪平等绘.—上海:上海人民美术出版社,1995.3.—63页;19cm
ISBN 7-5322-1438-9: ¥2.50

J228.7　032392
气球兵历险记:图画幼儿童话故事/雨佳改编;孟繁聪绘.—太原:希望出版社,1995.6.—62页;13×19cm
ISBN 7-5379-1505-9: ¥2.10

J228.7　032393
青草地动物城堡丛书/兰岛等绘编.—南昌:21世纪出版社,1995.5.—8册;19×26cm
本套书包括:《花猫波波》等8册。
ISBN 7-5391-0986-6: ¥20.00

J228.7　032394
三国演义/罗贯中原著;王庆宏绘制;童侗撰文.—大连:大连出版社,1995.3.—2册(590页);19cm.—(古典名著动画宝库)
ISBN 7-80612-049-1: ¥20.00

J228.7　032395
神脑聪仔　(10):日出东方.—南宁:接力出版社,1995.9.—91页;19cm.—(神脑聪仔卡通系列丛书)
ISBN 7-80581-924-6: ¥5.00

J228.7　032396
神脑聪仔　(1):星际大冲撞.—南宁:接力出版社,1995.9.—91页;19cm.—(神脑聪仔卡通系列丛书)
ISBN 7-80581-915-7: ¥5.00

J228.7　032397
神脑聪仔　(2):少年龙骑士.—南宁:接力出版社,1995.9.—91页;19cm.—(神脑聪仔卡通系列丛书)
ISBN 7-80581-916-5: ¥5.00

J228.7　032398
神脑聪仔　(3):激战水獭星.—南宁:接力出版社,1995.9.—91页;19cm.—(神脑聪仔卡通系列丛书)
ISBN 7-80581-917-3: ¥5.00

J228.7　032399
神脑聪仔　(4):乾坤两仪阵.—南宁:接力出版社,1995.9.—91页;19cm.—(神脑聪仔卡通系列丛书)
ISBN 7-80581-918-1: ¥5.00

J228.7　032400
神脑聪仔　(5):火狐行动.—南宁:接力出版社,1995.9.—91页;19cm.—(神脑聪仔卡通系列丛书)
ISBN 7-80581-919-X: ¥5.00

J228.7　032401
神脑聪仔　(6):飞越死之洞/广东丹晨设计制作有限公司策划制作.—南宁:接力出版社,1995.9.—91页;19cm.—(神脑聪仔卡通系列丛书)
ISBN 7-80581-921-1: ¥5.00

J228.7　032402
神脑聪仔　(7):火海圣龙/广东丹晨设计制作有限公司策划制作.—南宁:接力出版社,1995.9.—91页;19cm.—(神脑聪仔卡通系列丛书)
ISBN 7-80581-921-1: ¥5.00

J228.7　032403
神脑聪仔　(8):神脑扬威.—南宁:接力出版社,1995.9.—91页;19cm.—(神脑聪仔卡通系列丛书)
ISBN 7-80581-922-X: ¥5.00

J228.7　032404
神脑聪仔　(9):千年雪古城.—南宁:接力出版社,1995.9.—91页;19cm.—(神脑聪仔卡通系列丛书)
ISBN 7-80581-923-8: ¥5.00

J228.7　032405
十八罗汉斗悟空　(上)/桑忠泉编文;章燕,桑建国绘.—郑州:河南美术出版社,1995.5.—46页;18×19cm
ISBN 7-5401-0431-7: ¥3.20

J228.7　032406

十八罗汉斗悟空　(下)/桑忠泉编文;章燕,桑建国绘.—郑州:河南美术出版社,1995.5.—141页;18×19cm
ISBN 7-5401-0431-7:¥3.20
J228.7　032407
十八罗汉斗悟空　(中)/桑忠泉编文;章燕,桑建国绘.—郑州:河南美术出版社,1995.5.—93页;18×19cm
ISBN 7-5401-0431-7:¥3.20
J228.7　032408
世界奇妙故事　(二):彩图本/岱山,袁连祥编写;王敏等绘.—昆明:晨光出版社,1995.4.—60页;26cm
ISBN 7-5414-0978-2:¥6.00
J228.7　032409
世界奇妙故事　(一):彩图本/岱山,袁连祥编写;戴问社等绘.—昆明:晨光出版社,1995.4.—60页;26cm
ISBN 7-5414-0977-4:¥6.00
J228.7　032410
孙悟空、猪八戒环球旅行记/丛丛等编写;黄国芳等绘.—南昌:21世纪出版社,1995.10.—180页;17×19cm
ISBN 7-5391-0832-0(精装):¥19.80
J228.7　032411
孙悟空大战太雷星/赵冰波等编文;侠军等绘.—昆明:晨光出版社,1995.12.—62页;26cm
ISBN 7-5414-1078-0:¥7.20
J228.7　032412
孙悟空七十二变:无敌齐天大圣(1).—海口:海南摄影美术出版社,1995.12.—36页;17×19cm
ISBN 7-80571-885-7:¥3.60
J228.7　032413
孙悟空七十二变:无敌齐天大圣(2).—海口:海南摄影美术出版社,1995.12.—36页;17×19cm
ISBN 7-80571-885-7:¥3.60
J228.7　032414
孙悟空新七十二变/李直新等编;双水等绘.—武汉:湖北少年儿童出版社,1995.12.—118页;17×19cm
ISBN 7-5353-1560-7:¥9.20
J228.7　032415
太空小子:惊险科幻故事/张中良主编;范汜编文;白小锭,姜一鸣绘.—昆明:云南科技出版社,1995.8.—138页;17×19cm
ISBN 7-5416-0728-2:¥13.50
J228.7　032416
太一族的故事　第一集:学艺归来/华立编著;罗剑华等绘.—杭州:中国美术学院出版社,1995.2.—48页;17×19cm.—(画室丛书)
ISBN 7-81019-377-5:¥4.00
J228.7　032417
童话　ABC/丁泓主编.—上海:学林出版社,1995.2.—2册(96页);19×26cm.—(卡通先生大型电脑动画系列;2)
ISBN 7-80616-113-9:¥12.00
J228.7　032418
童话号火箭:图画幼儿童话故事/晓莲改编;武银贵,冯哲强绘.—太原:希望出版社,1995.6.—62页;13×19cm
ISBN 7-5379-1505-9:¥2.10
J228.7　032419
西游记/桑建国等编绘.—济南:济南出版社,1995.11.—8册;17×19cm.—(中国古典文学名著·农村少年入门画库)
ISBN 7-80572-910-7:¥30.40
J228.7　032420
小朋友画王:科幻篇/小朋友编辑部编.—上海:少年儿童出版社,1995.2.—78页;26cm
ISBN 7-5324-2631-9:¥4.80
J228.7　032421
小人国:世界名著选绘/魏峰编文;王又文绘.—郑州:河南美术出版社,1995.10.—1册;17×19cm
ISBN 7-5401-0277-2:¥4.50
J228.7　032422
新编童话大王　(下)/蔡林兴等编文;毛小榆等绘.—昆明:云南科技出版社,1995.3.—1册;17×19cm.—(幼儿故事大王丛书)
ISBN 7-5416-0558-1(精装):¥9.60
J228.7　032423
血风磨剑　(1)/(韩)黄载编绘;永川译.—沈阳:辽宁民族出版社,1995.1.—125页;19cm
ISBN 7-80527-437-1:¥3.80
J228.7　032424
血风磨剑　(2)/(韩)黄载编绘;永川译.—沈阳:辽宁民族出版社,1995.1.—125页;19cm
ISBN 7-80527-437-1:¥3.80
J228.7　032425
血风磨剑　(3)/(韩)黄载编绘;永川译.—沈阳:辽宁民族出版社,1995.1.—125页;19cm
ISBN 7-80527-437-1:¥3.80
J228.7　032426
血风磨剑　(4)/(韩)黄载编绘;永川译.—沈阳:辽宁民族出版社,1995.1.—125页;19cm
ISBN 7-80527-437-1:¥3.80
J228.7　032427
血战巨鼠岛/舒频等编文;贾培生等绘.—上海:少年儿童出版社,1995.8.—1册;19cm.—(探险世界)
ISBN 7-5324-2883-4:¥3.00
J228.7　032428
野猪大报复/舒频等编文;缪宜民等绘.—上海:少年儿童出版社,1995.8.—1册;19cm.—(探险世界)
ISBN 7-5324-2879-6:¥3.00
J228.7　032429
婴儿城　1~3册/周克勤改编;上海亿利美动画有限公司绘.—上海:百家出版社,1995.1.—3册;17×19cm.—(连环画系列丛书)
法国系列动画片
ISBN 7-80576-479-4:¥13.80
J228.7　032430
婴儿城　4~6册/周克勤改编;上海亿利美动画有

限公司绘.—上海:百家出版社,1995.1.—3册;17×19cm.—(连环画系列丛书)
法国系列动画片
ISBN 7-80576-480-8:¥13.80

J228.7 032431
影子战争/潮阳等编文;孙平等绘.—郑州:海燕出版社,1995.6.—142页;17×19cm
卡通城
ISBN 7-5350-1164-0:¥9.80

J228.7 032432
幼儿彩图幽默童话/庄大伟编;王国庆等绘.—上海:上海教育出版社,1995.12.—1册;17×19cm
ISBN 7-5320-4544-7:¥3.90

J228.7 032433
幼年故事大王:阿笨猫/赵冰波著;周合绘.—上海:少年儿童出版社,1995.1.—69页;17×19cm
ISBN 7-5324-2595-9:¥5.65

J228.7 032434
幼年故事大王:毛毛猴/赵冰波著;张军绘.—上海:少年儿童出版社,1995.11.—70页;17×19cm
ISBN 7-5324-2843-5:¥6.80

J228.7 032435
幼年故事大王:小魔豆/赵冰波著;冯忆南,胡宁娜绘.—上海:少年儿童出版社,1995.11.—70页;18×19cm
ISBN 7-5324-2842-7:¥6.80

J228.7 032436
中国大卡通:红楼梦/徐来等编文;黄大华等绘.—石家庄:河北科学技术出版社,1995.1.—62页;26cm
ISBN 7-5375-1404-6:¥8.00

J228.7 032437
中国大卡通:三国演义/徐来等编文;黄大华等绘.—石家庄:河北科学技术出版社,1995.1.—62页;26cm
ISBN 7-5375-1406-2:¥8.00

J228.7 032438
中国大卡通:水浒传/徐来等编文;黄大华等绘.—石家庄:河北科学技术出版社,1995.1.—62页;26cm
ISBN 7-5375-1399-6:¥8.00

J228.7 032439
中国大卡通:西游记/徐来等编文;黄大华等绘.—石家庄:河北科学技术出版社,1995.1.—62页;26cm
ISBN 7-5375-1405-4:¥8.00

J228.7 032440
猪八戒太空历险/刘世文等编;方翩等绘.—武汉:湖北少年儿童出版社,1995.12.—119页;17×19cm
ISBN 7-5353-1562-3:¥9.20

J228.7 032441
猪八戒新三十六变/高欣等编;双水等绘.—武汉:湖北少年儿童出版社,1995.12.—118页;17×19cm
ISBN 7-5353-1561-5:¥9.20

J228.7 032442
追捕金蝇大盗:图画幼儿童话故事/程运改编;李晓林绘.—太原:希望出版社,1995.6.—62页;13×19cm
ISBN 7-5379-1505-9:¥2.10

J228.7 032443
呱呱姐:儿童生活小顾问/兴平编文;赵森绘.—成都:四川少年儿童出版社,1995.12.—94页;26cm
ISBN 7-5365-1535-9(精装):¥23.00

J228.9 032444
动物生态立体书.—广州:岭南美术出版社,1995.8.—1册;29cm.—(大自然;1)
ISBN 7-5362-1369-7(精装):¥60.00

J228.9 032445
魔林想象画/范京生著.—石家庄:河北少年儿童出版社,1995.6.—90页;17×19cm
ISBN 7-5376-1305-2:¥9.50

J228.9 032446
神奇的3D立体画:汉英对照.—上海:上海画报出版社,1995.3.—56页;19×21cm
ISBN 7-80530-136-0:¥19.00

J228.9 032447
四季花香:荷/林瑛珊作.—沈阳:辽宁美术出版社,1995.12.—1张;22×16cm
贺年片
¥2.50

J228.9 032448
四季花香:菊/林瑛珊作.—沈阳:辽宁美术出版社,1995.12.—1张;22×16cm
贺年片
¥2.50

J228.9 032449
四季花香:梅/林瑛珊作.—沈阳:辽宁美术出版社,1995.12.—1张;22×16cm
贺年片
¥2.50

J228.9 032450
四季花香:牡丹/林瑛珊作.—沈阳:辽宁美术出版社,1995.12.—1张;22×16cm
贺年片
¥2.50

J228.9 032451
新编小朋友简笔画/冬冬,蓓蓓编绘.—南宁:广西美术出版社,1995.10.—134页;26cm
ISBN 7-80582-923-3:¥13.80

J229.2 032452
报春图:〔国画〕/王成喜绘.—天津:天津人民美术出版社,1995.6.—1张;76×212cm
(卷轴):¥6.30

J229.2 032453
幽兰图:〔国画〕/李亚绘.—南京:江苏美术出版社,1995.—1张;53×135cm
(卷轴):¥68.00

J229.4 032454
"五心"教育:〔宣传画〕/吴吉仁等绘.—武汉:湖北美术出版社,1995.8.—5张;77×53cm
¥16.00

J229.4 032455
好好学习 天天向上:〔宣传画〕/李孔安绘.—广州:

岭南美术出版社,1995.7.—1张;77×53cm

¥2.50

J229.4 032456

我们从小做起 养成"七不"习惯:〔宣传画〕/杜建国绘.—上海:上海人民美术出版社,1995.—1张;38×53cm

¥1.50

J229.5 032457

阿尼玛卿像:藏汉对照:〔年画〕/扎西绘.—西宁:青海民族出版社,1995.8.—1张;53×38cm

¥3.50

J229.5 032458

百寿图:〔年画〕/辽宁美术出版社编.—沈阳:辽宁美术出版社,1995.—1张;140×76cm

(卷轴):¥0.00

J229.5 032459

长坂坡:〔年画〕/李林祥绘.—天津:天津人民美术出版社,1995.6.—1张;77×53cm

¥1.10

J229.5 032460

春牛图:〔年画〕.—天津:天津人民美术出版社,1995.6.—1张;77×53cm

¥1.10

J229.5 032461

春晖:〔年画〕/魏志刚绘.—天津:天津人民美术出版社,1995.6.—1张;53×77cm

¥1.10

J229.5 032462

东方红:〔年画〕.—天津:天津人民美术出版社,1995.6.—1张;106×77cm

¥4.10

J229.5 032463

恩泽四海:〔年画〕/郭风祥绘.—天津:天津人民美术出版社,1995.6.—1张;53×150cm

(卷轴):¥0.00

J229.5 032464

福乐长寿:〔书法年画〕/蒋思方书.—南京:江苏美术出版社,1995.8.—1张;38×106cm

¥2.50

J229.5 032465

福乐图:〔年画〕.—天津:天津人民美术出版社,1995.6.—1张;77×53cm

¥1.10

J229.5 032466

福星拱照:〔年画〕.—天津:天津人民美术出版社,1995.6.—1张;106×77cm

¥1.90

J229.5 032467

福字:〔年画〕.—天津:天津人民美术出版社,1995.6.—1张;53×77cm

¥1.10

J229.5 032468

富字:〔年画〕/骆福庆绘.—天津:天津人民美术出版社,1995.6.—1张;77×53cm

¥1.10

J229.5 032469

恭禧发财:〔年画〕/魏瀛洲绘.—上海:上海人民美术出版社,1995.6.—1张;77×53cm

¥1.70

J229.5 032470

关公挑袍:〔年画〕/张瑞恒绘.—天津:天津人民美术出版社,1995.6.—1张;77×53cm

¥1.10

J229.5 032471

国泰民安:〔年画〕/成励志绘.—天津:天津人民美术出版社,1995.6.—1张;106×77cm

¥1.90

J229.5 032472

荷塘鱼肥:〔年画〕/刘称奇绘.—天津:天津人民美术出版社,1995.6.—1张;77×53cm

¥1.10

J229.5 032473

鹤乡晨曲:〔国画年画〕/是有福绘.—南京:江苏美术出版社,1995.8.—1张;38×106cm

¥2.50

J229.5 032474

红梅报春图:〔国画年画〕/王奇寅绘.—南京:江苏美术出版社,1995.8.—1张;38×106cm

¥2.50

J229.5 032475

虎　(一):〔年画〕/李勤绘.—天津:天津人民美术出版社,1995.6.—1张;77×53cm

¥1.10

J229.5 032476

回荆州:〔年画〕/宗万华绘.—天津:天津人民美术出版社,1995.6.—1张;77×53cm

¥1.10

J229.5 032477

江山如画:〔书法年画〕/郑必宽书.—南京:江苏美术出版社,1995.8.—1张;38×106cm

¥2.50

J229.5 032478

连年有余:〔年画〕/骆福庆绘.—天津:天津人民美术出版社,1995.6.—1张;77×53cm

¥1.10

J229.5 032479

龙凤呈祥:〔年画〕/张瑞恒绘.—天津:天津人民美术出版社,1995.6.—1张;77×53cm

¥1.10

J229.5 032480

绿度丹:藏汉对照:〔年画〕/关去乎加绘.—西宁:青海民族出版社,1995.8.—1张;53×38cm

¥3.50

J229.5 032481

名人名言:〔年画〕/吴象峰,蔡培绘.—武汉:湖北美术出版社,1995.6.—12张;106×37cm

¥38.40

J229.5 032482

南疆巡逻:〔年画〕/卢德辉绘.—天津:天津人民美术出版社,1995.6.—1张;77×53cm

¥1.10

J229.5　032483

年年有余:〔年画〕/李冰绘.—天津:天津人民美术出版社,1995.6.—1张;77×53cm

¥1.10

J229.5　032484

千里走单骑:〔年画〕/丁百林绘.—天津:天津人民美术出版社,1995.6.—1张;77×53cm

¥1.10

J229.5　032485

亲密的战友:〔年画〕/车永仁绘.—天津:天津人民美术出版社,1995.6.—1张;77×53cm

¥2.20

J229.5　032486

青梅煮酒论英雄:〔年画〕/张瑞恒绘.—天津:天津人民美术出版社,1995.6.—1张;77×53cm

¥1.10

J229.5　032487

鹊桥仙侣:〔年画〕/申同景绘.—天津:天津人民美术出版社,1995.6.—1张;77×53cm

¥1.10

J229.5　032488

盛大的节日:〔年画〕/张兆年,张金义绘.—天津:天津人民美术出版社,1995.6.—1张;77×53cm

¥1.10

J229.5　032489

诗情画意:〔书法年画〕/王见山书.—南京:江苏美术出版社,1995.8.—1张;38×106cm

¥2.50

J229.5　032490

室静兰香:〔书法年画〕/方爱建书.—南京:江苏美术出版社,1995.8.—1张;38×106cm

¥2.50

J229.5　032491

寿比南山:〔年画〕.—天津:天津人民美术出版社,1995.6.—1张;77×53cm

¥1.10

J229.5　032492

寿喜图:〔年画〕/成励志绘.—天津:天津人民美术出版社,1995.6.—1张;77×53cm

¥1.10

J229.5　032493

松鹤恒春:〔国画年画〕/王克印绘.—南京:江苏美术出版社,1995.8.—1张;38×106cm

¥2.50

J229.5　032494

腾飞图:〔国画年画〕/顾青蛟,陈德华绘.—南京:江苏美术出版社,1995.8.—1张;38×106cm

¥2.50

J229.5　032495

娃娃得余图:〔年画〕/刘玉华绘.—天津:天津人民美术出版社,1995.6.—1张;53×77cm

¥1.10

J229.5　032496

娃娃福余图:〔年画〕/张为民绘.—天津:天津人民美术出版社,1995.6.—1张;77×53cm

¥1.10

J229.5　032497

娃娃喜鱼图:〔年画〕/张为民绘.—天津:天津人民美术出版社,1995.6.—1张;77×53cm

¥1.10

J229.5　032498

娃娃戏:〔年画〕/张瑞恒绘.—天津:天津人民美术出版社,1995.6.—1张;53×77cm

¥1.10

J229.5　032499

五福捧寿:〔年画〕/杨维华绘.—天津:天津人民美术出版社,1995.6.—1张;77×53cm

¥1.10

J229.5　032500

喜盈门:〔年画〕/成励志绘.—天津:天津人民美术出版社,1995.6.—1张;77×53cm

¥1.10

J229.5　032501

鲜花献给解放军:〔年画〕/杨顺泰绘.—上海:上海人民美术出版社,1995.6.—1张;77×53cm

¥1.70

J229.5　032502

幸福长寿:〔年画〕/张万臣绘.—天津:天津人民美术出版社,1995.6.—1张;77×53cm

¥1.10

J229.5　032503

唵嘛呢叭咪　牛:藏汉对照:〔年画〕/洛桑格勒绘.—西宁:青海民族出版社,1995.6.—1张;38×26cm

¥2.00

J229.5　032504

中华人民共和国国歌:〔年画〕/吴象峰绘.—武汉:湖北美术出版社,1995.6.—1张;77×53cm

¥3.20

J229.5　032505

紫禁城全景图:〔年画〕.—北京:文物出版社,1995.8.—1张;40×75cm

¥20.00

J229.5　032506

祖国在我们心中:〔年画〕/陈强绘.—上海:上海人民美术出版社,1995.6.—1张;77×53cm

¥1.70

J229.5　032507

锲而不舍:〔书法年画〕/张宏元书.—南京:江苏美术出版社,1995.8.—1张;38×106cm

¥2.50

J229.51　032508

北京新貌:〔摄影四条屏〕/胡维标摄.—北京:中国旅游出版社,1995.—2张;77×53cm

¥5.20

J229.51　032509

成名格言:〔书法四条屏〕/赵伯光,顾志新书.—天津:天津人民美术出版社,1995.6.—4张;154×38cm（卷轴）:￥13.80

J229.51　032510

东邪西毒:〔剧照四条屏〕/北京电影制片厂供稿.—南京:江苏美术出版社,1995.6.—2张;77×53cm
￥3.90

J229.51　032511

汉宫怨:〔剧照四条屏〕/建国摄.—南京:江苏美术出版社,1995.6.—2张;77×53cm
￥3.90

J229.51　032512

环球旅游:〔摄影四条屏〕/建华摄.—南京:江苏美术出版社,1995.6.—2张;77×53cm
￥3.90

J229.51　032513

加拿大风情:〔摄影四条屏〕/古月摄.—南京:江苏美术出版社,1995.6.—2张;77×53cm
￥3.90

J229.51　032514

节日北京:〔摄影四条屏〕/陈书帛摄.—南京:江苏美术出版社,1995.6.—2张;77×53cm
￥3.90

J229.51　032515

金玉满堂:〔年画四条屏〕/阎凤成绘.—上海:上海人民美术出版社,1995.6.—2张;77×53cm
￥3.40

J229.51　032516

锦园翠竹:〔摄影四条屏〕/士潭等摄.—南京:江苏美术出版社,1995.6.—4张;106×38cm
￥0.00

J229.51　032517

孔子修养格言:〔书法四条屏〕/宝铁书.—天津:天津人民美术出版社,1995.6.—4张;154×38cm（卷轴）:￥13.80

J229.51　032518

良辰美景:〔摄影四条屏〕.—南京:江苏美术出版社,1995.6.—4张;106×38cm
￥8.30

J229.51　032519

柳娘教子:〔剧照四条屏〕.—武汉:湖北美术出版社,1995.6.—2张;77×53cm
￥4.40

J229.51　032520

绿意红情:〔摄影四条屏〕/江苏美术出版社编.—南京:江苏美术出版社,1995.6.—4张;106×38cm
￥8.30

J229.51　032521

梅花诗屏:〔书法四条屏〕/武中奇书.—南京:江苏美术出版社,1995.—4张;160×36cm
（卷轴）:￥170.00

J229.51　032522

美国风光:〔摄影四条屏〕/武冀平摄.—北京:中国旅游出版社,1995.—2张;77×53cm
￥5.20

J229.51　032523

美国一瞥:〔摄影四条屏〕/北京电影制片厂供稿.—南京:江苏美术出版社,1995.6.—2张;77×53cm
￥3.90

J229.51　032524

名人名言:爱迪生、哥白尼/刘熹奇,邹起奎作.—南宁:广西美术出版社,1995.7.—1张;77×53cm
￥1.80

J229.51　032525

名人名言:爱因斯坦、居里夫人/上海人民美术出版社编.—上海:上海人民美术出版社,1995.6.—1张;77×53cm
￥2.40

J229.51　032526

名人名言:邓小平、门捷列夫/邹起奎作.—南宁:广西美术出版社,1995.7.—1张;77×53cm
￥1.80

J229.51　032527

名人名言:华罗庚、李四光/邹起奎作.—南宁:广西美术出版社,1995.7.—1张;77×53cm
￥1.80

J229.51　032528

名人名言:刘少奇、邓小平/上海人民美术出版社编.—上海:上海人民美术出版社,1995.6.—1张;77×53cm
￥2.40

J229.51　032529

名人名言:马克思、毛泽东/冯杰,邹起奎作.—南宁:广西美术出版社,1995.7.—1张;77×53cm
￥1.80

J229.51　032530

名人名言:毛泽东、周恩来/上海人民美术出版社编.—上海:上海人民美术出版社,1995.6.—1张;77×53cm
￥2.40

J229.51　032531

名人名言:牛顿、詹天佑/邹起奎,冯杰作.—南宁:广西美术出版社,1995.7.—1张;77×53cm
￥1.80

J229.51　032532

名人名言:周恩来、爱因斯坦/刘熹奇,邹起奎作.—南宁:广西美术出版社,1995.7.—1张;77×53cm
￥1.80

J229.51　032533

名人名言:伽利略、富兰克林/上海人民美术出版社编.—上海:上海人民美术出版社,1995.6.—1张;77×53cm
￥2.40

J229.51　032534

名扇珍盆:〔国画四条屏〕/郑连群绘.—天津:天津人民美术出版社,1995.6.—4张;154×38cm
（卷轴）:￥13.80

J229.51　032535

欧美居室博览:〔摄影四条屏〕/谷静摄.—南京:江苏美术出版社,1995.6.—2张;77×53cm
¥3.60

J229.51　　032536
气节高坚:〔国画四条屏〕/池土谭,宗万华绘.—天津:天津人民美术出版社,1995.6.—4张;154×38cm
(卷轴):¥13.80

J229.51　　032537
乾隆皇帝江南足迹:〔摄影四条屏〕/刘大健等摄.—北京:中国旅游出版社,1995.—2张;77×53cm
¥5.20

J229.51　　032538
日本东京迪斯尼乐园:〔摄影四条屏〕/郭律等摄.—北京:中国旅游出版社,1995.—2张;77×53cm
¥5.20

J229.51　　032539
日本风光:〔摄影四条屏〕/鄂毅摄.—北京:中国旅游出版社,1995.—2张;77×53cm
¥5.20

J229.51　　032540
三国城:〔摄影四条屏〕/华明摄.—南京:江苏美术出版社,1995.6.—2张;77×53cm
¥3.90

J229.51　　032541
三峡揽胜:〔摄影四条屏〕.—南京:江苏美术出版社,1995.6.—2张;77×53cm
¥3.90

J229.51　　032542
上海新貌:〔摄影四条屏〕/达向群摄.—北京:中国旅游出版社,1995.—2张;77×53cm
¥5.20

J229.51　　032543
世界大都市:〔摄影四条屏〕/华明供稿.—南京:江苏美术出版社,1995.6.—2张;77×53cm
¥3.90

J229.51　　032544
世界风光:〔摄影四条屏〕/杨茵,王文波摄.—北京:中国旅游出版社,1995.—2张;77×53cm
¥5.20

J229.51　　032545
世界风光揽胜:〔摄影四条屏〕/王世明摄.—北京:中国旅游出版社,1995.—2张;77×53cm
¥5.20

J229.51　　032546
私人保镖:〔剧照四条屏〕.—南京:江苏美术出版社,1995.6.—2张;77×53cm
¥3.90

J229.51　　032547
四季风情:〔摄影四条屏〕/石强摄.—南京:江苏美术出版社,1995.6.—4张;106×38cm
¥7.50

J229.51　　032548
四季花鸟:〔国画四条屏〕/郑连群绘.—天津:天津人民美术出版社,1995.6.—4张;154×38cm
(卷轴):¥13.80

J229.51　　032549
童规:〔书法四条屏〕/李山泉书.—南京:江苏美术出版社,1995.7.—4张;106×38cm
¥0.00

J229.51　　032550
王宝钏与薛平贵:〔剧照四条屏〕.—武汉:湖北美术出版社,1995.6.—2张;77×53cm
¥4.40

J229.51　　032551
武则天:〔剧照四条屏〕.—南京:江苏美术出版社,1995.6.—2张;77×53cm
¥3.90

J229.51　　032552
云阁仙境:〔国画四条屏〕/冯毅绘.—天津:天津人民美术出版社,1995.6.—4张;154×38cm
(卷轴):¥13.80

J229.51　　032553
镇江揽胜:〔摄影四条屏〕/林小玲供稿.—南京:江苏美术出版社,1995.6.—2张;77×53cm
¥3.90

J229.51　　032554
中国大城市:〔摄影四条屏〕.—南京:江苏美术出版社,1995.6.—2张;77×53cm
¥3.90

J229.52　　032555
财源广进:〔门画〕.—天津:天津人民美术出版社,1995.6.—1张;104×37cm
¥1.10

J229.52　　032556
财源茂盛:〔门画〕/曾宪和绘.—天津:天津人民美术出版社,1995.6.—1张;53×77cm
¥1.10

J229.52　　032557
读古人书 友天下士:〔书法对联〕/林散之书.—南京:江苏美术出版社,1995.—2张;140×31cm
(卷轴):¥90.00

J229.52　　032558
福寿平安:〔门画〕/臧恒望绘.—天津:天津人民美术出版社,1995.6.—1张;53×77cm
¥1.10

J229.52　　032559
吉庆满堂:〔门画〕.—天津:天津人民美术出版社,1995.6.—1张;104×37cm
¥1.10

J229.52　　032560
吉祥大将:〔门画〕/苗永华,苗永恒绘.—南京:江苏美术出版社,1995.7.—1张;53×77cm
¥1.50

J229.52　　032561
降龙伏虎:〔门画〕/苗永华,苗永恒绘.—南京:江苏美术出版社,1995.7.—1张;53×77cm
¥1.50

J229.52　　032562

降龙伏虎:〔门画〕/陈其莎,梁骅绘.—天津:天津人民美术出版社,1995.6.—1张;53×77cm
¥1.10

J229.52　　032563
开门发财:〔门画〕/李宏才绘.—天津:天津人民美术出版社,1995.6.—1张;52×37cm
¥0.80

J229.52　　032564
门迎百福:〔门画〕/李宏才绘.—天津:天津人民美术出版社,1995.6.—1张;53×77cm
¥1.10

J229.52　　032565
民富国强:〔门画〕.—天津:天津人民美术出版社,1995.6.—1张;104×37cm
¥1.10

J229.52　　032566
年年发财:〔门画〕/刘树茂绘.—南京:江苏美术出版社,1995.9.—1张;77×53cm
¥1.50

J229.52　　032567
钱财广进 福寿齐临:〔门画〕/李洪波,李文中绘.—南京:江苏美术出版社,1995.7.—1张;53×77cm
¥1.50

J229.52　　032568
秦琼 敬德:〔门画〕/王贺绘.—南京:江苏美术出版社,1995.7.—2张;77×35cm
¥2.40

J229.52　　032569
秦叔宝 尉迟恭:〔门画〕/张瑞恒绘.—天津:天津人民美术出版社,1995.6.—1张;53×77cm
¥1.10

J229.52　　032570
三国双雄:〔门画〕/张锡武绘.—天津:天津人民美术出版社,1995.6.—1张;53×77cm
¥1.10

J229.52　　032571
四季兴旺:〔门画〕.—天津:天津人民美术出版社,1995.6.—1张;104×37cm
¥1.10

J229.52　　032572
送往人间:〔门画〕/张静绘.—天津:天津人民美术出版社,1995.6.—1张;37×52cm
¥0.80

J229.52　　032573
天天进宝:〔门画〕/刘树茂绘.—南京:江苏美术出版社,1995.9.—1张;77×53cm
¥1.50

J229.52　　032574
万象更新 年年有余:〔门画〕/霍起绘.—天津:天津人民美术出版社,1995.4.—1张;37×52cm
¥0.70

J229.52　　032575
尉迟恭 秦叔宝:〔门画〕/庞海绘.—南宁:广西美术出版社,1995.9.—1张;38×53cm
¥0.55

J229.52　　032576
尉迟恭 秦叔宝:〔门画〕/庞海绘.—南宁:广西美术出版社,1995.9.—1张;53×77cm
¥0.95

J229.52　　032577
武将门神:〔门画〕/黄兴桥绘.—南京:江苏美术出版社,1995.8.—1张;77×53cm
¥1.50

J229.52　　032578
五福临门 八方进财:〔门画〕/曾宪和绘.—天津:天津人民美术出版社,1995.6.—1张;53×77cm
¥1.10

J229.52　　032579
喜到人间:〔门画〕.—天津:天津人民美术出版社,1995.6.—1张;104×37cm
¥1.10

J229.52　　032580
喜庆有余 幸福快乐:〔门画〕/刘树茂,刘霞绘.—南京:江苏美术出版社,1995.7.—1张;53×77cm
¥1.50

J229.52　　032581
喜庆有余 幸福快乐:〔门画〕/刘树茂,刘霞绘.—南京:江苏美术出版社,1995.9.—1张;77×53cm
¥1.50

J229.52　　032582
雄风驱邪魔:〔门画〕.—天津:天津人民美术出版社,1995.6.—1张;53×77cm
¥1.10

J229.52　　032583
英武双将:〔门画〕/张瑞恒绘.—天津:天津人民美术出版社,1995.6.—1张;53×77cm
¥1.10

J229.52　　032584
张飞 关公:〔门画〕/庞海绘.—南宁:广西美术出版社,1995.9.—1张;53×77cm
¥0.95

J229.52　　032585
张飞 关公:〔门画〕/庞海绘.—南宁:广西美术出版社,1995.9.—1张;38×53cm
¥0.55

J229.52　　032586
招财进宝:〔门画〕/曾宪和绘.—天津:天津人民美术出版社,1995.6.—1张;53×77cm
¥1.10

J229.52　　032587
周仓 关平:〔门画〕/黄兴桥绘.—南京:江苏美术出版社,1995.7.—2张;77×35cm
¥2.40

J229.53　　032588
八仙上寿:〔中堂年画〕/孙家跃,孙宏斌绘.—天津:天津人民美术出版社,1995.6.—1张;140×63cm
附对联一副
(卷轴):¥12.80

J229.53 032589
八仙上寿:〔中堂年画〕/孙家跃,孙宏斌绘.—天津:天津人民美术出版社,1995.6.—1张;194×76cm
附对联一副
(卷轴):¥14.80

J229.53 032590
苍松迎客:〔中堂年画〕/浙江人民美术出版社编.—杭州:浙江人民美术出版社,1995.8.—1张;200×77cm
附对联一副
(卷轴):¥19.80

J229.53 032591
苍松迎客:〔中堂年画〕/刘传炎绘.—天津:天津人民美术出版社,1995.6.—1张;140×63cm
附对联一副
(卷轴):¥12.80

J229.53 032592
春色迎帘:〔中堂年画〕/刘世忠绘.—天津:天津人民美术出版社,1995.6.—1张;194×76cm
附对联一副
(卷轴):¥14.80

J229.53 032593
春水绿洞庭:〔中堂年画〕/郭金标,李强绘.—天津:天津人民美术出版社,1995.6.—1张;194×76cm
附对联一副
(卷轴):¥14.80

J229.53 032594
法界蒙薰:〔中堂年画〕/孙公望,孙伟绘.—天津:天津人民美术出版社,1995.6.—1张;194×76cm
附对联一副
(卷轴):¥14.80

J229.53 032595
福满乾坤:〔中堂年画〕/李宏才绘.—天津:天津人民美术出版社,1995.6.—1张;194×76cm
附对联一副
(卷轴):¥14.80

J229.53 032596
福寿双全:〔中堂年画〕/徐福根绘.—天津:天津人民美术出版社,1995.6.—1张;140×63cm
附对联一副
(卷轴):¥12.80

J229.53 032597
福泽万代:〔中堂年画〕/李宏才,李芳绘.—天津:天津人民美术出版社,1995.6.—1张;194×76cm
附对联一副
(卷轴):¥14.80

J229.53 032598
富贵福禄寿:〔中堂年画〕/成励志,成晓伟绘.—天津:天津人民美术出版社,1995.6.—1张;194×76cm
附对联一副
(卷轴):¥14.80

J229.53 032599
功昭日月:〔中堂年画〕/浙江人民美术出版社编.—杭州:浙江人民美术出版社,1995.8.—1张;200×77cm
附对联一副
(卷轴):¥19.80

J229.53 032600
恭禧发财:〔中堂年画〕/浙江人民美术出版社编.—杭州:浙江人民美术出版社,1995.8.—1张;200×77cm
附对联一副
(卷轴):¥19.80

J229.53 032601
吉星高照:〔中堂年画〕/浙江人民美术出版社编.—杭州:浙江人民美术出版社,1995.8.—1张;200×77cm
附对联一副
(卷轴):¥19.80

J229.53 032602
六鹤同春:〔中堂年画〕/顾国志,顾菁绘.—天津:天津人民美术出版社,1995.6.—1张;140×63cm
附对联一副
(卷轴):¥12.80

J229.53 032603
梅竹图:〔中堂年画〕/宗万华绘.—天津:天津人民美术出版社,1995.6.—1张;194×76cm
附对联一副
(卷轴):¥14.80

J229.53 032604
美满姻缘:〔中堂年画〕/浙江人民美术出版社编.—杭州:浙江人民美术出版社,1995.8.—1张;200×77cm
附对联一副
(卷轴):¥19.80

J229.53 032605
南海观世音:〔中堂年画〕/成励志,成晓伟绘.—天津:天津人民美术出版社,1995.6.—1张;194×76cm
附对联一副
(卷轴):¥14.80

J229.53 032606
前程似锦:〔中堂年画〕/田玉州,田宏绘.—天津:天津人民美术出版社,1995.6.—1张;140×63cm
附对联一副
(卷轴):¥12.80

J229.53 032607
人民领袖:〔中堂年画〕/王建梓,王鹏绘.—天津:天津人民美术出版社,1995.6.—1张;194×76cm
附对联一副
(卷轴):¥14.80

J229.53 032608
山河长春:〔中堂年画〕/浙江人民美术出版社编.—杭州:浙江人民美术出版社,1995.8.—1张;200×77cm
附对联一副
(卷轴):¥19.80

J229.53 032609
山水清音图:〔中堂年画〕/冯毅绘.—天津:天津人民美术出版社,1995.6.—1张;194×76cm
附对联一副
(卷轴):¥14.80

J229.53 032610
神州晓日:〔中堂年画〕/顾国治,顾晓菁绘.—天津:天津人民美术出版社,1995.6.—1张;194×76cm

附对联一副
(卷轴):￥14.80

J229.53　032611
寿比南山:〔中堂年画〕/浙江人民美术出版社编.—杭州:浙江人民美术出版社,1995.8.—1张;200×77cm
附对联一副
(卷轴):￥19.80

J229.53　032612
松鹤长年:〔中堂年画〕/浙江人民美术出版社编.—杭州:浙江人民美术出版社,1995.8.—1张;200×77cm
附对联一副
(卷轴):￥19.80

J229.53　032613
松鹤长寿:〔中堂年画〕/田玉州,田宏绘.—天津:天津人民美术出版社,1995.6.—1张;140×63cm
附对联一副
(卷轴):￥12.80

J229.53　032614
松鹤长寿:〔中堂年画〕/田玉州,田宏绘.—天津:天津人民美术出版社,1995.6.—1张;194×76cm
附对联一副
(卷轴):￥14.80

J229.53　032615
岁寒图:〔中堂年画〕/张琪,宏民绘.—天津:天津人民美术出版社,1995.6.—1张;194×76cm
附对联一副
(卷轴):￥14.80

J229.53　032616
伟大领袖毛泽东:〔中堂年画〕/天津人民美术出版社编.—天津:天津人民美术出版社,1995.6.—1张;140×63cm
附对联一副
(卷轴):￥12.80

J229.53　032617
伟大领袖毛泽东:〔中堂年画〕/天津人民美术出版社编.—天津:天津人民美术出版社,1995.6.—1张;194×76cm
附对联一副
(卷轴):￥14.80

J229.53　032618
雄风图:〔中堂年画〕/浙江人民美术出版社编.—杭州:浙江人民美术出版社,1995.8.—1张;200×77cm
附对联一副
(卷轴):￥19.80

J229.53　032619
雄风图:〔中堂年画〕/李跃春,李墨绘.—天津:天津人民美术出版社,1995.6.—1张;140×63cm
附对联一副
(卷轴):￥12.80

J229.53　032620
月夜虎啸:〔中堂年画〕/浙江人民美术出版社编.—杭州:浙江人民美术出版社,1995.8.—1张;200×77cm
附对联一副
(卷轴):￥19.80

J229.53　032621
珠联璧合:〔中堂年画〕/李用夫,李志绘.—天津:天津人民美术出版社,1995.6.—1张;140×63cm
附对联一副
(卷轴):￥12.80

J229.53　032622
禧迎新春:〔中堂年画〕/戴德馨,戴宏安绘.—天津:天津人民美术出版社,1995.6.—1张;140×63cm
附对联一副
(卷轴):￥12.80

J229.53　032623
蟠桃献寿:〔中堂年画〕/俎翠林绘.—天津:天津人民美术出版社,1995.6.—1张;140×63cm
附对联一副
(卷轴):￥12.80

J229.54　032624
北海静心斋:〔摄影年画〕/王文波摄.—北京:中国旅游出版社,1995.—1张;37×106cm
￥2.60

J229.54　032625
北京北海公园:〔摄影年画〕/肖顺权摄.—北京:中国旅游出版社,1995.—1张;37×106cm
￥2.60

J229.54　032626
北京春漫双亭:〔摄影年画〕/孟桂摄.—北京:中国旅游出版社,1995.—1张;37×106cm
￥2.60

J229.54　032627
北京世界公园　(二):〔摄影年画〕/王文波摄.—北京:中国旅游出版社,1995.—1张;37×106cm
￥2.60

J229.54　032628
长大也要当水兵:〔摄影年画〕/李柱摄.—天津:天津人民美术出版社,1995.6.—1张;77×53cm
￥2.20

J229.54　032629
春明画卷:〔摄影年画〕/四星摄.—南京:江苏美术出版社,1995.6.—1张;53×150cm
￥5.50

J229.54　032630
春色怡人:〔摄影年画〕/刘震摄.—南京:江苏美术出版社,1995.6.—1张;38×106cm
￥2.50

J229.54　032631
飞阁凌空:〔摄影年画〕/王伟摄.—南京:江苏美术出版社,1995.6.—1张;38×106cm
￥2.50

J229.54　032632
飞虹生辉:〔摄影年画〕.—南京:江苏美术出版社,1995.6.—1张;38×106cm
￥2.50

J229.54　032633
港台明星:〔摄影年画〕.—上海:上海人民美术出版社,1995.6.—1张;77×53cm

￥2.40

J229.54 **032634**

港台明星胡慧中:〔摄影年画〕.—上海:上海人民美术出版社,1995.6.—1张;77×53cm

￥2.40

J229.54 **032635**

港台明星林志颖:〔摄影年画〕.—上海:上海人民美术出版社,1995.6.—1张;77×53cm

￥2.40

J229.54 **032636**

港台明星刘德华:〔摄影年画〕.—上海:上海人民美术出版社,1995.6.—1张;77×53cm

￥2.40

J229.54 **032637**

港台明星汪明荃:〔摄影年画〕.—上海:上海人民美术出版社,1995.6.—1张;77×53cm

￥2.40

J229.54 **032638**

港台明星叶倩文:〔摄影年画〕.—上海:上海人民美术出版社,1995.6.—1张;77×53cm

￥2.40

J229.54 **032639**

古园新春:〔摄影年画〕/刘震摄.—南京:江苏美术出版社,1995.6.—1张;53×150cm

￥5.50

J229.54 **032640**

湖光明媚:〔摄影年画〕/兆兴摄.—南京:江苏美术出版社,1995.6.—1张;53×150cm

￥5.50

J229.54 **032641**

花丛倩影:〔摄影年画〕/支柱摄.—天津:天津人民美术出版社,1995.6.—1张;77×53cm

￥2.20

J229.54 **032642**

花香满园:〔摄影年画〕/蒙紫摄.—北京:中国旅游出版社,1995.—1张;37×106cm

￥2.60

J229.54 **032643**

黄果树大瀑布:〔摄影年画〕.—上海:上海人民美术出版社,1995.6.—1张;38×106cm

￥2.50

J229.54 **032644**

黄山初雪:〔摄影年画〕.—上海:上海人民美术出版社,1995.6.—1张;38×106cm

￥2.50

J229.54 **032645**

节日的天安门:〔摄影年画〕/胡维标摄.—北京:中国旅游出版社,1995.—1张;37×106cm

￥2.60

J229.54 **032646**

龙潭新貌:〔摄影年画〕/李长捷摄.—北京:中国旅游出版社,1995.—1张;37×106cm

￥2.60

J229.54 **032647**

南宁清秀山公园:〔摄影年画〕/陈书帛摄.—北京:中国旅游出版社,1995.—1张;37×106cm

￥2.60

J229.54 **032648**

秦淮河畔:〔摄影年画〕/牛嵩林摄.—北京:中国连环画出版社,1995.10.—1张;53×77cm

￥2.90

J229.54 **032649**

热爱解放军:〔摄影年画〕/支柱摄.—天津:天津人民美术出版社,1995.6.—1张;53×77cm

￥2.20

J229.54 **032650**

三军女战士:〔摄影年画〕/支柱摄.—天津:天津人民美术出版社,1995.6.—1张;77×53cm

￥2.20

J229.54 **032651**

少先队日:〔摄影年画〕/支柱摄.—天津:天津人民美术出版社,1995.6.—1张;77×53cm

￥2.20

J229.54 **032652**

维和女兵:〔摄影年画〕/支柱摄.—天津:天津人民美术出版社,1995.6.—1张;77×53cm

￥2.20

J229.54 **032653**

我也要当侦察兵:〔摄影年画〕/支柱摄.—天津:天津人民美术出版社,1995.6.—1张;53×77cm

￥2.20

J229.54 **032654**

西湖胜景:〔摄影年画〕/浪花摄.—上海:上海人民美术出版社,1995.6.—1张;38×106cm

￥2.50

J229.54 **032655**

小岛景趣:〔摄影年画〕/刘震摄.—南京:江苏美术出版社,1995.6.—1张;38×106cm

￥2.50

J229.54 **032656**

小嘎子:〔摄影年画〕/支柱摄.—天津:天津人民美术出版社,1995.6.—1张;77×53cm

￥2.20

J229.54 **032657**

小虎队:〔摄影年画〕/支柱摄.—天津:天津人民美术出版社,1995.6.—1张;53×77cm

￥2.20

J229.54 **032658**

小小摄影家:〔摄影年画〕/年华祖摄.—上海:上海人民美术出版社,1995.2.—1张;77×53cm

￥2.40

J229.54 **032659**

小小侦察兵:〔摄影年画〕/支柱摄.—天津:天津人民美术出版社,1995.6.—1张;77×53cm

￥2.20

J229.54 **032660**

雪山远眺:〔摄影年画〕/少忠摄.—南京:江苏美术出版社,1995.6.—1张;53×150cm

¥5.50

J229.54　　　　032661

艺苑长青　(1):〔摄影年画〕/年华祖摄.—上海:上海人民美术出版社,1995.6.—1张;68×38cm

¥1.60

J229.54　　　　032662

艺苑长青　(2):〔摄影年画〕/年华祖摄.—上海:上海人民美术出版社,1995.6.—1张;68×38cm

¥1.60

J229.54　　　　032663

艺苑长青　(3):〔摄影年画〕/年华祖摄.—上海:上海人民美术出版社,1995.6.—1张;68×38cm

¥1.60

J229.54　　　　032664

艺苑长青　(4):〔摄影年画〕/年华祖摄.—上海:上海人民美术出版社,1995.6.—1张;68×38cm

¥1.60

J229.54　　　　032665

园林之春:〔摄影年画〕/刘震摄.—南京:江苏美术出版社,1995.6.—1张;38×106cm

¥2.50

J229.58　　　　032666

1953年毛泽东同志和周恩来同志在最高国务会议上:摄影:〔1996年年历〕/吕厚民摄.—北京:中国连环画出版社,1995.10.—1张;77×53cm

¥2.90

J229.58　　　　032667

安顺龙宫:摄影:〔1996年年历〕/牛嵩林摄.—北京:中国连环画出版社,1995.10.—1张;77×53cm

¥2.90

J229.58　　　　032668

百花争艳:摄影:〔1996年年历〕/夏辰摄.—沈阳:辽宁美术出版社,1995.10.—1张;38×53cm

¥1.30

J229.58　　　　032669

北京国贸大厦:摄影:〔1996年年历〕/梅林摄.—北京:中国连环画出版社,1995.10.—1张;53×77cm

¥2.90

J229.58　　　　032670

北京明苑:摄影:〔1996年年历〕.—北京:中国旅游出版社,1995.—1张;38×53cm

¥1.30

J229.58　　　　032671

北京天安门:摄影:〔1996年年历〕/梅生摄.—北京:中国旅游出版社,1995.—1张;77×53cm

¥2.60

J229.58　　　　032672

北京天坛:摄影:〔1996年年历〕.—北京:中国旅游出版社,1995.—1张;38×53cm

¥1.30

J229.58　　　　032673

北京之夜:摄影:〔1996年年历〕/孙震宇摄.—北京:中国连环画出版社,1995.10.—1张;53×77cm

¥2.90

J229.58　　　　032674

碧海佳丽:摄影:〔1996年年历〕/梅生摄.—北京:中国旅游出版社,1995.—1张;53×38cm

¥1.30

J229.58　　　　032675

灿烂星光　(二):摄影:〔1996年年历〕.—上海:上海人民美术出版社,1995.6.—1张;77×53cm

¥2.40

J229.58　　　　032676

灿烂星光　(六):摄影:〔1996年年历〕.—上海:上海人民美术出版社,1995.6.—1张;77×53cm

¥2.40

J229.58　　　　032677

灿烂星光　(五):摄影:〔1996年年历〕.—上海:上海人民美术出版社,1995.6.—1张;77×53cm

¥2.40

J229.58　　　　032678

灿烂星光　(一):摄影:〔1996年年历〕.—上海:上海人民美术出版社,1995.6.—1张;77×53cm

¥2.40

J229.58　　　　032679

长城雄姿:摄影:〔1996年年历〕/高明义摄.—北京:中国连环画出版社,1995.10.—1张;77×53cm

¥2.90

J229.58　　　　032680

畅想:摄影:〔1996年年历〕/四星供稿.—南京:江苏美术出版社,1995.6.—1张;77×53cm

¥2.40

J229.58　　　　032681

垂丝海棠:摄影:〔1996年年历〕/陈春轩摄.—上海:上海人民美术出版社,1995.6.—1张;35×38cm

¥0.90

J229.58　　　　032682

春:摄影:〔1996年年历〕/钱豫强摄.—天津:天津人民美术出版社,1995.—1张;53×37cm

¥1.00

J229.58　　　　032683

春到华山:摄影:〔1996年年历〕.—西安:陕西人民美术出版社,1995.11.—1张;77×53cm

¥2.60

J229.58　　　　032684

春到蠡园:摄影:〔1996年年历〕/胡维标摄.—北京:中国旅游出版社,1995.—1张;53×38cm

¥1.30

J229.58　　　　032685

春华:摄影:〔1996年年历〕/庆志摄.—南京:江苏美术出版社,1995.6.—1张;77×53cm

¥2.40

J229.58　　　　032686

纯真:摄影:〔1996年年历〕/陈春轩摄.—天津:天津人民美术出版社,1995.—1张;53×37cm

¥1.00

J229.58　　　　032687

大理三塔:摄影:〔1996年年历〕.—西安:陕西人民美

术出版社,1995.11.—1张;77×53cm
¥2.60

J229.58　032688
德国风光:摄影:〔1996年年历〕/李佳凯摄.—沈阳:辽宁美术出版社,1995.10.—1张;38×53cm
¥1.30

J229.58　032689
典雅:摄影:〔1996年年历〕.—南京:江苏美术出版社,1995.6.—1张;77×53cm
¥2.40

J229.58　032690
电影演员陈红:摄影:〔1996年年历〕.—西安:陕西人民美术出版社,1995.11.—1张;68×37cm
¥2.00

J229.58　032691
法兰克福城市雕塑:摄影:〔1996年年历〕/方钧强摄.—北京:中国连环画出版社,1995.10.—1张;77×53cm
¥2.90

J229.58　032692
风采:摄影:〔1996年年历〕/贾育平摄.—北京:中国旅游出版社,1995.—1张;53×38cm
¥1.30

J229.58　032693
风采:摄影:〔1996年年历〕/江苏美术出版社编.—南京:江苏美术出版社,1995.6.—1张;77×35cm
¥1.60

J229.58　032694
风流骑士:摄影:〔1996年年历〕/贾跃平摄.—北京:中国旅游出版社,1995.—1张;77×53cm
¥2.60

J229.58　032695
风靡港台的情调钢琴小公主——孙颖小姐:摄影:〔1996年年历〕/孙杰供稿.—南京:江苏美术出版社,1995.6.—1张;68×37cm
¥1.60

J229.58　032696
福到春来:摄影:〔1996年年历〕/石之摄.—北京:中国连环画出版社,1995.10.—1张;77×53cm
¥2.90

J229.58　032697
恭喜发财:摄影:〔1996年年历〕/年华祖摄.—上海:上海人民美术出版社,1995.2.—1张;77×53cm
¥2.40

J229.58　032698
公园佳景:摄影:〔1996年年历〕/鲁风摄.—沈阳:辽宁美术出版社,1995.10.—1张;38×53cm
¥1.30

J229.58　032699
共和国保卫者:摄影:〔1996年年历〕/年华祖摄.—上海:上海人民美术出版社,1995.2.—1张;53×77cm
¥2.40

J229.58　032700
瓜果飘香:摄影:〔1996年年历〕/年华祖摄.—上海:上海人民美术出版社,1995.6.—1张;53×77cm
¥2.40

J229.58　032701
广州光孝寺:摄影:〔1996年年历〕/任一摄.—北京:中国连环画出版社,1995.10.—1张;53×77cm
¥2.90

J229.58　032702
贵州风雨桥:摄影:〔1996年年历〕/牛嵩林摄.—北京:中国连环画出版社,1995.10.—1张;77×53cm
¥2.90

J229.58　032703
国色天香:摄影:〔1996年年历〕.—西安:陕西人民美术出版社,1995.11.—1张;77×53cm
¥2.60

J229.58　032704
海南东坡书院:摄影:〔1996年年历〕/高明义摄.—北京:中国连环画出版社,1995.10.—1张;77×53cm
¥2.90

J229.58　032705
海洋公园:摄影:〔1996年年历〕/孙成义摄.—沈阳:辽宁美术出版社,1995.10.—1张;38×53cm
¥1.30

J229.58　032706
含芳:摄影:〔1996年年历〕/江苏美术出版社编.—南京:江苏美术出版社,1995.6.—1张;77×35cm
¥1.60

J229.58　032707
杭州曲院风荷:摄影:〔1996年年历〕/牛嵩林摄.—北京:中国连环画出版社,1995.10.—1张;77×53cm
¥2.90

J229.58　032708
好宝宝:摄影:〔1996年年历〕/年华祖摄.—上海:上海人民美术出版社,1995.6.—1张;68×37cm
¥1.60

J229.58　032709
好宝宝:摄影:〔1996年年历〕.—南京:江苏美术出版社,1995.6.—1张;77×53cm
¥2.40

J229.58　032710
和平使者:摄影:〔1996年年历〕.—西安:陕西人民美术出版社,1995.11.—1张;77×53cm
¥2.60

J229.58　032711
红梅图:国画:〔1996年年历〕.—西安:陕西人民美术出版社,1995.11.—1张;77×53cm
¥2.60

J229.58　032712
红衣少女:摄影:〔1996年年历〕/杨中俭摄.—北京:中国旅游出版社,1995.—1张;53×38cm
¥1.30

J229.58　032713
花好月圆:摄影:〔1996年年历〕/年华祖摄.—上海:上海人民美术出版社,1995.2.—1张;77×53cm
¥2.40

J229.58　032714
花仙子:摄影:[1996年年历]/钱豫强摄.—北京:中国旅游出版社,1995.—1张;53×38cm
¥1.30

J229.58　032715
华彩:摄影:〔1996年年历〕/陈春轩摄.—上海:上海人民美术出版社,1995.2.—1张;77×53cm
¥2.40

J229.58　032716
华贵:摄影:〔1996年年历〕/刘海发摄.—天津:天津人民美术出版社,1995.—1张;53×37cm
¥1.00

J229.58　032717
欢庆的十月:摄影:〔1996年年历〕/姜维朴摄.—北京:中国连环画出版社,1995.10.—1张;53×77cm
¥2.90

J229.58　032718
黄果树飞瀑:摄影:〔1996年年历〕/书帛摄.—南京:江苏美术出版社,1995.6.—1张;77×53cm
¥2.20

J229.58　032719
黄山松柏:摄影:〔1996年年历〕/中俭摄.—南京:江苏美术出版社,1995.6.—1张;77×53cm
¥2.40

J229.58　032720
回眸:摄影:〔1996年年历〕.—南京:江苏美术出版社,1995.6.—1张;77×53cm
¥2.40

J229.58　032721
吉祥如意:摄影:〔1996年年历〕/年华祖摄.—上海:上海人民美术出版社,1995.2.—1张;77×53cm
¥2.40

J229.58　032722
佳丽:摄影:〔1996年年历〕.—西安:陕西人民美术出版社,1995.11.—1张;68×37cm
¥2.00

J229.58　032723
假日:摄影:〔1996年年历〕.—天津:天津人民美术出版社,1995.—1张;53×37cm
¥1.00

J229.58　032724
江西龙虎山:摄影:〔1996年年历〕/谷维恒摄.—沈阳:辽宁美术出版社,1995.10.—1张;38×53cm
¥1.30

J229.58　032725
交相晖映:摄影:〔1996年年历〕/登峰摄.—北京:中国连环画出版社,1995.10.—1张;77×53cm
¥2.90

J229.58　032726
娇艳:摄影:〔1996年年历〕/登峰摄.—北京:中国连环画出版社,1995.10.—1张;77×53cm
¥2.90

J229.58　032727
节日北京街景:摄影:[1996年年历]/陈书帛摄.—北京:中国旅游出版社,1995.—1张;53×38cm
¥1.30

J229.58　032728
金菊如画:摄影:〔1996年年历〕/登峰摄.—北京:中国连环画出版社,1995.10.—1张;77×53cm
¥2.90

J229.58　032729
金秋:摄影:〔1996年年历〕/谢新发摄.—上海:上海人民美术出版社,1995.2.—1张;77×53cm
¥2.40

J229.58　032730
金秋时节:摄影:〔1996年年历〕/朝阳摄.—北京:中国连环画出版社,1995.10.—1张;77×53cm
¥2.90

J229.58　032731
静思:摄影:〔1996年年历〕/杭志忠摄.—上海:上海人民美术出版社,1995.6.—1张;68×37cm
¥2.40

J229.58　032732
菊艳蟹肥:摄影:〔1996年年历〕/姚中玉摄.—上海:上海人民美术出版社,1995.6.—1张;35×38cm
¥0.90

J229.58　032733
钓鱼台一角:摄影:〔1996年年历〕/牛嵩林摄.—北京:中国连环画出版社,1995.10.—1张;77×53cm
¥2.90

J229.58　032734
可爱宠物　(二):摄影:〔1996年年历〕.—上海:上海人民美术出版社,1995.—1张;77×53cm
¥2.50

J229.58　032735
可爱宠物　(六):摄影:〔1996年年历〕.—上海:上海人民美术出版社,1995.—1张;77×53cm
¥2.50

J229.58　032736
可爱宠物　(三):摄影:〔1996年年历〕.—上海:上海人民美术出版社,1995.—1张;77×53cm
¥2.50

J229.58　032737
可爱宠物　(四):摄影:〔1996年年历〕.—上海:上海人民美术出版社,1995.—1张;77×53cm
¥2.50

J229.58　032738
可爱宠物　(五):摄影:〔1996年年历〕.—上海:上海人民美术出版社,1995.—1张;77×53cm
¥2.50

J229.58　032739
可爱宠物　(一):摄影:〔1996年年历〕.—上海:上海人民美术出版社,1995.—1张;77×53cm
¥2.50

J229.58　032740
可爱的武警战士:摄影:〔1996年年历〕/年华祖摄.—上海:上海人民美术出版社,1995.2.—1张;77×53cm
¥2.40

J229.58 032741
昆明翠湖公园:摄影:〔1996年年历〕/张董芬摄.—北京:中国连环画出版社,1995.10.—1张;77×53cm
￥2.90

J229.58 032742
浪漫:摄影:〔1996年年历〕.—南京:江苏美术出版社,1995.6.—1张;77×53cm
￥2.40

J229.58 032743
乐淘淘:摄影:〔1996年年历〕/王伟摄.—南京:江苏美术出版社,1995.6.—1张;77×53cm
￥2.40

J229.58 032744
立志夺冠军:摄影:〔1996年年历〕/姚中玉摄.—上海:上海人民美术出版社,1995.2.—1张;77×53cm
￥2.40

J229.58 032745
恋曲:摄影:〔1996年年历〕/庆志摄.—南京:江苏美术出版社,1995.6.—1张;77×53cm
￥2.40

J229.58 032746
流行时尚:摄影:[1996年年历]/钱豫强摄.—北京:中国旅游出版社,1995.—1张;53×38cm
￥1.30

J229.58 032747
庐山冬雪:摄影:[1996年年历]/殷锡祥摄.—北京:中国旅游出版社,1995.—1张;53×38cm
￥1.30

J229.58 032748
庐山松:摄影:〔1996年年历〕/杭志忠摄.—上海:上海人民美术出版社,1995.2.—1张;77×53cm
￥2.40

J229.58 032749
猫来福到:摄影:〔1996年年历〕.—西安:陕西人民美术出版社,1995.11.—1张;77×53cm
￥2.60

J229.58 032750
美国旧金山艺术宫:摄影:[1996年年历]/杨茵摄.—北京:中国旅游出版社,1995.—1张;53×38cm
￥1.30

J229.58 032751
美艳:摄影:〔1996年年历〕.—南京:江苏美术出版社,1995.6.—1张;77×53cm
￥2.40

J229.58 032752
迷恋:摄影:〔1996年年历〕.—南京:江苏美术出版社,1995.6.—1张;77×53cm
￥2.40

J229.58 032753
明媚:摄影:〔1996年年历〕/陈锦摄.—天津:天津人民美术出版社,1995.—1张;38×53cm
￥1.00

J229.58 032754
明眸:摄影:〔1996年年历〕/常春摄.—上海:上海人民美术出版社,1995.6.—1张;68×37cm
￥2.40

J229.58 032755
南亚别墅:摄影:〔1996年年历〕/夏辰摄.—沈阳:辽宁美术出版社,1995.10.—1张;38×53cm
￥1.30

J229.58 032756
内秀:摄影:〔1996年年历〕/江苏美术出版社编.—南京:江苏美术出版社,1995.6.—1张;77×35cm
￥1.60

J229.58 032757
凝视:摄影:〔1996年年历〕/四星供稿.—南京:江苏美术出版社,1995.6.—1张;77×53cm
￥2.40

J229.58 032758
凝思:摄影:〔1996年年历〕/金光远摄.—北京:中国旅游出版社,1995.—1张;53×38cm
￥1.30

J229.58 032759
宁静:摄影:〔1996年年历〕/建华供稿.—南京:江苏美术出版社,1995.6.—1张;77×53cm
￥2.40

J229.58 032760
女骑手:摄影:〔1996年年历〕/梅生摄.—北京:中国旅游出版社,1995.—1张;53×38cm
￥1.30

J229.58 032761
胖胖:摄影:〔1996年年历〕.—西安:陕西人民美术出版社,1995.11.—1张;77×53cm
￥2.60

J229.58 032762
俏丽:摄影:〔1996年年历〕/高胜奎摄.—天津:天津人民美术出版社,1995.—1张;53×37cm
￥1.00

J229.58 032763
青春:摄影:〔1996年年历〕/陈春轩摄.—天津:天津人民美术出版社,1995.—1张;53×37cm
￥1.00

J229.58 032764
青春:摄影:〔1996年年历〕/谭尚忍摄.—上海:上海人民美术出版社,1995.6.—1张;68×37cm
￥2.40

J229.58 032765
青春年华:摄影:〔1996年年历〕.—西安:陕西人民美术出版社,1995.11.—1张;68×37cm
￥2.00

J229.58 032766
青春少女:摄影:〔1996年年历〕/浪琴摄.—上海:上海人民美术出版社,1995.2.—1张;77×53cm
￥2.40

J229.58 032767
轻盈:摄影:〔1996年年历〕/谷静供稿.—南京:江苏美术出版社,1995.6.—1张;77×53cm
￥2.40

J229.58　　　　032768

清纯:摄影:〔1996年年历〕/小林,红林供稿.—南京:江苏美术出版社,1995.6.—1张;77×53cm

¥2.40

J229.58　　　　032769

琼岛今更美:摄影:〔1996年年历〕/张惠芬摄.—北京:中国连环画出版社,1995.10.—1张;53×77cm

¥2.90

J229.58　　　　032770

求索:摄影:〔1996年年历〕/陈春轩摄.—上海:上海人民美术出版社,1995.6.—1张;77×53cm

¥2.40

J229.58　　　　032771

群花飘香:摄影:〔1996年年历〕/郭志国摄.—沈阳:辽宁美术出版社,1995.10.—1张;38×53cm

¥1.30

J229.58　　　　032772

人民警察爱人民:摄影:〔1996年年历〕/谢新发摄.—上海:上海人民美术出版社,1995.2.—1张;77×53cm

¥2.40

J229.58　　　　032773

人民卫士:摄影:〔1996年年历〕/谢新发摄.—上海:上海人民美术出版社,1995.2.—1张;77×53cm

¥2.40

J229.58　　　　032774

人寿年丰:摄影:〔1996年年历〕/张董芬摄.—北京:中国连环画出版社,1995.10.—1张;77×53cm

¥2.90

J229.58　　　　032775

上官婉儿:摄影:〔1996年年历〕.—南京:江苏美术出版社,1995.6.—1张;77×53cm

¥2.40

J229.58　　　　032776

上海东方明珠夜景:摄影:〔1996年年历〕/新发,杭岚摄.—上海:上海人民美术出版社,1995.6.—1张;35×38cm

¥0.90

J229.58　　　　032777

上海金城大厦:摄影:〔1996年年历〕/于健鹰摄.—北京:中国连环画出版社,1995.10.—1张;77×53cm

¥2.90

J229.58　　　　032778

上海新外滩之夜:摄影:〔1996年年历〕/吕大千摄.—北京:中国旅游出版社,1995.—1张;53×77cm

¥2.60

J229.58　　　　032779

上海之夜:摄影:〔1996年年历〕/陈东林摄.—北京:中国旅游出版社,1995.—1张;26×38cm

¥0.80

J229.58　　　　032780

绍兴东湖:摄影:〔1996年年历〕/陈春轩摄.—上海:上海人民美术出版社,1995.2.—1张;77×53cm

¥2.40

J229.58　　　　032781

绍兴东湖:摄影:〔1996年年历〕/高明义摄.—北京:中国连环画出版社,1995.10.—1张;77×53cm

¥2.90

J229.58　　　　032782

深情:摄影:〔1996年年历〕/高胜奎摄.—天津:天津人民美术出版社,1995.—1张;53×37cm

¥1.00

J229.58　　　　032783

深圳香密湖:摄影:〔1996年年历〕/牛嵩林摄.—北京:中国连环画出版社,1995.10.—1张;77×53cm

¥2.90

J229.58　　　　032784

神骑佳丽:摄影:〔1996年年历〕/贾跃平摄.—北京:中国旅游出版社,1995.—1张;77×53cm

¥2.60

J229.58　　　　032785

盛放——君子兰:摄影:〔1996年年历〕/姜维朴摄.—北京:中国连环画出版社,1995.10.—1张;37×53cm

¥1.45

J229.58　　　　032786

世界公园:摄影:〔1996年年历〕/岫石摄.—沈阳:辽宁美术出版社,1995.10.—1张;38×53cm

¥1.30

J229.58　　　　032787

舒适:摄影:〔1996年年历〕.—南京:江苏美术出版社,1995.6.—1张;77×53cm

¥2.40

J229.58　　　　032788

双鱼图:摄影:〔1996年年历〕/邵黎阳摄.—上海:上海人民美术出版社,1995.6.—1张;35×38cm

¥0.90

J229.58　　　　032789

睡莲:摄影:〔1996年年历〕/高明义摄.—北京:中国连环画出版社,1995.10.—1张;37×53cm

¥1.45

J229.58　　　　032790

硕果:摄影:〔1996年年历〕.—西安:陕西人民美术出版社,1995.11.—1张;77×53cm

¥2.60

J229.58　　　　032791

硕果:摄影:〔1996年年历〕/陈春轩摄.—上海:上海人民美术出版社,1995.6.—1张;77×53cm

¥2.40

J229.58　　　　032792

四美争艳:摄影:〔1996年年历〕/梅林摄.—北京:中国连环画出版社,1995.10.—1张;53×37cm

¥1.45

J229.58　　　　032793

松鹤迎春:国画:〔1996年年历〕.—西安:陕西人民美术出版社,1995.11.—1张;77×53cm

¥2.80

J229.58　　　　032794

泰国大王宫:摄影:〔1996年年历〕/鄂毅摄.—沈阳:辽宁美术出版社,1995.10.—1张;38×53cm

￥1.30

J229.58　032795

太平公主:摄影:〔1996年年历〕.—南京:江苏美术出版社,1995.6.—1张;77×53cm

￥2.40

J229.58　032796

天鹅:摄影:〔1996年年历〕/高志孝摄.—沈阳:辽宁美术出版社,1995.10.—1张;38×53cm

￥1.30

J229.58　032797

天涯海角:摄影:〔1996年年历〕/鄂毅摄.—沈阳:辽宁美术出版社,1995.10.—1张;38×53cm

￥1.30

J229.58　032798

天涯海角风光美:摄影:〔1996年年历〕/高明义摄.—北京:中国连环画出版社,1995.10.—1张;53×77cm

￥2.90

J229.58　032799

甜美:摄影:〔1996年年历〕/何兆欣摄.—天津:天津人民美术出版社,1995.—1张;53×37cm

￥1.00

J229.58　032800

童年:摄影:〔1996年年历〕.—西安:陕西人民美术出版社,1995.11.—1张;68×37cm

￥2.00

J229.58　032801

童趣:摄影:〔1996年年历〕/陈悦摄.—天津:天津人民美术出版社,1995.—1张;53×37cm

￥1.00

J229.58　032802

喂果汁:摄影:〔1996年年历〕.—西安:陕西人民美术出版社,1995.11.—1张;68×38cm

￥2.00

J229.58　032803

温馨:摄影:〔1996年年历〕/庆志摄.—南京:江苏美术出版社,1995.6.—1张;77×53cm

￥2.40

J229.58　032804

温馨:摄影:〔1996年年历〕/贾育平摄.—北京:中国旅游出版社,1995.—1张;53×38cm

￥1.30

J229.58　032805

我的布老虎:摄影:〔1996年年历〕/古欣摄.—北京:中国旅游出版社,1995.—1张;53×38cm

￥1.30

J229.58　032806

无瑕:摄影:〔1996年年历〕/钱豫强摄.—北京:中国旅游出版社,1995.—1张;53×38cm

￥1.30

J229.58　032807

武则天　(二):摄影:〔1996年年历〕.—南京:江苏美术出版社,1995.6.—1张;77×53cm

￥2.40

J229.58　032808

武则天　(一):摄影:〔1996年年历〕.—南京:江苏美术出版社,1995.6.—1张;77×53cm

￥2.40

J229.58　032809

五彩缤纷:摄影:〔1996年年历〕/姜维朴摄.—北京:中国连环画出版社,1995.10.—1张;77×53cm

￥2.90

J229.58　032810

西湖公园:摄影:〔1996年年历〕/谷维恒摄.—沈阳:辽宁美术出版社,1995.10.—1张;38×53cm

￥1.30

J229.58　032811

希望:摄影:〔1996年年历〕/张玉同摄.—沈阳:辽宁美术出版社,1995.10.—1张;38×53cm

￥1.30

J229.58　032812

惜春:摄影:〔1996年年历〕/林瑛珊摄.—沈阳:辽宁美术出版社,1995.10.—1张;38×53cm

￥1.30

J229.58　032813

夏日:摄影:〔1996年年历〕/姚中玉摄.—上海:上海人民美术出版社,1995.2.—1张;77×53cm

￥2.40

J229.58　032814

夏日:摄影:〔1996年年历〕.—天津:天津人民美术出版社,1995.—1张;53×37cm

￥1.00

J229.58　032815

夏威夷海滨:摄影:〔1996年年历〕/方钧强摄.—北京:中国连环画出版社,1995.10.—1张;77×53cm

￥2.90

J229.58　032816

闲情:摄影:〔1996年年历〕.—天津:天津人民美术出版社,1995.—1张;53×37cm

￥1.00

J229.58　032817

现代居室　(二):摄影:〔1996年年历〕.—上海:上海人民美术出版社,1995.—1张;77×53cm

￥2.50

J229.58　032818

现代居室　(六):摄影:〔1996年年历〕.—上海:上海人民美术出版社,1995.—1张;77×53cm

￥2.50

J229.58　032819

现代居室　(三):摄影:〔1996年年历〕.—上海:上海人民美术出版社,1995.—1张;77×53cm

￥2.50

J229.58　032820

现代居室　(四):摄影:〔1996年年历〕.—上海:上海人民美术出版社,1995.—1张;77×53cm

￥2.50

J229.58　032821

现代居室　(五):摄影:〔1996年年历〕.—上海:上海人民美术出版社,1995.—1张;77×53cm

¥2.50

J229.58　　032822

现代居室　(一):摄影:〔1996年年历〕.—上海:上海人民美术出版社,1995.—1张;77×53cm

¥2.50

J229.58　　032823

香港夜景:摄影:〔1996年年历〕/王文波摄.—北京:中国旅游出版社,1995.—1张;53×38cm

¥1.30

J229.58　　032824

小白鸽:摄影:〔1996年年历〕/年华祖摄.—上海:上海人民美术出版社,1995.6.—1张;68×37cm

¥1.60

J229.58　　032825

小财神:摄影:〔1996年年历〕/年华祖摄.—上海:上海人民美术出版社,1995.2.—1张;77×53cm

¥2.40

J229.58　　032826

小冠军:摄影:〔1996年年历〕/年华祖摄.—上海:上海人民美术出版社,1995.6.—1张;68×37cm

¥1.60

J229.58　　032827

小皇帝:摄影:〔1996年年历〕/周良摄.—天津:天津人民美术出版社,1995.—1张;53×37cm

¥1.00

J229.58　　032828

小伙伴:摄影:〔1996年年历〕.—西安:陕西人民美术出版社,1995.11.—1张;77×53cm

¥2.60

J229.58　　032829

小淘气:摄影:〔1996年年历〕.—西安:陕西人民美术出版社,1995.11.—1张;77×53cm

¥2.60

J229.58　　032830

小淘气:摄影:〔1996年年历〕/年华祖摄.—上海:上海人民美术出版社,1995.6.—1张;68×37cm

¥1.60

J229.58　　032831

小天真:摄影:〔1996年年历〕.—西安:陕西人民美术出版社,1995.11.—1张;77×53cm

¥2.60

J229.58　　032832

小小侦察兵:摄影:〔1996年年历〕/年华祖摄.—上海:上海人民美术出版社,1995.2.—1张;77×53cm

¥2.40

J229.58　　032833

小荧星:摄影:〔1996年年历〕/年华祖摄.—上海:上海人民美术出版社,1995.6.—1张;68×37cm

¥1.60

J229.58　　032834

小咪咪:摄影:〔1996年年历〕/邢延生,接祖华摄.—北京:中国连环画出版社,1995.10.—1张;77×53cm

¥2.90

J229.58　　032835

蟹菊图:摄影:〔1996年年历〕/年华祖摄.—上海:上海人民美术出版社,1995.6.—1张;53×77cm

¥2.40

J229.58　　032836

新加坡风光:摄影:〔1996年年历〕/鄂毅摄.—沈阳:辽宁美术出版社,1995.10.—1张;38×53cm

¥1.30

J229.58　　032837

新疆天池:摄影:〔1996年年历〕/孙震宇摄.—北京:中国连环画出版社,1995.10.—1张;77×53cm

¥2.90

J229.58　　032838

新娘:摄影:〔1996年年历〕.—西安:陕西人民美术出版社,1995.11.—1张;77×53cm

¥2.60

J229.58　　032839

幸福:摄影:〔1996年年历〕/谭尚忍,宋士诚摄.—上海:上海人民美术出版社,1995.2.—1张;77×53cm

¥2.40

J229.58　　032840

雄姿:摄影:〔1996年年历〕/建华供稿.—南京:江苏美术出版社,1995.6.—1张;77×53cm

¥2.40

J229.58　　032841

秀女:摄影:〔1996年年历〕/杭志忠摄.—天津:天津人民美术出版社,1995.—1张;53×37cm

¥1.00

J229.58　　032842

学习雷锋好榜样:摄影:〔1996年年历〕/年华祖摄.—上海:上海人民美术出版社,1995.2.—1张;77×53cm

¥2.40

J229.58　　032843

雅荷:国画:〔1996年年历〕.—西安:陕西人民美术出版社,1995.11.—1张;77×53cm

¥2.60

J229.58　　032844

雅洁:摄影:〔1996年年历〕/庆志摄.—南京:江苏美术出版社,1995.6.—1张;77×53cm

¥2.40

J229.58　　032845

扬州瘦西湖:摄影:〔1996年年历〕/陈书帛摄.—北京:中国旅游出版社,1995.—1张;53×38cm

¥1.30

J229.58　　032846

吔:摄影:〔1996年年历〕/韩志雅摄.—天津:天津人民美术出版社,1995.—1张;53×37cm

¥1.00

J229.58　　032847

夜深圳:摄影:〔1996年年历〕/梅林摄.—北京:中国连环画出版社,1995.10.—1张;53×77cm

¥2.90

J229.58　　032848

英姿飒爽:摄影:〔1996年年历〕/年华祖摄.—上海:上海人民美术出版社,1995.2.—1张;77×53cm

¥2.40

J229.58　032849

郁金香　（二）：摄影：〔1996 年年历〕/石之摄．—北京：中国连环画出版社，1995.10.—1 张；77×53cm

¥2.90

J229.58　032850

郁金香　（一）：摄影：〔1996 年年历〕/石之摄．—北京：中国连环画出版社，1995.10.—1 张；77×53cm

¥2.90

J229.58　032851

郁金香：摄影：〔1996 年年历〕/张惠芬摄．—北京：中国连环画出版社，1995.10.—1 张；37×53cm

¥1.45

J229.58　032852

郁金香：摄影：〔1996 年年历〕/张克庆摄．—北京：中国旅游出版社，1995.—1 张；53×38cm

¥1.30

J229.58　032853

云南曼春满佛寺：摄影：〔1996 年年历〕/吕大千摄．—北京：中国旅游出版社，1995.—1 张；38×53cm

¥1.30

J229.58　032854

云南热带植物园：摄影：〔1996 年年历〕/吕大千摄．—北京：中国旅游出版社，1995.—1 张；38×53cm

¥1.30

J229.58　032855

云山远眺：摄影：〔1996 年年历〕/王建华供稿．—南京：江苏美术出版社，1995.6.—1 张；53×77cm

¥2.40

J229.58　032856

战友情深：摄影：〔1996 年年历〕/年华祖摄．—上海：上海人民美术出版社，1995.2.—1 张；77×53cm

¥2.40

J229.58　032857

珍珠：摄影：〔1996 年年历〕/登峰摄．—北京：中国连环画出版社，1995.10.—1 张；77×53cm

¥2.90

J229.58　032858

只生一个好：摄影：〔1996 年年历〕/肖松摄．—上海：上海人民美术出版社，1995.2.—1 张；77×53cm

¥2.40

J229.58　032859

志在蓝天：摄影：〔1996 年年历〕/年华祖摄．—上海：上海人民美术出版社，1995.6.—1 张；53×37cm

¥1.30

J229.58　032860

众星捧月：摄影：〔1996 年年历〕/登峰摄．—北京：中国连环画出版社，1995.10.—1 张；77×53cm

¥2.90

J229.58　032861

姿容：摄影：〔1996 年年历〕/江苏美术出版社编．—南京：江苏美术出版社，1995.6.—1 张；77×35cm

¥1.60

J229.58　032862

祖国，我爱您：摄影：〔1996 年年历〕/四星，建华摄．—南京：江苏美术出版社，1995.6.—1 张；77×53cm

¥2.40

J229.58　032863

祖国颂：摄影：〔1996 年年历〕/年华祖摄．—上海：上海人民美术出版社，1995.2.—1 张；77×53cm

¥2.40

J229.58　032864

祖国万岁：摄影：〔1996 年年历〕/年华祖摄．—上海：上海人民美术出版社，1995.2.—1 张；77×53cm

¥2.40

J229.58　032865

祖国卫士：摄影：〔1996 年年历〕．—西安：陕西人民美术出版社，1995.11.—1 张；53×77cm

¥2.80

J229.58　032866

祖国在我心中：摄影：〔1996 年年历〕/年华祖摄．—上海：上海人民美术出版社，1995.2.—1 张；77×53cm

¥2.40

J229.58　032867

尊敬我们的老师：摄影：〔1996 年年历〕/年华祖摄．—上海：上海人民美术出版社，1995.2.—1 张；77×53cm

¥2.40

J229.58　032868

倩影：摄影：〔1996 年年历〕．—西安：陕西人民美术出版社，1995.11.—1 张；68×37cm

¥2.00

J229.58　032869

馨香：摄影：〔1996 年年历〕/陈春轩摄．—上海：上海人民美术出版社，1995.2.—1 张；77×53cm

¥2.40

J229.58　032870

妩媚：摄影：〔1996 年年历〕．—南京：江苏美术出版社，1995.6.—1 张；77×53cm

¥2.40

J229.58　032871

娴静：摄影：〔1996 年年历〕/晓章供稿．—南京：江苏美术出版社，1995.6.—1 张；77×53cm

¥2.40

J229.58　032872

媲美：摄影：〔1996 年年历〕/登峰摄．—北京：中国连环画出版社，1995.10.—1 张；77×53cm

¥2.90

J229.58　032873

窈窕：摄影：〔1996 年年历〕/杭志忠摄．—天津：天津人民美术出版社，1995.—1 张；53×37cm

¥1.00

J229.58　032874

靓女：摄影：〔1996 年年历〕/鄂毅摄．—北京：中国旅游出版社，1995.—1 张；53×38cm

¥1.30

J229.6　032875

1995：临潼：〔摄影挂历〕/任永健摄．—西宁：青海人民出版社，1995.—1 册；77×53cm

¥38.00

J229.6 032876

1996～1997:天然画卷〔双年摄影挂历〕/温克信摄.—南京:江苏科学技术出版社,1995.10.—1册;19×26cm

ISBN 7-5345-2015-0:¥5.00

J229.6 032877

1996:〔摄影挂历〕/何小芳摄.—广州:岭南美术出版社,1995.—1册;100×70cm

ISBN 7-5362-1231-3:¥48.00

J229.6 032878

1996:〔摄影挂历〕/何小芳摄.—广州:岭南美术出版社,1995.—1册;87×68cm

ISBN 7-5362-1230-5:¥31.00

J229.6 032879

1996:傲骨:〔摄影挂历〕/宗万华摄.—天津:天津人民美术出版社,1995.—1册;77×53cm

ISBN 7-5305-0500-9:¥25.00

J229.6 032880

1996:八骏图:手绘艺术挂历/江苏美术出版社编.—南京:江苏美术出版社,1995.—1幅;扇形

(盒装):¥0.00

J229.6 032881

1996:百福:〔挂历〕.—北京:中国戏剧出版社,1995.7.—1册;27×37cm

ISBN 7-104-00725-3:¥25.00

J229.6 032882

1996:百猫图:〔摄影挂历〕/冯力等摄.—石家庄:河北美术出版社,1995.10.—1册;77×53cm

ISBN 7-5310-0704-5:¥25.00

J229.6 032883

1996:奔马:高级艺术壁挂/江苏美术出版社编.—南京:江苏美术出版社,1995.—1幅;85×35cm

(盒装):¥0.00

J229.6 032884

1996:财源通宝:〔摄影挂历〕/天津人民美术出版社编.—天津:天津人民美术出版社,1995.—1册;74×48cm

ISBN 7-5305-0509-2:¥24.00

J229.6 032885

1996:灿烂星光:〔摄影挂历〕/全景图片公司供稿.—上海:上海人民美术出版社,1995.—1册;77×53cm

ISBN 7-5322-1456-7:¥25.00

J229.6 032886

1996:插花艺术:〔摄影挂历〕/柯月英摄.—北京:冶金工业出版社,1995.—1册;71×48cm

ISBN 7-5024-1786-9:¥12.80

J229.6 032887

1996:陈逸飞油画作品选:〔油画挂历〕/陈逸飞绘.—北京:中国金融出版社,1995.—1册;85×57cm

ISBN 7-5049-1441-X:¥25.00

J229.6 032888

1996:宠贵:〔摄影挂历〕/石之,秋英摄.—北京:中国三峡出版社,1995.—1册;72×48cm

ISBN 7-80099-103-2:¥23.80

J229.6 032889

1996:春:〔摄影挂历〕/刘海发等摄.—天津:天津人民美术出版社,1995.—1册;77×53cm

ISBN 7-5305-0503-3:¥25.00

J229.6 032890

1996:大都市掠影:〔摄影挂历〕/陈纪萱等摄.—广州:广东人民出版社,1995.10.—1册;78×50cm

ISBN 7-218-01802-5:¥25.00

J229.6 032891

1996:大师名画:〔国画挂历〕/钱豫强摄.—杭州:浙江人民美术出版社,1995.1.—1册;87×57cm

ISBN 7-5340-0573-6:¥28.00

J229.6 032892

1996:大写意:〔国画挂历〕/鲁光绘.—北京:人民体育出版社,1995.—1册;76×52cm

ISBN 7-5009-1205-6:¥25.00

J229.6 032893

1996:典雅居室:〔摄影挂历〕/冯力等摄.—石家庄:河北美术出版社,1995.10.—1册;77×53cm

ISBN 7-5310-0703-7:¥25.00

J229.6 032894

1996:东方十大名星:〔摄影挂历〕/新疆美术摄影出版社编.—乌鲁木齐:新疆美术摄影出版社,1995.—1册;77×53cm

ISBN 7-80547-344-7:¥25.00

J229.6 032895

1996:东方之珠:〔摄影挂历〕/芋目等摄.—广州:广东科技出版社,1995.—1册;99×70cm

ISBN 7-5359-1566-3:¥28.80

J229.6 032896

1996:都市丽影:〔摄影挂历〕/芋目等摄.—广州:广东科技出版社,1995.—1册;87×58cm

ISBN 7-5359-1570-1:¥25.00

J229.6 032897

1996:都市田园:〔摄影挂历〕/冯进摄.—西安:陕西人民美术出版社,1995.9.—1册;86×58cm

ISBN 7-5368-0765-1:¥25.00

J229.6 032898

1996:都市之光:〔摄影挂历〕/新疆美术摄影出版社编.—乌鲁木齐:新疆美术摄影出版社,1995.11.—1册;77×53cm

ISBN 7-80547-343-9:¥25.00

J229.6 032899

1996:都市之光:〔摄影挂历〕/重庆出版社编.—重庆:重庆出版社,1995.7.—12页;75×42cm

ISBN 5366.866:¥0.00

J229.6 032900

1996:繁华:〔摄影挂历〕/高盛奎,方国良摄.—杭州:浙江人民美术出版社,1995.1.—1册;87×57cm

ISBN 7-5340-0572-8:¥28.00

J229.6 032901

1996:飞瀑迎春:〔摄影挂历〕/利津多供稿.—上海:上海人民美术出版社,1995.—1册;77×53cm

￥25.00

J229.6　032902
1996:冯倩工笔绘画:〔国画挂历〕/冯倩绘.—广州:岭南美术出版社,1995.—1册;78×53cm
ISBN 7-5362-1246-1:￥128.00

J229.6　032903
1996:服饰之花:〔摄影挂历〕/林伟鸣供稿.—北京:中国旅游出版社,1995.—1册;77×53cm
ISBN 7-5032-1181-4:￥25.00

J229.6　032904
1996:富贵家庭:〔摄影挂历〕/强远,雪红摄.—杭州:浙江人民美术出版社,1995.1.—1册;77×53cm
ISBN 7-5340-0567-1:￥24.50

J229.6　032905
1996:港台明星:〔摄影挂历〕/芊目供稿.—上海:上海人民美术出版社,1995.—1册;74×48cm
ISBN 7-5322-1464-8:￥24.00

J229.6　032906
1996:恭贺新喜:〔国画挂历〕.—广州:岭南美术出版社,1995.8.—1册;74×51cm
ISBN 7-5362-1269-0:￥25.00

J229.6　032907
1996:恭贺新喜:〔摄影挂历〕/吴伟雄绘.—广州:岭南美术出版社,1995.—1册;74×51cm
ISBN 7-5362-1280-1:￥23.00

J229.6　032908
1996:恭贺新喜:〔摄影挂历〕.—广州:岭南美术出版社,1995.8.—1册;74×51cm
ISBN 7-5362-1265-8:￥15.00

J229.6　032909
1996:恭贺新禧:〔摄影挂历〕/岭南美术出版社编.—广州:岭南美术出版社,1995.8.—1册;75×63cm
ISBN 7-5362-1266-6:￥15.00

J229.6　032910
1996:恭贺新禧:〔摄影挂历〕/岭南美术出版社.—广州:岭南美术出版社,1995.8.—1册;56×43cm
ISBN 7-5362-1267-4:￥11.80

J229.6　032911
1996:恭贺新禧:〔书法挂历〕/上海人民美术出版社编.—上海:上海人民美术出版社,1995.—1册;35×33cm
￥0.00

J229.6　032912
1996:古堡风情:〔摄影挂历〕/全景图片公司供稿.—上海:上海人民美术出版社,1995.—1册;74×48cm
￥24.00

J229.6　032913
1996:国际摄影艺术欣赏:〔摄影挂历〕/天津人民美术出版社编.—天津:天津人民美术出版社,1995.—1册;77×53cm
ISBN 7-5305-0498-3:￥25.00

J229.6　032914
1996:国外都市风光:〔摄影挂历〕/冯力等摄.—石家庄:河北美术出版社,1995.10.—1册;77×53cm
ISBN 7-5310-0705-3:￥25.00

J229.6　032915
1996:国外自然风光:〔摄影挂历〕/河北美术出版社编.—石家庄:河北美术出版社,1995.11.—1册;74×48cm
ISBN 7-5310-0706-1:￥24.00

J229.6　032916
1996:韩美林画选:〔国画挂历〕/韩美林绘.—北京:中国金融出版社,1995.—1册;77×53cm
ISBN 7-5049-1439-8:￥25.00

J229.6　032917
1996:寒梅:高级艺术壁挂/江苏美术出版社编.—南京:江苏美术出版社,1995.—1幅;85×35cm
(盒装):￥0.00

J229.6　032918
1996:豪门别墅:〔摄影挂历〕/何小芳摄.—广州:广东科技出版社,1995.—1册;99×70cm
ISBN 7-5359-1526-4:￥28.80

J229.6　032919
1996:豪门名居:〔摄影挂历〕/芊目等摄.—广州:广东科技出版社,1995.—1册;99×70cm
ISBN 7-5359-1567-1:￥28.80

J229.6　032920
1996:好莱坞:〔摄影挂历〕.—广州:岭南美术出版社,1995.—1册;76×52cm
ISBN 7-5362-1235-6:￥23.80

J229.6　032921
1996:荷花鸳鸯:香木壁挂/江苏美术出版社编.—南京:江苏美术出版社,1995.—1幅;85×35cm
(盒装):￥0.00

J229.6　032922
1996:合家欢:〔摄影挂历〕/李鸿等摄.—天津:天津人民美术出版社,1995.—1册;77×53cm
ISBN 7-5305-0497-5:￥25.00

J229.6　032923
1996:鹤寿松龄:〔摄影挂历〕/刘传炎等摄.—天津:天津人民美术出版社,1995.—1册;77×53cm
ISBN 7-5305-0501-7:￥25.00

J229.6　032924
1996:红玫瑰:〔摄影挂历〕/高盛奎摄.—杭州:浙江人民美术出版社,1995.1.—1册;77×53cm
ISBN 7-5340-0576-0:￥25.00

J229.6　032925
1996:红梅:扇形艺术壁挂/江苏美术出版社编.—南京:江苏美术出版社,1995.—1幅;扇形
(盒装):￥0.00

J229.6　032926
1996:花开富贵:〔摄影挂历〕/一乐摄.—西安:陕西人民美术出版社,1995.7.—1册;74×58cm
ISBN 7-5368-0753-8:￥25.00

J229.6　032927
1996:花仙:〔摄影挂历〕.—重庆:重庆出版社,1995.7.—1册;78×52cm
ISBN 5366.862:￥0.00

J229.6　032928
1996:花园别墅:〔摄影挂历〕/全景,雪红摄.—杭州:浙江人民美术出版社,1995.1.—1册;77×53cm
ISBN 7-5340-0612-0:¥24.50

J229.6　032929
1996:花之韵:〔摄影挂历〕/秦风摄.—北京:中国连环画出版社,1995.—1册;77×53cm
ISBN 7-5061-0652-3:¥25.00

J229.6　032930
1996:华彩:〔摄影挂历〕/桑榆摄.—上海:上海人民美术出版社,1995.—1册;77×53cm
¥32.00

J229.6　032931
1996:华彩:〔摄影挂历〕/桑榆摄.—上海:上海人民美术出版社,1995.—1册;77×53cm
ISBN 7-5322-1455-9:¥25.00

J229.6　032932
1996:华贵新装:〔摄影挂历〕/豫强等摄.—杭州:浙江人民美术出版社,1995.1.—1册;77×53cm
ISBN 7-5340-0618-X:¥24.50

J229.6　032933
1996:华山:〔摄影挂历〕/秦小平摄.—西安:陕西人民美术出版社,1995.7.—1册;86×58cm
ISBN 7-5368-0756-2:¥24.00

J229.6　032934
1996:华山揽胜:〔摄影挂历〕/王守平等摄.—西安:陕西人民美术出版社,1995.7.—1册;74×58cm
ISBN 7-5368-0752-X:¥25.00

J229.6　032935
1996:环球览胜:〔摄影挂历〕/青海人民出版社编.—西宁:青海人民出版社,1995.—1册;77×53cm
ISBN 7-225-01042-5:¥24.80

J229.6　032936
1996:黄山奇松:〔摄影挂历〕/林伟新等摄.—广州:广东科技出版社,1995.—1册;77×53cm
ISBN 7-5359-1507-8:¥25.00

J229.6　032937
1996:吉庆:〔摄影挂历〕/冯进,步铁力摄.—西安:陕西人民美术出版社,1995.—1册;86×58cm
ISBN 7-5368-0769-4:¥25.00

J229.6　032938
1996:吉祥如意:〔摄影挂历〕/周祖贻摄.—上海:上海科学技术出版社,1995.—1册;26×35cm
ISBN 7-5323-3900-9:¥16.00

J229.6　032939
1996:纪念孙中山先生诞辰130周年:〔摄影挂历〕/中山海外联谊会编.—广州:广东省地图出版社,1995.—1册;76×52cm
ISBN 7-80522-316-5:¥25.00

J229.6　032940
1996:将军竹:(国画挂历).—广州:岭南美术出版社,1995.—1册;69×51cm
ISBN 5362.5004:¥0.00

J229.6　032941
1996:江山多娇:〔摄影挂历〕/黑星图片社供稿.—兰州:甘肃人民美术出版社,1995.—1册;77×53cm
ISBN 7-80588-112-X:¥25.00

J229.6　032942
1996:娇艳:〔摄影挂历〕/陕西人民美术出版社编.—西安:陕西人民美术出版社,1995.9.—1册;77×53cm
ISBN 7-5368-0762-7:¥24.80

J229.6　032943
1996:锦绣前程:〔国画挂历〕/正惠等绘.—广州:广东科技出版社,1995.—1册;77×53cm
ISBN 7-5359-1531-0:¥38.00

J229.6　032944
1996:锦绣中华:〔摄影挂历〕/东京等摄.—西安:陕西人民美术出版社,1995.7.—1册;74×58cm
ISBN 7-5368-0751-1:¥25.00

J229.6　032945
1996:晶彩:〔摄影挂历〕/杨柳摄.—天津:天津杨柳青画社,1995.—1册;74×48cm
ISBN 7-80503-276-9:¥23.00

J229.6　032946
1996:京城豪居:〔摄影挂历〕/冯进摄.—西安:陕西人民美术出版社,1995.9.—1册;86×58cm
ISBN 7-5368-0766-X:¥25.00

J229.6　032947
1996:巨星风采:〔摄影挂历〕/岭南美术出版社编.—广州:岭南美术出版社,1995.—1册;87×68cm
ISBN 7-5362-1302-6:¥20.00

J229.6　032948
1996:巨星风韵:〔摄影挂历〕/湖北美术出版社编.—武汉:湖北美术出版社,1995.—1册;105×76cm
ISBN 7-5394-0568-6:¥52.00

J229.6　032949
1996:绝代佳人:〔国画挂历〕/华三川绘.—广州:广东科技出版社,1995.—1册;77×53cm
ISBN 7-5359-1532-9:¥38.00

J229.6　032950
1996:可爱的宠物:〔摄影挂历〕/谢新发摄.—上海:上海人民美术出版社,1995.—1册;74×48cm
¥24.00

J229.6　032951
1996:丽人:〔摄影挂历〕/豫强摄.—杭州:浙江人民美术出版社,1995.1.—1册;77×53cm
ISBN 7-5340-0620-1:¥25.00

J229.6　032952
1996:历代名画:〔国画挂历〕/各地博物馆供稿.—上海:上海人民美术出版社,1995.—1册;106×37cm
ISBN 7-5322-1450-8:¥31.00

J229.6　032953
1996:林芝览胜 度假探秘:〔摄影挂历〕/西藏旅游局编.—拉萨:西藏人民出版社,1995.—1册;77×53cm
¥24.00

J229.6　032954
1996:刘斯奋人物画选:〔国画挂历〕/刘斯奋绘.—广州:广东人民出版社,1995.9.—1册;87×38cm

ISBN 7-218-02033-X: ¥25.00

J229.6 032955

1996:罗国士画选:〔国画挂历〕/罗国士绘.—西安:陕西人民美术出版社,1995.—1册;77×53cm

ISBN 7-5368-0784-8: ¥22.00

J229.6 032956

1996:马骏十二生肖图:〔国画挂历〕/马骏绘.—广州:岭南美术出版社,1995.—1册;87×68cm

ISBN 7-5362-1286-0: ¥45.00

J229.6 032957

1996:猫:〔摄影挂历〕/天津人民美术出版社编.—天津:天津人民美术出版社,1995.—1册;77×53cm

ISBN 7-5305-0512-2: ¥23.00

J229.6 032958

1996:猫蝶富贵:〔摄影挂历〕/杨柳摄.—天津:天津杨柳青画社,1995.—1册;74×48cm

ISBN 7-80503-275-0: ¥23.00

J229.6 032959

1996:梦归好莱坞:〔摄影挂历〕/湖北美术出版社编.—武汉:湖北美术出版社,1995.4.—1册;77×53cm

ISBN 7-5394-0567-8: ¥25.00

J229.6 032960

1996:米奇老鼠与朋友卡通月历 (1).—广州:岭南美术出版社,1995.7.—1册;74×51cm

ISBN 7-5362-1260-7: ¥25.00

J229.6 032961

1996:米奇老鼠与朋友卡通月历 (2).—广州:岭南美术出版社,1995.7.—1册;74×51cm

ISBN 7-5362-1261-5: ¥25.00

J229.6 032962

1996:鸣翠:〔摄影挂历〕/倪炎,沈樱摄.—天津:天津人民美术出版社,1995.—1册;96×66cm

ISBN 7-5305-0511-4: ¥27.00

J229.6 032963

1996:名画风光变幻挂历/上海人民美术出版社编.—上海:上海人民美术出版社,1995.—1册;30×29cm

ISBN 7-5322-1476-1: ¥34.00

J229.6 032964

1996:名画精萃:〔国画挂历〕/徐彬摄.—杭州:西泠印社,1995.—1册;86×58cm

ISBN 7-80517-174-2: ¥27.50

J229.6 032965

1996:名盆名花:〔国画挂历〕/天津人民美术出版社编.—天津:天津人民美术出版社,1995.—1册;77×53cm

ISBN 7-5305-0504-1: ¥25.00

J229.6 032966

1996:名竹:〔摄影挂历〕/杨柳摄.—天津:天津杨柳青画社,1995.—1册;74×48cm

ISBN 7-80503-272-6: ¥23.00

J229.6 032967

1996:摩登家居:〔摄影挂历〕/陕西人民美术出版社编.—西安:陕西人民美术出版社,1995.7.—1册;90×52cm

ISBN 7-5368-0760-0: ¥25.00

J229.6 032968

1996:莫建成莫晓松花鸟作品选:〔国画挂历〕/莫建成,莫晓松绘.—兰州:甘肃人民美术出版社,1995.—1册;84×57cm

ISBN 7-80588-100-6: ¥28.00

J229.6 032969

1996:墨竹:高级艺术壁挂/江苏美术出版社编.—南京:江苏美术出版社,1995.—1幅;85×35cm

(盒装): ¥0.00

J229.6 032970

1996:鸟语花香:〔摄影挂历〕/天津人民美术出版社编.—天津:天津人民美术出版社,1995.—1册;77×53cm

ISBN 7-5305-0505-X: ¥25.00

J229.6 032971

1996:鸟语诗情:〔摄影挂历〕/杨柳摄.—天津:天津杨柳青画社,1995.—1册;74×48cm

ISBN 7-80503-273-4: ¥23.00

J229.6 032972

1996:凝香:〔摄影挂历〕/天津人民美术出版社编.—天津:天津人民美术出版社,1995.—1册;74×48cm

ISBN 7-5305-0506-8: ¥24.00

J229.6 032973

1996:牛仔风采:〔摄影挂历〕/善安供稿.—北京:中国旅游出版社,1995.—1册;77×53cm

ISBN 7-5032-1180-6: ¥25.00

J229.6 032974

1996:欧洲人体油画:〔油画挂历〕/章晓明,周道明供稿.—上海:上海人民美术出版社,1995.—1册;77×53cm

ISBN 7-5322-1453-2: ¥25.00

J229.6 032975

1996:盆景艺术:〔摄影挂历〕/广西美术出版社编.—南宁:广西美术出版社,1995.—1册;77×53cm

¥25.00

J229.6 032976

1996:鹏程万里:〔国画挂历〕/云门子绘.—青岛:青岛出版社,1995.1.—1册;77×53cm

¥28.00

J229.6 032977

1996:飘香:〔摄影挂历〕/豫强摄.—杭州:浙江人民美术出版社,1995.1.—1册;58×42cm

ISBN 7-5340-0615-5: ¥18.00

J229.6 032978

1996:平安有余:〔檀香宣纸名家真迹挂历〕/王青芳等绘.—广州:岭南美术出版社,1995.—1册;106×45cm

ISBN 7-5362-1244-5: ¥128.00

J229.6 032979

1996:瓶兰:高级艺术壁挂/江苏美术出版社编.—南京:江苏美术出版社,1995.—1幅;85×35cm

(盒装): ¥0.00

J229.6　032980
1996:奇卉呈祥:〔摄影挂历〕/人民体育出版社编.—北京:人民体育出版社,1995.—1册;74×48cm
ISBN 7-5009-1206-4:¥23.80

J229.6　032981
1996:俏丽风采:〔摄影挂历〕/杨柳摄.—天津:天津杨柳青画社,1995.—1册;77×53cm
ISBN 7-80503-285-8:¥24.80

J229.6　032982
1996:沁园春:〔摄影挂历〕/方永熙摄.—杭州:浙江人民美术出版社,1995.1.—1册;77×53cm
ISBN 7-5340-0577-9:¥24.50

J229.6　032983
1996:青海风光:〔摄影挂历〕/中国人民银行青海省分行编.—西宁:青海人民出版社,1995.—1册;77×53cm
ISBN 7-225-01187-1:¥30.00

J229.6　032984
1996:清风:〔摄影挂历〕/天津人民美术出版社编.—天津:天津人民美术出版社,1995.—1册;74×48cm
ISBN 7-5305-0502-5:¥24.00

J229.6　032985
1996:清风细竹:高级艺术壁挂/江苏美术出版社编.—南京:江苏美术出版社,1995.—1幅;85×35cm(盒装):¥0.00

J229.6　032986
1996:清宫山水:〔国画挂历〕/秦倩供稿.—北京:中国三峡出版社,1995.—1册;106×77cm
ISBN 7-80099-101-6:¥25.00

J229.6　032987
1996:清雅:〔摄影挂历〕/杨柳摄.—天津:天津杨柳青画社,1995.—1册;74×48cm
ISBN 7-80503-274-2:¥23.00

J229.6　032988
1996:情:〔油画挂历〕/吴象峰等供稿.—武汉:湖北美术出版社,1995.4.—1册;74×48cm
ISBN 7-5394-0569-4:¥22.00

J229.6　032989
1996:秋菊:高级艺术壁挂/江苏美术出版社编.—南京:江苏美术出版社,1995.—1幅;85×35cm(盒装):¥0.00

J229.6　032990
1996:群仙祝寿图:〔国画挂历〕/上海人民美术出版社编.—上海:上海人民美术出版社,1995.—1册;99×50cm
ISBN 7-5322-1463-X:¥24.00

J229.6　032991
1996:群仙祝寿图:〔国画挂历〕/上海人民美术出版社编.—上海:上海人民美术出版社,1995.—1册;99×50cm
ISBN 7-5322-1462-1:¥36.00

J229.6　032992
1996:人间仙境:扇形艺术壁挂/江苏美术出版社编.—南京:江苏美术出版社,1995.—1幅;扇形(盒装):¥0.00

J229.6　032993
1996:如意家庭:〔摄影挂历〕/西泠印社编.—杭州:西泠印社,1995.—1册;77×53cm
ISBN 7-80517-176-9:¥24.50

J229.6　032994
1996:如意祥和:〔国画挂历〕/高明远绘.—天津:天津人民美术出版社,1995.—1册;77×53cm
ISBN 7-5305-0542-4:¥22.00

J229.6　032995
1996:三国演义人物:〔国画挂历〕/赵宏本等绘.—上海:上海人民美术出版社,1995.—1册;77×53cm
ISBN 7-5322-1470-2:¥25.00

J229.6　032996
1996:山高水长:〔国画挂历〕/张雄绘.—广州:广东科技出版社,1995.—1册;77×53cm
ISBN 7-5359-1533-7:¥38.00

J229.6　032997
1996:山光水色:〔摄影挂历〕/湖北美术出版社编.—武汉:湖北美术出版社,1995.—1册;70×95cm
ISBN 7-5394-0571-6:¥26.00

J229.6　032998
1996:山花烂漫:〔摄影挂历〕/黑星正片公司供稿.—北京:中国连环画出版社,1995.—1册;96×66cm
ISBN 7-5061-0653-1:¥23.80

J229.6　032999
1996:山明水秀:〔摄影挂历〕/林伟新等摄.—广州:广东科技出版社,1995.—1册;99×70cm
ISBN 7-5359-1568-X:¥28.80

J229.6　033000
1996:神驰:〔摄影挂历〕/贾育平摄.—西宁:青海人民出版社,1995.—1册;74×48cm
ISBN 7-225-01033-6:¥24.00

J229.6　033001
1996:神游山水:〔摄影挂历〕.—重庆:重庆出版社,1995.7.—1册;78×52cm
ISBN 5366.863:¥0.00

J229.6　033002
1996:胜境:〔摄影挂历〕/义勇摄.—珠海:珠海出版社,1995.6.—1册;75×52cm
ISBN 7-80607-079-6:¥25.00

J229.6　033003
1996:诗情:〔摄影挂历〕/青海人民出版社编.—西宁:青海人民出版社,1995.—1册;74×48cm
ISBN 7-225-01041-7:¥25.00

J229.6　033004
1996:诗情画意:〔摄影挂历〕/陈春轩,宋士诚摄.—上海:上海人民美术出版社,1995.—1册;77×53cm
ISBN 7-5322-1457-5:¥25.00

J229.6　033005
1996:世界殿堂艺术:〔摄影挂历〕/全景图片公司供稿.—哈尔滨:黑龙江美术出版社,1995.—1册;95×65cm
ISBN 7-5318-0288-0:¥46.80

J229.6 033006

1996:世界风光:〔摄影挂历〕/山东美术出版社编.—济南:山东美术出版社,1995.5.—1册;77×53cm

ISBN 7-5330-0876-6:¥25.00

J229.6 033007

1996:世界风光:〔摄影挂历〕/继良等供稿.—武汉:湖北美术出版社,1995.5.—1册;74×48cm

ISBN 7-5394-0570-8:¥22.00

J229.6 033008

1996:世界宫殿:〔摄影挂历〕.—济南:山东美术出版社,1995.5.—1册;77×53cm

ISBN 7-5330-0877-4:¥25.00

J229.6 033009

1996:世界名车:〔摄影挂历〕/河北美术出版社编.—2版.—石家庄:河北美术出版社,1995.10.—1册;74×48cm

ISBN 7-5310-0725-8:¥24.00

J229.6 033010

1996:世界名车:〔摄影挂历〕/何小芳摄.—广州:广东科技出版社,1995.—1册;87×58cm

ISBN 7-5359-1527-2:¥25.00

J229.6 033011

1996:世界名画:〔国画挂历〕/黑星正片公司供稿.—哈尔滨:黑龙江美术出版社,1995.—1册;95×65cm

ISBN 7-5318-0298-8:¥46.80

J229.6 033012

1996:世界名画:〔油画挂历〕/河北美术出版社编.—石家庄:河北美术出版社,1995.10.—1册;77×53cm

ISBN 7-5310-0715-0:¥25.00

J229.6 033013

1996:世界名胜:〔摄影挂历〕/林伟新等摄.—广州:广东科技出版社,1995.—1册;99×70cm

ISBN 7-5359-1517-5:¥28.80

J229.6 033014

1996:世界铜版画精品:〔铜版画挂历〕/陕西人民美术出版社编.—西安:陕西人民美术出版社,1995.7.—1册;74×58cm

ISBN 7-5368-0746-5:¥25.00

J229.6 033015

1996:世界之旅:〔摄影挂历〕/刘文敏摄.—北京:中国三峡出版社,1995.—1册;72×48cm

ISBN 7-80099-102-4:¥23.50

J229.6 033016

1996:仕女图:〔国画挂历〕/黄慧玲绘.—广州:岭南美术出版社,1995.—1册;74×51cm

ISBN 7-5362-1253-4:¥38.00

J229.6 033017

1996:顺风得利:〔摄影挂历〕/西泠印社编.—杭州:西泠印社,1995.—1册;77×53cm

ISBN 7-80517-175-0:¥25.00

J229.6 033018

1996:宋人名笔:〔国画挂历〕/胡锤摄;故宫博物院藏.—北京:中国大百科全书出版社,1995.—1册;77×53cm

ISBN 7-5000-5611-7:¥25.00

J229.6 033019

1996:庭园别墅:〔摄影挂历〕/芊目等摄.—广州:广东科技出版社,1995.—1册;99×70cm

ISBN 7-5359-1569-8:¥28.80

J229.6 033020

1996:童年岁月:〔摄影挂历〕.—北京:冶金工业出版社,1995.—1册;77×53cm

ISBN 7-5024-1787-7:¥25.00

J229.6 033021

1996:万事如意:〔摄影挂历〕/陈春轩,徐中定摄.—杭州:西泠印社,1995.—1册;77×53cm

ISBN 7-80517-171-8:¥25.00

J229.6 033022

1996:王国文书法选:〔书法挂历〕/王国文书.—兰州:甘肃人民美术出版社,1995.—1册;87×57cm

ISBN 7-80588-109-X:¥34.80

J229.6 033023

1996:为人民服务:〔摄影挂历〕/侯波等摄.—杭州:浙江人民美术出版社,1995.1.—1册;77×53cm

ISBN 7-5340-0613-9:¥25.00

J229.6 033024

1996:温雅:〔摄影挂历〕/王胜利摄.—广州:岭南美术出版社,1995.—1册;66×92cm

ISBN 7-5362-1233-X:¥28.80

J229.6 033025

1996:武强民间年画:〔年画挂历〕/河北美术出版社,武强年画社编.—石家庄:河北美术出版社,1995.9.—1册;74×34cm

ISBN 7-5310-0736-3(盒装):¥80.00

J229.6 033026

1996:雾里看花:〔摄影挂历〕/冯进,步铁力摄.—西安:陕西人民美术出版社,1995.9.—1册;86×58cm

ISBN 7-5368-0764-3:¥25.00

J229.6 033027

1996:虾:高级艺术壁挂/江苏美术出版社编.—南京:江苏美术出版社,1995.—1幅;85×35cm

(盒装):¥0.00

J229.6 033028

1996:现代居室:〔摄影挂历〕/全景供稿.—上海:上海人民美术出版社,1995.—1册;74×48cm

ISBN 7-5322-1461-3:¥24.00

J229.6 033029

1996:现代时装:〔摄影挂历〕/陕西人民美术出版社编.—西安:陕西人民美术出版社,1995.7.—1册;74×58cm

ISBN 7-5368-0745-7:¥25.00

J229.6 033030

1996:现代一流住宅:〔摄影挂历〕/山松摄.—北京:中国连环画出版社,1995.—1册;77×53cm

ISBN 7-5061-0651-5:¥25.00

J229.6 033031

1996:小宠物变幻挂历/上海人民美术出版社编.—上海:上海人民美术出版社,1995.—1册;33×32cm

ISBN 7-5322-1477-X: ¥43.00

J229.6 033032

1996:小芳:〔摄影挂历〕/浙江人民美术出版社编.—杭州:浙江人民美术出版社,1995.1.—1册;77×53cm

ISBN 7-5340-0621-X: ¥24.50

J229.6 033033

1996:小花咪:〔摄影挂历〕/重庆出版社编.—重庆:重庆出版社,1995.7.—12页;75×42cm

ISBN 5366.864: ¥0.00

J229.6 033034

1996:小天使:〔摄影挂历〕/林伟鸣供稿.—北京:中国旅游出版社,1995.—1册;77×53cm

ISBN 7-5032-1179-2: ¥25.00

J229.6 033035

1996:小星星:〔摄影挂历〕/青海人民出版社编.—西宁:青海人民出版社,1995.—1册;77×53cm

ISBN 7-225-01032-8: ¥25.00

J229.6 033036

1996:新春如意:〔摄影挂历〕/王勇摄.—西安:陕西人民美术出版社,1995.7.—1册;74×58cm

ISBN 7-5368-0754-6: ¥25.00

J229.6 033037

1996:新世界:〔摄影挂历〕/天津人民美术出版社编.—天津:天津人民美术出版社,1995.—1册;74×48cm

ISBN 7-5305-0508-4: ¥24.00

J229.6 033038

1996:心和百福:〔摄影挂历〕/姜大斧等摄.—济南:山东美术出版社,1995.—1册;77×53cm

ISBN 7-5330-0874-X: ¥25.00

J229.6 033039

1996:星光灿烂:〔摄影挂历〕/新疆美术摄影出版社编.—乌鲁木齐:新疆美术摄影出版社,1995.11.—1册;77×53cm

ISBN 7-80547-345-5: ¥25.00

J229.6 033040

1996:扬帆世界:〔摄影挂历〕/光远等摄.—杭州:浙江人民美术出版社,1995.1.—1册;77×53cm

ISBN 7-5340-0611-2: ¥24.50

J229.6 033041

1996:一帆风顺:〔摄影挂历〕.—北京:冶金工业出版社,1995.—1册;95×63cm

ISBN 7-5024-1789-3: ¥48.00

J229.6 033042

1996:伊人情:〔摄影挂历〕/浙江人民美术出版社编.—杭州:浙江人民美术出版社,1995.1.—1册;77×53cm

ISBN 7-5340-0619-8: ¥24.50

J229.6 033043

1996:银海巨星:〔摄影挂历〕/义勇摄.—珠海:珠海出版社,1995.6.—1册;75×52cm

ISBN 7-80607-080-X: ¥25.00

J229.6 033044

1996:迎客松:扇形艺术壁挂/江苏美术出版社编.—南京:江苏美术出版社,1995.—1幅;扇形

(盒装): ¥0.00

J229.6 033045

1996:迎客松:手绘艺术挂历/江苏美术出版社编.—南京:江苏美术出版社,1995.—1幅;扇形

(盒装): ¥0.00

J229.6 033046

1996:影韵:〔摄影挂历〕/单大伟摄.—广州:岭南美术出版社,1995.—1册;100×70cm

ISBN 7-5362-1234-8: ¥28.80

J229.6 033047

1996:云南民族:〔摄影挂历〕/欧燕生摄.—昆明:云南民族出版社,1995.—1册;52×38cm

ISBN 7-5367-1097-6: ¥9.00

J229.6 033048

1996:云南民族:〔摄影挂历〕/李跃波等摄.—昆明:云南民族出版社,1995.—1册;52×38cm

ISBN 7-5367-1061-5: ¥5.00

J229.6 033049

1996:韵:〔摄影挂历〕/房翔摄.—杭州:浙江人民美术出版社,1995.1.—1册;77×53cm

ISBN 7-5340-0617-1: ¥25.00

J229.6 033050

1996:招财进宝:〔摄影挂历〕/石之,静蕴摄.—北京:中国三峡出版社,1995.—1册;72×48cm

ISBN 7-80099-104-0: ¥23.80

J229.6 033051

1996:中国民居:〔摄影挂历〕/李玉祥,朱成梁摄.—南京:江苏美术出版社,1995.—1册;35×38cm

ISBN 7-5344-0452-5: ¥24.00

J229.6 033052

1996:中国名画仿真宣纸挂历/湖北美术出版社编.—武汉:湖北美术出版社,1995.11.—1册;86×58cm

ISBN 7-5394-0597-X: ¥128.00

J229.6 033053

1996:中国名画家真迹:〔檀香宣纸名家真迹挂历〕/关山月等绘.—广州:岭南美术出版社,1995.—1册;52×80cm

ISBN 7-5362-1247-X: ¥128.00

J229.6 033054

1996:钟馗图:〔国画挂历〕/文涛绘.—南京:江苏美术出版社,1995.6.—1张;105×75cm

ISBN 7-5344-0484-3: ¥32.00

J229.6 033055

1996:竹菊:香木壁挂/江苏美术出版社编.—南京:江苏美术出版社,1995.—1幅;85×35cm

(盒装): ¥0.00

J229.6 033056

1996:祝福:〔摄影挂历〕/青海人民出版社编.—西宁:青海人民出版社,1995.—1册;77×53cm

¥38.80

J229.6 033057

1996:祝福:〔摄影挂历〕/梅生摄.—兰州:甘肃人民

美术出版社,1995.—1册;77×53cm
ISBN 7-80588-111-1:¥25.00

J229.6 033058
1996:倩影:〔摄影挂历〕/黄正雄摄.—杭州:西泠印社,1995.—1册;77×53cm
ISBN 7-80517-172-6:¥25.00

J229.6 033059
1996:娴:〔摄影挂历〕/豫强摄.—杭州:浙江人民美术出版社,1995.1.—1册;77×53cm
ISBN 7-5340-0616-3:¥25.00

J229.6 033060
1996:靓女:〔摄影挂历〕/刘海发等摄.—天津:天津人民美术出版社,1995.—1册;77×53cm
ISBN 7-5305-0499-1:¥25.00

J23 各国绘画

J231 033061
俄罗斯巡回画派精品集/杜滋龄主编.—天津:天津人民美术出版社,1995.12.—196页;38cm
ISBN 7-5305-0541-6(精装):¥0.00

J231 033062
列宾美术学院学生作品选/杜滋龄主编.—天津:天津人民美术出版社,1995.12.—158页;38cm
ISBN 7-5305-0534-3(精装):¥0.00

J231(565) 033063
巴尔蒂斯/(法)巴尔蒂斯(Balthus)绘;啸声编.—上海:上海人民美术出版社,1995.1.—1册;36×34cm
ISBN 7-5322-1418-4(精装):¥520.00

J231(565) 033064
乐愕玛作品选集:1991~1995:汉法文对照/(法)乐愕玛(Lesbre,E.)作.—济南:山东美术出版社,1995.4.—24页;26×24cm
ISBN 7-5330-0867-7:¥30.00

J232.9 033065
'95中国日本现代水墨画交流作品集/中国美术家协会中国画艺术委员会,日本国际墨绘协会编.—北京:荣宝斋出版社,1995.6.—219页;29cm
ISBN 7-5003-0313-0:¥0.00

J233 033066
埃尔米塔什博物馆藏画/杜滋龄主编.—天津:天津人民美术出版社,1995.12.—1册;38cm.—(世界著名博物馆藏画系列)
ISBN 7-5305-0526-2(精装):¥0.00

J233 033067
毕沙罗、修拉画风/陈庆等编.—重庆:重庆出版社,1995.6.—1册;21×19cm.—(外国绘画大师画风系列/张晓凌等主编)
ISBN 7-5366-3167-7(精装):¥48.00

J233 033068
丁托莱托、贺加斯画风/(意)丁托莱托,(英)贺加斯绘;张晓凌等编.—重庆:重庆出版社,1995.6.—1册;21×19cm.—(外国绘画大师画风系列/张晓凌等主编)
ISBN 7-5366-3186-3(精装):¥58.00

J233 033069
荷尔拜因、弗朗西斯科画风/(意)弗朗西斯科,(德)荷尔拜绘;晓凌等编.—重庆:重庆出版社,1995.6.—1册;21×19cm.—(外国绘画大师画风系列/张晓凌等主编)
著者原题:汉斯·荷尔拜
ISBN 7-5366-3195-2(精装):¥48.00

J233 033070
卡拉瓦乔、苏巴朗画风/(意)卡拉瓦乔,(西班牙)苏巴朗绘;王剑等编.—重庆:重庆出版社,1995.6.—1册;21×19cm.—(外国绘画大师画风系列/张晓凌等主编)
著者原题:弗兰西斯科·德·苏巴朗
ISBN 7-5366-3183-9(精装):¥58.00

J233 033071
罗浮宫:西方绘画艺术典藏/刘振清等主编.—济南:山东美术出版社:明天出版社,1995.10.—3册(703页);29cm
ISBN 7-5330-0942-8(精装):¥1480.00

J233 033072
提埃坡罗、弗拉戈纳尔画风/(意)提埃坡罗,(法)弗拉戈纳尔绘;李一等编.—重庆:重庆出版社,1995.6.—1册;21×19cm.—(外国绘画大师画风系列/张晓凌,冻月主编)
ISBN 7-5366-3182-0(精装):¥48.00

J233(512) 033073
涅斯特洛夫、马列维奇画风/(俄)涅斯特洛夫,(俄)马列维奇绘;黄茂蓉等编.—重庆:重庆出版社,1995.6.—1册;21×19cm.—(外国绘画大师画风系列/张晓凌等主编)
ISBN 7-5366-3190-1(精装):¥58.00

J233(516) 033074
康定斯基、马克画风/(德)康定斯基,(德)马克绘;李凡等编.—重庆:重庆出版社,1995.6.—1册;21×19cm.—(外国绘画大师画风系列/张晓凌等主编)
著者原题:瓦西里·康定斯基,弗兰兹·马克
ISBN 7-5366-3191-X(精装):¥58.00

J233(533) 033075
蒙克画风/(挪威)蒙克绘;王剑等编.—重庆:重庆出版社,1995.6.—1册;21×19cm.—(外国绘画大师画风系列/张晓凌等主编)
著者原题:爱德华·蒙克
ISBN 7-5366-3193-6(精装):¥48.00

J233(561) 033076
透纳、康斯泰勃尔画风/(英)透纳,(英)康斯泰勃尔绘;广建等编.—重庆:重庆出版社,1995.6.—1册;21×19cm.—(外国绘画大师画风系列/张晓凌等主编)
著者原题:约瑟夫·马洛德·透纳
ISBN 7-5366-3166-9(精装):¥48.00

J233(561) 033077
沃特豪斯画风/(英)活特豪斯绘;王剑等编.—重庆:重庆出版社,1995.6.—1册;21×19cm.—(外国绘画大师画风系列/张晓凌等主编)

著者原题:约翰·威廉·活特豪斯
ISBN 7-5366-3188-X(精装):¥38.00

J233(563)　033078
阿尔玛-塔德玛画风/(荷兰)阿尔玛-塔德玛绘;张晓凌等编.—重庆:重庆出版社,1995.6.—1册;21×19cm.—(外国绘画大师画风系列/张晓凌等主编)
著者原题:罗兰斯·阿尔玛-塔德玛
ISBN 7-5366-3199-5(精装):¥48.00

J233(565)　033079
劳特累克画风/(法)劳特累克绘;黄茂蓉等编.—重庆:重庆出版社,1995.6.—1册;21×19cm.—(外国绘画大师画风系列/张晓凌等主编)
著者原题:图卢兹·劳特累克
ISBN 7-5366-3192-8(精装):¥48.00

J233(565)　033080
苏丁风景静物画风/(法)苏丁绘;唐晓凌等编.—重庆:重庆出版社,1995.6.—1册;21×19cm.—(外国绘画大师画风系列/张晓凌等主编)
著者原题:柴姆·苏丁
ISBN 7-5366-3185-5(精装):¥72.00

J233(565)　033081
苏丁人物画风/(法)苏丁绘;秦琴等编.—重庆:重庆出版社,1995.6.—1册;21×19cm.—(外国绘画大师画风系列/张晓凌等主编)
著者原题:柴姆·苏丁
ISBN 7-5366-3196-0(精装):¥58.00

J233(712)　033082
惠斯勒、涅·康·怀斯画风/(美)惠斯勒,(美)怀斯绘;田军等编.—重庆:重庆出版社,1995.6.—1册;21×19cm.—(外国绘画大师画风系列/张晓凌等主编)
著者原题:涅·康·怀斯
ISBN 7-5366-3184-7(精装):¥48.00

J233(712)　033083
霍默、罗素画风/(美)霍默,(美)罗素绘;田军等编.—重庆:重庆出版社,1995.6.—1册;21×19cm.—(外国绘画大师画风系列/张晓凌,冻月主编)
著者原题:温斯洛·霍默,查理斯·罗素
ISBN 7-5366-3187-1(精装):¥48.00

J234　033084
200年俄罗斯素描精典/杜滋龄主编.—天津:天津人民美术出版社,1995.12.—1册;38cm
ISBN 7-5305-0513-0(精装):¥0.00

J234　033085
风景素描:1771~1917/刘天呈编译.—2版.—南宁:广西美术出版社,1995.9.—76页;26cm.—(俄罗斯大师素描系列)
ISBN 7-80582-558-0:¥13.20

J234　033086
课堂人体素描:1763~1917/刘天呈编译.—2版.—南宁:广西美术出版社,1995.9.—71页;26cm.—(俄罗斯大师素描系列)
ISBN 7-80582-194-1:¥12.00

J234　033087
生活素描:1807~1920/刘天呈编译.—2版.—南宁:广西美术出版社,1995.10.—80页;26cm.—(俄罗斯大师素描系列)
ISBN 7-80582-665-X:¥13.80

J234　033088
现代素描/许国庆编.—哈尔滨:黑龙江美术出版社,1995.3.—186页;25×26cm.—(外国艺术家作品精萃)
ISBN 7-5318-0280-5:¥36.80

J234　033089
肖像素描:1788~1940/刘天呈编译.—2版.—南宁:广西美术出版社,1995.10.—96页;26cm.—(俄罗斯大师素描系列)
ISBN 7-80582-654-4:¥16.20

J235　033090
世界水彩画鉴赏/王双成著.—石家庄:河北美术出版社,1995.3.—88页;28cm
ISBN 7-5310-0672-3:¥39.00

J238　033091
现代招贴:外国艺术家作品精萃/春晓编.—哈尔滨:黑龙江美术出版社,1995.3.—116页;25×26cm
ISBN 7-5318-0316-X:¥48.00

J238.1　033092
尔德里卡人世漫画/(奥地利)尔德里卡(Hrdlicks,A.)绘;(德)舒里安(Schurian,w.)撰文;罗悌伦编译.—成都:四川人民出版社,1995.6.—205页;26cm
ISBN 7-220-02816-4(精装):¥38.00

J238.1　033093
父与子:汉、维、哈、蒙、柯文对照/(德)卜劳恩作;木拉提·苏里堂编译.—乌鲁木齐:新疆人民出版社,1995.4.—186页;19cm.—(世界著名连环漫画)
著者原题:埃·奥·卜劳恩
ISBN 7-228-03394-9:¥7.80

J238.1　033094
甲龙传说　(1):日本幻想漫画/(日)隅田博之原著;丁健,佩瑾译.—北京:人民美术出版社,1995.4.—204页;18cm.—(小刺猬漫画屋)
ISBN 7-102-01468-6:¥4.80

J238.1　033095
甲龙传说　(2):日本幻想漫画/(日)隅田博之原著;刘林,李威译.—北京:人民美术出版社,1995.4.—206页;18cm.—(小刺猬漫画屋)
ISBN 7-102-01469-4:¥4.80

J238.1　033096
甲龙传说　(3):日本幻想漫画/(日)隅田博之原著;辰华,晓玉译.—北京:人民美术出版社,1995.4.—203页;18cm.—(小刺猬漫画屋)
ISBN 7-102-01470-8:¥4.80

J238.1　033097
甲龙传说　(4):日本幻想漫画/(日)隅田博之原著;国英,岳元译.—北京:人民美术出版社,1995.4.—206页;18cm.—(小刺猬漫画屋)
ISBN 7-102-01471-6:¥4.80

J238.1　033098
摩登吸血鬼　第二册/(日)手冢治虫著.—拉萨:西藏人民出版社,1995.5.—95页;19cm.—(怪奇漫画)

ISBN 7-223-00742-7: ¥2.80

J238.1　033099

摩登吸血鬼　第六册/(日)手冢治虫著.—拉萨:西藏人民出版社,1995.5.—95页;19cm.—(怪奇漫画)

ISBN 7-223-00742-7: ¥2.80

J238.1　033100

摩登吸血鬼　第三册/(日)手冢治虫著.—拉萨:西藏人民出版社,1995.5.—95页;19cm.—(怪奇漫画)

ISBN 7-223-00742-7: ¥2.80

J238.1　033101

摩登吸血鬼　第四册/(日)手冢治虫著.—拉萨:西藏人民出版社,1995.5.—95页;19cm.—(怪奇漫画)

ISBN 7-223-00742-7: ¥2.80

J238.1　033102

摩登吸血鬼　第五册/(日)手冢治虫著.—拉萨:西藏人民出版社,1995.5.—95页;19cm.—(怪奇漫画)

ISBN 7-223-00742-7: ¥2.80

J238.1　033103

摩登吸血鬼　第一册/(日)手冢治虫著.—拉萨:西藏人民出版社,1995.5.—95页;19cm.—(怪奇漫画)

ISBN 7-223-00742-7: ¥2.80

J238.1　033104

全彩色世界漫画精品/王培堃彩绘、评点.—桂林:漓江出版社,1995.12.—237页;29cm

ISBN 7-5407-1821-8(精装): ¥100.00

J238.1　033105

世界生活幽默画赏析/缪印堂著.—上海:上海远东出版社,1995.10.—98页;15×13cm.—(世界幽默画赏析丛书)

ISBN 7-80613-155-8: ¥7.00

J238.1　033106

世界艺术幽默画赏析/缪印堂著.—上海:上海远东出版社,1995.10.—98页;15×13cm.—(世界幽默画赏析丛书)

ISBN 7-80613-156-6: ¥7.00

J238.1　033107

威廉·布什漫画/洪佩奇编;张继武,胡苏萍译.—南京:江苏人民出版社,1995.8.—440页;26cm

世界著名连环漫画

ISBN 7-214-01492-0: ¥30.00

J238.4　033108

美女爱之路　(2)/(韩)高幸石编绘;紫荆译.—延吉:延边人民出版社,1995.5.—166页;19cm

当代爱情连环画

ISBN 7-80599-298-3: ¥5.50

J238.4　033109

美女爱之路　(2)/(韩)高幸石编绘;紫荆译.—延吉:延边人民出版社,1995.5.—166页;19cm

当代爱情连环画

ISBN 7-80599-298-3: ¥5.50

J238.4　033110

美女爱之路　(3)/(韩)高幸石编绘;紫荆译.—延吉:延边人民出版社,1995.5.—166页;19cm

当代爱情连环画

ISBN 7-80599-298-3: ¥5.50

J238.4　033111

魔发道士/(韩国)李斗浩编绘;陈雪鸿,朱勋译.—延吉:东北朝鲜民族教育出版社,1995.4.—2册;19cm

ISBN 7-5437-1912-6: ¥9.00

J238.4　033112

农仔与摩登女　(3)/李政敏编绘;金莲兰译.—延吉:延边人民出版社,1995.5.—167页;19cm

当代爱情连环画

ISBN 7-80599-299-1: ¥5.50

J238.7　033113

OK! 阿丽莎　第一卷:银河女霸王/( )布雷乔夫原著;王志冲编译;(日)山仁友和绘.—上海:上海远东出版社,1995.10.—92页;19cm

ISBN 7-80613-115-9: ¥12.00

J238.7　033114

OK! 阿丽莎　第二卷:神秘的紫球/( )布雷乔夫原著;王志冲编译;(日)山仁友和绘.—上海:上海远东出版社,1995.10.—284页;19cm

著者原题:季尔·布雷乔夫

ISBN 7-80613-109-4: ¥12.00

J238.7　033115

超长篇机器猫哆啦A梦　(4)/(日)藤子·F.不二雄编绘.—长春:吉林美术出版社,1995.8.—207页;18cm

ISBN 7-5386-0504-5: ¥5.95

J238.7　033116

福星小子:笑的漫画　(25)/(日)高桥留美子编绘.—银川:宁夏人民出版社,1995.—96页;19cm

ISBN 7-227-01293-X: ¥2.20

J238.7　033117

铁臂阿童木　第6集/(日)手冢治虫编绘;刘宁译.—银川:宁夏人民出版社,1995.—96页;19cm

ISBN 7-227-01317-0: ¥2.30

J238.7　033118

小熊打猎/(英)布朗(Browne, A.)编绘;傅大伟译.—济南:明天出版社,1995.9.—1册;17×19cm

ISBN 7-5332-2289-X(精装): ¥12.00

J238.7　033119

小熊的笔/(英)布朗(Browne, A.)编绘.—济南:明天出版社,1995.9.—1册;17×19cm

ISBN 7-5332-2288-1(精装): ¥12.00

J238.7　033120

小熊进城/(英)布朗(Browne, A.)编绘;傅大伟译.—济南:明天出版社,1995.9.—1册;17×19cm

ISBN 7-5332-2287-3(精装): ¥18.00

J238.7　033121

小熊历险/(英)布朗(Browne, A.)编绘.—济南:明天出版社,1995.9.—1册;17×19cm

ISBN 7-5332-2290-3(精装): ¥12.00

J238.7　033122

夜叉鸦/(日)荻野真著.—呼和浩特:内蒙古人民出版社,1995.3.—2册;19cm

ISBN 7-204-02753-1: ¥6.80

J238.7　033123

幽游白书　第23集/(日)富樫义博编绘.—银川:宁夏少年儿童出版社,1995.—88页;19cm
ISBN 7-80620-000-2:¥2.30

①J238.7②Q3-49　033124
漫话遗传学/(美)戈尼克(Gonice,L.),(美)惠利斯(Mark,W.)著;尹宏义译.—北京:新华出版社,1995.5.—209页;20cm.—(趣味科学卡通系列)
ISBN 7-5011-2836-7:¥11.80

J238.9　033125
三维立体魔眼大世界/姚红编.—沈阳:辽宁民族出版社,1995.3.—80页;28cm
ISBN 7-80527-481-9:¥32.80

J29　书法、篆刻

J292　中国书法、篆刻

J292　033126
"胜利杯"全国石油书法篆刻大奖赛获奖作品集/王运昆等主编.—东营:石油大学出版社,1995.10.—89页;26cm
ISBN 7-5636-0729-3:¥35.00

J292　033127
傅其伦书法篆刻集/傅其伦书.—杭州:中国美术学院出版社,1995.5.—1册;25×26cm
ISBN 7-81019-408-9:¥48.00

J292　033128
隶草篆论诗绝句百首/王梦赓编著.—天津:南开大学出版社,1995.1.—252页;20cm
ISBN 7-310-00687-9:¥9.50

J292　033129
马亦剑书法篆刻选/马亦剑书.—杭州:西泠印社,1995.11.—1册;29cm
ISBN 7-80517-185-8:¥38.00

J292　033130
全国第六届书法篆刻展览作品集/中国书法家协会主编.—北京:荣宝斋出版社,1995.11.—324页;26cm
ISBN 7-5003-0331-9:¥49.00

J292　033131
全国第六届中青年书法篆刻家展览作品集/中国书法家协会,《中国书法》杂志社主办.—北京:荣宝斋出版社,1995.10.—264页;26cm
ISBN 7-5003-0330-0:¥48.00

J292　033132
书法篆刻/徐俊,牛振生编著.—上海:上海画报出版社,1995.11.—62页;26cm.—(少年儿童美术技法丛书/孙振新主编)
上海市业余艺术教育教材
ISBN 7-80530-181-6:¥8.50

J292　033133
王宁书法篆刻集/王宁著.—沈阳:辽宁美术出版社,1995.8.—49页;25×26cm
ISBN 7-5314-1309-4:¥25.00

J292　033134
中国当代名家书法篆刻作品集/罗一鸣珍藏.—福州:福建美术出版社,1995.10.—103页;26×15cm
ISBN 7-5393-0384-0:¥30.00

J292　033135
中国书艺六论/毛启俊著.—苏州:古吴轩出版社,1995.8.—117页;19cm
ISBN 7-80574-197-2:¥7.00

①J292②K877.425　033136
水下碑林白鹤梁/陈曦震主编.—成都:四川人民出版社,1995.3.—190页:图版;20cm
ISBN 7-220-02759-1:¥24.00

J292-43　033137
毛笔钢笔楷书教程/卢桐编写.—银川:宁夏少年儿童出版社,1995.11.—34页;26cm
卢桐系列书法教程(一)
ISBN 7-80620-021-5:¥3.90

J292-43　033138
毛笔钢笔魏书教程/卢桐编写.—银川:宁夏少年儿童出版社,1995.11.—31页;26cm
卢桐系列书法教程(五)
ISBN 7-80620-025-8:¥3.90

J292-43　033139
毛笔钢笔行书教程/卢桐编写.—银川:宁夏少年儿童出版社,1995.11.—30页;26cm
卢桐系列书法教程(二)
ISBN 7-80620-022-3:¥3.90

J292-43　033140
毛笔钢笔篆书教程/卢桐编写.—银川:宁夏少年儿童出版社,1995.11.—26页;26cm
卢桐系列书法教程(六)
ISBN 7-80620-026-6:¥3.90

J292-61　033141
多功能中国书法大字典/夏时雨著.—北京:中国国际广播出版社,1995.1.—1402页;26cm
ISBN 7-5078-1001-1(精装):¥118.00

J292-61　033142
毛笔硬笔五体书法字典/张秀章,俞敏编.—大连:大连出版社,1995.6.—400页;18×11cm
ISBN 7-80612-163-3:¥24.00

J292.1　033143
笔走龙蛇的中国书法/谢建华著.—沈阳:辽宁古籍出版社,1995.5.—172页:图;19cm.—(中华民族优秀传统文化丛书·艺术卷/赵宪章主编)
本卷8册,总定价:43.00元
ISBN 7-80507-280-9:¥0.00

J292.1　033144
大学书法专业教学法/陈振濂著.—沈阳:辽宁教育出版社,1995.12.—611页;20cm
大学书法教材集成
ISBN 7-5382-4298-8:¥25.00

J292.1　033145
老年书法/孙钊编著.—杭州:浙江人民美术出版社,

1995.3.—242页;26cm
ISBN 7-5340-0515-9:¥16.00

J292.1 033146
启功论书绝句百首/启功著.—北京:荣宝斋出版社,1995.9.—75页;26cm
ISBN 7-5003-0245-2:¥28.00

J292.1 033147
山东古代书法论/刘瑞轩,管斌著.—济南:山东大学出版社,1995.4.—249页:图;20cm
ISBN 7-5607-1376-9:¥13.80

J292.1 033148
实用书法/田正主编;浙江省商业厅教材编审领导小组编写.—杭州:杭州大学出版社,1995.8.—91页;26cm
中等专业(职业)学校教材
ISBN 7-81035-814-6:¥7.50

J292.1 033149
书法基础教程/孟会祥,钮明主编.—北京:中国商业出版社,1995.6.—108页;26cm
ISBN 7-5044-2017-4:¥8.50

J292.1 033150
书法基础知识/韩恩浚主编.—太原:山西高校联合出版社,1995.10.—276页;19cm
ISBN 7-81032-861-1:¥11.30

J292.1 033151
书法教程/朱儒楚主编;《书法教程》编写组编.—北京:中国商业出版社,1995.5.—223页;26cm
国内贸易部教育司推荐教材
ISBN 7-5044-1479-4:¥14.80

J292.1 033152
书法美/刘纲纪主编.—武汉:湖北教育出版社,1995.3.—173页:图;19cm.—(中学生美学文库)
ISBN 7-5351-1469-5:¥11.00

J292.1 033153
书法探秘/李华锦著.—青岛:青岛出版社,1995.12.—313页;26cm
ISBN 7-5436-1341-7:¥26.00

J292.1 033154
书法新探/李华锦著.—北京:中国计量出版社,1995.4.—187页;26cm
ISBN 7-5026-0770-6:¥15.00

J292.1 033155
书法艺术美学/金开诚,王岳川著.—北京:中国文联出版公司,1995.7.—249页;19cm.—(中华文库/杨牧之主编)
ISBN 7-5059-2096-0:¥9.50

J292.1 033156
书写基本技能训练/潘善助,张索编著;浙江省教育委员会组织编写.—杭州:杭州大学出版社,1995.11.—142页;20cm
高等师范院校教材·教师职业基本技能训练教程:公共卷
ISBN 7-81035-835-9:¥5.50

J292.1 033157
书学导论/温友言著.—西安:三秦出版社,1995.12.—204页;20cm
ISBN 7-80546-294-1:¥10.00

J292.1 033158
拓片、拓本制作技法/李一,齐开义著.—北京:北京工艺美术出版社,1995.11.—84页;20cm.—(中国传统手工技艺丛书/王树村主编)
ISBN 7-80526-123-7:¥4.50

J292.1 033159
现代实用书法/梁彦文主编.—哈尔滨:黑龙江教育出版社,1995.10.—97页;26cm
ISBN 7-5316-2860-0:¥8.50

J292.1 033160
张宗祥论书诗墨迹/张宗祥书.—杭州:浙江人民美术出版社,1995.6.—168页;28cm
ISBN 7-5340-0518-3:¥22.00

J292.1 033161
中国书法/沃兴华著.—上海:上海古籍出版社,1995.8.—139页:照片;19cm.—(中华文明宝库/李国章,马樟根主编)
ISBN 7-5325-1880-9:¥7.60

J292.1 033162
中国书法基础教学/王梦赓编著.—天津:南开大学出版社,1995.1.—266页;20cm
ISBN 7-310-00700-1:¥9.80

J292.1 033163
中国书法文化大观/金开诚,王岳川主编.—北京:北京大学出版社,1995.1.—964页;28cm
ISBN 7-301-02404-5(精装):¥88.00

J292.1 033164
中国书法演义/唐大笠著.—上海:上海文艺出版社,1995.9.—189页;20cm.—(文艺演义丛书/钱念孙主编)
ISBN 7-5321-1326-4:¥9.50

J292.1 033165
中专学生书法基础训练教程/吴佩琨主编.—北京:高等教育出版社,1995.4.—84页;26cm
ISBN 7-04-005318-7:¥3.60

J292.1 033166
字形结构入门字谱/廖蕴玉书.—南宁:广西美术出版社,1995.7.—1册;26cm
ISBN 7-80582-874-1:¥5.80

①J292.1②J5 033167
书法与美工/徐银汉主编.—新1版.—长沙:湖南科学技术出版社,1995.10.—304页;19cm
中等职业技术学校教材
ISBN 7-5357-1937-6:¥13.00

①J292.1②K825.7 033168
中华万岁书画金石家大辞典/彭云程主编.—北京:国际文化出版公司,1995.3.—942页;26cm
ISBN 7-80105-078-9(精装):¥220.00

J292.1-43 033169
简明书法教程/余德泉编著.—长沙:湖南美术出版社,1995.9.—252页;20cm

ISBN 7-5356-0751-9: ¥9.50

J292.1-43 033170

书法简明教程/项守信主编.—北京:中国商业出版社,1995.8.—197页;19cm

中等专业学校教材

ISBN 7-5044-2970-8: ¥7.60

J292.1-43 033171

书法教程/徐光华等主编.—郑州:河南美术出版社,1995.3.—128页;26cm

ISBN 7-5401-0435-X: ¥8.80

J292.1-43 033172

书法教程/李文广编著.—北京:北京航空航天大学出版社,1995.3.—78页;26cm

ISBN 7-81012-446-3: ¥6.50

J292.1-43 033173

语文　第六册:书法基础/洪文明主编.—2版(修订本).—北京:中国财政经济出版社,1995.11.—289页;19cm

中等财经学校(四年制)教材

ISBN 7-5005-2936-8: ¥7.60

J292.1-49 033174

怎样把字写好/李乐毅编著;王建平书写;侯诚之绘.—济南:明天出版社,1995.4.—120页;20cm.—(全国小学生课外丛书/李仲汉主编)

全套120册,总定价:385.00元

ISBN 7-5332-2142-7: ¥0.00

J292.1-53 033175

第二届全国"书法学"暨书法发展战略研讨会论文选:书法学论文集(二)/路棣,陈振濂主编.—沈阳:辽宁教育出版社,1995.3.—354页;20cm

ISBN 7-5382-4034-9: ¥8.00

J292.1-53 033176

黄绮书法论文选/黄绮著.—保定:河北大学出版社,1995.11.—224页;20cm

ISBN 7-81028-242-5(精装): ¥18.00

J292.1-53 033177

书法学论文集:全国"书法学"暨书法发展战略研讨论文选.—南京:江苏教育出版社,1995.3.—230页;20cm

ISBN 7-5343-2303-7: ¥4.00

J292.11 033178

99天毛笔字速成练习法:楷书(颜体)/杨再春选编.—北京:北京体育大学出版社,1995.4.—50页;26cm

ISBN 7-81003-957-1: ¥7.80

J292.11 033179

99天毛笔字速成练习法:隶书/刘炳森著.—北京:北京体育大学出版社,1995.4.—50页;26cm

ISBN 7-81003-955-5: ¥7.80

J292.11 033180

99天毛笔字速成练习法:行书/杨再春著.—北京:北京体育大学出版社,1995.4.—50页;26cm

ISBN 7-81003-956-3: ¥7.80

J292.11 033181

草书入门/小奇等编.—北京:中国画报出版社,1995.10.—37页;26cm.—(书法入门丛书)

ISBN 7-80024-186-6: ¥5.90

J292.11 033182

草书自学教程/黄全信编著.—北京:华语教学出版社,1995.—152页;26cm.—(中国书法自学丛书)

版权页题名:中国书法自学教程——草书

ISBN 7-80052-385-3: ¥12.60

J292.11 033183

初学书法百例疑难问答/张清荣编著.—南昌:江西美术出版社,1995.12.—129页;26cm

ISBN 7-80580-286-6: ¥13.00

J292.11 033184

邓石如篆书技法/张敏编著.—长沙:湖南文艺出版社,1995.4.—60页;38cm.—(书法技巧实用丛书)

ISBN 7-5404-1355-7: ¥8.40

J292.11 033185

汉隶《曹全碑》技法/张敏编著.—长沙:湖南文艺出版社,1995.4.—60页;38cm.—(书法技巧实用丛书)

ISBN 7-5404-1357-3: ¥8.40

J292.11 033186

楷书百日通/沈鸿根编著.—上海:上海文化出版社,1995.10.—124页;26cm.—(书法百日通系列)

ISBN 7-80511-807-8: ¥10.70

J292.11 033187

楷书技法:柳体笔法与结构/张书范著.—北京:北京出版社,1995.5.—90页;26cm

ISBN 7-200-02629-8: ¥8.80

J292.11 033188

楷书技法:颜体笔法与结构/赵家熹著.—北京:北京出版社,1995.8.—90页;26cm

ISBN 7-200-02630-1: ¥8.80

J292.11 033189

楷书技法百日通/李鑫华著.—北京:中国和平出版社,1995.5.—106页;26cm

ISBN 7-80101-382-4: ¥12.00

J292.11 033190

楷书快速入门/洪丕谟,高宝平著.—上海:上海人民美术出版社,1995.3.—1册;26cm

ISBN 7-5322-1366-8: ¥14.00

J292.11 033191

楷书练习册　第二册/王新庭,潘善助编撰.—杭州:浙江人民美术出版社,1995.6.—24页;19×27cm

¥2.50

J292.11 033192

楷书练习册　第三册/王新庭,潘善助编撰.—杭州:浙江人民美术出版社,1995.6.—32页;19×27cm

¥3.50

J292.11 033193

楷书练习册　第四册/王新庭,潘善助编撰.—杭州:浙江人民美术出版社,1995.6.—24页;19×27cm

¥2.50

J292.11 033194

楷书练习册　第一册/王新庭,潘善助编撰.—杭州:

浙江人民美术出版社,1995.6.—16页;19×27cm
¥1.60

J292.11 033195
楷书入门/子良等编.—北京:中国画报出版社,1995.10.—37页;26cm.—(书法入门丛书)
ISBN 7-80024-188-2:¥5.90

J292.11 033196
楷书书写入门/赵岩峻编著.—太原:山西人民出版社,1995.5.—65页;26cm
ISBN 7-203-03344-9:¥5.80

J292.11 033197
楷书自学教程/黄全信编著.—北京:华语教学出版社,1995.—152页;26cm.—(中国书法自学丛书)
版权页题名:中国书法自学教程——楷书
ISBN 7-80052-382-9:¥12.60

J292.11 033198
老年书法基础训练/王颂余,喻建十著.—天津:天津人民美术出版社,1995.5.—115页;26cm.—(美术技法系列丛书)
ISBN 7-5305-0444-4:¥10.00

J292.11 033199
隶书入门/小青等编.—北京:中国画报出版社,1995.10.—37页;26cm.—(书法入门丛书)
ISBN 7-80024-187-4:¥5.90

J292.11 033200
隶书自学教程/黄全信编著.—北京:华语教学出版社,1995.—152页;26cm.—(中国书法自学丛书)
版权页题名:中国书法自学教程——隶书
ISBN 7-80052-386-1:¥12.60

J292.11 033201
米芾行书技法/张敏编著.—长沙:湖南文艺出版社,1995.4.　70页;38cm.—(书法技巧实用丛书)
ISBN 7-5404-1354-9:¥9.30

J292.11 033202
名家指导少年书法/汤兆基编.—上海:少年儿童出版社,1995.5.—130页;21×19cm
ISBN 7-5324-2877-X:¥15.00

J292.11 033203
千字文·描红/谢云主编;康雍书.—2版(修订本).—北京:线装书局,1995.4.—68页;19×26cm
ISBN 7-80106-002-4:¥4.55

J292.11 033204
少儿书法入门:欧体楷书/南峰著.—北京:中国劳动出版社,1995.5.—80页;26cm
ISBN 7-5045-1288-5:¥8.00

J292.11 033205
少儿书法入门:颜体楷书/南峰著.—北京:中国劳动出版社,1995.5.—82页;26cm
ISBN 7-5045-1471-3:¥8.00

J292.11 033206
少年书法入门:正楷/柳珍编.—北京:农村读物出版社,1995.10.—33页;26cm
ISBN 7-5048-2608-1:¥4.90

J292.11 033207
王福庵书说文部目/王福庵书.—2版.—杭州:西泠印社,1995.12.—56页;26cm
ISBN 7-80517-081-9:¥7.00

J292.11 033208
王了望书法研究/赵正著.—兰州:甘肃人民美术出版社,1995.2.—76页;26cm
ISBN 7-80588-054-9:¥30.00

J292.11 033209
魏碑《始平公造像记》技法/张敏编著.—长沙:湖南文艺出版社,1995.4.—59页;38cm.—(书法技巧实用丛书)
ISBN 7-5404-1356-5:¥8.40

J292.11 033210
魏碑入门/无为等编.—北京:中国画报出版社,1995.10.—37页;26cm.—(书法入门丛书)
ISBN 7-80024-144-0:¥5.90

J292.11 033211
魏碑自学教程/黄全信编著.—北京:华语教学出版社,1995.—152页;26cm.—(中国书法自学丛书)
版权页题名:中国书法自学教程——魏碑
ISBN 7-80052-383-7:¥12.60

J292.11 033212
行草章法举要/张仲愈编写.—北京:西苑出版社,1995.7.—96页;26cm.—(书法入门丛书)
ISBN 7-80108-044-0:¥10.00

J292.11 033213
行书入门/春恒等编.—北京:中国画报出版社,1995.10.—37页;26cm.—(书法入门丛书)
ISBN 7-80024-157-2:¥5.90

J292.11 033214
行书自学教程/黄全信编著.—北京:华语教学出版社,1995.—152页;26cm.—(中国书法自学丛书)
版权页题名:中国书法自学教程——行书
ISBN 7-80052-384-5:¥12.60

J292.11 033215
学书法/徐利明著.—苏州:古吴轩出版社,1995.8.—76页;26cm.—(中国书画自学丛书)
ISBN 7-80574-195-6:¥16.80

J292.11 033216
颜楷《多宝塔碑》技法/张敏编著.—长沙:湖南文艺出版社,1995.4.—70页;38cm.—(书法技巧实用丛书)
ISBN 7-5404-1353-0:¥9.30

J292.11 033217
颜体学习指南/安宏忠著.—天津:天津杨柳青画社,1995.2.—173页:插图;26cm
ISBN 7-80503-264-5:¥11.90

J292.11 033218
篆书自学教程/黄全信编著.—北京:华语教学出版社,1995.—152页;26cm.—(中国书法自学丛书)
版权页题名:中国书法自学教程——篆书
ISBN 7-80052-388-8:¥12.60

J292.11-43 033219
书法基础/职业高中金融专业教材编写组编.—上海:上海科技教育出版社,1995.7.—129页;26cm

职业高中金融专业教材:试用本
ISBN 7-5428-1130-4: ¥7.60

J292.12　033220
31字钢笔字速成练习法:楷书部分/王宝心主编;北京硬笔书法学会编.—北京:中国计量出版社,1995.8.—40页;26cm.—(99天钢笔速成练习法新编)
ISBN 7-5026-0787-0: ¥4.00

J292.12　033221
31字钢笔字速成练习法:行书部分/王宝心主编;北京硬笔书法学会编.—北京:中国计量出版社,1995.8.—40页;26cm.—(99天钢笔速成练习法新编)
ISBN 7-5026-0787-0: ¥4.00

J292.12　033222
3500常用汉字硬笔书法规范字帖/丁永康书.—北京:语文出版社,1995.2.—155页;19cm
ISBN 7-80006-900-1: ¥6.00

J292.12　033223
3500常用字楷行对照钢笔字帖/张炳德编;刘惠浦书.—贵阳:贵州人民出版社,1995.9.—117页;26cm
ISBN 7-221-03892-9: ¥8.80

J292.12　033224
3500常用字实用书体钢笔字帖/顾仲安著.—上海:学林出版社,1995.11.—175页;20cm
ISBN 7-80616-107-4: ¥7.50

J292.12　033225
60小时钢笔速成练习法:楷书/司马东,巡华编著.—珠海:珠海出版社,1995.5.—78页;26cm.—(实用钢笔书法)
ISBN 7-80607-052-4: ¥5.50

J292.12　033226
60小时钢笔速成练习法:框架结构/司马东,巡华编著.—珠海:珠海出版社,1995.5.—78页;26cm.—(实用钢笔书法)
ISBN 7-80607-052-4: ¥5.50

J292.12　033227
60小时钢笔速成练习法:行书/司马东,巡华编著.—珠海:珠海出版社,1995.5.—78页;26cm.—(实用钢笔书法)
ISBN 7-80607-052-4: ¥5.50

J292.12　033228
"新三字经"六体钢笔字帖/梁鼎光等书.—广州:广东人民出版社,1995.4.—90页;20cm
ISBN 7-218-01616-2: ¥3.30

J292.12　033229
爱国诗词钢笔字帖/张文海书;路石编选.—北京:农村读物出版社,1995.3.—64页;19cm
ISBN 7-5048-2574-3: ¥3.20

J292.12　033230
笔记速记法/吴身元著.—杭州:浙江科学技术出版社,1995.7.—240页;20cm.—(学生习字丛书)
ISBN 7-5341-0818-7: ¥10.00

J292.12　033231
标准钢笔字帖:刚劲有力——男孩子的字(上)/周泽君编绘.—海口:海南摄影美术出版社,1995.10.—158页;19cm
ISBN 7-80571-847-4: ¥5.50

J292.12　033232
标准钢笔字帖:字娟人秀——女孩子的字(下)/陈彩晴编绘.—海口:海南摄影美术出版社,1995.10.—158页;19cm
ISBN 7-80571-847-4: ¥5.50

J292.12　033233
标准字硬笔描红　(3)/王学军编;梁盈禧书.—南宁:广西美术出版社,1995.7.—36页;17×19cm
ISBN 7-80582-869-5: ¥2.20

J292.12　033234
常用字易错字钢笔习字帖/黄大剑编写.—北京:中国计量出版社,1995.8.—68页;19cm
ISBN 7-5026-0789-7: ¥5.00

J292.12　033235
冯宝佳多体钢笔字帖选/冯宝佳书.—广州:广东高等教育出版社,1995.5.—313页;19cm
ISBN 7-5361-1645-4: ¥13.80

J292.12　033236
改正不良书写习惯习字法/黄大钊著.—北京:新时代出版社,1995.2.—81页;26cm.—(硬笔习字丛书)
ISBN 7-5042-0270-3: ¥4.50

J292.12　033237
钢笔楷书/蒋玉锟编著.—济南:山东友谊出版社,1995.11.—63页;19cm
ISBN 7-80551-758-4: ¥3.50

J292.12　033238
钢笔楷书技法/林齐华著.—上海:上海文化出版社,1995.5.—53页;26cm
ISBN 7-80511-751-9: ¥4.70

J292.12　033239
钢笔楷书技法/蔡连海著.—天津:天津杨柳青画社,1995.4.—140页;19cm
ISBN 7-80503-263-7: ¥6.94

J292.12　033240
钢笔楷书描临字帖/郭宏雄书.—银川:宁夏人民出版社,1995.10.—160页;26cm
《钢笔书法速成教程》配套练习册
ISBN 7-227-01487-8: ¥8.80

J292.12　033241
钢笔楷书实用字帖/白江兴著.—银川:宁夏人民出版社,1995.11.—112页;26cm
ISBN 7-227-01500-9: ¥10.60

J292.12　033242
钢笔楷书速成/王常春著.—北京:工商出版社,1995.5.—44页;26cm
ISBN 7-80012-163-1: ¥4.00

J292.12　033243
钢笔楷行书标准教材/覃修毅编著.—珠海:珠海出版社,1995.5.—60页;26cm.—(实用钢笔书法)
ISBN 7-80607-052-4: ¥5.50

J292.12　033244
钢笔楷行书基础入门:楷书部分/王宝心,孔学军

著.—海口:南海出版公司,1995.4.—59页;26cm.—(99天钢笔字速成练习法新编)
ISBN 7-5442-0283-6:¥4.40

J292.12 033245
钢笔楷行书基础入门:行书部分/王宝心,孔学军著.—海口:南海出版公司,1995.4.—59页;26cm.—(99天钢笔字速成练习法新编)
ISBN 7-5442-0283-6:¥4.40

J292.12 033246
钢笔隶书描临字帖/郭宏雄书.—银川:宁夏人民出版社,1995.10.—160页;26cm
《钢笔书法速成教程》配套练习册
ISBN 7-227-01491-6:¥8.80

J292.12 033247
钢笔书法进程帖/周龙伟书.—重庆:西南师范大学出版社,1995.1.—51页;26cm
ISBN 7-5621-1121-9:¥3.80

J292.12 033248
钢笔书法精讲/吴建民著.—杭州:浙江人民美术出版社,1995.6.—137页;26cm
ISBN 7-5340-0625-2:¥15.00

J292.12 033249
钢笔魏碑描临字帖/郭宏雄书.—银川:宁夏人民出版社,1995.10.—160页;26cm
《钢笔书法速成教程》配套练习册
ISBN 7-227-01490-8:¥8.80

J292.12 033250
钢笔五体字帖/史成俊书.—沈阳:春风文艺出版社,1995.11.—182页;16×18cm
ISBN 7-5313-1546-7:¥13.80

J292.12 033251
钢笔行草描临字帖/郭宏雄书.—银川:宁夏人民出版社,1995.10.—160页;26cm
《钢笔书法速成教程》配套练习册
ISBN 7-227-01489-4:¥8.80

J292.12 033252
钢笔行楷描临字帖/郭宏雄书.—银川:宁夏人民出版社,1995.10.—159页;26cm
《钢笔书法速成教程》配套练习册
ISBN 7-227-01488-6:¥8.80

J292.12 033253
钢笔行楷五千姓/陈锦春,李玉珍编写;肖嘉辉等书.—重庆:重庆出版社,1995.2.—194页;19cm
ISBN 7-5366-2415-8:¥6.50

J292.12 033254
钢笔行书百日通练习帖/陈国祥书写;上海文化生活技艺专修学校编.—上海:上海文化出版社,1995.5.—94页;26cm.—(书法百日通系列)
ISBN 7-80511-791-8:¥7.40

J292.12 033255
钢笔行书技法/林齐华著.—上海:上海文化出版社,1995.5.—61页;26cm
ISBN 7-80511-752-7:¥5.20

J292.12 033256
钢笔字书写新技法/丁永康编著.—北京:金盾出版社,1995.3.—110页;26cm
ISBN 7-80022-974-2:¥7.40

J292.12 033257
钢笔字帖:妙语良言/林海文书.—广州:广东高等教育出版社,1995.5.—142页;19cm
ISBN 7-5361-1631-4:¥5.00

J292.12 033258
钢笔字帖:青春小语/林海文书.—广州:广东高等教育出版社,1995.5.—142页;19cm
ISBN 7-5361-1631-4:¥5.00

J292.12 033259
钢笔字帖:人生妙语(九)/冯宝佳书.—广州:广东高等教育出版社,1995.11.—171页;19cm
ISBN 7-5361-1770-1:¥6.85

J292.12 033260
古代蒙学钢笔字帖/张秀书.—乌鲁木齐:新疆青少年出版社,1995.12.—136页;19cm
ISBN 7-5371-2102-8:¥5.80

J292.12 033261
古代散文精华钢笔字帖/沈鸿根书.—沈阳:春风文艺出版社,1995.1.—138页;19cm.—(硬笔大师书法系列)
ISBN 7-5313-1421-5:¥4.80

J292.12 033262
古诗词硬笔字帖/全百惠编写;孔亚兵,孔维克书.—济南:明天出版社,1995.2.—296页;19cm
ISBN 7-5332-2193-1:¥6.00

J292.12 033263
古训精集钢笔字帖/董文书.—沈阳:春风文艺出版社,1995.1.—140页;19cm.—(硬笔大师书法系列)
ISBN 7-5313-1422-3:¥4.80

J292.12 033264
汉字简繁体钢笔楷行隶书字帖/顾仲安书.—上海:华东理工大学出版社,1995.12.—284页;20cm.—(顾仲安书法系列)
ISBN 7-5628-0612-8:¥11.80

J292.12 033265
贺词精选钢笔行楷字帖/徐梅,宁韦编著.—上海:华东化工学院出版社,1995.1.—154页;20cm
ISBN 7-5628-0594-6:¥5.80

J292.12 033266
胡一帆硬笔揩书字帖/胡一帆编著.—成都:四川民族出版社,1995.10.—80页;26cm
ISBN 7-5409-1579-X:¥8.80

J292.12 033267
黄自元、欧阳询间架结构钢笔描临帖/居家广改写.—南昌:江西高校出版社,1995.2.—64页;20cm
ISBN 7-81033-455-7:¥2.00

J292.12 033268
婚恋爱语钢笔书法/黄继成书.—深圳:海天出版社,1995.11.—170页;19cm.—(多体钢笔书法丛书)
全套总定价:20.40元
ISBN 7-80615-253-9:¥0.00

J292.12　033269
霍然硬笔书法:孔雀东南飞/霍然书.—石家庄:河北美术出版社,1995.11.—78页;29cm
ISBN 7-5310-0732-0:¥35.00

J292.12　033270
简爱:精彩片断/张秀书.—武汉:武汉测绘科技大学出版社,1995.3.—123页;19cm.—(青年钢笔书法自学丛帖)
ISBN 7-81030-380-5:¥4.50

J292.12　033271
教你写好钢笔字/华清波编著.—上海:上海教育出版社,1995.3.—80页;19cm
ISBN 7-5320-3609-X:¥2.50

J292.12　033272
教你写一手好字/钱沛云著.—上海:复旦大学出版社,1995.7.—211页;19cm.—(ETV家庭教师辅导丛书)
ISBN 7-309-01561-4:¥7.00

J292.12　033273
金瓶梅诗词钢笔行书帖/钱沛云编著.—上海:学林出版社,1995.2.—250页;20cm
ISBN 7-80510-971-0:¥6.00

J292.12　033274
荆棘鸟:精彩片断/刘健书.—武汉:武汉测绘科技大学出版社,1995.3.—123页;19cm.—(青年钢笔书法自学丛帖)
ISBN 7-81030-382-1:¥4.50

J292.12　033275
精编学生钢笔字帖:楷行二体/李国运书.—武汉:湖北教育出版社,1995.2.—64页;26cm
ISBN 7-5351-1706-6:¥4.20

J292.12　033276
九体钢笔速成实用字帖/郑金坤著.—广州:广东旅游出版社,1995.5.—218页;19cm
ISBN 7-80521-581-2:¥6.20

J292.12　033277
楷行对照硬笔书写训练/马平发编写.—上海:上海人民出版社,1995.12.—119页;26cm
ISBN 7-208-02149-X:¥10.80

J292.12　033278
快写法钢笔字帖/陆有珠书.—南宁:广西美术出版社,1995.4.—92页;19cm
ISBN 7-80582-748-6:¥3.00

J292.12　033279
六千常用词钢笔楷书字帖/王辛铭书.—北京:中国青年出版社,1995.2.—186页;19cm
ISBN 7-5006-1857-3:¥5.50

J292.12　033280
六千常用词钢笔行书字帖/陈启智书.—北京:中国青年出版社,1995.2.—186页;19cm
ISBN 7-5006-1889-1:¥5.50

J292.12　033281
六体钢笔字帖/马凌威书.—哈尔滨:黑龙江教育出版社,1995.4.—94页;19cm
ISBN 7-5316-2534-2:¥1.80

J292.12　033282
蒙学诗文硬笔书法/田绪明书.—北京:中国人口出版社,1995.6.—193页;19cm
ISBN 7-80079-292-7:¥5.00

J292.12　033283
名家墨迹钢笔临/李国祥书.—北京:科学普及出版社,1995.3.—129页;26cm
ISBN 7-110-02122-X:¥10.00

J292.12　033284
名家情书钢笔字帖/司马彦书.—广州:华南理工大学出版社,1995.2.—184页;19cm
ISBN 7-5623-0833-0:¥5.50

J292.12　033285
名家小品钢笔字帖/司马彦书.—广州:华南理工大学出版社,1995.2.—184页;19cm
ISBN 7-5623-0834-9:¥5.50

J292.12　033286
千家诗硬笔行书字帖/王惠松书.—北京:气象出版社,1995.9.—152页;19cm
ISBN 7-5029-1887-6:¥6.80

J292.12　033287
青少年钢笔隶书入门/刘俊礼编著.—北京:人民交通出版社,1995.4.—118页;19cm
ISBN 7-114-01979-3:¥4.00

J292.12　033288
人生格言钢笔字帖/陈天俊书.—北京:军事科学出版社,1995.7.—33页;20cm
ISBN 7-80021-872-4:¥9.20

J292.12　033289
人生小语钢笔书法/黄继成书.—深圳:海天出版社,1995.11.—170页;19cm.—(多体钢笔书法丛书)
全套总定价:20.40元
ISBN 7-80615-253-9:¥0.00

J292.12　033290
人生哲理探索硬笔书法/牛崇荣著;李楫书.—昆明:云南民族出版社,1995.7.—124页;19cm
ISBN 7-5367-1023-2:¥9.80

J292.12　033291
三步堂钢笔书法/李自华书.—昆明:云南美术出版社,1995.10.—105页;26cm
ISBN 7-80586-238-9:¥28.00

J292.12　033292
三毛小语钢笔字帖/冯宝佳书.—广州:广东高等教育出版社,1995.4.—173页;19cm
ISBN 7-5361-1630-6:¥6.90

J292.12　033293
三字经:读写两用钢笔正楷字帖/刘景向书.—上海:上海文化出版社,1995.6.—1张;26×75cm
ISBN 7-80511-719-5:¥1.00

J292.12　033294
少男少女钢笔赠言/梁锦英书写.—海口:海南摄影美术出版社,1995.1.—149页;19cm
ISBN 7-80571-615-3:¥4.20

J292.12 033295
生活妙语钢笔书法/黄继成书.—深圳:海天出版社,1995.11.—170页;19cm.—(多体钢笔书法丛书)
全套总定价:20.40元
ISBN 7-80615-253-9: ¥0.00

J292.12 033296
生肖硬笔字帖/柳长忠编写.—武汉:湖北人民出版社,1995.7.—184页;19cm
ISBN 7-216-01731-5: ¥5.40

J292.12 033297
实用钢笔楷书/宋英泽编著.—郑州:河南美术出版社,1995.3.—62页;19cm
ISBN 7-5401-0436-8: ¥3.60

J292.12 033298
实用钢笔书法/张铮编著.—上海:百家出版社,1995.1.—106页;19cm
ISBN 7-80576-531-6: ¥4.00

J292.12 033299
实用硬笔书法艺术/张天德编著.—成都:四川大学出版社,1995.12.—131页;19cm
ISBN 7-5614-1268-1: ¥6.80

J292.12 033300
书法基础练习册/汤家梁主编.—北京:中国商业出版社,1995.12.—2册;26×38cm
ISBN 7-5044-2905-8: ¥15.60

J292.12 033301
四体硬笔书法教程/陈瀚编著;江鸟书写.—上海:华东师范大学出版社,1995.6.—273页;20cm
ISBN 7-5617-1295-2: ¥13.30

J292.12 033302
宋词精选钢笔字帖/卢中南书.—沈阳:春风文艺出版社,1995.1.—134页;19cm.—(硬笔大师书法系列)
ISBN 7-5313-1420-7: ¥4.80

J292.12 033303
孙子兵法:硬笔书法四体字帖:草/怀殊书.—北京:国防大学出版社,1995.1.—48页;26cm
ISBN 7-5626-0582-3: ¥3.90

J292.12 033304
孙子兵法:硬笔书法四体字帖:楷/丁永康书.—北京:国防大学出版社,1995.1.—48页;26cm
ISBN 7-5626-0582-3: ¥3.90

J292.12 033305
孙子兵法:硬笔书法四体字帖:隶/熊少军书.—北京:国防大学出版社,1995.1.—48页;26cm
ISBN 7-5626-0582-3: ¥3.90

J292.12 033306
孙子兵法:硬笔书法四体字帖:行/怀殊书.—北京:国防大学出版社,1995.1.—48页;26cm
ISBN 7-5626-0582-3: ¥3.90

J292.12 033307
苔丝:精彩片断/李洪川书.—武汉:武汉测绘科技大学出版社,1995.3.—123页;19cm.—(青年钢笔书法自学丛帖)
ISBN 7-81030-381-3: ¥4.50

J292.12 033308
唐人绝句六体硬笔字帖/陈初生等书.—广州:广东旅游出版社,1995.10.—300页;19cm
ISBN 7-80521-608-8: ¥12.80

J292.12 033309
唐诗精粹钢笔字帖/卢桐书.—沈阳:春风文艺出版社,1995.1.—130页;19cm.—(硬笔大师书法系列)
ISBN 7-5313-1419-3: ¥4.80

J292.12 033310
唐诗绝句五体钢笔字帖/梁鼎光等书.—广州:广东高等教育出版社,1995.1.—313页;19cm
ISBN 7-5361-1560-1: ¥12.90

J292.12 033311
唐诗硬笔书法字帖/孙汝举书.—石家庄:河北美术出版社,1995.12.—62页;26cm
ISBN 7-5310-0747-9: ¥11.00

J292.12 033312
通用汉字7000钢笔行楷字帖/刘大卫书.—上海:上海科技教育出版社,1995.1.—44页;26cm
ISBN 7-5428-0803-6: ¥2.80

J292.12 033313
五彩人生:五体钢笔字帖/俞建英编;范林庆等书.—杭州:浙江人民出版社,1995.12.—126页;20cm
ISBN 7-213-01331-9: ¥7.00

J292.12 033314
五体硬笔千家诗字帖/王君书写.—2版.—海口:南海出版公司,1995.3.—160,42页;19×26cm
ISBN 7-80570-054-0: ¥11.20

J292.12 033315
校园实用赠言钢笔字帖/蔡晓斌编写.—广州:广东高等教育出版社,1995.1.—160页;19cm
ISBN 7-5361-1579-2: ¥6.50

J292.12 033316
校园袖珍钢笔字帖/司马彦书写;马丽华辑文.—西安:西安交通大学出版社,1995.2.—92页;17×9cm
ISBN 7-5605-0703-4: ¥3.80

J292.12 033317
新99钢笔字练习法:楷书独体字/杨再春书;墨人,乐天选编.—北京:北京体育大学出版社,1995.11.—64页;26cm
ISBN 7-81003-995-4: ¥6.50

J292.12 033318
新99钢笔字练习法:行楷多笔字/杨再春书;墨人,乐天选编.—北京:北京体育大学出版社,1995.11.—64页;26cm
ISBN 7-81003-997-0: ¥6.50

J292.12 033319
新99钢笔字练习法:行楷组合字/杨再春书;墨人,乐天选编.—北京:北京体育大学出版社,1995.11.—64页;26cm
ISBN 7-81003-996-2: ¥6.50

J292.12 033320
新编三体钢笔字帖/栾传益等编.—大连:辽宁师范大学出版社,1995.3.—91页;20cm

ISBN 7-81042-050-X:￥3.50

J292.12　033321
新三字经:仿宋·行·隶·楷四体钢笔字帖/王翰尊等书.—北京:原子能出版社,1995.5.—106页;19cm
ISBN 7-5022-1367-8:￥4.80

J292.12　033322
新三字经多体钢笔字帖/冯宝佳书.—广州:广州出版社,1995.5.—212页;19cm
ISBN 7-80592-247-0:￥6.50

J292.12　033323
新三字经钢笔楷书行书临帖/刘明洲,周树坚书写.—广州:岭南美术出版社,1995.4.—62页;19cm
ISBN 7-5362-1215-1:￥1.80

J292.12　033324
新三字经硬笔书法速成字帖/郭宏雄书写.—银川:宁夏人民出版社,1995.10.—156页;26cm
ISBN 7-227-01525-4:￥9.80

J292.12　033325
心语:钢笔行书爱国思乡诗文精萃/郑军健书.—桂林:广西师范大学出版社,1995.9.—124页;19cm
ISBN 7-5633-2098-9:￥5.60

J292.12　033326
学生钢笔字帖/薛平主编.—杭州:浙江科学技术出版社,1995.3.—166页;20cm.—(学生习字丛书)
ISBN 7-5341-0813-6:￥7.00

J292.12　033327
学生硬笔书法教典/宗宏亮著.—杭州:浙江人民美术出版社,1995.6.—167页;20cm
ISBN 7-5340-0626-0:￥8.80

J292.12　033328
学生园珠笔字帖/盛长荣主编.—杭州:浙江科学技术出版社,1995.5.—166页;20cm.—(学生习字丛书)
ISBN 7-5341-0814-4:￥7.00

J292.12　033329
学生最佳钢笔字帖/司马东,司马彦编写.—成都:四川文艺出版社,1995.10.—4册;19cm
ISBN 7-5411-1371-9:￥19.20

J292.12　033330
硬笔备要/刘峥编著.—苏州:苏州大学出版社,1995.11.—127页;20cm
ISBN 7-81037-170-3:￥5.00

J292.12　033331
硬笔书法精义/沈壮海著.—武汉:武汉出版社,1995.2.—182页;20cm
ISBN 7-5430-1162-X:￥5.90

J292.12　033332
硬笔书法训练三十六讲/孙国辉主编;黑龙江省教育学会书法教育专业委员会编.—哈尔滨:哈尔滨出版社,1995.3.—134页;26cm
ISBN 7-80557-797-8:￥6.80

J292.12　033333
硬笔书法字帖/朱立伟编写.—长春:东北师范大学出版社,1995.2.—117页;19cm
ISBN 7-5602-1536-X:￥3.50

J292.12　033334
硬笔习字歌诀/黄大钊著.—北京:新时代出版社,1995.2.—74页;26cm.—(硬笔习字丛书)
ISBN 7-5042-0259-2:￥4.50

J292.12　033335
硬笔习字秘诀——字形法/黄大钊著.—北京:新时代出版社,1995.2.—88页;26cm.—(硬笔习字丛书)
ISBN 7-5042-0271-1:￥4.50

J292.12　033336
硬笔习字要诀:楷书/黄大钊著.—北京:新时代出版社,1995.2.—94页;26cm.—(硬笔习字丛书)
ISBN 7-5042-0255-X:￥4.50

J292.12　033337
硬笔习字要诀:行书/黄大钊著.—北京:新时代出版社,1995.2.—86页;26cm.—(硬笔习字丛书)
ISBN 7-5042-0261-4:￥4.50

J292.12　033338
硬笔正楷行书字帖:《教你写一手好字》同步练习/钱沛云书.—上海:复旦大学出版社,1995.7.—156页;19cm.—(ETV家庭教师辅导丛书)
ISBN 7-309-01562-2:￥5.00

J292.12　033339
硬笔字写法指南/钱沛云编著.—上海:上海教育出版社,1995.12.—124页;19cm
ISBN 7-5320-4161-1:￥9.00

J292.12　033340
元曲一百首钢笔行书字帖/王正良编著.—南宁:广西美术出版社,1995.7.—53页;26cm
ISBN 7-80582-871-7:￥5.80

J292.12　033341
圆米格钢笔书法教程/贾启明主编.—乌鲁木齐:新疆人民出版社,1995.8.—194页;19cm
ISBN 7-228-03570-4:￥11.00

J292.12　033342
怎样写好钢笔字/陈贤德著.—3版.—济南:山东教育出版社,1995.8.—149页;19cm
ISBN 7-5328-0071-7:￥6.25

J292.12　033343
曾国藩处世金言钢笔字帖/莫善贤书.—南宁:广西民族出版社,1995.10.—113页;19cm
ISBN 7-5363-3077-4:￥6.20

J292.12　033344
张爱玲小语钢笔字帖/冯宝佳书 .—广州:广东高等教育出版社,1995.9.—173页;19cm
ISBN 7-5361-1738-8:￥6.80

J292.12　033345
中国钢笔书法学生普及教程　上册/肖华主编.—北京:航空工业出版社,1995.11.—96页;26cm
ISBN 7-80046-974-3:￥9.00

J292.12　033346
中国钢笔书法学生普及教程　下册/肖华编著.—北京:航空工业出版社,1995.11.—96页;26cm
ISBN 7-80046-974-3:￥9.00

J292.12　033347

中华经典名言选粹:罗扬钢笔行楷/罗扬书.—天津:天津杨柳青画社,1995.2.—150页;20cm
ISBN 7-80503-253-X: ¥7.90

J292.12 033348
中老年养生保健习字功/黄大钊著.—北京:新时代出版社,1995.2.—80页;26cm.—(硬笔习字丛书)
ISBN 7-5042-0273-8: ¥4.50

J292.12 033349
中小学生钢笔字帖/吴庆和书.—北京:煤炭工业出版社,1995.10.—88页;19cm
ISBN 7-5020-1254-0: ¥4.80

J292.12 033350
中学语文散文精选钢笔行书字帖/施坚书.—北京:中国计量出版社,1995.7.—99页;26cm
ISBN 7-5026-0819-2: ¥11.00

J292.12 033351
自选速成钢笔字帖 A种:雄俊体/李洪川书.—武汉:湖北辞书出版社,1995.2.—154页;19cm
ISBN 7-5403-0169-4: ¥4.80

J292.12 033352
自选速成钢笔字帖 B种:秀媚体/张秀书.—武汉:湖北辞书出版社,1995.2.—153页;19cm
ISBN 7-5403-0169-4: ¥4.80

J292.12 033353
自选速成钢笔字帖 C种:洒脱体/李洪川书.—武汉:湖北辞书出版社,1995.2.—154页;19cm
ISBN 7-5403-0169-4: ¥4.80

J292.12 033354
最新钢笔行书字帖/沈鸿根编写.—沈阳:辽宁民族出版社,1995.5.—170页;19cm
ISBN 7-80527-476-2: ¥5.80

J292.12 033355
最新流行金曲歌词钢笔书法字帖 第二辑/王宝心书写.—北京:中国计量出版社,1995.7.—88页;19cm
ISBN 7-5026-0767-6: ¥6.00

J292.12 033356
最新流行金曲歌词钢笔书法字帖 第一辑/孔学军书写.—北京:中国计量出版社,1995.7.—88页;19cm
ISBN 7-5026-0766-8: ¥6.00

J292.12 033357
作文三字经钢笔字帖/林刚编;钱沛云书.—上海:上海教育出版社,1995.9.—60页;19cm
ISBN 7-5320-4302-9: ¥2.80

J292.12 033358
隽永小品钢笔行书字帖/顾仲安书.—上海:华东理工大学出版社,1995.12.—277页;20cm.—(顾仲安书法系列)
ISBN 7-5628-0613-6: ¥12.00

①J292.12②G634.955 033359
中小学生学古诗实用钢笔字帖/李涛,李静书.—青岛:青岛出版社,1995.6.—152页;19cm
ISBN 7-5436-1177-5: ¥5.80

①J292.12②H136.3 033360
人生的箴言:鲁迅五千言钢笔行书字帖/王得后编选;钱沛云书.—上海:上海古籍出版社,1995.2.—164页;19cm
ISBN 7-5325-1947-3: ¥8.60

J292.12-43 033361
钢笔书法教程/徐飙主编;周发兴编著.—杭州:浙江大学出版社,1995.12.—130页;19cm
ISBN 7-308-01717-6: ¥6.40

J292.12-43 033362
书法基础练习册/职业高中金融专业教材编写组编.—上海:上海科技教育出版社,1995.7.—79张;26cm
职业高中金融专业教材:试用本
ISBN 7-5428-1131-2: ¥7.70

J292.12-43 033363
自学钢笔楷书"六化"微格教程/孙悦武著.—哈尔滨:东北林业大学出版社,1995.12.—216页;19cm
ISBN 7-81008-602-2: ¥6.80

J292.12-61 033364
行草大字典.—2版.—北京:中国书店,1995.12.—1册;19cm
ISBN 7-80568-062-0(精装): ¥30.00

J292.13 033365
常用商品美术字/向往等绘.—北京:中国画报出版社,1995.4.—124页;13×19cm
ISBN 7-80024-222-6: ¥7.60

J292.13 033366
仿宋字技法/华清波编著.—上海:上海科学技术出版社,1995.12.—124页;20cm
ISBN 7-5323-3988-2: ¥7.00

J292.13 033367
广告美术字/汪新等编绘.—南宁:广西美术出版社,1995.8.—126页;26cm
ISBN 7-80582-890-3: ¥12.80

J292.13 033368
广告美术字/童曼之,王淑云编写.—长沙:湖南美术出版社,1995.10.—224页;17×19cm.—(美术字丛书)
ISBN 7-5356-0777-2: ¥13.50

J292.13 033369
汉字字体设计/何洁编著.—哈尔滨:黑龙江美术出版社,1995.12.—57页;26cm.—(中央工艺美术学院装潢设计艺术系教材丛书/陈汉民主编)
ISBN 7-5318-0323-2: ¥12.80

J292.13 033370
黑板报常用格言警句美术字/芳泓等绘.—北京:中国画报出版社,1995.5.—124页;13×19cm
ISBN 7-80024-253-6: ¥6.20

J292.13 033371
美术字速成/皋古平著.—上海:上海人民美术出版社,1995.9.—112页;19×17cm
ISBN 7-5322-1409-5: ¥7.30

J292.13 033372
青少年美术字五十讲/焦俊华,柴玉红编著.—天津:天津人民美术出版社,1995.5.—87页;26cm
ISBN 7-5305-0451-7: ¥7.80

J292.13 033373
商品广告美术字/刘辉编著.—长沙:湖南美术出版社,1995.2.—161页;17×19cm
ISBN 7-5356-0711-X:¥7.20

J292.13 033374
实用美术字书写技法/徐锦华著.—上海:上海交通大学出版社,1995.2.—271页;19cm
ISBN 7-313-01436-8:¥9.70

J292.13 033375
实用装饰美术字/汪新等编绘.—上海:上海人民美术出版社,1995.3.—132页;19×17cm
ISBN 7-5322-1261-0:¥7.30

J292.13 033376
现代板报实用美字术/郭存善等编绘.—北京:中国画报出版社,1995.10.—125页;13×19cm
ISBN 7-80024-191-2:¥6.60

J292.13 033377
现代字体设计事典/董雁,宋幼君编著.—北京:国际文化出版公司,1995.4.—318页;26cm
ISBN 7-80105-251-X:¥35.00

J292.13 033378
校园美术字/唐国文编著.—南宁:广西美术出版社,1995.9.—196页;19×17cm
ISBN 7-80582-907-1:¥10.00

J292.13 033379
新编实用美术字/马德新,王阳编写 .—天津:天津人民美术出版社,1995.6.—155页;14×20cm
ISBN 7-5305-0479-7:¥6.00

J292.13 033380
新广告美术字/刘辉,刘笑男绘.—郑州:河南美术出版社,1995.12.—156页;13×19cm
ISBN 7-5401-0476-7:¥7.50

J292.13 033381
学校黑板报常用美术字/秦昊等编绘.—北京:中国文联出版公司,1995.1.—124页;13×19cm
ISBN 7-5059-1271-2:¥6.00

J292.13 033382
招牌美术字/童曼之,王淑云编写.—长沙:湖南美术出版社,1995.4.—344页;17×19cm.—(美术字丛书)
ISBN 7-5356-0710-1:¥13.60

J292.13 033383
字体设计基础/余秉楠编绘.—西安:陕西人民出版社,1995.3.—209页;26cm
ISBN 7-224-03780-X:¥13.50

J292.2 033384
广州集雅斋藏书法/邝根明等编.—广州:岭南美术出版社,1995.2.—111页;29cm
ISBN 7-5362-1209-7:¥68.00

J292.2 033385
晋爨宝子集联.—合肥:安徽美术出版社,1995.7.—44页;28cm.—(历代墨宝丛书)
ISBN 7-5398-0420-3:¥8.00

J292.2 033386
鸳鸯七志斋藏石/吴钢主编;赵力光编.—西安:三秦出版社,1995.12.—318页;38cm
ISBN 7-80546-520-7(精装):¥198.00

J292.2 033387
中国碑帖艺术论/蒋文光,张菊英著.—北京:中国工人出版社,1995.5.—427页:图;19cm
ISBN 7-5008-1469-0:¥14.90

J292.2 033388
中国碑帖艺术论/蒋文光,张菊英著.—北京:中国工人出版社,1995.5.—427页;19cm
ISBN 7-5008-1468-2(精装):¥22.40

J292.2 033389
爨龙颜碑集联.—合肥:安徽美术出版社,1995.7.—44页;28cm.—(历代墨宝丛书)
ISBN 7-5398-0421-1:¥8.00

J292.2-3 033390
韭花帖系列考/穆棣著.—上海:学林出版社,1995.12.—156页;26cm
ISBN 7-80616-204-6:¥28.00

J292.2-62 033391
中国书法全集　(13):三国两晋南北朝墓志/刘正成主编;华人德分卷主编.—北京:荣宝斋出版社,1995.6.—244页;29cm
ISBN 7-5003-0236-3(精装):¥66.00

J292.2-62 033392
中国书法全集　(32):蔡襄卷:宋辽金编/刘正成主编;曹宝麟分主编.—北京:荣宝斋出版社,1995.6.—1册;26cm
ISBN 7-5003-0237-1(精装):¥67.80

J292.2-62 033393
中国书法全集　(67):邓石如卷/刘正成主编;穆孝天分卷主编.—北京:荣宝斋出版社,1995.6.—308页;28cm
ISBN 7-5003-0238-X(精装):¥68.80

J292.21 033394
敦煌书法库　第二辑/敦煌研究院编.—兰州:甘肃人民美术出版社,1995.4.—196页;29cm
ISBN 7-80588-078-6(精装):¥58.00

J292.21 033395
敦煌写卷书法精选.—合肥:安徽美术出版社,1995.8.—194页;28cm
ISBN 7-5398-0350-9(精装):¥48.00

J292.21 033396
福字大观/黄全信主编.—北京:光明日报出版社,1995.3.—150页;26cm
ISBN 7-80091-526-3:¥16.00

J292.21 033397
汉魏碑刻集联大观　第一辑/吴瑾,周树坚编.—广州:岭南美术出版社,1995.1.—219页;26cm
ISBN 7-5362-1186-4:¥25.00

J292.21 033398
历代碑帖法书选　第四集/《历代碑帖法书选》编辑组编.—北京:文物出版社,1995.3.—10册;26cm
本套书共10册,总定价:40.00元
ISBN 7-5010-0827-2(函套):¥

J292.21 033399
历代名家法书墨迹珍品十种/辽宁省博物馆编.—沈阳:辽宁美术出版社,1995.12.—10册;32×19cm
ISBN 7-5314-1022-2(盒装):¥150.00

J292.21 033400
历代诗人咏灞桥书法选/路毓贤编.—西安:西安地图出版社,1995.1.—1册;26cm
ISBN 7-80545-346-2:¥20.00

J292.21 033401
禄字大观/黄全信主编.—北京:光明日报出版社,1995.3.—150页;26cm
ISBN 7-80091-528-X:¥16.00

J292.21 033402
寿字大观/黄全信主编.—北京:光明日报出版社,1995.3.—150页;26cm
ISBN 7-80091-527-1:¥16.00

J292.21 033403
王羲之、颜真卿、米芾、黄庭坚四体对照行书自学字帖/卢建华编著.—上海:上海人民美术出版社,1995.4.—69页;35×19cm
ISBN 7-5322-1262-9:¥11.80

J292.21 033404
杨凝式、李建中法书集/上海书画出版社编.—上海:上海书画出版社,1995.10.—46页;38cm.—(历代法书萃英)
ISBN 7-80512-863-4:¥14.50

J292.21 033405
张猛龙碑/况瑞峰,胡雪琤主编.—天津:天津古籍出版社,1995.10.—44页;37×21cm.—(楷书字范)
ISBN 7-80504-396-5:¥16.80

J292.21 033406
中国历代书法大观/阎正主编.—北京:国际文化出版公司,1995.8.—2册(522页);29cm
ISBN 7-80105-116-5(精装):¥150.00

J292.21 033407
中国历代书法精品100幅赏析/周志高主编;赵伟平等撰稿.—济南:山东科学技术出版社,1995.10.—205页;29cm.—(工艺的·美术的·文物的·中华艺术精品100丛书;3)
ISBN 7-5331-1574-0:¥138.00

①J292.21②I269 033408
喜庆门联精选/王海舰书.—北京:印刷工业出版社,1995.4.—200页;26×13cm
ISBN 7-80000-179-2:¥12.80

J292.22 033409
敦煌汉简书法精选/马建华,赵吴成编.—兰州:甘肃人民美术出版社,1995.10.—87页;29cm
ISBN 7-80588-116-2(精装):¥48.00

J292.22 033410
汉石门颂/人民美术出版社编辑室编.—影印本.—北京:人民美术出版社,1995.10.—1册;26cm
本书选用精拓本影印
ISBN 7-102-01570-4:¥7.50

J292.22 033411
怎样临习圣教序:放大古法帖/张仲愈编.—北京:西苑出版社,1995.10.—237页;26cm.—(书法入门丛书)
ISBN 7-80108-066-1:¥19.80

J292.23 033412
北魏云峰山刻石观海童诗.—影印本.—北京:农村读物出版社,1995.—1册;33×19cm
ISBN 7-5048-2641-3:¥18.00

J292.23 033413
崔敬邕墓志/《放大本北魏墓志》编辑组编.—太原:山西古籍出版社,1995.1.—1册;26cm.—(放大本北魏墓志系列)
ISBN 7-80598-055-1:¥5.30

J292.23 033414
刁遵墓志/《放大本北魏墓志》编辑组编.—太原:山西古籍出版社,1995.1.—1册;26cm.—(放大本北魏墓志系列)
ISBN 7-80598-054-3:¥4.00

J292.23 033415
书圣神品:王羲之书法集萃:旁注释文/蔡茂友主编.—北京:中国书籍出版社,1995.10.—224页;29cm
ISBN 7-5068-0485-9:¥28.00

J292.23 033416
王献之书法精选/解纪等选辑.—北京:当代中国出版社,1995.2.—314页;26cm.—(历代名家书法荟萃)
ISBN 7-80092-364-9:¥21.00

J292.23 033417
王献之书法精选/解纪等选辑.—北京:当代中国出版社,1995.2.—314页;26cm.—(历代名家书法荟萃)
ISBN 7-80092-362-2(精装):¥27.00

J292.23 033418
元怀墓志/《放大本北魏墓志》编辑组编.—太原:山西古籍出版社,1995.1.—1册;26cm.—(放大本北魏墓志系列)
ISBN 7-80598-052-7:¥4.50

J292.23 033419
元略墓志/《放大本北魏墓志》编辑组编.—太原:山西古籍出版社,1995.1.—1册;26cm.—(放大本北魏墓志系列)
ISBN 7-80598-051-9:¥6.00

J292.23 033420
张黑女墓志/《放大本北魏墓志》编辑组编.—太原:山西古籍出版社,1995.1.—1册;26cm.—(放大本北魏墓志系列)
ISBN 7-80598-053-5:¥4.50

J292.23 033421
张黑女墓志/况瑞峰,胡雪琤主编.—天津:天津古籍出版社,1995.12.—44页;37×21cm.—(楷书字范)
ISBN 7-80504-395-7:¥16.80

J292.24 033422
敦煌书法库 第三辑:隋唐时期/段文杰主编;敦煌研究院编.—兰州:甘肃人民美术出版社,1995.12.—184页;29cm
ISBN 7-80588-103-0(精装):¥68.00

J292.24 033423

怀素草书全集/邹德忠主编.—北京:冶金工业出版社,1995.10.—256页;26cm
ISBN 7-5024-1762-1:¥38.00

J292.24　033424
李邕麓山寺碑/人民美术出版社编辑室编.—影印本.—北京:人民美术出版社,1995.10.—1册;26cm
ISBN 7-102-01571-2:¥6.00

J292.24　033425
李邕书法精选/解纪等选辑.—北京:当代中国出版社,1995.12.—321页;26cm.—(历代名家书法荟萃)
ISBN 7-80092-459-9(精装):¥29.00

J292.24　033426
李邕书法精选/解纪等选辑.—北京:当代中国出版社,1995.12.—321页;26cm.—(历代名家书法荟萃)
ISBN 7-80092-460-2:¥23.00

J292.24　033427
孙过庭书《佛遗教经》法帖/(唐)孙过庭书;王赣,周琼注释.—沈阳:辽宁古籍出版社,1995.10.—41页;29×13cm
ISBN 7-80507-273-6(经折装):¥20.00

J292.24　033428
孙过庭书法精选/解纪等选辑.—北京:当代中国出版社,1995.12.—314页;26cm.—(历代名家书法荟萃)
ISBN 7-80092-464-5:¥23.00

J292.24　033429
孙过庭书法精选/解纪等选辑.—北京:当代中国出版社,1995.12.—314页;26cm.—(历代名家书法荟萃)
ISBN 7-80092-463-7(精装):¥29.00

J292.24　033430
唐人小楷/徐中敏选编.—长沙:湖南美术出版社,1995.9.—26页;26cm.—(李苦禅藏贴选粹)
ISBN 7-5356-0774-8:¥4.80

J292.24　033431
唐颜真卿书麻姑山仙坛记/《历代碑帖法书选》编辑组编.—北京:文物出版社,1995.3.—1册;26cm.—(历代碑帖法书选)
ISBN 7-5010-0809-4:¥3.10

J292.24　033432
唐颜真卿书颜家庙碑/《历代碑帖法书选》编辑组编.—影印本.—北京:文物出版社,1995.8.—1册;26cm
ISBN 7-5010-0850-7:¥12.50

J292.24　033433
学生习字帖:柳公权玄秘塔碑/河北美术出版社编.—石家庄:河北美术出版社,1995.9.—94页;26cm
ISBN 7-5310-0729-0:¥11.00

J292.24　033434
学生习字帖:欧阳询九成宫碑/河北美术出版社编.—石家庄:河北美术出版社,1995.9.—94页;26cm
ISBN 7-5310-0728-2:¥9.80

J292.24　033435
学生习字帖:颜真卿多宝塔碑/河北美术出版社编.—石家庄:河北美术出版社,1995.9.—168页;26cm
ISBN 7-5310-0731-2:¥16.00

J292.24　033436
颜平原多宝塔放大字帖——方圆格/张世杰编.—兰州:兰州大学出版社,1995.7.—130页;26cm
ISBN 7-311-00898-0:¥9.00

J292.24　033437
颜勤礼碑/王康宁主编.—成都:四川少年儿童出版社,1995.1.—134页;38cm.—(中国书法精品)
ISBN 7-5365-1319-4:¥18.50

J292.24　033438
颜书八关斋会报德记/颜真卿书.—石家庄:河北美术出版社,1995.5.—84页;26×38cm
ISBN 7-5310-0712-6:¥24.00

J292.24　033439
颜真卿书法艺术入门/俞建华,陆籽叙著.—杭州:浙江人民出版社,1995.1.—190页;22cm
ISBN 7-213-01180-4:¥9.80

J292.24　033440
颜真卿书颜勤礼碑/颜真卿书.—苏州:古吴轩出版社,1995.3.—38页;38cm
ISBN 7-80574-169-7:¥9.80

J292.24　033441
虞世南书法精选/解纪等选辑.—北京:当代中国出版社,1995.8.—314页;26cm.—(历代名家书法荟萃)
ISBN 7-80092-393-2:¥23.00

J292.24　033442
虞世南书法精选/解纪等选辑.—北京:当代中国出版社,1995.8.—314页;26cm.—(历代名家书法荟萃)
ISBN 7-80092-392-4(精装):¥29.00

J292.24　033443
智永书真草千字文/陈骧龙,刘建平选编.—天津:天津人民美术出版社,1995.6.—26页;38cm
ISBN 7-5305-0440-1:¥5.20

J292.24　033444
字通:颜真卿麻姑山仙坛记临习正法/赵海若编著.—昆明:云南美术出版社,1995.12.—62页;26cm
ISBN 7-80586-127-7:¥5.00

J292.24　033445
褚遂良书法精选/解纪等选辑.—北京:当代中国出版社,1995.8.—314页;26cm.—(历代名家书法荟萃)
ISBN 7-80092-390-8(精装):¥29.00

J292.24　033446
褚遂良书法精选/解纪等选辑.—北京:当代中国出版社,1995.8.—314页;26cm.—(历代名家书法荟萃)
ISBN 7-80092-391-6:¥23.00

J292.25　033447
蔡襄书法精选/解纪等选辑.—北京:当代中国出版社,1995.8.—314页;26cm.—(历代名家书法荟萃)
ISBN 7-80092-395-9:¥23.00

J292.25　033448
蔡襄书法精选/解纪等选辑.—北京:当代中国出版社,1995.8.—314页;26cm.—(历代名家书法荟萃)
ISBN 7-80092-394-0(精装):¥29.00

J292.25　033449
米芾书离骚经/米芾书.—天津:天津人民美术出版

社,1995.6.—52页;38cm

ISBN 7-5305-0437-1:¥9.00

J292.25 033450

米芾书舞鹤赋/米芾书.—石家庄:河北美术出版社,1995.5.—56页;38cm

ISBN 7-5310-0710-X:¥18.00

J292.25 033451

宋人摹褚遂良乐毅论/陈骧龙,刘建华选编.—天津:天津人民美术出版社,1995.6.—8页;26cm

ISBN 7-5305-0438-X:¥2.00

J292.25 033452

宋四家真迹精选/陈骧龙,刘建平选编.—天津:天津人民美术出版社,1995.6.—18页;38cm

ISBN 7-5305-0439-8:¥4.00

J292.25 033453

学生习字帖:赵孟頫寿春堂碑/河北美术出版社编.—石家庄:河北美术出版社,1995.9.—53页;26cm

ISBN 7-5310-0730-4:¥6.80

J292.25 033454

元赵孟頫书归去来辞/辽宁省博物馆供稿.—石家庄:河北美术出版社,1995.1.—1册;26cm.—(历代名碑名帖丛书)

ISBN 7-5310-0674-X:¥3.40

J292.25 033455

赵孟頫墨迹大观/王连起,郭斌编.—影印本.—上海:上海人民美术出版社,1995.9.—2册(540页);26cm

ISBN 7-5322-1103-7:¥55.00

J292.25 033456

赵孟頫书赤壁二赋/陈骧龙,刘建平选编.—天津:天津人民美术出版社,1995.6.—11页;38cm

ISBN 7-5305-0436-3:¥3.80

J292.25 033457

赵孟頫书胆巴碑临习指南/姜荣贵编著.—沈阳:辽宁美术出版社,1995.12.—132页;26cm.—(名碑名帖临习指南系列)

ISBN 7-5314-1282-9:¥10.00

J292.25 033458

赵佶赵构书法精选/解纪等选辑.—北京:当代中国出版社,1995.12.—314页;26cm.—(历代名家书法荟萃)

ISBN 7-80092-466-1:¥23.00

J292.25 033459

赵佶赵构书法精选/解纪等选辑.—北京:当代中国出版社,1995.12.—314页;26cm.—(历代名家书法荟萃)

ISBN 7-80092-465-3(精装):¥29.00

J292.25-52 033460

赵孟頫书法全集/李正伟编.—北京:群言出版社,1995.6.—2册(1074页);26cm.—(中国历代书法名家全集系列)

ISBN 7-80080-048-2(精装):¥171.00

J292.26 033461

邓石如墨迹二种/邓石如书.—北京:荣宝斋出版社,1995.6.—55页;33×19cm.—(荣宝斋珍藏墨迹精选)

ISBN 7-5003-0317-3:¥9.80

J292.26 033462

邓石如书法精选/解纪等选辑.—北京:当代中国出版社,1995.2.—313页;26cm.—(历代名家书法荟萃)

ISBN 7-80092-369-X(精装):¥27.00

J292.26 033463

邓石如书法精选/解纪等选辑.—北京:当代中国出版社,1995.2.—313页;26cm.—(历代名家书法荟萃)

ISBN 7-80092-370-3:¥21.00

J292.26 033464

傅山书翰精选/傅山书.—广州:岭南美术出版社,1995.6.—81页;29cm.—(历代书艺鉴赏丛帖)

ISBN 7-5362-1232-1:¥15.80

J292.26 033465

金农墨迹二种/金农书.—北京:荣宝斋出版社,1995.6.—55页;33×19cm.—(荣宝斋珍藏墨迹精选)

ISBN 7-5003-0315-7:¥9.80

J292.26 033466

明陈道复咏花诗墨迹/河北美术出版社编.—石家庄:河北美术出版社,1995.10.—1册;26cm.—(历代名碑名帖丛书)

ISBN 7-5310-0734-7:¥3.90

J292.26 033467

明代名人墨宝/上海书店出版社编.—上海:上海书店,1995.9.—253页;38cm

ISBN 7-80569-946-1(精装):¥180.00

J292.26 033468

难得糊涂:〔书法〕/(清)郑板桥书.—天津:天津人民美术出版社,1995.6.—1张;53×150cm(卷轴):¥6.30

J292.26 033469

清代皇帝御批真迹选　(二):雍正皇帝御批真迹/陈锵仪主编;中国第一历史档案馆编.—北京:西苑出版社,1995.10.—294页;26cm

ISBN 7-80108-055-6(精装):¥85.00

J292.26 033470

清代皇帝御批真迹选　(三):乾隆皇帝御批真迹/陈锵仪主编;中国第一历史档案馆编.—北京:西苑出版社,1995.10.—287页;26cm

ISBN 7-80108-056-4(精装):¥85.00

J292.26 033471

清代皇帝御批真迹选　(一):康熙皇帝御批真迹/陈锵仪主编;中国第一历史档案馆编.—北京:西苑出版社,1995.10.—325页;26cm

ISBN 7-80108-054-8(精装):¥85.00

J292.26 033472

清傅山墨迹三种/河北美术出版社编.—石家庄:河北美术出版社,1995.10.—1册;26cm.—(历代名碑名帖丛书)

ISBN 7-5310-0735-5:¥4.90

J292.26 033473

晴山堂法帖/《晴山堂法帖》出版委员会整理.—上海:上海古籍出版社,1995.12.—423页;28cm

ISBN 7-5325-1974-0(精装):¥89.50

J292.26　033474
宋湘先生翰墨/宋湘书.—广州:岭南美术出版社,1995.6.—72页;29cm
ISBN 7-5362-1251-8:¥68.00

J292.26　033475
唐伯虎书法精选/解纪等选辑.—北京:当代中国出版社,1995.12.—314页;26cm.—(历代名家书法荟萃)
ISBN 7-80092-461-0(精装):¥29.00

J292.26　033476
唐伯虎书法精选/解纪等选辑.—北京:当代中国出版社,1995.12.—314页;26cm.—(历代名家书法荟萃)
ISBN 7-80092-462-9:¥23.00

J292.26　033477
王宠诗文稿墨迹书法选/张玉范,大军编.—北京:荣宝斋出版社,1995.3.—42页;26cm
ISBN 7-5003-0299-1:¥7.80

J292.26　033478
王铎书法墨迹汇编/辽宁博物馆藏.—北京:荣宝斋出版社,1995.12.—191页;36cm
ISBN 7-5003-0293-2(精装):¥90.00

J292.26　033479
小莽苍苍斋藏清代学者法书选集/史树青主编;小莽苍苍斋,中国历史博物馆编.—北京:文物出版社,1995.5.—386页;28cm
ISBN 7-5010-0771-3(精装):¥0.00

J292.26　033480
张瑞图书法精选/解纪等选辑.—北京:当代中国出版社,1995.8.—314页;26cm.—(历代名家书法荟萃)
ISBN 7-80092-396-7(精装):¥29.00

J292.26　033481
张瑞图书法精选/解纪等选辑.—北京:当代中国出版社,1995.8.—314页;26cm.—(历代名家书法荟萃)
ISBN 7-80092-397-5:¥23.00

J292.26　033482
郑板桥书法精选/解纪等选辑.—北京:当代中国出版社,1995.2.—314页;26cm.—(历代名家书法荟萃)
ISBN 7-80092-367-3(精装):¥27.00

J292.26　033483
郑板桥书法精选/解纪等选辑.—北京:当代中国出版社,1995.2.—314页;26cm.—(历代名家书法荟萃)
ISBN 7-80092-368-1:¥21.00

J292.26　033484
郑板桥四子书真迹/郑板桥辑.—石家庄:河北美术出版社,1995.9.—412页;26cm
ISBN 7-5310-0714-2:¥39.00

J292.26　033485
祝枝山书法精选/解纪等选辑.—北京:当代中国出版社,1995.2.—314页;26cm.—(历代名家书法荟萃)
ISBN 7-80092-365-7(精装):¥27.00

J292.26　033486
祝枝山书法精选/解纪等选辑.—北京:当代中国出版社,1995.2.—314页;26cm.—(历代名家书法荟萃)
ISBN 7-80092-366-5:¥21.00

J292.27　033487
梁启超题跋墨迹书法集/冀亚平等编.—北京:荣宝斋出版社,1995.3.—277页;29cm
ISBN 7-5003-0298-3(精装):¥66.00

J292.28　033488
"新三字经"四体毛笔字帖/廖蕴玉等书写.—广州:广东人民出版社,1995.4.—104页;26cm
ISBN 7-218-01617-0:¥6.80

J292.28　033489
爱国与理想名言中学生字帖/逸彬,树国书.—武汉:华中师范大学出版社,1995.12.—116页;19×21cm
ISBN 7-5622-1526-X:¥12.00

J292.28　033490
百名部长书画集/赵立贤主编.—北京:北京体育大学出版社,1995.7.—114页;26cm.—(新中国百人书画系列集;卷一)
ISBN 7-81051-002-9:¥28.80

J292.28　033491
百名将军书画集/赵立贤主编.—北京:北京体育大学出版社,1995.11.—103页;26cm.—(新中国百人书画系列集;卷二)
ISBN 7-81051-019-3:¥28.80

J292.28　033492
陈春盛书法集/陈春盛书.—广州:岭南美术出版社,1995.12.—64页;29cm
ISBN 7-5362-1332-8:¥18.00

J292.28　033493
陈平问故楼书法集/陈平书.—北京:荣宝斋出版社,1995.12.—88页;38cm
ISBN 7-5003-0337-8:¥75.00

J292.28　033494
陈善元书法艺术作品选/陈善元书.—上海:华东理工大学出版社,1995.9.—122页;26cm
ISBN 7-5628-0590-3:¥45.00

J292.28　033495
陈永革书法集/陈永革书.—兰州:甘肃人民美术出版社,1995.11.—87页;29cm
ISBN 7-80588-118-9:¥48.00

J292.28　033496
崇文区少年宫学员书法习作选/崇文区少年宫编.—北京:中国旅游出版社,1995.1.—204页;19cm
ISBN 7-5032-0816-3:¥9.00

J292.28　033497
崔宝堂书法选/崔宝堂著.—西安:陕西人民美术出版社,1995.12.—56页;30cm
ISBN 7-5368-0792-9:¥19.80

J292.28　033498
当代画家书法/吴越中,张进贤编.—乌鲁木齐:新疆美术摄影出版社,1995.7.—117页;26cm
封面书名为:现代画家书法
ISBN 7-80547-295-5:¥45.00

J292.28　033499
董欣武书春夜宴桃李园序/董欣武书.—天津:天津杨柳青画社,1995.8.—1册;25×25cm
ISBN 7-80503-281-5(精装):¥48.00

J292.28 **033500**

二十一世纪英杰广场杯少儿书法精品集 /刘忠齐，杨春洁编.—沈阳：辽宁画报出版社，1995.12.—162页；26cm

ISBN 7-80601-066-1：¥60.00

J292.28 **033501**

范奉臣书法作品集/范奉臣作.—天津：天津人民美术出版社，1995.12.—60页；26cm

ISBN 7-5305-0543-2：¥12.00

J292.28 **033502**

范曾书法壹佰幅作品：珍藏本/范曾书 .—北京：中国青年出版社，1995.—187页；37cm

ISBN 7-5006-1912-X(精装)：¥180.00

J292.28 **033503**

方庆云书法作品选/方庆云书.—福州：福建美术出版社，1995.10.—1册；29cm

ISBN 7-5393-0375-1：¥30.00

J292.28 **033504**

高培新翰墨/高培新书.—福州：福建美术出版社，1995.11.—62页；34×19cm

ISBN 7-5393-0320-4：¥68.00

J292.28 **033505**

古今诗词五体书法字帖/赵永华书.—桂林：漓江出版社，1995.12.—72页；26cm

ISBN 7-5407-1837-4：¥8.50

J292.28 **033506**

古诗小楷范本/刘治林书.—天津：天津人民美术出版社，1995.12.—16页；26cm

ISBN 7-5305-0521-1：¥3.80

J292.28 **033507**

广州地区领导干部歌颂广州书法集/董百振，周宇安主编；广州美术馆编.—广州：岭南美术出版社，1995.10.—76页；38cm

ISBN 7-5362-1291-7：¥130.00

J292.28 **033508**

国策之歌：李杰书法集/李杰书.—北京：中国人口出版社，1995.5.—136页；19cm

ISBN 7-80079-280-3：¥8.00

J292.28 **033509**

国际书法精品选/中国书法家协会编.—北京：中国文联出版公司，1995.4.—324页；26cm

ISBN 7-5059-1698-X：¥48.00

J292.28 **033510**

国际现代书法集/中国中外名人文化研究会编.—郑州：河南美术出版社，1995.10.—835页；26cm

ISBN 7-5401-0490-2(精装)：¥138.00

J292.28 **033511**

国兴先生书法作品：拾体小楷：汉英对照/盛国兴书.—贵阳：贵州人民出版社，1995.1.—81页；30cm

ISBN 7-221-03861-9(精装)：¥138.00

J292.28 **033512**

黑龙江日报社珍藏：书法卷/杨再立等编.—哈尔滨：黑龙江美术出版社，1995.—97页；38cm

ISBN 7-5318-0306-2(精装)：¥186.00

J292.28 **033513**

胡铁生书法/胡铁生书；上海《美化生活》杂志社编.—济南：山东美术出版社，1995.8.—61页；26cm

ISBN 7-5330-0905-3：¥15.00

J292.28 **033514**

胡忠恕书王学仲文赋/胡忠恕书.—天津：天津大学出版社，1995.9.—1册；26cm

ISBN 7-5618-0792-9：¥3.80

J292.28 **033515**

黄廷惠书法选集/黄廷惠书.—杭州：浙江少年儿童出版社，1995.1.—1册；26cm

ISBN 7-5342-1192-1：¥5.60

J292.28 **033516**

济南工商银行文明服务用语规范字帖/张瑞龄书.—北京：学习出版社，1995.9.—28页；20cm

ISBN 7-80116-054-1：¥3.00

J292.28 **033517**

金荣华书法作品集/金荣华书.—乌鲁木齐：新疆人民出版社，1995.—173页；28cm

ISBN 7-228-03458-9：¥38.00

J292.28 **033518**

井上有一书法/(日)井上有一书；李建华，杨晶译.—天津：天津人民美术出版社，1995.9.—120页；25×26cm

ISBN 7-5305-0537-8：¥97.00

J292.28 **033519**

九怪山人书法/李仲安书.—上海：学林出版社，1995.—31页；26cm

ISBN 7-80616-118-X：¥0.00

J292.28 **033520**

浪淘沙：毛主席诗词：[书法]/林散之书.—南京：江苏美术出版社，1995.—1张；160×37cm

(卷轴)：¥55.00

J292.28 **033521**

李书和书法作品集/李书和书.—石家庄：河北教育出版社，1995.12.—64页；24×23cm

ISBN 7-5434-1882-7：¥8.80

J292.28 **033522**

联语书法集：篆书卷/王友谊书.—北京：新时代出版社，1995.9.—209页；26cm

ISBN 7-5042-0292-4：¥23.00

J292.28 **033523**

刘鸿彪翟振喜作品：爱国百家言书法集/第二炮兵政治部文化部编.—北京：民族出版社，1995.10.—100页；28cm

ISBN 7-105-02550-6：¥29.00

J292.28 **033524**

刘启林书潮汕名胜诗词/谢惠鹏，陈绍卿主编.—汕头：汕头大学出版社，1995.9.—68页；26cm

ISBN 7-81036-128-7：¥20.00

J292.28 **033525**

龙之魂：李春恩书法作品集/李春恩绘.—武汉：湖北美术出版社，1995.3.—214页；28cm

ISBN 7-5394-0523-6(精装)：¥198.00

J292.28　　033526
陆修伯书法作品选/陆修伯书.—苏州:古吴轩出版社,1995.12.—47页;28cm
ISBN 7-80574-204-9:￥58.00

J292.28　　033527
名胜古迹对联钢笔字帖/何宾编;蓝景科书.—南宁:广西教育出版社,1995.4.—135页;19cm
ISBN 7-5435-2253-5:￥4.40

J292.28　　033528
墨海弄潮集　(三):河南中青年书法家19人作品选/王小海等书.—郑州:河南美术出版社,1995.2.—1册;26cm
ISBN 7-5401-0396-5:￥16.00

J292.28　　033529
墨童诗书作品集/吕永杰著.—北京:中国青年出版社,1995.6.—108页;26cm
ISBN 7-5006-2041-1:￥45.00

J292.28　　033530
屈应超书法作品集/屈应超书.—西安:陕西人民教育出版社,1995.3.—76页;29cm
ISBN 7-5419-4732-5:￥16.00

J292.28　　033531
任桂子书法选集/任桂子书.—石家庄:河北美术出版社,1995.4.—108页;26cm
ISBN 7-5310-0707-X(精装):￥60.00

J292.28　　033532
三字经·描红　上册/谢云主编;康雍书.—2版(修订本).—北京:线装书局,1995.4.—56页;19×26cm
ISBN 7-80106-001-6:￥3.85

J292.28　　033533
三字经·描红　下册/谢云主编;康雍书.—2版(修订本).—北京:线装书局,1995.4.—57～108页;19×26cm
ISBN 7-80106-001-6:￥3.65

J292.28　　033534
邵宗伯先生法书/邵宗伯书.—石家庄:河北教育出版社,1995.10.—25页;29cm
ISBN 7-5434-2522-X:￥4.80

J292.28　　033535
沈阳市少年儿童书法集/姚哲成主编.—沈阳:辽宁美术出版社,1995.5.—125页;26cm
ISBN 7-5314-1256-X:￥32.00

J292.28　　033536
石开书法集/石开书.—北京:荣宝斋出版社,1995.12.—100页;38cm
ISBN 7-5003-0300-9:￥68.00

J292.28　　033537
实用对联书法欣赏/李华亭编写.—郑州:河南美术出版社,1995.1.—77页;26cm
ISBN 7-5401-0423-6:￥6.90

J292.28　　033538
舒同书法集/舒同书.—上海:上海人民美术出版社,1995.9.—1册;38cm
ISBN 7-5322-1516-4(精装):￥280.00

J292.28　　033539
书法联展作品精选/王祥之主编.—北京:华文出版社,1995.11.—104页;26cm
ISBN 7-5075-0488-3:￥18.00

J292.28　　033540
四时田园杂兴六十首/(宋)范成大作;黄云书.—南宁:广西美术出版社,1995.12.—1册;34cm
ISBN 7-80625-104-9(精装):￥80.00

J292.28　　033541
苏子龙书法选/苏子龙书.—南京:江苏美术出版社,1995.9.—63页;29cm
ISBN 7-5344-0483-5:￥78.00

J292.28　　033542
速成钢笔楷书字帖/张秀编写.—武汉:湖北教育出版社,1995.4.—32页;26cm
ISBN 7-5351-1734-1:￥3.20

J292.28　　033543
孙伯翔书法集/孙伯翔书.—天津:天津人民美术出版社,1995.4.—84页;38cm
ISBN 7-5305-0494-0(精装):￥95.00

J292.28　　033544
唐诗一首:〔书法〕/林散之书.—南京:江苏美术出版社,1995.—1张;164×33cm
(卷轴):￥55.00

J292.28　　033545
腾越书家墨迹/腾冲县文联编.—昆明:云南美术出版社,1995.12.—77页;19cm
ISBN 7-80586-235-4:￥12.00

J292.28　　033546
王贺良书法集/王贺良著.—沈阳:辽宁美术出版社,1995.7.—112页;32×19cm
ISBN 7-5314-1338-8(精装):￥58.00

J292.28　　033547
王希尧书法/王希尧书.—福州:海峡文艺出版社,1995.5.—40页;32cm
ISBN 7-80534-776-X:￥10.00

J292.28　　033548
王一新书法选/王一新书.—北京:新时代出版社,1995.3.—126页;26cm
ISBN 7-5042-0241-X:￥6.80

J292.28　　033549
王遐举书法作品集/王遐举书.—北京:中国电影出版社,1995.7.—157页;36cm
ISBN 7-106-01051-0:￥166.00

J292.28　　033550
魏建功先生手书毛主席诗词/魏建功书;吴永坤编.—南京:江苏教育出版社,1995.10.—21页;29cm
ISBN 7-5343-2432-7:￥5.95

J292.28　　033551
闻鸡起舞:〔书法〕/刘海粟书.—南京:江苏美术出版社,1995.—1张;135×37cm
(卷轴):￥45.00

J292.28　　033552
吴经缘书法集/吴经缘书.—北京:中国工人出版社,

1995.4.—73 页;26cm
ISBN 7-5008-1762-2:¥12.00

J292.28 033553
夏家骏书法/夏家骏书.—北京:地震出版社,1995.10.—143 页;29cm
ISBN 7-5028-1274-1(精装):¥70.00

J292.28 033554
先事后先事后 尤者乐傲者尤:(书法)/曹柏昆书.—天津:天津人民美术出版社,1995.6.—1 张;106×38cm
¥2.20

J292.28 033555
新编常用五体五联/赵望进书.—太原:北岳文艺出版社,1995.1.—120 页;26cm
ISBN 7-5378-1429-5:¥12.98

J292.28 033556
修德书法选集/萧作贤主编.—青岛:青岛出版社,1995.2.—187 页:照片;36cm
ISBN 7-5436-1100-7(精装):¥216.00

J292.28 033557
学生毛笔字帖/王介南主编.—杭州:浙江科学技术出版社,1995.5.—205 页;20cm.—(学生习字丛书)
ISBN 7-5341-0816-0:¥8.00

J292.28 033558
延庆书法集/董家耕,曹金刚主编.—北京:中国人事出版社,1995.1.—122 页;26cm
ISBN 7-80076-805-8:¥20.00

J292.28 033559
杨炳南书法选集:汉英对照/杨炳南书.—长沙:湖南美术出版社,1995.1.—46 页;35×19cm
ISBN 7-5356-0632-6:¥9.98

J292.28 033560
杨培鑫楹联书法集/杨培鑫书.—兰州:甘肃人民美术出版社,1995.7.—125 页;26cm
ISBN 7-80588-107-3:¥9.80

J292.28 033561
沂蒙之光墨迹选/《沂蒙之光丛书》编委会编 .—济南:山东人民出版社,1995.7.—320 页;26cm.—(沂蒙之光丛书)
ISBN 7-209-01747-X(精装):¥55.00

J292.28 033562
粤台书法联展作品集/广东省书法家协会编.—广州:岭南美术出版社,1995.12.—181 页;29cm
ISBN 7-5362-1345-X:¥33.80

J292.28 033563
张海书法/张海书.—郑州:河南美术出版社,1995.6.—88 页;38cm
ISBN 7-5401-0482-1(精装):¥98.00

J292.28 033564
张平硬笔书孙子兵法/张平书.—哈尔滨:黑龙江教育出版社,1995.7.—127 页;26cm
ISBN 7-5316-2805-8:¥18.00

J292.28 033565
中国当代名家作品暨中国书协书法培训中心教学成果作品集/中国书法家协会书法培训中心编.—北京:中国文联出版公司,1995.7.—197 页;26cm
ISBN 7-5059-2270-X:¥28.00

J292.28 033566
中国当代楹联墨迹集/李之鹏等主编.—郑州:河南美术出版社,1995.5.—977 页;26cm
ISBN 7-5401-0468-6(精装):¥165.00

J292.28 033567
中国吉祥百幅/黄全信编著.—北京:中央民族大学出版社,1995.2.—100 页;26cm.—(中国吉祥书画艺术丛书;3)
ISBN 7-81001-332-7:¥12.00

J292.28 033568
中国吉祥百联/黄全信编著.—北京:中央民族大学出版社,1995.2.—100 页;26cm.—(中国吉祥书画艺术丛书;2)
ISBN 7-81001-331-9:¥12.00

J292.28 033569
中国吉祥百字/黄全信编著.—北京:中央民族大学出版社,1995.2.—104 页;26cm.—(中国吉祥书画艺术丛书;1)
ISBN 7-81001-330-0:¥12.00

J292.28 033570
中国历代名言警句书法作品展优秀作品集/国家文物局团委主编.—北京:地质出版社,1995.10.—56 页;25×26cm
ISBN 7-116-01915-4:¥50.00

J292.28 033571
中国书画函授大学建校十周年师生书法作品选/中国书画函授大学编 .—北京:中国社会出版社,1995.8.—152 页;29cm
ISBN 7-80088-686-7:¥80.00

J292.28 033572
周鸿俊书法作品集/周鸿俊书.—郑州:海燕出版社,1995.10.—100 页;29cm
ISBN 7-5350-1241-8:¥15.00

J292.28 033573
朱子家训·描红/谢云主编;康雍书.—2 版(修订本).—北京:线装书局,1995.4.—36 页;19×26cm
ISBN 7-80106-003-2:¥2.65

J292.28 033574
邹德忠书法集/邹德忠书.—北京:文津出版社,1995.4.—89 页;28cm
ISBN 7-80554-277-5:¥15.00

J292.28 033575
阙汉骞书法艺术/李相时主编.—长沙:湖南出版社,1995.10.—462 页;29cm
ISBN 7-5438-1091-3(精装):¥128.00

J292.28 033576
澹园诗词书法选/钟锡九著.—西宁:青海人民出版社,1995.7.—116 页;26cm
ISBN 7-225-01037-9:¥22.00

J292.28 033577
曜湘居藏楹联书法集/陈少湘编.—广州:广东高等教育出版社,1995.3.—66 页;29cm

ISBN 7-5361-1627-6: ¥29.00

J292.3　033578
隶书、篆书/王运天编.—上海:上海人民美术出版社,1995.4.—1册;26cm.—(中国历代书法精品丛书)
ISBN 7-5322-1238-6: ¥14.00

J292.3　033579
三体毛笔成语字帖:楷行草/李世清书写.—上海:华东理工大学出版社,1995.10.—76页;26cm
ISBN 7-5628-0608-X: ¥6.00

J292.3　033580
现行规范汉字四体书法速成/秋子编著.—兰州:甘肃文化出版社,1995.5.—2册(416页);26cm
ISBN 7-80608-056-2: ¥28.80

J292.3　033581
新三字经:毛笔楷书隶书临帖　上册/梁鼎光楷书;周树坚隶书.—广州:岭南美术出版社,1995.10.—46页;26cm
ISBN 7-5362-1310-7: ¥3.80

J292.3　033582
新三字经:毛笔楷书隶书临帖　下册/梁鼎光楷书;周树坚隶书.—广州:岭南美术出版社,1995.10.—106页;26cm
ISBN 7-5362-1311-5: ¥4.80

J292.3　033583
行草四季诗/周申明书.—石家庄:河北教育出版社,1995.4.—188页;26cm.—(诗书合璧丛书;1)
ISBN 7-5434-2317-0: ¥28.80

J292.3　033584
中国行草书精要/崔国强著.—长沙:湖南文艺出版社,1995.4.—212页;26cm
ISBN 7-5404-1338-7: ¥12.80

J292.3　033585
诸葛亮前后出师表:行楷字帖/张仲愈书.—北京:西苑出版社,1995.6.—72页;26cm.—(书法入门丛书)
ISBN 7-80108-035-1: ¥7.50

J292.31　033586
吴敬恒篆书碑刻/孙中山纪念馆编.—南京:江苏人民出版社,1995.6.—170页;38cm
ISBN 7-214-01478-5: ¥45.00

J292.31　033587
张树侯篆书千字文残卷:安徽墨宝选辑/张树侯书.—合肥:安徽美术出版社,1995.5.—58页;26cm
ISBN 7-5398-0375-4: ¥5.60

J292.31　033588
篆书唐诗字帖/王延林著.—上海:上海人民美术出版社,1995.3.—104页;26cm
ISBN 7-5322-1357-9: ¥8.50

J292.32　033589
储云章草古诗十九首/储云书.—南京:江苏教育出版社,1995.10.—35页;33cm
ISBN 7-5343-2493-9: ¥3.90

J292.32　033590
隶书入门/顾建平编著.—2版(修订本).—上海:上海教育出版社,1995.5.—204页;26cm
ISBN 7-5320-4193-X: ¥13.00

J292.32　033591
刘炳森书板桥道情/刘炳森书.—北京:中国工人出版社,1995.4.—59页;26cm
ISBN 7-5008-1754-1: ¥12.50

J292.32　033592
三国演义卷首句隶书字帖三体/于涛书.—北京:北京体育大学出版社,1995.5.—1册;29×10cm
ISBN 7-81051-001-0(经折装): ¥18.00

J292.32　033593
实用隶书字帖　第二册/陈景舒编写.—广州:广东省地图出版社,1995.12.—108页;26cm
ISBN 7-80522-321-1: ¥7.50

J292.32　033594
实用隶书字帖　第一册/陈景舒编写.—2版.—广州:广东省地图出版社,1995.12.—108页;26cm
ISBN 7-80522-320-3: ¥7.50

J292.32　033595
王祥之隶书元曲精选/王祥之书.—北京:中国文联出版公司,1995.7.—54页;26cm
ISBN 7-5059-1979-2: ¥9.60

J292.32　033596
中华少儿书法标准字范:隶书字范/卢定山编著.—南宁:广西美术出版社,1995.1.—76页;26cm
ISBN 7-80582-764-8: ¥6.90

J292.33　033597
贺中祥小楷:陆机文赋·钟嵘诗品序/贺中祥著.—北京:中国书籍出版社,1995.6.—51页;33×19cm
ISBN 7-5068-0443-3: ¥30.00

J292.33　033598
楷书/刘一闻编.—上海:上海人民美术出版社,1995.4.—1册;26cm.—(中国历代书法精品丛书)
ISBN 7-5322-1226-2: ¥13.00

J292.33　033599
楷书字族字帖/鄢文俊主编;金运昌书.—北京:中共中央党校出版社,1995.11.—40页;28cm.—(字族文识字法应用系列)
ISBN 7-5035-1309-8: ¥7.00

J292.33　033600
柳公权楷书习字帖/周妍编.—乌鲁木齐:新疆美术摄影出版社,1995.11.—64页;26cm
ISBN 7-80547-341-2: ¥5.80

J292.33　033601
柳赵欧颜四体楷书摹本/石良主编.—北京:京华出版社,1995.12.—4册;26cm
ISBN 7-80600-129-8: ¥15.00

J292.33　033602
毛笔楷书实用字帖/万泉书.—北京:中国书店,1995.7.—72页;26cm
ISBN 7-80568-651-3: ¥5.20

J292.33　033603
毛选选楷书杜甫秦州杂诗/毛选选书.—北京:紫禁城出版社,1995.12.—72页;26cm
ISBN 7-80047-215-9: ¥12.00

J292.33　033604
清·何绍基楷书格言:辽宁省博物馆藏/罗春政编.—沈阳:辽宁美术出版社,1995.12.—46页;26cm
ISBN 7-5314-1363-9:¥10.00

J292.33　033605
清张裕钊楷书字帖:张书范临本/张书范书.—北京:中国世界语出版社,1995.12.—119页;26cm
附张书范作品
ISBN 7-5052-0225-1:¥18.80

J292.33　033606
王玉宽楷书千字文/王玉宽书.—海口:南海出版公司,1995.2.—84页;26cm
ISBN 7-5442-0452-9:¥8.00

J292.33　033607
小楷/郑威,张振强编.—上海:上海人民美术出版社,1995.4.—1册;26cm.—(中国历代书法精品丛书)
ISBN 7-5322-1237-8:¥14.00

J292.33　033608
小学生毛笔楷书字帖/周思言书.—上海:学林出版社,1995.8.—42页;26cm
ISBN 7-80616-153-8:¥5.00

J292.33　033609
学生铅笔字帖/王学文主编.—杭州:浙江科学技术出版社,1995.4.—160页;20cm.—(学生习字丛书)
ISBN 7-5341-0812-8:¥7.00

J292.33　033610
治家格言:读写两用钢毛笔正楷字帖/顾仲安书.—上海:上海文化出版社,1995.6.—1张;26×75cm
ISBN 7-80511-718-7:¥1.00

J292.33　033611
中华少儿书法标准字范:楷书字范 /吕惟诚编著.—南宁:广西美术出版社,1995.1.—76页;26cm
ISBN 7-80582-762-1:¥6.90

J292.33-61　033612
中国正书大字典/李志贤等编著.—上海:上海书画出版社,1995.10.—1407页;26cm
ISBN 7-80512-870-7(精装):¥148.00

J292.34　033613
繁简体草书字帖/黎凡编著.—长沙:湖南美术出版社,1995.8.—152页;34×19cm
ISBN 7-5356-0746-2:¥29.50

J292.34　033614
胡公石书标准草书草圣千文/胡公石书.—杭州:西泠印社,1995.1.—1册;26cm
ISBN 7-80517-157-2:¥9.80

J292.34　033615
黄慎草书/荣宝斋出版社编.—北京:荣宝斋出版社,1995.6.—27页;33×19cm.—(荣宝斋珍藏墨迹精选)
ISBN 7-5003-0316-5:¥6.80

J292.34　033616
景维新草书千字文/景维新书.—兰州:甘肃人民美术出版社,1995.11.—59页;34×19cm
ISBN 7-80588-117-0:¥18.60

J292.34　033617
李毓遴草书三篇/李毓遴书.—济南:山东文艺出版社,1995.10.—75页;26cm
ISBN 7-5329-1273-6:¥20.00

J292.34　033618
两体草诀歌/陈详耀书.—福州:海峡文艺出版社,1995.1.—1册;35×18cm
ISBN 7-80534-749-2:¥4.00

J292.34　033619
吕光远行草书法/吕光远书.—桂林:漓江出版社,1995.7.—59页;26cm
ISBN 7-5407-1805-6:¥9.80

J292.34　033620
清王铎草书杜律:并枯兰复花赋/辽宁省博物馆供稿.—石家庄:河北美术出版社,1995.1.—1册;26cm.—(历代名碑名帖丛书)
ISBN 7-5310-0689-8:¥4.90

J292.34　033621
说草解法/黄军胜著.—兰州:甘肃人民美术出版社,1995.6.—168页;26cm
ISBN 7-80588-093-X:¥23.00

J292.34　033622
唐孙过庭书谱/《历代碑帖法书选》编辑组编 .—影印本.—北京:文物出版社,1995.9.—1册;26cm
据旧藏珂罗版影印
ISBN 7-5010-0849-3:¥9.30

J292.34　033623
祝枝山草书真迹/荣宝斋出版社编.—北京:荣宝斋出版社,1995.6.—37页;33×19cm.—(荣宝斋珍藏墨迹精选)
ISBN 7-5003-0318-1:¥8.60

J292.35　033624
董其昌行书真迹/荣宝斋出版社编.—北京:荣宝斋出版社,1995.6.—21页;33×19cm.—(荣宝斋珍藏墨迹精选)
ISBN 7-5003-0319-X:¥5.00

J292.35　033625
胡问遂行书字帖/胡问遂书.—上海:上海教育出版社,1995.10.—62页;26cm
ISBN 7-5320-4171-9:¥9.70

J292.35　033626
黄庭坚行书精品/黄庭坚书.—石家庄:河北人民出版社,1995.3.—131页;26cm
ISBN 7-202-01710-5:¥10.00

J292.35　033627
毛泽东论人口行书字帖/王溯源书.—北京:中国人口出版社,1995.2.—143页;26cm
ISBN 7-80079-224-2:¥9.80

J292.35　033628
米芾行书帖/聂文豪,聂可愚编.—南昌:江西美术出版社,1995.12.—1册;26cm
ISBN 7-80580-290-4:¥3.80

J292.35　033629
明文征明自书梅花诗/辽宁省博物馆供稿 .—石家庄:河北美术出版社,1995.1.—1册;26cm.—(历代名

碑名帖丛书）
ISBN 7-5310-0675-8：￥3.80

J292.35　033630
任叔衡行书滕王阁序/任叔衡著.—沈阳：辽宁人民出版社，1995.9.—56页；26cm
ISBN 7-205-03288-1：￥8.00

J292.35　033631
王羲之行书帖/聂文豪，聂可愚编.—南昌：江西美术出版社，1995.12.—1册；26cm
ISBN 7-80580-289-0：￥3.80

J292.35　033632
王羲之行书习字帖　(二)/周妍编.—乌鲁木齐：新疆美术摄影出版社，1995.11.—2册；26cm
ISBN 7-80547-340-4：￥9.60

J292.35　033633
行书/上海人民美术出版社编.—上海：上海人民美术出版社，1995.4.—1册；26cm.—(中国历代书法精品丛书)
ISBN 7-5322-1239-4：￥14.00

J292.35　033634
行书编/刘健编.—北京：文物出版社，1995.10.—1048页；26cm
ISBN 7-5010-0779-9(精装)：￥150.00

J292.35　033635
元赵孟頫书秋声赋/辽宁省博物馆供稿.—石家庄：河北美术出版社，1995.1.—1册；26cm.—(历代名碑名帖丛书)
ISBN 7-5310-0688-X：￥3.00

J292.35　033636
中华少儿书法标准字范：行书字范/王正良编著.—南宁：广西美术出版社，1995.1.—76页；26cm
ISBN 7-80582-763-X：￥6.90

J292.4　033637
1995全国第二届刻字艺术展作品集/中国书法家协会刻字研究会编.—青岛：青岛出版社，1995.9.—126页；29cm
ISBN 7-5436-1366-2：￥168.00

J292.4　033638
日本的篆刻：闲章名品选/(日)高畑常信编；徐梦嘉译评.—杭州：西泠印社，1995.8.—225页；20cm
ISBN 7-80517-155-6：￥18.00

J292.4　033639
中国历代篆刻精品100件赏析/董惠宁编著.—济南：山东科学技术出版社，1995.10.—205页；29cm.—(工艺的·美术的·文物的·中华艺术精品100丛书；4)
ISBN 7-5331-1575-9：￥138.00

J292.41　033640
帅立志刻字艺术/帅立志书.—南宁：广西美术出版社，1995.9.—94页：彩照；21×28cm
ISBN 7-80582-950-0：￥100.00

J292.41　033641
吴昌硕篆刻艺术研究/刘江著.—杭州：西泠印社，1995.12.—392页；20cm
ISBN 7-80517-142-4：￥29.80

J292.41　033642
中国篆刻技法/陈天银编著.—成都：四川大学出版社，1995.6.—292页；26cm
ISBN 7-5614-1169-3：￥34.00

J292.42　033643
古今玺印评改/张文康著.—上海：上海远东出版社，1995.12.—84页；26cm
ISBN 7-80514-455-9：￥18.00

J292.42　033644
李叔同印存/李叔同篆.—天津：天津人民美术出版社，1995.5.—215页；25×14cm
ISBN 7-5305-0524-6(精装)：￥60.00

J292.42　033645
宋元古印辑存/杨广泰编选.—北京：文物出版社，1995.4.—182页；20cm
ISBN 7-5010-0835-3：￥18.00

J292.42　033646
五桂山房用印藏印集/欧初编.—广州：岭南美术出版社，1995.8.—112页；29cm
ISBN 7-5362-1275-5：￥80.00

J292.42　033647
中国历代玺印精品博览/萧高洪主编.—南昌：江西人民出版社，1995.9.—525页：图；20cm
ISBN 7-210-01332-6(精装)：￥28.00

J292.47　033648
戴春帆印存/戴春帆编.—上海：上海书画出版社，1995.10.—52页；26cm
ISBN 7-80512-931-2：￥12.00

J292.47　033649
冯登紫篆刻选集/冯登紫篆刻.—郑州：河南美术出版社，1995.6.—82页；26×15cm
ISBN 7-5401-0470-8：￥15.00

J292.47　033650
郭子宣治印/郭子宣作.—北京：西苑出版社，1995.12.—94页；26cm
ISBN 7-80108-065-3(线装)：￥39.80

J292.47　033651
韩登安印存/余正，韩经世选编.—杭州：西泠印社，1995.10.—110页；26×15cm
ISBN 7-80517-187-4：￥22.00

J292.47　033652
红楼梦人物印谱/杨匡海，俞玉龙著.—上海：百家出版社，1995.1.—116页；20cm
ISBN 7-80576-501-4：￥20.00

J292.47　033653
蓝云印存/蓝云篆.—天津：天津古籍出版社，1995.10.—120页；26×16cm
ISBN 7-80504-473-2：￥35.00

J292.47　033654
刘恒篆刻集/刘恒著.—北京：东方出版社，1995.2.—62页；26cm
ISBN 7-5060-0572-7：￥8.00

J292.47　033655
罗冠群、潘懋勋篆刻集/福建省文史研究馆编.—福

州:海风出版社,1995.3.—63页;26cm
ISBN 7-80597-079-3:¥20.00

J292.47 033656
马东升印集/马东升治印.—北京:民族出版社,1995.12.—83页;26×15cm
ISBN 7-105-02576-X:¥33.00

J292.47 033657
乔大壮印集/乔无疆编.—上海:上海书画出版社,1995.4.—303页;19cm
ISBN 7-80512-855-3:¥38.00

J292.47 033658
施宝全印集/施宝全篆刻.—沈阳:辽宁美术出版社,1995.12.—32页;26cm
ISBN 7-5314-1368-X:¥18.80

J292.47 033659
石华篆刻选集/骆石华篆刻.—兰州:甘肃文化出版社,1995.4.—168页;26×16cm.—(墨苑丛书;5)
ISBN 7-80608-019-8:¥19.50

J292.47 033660
石缘斋印集:初级/孙福民篆刻.—成都:四川美术出版社,1995.12.—108页;27×15cm
ISBN 7-5410-1093-6:¥38.00

J292.47 033661
首届国际篆刻艺术交流展作品集/骆芃芃,崔志强主编.—北京:荣宝斋出版社,1995.11.—174页;26cm
ISBN 7-5003-0334-3:¥32.00

J292.47 033662
书眷印痕/刘树娟著.—贵阳:贵州教育出版社,1995.4.—80页;19cm
ISBN 7-80583-623-X:¥5.20

J292.47 033663
帅鼎刻岳阳楼记/帅鼎篆刻.—南昌:江西美术出版社,1995.9.—1册;26×11cm
ISBN 7-80580-250-5:¥2.50

J292.47 033664
思微室印存/朱关田作.—杭州:西泠印社,1995.8.—60页;26cm
ISBN 7-80517-186-6(精装):¥45.00

J292.47 033665
西泠印社第三届篆刻作品评展作品选/西泠印社第三届篆刻作品评展组委会编.—杭州:西泠印社,1995.11.—109页;26×15cm
ISBN 7-80517-139-4:¥16.00

J292.47 033666
印章边栏分类/王本兴著.—郑州:河南美术出版社,1995.12.—197页;26cm
ISBN 7-5401-0510-0:¥40.00

J292.47 033667
朱复戡篆印墨迹/朱复戡著.—上海:上海远东出版社,1995.12.—166页;26cm
ISBN 7-80514-456-7:¥38.00

J292.47 033668
诸乐三篆刻集/诸乐三刻制;诸涵编.—北京:荣宝斋出版社,1995.8.—97页;26×15cm
ISBN 7-5003-0286-X:¥25.00

①J292.47②I227 033669
青云题画诗辑印集/谢庆升著.—呼和浩特:内蒙古人民出版社,1995.12.—447页;26cm
ISBN 7-204-02873-2:¥57.00

①J292.47②K925.7 033670
中国当代印坛大观/冯联承主编.—天津:天津大学出版社,1995.3.—363页;26cm
ISBN 7-5618-0733-3(精装):¥78.00

J292.47-61 033671
中国肖形印大全/温廷宽编.—太原:山西古籍出版社,1995.6.—490页;26×15cm
ISBN 7-80598-070-5:¥68.00

J293 外文书法

J293 033672
现代外文字体.—杭州:浙江人民美术出版社,1995.4.—131页;17×19cm
ISBN 7-5340-0609-0:¥7.50

J293 033673
英文花体美术字设计/田旭桐,侯芳编著.—南昌:江西美术出版社,1995.12.—154页;26cm
ISBN 7-80580-279-3:¥13.00

J293 033674
英文赠言钢笔字帖/薛菲著.—杭州:浙江文艺出版社,1995.12.—217页;20cm
ISBN 7-5339-0782-5:¥7.80

J293 033675
英文字帖:意大利体·手写印刷体·圆体/朱淑贤,闵志平编写.—北京:北京工业大学出版社,1995.6.—117页;19cm
ISBN 7-5639-0456-5:¥4.60

J293 033676
英语实用书写字帖/姬少军编.—武汉:湖北少年儿童出版社,1995.9.—81页;26cm
ISBN 7-5353-1343-4:¥3.50

J3 雕塑

J30 雕塑理论

J309.1 033677
西方雕塑史话/庄圩著.—上海:上海文艺出版社,1995.1.—166页;19cm.—(希望美育文库/王新民主编)
ISBN 7-5321-1318-3:¥3.00

J309.2 033678
中国雕塑史话/肖博著.—上海:上海文艺出版社,1995.1.—151页;19cm.—(希望美育文库/王新民主编)

ISBN 7-5321-1316-7: ¥3.00

J309.2 033679

中国古代雕塑艺术/闻惠芬编著.—北京:北京科学技术出版社,1995.1.—137页;19cm.—(中国历史知识全书/朱仲玉主编)

ISBN 7-5304-1666-9: ¥3.90

J309.2-49 033680

气韵生动的中国雕塑/胡国瑞著.—沈阳:辽宁古籍出版社,1995.5.—155页;19cm.—(中华民族优秀传统文化丛书·艺术卷/赵宪章主编)

本卷8册,总定价:43.00元

ISBN 7-80507-280-9: ¥0.00

J31 雕塑技法

J314.2 033681

根雕制作技法/王少英著.—北京:北京工艺美术出版社,1995.10.—100页:图;20cm.—(中国传统手工技艺丛书)

ISBN 7-80526-147-4: ¥7.00

J314.2 033682

根艺创作与欣赏/彭春生等编著.—2版.—北京:中国林业出版社,1995.2.—125页;17×19cm

ISBN 7-5038-1426-8: ¥19.80

J314.3 033683

石雕的艺术/曹崇恩,廖慧兰著.—广州:岭南美术出版社,1995.11.—95页:图版;26cm

ISBN 7-5362-1276-3: ¥38.00

J314.7 033684

西藏脱模泥塑/张鹰编著.—北京:人民美术出版社,1995.5.—192页:图版;19cm.—(西藏艺术丛书)

ISBN 7-102-01465-1: ¥20.00

J314.8 033685

陶瓷雕塑/熊钢如,洪秀明编著.—北京:中国轻工业出版社,1995.9.—241页;19cm

ISBN 7-5019-1799-X: ¥15.00

J32 中国雕塑

J321 033686

百团大战纪念碑浮雕群:叶曙光美术作品集/叶曙光著.—天津:天津杨柳青画社,1995.2.—59页;28cm

ISBN 7-80503-262-9: ¥35.00

J321 033687

陈日钧雕塑选/陈日钧作.—广州:岭南美术出版社,1995.12.—30页;29cm

ISBN 7-5362-1335-2: ¥18.00

J321 033688

福州雕刻艺术/马永祥主编;福州雕刻工艺品总厂编.—福州:福建美术出版社,1995.10.—73页;29cm

ISBN 7-5393-0372-7: ¥80.00

J322 033689

独步云天:傅新民根艺作品集/傅新民作.—福州:福建美术出版社,1995.8.—97页:照片;25×26cm

ISBN 7-5393-0311-5: ¥120.00

J322 033690

根雕珍品集:汉英对照/冯刘成作.—郑州:河南美术出版社,1995.7.—53页;29cm

ISBN 7-5401-0474-0(精装): ¥98.00

J322-64 033691

白族木雕图案/陈永发绘著;大理州城乡建设环境保护局编.—昆明:云南美术出版社,1995.7.—200页;29cm

ISBN 7-80586-185-4: ¥88.00

J323 033692

合山奇石/张家志主编.—桂林:漓江出版社,1995.9.—71页:彩图;29cm

ISBN 7-5407-1816-1: ¥78.00

J329 033693

棋·纸·艺:许江、施慧作品选:汉英对照/宋忠元主编.—杭州:中国美术学院出版社,1995.5.—131页;26×29cm

ISBN 7-81019-474-7(精装): ¥238.00

J4 摄影艺术

J40 摄影艺术理论

J40 033694

摄影艺术的真谛/张永著.—郑州:河南美术出版社,1995.6.—223页;20cm

ISBN 7-5401-0486-4: ¥9.00

J406 033695

摄影构图/孔祥竺著.—沈阳:辽宁美术出版社,1995.12.—216页:彩图;20cm

北京电影学院图片摄影专业系列教材

ISBN 7-5314-1340-X: ¥22.50

J406 033696

摄影色彩构成/张益福著.—沈阳:辽宁美术出版社,1995.12.—156页:彩图;20cm

北京电影学院图片摄影专业系列教材

ISBN 7-5314-1341-8: ¥28.00

J406 033697

图说摄影构图/林路编著.—福州:福建科学技术出版社,1995.11.—107页;19cm

ISBN 7-5335-0947-1: ¥5.30

J41 拍摄技术

J41 033698

家庭摄像/路石等编撰.—杭州:浙江人民美术出版社,1995.3.—48页:彩照;26cm.—(星期天丛书)

ISBN 7-5340-0504-3: ¥13.60

J41 033699

家庭摄影/夏文宇编著.—上海:上海文化出版社,1995.7.—72页:照片;20cm

ISBN 7-80511-639-3:¥11.00

J41 033700

家庭实用周末摄影/姜炎著.—北京:京华出版社,1995.7.—205页:照片;19cm

ISBN 7-80600-093-3:¥9.50

J41 033701

青少年摄影入门指南/顾爱彬;沈燕萍编译.—南京:江苏人民出版社,1995.3.—152页;19×17cm

ISBN 7-214-01397-5:¥12.00

J41 033702

全天候拍摄技巧/张亚生著.—杭州:浙江摄影出版社,1995.5.—108页:照片;19cm

ISBN 7-80536-256-4:¥7.80

J41 033703

摄像入门/朱羽君著.—杭州:浙江摄影出版社,1995.6.—94页;19cm

ISBN 7-80536-268-8:¥5.80

J41 033704

摄影创作指南/许小平编著.—南京:江苏人民出版社,1995.3.—127页;19×17cm.—(光与影摄影艺丛)

ISBN 7-214-01398-3:¥10.90

J41 033705

摄影基础/刘庆年著.—广州:广东高等教育出版社,1995.1.—159页;19cm

ISBN 7-5361-1603-9:¥4.80

J41 033706

摄影入门技巧集锦/陈文襄编著.—南京:江苏人民出版社,1995.8.—146页;19×17cm.—(光与影摄影艺丛)

ISBN 7-214-01532-3:¥12.00

J41 033707

摄影特技艺术/张宝安著.—福州:福建科学技术出版社,1995.4.—192页:彩图;20cm.—(摄影丛书)

ISBN 7-5335-0885-8:¥13.20

J41 033708

摄影知识问答/倪洲,张克军编著.—哈尔滨:黑龙江科学技术出版社,1995.3.—287页;19cm

ISBN 7-5388-2676-9:¥9.90

J41 033709

业余摄影技艺图解/林路编著.—福州:福建科学技术出版社,1995.5.—384页;19cm

ISBN 7-5335-0877-7:¥12.80

J41 033710

业余摄影实用技法:图文对照/康诗纬著.—合肥:安徽科学技术出版社,1995.6.—268页:照片;19cm

ISBN 7-5337-1067-3:¥9.00

J41-44 033711

摄影问答 (8):实用人造光摄影ABC/张益福著.—上海:上海人民美术出版社,1995.6.—103页;19cm

ISBN 7-5322-1171-1:¥5.80

J41-62 033712

摄影摄像手册/朱光明等著.—上海:上海科学技术出版社,1995.11.—383页:图;19cm.—(休闲丛书)

ISBN 7-5323-3796-0(精装):¥21.50

J41-62 033713

袖珍摄影手册/董岩青,红民编著.—天津:天津人民美术出版社,1995.3.—90页;17cm

ISBN 7-5305-0450-9:¥3.50

J411-43 033714

风光摄影/张韫磊著.—沈阳:辽宁美术出版社,1995.7.—156页:彩照;20cm

北京电影学院图片摄影专业系列教材

ISBN 7-5314-1247-0:¥16.80

J411-62 033715

自然风光摄影指南/韩丛耀编译.—南京:江苏人民出版社,1995.8.—192页;19×17cm.—(光与影摄影艺丛)

ISBN 7-214-01530-7:¥21.00

J412 033716

广告摄影·丛刊 第十七辑/张宗尧主编;《广告摄影》丛刊编辑部,广东省广告摄影研究会编.—广东:岭南美术出版社,1995.1.—52页;28cm

ISBN 7-5362-1179-1:¥9.80

J412 033717

广告摄影技巧/陈达瑜编著.—杭州:浙江人民美术出版社,1995.1.—48页:彩照;26cm.—(设计家)

ISBN 7-5340-0575-2:¥19.50

J412 033718

广告摄影技术教程/刘立宾著.—北京:中国摄影出版社,1995.1.—575页;28cm

ISBN 7-80007-150-2:¥108.00

J412 033719

花的肖像:祖友义摄影集:汉英对照/祖友义摄.—大连:大连出版社,1995.7.—108页;26×26cm

ISBN 7-80612-177-3:¥98.00

J412 033720

商品广告摄影/(日)薄久夫著;杨伟华等译.—北京:中国摄影出版社,1995.1.—176页;26cm

ISBN 7-80007-143-X:¥21.70

J412 033721

商业摄影的设计和制作/张苏中编著.—上海:上海科技教育出版社,1995.8.—167页;26cm.—(现代设计丛书/陈平主编)

ISBN 7-5428-1046-4:¥19.50

J413 033722

婚纱摄影ABC/李建成,翁一著.—沈阳:辽宁美术出版社,1995.12.—101页;29cm

ISBN 7-5314-1346-9:¥120.00

J413 033723

人物肖像摄影指南/韩丛耀编译.—南京:江苏人民出版社,1995.8.—157页;19×18cm.—(光与影摄影艺丛)

ISBN 7-214-01529-3:¥21.00

J413 033724

生活人像摄影/夏放著.—天津:天津人民美术出版社,1995.5.—82页:照片;19cm.—(摄影爱好者丛书)

ISBN 7-5305-0453-3: ¥3.20

J413 033725

图说儿童儿童摄影/张宇编著.—福州:福建科学技术出版社,1995.10.—100页:彩照;19cm

ISBN 7-5335-0949-8: ¥6.20

J413 033726

艺术家透视:徐志伟摄影作品集:汉英对照/徐志伟摄.—乌鲁木齐:新疆美术摄影出版社,1995.11.—1册;25×21cm

ISBN 7-80547-350-1: ¥0.00

J413 033727

中国婚礼婚纱/陈禧元主编.—上海:上海人民出版社,1995.1.—64页:彩照;28cm

ISBN 7-208-01952-5: ¥38.00

J413-43 033728

人像摄影/张益福著.—沈阳:辽宁美术出版社,1995.7.—194页:照片;20cm

北京电影学院图片摄影专业系列教材

ISBN 7-5314-1246-2: ¥18.80

J416 033729

旅游摄影/李瑞雨著.—天津:天津人民美术出版社,1995.5.—86页:彩图;19cm.—(摄影爱好者丛书)

ISBN 7-5305-0449-5: ¥4.30

①J416.45②K928.72 033730

梦幻尼雅:汉英对照/林永健等主编.—北京:民族出版社,1995.4.—1册:彩照;29cm

ISBN 7-105-02415-1(精装): ¥168.00

J419 033731

崇高美的历史再现:中国解放区新闻摄影美学风格论/蔡子谔,顾棣著.—太原:山西人民出版社,1995.8.—985页;26cm.—(中国解放区摄影书系/顾棣,宋富盛主编)

ISBN 7-203-03373-2(精装): ¥180.00

J419 033732

当代新闻摄影/孙沛然,刘大伟主编.—郑州:河南美术出版社,1995.12.—308页:照片;19cm

ISBN 7-5401-0500-3: ¥13.00

J419 033733

摄影报道的艺术技巧:专题摄影纵横谈/李恕著.—北京:长城出版社,1995.10.—173页;19cm

ISBN 7-80017-247-3: ¥7.00

J419 033734

用照片做文章/陈家才著.—北京:民族出版社,1995.9.—155页:照片;20cm

ISBN 7-105-02408-9: ¥6.00

J42 中国摄影艺术

J42 033735

罗光达摄影作品·论文选集/靳福堂编.—沈阳:辽宁美术出版社,1995.8.—174页;25×26cm

ISBN 7-5314-1234-9(精装): ¥98.00

J421 033736

渴望苍茫:冬风意境摄影作品选/于冬风摄.—沈阳:沈阳出版社,1995.1.—41页;29cm

ISBN 7-5441-0343-9: ¥38.00

J421 033737

牛子祥摄影作品选/牛子祥摄影.—郑州:河南美术出版社,1995.5.—95页;26×26cm

ISBN 7-5401-0464-3: ¥58.00

J426 033738

波黑人:战火浮生/曾璜摄影.—北京:中国摄影出版社,1995.10.—95页;26×24cm

摄影集

ISBN 7-80007-190-1: ¥70.00

J426 033739

长江三峡/李泽儒主编;宜昌国旅集团等编辑;兰佩瑾等摄影.—北京:中国旅游出版社,1995.4.—87页;29cm

ISBN 7-5032-1160-1(精装): ¥0.00

J426 033740

长江三峡:中英日文对照/李泽儒主编;兰佩瑾等摄影.—北京:中国旅游出版社,1995.4.—87页;29cm

ISBN 7-5032-0948-8: ¥0.00

J426 033741

创意与思维:李元的表现主义风光摄影/李元摄影.—成都:四川美术出版社,1995.9.—104页;26cm

ISBN 7-5410-0983-0: ¥48.00

J426 033742

崔建伟摄影集:汉英对照/崔建伟摄.—郑州:河南美术出版社,1995.12.—1册;25×26cm

ISBN 7-5401-0494-5: ¥120.00

J426 033743

戴兵摄影作品集/戴兵摄.—哈尔滨:黑龙江美术出版社,1995.11.—1册;29cm

ISBN 7-5318-0327-5: ¥58.00

J426 033744

杜和摄影作品集/杜和摄.—北京:中国轻工业出版社,1995.8.—122页;29cm

ISBN 7-5019-1843-0(精装): ¥220.00

J426 033745

俄罗斯印象:汉英对照/马千里摄.—济南:山东美术出版社,1995.8.—88页;29cm

ISBN 7-5330-0910-X(精装): ¥120.00

J426 033746

高原雄鹰:孔繁森摄影作品选/《孔繁森摄影作品选》编委会编.—宁波:宁波出版社,1995.12.—42页;29cm

ISBN 7-80602-080-2: ¥38.00

J426 033747

花卉摄影作品集/林思齐等摄;蔡其矫作诗.—福州:海潮摄影艺术出版社,1995.9.—60页;25×26cm.—(摄影家丛书)

ISBN 7-80562-342-2: ¥48.00

J426 033748

婚纱与摄影/香港迎宾婚纱晚装公司,《人像摄影》杂志编辑部编.—广州:华南理工大学出版社,1995.—237页;29cm

ISBN 7-5623-0880-2:￥128.00

J426 033749

乐山·峨眉山:汉、英、日文对照/黄文连主编.—北京:中国旅游出版社,1995.4.—117页;25×26cm

ISBN 7-5032-1165-2(精装):￥98.00

J426 033750

李子青摄影作品选:汉英对照/李子青摄.—南昌:江西美术出版社,1995.10.—1册;26×25cm

ISBN 7-80580-257-2:￥140.00

J426 033751

旅顺口:汉英对照/吕同举摄.—沈阳:辽宁人民出版社,1995.9.—123页;26×27cm

ISBN 7-205-03455-8:￥0.00

J426 033752

摩登照相/伍鼎宏摄影撰文.—上海:上海科学技术文献出版社,1995.2.—74页;29cm

ISBN 7-5439-0646-5:￥28.00

J426 033753

潘朝阳摄影作品选/潘朝阳摄.—福州:海潮摄影艺术出版社,1995.4.—58页;25×26cm.—(摄影家丛书)

ISBN 7-80562-301-5(精装):￥68.00

J426 033754

深圳一日/苏宏宇,旷昕主编.—北京:中国摄影出版社,1995.12.—1册;29cm

ISBN 7-80007-201-0:￥118.00

J426 033755

岁月回眸:张巨成军旅摄影作品集/中国人民解放军第二炮兵政治部编.—北京:长城出版社,1995.5.—139页;28cm

ISBN 7-80017-255-4:￥90.00

J426 033756

泰山:汉、英、日文对照/董瑞成主编;中国旅游出版社等编.—北京:中国旅游出版社,1995.8.—95页;25×26cm

ISBN 7-5032-1189-X(精装):￥86.00

J426 033757

万里长城:汉、英、日、法、德文对照/中国旅游出版社画册编辑室,北京市新华书店东城崇文区店编辑.—北京:中国旅游出版社,1995.7.—152页;37cm

ISBN 7-5032-1163-6(精装):￥230.00

J426 033758

伍蔚繁摄影集/伍蔚繁著.—桂林:漓江出版社,1995.3.—1册;26×24cm

ISBN 7-5407-1676-2:￥58.00

J426 033759

西藏山南·雅砻:汉、藏、英、日文对照/马宜刚主编;龚威健等摄影.—北京:中国旅游出版社,1995.8.—117页;25×26cm

ISBN 7-5032-1187-3(精装):￥98.00

J426 033760

雪域藏家女:藏汉英文对照/戴贤主编;丁卫国等摄影.—北京:民族出版社,1995.7.—120页:彩图;29cm

ISBN 7-105-02459-3:￥0.00

J426 033761

在世界屋脊旅行:中国西藏旅游/谷维恒主编;西藏自治区旅游局,中国旅游出版社编.—北京:中国旅游出版社,1995.2.—186页;27×28cm

ISBN 7-5032-1137-7(精装):￥138.00

J426 033762

赵大鹏摄影作品集:汉英对照/赵大鹏摄.—沈阳:辽宁美术出版社,1995.3.—1册;30cm

ISBN 7-5314-1244-6:￥98.00

J426 033763

中国江南水乡:汉英对照/阮仪三编文;马元浩摄影.—上海:同济大学出版社,1995.1.—111页;29cm

ISBN 7-5608-1523-5(精装):￥78.00

J426 033764

中国庐山:汉、英、日文对照/韩惠兰等主编;熊元生等摄影.—北京:中国旅游出版社,1995.4.—119页;25×26cm

ISBN 7-5032-1164-4(精装):￥98.00

J426 033765

中国女职工风采:汉、英文对照/唐克碧主编;中华全国总工会女职工部等编.—北京:新华出版社,1995.9.—120页:照片;29cm

ISBN 7-5011-2965-7(精装):￥198.00

J426 033766

中国摄影家洪祖仁作品集/洪祖仁摄.—南京:江苏美术出版社,1995.7.—1册;29cm

ISBN 7-5344-0475-4:￥38.00

J426 033767

中国摄影家张世英作品集/张世英摄.—乌鲁木齐:新疆美术摄影出版社,1995.8.—62页;29cm

ISBN 7-80547-310-2:￥48.00

J426 033768

中国浙江衢州柯城/《柯城画册》编辑委员会编.—杭州:中国美术学院出版社,1995.—36页:彩照;29cm

ISBN 7-81019-130-6:￥28.00

J426 033769

中华一日/新华通讯社摄影部编.—北京:改革出版社,1995.8.—108页;26×23cm

ISBN 7-80072-717-3(精装):￥150.00

J426 033770

最新海派婚纱摄影:上海名特婚纱摄影公司作品集/顾云兴,刘育文主编.—上海:学林出版社,1995.6.—71页;29cm

ISBN 7-80510-809-9:￥38.00

J426 033771

邬志豪电视新闻摄影作品选/邬志豪著.—上海:学林出版社,1995.11.—651页:彩照;20cm

ISBN 7-80616-103-1:￥28.00

①J426②D44 033772

我的眼睛:姜丽彬在NGO纪实摄影:汉英对照 /姜丽彬摄.—沈阳:辽宁美术出版社,1995.12.—118页;26×28cm

ISBN 7-5314-1369-8:￥120.00

①J426②S685.14 033773

中国茶花:古树暨品种集锦:汉英对照/庞金虎等著;

冯志舟等摄影.—北京:中国世界语出版社,1995.5.—156页;26cm
ISBN 7-5052-0259-6(精装):¥78.00

J426.1　033774
黄山之美:汉英对照/王天宝撰文;王天宝摄;杨善录,王天宝译.—北京:华艺出版社,1995.12.—85页:彩照;29cm
ISBN 7-80039-956-7:¥38.00

J426.22　033775
承德风光摄影集:汉英文对照/吉久利摄.—广州:广东人民出版社,1995.3.—1册;29cm
ISBN 7-218-01580-8:¥56.00

J426.351　033776
哈尔滨之冬:冰雪风情摄影精萃:汉英对照/王明珠主编;于传跃摄影.—哈尔滨:哈尔滨出版社,1995.11.—55页;29cm
ISBN 7-80557-874-5:¥58.00

J426.42　033777
刘曦光影集:汉英对照/刘曦光摄.—兰州:甘肃文化出版社,1995.8.—1册;29cm
ISBN 7-80608-092-9:¥35.00

J426.45　033778
《开拓》画册/陈统渭主编.—乌鲁木齐:新疆美术摄影出版社,1995.8.—242页:照片;26cm
ISBN 7-80547-318-8:¥80.00

J426.51　033779
上海郊区摄影作品集/上海市农业委员会编.—上海:学林出版社,1995.—89页;29cm
ISBN 7-80510-875-7:¥0.00

①J426.51②U469　033780
迈向新世纪:上海市国庆45周年彩车、彩船展示/金炳华主编;中共上海市委宣传部编.—上海:上海人民出版社,1995.1.—79页;29cm
ISBN 7-208-01969-X:¥98.00

J426.52　033781
管宜孔摄影美术作品选/管宜孔摄影.—济南:山东友谊出版社,1995.6.—56页;25×26cm
ISBN 7-80551-711-8:¥56.00

J426.523　033782
夕阳聚焦/冀全文主编;潍坊市老年摄影协会编.—北京:华艺出版社,1995.7.—75页;25×24cm
ISBN 7-80039-937-0:¥48.00

J426.523　033783
淄川风光揽胜:汉英对照/张书永,焦波主编;张书永,焦波摄影.—济南:山东友谊出版社,1995.11.—1册:彩照;29cm
ISBN 7-80551-799-1:¥80.00

J426.531　033784
中国南京:中、英、日文对照/邢定康主编;南京市旅游局,中国旅游出版社编.—北京:中国旅游出版社,1995.10.—120页:彩照;25×26cm
ISBN 7-5032-1228-4(精装):¥98.00

①J426.55②K295.5-64　033785
中国·台州:汉英对照/王中河主编;《中国·台州》画册编委会编.—北京:人民出版社,1995.1.—1册;29cm
ISBN 7-01-002124-4:¥21.80

J426.57　033786
福建摄影家作品集/张宇,陈争鸣编.—福州:福建美术出版社,1995.12.—103页;29cm
ISBN 7-5393-0383-2:¥98.00

J426.61　033787
家乡的画卷:秦寒光摄影艺术/秦寒光摄.—郑州:河南美术出版社,1995.10.—39页;26cm
ISBN 7-5401-0492-9:¥26.00

J426.65-54　033788
广东商业摄影年鉴　1995:汉英对照/何建民主编.—广州:岭南美术出版社,1995.8.—225页;29cm
ISBN 7-5362-1282-8:¥210.00

J426.651　033789
龙威奋飞:'95广州龙舟节"广州赛马杯"摄影作品选/陈纪萱主编;广州市人民政府编.—广州:广东人民出版社,1995.8.—93页;29cm
ISBN 7-218-01664-2(精装):¥128.00

J426.75　033790
雪域神山/中国登山协会,中国西藏自治区登山协会编.—拉萨:西藏人民出版社,1995.7.—237页;29cm
ISBN 7-223-00880-6(精装):¥400.00

J43　各国摄影艺术

J431　033791
中野良子.—北京:中国青年出版社,1995.9.—42页;25×26cm
ISBN 7-5006-1999-5:¥35.00

①J431②TS941.1　033792
时装摄影精品赏析/韩子善,李莉婷编著.—北京:中国纺织出版社,1995.12.—64页;26cm
ISBN 7-5064-1189-X:¥19.80

J5　工艺美术

J5　033793
工艺美术/黄效武编著.—长沙:湖南美术出版社,1995.9.—60页;26cm.—(青少年美术辅导丛书)
ISBN 7-5356-0750-0:¥17.00

J5-62　033794
当代流行实用美术集成/华林主编.—长春:吉林美术出版社,1995.9.—782页;26cm
ISBN 7-5386-0489-8(精装):¥248.00

J50　工艺美术理论

①J501②TU-80　033795
现代装饰装潢美学/季水河著.—武汉:武汉大学出版社,1995.10.—293页:彩图;20cm
ISBN 7-307-01954-X:¥12.80

J506　033796
现代设计表现技法　(7):效果图设计/张程编著.—沈阳:辽宁美术出版社,1995.12.—119页;26cm
ISBN 7-5314-1378-7:¥38.00

J506　033797
现代设计表现技法　(8):三维设计表现图技巧/姚宁著.—沈阳:辽宁美术出版社,1995.12.—121页:图;26cm
ISBN 7-5314-1376-0:¥38.00

J506　033798
现代设计表现技法　(9):实用工业造型设计技法/阎启文,雷光编著.—沈阳:辽宁美术出版社,1995.12.—110页:图;26cm
ISBN 7-5314-1377-9:¥35.80

J509.2　033799
流光溢彩的民族瑰宝:中国工艺美术/崔延子,丁沙铃编著.—北京:高等教育出版社,1995.5.—211页:彩图;20cm.—(高等教育艺术丛书/于复千主编)
ISBN 7-04-005095-1:¥8.20

J51　图案学

J51　033800
美术高考指南:图案/金士钦编.—合肥:安徽教育出版社,1995.4.—24页;25×25cm
ISBN 7-5336-1761-4:¥10.00

J51　033801
三维立体图画/易明编.—广州:岭南美术出版社,1995.3.—29页;20cm
ISBN 7-5362-1211-9:¥10.00

J51　033802
图案基础/王宴俊编.—新1版.—长沙:湖南科学技术出版社,1995.10.—88页;17×19cm
中等职业技术学校教材
ISBN 7-5357-1953-8:¥6.00

J51　033803
图案设计技法/江冰主编.—北京:中国标准出版社,1995.5.—327页;30cm
ISBN 7-5066-0977-0:¥21.00

J51　033804
现代图案构成技巧:植物·风景·立体构成/钟茂兰等编著.—北京:中国轻工业出版社,1995.10.—163页;26cm.—(图案与设计丛书/王抗生主编)
ISBN 7-5019-1780-9:¥19.50

J51　033805
现代图案造型技巧:动物·人物造型构成/张涤尘等编著.—北京:中国轻工业出版社,1995.10.—163页;26cm.—(图案与设计丛书/王抗生主编)
ISBN 7-5019-1781-7:¥19.50

J51　033806
中央工艺美术学院(基础设计教学)现代装饰画集/李家骝等绘.—合肥:安徽美术出版社,1995.5.—80页;25×26cm
ISBN 7-5398-0406-8:¥68.00

J51　033807
装饰技法100例/杨素云编绘.—郑州:河南美术出版社,1995.8.—54页;17×19cm
ISBN 7-5401-0484-8:¥12.80

J51　033808
装饰图案/董汉铭绘编.—北京:中国建筑工业出版社,1995.7.—144页;26cm
ISBN 7-112-02509-5:¥58.00

J52　中国工艺美术

J52　033809
师范生实用美术/马友谅等主编;《师范生实用美术》编写组编.—重庆:西南师范大学出版社,1995.8.—155页;26cm
ISBN 7-5621-1374-2:¥11.90

J52　033810
中国民间美术全集　(12):游艺编·木偶皮影卷/王朝闻总主编;孙建君主编.—济南:山东教育出版社:山东友谊出版社,1995.3.—306页;34×25cm
ISBN 7-5328-2148-X(精装):¥500.00

J52　033811
中国民间美术全集　(7):器用编·用品卷/王朝闻总主编;徐艺乙主编.—济南:山东教育出版社:山东友谊出版社,1995.3.—305页;34×25cm
ISBN 7-5328-2144-7(精装):¥500.00

J52　033812
中国民间美术全集　(9):装饰编·年画卷/王朝闻总主编;邓福星主编.—济南:山东教育出版社:山东友谊出版社,1995.3.—306页;34×25cm
ISBN 7-5328-2149-8(精装):¥500.00

J52　033813
装饰与设计　第二辑/阿斯力汉·巴根主编;新疆美术摄影出版社摄影编辑部编辑.—乌鲁木齐:新疆美术摄影出版社,1995.3.—31页;26cm
ISBN 7-80547-282-3:¥5.80

J52-62　033814
中央工艺美术学院高考指南/中央工艺美术学院基础部著.—哈尔滨:黑龙江美术出版社,1995.3.—110页;26cm
ISBN 7-5318-0275-9:¥22.00

J521.3　033815
东北民族民间艺术总集:刺绣卷/胡蓉,周卫主编.—沈阳:辽宁美术出版社,1995.12.—206页;29cm
ISBN 7-5314-1050-8(精装):¥260.00

J521.64　033816
湖南民间美术全集:民间剪纸木版画/左汉中主编.—长沙:湖南美术出版社,1995.1.—190页;29cm
ISBN 7-5356-0713-6(精装):¥256.00

J521.66　033817
海南省民族民间工艺作品选/张业琳主编;海南省民族宗教事务委员会编.—海口:海南出版社,1995.1.—

102 页;29cm
ISBN 7-80617-108-8: ¥168.00

J522　033818
板报常用报头图案集/小山等绘.—北京:中国画报出版社,1995.4.—124 页;13×19cm
ISBN 7-80024-221-8: ¥6.60

J522　033819
报头装饰 1200 例/方大才编绘.—上海:上海科学技术文献出版社,1995.2.—296 页;18×19cm
ISBN 7-5439-0550-7: ¥14.50

J522　033820
彩色底纹:自然系列.—南宁:广西美术出版社,1995.9.—100 张;29cm
ISBN 7-80582-920-9(精装): ¥380.00

J522　033821
敦煌图案集/欧阳琳等编绘.—上海:上海书店出版社,1995.12.—231 页;19×17cm
ISBN 7-80622-058-5: ¥16.00

J522　033822
黑白装饰画集/刘茂盛绘.—济南:山东美术出版社,1995.5.—128 页;17×19cm
现代实用装饰资料
ISBN 7-5330-0847-2: ¥9.80

J522　033823
黑板报常用题图与花边图案/齐晓等编绘.—北京:中国画报出版社,1995.6.—124 页;13×19cm
ISBN 7-80024-254-4: ¥6.20

J522　033824
黑板报题图插画选/王皓等编绘.—北京:金盾出版社,1995.3.—92 页;17×18cm
ISBN 7-80022-997-1: ¥3.80

J522　033825
基础图案/朱伟璇等绘.—石家庄:河北美术出版社,1995.5.—41 页;25×26cm.—(全国美术院校考生范画)
ISBN 7-5310-0699-5: ¥28.00

J522　033826
精美学生黑板报墙报图案集/海南摄影美术出版社编.—2 版.—海口:海南摄影美术出版社,1995.6.—159 页;13×19cm
ISBN 7-80571-085-6: ¥4.60

J522　033827
刊头装饰 2000 例.—哈尔滨:黑龙江美术出版社,1995.4.—295 页;19×21cm
ISBN 7-5318-0281-3: ¥24.80

J522　033828
趣味布贴图案精选/康艾岑等编绘.—太原:山西科学技术出版社,1995.8.—86 页;26cm.—(五彩生活丛书)
ISBN 7-5377-1104-6: ¥13.50

J522　033829
趣味画技巧/张秀琴编.—北京:金盾出版社,1995.7.—1 册;17×19cm
ISBN 7-5082-0062-4: ¥5.00

J522　033830
实用报刊美术资料选/邬德辉编绘.—昆明:云南美术出版社,1995.12.—142 页;17×19cm
ISBN 7-80586-242-7: ¥8.00

J522　033831
实用电脑报刊图案集/姜文豪编绘.—济南:山东友谊出版社,1995.10.—140 页;19×17cm
ISBN 7-80551-751-7: ¥9.80

J522　033832
实用花边图案/韩绪编.—杭州:浙江人民美术出版社,1995.12.—260 页;17×19cm
ISBN 7-5340-0640-6: ¥7.50

J522　033833
实用图案集/李正元编绘 .—长沙:湖南美术出版社,1995.6.—210 页;13×19cm
ISBN 7-5356-0722-5: ¥6.50

J522　033834
实用装饰图案/王来新编绘.—武汉:湖北美术出版社,1995.4.—141 页;17×19cm
ISBN 7-5394-0525-2: ¥5.20

J522　033835
题花艺术/徐丽慧,郑军绘.—南宁:广西美术出版社,1995.7.—92 页;19×17cm
ISBN 7-80582-872-5: ¥5.80

J522　033836
图案起步/钮敏等编绘.—杭州:浙江少年儿童出版社,1995.5.—40 页;26cm
ISBN 7-5342-1213-8: ¥3.00

J522　033837
图形设计/翟祖华著.—合肥:安徽教育出版社,1995.7.—106 页;20×21cm
ISBN 7-5336-1758-4: ¥10.00

J522　033838
王作宝装饰图案集/王作宝编绘.—兰州:甘肃文化出版社,1995.9.—112 页;19×17cm
ISBN 7-80608-109-7: ¥12.00

J522　033839
现代报刊图案/盛元富编.—杭州:浙江人民美术出版社,1995.1.—138 页;17×19cm
ISBN 7-5340-0488-8: ¥7.50

J522　033840
现代平面图案/唐培仁,余月虹著.—杭州:浙江人民美术出版社,1995.4.—126 页;17×19cm
ISBN 7-5340-0610-4: ¥7.50

J522　033841
现代童装图案集/锦珠等编绘.—上海:上海书店出版社,1995.10.—160 页;19×26cm
ISBN 7-80622-030-5: ¥17.50

J522　033842
现代装饰画集:李志国黑白艺术/李志国绘.—合肥:安徽美术出版社,1995.12.—131 页:彩图;17×19cm
ISBN 7-5398-0454-8: ¥15.80

J522　033843
校园装饰画/黄瑞生绘.—通辽:内蒙古少年儿童出

版社,1995.5.—108页;17×19cm.—(儿童生活画丛;1)

ISBN 7-5312-0494-0:¥8.80

J522　033844

新编报刊图案字体设计商标艺术/龙岩编绘.—济南:山东美术出版社,1995.2.—116页;17×19cm

ISBN 7-5330-0862-6:¥6.50

J522　033845

新编报头图案集/宋宏刚,游健主编.—北京:海潮出版社,1995.1.—318页;17×19cm

ISBN 7-80054-576-8:¥18.00

J522　033846

新编实用黑板报头图案集/何婷等编绘.—北京:中国画报出版社,1995.4.—124页;13×19cm

ISBN 7-80024-220-X:¥7.60

J522　033847

新编中小学实用报头图案集/徐咏菊编绘.—济南:山东美术出版社,1995.2.—128页;17×19cm

ISBN 7-5330-0846-4:¥7.00

J522　033848

新美装饰画集/以光国编绘.—桂林:漓江出版社,1995.1.—100页;21×19cm

ISBN 7-5407-1675-4:¥9.80

J522　033849

新意念商标、标志、图案、装饰/李希金编绘.—北京:中国国际广播出版社,1995.6.—152页;17×19cm

ISBN 7-5078-1210-3:¥14.00

J522　033850

学校黑板报常用刊头尾花/秦昊等编绘.—北京:中国文联出版公司,1995.1.—124页;13×19cm

ISBN 7-5059-1270-4:¥6.00

J522　033851

艺用设计基础资料/崔秋阳,李锋编绘.—沈阳:辽宁美术出版社,1995.8.—239页;26×13cm

ISBN 7-5314-1337-X:¥14.80

J522　033852

中国吉祥百图/黄全信编著.—北京:中央民族大学出版社,1995.2.—100页;26cm.—(中国吉祥书画艺术丛书;4)

ISBN 7-81001-333-5:¥12.00

J522　033853

中国历代装饰纹样大典/黄能馥,陈娟娟编著.—北京:中国旅游出版社,1995.5.—1527页:彩图;26cm

ISBN 7-5032-1014-1(精装):¥142.00

J522　033854

中国民间吉祥图案集/丛惠珠等编绘.—合肥:安徽美术出版社,1995.8.—152页;26cm.—(美术资料丛书)

ISBN 7-5398-0418-1:¥14.00

J522　033855

中国装饰纹样/朱仰慈等编.—上海:上海远东出版社,1995.8.—198页;21×19cm

ISBN 7-80613-071-3(精装):¥37.00

J522　033856

中外风景花鸟动物黑白装饰小画/宝克孝绘.—北京:中国书籍出版社,1995.10.—183页;17×19cm

ISBN 7-5068-0223-6:¥20.00

J522　033857

装饰图案集锦/李婷婷编.—苏州:古吴轩出版社,1995.9.—118页;17×19cm

ISBN 7-80574-196-4:¥10.80

J522　033858

装潢美术图形　(2)/陈建军编著.—南宁:广西人民出版社,1995.9.—156页;19×20cm

ISBN 7-219-02984-5:¥13.50

①J522②J292　033859

字体图案/于广美编.—广州:广东省地图出版社,1995.6.—202页;26cm

ISBN 7-80522-301-7:¥19.00

J522-62　033860

最新实用艺术图案手册/集美等绘.—南宁:广西民族出版社,1995.12.—166页;17×19cm

ISBN 7-5363-3078-2:¥11.80

J522-64　033861

实用装饰画精品集/张衣杰绘.—北京:中国轻工业出版社,1995.12.—188页;17×18cm

ISBN 7-5019-1815-5:¥18.00

J522.1　033862

敖杰清民族儿童人物画集/敖杰清绘.—北京:民族出版社,1995.5.—125页;17×19cm

ISBN 7-105-02452-6:¥11.80

J522.1　033863

人物变型图谱:从原始艺术到现代艺术/胡雨心编绘.—上海:上海文艺出版社,1995.12.—199页;26cm

ISBN 7-5321-1267-5:¥27.00

J522.2　033864

百猴谱/佳硕等绘.—天津:天津人民美术出版社,1995.5.—151页;26cm

ISBN 7-5305-0454-1:¥9.60

J522.2　033865

百虎图谱/陈志远等绘.—广州:岭南美术出版社,1995.9.—110页;26cm.—(动物百图丛书)

ISBN 7-5362-1250-X:¥21.00

J522.2　033866

百马图谱/非马等绘.—广州:岭南美术出版社,1995.6.—92页;26cm.—(动物百图丛书)

ISBN 7-5362-1264-X:¥19.00

J522.2　033867

飞禽走兽图集/史文博等绘.—西安:陕西人民美术出版社,1995.3.—235页;26cm.—(造型丛书)

ISBN 7-5368-0720-1:¥25.00

J522.2　033868

蝴蝶图谱/马大谋绘.—西安:未来出版社,1995.8.—48页;26cm

ISBN 7-5417-1014-8:¥11.50

J522.2　033869

龙凤谱.—天津:天津人民美术出版社,1995.5.—204页;26cm

ISBN 7-5305-0452-5:￥11.60

J522.2 **033870**

现代动物装饰图案/田旭桐著.—长春:长春出版社,1995.4.—196页;17×19cm

ISBN 7-80604-290-3:￥9.80

J522.2 **033871**

现代装饰动物技法/田旭桐著.—南昌:江西美术出版社,1995.12.—156页;26cm

ISBN 7-80580-278-5:￥15.00

J522.2 **033872**

幼儿美术资料集萃:幼儿园环境布置指南(上)/宋明贵编绘.—北京:海豚出版社,1995.—69,21页;26cm

ISBN 7-80051-732-2:￥16.00

J522.2 **033873**

中国龙凤图案全集/郑军编著.—济南:山东教育出版社,1995.12.—432页;26cm

ISBN 7-5328-2156-0(精装):￥120.00

J522.2-64 **033874**

禽鸟八百图锦/徐华铛等编绘.—北京:中国轻工业出版社,1995.3.—238页;26cm

ISBN 7-5019-1729-9:￥42.00

J522.3 **033875**

花卉图案装饰技法/粟可可著.—南宁:广西美术出版社,1995.5.—90页;18×19cm

ISBN 7-80582-749-4:￥9.80

J522.3 **033876**

图案写生变化:温练昌作品集/温练昌绘.—长沙:湖南美术出版社,1995.8.—122页;18×17cm

ISBN 7-5356-0730-6:￥11.50

J522.8 **033877**

云南少数民族图案百幅/云南省保山地区烟草公司主编;王韵凤编绘.—昆明:云南美术出版社,1995.3.—73页;26cm

ISBN 7-80586-155-0:￥50.00

J523.1 **033878**

丝绸图案设计基础/蔡琴鹤著.—济南:山东美术出版社,1995.5.—158页;18×17cm

ISBN 7-5330-0809-X:￥18.50

J523.5 **033879**

中国古代军戎服饰/刘永华著.—上海:上海古籍出版社,1995.11.—175页;31cm

ISBN 7-5325-2033-1(精装):￥350.00

①J523.5-09②F426.86 **033880**

服饰潮/吴正林主编.—上海:学林出版社,1995.10.—141页;26cm

ISBN 7-80616-165-1(精装):￥50.00

J523.5-64 **033881**

中华旗袍:汉英对照/于金兰著.—沈阳:辽宁民族出版社,1995.10.—188页:彩照;28cm

ISBN 7-80527-561-0(精装):￥198.00

J524 **033882**

老上海广告:中英文对照/益斌主编.—上海:上海画报出版社,1995.12.—122页:图;29cm

ISBN 7-80530-186-7:￥100.00

J524 **033883**

设计大世界 第一辑/邹建平主编.—长沙:湖南美术出版社,1995.9.—1册;29cm

ISBN 7-5356-0747-0:￥29.00

J524 **033884**

现代实用商业美术/纪丽丽,史彤林编.—哈尔滨:黑龙江教育出版社,1995.11.—255页;19cm

ISBN 7-5316-2859-7:￥10.00

J524 **033885**

装潢设计 (A):造型基础·素描·色彩专集/刘乙秀,毛德宝主编.—杭州:中国美术学院出版社,1995.8.—76页;29cm

ISBN 7-81019-463-1(精装):￥45.00

J524 **033886**

装潢设计 (B):构成基础·平面·色彩·立体构成专集/刘乙秀,毛德宝主编.—杭州:中国美术学院出版社,1995.8.—76页;29cm

ISBN 7-81019-464-X(精装):￥45.00

J524 **033887**

装潢设计 (C):装饰基础·花卉·风景·人物·动物图案专集/刘乙秀,毛德宝主编.—杭州:中国美术学院出版社,1995.8.—76页;29cm

ISBN 7-81019-465-8(精装):￥45.00

J524 **033888**

装潢设计 (D):设计基础·字体设计·印刷工艺专集/刘乙秀,毛德宝主编.—杭州:中国美术学院出版社,1995.8.—76页;29cm

ISBN 7-81019-466-6(精装):￥45.00

J524 **033889**

装潢设计 (E):设计基础·商业摄影·逼真画·插图专集/刘乙秀,毛德宝主编.—杭州:中国美术学院出版社,1995.8.—76页;29cm

ISBN 7-81019-467-4(精装):￥45.00

J524 **033890**

装潢设计 (F):专业设计·标志·CI设计专集/刘乙秀,毛德宝主编.—杭州:中国美术学院出版社,1995.8.—76页;29cm

ISBN 7-81019-468-2(精装):￥45.00

J524 **033891**

装潢设计 (G):专业设计·包装设计专集/刘乙秀,毛德宝主编.—杭州:中国美术学院出版社,1995.8.—76页;29cm

ISBN 7-81019-469-0(精装):￥45.00

J524 **033892**

装潢设计 (H):专业设计·广告设计专集/刘乙秀,毛德宝主编.—杭州:中国美术学院出版社,1995.8.—76页;29cm

ISBN 7-81019-470-4(精装):￥45.00

J524 **033893**

装潢设计 (I):专业设计·装帧设计·编排设计·电脑美术专集/刘乙秀,毛德宝主编.—杭州:中国美术学院出版社,1995.8.—76页;29cm

ISBN 7-81019-465-8(精装):￥45.00

J524 **033894**

装潢设计 (J):设计欣赏·世界著名平面设计家专集/刘乙秀,毛德宝主编;赵星编译.—杭州:中国美术学院出版社,1995.8.—76页;29cm
ISBN 7-81019-472-0(精装):¥45.00

J524.1 033895
产品装潢设计百略/安毓英著.—北京:中国轻工业出版社,1995.5.—203页:图;20cm
ISBN 7-5019-1721-3:¥18.00

J524.2 033896
包装装潢设计/陈海鱼编.—长沙:湖南科学技术出版社,1995.10.—92页;17×18cm
中等职业技术学校教材
ISBN 7-5357-1951-1:¥6.00

J524.2 033897
花卉包装/黄庆援主编.—石家庄:河北科学技术出版社,1995.1.—54页:图;26cm
ISBN 7-5375-1397-X:¥16.00

J524.2 033898
礼品包装/黄庆援主编.—石家庄:河北科学技术出版社,1995.1.—54页:图;26cm
ISBN 7-5375-1397-X:¥16.00

J524.2 033899
世界优秀磁带·CD装帧设计选/宋文岚,孟朝阳编.—合肥:安徽美术出版社,1995.12.—86页;26cm.—(美术资料丛书)
ISBN 7-5398-0429-7:¥30.00

J524.3 033900
常用商品广告参考图案集/何昊善编绘.—北京:中国画报出版社,1995.4.—124页;13×19cm
ISBN 7-80024-225-0:¥6.60

J524.3 033901
广告与传媒/于美成主编;那泽民等编著.—哈尔滨:黑龙江美术出版社,1995.12.—141页;29cm
ISBN 7-5318-0330-5:¥78.00

J524.3 033902
国外最新实用设计图典/郭炜编.—广州:广东旅游出版社,1995.4.—283页;29cm
ISBN 7-80521-582-0:¥110.00

J524.3 033903
全国第三届广告作品展优秀作品集/中国广告协会编辑.—北京:中国摄影出版社,1995.—119页;28cm
ISBN 7-80007-106-5:¥58.00

J524.3 033904
世界平面广告创意精粹/梁中国主编.—长沙:湖南美术出版社,1995.1.—157页:图;29cm
ISBN 7-5356-0707-1:¥148.00

J524.3 033905
世界幽默广告/李巍编著.—杭州:浙江人民美术出版社,1995.12.—48页;彩图;26cm.—(设计家)
ISBN 7-5340-0665-1:¥19.50

①J524.3②F713.8 033906
现代广告策划、设计与制作/柏林著.—杭州:杭州大学出版社,1995.12.—276页;26cm
ISBN 7-81035-765-4:¥48.00

J524.3-64 033907
广告设计彩色底衬图案全集/徐平编著.—北京:中国商业出版社,1995.9.—100张;37cm
ISBN 7-5044-2926-0(盒装):¥518.00

J524.3-64 033908
全国第四届广告作品展优秀广告作品集/吴德裕主编.—长沙:湖南美术出版社,1995.11.—157页;29cm
ISBN 7-5356-0783-7:¥150.00

J524.4 033909
标志的设计与管理/陆峥,徐澜波编著.—上海:上海科技教育出版社,1995.8.—136页:彩图;26cm.—(现代设计丛书)
ISBN 7-5428-1084-7:¥17.50

J524.4 033910
现代标志设计/车其编著.—石家庄:河北美术出版社,1995.10.—288页;26cm.—(现代设计艺术丛书)
ISBN 7-5310-0733-9:¥35.00

J525 033911
插花/刘丽和,吴宜璋编著.—北京:中国青年出版社,1995.4.—124页:彩图;20cm.—(家居花卉丛书/孟庆武,钟青主编)
ISBN 7-5006-1853-0:¥8.90

J525 033912
插花艺术/单刚编.—合肥:安徽美术出版社,1995.10.—80页:彩图;26cm
ISBN 7-5398-0426-2:¥23.80

J525 033913
花饰花艺/白铁选编;顾文琪撰文.—杭州:浙江人民美术出版社,1995.3.—56页;26cm.—(星期天丛书)
ISBN 7-5340-0513-2:¥14.20

J525 033914
家庭插花造型/蔡俊清,陈跃春编著.—杭州:浙江摄影出版社,1995.12.—97页:彩图;26cm
ISBN 7-80536-345-5:¥17.00

J525 033915
家庭装饰/包俊,一军汇编.—杭州:中国美术学院出版社,1995.9.—88页:彩照;26cm
ISBN 7-81019-488-7:¥27.80

J525 033916
今日装饰 (2).—广州:岭南美术出版社,1995.—80页;29cm
ISBN 7-5362-1239-9:¥25.00

J525 033917
今日装饰 (3).—广州:岭南美术出版社,1995.—80页;29cm
ISBN 7 5362-1281-X:¥25.00

J525 033918
实用插花技法/言明主编.—北京:地质出版社,1995.6.—106页:彩图;26cm
ISBN 7-116-01895-6:¥70.00

J525 033919
现代黑白装饰画:杜凤海装饰画集/杜凤海绘.—石家庄:河北美术出版社,1995.1.—92页;17×19cm.—(装饰图案丛书)

ISBN 7-5310-0646-4:¥9.00

J525　　033920

现代装饰艺术/陈之川著.—杭州:浙江人民美术出版社,1995.1.—64页;26cm.—(设计家丛书)

ISBN 7-5340-0493-4:¥19.50

J525　　033921

现代装饰艺术/田卫平著.—哈尔滨:黑龙江美术出版社,1995.1.—210页:照片;20cm.—(视觉设计教育丛书/胡文彦主编)

ISBN 7-5318-0273-2:¥45.00

J525　　033922

中国插花/北京插花艺术研究会《中国插花》编委会编著.—北京:清华大学出版社,1995.1.—121页;26cm

ISBN 7-302-01509-0(精装):¥48.00

J525　　033923

中国插花·日本花道:汉日对照/(日)山本玉岭,蔡仲娟主编.—上海:上海科学技术文献出版社,1995.12.—113页:彩照;26cm

ISBN 7-5439-0736-4:¥55.00

J525　　033924

装饰色彩/朱敏芳编.—长沙:湖南科学技术出版社,1995.10.—63页;17×18cm

中等职业技术学校教材

ISBN 7-5357-1952-X:¥5.20

J525　　033925

装饰设计表现/黄亚奇,韩婕编著.—沈阳:辽宁美术出版社,1995.12.—132页;26cm.—(现代设计表现技法丛书;11)

ISBN 7-5314-1385-X:¥39.00

J525　　033926

装璜设计透视法/陆仰豪编著 .—南宁:广西美术出版社,1995.4.—89页;19×18cm

ISBN 7-80582-747-8:¥5.80

J525-62　　033927

装饰艺术手册/(德)玛雅著;孙建君,刘赦译.—上海:上海人民美术出版社,1995.9.—497页;20cm.—(设计丛书/周峰主编)

著者原题:弗兰兹·萨雷斯·玛雅

ISBN 7-5322-1420-6:¥23.80

J525-64　　033928

家庭软装饰设计方案与表现/傅华,张吉成编著.—长春:长春出版社,1995.1.—75页;26cm

ISBN 7-80604-172-9:¥25.00

J525.1　　033929

壁饰环境艺术/王庆珍编著.—哈尔滨:黑龙江美术出版社,1995.12.—198页;29cm.—(环境艺术设计丛书/姚凤林主编)

ISBN 7-5318-0337-2:¥108.00

J525.1　　033930

壁饰艺术/王庆珍等编.—沈阳:辽宁美术出版社,1995.8.—280页:彩图;26cm.—(装饰设计艺术系列)

ISBN 7-5314-1218-7(精装):¥168.00

J525.1　　033931

餐饮酒吧装饰/乐嘉龙主编.—杭州:浙江科学技术出版社,1995.5.—124页:彩照;26cm.—(商店装饰系列书)

ISBN 7-5341-0854-3:¥18.00

J525.1　　033932

家庭居室装饰/徐北村主编;洪彦夫等编著.—北京:金盾出版社,1995.6.—51页:彩照;26cm

ISBN 7-5082-0036-5:¥12.50

J525.1　　033933

商店室内装饰/乐嘉龙主编.—杭州:浙江科学技术出版社,1995.5.—124页:彩照;26cm.—(商店装饰系列书)

ISBN 7-5341-0863-2:¥18.00

J525.1　　033934

室内陈设艺术/潘吾华,兰先琳编著.—天津:天津科学技术出版社,1995.4.—119页:彩照;26cm

ISBN 7-5308-1801-5:¥26.00

J525.1　　033935

室内绿化装饰技巧/刘翠玲等编著.—沈阳:辽宁科学技术出版社,1995.3.—96页:照片;26cm

ISBN 7-5381-1948-5:¥18.50

J525.1　　033936

室内植物养护与布置/王伟,李梅编著.—南京:江苏人民出版社,1995.8.—87页;21×19cm

ISBN 7-214-01450-5:¥20.00

J525.1　　033937

室内装饰760例/东天编.—宁波:宁波出版社,1995.1.—112页;26cm

ISBN 7-80602-036-5:¥28.00

J525.1　　033938

室内装饰新款/李玄编.—成都:成都科技大学出版社,1995.12.—72页:彩图;26cm

ISBN 7-5616-3184-7:¥23.80

J525.1　　033939

现代居室装饰画技法/卓昌勇,吴红编著 .—重庆:西南师范大学出版社,1995.8.—77页:图;26cm

ISBN 7-5621-1244-4:¥16.50

J525.1　　033940

中国家庭艺术布置精品荟萃/胡祥明主编.—哈尔滨:黑龙江科学技术出版社,1995.1.—96页:彩图;26cm.—(家庭生活指南系列丛书;6)

ISBN 7-5388-2680-7:¥30.00

J525.1　　033941

最新家庭装饰/余音编.—西安:西北大学出版社,1995.2.—64页;26cm

ISBN 7-5604-0833-8:¥19.80

J525.1-62　　033942

现代家庭装饰指南/李婉贞编著.—哈尔滨:东北林业大学出版社,1995.12.—160页:彩图;26cm

ISBN 7-81008-627-8:¥24.80

①J525.3②TS657　　033943

中国家具鉴定与欣赏/胡文彦著.—上海:上海古籍出版社,1995.8.—207页;26cm

ISBN 7-5325-1944-9(精装):¥65.00

J527　　033944

谭畅陶艺/谭畅著.—广州:岭南美术出版社,1995.3.—157页:图版;26×25cm

ISBN 7-5362-1155-4:¥175.00

J527　033945

中国民间青花瓷画/左汉中,李智勇编著.—长沙:湖南美术出版社,1995.4.—237页;25×26cm.—(中国民间美术丛书)

ISBN 7-5356-0716-0:¥48.00

J528　033946

民间美术图集/安正中等编绘.—西安:陕西人民美术出版社,1995.3.—235页;26cm.—(造型丛书)

ISBN 7-5368-0555-1:¥19.50

J528　033947

中国民间装饰艺术/郑军,远宏编著.—广州:岭南美术出版社,1995.3.—170页;26cm

ISBN 7-5362-1210-0:¥35.00

J528-05　033948

中国民间美术社会学/王海霞著.—南京:江苏美术出版社,1995.12.—241页;20cm.—(中国民间美术基础理论丛书/邓福星主编)

ISBN 7-5344-0547-5:¥10.00

J528.1　033949

花儿朵朵:叶呈基·张侯光剪纸选/叶呈基,张侯光作.—北京:中国世界语出版社,1995.8.—42页;17×18cm

ISBN 7-5052-0253-7:¥5.00

J528.1　033950

剪纸世界/戴立德等编著.—广州:新世纪出版社,1995.12.—60页;19×26cm

ISBN 7-5405-1243-1:¥9.00

J528.1　033951

陕北四婆姨剪纸/周路编.—合肥:安徽美术出版社,1995.10.—210页;17×19cm

ISBN 7-5398-0423-8:¥18.00

J528.1　033952

鼠年的礼物/于平,任凭编绘.—济南:明天出版社,1995.9.—4册;25×26cm

ISBN 7-5332-2278-4:¥30.00

J528.1　033953

我会……剪　(1)/李兢喆著.—济南:明天出版社,1995.8.—1册;17×19cm

ISBN 7-5332-2277-6:¥3.00

J528.1　033954

我会……剪　(2)/李兢喆著.—济南:明天出版社,1995.8.—1册;17×19cm

ISBN 7-5332-2276-8:¥3.00

J528.1　033955

我会……剪　(3)/李兢喆著.—济南:明天出版社,1995.8.—1册;17×19cm

ISBN 7-5332-2280-6:¥3.00

J528.1　033956

我会……剪　(4)/李兢喆著.—济南:明天出版社,1995.8.—1册;17×19cm

ISBN 7-5332-2279-2:¥3.00

J528.1　033957

云南剪纸新作/沐正戈编著.—昆明:云南美术出版社,1995.12.—120页;21×19cm

ISBN 7-80586-226-5:¥15.00

J528.1　033958

中国琅琊剪纸/丁振武主编.—济南:山东美术出版社,1995.11.—55页;29cm

ISBN 7-5330-0927-4:¥36.00

J528.1　033959

朱振庚刻纸艺术/朱振庚作.—长沙:湖南美术出版社,1995.7.—73页;20×19cm

ISBN 7-5356-0729-2:¥7.50

J528.2　033960

不要妈妈教:折纸/胡劲锋折;黄继功制图.—杭州:浙江人民美术出版社,1995.12.—1册;19×26cm

ISBN 7-5340-0646-5:¥7.50

J528.2　033961

折纸游戏/刘德强编.—北京:金盾出版社,1995.8.—60页;17×19cm

ISBN 7-5082-0051-9:¥4.00

J528.2　033962

纸的造型设计/张福昌著.—杭州:浙江人民美术出版社,1995.9.—55页:图版;26cm.—(设计家)

ISBN 7-5340-0635-X:¥16.50

J528.3　033963

西藏面具/张鹰编著.—北京:人民美术出版社,1995.5.—177页:图版;19cm.—(西藏艺术丛书)

ISBN 7-102-01466-X:¥21.00

J528.4　033964

面塑/刘效义,刘春蕾著.—北京:中国农业出版社,1995.7.—58页;26cm.—(青少年巧制作丛书)

ISBN 7-109-04157-3(精装):¥41.00

J529　033965

漂亮的布贴画/杨克俭设计绘制.—北京:金盾出版社,1995.3.—62页;26cm

ISBN 7-5082-0002-0:¥13.00

J529　033966

押花艺术/基愉著.—广州:岭南美术出版社,1995.6.—75页:照片;19cm

ISBN 7-5362-1175-9:¥12.80

J53　各国工艺美术

J532　033967

国外古典器物图形 3000 例/肖夏等编.—长春:吉林美术出版社,1995.9.—199页;26cm.—(万国图案系列)

ISBN 7-5386-0466-9:¥19.00

J532　033968

国外徽饰图形设计 3000 例/肖夏等编.—长春:吉林美术出版社,1995.9.—128页;26cm.—(万国图案系列)

ISBN 7-5386-0464-2:¥13.00

J532　033969
国外装饰图形设计3000例/肖夏等编.—长春:吉林美术出版社,1995.9.—188页;26cm.—(万国图案系列)
ISBN 7-5386-0465-0:¥18.00

J532　033970
外国装饰纹样/周夏萍等编.—上海:上海远东出版社,1995.8.—198页;21×19cm
ISBN 7-80613-072-1(精装):¥37.00

J532　033971
中外装饰纹样设计大系　(1)/田旭桐,侯芳编著.—南宁:广西美术出版社,1995.11.—153页;26cm
ISBN 7-80582-952-7:¥14.70

J532　033972
中外装饰纹样设计大系　(2)/田旭桐,侯芳编著.—南宁:广西美术出版社,1995.11.—153页;26cm
ISBN 7-80582-953-5:¥14.70

J532.1　033973
国外人物图形设计3000例/肖夏等编.—长春:吉林美术出版社,1995.9.—243页;26cm.—(万国图案系列)
ISBN 7-5386-0461-8:¥22.00

J532.2　033974
国外动物图形设计3000例/肖夏等编.—长春:吉林美术出版社,1995.9.—190页;26cm.—(万国图案系列)
ISBN 7-5386-0463-4:¥18.00

J532.3　033975
国外植物图形设计3000例/肖夏等编.—长春:吉林美术出版社,1995.9.—205页;26cm.—(万国图案系列)
ISBN 7-5386-0462-6:¥20.00

J534.3　033976
国外广告装饰图案精选:花边图案专集/方平选编.—北京:华语教学出版社,1995.2.—94页;26cm
ISBN 7-80052-601-1:¥15.80

J534.3　033977
国外广告装饰图案精选:剪影艺术专集/方平选编.—北京:华语教学出版社,1995.2.—94页;26cm
ISBN 7-80052-602-X:¥15.80

J534.3　033978
国外广告装饰图案精选:外国美术字专集/方平选编.—北京:华语教学出版社,1995.2.—94页;26cm
ISBN 7-80052-600-3:¥15.80

J534.3　033979
国外广告装饰图案精选:印刷品艺术专集/方平选编.—北京:华语教学出版社,1995.2.—94页;26cm
ISBN 7-80052-599-6:¥15.80

J534.3　033980
欧美现代商业展示/刘立宾摄影.—石家庄:河北美术出版社,1995.3.—1册;29cm
ISBN 7-5310-0698-7:¥68.00

J534.3　033981
视觉传达设计/张福昌,王延羽著.—济南:山东美术出版社,1995.10.—180页;26cm.—(设计家丛书)
ISBN 7-5330-0925-8:¥30.00

J534.3　033982
现代实用广告创意设计/姜振力,马一辛编著.—长春:长春出版社,1995.6.—162页;17×19cm.—(现代设计艺术)
ISBN 7-80604-339-X:¥9.80

J535.1-64　033983
世界室内装饰史百图/陈增慧编.—北京:中国城市出版社,1995.5.—100页;19×21cm.—(世界建筑与环境艺术百图系列/陈同滨,文璐主编)
ISBN 7-5074-0700-4:¥39.80

J535.2　033984
窗饰艺术/秋实等编著.—沈阳:辽宁美术出版社,1995.10.—298页:彩图;26cm.—(装饰设计艺术系列)
ISBN 7-5314-1319-1(精装):¥168.00

J537-09　033985
世界陶瓷艺术史/陈进海编著.—哈尔滨:黑龙江美术出版社,1995.4.—578页;20cm
ISBN 7-5318-0274-0:¥52.00

J538.2　033986
超级折纸/(日)茶谷正洋著;顾林,殷雨译.—北京:群言出版社,1995.5.—95页;26cm
ISBN 7-80080-160-8:¥16.50

J538.2　033987
超级折纸:遗迹篇/(日)茶谷正洋著;顾林,殷雨译.—北京:群言出版社,1995.5.—93页;26cm
ISBN 7-80080-161-6:¥16.50

J6 音乐

J6　033988
大学音乐/吴军行主编.—南昌:江西高校出版社,1995.8.—151页;26cm
高等院校公选课音乐教材
ISBN 7-81033-527-8:¥9.60

J6-4　033989
河南省高等中等学校招生音乐专业考试大纲/河南省招生办公室编.—郑州:河南人民出版社,1995.9.—63页;26cm
ISBN 7-215-03524-7:¥9.00

J6-4　033990
音乐院校报考指南/陈建华编.—上海:上海音乐出版社,1995.11.—135页;19cm
ISBN 7-80553-520-5:¥5.80

J6-42　033991
高等师范院校音乐教学论稿/朱显碧,宋运超著.—贵阳:贵州人民出版社,1995.6.—322页;20cm
ISBN 7-221-03925-9:¥15.00

J6-43　033992
音乐/谢莉莉主编;部分省市职业高中幼儿教育专业课程结构总体改革实验教材编写委员会编.—北京:高等教育出版社,1995.8.—486页;26cm

中等职业学校幼儿教育专业实验教材
ISBN 7-04-005292-X: ¥22.80

J6-49 033993
动人的旋律/马里编著;金岩绘.—济南:明天出版社,1995.4.—153页;20cm.—(全国小学生课外丛书/李仲汉主编)
全套120册,总定价:385.00元
ISBN 7-5332-2142-7: ¥0.00

①J6-49②G634.954 033994
音乐演义/蔡长河撰文.—北京:华语教学出版社,1995.—273页;20cm.—(中小学课堂学习新广角/刘以林,冯晓林主编)
ISBN 7-80052-486-8: ¥11.00

J6-53 033995
攀登音乐艺术高峰的途径/许勇三著.—北京:人民音乐出版社,1995.7.—405页;20cm
ISBN 7-103-01258-X: ¥18.50

J6-55 033996
爱乐丛刊:音乐与音响 第6辑/朱伟主编.—北京:三联书店,1995.—160页:彩图;20cm
ISBN 7-108-00811-4: ¥14.80

J6-55 033997
爱乐丛刊:音乐与音响 第3辑/朱伟主编.—北京:三联书店,1995.—160页:照片;20cm
ISBN 7-108-00752-5: ¥12.00

J6-55 033998
爱乐丛刊:音乐与音响 第4辑/朱伟主编.—北京:三联书店,1995.—160页;20cm
ISBN 7-108-00768-1: ¥12.00

J6-55 033999
爱乐丛刊:音乐与音响 第5辑/朱伟主编.—北京:三联书店,1995.—160页:照片;20cm
ISBN 7-108-00786-X: ¥14.80

J6-61 034000
英汉哈音乐对照小词汇/拉合买提都拉编.—奎屯:伊犁人民出版社,1995.9.—34页;19cm
ISBN 7-5425-0200-X: ¥1.90

①J6-62②TN912.2-49 034001
音响·音乐发烧友手册/梁广程等编著.—北京:人民音乐出版社,1995.11.—287页;26cm
ISBN 7-103-01311-X: ¥22.00

J60 音乐理论

J60 034002
东方音乐文化/俞人豪,陈自明著.—北京:人民音乐出版社,1995.1.—300页;20cm.—(音乐自学丛书·音乐学卷)
ISBN 7-103-01201-6: ¥11.40

J60 034003
音乐散论/孙慎著.—广州:广东高等教育出版社,1995.5.—194页;20cm
ISBN 7-5361-1675-6: ¥12.00

J60-05 034004
电脑音乐半月通/(美)ERIK HOLSINGER著;钟道隆译.—北京:电子工业出版社,1995.2.—118页;26cm
ISBN 7-5053-2886-7: ¥15.00

J60-05 034005
音乐与文学/罗小平编著.—北京:人民音乐出版社,1995.11.—103页;19cm.—(音乐文化小丛书)
ISBN 7-103-01295-4: ¥4.20

J60-05 034006
最新音乐心理学荟萃/罗小平,黄虹编译.—北京:中国文联出版公司,1995.10.—278页;19cm
ISBN 7-5059-1394-8: ¥9.80

J60-62 034007
乐理知识必备手册/李荣忠编著.—北京:北京体育大学出版社,1995.9.—343页;20cm
吉他弹唱初级教程 (1)
ISBN 7-81003-963-6: ¥12.80

J601 034008
音乐美的哲学思考/杨琦著.—成都:四川民族出版社,1995.10.—234页;19cm
ISBN 7-5409-1624-9: ¥9.60

J601 034009
中国音乐美学史/蔡仲德著.—北京:人民音乐出版社,1995.1.—834页;20cm
ISBN 7-103-01229-6(精装): ¥39.50

J601 034010
中国音乐审美的文化视野/管建华著.—北京:中国文联出版公司,1995.10.—297页;19cm
ISBN 7-5059-1396-4: ¥10.90

J601 034011
走出慕比乌斯情节:世纪末音乐美学断想/宋瑾著.—厦门:厦门大学出版社,1995.12.—270页;20cm
ISBN 7-5615-1119-1: ¥12.80

J601-53 034012
在音乐的世界里/张荫伯著.—重庆:重庆出版社,1995.3.—145页;19cm
ISBN 7-5366-2980-X: ¥3.20

J605 034013
唱片经典/李杭育编撰.—北京:三联书店,1995.8.—427页;20cm
ISBN 7-108-00759-2: ¥33.00

J605 034014
就这样欣赏音乐/张放著.—成都:西南交通大学出版社,1995.11.—316页;20cm
ISBN 7-81022-843-9: ¥11.30

J605 034015
论贺绿汀/姜瑞芝主编.—上海:上海音乐出版社,1995.1.—279页:照片;20cm
ISBN 7-80553-452-7(精装): ¥20.30

J605 034016
音乐朝圣进阶:音乐欣赏导引/林华著.—上海:上海远东出版社,1995.10.—320页:彩图8;20cm
ISBN 7-80613-086-1: ¥20.00

J605 034017

音乐的分析与创作/杨儒怀著.—北京:人民音乐出版社,1995.6.—2册;20cm.—(作曲技术理论丛书)
ISBN 7-103-01250-4(精装):¥66.20

J605　　　034018
音乐欣赏教程/王伟任,王顺通编著.—北京:人民音乐出版社,1995.6.—644页;20cm.—(中小学音乐教师丛书)
ISBN 7-103-01253-9:¥28.80

J605　　　034019
音乐欣赏指导/钱亦平编写.—上海:上海教育出版社,1995.3.—125页;19cm.—(中学教师继续教育丛书)
ISBN 7-5320-4244-8:¥3.15

J605　　　034020
音乐雅俗谈/冯光钰著.—北京:大众文艺出版社,1995.10.—375页;20cm
ISBN 7-80094-167-1:¥18.00

J605　　　034021
中外名曲100首欣赏/杨惠芬等编著.—长春:长春出版社,1995.7.—264页;19cm
ISBN 7-80604-212-1:¥5.80

J605　　　034022
中外名曲赏析/王盛昌,李保彤主编.—2版.—太原:山西教育出版社,1995.2.—1044页;20cm.—(世界好歌名曲丛书;1)
ISBN 7-80578-536-8(精装):¥33.00

J605　　　034023
中外音乐作品欣赏/李桂英主编.—北京:中国国际广播出版社,1995.8.—169页;26cm
ISBN 7-5078-1277-4:¥12.00

J605-53　　　034024
如是我闻/辛丰年著.—沈阳:辽宁教育出版社,1995.3.—192页;20cm.—(书趣文丛·第一辑;5)
ISBN 7-5382-3692-9:¥8.00

J607　　　034025
中国民间音乐/伍国栋著.—杭州:浙江教育出版社,1995.3.—263页:照片;20cm.—(中国民间文化丛书/刘魁立主编)
ISBN 7-5338-1839-3(精装):¥10.35

J607-53　　　034026
阿炳论:民间音乐家阿炳研究文集/阿炳艺术成就国际研讨会组委会编.—北京:中国文联出版公司,1995.10.—231页;20cm
ISBN 7-5059-1556-8:¥9.60

J609　　　034027
外国音乐史/朱敬修,唐瑰卿编著.—开封:河南大学出版社,1995.1.—327页;20cm
ISBN 7-81041-132-2:¥11.00

J609.1　　　034028
西方音乐史话/陈小兵著.—上海:上海文艺出版社,1995.1.—196页;19cm.—(希望美育文库/王新民主编)
ISBN 7-5321-1317-5:¥3.00

J609.2　　　034029
齐鲁音乐文化源流/林济庄著.—济南:齐鲁书社,1995.7.—181页:图;20cm
ISBN 7-5333-0480-2:¥9.80

J609.2　　　034030
声情并茂的中国音乐/赵后起著.—沈阳:辽宁古籍出版社,1995.5.—174页;19cm.—(中华民族优秀传统文化丛书·艺术卷/赵宪章主编)
本卷8册,总定价:43.00元
ISBN 7-80507-280-9:¥0.00

J609.2　　　034031
中国音乐史话/刘再生,刘镇钰著.—上海:上海文艺出版社,1995.1.—144页;19cm.—(希望美育文库/王新民主编)
ISBN 7-5321-1305-1:¥3.00

J609.2-54　　　034032
中国音乐年鉴　1994/田青主编;中国艺术研究院音乐研究所,《中国音乐年鉴》编辑部编.—济南:山东友谊出版社,1995.8.—799页:照片;20cm
ISBN 7-80551-721-5(精装):¥26.00

J609.22　　　034033
中国古代音乐/张承宗,孙立编著.—北京:北京科学技术出版社,1995.1.—119页;19cm.—(中国历史知识全书·灿烂文化/朱仲玉主编)
ISBN 7-5304-1667-7:¥3.90

J609.712　　　034034
爵士音乐史/(美)蒂罗(Tirro,F.)著;麦玲译.—北京:人民音乐出版社,1995.10.—119页;20cm
据美国诺顿公司1977年版译出
ISBN 7-103-01273-3:¥8.60

J61　音乐技术理论与方法

J61　　　034035
军乐基础知识/王小平,齐景全著.—北京:解放军文艺出版社,1995.10.—114页;26cm
ISBN 7-5033-0423-5:¥19.00

J61　　　034036
通俗歌曲演唱与伴奏/钱建明编.—南京:江苏文艺出版社,1995.12.—284页;20cm
ISBN 7-5399-0926-9:¥11.40

J61　　　034037
音乐声学:音响·乐器·计算机音乐·MIDI音乐厅声学原理及应用/龚镇雄著.—北京:电子工业出版社,1995.5.—278页;26cm
ISBN 7-5053-2700-3:¥26.00

①J61②J71　　　034038
音乐舞蹈技能技巧/陈蓉辉编.—长春:东北师范大学出版社,1995.8.—176页;26cm.—(吉林省幼儿教师幼教专科自学考试系列丛书/何艳茹等主编)
ISBN 7-5602-1619-6:¥12.00

J613　　　034039
儿童音乐基础教程　第三册:听音、节奏、视唱/孙虹编著.—北京:教育科学出版社,1995.8.—178页;

26cm
ISBN 7-5041-1468-5: ¥16.00

J613　034040
乐理与视唱/张万玉编著.—石家庄:河北教育出版社,1995.3.—327页;19cm
ISBN 7-5434-2295-6: ¥5.00

J613　034041
少儿自学五线谱速成指导/李春艳编著.—长春:长春出版社,1995.1.—152页;26cm
ISBN 7-80604-211-3: ¥7.80

J613　034042
音调论/(俄)阿萨菲耶夫(Асафьев,Б.)著;张洪模译.—北京:人民音乐出版社,1995.8.—174页;20cm
ISBN 7-103-01265-2: ¥9.00

J613　034043
中国民族基本乐理/杜亚雄编著.—北京:中国文联出版公司,1995.10.—237页;19cm.—(中国民族音乐文化丛书)
ISBN 7-5059-1395-6: ¥8.50

①J613②J642　034044
卡拉OK与歌唱/张玉梅,张建兴编著.—广州:广州出版社,1995.10.—335页;19cm
ISBN 7-80592-298-5: ¥12.00

J613.1　034045
视唱练耳电视讲座/安亮山编著.—太原:山西科学技术出版社,1995.7.—244页;26cm.—(跟我学123)
ISBN 7-5377-1182-8: ¥30.00

J613.1-43　034046
儿童视唱练耳教程　第二册/赵方幸编著.—北京:人民音乐出版社,1995.2.—90页;26cm
ISBN 7-103-01240-7: ¥7.40

J613.1-43　034047
儿童视唱练耳教程　第三册/赵方幸编著.—北京:人民音乐出版社,1995.3.—80页;26cm
ISBN 7-103-01254-7: ¥6.90

J613.1-43　034048
儿童视唱练耳教程　第四册/赵方幸编著.—北京:人民音乐出版社,1995.12.—167页;26cm
ISBN 7-103-01300-4: ¥17.60

J613.1-43　034049
视唱教程/任志琴编著.—兰州:敦煌文艺出版社,1995.11.—98页;26cm
ISBN 7-80587-310-0: ¥11.80

J613.1-43　034050
视唱练耳简明教程　上册/孙虹编著.—北京:高等教育出版社,1995.5.—183页;26cm
卫星电视教育音乐教材
ISBN 7-04-005307-1: ¥7.10

J613.1-43　034051
视唱练耳简明教程　下册/范建明编著.—北京:高等教育出版社,1995.9.—342页;26cm
卫星电视教育音乐教材
ISBN 7-04-005308-X: ¥15.40

J613.2　034052
五线谱入门/陈御麟,顾小英编著.—北京:金盾出版社,1995.3.—130页;26cm
ISBN 7-80022-801-0: ¥7.90

J613.4　034053
论六线谱:音乐记谱法的新体系/吴道恭著.—北京:人民音乐出版社,1995.1.—37页;30cm
ISBN 7-103-01215-6: ¥5.20

J614　034054
交响曲/(法)雅各布(Jacobs,R.)著;管震湖译.—北京:商务印书馆,1995.12.—188页;18cm.—(我知道什么?·百科知识丛书)
据法国大学出版社1983年第2版译出
ISBN 7-100-01925-7: ¥7.50

J614　034055
音乐构成论/方智诺编著.—哈尔滨:东北林业大学出版社,1995.12.—728页;20cm
ISBN 7-81008-615-4: ¥26.80

J614.1　034056
中国五声性调式和声及风格手法/刘学严著.—长春:时代文艺出版社,1995.8.—241页;26cm
ISBN 7-5387-0928-2: ¥20.95

J614.1-43　034057
和声应用教程:《和声学基础教程》续编/谢功成等著.—北京:人民音乐出版社,1995.3.—255页;20cm.—(音乐自学丛书·作曲卷/谢成功等主编)
ISBN 7-103-01247-4: ¥9.90

J616-43　034058
声乐教程/汪明洁等编著.—北京:人民音乐出版社,1995.3.—205页;20cm
ISBN 7-103-01235-0: ¥7.60

J616-62　034059
声乐教育手册/刘朗主编.—北京:北京师范大学出版社,1995.3.—717页;20cm
ISBN 7-303-03399-8: ¥21.80

J616.2　034060
OK大王/赵小敏,谭勇军编著.—成都:四川少年儿童出版社,1995.11.—127页;19cm.—(中学校园文化活动实用丛书)
ISBN 7-5365-1534-0: ¥4.00

J616.2　034061
简谱视唱大教本:新歌新曲自学速成/丘俊杰编著.—南宁:广西民族出版社,1995.10.—90页;26cm
ISBN 7-5363-3052-9: ¥7.00

J616.2　034062
让歌声更动人:中外声乐名曲练唱指导　第1辑/孔令华著.—太原:山西人民出版社,1995.1.—319页;19cm
ISBN 7-203-03317-1: ¥8.50

J616.2　034063
少年儿童歌唱训练/李抗非著.—沈阳:春风文艺出版社,1995.5.—207页;19cm
ISBN 7-5313-1506-8: ¥8.90

J617　034064
中国戏曲音乐/蒋菁著.—北京:人民音乐出版社,

1995.5.—482页;20cm.—(音乐自学丛书·音乐学卷)
ISBN 7-103-01256-3:¥23.00

J617.13　034065
声乐与教学/程淑安编著.—南京:南京大学出版社,1995.7.—247页;20cm
ISBN 7-305-02803-7:¥9.00

J617.511　034066
词乐曲唱/洛地著.—北京:人民音乐出版社,1995.8.—374页;20cm
ISBN 7-103-01263-6:¥18.20

J617.552　034067
柳子戏音乐研究/高鼎铸著.—济南:山东文艺出版社,1995.10.—815页;20cm.—(山东地方戏曲音乐研究丛书)
ISBN 7-5329-1240-X(精装):¥38.00

J617.565　034068
粤曲探索/陈亦祥著.—广州:广州出版社,1995.8.—221页;20cm
ISBN 7-80592-239-X:¥8.50

J617.567　034069
曲韵:广西文场音乐研究/桂林市文化研究中心编;何红玉著.—桂林:漓江出版社,1995.12.—300页;19cm
ISBN 7-5407-1962-1:¥11.50

J62　器乐理论与演奏法

J622.1　034070
小提琴音准的概念及原则/刘德庸著.—成都:四川人民出版社,1995.8.—86页;26cm
ISBN 7-220-02959-4(精装):¥30.00

J622.16　034071
儿童小提琴指导:家庭早期教学法/董德文著.—北京:首都师范大学出版社,1995.1.—459页;19cm
ISBN 7-81039-095-3:¥13.50

J622.16　034072
少儿小提琴教学曲集:初级/徐多沁等编著.—2版.—上海:上海教育出版社,1995.3.—3册(339页);26cm
ISBN 7-5320-2708-2:¥26.00

J622.16　034073
少儿小提琴教学曲集:中级/徐多沁等编著.—上海:上海教育出版社,1995.3.—3册(334页);26cm
ISBN 7-5320-2751-1:¥25.00

J622.16　034074
小提琴教学研究/赵惟俭著.—北京:人民音乐出版社,1995.3.—187页;20cm
ISBN 7-103-01238-5:¥6.90

J622.16　034075
小提琴演奏艺术　第二卷:附录/(匈)弗莱什著;阎泰公译.—北京:人民音乐出版社,1995.11.—62页;30cm
ISBN 7-103-01277-6:¥15.70

J622.16　034076
小提琴指法艺术/(匈)弗莱什著;蒋和璠译.—北京:人民音乐出版社,1995.11.—394页;26cm
著者原题:卡尔·弗莱什
ISBN 7-103-01326-8:¥30.00

J623.2　034077
歌曲伴唱举一反三/李荣忠编著.—北京:北京体育大学出版社,1995.9.—376页;20cm
吉他弹唱初级教程(3)
ISBN 7-81003-965-2:¥13.00

J623.2　034078
吉他独奏小品·精彩弹唱:简谱、六线谱、和弦图对照:从入门到精通/刘传编著.—北京:中国电影出版社,1995.11.—112页;26cm
ISBN 7-106-01100-2:¥8.80

J623.2　034079
吉他之友:95春季号　总第25集.—上海:上海音乐出版社,1995.3.—80页;26cm
ISBN 7-80553-563-9:¥4.80

J623.2　034080
吉他之友:95冬季号　总第28集/陈学娅主编.—上海:上海音乐出版社,1995.12.—80页;26cm
ISBN 7-80553-611-2:¥4.80

J623.2　034081
吉他之友:95秋季号　总第27集/陈学娅主编.—上海:上海音乐出版社,1995.—80页;26cm
ISBN 7-80553-594-9:¥4.80

J623.2　034082
吉他之友:95夏季号　总第26集/陈学娅主编.—上海:上海音乐出版社,1995.6.—80页;26cm
ISBN 7-80553-572-8:¥4.80

J623.2　034083
吉它弹唱精彩指法/高军锋编著.—北京:中国农业出版社,1995.12.—90页;26cm
ISBN 7-109-03819-X:¥8.00

J623.2　034084
吉它弹奏速成/李晓君等编著.—呼和浩特:内蒙古人民出版社,1995.4.—124页;26cm
ISBN 7-204-02788-4:¥6.80

J623.2　034085
旋律演奏一举多得/李荣忠编著.—北京:北京体育大学出版社,1995.9.—339页;20cm
ISBN 7-81003-964-4:¥12.50

J624.06　034086
中专键盘伴奏实践/李松梅等主编.—天津:天津人民出版社,1995.5.—214页;26cm
ISBN 7-201-02291-1:¥9.80

J624.1-09　034087
钢琴文化300年/辛丰年著.—北京:三联书店,1995.4.—169页;19cm
ISBN 7-108-00678-2:¥6.80

J624.1-43　034088
钢琴分级实用教程:乐曲卷　第三级、第四级/吴乐懿主编;上海音乐家协会钢琴专业委员会,《钢琴分级实

用教程》编委会编.—上海:上海远东出版社,1995.6.—125页;30cm.—(业余器乐考级教材系列)
ISBN 7-80613-079-9:￥21.00

J624.1-43 034089
钢琴分级实用教程:乐曲卷 第五级、第六级/吴乐懿主编;上海音乐家协会钢琴专业委员会,《钢琴分级实用教程》编委会编.—上海:上海远东出版社,1995.7.—154页;30cm.—(业余器乐考级教材系列)
ISBN 7-80613-120-5:￥25.00

J624.16 034090
钢琴/唐重庆主编.—北京:高等教育出版社,1995.8.—441页;26cm
键盘与和声系列教程·卫星电视教育音乐教材
ISBN 7-04-005309-8:￥19.30

J624.16 034091
钢琴必修教程　(1)/咏北等主编.—长沙:湖南文艺出版社,1995.12.—186页;30cm
ISBN 7-5404-1452-9:￥16.50

J624.16 034092
钢琴即兴伴奏/王永振编著.—东营:石油大学出版社,1995.3.—239页;20cm
ISBN 7-5636-0558-4:￥8.80

J624.16 034093
钢琴考级·乐理·视唱·练耳教程/汝洁主编.—上海:上海教育出版社,1995.12.—184页;26cm
ISBN 7-5320-4791-1:￥19.00

J624.16 034094
钢琴演奏中的触键与表情/(美)汉密尔顿著;周薇译.—北京:人民音乐出版社,1995.5.—69页;19cm
著者原题:克·格·汉密尔顿
ISBN 7-103-01251-2:￥2.70

J624.16 034095
全国钢琴(业余)考级曲目辅导/付占文,韩曼琳主编.—北京:中国青年出版社,1995.12.—295页;26cm
ISBN 7-5006-2184-1:￥28.00

J624.16 034096
少儿钢琴教程:乐曲集/尹松编.—深圳:海天出版社,1995.12.—150页;29cm
适用三、四、五级
ISBN 7-80615-294-6:￥39.50

J624.16 034097
少儿钢琴学习之路/魏小凡等编著.—哈尔滨:哈尔滨船舶工程学院出版社,1995.12.—299页;19cm
ISBN 7-81007-636-1:￥13.50

J624.16 034098
幼儿钢琴启蒙:家庭辅导指南/邵智贤编著.—贵阳:贵州人民出版社,1995.4.—71页;19cm
ISBN 7-221-03820-1:￥2.00

J624.16 034099
幼儿钢琴入门指导/(美)汤普森著.—上海:上海音乐出版社,1995.12.—39页;22×31cm
约翰·汤普森钢琴教程
著者原题:约翰·汤普森
ISBN 7-80553-616-3:￥9.50

J624.46 034100
口琴培训教材:附中小学生口琴曲28首/元景兰编著.—北京:人民音乐出版社,1995.6.—155页;26cm.—(中小学音乐教师丛书)
ISBN 7-103-01252-0:￥10.60

J624.46 034101
新编口琴演奏法:初学篇/白燕生等编著.—北京:清华大学出版社,1995.9.—43页;28cm
ISBN 7-302-01869-3:￥6.00

①J624.46②G634.95 034102
口琴十二课/刘曾源编著.—上海:上海音乐出版社,1995.9.—84页;19cm
供中小学学生选用
ISBN 7-80553-606-6:￥3.00

J628.1 034103
西湖电子琴原理及演奏技法/朱建通,黄进之编著.—北京:电子工业出版社,1995.6.—123页;26cm
ISBN 7-5053-2520-5:￥9.80

J628.16 034104
电子琴考级预备教程/杨钟宇,杨丹萍编著.—北京:气象出版社,1995.5.—82页;29cm
考级前必修教程
ISBN 7-5029-1908-2:￥13.80

J63 民族器乐理论与方法

J632.07 034105
中国十大古典名曲/金建民编著.—南昌:百花洲文艺出版社,1995.12.—168页;20cm
ISBN 7-80579-688-2(精装):￥11.00

J632.11 034106
青少年学竹笛/许国屏编著.—上海:上海音乐出版社,1995.1.—246页;19cm
ISBN 7-80553-495-0:￥6.00

J632.11 034107
荀勖笛律研究/王子初著.—北京:人民音乐出版社,1995.11.—296页;20cm.—(中国传统文化研究丛书)
ISBN 7-103-01293-8:￥15.00

J632.12 034108
芦笙选集/杨昌树著.—贵阳:贵州民族出版社,1995.11.—199页;26cm
ISBN 7-5412-0607-5:￥11.00

J632.136 034109
箫吹奏法/张维良著.—北京:人民音乐出版社,1995.1.—96页;26cm
ISBN 7-103-01213-X:￥6.20

J632.21 034110
青少年学二胡/王永德著.—上海:上海音乐出版社,1995.1.—164页;19cm
ISBN 7-80553-499-3:￥4.20

J632.216 034111
儿童学二胡入门/刘长福编著.—北京:人民音乐出版社,1995.6.—130页;26cm

ISBN 7-103-01255-5：¥9.70

J632.216　　034112

二胡初级教程/薛首中编著.—太原：山西人民出版社，1995.8.—223页；26cm

ISBN 7-203-03375-9：¥6.60

J632.216　　034113

二胡音阶、琶音练习/王永德编著.—上海：上海音乐出版社，1995.1.—67页；26cm

ISBN 7-80553-505-1：¥3.70

J632.31　　034114

查阜西琴学文萃/黄旭东等编.—杭州：中国美术学院出版社，1995.8.—815页：照片；20cm

ISBN 7-81019-483-6(精装)：¥42.50

J632.32　　034115

青少年学古筝/郭雪君编著.—上海：上海音乐出版社，1995.5.—223页；19cm

ISBN 7-80553-510-8：¥5.50

J632.326　　034116

古筝入门/童宜风，李远榕编著.—北京：人民音乐出版社，1995.12.—173页；26cm

ISBN 7-103-01302-0：¥13.40

J632.33　　034117

琵琶演奏技法/邝宇忠著.—北京：人民音乐出版社，1995.3.—118页；26cm

ISBN 7-103-01245-8：¥8.20

J632.33-43　　034118

少年儿童琵琶教程/闵季骞编著.—上海：上海音乐出版社，1995.5.—209页；26cm

ISBN 7-80553-507-8：¥9.00

J632.51　　034119

儿童扬琴入门/宿英编著.—北京：人民音乐出版社，1995.3.—64页；26cm

ISBN 7-103-01246-6：¥4.70

J632.516　　034120

扬琴演奏艺术/郑宝恒编著.—北京：中国物资出版社，1995.3.—491页；26cm

ISBN 7-5047-1109-8：¥60.00

J632.773　　034121

贵州少数民族乐器100种/柯琳编著.—北京：中国文联出版公司，1995.2.—265页；19cm.—(中华民族音乐文化丛书)

ISBN 7-5059-2093-6：¥7.60

J64 中国音乐作品

J641　　034122

让地雷活起来：张非歌曲歌剧选/张非著.—广州：广东高等教育出版社，1995.5.—381页；20cm.—(中国著名音乐家丛书)

ISBN 7-5361-1676-4：¥20.00

J641-51　　034123

中国新文艺大系：1949～1966：音乐集/周巍峙主编.—北京：中国文联出版公司，1995.12.—618页；26cm

ISBN 7-5059-1308-5(精装)：¥68.00

J642　　034124

爱国主义歌曲100首/李东，高玉清主编；山东省委宣传部，山东省教育委员会编.—济南：明天出版社，1995.2.—211页；19cm

"五个一百"教育活动用书

ISBN 7-5332-2267-9：¥5.50

J642　　034125

爱国主义歌曲100首：为中小学生选编/刘蓉慧主编.—北京：首都师范大学出版社，1995.9.—277页；19cm

ISBN 7-81039-418-5：¥6.90

J642　　034126

爱国主义歌曲百首/张幼文主编.—济南：山东文艺出版社，1995.4.—177页；19cm

ISBN 7-5329-1225-6：¥4.80

J642　　034127

爱国主义歌曲集：小学版/华萍编.—上海：上海教育出版社，1995.5.—111页；20cm

ISBN 7-5320-4387-8：¥3.25

J642　　034128

爱国主义歌曲集：中学版/方维编.—上海：上海音乐出版社，1995.4.—199页；19cm

ISBN 7-80553-577-9：¥4.00

J642　　034129

爱国主义歌曲精选：纪念中国抗日战争、世界反法西斯战争胜利50周年/浙江人民出版社编.—2版(修订本).—杭州：浙江人民出版社，1995.3.—97页；19cm

ISBN 7-213-01227-4：¥3.00

J642　　034130

爱国主义教育歌曲100首　上册：小学版/新疆维吾尔自治区教育委员会，《爱国主义教育歌曲100首》编辑组编.—乌鲁木齐：新疆青少年出版社，1995.4.—104页；19cm

ISBN 7-5371-2058-7：¥2.50

J642　　034131

爱国主义教育歌曲100首　下册：中学版/新疆维吾尔自治区教育委员会，《爱国主义教育歌曲100首》编辑组编.—乌鲁木齐：新疆青少年出版社，1995.4.—128页；19cm

ISBN 7-5371-2058-7：¥2.50

J642　　034132

爱我中华：中小学生爱国主义教育歌曲选/广西教育科学研究所编.—桂林：广西师范大学出版社，1995.4.—149页；19cm

ISBN 7-5633-2015-6：¥3.50

J642　　034133

爱我中华演唱金曲100首/陕西省总工会，陕西省文化厅编.—西安：陕西人民出版社，1995.3.—244页；19cm

ISBN 7-224-03781-8：¥4.95

J642　　034134

百首爱国歌曲/河北省爱国主义教育普及读物编委

会编;李江等编.—石家庄:花山文艺出版社,1995.9.—207页;19cm.—(河北省爱国主义教育普及读物丛书)
ISBN 7-80611-310-X:¥8.50

J642 034135
长城雄风:爱国主义教育歌曲集/江西省教委普教处编.—南昌:百花洲文艺出版社,1995.11.—124页;19cm
ISBN 7-80579-665-3:¥2.95

J642 034136
大家唱/阿青编.—南昌:百花洲文艺出版社,1995.4.—182页;19cm
ISBN 7-80579-606-8:¥4.90

J642 034137
大家唱/阿青编.—2版.—南昌:百花洲文艺出版社,1995.7.—182页;19cm
ISBN 7-80579-606-8:¥5.50

J642 034138
大连之恋:杨道立词作歌曲选/杨道立著.—沈阳:春风文艺出版社,1995.2.—146页:照片;20cm
ISBN 7-5313-1474-6:¥14.80

J642 034139
当代歌霸:抒情歌曲大全:抒情歌曲精选大观(33)/谢必忠,严速编.—成都:四川人民出版社,1995.5.—613页;20cm.—(当代歌坛系列丛书)
ISBN 7-220-02820-2:¥17.80

J642 034140
当代流行歌曲大全/张前编.—郑州:河南人民出版社,1995.3.—824页;20cm
ISBN 7-215-03458-5:¥19.80

J642 034141
港台流行金曲500首:珍藏版/华夏编.—上海:上海远东出版社,1995.11.—1278页;19cm
ISBN 7-80613-160-4(精装):¥40.00

J642 034142
好歌.—重庆:重庆出版社,1995.1.—64页;19cm.—(好歌音乐丛书)
ISBN 7-5366-3086-7:¥2.60

J642 034143
好歌唱不完:卡拉OK金曲精选/嘉明编.—广州:广东高等教育出版社,1995.8.—246页;19cm
ISBN 7-5361-1595-4:¥8.60

J642 034144
好歌响中华:经典爱国歌曲欣赏/蔡晓春,李济琛编著.—成都:四川人民出版社,1995.7.—260页;26cm
ISBN 7-220-02854-7:¥23.60

J642 034145
教我如何不想他:中国近现代歌曲选/陈一萍编选.—南京:江苏人民出版社,1995.3.—138页;26cm
ISBN 7-214-01446-7:¥8.80

J642 034146
金榜挑战歌/杨小年编.—乌鲁木齐:新疆人民出版社,1995.5.—170页;19cm
ISBN 7-228-03519-4:¥4.98

J642 034147
劲歌新天地 (7).—海口:海南摄影美术出版社,1995.10.—57页;19cm
ISBN 7-80571-344-8:¥2.30

J642 034148
绝唱:邓丽君演唱歌曲总集.—长沙:湖南文艺出版社,1995.6.—331页:彩照;19cm
ISBN 7-5404-1404-9:¥10.80

J642 034149
抗战歌曲100首/吴军行选编.—南昌:21世纪出版社,1995.6.—157页;19cm
ISBN 7-5391-0822-3:¥3.80

J642 034150
抗战歌曲选:纪念抗日战争胜利五十周年/谷广编.—长沙:湖南教育出版社,1995.4.—122页;20cm
ISBN 7-5355-2069-3:¥2.90

J642 034151
抗战救亡歌曲集/庄福祥编.—合肥:安徽教育出版社,1995.10.—511页;20cm
ISBN 7-5336-1800-9:¥12.00

J642 034152
抗战名曲100首/《抗战名曲100首》编委会编.—杭州:浙江文艺出版社,1995.3.—255页;19cm
ISBN 7-5339-0829-5:¥6.50

J642 034153
孔繁森之歌/《孔繁森之歌》创作组织委员会编.—北京:中国文联出版公司,1995.6.—58页;20cm
ISBN 7-5059-2277-7:¥4.00

J642 034154
流行金曲大全/刘传选编.—海口:南海出版公司,1995.5.—336页;19cm
ISBN 7-5442-0022-1:¥9.80

J642 034155
民族之声/钟悦编.—北京:中国妇女出版社,1995.8.—128页;19cm.—(爱国主义教育丛书·民族史诗——壮哉,中国人丛书)/穆宪主编)
全套共10册,总定价:66.00元
ISBN 7-80016-936-7:¥0.00

J642 034156
声乐曲选新编300首/杨定抒主编.—重庆:西南师范大学出版社,1995.2.—309页;26cm
学校音乐补充教材
ISBN 7-5621-1153-7:¥14.50

J642 034157
胜利进行曲:纪念抗日战争及世界反法西斯战争胜利50周年歌曲集/中国音乐家协会编.—北京:人民音乐出版社,1995.4.—105页;19cm
ISBN 7-103-01264-4:¥3.50

J642 034158
胜利之歌:抗日战争时期合唱歌曲选/萧白编.—上海:上海音乐出版社,1995.4.—57页;26cm
ISBN 7-80553-575-2:¥2.90

J642 034159
新歌大家唱/黎义编.—成都:四川文艺出版社,

1995.3.—152 页;19cm
ISBN 7-5411-1254-2:¥3.98

J642　034160
在祖国的怀抱里:校园爱国主义歌曲 100 首/苏英博等主编.—海口:南海出版公司,1995.12.—227 页;19cm
ISBN 7-5442-0553-3:¥8.20

J642　034161
中国声乐作品选/吴慰云编著.—北京:中国国际广播出版社,1995.5.—141 页;26cm
附钢琴伴奏谱
ISBN 7-5078-1149-2:¥18.00

J642　034162
中国通俗歌曲博览:1979~1993/耕耘编.—北京:人民音乐出版社,1995.3.—2 册;20cm
ISBN 7-103-01239-3:¥36.30

J642　034163
中外歌坛名家明星名曲经典/付建忠选编.—延吉:延边人民出版社,1995.12.—543 页;19cm
ISBN 7-80599-417-X:¥19.80

J642　034164
中小学校园歌曲集/姚承嵘著.—哈尔滨:哈尔滨工程大学出版社,1995.10.—121 页;19cm
ISBN 7-81007-539-X:¥4.60

J642　034165
中学爱国歌曲/张幼文主编.—济南:山东文艺出版社,1995.12.—133 页;19cm
ISBN 7-5329-1288-4:¥4.60

J642　034166
祖国啊,我永远热爱您:爱国主义歌曲 100 首/叶松荣选编.—福州:海峡文艺出版社,1995.4.—249 页;19cm
ISBN 7-80534-777-8:¥5.80

J642　034167
最新劲歌金曲大放送/晓成编著.—哈尔滨:哈尔滨出版社,1995.12.—235 页;19cm
ISBN 7-80557-844-3:¥7.58

①J642②③J426　034168
邓丽君抒情歌曲影集/凌楠编.—修订本.—广州:岭南美术出版社,1995.6.—99 页;21×19cm
ISBN 7-5362-1248-8:¥9.80

J642.1　034169
MTV 中国风——大陆新歌极品/丛艺选编.—北京:华龄出版社,1995.6.—262 页;19cm
ISBN 7-80082-579-5:¥8.80

J642.1　034170
爱要怎么说出口:卡拉 OK 大家唱/洪音等编.—北京:中国文联出版公司,1995.9.—157 页;19cm
ISBN 7-5059-1325-5:¥6.80

J642.1　034171
奔流的音韵/李沛泉,计兆琪主编.—天津:百花文艺出版社,1995.12.—324 页;20cm.—(宝钢文学艺术丛书·歌曲集)
ISBN 7-5306-2210-2:¥11.20

J642.1　034172
邓丽君经典名曲集锦/小雨,山君选编.—沈阳:沈阳出版社,1995.6.—182 页;19cm
ISBN 7-5441-0404-4:¥5.80

J642.1　034173
东方金曲/东方广播电台,《东方风云榜》编.—上海:百家出版社,1995.10.—136 页;20cm
ISBN 7-80576-568-5:¥7.90

J642.1　034174
好歌大家唱　第二辑/文涛编.—广州:广东高等教育出版社,1995.1.—367 页;19cm
ISBN 7-5361-1418-4:¥9.95

J642.1　034175
好歌金曲大家唱:最新流行 MTV 校园民歌荟萃/卢智编.—延吉:延边人民出版社,1995.5.—244 页;19cm
ISBN 7-80599-204-5:¥6.40

J642.1　034176
好歌精选:最新流行歌曲集锦/陈丽编.—海口:海南摄影美术出版社,1995.—228 页;19cm
ISBN 7-80571-721-4:¥5.80

J642.1　034177
冀洲歌曲选/贵州省音乐家协会编.—贵阳:贵州人民出版社,1995.8.—213 页:照片;20cm
ISBN 7-221-03948-8:¥13.00

J642.1　034178
劲歌精选　(1):国内流行金曲/丛震选编 .—海口:海南摄影美术出版社,1995.12.—122 页;13cm
ISBN 7-80571-941-1:¥3.00

J642.1　034179
劲歌精选　(2):港台最新流行金曲/丛震选编 .—海口:海南摄影美术出版社,1995.12.—122 页;13cm
ISBN 7-80571-941-1:¥3.00

J642.1　034180
劲歌精选　(3):浪漫情侣对唱金曲/丛震选编 .—海口:海南摄影美术出版社,1995.12.—122 页;13cm
ISBN 7-80571-941-1:¥3.00

J642.1　034181
劲歌精选　(4):中外影视金曲/丛震选编 .—海口:海南摄影美术出版社,1995.12.—122 页;13cm
ISBN 7-80571-941-1:¥3.00

J642.1　034182
军旅之恋:薛清海军旅歌曲选/薛清海作.—北京:中国国际广播出版社,1995.8.—174 页;20cm
ISBN 7-5078-1211-1:¥7.50

J642.1　034183
流行抒情歌曲精品总汇/林琳编选.—济南:山东文艺出版社,1995.3.—427 页;20cm
ISBN 7-5329-1239-6:¥11.80

J642.1　034184
十年流行歌曲经典:大陆唱藏金版/元谋编.—昆明:云南人民出版社,1995.3.—250 页;20cm
ISBN 7-222-00387-8:¥10.80

J642.1　034185
抒情歌曲:至尊极品/昌言选编.—成都:四川文艺出

版社,1995.5.—243页;19cm
ISBN 7-5411-1311-5:¥5.98

J642.1 034186
颂中华·唱贵州·赞家乡歌曲集/贵州省音乐家协会,贵州省群众艺术馆编选.—贵阳:贵州人民出版社,1995.6.—159页;26cm
ISBN 7-221-03766-3:¥7.80

J642.1 034187
校园民谣:中国校园民谣金曲榜/晓洁编 .—贵阳:贵州人民出版社,1995.4.—168页;19cm
ISBN 7-221-03717-5:¥4.80

J642.1 034188
新歌金曲/长乐编.—太原:北岳文艺出版社,1995.9.—120页;19cm
ISBN 7-5378-1520-8:¥4.20

J642.1 034189
新三字经歌曲集/中共广东省委宣传部编.—广州:新世纪出版社,1995.8.—90页;19cm
ISBN 7-5405-1196-6:¥2.80

J642.1 034190
中国口岸之歌/珠海市人民政府口岸办公室编.—珠海:珠海出版社,1995.8.—104页;21cm
ISBN 7-80607-011-7:¥11.00

J642.1 034191
中国名歌大全/李保彤主编.—太原:山西教育出版社,1995.2.—1870页;20cm.—(世界好歌名曲丛书;2)
ISBN 7-5440-0519-4(精装):¥60.00

J642.1 034192
中国新生代流行金曲100首/顾雪珍主编 .—南京:江苏文艺出版社,1995.11.—185页;19cm.—(音乐之友丛书)
ISBN 7-5399-0854-8:¥7.20

J642.1 034193
中华金曲宝典/李思苇编.—成都:四川人民出版社,1995.5.—869页;19cm.—(抒情歌曲精选大观30集)
ISBN 7-220-02801-6(精装):¥26.80

J642.1 034194
中外金曲旋转舞台:百年珍藏本/宏宇选编.—福州:海潮摄影艺术出版社,1995.12.—572页;19cm
ISBN 7-80562-334-1:¥19.90

J642.1 034195
祝愿:杨士菊歌曲选/杨士菊曲.—长春:吉林大学出版社,1995.2.—217页;19cm
ISBN 7-5601-1679-5:¥6.50

J642.1 034196
走出故乡的月亮:焦燧东歌集/焦燧东著.—济南:黄河出版社,1995.4.—196页;19cm
ISBN 7-80558-573-3:¥6.80

①J642.1②I227 034197
歌与诗二重唱/张元锦著.—厦门:鹭江出版社,1995.9.—158页;19cm
ISBN 7-80533-752-7:¥5.00

J642.2 034198
民族声乐教学曲选　上册:必唱曲目/丁雅贤主编;沈阳音乐学院民族声乐系编.—北京:人民音乐出版社,1995.9.—291页;26cm
ISBN 7-103-01305-5:¥21.10

J642.2 034199
民族声乐教学曲选　下册:自选曲目/丁雅贤主编;沈阳音乐学院民族声乐系编.—北京:人民音乐出版社,1995.9.—380页;26cm
ISBN 7-103-01306-3:¥25.00

J642.2 034200
新编云南民歌声乐作品选/康建中主编.—昆明:云南美术出版社,1995.12.—172页;26cm
ISBN 7-80586-227-3:¥24.00

J642.2 034201
永儒布交响乐作品六首/永儒布作.—呼和浩特:内蒙古人民出版社,1995.6.—1册;26cm
ISBN 7-204-03046-X:¥38.00

J642.2 034202
中国民间歌曲集成:广西卷/吕骥主编;周民震分卷主编.—北京:中国ISBN中心,1995.5.—1078页:彩照;26cm
ISBN 7-5076-0076-9(精装):¥142.00

J642.215.4 034203
中国云南红河哈尼族民歌/李元庆主编;红河哈尼族彝族自治州民歌集成组编.—昆明:云南民族出版社,1995.1.—931页;26cm
ISBN 7-5367-0813-0(精装):¥95.00

J642.215.6 034204
中国傈僳族歌曲选:汉傈僳文对照/张金云选编.—昆明:云南民族出版社,1995.6.—159页;19cm
ISBN 7-5367-1012-7:¥3.50

J642.223.4 034205
延边广播歌曲选:1980~1995/王立业等编.—延吉:延边人民出版社,1995.12.—118页;20cm
ISBN 7-80599-419-6:¥6.80

J642.224.1 034206
露水地里穿红鞋:信天游曲集/杨璀编.—北京:人民音乐出版社,1995.4.—295页;20cm
ISBN 7-103-01244-X:¥9.60

J642.225.2 034207
迎着太阳走向世界:青岛优秀厂企歌曲集 /徐家骅主编;青岛市工人文化宫编.—北京:中国工人出版社,1995.4.—202页;19cm
ISBN 7-5008-1743-6:¥6.60

J642.43 034208
100部优秀爱国主义影视片主题歌选编/靳凤兰主编;中国电影音乐协会编.—海口:海南出版社,1995.3.—200页;19cm
ISBN 7-80617-150-9:¥4.50

J642.5 034209
北疆之声:歌曲集/杨吉雷主编;中国人民解放军51361部队编.—北京:解放军文艺出版社,1995.1.—284页;20cm
ISBN 7-5033-0232-0:¥8.00

J642.5 034210

大家唱/阿青编.—修订本.—南昌:百花洲文艺出版社,1995.12.—182页;19cm
ISBN 7-80579-606-8:¥5.98

J642.5　　034211
歌霸·霸歌/周玲选编.—成都:四川人民出版社,1995.6.—416页;19cm.—(抒情歌曲精选大观;25)
ISBN 7-220-02418-5:¥9.80

J642.5　　034212
轰天金曲/晓木编.—成都:四川人民出版社,1995.5.—152页;19cm.—(金曲系列)
ISBN 7-220-02791-5:¥3.98

J642.5　　034213
家庭卡拉OK　(2):218曲/马伟民,邹九巷编.—上海:上海音乐出版社,1995.9.—427页;19cm
ISBN 7-80553-567-1:¥14.00

J642.5　　034214
流行歌王　第1辑/红云编.—大连:大连出版社,1995.5.—182页;19cm
ISBN 7-80612-065-3:¥4.98

J642.5　　034215
麻辣情歌.—重庆:重庆出版社,1995.6.—111页;19cm.—(好歌音乐丛书)
ISBN 7-5366-3174-X:¥3.80

J642.5　　034216
马思聪歌曲选/钟立民,金帆编.—北京:人民音乐出版社,1995.11.—119页;20cm
ISBN 7-103-01271-7:¥6.10

J642.5　　034217
梅璧音乐作品选/红河哈尼族彝族自治州文化局艺术创作研究室编.—昆明:云南人民出版社,1995.6.—193页;20cm
ISBN 7-222-01768-2:¥5.40

J642.5　　034218
平原的太阳:姚运才创作歌曲选/姚运才著.—武汉:长江文艺出版社,1995.4.—152页;26cm
ISBN 7-5354-1245-9:¥12.50

J642.5　　034219
青春卡拉OK/万溶江选编.—长沙:湖南师范大学出版社,1995.2.—213页;19cm
ISBN 7-81031-403-3:¥4.98

J642.5　　034220
情从山野来/黄永发等著.—重庆:重庆出版社,1995.2.—112页;19cm
ISBN 7-5366-2931-1:¥2.50

J642.5　　034221
吴凡歌曲九十九首/吴凡著.—北京:中国戏剧出版社,1995.5.—230页;20cm
ISBN 7-104-00599-4:¥10.80

J642.5　　034222
优秀歌曲选:建设黑龙江省家乡振兴龙江歌曲征集/黑龙江省"建设家乡振兴龙江"主题文艺系列活动组委会办公室编.—哈尔滨:黑龙江教育出版社,1995.9.—78页;26cm
ISBN 7-5316-2845-7:¥3.80

J642.5　　034223
珠海潮声/珠海市文化局等编.—郑州:河南人民出版社,1995.3.—245页;20cm
ISBN 7-215-03459-3:¥9.00

J642.5　　034224
最新上榜金曲/郭颖编.—海口:南海出版公司,1995.10.—176页;19cm
ISBN 7-5442-0041-8:¥5.50

J642.51　　034225
94季选极品金曲/毛宏军编.—成都:四川人民出版社,1995.1.—199页;19cm.—(抒情歌曲精选大观;27)
ISBN 7-220-02219-0:¥4.98

J642.51　　034226
大陆港台新歌选:卡拉OK流行极品/名章编.—贵阳:贵州人民出版社,1995.2.—154页;19cm
ISBN 7-221-03663-2:¥4.20

J642.51　　034227
邓丽君演唱金曲/天成编.—成都:四川人民出版社,1995.6.—445页;19cm.—(抒情歌曲精选大观;34)
ISBN 7-220-02794-X:¥12.80

J642.51　　034228
邓丽君演唱金曲/广华编.—广州:广州出版社,1995.6.—397页;19cm
ISBN 7-80592-271-3:¥15.00

J642.51　　034229
点歌台　(1)/湘兰编.—乌鲁木齐:新疆人民出版社,1995.6.—182页;19cm
ISBN 7-228-03507-0:¥4.98

J642.51　　034230
流行热门金曲/舒宇编.—成都:四川人民出版社,1995.6.—152页;19cm.—(名歌金曲系列;1)
ISBN 7-220-02827-X:¥3.98

J642.51　　034231
新歌快唱　(1)/湘兰编.—乌鲁木齐:新疆人民出版社,1995.6.—182页;19cm
ISBN 7-228-03508-9:¥4.98

J642.53　　034232
合唱曲选　(1)/中等师范音乐教材编委会编.—上海:上海音乐出版社,1995.12.—66页;26cm
中等师范学校音乐选修教材
ISBN 7-80553-584-1:¥4.60

J642.53　　034233
云南风情:合唱组曲:总谱/张东辉词;田丰曲.—北京:人民音乐出版社,1995.11.—173页;26cm
ISBN 7-103-01296-2:¥19.70

J642.6　　034234
当代少年儿童优秀歌曲100首/浙江少年儿童出版社编.—杭州:浙江少年儿童出版社,1995.9.—143页;19cm
ISBN 7-5342-1321-5:¥5.50

J642.6　　034235
当我长大的时候:少年幼儿歌曲集/宋歌等编.—郑州:海燕出版社,1995.5.—199页;19cm
ISBN 7-5350-1236-1:¥4.00

J642.6 034236
儿童益知歌曲/中国福利会少年宫露美合唱团演唱.—上海:少年儿童出版社,1995.—1盒;11cm
录音带
¥0.00

J642.6 034237
歌声·春天·孩子:首届中国少年儿童歌曲卡拉OK电视大赛歌曲100首/首届中国少年儿童歌曲卡拉OK电视大赛艺术委员会编选.—北京:人民音乐出版社,1995.9.—109页;19cm
ISBN 7-103-01260-1:¥5.50

J642.6 034238
全国中小学生百首爱国主义歌曲:小学生必唱/《小学生天地》编辑部编.—武汉:湖北科学技术出版社,1995.6.—138页;19cm
ISBN 7-5352-1691-9:¥3.95

J642.6 034239
少年儿童英语歌曲101首:汉英对照/张宁,张弦译编.—北京:同心出版社,1995.2.—120页;20cm
ISBN 7-80593-072-4:¥4.20

J642.6 034240
晓丹歌曲选/晓丹著.—北京:文化艺术出版社,1995.4.—361页;20cm
ISBN 7-5039-1381-9:¥13.80

J642.6 034241
小学爱国歌曲/李东主编.—济南:山东文艺出版社,1995.10.—105页;19cm
ISBN 7-5329-1280-9:¥3.60

J642.6 034242
优秀幼儿歌曲集/汤世雄主编;北京市教育局编写.—北京:中国少年儿童出版社,1995.11.—157页;26cm
ISBN 7-5007-2319-9:¥12.20

J642.63 034243
少儿合唱队练声曲选萃/上海音乐出版社青少年读物编辑室选编.—上海:上海音乐出版社,1995.1.—138页;19cm
ISBN 7-80553-521-3:¥5.50

J642.63 034244
我们的田野——张文纲少儿歌曲选/张文纲编著.—北京:人民音乐出版社,1995.8.—30页;26cm
ISBN 7-103-01267-9:¥4.40

J642.63-62 034245
童声合唱实用手册/夏康等编著.—重庆:重庆出版社,1995.3.—106页;21×19cm
ISBN 7-5366-1576-0:¥6.50

J643.1 034246
京剧曲谱集成 第八集/上海文艺出版社编.—上海:上海文艺出版社,1995.1.—357页;26cm
ISBN 7-5321-1213-6:¥20.00

J643.1 034247
杨宝森唱腔选集/许锦文编著、记谱.—北京:人民音乐出版社,1995.11.—335页;20cm
ISBN 7-103-01278-4:¥20.50

J643.552 034248
张斌与吕剧音乐/臧美倩编著.—济南:山东文艺出版社,1995.11.—449页;20cm
ISBN 7-5329-1222-1:¥15.70

J643.554 034249
唱遍神州大地的凤阳歌/杨春编.—北京:中国文联出版公司,1995.5.—196页;20cm
ISBN 7-5059-0197-4:¥8.00

J644 034250
李元庆说唱音乐作品选/李元庆著.—昆明:云南民族出版社,1995.10.—342页;19cm
ISBN 7-5367-1142-5:¥15.00

J644 034251
中国曲艺音乐集成:陕西卷/孙慎主编;刘均平分卷主编.—北京:中国ISBN中心,1995.11.—2册(1696页):彩照;26cm
ISBN 7-5076-0075-0(精装):¥279.00

J644.31 034252
蒙郭勒津乐曲选/阜新蒙古族自治县蒙古语文办公室,辽宁省民委古籍整理办公室编.—沈阳:辽宁民族出版社,1995.5.—658页;19cm
ISBN 7-80527-425-8:¥15.90

J644.744 034253
嵩明花灯音乐/杨文平主编;昆明市文化局,嵩明县文化局编.—昆明:云南民族出版社,1995.10.—524页;20cm.—(中国戏曲音乐集成昆明卷丛书)
ISBN 7-5367-0869-7:¥25.00

J647 034254
快乐的小乐队:中小学常用教学乐器演奏曲精选/上海音乐出版社青少年读物编辑室编.—上海:上海音乐出版社,1995.5.—177页;23×19cm.—(多来咪丛书/李丹芬主编)
ISBN 7-80553-534-5:¥9.90

J647.11 034255
蒋国基笛曲选/人民音乐出版社编辑部编.—北京:人民音乐出版社,1995.1.—163页;26cm
ISBN 7-103-01224-5:¥8.20

J647.21 034256
通俗小提琴曲选/人民音乐出版社编辑部编.—北京:人民音乐出版社,1995.3.—93页;30cm
ISBN 7-103-01236-9:¥11.40

J647.32 034257
梦幻的民谣:吉它经典弹唱曲集:中高级/王爽,洪泉编著.—北京:清华大学出版社,1995.8.—81页;26cm
ISBN 7-302-01917-7:¥14.00

J647.32 034258
通俗吉他弹唱 (1):六线谱本/万溶江编配.—乌鲁木齐:新疆人民出版社,1995.3.—100页;26cm
ISBN 7-228-03220-9:¥5.98

J647.32 034259
通俗吉他弹唱 (2)/俭歌编配.—乌鲁木齐:新疆人民出版社,1995.6.—92页;26cm
ISBN 7-228-03506-2:¥6.80

J647.39 034260

中国琵琶考级曲集/解金福等编.—上海:上海音乐出版社,1995.5.—226页;26cm

ISBN 7-80553-568-X: ¥13.30

J647.41　　　　　　　　　　　　　　　　034261

彩图精解少儿钢琴名曲/王建中主编 .—上海:上海辞书出版社,1995.5.—195页:图;26cm

ISBN 7-5326-0330-X(精装): ¥40.00

J647.41　　　　　　　　　　　　　　　　034262

琴法:选修课本/中等师范音乐教材编委会编.—上海:上海音乐出版社,1995.5.—181页;26cm

中等师范学校课本:试用本

ISBN 7-80553-555-8: ¥13.70

J647.41　　　　　　　　　　　　　　　　034263

王建中钢琴作品集.—上海:上海音乐出版社,1995.4.—126页;31cm

ISBN 7-80553-323-7: ¥17.00

J647.41　　　　　　　　　　　　　　　　034264

王建中钢琴作品集/王建中编著.—2版.—上海:上海音乐出版社,1995.4.—159页;31cm

ISBN 7-80553-323-7: ¥28.00

J647.411　　　　　　　　　　　　　　　　034265

中国钢琴名曲曲库/魏廷格等主编 .—长春:时代文艺出版社,1995.12.—4册;30cm

ISBN 7-5387-0965-7: ¥112.00

J647.416　　　　　　　　　　　　　　　　034266

白雪公主:组曲/(日)矢野義明作曲.—北京:人民音乐出版社,1995.8.—59页;30cm

据日本龙吟社1993年8月初版译出

ISBN 7-103-01314-4: ¥11.80

J647.42　　　　　　　　　　　　　　　　034267

手风琴:我的好伙伴/蔡福华编著.—上海:复旦大学出版社,1995.12.—185页;26cm.—(ETV家庭教师辅导丛书)

三十二讲电视教材

ISBN 7-309-01595-9: ¥14.00

J647.44　　　　　　　　　　　　　　　　034268

口琴演奏中外名曲60首/顾泉发编配.—北京:人民音乐出版社,1995.11.—208页;20cm

ISBN 7-103-01249-0: ¥9.00

J647.611　　　　　　　　　　　　　　　　034269

天风海涛:第一交响曲/李焕之作 .—广州:广东高等教育出版社,1995.5.—195页;26cm.—(中国著名音乐家丛书)

ISBN 7-5361-1682-9: ¥20.00

J647.65　　　　　　　　　　　　　　　　034270

少年鼓号曲/李瀛寰编.—北京:人民音乐出版社,1995.12.—56页;19cm

ISBN 7-103-01286-5: ¥3.10

J647.71　　　　　　　　　　　　　　　　034271

最熟悉的歌曲电子琴伴奏乐谱集/姚晓强,郭鸣编著.—广州:广东教育出版社,1995.9.—163页;26cm

ISBN 7-5406-2860-X: ¥8.60

①J648.2②J648.31　　　　　　　　　　　　034272

广东汉乐胡琴古筝曲选/居文郁编著.—北京:人民音乐出版社,1995.12.—210页;26cm

ISBN 7-103-01288-1: ¥15.20

①J648.2②J648.61　　　　　　　　　　　　034273

乡音寄怀:民族管弦乐总谱/李焕之作曲·**二泉映月**:民族弓弦乐合奏总谱/华彦钧原曲;李焕之编曲.—北京:人民音乐出版社,1995.8.—40页;26cm

ISBN 7-103-01313-6: ¥6.60

J648.21　　　　　　　　　　　　　　　　034274

二胡独奏曲集/吕痴编著.—北京:中国文联出版公司,1995.9.—129页;26cm

ISBN 7-5059-0968-1: ¥8.90

J648.21　　　　　　　　　　　　　　　　034275

二胡演奏革命传统歌曲100首/赵寒阳编.—北京:人民音乐出版社,1995.12.—113页;26cm

ISBN 7-103-01309-8: ¥8.90

J648.21　　　　　　　　　　　　　　　　034276

中国二胡考级曲集:演奏提示版/王永德主编.—上海:上海音乐出版社,1995.3.—210页;26cm

ISBN 7-80553-506-X: ¥8.90

J648.32　　　　　　　　　　　　　　　　034277

百花引:中国古筝艺术第二次学术交流会演奏曲目选集/中国音乐家协会民族音乐委员会,扬州市人民政府文化局编.—北京:人民音乐出版社,1995.6.—94页;26cm

ISBN 7-103-01257-1: ¥6.70

J648.32　　　　　　　　　　　　　　　　034278

潮州筝曲选:五家筝演奏谱/李萌编.—北京:人民音乐出版社,1995.1.—159页;26cm

ISBN 7-103-01228-8: ¥8.40

J648.32　　　　　　　　　　　　　　　　034279

古筝练习一百首/沙里晶,傅华强编著.—重庆:重庆出版社,1995.12.—168页;26cm

ISBN 7-5366-3291-6: ¥25.00

J648.321　　　　　　　　　　　　　　　　034280

上海音乐学院音乐定级考试曲集:古筝/上海音乐学院音乐定级考试委员会编.—上海:上海音乐出版社,1995.3.—101页;26cm

ISBN 7-80553-551-5: ¥12.10

J648.52　　　　　　　　　　　　　　　　034281

淄博民间锣鼓/阎水村编著.—济南:山东友谊出版社,1995.11.—275页;19cm

ISBN 7-80551-740-1: ¥16.80

J648.61　　　　　　　　　　　　　　　　034282

浅易民族管弦乐合奏曲集/李恒编配.—北京:人民音乐出版社,1995.11.—178页;28cm

ISBN 7-103-01308-X: ¥17.10

J648.66　　　　　　　　　　　　　　　　034283

中国丝竹乐:江南丝竹　(三):总谱/姜元禄,燕竹编.—北京:人民音乐出版社,1995.11.—64页;30cm

ISBN 7-103-01276-8: ¥11.40

J65　各国音乐作品

J652　034284
百唱不厌英文歌曲/朱华明编.—成都:四川人民出版社,1995.10.—240页;19cm
ISBN 7-220-02806-7:¥9.00

J652　034285
二十世纪中外名歌名曲大回响/陈兴旺编.—武汉:武汉出版社,1995.9.—828页;26cm
ISBN 7-5430-1392-4(精装):¥68.00

J652　034286
欧美流行音乐撷英/滕纪萌编注.—北京:外语教学与研究出版社,1995.9.—358页;26cm
ISBN 7-5600-0719-8:¥19.80

J652　034287
世界名歌300首/孔令华选编.—大连:辽宁师范大学出版社,1995.8.—550页;20cm
ISBN 7-81042-069-0:¥19.50

J652　034288
中外流行名歌荟萃/德明选编.—武汉:武汉出版社,1995.10.—608页;20cm
ISBN 7-5430-1381-9:¥21.80

J652　034289
中外著名爱国流行歌曲选/赫振勇编.—郑州:河南人民出版社,1995.10.—305页;20cm
ISBN 7-215-03455-0:¥13.00

J652-62　034290
外国名歌大全/李保彤主编.—太原:山西教育出版社,1995.5.—1971页;20cm.—(世界好歌名曲丛书;3)
ISBN 7-5440-0661-1(精装):¥64.00

J652.1　034291
约翰·丹佛演唱歌曲选:中英文线简谱对照/(美)丹佛(Denver,J.)等词曲;雪冬等译配.—北京:人民音乐出版社,1995.8.—94页;26cm
ISBN 7-103-01261-X:¥13.20

J652.1　034292
中外好歌金曲精选:流行金曲、影视金曲、名曲荟萃719首/陈启东编.—乌鲁木齐:新疆青少年出版社,1995.11.—567页;20cm
ISBN 7-5371-2082-X:¥23.80

J652.4　034293
中外影视歌曲128首/燕佳编.—北京:中国文联出版公司,1995.2.—205页;19cm
ISBN 7-5059-2090-1:¥5.70

J652.6　034294
新编幼儿歌曲精选/李立青编著.—北京:中国社会出版社,1995.8.—89页;26cm
ISBN 7-80088-525-9:¥9.80

J652.8　034295
圣诞节及圣诞节歌曲/杨周怀编著.—北京:人民音乐出版社,1995.11.—145页;22cm
ISBN 7-103-01324-1:¥15.00

J655.8　034296
舞厅名曲荟萃　(2)/于智魁编.—上海:上海音乐出版社,1995.7.—135页;26cm
ISBN 7-80553-531-0:¥9.80

J657.143　034297
韦伯第一单簧管协奏曲　OP.73:钢琴缩谱/(德)韦伯编.—北京:人民音乐出版社,1995.12.—42页;31cm
ISBN 7-103-01297-0:¥8.30

J657.21　034298
小提琴音乐三百年:后期巴罗克作品选/(匈)古斯塔夫,(匈)玛丽亚编.—北京:人民音乐出版社,1995.3.—35页;30cm
著者原题:兹莱迪·古斯塔夫,沃尔梅斯·玛丽亚
据布达佩斯音乐出版社1982年版译出
ISBN 7-103-01232-6:¥10.50

J657.21　034299
小提琴音乐三百年:前古典主义作品选/(匈)古斯塔夫,(匈)玛丽亚编.—北京:人民音乐出版社,1995.3.—39页;30cm
著者原题:兹莱迪·古斯塔夫,沃尔梅斯·玛丽亚
据布达佩斯音乐出版社1982年版译出
ISBN 7-103-01230-X:¥10.90

J657.21　034300
小提琴音乐三百年:早期古典主义作品选/(匈)古斯塔夫,(匈)玛丽亚编.—北京:人民音乐出版社,1995.3.—43页;30cm
著者原题:兹莱迪·古斯塔夫,沃尔梅斯·玛丽亚
据布达佩斯音乐出版社1982年版译出
ISBN 7-103-01231-8:¥10.90

J657.21　034301
音乐会小提琴独奏曲选　上册/林宜弩编选.—上海:上海音乐出版社,1995.4.—103页;31cm
ISBN 7-80553-557-4:¥19.80

J657.21　034302
音乐会小提琴独奏曲选　下册/林宜弩编选.—上海:上海音乐出版社,1995.4.—138页;31cm
ISBN 7-80553-558-2:¥23.00

J657.32　034303
现代浪漫吉他曲集:五线谱、六线谱对照吉他曲十八首/秦川编著.—上海:上海音乐出版社,1995.8.—61页;31cm
ISBN 7-80553-523-X:¥14.00

J657.41　034304
巴赫创意曲集:教学版/张曼怡等编注.—沈阳:辽宁人民出版社,1995.9.—64页;31cm
ISBN 7-205-03421-3:¥15.00

J657.41　034305
钢琴音乐三百年:地中海巴罗克音乐/(匈)柯瓦茨(Gabor,K.)编.—北京:人民音乐出版社,1995.9.—42页;30cm
ISBN 7-103-01292-X:¥9.00

J657.41　034306
钢琴音乐三百年:法国巴罗克音乐/(匈)柯瓦茨(Gabor,K.)编.—北京:人民音乐出版社,1995.9.—47页;30cm
ISBN 7-103-01290-3:¥10.10

J657.41　034307
钢琴音乐三百年:英国古钢琴音乐/(匈)汉巴尔科

(Edit, H.)编.—北京:人民音乐出版社,1995.9.—46页;30cm
ISBN 7-103-01291-1:¥9.60

J657.41　　034308
钢琴音乐三百年:早期德国钢琴音乐/(匈)汉巴尔科(Edit, H.)编.—北京:人民音乐出版社,1995.9.—50页;30cm
ISBN 7-103-01289-X:¥10.10

J657.411　　034309
车尔尼钢琴练习曲集/( )车尔尼作曲;葛俭编.—长沙:湖南文艺出版社,1995.5.—211页;30cm
ISBN 7-5404-1397-2(精装):¥23.00

J657.411　　034310
钢琴分级实用教程:乐曲卷　第一级~第二级/吴乐懿主编;上海音协钢琴专业委员会编.—上海:上海远东出版社,1995.6.—73页;31cm
业余器乐考级教材系列
ISBN 7-80613-076-4:¥15.00

J657.411　　034311
汤姆生儿童钢琴教程精选/方百里选编.—上海:百家出版社,1995.1.—2册;26cm
ISBN 7-80576-528-6:¥15.50

J657.411　　034312
现代钢琴教程　(3)/(美)汤普森著.—上海:上海音乐出版社,1995.12.—90页;31cm
约翰·汤普森钢琴教程
著者原题:约翰·汤普森
ISBN 7-80553-615-5:¥15.50

J657.411　　034313
肖邦练习曲集/(波)肖邦(Chopin, F. F.)作曲;(波)帕德雷夫斯基(Paderewski)编.—北京:人民音乐出版社,1995.1.—131页;30cm
ISBN 7-103-01226-1:¥13.40

J657.411　　034314
约翰·汤普森简易钢琴教程　(1)/(美)汤普森(Thompson, S. J.)著.—上海:上海音乐出版社,1995.10.—39页;22×30cm
ISBN 7-80553-598-1:¥9.00

J657.411　　034315
约翰·汤普森简易钢琴教程　(2)/(美)汤普森(Thompson, S. J.)著.—上海:上海音乐出版社,1995.10.—47页;22×30cm
ISBN 7-80553-599-X:¥10.50

J657.411　　034316
约翰·汤普森简易钢琴教程　(3)/(美)汤普森(Thompson, S. J.)著.—上海:上海音乐出版社,1995.10.—45页;30cm
ISBN 7-80553-600-7:¥11.50

J657.411　　034317
约翰·汤普森简易钢琴教程　(4)/(美)汤普森(Thompson, S. J.)著.—上海:上海音乐出版社,1995.10.—46页;30cm
ISBN 7-80553-603-1:¥11.50

J657.411　　034318
约翰·汤普森简易钢琴教程　(5)/(美)汤普森(Thompson, S. J.)著.—上海:上海音乐出版社,1995.10.—47页;30cm
ISBN 7-80553-604-X:¥11.50

J657.411　　034319
约翰·汤普森现代钢琴教程　(1)/(美)汤普森著.—上海:上海音乐出版社,1995.12.—79页;31cm
著者原题:约翰·汤普森
ISBN 7-80553-617-1:¥13.50

J657.411　　034320
约翰·汤普森现代钢琴教程　(2)/(美)汤普森(Thompson, S. J.)著.—上海:上海音乐出版社,1995.12.—90页;30cm
ISBN 7-80553-612-0:¥15.50

J657.415　　034321
钢琴奏鸣曲集.—合肥:安徽文艺出版社,1995.4.—237页;28cm
ISBN 7-5396-1305-X:¥21.00

J657.415　　034322
莫扎特钢琴奏鸣曲集/(奥地利)莫扎特(Mozart, J. G. L.)曲.—合肥:安徽文艺出版社,1995.8.—313页;28cm
ISBN 7-5396-1333-5:¥26.00

J657.415　　034323
莫扎特小奏鸣曲六首/葛蔚英编.—上海:上海音乐出版社,1995.4.—41页;31cm
ISBN 7-80553-554-X:¥5.40

J657.43　　034324
手风琴曲集:曾健手风琴作品荟萃/曾健编著.—海口:海南出版社,1995.8.—2册;31cm
ISBN 7-80617-203-3:¥40.00

J7　舞蹈

J7-43　　034325
舞蹈/董立言,刘振远主编;部分省市职业高中幼儿教育专业课程结构总体改革实验教材编写委员会编.—北京:高等教育出版社,1995.7.—320页;26cm
中等职业学校幼儿教育专业实验教材
ISBN 7-04-005291-1:¥15.45

J70　舞蹈理论

J70-53　　034326
在舞蹈的斜径上探寻:王福玲舞蹈文集/王福玲著.—昆明:云南美术出版社,1995.12.—164页;20cm
ISBN 7-80586-221-4:¥6.80

J709.2　　034327
西藏舞蹈通史/阿旺克村编著.—长沙:湖南文艺出版社,1995.9.—174页:照片;20cm
ISBN 7-5404-1435-9:¥9.80

J709.2　　034328
优美动人的中国舞蹈/林叶青著.—沈阳:辽宁古籍

出版社,1995.5.—138页;19cm.—(中华民族优秀传统文化丛书·艺术卷/赵宪章主编)
本卷8册,总定价:43.00元
ISBN 7-80507-280-9:¥0.00

J72 中国舞蹈、舞剧

J722.2 034329
楚雄市民族民间舞蹈/农立红主编;云南省楚雄市文化局,云南省楚雄市民族事务委员会编.—昆明:云南民族出版社,1995.7.—173页;20cm.—(中国民族民间舞蹈集成云南卷丛书·云南地方艺术集成·志)
ISBN 7-5367-1054-2:¥8.50

J722.21 034330
中国民间舞常用动作选萃/姬茅编著.—开封:河南大学出版社,1995.9.—274页;20cm
ISBN 7-81041-265-5:¥14.00

J722.21 034331
中国民间舞蹈/何健安著.—2版.—杭州:浙江教育出版社,1995.3.—204页:图;20cm.—(中国民间文化丛书/刘魁立主编)
ISBN 7-5338-2170-X(精装):¥9.85

J722.22 034332
新疆舞蹈普及教程/马泰英编著;于兆龙,李太保摄影.—乌鲁木齐:新疆青少年出版社,1995.4.—104页;20cm
ISBN 7-5371-2060-9:¥5.80

J722.3 034333
儿童舞蹈24则/郦海英,田鸿生编著.—上海:上海音乐出版社,1995.9.—86页;19cm
ISBN 7-80553-579-5:¥4.00

J722.3-43 034334
儿童舞蹈教程/张先敏著.—北京:中国青年出版社,1995.9.—196页;19cm
ISBN 7-5006-1997-9:¥9.50

J722.8 034335
OK舞会舞/陈冲编选.—北京:人民音乐出版社,1995.1.—149页;20cm
当代流行舞蹈实用教材
ISBN 7-103-01223-7:¥6.90

J722.8 034336
舞厅交谊舞入门/顾也文著.—上海:上海音乐出版社,1995.6.—151页;20cm
ISBN 7-80553-512-4:¥6.80

J722.9 034337
中老年迪斯科/徐尔充主编.—2版.—北京:金盾出版社,1995.5.—116页;26cm
ISBN 7-80022-996-3:¥9.90

J73 各国舞蹈、舞剧

J732.6 034338
体育舞蹈:现代部分/周子章著.—天津:百花文艺出版社,1995.8.—135页;19cm
ISBN 7-5306-2071-1:¥8.90

J732.8 034339
当代标准交谊舞花样速成/张晓陪编著.—南昌:21世纪出版社,1995.11.—103页;26cm
ISBN 7-5391-1013-9:¥12.00

J732.8 034340
交谊舞精解:当代国际标准交谊舞与现代舞厅交谊舞/笑鸥,长江编著.—长沙:湖南科学技术出版社,1995.8.—173页:图;26cm
ISBN 7-5357-1783-7:¥18.00

J732.8 034341
新编现代国际交谊舞大全/郭明达等编著.—北京:中华工商联合出版社,1995.1.—220页;20cm
ISBN 7-80100-109-5:¥9.00

J732.9 034342
中老年迪斯科/徐尔充主编.—北京:金盾出版社,1995.2.—116页:彩照;26cm
ISBN 7-80022-996-3:¥9.90

J79 舞蹈事业

J791.4 034343
广东歌舞厅/郑泽才主编;广东省社会文化管理委员会编.—广州:岭南美术出版社,1995.3.—207页:彩照;29cm
ISBN 7-5362-1148-1(精装):¥145.00

J793.134 034344
创造才是生命/(日)清水正夫编著;李玉,王保祥译.—北京:中国摄影出版社,1995.1.—80页;22cm
ISBN 7-80007-122-7(精装):¥40.00

J8 戏剧艺术

J8 034345
吴小如戏曲文录/吴小如著.—北京:北京大学出版社,1995.5.—870页;20cm
ISBN 7-301-02175-5:¥29.80

J80 戏剧艺术理论

J80 034346
戏曲意象论/沈达人著.—北京:文化艺术出版社,1995.9.—264页;20cm.—(戏曲史论丛书/张庚,郭汉城主编)
ISBN 7-5039-1285-5:¥12.00

J80-05 034347
神人交错的艺术:西南民间戏剧与宗教/张诗亚主编;金重著.—昆明:云南教育出版社,1995.6.—234页:彩图;20cm.—(西南研究书系)
ISBN 7-5415-0937-X:¥7.80

J801 034348

戏曲美学/苏国荣著.—北京:文化艺术出版社,1995.12.—327页;20cm.—(戏曲史论丛书/张庚,郭汉城主编)
ISBN 7-5039-1353-3:¥11.50

J805　034349
黑土戏剧论/张葆成著.—哈尔滨:黑龙江教育出版社,1995.4.—255页;20cm
ISBN 7-5316-2580-6:¥8.70

J805　034350
梨园考论/李尤白著.—西安:陕西人民出版社,1995.11.—238页;20cm
ISBN 7-224-03874-1:¥10.00

J805　034351
戏林拾薪/宁殿弼著.—沈阳:辽宁人民出版社,1995.5.—412页;20cm
ISBN 7-205-03314-4:¥9.90

J809　034352
潮剧志/连裕斌主编;《潮剧志》编辑委员会编.—汕头:汕头大学出版社,1995.1.—418页:彩图;20cm.—(广东地方剧种志丛书;1)
ISBN 7-81036-071-X(精装):¥80.00

J809.1　034353
世界悲剧文学史/谢柏梁著.—上海:上海文艺出版社,1995.9.—557页:彩图;20cm
ISBN 7-5321-1287-X(精装):¥30.80

J809.1　034354
西方戏剧史话/李永华著.—上海:上海文艺出版社,1995.1.—151页;19cm.—(希望美育文库/王新民主编)
ISBN 7-5321-1257-8:¥3.00

J809.2　034355
二十世纪中国戏剧思潮/胡星亮著.—南京:江苏文艺出版社,1995.9.—408页;20cm.—(跨世纪文论丛书)
ISBN 7-5399-0814-9:¥15.00

J809.2　034356
兼具众美的中国戏曲/郑尚宪著.—沈阳:辽宁古籍出版社,1995.5.—182页;19cm.—(中华民族优秀传统文化丛书·艺术卷/赵宪章主编)
本卷8册,总定价:43.00元
ISBN 7-80507-280-9:¥0.00

J809.2　034357
剧专十四年/《剧专十四年》编辑小组编.—北京:中国戏剧出版社,1995.9.—468页;20cm
ISBN 7-104-00719-9:¥20.70

J809.2　034358
宁海平调史/蒋中崎等编著.—宁波:宁波出版社,1995.5.—226页:照片;20cm
ISBN 7-80602-046-2:¥20.00

J809.2　034359
毗陵曲坛掇录/夏芦庆主编.—北京:中国戏剧出版社,1995.4.—477页:图;19cm
ISBN 7-104-00694-X:¥18.00

J809.2　034360
宋元戏曲史/王国维著;杨扬校订.—上海:华东师范大学出版社,1995.12.—171页;20cm.—(二十世纪国学丛书)
ISBN 7-5617-1376-2:¥8.60

J809.2　034361
戏曲优伶史/孙崇涛,徐宏图著.—北京:文化艺术出版社,1995.5.—327页;20cm.—(戏曲史论丛书/张庚,郭汉城主编)
ISBN 7-5039-1350-9:¥11.50

J809.2　034362
优伶史/谭帆著.—上海:上海文艺出版社,1995.7.—188页:图;19cm.—(中国社会民俗史丛书)
ISBN 7-5321-1331-0(精装):¥10.40

J809.2　034363
中国古代戏剧/郭英德,陶庆梅编著.—北京:北京科学技术出版社,1995.1.—125页;19cm.—(中国历史知识全书/朱仲玉主编)
ISBN 7-5304-1668-5:¥3.90

J809.2　034364
中国戏曲史话/刘士杰著.—上海:上海文艺出版社,1995.1.—139页;19cm.—(希望美育文库/王新民主编)
ISBN 7-5321-1264-0:¥3.00

J809.2　034365
中国戏曲演义/罗晓帆著.—上海:上海文艺出版社,1995.9.—335页;20cm.—(文艺演义丛书/钱念孙主编)
ISBN 7-5321-1341-8:¥14.50

J809.22　034366
古代戏曲思想艺术论/江巨荣著.—上海:学林出版社,1995.12.—291页;20cm
ISBN 7-80616-141-4:¥15.00

J809.247　034367
元代戏曲史稿/黄卉著.—天津:天津古籍出版社,1995.11.—549页;20cm
ISBN 7-80504-477-5:¥30.00

J809.26　034368
北京剧社社史资料专辑/北京市文化局党史资料征集办公室编.—北京:北京出版社,1995.5.—285页;20cm.—(北京地区革命史·回忆录)
ISBN 7-200-02729-4:¥10.50

J809.26　034369
重庆抗战剧坛纪事:1937年7月~1946年6月/石曼编.—北京:中国戏剧出版社,1995.7.—221页;20cm.—(重庆市文化局史料丛书)
ISBN 7-104-00697-4:¥9.30

J809.513　034370
波兰戏剧简史/林洪亮著.—北京:社会科学文献出版社,1995.5.—288页;20cm
ISBN 7-80050-605-3:¥11.00

J81　舞台艺术

J81 034371
戏剧演出中的假定性/王晓鹰著.—北京:中国戏剧出版社,1995.9.—234页;19cm
ISBN 7-104-00709-1:¥9.80

J81 034372
艺海轻舟/重庆市文化局艺术处,重庆市艺术研究所编.—重庆:西南师范大学出版社,1995.5.—242页:彩照;20cm.—(舞台艺术研究丛书;3)
ISBN 7-5621-1289-4:¥20.00

J811 034373
戏剧导演/张仲年著. 福州:海峡文艺出版社,1995.9.—564页;20cm
上海戏剧学院教材
ISBN 7-80534-811-1:¥22.00

①J811②K825.7 034374
杨村彬艺术世界/赵莱静,杨乡编.—上海:上海文艺出版社,1995.1.—370页:照片;20cm
ISBN 7-5321-1212-8:¥15.20

J812 034375
郝彩凤演唱集锦/鲁安澍编.—西安:三秦出版社,1995.12.—145页;19cm
ISBN 7-80546-752-8:¥6.50

①J812②H033 034376
演艺妙语/叶涛主编.—上海:上海文艺出版社,1995.7.—379页;20cm
ISBN 7-5321-1211-X(精装):¥17.60

J813.4 034377
亚典舞台美术作品选/杨亚典设计.—苏州:古吴轩出版社,1995.9.—36页:剧照;28cm
ISBN 7-80574-198-0:¥35.50

J815 034378
中国戏曲脸谱:汉英对照/石少山绘.—北京:科学出版社,1995.6.—86页;21×22cm
ISBN 7-03-001171-6:¥71.00

J82 中国戏剧艺术

J82 034379
中国戏曲文化/周育德著.—北京:中国友谊出版公司,1995.12.—496页:彩照;20cm
ISBN 7-5057-1273-X:¥24.00

J82 034380
中华戏曲　总第十六辑/中国戏曲学会,山西师范大学戏曲文物研究所编.—太原:山西古籍出版社,1995.12.—378页;20cm
ISBN 7-80598-101-9:¥12.80

J82-61 034381
中国戏曲剧种大辞典/《中国戏曲剧种大辞典》编辑委员会编 .—上海:上海辞书出版社,1995.6.—1668页:彩图;26cm
ISBN 7-5326-0024-6(精装):¥230.00

J821 034382
京剧欣赏入门/逸才,庆旺主编.—哈尔滨:哈尔滨工程大学出版社,1995.12.—261页:彩图;20cm
ISBN 7-81007-634-5:¥9.80

J821 034383
孙毓敏谈艺录/孙毓敏著.—北京:华文出版社,1995.7.—307页;20cm
ISBN 7-5075-0412-3:¥18.00

J821-49 034384
大专院校京剧讲座/骆正编著.—天津:天津教育出版社,1995.10.—320页:彩图;20cm.—(中国京剧艺术丛书;3/谢国祥,杨清文主编)
ISBN 7-5309-2377-3:¥15.40

J821-49 034385
中小学京剧读本/谢国祥,刘琦编著.—天津:天津教育出版社,1995.10.—214页:彩图;20cm.—(中国京剧艺术丛书;2/谢国祥,杨清文主编)
ISBN 7-5309-2333-1:¥9.80

J821-62 034386
京剧知识手册/吴同宾编著.—天津:天津教育出版社,1995.10.—594页:彩图;20cm.—(中国京剧艺术丛书;1/谢国祥,杨清文主编)
ISBN 7-5309-2323-4:¥25.60

J821.2 034387
京剧唱腔研究/武俊达著.—北京:人民音乐出版社,1995.1.—284页;20cm.—(戏曲音乐研究丛书)
ISBN 7-103-01225-3(精装):¥19.90

J821.2 034388
菊坛旧闻录/丁秉鐩著.—北京:中国戏剧出版社,1995.10.—522页:照片;20cm
ISBN 7-104-00506-4:¥22.80

J821.2 034389
裘盛戎生平和裘派艺术/钳韵宏著.—青岛:青岛出版社,1995.6.—146页:照片;20cm
ISBN 7-5436-1223-2:¥10.00

J821.5 034390
京剧脸谱/赵梦林,阎继青撰文;赵梦林绘.—2版(修订版).—北京:朝华出版社,1995.—119页:彩图;26cm
ISBN 7-5054-0411-3:¥58.00

J821.5 034391
京剧脸谱:汉英对照/颜少奎编绘.—南京:江苏人民出版社,1995.9.—46页;21×19cm
ISBN 7-214-01561-7:¥19.80

J824 034392
《结婚》的舞台艺术/余林编.—北京:中国戏剧出版社,1995.12.—239页:彩图;20cm.—(舞台艺术丛书)
ISBN 7-104-00701-6:¥12.20

J824 034393
论北京人艺演剧学派/于是之等著.—北京:北京出版社,1995.11.—308页;20cm
ISBN 7-200-02805-3:¥11.80

J824 034394
论北京人艺演剧学派/于是之等著.—北京:北京出版社,1995.11.—308页:照片;20cm
ISBN 7-200-02806-1(精装):¥15.80

①J824.1②K825.7 034395
夏淳/朱以中编.—北京:北京十月文艺出版社,1995.12.—283页:照片;19cm.—(北京人民艺术剧院艺术家丛书)
ISBN 7-5302-0409-2:¥9.50

J825 034396
中国民间小戏/张紫晨著.—2版.—杭州:浙江教育出版社,1995.3.—209页:彩照;20cm.—(中国民间文化丛书/刘魁立主编)
ISBN 7-5338-2167-X(精装):¥9.30

J825.22 034397
评剧谈艺录/孙玉敏著.—天津:百花文艺出版社,1995.10.—328页;19cm
ISBN 7-5306-2157-2:¥10.00

J825.22 034398
王玉磬唱腔选萃/景玉光等编.—天津:百花文艺出版社,1995.7.—176页:照片;20cm
ISBN 7-5306-1966-7:¥8.40

J825.25 034399
晋剧文场艺术:兼论田九云、牛巧珍师徒/张林雨著.—北京:人民音乐出版社,1995.11.—433页;20cm
ISBN 7-103-01275-X:¥22.00

J825.25 034400
论综合治理振兴山西戏曲/曲润海编著.—太原:山西人民出版社,1995.12.—363页:彩照;20cm
ISBN 7-203-03411-9:¥14.80

J825.41 034401
秦腔音乐概论/王正强著.—北京:人民音乐出版社,1995.4.—509页;20cm.—(戏曲音乐研究丛书)
ISBN 7-103-01221-0(精装):¥26.50

J825.41 034402
秦腔优秀折子戏·小戏·唱段选编　(二)/赵梦姣编.—西安:三秦出版社,1995.10.—312页;19cm.—(陕西振兴秦腔艺术系列丛书/叶增宽主编)
ISBN 7-80546-949-0:¥18.00

J825.41-61 034403
秦腔词典/王正强主编.—兰州:敦煌文艺出版社,1995.10.—603页:照片;20cm
ISBN 7-80587-308-9(精装):¥36.80

J825.53 034404
梅兰珍唱腔集/徐澄宇编.—上海:上海文艺出版社,1995.1.—196页:剧照;20cm
ISBN 7-5321-1216-0:¥10.50

J825.55 034405
越剧音乐概论/周大风著.—北京:人民音乐出版社,1995.1.—403页;20cm.—(戏曲音乐研究丛书)
ISBN 7-103-01227-X(精装):¥23.50

①J825.55②K825.7 034406
一代风流尹桂芳/李惠康编.—上海:上海文艺出版社,1995.3.—424页:照片;20cm.—(表演艺术丛书)
ISBN 7-5321-1214-4:¥18.50

J825.65 034407
潮剧研究　(1):潮剧广场戏研究专辑/陈韩星主编;汕头市艺术研究室编.—汕头:汕头大学出版社,1995.6.—266页;19cm
ISBN 7-81036-144-9:¥14.00

J825.73 034408
贵州戏曲大观:艺术家卷/王恒富,谢振东主编;《贵州戏曲大观》编辑部编.—贵阳:贵州民族出版社,1995.1.—481页:照片;20cm
ISBN 7-5412-0537-0:¥15.00

J825.74 034409
傣剧艺术与社会文化/施之华著.—昆明:云南民族出版社,1995.11.—174页;19cm
ISBN 7-5367-1092-5:¥12.00

J826 034410
河南省曲艺志系列　(二)/河南省曲艺志系列丛书编审委员会总纂.—郑州:中州古籍出版社,1995.12.—3册;20cm
本套丛书包括:《安阳市曲艺志》、《新乡市曲艺志》、《平顶山市曲艺志》。
ISBN 7-5348-1369-7:¥31.00

J826 034411
曲艺创新录/罗扬著.—北京:中国文学出版社,1995.8.—404页;20cm
ISBN 7-5071-0294-7:¥18.00

J83　各国戏剧艺术

J832-61 034412
歌剧辞典/王沛纶著.—北京:国际文化出版公司,1995.5.—57,896页;20cm
ISBN 7-80105-042-8(精装):¥50.00

J838 034413
马戏·杂技·市场/田润民著.—北京:中国文联出版公司,1995.5.—119页;19cm
ISBN 7-5059-2136-3:¥4.80

J838.2 034414
杂技魔术丑角/傅腾龙编著.—上海:上海文化出版社,1995.8.—375页;19cm.—(娱乐世界丛书)
ISBN 7-80511-676-8:¥8.80

J9　电影、电视艺术

J9 034415
电影艺术ABC/封敏著.—北京:教育科学出版社,1995.12.—214页;19cm.—(电影艺术教育丛书)
ISBN 7-5041-1556-8:¥6.00

J9-49 034416
电影电视广角镜/李军,赵金阁编著.—北京:中国华侨出版社,1995.12.—204页;19cm.—(现代科技与人文大观/崔惟琳,潘承洞主编)
ISBN 7-80120-046-2:¥7.80

J9-49 034417
影视趣闻录/程锐等编.—武汉:湖北教育出版社,1995.3.—313页:照片;19cm.—(爱国主义影视教育丛书)

ISBN 7-5351-1576-4: ¥9.00

J90 电影、电视艺术理论

J90 034418
电影艺术论/袁玉琴著.—桂林:漓江出版社,1995.3.—298页;20cm
ISBN 7-5407-1555-3: ¥9.80

J90 034419
影视文化导论/孙沛然著.—杭州:浙江大学出版社,1995.11.—220页;20cm
ISBN 7-308-01635-8: ¥6.10

J90-53 034420
外国电影理论文选/李恒基,杨远婴主编.—上海:上海文艺出版社,1995.9.—731页;20cm
ISBN 7-5321-1197-0(精装): ¥35.80

J903 034421
CCTV节目主持人的艺术和风采/应天常编著.—广州:广东教育出版社,1995.8.—387页;19cm
ISBN 7-5406-2849-9: ¥7.80

J903 034422
影视采风集/汤振海编著.—苏州:古吴轩出版社,1995.12.—217页;20cm
ISBN 7-80574-202-2: ¥14.50

J905 034423
电影的读解/颜纯钧著.—北京:中国电影出版社,1995.4.—263页;20cm
ISBN 7-106-00652-1: ¥9.00

J905 034424
电影美/曹永慈著.—武汉:湖北教育出版社,1995.9.—131页;19cm.—(中学生美学文库/刘纲纪主编)
ISBN 7-5351-1724-4: ¥3.60

J905 034425
电影名片论析/连文光著.—广州:暨南大学出版社,1995.12.—353页;19cm
ISBN 7-81029-428-8: ¥13.50

J905 034426
电影与观众论稿/章柏青著.—北京:华夏出版社,1995.4.—463页;20cm
ISBN 7-5080-0703-4: ¥18.00

J905 034427
镜与世俗神话:影片精读十八例/戴锦华著.—北京:中国广播电视出版社,1995.7.—300页;20cm
北京电影学院教材
ISBN 7-5043-2728-X: ¥10.50

J905 034428
山西电视论丛:文艺·电视剧卷/陆嘉生主编.—太原:山西人民出版社,1995.5.—563页;20cm
ISBN 7-203-03337-6(精装): ¥30.00

J905.1 034429
世界百部战争影片/明振江主编.—北京:解放军文艺出版社,1995.12.—383页;20cm
ISBN 7-5033-0687-4: ¥19.00

J905.1 034430
中外名片赏析/孙锡荣著.—北京:中国广播电视出版社,1995.7.—161页;20cm
北京电影学院教材
ISBN 7-5043-2726-3: ¥6.00

J905.2 034431
爱国主义影片赏析与史话/封敏著.—北京:教育科学出版社,1995.12.—221页;19cm.—(电影艺术教育丛书)
ISBN 7-5041-1557-6: ¥6.00

J905.2 034432
文化的魅力:影视评论三人集/蔡骧等著.—南宁:广西教育出版社,1995.3.—349页;20cm
ISBN 7-5435-2216-0: ¥10.50

J905.2 034433
张艺谋电影论/陈墨著.—北京:中国电影出版社,1995.6.—286页;20cm
ISBN 7-106-01036-7: ¥9.00

①J905.2②I207.35 034434
当代电影名片赏析/王宗法等主编.—福州:海峡文艺出版社,1995.8.—543页;20cm.—(中国当代文学名作赏析丛书)
ISBN 7-80534-784-0: ¥19.00

J909 034435
外国电影史/郑亚玲,胡滨著.—北京:中国广播电视出版社,1995.7.—215页;20cm
北京电影学院教材
ISBN 7-5043-2727-1: ¥8.00

J909.1 034436
电影100年:1895~1995/周廷诚主编.—北京:中国三峡出版社,1995.10.—311页;19cm
ISBN 7-80099-112-1: ¥11.80

J909.1 034437
西方电影史话/王新民著.—上海:上海文艺出版社,1995.1.—160页;19cm.—(希望美育文库/王新民主编)
ISBN 7-5321-1268-3: ¥3.00

J909.2 034438
历史与现状:第三届中国金鸡百花电影节学术研讨会文集/中国电影家协会电影史研究部编.—北京:中国电影出版社,1995.10.—327页;20cm
ISBN 7-106-01088-X: ¥13.50

J909.2 034439
民国影坛风云录/周观武著.—开封:河南大学出版社,1995.9.—351页;20cm
ISBN 7-81041-199-3: ¥12.00

J909.2 034440
宁夏电影史话/李庆跃著.—银川:宁夏人民出版社,1995.9.—205页;20cm
ISBN 7-227-01513-0: ¥8.00

J909.2 034441
新中国电影意识形态史:1949~1976/胡菊彬著.—北京:中国广播电视出版社,1995.12.—149页;20cm.—(大型电影学文库)

ISBN 7-5043-2730-1：¥6.50

J909.2　　　　　　　　　　　　　　　　　　　　034442

中国电影史/钟大丰，舒晓鸣著.—北京：中国广播电视出版社，1995.8.—226页；20cm

北京电影学院教材

ISBN 7-5043-2784-0：¥10.00

J909.2　　　　　　　　　　　　　　　　　　　　034443

中国电影史话/朱瑛著.—上海：上海文艺版社，1995.1.—162页；19cm.—（希望美育文库/王新民主编）

ISBN 7-5321-1313-2：¥3.00

J909.2-64　　　　　　　　　　　　　　　　　　034444

中国电影图志：珍藏本/中国电影艺术研究中心，中国电影资料馆编.—珠海：珠海出版社，1995.10.—541页：照片；29cm

ISBN 7-80607-098-2（精装）：¥628.00

J909.712　　　　　　　　　　　　　　　　　　　034445

美国电影大观/秦小玮，徐建生译.—北京：中国电影出版社，1995.5.—93页：照片；28cm

ISBN 7-106-01021-9：¥25.00

J91　电影、电视艺术与技术

J91-53　　　　　　　　　　　　　　　　　　　　034446

电影技术百年：纪念世界电影诞生一百周年中国电影九十周年技术文选.—北京：中国电影出版社，1995.11.—492页；20cm

ISBN 7-106-01105-3（精装）：¥32.00

J911　　　　　　　　　　　　　　　　　　　　　034447

胡连翠导演艺术/毛小雨编.—北京：中国戏剧出版社，1995.8.—278页：照片；20cm

ISBN 7-104-00700-8：¥15.80

J911.1　　　　　　　　　　　　　　　　　　　　034448

金鹰展翅唱黄梅：获奖黄梅戏电视剧导演阐述及其他/吴钟谟主编.—合肥：安徽人民出版社，1995.6.—97页；20cm

ISBN 7-212-01206-8：¥6.10

J911.1　　　　　　　　　　　　　　　　　　　　034449

永远漂亮的女导演：郭信玲的艺术世界/郭信玲等著.—上海：上海文艺出版社，1995.7.—204页：照片；20cm

ISBN 7-5321-1319-1：¥15.00

J912　　　　　　　　　　　　　　　　　　　　　034450

电影表演艺术概论/李冉苒等著.—北京：中国电影出版社，1995.10.—361页；20cm.—（电影艺术基础理论系列）

ISBN 7-106-01019-7：¥15.30

J912　　　　　　　　　　　　　　　　　　　　　034451

电影表演艺术概论/李冉苒等著.—北京：中国电影出版社，1995.10.—361页；20cm.—（电影艺术基础理论系列）

ISBN 7-106-01020-0（精装）：¥17.80

J912　　　　　　　　　　　　　　　　　　　　　034452

东方影星/欧阳山尊，胡健主编.—济南：山东画报出版社，1995.2.—276页：彩照；26cm

ISBN 7-80603-016-6（精装）：¥180.00

J93　电影、电视摄制技术

J93　　　　　　　　　　　　　　　　　　　　　　034453

电视画面造型/抗文生，任志明编著.—兰州：甘肃人民美术出版社，1995.6.—258页；19cm

ISBN 7-80588-087-5：¥6.80

J931　　　　　　　　　　　　　　　　　　　　　034454

电视专题拍摄百法/刘醒民著.—沈阳：辽宁大学出版社，1995.4.—210页；19cm

ISBN 7-5610-2937-3：¥6.00

J931　　　　　　　　　　　　　　　　　　　　　034455

电影摄影艺术概论/葛德著.—北京：中国电影出版社，1995.12.—491页：照片；20cm.—（电影艺术基础理论系列）

ISBN 7-106-01039-1：¥23.00

J931　　　　　　　　　　　　　　　　　　　　　034456

电影摄影艺术概论/葛德著.—北京：中国电影出版社，1995.12.—491页：剧照；20cm.—（电影艺术基础理论系列）

ISBN 7-106-01038-3（精装）：¥26.00

J94　电影工作组织与管理

J943.12　　　　　　　　　　　　　　　　　　　　034457

中国电影海报精粹：1905～1995：英汉对照/钟肇程等主编；广州市对外文化交流协会，中国电影资料馆编.—广州：广州出版社，1995.10.—139页；29cm

ISBN 7-80592-308-6（精装）：¥0.00

J943.3-44　　　　　　　　　　　　　　　　　　034458

电影发行放映技术考工题解/雷元亮主编；赵桂祥等编著.—长沙：湖南科学技术出版社，1995.3.—3册；20cm

ISBN 7-5357-1613-X：¥37.00

J95　各种电影、电视

J951.1　　　　　　　　　　　　　　　　　　　　034459

血与火的岁月：世界反法西斯战争电影故事选编/中国电影出版社编选.—北京：中国电影出版社，1995.11.—234页：照片；20cm

ISBN 7-106-01091-X：¥9.70

①J952②G229.24　　　　　　　　　　　　　　　034460

东方直播：文化篇/穆端正主编.—杭州：浙江文艺出版社，1995.1.—308页；20cm

ISBN 7-5339-0823-6：¥20.00

J99　电影事业

J992-61　　034461
中国电影大辞典/张骏祥,程季华主编.—上海:上海辞书出版社,1995.10.—1509页:照片;26cm
ISBN 7-5326-0326-1(精装):¥198.00

J992.6-53　　034462
对外影视文集:第三届"金桥奖"颁奖暨国际影视研讨会讲话·发言汇编 /五洲传播中心编.—北京:五洲传播出版社,1995.8.—251页:彩照;20cm
ISBN 7-80113-086-3:¥15.00

J997.12　　034463
二次大战中的美国电影/沈寂主编.—上海:上海画报出版社,1995.8.—240页:照片;20cm
ISBN 7-80530-139-5:¥14.00

J997.12　　034464
好莱坞的诱惑/龚湘海,周实编著.—北京:国际文化出版公司,1995.12.—316页:照片;20cm
ISBN 7-80105-329-X:¥18.80

K 历史、地理

K-49 034465
地理历史的奇闻/朱光明,魏存智编著.—南宁:接力出版社,1995.8.—199页;20cm.—(少年百科知识丛书/王寿山,张中主编)
ISBN 7-80581-912-2:¥8.00

K-53 034466
成长中的新一代史学:1991年全国青年史学工作者学术会议论文集/会议组委会编.—西安:陕西人民教育出版社,1995.2.—2册(1039页);20cm
ISBN 7-5419-5632-5:¥31.80

K-53 034467
首都师范大学历史系建系四十周年纪念论文集:1954~1994/首都师范大学历史系编著.—北京:首都师范大学出版社,1995.5.—288页;26cm
ISBN 7-81039-549-1:¥28.00

K0 史学理论

K0 034468
历史学概说/孙恭恂主编.—北京:北京师范大学出版社,1995.5.—201页;20cm
ISBN 7-303-03783-7:¥6.75

K0 034469
中国历史体系新论/田昌五著.—济南:山东大学出版社,1995.8.—352页;20cm.—(山东大学文史书系)
ISBN 7-5607-1493-5(精装):¥11.80

K0-41 034470
史学概论教学大纲/国家教委高教司编.—北京:高等教育出版社,1995.5.—73页;19cm
ISBN 7-04-005336-5:¥1.75

K01 034471
历史唯物论与当代史学理论的发展/吴廷嘉,沈大德著.—杭州:浙江人民出版社,1995.4.—257页;20cm
ISBN 7-213-01021-2:¥10.00

K01 034472
历史与乌托邦:历史哲学:走出传统历史设计之误区/衣俊卿著.—哈尔滨:黑龙江教育出版社,1995.12.—241页;20cm.—(发展与改革丛书)
ISBN 7-5316-2835-X:¥8.00

K02 034473
中国社会发展论/吴忠民著.—长沙:湖南出版社,1995.1.—253页;20cm
ISBN 7-5438-0929-X:¥8.00

①K02②A81 034474
现代化的理论基础:马克思现代社会发展理论研究/丰子义著.—北京:北京大学出版社,1995.9.—324页;20cm
ISBN 7-301-02841-5:¥16.80

K06-53 034475
历史论集/厉声,安尼瓦尔·阿布里米提主编.—乌鲁木齐:新疆人民出版社,1995.9.—348页;20cm
ISBN 7-228-03523-2:¥28.00

K061 034476
中国历史研究法/梁启超著;陈引驰校订.—上海:华东师范大学出版社,1995.12.—184页;20cm.—(二十世纪国学丛书)
ISBN 7-5617-1375-4:¥9.20

K09 034477
东亚:走向近代的精神历程:近三百年中日史学与儒学传统/盛邦和著.—杭州:浙江人民出版社,1995.10.—471页;20cm
ISBN 7-213-01174-X:¥20.00

K091 034478
西方史学思想导论/陈勇,罗通秀编著.—武汉:武汉大学出版社,1995.3.—170页:图;20cm
ISBN 7-307-01894-2:¥3.65

K1 世界史

K1-61 034479
彩图世界历史词典/王国勇等编;吴晨荣等绘.—上海:上海辞书出版社,1995.1.—483页;19cm
ISBN 7-5326-0250-8(精装):¥25.20

K10 通史

K10-53 034480
吴于廑学术论著自选集/吴于廑著.—北京:首都师范大学出版社,1995.2.—585页;20cm
ISBN 7-81039-066-X(精装):¥20.40

K103 034481
影响世界的100种文化/邓蜀生等主编.—南宁:广西人民出版社,1995.10.—537页;20cm.—(世界100系列丛书)
ISBN 7-219-02990-X:¥16.00

K105 034482
20世纪小事记/龙德,朱红文主编.—北京:光明日报出版社,1995.1.—1205页;20cm
ISBN 7-80091-611-1(精装):¥42.00

K105 034483
影响世界的100次事件/邓蜀生等主编.—南宁:广西人民出版社,1995.9.—505页;20cm.—(世界100系

列丛书）
ISBN 7-219-02986-1：¥16.00

K108　　034484
新编世界历史年表：约前4500年～公元1991年/杨子娟编.—贵阳：贵州人民出版社，1995.5.—1016页；20cm
ISBN 7-221-03739-6：¥34.00

K108　　034485
中外历史知识图示·图表·图解　上册：中国古代史/张志林编.—武汉：华中理工大学出版社，1995.9.—88页；19cm
ISBN 7-5609-1196-X：¥3.00

K109　　034486
历史要览/朱亚非，雷天太编著.—北京：中国华侨出版社，1995.12.—241页；19cm.—（现代科技与人文大观/崔惟琳，潘承洞主编）
ISBN 7-80120-043-8：¥9.20

K109　　034487
世界一百名事/沈敏华等编；李华佑，黄强根绘.—上海：上海辞书出版社，1995.4.—201页；26cm.—（世界丛书）
ISBN 7-5326-0344-X：¥19.50

K109　　034488
中外历史知识精析/张守伦，冯森林主编.—成都：四川大学出版社，1995.2.—312页；19cm
ISBN 7-5614-0401-8：¥7.50

K109　　034489
昨天的世界　（上）/尹晶编著；林卫平绘.—济南：明天出版社，1995.4.—154页；20cm.—（全国小学生课外丛书/李仲汉主编）
全套书共120册，总定价：385.00元
ISBN 7-5332-2142-7：¥0.00

K109　　034490
昨天的世界　（下）/宫泽敏编著；王力平绘.—济南：明天出版社，1995.4.—154页；20cm.—（全国小学生课外丛书/李仲汉主编）
全套书共120册，总定价：385.00元
ISBN 7-5332-2142-7：¥0.00

①K109②G634.514　　034491
历史演义/陈士银，洪厚宽撰文.—北京：华语教学出版社，1995.—275页；20cm.—（中小学课堂学习新广角/刘以林，冯晓林主编）
ISBN 7-80052-487-6：¥11.00

K12　古代史

K125-49　　034492
奥林匹亚山圣火：辉映环球的希腊文明/宋慧娟著.—长春：长春出版社，1995.2.—308页；20cm.—（世界史精览；2/申晨星主编）
ISBN 7-80604-220-2（精装）：¥11.50

K126　　034493
法国文明史：自罗马帝国败落起　第二卷/（法）基佐（Guizot，F.P.G.）著；沅芷，伊信译.—北京：商务印书馆，1995.3.—349页；20cm
据1908年George Bell and Sons出版社英译本译出
ISBN 7-100-01355-0：¥12.60

K126　　034494
喀提林阴谋　朱古达战争/（古罗马）撒路斯提乌斯（Sallustius）著；王以铸，崔妙因译.—北京：商务印书馆，1995.1.—347页；20cm
书名原文：Bellum Catilinae Bellum Iugurthinum 附西塞罗：反喀提林演说四篇
ISBN 7-100-01505-7：¥13.80

K126-49　　034495
横卧地中海的巨龙：恺撒、庞培、安东尼角逐记/董志勇等著.—长春：长春出版社，1995.2.—394页；20cm.—（世界史精览；3/申晨星主编）
ISBN 7-80604-220-2（精装）：¥16.50

K126-49　　034496
罗马帝国的不速之客：日耳曼民族大迁徙/邵维国，张竹云著.—长春：长春出版社，1995.2.—229页；20cm.—（世界史精览；4/申晨星主编）
ISBN 7-80604-220-2（精装）：¥10.00

K14　近代史

K14　　034497
近现代西方殖民主义史：1415～1990/王助民等著.—北京：中国档案出版社，1995.2.—335页；20cm
大专院校文科系教材
ISBN 7-80019-138-9：¥8.50

K14　　034498
世界近现代史/傅聚文主编；傅聚文，阎海云编.—北京：高等教育出版社，1995.12.—250页；20cm
成人高等师范专科小学教育专业教材　文史方向
ISBN 7-04-005701-8：¥8.00

K143-49　　034499
欧罗巴之劫：第一次世界大战/王宇著.—长春：长春出版社，1995.2.—299页；20cm.—（世界史精览；22/申晨星主编）
ISBN 7-80604-220-2（精装）：¥12.00

K15　现代史

K15　　034500
世界当代史问题纵横/赵菊玲主编.—北京：中国国际广播出版社，1995.9.—282页；20cm
ISBN 7-7539-2311-0：¥9.60

K15　　034501
世界历史探微：现代史部分/张象主编.—天津：天津教育出版社，1995.5.—414页；19cm
ISBN 7-5309-2295-5：¥13.00

K151-49　　034502
火山口上的分赃：脆弱的凡尔赛——华盛顿体系/陶诗永，宋洪章著.—长春：长春出版社，1995.2.—336

页;20cm.—(世界史精览;26/申晨星主编)
ISBN 7-80604-220-2(精装):¥13.00
K152　034503
1942～1946 年的远东/(英)琼斯(Jones,F.C.)等著;复旦大学外文系英语教研组译.—上海:上海译文出版社,1995.4.—905 页;20cm.—(第二次世界大战史大全;8/(英)托因比(Toynbee,A.)主编)
ISBN 7-5327-1716-X(精装):¥35.00
K152　034504
1945～1950 年的中东/(英)柯克(Kirk,G.)著;复旦大学历史系世界史教研室译.—上海:上海译文出版社,1995.4.—587 页;20cm.—(第二次世界大战史大全;11/(英)托因比(Toynbee,A.)主编)
ISBN 7-5327-1719-4(精装):¥25.30
K152　034505
600 万犹太人魂断欧罗巴:第二次世界大战中纳粹屠杀犹太人纪实/朱坚劲著.—上海:上海人民出版社,1995.4.—217 页:照片;20cm
ISBN 7-208-01962-2:¥7.60
K152　034506
暴行纪实/翁赛飞等著.—北京:社会科学文献出版社,1995.2.—199 页:照片;19cm.—(第二次世界大战风云录/张海麟主编)
ISBN 7-80050-629-0:¥8.80
K152　034507
大战和中立国/(英)托因比(Toynbee,A.),(英)托因比(Toynbee,V.M.)著;田基译.—上海:上海译文出版社,1995.4.—612 页;20cm.—(第二次世界大战史大全;7/(英)托因比(Toynbee,A.)主编)
ISBN 7-5327-1715-1(精装):¥26.10
K152　034508
大战前夕 1939 年/(英)托因比(Toynbee,A.),(英)托因比(Toynbee,V.M.)编;劳景素,复旦大学历史系世界史教研室译.—上海:上海译文出版社,1995.4.—1263 页;20cm.—(第二次世界大战史大全;2/(英)托因比(Toynbee,A.)主编)
ISBN 7-5327-1721-6(精装):¥45.90
K152　034509
第二次世界大战艾森豪威尔亲历记/张锋等编著.—北京:国防大学出版社,1995.6.—284 页:照片;20cm
ISBN 7-5626-0690-0:¥14.80
K152　034510
第二次世界大战巴顿亲历记/王建华编著.—北京:国防大学出版社,1995.1.—284 页:照片;20cm
ISBN 7-5626-0613-7:¥18.80
K152　034511
第二次世界大战崔可夫亲历记/(苏)崔可夫著;赵云峰,吴蕴辉译编.—北京:国防大学出版社,1995.6.—244 页:照片;20cm
ISBN 7-5626-0685-4:¥14.80
K152　034512
第二次世界大战戴高乐亲历记/李莉,范海洋编著.—北京:国防大学出版社,1995.5.—242 页:照片;20cm
ISBN 7-5626-0619-6:¥14.80
K152　034513
第二次世界大战邓尼茨亲历记/于殿德,曹静编著.—北京:国防大学出版社,1995.6.—238 页:照片;20cm
ISBN 7-5626-0688-9:¥14.80
K152　034514
第二次世界大战东条英机亲历记 /赵鲁杰编著.—北京:国防大学出版社,1995.5.—275 页;20cm
ISBN 7-5626-0691-9:¥14.80
K152　034515
第二次世界大战冈村宁次亲历记/蔡仁照,姜普敏编著.—北京:国防大学出版社,1995.5.—279 页:照片;20cm
ISBN 7-5626-0618-8:¥14.80
K152　034516
第二次世界大战戈林亲历记/刘斌武编著.—北京:国防大学出版社,1995.6.—277 页:照片;20cm
ISBN 7-5626-0697-8:¥14.80
K152　034517
第二次世界大战功勋名将 /刘汉全等编著.—哈尔滨:黑龙江人民出版社,1995.9.—327 页;19cm
ISBN 7-207-03125-4:¥9.80
K152　034518
第二次世界大战古德里安亲历记/(德)古德里安著;刘长青等译编.—北京:国防大学出版社,1995.7.—324 页:照片;20cm
ISBN 7-5626-0694-3:¥14.80
K152　034519
第二次世界大战回忆录/(英)丘吉尔(Churchill,W.)著;原北京编译社等译 .—长春:时代文艺出版社,1995.2.—6 册;20cm.—(巨匠丛书;第一部)
书名原文:The Second World War
ISBN 7-5387-0812-X:¥168.00
K152　034520
第二次世界大战隆美尔亲历记/范跃江等编著.—北京:国防大学出版社,1995.6.—322 页:照片;20cm
ISBN 7-5626-0689-7:¥15.80
K152　034521
第二次世界大战罗斯福亲历记/陆平,张渊编.—北京:国防大学出版社,1995.1.—225 页:照片;20cm
ISBN 7-5626-0616-1:¥14.80
K152　034522
第二次世界大战马歇尔亲历记/(美)马歇尔著;翟唯佳,王胜铎译编.—北京:国防大学出版社,1995.6.—250 页:照片;20cm
ISBN 7-5626-0693-5:¥14.80
K152　034523
第二次世界大战麦克阿瑟亲历记/张勇,李延荃编著.—北京:国防大学出版社,1995.5.—306 页;20cm
ISBN 7-5626-0683-8:¥14.80
K152　034524
第二次世界大战蒙哥马利亲历记/(英)蒙哥马利著;草之,慎之译编.—北京:国防大学出版社,1995.7.—

231 页:照片;20cm

ISBN 7-5626-0692-7: ¥14.80

K152　034525

第二次世界大战墨索里尼亲历记/白凤君,田家屯编著.—北京:国防大学出版社,1995.7.—314 页:照片;20cm

ISBN 7-5626-0696-X: ¥14.80

K152　034526

第二次世界大战尼米兹亲历记/丁立平编著.—北京:国防大学出版社,1995.5.—338 页:照片;20cm

ISBN 7-5626-0617-X: ¥14.80

K152　034527

第二次世界大战丘吉尔亲历记/文若鹏等编著.—北京:国防大学出版社,1995.6.—312 页:照片;20cm

ISBN 7-5626-0687-0: ¥15.80

K152　034528

第二次世界大战山本五十六亲历记/立平,其明编著.—北京:国防大学出版社,1995.5.—213 页;20cm

ISBN 7-5626-0684-6: ¥14.80

K152　034529

第二次世界大战什捷缅科亲历记/(苏)什捷缅科著;毕长虹,李青译编.—北京:国防大学出版社,1995.7.—294 页:照片;20cm

ISBN 7-5626-0695-1: ¥14.80

K152　034530

第二次世界大战史/朱贵生等著.—修订版.—北京:人民出版社,1995.6.—750 页;20cm

ISBN 7-01-002180-5: ¥29.50

K152　034531

第二次世界大战史　第二卷:大战的全面展开/张茂林主编;军事科学院军事历史研究部著.—北京:军事科学出版社,1995.8.—888 页;20cm

ISBN 7-80021-912-7: ¥40.00

K152　034532

第二次世界大战史　第一卷:大战的起源、酝酿与爆发/军事科学院军事历史研究部著.—北京:军事科学出版社,1995.8.—758 页;20cm

ISBN 7-80021-884-8: ¥36.00

K152　034533

第二次世界大战斯大林亲历记/华列兵等编著.—北京:国防大学出版社,1995.5.—284 页:照片;20cm

ISBN 7-5626-0620-X: ¥14.80

K152　034534

第二次世界大战通鉴/张跃铭,蔡翔主编.—天津:天津人民出版社,1995.8.—1159 页;28cm

ISBN 7-201-02217-2(精装): ¥390.00

K152　034535

第二次世界大战希特勒亲历记/河阳等编著.—北京:国防大学出版社,1995.2.—349 页:照片;20cm

ISBN 7-5626-0614-5: ¥19.80

K152　034536

第二次世界大战中共著名将帅亲历记/彭德怀等著.—北京:国防大学出版社,1995.8.—393 页:照片;20cm

ISBN 7-5626-0698-6: ¥15.80

K152　034537

第二次世界大战朱可夫亲历记/(苏)朱可夫著;翔文,张兵编译.—北京:国防大学出版社,1995.3.—265 页:照片;20cm

ISBN 7-5626-0615-3: ¥14.80

K152　034538

二次大战:十大会议/周乾编著.—合肥:安徽人民出版社,1995.3.—220 页:照片;20cm

ISBN 7-212-01191-6: ¥6.80

K152　034539

二次大战:十大事件/周乾,乌传衮编著.—合肥:安徽人民出版社,1995.5.—190 页:照片;20cm

ISBN 7-212-01189-4: ¥6.80

K152　034540

二次大战:十大战役/高正民,王红梅编著.—合肥:安徽人民出版社,1995.3.—157 页:照片;20cm

ISBN 7-212-01191-6: ¥6.80

K152　034541

盖世太保:纳粹德国秘密警察 /苏真,刘平安编著.—北京:国际文化出版公司,1995.5.—267 页:照片;20cm

ISBN 7-80105-261-7: ¥16.80

K152　034542

广岛原子弹投掷大揭秘/胡家模著.—郑州:河南人民出版社,1995.7.—198 页;19cm

ISBN 7-215-03454-2: ¥7.60

K152　034543

国际春秋:纪念世界反法西斯战争胜利 50 周年专集/吴榴楠主编.—北京:新华出版社,1995.8.—348 页;20cm

ISBN 7-5011-2929-0: ¥9.80

K152　034544

黑色军团:希姆莱与党卫队/麦顿编著.—沈阳:沈阳出版社,1995.3.—355 页;20cm

ISBN 7-5441-0325-0: ¥13.80

K152　034545

会议桌上的世界:第二次世界大战中大国安排战后世界纪实/郑寅达著.—上海:上海人民出版社,1995.4.—216 页:图;20cm

ISBN 7-208-01980-0: ¥7.60

K152　034546

警喻后世的人间灾难/肖炳涛等编著.—北京:中国经济出版社,1995.4.—248 页;19cm.—(二战启示录丛书/刘卫国主编)

ISBN 7-5017-3352-X: ¥7.80

K152　034547

美国、英国和俄国它们的合作和冲突:1941~1946 年/(美)麦克尼尔(Mcneill,W.H.)著;叶佐译 .—上海:上海译文出版社,1995.4.—1281 页;20cm.—(第二次世界大战史大全;5/(英)托因比(Toynbee,A.J.)主编)

ISBN 7-5327-1724-0(精装): ¥46.50

K152　034548

欧洲的重组/(英)托因比(Toynbee,A.),(英)托因比

(Toynbee,V.M.)著;劳景素译.—上海:上海译文出版社,1995.4.—1040页;20cm.—(第二次世界大战史大全;9/(英)托因比(Toynbee,A.)主编)

ISBN 7-5327-1717-8(精装):¥39.30

K152 034549

沙场决战/兰长羽著.—北京:社会科学文献出版社,1995.2.—210页:照片;19cm.—(第二次世界大战风云录/张海麟主编)

ISBN 7-80050-630-4:¥8.80

K152 034550

十大谜团/黄安年等著.—北京:社会科学文献出版社,1995.2.—222页:照片;19cm.—(第二次世界大战风云录/张海麟主编)

ISBN 7-80050-621-5:¥8.80

K152 034551

四国对德国和奥地利的管制:1945~1946年/(英)鲍尔弗(Balfour,M.),(英)梅尔(Mair,J.)著;安徽大学外语系译.—上海:上海译文出版社,1995.4.—625页;20cm.—(第二次世界大战史大全;10/(英)托因比(Toynbee,A.)主编)

ISBN 7-5327-1718-6(精装):¥26.90

K152 034552

希特勒的欧洲/(英)托因比(Toynbee,A.),(英)托因比(Toynbee,V.M.)编;王智量等译.—上海:上海译文出版社,1995.4.—1263页;20cm.—(第二次世界大战史大全;4/(英)托因比(Toynbee,A.)主编)

ISBN 7-5327-1723-2(精装):¥46.40

K152 034553

亚太地区反对日本法西斯侵略的斗争:1931~1945年/李巨廉,王斯德主编.—上海:上海远东出版社,1995.9.—347页;20cm

ISBN 7-80514-268-8:¥25.00

K152 034554

一九三九年三月的世界/(英)托因比(Toynbee,A.),(英)艾什顿-格沃特金(Ashton-Gwatkin,F.T.)编著;郑玉质,关仪译.—上海:上海译文出版社,1995.4.—912页;20cm.—(第二次世界大战史大全;1/(英)托因比(Toynbee,A.)主编)

ISBN 7-5327-1720-8(精装):¥35.50

K152 034555

浴血太平洋/邱常德著.—哈尔滨:哈尔滨工程大学出版社,1995.11.—342页;20cm

ISBN 7-81007-568-3:¥15.00

K152 034556

战时中东/(英)柯克(Kirk,G.)著;上海外国语学院英语系翻译组译.—上海:上海译文出版社,1995.4.—849页;20cm.—(第二次世界大战史大全;6/(英)托因比(Toynbee,A.)主编)

ISBN 7-5327-1714-3(精装):¥33.70

K152 034557

战争档案/黄胜利编著.—成都:四川人民出版社,1995.6.—442页;20cm

ISBN 7-220-02824-5:¥15.80

K152 034558

拯救人类的战场/杜正艾主编.—北京:当代世界出版社,1995.5.—351页:照片;20cm.—(二战生死录丛书;2/徐勇,马志良主编)

ISBN 7-80115-033-3:¥13.80

K152 034559

政变与暗杀/刘立勤主编.—北京:当代世界出版社,1995.5.—351页:照片;20cm.—(二战生死录丛书;3/徐勇,马志良主编)

ISBN 7-80115-032-5:¥13.80

K152 034560

轴心国的初期胜利/(英)托因比(Toynbee,A.),(英)托因比(Toynbee,V.M.)编;许步曾等译.—上海:上海译文出版社,1995.4.—1207页;20cm.—(第二次世界大战史大全;3/(英)托因比(Toynbee,A.)主编)

ISBN 7-5327-1722-4(精装):¥44.20

①K152②I15 034561

第二次世界大战传奇:十大间谍/贾玉民主编.—郑州:中原农民出版社,1995.6.—76页;26cm

ISBN 7-80538-716-8:¥3.98

①K152②I15 034562

第二次世界大战传奇:兽性·屠杀/贾玉民主编.—郑州:中原农民出版社,1995.6.—76页;26cm

ISBN 7-80538-716-8:¥3.98

①K152②I25 034563

二战全景纪实/沈永兴,朱贵生主编.—北京:中国华侨出版社,1995.1.—3册:照片;20cm

本书分三册:第一部 死灰复燃;第二部 狼烟四起;第三部 还我河山。

ISBN 7-80074-971-1:¥39.80

①K152②I25 034564

沙漠鏖战:第二次世界大战中的非洲战场纪实/徐济明等著.—天津:天津人民出版社,1995.8.—274页;20cm

ISBN 7-201-02301-2:¥11.60

①K152②I25 034565

太平洋战争的警号:记几位反法西斯战士在日军偷袭珍珠港前后的情报活动/方知达等著.—北京:东方出版社,1995.11.—285页:照片;20cm

ISBN 7-5060-0678-2:¥15.60

K152-49 034566

捍卫和平的战斗:国际反法西斯战争故事/蒋益编著.—长沙:湖南文艺出版社,1995.4.—151页;19cm.—(纪念世界反法西斯战争胜利50周年丛书:小学读本)

ISBN 7-5404-1351-4:¥3.00

K152-49 034567

铭记历史:世界反法西斯战争历史简读/郭建枢等主编.—长春:吉林大学出版社,1995.7.—80页;19cm.—(百家校长:父母与子女共读系列丛书)

ISBN 7-5601-1760-0:¥2.50

①K152-49②I25 034568

胜利属于人民:国际反法西斯战争纪实/静如,列子编著.—长沙:湖南文艺出版社,1995.4.—186页;19cm.—(纪念世界反法西斯战争胜利50周年丛书:中

学读本）

ISBN 7－5404－1349－2：￥3.50

K152－53　　034569

风雨同舟：纪念世界反法西斯战争暨中国抗日战争胜利50周年 /中国侨联文化工作部、中国华侨华人历史研究所编.—北京：中国华侨出版社，1995.6.—243页：照片；20cm

ISBN 7－80120－015－2：￥15.70

K152－64　　034570

第二次世界大战纪实图集/彭训厚等编著.—沈阳：春风文艺出版社，1995.5.—363页；26cm

ISBN 7－5313－1472－X(精装)：￥118.00

K152－64　　034571

第二次世界大战图片档案实录：1931～1945：中国/管辉，苏真主编.—北京：中国档案出版社，1995.7.—128页；29cm

ISBN 7－80019－483－3：￥25.80

K152－64　　034572

第二次世界大战图片档案实录：1933～1940：欧洲/管辉，苏真主编.—北京：中国档案出版社，1995.6.—128页；29cm

ISBN 7－80019－483－3：￥25.80

K152－64　　034573

第二次世界大战图片档案实录：1940～1943：西欧·南欧·北非/管辉，苏真主编.—北京：中国档案出版社，1995.7.—128页；29cm

ISBN 7－80019－483－3：￥25.80

K152－64　　034574

第二次世界大战图片档案实录：1941～1944：苏联·东欧/管辉，苏真主编.—北京：中国档案出版社，1995.8.—128页；29cm

ISBN 7－80019－483－3：￥25.80

K152－64　　034575

第二次世界大战图片档案实录：1941～1945：太平洋/管辉，苏真主编.—北京：中国档案出版社，1995.1.—128页；29cm

ISBN 7－80019－483－3：￥19.80

K152－64　　034576

第二次世界大战图片档案实录：1944～1945：欧洲/管辉，苏真主编.—北京：中国档案出版社，1995.9.—128页；29cm

ISBN 7－80019－483－3：￥25.80

K153　　034577

当代世界史：1945～1993/吴继德主编；高平仲等编著.—修订本.—昆明：云南大学出版社，1995.10.—473页；20cm

ISBN 7－81025－602－5：￥15.50

K153　　034578

战后世界史/金重远主编.—上海：复旦大学出版社，1995.8.—481页；20cm

ISBN 7－309－01527－4：￥18.00

K18　民族史志

K18　　034579

犹太人在上海：汉英对照/潘光主编.—上海：上海画报出版社，1995.11.—90页：照片；29cm.—(外国人在上海丛书)

ISBN 7－80530－177－8(精装)：￥80.00

①K18②K712.8　　034580

父辈的世界：东欧犹太人移居美国以及他们发现与创造生活的历程/(美)豪著；王海良，赵立行译.—上海：三联书店上海分店，1995.12.—620页；20cm.—(犹太文化丛书/顾晓鸣主编)

著者原题：欧文·豪

ISBN 7－5426－0851－7：￥29.80

K2　中国史

K2　　034581

华学　第一期 /饶宗颐主编.—广州：中山大学出版社，1995.8.—272页；29cm

ISBN 7－306－01037－9：￥30.00

K2－42　　034582

中等师范学校中国历史第一册教师教学用书/人民教育出版社历史室编.—北京：人民教育出版社，1995.12.—311页；26cm

ISBN 7－107－11435－2：￥14.80

K2－49　　034583

中国古今名号寻源释意/胡阿祥，卢海鸣著.—沈阳：辽宁古籍出版社，1995.5.—239页；19cm.—(中华民族优秀传统文化丛书·常识卷 /胡阿祥，丁炳麟主编)

全套共8册，总定价：52.00元

ISBN 7－80507－279－5：￥0.00

K2－49　　034584

中国历史概述/邵文实著.—沈阳：辽宁古籍出版社，1995.5.—205页；19cm.—(中华民族优秀传统文化丛书·常识卷 /胡阿祥，丁炳麟主编)

全套共8册，总定价：52.00元

ISBN 7－80507－279－5：￥0.00

K2－49　　034585

中华民族的爱国主义精神/卞敏著.—沈阳：辽宁古籍出版社，1995.5.—179页；19cm.—(中华民族优秀传统文化丛书·常识卷 /胡阿祥，丁炳麟主编)

全套共8册，总定价：52.00元

ISBN 7－80507－279－5：￥0.00

K2－53　　034586

流金集/程应镠著.—上海：上海古籍出版社，1995.2.—322页；20cm

ISBN 7－5325－1837－X：￥17.70

①K2－53②C52　　034587

商鸿逵教授逝世十周年纪念论文集/《商鸿逵教授逝世十周年纪念论文集》编委会编.—北京：北京大学出版社，1995.3.—424页；26cm

ISBN 7－301－02627－7(精装)：￥35.00

K2－54　　034588

中国历史学年鉴　1994/李侃主编；中国史学会《中

国历史学年鉴》编辑部编.—北京:三联书店,1995.7.—626页;20cm
ISBN 7-108-00733-9:¥28.00

K2-54　034589
中国历史学年鉴　1994/李侃主编;中国史学会《中国历史学年鉴》编辑部编.—北京:三联书店,1995.7.—626页;20cm
ISBN 7-108-00735-5(精装):¥36.00

K2-54　034590
中国历史学年鉴　1995/林言椒主编;《中国历史学年鉴》编辑部编.—北京:三联书店,1995.12.—687页;20cm
ISBN 7-108-00797-5:¥32.00

K2-54　034591
中国历史学年鉴　1995/林言椒主编;《中国历史学年鉴》编辑部编.—北京:三联书店,1995.12.—687页;20cm
ISBN 7-108-00796-7(精装):¥39.00

K2-61　034592
中国历史大辞典:民族史卷/郑天挺等主编;中国历史大辞典·民族史卷编纂委员会编.—上海:上海辞书出版社,1995.12.—768页:彩图;19cm
ISBN 7-5326-0266-4(精装):¥42.00

K2-61　034593
中国历史大辞典:隋唐五代史 /郑天挺等主编;杨志玖,吴枫分册主编;中国历史大辞典·隋唐五代史编纂委员会编.—上海:上海辞书出版社,1995.5.—869页:彩图;19cm
ISBN 7-5326-0209-5(精装):¥46.20

K2-64　034594
中国历史图示集:1911～1992/黄裕冲,彤丹主编.—北京:中共中央党校出版社,1995.12.—211页;26cm
ISBN 7-5035-1076-5:¥16.00

K20 通史

K20　034595
百川汇海:三国·两晋·南北朝·隋唐/崔曙庭等著.—北京:中国青年出版社,1995.2.—273页;19cm.—(中国历史五千年丛书/孟庆远,熊铁基主编)
ISBN 7-5006-1759-3:¥7.70

K20　034596
艰难岁月:近代/郑一奇等著.—北京:中国青年出版社,1995.2.—285页;19cm.—(中国历史五千年丛书/孟庆远,齐平主编)
ISBN 7-5006-1901-4:¥8.10

K20　034597
历史新篇:现代/黄华文等著.—北京:中国青年出版社,1995.2.—288页;19cm.—(中国历史五千年丛书/孟庆远,齐平主编)
ISBN 7-5006-1902-2:¥8.10

K20　034598
睡狮犹酣:明、清/顾志华等著.—北京:中国青年出版社,1995.2.—286页;19cm.—(中国历史五千年丛书/孟庆远,熊铁基主编)
ISBN 7-5006-1900-6:¥8.10

K20　034599
通志二十略/(宋)郑樵撰;王树民点校.—北京:中华书局,1995.11.—2册(2172页);20cm
ISBN 7-101-01007-5(精装):¥98.00

K20　034600
源远流长:先秦·秦、汉/孟庆远等著.—北京:中国青年出版社,1995.5.—281页;19cm.—(中国历史五千年丛书/孟庆远,熊铁基主编)
ISBN 7-5006-1760-7:¥8.00

K20　034601
中国古代的太平盛世/汪受宽等编著.—北京:北京科学技术出版社,1995.1.—127页;19cm.—(中国历史知识全书·重大事件/朱仲玉主编)
ISBN 7-5304-1628-6:¥3.90

K20　034602
中国历史大事本末/张习孔,林岷主编.—成都:四川人民出版社,1995.7.—5册;20cm
ISBN 7-220-02789-3:¥160.00

K20　034603
中国社会史/(法)谢和耐著;耿昇译.—南京:江苏人民出版社,1995.9.—692页;20cm.—(海外中国研究丛书)
ISBN 7-214-01441-6:¥25.00

K20　034604
中国史稿　第七册/《中国史稿》编写组编著.—北京:人民出版社,1995.4.—835页;20cm
ISBN 7-01-001939-8:¥34.10

K20　034605
中国通史　(7)第五卷:中古时代·三国两晋南北朝时期　上册/白寿彝总主编;何兹全本卷主编.—上海:上海人民出版社,1995.12.—846页;26cm
ISBN 7-208-01790-5(精装):¥45.00

K20　034606
中国通史　(8)第五卷:中古时代·三国两晋南北朝时期　下册/白寿彝主编;黎虎分主编.—上海:上海人民出版社,1995.12.—999页;20cm
ISBN 7-208-01951-7(精装):¥51.00

K20　034607
中国通史　第四卷:中古时代·秦汉时期　上册/白寿彝主编;高敏等本册主编.—上海:上海人民出版社,1995.11.—960页:照片;20cm
ISBN 7-208-01748-4(精装):¥52.00

K20　034608
中国通史　第四卷:中古时代·秦汉时期　下册/白寿彝主编;廖德清等本册主编.—上海:上海人民出版社,1995.11.—757页;20cm
ISBN 7-208-01828-6(精装):¥41.00

K20　034609
中国小通史:春秋/王贵民等著.—北京:中国青年出版社,1995.8.—415页;19cm
ISBN 7-5006-1855-7:¥19.30

K20　034610
中国小通史:明朝/廖心一著.—北京:中国青年出版社,1995.8.—459页;19cm
ISBN 7-5006-1906-5:¥20.90

K20　034611
中国小通史:战国/彭邦炯,谢齐著.—北京:中国青年出版社,1995.8.—450页;19cm
ISBN 7-5006-1744-5:¥20.60

K20　034612
中国小通史:民国/洪京陵,杨雨青著.—北京:中国青年出版社,1995.8.—437页;19cm
ISBN 7-5006-1904-9:¥20.00

K20　034613
中国小通史:清朝/吴吉远等著.—北京:中国青年出版社,1995.8.—569页;19cm
ISBN 7-5006-1905-7:¥25.40

K20　034614
中国小通史:三国/张大可著.—北京:中国青年出版社,1995.8.—490页;19cm
ISBN 7-5006-1909-X:¥22.10

K20　034615
中国小通史:宋辽夏金/洪焕椿著.—北京:中国青年出版社,1995.8.—447页;19cm
ISBN 7-5006-1907-3:¥23.00

K20　034616
中国小通史:隋唐/沈起炜著.—北京:中国青年出版社,1995.8.—403页;19cm
ISBN 7-5006-1742-9:¥18.70

K20　034617
中国小通史:五代/沈起炜著.—北京:中国青年出版社,1995.8.—306页;19cm
ISBN 7-5006-1871-9:¥15.20

K20　034618
中国小通史:元朝/邱树森著.—北京:中国青年出版社,1995.8.—360页;19cm
ISBN 7-5006-1856-5:¥17.30

K20　034619
中国小通史:原始社会/罗琨,张永山著.—北京:中国青年出版社,1995.8.—497页;19cm
ISBN 7-5006-1910-3:¥22.10

K20　034620
中国小通史:中华人民共和国/刘国新著.—北京:中国青年出版社,1995.8.—771页;19cm
ISBN 7-5006-1903-0:¥32.30

K20　034621
逐鹿神州:五代、两宋、辽、夏、金、元/王瑞明,辛智著.—北京:中国青年出版社,1995.5.—283页;19cm.—(中国历史五千年丛书/孟庆远,熊铁基主编)
ISBN 7-5006-1854-9:¥8.00

K20-49　034622
中国通史三字经/李继韶编.—太原:山西教育出版社,1995.12.—377页;20cm
ISBN 7-5440-0870-3:¥12.50

K201　034623
中国古代的农民起义/白光耀编著.—北京:北京科学技术出版社,1995.1.—118页;19cm.—(中国历史知识全书/朱仲玉主编)
ISBN 7-5304-1630-8:¥3.90

K203　034624
长江文化史/李学勤,徐吉军主编.—南昌:江西教育出版社,1995.12.—1362页;20cm
ISBN 7-5392-2373-1(精装):¥54.20

K203　034625
从理学到朴学:中华帝国晚期思想与社会变化面面观/(美)艾尔曼著;赵刚译.—南京:江苏人民出版社,1995.9.—236页;20cm.—(海外中国研究丛书)
ISBN 7-214-01442-4:¥10.00

K203　034626
古代文化基础/郭维森,柳士镇主编.—长沙:岳麓书社,1995.8.—634页;20cm
ISBN 7-80520-613-9:¥22.00

K203　034627
古代西南丝绸之路研究　第二辑/江玉祥主编;四川大学古代南方丝绸之路综合考察课题组编.—成都:四川大学出版社,1995.12.—311页;20cm
ISBN 7-5614-1266-5:¥12.50

K203　034628
国魂,在国难中挣扎:抗战时期的中国文化/冯崇义著.—桂林:广西师范大学出版社,1995.12.—221页;20cm.—(抗日战争史丛书:续编·综合系列/王桧林主编)
ISBN 7-5633-2161-6:¥11.80

K203　034629
华夏文明延伸之谜/周永亮著.—北京:解放军文艺出版社,1995.3.—296页;19cm.—(环球人类文明探秘丛书/张晓,田晓军主编)
ISBN 7-5033-0490-1:¥8.40

K203　034630
历史文化的多维透视/佘树声著.—西安:陕西人民出版社,1995.5.—334页;20cm
ISBN 7-224-03568-8:¥8.50

K203　034631
两淮文化/陈广忠著.—沈阳:辽宁教育出版社,1995.4.—354页:照片;20cm.—(中国地域文化丛书/俞晓群主编)
ISBN 7-5382-2013-5:¥16.50

K203　034632
文化与传播　第三辑/深圳大学中国文化与传播系主编.—深圳:海天出版社,1995.7.—435页;20cm
ISBN 7-80615-155-9:¥24.80

K203　034633
吴文化资源研究与开发/高燮初主编.—苏州:苏州大学出版社,1995.9.—588页:照片;20cm.—(吴学研究专辑;2)
ISBN 7-81037-161-4:¥20.00

K203　034634
武学圣典:《孙子兵法》与中国文化/龚留柱著.—开封:河南大学出版社,1995.6.—315页;20cm.—(元典

文化丛书/李振宏主编)
ISBN 7-81041-082-2: ¥11.50

K203　034635
西域文化史/余太山主编.—北京:中国友谊出版公司,1995.12.—444页:图;20cm
ISBN 7-5057-1272-1: ¥22.00

K203　034636
西域文明:考古、民族、语言和宗教新论/林梅村著.—北京:东方出版社,1995.12.—496页:彩图;20cm
ISBN 7-5060-0323-6(精装): ¥80.00

K203　034637
燕赵文化/张京华著.—沈阳:辽宁教育出版社,1995.5.—334页;20cm.—(中国地域文化丛书/俞晓群主编)
ISBN 7-5382-4026-8: ¥15.50

K203　034638
伊斯兰与中国文化/杨怀中,余振贵主编.—银川:宁夏人民出版社,1995.1.—633页;20cm
ISBN 7-227-01413-4(精装): ¥28.00

K203　034639
中国传统文化简明教程:试用本/李永志主编.—成都:巴蜀书社,1995.10.—217页;20cm
ISBN 7-80523-722-0: ¥9.00

K203　034640
中国帝王文化名著/张创新,马虹主编.—延吉:延边大学出版社,1995.11.—631页;20cm.—(中国文化经典名著大系/张岱年,石翔主编)
ISBN 7-5634-0786-3(精装): ¥32.90

K203　034641
中国古代北方民族文化史:专题文化卷/张碧波,董国尧主编.—哈尔滨:黑龙江人民出版社,1995.12.—1724页;20cm
ISBN 7-207-03325-7(精装): ¥96.00

K203　034642
中国古代文化知识/陈桥编.—广州:广东高等教育出版社,1995.4.—194页;19cm
ISBN 7-5361-1648-9: ¥5.80

K203　034643
中国人的命运/郑刚著.—广州:广东旅游出版社,1995.10.—562页;20cm
ISBN 7-80521-606-1: ¥19.00

K203　034644
中国现代化史　第一卷:1800~1949/许纪霖,陈达凯主编.—上海:上海三联书店,1995.5.—607页;20cm
ISBN 7-5426-0837-1: ¥27.80

K203　034645
中国新文化思想史纲/陈廷湘,李慧宇著.—成都:四川大学出版社,1995.9.—246页;20cm
ISBN 7-5614-1222-3: ¥8.50

K203　034646
中国优秀传统文化三字经:诗文篇/常法宽,张云生著.—北京:学习出版社,1995.10.—248页;19cm
ISBN 7-80116-005-3: ¥9.30

K203　034647
中国优秀传统文化三字经:书法·绘画篇/常法宽著.—北京:学习出版社,1995.11.—175页;19cm
ISBN 7-80116-008-8: ¥7.10

K203　034648
中国优秀传统文化三字经:音乐舞蹈篇/王军著.—北京:学习出版社,1995.11.—172页;19cm
ISBN 7-80116-009-6: ¥7.10

K203　034649
中国优秀传统文化三字经:哲学篇/阎敬业著.—北京:学习出版社,1995.11.—146页;19cm
ISBN 7-80116-011-8: ¥6.30

K203　034650
中州文化/张志孚,何平立著.—沈阳:辽宁教育出版社,1995.5.—320页;20cm.—(中国地域文化丛书/俞晓群主编)
ISBN 7-5382-4025-X: ¥14.50

①K203②B2　034651
历史的荒原:古文化的哲学结构/黄奇逸著;邓代昆校订.—成都:巴蜀书社,1995.8.—800页;20cm
ISBN 7-80523-680-1: ¥28.00

K203-49　034652
灿烂辉煌的中国古代文化/金春兰编著;曹源,孙云水绘.—济南:明天出版社,1995.4.—122页;20cm.—(全国小学生课外丛书/李仲汉主编)
全套共120册,总定价:385.00元
ISBN 7-5332-2142-7: ¥0.00

K204　034653
经史百家简编/曾国藩选编;梅季译注.—长沙:湖南文艺出版社,1995.6.—511页;20cm
ISBN 7-5404-1360-3(精装): ¥18.80

K204　034654
中国边疆古籍题解/范秀传主编.—乌鲁木齐:新疆人民出版社,1995.2.—289页;20cm.—(中国边疆史地研究资料丛书)
ISBN 7-228-03232-2: ¥16.00

K204　034655
中国典籍与文化论丛　第三辑/《中国典籍与文化》编辑部编.—北京:中华书局,1995.12.—413页;20cm
ISBN 7-101-01493-3: ¥24.00

K204.1　034656
白话前四史精华/吴云主编.—西安:三秦出版社,1995.12.—762页;20cm
ISBN 7-80546-865-6(精装): ¥29.00

K204.1　034657
二十四史掌故辞典/才晓予主编.—北京:中国发展出版社,1995.1.—981页;26cm
ISBN 7-80087-091-X(精装): ¥98.00

K204.1　034658
二十五史精选精译/吴树平主编.—北京:中华书局,1995.5.—6册(4568页);20cm
ISBN 7-101-01170-5(精装): ¥196.00

K204.2　034659
史记选注集评/韩兆琦著.—桂林:广西师范大学出版社,1995.8.—633页;20cm.—(国学丛书/王洪主编)

ISBN 7－5633－2019－9：￥22.60

K204.2　034660

司马迁的创造思维/徐兴海著.—西安：陕西人民教育出版社，1995.7.—186页；20cm.—(司马迁与华夏文化丛书/袁仲一等主编)

ISBN 7－5419－6193－0：￥7.90

K204.2　034661

司马迁一家言/张大可等著.—西安：陕西人民教育出版社，1995.8.—313页；20cm.—(司马迁与华夏文化丛书/袁仲一等主编)

ISBN 7－5419－6231－7：￥12.00

K204.2　034662

司马迁与史记论集/徐兴海等主编；陕西省司马迁研究会，日本名古屋大学中国语学文学会编.—西安：陕西人民出版社，1995.7.—644页；20cm

ISBN 7－224－03817－2：￥29.50

K204.2　034663

偷闲集：读《史记》杂感/候欣珪著.—太原：山西高校联合出版社，1995.5.—344页；20cm

ISBN 7－81032－767－4：￥8.00

①K204.2②B234　034664

《史记》与今古文经学/陈桐生著.—西安：陕西人民教育出版社，1995.7.—275页；20cm.—(司马迁与华夏文化丛书/袁仲一等主编)

ISBN 7－5419－6197－3：￥10.60

①K204.2②B932　034665

司马迁与宗教神话/张强著.—西安：陕西人民教育出版社，1995.7.—247页；20cm.—(司马迁与华夏文化丛书/袁仲一等主编)

ISBN 7－5419－6201－5：￥9.60

①K204.2②C912.5　034666

司马迁民族思想阐释/池万兴著.—西安：陕西人民教育出版社，1995.8.—270页；20cm.—(司马迁与华夏文化丛书/袁仲一等主编)

ISBN 7－5419－6233－3：￥10.50

①K204.2②I206.2　034667

史记：伟大人格的凝聚/程世和著.—西安：陕西人民教育出版社，1995.7.—281页；20cm.—(司马迁与华夏文化丛书/袁仲一等主编)

ISBN 7－5419－6196－5：￥11.00

①K204.2②I206.2　034668

《史记》与中国文学/张新科著.—西安：陕西人民教育出版社，1995.7.—222页；20cm.—(司马迁与华夏文化丛书/袁仲一等主编)

ISBN 7－5419－6195－7：￥8.90

①K204.2②P－092　034669

司马迁与地学文化/霍有光著.—西安：陕西人民教育出版社，1995.7.—283页；20cm.—(司马迁与华夏文化丛书/袁仲一等主编)

ISBN 7－5419－6200－7：￥11.00

K204.3　034670

续资治通鉴长编　第一册：目录附录/(宋)李焘撰.—北京：中华书局，1995.4.—102页；20cm

ISBN 7－101－01165－9：￥6.70

①K204.3②C934　034671

《资治通鉴》中的谋略/李元冲，李建义编著.—西安：陕西人民出版社，1995.11.—463页；20cm

ISBN 7－224－03846－6：￥18.00

①K204.3②I247.47　034672

资治通鉴演义/普颖华，丁炳麟主编.—沈阳：辽宁古籍出版社，1995.10.—2册(1331页)；20cm

ISBN 7－80507－203－5：￥56.00

K204.4　034673

通鉴纪事本末白话全译/王利器主编；(宋)袁枢撰；王磊等注译.—广州：广东人民出版社，1995.6.—6册(5719页)；26cm

ISBN 7－218－0612－X(精装)：￥600.00

K205　034674

中国古代的变法/靳生禾编著.—北京：北京科学技术出版社，1995.1.—142页；19cm.—(中国历史知识全书·重大事件/朱仲玉主编)

ISBN 7－5304－1631－6：￥3.90

K205　034675

中国古代的宦官之祸/张式苓编著.—北京：北京科学技术出版社，1995.1.—110页；19cm.—(中国历史知识全书·重大事件/朱仲玉主编)

ISBN 7－5304－1632－4：￥3.90

K206　034676

中国百年会议大典/方舟等编.—北京：华文出版社，1995.1.—744页；26cm

ISBN 7－5075－0435－2(精装)：￥90.00

K206　034677

中国历代契约会编考释/张传玺主编；陈秉才等编.—北京：北京大学出版社，1995.8.—2册(1701页)；20cm

ISBN 7－301－01585－2(精装)：￥125.00

①K206②K827.2　034678

资政大典/宫达非主编.—石家庄：河北教育出版社，1995.4.—5册(3733页)；20cm

ISBN 7－5434－2402－9(精装)：￥190.00

①K206.5②D69　034679

中国历代奏章选/冀东，村夫主编.—太原：山西人民出版社，1995.12.—716页；20cm

ISBN 7－203－03409－7：￥36.20

K206.6　034680

白话丑史：古国警世录/田久川，颜邦逸主编.—大连：辽宁师范大学出版社，1995.1.—2册；19cm.—(中华文史掌故精编)

ISBN 7－81042－007－0：￥28.80

K206.6　034681

白话怪史：古国异见录/颜邦逸主编.—大连：辽宁师范大学出版社，1995.1.—361页；19cm.—(中华文史掌故精编)

ISBN 7－81042－008－9：￥9.80

K206.6　034682

韩江见闻录/(清)郑昌时著；吴二持校注.—上海：上海古籍出版社，1995.12.—381页；20cm.—(潮汕文库·潮汕历史文献丛编)

ISBN 7-5325-1878-7(精装):￥40.00

K206.6　　034683

闽中广记/郑丽生著;福建省文史研究馆编.—福州:海风出版社,1995.6.—151页;19cm

ISBN 7-80597-080-7:￥5.00

K206.6　　034684

绍兴"师爷"/郭建著.—上海:上海古籍出版社,1995.12.—202页;19cm

ISBN 7-5325-1999-6:￥7.80

K206.6　　034685

洋教士看中国朝廷/朱静编译.—上海:上海人民出版社,1995.6.—255页;20cm

ISBN 7-208-01968-1:￥12.00

K206.6　　034686

漳州掌故/陈侨森等著.—福州:海风出版社,1995.9.—354页;19cm

ISBN 7-80597-085-8:￥12.60

K206.6　　034687

中国历代君臣琐话/张书栋编著.—哈尔滨:黑龙江教育出版社,1995.2.—177页;19cm

ISBN 7-5316-2538-5:￥5.00

K207　　034688

渤海国与东亚细亚/禹硕基等主编.—沈阳:辽宁大学出版社,1995.5.—315页;19cm

ISBN 7-5610-3072-X:￥7.80

K207　　034689

崔溥漂海录研究/葛振家主编.—北京:社会科学文献出版社,1995.6.—246页;20cm

ISBN 7-80050-573-1:￥14.00

K207　　034690

费正清看中国/(加)埃文斯(Evans,P.M.)著;陈同等译.—上海:上海人民出版社,1995.5.—417页;20cm

ISBN 7-208-01996-7:￥12.50

K207　　034691

耕余集/李璘著.—兰州:甘肃人民出版社,1995.5.—204页;20cm

ISBN 7-226-01478-5(精装):￥21.00

K207　　034692

日本中青年学者论中国史:六朝隋唐卷/刘俊文主编.—上海:上海古籍出版社,1995.12.—553页:照片;20cm

ISBN 7-5325-1799-3(精装):￥48.70

K207　　034693

日本中青年学者论中国史:上古秦汉卷/刘俊文主编.—上海:上海古籍出版社,1995.12.—601页:彩照;20cm

ISBN 7-5325-1787-X(精装):￥53.30

K207　　034694

日本中青年学者论中国史:宋元明清卷/刘俊文主编.—上海:上海古籍出版社,1995.12.—708页:彩照;20cm

ISBN 7-5325-1827-2(精装):￥59.10

K207　　034695

孙毓棠学术论文集/孙毓棠著.—北京:中华书局,1995.3.—585页;20cm

ISBN 7-101-00508-X:￥25.00

K207　　034696

魏晋隋唐乡村社会研究/齐涛著.—济南:山东人民出版社,1995.1.—247页;20cm

ISBN 7-209-01712-7:￥8.20

K207　　034697

新疆文献四种辑注考述/王希隆著.—兰州:甘肃文化出版社,1995.12.—244页;20cm

ISBN 7-80608-184-4:￥12.80

K207　　034698

中国皇室夺嗣实录/蒋晓伟,蒋正楠著.—上海:上海社会科学院出版社,1995.2.—192页;20cm

ISBN 7-80618-020-6:￥6.50

K207　　034699

中国历史之谜/郭东辉,朱昌颐主编.—南京:江苏教育出版社,1995.9.—315页;20cm

ISBN 7-5343-2455-6:￥8.70

K207　　034700

中国早期国家/谢维扬著.—杭州:浙江人民出版社,1995.12.—538页;20cm

ISBN 7-213-01054-9:￥22.50

K207　　034701

中华文史论丛　第五十四辑/钱伯城主编.—上海:上海古籍出版社,1995.6.—284页;20cm

ISBN 7-5325-1942-2:￥14.00

K207　　034702

中华一体的历史轨迹/张博泉著.—沈阳:辽宁人民出版社,1995.5.—620页;20cm

ISBN 7-205-03098-6:￥20.00

①K207②I206.2　　034703

文史研究论稿/黄志辉著.—广州:广东高等教育出版社,1995.10.—224页;20cm

ISBN 7-5361-1746-9:￥8.50

K207-53　　034704

故宫博物院七十年论文选/杨新主编;故宫博物院编.—北京:紫禁城出版社,1995.10.—828页;26cm

ISBN 7-80047-206-X(精装):￥150.00

K207-53　　034705

峼华山馆丛稿续编/王仲荦著.—济南:山东大学出版社,1995.12.—483页;20cm.—(山东大学文史书系)

ISBN 7-5607-1399-8(精装):￥24.80

①K207-53②B94-53　　034706

韩长耕文集/韩长耕著.—长沙:岳麓书社,1995.1.—677页;20cm

ISBN 7-80520-558-2:￥18.80

K207.8　　034707

《柳如是别传》与国学研究:纪念陈寅恪教授学术讨论会论文集/胡守为主编;中山大学历史系编.—杭州:浙江人民出版社,1995.10.—259页;20cm

ISBN 7-213-01272-X(精装):￥16.00

K207.8　　034708

当代美国的"显学":美国现代中国学研究/侯且岸著.—北京:人民出版社,1995.10.—216页;20cm

ISBN 7-01-002211-9：￥12.60

K207.8　　034709

汉学研究之回顾与前瞻/林徐典编.—北京：中华书局，1995.9.—2册；26cm

ISBN 7-101-01253-1(精装)：￥98.00

K208　　034710

中国历代帝王世系年表/杜建民编著.—济南：齐鲁书社，1995.2.—219页；20cm

ISBN 7-5333-0422-5：￥8.00

K208　　034711

中国历代纪年手册/顾静编.—上海：上海古籍出版社，1995.12.—144页；19cm

ISBN 7-5325-1957-0：￥7.80

K208　　034712

中国历史朝代简表.—南宁：接力出版社，1995.8.—1张；77×53cm.—(接力挂图世界)

￥2.50

K209　　034713

伏羲文化：史话太昊伏羲陵/杨复竣编.—郑州：中州古籍出版社，1995.2.—182页；19cm

ISBN 7-5348-1338-7：￥6.00

K209　　034714

宫墙内外荒唐录/金振华，魏向东主编.—苏州：苏州大学出版社，1995.12.—386页；20cm

ISBN 7-81037-204-1：￥12.80

K209　　034715

君臣龙虎斗/秦学颀主编.—成都：四川人民出版社，1995.10.—596页；20cm

ISBN 7-220-02930-6：￥20.00

K209　　034716

历代通鉴：插图本/胡福星，张志伟主编.—沈阳：沈阳出版社，1995.10.—2册(938页)；20cm

ISBN 7-5441-0450-8：￥35.00

K209　　034717

历史教育与爱国主义/徐安莉等主编.—北京：警官教育出版社，1995.3.—292页；19cm

ISBN 7-81027-611-5：￥5.50

K209　　034718

埋没的历史/金春兰等编著；韩新维绘.—济南：明天出版社，1995.4.—122页；20cm.—(全国小学生课外丛书/李仲汉主编)

全套书共120册，总定价：385.00元

ISBN 7-5332-2142-7：￥0.00

K209　　034719

权力塔尖里的斗争/梁绍辉著.—长沙：湖南出版社，1995.4.—327页；19cm

ISBN 7-5438-0966-4：￥9.00

K209　　034720

山河造化：珍宝癖玩/杨明编著.—南宁：广西教育出版社，1995.5.—234页：图；20cm.—(中国古代野史精华丛书/郭英德，张铭心主编)

ISBN 7-5435-2236-5：￥8.80

K209　　034721

中国孩子的疑问：历史故事篇/涌文编著；郑岩绘.—北京：中国少年儿童出版社，1995.8.—167页；20cm

ISBN 7-5007-2254-0：￥11.50

K209　　034722

中国历代人物轶闻趣事大观/萧平主编.—济南：齐鲁书社，1995.12.—452页；20cm

ISBN 7-5333-0408-X：￥16.50

K209　　034723

中国历代上流社会丑闻大观/王熙远著.—广州：广东人民出版社，1995.1.—431页；19cm

ISBN 7-218-01104-7：￥11.80

K209　　034724

中国历史巧记歌/李炳耀著.—北京：中国人事出版社，1995.12.—176页；19cm

ISBN 7-80076-821-X：￥6.60

K209　　034725

中国历史三字歌/王大济著.—天津：天津人民出版社，1995.1.—217页；19cm

ISBN 7-201-02176-1：￥6.60

K209　　034726

中国历史三字歌/刘毅然编著.—北京：语文出版社，1995.10.—83页；19cm.—(爱我中华注音歌谣丛书)

ISBN 7-80126-013-9：￥4.00

K209　　034727

中华民族大家庭的形成/甘黎民著.—沈阳：辽宁古籍出版社，1995.5.—160页；19cm.—(中华民族优秀传统文化丛书·常识卷/胡阿祥，丁炳麟主编)

全套共8册，总定价：52.00元

ISBN 7-80507-279-5：￥0.00

K209　　034728

中华上下五千年/朱良志，姜波主编.—沈阳：沈阳出版社，1995.6.—4册；19cm

ISBN 7-5441-0378-1：￥45.00

K209　　034729

中华上下五千年/赫历主编.—延吉：延边人民出版社，1995.4.—3册；20cm

ISBN 7-80599-293-2：￥38.80

K209-64　　034730

中国历史知识画览　(10)：明代卷/朱亚非，王贵永撰文；周申等绘.—济南：明天出版社，1995.9.—1册；29cm

ISBN 7-5332-2206-7(精装)：￥45.00

K209-64　　034731

中国历史知识画览　(11)：清代　上卷/张仁玺撰文；邹庆武等绘.—济南：明天出版社，1995.9.—1册；29cm

ISBN 7-5332-2207-5(精装)：￥45.00

K209-64　　034732

中国历史知识画览　(13)：民国卷/韩昱，王静撰文；杨枫等绘.—济南：明天出版社，1995.9.—1册；29cm

ISBN 7-5332-2209-1(精装)：￥45.00

K209-64　　034733

中国历史知识画览　(14)：现代卷/王守法撰文；张学峰等绘.—济南：明天出版社，1995.9.—1册；29cm

ISBN 7-5332-2210-5(精装)：￥45.00

K209－64 **034734**

中国历史知识画览 (1):上古三代卷/刘英伟撰文;赵芳廷等绘.—济南:明天出版社,1995.9.—1册;29cm

ISBN 7－5332－2196－6(精装):¥45.00

K209－64 **034735**

中国历史知识画览 (2):春秋战国卷/林吉玲撰文;袁振娴等绘.—济南:明天出版社,1995.9.—1册;29cm

ISBN 7－5332－2197－4(精装):¥45.00

K209－64 **034736**

中国历史知识画览 (4):东汉卷/秦永洲撰文;李学明等绘.—济南:明天出版社,1995.9.—1册;29cm

ISBN 7－5332－2199－0(精装):¥45.00

K209－64 **034737**

中国历史知识画览 (5):三国卷/秦永洲撰文;常一诺等绘.—济南:明天出版社,1995.9.—1册;29cm

ISBN 7－5332－2200－8(精装):¥45.00

K209－64 **034738**

中国历史知识画览 (6):两晋南北朝卷/秦永洲撰文;蔡立国等绘.—济南:明天出版社,1995.9.—1册;29cm

ISBN 7－5332－2201－6(精装):¥45.00

K209－64 **034739**

中国历史知识画览 (7):隋唐五代卷/文川撰文;徐永生等绘.—济南:明天出版社,1995.9.—1册;29cm

ISBN 7－5332－2202－4(精装):¥45.00

K209－64 **034740**

中国历史知识画览 (8):两宋卷/王世农,滕明杰撰文;常一诺等绘.—济南:明天出版社,1995.9.—1册;29cm

ISBN 7－5332－2203－2(精装):¥45.00

K209－64 **034741**

中国历史知识画览 (9):辽夏金元卷/林吉玲撰文;于守万等绘.—济南:明天出版社,1995.9.—1册;29cm

ISBN 7－5332－2204－0(精装):¥45.00

K21 原始社会

K21 **034742**

中华民族之母——嫘祖 /鲁谆等主编;中华炎黄文化研究会等组编.—北京:中国三峡出版社,1995.5.—215页;20cm

ISBN 7－80099－088－5:¥8.80

①K210.6②K928.76 **034743**

黄帝与黄帝陵/柏明,李颖科著;陕西省地方志编纂委员会等主编.—2版.—西安:西北大学出版社,1995.3.—244页;20cm.—(陕西省地方志资料丛书)

ISBN 7－5604－0876－1:¥8.00

K22 奴隶社会

K22 **034744**

秦政治思想述略/徐卫民,贺润坤著.—西安:陕西人民教育出版社,1995.7.—344页;20cm.—(秦俑·秦文化丛书/袁仲一主编)

ISBN 7－5419－6185－X(精装):¥16.00

K22 **034745**

先秦简史/唐嘉弘主编.—福州:福建人民出版社,1995.5.—364页;20cm.—(大学历史丛书/周一良主编)

ISBN 7－211－02076－8:¥9.50

K22 **034746**

中国流人史/李兴盛著.—哈尔滨:黑龙江人民出版社,1995.9.—1160页;20cm

ISBN 7－207－03222－6(精装):¥38.00

K22 **034747**

中原古国源流史/何光岳著.—南宁:广西教育出版社,1995.4.—348页;20cm

ISBN 7－5435－2254－3(精装):¥14.50

K22－42 **034748**

中国古代史教学参考手册/张传玺主编.—2版.—北京:北京大学出版社,1995.6.—501页;20cm

ISBN 7－301－00088－X:¥17.50

K220.3－53 **034749**

先秦文化史论集/杨希枚著.—北京:中国社会科学出版社,1995.8.—988页;20cm

ISBN 7－5004－1201－0(精装):¥53.00

K220.7 **034750**

古代中国与世界:一个古史研究者的思考/刘家和著.—武汉:武汉出版社,1995.7.—611页;20cm

ISBN 7－5430－1377－0(精装):¥24.00

K220.9 **034751**

中国历代帝王兴亡简史/沈秉衡编著.—太原:北岳文艺出版社,1995.1.—113页;26cm

ISBN 7－5378－1457－0:¥8.90

K221.04 **034752**

尚书译注/顾宝田注译.—长春:吉林文史出版社,1995.3.—249页;20cm.—(中国古代名著今译丛书)

ISBN 7－80528－911－5(精装):¥12.00

K222.07 **034753**

大禹论:'95大禹学术讨论会论文集/史济烜,陈瑞苗主编;浙江省社会科学院,绍兴市社会科学院编.—杭州:浙江大学出版社,1995.10.—239页;20cm

ISBN 7－308－01610－2:¥10.80

K224.04 **034754**

逸周书汇校集注/黄怀信等撰.—上海:上海古籍出版社,1995.12.—2册(1335页);20cm

ISBN 7－5325－1836－1:¥61.60

①K224.06②K203 **034755**

经国治民之典:《周礼》与中国文化/郝铁川著.—开封:河南大学出版社,1995.8.—270页;20cm.—(元典文化丛书/李振宏主编)

ISBN 7－81041－193－4:¥9.80

K225.04 **034756**

春秋左传/陈书良审订.—乌鲁木齐:新疆人民出版社,1995.6.—880页;20cm

ISBN 7－228－03517－8(精装):¥34.80

K225.04 **034757**

春秋左传隐含研究/朱维德著.—长沙:岳麓书社,1995.4.—504 页;20cm

ISBN 7-80520-487-X:¥18.00

K225.04 034758

公羊学引论:儒家的政治智慧与历史信仰/蒋庆著.—沈阳:辽宁教育出版社,1995.6.—397 页;20cm.—(国学丛书;16)

ISBN 7-5382-3703-8:¥16.00

K225.04 034759

国语全译/黄永堂译注.—贵阳:贵州人民出版社,1995.2.—740 页;20cm.—(中国历代名著全译丛书)

ISBN 7-221-03407-9:¥25.50

K225.04 034760

国语全译/黄永堂译注.—贵阳:贵州人民出版社,1995.2.—740 页;20cm.—(中国历代名著全译丛书)

ISBN 7-221-03783-3(精装):¥29.00

K225.04 034761

左传精华/陈庆元等注译.—天津:天津人民出版社,1995.8.—519 页;13×9cm.—(袖珍典籍丛书)

ISBN 7-201-01555-9:¥8.00

K225.04 034762

左传选萃/王连城注译.—呼和浩特:远方出版社,1995.9.—299 页;19cm

ISBN 7-80595-137-3:¥10.80

K23 封建社会

K230.7 034763

两汉魏晋南北朝与西域关系史研究/余太山著.—北京:中国社会科学出版社,1995.6.—286 页;20cm

ISBN 7-5004-1672-5:¥15.00

K230.7 034764

秦汉魏晋南北朝史论集/陈玉屏著.—成都:四川民族出版社,1995.8.—318 页;19cm

ISBN 7-5409-1544-7:¥7.20

K231 034765

楚史/张正明著.—武汉:湖北教育出版社,1995.7.—392 页;20cm.—(楚学文库/张正明主编)

ISBN 7-5351-0995-0(精装):¥25.00

K231.03 034766

楚文化的东渐/刘和惠著.—武汉:湖北教育出版社,1995.7.—265 页;20cm.—(楚学文库/张正明主编)

ISBN 7-5351-1336-2(精装):¥20.00

K231.03 034767

齐文化论稿/王志民著.—济南:山东大学出版社,1995.4.—244 页;20cm

ISBN 7-5607-1438-2:¥6.60

K232 034768

秦汉简史/林剑鸣,赵宏著.—福州:福建人民出版社,1995.8.—436 页;20cm.—(大学历史丛书/周一良主编)

ISBN 7-211-02546-8:¥11.50

K232.07 034769

秦汉史论集:外三篇/张荣芳著.—广州:中山大学出版社,1995.11.—359 页;20cm

ISBN 7-306-01035-2:¥18.00

K232.07 034770

秦汉问题研究/张传玺著.—增订本.—北京:北京大学出版社,1995.10.—442 页;20cm

ISBN 7-301-'02448-7:¥22.00

K232.07 034771

先秦两汉史研究/吴荣曾著.—北京:中华书局,1995.6.—379 页;20cm

ISBN 7-101-01213-2:¥17.00

K234.03 034772

汉代学术史/王铁著.—上海:华东师范大学出版社,1995.12.—310 页;20cm

ISBN 7-5617-1360-6:¥11.50

K234.04 034773

汉书补注/(清)王先谦补注.—北京:书目文献出版社,1995.7.—2 册(1756 页);26cm.—(二十四史考订丛书专辑)

ISBN 7-5013-0965-5(精装):¥286.00

K234.204.2 034774

稿本后汉书疏记/戴蕃豫著.—北京:书目文献出版社,1995.12.—1111 页;26cm

ISBN 7-5013-1150-1(精装):¥195.00

K234.204.2 034775

后汉书考释/宋文民著.—上海:上海古籍出版社,1995.9.—361 页;19cm

ISBN 7-5325-1879-5:¥14.70

K236 034776

三国志:文白对照/杜经国主编;(晋)陈寿著;叶青等编译.—郑州:中州古籍出版社,1995.3.—1044 页;20cm

ISBN 7-5348-1335-2(精装):¥33.80

K236.04 034777

三国志注译/方北辰注译.—西安:陕西人民出版社,1995.5.—3 册(2771 页);20cm.—(中国六大史学名著丛书)

ISBN 7-224-03455-X(精装):¥88.00

K239 034778

六朝事迹编类/(宋)张敦颐著;张忱石点校.—上海:上海古籍出版社,1995.1.—167 页;20cm

ISBN 7-5325-1874-4:¥8.90

K24 034779

隋唐五代史学/谢保成著.—厦门:厦门大学出版社,1995.2.—359 页;20cm

ISBN 7-5615-0983-9:¥8.80

K242.03 034780

唐代的外来文明/(美)谢弗著;吴玉贵译.—北京:中国社会科学出版社,1995.8.—727 页;20cm

ISBN 7-5004-1730-6:¥20.00

K242.06 034781

唐朝鼎盛时期政区与人口/翁俊雄著.—北京:首都师范大学出版社,1995.9.—262 页;20cm

ISBN 7-81039-274-3:¥12.80

K242.06 034782
唐人轶事汇编/周勋初主编.—上海:上海古籍出版社,1995.12.—2册(2236页);20cm
ISBN 7-5325-1784-5(精装):¥124.60
K242.07 034783
安西与北庭:唐代西陲边政研究/薛宗正著.—哈尔滨:黑龙江教育出版社,1995.10.—542页;20cm.—(边疆史地丛书)
ISBN 7-5316-2857-0:¥18.20
K242.07 034784
唐史论丛 第六辑/史念海主编.—西安:陕西人民出版社,1995.10.—440页;20cm.—(洛阳龙门石窟艺术研究所,陕西师大唐史研究所唐研究丛刊;1)
ISBN 7-224-03875-X:¥12.50
K242.07 034785
唐研究 第一卷/荣新江主编.—北京:北京大学出版社,1995.12.—566页:图版;26cm
ISBN 7-301-02944-6:¥45.00
K242.105 034786
唐太宗君臣论政:《贞观政要》新编/白福海编译.—兰州:兰州大学出版社,1995.1.—311页;20cm
ISBN 7-311-00839-5:¥9.50
K242.105 034787
贞观政要注译:贞观之治政要良策/(唐)吴兢著;叶光大等译注.—成都:四川人民出版社,1995.6.—497页;20cm
ISBN 7-220-02857-1:¥14.80
K242.107 034788
君德论:《贞观政要》研究/肖群忠著.—兰州:甘肃人民出版社,1995.9.—267页;20cm
ISBN 7-226-01509-9:¥10.00
K243.2 034789
南唐史/任爽著.—长春:东北师范大学出版社,1995.9.—321页;20cm.—(东北师范大学文库)
ISBN 7-5602-1692-7(精装):¥15.00
K244 034790
宋初政治探研/张其凡著.—广州:暨南大学出版社,1995.10.—354页;20cm
ISBN 7-81029-406-7:¥18.00
K244 034791
月沉西子湖:大宋帝国的衰亡/赵益著.—南京:江苏人民出版社,1995.7.—286页;20cm
ISBN 7-214-01512-9:¥12.50
①K244②F329.044 034792
宋代珠玑巷迁民与珠江三角洲农业发展/曾宪珊,曾昭璇著.—广州:暨南大学出版社,1995.5.—251页;19cm.—(珠玑巷丛书;3/吴述超主编)
ISBN 7-81029-399-0:¥8.00
K244.03 034793
北宋古文运动发展史/祝尚书著.—成都:巴蜀书社,1995.11.—260页;20cm.—(宋代文化研究丛书;1/舒大刚,李文泽主编)
ISBN 7-80523-725-5:¥15.00
K244.06 034794
解开《宋会要》之谜/陈智超著.—北京:社会科学文献出版社,1995.5.—404页;20cm
ISBN 7-80050-524-3:¥18.00
K244.07 034795
两宋御史中丞考/刁忠民著.—成都:巴蜀书社,1995.11.—249页;20cm.—(宋代文化研究丛书;1/舒大刚,李文泽主编)
ISBN 7-80523-728-X:¥15.00
K244.07 034796
论宋人撰集当朝史/刘芃著.—西安:三秦出版社,1995.5.—89页;20cm
ISBN 7-80546-879-6:¥3.80
K244.07 034797
三苏后代研究/舒大刚著.—成都:巴蜀书社,1995.12.—362页;20cm.—(宋代文化研究丛书;1/舒大刚,李文泽主编)
ISBN 7-80523-727-1:¥19.50
K245.043 034798
续编两朝纲目备要/(宋)佚名编;汝企和点校.—北京:中华书局,1995.7.—330页;20cm
ISBN 7-101-01259-0:¥17.00
K245.07 034799
蒙元入侵前夜的中国日常生活/(法)谢和耐著;刘东译.—南京:江苏人民出版社,1995.6.—201页;20cm.—(海外中国研究丛书)
ISBN 7-214-01359-2:¥8.00
K245.07 034800
南宋吴氏家族的兴亡:宋代武将家族个案研究/王智勇著.—成都:巴蜀书社,1995.11.—255页;20cm.—(宋代文化研究丛书;1/舒大刚,李文泽主编)
ISBN 7-80523-729-8:¥15.00
K246.304 034801
圣立义海研究/(苏)克恰诺夫,李范文等著.—银川:宁夏人民出版社,1995.7.—94页;26cm
ISBN 7-227-01501-7(精装):¥30.00
K246.307 034802
东夏史研究/朴真奭著.—延吉:延边大学出版社,1995.11.—182页;20cm
ISBN 7-5634-0813-4:¥10.00
K246.307 034803
西夏书事校证/(清)吴广成撰;龚世俊等校证.—兰州:甘肃文化出版社,1995.5.—511页;20cm.—(西夏研究丛书)
ISBN 7-80608-078-3:¥18.00
K246.307 034804
西夏文化概论/张迎胜主编.—兰州:甘肃文化出版社,1995.5.—233页:图;20cm.—(西夏研究丛书)
ISBN 7-80608-077-5:¥9.00
K246.307 034805
西夏学概论/王天顺主编.—兰州:甘肃文化出版社,1995.5.—242页;20cm.—(西夏研究丛书)
ISBN 7-80608-079-1:¥9.80
K246.307 034806
西夏与周边民族关系史/杜建录著.—兰州:甘肃文

化出版社,1995.5.—213页;20cm.—(西夏研究丛书)
ISBN 7-80608-076-7:¥8.50
①K246.307②K878.8　034807
西夏王陵/韩小忙著.—兰州:甘肃文化出版社,1995.7.—133页;20cm.—(西夏研究丛书)
ISBN 7-80608-108-9:¥6.00
K248　034808
明清宫廷趣闻/萧正文等编.—北京:紫禁城出版社,1995.2.—399页;19cm.—(紫禁城丛书)
ISBN 7-80047-180-2:¥13.00
K248　034809
明清简史:1368~1840/张仁忠著.—北京:北京大学出版社,1995.8.—369页;20cm
ISBN 7-301-02475-4:¥15.50
K248.06　034810
明实录北京史料/赵其昌主编.—北京:北京古籍出版社,1995.12.—4册;20cm
ISBN 7-5300-0099-3(精装):¥135.00
K248.06　034811
明实录类纂:妇女史料卷/李国祥,杨昶主编.—武汉:武汉出版社,1995.9.—1074页;20cm
ISBN 7-5430-1438-6(精装):¥64.00
K248.06　034812
明实录类纂:河北天津卷/李国祥,杨昶主编.—武汉:武汉出版社,1995.6.—1601页;20cm
ISBN 7-5430-1372-X(精装):¥68.20
K248.06　034813
明实录类纂:浙江上海卷/李国祥,杨昶主编;姜武福等编.—武汉:武汉出版社,1995.3.—1299页;20cm
ISBN 7-5430-1343-6(精装):¥48.00
K248.06　034814
明实录类纂:职官任免卷/李国祥,杨昶主编;刘重来等编.—武汉:武汉出版社,1995.7.—1844页;20cm
ISBN 7-5430-1376-2(精装):¥68.00
K248.06　034815
明实录类纂:宗藩贵戚卷/李国祥,杨昶主编;李琼英,张颖超编.—武汉:武汉出版社,1995.11.—1643页;20cm
ISBN 7-5430-1445-9(精装):¥78.00
K248.06　034816
明遗民录汇辑/谢正光,范金民编.—南京:南京大学出版社,1995.7.—2册(1381页);20cm
ISBN 7-305-02734-0(精装):¥80.00
K248.07　034817
明清档案与历史研究论文选:1985.10~1994.9/中国第一历史档案馆编.—北京:国际文化出版公司,1995.9.—2册(1433页);20cm
ISBN 7-80105-281-1(精装):¥75.00
K248.07　034818
明清时期的两湖移民/张国雄著.—西安:陕西人民教育出版社,1995.7.—309页;20cm
ISBN 7-5419-6146-9:¥9.80
K248.07　034819
明清史新析/韦庆远著.—北京:中国社会科学出版社,1995.12.—661页;20cm
ISBN 7-5004-1852-3:¥28.00
K248.07　034820
下学集/李洵著.—北京:中国社会科学出版社,1995.8.—495页;20cm
ISBN 7-5004-1733-0:¥20.00
K248.105　034821
郑和·历史与现实:首届郑和研究国际会议集萃/昆明郑和研究会编.—昆明:云南人民出版社,1995.7.—464页;20cm
ISBN 7-222-01772-0:¥16.80
K248.201　034822
王伦起义史料/李印元主编;阳谷县政协,临清市政协编.—济南:齐鲁书社,1995.12.—697页;20cm
ISBN 7-5333-0502-7:¥36.00
①K248.207②F552.9　034823
明代漕运研究/鲍彦邦著.—广州:暨南大学出版社,1995.12.—239页;20cm
ISBN 7-81029-477-6:¥15.00
K248.307　034824
万历十五年/(美)黄仁宇著.—海拉尔:内蒙古文化出版社,1995.8.—279页;20cm
ISBN 7-80506-452-0:¥14.80
K249　034825
康雍乾三帝统治思想研究/高翔著.—北京:中国人民大学出版社,1995.10.—463页;20cm.—(清史研究丛书/戴逸主编)
ISBN 7-300-02071-2:¥17.50
①K249②F552.9　034826
清代漕运/李文治,江太新著.—北京:中华书局,1995.11.—518页;20cm
ISBN 7-101-01238-8:¥24.00
K249.065　034827
年羹尧满汉奏折译编/季永海等翻译点校.—天津:天津古籍出版社,1995.8.—368页;20cm
ISBN 7-80504-462-7:¥25.00
K249.066　034828
蕉轩随录:续录/(清)方濬师撰;盛冬铃点校.—北京:中华书局,1995.2.—600页;19cm.—(清代史料笔记丛刊)
ISBN 7-101-01185-3:¥24.00
K249.07　034829
清代前期西部边政史论/张羽新著.—哈尔滨:黑龙江教育出版社,1995.5.—407页;20cm.—(边疆史地丛书)
ISBN 7-5316-2489-3:¥11.00
K249.09　034830
碧血痕:珍妃落井之谜/范丽珠,侯伟新著.—北京:中国人民大学出版社,1995.6.—177页;19cm.—(清宫之谜丛书/成崇德,张研主编)
ISBN 7-300-02033-X:¥5.90
K249.09　034831
大江涌:乾隆家世之谜/郭成康,郑宝凤著.—北京:中国人民大学出版社,1995.11.—130页;19cm.—(清

宫之谜丛书/成崇德，张研主编)
ISBN 7-300-02001-1：¥7.30

K249.09　　034832
佛心鉴：雪城活佛之谜/成崇德著.—北京：中国人民大学出版社，1995.4.—112页；19cm.—(清宫之谜丛书/成崇德，张研主编)
ISBN 7-300-02032-1：¥4.70

K249.09　　034833
千古愁：康熙废嗣之谜/李景屏著.—北京：中国人民大学出版社，1995.4.—131页；19cm.—(清宫之谜丛书/成崇德，张研主编)
ISBN 7-300-02034-8：¥5.00

K249.09　　034834
人中妖：清末权监之谜/阎东梅，董存发著.—北京：中国人民大学出版社，1995.3.—133页；19cm.—(清宫之谜丛书/成崇德，张研主编)
ISBN 7-300-02004-6：¥4.90

K249.09　　034835
天出血：雍正继位之谜/郑宝凤，郭成康著.—北京：中国人民大学出版社，1995.3.—117页；19cm.—(清宫之谜丛书/成崇德，张研主编)
ISBN 7-300-02002-X：¥4.50

K249.105　　034836
辫发风云/王冬芳著.—北京：中国人民大学出版社，1995.11.—168页；19cm.—(清史知识丛书/罗明主编)
ISBN 7-300-02113-1：¥8.70

K249.105　　034837
震惊朝野弹劾案/倪军民著.—北京：中国人民大学出版社，1995.10.—188页；19cm.—(清史知识丛书/罗明主编)
ISBN 7-300-02056-9：¥9.00

K249.201　　034838
于七起义/李恩浦著.—青岛：青岛出版社，1995.9.—274页：图；20cm
ISBN 7-5436-1278-X：¥12.80

K249.206　　034839
抚豫宣化录/(清)田文镜撰；张民服点校.—郑州：中州古籍出版社，1995.9.—331页；20cm.—(中州文献丛书)
ISBN 7-5348-1410-3：¥12.80

K25 半殖民地、半封建社会

K25　　034840
爱国主义百年史话/玉清等编著.—济南：明天出版社，1995.4.—348页；19cm
ISBN 7-5332-2030-7：¥6.00

K25　　034841
国耻·国魂·国威：百年兴衰话爱国/张之编著.—上海：上海人民出版社，1995.7.—323页；20cm
ISBN 7-208-01995-9：¥13.00

K25　　034842
近代中国　第5辑/丁日初主编.—上海：上海社会科学院出版社，1995.6.—412页；20cm
ISBN 7-80618-069-9：¥14.20

K25　　034843
西方文化与近代中国/胡滨主编.—长春：吉林文史出版社，1995.8.—448页；20cm
ISBN 7-80528-835-6：¥18.00

K25　　034844
新编中国革命史/张春英，王海琳主编.—武汉：华中理工大学出版社，1995.5.—269页；20cm
ISBN 7-5609-1164-1：¥8.20

K25　　034845
新编中国近代史教程/孙玮，张礼恒主编.—青岛：青岛海洋大学出版社，1995.4.—488页；20cm
ISBN 7-81026-717-5：¥14.30

K25　　034846
鸦片与近代中国/朱庆葆等著.—南京：江苏教育出版社，1995.5.—451页；20cm
ISBN 7-5343-2337-1：¥11.20

K25　　034847
中国革命理论与实践史/朱惠民等主编.—天津：天津教育出版社，1995.1.—494页；20cm
ISBN 7-5309-2092-8：¥11.00

K25　　034848
中国革命史/方小年等主编.—长沙：湖南师范大学出版社，1995.7.—337页；20cm
湖南省普通高等学校规划教材
ISBN 7-81031-427-0：¥11.00

K25　　034849
中国革命史/战殿学，张志杰主编.—3版(修订再版).—大连：东北财经大学出版社，1995.8.—398页；20cm
ISBN 7-81005-047-8：¥15.00

K25　　034850
中国革命史/王洪儒主编.—北京：中国人事出版社，1995.9.—387页；19cm
ISBN 7-80076-753-1：¥9.80

K25　　034851
中国革命史/李敬文等主编.—北京：中国文史出版社，1995.7.—320页；20cm
山西省高等学校通用教材
ISBN 7-5034-0762-X：¥9.50

K25　　034852
中国革命史/罗忠敏主编.—北京：华文出版社，1995.12.—364页；19cm
ISBN 7-5075-0495-6：¥13.50

K25　　034853
中国革命史/牟敏昌，杨盛祥主编.—重庆：重庆大学出版社，1995.8.—213页；19cm
ISBN 7-5624-1076-3：¥5.90

K25　　034854
中国革命史/安德才，卫忠海主编.—成都：四川大学出版社，1995.9.—353页；20cm
ISBN 7-5614-1197-9：¥10.00

K25　　034855

中国革命史/颜秉征等主编.—哈尔滨:黑龙江教育出版社,1995.5.—378 页;20cm
ISBN 7-5316-2841-4:￥12.00

K25 034856
中国革命史/罗正楷主编.—北京:民族出版社,1995.9.—298 页;20cm
ISBN 7-105-02433-X:￥13.50

K25 034857
中国革命史/刘殿君主编.—西安:西北大学出版社,1995.5.—274 页;20cm
ISBN 7-5604-0936-9:￥10.50

K25 034858
中国革命史/余茂笈,陆文培主编;安徽省教育委员会高教一处组编.—合肥:安徽人民出版社,1995.8.—382 页;20cm
ISBN 7-212-01210-6:￥13.00

K25 034859
中国革命史/刘锡斌,孙淑君主编.—哈尔滨:黑龙江教育出版社,1995.8.—266 页;19cm
ISBN 7-5316-2816-3:￥9.50

K25 034860
中国革命史/钱小康主编;刘全贵等编.—西安:西北工业大学出版社,1995.8.—344 页;19cm
ISBN 7-5612-0798-0:￥9.00

K25 034861
中国革命史/朱玲主编.—5 版.—成都:四川教育出版社,1995.6.—402 页;20cm
四川省高校马克思主义理论课统编教材
ISBN 7-5408-1583-3:￥10.36

K25 034862
中国革命史/贺秉元,冯炳贤主编.—宁波:宁波出版社,1995.6.—305 页;20cm.—(高校马克思主义理论教育丛书)
ISBN 7-80602-052-7:￥8.90

K25 034863
中国革命史概论/王卫方等主编.—长沙:湖南出版社,1995.9.—350 页;19cm
ISBN 7-5438-1063-8:￥12.50

K25 034864
中国革命史简论/孙颖杰,刘永明主编.—沈阳:辽宁人民出版社,1995.7.—257 页;20cm
全国电力高等专科学校教学委员会推荐教材
ISBN 7-205-03404-3:￥7.80

K25 034865
中国革命史教程/丁荫烇主编;中共上海市教育卫生工作委员会,上海市教育委员会编.—上海:上海人民出版社,1995.7.—344 页;20cm
高校马克思主义理论课通用教材
ISBN 7-208-02043-4:￥9.00

K25 034866
中国革命史通论/朱育和主编.—2 版.—北京:清华大学出版社,1995.12.—546 页;20cm
ISBN 7-302-02006-X:￥14.80

K25 034867
中国革命史通论/仝祥顺等主编.—济南:黄河出版社,1995.9.—329 页;20cm
"两课"改革系列教材
ISBN 7-80558-657-8:￥10.60

K25 034868
中国革命史通论逻辑图集成/朱育和著.—北京:清华大学出版社,1995.12.—15 张;40×29cm
ISBN 7-302-02032-9:￥4.00

K25 034869
中国革命史新编/吴长春,宋承荣主编.—大连:大连海事大学出版社,1995.2.—354 页;20cm
ISBN 7-5632-0756-2:￥8.80

K25 034870
中国革命史学习与测试指导/刘学贵,雷时安主编.—成都:西南交通大学出版社,1995.4.—261 页;19cm
ISBN 7-81022-771-8:￥6.50

K25 034871
中国革命史专题讲座/马尚斌等著.—延吉:延边大学出版社,1995.7.—258 页;19cm
ISBN 7-5634-0794-4:￥9.00

K25 034872
中国革命与建设史新编/罗谦芳,金玉芳主编.—北京:中国林业出版社,1995.9.—283 页;20cm
ISBN 7-5038-1475-6:￥9.80

K25 034873
中国近代之沉浮/王瑞成,王会权主编.—北京:中国人民公安大学出版社,1995.12.—265 页;20cm
ISBN 7-81011-780-7:￥12.00

K25 034874
中国史学近代化进程/蒋俊著.—济南:齐鲁书社,1995.9.—383 页;20cm
ISBN 7-5333-0405-5:￥14.00

K25 034875
中国是怎样沦为半殖民地的/史革新编著.—北京:北京科学技术出版社,1995.1.—146 页;19cm.—(中国历史知识全书·重大事件/朱仲玉主编)
ISBN 7-5304-1633-2:￥3.90

K25-43 034876
大学中国革命史教程/陶尧明主编.—上海:上海人民出版社,1995.7.—313 页;20cm
ISBN 7-208-02044-2:￥10.00

K25-43 034877
新编中国革命史教程/李占德等主编.—北京:中国三峡出版社,1995.8.—342 页;19cm
ISBN 7-80099-022-2:￥13.90

K25-43 034878
中国革命史教程/郭铁铃等主编.—修订版.—广州:广东高等教育出版社,1995.3.—449 页;20cm
ISBN 7-5361-1064-2:￥9.90

K25-43 034879
中国革命史教程新编/王体杭主编.—武汉:华中理工大学出版社,1995.8.—347 页;20cm
ISBN 7-5609-1197-8:￥9.50

K25-44　034880
中国革命史复习考试纲要及范题/佟玉兰,张菊香主编.—北京:北京邮电大学出版社,1995.7.—174 页;20cm
ISBN 7-5635-0211-4:¥5.00

K25-44　034881
中国革命史教学辅导资料/吴淑贞主编.—天津:天津教育出版社,1995.5.—255 页;19cm
ISBN 7-5309-2312-9:¥7.00

K25-44　034882
中国革命史题解/区广发编著.—2 版.—广州:华南理工大学出版社,1995.6.—358 页;19cm
ISBN 7-5623-0362-2:¥12.50

K25-44　034883
中国革命史题型及题解/区广发编著.—2 版.—广州:华南理工大学出版社,1995.4.—325 页;19cm.—(高等教育自学考试辅导丛书)
ISBN 7-5623-0470-X:¥10.00

K25-53　034884
胡思庸学术文集/胡思庸著.—开封:河南大学出版社,1995.7.—405 页;20cm
ISBN 7-81041-150-0:¥14.50

K25-53　034885
中国近现代历史沿革研究/周文顺主编.—北京:中国文史出版社,1995.7.—465 页;20cm
ISBN 7-5034-0751-4:¥12.80

K250.6　034886
文史资料选辑　第二十九辑　总第 129 辑/中国人民政治协商会议全国委员会文史资料委员会《文史资料选辑》编辑部编.—北京:中国文史出版社,1995.7.—255 页;20cm
ISBN 7-5034-0753-0:¥6.60

K250.6　034887
文史资料选辑　第三十辑　总第 130 辑/中国人民政治协商会议全国委员会文史资料委员会《文史资料选辑》编辑部编.—北京:中国文史出版社,1995.8.—219 页;20cm
ISBN 7-5034-0757-3:¥7.80

K250.7　034888
国外中国近代史研究　第二十七辑/中国社会科学院近代史研究所,《国外中国近代史研究》编辑部编.—北京:中国社会科学出版社,1995.12.—376 页;20cm
ISBN 7-5004-1812-4:¥12.00

K250.7　034889
中国革命史专题研究/郭志胜编著.—西安:西北大学出版社,1995.7.—238 页;20cm
ISBN 7-5604-0922-9:¥9.80

K250.9　034890
百年风云:近代/詹海编著;陈济生绘.—济南:明天出版社,1995.4.—122 页;20cm.—(全国小学生课外丛书/李仲汉主编)
全套 120 册,总定价:385.00 元
ISBN 7-5332-2142-7:¥0.00

K250.9　034891
变革图强 振兴中华:近代中国寻找救国救民真理的历程/李少军,宋俭著.—武汉:武汉大学出版社,1995.3.—304 页;19cm.—(爱国主义教育文库·历史/朱雷,王承仁主编)
ISBN 7-307-01888-8:¥4.80

K250.9　034892
近代风云七字歌/刘毅然编著.—北京:语文出版社,1995.9.—145 页;19cm.—(爱我中华注音歌谣丛书)
ISBN 7-80126-011-2:¥5.50

K250.9　034893
中国百年风云录/王春南等著.—2 版.—南京:江苏教育出版社,1995.10.—624 页:照片;20cm
ISBN 7-5343-1519-0(精装):¥30.55

K250.9　034894
中国国情五字歌/刘毅然编著.—北京:语文出版社,1995.10.—111 页;19cm.—(爱我中华注音歌谣丛书)
ISBN 7-80126-015-5:¥4.50

K250.9　034895
主权沦丧 国耻毋忘:帝国主义对近代中国的疯狂侵略和掠夺/李天松,彭敦文主编.—武汉:武汉大学出版社,1995.4.—313 页;19cm.—(爱国主义教育文库·历史/朱雷,王承仁主编)
ISBN 7-307-01887-X:¥4.80

K251　034896
中国近代反侵略斗争史话/许华编著.—北京:北京科学技术出版社,1995.1.—127 页;19cm.—(中国历史知识全书·重大事件/朱仲玉主编)
ISBN 7-5304-1637-5:¥3.90

K251　034897
中国近代革命运动/朱大平,张晓青编著.—北京:北京科学技术出版社,1995.1.—111 页;19cm.—(中国历史知识全书·重大事件/朱仲玉主编)
ISBN 7-5304-1636-7:¥3.90

K252　034898
中西体用之间:晚清中西文化观述论/丁伟志,陈崧著.—北京:中国社会科学出版社,1995.5.—420 页;20cm
ISBN 7-5004-1644-X:¥25.00

①K253.06②K827.52　034899
鸦片战争与林则徐研究备览/萧致治主编.—武汉:湖北人民出版社,1995.9.—645 页;20cm
ISBN 7-216-01760-9:¥20.80

K253.07　034900
天朝的崩溃:鸦片战争再研究/茅海建著.—北京:三联书店,1995.4.—600 页;20cm.—(三联·哈佛燕京学术丛书·第二辑)
ISBN 7-108-00757-6:¥22.00

K254　034901
太平天国历史论丛/陈恭禄著.—广州:广东人民出版社,1995.4.—243 页;20cm
ISBN 7-218-01064-4:¥9.60

K254-53　034902
太平天国史丛考:丙集/罗尔纲著.—北京:三联书店,1995.5.—584 页;20cm.—(太平天国史论文集;第

十集)

ISBN 7-108-00619-7: ¥29.80

K254-53 034903

太平天国史丛考:乙集/罗尔纲著.—北京:三联书店,1995.5.—488 页;20cm.—(太平天国史论文集;第九集)

ISBN 7-108-00800-9: ¥25.00

K254-61 034904

太平天国大辞典/郭毅生,史式主编.—北京:中国社会科学出版社,1995.5.—1043 页;19cm

ISBN 7-5004-1494-3(精装): ¥58.00

K254.06 034905

戈登在中国/(英)艾伦(Allen, B. M.)著;孙梁编译.—上海:上海古籍出版社,1995.3.—300 页:照片;19cm

书名原文:Gordon in China

ISBN 7-5325-1754-3: ¥10.20

K254.063 034906

清政府镇压太平天国档案史料 第二十册/薛瑞录主编;中国第一历史档案馆编.—北京:社会科学文献出版社,1995.12.—677 页;20cm

ISBN 7-80050-575-8: ¥28.30

K254.063 034907

清政府镇压太平天国档案史料 第十九册/吕坚主编;中国第一历史档案馆编.—北京:社会科学文献出版社,1995.9.—684 页;20cm

ISBN 7-80050-574-X: ¥28.60

K254.2 034908

太平天国政权建设/梁义群著.—南宁:广西人民出版社,1995.7.—363 页;20cm.—(太平天国史丛书/钟文典主编)

ISBN 7-219-02977-2: ¥12.80

K254.42 034909

洪门真史/秦宝琦著.—福州:福建人民出版社,1995.3.—401 页:图;20cm

ISBN 7-211-02226-4: ¥12.50

K256.2 034910

中法战争 第二册/张振鹍主编.—北京:中华书局,1995.11.—816 页;20cm.—(中国近代史资料丛刊续编)

ISBN 7-101-01327-9(精装): ¥47.00

K256.3 034911

甲午战争启示录/孙克复,焦润明主编.—沈阳:辽宁人民出版社,1995.7.—315 页;20cm

ISBN 7-205-03119-2: ¥10.00

K256.3 034912

中国甲午战争博物馆/戚俊杰主编. 济南:山东大学出版社,1995.3.—210 页;28cm

ISBN 7-5607-1453-6: ¥40.00

K256.3 034913

中日战争 第十册/戚其章主编.—北京:中华书局,1995.11.—470 页;20cm.—(中国近代史资料丛刊续编)

ISBN 7-101-01307-4(精装): ¥39.00

K256.3-53 034914

甲午百年祭:多元视野下的中日战争/杨念群主编.—北京:知识出版社,1995.1.—306 页;20cm

ISBN 7-5015-1134-9: ¥11.50

K256.3-53 034915

甲午战争与近代中国和世界:甲午战争 100 周年国际学术讨论会文集 /戚其章,王如绘主编.—北京:人民出版社,1995.12.—1198 页;20cm

ISBN 7-01-002217-8(精装): ¥52.65

K256.3-53 034916

甲午战争与翁同龢/孙坤保,王汝丰主编;常熟市人民政府,中国史学会编 .—北京:中国人民大学出版社,1995.11.—322 页;20cm

ISBN 7-300-02099-2: ¥15.00

K256.5 034917

世纪晚钟:紫禁城里的最后改革/张建伟著.—北京:国际文化出版公司,1995.12.—406 页:照片;20cm

ISBN 7-80105-299-4: ¥18.00

K256.5 034918

中国近代的维新变法/范瑞祥,刘筱霞编著.—北京:北京科学技术出版社,1995.1.—104 页;19cm.—(中国历史知识全书·重大事件/朱仲玉主编)

ISBN 7-5304-1635-9: ¥3.90

K256.7-61 034919

义和团大辞典/廖一中主编.—北京:中国社会科学出版社,1995.12.—505 页;19cm

ISBN 7-5004-1618-0(精装): ¥42.00

K256.9 034920

帮会势力珍闻/闻湜主编.—北京:中国文史出版社,1995.1.—310 页;19cm.—(近代风云实录)

ISBN 7-5034-0707-7: ¥9.10

K256.9 034921

豪强实录/闻湜主编.—北京:中国文史出版社,1995.1.—205 页;19cm.—(近代风云实录)

ISBN 7-5034-0705-0: ¥6.10

①K257.1②K827.6 034922

黄兴研究论文集/《黄兴研究论文集》编辑委员会编.—武汉:武汉出版社,1995.10.—365 页;20cm

ISBN 7-5430-1417-3: ¥15.00

K258.9 034923

民国四大奇案/闻湜主编.—北京:中国文史出版社,1995.1.—290 页;19cm.—(近代风云实录)

ISBN 7-5034-0708-5: ¥8.40

K26 034924

中国革命的理论与实践/何锡毅等主编;《中国革命的理论与实践》编写组编.—济南:黄河出版社,1995.5.—273 页;20cm

山东省高等学校"两课"教改试用教材

ISBN 7-80558-602-0: ¥7.20

K26 034925

中国革命史话:1919~1949 第八卷:弃嫌结盟/夏以溶主编;夏以溶著.—长沙:湖南少年儿童出版社,1995.12.—312 页:照片;20cm

ISBN 7-5358-1118-3(精装): ¥14.70

K26 034926
中国革命史话:1919~1949 第二卷:东亚朝晖/夏以溶主编;汪丰敢,刘一民著.—长沙:湖南少年儿童出版社,1995.12.—299 页:照片;20cm
ISBN 7-5358-1112-4(精装):¥14.40

K26 034927
中国革命史话:1919~1949 第九卷:血肉长城/夏以溶主编;张为波著.—长沙:湖南少年儿童出版社,1995.12.—301 页:照片;20cm
ISBN 7-5358-1119-1(精装):¥14.50

K26 034928
中国革命史话:1919~1949 第六卷:铁流万里/夏以溶主编;高守溶,段扬著.—长沙:湖南少年儿童出版社,1995.12.—294 页:照片;20cm
ISBN 7-5358-1116-7(精装):¥14.20

K26 034929
中国革命史话:1919~1949 第七卷:救亡御侮/夏以溶主编;夏以溶著.—长沙:湖南少年儿童出版社,1995.12.—308 页:照片;20cm
ISBN 7-5358-1117-5(精装):¥14.60

K26 034930
中国革命史话:1919~1949 第三卷:大革命潮/夏以溶主编;唐恒博著.—长沙:湖南少年儿童出版社,1995.12.—307 页:照片;20cm
ISBN 7-5358-1113-2(精装):¥14.60

K26 034931
中国革命史话:1919~1949 第十卷:命运决战/夏以溶主编;胡大牛著.—长沙:湖南少年儿童出版社,1995.12.—315 页:照片;20cm
ISBN 7-5358-1120-5(精装):¥14.80

K26 034932
中国革命史话:1919~1949 第四卷:北伐凯歌/夏以溶主编;赵东亮,钟钢著.—长沙:湖南少年儿童出版社,1995.12.—289 页:照片;20cm
ISBN 7-5358-1114-0(精装):¥14.20

K26 034933
中国革命史话:1919~1949 第五卷:江南星火/夏以溶主编;侯德础,田利军著.—长沙:湖南少年儿童出版社,1995.12.—335 页:照片;20cm
ISBN 7-5358-1115-9(精装):¥15.30

K26 034934
中国革命史话:1919~1949 第一卷:睡狮初醒/夏以溶主编;吴少霖等箴著.—长沙:湖南少年儿童出版社,1995.12.—309 页:照片;20cm
ISBN 7-5358-1111-6(精装):¥15.20

K26 034935
中国革命与对外关系/杨云若等著.—合肥:安徽人民出版社,1995.9.—391 页;20cm
ISBN 7-212-01222-X:¥12.00

K26 034936
中国革命与现代化史论/史会来主编.—哈尔滨:哈尔滨工业大学出版社,1995.9.—307 页;19cm
ISBN 7-5603-1112-1:¥10.10

K26 034937
中国革命与中国现代化/丁三青等著.—徐州:中国矿业大学出版社,1995.10.—329 页;20cm
ISBN 7-81040-427-X:¥13.50

K26 034938
中国现代史/宋仲福,徐世华主编.—北京:中国档案出版社,1995.7.—2 册;20cm
ISBN 7-80019-543-0:¥30.50

K26 034939
中国现代史教学与研究/柏福临,王作坤编著.—长春:吉林大学出版社,1995.8.—528 页;20cm
ISBN 7-5601-1823-2:¥13.80

K26 034940
中国新民主主义革命史长编:从内战到抗战:1935~1937/李新,陈铁健总主编;李义彬分主编.—上海:上海人民出版社,1995.7.—783 页;20cm
ISBN 7-208-02080-9:¥38.00

K26 034941
中国新民主主义革命史长编:坚持抗战 苦撑待变:1938~1941/李新,陈铁健总主编;李隆基,王玉祥分主编.—上海:上海人民出版社,1995.8.—594 页;20cm
ISBN 7-208-02057-4:¥29.00

K26 034942
中国新民主主义革命史长篇:全民抗战 气壮山河:1937~1938/李新,陈铁健总主编;李良志等分主编.—上海:上海人民出版社,1995.7.—574 页;20cm
ISBN 7-208-02024-8:¥28.00

K26 034943
中国新民主主义革命史长篇:同盟抗战 赢得胜利:1941~1945/李新,陈铁健总主编;李良志,李隆基分主编.—上海:上海人民出版社,1995.8.—722 页;20cm
ISBN 7-208-02058-2:¥34.30

K26-61 034944
中共党史·中国革命史·中国近现代史常用词汇简编/王淑增等主编 .—徐州:中国矿业大学出版社,1995.6.—716 页;20cm
ISBN 7-81040-379-6:¥23.00

K260.6 034945
世纪档案:1895~1995:影响 20 世纪中国历史进程的 100 篇文章/谭合成,江山主编.—北京:中国档案出版社,1995.12.—658 页:照片;20cm
ISBN 7-80019-585-6:¥28.00

K261.1 034946
北京大学与五四运动/萧超然著.—2 版.—北京:北京大学出版社,1995.12.—383 页:照片;20cm
ISBN 7-301-02904-7:¥32.00

K261.3 034947
江西工人运动史:1862~1949/支国华,童道文主编;江西省总工会编.—南昌:江西人民出版社,1995.3.—371 页;20cm
ISBN 7-210-01447-0:¥12.00

K261.39 034948
山东煤矿工人运动史/石绍敏主编.—北京:煤炭工业出版社,1995.10.—260 页;20cm
ISBN 7-5020-1232-X:¥18.80

K261.39 034949
上海江南造船厂工人运动史/《上海江南造船厂工人运动史》编写组编.—北京:中共党史出版社,1995.3.—424页:照片;20cm.—(上海工厂企业党史工运史丛书·第二辑)
ISBN 7-80023-847-4:¥23.00

K262.23 034950
沙基痛史/钱义璋编.—广州:广东人民出版社,1995.12.—238页;20cm
ISBN 7-218-02028-3:¥15.00

K262.34 034951
北伐秘史/刘秉荣著.—北京:知识出版社,1995.9.—2册(953页):图;20cm
ISBN 7-5015-1296-5:¥34.80

K262.34 034952
北伐在东路/曾宪恒著.—广州:广东高等教育出版社,1995.6.—197页;20cm
ISBN 7-5361-1714-0:¥8.30

K262.6 034953
国共关系30年概论/薛生平著.—北京:长征出版社,1995.3.—169页;19cm
ISBN 7-80015-341-X:¥5.50

K263 034954
天府兵暴:泸顺起义/陈钧著.—郑州:海燕出版社,1995.1.—242页;20cm
ISBN 7-5350-1113-6:¥5.80

K263 034955
土地革命战争时期各地武装起义:广西地区/中国人民解放军历史资料丛书编审委员会编.—北京:解放军出版社,1995.10.—666页;26cm.—(中国人民解放军历史资料丛书)
ISBN 7-5065-2832-0(精装):¥58.00

K263 034956
土地革命战争史新论/王荣先主编.—北京:中共中央党校出版社,1995.5.—438页;20cm
ISBN 7-5035-1057-9:¥11.00

K263.4 034957
天下第一山/毛秉华主讲.—2版.—南昌:江西人民出版社,1995.5.—211页:照片;19cm
ISBN 7-210-01508-6:¥6.50

K263.5 034958
新桂系史　第二卷/莫济杰,(美)陈福霖主编;徐方治等本卷编著.—南宁:广西人民出版社,1995.11.—422页;20cm
ISBN 7-219-03012-6:¥16.00

K263.5 034959
新桂系史　第三卷/莫济杰,(美)陈福霖主编;谭纪等本卷编著.—南宁:广西人民出版社,1995.8.—338页;20cm
ISBN 7-219-03013-4:¥13.00

K264 034960
东北军与民众抗日救亡运动/中共东北军党史组编.—北京:中共党史出版社,1995.3.—226页;20cm.—(中共东北军党史丛书)
ISBN 7-80023-808-3:¥9.70

K264 034961
中国局部抗战史略:从"九一八"到"七七"/刘庭华著.—北京:军事科学出版社,1995.7.—297页:照片;20cm.—(纪念抗日战争及世界反法西斯战争胜利五十周年丛书)
ISBN 7-80021-835-X:¥11.60

K264.3 034962
不屈的黑土地:东北人民的抗日斗争/王忠志主编.—沈阳:辽宁人民出版社,1995.6.—139页;19cm
ISBN 7-205-03351-9:¥3.50

K264.3 034963
黑白关东/全勇著.—北京:中国档案出版社,1995.7.—450页:照片;20cm
ISBN 7-80019-545-7:¥16.80

K264.3 034964
平顶山惨案/佟达著.—沈阳:辽宁大学出版社,1995.7.—436页:照片;20cm
ISBN 7-5610-3005-3(精装):¥20.00

K264.3 034965
日军七三一部队罪行见证　第一部/韩晓,金成民编著.—哈尔滨:黑龙江人民出版社,1995.4.—199页;19cm
ISBN 7-207-03128-9:¥14.00

K264.3 034966
营口人民反日斗争史/张庆斌主编;中共营口市委党史研究室编.—北京:中共党史出版社,1995.7.—285页;20cm
ISBN 7-80023-903-9:¥8.00

K264.32 034967
长城抗战/江绍贞著.—郑州:河南人民出版社,1995.6.—295页;20cm.—(中华民国史丛书/张宪文,黄美真主编)
ISBN 7-215-03475 5:¥13.50

K264.406 034968
国民党军追堵红军长征和西路军西进档案史料汇编/方荣主编;甘肃省档案馆编.—北京:中国档案,1995.10.—304页:照片;20cm
ISBN 7-80019-517-1:¥18.00

①K264.406②E297.2 034969
红军长征·文献/中国人民解放军历史资料丛书编审委员会编.—北京:解放军出版社,1995.5.—1200页;26cm.—(中国人民解放军历史资料丛书)
ISBN 7-5065-2379-5(精装):¥80.00

K265 034970
28名侵华战犯奸淫杀戮大忏悔/黄海舟,郭金才编.—西宁:青海人民出版社,1995.7.—2册;26cm
ISBN 7-225-01047-6:¥8.50

K265 034971
爱国主义的光辉篇章:纪念中国抗日战争胜利50周年/新华社湖南图片社编.—长沙:湖南美术出版社,1995.5.—40张;26cm
图片集
ISBN 7-5356-1714-X:¥70.00

K265 034972
八路军新四军全面抗战实纪/金涛编著.—济南:黄河出版社,1995.5.—330 页;19cm
ISBN 7-80558-599-7:¥8.60

K265 034973
北京地区抗日斗争事迹选/荣大为主编;首都博物馆编.—北京:中国人民公安大学出版社,1995.4.—67 页;19cm
ISBN 7-81011-722-X:¥2.50

K265 034974
不屈的大都市:上海人民抗日斗争大观/陶柏康主编.—上海:文汇出版社,1995.5.—233 页;20cm
ISBN 7-80531-349-0:¥20.00

K265 034975
长城魂:纪念中国抗日战争胜利 50 周年展览挂图/人民出版社编辑部编.—北京:人民出版社,1995.4.—48 张;53×38cm
ISBN 7-01-002188-0:¥80.00

K265 034976
长沙文化城:抗战初期长沙抗日救亡文化运动实录/黎维新,周德辉主编;湖南省新闻出版局,湖南省文化厅史志办编.—长沙:湖南出版社,1995.7.—728 页:照片;20cm
ISBN 7-5438-1003-4:¥25.00

K265 034977
大肃奸/完颜绍元著.—上海:上海远东出版社,1995.8.—285 页;20cm.—(第二次世界大战中国战区纪实丛书)
ISBN 7-80613-081-0:¥10.50

K265 034978
定远抗日烽火/朱开惠,刘广和总编;中共定远县委党史办公室,定远县新四军历史研究会编.—北京:方志出版社,1995.12.—284 页:彩照;20cm.—(安徽省中共党史资料丛书)
ISBN 7-80122-057-9:¥16.80

K265 034979
福建抗战纪事/中共福建省委党史研究室编.—厦门:鹭江出版社,1995.12.—321 页;20cm
ISBN 7-80610-284-1:¥14.50

K265 034980
广西儿女抗日亲历记:纪念中国人民抗日战争胜利 50 周年:1945～1995/广西区政协文史资料委员会编.—南宁:广西人民出版社,1995.8.—421 页;20cm
ISBN 7-219-03017-7:¥9.00

K265 034981
国魂:中国抗日战争纪实/李禹著.—北京:中共中央党校出版社,1995.8.—456 页;20cm
ISBN 7-5035-1236-9:¥17.80

K265 034982
黑龙江抗日烽火/孙雅坤主编;中共黑龙江省委党史研究室编.—长春:吉林大学出版社,1995.8.—535 页;20cm
ISBN 7-5601-1770-8:¥17.50

K265 034983
湖南抗日战争史/萧栋梁,余应彬著.—长沙:湖南教育出版社,1995.5.—427 页;20cm
ISBN 7-5355-2192-4:¥16.00

K265 034984
华北历次大惨案/中央档案馆等编.—北京:中华书局,1995.5.—721 页:照片;20cm.—(日本帝国主义侵华档案资料选编;11)
ISBN 7-101-01275-2(精装):¥38.00

K265 034985
还我河山:中共领导抗战纪实/王玉平,刘根报著.—石家庄:河北人民出版社,1995.8.—312 页;20cm
ISBN 7-202-01771-7:¥15.00

K265 034986
济南抗战风云录/中共济南市委宣传部,中共济南市委党史委编.—济南:济南出版社,1995.7.—266 页;20cm
ISBN 7-80572-936-0:¥8.80

K265 034987
江苏抗战风云录/中共江苏省委党史工作委员会编.—南京:江苏人民出版社,1995.7.—491 页;20cm
ISBN 7-214-01506-4:¥14.00

K265 034988
津沽怒涛:天津人民抗日斗争史话/中共天津市委党史资料征集委员会编.—天津:天津古籍出版社,1995.8.—213 页:照片;20cm
ISBN 7-80504-457-0:¥9.80

K265 034989
抗日战争时期澄西地区的大刀会/俞迺章著.—北京:中国社会出版社,1995.8.—72 页;19cm
ISBN 7-80088-666-2:¥4.50

K265 034990
抗日战争时期的西安八办/熊美杰,刘彤璧主编;中共陕西省委党史研究室,八路军西安办事处纪念馆编.—西安:陕西人民出版社,1995.7.—376 页:照片;20cm
ISBN 7-224-03931-4:¥12.80

K265 034991
抗日战争写真/廖盖隆主编.—北京:人民出版社,1995.10.—339 页;26cm
ISBN 7-01-002304-2(精装):¥80.00

K265 034992
抗日战争中的青浦/中共青浦县委宣传部等编.—上海:上海社会科学院出版社,1995.7.—193 页:照片;19cm
ISBN 7-80618-129-6:¥15.00

K265 034993
抗战中的温州/薛振安主编;中共温州市委宣传部,温州市教育委员会编.—杭州:浙江人民出版社,1995.9.—67 页;19cm
ISBN 7-213-01278-9:¥2.80

K265 034994
牢记血泪史:侵华日军在昆暴行录/王道伟主编.—上海:上海科学技术文献出版社,1995.11.—131 页;19cm

ISBN 7-5439-0886-7: ¥5.00

K265　　034995

历史不能忘记:纪念抗日战争胜利50周年/中共开封市委党史办公室编著 .—郑州:中州古籍出版社,1995.7.—173页;20cm.—(抗战志简编)

ISBN 7-5348-1388-3: ¥7.00

K265　　034996

林口抗日烽火/陈泓友主编;中共林口县委员会,林口县人民政府编.—牡丹江:黑龙江朝鲜民族出版社,1995.10.—139页;20cm

ISBN 7-5389-0600-2: ¥3.00

K265　　034997

奇观·壮举·伟业:纪念抗日战争胜利50周年/范圣予主编;甘肃省马克思主义理论课协作组编.—兰州:兰州大学出版社,1995.7.—367页;20cm

ISBN 7-311-00891-3: ¥18.00

K265　　034998

前事不忘,后事之师:纪念中国抗日战争胜利50周年挂图 /长城出版社编辑 .—北京:长城出版社,1995.5.—12张;52×37cm

ISBN 7-80017-246-5: ¥14.00

K265　　034999

侵华日军在皖罪行录/王泽华主编;中共安徽省委党史工作委员会编.—合肥:安徽人民出版社,1995.8.—234页;19cm.—(安徽省中共党史资料丛书)

ISBN 7-212-01225-4: ¥6.50

K265　　035000

侵华日军罪行录/李建军等编撰.—贵阳:贵州人民出版社,1995.4.—256页;19cm.—(纪念抗日战争胜利50周年丛书)

ISBN 7-221-03765-5: ¥6.40

K265　　035001

青山魂:纪念抗日战争胜利50周年/土默特右旗党史办、教育局、档案馆编.—呼和浩特:内蒙古人民出版社,1995.6.—216页;20cm

ISBN 7-204-02808-2: ¥7.40

K265　　035002

让历史告诉未来:纪念世界反法西斯战争中国抗日战争胜利50周年知识500题/刘宝主编.—哈尔滨:黑龙江人民出版社,1995.5.—211页;19cm

ISBN 7-207-03130-0: ¥4.50

K265　　035003

人民的胜利:纪念山东抗日战争胜利50周年:图片集/中共山东省委宣传部编.—济南:山东画报出版社,1995.7.—48张;30cm

¥22.00

K265　　035004

三湘抗日纪实/中共湖南省委党史委编著.—长沙:湖南师范大学出版社,1995.7.—302页;19cm

ISBN 7-81031-438-6: ¥9.00

K265　　035005

陕西军民抗战纪事/熊美杰,宋新勇主编;中共陕西省委党史研究室编.—西安:陕西人民出版社,1995.7.—435页;20cm

ISBN 7-224-03932-2: ¥11.70

K265　　035006

神圣抗战/阮家新等编著.—3版.—北京:中国少年儿童出版社,1995.7.—305页:照片;20cm

ISBN 7-5007-1161-1: ¥10.80

K265　　035007

为了祖国与和平:中国抗日战争风云录/何理主编.—北京:学习出版社,1995.4.—234页;19cm

ISBN 7-80116-048-7: ¥6.00

K265　　035008

伟大的胜利:纪念中国人民抗日战争胜利50周年/北京市社会科学界联合会主编.—北京:同心出版社,1995.8.—544页;20cm

ISBN 7-80593-151-8: ¥22.00

K265　　035009

武汉抗战史/欧阳植梁,陈芳国主编.—武汉:湖北人民出版社,1995.7.—589页;20cm

ISBN 7-216-01738-2: ¥22.00

K265　　035010

血肉长城:山东人民抗日战争史实精选/中共山东省委党史研究室编 .—济南:山东人民出版社,1995.7.—414页;20cm

ISBN 7-209-01775-5: ¥12.80

K265　　035011

永志不忘:德州军民抗日斗争纪实/王传龙主编.—天津:百花文艺出版社,1995.9.—481页;19cm

ISBN 7-5306-2106-8: ¥16.80

K265　　035012

豫北抗日将士浴血记/申泽田等主编.—郑州:河南人民出版社,1995.8.—302页:照片;20cm

ISBN 7-215-03843-2: ¥10.00

K265　　035013

豫西抗日斗争史话/贾天运,祁胜利编著.—郑州:中州古籍出版社,1995.9.—148页;19cm

ISBN 7-5348-1409-X: ¥6.80

K265　　035014

云南抗日战争史:1937~1945/孙代兴,吴宝璋主编.—昆明:云南大学出版社,1995.7.—398页:照片;20cm

ISBN 7-81025-548-7: ¥17.50

K265　　035015

浙江抗日战争史/楼子芳主编.—杭州:杭州大学出版社,1995.6.—391页;20cm

ISBN 7-81035-806-5: ¥13.00

K265　　035016

侦讯日本战犯纪实:太原:1952~ 1956/山西省人民检察院编.—北京:新华出版社,1995.8.—573页;20cm

ISBN 7-5011-2949-5(精装): ¥45.00

K265　　035017

镇江抗日史话/镇江市地方志办公室编.—南京:江苏古籍出版社,1995.5.—236页;19cm.—(镇江地情资料丛书;2)

ISBN 7-80519-628-1: ¥4.50

K265　　035018

中国抗日游击战争史/张宏志著.—西安:陕西人民出版社,1995.8.—1051页:照片;20cm

ISBN 7-224-03789-3(精装):¥44.50

K265 **035019**

中国抗日战争大典/刘志强主编.—长沙:湖南出版社,1995.7.—878页;26cm

ISBN 7-5438-1026-3(精装):¥85.00

K265 **035020**

中国抗日战争简史/索红群著.—赤峰:内蒙古科学技术出版社,1995.2.—120页;19cm

ISBN 7-5380-0279-0:¥4.50

K265 **035021**

中国抗日战争图志/杨克林,曹红著.—广州:广东旅游出版社,1995.1.—1089页;29cm

ISBN 7-80521-541-3(精装):¥398.00

K265 **035022**

中华民族抗日战争史:1931~1945/王秀鑫,郭德宏主编;中共中央党史研究室第一研究部著.—北京:中共党史出版社,1995.8.—764页;20cm

ISBN 7-80023-883-0:¥24.50

K265 **035023**

中华民族生死存亡之战/肖文豪,罗义贤主编.—贵阳:贵州人民出版社,1995.4.—214页;19cm.—(纪念抗日战争胜利50周年丛书)

ISBN 7-221-03761-2:¥5.60

K265 **035024**

重庆人民对抗战的贡献/彭承福主编.—重庆:重庆出版社,1995.8.—275页;20cm.—(重庆抗战丛书/徐朝鉴主编)

ISBN 7-5366-3122-7:¥12.50

①K265②D634.2 **035025**

抗日华侨与延安/李彬,马玉卿主编;中共陕西省委党史研究室编.—西安:陕西人民出版社,1995.7.—253页;20cm.—(时代与人丛书/李彬主编)

ISBN 7-224-03926-8:¥7.80

①K265②E297.3 **035026**

八路军抗战史/平山著.—广州:广东人民出版社,1995.8.—405页;20cm

ISBN 7-218-01651-0:¥18.00

①K265②G122 **035027**

碧血烽火铸国魂:中华民族凝聚力与抗日战争/孔庆榕主编;广东中华民族文化促进会等编.—广州:广东人民出版社,1995.8.—430页;20cm.—(中华民族凝聚力研究丛书)

ISBN 7-218-01667-7:¥16.00

①K265②G122 **035028**

中国东南抗战文化史论/王嘉良等著.—杭州:浙江人民出版社,1995.1.—247页;20cm

ISBN 7-213-00985-0:¥8.00

①K265②I25 **035029**

129师征战纪实/张军赋等著.—北京:中共中央党校出版社,1995.2.—343页;20cm.—(抗日军魂)

ISBN 7-5035-1182-6:¥13.00

①K265②I25 **035030**

山河呼啸:八路军一二九师征战实录/刘泰著.—长沙:湖南出版社,1995.6.—380页;20cm.—(中国共产党武装力量抗战纪实丛书)

ISBN 7-5438-0988-5(精装):¥21.70

①K265②I25 **035031**

血肉长城:中国抗日战争著名战役纪实/贺新城主编;杨树杰等著.—北京:世界知识出版社,1995.2.—677页:图;20cm.—(二战纪实丛书·走向胜利之路)

ISBN 7-5012-0665-1:¥20.00

①K265②I25 **035032**

中国共产党领导抗日战争纪实/仇万红等著.—长春:吉林人民出版社,1995.8.—864页;20cm

ISBN 7-206-02297-9(精装):¥35.00

①K265②J228.4 **035033**

抗日战争史　第1卷:走向战争:绘画本/林瑛珊主编;李继锋,陈红民编著;王龙伟等绘.—沈阳:辽宁美术出版社,1995.8.—318页;20cm

ISBN 7-5314-1331-0:¥17.00

①K265②J228.4 **035034**

抗日战争史　第2卷:全民抗战:绘画本/林瑛珊主编;李继锋,陈红民编著;刘铁泉等绘.—沈阳:辽宁美术出版社,1995.8.—354页;20cm

ISBN 7-5314-1332-9:¥17.00

①K265②J228.4 **035035**

抗日战争史　第3卷:艰苦岁月:绘画本/林瑛珊主编;陈红民,李继锋编著;赫永昌等绘.—沈阳:辽宁美术出版社,1995.8.—370页;20cm

ISBN 7-5314-1333-7:¥17.00

①K265②J228.4 **035036**

抗日战争史　第4卷:胜利受降:绘画本/林瑛珊主编;陈红民,李继锋编著;黄洪涛等绘.—沈阳:辽宁美术出版社,1995.8.—312页;20cm

ISBN 7-5314-1334-5:¥17.00

①K265②K152 **035037**

中国抗日战争与第二次世界大战系年要录·统计荟萃:1931~1945/刘庭华编著.—2版(修订本).—北京:海潮出版社,1995.1.—451页;20cm

ISBN 7-80054-595-4(精装):¥22.00

K265-53 **035038**

不屈的民族 伟大的胜利:吉林省纪念抗日战争胜利50周年学术讨论会获奖论文集/李卫东等主编.—北京:中共党史出版社,1995.12.—454页;20cm

ISBN 7-80023-998-5:¥18.70

K265-53 **035039**

记住这段历史:纪念中国人民抗日战争胜利50周年/解放军总政治部宣传部,人民日报社国内政治部编.—北京:解放军出版社,1995.10.—276页;20cm

ISBN 7-5065-2733-2:¥11.50

K265-53 **035040**

抗日战争与民族振兴/李秉刚,戴茂林主编.—沈阳:东北大学出版社,1995.12.—345页;20cm.—(辽宁省党校系统科研协作丛书)

本套书共6册,总定价:60.00元

ISBN 7-81054-046-7:¥0.00

K265-53 035041

历史的丰碑:四川省高校纪念抗日战争和世界反法西斯战争胜利五十周年理论成果荟萃/四川省教育委员会编.—成都:西南财经大学出版社,1995.8.—503页;20cm

ISBN 7-81017-998-5:¥22.00

K265-53 035042

战争奇观 民族壮举:纪念抗日战争胜利50周年论文集/徐红主编;军事科学院编.—北京:军事科学出版社,1995.11.—547页;20cm

ISBN 7-80021-908-9:¥35.00

K265-61 035043

中国抗日战争大辞典/章绍嗣等主编.—武汉:武汉出版社,1995.4.—1242页:照片;26cm

ISBN 7-5430-1322-3(精装):¥120.00

K265-64 035044

全民族的伟大胜利:纪念抗日战争胜利50周年图片展/中国第二历史档案馆编.—南京:江苏人民出版社,1995.5.—24张;38cm

¥38.00

K265.03 035045

抗战时期的文化教育/戴知贤,李良志主编;中国抗日战争史学会,中国人民抗日战争纪念馆编.—北京:北京出版社,1995.7.—489页;20cm.—(中国抗日战争史丛书)

ISBN 7-200-02702-2:¥16.70

K265.06 035046

烽火抗战:蚌埠抗日战争史料选/王廷连主编;中共蚌埠市委党史办公室编.—合肥:安徽大学出版社,1995.7.—363页;20cm.—(安徽省中共党史资料丛书)

ISBN 7-81052-004-0:¥11.20

K265.06 035047

河南抗日战争纪事/申志诚主编.—郑州:河南人民出版社,1995.6.—458页;20cm

ISBN 7-215-03439-9:¥15.00

K265.06 035048

黄河在咆哮:纪念中国人民抗日战争伟大胜利/袁伟,周岩主编;中国军事博物馆编.—沈阳:沈阳出版社,1995.8.—313页:照片;37cm

ISBN 7-5441-0403-6(精装):¥360.00

K265.06 035049

抗日战争时期资料 下卷/许朝成主编;中共铜陵市委党史工作委员会办公室编.—合肥:安徽人民出版社,1995.10.—293页;20cm.—(中共铜陵历史资料丛书;3)

ISBN 7-212-01255-6:¥9.30

K265.06 035050

抗战后方重镇汉中/汉中市史志办公室编.—西安:西北大学出版社,1995.7.—173页:照片;19cm

ISBN 7-5604-0927-X:¥8.50

K265.06 035051

抗战纪事/舒乙主编;中国人民政治协商会议北京市委员会文史资料委员会编.—北京:北京出版社,1995.7.—537页:照片;20cm

ISBN 7-200-02732-4:¥23.50

K265.06 035052

抗战时期的厦门/洪卜仁主编;厦门市政协文史资料委员会编.—厦门:鹭江出版社,1995.8.—190页;20cm

ISBN 7-80610-210-8:¥9.50

K265.06 035053

抗战写真/霜舟编著.—武汉:湖北人民出版社,1995.7.—287页;20cm

ISBN 7-216-01737-4:¥9.50

K265.06 035054

历史,不能忘记/侯玉琪,黄新茂主编.—杭州:浙江人民出版社,1995.5.—148页;19cm

纪念抗日战争胜利50周年读书活动用书

ISBN 7-213-01268-1:¥2.90

K265.06 035055

中国复兴枢纽/刘大年,白介夫主编;中国抗日战争史学会,中国人民抗日战争纪念馆编.—北京:北京出版社,1995.7.—537页;20cm.—(中国抗日战争史丛书)

ISBN 7-200-02722-7:¥18.50

K265.06 035056

中国抗日战争秘闻/林治波主编.—北京:北京出版社,1995.5.—424页;20cm

ISBN 7-200-02664-6:¥13.80

①K265.06②D634.3-09 035057

海外侨胞与抗日战争/黄小坚等著;中国抗日战争史学会,中国人民抗日战争纪念馆编.—北京:北京出版社,1995.7.—496页;20cm.—(中国抗日战争史丛书)

ISBN 7-200-02691-3:¥17.10

K265.066 035058

邹长抗日烽火录:纪念抗日战争胜利50周年/张方泰主编;中共邹平县委党史资料征集研究委员会,邹平县档案局编.—济南:黄河出版社,1995.7.—331页;20cm

ISBN 7-80558-640-3:¥12.50

K265.07 035059

民族的苦难 民族的骄傲:抗日战争史新论/杨树标,梁敬明主编.—杭州:杭州大学出版社,1995.7.—313页;20cm

ISBN 7-81035-810-3:¥10.00

K265.09 035060

碧血丹心:喋血抗战的民族英烈/司徒清等著.—太原:山西教育出版社,1995.6.—191页;19cm.—(中国抗日战争大写实丛书/陈国民等主编)

ISBN 7-5440-0746-4:¥5.50

K265.09 035061

大地重光:记八年抗战/常迺媛等著.—太原:山西教育出版社,1995.6.—180页;19cm.—(中国抗日战争大写实丛书/陈国民等主编)

ISBN 7-5440-0742-1:¥5.60

K265.09 035062

烽火忆抗战/魏久明主编.—北京:人民出版社,1995.8.—696页:照片;20cm

ISBN 7-01-002281-X:¥38.00

K265.09　035063

海外同仇:支援中国抗战的国际战士/刘克军等著.—太原:山西教育出版社,1995.6.—202页;19cm.—(中国抗日战争大写实丛书/陈国民等主编)

ISBN 7-5440-0749-9:¥5.70

K265.09　035064

民族之魂/郭仁编.—北京:中国妇女出版社,1995.8.—128页;19cm.—(爱国主义教育丛书·民族史诗—壮哉,中国人丛书/穆宪主编)

全套共10册,总定价:66.00元

ISBN 7-80016-936-7:¥0.00

K265.09　035065

民族之杰/浩炎编.—北京:中国妇女出版社,1995.8.—127页;19cm.—(爱国主义教育丛书·民族史诗—壮哉,中国人丛书/穆宪主编)

全套共10册,总定价:66.00元

ISBN 7-80016-936-7:¥0.00

K265.09　035066

民族之泪/方云编.—北京:中国妇女出版社,1995.8.—128页;19cm.—(爱国主义教育丛书·民族史诗—壮哉,中国人丛书/穆宪主编)

全套共10册,总定价:66.00元

ISBN 7-80016-936-7:¥0.00

K265.09　035067

民族之恋/华莲编.—北京:中国妇女出版社,1995.8.—128页;19cm.—(爱国主义教育丛书·民族史诗—壮哉,中国人丛书/穆宪主编)

全套共10册,总定价:66.00元

ISBN 7-80016-936-7:¥0.00

K265.09　035068

民族之师/龚源编.—北京:中国妇女出版社,1995.8.—127页;19cm.—(爱国主义教育丛书·民族史诗—壮哉,中国人丛书/穆宪主编)

全套共10册,总定价:66.00元

ISBN 7-80016-936-7:¥0.00

K265.09　035069

民族之友/韦卫编.—北京:中国妇女出版社,1995.8.—128页;19cm.—(爱国主义教育丛书·民族史诗—壮哉,中国人丛书/穆宪主编)

全套共10册,总定价:66.00元

ISBN 7-80016-936-7:¥0.00

K265.09　035070

民族之战/武征编.—北京:中国妇女出版社,1995.8.—128页;19cm.—(爱国主义教育丛书·民族史诗—壮哉,中国人丛书/穆宪主编)

全套共10册,总定价:66.00元

ISBN 7-80016-936-7:¥0.00

K265.09　035071

民族之志/贺杰编.—北京:中国妇女出版社,1995.8.—128页;19cm.—(爱国主义教育丛书·民族史诗—壮哉,中国人丛书/穆宪主编)

全套共10册,总定价:66.00元

ISBN 7-80016-936-7:¥0.00

K265.09　035072

民族之子/黄博编.—北京:中国妇女出版社,1995.8.—128页;19cm.—(爱国主义教育丛书·民族史诗—壮哉,中国人丛书/穆宪主编)

全套共10册,总定价:66.00元

ISBN 7-80016-936-7:¥0.00

K265.09　035073

气壮山河:抗击日寇的著名战役战斗/吴晓哲等著.—太原:山西教育出版社,1995.6.—237页;19cm.—(中国抗日战争大写实丛书/陈国民等主编)

ISBN 7-5440-0747-2:¥6.70

K265.09　035074

群贤报国:抗战中的杰出爱国人士/赵卫东等著.—太原:山西教育出版社,1995.6.—174页;19cm.—(中国抗日战争大写实丛书/陈国民等主编)

ISBN 7-5440-0748-0:¥5.10

K265.09　035075

雾都沉沉:抗战期间的国民党正面战场/赵世亮等著.—太原:山西教育出版社,1995.6.—163页;19cm.—(中国抗日战争大写实丛书/陈国民等主编)

ISBN 7-5440-0745-6:¥4.80

K265.09　035076

血海深仇:日寇侵华暴行录/李明赞等著.—太原:山西教育出版社,1995.6.—195页;19cm.—(中国抗日战争大写实丛书/陈国民等主编)

ISBN 7-5440-0743-X:¥5.20

K265.09　035077

血与火的昨天:中国抗日战争故事/卓列兵编著.—长沙:湖南文艺出版社,1995.4.—156页;19cm.—(纪念世界反法西斯战争胜利50周年丛书:小学读本)

ISBN 7-5404-1350-8:¥3.00

K265.09　035078

战争狂魔:屠戮中国人民的日本法西斯刽子手/张志东等著.—太原:山西教育出版社,1995.6.—155页;19cm.—(中国抗日战争大写实丛书/陈国民等主编)

ISBN 7-5440-0750-2:¥4.60

K265.09　035079

伥鬼穷途:汉奸卖国贼的可耻下场/陈清等著.—太原:山西教育出版社,1995.6.—202页;19cm.—(中国抗日战争大写实丛书/陈国民等主编)

ISBN 7-5440-0751-0:¥5.80

K265.09　035080

砥柱中流:中国共产党领导的民族抗战/谭艳玲等著.—太原:山西教育出版社,1995.6.—179页;19cm.—(中国抗日战争大写实丛书/陈国民等主编)

ISBN 7-5440-0744-8:¥5.20

①K265.09②I25　035081

血沃中华:中国抗日战争纪实/天隶编著.—长沙:湖南文艺出版社,1995.4.—184页;19cm.—(纪念世界反法西斯战争胜利50周年丛书:中学读本)

ISBN 7-5404-1352-2:¥3.50

K265.1　035082

兵火奇观:武汉保卫战/敖文蔚著.—桂林:广西师范大学出版社,1995.12.—369页;20cm.—(抗日战争史丛书续编·军事系列/王桧林主编)

ISBN 7-5633-2245-0:￥12.00

K265.1 035083

吕梁抗日丰碑/中共吕梁地委党史研究室编.—北京:中共党史出版社,1995.8.—396页;20cm

ISBN 7-80023-896-2:￥15.30

K265.1 035084

云南全民抗战/王元辅主编;中共云南省委党史研究室编.—昆明:云南大学出版社,1995.8.—475页:照片;20cm

ISBN 7-81025-581-9:￥15.00

K265.1-53 035085

神圣的民族解放战争/张振朝,张金秀主编.—北京:中国人口出版社,1995.12.—324页;19cm

ISBN 7-80079-180-7:￥9.50

K265.19 035086

国民参政会/周勇主编;饶亚,樊伟编写.—重庆:重庆出版社,1995.8.—231页;20cm.—(重庆抗战丛书/徐朝鉴主编)

ISBN 7-5366-3221-5:￥10.60

K265.19 035087

中共与国民党地方实力派关系史/唐纯良主编.—北京:人民出版社,1995.2.—595页;20cm

ISBN 7-01-002085-X:￥19.00

①K265.19②D613 035088

国共两党关系史/马齐彬主编.—北京:中共中央党校出版社,1995.1.—1227页;20cm

ISBN 7-5035-1073-0(精装):￥68.00

K265.2 035089

抗日战争时期国民党军机密作战日记/万仁元,方庆秋主编;中国第二历史档案馆编.—北京:中国档案出版社,1995.8.—3册(2052页);20cm

ISBN 7-80019-523-6(精装):￥158.00

K265.21 035090

楚大云:第六、九战区抗战纪实/王少华编著.—北京:中国档案出版社,1995.10.—231页;20cm.—(热点战争档案揭密;4)

ISBN 7-80019-569-4:￥12.00

K265.21 035091

东方祭:第三、四、七战区抗战纪实/王晓华,王少华编著.—北京:中国档案出版社,1995.10.—230页;20cm.—(热点战争档案揭密;3)

ISBN 7-80019-568-6:￥12.00

K265.21 035092

黄河魂:第一、二、八战区抗战纪实/戚厚杰,王晓华编著.—北京:中国档案出版社,1995.10.—241页;20cm.—(热点战争档案揭密;1)

ISBN 7-80019-566-X:￥12.00

K265.21 035093

江淮血:第五战区抗战纪实/李占才编著.—北京:中国档案出版社,1995.9.—292页:照片;20cm.—(热点战争档案揭密;2)

ISBN 7-80019-567-8:￥12.00

K265.21 035094

抗战时期重庆的防空/唐守荣主编;刘支全等编写.—重庆:重庆出版社,1995.8.—197页;20cm.—(重庆抗战丛书/徐朝鉴主编)

ISBN 7-5366-3128-6:￥9.25

K265.21 035095

抗战时期重庆的军事/唐润明主编.—重庆:重庆出版社,1995.8.—286页;20cm.—(重庆抗战丛书/徐朝鉴主编)

ISBN 7-5366-3126-X:￥13.05

K265.21 035096

民族之光/孔德志,曹怀春主编.—济南:山东美术出版社,1995.7.—58页;29cm

ISBN 7-5330-0902-9:￥58.00

K265.21 035097

台儿庄战役史/王东溟,郭明泉著.—济南:山东人民出版社,1995.8.—158页;20cm

ISBN 7-209-01795-X:￥7.80

K265.21 035098

远征颂:中国远征军、驻印军抗战纪实/王晓华编著.—北京:中国档案出版社,1995.10.—242页;20cm.—(热点战争档案揭密;5)

ISBN 7-80019-570-8:￥12.00

K265.210.6 035099

湖南四大会战/全国政协《湖南四大会战》编写组编.—北京:中国文史出版社,1995.7.—715页;20cm.—(原国民党将领抗日战争亲历记丛书)

ISBN 7-5034-0709-3:￥19.20

K265.210.6 035100

闽浙赣抗战/全国政协《闽浙赣抗战》编写组编.—北京:中国文史出版社,1995.7.—523页:照片;20cm.—(原国民党将领抗日战争亲历记丛书)

ISBN 7-5034-0710-7:￥14.90

K265.210.6 035101

铭恨——徐州军民抗战录/朱浩熙主编;徐州市关心下一代工作委员会等编.—北京:中国大百科全书出版社,1995.6.—292页;19cm

ISBN 7-5000-5621-4:￥10.00

K265.210.6 035102

粤桂黔滇抗战/全国政协《粤桂滇黔抗战》编写组编.—北京:中国文史出版社,1995.7.—622页;20cm.—(原国民党将领抗日战争亲历记丛书)

ISBN 7-5034-0712-3:￥17.00

K265.210.6 035103

中原抗战/全国政协《中原抗战》编写组编.—北京:中国文史出版社,1995.7.—764页:照片;20cm.—(原国民党将领抗日战争亲历记丛书)

ISBN 7-5034-0711-5:￥21.10

K265.22 035104

风火江南话奇冤:新四军与皖南事变/李良志著.—北京:中国档案出版社,1995.6.—419页;20cm

ISBN 7-80019-512-0:￥18.60

K265.22 035105

皖南事变、赤石暴动回忆与研究/王春生,戴尔济主编;福建省新四军研究会编.—福州:海风出版社,1995.3.—266页;20cm

ISBN 7-80597-081-5: ¥11.00

K265.3 **035106**

不要忘啊!:侵华日军在南京、潘家峪等地的暴行/郭一尘主编.—天津:新蕾出版社,1995.10.—146页;19cm

ISBN 7-5307-1659-X: ¥4.70

K265.3 **035107**

侵华日军暴行录/军事科学院外国军事研究部编.—2版.—北京:解放军出版社,1995.7.—260页:照片;19cm.—(百种爱国主义教育图书)

ISBN 7-5065-2675-1: ¥7.75

K265.3 **035108**

侵华日军暴行总录/徐秉新等主编.—石家庄:河北人民出版社,1995.2.—1275页:照片;26cm

ISBN 7-202-01706-7(精装): ¥138.00

K265.3 **035109**

日本侵华战争战犯罪行录/秦兴洪,白洋主编.—广州:广东高等教育出版社,1995.10.—285页;20cm

ISBN 7-5361-1775-2: ¥12.00

K265.3 **035110**

日军侵华暴行实录　(一)/《近代史资料》编辑部,中国人民抗日战争纪念馆编.—北京:北京出版社,1995.7.—623页;20cm.—(中国抗日战争史丛书)

ISBN 7-200-02723-5: ¥17.50

K265.3 **035111**

铁蹄魔影录/胡鼎编著.—合肥:安徽人民出版社,1995.8.—216页;20cm

ISBN 7-212-01213-0: ¥8.00

K265.4 **035112**

走向芦沟桥:华北事变秘闻/剑箫著.—广州:广东旅游出版社,1995.8.—353页;20cm

ISBN 7-80521-574-X: ¥14.80

K265.6 **035113**

2000万中国人之死/张宗平,汤重南著.—沈阳:辽宁古籍出版社,1995.8.—418页;19cm.—(历史纪实丛书)

ISBN 7-80507-310-4: ¥13.60

K265.6 **035114**

津门旧恨:侵华日军在天津的暴行 /(日)广濑龟松主编.—天津:天津社会科学院出版社,1995.5.—315页:照片;20cm.—(历史不能忘记丛书)

ISBN 7-80563-526-9: ¥15.00

K265.6 **035115**

南京大审判揭秘:国共两党惩奸纪实/魏白编著.—北京:国际文化出版公司,1995.11.—383页;20cm

ISBN 7-80105-311-7: ¥15.80

K265.6 **035116**

侵华日军的毒气战/纪道庄,李录主编;中国抗日战争史学会,中国人民抗日战争纪念馆编.—北京:北京出版社,1995.7.—401页;20cm.—(中国抗日战争史丛书)

ISBN 7-200-02654-9: ¥14.50

K265.6 **035117**

侵华日军十大恶魔:纪念世界反法西斯战争胜利五十周年/东方明著.—北京:中国文联出版公司,1995.4.—350页:照片;20cm

ISBN 7-5059-2107-X: ¥12.50

K265.6 **035118**

燃烧的太阳旗:侵华日军秘闻录/马步升编著.—北京:国际文化出版公司,1995.6.—317页:照片;20cm

ISBN 7-80105-185-8: ¥13.80

K265.6 **035119**

日本帝国主义在闽罪行录:1931~1945年/福建省档案馆编.—福州:福建人民出版社,1995.7.—661页:照片;20cm.—(福建档案史料丛书)

ISBN 7-211-02417-8: ¥21.50

K265.6 **035120**

太阳旗下的撒旦:侵华日军暴行纪实/孙果达主编.—上海:上海远东出版社,1995.8.—276页;20cm

ISBN 7-80613-100-0: ¥10.50

K265.6 **035121**

勿忘血写的历史/(日)本多胜一等著;晓光等译.—北京:中国青年出版社,1995.8.—157页;19cm

ISBN 7-5006-1996-0: ¥6.80

K265.6 **035122**

血火铁证:侵华日军在晋中罪行录/杜拉柱,张松龄主编.—太原:山西人民出版社,1995.8.—334页;20cm

ISBN 7-203-03376-7: ¥15.00

K265.6 **035123**

血战亚细亚:日本军阀实录/马一虹编著.—沈阳:沈阳出版社,1995.6.—468页:照片;20cm

ISBN 7-5441-0363-3: ¥18.80

K265.6 **035124**

血证/骆嘉刚,杨新华主编 .—南京:江苏古籍出版社,1995.8.—470页:照片;20cm

ISBN 7-80519-647-8: ¥18.00

K265.6 **035125**

燕赵悲歌:侵华日军在河北省的暴行/(日)广濑龟松主编 .—天津:天津社会科学院出版社,1995.5.—386页:照片;20cm.—(历史不能忘记丛书)

ISBN 7-80563-525-0: ¥19.00

K265.6 **035126**

罪恶的"七三一""一〇〇":侵华日军细菌部队档案资料选编/辽宁省档案馆编.—沈阳:辽宁民族出版社,1995.7.—230页;26cm

ISBN 7-80527-544-0(精装): ¥100.00

K265.606 **035127**

30名侵华战犯奸淫杀戮暴行酷刑大控诉/黄海舟,郭金才编.—西宁:青海人民出版社,1995.6.—2册;26cm

ISBN 7-225-01046-8: ¥8.50

K265.606 **035128**

河本大作与日军山西"残留"/佟冬等主编;中央档案馆等编.—北京:中华书局,1995.7.—788页:照片;20cm.—(日本帝国主义侵华档案资料选编)

ISBN 7-101-01262-0(精装): ¥44.00

K265.606 **035129**

南京大屠杀/佟冬等主编;中央档案馆等编.—北京:

中华书局,1995.7.—1086页;照片;20cm.—(日本帝国主义侵华档案资料选编)

ISBN 7-101-01421-6(精装):¥55.00

K265.606　035130

日军毁掠南开暴行录/梁吉生主编;南开大学校长办公室编.—天津:南开大学出版社,1995.7.—156页:照片;20cm

ISBN 7-310-00872-3:¥6.00

K265.606　035131

日军侵略浙江实录:1937~1945/浙江省档案馆,中共浙江省委党史研究室编.—北京:中共党史出版社,1995.8.—816页:照片;20cm

ISBN 7-80023-885-7:¥29.00

K265.606-64　035132

南京大屠杀图证/刘美玲等主编;中央档案馆等编.—长春:吉林人民出版社,1995.7.—295页;26cm

ISBN 7-206-02278-2(精装):¥120.00

K265.61　035133

伪满洲国史新编/解学诗著.—北京:人民出版社,1995.2.—862页;20cm

ISBN 7-01-001940-1:¥28.00

K265.630.6　035134

日本对华北经济的掠夺和统制:华北沦陷区经济资料选编/居之芬主编;中国抗日战争史学会,中国人民抗日战争纪念馆编.—北京:北京出版社,1995.7.—1095页;20cm.—(中国抗日战争史丛书)

ISBN 7-200-02672-7:¥33.00

K265.65　035135

陷阱:汪精卫叛国案探密/张庆军,刘冰著.—北京:中国档案出版社,1995.7.—317页:照片;20cm

ISBN 7-80019-501-5:¥14.80

K265.650.6　035136

日汪的清乡/佟冬等主编;中央档案馆等编.—北京:中华书局,1995.7.—1005页:照片;20cm.—(日本帝国主义侵华档案资料选编)

ISBN 7-101-01346-5(精装):¥52.00

K265.7　035137

大接收/完颜绍元著.—上海:上海远东出版社,1995.8.—257页;20cm.—(第二次世界大战中国战区纪实丛书)

ISBN 7-80613-094-2:¥10.50

K265.7　035138

大遣返/完颜绍元著.—上海:上海远东出版社,1995.8.—257页;20cm.—(第二次世界大战中国战区纪实丛书)

ISBN 7-80613-095 0:¥10.50

K265.7　035139

侵华日军投降内幕/郑海金著.—成都:四川文艺出版社,1995.5.—148页:图片;19cm

ISBN 7-5411-1202-X:¥6.80

K265.9　035140

国共抗战大肃奸/王晓华等编著.—北京:中国档案出版社,1995.12.—2册:照片;20cm

ISBN 7-80019-578-3:¥29.00

K265.9　035141

刘放吾将军与缅甸仁安羌大捷/刘伟民著.—上海:上海书店出版社,1995.6.—93页;20cm

ISBN 7-80622-054-2:¥9.80

K265.9　035142

缅甸之战:随孙立人刘放吾将军远征纪实/戴广德著.—合肥:黄山书社,1995.5.—196页:照片;20cm

ISBN 7-80535-973-3:¥9.80

K266　035143

魔窟传奇/魏仲云编著.—重庆:重庆大学出版社,1995.10.—138页;19cm.—(军统重庆集中营历史故事系列)

ISBN 7-5624-1073-9:¥3.80

K266.56　035144

招商局海员起义/朱临庆主编;《招商局海员起义》编审委员会编.—北京:人民交通出版社,1995.3.—416页;20cm

ISBN 7-114-01639-5:¥15.00

K266.9　035145

中国人民解放军华东随军服务团研究/沈芦主编.—厦门:厦门大学出版社,1995.6.—201页;20cm

ISBN 7-5615-1091-8:¥9.20

K269　035146

括苍游击根据地/中共浙江省委党史研究室等编.—北京:中共党史出版社,1995.5.—485页;20cm

ISBN 7-80023-630-7:¥18.00

K269.4　035147

湘鄂川黔苏区革命文化史料汇编/《湘鄂川黔苏区革命文化史料汇编》编辑小组编.—北京:中国书籍出版社,1995.5.—559页;20cm

ISBN 7-5068-0423-9:¥30.00

K269.5　035148

鄂豫边区抗日民主根据地史稿/鄂豫边区革命史编辑部编.—武汉:湖北人民出版社,1995.9.—637页;20cm.—(鄂豫边区抗日民主根据地历史丛书)

ISBN 7-216-01752-8(精装):¥30.00

K269.5　035149

冀东土地制度改革/李成民主编;中共河北省委党史研究室编.—北京:中共党史出版社,1995.2.—383页;20cm.—(中国共产党河北历史资料丛书)

ISBN 7-80023-854-7:¥10.00

K269.5　035150

冀热辽抗日根据地研究论文集:纪念抗日战争胜利五十周年/朱福奎主编;中共河北、北京、天津、辽宁、内蒙古、唐山省市区委党史(委)研究室、丰润县委编.—北京:中共党史出版社,1995.10.—522页;20cm

ISBN 7-80023-905-5:¥18.20

K269.5　035151

晋冀鲁豫边区史/齐武著.—北京:当代中国出版社,1995.7.—673页;20cm

ISBN 7-80092-379-7:¥32.00

K269.5　035152

抗战时期的陕甘宁边区/宋金寿主编;中国抗日战争史学会,中国人民抗日战争纪念馆编.—北京:北京出

版社,1995.7.—778 页;20cm.—(中国抗日战争史丛书)

ISBN 7-200-02720-0:¥23.50

K269.5 035153

南泥湾/中共湖南省委宣传部,湖南省南泥湾精神研究会编.—长沙:湖南出版社,1995.8.—346 页:照片;20cm

ISBN 7-5438-1044-1:¥18.50

K27 中华人民共和国:社会主义革命和社会主义建设时期

K27 035154

中华人民共和国史/郭华,赵振军主编.—天津:天津人民出版社,1995.10.—294 页;20cm

ISBN 7-201-02399-3:¥12.00

K27 035155

中华人民共和国史/何理主编;高化民等撰写.—增订本.—北京:中国档案出版社,1995.4.—654 页;20cm

ISBN 7-80019-472-8:¥29.00

K27 035156

走向辉煌:共和国简史青少年读本/程秀龙等著.—北京:国防大学出版社,1995.11.—310 页;19cm

ISBN 7-5626-0733-8:¥10.00

K27-53 035157

辉煌的四十五年:中华人民共和国国史研究论文集/张启华主编.—北京:当代中国出版社,1995.1.—721 页;20cm

ISBN 7-80092-344-4:¥29.80

K28 民族史志

K28-49 035158

民族融合 缔造中华:中华民族的形成与发展/陈国灿,何德章主编.—武汉:武汉大学出版社,1995.4.—313 页;19cm.—(爱国主义教育文库·历史/朱雷,王承仁主编)

ISBN 7-307-01885-3:¥4.80

K28-61 035159

民族知识辞典/徐万邦,王齐国主编.—济南:济南出版社,1995.9.—650 页;20cm.—(学生工具书系列/施国等主编)

ISBN 7-80572-963-8:¥18.00

K28-62 035160

中国民族文化大观:藏族·门巴族·珞巴族/关东升主编.—北京:中国大百科全书出版社,1995.8.—665 页;26cm

ISBN 7-5000-5625-7(精装):¥150.00

K280 035161

中华民族历史整体发展论/木芹著.—北京:民族出版社,1995.1.—212 页;20cm

ISBN 7-105-01783-X:¥3.30

K280.44 035162

青海少数民族/穆赤·云登嘉措主编.—西宁:青海人民出版社,1995.3.—534 页;20cm

ISBN 7-225-00838-2:¥12.00

K280.45-61 035163

新疆民族辞典/刘维新主编;新疆维吾尔自治区民族事务委员会编.—乌鲁木齐:新疆人民出版社,1995.10.—896 页;20cm

ISBN 7-228-03623-9(精装):¥90.00

K280.452 035164

哈密回王/郑成加主编;《哈密回王》编写组编.—乌鲁木齐:新疆人民出版社,1995.5.—410 页:照片;20cm

内部发行

ISBN 7-228-03546-1:¥25.00

K280.644 035165

新晃侗族自治县民族志/杨序能主编;新晃桐族自治县民族事务委员会编.—贵阳:贵州民族出版社,1995.12.—324 页:彩照;20cm.—(新晃侗族自治县地方丛书)

ISBN 7-5412-0599-0:¥28.00

K280.7 035166

西南地区民间文化论文选/塔热·次仁玉珍主编.—拉萨:西藏人民出版社,1995.7.—329 页:照片;20cm

ISBN 7-223-00837-7:¥6.40

K280.74 035167

云南少数民族政治文化论/周平著.—昆明:云南大学出版社,1995.12.—261 页;19cm

ISBN 7-81025-613-0:¥10.00

K280.742 035168

哀牢文化研究/耿德铭著.—昆明:云南人民出版社,1995.12.—320 页:图版;20cm

ISBN 7-222-01909-X:¥12.00

K280.744 035169

双江拉祜族佤族布朗族傣族自治县民族志/双江拉祜族佤族布朗族傣族自治县民族事务委员会编.—昆明:云南民族出版社,1995.5.—372 页;19cm

ISBN 7-5367-1013-5:¥20.00

K280.744 035170

双江拉祜族佤族布朗族傣族自治县志/赵成龙主编;双江拉祜族佤族布朗族傣族自治县地方志编纂委员会编纂.—昆明:云南民族出版社,1995.10.—945 页:彩照;26cm.—(中华人民共和国地方志丛书)

ISBN 7-5367-1080-1(精装):¥105.00

K281.1 035171

客家源流新探/谢重光编著.—福州:福建教育出版社,1995.10.—214 页;20cm.—(客家文化丛书/谢重光主编)

ISBN 7-5334-1942-1:¥11.60

K281.3 035172

湖南回族史料辑要/马亮生主编.—长沙:湖南出版社,1995.12.—195 页:照片;20cm

ISBN 7-5438-1136-7(精装):¥15.60

K281.3 035173

中南地区回族史/答振益主编.—乌鲁木齐:新疆人民出版社,1995.6.—247页;20cm
ISBN 7-228-03413-9:¥8.80

K281.4　035174
藏学在中国/周源著.—北京:五洲传播出版社,1995.—43页:彩照;19×9cm.—(西藏丛书/金晖主编)
ISBN 7-80113-070-7:¥0.00

K281.4　035175
藏族地区行政区划简说/陈庆英,冯智著.—北京:五洲传播出版社,1995.11.—47页:照片;19×11cm.—(西藏丛书/金晖主编)
ISBN 7-80113-100-2:¥0.00

K281.4　035176
嘉戎藏族史志/雀丹著.—北京:民族出版社,1995.12.—806页:照片;20cm
ISBN 7-105-02545-X:¥16.00

K281.4　035177
四川藏学研究　(三)/杨岭多吉主编;四川藏学研究书院编.—成都:四川民族出版社,1995.5.—412页;19cm
ISBN 7-5409-1446-7(精装):¥11.90

K281.4　035178
云南藏学研究论文集/和建华,张东平编.—昆明:云南民族出版社,1995.4.—447页;20cm
ISBN 7-5367-1009-7:¥15.50

K281.4-53　035179
藏学研究论丛　第七辑/《藏学研究论丛》编委会编.—拉萨:西藏人民出版社,1995.12.—356页;20cm
ISBN 7-223-00873-3:¥6.50

K281.4-53　035180
国外藏学研究译文集　第十二辑/陈庆英等编.—拉萨:西藏人民出版社,1995.12.—297页;19cm
ISBN 7-223-00875-X:¥8.30

K281.5　035181
蒙古时代维吾尔人的社会生活/田卫疆著.—乌鲁木齐:新疆美术摄影出版社,1995.11.—204页;20cm
ISBN 7-80547-364-1:¥9.80

K281.6　035182
惠水苗族/吴永福主编;贵州省苗学研究会惠水县分会编.—贵阳:贵州民族出版社,1995.9.—288页;彩照;20cm
ISBN 7-5412-0598-2:¥10.00

K281.7　035183
凉山黑彝巴且氏族世家/巴且乌撒口述;巴且克迪笔录.—昆明:云南人民出版社,1995.2.—75页;20cm.—(彝族文化研究丛书/刘尧汉主编)
ISBN 7-222-01720-8:¥4.20

K281.7　035184
凉山黑彝巴且氏族世家/巴且乌撒口述;巴且克迪笔录.—昆明:云南人民出版社,1995.2.—75页;20cm.—(彝族文化研究丛书/刘尧汉主编)
ISBN 7-222-01716-X(精装):¥7.30

K281.7　035185
凉山彝家的巨变/林耀华著.—北京:商务印书馆,1995.5.—282页:照片;20cm
ISBN 7-100-01660-6(精装):¥17.30

K281.7　035186
彝族祖先崇拜研究/王丽珠著.—昆明:云南人民出版社,1995.2.—170页:照片;20cm
ISBN 7-222-01718-6:¥5.60

K281.7　035187
中国彝族史学研究/东人达等著.—重庆:西南师范大学出版社,1995.10.—411页;19cm
ISBN 7-5621-1440-4:¥13.80

K281.9　035188
朝鲜族研究论丛　(4)/崔洪彬主编.—延吉:延边大学出版社,1995.12.—347页;20cm
ISBN 7-5634-0807-X:¥8.50

K281.9　035189
中国朝鲜族历史研究/朴昌昱著.—延吉:延边大学出版社,1995.12.—563页;19cm
ISBN 7-5634-0833-9:¥15.00

①K282.1-53②K281.9-53　035190
满学朝鲜学论集/王钟翰主编;中央民族大学满学研究所,中央民族大学韩国文化研究所编.—北京:中国城市出版社,1995.7.—338页;20cm
ISBN 7-5074-0754-3:¥8.00

①K282.3②K820.7　035191
述说鄂温克/乌热尔图编著.—呼和浩特:远方出版社,1995.12.—455页;20cm
ISBN 7-80595-168-3:¥18.80

K284.3-61　035192
锡伯族百科全书/贺灵主编.—乌鲁木齐:新疆人民出版社,1995.8.—563页;26cm
ISBN 7-228-03615-8(精装):¥100.00

K285.1　035193
瑶族《评皇券牒》研究/李本高著.—长沙:岳麓书社,1995.8.—182页;20cm
ISBN 7-80520-489-6:¥8.60

K285.7　035194
东巴文化揭秘:“玉龙三国”巡源流/林丽春著;丽江地区文化局编.—昆明:云南人民出版社,1995.3.—426页;20cm
ISBN 7-222-01734-8:¥13.80

K286.5　035195
高山峡谷人地复合系统的演进:独龙族近期社会、经济和环境的综合调查及协调发展研究/何大明主编.—昆明:云南民族出版社,1995.1.—233页;26cm
ISBN 7-5367-0991-9:¥16.00

K286.8　035196
布依学研究　(四)/贵州省布依学会、安顺地区民委编.—贵阳:贵州民族出版社,1995.6.—336页;20cm
ISBN 7-5412-0543-5:¥8.30

K287.2　035197
没有国王的王国:侗款研究/邓敏文,吴浩著.—北京:中国社会科学出版社,1995.1.—255页;20cm
ISBN 7-5004-1680-6:¥9.80

K289　035198

渤海国志长编:外九种/李兴盛,吕观仁主编.—哈尔滨:黑龙江人民出版社,1995.6.—1202页;20cm.—(黑水丛书;5)
ISBN 7-207-03364-8(精装):¥42.00

K29 地方史志

K29　035199
志苑十二年/魏桥著.—杭州:浙江人民出版社,1995.3.—331页;20cm
ISBN 7-213-01193-6:¥10.00

K290　035200
方志探论/林志龙著.—西安:三秦出版社,1995.12.—285页;20cm
ISBN 7-80546-961-X:¥16.80

K290　035201
方志学举要/梁耀武著.—昆明:云南人民出版社,1995.11.—347页;20cm
ISBN 7-222-01902-2:¥10.00

K290　035202
史志探索/李荣高著.—昆明:云南大学出版社,1995.11.—484页;20cm
ISBN 7-81025-596-7:¥18.00

K290　035203
志苑新葩:苏州市乡镇志专业志编纂实践文集/苏州市地方志办公室编著.—南京:江苏人民出版社,1995.9.—305页;20cm
ISBN 7-214-01552-8:¥12.00

K290-53　035204
江苏当代方志论文选:1980~1994/江苏省地方志学会编.—北京:方志出版社,1995.8.—757页;20cm
ISBN 7-80122-042-0:¥40.00

K290-53　035205
全国城市区志协作研讨会郑州会议文集:1995.4/冀福主编;郑州市二七区地方志办公室编.—北京:方志出版社,1995.10.—443页;20cm
ISBN 7-80122-028-5:¥20.00

K291　035206
北京文史资料　第五十二辑/北京市政协文史资料委员会编.—北京:北京出版社,1995.12.—217页;20cm
ISBN 7-200-02788-X:¥7.90

K291　035207
北京文史资料　第五十一辑/北京市政协文史资料委员会编.—北京:北京出版社,1995.12.—225页;20cm
ISBN 7-200-02698-0:¥8.10

K291　035208
朝市丛载/(清)李虹若著;杨华整理点校.—北京:北京古籍出版社,1995.7.—176页;20cm
ISBN 7-5300-0093-4:¥7.40

K291　035209
国民经济恢复时期的北京/方旭主编;北京市档案馆编.—北京:北京出版社,1995.4.—923页;20cm
ISBN 7-200-02447-3(精装):¥25.00

K291　035210
天桥往事录/黄宗汉主编.—北京:北京出版社,1995.10.—299页:照片;20cm
ISBN 7-200-02796-0:¥13.80

K291　035211
文化古城旧事/邓云乡著.—北京:中华书局,1995.1.—451页;20cm
ISBN 7-101-01096-2:¥20.80

K291　035212
燕史纪事编年会按/陈平编著.—北京:北京大学出版社,1995.7.—2册(376,365页);20cm.—(北京市文物研究所科研系列丛书;2/齐心主编)
ISBN 7-301-02862-8:¥48.00

K291.3　035213
可爱的东城　上卷/席文启主编;中共北京市东城区委宣传部组编.—北京:新华出版社,1995.6.—308页;20cm.—(爱我中华知识丛书/刘绍棠主编)
ISBN 7-5011-2876-6(精装):¥19.00

K291.4　035214
怀柔革命史/中共北京市委党史研究室,中共怀柔县委党史办公室编.—北京:北京出版社,1995.8.—223页;20cm.—(北京地区革命史丛书)
ISBN 7-200-02712-X:¥7.00

K292.2　035215
河北省志　第20卷:水利志/郭宗华,张延晋主编;河北省地方志编纂委员会编.—石家庄:河北人民出版社,1995.12.—436页:照片;26cm
ISBN 7-202-01813-6(精装):¥65.00

K292.2　035216
河北省志　第28卷:煤炭工业志/河北省地方志编纂委员会编.—石家庄:河北人民出版社,1995.7.—451页;26cm
ISBN 7-202-01763-6(精装):¥55.00

K292.2　035217
河北省志　第34卷:国防科技工业志/鲍世林主编;河北省地方志编纂委员会编.—北京:中国书籍出版社,1995.8.—304页;26cm
ISBN 7-5068-0382-8(精装):¥55.00

K292.2　035218
河北省志　第48卷:对外贸易经济合作志/刘存文主编;河北省地方志编纂委员会编.—石家庄:河北人民出版社,1995.5.—635页;26cm
ISBN 7-202-01742-3(精装):¥70.00

K292.2　035219
河北省志　第64卷:劳动志/河北省地方志编纂委员会编.—北京:中国档案出版社,1995.12.—527页:照片;26cm
ISBN 7-80019-577-5(精装):¥85.00

K292.2　035220
河北省志　第67卷:民族志/河北省地方志编纂委员会编.—北京:民族出版社,1995.9.—471页:照片;26cm

ISBN 7-105-02517-4(精装):￥80.00

K292.2 035221

河北省志 第68卷:宗教志/才利民主编;河北省地方志编纂委员会编.—北京:中国书籍出版社,1995.12.—544页:照片;26cm

ISBN 7-5068-0456-5(精装):￥75.00

K292.2 035222

河北省志 第69卷:外事志/程栋才主编;河北省地方志编纂委员会编.—石家庄:河北人民出版社,1995.4.—295页:照片;26cm

ISBN 7-202-01739-3(精装):￥56.50

K292.2 035223

河北省志 第70卷:侨务志/石国庆主编;河北省地方志编纂委员会编.—石家庄:河北人民出版社,1995.3.—326页:照片;26cm

ISBN 7-202-01712-1(精装):￥58.00

K292.2 035224

先机挺进东北:山海关两战史稿/杜士林著.—北京:社会科学文献出版社,1995.9.—148页;20cm.—(山海关战史丛书/刘镇琦主编)

ISBN 7-80050-690-8:￥9.98

K292.21 035225

石家庄市志 第一卷/李建英主编;石家庄市地方志编纂委员会编.—北京:中国社会出版社,1995.12.—521页;彩照;26cm

ISBN 7-80088-727-8(精装):￥76.00

K292.23 035226

曙光初照卧牛城:纪念邢台解放50周年/黄国治主编;中共邢台市委党史研究室编.—北京:中共党史出版社,1995.9.—419页;20cm

ISBN 7-80023-920-9(精装):￥16.50

K292.24 035227

崇礼县志/河北省崇礼县地方志编纂委员会编.—北京:中国社会出版社,1995.10.—709页:彩图;26cm

ISBN 7-80088-624-5(精装):￥90.00

K292.24 035228

可爱的迁安/白凤山主编;中共迁安县党史研究室编.—北京:中共党史出版社,1995.6.—200页:彩照;19cm

ISBN 7-80023-897-0:￥13.00

K292.24 035229

永清人民革命史:1937~1949/中共永清县委党史研究室编著.—北京:中共党史出版社,1995.5.—353页;20cm

ISBN 7-80023-878-4:￥15.00

K292.24 035230

栾城县志/杨梅山主编;河北省栾城县地方志编纂委员会编.—北京:新华出版社,1995.9.—1150页:照片;26cm

ISBN 7-5011-2947-9(精装):￥135.00

K292.5 035231

山西通志 第四十二卷:体育志/山西省地方志编纂委员会编.—北京:中华书局,1995.2.—618页:照片;26cm

ISBN 7-101-01440-2(精装):￥100.00

K292.5 035232

中共汾阳历史大事记述:1919夏~1949.9/张富生主编;中共汾阳县委党史研究室编.—北京:中共党史出版社,1995.3.—301页;20cm

ISBN 7-80023-864-4(精装):￥22.00

K292.53 035233

长治市志/和声,刘奇主编;长治市地方志编纂委员会编纂.—北京:海潮出版社,1995.12.—944页;26cm

ISBN 7-80054-738-8(精装):￥100.00

K292.54 035234

柳林县志/李九林主编;山西省柳林县志编纂委员会编.—北京:海潮出版社,1995.10.—756页;26cm

ISBN 7-80054-722-1(精装):￥120.00

K292.54 035235

屯留县志/郭明新主编;屯留县志编纂委员会编.—西安:陕西人民出版社,1995.12.—625页;26cm.—(山西地方志丛书)

ISBN 7-224-04031-2(精装):￥100.00

K292.54 035236

万荣县志/屈栋材主编;山西省万荣县志编纂委员会编.—北京:海潮出版社,1995.12.—955页;26cm

ISBN 7-80054-692-6(精装):￥150.00

K292.54 035237

盂县志/高承治主编;盂县史志编纂委员会编.—北京:方志出版社,1995.12.—882页:彩照;26cm

ISBN 7-80122-074-9(精装):￥168.00

K292.55 035238

南村镇志/赵学梅主编.—太原:山西古籍出版社,1995.1.—353页:照片;19cm

ISBN 7-80598-056-X(精装):￥16.00

K292.6 035239

美丽富饶的鄂尔多斯/文鸣,朝阳著.—呼和浩特:内蒙古人民出版社,1995.8.—328页;19cm

ISBN 7-204-02871-6:￥8.90

K292.6 035240

内蒙古民族团结史/林干等著.—呼和浩特:远方出版社,1995.12.—478页;20cm

ISBN 7-80595-130-6:￥16.00

K292.6 035241

清将军衙署公文选注/李克仁编注.—呼和浩特:内蒙古人民出版社,1995.7.—160页;19cm

ISBN 7-204-02785-X:￥6.60

K293 035242

东北地方史研究 第一集:抚顺通史/赵广庆,曹德全著.—沈阳:辽宁民族出版社,1995.12.—481页;20cm.—(东亚文库)

ISBN 7-80527-619-6:￥28.00

K293 035243

东北史探讨/陈芳芝著.—北京:中国社会科学出版社,1995.10.—699页;20cm

ISBN 7-5004-1746-2(精装):￥35.00

K293.1 035244

抚顺市政协文史资料 总第十七辑:喋血东边道:辽

宁民众自卫军史料专辑/抚顺市政协文史资料委员会编.—沈阳:辽宁民族出版社,1995.9.—452页;20cm
ISBN 7-80527-549-1:¥13.00

K293.11　035245
沈阳市志　1994/张荣茂,张毓茂主编;沈阳市人民政府地方志办公室编.—沈阳:沈阳出版社,1995.9.—777页:彩图;26cm
ISBN 7-5441-0461-3(精装):¥90.00

K293.11　035246
沈阳市志　第十六卷:社区·人民生活·民政·少数民族·宗教·风俗·方言/张毓茂主编;沈阳市人民政府地方志编纂办公室编.—沈阳:沈阳出版社,1995.12.—545页;26cm
ISBN 7-5441-0273-4(精装):¥70.00

K293.13　035247
鞍山市志:军事卷/董逊主编;鞍山市人民政府地方志办公室编.—沈阳:沈阳出版社,1995.12.—297页;26cm
ISBN 7-5441-0524-5(精装):¥50.00

K293.13　035248
本溪城市史/沈玉成主编.—北京:社会科学文献出版社,1995.2.—220页:彩图;20cm.—(中国城市史丛书/陈宝辉,姜秉正主编)
ISBN 7-80050-560-X(精装):¥14.80

K293.14　035249
开原县志/开原市地方志办公室编.—沈阳:辽宁人民出版社,1995.7.—680页:彩图;26cm.—(中华人民共和国地方志丛书)
ISBN 7-205-03307-1(精装):¥60.00

K293.14　035250
康平县志/陈满诚主编;康平县志编纂委员会编.—沈阳:东北大学出版社,1995.4.—785页:照片;26cm
ISBN 7-81006-963-2(精装):¥100.00

K293.14　035251
凌源县志/凌源县志编纂委员会编.—沈阳:辽宁古籍出版社,1995.12.—710页:彩图;26cm.—(中华人民共和国地方志丛书)
ISBN 7-80507-315-5(精装):¥70.00

K293.14　035252
西丰县志/西丰县地方志办公室编.—沈阳:沈阳出版社,1995.2.—660页:彩图;26cm
ISBN 7-5441-0160-6(精装):¥100.00

K293.4　035253
吉林省志　卷二十一:重工业志·电力/吉林省地方志编纂委员会编纂.—长春:吉林文史出版社,1995.8.—745页;26cm
ISBN 7-80626-006-4(精装):¥112.00

K293.4　035254
吉林省志　卷三十三:对外经贸志/吉林省地方志编纂委员会编纂.—长春:吉林人民出版社,1995.8.—717页:彩照;26cm
ISBN 7-206-02295-2(精装):¥90.00

K293.4　035255
吉林省志　卷三十四:海关商检志/吉林省地方志编纂委员会编纂.—长春:吉林人民出版社,1995.7.—195页:彩照;26cm
ISBN 7-206-01261-2(精装):¥50.00

K293.4　035256
延边文史资料　第七集:昔日延边经济/金泽主编;延边朝鲜族自治州政协文史资料委员会编.—延吉:延边人民出版社,1995.2.—357页;20cm
ISBN 7-80599-194-4:¥8.55

K293.41　035257
长春市志:城市煤气热力志/张广益主编;陈福元,尹志刚分主编.—长春:吉林人民出版社,1995.5.—321,102页:照片;26cm
ISBN 7-206-02307-X(精装):¥58.00

K293.41　035258
长春市志:工会志/张广益主编;任长友,魏长清分主编.—长春:吉林人民出版社,1995.5.—337页:照片;26cm
ISBN 7-206-02304-5(精装):¥58.00

K293.41　035259
长春市志:文物志/张广益主编;赵德让分主编.—长春:吉林人民出版社,1995.5.—252页:照片;26cm
ISBN 7-206-02306-1(精装):¥50.00

K293.5　035260
黑龙江基本省情/毛树林等主编.—哈尔滨:哈尔滨工业大学出版社,1995.9.—378页;19cm
ISBN 7-5603-1102-4:¥10.00

K293.5　035261
黑龙江省志　第六十八卷:劳动志/刘建华主编;黑龙江省地方志编纂委员会编.—哈尔滨:黑龙江人民出版社,1995.10.—571页:照片;26cm
ISBN 7-207-03463-6(精装):¥80.00

K293.5　035262
黑龙江省志　第七十四卷:妇联志 /姜东霞主编;黑龙江省地方志编纂委员会编.—哈尔滨:黑龙江人民出版社,1995.9.—517页:照片;26cm
ISBN 7-207-03147-5(精装):¥70.00

K293.51　035263
道外区志/徐宝贵主编;哈尔滨市道外区地方志编纂委员会编.—北京:中国大百科全书出版社,1995.4.—738页:彩图;26cm
ISBN 7-5000-5610-9(精装):¥98.00

K293.51　035264
动力区志/孙树圻主编;哈尔滨市动力区地方志编纂委员会编.—北京:中国大百科全书出版社,1995.5.—522页:照片;26cm
ISBN 7-5000-5292-8(精装):¥85.00

K293.51　035265
哈尔滨市志　(10):电子仪表工业·冶金工业/哈尔滨市地方志编纂委员会编.—哈尔滨:黑龙江人民出版社,1995.11.—571页;26cm
ISBN 7-207-03321-4(精装):¥89.50

K293.51　035266
哈尔滨市志　(5):建筑业·房产业/哈尔滨市地方志编纂委员会编.—哈尔滨:黑龙江人民出版社,1995.

1.—529 页;26cm
ISBN 7-207-03223-4(精装):¥69.00

K293.51 035267
哈尔滨市志 (7):邮政·电信/哈尔滨市地方志编纂委员会编.—哈尔滨:黑龙江人民出版社,1995.10.—379 页;26cm
ISBN 7-207-03300-1(精装):¥78.00

K293.51 035268
哈尔滨市志 (8):电力工业·石油化学工业/哈尔滨市地方志编纂委员会编.—哈尔滨:黑龙江人民出版社,1995.11.—508 页;26cm
ISBN 7-207-03299-4(精装):¥86.80

K293.51 035269
哈尔滨市志:金融/岳玉泉主编;邓焕文,关立新分主编;哈尔滨市地方志编纂委员会编.—哈尔滨:黑龙江人民出版社,1995.3.—537 页;26cm
ISBN 7-207-02972-1(精装):¥69.00

K293.51 035270
香坊区志/杨凤鸣主编;哈尔滨市香坊区地方志编纂委员会编.—哈尔滨:哈尔滨出版社,1995.7.—639 页:照片;26cm
ISBN 7-80557-849-4(精装):¥108.00

K293.52 035271
绥化地区志/赵泽民主编;绥化地区地方志编纂委员会编.—哈尔滨:黑龙江人民出版社,1995.12.—2 册(1513 页);26cm
ISBN 7-207-03355-9(精装):¥198.00

K293.54 035272
庆安县志/赵成立主编;庆安县地方志编纂委员会办公室编.—哈尔滨:黑龙江人民出版社,1995.12.—524 页:照片;26cm
ISBN 7-207-03347-8(精装):¥128.00

K294 035273
黄河上游地区历史与文物/芈一之主编.—重庆:重庆出版社,1995.2.—736 页:图;20cm
ISBN 7-5366-2950-8(精装):¥41.25

K294 035274
西域史地丛稿初编/张广达著.—上海:上海古籍出版社,1995.5.—485 页;20cm.—(中华学术丛书)
ISBN 7-5325-1877-9(精装):¥24.80

K294 035275
西域史地丛考初编/张广达著.—上海:上海古籍出版社,1995.5.—485 页;20cm.—(中华学术丛书)
ISBN 7-5325-1876-0:¥18.70

K294.1 035276
陕西省志 第六十六卷:文物志/王文清主编;陕西省地方志编纂委员会编.—西安:三秦出版社,1995.8.—634 页:彩照;26cm.—(中华人民共和国地方志丛书)
ISBN 7-80546-868-0(精装):¥150.00

K294.1 035277
陕西省志 第六十一卷:政治协商会议志/刘永端主编;陕西省地方志编纂委员会编.—西安:陕西人民出版社,1995.8.—293 页:彩照;26cm.—(中华人民共和国地方志丛书)
ISBN 7-224-03422-3(精装):¥32.00

K294.13 035278
咸阳市秦都区志/李景含主编;咸阳市秦都区地方志编纂委员会编.—西安:陕西人民出版社,1995.7.—865 页:彩照;26cm.—(陕西地方志丛书)
ISBN 7-224-03848-2(精装):¥90.00

K294.14 035279
嘉靖城固县志校注/穆育人校注.—西安:西北大学出版社,1995.7.—169 页;20cm
ISBN 7-5604-0900-8:¥17.50

K294.14 035280
平利县志/陈维满主编;平利县地方志编纂委员会编.—西安:三秦出版社,1995.6.—730 页:彩照;26cm.—(陕西地方志丛书)
ISBN 7-80546-889-3(精装):¥89.50

K294.14 035281
太白县志/王炜主编;太白县地方志编纂委员会编.—西安:三秦出版社,1995.9.—605 页;26cm.—(陕西地方志丛书)
ISBN 7-80546-698-X(精装):¥85.00

K294.14 035282
吴堡县志/慕生峻主编;吴堡县志编纂委员会编.—西安:陕西人民出版社,1995.8.—889 页:照片;26cm.—(陕西地方志丛书)
ISBN 7-224-03929-2(精装):¥90.00

K294.14 035283
镇安县志/寇忠信主编;镇安县地方志编纂办公室编.—西安:陕西人民教育出版社,1995.8.—644 页:照片;26cm.—(陕西地方志丛书)
ISBN 7-5419-5031-7(精装):¥90.00

K294.15 035284
三原南关村志/三原县城关镇南关村志编写领导小组主编;潘志新撰稿.—西安:西北大学出版社,1995.10.—215 页:照片;19cm.—(陕西省地方志丛书)
ISBN 7-5604-1061-8:¥16.00

K294.2 035285
甘南革命史略/丁汝俊主编.—兰州:甘肃人民出版社,1995.10.—189 页;19cm
ISBN 7-226-01506-4:¥8.00

K294.2 035286
甘肃近现代史话/金其贵等主编.—兰州:甘肃人民出版社,1995.7.—420 页;20cm
ISBN 7-226-01409-2:¥13.80

K294.2 035287
甘肃省志 第六十卷:科学技术志/魏庆同主编;甘肃省地方史志编纂委员会,甘肃省科技史志编纂委员会编纂.—兰州:甘肃文化出版社,1995.12.—1335 页:彩照;26cm
ISBN 7-80608-169-0(精装):¥115.00

K294.2 035288
甘肃省志 第三十一卷:煤炭工业志/王建亮主编;甘肃省地方史志编纂委员会,甘肃省煤炭工业志编纂委员会编纂.—兰州:甘肃文化出版社,1995.12.—921

页:彩照;26cm

ISBN 7-80608-171-2(精装):¥98.00

K294.2 035289

甘肃省志 第十八卷:农业志/徐宗望等主编;甘肃省地方史志编纂委员会,甘肃省农业志编纂委员会编纂.—兰州:甘肃文化出版社,1995.12.—2册(1203页):彩照;26cm

ISBN 7-80608-170-4(精装):¥168.00

K294.2 035290

甘肃省志 第五卷:公安志/张顺主编;甘肃省地方史志编纂委员会,《甘肃省志·公安志》编纂领导小组编纂.—兰州:甘肃文化出版社,1995.10.—656页:照片;26cm

ISBN 7-80608-088-0(精装):¥84.00

K294.2 035291

甘肃省志 第五十二卷:粮食志/欧阳信,邓烈文主编;甘肃省地方史志编纂委员会,甘肃省粮食局编纂.—兰州:甘肃文化出版社,1995.10.—528页:彩照;26cm

ISBN 7-80608-089-9(精装):¥78.00

K294.2 035292

甘肃文史资料选辑 第40辑:近现代名人在甘肃/刘郁采主编;中国人民政治协商会议甘肃省委员会文史资料委员会编.—兰州:甘肃人民出版社,1995.8.—292页;20cm

ISBN 7-226-01480-7:¥12.80

K294.2 035293

兰州文史资料选辑 第十五辑:援兰群英谱/裴元璋主编.—兰州:甘肃人民出版社,1995.6.—296页;20cm

ISBN 7-226-01456-4:¥7.80

K294.23 035294

金昌市志/唐立贵主编;甘肃省金昌市地方志编纂委员会编.—北京:中国城市出版社,1995.2.—891页:彩图;26cm.—(中华人民共和国地方志丛书)

ISBN 7-5074-0688-1(精装):¥88.00

K294.23 035295

酒泉区情概论 /赵向标等主编.—兰州:甘肃人民出版社,1995.4.—239页;20cm

ISBN 7-226-01455-6:¥7.00

K294.23 035296

临夏市志/临夏市地方志编纂委员会编.—兰州:甘肃人民出版社,1995.3.—930页:照片;26cm.—(中华人民共和国地方志丛书)

ISBN 7-226-01452-1(精装):¥54.30

K294.24 035297

甘肃省会宁县文史资料:特辑:古道名城/政协甘肃省会宁县委文史资料委员会编.—兰州:甘肃文化出版社,1995.1.—352页;20cm

ISBN 7-80608-035-X:¥12.80

K294.24 035298

广河县志/马明达主编;广河县志编纂委员会编.—兰州:兰州大学出版社,1995.10.—698页:彩图;20cm.—(中华人民共和国地方志丛书)

ISBN 7-311-00930-8(精装):¥50.00

K294.24 035299

康乐县志/苏建华,魏宗孝主编;康乐县志编纂委员会编.—北京:三联书店,1995.11.—490页;26cm

ISBN 7-108-00824-6(精装):¥95.00

K294.24 035300

临夏县志/临夏县志编纂委员会编.—兰州:兰州大学出版社,1995.11.—677页:照片;26cm.—(中华人民共和国地方志丛书)

ISBN 7-311-00954-5(精装):¥68.00

K294.24 035301

永靖县志/陈世文主编;永靖县志编纂委员会编.—兰州:兰州大学出版社,1995.10.—660页:照片;26cm

ISBN 7-311-00917-0(精装):¥86.00

K294.24 035302

岷县志/王兆祥主编;《岷县志》编纂委员会编.—兰州:甘肃人民出版社,1995.5.—893页:彩照;26cm

ISBN 7-226-01606-0(精装):¥65.00

K294.24 035303

宕昌县志/宕昌县县志编纂委员会编.—兰州:甘肃文化出版社,1995.10.—657页;26cm

ISBN 7-80608-175-5(精装):¥94.00

K294.25 035304

彭家坪乡志/方创琳,杨玉梅编著.—兰州:甘肃教育出版社,1995.12.—268页;20cm

ISBN 7-5423-0582-4:¥15.00

K294.33 035305

大武口区志/马占山主编;大武口区地方志编纂委员会编.—银川:宁夏人民出版社,1995.12.—470页:彩照;26cm

ISBN 7-227-01540-8(精装):¥45.00

K294.34 035306

同心县志/王克林主编;《同心县志》编纂委员会编.—银川:宁夏人民出版社,1995.9.—862页:照片;26cm

ISBN 7-227-01437-1(精装):¥70.00

K294.34 035307

西吉县志/余凤洲主编;《西吉县志》编纂委员会编.—银川:宁夏人民出版社,1995.9.—667页:彩照;26cm

ISBN 7-227-01517-3(精装):¥80.00

K294.34 035308

永宁县志/姜自力主编;《永宁县志》编审委员会编.—银川:宁夏人民出版社,1995.11.—607页:彩照;26cm

ISBN 7-227-01528-9:¥60.00

K294.34 035309

泾源县志/李子杰主编;《泾源县志》编纂委员会编.—银川:宁夏人民出版社,1995.12.—462页:彩照;26cm

ISBN 7-227-01553-X(精装):¥80.00

K294.4 035310

海西蒙古族藏族自治州志 卷一/海西蒙古族藏族自治州地方志编纂委员会编 .—西安:陕西人民出版社,1995.2.—501页;26cm.—(青海省地方志丛书)

ISBN 7-224-03810-5(精装):¥55.00

K294.4 **035311**

青海省志 (二十二):石油工业志/徐志宏主编;青海省地方志编纂委员会编.—西宁:青海人民出版社,1995.7.—381页;22cm

ISBN 7-225-00950-8(精装):¥64.00

K294.4 **035312**

青海省志 (三十七):统计志/徐志宏主编;青海省地方志编纂委员会编.—西宁:青海人民出版社,1995.8.—271页;22cm

ISBN 7-225-01096-4:¥33.00

K294.41 **035313**

西宁市志 第八卷:邮政志/王国藩主编.—西安:陕西人民出版社,1995.12.—322页:彩图;26cm

ISBN 7-224-03985-3(精装):¥46.00

K294.41 **035314**

西宁市志 第十三卷:税务志/王德,冯志强主编.—西安:陕西人民出版社,1995.3.—198页:彩图;26cm

ISBN 7-224-03797-4(精装):¥23.00

K294.44 **035315**

贵德县志/贵德县地方志编纂委员会编.—西安:陕西人民出版社,1995.4.—654页:彩照;26cm.—(青海地方志丛书)

ISBN 7-224-03831-8(精装):¥50.00

K294.44 **035316**

天峻县志/天峻县县志编纂委员会编.—兰州:甘肃文化出版社,1995.12.—543页:彩照;26cm.—(青海省地方志丛书)

ISBN 7-80608-176-3(精装):¥84.00

K294.5 **035317**

可爱的吐鲁番/吐鲁番地委宣传部编.—乌鲁木齐:新疆人民出版社,1995.11.—176页;19cm

ISBN 7-228-03782-0:¥9.50

K294.5 **035318**

西陲话旧/胡正华著.—乌鲁木齐:新疆人民出版社,1995.3.—258页;19cm

ISBN 7-228-03055-9:¥7.20

K294.5 **035319**

新疆通志 第五十二卷:城乡建设志/解文翔主编;新疆维吾尔自治区地方志编纂委员会,《新疆通志·城乡建设志》编纂委员会编.—乌鲁木齐:新疆人民出版社,1995.9.—628页;26cm.—(新疆维吾尔自治区地方志丛书)

ISBN 7-228-03049-0(精装):¥60.00

K294.5 **035320**

新疆文史资料 第28辑:列宁的中国卫士李富清访苏日记/余骏升主编;中国人民政治协商会议新疆维吾尔自治区委员会文史资料委员会编.—乌鲁木齐:新疆人民出版社,1995.5.—417页;20cm

ISBN 7-228-03486-4:¥15.95

K294.5 **035321**

新疆文史资料 第30辑:阿克苏市文史资料教育专辑/肖光,肖晓峰主编;中国人民政治协商会议新疆维吾尔自治区委员会文史资料委员会,中国人民政治协商会议新疆阿克苏市委员会文史资料委员会编.—乌鲁木齐:新疆人民出版社,1995.10.—320页;20cm

ISBN 7-228-03370-1:¥15.00

K294.53 **035322**

敦煌简史/张仲编.—兰州:甘肃文化出版社,1995.8.—192页;20cm

ISBN 7-80608-106-2:¥8.50

K294.54 **035323**

沙雅县志/李鹏海主编;沙雅县史志编纂委员会编.—乌鲁木齐:新疆人民出版社,1995.9.—714页:彩照;26cm.—(新疆维吾尔自治区地方志丛书)

ISBN 7-228-03073-7(精装):¥120.00

K294.54-53 **035324**

《呼图壁县志》评论集/刘树靖主编;《呼图壁县志评论集》编委会编 .—乌鲁木齐:新疆人民出版社,1995.4.—175页;19cm

ISBN 7-228-03400-7:¥8.00

K295.1 **035325**

外滩:近代上海的起点/楼荣敏,吴成编著.—上海:上海人民出版社,1995.11.—28页;19×10cm

ISBN 7-208-02156-2:¥3.00

K295.1 **035326**

我爱你,上海:上海的昨天、今天和明天/中共上海市委宣传部等编写.—上海:上海人民出版社,1995.6.—267页;20cm

ISBN 7-208-02007-8:¥8.00

K295.1 **035327**

杨浦区志/施叔华主编;上海市杨浦区志编纂委员会编.—上海:上海社会科学院出版社,1995.12.—1103页:照片;26cm.—(上海市区志系列丛刊)

ISBN 7-80618-086-9(精装):¥80.00

K295.15 **035328**

桃浦乡志/上海市嘉定县《桃浦乡志》编写组编.—上海:上海科学普及出版社,1995.5.—391页:照片;26cm

ISBN 7-5427-0918-6(精装):¥90.00

K295.15 **035329**

周浦镇志/《周浦镇志》编纂领导小组编.—上海:上海科学技术文献出版社,1995.4.—439页:彩照;20cm

ISBN 7-5439-0729-1(精装):¥40.00

K295.15 **035330**

漕泾志/漕泾志编纂委员会编.—上海:上海古籍出版社,1995.2.—334页:彩照;26cm

ISBN 7-5325-1885-X(精装):¥50.00

K295.2 **035331**

爱我山东/张传曾,张兆松主编.—哈尔滨:东北林业大学出版社,1995.6.—295页;19cm

ISBN 7-81008-558-1:¥5.70

K295.2 **035332**

临淄与齐国/刘斌著.—济南:山东大学出版社,1995.6.—209页;20cm.—(中国历史文化名城临淄系列书;2)

ISBN 7-5607-1479-X:¥8.00

K295.2 **035333**

民国山东史/吕伟俊主编.—济南:山东人民出版社,

1995.6.—1072页;20cm
ISBN 7-209-01782-8(精装):¥35.00
K295.2 035334
山东省志 (12):政权志/高占坤主编;山东省地方史志编纂委员会编.—济南:山东人民出版社,1995.12.—2册(1417页):照片;20cm
ISBN 7-209-01861-1(精装):¥98.00
K295.2 035335
山东省志 (15):公安志/任铭龄主编;山东省地方史志编纂委员会编.—济南:山东人民出版社,1995.11.—383页:照片;20cm
ISBN 7-209-01845-X(精装):¥38.00
K295.2 035336
山东省志 (25):纺织工业志/赵致芳主编;山东省地方史志编纂委员会编.—济南:山东人民出版社,1995.12.—470页:照片;20cm
ISBN 7-209-01863-8(精装):¥46.00
K295.2 035337
山东省志 (28):陶瓷工业志/张道洪主编;山东省地方史志编纂委员会编.—济南:山东人民出版社,1995.6.—411页:照片;21cm
ISBN 7-209-01774-7(精装):¥54.00
K295.2 035338
山东省志 (31):电子工业志/刘长宝,李玉珍主编;山东省地方史志编纂委员会编.—济南:山东人民出版社,1995.12.—646页:照片;20cm
ISBN 7-209-01857-3(精装):¥54.00
K295.2 035339
山东省志 (35):医药志/杨锦文主编;山东省地方史志编纂委员会编.—济南:山东人民出版社,1995.12.—590页:照片;20cm
ISBN 7-209-01851-4(精装):¥54.00
K295.2 035340
山东省志 (49):供销合作社志/朱本伟主编;山东省地方史志编纂委员会编.—济南:山东人民出版社,1995.5.—364页:彩照;21cm
ISBN 7-209-01708-9(精装):¥30.00
K295.2 035341
山东省志 (67):卫生志/张青林主编;山东省地方史志编纂委员会编.—济南:山东人民出版社,1995.5.—614页;21cm
ISBN 7-209-01706-2(精装):¥48.00
K295.2 035342
山东省志 (69):文化志/于占德主编;山东省地方史志编纂委员会编.—济南:山东人民出版社,1995.11.—632页:照片;20cm
ISBN 7-209-01846-8(精装):¥52.00
K295.2 035343
山东省志 (8):地震志/张孟昂主编;山东省地方史志编纂委员会编.—济南:山东人民出版社,1995.1.—366页;21cm
ISBN 7-209-01705-4(精装):¥42.00
K295.2 035344
山东通史:近代卷/安作璋主编;李宏生,宋青蓝本卷主编.—济南:山东人民出版社,1995.2.—2册(932页);20cm
ISBN 7-209-01713-5(精装):¥47.00
K295.23 035345
黄岛区志/青岛市黄岛区地方史志编纂委员会办公室编.—济南:齐鲁书社,1995.6.—591页:彩照;26cm
ISBN 7-5333-0471-3(精装):¥78.00
K295.23 035346
莱阳市志/唐太金主编;山东省莱阳市志编纂委员会编.—济南:齐鲁书社,1995.11.—781页:彩照;26cm.—(中华人民共和国地方志丛书)
ISBN 7-5333-0462-4(精装):¥79.00
K295.23 035347
龙口市志/李继涛主编;山东省龙口市史志编纂委员会编.—济南:齐鲁书社,1995.10.—903页:彩照;26cm.—(中华人民共和国地方志丛书)
ISBN 7-5333-0479-9(精装):¥75.00
K295.23 035348
青岛市志:交通志/青岛市史志办公室编.—北京:新华出版社,1995.3.—526页;20cm
ISBN 7-5011-2821-9(精装):¥55.00
K295.23 035349
青岛市志:军事志/青岛市史志办公室编.—北京:新华出版社,1995.3.—376页;20cm
ISBN 7-5011-2822-7(精装):¥45.00
K295.23 035350
青岛市志:水产志/青岛市史志办公室编.—北京:新华出版社,1995.3.—316页;20cm
ISBN 7-5011-2818-9(精装):¥40.00
K295.23 035351
青岛市志:水利志/青岛市史志办公室编.—北京:新华出版社,1995.3.—407页;20cm
ISBN 7-5011-2820-0(精装):¥48.00
K295.23 035352
青岛市志:外事志、侨务志/青岛市史志办公室编.—北京:新华出版社,1995.3.—306页;20cm
ISBN 7-5011-2819-7(精装):¥40.00
K295.23 035353
峄城区志/山东省枣庄市峄城区史志编纂委员会编.—济南:齐鲁书社,1995.9.—576页:彩照;26cm.—(中华人民共和国地方志丛书)
ISBN 7-5333-0487-X(精装):¥68.00
K295.24 035354
历代邹县志十种/孔宪尧等点校.—北京:中国工人出版社,1995.1.—913页;26cm
ISBN 7-5008-1742-8(精装):¥110.00
K295.24 035355
阳信县志/范景淹主编;山东省阳信县史志编纂委员会编.—济南:齐鲁书社,1995.12.—559页:彩照;26cm.—(中华人民共和国地方志丛书)
ISBN 7-5333-0497-7(精装):¥70.00
K295.24 035356
禹城县志/张成道主编;山东省禹城县史志编纂委员会编.—济南:齐鲁书社,1995.10.—658页:彩照;

26cm.—(中华人民共和国地方志丛书)
ISBN 7-5333-0486-1(精装):¥70.00

K295.24 035357
沾化县志/刘荣昌主编;山东省沾化县地方史志编纂委员会编.—济南:齐鲁书社,1995.10.—599页:彩照;26cm.—(中华人民共和国地方志丛书)
ISBN 7-5333-0482-9(精装):¥60.00

K295.25 035358
黄台村志/樊长征主编;济南市天桥区黄台村志编纂委员会编.—济南:山东人民出版社,1995.10.—490页:照片;26cm.—(中华人民共和国地方志丛书)
ISBN 7-209-01855-7(精装):¥91.80

K295.3 035359
淮阴革命史略:1919~1949/常才林主编.—苏州:苏州大学出版社,1995.12.—236页;19cm
ISBN 7-81037-188-6:¥8.90

K295.3 035360
江苏省志 (19):海涂开发志/江苏地方志编纂委员会编.—南京:江苏科学技术出版社,1995.11.—303页;彩照;26cm
ISBN 7-5345-2005-3(精装):¥80.00

K295.3 035361
江苏省志 (53):价格志/江苏省地方志编纂委员会编.—南京:江苏人民出版社,1995.7.—417页:彩照;26cm
ISBN 7-214-01497-1(精装):¥60.00

K295.3 035362
江苏省志:工商行政管理志/江苏省地方志编纂委员会编.—南京:江苏古籍出版社,1995.6.—368页:彩照;26cm
ISBN 7-80519-636-2(精装):¥65.00

K295.3 035363
靖江人民革命斗争史:1919-1949/李正祥主编;《靖江人民革命斗争史》编纂委员会编.—南京:江苏人民出版社,1995.10.—204页:图;20cm
ISBN 7-214-01521-8(精装):¥18.00

K295.3 035364
太仓文史 第十一辑:刘家港研究/江苏省太仓市政协文史委员会,江苏省太仓刘家港港口开发区管委会编.—北京:中国农业出版社,1995.5.—149页;20cm
ISBN 7-109-03999-4:¥10.00

K295.33 035365
苏州市志/陈晖主编;苏州市地方志编纂委员会编.—南京:江苏人民出版社,1995.1.—3册;26cm
ISBN 7-214-01383-5(精装):¥240.00

K295.33 035366
无锡市志/庄申主编;无锡市地方志编纂委员会编.—南京:江苏人民出版社,1995.10.—4册(3367页):照片;26cm
ISBN 7-214-01577-3(精装):¥300.00

①K295.33②D619.533 035367
徐州的第一 第二集/王林绪主编.—长春:吉林大学出版社,1995.8.—352页;20cm
ISBN 7-5601-1766-X:¥11.80

K295.34 035368
奋进——四安七十年/蔡树林主编.—南京:江苏人民出版社,1995.9.—228页;20cm
ISBN 7-214-01566-8:¥13.50

K295.34 035369
灌南县志/张新济主编;灌南县地方志编纂委员会编著.—南京:江苏古籍出版社,1995.6.—862页:彩照;26cm.—(江苏省地方志)
ISBN 7-80519-637-0(精装):¥90.00

K295.34 035370
虎阜志/(清)陆肇域,任兆麟编纂;张维明校补.—苏州:古吴轩出版社,1995.12.—607页;19×13cm
ISBN 7-80574-201-4:¥28.00

K295.34 035371
江浦县志/刘海东主编;江浦县地方志编纂委员会编.—南京:河海大学出版社,1995.12.—758页;26cm
ISBN 7-5630-0961-2(精装):¥100.00

K295.34 035372
句容革命斗争史/句容县史志办公室编.—上海:上海社会科学院出版社,1995.6.—222页;19cm
ISBN 7-80618-114-8:¥9.80

K295.34 035373
新沂县志/新沂市地方志编纂委员会编.—南京:江苏科学技术出版社,1995.8.—815页:照片;26cm.—(江苏省地方志)
ISBN 7-5345-1971-3(精装):¥90.00

K295.34 035374
邗江县志/邗江县地方志编纂委员会编著.—南京:江苏人民出版社,1995.9.—869页:彩图;26cm.—(江苏省地方志)
ISBN 7-214-01554-4(精装):¥100.00

K295.34 035375
泗阳县志/泗阳县志编纂委员会编著.—南京:江苏人民出版社,1995.2.—907页;彩照;26cm.—(江苏省地方志)
ISBN 7-214-01386-X(精装):¥70.00

K295.35 035376
昆山市城北镇志/王国桢主编;《城北镇志》编纂委员会编.—上海:上海科学技术文献出版社,1995.6.—257页:照片;26cm.—(昆山市地方志丛书/王道伟主编)
ISBN 7-5439-0759-3:¥38.00

K295.35 035377
昆山市石牌镇志/王志远主编;昆山市石牌镇志编纂委员会编.—上海:上海科学技术文献出版社,1995.3.—249页;彩照;26cm.—(昆山市地方志丛书/王道伟主编)
ISBN 7-5439-0716-X:¥35.00

K295.35 035378
梅李镇志/董匡一主编;梅李镇人民政府编.—苏州:古吴轩出版社,1995.3.—546页:照片;20cm
ISBN 7-80574-136-0:¥28.80

K295.4 035379
安徽现代革命史资料长编 (三)/王乐平主编;中共

安徽省委党史工作委员会编.—合肥:安徽人民出版社,1995.5.—681 页;20cm
ISBN 7-212-01198-3:¥18.40

K295.42　035380
巢湖地区简志/胡继铎主编,巢湖地区方志编.—合肥:黄山书社,1995.8.—548 页;26cm
ISBN 7-80535-979-2(精装):¥80.00

K295.43　035381
蚌埠市志/蚌埠市地方志编纂委员会编.—北京:方志出版社,1995.10.—1330 页:彩照;26cm.—(安徽省地方志丛书)
ISBN 7-80122-025-0(精装):¥160.00

K295.44　035382
和县志/和县地方志编纂委员会编.—合肥:黄山书社,1995.12.—774 页:彩图;26cm.—(安徽省地方志丛书)
ISBN 7-80630-024-4(精装):¥68.00

K295.44　035383
界首县志/界首市地方志编纂委员会编.—合肥:黄山书社,1995.6.—558 页:彩照;26cm.—(安徽省地方志丛书)
ISBN 7-80535-925-3(精装):¥68.00

K295.44　035384
寿县革命史话/赵志华主编;中共寿县县委党史办公室编.—合肥:黄山书社,1995.12.—265 页:照片;20cm.—(安徽省中共党史资料丛书)
ISBN 7-80630-022-8:¥9.00

K295.44　035385
颍上县志/颖上县地方志编纂委员会编.—合肥:黄山书社,1995.7.—547 页:彩照;26cm.—(安徽省地方志丛书)
ISBN 7-80535-926-1(精装):¥70.00

K295.5　035386
当代浙北乡村的社会文化变迁/曹锦清等著.—上海:上海远东出版社,1995.12.—630 页;20cm
ISBN 7-80613-091-8:¥32.00

K295.5　035387
熟读浙江七千年/魏桥主编;《熟读浙江七千年》编纂委员会编 .—哈尔滨:哈尔滨地图出版社,1995.8.—341 页;20cm
ISBN 7-80529-277-9:¥10.00

K295.5　035388
浙东文化论丛/董贻安主编.—北京:中央编译出版社,1995.3.—397 页;20cm
ISBN 7-80109-070-5:¥12.80

K295.5　035389
浙江文史资料　第 56 辑:铁证:侵华日军在浙江暴行纪实/浙江省政协文史资料委员会编.—杭州:浙江人民出版社,1995.6.—309 页;20cm
ISBN 7-213-01264-9:¥13.30

K295.5　035390
浙江文史资料　第 57 辑:东瀛沉冤:日本关东大地震惨杀华工案/温州市政协文史资料委员会,浙江省政协文史资料委员会编.—杭州:浙江人民出版社,1995.6.—353 页;20cm
ISBN 7-213-01255-X:¥16.00

K295.5　035391
浙江文史资料　第 58 辑:浙江近代医卫名人/浙江省政协文史资料委员会编.—杭州:浙江人民出版社,1995.12.—247 页;20cm
ISBN 7-213-01328-9:¥11.60

K295.52　035392
台州地区志/方山,池招福主编;《台州地区志》编纂委员会编.—杭州:浙江人民出版社,1995.9.—1346 页:彩图;26cm
ISBN 7-213-01141-3(精装):¥98.00

K295.53　035393
建德大事记:1949～1994/中共建德市委党史研究室,建德市地方志办公室编.—北京:中国书籍出版社,1995.8.—308 页;20cm.—(当代浙江大事记丛书;8 / 邵德成主编)
ISBN 7-5068-0490-5:¥13.80

K295.53　035394
宁波古代史纲/乐承耀著.—宁波:宁波出版社,1995.11.—483 页;20cm
ISBN 7-80602-029-2:¥22.50

K295.53　035395
中国历史文化名城——衢州 /中国人民政治协商会议浙江省衢州市委员会文史资料委员会编.—杭州:浙江人民出版社,1995.3.—277 页;19cm
ISBN 7-213-01158-8:¥10.00

K295.53-61　035396
温州词典/殷佩章主编;《温州词典》编委会编.—上海:复旦大学出版社,1995.11.—675 页:彩图;26cm
ISBN 7-309-01565-7(精装):¥120.00

K295.54　035397
景宁畲族自治县志/柳意城主编;《景宁畲族自治县志》编纂委员会编.—杭州:浙江人民出版社,1995.12.—598 页:彩照;26cm
ISBN 7-213-01252-5(精装):¥80.00

K295.54　035398
浙江临安县地方史纪事:1949 年 10 月～1994 年 12 月/汪槐主编;中共浙江临安县委党史征集研究委员会编.—北京:中国书籍出版社,1995.11.—769 页;20cm
ISBN 7-5068-0457-3:¥42.00

K295.54　035399
嵊泗文史资料　第三辑:嵊泗渔业史话/郭振民著;政协嵊泗县委员会文史委员会编.—北京:海洋出版社,1995.5.—447 页;20cm
ISBN 7-5027-4083-X:¥20.00

K295.55　035400
南浔镇志/南浔镇志编纂委员会编 .—上海:上海科学技术文献出版社,1995.12.—435 页:彩照;26cm
ISBN 7-5439-0884-0(精装):¥50.00

K295.6　035401
江西省情概论:历史、现实与未来/吴官正主编.—南昌:江西人民出版社,1995.12.—290 页;20cm
ISBN 7-210-01580-9:¥7.95

K295.6　035402
江西省志　(80):江西省司法行政志/张伊总纂;《江西省司法行政志》编委会编纂.—南昌:江西人民出版社,1995.11.—269页;26cm
ISBN 7-210-01581-7(精装):¥55.00

K295.63　035403
景德镇市志　(三)/冯世祥等主编;景德镇市地方志编纂委员会编.—北京:方志出版社,1995.5.—371页:彩照;26cm
ISBN 7-80122-026-9(精装):¥50.00

K295.63　035404
上饶市志/萧洪泰主编;上饶市志编纂委员会编.—北京:中共中央党校出版社,1995.2.—690页:彩图;26cm
ISBN 7-5035-1202-4(精装):¥70.00

K295.7　035405
福建省志:军事志/王子文主编;福建省地方志编纂委员会编.—北京:新华出版社,1995.6.—627页:照片;26cm.—(中华人民共和国地方志)
ISBN 7-5011-2448-5(精装):¥98.00

K295.7　035406
闽都丛话/王铁藩编著.—福州:海潮摄影艺术出版社,1995.10.—552页;19cm
ISBN 7-80562-401-1:¥19.50

K295.7　035407
闽书　第四册/(明)何乔远编撰;厦门大学古籍整理研究所、历史系古籍整理研究室《闽书》校点组校点.—福州:福建人民出版社,1995.5.—2819~3704页;20cm
ISBN 7-211-02471-2(精装):¥48.00

K295.7　035408
三明史略/陈永成,吴景华主编.—上海:华东师范大学出版社,1995.12.—310页;19cm
ISBN 7-5617-1398-3:¥8.00

K295.7　035409
漳州过台湾/刘子民著.—福州:海风出版社,1995.12.—414页:彩照;20cm.—(闽台渊源丛书)
ISBN 7-80597-100-5:¥56.00

①K295.7②D647　035410
我爱你,厦门:厦门特区爱国主义教育指南/孔永松主编.—厦门:厦门大学出版社,1995.11.—272页;20cm
ISBN 7-5615-1106-X:¥9.80

K295.73　035411
抗战时期的厦门/洪卜仁主编;厦门市政协文史资料委员会编.—厦门:鹭江出版社,1995.8.—190页;20cm
ISBN 7-80610-210-8:¥9.50

K295.73　035412
厦门地志/陈嘉平等编著.—厦门:鹭江出版社,1995.7.—141页;20cm.—(厦门文化丛书)
ISBN 7-80610-100-4:¥7.00

K295.74　035413
莆田革命史/蒋维锬等主编;中共莆田县委党史研究室编.—福州:福建人民出版社,1995.8.—256页;20cm
ISBN 7-211-02338-4:¥8.05

K295.74　035414
中共安溪地方史主要事件/林秉成主编;中共安溪县委党史研究室编.—福州:福建人民出版社,1995.3.—160页;19cm.—(八闽风雷·事件)
ISBN 7-211-02344-9:¥3.80

K295.75　035415
狮城镇志/《狮城镇志》编纂委员会编.—福州:福建美术出版社,1995.8.—326页:彩照;26cm
ISBN 7-5393-0313-1(精装):¥38.00

K295.75　035416
中国福建省龙岩市东肖镇志/郭再兴总编;龙岩市东肖镇志编纂委员会编.—厦门:鹭江出版社,1995.6.—294页:彩照;26cm
ISBN 7-80610-196-9(精装):¥56.00

K295.8　035417
宝岛春秋:中国台湾史录/黄玉兰著.—北京:社会科学文献出版社,1995.7.—355页;20cm
ISBN 7-80050-658-4:¥15.80

K295.8　035418
台湾历史与文化/杨彦杰著.—福州:海峡文艺出版社,1995.2.—276页;20cm.—(台湾文化研究丛书)
ISBN 7-80534-762-X:¥7.30

K296.1　035419
河洛史话/徐金星主编;白马寺汉魏故城文物保管所编.—郑州:中州古籍出版社,1995.12.—625页;20cm.—(河南史志丛书)
ISBN 7-5348-1428-6:¥28.00

K296.1　035420
河南地方史/张媛主编.—郑州:中州古籍出版社,1995.9.—290页;20cm
ISBN 7-5348-1398-0:¥12.50

K296.1　035421
河南省志　第二十二卷:军事志/河南省地方史志办公室编纂.—郑州:河南人民出版社,1995.7.—708页;22cm
ISBN 7-215-03830-0(精装):¥42.00

K296.1　035422
河南省志　第二十五卷:出版志/河南省地方史志办公室编纂.—郑州:河南人民出版社,1995.8.—272页;22cm
ISBN 7-215-03842-4(精装):¥20.00

K296.1　035423
河南省志　第三十六卷:乡镇企业志/河南省地方史志办公室编纂.—郑州:河南人民出版社,1995.7.—222页;22cm
ISBN 7-215-03833-5(精装):¥20.00

K296.1　035424
河南省志　第十卷:民俗志/邵文杰总纂;河南省地方史志编纂委员会编纂.—郑州:河南人民出版社,1995.4.—512页:照片;22cm
ISBN 7-215-03383-X(精装):¥40.00

K296.1　035425
河南省志　第四十三卷:对外经济贸易志 进出口商品检验志/河南省地方史志办公室编纂.—郑州:河南

人民出版社,1995.7.—244,108页;22cm
ISBN 7-215-03831-9(精装):¥26.00

K296.1　035426
河南省志　第五十二卷:科学技术志/河南省地方史志办公室编纂.—郑州:河南人民出版社,1995.7.—883页;22cm
ISBN 7-215-03832-7(精装):¥46.00

K296.1　035427
河南省志　第五十一卷:社会科学志/河南省地方史志办公室编纂.—郑州:河南人民出版社,1995.7.—329页;22cm
ISBN 7-215-03834-3(精装):¥26.00

K296.1　035428
中共长垣县历史大事记:1919.5~1992.10/赵继祥主编;中共长垣县委党史工作委员会编.—北京:中共党史出版社,1995.5.—256页;20cm
ISBN 7-80023-635-8(精装):¥13.00

K296.1　035429
睢州史话/马洪申著.—郑州:中州古籍出版社,1995.7.—233页;19cm.—(河南地方志丛书)
地方志史料集萃
ISBN 7-5348-1384-0:¥8.00

K296.13　035430
辉煌的洛阳/吴少珉主编.—开封:河南大学出版社,1995.1.—376页;20cm
ISBN 7-81041-181-0:¥10.80

K296.14　035431
河南省平舆县志/河南省平舆县史志编纂委员会编.—郑州:中州古籍出版社,1995.11.—607页:彩照;26cm.—(中国地方志丛书)
ISBN 7-5348-1416-2(精装):¥98.00

K296.14　035432
艰难的岁月/李少敏,张瑞雪主编.—郑州:河南人民出版社,1995.9.—332页;20cm
ISBN 7-215-03839-4:¥12.00

K296.14　035433
南召县志/南召县史志编纂委员会编.—郑州:中州古籍出版社,1995.9.—1283页:彩照;26cm.—(中国地方志丛书)
ISBN 7-5348-1403-0(精装):¥158.00

K296.14　035434
清·光绪开州志/王德英主编;濮阳县地方史志办公室校注.—郑州:中州古籍出版社,1995.8.—880页;20cm
ISBN 7-5348-1381-6(精装):¥48.00

K296.14　035435
汝阳县志/刘儒林主编;汝阳县地方史志编纂委员会编.—北京:三联书店,1995.6.—819页:彩照;26cm.—(中国地方志丛书)
ISBN 7-108-00756-8(精装):¥120.00

K296.14　035436
上蔡县志/张根堂主编;上蔡县地方史志编纂委员会编.—北京:三联书店,1995.6.—796页;26cm.—(中国地方志丛书)
ISBN 7-108-00698-7(精装):¥79.00

K296.14　035437
通许县志/通许县地方志编纂委员会编.—郑州:中州古籍出版社,1995.8.—718页;26cm
ISBN 7-5348-1383-2(精装):¥120.00

K296.14　035438
渑池县志:清·乾隆十一年、清·嘉庆十五年/渑池县地方史志编纂委员会编;郭书身,杜建成点校.—郑州:中州古籍出版社,1995.12.—762页;20cm.—(河南旧志整理丛书)
ISBN 7-5348-1438-3(精装):¥29.00

K296.3　035439
湖北省志:财政/何福林主编;湖北省地方志编纂委员会编.—武汉:湖北人民出版社,1995.3.—1076页:彩图;20cm
ISBN 7-216-01651-3(精装):¥60.00

K296.3　035440
湖北省志:工业/谷玉川主编;湖北省地方志编纂委员会编.—武汉:湖北人民出版社,1995.3.—2册(1825页):彩图;20cm
ISBN 7-216-01649-1(精装):¥90.00

K296.3　035441
湖北省志:交通邮电/林学明,邹文斗主编;湖北省地方志编纂委员会编.—武汉:湖北人民出版社,1995.3.—1057页:彩图;20cm
ISBN 7-216-01650-5(精装):¥58.00

K296.34　035442
宣恩县志/《宣恩县志》编纂委员会编.—武汉:武汉工业大学出版社,1995.12.—473页;26cm
ISBN 7-5629-1041-3(精装):¥120.00

K296.4　035443
湖南地方志考评/李龙如著.—长沙:湖南出版社,1995.7.—194页;19cm
ISBN 7-5438-1032-8:¥9.80

K296.4　035444
湖南省志　第二十八卷:文物志/侯良主编;湖南省地方编纂委员会编.—长沙:湖南出版社,1995.9.—905页:图;20cm
ISBN 7-5438-1062-X(精装):¥55.00

K296.4　035445
湖南省志　第六卷:政法志·审判/湖南省地方志编纂委员会编.—长沙:湖南出版社,1995.6.—711页;20cm
内部发行
ISBN 7-5438-1009-3(精装):¥30.00

K296.4　035446
湖南省志　第三十卷:人物志　下册/宋斐夫主编;湖南省地方志编纂委员会编.—长沙:湖南出版社,1995.12.—1204页;20cm
ISBN 7-5438-1234-7(精装):¥51.00

K296.4　035447
湖南省志　第十六卷:金融志/湖南省地方志编纂委员会编.—长沙:湖南出版社,1995.12.—780页:彩图;20cm

ISBN 7-5438-1148-0(精装):￥55.00

K296.4 035448

湖南省志 第十一卷:邮电志/刘高举主编;湖南省地方志编纂委员会编.—长沙:湖南出版社,1995.12.—518页:照片;20cm

ISBN 7-5438-1123-5(精装):￥38.00

K296.42 035449

零陵地区志:金融志/零陵地区金融志编纂办公室编.—长沙:湖南出版社,1995.4.—391页;20cm

ISBN 7-5438-0965-6(精装):￥42.00

K296.42 035450

零陵地区志:科学技术志/零陵地区科学技术委员会编.—长沙:湖南出版社,1995.3.—496页;20cm

ISBN 7-5438-0944-3(精装):￥28.00

K296.42 035451

零陵地区志:农机志/零陵地区农机局编.—长沙:湖南出版社,1995.12.—135页;20cm

ISBN 7-5438-1132-4(精装):￥30.00

K296.43 035452

长沙市志 第二卷/长沙市志编纂委员会编.—长沙:湖南出版社,1995.8.—712页;20cm.—(中华人民共和国地方志丛书)

ISBN 7-5438-1057-3(精装):￥40.00

K296.43 035453

话说津市/朱世民主编.—长沙:湖南出版社,1995.7.—139页;19cm.—(可爱的家乡丛书)

ISBN 7-5438-1033-6:￥3.80

K296.43 035454

株洲市志 第二册:建设·环保/株洲市地方志编纂委员会编.—长沙:湖南出版社,1995.11.—429页;20cm

ISBN 7-5438-1128-6(精装):￥35.00

K296.43 035455

株洲市志 第六册:商业/株洲市地方志编纂委员会编.—北京:中国商业出版社,1995.8.—408页;20cm

ISBN 7-5044-2878-7(精装):￥30.00

K296.43 035456

株洲市志:地理/株洲市地方志编纂委员会编.—长沙:湖南出版社,1995.8.—509页;20cm.—(中华人民共和国地方志)

ISBN 7-5438-1051-4(精装):￥30.00

K296.43 035457

汨罗市志/汨罗市志编纂委员会编.—北京:方志出版社,1995.11.—689页:彩图;26cm.—(中华人民共和国地方志丛书)

ISBN 7-80122-020-X(精装):￥95.00

K296.43 035458

醴陵市志/醴陵市志编纂委员会编.—长沙:湖南出版社,1995.2.—1129页;26cm

ISBN 7-5438-0935-4(精装):￥80.00

K296.44 035459

长沙县志/柳冠群主编;长沙县志编纂委员会编.—北京:三联书店,1995.10.—848页:彩照;26cm.—(中国地方志丛书)

ISBN 7-108-00783-5(精装):￥120.00

K296.44 035460

郴县志/《郴县志》编纂委员会编.—北京:中国社会出版社,1995.12.—934页;26cm.—(中华人民共和国地方志丛书)

ISBN 7-80088-760-X(精装):￥120.00

K296.44 035461

大庸县志/张振莘主编;湖南省大庸县地方志编纂委员会编.—北京:三联书店,1995.8.—820页:彩照;26cm.—(中国地方志丛书)

ISBN 7-108-00805-X(精装):￥140.00

K296.44 035462

东安县志/陈永宁主编;东安县志编纂委员会编.—长沙:湖南出版社,1995.4.—868页;26cm

ISBN 7-5438-0967-2(精装):￥75.00

K296.44 035463

江永县志/吴多禄主编;湖南省江永县志编纂委员会编.—北京:方志出版社,1995.9.—811页:彩照;26cm.—(中华人民共和国地方志丛书)

ISBN 7-80122-037-4(精装):￥135.00

K296.44 035464

蓝山县志/《蓝山县志》编纂委员会编.—北京:中国社会出版社,1995.8.—746页;26cm

ISBN 7-80088-614-X(精装):￥85.00

K296.44 035465

桃源县志/桃源县地方志编纂委员会编.—长沙:湖南出版社,1995.10.—608页;26cm

ISBN 7-5438-1076-X(精装):￥100.00

K296.44 035466

湘潭县志/湘潭县地方志编纂委员会编.—长沙:湖南出版社,1995.12.—968页:照片;26cm

ISBN 7-5438-1130-8(精装):￥129.00

K296.44 035467

湘阴县志/工洪勋主编;湖南省湘阴县志编纂委员会编.—北京:三联书店,1995.6.—1080页:彩照;26cm.—(中国地方志丛书)

ISBN 7-108-00785-1(精装):￥150.00

K296.44 035468

新宁县志/新宁县县志编纂委员会编.—长沙:湖南出版社,1995.2.—799页:彩照;26cm

ISBN 7-5438-0934-6(精装):￥65.00

K296.44 035469

永顺县志/永顺县志编纂委员会编.—长沙:湖南出版社,1995.4.—693页:彩图;26cm

ISBN 7-5438-0962-1(精装):￥60.00

K296.44 035470

中共衡南地方史:新民主主义革命时期/刘旅森主编;中共衡南县委党史资料征集办公室编.—北京:中共党史出版社,1995.3.—637页;20cm

ISBN 7-80023-856-3(精装):￥30.00

K296.5 035471

潮学研究 (3)/饶宗颐主编;潮汕历史文化研究中心,汕头大学潮汕文化研究中心编.—汕头:汕头大学出版社,1995.3.—305页;20cm

ISBN 7-81036-072-8:￥15.00

K296.5　035472

潮学研究　(4)/饶宗颐主编;潮汕历史文化研究中心,汕头大学潮汕文化研究中心编.—汕头:汕头大学出版社,1995.12.—295页;20cm

ISBN 7-81036-152-X:￥15.00

K296.5　035473

潮州会馆史话/周昭京著.—上海:上海古籍出版社,1995.10.—241页:照片;20cm.—(潮汕历史文化丛书)

ISBN 7-5325-1977-5:￥28.00

K296.5　035474

广东人民武装斗争史　第二卷:土地革命时期/广东省人民武装斗争史编纂委员会编著.—广州:广东人民出版社,1995.12.—323页;20cm

ISBN 7-218-01674-X:￥15.00

K296.5　035475

广东人民武装斗争史　第五卷:大事记/广东省人民武装斗争史编纂委员会编著.—广州:广东人民出版社,1995.8.—305页;20cm

ISBN 7-218-01648-0:￥16.30

K296.5　035476

广东人民武装斗争史　第一卷:大革命时期/广东省人民武装斗争史编纂委员会编著.—广州:广东人民出版社,1995.12.—209页;20cm

ISBN 7-218-01673-1:￥12.50

K296.5　035477

广东文史资料　第72辑:艺海风华:广东文化名人(三)/林雅杰主编;中国人民政治协商会议广东省委员会文史资料研究委员会编.—广州:广东人民出版社,1995.3.—248页;20cm

ISBN 7-218-01753-3:￥12.80

K296.5　035478

肇庆之最/王振华主编;肇庆市地方志办公室编.—广州:广东省地图出版社,1995.11.—187页:彩照;20cm.—(肇庆市地方志丛书)

ISBN 7-80522-295-9:￥19.50

①K296.5②F127.65　035479

南海"海上丝绸之路"始发港——雷州城/李建生,陈代光主编.—北京:海洋出版社,1995.5.—181页:彩照;19cm

ISBN 7-5027-4095-3:￥4.80

K296.51　035480

广州市志　卷三/广州市地方志编纂委员会编.—广州:广州出版社,1995.7.—709页;26cm

ISBN 7-80592-265-9(精装):￥120.00

K296.51　035481

广州文史资料　第四十八辑:广州抗战纪实/何邦泰主编;广州市政协文史资料委员会等编.—广州:广东人民出版社,1995.7.—551页:照片;20cm

ISBN 7-218-01966-8:￥15.00

K296.51　035482

广州文史资料　第四十七辑:回忆朱光市长/罗进主编;广州市政协文史资料委员会编.—广州:广东人民出版社,1995.2.—174页:照片;20cm

ISBN 7-218-01786-X:￥5.50

K296.51　035483

天河今昔/龙志成主编;广州市天河区地方志编纂委员会办公室编.—广州:广东省地图出版社,1995.11.—176页;20cm.—(广州市天河区史志丛书)

ISBN 7-80522-317-3:￥15.00

K296.53　035484

佛山现代革命史概要/杜先烈主编;佛山现代革命史概要编委会编著.—广州:广东人民出版社,1995.4.—175页;20cm

ISBN 7-218-01783-4:￥8.80

K296.53　035485

广州市志　卷十三:军事卷/广州市地方志编纂委员会编.—广州:广州出版社,1995.12.—390页;26cm

ISBN 7-80592-288-8(精装):￥100.00

K296.53　035486

新韩江闻见录/廖来保主编;潮州市地方志办公室编.—汕头:汕头大学出版社,1995.9.—386页;19cm.—(潮州市地方志丛书)

ISBN 7-81036-124-4:￥9.80

K296.53　035487

增城文史专辑:挂绿沧桑录/伍焕林,梁端文主编;中国人民政治协商会议广东省增城市委员会《增城文史》编辑委员会编.—南宁:广西人民出版社,1995.6.—160页:彩图;20cm

ISBN 7-219-02979-9:￥6.60

K296.54　035488

高明县志/严善庆主编;高明县地方志编纂委员会编.—广州:广东人民出版社,1995.8.—779页:彩图;26cm.—(广东省地方志丛书)

ISBN 7-218-01942-0(精装):￥126.30

K296.54　035489

龙门县志/巫国祥主编;龙门县地方志编纂委员会编.—北京:新华出版社,1995.9.—817页:彩照;26cm.—(广东省地方志丛书)

ISBN 7-5011-2826-X(精装):￥80.00

K296.54　035490

南海县建置志/黄志扬主编;南海县地方志编纂委员会办公室编.—广州:广东人民出版社,1995.4.—113页;26cm.—(南海县地方志丛书)

ISBN 7-218-01382-1:￥9.80

K296.54　035491

琼海县志/甘先琼主编;琼海市地方志编纂委员会编.—广州:广东科技出版社,1995.10.—975页:彩照;26cm

ISBN 7-5359-1576-0(精装):￥100.00

K296.54　035492

郁南县志/林锦涛主编;郁南县地方志编纂委员会编.—广州:广东人民出版社,1995.12.—959页:彩照;26cm.—(广东省地方志丛书)

ISBN 7-218-02057-7(精装):￥78.00

K296.54　035493

云浮县志/云浮县地方志编纂委员会编.—广州:广

东人民出版社,1995.5.—812 页;26cm.—(广东省地方志丛书)

ISBN 7-218-01935-8(精装):¥68.00

K296.55 035494

南雄珠玑移民的历史与文化/曾祥委,曾汉祥主编;南雄珠玑巷人南迁后裔联谊会筹委会编.—广州:暨南大学出版社,1995.10.—227 页;19cm.—(珠玑巷丛书;8/吴述超主编)

ISBN 7-81029-439-3:¥8.20

K296.55 035495

珠玑巷人迁移路线研究:华南师大历史地理研究室研究报告第二号/曾昭璇等主编;南雄珠玑巷人南迁后裔联谊会筹委会编.—广州:暨南大学出版社,1995.10.—274 页;19cm.—(珠玑巷丛书;10/吴述超主编)

ISBN 7-81029-437-7:¥15.00

K296.6 035496

海南文史资料 第十一辑:铁蹄下的腥风血雨——日军侵琼暴行实录/符和积主编;海南省政协文史资料委员会编.—海口:海南出版社,1995.8.—2 册(785 页);20cm

ISBN 7-80617-242-4:¥26.00

K296.6 035497

我爱你——海南/中共海南省委宣传部,海南省教育厅编.—海口:海南出版社,1995.2.—178 页;19cm

ISBN 7-80590-395-6:¥4.50

K296.67 035498

三亚古今纪事:公元前 111 年至公元 1994 年/周德光,陈清欧主编.—海口:南海出版公司,1995.3.—222 页;20cm

ISBN 7-5442-0658-0:¥10.00

K296.7 035499

(嘉庆)《广西通志》研究/何林夏著.—南宁:广西人民出版社,1995.8.—122 页;20cm.—(广西史志资料丛书)

ISBN 7-219-03064-9:¥5.20

K296.7 035500

广西概况/冼光位,刘肇贵主编;广西壮族自治区通志馆编.—南宁:广西人民出版社,1995.12.—673 页:彩照;26cm

ISBN 7-219-03194-7(精装):¥100.00

K296.7 035501

广西通志:财政志/黎灼仁主编;广西壮族自治区地方志编纂委员会编.—南宁:广西人民出版社,1995.10.—563 页:彩照;26cm

ISBN 7-219-03100-9(精装):¥40.00

K296.7 035502

广西通志:工商行政管理志/黄绍熙主编;广西壮族自治区地方志编纂委员会编.—南宁:广西人民出版社,1995.12.—296 页:彩照;26cm

ISBN 7-219-03215-3(精装):¥60.00

K296.7 035503

广西通志:教育志/李德韩,蒙荫昭主编;广西壮族自治区地方志编纂委员会编.—南宁:广西人民出版社,1995.10.—797 页:彩照;26cm

ISBN 7-219-03147-5(精装):¥140.00

K296.7 035504

广西通志:民航志/秦森源,梁吉田主编;广西壮族自治区地方志编纂委员会编.—南宁:广西人民出版社,1995.10.—254 页:彩照;26cm

ISBN 7-219-03090-8(精装):¥48.00

K296.7 035505

广西通志:农业志/胡方明,张志民主编;广西壮族自治区地方志编纂委员会编.—南宁:广西人民出版社,1995.5.—864 页:彩照;26cm

ISBN 7-219-02980-2(精装):¥40.00

K296.7 035506

桂西文史录 第六卷/黄德俊主编.—南宁:广西人民出版社,1995.12.—372 页:彩照;20cm

ISBN 7-219-02951-9:¥8.80

K296.7 035507

抗战时期桂林美术运动/杨益群编著;桂林市美术馆等主编.—桂林:漓江出版社,1995.9.—2 册(805 页);20cm

ISBN 7-5407-1807-2:¥20.00

K296.73 035508

桂林文史资料 第二十八辑:桂林抗战文化史/魏华龄主编.—桂林:漓江出版社,1995.1.—326 页;19cm

ISBN 7-5407-1672-X:¥8.00

K296.73 035509

桂林文史资料 第二十九辑:中外名人采访录/魏华龄主编.—桂林:漓江出版社,1995.11.—388 页;19cm

ISBN 7-5407-1849-8:¥12.00

K296.73 035510

桂林文史资料 第二十七辑:朱荫龙诗文选/魏华龄主编;广西文史研究馆,桂林市政协文史资料委员会编.—桂林:漓江出版社,1995.1.—251 页;19cm

ISBN 7-5407-1673-8:¥6.50

K296.73 035511

桂林文史资料 第三十一辑:任中敏与汉民中学/魏华龄,严申榜主编.—桂林:漓江出版社,1995.12.—276 页;19cm

ISBN 7-5407-1851-X:¥9.00

K296.73 035512

桂林掌故/吴晋著.—桂林:漓江出版社,1995.2.—239 页;19cm

ISBN 7-5407-1549-9:¥6.80

K296.73 035513

柳州大事记:远古~1995 年 6 月/徐伟崇,吴建华主编;柳州市地方志编纂委员会办公室编.—南宁:广西人民出版社,1995.7.—453 页;20cm.—(柳州文献丛书)

ISBN 7-219-03167-X(精装):¥35.00

K296.73-53 035514

桂林历史文化研究文集 (1)/魏华龄,张益桂主编.—桂林:漓江出版社,1995.12.—682 页;19cm.—(独秀社会科学丛书)

ISBN 7-5407-1864-1:¥16.00

K296.74 035515

烽火临阳/张霖主编;阳朔县委党史办编著.—桂林:漓江出版社,1995.5.—278页;19cm.—(中共阳朔县历史资料丛书)

ISBN 7-5407-1759-9:¥10.00

K296.74　035516

武宣县志/左少荣主编;武宣县志编纂委员会编.—南宁:广西人民出版社,1995.12.—777页:彩照;26cm

ISBN 7-219-03113-0(精装):¥60.00

K296.74　035517

钟山县志/韦洪宇主编;《钟山县志》编纂委员会编.—南宁:广西人民出版社,1995.7.—791页;26cm

ISBN 7-219-02981-0(精装):¥40.00

K296.74　035518

邕宁县志/刘缘璋主编;广西壮族自治区邕宁县地方志编纂委员会编纂.—北京:中国城市出版社,1995.12.—896页:彩照;26cm.—(中华人民共和国地方志丛书)

ISBN 7-5074-0783-7(精装):¥60.00

K297　035519

川滇黔边红色武装文化史料选编/董有刚主编;四川省文化厅等编.—贵阳:贵州人民出版社,1995.1.—444页;20cm

ISBN 7-221-03779-5:¥7.00

K297.1　035520

四川省志:纺织工业志/周洽勃主编;四川省地方志编纂委员会编.—成都:四川辞书出版社,1995.12.—476页:彩照;26cm

ISBN 7-80543-520-0(精装):¥55.00

K297.1　035521

四川省志:气象志/曾熙竹主编;四川省地方志编纂委员会编.—成都:四川辞书出版社,1995.1.—264页:照片;26cm

ISBN 7-80543-429-8(精装):¥38.00

K297.11　035522

成都市志:计划志/喻正芳主编;成都市地方志编纂委员会编纂.—北京:中国计划出版社,1995.10.—182页;26cm

ISBN 7-80058-429-1(精装):¥28.00

K297.11　035523

成都市志:人事志/黄明举主编;成都市人事局编著.—成都:四川人民出版社,1995.10.—293页;26cm

ISBN 7-220-02998-5(精装):¥38.00

K297.11　035524

重庆市沙坪坝区志/刘国庆主编;重庆市沙坪坝区志编纂委员会编纂.—成都:四川人民出版社,1995.12.—990页:彩照;26cm

ISBN 7-220-02921-7(精装):¥83.00

K297.11-53　035525

中国重庆抗战陪都史国际学术研讨会论文集/顾乐观主编.—北京:华文出版社,1995.7.—352页;20cm

ISBN 7-5075-0459-X:¥12.00

K297.12　035526

熊猫故乡雅安/《熊猫故乡雅安》编写组编.—北京:当代中国出版社,1995.10.—266页:彩照;20cm.—(当代四川丛书/杨超主编)

ISBN 7-80092-426-2:¥10.80

K297.13　035527

涪陵市志/蒲国树主编;四川省涪陵市志编纂委员会编纂.—成都:四川人民出版社,1995.12.—1669页:彩照;26cm

ISBN 7-220-02680-3(精装):¥95.00

K297.13　035528

华蓥市志/四川省华蓥市志编纂委员会编纂.—成都:四川人民出版社,1995.9.—783页:彩图;26cm

ISBN 7-220-02872-5(精装):¥88.00

K297.13　035529

自贡市贡井区志/自贡市贡井区地方志编纂委员会编纂.—成都:四川人民出版社,1995.3.—555页:照片;26cm

ISBN 7-220-02470-3(精装):¥88.00

K297.13　035530

自贡文史资料选辑　第24辑:自流井盐业世家/刘复洋主编;自贡市政协文史资料委员会编.—成都:四川人民出版社,1995.2.—413页;20cm

ISBN 7-220-02725-7:¥15.00

K297.14　035531

城口县志/四川省城口县志编纂委员会编纂.—成都:四川人民出版社,1995.9.—925页:彩照;26cm

ISBN 7-220-02507-6(精装):¥80.00

K297.14　035532

德格县志/刘先毅主编;四川省德格县志编纂委员会编纂.—成都:四川人民出版社,1995.5.—568页:照片;26cm

ISBN 7-220-02707-9(精装):¥70.00

K297.14　035533

奉节县志/四川省奉节县志编纂委员会编纂.—北京:方志出版社,1995.12.—923页:彩照;26cm

ISBN 7-80122-050-1(精装):¥168.00

K297.14　035534

合川县志/王爵英主编;四川省合川县地方志编纂委员会编纂.—成都:四川人民出版社,1995.12.—844页:彩照;26cm

ISBN 7-220-03040-1(精装):¥80.00

K297.14　035535

江津县志/钟永毅主编;江津县地方志编辑委员会编著.—成都:四川科学技术出版社,1995.6.—934页:照片;26cm

ISBN 7-5364-3095-7(精装):¥75.00

K297.14　035536

康定县志/四川省康定县志编纂委员会编纂.—成都:四川辞书出版社,1995.8.—619页:图;26cm

ISBN 7-80543-501-4(精装):¥80.00

K297.14　035537

乐至县志/四川省乐至县志编纂委员会编纂.—成都:四川人民出版社,1995.11.—823页:彩照;26cm

ISBN 7-220-02472-X(精装):¥58.00

K297.14　035538

马尔康县志/《马尔康县志》编纂委员会编.—成都:

四川人民出版社,1995.10.—686页:彩图;26cm

ISBN 7-220-02958-6(精装):￥95.00

K297.14 035539

木里藏族自治县志/木里藏族自治县志编纂委员会编.—成都:四川人民出版社,1995.12.—982页;26cm.—(中华人民共和国地方志丛书)

ISBN 7-220-03038-X(精装):￥85.00

K297.14 035540

蓬溪县志/四川省蓬溪县志编纂委员会编.—成都:四川辞书出版社,1995.7.—870页:彩图;26cm.—(中华人民共和国史志系列丛书)

ISBN 7-80543-494-8(精装):￥75.00

K297.14 035541

万县志/《万县志》编纂委员会编.—成都:四川辞书出版社,1995.9.—803页:彩照;26cm

ISBN 7-80543-418-2(精装):￥68.00

K297.14 035542

小金县志/四川省阿坝藏族羌族自治州小金县地方志编纂委员会编纂.—成都:四川辞书出版社,1995.12.—641页:照片;26cm

ISBN 7-80543-522-7(精装):￥90.00

K297.14 035543

珙县志/四川省珙县志编纂委员会编.—成都:四川人民出版社,1995.8.—911页:照片;26cm

ISBN 7-220-02823-7(精装):￥60.00

K297.3 035544

贵州当代史/何长凤等主编.—重庆:西南师范大学出版社,1995.12.—450页;20cm

ISBN 7-5621-1474-9:￥17.80

K297.3 035545

贵州省志:电力工业志/陈实主编;贵州省地方志编纂委员会编.—贵阳:贵州人民出版社,1995.4.—545页:照片;26cm

ISBN 7-221-03902-X(精装):￥60.00

K297.3 035546

贵州省志:军事志/李铁基主编;贵州省地方志编纂委员会编.—贵阳:贵州人民出版社,1995.9.—616页:照片;26cm

ISBN 7-221-03903-8(精装):￥60.00

K297.31 035547

贵阳市志:农林水利蔬菜志/杨忠宣等主编;贵阳市志编纂委员会编.—贵阳:贵州人民出版社,1995.6.—335页:彩照;26cm

ISBN 7-221-02974-1(精装):￥28.00

K297.31 035548

贵阳市志:税务志/贵阳市志编纂委员会编.—贵阳:贵州人民出版社,1995.12.—274页;26cm

ISBN 7-221-04071-0(精装):￥28.00

K297.32 035549

毕节地区志:商业志/王玉屏,汤正仁主编;贵州省毕节地区地方志编纂委员会编.—贵阳:贵州人民出版社,1995.5.—344页:彩照;26cm

ISBN 7-221-03864-3(精装):￥42.00

K297.32 035550

黔西南布依族、苗族自治州志:轻纺工业志/谢晋安主编;黔西南州地方志编纂委员会编.—贵阳:贵州人民出版社,1995.12.—258页:彩图;26cm

ISBN 7-221-04024-9(精装):￥35.00

K297.33 035551

六盘水市志:金融志/刘鸣宇主编;六盘水市地方志编纂委员会编.—贵阳:贵州人民出版社,1995.11.—209页:彩照;26cm

ISBN 7-221-04004-4(精装):￥60.00

K297.33 035552

六盘水市志:农业志、畜牧志/六盘水市地方志编纂委员会编.—贵阳:贵州人民出版社,1995.10.—427页:照片;26cm

ISBN 7-221-03911-9(精装):￥70.00

K297.34 035553

贵州玉屏县志:清乾隆二十二年(1757)修注释本/钟德善等注;中国人民政治协商会议贵州省玉屏侗族自治县委员会编.—贵阳:贵州民族出版社,1995.12.—439页;26cm

ISBN 7-5412-0625-3(精装):￥85.00

K297.34 035554

锦屏县志/姚炽昌主编;贵州省锦屏县志编纂委员会编.—贵阳:贵州人民出版社,1995.8.—1033页:照片;26cm

ISBN 7-221-03904-6(精装):￥80.00

K297.34 035555

瓮安县志/王翰声主编;贵州省瓮安县地方志编纂委员会编.—贵阳:贵州人民出版社,1995.12.—764页:彩照;26cm

ISBN 7-221-03901-1(精装):￥98.00

K297.34 035556

习水县志/贵州省习水县地方志编纂委员会编.—贵阳:贵州人民出版社,1995.5.—998页:彩照;26cm

ISBN 7-221-03866-X(精装):￥68.00

K297.4 035557

滇云风雷:中国共产党领导的云南人民武装斗争/侯兴福编著.—昆明:云南人民出版社,1995.4.—209页;20cm.—(云南人民革命斗争史丛书;5/王元辅等主编)

ISBN 7-222-01731-3:￥6.55

K297.4 035558

共和再现:云南辛亥起义和护国首义/谢本书,宋光淑编著.—昆明:云南人民出版社,1995.2.—147页;20cm.—(云南人民革命斗争史丛书;2/王元辅等主编)

ISBN 7-222-01728-3:￥5.20

K297.4 035559

光辉历程:中国共产党在云南地下斗争二十四年/王元辅,朱洪东编著.—昆明:云南人民出版社,1995.2.—181页;20cm.—(云南人民革命斗争史丛书;3/王元辅等主编)

ISBN 7-222-01729-1:￥5.90

K297.4 035560

团结抗战:抗日战争中的云南/孙代兴,吴宝璋编著.—昆明:云南人民出版社,1995.3.—213页;20cm.—(云南人民革命斗争史丛书;4/王元辅等主编)

ISBN 7-222-01730-5: ¥6.70

K297.4 035561

云岭烽火:云南人民抗英抗法斗争/林荃等编著.—昆明:云南人民出版社,1995.3.—157 页;20cm.—(云南人民革命斗争史丛书;1/王元辅等主编)

ISBN 7-222-01727-5: ¥5.40

K297.4 035562

云南百年风云录/杨曦晖主编;昆明地区革命纪念设施工作小组,政协昆明市委员会编.—昆明:云南人民出版社,1995.3.—333 页:照片;20cm.—(云南人民革命斗争史丛书;6/王元辅等主编)

ISBN 7-222-00180-8: ¥12.00

K297.4 035563

云南省志 卷八:经济综合志/李以海主编;云南省地方志经济编纂委员会总纂;《云南省志·经济综合志》编委会编撰.—昆明:云南人民出版社,1995.9.—581 页:彩照;26cm.—(中华人民共和国地方志丛书)

ISBN 7-222-01857-3(精装): ¥50.00

K297.4 035564

云南省志 卷二:天文气候志/云南省地方志编纂委员会总纂;云南天文台,云南省气象局编撰.—昆明:云南人民出版社,1995.3.—282 页:彩图;26cm.—(中华人民共和国地方志丛书)

ISBN 7-222-01674-0(精装): ¥36.00

K297.4 035565

云南省志 卷二十六:冶金工业志/《云南省志·冶金工业志》编纂委员会编撰;云南省地方志编纂委员会总纂.—昆明:云南人民出版社,1995.5.—600 页:照片;26cm.—(中华人民共和国地方志丛书)

ISBN 7-222-01710-0(精装): ¥58.00

K297.4 035566

云南省志 卷二十四:煤炭工业志/云南省煤炭厅编撰;云南省地方志编纂委员会总纂.—昆明:云南人民出版社,1995.1.—835 页:照片;26cm.—(中华人民共和国地方志丛书)

ISBN 7-222-01711-9(精装): ¥60.15

K297.4 035567

云南省志 卷六十:教育志/江泉主编;云南省地方志编纂委员会总纂;云南省教育志编纂委员会编撰.—昆明:云南人民出版社,1995.11.—1058 页:照片;26cm.—(中华人民共和国地方志丛书)

ISBN 7-222-01799-2(精装): ¥108.00

K297.4 035568

云南省志 卷四十二:建筑志/郭方明主编;云南省地方志编纂委员会总纂 .—昆明:云南人民出版社,1995.1.—263 页:照片;26cm.—(中华人民共和国地方志丛书)

ISBN 7-222-01413-6(精装): ¥41.50

K297.4 035569

云南文史资料选辑 第四十六辑:云南护国首义亲历记/中国人民政治协商会议云南省委员会文史资料委员会编.—昆明:云南人民出版社,1995.2.—295 页;20cm

ISBN 7-222-01790-9: ¥8.80

K297.4 035570

云南文史资料选辑 第四十七辑:滇军出滇抗战记/中国人民政治协商会议云南省委员会文史资料委员会编.—昆明:云南人民出版社,1995.2.—329 页:照片;20cm

ISBN 7-222-01724-0: ¥8.80

K297.4 035571

云南志补注/(唐)樊绰撰;向达原校;木芹补注.—昆明:云南人民出版社,1995.12.—181 页;20cm

ISBN 7-222-01786-0: ¥8.40

K297.4-53 035572

滇史散论/张贡新著.—昆明:云南民族出版社,1995.12.—142 页;20cm

ISBN 7-5367-1109-3: ¥7.00

K297.42 035573

红河州志 第六卷/红河哈尼族彝族自治州志编纂委员会编.—北京:三联书店,1995.3.—698 页:彩照;26cm.—(中国地方志丛书)

ISBN 7-108-00842-4(精装): ¥60.00

K297.42 035574

红河州志 第七卷/红河哈尼族彝族自治州编纂委员会编 .—北京:三联书店,1995.3.—472 页:彩照;26cm.—(中国地方志丛书)

ISBN 7-108-00919-6(精装): ¥50.00

K297.42 035575

曲靖地区志. (2)/车光杰主编;云南省曲靖地区志编纂委员会,中共曲靖地委史志工作委员会编.—昆明:云南人民出版社,1995.7.—439,14 页:彩照;26cm.—(中华人民共和国地方志丛书)

ISBN 7-222-01807-7(精装): ¥50.00

K297.43 035576

东川市志/云南省东川市志编纂委员会编纂.—昆明:云南人民出版社,1995.12.—875 页:彩照;26cm.—(中华人民共和国地方志丛书)

ISBN 7-222-01862-X(精装): ¥80.00

K297.43 035577

五华区志/昆明市五华区志编纂委员会编.—成都:四川辞书出版社,1995.5.—944 页:彩照;26cm.—(中华人民共和国地方志丛书)

ISBN 7-80543-416-6(精装): ¥80.00

K297.44 035578

方志论文选集/冯子望编著.—昆明:云南民族出版社,1995.11.—183 页;19cm.—(金平苗族瑶族傣族自治县志辅助丛书;3)

ISBN 7-5367-1105-0: ¥15.00

K297.44 035579

康熙广通县志/(清)李铨纂辑;禄丰县志办公室校点.—昆明:云南人民出版社,1995.12.—172 页;19cm

ISBN 7-222-01634-1: ¥9.00

K297.44 035580

可爱的金平/冯子望主编.—昆明:云南民族出版社,1995.10.—262 页:彩图;20cm.—(金平苗族瑶族傣族自治县志辅助丛书;2)

ISBN 7-5367-1075-5: ¥20.00

K297.44　　035581
禄劝彝族苗族自治县志/李克纯主编;禄劝彝族苗族自治县地方志编纂委员会编.—昆明:云南人民出版社,1995.8.—877页:彩照;26cm.—(中华人民共和国地方志丛书)
ISBN 7-222-01800-X(精装):¥116.00

K297.44　　035582
民国史料话金平/冯子望编著.—昆明:云南民族出版社,1995.12.—236页;19cm.—(金平苗族瑶族傣族自治县志辅助丛书;5)
ISBN 7-5367-1076-3:¥15.00

K297.44　　035583
南华县志/李文臻主编;云南省南华县志编纂委员会编纂.—昆明:云南人民出版社,1995.5.—784页:照片;26cm.—(中华人民共和国地方志丛书)
ISBN 7-222-01365-2(精装):¥69.50

K297.44　　035584
县志两种/梁耀武主编;玉溪地区地方志编纂委员会办公室编.—昆明:云南人民出版社,1995.12.—382页;20cm.—(玉溪地区旧志丛刊)
ISBN 7-222-01819-0:¥10.00

K297.44　　035585
永仁县志/云南省永仁县志编纂委员会编.—昆明:云南人民出版社,1995.12.—745页:彩照;26cm.—(中华人民共和国地方志丛书)
ISBN 7-222-01908-1(精装):¥90.00

K297.44　　035586
嵩明县志/云南省嵩明县县志编纂委员会编纂.—昆明:云南人民出版社,1995.8.—844页:彩照;26cm.—(中华人民共和国地方志丛书)
ISBN 7-222-01801-8(精装):¥66.00

K297.44　　035587
泸水县志/杨树繁主编;云南省泸水县志编纂委员会编.—昆明:云南人民出版社,1995.6.—519页;26cm.—(中华人民共和国地方志丛书)
ISBN 7-222-01562-0(精装):¥65.00

K297.45　　035588
玉溪乡镇/冷明德等主编.—昆明:云南人民出版社,1995.1.—247页;19cm
ISBN 7-222-00168-9:¥9.00

K297.5　　035589
西藏历史档案荟粹:汉、英、藏文对照/西藏自治区档案馆编.—北京:文物出版社,1995.9.—1册;29cm
ISBN 7-5010-0876-0(精装):¥0.00

K297.5　　035590
西藏历史档案荟粹:汉、英、藏文对照/西藏自治区档案馆编.—北京:文物出版社,1995.9.—1册;29cm
ISBN 7-5010-0879-5(特精装):¥0.00

K297.5　　035591
西藏山南概况/白珍,刘保先主编.—拉萨:西藏人民出版社,1995.8.—118页;19cm
ISBN 7-223-00783-4:¥3.00

K297.5　　035592
西藏文史资料选辑　(16):拉鲁家族及本人经历/拉鲁·次旺多吉著;西藏自治区政协文史资料研究委员会编.—北京:民族出版社,1995.8.—158页;20cm
ISBN 7-105-02369-4:¥5.40

K297.5　　035593
西藏文史资料选辑　(17)/丹增嘉措著;西藏自治区政协文史资料研究委员会编.—北京:民族出版社,1995.12.—161页;20cm
ISBN 7-105-02370-8:¥5.40

K3 亚洲史

K3-53　　035594
中亚学刊　第四辑/陈高华,余太山主编;中国中亚文化研究会,中国社会科学院历史研究所中外关系史研究室编.—北京:北京大学出版社,1995.3.—250页;26cm
ISBN 7-301-02620-X:¥18.00

K312.07　　035595
KOREAN学研究　1995　(1)总第四期:汉朝对照/北京大学朝鲜文化研究所编.—北京:民族出版社,1995.12.—186页;20cm
ISBN 7-105-02491-7:¥5.00

K312.42　　035596
朝鲜义勇军抗日战史/杨昭全,李辅温著;黑龙江省安重根研究会编.—哈尔滨:黑龙江人民出版社,1995.7.—267页;19cm
ISBN 7-207-03139-4:¥18.00

K312.6　　035597
韩国:雾幕后的国家/刘鹏辉,郑信哲主编.—北京:世界知识出版社,1995.1.—279页;20cm
ISBN 7-5012-0626-0:¥8.00

K312.6　　035598
韩国独立运动与中国:1919~1945/石源华编著.—上海:上海人民出版社,1995.4.—607页;20cm.—(复旦大学韩国研究丛书)
ISBN 7-208-01946-0:¥32.00

K312.6　　035599
韩国独立运动与中国:1919~1945/石源华编著.—上海:上海人民出版社,1995.4.—607页;20cm.—(复旦大学韩国研究丛书)
ISBN 7-208-01946-0(精装):¥36.00

K312.6　　035600
韩国研究论丛　第一辑/复旦大学韩国研究中心主编.—上海:上海人民出版社,1995.3.—241页;20cm.—(复旦大学韩国研究丛书)
ISBN 7-208-01944-4:¥12.50

K312.6　　035601
韩国崛起之谜/李建立,张海滨著.—北京:解放军文艺出版社,1995.3.—296页;19cm.—(环球人类文明探秘丛书/张晓,田晓军主编)
ISBN 7-5033-0492-8:¥8.40

K312.6　　035602
今日韩国/中国社会科学院韩国研究中心编.—北

京:社会科学文献出版社,1995.7.—223页:彩照;20cm

ISBN 7-80050-590-1(精装):¥18.00

K312.6-53 035603

韩国学论文集 第四册:韩国传统文化国际学术研讨会论文专辑/北京大学韩国学研究中心编.—北京:社会科学文献出版社,1995.10.—363页;26cm.—(韩国学丛书/杨通方主编)

ISBN 7-80050-699-1:¥34.00

K313 035604

为什么偏偏是日本/阎瑾,梁凤鸣著.—北京:世界知识出版社,1995.11.—287页;20cm.—(大国解疑丛书/刘鹏辉主编)

ISBN 7-5012-0673-2:¥12.00

K313.07 035605

日本历史的逻辑/查常平著.—成都:四川人民出版社,1995.5.—247页;20cm

ISBN 7-220-02811-3:¥9.80

K313.07 035606

日本学 第四辑/沈仁安主编;北京大学日本研究中心编.—北京:北京大学出版社,1995.5.—411页;20cm

ISBN 7-301-02472-X:¥14.50

K313.07 035607

日本学 第五辑/沈仁安主编;北京大学日本研究中心编.—北京:北京大学出版社,1995.6.—388页;20cm

ISBN 7-301-02671-4:¥14.00

K313.07 035608

日本学研究 (4)/严安生,(日)竹内实主编;北京日本学研究中心编.—北京:外语教学与研究出版社,1995.9.—311页;26cm

ISBN 7-5600-1031-8:¥25.00

K313.4-49 035609

未圆的共荣圈:日本武国梦的幻灭/张小兵,王亚玲著.—长春:长春出版社,1995.2.—304页;20cm.—(世界史精览;29/申晨星主编)

ISBN 7-80604-220-2(精装):¥12.00

K313.43 035610

日俄战争档案史料/辽宁省档案馆编.—沈阳:辽宁古籍出版社,1995.8.—592页;20cm.—(辽海丛书·资料类)

ISBN 7-80507-283-3:¥38.00

K313.46 035611

偷袭珍珠港前的365天/(日)实松让著;史人译.—上海:上海译文出版社,1995.10.—421页;19cm

据日本光人社1971年第四版译出

ISBN 7-5327-1751-8(精装):¥19.70

K33-61 035612

东南亚历史词典/姚楠主编.—上海:上海辞书出版社,1995.1.—458页;26cm

ISBN 7-5326-0222-2(精装):¥60.00

K330 035613

战后东南亚历史发展:1945～1994/贺圣达等著.—昆明:云南大学出版社,1995.7.—488页;20cm

ISBN 7-81025-563-0:¥22.00

K333.3 035614

安南志略/(越)黎崱撰;武尚清点校.—北京:中华书局,1995.4.—447页;19cm.—(中外交通史籍丛刊/向达,谢方主编)

ISBN 7-101-01122-5:¥15.00

K342.41 035615

印度尼西亚近代史/王任叔著.—北京:北京大学出版社,1995.10.—2册(1079页);20cm

ISBN 7-301-02626-9:¥44.50

K351-49 035616

多情调的拼盘:透视印度次大陆社会/栾凡,王振辉著.—长春:长春出版社,1995.2.—339页;20cm.—(世界史精览;9/申晨星主编)

ISBN 7-80604-220-2(精装):¥14.50

K351.4 035617

印度近现代史/林承节著.—北京:北京大学出版社,1995.6.—800页;20cm

ISBN 7-301-02541-6:¥26.50

K360.6 035618

中亚史地文献综述/满达人编译;桂台校.—兰州:兰州大学出版社,1995.3.—225页;20cm

ISBN 7-311-00844-1:¥6.20

K37-49 035619

东方的诱惑:涌动在东方的十字军/陈文海著.—长春:长春出版社,1995.2.—340页;20cm.—(世界史精览;7/申晨星主编)

ISBN 7-80604-220-2(精装):¥12.50

K4 非洲史

K4-49 035620

流血的黑非洲:欧洲文明与非洲文明的撞击/冯玉军,刘艳玲著.—长春:长春出版社,1995.2.—238页;20cm.—(世界史精览;10/申晨星主编)

ISBN 7-80604-220-2(精装):¥10.00

K400 035621

非洲通史/何芳川等主编.—上海:华东师范大学出版社,1995.4.—3册;20cm

ISBN 7-5617-0914-5(精装):¥98.00

K5 欧洲史

K503-49 035622

追寻古罗马:巨人辈出的文艺复兴/白秀兰等著.—长春:长春出版社,1995.2.—287页;20cm.—(世界史精览;12/申晨星主编)

ISBN 7-80604-220-2(精装):¥10.50

K504 035623

1848年欧洲革命史/韩承文主编.—开封:河南大学出版社,1995.6.—694页;20cm

ISBN 7-81041-104-7:¥25.00

K512 035624

为什么偏偏是俄罗斯/蔡伟等著.—北京:世界知识出版社,1995.11.—243页;20cm.—(大国解疑丛书/刘

鹏辉主编)
ISBN 7-5012-0674-0:¥11.00

K512.03　035625
俄罗斯文化一千年/孙成木著.—北京:东方出版社,1995.3.—337页;20cm
ISBN 7-5060-0524-7:¥12.00

K512.03-61　035626
俄罗斯文化国情辞典/(俄)波里先科(Борисенко,В.И.),(俄)普罗霍罗夫(Прохоров,П.Е.)著;郭聿楷译.—北京:外语教学与研究出版社,1995.12.—593页;19cm
ISBN 7-5600-0888-7(精装):¥24.80

K512.3-49　035627
海洋的诱惑:沙俄扩张实录/郑先武等著.—长春:长春出版社,1995.2.—335页;20cm.—(世界史精览;11/申晨星主编)
ISBN 7-80604-220-2(精装):¥13.00

K512.51-49　035628
私有制的祭坛:苏俄大地的红色地震/刘丹峰等著.—长春:长春出版社,1995.2.—229页;20cm.—(世界史精览;25/申晨星主编)
ISBN 7-80604-220-2(精装):¥10.00

K512.53　035629
莫斯科三次公开审判/康春林编著.—北京:中国社会科学出版社,1995.8.—462页;20cm
ISBN 7-5004-1753-5:¥16.00

①K512.54②I25　035630
横扫千军:苏联卫国战争著名战役纪实/吴伟主编;葛新生等著.—北京:世界知识出版社,1995.1.—689页;20cm.—(二战纪实丛书·走向胜利之路)
ISBN 7-5012-0666-X:¥20.00

K512.54-49　035631
愤怒的俄罗斯:德国法西斯的克星/安凌,王保庆著.—长春:长春出版社,1995.2.—323页;20cm.—(世界史精览;32/申晨星主编)
ISBN 7-80604-220-2(精装):¥12.50

K516　035632
从德意志帝国到德意志联邦/(德)阿雷廷(Aretin,K.O.v)著;刘新利译.—济南:山东大学出版社,1995.9.—214,12页;20cm
ISBN 7-5607-1380-7:¥8.00

K516　035633
德国——历史与现状/张炳杰编著.—北京:旅游教育出版社,1995.2.—214页;19cm
国际关系史系列教材
ISBN 7-5637-0593-7:¥6.00

K516　035634
为什么偏偏是德国/张精华著.—北京:世界知识出版社,1995.11.—298页;20cm.—(大国解疑丛书/刘鹏辉主编)
ISBN 7-5012-0708-9:¥12.00

K516.0　035635
德国史纲/孙炳辉,郑寅达著.—上海:华东师范大学出版社,1995.11.—453页;20cm
ISBN 7-5617-1370-3(精装):¥28.50

K516.32-49　035636
觉醒的德意志:马丁·路德与托马斯·闵采尔/张庆海,董月海著.—长春:长春出版社,1995.2.—251页;20cm.—(世界史精览;13/申晨星主编)
ISBN 7-80604-220-2(精装):¥9.00

K516.41-49　035637
铁血与金钱:俾斯麦统一德国的故事/姜德昌著.—长春:长春出版社,1995.2.—336页;20cm.—(世界史精览;21/申晨星主编)
ISBN 7-80604-220-2(精装):¥13.00

K516.44　035638
盖世太保史/(法)德拉律(Delarue,J.)著;黄林发,萧弘译.—上海:上海译文出版社,1995.8.—479页;19cm
据德国阿滕诺伊姆出版社1979年版译出
ISBN 7-5327-1750-X(精装):¥18.20

①K516.44②D751.635　035639
盖世太保:第三帝国的秘密警察/李驰编著.—北京:团结出版社,1995.5.—309页:照片;20cm.—(二战秘密档案)
ISBN 7-80061-650-9:¥15.80

①K516.44②E516.5　035640
党卫军:希特勒的铁血师团/李驰编著.—北京:团结出版社,1995.5.—302页:照片;20cm.—(二战秘密档案)
ISBN 7-80061-649-5:¥15.80

①K516.44-49②K835.167.4　035641
肆虐的纳粹瘟疫:德意志灾星希特勒发迹始末/黄传武等著.—长春:长春出版社,1995.2.—314页;20cm.—(世界史精览;28/申晨星主编)
ISBN 7-80604-220-2(精装):¥12.50

K516.5　035642
希特勒的20条军棍/晓青等著.—乌鲁木齐:新疆人民出版社,1995.3.—283页;20cm
ISBN 7-228-03240-3:¥10.00

K516.5　035643
战后德国简史/杨荫恩编著.—北京:外语教学与研究出版社,1995.6.—153页;20cm
ISBN 7-5600-0948-4:¥5.20

K521　035644
奥地利简史/姚宝著.—上海:上海外语教育出版社,1995.6.—298页;20cm
ISBN 7-81009-993-0:¥10.00

K546.42-49　035645
亚平宁魔掌:浊浪翻腾的意大利法西斯/王剑,巩英春著.—长春:长春出版社,1995.2.—351页;20cm.—(世界史精览;27/申晨星主编)
ISBN 7-80604-220-2(精装):¥12.50

K552.0　035646
葡萄牙历史/(葡)马尔格斯(Marques,A.H.D.O.)著;李均报译.—北京:中国文联出版公司,1995.4.—182页;20cm.—(葡萄牙文化丛书)
ISBN 7-5059-2235-1:¥7.60

K560.3-49　035647

欧洲战神查理大帝:在罗马废墟上重建的西欧/蒋庆立,王国瑞著.—长春:长春出版社,1995.2.—235页;20cm.—(世界史精览;5/申晨星主编)
ISBN 7-80604-220-2(精装):¥9.00

K561　035648
大英帝国兴衰之谜/张晓著.—北京:解放军文艺出版社,1995.3.—286页;19cm.—(环球人类文明探秘丛书/张晓,田晓军主编)
ISBN 7-5033-0488-X:¥8.00

K561　035649
为什么偏偏是英国/田德文等著.—北京:世界知识出版社,1995.10.—256页;20cm.—(大国解疑丛书/刘鹏辉主编)
ISBN 7-5012-0710-0:¥10.00

K561.0　035650
英国史话/陶松云,郭太风编著.—北京:中国青年出版社,1995.9.—307页;19cm
ISBN 7-5006-0014-3:¥11.80

K561.43-49　035651
蒸气机打出的天下:英国工业革命/张万合著.—长春:长春出版社,1995.2.—319页;20cm.—(世界史精览;19/申晨星主编)
ISBN 7-80604-220-2(精装):¥12.50

K561.46-49　035652
战盾不列颠:丘吉尔再振日不落国威/刘泓著.—长春:长春出版社,1995.2.—326页;20cm.—(世界史精览;31/申晨星主编)
ISBN 7-80604-220-2(精装):¥13.00

K565　035653
法兰西的特性:人与物　(上)/(法)布罗代尔(Braudel,F.)著;顾良,张泽乾译.—北京:商务印书馆,1995.10.—222页;20cm
据法国巴黎弗拉马里翁出版社1990年版译出
ISBN 7-100-01780-7:¥11.00

K565　035654
为什么偏偏是法国/孙健等著.—北京:世界知识出版社,1995.11.—277页;20cm.—(大国解疑丛书/刘鹏辉主编)
ISBN 7-5012-0709-7:¥11.00

K565.41-49　035655
从革命到独裁:悲壮的法国大革命/陈贵峰等著.—长春:长春出版社,1995.2.—267页;20cm.—(世界史精览;18/申晨星主编)
ISBN 7-80604-220-2(精装):¥11.00

K565.440.6　035656
巴黎公社公报集　第一集/李平沤,狄玉明译.—北京:商务印书馆,1995.3.—682页;20cm
ISBN 7-100-01655-X:¥24.20

K565.46-49　035657
凯旋门下的失落:戴高乐与自由法国/陈贵峰等著.—长春:长春出版社,1995.2.—253页;20cm.—(世界史精览;30/申晨星主编)
ISBN 7-80604-220-2(精装):¥10.00

K7　美洲史

K712　035658
为什么偏偏是美国/阮宗泽,宋军著.—北京:世界知识出版社,1995.9.—387页;20cm.—(大国解疑丛书/刘鹏辉主编)
ISBN 7-5012-0707-0:¥14.00

K712.07　035659
美国读本:感动过一个国家的文字/(美)拉维奇(Ravitch,D.)编;林本椿等译.—北京:三联书店,1995.1.—2册(878页);19cm.—(美国文化丛书)
ISBN 7-108-00727-4:¥29.50

K712.4-49　035660
星条旗飘起来:美利坚合众国的创立/姜清水著.—长春:长春出版社,1995.2.—312页;20cm.—(世界史精览;17/申晨星主编)
ISBN 7-80604-220-2(精装):¥12.50

①K712.53②I25　035661
远征欧亚:美军反法西斯著名战役纪实/马骏主编;崔长崎等著.—北京:世界知识出版社,1995.2.—584页:图;20cm.—(二战纪实丛书·走向胜利之路)
ISBN 7-5012-0667-8:¥20.00

K73-49　035662
拉美的新世纪:玻利瓦尔与圣马丁的功勋/郭立明著.—长春:长春出版社,1995.2.—344页;20cm.—(世界史精览;24/申晨星主编)
ISBN 7-80604-220-2(精装):¥12.50

K730.3　035663
拉美文化璀璨之谜/龙芳等著.—北京:解放军文艺出版社,1995.3.—268页;19cm.—(环球人类文明探秘丛书/张晓,田晓军主编)
ISBN 7-5033-0491-X:¥7.70

K81　传记

K810　传记研究与编写

K810.2　035664
百家姓寻根探秘　(一)/王大良主编.—成都:四川人民出版社,1995.4.—9册;17×9cm
ISBN 7-220-02694-3:¥25.20

K810.2　035665
取名百法/程永年编著.—广州:广东教育出版社,1995.10.—186页;19cm
ISBN 7-5406-2861-8:¥6.50

K810.2　035666
现代取名术/张明编著.—北京:中国人事出版社,1995.5.—186页;19cm
ISBN 7-80076-658-6:¥4.80

K810.2　035667
姓名与人生/雷风行编著.—北京:光明日报出版社,

1995.3.—312 页;20cm
ISBN 7-80091-594-8: ¥9.90

K810.2 035668
姓氏典故/傅永和著.—沈阳:辽宁教育出版社,1995.1.—281 页;20cm
ISBN 7-5382-1724-X: ¥16.00

K810.2 035669
中国韦氏通书/韦玖灵,韦明波编著.—南宁:广西民族出版社,1995.12.—619 页;20cm.—(中国姓氏通书丛书;2)
ISBN 7-5363-3114-2(精装): ¥50.00

K810.2 035670
中国覃氏通书/覃承勤主编.—南宁:广西民族出版社,1995.12.—565 页;20cm.—(中国姓氏通书丛书;1)
ISBN 7-5363-3113-4(精装): ¥50.00

K810.2 035671
中华万姓溯源/杜建春编著.—济南:山东人民出版社,1995.3.—318 页;20cm
ISBN 7-209-01585-X: ¥11.80

K810.2-61 035672
中国姓氏辞典/陈明远,汪宗虎主编.—北京:北京出版社,1995.11.—635 页;20cm
ISBN 7-200-02433-3(精装): ¥26.00

K811 世界人物传记

K811 035673
名人的墓志铭/徐汝淙编著.—北京:中国青年出版社,1995.3.—186 页;19cm.—(名人丛书)
ISBN 7-5006-1291-5: ¥6.00

K812 035674
超群的残疾人/刘亦文等著.—福州:福建教育出版社,1995.3.—211 页;19cm.—(当代中学生丛书)
ISBN 7-5334-1389-X: ¥4.20

K812 035675
大人物失误录/孔繁轲等编著.—济南:山东人民出版社,1995.3.—181 页;20cm.—(失误丛书/王世农等主编)
ISBN 7-209-01693-7: ¥6.50

K812 035676
名人最后的心声/鲁方根等编著.—上海:上海文化出版社,1995.11.—174 页;19cm.—(五角丛书;148)
ISBN 7-80511-797-7: ¥5.50

K812 035677
权力漩涡中的女性/任大力等编著.—武汉:湖北人民出版社,1995.7.—265 页;19cm
ISBN 7-216-01736-6: ¥9.70

K812 035678
权谋史话:中外政治家治政术/示耳主编.—合肥:安徽文艺出版社,1995.9.—329 页;19cm
ISBN 7-5396-1268-1: ¥8.50

K812 035679
十大异功奇人/宪生,晓亮主编;许建国等编著.—广州:广东旅游出版社,1995.1.—301 页;19cm
ISBN 7-80521-550-2: ¥7.80

K812 035680
世界大失败者传/车吉心,朱德发主编.—济南:明天出版社,1995.10.—1381 页;26cm
ISBN 7-5332-2256-3(精装): ¥98.00

K812 035681
世界历史人物 第二册/郑凤林等主编.—南宁:广西教育出版社,1995.12.—221 页;19cm.—(历史人物丛书)
ISBN 7-5435-2364-7: ¥6.80

K812 035682
世界历史人物 第三册/邓群等主编.—南宁:广西教育出版社,1995.12.—170 页;19cm.—(历史人物丛书)
ISBN 7-5435-2365-5: ¥5.50

K812 035683
世界历史人物 第一册/秦智杰等主编.—南宁:广西教育出版社,1995.12.—168 页;19cm.—(历史人物丛书)
ISBN 7-5435-2363-9: ¥5.50

K812 035684
统帅们的成功与失败/涉川编著.—郑州:河南人民出版社,1995.2.—730 页:照片;20cm
ISBN 7-215-02831-3: ¥19.80

K812 035685
影响世界的 100 个人物/邓蜀生等主编.—南宁:广西人民出版社,1995.9.—516 页;20cm.—(世界 100 系列丛书)
ISBN 7-219-02987-X: ¥16.00

K812 035686
元首传 /赵白生主编.—北京:国际文化出版公司,1995.3.—863 页;20cm.—(国际名人传记文库)
ISBN 7-80105-161-0: ¥25.80

K812 035687
追忆风流:世界名人轶事/朱向东等译.—北京:书目文献出版社,1995.2.—363 页;19cm
ISBN 7-5013-1057-2: ¥12.10

K812.4 035688
世界儿童传记文学全集:国际版/台湾光复书局编辑部编.—北京:海豚出版社,1995.6.—5 册;26cm
ISBN 7-80051-821-3(精装): ¥400.00

K812.5 035689
20 世纪世界著名女性/中国出版工作者协会,妇女读物研究委员会主编.—长沙:湖南少年儿童出版社,1995.6.—575 页;22cm
ISBN 7-5358-1038-1(精装): ¥30.00

K812.5 035690
当代世界政坛风云人物/王晓峰,唐海军主编.—北京:当代世界出版社,1995.8.—269 页;20cm
ISBN 7-80115-011-2: ¥13.80

K812.5 035691
当今世界领袖群像/吴广义,罗悠真著.—北京:华夏出版社,1995.1.—301 页;19cm

ISBN 7-5080-0228-8: ¥9.60

K812.5 035692

二十世纪世界政治星座/奇羽,笑梅主编.—北京:中共中央党校出版社,1995.1.—625页;20cm

ISBN 7-5035-0800-0: ¥21.00

K812.5 035693

金三角大毒枭坤沙传/罗伍著.—西宁:青海人民出版社,1995.10.—382页;20cm

ISBN 7-225-01141-3: ¥16.80

K812.5 035694

十大下台元首/宪生,晓亮主编;李延年,赵克仁编著.—广州:广东旅游出版社,1995.4.—345页;19cm

ISBN 7-80521-576-6: ¥10.00

K812.52 035695

第二次世界大战法西斯罪魁/刘汉全等编著.—哈尔滨:黑龙江人民出版社,1995.9.—399页;19cm

ISBN 7-207-03103-3: ¥10.80

K812.52 035696

二战名谍/袁静伟主编.—北京:当代世界出版社,1995.5.—388页:照片;20cm.—(二战生死录丛书;4/徐勇,马志良主编)

ISBN 7-80115-034-1: ¥13.80

K812.52 035697

二战三元凶/新华编.—北京:中央编译出版社,1995.1.—80页:照片;26cm

ISBN 7-80109-059-4: ¥9.80

K812.52 035698

罪恶的殉葬者/朱少军主编.—北京:当代世界出版社,1995.6.—259页:照片;20cm.—(二战生死录丛书;1/徐勇,马志良主编)

ISBN 7-80115-030-9: ¥10.80

①K812.52②D526 035699

谍海浮沉/朱听昌等著.—北京:社会科学文献出版社,1995.2.—207页:照片;19cm.—(第二次世界大战风云录/张海麟主编)

ISBN 7-80050-620-7: ¥8.80

①K812.52②D819 035700

外交角逐/袁胜育著.—北京;社会科学文献出版社,1995.2.—215页:照片;19cm.—(第二次世界大战风云录/张海麟主编)

ISBN 7-80050-619-3: ¥8.80

K815.2 035701

二次大战:风云将领/王旭东等编著.—合肥:安徽人民出版社,1995.3.—175页:照片;20cm

ISBN 7-212-01190-8: ¥6.80

K815.2 035702

二战将帅 (三):布莱德雷、尼米兹、曼施坦因、古德里安/吴华等著.—北京:世界知识出版社,1995.1.—4册:照片;20cm

ISBN 7-5012-0736-4: ¥45.00

K815.2 035703

二战将帅 (四):冈村宁次、史迪威、华西列夫斯基、蒙巴顿/李德福等著.—北京:世界知识出版社,1995.3.—4册:照片;20cm

ISBN 7-5012-0737-2: ¥49.00

K815.2 035704

二战将帅的风姿与丑行/及耀斌等编著.—北京:中国经济出版社,1995.4.—249页;19cm.—(二战启示录丛书/刘卫国主编)

ISBN 7-5017-3352-X: ¥7.80

K815.2 035705

二战骁将与名战/马骏主编.—北京:中国社会科学出版社,1995.9.—622页;20cm

ISBN 7-5004-1766-7: ¥24.50

K815.2 035706

一代名将/王永涛等著.—北京:社会科学文献出版社,1995.2.—205页:照片;19cm.—(第二次世界大战风云录/张海麟主编)

ISBN 7-80050-623-1: ¥8.80

K815.2 035707

鏖战蓝天:世界空战王牌列传/江东著.—长沙:湖南出版社,1995.7.—361页:照片;20cm.—(军事世界丛书)

ISBN 7-5438-1011-5: ¥19.80

K815.3 035708

船王:商界战神奥纳西斯/叶童著.—成都:四川人民出版社,1995.12.—416页:照片;20cm

ISBN 7-220-03082-7: ¥16.00

K815.3 035709

商战大师/叶童编著.—成都:四川人民出版社,1995.5.—469页;20cm.—(大师系列丛书·第一辑)

ISBN 7-220-02843-1: ¥15.00

K815.3 035710

舌战大师/叶戈,云中编著.—成都:四川人民出版社,1995.5.—474页;20cm.—(大师系列丛书·第一辑)

ISBN 7-220-02843-1: ¥15.00

K815.3 035711

十八豪门发家记/梁洁筠主编;华碧云等著.—北京:时事出版社,1995.12.—248页;19cm

ISBN 7-80009-279-8: ¥10.50

K815.3 035712

十大产业巨子/宪生,晓亮主编;黄杨等编著.—广州:广东旅游出版社,1995.1.—329页;19cm

ISBN 7-80521-544-8: ¥8.80

K815.3 035713

世界华人富豪:珍藏本/舒涵编著.—广州:岭南美术出版社,1995.12.—2册;26cm

ISBN 7-5362-1237-2: ¥9.00

K815.3 035714

世界华人亿万富豪榜/吕林伟编.—深圳:海天出版社,1995.12.—3册;20cm

ISBN 7-80615-338-1: ¥64.80

K815.3 035715

智谋大师/石晓,晓牧编著.—成都:四川人民出版社,1995.5.—464页;20cm.—(大师系列丛书·第一辑)

ISBN 7-220-02843-1: ¥15.00

①K815.3②I25 035716

世界华人企业家传略 第二集/尹崇敬等主编;世界

华人企业家传记编委会编.—北京:新华出版社,1995.10.—355页;彩照;20cm.—(世界华人系列丛书)
ISBN 7-5011-2712-3(精装):¥46.00

K815.4　　035717
世界足坛巨星/鲁光主编.—北京:人民体育出版社,1995.4.—79页:照片;28cm
ISBN 7-5009-1179-3:¥23.00

K815.4-61　　035718
中外体育名人大辞典/任锡训主编.—北京:警官教育出版社,1995.5.—818页;26cm
ISBN 7-81027-476-7(精装):¥88.00

K815.4-61　　035719
中外著名教育家大全/吕渭源等主编.—北京:警官教育出版社,1995.11.—969页;26cm
ISBN 7-81027-305-1(精装):¥100.00

K815.4-61　　035720
中外著名教育家事典/沈国经主编.—沈阳:辽宁教育出版社,1995.7.—727页;26cm
ISBN 7-5382-2759-8(精装):¥58.00

K815.6　　035721
超越苦难:60位世界著名作家的命运/陈鹤鸣,余俊卿主编.—南宁:广西人民出版社,1995.9.—2册(871页);20cm
ISBN 7-219-03006-1:¥28.00

K815.6-64　　035722
外国一百文学家图/吉文军编著;阮诚绘图.—广州:新世纪出版社,1995.12.—200页;26cm
ISBN 7-5405-1140-0:¥19.00

K815.7　　035723
十大影坛巨星/宪生,晓亮主编;蔡报文编著.—广州:广东旅游出版社,1995.2.—369页;19cm
ISBN 7-80521-545-6:¥9.80

K815.7　　035724
世界著名摄影大师小传/龙憙祖著.—南京:江苏人民出版社,1995.1.—236页:照片;19×17cm
ISBN 7-214-01399-1:¥15.00

K815.7　　035725
摇滚王族/关颖著.—北京:三联书店,1995.5.—303页;19cm
ISBN 7-108-00734-7:¥12.00

①K815.7②J912　　035726
奥斯卡明星浪漫史/曹积三,阎桂笙主编.—海口:海南出版社,1995.5.—368页;20cm.—(奥斯卡丛书)
ISBN 7-80590-912-1:¥12.80

K815.7-61　　035727
国际现代书画篆刻家大辞典/中国现代文化学会艺术部编.—北京:中国人事出版社,1995.4.—675页;26cm
ISBN 7-80076-688-8(精装):¥95.00

K815.7-61　　035728
世界现代美术家辞典/韩舒柳主编.—西安:陕西人民出版社,1995.12.—640页;26cm
ISBN 7-224-04076-2(精装):¥185.00

①K815.7-61②J292.12-62　　035729
国际硬笔书法家大辞典:珍藏本/赵燮等编著.—北京:国际文化出版公司,1995.9.—2册;26cm.—(中华文化艺术大百科全书·专家类·硬笔书法艺术卷)
ISBN 7-80105-312-5(精装):¥252.00

K816.1　　035730
《科学巨星——世界著名科学家评传》丛书　(2)/李醒民主编;王克迪等编著.—西安:陕西人民教育出版社,1995.11.—261页;20cm
ISBN 7-5419-5734-8:¥10.60

K816.1　　035731
《科学巨星——世界著名科学家评传》丛书　(3)/李醒民主编;胡新和等编著.—西安:陕西人民教育出版社,1995.11.—226页;20cm
ISBN 7-5419-5735-6:¥9.50

K816.1　　035732
《科学巨星——世界著名科学家评传》丛书　(4)/李醒民主编;张一兵等编著.—西安:陕西人民教育出版社,1995.11.—238页;20cm
ISBN 7-5419-5736-4:¥10.00

K816.1　　035733
《科学巨星——世界著名科学家评传》丛书　(5)/李醒民主编;张祖贵等编著.—西安:陕西人民教育出版社,1995.11.—210页;20cm
ISBN 7-5419-5737-2:¥9.00

K816.1　　035734
《科学巨星——世界著名科学家评传》丛书　(6)/李醒民主编;王渝生等编著.—西安:陕西人民教育出版社,1995.11.—253页;20cm
ISBN 7-5419-5738-0:¥10.50

K816.1　　035735
科学家的故事/吴明编写;晓斐绘.—济南:明天出版社,1995.4.—122页;20cm.—(全国小学生课外丛书/李仲汉主编)
全套120册,总定价:385.00元
ISBN 7-5332-2142-7:¥0.00

K816.1　　035736
世界著名科学家传记:地学家　(Ⅰ)/孙枢主编.—北京:科学出版社,1995.12.—215页;20cm.—(科学家传记大辞典)
ISBN 7-03-004699-4:¥17.80

K816.1　　035737
世界著名科学家传记:化学家　(Ⅲ)/胡亚东主编.—北京:科学出版社,1995.3.—202页;20cm.—(科学家传记大辞典)
ISBN 7-03-004162-3:¥8.50

K816.1　　035738
世界著名科学家传记:力学家/张维主编.—北京:科学出版社,1995.12.—195页;20cm.—(科学家传记大辞典)
ISBN 7-03-004634-4:¥14.80

K816.1　　035739
世界著名科学家传记:物理学家　(Ⅳ)/钱临照,许良英主编.—北京:科学出版社,1995.12.—248页;20cm.—(科学家传记大辞典)

ISBN 7-03-004636-6: ¥18.20

K816.1 035740

世界著名数学家传记/吴文俊主编.—北京:科学出版社,1995.10.—2册(1846页);20cm

ISBN 7-03-004522-X(精装): ¥86.00

K816.2 035741

国际主义医士之光/李东光编著.—北京:中国医药科技出版社,1995.12.—332页;20cm

ISBN 7-5067-1422-1: ¥18.00

K82 中国人物传记

K82-61 035742

涉增名人寻迹录/赖邓家主编;增城市海外联谊会,增城市委统战部编.—广州:广东省地图出版社,1995.4.—326页;19cm.—(荔乡丛书)

ISBN 7-80522-280-0(精装): ¥23.00

K82-61 035743

中国布依族儿女名录/莫健主编;贵州省布依学会编.—贵阳:贵州民族出版社,1995.5.—422页;20cm

ISBN 7-5412-0517-6(精装): ¥25.00

K82-61 035744

中国历代状元录/周亚非编著.—上海:上海文化出版社,1995.5.—821页:彩照;20cm

ISBN 7-80511-677-6: ¥28.40

K82-61 035745

中华历代女名人大辞典/安徽省妇联宣传部编.—合肥:安徽文艺出版社,1995.9.—1025页;20cm

ISBN 7-5396-1354-8(精装): ¥45.00

K820 035746

国魂:中华历代爱国英雄传:续/陈旃良主编.—西宁:青海人民出版社,1995.5.—692页;19cm

ISBN 7-225-01031-X: ¥24.00

K820 035747

华夏民族魂/王伟,薛允洲主编.—长春:吉林大学出版社,1995.12.—194页;19cm.—(爱国主义教育丛书)

ISBN 7-5601-1859-3: ¥8.00

K820 035748

近现代历史人物选评/吴长春,史春林编著.—济南:黄河出版社,1995.8.—255页;19cm

ISBN 7-80558-637-3: ¥8.00

K820 035749

情归何处:名人自杀揭秘/董群主编.—乌鲁木齐:新疆人民出版社,1995.1.—271页;20cm

ISBN 7-228-02754-X: ¥10.00

K820 035750

一百位杰出爱国者/辰戈,流霞编著.—北京:中国青年出版社,1995.4.—360页;19cm.—(爱国主义教育丛书)

ISBN 7-5006-1772-0: ¥13.00

K820 035751

中国近现代百名爱国历史人物/苗普生主编.—乌鲁木齐:新疆人民出版社,1995.7.—325页;20cm

ISBN 7-228-03547-X: ¥8.86

K820 035752

中国历代的改革家/黄婴等著.—北京:解放军文艺出版社,1995.8.—188页;19cm

ISBN 7-5033-0487-1: ¥10.50

K820 035753

中国少数民族著名妇女/罗新本等编著.—成都:四川民族出版社,1995.5.—385页;19cm

ISBN 7-5409-1351-7: ¥5.20

K820 035754

中华巾帼第一人/王业文等编著.—北京:中国物资出版社,1995.6.—434页;20cm

ISBN 7-5047-1073-3: ¥18.60

K820 035755

中华民族精英谱/吕秀峰等主编.—长春:东北师范大学出版社,1995.8.—278页;19cm

ISBN 7-5602-1632-3: ¥6.80

K820 035756

中华英杰 (1)/阙道隆,郑一奇主编.—杭州:浙江少年儿童出版社,1995.12.—10册;19cm

包括《统一中国第一人——秦始皇》等10册

ISBN 7-5342-1349-5: ¥27.00

K820 035757

中华英杰 (1)/阙道隆,郑一奇主编;赵丹涯等编著.—杭州:浙江少年儿童出版社,1995.12.—638页;20cm

ISBN 7-5342-1357-6(精装): ¥27.00

K820 035758

中华英杰 (2)/陈梧桐主编;潘国基等编著.—杭州:浙江少年儿童出版社,1995.12.—458页;20cm

ISBN 7-5342-1356-8(精装): ¥23.00

K820 035759

中华英杰 (2)/陈梧桐主编.—杭州:浙江少年儿童出版社,1995.12.—10册;19cm

包括《为国忘家的骁将——霍去病》等10册

ISBN 7-5342-1350-9: ¥23.00

K820 035760

中华英杰 (3)/王俊义等主编;张微等编著.—杭州:浙江少年儿童出版社,1995.12.—575页;20cm

ISBN 7-5342-1358-4(精装): ¥25.00

K820 035761

中华英杰 (3)/王俊义等主编.—杭州:浙江少年儿童出版社,1995.12.—10册;19cm

包括《心系天下的大思想家—孔子》等10册

ISBN 7-5342-1351-7: ¥25.00

K820 035762

中华英杰 (4)/庄似旭主编;吴石忠等编著.—杭州:浙江少年儿童出版社,1995.12.—606页;20cm

ISBN 7-5342-1359-2(精装): ¥26.00

K820-61 035763

中国回族名人辞典/丁毅民主编.—银川:宁夏人民出版社,1995.5.—958页;20cm

ISBN 7-227-01538-6(精装): ¥48.00

K820.2 035764

中国古代爱国英雄/朱仲玉编著.—北京:北京科学技术出版社,1995.1.—106页;19cm.—(中国历史知识全书·重要人物/朱仲玉主编)
ISBN 7-5304-1638-3:¥3.90

K820.2　035765
中国古代杰出帝王/林晓平编著.—北京:北京科学技术出版社,1995.1.—144页;19cm.—(中国历史知识全书·重要人物/朱仲玉主编)
ISBN 7-5304-1639-1:¥3.90

K820.2　035766
中国古代政治家/刘淑英编著.—北京:北京科学技术出版社,1995.1.—117页;19cm.—(中国历史知识全书·重要人物/朱仲玉主编)
ISBN 7-5304-1642-1:¥3.90

K820.2　035767
中国十大昏君外传/宁志新主编.—石家庄:河北人民出版社,1995.3.—336页;20cm
ISBN 7-202-01639-7:¥12.60

K820.2　035768
中国十大明君外传/王汉昌,李华瑞主编.—石家庄:河北人民出版社,1995.3.—386页;20cm
ISBN 7-202-01638-9:¥14.40

K820.2　035769
中华民族古代英杰/赵秀丽编著;姜炳清绘.—济南:明天出版社,1995.4.—119页;20cm.—(全国小学生课外丛书/李仲汉主编)
全套120册,总定价:385.00元
ISBN 7-5332-2142-7:¥0.00

①K820.2-61②K928.70-61　035770
中国历代名人胜迹大辞典/彭卿云主编.—上海:上海文艺出版社;香港:三联书店(香港)有限公司,1995.2.—859页;29cm
ISBN 7-5321-1340-X(精装):¥220.00

K820.42　035771
唐才子传全译/(元)辛文房原著;李立朴译注.—贵阳:贵州人民出版社,1995.2.—706页;20cm.—(中国历代名著全译丛书)
ISBN 7-221-03794-9(精装):¥28.50

K820.42　035772
唐人轶事汇编/周勋初主编;严杰等编.—上海:上海古籍出版社,1995.12.—4册(2236页);20cm
ISBN 7-5325-1742-X:¥114.80

K820.49　035773
清代蒙古官吏传/包桂芹编著.—北京:民族出版社,1995.7.—1098页;20cm
ISBN 7-105-02273-6:¥24.00

K820.49　035774
清代名人传略/(美)恒慕义(Hummel,A.W.)编著;中国人民大学清史研究所《清代名人传略》翻译组译.—西宁:青海人民出版社,1995.9.—3册;20cm
ISBN 7-225-00132-9:¥68.00

K820.49　035775
清代人物传稿　上编　第八卷/王思治,李鸿彬主编;清史编委会编.—北京:中华书局,1995.7.—404页;20cm
ISBN 7-101-01315-5:¥19.00

K820.49　035776
清代人物传稿　上编　第九卷/张捷夫主编;清史编委会编.—北京:中华书局,1995.7.—419页;20cm
ISBN 7-101-01317-1:¥19.50

K820.5　035777
巾帼英雄:中国近百年杰出革命女性/刘筱红主编.—武汉:华中师范大学出版社,1995.9.—432页;20cm
ISBN 7-5622-1534-0:¥15.00

K820.5　035778
近现代名人学者生活录/文中生,张凤云编.—北京:书目文献出版社,1995.12.—127页;19cm
ISBN 7-5013-1231-1:¥5.40

K820.5　035779
中国近代爱国英雄/石云编著.—北京:北京科学技术出版社,1995.1.—129页;19cm.—(中国历史知识全书·重要人物/朱仲玉主编)
ISBN 7-5304-1648-0:¥3.90

K820.5　035780
中国近代革命家/晓晔等编著.—北京:北京科学技术出版社,1995.1.—111页;19cm.—(中国历史知识全书·重要人物/朱仲玉主编)
ISBN 7-5304-1651-0:¥3.90

K820.5　035781
中国近代政治家/谢俊美等编著.—北京:北京科学技术出版社,1995.1.—148页;19cm.—(中国历史知识全书·重要人物/朱仲玉主编)
ISBN 7-5304-1650-2:¥3.90

K820.6　035782
甘宁青民国人物/王劲著.—兰州:兰州大学出版社,1995.10.—302页;19cm
ISBN 7-311-00902-2:¥10.80

K820.6　035783
共产党抗战英杰/石魁,史立成编著.—2版.—北京:解放军出版社,1995.7.—354页;19cm.—(百种爱国主义教育图书)
ISBN 7-5065-2674-3:¥9.67

K820.6　035784
抗日英烈谱:1931～1945/中共中央党史研究室科研管理部编.—北京:中共党史出版社,1995.10.—546页;20cm
ISBN 7-80023-919-5:¥20.90

K820.6　035785
抗战英烈录/张承钧主编;中国抗日战争史学会,中国人民抗日战争纪念馆编.—北京:北京出版社,1995.7.—374页;20cm.—(中国抗日战争史丛书)
ISBN 7-200-02655-7:¥14.10

K820.6　035786
民国八大总统/何明主编.—北京:中国文联出版公司,1995.4.—418页:照片;20cm
ISBN 7-5059-2225-4:¥13.80

K820.6　035787

民国十大帮主/穆可韦编著.—北京:中国文联出版公司,1995.2.—435页;20cm
ISBN 7-5059-2204-1:¥12.80

K820.6 035788
民国十大军阀/何虎生,汪大海编著.—北京:中国文联出版公司,1995.2.—459页:照片;20cm
ISBN 7-5059-2205-X:¥14.80

K820.6 035789
中国著名现代人物选/辛安亭编写.—兰州:甘肃人民出版社,1995.9.—380页;19cm
ISBN 7-226-01508-0:¥6.00

K820.6 035790
中华民族抗日英烈谱/秦兴洪,白洋主编.—广州:广东高等教育出版社,1995.4.—281页;20cm
ISBN 7-5361-1687-X:¥10.00

K820.7 035791
《良宵》人物传/徐静主编;刘贤俊,叶舟编著.—长春:吉林人民出版社,1995.10.—478页;19cm
ISBN 7-206-02341-X:¥13.80

K820.7 035792
北大人 (3)/董耀会主编;《北大人》编委会编.—北京:华夏出版社,1995.10.—773,22页;26cm
ISBN 7-5080-0836-7(精装):¥130.00

K820.7 035793
不要忘记钱宗仁/朱正编.—海口:海南出版社,1995.8.—339页;19cm
ISBN 7-80617-192-4:¥12.00

K820.7 035794
当代卓越女性传/吴承琬主编.—上海:三联书店上海分店,1995.10.—216页;20cm.—(当代女性丛书/冰心主编)
ISBN 7-5426-0887-8:¥8.20

K820.7 035795
复旦学子/复旦大学校友联络处编.—上海:复旦大学出版社,1995.5.—526页;20cm
ISBN 7-309-01506-1:¥20.00

K820.7 035796
回眸自我述人生:优秀传记选读/老品选编.—北京:同心出版社,1995.9.—303页;19cm.—(人生奠基石丛书·范文选读系列/肖衍庆等主编)
全套书共10册,总定价:145.00元
ISBN 7-80593-150-X(精装):¥0.00

K820.7 035797
回眸自我述人生:优秀传记选读/老品选编.—北京:同心出版社,1995.9.—303页;19cm.—(人生奠基石丛书·范文选读系列/肖衍庆等主编)
ISBN 7-80593-150-X:¥9.50

K820.7 035798
魂系中华 (下)/北京军区政治部编研室编.—北京:军事科学出版社,1995.5.—371页;20cm
ISBN 7-80021-834-1:¥12.00

K820.7 035799
清华人物志 第三辑/贺崇铃主编;清华大学校史研究室编.—北京:清华大学出版社,1995.4.—308页;20cm.—(清华校史丛书)
ISBN 7-302-01779-4:¥10.00

K820.7 035800
云海滴翠:秦柳方选集之二/秦柳方主编.—北京:中国财政经济出版社,1995.9.—347页;20cm
ISBN 7-5005-2830-2:¥15.00

K820.7 035801
中华巾帼第一人/姚春元,颜宽仕编著.—乌鲁木齐:新疆人民出版社,1995.7.—292页;19cm
ISBN 7-228-03610-7:¥9.80

①K820.7②I253 035802
大人物·小人物/徐泓著.—北京:人民出版社,1995.9.—311页;20cm
ISBN 7-01-002262-3:¥15.00

K820.7-61 035803
当代民间名人大辞典 (三)/袁毅鹏主编.—长春:吉林人民出版社,1995.8.—314页;26cm
ISBN 7-206-02320-7(精装):¥70.00

K820.7-61 035804
中国当代高级专业技术人才大辞典/邓伟志主编.—北京:中国华侨出版社,1995.6.—2199页;28cm
ISBN 7-80074-716-6(精装):¥240.00

K820.7-61 035805
中国职工劳模大辞典/李永安主编.—北京:中国工人出版社,1995.11.—1714页;26cm
ISBN 7-5008-1521-2(精装):¥180.00

K820.7-61 035806
中华人民共和国享受政府特殊津贴专家、学者、技术人员名录:1992年卷 第一分册/庄毅主编;中华人民共和国人事部专家司编.—北京:中国国际广播出版社,1995.12.—1260页;28cm
ISBN 7-5078-1097-6(精装):¥130.00

K820.8 035807
客家之光/刘大可著.—福州:福建教育出版社,1995.10.—177页;20cm.—(客家文化丛书/谢重光主编)
ISBN 7-5334-1935-9:¥9.95

K820.81 035808
北京历史上的名人/明晓艳主编;北京石刻艺术博物馆编.—北京:中国工人出版社,1995.5.—115页:照片;20cm.—(爱国主义教育丛书)
ISBN 7-5008-1777-0:¥6.80

K820.81 035809
中共北京党史人物传 第三卷/中共北京市委党史研究室编.—北京:中共党史出版社,1995.8.—324页;20cm
ISBN 7-80023-908-X:¥12.00

K820.821 035810
天津抗日英烈/中共天津市委党史资料征集委员会编.—天津:天津古籍出版社,1995.8.—249页:照片;20cm
ISBN 7-80504-459-7:¥7.50

K820.822.3 035811
保定群英/吴安民,田凤霄主编.—石家庄:河北人民

出版社,1995.10.—300页;19cm
ISBN 7-202-01804-7:¥11.50
K820.825　　035812
朔州英烈/中共朔州市委党史研究室编.—太原:山西人民出版社,1995.7.—661页;20cm
ISBN 7-203-03354-6:¥35.00
K820.825.4　　035813
阳高人物志/阳高县志编纂委员会编.—北京:航空工业出版社,1995.9.—522页:照片;26cm
ISBN 7-80046-967-0(精装):¥80.00
K820.83　　035814
中共东北军党史已故人物传/中共东北军党史组编.—北京:中共党史出版社,1995.3.—295页;20cm.—(中共东北军党史丛书)
ISBN 7-80023-817-2:¥10.80
K820.831.3　　035815
中共营口党史人物传　第一卷/张庆斌主编;中共营口市委党史研究室,中共营口市委组织部编.—北京:中共党史出版社,1995.6.—267页;20cm
ISBN 7-80023-990-X:¥18.50
K820.84　　035816
历代开拓西部人物选传/张得祖,王瑞琴主编.—西宁:青海人民出版社,1995.12.—313页;20cm
ISBN 7-225-01196-0:¥12.80
K820.841　　035817
三秦游子录　第三辑/侯丹编著.—西安:西北大学出版社,1995.2.—324页;19cm
ISBN 7-5604-0871-0:¥15.00
①K820.841②I253　　035818
西工大英才　(二)/胡致本,马彦群主编.—西安:西北工业大学出版社,1995.12.—222页;19cm
ISBN 7-5612-0830-8:¥6.00
K820.845　　035819
塔里木英模谱/王产兴主编.—乌鲁木齐:新疆人民出版社,1995.8.—540页;20cm
ISBN 7-228-03551-8(精装):¥38.00
K820.845　　035820
写在天山上的碑文　第四辑/中共新疆维吾尔自治区委员会《当代新疆》丛书编委会编.—乌鲁木齐:新疆美术摄影出版社,1995.7.—481页;20cm.—(当代新疆丛书/袁文燕主编)
ISBN 7-80547-301-3:¥18.00
K820.851　　035821
浦东新区英烈传/上海市浦东新区史志征集编纂室,上海市浦东新区烈士陵园管理所编.—上海:华东理工大学出版社,1995.　366页;20cm
ISBN 7-5628-0536-9:¥18.00
K820.852　　035822
烽火挚友/靳星五著.—济南:山东人民出版社,1995.8.—341页;20cm
ISBN 7-209-01798-4:¥12.60
K820.852　　035823
改革大潮连天涌/书生主编.—济南:黄河出版社,1995.7.—112页:照片;29cm
ISBN 7-80558-608-X:¥28.00
K820.852　　035824
齐鲁科教兴农群英谱/山东省农业科技人才管理协会编.—济南:山东人民出版社,1995.3.—576页;20cm
ISBN 7-209-01702-X:¥28.80
K820.852　　035825
山东政法名人录/李建军,梁树良主编;《山东政法名人录》编委会编.—济南:黄河出版社,1995.8.—1265页;20cm
ISBN 7-80558-575-X(精装):¥68.00
K820.852　　035826
天南地北德州人/王玉玺,蒋丽燕主编;中共德州市委党史资料征集研究委员会编.—天津:百花文艺出版社,1995.12.—437页:彩照;20cm
ISBN 7-5306-2222-6:¥28.00
K820.852.3　　035827
肥城人物志/孙传云主编;肥城市市志编纂委员会办公室编.—北京:中国书籍出版社,1995.8.—441页;20cm
ISBN 7-5068-0392-5:¥10.80
K820.853　　035828
江苏巾帼名人选编/王洪宇主编;江苏省地方志办公室,江苏省妇女联合会编.—南京:江苏科学技术出版社,1995.11.—276页;20cm
ISBN 7-5345-2008-8:¥12.00
K820.853　　035829
江苏科技群英志/姚应才主编;江苏省科学技术志编纂委员会编.—南京:江苏科学技术出版社,1995.6.—734页:照片;26cm
ISBN 7-5345-1935-7(精装):¥85.00
K820.853.3　　035830
江苏省常州市高级专家名录　第一卷/管又铭,马国柱主编.—北京:机械工业出版社,1995.5.—637页:彩照;20cm
ISBN 7-111-04648-X(精装):¥58.00
K820.853.3　　035831
无锡历代爱国名人/黄焕初主编.—北京:红旗出版社,1995.8.—315页;19cm
ISBN 7-80068-472-5:¥9.00
K820.853.4　　035832
永恒的乐章:建国后启东英烈传/陈思品,黄涛主编.—南京:南京出版社,1995.4.—251页;20cm
ISBN 7-80614-113-8:¥13.80
K820.854　　035833
安徽抗日英模谱/王泽华主编;中共安徽省委党史工作委员会编.—合肥:安徽人民出版社,1995.8.—307页;20cm.—(安徽中共党史资料丛书)
ISBN 7-212-01226-2:¥8.30
K820.854.4　　035834
萧县英才/许振民,张盛铭主编;中共萧县县委组织部,萧县地方志办公室编.—北京:方志出版社,1995.12.—407页;20cm
ISBN 7-80122-064-1:¥20.00
K820.855　　035835

求是群芳谱　第三集/杨达寿主编;杨达寿,徐纯绒编.—杭州:浙江大学出版社,1995.12.—335页;20cm
ISBN 7-308-01681-1:¥20.00

K820.855　　035836
永康英烈/胡冬生主编;中共永康市委党史办公室,永康市民政局编.—北京:中国档案出版社,1995.6.—271页:照片;20cm
ISBN 7-80019-524-4:¥9.80

K820.855　　035837
浙江政工师名录/中共浙江省委宣传部编.—北京:中国人事出版社,1995.9.—733页;26cm
ISBN 7-80076-507-5(精装):¥85.00

K820.855.2　　035838
丽水地区人物志/虞文喜主编.—杭州:浙江人民出版社,1995.3.—448页;20cm
ISBN 7-213-01115-4:¥20.00

K820.855.4　　035839
中共长兴党史人物/章小义主编;中共长兴县委党史研究室编.—北京:解放军文艺出版社,1995.2.—275页;20cm
ISBN 7-5033-0475-8:¥12.00

K820.856.3　　035840
吉安古代名人传/刘文源主编.—南昌:百花洲文艺出版社,1995.12.—316页;20cm
ISBN 7-80579-691-2:¥12.50

K820.856.3　　035841
乐平历代名人传/余南甫,詹锡昌主编.—南昌:百花洲文艺出版社,1995.12.—226页;20cm
ISBN 7-80579-700-5:¥8.00

K820.857　　035842
福建省高级专业人才名录　(下)/陈营官等主编.—福州:福建人民出版社,1995.10.—528页;20cm
ISBN 7-211-02216-7:¥21.00

K820.857-61　　035843
福建名人词典/刘德城,周羡颖主编.—福州:福建人民出版社,1995.10.—548页;19cm
ISBN 7-211-02577-8(精装):¥23.30

K820.857-61　　035844
同安华侨华人名人录/郭瑞明编著.—厦门:鹭江出版社,1995.6.—272页;20cm
ISBN 7-80610-198-5:¥12.00

K820.857.3　　035845
泉州市劳模传/泉州市总工会编.—北京:中国工人出版社,1995.8.—440页;29cm
ISBN 7-5008-1798-3(精装):¥68.00

K820.86　　035846
中原英烈　(下)/鄂豫边区革命史编辑部编.—武汉:湖北人民出版社,1995.1.—440页;20cm
ISBN 7-216-01621-1:¥13.20

K820.861　　035847
碧血丹心:中共河南省巩义市历史人物　第一卷/刘定坤主编;中共河南省巩义市委党史征编委员会编.—郑州:河南人民出版社,1995.10.—314页;20cm
ISBN 7-215-03846-7:¥14.00

K820.861　　035848
三门峡党史人物/黄国平主编;中共三门峡市委党史办公室编.—郑州:河南人民出版社,1995.11.—387页:照片;20cm.—(中共三门峡市党史资料丛书)
ISBN 7-215-03848-3:¥6.00

K820.861-61　　035849
开封文艺家辞典/王宝贵主编.—郑州:中州古籍出版社,1995.11.—214页;20cm
ISBN 7-5348-1423-5(精装):¥19.80

K820.861.3　　035850
焦作英才录/郭文杰主编.—郑州:中州古籍出版社,1995.12.—364页;19cm
ISBN 7-5348-1425-1:¥9.90

K820.861.3　　035851
平顶山历史人物志/潘民中等编著.—郑州:中州古籍出版社,1995.9.—189页;20cm.—(平顶山历史文化研究丛书)
ISBN 7-5348-1407-3:¥9.00

K820.863　　035852
鄂州人物/叶贤恩主编.—武汉:武汉大学出版社,1995.1.—2册;20cm
ISBN 7-307-01912-4:¥30.00

K820.863　　035853
湖北英烈传　第五集/何定华主编;湖北省中共党史人物研究会,湖北省民政厅编.—武汉:湖北人民出版社,1995.9.—431页;20cm
ISBN 7-216-01753-6:¥15.00

K820.863　　035854
荆楚魂:湖北100位爱国名人/戴绪恭主编;丁毅华等撰.—武汉:华中师范大学出版社,1995.1.—392页;20cm
ISBN 7-5622-1429-8:¥7.60

K820.863　　035855
英才集:湖北建材学校人物志/余祥纪主编.—武汉:武汉工业大学出版社,1995.8.—363页;19cm
ISBN 7-5629-1009-X:¥15.00

K820.863　　035856
枝城市名人传/刘忠武主编.—广州:广东高等教育出版社,1995.4.—226页:照片;20cm
ISBN 7-5361-1646-2:¥7.00

K820.864　　035857
郴州英杰　第四集/熊裕华等主编.—长沙:湖南出版社,1995.1.—472页:照片;19cm
ISBN 7-5438-1129-4:¥12.00

K820.864　　035858
湖南当代人才精英/《湖南当代人才精英》编委会编著.—长沙:湖南科学技术出版社,1995.3.—304页;26cm
ISBN 7-5357-1725-X(精装):¥98.00

K820.864　　035859
湖南当代人才精英　(2)/《湖南当代人才精英》编委会编.—长沙:湖南科学技术出版社,1995.8.—388页;26cm
ISBN 7-5357-1823-X(精装):¥98.00

K820.864 035860
巾帼风流:湖南少数民族群芳谱/李增夫主编;湖南省民族事务委员会编.—长沙:湖南科学技术出版社,1995.6.—423页:彩照;20cm
ISBN 7-5357-1794-2(精装):¥25.00

K820.864 035861
三湘抗日英烈:专辑/李定坤主编;湖南省革命烈士传编纂委员会编.—长沙:湖南出版社,1995.7.—281页;20cm
ISBN 7-5438-1018-2:¥11.50

K820.864-61 035862
当代湖南人名辞典/邹华享主编.—长沙:湖南出版社,1995.4.—589页;19cm
ISBN 7-5438-0947-8(精装):¥46.00

K820.865.3 035863
江门五邑海外名人传　第三卷/谭思哲主编.—广州:广东人民出版社,1995.2.—261页;20cm
ISBN 7-218-01761-4:¥8.40

K820.871 035864
四川近现代文化人物　第三编　/吴汉家主编;四川省政协文史资料委员会编.—成都:四川人民出版社,1995.11.—551页;20cm
ISBN 7-220-03041-X:¥15.80

K820.871 035865
这方沃土这方人/胡崇俊著.—成都:西南交通大学出版社,1995.12.—326页;20cm
ISBN 7-81022-880-3:¥12.00

K820.873 035866
贵阳人物/许先德,龙尚学主编.—贵阳:贵州教育出版社,1995.9.—352页;20cm.—(金筑丛书/许先德主编)
ISBN 7-80583-731-7(精装):¥12.00

K820.9 035867
歌与梦:赐姓金氏说/金春木著.—北京:中国城市出版社,1995.9.—208页;19cm
ISBN 7-5074-0728-4:¥15.00

K820.9 035868
家风颂/萧启宏编著.—北京:中国世界语出版社,1995.11.—238页;19cm.—(中国姓氏文化)
ISBN 7-5052-0231-6:¥8.80

K820.9 035869
梁溪荣氏家族史/荣敬本等编著.—北京:中央编译出版社,1995.10.—308页:图;20cm
ISBN 7-80109-085-3:¥18.00

K820.9 035870
无极甄氏族谱简编　/刘宗诚著.—北京:中国档案出版社,1995.9.—228页:照片;20cm
ISBN 7-80019-575-9:¥16.00

K820.96 035871
陈氏家族秘史/刘晟等编著.—北京:中国档案出版社,1995.1.—289页:照片;20cm.—(四大家族秘史;4/王炳林主编)
ISBN 7-80019-509-0:¥9.20

K820.96 035872
蒋氏家族秘史/贾兴权等编著.—北京:中国档案出版社,1995.1.—335页:照片;20cm.—(四大家族秘史;1/王炳林主编)
ISBN 7-80019-489-2:¥9.80

K820.96 035873
孔氏家族秘史/王琪,张洁编著.—北京:中国档案出版社,1995.1.—269页:照片;20cm.—(四大家族秘史;3/王炳林主编)
ISBN 7-80019-487-6:¥8.80

K820.96 035874
宋氏家族秘史/梁星亮编著.—北京:中国档案出版社,1995.1.—247页:照片;20cm.—(四大家族秘史;2/王炳林主编)
ISBN 7-80019-486-8:¥8.70

K825 035875
我的奋斗——体育界、艺术界名人大写实/张继华主编.—成都:四川人民出版社,1995.11.—2册:照片;20cm
ISBN 7-220-02841-5(精装):¥48.00

K825 035876
中国文化名人画名家:现代人物传记小品/赵白生编.—北京:中央编译出版社,1995.8.—465页;20cm.—(中外名人谈丛)
ISBN 7-80109-074-8:¥15.80

K825.1 035877
金岳霖的回忆与回纪金岳霖/刘培育主编.—成都:四川教育出版社,1995.7.—435页;20cm
ISBN 7-5408-2669-X(精装):¥19.00

K825.1-53 035878
冯友兰先生百年诞辰纪念文集　/冯锺璞,蔡仲德编.—北京:清华大学出版社,1995.12.—501页;20cm
ISBN 7-302-02045-0:¥29.50

K825.2 035879
"三湾子弟"韩伟将军/薛春德著.—北京:人民出版社,1995.10.—354页:照片;20cm
ISBN 7-01-002240-2:¥18.00

K825.2 035880
"小诸葛"白崇禧传/夏天编著.—成都:四川人民出版社,1995.5.—380页;20cm.—(民国风云人物系列;1)
ISBN 7-220-02783-4:¥13.80

K825.2 035881
白崇禧传/程思远著.—北京:华艺出版社,1995.5.—328页;20cm
ISBN 7-80039-661-4:¥11.80

K825.2 035882
败军之将:蒋介石的嫡系将领/徐平主编.—北京:金城出版社,1995.2.—416页:照片;20cm
ISBN 7-80084-095-6:¥13.20

K825.2 035883
北洋军阀吴佩孚/董尧著.—北京:团结出版社,1995.7.—335页;20cm.—(民国风云秘录丛书)
ISBN 7-80061-734-3:¥13.80

K825.2 035884

北洋军师:天枭徐树铮/董尧著.—北京:团结出版社,1995.7.—371页;20cm.—(民国风云秘录丛书)

ISBN 7-80061-731-9:¥15.20

K825.2 035885

北洋枭雄张作霖/董尧著.—北京:团结出版社,1995.8.—393页;20cm.—(民国风云秘录丛书)

ISBN 7-80061-977-X:¥15.80

K825.2 035886

不朽的丰碑/张育仓主编.—西安:陕西人民出版社,1995.12.—329页;20cm

ISBN 7-224-04016-9:¥16.80

K825.2 035887

陈毅年谱/刘树发主编.—北京:人民出版社,1995.12.—2册(1227页);20cm

ISBN 7-01-002156-2:¥60.00

K825.2 035888

从东陵大盗到先遣军司令:一个怪物孙殿英/王文亮著.—郑州:河南人民出版社,1995.1.—304页;19cm

ISBN 7-215-02883-6:¥7.50

K825.2 035889

邓华将军传/罗印文著.—北京:中共中央党校出版社,1995.8.—382页:照片;20cm

ISBN 7-5035-1225-3:¥19.00

K825.2 035890

范龙章将军事略/李殿学主编;汝阳县政协编.—郑州:河南人民出版社,1995.10.—258页;20cm

ISBN 7-215-03430-5:¥10.00

K825.2 035891

飞将军刘善本/李传根著.—北京:中共党史出版社,1995.6.—455页:照片;20cm

ISBN 7-80023-882-2:¥16.00

K825.2 035892

冯玉祥在开封/李元俊主编;政协开封市委员会编.—开封:河南大学出版社,1995.6.—251页:图;20cm

ISBN 7-81041-232-9:¥10.00

K825.2 035893

共和国大军区司令传奇/金鑫,雪晴编著.—成都:四川人民出版社,1995.5.—476页:照片;20cm.—(军魂系列;6)

ISBN 7-220-02786-9:¥15.80

K825.2 035894

共和国元帅读古书实录/黄丽镛编著.—上海:上海人民出版社,1995.12.—396页;20cm

ISBN 7-208-02124-4:¥16.00

K825.2 035895

归宿:郑庭笈将军传/欧大雄著.—海口:南海出版公司,1995.12.—568页:照片;20cm

ISBN 7-80570-020-6:¥24.60

K825.2 035896

国民党高级将领传略/沉度等编.—北京:华文出版社,1995.2.—805页;20cm

ISBN 7-5075-0397-6:¥22.00

K825.2 035897

韩信评传:兵家之仙/孙家洲著.—南宁:广西教育出版社,1995.1.—162页:照片;20cm.—(中华历史文化名人评传·兵家系列/戴逸,毛佩琦主编)

ISBN 7-5435-2182-2:¥6.55

K825.2 035898

浩荡慰英魂:纪念彭雪枫殉国五十周年/李兆钧主编;中共南阳地委党史工作委员会编.—北京:中共党史出版社,1995.4.—220页;20cm

ISBN 7-80023-857-1:¥10.00

K825.2 035899

黑土骁将:抗战中的马占山将军/刘书良著.—北京:中共中央党校出版社,1995.8.—366页;20cm.—(抗日战争风云人物丛书)

ISBN 7-5035-1240-7:¥12.80

K825.2 035900

淮系人物列传:李鸿章家族成员·武职/马昌华主编.—合肥:黄山书社,1995.12.—391页;20cm.—(淮系集团与近代中国)

ISBN 7-80630-011-2(精装):¥29.60

K825.2 035901

淮系人物列传:文职、北洋海军、洋员/马昌华主编.—合肥:黄山书社,1995.12.—435页;20cm.—(淮系集团与近代中国)

ISBN 7-80630-012-0(精装):¥31.00

K825.2 035902

黄公略将军传/马继善著.—北京:解放军出版社,1995.4.—368页:照片;20cm.—(军事人物传记丛书)

ISBN 7-5065-2515-1:¥13.80

K825.2 035903

回忆刘震上将/《回忆刘震上将》编辑委员会编.—北京:军事科学出版社,1995.8.—437页:照片;20cm

ISBN 7-80021-875-9:¥21.00

K825.2 035904

魂撼天地:抗战中的张自忠将军/仁雨等著.—北京:中共中央党校出版社,1995.8.—334页;20cm.—(抗日战争风云人物丛书)

ISBN 7-5035-1241-5:¥12.60

K825.2 035905

纪念粟裕逝世十周年论文集/刘宗鹤主编.—北京:中国档案,1995.10.—276页;20cm

ISBN 7-80019-587-2:¥16.00

K825.2 035906

开国大将/王晓建主编.—北京:中国社会出版社,1995.6.—712页:照片;20cm

ISBN 7-80088-611-5:¥25.00

K825.2 035907

坎坷的路/胡奇才著.—沈阳:白山出版社,1995.9.—468页:照片;20cm

ISBN 7-80566-444-7:¥18.00

K825.2 035908

抗日名将——李鸿/丁涤勋等主编;中国人民政治协商会议湘阴县委员会,文史资料研究委员会编.—长沙:湖南出版社,1995.10.—247页;20cm

ISBN 7-5438-1083-2(精装):¥12.00

K825.2　035909
李中权征程记/李中权著.—北京:华夏出版社,1995.8.—338页:照片;20cm
ISBN 7-5080-0835-9(精装):¥36.00

K825.2　035910
名将奇兵:中国三军著名将帅战斗英雄纪实/曹建,曹军编著.—成都:四川人民出版社,1995.11.—326页;19cm
ISBN 7-220-02988-8:¥12.00

K825.2　035911
名将孙胡子/赵勇田,仝玉林著.—北京:解放军出版社,1995.12.—441页:照片;20cm
ISBN 7-5065-2684-0:¥19.50

K825.2　035912
千秋丰碑/赵呈元主编.—济南:山东大学出版社,1995.7.—339页;20cm
ISBN 7-5607-1491-9:¥11.80

K825.2　035913
青年陈毅/罗英才著.—广州:广东教育出版社,1995.8.—263页;20cm.—(帅星升起丛书/魏巍主编)
ISBN 7-5406-3222-4:¥9.60

K825.2　035914
青年贺龙/顾永忠著.—广州:广东教育出版社,1995.8.—324页;20cm.—(帅星升起丛书/魏巍主编)
ISBN 7-5406-3200-3:¥11.25

K825.2　035915
青年刘伯承/陈石平著.—广州:广东教育出版社,1995.8.—256页;20cm.—(帅星升起丛书/魏巍主编)
ISBN 7-5406-2855-3:¥11.25

K825.2　035916
青年罗荣桓/黄瑶著.—广州:广东教育出版社,1995.8.—240页;20cm.—(帅星升起丛书/魏巍主编)
ISBN 7-5406-3209-7:¥8.85

K825.2　035917
青年聂荣臻/周均伦等著.—广州:广东教育出版社,1995.8.—253页;20cm.—(帅星升起丛书/魏巍主编)
ISBN 7-5406-3223-2:¥9.10

K825.2　035918
青年彭德怀/杨瑞广著.—广州:广东教育出版社,1995.8.—210页;20cm.—(帅星升起丛书/魏巍主编)
ISBN 7-5406-3224-0:¥7.90

K825.2　035919
青年徐向前/张麟著.—广州:广东教育出版社,1995.8.—229页;20cm.—(帅星升起丛书/魏巍主编)
ISBN 7-5406-3216-X:¥8.65

K825.2　035920
青年叶剑英/范硕著.—广州:广东教育出版社,1995.8.—295页;20cm.—(帅星升起丛书/魏巍主编)
ISBN 7-5406-3213-5:¥11.70

K825.2　035921
青年朱德/谢储生著.—广州:广东教育出版社,1995.8.—221页;20cm.—(帅星升起丛书/魏巍主编)
ISBN 7-5406-3219-4:¥8.15

K825.2　035922
山东抗日殉国将士/郭天佑,王汝柏主编;山东省政协文史资料委员会编.—北京:中国文史出版社,1995.7.—630页;20cm
ISBN 7-5034-0759-X:¥22.50

K825.2　035923
上将风云:共和国三星上将传奇/雁冰编著.—成都:四川人民出版社,1995.5.—370页:照片;20cm.—(名军名将系列;1)
ISBN 7-220-02825-3:¥12.80

K825.2　035924
死于非命的枭雄/杨玉文等著.—北京:团结出版社,1995.7.—309页;20cm.—(民国风云秘录丛书)
ISBN 7-80061-737-8:¥12.80

K825.2　035925
孙毅将军年谱:1904～1995/赵勇田,仝玉林编著.—北京:中国社会出版社,1995.12.—196页:照片;20cm
ISBN 7-80088-670-0:¥8.00

K825.2　035926
铁军将才——朱程传/王汝亮著;中共苍南县委党史研究室编.—北京:新华出版社,1995.9.—218页;20cm
ISBN 7-5011-2955-X:¥14.00

K825.2　035927
王麓水将军/刘亮,王玉章主编.—北京:新华出版社,1995.12.—340页;20cm
ISBN 7-5011-3022-1:¥15.00

K825.2　035928
吴富善回忆录/韩建强编.—北京:蓝天出版社,1995.2.—539页:照片;20cm
ISBN 7-80081-567-6(精装):¥12.50

K825.2　035929
吴俊升传/刘桂森著.—沈阳:辽宁人民出版社,1995.7.—431页:照片;20cm.—(辽宁省昌图县政协文史丛书)
ISBN 7-205-03380-2:¥19.00

K825.2　035930
西北王胡宗南/经盛鸿著.—郑州:河南人民出版社,1995.6.—462页:照片;20cm.—(中华民国史丛书/张宪文,黄美真主编)
ISBN 7-215-03420-8:¥17.80

K825.2　035931
湘军四大将帅家书精选:文白对照/伍国庆等译.—天津:天津古籍出版社,1995.10.—2册;20cm
包括曾国藩、胡林翼家书精选,左宗棠、彭玉麟家书精选。
ISBN 7-80504-453-8(精装):¥51.80

K825.2　035932
许世友的晚年岁月/徐开福著.—南京:江苏人民出版社,1995.7.—278页;19cm
ISBN 7-214-01524-2:¥11.00

K825.2　035933
血满弓刀:抗战中的杜聿明将军/刘立云著.—北京:中共中央党校出版社,1995.8.—443页;20cm.—(抗日战争风云人物丛书)
ISBN 7-5035-1243-1:¥17.40

K825.2 035934
杨虎城将军的最后十三年/郝建生编著.—西安:陕西人民教育出版社,1995.1.—278页:照片;20cm
ISBN 7-5419-6092-6:¥8.00

K825.2 035935
勇者无畏:为国捐躯的八百将校陈亡档案/中国军事博物馆编著.—北京:光明日报出版社,1995.8.—2册(1626页);20cm
ISBN 7-80091-721-5:¥60.00

K825.2 035936
岳飞的部将和幕僚/王曾瑜著.—杭州:杭州大学出版社,1995.1.—78页;19cm
ISBN 7-81035-779-4:¥2.70

K825.2 035937
泽被长淮:纪念彭雪枫将军殉国50周年专辑/蒋中健,李松科主编.—南京:江苏人民出版社,1995.6.—214页:彩照;20cm
ISBN 7-214-01481-5:¥15.50

K825.2 035938
征途:华林忆稿/李华林述;张传杰,孙静丽著.—沈阳:辽宁民族出版社,1995.8.—242页:图;19cm
ISBN 7-80527-512-2:¥8.00

K825.2 035939
郑成功评传:逆子忠臣/毛佩琦著.—南宁:广西教育出版社,1995.4.—278页:照片;20cm.—(中华历史文化名人评传·兵家系列/戴逸,毛佩琦主编)
ISBN 7-5435-2210-1:¥7.85

K825.2 035940
中共虎将与名战 (二)/刘孟杰,王永涛主编.—北京:中国社会科学出版社,1995.9.—414页;20cm
ISBN 7-5004-1768-3:¥15.80

K825.2 035941
中共虎将与名战 (一)/马金海,侯云礼主编.—北京:中国社会科学出版社,1995.9.—376页;20cm
ISBN 7-5004-1767-5:¥14.80

K825.2 035942
中国工农红军第一方面军人物志/中国工农红军第一方面军史编审委员会编.—北京:解放军出版社,1995.3.—740页;21cm
ISBN 7-5065-2383-3(精装):¥52.00

K825.2 035943
中国女将军/崔向华等著.—北京:解放军文艺出版社,1995.7.—539页;20cm
ISBN 7-5033-0630-0:¥28.60

K825.2 035944
中国女将军/中华全国妇女联合会组织联络部组织编写.—沈阳:辽宁人民出版社,1995.7.—368页;20cm.—(当代中国杰出妇女丛书/黄启璪主编)
ISBN 7-205-03350-0(精装):¥44.00

K825.2 035945
中国元帅贺龙/水工著.—北京:中共中央党校出版社,1995.1.—426页:照片;20cm
ISBN 7-5035-1122-2:¥13.80

K825.2 035946
中国元帅徐向前/张麟,马长志著.—北京:中共中央党校出版社,1995.1.—462页:照片;20cm
ISBN 7-5035-1145-1:¥14.80

K825.2 035947
中国元帅朱德/青木编著.—北京:中共中央党校出版社,1995.12.—548页;20cm
ISBN 7-5035-1323-3:¥23.00

K825.2 035948
中华名将/于汝波主编;中央电视台军事部,军事科学院战略部编.—北京:金盾出版社,1995.10.—356页;19cm
ISBN 7-5082-0033-0:¥11.00

K825.2 035949
中华伟男:抗战中的杨靖宇将军/夏国珞著.—北京:中共中央党校出版社,1995.8.—343页;20cm.—(抗日战争风云人物丛书)
ISBN 7-5035-1242-3:¥12.70

K825.2 035950
中华御侮英杰/王建丰等主编.—北京:军事科学出版社,1995.8.—264页;19cm
ISBN 7-80021-867-8:¥9.50

K825.2 035951
周士第将军传/陈永阶,何锦洲著.—北京:当代世界出版社,1995.7.—196页;20cm
ISBN 7-80115-012-0:¥11.40

①K825.2②I217.1 035952
凤凰山上忆少帅/邓人璋编著.—长沙:岳麓书社,1995.4.—291页;20cm
ISBN 7-80520-488-8:¥11.80

①K825.2②I247.5 035953
黑旗将军刘永福/房晓星著.—天津:百花文艺出版社,1995.12.—356页;20cm
ISBN 7-5306-2223-4:¥15.80

①K825.2②K260.5 035954
国民党将领十大血案/长龙编著.—北京:中国文史出版社,1995.2.—342页;20cm
ISBN 7-5034-0718-2:¥10.80

K825.2-64 035955
天伦:共和国元帅们的情感世界:汉英对照/廖毅文主编.—天津:天津教育出版社,1995.9.—153页:照片;36cm
ISBN 7-5309-2322-6(精装):¥188.00

K825.3 035956
爱国实业家陈伟南/罗东升主编;广东海外联谊会,广州市教育基金会编.—广州:广东人民出版社,1995.8.—158页:彩照;20cm
ISBN 7-218-01546-8(精装):¥30.00

K825.3 035957
安徽省乡镇企业专家集/孙洪基主编.—北京:中国书籍出版社,1995.7.—340页;19cm
ISBN 7-5068-0484-0:¥15.80

K825.3 035958
报业豪门:胡文虎、胡仙传/寄丹著.—广州:广州出版社,1995.12.—373页;20cm

ISBN 7-80592-347-7：¥18.90

K825.3　　035959

北国工业巨子——周学熙传/姚抗著.—石家庄：河北人民出版社，1995.6.—404页；20cm.—(中国大资本家传记系列丛书/赵云声主编)

ISBN 7-202-01751-2：¥19.60

K825.3　　035960

创业者：95卷/山东画报出版社编.—济南：山东画报出版社，1995.11.—135页；29cm

画册

ISBN 7-80603-058-1：¥218.00

K825.3　　035961

从一无所有到百万家业/汪长征，雷体沛主编.—南宁：广西人民出版社，1995.12.—359页；19cm

ISBN 7-219-03141-6：¥18.60

K825.3　　035962

大财阀孔祥熙传/王松等著.—武汉：武汉出版社，1995.3.—301页：照片；20cm

ISBN 7-5430-1331-2：¥9.80

K825.3　　035963

风雨四十年/储吉旺著.—北京：新华出版社，1995.6.—172页；19cm

ISBN 7-5011-2861-8：¥8.50

K825.3　　035964

河南当代企业家　第九辑/王宗虞等主编.—郑州：河南人民出版社，1995.7.—383页；20cm

ISBN 7-215-03543-3：¥15.00

K825.3　　035965

化学工业的先驱——范旭东传/师俊山，张鸿敏著.—石家庄：河北人民出版社，1995.6.—351页；20cm.—(中国大资本家传记系列丛书/赵云声主编)

ISBN 7-202-01748-2：¥16.90

K825.3　　035966

近代金融奇才——周作民传/罗瑞著.—石家庄：河北人民出版社，1995.6.—301页；20cm.—(中国大资本家传记系列丛书/赵云声主编)

ISBN 7-202-01750-4：¥14.80

K825.3　　035967

近代实业的开山鼻祖——张謇传/行人著.—石家庄：河北人民出版社，1995.6.—324页；20cm.—(中国大资本家传记系列丛书/赵云声主编)

ISBN 7-202-01747-4：¥15.80

K825.3　　035968

近代中国实业巨子/马学新等主编.—上海：上海社会科学院出版社，1995.12.—358页；20cm

ISBN 7-80618-135-0：¥14.00

K825.3　　035969

经营大师李一奎/马骥著.—北京：中国发展出版社，1995.4.—173页：彩照；19cm.—(中国经营大师系列)

ISBN 7-80087-206-8：¥8.50

K825.3　　035970

马寅初在故乡/嵊县政协文史资料委员会编.—杭州：杭州大学出版社，1995.2.—179页：照片；19cm

ISBN 7-81035-770-0：¥8.00

K825.3　　035971

企事业改革家列传：商业卷续篇/《企事业改革家列传》编委会编.—北京：中国大百科全书出版社，1995.11.—313页；20cm

ISBN 7-5000-5633-8：¥12.50

K825.3　　035972

企业家风采/秦朝镇主编.—石家庄：河北人民出版社，1995.4.—538页；20cm

ISBN 7-202-01730-X：¥12.50

K825.3　　035973

儒商列传/潘亚暾等著.—广州：暨南大学出版社，1995.12.—481页；20cm.—(李氏基金儒商文丛/潘亚暾主编)

ISBN 7-81029-465-2：¥32.00

K825.3　　035974

商海领航人/于占淮主编.—沈阳：辽宁人民出版社，1995.7.—318页；20cm

ISBN 7-205-03476-0：¥11.88

K825.3　　035975

商旅：海外华人王克昌的一生/航鹰著.—天津：天津社会科学院出版社，1995.2.—254页；20cm

ISBN 7-80563-444-0：¥12.60

K825.3　　035976

上海超级大亨——虞洽卿传/陈清宇，陈晓红著.—石家庄：河北人民出版社，1995.6.—329页；20cm.—(中国大资本家传记系列丛书/赵云声主编)

ISBN 7-202-01749-0：¥15.90

K825.3　　035977

神秘富豪：郭鹤年传/李如山著.—广州：广州出版社，1995.12.—329页；20cm

ISBN 7-80592-327-2：¥15.90

K825.3　　035978

实业之梦：张謇传/张学君著.—成都：四川人民出版社，1995.7.—391页；20cm.—(强国之梦系列丛书/隗瀛涛主编)

ISBN 7-220-02862-8：¥14.20

K825.3　　035979

世上有真情——黄松龄与杨淑贞/韦町著.—北京：红旗出版社，1995.7.—506页；20cm

ISBN 7-80068-409-1：¥18.80

K825.3　　035980

塑造企业明天：乡镇企业家传略：北京卷　第二分卷/顾岳主编；中国少数民族作家学会编.—北京：民族出版社，1995.6.—299页；19cm

ISBN 7-105-02258-2：¥11.50

K825.3　　035981

绥芬河企业家传记/董淑省，巩福昕编撰.—牡丹江：黑龙江朝鲜民族出版社，1995.8.—226页；20cm

ISBN 7-5389-0615-0：¥14.80

K825.3　　035982

台湾商神：王永庆传/晓笛著.—广州：广州出版社，1995.12.—316页；20cm.—(名人传记)

ISBN 7-80592-334-5：¥16.90

K825.3　　035983

吴仁宝评传/冯治著.—北京:人民出版社,1995.12.—483页;21cm

ISBN 7-01-002332-8(精装):￥25.65

K825.3　　035984

香港富豪龙虎榜/方飞编著.—深圳:海天出版社,1995.9.—697页;20cm

ISBN 7-80615-193-1:￥33.00

K825.3　　035985

永远的微笑/吴元晃著.—北京:中国文联出版公司,1995.4.—321页;20cm

ISBN 7-5059-2221-1:￥19.80

K825.3　　035986

曾宪梓传/夏萍著.—北京:作家出版社,1995.3.—372页:照片;20cm

ISBN 7-5063-0876-2:￥15.80

K825.3　　035987

中国近代实业家/阎春红编著.—北京:北京科学技术出版社,1995.1.—109页;19cm.—(中国历史知识全书·重要人物/朱仲玉主编)

ISBN 7-5304-1656-1:￥3.90

K825.3　　035988

中国历代名商/罗旭东,陈典松著.—南昌:江西人民出版社,1995.5.—202页;19cm

ISBN 7-210-01516-7:￥6.50

K825.3　　035989

中国女企业家/《中国女企业家》编辑委员会编.—北京:中国妇女出版社,1995.8.—239页;29cm

ISBN 7-80016-973-1(精装):￥168.00

K825.3　　035990

中国企业家人物志　下卷/蔡伊强主编.—北京:新华出版社,1995.8.—270页;26cm

ISBN 7-5011-2926-6(精装):￥90.00

K825.3　　035991

最大家族企业的创始人——荣宗敬、荣德生传/桑逢康著.—石家庄:河北人民出版社,1995.6.—333页;20cm.—(中国大资本家传记系列丛书/赵云声主编)

ISBN 7-202-01746-6:￥16.20

K825.3　　035992

璀灿星辰:当代企业家列传/戴王子,李荫庭主编.—北京:中国商业出版社,1995.1.—776页;20cm.—(中国当代企业家心理丛书)

ISBN 7-5044-2753-5:￥22.50

①K825.3②F279.2　　035993

永恒的爱/邓澍主编.—北京:中国工人出版社,1995.9.—498页;19cm.—(中国当代改革文学丛书·企业明星卷;6)

ISBN 7-5008-1790-8:￥15.80

①K825.3②I25　　035994

船王卢作孚/胡凤亭著.—北京:解放军出版社,1995.12.—246页;20cm.—(中国红色资本家丛书)

ISBN 7-5065-2714-6:￥12.50

①K825.3②I25　　035995

纺织大王刘国钧/陈光明著.—北京:解放军出版社,1995.10.—235页:照片;20cm.—(中国红色资本家丛书)

ISBN 7-5065-2709-X:￥12.00

①K825.3②I25　　035996

味精大王吴蕴初/王大亮著.—北京:解放军出版社,1995.11.—273页;20cm.—(中国红色资本家丛书)

ISBN 7-5065-2711-1:￥13.00

K825.3-61　　035997

深圳企业家辞典　(二)/江汇,宋丹珞主编.—北京:中国大百科全书出版社,1995.3.—330页:彩图;20cm

ISBN 7-5000-5438-6(精装):￥38.00

K825.4　　035998

"神奇体操王子"——李宁/张伟编著.—上海:上海教育出版社,1995.1.—71页;19cm.—(世界体坛明星丛书/金永昌主编)

ISBN 7-5320-3147-0:￥2.50

K825.4　　035999

安琪,永远的天使/上海人民出版社编.—上海:上海人民出版社,1995.4.—198页:彩照;20cm

ISBN 7-208-02085-X:￥9.00

K825.4　　036000

北京地区普通高等学校教授人名录/《北京地区普通高等学校教授人名录》编写组编.—北京:高等教育出版社,1995.7.—363页;26cm

ISBN 7-04-005510-4:￥28.00

K825.4　　036001

蔡元培与北京大学/梁柱,王世儒著.—太原:山西教育出版社,1995.4.—302页;20cm.—(名人与名校丛书)

ISBN 7-5440-0613-1:￥12.50

K825.4　　036002

长春大学桃李集萃/张文显,周凤山主编.—长春:吉林人民出版社,1995.10.—864页;20cm

ISBN 7-206-02338-X(精装):￥46.50

K825.4　　036003

当代中国高等教育家/忻福良主编.—上海:上海交通大学出版社,1995.12.—340页;20cm

ISBN 7-313-01582-8:￥18.00

K825.4　　036004

邓亚萍/高山,刘福智编.—郑州:河南教育出版社,1995.8.—268页:照片;20cm

ISBN 7-5347-1403-6(精装):￥9.80

K825.4　　036005

杜学魁传/邢学智著.—北京:中国工人出版社,1995.1.—297页:照片;20cm.—(海外著名华人传记丛书/孙轶青,胡德平主编)

ISBN 7-5008-1740-1(精装):￥15.00

K825.4　　036006

冯纪汉纪念文集/冯南星等主编.—郑州:中州古籍出版社,1995.12.—300页;20cm.—(地方志人物丛书)

ISBN 7-5348-1368-9:￥39.00

K825.4　　036007

复旦大学教授录:续一/王增藩主编.—上海:复旦大学出版社,1995.4.—198页;20cm

ISBN 7-309-01503-7:￥10.00

K825.4　　036008

功在文化 利在中华——石景宜传记/罗怡君,施汉云著.—武汉:武汉大学出版社,1995.8.—262页:彩照;20cm

ISBN 7-307-02024-6:¥18.00

K825.4　　036009

海峡两岸文化交流的开拓者石景宣先生传记/刘书东,施汉云著.—广州:广东高等教育出版社,1995.10.—295页:彩照;20cm

ISBN 7-5361-1779-5:¥0.00

K825.4　　036010

洪亮吉评传/陈金陵著.—北京:中国人民大学出版社,1995.1.—456页;20cm.—(清史研究丛书/戴逸主编)

ISBN 7-300-01642-1:¥15.20

K825.4　　036011

怀念高天:高天纪念文集/费孝通等著.—北京:群言出版社,1995.6.—290页:照片;20cm

ISBN 7-80080-163-2:¥12.00

K825.4　　036012

黄齐生传/王鸿儒著.—贵阳:贵州教育出版社,1995.3.—285页:照片;20cm

ISBN 7-80583-687-6:¥8.50

K825.4　　036013

黄土地 蓝眼睛:河南大学吴雪莉教授掠影/黄萌生,黄勇编著.—开封:河南大学出版社,1995.7.—180页:照片;20cm

ISBN 7-81041-235-3:¥15.00

K825.4　　036014

回忆王冶秋/国家文物局编.—北京:文物出版社,1995.10.—549页:照片;20cm

ISBN 7-5010-0829-9:¥32.00

K825.4　　036015

江苏出版人物志/俞洪帆,穆纬铭主编.　南京:江苏人民出版社,1995.12.—882页;20cm.—(出版史志丛书)

ISBN 7-214-01569-2:¥30.00

K825.4　　036016

江西古代教育家评传/杨鑫辉,李才栋主编.—南昌:江西教育出版社,1995.8.—422页;20cm.—(江西古代教育研究丛书)

ISBN 7-5392-1869-X(精装):¥18.00

K825.4　　036017

教育之梦:蔡元培传/马征著.—成都:四川人民出版社,1995.7.—377页;20cm.—(强国之梦系列丛书/隗瀛涛主编)

ISBN 7-220-02862-8:¥14.20

K825.4　　036018

卢嘉锡传/《卢嘉锡传》写作组编写.—北京:科学出版社,1995.9.—281页:照片;20cm

ISBN 7-03-004817-2:¥28.00

K825.4　　036019

马振邦传奇/叶知秋著.—西安:陕西人民教育出版社,1995.8.—197页:照片;20cm

ISBN 7-5419-5285-0:¥12.00

K825.4　　036020

梅贻琦先生纪念集/黄延复主编 .—2版.—长春:吉林文史出版社,1995.2.—448页;20cm

ISBN 7-80528-954-9(精装):¥25.00

K825.4　　036021

拼搏与人生——郎平/陆章发编著.—上海:上海教育出版社,1995.1.—71页;19cm.—(世界体坛明星丛书/金永昌主编)

ISBN 7-5320-3149-7:¥2.50

K825.4　　036022

乒坛精英谱/姚毓武主编.—天津:百花文艺出版社,1995.4.—378页;20cm

ISBN 7-5306-1563-7:¥12.80

K825.4　　036023

钱穆评传/郭齐勇,汪学群著 .—南昌:百花洲文艺出版社,1995.1.—329页;20cm.—(国学大师丛书)

ISBN 7-80579-546-0(精装):¥17.15

K825.4　　036024

师门五年记:胡适琐记/罗尔纲著.—北京:三联书店,1995.5.—184页;20cm

ISBN 7-108-00720-7:¥9.80

K825.4　　036025

双飞记:中国人的志气歌/黄际昌著.—北京:中国人事出版社,1995.2.—271页;20cm

ISBN 7-80076-547-4:¥11.00

K825.4　　036026

宋濂暨"江南第一家"研究/中共浙江浦江县委宣传部,浙江省文学学会编.—杭州:杭州大学出版社,1995.5.—266页;20cm

ISBN 7-81035-784-0:¥10.80

K825.4　　036027

文化怪杰辜鸿铭/黄兴涛著.—北京:中华书局,1995.5.—383页;20cm.—(中华近代文化史丛书)

ISBN 7-101-01306-6(精装):¥25.00

K825.4　　036028

我的老师　第一卷/林受之主编.—广州:广东教育出版社,1995.2.—218页;20cm.—(我的老师丛书)

ISBN 7-5406-2825-1(精装):¥8.60

K825.4　　036029

我与乒乓球:徐寅生自传/徐寅生著.—北京:中国社会科学出版社,1995.4.—341页:照片;19cm

ISBN 7-5004-1686-5:¥9.60

K825.4　　036030

欣慰与悲怆:我的足球生涯/年潍泗著.—北京:北京体育大学出版社,1995.7.—329页;20cm

ISBN 7-81003-976-8:¥14.20

K825.4　　036031

欣慰与悲怆:我的足球生涯/年维泗著.—北京:北京体育大学出版社,1995.5.—76页;26cm

ISBN 7-81003-977-6:¥4.98

K825.4　　036032

徐规教授从事教学科研工作五十周年纪念文集/杨渭生主编;杭州大学出版社,杭州大学历史系宋史研究

室编.—杭州:杭州大学出版社,1995.10.—454 页;20cm

ISBN 7-81035-838-3:¥14.00

K825.4　　036033

延边医学院人物鉴　第一册/郑凤霞主编.—延吉:东北朝鲜民族教育出版社,1995.11.—196 页;20cm

ISBN 7-5437-1958-4(精装):¥24.00

K825.4　　036034

越过"世界之巅"——朱建华/张震洋编著.—上海:上海教育出版社,1995.1.—71 页;19cm.—(世界体坛明星丛书/金永昌主编)

ISBN 7-5320-3151-9:¥2.50

K825.4　　036035

张若名研究资料/杨在道编.—北京:中国妇女出版社,1995.6.—124 页:照片;19cm

ISBN 7-80016-859-X:¥6.00

K825.4　　036036

张西曼纪念文集/张小曼编.—北京:中国文史出版社,1995.6.—431 页:照片;20cm

ISBN 7-5034-0758-1:¥13.80

K825.4　　036037

智民之梦:张元济传/陈建民著.—成都:四川人民出版社,1995.7.—312 页;20cm.—(强国之梦系列丛书/隗瀛涛主编)

ISBN 7-220-02862-8:¥14.20

K825.4　　036038

中国古代教育家/郭齐家编著.—北京:北京科学技术出版社,1995.1.—130 页;19cm.—(中国历史知识全书·重要人物/朱仲玉主编)

ISBN 7-5304-1645-6:¥3.90

K825.4　　036039

中国近代教育家/郭齐家,施克灿编著.—北京:北京科学技术出版社,1995.1.—132 页;19cm.—(中国历史知识全书·重要人物/朱仲玉主编)

ISBN 7-5304-1654-5:¥3.90

K825.4　　036040

中国乒坛第一人——容国团/吴新民编著.—上海:上海教育出版社,1995.1.—79 页;19cm.—(世界体坛明星丛书/金永昌主编)

ISBN 7-5320-3150-0:¥2.70

K825.4　　036041

中国图书发行工作者传:甘肃卷/高明光等主编.—北京:中共中央党校出版社,1995.3.—252 页;20cm

ISBN 7-5035-1033-1:¥9.80

K825.4　　036042

中国图书发行工作者传:外文书店卷/高明光等主编;《中国图书发行工作者传·外文书店卷》编写组编.—北京:中共中央党校出版社,1995.3.—300 页;20cm

ISBN 7-5035-0903-1:¥15.00

K825.4　　036043

邹韬奋/穆欣著.—北京:首都师范大学出版社,1995.10.—443 页:照片;20cm

ISBN 7-81039-561-0:¥26.00

①K825.4②C53　　036044

尤中教授从事学术活动四十周年纪念文集/张鑫昌主编;云南大学档案学系编.—昆明:云南大学出版社,1995.8.—350 页;20cm

ISBN 7-81025-516-9:¥12.00

①K825.4②G224　　036045

DJ 的天空/潘健生主编.—广州:广州出版社,1995.9.—164 页;19cm

ISBN 7-80592-283-7:¥8.80

①K825.4②G649.281　　036046

梅贻琦与清华大学/黄延复主编.—太原:山西教育出版社,1995.10.—351 页;20cm.—(名人与名校丛书·第一辑)

ISBN 7-5440-0770-7:¥14.20

①K825.4②G649.282.1　　036047

张伯苓与南开大学/梁吉生主编.—太原:山西教育出版社,1995.7.—314 页;20cm.—(名人与名校丛书·第一辑)

ISBN 7-5440-0776-6:¥12.50

①K825.4②G728　　036048

英才谱:纪念中央农业广播电视学校建校十五周年/中央农业广播电视学校编.—北京:中国农业出版社,1995.11.—214 页;26cm

ISBN 7-109-04236-7:¥16.50

①K825.4②I253　　036049

河洛星座:文体集/王子厚主编.—郑州:河南人民出版社,1995.11.—164 页;19cm

ISBN 7-215-03587-5:¥6.00

K825.4-61　　036050

中国当代集藏家辞典/黄胜泉主编.—长沙:湖南出版社,1995.1.—536 页;20cm

ISBN 7-5438-0911-7(精装):¥48.00

K825.4'　　036051

传媒中的世纪女性/李琴主编;《传媒中的世纪女性》编委会编.—北京:中共中央党校出版社,1995.9.—370 页:照片;20cm

ISBN 7-5035-1312-8(精装):¥32.00

K825.6　　036052

编辑家茅盾评传/李频著.—开封:河南大学出版社,1995.2.—306 页;20cm.—(编辑学丛书)

ISBN 7-81041-126-8:¥7.00

K825.6　　036053

才子梁实秋/刘炎生著.—南昌:百花洲文艺出版社,1995.3.—341 页;20cm

ISBN 7-80579-587-8:¥11.50

K825.6　　036054

曹雪芹研究/张圣洁主编;河北省曹雪芹研究会编.—石家庄:河北教育出版社,1995.5.—241 页;20cm

ISBN 7-5434-2412-6:¥12.80

K825.6　　036055

曹雪芹与南京/许琦,曹敦沐编著.—南京:南京出版社,1995.3.—122 页;19cm.—(玄武古今丛书;3)

ISBN 7-80614-079-4:¥4.00

K825.6　　036056

超越江湖的诗人:后村研究/向以鲜著.—成都:巴蜀书社,1995.11.—287页;20cm.—(宋代文化研究丛书;1/舒大刚,李文泽主编)

ISBN 7-80523-726-3:¥16.00

K825.6　　036057

陈子昂论考/吴明贤著.—成都:巴蜀书社,1995.7.—260页;20cm

ISBN 7-80523-667-4:¥8.60

K825.6　　036058

戴望舒 穆丽娟/王文彬著.—北京:中国青年出版社,1995.1.—226页;20cm.—(名人情结丛书)

ISBN 7-5006-1897-2:¥7.80

K825.6　　036059

丁玲外传/王一心著.—哈尔滨:黑龙江人民出版社,1995.2.—208页;20cm

ISBN 7-207-02587-4:¥9.80

K825.6　　036060

高君宇 石评梅/柯兴著.—北京:中国青年出版社,1995.1.—251页;20cm.—(名人情结丛书)

ISBN 7-5006-1893-X:¥8.60

K825.6　　036061

古龙传/覃贤茂著.—成都:四川人民出版社,1995.9.—392页;20cm

ISBN 7-220-02992-6:¥14.80

K825.6　　036062

郭沫若 安娜/郑舍农著.—北京:中国青年出版社,1995.1.—243页;20cm.—(名人情结丛书)

ISBN 7-5006-1892-1:¥8.20

K825.6　　036063

郭沫若评传/谢保成著.—南昌:百花洲文艺出版社,1995.11.—196页;20cm.—(国学大师丛书·第二辑)

ISBN 7-80579-553-3(精装):¥13.50

K825.6　　036064

胡适 江冬秀/楚汛著.—北京:中国青年出版社,1995.1.—218页;20cm.—(名人情结丛书)

ISBN 7-5006-1896-4:¥7.60

K825.6　　036065

回忆台静农/陈子善编.—上海:上海教育出版社,1995.8.—359页;20cm

ISBN 7-5320-3644-8:¥13.00

K825.6　　036066

蒋光慈 宋若瑜/吴腾凰,杨连成著.—北京:中国青年出版社,1995.1.—258页;20cm.—(名人情结丛书)

ISBN 7-5006-1891-3:¥8.80

K825.6　　036067

金庸传奇/费勇,钟晓毅编著.—广州:广东人民出版社,1995.1.—249页;19cm

ISBN 7-218-01679-0:¥7.80

K825.6　　036068

林语堂 廖翠凤/施建伟著.—北京:中国青年出版社,1995.1.—236页;20cm.—(名人情结丛书)

ISBN 7-5006-1898-0:¥8.00

K825.6　　036069

刘白羽评传/牛运清著.—重庆:重庆出版社,1995.11.—303页;20cm.—(中国现代作家评传丛书·第二辑)

ISBN 7-5366-3212-6:¥10.50

K825.6　　036070

刘绍棠传/郑恩波著.—北京:社会科学文献出版社,1995.7.—597页:照片;20cm

ISBN 7-80050-660-6:¥25.00

K825.6　　036071

鲁迅论怎样做父亲/王积彬著.—沈阳:辽宁大学出版社,1995.9.—401页;20cm.—(纪念鲁迅逝世60周年书丛)

ISBN 7-5610-3047-9:¥13.80

K825.6　　036072

洛夫评传/龙彼德著.—南京:南京大学出版社,1995.5.—394页;20cm

ISBN 7-305-02705-7:¥15.00

K825.6　　036073

茅盾 孔德止/丁尔纲著.—北京:中国青年出版社,1995.1.—308页;20cm.—(名人情结丛书)

ISBN 7-5006-1895-6:¥10.60

K825.6　　036074

内蒙古当代作家传略/托娅主编.—沈阳:辽宁民族出版社,1995.2.—290页;20cm

ISBN 7-80527-478-9:¥9.86

K825.6　　036075

内蒙古当代作家散论/托娅编著.—沈阳:辽宁民族出版社,1995.8.—201页;20cm

ISBN 7-80527-551-3:¥5.20

K825.6　　036076

欧阳修传/刘德清著.—哈尔滨:哈尔滨出版社,1995.9.—610页;20cm.—(唐宋八大家传系列)

ISBN 7-80557-873-7(精装):¥35.00

K825.6　　036077

欧阳修研究/宋柏年著.—成都:巴蜀书社,1995.5.—216页;20cm

ISBN 7-80523-676-3:¥7.10

K825.6　　036078

蒲松龄故里/张雪,魏久环编.—天津:百花文艺出版社,1995.2.—237页;19cm.—(文化名人故里故居行丛书)

ISBN 7-5306-1938-1:¥6.80

K825.6　　036079

奇才逸女——张爱玲/于青著.—济南:山东画报出版社,1995.12.—151页;20cm.—(名人照相簿丛书)

ISBN 7-80603-052-2:¥11.80

K825.6　　036080

沈从文评传/王保生著.—重庆:重庆出版社,1995.11.—376页;20cm.—(中国现代作家评传丛书·第二辑)

ISBN 7-5366-3120-0:¥18.80

K825.6　　036081

十大才女之谜/李殿元,屈小强主编.—成都:四川人民出版社,1995.12.—2册;20cm

ISBN 7-220-03079-7:¥30.00

K825.6　036082
苏曼殊传论/毛策著.—北京:中国人民大学出版社,1995.4.—169页;20cm.—(国际南社学会·南社丛书/柳无忌主编)
ISBN 7-300-02011-9:¥6.70

K825.6　036083
王礼锡传/顾一群等著.—成都:四川大学出版社,1995.9.—272页:照片;20cm
ISBN 7-5614-1195-2:¥12.00

K825.6　036084
文坛侠圣:金庸传/冷夏著.—广州:广东人民出版社,1995.4.—416页:照片及插图;20cm
ISBN 7-218-01736-3:¥17.90

K825.6　036085
文坛侠圣:金庸传/冷夏著.—2版.—广州:广东人民出版社,1995.11.—416页:照片;20cm
ISBN 7-218-01736-3:¥19.90

K825.6　036086
吴组缃先生纪念集/《吴组缃先生纪念集》编辑小组编.—北京:北京大学出版社,1995.5.—416页:照片;20cm
ISBN 7-301-02793-1:¥17.50

K825.6　036087
徐志摩传/孙琴安著.—西安:陕西人民教育出版社,1995.7.—224页;20cm
ISBN 7-5419-5801-8:¥8.30

K825.6　036088
徐志摩评传/刘炎生著.—广州:暨南大学出版社,1995.12.—307页;20cm
ISBN 7-81029-472-5:¥18.00

K825.6　036089
寻找张爱玲/于青编著.—北京:中国友谊出版公司,1995.12.—348页;20cm
ISBN 7-5057-1276-4:¥13.00

K825.6　036090
叶圣陶传/刘增人著.—南京:江苏文艺出版社,1995.6.—317页:照片;20cm
ISBN 7-5399-0781-9:¥11.00

K825.6　036091
叶圣陶和他的世界/张香还著.—上海:上海教育出版社,1995.12.—331页:照片;20cm
ISBN 7-5320-4175-1:¥14.50

K825.6　036092
忆父亲张恨水先生/张伍著.—北京:北京十月文艺出版社,1995.8.—440页;20cm
ISBN 7-5302-0418-1:¥14.30

K825.6　036093
忆父亲张恨水先生/张伍著.—北京:北京十月文艺出版社,1995.8.—440页:照片;20cm
ISBN 7-5302-0419-X(精装):¥18.80

K825.6　036094
中国古代文学家/张福裕等编著.—北京:北京科学技术出版社,1995.1.—148页;19cm.—(中国历史知识全书·重要人物/朱仲玉主编)
ISBN 7-5304-1643-X:¥3.90

K825.6　036095
中国近代文学家/张福裕等编著.—北京:北京科学技术出版社,1995.1.—117页;19cm.—(中国历史知识全书·重要人物/朱仲玉主编)
ISBN 7-5304-1652-9:¥3.90

K825.6　036096
中华文学人才名录/北溟主编.—北京:中国文联出版公司,1995.2.—197,16页;26cm
ISBN 7-5059-2207-6:¥48.00

K825.6　036097
朱自清 陈竹隐/姜建著.—北京:中国青年出版社,1995.1.—220页;20cm.—(名人情结丛书)
ISBN 7-5006-1894-8:¥7.50

K825.6　036098
朱自清评传/关坤英著.—北京:北京燕山出版社,1995.10.—324页;20cm
ISBN 7-5402-0560-1:¥12.90

K825.6　036099
最后的贵族——张爱玲/胡辛著.—南昌:21世纪出版社,1995.9.—382页:照片;20cm
ISBN 7-5391-0830-4:¥18.00

①K825.6②I206.2　036100
孟浩然年谱/刘文刚著.—北京:人民文学出版社,1995.10.—160页;19cm
ISBN 7-02-002134-4:¥7.65

①K825.6②I206.6　036101
我的叔父废名/冯健男著.—南宁:接力出版社,1995.3.—213页;19cm.—(名人子女写名人丛书)
ISBN 7-80581-890-8:¥7.00

①K825.6②I207.3　036102
吴梅评传/王卫民著.—北京:社会科学文献出版社,1995.4.—273页:照片;20cm.—(国际南社学会·南社丛书/柳无忌主编)
ISBN 7-80050-608-8:¥14.00

①K825.6②I214.42　036103
苏轼在密州/李增坡主编.—济南:齐鲁书社,1995.9.—892页;20cm
ISBN 7-5333-0481-0(精装):¥42.00

①K825.6②I266　036104
寄在信封里的灵魂:朱生豪书信集/宋清如编.—北京:东方出版社,1995.8.—448页;19cm.—(东方大师丛书)
ISBN 7-5060-0585-9:¥19.80

①K825.6②I267　036105
名人日记　1994:人生非梦总难醒/刘心武著.—上海:上海人民出版社,1995.1.—294页;20cm
ISBN 7-208-01941-X:¥10.40

①K825.6②I267　036106
名人日记　1994:喧嚣与宁静/赵丽宏著.—上海:上海人民出版社,1995.1.—270页;20cm
ISBN 7-208-01939-8:¥9.80

K825.6-61　036107
山东作家辞典/山东省作家协会创联部编.—济南:

山东文艺出版社,1995.4.—664页;20cm
ISBN 7-5329-1254-X:¥25.00

K825.6-61　036108
中华诗词学会人名辞典/欧阳希君,高勇主编;中华诗词学会、中国国际名人研究院编撰.—北京:中国国际广播出版社,1995.12.—547页;26cm
ISBN 7-5078-1303-7(精装):¥140.00

K825.6-64　036109
中日友好的先驱:鲁迅与内山完造图集:汉日文对照/上海鲁迅纪念馆,上海国际友人研究会编.—上海:上海人民美术出版社,1995.10.—119页;29cm
ISBN 7-5322-1528-8(精装):¥180.00

K825.7　036110
安徽当代美术家人名作品图录/《安徽当代美术家人名作品图录》编委会编.—合肥:安徽美术出版社,1995.8.—1094页;20cm
ISBN 7-5398-0347-9(精装):¥88.00

K825.7　036111
才旦卓玛/胡向泽,成平著.—拉萨:西藏人民出版社,1995.7.—242页:照片;20cm
ISBN 7-223-00799-0:¥7.80

K825.7　036112
蔡国庆写真集.—北京:中国电影出版社,1995.3.—1册;29cm
ISBN 7-106-01045-6:¥16.80

K825.7　036113
蔡志忠漫话:蔡志忠半生传奇/蔡志忠口述;杨豫馨笔录.—北京:三联书店,1995.1.—319页;20cm
ISBN 7-108-00751-7:¥9.80

K825.7　036114
大地星河:曹可凡名家访谈录/曹可凡著.—上海:上海文艺出版社,1995.12.—216页:彩照;20cm
ISBN 7-5321-1440-6(精装):¥17.00

K825.7　036115
港台影视歌巨星　(二)/张燕编.—北京:国际文化出版公司,1995.3.—63页:彩图;26cm
ISBN 7-80049-693-7:¥6.80

K825.7　036116
港台影视歌巨星　(一)/张燕编.—北京:国际文化出版公司,1995.3.—63页:彩图;26cm
ISBN 7-80049-685-6:¥6.80

K825.7　036117
歌星·笑星·影星/徐光荣,耿大全编著.—沈阳:辽宁画报出版社,1995.10.—88页:照片;26cm
ISBN 7-80601-062-9:¥11.80

K825.7　036118
功夫影帝:李小龙传/祝春亭著.—广州:广东人民出版社,1995.5.—428页;20cm
ISBN 7-218-01773-8:¥16.90

K825.7　036119
关肃霜传/王经,徐巧玲著.—昆明:云南人民出版社,1995.1.—334页;20cm.—(云南文化名人传记丛书)
ISBN 7-222-00283-9:¥9.10

K825.7　036120
国画大师张大千/李永翘著.—北京:中国青年出版社,1995.12.—623页:照片;20cm
ISBN 7-5006-1763-1:¥29.80

K825.7　036121
洪丕谟生平/于建华编著.—北京:中国文联出版公司,1995.7.—223页:彩照;20cm
ISBN 7-5059-2217-3:¥19.80

K825.7　036122
画家宗其香传/张玲著.—济南:山东美术出版社,1995.2.—252页:彩图;20cm
ISBN 7-5330-0822-7:¥24.00

K825.7　036123
话剧在北方奠基人之一——张彭春/黄殿祺编.—北京:中国戏剧出版社,1995.4.—394页;20cm
ISBN 7-104-00682-6:¥18.80

K825.7　036124
回望人生路:亚明艺术之旅/石楠著.—海口:海南国际新闻出版中心,1995.12.—276页;20cm
ISBN 7-80609-148-3:¥19.80

K825.7　036125
火星,依然闪烁:曹火星传/穆秀玲著.—天津:百花文艺出版社,1995.7.—207页;19cm
ISBN 7-5306-2057-6:¥7.50

K825.7　036126
康务学书艺生涯/包永庄,许兴卯著.—兰州:甘肃人民出版社,1995.3.—142页;19cm
ISBN 7-226-01352-5:¥10.00

K825.7　036127
林散之传/原郁著.—北京:中国文联出版公司,1995.4.—235页;19cm.—(当代书法家传记文学丛书/刘元工,刘正成主编)
ISBN 7-5059-2121-5:¥9.20

K825.7　036128
刘海粟传/石楠著.—上海:上海文艺出版社,1995.12.—537页;20cm
ISBN 7-5321-1384-1:¥20.00

K825.7　036129
马季传:笑洒人间/汪景寿,曾惠杰著.—北京:北京大学出版社,1995.12.—351页:彩照;20cm
ISBN 7-301-02898-9:¥15.00

K825.7　036130
梅阡/柯文辉编.—北京:北京十月文艺出版社,1995.5.—258页;19cm.—(北京人民艺术剧院艺术家丛书)
ISBN 7-5302-0386-X:¥7.20

K825.7　036131
庞薰琹传/袁韵宜著.—北京:北京工艺美术出版社,1995.6.—294页:照片;20cm
ISBN 7-80526-169-5:¥26.00

K825.7　036132
钱南园传/朱桂昌著.—昆明:云南人民出版社,1995.7.—281页:图;20cm.—(云南文化名人传记丛书)

ISBN 7-222-01793-3:￥13.20

K825.7　036133

清代戏曲家丛考/陆萼庭著.—上海:学林出版社,1995.11.—377页;20cm

ISBN 7-80616-102-3:￥16.00

K825.7　036134

石凌鹤传/童翊汉,童伟华著.—南昌:百花洲文艺出版社,1995.6.—366页;20cm

ISBN 7-80579-607-6:￥13.00

K825.7　036135

天下第一团:戏剧家吴石坚生平纪实/顾聆森编著.—南京:江苏人民出版社,1995.5.—363页;20cm

ISBN 7-214-01513-7:￥14.00

K825.7　036136

童芷苓/朱继彭著.—上海:华东师范大学出版社,1995.3.—547页;20cm

ISBN 7-5617-1253-7:￥15.80

K825.7　036137

拓墨狷叟——韩瀚庵先生/吕言夫著.—郑州:河南美术出版社,1995.12.—133页;20cm

ISBN 7-5401-0505-4:￥15.00

K825.7　036138

我的姐姐刘晓庆/刘晓红著.—北京:同心出版社,1995.9.—100页:彩照;19cm

ISBN 7-80593-152-6:￥6.00

K825.7　036139

谢稚柳传/原郁著.—北京:中国文联出版公司,1995.4.—251页;19cm.—(当代书法家传记文学丛书/刘元工,刘正成主编)

ISBN 7-5059-2122-3:￥9.60

K825.7　036140

徐悲鸿评传/王泽庆编著.—北京:人民美术出版社,1995.1.—160页:图;20cm

ISBN 7-102-01223-3:￥4.40

K825.7　036141

阳光下的漂泊——我的艺术与婚恋/沈丹萍著.—北京:中国画报出版社,1995.11.—220页:照片;22cm.—(中国之星专题丛书)

ISBN 7-80024-052-5:￥29.60

K825.7　036142

一代歌后:邓丽君/田映霞编著.—济南:山东友谊出版社,1995.6.—152页:彩照;19cm

ISBN 7-80551-713-4:￥8.00

K825.7　036143

艺苑一叶/卞卡,素荣著.—福州:海峡文艺出版社,1995.9.—135页:照片;20cm

ISBN 7-80534-810-3:￥6.20

K825.7　036144

影视巨富:邵逸夫传/俞大庆著.—广州:广州出版社,1995.11.—380页;20cm

ISBN 7-80592-324-8:￥17.90

K825.7　036145

影视明星荟萃/郭永生著.—武汉:湖北教育出版社,1995.3.—375页;19cm.—(爱国主义影视教育丛书)

ISBN 7-5351-1528-4:￥10.30

K825.7　036146

张权纪念文集/莫纪纲等编.—上海:上海音乐出版社,1995.6.—383页:照片;20cm

ISBN 7-80553-574-4(精装):￥23.80

K825.7　036147

赵孟頫研究论文集/上海书画出版社编.—上海:上海书画出版社,1995.3.—855页;20cm

ISBN 7-80512-872-3(精装):￥40.00

K825.7　036148

中国当代美术家列传/叶文玲著.—西安:陕西人民美术出版社,1995.10.—334页;20cm

ISBN 7-5368-0721-X:￥15.50

K825.7　036149

中国当代艺术界名人录　(三)/异天,戈德主编;中国国际名人研究院辞书编辑部编.—北京:中国人事出版社,1995.9.—892页;26cm

ISBN 7-80076-779-5(精装):￥130.00

K825.7　036150

中国当代艺术界名人录　(四)/异天,戈德主编;中国国际名人研究院辞书编辑部编.—北京:中国人事出版社,1995.10.—1370页;26cm

ISBN 7-80076-794-9(精装):￥170.00

K825.7　036151

中国工艺美术大师名录:第三届/中国轻工总会编.—北京:中国轻工业出版社,1995.11.—64页;23×23cm

ISBN 7-5019-1857-0:￥15.00

K825.7　036152

中国书画家名号/马延岳,徐正编著.—济南:山东美术出版社,1995.1.—255页;19cm

ISBN 7-5330-0819-7:￥9.00

K825.7　036153

中国星:艺坛名流风采录/陈大鹏著.—北京:东方出版社,1995.12.—294页:彩照;20cm

ISBN 7-5060-0550-6:￥17.80

K825.7　036154

周璇自述/赵士荟著.—上海:三联书店上海分店,1995.1.—251页;19cm

ISBN 7-5426-0839-8:￥9.20

K825.7　036155

朱琳/朱以中编著.—北京:北京十月文艺出版社,1995.5.—277页;19cm.—(北京人民艺术剧院艺术家丛书)

ISBN 7-5302-0361-4:￥7.50

K825.7　036156

缪斯的女儿邓在军/江舟主编.—北京:国防大学出版社,1995.8.—499页:照片;20cm

ISBN 7-5626-0652-8:￥18.00

①K825.7②J204　036157

李可染/李松著.—天津:天津杨柳青画社,1995.11.—247页;29cm.—(二十世纪中国画家研究丛书/郎绍君主编)

ISBN 7-80503-303-X(精装):￥390.00

①K825.7②J809.2　036158
古今中外论长庚:程长庚与京剧形成研究资料集/《程长庚研究文丛》编辑委员会编.—北京:中国戏剧出版社,1995.10.—596页:照片;20cm.—(程长庚研究文丛;2/金芝主编)
ISBN 7-104-00708-3:¥22.00

K825.7-53　036159
崔嵬与电影/郦苏元编著.—北京:奥林匹克出版社,1995.7.—312页:照片;20cm
ISBN 7-80067-247-6:¥20.00

K825.7-61　036160
宜昌文艺家辞典/刘不朽,彭万廷主编;《宜昌文艺家辞典》编委会编.—北京:中国档案出版社,1995.10.—254页;20cm
ISBN 7-80019-588-0(精装):¥35.00

K825.7-61　036161
中国老年书画家大辞典　第一卷/魏培建主编.—郑州:河南美术出版社,1995.12.—565页;26cm
ISBN 7-5401-0506-2(精装):¥116.00

K825.7-61　036162
中国书画家大辞典/巩德春,周文林主编;中国书画家大辞典编纂委员会编.—昆明:云南美术出版社,1995.8.—784页;26cm
ISBN 7-80586-181-1(精装):¥195.00

K825.7-61　036163
中华万岁书画金石家大辞典/彭云程主编.—北京:国际文化出版公司,1995.3.—940页;26cm
ISBN 7-80105-078-9(精装):¥220.00

K825.7-64　036164
当代中国百星/李超,黄耀民主编;《电影世界》画报社编.—长春:吉林摄影出版社,1995.6.—104页:彩照;29cm
ISBN 7-80606-018-9:¥38.00

K825.7-64　036165
中华影星:1905~1995/李文斌,刘林春主编;广电部电影局等编.—北京:新华出版社,1995.9.—267页:剧照;37cm
珍藏版
ISBN 7-5011-2976-2(精装):¥388.00

K825.8　036166
当代中国志坛群星集/邵长兴主编.—郑州:中州古籍出版社,1995.12.—492页;20cm.—(地方志人物丛书;1)
ISBN 7-5348-1368-9:¥19.50

K825.8　036167
顾颉刚评传/顾潮,顾洪著.—南昌:百花洲文艺出版社,1995.11.—180页;20cm.—(国学大师丛书·第二辑)
ISBN 7-80579-547-9(精装):¥13.00

K825.8　036168
甲骨文之父:王懿荣/吕伟达主编.—济南:山东画报出版社,1995.12.—188页;20cm
ISBN 7-80603-048-4:¥15.80

K825.8　036169
钱穆与七房桥世界/(美)邓尔麟(Dennerline,J.)著;蓝桦译.—北京:社会科学文献出版社,1995.12.—147页;20cm
ISBN 7-80050-683-5:¥9.60

K825.8　036170
司马光评传:忠心为资治　鸿篇传千古/宋衍申著.—南宁:广西教育出版社,1995.3.—229页;20cm.—(中华历史文化名人评传·史学家系列/李侃主编)
ISBN 7-5435-2209-8:¥7.70

K825.8　036171
中国古代史学家/朱仲玉编著.—北京:北京科学技术出版社,1995.1.—129页;19cm.—(中国历史知识全书·重要人物/朱仲玉主编)
ISBN 7-5304-1644-8:¥3.90

K825.8　036172
中国近代史学家/胡逢祥,李远涛编著.—北京:北京科学技术出版社,1995.1.—125页;19cm.—(中国历史知识全书·重要人物/朱仲玉主编)
ISBN 7-5304-1653-7:¥3.90

K825.8　036173
卓越使者/张海鹏主编.—北京:龙门书局,1995.2.—231页;20cm.—(中华骄子/张国祚主编)
ISBN 7-80111-013-7:¥5.80

①K825.8②K204.2　036174
司马迁行年新考/施丁著.—西安:陕西人民教育出版社,1995.8.—228页;20cm.—(司马迁与华夏文化丛书/袁仲一等主编)
ISBN 7-5419-6229-5:¥9.20

K826.1　036175
当代烹饪名师/刘文朴,宛树邦主编.—沈阳:辽宁人民出版社,1995.5.—136页;19cm.—(中国烹饪文化丛书/高国枢主编)
ISBN 7-205-03108-7:¥3.70

K826.1　036176
湖北科技精英　第6集/卢先诚主编;湖北省科学技术协会编.—武汉:湖北科学技术出版社,1995.3.—345页;20cm
ISBN 7-5352-1618-8(精装):¥10.00

K826.1　036177
机械工业的脊梁:95全国机械工业系统劳动模范事迹专辑/机械工业部办公厅编.—北京:机械工业出版社,1995.5.—694页;20cm
ISBN 7-111-04747-8:¥32.00

K826.1　036178
科技兴神州/白光耀编著.—北京:西苑出版社,1995.8.—110页;19cm.(百种爱国主义教育图书)
ISBN 7-80108-057-2:¥3.20

K826.1　036179
脑的奥秘的探索者:杨雄里传/葛昆元著.—南宁:广西科学技术出版社,1995.2.—175页;20cm.—(当代中华科学英才丛书)
ISBN 7-80619-175-5:¥5.45

K826.1　036180

奇工巨匠/张瑞山主编.—北京:龙门书局,1995.3.—186页;20cm.—(中华骄子/张国祚主编)

ISBN 7-80111-024-2:¥5.80

K826.1 036181

钱学森:中国航天之父/胡士弘著.—郑州:河南人民出版社,1995.11.—238页;20cm.—(中国当代大科学家传记丛书)

ISBN 7-215-03370-8(精装):¥15.00

K826.1 036182

数学大师/王渝生主编.—北京:龙门书局,1995.4.—214页;20cm.—(中华骄子/张国祚主编)

ISBN 7-80111-018-8:¥5.80

K826.1 036183

天文泰斗/王渝生主编.—北京:龙门书局,1995.5.—169页;20cm.—(中华骄子/张国祚主编)

ISBN 7-80111-019-6:¥5.80

K826.1 036184

汪德昭院士传略/陈恂清著.—北京:海洋出版社,1995.12.—127页;19cm

ISBN 7-5027-3814-2:¥7.00

K826.1 036185

为了我们的明天/王素馨,孟祥林主编.—太原:希望出版社,1995.3.—417页;20cm.—(新增选中国科学院院士纪实丛书;1)

ISBN 7-5379-1474-5(精装):¥15.00

K826.1 036186

一代师表叶企孙/钱伟长主编.—上海:上海科学技术出版社,1995.4.—440页;照片;20cm

ISBN 7-5323-3872-X:¥10.00

K826.1 036187

院士风采:中国优秀科学家肖像手迹集:汉英文对照/侯艺兵摄影;何仁甫,陈丹等撰文.—杭州:浙江科学技术出版社,1995.6.—336页;27×28cm

ISBN 7-5341-0699-0(精装):¥240.00

K826.1 036188

詹天佑生平志:詹天佑与中国铁路及工程建设/詹同济等编写.—广州:广东人民出版社,1995.12.—330页:照片;20cm

ISBN 7-218-02091-7:¥24.00

K826.1 036189

中国古代科学家/刘贵芹,宋向阳编著.—北京:北京科学技术出版社,1995.1.—130页;19cm.—(中国历史知识全书·重要人物/朱仲玉主编)

ISBN 7-5304-1646-4:¥3.90

K826.1 036190

中国古代能工巧匠/曹坎荣,徐洋编著.—北京:北京科学技术出版社,1995.1.—113页;19cm.—(中国历史知识全书·重要人物/朱仲玉主编)

ISBN 7-5304-1647-2:¥3.90

K826.1 036191

中国航天:英才的摇篮/白拜尔主编;中国航天工业总公司,人事劳动教育部编.—北京:宇航出版社,1995.10.—286页;19cm

ISBN 7-80034-858-X:¥10.00

K826.1 036192

中国航天之父——钱学森/胡士弘著.—郑州:河南人民出版社,1995.11.—238页;20cm.—(中国当代大科学家传记丛书)

ISBN 7-215-03370-8(精装):¥15.00

K826.1 036193

中国近代科学家/范瑞祥,刘筱霞编著.—北京:北京科学技术出版社,1995.1.—108页;19cm.—(中国历史知识全书·重要人物/朱仲玉主编)

ISBN 7-5304-1655-3:¥3.90

K826.1 036194

中国科学技术专家传略:工程技术编:交通卷/中国科学技术协会编.—北京:中国铁道出版社,1995.8.—633页;20cm

ISBN 7-113-01505-0(精装):¥33.50

K826.1 036195

中国科学技术专家传略:工程技术编:冶金卷 (1)/中国科学技术协会编.—北京:中国科学技术出版社,1995.11.—664页;20cm

ISBN 7-5046-1335-5(精装):¥62.00

K826.1 036196

中国科学技术专家传略:农学编:园艺卷 (1)/朱德蔚主编;中国科学技术协会编.—北京:中国科学技术出版社,1995.9.—320页;20cm

ISBN 7-5046-1811-X(精装):¥30.00

K826.1 036197

中国科学名星/叶永烈著.—上海:文汇出版社,1995.3.—278页;19cm.—(叶永烈专列)

ISBN 7-80531-338-5:¥10.20

K826.1 036198

中国矿业家风采/蒋承菘等主编.—北京:新华出版社,1995.3.—782页;20cm

ISBN 7-5011-2815-4(精装):¥58.00

K826.1 036199

中国女院士/中华全国妇女联合会组织联络部组织编写.—沈阳:辽宁人民出版社,1995.7.—408页;20cm.—(当代中国杰出妇女丛书/黄启璪主编)

ISBN 7-205-03406-X(精装):¥51.00

K826.1 036200

中国人的光荣:中国科学家事迹选/李宝恒等著.—北京:中共中央党校出版社,1995.5.—103页;19cm

ISBN 7-5035-1118-4:¥4.00

K826.1 036201

中国现代数学家传　第二卷/程民德主编.—南京:江苏教育出版社,1995.12.—521页:图;20cm

ISBN 7-5343-2521-8(精装):¥26.15

①K826.1②D442.62 036202

祖国为她们骄傲/滕元勋主编;核工业神剑文学艺术学会编.—北京:原子能出版社,1995.8.—236页;20cm

ISBN 7-5022-1381-3:¥5.90

①K826.1②I211 036203

大禹颂/沈建中编.—杭州:浙江人民出版社,1995.4.—235页;20cm

ISBN 7-213-01263-0:¥12.00

①K826.1②I253　036204
攀登者的足迹/宋泽厚等主编.—沈阳:辽宁人民出版社,1995.5.—587页;20cm
ISBN 7-205-03322-5:¥13.20

K826.1-53　036205
清气长留:纪念石油地质学家陈贲诞辰八十周年文集/陈忠勇主编.—北京:中国三峡出版社,1995.8.—281页;20cm
ISBN 7-80099-119-9:¥13.50

①K826.1-53②Q94-53　036206
张景钺文集/《张景钺文集》编辑委员会编.—北京:北京大学出版社,1995.4.—319页:照片;26cm
ISBN 7-301-01323-X(精装):¥60.00

K826.1-61　036207
当代中国科学家与发明家大辞典　第二卷/龙城顺,马兴利主编.—北京:当代中国出版社,1995.12.—1253,24页;26cm
ISBN 7-80092-454-8(精装):¥130.00

K826.2　036208
法医青天:林几法医生涯录/黄瑞亭著.—北京:世界图书出版公司北京公司,1995.10.—189页;19cm
ISBN 7-5062-2615-4:¥6.90

K826.2　036209
甘心赴国忧:著名医药专家铁汉传略/程依武著.—北京:中华工商联合出版社,1995.7.—303页;20cm
ISBN 7-80100-145-1:¥15.00

K826.2　036210
黑龙江名中医/张政,卢芳主编.—哈尔滨:哈尔滨出版社,1995.5.—189页;19cm
ISBN 7-80557-817-6:¥10.30

K826.2　036211
华佗再生:陈中伟传/倪平著.—南宁:广西科学技术出版社,1995.2.—104页;20cm.—(当代中华科学英才丛书·第二辑/陈益升主编)
ISBN 7-80619-173-9:¥3.70

K826.2　036212
吉林省名老中医传略/张天华主编.—长春:长春出版社,1995.8.—488页;20cm
ISBN 7-80604-356-X:¥16.00

K826.2　036213
漫漫医学遗传路:吴旻和他的同事们/褚嘉祐,王秀琴主编.—昆明:云南大学出版社,1995.11.—322页;20cm
ISBN 7-81025-604-1:¥20.00

K826.2　036214
戎医生涯/王增寿著.—北京:军事科学出版社,1995.12.—608,42页:照片;20cm
ISBN 7-80021-900-3:¥22.00

K826.2　036215
神医李莪华/李树高,袁敏著.—北京:国际文化出版公司,1995.10.—249页;20cm
ISBN 7-80105-302-8:¥9.90

K826.2　036216
万婴之母:记治疗不孕症专家林心铿/张凤雏著.—北京:中国妇女出版社,1995.11.—235页;19cm
ISBN 7-80016-886-7:¥18.00

K826.2　036217
杏林精萃:特色中医专家100人/陈渌等编著.—北京:当代中国出版社,1995.5.—402页;20cm
ISBN 7-80092-363-0:¥21.00

K826.2　036218
医圣药王/廖育群,杨志超主编.—北京:龙门书局,1995.4.—163页;20cm.—(中华骄子/张国祚主编)
ISBN 7-80111-030-7:¥5.80

K826.2　036219
忆宫乃泉文集/胡田成编.—上海:上海人民出版社,1995.5.—325页:照片;20cm
ISBN 7-208-01935-5:¥18.00

K826.2　036220
中国当代医学家学术宝库　第一卷/丁国武,余占海主编.—兰州:甘肃科学技术出版社,1995.12.—270页;20cm
ISBN 7-5424-0581-0:¥9.00

K826.2　036221
中国一百名医图/罗德怀编文;陈文杰绘.—广州:新世纪出版社,1995.10.—211页;26cm
ISBN 7-5405-1181-8:¥18.00

①K826.2②R616.2-53　036222
造手大师/何黄彪,林发雄主编.—北京:科学出版社,1995.6.—285页;26cm
ISBN 7-03-004822-9(精装):¥48.00

K826.3　036223
从牧童到博士:农业科学家杨显东传/吴德才著.—北京:中国青年出版社,1995.12.—470页:照片;20cm
ISBN 7-5006-1758-5:¥20.60

K826.3　036224
农垦生涯四十年/杨清海著.—哈尔滨:黑龙江人民出版社,1995.12.—319页:照片;19cm
ISBN 7-207-03397-4:¥15.00

K826.3　036225
农神水伯/张瑞山主编.—北京:龙门书局,1995.4.—189页;20cm.—(中华骄子/张国祚主编)
ISBN 7-80111-026-9:¥5.80

K826.3　036226
全国造林英雄——张侯拉/张荣恒著.—北京:中国林业出版社,1995.12.—240页;19cm
ISBN 7-5038-1543-4:¥12.00

K826.3　036227
畜牧兽医古今人物志　第一卷/于船主编.—北京:北京农业大学出版社,1995.8.—207页;20cm
ISBN 7-81002-725-5:¥26.00

①K826.3②S6-53　036228
纪念吴耕民教授诞生100周年论文集/张上隆主编.—北京:中国农业科技出版社,1995.4.—332页:照片;26cm
ISBN 7-80026-897-7:¥30.00

K826.3-61　036229
中国当代农业科技专家名录　第一辑/中国农学会

编.—北京:中国农业出版社,1995.10.—506页;26cm
ISBN 7-109-04163-8(精装):¥80.00

K826.3-61 036230
中国农林牧专家辞典/刘肃恭,吕耀忠主编.—哈尔滨:黑龙江人民出版社,1995.2.—684页;20cm
ISBN 7-207-03074-6(精装):¥56.00

K827 036231
乱世英雄/袁明,林心著.—石家庄:河北人民出版社,1995.8.—570页;20cm
ISBN 7-202-01506-4:¥16.00

K827-61 036232
中国政治家辞典/高放主编.—石家庄:河北教育出版社,1995.3.—676页;20cm
ISBN 7-5434-2055-4(精装):¥28.00

K827.1 036233
大禹研究/陈瑞苗,周幼涛主编;绍兴市社会科学院编.—杭州:浙江人民出版社,1995.3.—173页;20cm
ISBN 7-213-01261-4:¥7.00

K827.2 036234
夏后 商后 周后合传/雷庆等编著.—长春:吉林人民出版社,1995.9.—341页;20cm.—(中国名后/赵毅主编)
ISBN 7-206-02284-7:¥16.50

K827.25 036235
叶公沈诸梁考论/杨晓宇等著.—郑州:中州古籍出版社,1995.1.—160页;20cm.—(中州历史文化大观)
ISBN 7-5348-0719-0:¥8.90

K827.3 036236
贾皇后 胡太后合传/黄云鹤编著.—长春:吉林人民出版社,1995.9.—363页;20cm.—(中国名后/赵毅主编)
ISBN 7-206-02284-7:¥16.50

K827.3 036237
临朝太后大传/柳春藩主编.—哈尔滨:黑龙江人民出版社,1995.12.—3册(2634页);20cm
ISBN 7-207-03111-4(精装):¥148.00

K827.31 036238
吕不韦传/林剑鸣著.—北京:人民出版社,1995.5.—271页;20cm
ISBN 7-01-001982-7:¥10.00

K827.33 036239
人与神:20世纪人们眼中的秦始皇/徐了然著.—北京:中国国际广播出版社,1995.8.—335页;20cm
ISBN 7-5078-1065-8:¥14.00

K827.34 036240
刘邦新传/罗庆康著.—开封:河南大学出版社,1995.1.—255页;19cm
ISBN 7-81041-106-3:¥6.00

K827.34 036241
吕皇后传/王彦辉编著.—长春:吉林人民出版社,1995.9.—300页;20cm.—(中国名后/赵毅主编)
ISBN 7-206-02284-7:¥16.50

K827.34 036242
赵皇后传/王桂林,宫长为编著.—长春:吉林人民出版社,1995.9.—348页;20cm.—(中国名后/赵毅主编)
ISBN 7-206-02284-7:¥16.50

K827.36 036243
曹操评传:乱世英雄的足迹/余桂元著.—南宁:广西教育出版社,1995.8.—154页:照片;20cm.—(中华历史文化名人评传·兵家系列/戴逸,毛佩琦主编)
ISBN 7-5435-2192-X:¥6.30

K827.36 036244
金秋阳都论诸葛:全国第八次诸葛亮学术研讨会论文选/王汝涛等主编.—北京:军事科学出版社,1995.8.—373页:照片;20cm
ISBN 7-80021-853-8:¥13.00

K827.36 036245
千古名相——诸葛亮/谭吉人著.—贵阳:贵州人民出版社,1995.1.—248页;20cm.—(帝王名相系列)
ISBN 7-221-03699-3:¥7.60

K827.37 036246
簪缨世家:两晋南朝琅邪王氏传奇/萧华荣著.—北京:三联书店,1995.9.—269页;20cm.—(中华文库/许力以,林言椒主编)
ISBN 7-108-00792-4:¥13.20

K827.39 036247
冯太后传/景有泉编著.—长春:吉林人民出版社,1995.9.—308页;20cm.—(中国名后/赵毅主编)
ISBN 7-206-02284-7:¥16.50

K827.41 036248
隋炀帝大传/郭志坤著.—苏州:苏州大学出版社,1995.5.—523页;20cm
ISBN 7-81037-140-1:¥19.50

K827.41 036249
隋炀帝新传/胡戟著.—上海:上海人民出版社,1995.6.—243页;19cm
ISBN 7-208-01938-X:¥8.00

K827.42 036250
唐德宗 唐顺宗/谢元鲁著.—长春:吉林文史出版社,1995.3.—259页;20cm.—(唐帝列传)
ISBN 7-80528-928-X:¥11.00

K827.42 036251
唐高宗/任爽著.—长春:吉林文史出版社,1995.3.—250页;20cm.—(唐帝列传)
ISBN 7-80528-930-1:¥10.50

K827.42 036252
唐昭宗 唐哀帝/姜维公著.—长春:吉林文史出版社,1995.1.—236页;20cm.—(唐帝列传)
ISBN 7-80528-929-8:¥9.50

K827.42 036253
韦皇后传/王立君等编著.—长春:吉林人民出版社,1995.9.—285页;20cm.—(中国名后/赵毅主编)
ISBN 7-206-02284-7:¥16.50

K827.42 036254
武皇后传/何贵编著.—长春:吉林人民出版社,1995.9.—333页;20cm.—(中国名后/赵毅主编)
ISBN 7-206-02284-7:¥16.50

K827.42 036255

武则天传/罗元贞著 .—太原:山西古籍出版社,1995.10.—260页;19cm
ISBN 7-80598-095-0:¥9.50

K827.42　036256
则天女皇/吴枫,常万生著.—长春:吉林文史出版社,1995.3.—321页:图;20cm.—(唐帝列传)
ISBN 7-80528-927-1:¥12.50

K827.43　036257
李煜传/田居俭著.—北京:当代中国出版社,1995.12.—322页;20cm
ISBN 7-80092-386-X:¥18.80

K827.44　036258
寇准年谱/王晓波著.—成都:巴蜀书社,1995.11.—216页;20cm.—(宋代文化研究丛书;1/舒大刚,李文泽主编)
ISBN 7-80523-730-1:¥12.00

K827.46　036259
萧太后传/王德忠编著.—长春:吉林人民出版社,1995.9.—309页;20cm.—(中国名后/赵毅主编)
ISBN 7-206-02284-7:¥16.50

K827.48　036260
李东阳年谱/钱振民著.—上海:复旦大学出版社,1995.12.—308页;20cm.—(新编明人年谱丛刊/章培恒主编)
ISBN 7-309-01242-9:¥25.00

K827.48　036261
夏原吉传/夏荣阶著.—长沙:岳麓书社,1995.8.—366,123页;20cm
ISBN 7-80520-498-5:¥19.80

K827.48　036262
严嵩年谱/曹国庆著.—北京:中国人事出版社,1995.1.—454页;20cm
ISBN 7-80076-635-7:¥15.00

K827.48　036263
张居正评传:起衰振隳的改革家/隋淑芬著.—南宁:广西教育出版社,1995.2.—180页:图;20cm.—(中华历史文化名人评传·改革家系列/孙长江主编)
ISBN 7-5435-2193-8:¥6.75

K827.48　036264
朱元璋研究/毛新宇著.—广州:广东教育出版社,1995.12.—270页;20cm
ISBN 7-5406-3415-4(精装):¥25.00

K827.49　036265
慈禧皇太后传 /李立新,吴丹编著.—长春:吉林人民出版社,1995.9.—433页;20cm.—(中国名后/赵毅主编)
ISBN 7-206-02284-7:¥16.50

K827.49　036266
胡林翼传/康德主编.—北京:国际文化出版公司,1995.11.—548页:图;20cm
ISBN 7-80105-295-1:¥22.80

K827.49　036267
康熙的晚年生活/孟昭信著.—北京:中国人民大学出版社,1995.9.—156页;19cm.—(清史知识丛书/罗明主编)
ISBN 7-300-02055-0:¥8.10

K827.49　036268
陶澍评传/陶用舒著 .—长沙:湖南师范大学出版社,1995.8.—324页;20cm.—(湘文化研究丛书)
ISBN 7-81031-424-6:¥12.00

K827.49　036269
孝庄文皇后传/刘晓东编著.—长春:吉林人民出版社,1995.9.—296页;20cm.—(中国名后/赵毅主编)
ISBN 7-206-02284-7:¥16.50

K827.49-53　036270
魏源与近代中国改革开放:纪念魏源200周年诞辰国际学术研讨会论文集/刘泱泱等编 .—长沙:湖南师范大学出版社,1995.5.—568页;20cm
ISBN 7-81031-415-7:¥12.80

K827.5　036271
曲折前半生:傅柏翠传/姚鼎生著.—北京:中共党史出版社,1995.1.—285页;20cm
ISBN 7-80023-820-2:¥8.80

K827.5　036272
永远值得怀念的人们/沈德海主编.—贵阳:贵州教育出版社,1995.5.—317页;19cm
ISBN 7-80583-723-6:¥7.50

K827.5-53　036273
马骏纪念文集/李龙吟主编;中共北京市朝阳区委宣传部编.—北京:北京广播学院出版社,1995.8.—209页:照片;20cm
ISBN 7-81004-580-6(精装):¥20.00

K827.52　036274
崔伟传/马国强著.—兰州:甘肃文化出版社,1995.6.—168页;19cm
ISBN 7-80608-096-1:¥8.50

K827.52　036275
苦命天子:咸丰皇帝奕/茅海建著.—上海:上海人民出版社,1995.7.—318页;20cm
ISBN 7-208-02079-5:¥11.00

K827.52　036276
李鸿章评传/(美)刘广京,朱昌峻编;陈绛译.—上海:上海古籍出版社,1995.12.—403页:照片;20cm
ISBN 7-5325-2002-1:¥23.00

K827.52　036277
洋务之梦:李鸿章传/成晓军著.—成都:四川人民出版社,1995.7.—386页;20cm.—(强国之梦系列丛书/隗瀛涛主编)
ISBN 7-220-02862-8:¥14.20

K827.52　036278
曾国藩日记:求阙斋日记类钞:文白对照/刘毅政,刘晓霞编.—北京:金城出版社,1995.12.—473页;20cm
ISBN 7-80084-104-9:¥19.80

K827.52　036279
制夷之梦:林则徐传/屈小强著.—成都:四川人民出版社,1995.7.—407页;20cm.—(强国之梦系列丛书/隗瀛涛主编)
ISBN 7-220-02862-8:¥14.20

K827.52　036280
中体西用之梦:张之洞传/谢放著.—成都:四川人民出版社,1995.7.—381页;20cm.—(强国之梦系列丛书/隗瀛涛主编)
ISBN 7-220-02862-8:¥14.20
K827.6　036281
布衣总统——曹锟/张洪祥等著.—长春:吉林文史出版社,1995.3.—257页;20cm.—(民初五大总统列传)
ISBN 7-80528-959-X:¥10.00
K827.6　036282
陈独秀:身世·婚恋·后代/孙其明著.—济南:济南出版社,1995.11.—270页:照片;20cm
ISBN 7-80629-001-X:¥14.80
K827.6　036283
陈潭秋/全国正编著.—武汉:武汉出版社,1995.11.—149页;19cm
ISBN 7-5430-1419-X:¥6.00
K827.6　036284
迟到的报告:记李硕勋烈士/魏斌编著.—沈阳:辽宁人民出版社,1995.9.—287页;20cm
ISBN 7-205-03387-X(精装):¥23.00
K827.6　036285
迟到的报告:记李硕勋烈士/魏斌编著.—沈阳:辽宁人民出版社,1995.9.—287页;20cm
ISBN 7-205-03388-8:¥15.60
K827.6　036286
从书生到领袖——瞿秋白/陈铁健著.—上海:上海人民出版社,1995.3.—534页;20cm
ISBN 7-208-01903-7:¥16.40
K827.6　036287
从天香楼到罗汉岭:瞿秋白综论/刘福勤著.—桂林:广西师范大学出版社,1995.1.—325页;20cm
ISBN 7-5633-1965-4:¥10.50
K827.6　036288
邓演达:民主革命的彗星/谭元亨,李景秋著.—天津:天津人民出版社,1995.5.—326页;20cm.—(史海名流丛书)
ISBN 7-201-02221-0:¥9.60
K827.6　036289
多棱镜下的蒋介石/王晓华,张庆军主编.—南京:南京大学出版社,1995.1.—415页;20cm
ISBN 7-305-02427-9:¥12.50
K827.6　036290
共和之梦:孙中山传/李殿元著.—成都:四川人民出版社,1995.7.—424页;20cm.—(强国之梦系列丛书/隗瀛涛主编)
ISBN 7-220-02862-8:¥14.20
K827.6　036291
古柏记事/邝江涛,罗时叙著.—南昌:江西人民出版社,1995.2.—132页;19cm
ISBN 7-210-01435-7:¥2.90
K827.6　036292
瑰异总统——袁世凯/郭剑林,纪能文著.—长春:吉林文史出版社,1995.3.—365页;20cm.—(民初五大总统列传)
ISBN 7-80528-941-7:¥13.80
K827.6　036293
翰林总统——徐世昌/郭剑林,王爱云著.—长春:吉林文史出版社,1995.3.—269页;20cm.—(民初五大总统列传)
ISBN 7-80528-958-1:¥11.00
K827.6　036294
洪流:五卅运动中的刘华/朱义宽著.—上海:上海远东出版社,1995.12.—127页;19cm
ISBN 7-80514-452-4:¥7.50
K827.6　036295
蒋介石 蒋经国轶事/王舜祁,胡元福著.—北京:华艺出版社,1995.3.—178页;19cm
ISBN 7-80039-696-7:¥5.50
K827.6　036296
蒋介石的纵横生涯/李延辉著.—长春:吉林文史出版社,1995.5.—322页;20cm
ISBN 7-80528-961-1(精装):¥13.50
K827.6　036297
蒋介石和戴笠/刘会军著.—长春:吉林文史出版社,1995.3.—255页;19cm.—(蒋介石政治关系大系)
ISBN 7-80528-948-4(精装):¥10.50
K827.6　036298
蒋介石和胡汉民/肖杰著.—长春:吉林文史出版社,1995.1.—241页;19cm.—(蒋介石政治关系大系)
ISBN 7-80528-946-8(精装):¥9.50
K827.6　036299
蒋介石和胡适/刘健清等著.—长春:吉林文史出版社,1995.3.—167页;19cm.—(蒋介石政治关系大系)
ISBN 7-80528-947-6(精装):¥7.50
K827.6　036300
蒋介石和他的六个秘书/张希贤等著.—2版.—乌鲁木齐:新疆人民出版社,1995.11.—378页;20cm.—(百卷文史知识丛书·第一期工程;1)
ISBN 7-228-03560-7:¥16.80
K827.6　036301
蒋介石和他的掌权术/宋平著.—哈尔滨:黑龙江人民出版社,1995.3.—391页;20cm
ISBN 7-207-03064-9:¥14.80
K827.6　036302
蒋介石年谱/李勇,张仲田编.—北京:中共党史出版社,1995.11.—483页;20cm
ISBN 7-80023-835-0:¥18.20
K827.6　036303
蒋介石三次下野秘录/郭宝平著.—北京:中国档案出版社,1995.5.—349页:照片;20cm
ISBN 7-80019-525-2:¥14.50
K827.6　036304
教头总统——冯国璋/潘荣著.—长春:吉林文史出版社,1995.3.—165页;20cm.—(民初五大总统列传)
ISBN 7-80528-952-2:¥7.50
K827.6　036305

李大钊传略/尚恒其主编.—北京:中国社会出版社,1995.11.—226页;20cm.—(万安丛书;1)
ISBN 7-80088-762-6:¥7.20

K827.6　036306
潘汉年在上海/中共上海市委党史研究室编.—上海:上海人民出版社,1995.12.—571页:照片;20cm
ISBN 7-208-02172-4:¥30.00

K827.6　036307
柔暗总统——黎元洪/李书源著.—长春:吉林文史出版社,1995.3.—331页;20cm.—(民初五大总统列传)
ISBN 7-80528-957-3:¥12.50

K827.6　036308
孙中山与袁世凯/林风著.—北京:中国档案出版社,1995.8.—449页:照片;20cm
ISBN 7-80019-550-3:¥18.80

K827.6　036309
汤寿潜研究/政协萧山市委员会文史工作委员会编.—北京:团结出版社,1995.9.—443页;20cm
ISBN 7-80061-576-6:¥19.80

K827.6　036310
唐群英评传/蒋薛,唐存正著.—长沙:湖南出版社,1995.8.—306页;20cm
ISBN 7-5438-1052-2:¥14.80

K827.6　036311
铁骨忠魂:岳勇烈士纪念集/中共平定县党史研究室编.—太原:山西人民出版社,1995.7.—193页;20cm
ISBN 7-203-03358-9:¥6.50

K827.6　036312
皖东抗日英豪/方礼山主编;中共滁州市委党史办公室编.—合肥:安徽大学出版社,1995.9.—201页;20cm
ISBN 7-81052-013-X:¥8.50

K827.6　036313
武岭梦残:蒋介石在大陆的最后日子/王泰栋,罗岩著.—北京:团结出版社,1995.8.—330页;20cm.—(民国风云秘录丛书)
ISBN 7-80061-729-7:¥13.80

K827.6　036314
项英传/王辅一著.—北京:中共党史出版社,1995.10.—516页;20cm
ISBN 7-80023-910-1:¥20.00

K827.6　036315
向警予:传记·纪念与回忆·论述·资料/刘茂舒主编.—武汉:武汉出版社,1995.8.—338页:图;20cm
ISBN 7-5430-1390-8:¥15.00

K827.6　036316
战犯今昔/董磊明编.—广州:广州出版社,1995.12.—2册(154页);26cm
ISBN 7-80592-385-X:¥9.98

K827.6　036317
中外学者论张学良杨虎城和阎锡山/相从智主编.—北京:人民出版社,1995.9.—471页;20cm
ISBN 7-01-002094-9:¥22.20

K827.6　036318
恽代英传/张羽,铁凤著.—北京:中国青年出版社,1995.8.—559页;20cm
ISBN 7-5006-1974-X:¥22.90

K827.6　036319
瞿秋白研究　第七辑/瞿秋白纪念馆编.—上海:学林出版社,1995.5.—329页;20cm
ISBN 7-80510-782-3:¥12.50

①K827.6②D829　036320
外交家与战争:顾维钧外交官生涯片断/高克著.—上海:上海人民出版社,1995.12.—266页;20cm
ISBN 7-208-02087-6:¥12.00

①K827.6②I247.53　036321
蒋介石和他的母亲/方凡人,张良尧著.—天津:百花文艺出版社,1995.7.—214页;20cm
ISBN 7-5306-1814-8:¥7.80

K827.7　036322
爱国志士但懋辛/但汉然主编;四川省政协文史资料委员会,荣县政协文史资料委员会编.—成都:四川人民出版社,1995.4.—224页;20cm
ISBN 7-220-02790-7:¥5.50

K827.7　036323
陈嘉庚与抗日战争/黄顺通,刘正英著.—福州:福建人民出版社,1995.8.—46页;19cm.—(陈嘉庚丛书)
ISBN 7-211-02508-5:¥1.65

K827.7　036324
陈望道传/邓明以著.—上海:复旦大学出版社,1995.3.—326页;20cm.—(复旦名人春秋丛书)
ISBN 7-309-01493-6:¥15.00

K827.7　036325
陈云在延安/刘家栋著.—北京:中央文献出版社,1995.5.—223页;20cm
ISBN 7-5073-0269-5:¥14.50

K827.7　036326
当代中国使节外交生涯　第二辑/裴坚章主编;外交部外交史研究室编.—北京:世界知识出版社,1995.8.—315页;20cm
ISBN 7-5012-0740-2:¥11.00

K827.7　036327
当代中国政坛女杰=The Outstanding Women in The Contemporary Political Circles of China/陈瑞生主编.—北京:中共中央党校出版社,1995.6.—497页;20cm
ISBN 7-5035-1205-9:¥16.00

K827.7　036328
邓小平的智慧/曹应旺主编.—北京:中共中央党校出版社,1995.3.—413页;20cm
ISBN 7-5035-1112-5:¥12.80

K827.7　036329
邓小平谈邓小平:从邓小平自述谈起/陈继安编著.—武汉:湖北人民出版社,1995.11.—386页;20cm
ISBN 7-216-01771-4:¥14.50

K827.7　036330
邓小平与四川/赵庆东等主编;中共四川省委党史研究组织编写.—成都:四川人民出版社,1995.12.—258页:照片;20cm.—(老一辈无产阶级革命家与四川丛

书)
ISBN 7-220-03147-5(精装):¥24.00
K827.7 036331
风雨履痕/方仲伯著.—芒市:德宏民族出版社,1995.12.—462页;20cm
ISBN 7-80525-282-3:¥25.00
K827.7 036332
革命伟人/周群主编.—北京:龙门书局,1995.5.—214页;20cm.—(中华骄子/张国祚主编)
ISBN 7-80111-006-4:¥5.80
K827.7 036333
工人将军梁广/钟毅旭主编;广东工运史研究委员会著.—广州:广东人民出版社,1995.8.—190页:彩照;20cm
ISBN 7-218-01965-X:¥16.00
K827.7 036334
公仆·知音·楷模:怀念李嘉玉/张少彭主编.—乌鲁木齐:新疆人民出版社,1995.4.—258页:照片;20cm
ISBN 7-228-03377-9:¥6.80
K827.7 036335
管文蔚纪念文集/《管文蔚纪念文集》编辑组编.—北京:中共党史出版社,1995.12.—396页;20cm
ISBN 7-80023-926-8:¥18.00
K827.7 036336
郭钦安纪念文集/《郭钦安纪念文集》编写组编.—太原:山西人民出版社,1995.5.—479页:照片;20cm
ISBN 7-203-03339-2(精装):¥30.00
K827.7 036337
和谈将军张治中/汪朝光著.—郑州:河南人民出版社,1995.8.—312页;20cm.—(中华民国史丛书/张宪文,黄美真主编)
ISBN 7-215-03457-7:¥14.40
K827.7 036338
胡兰畦回忆录:1901~1994年/胡兰畦著.—成都:四川人民出版社,1995.5.—853页;20cm
ISBN 7-220-02845-8(精装):¥28.00
K827.7 036339
湖南九三人/徐有恒主编;《湖南九三人》编委会编.—北京:学苑出版社,1995.8.—623页;20cm
ISBN 7-5077-1044-0(精装):¥35.00
K827.7 036340
怀念陈仲平/廖金龙主编;中共梅州市委党史研究室编.—广州:广东人民出版社,1995.2.—328页:照片;20cm
ISBN 7-218-01783-5:¥15.00
K827.7 036341
黄唤民传记/贵州省民族事务委员会编;罗焕南等编写.—贵阳:贵州民族出版社,1995.10.—149页;19cm
ISBN 7-5412-0587-7:¥6.00
K827.7 036342
黄绍竑略传/邓定旭主编.—桂林:漓江出版社,1995.12.—105页;19cm
ISBN 7-5407-1856-0:¥4.00
K827.7 036343
黄逸峰传奇/张开明著.—南京:江苏人民出版社,1995.9.—295页;20cm
ISBN 7-214-01544-7:¥12.80
K827.7 036344
回忆康世恩/中国石油报社编.—北京:石油工业出版社,1995.9.—646页:照片;20cm
ISBN 7-5021-1570-6:¥23.00
K827.7 036345
纪念蔡畅/苏平主编;《纪念蔡畅》编辑委员会编.—北京:文物出版社,1995.8.—1册;25×24cm
ISBN 7-5010-0870-1(精装):¥0.00
K827.7 036346
纪念吴芝圃文集/傅振武主编;中共河南省委党史工作委员会编.—北京:中共党史出版社,1995.1.—406页:照片;20cm
ISBN 7-80023-887-3:¥15.00
K827.7 036347
焦裕禄传/陈新,殷云岭著.—石家庄:花山文艺出版社,1995.6.—647页:照片;20cm
ISBN 7-80611-305-3:¥26.00
K827.7 036348
焦裕禄传/殷云岭,陈新著.—石家庄:花山文艺出版社,1995.6.—510页:照片;20cm
ISBN 7-80611-306-1:¥23.00
K827.7 036349
今日女部长/中华全国妇女联合会组织联络部组织编写.—沈阳:辽宁人民出版社,1995.7.—288页:照片;20cm.—(当代中国杰出妇女丛书/黄启璪主编)
ISBN 7-205-03324-1(精装):¥42.00
K827.7 036350
巨人之子毛岸英/金振林著.—石家庄:河北少年儿童出版社,1995.12.—202页:照片;20cm.—(赤子丛书)
ISBN 7-5376-1411-3(精装):¥11.80
K827.7 036351
军统巨枭——毛人凤/李海生,完颜绍元著.—上海:上海人民出版社,1995.12.—440页;20cm
ISBN 7-208-02125-2:¥16.00
K827.7 036352
军政名人的最后岁月/范小方著.—兰州:甘肃人民出版社,1995.4.—276页:照片;20cm
ISBN 7-226-01463-7:¥12.80
K827.7 036353
雷洁琼/中华全国妇女联合会组织联络部组织编写.—沈阳:辽宁人民出版社,1995.7.—209页:照片;20cm.—(当代中国杰出妇女丛书/黄启璪主编)
ISBN 7-205-03420-5(精装):¥33.00
K827.7 036354
理想·奉献·风范:怀念顾德欢同志/乐子型主编;宁波市新四军暨华中抗日根据地研究会,浙江省新四军暨华中抗日根据地研究会编著.—宁波:宁波出版社,1995.6.—307页:照片;20cm
ISBN 7-80602-065-9:¥9.50
K827.7 036355

李宗仁回忆录/李宗仁口述;唐德刚撰写.—上海:华东师范大学出版社,1995.12.—2册(820页):照片;20cm

ISBN 7-5617-1482-3:¥35.00

K827.7 036356

廉政楷模:马生贵/邓全施主编;新华社四川分社,四川省公安厅编写.—北京:新华出版社,1995.7.—118页;19cm

ISBN 7-5011-2930-4:¥6.80

K827.7 036357

林彪1959年以后/文川主编;江波,黎青编.—新1版.—成都:四川人民出版社,1995.9.—549页;19cm

ISBN 7-220-02976-4:¥17.80

K827.7 036358

刘田夫回忆录/刘田夫著.—北京:中共党史出版社,1995.6.—572页;20cm

ISBN 7-80023-873-3:¥15.00

K827.7 036359

毛泽东的文秘/叶永烈著.—西宁:青海人民出版社,1995.9.—361页;20cm.—(叶永烈纪实文集;4)

ISBN 7-225-01094-8:¥14.80

K827.7 036360

缅怀与研究/杨瑞广,蔡庆新主编.—北京:中央文献出版社,1995.3.—440页;20cm

ISBN 7-5073-0238-5:¥25.00

K827.7 036361

青春纪事:一个女战士的往事忆述/黎颖著.—太原:山西人民出版社,1995.7.—318页:照片;19cm

ISBN 7-203-03365-1:¥10.80

K827.7 036362

青春为历史增辉:国家教委反法西斯老战士纪念册/国家教委离退休干部局编.—北京:高等教育出版社,1995.8.—86页:彩照;26cm

ISBN 7-04-005513-9:¥0.00

K827.7 036363

青山足迹:杨植霖回忆录/杨植霖著.—呼和浩特:内蒙古人民出版社,1995.8.—269页:照片;20cm

ISBN 7-204-02846-5(精装):¥16.00

K827.7 036364

世纪伟人周恩来/杨明伟著.—合肥:安徽人民出版社,1995.8.—416页;20cm

ISBN 7-212-01197-5:¥12.80

K827.7 036365

世纪之履:李默庵回忆录/李默庵口述;刘育钢,高建中(执笔)编写.—北京:中国文史出版社,1995.10.—345页;20cm

ISBN 7-5034-0732-8:¥17.30

K827.7 036366

宋美龄传/杨树标著.—南昌:江西人民出版社,1995.9.—285页;20cm

ISBN 7-210-01518-3:¥12.80

K827.7 036367

宋美龄传/林家有,李吉奎著.—郑州:河南人民出版社,1995.9.—422页:照片;20cm

ISBN 7-215-03460-7:¥18.00

K827.7 036368

宋庆龄来往书信选集:上海宋庆龄故居纪念馆馆藏/张世福主编;上海宋庆龄故居纪念馆编译.—上海:上海人民出版社,1995.12.—539页;20cm

ISBN 7-208-02046-9:¥30.00

K827.7 036369

宋庆龄来往书信选集:上海宋庆龄故居纪念馆馆藏/张世福主编;上海宋庆龄故居纪念馆编译.—上海:上海人民出版社,1995.12.—539页;20cm

ISBN 7-208-02047-7(精装):¥40.00

K827.7 036370

谭启龙回忆录:建国前部分/谭启龙著.—济南:山东人民出版社,1995.12.—352页;20cm

ISBN 7-209-01847-6(精装):¥18.00

K827.7 036371

铁骨丹心:张恺帆同志纪念文集/张劲夫等著.—合肥:安徽人民出版社,1995.7.—437页;20cm

ISBN 7-212-01219-X:¥8.50

K827.7 036372

王克东传/《王克东传》编写组著.—北京:中共党史出版社,1995.4.—205页:照片;20cm

ISBN 7-80023-860-1:¥6.00

K827.7 036373

伟人邓小平:中外人士的评说/萧心力编.—北京:解放军出版社,1995.11.—439页;20cm

ISBN 7-5065-2689-1:¥18.00

K827.7 036374

我与李宗仁续集/李秀文口述;谭明整理.—桂林:漓江出版社,1995.7.—175页:照片;19cm

ISBN 7-5407-1763-7:¥7.60

K827.7 036375

绠范亭纪念册/邢同科主编.—北京:华文出版社,1995.12.—338页;29cm

ISBN 7-5075-0497-2(精装):¥198.00

K827.7 036376

阎宝航纪念文集/阎福君主编;《阎宝航纪念文集》编委会编.—沈阳:辽宁人民出版社,1995.6.—456页:照片;20cm

ISBN 7-205-03352-7(精装):¥15.00

K827.7 036377

阎锡山与家乡/陈应谦著.—太原:山西古籍出版社,1995.10.—226页;19cm.—(阎府揭秘丛书;2)

ISBN 7-80598-091-8:¥7.90

K827.7 036378

叶剑英传/《叶剑英传》编写组著.—北京:当代中国出版社,1995.3.—804页:照片;20cm.—(当代中国人物传记丛书/邓力群等主编)

ISBN 7-80092-299-5:¥34.00

K827.7 036379

叶剑英传/《叶剑英传》编写组编著.—北京:当代中国出版社,1995.3.—804页:照片;20cm.—(当代中国人物传记丛书/邓力群等主编)

ISBN 7-80092-375-4(精装):¥36.00

K827.7　036380
一个人和一方天——方方传/李文生，涂有荣编著.—厦门:厦门大学出版社，1995.6.—373页;20cm
ISBN 7-5615-1033-0:¥12.50

K827.7　036381
蚁美厚画册/广东省侨联编.—广州:岭南美术出版社，1995.6.—96页:照片;29cm
ISBN 7-5362-1271-2:¥60.00

K827.7　036382
早年周恩来/庞瑞垠著.—南京:江苏教育出版社，1995.12.—2册(595页):照片;20cm
ISBN 7-5343-2570-6:¥25.00

K827.7　036383
张琴秋的一生/谢燕著.—北京:中国纺织出版社，1995.4.—320页:照片;20cm
ISBN 7-5064-1136-9:¥12.00

K827.7　036384
张闻天的足迹/金盛先著.—上海:上海社会科学院出版社，1995.11.—246页;20cm
ISBN 7-80618-133-4:¥9.30

K827.7　036385
张闻天与二十世纪的中国/张培森著.—北京:中共党史出版社，1995.8.—300页;20cm
ISBN 7-80023-904-7:¥11.80

K827.7　036386
张闻天在辽东/中共丹东市委党史研究室编.—北京:中共党史出版社，1995.12.—436页;20cm
ISBN 7-80023-942-X:¥18.00

K827.7　036387
张耀南纪念文集/夏川主编.—济南:山东大学出版社，1995.12.—322页;20cm
ISBN 7-5607-1601-6:¥16.00

K827.7　036388
真理与命运:胡开明传略/贾文平著.—北京:人民出版社，1995.7.—349页;20cm
ISBN 7-01-002251-8:¥16.80

K827.7　036389
政法老战士李士英/《政法老战士李士英》编委会编.—北京:中国检察出版社，1995.12.—354页:照片;20cm
ISBN 7-80086-307-7:¥9.00

K827.7　036390
直如青松白似雪:陈一诚纪念文集/中共上海市委党校办公室陈一诚纪念文集编辑组编.—上海:文汇出版社，1995.4.—299页;20cm
ISBN 7-80531-344-X:¥12.80

K827.7　036391
中国女市长/吴仪主编.—北京:中国妇女出版社，1995.8.—200页:彩照;29cm
ISBN 7-80016-972-3:¥128.00

K827.7　036392
中央驻藏代表——张经武/赵慎应著.—拉萨:西藏人民出版社，1995.7.—194页:照片;20cm
ISBN 7-223-00800-8:¥7.30

K827.7　036393
忠心耿耿为人民:纪念覃应机同志/中共广西壮族自治区委员会党史研究室编.—北京:中共党史出版社，1995.8.—422页:照片;20cm
ISBN 7-80023-879-2(精装):¥17.30

K827.7　036394
周震鳞传/庄建平，卞修跃著.—北京:团结出版社，1995.11.—282页;20cm
ISBN 7-80061-613-4:¥16.00

K827.7　036395
诸暨一县长/曹连生主编.—杭州:浙江大学出版社，1995.11.—166页;20cm
ISBN 7-308-01631-5:¥8.00

K827.7　036396
左丰美在闽浙赣边区/张珠珍编著.—福州:福建人民出版社，1995.2.—249页;19cm.—(八闽风雷)
ISBN 7-211-02347-3:¥15.00

①K827.7②D613　036397
董必武与统一战线/何定华等著.—武汉:武汉出版社，1995.1.—238页;20cm
ISBN 7-5430-1328-2:¥7.90

①K827.7②I247.5　036398
国民党权贵后裔/西尔枭著.—北京:中国社会出版社，1995.9.—367页;20cm
ISBN 7-80088-694-8:¥14.80

①K827.7②I25　036399
林氏三兄弟——林育英、林育南、林彪/汪幸福著.—北京:新华出版社，1995.4.—388页;20cm
ISBN 7-5011-2740-9:¥14.00

①K827.7②I267　036400
名人日记　1994:政治的人生/王沪宁著.—上海:上海人民出版社，1995.1.—237页;20cm
ISBN 7-208-01940-1:¥8.70

K827.7-53　036401
洪丝丝纪念集/中国华侨历史学会，福建省金门同胞联谊会编.—北京:中国华侨出版社，1995.8.—495页:照片;20cm.—(赤子情丛书)
ISBN 7-80074-744-1(精装):¥35.00

K827.7-53　036402
贤者不朽:连贯同志纪念文集/《连贯同志纪念文集》编写组编著.—北京:中国华侨出版社，1995.11.—366页:照片;20cm.—(赤子情丛书)
ISBN 7-80074-905-3(精装):¥26.50

K827.7-61　036403
陈毅风范词典/朱祥金主编.—北京:档案出版社，1995.9.—379页;19cm
ISBN 7-80019-581-3:¥12.00

K827.7-64　036404
我们的总设计师——邓小平/中共中央文献研究室邓小平研究组，新华出版社编.—北京:新华出版社，1995.—46张;26cm
展览图片
¥68.00

K828　036405

纳粹集中营的中国女孩:朱敏回忆录/顾保孜执笔.—石家庄:河北少年儿童出版社,1995.12.—236页:照片;20cm.—(赤子丛书)
ISBN 7-5376-1410-5(精装):¥11.80

K828 036406
血色大地的女儿:刘爱琴传记/王利执笔.—石家庄:河北少年儿童出版社,1995.12.—205页:照片;20cm.—(赤子丛书)
ISBN 7-5376-1437-7(精装):¥12.80

K828 036407
中华第一女性/林家英主编.—兰州:甘肃人民出版社,1995.7.—224页;20cm
ISBN 7-226-01498-X:¥8.88

K828.52 036408
李连英宫廷生活写真:清宫太监揭秘/李玉川著.—北京:长城出版社,1995.9.—244页;20cm
ISBN 7-80017-261-9:¥9.80

K828.6 036409
黑色档案:投日巨奸收场记/张文捷主编.—北京:中国广播电视出版社,1995.7.—396页;20cm
ISBN 7-5043-2711-5:¥15.30

K828.6 036410
黄埔英杰袁镜铭/周安乐编著.—重庆:重庆出版社,1995.10.—137页:照片;19cm
ISBN 7-5366-3238-X:¥6.50

K828.6 036411
苏曼殊/徐星平著.—北京:中国青年出版社,1995.9.—507页:照片;20cm.—(中国现代名人传记系列丛书)
ISBN 7-5006-1761-5:¥22.30

K828.7 036412
厚黑教主李宗吾传/李宗吾,张默生著.—北京:团结出版社,1995.9.—338页;19cm
ISBN 7-80061-691-6:¥11.40

K828.7 036413
情洒山乡/耕牛著.—贵阳:贵州人民出版社,1995.9.—230页;19cm
ISBN 7-221-03915-1:¥8.00

K833/837 各国人物传记

K833.12 036414
我的长征:韩国学兵在中国抗日斗争记录/(韩)金俊烨著;紫荆,力求译.—北京:东方出版社,1995.7.—455页;20cm
ISBN 7-5060-0637-5:¥19.00

K833.126 036415
韩国现代名人传/杨昭全主编.—长春:吉林人民出版社,1995.9.—426页;20cm.—(韩国学丛书)
ISBN 7-206-02319-3:¥16.50

K833.126.63 036416
昨日的惨败 今日的辉煌/(韩国)金龙福著;郑梦虎,韩东吾译.—牡丹江:黑龙江朝鲜民族出版社,1995.1.—251页:照片;20cm
据韩国人间杂社朝鲜文版译出
ISBN 7-5389-0566-9:¥9.80

K833.127.5 036417
金日成回忆录:与世纪同行　3~4/(朝)金日成著;郑万兴译.—北京:中国社会科学出版社,1995.7.—673页:照片;20cm
ISBN 7-5004-1747-0(精装):¥30.00

K833.135.3 036418
商界怪杰:本田宗一郎传奇/万振环著.—广州:广州出版社,1995.12.—330页;20cm.—(名人传记)
ISBN 7-80592-381-7:¥16.90

K833.135.3 036419
商战圣手:松下幸之助传奇/祝春亭著.—广州:广州出版社,1995.12.—429页;20cm.—(名人传记)
ISBN 7-80592-353-1:¥19.90

K833.135.3 036420
赚钱之神:邱永汉传/祝春亭著.—广州:广州出版社,1995.12.—347页;20cm.—(名人传记)
ISBN 7-80592-378-7:¥17.90

K833.135.4 036421
柔道"盖世之王"——山下泰裕/冉强辉编著.—上海:上海教育出版社,1995.1.—72页;19cm.—(世界体坛明星丛书/金永昌主编)
ISBN 7-5320-3148-9:¥2.50

K833.137 036422
日本刑事法学者　(上)/李海东主编.—北京:法律出版社;日本:成文堂,1995.10.—376页;20cm.—(日本刑事法研究丛书;1)
ISBN 7-5036-1673-3:¥18.50

K833.137.5 036423
大平正芳的政治遗产/日本大平正芳纪念财团编著;李德安等编译.—北京:中央文献出版社,1995.5.—728页;20cm
ISBN 7-5073-0261-X:¥35.00

K833.337.5-64 036424
胡志明主席与中国/黄铮主编;广西社会科学院编.—北京:中国大百科全书出版社,1995.4.—176页;25×23cm
ISBN 7-5000-5614-1(精装):¥120.00

K833.365.3 036425
郑明如传/张桂琴著.—北京:东方出版社,1995.4.—257页:彩照;20cm
ISBN 7-5060-0615-4(精装):¥35.00

K833.385.7 036426
世界著名摄影家黄杰夫/(马来西亚)房汉佳,林韶华著.—福州:海潮摄影艺术出版社,1995.7.—234页;26cm
ISBN 7-80562-222-1:¥33.00

K833.387 036427
马哈迪传/张永和著.—广州:广州出版社,1995.12.—484页;20cm
ISBN 7-80592-439-2:¥22.90

K833.397 036428

李光前学术讨论会文集:泉州《华侨史》 第六集/吕敦村主编;泉州华侨历史学会编.—北京:中国华侨出版社,1995.1.—225页:照片;20cm
ISBN 7-80074-969-X:¥9.50

K833.397.5　036429
从鼓浪屿到新加坡:一位外籍华人的历程/朱立文编著.—厦门:厦门大学出版社,1995.1.—315页:照片;21cm
ISBN 7-5615-0973-1:¥20.00

K833.417.5　036430
科·阿基诺传/孙嘉莉著.—哈尔滨:黑龙江人民出版社,1995.9.—315页:照片;20cm.—(世界政坛女首脑传记丛书)
本丛书共4册,总定价:51.80元
ISBN 7-207-03279-X:¥0.00

K833.515.6　036431
恒河边的诗哲:泰戈尔传记/(印)克里巴拉尼著;倪培耕译.—桂林:漓江出版社,1995.12.—465页;20cm.—(大师文集·泰戈尔卷/倪培耕主编)
著者原题:克·克里巴拉尼
ISBN 7-5407-1844-7(精装):¥20.00

K833.517.5　036432
甘地夫人传/王雪卿著.—哈尔滨:黑龙江人民出版社,1995.9.—303页:照片;20cm.—(世界政坛女首脑传记丛书)
本丛书共4册,总定价:51.80元
ISBN 7-207-03279-X:¥0.00

K833.537.53　036433
贝·布托传/刘文山等著.—哈尔滨:黑龙江人民出版社,1995.9.—386页:照片;20cm.—(世界政坛女首脑传记丛书)
本丛书共4册,总定价:51.80元
ISBN 7-207-03279-X:¥0.00

K833.615.6　036434
青格斯山峦的三巨峰:阿拜、恰卡里姆、穆赫塔尔/粟周熊著.—北京:民族出版社,1995.5.—142页;19cm
ISBN 7-105-02450-X:¥9.00

K833.825.2　036435
独眼将军——达扬/接培柱著.—北京:东方出版社,1995.4.—332页:照片;20cm.—(战后五虎将丛书)
ISBN 7-5060-0613-8:¥14.80

K833.825.2　036436
沙漠武士——沙龙/李传海著.—北京:东方出版社,1995.4.—263页:照片;20cm.—(战后五虎将丛书)
ISBN 7-5060-0621-9:¥12.90

K833.827.5　036437
拉宾传/杜人舟等编著.—北京:国际文化出版公司,1995.12.—319页:照片;20cm
ISBN 7-80105-363-X:¥13.80

①K833.827.5②I25　036438
拉宾之死/洪兵等著.—福州:海峡文艺出版社,1995.11.—317页;20cm
ISBN 7-80534-838-3:¥15.00

K834.117.5　036439
总统与我:萨达特夫人自传/(埃及)萨达特(Sadat,J.)著;周仲安,陈寅章译.—上海:上海译文出版社,1995.1.—477页;20cm
书名原文:A Woman of Egypt
ISBN 7-5327-1318-0:¥17.00

K835.112.54　036440
女人无价:索菲娅传/(俄)沃龙佐娃著;张小川等译.—长沙:湖南文艺出版社,1995.1.—364页;19cm.—(世界名人传记丛书)
ISBN 7-5404-1379-4(精装):¥12.00

K835.112.61　036441
我是"鹰"/(俄)米哈伊洛夫(Михайлов,В.Н.)著;胡丕显译.—北京:原子能出版社,1995.8.—177页;20cm
ISBN 7-5022-1372-4(精装):¥28.00

K835.125.2　036442
巴顿将军战争回忆录/(美)巴顿著;陈锋,李福崇译.—2版.—北京:解放军出版社,1995.3.—336页;20cm.—(第二次世界大战外国著名将帅战争回忆录丛书)
著者原题:乔治·S·巴顿
ISBN 7-5065-0816-8:¥11.00

K835.125.2　036443
巴格拉米扬元帅战争回忆录/(苏)巴格拉米扬(Баграмяна,И.Х.)著;赖铭传译.—2版.—北京:解放军出版社,1995.3.—457页;20cm.—(第二次世界大战外国著名将帅战争回忆录丛书)
ISBN 7-5065-2664-6:¥14.50

K835.125.2　036444
梅列茨科夫元帅战争回忆录/(苏)梅列茨科夫(Мерецкоьа,К.А.)著;王树森等译.—2版.—北京:解放军出版社,1995.3.—405页;20cm.—(第二次世界大战外国著名将帅战争回忆录丛书)
ISBN 7-5065-2663-8:¥12.50

K835.125.4　036445
破不完纪录的人——布勃卡/汤秉南,何志敏编著.—上海:上海教育出版社,1995.2.—90页;19cm.—(世界体坛明星丛书/金永昌主编)
ISBN 7-5320-3751-7:¥3.00

K835.125.6　036446
天国之门:叶赛宁传/王守仁著.—长沙:湖南文艺出版社,1995.1.—219页;19cm.—(世界名人传记丛书/郭锷权主编)
ISBN 7-5404-1378-6(精装):¥9.20

K835.128　036447
克里姆林宫的夫人们:全译本/(俄)瓦西里耶娃著;林宣译.—北京:国际文化出版公司,1995.12.—556页:照片;20cm
著者原题:拉里莎·瓦西里耶娃
ISBN 7-80105-355-9:¥24.80

K835.135.7　036448
波兰大画家马特义科/(波)鲍古茨基(Bogucki,J.)著;马云亮译.—北京:人民美术出版社,1995.2.—191页:图;19cm

ISBN 7-102-01260-8: ¥6.00

K835.137 036449

哥穆尔卡评传/刘邦义著.—北京:中共中央党校出版社,1995.2.—298页;20cm

ISBN 7-5035-1130-3: ¥9.50

K835.165.2 036450

征战欧罗巴:纳粹将帅实录/马向东等撰文.—沈阳:沈阳出版社,1995.3.—427页:照片;20cm

ISBN 7-5441-0304-8: ¥14.80

K835.165.6 036451

歌德自传/(德)沃夫冈,(德)歌德著;荒原编译.—沈阳:沈阳出版社,1995.6.—528页;20cm.—(世界名人传记)

著者原题:约翰·沃夫冈,冯·歌德

ISBN 7-5441-0396-X: ¥19.00

K835.166.1 036452

天才博士与非洲丛林:诺贝尔和平奖获得者阿尔贝特·施韦泽传/陈泽环,朱林著.—南昌:江西人民出版社,1995.9.—220页;20cm

ISBN 7-210-01542-6: ¥9.00

K835.167 036453

德国宰相与总理评传/陈锋,殷寿征著.—北京:时事出版社,1995.8.—420页;19cm

ISBN 7-80009-278-X: ¥15.30

K835.167 036454

德意志皇帝列传/(德)米尔著;李世隆等译.—北京:东方出版社,1995.5.—545页;20cm

著者原题:阿·米尔

ISBN 7-5060-0504-2: ¥20.00

K835.167.5 036455

希特勒之谜/万安中,杨大成著.—广州:花城出版社,1995.10.—151页;19cm

ISBN 7-5360-1766-9: ¥5.30

K835.216.1 036456

开拓心域的大陆:弗洛伊德/江畅著.—福州:福建教育出版社,1995.12.—248页;19cm.—(哲人科学家丛书/李醒民主编)

ISBN 7-5334-1950-2: ¥9.20

K835.216.1 036457

伟大心智的漫游:马赫/李醒民著.—福州:福建教育出版社,1995.12.—317页;19cm.—(哲人科学家丛书/李醒民主编)

ISBN 7-5334-1949-9: ¥11.40

K835.216.2 036458

罗生特传/( )卡明斯基(Kaminski, G.)著;李传松等译.—北京:旅游教育出版社,1995.7.—230页:照片;20cm.—(国际友人丛书/爱泼斯坦,高梁主编)

ISBN 7-5637-0617-8: ¥13.00

K835.457 036459

亚历山大大帝/(法)布里昂(Briant, P.)著;陆亚杰译.—北京:商务印书馆,1995.12.—141页;19cm.—(我知道什么?)

据法国大学出版社1994年第4版译出

ISBN 7-100-01938-9: ¥7.50

K835.465.2 036460

恺撒/(法)勒博埃克(Le, Bohec, Y.)著;吴模信译.—北京:商务印书馆,1995.12.—170页;18cm.—(我知道什么?)

据法国大学出版社1994年版译出

ISBN 7-100-01932-X: ¥7.50

K835.465.4 036461

巴乔写真集/池莉主笔;张慧德译.—长沙:湖南美术出版社,1995.6.—40页;29cm

ISBN 7-5356-0737-3: ¥22.00

K835.465.4 036462

世纪球王马拉多纳传/( )卡利著.—成都:蜀蓉棋艺出版社,1995.8.—370页;19cm

著者原题:迭戈·卡利

ISBN 7-80548-475-9: ¥11.00

K835.465.7-61 036463

意大利文艺复兴时期画家小辞典/陈玢著.—北京:中国文联出版公司,1995.8.—159页;19cm

ISBN 7-5059-1927-X: ¥6.80

K835.465.8 036464

哥伦布传　上卷/(美)莫里森(Morison, S.E.)著;陈太先,陈礼仁译　.—北京:商务印书馆,1995.5.—473页;20cm.—(世界名人传记丛书)

据波士顿利特尔布朗公司1942年版译出

ISBN 7-100-01379-8: ¥17.50

K835.465.8 036465

哥伦布传　下卷/(美)莫里森(Morison, S.E.)著;陈太先等译.—北京:商务印书馆,1995.4.—447页;20cm.—(世界名人传记丛书)

据波士顿利特尔、希郎出版公司1942年版译出

ISBN 7-100-01465-4: ¥16.70

K835.465.8 036466

梦断新大陆:哥伦布的悲剧/杨一星,李焕栋著.—长春:长春出版社,1995.2.—341页;20cm.—(世界史精览;14/申晨星主编)

ISBN 7-80604-220-2(精装): ¥13.50

K835.465.8 036467

中西文化交流先驱——马可·波罗/陆国俊等主编;中国国际文化书院编.—北京:商务印书馆,1995.4.—379页;20cm

ISBN 7-100-01621-5: ¥12.00

K835.467.2 036468

罗马十二帝王传/(古罗马)苏维托尼斯著;张竹明等译.—北京:商务印书馆,1995.2.—399页;20cm

据洛布古典丛书伦敦威廉·海涅曼出版公司1960年重印本译出

ISBN 7-100-01480-8: ¥12.60

K835.468 036469

不轨之举:意大利文艺复兴时期的一位修女/(美)布朗(Brown, J.C.)著;王挺之译.—北京:商务印书馆,1995.8.—185页;20cm

ISBN 7-100-01568-5: ¥7.90

K835.525.8 036470

环球航海第一人:改变了地理世界的麦哲伦/马汝

军,张绍君著.—长春:长春出版社,1995.2.—276页;20cm.—(世界史精览;15/申晨星主编)
ISBN 7-80604-220-2(精装):¥10.50

K835.615.2　036471
冰海"红魔"——伍德沃德/郭志刚著.—北京:东方出版社,1995.4.—308页:照片;20cm.—(战后五虎将丛书)
ISBN 7-5060-0620-0:¥13.90

K835.615.3　036472
商界独行侠:安妮塔传奇/祝春亭著.—广州:广州出版社,1995.12.—332页;20cm.—(名人传记)
ISBN 7-80592-375-2:¥16.90

K835.615.6　036473
狂野之魂:雪莱传/(法)莫洛亚著;郑其行译.—长沙:湖南文艺出版社,1995.1.—289页;19cm.—(世界名人传记丛书/郭锷权主编)
ISBN 7-5404-1377-8(精装):¥10.50

K835.615.6　036474
劳伦斯评传/冯季庆著.—上海:上海文艺出版社,1995.12.—215页;20cm
ISBN 7-5321-1339-6:¥9.00

K835.615.6　036475
侦探女王:克里斯蒂传/尹厚梅等编著.—长沙:湖南文艺出版社,1995.1.—327页;19cm.—(世界名人传记丛书/郭锷权主编)
ISBN 7-5404-1374-3(精装):¥11.30

K835.617.4　036476
铁骑将军克伦威尔:一波三折的革命/冯超,赵岩著.—长春:长春出版社,1995.2.—377页;20cm.—(世界史精览;16/申晨星主编)
ISBN 7-80604-220-2(精装):¥15.50

K835.617.5　036477
拉斯基评传 /(英)马丁(Martin,K.)著;奚博铨译.—北京:商务印书馆,1995.1.—321页;20cm
书名原文:Harold Laski(1893～1950):A Biographical Memoir
ISBN 7-100-01550-2:¥13.50

K835.617.5　036478
撒切尔夫人传/刘德斌著.—哈尔滨:黑龙江人民出版社,1995.9.—398页:照片;20cm.—(世界政坛女首脑传记丛书)
本丛书共4册,总定价:51.80元
ISBN 7-207-03279-X:¥0.00

K835.655.3　036479
思想与行动:欧洲共同市场之父于里回忆录/(法)于里(Uri Pierre)著;孙慧双译.—北京:北京语言学院出版社,1995.3.—272页;20cm
书名原文:Penser Pour
ISBN 7-5619-0441-X:¥10.50

K835.655.7　036480
皮尔·卡丹/李存修著.—天津:百花文艺出版社,1995.4.—291页;19cm
ISBN 7-5306-1819-9:¥12.60

K835.656.1　036481
走向永恒:迪昂/张来举著.—福州:福建教育出版社,1995.12.—206页;19cm.—(哲人科学家丛书/李醒民主编)
ISBN 7-5334-1952-9:¥7.90

K835.657　036482
布朗基传/(苏联)莫恰诺夫(Молчановь,H.)著;郭一民译.—北京:商务印书馆,1995.12.—453页:照片;20cm
据莫斯科青年近卫军出版社1984年版译出
ISBN 7-100-01687-8:¥19.80

K835.657　036483
希拉克传/(法)吉埃斯贝尔(Giesbert,F.O.)著;曹松豪译.—北京:世界知识出版社,1995.2.—545页;20cm.—(世界名人丛书)
ISBN 7-5012-0664-3:¥20.00

K835.657.4　036484
孔多塞传/(法)巴丹特尔(Badinter,E.),(法)巴丹特尔(Badinter,R.)著;马为民等译.—北京:商务印书馆,1995.12.—427页;20cm
据法国巴黎法亚尔出版社1988年版译出
ISBN 7-100-01818-8:¥18.60

K835.657.4　036485
拿破仑/( )杜查理著.—哈尔滨:黑龙江人民出版社,1995.9.—2册(1115页);20cm
ISBN 7-207-03148-3:¥46.80

K837.125.2　036486
海湾雄狮——斯瓦兹科普夫/谢朝晖著.—北京:东方出版社,1995.4.—325页:照片;20cm.—(战后五虎将丛书)
ISBN 7-5060-0612-X:¥13.90

K837.125.2　036487
虎啸九天:抗战中的陈纳德将军/小叶秀子著.—北京:中共中央党校出版社,1995.8.—333页;20cm.—(抗日战争风云人物丛书)
ISBN 7-5035-1239-3:¥12.70

K837.125.2　036488
身先士卒:施瓦茨柯普夫将军自传/(美)施瓦茨柯普夫(Schwarzkopf,H.N.),(美)彼得(Peter,P.)著;谭天译.—上海:上海译文出版社,1995.10.—640页:照片;20cm.—(当代世界名人传记丛书)
据美国矮脚鸡出版公司1992年版译出
ISBN 7-5327-1629-5(精装):¥30.70

K837.125.2　036489
五星上将的感情危机/吴南凯著.—北京:知识出版社,1995.1.—277页;19cm
ISBN 7-5015-1116-0:¥7.00

K837.125.2　036490
智勇双全——泰勒/曲爱国著.—北京:东方出版社,1995.4.—349页:照片;20cm.—(战后五虎将丛书)
ISBN 7-5060-0614-6:¥14.80

K837.125.3　036491
比尔·盖茨传:从900美元到139亿美元的神奇发迹史/麦达利编著.—成都:四川人民出版社,1995.12.—443页:照片;20cm.—(世界经济强人风云录;1)

ISBN 7-220-03013-4：¥18.80

K837.125.3　　036492

富豪之王：盖茨传奇/何斐著.—广州：广州出版社，1995.12.—382页；20cm.—(名人传记)

ISBN 7-80592-382-5：¥18.90

K837.125.3　　036493

股票大王——杰西·利弗莫尔/(美)沙若夫著；陈忱等编译.—太原：北岳文艺出版社，1995.3.—146页；19cm

著者原题：保勒·沙若夫

ISBN 7-5378-1467-8：¥4.50

K837.125.4　　036494

对篮球一片情深——贾巴尔/夏巴芳，蒋家风编著.—上海：上海教育出版社，1995.2.—78页；19cm.—(世界体坛明星丛书/金永昌主编)

ISBN 7-5320-3754-1：¥2.70

K837.125.4　　036495

乔丹写真集/瞿优远，苏群主编.—长沙：湖南美术出版社，1995.8.—60页；29cm

ISBN 7-5356-0772-1：¥23.00

K837.125.4　　036496

世界拳王——阿里/翁伟民编著.—上海：上海教育出版社，1995.2.—86页；19cm.—(世界体坛明星丛书/金永昌主编)

ISBN 7-5320-3752-5：¥2.90

①K837.125.4②I25　　036497

世界拳王泰森秘史/张蓉编.—广州：广州出版社，1995.9.—79页：照片；26cm

ISBN 7-80592-293-4：¥5.50

K837.125.7　　036498

好莱坞当红女星/赵武平等编译.—郑州：河南人民出版社，1995.5.—248页：照片；19cm

ISBN 7-215-03372-4：¥8.60

K837.125.7　　036499

好莱坞十大影后/张自荣等编著.—北京：东方出版社，1995.10.—317页；19cm

ISBN 7-5060-0352-X：¥13.80

K837.125.7　　036500

沃尔特·迪斯尼传/(美)埃利奥特著；夏纪慧，徐坚译.—北京：外文出版社，1995.—307页：照片；20cm

著者原题：马克·埃利奥特

ISBN 7-119-01792-6：¥15.20

K837.126.1　　036501

通向信息世界的异端之路：维纳/胡作玄著.—福州：福建教育出版社，1995.12.—207页；19cm.—(哲人科学家丛书/李醒民主编)

ISBN 7-5334-1951-0：¥7.90

K837.126.1　　036502

杨振宁传/徐胜兰，孟东明编著.—长春：吉林科学技术出版社，1995.5.—279页：照片；20cm

ISBN 7-5384-1515-7：¥15.50

K837.127　　036503

舵手之谜：美国著名总统生平实录/罗晓编著.—北京：中国档案出版社，1995.9.—157页；26cm

ISBN 7-80019-583-X：¥8.98

K837.127　　036504

罗斯福和他钟爱的女性/朱磊，卢小滔著.—北京：国际文化出版公司，1995.8.—329页；20cm

ISBN 7-80105-270-6：¥12.80

K837.127　　036505

希拉里的总统梦/晓伟，海元主编.—北京：知识出版社，1995.9.—210页；20cm

ISBN 7-5015-1266-3：¥8.80

K837.127.4　　036506

华盛顿传 /(美)欧文著；张今等编译.—长春：时代文艺出版社，1995.6.—610页；20cm

著者原题：华盛顿·欧文

ISBN 7-5387-0882-0：¥19.50

K837.127.4　　036507

美利坚之父——华盛顿/张书亭著.—天津：天津人民出版社，1995.2.—251页；19cm

ISBN 7-201-01737-3：¥6.40

K837.127.4　　036508

美利坚之心——林肯传/裴石鹰等编译.—长沙：湖南文艺出版社，1995.1.—797页；19cm.—(世界名人传记丛书)

ISBN 7-5404-1380-8(精装)：¥20.20

K837.127.5　　036509

陈香梅传/胡辛著.—北京：作家出版社，1995.12.—521页：照片；20cm

ISBN 7-5063-0943-2：¥25.70

K837.127.5　　036510

克林顿夫人传/(美)拉德克利夫(Radcliffe，D.)著；王敏译.—北京：世界知识出版社，1995.2.—167页；20cm

ISBN 7-5012-0661-9：¥6.50

K837.775.4　　036511

20世纪足球的象征——贝利/郑源镐编著.—上海：上海教育出版社，1995.1.—74页；19cm.—(世界体坛明星丛书/金永昌主编)

ISBN 7-5320-3152-7：¥2.50

K85 文物考古

K85　　036512

古玩大世界/薄贯休主编；北京市百花美术用品公司《古玩大世界》编辑部编.—北京：国际文化出版公司，1995.1.—152页：照片；20cm

ISBN 7-80105-141-6：¥11.00

K85　　036513

田野考古学/干海广，任相宏著 .—济南：山东大学出版社，1995.12.—291页；20cm

ISBN 7-5607-1560-5：¥9.80

K85-55　　036514

考古学集刊　第九集/王仲殊主编；《考古》编辑部编.—北京：科学出版社，1995.12.—282页：图版；26cm

ISBN 7-03-005002-9：¥33.00

K854 考古方法

K854.2 036515

假古董假珠宝鉴定方法/廖国一著.—桂林:漓江出版社,1995.12.—211页:照片;19cm

ISBN 7-5407-1869-2:¥14.00

K854.2 036516

鉴赏家/马承源主编;《鉴赏家》编辑部编.—上海:上海译文出版社,1995.11.—120页;29cm

ISBN 7-5327-1850-6:¥65.00

K854.2 036517

文物的辨伪与收藏/王璧著.—北京:地质出版社,1995.10.—162页:图片;20cm.—(文物鉴赏系列丛书)

ISBN 7-116-01789-5:¥15.80

K854.2 036518

文物鉴赏丛录:陶瓷 (一)/刘东瑞等编著;国家文物鉴定委员会编.—北京:文物出版社,1995.12.—182页;19cm

ISBN 7-5010-0751-9:¥10.00

K854.2 036519

珍宝文玩经眼录:鉴定专家谈鉴定/章用秀编著.—天津:天津人民出版社,1995.12.—290页;20cm

ISBN 7-201-02394-2:¥12.80

K854.2 036520

中国古玩辩伪/李发贵,李勇编著.—成都:四川大学出版社,1995.11.—116页:彩照;20cm

ISBN 7-5614-1236-3:¥12.00

K854.2-53 036521

名家谈鉴定/林舒等选编.—北京:紫禁城出版社,1995.7.—427页:图;26cm

ISBN 7-80047-201-9:¥150.00

K854.2-62 036522

文物鉴定指南/朱凤瀚等编著.—西安:陕西人民出版社,1995.12.—272页;26cm

ISBN 7-224-03898-9:¥28.90

K854.2-62 036523

文物鉴定指南/张之恒主编;龚良等编著.—南京:东南大学出版社,1995.12.—527页:图版;26cm

ISBN 7-81050-120-8(精装):¥68.00

K854.3 036524

文物保护学基础/康忠镕主编.—成都:四川大学出版社,1995.2.—234页;19cm

ISBN 7-5614-1118-9:¥6.50

K854.3 036525

文物修复与研究:全国文物修复技术研讨会论文集:1993.12/国家文物局博物馆处,中国文物学会文物修复委员会编.—北京:国际文化出版公司,1995.4.—282页;19cm

ISBN 7-80049-963-4:¥14.00

K86 世界文物考古

K86 036526

古文明地图集/( )米勒编文;( )巴纳特绘.—北京:宇航出版社,1995.11.—64页;35cm.—(阶梯视觉博览系列·图绘)

著者原题:安·米勒;罗素·巴纳特

ISBN 7-80034-807-5(精装):¥180.00

K86 036527

外国考古学史/杨建华著.—长春:吉林大学出版社,1995.8.—212页;20cm

ISBN 7-5601-1749-X(精装):¥6.00

K865.5 036528

古今中外乐器大图典/刘瑞桢编绘.—北京:人民美术出版社,1995.12.—266页;26cm

ISBN 7-102-01381-7:¥26.00

K87 中国文物考古

K87 036529

丰碑——伟人与文物 /姬乃军编.—西安:陕西人民出版社,1995.9.—118页:照片;19cm

ISBN 7-224-02377-9:¥6.80

K87 036530

考古与古代史/蔡葵著.—昆明:云南大学出版社,1995.1.—200页;20cm.—(云南大学史学丛书/林超民主编)

ISBN 7-81025-486-3:¥8.00

K87 036531

中国考古史话/闻衡编著.—哈尔滨:黑龙江人民出版社,1995.8.—143页;19cm.—(中国文明史话丛书/吴荣曾主编)

ISBN 7-207-02502-5:¥3.20

K87 036532

中国文物行政管理学概论/李宝才著.—北京:金城出版社,1995.5.—286页;20cm

ISBN 7-80084-098-0:¥13.90

K87-49 036533

中国文物与考古:静态的历史见证/徐湘人,晏京山著.—武汉:湖北人民出版社,1995.4.—123页:照片;19cm.—(青少年文史库/王余光,王三山主编)

ISBN 7-216-01669-6:¥4.80

K87-54 036534

中国考古学年鉴 1993/徐光冀主编;中国考古学会编.—北京:文物出版社,1995.6.—447页;20cm

ISBN 7-5010-0806-X:¥20.00

K870.6 036535

敦煌史话/胡戟,傅玫著.—北京:中华书局,1995.2.—229页;19cm.—(文史知识文库)

ISBN 7-101-01308-2:¥9.80

K870.6 036536

敦煌吐鲁番文献研究/郑炳林主编.—兰州:兰州大学出版社,1995.8.—640页;20cm

ISBN 7-311-00908-1:¥44.80

K870.6 036537

斯坦因所获吐鲁番文书研究/陈国灿著 .—武汉:武

汉大学出版社,1995.2.—584页:图;20cm

ISBN 7-307-01920-5:¥21.00

K870.6-53 036538

敦煌学国际研讨会文集 1990:石窟考古编/段文杰主编.—沈阳:辽宁美术出版社,1995.7.—431页;20cm

ISBN 7-5314-1271-3(精装):¥48.00

K870.6-53 036539

敦煌学国际研讨会文集 1990:石窟史地、语文编/段文杰主编.—沈阳:辽宁美术出版社,1995.7.—642页;20cm

ISBN 7-5314-1269-1(精装):¥48.00

K870.6-53 036540

敦煌学国际研讨会文集 1990:石窟艺术编/段文杰主编.—沈阳:辽宁美术出版社,1995.7.—431页;20cm

ISBN 7-5314-1270-5(精装):¥48.00

K870.6-53 036541

敦煌研究文集:敦煌论稿/杨雄著.—兰州:甘肃文化出版社,1995.3.—422页:图;20cm

ISBN 7-80608-001-5:¥18.00

K870.6-53 036542

敦煌愿文集/黄徵,吴伟编校.—长沙:岳麓书社,1995.11.—984页;20cm

ISBN 7-80520-623-6(精装):¥38.00

K871.41 036543

中原楚文化研究/马世之著.—武汉:湖北教育出版社,1995.7.—260页;20cm.—(楚学文库/张正明主编)

ISBN 7-5351-1025-8(精装):¥20.00

K872 036544

民间藏珍:广东省中国文物鉴藏家协会会员藏品选集/赵自强主编;广东省中国文物鉴藏家协会编.—南宁:广西美术出版社,1995.7.—212页;29cm

ISBN 7-80582-758-3(精装):¥200.00

K872.1 036545

故宫珍宝/高和,李文善主编.—北京:紫禁城出版社,1995.3.—65页;26×23cm

ISBN 7-80047-193-4:¥40.00

K872.1 036546

故宫珍宝:汉日英对照/高和,李文善主编.—北京:紫禁城出版社,1995.3.—135页;29cm

ISBN 7-80047-196-9:¥100.00

K872.41 036547

陕西省博物馆藏宝录/王仁波主编;陕西省博物馆藏宝录编辑委员会编.—上海:上海文艺出版社;香港:三联书店(香港)有限公司,1995.2.—230页;26×24cm.—(中国珍宝鉴赏丛书)

ISBN 7-5321-0594-6(精装):¥150.00

K872.45 036548

古代高昌王国物质文明史/(法)玛雅尔(Maillard,M.)著;耿昇译.—北京:中华书局,1995.3.—312页:图;20cm.—(法国西域敦煌学名著译丛)

ISBN 7-101-01242-6:¥23.00

K872.45 036549

新疆文物考古新收获:1979~1989/王炳华主编;新疆文物考古研究所编.—乌鲁木齐:新疆人民出版社,1995.8.—686页;26cm

ISBN 7-228-03646-8:¥80.00

K872.45-53 036550

楼兰文化研究论集/穆舜英,张平主编.—乌鲁木齐:新疆人民出版社,1995.9.—449页;20cm.—(楼兰文化研究丛书/马大正等主编)

ISBN 7-228-03567-4(精装):¥35.00

K872.53 036551

古城三部曲:镇江城市考古/刘建国著.—南京:江苏古籍出版社,1995.5.—300页:彩照;20cm

ISBN 7-80519-627 3:¥15.00

K872.531 036552

南京市白下区文物志/南京市白下区文物事业管理委员会编.—南京:江苏古籍出版社,1995.11.—298页;20cm

ISBN 7-80519-654-0:¥30.00

K872.615 036553

大河村/王勇编著.—郑州:黄河水利出版社,1995.12.—80页;19cm

ISBN 7-80621-049-0:¥10.00

K872.63 036554

湖北考古发现与研究/杨宝成主编.—武汉:武汉大学出版社,1995.1.—341页;26cm.—(武汉大学学术丛书)

ISBN 7-307-01891-8:¥19.80

K875.2 036555

古镜鉴赏/李缙云著.—桂林:漓江出版社,1995.4.—290页;20cm.—(中国文物鉴赏丛书/李学勤主编)

ISBN 7-5407-1681-9:¥12.00

K875.2 036556

故宫鼻烟壶选粹:汉英对照/夏更起,张荣主编;故宫博物院编.—北京:紫禁城出版社,1995.4.—218页;28cm

ISBN 7-80047-194-2:¥150.00

K875.2 036557

中国古代酒具/杜金鹏等编著.—上海:上海文化出版社,1995.12.—407页:彩图;20cm

ISBN 7-80511-785-3(精装):¥34.00

K875.42 036558

高凤翰砚史/上海书店出版社编.—上海:上海书店出版社,1995.10.—273页;38cm

ISBN 7-80622-024-0(精装):¥190.00

K875.6 036559

宝苏局钱币/邹志谅,殷国清著.—上海:上海古籍出版社,1995.12.—328页;26cm

ISBN 7-5325-1980-5(精装):¥51.80

K875.6 036560

高邮出土铁钱/夏立旺主编.—北京:中国金融出版社,1995.7.—449页:照片;20cm

ISBN 7-5049-1460-6(精装):¥35.00

K875.6 036561

钱币学纲要/史松霖主编;上海市钱币学会编.—上海:上海古籍出版社,1995.12.—330页;26cm.—(钱币丛书)

ISBN 7－5325－2012－9(精装)：￥41.80

K875.6　036562

中国古钱/刘庆杰编著.—沈阳：辽宁古籍出版社，1995.7.—85页；19cm

ISBN 7－80507－101－2(精装)：￥21.20

K875.6　036563

中国铜镍铝币/张志中编著.—天津：南开大学出版社，1995.3.—338页；20cm

ISBN 7－310－00773－5：￥16.80

K875.6－61　036564

古钱小辞典/朱活编著.—北京：文物出版社，1995.9.—283页；19cm

ISBN 7－5010－0767－5：￥10.00

K875.6－61　036565

中国钱币大辞典：先秦编/朱活主编；《中国钱币大辞典》编纂委员会编.—北京：中华书局，1995.12.—679页；26cm

ISBN 7－101－01241－8(精装)：￥240.00

K875.64　036566

宋代货币研究/车迎新主编.—北京：中国金融出版社，1995.10.—240页；20cm

ISBN 7－5049－1218－2：￥19.50

K875.64　036567

中国古钱币真伪鉴定/江波，赵志编著.—成都：四川大学出版社，1995.11.—120页：图；20cm

ISBN 7－5614－1235－5：￥9.00

K875.8　036568

中国古代兵器/张福利主编；《中国古代兵器》编纂委员会编.—西安：陕西人民出版社，1995.6.—409页；26cm

ISBN 7－224－03778－8：￥36.50

K876.3　036569

中国古代瓷塑玩具大观/白建国著.—北京：光明日报出版社，1995.5.—104页；20cm

ISBN 7－80091－653－7：￥18.00

K876.3　036570

中国古代陶瓷/张文朴编著.—北京：北京科学技术出版社，1995.1.—143页；19cm.—(中国历史知识全书/朱仲玉主编)

ISBN 7－5304－1672－3：￥3.90

K876.3　036571

中国历代陶瓷精品100件赏析/薛建华编著.—济南：山东科学技术出版社，1995.12.—205页；29cm.—(工艺的·美术的·文物的·中华艺术精品100丛书；8)

ISBN 7－5331－1581－3：￥138.00

K876.3　036572

中国紫砂壶/李正中，刘玉华编著.—天津：天津人民出版社，1995.11.—142页；19cm

ISBN 7－201－02254－7：￥7.60

K876.3－64　036573

英国维多利亚和阿尔伯特国立博物院藏：中国清代瓷器/柯玫瑰著.—南宁：广西美术出版社，1995.12.—235页：图版；35cm

ISBN 7－80625－144－8(精装)：￥390.00

K876.34　036574

青花瓷器鉴定/张浦生著；霍华整理.—北京：书目文献出版社，1995.10.—171页：彩图；20cm

ISBN 7－5013－1238－9：￥15.00

K876.34　036575

陶器鉴赏/叶茂林著.—桂林：漓江出版社，1995.1.—422页：图；20cm.—(中国文物鉴赏丛书/李学勤主编)

ISBN 7－5407－1668－1：￥15.80

K876.4　036576

欧洲所藏中国青铜器遗珠：汉英对照/李学勤，艾兰编著.—北京：文物出版社，1995.12.—428页：图；29cm

ISBN 7－5010－0624－5(精装)：￥0.00

K876.4　036577

泰山祭器/刘慧主编；泰安市博物馆编.—济南：山东画报出版社，1995.4.—30页；23×20cm

ISBN 7－80603－025－5(精装)：￥36.00

K876.41　036578

楚系青铜器研究/刘彬徽著.—武汉：湖北教育出版社，1995.7.—617页：彩照；20cm.—(楚学文库/张正明主编)

ISBN 7－5351－1109－2(精装)：￥33.00

K876.41　036579

古代中国青铜器/朱凤瀚著.—天津：南开大学出版社，1995.6.—1178页：照片；26cm

ISBN 7－310－00686－0(精装)：￥120.00

K876.41　036580

中国青铜器概说/李学勤著.—北京：外文出版社，1995.—170页：彩图；31cm

ISBN 7－119－01425－0(精装)：￥248.00

K876.41－52　036581

中国青铜器全集　第15卷：北方民族　/中国青铜器全集编辑委员会编.—北京：文物出版社，1995.8.—1册；28×22cm.—(中国美术分类全集)

ISBN 7－5010－0841－8(精装)：￥280.00

K876.412　036582

云南李家山青铜器/玉溪地区行政公署编.—昆明：云南人民出版社，1995.8.—178，42页：图版；29cm

附玉溪地区文物精品

ISBN 7－222－01412－8(盒装)：￥198.00

K876.412　036583

中国青铜器全集　(8)：东周　(2)/中国青铜器全集编辑委员会编.—北京：文物出版社，1995.12.—184，58页：图版；29cm.—(中国美术分类全集)

ISBN 7－5010－0855－8(精装)：￥280.00

K876.7　036584

漆器/朱仲岳著.—上海：上海古籍出版社，1995.12.—172页；19cm.—(文物鉴赏丛书)

ISBN 7－5325－2008－0：￥8.10

K876.7　036585

扬州漆器史/张燕著.—南京：江苏科学技术出版社，1995.10.—293页：照片；20cm

ISBN 7－5345－1997－7：￥23.00

K876.8　036586

中国历代玉器精品100件赏析/徐湖平主编;马久喜编著.—济南:山东科学技术出版社,1995.10.—205页;29cm.—(工艺的·美术的·文物的·中华艺术精品100丛书;7)
ISBN 7-5331-1582-1:￥138.00

K877.1　036587
甲骨文文字学/李圃著.—上海:学林出版社,1995.1.—348页;20cm
ISBN 7-80616-100-7:￥25.00

K877.2-61　036588
金石字典　全一册/汤成沅编纂.—北京:中国书店,1995.10.—1550页;20cm
据台湾维新书局1982年版再版
ISBN 7-80568-679-3(精装):￥76.00

K877.3　036589
金文编校补/董莲池著.—长春:东北师范大学出版社,1995.9.—578页;20cm.—(东北师范大学文库)
ISBN 7-5602-1544-0(精装):￥45.00

K877.34　036590
唐兰先生金文论集/故宫博物院编.—北京:紫禁城出版社,1995.10.—536页;26cm
ISBN 7-80047-212-4(精装):￥150.00

K877.4　036591
汉代武氏墓群石刻研究/蒋英炬,吴文祺著.—济南:山东美术出版社,1995.9.—170页;26cm
ISBN 7-5330-0916-9:￥29.50

K877.4　036592
华山碑石/张江涛编著.—西安:三秦出版社,1995.12.—545页;26cm.—(陕西金石文献汇集/吴钢主编)
ISBN 7-80628-039-1:￥85.00

K877.4　036593
陕西古代石刻艺术/李域铮编著.—西安:三秦出版社,1995.12.—343页:图版;26cm
ISBN 7-80546-716-1(精装):￥75.00

K877.42　036594
碑石探幽/何松山编著.—南京:东南大学出版社,1995.12.—173页;20cm.—(中国民间文化探幽丛书;4/陶思炎主编)
ISBN 7-81050-111-9:￥10.00

K877.42　036595
福建宗教碑铭汇编:兴华府分册/郑振满,(美)丁荷生编纂.—福州:福建人民出版社,1995.6.—494页:照片;26cm
ISBN 7-211-02529-8(精装):￥120.00

K877.42　036596
楼观台道教碑石/吴钢主编;王忠信编.—西安:三秦出版社,1995.12.—208页;26cm
ISBN 7-80628-016-2:￥34.50

K877.42　036597
陕西碑石墓志资料汇编/高峡主编;西安碑林博物馆编.—西安:西北大学出版社,1995.8.—782页;26cm
ISBN 7-5604-0933-4:￥78.00

K877.42　036598
巍山风景名胜碑刻匾联辑注/薛琳辑注;巍山彝族回族自治县志编纂委员会办公室编.—昆明:云南人民出版社,1995.10.—148页;20cm
ISBN 7-222-01863-8:￥7.80

K877.42　036599
应县木塔匾联碑刻集成/杜福主编.—太原:山西教育出版社,1995.10.—60页;19cm
ISBN 7-5440-0827-4:￥2.40

①K877.42②K878　036600
世界第一古代水文站——白鹤梁:汉英文对照/任祯学主编;中国人民政治协商会议四川省委员会涪陵地区工作委员会编.—北京:中国三峡出版社,1995.9.—92页;28cm
ISBN 7-80099-064-8:￥48.00

K877.5　036601
望山楚简/湖北省文物考古研究所,北京大学中文系编.—北京:中华书局,1995.6.—151页;26cm
ISBN 7-101-01431-3(精装):￥75.00

K877.53　036602
战国楚竹简汇编/商承祚编著.—济南:齐鲁书社,1995.11.—264,84页;37cm
ISBN 7-5333-0467-5(精装):￥280.00

K877.54　036603
楼兰鄯善简牍年代学研究/孟凡人著.—乌鲁木齐:新疆人民出版社,1995.6.—566页;26cm.—(楼兰文化研究丛书/马大正等主编)
ISBN 7-228-03527-5(精装):￥85.00

K877.6　036604
印章/刘一闻著.—上海:上海古籍出版社,1995.12.—254页:彩图;19cm.—(文物鉴赏丛书)
ISBN 7-5325-1976-7:￥11.00

K877.6　036605
中国古代玺印/张锡瑛著.—北京:地质出版社,1995.11.—198页;20cm.—(文物鉴赏系列丛书)
ISBN 7-116-01663-5:￥27.00

K877.9　036606
奇特的女书:全国女书学术考察研讨会文集/史金波等主编.—北京:北京语言学院出版社,1995.1.—297页:照片;20cm.—(中国民族古文字研究会丛书)
ISBN 7-5619-0410-X:￥11.00

K877.9　036607
泉州名匾录/陈允敦著.—北京:紫禁城出版社,1995.12.—172页:图;20cm
附崖刻
ISBN 7-80047-210-8:￥25.00

K878　036608
汝州洪山庙/河南省文物考古研究所编.—郑州:中州古籍出版社,1995.9.—113页:图版;26cm
ISBN 7-5348-1393-X:￥28.00

K878　036609
珠江文明的灯塔:南海西樵山古遗址/曾骐著.—广州:中山大学出版社,1995.5.—164页;19cm
ISBN 7-306-01025-5:￥8.00

K878.23　036610
哈尔滨革命旧址史话/张福山,周淑珍著.—哈尔滨:

黑龙江人民出版社,1995.8.—459页;20cm
ISBN 7-207-03132-7:¥6.80

K878.8　　036611
江陵九店东周墓/湖北省文物考古研究所编著.—北京:科学出版社,1995.7.—545页:图版;26cm
ISBN 7-03-004461-4(精装):¥145.00

K878.8　　036612
琉璃河西周燕国墓地:1973~1977/北京市文物研究所编.—北京:文物出版社,1995.7.—276页:图版;26cm
ISBN 7-5010-0864-7:¥180.00

K878.8　　036613
琉璃河西周燕国墓地:1973~1977/北京市文物研究所编.—北京:文物出版社,1995.7.—276页:照片;26cm
ISBN 7-5010-0865-5(精装):¥200.00

K878.8　　036614
清代皇宫陵寝/清代宫史研究会编.—北京:紫禁城出版社,1995.6.—417页:图;20cm
ISBN 7-80047-204-3:¥10.00

K878.8　　036615
王建墓之谜/秦方瑜著.—成都:四川大学出版社,1995.3.—228页;19cm
ISBN 7-5614-0772-6:¥7.00

K878.8　　036616
曾侯乙墓文物珍赏:汉、英、日文对照/湖北省博物馆编.—武汉:湖北美术出版社,1995.5.—102页:照片;29cm
ISBN 7-5394-0583-X:¥0.00

K878.8　　036617
震撼世界的造型瑰宝——秦俑/冯声麒著.—北京:北京师范大学出版社,1995.2.—66页:彩图;26cm
ISBN 7-303-03591-5:¥9.80

①K878.8②G122　　036618
中国墓葬文化/蔡希勤著.—北京:中国城市出版社,1995.8.—214页;19cm
ISBN 7-5074-0775-6:¥9.80

K878.8-49　　036619
秦始皇和兵马俑/王其祎著.—上海:上海古籍出版社,1995.8.—101页:照片;19cm.—(中华文明宝库/李国章,马樟根主编)
ISBN 7-5325-1893-0:¥6.80

K878.9-64　　036620
古明器鉴赏图录/费鸣主编.—北京:国际文化出版公司,1995.4.—217页;36cm.—(中国古器物图录丛书)
ISBN 7-80105-234-X(精装):¥498.00

K879　　036621
美术考古学导论/刘凤君著.—济南:山东大学出版社,1995.2.—487页;20cm
ISBN 7-5607-1478-1:¥18.00

K879.21　　036622
敦煌石窟艺术:莫高窟第二八五窟(西魏)/段文杰主编;段文杰编著.—南京:江苏美术出版社,1995.12.—193页:彩图;37cm
ISBN 7-5344-0557-2(精装):¥325.00

K879.21　　036623
敦煌石窟艺术:莫高窟第二五四窟附第二六O窟(北魏)/段文杰主编;敦煌研究院,江苏美术出版社编.—南京:江苏美术出版社,1995.10.—217页;37cm
ISBN 7-5344-0476-2(精装):¥365.00

K879.21　　036624
敦煌石窟艺术:莫高窟第六一窟(五代)/段文杰主编;敦煌研究院,江苏美术出版社编.—南京:江苏美术出版社,1995.10.—233页;37cm
ISBN 7-5344-0477-0(精装):¥390.00

K879.214　　036625
敦煌石窟鉴赏丛书　第三辑:汉英对照/段文杰主编;敦煌研究院编.—兰州:甘肃人民美术出版社,1995.10.—10册;21×19cm
ISBN 7-80588-088-3(盒装):¥160.00

K879.22　　036626
云冈石窟/李治国编;赵岐等摄影.—北京:文物出版社,1995.9.—177页;26cm
ISBN 7-5010-0833-7:¥0.00

K879.23　　036627
龙门石窟雕刻粹编——佛/刘景龙等著;龙门石窟研究所编.—北京:文物出版社,1995.9.—313页:图;26cm
ISBN 7-5010-0830-2:¥76.00

K879.23-64　　036628
龙门二十品:碑刻与造像艺术:汉英对照/刘景龙编著;刘宗仁,邵海明译.—北京:中国世界语出版社,1995.8.—1册;29cm
ISBN 7-5052-0250-2(精装):¥180.00

K879.27　　036629
大足石刻艺苑/陈先学编著.—重庆:重庆出版社,1995.6.—190页:彩照;19cm
ISBN 7-5366-3066-2:¥9.40

K879.29　　036630
安西榆林窟/张伯元著.—成都:四川教育出版社,1995.10.—302页:图;19cm
ISBN 7-5408-2693-2(精装):¥32.00

K879.3-53　　036631
秦俑艺术论集/田静主编.—西安:陕西人民教育出版社,1995.5.—509页:照片;20cm
ISBN 7-5419-5398-8:¥14.00

K879.3-64　　036632
佛教雕塑名品图录:外国博物馆藏品·中国博物馆藏品·中外收藏家私人藏品/金申编著.—北京:北京工艺美术出版社,1995.5.—687页;20cm
ISBN 7-80526-144-X(精装):¥65.00

K879.4　　036633
古旧字画鉴别法/李智超著.—石家庄:河北美术出版社,1995.3.—78页;19cm
ISBN 7-5310-0684-7:¥6.60

K879.4　　036634
陕北汉代画像石/李林等编著.—西安:陕西人民出

版社,1995.3.—239 页;29cm.—(陕西文物精华丛书)
ISBN 7-224-03323-5(精装):¥200.00

K879.4 036635
中国古代神异图说/王红旗,孙晓琴编著.—北京:现代出版社,1995.7.—229 页;20cm
ISBN 7-80028-266-X:¥9.00

K879.4-53 036636
盖山林文集/盖山林著.—哈尔滨:黑龙江教育出版社,1995.4.—916 页;20cm
ISBN 7-5316-2257-2:¥28.50

K879.41 036637
杏园东汉墓壁画/中国社会科学院考古研究所编著.—沈阳:辽宁美术出版社,1995.4.—46,12 页;25×26cm.—(考古学专刊·乙种;第三十一号)
ISBN 7-5314-1255-1(精装):¥45.00

K879.41 036638
中国唐墓壁画集:汉、英文对照/张鸿修编著.—广州:岭南美术出版社,1995.3.—175 页;25×25cm
ISBN 7-5362-1216-X:¥185.00

K879.41 036639
中国新疆壁画全集 (2):克孜尔/段文杰主编;中国壁画全集编辑委员会编.—天津:天津人民美术出版社;乌鲁木齐:新疆美术摄影出版社,1995.8.—178,80页;29cm.—(中国美术分类全集)
ISBN 7-5305-0527-0(精装):¥0.00

K879.41 036640
中国新疆壁画全集 (3):克孜尔/段文杰主编;中国壁画全集编辑委员会编.—乌鲁木齐:新疆美术摄影出版社;天津:天津人民美术出版社,1995.8.—166,80页;29cm.—(中国美术分类全集)
ISBN 7-80547-296-3(精装):¥0.00

K879.41 036641
中国新疆壁画全集 (4):库木 吐拉/祁协玉,林瑛珊主编.—乌鲁木齐:新疆美术摄影出版社;沈阳:辽宁美术出版社,1995.8.—1 册;29cm.—(中国美术分类全集)
ISBN 7-80547-333-1(精装):¥0.00

K879.41 036642
中国新疆壁画全集 (5):森木赛姆 克孜尔尕哈/林瑛珊,祁协玉主编.—沈阳:辽宁美术出版社;乌鲁木齐:新疆美术摄影出版社,1995.6.—1 册;29cm.—(中国美术分类全集)
ISBN 7-5314-1296-9(精装):¥0.00

K879.41 036643
中国新疆壁画全集 (6):吐峪沟 柏孜克里克/赵敏,张业汉主编.—沈阳:辽宁美术出版社;乌鲁木齐:新疆美术摄影出版社,1995.6.—1 册;29cm.—(中国美术分类全集)
ISBN 7-5314-1295-0(精装):¥0.00

K879.42 036644
南阳汉代天文画像石研究/韩玉祥主编.—北京:民族出版社,1995.10.—139 页;26cm
ISBN 7-105-02552-2:¥36.00

K879.42 036645
徐州汉画像石/徐毅英主编;《徐州汉画像石》编委会编.—北京:中国世界语出版社,1995.12.—87 页;29cm
ISBN 7-5052-0277-4:¥88.00

K879.424 036646
丝绸之路草原石人研究/王博,祁小山著.—乌鲁木齐:新疆人民出版社,1995.12.—313,199 页:图版;20cm.—(丝绸之路研究丛书/周菁葆,陈重秋主编)
ISBN 7-228-03680-8(精装):¥40.00

K883/887 各国文物考古

K883.817.9 036647
死海古卷/(美)加斯特(Gaster,T.H.)著;王神荫译.—北京:商务印书馆,1995.10.—483 页;20cm
据纽约铁锚出版社铁锚丛书 1976 年第三次修订版译出
ISBN 7-100-01591-X:¥19.20

K89 风俗习惯

K890 036648
民俗学手册/(英)博尔尼(Burne,C.S.)著;程德祺等译.—上海:上海文艺出版社,1995.4.—325 页;20cm.—(世界民间文化译丛)
书名原文:The Handbook of Folklore
据伦敦塞德维克和杰克逊出版公司 1914 年最新增订版译出
ISBN 7-5321-1220-9:¥12.00

K890 036649
民俗学田野作业研究/江帆著.—济南:山东大学出版社,1995.9.—250 页;20cm
ISBN 7-5607-1530-3:¥8.00

K890 036650
中国民俗学概论/陈江主编.—上海:上海教育出版社,1995.1.—252 页;19cm.—(中学教师继续教育丛书)
ISBN 7-5320-4241-3:¥5.70

K891 世界风俗习惯

K891 036651
大学礼仪概论/孟繁融等主编.—济南:山东友谊出版社,1995.10.—417 页;20cm
ISBN 7-80551-734-7:¥15.00

K891 036652
风俗论:论各民族的精神与风俗以及自查理曼至路易十三的历史 上册/(法)伏尔泰著;梁守锵译.—北京:商务印书馆,1995.1.—557 页;20cm
书名原文:L'esprit des Nations
ISBN 7-100-01637-1:¥19.80

K891 036653
婚礼奇观/郑怀盛,邵荣兰编.—北京:长征出版社,

1995.11.—291页;20cm
ISBN 7-80015-351-7:¥14.40

K891　036654
交际礼仪:形象的自我塑造/亢淑芳主编.—北京:中国国际广播出版社,1995.8.—159页;19cm
ISBN 7-5078-0875-0:¥5.50

K891　036655
接待礼仪/关彤主编.—海口:南海出版公司,1995.3.—316页;19cm
ISBN 7-5442-0341-7:¥9.60

K891　036656
礼节礼仪常识/卢慧主编.—大连:大连理工大学出版社,1995.3.—171页;26cm
中等职业技术学校教材
ISBN 7-5611-0989-X:¥4.90

K891　036657
名城流行图鉴/《HOW》编委会编.—上海:上海文化出版社,1995.10.—99页:彩图;21×16cm.—(HOW袖珍书系)
ISBN 7-80511-833-7:¥20.00

K891　036658
女子礼仪/周季平编著.—北京:中国妇女出版社,1995.9.—143页;19cm
ISBN 7-80016-668-6:¥6.00

K891　036659
人类服饰文化学/华梅著.—天津:天津人民出版社,1995.12.—556页;29cm
ISBN 7-201-02185-0(精装):¥198.00

K891　036660
文化鉴赏大成/江曾培等主编.—上海:上海文化出版社,1995.7.—1424页:彩图;20cm
ISBN 7-80511-708-X(精装):¥60.00

K891　036661
现代社交礼仪/何春晖,彭波编著.—杭州:杭州大学出版社,1995.8.—234页;20cm.—(秘书业务知识丛书/余茂等主编)
ISBN 7-81035-845-6:¥8.80

①K891②C912.1　036662
中日交际文化比较/陆庆和著.—贵阳:贵州人民出版社,1995.5.—269页;20cm
ISBN 7-221-03849-X:¥12.80

K891-61　036663
英美文化词典/胡文仲主编;杜学增等编著.—北京:外语教学与研究出版社,1995.10.—480页;20cm
ISBN 7-5600-0754-6(精装):¥19.80

K891-61　036664
中外节日纪念日辞典/陈丙合主编;谭汉凡等编写.—贵阳:贵州人民出版社,1995.1.—559页;20cm
ISBN 7-221-03626-8:¥20.00

K891-62　036665
新编国际礼仪手册/高世杰编著.—北京:中国妇女出版社,1995.7.—185页;19cm
ISBN 7-80016-920-0:¥6.00

K892 中国风俗习惯

K892　036666
民俗·历史·当代/陆景川著.—贵阳:贵州民族出版社,1995.12.—206页;19cm
ISBN 7-5412-0616-4:¥7.00

K892　036667
民俗学导游/董晓萍著.—北京:中国工人出版社,1995.10.—177页;19cm
ISBN 7-5008-1809-2:¥6.60

K892　036668
实用礼仪教程/何浩然,冯贵荣主编.—北京:中国商业出版社,1995.6.—278页;20cm
ISBN 7-5044-2027-1:¥10.80

K892　036669
现代礼仪/李广德等主编.—郑州:河南人民出版社,1995.6.—328页;20cm
ISBN 7-215-03551-4:¥11.50

K892　036670
一个外国人眼中的中国民俗/(美)詹姆森著;田小杭,阎苹译.—上海:上海文艺出版社,1995.11.—158页;19cm.—(域内外民俗学丛刊)
著者原题:R.D.詹姆森
ISBN 7-5321-1324-8:¥6.40

K892　036671
中国风俗与礼仪:缤纷的世俗画卷/雷绍锋著.—武汉:湖北人民出版社,1995.4.—167页;19cm.—(青少年文史库/王余光,王三山主编)
ISBN 7-216-01667-X:¥4.80

K892　036672
中国民间工艺/廉晓春,许平著.—2版.—杭州:浙江教育出版社,1995.3.—216页:照片;20cm.—(中国民间文化丛书/刘魁立主编)
ISBN 7-5338-2168-8(精装):¥10.05

K892　036673
中国民俗风情揽胜/张紫晨主编.—石家庄:河北人民出版社,1995.8.—731页:彩图;20cm
ISBN 7-202-01737-7(精装):¥40.00

K892　036674
中国民俗精粹/蒯大中,祁红著.—合肥:安徽少年儿童出版社,1995.10.—341页;20cm.—(中国传统文化精粹丛书/钱念孙主编)
ISBN 7-5397-1156-6(精装):¥9.30

K892　036675
中外送礼艺术/陈燮君主编.—南昌:江西人民出版社,1995.5.—169页;19cm
ISBN 7-210-01500-0:¥4.80

①K892②K442.9　036676
中国女性民俗文化:汉英对照/邢莉主编.—北京:中国档案出版社,1995.8.—445页:彩照;26cm
ISBN 7-80019-503-1:¥98.00

K892-64　036677
中华民俗百图/王九存主编;孙祥栋编绘.—太原:山

西古籍出版社,1995.6.—100页;19cm
ISBN 7-80598-072-1:¥8.80

K892.1　036678
神州的狂欢/穆田主编.—北京:华夏出版社,1995.3.—354页:彩图;20cm
ISBN 7-5080-0523-6(精装):¥45.00

K892.1　036679
生日快乐/陈少滨等编撰.—杭州:浙江人民美术出版社,1995.3.—63页:彩照;26cm.—(星期天丛书)
ISBN 7-5340-0502-7:¥13.60

K892.1　036680
西南民族节日文化/黄泽著.—昆明:云南教育出版社,1995.3.—401页:彩照;20cm.—(西南研究书系)
ISBN 7-5415-0947-7:¥12.30

①K892.11②D647　036681
一百个国耻纪念日/梁义群等编著.—北京:中国青年出版社,1995.4.—395页;19cm.—(爱国主义教育丛书)
ISBN 7-5006-1735-6:¥9.80

K892.18　036682
趣谈历法节气民俗/施连方编著.—北京:党建读物出版社,1995.12.—155页;19cm.—(华夏知识趣谈丛书)
ISBN 7-80098-142-8:¥6.60

K892.18　036683
中国各民族年节祭会大事典/周鸣琦,李人凡主编;韦云彪等编.—西安:陕西人民教育出版社,1995.12.—758页:彩照;26cm
ISBN 7-5419-4200-6(精装):¥89.00

K892.2　036684
汉字与古代人生风俗/刘志基著.—上海:华东师范大学出版社,1995.10.—173页;20cm
ISBN 7-5617-1288-X:¥7.50

K892.2　036685
客家礼俗/刘善群著.—福州:福建教育出版社,1995.10.—149页;20cm.—(客家文化丛书/谢重光主编)
ISBN 7-5334-1934-0:¥9.50

K892.2　036686
求吉避凶吉祥俗/邵燕等编著.—北京:中国旅游出版社,1995.4.—147页;19cm.—(中国民间吉祥丛书/韩振峰主编)
ISBN 7-5032-0908-9:¥4.50

K892.2　036687
求吉避凶吉祥物/韩振武等编著.—北京:中国旅游出版社,1995.4.—106页;19cm.—(中国民间吉祥丛书/韩振峰主编)
ISBN 7-5032-0903-8:¥4.00

K892.2　036688
生活吉祥616/金峰主编;纪淑云等编.—北京:中国经济出版社,1995.4.—168页;19cm.—(生活好运说丛书)
ISBN 7-5017-3381-3:¥4.50

K892.2　036689
燕市积弊/待馀生著;张荣起校注·都市丛谈/逆旅过客著;张荣起校注.—北京:北京古籍出版社,1995.5.—223页;20cm
ISBN 7-5300-0104-3:¥9.00

K892.2　036690
中国民间礼仪/黄诗结编著.—济南:山东人民出版社,1995.1.—306页;19cm
ISBN 7-209-01635-X:¥6.80

①K892.2②B933　036691
求吉避凶吉祥神/肖红松,赵昕编著.—北京:中国旅游出版社,1995.4.—127页;19cm.—(中国民间吉祥丛书/韩振峰主编)
ISBN 7-5032-0994-1:¥4.20

①K892.2②H136.4　036692
求吉避凶吉祥语/刘玉等编著.—北京:中国旅游出版社,1995.4.—137页;19cm.—(中国民间吉祥丛书/韩振峰主编)
ISBN 7-5032-0993-3:¥4.50

①K892.2②I269.7　036693
求吉避凶吉祥联/金峰等编.—北京:中国旅游出版社,1995.4.—178页;19cm.—(中国民间吉祥丛书/韩振峰主编)
ISBN 7-5032-0904-6:¥4.80

K892.21　036694
你的属相:狗/荔蕊编著.—西宁:青海人民出版社,1995.10.—154页;19cm
ISBN 7-225-01085-9:¥4.80

K892.21　036695
你的属相:猴/荔蕊编著.—西宁:青海人民出版社,1995.10.—155页;19cm
ISBN 7-225-01085-9:¥4.80

K892.21　036696
你的属相:虎/荔蕊编著.—西宁:青海人民出版社,1995.10.—154页;19cm
ISBN 7-225-01085-9:¥4.80

K892.21　036697
你的属相:鸡/荔蕊编著.—西宁:青海人民出版社,1995.10.—154页;19cm
ISBN 7-225-01085-9:¥4.80

K892.21　036698
你的属相:龙/荔蕊编著.—西宁:青海人民出版社,1995.10.—155页;19cm
ISBN 7-225-01085-9:¥4.80

K892.21　036699
你的属相:马/荔蕊编著.—西宁:青海人民出版社,1995.10.—156页;19cm
ISBN 7-225-01085-9:¥4.80

K892.21　036700
你的属相:牛/荔蕊编著.—西宁:青海人民出版社,1995.10.—154页;19cm
ISBN 7-225-01085-9:¥4.80

K892.21　036701
你的属相:蛇/荔蕊编著.—西宁:青海人民出版社,1995.10.—155页;19cm

ISBN 7-225-01085-9: ¥4.80

K892.21　036702

你的属相:鼠/荔蕊编著.—西宁:青海人民出版社,1995.10.—155页;19cm

ISBN 7-225-01085-9: ¥4.80

K892.21　036703

你的属相:鼠年运程/荔蕊编著.—西宁:青海人民出版社,1995.10.—154页;19cm

ISBN 7-225-01085-9: ¥4.80

K892.21　036704

你的属相:兔/荔蕊编著.—西宁:青海人民出版社,1995.10.—155页;19cm

ISBN 7-225-01085-9: ¥4.80

K892.21　036705

你的属相:羊/荔蕊编著.—西宁:青海人民出版社,1995.10.—155页;19cm

ISBN 7-225-01085-9: ¥4.80

K892.21　036706

你的属相:猪/荔蕊编著.—西宁:青海人民出版社,1995.10.—155页;19cm

ISBN 7-225-01085-9: ¥4.80

K892.21　036707

日月生肖幸运星座/康博英编著.—拉萨:西藏人民出版社,1995.9.—12册;19cm.—(浪漫金典系列)

ISBN 7-223-00779-6: ¥47.76

K892.21　036708

生日礼品书:10月/田美等编.—北京:中国社会出版社,1995.7.—31册;15×10cm

ISBN 7-80088-617-4(精装): ¥372.00

K892.21　036709

我属狗/吴奕宽,何华连编著.—海口:南海出版公司,1995.1.—146页;19cm.—(十二生肖趣闻丛书/吴奕宽主编)

ISBN 7-5442-0437-5: ¥3.80

K892.21　036710

我属鸡/吴奕宽编著.—海口:南海出版公司,1995.1.—136页;19cm.—(十二生肖趣闻丛书/吴奕宽主编)

ISBN 7-5442-0441-3: ¥3.80

K892.21　036711

我属蛇/毛素仙等编著.—海口:南海出版公司,1995.1.—137页;19cm.—(十二生肖趣闻丛书/吴奕宽主编)

ISBN 7-5442-0442-1: ¥3.80

K892.21　036712

我属兔/何华连编著.—海口:南海出版公司,1995.1.—142页;19cm.—(十二生肖趣闻丛书/吴奕宽主编)

ISBN 7-5442-0445-6: ¥3.80

K892.21　036713

我属羊/何连华等编著.—海口:南海出版公司,1995.1.—142页;19cm.—(十二生肖趣闻丛书/吴奕宽主编)

ISBN 7-5442-0435-9: ¥3.80

K892.21　036714

一生缘:花缘·情缘·人缘/沈晶莹等编.—福州:福建美术出版社,1995.5.—366册;17×10cm

ISBN 7-5393-0304-2: ¥1281.00

K892.21　036715

祝你生日快乐/吴祖德等编著.—上海:上海文化出版社,1995.5.—214页:彩图;18×17cm

ISBN 7-80511-690-3(精装): ¥20.90

K892.22　036716

汉代丧葬制度/李如森著.—长春:吉林大学出版社,1995.3.—502页:图版;20cm

ISBN 7-5601-1688-4: ¥10.50

K892.22　036717

话说媒人/蔡利民等编著.—上海:上海文化出版社,1995.12.—134页;19cm.—(五角丛书;146)

ISBN 7-80511-795-0: ¥4.50

K892.22　036718

西藏古代墓葬制度史/霍巍著.—成都:四川人民出版社,1995.5.—405页:照片;20cm.—(西藏文明研究系列)

ISBN 7-220-02720-6(精装): ¥28.00

K892.22　036719

现代婚礼设计/闫福君主编.—沈阳:辽宁民族出版社,1995.10.—146页:彩照;20cm

ISBN 7-80527-554-8(精装): ¥28.00

K892.22　036720

小妾史/王绍玺著 .—上海:上海文艺出版社,1995.7.—150页:图;19cm.—(中国社会民俗史丛书)

ISBN 7-5321-1299-3(精装): ¥9.80

K892.23　036721

客家服饰文化/郭丹,张佑周编著.—福州:福建教育出版社,1995.10.—118页;20cm.—(客家文化丛书/谢重光主编)

ISBN 7-5334-1938-3: ¥7.55

K892.23　036722

霓裳·锦衣·礼道:中国古代服饰智道透析/赵联偿著.—南宁:广西教育出版社,1995.8.—289页;20cm.—(中国古代智道丛书/王熹主编)

ISBN 7-5435-2231-4: ¥12.40

K892.23　036723

中国古代服饰大观/周汛,高春明著.—重庆:重庆出版社,1995.3.—497页:照片;19cm

ISBN 7-5366-2387-9(精装): ¥28.00

K892.23　036724

中国西域民族服饰研究/李肖冰著.—乌鲁木齐:新疆人民出版社,1995.8.—328页;29cm

ISBN 7-228-03044-3: ¥290.00

①K892.23②TS941.1　036725

中国古代服饰/王明泽编著.—北京:北京科学技术出版社,1995.1.—111页;19cm.—(中国历史知识全书/朱仲玉主编)

ISBN 7-5304-1665-0: ¥3.90

K892.23-64　036726

云南民族博物馆藏品选/高宗裕主编;云南民族博物馆编.—昆明:云南美术出版社,1995.10.—175页:彩图;29cm

ISBN 7-80586-171-4: ¥88.00

K892.24　036727

雕风塑韵/杨学芹编著.—石家庄:河北少年儿童出版社,1995.12.—260页:彩图;20cm.—(中国民间文化·雕塑/钟敬文主编)

ISBN 7-5376-1320-6(精装): ¥15.20

K892.24　036728

风俗探幽/陶思炎著.—南京:东南大学出版社,1995.4.—229页;20cm.—(中国民间文化探幽丛书;1/陶思炎主编)

ISBN 7-81023-991-0: ¥10.10

K892.24　036729

黄土地的蓝色梦/许启望等编著.—石家庄:河北少年儿童出版社,1995.12.—132页:彩图;20cm.—(中国民间文化·海洋/钟敬文主编)

ISBN 7-5376-1314-1(精装): ¥10.90

K892.24　036730

精武神功/陈胜民,刘锦东编著.—石家庄:河北少年儿童出版社,1995.12.—174页:彩图;20cm.—(中国民间文化·武术/钟敬文主编)

ISBN 7-5376-1318-4(精装): ¥12.75

K892.24　036731

酒醴风华/禾木编著.—石家庄:河北少年儿童出版社,1995.12.—163页:彩图;20cm.—(中国民间文化·酒/钟敬文主编)

ISBN 7-5376-1321-4(精装): ¥12.00

K892.24　036732

梨园相思树/鲍震培编著.—石家庄:河北少年儿童出版社,1995.12.—174页:彩图;20cm.—(中国民间文化·戏曲说唱/钟敬文主编)

ISBN 7-5376-1319-2(精装): ¥12.25

K892.24　036733

神话探幽/万书元著.—南京:东南大学出版社,1995.12.—220页;20cm.—(中国民间文化探幽丛书;3/陶思炎主编)

ISBN 7-81050-074-0: ¥12.00

K892.24　036734

神州神采/张锁印,问雅薇编著.—石家庄:河北少年儿童出版社,1995.12.—159页:彩图;20cm.—(中国民间文化·民神/钟敬文主编)

ISBN 7-5376-1316-8(精装): ¥12.25

K892.24　036735

为人立世/高春花,卢子震编著.—石家庄:河北少年儿童出版社,1995.12.—141页:彩图;20cm.—(中国民间文化·道德/钟敬文主编)

ISBN 7-5376-1315-X(精装): ¥11.25

K892.24　036736

中国民间文化:民间文化研究　1995　(1)　总第十七集/上海民间文艺家协会,上海民俗学会编.—上海:学林出版社,1995.7.—388页;20cm

ISBN 7-80616-124-4: ¥14.00

K892.24　036737

中国南方鼓文化与地域社区生活/于希谦著;云南省民族研究所编.—昆明:云南民族出版社,1995.12.—343页;20cm.—(民族调查研究丛书)

ISBN 7-5367-1074-7: ¥16.80

①K892.24②I277.3　036738

中国民间文化　1995年第2期　总第十八集:地方神信仰/姜彬主编;上海民间文艺家协会,上海民俗学会编.—上海:学林出版社,1995.12.—392页;20cm

ISBN 7-80616-125-2: ¥14.00

K892.29　036739

缠足史/高洪兴著.—上海:上海文艺出版社,1995.7.—198页:照片;19cm.—(中国社会民俗史丛书)

ISBN 7-5321-1265-9(精装): ¥11.60

K892.29　036740

国际商俗学:国际商务习俗与礼仪/祁春波,马景云著.—北京:中国检察出版社,1995.6.—217页;19cm

ISBN 7-80086-273-9: ¥8.00

K892.29　036741

山西庙会/梁肇唐,李政行主编.—太原:山西经济出版社,1995.5.—413页;20cm

ISBN 7-80577-865-5: ¥14.00

K892.29　036742

饮德·食艺·宴道:中国古代饮食智道透析/林永匡著.—南宁:广西教育出版社,1995.5.—312页;20cm.—(中国古代智道丛书/王熹主编)

ISBN 7-5435-2226-8: ¥10.60

K892.29　036743

中国庙会大观/张双林编著.—北京:工商出版社,1995.8.—337页;19cm

ISBN 7-80012-168-2: ¥16.50

K892.3-49　036744

中华之舟/江蔚军,韩淑珍编著;金马绘.—济南:明天出版社,1995.4.—120页;20cm.—(全国小学生课外丛书/李仲汉主编)

全套120册,总定价:385.00元

ISBN 7-5332-2142-7: ¥0.00

K892.3-61　036745

中国少数民族民俗大辞典/马学良主编;《中国少数民族民俗大辞典》编写组编.—呼和浩特:内蒙古人民出版社,1995.1.—556页:照片;26cm

ISBN 7-204-01975-X(精装): ¥46.00

K892.3-64　036746

中国少数民族风情:东北册:汉英对照/施友义主编.—福州:海风出版社,1995.11.—75页:彩照;29cm

ISBN 7-80597-102-1: ¥50.00

K892.311　036747

云想衣裳花想容/张宁,刘文孝著.—昆明:云南教育出版社,1995.5.—36页:彩图;20cm.—(云南民族女性文化丛书·汉族/高发元主编)

ISBN 7-5415-0919-1: ¥13.80

K892.312　036748

变迁中的高原蒙女/邓启耀著.—昆明:云南教育出版社,1995.5.—39页:彩图;20cm.—(云南民族女性文化丛书·蒙古族/高发元主编)

ISBN 7-5415-0903-5: ¥13.80

K892.314　036749

佛光里的诗化人生/杨学政,格茸拉姆著.—昆明:云南教育出版社,1995.5.—36页:彩图;20cm.—(云南民族女性文化丛书·藏族/高发元主编)

ISBN 7-5415-0921-3:¥13.80

K892.316　036750

祭魂曲:清镇市苗族指路歌/魏金才主编;清镇市民族宗教事务局编.—贵阳:贵州民族出版社,1995.12.—227页;20cm

ISBN 7-5412-0522-2:¥5.20

K892.316　036751

苗族女性文化/王慧琴著.—北京:北京大学出版社,1995.6.—227页;19cm.—(女性研究丛书)

ISBN 7-301-02733-8:¥9.20

K892.316　036752

民族文化的织手/古文凤著.—昆明:云南教育出版社,1995.5.—37页:彩图;20cm.—(云南民族女性文化丛书·苗族/高发元主编)

ISBN 7-5415-0928-0:¥13.80

K892.317　036753

多元文化中的情韵/杨士杰著.—昆明:云南教育出版社,1995.5.—39页:彩图;20cm.—(云南民族女性文化丛书·彝族/高发元主编)

ISBN 7-5415-0931-0:¥13.80

K892.318　036754

歌海中的女性/刘稚著.—昆明:云南教育出版社,1995.5.—33页:彩图;20cm.—(云南民族女性文化丛书·壮族/高发元主编)

ISBN 7-5415-0933-7:¥13.80

K892.321　036755

追寻不灭的情怀/爱君著.—昆明:云南教育出版社,1995.5.—37页:彩图;20cm.—(云南民族女性文化丛书·满族/高发元主编)

ISBN 7-5415-0906-X:¥13.80

K892.351　036756

丛林中的映山红/陈斌,李明辉著.—昆明:云南教育出版社,1995.5.—41页:彩图;20cm.—(云南民族女性文化丛书·瑶族/高发元主编)

ISBN 7-5415-0927-2:¥13.80

K892.352　036757

情系苍山魂泊洱海/杨国才著.—昆明:云南教育出版社,1995.5.—40页:彩图;20cm.—(云南民族女性文化丛书·白族/高发元主编)

ISBN 7-5415-0925-6:¥13.80

K892.353　036758

沐浴圣水的女性/郑晓云,玉涛著.—昆明:云南教育出版社,1995.5.—33页:彩图;20cm.—(云南民族女性文化丛书·傣族/高发元主编)

ISBN 7-5415-0929-9:¥13.80

K892.354　036759

云海中的奇婚女性/王清华,史军超著.—昆明:云南教育出版社,1995.5.—33页:彩图;20cm.—(云南民族女性文化丛书·哈尼族/高发元主编)

ISBN 7-5415-0905-1:¥13.80

K892.355　036760

木鼓中的母性之魂/温益群著.—昆明:云南教育出版社,1995.5.—48页:彩图;20cm.—(云南民族女性文化丛书·佤族/高发元主编)

ISBN 7-5415-0909-4:¥13.80

K892.357　036761

在女神的天地里/和钟华著.—昆明:云南教育出版社,1995.5.—37页:彩图;20cm.—(云南民族女性文化丛书·纳西族/高发元主编)

ISBN 7-5415-0904-3:¥13.80

K892.358　036762

芦笙恋歌口弦情/晓根著.—昆明:云南教育出版社,1995.5.—35页:彩图;20cm.—(云南民族女性文化丛书·拉祜族/高发元主编)

ISBN 7-5415-0922-1:¥13.80

K892.361　036763

山花·恋曲·布朗女/王国祥著.—昆明:云南教育出版社,1995.5.—40页:彩图;20cm.—(云南民族女性文化丛书·布朗族/高发元主编)

ISBN 7-5415-0920-5:¥13.80

K892.362　036764

古道边的歌谣/王四代,曹明坤著.—昆明:云南教育出版社,1995.5.—35页:彩图;20cm.—(云南民族女性文化丛书·阿昌族/高发元主编)

ISBN 7-5415-0926-4:¥13.80

K892.363　036765

复苏了的神话/何叔涛著.—昆明:云南教育出版社,1995.5.—37页:彩图;20cm.—(云南民族女性文化丛书·怒族/高发元主编)

ISBN 7-5415-0923-X:¥13.80

K892.364　036766

腰箍套不住的女人/周鸣琦著.—昆明:云南教育出版社,1995.5.—42页:彩图;20cm.—(云南民族女性文化丛书·德昂族/高发元主编)

ISBN 7-5415-0910-8:¥13.80

K892.365　036767

自然怀抱中的文面女/罗荣芬著.—昆明:云南教育出版社,1995.5.—38页:彩图;20cm.—(云南民族女性文化丛书·独龙族/高发元主编)

ISBN 7-5415-0911-6:¥13.80

K892.366　036768

一个民族的脊梁/郑海,殷海涛著.—昆明:云南教育出版社,1995.5.—34页:彩图;20cm.—(云南民族女性文化丛书·普米族/高发元主编)

ISBN 7-5415-0932-9:¥13.80

K892.368　036769

木叶传情歌为媒/马和萱著.—昆明:云南教育出版社,1995.5.—45页:彩图;20cm.—(云南民族女性文化丛书·布依族/高发元主编)

ISBN 7-5415-0934-5:¥13.80

K892.369　036770

高原水乡映彩虹/周宏著.—昆明:云南教育出版社,1995.5.—38页:彩图;20cm.—(云南民族女性文化丛书·水族/高发元主编)

ISBN 7-5415-0930-2:¥13.80

K892.378 036771

永不安分的女魂/赵捷著.—昆明:云南教育出版社,1995.5.—38 页:彩图;20cm.—(云南民族女性文化丛书·基诺族/高发元主编)

ISBN 7-5415-0907-8: ¥13.80

K892.384 036772

高山族民俗/田富达,陈国强著.—北京:民族出版社,1995.6.—283 页:图;20cm

ISBN 7-105-02139-X: ¥7.90

K892.4 036773

楚俗研究 第二集/方培元主编.—武汉:湖北美术出版社,1995.12.—468 页;20cm

ISBN 7-5394-0604-6: ¥20.00

K892.42 036774

华北民间文化/董晓萍,(美)欧达伟(Arkush,R.D.)著.—石家庄:河北教育出版社,1995.7.—132 页;19cm

ISBN 7-5434-2467-3: ¥3.40

①K892.422②K928.702.2 036775

燕南赵北的民俗与旅游/曹广志编著.—北京:旅游教育出版社,1995.1.—204 页:彩照;20cm.—(中国民俗·旅游丛书·河北卷/丘桓兴,陈喜增主编)

ISBN 7-5637-0569-4: ¥7.50

K892.425 036776

平阳民俗丛谭/陶富海主编.—太原:山西古籍出版社,1995.10.—297 页;19cm

ISBN 7-80598-088-8: ¥9.50

K892.425 036777

山西民俗与山西人/乔润令著.—北京:中国城市出版社,1995.8.—295 页;20cm.—(三晋文化研究丛书)

ISBN 7-5074-0758-6: ¥12.60

①K892.425②K928.702.5 036778

汾河两岸的民俗与旅游/段友文编著.—北京:旅游教育出版社,1995.1.—215 页:彩照;20cm.—(中国民俗·旅游丛书·山西卷/丘桓兴,陈喜增主编)

ISBN 7-5637-0567-8: ¥7.80

K892.431 036779

红高粱:辽北习俗/韩雪峰著.—沈阳:春风文艺出版社,1995.8.—326 页;20cm

ISBN 7-5313-1554-8: ¥12.90

①K892.44②K928.704.4 036780

江河源头的民俗与旅游/寒竹编著.—北京:旅游教育出版社,1995.1.—187 页:彩照;20cm.—(中国民俗·旅游丛书·青海卷/丘桓兴,陈喜增主编)

ISBN 7-5637-0574-0: ¥7.00

K892.444 036781

西海风情/青海民族学院民族研究所编.—西宁:青海人民出版社,1995.3.—226 页;20cm

ISBN 7-225-01015-8: ¥6.00

K892.445 036782

新疆十三个民族吉祥物:汉、维吾尔文对照/马斯胡提·外力主编;新疆维吾尔自治区民委编.—乌鲁木齐:新疆青少年出版社,1995.12.—81,131 页:彩图;20cm

ISBN 7-5371-2154-0: ¥11.00

①K892.445②K928.704.5 036783

天山南北的民俗与旅游/袁志广,刘琳编著.—北京:旅游教育出版社,1995.1.—187 页:彩照;20cm.—(中国民俗·旅游丛书·新疆卷/丘桓兴,陈喜增主编)

ISBN 7-5637-0572-4: ¥6.90

K892.45 036784

中国地方志民俗资料汇编:华东卷/丁世良主编,赵放主编;哈特·玛特等编.—北京:书目文献出版社,1995.2.—3 册(1911 页);20cm

ISBN 7-5013-0997-3: ¥80.00

K892.451 036785

上海民俗风情:汉、日、英文对照/上海市旅游事业管理局编.—上海:上海人民美术出版社,1995.3.—97 页;29cm

ISBN 7-5322-1410-9: ¥60.00

①K892.452②K928.705.2 036786

齐鲁之邦的民俗与旅游/山曼编著.—北京:旅游教育出版社,1995.1.—255 页:彩照;20cm.—(中国民俗·旅游丛书·山东卷/丘桓兴,陈喜增主编)

ISBN 7-5637-0566-X: ¥8.50

K892.452.3 036787

风土人情:鸢都民俗趣谈/刘东木主编.—济南:山东友谊出版社,1995.8.—145 页;19cm

ISBN 7-80551-810-6: ¥7.80

K892.453 036788

靖江风情/郭寿明主编.—南京:江苏人民出版社,1995.12.—228 页:彩图;20cm

ISBN 7-214-01591-9: ¥16.50

K892.453.1 036789

秦淮风俗/彭振刚编.—南京:南京出版社,1995.9.—232 页;19cm.—(漫话秦淮丛书/庄小军,黄元春主编)

ISBN 7-80614-169-3: ¥6.00

①K892.461②K928.706.1 036790

中州大地的民俗与旅游/魏敏,程健君编著.—北京:旅游教育出版社,1995.1.—166 页:彩照;20cm.—(中国民俗·旅游丛书·河南卷/丘桓兴,陈喜增主编)

ISBN 7-5637-0569-4: ¥6.00

①K892.463②K928.706.3 036791

荆山楚水的民俗与旅游/萧放编著.—北京:旅游教育出版社,1995.1.—186 页:彩照;20cm.—(中国民俗·旅游丛书·湖北卷/丘桓兴,陈喜增主编)

ISBN 7-5637-0571-6: ¥6.90

K892.465 036792

肇庆岁时风情录/丘均,叶旭明著.—广州:广东人民出版社,1995.6.—362 页;19cm

ISBN 7-218-01969-2: ¥15.00

K892.473 036793

贵州少数民族风情录/李朝龙,李廷兰编著.—贵阳:贵州教育出版社,1995.8.—446 页;20cm

ISBN 7-80583-703-1: ¥15.80

①K892.474②K928.707.4 036794

孔雀之乡的民俗与旅游/丘桓兴,徐欧光编著.—北京:旅游教育出版社,1995.1.—232 页:彩照;20cm.—(中国民俗·旅游丛书·云南卷/丘桓兴,陈喜增主编)

ISBN 7-5637-0570-8:¥8.00

①K892.474-64②G812.47-64 036795

红土地的律动:云南少数民族民俗与体育/李立纲等主编;云南威特国际广告有限公司,云南社会发展研究中心编.—昆明:云南民族出版社,1995.10.—92页:彩照;29cm

ISBN 7-5367-1101-8:¥126.00

①K892.475②K928.707.5 036796

世界屋脊的民俗与旅游/孙之龙编著.—北京:旅游教育出版社,1995.1.—187页:彩照;20cm.—(中国民俗·旅游丛书·西藏卷/丘桓兴,陈喜增主编)

ISBN 7-5637-0573-2:¥7.00

K892.9 036797

皇冠与凤冠:中国后妃/赵剑敏著.—上海:上海古籍出版社,1995.12.—203页;19cm

ISBN 7-5325-1988-0:¥7.90

K892.96-62 036798

中国礼仪全书/钟敬文主编.—合肥:安徽科学技术出版社,1995.2.—713页;20cm

ISBN 7-5337-1065-7(精装):¥25.00

K892.97 036799

魏晋南北朝礼制研究/陈戍国著.—长沙:湖南教育出版社,1995.7.—516页;20cm

ISBN 7-5355-2225-4(精装):¥21.00

K892.98 036800

馈赠礼品的学问/许海生,石鑫编著.—北京:中国青年出版社,1995.9.—130页:彩图;17×12cm.—(我的丛书/丁兴旺主编)

ISBN 7-5006-1828-X:¥5.80

K892.98 036801

赠送鲜花的艺术/丁兴旺,张丽编著.—北京:中国青年出版社,1995.9.—166页:彩图;17×12cm.—(我的丛书/丁兴旺主编)

ISBN 7-5006-1830-1:¥7.30

K892.98 036802

谥法研究/汪受宽著.—上海:上海古籍出版社,1995.6.—461页;20cm.—(中国传统文化研究丛书)

ISBN 7-5325-1858-2:¥16.50

K893/897 各国风俗习惯

K893.36 036803

"人妖"与泰国奇俗/愚夫编著.—西宁:青海人民出版社,1995.3.—75页;26cm

ISBN 7-225-00959-1:¥3.60

K9 地理

K9-43 036804

地理/湖北省教委编.—北京:高等教育出版社,1995.4.—274页;20cm

全国成人中等专业学校教材

ISBN 7-04-005195-8:¥5.80

K9-49 036805

地理奇趣/韩淑珍,王宗健编著;李济绘.—济南:明天出版社,1995.4.—120页;20cm.—(全国小学生课外丛书/李仲汉主编)

全套120册,总定价:385.00元

ISBN 7-5332-2142-7:¥0.00

K9-49 036806

地理纵横/姚大均原著;彦吾等改编.—南京:江苏少年儿童出版社,1995.8.—2册;19cm.—(少年科学知识大金库)

ISBN 7-5346-1435-X:¥9.00

①K9-49②G634.554 036807

地理演义/薛暮冬撰文.—北京:华语教学出版社,1995.—277页;20cm.—(中小学课堂学习新广角/刘以林,冯晓林主编)

ISBN 7-80052-482-5:¥11.00

K90 地理学

K90 036808

城市地理学/周一星著.—北京:商务印书馆,1995.7.—442页;20cm.—(现代地理科学理论丛书)

ISBN 7-100-01523-5:¥20.40

K90 036809

地理科学/国家自然科学基金委员会编.—北京:科学出版社,1995.12.—193页;20cm.—(自然科学学科发展战略调研报告)

ISBN 7-03-004806-7:¥12.80

K90 036810

地理科学:基础研究前沿探索学术著作/潘玉君等著.—哈尔滨:哈尔滨地图出版社,1995.9.—209页;20cm

ISBN 7-80529-280-9:¥15.00

K90-09 036811

地理学思想史纲/赵荣著.—西安:陕西科学技术出版社,1995.1.—314页;20cm

ISBN 7-5369-2267-1:¥9.60

K90-61 036812

汉哈地理学词典/图日别克著.—北京:民族出版社,1995.9.—387页;20cm

ISBN 7-105-01878-X:¥11.00

K901 036813

人文地理学/吴郁文主编.—广州:广东科技出版社,1995.7.—555页;20cm

ISBN 7-5359-1502-7:¥16.00

K901 036814

人文地理学导论/张小林等编著.—北京:测绘出版社,1995.7.—273页;26cm

ISBN 7-5030-0789-3:¥19.80

K901.4 036815

政治地理学概论/肖星编著.—北京:测绘出版社,1995.4.—327页;20cm

ISBN 7-5030-0747-8:¥16.20

K901.9　036816
区域历史地理的空间发展过程/侯甬坚著.—西安:陕西人民教育出版社,1995.2.—277页;20cm
ISBN 7-5419-6010-1:¥10.00

K901.9　036817
中国历史地理学/李恩军主编.—北京:人民交通出版社,1995.8.—306页;26cm
ISBN 7-114-02175-5:¥20.00

K91　世界地理

K91　036818
世界通览/李树藩,王科铸主编.—3版.—长春:吉林人民出版社,1995.9.—4册:彩图;26cm
ISBN 7-206-01301-5(精装):¥380.00

K91　036819
世界一百名地/冯春萍等编文;马坚等绘.—上海:上海辞书出版社,1995.4.—201页;26cm.—(世界丛书)
ISBN 7-5326-0340-7:¥19.50

①K915②I247.8　036820
中外名城故事　(1):中国·黄河流域城市/傅崇兰主编;白云涛编.—福州:福建教育出版社,1995.8.—176页;20cm
ISBN 7-5334-1837-9:¥4.95

①K915②I247.8　036821
中外名城故事　(2):中国·长江流域城市/傅崇兰主编;徐庆全编.—福州:福建教育出版社,1995.8.—163页;20cm
ISBN 7-5334-1838-7:¥4.90

①K915②I247.8　036822
中外名城故事　(3):中国·周边地区城市/傅崇兰主编;傅云桂编.—福州:福建教育出版社,1995.8.—157页;20cm
ISBN 7-5334-1839-5:¥4.70

①K915②I247.8　036823
中外名城故事　(4):世界·亚洲非洲城市/傅崇兰主编;杨朝晖,博京编.—福州:福建教育出版社,1995.8.—123页;20cm
ISBN 7-5334-1840-9:¥3.95

①K915②I247.8　036824
中外名城故事　(6):世界·南北美洲城市/傅崇兰主编;夏冬等编.—福州:福建教育出版社,1995.8.—102页;20cm
ISBN 7-5334-1842-5:¥3.50

①K915②TU984　036825
世界名城/荆其敏,张丽安编著.—天津:天津大学出版社,1995.2.—582页;26cm
ISBN 7-5618-0717-1(精装):¥68.00

K916　036826
大唐西域记全译/(唐)玄奘撰;辩机编次;芮传明译注.—贵阳:贵州人民出版社,1995.11.—732页;20cm.—(中国历代名著全译丛书)
ISBN 7-221-03787-6(精装):¥42.50

K916　036827
大唐西域记全译/(唐)玄奘撰;辩机编次;芮传明译注.—贵阳:贵州人民出版社,1995.11.—732页;20cm.—(中国历代名著全译丛书)
ISBN 7-221-04152-0:¥36.50

K917　036828
365天畅游世界/王晓华,陈正心编著.—上海:学林出版社,1995.1.—551页;20cm
ISBN 7-80616-067-1:¥13.50

①K917②TU-86　036829
世界名塔/陈鹤岁,王爱淑著.—珠海:珠海出版社,1995.10.—163页;19cm
ISBN 7-80607-084-2:¥12.00

K917-61　036830
外国名山大川辞典/单树模主编.—济南:山东教育出版社,1995.1.—1447页:彩图;20cm
ISBN 7-5328-2062-9:¥47.30

K919　036831
超越风景:外国名人游记精选/朱光甫编.—南昌:江西美术出版社,1995.12.—392页;20cm
ISBN 7-80580-281-5(精装):¥20.00

K919　036832
超越风景:外国名人游记精选/朱光甫编.—南昌:江西美术出版社,1995.12.—392页;20cm
ISBN 7-80580-281-5:¥16.00

K919　036833
海上漂流记/陈树铭著.—北京:中国旅游出版社,1995.8.—478页;20cm
ISBN 7-5032-1176-8:¥16.00

K919　036834
环球遨游/方曙著.—上海:上海文艺出版社,1995.8.—126页:照片;19cm
ISBN 7-5321-1322-1:¥8.80

K919　036835
列国游记:康有为遗稿/上海市文物保管委员会编.—上海:上海人民出版社,1995.10.—587页:照片;20cm
ISBN 7-208-00370-X:¥38.00

K919　036836
人在旅途:中小学生旅游设计/商友敬著.—上海:上海古籍出版社,1995.5.—85页;19cm.—(学生乐园/吕型伟主编)
ISBN 7-5325-1907-4:¥3.40

K919　036837
世界名人游记经典/李柯,唐傲主编.—沈阳:辽宁人民出版社,1995.8.—1009页;20cm.—(世界名人经典系列)
ISBN 7-205-03396-9(精装):¥59.60

K919　036838
世界探险大观/龚江南,龚江辉著.—南昌:百花洲文艺出版社,1995.2.—459页;20cm
ISBN 7-80579-522-3(精装):¥20.88

K919　036839
探险地图集/( )格兰特编文;( )莫特绘.—北京:宇

航出版社,1995.11.—64页;35cm.—(阶梯视觉博览系列·图绘)

著者原题:尼尔·格兰特,彼德·莫特

ISBN 7-80034-809-1(精装):¥180.00

K919　036840

异国游踪/彭一万著.—福州:海潮摄影艺术出版社,1995.7.—237页;19cm

ISBN 7-80562-204-3:¥15.00

K919　036841

在法国:雨果的邀请/程曾厚著.—重庆:重庆出版社,1995.4.—271页;19cm

ISBN 7-5366-2840-4:¥7.80

K92　中国地理

K92　036842

独具特色的中国地学/艾素珍著.—沈阳:辽宁古籍出版社,1995.5.—131页;19cm.—(中华民族优秀传统文化丛书·科技卷/王前,谢丹主编)

全套共8册,总定价:45.00元

ISBN 7-80507-282-5:¥0.00

K92　036843

京津唐环境变迁/唐亦功著.—西安:陕西师范大学出版社,1995.3.—148页;20cm

ISBN 7-5613-0575-3:¥4.50

K92　036844

中国地名录:中华人民共和国地图集地名索引/国家测绘局地名研究所编.—2版.—北京:中国地图出版社,1995.6.—315页;26cm

ISBN 7-5031-1718-4:¥20.00

K92　036845

中国教育地图集/《中国教育地图集》编纂委员会编.—上海:上海科学技术出版社,1995.6.—160页;35cm

ISBN 7-5323-3722-7(精装):¥0.00

K92-49　036846

神州大地六字歌/刘毅然编著.—北京:语文出版社,1995.10.—102页;19cm.—(爱我中华注音歌谣丛书)

ISBN 7-80126-012-0:¥4.50

K92-61　036847

中华人民共和国地名词典:福建省/傅祖德主编;《福建省》编纂委员会编.—北京:商务印书馆,1995.2.—583,51页:彩图;20cm

ISBN 7-100-01647-9(精装):¥35.50

K92-61　036848

中华人民共和国地名词典:甘肃省/焦北辰主编;《甘肃省》编纂委员会编.—北京:商务印书馆,1995.8.—447,39页:彩照;20cm

ISBN 7-100-01840-4(精装):¥37.50

K921　036849

北京人手册/温成主编;北京跨世纪文化事务所编.—北京:改革出版社,1995.10.—366页;20×11cm

ISBN 7-80072-735-1:¥15.00

K922.2　036850

中国历史文化名城:邯郸/薛星明,李伟编著.—北京:中国建筑工业出版社,1995.12.—148页;19cm

ISBN 7-112-02407-2:¥10.00

K922.5　036851

魂系山西/李镇西主编.—北京:中国科学技术出版社,1995.6.—305页;20cm

ISBN 7-5046-1959-0:¥18.00

K922.5-61　036852

晋城百科全书/晋城百科全书编辑委员会编纂.—北京:奥林匹克出版社,1995.4.—457页:彩照;23cm

ISBN 7-80067-252-2(精装):¥195.00

K922.6　036853

苏尼特左旗地名志/苏尼特左旗地名志编纂委员会编.—海拉尔:内蒙古文化出版社,1995.10.—234页;20cm

ISBN 7-80506-466-0(精装):¥30.00

K923.1　036854

辽海纵横/陈秀庭著.—沈阳:辽宁教育出版社,1995.6.—226页:照片;19cm.—(爱我家乡爱我辽宁丛书·总卷/王充闾主编)

ISBN 7-5382-4044-6:¥4.50

K923.1　036855

辽宁省地理/张大东主编.—沈阳:辽宁人民出版社,1995.5.—354页:照片;20cm.—(中国地理丛书)

ISBN 7-205-02962-7:¥19.00

K923.1-61　036856

简明大连辞典/于植元,董志正主编;《简明大连辞典》编委会编.—大连:大连出版社,1995.6.—1099页;20cm

ISBN 7-80612-160-9(精装):¥66.00

K923.12　036857

红山女神的故乡/董恒波著.—沈阳:辽宁教育出版社,1995.6.—117页;19cm.—(爱我家乡爱我辽宁丛书·朝阳卷/王充闾主编)

ISBN 7-5382-4041-1:¥3.90

K923.13　036858

白塔悠悠衍水长/金鹰士,解文欣著.—沈阳:辽宁教育出版社,1995.6.—142页:照片;19cm.—(爱我家乡爱我辽宁丛书·辽阳卷/王充闾主编)

ISBN 7-5382-4052-7:¥3.90

K923.13　036859

大连概览/王连君,于澄主编.—大连:辽宁师范大学出版社,1995.10.—179页;20cm

ISBN 7-81042-099-2:¥9.00

K923.13　036860

洞天碧水木兰俏/吉喜著.—沈阳:辽宁教育出版社,1995.6.—129页:照片;19cm.—(爱我家乡爱我辽宁丛书·本溪卷/王充闾主编)

ISBN 7-5382-4049-7:¥3.90

K923.13　036861

钢花盛开的热土/孙景泰著.—沈阳:辽宁教育出版社,1995.6.—177页:照片;19cm.—(爱我家乡爱我辽宁丛书·鞍山卷/王充闾主编)

ISBN 7-5382-4053-5:¥3.90

K923.13　036862

黄金海岸风流歌/季福林,韩宗凯著.—沈阳:辽宁教育出版社,1995.6.—162页:照片;19cm.—(爱我家乡爱我辽宁丛书·大连卷/王充闾主编)

ISBN 7-5382-4055-1:¥3.90

K923.13　036863

浑河岸边的明珠/佟希仁著.—沈阳:辽宁教育出版社,1995.6.—169页:照片;19cm.—(爱我家乡爱我辽宁丛书·抚顺卷/王充闾主编)

ISBN 7-5382-4043-8:¥3.90

K923.13　036864

金牛山人的故园/马维秋,刘秋烈著.—沈阳:辽宁教育出版社,1995.6.—152页:照片;19cm.—(爱我家乡爱我辽宁丛书·营口卷/王充闾主编)

ISBN 7-5382-4056-X:¥3.90

K923.13　036865

辽河入海的地方/陈东白著.—沈阳:辽宁教育出版社,1995.6.—89页:照片;19cm.—(爱我家乡爱我辽宁丛书·盘锦卷/王充闾主编)

ISBN 7-5382-4057-8:¥3.90

K923.13　036866

龙首山下黑土地/党兴昶著.—沈阳:辽宁教育出版社,1995.6.—142页:照片;19cm.—(爱我家乡爱我辽宁丛书·铁岭卷/王充闾主编)

ISBN 7-5382-4040-3:¥3.90

K923.13　036867

山海关外第一市/陈玉彬著.—沈阳:辽宁教育出版社,1995.6.—120页;19cm.—(爱我家乡爱我辽宁丛书·葫芦岛卷/王充闾主编)

ISBN 7-5382-4048-9:¥3.90

K923.13　036868

神奇的锦绣之州/冯俚著.—沈阳:辽宁教育出版社,1995.6.—138页:照片;19cm.—(爱我家乡爱我辽宁丛书·锦州卷/王充闾主编)

ISBN 7-5382-4046-2:¥3.90

K923.13　036869

沈水之阳盛京城/徐宏智著.—沈阳:辽宁教育出版社,1995.6.—172页:照片;19cm.—(爱我家乡爱我辽宁丛书·沈阳卷/王充闾主编)

ISBN 7-5382-4054-3:¥3.90

K923.13　036870

鸭绿江风情/张安阳著.—沈阳:辽宁教育出版社,1995.6.—146页:照片;19cm.—(爱我家乡爱我辽宁丛书·丹东卷/王充闾主编)

ISBN 7-5382-4042-X:¥3.90

K923.13　036871

玉龙在这里诞生/张凤云著.—沈阳:辽宁教育出版社,1995.6.—176页:照片;19cm.—(爱我家乡爱我辽宁丛书·阜新卷/王充闾主编)

ISBN 7-5382-4050-0:¥3.90

K923.42　036872

可爱的家乡延边:学校德育资源汇编/黄昌洙主编.—延吉:延边人民出版社,1995.3.—182页:照片;19cm

ISBN 7-80599-244-4:¥4.60

K923.53　036873

可爱的家乡——齐齐哈尔/王子忠,张岩主编.—哈尔滨:黑龙江教育出版社,1995.8.—141页;19cm

ISBN 7-5316-2817-1:¥3.60

K924　036874

西北史地探赜:古代卷/侯丕勋著.—兰州:甘肃人民出版社,1995.5.—184页;20cm

ISBN 7-226-01468-8:¥8.00

K924.1　036875

可爱的华阴/何元庆主编;《可爱的华阴》编委会编.—西安:陕西人民出版社,1995.8.—120页;19cm.—(可爱的家乡丛书)

ISBN 7-224-03938-1:¥3.50

K924.1　036876

可爱的秦都/安升先主编;《可爱的秦都》编委会编.—西安:陕西人民出版社,1995.12.—135页:照片;19cm.—(可爱的家乡丛书)

ISBN 7-224-03823-7:¥4.40

K924.14　036877

可爱的安康/《可爱的安康》编委会编.—西安:陕西人民出版社,1995.7.—137页;19cm.—(可爱的家乡丛书)

ISBN 7-224-03868-7:¥3.20

K924.14　036878

可爱的宝鸡县/中共宝鸡县委宣传部,《可爱的宝鸡县》编委会编.—西安:陕西人民出版社,1995.10.—113页;19cm.—(可爱的家乡丛书)

ISBN 7-224-03897-0:¥4.50

K924.14　036879

可爱的澄城/吴培育,熊俊法主编;《可爱的澄城》编委会编.—西安:陕西人民出版社,1995.8.—141页;19cm.—(可爱的家乡丛书)

ISBN 7-224-03878-4:¥4.00

K924.14　036880

可爱的大荔/第五太卓主编;《可爱的大荔》编委会编.—西安:陕西人民出版社,1995.8.—136页;19cm.—(可爱的家乡丛书)

ISBN 7-224-03940-3:¥4.70

K924.14　036881

可爱的定边/佘禄荣主编;《可爱的定边》编委会编.—西安:陕西人民出版社,1995.7.—132页;19cm.—(可爱的家乡丛书)

ISBN 7-224-03905-5:¥3.50

K924.14　036882

可爱的佛坪/《可爱的佛坪》编委会编.—西安:陕西人民出版社,1995.8.—124页;19cm.—(可爱的家乡丛书)

ISBN 7-224-03836-9:¥3.50

K924.14　036883

可爱的扶风/李逢春主编;《可爱的扶风》编委会编.—西安:陕西人民出版社,1995.9.—129页;19cm.—(可爱的家乡丛书)

ISBN 7-224-03900-4:¥3.90

K924.14 036884

可爱的黄陵/孙旭主编;《可爱的黄陵》编委会编.—西安:陕西人民出版社,1995.7.—125页;19cm.—(可爱的家乡丛书)

ISBN 7-224-03867-9:¥4.30

K924.14 036885

可爱的礼泉/《可爱的礼泉》编委会编.—西安:陕西人民出版社,1995.8.—95页;19cm.—(可爱的家乡丛书)

ISBN 7-224-03865-2:¥3.00

K924.14 036886

可爱的陇县/杨秦义主编;《可爱的陇县》编委会编.—西安:陕西人民出版社,1995.2.—155页;19cm.—(可爱的家乡丛书)

ISBN 7-224-03754-0:¥3.00

K924.14 036887

可爱的宁强/宋文富主编;《可爱的宁强》编委会编.—西安:陕西人民出版社,1995.3.—110页;19cm.—(可爱的家乡丛书)

ISBN 7-224-03866-0:¥2.60

K924.14 036888

可爱的宁陕/王高昶主编;《可爱的宁陕》编委会编.—西安:陕西人民出版社,1995.6.—108页;19cm.—(可爱的家乡丛书)

ISBN 7-224-03873-3:¥3.20

K924.14 036889

可爱的千阳/赵珍仓主编;《可爱的千阳》编委会编.—西安:陕西人民出版社,1995.12.—147页;19cm.—(可爱的家乡丛书)

ISBN 7-224-04010-X:¥3.80

K924.14 036890

可爱的商南/樊成柱主编;《可爱的商南》编委会编.—西安:陕西人民出版社,1995.1.—145页;19cm.—(可爱的家乡丛书)

ISBN 7-224-03751-6:¥3.20

K924.14 036891

可爱的石泉/王信维,杨兴华主编;《可爱的石泉》编委会编.—西安:陕西人民出版社,1995.7.—89页;19cm.—(可爱的家乡丛书)

ISBN 7-224-03867-9:¥3.30

K924.14 036892

可爱的绥德/黄永平主编;《可爱的绥德》编委会编.—西安:陕西人民出版社,1995.12.—143页;19cm.—(可爱的家乡丛书)

ISBN 7-224-04067-3:¥4.50

K924.14 036893

可爱的渭滨/张洁主编;《可爱的渭滨》编委会编.—西安:陕西人民出版社,1995.8.—153页;19cm.—(可爱的家乡丛书)

ISBN 7-224-03855-5:¥3.50

K924.14 036894

可爱的渭城/刘振民主编;中共咸阳市渭城区委宣传部,咸阳市渭城区教育局编.—西安:陕西人民出版社,1995.7.—144页;19cm.—(可爱的家乡丛书)

ISBN 7-224-03941-1:¥4.50

K924.14 036895

可爱的武功/孙胜利,王景儒主编;《可爱的武功》编委会编.—西安:陕西人民出版社,1995.12.—130页;19cm.—(可爱的家乡丛书)

ISBN 7-224-04098-3:¥4.50

K924.14 036896

可爱的兴平/任善民主编;《可爱的兴平》编委会编.—西安:陕西人民出版社,1995.5.—121页;19cm.—(可爱的家乡丛书)

ISBN 7-224-03833-4:¥3.00

K924.14 036897

可爱的旬邑/《可爱的旬邑》编委会编.—西安:陕西人民出版社,1995.8.—126页;19cm.—(可爱的家乡丛书)

ISBN 7-224-03934-9:¥3.60

K924.14 036898

可爱的杨陵/彭斌孝,郑小玲主编;《可爱的杨陵》编委会编.—西安:陕西人民出版社,1995.9.—124页;19cm.—(可爱的家乡丛书)

ISBN 7-224-03942-X:¥3.80

K924.14 036899

可爱的耀县/任万安主编;《可爱的耀县》编委会编.—西安:陕西人民出版社,1995.8.—136页;19cm.—(可爱的家乡丛书)

ISBN 7-224-03939-X:¥4.20

K924.14 036900

可爱的镇安/王德兴,戴邦毅主编;《可爱的镇安》编委会编.—西安:陕西人民出版社,1995.12.—124页;19cm.—(可爱的家乡丛书)

ISBN 7-224-04037-1:¥4.00

K924.14 036901

可爱的镇巴/李林华主编;《可爱的镇巴》编委会编.—西安:陕西人民出版社,1995.7.—129页;19cm.—(可爱的家乡丛书)

ISBN 7-224-03816-4:¥4.00

K924.14 036902

可爱的子长/郭瑞主编;《可爱的子长》编委会编.—西安:陕西人民出版社,1995.1.—125页;19cm.—(可爱的家乡丛书)

ISBN 7-224-03750-8:¥3.00

K924.14 036903

可爱的柞水/冀显银主编;《可爱的柞水》编委会编.—西安:陕西人民出版社,1995.4.—190页;19cm.—(可爱的家乡丛书)

ISBN 7-224-03753-2:¥4.60

K924.2 036904

兰州通/陆春鸣,肖兴吉主编.—兰州:甘肃文化出版社,1995.8.—134页;彩图;19cm

ISBN 7-80608-114-3:¥5.60

K924.2-61 036905

甘肃乡镇词典/王学平等主编.—兰州:兰州大学出版社,1995.10.—864页;20cm

ISBN 7-311-00840-9(精装)：¥40.00

K924.5 **036906**

乌鲁木齐大观/李仲郁主编.—乌鲁木齐：新疆美术摄影出版社,1995.11.—182页：彩照；19cm

ISBN 7-80547-369-2：¥9.80

K924.5-64 **036907**

新疆大写真：中英文对照/陈大俊主编；《新疆大写真》编委会,新疆对外文化交流协会编辑.—乌鲁木齐：新疆美术摄影出版社,1995.8.—1册：彩照；29cm

ISBN 7-80547-316-1：¥160.00

K925.1 **036908**

虹口：昨天、今天、明天/姚宗强,邢继祖主编.—上海：华东理工大学出版社,1995.9.—191页；19cm.—(爱国主义教育读本)

ISBN 7-5628-0620-9：¥5.80

K925.1 **036909**

上海市宝山区地名志/武培航,陈汝明主编；上海市宝山区人民政府编.—上海：上海科学技术文献出版社,1995.12.—889页：彩照；26cm

ISBN 7-5439-0893-X(精装)：¥98.00

K925.23 **036910**

青岛新区：城阳/中国人民政治协商会议青岛市城阳区委员会编.—青岛：青岛出版社,1995.9.—245页：彩图；20cm

ISBN 7-5436-1349-2：¥15.60

K925.23 **036911**

山东省威海市地名志/李仁海主编；威海市地名委员会办公室编.—济南：山东省地图出版社,1995.11.—530页：图；26cm

ISBN 7-80532-207-4(精装)：¥62.00

K925.33 **036912**

名城徐州/朱浩熙主编；徐州市关心下一代工作委员会编.—北京：作家出版社,1995.9.—413页：照片；20cm

ISBN 7-5063-0971-8：¥15.00

K925.33 **036913**

苏州通/戎柏林主编.—上海：上海科学技术文献出版社,1995.12.—142页：彩图；26×13cm

ISBN 7-5439-0834-4：¥20.00

K925.34 **036914**

淮安/陈贵等著.—南京：江苏人民出版社,1995.2.—187页；19cm.—(江苏县邑风物丛书·物华天宝篇)

ISBN 7-214-01392-4：¥3.40

K925.34 **036915**

人间天堂——吴县/唐新兴,周永沛主编.—上海：华东师范大学出版社,1995.7.　214页；19cm.—(可爱的家乡丛书)

ISBN 7-5617-1358-4：¥5.00

K925.5 **036916**

东瓯名镇——永嘉/徐耘天主编.—上海：华东师范大学出版社,1995.12.—128页；19cm.—(可爱的家乡丛书)

ISBN 7-5617-1395-9：¥3.50

K925.53 **036917**

奉化——正在崛起的新兴城市/陈宁军主编.—上海：中国纺织大学出版社,1995.3.—172页；19cm

ISBN 7-81038-024-9：¥4.80

K925.63 **036918**

可爱的赣州/曾庆红主编.—南昌：江西人民出版社,1995.5.—118页；19cm.—(可爱的家乡丛书/张会村,李立功主编)

ISBN 7-210-01520-5：¥2.95

K925.7-64 **036919**

历史文化名城——泉州：汉英对照/施友义主编.—福州：海风出版社,1995.10.—65页：彩照；29cm

ISBN 7-80597-094-7：¥80.00

K925.8 **036920**

闲话台湾/曾纯等编著.—南昌：百花洲文艺出版社,1995.4.—231页；20cm.—(闲话港澳台丛书/曾纯主编)

ISBN 7-80579-576-2：¥8.80

K926.1 **036921**

河南地理/李永文等主编.—开封：河南大学出版社,1995.1.—366页；20cm

ISBN 7-81041-138-1：¥8.50

K926.1 **036922**

河南省情概论/黄亮宜等主编.—北京：中国统计出版社,1995.5.—271页；20cm

ISBN 7-5037-1921-4：¥6.00

K926.13 **036923**

当代河南的新乡/吕先声等撰写.—北京：当代中国出版社,1995.8.—287页：照片；20cm.—(当代河南历史丛书/胡悌云,侯志英主编)

ISBN 7-80092-435-1(精装)：¥30.00

K926.13 **036924**

商丘大观/杨子建等编著.—郑州：中州古籍出版社,1995.12.—218页；19cm

ISBN 7-5348-1427-8：¥8.50

K926.14 **036925**

河南省宝丰县地名志/宝丰县地名委员会办公室编.—西安：三秦出版社,1995.12.—357页：彩照；26cm

ISBN 7-80546-456-1(精装)：¥75.00

K926.3-61 **036926**

中国长江三峡大辞典/柏世友等主编；《中国长江三峡大辞典》编委会编.—武汉：湖北少年儿童出版社,1995.9.—1078页：彩图；20cm

ISBN 7-5353-1502-X(精装)：¥58.80

K926.31 **036927**

可爱的武汉/杨振兴主编.—武汉：武汉出版社,1995.4.—163页：彩照；19cm

ISBN 7-5430-1359-2：¥4.00

K926.4 **036928**

湖南历史文化地理研究/张伟然著.—上海：复旦大学出版社,1995.4.—243页；20cm.—(复旦大学博士丛书)

ISBN 7-309-01455-3：¥15.00

K926.42 **036929**

爱我娄底/何翰屏主编.—长沙：湖南出版社,1995.

8.—130页;19cm

ISBN 7-5438-1049-2: ¥3.70

K926.5 **036930**

可爱的潮安/陈细膺主编;《可爱的潮安》编委会编.—桂林:漓江出版社,1995.10.—96页;19cm

ISBN 7-5407-1832-3: ¥3.20

K926.5 **036931**

可爱的广东/潘逸阳主编;共青团广东省委编.—汕头:汕头大学出版社,1995.1.—215页;19cm

ISBN 7-81036-052-3: ¥6.00

K926.5-61 **036932**

港澳大全/黄鸿钊,任天石主编.—南京:南京大学出版社,1995.5.—617页;26cm

ISBN 7-305-02564-X(精装): ¥55.00

①K926.53②F127.653 **036933**

潮阳通:旅游、商务、投资指南/陈丰强主编;潮阳市地方志办公室编.—汕头:汕头大学出版社,1995.9.—145页;21cm

ISBN 7-81036-106-6: ¥17.80

K926.54 **036934**

可爱的增城/王一洲主编.—南宁:广西人民出版社,1995.8.—123页:图;19cm.—(乡土读物丛书)

ISBN 7-219-03004-5: ¥4.00

K926.54 **036935**

徐闻县地名志/徐闻县地名委员会,徐闻县国土局编.—广州:广东省地图出版社,1995.11.—294页:彩照;26cm

ISBN 7-80522-299-1: ¥50.00

K926.58 **036936**

闲话香港/叶普照等编著.—南昌:百花洲文艺出版社,1995.4.—225页;20cm.—(闲话港澳台丛书/曾纯主编)

ISBN 7-80579-574-6: ¥8.60

K926.59 **036937**

闲话澳门/陶炼等编著.—南昌:百花洲文艺出版社,1995.4.—199页;20cm.—(闲话港澳台丛书/曾纯主编)

ISBN 7-80579-575-4: ¥7.90

K926.73 **036938**

可爱的百色市/谭振秋等主编.—南宁:广西人民出版社,1995.11.—143页;19cm.—(乡土读物丛书)

ISBN 7-219-03037-1: ¥3.70

K926.7 **036939**

可爱的玉林/张英,龚国献主编.—南宁:广西人民出版社,1995.10.—163页;19cm.—(乡土读物丛书)

ISBN 7-219-03024-X: ¥4.00

K926.74 **036940**

可爱的巴马/罗保新主编.—南宁:广西人民出版社,1995.11.—104页;19cm.—(乡土读物丛书)

ISBN 7-219-03097-5: ¥4.00

K926.74 **036941**

可爱的凤山/黎国轴,华盛国编撰.—南宁:广西人民出版社,1995.6.—107页:图;19cm.—(乡土读物丛书)

ISBN 7-219-02973-X: ¥3.00

K926.74 **036942**

可爱的隆林/龚永辉主编.—南宁:广西人民出版社,1995.5.—143页:图;19cm.—(乡土读物丛书)

ISBN 7-219-02965-9: ¥3.50

K926.74 **036943**

可爱的融安/陈家谅主编.—南宁:广西人民出版社,1995.11.—88页;19cm.—(乡土读物丛书)

ISBN 7-219-03094-0: ¥3.00

K926.74 **036944**

可爱的田林/李懋椿主编.—南宁:广西人民出版社,1995.6.—158页:图;19cm.—(乡土读物丛书)

ISBN 7-219-02961-6: ¥3.00

K926.74 **036945**

可爱的西林/王文高主编.—南宁:广西人民出版社,1995.11.—135页;19cm.—(乡土读物丛书)

ISBN 7-219-03026-6: ¥3.50

K927.1 **036946**

可爱的四川/李成良主编.—成都:四川文艺出版社,1995.6.—421页;20cm.—(地方历史教育读物)

ISBN 7-5411-1319-0: ¥12.00

K927.1 **036947**

四川省地理/郑霖等编著.—成都:四川科学技术出版社,1995.3.—340页;20cm.—(中国地理丛书)

ISBN 7-5364-2772-7: ¥10.00

K927.12 **036948**

乌江门户涪陵/孙世学主编《乌江门户涪陵》编委会编著.—北京:当代中国出版社,1995.12.—226页:照片;20cm.—(当代四川丛书/杨超等主编)

ISBN 7-80092-274-X: ¥10.14

K927.13-61 **036949**

成都大词典/杨武能,邱沛篁主编.—成都:四川辞书出版社,1995.2.—1112页:彩图;26cm

ISBN 7-80543-401-8(精装): ¥150.00

K927.14 **036950**

川东门户——巫山/黎远毕主编.—成都:西南交通大学出版社,1995.2.—116页;19cm

ISBN 7-81022-781-5: ¥3.95

K927.3 **036951**

今日贵州/《今日贵州》编辑委员会编.—贵阳:贵州人民出版社,1995.4.—1册;13×26cm

ISBN 7-221-03838-4: ¥10.00

K927.43-64 **036952**

畹町:汉英对照/畹町市委市政府编.—芒市:德宏民族出版社,1995.9.—64页;29cm

ISBN 7-80525-266-1: ¥46.00

K927.44 **036953**

福贡县地名志/普利颜,顾建中主编;福贡县人民政府编.—昆明:云南民族出版社,1995.7.—325页:彩照;26cm

内部资料

ISBN 7-5367-1046-1: ¥50.00

K927.44 **036954**

恐龙之乡:禄丰风物录/郭大烈,和兆兴主编.—昆明:云南人民出版社,1995.4.—359页:照片;19cm

ISBN 7-222-01738-0: ¥8.75

K927.44 036955

侨乡迤萨/红河县人民政府侨务办公室,红河县归国华侨联合会编.—昆明:云南民族出版社,1995.12.—265页;19cm

ISBN 7-5367-1077-1: ¥10.00

K927.44 036956

云南省禄劝彝族苗族自治县地名志/杨学升主编;禄劝彝族苗族自治县人民政府编.—昆明:云南人民出版社,1995.6.—359页;26cm.—(云南省县市地名志;86)

ISBN 7-222-01753-4(精装): ¥45.00

K927.51 036957

拉萨/旺堆次仁主编.—北京:中国建筑工业出版社,1995.5.—238页;30cm.—(中国历史文化名城丛书)

ISBN 7-112-02548-6(精装): ¥220.00

K928 036958

中国疆域史/刘宏煊著.—武汉:武汉出版社,1995.9.—391页;20cm

ISBN 7-5430-1444-0: ¥22.80

K928 036959

中国历代疆域与政区 /胡椴著.—沈阳:辽宁古籍出版社,1995.5.—198页;19cm.—(中华民族优秀传统文化丛书·常识卷 /胡阿祥,丁炳麟主编)

全套共8册,总定价:52.00元

ISBN 7-80507-279-5: ¥0.00

K928.1 036960

中国边疆研究通报/邢玉林主编;中国社会科学院,中国边疆史地研究中心编.—乌鲁木齐:新疆人民出版社,1995.10.—168页;26cm

ISBN 7-228-03814-2: ¥27.00

K928.1 036961

泱泱中华/葛剑雄著.—广州:广东教育出版社,1995.8.—184页;19cm.—(沧桑神州·中国历史地理谈丛丛书/葛剑雄主编)

ISBN 7-5406-2823-5: ¥6.25

K928.19 036962

中国海疆历史与现状研究/吕一燃主编.—哈尔滨:黑龙江教育出版社,1995.1.—195页;20cm.—(边疆史地丛书)

ISBN 7-5316-2638-1: ¥6.20

K928.2 036963

中国行政区划概论/浦善新等著.—北京:知识出版社,1995.12.—551页;20cm.—(行政区划系列丛书)

ISBN 7-5015-1325-2: ¥28.00

K928.3 036964

奥岳嵩山:嵩山国家森林公园/林业部宣传办公室主编.—北京:中国林业出版社,1995.8.—114页:彩图;26×13cm.—(中国森林公园旅游指南)

ISBN 7-5038-1537-X: ¥7.00

K928.3 036965

都峤山史话/邓定旭主编.—桂林:漓江出版社,1995.11.—96页;19cm

ISBN 7-5407-1835-8: ¥3.50

K928.3 036966

峨眉琐谈/林木著.—成都:西南交通大学出版社,1995.8.—174页;19cm

ISBN 7-81022-844-7: ¥6.00

K928.3 036967

灵山佛都/若谷,陈云昌主编.—昆明:云南大学出版社,1995.6.—145页;19cm

ISBN 7-81025-564-9: ¥5.90

K928.3 036968

庐山导游手册/子儒编著.—长沙:湖南地图出版社,1995.9.—86页;19cm

ISBN 7-80552-169-7: ¥3.00

K928.3 036969

三峡名胜荆门山/湖北省枝城市红花套镇人民政府编.—北京:新华出版社,1995.1.—179页;19cm

ISBN 7-5011-2780-8: ¥7.00

K928.3 036970

巍巍昆仑/褚赣生著.—广州:广东教育出版社,1995.8.—202页;19cm.—(沧桑神州·中国历史地理谈丛丛书/葛剑雄主编)

ISBN 7-5406-2822-7: ¥6.75

K928.3-61 036971

泰山大全/刘秀池主编.—济南:山东友谊出版社,1995.8.—2672:彩照;26cm

ISBN 7-80551-748-7(精装): ¥498.00

K928.4 036972

水经注/(北魏)郦道元撰;谭属春,陈爱平点校.—长沙:岳麓书社,1995.1.—597页;19cm.—(古典名著普及文库)

ISBN 7-80520-555-8(精装): ¥15.30

K928.4-61 036973

中国水名词典/牛汝辰主编.—哈尔滨:哈尔滨地图出版社,1995.3.—451页;19cm

ISBN 7-80529-266-3(精装): ¥28.00

K928.42 036974

长江/杨伟光主编.—北京:人民出版社,1995.10.—152页:彩照;29cm

ISBN 7-01-002309-3: ¥150.00

K928.42 036975

浩浩长江/曹树基著.—广州:广东教育出版社,1995.8.—230页;19cm.—(沧桑神州·中国历史地理谈丛丛书/葛剑雄主编)

ISBN 7-5406-2821-9: ¥7.60

K928.42 036976

滔滔黄河/葛剑雄著.—广州:广东教育出版社,1995.8.—177页;19cm.—(沧桑神州·中国历史地理谈丛丛书/葛剑雄主编)

ISBN 7-5406-2820-0: ¥6.00

K928.43 036977

博斯腾湖研究/程其畴编著.—南京:河海大学出版社,1995.8.—150页;19cm

ISBN 7-5630-0878-0: ¥15.00

K928.43 036978

西湖志/施奠东主编.—上海:上海古籍出版社,1995.12.—1113页;26cm

ISBN 7-5325-1943-0(精装):¥210.00

K928.43 036979

中国的湖泊/王洪道等编著.—北京:商务印书馆,1995.3.—153页;19cm.—(中国自然地理知识丛书)

ISBN 7-100-01484-0:¥6.50

K928.43 036980

中国的沼泽/牛焕光等编著.—北京:商务印书馆,1995.3.—143页;19cm.—(中国自然地理知识丛书)

ISBN 7-100-01485-9:¥6.20

K928.44 036981

中国的海洋/孙湘平编著.—北京:商务印书馆,1995.3.—209页;19cm.—(中国自然地理知识丛书)

ISBN 7-100-01491-3:¥7.90

K928.5 036982

四大古都/商友敬,朱子锐著.—上海:上海古籍出版社,1995.8.—140页:照片;19cm.—(中华文明宝库/李国章,马樟根主编)

ISBN 7-5325-1930-9:¥7.60

K928.5 036983

天下第一都/董耀星编著.—太原:山西古籍出版社,1995.11.—202页;19cm

ISBN 7-80598-096-9:¥8.00

K928.5 036984

中国城市史话/孟天运编著.—哈尔滨:黑龙江人民出版社,1995.9.—139页;19cm.—(中国文明史话丛书/吴荣曾主编)

ISBN 7-207-02500-9:¥2.95

K928.5 036985

中国大城市边缘区研究/顾朝林等著.—北京:科学出版社,1995.5.—163页;26cm

国家自然科学基金资助项目

ISBN 7-03-004476-2:¥13.10

K928.5 036986

中国都市/张桂兰等编著;姜炳清,杨青绘.—济南:明天出版社,1995.4.—152页;20cm.—(全国小学生课外丛书/李仲汉主编)

全套书120册,总定价:385.00元

ISBN 7-5332-2142-7:¥0.00

K928.5 036987

中国历史文化名城:聊城/张桓,李兰芳主编;中共聊城市委宣传部,聊城市政府办公室编.—济南:山东友谊出版社,1995.11.—233页:彩图;19cm

ISBN 7-80551-718-5:¥9.60

K928.5 036988

中国名城大观/李原编著.—上海:上海教育出版社,1995.8.—636页;19cm

ISBN 7-5320-3440-2:¥15.50

K928.5 036989

中国新兴城市/《中国新兴城市》编委会编.—北京:新华出版社,1995.10.—106页;28cm

ISBN 7-5011-2989-4:¥120.00

K928.5-61 036990

中国名镇大典:山东/王郁昭主编.—北京:中国大百科全书出版社,1995.12.—947页;26cm

ISBN 7-5000-5679-6(精装):¥120.00

K928.5-61 036991

中国名镇大事典:湖北卷/中共湖北省委农业委员会,湖北省农业委员会编.—武汉:湖北人民出版社,1995.7.—797页;26cm

ISBN 7-216-01739-0(精装):¥58.00

K928.6 036992

河西走廊历史地理 第一卷/李并成著.—兰州:甘肃人民出版社,1995.9.—279页;20cm

ISBN 7-226-01531-5:¥15.00

K928.6 036993

黄河故道考辨/王 著.—上海:华东理工大学出版社,1995.10.—231页;19cm

ISBN 7-5628-0614-4:¥16.80

K928.6 036994

水经注全译/陈桥驿主译.—太原:山西人民出版社,1995.9.—713页;20cm

ISBN 7-203-03385-6(精装):¥23.00

K928.6 036995

中国地名趣谈/孙本祥,刘平编著.—北京:中国城市出版社,1995.7.—386页;19cm

ISBN 7-5074-0709-8:¥10.60

①K928.6②K103 036996

《山海经》与世界文化之谜/宫玉海著.—长春:吉林大学出版社,1995.1.—309页;19cm

ISBN 7-5601-1690-6:¥8.00

①K928.6②K928.704 036997

悠悠丝路/刘统著.—广州:广东教育出版社,1995.8.—188页;19cm.—(沧桑神州·中国历史地理谈丛丛书/葛剑雄主编)

ISBN 7-5406-2824-3:¥6.25

K928.6-55 036998

历史地理 第十二辑/中国地理学会历史地理专业委员会《历史地理》编辑委员会编.—上海:上海人民出版社,1995.3.—281页;26cm

ISBN 7-208-01852-9:¥20.00

K928.6-61 036999

中国地名语源词典/史为乐主编.—上海:上海辞书出版社,1995.7.—684,56页;19cm

ISBN 7-5326-0244-3(精装):¥56.30

K928.7 037000

一百处中国重点风景名胜区/周沙尘编著.—北京:中国青年出版社,1995.4.—356页;19cm.—(爱国主义教育丛书)

ISBN 7-5006-1753-4:¥9.00

①K928.7②I277.3 037001

古今传奇话鬼城/廖长明,姚玉枢编注.—重庆:重庆大学出版社,1995.8.—218页;19cm

ISBN 7-5624-1056-9:¥5.50

K928.7-62 037002

古三国寻游指南/张维正,王雄主编.—北京:中国工人出版社,1995.2.—152页;19cm.—(中原铁道旅行丛书)

ISBN 7-5008-1752-5:¥5.00

K928.70　**037003**

山水奇观/舒琛,华林编著.—北京:金盾出版社,1995.11.—279页;19cm.—(旅途文化小丛书)

ISBN 7-5082-0039-X:¥7.90

K928.701　**037004**

北京旅游热点探奇/施永南等编著.—北京:中国世界语出版社,1995.9.—338页;19cm

ISBN 7-5052-0240-5:¥11.80

K928.701　**037005**

北京文物旅游景点大观/苏宝敦编著.—北京:中国人事出版社,1995.6.—341页:照片;20cm

ISBN 7-80076-685-3:¥14.50

K928.701　**037006**

趣谈老北京　(上)/施连方编著.—北京:党建读物出版社,1995.12.—156页;19cm.—(华夏知识趣谈丛书)

ISBN 7-80098-090-1:¥6.00

K928.701　**037007**

趣谈老北京　(下)/施连方编著.—北京:党建读物出版社,1995.12.—106页;19cm.—(华夏知识趣谈丛书)

ISBN 7-80098-090-1:¥4.50

K928.702.23　**037008**

承德避暑山庄外八庙/陈宝森编著.—北京:中国建筑工业出版社,1995.10.—370页:照片;20cm.—(中国国家风景名胜区丛书/储传亨主编)

ISBN 7-112-02711-X:¥26.00

K928.702.23　**037009**

承德避暑山庄外八庙/陈宝森编著.—北京:中国建筑工业出版社,1995.10.—370页:照片;20cm.—(中国国家风景名胜区丛书/储传亨主编)

ISBN 7-112-02710-1(精装):¥30.00

K928.702.5　**037010**

芦芽山风物传说/王树森,杨丕文著.—太原:山西人民出版社,1995.7.—103页;19cm

ISBN 7-203-03368-6:¥6.60

K928.703.4　**037011**

热流:吉林省爱国主义教育基地概览/孙占国主编.—长春:北方妇女儿童出版社,1995.9.—184页:图;20cm

ISBN 7-5385-1083-4:¥7.80

K928.704.24　**037012**

连城胜迹/杨培鑫编著.—兰州:甘肃教育出版社,1995.5.—54页;19cm

ISBN 7-5423-0515-8:¥5.30

K928.704.24　**037013**

永登风光/杨培鑫编著.—兰州:甘肃教育出版社,1995.5.—81页;19cm

ISBN 7-5423-0514-X:¥6.15

K928.704.5　**037014**

中国新疆环游录/任希忠,郭来喜主编;王卫军等摄影;新疆维吾尔自治区旅游局,中国科学院·国家计委地理研究所编.—北京:科学出版社,1995.9.—225页:照片;29cm

ISBN 7-03-005010-X:¥280.00

K928.705.1　**037015**

上海游/朱延龄主编;王全亨等编;雨冬强等摄.—上海:上海画报出版社,1995.4.—81页:彩照;25×29cm

ISBN 7-80530-129-8:¥0.00

K928.705.1　**037016**

松江九峰/上海市松江县政协文史工作委员会编.—上海:上海古籍出版社,1995.9.—140页:照片;19cm

ISBN 7-5325-2004-8:¥5.50

K928.705.3　**037017**

江苏德育资源选编/江苏省教育委员会政教处,江苏省教育科学研究所主编.—南京:河海大学出版社,1995.3.—330页;20cm

ISBN 7-5630-0752-0:¥6.60

K928.705.3　**037018**

秦淮风光/郁华编.—南京:南京出版社,1995.9.—244页;19cm.—(漫话秦淮丛书/庄小军,黄元春主编)

ISBN 7-80614-169-3:¥6.00

K928.705.5　**037019**

带你游西湖:自助导游画册/周依军文;赵一宁图;任鲸,苗军摄影.—杭州:浙江摄影出版社,1995.3.—32页;26cm

ISBN 7-80536-260-2:¥10.00

K928.705.53　**037020**

绍兴百景图赞/朱元桂主编;绍兴市文联编.—天津:百花文艺出版社,1995.11.—310页;20cm

ISBN 7-5306-2156-4:¥13.80

K928.705.53　**037021**

越中揽胜/张能耿等编著.—北京:国际文化出版公司,1995.12.—549页;20cm.—(越文化研究丛书;2)

ISBN 7-80105-305-2:¥23.00

K928.706.1　**037022**

中原:中国旅游新热点/赵宏,阎守寅主编.—北京:中国气象出版社,1995.3.—350页:彩照;20cm

ISBN 7-5029-1906-6:¥9.80

K928.706.13　**037023**

焦作风光名胜/郜世忠主编;焦作市地方史志总编辑室编.—郑州:中州古籍出版社,1995.10.—92页:照片;19cm

ISBN 7-5348-1415-4:¥8.80

K928.706.14　**037024**

淮阳名胜古迹/春国,文夫编.—郑州:河南美术出版社,1995.12.—83页;20cm

ISBN 7-5401-0501-1:¥4.85

K928.706.3　**037025**

楚天名胜龙泉山/袁家新主编.—武汉:武汉出版社,1995.3.—117页;19cm

ISBN 7-5430-1342-8:¥5.00

K928.706.4　**037026**

世界旅游胜地:张家界:汉英日对照/钟以田主编.—北京:中国世界语出版社,1995.8.—95页;26cm

ISBN 7-5052-0248-0:¥32.00

①K928.706.4②D647 037027
湖南爱国主义教育基地介绍/中共湖南省委宣传部编.—长沙:湖南出版社,1995.12.—172页;19cm.—(湖南省爱国主义教育丛书)
ISBN 7-5438-1121-9:¥6.80

K928.706.6 037028
海南旅游大观/李继槐主编.—海口:南海出版公司,1995.2.—111页;26cm
ISBN 7-5442-0474-X:¥80.00

K928.706.7 037029
金田名胜/陈雄权,应斌著.—桂林:漓江出版社,1995.1.—223页;19cm.—(天国故园风光名胜丛书)
ISBN 7-5407-1500-6:¥8.00

K928.706.73 037030
桂中旅游胜览/蓝天强著.—桂林:漓江出版社,1995.11.—119页:彩图;19cm
ISBN 7-5407-1870-6:¥8.80

K928.707.1 037031
四面山揽胜/王勇毅著.—重庆:重庆出版社,1995.8.—120页:彩照;19cm
ISBN 7-5366-3234-7:¥8.50

K928.707.13 037032
成都世界乐园游览图册/四川画报社等编著.—成都:成都地图出版社,1995.—1册;21×29cm
ISBN 7-80544-423-4:¥10.00

K928.707.14 037033
中国历史名胜:白帝城:汉英对照/魏靖宇主编.—北京:中国三峡出版社,1995.11.—79页;26cm
ISBN 7-80099-115-6:¥36.00

K928.707.3 037034
贵州胜境/胡维汉等主编;贵州省文联,贵州人民出版社合编.—贵阳:贵州人民出版社,1995.10.—575页:照片;20cm
ISBN 7-221-03847-3:¥25.00

K928.707.4 037035
文苑拾珠:石屏文物名胜古迹杂谈/苏佛涛著.—昆明:云南人民出版社,1995.3.—300页;19cm
ISBN 7-222-01741-0:¥12.00

K928.707.4 037036
云南旅游之最/牛崇荣编著.—昆明:云南大学出版社,1995.12.—164页;19cm
ISBN 7-81025-609-2:¥7.80

K928.707.42 037037
神奇美丽的大理/宝洪峰编著.—北京:中国环境科学出版社,1995.4.—183页:照片;20cm
ISBN 7-80093-726-7:¥9.50

①K928.71-53②TU-87 037038
紫禁城建筑研究与保护:故宫博物院建院70周年回顾/于倬云主编.—北京:紫禁城出版社,1995.10.—513页;26cm
ISBN 7-80047-211-6(精装):¥120.00

K928.72 037039
鬼城丰都:中国神曲之乡:汉英对照/阎刚主编.—成都:四川美术出版社,1995.8.—76页:彩图;26cm
ISBN 7-5410-1060-X:¥35.00

K928.72 037040
交河故城:汉、英文对照/新疆维吾尔自治区文化厅等编.—乌鲁木齐:新疆美术摄影出版社,1995.5.—30页;19cm
ISBN 7-80547-286-6:¥8.60

K928.73 037041
成都世界乐园游园向导/成都世界乐园有限责任公司文化活动部编.—成都:成都地图出版社,1995.4.—67页;19cm
ISBN 7-80544-422-6:¥2.00

K928.73 037042
园林探胜/黄亚昌,李夏著.—北京:北京少年儿童出版社,1995.7.—170页;19cm.—(可爱的北京)
ISBN 7-5301-0486-1:¥4.00

K928.74 037043
故宫:汉英对照/施永南,望天星编;刘宗仁译.—北京:中国世界语出版社,1995.6.—157页;26cm
ISBN 7-5052-0263-4:¥60.00

K928.74 037044
故宫:中、英、日文对照/蒙紫等摄.—北京:中国旅游出版社,1995.6.—128页;14×11cm.—(中华名胜导游系列画册/谷维恒主编)
ISBN 7-5032-0748-5(精装):¥2.90

K928.74-64 037045
布达拉宫:汉英对照/南卉编;刘宗仁译.—北京:中国世界语出版社,1995.8.—157页;29cm
ISBN 7-5052-0243-X(精装):¥138.00

K928.75 037046
伏羲庙志/刘雁翔著.—兰州:兰州大学出版社,1995.10.—215页;20cm
ISBN 7-311-00932-4:¥8.00

K928.75 037047
南阳武侯祠/南阳市博物馆编.—北京:文物出版社,1995.6.—33页;19cm.—(中国文物小丛书)
ISBN 7-5010-0851-5:¥1.80

K928.75 037048
千年古刹——灵岩寺/施友义主编.—福州:海风出版社,1995.9.—55页:彩照;29cm
ISBN 7-80597-092-0:¥50.00

K928.75 037049
天下第一庙/孟继新著.—济南:山东友谊出版社,1995.6.—219页;19cm
ISBN 7-80551-714-2:¥6.85

K928.75 037050
西藏寺庙/陈履生编著.—北京:人民美术出版社,1995.5.—156页:照片;19cm.—(西藏艺术丛书)
ISBN 7-102-10459-7:¥19.00

K928.76 037051
龙华烈士陵园/上海市龙华烈士陵园编.—上海:上海教育出版社,1995.12.—1册;19cm
ISBN 7-5320-4762-8:¥2.00

K928.76 037052
清东陵/魏兆环主编;唐山市政协文史资料委员会

编.—北京:社会科学文献出版社,1995.5.—261 页;20cm

ISBN 7-80050-635-5:¥11.00

①K928.79②I222.7 037053

岳麓书院导游/李晓钟,陈海波编著 .—长沙:湖南大学出版社,1995.11.—225 页;20cm

ISBN 7-81053-001-1:¥8.50

①K928.8②K825.7 037054

翰园魂/屈春山编著 .—郑州:中州古籍出版社,1995.8.—725 页:彩照;19cm

ISBN 7-5348-1387-5:¥29.00

①K928.8②TU-862 037055

庐山别墅大观/罗时叙著.—南昌:江西美术出版社,1995.3.—344 页;19cm

ISBN 7-80580-175-4:¥11.00

K928.9 037056

本次列车—1/2 次长沙—北京/江林洋,吴遗全主编.—济南:山东友谊出版社,1995.9.—105 页;20cm.—(列车文化丛书/蔡庆华,郭安智主编)

ISBN 7-80551-747-9:¥5.90

K928.9 037057

藏园游记/傅增湘撰.—北京:印刷工业出版社,1995.8.—454 页;26cm

ISBN 7-80000-199-7:¥40.00

K928.9 037058

郭宝林游记选/郭保林著.—北京:中国文联出版公司,1995.8.—272 页;19cm

ISBN 7-5059-2222-X:¥9.50

K928.9 037059

华夏旅游要览:北方分册/王祖诚编著.—北京:金盾出版社,1995.11.—305 页;19cm.—(旅途文化小丛书)

ISBN 7-5082-0109-4:¥9.90

K928.9 037060

旅游轶闻 60 则/魏星选编.—北京:金盾出版社,1995.4.—120 页;19cm.—(旅途文化小丛书)

ISBN 7-80022-970-X:¥2.70

K928.9 037061

名山 名水 名胜游/宋静存著.—北京:华文出版社,1995.12.—504 页;19cm

ISBN 7-5075-0496-4:¥18.00

K928.9 037062

情系边疆/张丽珍著.—北京:民族出版社,1995.2.—141 页:照片;19cm

ISBN 7-105-02304-X:¥7.00

K928.9 037063

让生命多一个季节:首创个人自行车环华吉尼斯世界纪录暨“走遍中华争奥运”活动纪实/欧亚民著.—昆明:云南人民出版社,1995.9.—311 页;19cm

ISBN 7-222-01757-7:¥9.20

K928.9 037064

三国遗迹探秘/龚学孺著.—北京:西苑出版社,1995.1.—264 页;19cm

ISBN 7-80108-029-7:¥8.80

K928.9 037065

丝绸之路考察散记/吴景山著.—北京:民族出版社,1995.11.—228 页;20cm

ISBN 7-105-02521-2:¥12.80

K928.9 037066

西藏墨脱的诱惑:神秘奇险的高原边地之旅/金辉著.—北京:东方出版社,1995.9.—204 页;20cm

ISBN 7-5060-0599-9:¥11.80

K928.9 037067

小小旅行家丛书/刘兴诗等著.—南昌:21 世纪出版社,1995.9.—5 册;19cm

ISBN 7-5391-1007-4:¥38.00

K928.9 037068

中国历代山水游记选译:山河游踪:汉英对照/梁扬选析;韦德三译.—广州:广州出版社,1995.11.—230 页;20cm

ISBN 7-80592-132-6:¥10.80

K928.9 037069

中国名家游记/蒋静,周植行编.—北京:国际文化出版公司,1995.11.—2 册(830 页);20cm

ISBN 7-80105-267-6:¥32.00

K928.9 037070

周末旅游指南/詹清主编.—北京:东方出版社,1995.10.—160 页;20cm

ISBN 7-5060-0663-4:¥10.00

①K928.9②F592.9 037071

华东之旅:旅行社指南/石俊升主编.—上海:学林出版社,1995.10.—189 页;20cm

ISBN 7-80616-108-2:¥8.00

K928.91 037072

实用北京旅游指南/金光群编著.—北京:旅游教育出版社,1995.1.—461 页;19cm

ISBN 7-5637-0594-5:¥11.50

K928.922 037073

承德导游/鞠新萍,鞠植有著.—北京:北京燕山出版社,1995.7.—102 页;19cm

ISBN 7-5402-0143-6:¥6.50

K928.922 037074

邯郸旅游指南/杨建广,李海书编著.—北京:中国档案出版社,1995.10.—252 页;19cm

ISBN 7-80019-531-7:¥9.96

K928.925 037075

尧都沧桑/乔忠延著.—天津:百花文艺出版社,1995.12.—223 页;19cm.—(尧都文化系列丛书/阎永业等主编)

ISBN 7-5306-2180-7:¥7.80

K928.944-62 037076

青海旅游指南/刘光权,周映梅主编;青海省旅游局,社科新苑杂志社编.—西宁:青海人民出版社,1995.5.—95 页:照片;25×13cm

ISBN 7-225-01057-3:¥15.00

K928.945 037077

塔里木环行记/彭展著 .—武汉:武汉出版社,1995.8.—119 页;19cm

ISBN 7-5430-1396-7:¥6.80

①K928.945②J426.45 037078
文化旅游:新疆巴音郭楞蒙古自治州:汉英对照/邢福强主编.—乌鲁木齐:新疆美术摄影出版社,1995.—1册:彩图;29cm
ISBN 7-80547-290-4:¥8.00

K928.945-62 037079
新疆指南/金晖主编.—北京:五洲传播出版社,1995.9.—72页:图;20cm
ISBN 7-80113-087-1:¥0.00

K928.952.3 037080
青岛旅游指南/山东省地图出版社编制.—济南:山东省地图出版社,1995.7.—1册;26cm
¥4.00

K928.953 037081
南通百事通/《南通百事通》编辑部编.-北京:中国城市出版社,1995.12.-122页;20×9cm
ISBN 7-5074-0793-4:¥8.00

K928.953 037082
扬州旅游大观/朱家华编著.-南京:江苏人民出版社,1995.5.-347页;20cm
ISBN 7-214-01461-0:¥9.50

K928.953.3 037083
虎丘趣闻录/潘君明著.-苏州:古吴轩出版社,1995.5.-135页;19cm
ISBN 7-80574-192-1:¥5.50

K928.953.3-62 037084
最新南京旅游指南/邢定康,郑燕南主编;南京市旅游局编.-南京:南京出版社,1995.10.-195页;19cm
ISBN 7-80614-172-3:¥4.80

K928.955 037085
湖山凝翠/舒士越主编;杭州日报社编.—北京:华艺出版社,1995.8.—385页;20cm.—(杭报丛书;8·旅游卷)
ISBN 7-80039-927-3:¥9.80

①K928.961②K827.36 037086
南阳卧龙岗/李兆钧,魏久环编.—天津:百花文艺出版社,1995.7.—161页;19cm.—(文化名人故里故居行丛书)
ISBN 7-5306-2046-0:¥6.80

①K928.961②Z228 037087
河南办事指南/范光华,陆欢主编;新华社河南分社编.—北京:新华出版社,1995.8.—870页;26cm
ISBN 7-5011-2919-3(精装):¥210.00

K928.963.4 037088
秭归风物/何怀强,王健强编著.—北京:中国三峡出版社,1995.2.—218页;19cm.—(长江三峡旅游文化丛书)
ISBN 7-80099-053-2:¥5.80

K928.964 037089
湖南涉外旅游指南　下册:汉英对照/《湖南涉外指南》编辑部主编.—长沙:湖南地图出版社,1995.8.—120页;27×11cm
ISBN 7-80552-172-7:¥13.00

K928.964 037090
零陵百事通/卞向和编著.—长沙:湖南地图出版社,1995.6.—188页;21cm.—(中国城市百事通系列丛书)
ISBN 7-80552-166-2:¥6.00

K928.964 037091
南岳百事通/旷顺年主编.—长沙:湖南地图出版社,1995.9.—139页:彩照;21cm
ISBN 7-80552-163-8:¥4.98

K928.964 037092
张家界市旅游大全/周志德编著.—长沙:湖南地图出版社,1995.8.—259页;19cm
ISBN 7-80552-165-4:¥8.80

K928.964-62 037093
湖南旅游指南/王舜良等主编;湖南省旅游局编.—长沙:湖南出版社,1995.12.—188页;19cm
ISBN 7-5438-1118-9:¥5.90

K928.964.1 037094
长沙通览/邱利仁主编.—长沙:湖南地图出版社,1995.8.—90页;26×13cm
ISBN 7-80552-173-5:¥9.98

K928.965.2 037095
肇庆揽胜/谭沃森编.—天津:百花文艺出版社,1995.8.—215页;19cm
ISBN 7-5306-1916-0:¥18.00

K928.966 037096
海南旅游导趣/杨昭宽,刘衍荣编著.—海口:海南出版社,1995.11.—342页;20cm
旅游地理
ISBN 7-80617-151-7:¥18.00

K928.966 037097
椰风海韵醉游人:最新海南旅游指南/陈耀主编.—北京:中国旅游出版社,1995.10.—296页;20cm
ISBN 7-5032-1210-1:¥18.00

K928.971 037098
巴蜀旅游文化/林惠君主编;董必超等编.—重庆:重庆出版社,1995.9.—333页;20cm
ISBN 7-5366-3280-0:¥15.00

K928.971.4 037099
漫话奉节/苏川颙著.—北京:中国三峡出版社,1995.10.—76页;18cm.—(长江三峡旅游文化丛书)
ISBN 7-80099-107-5:¥3.80

K928.973 037100
黔南纪行/王巩汉著.—贵阳:贵州民族出版社,1995.12.—432页:彩照;19cm
ISBN 7-5412-0606-7:¥14.80

K928.973 037101
印江风采/文志高著.—贵阳:贵州人民出版社,1995.7.—270页;19cm.—(贵州旅游丛书)
ISBN 7-221-03712-4:¥7.60

K928.974.4 037102
珠映易门/张智勇主编;刘祖武,宋兴贤著.—昆明:云南民族出版社,1995.3.—174页;19cm
ISBN 7-5367-0988-9:¥5.40

K93/97　各国地理

K931.2　037103

朝鲜——韩国概况/朴泰衡等主编.—延吉:延边大学出版社,1995.9.—307页;20cm

ISBN 7-5634-0806-1:¥12.00

K933.5　037104

柬埔寨/许肇琳,张天枢编著.—南宁:广西人民出版社,1995.7.—405页;19cm.—(周边国家丛书/李延凌主编)

ISBN 7-219-03002-9:¥12.00

K933.69　037105

神秘的泰国/吕国民主编;巴仁编著、摄影.—北京:中国画报出版社,1995.10.—140页:彩照;20cm.—(世界了望专题丛书)

ISBN 7-80024-053-3:¥19.80

K933.8　037106

当代马来西亚/朱振明主编.—成都:四川人民出版社,1995.10.—522页;20cm.—(当代东南亚系列/陈吕范主编)

ISBN 7-220-02944-6:¥19.80

K933.9　037107

当代新加坡/汪幕恒主编.—成都:四川人民出版社,1995.10.—391页;20cm.—(当代东南亚系列/陈吕范主编)

ISBN 7-220-02876-8:¥21.80

K934.1　037108

菲律宾/高伟浓编著.—南宁:广西人民出版社,1995.10.—295页;19cm.—(周边国家丛书/李延凌主编)

ISBN 7-219-03101-7:¥12.00

K935.1　037109

当代印度/朱昌利主编.—昆明:云南大学出版社,1995.8.—515页;20cm

ISBN 7-81025-559-2:¥19.00

K947.5　037110

南部非洲的一颗明珠:津巴布韦/何丽儿著.—北京:当代世界出版社,1995.8.—246页;20cm

ISBN 7-80115-018-X:¥11.20

①K950.9②I267　037111

剑桥与海德堡:欧游语丝/金耀基著.—沈阳:辽宁教育出版社,1995.3.—188页;20cm.—(书趣文丛·第一辑;7)

ISBN 7-5382-3690-2:¥8.00

K951.126　037112

俄国历史地图解说:一千一百年俄国疆界的变动/(美)爱伦(Allen,F.C.)著;郭圣铭译.—北京:商务印书馆,1995.2.—153页;20cm.—(苏联丛书)

据美国耶鲁大学出版社1970年修订版译出

ISBN 7-100-01564-2:¥8.60

K951.29　037113

萨哈林旅行记/(俄)契诃夫(Чехов,А.П.)著;刁绍华,姜长斌译.—石家庄:花山文艺出版社,1995.11.—373页;20cm.—(外国游记书丛)

ISBN 7-80611-290-1:¥14.50

K951.69　037114

旅行杂记/(德)海涅(Heine,H.)著;章国锋等译.—石家庄:花山文艺出版社,1995.11.—306页;20cm.—(外国游记书丛)

ISBN 7-80611-286-3:¥12.00

K951.69　037115

沿着易北河:一对中国夫妇看德国/任可著.—北京:中国国际广播出版社,1995.8.—162页;19cm

ISBN 7-5078-1262-6:¥6.00

K952.19　037116

卡夫卡游记/(奥)卡夫卡(Calvo,C.)著;孙龙生译.—石家庄:花山文艺出版社,1995.11.—230页;20cm.—(外国游记书丛)

ISBN 7-80611-287-1:¥10.00

K954.69　037117

意大利游记/(德)歌德(Goethe,J.W.)著;赵乾龙译.—石家庄:花山文艺出版社,1995.11.—218页;20cm.—(外国游记书丛)

ISBN 7-80611-284-7:¥10.00

K956.19　037118

驱驴旅行记/(英)斯蒂文生(Stevenson,R.L.)著;周永启,倪庆饩译.—石家庄:花山文艺出版社,1995.11.—204页;20cm.—(外国游记书丛)

ISBN 7-80611-282-0:¥9.00

K956.59　037119

莱茵河/(法)雨果(Hugo,V.)著;刘华译.—石家庄:花山文艺出版社,1995.11.—202页;20cm.—(外国游记书丛)

ISBN 7-80611-288-X:¥9.00

K956.59　037120

诺阿·诺阿/(法)高更(Gauguin,P.)著;郭安定译.—石家庄:花山文艺出版社,1995.11.—131页:彩图;20cm.—(外国游记书丛)

ISBN 7-80611-285-5:¥10.00

K96　037121

大洋洲诸国　(二)/宜雯,杨子编著.—北京:军事谊文出版社,1995.2.—196页;19cm.—(世界各国知识丛书·美洲、大洋洲卷)

全套10册,总定价:34.00元

ISBN 7-80027-650-3:¥0.00

K96　037122

大洋洲诸国　(一)/金朝宗等编著.—北京:军事谊文出版社,1995.2.—184页;19cm.—(世界各国知识丛书·美洲、大洋洲卷)

全套10册,总定价:34.00元

ISBN 7-80027-650-3:¥0.00

K97　037123

加勒比地区诸国　(二)/吉军编著.—北京:军事谊文出版社,1995.2.—140页;19cm.—(世界各国知识丛书·美洲、大洋洲卷)

ISBN 7-80027-650-3:¥0.00

K97　037124

加勒比地区诸国　(一)/吴永业等编著.—北京:军事谊文出版社,1995.2.—143页;19cm.—(世界各国知识丛书·美洲、大洋洲卷)

ISBN 7-80027-650-3:¥0.00

K971.1　　037125

加拿大;墨西哥/王常福,黄长根编著.—北京:军事谊文出版社,1995.2.—117页;19cm.—(世界各国知识丛书·美洲、大洋洲卷)

全套10册,总定价:34.00元

ISBN 7-80027-650-3:¥0.00

K971.2　　037126

美国/杨岐鸣等编著.—北京:军事谊文出版社,1995.2.—118页;19cm.—(世界各国知识丛书·美洲、大洋洲卷)

全套10册,总定价:34.00元

ISBN 7-80027-650-3:¥0.00

K971.29　　037127

游美札记/(英)狄更斯(Dickens,C.)著;张谷若译.—石家庄:花山文艺出版社,1995.11.—365页;20cm.—(外国游记书丛)

ISBN 7-80611-283-9:¥14.50

K973　　037128

中美洲诸国/吉军,余弓编著.—北京:军事谊文出版社,1995.2.—227页;19cm.—(世界各国知识丛书·美洲、大洋洲卷)

全套10册,总定价:34.00元

ISBN 7-80027-650-3:¥0.00

K977　　037129

南美洲诸国　(二)/吴惠芳,黄长根编著.—北京:军事谊文出版社,1995.2.—141页;19cm.—(世界各国知识丛书·美洲、大洋洲卷)

全套10册,总定价:34.00元

ISBN 7-80027-650-3:¥0.00

K977　　037130

南美洲诸国　(三)/吴惠芳等编著.—北京:军事谊文出版社,1995.2.—232页;19cm.—(世界各国知识丛书·美洲、大洋洲卷)

全套10册,总定价:34.00元

ISBN 7-80027-650-3:¥0.00

K977　　037131

南美洲诸国　(一)/吴永业编著.—北京:军事谊文出版社,1995.2.—128页;19cm.—(世界各国知识丛书·美洲、大洋洲卷)

全套书10册,总定价:34.00元

ISBN 7-80027-650-3:¥0.00

K99 地图

K991　　037132

多彩世界/中国地图出版社编制.—北京:中国地图出版社,1995.12.—1张;77×106cm

¥5.60

K991　　037133

世界地图:1:33000000/总参谋部测绘局编制.—2版.—北京:星球地图出版社,1995.10.—1张;77×106cm

本图上中国国界线系按照中国地图出版社1989年出版的1:400万《中华人民共和国地形图》绘制

ISBN 7-80104-001-5:¥15.00

K991　　037134

世界地图:1:44000000/总参谋部测绘局编制.—2版.—北京:星球地图出版社,1995.10.—1张;53×77cm

ISBN 7-80104-027-9:¥3.00

K991　　037135

世界地图册/中国地图出版社编制.—北京:中国地图出版社,1995.8.—1册;18cm

ISBN 7-5031-1795-8:¥14.00

K991　　037136

世界政区:1:70000000/中国地图出版社编制.—北京:中国地图出版社,1995.5.—1张;38×53cm

¥2.50

K991　　037137

中等师范学校世界历史地图册:试用本　全一册/严志梁等主编.—北京:学苑出版社,1995.7.—36页;26cm

ISBN 7-5077-1009-2:¥4.50

K991　　037138

最新世界地图集/中国地图出版社编制.—3版.—北京:中国地图出版社,1995.1.—109页;26cm

ISBN 7-5031-1817-2(精装):¥57.60

K992　　037139

中国地图/成都地图出版社编制.—成都:成都地图出版社,1995.10.—1张;53×77cm

ISBN 7-80544-425-0:¥3.60

K992　　037140

中国地图册/成都地图出版社编制.—2版(修订本).—成都:成都地图出版社,1995.2.—67页;19cm

ISBN 7-80544-413-7:¥7.80

K992　　037141

中国司机实用地图册/武汉测绘科技大学国土信息与地图科学系,地质出版社地图编辑室编制.—北京:地质出版社,1995.7.—140页;19cm

ISBN 7-116-01913-8:¥11.00

K992　　037142

中华人民共和国地图:1:56000000/成都地图出版社编制.—成都:成都地图出版社,1995.10.—1张;53×77cm

ISBN 7-80544-438-2:¥2.00

K992　　037143

中华人民共和国地图:1:6百万/中国地图出版社编制.—7版.—北京:中国地图出版社,1995.3.—1张;77×106cm

ISBN 7-5031-0611-5:¥4.20

K992　　037144

中华人民共和国国家普通地图集/国家地图集编纂委员会编制.—北京:中国地图出版社,1995.1.—99

页;51×34cm

ISBN 7-5031-1801-6(精装):¥580.00

K992.2　037145

福建省地图/福建省人民政府新闻办公室,福建省地图出版社编制.—福州:福建省地图出版社,1995.12.—1张;53×77cm

ISBN 7-80516-269-7:¥3.00

K992.2　037146

福建省地图册/李玉明主编.—福州:福建省地图出版社,1995.7.—187页;19cm

ISBN 7-80516-227-1:¥13.80

K992.2　037147

广东省地图/叶雁玲编绘.—4版.—广州:广东省地图出版社,1995.2.—1张;53×77cm

¥4.50

K992.2　037148

广东省地图/中国地图出版社编制.—北京:中国地图出版社,1995.3.—1张;37×54cm

ISBN 7-5031-1686-2:¥1.00

K992.2　037149

广东省政区地图/广东省地图出版社编制.—3版.—广州:广东省地图出版社,1995.2.—1张;70×96cm

ISBN 7-80522-143-X:¥15.00

K992.2　037150

哈尔滨地图册/哈尔滨地图出版社编制.—哈尔滨:哈尔滨地图出版社,1995.11.—1册;19cm

ISBN 7-80529-270-1:¥19.80

K992.2　037151

海南省地图/中国地图出版社编制.—北京:中国地图出版社,1995.1.—1张;26×38cm

¥0.50

K992.2　037152

海南省地图册/张国维主编;海南省测绘局等编.—北京:测绘出版社,1995.5.—92页;19cm

ISBN 7-5030-0725-7:¥12.00

K992.2　037153

河北省普通地图集/河北省测绘局主编;河北省综合地图集编纂委员会编制.—北京:中国地图出版社,1995.1.—168,172页;28cm

ISBN 7-5031-1559-9(精装):¥80.00

K992.2　037154

湖北省地图册/湖北省测绘局制印队编制.—长沙:湖南地图出版社,1995.9.—78页;19cm

ISBN 7-80552-167-0:¥9.80

K992.2　037155

山东省地图册/庄树森主编;王玉琴等编绘.—济南:山东省地图出版社,1995.11.—78页;26cm.—(山东省地理丛书)

ISBN 7-80532-203-1:¥16.50

K992.2　037156

四川省地图册/成都地图出版社编制.—3版.—成都:成都地图出版社,1995.9.—202页;19cm

ISBN 7-80544-419-6:¥10.80

K992.2　037157

台湾省地图/中国地图出版社编制.—北京:中国地图出版社,1995.1.—1张;54×38cm

¥1.00

K992.2　037158

西藏自治区地图/中国地图出版社编制.—北京:中国地图出版社,1995.3.—1张;37×54cm

¥1.00

K992.2　037159

西藏自治区地图:1:2100000/中国地图出版社编制.—北京:中国地图出版社,1995.3.—1张;77×106cm

¥4.90

K992.2　037160

西藏自治区地图册/西藏自治区测绘局编制.—北京:中国地图出版社,1995.7.—166页;19cm

ISBN 7-5031-1768-0:¥14.00

K992.2　037161

西藏自治区地图册/西藏自治区测绘局编制.—北京:中国地图出版社,1995.7.—166页;19cm

ISBN 7-5031-1769-9(精装):¥17.00

K992.2　037162

新疆维吾尔自治区地图/新疆第二测绘院编制.—2版.—成都:成都地图出版社,1995.7.—1张;108×152cm

ISBN 7-80544-393-9:¥35.00

K992.2　037163

中华人民共和国行政区划简册:1995年版/中华人民共和国民政部编.—北京:中国地图出版社,1995.4.—152页;19cm

ISBN 7-5031-1775-3:¥3.40

K992.5　037164

蚌埠地图/蚌埠市经济地理研究所,江苏省第二测绘院编制.—福州:福建省地图出版社,1995.7.—1张;53×77cm

¥2.50

K992.5　037165

北海市全息地图/广西测绘局航测内业队,北海市振海经济开发公司编制.—广州:广东省地图出版社,1995.11.—1张;53×77cm

¥3.80

K992.5　037166

北京生活地图册/中国地图出版社编制.—2版.—北京:中国地图出版社,1995.6.—166页;25×13cm

ISBN 7-5031-1609-9:¥14.60

K992.5　037167

北京行政与企事业单位地图集/测绘出版社编制.—3版.—北京:测绘出版社,1995.6.—284页;25×26cm

ISBN 7-5030-0784-2:¥75.00

K992.5　037168

北京袖珍图册/星球地图出版社编制.—2版.—北京:星球地图出版社,1995.1.—101页;10×7cm

ISBN 7-80104-019-8:¥6.80

K992.5　037169

昌乐县地图:1:60000/山东省地图出版社编制.—济南:山东省地图出版社,1995.9.—1张;62×100

ISBN 7-80532-198-1: ¥9.80

K992.5　037170

长清县地图/山东省地图出版社编制.—济南:山东省地图出版社,1995.7.—1张;77×106cm

ISBN 7-80532-189-2: ¥9.80

K992.5　037171

巢湖市区图:1:1000000/安徽省地矿技校勘测教研室编制.—福州:福建省地图出版社,1995.3.—1张;106×77cm

¥3.50

K992.5　037172

成都市企事业单位分布地图:1:9500/国家测绘局第三测绘院编制.—成都:成都地图出版社,1995.2.—1张;77×318cm

ISBN 7-80544-373-4: ¥260.00

K992.5　037173

德州市地图:1:150000/山东省地图出版社编制 .—济南:山东省地图出版社,1995.9.—1张;128×106cm

ISBN 7-80532-205-8: ¥35.00

K992.5　037174

肥城市地图:1:65000/山东省地图出版社编制.—济南:山东省地图出版社,1995.12.—1张;90×68cm

ISBN 7-80532-210-4: ¥9.80

K992.5　037175

广州城区图/广东省国土厅,广东省地图出版社编制.—广州:广东省地图出版社,1995.3.—1张;194×158cm

ISBN 7-80522-290-8: ¥60.00

K992.5　037176

杭州/浙江省测绘局综合测绘大队编制.—福州:福建省地图出版社,1995.7.—1张;42×57cm

¥2.00

K992.5　037177

荷泽市地图/山东省地图出版社编制.—济南:山东省地图出版社,1995.3.—1张;77×106cm

ISBN 7-80532-185-X: ¥9.80

K992.5　037178

淮南市工商地图/安徽省第四测绘院,淮南市测管处编制.—广州:广东地图出版社,1995.9.—1张;35×100cm

¥2.80

K992.5　037179

即墨市地图:1:80000/山东省地图出版社编制.—济南:山东省地图出版社,1995.9.—1张;62×98cm

ISBN 7-80532-197-3: ¥9.80

K992.5　037180

济南地图:1:20000/山东省地图出版社编制.—济南:山东省地图出版社,1995.1.—1张;98×146cm

ISBN 7-80532-173-6: ¥50.00

K992.5　037181

济阳县地图/山东省地图出版社编制.—济南:山东省地图出版社,1995.7.—1张;77×106cm

ISBN 7-80532-196-5: ¥9.80

K992.5　037182

胶南市地图:1:95000/山东省地图出版社编制.—济南:山东省地图出版社,1995.7.—1张;68×90cm

ISBN 7-80532-195-7: ¥9.80

K992.5　037183

胶州市地图/山东省地图出版社编制.—济南:山东省地图出版社,1995.12.—1张;106×77cm

ISBN 7-80532-215-5: ¥9.80

K992.5　037184

莱芜市地图:1:80000/山东省地图出版社编制.—济南:山东省地图出版社,1995.9.—1张;90×68cm

ISBN 7-80532-200-7: ¥9.80

K992.5　037185

莱西市地图:1:75000/山东省地图出版社编制.—济南:山东省地图出版社,1995.9.—1张;90×68cm

ISBN 7-80532-199-X: ¥9.80

K992.5　037186

临朐县地图/山东省地图出版社编制.—济南:山东省地图出版社,1995.10.—1张;106×77cm

ISBN 7-80532-214-7: ¥9.80

K992.5　037187

南京市实用地图册/成都地图出版社编制.—成都:成都地图出版社,1995.7.—85页;19cm

ISBN 7-80544-415-3: ¥5.50

K992.5　037188

宁阳县地图:1:65000/山东省地图出版社编制.—济南:山东省地图出版社,1995.11.—1张;68×90cm

ISBN 7-80532-208-2: ¥9.80

K992.5　037189

平度市地图:1:10万/山东省地图出版社编制.—济南:山东省地图出版社,1995.7.—1张;68×90cm

ISBN 7-80532-194-9: ¥9.80

K992.5　037190

平阴县地图/山东省地图出版社编制.—济南:山东省地图出版社,1995.7.—1张;77×106cm

ISBN 7-80532-190-6: ¥9.80

K992.5　037191

莆田市地图/莆田市地名委员会编制.—福州:福建省地图出版社,1995.12.—1张;72×86cm

ISBN 7-80516-004-X: ¥5.00

K992.5　037192

全国城市交通及工商企业分布图:常熟幅/《全国城市资源及工商企业分布图》编委会编.—北京:地质出版社,1995.10.—1张;52×76cm

ISBN 12116.19: ¥2.80

K992.5　037193

全国城市交通及工商企业分布图:汕尾幅/《全国城市资源及工商企业分布图》编委会编.—北京:地质出版社,1995.5.—1张;52×76cm

ISBN 12116.17: ¥2.00

K992.5　037194

全国城市交通及工商企业分布图:四平幅/《全国城市资源及工商企业分布图》编委会编.—北京:地质出

版社,1995.2.—1 张;53×76cm
ISBN 12116.12:￥2.00
K992.5　037195
全国城市交通及工商企业分布图:衢州幅/《全国城市资源及工商企业分布图》编委会编.—北京:地质出版社,1995.4.—1 张;53×76cm
ISBN 12116.14:￥2.00
K992.5　037196
山东省地图/山东省地图出版社编制.—4 版.—济南:山东省地图出版社,1995.7.—1 张;77×106cm
ISBN 7-80532-186-8:￥4.80
K992.5　037197
汕头市房地产导向图/广东省地图出版社等编制.—广州:广东省地图出版社,1995.8.—1 张;53×77cm
￥3.00
K992.5　037198
汕头中英文地图/汕头市对外文化交流协会等编制.—广州:广东省地图出版社,1995.12.—1 张;53×77cm
￥3.00
K992.5　037199
商河县地图/山东省地图出版社编制.—济南:山东省地图出版社,1995.7.—1 张;77×106cm
ISBN 7-80532-191-4:￥9.80
K992.5　037200
上海浦东新区地图/上海浦东新区规划设计研究院编辑.—上海:中华地图学社,1995.11.—1 张;38×52cm
ISBN 7-80031-172-4:￥1.80
K992.5　037201
上海浦东新区地图册/新闻报社,上海市测绘院编制.—2 版.—上海:中华地图学社,1995.10.—180 页:彩照;19cm
ISBN 7-80031-153-8:￥16.00
K992.5　037202
上海市城区图/上海市测绘院专题地图编辑室编制.—上海:上海远东出版社,1995.9.—1 张;103×150cm
附:上海市城区图市区道路、新村、地区名称索引表 1 张
ISBN 7-80613-178-7:￥100.00
K992.5　037203
上海市全图/上海市测绘院专题地图编辑室编制.—上海:上海远东出版社,1995.9.—1 张;104×75cm
ISBN 7-80613-179-5:￥60.00
K992.5　037204
上海市全图/上海市测绘院编制.—上海:中华地图学社,1995.10.—1 张;122×94cm
ISBN 7-80031-152-X:￥18.00
K992.5　037205
深圳综合商业图/广东省地图出版社编制.—广州:广东省地图出版社,1995.10.—1 张;53×77cm
￥3.00
K992.5　037206
石家庄市区图/河北省测绘局编制.—西安:西安地图出版社,1995.11.—1 张;77×106cm.—(河北省城市系列挂图;1)
ISBN 7-80545-448-5:￥6.00
K992.5　037207
石狮市地图/福建省地图出版社,石狮市对外文化交流协会编制.—福州:福建省地图出版社,1995.5.—1 张;53×77cm
ISBN 7-80516-230-1:￥5.00
K992.5　037208
天津市东丽区地图/天津市测绘院等编制.—济南:山东省地图出版社,1995.5.—1 张;77×106cm
￥4.80
K992.5　037209
天津市全图/中国地图出版社编制.—北京:中国地图出版社,1995.—1 张;154×106cm
￥9.60
K992.5　037210
通辽市区图/哈尔滨地图出版社编制.—哈尔滨:哈尔滨地图出版社,1995.12.—1 张;38×52cm
ISBN 1280529.105:￥1.50
K992.5　037211
五常市地图/哈尔滨地图出版社编制.—哈尔滨:哈尔滨地图出版社,1995.12.—1 张;38×52cm
ISBN 1280529.88:￥1.50
K992.5　037212
厦门市城区图/中共厦门市委办公厅等编制.—福州:福建省地图出版社,1995.5.—1 张;146×106cm
￥50.00
K992.5　037213
厦门市地图/中共厦门市委办公厅等编.—福州:福建省地图出版社,1995.5.—1 张;77×53cm
￥2.50
K992.5　037214
宣州市区图/姜全金,魏礼棣主编;市城乡建设环境保护委员会,安徽省第四测绘院编制.—广州:广东省地图出版社,1995.9.—1 张;98×68cm
￥8.00
K992.5　037215
章丘市地图/山东省地图出版社编制.—济南:山东省地图出版社,1995.7.—1 张;106×77cm
ISBN 7-80532-193-0:￥9.80
K992.5　037216
肇庆市地图/广东省地图出版社等编制.—广州:广东省地图出版社,1995.11.—1 张;53×77cm
￥3.00
K992.5　037217
郑州生活地图册/邱军等编绘.—北京:中国地图出版社,1995.5.—53 页;25×13cm
ISBN 7-5031-1753-2:￥12.00
K992.5　037218
织里镇商务地图/浙江省测绘局外业测绘大队,浙江省湖州市织里镇城建办编制.—广州:广东省地图出版社,1995.11.—1 张;77×53cm

¥2.00

K992.5　037219

重庆市地图.—2版.—成都:成都地图出版社,1995.4.—1张;106×77cm

ISBN 7-80544-015-8:¥35.00

K992.5　037220

重庆市企事业单位分部图/四川省人民政府机关事务管理局等采编;国家测绘局第三测绘院制图.—成都:成都地图出版社,1995.8.—1张;154×212cm

ISBN 7-80544-424-2:¥180.00

K992.5　037221

重庆市区地图/成都地图出版社编制.—2版.—成都:成都地图出版社,1995.2.—1张;77×106cm

ISBN 7-80544-021-2:¥35.00

K992.5　037222

珠江三角洲地图册/吴金平,揭济业主编;广东省地图出版社,广东省新华书店编.—广州:广东省地图出版社,1995.1.—46页;20cm

ISBN 7-80522-278-9:¥1.75

K992.5　037223

莒县地图:1:80000/山东省地图出版社编制.—济南:山东省地图出版社,1995.6.—1张;100×71cm

ISBN 7-80532-180-9:¥9.80

①K992.5②F129.971-64　037224

重庆城区工商贸易图:1:20000.—成都:成都地图出版社,1995.4.—1张;106×154cm

ISBN 7-80544-435-8:¥25.00

K992.6　037225

广东历史地图集/广东历史地图集编辑委员会编.—广州:广东省地图出版社,1995.9.—198页;29cm

ISBN 7-80522-300-9(精装):¥128.00

K992.6　037226

中国古地图精选:汉英对照/刘镇伟主编.—北京:中国世界语出版社,1995.3.—99页;26cm

ISBN 7-5052-0209-X:¥80.00

K992.6-61　037227

中国古代交通图典/周成编著.—北京:中国世界语出版社,1995.10.—201页;26cm

ISBN 7-5052-0110-7(精装):¥150.00

K992.62　037228

中国古代地图集:明代:汉英对照/曹婉如等编.—北京:文物出版社,1995.10.—142页;35cm

ISBN 7-5010-0770-5(精装):¥0.00

K992.66　037229

中国抗日战争史地图集:1931~1945/武月星主编;中国抗日战争史学会等编.—北京:中国地图出版社,1995.8.—310页:图;26cm.—(中国抗日战争史丛书)

ISBN 7-5031-1766-4(精装):¥218.00

K992.9　037230

朝阳经贸旅游交通地图/北京三维地图设计研究所编制.—北京:中国地图出版社,1995.4.—1张;38×53cm

¥1.60

K992.9　037231

实用中国旅行图册/测绘出版社编.—北京:测绘出版社,1995.8.—180页;19cm

ISBN 7-5030-0785-0:¥10.00

K992.9　037232

中国旅行游览图/北京第二外国语学院编制.—北京:旅游教育出版社,1995.—1张;77×106cm

ISBN 7-5637-0148-6:¥3.60

K992.9　037233

中国商贸交通图册/王秀德等编绘.—北京:测绘出版社,1995.8.—146页;19cm

ISBN 7-5030-0803-2:¥10.00

K992.9　037234

中国最佳旅游景点图册/测绘出版社编制.—北京:测绘出版社,1995.8.—126页;19cm

ISBN 7-5030-0701-X:¥10.00

K992.9　037235

中国最新交通旅游图册/陈芝主编;全国测绘资料信息中心编制.—北京:学苑出版社,1995.10.—20页;13cm

ISBN 7-5077-1029-7(精装):¥6.80

K992.9　037236

最新实用中国商贸交通旅游地图册/伍夫,利民编著.—北京:中国检察出版社,1995.1.—210页;19cm

ISBN 7-80086-271-2:¥8.50

①K992.9②F512.99-64　037237

中国旅行交通地图册/西安测绘信息技术总站编制.—北京:星球地图出版社,1995.3.—135页;25×13cm

ISBN 7-80104-021-X:¥12.80

K992.91　037238

北京购物旅游图/中国商业出版社策划部编.—北京:中国商业出版社,1995.8.—1张;53×77cm

ISBN 7-5044-3098-6:¥2.00

K992.91　037239

北京交通旅游全图:1:380000/中国地图出版社编制.—北京:中国地图出版社,1995.3.—1张;53×77cm

¥3.00

K992.91　037240

北京交通旅游图/中国地图出版社编制.—北京:中国地图出版社,1995.12.—1张;53×77cm

¥3.00

K992.91　037241

北京经贸旅游交通图/北京三维地图设计研究所编制.—北京:中国地图出版社,1995.10.—1张;53×75cm

¥2.60

K992.91　037242

北京市旅游交通图.—2版.—北京:中国商业出版社,1995.3.—1张;76×32cm

ISBN 7-5044-1739-4:¥2.00

K992.91　037243

环北京旅游图/中国地图出版社编制.—北京:中国地图出版社,1995.9.—1张;52×76cm

¥3.80

K992.921　037244
95天津交通旅游/天津市测绘院五队编绘.—济南:山东省地图出版社,1995.6.—1张;53×77cm
¥2.50

K992.922　037245
承德经贸交通旅游地图/北京三维地图设计研究所编制.—北京:中国地图出版社,1995.2.—1张;53×77cm
¥2.50

K992.925.3　037246
太原市交通旅游图/山西省测绘局外业测绘大队编绘.—太原:山西科学技术出版社,1995.1.—1张;77×53cm
ISBN 7-5377-1123-2:¥2.50

K992.926.2　037247
哲里木盟商务交通旅游图册/中国地图出版社编制.—北京:中国地图出版社,1995.1.—106页;9×17cm
ISBN 7-5031-1761-3:¥8.80

K992.931　037248
辽宁省工商交通旅游地图册:沈阳/顾维信,赵洪甲主编.—沈阳:辽宁人民出版社,1995.11.—266页;26cm
ISBN 7-205-03515-5:¥88.00

K992.935　037249
黑龙江省名胜旅游地图册/王玉明,刘俊清编著.—哈尔滨:哈尔滨地图出版社,1995.6.—92页;19cm
ISBN 7-80529-276-0:¥6.80

K992.942.1　037250
兰州市商贸餐饮娱乐游览图/甘肃省第一测绘大队工艺室编制.—成都:成都地图出版社,1995.8.—1张;53×77cm
¥3.00

K992.945　037251
新疆维吾尔自治区交通游览图/新疆维吾尔自治区测绘档案资料馆编制.—乌鲁木齐:新疆青少年出版社,1995.2.—1张;52×38cm
ISBN 7-5371-1892-2:¥2.00

K992.951.3　037252
上海市宝山区交通旅游图/上海市宝山区规划土地管理局,浙江省第一测绘院编制.—广州:广东省地图出版社,1995.11.—1张;53×77cm
¥3.00

K992.952　037253
泰山导游图/泰山风景区管理委员会供稿.—济南:山东友谊出版社,1995.9.—1张;38×52cm
¥1.80

K992.952.1　037254
济南——泰安旅游向导图.—济南:山东省地图出版社,1995.4.—1张;52×77cm
¥2.20

K992.952.1　037255
济南市交通旅游图/山东省地图出版社编制.—济南:山东省地图出版社,1995.3.—1张;38×53cm
¥1.20

K992.952.1　037256
济南市交通旅游图/山东省地图出版社编制.—济南:山东省地图出版社,1995.7.—1张;53×77cm
¥2.50

K992.952.3　037257
孔子故里曲阜/曲阜市文物管理委员会供稿.—济南:山东友谊出版社,1995.9.—1张;36×51cm
¥1.80

K992.952.3　037258
莱芜市交通旅游图/山东省第二测绘院编绘.—济南:山东友谊出版社,1995.6.—1张;53×75cm
¥3.00

K992.952.3　037259
聊城市工商交通旅游图/山东省地图出版社编制.—济南:山东省地图出版社,1995.7.—1张;52×76cm
¥6.00

K992.952.3　037260
临清市交通旅游图/临清县民政局地名办公室,山东省地图出版社编制.—济南:山东省地图出版社,1995.7.—1张;53×77cm
¥2.00

K992.952.3　037261
临沂市工商交通旅游图/山东省地图出版社编制.—济南:山东省地图出版社,1995.12.—1张;38×53cm
¥2.00

K992.952.3　037262
临沂市工商交通旅游图/山东省地图出版社编制.—济南:山东省地图出版社,1995.12.—1张;38×52cm
¥2.00

K992.952.3　037263
青岛向导图 /青岛市勘察测绘研究所编绘.—济南:山东省地图出版社,1995.5.—1张;74×51cm
¥2.50

K992.952.3　037264
青岛之旅/青岛市十大景观评选办公室主编;青岛市勘察测绘研究院绘.—济南:山东画报出版社,1995.5.—1张;25×106cm
ISBN 7-80603-008-5:¥2.80

K992.952.3　037265
泰山游览图:汉英对照/朱家龙等编绘.—济南:山东省地图出版社,1995.8.—1张;53×77cm
¥2.40

K992.952.3　037266
威海交通游览图/威海众仁商务传播公司,威海经济区新闻信息中心编.—新1版.—济南:山东友谊出版社,1995.8.—1张;53×37cm
¥1.50

K992.952.3　037267
潍坊市交通旅游图/山东省地图出版社编制.—济南:山东省地图出版社,1995.4.—1张;53×77cm
¥2.50

K992.952.3　037268

文登市交通游览图/文登市民政局地名办公室,山东省地图出版社编制.—济南:山东省地图出版社,1995.3.—1张;38×52cm
¥2.00

K992.952.3　037269
新编青岛市旅游交通图/山东省图出版社编制.—济南:山东省地图出版社,1995.10.—1张;38×52cm
¥1.80

K992.952.3　037270
最新德州市交通旅游图/山东省第二测绘院编绘.—济南:山东友谊出版社,1995.4.—1张;53×75cm
¥3.50

K992.953　037271
江苏交通旅游图册/中国地图出版社编制.—上海:中华地图出版社,1995.1.—101,20页;19cm
ISBN 7-80031-105-8:¥7.50

K992.953　037272
江苏省姜堰市招商引资经贸交通图/江苏科技报社,江苏省第二测绘院编制.—福州:福建省地图出版社,1995.12.—1张;53×77cm
¥2.00

K992.953　037273
江苏省商务交通旅游地图册:镇江、扬州、南通分册/江苏省测绘局编制.—上海:中华地图学社,1995.10.—124页:彩图;26cm
ISBN 7-80031-170-8:¥18.00

K992.953　037274
江阴工商交通旅游图/哈尔滨地图出版社编制.—哈尔滨:哈尔滨地图出版社,1995.10.—1张;52×75cm
¥3.50

K992.953.3　037275
苏州市房地产导向图/哈尔滨地图出版社编制.—哈尔滨:哈尔滨地图出版社,1995.10.—1张;53×77cm
¥3.00

K992.953.3　037276
无锡导游图/成都地图出版社编制 .—成都:成都地图出版社,1995.5.—1张;53×77cm
¥2.50

K992.953.3　037277
盐城市旅游交通图/盐城市城乡建设委员会,江苏省第二测绘院编制.—福州:福建省地图出版社,1995.1.—1张;38×52cm
¥2.00

K992.953.3　037278
仪征市交通旅游图/哈尔滨地图出版社编制.—哈尔滨:哈尔滨地图出版社,1995.1.—1张;53×77cm
¥2.00

K992.953.3　037279
宜兴市交通游览图/宜兴市城市规划处、园林处,地图科学研究所编制.—北京:中国地图出版社,1995.1.—1张;75×53cm
¥2.00

K992.954　037280
黄山导游图/安徽省第四测绘院编制 .—广州:广东省地图出版社,1995.2.—1张;26×76cm
¥1.50

K992.954.1　037281
合肥指南/安徽省第四测绘院编制.—广州:广东省地图出版社,1995.7.—1张;38×52cm
¥1.40

K992.954.2　037282
宿县地区交通旅游图/宿县地区测绘管理处,安徽省第四测绘院编制.—广州:广东省地图出版社,1995.9.—1张;38×52cm
¥1.50

K992.954.3　037283
滁州市游览交通图/滁州市规划处,安徽省第四测绘院编制.—广州:广东省地图出版社,1995.9.—1张;52×38cm
¥2.00

K992.955　037284
淳安千岛湖经济交通旅游图/浙江省测绘局综合测绘大队编制.—福州:福建省地图出版社,1995.4.—1张;53×77cm
¥1.80

K992.955.1　037285
杭州市观光地图:汉英对照/浙江省测绘局外业测绘大队编制.—2版.—广州:广东省地图出版社,1995.10.—1张;52×76cm
¥3.80

K992.955.1　037286
杭州市交通旅游图/浙江省测绘局综合测绘大队编制.—福州:福建省地图出版社,1995.8.—1张;53×77cm
¥2.00

K992.955.1　037287
杭州市游览图/浙江省测绘局综合测绘大队,杭州市宣传品制作中心编制.—福州:福建省地图出版社,1995.8.—1张;53×77cm
¥3.00

K992.955.1　037288
杭州新版交通旅游图/浙江测绘技术经济开发公司编制.—广州:广东省地图出版社,1995.3.—1张;52×38cm
¥1.00

K992.955.3　037289
东阳市交通旅游图/浙江省测绘局综合测绘大队编制.—福州:福建省地图出版社,1995.8.—1张;53×77cm
¥1.80

K992.955.3　037290
建德市经济交通旅游图/浙江省第二测绘院编制.—福州:福建省地图出版社,1995.12.—1张;52×74cm
¥2.50

K992.955.3　037291
上虞市工商交通旅游图/浙江省测绘局综合测绘大队编制.—福州:福建省地图出版社,1995.—1张;52×70cm

¥1.50

K992.955.3 037292

台州市交通旅游图/浙江省测绘局外业测绘大队，中共台州市委宣传部编制.—广州：广东省地图出版社，1995.5.—1张；53×77cm

¥2.00

K992.955.3 037293

温州市交通导游图/成都地图出版社编制.—成都：成都地图出版社，1995.1.—1张；38×52cm

ISBN 7-80544-372-6：¥1.50

K992.955.3 037294

温州市交通旅游工商地图册/温州市交通旅游工商地图册编委会编制.—上海：中华地图学社，1995.2.—126页；26cm

ISBN 7-80031-162-7：¥18.00

K992.955.3 037295

义乌市交通旅游图/浙江省测绘局综合测绘大队编制.—福州：福建省地图出版社，1995.1.—1张；76×52cm

¥1.80

K992.955.3 037296

衢州市经济交通旅游图/浙江省测绘局综合测绘大队编制.—福州：福建省地图出版社，1995.10.—1张；77×53cm

¥2.00

K992.955.4 037297

德清工商交通旅游图/浙江省测绘局综合测绘大队编制.—福州：福建省地图出版社，1995.5.—1张；53×77cm

¥2.00

K992.955.4 037298

兰溪经济交通旅游图/浙江省测绘局综合测绘大队编制.—福州：福建省地图出版社，1995.7.—1张；53×77cm

¥2.00

K992.955.4 037299

武义经济交通旅游图/浙江省测绘局综合测绘大队编制.—福州：福建省地图出版社，1995.9.—1张；53×77cm

¥2.00

K992.955.4 037300

玉环经济交通旅游图/浙江省测绘局综合测绘大队编制.—福州：福建省地图出版社，1995.1.—1张；52×70cm

ISBN 7-80516-192-5：¥2.00

K992.955.4 037301

鄞县经济交通旅游图/鄞县科学技术协会供稿.—哈尔滨：哈尔滨地图出版社，1995.11.—1张；53×77cm

¥3.00

K992.955.4 037302

缙云经济交通旅游图/浙江省第二测绘院编制.—福州：福建省地图出版社，1995.10.—1张；53×77cm

¥2.00

K992.955.5 037303

水乡名镇南浔交通旅游图/浙江省测绘局外业测绘大队，湖州市南浔镇房地产管理所编制.—广州：广东省地图出版社，1995.1.—1张；53×77cm

¥1.80

K992.956 037304

赣州经贸旅游交通图/北京三维地图设计研究所编制.—北京：中国地图出版社，1995.8.—1张；53×77cm

¥2.60

K992.956.4 037305

吉安经贸旅游交通图/北京三维地图设计研究所编制；西安三维地图设计研究调绘.—北京：中国地图出版社，1995.9.—1张；53×73cm

¥2.60

K992.956.4 037306

上饶经贸旅游交通图/北京三维地图设计研究所编制.—北京：中国地图出版社，1995.8.—1张；53×77cm

¥2.60

K992.957 037307

清源山风景名胜区示意图：汉英对照/纪羲春编绘.—福州：福建省地图出版社，1995.—1张；38×52cm

¥1.80

K992.957.1 037308

福州公园名胜图/福州市园林管理局，福州市勘测队编.—福州：福建省地图出版社，1995.1.—1张；38×52cm

¥1.50

K992.957.1 037309

福州市工商指南、交通旅游图/延建清，刘惠英编绘.—福州：福建省地图出版社，1995.10.—1张；76×52cm

¥2.50

K992.957.3 037310

晋江城建交通游览图：1:90000/南方商业电台地图广告部编.—福州：福建人民出版社，1995.—1张；53×77cm

¥5.60

K992.957.3 037311

莆田市旅游工商地图/莆田市人民政府办公室等编.—福州：福建省地图出版社，1995.3.—1张；77×53cm

¥2.50

K992.957.3 037312

石狮城建交通游览图/南方商业电台编.—福州：福建人民出版社，1995.—1张；53×77cm

¥4.10

K992.957.3 037313

石狮城建交通游览图/南方商业电台编.—福州：福建人民出版社，1995.—1张；53×77cm

¥4.10

K992.957.3 037314

厦门交通游览图/福建省地图出版社编制.—福州：福建省地图出版社，1995.5.—1张；77×35cm

¥2.00

K992.957.3 037315

厦门闽南三角地区旅游图/福建省测绘学会,厦门市测绘处编.—福州:福建省地图出版社,1995.—1 张;35×78cm
¥1.70

K992.958　037316
台湾省交通旅游图册/中国地图出版社,中央人民广播电台对台湾广播部编制.—北京:中国地图出版社,1995.8.—102 页;19cm
ISBN 7-5031-1781-8:¥12.40

K992.961.1　037317
郑州市交通游览图/河南省测绘科学研究所编制.—福州:福建省地图出版社,1995.9.—1 张;38×52cm
¥1.50

K992.961.3　037318
洛阳市交通旅游食宿图/河南省麦普测绘技术应用中心,洛阳市卫生防疫站编制.—福州:福建省地图出版社,1995.4.—1 张;53×77cm
¥1.50

K992.961.3　037319
漯河市交通食宿图/河南省麦普测绘技术应用中心,漯河市卫生防疫站编制.—福州:福州省地图出版社,1995.8.—1 张;38×52cm
¥1.00

K992.963　037320
八百里清江揽胜图/李焰云主编;湖北省清江水电开发总公司编制.—武汉:湖北人民出版社,1995.9.—1 张;26×75cm
ISBN 7-216-01761-7:¥4.00

K992.963　037321
湖北省交通旅游图册/武汉测绘科技大学地图制图系,中国地图出版社编制.—北京:中国地图出版社,1995.3.—99 页;17cm
ISBN 7-5031-1570-X:¥7.30

K992.964　037322
湖北省交通旅游图册/金匀,言西早编制.—成都:成都地图出版社,1995.1.—122 页;19cm
ISBN 7-80544-226-6:¥6.80

K992.964.1　037323
长沙市招商旅游交通图/湖南地图出版社编制.—长沙:湖南地图出版社,1995.12.—1 张;52×77cm
ISBN 12515.0130:¥4.00

K992.964.3　037324
岳阳市工商交通旅游图/湖南地图出版社编制.—长沙:湖南地图出版社,1995.12.—1 张;52×77cm
ISBN 12515.0131:¥4.00

K992.965　037325
宝安区商贸交通图/广东省地图出版社编制.—3 版.—广州:广东省地图出版社,1995.11.—1 张;53×77cm
¥3.00

K992.965　037326
广东省交通游览图/广东省地图出版社编制.—广州:广东省地图出版社,1995.6.—1 张;53×77cm
¥3.00

K992.965　037327
广梅汕铁路沿线旅行图/广东省地图出版社,广梅汕铁路总公司编制.—广州:广东省地图出版社,1995.12.—1 张;57×87cm
¥6.00

K992.965　037328
广州、深圳、珠海交通游览图/广东省地图出版社编制.—4 版.—广州:广东省地图出版社,1995.7.—1 张;53×77cm
¥3.00

K992.965.1　037329
广州八区交通游览图/广东省地图出版社编制.—广州:广东省地图出版社,1995.1.—1 张;53×77cm
¥3.00

K992.965.1　037330
广州导游图/广东省地图出版社编制.—广州:广东省地图出版社,1995.6.—1 张;38×52cm.—(城市指南系列)
ISBN 7-80522-303-3:¥1.50

K992.965.1　037331
广州街道、交通指南/广东省测绘技术公司编制.—广州:广东省地图出版社,1995.3.—1 张;53×77cm
¥2.00

K992.965.1　037332
广州市工商旅游交通图/广东省地图出版社编制.—3 版.—广州:广东省地图出版社,1995.4.—1 张;53×77cm
¥3.00

K992.965.1　037333
广州医疗保健指南图/广东省地图出版社编制.—广州:广东省地图出版社,1995.6.—1 张;53×77cm
¥3.00

K992.965.1　037334
广州游览图:汉英对照/广东省地图出版社编制.—广州:广东省地图出版社,1995.11.—1 张;53×77cm
ISBN 7-80522-298-3:¥3.00

K992.965.1　037335
广州游览图:中英文对照/广东省地图出版社编制.—广州:广东省地图出版社,1995.3.—1 张;38×52cm
¥1.50

K992.965.3　037336
宝安区商贸交通图/广东省地图出版社编制.—3 版.—广州:广东省地图出版社,1995.11.—1 张;53×77cm
¥3.00

K992.965.3　037337
潮阳市交通旅游图/广东省地图出版社,潮阳市国土局编制.—广州:广东省地图出版社,1995.12.—1 张;53×77cm
¥3.00

K992.965.3　037338
澄海市交通游览图/广东省地图出版社,澄海市地名委员会编.—广州:广东省地图出版社,1995.4.—1 张;

53×77cm
¥3.00

K992.965.3 037339
从化市旅游地图/广东省地图出版社等编制.—广州:广东省地图出版社,1995.10.—1张;38×52cm
¥2.00

K992.965.3 037340
从化市商贸旅游图/广东省地图出版社编制.—广州:广东省地图出版社,1995.4.—1张;53×77cm
¥3.00

K992.965.3 037341
佛山导游图/广东省地图出版社美术编辑室编制.—广州:广东省地图出版社,1995.10.—1张;38×52cm.—(城市指南系列)
ISBN 7-80522-312-2:¥1.50

K992.965.3 037342
佛山市交通游览图/广东省地图出版社编制.—广州:广东省地图出版社,1995.10.—1张;38×52cm
¥1.50

K992.965.3 037343
广东省城市系列交通旅游图:东莞/广东省地图出版社,东莞市国土局编.—广州:广东省地图出版社,1995.5.—1张;53×77cm
ISBN 7-80522-302-5:¥3.00

K992.965.3 037344
广东省城市系列交通游览图:台山/广东省地图出版社,台山市国土规划局编.—3版.—广州:广东省地图出版社,1995.4.—1张;53×77cm
ISBN 7-80522-309-2:¥3.00

K992.965.3 037345
鹤山市商贸交通图/广东省地图出版社,鹤山市国土局编制.—广州:广东省地图出版社,1995.11.—1张;53×77cm
¥3.00

K992.965.3 037346
花都市交通游览图/广东省地图出版社编制.—广州:广东省地图出版社,1995.5.—1张;38×53cm
¥1.60

K992.965.3 037347
惠阳市交通游览图/广东省地图出版社编制.—广州:广东省地图出版社,1995.9.—1张;52×38cm
¥1.50

K992.965.3 037348
惠州市工商地图/广东省地图出版社编制 .—广州:广东省地图出版社,1995.1.—1张;53×77cm
¥3.00

K992.965.3 037349
开平交通游览图/广东省地图出版社,开平市国土局编.—2版.—广州:广东省地图出版社,1995.1.—1张;38×52cm
ISBN 7-80522-264-9:¥1.50

K992.965.3 037350
雷州市交通旅游图/广东省地图出版社编制.—广州:广东省地图出版社,1995.9.—1张;38×52cm
¥1.50

K992.965.3 037351
梅州市商贸旅游图/广东省地图出版社编制.—广州:广东省地图出版社,1995.8.—1张;53×77cm
¥3.00

K992.965.3 037352
梅州市商贸旅游图/广东省地图出版社,梅州市国土局编制.—2版.—广州:广东省地图出版社,1995.11.—1张;38×52cm
¥1.50

K992.965.3 037353
南海市商务交通图/广东省地图出版社编制.—广州:广东省地图出版社,1995.6.—1张;53×77cm
¥3.00

K992.965.3 037354
普宁市交通旅游图/广东省地图出版社编制.—广州:广东省地图出版社,1995.6.—1张;38×52cm
¥1.50

K992.965.3 037355
清远市投资商务交通图/清远市国土局,广东省地图出版社编.—广州:广东省地图出版社,1995.4.—1张;38×53cm
¥1.50

K992.965.3 037356
深圳导游图/广东省地图出版社美术编辑室编.—广州:广东省地图出版社,1995.12.—1张;38×52cm.—(城市指南系列)
ISBN 7-80522-318-1:¥2.00

K992.965.3 037357
深圳交通旅游图/广东省地图出版社编制.—2版.—广州:广东省地图出版社,1995.12.—1张;38×52cm
¥2.00

K992.965.3 037358
深圳商旅综合·房地产导向图/广东省测绘技术公司编制.—广州:广东省地图出版社,1995.3.—1张;53×77cm
¥3.00

K992.965.3 037359
顺德市交通游览图/广东省地图出版社编制.—广州:广东省地图出版社,1995.10.—1张;38×52cm
¥1.50

K992.965.3 037360
信宜市交通游览图/信宜市国土局等编制.—广州:广东省地图出版社,1995.12.—1张;52×38cm
¥1.50

K992.965.3 037361
阳江市交通导游图/广东省地图出版社,阳江市国土局编制.—广州:广东省地图出版社,1995.8.—1张;38×52cm
¥1.50

K992.965.3 037362
阳江市商贸交通图 /广东省地图出版社,阳江市国土局编.—广州:广东省地图出版社,1995.5.—1张;53

×77cm

¥3.00

K992.965.3　037363

肇庆房地产商贸旅游图/广东省地图出版社编制.—广州:广东省地图出版社,1995.6.—1张;53×77cm

¥3.00

K992.965.3　037364

珠海市斗门商贸交通旅游图/斗门县国土局,广东省地图出版社编制.—广州:广东省地图出版社,1995.8.—1张;53×77cm

¥3.00

K992.965.4　037365

怀集商贸旅游图/怀集县国土局,广东省地图出版社编.—广州:广东省地图出版社,1995.6.—1张;38×53cm

¥1.50

K992.965.4　037366

南山区商务旅游图/广东省地图出版社,深圳市南山区人民政府编.—广州:广东省地图出版社,1995.1.—1张;53×77cm

¥2.50

K992.967　037367

广西壮族自治区交通旅游图/中国地图出版社编制.—北京:中国地图出版社,1995.3.—1张;52×77cm

ISBN 7-5031-1728-1:¥2.50

K992.967.2　037368

玉林地区/中国测绘工程规划设计中心编制.—北京:中国地图出版社,1995.5.—1张;53×77cm.—(西南经济协作区城市经济交通旅游系列图)

¥3.00

K992.967.3　037369

桂林经贸交通图/广西地图院编制.—成都:成都地图出版社,1995.11.—1张;53×77cm

¥2.80

K992.967.3　037370

桂林市桂林地区/中国测绘工程规划设计中心编制.—北京:中国地图出版社,1995.1.—1张;53×77cm.—(西南经济协作区城市经济交通旅游系列图)

¥2.00

K992.967.3　037371

桂林市交通旅游图/广东省地图出版社等编制.—广州:广东省地图出版社,1995.8.—1张;77×53cm

¥3.00

K992.967.3　037372

桂平市交通旅游图/广西测绘局地图印刷厂编制.—广州:广东省地图出版社,1995.6.—1张;53×77cm

¥3.00

K992.967.3　037373

凭祥边贸旅游/广西测绘局制图队编制.—成都:成都地图出版社,1995.5.—1张;38×52cm

¥1.80

K992.967.3　037374

凭祥市/中国测绘工程规划设计中心编制.—北京:中国地图出版社,1995.1.—1张;19×52cm.—(西南经济协作区城市经济交通旅游系列图)

¥0.50

K992.967.3　037375

钦州市/中国测绘工程规划设计中心编制.—北京:中国地图出版社,1995.1.—1张;19×52cm.—(西南经济协作区城市经济交通旅游系列图)

¥0.50

K992.967.3　037376

玉林市交通旅游图/广西测绘局地图印刷厂编.—广州:广东省地图出版社,1995.3.—1张;53×77cm

¥2.50

K992.967.4　037377

武鸣交通游览商务地图/广西测绘局制图队,武鸣县人民政府编制.—成都:成都地图出版社,1995.7.—1张;53×77cm

¥2.60

K992.967.4　037378

邕宁商务交通图/广西测绘局制图队,邕宁县人民政府编制.—成都:成都地图出版社,1995.9.—1张;38×52cm

¥2.00

K992.971　037379

乐山经贸旅游交通图/北京三维地图设计研究所,西安三维地图设计研究所编制.—北京:中国地图出版社,1995.11.—1张;53×75cm

¥2.80

K992.971　037380

绵阳经贸旅游交通地图/北京三维地图设计研究所,绵阳市旅游局联合编制.—北京:中国地图出版社,1995.9.—1张;53×77cm

¥2.60

K992.971　037381

南充经贸旅游交通图/北京三维地图设计研究所,西安三维地图设计研究所编制.—北京:中国地图出版社,1995.12.—1张;38×52cm

¥1.80

K992.971.1　037382

成都市/中国测绘工程规划设计中心编制.—北京:中国地图出版社,1995.7.—1张;77×106cm.—(西南经济协作区城市经济交通旅游系列图)

附说明1册

¥10.80

K992.971.2　037383

达川旅游商贸交通图/四川省达川地委宣传部编制.—成都:成都地图出版社;广州:广东省地图出版社,1995.10.—1张;53×77cm

¥5.00

K992.971.2　037384

涪陵地区交通旅游图/成都地图出版社,国民广告公司编制 .—成都:成都地图出版社,1995.7.—1张;53×38cm

¥1.80

K992.971.2　037385

凉山彝族自治州/中国测绘工程规划设计中心编

制.—北京:中国地图出版社,1995.1.—1 张;53×77cm.—(西南经济协作区城市经济交通旅游系列图)
¥2.00

K992.971.3 **037386**
德阳市工商交通游览图/成都地图出版社编制.—成都:成都地图出版社,1995.5.—1 张;52×38cm
¥1.20

K992.971.3 **037387**
峨眉山导游图/成都地图出版社编制.—2 版.—成都:成都地图出版社,1995.5.—1 张;38×52cm
ISBN 7-80544-190-1:¥0.80

K992.971.3 **037388**
南充市交通旅游图/南充市地名办公室,顺庆地名办公室编制.—成都:成都地图出版社,1995.5.—1 张;38×53cm
¥1.80

K992.971.3 **037389**
南充市综合信息图/南充市邮电广告信息中心广告部采编.—成都:成都地图出版社,1995.4.—1 张;53×77cm
¥3.00

K992.971.3 **037390**
万县市/中国测绘工程规划设计中心编制.—北京:中国地图出版社,1995.1.—1 张;53×77cm.—(西南经济协作区城市经济交通旅游系列图)
¥2.00

K992.971.3 **037391**
万县市交通旅游图/万县市建设委员会,万县市规划设计研究院编制.—成都:成都地图出版社,1995.8.—1 张;53×77cm
¥3.00

K992.971.3 **037392**
重庆旅游交通经贸详图/旅游博览杂志社编制.—成都:成都地图出版社,1995.1.—1 册;26cm
ISBN 7-80544-303-3:¥0.00

K992.971.3 **037393**
重庆市消费旅游指南图/哈尔滨地图出版社编制.—哈尔滨:哈尔滨地图出版社,1995.9.—1 张;53×77cm
¥3.00

K992.971.4 **037394**
奉节游览图:汉英对照.—成都:成都地图出版社,1995.10.—1 张;27×77cm
¥2.80

K992.971.4 **037395**
遂宁经贸交通旅游图/北京三维地图设计研究所,西安三维地图设计研究所编制.—北京:中国地图出版社,1995.10.—1 张;75×53cm
¥1.60

K992.973.2 **037396**
黔南布依族苗族自治州/中国测绘工程规划设计中心编制.—北京:中国地图出版社,1995.1.—1 张;53×77cm.—(西南经济协作区城市经济交通旅游系列图)
¥2.00

K992.974 **037397**
'95 版云南省旅游交通图/云南省测绘局第一测绘大队编制.—成都:成都地图出版社,1995.3.—1 张;38×52cm
¥1.80

K992.974 **037398**
云南风情旅游指南图/郑晓云主编.—昆明:云南美术出版社,1995.5.—1 张;53×77cm
¥3.60

K992.974 **037399**
中国石林游览图/石林风景名胜区管理局旅游局编辑.—昆明:云南美术出版社,1995.3.—1 张;47×75cm
¥0.00

K992.974 **037400**
中国云南游:汉英对照/成都地图出版社编制.—成都:成都地图出版社,1995.8.—1 张;52×75cm
¥3.50

K992.974 **037401**
中国云南云龙县经贸交通导游图/云南省测绘局第一测绘大队,云龙县人民政府编制.—成都:成都地图出版社,1995.4.—1 张;38×52cm
¥1.60

K992.974.3 **037402**
曲靖市/中国测绘工程规划设计中心编制.—北京:中国地图出版社,1995.1.—1 张;19×52cm.—(西南经济协作区城市经济交通旅游系列图)
¥0.50

K992.974.3 **037403**
昭通市/中国测绘工程规划设计中心编制.—北京:中国地图出版社,1995.1.—1 张;19×52cm.—(西南经济协作区城市经济交通旅游系列图)
¥0.50

K992.974.4 **037404**
大姚县交通旅游图/大姚县人民政府等编制.—成都:成都地图出版社,1995.1.—1 张;38×53cm
¥1.50

K992.974.4 **037405**
中国云南洱源县旅游交通图/云南省测绘局第一测绘大队,洱源县人民政府编制.—成都:成都地图出版社,1995.7.—1 张;52×38cm
¥1.80

K992.974.4 **037406**
中国云南会泽经济交通旅游指南/会泽县人民政府办公室,云南省测绘局第二测绘大队编制.—成都:成都地图出版社,1995.6.—1 张;38×52cm
¥1.50

K992.974.4 **037407**
中国云南砚山县经济旅游指南图/云南省砚山县人民政府,云南省测绘局第二测绘大队编制.—成都:成都地图出版社,1995.6.—1 张;38×52cm
¥1.50

K992.975 **037408**
中国西藏旅游图/西藏自治区测绘局编制.—2 版.—成都:成都地图出版社,1995.1.—1 张;38×78cm
ISBN 7-80544-290-8:¥7.00

K993.3　037409

新、马、泰旅游图/广东海外旅游总公司,广东省地图出版社编.—广州:广东省地图出版社,1995.2.—1 张;38×53cm

ISBN 7-80522-286-X:¥2.50

K993.362　037410

泰国/中国地图出版社编制.—北京:中国地图出版社,1995.2.—1 张;77×53cm

ISBN 7-5031-1688-9:¥2.70

K993.372　037411

缅甸/中国地图出版社编制.—北京:中国地图出版社,1995.1.—1 张;54×38cm

¥1.50

K993.512　037412

印度地图/中国地图出版社编制.—北京:中国地图出版社,1995.12.—1 张;53×77cm

¥2.70

K993.742　037413

土耳其/中国地图出版社编制.—北京:中国地图出版社,1995.1.—1 张;38×54cm

¥1.50

N 自然科学总论

N－64 037414
星座花园:手工制作用品/闵乃世设计、绘图.—上海:上海科技教育出版社,1995.9.—1套;26cm
ISBN 7－5428－1220－3(精装):¥28.00

N0 自然科学理论与方法论

N0 037415
科技进步新论/罗任兴,詹颂生主编.—广州:广东人民出版社,1995.3.—370页;19cm
ISBN 7－218－01789－4:¥10.80

N0 037416
科学技术与唯物史观/娄向新著.—西安:西北大学出版社,1995.4.—257页;20cm
ISBN 7－5604－0882－6:¥6.80

N0 037417
两大科学疑案:序和熵、系统主丛律/王兆强著.—广州:广东教育出版社,1995.5.—300页;20cm.—(天地生人丛书·第一辑/宋正海,孙关龙主编)
ISBN 7－5406－2873－1:¥10.40

N02 037418
科学技术与哲学/张星瑞著.—北京:兵器工业出版社,1995.7.—207页;20cm
ISBN 7－80038－921－9:¥8.00

N02 037419
现代科学的哲学争论/孙小礼主编.—北京:北京大学出版社,1995.9.—435页;20cm.—(北京大学科学与社会丛书)
ISBN 7－301－02295－6:¥16.50

N02 037420
自然哲学史纲/伍正亮著.—南京:江苏教育出版社,1995.1.—232页;20cm
ISBN 7－5343－2333－9:¥6.20

①N02②B82 037421
自然哲学与道德哲学/杨向奎著.—济南:济南出版社,1995.11.—345页;20cm
浙江省高等院校首批重点建设教材
ISBN 7－80572－999－9:¥13.00

N03 037422
科学与思维:科学技术的进步与思维方式的变迁/胡懋仁编著.—北京:北京航空航天大学出版社,1995.12.—245页;20cm
ISBN 7－81012－604－0:¥12.00

N031 037423
科学技术元理论:自然辩证法基础/孙乃纪,赵玲主编.—长春:吉林大学出版社,1995.3.—371页;20cm
ISBN 7－5601－1694－9:¥8.00

N031 037424
科学技术哲学概论/张连平主编.—徐州:中国矿业大学出版社,1995.7.—309页;20cm
ISBN 7－81040－399－0:¥7.50

N031 037425
科学技术哲学概论:现代自然辩证法/黎正良等主编.—南昌:江西高校出版社,1995.5.—286页;20cm
ISBN 7－81033－468－9:¥8.95

N031 037426
微观哲学初探/杨世昌著.—上海:华东师范大学出版社,1995.4.—131页;20cm
ISBN 7－5617－1075－5:¥4.90

N031 037427
自然辩证法导论:自然论、科学论和方法论的新综合/陈其荣著.—上海:复旦大学出版社,1995.2.—505页;20cm.—(理科研究生丛书)
ISBN 7－309－01457－X:¥18.00

N031 037428
自然辩证法概论/贺达仁,王学彦主编.—长沙:湖南科学技术出版社,1995.5.—252页;20cm
ISBN 7－5357－1767－5:¥11.50

N031 037429
自然辩证法概论新编/陈昌曙主编.—沈阳:东北大学出版社,1995.7.—376页;19cm
ISBN 7－81006－986－1:¥10.00

N031 037430
自然辩证法原理/古祖雪主编.—长沙:湖南科学技术出版社,1995.9.—242页;20cm
ISBN 7－5357－1839－6:¥12.00

N031－61 037431
自然辩证法百科全书/《自然辩证法百科全书》编辑委员会编.—北京:中国大百科全书出版社,1995.1.—852页;26cm
ISBN 7－5000－5080－1(精装):¥98.00

N031－61 037432
自然辩证法辞典/舒炜光,李秉平主编.—天津:天津人民出版社,1995.6.—990页;20cm
ISBN 7－201－02236－9(精装):¥40.00

N032 037433
相似方法及其应用/徐挺编著.—北京:机械工业出版社,1995.9.—124页;26cm
ISBN 7－111－04629－3:¥14.00

N05 037434
科学技术与社会/孙海英著.—南京:南京出版社,1995.2.—428页;20cm
ISBN 7－80614－094－8:¥15.40

N05　　037435
科学技术与社会/傅华,欧阳沼编著 .—北京:华夏出版社,1995.6.—267页;20cm
ISBN 7-5080-0743-3:¥10.90

N09　　037436
发现者:人类探索世界和自我的历史/(美)布尔斯廷(Boorstin,D.J.)著;严撷芸等译.—上海:上海译文出版社,1995.1.—998页;20cm
ISBN 7-5327-1691-0(精装):¥38.50

N09　　037437
科学技术史概论/冯振平编著.—西安:西北大学出版社,1995.3.—321页;20cm
ISBN 7-5604-0869-9:¥12.80

N09　　037438
科学技术史简明教程/任永堂主编.—哈尔滨:黑龙江教育出版社,1995.12.—312页;20cm
ISBN 7-5316-2919-4:¥9.80

N09　　037439
自然科学思想史/亓文芳等编著.—北京:科学技术文献出版社,1995.12.—386页;20cm
ISBN 7-5023-2684-7:¥16.00

N09-49　　037440
理性的轨迹:从牛顿到爱因斯坦/刘学铭著.—长春:长春出版社,1995.2.—232页;20cm.—(世界史精览;23/申晨星主编)
ISBN 7-80604-220-2(精装):¥10.00

N091-49　　037441
科技步步高/吴润扬著.—广州:中山大学出版社,1995.11.—103页;20cm
ISBN 7-306-01082-4:¥7.50

N092　　037442
巴蜀科技史研究/冯汉镛主编;四川省文史研究馆编.—成都:四川大学出版社,1995.9.—454页;20cm
ISBN 7-5614-1210-X:¥18.00

N092　　037443
驰名世界的四大发明/远德玉,张明国著.—沈阳:辽宁古籍出版社,1995.5.—135页;19cm.—(中华民族优秀传统文化丛书·科技卷/王前,谢丹主编)
全套共8册,总定价:45.00元
ISBN 7-80507-282-5:¥0.00

N092　　037444
全面发展的实用科技/陈凡著.—沈阳:辽宁古籍出版社,1995.5.—164页;19cm.—(中华民族优秀传统文化丛书·科技卷/王前,谢丹主编)
全套共8册,总定价:45.00元
ISBN 7-80507-282-5:¥0.00

N092　　037445
四大发明/冯绍霆著.—上海:上海古籍出版社,1995.8.—116页:照片;19cm.—(中华文明宝库/李国章,马樟根主编)
ISBN 7-5325-1962-7:¥7.10

N092　　037446
天工开物/(明)宋应星原著.—影印本.—北京:国际文化出版公司,1995.2.—3册(1函);29cm
据民国涉园重刊本影印
ISBN 7-0105-0092-4(线装):¥180.00

N092　　037447
天人古义:中国科学史论纲/李志超著.—郑州:河南教育出版社,1995.8.—359页;20cm
ISBN 7-5347-1384-6:¥9.00

N092　　037448
中国:发明与发现的国度——中国科学技术史精华/(美)坦普尔(Temple,R.K.G.)著;陈养正等译.—南昌:21世纪出版社,1995.12.—505页:彩图;20cm
ISBN 7-5391-1009-0:¥22.00

N092　　037449
中国古代四大发明/贾卫民编著.—北京:北京科学技术出版社,1995.1.—72页;19cm.—(中国历史知识全书·辉煌科技/朱仲玉主编)
ISBN 7-5304-1671-5:¥3.90

N092　　037450
中华文明 光耀寰宇:中国古代的四大发明及中华医药学/鲁才全,黄惠贤主编.—武汉:武汉大学出版社,1995.4.—310页;19cm.—(爱国主义教育文库·历史/朱雷,王承仁主编)
ISBN 7-307-01886-1:¥4.80

N092-49　　037451
中国教育与科技:彪炳史册的辉煌/宋子良,成良斌著.—武汉:湖北人民出版社,1995.4.—158页;19cm.—(青少年文史库/王余光,王三山主编)
ISBN 7-216-01675-0:¥4.80

N092-64　　037452
中国科技史画册/田苗等编;金峰等绘.—北京:中国物资出版社,1995.7.—275页;26cm
ISBN 7-5047-0894-1(精装):¥32.00

N1 自然科学现状、概况

N1　　037453
当代世界科技的发展/苗作斌等著.—北京:世界知识出版社,1995.11.—183页;19cm.—(世界知识青年丛书)
ISBN 7-5012-0691-0:¥6.50

N1　　037454
高技术开发区概论/喻志松编著.—长沙:湖南科学技术出版社,1995.8.—223页;20cm
ISBN 7-5357-1818-3:¥15.00

N1　　037455
科学技术发展启示录:第一生产力的见证/王天雨,刘晓武主编.—天津:天津人民出版社,1995.11.—594页;20cm
ISBN 7-201-02194-X:¥19.80

N1　　037456
攀登计划项目介绍　(A):国家基础性研究重大关键项目介绍/邵立勤主编;《攀登计划项目介绍》编委会编.—合肥:中国科学技术大学出版社,1995.5.—125页;26cm

ISBN 7-312-00691-4:￥10.00

N1 037457

世纪之交:与高科技专家对话/朱丽兰主编.—沈阳:辽宁教育出版社,1995.4.—259页;28cm

ISBN 7-5382-4039-X:￥36.00

N1-49 037458

神话变为现实:高新技术/毕庶本等编著.—北京:中国华侨出版社,1995.12.—240页;19cm.—(现代科技与人文大观/崔惟琳,潘承洞主编)

ISBN 7-80120-035-7:￥9.20

N12 037459

福建现代科技发展与应用/吴城主编;福建省科学技术委员会编.—福州:福建科学技术出版社,1995.10.—253页;20cm

ISBN 7-5335-0953-6:￥9.80

N12 037460

中国科技:1985～1995/叶丹主编;国家科委研究中心编.—北京:中国摄影出版社,1995.1.—312页;28cm

ISBN 7-80007-124-3(精装):￥358.00

N12 037461

中国十大基础科学研究:攀登计划首批项目/甘子钊等编著.—上海:上海科学技术出版社,1995.5.—469页;20cm

ISBN 7-5323-3867-3(精装):￥18.00

N12 037462

自然科学学科发展战略调研报告:半导体科学与技术/国家自然科学基金委员会编.—北京:科学出版社,1995.11.—146页;20cm

ISBN 7-03-004721-4:￥13.00

N12 037463

自然科学学科发展战略调研报告:金属材料科学/国家自然科学基金委员会编.—北京:科学出版社,1995.12.—202页;20cm

ISBN 7-03-004723-0:￥17.00

N12-61 037464

1995中国实用科技成果大辞典/沈国荣主编.—成都:西南交通大学出版社,1995.12.—1375页;26cm

ISBN 7-81022-782-3(精装):￥140.00

N19 037465

发明大王/奚阿兴编著;张蔚昕等绘.—上海:少年儿童出版社,1995.11.—155页;19cm

ISBN 7-5324-2912-1:￥6.20

N19 037466

国家级科技成果研制功臣名录　第四辑/中国科技信息杂志社一编室编.—北京:海洋出版社,1995.12.—235页;26cm

ISBN 7-5027-3860-6:￥38.00

N19 037467

科技研究与进展/曹珍富,宋健民主编.—哈尔滨:东北林业大学出版社,1995.10.—271页;26cm

ISBN 7-81008-593-X:￥13.00

N19 037468

扬起智慧的风帆:中小学生小发明集锦/金礼福,贝光宙著.—上海:上海古籍出版社,1995.5.—110页;19cm.—(学生乐园/吕型伟主编)

ISBN 7-5325-1911-2:￥3.90

①N19②D647 037469

一百项中华发明/金秋鹏主编.—北京:中国青年出版社,1995.4.—377页;19cm.—(爱国主义教育丛书)

ISBN 7-5006-1769-0:￥9.00

N19-53 037470

第七届全国青少年发明创造比赛和科学讨论会获奖作品集/项苏云主编;全国青少年科技活动领导小组,国家自然科学基金委员会编.—北京:中国科学技术出版社,1995.3.—384页;19cm

ISBN 7-5046-1402-5:￥9.00

N19-54 037471

中国博士科研成果通报　1991/王忠烈等主编;国务院学位委员会办公室,国家教委科技管理中心编.—北京:宇航出版社,1995.7.—2册;26cm

ISBN 7-80034-828-8(精装):￥50.00

N3　自然科学研究方法

N3 037472

步入圣殿:关于学术研究的对话/张仁福著.—昆明:云南科技出版社,1995.11.—249页;20cm.—(云南财贸学院学术丛书)

ISBN 7-5416-0762-2:￥9.80

N3 037473

走向真理:科学方法四十则/孙纪成著.—济南:济南出版社,1995.6.—169页;20cm

ISBN 7-80572-954-9:￥7.80

N33-53 037474

国家重点实验室十周年文集/国家计划委员会科学技术司,国家自然科学基金委员会科学综合计划局主编.—北京:机械工业出版社,1995.12.—220页:彩图;26cm

ISBN 7-111-05035-5:￥54.00

N39 037475

纳米科学与技术/白春礼著.—昆明:云南科技出版社,1995.1.—119页;20cm.—(现代科学思想库/吴义生主编)

ISBN 7-5416-0710-X(精装):￥12.00

N39-64 037476

图说高新技术应用/张钟俊等编绘.—上海:上海科学普及出版社,1995.10.—284页;26cm

ISBN 7-5427-0976-3:￥18.00

N4　自然科学教育与普及

N4 037477

自然科学基础/李克仁等编.—长春:吉林大学出版社,1995.10.—508页;19cm

ISBN 7-5601-1821-6:￥16.00

N43 037478

自然科学基础知识　上册/毕毓俊主编;部分省市职

业高中幼儿教育专业课程结构总体改革实验教材编写委员会编.—北京:高等教育出版社,1995.5.—180页;26cm

中等职业学校幼儿教育专业实验教材

ISBN 7-04-005286-5:¥7.60

N43　037479

自然科学基础知识　下册/毕毓俊主编;部分省市职业高中幼儿教育专业课程结构总体改革实验教材编写委员会编.—北京:高等教育出版社,1995.4.—139页;26cm

中等职业学校幼儿教育专业实验教材

ISBN 7-04-005287-3:¥6.20

N49　037480

百物传奇/汪茂永,王雷编著.—修订版.—合肥:安徽少年儿童出版社,1995.5.—300页;19cm.—(小学生精品书库·文化教育类)

ISBN 7-5397-1245-7:¥6.50

N49　037481

创造生命的奥秘/刘祥林,印莉萍编著.—北京:知识出版社,1995.3.—66页;19cm.—(科学启蒙文库·第二辑/钟昭良主编)

ISBN 7-5015-1205-1:¥2.50

N49　037482

大脑——人体黑匣子/王德兴编著.—北京:知识出版社,1995.3.—74页;19cm.—(科学启蒙文库·第二辑/钟昭良主编)

ISBN 7-5015-1205-1:¥2.50

N49　037483

大自然给建筑的启示/周新成编著.—北京:知识出版社,1995.3.—73页;19cm.—(科学启蒙文库·第二辑/钟昭良主编)

ISBN 7-5015-1205-1:¥2.50

N49　037484

低等动物的传宗接代/赛道建编著.—北京:知识出版社,1995.3.—67页;19cm.—(科学启蒙文库·第二辑/钟昭良主编)

ISBN 7-5015-1205-1:¥2.50

N49　037485

地球的公转与自转/徐永煊编著.—北京:知识出版社,1995.3.—63页;19cm.—(科学启蒙文库·第二辑/钟昭良主编)

ISBN 7-5015-1205-1:¥2.50

N49　037486

动物定位导航绝技/赛道建编著.—北京:知识出版社,1995.3.—62页;19cm.—(科学启蒙文库·第二辑/钟昭良主编)

ISBN 7-5015-1205-1:¥2.50

N49　037487

动物生存艺术/常永华编著.—北京:知识出版社,1995.3.—60页;19cm.—(科学启蒙文库·第二辑/钟昭良主编)

ISBN 7-5015-1205-1:¥2.50

N49　037488

动物休眠之谜/赛道建编著.—北京:知识出版社,1995.3.—62页;19cm.—(科学启蒙文库·第二辑/钟昭良主编)

ISBN 7-5015-1205-1:¥2.50

N49　037489

多彩的科学/姚大均,唐书林著.—合肥:安徽少年儿童出版社,1995.10.—129页;19cm.—(自然知识小丛书)

ISBN 7-5397-1160-4:¥4.00

N49　037490

儿童999个为什么/阎润等编写;高中造等绘.—石家庄:河北美术出版社,1995.4.—5册;26cm

ISBN 7-5310-0682-0:¥39.80

N49　037491

儿童科学世界大观　上册/王立科,张中良主编.—重庆:重庆出版社,1995.4.—190页;17×19cm

ISBN 7-5366-3077-8(精装):¥13.20

N49　037492

儿童科学世界大观　下册/王立科,张中良主编.—重庆:重庆出版社,1995.4.—190页;17×19cm

ISBN 7-5366-3078-6(精装):¥13.20

N49　037493

儿童奇趣知识精选/许祖馨,张中良主编;馨芝等编文;高峰等绘图.—上海:百家出版社,1995.5.—2册;17×19cm.—(儿童知识金典)

ISBN 7-80576-489-1:¥25.60

N49　037494

儿童启蒙百科　(1):生命的世界/( )Michacl chinery等原著;丁志芸等译.—上海:少年儿童出版社,1995.8.—329页:彩图;19cm

据英国Larousse plc出版的《儿童世界》编译

ISBN 7-5324-2838-9(精装):¥25.00

N49　037495

儿童启蒙百科　(2):天空与地球/( )Christopher Maynard等原著;靳琼等译.—上海:少年儿童出版社,1995.8.—329页:彩图;19cm

据英国Larousse plc出版的《儿童世界》编译

ISBN 7-5324-2835-4(精装):¥25.00

N49　037496

儿童启蒙百科　(3):身边的科学/( )Barbard Reseigh等原著;盛蕙等译.—上海:少年儿童出版社,1995.8.—329页:彩图;19cm

据英国Larousse plc出版的《儿童世界》编译

ISBN 7-5324-2836-2(精装):¥25.00

N49　037497

儿童启蒙百科　(4):人类与社会/( )Dominigue Joly等原著;裘树平等译.—上海:少年儿童出版社,1995.8.—329页:彩图;19cm

据英国Larousse plc出版的《儿童世界》编译

ISBN 7-5324-2837-0(精装):¥25.00

N49　037498

儿童知识世界/(英)菲利普斯(Philips,S.)等编;陆谷孙等译.—北京:现代出版社,1995.1.—482页;26cm

ISBN 7-80028-285-6(精装):¥220.00

N49　037499

发明的故事/赵世洲著;林开开绘.—济南:明天出版社,1995.4.—122页;20cm.—(全国小学生课外丛书/李仲汉主编)

全套120册,总定价:385.00元

ISBN 7-5332-2142-7:¥0.00

N49 037500

发现的故事/余音编著;刘伟龙,王洁绘.—济南:明天出版社,1995.4.—122页;20cm.—(全国小学生课外丛书/李仲汉主编)

全套120册,总定价:385.00元

ISBN 7-5332-2142-7:¥0.00

N49 037501

风/陆同文等著.—长沙:湖南少年儿童出版社,1995.12.—146页;19cm.—(最新科学知识丛书/卞德培主编)

ISBN 7-5358-1077-2:¥4.20

N49 037502

哈尔罗杰历险记/(英)普赖斯(Price,W.)著;杨伟娴等译.—北京:北京少年儿童出版社,1995.1.—14册;19cm

本书包括《北极探险》等共14册。

ISBN 7-5301-0491-8(盒装):¥98.00

N49 037503

化石:生命的记录/潘江等编著.—北京:知识出版社,1995.3.—62页;19cm.—(科学启蒙文库·第二辑/钟昭良主编)

ISBN 7-5015-1205-1:¥2.50

N49 037504

话说纤维家族/刘宗寅等编著.—北京:知识出版社,1995.3.—63页;19cm.—(科学启蒙文库·第二辑/钟昭良主编)

ISBN 7-5015-1205-1:¥2.50

N49 037505

黄土高原风吹成/王满厚编著.—北京:知识出版社,1995.3.—59页;19cm.—(科学启蒙文库·第二辑/钟昭良主编)

ISBN 7-5015-1205-1:¥2.50

N49 037506

揭开"斯芬克司"之谜:人的面面观/时墨庄著.—广州:广东教育出版社,1995.12.—91页:彩图;21×19cm.—(迈向21世纪科普丛书/黄寿年等主编)

ISBN 7-5406-3413-8:¥10.00

N49 037507

精编小学生十万个为什么:第三系列/杨勇翔,姜云明主编.—哈尔滨:黑龙江科学技术出版社,1995.4.—4册;20cm

ISBN 7-5388-2688-2:¥58.60

N49 037508

力学万花筒/周新成编著.—北京:知识出版社,1995.3.—65页;19cm.—(科学启蒙文库·第二辑/钟昭良主编)

ISBN 7-5015-1205-1:¥2.50

N49 037509

流星雨奇观/冯占良编著.—北京:知识出版社,1995.3.—64页;19cm.—(科学启蒙文库·第二辑/钟昭良主编)

ISBN 7-5015-1205-1:¥2.50

N49 037510

漫话地壳/王满厚编著.—北京:知识出版社,1995.3.—64页;19cm.—(科学启蒙文库·第二辑/钟昭良主编)

ISBN 7-5015-1205-1:¥2.50

N49 037511

漫游塑料世界/刘宗寅等编著.—北京:知识出版社,1995.3.—67页;19cm.—(科学启蒙文库·第二辑/钟昭良主编)

ISBN 7-5015-1205-1:¥2.50

N49 037512

漫游小动物王国:科普绘画本/吴云龙编文;陈志明绘.—上海:上海科学技术文献出版社,1995.5.—120页;19cm

ISBN 7-5439-0703-8:¥5.00

N49 037513

南北极趣话/范典高编.—北京:知识出版社,1995.3.—61页;19cm.—(科学启蒙文库·第二辑/钟昭良主编)

ISBN 7-5015-1205-1:¥2.50

N49 037514

奇趣世界/周祖华编译.—海口:南海出版公司,1995.1.—213页;19cm

ISBN 7-5442-0225-9:¥5.00

N49 037515

奇闻与真知/王直华著.—北京:科学普及出版社,1995.1.—135页;26cm

ISBN 7-110-03641-3:¥9.80

N49 037516

人类的朋友/姚大均,唐书林著.—合肥:安徽少年儿童出版社,1995.8.—173页;19cm.—(自然知识小丛书)

ISBN 7-5397-1092-6:¥4.80

N49 037517

人是怎样飞上月球的/徐永煊编著.—北京:知识出版社,1995.3.—68页;19cm.—(科学启蒙文库·第二辑/钟昭良主编)

ISBN 7-5015-1205-1:¥2.50

N49 037518

少儿科学趣味问答/康歌,琏笛编著.—广州:广东旅游出版社,1995.6.—3册;19cm

ISBN 7-80521-561-8:¥16.80

N49 037519

少年自然百科辞典:天文·气象·地理·地质/王国忠主编.—上海:少年儿童出版社,1995.7.—746页:照片;26cm

ISBN 7-5324-2356-5(精装):¥72.00

N49 037520

神秘的空间城/杨照德,熊延龄编著.—长春:吉林教育出版社,1995.2.—177页:彩图;19cm.—(金字塔丛书)

ISBN 7-5383-2467-4:￥6.00

N49　037521

神秘的世界:自然科学之谜集萃/汪茂永等编著.—修订版.—合肥:安徽少年儿童出版社,1995.5.—256页;19cm.—(小学生精品书库·文化教育类)

ISBN 7-5397-1246-5:￥6.00

N49　037522

神奇的哈雷彗星蛋:世界之谜/王新民改编.—北京:语文出版社,1995.8.—180页;19cm

ISBN 7-80006-971-0:￥6.50

N49　037523

神奇的隐身术/于今昌主编.—长春:吉林大学出版社,1995.1.—245页;19cm.—(知识宝库丛书)

ISBN 7-5601-1658-2:￥6.50

N49　037524

生命的源泉:水/杨少之,王华兰编著.—北京:知识出版社,1995.3.—62页;19cm.—(科学启蒙文库·第二辑/钟昭良主编)

ISBN 7-5015-1205-1:￥2.50

N49　037525

十万个为什么/少年儿童出版社编.—上海:少年儿童出版社,1995.1.—24册;19cm

ISBN 7-5324-2665-8:￥100.00

N49　037526

世界自然之谜大观/范汜等编著.—上海:少年儿童出版社,1995.10.—479页;20cm

ISBN 7-5324-2868-0(精装):￥22.00

N49　037527

兽类繁殖趣谈/赛道建编著.—北京:知识出版社,1995.3.—62页;19cm.—(科学启蒙文库·第二辑/钟昭良主编)

ISBN 7-5015-1205-1:￥2.50

N49　037528

未来科技的故事/毕东海,魏瑚编著;林开开绘.—济南:明天出版社,1995.4.—153页;20cm.—(全国小学生课外丛书/李仲汉主编)

全套120册,总定价:385.00元

ISBN 7-5332-2142-7:￥0.00

N49　037529

我们的发明/于宙编著;黄立康绘.—济南:明天出版社,1995.4.—152页;20cm.—(全国小学生课外丛书/李仲汉主编)

全套120册,总定价:385.00元

ISBN 7-5332-2142-7:￥0.00

N49　037530

我们的发现/郑延慧选编;徐箐绘.—济南:明天出版社,1995.4.—150页;20cm.—(全国小学生课外丛书/李仲汉主编)

全套120册,总定价:385.00元

ISBN 7-5332-2142-7:￥0.00

N49　037531

现代科技的故事/毕东海编著;李瑞勇绘.—济南:明天出版社,1995.4.—152页;20cm.—(全国小学生课外丛书/李仲汉主编)

全套120册,总定价:385.00元

ISBN 7-5332-2142-7:￥0.00

N49　037532

小博士问答:少儿十万个为什么(1)/念希选编.—昆明:云南美术出版社,1995.9.—181页;19cm

ISBN 7-80586-169-2:￥5.80

N49　037533

新科技百花园/池文俊主编;中共上海市委宣传部编.—上海:上海科学技术文献出版社,1995.10.—180页:插图;26cm

上海电视台《新科技三分钟》节目配套读物

ISBN 7-5439-0811-5:￥19.80

N49　037534

星/李芝萍著.—长沙:湖南少年儿童出版社,1995.12.—172页;19cm.—(最新科学知识丛书/卞德培主编)

ISBN 7-5358-1075-6:￥4.80

N49　037535

有趣的时间/姚大均,唐书林著.—合肥:安徽少年儿童出版社,1995.10.—181页;19cm.—(自然知识小丛书)

ISBN 7-5397-1056-X:￥5.00

N49　037536

月/卞德培著.—长沙:湖南少年儿童出版社,1995.12.—148页;19cm.—(最新科学知识丛书/卞德培主编)

ISBN 7-5358-1076-4:￥4.30

N49　037537

月球探秘/王满厚编著.—北京:知识出版社,1995.3.—62页;19cm.—(科学启蒙文库·第二辑/钟昭良主编)

ISBN 7-5015-1205-1:￥2.50

N49　037538

云/童乐天著.—长沙:湖南少年儿童出版社,1995.12.—148页;19cm.—(最新科学知识丛书/卞德培主编)

ISBN 7-5358-1078-0:￥4.30

N49　037539

知识大王　(1)/吴胜明等编.—石家庄:河北少年儿童出版社,1995.2.—615页;20cm

ISBN 7-5376-1301-X(精装):￥19.80

N49　037540

中国古代的发明:科普绘画本/吴云龙编文;吴东平绘.—上海:上海科学技术文献出版社,1995.5.—119页;19cm

ISBN 7-5439-0702-X:￥5.00

N49　037541

中华五千年科技瑰宝故事:地学矿业篇/刘玉瑛编著.—北京:北京科学技术出版社,1995.11.—2册;19cm.—(中华科技之光丛书)

全套16册,总定价:56.00元

ISBN 7-5304-1820-3:￥0.00

N49　037542

中华五千年科技瑰宝故事:纺织冶金篇/刘玉瑛编

著.—北京:北京科学技术出版社,1995.11.—2册;19cm.—(中华科技之光丛书)

全套16册,总定价:56.00元

ISBN 7-5304-1820-3:¥0.00

N49 037543

中华五千年科技瑰宝故事:建筑工程篇/刘玉瑛编著.—北京:北京科学技术出版社,1995.11.—2册;19cm.—(中华科技之光丛书)

全套16册,总定价:56.00元

ISBN 7-5304-1820-3:¥0.00

N49 037544

中华五千年科技瑰宝故事:农业生物篇/刘玉瑛编著.—北京:北京科学技术出版社,1995.11.—2册;19cm.—(中华科技之光丛书)

全套16册,总定价:56.00元

ISBN 7-5304-1820-3:¥0.00

N49 037545

中华五千年科技瑰宝故事:数理化学篇/刘玉瑛编著.—北京:北京科学技术出版社,1995.11.—2册;19cm.—(中华科技之光丛书)

全套16册,总定价:56.00元

ISBN 7-5304-1820-3:¥0.00

N49 037546

中华五千年科技瑰宝故事:水利交通篇/刘玉瑛编著.—北京:北京科学技术出版社,1995.11.—2册;19cm.—(中华科技之光丛书)

全套16册,总定价:56.00元

ISBN 7-5304-1820-3:¥0.00

N49 037547

中华五千年科技瑰宝故事:天文气象篇/刘玉瑛编著.—北京:北京科学技术出版社,1995.11.—2册;19cm.—(中华科技之光丛书)

全套16册,总定价:56.00元

ISBN 7-5304-1820-3:¥0.00

N49 037548

中华五千年科技瑰宝故事:医药卫生篇/刘玉瑛编著.—北京:北京科学技术出版社,1995.11.—2册;19cm.—(中华科技之光丛书)

全套16册,总定价:56.00元

ISBN 7-5304-1820-3:¥0.00

N49 037549

自然的故事/沈宁华,高立民编著;李彦修,高志民绘.—济南:明天出版社,1995.4.—149页;20cm.—(全国小学生课外丛书/李仲汉主编)

全套120册,总定价:385.00元

ISBN 7-5332-2142-7:¥0.00

N49 037550

自然的奇观/姚大均,唐书林著.—合肥:安徽少年儿童出版社,1995.8.—179页;19cm.—(自然知识小丛书)

ISBN 7-5397-1105-1:¥5.00

N49 037551

自然探秘:大自然之谜200个/刘宜学编著.—济南:山东教育出版社,1995.6.—274页;19cm

ISBN 7-5328-2101-3:¥10.00

①N49②G625.5 037552

玩的启示/郭治著.—北京:农村读物出版社,1995.4.—4册;19cm

包括《游戏里的科学》等4册。

ISBN 7-5048-2246-9:¥16.80

①N49②I16 037553

人与自然精品文库:动物卷/黎先耀主编.—成都:四川人民出版社,1995.12.—623页;20cm

ISBN 7-220-02938-1:¥20.00

①N49②I16 037554

人与自然精品文库:环境卷/黎先耀主编.—成都:四川人民出版社,1995.12.—593页;20cm

ISBN 7-220-02938-1:¥20.00

①N49②I16 037555

人与自然精品文库:旅游卷/黎先耀主编.—成都:四川人民出版社,1995.12.—570页;20cm

ISBN 7-220-02938-1:¥20.00

①N49②I16 037556

人与自然精品文库:审美卷/黎先耀主编.—成都:四川人民出版社,1995.12.—535页;20cm

ISBN 7-220-02938-1:¥20.00

①N49②I16 037557

人与自然精品文库:植物卷/黎先耀主编.—成都:四川人民出版社,1995.12.—564页;20cm

ISBN 7-220-02938-1:¥20.00

①N49②J228.2 037558

漫游科学世界:地球/罗祖德,戴正洪撰文;蔡康非绘.—天津:新蕾出版社,1995.1.—160页;20cm.—(大型科学漫画丛书/王国忠等主编)

ISBN 7-5307-1580-1(精装):¥9.50

①N49②J228.2 037559

漫游科学世界:恐龙/邓荣辉撰文;蔡康非绘.—天津:新蕾出版社,1995.1.—160页;20cm.—(大型科学漫画丛书/王国忠等主编)

ISBN 7-5307-1581-X(精装):¥9.50

①N49②J228.2 037560

漫游科学世界:昆虫/柳德宝撰文;林禽,林树绘.—天津:新蕾出版社,1995.1.—160页;20cm.—(大型科学漫画丛书/王国忠等主编)

ISBN 7-5307-1574-7(精装):¥9.50

①N49②J228.2 037561

漫游科学世界:理化/许祖馨撰文;胡永光,李树德绘.—天津:新蕾出版社,1995.1.—160页;20cm.—(大型科学漫画丛书/王国忠等主编)

ISBN 7-5307-1579-8(精装):¥9.50

①N49②J228.2 037562

漫游科学世界:鸟类/范汜撰文;张中良,高峰绘.—天津:新蕾出版社,1995.1.—160页;20cm.—(大型科学漫画丛书/王国忠等主编)

ISBN 7-5307-1572-0(精装):¥9.50

①N49②J228.2 037563

漫游科学世界:气象/陆正华撰文;白庚和绘.—天津:新蕾出版社,1995.1.—160页;20cm.—(大型科学

漫画丛书/王国忠等主编)
ISBN 7-5307-1577-1(精装):¥9.50

①N49②J228.2　037564
漫游科学世界:人体/王义炯,裘树平撰文;张中良绘.—天津:新蕾出版社,1995.1.—160页;20cm.—(大型科学漫画丛书/王国忠等主编)
ISBN 7-5307-1576-3(精装):¥9.50

①N49②J228.2　037565
漫游科学世界:兽类/裘树平,余千里撰文;刘熊绘.—天津:新蕾出版社,1995.1.—160页;20cm.—(大型科学漫画丛书/王国忠等主编)
ISBN 7-5307-1575-5(精装):¥9.50

①N49②J228.2　037566
漫游科学世界:鱼类/陈春福撰文;韩鹤松绘.—天津:新蕾出版社,1995.1.—160页;20cm.—(大型科学漫画丛书/王国忠等主编)
ISBN 7-5307-1573-9(精装):¥9.50

①N49②J228.2　037567
漫游科学世界:植物/裘树平撰文;刘熊绘.—天津:新蕾出版社,1995.1.—160页;20cm.—(大型科学漫画丛书/王国忠等主编)
ISBN 7-5307-1578-X(精装):¥9.50

N49-64　037568
漫话奇妙世界　(1)/孔令强主编;朱森林等编.—延吉:延边人民出版社,1995.6.—120页;26cm.—(少儿科普连环漫画)
ISBN 7-80599-314-9(精装):¥22.50

N49-64　037569
漫话奇妙世界　(2)/孔令强主编;朱森林等编.—延吉:延边人民出版社,1995.8.—120页;26cm.—(少儿科普连环漫画)
ISBN 7-80599-314-9(精装):¥22.50

N49-64　037570
新编儿童十万为什么　(1)/李成君编绘.—沈阳:沈阳出版社,1995.2.—45页;17×19cm
全套5册,总定价:17.00元
ISBN 7-5441-0336-6:¥0.00

N49-64　037571
新编儿童十万为什么　(2)/李成君编绘.—沈阳:沈阳出版社,1995.2.—45页;17×19cm
全套5册,总定价:17.00元
ISBN 7-5441-0336-6:¥0.00

N5　自然科学丛书、文集、连续性出版物

N53　037572
茅以升科技文选:纪念茅以升先生诞辰100周年/《茅以升科技文选》编辑委员会编.—北京:中国铁道出版社,1995.12.—369页:照片;26cm
ISBN 7-113-02159-X(精装):¥100.00

N53　037573
天津自然博物馆论文集/陈锡欣主编.—北京:海洋出版社,1995.12.—68页;26cm
ISBN 7-5027-3690-5:¥12.00

N53　037574
厦门市科学技术协会首届青年学术年会·中国科协第二届青年学术年会卫星会议论文集/厦门市科学技术协会编.—厦门:厦门大学出版社,1995.11.—382页;26cm
ISBN 7-5615-1102-7:¥25.00

N53　037575
中国科学院院士谈21世纪科学技术/中国科学报社主编;《中国科学院院士谈21世纪科学技术》编委会编.—上海:上海三联书店,1995.7.—292页;20cm
ISBN 7-5426-0861-4(精装):¥14.80

N53　037576
著名科学家演讲鉴赏/戴友夫主编.—济南:山东人民出版社,1995.10.—323页;20cm.—(世界名人演讲鉴赏丛集/葛谷,武传涛主编)
ISBN 7-209-01764-X(精装):¥16.80

N53　037577
最后的沉思/(法)彭加勒(Poincare,J.H.)著;李醒民译.—北京:商务印书馆,1995.8.—138页;20cm
ISBN 7-100-01587-1:¥6.30

①N53②G322.773　037578
科技习作文集/李峨峰编著.—贵阳:贵州科技出版社,1995.5.—321页;19cm
ISBN 7-80584-477-1:¥10.00

N533　037579
1981~1990中国博士学位论文提要:自然科学部分·理学分册/姚蓉等主编;北京图书馆学位学术论文收藏中心编.—沈阳:辽宁大学出版社,1995.5.—1477页;20cm
ISBN 7-5610-2997-7(精装):¥75.00

N533　037580
昌潍师专建校35周年纪念学术论文集:自然科学卷/张恩芳主编.—济南:山东大学出版社,1995.9.—413页;20cm
ISBN 7-5607-1553-2:¥11.80

N533　037581
陕西博士后优秀论文集/西安博士后联谊会编.—西安:西安电子科技大学出版社,1995.9.—301页;26cm
ISBN 7-5606-0396-3:¥25.00

N6　自然科学参考工具书

N61　037582
汉法科技词典/许龙宝等编.—北京:北京语言学院出版社,1995.1.—1542页;19cm
ISBN 7-5619-0331-6(精装):¥42.00

N61　037583
科技标准术语词典　第1卷:综合/陈宽基主编;汪惠明分主编.—北京:中国标准出版社,1995.11.—461页;26cm

ISBN 7－5066－0891－X(精装)：¥45.00

N61　037584

科技标准术语词典　第2卷：农林、纺织、食品、轻工/陈宽基主编；汪惠明分主编.—北京：中国标准出版社，1995.11.—495页；26cm

ISBN 7－5066－0748－4(精装)：¥47.00

N61　037585

科技标准术语词典　第3卷：矿业、冶金/陈宽基总主编；马兆明本卷主编；《科技标准术语词典》编辑委员会编.—北京：中国标准出版社，1995.11.—341页；26cm

ISBN 7－5066－0747－6(精装)：¥41.00

N61　037586

科技标准术语词典　第4卷：石油、化工、建材/马兆明主编；《科技标准术语词典》编辑委员会编.—北京：中国标准出版社，1995.11.—350页；26cm

ISBN 7－5066－0746－6(精装)：¥39.00

N61　037587

少年自然百科辞典：工业、农业、技术/王国忠主编.—上海：少年儿童出版社，1995.7.—849页；26cm

ISBN 7－5324－2357－3(精装)：¥80.00

N61　037588

新编英汉科技词典/谢希德主编；上海市科技翻译学会编.—上海：上海科学技术文献出版社，1995.7.—1052页；19cm

ISBN 7－5439－0682－1(精装)：¥58.00

N61　037589

英汉科技与工程词典/张长户主编.—北京：海洋出版社，1995.9.—1226页；26cm

ISBN 7－5027－3974－2(精装)：¥160.00

N8　自然科学调查、考察

N816.61　037590

中国南极考察资料报告 = CHIANRE DATA REPORT　总第8集：地球物理学　(2)/吕纯操，郝兴华主编；中国极地研究所组编.—武汉：中国地质大学出版社，1995.2.—50页；26cm

ISBN 7－5625－1008－3：¥20.00

N82　037591

荒漠独行：西域探险考察热点寻迹/杨镰著.—北京：中共中央党校出版社，1995.11.—272页：照片；20cm

ISBN 7－5035－1266－0：¥15.00

N91　自然研究、自然历史

N912　037592

北京自然博物馆研究报告　第54期/杨思谅主编.—北京：北京科学技术出版社，1995.10.—172页：图版；26cm

ISBN 7－5304－1786－X：¥20.00

N912　037593

自然博物馆学报　1995年　总第十四辑/上海自然博物馆编.—上海：上海科学技术文献出版社，1995.12.—87页；26cm

ISBN 7－5439－0841－7：¥15.00

N94　系统论(系统学、系统工程)

N94　037594

高级系统动力学/王其藩著.—北京：清华大学出版社，1995.9.—250页；26cm

ISBN 7－302－01838－3：¥16.50

N94　037595

过程系统优化技术/魏寿彭著.—北京：中国石化出版社，1995.5.—220页；19cm.—(过程系统工程理论与实践丛书/成思危主编)

ISBN 7－80043－543－1：¥7.00

N94　037596

科学系统论/李喜先等著.—北京：科学出版社，1995.4.—380页；20cm

ISBN 7－03－004611－0(精装)：¥28.00

N94　037597

系统工程/汪应洛主编.—2版.—北京：机械工业出版社，1995.5.—257页；26cm

普通高等学校规划教材

ISBN 7－111－04362－6：¥9.90

N94　037598

系统工程概论/夏绍玮等编著.—北京：清华大学出版社，1995.1.—259页；26cm

《信息控制与系统》系列教材

ISBN 7－302－01618－6：¥9.90

N94　037599

系统工程基础/冯允成等编.—北京：北京航空航天大学出版社，1995.9.—342页；26cm

ISBN 7－81012－553－2：¥16.80

N94　037600

系统建模与数学模型/贺建勋编著.—福州：福建科学技术出版社，1995.6.—316页；20cm

ISBN 7－5335－0886－6(精装)：¥20.50

N94　037601

系统科学中数学模型/欧阳亮编著.—济南：山东大学出版社，1995.1.—123页；20cm

ISBN 7－5607－1440－4：¥3.60

N94　037602

系统论：系统科学哲学/魏宏森，曾国屏著.—北京：清华大学出版社，1995.12.—359页；20cm.—(清华大学学术专著)

ISBN 7－302－01970－3(精装)：¥24.00

N94　037603

新编系统工程简明教程/钱颂迪等编.—南京：东南大学出版社，1995.11.—181页；19cm

ISBN 7－81050－076－7：¥7.60

N94－02　037604

系统科学的哲学问题/湛垦华著.—西安：陕西人民出版社，1995.9.—248页；20cm.—(系统与管理科学研

究文库/汪应洛主编）
ISBN 7-224-03790-7：¥11.00

N94-43 037605
系统工程学教程/谭跃雄编著.—长沙：湖南科学技术出版社，1995.5.—370页；20cm
ISBN 7-5357-1759-4：¥12.00

N94-49 037606
你的看法偏吗：系统科学趣论/王军，刘敬瑞编著.—北京：中国华侨出版社，1995.12.—134页；19cm.—（现代科技与人文大观/崔惟琳，潘承洞主编）
ISBN 7-80120-036-5：¥5.40

N94-53 037607
孙万鹏灰学文集/孙万鹏著.—济南：山东人民出版社，1995.11.—3册；20cm
ISBN 7-209-01814-X(精装)：¥240.00

O 数理科学和化学

O-49 037608

物理化学的奇妙/张中,翁其明编著.—南宁:接力出版社,1995.8.—197页;20cm.—(少年百科知识丛书/王寿山,张中主编)

ISBN 7-80581-911-4:¥8.00

O1 数学

O1 037609

故障诊断逻辑与数学原理/李葆文编著.—广州:广东高等教育出版社,1995.2.—315页;20cm

ISBN 7-5361-1553-9:¥12.00

O1 037610

实用数学教程/李顺义主编.—西安:陕西科学技术出版社,1995.1.—561页;20cm

ISBN 7-5369-2258-2:¥13.20

O1 037611

世界数学大事编年/徐五光编著.—北京:航空工业出版社,1995.8.—216页;19cm

ISBN 7-80046-953-0:¥8.00

O1 037612

数学/韩效义等主编.—哈尔滨:东北林业大学出版社,1995.9.—4册;19cm

中等专业学校试用教材

ISBN 7-81008-574-3:¥38.00

O1 037613

数学 第二册/高淑云主编.—成都:西南财经大学出版社,1995.7.—231页;19cm

金融中等专业学校教材

ISBN 7-81017-955-1:¥8.40

O1 037614

数学 第二册/彭仲武主编.—长沙:湖南科学技术出版社,1995.10.—239页;19cm

中等职业技术学校教材

ISBN 7-5357-1923-6:¥4.85

O1 037615

数学 第三册:应用数学/莫忠仁,陈书理主编.—成都:西南交通大学出版社,1995.9.—319页;19cm

工科中专试用教材

ISBN 7-81022-796-3:¥7.00

O1 037616

数学 第三册:应用数学/张风离,王小军主编.—成都:西南交通大学出版社,1995.9.—368页;19cm

财经类中专试用教材

ISBN 7-81022-797-1:¥7.50

O1 037617

数学 第四册/彭仲武主编.—长沙:湖南科学技术出版社,1995.10.—344页;19cm

中等职业技术学校教材

ISBN 7-5357-1925-2:¥6.80

O1 037618

数学 第四册/邬若虹主编.—成都:西南财经大学出版社,1995.7.—396页;19cm

金融中等专业学校教材

ISBN 7-81017-957-8:¥13.90

O1 037619

数学 第一册/广东省工科中专数学教材编写组编.—广州:广东高等教育出版社,1995.6.—333页;20cm

工科中专教材

ISBN 7-5361-0628-9:¥9.00

O1 037620

数学 第一册/彭仲武主编.—新1版.—长沙:湖南科学技术出版社,1995.10.—236页;19cm

中等职业专业学校试用教材

ISBN 7-5357-1957-0:¥4.80

O1 037621

数学解题技巧:RMI原则/殷启正等著.—沈阳:辽宁教育出版社,1995.7.—353页;19cm

ISBN 7-5382-3651-1:¥9.80

O1 037622

数学解题思维方法导引/陈自强著.—长沙:中南工业大学出版社,1995.6.—248页;19cm

ISBN 7-81020-769-5:¥6.80

O1 037623

职业高级中学数学第二册练习册/山西省教委职业高中教材编写组编 .—太原:山西教育出版社,1995.5.—158页;19cm

ISBN 7-5440-0774-X:¥2.60

O1 037624

中专数学基础 第一部分:基础训练:财经类/郭荣冰等主编;湖北省中专数学教学研究会组编.—武汉:武汉大学出版社,1995.8.—2册;26cm

ISBN 7-307-02001-7:¥7.80

O1 037625

中专数学基础 第一部分:基础训练:工科类/郭荣冰等主编;湖北省中专数学教学研究会组编.—武汉:武汉大学出版社,1995.7.—2册;26cm

ISBN 7-307-01990-6:¥9.80

O1-0 037626

数学的思维方式/席振伟著.—南京:江苏教育出版社,1995.11.—211页;20cm.—(数学方法论丛书/徐利治主编)

ISBN 7-5343-2315-0:￥5.60

O1-0 037627

数学的统一性/(英)阿蒂亚(Atiyah, M.)著;袁向东等编译.—南京:江苏教育出版社,1995.12.—159页;20cm.—(数学家思想文库;1)

ISBN 7-5343-2519-6:￥11.50

O1-0 037628

数学科学与辩证法/李浙生著.—北京:首都师范大学出版社,1995.11.—276页;20cm

ISBN 7-81039-567-X:￥14.40

O1-0 037629

数学逻辑学概论/郑君文,张恩华著.—合肥:安徽教育出版社,1995.7.—420页;20cm

ISBN 7-5336-1692-8:￥11.50

O1-0 037630

数学思维方法/傅学顺,王屏山著.—广州:广东高等教育出版社,1995.6.—540页;20cm

ISBN 7-5361-1629-2:￥22.00

O1-0 037631

现代数学引论/陈国先,王筱军编著.—北京:科学出版社,1995.4.—305页;20cm

ISBN 7-03-004483-5:￥13.80

O1-0 037632

消错学引论/郭开仲,张式强著.—广州:华南理工大学出版社,1995.5.—354页;19cm

ISBN 7-5623-0868-3:￥14.80

O1-05 037633

数学与人类文化发展/张祖贵著.—广州:广东教育出版社,1995.5.—237页;20cm.—(天地生人丛书·第一辑/宋正海,孙关龙主编)

ISBN 7-5406-2869-3:￥8.40

O1-26 037634

中国数学会史料/任南衡,张友余编著.—南京:江苏教育出版社,1995.5.—539页;20cm

ISBN 7-5343-2338-X(精装):￥18.80

O1-4 037635

21世纪中国数学教育展望 第二辑/刘兼主编.—北京:北京师范大学出版社,1995.12.—457页;20cm

ISBN 7-303-02449-2:￥15.00

O1-4 037636

数学教育国际透视/张奠宙,唐瑞芬主编.—杭州:浙江教育出版社,1995.12.—396页;20cm

ISBN 7-5338-2065-7:￥10.50

O1-4 037637

数学教育论文的方法、选题与规范/戴再平,慕利民著.—贵阳:贵州教育出版社,1995.10.—168页;20cm

ISBN 7-80583-738-4:￥6.00

O1-4 037638

数学教育哲学/郑毓信著.—成都:四川教育出版社,1995.1.—385页;20cm

ISBN 7-5408-2656-8:￥12.00

O1-4 037639

数学课程概论/李玉琪等主编.—赤峰:内蒙古科学技术出版社,1995.10.—228页;20cm.—(数学教育丛书/李玉琪主编)

ISBN 7-5380-0301-0:￥10.50

O1-42 037640

1996年全国工学、经济学硕士和MBA研究生入学考试数学考试大纲/中华人民共和国国家教育委员会制订.—北京:高等教育出版社,1995.8.—158页;19cm

ISBN 7-04-005516-3:￥6.30

O1-42 037641

数学教学引论/朱水根编著.—天津:天津科学技术出版社,1995.8.—354页;20cm

ISBN 7-5308-1902-X:￥14.00

O1-42 037642

数学教育专业考试参考书/《数学教育专业考试参考书》编写组编.—北京:中央广播电视大学出版社,1995.7.—254页;26cm.—(专升本〈师范类〉入学考试参考丛书)

ISBN 7-304-01208-0:￥17.60

O1-42 037643

体育运动学校教学参考书:数学/体育运动学校教学参考书《数学》编写组编.—北京:人民体育出版社,1995.7.—356页;19cm

ISBN 7-5009-1176-9:￥9.00

O1-42 037644

中等师范学校代数与初等函数第二册教学参考书:试用本/方一明主编;人民教育出版社中学数学室编著.—北京:人民教育出版社,1995.12.—250页;19cm

ISBN 7-107-08156-X:￥6.50

O1-43 037645

数学 第二册/韩业岚主编.—北京:中国物资出版社,1995.1.—224页;19cm

国内贸易部教育司推荐教材 中等专业学校经贸管理专业通用

ISBN 7-5047-0932-8:￥5.80

O1-43 037646

数学 第二册/彭仲武主编;湖南省中等职业教育教材编审委员会编.—新1版.—长沙:湖南科学技术出版社,1995.10.—275页;19cm

中等专业学校试用教材

ISBN 7-5357-1959-7:￥6.00

O1-43 037647

数学 第三册/李茂强等主编.—郑州:中原农民出版社,1995.8.—328页;19cm

中等专业学校试用教材

ISBN 7-80538-787-7:￥9.80

O1-43 037648

数学 第三册/北京市中专数学教材编写组编.—北京:北京教育出版社,1995.3.—373页;19cm

中等专业学校试用教材 工科专业通用

ISBN 7-5303-0654-5:￥5.90

O1-43 037649

数学 第三册/廖正华主编.—成都:西南财经大学出版社,1995.7.—244页;19cm

金融中等专业学校教材

ISBN 7-81017-956-X:￥8.80

O1－43　037650
数学　第三册/彭仲武主编;湖南省中等职业教育教材编审委员会编.—新1版.—长沙:湖南科学技术出版社,1995.10.—294页;19cm
中等专业学校试用教材 工科类专业通用
ISBN 7－5357－1958－9:¥6.30

O1－43　037651
数学　第一册/任倩主编.—成都:西南财经大学出版社,1995.7.—277页;19cm
金融中等专业学校教材
ISBN 7－81017－954－3:¥9.80

O1－43　037652
数学　第一册/李茂强等主编.—郑州:中原农民出版社,1995.8.—182页;19cm
中等专业学校试用教材
ISBN 7－80538－787－7:¥5.80

O1－43　037653
数学　上册/湖南省教育委员会成人教育处主编.—长沙:湖南教育出版社,1995.8.—609页;19cm
湖南省成人中专财会专业统编教材
ISBN 7－5355－2228－9:¥12.00

O1－43　037654
数学　上册/周礼尤主编;四川省劳动厅技工学校教研室编著.—成都:四川科学技术出版社,1995.8.—289页;19cm
技工学校教材
ISBN 7－5364－2008－0:¥6.50

O1－44　037655
数学达标练习册　第一册/湖南省中等职业教育教材编审委员会编.—长沙:湖南科学技术出版社,1995.7.—182页;19cm
ISBN 7－5357－1801－9:¥3.60

O1－44　037656
中考数学速测400题/文文等编.—天津:天津教育出版社,1995.1.—135页;26cm
ISBN 7－5309－2206－8:¥5.40

O1－44　037657
中专数学试题精选/王育生等编.—兰州:甘肃教育出版社,1995.9.—384页;19cm
ISBN 7－5423－0540－9:¥9.80

O1－49　037658
300个最新世界著名数学智力趣题/董莉等主编.—哈尔滨:哈尔滨出版社,1995.10.—814页;20cm
ISBN 7－80557－813－3(精装):¥35.00

O1－49　037659
神奇的数学王国/孟继儒编著.—石家庄:河北教育出版社,1995.6.—73页;19cm.—(小科学家丛书/葛翠琳主编)
ISBN 7－5434－1956－4:¥2.55

O1－49　037660
数学故事/张白瑞主编.—太原:山西高校联合出版社,1995.8.—136页;19cm
ISBN 7－81032－804－2:¥4.80

O1－49　037661
数学趣话/眭双祥等编著.—南京:江苏少年儿童出版社,1995.8.—2册;19cm.—(少年科学知识大金库)
ISBN 7－5346－1442－2:¥9.00

O1－49　037662
数学世界:第三版/(美)斯坦因(Stein,S.K.)著;孙午林译.—北京:中国社会出版社,1995.7.—339页;20cm
ISBN 7－80088－177－6:¥12.50

O1－49　037663
数学演义/俞渭贤撰文.—北京:华语教学出版社,1995.—287页;20cm.—(中小学课堂学习新广角/刘以林,冯晓林主编)
ISBN 7－80052－491－4:¥11.00

O1－49　037664
数学在你身边/胡作玄编著.—北京:中国华侨出版社,1995.12.—253页;19cm.—(现代科技与人文大观/崔惟琳,潘承洞主编)
ISBN 7－80120－023－3:¥9.60

O1－49　037665
数字趣典/潘爽亮主编.—武汉:湖北人民出版社,1995.9.—417页;20cm.—(圆心文化趣典)
ISBN 7－216－01746－3(精装):¥17.50

O1－53　037666
基础数学论文集＝Papers in Elementary Mathematics/项文涵著.—上海:上海科学技术文献出版社,1995.4.—220页;26cm
ISBN 7－5439－0735－6(精装):¥52.00

O1－61　037667
数学百科全书　第二卷/《数学百科全书》编译委员会编译.—北京:科学出版社,1995.10.—962页;26cm
ISBN 7－03－004127－5(精装):¥128.00

O1－62　037668
大学生简明数学手册/肖兴国等编.—天津:天津科学技术出版社,1995.12.—494页;19cm
ISBN 7－5308－1833－3:¥16.50

O1－62　037669
数学手册/潘志,贺祖琪主编.—徐州:中国矿业大学出版社,1995.3.—413页;19cm
ISBN 7－81040－290－0(精装):¥16.50

O11　古典数学

O112　037670
成就卓著的中国数学/郭书春等著.—沈阳:辽宁古籍出版社,1995.5.—206页;19cm.—(中华民族优秀传统文化丛书·科技卷/王前,谢丹主编)
全套共8册,总定价:45.00元
ISBN 7－80507－282－5:¥0.00

O112　037671
古算难趣题译解/王仲池著;王辅湘校.—长沙:湖南科学技术出版社,1995.7.—260页;19cm
ISBN 7－5357－1809－4:¥7.50

O112　037672
中国古代数学/赵籍丰编著.—北京:北京科学技术

出版社,1995.1.—122页;19cm.—(中国历史知识全书/朱仲玉主编)
ISBN 7-5304-1674-X:¥3.90

O112　037673
中国古代数学故事/龚焱,何松涛著.—郑州:海燕出版社,1995.5.—179页;19cm
ISBN 7-5350-1056-3:¥3.70

O12 初等数学

O156.1　037674
初等数论/王炳安,侯炮明编.—大连:大连海事大学出版社,1995.3.—186页;19cm
ISBN 7-5632-0876-3:¥8.80

O12　037675
初等数学史话/潘有发编.—西安:陕西人民教育出版社,1995.9.—450页;20cm
ISBN 7-5419-5709-7:¥16.20

O12　037676
初等数学研究与教学法　第二分册:初等代数研究/贾士代,刘元宗主编.—开封:河南大学出版社,1995.3.—300页;20cm
ISBN 7-81041-054-7:¥5.50

O12　037677
数学/李道清等编.—海口:南海出版公司,1995.8.—257页;19cm
中等财经类用
ISBN 7-5442-0334-4:¥8.20

O12　037678
数学　第二册/李茂强等主编.—郑州:中原农民出版社,1995.8.—238页;19cm
中等专业学校试用教材
ISBN 7-80538-787-7:¥8.20

O12　037679
数学　第四册/吴伟贤主编;广东省工科中专数学教材编写组编.—2次修订.—广州:广东高等教育出版社,1995.8.—245页;20cm
工科中专教材
ISBN 7-5361-0772-2:¥6.90

O12　037680
数学学习指导:初等数学/北京市《数学学习指导》编写组编.—北京:北京教育出版社,1995.8.—432页;19cm
工科中专通用
ISBN 7-5303-0732-0:¥8.00

O12　037681
小学数学理论基础/洪修仁主编;江苏省小学教师自学考试小学教育专业教材编写组编.—苏州:苏州大学出版社,1995.4.—2册;20cm
江苏省中小学幼儿园教师自学考试系列教材
ISBN 7-81037-127-4:¥15.25

O12-49　037682
归纳·递推·无字证明·坐标·复数/丁石孙主编.—北京:北京大学出版社,1995.5.—272页;19cm.—(数学小丛书·智慧之花;4)
ISBN 7-301-02621-8:¥7.50

O12-49　037683
趣味数学奥林匹克 100:数学花园探秘/方金秋著.—北京:北京科学技术出版社,1995.2.—200页;19cm
ISBN 7-5304-1522-0:¥6.00

O12-49　037684
投针求π/李彭龄编写.—北京:语文出版社,1995.9.—153页;19cm.—(少年百科趣味知识丛书/张伯华主编)
ISBN 7-80006-994-X:¥6.00

O12-61　037685
初等数学解证方法辞典/夏圣亭主编.—石家庄:河北教育出版社,1995.9.—970页;26cm
ISBN 7-5434-2385-5(精装):¥69.80

O12-62　037686
初等数学应用手册:基本知识与解题指导/刘培进,王运生主编.—徐州:中国矿业大学出版社,1995.9.—362页;19cm
ISBN 7-81040-408-3:¥8.70

O121.1-49　037687
有趣的分数/韩孟海编著;张宾,张文臻绘.—济南:明天出版社,1995.4.—153页;20cm.—(全国小学生课外丛书/李仲汉主编)
全套120册,总定价:385.00元
ISBN 7-5332-2142-7:¥0.00

O121.4　037688
程氏速算法/程文茂著.—北京:中国金融出版社,1995.8.—141页;19cm
ISBN 7-5049-1415-0:¥6.00

O121.4　037689
快速心算与珠算式心算/卢显林主编.—北京:中国商业出版社,1995.10.—296页;20cm
ISBN 7-5044-3055-2:¥12.80

O121.4　037690
少儿快速心算法/徐思众编著.—北京:机械工业出版社,1995.6.—165页;19cm
ISBN 7-111-04544-0:¥6.00

O121.4　037691
速算技巧/陈启鸿编著.—北京:冶金工业出版社,1995.5.—188页;19cm
ISBN 7-5024-1676-5:¥8.00

O121.5　037692
财经珠算/职业高中金融专业教材编写组编.—上海:上海科技教育出版社,1995.7.—162页;19cm
职业高中金融专业教材:试用本
ISBN 7-5428-1159-2:¥4.00

O121.5　037693
会计上岗珠算必读/徐思众编著.—北京:兵器工业出版社,1995.6.—111页;19×26cm
ISBN 7-80038-863-8:¥7.00

O121.5　037694

计算技术/蔡红英,雷玉华主编.—武汉:武汉工业大学出版社,1995.8.—343页;19cm
ISBN 7-5629-1012-X:¥11.00

O121.5　037695
计算技术/伊兰,娜仁编著.—呼和浩特:内蒙古人民出版社,1995.8.—248页;19cm
高等教育财经类教材
ISBN 7-204-02862-7:¥8.00

O121.5　037696
计算技术/姚克贤主编.—北京:中国财政经济出版社,1995.6.—388页;19cm
国内贸易部部编中等专业学校财会系列教材
ISBN 7-5005-2694-6:¥10.00

O121.5　037697
计算技术/李志益编著.—贵阳:贵州教育出版社,1995.3.—176页;26cm
高校财经专业基础课教材
ISBN 7-80583-634-5:¥7.50

O121.5　037698
计算技术/王冠雄,周亚蕊编.—徐州:中国矿业大学出版社,1995.11.—150页;26cm
中等专业学校规划教材
ISBN 7-81040-439-3:¥8.50

O121.5　037699
计算技术/湖南省中等职业技术教育教材编审委员会编.—2版(修订本).—长沙:湖南科学技术出版社,1995.6.—239页;19cm
中等职业学校教材
ISBN 7-5357-1180-4:¥5.00

O121.5　037700
计算技术:经济类专业/康绍迪编.—2版.—北京:中国农业出版社,1995.6.—126页;26cm
中央农业广播电视学校教材
ISBN 7-109-01256-5:¥5.00

O121.5　037701
计算技术:珠算与电算/李岚主编.—北京:学苑出版社,1995.1.—223页;19cm
电大函大职大等成人教育用书
ISBN 7-5077-0845-4:¥5.20

O121.5　037702
全国珠算技术等级鉴定达标辅导与练习/晁金泉主编 .—北京:金盾出版社,1995.6.—112页;26cm
ISBN 7-5082-0021-7:¥5.80

O121.5　037703
实用珠算简明教程/张利源编著.—大连:东北财经大学出版社,1995.4.—202页;20cm
ISBN 7-81044-044-6:¥8.00

O121.5　037704
现代珠算技术/吴龙慎著.—哈尔滨:东北林业大学出版社,1995.8.—169页;26cm
ISBN 7-81008-572-7:¥13.00

O121.5　037705
新编珠算入门/厉晋元等编著.—北京:兵器工业出版社,1995.11.—141页;19cm
ISBN 7-80038-906-5:¥6.50

O121.5　037706
中国珠算大全/苗淑芳等主编.—北京:中国华侨出版社,1995.1.—529页;20cm
ISBN 7-80074-986-X:¥11.15

O121.5　037707
珠算/浙江省珠算协会编著.—2版.—杭州:浙江教育出版社,1995.11.—352页;19cm
ISBN 7-5338-2257-9:¥8.50

O121.5　037708
珠算技能教程:速成法与通级鉴定/韩德水编著.—北京:中国青年出版社,1995.5.—213页;19cm.(职业教育丛书)
ISBN 7-5006-1669-4:¥8.30

O121.5　037709
珠算技术/陈旭东主编.—昆明:云南大学出版社,1995.9.—242页;19cm
ISBN 7-81025-594-0:¥9.70

O121.5　037710
珠算技术教程/李基诚编著.—南昌:江西科学技术出版社,1995.9.—276页;19cm
ISBN 7-5390-0937-3:¥9.90

O121.5　037711
珠算速成法/徐思众编著.—北京:兵器工业出版社,1995.3.—143页;19cm
ISBN 7-80038-851-4:¥6.00

O121.5　037712
珠算速算和心算/厉晋元编著.—北京:机械工业出版社,1995.2.—266页;19cm
ISBN 7-111-04454-1:¥8.50

O121.5　037713
珠象脑算学/李洁潢著.—郑州:河南人民出版社,1995.11.—306页;19cm
ISBN 7-215-03598-0:¥12.00

①O121.5②O121.4　037714
珠算速算和心算要诀/厉晋元等编著.—北京:兵器工业出版社,1995.11.—154页;19cm
ISBN 7-80038-905-7:¥6.90

O121.5-43　037715
简明珠算教程/张广猷主编.—开封:河南大学出版社,1995.10.—230页;19cm
ISBN 7-81041-259-0:¥4.30

O121.5-43　037716
现代珠算技术教程/张方镇,杨明侠主编.—北京:中国商业出版社,1995.8.—209页;19cm
财经类学校试用
ISBN 7-5044-2553-2:¥5.98

O121.5-44　037717
珠算技术等级鉴定标准习题集/马翠花等主编.—天津:天津科学技术出版社,1995.9.—144页;26cm
大、中专学校适用教材
ISBN 7-5308-1957-7:¥7.85

O121.5-44　037718
珠算技术习题集/姚克贤,王宗江主编.—北京:中国

商业出版社,1995.11.—172页;26cm
ISBN 7-5044-3071-4: ¥9.50

O121.5-61 037719
珠算汉维简明词典/李建智主编;新疆维吾尔自治区珠算协会编.—乌鲁木齐:新疆人民出版社,1995.10.—442,32页;19cm
ISBN 7-228-03525-9: ¥15.00

O122 037720
初等代数研究/李晓东等主编.—哈尔滨:哈尔滨出版社,1995.8.—366页;20cm
初等数学研究教程·黑龙江省高等师范专科学校统编教材
全套样书共3册,总定价:40.50元
ISBN 7-80557-853-2: ¥0.00

O122.1 037721
分式与根式/史树德等编著.—北京:航空工业出版社,1995.1.—118页;19cm.—(初等数学导读丛书/史树德主编)
ISBN 7-80046-629-9: ¥3.30

O122.1 037722
整式与因式分解/史树德等编著.—北京:航空工业出版社,1995.1.—123页;19cm.—(初等数学导读丛书/史树德主编)
ISBN 7-80046-629-9: ¥3.50

O122.2 037723
方程巧解/徐名亮等编.—上海:同济大学出版社,1995.6.—545页;20cm
ISBN 7-5608-1560-X: ¥18.00

O122.2 037724
列方程解应用题/李彭龄等编著.—北京:航空工业出版社,1995.1.—110页;19cm.—(初等数学导读丛书/史树德主编)
ISBN 7-80046-629-9: ¥3.00

O123 037725
初等数学研究与教学法　第三分册:初等几何研究/杨富强,刘元宗主编.—开封:河南大学出版社,1995.12.—210页;20cm
ISBN 7-81041-278-7: ¥7.50

O123 037726
相似形/李林等编著.—北京:航空工业出版社,1995.1.—117页;19cm.—(初等数学导读丛书/史树德主编)
ISBN 7-80046-629-9: ¥3.30

O123-49 037727
皇帝出的几何题/陈枚等编写.—北京:语文出版社,1995.9.—131页;19cm.—(少年百科趣味知识丛书/张伯华主编)
ISBN 7-80006-997-4: ¥5.10

O123.1 037728
平面几何证题突破:比例线段命题的统一证明规律/王启民著.—沈阳:辽宁科学技术出版社,1995.10.—527页;19cm
ISBN 7-5381-2181-1: ¥18.00

O13 高等数学

O13 037729
高等数学/陈伟婷主编.—南京:河海大学出版社,1995.10.—557页;20cm
高等学校专科教材
ISBN 7-5630-0758-X: ¥17.00

O13 037730
高等数学/孙芳烈等编著.—上海:复旦大学出版社,1995.6.—462页;20cm
成人教育使用教材
ISBN 7-309-01470-7: ¥15.00

O13 037731
高等数学/郭运瑞,张万琴主编.—天津:天津科学技术出版社,1995.9.—370页;20cm
高等学校教材
ISBN 7-5308-1939-9: ¥12.00

O13 037732
高等数学/任国臣主编.—上海:复旦大学出版社,1995.7.—2册(735页);20cm
三年制适用
ISBN 7-309-01509-6: ¥24.00

O13 037733
高等数学/强文久主编.—北京:警官教育出版社,1995.8.—381页;19cm
ISBN 7-81027-647-6: ¥16.40

O13 037734
高等数学/李伦主编.—重庆:西南师范大学出版社,1995.7.—558页;19cm
成人高等学校教材
ISBN 7-5621-1317-3: ¥14.00

O13 037735
高等数学/王伯曾等编著.—广州:广东高等教育出版社,1995.9.—347页;20cm
ISBN 7-5361-1749-3: ¥10.80

O13 037736
高等数学/施容华主编.—北京:兵器工业出版社,1995.1.—345页;26cm
ISBN 7-80038-832-8: ¥15.80

O13 037737
高等数学/刘楚中主编.—北京:机械工业出版社,1995.5.—522页;20cm
高等学校教材
ISBN 7-111-04610-2: ¥14.50

O13 037738
高等数学/茅人文,雷仲庄编.—北京:水利电力出版社,1995.5.—557页;26cm
高等学校教材 专科适用
ISBN 7-120-02117-6: ¥19.70

O13 037739
高等数学/郭宪荣等主编.—东营:石油大学出版社,1995.8.—2册;20cm
ISBN 7-5636-0638-6: ¥21.40

O13　037740
高等数学/白富多等主编.—哈尔滨:哈尔滨工业大学出版社,1995.6.—311页;26cm
ISBN 7-5603-1090-7:¥18.00

O13　037741
高等数学/何灿芝主编.—长沙:湖南科学技术出版社,1995.5.—2册(826页);19cm
ISBN 7-5357-1749-7:¥22.70

O13　037742
高等数学/王秀兰主编.—哈尔滨:黑龙江教育出版社,1995.11.—352页;26cm
高等学校教学用书
ISBN 7-5316-2858-9:¥18.00

O13　037743
高等数学/徐兵,计慕然主编.—北京:航空工业出版社,1995.4.—2册;19cm
航空院校成人高等教育统编教材
本书包括"学习辅导"、"教材"。
ISBN 7-80046-890-9:¥21.80

O13　037744
高等数学/周智,王汇智主编.—北京:中国科学技术出版社,1995.8.—2册;20cm
ISBN 7-5046-2011-4:¥16.90

O13　037745
高等数学　(上)/于秀云等编著.—东营:石油大学出版社,1995.7.—334页;20cm
高校教材
ISBN 7-5636-0624-6:¥7.80

O13　037746
高等数学　(下)/于秀云等编著.—东营:石油大学出版社,1995.7.—424页;20cm
高校教材
ISBN 7-5636-0624-6:¥7.80

O13　037747
高等数学　(一):微积分/张发秦编著.—兰州:甘肃人民出版社,1995.9.—318页;19cm.—(全国高等教育自学考试辅导丛书)
ISBN 7-226-01553-6:¥12.00

O13　037748
高等数学　第一册/四川大学数学系高等数学教研室编.—3版.—北京:高等教育出版社,1995.3.—405页;20cm
高等学校教材 物理类专业用
ISBN 7-04-005141-9:¥7.50

O13　037749
高等数学　第一册/段炎伏等编著.—兰州:兰州大学出版社,1995.11.—345页;20cm
物理类专业
ISBN 7-311-00911-1:¥11.50

O13　037750
高等数学　第一册/姜元岱等编.—西安:陕西人民教育出版社,1995.8.—269页;26cm
高等专科学校试用教材
ISBN 7-5419-6248-1:¥19.50

O13　037751
高等数学　上册/洪潮兴等编.—广州:广东高等教育出版社,1995.6.—404页;20cm
广东省成人高等教育专科试用教材
ISBN 7-5361-1596-2:¥14.50

O13　037752
高等数学　上册/万大成等主编.—哈尔滨:哈尔滨工业大学出版社,1995.6.—329页;26cm
ISBN 7-5603-1089-3:¥18.80

O13　037753
高等数学　上册/杨万禄主编.—北京:高等教育出版社,1995.5.—512页;20cm
成人高等教育试用教材
ISBN 7-04-005243-1:¥9.70

O13　037754
高等数学　上册/西安电子科技大学应用数学系编.—西安:西安电子科技大学出版社,1995.9.—270页;26cm
高等学校教材
ISBN 7-5606-0389-0:¥13.90

O13　037755
高等数学　上册/吴留芳编.—北京:人民邮电出版社,1995.8.—455页;20cm
邮电高等函授教材
ISBN 7-115-05670-6:¥19.00

O13　037756
高等数学　上册/邱森主编;陈永明等编.—北京:高等教育出版社,1995.12.—310页;20cm
成人高等师范专科小学教育专业教材:理科方向
ISBN 7-04-005678-X:¥9.70

O13　037757
高等数学　下册/邱森主编;陈永明等编.—北京:高等教育出版社,1995.12.—197页;20cm
成人高等师范专科小学教育专业教材:理科方向
ISBN 7-04-005694-1:¥6.55

O13　037758
高等数学　下册/华南理工大学高等数学教研室编.—广州:华南理工大学出版社,1995.1.—546页;20cm
高等学校教材
ISBN 7-5623-0744-X:¥14.30

O13　037759
高等数学　下册/刘德有主编.—北京:机械工业出版社,1995.3.—261页;19cm
高等专科学校适用教材
ISBN 7-111-04491-6:¥8.50

O13　037760
高等数学　下册/陆庆乐编.—修订本.—西安:西安交通大学出版社,1995.3.—233页;26cm
全国高等教育自学考试教材
ISBN 7-5605-0120-6:¥13.50

O13　037761
高等数学　下册/吴留芳编.—北京:人民邮电出版社,1995.8.—332页;20cm

邮电高等函授教材
ISBN 7-115-05671-4: ¥14.00

O13　　037762
高等数学　下册/杨万禄主编.—北京:高等教育出版社,1995.5.—397页;20cm
成人高等教育试用教材
ISBN 7-04-005244-X: ¥8.75

O13　　037763
高等数学:化工类/秦耀堂,唐雪芬编.—上海:华东师范大学出版社,1995.6.—290页;26cm
ISBN 7-5617-1318-5: ¥16.90

O13　　037764
高等数学导论　上册/中国科学技术大学高等数学教研室编.—2版.—合肥:中国科学技术大学出版社,1995.1.—484页;20cm
ISBN 7-312-00674-4: ¥9.80

O13　　037765
高等数学复习指导教程/白富多,万大成编.—哈尔滨:哈尔滨工业大学出版社,1995.6.—222页;26cm
研究生入学统考
ISBN 7-5603-1084-2: ¥13.80

O13　　037766
高等数学概念释疑与错解辨析/刘渭川,龙洪波主编.—武汉:武汉工业大学出版社,1995.6.—353页;19cm
ISBN 7-5629-0972-5: ¥9.80

O13　　037767
高等数学基础/徐宪民主编.—杭州:杭州大学出版社,1995.12.—464页;20cm
ISBN 7-81035-849-9: ¥18.00

O13　　037768
高等数学教程　上册/陈知先,方珍珍编.—兰州:兰州大学出版社,1995.9.—333页;20cm
全2册,总定价:22.40元
ISBN 7-311-00894-8: ¥0.00

O13　　037769
高等数学同步强化训练/莫经纶,傅永学主编.—哈尔滨:黑龙江科学技术出版社,1995.3.—310页;26cm
ISBN 7-5388-2741-2: ¥12.00

O13　　037770
高等数学学习指导书/徐振贤主编.—东营:石油大学出版社,1995.8.—219页;26cm
ISBN 7-5636-0645-9: ¥8.40

O13　　037771
高等数学在中学数学中的应用1000例/吕凤等主编.—长春:东北师范大学出版社,1995.10.—938页;19cm
ISBN 7-5602-1654-4(精装): ¥38.80

O13　　037772
高等数学自学考试应试指导:线性代数、概率统计/宋维锋,陆春燕编　.—成都:西南财经大学出版社,1995.7.—568页;19cm
全国高等教育自学考试教材
ISBN 7-81017-993-4: ¥18.20

O13　　037773
体育应用高等数学/程致屏主编.—西安:陕西科学技术出版社,1995.1.—397页;20cm
ISBN 7-5369-2244-2: ¥8.50

O13　　037774
文科高等数学　上册/刘光旭等编著.—天津:南开大学出版社,1995.9.—373页;20cm
经济管理科学·生命科学·人文科学等专业适用
ISBN 7-310-00855-3: ¥13.80

O13　　037775
医用高等数学/虞孝珍,郭怀兰主编.—北京:中国医药科技出版社,1995.3.—344页;26cm
ISBN 7-5067-1358-6: ¥16.40

O13　　037776
医用高等数学/龚芳,韩明编著.—西安:陕西科学技术出版社,1995.6.—278页;20cm
ISBN 7-5369-2344-9: ¥7.80

①O13②TB11　　037777
理工科数学速成深化复习精讲/黄庆祥,何灿芝主编;张杰恒等编.—长沙:湖南科学技术出版社,1995.5.—2册;19cm
ISBN 7-5357-0515-4: ¥18.10

O13-41　　037778
不确定性数学大纲/刘文奇著.—昆明:云南大学出版社,1995.12.—310页;19cm
ISBN 7-81025-457-X: ¥13.00

O13-43　　037779
高等数学典型方法及习题课教程/武汉汽车工业大学数学教研室编著.—武汉:武汉工业大学出版社,1995.6.—470页;20cm
ISBN 7-5629-0965-2: ¥13.80

O13-43　　037780
高等数学习题课教程/张德生等编著.—西安:陕西科学技术出版社,1995.8.—275页;26cm
ISBN 7-5369-2365-1: ¥12.00

O13-43　　037781
高等数学习作课教程/刘小雅主编.—武汉:中国地质大学出版社,1995.11.—224页;26cm
ISBN 7-5625-1046-6: ¥12.25

O13-43　　037782
高等专科数学教程　第二分册:线性代数/宋文杰,孙显奕编.—北京:宇航出版社,1995.7.—184页;20cm
高等学校教材
ISBN 7-80034-843-1: ¥5.90

O13-43　　037783
高等专科数学教程　第三分册:概率论与数理统计/王晓霞,宋智民编.—北京:宇航出版社,1995.7.—229页;20cm
高等学校教材
ISBN 7-80034-843-1: ¥7.50

O13-43　　037784
高等专科数学教程　第一分册:高等数学/胡学康等编.—北京:宇航出版社,1995.7.—605页;20cm
高等学校教材

ISBN 7－80034－843－1:￥14.00

O13－43　037785

数学/钱吉林主编.—武汉:武汉测绘科技大学出版社,1995.6.—295页;19cm

湖北省中等专业教育自学考试教材

ISBN 7－81030－390－2:￥8.20

O13－43　037786

数学　第三册/湖南省中等职业技术教育教材编审委员会主编.—长沙:湖南教育出版社,1995.6.—221页;19cm

中等专业学校试用教材 财经类专业通用

ISBN 7－5355－2083－9:￥4.20

O13－43　037787

研究生入学考试数学复习专用教材/赵晋主编;朱来义,李其荣编.—北京:北京教育出版社,1995.9.—400页;26cm

ISBN 7－5303－0832－7:￥25.80

O13－44　037788

1996年研究生入学考试数学复习指南:1～5类/陈文灯主编.—北京:京华出版社,1995.7.—1089页;20cm

ISBN 7－80600－108－5:￥30.00

O13－44　037789

高等数学·线性代数1200题/李大华编.—武汉:华中理工大学出版社,1995.11.—452页;20cm

硕士生入学应试指导书

ISBN 7－5609－1207－9:￥12.50

O13－44　037790

高等数学达标训练/陈孝萱等主编.—2版.—武汉:武汉工业大学出版社,1995.7.—298页;26cm.—(大学工科基础课程达标训练丛书)

ISBN 7－5629－0994－6:￥15.80

O13－44　037791

高等数学题解集/吴学澄等编.—南京:东南大学出版社,1995.12.—600页;20cm

ISBN 7－81050－089－9:￥22.00

O13－44　037792

高等数学习题解集:综合型·提高型/胡晓帆主编.—西安:西北工业大学出版社,1995.9.—518页;19cm

ISBN 7－5612－0808－1:￥15.00

O13－44　037793

高等数学习题课指导/长春工业高等专科学校数学教研室编.—长春:吉林大学出版社,1995.9.—255页;20cm

ISBN 7－5601－1814－3:￥8.50

O13－44　037794

会计师资格考试高等数学复习指南/张秀岩主编.—北京:中国林业出版社,1995.6.—205页;26cm

ISBN 7－5038－1473－X:￥13.00

O13－44　037795

全国各类成人高等学校专科起点本科班招生(非师范类)考试模拟试题集:高等数学　(二)/《全国各类成人高等学校专科起点本科班招生(非师范类)考试模拟试题集》编写组编.—北京:中央广播电视大学出版社,1995.6.—234页;26cm

ISBN 7－304－01195－5:￥16.50

O13－62　037796

财经类专业高等数学(I)考试指南/刘梓修,梅国平主编.—南昌:江西科学技术出版社,1995.12.—290页;20cm

ISBN 7－5390－0993－4:￥13.00

O13－62　037797

高等数学应试指南/张秀媛等编著.—北京:华夏出版社,1995.3.—285页;26cm

高等教育自学考试 财经类

ISBN 7－5080－0542－2:￥15.80

O13－62　037798

工学硕士入学考试数学复习指南/季文铎主编;胡金德等编.—北京:北京理工大学出版社,1995.8.—278页;26cm

ISBN 7－81045－063－8:￥19.00

O14　数理逻辑、数学基础

O141　037799

数理辩证逻辑导论/赵总宽著.—北京:中国人民大学出版社,1995.6.—541页;20cm

ISBN 7－300－01953－6:￥18.00

O141　037800

数理逻辑引论/朱梧槚,肖奚安编著.—南京:南京大学出版社,1995.5.—306页;20cm

ISBN 7－305－02780－4:￥8.80

O141.2　037801

基础数学的元数学/( )Engeler,E.著;宋方敏译.—南京:南京大学出版社,1995.10.—108页;20cm

ISBN 7－305－02827－4:￥6.00

O141.4　037802

模型论导引/沈复兴著.—北京:北京师范大学出版社,1995.10.—288页;20cm

ISBN 7－303－03941－4:￥9.50

O141.4　037803

数学模型建模分析/蔡常丰编著.—北京:科学出版社,1995.12.—174页;26cm

ISBN 7－03－004657－9:￥22.00

O144　037804

公理集论/汪芳庭编著.—合肥:中国科学技术大学出版社,1995.1.—197页;20cm

中国科学技术大学数学研究生教材丛书

ISBN 7－312－00597－7:￥7.00

O15　代数、数论、组合理论

O15　037805

高等代数/刘昌堃等编.—上海:同济大学出版社,1995.4.—413页;20cm

ISBN 7－5608－1509－X:￥7.80

O15　037806

高等代数方法/苏仲阳,王玉行编著.—天津:天津科学技术出版社,1995.9.—516页;19cm
ISBN 7-5308-1933-X: ¥15.00

O15　037807
高等代数应试训练/刘玉森,苏仲阳主编.—北京:地质出版社,1995.9.—568页;19cm
ISBN 7-116-01867-0: ¥18.00

O15　037808
简明高等代数/陆少华编.—上海:上海交通大学出版社,1995.5.—226页;20cm
ISBN 7-313-01464-3: ¥5.00

O15　037809
图论与代数结构/戴一奇等编著.—北京:清华大学出版社,1995.8.—220页;26cm
清华大学计算机系列教材
ISBN 7-302-01814-6: ¥9.90

O151.2　037810
简明线性代数/杨海欧,范崇金主编.—哈尔滨:哈尔滨工程大学出版社,1995.8.—228页;20cm
ISBN 7-81007-582-9: ¥11.00

O151.2　037811
线性代数/居余马等编.—北京:清华大学出版社,1995.1.—363页;20cm
ISBN 7-302-01698-4: ¥7.30

O151.2　037812
线性代数/董厚奎等主编.—北京:中国农业出版社,1995.8.—213页;19cm
ISBN 7-109-04061-5: ¥7.80

O151.2　037813
线性代数/聂高辉等编.—南昌:江西科学技术出版社,1995.9.—259页;20cm
高校财经类专业核心课程 经济数学基础
ISBN 7-5390-0935-7: ¥8.80

O151.2　037814
线性代数/毛成立编著.—北京:兵器工业出版社,1995.6.—309页;19cm
ISBN 7-80038-886-7: ¥8.60

O151.2　037815
线性代数/同济大学函授数学教研室编.—上海:同济大学出版社,1995.2.—224页;20cm
ISBN 7-5608-1425-5: ¥4.70

O151.2　037816
线性代数/邓建中编.—西安:陕西科学技术出版社,1995.8.—184页;20cm
高等院校试用教材
ISBN 7-5369-2364-3: ¥5.70

O151.2　037817
线性代数/陆吉祥,王宁生主编.—上海:复旦大学出版社,1995.2.—210页;20cm
ISBN 7-309-01441-3: ¥7.00

O151.2　037818
线性代数/杨直中,蒋在斌主编.—昆明:云南大学出版社,1995.8.—191页;20cm.—(经济数学基础;2)
ISBN 7-81025-556-8: ¥12.00

O151.2　037819
线性代数/魏兵主编.—徐州:中国矿业大学出版社,1995.8.—283页;20cm
高等院校统编教材
ISBN 7-81040-403-2: ¥9.50

O151.2　037820
线性代数/李火林主编.—南昌:江西高校出版社,1995.7.—209页;20cm
ISBN 7-81033-126-4: ¥7.00

O151.2　037821
线性代数/齐进军,钱瑛编.—北京:北京邮电大学出版社,1995.3.—236页;20cm
ISBN 7-5635-0201-7: ¥6.50

O151.2　037822
线性代数:工程数学/杨茂信等编.—3版.—广州:华南理工大学出版社,1995.2.—251页;19cm
ISBN 7-5623-0059-3: ¥6.80

①O151.2②O221.1　037823
线性代数与线性规划/《经济应用数学基础》编写组编.—北京:同心出版社,1995.8.—165页;20cm
北京市成人高等院校统编试用教材
ISBN 7-80593-133-X: ¥5.70

①O151.2②O221.1　037824
线性代数与线性规划学习指导/《经济应用数学基础》编写组编.—北京:同心出版社,1995.8.—304页;20cm
北京市成人高等院校统编试用教材
ISBN 7-80593-134-8: ¥9.50

O151.2-44　037825
线性代数题解及应试指导/王瑞国,马秀卿编著.—乌鲁木齐:新疆人民出版社,1995.1.—192页;20cm
高等教育数学参考书
ISBN 7-228-03352-3: ¥7.00

O151.2-44　037826
线性代数习题精选/万志远,吕新民主编.—南昌:江西高校出版社,1995.8.—179页;19cm
ISBN 7-81033-516-2: ¥6.00

O151.21　037827
非负矩阵论/张谋成,黎稳编著.—广州:广东高等教育出版社,1995.6.—411页;20cm
ISBN 7-5361-1694-2: ¥13.00

O151.21　037828
工程矩阵理论/张明淳编.—南京:东南大学出版社,1995.12.—186页;20cm
ISBN 7-81050-079-1: ¥5.50

O151.21　037829
矩阵分析/李俊杰编著.—北京:机械工业出版社,1995.8.—230页;19cm
工科硕士研究生教学用书
ISBN 7-111-04687-0: ¥15.00

O151.21　037830
矩阵理论基础/姜家辉编著.—大连:大连理工大学出版社,1995.6.—287页;20cm
ISBN 7-5611-0853-2: ¥7.80

O151.21 037831
矩阵论/余鄂西编.—北京:高等教育出版社,1995.4.—284页;20cm
高等学校试用教材
ISBN 7-04-005339-X:¥9.40

O151.21 037832
矩阵论及其应用/黄有度等编著.—合肥:中国科学技术大学出版社,1995.8.—277页;20cm
ISBN 7-312-00679-5:¥9.80

O151.21 037833
循环矩阵及其在分子振动中的应用/毛纲源编著.—武汉:华中理工大学出版社,1995.11.—205页;19cm
ISBN 7-5609-1222-2:¥6.50

O152 037834
分子点群及其应用/鲁崇贤,赵长惠编.—北京:高等教育出版社,1995.10.—211页;20cm
ISBN 7-04-004541-9:¥6.20

O152.5 037835
李群基础/黄宣国著.—上海:复旦大学出版社,1995.6.—245页;20cm.—(理科研究生丛书/李大潜主编)
ISBN 7-309-01416-2:¥17.00

O153 037836
近世代数/袁秉成等编.—长春:东北师范大学出版社,1995.10.—159页;20cm.—(东北师范大学文库)
ISBN 7-5602-1762-1(精装):¥7.00

O153.2 037837
布尔数系与群码引论/岑嘉评,黄炎明著.—长沙:湖南教育出版社,1995.8.—172页;19cm.—(走向数学丛书/杨忠道,冯克勤主编)
ISBN 7-5355-2244-0:¥6.90

O156.1 037838
初等数论/乐茂华编著.—广州:广东高等教育出版社,1995.6.—223页;19cm
ISBN 7-5361-1781-7:¥12.00

O156.2 037839
P进数/冯克勤著.—长沙:湖南教育出版社,1995.8.—180页;19cm.—(走向数学丛书/杨忠道,冯克勤主编)
ISBN 7-5355-2247-5:¥7.10

O157 037840
智力王国:幻方与魔数阵/施学良著.—贵阳:贵州教育出版社,1995.10.—630页;26cm
ISBN 7-80583-609-4:¥70.00

O157 037841
组合数学/郁松年,邱伟德编.—北京:国防工业出版社,1995.10.—217页;26cm
高等学校工科电子类规划教材
ISBN 7-118-01434-6:¥8.15

O157.5 037842
图论/舒婉平著.—北京:北京广播学院出版社,1995.4.—191页;19cm
ISBN 7-81004-552-0:¥4.00

O157.5 037843
图论及其应用/卢开澄,卢华明著.—2版.—北京:清华大学出版社,1995.8.—223页;26cm
ISBN 7-302-01817-0:¥10.00

O157.6 037844
应用图论及算法/兰家隆,刘军编.—成都:电子科技大学出版社,1995.8.—347页;19cm
高等学校工科电子类规划教材
ISBN 7-81043-278-8:¥6.50

O158 037845
离散数学/叶有培编著.—北京:兵器工业出版社,1995.12.—169页;26cm
ISBN 7-80038-978-2:¥11.80

O158 037846
离散数学/黄天发编著.—成都:电子科技大学出版社,1995.3.—430页;26cm
ISBN 7-81043-168-4:¥18.80

O158 037847
离散数学/刘任任编著.—长沙:湖南科学技术出版社,1995.12.—401页;20cm
ISBN 7-5357-1903-1:¥13.00

O158 037848
离散数学/郭俊杰等编著.—长春:吉林大学出版社,1995.8.—395页;20cm
ISBN 7-5601-1780-5:¥14.00

O158 037849
离散数学基础/柏元淮,冼其尤编著.—广州:暨南大学出版社,1995.12.—236页;20cm
ISBN 7-81029-462-8:¥12.00

O158 037850
离散数学简明教程:计算机科学的基础理论/邵学才,张纪勇编.—北京:科学出版社,1995.8.—175页;26cm
ISBN 7-03-004658-7:¥12.50

O159 037851
模糊数学:原理及应用/杨伦标,高英仪编著.—2版.—广州:华南理工大学出版社,1995.6.—416页;20cm
工科研究生用书
ISBN 7-5623-0440-8:¥12.00

O159 037852
模糊推理理论与模糊专家系统/王士同编著.—上海:上海科学技术文献出版社,1995.12.—219页;20cm
ISBN 7-5439-0591-4:¥16.50

O159 037853
模糊信息处理的数学基础/任平等编著.—贵阳:贵州科技出版社,1995.5.—189页;19cm.—(模糊数学及其应用丛书/刘应明等主编)
ISBN 7-80584-415-1:¥9.50

O159-49 037854
上帝掷骰子吗?:混沌之数学/(英)斯图尔特著;潘涛译.—上海:上海远东出版社,1995.10.—341页;20cm
著者原题:伊恩·斯图尔特
ISBN 7-80613-000-4:¥16.00

O17 数学分析

O17 037855
复变函数与积分变换/周正中,郑吉富编.—北京:高等教育出版社,1995.5.—213页;20cm
高等学校工程专科教材
ISBN 7-04-005168-0:￥4.60

O17 037856
工科用数学分析　下册/朱自清,毕志伟主编.—武汉:华中理工大学出版社,1995.6.—393页;20cm
ISBN 7-5609-1146-3:￥7.20

O17 037857
近代实分析教程/林宗振等编著.—广州:暨南大学出版社,1995.9.—215页;26cm
ISBN 7-81029-407-5:￥28.00

O17 037858
拟线性椭圆形方程的变分方法/沈尧天,严树森著.—广州:华南理工大学出版社,1995.8.—357页;20cm.—(华南理工大学科学丛书)
ISBN 7-5623-0695-8:￥12.00

O17 037859
实变函数与泛函分析/孙家宸主编.—长春:东北师范大学出版社,1995.5.—353页;20cm.—(东北师范大学文库)
ISBN 7-5602-1599-X(精装):￥4.90

O17 037860
实变函数与泛函分析/邱达三等编著.—昆明:云南科技出版社,1995.4.—283页;19cm
ISBN 7-5416-0703-7:￥9.50

O17 037861
数学分析　上册/邹应编.—北京:高等教育出版社,1995.5.—554页;20cm
ISBN 7-04-005165-6:￥11.05

O17 037862
数学分析　下册/邹应编.—北京:高等教育出版社,1995.5.—757页;20cm
ISBN 7-04-005166-4:￥14.75

O17 037863
数学分析教学提要/唐经农著.—北京:气象出版社,1995.4.—236页;20cm
ISBN 7-5029-1926-0:￥9.00

O17 037864
数学分析问题研究与评注/汪林等编著.—北京:科学出版社,1995.11.—317页;20cm
ISBN 7-03-004755-9:￥22.00

O17 037865
数学分析习题课讲义/华南师范大学等编.—天津:天津科学技术出版社,1995.7.—589页;19cm
ISBN 7-5308-1852-X:￥13.00

O17 037866
数学分析选讲/朱匀华,周健伟编著.—广州:广东科技出版社,1995.12.—246页;20cm
选修课程教材
ISBN 7-5359-1658-9:￥10.00

①O17②TB122 037867
结构动态参数识别/时战等编.—大连:大连理工大学出版社,1995.12.—176页;20cm
ISBN 7-5611-1125-8:￥3.56

O172 037868
《微积分》学习指导/周显道主编.—西安:西北大学出版社,1995.7.—251页;20cm
经济数学辅导教材
ISBN 7-5604-0937-7:￥9.00

O172 037869
经济数学基础　(1):微积分/刘祖佑,付平主编.—昆明:云南大学出版社,1995.8.—407页;20cm
ISBN 7-81025-595-9:￥16.80

O172 037870
经济数学基础　(上)　第一篇:微积分/李敬武主编.—银川:宁夏人民出版社,1995.7.—353页;20cm
高等学校教学参考书
ISBN 7-227-01464-9:￥12.80

O172 037871
微积分/《经济应用数学基础》编写组编.—北京:同心出版社,1995.6.—237页;20cm
北京市成人高等院校统编试用教材
ISBN 7-80593-131-3:￥7.80

O172 037872
微积分/周明辉主编.—大连:大连理工大学出版社,1995.7.—399页;19cm
ISBN 7-5611-1010-3:￥14.80

O172 037873
微积分学/孙家永著.—西安:西北工业大学出版社,1995.6.—425页;26cm
高等学校教材
ISBN 7-5612-0738-7:￥19.00

O172 037874
微积分学　下册/吴迪光,张彬编著.—杭州:浙江大学出版社,1995.10.—318页;26cm
ISBN 7-308-01539-4:￥20.00

O172 037875
微积分学类型与题型/蔡乃木主编.—天津:天津教育出版社,1995.5.—233页;19cm
高等数学配套教材
ISBN 7-5309-2284-X:￥7.80

O172 037876
微积分学习指导/《经济应用数学基础》编写组编.—北京:同心出版社,1995.6.—271页;20cm
北京市成人高等院校统编试用教材
ISBN 7-80593-132-1:￥8.70

O172 037877
新编微积分/董凡平等主编.—青岛:青岛海洋大学出版社,1995.6.—286页;20cm
高等工科院校教材
ISBN 7-81026-731-0:￥8.90

①O172②O4 037878
微积分和物理学之新论/曾康一著.—北京:国防工

业出版社,1995.3.—204页;20cm
ISBN 7-118-01388-9:¥10.00

O174　037879
多复变数的凸映照与星形映照/龚昇著.—北京:科学出版社,1995.10.—227页;20cm.—(纯粹数学与应用数学专著;第34号/杨乐主编)
ISBN 7-03-005065-7(精装):¥19.00

O174　037880
复解析动力系统/吕以辇著.—北京:科学出版社,1995.10.—136页;20cm.—(现代数学基础丛书/程民德主编)
ISBN 7-03-004682-X:¥10.00

O174.1　037881
实变函数/周民强编著.—2版.—北京:北京大学出版社,1995.6.—307页;20cm
ISBN 7-301-02842-3:¥13.20

O174.13　037882
凸分析基础/冯德兴编著.—北京:科学出版社,1995.1.—333页;19cm.—(系统与控制科学应用数学丛书/黄琳主编)
ISBN 7-03-004470-3:¥17.50

O174.14　037883
多项式微分系统定性理论/叶彦谦著.—上海:上海科学技术出版社,1995.5.—618页;20cm.—(现代数学丛书)
ISBN 7-5323-3508-9(精装):¥47.90

O174.2　037884
高维小波分析/龙瑞麟著.—北京:世界图书出版公司北京公司,1995.5.—375页;20cm
ISBN 7-5062-2599-9:¥18.00

O174.2　037885
小波分析方法及其应用/冉启文编著.—哈尔滨:哈尔滨工业大学出版社,1995.12.—261页;19cm
ISBN 7-5603-1134-2:¥6.00

O174.22　037886
积分变换/何仁杰等编.—成都:成都科技大学出版社,1995.8.—167页;20cm.—(高等数学丛书)
ISBN 7-5616-3107-3:¥5.20

O174.42　037887
插值多项式与插值样条/熊振翔著.—北京:国防工业出版社,1995.5.—424页;20cm
ISBN 7-118-01294-7(精装):¥19.80

O174.5　037888
复变函数/孙利祥主编.—上海:复旦大学出版社,1995.7.—258页;20cm
ISBN 7-309-01478-2:¥9.00

O174.5　037889
复变函数论选讲/张南岳,陈怀惠编著.—北京:北京大学出版社,1995.8.—423页;20cm.—(天元研究生数学丛书/张恭庆主编)
ISBN 7-301-02730-3:¥22.00

O174.51　037890
单复变函数论中的几个论题/庄圻泰等著.—北京:科学出版社,1995.8.—333页;20cm.—(现代数学基础丛书/程民德主编)
ISBN 7-03-004510-6:¥15.80

O174.51　037891
曲面的数学/常庚哲著.—长沙:湖南教育出版社,1995.8.—178页;19cm.—(走向数学丛书/杨忠道,冯克勤主编)
ISBN 7-5355-2243-2:¥7.00

O174.52　037892
亚纯函数唯一性理论/仪洪勋,杨重骏著.—北京:科学出版社,1995.9.—625页;20cm.—(纯粹数学与应用数学专著;第32号)
ISBN 7-03-004554-8(精装):¥42.00

O175　037893
非线性演化方程/郭柏灵编著.—上海:上海科技教育出版社,1995.9.—390页;20cm.—(非线性科学丛书)
ISBN 7-5428-1073-1(精装):¥18.70

O175　037894
分岔与奇异性/陆启韶编著.—上海:上海科技教育出版社,1995.9.—175页;20cm.—(非线性科学丛书)
ISBN 7-5428-1091-X(精装):¥10.90

O175　037895
稳定性、分支与混沌/李继彬,冯贝叶著.—昆明:云南科技出版社,1995.2.—353页;26cm
ISBN 7-5416-0679-0:¥38.00

O175.1　037896
常微分方程/黄家洲,康世祥编著.—成都:四川大学出版社,1995.10.—190页;26cm
ISBN 7-5614-1251-7:¥12.50

O175.1　037897
常微分方程讲义/周钦德,李勇编.—长春:吉林大学出版社,1995.4.—201页;20cm
ISBN 7-5601-1733-3:¥5.20

O175.1　037898
微分方程定性与稳定性理论/高慧贞,黄启宇编著.—福州:福建科学技术出版社,1995.4.—243页;20cm
ISBN 7-5335-0824-6:¥10.80

O175.13　037899
结构稳定理论/何运林编.—北京:水利电力出版社,1995.9.—209页;26cm
高等学校教材
ISBN 7-120-02231-8:¥10.50

O175.14　037900
非线性常微分方程的混沌运动/王光瑞,陈光旨著.—南宁:广西科学技术出版社,1995.7.—301页;20cm
ISBN 7-80619-224-7:¥12.00

O175.14　037901
应用非线性微分方程/朴仲铉等著.—延吉:延边人民出版社,1995.3.—279页;19cm
ISBN 7-80599-267-3:¥9.80

O175.23　037902
二阶抛物型偏微分方程/辜联崑编著.—厦门:厦门

大学出版社,1995.9.—188页;26cm
ISBN 7-5615-1071-3:¥12.80

O175.26　037903
抛物型方程差分方法引论/李德元,陈光南著.—北京:科学出版社,1995.12.—297页;20cm.—(中国工程物理研究院科技丛书;第016号)
ISBN 7-03-004669-2:¥25.00

O175.3　037904
拟微分算子/陈恕行编著.—北京:高等教育出版社,1995.5.—242页;20cm
ISBN 7-04-005167-2:¥5.15

O176　037905
微分方程中的变分方法/陆文端编著.—成都:四川大学出版社,1995.6.—341页;20cm
ISBN 7-5614-0780-7:¥10.00

O177.1　037906
线性算子的谱分析/安世全,孙佑民著.—北京:科学出版社,1995.4.—190页;20cm
ISBN 7-03-004475-4:¥9.40

O177.4　037907
广义函数论/刘浩岳主编;刘刚等编.—开封:河南大学出版社,1995.8.—346页;20cm
ISBN 7-81041-229-9:¥8.00

O177.6　037908
工程实用积分变换:Fourier、Laplace、Z变换/刘经燕等编.—武汉:华中理工大学出版社,1995.3.—192页;19cm.—(机电一体化系列)
ISBN 7-5609-1069-6:¥3.60

O177.92　037909
数学物理方程中的近代分析方法/何淑芷等编.—广州:华南理工大学出版社,1995.1.—292页;20cm
工科研究生用书
ISBN 7-5623-0745-8:¥8.00

O18 几何、拓扑

O181　037910
几何基础/( )希尔伯特(Hilbert,D.)著;江泽涵,朱鼎勋译.—2版.—北京:科学出版社,1995.11.—301页;20cm.—(数学名著译丛)
ISBN 7-03-004512-2:¥17.80

O182　037911
解析几何/陈绍菱,傅若男编著.—北京:经济科学出版社,1995.10.—567页;19cm
全国高等教育自学考试教材
ISBN 7-5058-0805-2:¥21.20

O182.2　037912
空间解析几何/陈守光编著.—天津:天津大学出版社,1995.11.—188页;20cm
高等数学辅助教材
ISBN 7-5618-0815-1:¥6.80

O182.2　037913
空间解析几何/马国强,贾兴琴主编.—开封:河南大学出版社,1995.8.—354页;20cm
ISBN 7-81041-202-7:¥9.30

O182.2　037914
空间解析几何学/王国民等编著.—牡丹江:黑龙江朝鲜民族出版社,1995.12.—211页;20cm
高等院校参考教材
ISBN 7-5389-0612-6:¥7.00

O182.2-44　037915
空间解析几何习题课设计与解题指导/宋卫东等编著.—合肥:中国科学技术大学出版社,1995.5.—243页;20cm
ISBN 7-312-00601-9:¥6.60

O185　037916
解析投影/严锡均,张伟民编著.—北京:煤炭工业出版社,1995.7.—309页;20cm
ISBN 7-5020-1151-X:¥15.50

O185.2　037917
高等画法几何学/杨江子编著.—西安:陕西科学技术出版社,1995.12.—180页;26cm
ISBN 7-5369-0401-0:¥16.80

O185.2-62　037918
画法几何解题指南/缪临平,顾文逵编著.—上海:中国纺织大学出版社,1995.10.—221页;26cm
ISBN 7-81038-062-1:¥16.00

O186.1　037919
调和映照/忻元龙著.—上海:上海科学技术出版社,1995.6.—219页;22cm.—(现代数学丛书)
ISBN 7-5323-3669-7(精装):¥23.20

O186.1　037920
微分几何的理论与问题/杨文茂,李全英编著.—南昌:江西教育出版社,1995.9.—248页;20cm
ISBN 7-5392-2649-8(精装):¥14.50

O189　037921
直观拓扑/王敬庚编.—北京:北京师范大学出版社,1995.10.—193页;19cm
ISBN 7-303-04150-8:¥7.70

O189.11　037922
点集拓扑学/陆文钊,陈肇姜编.—南京:南京大学出版社,1995.8.—210页;19cm
ISBN 7-305-01301-3:¥8.00

O189.11　037923
广义度量空间与映射/林寿著.—北京:科学出版社,1995.8.—351页;20cm
ISBN 7-03-004630-7(精装):¥25.00

O19 整体分析、流形上分析

O19　037924
分形/张济忠编著.—北京:清华大学出版社,1995.8.—436页;20cm
ISBN 7-302-01868-5:¥14.00

O19　037925
分形图像学/周孝宽等著.—北京:北京教育出版社,

1995.2.—294 页;20cm.—(高科技教育丛书)
ISBN 7-5303-0609-X: ¥10.00

O21 概率论、数理统计

O21 037926
概率论与数理统计/陈国良主编.—北京:机械工业出版社,1995.9.—278 页;19cm
高等学校适用教材
ISBN 7-111-04775-3: ¥9.90

O21 037927
概率论与数理统计/董治德主编.—大连:大连海事大学出版社,1995.9.—249 页;19cm
ISBN 7-5632-0917-4: ¥6.50

O21 037928
概率论与数理统计/廖玉麟主编.—上海:复旦大学出版社,1995.7.—390 页;20cm
ISBN 7-309-01538-X: ¥12.00

O21 037929
概率论与数理统计/唐嗣政编著.—成都:成都科技大学出版社,1995.3.—282 页;19cm
ISBN 7-5616-3165-0: ¥8.00

O21 037930
概率论与数理统计/《经济应用数学基础》编写组编.—北京:同心出版社,1995.7.—179 页;20cm
北京市成人高等院校统编试用教材
ISBN 7-80593-135-6: ¥6.00

O21 037931
概率论与数理统计/李火林主编.—南昌:江西高校出版社,1995.7.—350 页;20cm
ISBN 7-81033-137-X: ¥12.50

O21 037932
概率论与数理统计/苏均和主编.—北京:中国财政经济出版社,1995.12.—461 页;20cm
高等财经院校试用教材
ISBN 7-5005-2785-3: ¥13.10

O21 037933
概率论与数理统计/李正方等编著.—昆明:云南民族出版社,1995.3.—324 页;19cm
ISBN 7-5367-1000-3: ¥10.00

O21 037934
概率论与数理统计/陈增敬等编著 .—济南:山东大学出版社,1995.12.—391 页;20cm
ISBN 7-5607-1532-X: ¥12.80

O21 037935
概率论与数理统计 下册:数理论统计/李俊德等编.—开封:河南大学出版社,1995.8.—324 页;20cm
ISBN 7-81041-210-8: ¥11.00

O21 037936
概率论与数理统计教程/沈恒范编著.—3 版.—北京:高等教育出版社,1995.5.—342 页;20cm
高等学校教材
ISBN 7-04-005172-9: ¥7.00

O21 037937
概率论与数理统计学习指导/《经济应用数学基础》编写组编.—北京:同心出版社,1995.7.—149 页;20cm
北京市成人高等院校统编试用教材
ISBN 7-80593-136-4: ¥5.20

O21 037938
概率论与随机过程/贾玉心编著.—北京:中国人事出版社,1995.7.—334 页;19cm
邮电高等函授教材
ISBN 7-80076-754-X: ¥12.40

O21 037939
概率统计/姚景尹编著.—北京:兵器工业出版社,1995.8.—292 页;26cm
ISBN 7-80038-879-4: ¥22.00

O21 037940
概率统计/刘书田主编.—北京:北京工业大学出版社,1995.9.—331 页;19cm.—(经济数学基础;3)
ISBN 7-5639-0463-8: ¥7.50

O21 037941
概率统计/张廷杰编.—成都:西南交通大学出版社,1995.1.—240 页;19cm
ISBN 7-81022-774-2: ¥8.00

O21 037942
概率与数理统计/刘智庆,吕本吉编.—2 版(修订本).—武汉:华中理工大学出版社,1995.1.—275 页;19cm
高等工程专科学校教材
ISBN 7-5609-0356-8: ¥5.50

O21 037943
概率与统计学习指导/郝端旭主编.—天津:天津教育出版社,1995.5.—191 页;19cm
ISBN 7-5309-2241-6: ¥5.50

O21 037944
经济数学基础 (3):概率论与数理统计/舒昉,杨晓玲主编.—昆明:云南大学出版社,1995.8.—223,21 页;20cm
ISBN 7-81025-557-6: ¥13.60

O21 037945
应用概率论与数理统计/林秀梅著.—长春:长春出版社,1995.6.—371 页;19cm
ISBN 7-80604-344-6: ¥10.50

O21 037946
走出混沌/方兆本著.—长沙:湖南教育出版社,1995.8.—131 页;19cm.—(走向数学丛书/杨忠道,冯克勤主编)
ISBN 7-5355-2245-9: ¥6.00

O21-44 037947
《概率论与数理统计》习题解答/何声武,王万中编.—北京:经济科学出版社,1995.5.—190 页;20cm
全国高等教育自学考试教材 数学专业
ISBN 7-5058-0772-2: ¥6.80

O21-44 037948
概率论与数理统计题解及应试指导/马秀卿,王瑞国编著.—乌鲁木齐:新疆人民出版社,1995.2.—177 页;

20cm
ISBN 7-228-03353-1: ¥7.00

O21-44 037949
概率论与数理统计习题精选/万志远,元如林主编.—南昌:江西高校出版社,1995.8.—220页;19cm
ISBN 7-81033-517-0: ¥7.50

O211 037950
最优停止理论及其应用/金治明著.—长沙:国防科技大学出版社,1995.8.—433页;20cm
研究生教材
ISBN 7-81024-332-2: ¥17.00

O211.6 037951
半鞅与随机分析/何声武等著.—北京:科学出版社,1995.6.—580页;20cm.—(纯粹数学与应用数学专著;30)
ISBN 7-03-004514-9(精装): ¥36.00

O211.6 037952
应用随机过程/范子亮编著.—成都:西南交通大学出版社,1995.5.—376页;20cm
ISBN 7-81022-739-4: ¥9.00

O211.61 037953
动态数据处理的理论与方法:时间序列分析/田铮主编.—西安:西北工业大学出版社,1995.6.—180页;26cm
高等学校教材
ISBN 7-5612-0745-X: ¥10.00

O211.61 037954
时间序列分析/杜丹青主编.—成都:西南财经大学出版社,1995.11.—245页;19cm
ISBN 7-81017-983-7: ¥12.80

O211.63 037955
随机微分方程引论/龚光鲁编著.—2版.—北京:北京大学出版社,1995.11.—559页;20cm
ISBN 7-301-00475-3: ¥25.00

O211.63 037956
鞅测度及其极限定理/谢颖超著.—南京:江苏科学技术出版社,1995.12.—339页;20cm
ISBN 7-5345-2060-6: ¥19.00

O211.64 037957
滤波及其应用/谢衷洁著.—长沙:湖南教育出版社,1995.8.—234页;19cm.—(走向数学丛书/杨忠道,冯克勤主编)
ISBN 7-5355-2246-7: ¥8.30

O211.67 037958
最优估计/刘胜编著.—哈尔滨:哈尔滨工程大学出版社,1995.3.—332页;20cm
ISBN 7-81007-515-2: ¥7.00

①O211.67②C934 037959
智慧和效益的新源泉:亏率学论要/聂勋材著.—重庆:重庆出版社,1995.6.—296页;19cm
ISBN 7-5366-2967-2: ¥5.10

O212 037960
半参数回归模型/柴根象,洪圣岩编著.—合肥:安徽教育出版社,1995.12.—278页;20cm
ISBN 7-5336-1644-8: ¥8.00

O212 037961
数理统计/王式安编.—北京:北京理工大学出版社,1995.7.—380页;19cm
ISBN 7-81045-029-8: ¥12.00

O212 037962
数理统计:贝叶斯统计学/贾乃光编.—北京:中国林业出版社,1995.11.—174页;26cm
全国高等林业院校试用教材
ISBN 7-5038-1430-6: ¥8.85

O212 037963
数理统计习题教程/李泽慧,李效虎编著.—兰州:兰州大学出版社,1995.11.—511页;20cm
ISBN 7-311-00946-4: ¥18.00

O212 037964
统计计算/高惠璇编著.—北京:北京大学出版社,1995.7.—410页;20cm
ISBN 7-301-02827-X: ¥15.00

O212 037965
应用数理统计/葛新权主编.—北京:中国铁道出版社,1995.8.—347页;19cm
ISBN 7-113-02022-4: ¥13.70

O212.1 037966
分析测试数据的统计处理方法/邓勃编著.—北京:清华大学出版社,1995.5.—361页;26cm
ISBN 7-302-01722-0: ¥13.60

O212.1 037967
回归分析在制糖工业中的应用/郭成宇等编著.—哈尔滨:东北林业大学出版社,1995.4.—194页;19cm
ISBN 7-81008-527-1: ¥8.50

O212.7 037968
基于秩的统计推断/(美)海特曼斯波格(Hettmansperger,T.P.)著;杨永信译.—长春:东北师范大学出版社,1995.5.—365页;20cm
ISBN 7-5602-1585-8(精装): ¥10.00

O213 037969
试验统计学导论/(美)李景均著;潘玉春,刘明孚译.—哈尔滨:黑龙江教育出版社,1995.12.—521页;20cm
ISBN 7-5316-2699-3: ¥25.80

O213 037970
应用数理统计/吴翊等编著.—长沙:国防科技大学出版社,1995.8.—444页;20cm
研究生教材
ISBN 7-81024-334-9: ¥14.00

O213.1 037971
多元质量控制/钱仲侯等著.—北京:中国铁道出版社,1995.12.—228页;20cm
ISBN 7-113-02080-1: ¥9.20

O22 运筹学

O22 037972

实用最优化方法/刘庆吉等编著.—哈尔滨:黑龙江科学技术出版社,1995.11.—218页;26cm
ISBN 7-5388-2884-2:¥11.20

O22　037973
网络算法与复杂性理论/谢政,李建平编著.—长沙:国防科技大学出版社,1995.5.—368页;20cm
研究生教材
ISBN 7-81024-330-6:¥15.00

O22　037974
影响图的理论方法与应用/詹原瑞编著.—天津:天津大学出版社,1995.11.—329页;20cm
ISBN 7-5618-0821-6:¥16.00

O22　037975
运筹学/于维生,陈守东编.—长春:吉林大学出版社,1995.12.—290页;19cm
ISBN 7-5601-1855-0:¥8.00

O22　037976
运筹学/雷渝等主编.—济南:山东大学出版社,1995.5.—250页;20cm
ISBN 7-5607-1514-1:¥8.00

O22　037977
运筹学/崔国森主编.—北京:中国统计出版社,1995.11.—386页;20cm
工商管理硕士(MBA)系列教材
ISBN 7-5037-1816-1:¥16.60

O22　037978
运筹学/翟忠和编著.—哈尔滨:黑龙江教育出版社,1995.3.—368页;19cm
ISBN 7-5316-2533-4:¥11.00

O22　037979
运筹学基础/张莹编著.—北京:清华大学出版社,1995.4.—311页;26cm
ISBN 7-302-01669-0:¥11.70

O22-44　037980
运筹学习题集/胡运权编.—2版(修订版).—北京:清华大学出版社,1995.5.—261页;26cm
普通高等教育管理工程类规划教材
ISBN 7-302-01717-4:¥9.80

O221　037981
数学规划及其应用/周汉良,范玉妹编著.—北京:冶金工业出版社,1995.12.—381页;20cm
高等学校教学用书
ISBN 7-5024-1669-2:¥11.40

O221.1　037982
线性整数规划的数学基础/马仲蕃著.—北京:科学出版社,1995.2.—306页;20cm
ISBN 7-03-003943-2:¥13.50

O221.5　037983
运筹学随机模型/严颖等编著.—北京:中国人民大学出版社,1995.6.—466页;20cm
ISBN 7-300-01992-7:¥15.00

O224　037984
二层系统最优化理论/王先甲,冯尚友著.—北京:科学出版社,1995.7.—243页;20cm.—(博士丛书)
ISBN 7-03-004644-7:¥12.80

O224　037985
最优化方法/张乃良,孙宗池编著.—济南:山东大学出版社,1995.4.—268页;20cm
ISBN 7-5607-1468-4:¥7.50

O224　037986
最优化方法/杨时中编.—西安:陕西科学技术出版社,1995.5.—286页;19cm
ISBN 7-5369-2297-3:¥10.00

O225　037987
对策论及其应用/刘德铭,黄振高编著.—长沙:国防科技大学出版社,1995.9.—422页;20cm
研究生教材
ISBN 7-81024-323-3:¥18.00

O23 控制论、信息论(数学理论)

O231　037988
控制理论基础习题与解答/王显正编.—北京:国防工业出版社,1995.8.—408页;26cm
ISBN 7-118-01353-6:¥28.00

O231　037989
鲁棒控制系统设计/冯纯伯等著.—南京:东南大学出版社,1995.12.—300页;26cm
ISBN 7-81050-109-7:¥30.00

O231　037990
现代控制理论基础/邹本才编著.—天津:天津科学技术出版社,1995.12.—237页;26cm
ISBN 7-5308-2011-7:¥18.00

O231　037991
线性控制系统/孟希哲主编.—北京:水利电力出版社,1995.11.—190页;26cm
高等学校教材
ISBN 7-120-02409-4:¥9.60

O231　037992
线性系统理论/阙志宏主编;罗健等编著.—西安:西北工业大学出版社,1995.12.—308页;26cm
高等学校教材
ISBN 7-5612-0754-9:¥17.20

O232　037993
系统最优化及控制/符曦编著.—北京:机械工业出版社,1995.9.—560页;20cm.—(电气自动化新技术丛书)
ISBN 7-111-04642-0:¥22.00

O232　037994
现代控制理论引论/黄涵洲,李志恒编著.—北京:北京工业大学出版社,1995.10.—284页;19cm
ISBN 7-5639-0464-6:¥6.80

O232　037995
最优控制的数学理论/王康宁著.—北京:国防工业出版社,1995.10.—318页;20cm
ISBN 7-118-01416-8(精装):¥14.40

O235　037996

模式识别应用基础/尚福华等编著.—哈尔滨:黑龙江科学技术出版社,1995.10.—162页;20cm.—(应用工程数学基础丛书/武俊德,赵贵主编)
ISBN 7-5388-2871-0: ¥10.00

O236 037997
混沌、分形及其应用/王东生,曹磊编著.—合肥:中国科学技术大学出版社,1995.6.—470页;20cm
ISBN 7-312-00624-8: ¥17.50

O24 计算数学

O24 037998
自适应辨识、预报和控制:多层递阶途径/韩志刚等著.—哈尔滨:黑龙江教育出版社,1995.12.—330页;20cm
ISBN 7-5316-3033-8: ¥18.00

O24-53 037999
冯康文集 (Ⅱ)/冯康著.—北京:国防工业出版社,1995.8.—352页;26cm
ISBN 7-118-01520-2(精装): ¥40.00

O241 038000
高科技研究中的数值计算/蒋伯诚,张锁春主编.—长沙:国防科技大学出版社,1995.7.—268页;26cm
ISBN 7-81024-341-1: ¥50.00

O241 038001
计算方法/凌捷主编.—广州:华南理工大学出版社,1995.4.—180页;26cm
ISBN 7-5623-0849-7: ¥10.80

O241 038002
数值分析方法/奚梅成编著.—合肥:中国科学技术大学出版社,1995.2.—354页;20cm
ISBN 7-312-00616-7: ¥8.00

O241 038003
数值计算导论/刘新国编著.—石家庄:河北教育出版社,1995.11.—207页;20cm.—(高科技教育丛书)
ISBN 7-5434-2205-0: ¥8.40

O241 038004
数值计算方法及其程序设计/黄其明,廖鸿志编著.—昆明:云南大学出版社,1995.11.—435页;20cm
ISBN 7-81025-584-3: ¥15.00

O241 038005
现代数值分析/李庆扬等编.—北京:高等教育出版社,1995.10.—427页;20cm
高等学校教材
ISBN 7-04-005386-1: ¥11.75

O241.1 038006
误差理论与数据处理/费业泰主编.—3版.—北京:机械工业出版社,1995.5.—204页;26cm
普通高等教育机电类规划教材
ISBN 7-111-04428-2: ¥8.10

O241.3 038007
高阶Hermite—Fejer插值/王子玉,田继善编著.—开封:河南大学出版社,1995.11.—280页;20cm
ISBN 7-81041-146-2: ¥14.50

O241.6 038008
矩阵计算的理论与方法/徐树方编著.—北京:北京大学出版社,1995.8.—370页;20cm.—(北京大学数学丛书/程民德主编)
ISBN 7-301-02742-7: ¥19.30

O241.6 038009
线性代数/唐玉范,杨盛祥编.—成都:电子科技大学出版社,1995.11.—150页;19cm.—(工程数学丛书;1)
高等工程专科学校教材
ISBN 7-81043-452-7: ¥5.62

O241.6 038010
线性代数/左大海,白露编.—西安:陕西科学技术出版社,1995.11.—173页;19cm
经济数学参考教材
ISBN 7-5369-2418-6: ¥5.80

O241.6-62 038011
线性代数解题指南/白艳萍等编著.—北京:兵器工业出版社,1995.10.—261页;19cm
ISBN 7-80038-956-1: ¥11.80

O241.82 038012
偏微分方程逆问题的数值方法及其应用/苏超伟著.—西安:西北工业大学出版社,1995.10.—212页;20cm
ISBN 7-5612-0811-1: ¥17.10

①O242.1②TP301.6 038013
数学模型/朱思铭,李尚廉编著.—广州:中山大学出版社,1995.8.—354页;20cm
ISBN 7-306-00622-3: ¥15.80

O242.21 038014
有限元高精度理论/陈传淼,黄云清著.—长沙:湖南科学技术出版社,1995.7.—638页;20cm
ISBN 7-5357-1681-4(精装): ¥29.70

①O242.21②TP311 038015
工程结构数值分析方法与程序设计/罗定安编著.—天津:天津大学出版社,1995.9.—234页;26cm
ISBN 7-5618-0769-4: ¥18.00

①O242.21②TP317 038016
有限元法基础与SAP5程序应用/王永岩编著.—北京:煤炭工业出版社,1995.4.—214页;26cm
ISBN 7-5020-1197-8: ¥15.90

O242.23 038017
基因算法及其应用/孟庆春著.—济南:山东大学出版社,1995.8.—138页;26cm
ISBN 7-5607-1504-4: ¥17.80

O243 038018
图算法在高次方程和工程计算中的应用/刘东椿等编著.—上海:同济大学出版社,1995.12.—78页;26cm
ISBN 7-5608-1441-7: ¥10.00

O29 应用数学

O29 038019

应用数学基础/黄英娴主编.—南京:东南大学出版社,1995.7.—2册;20cm
机械工业中等专业教育机械制造专业系列教材
ISBN 7-81050-039-2:¥16.10

O29　038020
应用数学中的摄动方法/林宗池,周明儒著.—南京:江苏教育出版社,1995.5.—329页;20cm
ISBN 7-5343-2319-3:¥6.40

O3 力学

O3　038021
计算力学中的体积力法/袁路平等编译.—上海:华东理工大学出版社,1995.12.—199页;20cm
ISBN 7-5628-0631-4:¥18.00

O3　038022
力学/王升润主编;丁兆鸿,衷儒堂编.—北京:人民交通出版社,1995.12.—297页;26cm
高等学校教材 船舶驾驶专业用
ISBN 7-114-02122-4:¥9.10

O3　038023
力学/孙宗扬,汪克林编.—北京:高等教育出版社,1995.10.—380页;20cm
普通物理学教程;1
ISBN 7-04-005448-5:¥10.40

O3　038024
力学　上册/梁昆淼编.—3版.—北京:高等教育出版社,1995.4.—559页;20cm
高等学校教材
ISBN 7-04-003478-6:¥11.15

O3　038025
力学　下册:理论力学/梁昆淼编;俞超,马光群修订.—3版.—北京:高等教育出版社,1995.5.—472页;20cm
高等学校教材
ISBN 7-04-005173-7:¥8.50

①O3②O4　038026
新概念物理教程:力学/赵凯华,罗蔚茵编著.—北京:高等教育出版社,1995.7.—488页;23×17cm
面向21世纪课程教材
ISBN 7-04-005509-0:¥34.70

O3-44　038027
力学练习册/李舒瑶等主编.—成都:西南交通大学出版社,1995.8.—5册;26cm
ISBN 7-81022-795-5:¥19.50

O3-53　038028
浙江省力学学会成立十五周年学术讨论会论文集/许学谘主编.—北京:原子能出版社,1995.12.—311页;26cm
ISBN 7-5022-1453-4:¥40.00

O31 理论力学(一般力学)

O31　038029
理论力学/谢传锋主编.—北京:中央广播电视大学出版社,1995.2.—397页;26cm
中央广播电视大学教材
ISBN 7-304-01162-9:¥19.35

O31　038030
理论力学/萧龙翔等主编;刘习军等编.—天津:天津大学出版社,1995.9.—491页;26cm
高等学校教材
ISBN 7-5618-0765-1:¥26.80

O31　038031
理论力学/冯振宇主编.—西安:西北工业大学出版社,1995.8.—380页;26cm
ISBN 7-5612-0800-6:¥18.00

O31　038032
理论力学/合肥工业大学理论力学教研室编.—合肥:中国科学技术大学出版社,1995.2.—342页;20cm
ISBN 7-312-00663-9:¥8.50

O31　038033
理论力学/叶柏年主编;陈昭怡等编著.—北京:机械工业出版社,1995.8.—366页;26cm
高等学校教材
ISBN 7-111-04776-1:¥20.00

O31　038034
理论力学/刘文定主编.—北京:水利电力出版社,1995.8.—191页;26cm
中等专业学校教材
ISBN 7-120-02209-1:¥7.20

O31　038035
理论力学　上册/谭广泉等编.—2版.—广州:华南理工大学出版社,1995.8.—350页;20cm
高等学校教材
ISBN 7-5623-0004-6:¥11.00

O31　038036
理论力学　下册/谭广泉等编.—2版.—广州:华南理工大学出版社,1995.11.—342页;20cm
高等学校教材
ISBN 7-5623-0005-4:¥11.00

O31　038037
理论力学　下册/清华大学理论力学教研组编;李苹等修订.—北京:高等教育出版社,1995.10.—230页;20cm
高等学校教材
ISBN 7-04-005445-0:¥8.80

O31　038038
理论力学　中册/清华大学理论力学教研组编.—4版.—北京:高等教育出版社,1995.7.—550页;20cm
ISBN 7-04-005206-7:¥17.30

O31　038039
理论力学基础/吴德明编.—北京:北京大学出版社,1995.12.—263页;20cm
ISBN 7-301-02906-3:¥12.80

O31-44　038040
中等专业学校理论力学练习册/张浩,刘森编.—北

京:高等教育出版社,1995.4.—176页;26cm
ISBN 7-04-005210-5:¥6.65

①O313②TB122　038041
统计能量分析原理及其应用/姚德源,王其政著.—北京:北京理工大学出版社,1995.4.—175页;26cm
ISBN 7-81013-990-8:¥10.50

O313.3　038042
多刚体动力学基础/陈乐生,王以伦编.—哈尔滨:哈尔滨船舶工程大学出版社,1995.3.—238页;20cm
ISBN 7-81007-416-4:¥6.80

O314　038043
爱因斯坦引力论导引/沈蕋著.—杭州:杭州大学出版社,1995.4.—195页;20cm
ISBN 7-81035-755-7:¥6.50

O318.2　038044
陀螺稳定装置及其应用/郭富强等编著.—西安:西北工业大学出版社,1995.12.—179页;26cm
高等学校教材
ISBN 7-5612-0751-4:¥9.20

O327　038045
结构随机振动/庄表中等编著.—北京:国防工业出版社,1995.3.—227页;26cm
ISBN 7-118-01370-6:¥20.00

O33　038046
松散介质力学/赵彭年编著.—北京:地震出版社,1995.6.—202页;20cm
ISBN 7-5028-1225-3:¥10.00

O34 固体力学

O34　038047
固体力学发展趋势/黄克智,徐秉业主编.—北京:北京理工大学出版社,1995.7.—337页;20cm
ISBN 7-81013-993-2:¥12.00

O342　038048
结构动力学/常岭,李振邦译.—北京:人民交通出版社,1995.12.—392页;26cm
ISBN 7-114-02252-2:¥36.00

O342　038049
结构分析/(美)劳森(Laursen,H.I.)著;邹汉道等译.—北京:科学出版社,1995.1.—497页;20cm
ISBN 7-03-004248-4:¥18.80

O342　038050
结构力学/张宗尧等主编.—南京:河海大学出版社,1995.12.—356页;26cm
高等学校教材
ISBN 7-5630-0949-3:¥17.80

O342　038051
结构力学理论及解题指导/周树培编.—重庆:重庆大学出版社,1995.3.—298页;26cm
ISBN 7-5624-0987-0:¥13.50

O342　038052
特种结构分析/刘新民,韦日演编著.—北京:国防工业出版社,1995.12.—390页;20cm.—(中国工程物理研究院科技丛书;17)
ISBN 7-118-01500-8:¥17.30

O342-44　038053
结构力学解题指导及题解/胡维俊主编.—南京:河海大学出版社,1995.12.—267页;26cm
ISBN 7-5630-0741-5:¥17.00

O343　038054
弹性力学/程昌钧编著.—兰州:兰州大学出版社,1995.11.—521页;20cm
ISBN 7-311-00899-9:¥19.80

O343　038055
弹性力学求解新体系/钟万勰著.—大连:大连理工大学出版社,1995.11.—272页;20cm.—(大连理工大学教授学术丛书;'95卷)
ISBN 7-5611-1058-8(精装):¥15.00

O343　038056
多孔介质理论发展史上的重要成果/(德)Boer,R.de著;刘占芳,严波译.—重庆:重庆大学出版社,1995.10.—78页;28cm
ISBN 7-5624-1143-3:¥19.60

O343　038057
应用弹性力学/王桂芳著.—成都:成都科技大学出版社,1995.12.—351页;26cm
ISBN 7-5616-3198-7:¥16.00

①O343②O242.21　038058
弹性力学基础及有限元法初步/陶伟忠编.—上海:上海科学普及出版社,1995.6.—112页;26cm
ISBN 7-5427-0901-1:¥12.00

O343-53　038059
弹性动力学最新进展/王铎等主编.—北京:科学出版社,1995.1.—212页;26cm
ISBN 7-03-004080-5:¥16.80

O344　038060
塑性细观力学/王自强,段祝平著.—北京:科学出版社,1995.8.—412页;20cm.—(力学丛书/张维主编)
ISBN 7-03-004190-9(精装):¥28.00

O344.3　038061
有限变形模糊损伤弹塑性/扶名福等著.—北京:航空工业出版社,1995.9.—142页;20cm
ISBN 7-80046-900-X(精装):¥12.00

O346　038062
动态起裂韧性及动态裂纹扩展的理论与实验研究/李玉龙等著.—西安:西北工业大学出版社,1995.10.—155页;26cm
ISBN 7-5612-0812-X:¥15.80

O346.1　038063
断裂力学应用实例/(英)诺特(Kontt,J.F.),威西(Withey,P.A.)著;张运全,唐国翌译.—北京:科学出版社,1995.3.—105页;20cm
书名原文:Fracture Mechanics:Worked Examples
ISBN 7-03-004459-2:¥6.80

O346.1　038064
宏微观断裂力学/杨卫著.—北京:国防工业出版社,

1995.9.—366 页;20cm

ISBN 7-118-01426-5(精装): ¥21.60

O346.5　　038065

损伤力学/沈为编.—武汉:华中理工大学出版社,1995.3.—295 页;20cm

研究生用书

ISBN 7-5609-1068-8: ¥5.90

O346.5　　038066

损伤力学与复合材料损伤/杨光松编著.—北京:国防工业出版社,1995.3.—258 页;20cm

ISBN 7-118-01322-6(精装): ¥12.00

O348.1　　038067

光测力学/阮孟光等编.—北京:北京航空航天大学出版社,1995.12.—224 页;20cm

ISBN 7-81012-582-6: ¥6.00

O35 流体力学

O35　　038068

多重网格法及其在计算流体力学中的应用/刘超群主编.—北京:清华大学出版社,1995.12.—362 页;26cm

ISBN 7-302-01882-0: ¥25.00

O35　　038069

计算流体力学/陈汉平主编.—北京:水利电力出版社,1995.11.—185 页;26cm

高等学校教材

ISBN 7-120-02397-7: ¥9.40

O35　　038070

流体力学/茅春浦编著.—上海:上海交通大学出版社,1995.12.—579 页;20cm

ISBN 7-313-01578-X: ¥17.10

O35　　038071

流体力学 /杨增普等编.—南京:东南大学出版社,1995.4.—353 页;26cm

ISBN 7-81050-023-6: ¥18.50

O35　　038072

流体力学基础/陈文梅主编.—北京:化学工业出版社,1995.6.—204 页;26cm

高等学校教材

ISBN 7-5025-1439-2: ¥6.30

O35　　038073

流体力学有限元/杨曜根编.—哈尔滨:哈尔滨工程大学出版社,1995.3.—308 页;20cm

ISBN 7-81007-514-4: ¥8.00

①O35②TD7　　038074

流体力学与流体机械/赵洵众主编.—北京:煤炭工业出版社,1995.4.—206 页;26cm

中等专业学校规划教材

ISBN 7-5020-1088-2: ¥7.80

①O35-33②TV13-33　　038075

流体力学、水力学实验指导/王凤聪编著.—青岛:青岛海洋大学出版社,1995.9.—143 页;26cm

ISBN 7-81026-773-6: ¥10.50

O354　　038076

气体动力学基础/潘锦珊主编.—3 版(修订版).—西安:西北工业大学出版社,1995.6.—284 页;26cm

高等学校教材

ISBN 7-5612-0729-8: ¥15.00

O354.5　　038077

连续介质中的激波/李鸿志等编著.—北京:兵器工业出版社,1995.9.—190 页;26cm

普通高等教育兵工类规划教材

ISBN 7-80038-927-8: ¥9.60

①O357.3②TB126　　038078

煤岩流体力学/章梦涛等编著.—北京:科学出版社,1995.8.—246 页;20cm

ISBN 7-03-004645-5: ¥24.00

①O357.3②TK124　　038079

多孔介质传热传质引论/林瑞泰著.—北京:科学出版社,1995.10.—335 页;20cm

ISBN 7-03-004708-7(精装): ¥35.80

O357.4　　038080

边界层理论/薛祖绳主编.—北京:水利电力出版社,1995.5.—237 页;26cm

高等学校教材

ISBN 7-120-02319-5: ¥8.85

O357.5　　038081

湍流、间歇性与大气边界层/胡非著.—北京:科学出版社,1995.9.—288 页;20cm

ISBN 7-03-004672-2: ¥19.60

O357.5　　038082

湍流的拟序结构/林建忠编著.—北京:机械工业出版社,1995.3.—267 页;19cm

ISBN 7-111-04356-1: ¥11.50

O358　　038083

射流理论基础及应用/平浚编.—北京:宇航出版社,1995.8.—230 页;20cm

ISBN 7-80034-804-0: ¥15.80

O359　　038084

气液两相流/阎昌琪编著.—哈尔滨:哈尔滨工程大学出版社,1995.2.—188 页;26cm

ISBN 7-81007-413-X: ¥7.20

①O359②TK12　　038085

气液两相流与传热基础/陈学俊等著.—北京:科学出版社,1995.9.—426 页;20cm

ISBN 7-03-003855-X: ¥23.00

O37 流变学

O37　　038086

工业流变学/江体乾著.—北京:化学工业出版社,1995.4.—357 页;19cm

ISBN 7-5025-1447-3: ¥18.00

O37　　038087

流体输运理论及性质/万俊华,罗振群主编.—哈尔

滨:黑龙江教育出版社,1995.12.—257页;26cm
ISBN 7-5316-2904-6: ¥18.00

O38 爆炸力学

O38　038088
爆炸力学计算方法/恽寿榕等编著.—北京:北京理工大学出版社,1995.6.—304页;26cm
ISBN 7-81013-996-7: ¥18.00

O381　038089
理论爆轰物理/孙锦山,朱建士著.—北京:国防工业出版社,1995.12.—429页;20cm.—(中国工程物理研究院科技丛书;18)
ISBN 7-118-01527-X: ¥19.10

O4 物理学

O4　038090
大学物理/刘永安,严万宗编.—长沙:中南工业大学出版社,1995.11.—2册;19cm
ISBN 7-81020-798-9: ¥24.00

O4　038091
大学物理/张望霞主编.—西安:西北工业大学出版社,1995.4.—339页;26cm
高等学校教材
ISBN 7-5612-0776-X: ¥15.00

O4　038092
大学物理:理论核心部分/李椿,夏学江主编.—北京:高等教育出版社,1995.1.—334页;26cm
ISBN 7-04-005361-6: ¥17.80

O4　038093
大学物理教程　中册/丛选忠,李海门主编.—北京:机械工业出版社,1995.4.—247页;19cm
高等学校教材
ISBN 7-111-04583-1: ¥7.60

O4　038094
大学物理学/徐秋,戴志鹏主编.—北京:中国农业科技出版社,1995.11.—320页;26cm
高等院校工科类教材
ISBN 7-80119-057-2: ¥19.30

O4　038095
大学物理学　第一册/四川大学等七所高等院校合编.—成都:四川大学出版社,1995.7.—4册;19cm
高等学校教学用书
ISBN 7-5614-1080-8: ¥32.50

O4　038096
大学物理学概念/陈嘉鹏编著.—上海:上海科学技术文献出版社,1995.3.—282页;19cm
高等学校教学参考用书
ISBN 7-5439-0672-4: ¥15.00

O4　038097
大学物理学习指导书/杨兵初主编.—长沙:中南工业大学出版社,1995.3.—397页;19cm
ISBN 7-81020-756-3: ¥9.00

O4　038098
大学物理学习指导书/章永义等编.—上海:上海科学技术文献出版社,1995.1.—384页;19cm
ISBN 7-5439-0694-5: ¥8.50

O4　038099
大专物理/孟振庭编著.—西安:西北大学出版社,1995.8.—432页;20cm
高等学校教材
ISBN 7-5604-0956-3: ¥10.80

O4　038100
工科大学物理/王燕生等主编.—沈阳:东北大学出版社,1995.9.—2册;19cm
ISBN 7-81006-926-8: ¥24.00

O4　038101
近代物理学基础/张庆刚等主编.—北京:中国科学技术出版社,1995.8.—536页;20cm
ISBN 7-5046-1345-2: ¥14.90

O4　038102
名师高考全方位辅导丛书:物理/张光勤主编;张景林本册主编.—北京:水利电力出版社:电子工业出版社,1995.3.—345页;19cm
ISBN 7-120-02240-7: ¥11.00

O4　038103
普通物理学　第一分册:力学/梁绍荣等主编;盛正华等编.—2版.—北京:高等教育出版社,1995.5.—427页;20cm
ISBN 7-04-005163-X: ¥8.65

O4　038104
士兵文化学习读本:物理习题集/空政宣传部编.—北京:蓝天出版社,1995.12.—346页;19cm
内部发行
ISBN 7-80081-612-5: ¥0.00

O4　038105
物理/杨莲芳,周宗友主编.—贵阳:贵州教育出版社,1995.8.—134页;26cm
中等专业学校辅助教材
ISBN 7-80583-727-9: ¥5.90

O4　038106
物理/王颖哲主编.—南京:东南大学出版社,1995.5.—393页;20cm
机械工业中等专业教育机械制造专业系列教材
ISBN 7-81050-019-8: ¥9.60

O4　038107
物理/李洪升,孙红贵主编.—哈尔滨:东北林业大学出版社,1995.9.—2册;19cm+附《物理实验》1册
中等专业学校试用教材
ISBN 7-81008-570-0: ¥15.40

O4　038108
物理　下册/王沛清主编.—长沙:湖南科学技术出版社,1995.10.—270页;19cm
中等职业技术学校教材
ISBN 7-5357-1950-3: ¥5.50

O4　038109

物理 下册/黄伟民主编.—2版.—北京:高等教育出版社,1995.4.—266页;19cm
中等专业学校教材 工科各专业通用
ISBN 7-04-005176-1:¥5.20

O4 038110
物理教学研究与探索:物理学研究方法和艺术/张瑞琨等著.—上海:上海教育出版社,1995.8.—254页;20cm
ISBN 7-5320-4059-3:¥10.00

O4 038111
物理学/王鸿儒,王照主编.—2版.—北京:北京医科大学、中国协和医科大学联合出版社,1995.8.—290页;26cm
ISBN 7-81034-490-0:¥18.00

O4 038112
物理学/郑桂和,赵济亮主编.—沈阳:辽宁大学出版社,1995.10.—2册(538页);20cm
高等学校教材
ISBN 7-5610-3035-5:¥21.80

O4 038113
物理学/宋士贤等编.—西安:西北工业大学出版社,1995.6.—348页;26cm+附物理大作业1册
高等学校教材 专科适用
ISBN 7-5612-0740-9:¥21.30

O4 038114
物理学/唐炳华主编;谢晓嘉等编.—北京:高等教育出版社,1995.9.—524页;20cm
高等学校工程专科函授教材 兼作各类成人高等院校教学用书
ISBN 7-04-005531-7:¥13.80

O4 038115
物理学/杜金波等编著.—北京:警官教育出版社,1995.6.—601页;19cm
ISBN 7-81027-641-7:¥23.50

O4 038116
物理学/宋士贤等编.—西安:西北工业大学出版社,1995.6.—2册;26cm
高等学校教材 专科适用
ISBN 7-5612-0740-9:¥21.30

O4 038117
物理学 第三册:选修/人民教育出版社物理室编著.—北京:人民教育出版社,1995.12.—262页;26cm
中等师范学校教科书:试用本
ISBN 7-107-11434-4:¥14.20

O4 038118
物理学概论 上册/徐行可等编.—成都:西南交通大学出版社,1995.12.—309页;26cm
ISBN 7-81022-878-1:¥17.00

O4 038119
物理学概论 下册/徐行可等编.—成都:西南交通大学出版社,1995.12.—334页;26cm
ISBN 7-81022-878-1:¥18.00

O4 038120
物理佯谬与诡辩/(苏)Lange,V.N.著;袁大川译.—广州:广东教育出版社,1995.9.—158页;19cm
ISBN 7-5406-2840-5:¥5.00

O4 038121
中专物理复习指导/赵宗晏,鞠昌麒主编;北京市中专物理教学研究会编.—北京:北京科学技术出版社,1995.8.—233页;19cm
ISBN 7-5304-1770-3:¥6.60

O4-09 038122
现代物理思想渊源:物理思想纵横谈/刘佑昌编著.—北京:北京航空航天大学出版社,1995.2.—320页;20cm
ISBN 7-81012-536-2:¥10.00

O4-092 038123
中国古代物理学/郭玉兰编著.—北京:北京科学技术出版社,1995.1.—132页;19cm.—(中国历史知识全书/朱仲玉主编)
ISBN 7-5304-1675-8:¥3.90

O4-1 038124
物理学与现代科学技术的发展/何裕德编著.—北京:中国劳动出版社,1995.2.—226页;19cm
技工学校物理课教学参考书
ISBN 7-5045-1669-4:¥4.60

O4-1 038125
现代物理学及应用/中国物理学会咨询委员会编.—北京:中国科学技术出版社,1995.5.—249页;26cm
ISBN 7-5046-1425-4:¥30.00

O4-33 038126
大学普通物理实验/胡连军等主编.—济南:山东大学出版社,1995.8.—317页;26cm
ISBN 7-5607-1522-2:¥19.80

O4-33 038127
大学物理实验/周恕义,王少华主编.—哈尔滨:哈尔滨工程大学出版社,1995.2.—151页;26cm
高等学校教学用书
ISBN 7-81007-521-7:¥9.30

O4-33 038128
大学物理实验/邓水凤等编著.—长沙:中南工业大学出版社,1995.7.—143页;26cm
ISBN 7-81020-763-6:¥9.00

O4-33 038129
大学物理实验/秦洪福等编著.—北京:北京广播学院出版社,1995.1.—179页;26cm
ISBN 7-81004-449-4:¥11.50

O4-33 038130
大学物理实验/刘启华,陈勇主编.—北京:国防工业出版社,1995.8.—189页;26cm
ISBN 7-118-01515-6:¥13.50

O4-33 038131
大学物理实验/白朗主编.—徐州:中国矿业大学出版社,1995.12.—231页;26cm
高等学校教学用书
ISBN 7-81040-440-7:¥12.50

O4-33 038132
大学物理实验/陈大德等编.—昆明:云南大学出版

社,1995.3.—247页;26cm
ISBN 7-81025-530-4: ¥8.80

O4-33　　038133
大学物理实验/钟读敏主编.—合肥:中国科学技术大学出版社,1995.2.—301页;26cm
ISBN 7-312-00617-5: ¥12.00

O4-33　　038134
大学物理实验/姜长来等主编.—北京:机械工业出版社,1995.8.—273页;26cm
ISBN 7-111-04780-X: ¥16.80

O4-33　　038135
大学物理实验教程/戚明,朱永宁主编.—南京:河海大学出版社,1995.12.—168页;26cm
高等学校教学用书
ISBN 7-5630-0943-4: ¥5.80

O4-33　　038136
近代物理实验/戴乐山,戴道宣主编.—上海:复旦大学出版社,1995.9.—242页;26cm
ISBN 7-309-01553-3: ¥18.00

O4-33　　038137
近代物理实验/晏于模,王魁香主编.—长春:吉林大学出版社,1995.11.—472页;26cm
ISBN 7-5601-1845-3: ¥25.00

O4-33　　038138
普通物理典型实验分析与研究/秦世忠,姜琳主编.—北京:新华出版社,1995.8.—315页;20cm
ISBN 7-5011-2964-9: ¥16.80

O4-33　　038139
普通物理实验/贾予东等主编.—郑州:河南教育出版社,1995.5.—457页;26cm
高等师范专科学校教材
ISBN 7-5347-1805-8: ¥20.20

O4-33　　038140
普通物理实验/黄笃之主编.—长沙:湖南科学技术出版社,1995.3.—266页;20cm
ISBN 7-5357-1025-5: ¥7.80

O4-33　　038141
普通物理实验:电磁学、光学/吴永汉,田文杰主编.—昆明:云南大学出版社,1995.12.—218页;26cm
ISBN 7-81025-610-6: ¥20.00

O4-33　　038142
实验物理习题集/鞠曙光主编;张春梅等编著.—延吉:延边大学出版社,1995.12.—208页;19cm
ISBN 7-5634-0834-7: ¥8.80

O4-33　　038143
物理实验/程川吉编.—2版.—北京:高等教育出版社,1995.4.—143页;19cm
中等专业学校教材 工科各专业通用
ISBN 7-04-005177-X: ¥2.90

O4-33　　038144
物理实验/闫祖威主编.—沈阳:辽宁民族出版社,1995.12.—167页;19cm
高等学校教材
ISBN 7-80527-613-7: ¥5.86

O4-33　　038145
物理实验/王怡录主编.—北京:煤炭工业出版社,1995.8.—254页;26cm
高等工科院校适用
ISBN 7-5020-1229-X: ¥12.80

O4-33　　038146
物理实验基础/王国华,缪连元主编.—上海:上海科学技术文献出版社,1995.10.—343页;26cm
ISBN 7-5439-0874-3: ¥20.00

O4-33　　038147
物理实验技术手册/龚镇雄,何圣静编著.—上海:上海辞书出版社,1995.12.—589页;19cm
ISBN 7-5326-0345-8(精装): ¥21.80

O4-33　　038148
物理实验教程/金英等主编.—哈尔滨:东北林业大学出版社,1995.12.—213页;26cm
高等工业院校试用教材
ISBN 7-81008-682-0: ¥15.80

O4-33　　038149
物理实验指导/曾杰康等编.—北京:中国农业科技出版社,1995.4.—193页;26cm
高等工科院校教材
ISBN 7-80026-849-7: ¥7.90

O4-42　　038150
大学物理教学探讨/华南师范大学物理教学论学科组编.—广州:华南理工大学出版社,1995.11.—559页;26cm.—(物理教学论丛书/熊钰庆主编)
ISBN 7-5623-0918-3: ¥27.00

O4-42　　038151
技工学校电工类物理课教学参考书/任志兴等编.—北京:中国劳动出版社,1995.5.—156页;19cm
ISBN 7-5045-1636-8: ¥4.00

O4-42　　038152
体育运动学校教学参考书:物理/体育运动学校教学参考书《物理》编写组编.—北京:人民体育出版社,1995.7.—170页;19cm
ISBN 7-5009-1174-2: ¥5.00

O4-42　　038153
物理学自学指导/张松年主编;司智渊等编.—北京:高等教育出版社,1995.9.—257页;20cm
高等学校工程专科函授教材
ISBN 7-04-005530-9: ¥7.20

O4-42　　038154
中专物理教学与教材研究/唐端方主编.—北京:高等教育出版社,1995.4.—247页;20cm
ISBN 7-04-005174-5: ¥5.70

O4-43　　038155
大学物理/张国忠,张丹海主编.—北京:中国计量出版社,1995.8.—534页;20cm
高等学校教材
ISBN 7-5026-0788-9: ¥19.50

O4-43　　038156
大学物理　上册/万仁浚,乔本元编著.—北京:北京邮电大学出版社,1995.2.—450页;20cm

ISBN 7－5635－0194－0：￥11.00

O4－43　038157

大学物理　下册/万仁浚，乔本元编著．—北京：北京邮电大学出版社，1995.5.—513页；20cm

ISBN 7－5635－0218－1：￥12.00

O4－43　038158

大学物理教程　上册/丛选忠，李恩山主编．—北京：机械工业出版社，1995.2.—292页；19cm

高等学校教材

ISBN 7－111－04576－9：￥8.90

O4－43　038159

大学物理教程　下册/丛选忠，宋庆功主编．—北京：机械工业出版社，1995.6.—281页；19cm

高等学校教材

ISBN 7－111－04676－5：￥8.60

O4－43　038160

课堂理化学习：物理分册/施滨刚主编．—哈尔滨：黑龙江教育出版社，1995.12.—199页；26cm

黑龙江省中等师范学校教学用书

ISBN 7－5316－2227－0：￥9.10

O4－43　038161

物理　上册/张汝梁主编．—修订版．—南京：江苏科学技术出版社，1995.12.—310页；19cm

全国广播电视中专教材

ISBN 7－5345－2023－1：￥9.10

O4－43　038162

物理　上册/黄伟民主编；吴伯善等编．—2版．—北京：高等教育出版社，1995.4.—243页；19cm

中等专业学校教材 工科各专业通用

ISBN 7－04－005175－3：￥4.80

O4－43　038163

物理学简明教程/傅岩等主编．—北京：地质出版社，1995.9.—263页；26cm

ISBN 7－116－01938－3：￥15.00

O4－43　038164

中国人民解放军陆军学院大学物理教材　上册/总参谋部军训部著．—长沙：国防科技大学出版社，1995.12.—292页；19cm

内部发行

ISBN 7－81024－345－4：￥0.00

O4－43　038165

中国人民解放军陆军学院大学物理教材　下册/总参谋部军训部著．—长沙：国防科技大学出版社，1995.12.—229页；19cm

内部发行

ISBN 7－81024－345－4：￥0.00

O4－43　038166

中国人民解放军陆军学院大学物理教材　中册/总参谋部军训部著．—长沙：国防科技大学出版社，1995.12.—189页；19cm

内部发行

ISBN 7－81024－345－4：￥0.00

O4－43　038167

中级物理教程导读与训练/韩峰等主编．—济南：山东大学出版社，1995.9.—323页；19cm

ISBN 7－5607－1528－1：￥8.80

O4－44　038168

大学物理解题导引/王敬修编．—北京：中国计量出版社，1995.11.—298页；19cm

高等学校辅导教材

ISBN 7－5026－0838－9：￥10.00

O4－44　038169

三年制中等师范学校物理习题集　第二册/人民教育出版社物理室编．—广州：广东科技出版社，1995.8.—140页；19cm

ISBN 7－5359－1515－9：￥4.00

O4－44　038170

物理学内容提要与习题/王照主编．—北京：北京医科大学、中国协和医科大学联合出版社，1995.8.—90页；26cm

ISBN 7－81034－489－7：￥6.40

O4－44　038171

物理学习指导/杜国城，王绍章主编．—哈尔滨：黑龙江教育出版社，1995.7.—91页；26cm

成人高等学校

ISBN 7－5316－2806－6：￥6.00

O4－44　038172

中考物理速测400题/王云等编．—天津：天津教育出版社，1995.1.—80页；26cm

ISBN 7－5309－2207－6：￥3.65

O4－49　038173

隔山观鱼/焦京桂编写．—北京：语文出版社，1995.9.—127页；19cm．—（少年百科趣味知识丛书/张伯华主编）

ISBN 7－80006－982－6：￥5.10

O4－49　038174

揭开物质世界的奥秘/陈鹏万编著．—北京：中国华侨出版社，1995.12.—237页；19cm．—（现代科技与人文大观/崔惟琳，潘承洞主编）

ISBN 7－80120－024－1：￥8.90

O4－49　038175

科学家从这里起步：物理与现代科技/胡运惠主编．—徐州：中国矿业大学出版社，1995.11.—444页；20cm．—（科教兴国丛书）

ISBN 7－81040－444－X：￥12.80

O4－49　038176

物理世界/许维亮，艾旸主编；宋世敏等编著．—南京：江苏少年儿童出版社，1995.8.—2册；19cm．—（少年科学知识大金库）

ISBN 7－5346－1438－4：￥9.00

O4－49　038177

物理学原理在工程技术中的应用/马文蔚主编．—北京：高等教育出版社，1995.9.—320页；20cm

ISBN 7－04－004314－9：￥10.40

①O4－49②G634.74　038178

物理演义/刘义国撰文．—北京：华语教学出版社，1995.—270页；20cm．—（中小学课堂学习新广角/刘以林，冯晓林主编）

ISBN 7-80052-490-6:￥11.00

①O4-49②J238.1　038179

漫话物理学/(美)戈尼克(Gonick,L.),(美)赫夫曼(Huffman,A.)著;尹宏义,谢念非译.—北京:新华出版社,1995.5.—207页;20cm.—(趣味科学卡通系列)

ISBN 7-5011-2835-9:￥11.80

O4-53　038180

大学物理研究/王殖东,丁慎训主编.—南宁:广西科学技术出版社,1995.12.—131页;26cm

ISBN 7-80619-283-2:￥15.00

O4-53　038181

基础物理教育改革新动向:ICPE会议论文集/吴宗汉编.—南京:东南大学出版社,1995.7.—333页;26cm

ISBN 7-81050-045-7:￥21.00

O4-61　038182

趣味物理辞典/陆瑞征,应兴国编文.—上海:上海辞书出版社,1995.11.—233页;19cm

ISBN 7-5326-0369-5(精装):￥10.80

O4-61　038183

物理知识辞典/廖玉萍主编.—济南:济南出版社,1995.9.—708页;20cm.—(学生工具书系列/施国等主编)

ISBN 7-80572-971-9:￥18.00

O41 理论物理学

O41　038184

近代物理学基础专题分析/熊钰庆等编著.—广州:华南理工大学出版社,1995.10.—305页;20cm.—(近代物理学丛书/熊钰庆主编)

ISBN 7-5623-0817-9:￥9.00

O41　038185

物理理论的目的与结构/(法)迪昂(Duhem,P.)著;张来举译.—北京:中国书籍出版社,1995.1.—398页;20cm

据1914年法文第二版译出

ISBN 7-5068-0333-X(精装):￥20.00

O41-53　038186

胡宁论文选集/胡宁著.—北京:北京大学出版社,1995.4.—382页;26cm

ISBN 7-301-00343-9(精装):￥50.00

O411.1　038187

数理方程及其应用/白凤图等编著.—开封:河南大学出版社,1995.12.—295页;20cm

ISBN 7-81041-285-X:￥9.80

O411.1　038188

数学物理方程/廖玉麟编著.—武汉:华中理工大学出版社,1995.3.—353页;20cm

ISBN 7-5609-1023-8:￥9.00

O411.1　038189

数学物理方程/潘闻天等编.—西安:陕西科学技术出版社,1995.2.—275页;20cm

ISBN 7-5369-1266-8:￥4.50

O411.1　038190

数学物理方程/练钦棠,刁元胜编著.—广州:广东高等教育出版社,1995.7.—354页;20cm

ISBN 7-5361-1604-7:￥10.90

O411.1　038191

数学物理方法/夏显庭等编.—东营:石油大学出版社,1995.1.—191页;26cm

ISBN 7-5636-0622-X:￥9.80

O411.1　038192

数学物理方法/梁鋆廷,王向东编著.—重庆:重庆大学出版社,1995.7.—192页;26cm

ISBN 7-5624-1014-3:￥11.00

O411.1　038193

数学物理偏微分方程/薛兴恒编著.—合肥:中国科学技术大学出版社,1995.9.—394页;20cm

ISBN 7-312-00752-X:￥9.50

O411.1-53　038194

全国数学物理方法研讨会论文集　第一集/郝同壬,田宝根主编.—成都:西南交通大学出版社,1995.2.—156页;26cm

ISBN 7-81022-772-6:￥15.00

O412.1　038195

狭义相对论/束星北著.—青岛:青岛出版社,1995.12.—497页;20cm

ISBN 7-5436-1383-2(精装):￥50.00

O412.1-64　038196

图解相对论/郭远珍编著.—北京:航空工业出版社,1995.9.—404页;26cm

ISBN 7-80046-898-4:￥21.50

O412.3　038197

场论/马根和主编.—北京:原子能出版社,1995.11.—362页;26cm

高等教育试用教材

ISBN 7-5022-1153-5:￥18.30

O413　038198

莱文森定理,反常和真空相变/倪光炯,陈苏卿著.—上海:上海科学技术出版社,1995.7.—321页;20cm.—(物理学前沿丛书/冯端主编)

ISBN 7-5323-3731-6(精装):￥18.70

O413　038199

量子混沌运动/徐躬耦著.—上海:上海科学技术出版社,1995.6.—211页;20cm.—(物理学前沿丛书/冯端主编)

ISBN 7-5323-3663-8(精装):￥14.10

O413　038200

量子论的诞生/(英)特哈尔(ter Haar,D.)著;林辛未,殷传宗译.—重庆:西南师范大学出版社,1995.10.—156页;20cm

ISBN 7-5621-1462-5:￥10.00

O413.1　038201

高等量子力学/杨泽森编著.—2版.—北京:北京大学出版社,1995.9.—445页;20cm

ISBN 7-301-02922-5:￥22.50

O413.1　038202

角动量:化学及物理学中的方位问题/(美)杰尔(Zare,R.N.)著;赖善桃等译.—北京:科学出版社,1995.9.—351页;20cm.—(物理化学译丛·第一辑/张存浩主编)
ISBN 7-03-004540-8:¥19.80

O413.1 038203
揭开EPR关联之谜/谭天荣著.—天津:天津科学技术出版社,1995.2.—174页;20cm
ISBN 7-5308-1572-5:¥8.00

O413.1 038204
粒子波动论/蒋秀夫著.—西安:陕西科学技术出版社,1995.6.—186页;19cm
ISBN 7-5369-2293-0:¥8.00

O413.1 038205
量子力学/惠和兴编著.—北京:北京理工大学出版社,1995.3.—369页;20cm
ISBN 7-81045-011-5:¥15.60

O413.3 038206
量子空间论:物质世界的同一性原理/陈大有著.—西安:西北大学出版社,1995.3.—150页;19cm
ISBN 7-5604-0878-8:¥6.80

O414 038207
热力学与统计物理学/马本堃等编.—2版.—北京:高等教育出版社,1995.8.—419页;20cm
ISBN 7-04-005250-4:¥11.25

O414 038208
相律及相图热力学/刘长俊著.—北京:高等教育出版社,1995.9.—160页;20cm
ISBN 7-04-005360-8:¥6.50

O414.1 038209
熵及其应用/杨爱云,刘士荣编著.—长沙:湖南师范大学出版社,1995.5.—253页;19cm
ISBN 7-81031-412-2:¥9.80

O414.2 038210
平衡和非平衡统计力学/李如生编著.—北京:清华大学出版社,1995.8.—283页;26cm
ISBN 7-302-01852-9:¥19.50

O414.2-43 038211
统计物理学基础教程/陈端刚编.—武汉:武汉大学出版社,1995.12.—308页;20cm
高等学校试用教材
ISBN 7-307-02088-2:¥7.90

O42 声学

O42 038212
声强技术/明瑞森著.—杭州:浙江大学出版社,1995.5.—339页;20cm
ISBN 7-308-01688-9:¥11.80

O42-53 038213
现代声学研究:马大猷教授八秩华诞纪念文集/中国科学院声学研究所编.—北京:中国科学技术出版社,1995.11.—468页;26cm
ISBN 7-5046-2111-0(精装):¥120.00

O43 光学

O43 038214
光学/张学恭编著.—西安:陕西科学技术出版社,1995.1.—165页;19cm
ISBN 7-5369-2249-3:¥5.00

O43 038215
光学/章志鸣等编著.—北京:高等教育出版社,1995.5.—268页;26cm
ISBN 7-04-005178-8:¥9.75

O43 038216
矩阵光学/魏光辉等编著.—北京:兵器工业出版社,1995.8.—295页;26cm
ISBN 7-80038-850-6:¥22.00

O43 038217
强光光学及其应用/刘颂豪,赫光生著.—广州:广东科技出版社,1995.1.—379页;26cm
ISBN 7-5359-1102-1(精装):¥30.00

O43-33 038218
基础物理光学实验/陈秀玲编.—长春:吉林大学出版社,1995.8.—97页;26cm
ISBN 7-5601-1777-5:¥6.00

O432.2 038219
光学测量/杨志文等编著.—北京:北京理工大学出版社,1995.8.—429页;20cm
普通高等教育兵工类规划教材
ISBN 7-81045-038-7:¥9.50

O433.4 038220
光谱分析/张寒琦等编.—长春:吉林大学出版社,1995.7.—416页;20cm
ISBN 7-5601-1742-2(精装):¥11.40

O433.4 038221
现代分析技术/陆家和,陈长彦主编.—北京:清华大学出版社,1995.9.—309页;26cm
高等学校工科电子类规划教材
ISBN 7-302-01830-8:¥16.00

O434.33 038222
红外光谱解析/林秀英主编.—济南:济南出版社,1995.8.—146页;20cm
ISBN 7-80572-907-7:¥7.00

O434.33 038223
红外光谱学:理论与实践/王兆民等编著.—北京:兵器工业出版社,1995.4.—215页;26cm
普通高等教育兵工类规划教材
ISBN 7-80038-829-8:¥8.00

O437 038224
非线性光学/熊贵光编著.—武汉:武汉大学出版社,1995.3.—252页;20cm
ISBN 7-307-01940-X:¥7.20

O438 038225
光全息术/于美文,张静方著.—北京:北京教育出版

社,1995.2.—401 页;20cm.—(高科技教育丛书)
ISBN 7-5303-0608-1: ¥12.00

O438　　038226
信息光学/苏显渝,李继陶编著.—成都:四川大学出版社,1995.8.—209 页;26cm
ISBN 7-5614-1165-0: ¥15.50

O439　　038227
应用光学/周焜等编.—成都:四川大学出版社,1995.9.—304 页;26cm
ISBN 7-5614-1186-3: ¥21.60

O44　电磁学、电动力学

O441　　038228
电磁理论中的谱域方法/方大纲著.—合肥:安徽教育出版社,1995.5.—469 页;20cm
ISBN 7-5336-1607-3(精装): ¥20.50

O441　　038229
电磁学/顾诚编著.—武汉:武汉大学出版社,1995.3.—439 页;20cm
ISBN 7-307-01943-4: ¥9.50

O441　　038230
电磁学/田洪睦等主编.—北京:中国科学技术出版社,1995.8.—470 页;20cm
ISBN 7-5046-1977-9: ¥12.95

O441　　038231
电磁学/易溥藤,窦德海编著.—天津:天津大学出版社,1995.11.—488 页;20cm
ISBN 7-5618-0811-9: ¥22.00

O441　　038232
电磁学学习指导/李金泉,羊孝清主编.—北京:中国科学技术出版社,1995.8.—229 页;20cm
ISBN 7-5046-1978-7: ¥6.95

O441　　038233
理论电磁学/刘成芳编.—天津:天津科学技术出版社,1995.9.—264 页;19cm
ISBN 7-5308-1301-3: ¥8.90

O441-44　　038234
电磁学试题库/李泽涛等主编.—重庆:重庆大学出版社,1995.5.—333 页;26cm
ISBN 7-5624-0991-9: ¥15.80

O441.1　　038235
电磁理论中的并矢格林函数/戴振铎,鲁述著.—武汉:武汉大学出版社,1995.11.—366 页;20cm.—(武汉大学学术丛书)
ISBN 7-307-02128-5: ¥13.40

O441.4　　038236
电磁场基本教程/周省三编.—2 版.—北京:高等教育出版社,1995.10.—252 页;20cm
高等学校教材
ISBN 7-04-005401-9: ¥7.25

O441.4　　038237
电磁场基础/马信山等编著.—北京:清华大学出版社,1995.5.—352 页;26cm
ISBN 7-302-01591-0: ¥13.00

O441.4　　038238
电磁场解析方法/刘鹏程编.—北京:电子工业出版社,1995.8.—192 页;26cm
高等学校工科电子类规划教材
ISBN 7-5053-2975-8: ¥10.00

O441.4　　038239
电磁场理论　下册/杨弃疾编著.—北京:高等教育出版社,1995.6.—422 页;26cm
ISBN 7-04-004346-7: ¥29.05

O441.4　　038240
复杂系统中的电磁波/金亚秋主编.—上海:复旦大学出版社,1995.9.—346 页;26cm
ISBN 7-309-01530-4: ¥30.00

O441.4-62　　038241
电磁波理论解题指南/余恒清,全泽松编著.—成都:电子科技大学出版社,1995.9.—278 页;26cm
ISBN 7-81016-631-X: ¥15.20

①O441.5②TG115.28　　038242
电磁检测/陶旺斌,周在杞编著.—北京:航空工业出版社,1995.3.—269 页;26cm
ISBN 7-80046-881-X: ¥17.50

O45　无线电物理学

O451　　038243
波动理论/(苏)维诺格拉多娃等著;王珊编译.—上海:复旦大学出版社,1995.2.—408 页;20cm
著者原题:М.Б.维诺格拉多娃
ISBN 7-309-01394-8: ¥15.00

O46　真空电子学(电子物理学)

O46　　038244
正负电子物理/唐孝威等著.—北京:科学出版社,1995.5.—608 页;20cm
ISBN 7-03-004223-9: ¥28.00

O461　　038245
气体放电与气体激光/丘军林编著.—武汉:华中理工大学出版社,1995.12.—255 页;20cm
高等学校工科电子类规划教材
ISBN 7-5609-1239-7: ¥7.00

O462　　038246
电子发射原理与应用/杨德清,庄伟编著.—昆明:云南大学出版社,1995.8.—193 页;26cm
ISBN 7-81025-507-X: ¥13.00

①O462②TN103　　038247
电子发射与光电阴极/刘元震等编著.—北京:北京理工大学出版社,1995.5.—402 页;19cm
普通高等教育兵工类规划教材
ISBN 7-81013-998-3: ¥7.45

O463　　038248

电子能谱学/周清编著.—天津:南开大学出版社,1995.11.—315页;20cm
ISBN 7-310-00838-3:¥12.00

O47 半导体物理学

O47　　038249
半导体物理学/顾祖毅等编.—北京:电子工业出版社,1995.4.—357页;26cm
高等学校工科电子类规划教材
ISBN 7-5053-2734-8:¥13.50

O47-44　　038250
半导体物理问题与习题/田敬民编著.—北京:国防工业出版社,1995.5.—143页;26cm
ISBN 7-118-01345-5:¥10.70

O471　　038251
半导体超晶格物理/夏建白,朱邦芬著.—上海:上海科学技术出版社,1995.4.—507页;24cm.—(科学专著丛书)
ISBN 7-5323-3496-1(精装):¥42.00

①O471.1②TN301　　038252
介观物理/阎守胜,甘子钊主编.—北京:北京大学出版社,1995.4.—287页;20cm
ISBN 7-301-02700-1:¥19.80

O472　　038253
半导体光电性质/沈觊华,朱文章编著.—厦门:厦门大学出版社,1995.9.—521页;20cm
ISBN 7-5615-1095-0:¥15.00

O48 固体物理学

O48　　038254
材料物理导论/徐毓龙主编.—成都:电子科技大学出版社,1995.10.—245页;26cm
高等学校工科电子类规划教材
ISBN 7-81043-260-5:¥12.90

O48　　038255
材料物理基础/恽正中等主编.—成都:电子科技大学出版社,1995.8.—214页;26cm
高等学校工科电子类规划教材
ISBN 7-81043-261-3:¥8.25

O48　　038256
固体物理学:基本概念图示/聂向富主编;李博,范印哲编著.—北京:高等教育出版社,1995.12.—161页;19×26cm
高等学校教学参考书
ISBN 7-04-004925-2(精装):¥51.00

O48-61　　038257
固体物理学大辞典/冯端主编.—北京:高等教育出版社,1995.2.—1806页;26cm
ISBN 7-04-003983-4(精装):¥128.00

O482.53　　038258
实验脉冲核磁共振/(美)富库夏玛(Fukushima,E.),(美)罗德(Roeder,S.B.W.)著;童瑜晔等译.—上海:复旦大学出版社,1995.3.—402页;20cm
ISBN 7-309-01379-4:¥20.00

O51 低温物理学

O51　　038259
超导技术应用/王家素,王素玉编著.—成都:成都科技大学出版社,1995.6.—289页;26cm
ISBN 7-5616-3029-8:¥16.00

O511　　038260
超导物理学/章立源等著.—北京:电子工业出版社,1995.5.—392页;26cm
ISBN 7-5053-2751-8:¥40.00

O515　　038261
极低温(mK)技术概论/(英)贝茨(Betts,D.S.)著;金铎等译.—合肥:中国科学技术大学出版社,1995.12.—112页;20cm
ISBN 7-312-00742-2(精装):¥8.00

O53 等离子体物理学

O53　　038262
等离体中的输运过程　第一卷:经典输运理论/(比利时)巴列斯库(Balescu,R.)著;徐锡申等译.—北京:首都师范大学出版社,1995.2.—323页;20cm
ISBN 7-81039-196-8:¥13.00

O56 分子物理学、原子物理学

O562-62　　038263
亚原子物理学手册/戴能雄等编著.—北京:科学出版社,1995.8.—1009页;26cm
ISBN 7-03-003843-6:¥116.00

O57 原子核物理学、高能物理学

O571　　038264
实验原子核物理学/戴光曦编著.—北京:原子能出版社,1995.6.—400页;26cm
ISBN 7-5022-1178-0:¥26.85

O571　　038265
原子核物理:它的成就、问题和发展/张启仁著.—太原:山西教育出版社,1995.2.—306页;20cm.—(高科技教育丛书)
ISBN 7-5440-0553-4:¥8.90

O572.21　　038266
高能微波电子学/尤田锛著.—杭州:浙江大学出版社,1995.11.—188页;20cm
ISBN 7-308-01613-7:¥5.20

O572.3　　038267
电子传奇:微观粒子世界揭秘/谢诒成著.—广州:广

东教育出版社,1995.12.—112 页:彩图;21×19cm.—(迈向 21 世纪科普丛书/黄寿年等主编)
ISBN 7-5406-3411-1:¥11.60

O59 应用物理学

O59　038268
摩擦学及应用/蒋建纯编著.—长沙:中南工业大学出版社,1995.12.—177 页;19cm
ISBN 7-81020-815-2:¥6.00

O59　038269
物理和工程问题简化方法初探/蔡树棠等编著.—北京:科学出版社,1995.5.—146 页;20cm
ISBN 7-03-004430-4:¥9.60

O59　038270
应用物理基础/刁胜方,刘守操编.—广州:华南理工大学出版社,1995.8.—428 页;20cm
ISBN 7-5623-0912-4:¥15.30

O6 化学

O6　038271
工科大学化学/曾政权,李月熙主编.—2 版.—重庆:重庆大学出版社,1995.6.—297 页;26cm
ISBN 7-5624-1032-1:¥14.60

O6　038272
化学/傅尊茂主编.—2 版.—北京:石油工业出版社,1995.8.—352 页;19cm
石油技工学校教材 采油、井下作业专业适用
ISBN 7-5021-1403-3:¥15.00

O6　038273
化学　全一册/周进徐主编.—长沙:湖南科学技术出版社,1995.10.—293 页;19cm
中等职业技术学校教材
ISBN 7-5357-1936-8:¥6.40

O6　038274
基础化学/赵德山,郭正仁主编.—北京:高等教育出版社,1995.10.—532 页;20cm
高等医学院校教材
ISBN 7-04-005483-3:¥14.70

O6　038275
基础化学/杨秀岑主编.—4 版.—北京:人民卫生出版社,1995.4.—294 页;26cm
高等医药院校教材 供基础、预防、临床、口腔医学类专业用
ISBN 7-117-00017-1:¥12.40

O6　038276
基础化学/汪小兰等编.—北京:高等教育出版社,1995.6.—500 页;26cm
ISBN 7-04-005186-9:¥17.15

O6　038277
矿业基础化学实验/郭良琮,叶良彪主编.—北京:煤炭工业出版社,1995.10.—98 页;26cm
高等学校规划教材
ISBN 7-5020-1161-7:¥5.25

O6　038278
普通化学/曲梅英编著.—天津:天津教育出版社,1995.4.—273 页;20cm
ISBN 7-5309-2396-X:¥9.80

O6　038279
普通化学/贾之慎主编.—北京:中国农业科技出版社,1995.1.—352 页;20cm
ISBN 7-80026-827-6:¥12.00

O6　038280
普通化学/曹天鹏主编.—北京:中国纺织出版社,1995.3.—305 页;19cm
中等专业学校适用教材
ISBN 7-5064-1128-8:¥8.70

O6　038281
普通化学/浙江大学普通化学教研组编.—4 版.—北京:高等教育出版社,1995.5.—501 页;20cm
高等学校教材
ISBN 7-04-005179-6:¥11.00

O6　038282
普通化学/王忠兰主编.—沈阳:辽宁科学技术出版社,1995.5.—316 页;26cm
ISBN 7-5381-1926-4:¥14.00

O6　038283
普通化学学习指导/翟仁通等编.—北京:中国农业出版社,1995.9.—172 页;26cm
ISBN 7-109-04150-6:¥12.25

O6　038284
普通化学原理/(俄)诺维柯夫(Новиков,Г.И.)著;白明良译.—沈阳:辽宁科学技术出版社,1995.2.—429 页;20cm
书名原文:Основы обшеи химии
ISBN 7-5381-1977-9:¥16.00

O6-09　038285
化学趣史/叶永烈著.—上海:文汇出版社,1995.3.—244 页;19cm.—(叶永烈专列)
ISBN 7-80531-337-7:¥9.80

①O6-09②K816.1　038286
化学史传/(日)山冈望著;廖正衡等译.—北京:商务印书馆,1995.8.—545 页:照片;20cm
据东京内田老鹤圃新社 1979 年版译出
ISBN 7-100-00905-7:¥21.20

O6-092　038287
中国古代化学/田荷珍编著.—北京:北京科学技术出版社,1995.1.—117 页;19cm.—(中国历史知识全书·辉煌科技/朱仲玉主编)
ISBN 7-5304-1676-6:¥3.90

O6-092　038288
中国现代化学史略/郭保章著.—南宁:广西教育出版社,1995.12.—447 页:照片;20cm
ISBN 7-5435-2432-5(精装):¥32.00

O6-1　038289
今日化学/《大学化学》编辑委员会主编.—北京:北

京大学出版社,1995.12.—434 页;26cm
ISBN 7-301-03061-4: ¥28.60

O6-3　038290
大学化学实验/王乃玲等编.—西安:西北工业大学出版社,1995.8.—92 页;26cm
ISBN 7-5612-0780-8: ¥5.00

O6-3　038291
化学/张玉洁等主编.—哈尔滨:东北林业大学出版社,1995.9.—2 册;19cm+附《化学实验》1 册
中等专业学校试用教材
ISBN 7-81008-571-9: ¥17.80

O6-3　038292
化学实验册/体育运动学校教学参考书《化学》编写组编.—北京:人民体育出版社,1995.7.—37 页;26cm
体育运动学校教材
ISBN 7-5009-1183-1: ¥2.50

O6-3　038293
化学实验技术/李政等主编.—北京:石油工业出版社,1995.3.—277 页;26cm
中等专业学校教学用书
ISBN 7-5021-1182-4: ¥10.60

O6-3　038294
普通化学实验/李宝华主编.—沈阳:辽宁科学技术出版社,1995.5.—169 页;19cm
ISBN 7-5381-1960-4: ¥5.00

O6-3　038295
普通化学实验教程/曹天鹏,伍天荣编.—北京:中国纺织出版社,1995.3.—44 页;19cm
中等专业学校适用教材
ISBN 7-5064-1129-6: ¥2.30

O6-3　038296
生活化学实验百例/赵若珍,康振晋主编.—北京:科学出版社:龙门书局,1995.7.—276 页;19cm
ISBN 7-80111-066-8: ¥6.90

O6-3　038297
无机及普通化学实验/四川联合大学化工学院无机及普通化学教研室编.—成都:成都科技大学出版社,1995.8.—143 页;26cm
ISBN 7-5616-3084-0: ¥6.90

O6-39　038298
计算机化学/俞斌编著.—北京:化学工业出版社,1995.1.—237 页;26cm
ISBN 7-5025-1449-X: ¥19.00

O6-42　038299
体育运动学校教学参考书:化学/体育运动学校教学参考书《化学》编写组编.—北京:人民体育出版社,1995.7.—220 页;19cm
ISBN 7-5009-1177-7: ¥6.00

O6-43　038300
课堂理化学习:化学分册/张广范主编.—哈尔滨:黑龙江教育出版社,1995.12.—207 页;26cm
黑龙江省中等师范学校教学用书
ISBN 7-5316-2227-0: ¥9.70

O6-43　038301
普通化学/郑永昌,甄跃兴主编.—合肥:安徽大学出版社,1995.10.—2 册;19cm
高等学校教材
ISBN 7-81052-015-6: ¥18.10

O6-44　038302
新编化学疑难问题解析/格毕,白瑞苓主编.—呼和浩特:内蒙古人民出版社,1995.12.—263 页;19cm
ISBN 7-204-02987-9: ¥9.80

O6-44　038303
中考化学速测 400 题/季林等编.—天津:天津教育出版社,1995.1.—79 页;26cm
ISBN 7-5309-2205-X: ¥3.65

O6-49　038304
21 世纪的中心科学:化学/印永嘉等编著.—北京:中国华侨出版社,1995.12.—214 页;19cm.—(现代科技与人文大观/崔惟琳,潘承洞主编)
ISBN 7-80120-025-X: ¥8.40

O6-49　038305
第一张元素周期表/关树荣,孙云编写.—北京:语文出版社,1995.9.—124 页;19cm.—(少年百科趣味知识丛书/张伯华主编)
ISBN 7-80006-998-2: ¥5.20

O6-49　038306
化学天地/姚大均原著;修澔等改编.—南京:江苏少年儿童出版社,1995.8.—2 册;19cm.—(少年科学知识大金库)
ISBN 7-5346-1434-1: ¥9.00

①O6-49②G634.84　038307
化学演义/程学武撰文.—北京:华语教学出版社,1995.—265 页;20cm.—(中小学课堂学习新广角/刘以林,冯晓林主编)
ISBN 7-80052-489-2: ¥11.00

O6-53　038308
徐光宪论文选集/徐光宪著.—北京:北京工业大学出版社,1995.12.—312 页;20cm
ISBN 7-5639-0469-7(精装): ¥15.00

O6-61　038309
中英日现代化学用语辞典/(日)田村三郎编.—北京:中国轻工业出版社;东京:日本东方书店,1995.9.—549 页;20cm
ISBN 7-5019-1836-8(精装): ¥40.00

①O6-61②G634.8-61　038310
化学知识辞典/姚迎等编.—济南:济南出版社,1995.9.—529 页;20cm.—(学生工具书系列/施国等主编)
ISBN 7-80572-969-7: ¥18.00

①O6-61②TQ-61　038311
英汉·汉英化学化工词汇:英汉部分/化学工业出版社组织编写.—北京:化学工业出版社,1995.5.—1339 页;19cm
ISBN 7-5025-1397-3(精装): ¥74.00

O6-64　038312
元素周期表/彭云帆编.—南宁:接力出版社,1995.10.—1 张;77×53cm.—(接力挂图世界)

¥2.50

O61 无机化学

O61 038313
无机化学/陈种菊编.—成都:四川大学出版社,1995.8.—381页;20cm
ISBN 7-5614-1167-7:¥12.50

O61 038314
无机化学/王夔主编.—2版.—北京:人民卫生出版社,1995.4.—509页;26cm
高等医药院校教材 供药学类专业用
ISBN 7-117-00038-4:¥19.60

O61 038315
无机化学 上册/庞锡涛主编.—2版.—北京:高等教育出版社,1995.5.—420页;20cm
高等师范专科学校中学教师培训教材
ISBN 7-04-005188-5:¥11.50

O61 038316
无机化学丛书 第六卷:卤素·铜分族·锌分族/钟兴厚等著.—北京:科学出版社,1995.12.—882页;20cm
ISBN 7-03-003647-6:¥49.00

O61 038317
无机化学丛书 第四卷:氮、磷、砷分族/项斯芬等著.—北京:科学出版社,1995.1.—521页;20cm
ISBN 7-03-002827-9(精装):¥27.00

O61 038318
无机化学与化学分析实验/史启祯,肖新亮主编.—北京:高等教育出版社,1995.3.—415页;20cm
高等学校教材
ISBN 7-04-005154-0:¥7.65

O61-33 038319
普通无机化学实验/陈秉垠等编.—上海:同济大学出版社,1995.9.—130页;26cm
ISBN 7-5608-1572-3:¥6.10

O61-33 038320
无机化学常规和微型实验/李桂芝等编.—哈尔滨:哈尔滨出版社,1995.9.—176页;26cm
ISBN 7-80557-804-4:¥10.00

O61-33 038321
无机化学实验/王载兴主编;叶秋云,曹素忱编.—北京:高等教育出版社,1995.3.—173页;20cm
高等学校工程专科教材
ISBN 7-04-005182-6:¥3.90

O61-33 038322
无机化学实验/王希通主编.—2版.—北京:高等教育出版社,1995.5.—183页;26cm
高等师范专科学校、中学教师培训教材
ISBN 7-04-005187-7:¥6.70

O61-33 038323
无机化学实验/彭国胜,潘志权主编.—北京:化学工业出版社,1995.10.—132页;26cm
成人高等教育教学用书
ISBN 7-5025-1587-9:¥9.60

O61-33 038324
中级无机化学实验/南开大学化学系中级无机化学实验编写组编.—天津:南开大学出版社,1995.12.—333页;20cm
ISBN 7-310-00865-0:¥11.00

O61-34 038325
无机化学问题研究/李锦州,韩树民主编.—哈尔滨:黑龙江教育出版社,1995.12.—392页;19cm
高等学校教学用书
ISBN 7-5316-2959-3:¥12.00

O61-42 038326
无机化学学习指导/杨雪冬等主编;东北林业大学等编.—哈尔滨:黑龙江教育出版社,1995.9.—343页;19cm
高等学校教学参考书
ISBN 7-5316-2808-2:¥9.80

O61-43 038327
无机化学/王秀芳主编.—北京:化学工业出版社,1995.12.—185页;26cm+附练习册1册
化工技工学校教材
ISBN 7-5025-1505-4:¥20.00

O61-44 038328
无机化学题库与题解/杨大荣等主编.—重庆:西南师范大学出版社,1995.6.—528页;20cm
高等学校教学用书
ISBN 7-5621-1338-6:¥12.60

O611.2 038329
无机结构化学纵横谈/鲁敬荣编著.—北京:中国农业科技出版社,1995.10.—340页;20cm
ISBN 7-80119-060-2:¥13.80

O611.4 038330
现代无机合成化学/张启昆,卢峰编著.—汕头:汕头大学出版社,1995.1.—177页;26cm
ISBN 7-81036-056-6:¥14.00

O612 038331
化学元素纵横谈/姜增华等编著.—昆明:云南科技出版社,1995.9.—375页;26cm
ISBN 7-5416-0796-7:¥39.00

O612 038332
化学元素纵横谈/姜增华等编著.—昆明:云南科技出版社,1995.9.—375页;26cm
ISBN 7-5416-0797-5(精装):¥46.00

O613 038333
非金属的化学/《非金属的化学》编写组编.—上海:上海科学技术文献出版社,1995.9.—96页;19cm
ISBN 7-5439-0867-0:¥4.20

O613.16 038334
氡测量方法与应用/吴慧山等编著.—北京:原子能出版社,1995.8.—200页;26cm
ISBN 7-5022-1356-2:¥17.00

O613.71 038335
碳——化学中的催化作用/蔡启瑞等编著.—北京:化学工业出版社,1995.4.—539页;20cm

ISBN 7－5025－1490－2：￥25.00

O614.33 038336

神奇之土：稀土科学基础研究/徐光宪，倪家缵主编.—长沙：湖南科学技术出版社，1995.4.—129页；20cm.—（攀登计划普及丛书；13）

ISBN 7－5357－1676－8：￥8.80

O614.33 038337

稀土分析/《有色金属工业分析丛书》编辑委员会编.—北京：冶金工业出版社，1995.6.—371页；20cm.—（有色金属工业分析丛书；7）

ISBN 7－5024－1665－X：￥16.00

O614.33 038338

稀土碱土等元素的物理化学及在材料中的应用/杜挺等著.—北京：科学出版社，1995.6.—440页；26cm

ISBN 7－03－004511－4（精装）：￥29.80

O614.33 038339

稀土生物无机化学/倪嘉缵主编.—北京：科学出版社，1995.6.—393页；20cm

ISBN 7－03－004885－7：￥18.00

O62 有机化学

O62 038340

水有机化学/聂麦茜编著.—西安：陕西科学技术出版社，1995.4.—311页；20cm

ISBN 7－5369－2286－8：￥10.00

O62 038341

有机化学/姚映钦主编.—武汉：武汉工业大学出版社，1995.8.—331页；26cm

高等学校试用教材

ISBN 7－5629－0992－X：￥12.20

O62 038342

有机化学/冀政勤，毛翰梅主编.—北京：中国环境科学出版社，1995.9.—353页；26cm

高等院校试用教材

ISBN 7－80093－768－2：￥23.80

O62 038343

有机化学/王惠宁，王丽平主编.—哈尔滨：黑龙江教育出版社，1995.7.—362页；26cm

高等医学院校教材 供医学、检验、卫生、法医专业用

ISBN 7－5316－2677－2：￥15.00

O62 038344

有机化学/朱兆富等主编.—北京：中国农业出版社，1995.1.—219页；26cm

ISBN 7－109－03703－7：￥9.95

O62 038345

有机化学/徐景达主编.—4版.—北京：人民卫生出版社，1995.4.—344页；26cm

高等医药院校教材 供基础、临床、口腔医学类专业用

ISBN 7－117－00018－X：￥13.80

O62 038346

有机化学解题指导/有机化学课程教学指导小组编.—北京：高等教育出版社，1995.3.—366页；26cm

高等学校教学参考书

ISBN 7－04－005180－X：￥12.35

O62 038347

有机化学专题选　（二）/俞凌翀主编.—北京：北京师范大学出版社，1995.10.—465页；20cm

高等学校教学用书

ISBN 7－303－03792－6：￥12.40

O62－33 038348

有机化学实验/广东工业大学有机化学教研室编.—广州：华南理工大学出版社，1995.10.—250页；26cm

ISBN 7－5623－0925－6：￥15.80

O62－33 038349

有机化学实验/方富禄主编；周荣才等编.—北京：高等教育出版社，1995.3.—144页；20cm

高等学校工程专科教材

ISBN 7－04－005109－5：￥3.00

O62－33 038350

有机化学实验/崔凤芝等主编.—北京：中国农业出版社，1995.5.—105页；20cm

ISBN 7－109－03704－5：￥3.35

O62－33 038351

有机化学实验/姚映钦主编.—武汉：武汉工业大学出版社，1995.8.—126页；26cm

高等学校试用教材

ISBN 7－5629－0993－8：￥4.60

O62－33 038352

有机化学实验/李建业主编.—西安：西北工业大学出版社，1995.9.—80页；26cm

高等医学院校实验教材 供基础、临床、预防、口腔类医学专业用

ISBN 7－5612－0793－X：￥6.50

O62－33 038353

有机化学实验/奚关根等编著.—上海：华东理工大学出版社，1995.12.—226页；20cm

ISBN 7－5628－0645－4：￥10.50

O62－33 038354

有机化学实验与指导/郭书好等编著.—广州：暨南大学出版社，1995.12.—253页；19cm

ISBN 7－81029－458－X：￥12.00

O62－44 038355

有机化学习题及解答/吴桂荣编著.—北京：化学工业出版社，1995.8.—226页；26cm

ISBN 7－5025－1217－9：￥15.00

O62－44 038356

有机化学习题精选/樊杰等编.—北京：北京大学出版社，1995.9.—341页；26cm

ISBN 7－301－02835－0：￥23.00

O621 038357

超分子化学/（德）Vogtle，F.著；张希等译.—长春：吉林大学出版社，1995.11.—261页；26cm

ISBN 7－5601－1840－2：￥19.50

O621.14 038358

有机合成设计/李长轩主编.—开封：河南大学出版

社,1995.9.—323 页;26cm
ISBN 7-81041-156-X: ¥20.00

O621.25 038359
有机反应中的酸碱催化/曹正白,陈克潜编.—北京:高等教育出版社,1995.7.—122 页;20cm.—(有机化学教学参考丛书/王积涛主编)
ISBN 7-04-005251-2: ¥3.45

O622-62 038360
有机化合物制备手册 第一卷/胡惟孝,杨忠愚编著.—天津:天津科技翻译出版公司,1995.3.—1117 页;20cm
ISBN 7-5433-0540-2(精装): ¥39.0

O627-62 038361
有机锂、有机镁制备手册/陈寿山,刘玉龙主编.—天津:南开大学出版社,1995.12.—507 页;20cm
ISBN 7-310-00775-1: ¥20.20

O63 高分子化学(高聚物)

O63 038362
高分子化学/复旦大学高分子科学系编著.—上海:复旦大学出版社,1995.7.—434 页;26cm
ISBN 7-309-01315-8: ¥30.00

O63 038363
高分子化学/王久芬,胡国胜编.—北京:兵器工业出版社,1995.9.—249 页;26cm
ISBN 7-80038-924-3: ¥14.00

O63 038364
高分子化学的理论和应用进展/金关泰主编.—北京:中国石化出版社,1995.3.—515 页;26cm
ISBN 7-80043-525-3: ¥27.00

O63 038365
高分子物理及化学/李玉瑛主编.—北京:化学工业出版社,1995.5.—224 页;26cm
化工职业技术教育教材
ISBN 7-5025-1382-5: ¥12.40

O631 038366
高分子物理/刘凤岐,汤心颐编著.—北京:高等教育出版社,1995.10.—418 页;26cm
高等学校教材
ISBN 7-04-005388-8: ¥18.50

O631-62 038367
聚合物物理化学手册 第三卷:聚合物的红外光谱和核磁共振谱/(乌克兰)谢缅诺维奇(Семенович,Г.М.),( )赫拉莫娃(Храмова,Т.С.)著;闫家宾,张玉崑译.—北京:中国石化出版社,1995.1.—691 页;20cm
ISBN 7-80043-533-4: ¥26.00

O631.1 038368
高分子结构研究中的光谱方法/薛奇编著.—北京:高等教育出版社,1995.5.—325 页;26cm
ISBN 7-04-004555-9: ¥12.65

O631.6 038369
加聚反应微观动力学:反应机理与分子量分布的关联/沈家骢等著.—长春:吉林大学出版社,1995.7.—307 页;20cm
ISBN 7-5601-1750-3: ¥9.00

O633.14 038370
聚酯化学·物理·工艺/杨始堃,陈玉君著.—广州:中山大学出版社,1995.3.—295 页;26cm
ISBN 7-306-00840-4: ¥56.00

O64 物理化学、化学物理学

O64 038371
物理化学/刁兆玉等主编.—济南:山东教育出版社,1995.5.—2 册;20cm
高等学校教材
ISBN 7-5328-2117-X: ¥32.00

O64 038372
物理化学/江琳才等编.—3 版.—北京:高等教育出版社,1995.3.—556 页;20cm
高等师范专科学校教材
ISBN 7-04-005184-2: ¥10.10

O64 038373
物理化学/颜肖慈,罗明道编著.—武汉:武汉大学出版社,1995.11.—387 页;20cm
ISBN 7-307-02157-9: ¥11.85

O64 038374
物理化学/云南大学物理化学教研室编.—昆明:云南科技出版社,1995.8.—474 页;26cm
ISBN 7-5416-0678-2: ¥30.00

O64 038375
物理化学/盛宗淇主编.—西安:西北工业大学出版社,1995.6.—329 页;26cm
高等学校教材
ISBN 7-5612-0739-5: ¥16.50

O64 038376
物理化学/安帮继主编.—北京:中国石化出版社,1995.6.—442 页;19cm
石油化工中等专业学校统编教材
ISBN 7-80043-579-2: ¥6.50

O64 038377
物理化学/敬承衡等编著.—昆明:云南大学出版社,1995.7.—311 页;20cm
ISBN 7-81025-562-2: ¥11.80

O64 038378
物理化学 上册/朱文涛编著.—北京:清华大学出版社,1995.6.—324 页;26cm
ISBN 7-302-01764-6: ¥13.80

O64 038379
物理化学 下册/朱文涛编著.—北京:清华大学出版社,1995.8.—304 页;26cm
ISBN 7-302-01778-6: ¥12.80

O64 038380
物理化学辅助训练/邬宪伟等编.—北京:化学工业出版社,1995.9.—113 页;20cm

中等专业学校教材
ISBN 7-5025-1573-9: ¥4.80

O64-33 038381
物理化学实验/吴肇亮主编.—北京:中国石化出版社,1995.7.—128 页;19cm
石油化工中等专业学校统编教材
ISBN 7-80043-568-7: ¥2.50

O64-33 038382
物理化学实验/臧瑾光主编.—北京:北京理工大学出版社,1995.2.—374 页;19cm
ISBN 7-81013-972-X: ¥10.00

O64-33 038383
物理化学实验/黄汉平等编.—北京:高等教育出版社,1995.5.—178 页;20cm
高等学校工程专科教材
ISBN 7-04-005191-5: ¥3.55

O64-33 038384
物理化学实验/张平民主编.—长沙:中南工业大学出版社,1995.8.—188 页;26cm
ISBN 7-81020-766-0: ¥11.00

O64-33 038385
物理化学实验/北京大学化学系物理化学教研室编著.—3 版.—北京:北京大学出版社,1995.10.—450 页;20cm
ISBN 7-301-02866-0: ¥17.80

O64-43 038386
物理化学简明教程/高玉珍,南玉明主编.—哈尔滨:黑龙江教育出版社,1995.2.—208 页;26cm
ISBN 7-5316-2574-1: ¥9.80

O64-44 038387
物理化学解题指导/傅玉普等编.—大连:大连理工大学出版社,1995.2.—567 页;20cm
ISBN 7-5611-0970-9: ¥12.80

O64-44 038388
物理化学练习 500 例/李国珍编.—2 版.—北京:高等教育出版社,1995.5.—231 页;20cm
高等学校教学参考书
ISBN 7-04-005140-0: ¥4.90

O64-62 038389
第 VA 族元素物理化学数据手册/张传福,谭鹏夫主编.—长沙:中南工业大学出版社,1995.6.—366 页;26cm
ISBN 7-81020-752-0(精装): ¥100.00

O641 038390
简明结构化学教程/夏少武编著.—北京:化学工业出版社,1995.5.—325 页;20cm
高等学校教学用书
ISBN 7-5025-1507-0: ¥8.80

O641 038391
结构化学基础/周公度,段连运编著.—2 版.—北京:北京大学出版社,1995.9.—520 页;20cm.—(北京大学物理化学丛书)
ISBN 7-301-02834-2: ¥18.80

O641 038392
结构化学基础/邓存,刘怡春编.—2 版.—北京:高等教育出版社,1995.5.—378 页;20cm
高等师范专科学校教材
ISBN 7-04-005185-0: ¥7.75

O641.1 038393
价键理论的进展/戴柏青,班福强编著.—哈尔滨:黑龙江教育出版社,1995.12.—284 页;20cm
ISBN 7-5316-2960-7: ¥14.00

O642.1 038394
简明化学热力学/祁学永编著.—延吉:延边大学出版社,1995.4.—224 页;20cm
ISBN 7-5634-0768-5: ¥8.00

O642.4 038395
平衡理论/刘跃等著.—北京:化学工业出版社,1995.7.—125 页;19cm
ISBN 7-5025-1543-7: ¥4.50

O642.4 038396
相律及相图热力学/刘长俊编著.—北京:高等教育出版社,1995.9.—160 页;20cm
ISBN 7-04-005360-8: ¥6.30

O643.3 038397
催化化学　下册/吴越著.—北京:科学出版社,1995.6.—1303 页;20cm
ISBN 7-03-003593-3: ¥39.80

O643.3 038398
催化化学　下册/吴越著.—北京:科学出版社,1995.6.—1303 页;20cm
ISBN 7-03-003592-5(精装): ¥43.00

O644.1 038399
光化学原理与应用/康锡惠,刘梅清编著.—天津:天津大学出版社,1995.12.—320 页;20cm
ISBN 7-5618-0828-3: ¥8.80

O646 038400
电池电化学/文国光主编.—北京:电子工业出版社,1995.1.—264 页;20cm
电子工业工人技术等级培训教材
ISBN 7-5053-2693-7: ¥14.50

O646 038401
电化学测定方法/(日)藤嶋昭等著;陈震,姚建年译.—北京:北京大学出版社,1995.5.—453 页;20cm
ISBN 7-301-02812-1: ¥19.95

O646 038402
现代电化学/(日)小泽昭弥主编;吴继勋等译.—北京:化学工业出版社,1995.9.—332 页;19cm
ISBN 7-5025-1495-3: ¥14.70

O646 038403
应用电化学/曾振欧,黄慧民编著.—广州:华南理工大学出版社,1995.12.—333 页;26cm
ISBN 7-5623-0951-5: ¥24.80

O647 038404
表面物理化学/程传煊编著.—北京:科学技术文献出版社,1995.9.—716 页;20cm
ISBN 7-5023-2456-9: ¥23.70

O647.11 038405

表面化学/甄开吉编著.—长春:吉林大学出版社,1995.2.—403 页;20cm
ISBN 7-5601-1681-7: ¥11.50

O648 038406
分子力与胶体的稳定和聚沉/郑忠,李宁编.—北京:高等教育出版社,1995.10.—198 页;20cm
ISBN 7-04-005450-7: ¥5.90

O65 分析化学

O65 038407
分析化学/宋清主编.—广州:华南理工大学出版社,1995.1.—434 页;19cm
ISBN 7-5623-0690-7: ¥10.50

O65 038408
分析化学/陈玄杰主编;谢能泳,陆为林编.—北京:高等教育出版社,1995.3.—349 页;20cm
高等学校工程专科教材
ISBN 7-04-005110-9: ¥6.50

O65 038409
分析化学/王永生等编著.—兰州:甘肃教育出版社,1995.3.—421 页;20cm
ISBN 7-5423-0490-9: ¥14.50

O65 038410
分析化学/宁开桂主编.—北京:中国农业科技出版社,1995.2.—309 页;26cm
ISBN 7-80026-887-X: ¥17.94

O65 038411
分析化学/华东理工大学分析化学教研组,成都科学技术大学分析化学教研组编.—4 版.—北京:高等教育出版社,1995.5.—506 页;20cm
高等学校教材
ISBN 7-04-005181-8: ¥10.65

O65 038412
分析化学/姜洪文主编.—北京:化学工业出版社,1995.5.—411 页;19cm
中等专业学校教材
ISBN 7-5025-1457-0: ¥8.30

O65 038413
分析化学/陈庆榆,齐印阁主编.—合肥:安徽大学出版社,1995.10.—2 册;20cm
高等院校教材
ISBN 7-81052-016-4: ¥17.50

O65 038414
分析化学/武汉大学主编.—3 版.—北京:高等教育出版社,1995.5.—554 页;20cm
高等学校教材
ISBN 7-04-004813-2: ¥11.05

O65 038415
分析化学 上册/陈定一主编.—北京:学苑出版社,1995.6.—235 页;26cm
普通高等中医院校协编教材
ISBN 7-5077-0981-7: ¥14.00

O65 038416
分析化学 下册/陈定一主编.—北京:学苑出版社,1995.6.—386 页;26cm
普通高等中医院校协编教材
ISBN 7-5077-0981-7: ¥18.00

O65 038417
分析化学 下册/孙炳耀主编.—开封:河南大学出版社,1995.9.—382 页;20cm
ISBN 7-81041-224-8: ¥10.50

O65 038418
分析化学中的量和单位/张铁垣编著.—北京:中国标准出版社,1995.5.—185 页;20cm
ISBN 7-5066-1000-0: ¥9.00

O65 038419
实用分析化学/天津大学分析化学教研室编.—天津:天津大学出版社,1995.12.—378 页;26cm
高等学校教材
ISBN 7-5618-0800-3: ¥26.00

O65 038420
现代分析技术在环境与卫生监测中的应用/陈震阳,许金生主编.—北京:中国环境科学出版社,1995.8.—435 页;20cm
ISBN 7-80093-691-0: ¥14.00

O65-33 038421
分析化学实验/么琳,苑福臻主编.—西安:陕西科学技术出版社,1995.2.—266 页;20cm
ISBN 7-5369-2280-9: ¥6.80

O65-33 038422
分析化学实验/谢能泳等编 .—北京:高等教育出版社,1995.5.—171 页;20cm
高等学校工程专科教材
ISBN 7-04-005190-7: ¥3.45

O65-43 038423
分析化学教程/苏政权等主编.—西安:西北大学出版社,1995.6.—310 页;26cm
高等学校教材
ISBN 7-5604-0906-7(精装): ¥18.80

O652.1 038424
分析化学实验/赵清泉主编;姜言权编 .—北京:高等教育出版社,1995.3.—162 页;20cm
高等师范专科学校教材
ISBN 7-04-005183-4: ¥3.15

O652.1 038425
分析化学实验/席廷钰主编.—沈阳:辽宁民族出版社,1995.12.—345 页;20cm
高等学校教材
ISBN 7-80527-528-9: ¥11.86

O652.1 038426
分析化学实验/李楚芝主编.—北京:化学工业出版社,1995.6.—379 页;19cm
中等专业学校教材
ISBN 7-5025-1458-9: ¥5.70

O652.1 038427
分析化学实验/天津大学化学系分析化学教研室

编.—天津:天津大学出版社,1995.12.—233页;20cm
ISBN 7-5618-0830-5:¥9.00

O652.3 038428
化学试剂配制与标定/阎宏涛,黑玉芬编著.—西安:西北工业大学出版社,1995.12.—283页;19cm
ISBN 7-5612-0823-5:¥9.50

O652.3 038429
有机试剂及其应用/罗宗铭等编著.—广州:华南理工大学出版社,1995.10.—210页;26cm
ISBN 7-5623-0950-7:¥19.30

O655 038430
定量分析化学/胡忠助,任健敏主编;安徽农业大学,江西农业大学编.—南昌:江西高校出版社,1995.11.—334页;20cm
ISBN 7-81033-534-0:¥12.00

O655 038431
定量化学分析实验/周俊英等编.—合肥:中国科学技术大学出版社,1995.3.—176页;20cm
ISBN 7-312-00662-0:¥5.00

O656.4 038432
结构分析/付宏刚等编著.—哈尔滨:黑龙江教育出版社,1995.2.—295页;19cm
ISBN 7-5316-2560-1:¥7.00

O657 038433
近代有机仪器分析/回瑞华,侯冬岩编著.—长春:吉林大学出版社,1995.8.—377页;19cm
ISBN 7-5601-1767-8:¥11.50

O657 038434
现代仪器分析/严衍禄主编.—北京:北京农业大学出版社,1995.10.—224页;26cm
全国高等农业院校教材 农业院校理、工、农科专业用
ISBN 7-81002-731-X:¥11.50

O657 038435
仪器分析/温铁坚编.—北京:中国石化出版社,1995.7.—269页;19cm
石油化工技工学校统编教材
ISBN 7-80043-577-6:¥4.00

O657-33 038436
仪器分析实验/莫胜钧主编;宋健怡等编.—广州:广东高等教育出版社,1995.12.—118页;26cm
本书共3册,总定价45·20元
ISBN 7-5361-1934-8:¥0.00

O657-33 038437
仪器分析实验/温铁坚编.—北京:中国石化出版社,1995.7.—160页;19cm
石油化工技工学校统编教材
ISBN 7-80043-573-3:¥2.50

O657-42 038438
仪器分析学习指导/莫胜钧主编;汤又文等编.—广州:广东高等教育出版社,1995.12.—193页;26cm
本书共3册,总定价:45.20元
ISBN 7-5361-1934-8:¥0.00

O657-43 038439
仪器分析教程/莫胜钧主编;李瑜华等编.—广州:广东高等教育出版社,1995.12.—208页;26cm
本书共3册,总定价:45.20元
ISBN 7-5361-1934-8:¥0.00

O657.1 038440
电分析化学/李启隆编著.—北京:北京师范大学出版社,1995.7.—557页;20cm
高等学校教学用书
ISBN 7-303-03945-7:¥18.00

O657.3 038441
光化学传感器理论与方法/王柯敏编著.—长沙:湖南教育出版社,1995.8.—324页;20cm
ISBN 7-5355-2242-4(精装):¥14.90

O657.3 038442
胶束增溶分光光度法原理与应用/张秀媚等编著.—哈尔滨:哈尔滨工程大学出版社,1995.3.—321页;19cm
ISBN 7-81007-549-7:¥8.00

O657.3 038443
有机光谱分析/张正行主编.—北京:人民卫生出版社,1995.8.—501页;26cm
ISBN 7-117-02256-6:¥40.80

O657.7 038444
差热、热重分析与非等温固相反应动力学/沈兴编著.—北京:冶金工业出版社,1995.4.—174页;20cm
ISBN 7-5024-1673-0:¥12.50

O657.8 038445
毛细管电泳进展 第二卷:第二届全国毛细管电泳学术报告会文集/周同惠等主编.—广州:华南理工大学出版社,1995.7.—205页;26cm
ISBN 7-5623-0882-9:¥30.00

O657.99 038446
核磁共振在分析化学中的应用/严宝珍编著.—北京:化学工业出版社,1995.2.—230页;19cm
ISBN 7-5025-1471-6:¥9.00

O661.1 038447
水化学/姜宝淦主编.—2版.—北京:水利电力出版社,1995.9.—125页;26cm
中等专业学校教材
ISBN 7-120-02221-0:¥4.80

O7 晶体学

O7 038448
生物大分子晶体学基础/卢光莹,华子千编著.—北京:北京大学出版社,1995.12.—212页;26cm
ISBN 7-301-02729-X:¥15.00

O72 038449
X射线晶体学:晶体结构分析基本理论及实验技术/马喆生,施倪承编著.—武汉:中国地质大学出版社,1995.12.—259页;26cm
ISBN 7-5625-1066-0:¥13.00

O73 038450

晶体场理论及其在高压物理中的应用/池元斌著.—长春:吉林大学出版社,1995.8.—245页;26cm

ISBN 7-5601-1783-X:￥16.00

O73　　　　038451

晶体物理性质与检测/陈春荣,赵新乐编著.—北京:北京理工大学出版社,1995.12.—198页;26cm

普通高等教育兵工类规划教材

ISBN 7-81045-064-6:￥10.20

O73　　　　038452

晶体物理学/阎西林等编.—北京:电子工业出版社,1995.10.—127页;26cm

高等学校工科电子类规划教材

ISBN 7-5053-2821-2:￥6.80

O734　　　　038453

晶体光学/金石琦编著.—北京:科学出版社,1995.10.—236页;19cm

ISBN 7-03-004380-4:￥14.00

①O734②TG115.5　　　　038454

现代光塑性/朱明海,范琳编著.—北京:国防工业出版社,1995.8.—279页;20cm

ISBN 7-118-01308-0(精装):￥14.00

O77　　　　038455

晶体位错/杨紫霞,戴中兴编著.—武汉:武汉工业大学出版社,1995.3.—188页;20cm

ISBN 7-5629-0966-0:￥7.80

O781　　　　038456

晶体生长基础/姚连增编.—合肥:中国科学技术大学出版社,1995.12.—506页;20cm

ISBN 7-312-00650-7:￥15.50

P 天文学、地球科学

P-1 038457

地球科学新学科新概念集成/刘全根,孙成全主编.—北京:地震出版社,1995.8.—493页;26cm

ISBN 7-5028-1263-6: ¥65.00

P-37 038458

世界数据中心中国中心与地球系统科学数据/世界数据中心中国中心协调办公室编辑.—北京:科学出版社,1995.5.—255页;26cm

ISBN 7-03-004654-4: ¥33.90

P-39 038459

非线性科学及其在地学中的应用/仪垂祥编著.—北京:中国气象出版社,1995.4.—273页;20cm

ISBN 7-5029-1884-1: ¥12.00

P-49 038460

地球科学ABC/王谦身,言静霞主编.—北京:中国华侨出版社,1995.12.—179页;19cm.—(现代科技与人文大观/崔惟琳,潘承洞主编)

ISBN 7-80120-027-6: ¥6.90

P-49 038461

气象·天文的故事/林之光等编著;严瑜仲,喻京川绘.—济南:明天出版社,1995.4.—152页;20cm.—(全国小学生课外丛书/李仲汉主编)

全套书共120册,总定价:385.00元

ISBN 7-5332-2142-7: ¥0.00

P-49 038462

人类共有的家/王晶,隋郁编著;李富绘.—济南:明天出版社,1995.4.—150页;20cm.—(全国小学生课外丛书/李仲汉主编)

全套120册,总定价:385.00元

ISBN 7-5332-2142-7: ¥0.00

P-49 038463

谈天说地/曹琦,金树仁主编.—长春:东北师范大学出版社,1995.5.—459页;20cm

ISBN 7-5602-1604-8: ¥12.50

P-49 038464

中国孩子的疑问:大地海洋篇/刘道远编著;毕树校绘.—北京:中国少年儿童出版社,1995.8.—167页

ISBN 7-5007-2405-5: ¥11.50

P-53 038465

魏鼎文论文选集:臭氧层·台风·空间物理/魏鼎文著.—武汉:武汉大学出版社,1995.9.—264页;26cm

ISBN 7-307-02046-7(精装): ¥28.00

P-61 038466

趣味天文气象辞典/阎林山主编.—上海:上海辞书出版社,1995.11.—578页;19cm

ISBN 7-5326-0351-2(精装): ¥21.50

P1 天文学

P1-092 038467

地位独尊的古代天学/江晓原等著.—沈阳:辽宁古籍出版社,1995.5.—173页;19cm.—(中华民族优秀传统文化丛书·科技卷/王前,谢丹主编)

全套共8册,总定价:45.00元

ISBN 7-80507-282-5: ¥0.00

P1-092 038468

古代天文历法研究/郑慧生著.—开封:河南大学出版社,1995.7.—530页;20cm

ISBN 7-81041-151-9: ¥15.00

P1-092 038469

古历新探/陈美东著.—沈阳:辽宁教育出版社,1995.12.—658页;20cm

ISBN 7-5382-3668-6(精装): ¥32.00

P1-49 038470

我和星星交朋友/冯占良著.—重庆:重庆出版社,1995.5.—164页;19cm

ISBN 7-5366-3074-3(精装): ¥8.40

P1-49 038471

宇宙天体交响曲/曹盛林编著.—北京:中国华侨出版社,1995.12.—263页:彩图;19cm.—(现代科技与人文大观/崔惟琳,潘承洞主编)

ISBN 7-80120-026-8: ¥12.80

P1-54 038472

中国科学院上海天文台年刊　1995年　第16期/黄珹主编;中国科学院上海天文台年刊编辑委员会编.—上海:上海科学技术出版社,1995.10.—321页;26cm

ISBN 7-5323-4091-0: ¥31.20

P1-61 038473

天文学名词　1991:汉维文对照/新疆维吾尔自治区民族语言名词术语规范审定委员会公布.—乌鲁木齐:新疆人民出版社,1995.12.—154页;26cm

ISBN 7-228-02180-0: ¥15.00

P114.4 038474

目视全天星图/闵乃世设计、绘.—上海:上海科技教育出版社,1995.8.—17页;19×26cm

ISBN 7-5428-1022-7: ¥6.50

P15 恒星天文学、星系天文学、宇宙学

P159-49 038475

大爆炸宇宙学/俞允强著.—北京:高等教育出版社,

1995.10.—148 页;19cm
ISBN 7-04-004289-4:¥4.55

P159-49　038476
来自太空的报告:鲜为人知的宇宙奥秘/丁家桢编著.—成都:四川人民出版社,1995.10.—340 页;19cm
ISBN 7-220-03000-2:¥12.00

P159-49　038477
神秘的宇宙趣闻/于今昌主编.—长春:吉林大学出版社,1995.1.—261 页;19cm.—(知识宝库丛书)
ISBN 7-5601-1658-2:¥6.50

P159-49　038478
宇宙的最后三分钟:关于宇宙归宿的最新观念/(美)戴维斯(Davies,B.)著;傅承启译.—上海:上海科学技术出版社,1995.9.—118 页;20cm.—(科学大师佳作系列)
书名原文:The Last Three Minutes
ISBN 7-5323-3660-3(精装):¥10.00

P159-49　038479
宇宙探秘/张明昌原著;相甫等改编.—南京:江苏少年儿童出版社,1995.8.—2 册;19cm.—(少年科学知识大金库)
ISBN 7-5346-1437-6:¥9.00

P159.3-49　038480
宇宙的起源/(英)巴罗(Barrow,J.D.)著;卞毓麟译.—上海:上海科学技术出版社,1995.9.—119 页;20cm.—(科学大师佳作系列)
书名原文:The Origin of the Uiniverse
ISBN 7-5323-3659-X(精装):¥10.00

P18 太阳系

P18-49　038481
天窗怎样打开:探索星空的奥秘/卞德培著.—广州:广东教育出版社,1995.12.—122 页:彩图;21×19cm.—(迈向 21 世纪科普丛书/黄寿年等主编)
ISBN 7-5406-3410-3:¥12.10

P183　038482
地球与环境科学导论/孙立广等编著.—合肥:中国科学技术大学出版社,1995.12.—222 页;26cm
ISBN 7-312-00654-X:¥12.20

P183-05　038483
地球信息科学与区域持续发展:汉、英文对照/陈述彭著.—北京:测绘出版社,1995.4.—221 页:照片;26cm
ISBN 7-5030-0790-7:¥18.00

P185.8　038484
万古奇观:彗木大碰撞及其留给人类的思考/卞德培编著.—北京:科学普及出版社,1995.7.—113 页;20cm.—(科普文库)
ISBN 7-110-03905-6:¥9.00

P19 时间、历法

P194.3　038485
中国古代天文历法/李东生编著.—北京:北京科学技术出版社,1995.1.—158 页;19cm.—(中国历史知识全书·辉煌科技/朱仲玉主编)
ISBN 7-5304-1673-1:¥3.90

P194.3-53　038486
古代天文历法论集/张闻玉著.—贵阳:贵州人民出版社,1995.12.—313 页;19cm
ISBN 7-221-03962-3(精装):¥22.00

P194.3-53　038487
中国彝族十月太阳历学术讨论会论文集/云南彝学学会,红河州民族研究所编.—昆明:云南民族出版社,1995.12.—258 页;20cm
ISBN 7-5367-1168-9:¥15.00

P195.2　038488
1996·**丙子中国历书**/祁书隶;茹姗主编 .—北京:金盾出版社,1995.9.—228 页;19cm
ISBN 7-5082-0085-3:¥5.50

P195.2　038489
1996(**丙子**)**年历书**.—南宁:广西科学技术出版社,1995.9.—95 页;13cm
ISBN 7-80619-185-2:¥1.20

P195.2　038490
1996(**丙子**)**年农家历**/历书编写组编著.—北京:气象出版社,1995.8.—48 页;19cm
¥1.60

P195.2　038491
1996 **民俗农家历书**:农历丙子年.—北京:华文出版社,1995.10.—48 页;19cm
ISBN 7-5075-0491-3:¥1.50

P195.2　038492
1996 **年(丙子年)历书**.—杭州:浙江科学技术出版社,1995.8.—80 页;13cm
¥1.00

P195.2　038493
1996 **年历书**.—合肥:安徽科学技术出版社,1995.8.—32 页;19cm
¥1.00

P195.2　038494
1996 **年农家历**/中国林业出版社编.—北京:中国林业出版社,1995.—32 页;19cm
ISBN 7-5038-1211-7:¥1.00

P195.2　038495
1996 **年农历**.—兰州:甘肃教育出版社,1995.5.—32 页;19cm
¥1.30

P195.2　038496
'95 中华瑰宝:95 日历/刘文敏等摄影.—北京:中国三峡出版社,1995.—1 册;25×18cm
ISBN 7-80099-041-9:¥40.80

P195.2　038497
长江三峡:记事·年历　1996/刘文敏主编.—北京:中国三峡出版社,1995.—1 册;25cm
ISBN 7-80099-096-6:¥45.00

P195.2　038498

公历农历傣历150年对照历书：公元1901～2050年：傣历1263～1412年/杨铸，曾启智主编；耿马傣族佤族自治县地方志编纂委员会编.—昆明：云南民族出版社，1995.6.—316页；26cm

ISBN 7－5367－1032－1：￥14.80

P195.2　038499

跨世纪十年多功能月历：1996～2005/方云，文凯编.—石家庄：河北人民出版社，1995.9.—120页；19cm

ISBN 7－202－01788－1：￥3.98

P195.2　038500

跨世纪中国历书：1996～2005/金瓯卜主编.—北京：中国农业出版社，1995.12.—266页；26cm

ISBN 7－109－04202－2：￥19.50

P195.2　038501

农村年书　1996/《农村年书》编辑组编.—北京：人民出版社，1995.9.—254页；20cm

农村综合性知识读物

ISBN 7－01－002187－2：￥4.50

P195.2　038502

农历：一九九六(丙子)年.—西安：陕西科学技术出版社，1995.8.—48页；19cm

ISBN 7－5369－2362－7：￥1.90

P195.2　038503

青春歌历　1996年/镇涛等编选.—长沙：湖南文艺出版社，1995.9.—1册；17×9cm

ISBN 7－5404－1419－7(精装)：￥5.80

P195.2　038504

十年袖珍月历：1996～2005/中国科学院紫金山天文台编.—上海：上海科学技术出版社，1995.7.—78页；13cm

ISBN 7－5323－3841－X：￥2.00

P195.2　038505

小学生实用周历/冯克力，蔡立国编辑；徐永生，蒲慧华绘.—济南：山东画报出版社，1995.8.—1册；12×19cm

￥7.80

P195.2　038506

一九九六(丙子)年历书.—南京：江苏科学技术出版社，1995.—32页；19cm

ISBN 7－5345－1944－6：￥1.50

P195.2　038507

一九九六(丙子)年农家历/湖南科学技术出版社编.—长沙：湖南科学技术出版社，1995.7.—96页；13×10cm

￥1.20

P195.2　038508

一九九六(丙子年)农历.—武汉：湖北美术出版社，1995.8.—64页；13cm

￥1.20

P195.2　038509

一九九六年(丙子)农村科技历书.—成都：四川科学技术出版社，1995.11.—64页；19cm

￥2.00

P195.2　038510

一九九六年(丙子年)农家历/辽宁人民出版社编.—沈阳：辽宁人民出版社，1995.9.—48页；25×13cm

ISBN 7－205－03482－5：￥2.30

P195.2　038511

一九九六年(丙子年)通书.—南宁：广西科学技术出版社，1995.9.—64页；19cm

ISBN 7－80619－079－1：￥1.70

P195.2　038512

一九九六年(农历丙子年)通书.—广州：广东科技出版社，1995.9.—80页；19cm

ISBN 7－5359－1535－3：￥2.80

P195.2　038513

一九九六年历书.—南昌：江西科学技术出版社，1995.10.—64页；13cm

ISBN 7－5390－0941－1：￥1.20

P195.2　038514

一九九六年历书.—合肥：安徽科学技术出版社，1995.8.—80页；13×10cm

￥1.10

P195.2　038515

一九九六年历书.—昆明：云南科技出版社，1995.5.—32页；19cm

ISBN 7－5416－0707－X：￥1.00

P195.2　038516

一九九六年农历.—太原：山西科学技术出版社，1995.—40页；19cm

ISBN 7－5377－1075－9：￥1.00

P195.2　038517

一九九六年实用通书：丙子年.—南昌：江西科学技术出版社，1995.9.—64页；19cm

ISBN 7－5390－0939－X：￥2.20

P195.2　038518

中国民间百年农历/洪宁，张晓晶主编.—北京：京华出版社，1995.3.—296页；19cm

ISBN 7－80600－081－X：￥10.00

P195.2　038519

中国农历/赵得秀编著.—西安：西北工业大学出版社，1995.1.—139页；19cm

ISBN 7－5612－0681－X：￥6.50

P195.2　038520

中国农历　1996年.—北京：中国农业出版社，1995.—48页；19cm

ISBN 7－109－03981－1：￥3.30

P197　038521

一九九六年天文测量简历/中国科学院紫金山天文台编.—北京：科学出版社，1995.8.—70页；26cm

ISBN 7－03－004488－6：￥35.00

P197.1　038522

一九九六年中国天文年历/中国科学院紫金山天文台编.—北京：科学出版社，1995.10.—536页；26cm

ISBN 7－03－004516－5(精装)：￥178.00

P2 测绘学

P2　038523
测量学/谭荣一主编.—北京:人民交通出版社,1995.6.—225页;26cm
高等专科学校试用教材 公路与桥梁工程专业用
ISBN 7-114-01999-8:¥6.80

P2　038524
测量学/王镛,石磊中主编.—南昌:江西高校出版社,1995.8.—262页;26cm
ISBN 7-81033-471-9:¥14.20

P2　038525
测量学/合肥工业大学等编.—4版.—北京:中国建筑工业出版社,1995.6.—274页;26cm
高等学校教学用书
ISBN 7-112-02435-8:¥10.00

P2　038526
测量学/朱鸿禧主编;马鄂吉等编著.—徐州:中国矿业大学出版社,1995.11.—394页;26cm
高等学校规划教材
ISBN 7-81040-455-5:¥19.30

P2　038527
测量学/许筱阳,夏友福编著.—西安:陕西科学技术出版社,1995.1.—232页;26cm
ISBN 7-5369-2263-9:¥11.20

P2　038528
测量学　下册/田青文主编.—北京:地质出版社,1995.5.—183页;26cm
普通高等教育地质矿产类规划教材
ISBN 7-116-01750-X:¥6.80

P2-092　038529
中国测绘史　第二卷:明代至民国/《中国测绘史》编辑委员会编.—北京:测绘出版社,1995.5.—601页;20cm
ISBN 7-5030-0726-5(精装):¥45.00

P2-61　038530
汉蒙俄对照测绘名词术语词典/哈丹朝鲁,宝力格主编;国家测绘局地名研究所,内蒙古自治区测绘局编.—赤峰:内蒙古科学技术出版社,1995.11.—341页;19cm
ISBN 7-5380-0285-5(精装):¥14.50

P2-61　038531
汉蒙俄对照测绘名词术语词典/哈丹朝鲁,宝力格主编;国家测绘局地名研究所,内蒙古自治区测绘局编.—赤峰:内蒙古科学技术出版社,1995.11.—341页;19cm
ISBN 7-5380-0285-5:¥11.00

P207　038532
测量平差基础/袁孔铎编.—北京:冶金工业出版社,1995.5.—196页;26cm
中等专业学校教学用书
ISBN 7-5024-1614-5:¥7.60

P209　038533
测量程序设计/叶玉田等编.—徐州:中国矿业大学出版社,1995.8.—219页;26cm
高等学校规划教材
ISBN 7-81040-394-X:¥11.80

P21 普通测量学、地形测量学

P21　038534
地形测量学实习指导书/余嘉龙,孔跃东编.—北京:地质出版社,1995.1.—88页;26cm
ISBN 7-116-01807-7:¥5.40

P22 大地测量学

P22　038535
地球物理大地测量学:地球的慢形变/(澳)拉姆贝克著;黄立人等译.—北京:测绘出版社,1995.1.—515页;26cm
著者原题:库尔特·拉姆贝克
ISBN 7-5030-0665-X:¥38.00

P221　038536
控制测量/王文中主编.—北京:地质出版社,1995.9.—310页;26cm
中等专业学校地质矿产类规划教材
ISBN 7-116-01874-3:¥15.20

P221　038537
控制测量学/沈桂荣,吕安民编.—北京:测绘出版社,1995.8.—416页;26cm
全国测绘类规划教材
ISBN 7-5030-0808-3:¥28.00

P223　038538
微重力测量:理论、方法与应用/王谦身等著.—北京:科学出版社,1995.2.—154页;26cm
ISBN 7-03-004581-5:¥22.00

P228　038539
卫星测高原理/王广运等编著.—北京:科学出版社,1995.12.—384页;26cm
ISBN 7-03-004499-1:¥57.50

P229　038540
水下地形测量/梁开龙主编.—北京:测绘出版社,1995.9.—144页;20cm.—(现代测绘科技丛书)
ISBN 7-5030-0666-8:¥9.50

P23 摄影测量学

P23　038541
基础摄影测量学/李德仁等编.—北京:测绘出版社,1995.9.—331页;26cm
普通高等教育测绘类规划教材
ISBN 7-5030-0786-9:¥22.00

P23　038542
摄影测量学/朱肇光等编著.—2版(修订本).—北

京:测绘出版社,1995.9.—359 页;26cm
普通高等教育测绘类规划教材 工程测量专业用
ISBN 7-5030-0807-5:¥24.50

P23 038543
摄影测量学/王世俊,马凤堂编著.—北京:测绘出版社,1995.5.—247 页;26cm
普通高等教育测绘类规划教材
ISBN 7-5030-0783-4:¥10.00

P234 038544
工程与工业摄影测量/丁寯辋等编著.—武汉:中国地质大学出版社,1995.6.—155 页;26cm
ISBN 7-5625-0987-5:¥10.50

P27 地籍学

P27 038545
地籍测量/万剑华主编.—东营:石油大学出版社,1995.7.—312 页;20cm
ISBN 7-5636-0709-9:¥11.80

P27 038546
地籍管理概论/刘腾辉,黄应丰主编.—广州:华南理工大学出版社,1995.6.—168 页;26cm
ISBN 7-5623-0891-8:¥17.80

P28 地图学

P28 038547
地图·地理信息系统与规划/邓良炳,张新长编著.—广州:广东省地图出版社,1995.9.—236 页;26cm
ISBN 7-80522-296-7:¥26.00

P28-49 038548
管理地球的工具:地理信息系统漫谈/秦其明著.—广州:广东教育出版社,1995.12.—109 页:彩图;21×19cm.—(迈向 21 世纪科普丛书/黄寿年等主编)
ISBN 7-5406-3408-1:¥11.40

P28-53 038549
喻沧业务札记.—北京:中国地图出版社,1995.6.—197 页;26cm
ISBN 7-5031-1782-6:¥10.00

P28-54 038550
中国地图学年鉴 1994/中国测绘学会地图学与 GIS 专业委员会,中国地图出版社主编.—北京:中国地图出版社,1995.10.—167 页;26cm
ISBN 7-5031-1807-5(精装):¥15.00

P282 038551
地图制图学概论/田青文主编.—武汉:中国地质大学出版社,1995.9.—187 页;26cm
高等学校教材
ISBN 7-5625-1012-1:¥9.50

P283.2 038552
地图整饰/俞连笙,王涛编著.—北京:测绘出版社,1995.6.—273 页:图版;26cm
普通高等教育测绘类规划教材
ISBN 7-5030-0787-7:¥22.00

P283.7 038553
GIS 和计算机制图/梁启章著.—北京:科学出版社,1995.8.—302 页;20cm
ISBN 7-03-004460-6:¥14.80

P285 038554
专题地图编制/欧竹斌,张怡梅编著.—哈尔滨:哈尔滨地图出版社,1995.1.—180 页;26cm
ISBN 7-80529-271-X:¥9.00

P285.1 038555
林业地图编绘/王耀祖编著.—兰州:甘肃科学技术出版社,1995.11.—273 页;20cm
ISBN 7-5424-0571-3:¥8.50

P3 地球物理学

P3 038556
地球物理学原理及应用/胡德昭,朱慧娟主编.—2 版.—南京:南京大学出版社,1995.8.—460 页;20cm
高等学校教材
ISBN 7-305-02831-2:¥20.00

①P3②V1 038557
地球与空间科学观测技术进展:庆贺秦馨菱院士八十寿辰/陈运泰主编.—北京:地震出版社,1995.10.—669 页;26cm
ISBN 7-5028-1265-2(精装):¥60.00

P3-05 038558
应用地球物理常用数学方法/王向公等编著.—武汉:武汉工业大学出版社,1995.7.—237 页;26cm
ISBN 7-5629-1018-9:¥19.80

P3-53 038559
地球科学中的不可逆现象和动力系统分析/(比利时)尼科里斯(Nicolis,C.),( )尼科里斯(Nicolis,G.)主编;罗久里等译.—成都:四川大学出版社,1995.6.—658 页;20cm
ISBN 7-5614-1022-0(精装):¥30.00

P3-54 038560
中国地球物理学会年刊 1995 年/中国地球物理学会编.—北京:石油工业出版社,1995.9.—474 页;26cm
ISBN 7-5021-1585-4:¥39.50

P31 大地(岩石界)物理学(固体地球物理学)

P315 038561
地震力学:地震临震预测预报物理基础/高福晖编著.—成都:四川科学技术出版社,1995.4.—414 页;20cm
ISBN 7-5364-3034-5(精装):¥20.00

P315-53 038562
发展中的地震科学研究:纪念海城地震成功预报二十周年学术讨论会论文集/卢造勋主编;辽宁省地震局

编.—北京:地震出版社,1995.5.—343页;26cm
ISBN 7-5028-1222-9:¥30.00
P315-53　038563
防震减灾论文集/全国中心城市《防震减灾论文集》编委会编.—北京:地震出版社,1995.6.—182页;26cm
ISBN 7-5028-0805-1:¥12.00
P315-53　038564
山东青州地震研究与地震区划/王华林主编.—北京:地震出版社,1995.10.—179页;26cm
ISBN 7-5028-1255-5:¥20.00
P315.01　038565
地震科学中的非线性问题　(2)/陈英方等编著.—北京:地震出版社,1995.6.—135页;19cm
ISBN 7-5028-1153-2:¥6.00
P315.01　038566
活动断裂地震潜势的定量评估/闻学泽著.—北京:地震出版社,1995.10.—150页;26cm
ISBN 7-5028-1277-6:¥15.00
P315.1　038567
注水诱发地震研究/赵根模,张德元编著.—北京:地震出版社,1995.6.—151页;20cm
ISBN 7-5028-1235-0:¥8.00
P315.2　038568
地震褶皱带及有关盆地/(美)巴利(Bally,A.W.)著;漆家福等译.—北京:石油工业出版社,1995.9.—409页;26cm
ISBN 7-5021-1451-3:¥26.00
P315.2　038569
跨断层测量基础理论及标准化研究/游丽兰等编著.—北京:地震出版社,1995.10.—133页;20cm
ISBN 7-5028-1257-1:¥7.00
P315.3　038570
数字地震波形分析/朱文林等编译.—北京:测绘出版社,1995.6.—390页;26cm
ISBN 7-5030-0800-8:¥25.00
P315.6　038571
油田地震信息监测研究与应用/张德元等主编.—北京:地震出版社,1995.5.—180页;26cm
ISBN 7-5028-1193-1:¥15.00
P315.61　038572
地震地下流体观测技术/孙其政主编;国家地震局科技监测司编.—北京:地震出版社,1995.7.—263页;26cm
地震监测技术系统系列教材
ISBN 7-5028-1207-5:¥20.00
P315.61　038573
地震地形变观测技术/国家地震局科技监测司编.—北京:地震出版社,1995.11.—427页;26cm
地震监测技术系统系列教材
ISBN 7-5028-1206-7:¥30.00
P315.61　038574
地震电磁观测技术/钱家栋,林云芳主编;国家地震局科技监测司编.—北京:地震出版社,1995.10.—324页;26cm
地震监测技术系统系列教材
ISBN 7-5028-1204-0:¥20.00
P315.61　038575
地震观测技术/张奕麟主编;国家地震局科技监测司编　.—北京:地震出版社,1995.11.—501页;26cm
地震监测技术系统系列教材
ISBN 7-5028-1205-9:¥40.00
P315.63　038576
地震数据信息技术/国家地震局科技监测司编.—北京:地震出版社,1995.11.—258页;26cm
地震监测技术系统系列教材
ISBN 7-5028-1203-2:¥15.00
P315.63　038577
地震资料人机交互解释/王强等编著.—北京:石油工业出版社,1995.1.—178页;26cm
ISBN 7-5021-1411-4:¥14.00
P315.63-53　038578
地震资料处理技术论文集/张德忠,高章伟编　.—北京:石油工业出版社,1995.6.—533页;26cm
ISBN 7-5021-1468-8:¥20.00
P315.7　038579
地震地下水手册/贾化周等主编;万迪堃等编写.—北京:地震出版社,1995.6.—670页;20cm
ISBN 7-5028-1116-8:¥25.00
P315.7　038580
地震危险性预测:1996年度/国家地震局地质研究所编.—北京:地震出版社,1995.12.—86页;26cm
内部发行
ISBN 7-5028-1314-4:¥10.00
P315.7　038581
地震预报研究　第七辑/国家地震局分析预报中心编.—北京:地震出版社,1995.12.—217页;26cm
ISBN 7-5028-1325-X:¥20.00
P315.7　038582
中国地震趋势预测研究:1996年度/国家地震局分析预报中心编.—北京:地震出版社,1995.12.—188页;26cm
内部发行
ISBN 7-5028-1315-2:¥18.00
P315.782　038583
中国地震台网观测报告　1991:汉英文对照/国家地震局地球物理研究所编.—北京:地震出版社,1995.1.—836页;26cm
ISBN 7-5028-1209-1:¥60.00
P315.9　038584
核工程地震安全性评价方法的研究:以南口工程场地为例/时振梁等主编.—北京:地震出版社,1995.12.—251页;26cm
ISBN 7-5028-1254-7:¥30.00
P315.9　038585
十年尺度中国地震灾害损失预测研究/陈颙等主编.—北京:地震出版社,1995.7.—106页;26cm
ISBN 7-5028-1239-3:¥12.00
P315.9　038586

石油化工设备抗震/项忠权,孙家孔主编.—北京:地震出版社,1995.12.—352页;26cm

ISBN 7-5028-1269-5: ¥30.00

P315.9 038587

中国地震灾害损失预测图集/陈颙主编;十年尺度中国地震灾害损失预测研究组编制.—北京:科学出版社,1995.10.—46页;26×37cm

ISBN 7-03-005286-2: ¥150.00

P315.9 038588

中国地震灾害损失预测研究专辑 (三):地震灾害评估/李树侦编著.—北京:地震出版社,1995.8.—205页;20cm

ISBN 7-5028-1227-X: ¥8.50

P315.9 038589

濮阳市城市抗震防灾规划/何文超,李杰主编.—北京:中国科学技术出版社,1995.7.—135页:图;26cm

ISBN 7-5046-1999-X: ¥38.00

①P315.9②D912.1 038590

美日等九国综合防震减灾立法与规划/卢振恒等编译.—北京:地震出版社,1995.9.—188页;26cm

ISBN 7-5028-1253-9: ¥15.00

P315.9-49 038591

防震减灾知识读本/邓凯生主编;南昌市地震办公室,江西省南昌中心地震台组编.—南昌:江西科学技术出版社,1995.12.—74页;19cm

ISBN 7-5390-1031-2: ¥6.00

P315.9-65 038592

《破坏性地震应急条例》讲话/邹其嘉,金祖彬主编;《<破坏性地震应急条例>讲话》编写组编.—北京:地震出版社,1995.6.—108页;19cm

ISBN 7-5028-1240-7: ¥4.50

P316.2 038593

地震灾害的航空遥感信息快速评估与救灾决策/陈鑫连主编.—北京:科学出版社,1995.12.—123页;26cm

ISBN 7-03-005174-2: ¥15.00

P316.2 038594

中国地震灾害损失预测研究专辑 (四):地震灾害及损失预测方法/尹之潜著.—北京:地震出版社,1995.9.—201页;20cm

ISBN 7-5028-1258-X: ¥10.00

P316.2 038595

中国近代地震文献编要:1900~1949/陈尚平等编.—北京:地震出版社,1995.7.—392页;26cm

ISBN 7-5028-1245-8: ¥35.00

P316.2 038596

中国历史强震目录:公元前23世纪~公元1911年/闵子群主编;国家地震局震害防御司编.—北京:地震出版社,1995.5.—514页;26cm

ISBN 7-5028-1152-4: ¥50.00

P316.2 038597

中国强震记录汇报 第八集:新丰江地震强震记录常规处理报告/国家地震局震害防御司编.—北京:地震出版社,1995.7.—264页;26cm

ISBN 7-5028-1219-9: ¥25.00

P316.2-54 038598

中国地震年报 1991/国家地震局地球物理研究所编.—北京:地震出版社,1995.1.—483页;26cm

ISBN 7-5028-1208-3: ¥50.00

P316.2-54 038599

中国地震年鉴 1993/陈颙主编.—北京:地震出版社,1995.12.—442页:彩照;26cm

ISBN 7-5028-1288-1(精装): ¥60.00

P316.25 038600

黄海及其周围地区历史地震/吴戈主编.—北京:地震出版社,1995.11.—347页;26cm

ISBN 7-5028-1214-8: ¥30.00

P316.252 038601

山东省地震目录:1981~1990/山东省地震局编.—北京:地震出版社,1995.11.—128页;26cm

ISBN 7-5028-1249-0: ¥12.00

P316.313 038602

日本阪神大地震考察/中国赴日地震考察团编.—北京:地震出版社,1995.12.—81页:彩照;26cm

ISBN 7-5028-1272-5: ¥30.00

P317-53 038603

火山作用与人类环境/刘若新主编.—北京:地震出版社,1995.10.—207页;26cm

ISBN 7-5028-1250-4: ¥15.00

P317.6-49 038604

勇探火山口/(英)普赖斯(Price,W.)著;杰夫译.—北京:北京少年儿童出版社,1995.1.—191页;19cm.—(哈尔罗杰历险记)

ISBN 7-5301-0498-5: ¥4.50

P319.1 038605

空间电学/庄洪春编著.—北京:科学出版社,1995.6.—828页;20cm

ISBN 7-03-003868-1: ¥64.80

P33 水文学(水界物理学)

P33 038606

古水文学的气候推绎法/王红亚著.—北京:地质出版社,1995.12.—102页;26cm

ISBN 7-116-01983-9: ¥8.00

P33 038607

水文遥感/魏文秋主编.—北京:水利电力出版社,1995.9.—100页;26cm

高等学校教材

ISBN 7-120-02233-4: ¥4.00

①P33-49②P426.6-49 038608

水的秘密/孙德佩编著.—石家庄:河北教育出版社,1995.6.—58页;19cm.—(小科学家丛书/葛翠琳主编)

ISBN 7-5434-1956-4: ¥2.25

P332.5 038609

灌区泥沙与测验/袁光耀等编著.—郑州:黄河水利出版社,1995.8.—178页;20cm

ISBN 7-80621-036-9: ¥10.20

P333.6　　038610

水文统计学/曾庆生主编.—北京:水利电力出版社,1995.9.—232页;26cm

中等专业学校教材

ISBN 7-120-02168-0: ¥8.50

P333.9　　038611

水文地质计算的数值方法/孙峰根等编著.—徐州:中国矿业大学出版社,1995.6.—239页;26cm

高等学校规划教材

ISBN 7-81040-377-X: ¥8.80

P333.9　　038612

水文水资源系统模糊集分析理论及应用/邱林等著.—郑州:黄河水利出版社,1995.10.—166页;20cm

ISBN 7-80621-030-X: ¥6.40

P338　　038613

常用水文预报算法和计算程序/翟家瑞编著.—郑州:黄河水利出版社,1995.6.—178页;20cm

ISBN 7-80621-007-5: ¥8.00

P338-53　　038614

第二次中美水文情报预报研讨会论文集/水利部水文水利调度中心编.—北京:中国水利水电出版社,1995.11.—344页;26cm

ISBN 7-80124-048-0(精装): ¥48.00

P343　　038615

城市水文学概论/周乃晟,贺宝根编译.—上海:华东师范大学出版社,1995.4.—204页;20cm

ISBN 7-5617-1251-0: ¥7.90

①P343.6-55②P642.14-55　　038616

中国科学院兰州冰川冻土研究所集刊　第8号:雪灾遥感监测与寒区信息系统研究专辑/程国栋主编;中国科学院兰州冰川冻土研究所编辑.—北京:科学出版社,1995.9.—156页;26cm

ISBN 7-03-005062-2: ¥15.00

P343.716.61　　038617

1990年国际横穿南极考察队冰川学考察报告:1989~1994/秦大河主编.—北京:科学出版社,1995.1.—117页;26cm

ISBN 7-03-004613-7: ¥12.00

P344.2　　038618

中国的河流/黄锡荃等编著.—北京:商务印书馆,1995.3.—211页;19cm.—(中国自然地理知识丛书)

ISBN 7-100-01482-4: ¥7.80

P344.2　　038619

中国水文区划/熊怡等著.—北京:科学出版社,1995.3.—206页;26cm

ISBN 7-03-004369-3: ¥18.00

P35　高层大气与空间物理学

P35-05　　038620

概率论与微大气物理学/温景嵩著.—北京:中国气象出版社,1995.6.—316页;20cm

ISBN 7-5029-1895-7: ¥12.00

P351　　038621

大气气溶胶教程/章澄昌,周文贤编著.—北京:中国气象出版社,1995.6.—328页;20cm

ISBN 7-5029-1816-7: ¥7.50

P351-62　　038622

大气电学手册/孙景群编著.—北京:科学出版社,1995.4.—188页;26cm

ISBN 7-03-004447-9: ¥19.30

P354　　038623

空间等离子体数值模拟/傅竹风,胡友秋编著.—合肥:安徽科学技术出版社,1995.7.—587页;20cm

ISBN 7-5337-1022-3: ¥10.00

P4　气象学

P4　　038624

气象学/林葆威主编;《气象学》编写组编.—2版.—北京:中国林业出版社,1995.2.—250页;19cm

全国中等林业学校教材　营林类专业通用

ISBN 7-5038-1242-7: ¥4.20

P4　　038625

气象学/江仁主编.—2版.—北京:中国农业出版社,1995.10.—211页:图;26cm

全国高等农业院校教材　捕捞和资源专业用

ISBN 7-109-03748-7: ¥16.90

P4-05　　038626

气候物理学/(葡)佩索托(Peixoto,J.P.),(美)奥特(Oort,A.H.)著;吴国雄等译.—北京:气象出版社,1995.5.—415页;26cm

ISBN 7-5029-1917-1: ¥30.00

P4-092　　038627

中国近代气象史资料/王世平主编;中国近代气象史资料编委会编.—北京:气象出版社,1995.6.—293页;26cm

ISBN 7-5029-1967-8: ¥22.00

P4-12　　038628

延安时代的气象事业/《延安时代的气象事业》编纂委员会编著.—北京:气象出版社,1995.4.—226页:照片;20cm

ISBN 7-5029-1898-1(精装): ¥15.00

P4-12　　038629

延安时代的气象事业/《延安时代的气象事业》编纂委员会编著.—北京:中国气象出版社,1995.4.—226页:照片;20cm

ISBN 7-5029-1898-1: ¥7.00

P4-24　　038630

中国与世界气象组织:汉英对照/王才芳主编.—北京:中国气象出版社,1995.—115页:照片;29cm

ISBN 7-5029-1909-0: ¥0.00

P4-49　　038631

变幻的天宫/邓群辅,王宗健编著;姜炳清绘.—济南:明天出版社,1995.4.—152页;20cm.—(全国小学

生课外丛书/李仲汉主编)
全套120册,总定价:385.00元
ISBN 7-5332-2142-7:¥0.00

P4-54 038632
气象统计年鉴 1993/中国气象局计划财务司编.—北京:中国气象出版社,1995.—317页;26cm
内部发行
ISBN 7-5029-1882-5(精装):¥22.60

P4-61 038633
汉维气象学词典/阿不都克里木·热西提等编.—乌鲁木齐:新疆人民出版社,1995.12.—296页;20cm
ISBN 7-228-03769-3:¥12.50

P41 气象观测

P41 038634
塔里木盆地腹部气象资料整编:1988~1994/朱瑞兆等编.—北京:中国气象出版社,1995.10.—495页;26cm
ISBN 7-5029-2066-8(精装):¥100.00

P412.3 038635
南极与全球气候环境的相互作用和影响研究进展/周秀骥主编.—北京:科学出版社,1995.12.—200页;26cm
ISBN 7-03-004637-4:¥22.00

P42 气象基本要素、大气现象

P42-44 038636
大气科学研究生资格考试试题及题解/励申申等编译.—北京:气象出版社,1995.5.—180页;19cm
内部发行
ISBN 7-5029-1891-4:¥6.40

P421.33 038637
全球大气臭氧总量地面观测资料/陆龙骅等整编.—北京:气象出版社,1995.3.—207页;26cm
ISBN 7-5029-1864-1:¥50.00

P425.5 038638
黑风暴/夏训诚等著.—北京:科学出版社,1995.1.—32页;19cm
ISBN 7-03-004646-3:¥2.00

P426.5 038639
中国云天/束家鑫,鲍宝堂编著.—上海:上海科学普及出版社,1995.8.—205页;26cm
ISBN 7-5427-0934-8(精装):¥48.00

P426.6 038640
地形降水气候学/林之光编著.—北京:科学出版社,1995.1.—407页;26cm
ISBN 7-03-003932-7(精装):¥27.00

P426.61 038641
背景降水:中美科技合作全球内陆降水背景值研究/刘嘉麒等著.—北京:中国环境科学出版社,1995.6.—104页:彩图;26cm
ISBN 7-80093-760-7:¥25.00

P426.616 038642
广西各市县历代水旱灾害纪实/冼光位主编;广西壮族自治区通志馆编.—南宁:广西人民出版社,1995.4.—458页;26cm
ISBN 7-219-02970-5:¥38.00

P426.62-64 038643
长江中上游地区暴雨气候图集/赵明明主编.—北京:中国气象出版社,1995.9.—115页;26cm
ISBN 7-5029-2063-3:¥35.00

P44 天气学

P44-49 038644
天气和人类活动/( )Demillo, R.编著.—广州:广东人民出版社;香港:纬辉电子出版公司,1995.12.—232页:图;26cm.—(环保·生活·健康系列)
ISBN 7-218-01660-X:¥59.00

P446 038645
现代防雷技术基础/虞昊等编著.—北京:中国气象出版社,1995.9.—178页;26cm
ISBN 7-5029-2046-3:¥15.00

P446 038646
现代防雷技术基础/虞昊等编著.—北京:清华大学出版社,1995.12.—235页;26cm
ISBN 7-302-01993-2:¥16.50

P45 天气预报

P45 038647
气象科研与预报中的多元分析方法/施能编著.—北京:气象出版社,1995.4.—344页;19cm
ISBN 7-5029-1854-X:¥11.60

P45 038648
天气预报业务现代化概论/李建辉编著.—北京:气象出版社,1995.3.—157页;26cm
ISBN 7-5029-1825-6:¥9.00

P45-62 038649
天气预报业务手册/崔玉玺等编.—北京:中国气象出版社,1995.5.—248页;26cm
ISBN 7-5029-1838-8:¥16.50

P456.7 038650
长期数值天气预报/丑纪范,郜吉东著.—修订本.—北京:气象出版社,1995.11.—353页;20cm
ISBN 7-5029-1973-2:¥12.00

P456.7 038651
数值天气预报中的若干新技术/廖洞贤,柳崇健主编.—北京:气象出版社,1995.7.—453页;20cm
干部继续教育系列教材
ISBN 7-5029-1732-2:¥28.00

P457.8-62 038652
全球热带气旋预报指南:世界气象组织技术文件/世界气象组织(WMO)编;裘国庆等译.—北京:气象出版

社,1995.6.—235 页;26cm
ISBN 7-5029-1875-2:¥15.00

P46 气候学

P46 038653
理论气候学/林振山,杨修群编著.—南京:南京大学出版社,1995.5.—330 页;26cm
ISBN 7-305-02810-X:¥19.80

P46 038654
气候动力学引论/李崇银编著.—北京:中国气象出版社,1995.7.—461 页;26cm
ISBN 7-5029-1834-5:¥38.00

P46 038655
气候学/刘继韩编著.—北京:北京大学出版社,1995.4.—163 页;26cm
ISBN 7-301-02658-7:¥10.70

P46 038656
气候资源与开发利用/傅抱璞主编.—北京:中国气象出版社,1995.7.—172 页;26cm
ISBN 7-5029-2008-0:¥12.00

P46 038657
中国的气候及其极值/林之光编著.—北京:商务印书馆,1995.3.—188 页;19cm.—(中国自然地理知识丛书)
ISBN 7-100-01483-2:¥7.30

P46 038658
中国气候与海面变化及其趋势和影响 (四):气候变化对西北华北水资源的影响/施雅风主编.—济南:山东科学技术出版社,1995.5.—369 页;26cm
ISBN 7-5331-1364-0(精装):¥37.90

P461 038659
火山活动对全球气候的影响/李晓东著.—北京:中国科学技术出版社,1995.9.—143 页;26cm
ISBN 7-5046-1385-1:¥17.00

P467 038660
中国科学院兰州高原大气物理研究所青年气候室论文集刊:1993~1994:中国西部区域气候变化及其相关问题的研究/刘晓东主编.—兰州:兰州大学出版社,1995.10.—168 页;26cm
ISBN 7-311-00903-0:¥10.00

①P467②S16 038661
气候变化的证据、原因及其对生态系统的影响/章基嘉编著.—北京:气象出版社,1995.7.—352 页;20cm
ISBN 7-5029-1915-5:¥13.80

P468.2-54 038662
热带旋年鉴 1994/中国气象局编.—北京:气象出版社,1995.5.—151 页;19×26cm
ISBN 175029.5127:¥0.00

P468.245 038663
塔里木气候极值研究及其在油田工程设计中的应用/新疆维吾尔自治区气象科学研究所塔里木石油勘探开发指挥部规划处编.—北京:气象出版社,1995.6.—160 页;26cm
ISBN 7-5029-1995-3:¥12.50

P468.261 038664
河南气候概论/程炳岩主编.—北京:中国气象出版社,1995.5.—301 页;20cm
ISBN 7-5029-1923-6:¥11.80

P468.265 038665
广东海岛气候/陈连宝等主编.—广州:广东科技出版社,1995.8.—95 页;26cm.—(广东海岛资源综合调查)
ISBN 7-5359-1512-4:¥15.00

P5 地质学

P5 038666
地质体运动理论及其应用/蒋志著.—北京:科学出版社,1995.8.—312 页;26cm
ISBN 7-03-004240-9:¥23.00

P5 038667
矿物岩石学/叶转运主编 .—北京:水利电力出版社,1995.5.—238 页;26cm
中等专业学校教材
ISBN 7-120-02064-1:¥8.70

P5 038668
普通地质学/(俄)雅库绍娃(Якушова,А.Ф.)等著;何国琦等译.—北京:北京大学出版社,1995.10.—241 页;26cm.—(北京大学地质学教学参考丛书)
ISBN 7-301-02921-7:¥19.80

P5-45 038669
地质填图实习指南/康继武等编.—徐州:中国矿业大学出版社,1995.6.—214 页;26cm
高等学校规划教材
ISBN 7-81040-380-X:¥7.90

P5-53 038670
地学探索 (11)/中国地质学会青年工作委员会,中国地质大学(武汉)编.—武汉:中国地质大学出版社,1995.10.—102 页;26cm
ISBN 7-5625-1036-9:¥3.50

P5-53 038671
地学研究 第 28 号/中国地质科学院地质研究所主办.—北京:地质出版社,1995.10.—167 页;26cm
ISBN 7-116-01740-2:¥11.00

P5-53 038672
黄懋地质文选/黄懋著;陈惠芳整理.—长沙:中南工业大学出版社,1995.10.—223 页;26cm
ISBN 7-81020-791-1(精装):¥30.00

P5-53 038673
中国地质学科发展的回顾:孙云铸教授百年诞辰纪念文集/王鸿祯主编.—武汉:中国地质大学出版社,1995.10.—227 页;29cm
ISBN 7-5625-1005-9:¥34.00

P5-54 038674
中国地质科学院年报 1994:中英文对照/中国地质

科学院编.—北京:地质出版社,1995.12.—107 页;26cm

ISBN 7-116-02073-X:¥10.00

P5-55　038675

中国科学院地质研究所集刊　第 8 号.—北京:科学出版社,1995.8.—281 页;26cm

ISBN 7-03-004623-4:¥24.80

P5-61　038676

汉英地质学词汇/李道高编.—济南:山东科学技术出版社,1995.8.—336 页;19cm

ISBN 7-5331-1634-8:¥9.00

P5-61　038677

英汉地质词典中文索引/张新元主编.—北京:地质出版社,1995.1.—443 页;26cm

附新增词汇

ISBN 7-116-01674-0:¥58.00

P53 历史地质学、地层学

P53　038678

近代地层学:原理和方法/齐文同编著.—北京:北京大学出版社,1995.6.—134 页;26cm

ISBN 7-301-02606-4:¥9.80

P53　038679

碳酸盐旋回与层序/梅冥相著.—贵阳:贵州科技出版社,1995.1.—245 页;26cm

ISBN 7-80584-406-2:¥17.00

P531　038680

特提斯地质　第 19 号/地质矿产部成都地质矿产研究所,中国地质科学院特提斯地质研究中心编.—北京:地质出版社,1995.7.—156 页;26cm

ISBN 7-116-01881-6:¥9.50

P531-64　038681

云南岩相古地理图集:汉英对照/王祖关主编;云南省地质矿产局编.—昆明:云南科技出版社,1995.11.—228 页;38cm

ISBN 7-5416-0766-5(精装):¥180.00

P534　038682

扬子区及其周缘东吴-印支期生态地层学/殷鸿福等著.—北京:科学出版社,1995.12.—337 页;26cm

ISBN 7-03-004535-1(精装):¥58.00

①P534②P618.130.2　038683

塔里木盆地中、新生界沉积特征与石油地质/陈荣林等著.—南京:河海大学出版社,1995.10.—118 页;26cm

ISBN 7-5630-0945-0:¥15.00

①P534.3②P618.401　038684

新疆库鲁克塔格地区前震旦纪地质与贵重、有色金属矿床/冯本智等著.—北京:地质出版社,1995.3.—282 页;26cm

ISBN 7-116-01758-5:¥17.50

P534.4　038685

山西太原东山晚古生代地层划分对比及古生物研究/何锡麟等著.—长春:吉林大学出版社,1995.12.—149 页;72 页:图版;26cm

ISBN 7-5601-1876-3(精装):¥17.00

P534.42　038686

鄂尔多斯盆地西南缘奥陶纪生物礁/叶俭等著.—北京:地质出版社,1995.12.—67 页:图版;26cm

ISBN 7-116-01976-6:¥8.00

P534.53　038687

松辽盆地白垩纪古气候、沉积旋回、层序地层/王东坡等著.—长春:吉林大学出版社,1995.10.—202 页;26cm

ISBN 7-5601-1824-0:¥15.00

P534.61　038688

河南早第三纪陆相沟鞭藻及其他浮游藻类与油气勘探/茅绍智等著.—武汉:中国地质大学出版社,1995.12.—107 页:图版;26cm

ISBN 7-5625-1041-5:¥9.50

P534.63　038689

北京地区第四纪古地理研究/李华章著.—北京:地质出版社,1995.3.—165 页;26cm

ISBN 7-116-01731-3:¥9.40

P534.63-53　038690

第四纪冰川与第四纪地质论文集　第八集/中国地质学会第四纪冰川与第四纪地质专业委员会,中国地质科学院地质力学研究所编.—北京:地质出版社,1995.7.—174 页;26cm

ISBN 7-116-01835-2:¥9.80

P535　038691

构造地层单位研究/陈克强,汤加富主编.—武汉:中国地质大学出版社,1995.11.—92 页;26cm

ISBN 7-5625-1024-5:¥15.00

P535.23　038692

中国东北环太平洋带构造地层学/王五力等著.—北京:地质出版社,1995.8.—267 页;26cm

ISBN 7-116-01792-5:¥18.50

P535.274　038693

滇中昆阳群因民组地层学与沉积古地理/熊兴武等著.—武汉:中国地质大学出版社,1995.8.—96 页:图版;26cm

ISBN 7-5625-1030-X:¥9.80

P54 构造地质学

P54　038694

构造地质学简明教程/郭颖,李智陵主编.—武汉:中国地质大学出版社,1995.10.—213 页;26cm+附图 1 册

ISBN 7-5625-1000-8:¥12.10

P54　038695

秦岭造山带显生宙构造迁移与陶湾群沉积变形/王作勋等著.—北京:地震出版社,1995.6.—104 页:图版;26cm

ISBN 7-5028-1199-0:¥12.00

P541 038696
东亚北东向块断构造与现代地裂运动/高名修著.—北京:地震出版社,1995.11.—184页;26cm
ISBN 7-5028-1232-6:¥23.00

P541 038697
碰撞造山带大地构造相的变形相及平衡剖面研究/柴育成著.—北京:地质出版社,1995.1.—46页:图版;26cm
ISBN 7-116-01802-6:¥4.50

P542 038698
大陆裂谷对比:汾渭裂谷系与贝加尔裂谷系例析/杨巍然等著.—武汉:中国地质大学出版社,1995.8.—127页;30cm
ISBN 7-5625-1059-8:¥30.00

P542 038699
活动断裂研究理论与应用 (4)/《活动断裂研究》编委会,国家地震局地质研究所编.—北京:地震出版社,1995.2.—201页;26cm
ISBN 7-5028-1196-6:¥15.00

P542 038700
现代地壳运动研究 (6)/国家地震局地质研究所编.—北京:地震出版社,1995.7.—304页;26cm
ISBN 7-5028-1017-X:¥20.00

P548.2 038701
东秦岭——大别造山带大型推覆构造的物理机制及动力学过程/王思敬等著.—北京:地震出版社,1995.7.—140页:图版;26cm
ISBN 7-5028-1248-2:¥12.00

P548.2 038702
云开地块构造演化及片麻状花岗质岩石的剪切深熔成因/彭少梅等著.—武汉:中国地质大学出版社,1995.10.—167页:图版;26cm
ISBN 7-5625-1055-5:¥30.00

P548.2-64 038703
中国波浪状镶嵌构造图:汉英对照/西安地质学院编制.—1:5000000.—北京:地质出版社,1995.—1张;106×154cm+附简要说明1册
ISBN 7-116-01834-4(袋装):¥68.00

P548.21 038704
北京西山地质构造系统分析/李东旭等著.—北京:地质出版社,1995.12.—162页;26cm
ISBN 7-116-02034-9:¥12.00

P548.23 038705
满洲里——绥芬河地学断面域及邻区新构造运动/张庸,王锡魁著.—长春:吉林大学出版社,1995.2.—86页;26cm
ISBN 7-5601-1676-0:¥6.00

P548.23 038706
中国东北地体与东北亚大陆边缘演化/邵济安等著.—北京:地震出版社,1995.12.—185页:图版;26cm
ISBN 7-5028-1283-0:¥20.00

P548.24 038707
青藏高原形成演化、环境变迁与生态系统研究学术论文年刊 1994/青藏项目专家委员会编.—北京:科学出版社,1995.8.—354页;26cm.—(攀登丛书)
ISBN 7-03-004580-7:¥38.00

P548.242 038708
西秦岭造山带的建造与地质演化/霍福臣,李永军著.—西安:西北大学出版社,1995.5.—165页;26cm
ISBN 7-5604-0894-X:¥25.00

P548.245 038709
盆地构造演化与区域构造地质/贾承造等著.—北京:石油工业出版社,1995.10.—174页;26cm.—(塔里木盆地油气勘探丛书/童晓光,梁狄刚主编)
ISBN 7-5021-1609-5:¥25.00

P548.245 038710
盆地构造演化与区域构造地质/贾承造等著.—北京:石油工业出版社,1995.10.—174页;26cm.—(塔里木盆地油气勘探丛书/童晓光,梁狄刚主编)
ISBN 7-5021-1609-5(精装):¥30.00

P548.245 038711
中国新疆西南部喀喇昆仑羌塘地块及康西瓦构造带构造演化/李永安等著.—乌鲁木齐:新疆科技卫生出版社,1995.12.—107页:图版;26cm
ISBN 7-5372-1216-3:¥10.00

P548.245-64 038712
中国新疆北部及邻区构造——建造图:1:1500000/武汉麦普计算机技术有限责任公司编制.—武汉:中国地质大学出版社,1995.4.—1张;106×180cm
ISBN 7-5625-1042-3:¥150.00

P548.25 038713
武夷及其邻区变质基底与构造格局/徐达忠等著.—北京:地质出版社,1995.5.—70页;26cm
ISBN 7-116-01812-3:¥4.30

P548.263 038714
武当山推覆构造的形成与演化/蔡学林等著.—成都:成都科技大学出版社,1995.12.—220页:图;26cm
ISBN 7-5616-3190-1:¥15.00

P548.264-53 038715
清江流域地壳稳定性工程地质研究/吴树仁著.—武汉:中国地质大学出版社,1995.5.—133页:图版;26cm.—(中国地质大学博士论文丛书;5)
ISBN 7-5625-1002-4:¥12.00

P548.275 038716
西藏龙木错——双湖古特提斯缝合带研究/李才等著.—北京:地质出版社,1995.4.—131页:照片;26cm
ISBN 7-116-01883-2:¥8.40

P55 地质力学

P55 038717
地应力测量原理和技术/蔡美峰等著.—北京:科学出版社,1995.11.—232页;20cm
ISBN 7-03-004763-X:¥16.00

P55 038718
地质力学的方法与实践 第四篇(下):现今地壳运动问题/马宗晋,杜品仁编著.—北京:地质出版社,

1995.11.—151 页;26cm
ISBN 7-116-01968-5:¥12.00

P55 038719

地质力学文集　第十集/中国地质科学院地质力学研究所编.—北京:地质出版社,1995.3.—208 页;26cm
ISBN 7-116-01774-7:¥12.00

P55 038720

工程地质力学研究　(一)/王思敬主编;中国科学院地质研究所工程地质力学开放研究实验室编.—北京:地震出版社,1995.3.—197 页;26cm
ISBN 7-5028-0956-2:¥15.00

P55-55 038721

中国地质科学院地质力学研究所所刊　第 16 号/地质力学研究所编.—北京:地质出版社,1995.11.—157 页;26cm
ISBN 7-116-01886-7:¥8.70

P554-54 038722

地质矿产部岩石圈构造与动力学开放研究实验室:1994 年年报/地质矿产部岩石圈构造与动力学开放研究实验室编.—北京:地震出版社,1995.5.—197 页;26cm
ISBN 7-5028-1236-9:¥10.00

P56 区域地质学

P561.661-64 038723

南极洲地质图:1:5000000:汉英对照/中国国家海洋局南极考察办公室,中国地质科学院地质研究所编制.—北京:地质出版社,1995.—1 张;106×154cm+附说明书 1 册
ISBN 7-116-01841-7(袋装):¥80.00

P562.3 038724

清原-夹皮沟绿岩带地质及金的成矿作用/李俊建等著.—天津:天津科学技术出版社,1995.3.—132 页;26cm
ISBN 7-5308-0317-4:¥12.00

P562.41 038725

曲流河与湖泊三角洲沉积体系及典型骨架砂体内部构成分析:鄂尔多斯盆地东缘精细露头储层研究考察指南/焦养泉等著 .—武汉:中国地质大学出版社,1995.7.—32 页:图;26cm
ISBN 7-5625-1003-2:¥25.00

P562.5 038726

长江三峡及邻区巴东组非海相生物群和沉积相/孟繁松等著.—武汉:中国地质大学出版社,1995.1.—76 页;26cm
国家自然科学基金资助项目
ISBN 7-5625-0963-8:¥12.00

P57 矿物学

P57-092 038727

中国近现代矿物学史/崔云昊著.—北京:科学出版社,1995.12.—195 页;20cm
ISBN 7-03-005273-0:¥12.80

P57-49 038728

千锤百练的矿物世界/张乃赓编著.—合肥:安徽少年儿童出版社,1995.12.—200 页;20cm
ISBN 7-5397-1121-3:¥7.00

P574.1-43 038729

光性矿物学简明教程/孟庆丽,胡克编.—北京:地质出版社,1995.12.—88 页;26cm
ISBN 7-116-01994-4:¥15.00

P574.1-53 038730

矿物物理与矿物材料新工艺:全国工艺矿物学专业委员会成立暨首届成果交流会,全国第四届矿物物理矿物材料学术讨论会论文集/彭明生,张惠芬主编.—广州:中山大学出版社,1995.10.—193 页;26cm
ISBN 7-306-01054-9:¥60.00

①P578-43②P619.28 038731

宝石学基础教程/李娅莉,薛秦芳编著.—北京:地质出版社,1995.6.—164 页:彩图;26cm
ISBN 7-116-01786-0(精装):¥33.00

P579 038732

应用矿物学/李英堂等编 .—北京:科学出版社,1995.3.—371 页;20cm
ISBN 7-03-004277-8:¥13.90

P58 岩石学

P58-49 038733

千奇百怪的石头/吴胜明编著.—石家庄:河北教育出版社,1995.6.—106 页;19cm.—(小科学家丛书/葛翠琳主编)
ISBN 7-5434-1956-4:¥3.20

P583 038734

岩石典型结构分析/叶德隆等编著.—武汉:中国地质大学出版社,1995.6.—84 页:图版;26cm
高等学校试用教材
ISBN 7-5625-0997-2:¥7.30

P586-33 038735

硅酸盐岩相学实验/方亭亭主编.—武汉:武汉工业大学出版社,1995.5.—76 页;26cm
ISBN 7-5629-0976-8:¥5.00

P588.1 038736

火成岩岩类学与岩理学/林景仟主编.—北京:地质出版社,1995.12.—226 页;26cm
高等学校教材
ISBN 7-116-01927-8:¥15.00

P588.11 038737

结晶岩组构成因分析/刘春华等编著.—北京:地质出版社,1995.12.—110 页:图版;19cm
ISBN 7-116-01991-X:¥13.50

P588.11 038738

岩浆物理性质和流体动力学/赵海玲编著.—北京:地震出版社,1995.8.—172 页;26cm

ISBN 7-5028-1103-6：¥13.50

P588.12　　**038739**

藏东花岗岩类及其成矿作用/王增等著.—成都：西南交通大学出版社，1995.8.—150页；26cm

ISBN 7-81022-851-X：¥10.00

P588.12　　**038740**

中国超镁铁质岩/董显扬等著.—北京：地质出版社，1995.9.—329页：图版；26cm

ISBN 7-116-01856-5：¥30.00

P588.14　　**038741**

北京燕山期火山地质及火山岩/鲍亦冈等著.—北京：地质出版社，1995.10.—164页；26cm

ISBN 7-116-01742-9：¥15.80

P588.14　　**038742**

额尔齐斯火山岩和成矿作用/于学元等著.—北京：科学出版社，1995.10.—251页；26cm.—(新疆北部固体地球科学系列书/涂光炽主编)

ISBN 7-03-004678-1(精装)：¥37.00

P588.2　　**038743**

沉积学及岩相古地理学新进展/王英华等编.—北京：石油工业出版社，1995.7.—686页；26cm

ISBN 7-5021-1542-0：¥50.00

P588.24　　**038744**

碳酸盐岩有机岩石学：显微组分特征、成因、演化及其与油气关系/钟宁宁，秦勇著.—北京：科学出版社，1995.11.—196页：图版；26cm

ISBN 7-03-004650-1：¥38.00

①P588.24②X142　　**038745**

碳酸盐岩与环境　卷一/万国江等著.—北京：地震出版社，1995.12.—90页；26cm

ISBN 7-5028-1256-3：¥13.00

P588.34　　**038746**

西南天山蛇绿岩和蓝片岩/汤耀庆等著.—北京：地质出版社，1995.12.—133页；26cm

ISBN 7-116-01996-0：¥12.00

P59　地球化学

P594-53　　**038747**

全国第四届构造地球化学学术讨论会论文集/吴学益，冉清昌主编.—贵阳：贵州科技出版社，1995.10.—211页；26cm

ISBN 7-80584-491-7：¥22.80

P595　　**038748**

干酪根地球化学/傅家谟，秦匡宗主编.—广州：广东科技出版社，1995.12.—637页；26cm

ISBN 7-5359-1538-8(精装)：¥80.00

P596.2　　**038749**

横断山区花岗岩类地球化学/张玉泉等著.—北京：科学出版社，1995.6.—187页；26cm.—(青藏高原横断山区科学考察丛书)

ISBN 7-03-004577-5：¥37.00

P596.2　　**038750**

中国西北干旱气候区亲铜元素矿床表生地球化学/马民涛著.—长春：吉林大学出版社，1995.9.—143页；26cm

ISBN 7-5601-1813-5：¥13.50

P596.2　　**038751**

郯庐断裂带南段构造地球化学研究/王奎仁等著.—合肥：中国科学技术大学出版社，1995.2.—115页：照片；26cm

ISBN 7-312-00667-1：¥9.50

①P596.2②P618.440.627　　**038752**

横断山区锡矿带地球化学/中国科学院青藏高原综合科学考察队编；谢应雯等著.—北京：地质出版社，1995.8.—110页；26cm.—(青藏高原横断山区科学考察丛书)

ISBN 7-116-01921-9：¥11.80

P597　　**038753**

东亚岩石圈块体地质：上地幔、基底和花岗岩同位素地球化学及其动力学/张理刚等著.—北京：科学出版社，1995.2.—252页；26cm

ISBN 7-03-004584-X(精装)：¥30.00

P599　　**038754**

高温高压实验地球化学/赵斌等著.—北京：科学出版社，1995.12.—266页；26cm

ISBN 7-03-004590-4：¥29.80

P61　矿床学

P61-53　　**038755**

走向地学新世纪：首届有色系统青年地质工作者学术讨论会论文集/傅水兴，祝新友主编.—北京：冶金工业出版社，1995.4.—515页；26cm

ISBN 7-5024-1706-0：¥35.00

P61-62　　**038756**

地质矿产实验室指南/高梅芳等编.—北京：地质出版社，1995.6.—178页；26cm

ISBN 7-116-01838-7：¥11.50

P611.2　　**038757**

鄂尔多斯盆地中部下中侏罗统沉积体系和层序地层/李宝芳等著.—北京：地质出版社，1995.7.—137页：图；26cm

ISBN 7-116-01920-0：¥14.00

P612　　**038758**

大比例尺成矿预测方法/胡惠民等编著.—北京：地质出版社，1995.10.—175页；26cm

ISBN 7-116-01931-6：¥13.50

P612-53　　**038759**

预测找矿文集/中国地质科学院成矿远景区划室汇编.—北京：地质出版社，1995.6.—169页；26cm

ISBN 7-116-01897-2：¥13.00

P617.2　　**038760**

三江地区义敦岛弧构造-岩浆演化与火山成因块状硫化物矿床/侯增谦等著.—北京：地震出版社，1995.12.—218页；26cm

ISBN 7－5028－1335－7：￥18.00

P617.2　　038761

中国矿床模式/裴荣富主编.—北京:地质出版社,1995.6.—357页;26cm

ISBN 7－116－01839－5：￥26.60

P617.267　　038762

桂北地区矿床成矿系列和成矿历史演化轨迹/陈毓川等著.—南宁:广西科学技术出版社,1995.3.—433页;26cm

ISBN 7－80619－113－5：￥32.00

P617.274－53　　038763

昆阳群·矿床地质论文集/薛步高著 .—昆明:云南科技出版社,1995.7.—503页;26cm

ISBN 7－5416－0722－3：￥26.00

P618.11　　038764

大兴安岭地区晚中生代成煤植物/何德长著.—北京:煤炭工业出版社,1995.3.—30,35页:图版;26cm

ISBN 7－5020－1134－X：￥15.00

P618.11　　038765

矿井物探应用/储绍良主编.—北京:煤炭工业出版社,1995.10.—258页;26cm

ISBN 7－5020－1113－7：￥18.90

P618.11　　038766

煤田地质与勘探方法/王定武,王运泉编 .—徐州:中国矿业大学出版社,1995.4.—171页;26cm

高等学校规划教材

ISBN 7－81040－349－4：￥6.50

P618.11　　038767

煤田电法勘探数字解释基础　(26)/李志聃等编著.—北京:煤炭工业出版社,1995.9.—234页;26cm

高等学校规划教材

ISBN 7－5020－1159－5：￥11.85

P618.11－53　　038768

第四届全国煤岩学学术讨论会论文选集　1995 /孙达三主编.—西安:陕西科学技术出版社,1995.7.—143页;26cm

ISBN 7－5369－2356－2：￥25.00

P618.110.2　　038769

含煤岩系沉积体系研究——以鲁西南煤田为例/李增学等著.—北京:地震出版社,1995.5.—106页;26cm

ISBN 7－5028－1238－5：￥10.00

P618.110.2　　038770

乌达矿区含煤地层沉积环境及其对矿山开采的影响/彭苏萍等著.—北京:煤炭工业出版社,1995.11.—99页:图版;26cm

ISBN 7－5020－1273－7：￥21.00

P618.110.2　　038771

徐州地区晚古生代含煤地层及生物群/王祥珍等著.—北京:北京科学技术出版社,1995.8.—326页:图版;26cm

ISBN 7－5304－1787－8：￥45.00

P618.110.2　　038772

中国主要聚煤期沉积环境与聚煤规律/张韬等编著.—北京:地质出版社,1995.12.—273页;26cm.—(中国煤炭资源丛书;4)

ISBN 7－116－01932－4：￥25.50

P618.110.62　　038773

中国煤炭资源远景预测/胡天玉等编著.—北京:地质出版社,1995.3.—125页;26cm.—(中国煤炭资源丛书;6)

ISBN 7－116－01783－6：￥8.10

P618.110.64　　038774

西北早－中侏罗世煤岩煤质与煤变质研究/吴传荣等著.—北京:煤炭工业出版社,1995.3.—168页:图版;26cm

ISBN 7－5020－1000－9：￥17.00

P618.110.8　　038775

煤田钻探工程　第八分册:微机在钻探中的应用/中国煤田地质总局编著.—北京:煤炭工业出版社,1995.8.—359页;26cm

ISBN 7－5020－1103－X：￥25.60

P618.110.8　　038776

煤田钻探工程　第三分册:钻探工艺/中国煤田地质总局编著.—北京:煤炭工业出版社,1995.10.—327页;26cm

ISBN 7－5020－1193－5：￥23.50

P618.110.8　　038777

煤田钻探工程　第十分册:煤田钻探安全技术/中国煤田地质总局编著.—北京:煤炭工业出版社,1995.2.—265页;26cm

ISBN 7－5020－1017－3：￥19.00

P618.117　　038778

中国北方沿海泥炭与环境/李汉鼎等著.—北京:海洋出版社,1995.10.—160页;26cm

ISBN 7－5027－1838－9：￥15.00

P618.13　　038779

超深井成烃成岩体系研究/朱家祥等著.—上海:同济大学出版社,1995.12.—199页:图版;26cm

ISBN 7－5608－1625－8：￥20.00

P618.13　　038780

欧庆贤石油物探文选/欧庆贤著.—北京:石油工业出版社,1995.8.—183页:彩照;20cm

ISBN 7－5021－1496－3：￥15.00

P618.13　　038781

油气藏多学科综合研究/张一伟等编.—北京:石油工业出版社,1995.8.—237页;26cm

ISBN 7－5021－1493－9：￥16.00

P618.13　　038782

油气地球化学勘查/杨育斌等编著.—武汉:中国地质大学出版社,1995.3.—290页;26cm

ISBN 7－5625－0975－1：￥24.80

P618.13　　038783

蒸发边缘海相储层的研究/吕炳全等著.—上海:同济大学出版社,1995.3.—126页;26cm

ISBN 7－5608－1552－9：￥16.00

P618.13　　038784

中俄土天然气地质研究新进展/中俄土合作研究项目组编著.—北京:石油工业出版社,1995.5.—234页;

26cm
ISBN 7-5021-1394-0:¥20.00

P618.13　　038785
中国东部无机成因气及其气藏形成条件/戴金星等著.—北京:科学出版社,1995.1.—212页;26cm
ISBN 7-03-004435-5(精装):¥22.80

P618.13　　038786
中国非常规油气地质/关德师等著.—北京:石油工业出版社,1995.9.—288页;26cm
ISBN 7-5021-1260-X:¥15.80

P618.13　　038787
中国陆相盆地油气勘探实践/张文昭著.—北京:石油工业出版社,1995.6.—400页:彩照;26cm
ISBN 7-5021-1377-0(精装):¥38.00

P618.13　　038788
中国石油物探:汉英对照/中国石油天然气总公司勘探局编.—北京:新华出版社,1995.4.—169页;29cm
ISBN 7-5011-2828-6(精装):¥168.00

P618.13-53　　038789
石油勘探新进展国际研讨会论文集/史训和,张一伟主编.—北京:地质出版社,1995.11.—245页;26cm
ISBN 7-116-01919-7:¥23.80

P618.13-53　　038790
新区油气勘探论文集　1994/中国石油天然气总公司勘探局新区勘探事业部编.—北京:石油工业出版社,1995.12.—253页:彩图;26cm
内部发行
ISBN 7-5021-1633-8:¥28.00

P618.13-53　　038791
油气化探文集/刘崇禧主编.—北京:地质出版社,1995.3.—201页;26cm
ISBN 7-116-01727-5:¥10.90

P618.130.1　　038792
煤成油的形成和成烃机理:煤成油研究项目成果(二)/黄第藩等著.—北京:石油工业出版社,1995.6.—425页:照片;30cm
ISBN 7-5021-1423-8(精装):¥48.00

P618.130.1　　038793
排烃门限控油气理论与应用/庞雄奇著.—北京:石油工业出版社,1995.10.—297页;26cm
ISBN 7-5021-1621-4:¥28.00

P618.130.1　　038794
塔里木盆地油气藏/周兴熙等著.—北京:石油工业出版社,1995.10.—110页;26cm.—(塔里木盆地油气勘探丛书/童晓光,梁狄刚主编)
ISBN 7-5021-1520-X:¥20.00

P618.130.1　　038795
中国北部壳体与天然气盆地演化-运动的历程/欧阳沙怀等著　.—长沙:中南工业大学出版社,1995.12.—128页;26cm.—(地洼学说丛书·油气成矿学;3)
封面书名为:"中国北部壳体形成与天然气盆地演化-运动的历程"。
ISBN 7-81020-825-X:¥20.00

P618.130.2　　038796
低熟油气形成机理与分布/王铁冠等著.—北京:石油工业出版社,1995.6.—235页:照片;26cm
ISBN 7-5021-1454-8:¥25.00

P618.130.2　　038797
地面-地下对比建立储层精细地质模型/林克湘等著.—北京:石油工业出版社,1995.11.—154页:彩图;26cm
ISBN 7-5021-1603-6:¥18.00

P618.130.2　　038798
构造与油气圈闭/严伦等著.—北京:石油工业出版社,1995.9.—201页;26cm.—(塔里木盆地油气勘探丛书/童晓光,梁狄刚主编)
ISBN 7-5021-1414-9(精装):¥30.00

P618.130.2　　038799
古岩溶与储层研究:陕甘宁盆地东缘奥陶系顶部储层特征/王宝清等著.—北京:石油工业出版社,1995.8.—171页:彩照;26cm
ISBN 7-5021-1543-9:¥14.00

P618.130.2　　038800
古岩溶与油气储层/蓝光志等编著.—北京:石油工业出版社,1995.10.—198页;26cm
ISBN 7-5021-1595-1:¥13.80

P618.130.2　　038801
含油气断陷湖盆盆地分析/朱筱敏编著.—北京:石油工业出版社,1995.2.—172页;26cm
ISBN 7-5021-1390-8:¥14.50

P618.130.2　　038802
灰色理论油气储层评价/宋子齐,谭成仟著.—北京:石油工业出版社,1995.8.—166页;26cm
ISBN 7-5021-1532-3:¥19.00

P618.130.2　　038803
酒泉盆地陆相石油地质特征及勘探实践/霍永录,谭试典著.—北京:石油工业出版社,1995.8.—210页:彩图;26cm
ISBN 7-5021-1544-7:¥15.00

P618.130.2　　038804
陆相油气地球化学研究/侯读杰等著.—武汉:中国地质大学出版社,1995.12.—147页;26cm
ISBN 7-5625-1033-4:¥12.50

P618.130.2　　038805
碳酸盐岩天然气储层地质学:以川东石炭系为例/张高信著.—北京:石油工业出版社,1995.6.—282页;26cm
ISBN 7-5021-1430-0:¥28.00

P618.130.2　　038806
天然气藏的形成和保存/郝石生等著.—北京:石油工业出版社,1995.6.—192页;26cm
ISBN 7-5021-1457-2:¥18.00

P618.130.2　　038807
烃源岩地球化学/程克明等著　.—北京:科学出版社,1995.12.—274页:图版;26cm
ISBN 7-03-004607-2(精装):¥41.70

P618.130.2　　038808
下辽河——辽东湾新生代裂陷盆地的构造解析/漆

家福,陈发景著.—北京:地质出版社,1995.4.—152页;26cm
ISBN 7-116-01716-X:¥8.60

P618.130.2 038809
中国大陆板块构造与含油气盆地评价/张恺著.—北京:石油工业出版社,1995.10.—307页;26cm
ISBN 7-5021-1383-5:¥19.80

P618.130.2 038810
中国典型含油气盆地综合地球物理研究/王家林,吴健生主编.—上海:同济大学出版社,1995.12.—142页;26cm
ISBN 7-5608-1761-0:¥15.00

P618.130.2 038811
中国古生代海相成油特征/康玉柱著.—乌鲁木齐:新疆科技卫生出版社,1995.2.—138页;26cm
ISBN 7-5372-0945-6:¥28.00

P618.130.2 038812
中国含油气盆地粘土矿物/赵杏媛等著.—武汉:中国地质大学出版社,1995.4.—307页:照片;26cm
ISBN 7-5625-1017-2:¥30.00

P618.130.2 038813
中国天然气地质/冯福闿等著.—北京:地质出版社,1995.12.—355页;26cm
ISBN 7-116-01924-3:¥35.00

P618.130.2 038814
准噶尔盆地天然气聚集区带地质特征/宋岩主编.—北京:石油工业出版社,1995.12.—172页;26cm
ISBN 7-5021-1614-1:¥15.00

P618.130.62 038815
中国中部大气田研究与勘探/胡朝元主编.—北京:石油工业出版社,1995.12.—390页;26cm
ISBN 7-5021-1461-0:¥30.00

P618.130.622.2 038816
黄骅坳陷断块运动学与油气聚集规律/张兴著.—北京:石油工业出版社,1995.10.—128页;26cm
ISBN 7-5021-1618-4(精装):¥25.00

P618.130.624.5 038817
储集层与油气分布/陈永武等著.—北京:石油工业出版社,1995.12.—287页:图;26cm.—(塔里木盆地油气勘探丛书/童晓光,梁狄刚主编)
ISBN 7-5021-1626-5:¥32.00

P618.130.671.2 038818
美国油气田分布规律和勘探经验/胡文海,陈冬晴主编.—北京:石油工业出版社,1995.5.—515页;26cm
ISBN 7-5021-1352-5:¥40.00

P618.130.8 038819
石油综合地球物理方法与应用/王一新等编著.—北京:石油工业出版社,1995.8.—180页;26cm
ISBN 7-5021-1469-6:¥12.00

P618.2 038820
典型金属矿床的成因及其构造环境/卢焕章等编著.—北京:地质出版社,1995.10.—275页;26cm
ISBN 7-116-01831-X:¥15.00

P618.2-53 038821
太平洋中部多金属结核研究文集 (二)/梁德华,张伯普主编.—北京:地质出版社,1995.9.—247页:图版;26cm
ISBN 7-116-01918-9:¥19.00

P618.201 038822
东准噶尔铜金矿成矿特征及综合评价方法/刘光海等著.—北京:地质出版社,1995.12.—149页;26cm
ISBN 7-116-02065-9:¥10.00

P618.201 038823
铬铝云母成因矿物学:兼论焦家式金矿床成因与找矿/鲁安怀,陈光远著.—北京:地质出版社,1995.3.—125页;26cm
ISBN 7-116-01872-7:¥8.80

P618.306.1 038824
世界黑色金属矿产资源/沈承珩等编著.—北京:地质出版社,1995.6.—486页;26cm
ISBN 7-116-01815-8(精装):¥40.00

P618.32 038825
扬子地台南缘及其邻区锰矿研究/姚敬劬等编著.—北京:冶金工业出版社,1995.12.—237页;26cm
ISBN 7-5024-1800-8:¥18.00

P618.320.62 038826
中国锰矿志/姚培慧主编.—北京:冶金工业出版社,1995.11.—541页;26cm
ISBN 7-5024-1808-3(精装):¥85.00

P618.410.1 038827
甘肃省白银厂铜多金属矿床成矿模式/彭礼贵等著.—北京:地质出版社,1995.12.—211页:图版;26cm
ISBN 7-116-01941-3:¥15.00

P618.410.2 038828
西藏玉龙斑岩铜(钼)矿带地质/唐仁鲤等著.—北京:地质出版社,1995.6.—320页:照片;26cm
ISBN 7-116-01836-0(精装):¥35.00

①P618.410.2②P618.530.2 038829
金川铜镍硫化物(含铂)矿床成矿模式及地质对比/汤中立,李文渊著.—北京:地质出版社,1995.9.—209页;26cm
ISBN 7-116-01888-3(精装):¥20.00

P618.410.62 038830
中条裂谷铜矿床/孙继源等著.—北京:地质出版社,1995.10.—194页:图版;26cm
ISBN 7-116-01843-3:¥15.00

P618.420.62 038831
华北地台北缘元古宇中铅锌矿床的地球化学/魏菊英等著.—北京:地质出版社,1995.9.—87页;26cm
ISBN 7-116-01922-7:¥7.20

P618.501 038832
湖南银(金)矿及其成矿研究/罗贤昌,王增润著.—长沙:中南工业大学出版社,1995.3.—72页;26cm.—(地洼学说丛书·成矿学;3)
ISBN 7-81020-755-5:¥8.00

P618.502 038833
粤西及其邻区的区域构造对金(银)成矿作用的控制/袁正新著.—武汉:中国地质大学出版社,1995.4.—

113 页:图版;26cm

ISBN 7-5625-0974-3: ¥13.00

P618.51 038834

华南红土化作用地球化学及红土型金矿形成的可能性/李文达等著.—北京:地质出版社,1995.1.—88 页;26cm

ISBN 7-116-01697-X: ¥6.35

P618.51-53 038835

金矿找矿测试方法与技术论文集/张肇宏,钟妙兰主编.—北京:地质出版社,1995.9.—121 页;26cm

ISBN 7-116-01743-7: ¥10.00

①P618.51-61②TG146.3-61 038836

黄金生产加工技术大全/李培铮,吴延之编著.—长沙:中南工业大学出版社,1995.12.—785 页;20cm

ISBN 7-81020-822-5: ¥30.00

P618.510.1 038837

沉积及层控金矿床的生物成矿作用/周修高等著.—武汉:中国地质大学出版社,1995.5.—77 页:图版;26cm

ISBN 7-5625-0969-7: ¥9.80

P618.510.1 038838

胶东灵山沟金矿成因矿物学/陈光远等著.—武汉:中国地质大学出版社,1995.5.—150 页;26cm

ISBN 7-5625-1006-7: ¥25.00

P618.510.1 038839

金成矿地质条件分析:深洞成矿/杨振德,张秀棋著.—北京:冶金工业出版社,1995.10.—127 页;26cm

ISBN 7-5024-1779-6: ¥15.00

P618.510.1 038840

辽南变质地体构造演化与金矿成矿作用:以辽宁庄河地区为例/吕贻峰,秦松贤等著.—武汉:中国地质大学出版社,1995.11.—82 页:图;26cm

ISBN 7-5625-1028-8: ¥15.00

P618.510.1 038841

韧性剪切带与金矿化的关系:以金厂峪金矿床为例/林传勇等著.—北京:地震出版社,1995.7.—85 页:图版;26cm

ISBN 7-5028-1223-7: ¥9.00

P618.510.1 038842

新疆东准噶尔卡拉麦里一带内生金矿成矿规律和成矿预测:兼论库布苏金矿找矿矿物学标型特征/高怀忠等著.—武汉:中国地质大学出版社,1995.12.—119 页;26cm

ISBN 7-5625-1027-X: ¥15.00

P618.510.2 038843

哀牢山金矿地质/胡云中等著.—北京:地质出版社,1995.12.—278 页;26cm

ISBN 7-116-02084-5: ¥20.00

P618.510.2 038844

安徽省五河县大巩山——荣渡地区金矿控矿构造和找矿方向/董法先等著.—北京:地质出版社,1995.5.—176 页:图;26cm

ISBN 7-116-01769-0: ¥11.00

P618.510.2 038845

黑龙江省团结沟斑岩金矿地质/中国人民武装警察部队黄金指挥部编著.—北京:地震出版社,1995.3.—134 页;图版;26cm.—(中国黄金地质丛书;1/吴尚全主编)

ISBN 7-5028-1217-2: ¥15.00

P618.510.2 038846

内蒙古自治区哈达门沟伟晶岩金矿地质/中国人民武装警察部队黄金指挥部著.—北京:地震出版社,1995.8.—227 页:图;26cm.—(中国黄金地质丛书;2/吴尚全主编)

ISBN 7-5028-1247-4: ¥30.00

P618.510.2 038847

山东金翅岭金矿构造控矿特征/周显强等著.—北京:地质出版社,1995.2.—76 页;26cm

ISBN 7-116-01813-1: ¥8.50

P618.510.5 038848

水系及其沉积物、残坡积物中金的价态分布研究/熊昭春等著.—北京:地质出版社,1995.9.—119 页;26cm

ISBN 7-116-01923-5: ¥8.00

P618.510.7 038849

中国金矿主要类型找矿方向与找矿方法文集 第三辑/沈阳地质矿产研究所编.—北京:地质出版社,1995.3.—258 页;26cm

ISBN 7-116-01714-3: ¥14.40

P618.520.2 038850

中国银矿地质及成矿预测/阎竹斌等编著.—西安:陕西科学技术出版社,1995.12.—309 页;26cm

ISBN 7-5369-2433-X: ¥22.80

P618.630.2 038851

华北地台西缘及邻区硫化镍矿特点及前景分析/汤中立等著.—兰州:兰州大学出版社,1995.9.—126 页;26cm

ISBN 7-311-00851-4: ¥8.80

P618.68 038852

贵州万山汞矿/花永丰,崔敏中著.—北京:地质出版社,1995.9.—143 页;26cm

ISBN 7-116-01906-5: ¥14.00

P618.702 038853

四川冕宁牦牛坪稀土矿床/袁忠信等著.—北京:地震出版社,1995.11.—130 页;26cm

ISBN 7-5028-1260-1: ¥10.00

P619.14 038854

铀矿化探/王剑锋等编.—北京:原子能出版社,1995.11.—421 页;20cm

高等教育试用教材

ISBN 7-5022-1184-5: ¥10.65

P619.201 038855

察尔汗盐湖钾盐矿床的形成条件/袁见齐等著.—北京:地质出版社,1995.9.—216 页:彩照;26cm

ISBN 7-116-01816-6: ¥14.00

P619.201-64 038856

中国非金属矿床成矿地质图:1:5000000/中国建筑材料工业地质勘查中心编制.—北京:地质出版社,1995.1.—1 张;87×120cm+附说明书 1 本

ISBN 7-116-01810-7(袋装): ¥80.00

P619.205 038857

磷矿石分析/湖南省矿产测试利用研究所编著.—北京:地质出版社,1995.11.—476页;20cm.—(矿石分析丛书)

ISBN 7-116-01584-1: ¥15.00

P619.210.624.5 038858

新疆盐湖/郑喜玉等著.—北京:科学出版社,1995.9.—226页:彩照;26cm

ISBN 7-03-004680-3(精装): ¥38.00

P619.230.4 038859

粘性土微结构定量模型及其工程地质特征研究/胡瑞林主编;李向全等著.—北京:地质出版社,1995.3.—110页;26cm

ISBN 7-116-01871-9: ¥8.00

P619.24 038860

钻石的分级和鉴定:HRD标准/智尚田等译著.—武汉:武汉工业大学出版社,1995.11.—94页;29cm

ISBN 7-5629-1047-2: ¥96.00

P619.28 038861

宝石与宝石矿/罗益清著.—北京:地质出版社,1995.11.—132页:彩图;19cm

ISBN 7-116-01562-0: ¥8.80

P619.28 038862

宝石中的包裹体:宝石鉴定的关键/丘志力编著.—北京:冶金工业出版社,1995.4.—100页:彩照;26cm

ISBN 7-5024-1582-3: ¥30.00

P62 地质、矿产普查与勘探

P62 038863

遥感与非遥感地质信息复合应用中的计算机处理/谭海樵,余志伟著.—北京:地质出版社,1995.1.—132页;26cm

ISBN 7-116-01819-0: ¥10.00

P62-53 038864

新疆第三届天山地质矿产学术讨论会论文选辑/新疆第三届天山地质矿产学术讨论会领导小组办公室,新疆地质学会秘书处编.—乌鲁木齐:新疆人民出版社,1995.8.—171页;26cm

ISBN 7-228-03265-9: ¥10.00

P62-54 038865

中国地质矿产年鉴　1994/许云昭主编;《中国地质矿产年鉴》编辑部编.—北京:地质出版社,1995.6.—375页:彩照;26cm

ISBN 7-116-01851-4(精装): ¥50.00

P62-55 038866

中国地质科学院天津地质矿产研究所所刊　第29号/天津地质矿产研究所所刊编辑部编.—北京:地质出版社,1995.11.—182页:图版;26cm

ISBN 7-116-01896-4: ¥10.00

P62-55 038867

中国地质科学院宜昌地质矿产研究所所刊　第20号/中国地质科学院宜昌地质矿产研究所编.—北京:地质出版社,1995.3.—124页;26cm

ISBN 7-116-01767-4: ¥6.85

P62-55 038868

中华人民共和国地质矿产部地质专报　(七):普查勘探技术与方法　第13号:斜磁化切线法和特征点图解法/朱英著.—北京:地质出版社,1995.11.—220页;26cm

ISBN 7-116-01745-3: ¥16.00

P62-55 038869

中华人民共和国地质矿产部地质专报　(四):矿床与矿产　第50号:郴桂地区钨锡铅锌金银矿床成矿规律/童潜明等著.—北京:地质出版社,1995.4.—98页;26cm

ISBN 7-116-01777-1(精装): ¥8.80

P623 038870

地质绘图基础/刘凤武,潘开方编.—北京:煤炭工业出版社,1995.9.—98页;26cm

中等专业学校规划教材

ISBN 7-5020-1174-9: ¥5.25

P623.6 038871

1:5万填图新方法成果选编　(一)/陈克强主编.—武汉:中国地质大学出版社,1995.3.—148页:图版;26cm

ISBN 7-5625-1007-5: ¥24.00

P624 038872

庞然大物:与寻找超大型矿床有关的基础研究/涂光炽主编;赵振华等编著.—长沙:湖南科学技术出版社,1995.4.—116页;20cm.—(攀登计划普及丛书;30)

ISBN 7-5357-1678-4: ¥8.60

P624-02 038873

找矿哲学的理论与实践/朱训主编.—北京:地质出版社,1995.10.—454页;20cm

ISBN 7-116-01937-5: ¥12.00

P624.6 038874

矿床效益估计的理论和方法/蒋志著.—北京:地质出版社,1995.12.—167页;26cm

ISBN 7-116-02005-5: ¥16.50

P627 038875

TM图像地质应用原理与方法/阎积惠等编著.—北京:冶金工业出版社,1995.6.—93页:图版;26cm

ISBN 7-5024-1710-9: ¥8.00

P627 038876

地质遥感/李冬田编.—北京:水利电力出版社,1995.9.—134页;26cm

高等学校教材

ISBN 7-120-02223-7: ¥5.10

P627 038877

中国新疆北部遥感找矿方法与实践/郭华东主编.—北京:科学出版社,1995.10.—247页:彩图;26cm

ISBN 7-03-005057-6: ¥25.00

P628 038878

中国数学地质　(6)/中国地质学会数学地质专业委员会主编.—北京:地质出版社,1995.12.—210页;

26cm
ISBN 7-116-01988-X: ¥20.00

P629 038879
两阶段水-岩同位素交换理论及其勘查应用：大气降水热液成矿氢、氧同位素地球化学研究专著/张理刚等著.—北京:地质出版社,1995.10.—231页;26cm
ISBN 7-116-01744-5(精装): ¥21.00

P631 038880
地球物理探测及测绘仪器/李双新主编.—北京:地质出版社,1995.6.—2册;20cm.—(地质技术装备丛书;第三、四卷)
科技生产力应用决策读物·干部选读
本丛书共6卷,总定价:43.00元
ISBN 7-116-01844-1: ¥0.00

P631 038881
位场数据处理理论与问题/徐宝慈,李春华编著.—长春:吉林大学出版社,1995.8.—159页;26cm
ISBN 7-5601-1774-0: ¥9.00

P631 038882
物探数据处理/李世华,杨有发主编.—北京:地质出版社,1995.11.—186页;26cm
普通高等教育地质矿产类规划教材
ISBN 7-116-01876-X: ¥9.80

P631-53 038883
美国勘探地球物理学家学会第64届年会论文集/地质矿产部石油物探研究所情报室,中国石油天然气总公司地球物理勘探局科技情报所译.—北京:石油工业出版社,1995.10.—320页;26cm
ISBN 7-5021-1531-5: ¥40.00

P631-55 038884
地质矿产部地球物理地球化学勘查研究所所刊　第6号/地矿部地球物理地球化学勘查研究所编.—北京:地质出版社,1995.6.—227页;26cm
ISBN 7-116-01905-7: ¥15.00

P631-61 038885
日汉物理探查大词典/丁志俊主编.—北京:地震出版社,1995.11.—1020页;19cm
ISBN 7-5028-1231-8(精装): ¥65.00

P631.1 038886
高精度重力法探测溶洞的研究/蔡国斌等编著.—桂林:广西师范大学出版社,1995.3.—103页;26cm
ISBN 7-5633-2016-4: ¥15.00

P631.3 038887
论频率测深应用中的几个问题：构造及工程电法新成果　(一)/陈明生,阎述编著.—北京:地质出版社,1995.12.—126页;19cm
ISBN 7-116-01997-9: ¥6.50

P631.4 038888
AVO技术的理论与实践/殷八斤等编著.—北京:石油工业出版社,1995.12.—337页;26cm
ISBN 7-5021-1387-8: ¥25.00

P631.4 038889
地震数据处理方法系统思维/熊翥著.—北京:石油工业出版社,1995.12.—175页;26cm
ISBN 7-5021-1583-8: ¥18.00

P631.8 038890
数控测井系统技术基础/胡尔佩编著.—北京:石油工业出版社,1995.2.—340页;26cm
ISBN 7-5021-1164-6: ¥20.00

P631.8 038891
微机测井数据处理原理与应用/胡杰,李宁编.—北京:石油工业出版社,1995.12.—363页;19cm
ISBN 7-5021-1210-3: ¥15.00

P632 038892
第五届全国勘查地球化学学术讨论会论文选集/阮天健,吴昌荣主编.—武汉:中国地质大学出版社,1995.4.—102页;26cm
ISBN 7-5625-0980-8: ¥9.50

P634 038893
钻探工/中国铁路工程总公司组织编写.—北京:中国铁道出版社,1995.7.—369页;26cm
工人岗位培训教材
ISBN 7-113-01999-4: ¥20.40

P634 038894
钻探工程概论/王新盛,李英杰编.—北京:煤炭工业出版社,1995.10.—117页;26cm
中等专业学校规划教材
ISBN 7-5020-1173-0: ¥6.20

①P634.3②TD42 038895
钻掘机械设备/李双新主编.—北京:地质出版社,1995.6.—2册;20cm.—(地质技术装备丛书;第一、二卷)
科技生产力应用决策读物·干部选读
本丛书共6卷,总定价:43.00元
ISBN 7-116-01844-1: ¥0.00

P634.4 038896
电镀金刚石钻头技术/李大佛著.—北京:地质出版社,1995.8.—263页:彩图;20cm
ISBN 7-116-01846-8(精装): ¥22.00

P64　水文地质学与工程地质学

P64-53 038897
常士骠科技论文选集/中国兵器工业勘察研究院编.—北京:兵器工业出版社,1995.4.—305页;26cm
ISBN 7-80038-889-1(精装): ¥45.00

P641 038898
饱和-非饱和介质水流三维有限元模式/(美)耶(Yeh, G. T.)著;刘春立译 .—北京:原子能出版社,1995.5.—136页;19cm
书名原文:3DFEMWATER: A Three-Dimensioal Finite Element Model of WATER Flow through Saturated-Unsaturated Media
ISBN 7-5022-1324-4: ¥6.80

P641 038899
供水水文地质学/王增银编著.—武汉:中国地质大学出版社,1995.10.—147页;26cm

高等学校教材
ISBN 7-5625-0986-7: ¥7.70

P641　038900
水文地质计算/钱孝星主编.—北京:水利电力出版社,1995.4.—142页;26cm
高等学校教材
ISBN 7-120-02072-2: ¥5.50

P641　038901
水文地质学基础/章至洁等编.—徐州:中国矿业大学出版社,1995.9.—253页;26cm
高等学校规划教材
ISBN 7-81040-412-1: ¥12.50

P641　038902
水文地质学基础/王大纯等编著.—北京:地质出版社,1995.6.—160页;26cm
普通高等教育地质矿产类规划教材
ISBN 7-116-01741-0: ¥6.40

①P641②P931.7　038903
河流地质与地貌/权宝增主编.—北京:水利电力出版社,1995.5.—232页;26cm
高等学校教材
ISBN 7-120-02137-0: ¥8.60

P641.2　038904
地下水动力学/李义昌主编.—徐州:中国矿业大学出版社,1995.11.—263页;26cm
高等学校规划教材
ISBN 7-81040-441-5: ¥15.20

P641.2　038905
地下水水质现状和预测评价的理论与方法/潘乃礼主编;冯绍元,周文斌编.—北京:原子能出版社,1995.11.—280页;26cm
高等教育试用教材
ISBN 7-5022-1421-6: ¥14.30

①P641.4②P61　038906
中国固体矿床的水文地质特征与勘探评价方法/刘启仁等编著.—北京:石油工业出版社,1995.12.—405页;26cm
ISBN 7-5021-1433-5: ¥35.00

P641.624　038907
中国西北典型干旱区地下水流系统/李文鹏等著.—北京:地震出版社,1995.12.—179页;26cm
ISBN 7-5028-1306-3: ¥20.00

P641.8　038908
地下水系统规划与管理优化模型=Optimal Model of the planning and Management of Groundwater System/刘春平著.—长沙:中南工业大学出版社,1995.12.—370页;19cm
ISBN 7-81020-816-0: ¥12.00

P642　038909
地质与土质/李瑾亮主编.—北京:人民交通出版社,1995.12.—219页;26cm
交通系统中等专业学校教材 公路与桥梁专业用
ISBN 7-114-02128-3: ¥7.00

P642　038910
工程地质学/黄乃安主编.—北京:水利电力出版社,1995.6.—200页;26cm
高等学校教材
ISBN 7-120-02128-1: ¥7.50

P642　038911
工程地质学/王耀德主编.—3版.—北京:水利电力出版社,1995.8.—327页;26cm
中等专业学校教材
ISBN 7-120-02169-9: ¥11.90

P642　038912
工程师地质学/(英)布利兹(Blyth,F.G.H.),(英)福雷特斯(Freitas,M.H.de)著;戚筱俊主编译.—北京:水利电力出版社,1995.9.—206页;26cm
高等学校教材
ISBN 7-120-02178-8: ¥7.70

P642　038913
陕西膨胀土及其灾害地质研究/肖荣久等著.—西安:陕西科学技术出版社,1995.2.—130页;26cm
ISBN 7-5369-2269-8: ¥12.00

P642-53　038914
中国建筑学会工程勘察学术委员会第五届工程勘察学术交流会议论文选集/《第五届工程勘察学术交流会议论文选集》编选委员会编.—北京:兵器工业出版社,1995.5.—507页;26cm
ISBN 7-80038-893-X: ¥55.00

P642.1　038915
土的本构模型及其工程应用/章根德编著.—北京:科学出版社,1995.8.—334页;20cm
ISBN 7-03-004288-3: ¥17.00

①P642.1②TU43　038916
土质学及土力学/许惠德等编.—徐州:中国矿业大学出版社,1995.3.—303页;26cm
高等学校规划教材
ISBN 7-81040-354 0: ¥11.00

P642.14　038917
冻融土中的水热输运问题/李述训,程国栋编著.—兰州:兰州大学出版社,1995.7.—203页;26cm
ISBN 7-311-00807-7: ¥15.00

P642.14　038918
冻土蠕变的光粘弹性模拟实验/王廷栋,吴紫汪主编.—兰州:兰州大学出版社,1995.11.—166页;20cm
ISBN 7-311-00965-0: ¥12.00

P642.2　038919
云南省滑坡泥石流重点区域预测预报与评价方法研究/唐川等著.—昆明:云南科技出版社,1995.10.—164页;26cm
ISBN 7-5416-0760-6: ¥36.00

P642.22　038920
滑坡动力学/胡广韬等著.—北京:地质出版社,1995.2.—160页;26cm
ISBN 7-116-01694-5: ¥9.00

P642.23　038921
泥石流危险性评价/刘希林,唐川著.—北京:科学出版社,1995.12.—93页;26cm

ISBN 7－03－004774－5：￥19.80

P7 海洋学

P7 038922
自然科学学科发展战略调研报告：海洋科学/国家自然科学基金委员会编.—北京：科学出版社，1995.10.—121页；20cm
ISBN 7－03－004717－6：￥11.50

P7－49 038923
海底寻宝/(英)普赖斯(Price，W.)著；刘国华，王长江译.—北京：北京少年儿童出版社，1995.1.—203页；19cm.—(哈尔罗杰历险记)
ISBN 7－5301－0496－9：￥4.50

P7－49 038924
南海奇遇/(英)普赖斯(Price，W.)著；徐解颐译.—北京：北京少年儿童出版社，1995.1.—232页；19cm.—(哈尔罗杰历险记)
ISBN 7－5301－0497－7：￥4.50

P7－49 038925
神秘的大海/贾景娴编著.—石家庄：河北教育出版社，1995.6.—54页；19cm.—(小科学家丛书/葛翠琳主编)
ISBN 7－5434－1956－4：￥2.10

P7－49 038926
神秘海底城/(英)普赖斯(Price，W.)著；杨伟娴译.—北京：北京少年儿童出版社，1995.1.—239页；19cm.—(哈尔罗杰历险记)
ISBN 7－5301－0494－2：￥4.50

P7－53 038927
海洋科学集刊　第36集/秦蕴珊主编；中国科学院海洋研究所编辑.—北京：科学出版社，1995.10.—310页；26cm
ISBN 7－03－004655－2：￥37.00

P7－53 038928
中国海洋学文集　(5)：西北太平洋环流及其对我国近海环流的影响/袁耀初等著.—北京：海洋出版社，1995.9.—126页；26cm
ISBN 7－5027－4098－8：￥14.00

P72 区域海洋学

P722.7 038929
十五万年来的南海：南海晚第四纪古海洋学研究阶段报告/汪品先等著.—上海：同济大学出版社，1995.12.—184页；26cm＋附图1张
ISBN 7－5608－1665－7：￥23.00

P722.7－53 038930
南海海洋科学集刊　第11集/中国科学院南海海洋研究所编辑.—北京：科学出版社，1995.3.—274页；26cm
ISBN 7－03－004764－8：￥19.00

P728.2 038931
南极冰盖表层雪内的物理过程和现代气候及环境记录/秦大河著.—北京：科学出版社，1995.1.—202页；26cm
ISBN 7－03－004612－9(精装)：￥24.00

P73 海洋基础科学

P73－53 038932
台湾海峡及邻近海域海洋科学讨论会论文集/于效群主编；《台湾海峡及邻近海域海洋科学讨论会论文集》编辑委员会编.—北京：海洋出版社，1995.7.—423页；26cm
ISBN 7－5027－4092－9：￥45.00

P731 038933
广东海岛海洋水文/黄方，叶春池主编.—广州：广东科技出版社，1995.5.—183页；26cm.—(广东海岛资源综合调查/马应良主编)
ISBN 7－5359－1431－4：￥25.00

P731.21 038934
黑潮调查研究综合报告/国家海洋局科技司编.—北京：海洋出版社，1995.7.—115页；26cm
ISBN 7－5027－1788－9：￥14.00

P733 038935
海洋地磁学/辛柏森等编著.—青岛：青岛海洋大学出版社，1995.8.—253页；26cm
ISBN 7－81026－828－7：￥26.80

P733－43 038936
物理海洋学基础教程/胡建宇编.—厦门：厦门大学出版社，1995.6.—320页；20cm.—(南强丛书)
ISBN 7－5615－1037－3：￥14.00

P734.2 038937
广东海岛海水化学/李绪录主编.—广州：广东科技出版社，1995.9.—145页；26cm.—(广东海岛资源综合调查/马应良主编)
ISBN 7－5359－1488－8：￥15.00

P734.2 038938
海水化学/集美水产学校主编.—北京：中国农业出版社，1995.5.—175页；26cm
全国中等水产学校教材 海水养殖专业用
ISBN 7－109－03354－6：￥6.75

①P736.1②P756.5 038939
大洋钻探与中国地球科学/金性春等主编.—上海：同济大学出版社，1995.11.—349页；26cm
ISBN 7－5608－1662－2：￥38.00

P736.52 038940
马里亚纳海槽海底热液烟囱物研究/吴世迎等著.—北京：海洋出版社，1995.11.—129页：图版；26cm
ISBN 7－5027－0813－8：￥15.00

P736.527 038941
南海晚第四纪沉积硅藻/蓝东兆等著.—北京：海洋出版社，1995.11.—138页：图版；26cm
ISBN 7－5027－4133－x(精装)：￥27.00

P736.527－53 038942

南海地质研究　(七)/姚伯初等著;地质矿产部广州海洋地质调查局情报研究室编.—武汉:中国地质大学出版社,1995.8.—116页;26cm
ISBN 7-5625-1015-6: ¥15.00

P738　038943
冲绳海槽地热/李乃胜主编.—青岛:青岛出版社,1995.12.—138页;26cm
ISBN 7-5436-1390-5: ¥58.00

P738　038944
海面变化与环境变迁:海面-地面系统和海-气-冰系统初探/谢志仁著.—贵阳:贵州科技出版社,1995.4.—298页;26cm
ISBN 7-80584-422-4: ¥26.00

P74 海洋资源与开发

P74　038945
广东省海岛资源综合调查报告/广东省海岛资源综合调查大队,广东省海岸带和海涂资源调查领导小组办公室编.—广州:广东科技出版社,1995.9.—687页;26cm.—(广东海岛资源综合调查/马应良主编)
ISBN 7-5359-1466-7: ¥80.00

P74　038946
河北省海岛资源/曹盈昌主编;河北省海岛资源编纂委员会编.—北京:海洋出版社,1995.11.—2册;26cm
ISBN 7-5027-3691-3: ¥100.00

P74　038947
建设海上中国纵横谈/王诗成著.—济南:山东友谊出版社,1995.12.—336页;20cm
ISBN 7-80551-764-9: ¥15.00

P74　038948
宁波市海岛资源综合调查研究报告/宁波市海洋开发办公室编.—北京:海洋出版社,1995.5.—236页;19cm
内部发行
ISBN 7-5027-4099-6: ¥18.00

P748　038949
海涂开发实用系统工程/孙文高,吴玉柏主编.—南京:河海大学出版社,1995.6.—348页;26cm
ISBN 7-5630-0837-3: ¥12.50

P75 海洋工程

P75　038950
海岸动力地貌学研究及其在华南港口建设中的应用/杨干然等著.—广州:中山大学出版社,1995.10.—313页;26cm
ISBN 7-306-01007-7: ¥30.00

P754.3　038951
海水养殖潜水技术/农业部工人技术培训教材编审委员会编.—北京:中国农业出版社,1995.10.—221页;20cm
工人技术培训统编教材
ISBN 7-109-04050-X: ¥9.50

P9 自然地理学

P9　038952
自然地理学/刘国梁主编.—2版.—北京:水利电力出版社,1995.5.—128页;26cm
中等专业学校教材
ISBN 7-120-02140-0: ¥5.00

P9-61　038953
地理科学叙词表/郭扬主编;中国科学院地理研究所等编.—北京:科学出版社,1995.9.—615页;26cm
ISBN 7-03-004866-0: ¥80.00

P91 数理地理学

P91　038954
GIS空间数据误差分析和处理/黄幼才等编著.—武汉:中国地质大学出版社,1995.6.—216页;26cm
ISBN 7-5625-1016-4: ¥18.50

P91　038955
RS、GIS、GPS的集成与应用/杜道生等主编.—北京:测绘出版社,1995.9.—242页;26cm
ISBN 7-5030-0815-6: ¥20.00

P91　038956
地理信息系统/张超等主编.—北京:高等教育出版社,1995.10.—200页;26cm
高等学校教材
ISBN 7-04-005396-9: ¥9.55

P93 部门自然地理学

P931　038957
中国的地形/方如康编著.—北京:商务印书馆,1995.3.—191页;19cm.—(中国自然地理知识丛书)
ISBN 7-100-01481-6: ¥7.30

①P931②P534.62　038958
广东海岛地貌与第四纪地质/王文介等著.—广州:广东科技出版社,1995.5.—108页;26cm.—(广东海岛资源综合调查)
ISBN 7-5359-1480-2: ¥15.00

①P931②P534.63　038959
地貌学及第四纪地质学/曹伯勋主编.—武汉:中国地质大学出版社,1995.10.—288页;26cm
高等学校教材
ISBN 7-5625-1060-1: ¥17.50

①P931②P534.63　038960
地貌学及第四纪地质学/马友良主编.—2版.—北京:地质出版社,1995.6.—175页;26cm
中等专业学校地质矿产类规划教材
ISBN 7-116-01752-6: ¥6.65

P931.3　038961

华南海岸风沙地貌研究/吴正等著.—北京:科学出版社,1995.10.—146页:图版;26cm
ISBN 7-03-004903-9: ¥28.00

P931.3　038962
实验风沙物理与风沙工程学/刘贤万著.—北京:科学出版社,1995.8.—210页:图片;26cm
ISBN 7-03-004681-1(精装): ¥37.00

P931.7　038963
呼伦湖:古湖泊学研究/王苏民等著.—合肥:中国科学技术大学出版社,1995.10.—125页;26cm.—(中国湖泊系列研究;4/施雅风主编)
ISBN 7-312-00727-9: ¥15.00

P931.91　038964
工程地貌学/(俄)西蒙洛夫,(俄)克鲁扎里著;胡孟春,邓百伶译.—兰州:甘肃科学技术出版社,1995.9.—172页;20cm
著者原题:Ю.Г.西蒙洛夫,В.И.克鲁扎里
ISBN 7-5424-0575-6: ¥8.00

P931.92　038965
地貌实验与模拟/金德生主编.—北京:地震出版社,1995.7.—334页;26cm
ISBN 7-5028-1251-2: ¥38.00

P94　区域自然地理学

①P941.61②K826.1　038966
秦大河南极冰原万里行/秦大河主编.—兰州:甘肃人民出版社,1995.1.—152页:彩图;30cm
ISBN 7-226-01439-4(精装): ¥180.00

P941.73　038967
黄沙/日本名古屋大学水圈科学研究所编;全浩主译.—北京:中国建筑工业出版社,1995.8.—250页;26cm
ISBN 7-112-02663-6(精装): ¥38.00

P941.73-55　038968
中国科学院兰州沙漠研究所集刊　第4号/中国科学院兰州沙漠研究所编辑.—北京:科学出版社,1995.4.—281页;26cm
ISBN 7-03-004502-5: ¥22.00

P941.75　038969
贺兰拗拉槽盆地充填演化分析/林畅松等著.—北京:地质出版社,1995.6.—143页;26cm
ISBN 7-116-01892-1: ¥11.00

P941.75　038970
盆地分析:原理及应用/(英)艾伦(Allen, P. A.),(英)艾伦(Allen, J. R)著;陈金茂等译.—北京:石油工业出版社,1995.4.—385页;26cm
ISBN 7-5021-1342-8: ¥25.50

P942　038971
长江中下游环境变迁与地生态系统/杨怀仁等著.—南京:河海大学出版社,1995.10.—193页;26cm
ISBN 7-5630-0901-9: ¥30.00

P942　038972
中国的沙漠/吴正编著.—北京:商务印书馆,1995.3.—105页;19cm.—(中国自然地理知识丛书)
ISBN 7-100-01489-1: ¥5.60

P942　038973
中国自然地理/赵济主编.—3版.—北京:高等教育出版社,1995.5.—342页;26cm
高等学校教材
ISBN 7-04-005194-X: ¥10.60

①P942②K928.7　038974
中国的世界文化与自然遗产/潘江著.—北京:地质出版社,1995.11.—166页;20cm
ISBN 7-116-01695-3: ¥9.50

P942-44　038975
中国自然地理习题集/韩渊丰主编.—广州:华南理工大学出版社,1995.8.—175页;26cm
配合高等学校教材《中国自然地理》第三版用
ISBN 7-5623-0915-9: ¥10.00

P942-55　038976
干旱区地理学集刊　第4号/王树基主编;中国科学院新疆地理研究所编.—北京:科学出版社,1995.9.—192页;26cm
ISBN 7-03-004640-4: ¥17.80

P942-55　038977
中国科学院南京地理与湖泊研究所集刊　第13号/吴瑞金等编著.—合肥:中国科学技术大学出版社,1995.10.—127页;26cm
ISBN 7-312-00763-5: ¥10.00

P942.42　038978
甘肃绿洲/陈仲全等编著.—北京:中国林业出版社,1995.4.—122页;26cm
ISBN 7-5038-1460-8: ¥10.00

P942.44　038979
青海河流/丁文超主编;青海省水利志编委会办公室编.—西宁:青海人民出版社,1995.12.—154页;20cm
ISBN 7-225-01203-7: ¥5.50

P942.75-53　038980
青藏高原与全球变化研讨会论文集:青藏高原资源、环境、发展/中国青藏高原研究会编.—北京:气象出版社,1995.5.—285页;26cm
ISBN 7-5029-1957-0: ¥16.00

Q 生物科学

Q－3 038981
青海省生物资源深度开发利用潜力研究/霍修顺主编.—西宁:青海人民出版社,1995.7.—119 页;20cm
ISBN 7－225－01054－9:￥4.00

Q－33 038982
生物技术/中国科学技术协会主编;朱圣庚等编著.—上海:上海科学技术出版社,1995.2.—222 页;20cm.—(现代高技术丛书)
ISBN 7－5323－3721－9:￥11.00

Q－331 038983
激光生物学/向洋编著.—长沙:湖南科学技术出版社,1995.9.—312 页:图;20cm
ISBN 7－5357－1508－7:￥15.00

Q－42 038984
生物教育专业考试参考书/《生物教育专业考试参考书》编写组编.—北京:中央广播电视大学出版社,1995.7.—266 页;26cm.—(专升本<师范类>入学考试参考丛书)
ISBN 7－304－01210－2:￥18.50

Q－42 038985
生物学课外活动指导/邹节德,邢光弟主编.—武汉:湖北科学技术出版社,1995.7.—186 页;19cm.—(中师生物学教学丛书)
ISBN 7－5352－1698－6:￥5.40

Q－49 038986
动物植物的奇趣/沈金英,柳水生编著.—南宁:接力出版社,1995.7.—194 页;20cm.—(少年百科知识丛书/王寿山,张中主编)
ISBN 7－80581－909－2:￥8.00

Q－49 038987
奇异的生物园/江红,志石编著;刘伟龙绘.—济南:明天出版社,1995.4.—152 页;20cm.—(全国小学生课外丛书/李仲汉主编)
全套书共 120 册,总定价:385.00 元
ISBN 7－5332－2142－7:￥0.00

Q－49 038988
神秘的生命蓝图/高鸿昌,王建青编著.—合肥:安徽科学技术出版社,1995.3.—143 页;19cm.—(少年现代科学技术丛书·第一辑)
ISBN 7－5337－1025－8:￥4.30

Q－49 038989
生命科学的奥秘:生物学/卢浩泉编著.—北京:中国华侨出版社,1995.12.—2 册;19cm.—(现代科技与人文大观/崔惟琳,潘承洞主编)
ISBN 7－80120－028－4:￥17.20

Q－49 038990
生物之谜/张申碚,赵晓梅编著.—上海:上海远东出版社,1995.10.—212 页;19cm.—(21 世纪人才文库·科学馆)
ISBN 7－80613－164－7:￥11.00

①Q－49②G634.914 038991
生物演义/周超,周平撰文.—北京:华语教学出版社,1995.—258 页;20cm.—(中小学课堂学习新广角/刘以林,冯晓林主编)
ISBN 7－80052－485－X:￥11.00

Q－61 038992
蒙汉对照生物名词/安桂芝等编.—赤峰:内蒙古科学技术出版社,1995.12.—416 页;19cm
ISBN 7－5380－0240－5:￥11.50

Q－61 038993
趣味生物词典/王义炯主编.—上海:上海辞书出版社,1995.10.—518 页;19cm
ISBN 7－5326－0334－2(精装):￥19.80

Q1 普通生物学

Q1 038994
生物学/夏君实主编;刘忠国等编.—2 版(修订版).—成都:四川科学技术出版社,1995.7.—144 页;26cm
中等卫生学校教材 供医士、护士、助产士、检验士等十二个专业通用
ISBN 7－5364－2233－4:￥7.00

Q1－0 038995
生命风景线/华强,罗岗著.—北京:中国文联出版公司,1995.4.—216 页;19cm.—(神秘的智慧丛书/顾晓鸣主编)
ISBN 7－5059－1867－2:￥6.00

Q1－0 038996
自由基生命科学进展 第 3 集/方允中等主编.—北京:原子能出版社,1995.11.—189 页;26cm
ISBN 7－5022－1395－3:￥16.00

Q1－43 038997
生物学/宋光江等主编.—北京:中国医药科技出版社,1995.10.—126 页;26cm
医学院校教材
ISBN 7－5067－1438－8:￥8.25

Q1－44 038998
中等师范学校生物学(试用本)练习册 第一册/叶佩珉主编.—石家庄:河北教育出版社,1995.8.—134 页;26cm
ISBN 7－5434－2468－1:￥4.75

Q1－49 038999

济南生物/济南市教学研究室编.—济南:山东教育出版社,1995.3.—30页:图;19cm
ISBN 7-5328-2146-3:¥1.60

Q1-49　039000
实用生物科技实践/曹增余,窦希德主编.—济南:山东教育出版社,1995.9.—95页;19cm
ISBN 7-5328-2217-6:¥2.60

Q11　039001
返祖论:关于生命演化中生物特征的重新探讨/袁佐鸣著.—长春:东北师范大学出版社,1995.12.—182页;19cm
ISBN 7-5602-1776-1:¥6.00

Q111-43　039002
生物进化论简明教程/陈海燕编著.—哈尔滨:哈尔滨工程大学出版社,1995.9.—133页;19cm
高等学校试用教材
ISBN 7-81007-601-9:¥8.80

Q111.2　039003
达尔文进化论全集　第十二卷:植物的运动/(英)达尔文(Darwin,C.)著;娄昌后等译.—北京:科学出版社,1995.7.—436页;20cm
ISBN 7-03-004177-1(精装):¥31.00

Q111.2　039004
物种起源/(英)达尔文(Darwin,C.)著;周建人等译.—修订版.—北京:商务印书馆,1995.6.—575页;20cm.—(汉译世界学术名著丛书)
据伦敦约翰·穆瑞书店1911年第6版译出
ISBN 7-100-01206-6:¥17.30

Q111.2-52　039005
达尔文进化论全集　第十三卷:腐殖土与蚯蚓/(英)达尔文(Darwin,C.)著;张永平译.—北京:科学出版社,1995.4.—146页;20cm
书名原文:Vegetable Mould and Earth-Worms
ISBN 7-03-004314-6(精装):¥17.50

Q132　039006
发育生物学原理与胚胎工程/严云勤等编著.—哈尔滨:黑龙江科学技术出版社,1995.12.—365页;26cm
ISBN 7-5388-2939-3:¥30.00

Q14　039007
普通生态学　下册/蔡晓明,尚玉昌编著.—北京:北京大学出版社,1995.11.—528页;20cm
ISBN 7-301-02723-0:¥17.50

Q14　039008
现代生态学讲座/李博主编.—北京:科学出版社,1995.8.—188页;26cm
ISBN 7-03-004716-8:¥24.00

Q14-43　039009
生态学基础教程/陈天乙编著.—天津:南开大学出版社,1995.10.—238页;26cm
ISBN 7-310-00776-X:¥16.00

Q14-53　039010
马世骏文集/马世骏著;中国科学院动物研究所昆虫生态研究室等编.—北京:中国环境科学出版社,1995.12.—405页;26cm
ISBN 7-80093-867-0:¥68.00

Q141　039011
数学生态学导论/余世孝编著.—北京:科学技术文献出版社,1995.8.—296页;20cm
ISBN 7-5023-2286-8:¥13.00

Q142.2　039012
北京地区的物候日历及其应用/杨国栋,陈效逑编著.—北京:首都师范大学出版社,1995.11.—309页;20cm
ISBN 7-81039-599-8:¥16.00

Q142.6-53　039013
放射生态学论文集/陈传群等著.—北京:原子能出版社,1995.6.—227页;20cm
ISBN 7-5022-1276-0:¥10.00

Q152.573　039014
南安生物资源/叶汉生,李成河主编;福建省南安市农业区划委员会办公室编.—厦门:鹭江出版社,1995.12.—286页;20cm
ISBN 7-80610-255-8:¥20.00

Q152.66　039015
海南岛尖峰岭地区生物物种名录:拉汉文对照/曾庆波等主编.—北京:中国林业出版社,1995.2.—311页;21cm.—(尖峰岭热带林生态系统及自然保护示范区研究丛书)
ISBN 7-5038-1291-5:¥17.00

Q152.75　039016
南迦巴瓦峰地区生物/李渤生主编.—北京:科学出版社,1995.11.—315页;26cm.—(登山科学考察丛书)
ISBN 7-03-004553-X(精装):¥39.00

Q178.51　039017
淡水生物学/山东省水产学校主编.—2版.—北京:中国农业出版社,1995.5.—299页;26cm
全国中等水产学校教材 淡水渔业专业用
ISBN 7-109-02736-8:¥11.00

Q179.1　039018
中国海洋浮游介形类/陈瑞祥,林景宏著.—北京:海洋出版社,1995.8.—134页;26cm
ISBN 7-5027-4091-0:¥20.00

Q18　039019
拉汉寄生生物名称/陆挺等编.—青岛:青岛海洋大学出版社,1995.10.—420页;19cm
ISBN 7-81026-616-0:¥13.50

Q19　039020
系统生物学的概念和方法/赵铁桥编著.—北京:科学出版社,1995.1.—242页;26cm
ISBN 7-03-003900-9:¥19.50

Q2 细胞学

①Q2②R318　039021
原位PCR/苏慧慈,刘彦仿著.—北京:科学出版社,1995.8.—185页:照片;20cm
ISBN 7-03-004820-2:¥18.80

Q24 039022

真核生物染色体结构/邢苗著.—长春:吉林科学技术出版社,1995.7.—233 页;20cm.—(青年科学家文库)

ISBN 7-5384-1519-X(精装):¥10.00

Q28 039023

细胞生物学/翟中和主编;丁明孝等编.—北京:高等教育出版社,1995.1.—402 页;26cm

高等学校教材

ISBN 7-04-004666-0:¥12.30

Q28-33 039024

细胞生物学实验/洪满贤,林加涵编著.—厦门:厦门大学出版社,1995.8.—282 页;20cm.—(细胞生物学实验技术与方法/汪德耀主编)

ISBN 7-5615-1076-4:¥10.00

Q3 遗传学

Q3 039025

简明遗传学/朱启忠等编著.—乌鲁木齐:新疆科技卫生出版社,1995.6.—325 页;19cm

ISBN 7-5372-0826-3:¥8.95

Q3 039026

遗传学/黄裕泉等编.—2 版.—北京:高等教育出版社,1995.8.—342 页;26cm

ISBN 7-04-005495-7:¥15.40

Q3-09 039027

遗传学发展史/杨学仁,朱英国编著.—武汉:武汉大学出版社,1995.3.—383 页;20cm

ISBN 7-307-01934-5:¥13.00

Q3-44 039028

遗传学试题库:习题、答案、题解/刘世强等编著.—北京:中国农业出版社,1995.5.—330 页;19cm

ISBN 7-109-03851-3:¥9.00

Q348 039029

数量遗传:若干理论拓展及其应用/胡中立著.—武汉:武汉大学出版社,1995.3.—106 页;20cm

ISBN 7-307-01930-2:¥3.70

Q348 039030

数量遗传学/盛志廉,吴常信编著.—北京:中国农业出版社,1995.10.—193 页;26cm

全国高等农业院校教材 畜牧和动物遗传育种专业用

ISBN 7-109-03462-3:¥10.15

Q4 生理学

Q4-41 039031

生理学纲要/江赛男,杜剑青主编.—西安:陕西科学技术出版社,1995.1.—451 页;19cm

ISBN 7-5369-2232-9:¥9.00

①Q419②R247.1 039032

抗衰老实验与基础研究 上册/丁克祥,刘卫国著.—北京:原子能出版社,1995.6.—127 页;26cm

ISBN 7-5022-1351-1:¥13.80

Q426 039033

脑物理学/吴殿鸿等编写.—哈尔滨:哈尔滨工业大学出版社,1995.6.—202 页;19cm

ISBN 7-5603-1086-9:¥8.00

Q493 039034

动物营养代谢研究:1990~1994 论文集/动物营养代谢农业部重点开放实验室编.—北京:北京农业大学出版社,1995.6.—269 页;26cm

ISBN 7-81002-698-4:¥20.00

Q5 生物化学

Q495 039035

比较动物生理学/李永材编著.—北京:高等教育出版社,1995.12.—316 页;26cm

ISBN 7-04-005345-4:¥14.45

Q5 039036

动物活性成分化学/张豁中,温玉麟编著 .—天津:天津科学技术出版社,1995.5.—1862 页;26cm

ISBN 7-5308-1559-8(精装):¥160.00

Q5 039037

基础生物化学/焦鸿俊主编.—南宁:广西民族出版社,1995.7.—386 页;26cm

ISBN 7-5363-3011-1:¥18.80

Q5 039038

基础生物化学/张贤泽等主编.—哈尔滨:东北林业大学出版社,1995.12.—301 页;26cm

ISBN 7-81008-661-8:¥21.60

Q5 039039

生化工程与酶催化/李再资编著.—广州:华南理工大学出版社,1995.2.—287 页;19cm

ISBN 7-5623-0778-4:¥9.00

Q5 039040

生物化学/周梦圣主编.—上海:上海科学技术出版社,1995.12.—312 页;26cm

普通高等教育中医药类规划教材 供中医类专业用

ISBN 7-5323-3833-9:¥12.30

Q5 039041

生物化学/顾天爵主编.—4 版.—北京:人民卫生出版社,1995.10.—349 页;26cm

高等医药院校教材 供基础、预防、临床、口腔医学类专业用

ISBN 7-117-00195-X:¥17.60

Q5 039042

生物化学/赵君庸,周兰华编.—西安:陕西科学技术出版社,1995.11.—308 页;26cm

高等医学院校教材

ISBN 7-5369-2560-3:¥18.00

Q5 039043

生物化学/王泽平,张风珍主编.—北京:中国医药科技出版社,1995.10.—227 页;26cm

医学院校教材
ISBN 7－5067－1474－4：¥13.60
Q5 039044
生物化学/刘祥云，高必成主编.—北京：中国农业出版社，1995.8.—366页；26cm
ISBN 7－109－04002－X：¥16.00
Q5 039045
生物化学/陈耀汉主编；伍仲坤等编.—南宁：广西科学技术出版社，1995.9.—167页；26cm
中等卫生职业学校教材 供医士、助产士、检验士、护士专业用
ISBN 7－80619－249－2：¥9.80
Q5 039046
生物化学/段序梅等主编.—天津：天津科学技术出版社，1995.8.—211页；26cm
中等卫生学校教材 供医士、妇幼医士、卫生医士、口腔医士、放射医士、护士、药剂士、卫生检验士专用
ISBN 7－5308－1882－1：¥11.60
Q5 039047
生物化学/张迺蘅主编.—北京：北京医科大学、中国协和医科大学联合出版社，1995.3.—476页；26cm
ISBN 7－81034－459－5：¥25.20
Q5 039048
现代生物化学理论与研究技术/孙志贤主编.—北京：军事医学科学出版社，1995.4.—493页；26cm
医学分子生物学教材
ISBN 7－80121－008－5：¥36.00
①Q5②Q7 039049
生物化学与分子生物学/国家自然科学基金委员会编.—北京：科学出版社，1995.12.—147页；20cm.—(自然科学学科发展战略调研报告)
ISBN 7－03－004804－0：¥13.50
Q5－3 039050
生物化学研究技术/陈毓荃主编.—北京：中国农业出版社，1995.10.—276页；26cm
全国高等农业院校教材 植物生理生化及农科各专业用
ISBN 7－109－03683－9：¥13.90
Q5－33 039051
生物化学实验/张子健主编.—上海：华东师范大学出版社，1995.8.—170页；19cm
ISBN 7－5617－1240－5：¥8.50
Q5－33 039052
生物化学实验与习题/胡继鹰等主编.—武汉：武汉工业大学出版社，1995.8.—159页；26cm
高等医药院校教材
ISBN 7－5629－1017－0：¥9.00
Q5－33 039053
生物化学实验指导/周梦圣主编.—上海：上海科学技术出版社，1995.12.—85页；26cm
普通高等教育中医药类规划教材 供中医类专业用
ISBN 7－5323－3840－1：¥3.90
Q5－53 039054
第六届全国生物化工学术会议论文集/李宝璋等编.—北京：化学工业出版社，1995.4.—644页；26cm
ISBN 7－5025－1530－5：¥60.00
①Q5－61②Q81－61 039055
英汉生物化学与生物工程词典/王应睐，吴振勤主编.—上海：上海交通大学出版社，1995.2.—352页；19cm
ISBN 7－313－01345－0(精装)：¥25.00
Q5－62 039056
生物化学学习指南/刘粤梅，朱怀荣主编.—天津：天津科学技术出版社，1995.9.—195页；20cm
供全国中等卫生学校使用
ISBN 7－5308－1972－0：¥6.80
Q5－62 039057
生物化学指南/刘文云，刘晓瑞主编.—哈尔滨：黑龙江科学技术出版社，1995.8.—232页；19cm
高等学校教学参考书
ISBN 7－5388－2738－2：¥7.00
Q50 039058
生物化学题例与解/陈文铨编著.—福州：福建科学技术出版社，1995.6.—173页；19cm
ISBN 7－5335－0914－5：¥6.80
Q503 039059
生化分离工程/贺筱蓉编著.—杭州：杭州大学出版社，1995.9.—205页；20cm
ISBN 7－81035－833－2：¥7.00
Q503 039060
生物分离技术/梁世中编译.—广州：华南理工大学出版社，1995.12.—212页；19cm
ISBN 7－5623－0800－4：¥7.00
Q503 039061
细胞颗粒和大分子的分配/(瑞典)阿尔伯森(Albertsson，P.A.)著；朱自强等译.—杭州：浙江大学出版社，1995.12.—389页；20cm
ISBN 7－308－01693－5：¥15.00
Q51 039062
蛋白质分子基础/陶慰孙等主编.—2版.—北京：高等教育出版社，1995.10.—440页；26cm
ISBN 7－04－005395－0：¥19.60
Q510.1 039063
蛋白质分子的溶液三维结构测定：多维核磁共振方法/华庆新著.—长沙：湖南师范大学出版社，1995.3.—152页：图；20cm
ISBN 7－81031－408－4：¥6.80
Q52 039064
核酸结构与动力学导论/张今等编著.—北京：科学出版社，1995.7.—211页；20cm
ISBN 7－03－004812－1：¥15.00
Q52－33 039065
核酸序列测定：实验室指南/叶寅等主编.—北京：科学出版社，1995.8.—323页；26cm
ISBN 7－03－004518－1：¥38.00
Q522 039066
转移核糖核酸：结构、功能与合成/王德宝，刘望夷编著.—杭州：浙江科学技术出版社，1995.12.—262页；

29cm
ISBN 7-5341-0766-0(精装):¥35.00

Q592.6　039067
乳生物化学/汪玉松,邹思湘主编.—长春:吉林大学出版社,1995.12.—310页;26cm
ISBN 7-5601-1875-5:¥25.00

Q599　039068
应用生物化学技术基础/李桂贞,施超欧编著.—上海:华东理工大学出版社,1995.12.—224页;20cm
ISBN 7-5628-0641-1:¥18.00

Q6 生物物理学

Q6　039069
自然科学学科发展战略调研报告:生物物理学/国家自然科学基金委员会编.—北京:科学出版社,1995.7.—127页;20cm
ISBN 7-03-004718-4:¥12.80

Q631　039070
激光与生命科学/王惠文编著.—北京:北京理工大学出版社,1995.8.—307页;20cm
ISBN 7-81045-041-7:¥6.90

Q691　039071
太空放射生物学/(美)杨垂绪,梅曼彤编著.—广州:中山大学出版社,1995.7.—228页:图版;20cm
ISBN 7-306-00925-7:¥15.00

Q7 分子生物学

Q7　039072
分子神经生物学/陈宜张主编.—北京:人民军医出版社,1995.9.—392页;26cm
ISBN 7-80020-512-6(精装):¥58.00

Q7　039073
潜生物学思想方法/陈建华等编著.—济南:山东教育出版社,1995.3.—180页;20cm.—(科学思想方法丛书/解恩泽等主编)
ISBN 7-5328-2118-8:¥4.60

Q7-3　039074
分子生物学研究方法/傅继华,孙长柱编著.—济南:山东科学技术出版社,1995.8.—209页;19cm
ISBN 7-5331-1600-3:¥10.00

Q71　039075
生物大分子的内化/王福安等主编.—北京:科学出版社,1995.6.—281页;26cm
ISBN 7-03-004582-3(精装):¥39.90

Q73　039076
膜分子生物学/洪水根,汪德耀编著.—厦门:厦门大学出版社,1995.1.—197页;26cm
ISBN 7-5615-1003-9:¥13.00

Q81 生物工程学

Q81　039077
广东生物工程研究:广东省生物工程学会学术研讨会论文集 /林剑等编.—广州:暨南大学出版社,1995.6.—204页;26cm
ISBN 7-81029-403-2:¥18.00

Q81　039078
生物反应工程/(德)Karl Schugerl著;王建华译.—成都:成都科技大学出版社,1995.3.—516页;26cm
ISBN 7-5616-3249-5:¥25.00

Q81　039079
生物工程/李继行主编.—北京:中国医药科技出版社,1995.8.—258页;26cm
普通高等教育药学类规划教材 供生物制药、微生物制药专业用
ISBN 7-5067-1393-4:¥16.00

Q81　039080
生物工程学/王晓佳,谭远德编著.—桂林:广西师范大学出版社,1995.8.—507页;20cm
ISBN 7-5633-2025-3:¥18.00

Q811.1　039081
神经网络模型/陈明著.—大连:大连理工大学出版社,1995.12.—261页;20cm.—(大连理工大学教授学术丛书;'95卷)
ISBN 7-5611-1150-9(精装):¥14.00

Q811.213　039082
应用时间生物学/孙学川,宋开源主编.—成都:四川大学出版社,1995.2.—242页;19cm
ISBN 7-5614-1130-8:¥6.10

①Q811.213②R33　039083
人体利害日预测/林洪彬著.—哈尔滨:哈尔滨出版社,1995.12.—195页;19cm
ISBN 7-80557-881-8:¥9.80

Q91 古生物学

Q91　039084
古生物学实践教程/王明镇,陈贵仁编著.—北京:煤炭工业出版社,1995.11.—113页:图版;26cm
高等学校规划教材
ISBN 7-5020-1155-2:¥7.70

Q911.6-53　039085
地层古生物论文集　第二十六辑/中国地质科学院地层古生物论文集编委会编.—北京:地质出版社,1995.5.—123页:图版;26cm
ISBN 7-116-01725-9:¥10.00

Q911.6-53　039086
地层古生物论文集　第二十五集/中国地质科学院地层古生物论文集编委会编.—北京:地质出版社,1995.1.—234页:图;26cm
ISBN 7-116-01598-1:¥15.20

Q911.64　039087
山西太原东山晚古生代地层划分对比及古生物研究/何锡麟等著.—长春:吉林大学出版社,1995.12.—149

页:图版;26cm
ISBN 7-5601-1876-3(精装):¥17.00

Q911.645　**039088**
云南西部中晚石炭世-早二叠世冈瓦纳相地层及古生物/方润森,范健才著.—昆明:云南科技出版社,1995.1.—121页:图版;26cm
ISBN 7-5416-0610-3:¥28.00

Q911.72　**039089**
中国古生物志　总号第185册　新甲种第12号:吉林浑江、湖北宜昌早奥陶世疑源类　/尹磊明著.—北京:科学出版社,1995.3.—170页:图;26cm
ISBN 7-03-004340-5(精装):¥26.50

Q911.724.5　**039090**
塔里木盆地震旦纪至二叠纪地层古生物　(Ⅳ):阿尔金山地区分册/塔里木石油勘探开发指挥部,滇黔桂石油勘探局石油地质科学研究所著.—北京:石油工业出版社,1995.5.—285页:图版;26cm.—(中国油气区地层古生物丛书)
ISBN 7-5021-1484-X(精装):¥32.00

Q911.725.2　**039091**
山旺古生物图鉴:汉英对照/孙博编著.—北京:科学出版社,1995.3.—77页;25×26cm
ISBN 7-03-004689-7:¥98.00

Q911.726.1　**039092**
河南周口和南阳地区地层古生物/赵厚宏,郭书元著.—北京:地质出版社,1995.2.—424,79页:图版;26cm
ISBN 7-116-01565-5(精装):¥33.00

Q913.2　**039093**
生物标记化合物指南:古代沉积物和石油中分子化石的解释/(美)彼得斯(Peters,K.E.),(美)莫尔多万(Moldowan,J.M.)著;姜乃煌等译.—北京:石油工业出版社,1995.11.—236页;26cm
ISBN 7-5021-1643-5:¥26.00

Q914.653　**039094**
内蒙古霍林河盆地早白垩世植物群/邓胜徽著.—北京:地质出版社,1995.8.—125页:图;26cm
ISBN 7-116-01939-1:¥21.00

Q914.726.1　**039095**
豫西义马组植物群研究/曾勇等著.—南昌:江西科学技术出版社,1995.6.—92页:图版;26cm
ISBN 7-5390-0914-4:¥15.00

Q915.2　**039096**
中国禄丰盆地-新的完整原蜥脚类恐龙化石:金山龙/张奕宏,杨兆龙著.—昆明:云南科技出版社,1995.1.—100页:图版;26cm
ISBN 7-5416-0695-2(精装):¥18.00

Q915.2　**039097**
中国禄丰盆地-新的完整原蜥脚类恐龙化石:金山龙/张奕宏,杨兆龙著.—昆明:云南科技出版社,1995.1.—100页:图版;26cm
ISBN 7-5416-0693-6:¥15.00

Q915.65　**039098**
北京与邻区侏罗-白垩纪动物群及其地层/任东等著.—北京:地震出版社,1995.5.—222页:图版;26cm
ISBN 7-5028-1234-2:¥20.00

Q915.81　**039099**
华蓥山二叠纪腕足动物群与群落演替/曾勇等著.—徐州:中国矿业大学出版社,1995.10.—187页:图版;26cm
ISBN 7-81040-446-6:¥30.00

Q915.81　**039100**
软舌螺/钱逸,肖立功著.—北京:科学出版社,1995.9.—262页:图;20cm
ISBN 7-03-004296-4:¥22.00

Q915.81　**039101**
新疆地层及介形类化石/蒋显庭等著.—北京:地质出版社,1995.6.—577,122页:图版;26cm
ISBN 7-116-01720-8(精装):¥70.00

Q915.81　**039102**
新疆塔里木盆地西部晚白垩世至早第三纪介形类动物群/杨恒仁等著.—北京:科学出版社,1995.12.—173页;26cm.—(新疆地层古生物科学研究丛书;7)
ISBN 7-03-004608-0(精装):¥47.00

Q915.81　**039103**
新疆塔里木盆地西部晚白垩世至早第三纪双壳类动物群/蓝琇,魏景明著.—北京:科学出版社,1995.10.—212页:图;26cm.—(新疆地层古生物科学研究丛书;6)
ISBN 7-03-004579-3(精装):¥34.00

Q915.81　**039104**
皱纹珊瑚与异形珊瑚:古生代珊瑚化石专著/林宝玉等著.—北京:地质出版社,1995.6.—778页:图版;26cm
ISBN 7-116-01588-4(精装):¥60.00

Q915.86　**039105**
甘肃武都龙家沟三趾马动物群埋藏学/张云翔,薛祥煦著.—北京:地质出版社,1995.1.—96页:图版;26cm
ISBN 7-116-01793-3:¥5.80

Q915.86　**039106**
恐龙地图集/( )林得赛编文;( )佛尔纳里绘.—北京:宇航出版社,1995.11.—64页;35cm.—(阶梯视觉博览系列·图绘)
著者原题:威廉·林得赛,吉里安诺·佛尔纳里
ISBN 7-80034-806-7(精装):¥180.00

Q915.86　**039107**
中国古蔺大熊猫:剑齿象动物群研究/杨兴隆等著.—重庆:重庆出版社,1995.3.—73页:图版;20cm
ISBN 7-5366-3080-8:¥5.00

Q915.86-49　**039108**
彩色恐龙世界/(英)狄克逊著;李文健译.—杭州:浙江少年儿童出版社,1995.10.—140页:彩图;26cm
著者原题:道加尔·狄克逊
ISBN 7-5342-1355-X(精装):¥40.00

Q915.86-49　**039109**
恐龙世界　(1)/常亮,马熙编;钱逸敏,徐岷绘　.—沈阳:春风文艺出版社,1995.8.—24页;29cm
ISBN 7-5313-1530-0:¥15.00

Q915.86-49　**039110**

恐龙世界　(2)/常亮,马熙编;钱逸敏,徐岷绘 .—沈阳:春风文艺出版社,1995.10.—24页;29cm

ISBN 7-5313-1548-3: ¥15.00

Q915.86-49　039111

恐龙世界　(3)/常亮,马熙编;钱逸敏,徐岷绘 .—沈阳:春风文艺出版社,1995.10.—24页;29cm

ISBN 7-5313-1551-3: ¥15.00

Q915.86-49　039112

恐龙世界　(4)/常亮,马熙编;钱逸敏,徐岷绘 .—沈阳:春风文艺出版社,1995.12.—24页;29cm

ISBN 7-5313-1561-0: ¥15.00

Q915.86-49　039113

恐龙世界　(5)/常亮,马熙编;钱逸敏,徐岷绘 .—沈阳:春风文艺出版社,1995.12.—24页;29cm

ISBN 7-5313-1562-9: ¥15.00

Q915.86-49　039114

恐龙世界　(6)/常亮,马熙编;钱逸敏,徐岷绘 .—沈阳:春风文艺出版社,1995.12.—24页;29cm

ISBN 7-5313-1563-7: ¥15.00

Q915.86-49　039115

恐龙世界　(7)/常亮,马熙编;钱逸敏,徐岷绘 .—沈阳:春风文艺出版社,1995.12.—24页;29cm

ISBN 7-5313-1564-5: ¥15.00

Q915.86-49　039116

恐龙世界　(8)/常亮,马熙编;钱逸敏,徐岷绘 .—沈阳:春风文艺出版社,1995.12.—24页;29cm

ISBN 7-5313-1565-3: ¥15.00

Q915.86-61　039117

戈兰兹少儿恐龙百科全书/( )怀特菲尔德著;范继红译.—长沙:湖南少年儿童出版社,1995.11.—95页;29cm

著者原题:菲利浦·怀特菲尔德

ISBN 7-5358-1039-X: ¥16.00

Q93　微生物学

Q93-335　039118

干燥培养基的制造及使用/李根生编著.—上海:上海科学技术文献出版社,1995.4.—234页;19cm

ISBN 7-5439-0606-6: ¥12.80

Q93-335　039119

微生物培养基的制造与应用/陈天寿主编.—北京:中国农业出版社,1995.6.—642页;26cm

ISBN 7-109-03666-9: ¥55.00

Q93-53　039120

现代微生物学进展/彭珍荣主编.—武汉:武汉大学出版社,1995.6.—371页;20cm

ISBN 7-307-01900-0: ¥11.80

Q933　039121

微生物遗传学/沈萍编著.—武汉:武汉大学出版社,1995.9.—293页;26cm

ISBN 7-307-02037-8: ¥15.05

Q939.109　039122

非发酵革兰氏阴性杆菌分类鉴定/杨暑伏,李蓉主编;蔡妙英等编写.—哈尔滨:哈尔滨出版社,1995.3.—308页;19cm

ISBN 7-80557-812-5: ¥15.80

Q939.11　039123

乳酸菌与人体保健/顾瑞霞,谢继志编著.—北京:科学出版社,1995.3.—172页;19cm

ISBN 7-03-004429-0: ¥5.60

Q939.9　039124

微生物工程及应用/胡尚勤,张远琼编.—成都:四川大学出版社,1995.9.—297页;19cm

ISBN 7-5614-0579-0: ¥8.10

Q939.9　039125

应用微生物学/汪耀南主编.—武汉:湖北科学技术出版社,1995.6.—259页;26cm

应用生物学专业系列教材

ISBN 7-5352-1671-4: ¥12.00

Q939.9　039126

资源微生物学/程东升主编.—哈尔滨:东北林业大学出版社,1995.12.—289页;26cm

全国高等林业院校试用教材

ISBN 7-81008-601-4: ¥19.00

①Q939.92②S482.7　039127

有害生物的微生物防治原理和技术/陈涛主编.—武汉:湖北科学技术出版社,1995.6.—506页;26cm

ISBN 7-5352-1633-1: ¥45.00

Q939.97　039128

工业微生物菌种选育与发酵控制技术/陈代杰,朱宝泉编著.—上海:上海科学技术文献出版社,1995.2.—426页;19cm

ISBN 7-5439-0552-3: ¥28.20

Q94　植物学

Q94　039129

现代植物科学引论/陈汝民主编.—广州:广东高等教育出版社,1995.8.—451页;26cm

ISBN 7-5361-1776-0: ¥25.00

Q94　039130

植物及植物生理　上册/王凤翱主编;周朴华等编.—长沙:湖南科学技术出版社,1995.10.—295页;19cm

中等职业技术学校教材

ISBN 7-5357-1938-4: ¥6.40

Q94　039131

植物及植物生理学/北京市农业学校主编.—3版.—北京:中国农业出版社,1995.5.—264页;26cm

全国中等农业学校教材 农学类专业用

ISBN 7-109-03270-1: ¥10.05

Q94　039132

植物形态生理学/郭宗华编著.—北京:中国建筑工业出版社,1995.7.—166页;26cm.—(园林植物·营建·管理丛书)

ISBN 7-112-02589-3: ¥12.00

Q94　039133

植物学/陈翠云,张赞平主编.—西安:陕西科学技术出版社,1995.6.—297页;26cm

高等农业院校试用教材

ISBN 7-5369-2367-8: ¥16.80

Q94　039134

植物学/杨悦主编.—北京:中央广播电视大学出版社,1995.2.—369页;26cm

中央广播电视大学教材

ISBN 7-304-01163-7: ¥15.70

Q94　039135

植物学/《植物学》编写组编.—2版.—北京:中国林业出版社,1995.5.—297页;19cm

全国中等林业学校教材 林业专业用

ISBN 7-5038-1470-5: ¥5.45

①Q94②S3　039136

植物与种植　下册/张才龙,葛敖川主编.—上海:华东理工大学出版社,1995.11.—115页;19cm

ISBN 7-5628-0557-1: ¥3.70

①Q94②S3　039137

植物与种植　中册/张才龙,葛敖川主编.—上海:华东理工大学出版社,1995.10.—193页;19cm

ISBN 7-5628-0557-1: ¥5.60

Q94-28　039138

植物博物馆/胡玉熹主编;孟昭义等摄.—郑州:河南教育出版社,1995.5.—178页:彩照;28cm.—(当代博物馆丛书)

ISBN 7-5347-1389-7: ¥58.00

Q94-33　039139

植物学实验教程/贾洪敏等主编.—济南:山东教育出版社,1995.11.—2册;19cm

ISBN 7-5328-2225-7: ¥12.90

Q94-34　039140

高等植物标本采集制作与管理/林祁编著.—长沙:湖南科学技术出版社,1995.11.—198页;20cm

中国科学院实验技术人员岗位培训系列教材

ISBN 7-5357-1751-9: ¥8.00

Q94-49　039141

绿色宝库的奥秘/陈彬,其锷编著.—石家庄:河北教育出版社,1995.6.—70页;19cm.—(小科学家丛书/葛翠琳主编)

ISBN 7-5434-1956-4: ¥2.40

Q94-49　039142

植物趣谈/黄建民,长风原著;晓峰等改编.—南京:江苏少年儿童出版社,1995.8.—2册;19cm.—(少年科学知识大金库)

ISBN 7-5346-1436-8: ¥9.00

Q94-53　039143

张宏达文集/《张宏达文集》编辑组编.—广州:中山大学出版社,1995.11.—770页;26cm

ISBN 7-306-00961-3: ¥75.00

Q94-55　039144

中国科学院华南植物研究所集刊　第10集/胡启明主编.—北京:科学出版社,1995.10.—173页;26cm

ISBN 7-03-004588-2: ¥23.00

Q941　039145

中国地质时期植物群/李星学主编.—广州:广东科技出版社,1995.12.—542,144页:图版;26cm

ISBN 7-5359-1536-1(精装): ¥56.00

Q942-33　039146

植物细胞工程实验技术/孙敬三,桂耀林主编.—北京:科学出版社,1995.3.—424页;20cm

ISBN 7-03-004396-0: ¥25.00

Q943　039147

植物基因工程/田波等主编.—济南:山东科学技术出版社,1995.12.—312页;26cm

ISBN 7-5331-1495-7(精装): ¥45.00

Q943　039148

植物基因与分子操作/顾红雅等编著.—北京:北京大学出版社,1995.4.—298页;26cm.—(植物分子生物学丛书;2)

ISBN 7-301-02698-6: ¥25.00

Q943　039149

植物生殖遗传学/孟金陵等编著.—北京:科学出版社,1995.1.—423页;20cm.—(现代遗传学丛书)

ISBN 7-03-004269-7(精装): ¥24.80

Q943　039150

植物遗传资源诸葛菜研究/罗鹏主编;刘智慧等编.—成都:四川大学出版社,1995.12.—250页;19cm

ISBN 7-5614-1208-8: ¥8.00

Q944　039151

植物结构的分形特征及模拟/常杰等著.—杭州:杭州大学出版社,1995.6.—144页;20cm

ISBN 7-81035-804-9: ¥5.80

Q944.571-62　039152

孢粉分析技术手册/李光瑜等编著.—北京:地质出版社,1995.7.—223页:图版;19cm

ISBN 7-116-01788-7(精装): ¥13.00

Q944.58　039153

中国植物花粉形态/王伏雄等著.—2版.—北京:科学出版社,1995.2.—461页:图;26cm

ISBN 7-03-003635-2(精装): ¥89.00

Q945　039154

植物低温逆境生理/何若韫编著.—北京:中国农业出版社,1995.5.—141页;26cm

全国高等农业院校教材 植物生理生化、农学、果树、蔬菜、贮藏、林学等专业用

ISBN 7-109-03306-6: ¥5.65

Q945　039155

植物环境生理学/白朴编著.—杭州:杭州大学出版社,1995.5.—139页;19cm

ISBN 7-81035-651-8: ¥5.00

Q945　039156

植物及植物生理　下册/吴振球,孙福增编.—新1版.—长沙:湖南科学技术出版社,1995.10.—253页;19cm

中等职业技术学校教材

ISBN 7-5357-1939-2:¥5.50

Q945 039157

植物生理生化/孟繁静等编著.—北京:中国农业出版社,1995.10.—384页;26cm

全国高等农业院校教材 农学类、植保、农药、土壤等专业用

ISBN 7-109-03357-0:¥19.15

Q945 039158

植物生理学/潘瑞炽,董愚得编著.—3版.—北京:高等教育出版社,1995.5.—373页;26cm

高等学校教材

ISBN 7-04-005192-3:¥13.25

Q945-33 039159

植物生理生化实验指导/邹琦主编.—北京:中国农业出版社,1995.5.—108页;26cm

全国高等农业院校教材 农学类各专业用

ISBN 7-109-03414-3:¥4.40

Q945.1 039160

植物营养学 下册/胡霭堂主编.—北京:北京农业大学出版社,1995.5.—220页;26cm

全国高等农业院校教材 土壤与植物营养土壤农化专业用

ISBN 7-81002-613-5:¥8.30

Q945.45 039161

高等植物组织离体培养的形态建成及其调控/黄学林,李筱菊编著.—北京:科学出版社,1995.3.—300页;20cm

ISBN 7-03-004377-4:¥17.50

Q946 039162

植物生物化学/汪沛洪主编.—北京:中国农业出版社,1995.12.—407页;26cm

全国高等农业院校教材 农学类专业用

ISBN 7-109-03361-9:¥20.30

Q946-1 039163

植物分子生物学:成就与前景/荆玉祥等主编.—北京:科学出版社,1995.4.—303页;26cm

ISBN 7-03-004335-9:¥28.50

Q946.86 039164

离子交换与吸附树脂/何炳林,黄文强主编.—上海:上海科技教育出版社,1995.2.—573页;20cm

ISBN 7-5428-0974-1(精装):¥26.20

①Q948②Q958 039165

中国历史时期植物与动物变迁研究/文焕然等著;文榕生等选编整理.—重庆:重庆出版社,1995.12.—278页;26cm

ISBN 7-5366-3263-0(精装):¥32.00

Q948.1 039166

城市植物生态学/冷平生编著.—北京:中国建筑工业出版社,1995.7.—108页;26cm.—(园林植物·营建·管理丛书)

ISBN 7-112-02590-7:¥10.00

Q948.12 039167

孤岛采油厂植被/赵善伦,叶景敏主编.—济南:山东省地图出版社,1995.8.—113页:彩图;26cm

ISBN 7-80532-204-X:¥14.50

Q948.12-55 039168

植物引种驯化集刊 第十集/张治明主编;中国植物学会植物园分会编辑.—北京:科学出版社,1995.10.—159页;26cm

ISBN 7-03-005084-3:¥13.00

Q948.15 039169

鄂西植被研究/班继德等著.—武汉:华中理工大学出版社,1995.7.—237页:彩图;26cm

ISBN 7-5609-1112-9:¥22.00

Q948.15 039170

植被数量生态学方法/张金屯著.—北京:中国科学技术出版社,1995.1.—380页;20cm

ISBN 7-5046-1313-4:¥16.80

Q948.15 039171

植物种群学/王伯荪等著.—广州:广东高等教育出版社,1995.1.—358页;20cm

ISBN 7-5361-1593-8:¥15.00

Q948.2 039172

植物地理学/武吉华,张绅编著.—3版.—北京:高等教育出版社,1995.5.—200页;26cm

高等学校教材

ISBN 7-04-005136-2:¥7.10

Q948.2 039173

中国植物志 第二十三卷 第二分册/中国科学院中国植物志编辑委员会编.—北京:科学出版社,1995.8.—448页;26cm

ISBN 7-03-004466-5(精装):¥68.00

Q948.2 039174

中国植物志 第三十五卷 第一分册/中国科学院中国植物志编辑委员会编.—北京:科学出版社,1995.11.—406页;26cm

ISBN 7-03-004575-0(精装):¥48.00

Q948.2 039175

中国植物志 第四十一卷/中国科学院中国植物志编辑委员会编 .—北京:科学出版社,1995.5.—405页;26cm

ISBN 7-03-004440-1(精装):¥58.00

Q948.52 039176

湘黔桂交界地区植物区系研究/赵运林著.—长沙:湖南科学技术出版社,1995.11.—226页;20cm

ISBN 7-5357-1885-X:¥8.50

Q948.522.1 039177

天津植物名录/刘家宜编著.—天津:天津教育出版社,1995.8.—229页;20cm

ISBN 7-5309-2234-3:¥8.30

Q948.522.23 039178

承德避暑山庄外八庙风景名胜区植物揽胜/王汶兰,陈秉礼主编.—北京:中国建筑工业出版社,1995.3.—97页;26cm

ISBN 7-112-02504-4:¥20.00

Q948.523-64 039179

东北植物检索表/傅沛云主编;李冀云等编著 .—2版.—北京:科学出版社,1995.12.—1007页;26cm

ISBN 7-03-004532-7(精装):¥110.00

Q948.524.5 039180

新疆晚古生代植物群演替及植物地理分区/吴绍祖等著.—乌鲁木齐:新疆科技卫生出版社,1995.12.—166页:图版;20cm

ISBN 7-5372-1200-7:¥10.00

Q948.524.5 039181

新疆植物志 第二卷 第二分册/安争夕等编著.—乌鲁木齐:新疆科技卫生出版社,1995.5.—425页;26cm

ISBN 7-5372-0801-8(精装):¥34.00

Q948.525.2 039182

山东植物研究/李法曾,姚敦义主编.—北京:北京科学技术出版社,1995.10.—369页;26cm

ISBN 7-5304-1816-5:¥30.00

Q948.525.7 039183

福建植物志 第六卷/林来官主编;福建省科学技术委员会《福建植物志》编写组编.—福州:福建科学技术出版社,1995.9.—724页;26cm

ISBN 7-5335-0864-5(精装):¥46.60

Q948.526 039184

华中珍稀濒危植物及其保存 第一册/王诗云等编著.—北京:科学出版社,1995.1.—201页;20cm

ISBN 7-03-001269-0:¥12.00

Q948.526 039185

武陵山地区维管植物检索表/王文采主编.—北京:科学出版社,1995.7.—626页;26cm.—(中国科学院生物资源调查与评价系列专著)

ISBN 7-03-004424-X:¥65.00

Q948.526.5 039186

广东植物志 第三卷/吴德邻主编;中国科学院华南植物研究所编.—广州:广东科技出版社,1995.1.—511页;26cm

ISBN 7-5359-1272-9(精装):¥50.00

Q948.527.4 039187

云南植物志 第六卷:种子植物/中国科学院昆明植物研究所编著.—北京:科学出版社,1995.3.—910页;26cm

ISBN 7-03-004289-1(精装):¥72.00

Q949 039188

植物分类学/周世权,马恩伟主编.—北京:中国林业出版社,1995.4.—215页;26cm

全国高等林业院校试用教材 沙漠治理专业用

ISBN 7-5038-1358-X:¥8.00

Q949 039189

植物分类学/内蒙古农牧学院主编.—2版.—北京:中国农业出版社,1995.10.—247页;26cm

全国高等农业院校教材 草原专业用

ISBN 7-109-02162-9:¥12.80

Q949.208 039190

中国淡水藻志 第四卷:硅藻门、中心纲/齐雨藻主编;中国科学院中国孢子植物志编辑委员会编辑.—北京:科学出版社,1995.3.—104页:图;26cm

ISBN 7-03-004422-3(精装):¥33.00

Q949.32 039191

中国气传致敏真菌调查/叶世泰,乔秉善主编.—北京:科学出版社,1995.5.—263页;26cm

ISBN 7-03-004481-9:¥25.80

Q949.320.8 039192

小兴安岭大型经济真菌志/潘学仁主编.—哈尔滨:东北林业大学出版社,1995.12.—258页;26cm

ISBN 7-81008-634-0:¥18.80

Q949.9 039193

海南热带植物资源开发研究:1965~1994/谢国干著.—上海:上海科学技术出版社,1995.6.—149页;26cm

ISBN 7-5323-3831-2:¥15.00

Q949.9 039194

江西野生观赏植物/李以镔主编.—北京:中国林业出版社,1995.11.—322页:彩照;20cm

ISBN 7-5038-1414-4:¥18.80

Q949.9 039195

新经济植物学/颜素珠编著.—广州:暨南大学出版社,1995.12.—342页;20cm

ISBN 7-81029-415-6:¥16.80

Q949.9 039196

野生植物资源开发与利用学/谢碧霞,张美琼主编.—北京:中国林业出版社,1995.5.—212页;26cm

全国高等林业院校试用教材

ISBN 7-5038-1383-0:¥7.90

Q949.9 039197

中国野生植物开发与加工利用/高愿君主编.—北京:中国轻工业出版社,1995.8.—495页;19cm

ISBN 7-5019-1775-2:¥27.00

Q949.95 039198

药用植物学/沈联德主编;李颖等编写.—2版.—北京:人民卫生出版社,1995.10.—366页;26cm

高等医药院校教材 供药学、中药专业用

ISBN 7-117-00015-5:¥18.40

Q949.99 039199

云南热带亚热带香料植物/程必强,喻学俭著.—昆明:云南大学出版社,1995.10.—155页;26cm

ISBN 7-81025-580-0:¥16.00

Q95 动物学

Q95-33 039200

动物学实验教程/龚兆铎,袁兴中主编.—北京:中国气象出版社,1995.8.—342页;20cm

高等学校试用教材

ISBN 7-5029-2030-7:¥8.00

Q95-33 039201

实验动物学/卢耀增主编.—北京:北京医科大学、中国协和医科大学联合出版社,1995.12.—311页;26cm

ISBN 7-81034-573-7:¥31.00

Q95-331 039202

生物医学研究中动物日粮的选择与配合指南/(英)

科茨(Coates, M. E.)编;刘源译.—北京:原子能出版社,1995.6.—94页;19cm
ISBN 7-5022-1323-6: ¥6.00

Q95-49 039203
拜动物为师　上集/郭泰著.—北京:红旗出版社,1995.7.—364页;20cm
ISBN 7-80068-769-4: ¥11.80

Q95-49 039204
帮你认识动物世界:温和的动物　(B)/张莹,张平编文;王伟绘.—北京:金城出版社,1995.3.—45页;17×18cm
ISBN 7-80084-078-6: ¥3.20

Q95-49 039205
帮你认识动物世界:凶猛的动物　(A)/张莹,张平编文;王伟绘.—北京:金城出版社,1995.3.—45页;17×18cm
ISBN 7-80084-078-6: ¥3.20

Q95-49 039206
帮你认识动物世界:驯化的动物　(C)/张莹,张平编文;王伟绘.—北京:金城出版社,1995.3.—46页;17×18cm
ISBN 7-80084-078-6: ¥3.20

Q95-49 039207
帮你认识动物世界:有趣的动物　(D)/张莹,张平编文;王伟绘.—北京:金城出版社,1995.3.—46页;17×18cm
ISBN 7-80084-078-6: ¥3.20

Q95-49 039208
北极探险/(英)普赖斯(Price, W.)著;杨伟娴译.—北京:北京少年儿童出版社,1995.1.—242页;19cm.—(哈尔罗杰历险记)
ISBN 7-5301-0504-3: ¥4.50

Q95-49 039209
闯入食人国/(英)普赖斯(Pice, W.)著;陈晓莉译.—北京:北京少年儿童出版社,1995.1.—242页;19cm.—(哈尔罗杰历险记)
ISBN 7-5301-0502-7: ¥4.50

Q95-49 039210
动物大观/姚大均原著;大夫等改编.—南京:江苏少年儿童出版社,1995.8.—2册;19cm.—(少年科学知识大金库)
ISBN 7-5346-1433-3: ¥9.00

Q95-49 039211
动物奇趣/高鸿昌等编著.—安徽省合肥:安徽少年儿童出版社,1995.10.—256页;20cm
ISBN 7-5397-1190-6: ¥9.50

Q95-49 039212
动物趣闻录/禹云裘编著.—长沙:湖南教育出版社,1995.8.—205页;19cm
ISBN 7-5355-2240-8: ¥6.10

Q95-49 039213
动物世界的奥秘　(10):蜘蛛/李广华译.—北京:中国青年出版社;马来西亚理达出版集团,1995.8.—29页;26cm
原文出版:西班牙迪亚戈斯蒂尼星球出版社
ISBN 7-5006-2009-8(精装): ¥19.00

Q95-49 039214
动物世界的奥秘　(11):鱼/李广华译.—北京:中国青年出版社;马来西亚理达出版集团,1995.8.—29页;26cm
原文出版:西班牙迪亚戈斯蒂尼星球出版社
ISBN 7-5006-2010-1(精装): ¥19.00

Q95-49 039215
动物世界的奥秘　(12):雏鸟/李广华译.—北京:中国青年出版社;马来西亚理达出版集团,1995.8.—29页;26cm
原文出版:西班牙迪亚戈斯蒂尼星球出版社
ISBN 7-5006-2011-X(精装): ¥19.00

Q95-49 039216
动物世界的奥秘　(13):长颈鹿/马秀波译.—北京:中国青年出版社;马来西亚理达出版集团,1995.8.—29页;26cm
原文出版:西班牙迪亚戈斯蒂尼星球出版社
ISBN 7-5006-2012-8(精装): ¥19.00

Q95-49 039217
动物世界的奥秘　(14):骆驼/倪梅媛译.—北京:中国青年出版社;马来西亚理达出版集团,1995.8.—29页;26cm
原文出版:西班牙迪亚戈斯蒂尼星球出版社
ISBN 7-5006-2013-6(精装): ¥19.00

Q95-49 039218
动物世界的奥秘　(15):章鱼/周青译.—北京:中国青年出版社;马来西亚理达出版集团,1995.8.—29页;26cm
原文出版:西班牙迪亚戈斯蒂尼星球出版社
ISBN 7-5006-2014-4(精装): ¥19.00

Q95-49 039219
动物世界的奥秘　(16):恐龙/周青译.—北京:中国青年出版社;马来西亚理达出版集团,1995.8.—29页;26cm
原文出版:西班牙迪亚戈斯蒂尼星球出版社
ISBN 7-5006-2015-2(精装): ¥19.00

Q95-49 039220
动物世界的奥秘　(17):青蛙/周青译.—北京:中国青年出版社;马来西亚理达出版集团,1995.8.—29页;26cm
原文出版:西班牙迪亚戈斯蒂尼星球出版社
ISBN 7-5006-2016-0(精装): ¥19.00

Q95-49 039221
动物世界的奥秘　(18):猎豹/周青译.—北京:中国青年出版社;马来西亚理达出版集团,1995.8.—29页;26cm
原文出版:西班牙迪亚戈斯蒂尼星球出版社
ISBN 7-5006-2017-9(精装): ¥19.00

Q95-49 039222
动物世界的奥秘　(19):鱼/郭瑞臣译.—北京:中国青年出版社;马来西亚理达出版集团,1995.8.—29页;26cm

原文出版:西班牙迪亚戈斯蒂尼星球出版社
ISBN 7-5006-2018-7(精装):¥19.00

Q95-49　039223
动物世界的奥秘　(1):鲨鱼/李广华译.—北京:中国青年出版社;马来西亚理达出版集团,1995.8.—29页;26cm
原文出版:西班牙迪亚戈斯蒂尼星球出版社
ISBN 7-5006-2000-4(精装):¥19.00

Q95-49　039224
动物世界的奥秘　(20):鹳/李广华译.—北京:中国青年出版社;马来西亚理达出版集团,1995.8.—29页;26cm
原文出版:西班牙迪亚戈斯蒂尼星球出版社
ISBN 7-5006-2019-5(精装):¥19.00

Q95-49　039225
动物世界的奥秘　(21):河狸/王杰译.—北京:中国青年出版社;马来西亚理达出版集团,1995.8.—29页;26cm
原文出版:西班牙迪亚戈斯蒂尼星球出版社
ISBN 7-5006-2020-9(精装):¥19.00

Q95-49　039226
动物世界的奥秘　(22):蜜蜂/陈宇译.—北京:中国青年出版社;马来西亚理达出版集团,1995.8.—29页;26cm
原文出版:西班牙迪亚戈斯蒂尼星球出版社
ISBN 7-5006-2021-7(精装):¥19.00

Q95-49　039227
动物世界的奥秘　(23):贻贝/郭瑞臣译.—北京:中国青年出版社;马来西亚理达出版集团,1995.8.—29页;26cm
原文出版:西班牙迪亚戈斯蒂尼星球出版社
ISBN 7-5006-2022-5(精装):¥19.00

Q95-49　039228
动物世界的奥秘　(24):枪乌贼/李广华译.—北京:中国青年出版社;马来西亚理达出版集团,1995.8.—29页;26cm
原文出版:西班牙迪亚戈斯蒂尼星球出版社
ISBN 7-5006-2023-3(精装):¥19.00

Q95-49　039229
动物世界的奥秘　(25):海绵/张献海译.—北京:中国青年出版社;马来西亚理达出版集团,1995.8.—29页;26cm
原文出版:西班牙迪亚戈斯蒂尼星球出版社
ISBN 7-5006-2024-1(精装):¥19.00

Q95-49　039230
动物世界的奥秘　(26):蝴蝶/傅大伟译.—北京:中国青年出版社;马来西亚理达出版集团,1995.8.—29页;26cm
原文出版:西班牙迪亚戈斯蒂尼星球出版社
ISBN 7-5006-2025-X(精装):¥19.00

Q95-49　039231
动物世界的奥秘　(27):螯虾/郭瑞臣译.—北京:中国青年出版社;马来西亚理达出版集团,1995.8.—29页;26cm
原文出版:西班牙迪亚戈斯蒂尼星球出版社
ISBN 7-5006-2026-8(精装):¥19.00

Q95-49　039232
动物世界的奥秘　(28):鼹鼠/鲁礼放译.—北京:中国青年出版社;马来西亚理达出版集团,1995.8.—29页;26cm
原文出版:西班牙迪亚戈斯蒂尼星球出版社
ISBN 7-5006-2027-6(精装):¥19.00

Q95-49　039233
动物世界的奥秘　(29):大马哈鱼/鲁礼放译.—北京:中国青年出版社;马来西亚理达出版集团,1995.8.—29页;26cm
原文出版:西班牙迪亚戈斯蒂尼星球出版社
ISBN 7-5006-2028-4(精装):¥19.00

Q95-49　039234
动物世界的奥秘　(2):大象/陈宇译.—北京:中国青年出版社;马来西亚理达出版集团,1995.8.—29页;26cm
原文出版:西班牙迪亚戈斯蒂尼星球出版社
ISBN 7-5006-2001-2(精装):¥19.00

Q95-49　039235
动物世界的奥秘　(30):变色龙 /雷金牛译.—北京:中国青年出版社;马来西亚理达出版集团,1995.8.—29页;26cm
原文出版:西班牙迪亚戈斯蒂尼星球出版社
ISBN 7-5006-2029-2(精装):¥19.00

Q95-49　039236
动物世界的奥秘　(31):蚂蚁/李广华译.—北京:中国青年出版社;马来西亚理达出版集团,1995.8.—29页;26cm
原文出版:西班牙迪亚戈斯蒂尼星球出版社
ISBN 7-5006-2030-6(精装):¥19.00

Q95-49　039237
动物世界的奥秘　(32):水母/吴晓霞译.—北京:中国青年出版社;马来西亚理达出版集团,1995.8.—29页;26cm
原文出版:西班牙迪亚戈斯蒂尼星球出版社
ISBN 7-5006-2031-4(精装):¥19.00

Q95-49　039238
动物世界的奥秘　(33):蛇和狮子/李广华译.—北京:中国青年出版社;马来西亚理达出版集团,1995.8.—29页;26cm
原文出版:西班牙迪亚戈斯蒂尼星球出版社
ISBN 7-5006-2032-2(精装):¥19.00

Q95-49　039239
动物世界的奥秘　(34):猴子/袁祖文译.—北京:中国青年出版社;马来西亚理达出版集团,1995.8.—29页;26cm
原文出版:西班牙迪亚戈斯蒂尼星球出版社
ISBN 7-5006-2033-0(精装):¥19.00

Q95-49　039240
动物世界的奥秘　(35):跳蚤/袁祖文译.—北京:中国青年出版社;马来西亚理达出版集团,1995.8.—29页;26cm

原文出版:西班牙迪亚戈斯蒂尼星球出版社
ISBN 7-5006-2034-9(精装):¥19.00

Q95-49 039241
动物世界的奥秘 (3):熊/李广华译.—北京:中国青年出版社;马来西亚理达出版集团,1995.8.—29页;26cm
原文出版:西班牙迪亚戈斯蒂尼星球出版社
ISBN 7-5006-2002-0(精装):¥19.00

Q95-49 039242
动物世界的奥秘 (4):海豚/李广华译.—北京:中国青年出版社;马来西亚理达出版集团,1995.8.—29页;26cm
原文出版:西班牙迪亚戈斯蒂尼星球出版社
ISBN 7-5006-2003-9(精装):¥19.00

Q95-49 039243
动物世界的奥秘 (5):袋鼠/李广华译.—北京:中国青年出版社;马来西亚理达出版集团,1995.8.—29页;26cm
原文出版:西班牙迪亚戈斯蒂尼星球出版社
ISBN 7-5006-2004-7(精装):¥19.00

Q95-49 039244
动物世界的奥秘 (6):鳄鱼/李广华译.—北京:中国青年出版社;马来西亚理达出版集团,1995.8.—29页;26cm
原文出版:西班牙迪亚戈斯蒂尼星球出版社
ISBN 7-5006-2005-5(精装):¥19.00

Q95-49 039245
动物世界的奥秘 (7):鲸/李广华译.—北京:中国青年出版社;马来西亚理达出版集团,1995.8.—29页;26cm
原文出版:西班牙迪亚戈斯蒂尼星球出版社
ISBN 7-5006-2006-3(精装):¥19.00

Q95-49 039246
动物世界的奥秘 (8):鸟/李广华译.—北京:中国青年出版社;马来西亚理达出版集团,1995.8.—29页;26cm
原文出版:西班牙迪亚戈斯蒂尼星球出版社
ISBN 7-5006-2007-1(精装):¥19.00

Q95-49 039247
动物世界的奥秘 (9):蝙蝠/李广华译.—北京:中国青年出版社;马来西亚理达出版集团,1995.8.—29页;26cm
原文出版:西班牙迪亚戈斯蒂尼星球出版社
ISBN 7-5006-2008-X(精装):¥19.00

Q95-49 039248
动物与养殖 上册/张才龙,葛敖川主编.—上海:华东理工大学出版社,1995.6.—189页;19cm
ISBN 7-5628-0568-7:¥5.50

Q95-49 039249
动物与养殖 下册/张才龙,葛敖川主编.—上海:华东理工大学出版社,1995.6.—112页;19cm
ISBN 7-5628-0568-7:¥3.60

Q95-49 039250
恶战杀人鲸/(英)普赖斯(Price,W.)著;杨伟娴译.—北京:北京少年儿童出版社,1995.1.—223页;19cm.—(哈尔罗杰历险记)
ISBN 7-5301-0501-9:¥4.50

Q95-49 039251
非洲历险/(英)普赖斯(Price,W.)著;骆行健译.—北京:北京少年儿童出版社,1995.1.—191页;19cm.—(哈尔罗杰历险记)
ISBN 7-5301-0505-1:¥4.50

Q95-49 039252
猎场剿匪/(英)普赖斯(Price,W.)著;骆行健译.—北京:北京少年儿童出版社,1995.1.—202页;19cm.—(哈尔罗杰历险记)
ISBN 7-5301-0503-5:¥4.50

Q95-49 039253
奇妙的动物王国/于今昌主编.—长春:吉林大学出版社,1995.1.—258页;19cm.—(知识宝库丛书)
ISBN 7-5601-1658-2:¥6.50

Q95-49 039254
巧捕白象/(英)普赖斯(Price,W.)著;陈小兰译.—北京:北京少年儿童出版社,1995.1.—221页;19cm.—(哈尔罗杰历险记)
ISBN 7-5301-0492-6:¥4.50

Q95-49 039255
小精灵漫游动物世界:昆虫王国/王培堃编著;《小精灵画报》创作组绘.—南宁:接力出版社,1995.9.—48页;26cm
ISBN 7-80581-927-0:¥10.00

Q95-49 039256
小精灵漫游动物世界:鸟岛奇遇/王培堃编著;《小精灵画报》创作组绘.—南宁:接力出版社,1995.9.—48页;26cm
ISBN 7-80581-929-7:¥10.00

Q95-49 039257
小精灵漫游动物世界:兽国历险/王培堃编著;《小精灵画报》创作组绘.—南宁:接力出版社,1995.9.—48页;26cm
ISBN 7-80581-930-0:¥10.00

Q95-49 039258
小精灵漫游动物世界:水族大观/王培堃编著;《小精灵画报》创作组绘.—南宁:接力出版社,1995.9.—48页;26cm
ISBN 7-80581-928-9:¥10.00

Q95-49 039259
亚马孙探险/(英)普赖斯(Price,W.)著;杨伟娴译.—北京:北京少年儿童出版社,1995.1.—264页;19cm.—(哈尔罗杰历险记)
ISBN 7-5301-0500-0:¥4.50

Q95-49 039260
智斗猛兽/(英)普赖斯(Price,W.)著;杰夫译.—北京:北京少年儿童出版社,1995.1.—244页;19cm.—(哈尔罗杰历险记)
ISBN 7-5301-0495-0:¥4.50

Q95-49 039261
智擒大猩猩/(英)普赖斯(Price,W.)著;骆行健

译.—北京:北京少年儿童出版社,1995.1.—227 页;19cm.—(哈尔罗杰历险记)

ISBN 7-5301-0493-4:¥4.50

Q95-49　　039262

追踪食人狮/(英)普赖斯(Price,W.)著;陈林汉译.—北京:北京少年儿童出版社,1995.1.—193 页;19cm.—(哈尔罗杰历险记)

ISBN 7-5301-0499-3:¥4.50

①Q95-49②G613.3　　039263

小小珍奇动物园/李丰勤,朱凡著.—北京:语文出版社,1995.6.—48 页;17×17cm

ISBN 7-80006-883-8:¥4.50

Q95-64　　039264

动物世界之最/何青编文;阿桑绘.—郑州:河南美术出版社,1995.5.—2 册;17×19cm

ISBN 7-5401-0439-2:¥6.40

Q95-64　　039265

世界动物/于福庚编绘.—南宁:广西美术出版社,1995.10.—55 页;19×26cm

ISBN 7-80582-929-2:¥8.80

Q95-64　　039266

世界动物图鉴/光复书局编辑部,海豚出版社编.—北京:海豚出版社;台北:光复书局,1995.4.—10 册;28cm

ISBN 7-80051-820-5(精装):¥900.00

Q953-53　　039267

动物遗传育种研究/潘玉春,杨运清主编.—哈尔滨:哈尔滨工程大学出版社,1995.8.—197 页;26cm

ISBN 7-81007-602-7:¥15.00

Q954.6-64　　039268

动物组织学彩色图谱/李德雪,尹昕主编.—长春:吉林科学技术出版社,1995.12.—357 页;26cm

ISBN 7-5384-1511-4(精装):¥268.00

Q958.2　　039269

动物地图集/( )泰勒编文;( )利里绘.—北京:宇航出版社,1995.11.—64 页;35cm.—(阶梯视觉博览系列·图绘)

著者原题:芭芭拉·泰勒,肯尼斯·利里

ISBN 7-80034-808-3(精装):¥180.00

Q958.52　　039270

中国动物志:硬骨鱼纲·鲽形目/中国科学院中国动物志编辑委员会主编;李思忠,王惠民编著.—北京:科学出版社,1995.9.—433 页;26cm

ISBN 7-03-004147-X(精装):¥54.00

Q958.526.3-34　　039271

湖北鸟兽多样性及保护研究/胡鸿兴,万晖著.—武汉:武汉大学出版社,1995.12.—284 页;26cm

ISBN 7-307-02002-5:¥28.00

①Q958.885.3-49②G613.3　　039272

奇妙的海底世界/李丰勤著.—北京:语文出版社,1995.6.—48 页;17×17cm

ISBN 7-80006-884-6:¥4.50

①Q959②G122　　039273

龙:一种未明的动物/马小星著.—北京:华夏出版社,1995.1.—285 页;20cm

ISBN 7-5080-0555-4:¥8.00

Q959.1　　039274

无脊椎动物学/江静波等编著.—3 版.—北京:高等教育出版社,1995.3.—428 页;26cm

高等学校教材

ISBN 7-04-003793-9:¥21.35

Q959.152　　039275

黄渤海鱼类吸虫研究/申纪伟,邱兆祉著.—北京:科学出版社,1995.12.—207 页;26cm

ISBN 7-03-004542-4:¥38.00

Q959.21　　039276

贝类学概论/蔡英亚等编著.—2 版(修订版).—上海:上海科学技术出版社,1995.9.—327 页;26cm

ISBN 7-5323-3677-8:¥24.60

Q959.3　　039277

陆生脊椎动物:云南省楚雄彝族自治州生物资源科学考察报告集/徐从德主编.—昆明:云南科技出版社,1995.7.—173 页;26cm

ISBN 7-5416-0731-2:¥42.00

Q959.4　　039278

鱼类学实验指导/孟庆闻等编著.—北京:中国农业出版社,1995.10.—153 页;26cm

全国高等农业院校教材 淡水渔业、海水养殖、水生生物及鱼类资源专业用

ISBN 7-109-03567-0:¥8.10

Q959.4　　039279

中国淡水鱼类检索/朱松泉编著.—南京:江苏科学技术出版社,1995.1.—549 页;20cm

ISBN 7-5345-1878-4:¥29.00

①Q959.4②S965.3　　039280

鱼类学与海水鱼类养殖/苏锦祥主编.—2 版.—北京:中国农业出版社,1995.10.—507 页;26cm

全国高等农业院校教材 海水养殖专业用

ISBN 7-109-03614-6:¥25.35

Q959.4-61　　039281

世界海洋鱼名词汇:拉、汉、英、法、西、德、俄、日/赵传絪,崔秀士主编.—北京:科学出版社,1995.9.—1264 页;19cm

ISBN 7-03-004639-0(精装):¥90.00

Q959.404　　039282

鱼类生态学/殷名称编著.—北京:中国农业出版社,1995.5.—295 页;26cm

全国高等农业院校教材 淡水渔业、海水养殖、水生生物和鱼类资源专业用

ISBN 7-109-03143-8:¥10.85

Q959.408　　039283

抚仙湖鱼类生物学和资源利用/杨君兴,陈银瑞著.—昆明:云南科技出版社,1995.12.—224 页;26cm

ISBN 7-5416-0767-3:¥35.60

Q959.408　　039284

黑龙江省鱼类志/张觉民主编.—哈尔滨:黑龙江科学技术出版社,1995.8.—275 页;20cm

ISBN 7-5388-2881-8:¥10.50

Q959.409 039285
鱼类分类学/孟庆闻等编著.—北京:中国农业出版社,1995.12.—1158页;26cm.—(当代科技重要著作·农业领域)
ISBN 7-109-01988-8(精装):¥120.00

Q959.5-53 039286
两栖爬行动物学研究　第4、5辑/李德俊主编;中国动物学会两栖爬行动物学分会,遵义医学院编.—贵阳:贵州科技出版社,1995.6.—351页:图版;26cm
ISBN 7-80584-473-9:¥28.00

Q959.6 039287
中国毒蛇学/覃公平主编.—南宁:广西科学技术出版社,1995.3.—830页:彩图;26cm
ISBN 7-80619-177-1(精装):¥80.00

Q959.6 039288
中国蛇岛:汉、英文对照/李建立编著.—沈阳:辽宁科学技术出版社,1995.5.—136页;26cm
ISBN 7-5381-1993-0(精装):¥89.00

Q959.7 039289
鸟类学/郑光美主编.—北京:北京师范大学出版社,1995.10.—585页:图;26cm
ISBN 7-303-03299-1(精装):¥60.00

Q959.7 039290
中国猛禽:鹰隼类/中华人民共和国濒危物种进出口管理办公室主编;许维枢著.—北京:中国林业出版社,1995.9.—109页;26cm
ISBN 7-5038-1476-4:¥20.00

Q959.7-49 039291
鸟儿的悄悄话/陈雨,郭正林编著.—石家庄:河北教育出版社,1995.6.—104页;19cm.—(小科学家丛书/葛翠琳主编)
ISBN 7-5434-1956-4:¥3.30

Q959.7-64 039292
四川鸟类原色图鉴/李桂垣主编.—北京:中国林业出版社,1995.4.—349页:彩图;26cm
ISBN 7-5038-1169-2(精装):¥0.00

①Q959.708②X36 039293
豫北黄河故道湿地鸟类自然保护区科学考察与研究/王新民等主编.—郑州:黄河水利出版社,1995.8.—102页;26cm
ISBN 7-80621-039-3:¥8.00

Q959.8 039294
中国啮齿类/黄文几等著.—上海:复旦大学出版社,1995.9.—308页;26cm
ISBN 7-309-01487-1:¥20.00

Q959.8-34 039295
中国兽类生物学研究/中国兽类学会主编.—北京:中国林业出版社,1995.9.—393页;26cm
ISBN 7-5038-1544-2:¥50.00

Q959.805-64 039296
大鼠脑读片提要及图谱/王平宇,张凤真著.—西安:西北大学出版社,1995.5.—250页;19×26cm
ISBN 7-5604-0892-3(精装):¥52.00

Q959.83 039297
灵长类研究与保护/夏武平,张荣祖主编.—北京:中国林业出版社,1995.7.—418页;26cm
ISBN 7-5038-1529-9:¥80.00

Q959.830.4 039298
虎、豹及其类似动物骨骼比较解剖图志/陈代贤主编.—北京:中国医药科技出版社,1995.5.—58,181页:图;26cm
ISBN 7-5067-1390-X:¥35.00

Q96 昆虫学

Q96 039299
昆虫资源开发、利用和保护/方三阳,严善春编著.—哈尔滨:东北林业大学出版社,1995.3.—94页;19cm
ISBN 7-81008-518-2:¥4.00

Q96-092 039300
中国近代昆虫学史:1840~1949/王思明,周尧著.—西安:陕西科学技术出版社,1995.12.—230页:图版;19cm
ISBN 7-5369-2437-2:¥12.00

Q96-64 039301
灯下昆虫图鉴/广西壮族自治区植保总站主编;李永禧等绘.—南宁:广西科学技术出版社,1995.4.—148页;29cm
ISBN 7-80619-191-7(精装):¥78.00

Q964-64 039302
昆虫形态图解:世界语、拉丁语、汉语对照/( )施太因曼,( )佐博里拉丁语原著;李克希世译汉译改编.—北京:中国世界语出版社,1995.—454页;20cm
附汉语拉丁语英语索引
ISBN 7-5052-0000-3(精装):¥8.00

①Q968.1②S718.7 039303
森林昆虫生态学/郑汉业,夏乃斌主编.—北京:中国林业出版社,1995.11.—443页;26cm
全国高等林业院校试用教材
ISBN 7-5038-1427-6:¥21.80

Q968.225 039304
华东百山祖昆虫/吴鸿主编.—北京:中国林业出版社,1995.12.—586页;26cm.—(百山祖自然保护区生物资源考察丛书)
ISBN 7-5038-1744-5(精装):¥90.00

Q968.225.5 039305
浙江古田山昆虫和大型真菌/朱廷安主编.—杭州:浙江科学技术出版社,1995.4.—327页;26cm
ISBN 7-5341-0749-0:¥30.00

Q969.26 039306
中国蟋蟀总科和蝼蛄总科分类概要/殷海生,刘宪伟著.—上海:上海科学技术文献出版社,1995.4.—237页;19cm
ISBN 7-5439-0720-8:¥9.00

Q969.26 039307
蟋蟀经/边文华著.—大连:大连出版社,1995.7.—341页:彩图;19cm

ISBN 7-80612-167-6：¥29.80

Q969.35　039308

中国珠蚧科及其它/汤祊德，郝静钧著.—北京：中国农业科技出版社，1995.6.—738页；20cm.—（当代科技重要著作·农业领域）

ISBN 7-80026-822-5：¥60.00

Q969.42　039309

云南蝴蝶/云南省生态经济学会等主编.—北京：中国林业出版社，1995.2.—152页：彩图；29cm

ISBN 7-5038-1347-4（精装）：¥0.00

①Q969.44②S433.89　039310

瓜菜斑潜蝇/周继汤主编；农业部全国植保总站编译.—北京：中国农业出版社，1995.12.—403页；20cm

ISBN 7-109-04218-9：¥15.50

Q969.54　039311

蚂蚁·养殖·利用/龚泉福，高洁编著.—上海：上海科学技术文献出版社，1995.1.—142页；19cm.—（全国星火计划丛书）

ISBN 7-5439-0607-4：¥4.50

Q969.54　039312

中国蚂蚁/吴坚，王常禄著.—北京：中国林业出版社，1995.6.—214页；26cm

ISBN 7-5038-1545-0（精装）：¥22.00

Q969.9　039313

中国经济昆虫志　第四十八册：蜉蝣目/中国科学院中国动物志编辑委员会主编；尤大寿，归鸿编著.—北京：科学出版社，1995.10.—152页；26cm

ISBN 7-03-004601-3：¥30.00

Q969.9　039314

中国经济昆虫志　第四十六册/中国科学院中国动物志编辑委员会主编；马文珍编著.—北京：科学出版社，1995.3.—210页；26cm

ISBN 7-03-004346-4：¥33.70

Q969.9　039315

中国经济昆虫志　第四十七册：膜翅目·蚁科（一）/中国科学院中国动物志编辑委员会主编；唐觉等编著.—北京：科学出版社，1995.10.—134页；26cm

ISBN 7-03-004449-5：¥19.00

Q969.9　039316

中国经济昆虫志　第四十四册：蜱螨亚纲·瘿螨总科（一）/中国科学院中国动物志编辑委员会主编；匡海源编著.—北京：科学出版社，1995.6.—198页：照片；26cm

ISBN 7-03-004385-5：¥43.60

Q969.9　039317

中国经济昆虫志　第五十册：半翅目　（二）/章士美等编著.—北京：科学出版社，1995.10.—169页：图版；26cm

ISBN 7-03-004091-0：¥25.00

Q969.97　039318

实用商品资源昆虫/葛春华等编著.—北京：中国农业出版社，1995.5.—291页：彩图；20cm.—（中国农业资源开发利用丛书）

ISBN 7-109-03774-6：¥12.00

Q98 人类学

Q981.1-49　039319

人类的起源/（美）利基（Likie，R.）著；吴汝康等译.—上海：上海科学技术出版社，1995.9.—121页；20cm.—（科学大师佳作系列）

书名原文：Origin of Humankind

ISBN 7-5323-3904-1（精装）：¥10.00

Q981.4　039320

蓝田直立人：关于蓝田陈家窝和王岭直立人化石遗址发现与研究综论/陈恩志编著.—西安：陕西人民出版社，1995.5.—294页；26cm

ISBN 7-224-03849-0（精装）：¥52.00

Q981.6　039321

古人类与柳江人/王子，易光远著.—南宁：广西科学技术出版社，1995.10.—190页：彩照；20cm

ISBN 7-80619-292-1（精装）：¥13.00

Q987　039322

人类遗传连锁分析/（美）欧特（Ott，J.）著；杨达译.—修订版.—北京：北京农业大学出版社，1995.11.—182页；26cm

全国高等农业院校教材　动物遗传育种、植物遗传育种专业用

ISBN 7-81002-722-0：¥9.60

Q988　039323

人文生态学/牛实为著.—北京：中国和平出版社，1995.10.—215页；20cm.—（人体科学基础理论研究丛书/中国人体科学研究院主编）

ISBN 7-80101-488-X：¥14.00

R 医药、卫生

R-0 039324
医学理论与临床实践:1995卷/葛林浩等主编.—北京:中国人事出版社,1995.10.—587页;26cm
ISBN 7-80076-793-0:¥68.00

R-012 039325
创一流医科大学:卫生部创建和实施“211工程”辑录/刘海林,于修成主编.—上海:上海医科大学出版社,1995.5.—252页:彩照;20cm
内部发行
ISBN 7-5627-0260-8:¥12.80

R-03 039326
卫生研究方法学/世界卫生组织西太区办事处编;黄敬亨译.—上海:上海医科大学出版社,1995.1.—163页;26cm.—(研究方法培训指南)
ISBN 7-5627-0227-6:¥16.20

R-05 039327
新医学伦理学概论/孙慕义,马家忠主编.—哈尔滨:哈尔滨出版社,1995.8.—256页;20cm
ISBN 7-80557-799-4:¥6.90

R-05 039328
新医学伦理学概论/孙慕义,马家忠主编.—天津:天津社会科学院出版社,1995.8.—256页;20cm
ISBN 7-80563-438-6:¥6.90

R-05 039329
医学伦理的国际展望/邱仁宗等主编.—西安:陕西人民教育出版社,1995.2.—296页;20cm
ISBN 7-5419-5723-2(精装):¥18.00

R-05 039330
医学伦理学/孙福川,姜树卿主编.—哈尔滨:黑龙江教育出版社,1995.8.—253页;19cm
黑龙江省高等学校思想政治教育课统编教材
ISBN 7-5316-2683-7:¥4.90

R-05 039331
医学伦理学/袁利廷主编.—厦门:鹭江出版社,1995.9.—348页;19cm
ISBN 7-80533-015-8:¥8.60

R-05 039332
医学伦理学/彭存吉等主编.—长春:吉林大学出版社,1995.9.—232页;19cm
ISBN 7-5601-1800-3:¥7.20

R-05 039333
医学伦理学论纲/张鸿铸,张金钟主编.—天津:天津社会科学院出版社,1995.11.—408页;20cm
ISBN 7-80563-567-6:¥12.50

R-05 039334
医学美学/贺艳敏,张喜田主编.—郑州:河南人民出版社,1995.1.—319页;19cm
ISBN 7-215-03210-8:¥6.90

R-09 039335
世界医学史概要/薛公绰编著.—北京:学苑出版社,1995.4.—194页;19cm
ISBN 7-5077-0938-8:¥6.50

R-1 039336
社会医学/耿庆茹主编.—西安:陕西科学技术出版社,1995.7.—196页;26cm
ISBN 7-5369-2338-4:¥9.60

R-1 039337
社会医学/罗新民主编;李晓阳等编.—长沙:湖南科学技术出版社,1995.5.—117页;26cm
中等卫校、中等卫生职业技术学校教材 供西医士、乡村医士专业用
ISBN 7-5357-1764-0:¥6.00

R-11 039338
世界卫生组织通报:选译 1994年 第2期/世界卫生组织编.—北京:人民卫生出版社,1995.3.—143页;26cm
ISBN 7-117-02218-3:¥0.00

R-12 039339
哈尔滨医药卫生适宜技术专辑/刘卓英,张根生主编.—哈尔滨:哈尔滨出版社,1995.5.—246页;19cm.—(医学新进展成果丛书)
ISBN 7-80557-818-4:¥30.08

R-12 039340
医药科技进展要览 1994/徐荣奎等主编;《医药科技进展要览》编辑委员会编.—北京:中国医药科技出版社,1995.1.—310页;26cm
ISBN 7-5067-1215-6(精装):¥28.00

R-12 039341
医药科技进展要览 1995/大连市卫生局等单位编写.—北京:中国医药科技出版社,1995.12.—308页;26cm
ISBN 7-5067-1398-5(精装):¥28.00

R-12 039342
中国企业医药 '95 第二辑/刘忠元主编.—北京:北京科学技术出版社,1995.5.—339页;26cm
ISBN 7-5304-1774-6:¥18.50

R-12 039343
中国企业医药 '95 第三辑/刘忠元主编.—北京:北京科学技术出版社,1995.8.—421页;26cm
ISBN 7-5304-1806-8:¥22.00

R-12 039344
中国企业医药 '95 第一辑/刘忠元主编.—北京:北京科学技术出版社,1995.1.—245页;26cm

ISBN 7-5304-1750-9: ¥13.50

R-3　　039345

医学科学研究方法/崔金山等主编.—沈阳:东北大学出版社,1995.12.—200页;26cm

ISBN 7-81054-039-4: ¥18.00

R-33　　039346

实验室生物安全工作手册:第二版/世界卫生组织编;余忠译.—北京:人民卫生出版社,1995.11.—111页;24cm

ISBN 7-117-02309-0: ¥0.00

R-332　　039347

医学实验动物学/方喜业主编.—北京:人民卫生出版社,1995.10.—289页;26cm

ISBN 7-117-02277-9: ¥27.10

R-34　　039348

中国现代医学研究与进展:1995卷/庄坤玉等主编.—北京:中国科学技术出版社,1995.8.—302页;26cm

ISBN 7-5046-2051-3: ¥58.00

R-4　　039349

发展中的大庆医学教育:纪念大庆职工医学院建院十周年、大庆卫生学校建校三十周年学术论文集/翟源河,罗喜林主编.—北京:石油工业出版社,1995.7.—205页;26cm

ISBN 7-5021-1487-4: ¥30.00

R-4　　039350

面向二十一世纪的医学教育/乔旺忠,郭立主编.—北京:当代中国出版社,1995.7.—521页;26cm.—(中华医学会医学教育学会教育研究书系)

ISBN 7-80092-413-0: ¥38.50

R-4　　039351

目标教学与中等医学教育/郭常安主编.—杭州:浙江科学技术出版社,1995.4.—261页;20cm

ISBN 7-5341-0750-4: ¥8.80

R-4　　039352

医学教学模式的研究/李学敏主编.—海口:南海出版公司,1995.7.—252页;19cm

ISBN 7-5442-0312-3: ¥9.00

R-4　　039353

中国医学教育研究进展　第二卷:中华医学会医学教育学会学术论坛/陈化主编.—北京:当代中国出版社,1995.10.—245页;26cm

ISBN 7-80092-442-4: ¥25.00

①R-4②G791-62　　039354

中专医学生学习方法指南/罗德安主编.—武汉:湖北科学技术出版社,1995.11.—144页;19cm

ISBN 7-5352-1728-1: ¥6.80

R-40　　039355

上海铁道医学院志/朱文杰主编;上海铁道医学院院志编纂委员会编.—北京:中国铁道出版社,1995.4.—318页:照片;26cm

ISBN 7-113-02053-4: ¥35.00

R-40　　039356

上海医科大学年鉴　1994/姚泰主编.—上海:上海医科大学出版社,1995.9.—289页;26cm

内部发行

ISBN 7-5627-0276-4(精装): ¥0.00

R-40　　039357

叩开医学殿堂之门:高考抉择与学医指南/赵树仲,孔祥秦主编 .—西安:陕西科学技术出版社,1995.5.—347页;19cm

ISBN 7-5369-2287-6: ¥7.80

R-41　　039358

1996年全国硕士研究生入学考试医学综合科目考试大纲:西医、中医/中华人民共和国国家教育委员会制订.—北京:高等教育出版社,1995.8.—158页;19cm

ISBN 7-04-005519-8: ¥6.90

R-44　　039359

全国硕士研究生入学考试西医综合科目试题选编与分析:1990~1995/国家教委考试中心编.—北京:北京医科大学、中国协和医科大学联合出版社,1995.11.—296页;19cm

ISBN 7-81034-550-8: ¥11.50

R-49　　039360

把生命留住:21世纪的医药卫生/陈传宏等编著 .—北京:科学技术文献出版社,1995.7.—186页;19cm.—(21世纪科普教育丛书/卢嘉锡等主编)

ISBN 7-5023-2507-7: ¥9.00

R-49　　039361

百病与厄年/张骅编著 .—广州:广东科技出版社,1995.7.—210页;19cm

ISBN 7-5359-1487-X: ¥8.00

R-49　　039362

保健养生误区800/杨南等编著.—成都:四川辞书出版社,1995.1.—274页;19cm

ISBN 7-80543-430-1: ¥7.00

R-49　　039363

病从哪里来?/全国爱国卫生运动委员会,中华人民共和国卫生部主编;黄树则著.—2版.—北京:人民卫生出版社,1995.9.—77页;19cm.—(健康小丛书/黄树则主编)

ISBN 7-117-02270-1: ¥2.90

R-49　　039364

健康之道458:《人民日报·海外版·健康》文章精选/冯军军,刘艳骄主编.—北京:人民日报出版社,1995.9.—591页;20cm

ISBN 7-80002-775-9: ¥21.50

R-49　　039365

同济医院寻医问诊/马先松等编.—武汉:武汉大学出版社,1995.5.—112页;19cm

ISBN 7-307-01970-1: ¥4.00

R-49　　039366

走进医学的殿堂/马保华编著.—北京:中国华侨出版社,1995.12.—135页;19cm.—(现代科技与人文大观/崔惟琳,潘承洞主编)

ISBN 7-80120-029-2: ¥5.50

R-53　　039367

内蒙古医学会论文选编　第一辑/苏力,张守英主

编.—呼和浩特:内蒙古人民出版社,1995.5.—226页;26cm
ISBN 7-204-02755-8:¥18.00

R-53　039368
山东名医论著选录　第四集/张青林,王天瑞主编.—济南:山东大学出版社,1995.4.—420页;20cm
ISBN 7-5607-1517-6(精装):¥17.80

R-53　039369
翁心植学术论文集/翁心植著.—北京:北京科学技术出版社,1995.12.—388页;26cm
ISBN 7-5304-1798-3(精装):¥69.00

R-53　039370
医学集萃/胡仁吉,杨杜星主编.—南宁:广西科学技术出版社,1995.6.—691页;26cm
ISBN 7-80619-213-1:¥24.30

R-53　039371
医学研究与进展/王新春等主编.—哈尔滨:黑龙江教育出版社,1995.11.—294页;26cm
ISBN 7-5316-2903-8:¥30.00

R-53　039372
医药卫生科学技术进展　1994/中国人民解放军总后勤部卫生部编.—北京:军事医学科学出版社,1995.4.—150页;26cm
ISBN 7-80121-011-5:¥12.00

R-53　039373
中国高校医学研究　1995/孙宗鲁主编.—北京:北京大学出版社,1995.9.—264页;26cm
ISBN 7-301-02888-1:¥25.50

R-53　039374
中国名医名论要览/异天,戈德主编.—北京:中国国际广播出版社,1995.12.—707页;28cm
ISBN 7-5078-1304-5(精装):¥300.00

R-53　039375
中国医学理论与实践:临床医学卷:1994~1995/亓绪武等主编.—北京:中国医药科技出版社,1995.12.—1659页;26cm
ISBN 7-5067-1520-1(精装):¥225.00

R-53　039376
中国医学理论与实践:预防医学卷:1994~1995/刘善慧主编;亓绪武等分主编.—北京:中国医药科技出版社,1995.12.—793页;26cm
ISBN 7-5067-1520-1(精装):¥225.00

R-53　039377
中国综合医学　第三集/吕宝成主编;《中国综合医学》编辑委员会编.—北京:中国中医药出版社,1995.9.—894页;26cm
ISBN 7-80089-477-0:¥90.00

R-55　039378
世界卫生论坛　1994年　第15卷　第2期/世界卫生组织编.—北京:人民卫生出版社,1995.5.—166页;26cm
ISBN 7-117-02238-8:¥0.00

R-55　039379
世界卫生论坛　1994年　第15卷　第3期/世界卫生组织编.—北京:人民卫生出版社,1995.5.—252页;26cm
ISBN 7-117-02245-0:¥0.00

R-55　039380
世界卫生论坛　1994年　第15卷　第4期/世界卫生组织编.—北京:人民卫生出版社,1995.8.—345页;26cm
ISBN 7-117-02283-3:¥0.00

R-55　039381
世界卫生论坛　1995年　第16卷　第1期/世界卫生组织编.—北京:人民卫生出版社,1995.11.—90页;26cm
ISBN 7-117-02307-4:¥0.00

R-61　039382
家庭医疗全书/赵忠印,李书祯主编.—北京:中国医药科技出版社,1995.4.—1343页;19cm
ISBN 7-5067-1053-6(精装):¥50.00

R-61　039383
新编英汉医学缩略语词典/张继福,郝文学主编.—沈阳:沈阳出版社,1995.11.—1112页;20cm
ISBN 7-5441-0250-5(精装):¥54.00

R-61　039384
药物外文缩写名医用缩略语注释汇编/傅能常主编.—贵阳:贵州科技出版社,1995.5.—170页;13×19cm
ISBN 7-80584-479-8:¥5.50

R-61　039385
医学名词　(三)　1995/全国自然科学名词审定委员会公布;医学名词审定委员会编.—北京:科学出版社,1995.12.—144页;26cm
ISBN 7-03-004498-3:¥15.00

R-61　039386
中国医学百科全书:军事医学/涂通今主编;《军事医学》编辑委员会编.—上海:上海科学技术出版社,1995.11.—1374页;26cm
ISBN 7-5323-3626-3(精装):¥140.00

R-62　039387
实用家庭求医指南/古辛,施先艳主编.—武汉:湖北辞书出版社,1995.12.—503页;20cm.—(新世纪生活系列)
ISBN 7-5403-0190-2:¥15.00

R-62　039388
实用乡村医生手册/沈世竑,倪克梁主编.—杭州:浙江科学技术出版社,1995.11.—1426页;19cm
ISBN 7-5341-0733-4(精装):¥46.00

R-62　039389
新编家庭医生手册/郭广洲编著.—西安:陕西人民出版社,1995.10.—537页;20cm
ISBN 7-224-03890-3:¥17.80

R-62　039390
研究生入学考试医学综合复习指南/何清湖,陈军主编.—北京:中医古籍出版社,1995.8.—535页;19cm
西医、中医专业均适用
ISBN 7-80013-636-1:¥18.00

R－62　039391
医生英语手册:英汉对照/(英)Parkinson,J.著;《医生英语手册》翻译组译.—天津:天津科技翻译出版公司,1995.6.—394页;19cm
ISBN 7－5433－0575－5: ¥12.00

R1 预防医学、卫生学

R1　039392
弥合裂痕:流行病学、医学和公众的卫生/(美)怀特(White,K.L.)著;张孔来等译.—北京:科学出版社,1995.10.—311页;20cm.—(初级保健前沿丛书)
ISBN 7－03－004949－7(精装): ¥25.00

R1　039393
社会医学概论/贾丛山主编.—乌鲁木齐:新疆科技卫生出版社,1995.8.—301页;19cm
ISBN 7－5372－0669－4: ¥8.20

R1　039394
社会医学基本理论与方法/张方振主编;卫生部科教司组织编写.—北京:人民卫生出版社,1995.9.—221页;20cm
卫生管理干部岗位培训通用教材
ISBN 7－117－02274－4: ¥6.20

R1　039395
社会医学与卫生管理学/徐臻荣等主编.—乌鲁木齐:新疆科技卫生出版社,1995.12.—241页;26cm
高等医药院校试用教材
ISBN 7－5372－1164－7: ¥14.90

R1　039396
卫生防疫与保健/叶葶葶,张永祥主编.—上海:上海中医药大学出版社,1995.6.—331页;20cm.—(全国星火计划丛书·乡村医生临床实用丛书)
ISBN 7－81010－289－3: ¥26.60

R1　039397
卫生资源研究/冬奕伦等主编.—北京:中国医药科技出版社,1995.10.—382页;20cm
ISBN 7－5067－0299－1: ¥15.00

R1　039398
物理因素职业卫生/刘文魁,蔡荣泰主编.—北京:科学出版社,1995.2.—621页;26cm
ISBN 7－03－004373－1(精装): ¥69.00

R1　039399
预防医学/孟凡侠主编.—南宁:广西科学技术出版社,1995.11.—214页;26cm
中等卫生职业学校教材 供医士专业用
ISBN 7－80619－260－3: ¥12.00

R1　039400
预防医学/陆培廉主编.—2版.—北京:人民卫生出版社,1995.10.—414页;26cm
高等医药院校教材 供基础、临床、口腔医学类专业用
ISBN 7－117－00233－6: ¥20.40

R1　039401
预防医学/唐籍学等主编.—重庆:重庆大学出版社,1995.8.—374页;26cm
高等医学院校试用教材
ISBN 7－5624－1081－X: ¥13.80

R1　039402
预防医学/张枢贤,李庆友主编.—北京:北京医科大学、中国协和医科大学联合出版社,1995.9.—303页;26cm
ISBN 7－81034－500－1: ¥20.50

R1　039403
预防医学/夏荣汉主编;邓广云等编.—开封:河南大学出版社,1995.8.—370页;26cm
中等卫生学校教材 供社区医学、妇幼卫生专业用
ISBN 7－81041－242－6: ¥14.90

R1　039404
预防医学 /国家自然科学基金委员会编.—北京:科学出版社,1995.5.—112页;20cm
ISBN 7－03－004777－X: ¥12.00

R1　039405
预防医学概论/李艺,韩锡民主编.—哈尔滨:黑龙江科学技术出版社,1995.12.—416页;19cm
ISBN 7－5388－2935－0: ¥12.00

①R1②R395.1　039406
社会医学与医学心理学基础/袁东河等主编.—郑州:河南医科大学出版社,1995.7.—93页;26cm
乡村医生培训系列教材
ISBN 7－81048－010－3: ¥6.00

R1－43　039407
卫生学/刘国芳主编;吴章顺等编.—2版.—长沙:湖南科学技术出版社,1995.1.—207页;26cm
中等卫校、中等卫生职业技术学校教材 供西医士、乡村医士专业用
ISBN 7－5357－0571－5: ¥8.90

R1－53　039408
公共卫生与疾病控制/徐济达等主编.—南京:河海大学出版社,1995.12.—543页;26cm
ISBN 7－5630－0808－X: ¥30.00

R1－53　039409
预防医学研究/郭兆林,沈慧君主编.—乌鲁木齐:新疆人民出版社,1995.4.—292页;26cm
ISBN 7－228－03247－0: ¥15.00

R1－53　039410
预防医学综合论文集/崔力争,王义主编.—天津:天津科学技术出版社,1995.12.—389页;19cm
ISBN 7－5308－1998－4: ¥13.00

①R1－61②G478－61　039411
卫生保健知识辞典/王守田,彭凌湘主编.—济南:济南出版社,1995.9.—621页;20cm.—(学生工具书系列/施国等主编)
ISBN 7－80572－964－6: ¥18.00

R1－62　039412
公共场所、化妆品从业人员卫生培训手册/庄树杰主编.—汕头:汕头大学出版社,1995.7.—200页;20cm.—(卫生防病知识丛书;2)

ISBN 7-81036-079-5: ¥10.00

R1-62 039413
最新公共卫生手册/杨大峥主编.—天津:天津科学技术出版社,1995.10.—580页;19cm
ISBN 7-5308-1794-9(精装): ¥28.70

R11 卫生基础科学

R114 039414
卫生毒理学/王翔朴主编.—长沙:湖南教育出版社,1995.4.—144页;26cm
高等医药院校教材 供预防医学、检验专业用
ISBN 7-5355-2071-5: ¥9.00

R117 039415
现代卫生微生物学/郁庆福主编.—北京:人民卫生出版社,1995.9.—740页;26cm
ISBN 7-117-02226-4(精装): ¥71.90

R12 环境卫生

R12 039416
现代环境卫生学/蔡宏道主编.—北京:人民卫生出版社,1995.9.—1162页;26cm
ISBN 7-117-02254-X(精装): ¥94.80

①R12②X83 039417
环境卫生监督与监测学/范春等主编.—哈尔滨:黑龙江科学技术出版社,1995.12.—427页;26cm
ISBN 7-5388-2947-4: ¥24.00

R123-5 039418
世界饮用水和环境卫生部长级会议文集/汪光焘主编.—北京:中国城市出版社,1995.3.—151页;20cm
ISBN 7-5074-0745-4: ¥8.70

R125 039419
防腐整容学/李舒珊主编;民政部社会事务司编.—北京:中国社会出版社,1995.1.—316页:照片;26cm
殡仪职工系列培训教材
ISBN 7-80088-535-6(精装): ¥98.00

R126 039420
城市卫生与健康教育/陈绮绮主编.—广州:广州出版社,1995.7.—155页;19cm
ISBN 7-80592-278-0: ¥6.30

R126-62 039421
创建卫生城市工作指南:卫生防疫部分/胡以棠主编.—合肥:安徽科学技术出版社,1995.8.—89页;19cm
ISBN 7-5337-1234-X: ¥3.00

R126.4 039422
公共卫生管理/徐玉燕,罗贵武主编.—北京:中国商业出版社,1995.11.—224页;19cm
ISBN 7-5044-3037-4: ¥9.00

R126.4 039423
实用公共场所卫生管理教程/霍启泉等主编.—天津:天津科学技术出版社,1995.5.—112页;19cm
ISBN 7-5308-1876-7: ¥3.90

R13 劳动卫生

R13 039424
职工健康保护与健康促进/顾学箕,胡景虎主编.—上海:上海医科大学出版社,1995.11.—281页;19cm
ISBN 7-5627-0262-4: ¥14.90

R13 039425
中华人民共和国卫生部技术规范:工业系统有害作业工种分类和代码/吴世达等起草.—上海:上海科学技术文献出版社,1995.10.—498页;20cm
ISBN 7-5439-0695-3(精装): ¥40.00

R131 039426
妇女劳动卫生学/保毓书等主编.—北京:中国劳动出版社,1995.7.—276页;26cm
ISBN 7-5045-1719-4: ¥22.00

R134-62 039427
野外作业人员健康指南/李晋军等编著.—武汉:湖北科学技术出版社,1995.8.—305页;19cm
ISBN 7-5352-1678-1: ¥12.50

R135-62 039428
职业病临床指南/王培安等主编.—上海:上海医科大学出版社,1995.10.—735页;20cm
ISBN 7-5627-0255-1(精装): ¥52.00

R135.1-62 039429
化工急性中毒诊疗手册/史志澄主编.—北京:化学工业出版社,1995.10.—333页;19cm
ISBN 7-5025-1517-8: ¥15.80

R14 放射卫生

R14 039430
医学辐射防护基础/强永刚主编.—西安:陕西科学技术出版社,1995.8.—266页;20cm
ISBN 7-5369-2357-0: ¥13.80

R14-53 039431
辐射效应与职业危害防治/赵经涌主编.—北京:原子能出版社,1995.6.—310页;26cm
ISBN 7-5022-1386-4: ¥41.00

R15 营养卫生、食品卫生

R15 039432
百病忌口/徐晓东编.—杭州:浙江科学技术出版社,1995.1.—116页;19cm
ISBN 7-5341-0704-0: ¥3.95

R15 039433
吃喝的讲究:兼及饮食美容/段长云等编.—长沙:湖南出版社,1995.12.—299页;19cm
ISBN 7-5438-1114-6: ¥9.80

R15 039434

烹饪营养卫生/张仁庆主编.—北京:中国轻工业出版社,1995.1.—230页;19cm
ISBN 7-5019-1714-0: ¥9.90

R15　039435
膳食营养与健康/陈仁惇编著.—北京:人民体育出版社,1995.5.—201页;20cm.—(吃与养生丛书)
ISBN 7-5009-1129-7: ¥6.50

R15　039436
食品及公共场所从业人员必读/张雷等主编.—济南:山东人民出版社,1995.6.—276页;19cm
ISBN 7-209-01752-6: ¥6.20

R15　039437
食品营养与卫生/蒋建基,杨秀科编.—北京:高等教育出版社,1995.10.—297页;20cm
国家教委规划教材 中等职业学校中餐烹饪、饭店服务专业
ISBN 7-04-005426-4: ¥8.35

R15+R247.1　039438
营养食谱与配膳/周辉堂编著.—广州:广东科技出版社,1995.5.—338页;19cm
ISBN 7-5359-1406-3: ¥9.80

R15-53　039439
刘志诚学术讲座专辑/刘志诚编著.—北京:人民卫生出版社,1995.6.—370页;19cm
ISBN 7-117-02190-X: ¥12.80

R15-62　039440
食品从业人员卫生培训手册/庄树杰主编;王普生等编.—汕头:汕头大学出版社,1995.5.—214页;20cm.—(卫生防病知识丛书;1)
ISBN 7-81036-078-7: ¥10.00

R151　039441
什么是营养/邵玉芬编著.—上海:上海医科大学出版社,1995.12.—120页;19cm.—(营养丛书/杨秉辉主编)
ISBN 7-5627-0288-8: ¥7.20

R151　039442
食品营养与消费/杨昌举编著.—北京:新时代出版社,1995.7.—389页;20cm
ISBN 7-5042-0272-X: ¥14.70

R151　039443
食物、营养与卫生/李全宏主编.—青岛:青岛海洋大学出版社,1995.6.—352页;26cm
ISBN 7-81026-730-2: ¥18.60

R151　039444
中医专家谈营养/唐辰龙编著.—上海:上海医科大学出版社,1995.12.—113页;19cm.—(营养丛书/杨秉辉主编)
ISBN 7-5627-0304-3: ¥7.60

R151-62　039445
实用营养指南/易国勤主编.—武汉:武汉大学出版社,1995.6.—405页;20cm
ISBN 7-307-01976-0: ¥12.20

R151-62　039446
最新膳食营养评价指南/韩郁平主编.—北京:中国环境科学出版社,1995.8.—184页;26cm
ISBN 7-80093-786-0: ¥15.00

R151.1　039447
肥胖者与营养/丁应锷,李明岳编著.—上海:上海医科大学出版社,1995.12.—75页;19cm.—(营养丛书/杨秉辉主编)
ISBN 7-5627-0294-2: ¥5.50

R151.2　039448
食物营养分析实用手册/王履庆主编.—北京:中国科学技术出版社,1995.10.—256页;19cm
ISBN 7-5046-1127-1: ¥9.00

R151.3　039449
功能食品评价原理及方法/金宗濂等编著.—北京:北京大学出版社,1995.10.—147页;26cm
ISBN 7-301-02918-7: ¥19.50

R151.4　039450
一日三餐与健康/李淑媛编著.—北京:中国林业出版社,1995.2.—153页;19cm
ISBN 7-5038-1338-5: ¥6.00

R153.2　039451
宝宝营养食谱/叶连海,郝淑秀编著.—北京:金盾出版社,1995.2.—118页:彩照;19cm
ISBN 7-80022-966-1: ¥4.50

R153.2　039452
儿童营养/赖万中,刘冬生著.—北京:科学普及出版社,1995.12.—135页;19cm.—(0~6岁儿童全面发展问答丛书/吴凤岗主编)
ISBN 7-110-04015-1: ¥5.80

R153.2　039453
儿童与营养/刘湘云编著.—上海:上海医科大学出版社,1995.12.—142页;19cm.—(营养丛书/杨秉辉主编)
ISBN 7-5627-0290-X: ¥7.80

R153.2　039454
青少年与营养/姜明编著.—上海:上海医科大学出版社,1995.12.—127页;19cm.—(营养丛书/杨秉辉主编)
ISBN 7-5627-0291-8: ¥7.40

R153.2-44　039455
中小学生营养指导问答/白秀岭编著.—沈阳:辽宁人民出版社,1995.1.—253页;19cm
ISBN 7-205-03132-X: ¥5.30

R153.3　039456
老年人吃的学问/刘汴生主编.—重庆:重庆出版社,1995.6.—82页;19cm
ISBN 7-5366-3121-9: ¥4.45

R153.3　039457
老年人与营养/翁德立编著.—上海:上海医科大学出版社,1995.12.—117页;19cm.—(营养丛书/杨秉辉主编)
ISBN 7-5627-0292-6: ¥7.20

R153.3-53　039458
华人老年保健食品国际学术研讨会论文集/彭志英主编.—广州:华南理工大学出版社,1995.6.—360页;

29cm

ISBN 7 - 5623 - 0867 - 5(精装): ¥90.00

R155 039459

食品卫生 30 讲/周树南主编.—2 版.—南京:江苏科学技术出版社,1995.8.—413 页;19cm

ISBN 7 - 5345 - 1959 - 4: ¥13.00

R155 039460

营养与食品卫生监督学/付德润,徐臻荣主编.—乌鲁木齐:新疆科技卫生出版社,1995.6.—239 页;26cm

医、农、工高等院校试用教材 供卫生与食品专业用

ISBN 7 - 5372 - 1041 - 1: ¥10.80

R155 - 62 039461

食品从业人员手册/高玉民等主编.—东营:石油大学出版社,1995.12.—217 页;20cm

ISBN 7 - 5636 - 0812 - 5: ¥6.80

R155 - 62 039462

饮食业、副食业食品卫生手册/王文兰主编.—北京:民主与建设出版社,1995.3.—156 页;19cm

ISBN 7 - 80112 - 021 - 3: ¥4.00

R155.5 039463

肉蛋乳鱼及罐头的卫生检验/黄素珍,徐健编著.—北京:中国农业出版社,1995.5.—370 页:彩照;20cm

ISBN 7 - 109 - 03927 - 7: ¥12.50

R155.5 039464

食品理化检验学/刘兴友,刁有祥主编.—北京:北京农业大学出版社,1995.2.—219 页;26cm

ISBN 7 - 81002 - 692 - 5: ¥10.80

R155.5 039465

食品卫生检验技术/郑世荣主编.—2 版.—成都:四川科学技术出版社,1995.4.—215 页;26cm

全国中等卫生学校教材 供卫生检验士专业用

ISBN 7 - 5364 - 0427 - 1: ¥8.30

R155.5 039466

食品卫生检验技术/郑世荣主编.—2 版.—成都:四川科学技术出版社,1995.4.—215 页;26cm

全国中等卫生学校教材 供卫生检验士专业用

ISBN 7 - 5364 - 0427 - 1: ¥8.30

R155.5 039467

食品卫生与管理/魏祖利,张功员主编.—郑州:河南人民出版社,1995.1.—161 页;19cm

ISBN 7 - 215 - 02770 - 8: ¥4.20

R155.5 039468

食品质量管理学/冯叙桥,赵静编著.—北京:中国轻工业出版社,1995.2.—423 页;19cm

ISBN 7 - 5019 - 1705 - 1: ¥21.80

R16 个人卫生

R16 039469

家庭生活保健 1300 例/王颖,李锦杏编著.—石家庄:河北教育出版社,1995.9.—1035 页;20cm

ISBN 7 - 5434 - 2284 - 0: ¥50.30

R16 039470

健康知识与行为指南/赵承焕主编.—太原:山西高校联合出版社,1995.7.—213 页;19cm

ISBN 7 - 81032 - 799 - 2: ¥5.50

R16 039471

胖瘦的学问/苏志新编译.—北京:人民体育出版社,1995.4.—137 页;19cm.—(美与健丛书)

ISBN 7 - 5009 - 1136 - X: ¥4.20

R16 039472

热带旅行健康咨询/(美)华尔菲(Wolfe, M.S.)编;沈士伟等译.—北京:民主与建设出版社,1995.2.—53 页;20cm

书名原文:Health Hints for the Tropics

据 1993 年第 11 版译出

ISBN 7 - 80112 - 033 - 7: ¥8.50

R16 039473

养心益智/李明河,张德炳主编.—北京:中国农业科技出版社,1995.9.—367 页;20cm

ISBN 7 - 80026 - 941 - 8: ¥16.80

R16 039474

自我保健医学/王冬等主编.—上海:上海科学技术文献出版社,1995.10.—2 册;20cm

ISBN 7 - 5439 - 0390 - 3(精装): ¥198.00

R16 - 44 039475

卫生保健知识 240 问/李云主编;曹德本等编著.—北京:金盾出版社,1995.12.—177 页;19cm

ISBN 7 - 5082 - 0081 - 0: ¥5.90

R16 - 61 039476

卫生保健知识小百科/初元章主编;南京军区后勤部卫生部编.—南京:河海大学出版社,1995.12.—510 页;20cm

ISBN 7 - 5630 - 0772 - 5: ¥18.00

R161 039477

365 日谈:家庭预防保健/席焕久主编.—北京:科学技术文献出版社,1995.5.—651 页;20cm

ISBN 7 - 5023 - 2410 - 0: ¥20.00

R161 039478

茶余饭后话保健　(A 本)/马华祥编著.—兰州:甘肃人民出版社,1995.12.—150 页;20cm

全 2 册,总定价:9.60 元

ISBN 7 - 226 - 01563 - 3: ¥0.00

R161 039479

茶余饭后话保健　(B 本)/马华祥编著.—兰州:甘肃人民出版社,1995.12.—150 页;20cm

全 2 册,总定价:9.60 元

ISBN 7 - 226 - 01563 - 3: ¥0.00

R161 039480

常见病家庭医护手册/张雍德主编.—北京:中央民族大学出版社,1995.8.—631 页;20cm

ISBN 7 - 81001 - 727 - 6: ¥19.80

R161 039481

初级卫生保健 600 问:自我、家庭、社区、国家、国际保健/乔懋彬,张愈主编.—天津:天津科学技术出版社,1995.12.—412 页;20cm

ISBN 7 - 5308 - 1885 - 6: ¥13.80

R161　039482
家庭保健 400 问:"电话医生"热线/俞志新,胡惟勤主编.—杭州:浙江科学技术出版社,1995.10.—369页;19cm
ISBN 7-5341-0739-3:¥15.00

R161　039483
家庭保健知识小百科/胡祥明主编;范越编.—北京:科学普及出版社,1995.1.—116页;26cm.—(家庭生活指南系列丛书;4)
ISBN 7-110-03847-5:¥5.90

R161　039484
家庭健康顾问/谭诚主编;郑廉清等编.—北京:北京科学技术出版社,1995.6.—196页;19cm
ISBN 7-5304-1729-0:¥6.80

R161　039485
家庭医学顾问/高东宸主编.—北京:人民卫生出版社,1995.12.—1072页;20cm
ISBN 7-117-02320-1(精装):¥65.00

R161　039486
健康:预防与保健/国际乡村改造学院等编.—南宁:广西民族出版社,1995.12.—280页;19cm
ISBN 7-5363-3119-3:¥9.50

R161　039487
健康长寿 100"不"/孙孝凡编著.—北京:中国农业出版社,1995.10.—225页;19cm
ISBN 7-109-03804-1:¥9.70

R161　039488
健康三字经:少儿篇/余宏迢,杨萍主编;万钰辉注音.—北京:人民卫生出版社,1995.8.—47页;20cm.—(汉语拼音读物·卡通画)
ISBN 7-117-02272-8:¥4.50

R161　039489
健脑益智 100 法/赵昕,侯琨编著.—北京:中国医药科技出版社,1995.9.—196页;19cm.—(常见病防治和食疗100法系列)
ISBN 7-5067-1247-4:¥7.00

R161　039490
考试前的心脑保健/王惠人等编著.—北京:人民军医出版社,1995.11.—221页;19cm.—(学生保健丛书)
ISBN 7-80020-558-4:¥9.50

R161　039491
生命之光:养生·益智·祛病·健身/刘佑邦主编;云南生命科技进修学院编.—昆明:云南科技出版社,1995.10.—195页;19cm
ISBN 7-5416-0764-9:¥6.90

R161　039492
实用家庭医疗保健全书/孟昭全,王汝才主编.—延吉:延边人民出版社,1995.6.—571页;19cm
ISBN 7-80599-262-2:¥16.90

R161　039493
实用新家庭保健/刘硕业等主编.—济南:济南出版社,1995.5.—365页;19cm
ISBN 7-80572-947-6:¥8.40

R161　039494
睡前睡后保健法/颜仁熙著.—北京:旅游教育出版社,1995.1.—376页;20cm
ISBN 7-5637-0526-0:¥9.80

R161　039495
养生健身长寿画库/林端宜主编.—福州:福建美术出版社,1995.5.—4册;19cm
ISBN 7-5393-0303-4:¥27.60

R161　039496
益寿保健良方荟萃/李桂春编.—北京:中医古籍出版社,1995.12.—819页;20cm
ISBN 7-80013-643-4:¥29.60

R161　039497
职业女性的健康保健/刘萍编著.—北京:中国妇女出版社,1995.12.—162页;19cm.—(职业女性丛书/张默主编)
ISBN 7-80131-011-X:¥7.00

R161　039498
中医美容秘诀/张湖德主编.—北京:中国纺织出版社,1995.11.—181页;20cm
ISBN 7-5064-1167-9:¥7.60

①R161②G806　039499
有氧代谢运动/胡大一主编;尹荣秀等编撰.—北京:气象出版社,1995.9.—180页;19cm
ISBN 7-5029-2041-2:¥6.50

①R161②G831.3　039500
永葆女性迷人的魅力/申爱莲等编著.—北京:当代中国出版社,1995.7.—294页;20cm
ISBN 7-80092-356-8:¥8.70

①R161②R76　039501
美容与五官科疾病最新疗法/樊中州,王章立主编.—北京:中国人口出版社,1995.3.—363页;19cm
ISBN 7-80079-237-4:¥18.50

①R161②TS974　039502
全身美容百科/宋超编.—北京:中国商业出版社,1995.9.—222页;20cm
ISBN 7-5044-2197-9:¥18.80

R161-44　039503
家庭保健医生/邓世贤等编著.—成都:四川辞书出版社,1995.12.—233页;19cm.—(家庭医疗系列)
ISBN 7-80543-515-4:¥7.50

R161-61　039504
家庭医疗康复大全/陈广明等主编.—南京:南京大学出版社,1995.1.—1104页:插图;20cm
ISBN 7-305-02047-8(精装):¥29.50

R161-62　039505
全民健身指导手册/李伟昕主编.—上海:上海远东出版社,1995.12.—486页;19cm
ISBN 7-80613-239-2:¥19.00

R161-62　039506
中青年健身指南/吕其明主编.—长沙:湖南出版社,1995.6.—164页;19cm
ISBN 7-5438-0996-6:¥7.80

R161-64　039507
眼保健操挂图/湖北美术出版社编.—武汉:湖北美

术出版社,1995.6.—1 张;77×53cm

¥3.20

R161.5 **039508**

健美永保青春/张绍武主编.—北京:九洲图书出版社,1995.10.—273 页;19cm.—(中国家庭医学系列丛书)

ISBN 7-80114-050-8:¥8.00

R161.5 **039509**

青春期少女保健知识/须鹤瑛,李锡禄主编.—济南:山东科学技术出版社,1995.8.—127 页;19cm

ISBN 7-5331-1594-5:¥3.50

R161.5 **039510**

中青少年家庭医疗保健/李昆,陈仕彬主编;应宽等编写.—南昌:江西高校出版社,1995.2.—176 页;19cm.—(现代家庭医疗保健实用丛书)

ISBN 7-81033-429-8:¥5.50

R161.5-44 **039511**

青年卫生问答/宋玉瑶主编;马文等编.—2 版(修订本).—沈阳:辽宁科学技术出版社,1995.5.—273 页;19cm.—(医药卫生知识丛书)

ISBN 7-5381-1922-1:¥8.00

R161.6 **039512**

家庭中年养生保健全书/项平主编.—上海:上海科学技术出版社,1995.8.—607 页;20cm.—(家庭保健系列丛书)

ISBN 7-5323-3635-2(精装):¥20.50

R161.7 **039513**

百岁老人长寿经验集锦/张撰一主编;曾尔亢等编.—重庆:重庆出版社,1995.9.—161 页;19cm

ISBN 7-5366-3084-0:¥6.00

R161.7 **039514**

长寿必读/王季春等主编.—北京:中国人事出版社,1995.6.—314 页;19cm

ISBN 7-80076-663-2:¥15.00

R161.7 **039515**

长寿的奥秘/刘法树,周炳根著.—合肥:安徽人民出版社,1995.8.—308 页;19cm

ISBN 7-212-01228-9:¥8.85

R161.7 **039516**

长寿的奥秘:祛病延年 1000 法/刘康德,林海芬编.—上海:复旦大学出版社,1995.1.—476 页;20cm

ISBN 7-309-01414-6:¥15.00

R161.7 **039517**

长寿精要/《华夏长寿》杂志编辑部选编.—天津:天津科学技术出版社,1995.3.—475 页;20cm

ISBN 7-5308-1808-2:¥16.80

R161.7 **039518**

渡百岁之诀/刘广理,曹锦秀著.—呼和浩特:内蒙古人民出版社,1995.8.—160 页;19cm

ISBN 7-204-03019-2:¥7.60

R161.7 **039519**

古今中外长寿老人谈长寿/李开祥编著.—北京:中国经济出版社,1995.8.—206 页;20cm

ISBN 7-5017-3512-3:¥12.00

R161.7 **039520**

活一百五十岁不是梦/汪广泉编著.—哈尔滨:黑龙江人民出版社,1995.1.—306 页;19cm

ISBN 7-207-02938-1:¥7.80

R161.7 **039521**

健康长寿之路/王悦喜著.—北京:解放军出版社,1995.11.—134 页;19cm

ISBN 7-5065-2859-2:¥9.80

R161.7 **039522**

健康三字经:老年篇/余宏迢,杨萍主编.—北京:人民卫生出版社,1995.10.—36 页;20cm

ISBN 7-117-02273-6:¥3.00

R161.7 **039523**

孔子故里百名女寿星谱/张河主编;曲阜市政协文史资料委员会编.—济南:山东友谊出版社,1995.9.—122 页:照片;20cm

ISBN 7-80551-722-3:¥20.00

R161.7 **039524**

老年科学养生之道/唐福元编著.—沈阳:辽宁人民出版社,1995.2.—201 页;19cm

ISBN 7-205-03117-6:¥5.80

R161.7 **039525**

老年人家庭医疗保健/罗伟,苏海主编;肖武等编写.—南昌:江西高校出版社,1995.2.—258 页;19cm.—(现代家庭医疗保健实用丛书)

ISBN 7-81033-431-X:¥6.00

R161.7 **039526**

你也能安享天年:为您的健康长寿而设计/焦金堂编撰.—北京:中国世界语出版社,1995.9.—259 页;19cm

ISBN 7-5052-0237-5:¥10.00

R161.7 **039527**

寿星之友:邮电职工保健顾问/崔万功整理.—北京:人民邮电出版社,1995.6.—349 页;19cm

ISBN 7-115-05769-9:¥13.80

R161.7 **039528**

延年益寿必备/张绍武主编.—北京:九洲图书出版社,1995.10.—258 页;19cm.—(中国家庭医学系列丛书)

ISBN 7-80114-050-8:¥8.00

R161.7 **039529**

延年益寿要诀/朱高章,黄建民编著.—2 版.—广州:华南理工大学出版社,1995.9.—259 页;19cm

ISBN 7-5623-0131-X:¥9.00

R161.7 **039530**

愿你活过九十九/张朝正主编.—长春:吉林人民出版社,1995.7.—2 册;20cm

ISBN 7-206-02150-2:¥28.50

①R161.7②R592 **039531**

实用老年科百题/王云亭主编;霍临明等编写.—北京:外文出版社:海豚出版社,1995.1.—168 页;19cm.—(实用医学百题丛书/夏亚钦主编)

ISBN 7-80051-996-1:¥5.80

R161.7-62 **039532**

中老年保健手册/徐文玲主编.—济南:山东科学技术出版社,1995.10.—407页;19cm
ISBN 7-5331-1660-7:¥13.00

R163　039533
逍遥艺术:休息文化纵横/江凤贤等编著.—广州:华南理工大学出版社,1995.3.—280页;20cm
ISBN 7-5623-0818-7:¥9.80

R167　039534
曹大夫的枕边夜话/曹开镛,张树藩著.—天津:天津人民出版社,1995.10.—299页;19cm
ISBN 7-201-02347-0:¥8.80

R167　039535
对未婚男女悄悄说:怎样摆脱性的烦恼/黄民杰等编著.—福州:福建科学技术出版社,1995.4.—169页;19cm.—(悄悄说丛书)
ISBN 7-5335-0859-9:¥5.00

R167　039536
对已婚男女悄悄说:性生活中的为什么与怎么办/黄民杰等编.—福州:福建科学技术出版社,1995.1.—245页;19cm.—(悄悄说丛书)
ISBN 7-5335-0860-2:¥6.40

R167　039537
夫妻性生活家庭医疗保健/江南主编;钟欣等编.—南昌:江西高校出版社,1995.2.—118页;19cm.—(现代家庭医疗保健实用丛书)
ISBN 7-81033-430-1:¥5.00

R167　039538
家庭性保健/田野编著.—北京:北京出版社,1995.4.—250页;19cm
ISBN 7-200-02489-9:¥6.40

R167　039539
悄悄话　第三集/上海人民广播电台"悄悄话"节目组,上海市性教育协会编.—上海:上海科技教育出版社,1995.3.—167页;19cm
ISBN 7-5428-1078-2:¥6.40

R167　039540
悄悄话　第四集/上海人民广播电台"悄悄话"节目组,上海市性教育协会编.—上海:上海科技教育出版社,1995.12.—199页;19cm
ISBN 7-5428-1198-3:¥8.80

R167　039541
生育与性/曹佐武主编.—广州:广州出版社,1995.10.—383页;20cm
ISBN 7-80592-286-1:¥18.80

R167　039542
手术与夫妻性生活/周福纲等编著.—天津:天津科学技术出版社,1995.12.—194页;19cm
ISBN 7-5308-1829-5:¥6.80

R167　039543
外国枕边悄悄话　第一集/孙非等编译.—北京:中国医药科技出版社,1995.1.—206页;19cm
ISBN 7-5067-1315-2:¥8.00

R167　039544
我的身体:写给青春期的男孩子/(美)马达拉斯(Madaras,L.)著;刘庆珍等译.—北京:中国对外翻译出版公司,1995.3.—203页;19cm
ISBN 7-5001-0297-6:¥5.50

R167　039545
我的身体:写给青春期的女孩子/(美)马达拉斯(Madaras,L.)著;康振家等译.—北京:中国对外翻译出版公司,1995.3.—215页;19cm
ISBN 7-5001-0298-4:¥6.00

R167　039546
午夜悄悄话/尹凤兰主编.—乌鲁木齐:新疆科技卫生出版社,1995.3.—323页;19cm
ISBN 7-5372-0819-0:¥7.80

R167　039547
现代性医学/薛兆英等主编.—北京:人民军医出版社,1995.12.—1085页:照片;26cm
ISBN 7-80020-571-1(精装):¥130.00

R167　039548
新婚悄悄话/梅绍云等著.—北京:中国青年出版社,1995.4.—179页;19cm.—(新婚礼品丛书/柳宁主编)
ISBN 7-5006-1836-0:¥7.30

R167　039549
性功能障碍者之友/徐增祥,艾琪编著.—北京:人民军医出版社,1995.11.—159页;19cm.—(患者之友丛书)
ISBN 7-80020-524-X:¥8.50

R167　039550
性健康教育与性病防治/李传俊,薛福林主编.—北京:中国医药科技出版社,1995.10.—319页;19cm
ISBN 7-5067-1423-X:¥12.00

R167　039551
性科学/王家廉编著.—济南:山东科学技术出版社,1995.5.—295页;19cm
ISBN 7-5331-1554-6:¥9.60

R167　039552
性心理学/王慧,黎学涛主编.—南昌:江西高校出版社,1995.10.—289页;19cm
ISBN 7-81033-473-5:¥9.80

R167　039553
性张力下的中国人/江晓原著.—上海:上海人民出版社,1995.12.—331页;20cm
ISBN 7-208-02020-5(精装):¥25.00

R167　039554
夜半私语:陈凯谈性功能障碍/陈凯著.—上海:上海人民出版社,1995.7.—173页;19cm
ISBN 7-208-02082-5:¥6.00

R167　039555
中国性文化名著/李淼,范友平主编.—延吉:延边大学出版社,1995.9.—622页;20cm.—(中国文化经典名著大系/张岱年,石翔主编)
ISBN 7-5634-0788-X(精装):¥32.90

R167　039556
中老年性与健康/马全福,陈燕编著.—北京:华语教学出版社,1995.6.—206页;19cm
ISBN 7-80052-408-6:¥8.80

R167 039557
中老年性咨询/胡家辉等编著.—北京:科学普及出版社,1995.10.—186 页;19cm.—(性咨询丛书/王效道,胡廷溢主编)
ISBN 7-110-03286-8:¥8.00

R167 039558
中西医结合性治疗学/肖相如,高元良编著.—北京:中国医药科技出版社,1995.4.—280 页;19cm
ISBN 7-5067-1302-0:¥10.00

R167 039559
走出你心灵的误区——妇女热线的回答/黄蘅玉等编著.—北京:海豚出版社,1995.1.—204 页;19cm.—(妇女热线丛书/王行娟主编)
ISBN 7-80051-162-6:¥7.80

①R167②R211 039560
中国性医学/刘杰编著.—北京:中国人口出版社,1995.4.—237 页;20cm
ISBN 7-80079-219-6:¥15.00

①R167-49②G479 039561
男孩·女孩:性发育与保健/蒋蕴芬主编;蒋野萍著.—上海:少年儿童出版社,1995.8.—78 页;20cm
ISBN 7-5324-2878-8:¥6.90

①R167-49②G479 039562
少男·少女:性发育与保健/蒋蕴芬主编;曹钟强,王伟钧著.—上海:少年儿童出版社,1995.8.—121 页;20cm
ISBN 7-5324-2880-X:¥5.40

①R167-61②C913.14 039563
性学百科.—济南:山东美术出版社,1995.9.—723 页;20cm
ISBN 7-5330-0888-X(精装):¥58.00

R167-62 039564
新婚医学指南/郑胥阳,陈宇涵编著.—北京:人民军医出版社,1995.5.—224 页;19cm
ISBN 7-80020-516-9:¥9.50

R169 计划生育与卫生

R169 039565
避孕·节育·优生实用知识/于兰馥主编.—昆明:云南科技出版社,1995.6.—61 页;19cm
ISBN 7-5416-0636-7:¥3.60

R169 039566
对推广避孕方法的监测:计划生育项目评估指导/南京人口管理干部学院,美国开发培训研究所编.—南京:东南大学出版社,1995.8.—50 页;20cm
妇女卫生自学教材 (6)
全套书共 10 册,总定价:30.00 元
ISBN 7-81050-043-0:¥0.00

R169 039567
婚、育、性知识/邱爱民,司恕荣主编.—北京:中国人口出版社,1995.10.—144 页;19cm
ISBN 7-80079-049-5:¥4.60

R169 039568
婚恋·生育·性健康:献给青年、中年、老年夫妇/黄宇烽主编.—南京:南京师范大学出版社,1995.7.—256 页;19cm
ISBN 7-81047-004-3:¥8.00

R169 039569
计划生育——365 天/喻凯等主编.—北京:中国检察出版社,1995.5.—361 页;20cm
ISBN 7-80086-302-6(精装):¥10.00

R169 039570
新时期部队计划生育工作研究/何善福主编.—济南:黄河出版社,1995.10.—238 页;19cm
ISBN 7-80558-665-9:¥6.00

R169 039571
中国基层生育研究进展/梁济民,张德欣主编.—北京:中国医药科技出版社,1995.3.—315 页;26cm
ISBN 7-5067-1353-5(精装):¥38.00

①R169②F235 039572
计划生育收费罚款财务管理与核算/刘晓梅,崔力夫主编;吉林省计划生育财务管理研究会编.—长春:吉林教育出版社,1995.1.—178 页;19cm
ISBN 7-5383-2470-4:¥6.00

R169.1 039573
婚检医生悄悄话/胡继芬,郑明主编.—厦门:鹭江出版社,1995.9.—269 页;19cm.—(医生对你悄悄说丛书)
ISBN 7-80610-239-6:¥8.00

R169.1 039574
婚前婚后 300 问/吴章明等编.—增订本.—福州:福建科学技术出版社,1995.11.—375 页;19cm
ISBN 7-5335-0904-8:¥11.00

R169.1 039575
计划生育儿歌大家唱/山东省菏泽地区,计划生育委员会主编.—济南:山东美术出版社,1995.5.—41 页;19cm
ISBN 7-5330-0883-9:¥2.40

R169.1 039576
精神病比较优生学/赵贵芳等编著.—北京:人民卫生出版社,1995.12.—211 页;19cm
ISBN 7-117-02334-1:¥9.10

R169.1 039577
望子成龙从妊娠开始:十月怀胎要领/冯淑芝等著.—北京:华夏出版社,1995.1.—218 页;19cm.—(母爱丛书/冯淑芝主编)
ISBN 7-5080-0493-0:¥6.60

R169.1 039578
现代育儿理论与实践/邹小兵,张永慧主编.—广州:华南理工大学出版社,1995.5.—230 页;19cm
ISBN 7-5623-0804-7:¥8.00

R169.1 039579
影响婚育的 100 种疾病/廖善祥编著.—长沙:湖南科学技术出版社,1995.1.—298 页;19cm
ISBN 7-5357-1588-5:¥7.50

R169.1 039580

优生优育新编/钟玉兰等主编.—天津:天津教育出版社,1995.2.—295页;20cm
ISBN 7-5309-2078-2: ¥8.00

R169.1　039581
优生优育优教知识/国防科工委计划生育办公室、五一四医院编.—北京:新时代出版社,1995.9.—115页;19cm
ISBN 7-5042-0295-9: ¥5.50

R169.1　039582
怎样生个健康宝宝/秦耕春等著.—北京:中国青年出版社,1995.4.—164页;19cm.—(新婚礼品丛书/柳宁主编)
ISBN 7-5006-1837-9: ¥7.00

R169.1-44　039583
不孕不育、优生胎教问答/程泾主编.—石家庄:河北科学技术出版社,1995.9.—190页;19cm.—(中西医结合妇科系列丛书;2)
ISBN 7-5375-1510-7: ¥6.00

R169.1-62　039584
计划生育协会工作手册/常崇煊,刘汉彬主编.—北京:科学普及出版社,1995.6.—381页;19cm
ISBN 7-110-03316-3: ¥7.80

R169.1-62　039585
优生优育优教保健知识手册/刘弛凤等主编.—北京:中国人口出版社,1995.1.—230页;19cm
ISBN 7-80079-264-1: ¥7.80

R169.1-62　039586
优生优育优教指南/陈庆武,林祥慎主编.—福州:福建人民出版社,1995.8.—519页;20cm
ISBN 7-211-02545-X: ¥14.60

R169.1-66　039587
中国生育数据集/姚新武编.—北京:中国人口出版社,1995.10.—391页;20cm.—(数据用户服务系列;2)
ISBN 7-80079-289-7: ¥15.00

R169.4　039588
基层计划生育药具管理/刘保华主编.—南京:江苏科学技术出版社,1995.6.—106页;19cm
基层计划生育药具管理员培训试用教材
ISBN 7-5345-1934-9: ¥4.00

R169.4　039589
节育方法/南京人口管理干部学院,美国开发培训研究所编.—南京:东南大学出版社,1995.8.—108页;20cm
妇女卫生自学教材(5)
全套书共10册,总定价:30.00元
ISBN 7-81050-043-0: ¥0.00

R169.41　039590
皮下埋植避孕/顾素娟等编著.—北京:中国人口出版社,1995.9.—126页;19cm.—(计划生育实用技术丛书)
ISBN 7-80079-295-1: ¥6.00

R169.41　039591
皮下埋植避孕药具 Norplant:管理和技术指南/世界卫生组织编;许侠译.—北京:人民卫生出版社,1995.5.—103页;24cm
ISBN 7-117-02237-X: ¥0.00

R169.41　039592
生育的自然调节:世界上通行的避孕方法/郑晓瑛,叶鑫生编著.—北京:北京医科大学、中国协和医科大学联合出版社,1995.4.—159页;19cm
ISBN 7-81034-454-4: ¥7.00

R169.41-44　039593
避孕知识130问/邢淑敏,马丽媛主编;吕佩瑾等编著.—北京:金盾出版社,1995.12.—148页;19cm
ISBN 7-5082-0101-9: ¥4.90

R17　妇幼卫生

R17　039594
第一次当妈妈:孕产妇百科ABC/王孝端,高凌主编.—北京:北京科学技术出版社,1995.3.—314页;19cm
ISBN 7-5304-1701-0: ¥9.10

R17　039595
妇幼保健知识问答/李向阳,杨富键主编.—武汉:武汉大学出版社,1995.12.—339页;19cm
ISBN 7-307-02092-0: ¥10.00

R17　039596
妇幼卫生保健概论/李红玉等主编.—长春:长春出版社,1995.12.—661页;19cm
ISBN 7-80604-419-1: ¥28.00

R17　039597
母乳喂养学与母婴同室/罗新,杨菁主编.—武汉:武汉出版社,1995.8.—302页;20cm
ISBN 7-5430-1383-5: ¥8.50

R17　039598
母子保健操/张军,田惠编;卢奕绘.—杭州:浙江科学技术出版社,1995.6.—62页;19cm
ISBN 7-5341-0827-6: ¥3.00

R17　039599
新生儿产妇保健知识/刘泽英,梅祖敏撰文.—石家庄:河北美术出版社,1995.3.—44页;14×16cm
ISBN 7-5310-0681-2: ¥5.00

R17-43　039600
妇幼卫生乡村医生教材/云南省卫生厅妇幼处编.—昆明:云南民族出版社,1995.4.—454页;26cm
ISBN 7-5367-1010-0: ¥16.50

R17-43　039601
农村妇幼卫生岗位培训教材/王凤兰主编.—北京:北京医科大学、中国协和医科大学联合出版社,1995.11.—568页;24cm
ISBN 7-81034-545-1: ¥39.90

R17-44　039602
产妇保健及育婴知识问答/公文华等编著.—北京:科学技术文献出版社,1995.10.—412页;19cm
ISBN 7-5023-2489-5: ¥14.20

R17-62　039603

妇儿保健百科:婚前必读/黄秀兰等主编.—北京:科学技术文献出版社,1995.7.—676 页;19cm

ISBN 7-5023-1958-1:¥25.00

R173 039604

妇产科专家谈女性保健/陈宝英主编;北京妇产医院编;.—北京:中国和平出版社,1995.8.—187 页;19cm

ISBN 7-80101-534-7:¥6.50

R173 039605

妇女保健须知/张绍武主编.—北京:九洲图书出版社,1995.10.—215 页;19cm.—(中国家庭医学系列丛书)

ISBN 7-80114-050-8:¥8.00

R173 039606

妇女家庭医疗保健/黎道洋主编.—南昌:江西高校出版社,1995.2.—249 页;19cm.—(现代家庭医疗保健实用丛书)

ISBN 7-81033-426-3:¥5.30

R173 039607

乳房·哺乳·健美/赵吉光,李建敏主编.—汕头:汕头大学出版社,1995.9.—201 页;19cm

ISBN 7-81036-067-1:¥7.60

R173-44 039608

女性生理卫生咨询 500 问/谢庆玲,覃爱琼主编.—南宁:广西民族出版社,1995.12.—355 页;19cm

ISBN 7-5363-3108-8:¥13.00

R174 039609

1~3 岁乳幼儿哺养/谢立德编著.—广州:广州出版社,1995.1.—235 页;19cm.—(优生优育丛书)

ISBN 7-80592-216-0:¥7.20

R174 039610

宝宝健康秘诀/张永涛等著.—北京:中国青年出版社,1995.4.—194 页;19cm.—(新婚礼品丛书/柳宁主编)

ISBN 7-5006-1838-7:¥7.60

R174 039611

宝宝世界/晓雯编著.—成都:四川文艺出版社,1995.11.—144 页:彩图;29cm

ISBN 7-5411-1344-1:¥24.80

R174 039612

宝宝喂养月月谈/戴苏娜,张春改编著.—2 版.—北京:中国人口出版社,1995.2.—203 页;19cm

ISBN 7-80079-073-8:¥5.00

R174 039613

初生婴儿护理/伟明编.—广州:广东旅游出版社,1995.2.—185 页;19cm

ISBN 7-80521-562-6:¥5.80

R174 039614

家庭育儿小常识:儿童体能自测及疾病判断 /肖峰等编.—北京:中国计量出版社,1995.10.—199 页;19cm

ISBN 7-5026-0709-9:¥8.00

R174 039615

母乳喂养好/青岛市卫生局编.—青岛:青岛出版社,1995.5.—65 页;19cm

ISBN 7-5436-1200-3:¥2.60

R174 039616

母乳喂养好:爱婴画册/董艺编著.—沈阳:东北大学出版社,1995.4.—57 页;19cm

ISBN 7-81006-950-0:¥5.80

R174 039617

起跑线上的竞争:婴幼儿喂养与护理/刘仲熊,麦根荣主编.—北京:华夏出版社,1995.1.—215 页;19cm.—(母爱丛书/冯淑芝主编)

ISBN 7-5080-0494-9:¥5.80

R174 039618

实用育儿百科　第二分册:0~1 岁/陈帼眉主编;梁志燊分册主编.—2 版.—北京:中国农业出版社,1995.12.—180 页;20cm

ISBN 7-109-04096-8:¥11.90

R174 039619

实用育儿百科　第三分册:1~2 岁/陈帼眉主编;张燕分册主编.—2 版.—北京:中国农业出版社,1995.12.—260 页;20cm

ISBN 7-109-04097-6:¥15.40

R174 039620

实用育儿百科　第四分册:2~4 岁/陈帼眉主编;周俐君分册主编.—2 版.—北京:中国农业出版社,1995.12.—287 页;20cm

ISBN 7-109-04098-4:¥16.00

R174 039621

实用育儿百科　第五分册:4~6 岁/陈帼眉主编;姜维静分册主编.—2 版.—北京:中国农业出版社,1995.12.—231 页;20cm

ISBN 7-109-04099-2:¥14.20

R174 039622

实用育儿百科　第一分册:优生与孕期/陈帼眉主编;刘焱分册主编.—2 版.—北京:中国农业出版社,1995.12.—237 页;20cm

ISBN 7-109-04095-X:¥14.50

R174 039623

习俗·优育·儿童健康 /莫建中编.—银川:宁夏少年儿童出版社,1995.7.—141 页;19cm

ISBN 7-80620-020-7:¥4.70

R174 039624

现代育儿百科/蒋月英主编.—北京:中国轻工业出版社,1995.6.—775 页;19cm

ISBN 7-5019-1751-5:¥32.50

R174 039625

现代育儿知识宝典/春雨编著.—沈阳:辽宁大学出版社,1995.8.—300 页;19cm

ISBN 7-5610-3033-9:¥10.00

R174 039626

小儿家庭养育大全/吴圣楣主编;许积德等编写.—上海:上海科学技术文献出版社,1995.6.—314 页;19cm

ISBN 7-5439-0687-2:¥11.50

R174 039627

小儿家庭医疗保健/包同敏主编;尹正中等编.—南

昌:江西高校出版社,1995.2.—314 页;19cm.—(现代家庭医疗保健实用丛书)
ISBN 7-81033-427-1: ¥6.00

R174 039628
小儿喂养须知/常莹等编著.—北京:中国轻工业出版社,1995.6.—17 页;19cm
ISBN 7-5019-1811-2: ¥1.50

R174 039629
婴幼儿生长及发展/钱郭小葵,徐谢清芬著.—北京:北京师范大学出版社,1995.5.—2 册;20cm
中国妇女管理干部学院引进香港理工大学学前教育系列教材
ISBN 7-303-03771-3: ¥14.80

R174 039630
幼儿卫生保健/裘耐心主编;部分省市职业高中幼儿教育专业课程结构总体改革实验教材编写委员会编.—北京:高等教育出版社,1995.5.—204 页;20cm
中等职业学校幼儿教育专业实验教材
ISBN 7-04-005288-1: ¥5.30

R174 039631
幼儿卫生学/蔡黎曼编著.—广州:广东高等教育出版社,1995.3.—321 页;19cm
ISBN 7-5361-1621-7: ¥9.50

R174 039632
育婴 365 日/谢立德编著.—广州:广州出版社,1995.1.—205 页;19cm.—(优生优育丛书)
ISBN 7-80592-215-2: ¥6.20

R174 039633
愿您的宝宝健康聪明/中国家庭教育学会编.—北京:中国妇女出版社,1995.4.—33 页;12×13cm
ISBN 7-80016-652-X: ¥0.00

R174-44 039634
科学育儿 300 问/张蔼丽主编.—修订本.—北京:金盾出版社,1995.5.—252 页;19cm
ISBN 7-5082-0833-1: ¥8.50

R174-44 039635
母乳喂养知识问答/陈延琴主编.—济南:黄河出版社,1995.2.—110 页;19cm
ISBN 7-80558-581-4: ¥3.50

R174-44 039636
母乳喂养知识问答/李松芝等主编;史艳放等编.—哈尔滨:哈尔滨工程大学出版社,1995.7.—44 页;19cm
ISBN 7-81007-537-3: ¥1.20

R174-61 039637
实用育儿大全/关雎,樱娟编著.—兰州:甘肃民族出版社,1995.10.—404 页;19cm
ISBN 7-5421-0335-0: ¥13.60

R174-61 039638
中国儿童养育大全:0~12 岁/许积德,俞善昌主编.—上海:上海远东出版社,1995.11.—625 页;20cm
ISBN 7-80613-114-0(精装): ¥28.00

R174-62 039639
妈妈育婴手册/南君之编绘.—太原:山西教育出版社,1995.10.—241 页;19cm
ISBN 7-5440-0865-7: ¥9.80

R174-62 039640
母乳喂养手册/马彦彦,戴淑凤编.—北京:中国商业出版社,1995.8.—109 页:图;20cm
ISBN 7-5044-2964-3(精装): ¥18.00

R174-62 039641
最新育儿手册/吴一夫,梁土生著.—成都:四川辞书出版社,1995.10.—359 页;20cm
ISBN 7-80543-474-3: ¥13.80

R179 儿童、少年卫生

R179 039642
儿童聪明健康的秘诀/杨剑波编.—北京:开明出版社,1995.9.—181 页;19cm
ISBN 7-80077-945-9: ¥6.30

R179 039643
儿童智力研究/孙世远,甄淑华编著.—哈尔滨:哈尔滨出版社,1995.7.—276 页;19cm
ISBN 7-80557-846-X: ¥8.00

R179 039644
如何让孩子健康成长:少儿保健 100 个怎么办/秦洪礼等编.—沈阳:辽宁科学技术出版社,1995.10.—112 页;19cm.—(教子成龙文库)
ISBN 7-5381-2256-7: ¥4.20

R179 039645
学生视力保护与提高手册/彭建兰等编著.—南昌:江西高校出版社,1995.6.—84 页;19cm
ISBN 7-81033-433-6: ¥2.00

R179 039646
学校卫生儿童保健新进展/胡虞志,俞善雨主编.—北京:北京医科大学、中国协和医科大学联合出版社,1995.11.—317 页;20cm
ISBN 7-81034-541-9: ¥15.00

R179-44 039647
儿童心理保健 200 问/郭贵云,郑毅主编;郭贵青等编.—北京:金盾出版社,1995.7.—298 页;19cm
ISBN 7-5082-0023-3: ¥6.90

R18 流行病学与防疫

R18 039648
传染病学及护理/杨仁传主编;朱念琼等编写.—2 版.—南京:江苏科学技术出版社,1995.2.—145 页;26cm
全国中等卫生学校教材 供护士、助产士专业用
ISBN 7-5345-0134-2: ¥5.80

R18 039649
基础流行病学/( )Beaglehole,R.等著;李敏江等译.—上海:上海医科大学出版社,1995.6.—192 页;20cm
ISBN 7-5627-0263-2: ¥8.90

R181 039650
流行病学　第一卷/耿贯一主编.—2 版.—北京:人

民卫生出版社,1995.11.—615页;26cm
ISBN 7-117-02229-9(精装):¥61.10

R181.1-53 **039651**
流行病学调查集刊 第一集/许荣满主编.—北京:军事医学科学出版社,1995.9.—157页;26cm
ISBN 7-80121-021-2:¥18.00

R183 **039652**
计划免疫管理及相应传染病防治/郭少林,宋洪章主编.—哈尔滨:黑龙江科学技术出版社,1995.11.—244页;19cm
ISBN 7-5388-2918-0:¥11.50

R184-62 **039653**
家宅病虫害防治手册/李慕贤等编著.—北京:中国农业出版社,1995.12.—188页:彩图;19cm
ISBN 7-109-03941-2:¥9.10

R184-62 **039654**
卫生防疫应急应变手册/李敏江主编.—天津:天津科学技术出版社,1995.9.—246页;19cm
ISBN 7-5308-1917-8:¥9.00

R184.3 **039655**
灭鼠与杀虫/徐昆峻等主编.—哈尔滨:东北林业大学出版社,1995.8.—271页;19cm
ISBN 7-81008-606-5:¥10.00

R184.35 **039656**
科学灭鼠知识与技术/祝龙彪编著.—上海:华东师范大学出版社,1995.1.—196页;19cm
ISBN 7-5617-1199-9:¥5.70

R184.38 **039657**
南京血防志/王学德主编.—南京:江苏科学技术出版社,1995.10.—356页:图;20cm
ISBN 7-5345-1990-X:¥25.00

R185-27 **039658**
中国卫生检疫120周年国际学术交流会:1873~1993/曲绪禄主编.—上海:百家出版社,1995.4.—146页;29cm
ISBN 7-80576-496-4:¥52.00

R185-53 **039659**
卫生检疫经济论文选编/宋明昌主编.—大连:大连出版社,1995.11.—243页;20cm
ISBN 7-80612-260-5:¥28.00

R185.3-44 **039660**
中国国境卫生检疫专业考试题集:英语、日语、俄语分册/初造强主编.—沈阳:辽宁科学技术出版社,1995.8.—241页;26cm
ISBN 7-5381-2142-0(精装):¥48.00

R187 **039661**
门诊部控制交叉感染的指导/南京人口管理干部学院,美国开发培训研究所编.—南京:东南大学出版社,1995.8.—52页;20cm
妇女卫生自学教材(8)
全套书共10册,总定价:30.00元
ISBN 7-81050-043-0:¥0.00

R19 保健组织与事业

R19 **039662**
初级卫生保健与管理/宋松超,王耀平主编.—郑州:河南医科大学出版社,1995.11.—182页;26cm
乡村医生培训系列教材
ISBN 7-81048-042-1:¥10.20

R19 **039663**
当代卫生管理新思维/刘德章主编.—武汉:华中理工大学出版社,1995.4.—192页;26cm
ISBN 7-5609-1102-1:¥30.00

R19 **039664**
卫生产业/汪克勋主编.—成都:四川大学出版社,1995.11.—185页;19cm.—(第三产业发展指南丛书/许述生主编)
ISBN 7-5614-1213-4:¥9.00

R19-39 **039665**
初级卫生保健软件管理/鄂明刚主编.—赤峰:内蒙古科学技术出版社,1995.6.—134页;19cm
ISBN 7-5380-0297-9:¥6.80

R19-53 **039666**
卫生文稿三百篇:辑录/钱远大编著.—北京:中国医药科技出版社,1995.1.—564页;20cm
卫生管理干部参考用书
ISBN 7-5067-1349-7:¥15.00

R192 **039667**
实用医德学/付杰让,任以顺编著.—北京:中国商业出版社,1995.8.—250页;19cm
ISBN 7-5044-2356-4:¥9.36

R192 **039668**
医德行为规范研究/尹真杜主编.—延吉:延边大学出版社,1995.5.—144页;19cm
ISBN 7-5634-0771-5:¥6.00

R192 **039669**
医德学/赵可亮,文金宽主编.—西安:陕西科学技术出版社,1995.6.—358页;19cm
ISBN 7-5369-2341-4:¥10.80

R192 **039670**
医师必备/顾寿年,常启太主编.—南京:江苏科学技术出版社,1995.3.—387页;19cm
ISBN 7-5345-1896-2:¥12.00

R192 **039671**
医学伦理学/蔡正华,程国光主编.—合肥:安徽人民出版社,1995.8.—151页;26cm
中等医学教材 供中等卫校各专业用
ISBN 7-212-01224-6:¥8.00

①R192②D922.16 **039672**
医德与卫生法学基础/洪兴国主编;李之尧等编.—郑州:河南医科大学出版社,1995.7.—74页;26cm
乡村医生培训系列教材
ISBN 7-81048-012-X:¥4.93

R192-4 **039673**
成人培训方法指南/王凤兰主编.—北京:北京医科

大学、中国协和医科大学联合出版社，1995.6.—109页；24cm.—(中国妇幼卫生系列丛书)
ISBN 7-81034-499-4：¥8.25

R192.3 039674
临床医师必读/任真年等主编.—西安：陕西科学技术出版社，1995.3.—267页；19cm
ISBN 7-5369-2255-8：¥9.00

R192.3 039675
做一个好医生/曾昭耆著.—北京：人民卫生出版社，1995.5.—129页；19cm
ISBN 7-117-02210-8：¥5.10

①R192.3②K826.2 039676
北京名医/徐国桓主编.—北京：中国大百科全书出版社，1995.1.—408页；20cm
ISBN 7-5000-5442-4：¥11.00

①R192.3②R289 039677
中国名医奇药/金燕侠，王玲编.—北京：光明日报出版社，1995.1.—356页；19cm
ISBN 7-80091-521-2：¥9.40

①R192.3-61②K826.2-61 039678
中国当代中西名医大辞典/李庆飞，谷向阳主编.—北京：中国中医药出版社，1995.5.—1501页；26cm
ISBN 7-80089-446-0(精装)：¥248.00

R193 039679
河北城乡居民健康教育知识问答　上篇/胡景然主编.—西安：陕西科学技术出版社，1995.10.—60页；19cm
ISBN 7-5369-0213-1：¥3.50

R193 039680
人际交流与咨询技巧/王凤兰主编.—北京：北京医科大学、中国协和医科大学联合出版社，1995.6.—190页；24cm.—(中国妇幼卫生系列丛书)
ISBN 7-81034-498-6：¥14.00

R193 039681
渔民健康教育读本/梅亦珩主编.—上海：上海医科大学出版社，1995.5.—121页；19cm.—(中国健康教育丛书/刘玉良等主编)
ISBN 7-5627-0235-7：¥3.90

R193 039682
中国职工健康教育/杨丽娟等主编.—北京：科学普及出版社，1995.10.—427页；19cm
ISBN 7-110-03995-1：¥12.00

R194.3 039683
量一量 我多高/唐智华等绘.—南宁：接力出版社，1995.12.—1张；170×29cm
¥3.50

R195 039684
石家庄市1975～1985年死因调查分析十年对比/王彦慧等编.—天津：天津科学技术出版社，1995.9.—49页；26cm
ISBN 7-5308-2025-7：¥10.00

R195.1 039685
实用医学统计/赵雁冬著.—青岛：青岛出版社，1995.1.—200页；19cm
ISBN 7-5436-1271-2：¥8.00

R195.1 039686
医学统计学/孙玉文主编.—沈阳：东北大学出版社，1995.7.—345页；26cm
供基础、临床、预防、医药、口腔等专业用
ISBN 7-81006-991-8：¥22.00

R195.1 039687
医学统计学/陈启光，沈其君主编.—南京：江苏科学技术出版社，1995.8.—257页；26cm
高等医药院校教材
ISBN 7-5345-1979-9：¥14.00

R195.1 039688
医学统计学/邵昌美，孙敬忠主编.—西安：陕西科学技术出版社，1995.12.—197页；26cm
高等医学院校试用教材
ISBN 7-5369-2452-6：¥12.00

R195.1 039689
医学统计预测/章扬熙编著.—北京：中国科学技术出版社，1995.10.—173页；19cm
ISBN 7-5046-2108-0：¥7.50

R195.1 039690
医药统计方法/张春华，阎雪隐主编.—延吉：延边大学出版社，1995.4.—172页；26cm
高等医药院校教材
ISBN 7-5634-0766-9：¥8.00

R197 039691
北京市红十字会的六十五年：1928～1993/孙敬敏编纂.—北京：文津出版社，1995.11.—427页：彩图；20cm
ISBN 7-80554-288-0：¥26.00

R197 039692
中国卫生系统通讯录/中华人民共和国卫生部机关服务局编.—北京：新华出版社，1995.3.—681页：彩照；26cm
ISBN 7-5011-2783-2：¥150.00

R197 039693
中国医药卫生科研机构及高级人员名录/薛志福等主编.—上海：上海医科大学出版社，1995.3.—404页；28cm
ISBN 7-5627-0242-X：¥65.00

R197-64 039694
重庆市医疗卫生网点分布图/重庆市卫生局、成都地图出版社编制.—成都：成都地图出版社，1995.7.—1张；53×77cm
¥3.00

R197.1 039695
农民健康保障之路：中国农村健康保障制度典型模式选编/魏颖，赵竹岩主编.—北京：北京医科大学、中国协和医科大学联合出版社，1995.9.—204页；19cm
ISBN 7-81034-542-7：¥7.50

R197.1 039696
中国城市健康保障制度/沈华亮编著.—北京：中国医药科技出版社，1995.9.—211页；19cm
ISBN 7-5067-1472-8：¥9.80

R197.1-53 039697

高校医疗保健论文集　（一）　1995/萧文钦，刘佩芳主编.—武汉：中国地质大学出版社，1995.9.—179页；26cm

ISBN 7-5625-1034-2：￥14.00

R197.2　**039698**

山东省卫生防疫站、山东省环境卫生监测站站志/赵世立等主编；于国防等编写.—济南：山东科学技术出版社，1995.8.—666页；26cm

ISBN 7-5331-1471-X(精装)：￥70.00

①R197.2-54②R199.2-54　**039699**

贵州省卫生防病综合年鉴：1993～1994/兰庭鉴主编；贵州省卫生厅防疫处，贵州省卫生防疫站编.—贵阳：贵州人民出版社，1995.11.—393页；26cm

ISBN 7-221-03973-9：￥30.00

R197.3　**039700**

寻医问药四百家/宋振峰等编.—北京：科学技术文献出版社，1995.6.—315页；19cm

ISBN 7-5023-2471-2：￥9.00

R197.3-62　**039701**

良医·妙药·专院：疑难病患者就医指南/迟岩等编.—北京：现代出版社，1995.2.—243页；20cm

ISBN 7-80028-265-1：￥7.50

R197.32　**039702**

现代医院后勤管理新探/赵庆宪等主编.—大连：大连海事大学出版社，1995.8.—304页；20cm

ISBN 7-5632-0918-2：￥17.50

R197.32　**039703**

医院管理学/郭子恒主编.—3版.—北京：人民卫生出版社，1995.6.—689页；26cm

高等医学院校卫生事业管理专业本科教材·各省市医院管理进修班通用教材

ISBN 7-117-01441-5：￥45.70

R197.32　**039704**

医院管理学/史自强等主编.—上海：上海远东出版社，1995.1.—385页；26cm

ISBN 7-80613-032-2：￥28.00

R197.32-02　**039705**

医院管理哲学/刘兵等主编.—天津：天津人民出版社，1995.8.—295页；20cm

ISBN 7-201-02339-X：￥14.90

R197.322　**039706**

现代医院经济核算理论与方法/徐祖铭编著.—南京：东南大学出版社，1995.12.—285页；20cm

ISBN 7-81050-068-6：￥12.00

R197.322　**039707**

新编实用医院会计/刘忠德主编.—武汉：武汉大学出版社，1995.6.—222页；19cm

ISBN 7-307-01982-5：￥8.80

R197.322-62　**039708**

医院收费记帐工作指南/黄龙生，葛青林主编.—北京：北京科学技术出版社，1995.2.—152页；19cm

ISBN 7-5304-1689-8：￥7.00

R197.323　**039709**

病案规范/李深主编.—北京：中国医药科技出版社，1995.7.—48页；26cm

ISBN 7-5067-1416-7：￥4.00

R197.323　**039710**

病历书写规范和病例(案)医疗质量评定标准/王蔚文主编；赵祥文等编.—长沙：湖南科学技术出版社，1995.6.—168页；19cm

ISBN 7-5357-1760-8：￥6.80

R197.323　**039711**

医院感染管理实用手册/张海荣等主编.—北京：中国中医药出版社，1995.8.—219页；19cm

ISBN 7-80089-457-6：￥6.50

R197.324　**039712**

医用计算机应用基础/于国友等主编.—海口：南海出版公司，1995.4.—388页；19cm

ISBN 7-80570-082-6：￥8.50

R197.39　**039713**

医用影像设备学/陈鹤声主编.—北京：人民卫生出版社，1995.1.—403页；26cm

ISBN 7-117-02171-5：￥27.80

R197.4-53　**039714**

天津市武清县中医医院论文选/王克岭主编.—北京：中国医药科技出版社，1995.11.—141页；26cm.—(中华医学临床文库)

ISBN 7-5067-1445-0(精装)：￥18.00

R197.7　**039715**

模范医疗惠侨科/总后政治部组织部，第一军医大学政治部编.—北京：解放军出版社，1995.6.—180页：彩照；20cm

ISBN 7-5065-2929-7：￥15.80

R199.2　**039716**

耿马傣族佤族自治县卫生志/曹式煌主编；耿马傣族佤族自治县卫生局编.—芒市：德宏民族出版社，1995.4.—317页：彩照；20cm.—(云南省地方志丛书)

ISBN 7-80525-256-4：￥15.00

R199.2　**039717**

金华县卫生志/俞成喜主编；《金华县卫生志》编纂领导小组编.—杭州：浙江人民出版社，1995.2.—334页；20cm

ISBN 7-213-01113-8(精装)：￥22.00

R199.2　**039718**

靖江卫生志/《靖江卫生志》编纂委员会编.—南京：江苏人民出版社，1995.1.—289页：彩照；26cm

ISBN 7-214-01429-7(精装)：￥50.00

R199.2　**039719**

柳州市卫生志/宋显民主编；柳州市卫生志编纂委员会编纂.—南宁：广西人民出版社，1995.5.—350页：照片；26cm

ISBN 7-219-02854-7(精装)：￥40.00

R199.2　**039720**

内江地区卫生志/内江市卫生局编.—成都：四川辞书出版社，1995.8.—247页：彩照；26cm.—(内江地区地方志丛书；50)

ISBN 7-80543-478-6：￥45.00

R199.2　**039721**

苏州卫生志/苏州市卫生局编.—南京:江苏科学技术出版社,1995.5.—227页:照片;26cm
ISBN 7-5345-1915-2(精装):¥42.00

R199.2　　　　039722
同安医药卫生志/李挺生主编;同安县卫生局编.—厦门:厦门大学出版社,1995.10.—269页;26cm
ISBN 7-5615-1114-0:¥26.80

R199.2　　　　039723
玉溪地区卫生志/王正坤主编;玉溪地区卫生志编纂委员会编.—昆明:云南科技出版社,1995.6.—585页:彩照;26cm
ISBN 7-5416-0542-5(精装):¥65.00

R199.2　　　　039724
浙江省医药卫生通讯全集/浙江省医药管理局,浙江省卫生厅编.—北京:中国医药科技出版社,1995.12.—316页:彩图;28cm
ISBN 7-5067-1530-9:¥35.00

R199.2　　　　039725
邳州市卫生志/于久权主编;《邳州市卫生志》编纂委员会编.—北京:北京科学技术出版社,1995.2.—302页:彩照;26cm
ISBN 7-5304-1745-2(精装):¥60.00

R199.2-53　　　　039726
栗秀真文集/栗秀真著.—北京:中国人口出版社,1995.12.—384页;20cm
ISBN 7-80079-221-8:¥25.00

R199.2-53　　　　039727
山东省卫生管理论文选/张忠田等主编.—济南:山东人民出版社,1995.2.—477页;20cm
ISBN 7-209-01716-X:¥15.00

R199.2-54　　　　039728
北京卫生年鉴　1995/佘靖主编;北京卫生局《北京卫生年鉴》编委会编.—北京:北京科学技术出版社,1995.12.—328页;26cm
ISBN 7-5304-1721-5(精装):¥40.00

R199.2-54　　　　039729
长春卫生年鉴:1992~1993/张宇舟主编.—长春:长春出版社,1995.12.—464页:彩照;20cm
ISBN 7-80604-422-1:¥19.00

R199.2-54　　　　039730
上海卫生年鉴　1994/王道民,刘俊主编.—上海:上海科学技术文献出版社,1995.10.—465页;26cm
ISBN 7-5439-0835-2(精装):¥0.00

R199.2-54　　　　039731
中国卫生年鉴　1995/《中国卫生年鉴》编辑委员会编.—北京:人民卫生出版社,1995.11.—407页;26cm
ISBN 7-117-02303-1(精装):¥68.00

R199.2-62　　　　039732
广州市就医指南/叶国雄主编.—广州:暨南大学出版社,1995.12.—277页;19cm
ISBN 7-81029-519-5:¥18.00

R199.2-62　　　　039733
中国医疗防病保健指南　(二):汉英对照/张贵禄主编.—北京:中国中医药出版社,1995.7.—74页;29cm
ISBN 7-80089-460-6:¥120.00

R199.2-64　　　　039734
浙江医疗医药信息交通图:嘉兴市、湖州市/浙江省测绘院编制.—上海:中华地图学社,1995.8.—1张;52×55cm
ISBN 14.80031.165:¥3.00

R2 中国医学

R2　　　　039735
第二届世界传统医学大会暨"超人杯"世界传统医学优秀成果大奖赛中国赛区获奖作品荟萃/麻仲学主编.—北京:中国档案出版社,1995.4.—215页;26cm
ISBN 7-80019-516-3:¥48.00

R2　　　　039736
实用中医百题/张丰梅主编;张军等编著.—北京:外文出版社:海豚出版社,1995.1.—225页;19cm.—(实用医学百题丛书/夏亚钦主编)
ISBN 7-80051-994-5:¥6.20

R2　　　　039737
现代中医药应用与研究大系　第八卷:儿科/施杞主编;朱大年,时毓民分卷主编.—上海:上海中医药大学出版社,1995.12.—218页;20cm
ISBN 7-81010-312-1(精装):¥22.30

R2　　　　039738
现代中医药应用与研究大系　第二卷:中药/施杞主编;李仪奎分卷主编.—上海:上海中医药大学出版社,1995.12.—346页;20cm
ISBN 7-81010-304-0(精装):¥29.50

R2　　　　039739
现代中医药应用与研究大系　第二十卷:实验研究/施杞主编;王文健分卷主编.—上海:上海中医药大学出版社,1995.10.—281页;20cm
ISBN 7-81010-302-4(精装):¥26.30

R2　　　　039740
现代中医药应用与研究大系　第七卷:妇科/施杞主编;戴德英分卷主编.—上海:上海中医药大学出版社,1995.1.—301页;20cm
ISBN 7-81010-276-1(精装):¥26.50

R2　　　　039741
现代中医药应用与研究大系　第十八卷:气功/施杞主编;储维忠,詹红生分卷主编.—上海:上海中医药大学出版社,1995.6.—199页;20cm
ISBN 7-81010-292-3(精装):¥21.40

R2　　　　039742
现代中医药应用与研究大系　第十九卷:护理/施杞主编;吴霞分卷主编.—上海:上海中医药大学出版社,1995.5.—285页;20cm
ISBN 7-81010-288-5(精装):¥25.10

R2　　　　039743
现代中医药应用与研究大系　第十六卷:针灸/施杞主编;陈汉平分卷主编.—上海:上海中医药大学出版

社,1995.6.—286 页;20cm
ISBN 7-81010-287-7(精装):¥25.10

R2 039744

现代中医药应用与研究大系　第十五卷:老年病科/施杞主编;林水淼分卷主编.—上海:上海中医药大学出版社,1995.12.—232 页;20cm
ISBN 7-81010-313-X(精装):¥23.30

R2 039745

现代中医药应用与研究大系　第十一卷:男性科/施杞主编;周智恒分卷主编.—上海:上海中医药大学出版社,1995.5.—182 页;20cm
ISBN 7-81010-291-5(精装):¥19.90

R2 039746

现代中医药应用与研究大系　第五卷:温病/施杞主编;赵旭初分卷主编.—上海:上海中医药大学出版社,1995.12.—317 页;20cm
ISBN 7-81010-305-9(精装):¥27.70

R2 039747

现代中医药应用与研究大系　第一卷:医经/施杞主编;陈农分卷主编.—上海:上海中医药大学出版社,1995.10.—195 页;20cm
ISBN 7-81010-300-8(精装):¥22.00

R2 039748

医古文/段逸山主编.—上海:上海科学技术出版社,1995.6.—319 页;26cm
普通高等教育中医药类规划教材 供中医药类专业用
ISBN 7-5323-3700-6:¥9.50

R2 039749

医古文精篇注译解析/于淮仁等主编;吴正中等编.—兰州:甘肃科学技术出版社,1995.7.—621 页;20cm
ISBN 7-5424-0565-9:¥22.00

R2 039750

中国名医妙药　第三集/石中元,段展样主编.—北京:中国人事出版社,1995.8.—426 页;20cm
ISBN 7-80076-515-6:¥14.50

R2 039751

中国青年中医理论与临床　第一卷/武智主编.—北京:中国医药科技出版社,1995.6.—988 页;26cm
ISBN 7-5067-1368-3(精装):¥80.00

R2 039752

中国预测医学/马慰国,郑怀林主编.—西安:陕西科学技术出版社,1995.4.—454 页;19cm
ISBN 7-5369-2326-0:¥12.80

R2 039753

中医经籍句读新论/张杏洁著.—合肥:黄山书社,1995.3.—130 页;19cm
ISBN 7-80535-476-7:¥5.90

R2 039754

中医学/沈自尹主编.—上海:上海医科大学出版社,1995.8.—535 页;26cm
ISBN 7-5627-0269-1:¥33.50

R2 039755

中医学/韩贵清,任启瑞主编.—北京:北京医科大学、中国协和医科大学联合出版社,1995.8.—284 页;26cm
ISBN 7-81034-491-9:¥19.50

R2 039756

中医学/王文士,凌世禧主编;甘明等编.—南宁:广西科学技术出版社,1995.9.—391 页;26cm
中等卫生职业学校教材 供医士专业用
ISBN 7-80619-248-4:¥21.40

R2 039757

中医学概要/关思友主编.—郑州:河南人民出版社,1995.7.—364 页;26cm
中等卫生学校教材 供社区医学、妇幼卫生专业用
ISBN 7-215-03549-2:¥15.50

R2 039758

中医学基础精要/吴水盛主编;王正萍等编写.—长沙:湖南科学技术出版社,1995.8.—225 页;20cm
ISBN 7-5357-1836-1:¥8.80

R2 039759

靓您容颜:永康中医美容指南/黄国庆著.—武汉:武汉大学出版社,1995.5.—173 页;17×19cm
ISBN 7-307-01971-X:¥28.80

①R2②B221 039760

周易文化与中医学/孟庆云编著.—福州:福建科学技术出版社,1995.7.—166 页;20cm.—(中华文化与中医学丛书/陈可冀主编)
ISBN 7-5335-0890-4:¥7.10

R2-03 039761

中华医学理论与实践/邸宝成等主编.—西安:陕西科学技术出版社,1995.8.—778 页;26cm
ISBN 7-5369-2372-4(精装):¥48.00

R2-3 039762

实用中医药科研手册/李芳,朱京俭主编.—长沙:湖南科学技术出版社,1995.3.—410 页;20cm
ISBN 7-5357-1697-0:¥14.40

R2-44 039763

医古文应试题解/孙亚男编.—北京:中国医药科技出版社,1995.9.—185 页;20cm.—(医药学自学指南/许志忠,程振芳主编)
ISBN 7-5067-1383-7:¥7.10

R2-44 039764

中医 A·B 试卷精选/吴森林,周明其主编.—长沙:湖南科学技术出版社,1995.11.—381 页;20cm
ISBN 7-5357-1887-6:¥10.20

R2-49 039765

功效神奇的中医中药/刘庚祥著.—沈阳:辽宁古籍出版社,1995.5.—121 页;19cm.—(中华民族优秀传统文化丛书·科技卷/王前,谢丹主编)
全套共 8 册,总定价:45.00 元
ISBN 7-80507-282-5:¥0.00

R2-49 039766

医学入门/(明)李梃著;金嫣莉等校注.—北京:中国中医药出版社,1995.12.—636 页;26cm.—(明清中医名著丛刊)

ISBN 7-80089-437-1(精装):￥60.00

R2-49　　039767

医宗真髓/王道坤,尹婉如编著.—兰州:甘肃民族出版社,1995.3.—488页;19cm

ISBN 7-5421-0338-5:￥15.50

R2-52　　039768

传世藏书·子库·医部/《传世藏书·子库·医部》编委会整理.—海口:海南国际新闻出版中心,1995.3.—6册(10077页);19cm

ISBN 7-80609-143-2(精装):￥398.00

R2-52　　039769

新安医籍丛刊:古今医统大全　上册/(明)徐春甫编集.—合肥:安徽科学技术出版社,1995.1.—907页;20cm

ISBN 7-5337-0252-3(精装):￥34.00

R2-52　　039770

新安医籍丛刊:古今医统大全　下册/(明)徐春甫编集.—合肥:安徽科学技术出版社,1995.11.—1203页;20cm

ISBN 7-5337-1267-6(精装):￥54.00

R2-52　　039771

新安医籍丛刊:古今医统大全　中册/(明)徐春甫编集.—合肥:安徽科学技术出版社,1995.12.—1712页;20cm

ISBN 7-5337-1283-8(精装):￥74.00

R2-52　　039772

新安医籍丛刊:医案医话类　(三)/程有功等著.—合肥:安徽科学技术出版社,1995.4.—1册;20cm

ISBN 7-5337-1166-1(精装):￥28.50

R2-52　　039773

新安医籍丛刊:医经类/余瀛鳌等编.—合肥:安徽科学技术出版社,1995.1.—1册;20cm

ISBN 7-5337-0717-6(精装):￥41.00

R2-52　　039774

新安医籍丛刊:杂著类/(明)徐春甫等撰.—合肥:安徽科学技术出版社,1995.1.—1册;20cm

ISBN 7-5337-0201-8(精装):￥31.00

R2-52　　039775

新安医籍丛刊:综合类　(二)/(明)罗周彦等编撰.—合肥:安徽科学技术出版社,1995.1.—190页;20cm

ISBN 7-5337-0347-3(精装):￥32.00

R2-52　　039776

医宗必读/(明)李中梓著;邹高祈点校.—北京:人民卫生出版社,1995.1.—603页;20cm

ISBN 7-117-02100-4(精装):￥27.90

R2-52　　039777

医宗金鉴/(清)吴谦等编;刘国正等校注.—北京:中医古籍出版社,1995.5.—1050页;26cm

ISBN 7-80013-632-9(精装):￥86.00

R2-52　　039778

医宗金鉴　下册/(清)吴谦等编.—2版.—北京:人民卫生出版社,1995.4.—1册;19cm

ISBN 7-117-00728-1(精装):￥40.90

R2-53　　039779

邓铁涛医集/邓铁涛著;邓中炎等编.—北京:人民卫生出版社,1995.12.—258页;26cm

ISBN 7-117-02311-2(精装):￥31.80

R2-53　　039780

佛医纵横:首届全国佛教医药学术研讨会论文汇编/李良松主编.—厦门:鹭江出版社,1995.12.—236页;19cm

ISBN 7-80610-183-7:￥8.90

R2-53　　039781

洪天吉医学论文集/洪天吉著.—厦门:厦门大学出版社,1995.8.—263页:照片;20cm

ISBN 7-5615-1072-1:￥9.00

R2-53　　039782

金元四大医学家名著集成/叶川,建一编纂.—北京:中国中医药出版社,1995.10.—736页;26cm

金元四大医学家是指刘河间、张子和、李东垣、朱丹溪

ISBN 7-80089-443-6(精装):￥75.00

R2-53　　039783

张志豪论医集/林禾禧等整理.—厦门:厦门大学出版社,1995.10.—353页;20cm

ISBN 7-5615-1088-8:￥19.80

R2-54　　039784

中国中医药年鉴　1995/施杞主编.—北京:中国中医药出版社,1995.12.—664页;26cm

ISBN 7-80089-461-4(精装):￥78.00

R2-55　　039785

国内外中医药科技进展　1994年　总第六册/潘文奎主编;国家中医药管理局科学技术司,上海市中医药科学技术情报研究所主编.—上海:上海科学技术文献出版社,1995.3.—200页;26cm

ISBN 7-5439-0705-4:￥13.50

R2-61　　039786

汉英中医药名词集成/杨一丁,于国勤主编;刘惠青等编.—青岛:青岛海洋大学出版社,1995.9.—509页;19cm

ISBN 7-81026-774-4:￥19.80

R2-61　　039787

日英汉中医中药词典/范钦评,张学库主编.—北京:中国医药科技出版社,1995.2.—1850页;20cm

ISBN 7-5067-1175-3(精装):￥80.00

R2-61　　039788

英汉·汉英中医词典/(英)魏迺杰编译.—长沙:湖南科学技术出版社,1995.7.—805页;20cm

ISBN 7-5357-1656-3(精装):￥38.50

R2-61　　039789

中国医学大辞典/谢观编纂.—北京:商务印书馆国际有限公司,1995.3.—2册(4690页);19cm

ISBN 7-80103-024-9(精装):￥160.00

R2-61　　039790

中医大辞典/李经纬等主编.—北京:人民卫生出版社,1995.5.—1748页;26cm

ISBN 7-117-02059-8(精装):￥176.00

R2－62　039791
中医生手册/彭胜权主编.—修订版.—广州:广东科技出版社,1995.12.—847页;19cm
ISBN 7－5359－1553－1:￥32.00

R21　中医预防、卫生学

R212　039792
导引养生/郝勤编著.—成都:巴蜀书社,1995.9.—378页;20cm.—(中华传统养生丛书)
ISBN 7－80523－607－0:￥14.00

R212　039793
道家养生术/陈耀庭等编.—上海:复旦大学出版社,1995.3.—666页;20cm
ISBN 7－309－01226－7:￥17.50

R212　039794
古传回春延命术/尚儒彪编著.—北京:北京体育大学出版社,1995.1.—252页;19cm
ISBN 7－81003－896－6:￥7.50

R212　039795
古今实用养生法/罗禅,廖常编著.—2版.—成都:四川人民出版社,1995.6.—318页;20cm
ISBN 7－220－01661－1:￥12.80

R212　039796
节食养生祛病法/漆浩等编著.—北京:北京体育大学出版社,1995.7.—276页;19cm.—(送你妙方还你健康丛书)
ISBN 7－81003－933－4:￥8.80

R212　039797
千金养生秘诀/徐光华主编.—北京:中国医药科技出版社,1995.2.—211页;19cm
ISBN 7－5067－1290－3:￥7.80

R212　039798
摄生总要与双修要集/宋书功编著.—海口:海南国际新闻出版中心,1995.5.—377页;20cm
ISBN 7－80609－013－4:￥14.50

R212　039799
蔬果美容养生750方/张志华等编写.—南昌:江西科学技术出版社,1995.6.—305页;19cm.—(养生系列丛书)
ISBN 7－5390－0901－2:￥8.80

R212　039800
四季养生秘籍/于民雄等编著.—贵阳:贵州人民出版社,1995.4.—282页;19cm
ISBN 7－221－03741－8:￥9.80

R212　039801
天然养生术/张志华等编著.—上海:上海远东出版社,1995.12.—309页;20cm
ISBN 7－80613－201－5:￥14.00

R212　039802
行大道/沈志刚,刘亚丕编著.—北京:中国世界语出版社,1995.9.—424页;20cm
ISBN 7－5052－0249－9:￥18.00

R212　039803
性养生大成/王富春主编.—长春:长春出版社,1995.6.—1015页;20cm.—(中国传统医学大系/余瀛鳌主编)
ISBN 7－80604－230－X(精装):￥28.80

R212　039804
养生八诀十六宜/焦金堂编撰.—北京:中国世界语出版社,1995.9.—76页;19cm
ISBN 7－5052－0236－7:￥3.50

R212　039805
养生保健卷/康震等编.—西安:陕西人民教育出版社,1995.8.—156页;20cm.—(老花镜丛书/张力主编)
ISBN 7－5419－6234－1:￥9.70

R212　039806
养生论谈/周馨楠编著.—北京:蓝天出版社,1995.5.—116页;19cm
ISBN 7－80081－576－5:￥5.60

R212　039807
养生医鉴/于传聚等主编.—天津:天津科学技术出版社,1995.11.—537页;20cm
ISBN 7－5308－1940－2:￥12.00

R212　039808
养生益寿100术/杨君游,黄颖编著.—北京:中国国际广播出版社,1995.3.—233页;19cm.—(百术丛书/吴绪彬主编)
ISBN 7－5078－0817－3:￥7.50

R212　039809
养生智慧/蔡景峰著.—北京:中国青年出版社,1995.12.—228页;20cm.—(中华智慧集粹丛书/刘志琴,郑一奇主编)
ISBN 7－5006－1866－2:￥13.00

R212　039810
中医病后保健/孔炳耀编著.—广州:广东旅游出版社,1995.8.—353页;19cm
ISBN 7－80521－567－7:￥12.50

①R212②③B223　039811
道的养生学:科学的内功/(美)张绪通著;雷家端译.—成都:四川大学出版社,1995.8.—225页;20cm
ISBN 7－5614－1184－7(精装):￥13.00

①R212②TS974　039812
人生保健顾问:养生·健身·美容/祝利,高尚武主编.—天津:南开大学出版社,1995.4.—425页;19cm
ISBN 7－310－00813－8:￥9.80

R22　中医基础理论

R22　039813
易医文化与应用/张其成主编.—北京:华夏出版社,1995.3.—569页;19cm
ISBN 7－5080－0680－1:￥28.00

R22　039814
中医基础理论/吴敦序主编.—上海:上海科学技术出版社,1995.6.—197页;26cm

普通高等教育中医药类规划教材 供中医类专业用
ISBN 7-5323-3701-4:¥6.20

R22 039815
中医基础理论精解/李其忠编著.—上海:上海中医药大学出版社,1995.4.—224页;19cm
ISBN 7-81010-282-6:¥10.40

R22 039816
中医基础学/李振琼主编.—北京:人民卫生出版社,1995.2.—297页;20cm.—(全国高等中医学自学考试自测题解丛书)
ISBN 7-117-02170-5:¥12.40

R22 039817
中医基础与临床/詹文涛主编;云南省卫生厅编.—昆明:云南科技出版社,1995.8.—437页;26cm
农村医生必读中医药系列教材
ISBN 7-5416-0723-1:¥20.20

R22 039818
中医学基础/王新华主编.—上海:上海科学技术出版社,1995.7.—279页;26cm
普通高等教育中医药类规划教材 供中药类专业用
ISBN 7-5323-3699-9:¥9.55

R22 039819
中医学基础/张瑞馥主编.—北京:人民卫生出版社,1995.2.—279页;26cm
国际针灸专业人员水平考试复习参考书
ISBN 7-117-02189-6:¥28.00

①R22②H109.2 039820
新编医古文译注/龙月云主编.—长沙:湖南科学技术出版社,1995.9.—578页;20cm
ISBN 7-5357-1737-3:¥18.60

R221 039821
中医运气学/杨力著.—北京:北京科学技术出版社,1995.5.—507页;26cm
ISBN 7-5304-1600-6(精装):¥39.00

R221.3 039822
白话黄帝内经/张云昌等译.—石家庄:河北人民出版社,1995.1.—913页;20cm
ISBN 7-202-01666-4(精装):¥36.00

R221.3 039823
黄帝内经集粹:英汉文对照/孙松辉,陈峰编译.—沈阳:沈阳出版社,1995.4.—210页;20cm
ISBN 7-5441-0389-7:¥12.00

R221.3-53 039824
《黄帝内经》在世界医学史上的地位/陈全功著.—昆明:云南民族出版社,1995.3.—357页;20cm
ISBN 7-5367-0993-5:¥18.00

R221.9 039825
难经本义/(元)滑寿著;傅贞亮,张崇孝点校.—北京:人民卫生出版社,1995.10.—106页;20cm.—(中医古籍整理丛书)
ISBN 7-117-02261-2:¥6.60

R222 039826
经方辨治疑难杂病技巧/王付等著.—兰州:甘肃科学技术出版社,1995.8.—264页;19cm
ISBN 7-5424-0573-X:¥13.00

R222.2 039827
伤寒论便读/钟小南编著;钟道陔,钟明整理.—北京:人民卫生出版社,1995.6.—397页;19cm
ISBN 7-117-02199-3:¥13.90

R222.2 039828
伤寒论临床应用五十问/裴永清编著.—北京:学苑出版社,1995.8.—227页;20cm
ISBN 7-5077-1030-0:¥8.00

R222.2 039829
伤寒思辩/姜建国著.—济南:山东大学出版社,1995.12.—294页;19cm
ISBN 7-5607-1572-9:¥9.80

R222.2 039830
伤寒学术史/叶发正著.—武汉:华中师范大学出版社,1995.7.—506页;20cm
ISBN 7-5622-1437-9:¥18.00

R222.29 039831
伤寒论新解:《伤寒论》的逻辑学科学学和中西医结合研究/马堪温,赵洪钧著.—北京:中国中医药出版社,1995.12.—435页;19cm
ISBN 7-80089-527-0:¥18.00

R222.3-43 039832
金匮要略讲义/苏保刚主编.—北京:学苑出版社,1995.—297页;26cm
普通高等中医院校协编教材
ISBN 7-5077-0946-9:¥18.00

R222.32 039833
金匮要略选释/曹其旭,陶汉华主编.—北京:中国科学技术出版社,1995.6.—187页;26cm
ISBN 7-5046-1974-4:¥8.90

R222.39 039834
金匮杂病论治全书/吕志杰编著.—北京:中医古籍出版社,1995.10.—750页;20cm
ISBN 7-80013-618-3:¥36.00

R223 039835
体质与疾病的自我预测预防/佟彤等著.—北京:中国医药科技出版社,1995.12.—185页;19cm
ISBN 7-5067-1321-7:¥8.20

R223 039836
中医学与整体功能态/张瑞钧,孙洪元编著.—北京:国防工业出版社,1995.1.—191页;20cm
ISBN 7-118-01283-1(精装):¥9.10

R224 039837
校注经学会宗/盛燮荪等校注.—北京:人民卫生出版社,1995.1.—231页:图;20cm
ISBN 7-117-01182-3:¥10.90

R224.1 039838
经络学/李鼎主编.—上海:上海科学技术出版社,1995.6.—144页;26cm
普通高等教育中医药类规划教材 供针灸类专业用
ISBN 7-5323-3709-X:¥5.70

R224.1-64 039839
经络图解/蔺云桂著.—2版(修订本).—福州:福建

科学技术出版社,1995.9.—237 页;26cm
ISBN 7-5335-0487-9(精装):¥58.50

R224.2 039840
识穴·取穴·点穴:民间灵验治病妙法/郭长青等编著.—北京:北京体育大学出版社,1995.3.—363 页;19cm
ISBN 7-81003-897-4:¥11.00

R224.2 039841
针灸玉龙经神应经合注/李鼎评注;王罗珍校勘.—上海:上海科学技术出版社,1995.4.—257 页;19cm
ISBN 7-5323-3775-8:¥10.50

R224.2 039842
针灸组合穴/徐宗,吕菊梅编著.—广州:暨南大学出版社,1995.12.—271 页;20cm
ISBN 7-81029-404-0:¥15.00

R224.3 039843
子午流注与灵龟八法/郑魁山编著.—修订本.—兰州:甘肃科学技术出版社,1995.3.—155 页+附临床应用盘 1 张;19cm
ISBN 7-5424-0542-X:¥6.80

R226 039844
象数与中医学/邹学熹等著.—福州:福建科学技术出版社,1995.7.—194 页;20cm.—(中华文化与中医学丛书/陈可冀主编)
ISBN 7-5335-0921-8:¥8.00

R228 039845
中医实验病理学/张伟荣,杨蓁著.—上海:上海科学普及出版社,1995.6.—260 页;20cm.—(中医病理研究丛书/匡调元主编)
ISBN 7-5427-0863-5(精装):¥24.00

R229 039846
中医体质学/王琦主编.—北京:中国医药科技出版社,1995.6.—471 页;20cm
ISBN 7-5067-1352-7(精装):¥26.00

R229 039847
中医心理学/张伯华编著.—北京:科学出版社,1995.4.—283 页;20cm.—(中国传统医学丛书/张恩勤等主编)
ISBN 7-03-004469-X:¥15.00

R24 中医临床学

R24 039848
135 种常见病的非药物疗法/罗凛编写.—南昌:江西科学技术出版社,1995.9.—255 页;19cm
ISBN 7-5390-0930-6:¥9.80

R24 039849
八卦与时间医学:择时诊病服药针灸/刘炳权,苏祥编著.—广州:广东科技出版社,1995.5.—334 页;19cm
ISBN 7-5359-1418-7:¥12.00

R24 039850
传统疗法大成/阎洪臣等主编.—长春:长春出版社,1995.2.—1356 页;20cm.—(中国传统医学大系/余瀛鳌主编)
ISBN 7-80604-119-2(精装):¥36.00

R24 039851
古今奇症妙治揭秘/刘玉书,苏根源主编.—北京:中国中医药出版社,1995.12.—509 页;19cm
ISBN 7-80089-470-3:¥21.50

R24 039852
实用中医临床学/刘渡舟,贾春华主编.—长春:长春出版社,1995.7.—1328 页;26cm
ISBN 7-80604-083-8(精装):¥120.00

R24 039853
现代保健——中医药防病治病/韩志贞,李素领主编.—郑州:中原农民出版社,1995.9.—371 页;19cm
全套 5 册,总定价:55.00 元
ISBN 7-80538-736-2:¥0.00

R24 039854
针灸推拿及经络实用技术/詹文涛主编;云南省卫生厅中医处编.—昆明:云南民族出版社,1995.8.—241 页;26cm
农村医生必读中医药系列教材
ISBN 7-5367-1052-6:¥14.00

R24 039855
中国当代中医药临床与理论研究/薛立森等主编.—成都:四川科学技术出版社,1995.7.—439 页;26cm.—(中国医药百家精华丛书)
ISBN 7-5364-3117-1:¥40.00

①R24-51②R272-51 039856
中医古籍临证必读丛书:儿科卷/刘忠德等主编.—长沙:湖南科学技术出版社,1995.11.—922 页;20cm
ISBN 7-5357-1698-9(精装):¥38.00

R24-53 039857
中国医学非药物疗法荟萃/聂中文主编.—成都:四川科学技术出版社,1995.5.—379 页;26cm
ISBN 7-5364-3093-0:¥39.80

R241 039858
东方神秘诊病术/陈景鸣主编.—兰州:甘肃民族出版社,1995.2.—452 页;20cm
ISBN 7-5421-0348-2:¥15.80

R241 039859
新中医诊疗学/(美)黄陪生著.—广州:广东高等教育出版社,1995.6.—139 页;20cm
ISBN 7-5361-1701-9:¥5.50

R241 039860
郁证论/罗仁,钟洪编著.—广州:华南理工大学出版社,1995.12.—191 页;19cm
ISBN 7-5623-0887-X:¥7.50

R241 039861
中医诊断学/朱文锋主编.—上海:上海科学技术出版社,1995.12.—234 页;26cm
普通高等教育中医药类规划教材 供中医类专业用
ISBN 7-5323-3852-5:¥9.20

R241 039862
中医诊断学旨要/肖绮玲,艾华主编.—沈阳:辽宁科学技术出版社,1995.7.—416 页;19cm

ISBN 7－5381－2248－6：￥16.80

R241　039863
中医证候病理学/王庆其著.—上海：上海科学普及出版社，1995.9.—146页；20cm.—(中医病理研究丛书/匡调元主编)
ISBN 7－5427－0928－3(精装)：￥16.00

R241－62　039864
中医虚证诊疗手册/罗仁，钟洪编著.—北京：人民军医出版社，1995.11.—747页；19cm
ISBN 7－80020－574－6(精装)：￥38.00

R241－64　039865
新编中医诊法图谱/费兆馥，顾亦棣编著.—上海：上海中医药大学出版社，1995.11.—164页：彩照；26cm
ISBN 7－81010－293－1(精装)：￥46.30

R241.1　039866
中医脉学三字诀/肖进顺编著.—北京：人民军医出版社，1995.3.—88页；19cm
ISBN 7－80020－498－7：￥3.80

R241.2　039867
中国民间局部诊法/彭清华，朱文锋编著.—长沙：湖南科学技术出版社，1995.12.—575页；20cm
ISBN 7－5357－1661－X：￥23.20

R241.25　039868
中医舌诊入门/陈一鸣，杨志忠编著.—汕头：汕头大学出版社，1995.8.—46页：彩图；19cm
ISBN 7－81036－069－8：￥5.50

R241.6　039869
中医脏腑学说的研究与应用/许自诚著.—兰州：甘肃科学技术出版社，1995.5.—313页；20cm
ISBN 7－5424－0555－1：￥10.80

R241.6－62　039870
中医脏腑辩证鉴别诊治手册/钟大瑞著.—北京：人民军医出版社，1995.11.—374页；19cm
ISBN 7－80020－584－3：￥17.50

R241.9　039871
现代掌纹诊病/王晨霞著.—2版.—兰州：甘肃民族出版社，1995.5.—272页：照片；20cm
ISBN 7－5421－0377－6：￥12.80

R242　039872
百病八卦疗法/智世宏编著.—太原：山西科学技术出版社，1995.1.—166页；19cm.—(百病独特疗法丛书)
ISBN 7－5377－0941－6：￥4.50

R242　039873
百病析梦疗法/冯明，张文红编著.—太原：山西科学技术出版社，1995.1.—213页；19cm.—(百病独特疗法丛书)
ISBN 7－5377－0926－2：￥5.20

R242　039874
奇病奇治/洪广祥主编.—上海：上海中医药大学出版社，1995.11.—312页；20cm
ISBN 7－81010－295－8：￥14.40

R242　039875
现代中医治疗学/郭子光等主编.—成都：四川科学技术出版社，1995.9.—729页；26cm
ISBN 7－5364－2984－3(精装)：￥83.00

R242　039876
疑难病中医治疗及研究/鲍学全，仝小林主编.—北京：人民卫生出版社，1995.10.—1138页；26cm
ISBN 7－117－02247－7(精装)：￥108.80

R242　039877
杂病证治辑要：北京市名老中医经验精粹/王焕禄，边宝生著.—北京：中国物资出版社，1995.5.—225页；19cm
ISBN 7－5047－0835－6：￥8.80

R242　039878
中医保健全书/卢先等主编.—天津：天津科技翻译出版公司，1995.2.—1231页；20cm
ISBN 7－5433－0605－0(精装)：￥48.00

R242　039879
中医临证绝招/李文海，刘淑余编著.—长沙：湖南科学技术出版社，1995.1.—367页；20cm
ISBN 7－5357－1607－5：￥11.60

R242　039880
中医治法与方剂/陈潮祖著.—3版.—北京：人民卫生出版社，1995.8.—1018页；20cm
ISBN 7－117－02232－9(精装)：￥58.20

R242　039881
仲景辨证治疗学/戴玉等编著.—北京：中国中医药出版社，1995.2.—462页；20cm
ISBN 7－80089－417－7：￥16.00

①R242②R247.4　039882
家庭气功按摩理疗保健/任正心，李运扬主编.—南昌：江西高校出版社，1995.2.—256页；19cm.—(现代家庭医疗保健实用丛书)
ISBN 7－81033－428－X：￥5.00

R243　039883
下法新论：中医治病八法之一/吕连祥著.—大连：大连出版社，1995.10.—399页；20cm
ISBN 7－80612－215－X：￥18.60

R243　039884
药袋养生祛病法/漆浩等编著.—北京：北京体育大学出版社，1995.11.—220页；19cm.—(送你妙方还你健康丛书)
ISBN 7－81003－932－6：￥8.00

R244　039885
国医现代外治疗法/韩玲娣等主编.—郑州：中原农民出版社，1995.2.—332页；19cm
ISBN 7－80538－742－7：￥10.50

R244　039886
理瀹骈文：外治医说/(清)吴尚先著；步如一等校注.—北京：中国中医药出版社，1995.3.—481页；19cm.—(明清中医临证小丛书)
ISBN 7－80089－342－1：￥15.00

R244　039887
特殊民间疗法/李业甫主编.—北京：人民体育出版社，1995.4.—142页；19cm.—(中国传统实用特殊疗法丛书)

ISBN 7-5009-1132-7:¥4.50

R244.1 039888

按摩师:初级、中级、高级/《职业技能鉴定教材》、《职业技能鉴定指导》编审委员会编.—北京:中国劳动出版社,1995.11.—242页;20cm.—(职业技能鉴定指导)

ISBN 7-5045-1665-1:¥10.00

R244.1 039889

按摩推拿与综合治疗/韩平编著.—北京:北京医科大学、中国协和医科大学联合出版社,1995.12.—279页;20cm

ISBN 7-81034-547-8:¥13.00

R244.1 039890

百家推拿经验集/包来发主编.—上海:上海科学技术出版社,1995.3.—433页;19cm

ISBN 7-5323-3505-4:¥13.10

R244.1 039891

曹锡珍经穴按摩疗法/曹锡珍遗著.—2版(修订本).—北京:人民体育出版社,1995.7.—262页;20cm

ISBN 7-5009-1199-8:¥15.00

R244.1 039892

夫妻康乐按摩/未茗,晓晨编.—北京:北京体育大学出版社,1995.1.—245页;19cm

ISBN 7-81003-898-2:¥7.40

R244.1 039893

夫妻实用保健按摩/彭巨春编著.—西宁:青海人民出版社,1995.10.—59页;29cm

ISBN 7-225-01127-8:¥26.80

R244.1 039894

家庭保健按摩/李劼编著.—北京:国际文化出版公司,1995.7.—79页;29cm

ISBN 7-80105-269-2:¥32.80

R244.1 039895

简易穴位 按摩疗法/王世豪编著.—上海:上海科学技术出版社,1995.12.—153页;19cm

ISBN 7-5323-3801-0:¥5.50

R244.1 039896

脚部按摩治百病:一书在手,健康长寿/李继红著.—兰州:兰州大学出版社,1995.1.—172页;20cm

ISBN 7-311-00824-7:¥6.50

R244.1 039897

军队伤科推拿学/王军传编著.—济南:黄河出版社,1995.9.—376页;26cm

ISBN 7-80558-633-0:¥23.80

R244.1 039898

厘正按摩要术/(清)张振鋆编纂;盛维忠,李桂荣校注.—北京:中国中医药出版社,1995.9.—154页;19cm

ISBN 7-80089-447-9:¥6.80

R244.1 039899

骆竞洪推拿治病百法/骆竞洪著;骆仲逵等编.—2版.—北京:人民体育出版社,1995.7.—315页;20cm

ISBN 7-5009-1191-2:¥15.00

R244.1 039900

特殊推拿疗法/李业甫主编.—北京:人民体育出版社,1995.4.—201页;19cm.—(中国传统实用特殊疗法丛书)

ISBN 7-5009-1131-9:¥6.00

R244.1 039901

图解耳穴按摩疗法/梁鹤秀编著.—福州:福建科学技术出版社,1995.12.—262页;19cm.—(图解民间传统独特疗法丛书)

ISBN 7-5335-0954-4:¥7.40

R244.1 039902

推拿学/管政编著.—北京:科学出版社,1995.2.—489页;20cm.—(中国传统医学丛书/张恩勤等主编)

ISBN 7-03-003193-8:¥22.40

R244.1 039903

仙人揉腹:一种神奇而简易的自我按摩法/刘从生,刘天君编著.—北京:人民体育出版社,1995.10.—26页;19cm

ISBN 7-5009-1184-X:¥1.60

R244.1 039904

现代足穴按摩/金慧明著;宋彬圃,赵宜年整理.—北京:人民体育出版社,1995.1.—181页;19cm

ISBN 7-5009-1032-0:¥7.10

R244.1 039905

小儿按摩与保健 /王玉兰,黄沛主编.—哈尔滨:哈尔滨出版社,1995.12.—199页;19cm

ISBN 7-80557-904-0:¥9.80

R244.1 039906

小儿常见病推拿技巧/胡兴立编著.—哈尔滨:黑龙江科学技术出版社,1995.4.—117页;19cm.—(中华传统简易疗法丛书/常虹,李鑫主编)

ISBN 7-5388-2484-7:¥5.20

R244.1 039907

杨清山按摩经验集/杨清山口述;李荣华,张秀瑞整理.—2版(修订再版).—太原:山西科学技术出版社,1995.7.—345页;20cm

ISBN 7-5377-1071-6:¥15.00

R244.1 039908

育儿保健临床推拿三百例/杨钊著.—太原:山西教育出版社,1995.1.—242页;19cm

ISBN 7-5440-0607-7:¥7.80

R244.1 039909

中国现代推拿/卞春强主编.—济南:山东友谊出版社,1995.12.—366页;26cm

ISBN 7-80551-725-8:¥38.00

R244.1 039910

中华推拿大成/王云凯主编.—石家庄:河北科学技术出版社,1995.1.—1266页;26cm

ISBN 7-5375-1342-2(精装):¥88.00

R244.1 039911

中老年人自我按摩术/钟汉清主编;覃丽贞等编著.—南宁:广西民族出版社,1995.6.—168页;19cm

ISBN 7-5363-3030-8:¥6.00

R244.1 039912

中医家庭保健按摩/庄礼兴等编著.—广州:广东旅游出版社,1995.8.—648页;19cm

ISBN 7-80521-564-2:¥19.80

R244.1 **039913**
中医推拿学/金德康主编 .—上海:上海科技教育出版社,1995.7.—282 页;19cm.—(上海市住院医师培养指导丛书)
ISBN 7-5428-1123-1:¥17.60

R244.1 **039914**
自我按摩集锦/骆勤方主编.—2 版(修订本).—北京:人民体育出版社,1995.7.—437 页;20cm
ISBN 7-5009-1195-5:¥19.00

R244.1 **039915**
足部按摩/方红等编著.—北京:金盾出版社,1995.9.—136 页;19cm
ISBN 7-5082-0048-9:¥3.90

R244.1 **039916**
足反射保健疗法/陈意麟编著.—北京:世界图书出版公司北京公司,1995.6.—152 页;20cm
ISBN 7-5062-2594-8:¥9.70

R244.1-43 **039917**
按摩师:初级、中级、高级/《职业技能鉴定教材》编审委员会,《职业技能鉴定指导》编审委员会编.—北京:中国劳动出版社,1995.7.—404 页;20cm
职业技能鉴定教材·职业技能鉴定指导
ISBN 7-5045-1657-0:¥16.00

R244.1-62 **039918**
国际中医骨伤推拿医师交流手册/宋一同主编.—北京:中国华侨出版社,1995.10.—895 页;19cm
ISBN 7-80074-914-2(精装):¥33.00

R244.1-62 **039919**
实用足部按摩手册/惠松,刘农虞主编.—南京:江苏人民出版社,1995.1.—223 页;19cm
ISBN 7-214-01379-7:¥8.20

R244.1-64 **039920**
实用推拿图谱/金义成编著.—上海:上海中医药大学出版社,1995.11.—174 页:彩图;26cm
ISBN 7-81010-266-4(精装):¥68.90

R244.1-64 **039921**
小儿实用按摩保健图说/伦新,荣莉编绘.—北京:人民卫生出版社,1995.8.—318 页;20cm
ISBN 7-117-02252-3:¥17.00

R244.3 **039922**
百病中医拔罐疗法/高渌纹著.—2 版(修订本).—北京:学苑出版社,1995.10.—204 页;19cm.—(中国传统疗法丛书)
ISBN 7-5077-0637-0:¥8.00

R244.4 **039923**
经络全息刮痧法/张秀勤,郝万山编著.—北京:新华出版社,1995.7.—335 页;20cm
ISBN 7-5011-2911-8:¥29.60

R244.4 **039924**
吕教授健康法:排毒、刮痧加调理/吕季儒编著.—西安:陕西科学技术出版社,1995.7.—251 页;10×14cm
ISBN 7-5369-2327-9:¥6.60

R244.4 **039925**
排痧养生祛病法/漆浩等编著.—北京:北京体育大学出版社,1995.9.—247 页;19cm.—(送你妙方还你健康丛书)
ISBN 7-81003-930-X:¥8.80

R244.9 **039926**
百病外贴疗法/乔模等编著.—太原:山西科学技术出版社,1995.1.—295 页;19cm.—(百病独特疗法丛书)
ISBN 7-5377-0927-0:¥6.60

R244.9 **039927**
家庭药浴/王发渭,郝爱真编著.—北京:金盾出版社,1995.6.—295 页;19cm
ISBN 7-5082-0020-9:¥7.00

R244.9 **039928**
中医鼻疗法全书/高树中编著.—北京:华夏出版社,1995.1.—488 页;20cm
ISBN 7-5080-0552-X:¥19.00

R245 **039929**
《百症赋》精解/赵洛匀等编著.—上海:上海中医药大学出版社,1995.11.—138 页;19cm
ISBN 7-81010-298-2:¥8.50

R245 **039930**
刺血疗法/财吉拉胡编著.—北京:中国中医药出版社,1995.1.—144 页;19cm.—(中国民间疗法丛书)
ISBN 7-80089-325-1:¥6.00

R245 **039931**
激光理疗针灸学/陈庭仁等主编;甘伟国等编著.—广州:广东科技出版社,1995.4.—377 页;19cm.—(激光医学系列丛书/徐国祥主编)
ISBN 7-5359-1346-6:¥15.00

R245 **039932**
经络实质与针灸作用机理/周迪湘著.—北京:中国中医药出版社,1995.11.—217 页;19cm
ISBN 7-80089-466-5:¥8.50

R245 **039933**
灸刺汇通/林竹朋编著.—北京:中医古籍出版社,1995.12.—131 页;19cm
ISBN 7-80013-425-3:¥12.80

R245 **039934**
齐鲁针灸名医经验选粹/臧郁文主编.—济南:山东科学技术出版社,1995.5.—618 页;20cm
ISBN 7-5331-1527-9:¥25.70

R245 **039935**
实用针灸百题/薛立功主编;赵昕等编著.—北京:外文出版社:海豚出版社,1995.1.—204 页;19cm.—(实用医学百题丛书/夏亚钦主编)
ISBN 7-80051-993-7:¥6.00

R245 **039936**
实用中华刺络疗法/喻喜春,杨秀娟编著.—北京:北京医科大学、中国协和医科大学联合出版社,1995.12.—329 页;19cm
ISBN 7-81034-581-8:¥16.00

R245 **039937**
针灸补泻手法/郑魁山编著.—兰州:甘肃科学技术出版社,1995.7.—116 页;26cm

ISBN 7-5424-0541-1(精装): ¥45.00

R245 039938

针灸临床辩证论治/李世珍等著.—北京:人民卫生出版社,1995.11.—835页;19cm

ISBN 7-117-02269-8(精装): ¥39.40

R245 039939

针灸临床精要/李春辉主编.—广州:广东高等教育出版社,1995.3.—391页;20cm.—(岭南中医药丛书)

ISBN 7-5361-1836-8: ¥9.80

R245 039940

针灸临证精要/阎润茗著.—北京:人民军医出版社,1995.10.—372页;20cm

ISBN 7-80020-552-5(精装): ¥25.00

R245 039941

针灸奇法治病术/符文彬编著.—广州:广东科技出版社,1995.12.—294页;19cm

ISBN 7-5359-1530-2: ¥10.80

R245 039942

针灸学/李鼎主编.—北京:人民卫生出版社,1995.2.—397页;26cm

国际针灸专业人员水平考试复习参考书

ISBN 7-117-02180-2: ¥35.50

R245 039943

中国针灸配穴疗法/王庆文,陈德成主编.—贵阳:贵州科技出版社,1995.9.—996页;26cm

ISBN 7-80584-430-5(精装): ¥74.80

R245 039944

中国针灸证治通鉴/邓良月,黄龙祥主编.—青岛:青岛出版社,1995.3.—420页;26cm

ISBN 7-5436-1240-2(精装): ¥128.00

R245 039945

中医针灸通释/康锁彬主编.—石家庄:河北科学技术出版社,1995.1.—4册(1盒);26cm

ISBN 7-5375-1393-7: ¥180.00

R245 039946

中医针灸学/杨文英主编;王世惠等编.—上海:上海科技教育出版社,1995.4.—159页;19cm.—(上海市住院医师培养指导丛书)

ISBN 7-5428-1085-5: ¥10.00

R245-0 039947

刺络养生祛病法/漆浩等编著.—北京:北京体育大学出版社,1995.4.—233页;19cm.—(送你妙方还你健康丛书)

ISBN 7-81003-929-6: ¥7.60

R245-09 039948

针灸医学史/林昭庚,鄢良著.—北京:中国中医药出版社,1995.7.—489页;20cm

ISBN 7-80089-510-6: ¥20.00

R245-61 039949

新编针灸大辞典/程宝书主编.—北京:华夏出版社,1995.7.—1119页;26cm

ISBN 7-5080-0654-2(精装): ¥126.00

R245-62 039950

基层医生针灸手册/杨威等主编.—北京:中医古籍出版社,1995.7.—383页;19cm

ISBN 7-80013-631-0: ¥14.00

R245-62 039951

实用针灸手册/葛书翰等编著.—北京:人民军医出版社,1995.11.—324页;19cm

ISBN 7-80020-573-8: ¥15.50

R245-62 039952

实用针灸手册/杨楣良编著.—杭州:浙江科学技术出版社,1995.12.—712页;19cm

ISBN 7-5341-0734-2(精装): ¥38.00

R245-62 039953

实用针灸自学指南/刘家瑛,杨德利主编;鲍玉琴等编.—北京:中医古籍出版社,1995.8.—412页;19cm

ISBN 7-80013-565-9: ¥14.40

R245-62 039954

袖珍针灸手册/潘丽萍,马秀玲编著.—天津:天津科学技术出版社,1995.5.—483页;13×9cm

ISBN 7-5308-1668-3: ¥8.00

R245.3 039955

古法针刺举隅/张士杰著.—北京:化学工业出版社,1995.2.—85页;19cm

ISBN 7-5025-1497-X: ¥4.60

R245.3 039956

特殊针刺疗法/李业甫主编.—北京:人民体育出版社,1995.4.—233页;19cm.—(中国传统实用特殊疗法丛书)

ISBN 7-5009-1130-0: ¥6.90

R245.3 039957

针刺损伤与危险穴的安全针刺方法/周建伟主编.—成都:四川科学技术出版社,1995.12.—378页;19cm

ISBN 7-5364-2874-X: ¥10.80

R245.3 039958

中国特种针法全书/冯春祥主编.—北京:华夏出版社,1995.2. 508页;20cm

ISBN 7-5080-0553-8: ¥16.00

R245.31 039959

一针一穴的妙用/赵振景编著.—北京:科学普及出版社,1995.5.—125页;19cm

ISBN 7-110-03909-9: ¥5.00

R245.31 039960

中华火针疗法/郑学良,申俊军主编.—沈阳:辽宁科学技术出版社,1995.2.—310页;20cm

ISBN 7-5381-1858-6(精装): ¥15.00

R245.31 039961

中华特种针疗法/刘炎主编.—上海:上海科学技术文献出版社,1995.6.—520页;20cm

ISBN 7-5439-0605-8(精装): ¥19.80

R245.32 039962

全息耳针疗法/陈少宗编著.—北京:华夏出版社,1995.5.—163页;19cm

ISBN 7-5080-0551-1: ¥6.20

R245.32 039963

实用耳穴诊治法/朱丹编著.—重庆:重庆大学出版社,1995.9.—212页;19cm

ISBN 7-5624-1075-5:¥9.80

R245.32 039964

中国耳针学/管遵信主编.—上海:上海科学技术出版社,1995.12.—451页;26cm

ISBN 7-5323-3817-7(精装):¥40.50

R245.32-64 039965

常见病耳穴治疗图解:耳穴标准化方案/李志道主编.—天津:天津科学技术出版社,1995.9.—424页;19cm

ISBN 7-5308-1725-6:¥18.40

R245.32-64 039966

耳背穴位疗法图解/尉迟静,王惠伦著.—合肥:安徽科学技术出版社,1995.7.—169页;26cm

ISBN 7-5337-1131-9(精装):¥25.00

R245.81 039967

艾灸养生祛病法/漆浩等编著.—北京:北京体育大学出版社,1995.3.—217页;19cm.—(送你妙方还你健康丛书)

ISBN 7-81003-931-8:¥6.90

R245.9 039968

点穴解穴疗伤秘诀/黄玮主编.—长沙:湖南科学技术出版社,1995.7.—197页;19cm

ISBN 7-5357-1765-9:¥6.80

R246 039969

百病针灸临床问答/马小平,彭明华编著.—北京:科学普及出版社,1995.1.—245页;19cm

ISBN 7-110-03933-1:¥8.50

R246 039970

传统针灸辨证处方/张道宗等编著.—合肥:安徽科学技术出版社,1995.1.—252页;20cm

ISBN 7-5337-0848-2:¥5.90

R246 039971

贺氏针灸三通法/崔芮,盛丽编著.—北京:中国医药科技出版社,1995.12.—188页;19cm

ISBN 7-5067-1364-0:¥9.50

R246 039972

实用针灸处方解/张云祥主编.—北京:中国科学技术出版社,1995.9.—430页;20cm

ISBN 7-5046-1745-8:¥19.00

R246 039973

针灸临床妙用/郑其伟,钱淳宜编著.—北京:中国医药科技出版社,1995.8.—777页;19cm

ISBN 7-5067-0916-3:¥24.50

R246 039974

针灸有效点理论与临床/郭效宗著.—北京:人民卫生出版社,1995.10.—239页;20cm

ISBN 7-117-02339-2:¥14.40

R246 039975

针灸治法与处方/邱茂良等编著.—上海:上海科学技术出版社,1995.5.—251页;20cm

ISBN 7-5323-3645-X:¥7.70

R246-62 039976

世界卫生组织推荐43种疾病针灸临证指南/薛立功主编.—北京:中国计量出版社,1995.12.—176页;26cm

ISBN 7-5026-0768-4:¥14.00

R246.4-62 039977

小儿针灸手册/张仁主编;单永华等编写.—上海:上海科学技术出版社,1995.2.—275页;19cm

ISBN 7-5323-3536-4:¥8.40

R246.6 039978

组针刺三节治偏瘫/韩华明等著.—北京:中国医药科技出版社,1995.11.—323页;19cm

ISBN 7-5067-1401-9:¥15.00

R246.9 039979

实用美容针灸/秦黎虹,王炜编著.—合肥:安徽科学技术出版社,1995.7.—334页;19cm

ISBN 7-5337-1159-9:¥10.00

R247 039980

蜂蚁养生祛病法/漆浩等编著.—北京:北京体育大学出版社,1995.7.—229页;19cm.—(送你妙方还你健康丛书)

ISBN 7-81003-934-2:¥7.60

R247 039981

饮茶健身全典/姚国坤,陈佩芳编著.—上海:上海文化出版社,1995.12.—316页;20cm

ISBN 7-80511-765-9(精装):¥17.40

R247.1 039982

DHA+EPA **水产品→脑黄金→大脑智力**:水产品的食疗与健康/谢宗墉,刘竹伞编.—北京:中国农业出版社,1995.8.—212页;19cm

ISBN 7-109-03783-5:¥8.00

R247.1 039983

百病谷糠疗法/智世宏等编著.—太原:山西科学技术出版社,1995.1.—146页;19cm.—(百病独特疗法丛书)

ISBN 7-5377-0925-4:¥4.50

R247.1 039984

百病生菜食防治法/(日)甲田光雄编著;李刘坤译.—北京:中国医药科技出版社,1995.2.—294页;19cm

ISBN 7-5067-1131-1:¥9.80

R247.1 039985

补身必读/黄木坤编著.—2版(修订版).—广州:广东科技出版社,1995.10.—392页;19cm

ISBN 7-5359-1453-5:¥13.80

R247.1 039986

补身秘笈:春季实用保健汤谱/梁梓,黄彩琼编.—广州:广州出版社,1995.2.—214页;19cm

ISBN 7-80592-203-9:¥6.80

R247.1 039987

补身秘笈:冬季实用保健补益汤谱/梁梓,黄彩琼编.—广州:广州出版社,1995.2.—213页;19cm

ISBN 7-80592-202-0:¥6.80

R247.1 039988

茶的保健功能与药用便方/刘强编著.—2版.—北京:金盾出版社,1995.6.—84页;19cm

ISBN 7-80022-730-8:¥2.00

R247.1　039989
茶类治百病/陈仁寿,陈正宏编著.—南京:河海大学出版社,1995.5.—121页;19cm.—(百病食疗丛书)
ISBN 7-5630-0756-3:￥3.50

R247.1　039990
茶疗治百病/吴树良编.—合肥:安徽科学技术出版社,1995.7.—279页;19cm
ISBN 7-5337-1153-X:￥7.80

R247.1　039991
常见食品的营养与食疗/张栓才编著.—西安:陕西科学技术出版社,1995.4.—252页;19cm
ISBN 7-5369-2067-9:￥6.20

R247.1　039992
豆制品治病养生850方/瑶卿等编著.—南昌:江西科学技术出版社,1995.9.—419页;19cm.—(养生系列丛书)
ISBN 7-5390-0931-4:￥15.00

R247.1　039993
儿童常见病食疗/杨柳主编.—北京:中国人口出版社,1995.6.—269页;19cm
ISBN 7-80079-275-7:￥7.70

R247.1　039994
蜂蜜治病养生680方/敏涛等编著.—南昌:江西科学技术出版社,1995.9.—387页;19cm.—(养生系列丛书)
ISBN 7-5390-0932-2:￥13.80

R247.1　039995
妇女药膳/张湖德主编.—北京:中国科学技术出版社,1995.4.—169页;19cm.—(中国药膳丛书)
ISBN 7-5046-1891-8:￥5.50

R247.1　039996
肝炎饮食疗法/黄梅芳编.—广州:广东科技出版社,1995.9.—122页;19cm
ISBN 7-5359-1547-7:￥5.50

R247.1　039997
肛肠病食疗精粹/李德应编著.—西安:陕西科学技术出版社,1995.6.—169页;19cm
ISBN 7-5369-1740-6:￥4.60

R247.1　039998
果品食疗与健康/汪景彦等编.—北京:中国农业出版社,1995.12.—134页;19cm
ISBN 7-109-03488-7:￥6.50

R247.1　039999
果品治百病/姚光伟编著.—南京:河海大学出版社,1995.7.—219页;19cm.—(百病食疗丛书)
ISBN 7-5630-0798-9:￥6.50

R247.1　040000
家常菜治疗常见病/游新建,龚文生主编.—南昌:江西科学技术出版社,1995.9.—392页;19cm
ISBN 7-5390-0933-0:￥13.50

R247.1　040001
家庭食疗保健/许秀平主编;李华等编.—南昌:江西高校出版社,1995.2.—310页;19cm.—(现代家庭医疗保健实用丛书)
ISBN 7-81033-423-9:￥6.50

R247.1　040002
家庭实用药膳/孔繁芝编著.—北京:水利电力出版社,1995.3.—284页;19cm
ISBN 7-120-02126-5:￥10.50

R247.1　040003
家庭药膳制作/李志刚编著.—济南:山东科学技术出版社,1995.12.—234页:彩图;19cm
ISBN 7-5331-1709-3:￥10.00

R247.1　040004
家庭自制药膳250种/汪宗莹主编;钱永益等编写.—上海:上海科技教育出版社,1995.11.—226页;19cm.—(家庭保健丛书)
ISBN 7-5428-0584-3:￥8.50

R247.1　040005
老年药膳/张湖德主编.—北京:中国科学技术出版社,1995.3.—160页;19cm.—(中国药膳丛书)
ISBN 7-5046-1783-0:￥5.50

R247.1　040006
老年营养食疗集腋/崔泰来编著.—青岛:青岛海洋大学出版社,1995.12.—216页;19cm
ISBN 7-81026-782-5:￥14.00

R247.1　040007
男科葆春食疗/王正芳编著.—天津:天津科学技术出版社,1995.2.—290页;19cm
ISBN 7-5308-1489-3:￥8.00

R247.1　040008
巧用妙用调味品/李俊杰编著.—太原:山西科学技术出版社,1995.3.—180页;19cm
ISBN 7-5377-1067-8:￥6.80

R247.1　040009
巧制肉食治百病/钟以林等编著;关永宁绘.—南宁:广西科学技术出版社,1995.3.—172页:图;19cm
ISBN 7-80619-187-9:￥4.80

R247.1　040010
食酒茶巧治百病/黄承才编著.—北京:当代中国出版社,1995.12.—312页;20cm
ISBN 7-80092-431-9:￥14.00

R247.1　040011
食疗·食补:老/敬群选编.—海口:海南摄影美术出版社,1995.10.—151页;19cm.—(岭南美食丛书)
ISBN 7-80571-851-2:￥5.20

R247.1　040012
食疗·食补:疗/敬群选编.—海口:海南摄影美术出版社,1995.10.—149页;19cm.—(岭南美食丛书)
ISBN 7-80571-851-2:￥5.20

R247.1　040013
食疗·食补:男/敬群选编.—海口:海南摄影美术出版社,1995.10.—149页;19cm.—(岭南美食丛书)
ISBN 7-80571-851-2:￥5.20

R247.1　040014
食疗·食补:女/敬群选编.—海口:海南摄影美术出版社,1995.10.—151页;19cm.—(岭南美食丛书)
ISBN 7-80571-851-2:￥5.20

R247.1 **040015**
食疗治百病/林玉等编.—北京:地质出版社,1995.5.—348页;19cm
ISBN 7-116-01736-4:¥10.00

R247.1 **040016**
食物医疗集锦/张绍武主编.—北京:九洲图书出版社,1995.10.—217页;19cm.—(中国家庭医学系列丛书)
ISBN 7-80114-050-8:¥8.00

R247.1 **040017**
食物治病妙法/贺经等编著.—北京:人民军医出版社,1995.5.—265页;19cm
ISBN 7-80020-517-7:¥9.50

R247.1 **040018**
实用骨伤药膳疗法/刘献祥主编.—福州:福建科学技术出版社,1995.4.—470页;20cm
ISBN 7-5335-0875-0:¥13.10

R247.1 **040019**
实用药酒精选/蒋力生主编;丁舸等编.—上海:上海中医药大学出版社,1995.3.—291页;20cm
ISBN 7-81010-278-8:¥12.95

R247.1 **040020**
素食治百病/林平编著.—广州:广州出版社,1995.10.—213页;19cm
ISBN 7-80592-322-1:¥8.00

R247.1 **040021**
汤补食疗大全/李振琼编著 .—广州:广东高等教育出版社,1995.11.—229页;19cm
ISBN 7-5361-1785-X:¥10.80

R247.1 **040022**
特效食疗法/周岐才编.—2版(修订本).—北京:人民体育出版社,1995.8.—258页;20cm
ISBN 7-5009-1216-1:¥15.00

R247.1 **040023**
学生健脑食疗/宋捷民等编著.—北京:人民军医出版社,1995.1.—207页;19cm.—(学生保健丛书)
ISBN 7-80020-510-X:¥7.00

R247.1 **040024**
药膳汤羹/杨秀芳主编;于桂芬等编.—北京:金盾出版社,1995.4.—256页;19cm
ISBN 7-5082-0007-1:¥5.90

R247.1 **040025**
野菜野果野味/马文飞,李俊杰编著.—长春:北方妇女儿童出版社,1995.2.—262页;19cm
ISBN 7-5385-1000-1:¥6.50

R247.1 **040026**
野菜治百病/陈仁寿编著.—南京:河海大学出版社,1995.1.—147页;19cm.—(百病食疗丛书)
ISBN 7-5630-0773-3:¥4.00

R247.1 **040027**
真光元的神力/(日)堀洋八郎著;刘绥成译.—北京:中国国际广播出版社,1995.8.—144页:彩图;20cm
ISBN 7-5078-1256-1:¥9.00

R247.1 **040028**
中国分科食疗大全 /韩冰编著.—天津:天津大学出版社,1995.11.—608页;20cm
ISBN 7-5618-0473-3(精装):¥32.00

R247.1 **040029**
中国食疗大全/施杞,夏翔主编.—上海:上海科学技术出版社,1995.10.—1312页;20cm
ISBN 7-5323-3353-1(精装):¥56.60

R247.1 **040030**
中国药茶集锦/颜仁熙,傅虹编.—重庆:重庆出版社,1995.3.—426页;19cm
ISBN 7-5366-2981-8:¥12.60

R247.1 **040031**
中国药膳宝典/马德霞,江麟莱编著.—西安:三秦出版社,1995.6.—570页;20cm
ISBN 7-80546-856-7:¥21.80

R247.1 **040032**
中国药膳良方/韦大文,吴明轩主编.—北京:中国中医药出版社,1995.11.—398页;19cm
ISBN 7-80089-511-4:¥30.50

R247.1 **040033**
中国药用蔬菜/李振琼编著.—广州:广东高等教育出版社,1995.9.—305页;19cm
ISBN 7-5361-1672-1:¥12.00

R247.1 **040034**
中国药用水果/李振琼编著.—广州:广东高等教育出版社,1995.9.—262页;19cm
ISBN 7-5361-1671-3:¥10.00

R247.1 **040035**
中医食疗/诸杰主编.—北京:中国商业出版社,1995.1.—256页;19cm
国内贸易部部编中等技工学校烹饪系列教材
ISBN 7-5044-1342-9:¥7.00

R247.1 **040036**
中医食疗/庄礼兴编著.—广州:广东旅游出版社,1995.7.—402页;19cm
ISBN 7-80521-560-X:¥13.00

R247.1 **040037**
中医营养食疗学/党毅编著.—北京:科学出版社,1995.5.—309页;20cm.—(中国传统医学丛书)
ISBN 7-03-004521-1:¥18.80

R247.1 **040038**
中医脏器食疗学/赵映前等编著.—武汉:湖北科学技术出版社,1995.8.—317页;20cm
ISBN 7-5352-1688-9:¥11.80

①R247.1②R151 **040039**
蔬果与养生/徐敬武等编著.—北京:中国轻工业出版社,1995.8.—362页;19cm
ISBN 7-5019-1743-4:¥13.80

①R247.1②TS272.7 **040040**
中国药茶谱/缪正来等编著.—北京:科学技术文献出版社,1995.9.—471页;20cm.—(中国食疗药疗精华丛书/卢祥之主编)
ISBN 7-5023-0856-3:¥22.30

R247.4 **040041**

"气"的奥秘/(日)佐佐木茂美著;许运堂,刘桂芳译.—北京:中国工人出版社,1995.2.—167页;19cm

ISBN 7-5008-1751-7: ¥6.00

R247.4　040042

百病气功疗法/王寅,王艳丽主编.—太原:山西科学技术出版社,1995.1.—115页;19cm.—(百病独特疗法丛书)

ISBN 7-5377-0940-8: ¥4.00

R247.4　040043

保健气功学/石天敬,李芸芬主编.—昆明:云南美术出版社,1995.12.—196页;19cm

ISBN 7-80586-222-2: ¥8.50

R247.4　040044

辟谷养生术与断食疗法/黄平编著.—广州:广州出版社,1995.12.—266页;19cm

ISBN 7-80592-360-4: ¥11.50

R247.4　040045

初学气功入门/田宝山编著.—北京:人民军医出版社,1995.12.—158页;19cm

ISBN 7-80020-565-7: ¥8.50

R247.4　040046

打开智慧健康之门:慧乐法师及其功理功法/尹一之著.—北京:中华工商联合出版社,1995.8.—178页:图;20cm

ISBN 7-80100-141-9: ¥15.00

R247.4　040047

当代名家谈气功修炼奥秘/鲁松编著.—广州:广东旅游出版社,1995.6.—209页;19cm

ISBN 7-80521-584-7: ¥7.50

R247.4　040048

东方太阳功秘笈/田继尧著.—珠海:珠海出版社,1995.3.—372页;20cm

ISBN 7-80607-073-7: ¥22.00

R247.4　040049

华夏自然功/刘爱萍整理.—银川:宁夏人民出版社,1995.5.—113页:照片;20cm

ISBN 7-227-01476-2: ¥6.98

R247.4　040050

论生化返规律/张志祥编.—大连:大连海事大学出版社,1995.5.—168页;20cm.—(元极学海《生化返》卷;1)

ISBN 7-5632-0870-4: ¥6.80

R247.4　040051

盘山阴阳功:从死神手中夺回生命/孟桂秋编.—北京:中国国际广播出版社,1995.11.—97页:照片;19cm

ISBN 7-5078-1264-2: ¥9.80

R247.4　040052

气场效应/胡范亭著.—昆明:云南科技出版社,1995.4.—98页;19cm

ISBN 7-5416-0649-9: ¥4.50

R247.4　040053

气功入静之门:入静的境界、操作及飘化功/刘天君著.—2版(修订本).—北京:人民体育出版社,1995.9.—286页;20cm

ISBN 7-5009-1208-0: ¥14.00

R247.4　040054

气功养身10分钟:全套路/刘浙伟编著.—杭州:浙江科学技术出版社,1995.4.—158页;19cm

ISBN 7-5341-0808-X: ¥6.00

R247.4　040055

气功走火入魔的防治/钱宗悫编著.—上海:百家出版社,1995.12.—234页;19cm

ISBN 7-80576-541-3: ¥10.00

R247.4　040056

人类自然康复之路:中华老子道德信息技术与祛病健身/赵淑珍编著.—上海:复旦大学出版社,1995.11.—196页:彩照;20cm

ISBN 7-309-01585-1: ¥10.80

R247.4　040057

三丹淘气养生功/碧云大师著.—北京:中国世界语出版社,1995.1.—211页;19cm

ISBN 7-5052-0233-2: ¥9.60

R247.4　040058

生命在这里延伸:自控气功疗效纪实/张荣敏主编.—北京:人民体育出版社,1995.12.—377页:图;20cm

ISBN 7-5009-1029-0: ¥15.00

R247.4　040059

实用中医气功自疗秘法/扈倪丰著.—哈尔滨:黑龙江美术出版社,1995.12.—231页;20cm

ISBN 7-5318-0294-5: ¥12.00

R247.4　040060

太极无为:不练自练的功法/丁明月著.—乌鲁木齐:新疆科技卫生出版社,1995.9.—180页:彩照;20cm.—(全民健身运动丛书)

ISBN 7-5372-1122-1: ¥13.00

R247.4　040061

太上养生秘法与疏经点穴绝技/高作新著.—沈阳:辽宁科学技术出版社,1995.10.—136页;19cm

ISBN 7-5381-1966-3: ¥7.00

R247.4　040062

天山气功/陈伟著;沈乃信整编.—北京:华夏出版社,1995.8.—261页:彩图;20cm.—(中国道家天山气功系列;1)

ISBN 7-5080-0760-3: ¥7.50

R247.4　040063

天下气功第一奇书:首次发掘披露千古绝书《引书》今译(导引术)/魏成蜀注译.—成都:四川人民出版社,1995.2.—292页;19cm

ISBN 7-220-02104-6: ¥8.80

R247.4　040064

通灵治病改运密法:中国元明气功速效高功/张元明著.—北京:华夏出版社,1995.3.—148页:图;19cm.—(世界气功大同修系列)

ISBN 7-5080-0669-0: ¥6.90

R247.4　040065

五雷神功 六神通功/裴锡荣等著.—北京:现代出版社,1995.2.—158页;19cm

ISBN 7-80028-175-2: ¥6.00

R247.4 040066

洗髓健身功/赵仲毅,郭小莉编著.—太原:山西科学技术出版社,1995.8.—123页;19cm

ISBN 7-5377-1089-9: ¥5.20

R247.4 040067

学生健脑记忆功/黄建中编著.—天津:天津科学技术出版社,1995.11.—109页;19cm

ISBN 7-5308-1832-5: ¥3.75

R247.4 040068

医疗气功/沈福道主编.—北京:科学技术文献出版社,1995.7.—224页;19cm

ISBN 7-5023-2291-4: ¥8.80

R247.4 040069

意气按穴、排浊自疗法/黄启运编著.—北京:中国国际广播出版社,1995.7.—169页;19cm

ISBN 7-5078-1251-0: ¥7.20

R247.4 040070

元极学在日本:张志祥教授赴日讲学　/中国元极学研究会理论研究委员会主编.—武汉:湖北科学技术出版社,1995.9.—19页:彩照;29cm

ISBN 7-5352-1668-4: ¥15.00

R247.4 040071

正宗马礼堂养气功　上册/马礼堂著;马栩周整理.—2版(修订本).—北京:人民体育出版社,1995.7.—439页;20cm

ISBN 7-5009-1198-X: ¥20.00

R247.4 040072

中国达摩神功/保林大师口述;许东全整理.—天津:天津科学技术出版社,1995.8.—232页;20cm

ISBN 7-5308-0386-7: ¥12.80

R247.4 040073

中国武当中和功/周金富著.—北京:国际文化出版公司,1995.3.—206页:照片;19cm

ISBN 7-80105-172-6: ¥9.50

R247.4 040074

中国玄阳功/刘庆飞著.—海口:南海出版公司,1995.2.—260页;20cm

ISBN 7-5442-0456-1: ¥9.00

R247.4 040075

中国医学气功与实用外气疗法/于志明,于健编著.—北京:北京工业大学出版社,1995.9.—302页:照片;19cm

ISBN 7-5639-0461-1: ¥12.00

R247.4 040076

中华医疗气功精选/许绍廷等编著.—北京:新时代出版社,1995.5.—247页;20cm.—(自我保健知识丛书)

ISBN 7-5042-0258-4: ¥8.80

R247.4 040077

自发动功与治病防偏/谢榕照,王冠球编著.—广州:广东科技出版社,1995.5.—513页;19cm

ISBN 7-5359-1397-0: ¥16.50

R247.4-43 040078

中国香功教程:普及本/《中国香功教程普及本》编委会编.—西安:陕西科学技术出版社,1995.8.—140页:照片;19cm

ISBN 7-5369-2373-2: ¥10.00

R247.4-61 040079

养生修真证道弘典　(二):运动导引门/陆锦川主编;中华太极文化研究中心编.—成都:四川科学技术出版社,1995.9.—353页;20cm

ISBN 7-5364-2745-X: ¥15.30

R247.4-61 040080

养生修真证道弘典　(九):玄机筏喻门/陆锦川主编;中华太极文化研究中心编.—成都:四川科学技术出版社,1995.9.—355页;20cm

ISBN 7-5364-2752-2: ¥15.50

R247.4-61 040081

养生修真证道弘典　(六):教理神道门/陆锦川主编;中华太极文化研究中心编.—成都:四川科学技术出版社,1995.9.—306页;20cm

ISBN 7-5364-2749-2: ¥13.70

R247.4-61 040082

养生修真证道弘典　(七):药饵房中门/陆锦川主编;中华太极文化研究中心编.—成都:四川科学技术出版社,1995.9.—484页;20cm

ISBN 7-5364-2750-6: ¥21.00

R247.4-61 040083

养生修真证道弘典　(三):修心养气门/陆锦川主编;中华太极文化研究中心编.—成都:四川科学技术出版社,1995.9.—405页;20cm

ISBN 7-5364-2746-8: ¥17.50

R247.4-61 040084

养生修真证道弘典　(十):悟证修真门/陆锦川主编;中华太极文化研究中心编.—成都:四川科学技术出版社,1995.9.—430页;20cm

ISBN 7-5364-2753-0: ¥19.00

R247.4-61 040085

养生修真证道弘典　(十一):启迷正道门/陆锦川主编;中华太极文化研究中心编.—成都:四川科学技术出版社,1995.9.—293页;20cm

ISBN 7-5364-2754-9: ¥12.40

R247.4-61 040086

养生修真证道弘典　(四):功行修持门/陆锦川主编;中华太极文化研究中心编.—成都:四川科学技术出版社,1995.9.—455页;20cm

ISBN 7-5364-2747-6: ¥20.00

R247.4-61 040087

养生修真证道弘典　(五):宗派学理门/陆锦川主编;中华太极文化研究中心编.—成都:四川科学技术出版社,1995.9.—431页;20cm

ISBN 7-5364-2748-4: ¥19.00

R247.4-61 040088

养生修真证道弘典　(一):人物著述门/陆锦川主编;中国华太极文化研究中心编.—成都:四川科学技术出版社,1995.9.—387页:彩图;20cm

ISBN 7-5364-2744-1: ¥24.00

R247.4-64 040089

中国慧莲功图解/陈林峰主编.—长春:长春出版社,1995.6.—298页;20cm.—(慧学丛书;7)

ISBN 7-80604-333-0:¥21.00

R247.9 040090

中医保健康复基础/卓健,赵国新主编.—南昌:江西高校出版社,1995.8.—357页;20cm

ISBN 7-81033-529-4:¥19.80

R248 040091

中医医护文书书写指南 上册:中医病案书写/谭元生,赵艳玲主编;湖南中医学院第一附属医院编.—长沙:湖南科学技术出版社,1995.10.—181页;19cm

全套共2册,总定价:13.00元

ISBN 7-5357-1875-2:¥0.00

R248 040092

中医医护文书书写指南 下册:中医护理病历书写/罗坤华,王德梦主编;湖南中医学院第一附属医院编.—长沙:湖南科学技术出版社,1995.10.—185页;19cm

全套共2册,总定价:13.00元

ISBN 7-5357-1875-2:¥0.00

R249.1 040093

东方传统医疗汇粹/杨振华主编.—北京:中国物价出版社,1995.5.—381页;20cm

ISBN 7-80070-454-8:¥12.80

R249.1 040094

华夏优秀医论/江淑安,肖福林主编.—呼和浩特:内蒙古人民出版社,1995.5.—351页;19cm

ISBN 7-204-02777-9:¥8.00

R249.1 040095

历代医古文名篇译注/李济康主编.—上海:上海中医药大学出版社,1995.1.—268页;19cm

ISBN 7-81010-281-8:¥9.40

R249.1 040096

明医杂著/(明)王纶撰;沈凤阁点校.—北京:人民卫生出版社,1995.8.—244页;20cm.—(中医古籍整理丛书)

ISBN 7-117-02241-8:¥10.50

R249.1 040097

名医奇方秘术 第三集:中国农工民主党武汉地区名老中医经验汇萃/徐宜厚主编.—北京:中国医药科技出版社,1995.12.—241页;19cm.—(名医奇方秘术丛书)

ISBN 7-5067-1396-9(精装):¥18.00

R249.1 040098

奇难病精华/韩丽华等主编.—郑州:河南医科大学出版社,1995.10.—605页;20cm

ISBN 7-81048-033-2:¥25.00

R249.1 040099

太医名医奇案赏析/王树芬等编著.—北京:中国中医药出版社,1995.12.—400页;19cm

ISBN 7-80089-455-X:¥16.00

R249.1 040100

现代名中医函诊选萃/汤叔良主编.—南京:东南大学出版社,1995.12.—347页;19cm

ISBN 7-81050-092-9:¥15.00

R249.1 040101

中国当代名医医案医话选/隋殿军,王之虹主编.—长春:吉林科学技术出版社,1995.8.—606页;20cm

ISBN 7-5384-1570-X(精装):¥31.80

R249.1 040102

中国名老中医药专家学术经验集 (2)/邱德文,沙凤桐主编;阎小萍等编写.—贵阳:贵州科技出版社,1995.5.—603页;26cm

ISBN 7-80584-429-1(精装):¥75.00

R249.1 040103

中医病案学/张笑平主编.—北京:中国中医药出版社,1995.1.—135页;26cm

ISBN 7-80089-394-4:¥7.20

R249.1 040104

中医治愈奇病集成/李祥云主编.—上海:文汇出版社,1995.1.—848页;20cm

ISBN 7-80531-297-4(精装):¥36.00

R249.49 040105

辨证奇闻/(清)陈士铎撰;孙治熙等校注.—北京:中国中医药出版社,1995.3.—519页;20cm

ISBN 7-80089-407-X(精装):¥25.00

R249.49 040106

张氏医通/(清)张璐著;李静芳,建一校注.—北京:中国中医药出版社,1995.6.—460页;26cm.—(明清中医名著丛刊)

ISBN 7-80089-345-6(精装):¥45.00

R249.52 040107

张山雷医集 (上)/于诗俊等主编;浙江省中医管理局《张山雷医集》编委会编校.—北京:人民卫生出版社,1995.7.—879页;26cm.—(中医古籍整理丛书)

ISBN 7-117-02181-0(精装):¥73.70

R249.52 040108

张山雷医集 (下)/于诗俊等主编;浙江省中医管理局《张山雷医集》编委会编校.—北京:人民卫生出版社,1995.7.—1004页;26cm.—(中医古籍整理丛书)

ISBN 7-117-02182-9(精装):¥80.80

R249.7 040109

高辉远临证验案精选/王发渭等编著.—北京:学苑出版社,1995.8.—176页;19cm.—(老中医药专家临证验案精华丛书)

ISBN 7-5077-0407-6:¥6.30

R249.7 040110

麻瑞亭治验集:清代名医黄元御传人 /孙治熙主编;西安市中医医院编.—西安:西安出版社,1995.8.—448页;20cm

ISBN 7-80594-220-X:¥14.00

R249.7 040111

诗赋中医卷/杨焕香著.—呼和浩特:内蒙古人民出版社,1995.9.—111页;19cm

ISBN 7-204-02889-9:¥5.00

R25 中医内科

R25　040112
惊悸怔忡辨治/王丁南,彭可旭主编.—西安:陕西科学技术出版社,1995.1.—230页;19cm
ISBN 7-5369-1488-1:¥5.10

R25　040113
内科常见病证诊疗常规/陈信义等主编.—北京:中医古籍出版社,1995.10.—504页;19cm
ISBN 7-80013-577-2:¥18.00

R25　040114
内科疾病处方/龚兰生,沈卫峰主编.—上海:上海科技教育出版社,1995.9.—492页;19cm
ISBN 7-5428-1069-3:¥17.40

R25　040115
内科杂病证治集锦/王仲衡,张瑞贤主编.—北京:中医古籍出版社,1995.8.—543页;19cm
ISBN 7-80013-583-7:¥19.80

R25　040116
实用中医老年内科病学/高福安主编.—合肥:安徽科学技术出版社,1995.9.—281页;26cm
ISBN 7-5337-1264-1:¥15.80

R25　040117
新编中医内科临证备要/李富生等主编.—北京:中国中医药出版社,1995.2.—841页;19cm
ISBN 7-80089-414-2:¥18.80

R25　040118
中医内科辨病治疗学/史大卓等编著.—北京:科学技术文献出版社,1995.8.—622页;26cm
ISBN 7-5023-2274-4:¥58.00

R25　040119
中医内科传心/王志坦主编.—成都:四川科学技术出版社,1995.2.—172页;19cm
高等医药院校全国统编教材·重点难点辅导问答
ISBN 7-5364-0093-4:¥6.00

R25　040120
中医内科临床新法/沈帼男等主编.—北京:科学技术文献出版社,1995.11.—758页;20cm
ISBN 7-5023-2477-1:¥36.00

R25　040121
中医内科汤证诀/徐小亭著.—北京:人民军医出版社,1995.8.—131页;19cm
ISBN 7-80020-564-9:¥7.00

R25　040122
中医杂病论治/戴锦成编著.—福州:福建科学技术出版社,1995.4.—409页;20cm
ISBN 7-5335-0873-4:¥12.80

R25-62　040123
实用中医老年内科治疗手册/王金荣等主编.—上海:上海科学技术文献出版社,1995.11.—454页;20cm
ISBN 7-5439-0890-5:¥25.00

R25-62　040124
实用中医内科临床手册/林慧娟,张宏主编.—济南:济南出版社,1995.9.—360页;19cm
ISBN 7-80572-983-2:¥16.00

R25-62　040125
中医内科急症手册/皮持衡主编.—上海:上海中医药大学出版社,1995.12.—255页;19cm
ISBN 7-81010-309-1:¥12.20

R254.2　040126
瘟病条辨新解/(清)吴瑭原著;王振坤编著.—北京:学苑出版社,1995.6.—638页;20cm
ISBN 7-5077-0983-3:¥28.00

R254.2　040127
温病八大名著/宋乃光等编校.—北京:中国中医药出版社,1995.12.—927页;19cm
ISBN 7-80089-467-3(精装):¥48.00

R254.2　040128
温病学/宋乃光主编.—北京:学苑出版社,1995.1.—209页;26cm
普通高等中医院校协编教材
ISBN 7-5077-0986-8:¥12.80

R254.3　040129
温疫论补注/(明)吴有性原著;(清)郑重光补注;郭谦亨等点校.—北京:人民卫生出版社,1995.9.—64页;20cm.—(中医古籍整理丛书)
ISBN 7-117-02263-9:¥4.00

R254.7　040130
痧胀玉衡/(清)郭志邃著;刘玉书点校.—北京:人民卫生出版社,1995.7.—116页;20cm.—(中医古籍整理丛书)
ISBN 7-117-02235-3:¥4.80

R255.1　040131
发热的辨证论治/宋秀琴等编.—北京:中医古籍出版社,1995.8.—152页;19cm
ISBN 7-80013-587-X:¥7.40

R255.2　040132
瘫痪病中医治疗学/王学忠主编.—武汉:湖北科学技术出版社,1995.9.—407页;26cm
ISBN 7-5352-1717-6:¥28.00

R255.6　040133
痿病通论/李济仁主编.—北京:人民卫生出版社,1995.11.—280页;19cm
ISBN 7-117-02275-2:¥11.10

R255.7　040134
出血性疾病的中医药调治/朱晓蕾编著.—合肥:中国科学技术大学出版社,1995.12.—128页;19cm
ISBN 7-312-00717-1:¥5.20

R255.7-53　040135
活血化瘀研究:血瘀证综合研究国际会议论文集、第四届全国活血化瘀研究学术会议论文集/中国中西医结合学会活血化瘀研究学会编.—北京:中国医药科技出版社,1995.5.—368页;26cm
ISBN 7-5067-1174-5:¥38.00

R255.8　040136
中医痰病研究与临床/潘桂娟主编 .—北京:中国中医药出版社,1995.8.—265页;26cm

ISBN 7-80089-528-9: ¥36.00

R256.1 040137
实用中医呼吸病学/洪素兰等主编.—北京:中国中医药出版社,1995.10.—555页;26cm
ISBN 7-80089-464-9: ¥42.60

R256.2 040138
中医治疗冠心病/王永安,薛一涛主编.—济南:山东科学技术出版社,1995.4.—263页;20cm
ISBN 7-5331-1439-6: ¥9.70

R256.3 040139
脾胃论溯源及应用/石景亮等编.—北京:人民卫生出版社,1995.2.—293页;19cm
ISBN 7-117-02165-9: ¥12.60

R256.3 040140
中国传统脾胃病学/李振华,李郑生主编.—郑州:中原农民出版社,1995.10.—551页;26cm
ISBN 7-80538-721-4: ¥40.00

R256.4 040141
舌纹与肝病/汪汉,王凤文著.—兰州:甘肃科学技术出版社,1995.6.—90页:照片;20cm
ISBN 7-5424-0547-0: ¥4.80

①R256.4②R289.5 040142
肝炎验方250首/郭桃美,曾德环编著.—广州:广东科技出版社,1995.12.—264页;19cm
ISBN 7-5359-1579-5: ¥10.00

R256.5 040143
肾病效方265首/柯新桥等编著 .—北京:科学技术文献出版社,1995.10.—344页;19cm
ISBN 7-5023-2490-9: ¥15.50

R256.56 040144
男科良方大全/翟亚春等主编.—上海:上海中医药大学出版社,1995.6.—364页;20cm
ISBN 7-81010-277-X: ¥15.90

R256.56 040145
男性不育/金之刚等主编.—南京:江苏科学技术出版社,1995.3.—290页;20cm.—(中医男科丛书)
ISBN 7-5345-1895-4: ¥9.10

①R256.56②R271.14 040146
不育不孕症的中医诊治/张寄青主编.—青岛:青岛出版社,1995.2.—336页;19cm
ISBN 7-5436-1268-2: ¥9.80

R256.59 040147
腰腿痛防治和食疗100法/蔡建平,张曦主编.—北京:中国医药科技出版社,1995.12.—225页;19cm.—(常见病防治和食疗100法系列)
ISBN 7-5067-1253-9: ¥8.00

R259.8 040148
现代中医内分泌病学/谌剑飞主编.—上海:上海医科大学出版社,1995.12.—290页;26cm
ISBN 7-5627-0268-3: ¥25.60

R259.871 040149
气学与糖尿病/王晖,王建康著.—宁波:宁波出版社,1995.7.—149页;19cm
ISBN 7-80602-071-3: ¥7.80

R259.92 040150
常见老年病的中医治疗/李建生等主编.—郑州:中原农民出版社,1995.6.—275页;20cm
ISBN 7-80538-778-8: ¥7.20

R259.92 040151
十五种老年病的中医治疗/郭战军编著.—天津:天津科学技术出版社,1995.2.—171页;19cm
ISBN 7-5308-1262-9: ¥7.50

R259.92 040152
中医老年病临床研究/周文泉,高普主编.—北京:北京出版社,1995.7.—1252页;26cm.—(北京医学文库)
ISBN 7-200-02650-6(精装): ¥90.00

R259.93 040153
免疫性疾病的中医治疗/尤松鑫主编.—天津:天津大学出版社,1995.9.—274页;20cm
ISBN 7-5618-0775-9: ¥9.10

R26 中医外科

R26 040154
疮疡荟萃　第一卷/杨吉相,郑彬彬主编.—沈阳:辽宁大学出版社,1995.5.—604页;20cm
ISBN 7-5610-2975-6: ¥29.80

R26 040155
新编中医外科学/尚德俊主编.—济南:济南出版社,1995.6.—288页;26cm
ISBN 7-80572-899-2: ¥18.00

R26 040156
中国民间医术绝招:外科部分/王文安编著.—呼和浩特:内蒙古人民出版社,1995.1.—545页;20cm
ISBN 7-204-02549-0: ¥12.90

R26 040157
中医外科学/韦永兴主编.—北京:中国中医药出版社,1995.7.—199页;26cm
高等医药院校教材 供专科中医学专业用
ISBN 7-80089-495-9: ¥13.00

R26-62 040158
实用中医外科治疗手册/乔成林,杨世兴编著 .—西安:陕西科学技术出版社,1995.8.—275页;19cm
ISBN 7-5369-1678-7: ¥6.50

R266 040159
实用中医痔科学/闻茂康等编著.—北京:人民卫生出版社,1995.7.—459页;19cm
ISBN 7-117-02200-0: ¥15.60

R266 040160
中医肛肠科学/柏连松编著.—上海:上海科技教育出版社,1995.4.—121页;19cm.—(上海市住院医师培养指导丛书)
ISBN 7-5428-1087-1: ¥8.00

R271 中医妇产科

R271 040161

《女科要旨》笺正/(清)陈修园编著;黄杰熙笺正.—太原:山西科学技术出版社,1995.8.—164页;19cm
ISBN 7-5377-1155-0:¥6.00

R271　040162
妇科冰鉴/(清)柴得华撰;王耀廷等点校.—北京:中医古籍出版社,1995.5.—157页;19cm.—(珍本医籍丛刊/傅景华主编)
ISBN 7-80013-600-0:¥5.80

R271　040163
妇女百病偏方/郭博信编著.—太原:山西科学技术出版社,1995.6.—154页;19cm
ISBN 7-5377-1151-8:¥5.50

R271　040164
母婴保健知识精要及秘方/赵宏逵编著.—重庆:西南师范大学出版社,1995.8.—89页;19cm
ISBN 7-5621-1254-1:¥3.70

R271　040165
中医妇科常见病外治良方/张志兰,杨万章编著.—南昌:江西科学技术出版社,1995.12.—244页;20cm
ISBN 7-5390-1016-9:¥10.00

R271　040166
中医妇科治验集锦/王裕民编著;王兆荣等整理.—太原:山西科学技术出版社,1995.10.—144页;19cm
ISBN 7-5377-1108-9:¥5.80

R271-44　040167
中医妇科解难600问/田玉芝编.—北京:中医古籍出版社,1995.7.—199页;19cm
ISBN 7-80013-575-6:¥8.20

R271-64　040168
中医妇科学表解/张爱芳主编.—天津:天津科技翻译出版公司,1995.9.—270页;26cm
ISBN 7-5433-0821-5:¥16.00

R271.1　040169
妇科名医证治精华/乐秀珍主编.—上海:上海中医药大学出版社,1995.12.—361页:照片;20cm
ISBN 7-81010-299-0:¥20.60

R271.1　040170
妇科医籍辑要丛书:妇科基础理论/张奇文主编.—北京:人民卫生出版社,1995.9.—334页;20cm
ISBN 7-117-02215-9(精装):¥20.10

R271.1　040171
妇科医籍辑要丛书:妇科杂病/张奇文主编.—北京:人民卫生出版社,1995.9.—312页;20cm
ISBN 7-117-02216-7(精装):¥19.10

R271.1　040172
妇科医籍辑要丛书:胎产病证/张奇文主编.—北京:人民卫生出版社,1995.9.—574页;20cm
ISBN 7-117-02214-0(精装):¥32.60

R271.1　040173
妇科医籍辑要丛书:月经病证/张奇文主编.—北京:人民卫生出版社,1995.9.—347页;20cm
ISBN 7-117-02217-5(精装):¥21.00

R271.1　040174
中医妇科学/马宝璋主编.—北京:中国中医药出版社,1995.12.—220页;26cm
高等医药院校教材 供专科中医学专业用
ISBN 7-80089-493-2:¥17.00

R271.14　040175
施慧治疗男女不育症专集/施慧著.—北京:中国医药科技出版社,1995.12.—167页;19cm
ISBN 7-5067-1394-2:¥6.50

R271.44　040176
通乳十二法/仝宗景编著.—北京:人民卫生出版社,1995.7.—140页;20cm
ISBN 7-117-02233-7:¥6.50

R272　中医儿科

R272　040177
儿科疾病处方/金汉珍,马伴吟主编.—上海:上海科技教育出版社,1995.3.—433页;19cm
ISBN 7-5428-1021-9:¥14.00

R272　040178
刘云山儿科秘录/何金梅编著.—西安:陕西科学技术出版社,1995.4.—148页;19cm
ISBN 7-5369-0212-3:¥6.00

R272　040179
实用中医儿科学/江育仁,张奇文主编.—上海:上海科学技术出版社,1995.9.—972页;26cm
ISBN 7-5323-3837-1(精装):¥65.10

R272　040180
中医儿科学/朱大年主编;程家正等编.—上海:上海科技教育出版社,1995.2.—154页;19cm.—(上海市住院医师培养指导丛书)
ISBN 7-5428-1071-5:¥9.80

R272　040181
中医儿科学/刘弼臣主编.—北京:学苑出版社,1995.5.—339页;26cm
普通高等中医院校协编教材
ISBN 7-5077-0690-7:¥18.00

R273　中医肿瘤科

R273　040182
中医抗癌良方/郎伟君等编著.—哈尔滨:黑龙江科学技术出版社,1995.4.—219页;19cm.—(中华传统简易疗法丛书/常虹,李鑫主编)
ISBN 7-5388-2484-7:¥5.80

R273　040183
中医治癌秘诀/凌耀星主编.—上海:文汇出版社,1995.8.—337页;20cm
ISBN 7-80531-343-1:¥16.50

①R273.05②R289.5　040184
中医药治疗癌症临证精方/李寿山主编.—大连:大连理工大学出版社,1995.12.—229页;20cm
ISBN 7-5611-1091-X:¥12.00

R274　中医骨伤科

R274　040185
骨伤疾患简易疗法/萧林榕等编.—福州:福建科学技术出版社,1995.11.—195页;19cm
ISBN 7-5335-0940-4:¥6.30

R274　040186
何氏骨科学　下卷/何天佐著.—北京:中医古籍出版社,1995.12.—335页:图;26cm
ISBN 7-80013-647-7:¥48.00

R274　040187
何氏骨科学　下卷/何天佐著.—北京:中医古籍出版社,1995.12.—335页:图;26cm
ISBN 7-80013-647-7(精装):¥120.00

R274　040188
快速整骨法/孙华岳等著.—北京:科学出版社,1995.12.—182页;19cm
ISBN 7-03-004959-4:¥7.20

R274　040189
名家跌打损伤真传/(清)沈元善等编著;丁继华等点校.—北京:中医古籍出版社,1995.8.—223页;19cm.—(珍本医籍丛刊/傅景华主编)
ISBN 7-80013-580-2:¥10.00

R274　040190
伤科宝鉴/李则中著.—北京:中国医药科技出版社,1995.6.—539页;20cm
ISBN 7-5067-1166-4:¥28.00

R274　040191
伤科传薪录/施维智著.—上海:学林出版社,1995.1.—304页;20cm
ISBN 7-80616-012-4:¥14.00

R274　040192
腰痛系列药临床运用指南/冷方南主编.—北京:中国医药科技出版社,1995.1.—127页;19cm
ISBN 7-5067-1355-1:¥2.68

R274　040193
中医骨伤科学/张安祯主编.—北京:中国中医药出版社,1995.12.—260页;26cm
高等医药院校教材 供专科中医学专业用
ISBN 7-80089-491-6:¥20.00

R274.2　040194
罗氏正骨心法秘诀/罗有明口述;罗金官撰著.—北京:科学技术文献出版社,1995.10.—252页:图;20cm
ISBN 7-5023-2547-6:¥17.50

R274.2　040195
手法治疗脱位、错缝和软组织损伤/刘天胜等著.—西安:陕西科学技术出版社,1995.2.—152页;19cm
ISBN 7-5369-2246-9:¥5.00

R274.94　040196
关节痛的中医特色治疗/范仁忠著.—合肥:安徽科学技术出版社,1995.2.—268页;19cm
ISBN 7-5337-1088-6:¥6.90

R275　中医皮科

R275　040197
皮科百览/李博鉴著.—北京:人民卫生出版社,1996.12.—210页;19cm
ISBN 7-117-02445-3:¥11.60

R275　040198
实用中医皮肤病学/马绍尧主编.—上海:上海中医药大学出版社,1995.12.—613页;20cm.—(中医临床医学大系)
ISBN 7-81010-294-x(精装):¥31.50

R276　中医五官科

R276.1　040199
中医耳鼻咽喉科学/郑昌雄主编;倪合也等编.—上海:上海科技教育出版社,1995.2.—114页;19cm.—(上海市住院医师培养指导丛书)
ISBN 7-5428-1070-7:¥7.60

R276.15-61　040200
中医鼻病大全/陆小左,董显庸主编.—天津:天津科学技术出版社,1995.5.—452页;19cm
ISBN 7-5308-1661-6:¥14.30

R276.17　040201
中医喉科集成/张赞臣主编.—北京:人民卫生出版社,1995.8.—692页;26cm
ISBN 7-117-02179-9(精装):¥59.80

R276.7　040202
眼病论治/牛秀贞主编.—北京:中国环境科学出版社,1995.3.—229页;19cm
ISBN 7-80093-790-9:¥6.60

R276.7　040203
眼底病的中医治疗/姚芳蔚著.—上海:上海中医药大学出版社,1995.4.—250页;20cm
ISBN 7-81010-274-5:¥16.00

R276.7　040204
眼科易简补编/殷伯伦,殷纳新点校.—北京:人民卫生出版社,1995.2.—128页;19cm
ISBN 7-117-02172-1:¥5.20

R276.7　040205
中医眼科学/祁宝玉主编.—北京:人民卫生出版社,1995.1.—225页;26cm
高等医药院校教材 供中医专业针灸专业中医函授使用
ISBN 7-117-02177-2:¥14.00

R276.7　040206
中医眼科学/邹菊生,刘崇晏编著.—上海:上海科技教育出版社,1995.7.—74页;19cm.—(上海市住院医师培养指导丛书)
ISBN 7-5428-1124-X:¥5.40

R276.78　040207
耳穴防治近视眼/王槐昌编著.—上海:百家出版社,1995.10.—53页;19cm

ISBN 7-80576-545-6: ¥3.00

R277 中医其他学科

①R277.57②R247.4　040208

男科气功疗法/刘辉主编.—南京:江苏科学技术出版社,1995.1.—202页;20cm.—(中医男科丛书)

ISBN 7-5345-1883-0: ¥6.50

①R277.57②R271　040209

男女科病新方治疗大全/樊中州,凌泽奎主编.—北京:中国人口出版社,1995.3.—352页;20cm

ISBN 7-80079-208-0: ¥20.00

R277.7　040210

癫狂证治精要/陈山川编著.—沈阳:辽宁科学技术出版社,1995.5.—110页;19cm

ISBN 7-5381-2118-8: ¥6.00

R277.710.2　040211

中国传统精神病理学/何裕民著.—上海:上海科学普及出版社,1995.6.—284页;20cm.—(中医病理研究丛书/匡调元主编)

ISBN 7-5427-0911-9(精装): ¥26.00

R277.721　040212

中医癫痫新疗法/王天才著.—北京:中国中医药出版社,1995.8.—195页;19cm

ISBN 7-80089-469-X: ¥9.80

R278 中医急症学

R278　040213

中医急诊医学/陈佑邦,王永炎主编.—福州:福建科学技术出版社,1995.10.—589页;26cm

ISBN 7-5335-0917-X(精装): ¥47.00

R278　040214

中医急症学/涂晋文等主编.—北京:中国中医药出版社,1995.12.—98页;26cm

高等医药院校教材 供专科中医学专业用

ISBN 7-80089-492-4: ¥8.00

R28 中药学

R28　040215

常用方药功用甄别/韩必森,彭一清编.—北京:人民卫生出版社,1995.2.—218页;19cm

ISBN 7-117-02166-7: ¥8.10

R28　040216

现代中医药应用与研究大系　第四卷:伤寒及金匮/柯雪帆主编.—上海:上海中医药大学出版社,1995.8.—233页;20cm

ISBN 7-81010-296-6(精装): ¥23.60

R28　040217

袖珍中草药图本 /方晓阳等编.—长沙:湖南科学技术出版社,1995.8.—401页;14cm

ISBN 7-5357-1654-7(精装): ¥12.00

R28　040218

中草药及其制剂质量分析方法/赵余庆编.—沈阳:辽宁科学技术出版社,1995.10.—353页;26cm

ISBN 7-5381-2150-1: ¥19.80

R28　040219

中草药现代研究　第一卷/宋振玉主编;中国医学科学院药物研究所编著.—北京:北京医科大学、中国协和医科大学联合出版社,1995.5.—447页:彩图;26cm

ISBN 7-81034-438-2(精装): ¥60.00

R28　040220

中国药物大全:中药卷/《中国药物大全》编委会编.—3版.—北京:人民卫生出版社,1995.8.—486页;26cm

ISBN 7-117-01546-2(精装): ¥50.00

R28　040221

中药常识小百科/樊永平主编.—北京:中国书籍出版社,1995.5.—224页;19cm

ISBN 7-5068-0406-9: ¥8.00

R28　040222

中药调剂学/谭德福主编.—北京:中国中医药出版社,1995.9.—144页;26cm

ISBN 7-80089-462-2: ¥11.00

R28　040223

中药新药研制与申报/王北婴主编.—北京:中国中医药出版社,1995.1.—462页;26cm

ISBN 7-80089-413-4(精装): ¥48.00

R28　040224

中药学/雷载权主编;王淑清等编.—上海:上海科学技术出版社,1995.6.—358页;26cm

普通高等教育中医药类规划教材 供中医药类专业用

ISBN 7-5323-3706-5: ¥10.80

R28　040225

中药易读/林源东编著.—福州:福建科学技术出版社,1995.9.—382页;19cm

ISBN 7-5335-0913-7: ¥10.60

R28　040226

中药资源学引论/叶万辉,陆兆华主编.—哈尔滨:东北林业大学出版社,1995.3.—206页;20cm

ISBN 7-81008-531-X: ¥8.50

R28-53　040227

中药研究论文集　1994年 总第10期/蔡仲德主编;中国中医研究院中药研究所编.—北京:中医古籍出版社,1995.10.—327页;26cm

ISBN 7-80013-639-6: ¥30.00

R28-62　040228

中药应用指南/徐连城等主编.—北京:中国中医药出版社,1995.5.—328页;19cm

ISBN 7-80089-007-4: ¥7.80

R281.2　040229

《本草三家合注》评释/(清)张隐庵等注;(清)郭汝聪纂集;黄杰熙评释.—太原:山西科学技术出版社,1995.2.—355页;20cm

ISBN 7-5377-0973-4: ¥7.90

R281.2 040230

神农本草经辑注/马继兴主编.—北京:人民卫生出版社,1995.12.—1198页;20cm

ISBN 7-117-02251-5(精装): ¥70.60

R281.3 040231

本草纲目实用便方/顾植山,储崇华主编.—合肥:安徽科学技术出版社,1995.11.—467页;20cm

ISBN 7-5337-1143-2: ¥15.00

R282 040232

草药治百病/熊耀康等编.—杭州:浙江科学技术出版社,1995.3.—277页;19cm

ISBN 7-5341-0732-6: ¥8.50

R282 040233

常用中药材品种整理和质量研究:北方编　第1册/楼之岑,秦波主编.—北京:北京医科大学、中国协和医科大学联合出版社,1995.9.—1030页:彩图;26cm

ISBN 7-81034-205-3(精装): ¥210.00

R282 040234

常用中药材品种整理和质量研究:北方编　第2册/楼之岑,秦波主编.—北京:北京医科大学、中国协和医科大学联合出版社,1995.10.—1204页:彩图;26cm

ISBN 7-81034-184-7(精装): ¥250.00

R282 040235

中国常用中药材/中国药材公司编著.—北京:科学出版社,1995.3.—1148页:图;26cm.—(中国中药资源丛书)

ISBN 7-03-004276-X(精装): ¥176.00

R282 040236

中国中药资源/中国药材公司编著.—北京:科学出版社,1995.3.—287页;26cm.—(中国中药资源丛书)

ISBN 7-03-004653-6(精装): ¥36.00

R282-61 040237

中药采收鉴别应用全书/范崔生主编.—南昌:江西科学技术出版社,1995.9.—778页:彩图;26cm

ISBN 7-5390-0821-0(精装): ¥148.00

R282-64 040238

吉林药材图志:续集/樊绍钵等主编;邓明鲁等编著.—北京:中医古籍出版社,1995.3.—928页;26cm

ISBN 7-80013-616-7(精装): ¥48.00

R282-64 040239

中药材及饮片原色图鉴/张贵君主编.—哈尔滨:黑龙江科学技术出版社,1995.9.—588页:彩图;26cm

ISBN 7-5388-2687-4(精装): ¥168.00

R282.5 040240

山东省中药材标准/山东省卫生厅编.—济南:山东友谊出版社,1995.8.—251页;26cm

ISBN 7-80551-706-1(精装): ¥40.00

R282.5 040241

中药粉末检索系统/杨启德,杨龙主编.—成都:四川科学技术出版社,1995.9.—820页;20cm

ISBN 7-5364-2997-5: ¥25.00

R282.5 040242

中药鉴别真传/吕侠卿编著.—长沙:湖南科学技术出版社,1995.4.—481页;20cm

ISBN 7-5357-1687-3(精装): ¥18.20

R282.5-64 040243

中国中药材真伪鉴别图典　(1):常用贵重药材、进口药材分册/张继等主编;中国药品生物制品检定所,广东省药品检验所编著.—广州:广东科技出版社,1995.11.—247页;26cm

ISBN 7-5359-1494-2(精装): ¥148.00

R282.7 040244

黑龙江省地产药/于加宾等主编.—哈尔滨:黑龙江科学技术出版社,1995.9.—472页:彩照;26cm

ISBN 7-5388-2838-9: ¥48.00

R282.7 040245

一味中药祛顽疾/李世文,康满珍编著.—北京:人民军医出版社,1995.12.—630页;19cm

ISBN 7-80020-581-9: ¥28.00

R282.71 040246

百花治百病/洪文煦编著.—上海:上海中医药大学出版社,1995.8.—169页;19cm

ISBN 7-81010-290-7: ¥8.10

R282.71 040247

灵芝的开发应用/陈长洲等主编.—广州:广东高等教育出版社,1995.10.—152页;19cm

ISBN 7-5361-1787-6: ¥6.00

R282.710.5 040248

银杏叶及其制剂/周维书等编著.—北京:化学工业出版社,1995.10.—121页;19cm

ISBN 7-5025-1544-5: ¥6.50

R282.710.7 040249

健康用药指南:关于人参及参叶甙的专述/曾庆通著.—重庆:重庆大学出版社,1995.5.—50页;19cm

ISBN 7-5624-1027-5: ¥1.90

R282.710.7 040250

雷公藤治病顾问/秦万章主编.—上海:文汇出版社,1995.1.—98页;19cm

ISBN 7-80531-326-1: ¥4.00

R282.710.7-62 040251

有毒中草药临床实用手册/郭晓庄主编.—厦门:鹭江出版社,1995.11.—563页;20cm

ISBN 7-80610-170-5: ¥21.50

R282.74 040252

药用动物学/刘仁华等主编.—哈尔滨:东北林业大学出版社,1995.12.—233页;19cm

ISBN 7-81008-742-8: ¥15.00

R282.740.3 040253

参茸的鉴别和应用/上海市药材公司编.—上海:文汇出版社,1995.4.—163页;20cm

ISBN 7-80531-320-2: ¥11.20

R282.76 040254

矿物本草/郭兰忠主编.—南昌:江西科学技术出版社,1995.10.—360页;20cm

ISBN 7-5390-0949-7(精装): ¥15.00

R283 040255

中药调剂学概论/李广庆主编.—北京:中国医药科

技出版社,1995.7.—277页;26cm
ISBN 7-5067-1287-3:¥18.00

R283　040256
中药制剂检验分析/刘大潜主编;张秀琴等编.—开封:河南大学出版社,1995.9.—288页;26cm
ISBN 7-81041-214-0:¥17.00

R283-62　040257
中药制药专业生产实习与毕业设计指南/李范珠,李永吉主编.—沈阳:辽宁科学技术出版社,1995.9.—316页;19cm
ISBN 7-5381-2243-5:¥10.00

R283.66　040258
中药浸提制剂技术和质量监控/丘晨波编著.—北京:中国医药科技出版社,1995.8.—222页;20cm
ISBN 7-5067-1377-2:¥9.00

R284　040259
中药化学/陆蕴如主编.—北京:学苑出版社,1995.5.—393页;26cm
普通高等中医院校协编教材
ISBN 7-5077-0979-5:¥22.00

R285　040260
临床中药经纬论/李忠,党炳瑞主编.—郑州:河南医科大学出版社,1995.8.—277页;26cm
ISBN 7-81048-008-1:¥18.00

R285　040261
新编中药药理与临床应用/金岚,金若敏主编.—上海:上海科学技术文献出版社,1995.5.—524页;19cm
ISBN 7-5439-0621-X:¥26.20

R285　040262
中药品种新理论的研究/谢宗万,梁爱华著.—北京:人民卫生出版社,1995.9.—134页;19cm
ISBN 7-117-02291-4:¥5.10

R285　040263
中药药理与临床研究进展　第三册/周金黄,王建华主编.—北京:军事医学科学出版社,1995.9.—377页;20cm.—(中药基础和临床研究丛书)
ISBN 7-80121-012-3:¥20.00

R285　040264
中药有效成份药理与应用/季宇彬主编.—哈尔滨:黑龙江科学技术出版社,1995.12.—593页;26cm
ISBN 7-5388-2948-2:¥60.00

R285.1　040265
部颁药材的临床应用与归类/刘明珠编著.—上海:上海科学技术出版社,1995.8.—81页;13×19cm
ISBN 7-5323-3741-3:¥3.30

R285.1　040266
活血化瘀药化学、药理与临床/陈可冀主编.—济南:山东科学技术出版社,1995.11.—289页;26cm
ISBN 7-5331-1569-4(精装):¥38.00

R285.6　040267
中药不良反应/蒋庆雨,齐永茂主编.—北京:中国中医药出版社,1995.2.—473页;19cm
ISBN 7-80089-423-1:¥13.00

R285.6　040268
中药的临床选用/沈庆法编著.—上海:上海科学技术文献出版社,1995.5.—167页;19cm
ISBN 7-5439-0634-1:¥9.80

R286　040269
云南白药治百病/杨巨才等编著.—北京:北京科学技术出版社,1995.5.—201页;19cm
ISBN 7-5304-1725-8:¥8.50

R286-62　040270
临床袖珍手册:中成药/施赛珠主编.—上海:上海医科大学出版社,1995.12.—270页;19cm
ISBN 7-5627-0301-9:¥12.80

R286-62　040271
中成药实用指南/文棣主编.—北京:中国书店,1995.12.—862,84页;20cm
ISBN 7-80568-692-0(精装):¥38.00

R286.0　040272
中成药薄层色谱鉴别/康廷国主编.—北京:人民卫生出版社,1995.6.—456页;26cm
ISBN 7-117-02183-7(精装):¥39.60

R287.7-62　040273
耳鼻咽喉科中医方剂手册/宋凤竹等主编.—北京:中国中医药出版社,1995.7.—155页;19cm
ISBN 7-80089-463-0:¥5.80

R289　方剂学

R289　040274
方剂记忆法/董汉良编著.—南京:江苏科学技术出版社,1995.2.—158页;19cm
ISBN 7-5345-1806-7:¥4.30

R289　040275
方剂心得十讲/焦树德著.—北京:人民卫生出版社,1995.1.—246页;20cm
ISBN 7-117-02144-6(精装):¥10.00

R289　040276
方剂学/段富津主编.—上海:上海科学技术出版社,1995.6.—290页;26cm
普通高等教育中医药类规划教材 供中医药类专业用
ISBN 7-5323-3708-1:¥8.85

R289　040277
方剂学/许济群,王绵之主编.—北京:人民卫生出版社,1995.12.—689页;26cm.—(高等中医院校教学参考丛书)
ISBN 7-117-02288-4:¥54.90

R289　040278
名老中医秘方验方精选/程爵棠编著.—北京:人民军医出版社,1995.11.—775页;19cm
ISBN 7-80020-554-1(精装):¥42.00

R289-61　040279
中医方剂大辞典　第四册/彭怀仁主编.—北京:人民卫生出版社,1995.2.—1038页;26cm
ISBN 7-117-02054-7(精装):¥92.30

R289-62　040280
实用中药方剂手册/朱大年,陈学勤主编;陈德兴等编.—上海:上海科技教育出版社,1995.11.—416页;19cm
ISBN 7-5428-1079-0:¥13.90

R289.1　040281
怎样开好中药处方/阮时宝,俞宜年编著.—厦门:鹭江出版社,1995.9.—313页;19cm
ISBN 7-80610-164-0:¥10.95

R289.2　040282
古今各方100对的临床应用/朱桂茹,李世增编.—北京:中医古籍出版社,1995.5.—229页;19cm
ISBN 7-80013-567-5:¥8.80

R289.2　040283
古今济生妙方/张树生主编.—北京:中国医药科技出版社,1995.4.—802页;26cm
ISBN 7-5067-1221-0:¥56.00

R289.2　040284
古今名医良方精解:痛证篇/谈宇文,谈宇武主编.—武汉:湖北科学技术出版社,1995.8.—374页;19cm
ISBN 7-5352-1723-0:¥9.90

R289.2　040285
古今效验偏方集解/郑学龙等编著.—福州:福建科学技术出版社,1995.11.—810页;20cm
ISBN 7-5335-0903-X:¥29.00

R289.2　040286
家庭治疗有效偏方:省时省力省钱治疗指南/林华编.—北京:中国林业出版社,1995.2.—149页;19cm
ISBN 7-5038-1340-7:¥5.00

R289.2　040287
经方新识新用/金东明主编.—长春:吉林大学出版社,1995.12.—394页;19cm
ISBN 7-5601-1861-5:¥19.00

R289.2　040288
妙药奇方/朴哲译编.—3版.—牡丹江:黑龙江朝鲜民族出版社,1995.12.—556页;19cm
ISBN 7-5389-0607-X:¥16.80

R289.2　040289
名医济生精华/孟俊琴编著.—北京:中国科学技术出版社,1995.8.—425页;20cm
ISBN 7-5046-1424-6:¥16.80

R289.2　040290
奇效良方/(明)董宿辑录;(明)方贤续补;可嘉校注.—北京:中国中医药出版社,1995.9.—657页;26cm.—(明清中医名著丛刊/樊正伦主编)
ISBN 7-80089-433-9(精装):¥68.00

R289.2　040291
神针妙手奇方/王学良,辜甲林主编.—太原:山西科学技术出版社,1995.7.—628页;20cm
ISBN 7-5377-1167-4:¥20.00

R289.2　040292
实用偏、单、秘、验方两千首/井玉章等编.—太原:山西高校联合出版社,1995.7.—426页;20cm
ISBN 7-81032-724-0:¥16.60

R289.2　040293
顽症良方精选/刘苏中等编著.—北京:科学技术文献出版社,1995.9.—428页;19cm
ISBN 7-5023-2358-9:¥16.50

R289.2　040294
疑难病症经效良方/王发渭,郝爱真主编.—北京:金盾出版社,1995.2.—496页;19cm
ISBN 7-80022-968-8:¥9.60

R289.2　040295
中国简效秘方大全/朱建平主编.—北京:原子能出版社,1995.2.—216页;26cm
ISBN 7-5022-1253-1:¥21.60

R289.2　040296
中国滋阴壮阳药方大全/岳方编.—贵阳:贵州科技出版社,1995.10.—236页;19cm
ISBN 7-80584-442-9:¥9.00

R289.2　040297
中华效方汇海/王裕颐,张鸿来主编.—太原:山西科学技术出版社,1995.4.—1115页;20cm
ISBN 7-5377-1057-0(精装):¥42.00

R289.2　040298
中医方剂通释/宗全和主编.—石家庄:河北科学技术出版社,1995.1.—4册(1盒);26cm
ISBN 7-5375-1395-3:¥180.00

R289.2　040299
中医十大类方/黄煌著.—南京:江苏科学技术出版社,1995.7.—199页;20cm
ISBN 7-5345-1951-9:¥8.20

R289.2　040300
中医疑难病秘验方大典/宋兴等主编.—成都:四川科学技术出版社,1995.5.—822页;20cm
ISBN 7-5364-2875-8(精装):¥28.00

R289.2　040301
中医治方集粹:脾胃病证治方/吴华强等编著.—合肥:安徽科学技术出版社,1995.1.—585页;20cm
ISBN 7-5337-1064-9:¥14.00

R289.2-61　040302
中医类方辞典/段苦寒编纂.—天津:天津大学出版社,1995.11.—574页;29cm
ISBN 7-5618-0472-5(精装):¥58.00

R289.2-62　040303
中医协定处方手册/陈秘水等主编.—杭州:浙江科学技术出版社,1995.12.—714页;19cm
ISBN 7-5341-0800-4(精装):¥35.00

R289.339　040304
小品方/(南北朝)陈延之撰;高文铸辑注.—北京:中国中医药出版社,1995.6.—367页;19cm
ISBN 7-80089-422-3:¥13.00

R289.344　040305
易简方/(宋)王硕撰;巢因慈点校.—北京:人民卫生出版社,1995.7.—56页;20cm.—(中医古籍整理丛书)
ISBN 7-117-02234-5:¥3.50

R289.349　040306
千金方衍义/(清)张璐著;王忠云等校注.—北京:中

国中医药出版社,1995.11.—611 页;26cm.—(明清中医名著丛刊/樊正伦主编)
ISBN 7-80089-439-8(精装):¥60.00

R289.37　040307
冬令滋补进膏方/华浩明编著.—太原:山西科学技术出版社,1995.1.—168 页;19cm
ISBN 7-5377-1052-X:¥4.50

R289.37　040308
何炎桑临证试效方/马凤彬整理.—广州:广东高等教育出版社,1995.5.—271 页;20cm.—(岭南中医药丛书)
ISBN 7-5361-1678-0:¥10.00

R289.37　040309
首批国家级名老中医效验秘方精选/张丰强,郑英主编.—北京:国际文化出版公司,1995.1.—390 页;20cm
ISBN 7-80105-139-4:¥12.80

R289.5　040310
常见病实用验方精粹/庄志传主编.—东营:石油大学出版社,1995.8.—159 页;13cm
ISBN 7-5636-0719-6:¥3.80

R289.5　040311
常见病自疗精萃/周发祥主编.—北京:中医古籍出版社,1995.8.—301 页;19cm
ISBN 7-80013-570-5:¥10.40

R289.5　040312
大蒜治百病/谭杏林编著.—北京:农村读物出版社,1995.9.—249 页;19cm
ISBN 7-5048-2633-2:¥8.00

R289.5　040313
单方偏方精选/吴艳华等编著.—广州:广东科技出版社,1995.4.—627 页;19cm
ISBN 7-5359-1403-9:¥18.80

R289.5　040314
单味中药治病大全/贺振泉等编.—北京:中国医药科技出版社,1995.6.—454 页;19cm
ISBN 7-5067-0770-5:¥15.50

R289.5　040315
家庭常用偏方精选/杜惠芳等编著.—2 版.—北京:科学技术文献出版社,1995.3.—208 页;19cm
ISBN 7-5023-2384-8:¥5.00

R289.5　040316
家庭常用中药:药性与处方/罗武编著.—青岛:青岛出版社,1995.3.—204 页;19cm
ISBN 7-5436-1269-0:¥6.50

R289.5　040317
家用秘单验方/张林源,王秀英编.—太原:山西科学技术出版社,1995.10.—164 页;19cm
ISBN 7-5377-1208-5:¥7.80

R289.5　040318
精选实用治病验方与偏方/张旭升等编.—北京:科学技术文献出版社,1995.7.—360 页;20cm
ISBN 7-5023-2455-0:¥12.60

R289.5　040319
明清验方三种/邱金麟,王凤兰校注.—北京:中国中医药出版社,1995.1.—197 页;19cm.—(明清中医临证小丛书)
ISBN 7-80089-338-3:¥6.50

R289.5　040320
男女百病验方/张宗芳主编.—太原:山西科学技术出版社,1995.2.—431 页;19cm
ISBN 7-5377-0963-7:¥9.30

R289.5　040321
偏方治小病/贾红棉汇编.—大连:大连出版社,1995.5.—178 页;19cm.—(小小系列之一)
ISBN 7-80612-089-0:¥4.80

R289.5　040322
生姜治百病/谭杏林编著.—北京:农村读物出版社,1995.9.—230 页;19cm
ISBN 7-5048-2636-7:¥7.50

R289.5　040323
实用单方治病指南:针灸部分/黄国健主编.—南京:南京大学出版社,1995.5.—266 页;20cm
ISBN 7-305-02724-3:¥8.50

R289.5　040324
实用单方治病指南:中药部分/黄国健主编.—南京:南京大学出版社,1995.5.—457 页;20cm
ISBN 7-305-02724-3:¥13.80

R289.5　040325
实用家庭中医百科验方/李立维编.—广州:华南理工大学出版社,1995.5.—622 页;19cm
ISBN 7-5623-0848-9:¥29.00

R289.5　040326
五言方剂歌诀/戴西湖,梁萌主编.—北京:人民卫生出版社,1995.8.—164 页;19cm
ISBN 7-117-02240-X:¥7.60

R289.5　040327
新编药茶千方治百病/潘晓明主编.—北京:农村读物出版社,1995.12.—264 页;19cm
ISBN 7-5048-2617-0:¥10.20

R289.5　040328
验方治百病　(2)/徐鸣放等编著.—合肥:安徽科学技术出版社,1995.3.—374 页;19cm
ISBN 7-5337-1118-1:¥9.80

R289.5　040329
益智健脑效验方精选/施仁潮等编著.—北京:金盾出版社,1995.2.—287 页;19cm
ISBN 7-80022-969-6:¥5.50

R289.5　040330
中国传统饮食保健方选/周俭编.—北京:中国轻工业出版社,1995.8.—166 页;20cm
ISBN 7-5019-1842-2:¥8.80

R289.5　040331
中药补肾壮阳大全:家庭珍藏本/云山编著.—广州:华南理工大学出版社,1995.4.—348 页;19cm
ISBN 7-5623-0822-5:¥10.50

R289.5　040332
中药滋阴壮阳独步单方/林仪编.—广州:岭南美术出版社,1995.12.—256 页;19cm

ISBN 7－5362－1321－2：¥9.80

R289.5－61 040333

古今止痛验方大全/董连荣，谢路山主编.—太原：山西科学技术出版社，1995.2.—549页；19cm

ISBN 7－5377－0960－2：¥13.00

R289.6－62 040334

中国骨伤方药全书/赵勇主编.—北京：学苑出版社，1995.10.—491页；26cm

ISBN 7－5077－0990－6(精装)：¥48.00

R29 中国少数民族医学

R291.2 040335

蒙医妙方/贺喜格吐，包光华主编.—通辽：内蒙古少年儿童出版社，1995.1.—302页；20cm

ISBN 7－5312－0416－9：¥12.50

R291.2 040336

蒙医学概述/安官布，金玉主编.—赤峰：内蒙古科学技术出版社，1995.8.—85页；20cm

ISBN 7－5380－0280－4(精装)：¥6.00

R291.4 040337

中国藏医学/蔡景峰主编.—北京：科学出版社，1995.10.—462页；20cm.—(中国传统医学丛书/张恩勤等主编)

ISBN 7－03－004577－7：¥32.00

R291.5 040338

维吾尔族医药学/朱琪主编.—昆明：云南民族出版社，1995.3.—330页；19cm.—(中国少数民族医药丛书/关祥祖主编)

ISBN 7－5367－1001－1：¥12.00

R291.8 040339

壮族医药学/杨顺发，关祥祖主编.—昆明：云南民族出版社，1995.7.—330页；19cm.—(中国少数民族医药丛书/关祥祖主编)

ISBN 7－5367－1060－7：¥12.00

R291.9 040340

朝鲜族医药学/卢得子等主编.—昆明：云南民族出版社，1995.10.—296页；19cm.—(中国少数民族医药丛书 /关祥祖主编)

ISBN 7－5367－1096－8：¥11.00

R291.9 040341

朝药志/崔松男主编.—延吉：延边人民出版社，1995.6.—264页；26cm

ISBN 7－80599－256－8(精装)：¥20.00

R295.3 040342

傣族传统医药方剂/西双版纳州民族医药研究所编写组编著.—昆明：云南科技出版社，1995.11.—304页；26cm

ISBN 7－5416－0777－0：¥40.00

R3 基础医学

R3 040343

基础医学名词释义/奚平，庄大芬主编.—2版.—沈阳：辽宁大学出版社，1995.8.—284页；19cm

ISBN 7－5610－2498－5：¥8.90

R3 040344

免疫学基础及病原生物学/裘建中主编 .—南宁：广西科学技术出版社，1995.11.—171页；26cm

中等卫生职业学校教材 供医士、助产士、检验士、护士专业用

ISBN 7－80619－259－X：¥9.80

R3 040345

全科医学理论与实践/顾湲，吕繁主编.—北京：世界图书出版公司北京公司，1995.8.—179页；26cm

ISBN 7－5062－2726－6：¥16.00

R3 040346

医学免疫学与微生物学/白惠卿，陈育民主编.—北京：北京医科大学、中国协和医科大学联合出版社，1995.2.—222页；26cm

ISBN 7－81034－458－7：¥12.90

R3 040347

医学细胞生物学与遗传学/崔学增，徐维衡主编.—北京：北京科学技术出版社，1995.7.—160页；26cm

ISBN 7－5304－1777－0：¥15.20

①R3②R4 040348

基础与临床医学研究/海军421医院编著.—北京：原子能出版社，1995.12.—137页；26cm

ISBN 7－5022－1427－5：¥13.50

R3－43 040349

免疫学与病原生物学目标教学指导/董奇等主编.—赤峰：内蒙古科学技术出版社，1995.12.—203页；26cm

中等卫生学校教材

ISBN 7－5380－0311－8：¥12.00

R3－43 040350

医学微生物学与免疫学实验教程/王言贵等主编.—太原：山西高校联合出版社，1995.3.—229页；26cm

医学实验教程系列 供高等医药院校基础医学、预防医学、药学专业用

ISBN 7－81032－769－0：¥8.90

①R3－44②R4－44 040351

医学基础与临床习题精选/谭学厚等主编.—北京：中国医药科技出版社，1995.5.—198页；26cm

ISBN 7－5067－1388－8：¥12.00

R3－61 040352

基础医学名词注释/董学君等主编.—上海：百家出版社，1995.8.—313页；19cm

ISBN 7－80576－562－6：¥9.00

R3－61 040353

现代医学实验技巧全书/方福德等主编.—北京：北京医科大学、中国协和医科大学联合出版社，1995.12.—2册；26cm

ISBN 7－81034－504－4(精装)：¥256.00

R3－62 040354

基础医学考试指南/杨廷桐，许春雷主编.—北京：中国科学技术出版社，1995.10.—428页；26cm

ISBN 7－5046－2064－5：¥19.90

R3－64　040355
组织学与病理学图谱/袁杜，金克炜主编.—昆明：云南教育出版社，1995.11.—92页；26cm
ISBN 7－5415－1061－0：￥30.00

R31　医用一般科学

R31　040356
医用生物学/李璞主编；王芸庆等编写.—4版.—北京：人民卫生出版社，1995.4.—227页；26cm
高等医药院校教材　供基础、预防、临床、口腔医学类专业用
ISBN 7－117－00019－8：￥8.70

R31　040357
医用生物学/梁铭主编.—南宁：广西科学技术出版社，1995.9.—114页；26cm
中等卫生职业学校教材　供医士、助产士、检验士、护士专业用
ISBN 7－80619－250－6：￥7.00

R31　040358
医用物理化学/濮良忠主编.—北京：人民卫生出版社，1995.8.—306页；26cm
高等医药检验专业教材
ISBN 7－117－02300－7：￥25.00

R311　040359
实用医学多因素统计分析/罗毅平等编著.—武汉：湖北科学技术出版社，1995.5.—190页；26cm
ISBN 7－5352－1682－X：￥9.80

R311　040360
医药高等数学/张春华，周永治主编.—延吉：延边大学出版社，1995.2.—244页；26cm
高等医药院校教材
ISBN 7－5634－0767－7：￥10.90

R311　040361
医药数理统计方法/方积乾主编；王珍等编.—2版.—北京：人民卫生出版社，1995.9.—333页；26cm
高等医药院校教材　供药学类专业用
ISBN 7－117－00199－2：￥16.80

R311　040362
医药应用数理统计/杨继泰主编.—开封：河南大学出版社，1995.2.—205页；26cm
ISBN 7－81041－142－X：￥6.60

R311　040363
医用多因素分析/黄正南编著.—3版.—长沙：湖南科学技术出版社，1995.5.—428页；20cm
ISBN 7－5357－1080－8：￥14.50

R311　040364
医用多元统计分析/田考聪等编著.—成都：西南交通大学出版社，1995.8.—186页；26cm
ISBN 7－81022－838－2：￥12.00

R312　040365
医用电子技术/魏克斌主编.—北京：人民卫生出版社，1995.8.—329页；26cm
ISBN 7－117－02188－8：￥27.20

R312　040366
医用物理实验教程/曾仁端等主编.—2版.—武汉：华中理工大学出版社，1995.7.—113页；26cm
高等医药院校实验教材
ISBN 7－5609－1147－1：￥5.60

R312　040367
医用物理学/周志明等主编.—东营：石油大学出版社，1995.7.—154页；26cm
高等医学院校试用教材
ISBN 7－5636－0633－5：￥9.80

R312　040368
医用物理学/胡纪湘主编.—4版.—北京：人民卫生出版社，1995.4.—280页；26cm
高等医药院校教材　供基础、预防、临床、口腔医学类专业用
ISBN 7－117－00016－3：￥11.60

R312　040369
医用物理学学习指导书/胡纪湘主编.—修订版.—广州：广东高等教育出版社，1995.8.—126页；26cm
高等医药院校（教材）
ISBN 7－5361－1707－8：￥7.50

R312－33　040370
医用物理实验/吕遐龄，徐克仁主编.—长春：吉林大学出版社，1995.9.—83页；26cm
ISBN 7－5601－1805－4：￥5.60

R312－33　040371
医用物理学实验/贺国珠，刘东华主编.—北京：航空工业出版社，1995.8.—99页；26cm
高等医学院校教材
ISBN 7－80046－950－6：￥8.50

R312－43　040372
超声医学基础教程/马琳，孙冬梅主编.—北京：原子能出版社，1995.10.—284页；20cm
ISBN 7－5022－1388－0：￥10.80

R313　040373
医学化学/刘兴荣主编.—北京：原子能出版社，1995.7.—256页；26cm
高等医药院校教材
ISBN 7－5022－1402－X：￥19.50

R313　040374
医学基础化学/赵钦主编.—昆明：云南科技出版社，1995.12.—285页；26cm
高等医学院校教材　供医学、儿科、口腔、预防医学、法医学、麻醉医学等专业用
ISBN 7－5416－0768－1：￥14.25

R313　040375
医用高分子化学概论/刘有初主编；吴道澄等编著.—西安：陕西科学技术出版社，1995.3.—208页；19cm
ISBN 7－5369－2233－7：￥6.40

R313　040376
医用化学/白明良主编.—沈阳：沈阳出版社，1995.12.—364页；26cm

成人高等医学院校教材
ISBN 7-5441-0550-4: ¥21.00

R313 040377
医用化学/何志强主编;丘云亮等编.—南宁:广西科学技术出版社,1995.9.—205页;26cm
中等卫生职业学校教材 供医士、检验士、助产士、护士专业用
ISBN 7-80619-251-4: ¥12.30

R313 040378
医用基础化学/周栋麒主编;张家骐等编.—2版(修订本).—长沙:湖南科学技术出版社,1995.2.—180页;26cm
中等卫校、中等卫生职业技术学校教材 供西医士、乡村医士专业用
ISBN 7-5357-0265-1: ¥7.70

R313-33 040379
医学基础化学实验/徐春祥主编.—哈尔滨:黑龙江教育出版社,1995.7.—184页;20cm
高等医学院校教材
ISBN 7-5316-2676-4: ¥5.00

R313-33 040380
医学基础化学实验/李峰等主编.—昆明:云南科技出版社,1995.10.—123页;26cm
高等医学院校教材 供医学、儿科、口腔、预防医学、法医学、麻醉医学等专业用
ISBN 7-5416-0769-X: ¥6.10

R313-44 040381
医学基础化学题解/张国彬,邬晓初主编.—昆明:云南科技出版社,1995.10.—120页;26cm
高等医学院校教材 供医学、儿科、口腔、预防医学、法医学、麻醉医学等专业用
ISBN 7-5416-0770-3: ¥6.00

R318 040382
生物医学工程学/国家自然科学基金委员会编.—北京:科学出版社,1995.12.—110页;20cm.—(自然科学学科发展战略调研报告)
ISBN 7-03-004805-9: ¥10.50

①R318②Q343 040383
体细胞遗传学与细胞工程基础:理论、技术及其在医学实践中的应用/张锡元等编著.—武汉:武汉大学出版社,1995.12.—224页;26cm
ISBN 7-307-02086-6: ¥11.85

R318-62 040384
生物技术临床应用手册/肖桂元主编.—广州:广东教育出版社,1995.12.—457页;19cm
ISBN 7-5406-3236-4(精装): ¥40.00

R32 人体形态学

R32 040385
解剖学及组织胚胎学/陈咨夔主编;王作栻等编写.—2版.—北京:人民卫生出版社,1995.3.—360页;26cm
全国中等卫生学校教材 供医士、妇幼医士、卫生医士、口腔医士、护士、助产士专业用
ISBN 7-117-00107-0: ¥13.20

R32 040386
解剖学及组织胚胎学/黄仲照主编;阙玉玲等编.—南宁:广西科学技术出版社,1995.9.—257页;26cm
中等卫生职业学校教材 供医士、妇幼医士、护士专业用
ISBN 7-80619-252-2: ¥14.70

R32 040387
解剖学及组织胚胎学实习指导/安长新,魏德主编.—乌鲁木齐:新疆科技卫生出版社,1995.5.—103页;26cm
ISBN 7-5372-0648-1: ¥6.50

R32 040388
人体形态学/凌怀本,刘桂平主编;刘洪涛等编.—郑州:河南医科大学出版社,1995.8.—285页;26cm
乡村医生培训系列教材
ISBN 7-81048-022-7: ¥16.05

R32 040389
人体医学参数与概念/唐元升等主编.—济南:济南出版社,1995.7.—643页;20cm
ISBN 7-80572-909-3: ¥29.80

①R32②R329.1 040390
解剖学及组织胚胎学/葛兆茹,高佩安主编.—北京:中国医药科技出版社,1995.10.—404页;26cm
医学院校教材
ISBN 7-5067-1429-9: ¥21.40

R32-44 040391
解剖学与组织学学习指导与练习/陈瑞玲主编.—上海:上海医科大学出版社,1995.8.—92页;19cm
ISBN 7-5627-0277-2: ¥5.40

R32-49 040392
人体的构造:如何了解及发挥身体各部分的潜能/(　)Susan L. Engel-Arieli, M.D.编著.—广州:广东人民出版社;香港:纬辉电子出版公司,1995.12.—171页:图;26cm.—(环保·生活·健康系列)
ISBN 7-218-01654-5: ¥45.00

①R32-49②G623.6 040393
人体大世界/王义炯编著;林开开绘.—济南:明天出版社,1995.4.—154页;20cm.—(全国小学生课外丛书/李仲汉主编)
全套书共120册,总定价:385.00元
ISBN 7-5332-2142-7: ¥0.00

R32-64 040394
解剖学与组织胚胎学图谱/赵同光等主编.—北京:人民卫生出版社,1995.5.—98页;26cm
ISBN 7-117-02282-5: ¥20.00

R321-33 040395
人类繁衍史上的奇迹:试管生命揭秘/李英,张中豪著.—广州:广东教育出版社,1995.12.—113页:彩图;21×19cm.—(迈向21世纪科普丛书/黄寿年主编)
ISBN 7-5406-3412-X: ¥11.60

R322 040396
简明人体解剖学/张连洪,刘海兴主编.—沈阳:辽宁

大学出版社，1995.12.—280页；19cm
ISBN 7-5610-3095-9：￥12.80

R322　　**040397**
解剖学图解与强化训练/李长文等主编.--郑州：河南医科大学出版社，1995.6.—218页；19cm
医学生综合知识训练（二）
ISBN 7-81048-009-X：￥6.80

R322　　**040398**
人体解剖学/陈茂林主编；尹维刚等编著.—北京：光明日报出版社，1995.4.—195页；26cm
临床医学专业自学考试用书
ISBN 7-80091-711-8：￥9.80

R322　　**040399**
人体解剖学/胡梦娟，周双俊主编.—北京：北京医科大学、中国协和医科大学联合出版社，1995.8.—353页；26cm
ISBN 7-81034-487-0：￥24.00

R322　　**040400**
人体解剖学歌诀/张元生主编.—武汉：湖北科学技术出版社，1995.1.—100页；19cm
ISBN 7-5352-1645-5：￥3.80

R322　　**040401**
显微外科解剖学基础/钟世镇主编 .—北京：科学出版社，1995.8.—421页；26cm
ISBN 7-03-004544-0：￥79.00

R322　　**040402**
影象解剖学/朱元业主编；崔建华等编.—上海：上海医科大学出版社，1995.2.—180页；26cm
ISBN 7-5627-0247-0：￥15.00

R322　　**040403**
正常人体解剖学/严振国主编.—上海：上海科学技术出版社，1995.6.—367页；26cm
普通高等教育中医药类规划教材 供中医类专业用
ISBN 7-5323-3702-2：￥28.80

①R322②R33　　**040404**
全国医科类成人高等学校招生考试人体解剖学与生理学复习参考资料/中国成人教育协会，成人高、中等学校招生研究会编.—北京：经济科学出版社，1995.9.—298页；26cm
ISBN 7-5058-0870-2：￥28.00

R322-33　　**040405**
正常人体解剖学实验指导/严振国主编.—上海：上海科学技术出版社，1995.6.—70页；26cm
普通高等教育中医药类规划教材 供中医类专业用
ISBN 7-5323-3703-0：￥2.55

①R322-41②R33-41　　**040406**
人体解剖学与生理学复习考试大纲/国家教育委员会成人教育司制订.—北京：经济科学出版社，1995.9.—34页；19cm
ISBN 7-5058-0869-9：￥3.00

R322-44　　**040407**
人体解剖学复习考试指南/赵林昌主编.—南京：江苏科学技术出版社，1995.12.—166页；26cm
ISBN 7-5345-2051-7：￥11.80

R322-44　　**040408**
系统解剖学复习精要与题解/祝善乐主编.—武汉：武汉出版社，1995.12.—268页；19cm
ISBN 7-5430-1442-4：￥9.80

R322-64　　**040409**
实用人体局部解剖学图谱/张铁民主编；王秋生绘.—天津：天津科学技术出版社，1995.2.—657页；20cm
ISBN 7-5308-1597-0：￥22.00

①R322-64②R814.42-64　　**040410**
人体简明局部分层与CT层面解剖图谱：汉英对照/曾汉宗，彭学主编.—广州：广东高等教育出版社，1995.5.—1册；29cm
ISBN 7-5361-1741-8：￥138.00

R322.1-49　　**040411**
心脏的功能/（ ）RALPH M. MYERSON，M.D.编著.—广州：广东人民出版社；香港：纬辉电子出版公司，1995.12.—162页：图；26cm.—（环保·生活·健康系列）
ISBN 7-218-01653-7：￥43.00

R322.4　　**040412**
口腔解剖生理学/徐建明主编；田锋等编写.—2版.—北京：人民卫生出版社，1995.10.—208页：彩图；26cm
全国中等卫生学校教材 供口腔医士专业用
ISBN 7-117-00095-3：￥11.20

R322.7　　**040413**
骨科手术入路解剖学/苗华，周建生主编.—合肥：安徽科学技术出版社，1995.11.—589页；26cm
ISBN 7-5337-1098-3（精装）：￥49.00

R322.8-45　　**040414**
神经解剖实习/臧玉淦原著；王历辛修编.—北京：北京医科大学、中国协和医科大学联合出版社，1995.3.—97页；26cm
ISBN 7-81034-380-7：￥10.80

R322.9　　**040415**
眼耳鼻喉应用解剖学/韩建生主编.—长沙：湖南科学技术出版社，1995.6.—237页；26cm
ISBN 7-5357-1768-3：￥20.00

R323　　**040416**
局部解剖学/梁俊岩等主编.—哈尔滨：黑龙江科学技术出版社，1995.12.—135页；26cm
高等医学院校专科教材 供医学、口腔、护理、影像、妇产等专业用
ISBN 7-5388-2895-8：￥12.50

R323　　**040417**
局部解剖学：解剖操作指导/庄礼尚主编.—汕头：汕头大学出版社，1995.10.—141页；26cm
高等医药院校教材
ISBN 7-81036-087-6：￥12.00

R329　　**040418**
组织培养和分子细胞学技术/鄂征主编.—北京：北京出版社，1995.8.—524页：照片；26cm.—（北京医学文库）
ISBN 7-200-02580-1（精装）：￥52.00

①R329②R321　040419
实用组织学与胚胎学/齐易详，许志大主编.—4版.—合肥：中国科学技术大学出版社，1995.9.—242页；26cm
高等医学院校教材
ISBN 7-312-00629-9：¥8.80

①R329②R321　040420
组织学与胚胎学/贲长恩主编.—北京：学苑出版社，1995.5.—265页；26cm
普通高等中医院校协编教材
ISBN 7-5077-0689-3：¥16.80

①R329②R321　040421
组织学与胚胎学习题集解/全宏勋，刘玉荷主编.—郑州：河南医科大学出版社，1995.10.—250页；19cm
ISBN 7-81048-020-0：¥11.00

R329.1　040422
组织胚胎学/周忠光，李亚东主编.—哈尔滨：黑龙江科学技术出版社，1995.12.—209页；26cm
五所高等中医院校协编教材 供中医药类专业用
ISBN 7-5388-2922-9：¥16.80

R329.1　040423
组织学与胚胎学/成令忠主编.—4版.—北京：人民卫生出版社，1995.4.—334页；26cm
高等医药院校教材 供基础、预防、临床、口腔医学类专业用
ISBN 7-117-00002-3：¥15.70

R329.2　040424
基础医学细胞生物学/胡继鹰，胡良高主编.—武汉：武汉大学出版社，1995.8.—169页；26cm
高等医药院校教材
ISBN 7-307-01995-7：¥10.00

R329.2　040425
细胞保护/王志均，朱文玉主编.—北京：北京医科大学、中国协和医科大学联合出版社，1995.2.—576页；20cm
ISBN 7-81034-415-3：¥25.00

①R329.2②Q7　040426
医学细胞与分子生物学/陈诗书，汤雪明主编.—上海：上海医科大学出版社，1995.2.—589页；26cm
ISBN 7-5627-0244-6(精装)：¥39.50

①R329.2-33②R394-33　040427
医学细胞生物学与医学遗传学实验/马连第等主编.—沈阳：辽宁科学技术出版社，1995.6.—126页；26cm
ISBN 7-5381-2149-8：¥7.20

R33 人体生理学

R33　040428
人体机能学/孔旭黎等主编；马喜真等编.—郑州：河南医科大学出版社，1995.7.—264页；26cm
乡村医生培训系列教材
ISBN 7-81048-015-4：¥14.10

R33　040429
人体生理学/于吉人，张大成主编.—北京：北京医科大学、中国协和医科大学联合出版社，1995.2.—245页；26cm
ISBN 7-81034-455-2：¥14.00

R33　040430
人体探索图集/( )帕可编文；( )佛尔纳里绘.—北京：宇航出版社，1995.11.—64页；35cm.—(阶梯视觉博览系列·图绘)
著者原题：史提夫·帕可，吉里安诺·佛尔纳里
ISBN 7-80034-805-9(精装)：¥180.00

R33　040431
生理学/施雪筠主编.—上海：上海科学技术出版社，1995.6.—291页；26cm
普通高等教育中医药类规划教材 供中医类专业用
ISBN 7-5323-3705-7：¥8.95

R33　040432
生理学/朱思明，张荣宝主编.—北京：人民卫生出版社，1995.8.—363页；26cm
高等医药院校教学配套用书 供医药学各类专业通用
ISBN 7-117-02305-8：¥30.30

R33　040433
生理学/宋海滨等主编.—天津：天津科学技术出版社，1995.10.—129页；26cm
ISBN 7-5308-1937-2：¥8.90

R33　040434
生理学/孙家义主编；陈嘉浩等编.—南宁：广西科学技术出版社，1995.9.—186页；26cm
中等卫生职业学校教材 供医士、妇幼医士、护士专业用
ISBN 7-80619-245-X：¥10.60

R33　040435
生理学/高桂英，李增晞主编；王勇等编著.—北京：光明日报出版社，1995.4.—195页；26cm
临床医学专业自学考试用书
ISBN 7-80091-712-6：¥9.80

R33　040436
生理学/刘淑凡主编.—上海：上海科学技术出版社，1995.1.—156页；26cm.—(上海市中等卫生学校护士专业(四年制)丛书)
ISBN 7-5323-3664-6：¥8.70

R33　040437
生理学/胡崎主编；王淑荣等编.—5版.—合肥：安徽科学技术出版社，1995.9.—219页；26cm
中等卫生学校教材 供社区医学、妇幼卫生、护理、助产专业用
ISBN 7-5337-1180-7：¥11.50

R33　040438
生理学/康颂建，徐建林主编.—北京：中国医药科技出版社，1995.10.—265页；26cm
医学院校教材
ISBN 7-5067-1431-0：¥15.35

R33　040439

生理学学习提纲/朱思明,张荣宝主编.—北京:人民卫生出版社,1995.8.—146页;26cm
高等医药院校教学配套用书 供医药学各类专业通用
ISBN 7-117-02304-X:¥13.30

R33-33　　040440
生理学实验指导/朱思明主编.—北京:人民卫生出版社,1995.1.—150页;26cm
高等医药院校教学配套用书 供医药学各类专业通用
ISBN 7-117-02201-9:¥11.10

R33-33　　040441
生理学实验指导/施雪筠主编;王大仁等编.—上海:上海科学技术出版社,1995.6.—107页;26cm
普通高等教育中医药类规划教材 供中医类专业用
ISBN 7-5323-3704-9:¥3.55

R33-44　　040442
生理学多选题和题解/韩济生主编.—2版.—上海:上海医科大学出版社,1995.5.—534页;19cm
附名词解释题和问答题
ISBN 7-5627-0248-9:¥15.50

R33-44　　040443
生理学目标测试与辅导/胡崎,沈霞萍主编.—上海:上海中医药大学出版社,1995.2.—146页;19cm
ISBN 7-81010-286-9:¥4.40

R331　　040444
血液循环系统仿真/白净著.—长春:吉林科学技术出版社,1995.11.—270页;20cm.—(青年科学家文库)
ISBN 7-5384-1527-0(精装):¥14.00

R331-62　　040445
实用献血手册/胡兆平主编.—合肥:安徽科学技术出版社,1995.3.—135页;19cm
ISBN 7-5337-1120-3:¥4.00

R331.1　　040446
白细胞与临床/陈兴璋,柴富萍编著.—北京:人民军医出版社,1995.3.—247页;19cm
ISBN 7-80020-407-3:¥8.00

R331.1　　040447
奇妙的人体光/彭九龄著.—北京:人民体育出版社,1995.10.—54页;19cm
ISBN 7-5009-1164-5:¥3.50

R331.1　　040448
血液流变学基础与临床/范家骏,赵国欣主编.—西安:陕西科学技术出版社,1995.1.—379页;26cm
ISBN 7-5369-2177-2:¥25.00

R331.1-64　　040449
实用血液学细胞学图谱/袁毓贤,李文成主编.—北京:人民卫生出版社,1995.5.—198页;26cm
ISBN 7-117-02111-X(精装):¥110.00

R333.4　　040450
肝脏与内分泌/曾民德,萧树东主编;陈成伟等编.—北京:人民卫生出版社,1995.4.—214页;26cm
ISBN 7-117-02168-3(精装):¥23.10

R338　　040451
脑研究的崎岖道路/张香桐著.—北京:科学技术文献出版社,1995.2.—172页;20cm.—(名家科普丛书)
ISBN 7-5023-2405-4:¥7.00

R338.2　　040452
脑的奥秘:脑功能及其细胞和分子基础/杨雄里主编;韩济生等编著.—长沙:湖南科学技术出版社,1995.2.—197页;20cm.—(攀登计划普及丛书;20)
ISBN 7-5357-1677-6:¥8.40

①R338.2②B848　　040453
大脑开发/吴扬著.—福州:福建人民出版社,1995.7.—168页;19cm
ISBN 7-211-02511-5:¥3.10

①R338.2②Q427　　040454
ET——脑功能研究新技术/梅磊著.—北京:国防工业出版社,1995.8.—429页:图;20cm
ISBN 7-118-01376-5:¥24.40

R338.2-49　　040455
脑海探奇/黄建民编著.—合肥:安徽科学技术出版社,1995.1.—156页;19cm.—(少年现代科学技术丛书·第一辑)
ISBN 7-5337-1026-6:¥4.70

R339.1　　040456
俄罗斯奇妙的特异功能/(俄)马斯特留科夫编著;申定远摘译.—北京:北京出版社,1995.9.—100页;19cm
著者原题:奥·马斯特留科夫
ISBN 7-200-02815-0:¥5.00

R339.1　　040457
回归大自然:宋亦武和他的人天科技/吴永红,王富杰著.—天津:百花文艺出版社,1995.5.—246页:彩图;20cm
ISBN 7-5306-2003-7:¥15.00

R339.1　　040458
炁论:东方气功趣谈/林青泉著.—芒市:德宏民族出版社,1995.5.—263页;19cm.—(气功特异思维丛书)
ISBN 7-80525-240-8:¥8.50

R339.1　　040459
人体特异功能的实验研究与诱发训练/复旦大学电子工程系人体信息科学研究组编.—上海:复旦大学出版社,1995.9.—139页;19cm
ISBN 7-309-01556-8:¥10.00

R339.1　　040460
生命回归:快速开发人体特异功能、揭开宇宙真正奥秘/霍振璞,罗坤生著.—兰州:甘肃民族出版社,1995.1.—124页;19cm
ISBN 7-5421-0351-2:¥6.00

R339.1　　040461
炁悟:东方气功秘旨/林青泉著.—芒市:德宏民族出版社,1995.5.—235页;19cm.—(气功特异思维丛书)
ISBN 7-80525-241-6:¥7.90

R339.16　　040462
基础听力学/章句才著.—北京:中国计量出版社,1995.4.—163页;26cm
ISBN 7-5026-0729-3:¥9.50

①R339.2②R698　　040463

生殖医学临床研究/董协良主编.—西安:陕西科学技术出版社,1995.1.—712页;20cm
ISBN 7-5369-2185-3: ¥26.00

R339.3 040464
人类衰老学/王永雁等主编;马瑾瑜等编写.—上海:上海医科大学出版社,1995.2.—433页;20cm
ISBN 7-5627-0222-5: ¥28.50

R339.34 040465
老年生物学/李澈主编.—北京:中国人口出版社,1995.6.—388页;20cm
ISBN 7-80079-258-7: ¥26.00

R36 病理学

R36 040466
病理学/谢学亮,陈清主编.—天津:天津科学技术出版社,1995.6.—180页;26cm
全国医学高等专科学校教材
ISBN 7-5308-1849-X: ¥11.80

R36 040467
病理学/唐学方主编;蒋业淑等编.—南宁:广西科学技术出版社,1995.9.—152页;26cm
中等卫生职业学校教材 供医士、妇幼医士、护士专业用
ISBN 7-80619-244-1: ¥8.80

R36 040468
病理学/魏民主编.—上海:上海科学技术出版社,1995.6.—264页;26cm
普通高等教育中医药类规划教材 供中医类专业用
ISBN 7-5323-3707-3: ¥8.95

R36 040469
病理学/张晓光,程传芬主编.—北京:中国医药科技出版社,1995.12. 244页;26cm
医学院校教材
ISBN 7-5067-1430-2: ¥14.45

R36 040470
病理学/司履生,张万年主编.—西安:陕西科学技术出版社,1995.5.—419页;26cm
ISBN 7-5369-2296-5: ¥25.00

R36 040471
病理学/杨兆选主编.—郑州:河南人民出版社,1995.3.—273页;26cm
中等卫生学校教材 供社区医学、妇幼卫生专业用
ISBN 7-215-03452-6: ¥11.00

R36 040472
病理学/廖松林,温祥云主编.—北京:北京医科大学、中国协和医科大学联合出版社,1995.9.—299页;26cm
ISBN 7-81034-495-1: ¥20.30

R36 040473
病理学/徐秉栋,张人立主编.—南京:东南大学出版社,1995.12.—336页;26cm
高等医学院校教材
ISBN 7-81050-078-3: ¥22.00

R36 040474
病理学学习指导/谢学亮等主编.—天津:天津科学技术出版社,1995.9.—255页;19cm
ISBN 7-5308-1923-2: ¥7.80

R36 040475
病因病理学/杨兆选,刘金琪主编;丁运良等编.—郑州:河南医科大学出版社,1995.7.—234页;26cm
乡村医生培训系列教材
ISBN 7-81048-013-8: ¥12.63

R36-41 040476
病理学纲要/魏西秦,苏敏主编.—西安:陕西科学技术出版社,1995.12.—140页;26cm
ISBN 7-5369-2479-8: ¥7.20

R36-44 040477
病理学考试指南/沈晓君,刘文娜主编.—北京:中国人口出版社,1995.5.—393页;19cm
ISBN 7-80079-269-2: ¥12.80

R361 040478
病理解剖学/沈淑萍主编 .—北京:光明日报出版社,1995.10.—198页;26cm
临床医学专业自学考试用书
ISBN 7-80091-736-3: ¥12.00

R361-62 040479
病理尸检诊断指南/李志尚著.—北京:科学出版社,1995.1.—122页;19cm
ISBN 7-03-004371-5: ¥5.10

R363 040480
病理生理学/刘志强主编.—长春:长春出版社,1995.7.—217页;26cm
供医疗、检验、预防、高护、影像等专业使用
ISBN 7-80604-349-7: ¥15.00

R363 040481
病理生理学实习指导/秦金主编.—西安:陕西科学技术出版社,1995.6.—74页;26cm
高等医学院校协编教材
ISBN 7-5369-2345-7: ¥4.80

R363 040482
实用病理生理学/葛宝林等主编;张玉敏等编.—青岛:青岛海洋大学出版社,1995.12.—491页;26cm
ISBN 7-81026-650-0: ¥25.80

①R364.6②R441.3 040483
发热疾病与鉴别诊断/徐大勇等主编.—济南:黄河出版社,1995.7.—356页;20cm
ISBN 7-80558-620-9: ¥12.80

R365-62 040484
现代诊断病理学手册/廖松林主编.—北京:北京医科大学、中国协和医科大学联合出版社,1995.9.—650页;19cm.—(临床医师诊疗全书·第二辑/才文彦,朱学骏主编)
ISBN 7-81034-478-1: ¥28.50

R365-62 040485
现代诊断病理学手册/廖松林主编.—北京:北京医科大学、中国协和医科大学联合出版社,1995.9.—650

页;19cm.—(临床医师诊疗全书·第二辑/才文彦,朱学骏主编)
ISBN 7-81034-479-X(精装):¥33.30

R37 医学微生物学

R37 040486
现代医学细菌学/罗海波等主编;胡野等编.—北京:人民卫生出版社,1995.6.—278页;26cm
ISBN 7-117-02194-2(精装):¥22.40

①R37②R446.5 040487
临床微生物学及检验/李影林主编.—北京:人民卫生出版社,1995.9.—705页;26cm
供高等医学院校医学检验专业用
ISBN 7-117-02280-9:¥56.10

①R37-44②R38-44 040488
医学微生物学与人体寄生虫学复习思考题集/肖运本主编.—武汉:湖北科学技术出版社,1995.1.—168页;19cm
中等卫生学校配套教材 供医学、卫生检验以外中等医学专业用
ISBN 7-5352-1615-3:¥3.50

R373 040489
分子内毒素学/焦炳华主编.—上海:上海科学技术文献出版社,1995.10.—364页;20cm
ISBN 7-5439-0758-5:¥18.00

R373 040490
医学分子病毒学及其应用/闻玉梅主编;田慕贞等编写.—上海:上海医科大学出版社,1995.7.—212页;26cm
ISBN 7-5627-0254-3:¥28.50

R373.3 040491
虫媒病毒及虫媒病毒病/自登云等主编.—昆明:云南科技出版社,1995.11.—545页;26cm
ISBN 7-5416-0536-0(精装):¥58.00

R379 040492
放线菌分类学/姜成林等著.—昆明:云南大学出版社,1995.10.—237页;20cm
ISBN 7-81025-601-7:¥15.00

R38 医学寄生虫学

R38 040493
人体寄生虫学/李朝品,孙秀琴主编.—合肥:中国科学技术大学出版社,1995.3.—166页;26cm
ISBN 7-312-00668-X:¥8.00

R38 040494
医学寄生虫体外培养/陈佩惠,周述龙主编.—北京:科学出版社,1995.5.—435页;26cm
ISBN 7-03-004060-0:¥35.00

R38 040495
医学寄生虫学/包怀恩等主编.—贵阳:贵州教育出版社,1995.4.—157页;26cm
高等医学专科教材
ISBN 7-80583-626-4:¥10.00

R38-64 040496
人体寄生虫学彩色图谱/康金凤主编.—乌鲁木齐:新疆科技卫生出版社,1995.3.—39页;25×26cm
ISBN 7-5372-0958-8:¥12.00

R384.4 040497
蜱螨与人类疾病/孟阳春等主编.—合肥:中国科学技术大学出版社,1995.6.—395页;26cm
ISBN 7-312-00611-6(精装):¥35.00

R392 医学免疫学

R392 040498
现代免疫学/陆德源主编.—上海:上海科学技术出版社,1995.12.—280页;26cm
ISBN 7-5323-3818-5(精装):¥32.30

R392 040499
医学免疫学/毕爱华主编;王立人等编著.—北京:人民军医出版社,1995.7.—326页;26cm
ISBN 7-80020-568-1:¥23.00

R392 040500
医学免疫学/吴敏毓,刘恭植主编.—2版.—合肥:中国科学技术大学出版社,1995.9.—219页;26cm
大学教材 供基础、预防、临床、口腔医学专业用
ISBN 7-312-00702-3:¥12.00

①R392②R363.1 040501
免疫学基础与病原学/曲迅,周世昌主编.—北京:中国医药科技出版社,1995.10.—375页;26cm
医学院校教材
ISBN 7-5067-1436-1:¥18.00

①R392②R446.6 040502
免疫学及免疫学检验实验技术/王钦富主编.—北京:中国医药科技出版社,1995.9.—100页;26cm
全国高等医学院校检验专业试用教材
ISBN 7-5067-1415-9:¥6.80

R392-33 040503
放射免疫分析与临床/王振英等编著.—北京:中国科学技术出版社,1995.2.—357页;20cm
ISBN 7-5046-1354-1:¥9.80

R392-33 040504
药品的生物检定/冷炜主编.—北京:气象出版社,1995.6.—202页;19cm
ISBN 7-5029-2003-X:¥15.00

R392-33 040505
医学生物制品学/卢锦汉等主编.—北京:人民卫生出版社,1995.3.—1094页;26cm
ISBN 7-117-02159-4(精装):¥94.80

R392-53 040506
全国标记免疫分析学术研讨会论文集=Proceeding of National Symposium on Clinical Application of Labeled Immunoassays/王建刚等主编.—北京:原子能出版社,1995.4.—76页;26cm

ISBN 7-5022-1326-0: ¥5.40

R392.12 040507

红细胞免疫学/刘景田,张洁编著.—西安:陕西科学技术出版社,1995.10.—156页;26cm

供科研、教学、临床医师、免疫检验、研究生等使用

ISBN 7-5369-2390-2: ¥18.00

R392.31-49 040508

免疫系统的作用/( )JEFF BAGGISH, M.D.编著.—广州:广东人民出版社;香港:纬辉电子出版公司,1995.12.—154页:图;26cm.—(环保·生活·健康系列)

ISBN 7-218-01655-3: ¥41.00

R392.4 040509

器官移植免疫学/何长民,石炳毅主编.—北京:人民军医出版社,1995.4.—556页;26cm

ISBN 7-80020-518-5(精装): ¥45.00

R394 医学遗传学

R394 040510

临床实用遗传病学/单荣森,刘树琴编著.—合肥:中国科学技术大学出版社,1995.12.—305页;26cm

ISBN 7-312-00725-2: ¥16.50

R394 040511

人体运动遗传学/瞿祥虎主编.—武汉:中国地质大学出版社,1995.5.—211页;19cm

ISBN 7-5625-0968-9: ¥5.80

R394 040512

医学遗传学/王兰田等主编.—沈阳:辽宁科学技术出版社,1995.6.—204页;26cm

全国成人高等医学院校教材

ISBN 7-5381-2148-X: ¥14.80

R394 040513

医学遗传学基础/杜传书主编.—2版.—北京:人民卫生出版社,1995.10.—184页;26cm

高等医药院校选修教材 供基础、预防、临床、口腔医学类专业用

ISBN 7-117-00232-8: ¥9.70

R394 040514

医学遗传学与优生学/刘明贤等主编.—西安:陕西科学技术出版社,1995.9.—247页;26cm.—(高等医学丛书)

高等医学院校教材 供临床医学、妇幼、高护等专业用

ISBN 7-5369-2376-7: ¥15.00

R394 040515

遗传学基础/陈旭清,周志雄主编.—长沙:湖南科学技术出版社,1995.10.—218页;19cm

中等职业技术学校教材

ISBN 7-5357-1942-2: ¥4.80

R394 040516

遗传咨询/刘贵德主编.—哈尔滨:黑龙江人民出版社,1995.10.—311页;26cm

ISBN 7-207-03077-0: ¥36.00

R394-64 040517

临床遗传学彩色图谱/刘权章主编.—北京:人民卫生出版社,1995.7.—185页;26cm

ISBN 7-117-02175-6(精装): ¥135.00

R395 医学心理学、病理心理学

R395 040518

焦虑不安与自我调节/(日)青木熏久著;王向群译.—北京:人民卫生出版社,1995.4.—133页;19cm

ISBN 7-117-02231-0: ¥6.20

R395 040519

临床心理学/郭念锋著.—北京:科学出版社,1995.2.—426页;19cm

ISBN 7-03-004591-2: ¥8.20

R395 040520

身心愉快208招/(美)雷德等著;李小刚,曾刚译.—成都:四川人民出版社,1995.9.—320页;20cm.—(全球畅销图书文库·生活系列)

著者原题:凯特·雷德

ISBN 7-220-02856-3: ¥10.00

R395 040521

现代心理咨询1000问/贾晓明主编.—北京:中国物资出版社,1995.4.—634页;19cm

ISBN 7-5047-1004-0: ¥20.00

R395 040522

心理健康之路/张绍武主编.—北京:九洲图书出版社,1995.10.—241页;19cm.—(中国家庭医学系列丛书)

ISBN 7-80114-050-8: ¥8.00

R395 040523

医学心理学/李昌英,王福顺主编.—北京:中国医药科技出版社,1995.10.—204页;26cm

医学院校教材

ISBN 7-5067-1443-4: ¥11.38

R395.1 040524

医学心理学/荆卫民主编;张岩等编.—郑州:河南人民出版社,1995.12.—161页;26cm

中等卫生学校教材 供社区医学、妇幼卫生专业用

ISBN 7-215-03618-9: ¥7.50

R395.1 040525

医学心理学/何德兰,王殿存主编.—北京:中国医药科技出版社,1995.2.—261页;19cm

中等卫生学校教材

ISBN 7-5067-0966-X: ¥7.90

R395.1 040526

医学心理学/汪勇主编.—西安:陕西科学技术出版社,1995.6.—348页;19cm

ISBN 7-5369-2324-4: ¥9.30

R395.1 040527

医学心理咨询方法/徐俊冕著.—上海:上海医科大学出版社,1995.11.—262页;19cm

ISBN 7-5627-0270-6: ¥12.40

R395.1－43　　040528
医学心理学/李育青主编;周萍等编.—长沙:湖南科学技术出版社,1995.1.—115页;26cm
中等卫校、中等卫生职业技术学校教材 供西医士、乡村医士专业用
ISBN 7－5357－1674－1:¥5.30

R395.1－43　　040529
医学心理学/陈吾根等主编.—西安:陕西科学技术出版社,1995.9.—224页;26cm
高等医药院校教材
ISBN 7－5369－2371－6:¥13.50

R395.2　　040530
路灯·心桥:青少年心理保健指导/张成淦著.—广州:广东人民出版社,1995.7.—186页;19cm
ISBN 7－218－01975－7:¥6.50

R395.6　　040531
大学生心理卫生/林永和主编.—北京:宇航出版社,1995.7.—174页;20cm
ISBN 7－80034－835－0:¥6.60

R395.6　　040532
家庭心理卫生保健/黎正良主编.—南昌:江西高校出版社,1995.2.—265页;19cm.—(现代家庭医疗保健实用丛书)
ISBN 7－81033－432－8:¥5.50

R395.6　　040533
心理调节100术/杨君游等编著.—北京:中国国际广播出版社,1995.3.—270页;19cm.—(百术丛书/吴绪彬主编)
ISBN 7－5078－0814－9:¥8.40

R395.6　　040534
心理状态与健康/任玉堂主编.—太原:山西科学技术出版社,1995.2.—416页;20cm
ISBN 7－5377－1058－9:¥12.00

①R395.6②R749　　040535
心理卫生与精神疾病200问/张改兰,苏有权编著.—太原:山西科学技术出版社,1995.8.—109页;19cm
ISBN 7－5377－1185－2:¥5.00

R395.6－61　　040536
心理卫生指南/孟广武等主编.—沈阳:辽宁科学技术出版社,1995.7.—339页;19cm
ISBN 7－5381－2176－5:¥14.80

R4　临床医学

R4　　040537
各科临床荟萃/严智强主编.—北京:中国医药科技出版社,1995.4.—575页;26cm
ISBN 7－5067－1351－9:¥98.80

R4　　040538
疾病的自我诊断与防治/柳永和主编.—北京:中国农业出版社,1995.5.—278页;19cm
ISBN 7－109－03706－1:¥8.80

R4　　040539
临床医学多选题丛书:儿科学·传染病学分册/陈进伟,凌奇荷主编;王秀英分主编.—长沙:湖南科学技术出版社,1995.10.—395页;20cm
ISBN 7－5357－1873－6:¥15.00

R4　　040540
临床医学多选题丛书:外科学分册/陈进伟,凌奇荷主编;文明星分主编.—长沙:湖南科学技术出版社,1995.10.—476页;20cm
ISBN 7－5357－1459－5:¥17.50

R4　　040541
临床医学实践/齐树宏等主编.—哈尔滨:黑龙江科学技术出版社,1995.12.—263页;26cm
ISBN 7－5388－2893－1:¥25.00

R4　　040542
颅内压增高与临床各科疾病/马景孟等编著.—北京:中国科学技术出版社,1995.6.—706页;26cm
ISBN 7－5046－1327－4:¥45.00

R4　　040543
危重疑难病例处理剖析/陈施惠主编.—北京:军事医学科学出版社,1995.12.—177页;19cm
ISBN 7－80121－020－4:¥7.00

R4　　040544
中国临床医学研究/安浚等主编.—北京:中国中医药出版社,1995.7.—1659页;20cm
ISBN 7－80089－431－2(精装):¥59.00

R4　　040545
中国临床医药　(十三)/陈崇远等主编.—成都:成都科技大学出版社,1995.9.—3册(1535页);26cm
ISBN 7－5616－3131－6:¥50.00

R4　　040546
中国临床医药医学研究/马汉跃,齐福生主编.—天津:天津社会科学院出版社,1995.12.—421页;26cm
ISBN 7－80563－571－4:¥68.00

R4　　040547
中西医结合实用临床大系/韩国栋,张有寯主编.—天津:天津人民出版社,1995.12.—817页;26cm
ISBN 7－201－01794－2(精装):¥98.00

①R4②R197.323　　040548
基层医院医疗纠纷与事故案例选/曾凡富主编.—贵阳:贵州科技出版社,1995.1.—273页;19cm
ISBN 7－80584－427－5:¥8.00

①R4②R63　　040549
实用医院感染管理/安徽省卫生厅编.—合肥:安徽科学技术出版社,1995.4.—328页;19cm
ISBN 7－5337－1160－2:¥9.00

①R4②X4－62　　040550
消灾避祸大全/巴独,成陆编.—南宁:广西民族出版社,1995.9.—252页;19cm
ISBN 7－5363－3055－3:¥8.80

R4－05　　040551
实用临床思维学/姜兆侯等编著.—兰州:兰州大学出版社,1995.4.—275页;19cm
ISBN 7－311－00864－6:¥8.80

R4-3　040552
临床医学研究原理与方法/李良寿主编.—西安:陕西科学技术出版社,1995.1.—240页;26cm
ISBN 7-5369-2182-9:¥15.00

R4-44　040553
医学临床多选题集:儿科学分册/吴凤仪主编;首都医科大学儿科学编委会编.—北京:北京医科大学、中国协和医科大学联合出版社,1995.12.—310页;20cm
ISBN 7-81034-598-2:¥15.80

R4-44　040554
医学临床多选题集:妇产科学分册/翁梨驹主编;首都医科大学妇产科学编委会编.—北京:北京医科大学、中国协和医科大学联合出版社,1995.12.—300页;20cm
ISBN 7-81034-591-5:¥15.00

R4-44　040555
医学临床多选题集:内科学分册/赵相印主编;首都医科大学内科学编委会编.—北京:北京医科大学、中国协和医科大学联合出版社,1995.12.—932页;20cm
ISBN 7-81034-596-6:¥47.00

R4-44　040556
医学临床多选题集:外科学分册/龚家镇主编;首都医科大学外科学编委会编.—北京:北京医科大学、中国协和医科大学联合出版社,1995.12.—401页;20cm
ISBN 7-81034-597-4:¥20.00

R4-45　040557
临床实习必备/任新明,李秀萍主编.—太原:山西科学技术出版社,1995.5.—653页;19cm
ISBN 7-5377-1165-8:¥13.80

R4-53　040558
当代中国基层医疗临床实践/胡仁吉主编.—北京:原子能出版社,1995.6.—589页;26cm
ISBN 7-5022-1368-6:¥35.00

R4-53　040559
临床医学与医学信息/贾民谊等主编.—太原:山西科学技术出版社,1995.8.—788页;20cm
ISBN 7-5377-1194-1:¥35.00

R4-53　040560
现代临床医学荟萃　第一卷/郭敬新等主编.—北京:中国科学技术出版社,1995.12.—752页;26cm
ISBN 7-5046-2150-1:¥80.00

R4-53　040561
中华医学理论与临床　(一)/孙祖基,王荣杰主编.—北京:中国医药科技出版社,1995.10.—707页;26cm
ISBN 7-5067-1448-5(精装):¥180.00

R4-61　040562
汉英临床医学词典/孙旭东等主编.—天津:天津科技翻译出版公司,1995.12.—601页;19cm
ISBN 7-5433-0823-1(精装):¥36.00

R4-61　040563
英汉临床医学词典/孙旭东,王静怡主编.—青岛:青岛海洋大学出版社,1995.7.—718页;19cm
ISBN 7-81026-720-5(精装):¥28.00

R4-62　040564
常用临床诊疗技术手册/李书义主编.—北京:学苑出版社,1995.2.—286页;19cm
ISBN 7-5077-0991-4:¥8.50

R4-62　040565
家庭常见病诊疗手册/张生理主编;黄克勤等编.—重庆:重庆大学出版社,1995.12.—259页;19cm
ISBN 7-5624-1138-7:¥14.00

R4-62　040566
家庭医疗指南/(英)孔兹(Kunz,J.R.M.),(英)芬克尔(Finkel,A.J.)编;姜庆尧译.—北京:知识出版社,1995.6.—821页;23cm
ISBN 7-5015-1206-X(精装):¥70.00

R4-62　040567
临床常见病家庭治疗手册/孙锋等主编.—北京:中国医药科技出版社,1995.8.—239页;19cm
ISBN 7-5067-1426-4:¥9.00

R4-62　040568
临床袖珍手册:儿科/樊绍曾主编;王晓红等编.—上海:上海医科大学出版社,1995.9.—408页;19cm
ISBN 7-5627-0273-X:¥13.90

R4-62　040569
农村常见病防治指南/刘光汉编著.—西安:陕西科学技术出版社,1995.8.—246页;19cm.—(科技兴农实用新技术丛书/李邦英主编)
ISBN 7-5369-2222-1:¥5.90

R4-62　040570
青年医师临床指南/陈继祥等主编.—济南:山东大学出版社,1995.7.—542页;19cm
ISBN 7-5607-1547-8:¥18.60

R4-62　040571
实习医师手册:诊疗技术分册/李琮辉主编;遵义医学院临床部编写.　2版.—贵阳:贵州科技出版社,1995.5.—244页;19cm
ISBN 7-80584-436-4:¥6.10

R4-62　040572
新编临床实习医师(士)手册/张涛等主编.—济南:山东科学技术出版社,1995.10.—849页;19cm
ISBN 7-5331-1626-7(精装):¥32.50

R4-62　040573
医护临床必备/马永昌等主编.—北京:中国中医药出版社,1995.10.—437页;20cm
ISBN 7-80089-459-2:¥18.00

R403　040574
临床医学科学研究方法/金石正,吴凝萃编著.—北京:中国科学技术出版社,1995.3.—398页;19cm
ISBN 7-5046-1928-0:¥11.00

R44　诊断学

R44　040575
常用电子医疗仪器原理与应用/穆桂珍主编.—北京:电子工业出版社,1995.7.—210页;26cm

ISBN 7-5053-2858-1: ¥18.00

R44 040576

全息诊断治疗学/郑卫东主编.—西安:陕西科学技术出版社,1995.4.—278 页;20cm.—(家庭保健新疗法丛书)

ISBN 7-5369-2257-4: ¥8.90

R44 040577

实用卫生职业教育:诊断学基础/王连光,毛元尧主编;王升福等编.—昆明:云南科技出版社,1995.9.—308 页;26cm

ISBN 7-5416-0733-9: ¥20.00

R44 040578

实用诊断学/陈志周等主编.—青岛:青岛海洋大学出版社,1995.11.—438 页;26cm

ISBN 7-81026-765-5: ¥19.60

R44 040579

诊断学/贾民宜主编.—3 版.—北京:人民卫生出版社,1995.5.—371 页;26cm

全国医学专科学校教材 供临床医学专业用

ISBN 7-117-00192-5: ¥13.90

R44 040580

诊断学/李立新主编;李立新,黄运泰编.—南宁:广西科学技术出版社,1995.11.—208 页;26cm

中等卫生职业学校教材 供医士、妇幼医士、护士专业用

ISBN 7-80619-258-1: ¥11.60

R44 040581

诊断学基础/张树基,王巨德主编.—北京:北京医科大学、中国协和医科大学联合出版社,1995.8.—460 页;26cm

ISBN 7-81034-532-X: ¥30.50

R441 040582

百病信号/陈明政,王海宁编.—北京:科学技术文献出版社,1995.10.—614 页;19cm

ISBN 7-5023-2493-3: ¥24.00

R441 040583

百病预测指南/王烈,徐欣主编.—上海:上海人民出版社,1995.6.—289 页;20cm

ISBN 7-208-01965-7: ¥10.20

R441 040584

常见病症的鉴别诊断/龚兰生,张维忠主编.—上海:上海中医药大学出版社,1995.7.—275 页;20cm.—(全国星火计划丛书·乡村医生临床实用丛书)

ISBN 7-81010-284-2: ¥13.20

R441 040585

疾病早期诊治及误诊误治/傅桂梅主编.—北京:北京科学技术出版社,1995.8.—518 页;19cm

ISBN 7-5304-1782-7: ¥17.00

R441 040586

家庭巧治百病/耿耕等编著.—上海:上海中医药大学出版社,1995.6.—260 页;19cm

ISBN 7-81010-283-4: ¥10.00

R441 040587

临床症状鉴别诊断学/李宗明等主编.—3 版.—上海:上海科学技术出版社,1995.9.—1211 页;26cm.—(医师文库)

ISBN 7-5323-3630-1(精装): ¥86.00

R441 040588

人体疾病的眼部表现/洪我象等编著.—福州:福建科学技术出版社,1995.6.—134 页;19cm

ISBN 7-5335-0915-3: ¥4.50

R441 040589

误诊误治/郑觉风主编.—杭州:浙江大学出版社,1995.12.—275 页;20cm

ISBN 7-308-01657-9: ¥12.00

R441-3 040590

中国误诊学研究　第一卷/张经建等主编.—北京:中国医药科技出版社,1995.5.—956 页;26cm

ISBN 7-5067-1346-2(精装): ¥68.00

R441-62 040591

学生常见病防治手册/王颖,赵振平主编.—天津:天津科学技术出版社,1995.10.—249 页;19cm

ISBN 7-5308-1961-5: ¥8.60

R441.1-62 040592

实用疼痛治疗手册/陈宁,叶陈前主编.—北京:北京医科大学、中国协和医科大学联合出版社,1995.9.—427 页;20cm

ISBN 7-81034-572-9: ¥21.00

R442.5 040593

实用水肿病学/张洪涛编著.—成都:四川科学技术出版社,1995.12.—726 页;19cm

ISBN 7-5364-3222-4: ¥26.00

R442.5 040594

水肿/刘燕玲等编著.—北京:中国中医药出版社,1995.2.—138 页;19cm.—(实用中西医结合证治丛书/赵田雍,汪卫东主编)

ISBN 7-80089-387-1: ¥4.50

R445 040595

临床医师读片歌诀/王荔平编著.—长沙:湖南科学技术出版社,1995.12.—305 页;19cm

ISBN 7-5357-1841-8: ¥10.50

R445 040596

临床影像诊断新进展/王玉凯等主编.—北京:中国医药科技出版社,1995.4.—705 页:图;26cm

ISBN 7-5067-1381-0(精装): ¥45.00

R445 040597

影像诊断学/吴思惠主编.—3 版.—北京:人民卫生出版社,1995.5.—249 页;26cm

高等医药院校教材 供基础、预防、临床、口腔医学类专业用

ISBN 7-117-00152-6: ¥9.60

R445-53 040598

现代影像医学论文集　第二卷/李守勤等主编.—北京:中国科学技术出版社,1995.9.—476 页;26cm

ISBN 7-5046-2060-2: ¥60.00

R445.1 040599

经颅多普勒超声应用和实践/杨波等主编.—西安:陕西科学技术出版社,1995.12.—308 页;26cm

ISBN 7-5369-2405-4: ¥38.00

R445.1 040600

神经系统疾病影像诊断学/冉春风,姜学麟主编.—北京:科学技术文献出版社,1995.8.—292页;26cm

ISBN 7-5023-2478-X: ¥30.00

R445.1-62 040601

实用超声诊断手册/曹家祥编著.—上海:上海科学技术文献出版社,1995.6.—230页;19cm

ISBN 7-5439-0617-1: ¥15.40

R445.2 040602

磁共振成像造影增强理论与临床应用/陈龙华主编.—北京:人民卫生出版社,1995.3.—114页;26cm

ISBN 7-117-02255-8(精装): ¥35.00

R445.2-64 040603

实用磁共振诊断学图谱/罗汉超,孔祥泉主编.—武汉:湖北科学技术出版社,1995.7.—389页;26cm

ISBN 7-5352-1632-3(精装): ¥88.00

R446 040604

检验医师必读/武建国,王毓三主编.—南京:南京师范大学出版社,1995.10.—585页;20cm

ISBN 7-81047-010-8: ¥18.00

R446 040605

临床细胞学与组织病理学诊断/黄洪振,王正起主编.—济南:山东大学出版社,1995.5.—660页;26cm

ISBN 7-5607-1366-1(精装): ¥80.00

R446 040606

血液骨髓细胞检验诊断学/王永才主编.—大连:大连出版社,1995.1.—413页;26cm

ISBN 7-80555-909-0: ¥28.00

R446-62 040607

VITALAB MICRO 半自动生化仪实验操作手册/陶大线,白雪蓉著.—成都:四川大学出版社,1995.4.—37页;26cm

ISBN 7-5614-0398-4: ¥2.50

R446-62 040608

现代实验诊断学手册/王淑娟等主编.—北京:北京医科大学、中国协和医科大学联合出版社,1995.8.—638页;19cm.—(临床医师诊疗全书·第二辑/才文彦,朱学骏主编)

ISBN 7-81034-476-5: ¥28.50

R446-62 040609

现代实验诊断学手册/王淑娟等主编.—北京:北京医科大学、中国协和医科大学联合出版社,1995.8.—638页;19cm.—(临床医师诊疗全书·第二辑/才文彦,朱学骏主编)

ISBN 7-81034-477-3(精装): ¥33.30

R446-62 040610

医学检验考试指南/巫向前主编.—北京:人民卫生出版社,1995.12.—422页;26cm

ISBN 7-117-02302-3: ¥33.90

R446.1 040611

简明临床检验参考值与疾病/周序开,韩冰主编.—北京:中国社会出版社,1995.9.—283页;20cm

ISBN 7-80088-645-X: ¥14.80

R446.1 040612

临床化学常用项目自动分析法/韩志钧等主编.—2版.—沈阳:辽宁科学技术出版社,1995.9.—413页;26cm

ISBN 7-5381-1213-8: ¥18.00

R446.1 040613

实用临床检验统计学/杨春荣,姜明主编.—乌鲁木齐:新疆科技卫生出版社,1995.1.—359页;20cm

ISBN 7-5372-0938-3: ¥13.80

R446.1-62 040614

临床检验检查正常值手册/胡立之,杨生芳编.—2版.—天津:天津科学技术出版社,1995.11.—444页;13×9cm

ISBN 7-5308-1695-0(精装): ¥8.75

R446.1-62 040615

新编实用临床检验手册/赵允文主编;浙江医科大学附属医院检验科编.—福州:福建科学技术出版社,1995.11.—586页;19cm

ISBN 7-5335-0926-9: ¥17.50

R446.1-62 040616

最新临床检验手册/项兴达主编.—修订版.—广州:广东科技出版社,1995.11.—359页;10×13cm

ISBN 7-5359-1550-7: ¥8.80

R446.11 040617

血液气体分析原理与临床/刘剑雄,王太重主编.—武汉:湖北科学技术出版社,1995.11.—223页;20cm

ISBN 7-5352-1756-7: ¥12.00

R446.5 040618

临床真菌检验/王家俊编著.—上海:上海医科大学出版社,1995.9.—358页;19cm

ISBN 7-5627-0257-8: ¥14.40

R446.6 040619

临床免疫学检验质量保证/郑怀竞编著.—北京:北京医科大学、中国协和医科大学联合出版社,1995.8.—193页;20cm

ISBN 7-81034-492-7: ¥16.00

R446.6-53 040620

全国标记免疫分析学术研讨会论文续集/王建刚等主编.—北京:原子能出版社,1995.12.—72页;26cm

ISBN 7-5022-1415-1: ¥7.00

R45 治疗学

R45 040621

66种疑难病症的中西医治疗/张希宽,洪鸾主编.—北京:中国中医药出版社,1995.2.—346页;19cm

ISBN 7-80089-410-X: ¥10.00

R45 040622

常见病的防与治 1001/李志辉主编;韩亚荣等编著.—北京:中国青年出版社,1995.4.—800页;19cm.—(1001系列)

ISBN 7-5006-1738-0: ¥19.00

R45 040623

常见病中西药临床治疗新法/刁玉明等主编.—沈阳:辽宁科学技术出版社,1995.12.—470页;19cm
ISBN 7-5381-2233-8: ¥14.50

R45 040624
海峡两岸及港澳地区疑难病特色疗法荟萃/李天泰,胡秀荣主编.—北京:人民体育出版社,1995.1.—271页;19cm
ISBN 7-5009-1140-8: ¥30.00

R45 040625
临床常见病防治/李宪孟等主编.—西安:陕西科学技术出版社,1995.1.—363页;19cm
ISBN 7-5369-0247-6: ¥9.80

R45 040626
临床介入治疗新趋势/项红兵,李勇主编.—太原:山西高校联合出版社,1995.9.—471页;20cm
ISBN 7-81032-811-5: ¥19.80

R45 040627
实用治疗学/丁训杰主编.—上海:上海医科大学出版社,1995.12.—358页;26cm
ISBN 7-5627-0264-0: ¥27.00

R45 040628
中西医结合疑难杂病治疗学/肖软林等主编.—济南:山东科学技术出版社,1995.7.—287页;26cm
ISBN 7-5331-1589-9: ¥23.00

R45-62 040629
临床医嘱手册/季寿琪,何家声主编.—2版.—南京:江苏科学技术出版社,1995.5.—476页;19cm
ISBN 7-5345-0619-0: ¥12.50

R453 040630
临床药物治疗基础/张大禄,许启泰主编.—北京:人民卫生出版社,1995.7.—455页;19cm
ISBN 7-117-02244-2: ¥15.50

R453 040631
现代药物治疗学:临床药理与病理生理学基础/尉挺,徐立微编著.—北京:人民军医出版社,1995.11.—819页;26cm
ISBN 7-80020-545-2(精装): ¥88.00

R453-62 040632
常见病用药手册/王顺年主编.—北京:中国医药科技出版社,1995.3.—323页;19cm
ISBN 7-5067-1356-X: ¥10.00

R454 040633
临床实用理疗学/王金田等主编.—沈阳:辽宁科学技术出版社,1995.6.—578页;26cm
ISBN 7-5381-2108-0(精装): ¥35.00

R454.1 040634
磁疗治百病/张长民等编著.—长春:吉林科学技术出版社,1995.3.—290页;19cm.—(家庭白皮书系列)
ISBN 7-5384-1317-0: ¥6.80

R454.1 040635
五行磁吸针/郭立文编著.—哈尔滨:哈尔滨工程大学出版社,1995.4.—152页;26cm
ISBN 7-81007-555-1: ¥8.80

R454.1 040636
新编磁疗学/周万松编著.—北京:科学出版社,1995.8.—405页;20cm
ISBN 7-03-004710-9: ¥15.00

R454.2 040637
现代激光医学应用/陆金泉,陶祥元主编.—上海:上海科学技术文献出版社,1995.3.—271页;26cm
ISBN 7-5439-0712-7: ¥22.00

R455 040638
体育康复学/李宗述主编.—成都:四川教育出版社,1995.5.—349页;20cm
ISBN 7-5408-2698-3: ¥9.50

R457 040639
液体疗法/王凤文主编.—3版.—北京:人民卫生出版社,1995.12.—622页;19cm
ISBN 7-117-02296-5: ¥24.70

R457.1 040640
成分输血的推广与应用/王庆泰主编.—合肥:安徽科学技术出版社,1995.4.—157页;19cm
ISBN 7-5337-1162-9: ¥4.40

R457.1 040641
人类脐血:基础·临床 = Human Cord Blood: Bases & Clinics/沈柏均主编.—天津:天津科学技术出版社,1995.5.—267页;20cm
ISBN 7-5308-1838-4: ¥18.00

R457.1 040642
输血献血知识100问/王庆泰主编.—合肥:安徽科学技术出版社,1995.4.—121页;19cm
ISBN 7-5337-1161-0: ¥3.50

R457.3 040643
百病放血疗法/刘星,王欢编著.—太原:山西科学技术出版社,1995.1.—176页;19cm.—(百病独特疗法丛书)
ISBN 7-5377-0942-4: ¥4.50

R459.3 040644
护理营养学/许凤莲,付德润主编.—乌鲁木齐:新疆科技卫生出版社,1995.2.—179页;26cm
高等医学院校试用教材 供护理专业用
ISBN 7-5372-0968-5: ¥8.80

R459.3 040645
手术病人与营养/黄德骧,章卫国编著.—上海:上海医科大学出版社,1995.12.—104页;19cm.—(营养丛书/杨秉辉主编)
ISBN 7-5627-0296-9: ¥6.50

R459.3 040646
糖尿病饮食调养/陈艳主编;王国忠等编.—北京:金盾出版社,1995.5.—273页;19cm
ISBN 7-80022-995-5: ¥5.80

R459.3 040647
胃肠肝胆病人与营养/丁民谋,周小寒编著.—上海:上海医科大学出版社,1995.12.—98页;19cm.—(营养丛书/杨秉辉主编)
ISBN 7-5627-0295-0: ¥6.90

R459.3 040648
肿瘤病人与营养/于尔辛编著.—上海:上海医科大

学出版社,1995.12.—124页;19cm.—(营养丛书/杨秉辉主编)

ISBN 7-5627-0293-4: ¥7.30

R459.6 **040649**

臭氧在医学上的应用/(美)Morton,M.T.著;范武峰,刘诚诚译.—北京:华艺出版社,1995.10.—76页;19cm

ISBN 7-80039-999-0: ¥3.00

R459.6 **040650**

临床高压氧医学/房广才主编.—北京:华文出版社,1995.9.—518页;26cm

ISBN 7-5075-0002-0: ¥36.00

R459.6-44 **040651**

高压氧治疗的基础与临床应用:有关问题解答/吕克玉,杨广富主编.—沈阳:辽宁科学技术出版社,1995.8.—318页:图;19cm

ISBN 7-5381-2213-3: ¥9.50

R459.6-62 **040652**

高压氧治疗手册/火翠香,孙承永主编.—兰州:甘肃科学技术出版社,1995.8.—239页;9×13cm

ISBN 7-5424-0577-2: ¥8.85

R459.7 **040653**

常见急症的家庭救治/潘义民,李春盛主编.—北京:科学技术文献出版社,1995.3.—326页;19cm

ISBN 7-5023-2341-4: ¥9.80

R459.7 **040654**

基层常见急症/周传敬,常贵桥主编.—北京:北京医科大学、中国协和医科大学联合出版社,1995.9.—353页;20cm

ISBN 7-81034-463-3: ¥14.20

R459.7 **040655**

急诊规范与程序/黄德铭,施寿康主编;王传军等编.—上海:上海医科大学出版社,1995.12.—345页;19cm

ISBN 7-5627-0303-5: ¥13.50

R459.7 **040656**

急症急救学/景炳文主编.—上海:上海科学普及出版社,1995.8.—929页:照片;26cm

ISBN 7-5427-0956-9(精装): ¥60.00

R459.7 **040657**

急症抢救学/闫志强等主编.—西安:陕西科学技术出版社,1995.10.—533页;19cm

ISBN 7-5369-2393-7: ¥18.00

R459.7 **040658**

临床急症/王玉祥等主编.—北京:科学技术文献出版社,1995.9.—305页;19cm

ISBN 7-5023-2295-7: ¥10.00

R459.7 **040659**

内儿科急症/滕慧彬等编著.—哈尔滨:黑龙江科学技术出版社,1995.4.—244页;19cm

ISBN 7-5388-2756-0: ¥8.00

R459.7 **040660**

农村实用急救医学/万德鹏,张松峰主编.—郑州:河南医科大学出版社,1995.12.—95页;26cm

乡村医生培训系列教材

ISBN 7-81048-002-2: ¥5.70

R459.7 **040661**

实用急诊小手术/张圣道,李宏为主编.—北京:科学出版社,1995.3.—174页;26cm

ISBN 7-03-004695-1: ¥13.80

R459.7 **040662**

未见医生前家庭急救法/李永轩编.—广州:广州出版社,1995.12.—231页;13×9cm

ISBN 7-80592-363-9: ¥6.00

R459.7-62 **040663**

常见病症急救手册/顾瑜琦,李建明主编.—北京:中国医药科技出版社,1995.5.—378页;19cm

ISBN 7-5067-0284-3: ¥12.00

R459.7-62 **040664**

家庭急症手册/邵孝铁主编.—北京:人民军医出版社,1995.3.—193页;19cm

ISBN 7-80020-513-4: ¥6.50

R459.7-62 **040665**

现代中西医结合常见急症诊疗手册/陈智民主编.—长沙:湖南科学技术出版社,1995.2.—491页;20cm

ISBN 7-5357-1651-2(精装): ¥21.50

R459.9 **040666**

百病睡卧疗法/毛俊艳等编著.—太原:山西科学技术出版社,1995.1.—130页;19cm.—(百病独特疗法丛书)

ISBN 7-5377-0924-6: ¥4.00

R459.9 **040667**

反射学的技艺、科学与历史:1993年修订增补版/(美)伊塞尔(Issel,C.)著;杭雄文,谢其昌译.—南京:江苏科学技术出版社,1995.5.—155页;20cm

ISBN 7-5345-1916-0: ¥9.80

R459.9 **040668**

危险时刻:凌晨4时——时辰疗法/吕建强等编著.—北京:人民体育出版社,1995.8.—130页;19cm

ISBN 7-5009-1167-X: ¥4.50

R459.9 **040669**

音乐疗法/何化均,卢廷柱编著.—北京:科学普及出版社,1995.12.—140页;26cm

ISBN 7-110-02876-3: ¥14.80

R47 护理学

R47 **040670**

常见病症科学护理/杨永广主编;丁丽娜等编.—沈阳:辽宁科学技术出版社,1995.3.—351页;19cm

ISBN 7-5381-2102-1: ¥8.00

R47 **040671**

护理教育学/王益锵主编.—北京:中国医药科技出版社,1995.12.—240页;26cm.—(21世纪护理发展丛书)

ISBN 7-5067-1531-7: ¥14.50

R47 **040672**

护理行为学/张文秀主编;叶文等编.—南京:东南大

学出版社,1995.10.—243页;19cm
ISBN 7-81050-056-2:¥8.00

R47　040673
临床护理与理论/于艳秋等主编.—沈阳:辽宁科学技术出版社,1995.6.—313页;26cm
ISBN 7-5381-2154-4:¥12.00

R47　040674
现代护理管理/赵炳华主编.—北京:北京医科大学、中国协和医科大学联合出版社,1995.12.—182页;26cm
ISBN 7-81034-552-4:¥13.00

R47　040675
现代医院感染护理学/钟秀玲,程棣妍主编.—北京:人民军医出版社,1995.10.—309页;26cm
ISBN 7-80020-595-9(精装):¥36.00

R47-41　040676
中等卫生学校护理专业课时教学目标集/陈晓非主编.—杭州:浙江大学出版社,1995.12.—192页;26cm
ISBN 7-308-01792-3:¥18.00

R47-44　040677
护理人员理论考核复习题解/郑爱兰等主编.—天津:天津科学技术出版社,1995.12.—431页;19cm
ISBN 7-5308-1969-0:¥15.80

R47-44　040678
护理知识1000题/汪赛进主编.—合肥:中国科学技术大学出版社,1995.7.—269页;20cm
ISBN 7-312-00701-5:¥9.60

R47-44　040679
基础护理学考题解/陈维英主编.—上海:上海医科大学出版社,1995.2.—282页;19cm
ISBN 7-5627-0249-7:¥9.00

R47-51　040680
外科学及护理分册/王俊平,刘萍主编.—天津:天津大学出版社,1995.7.—277页;19cm.—(护士毕业考试丛书)
ISBN 7-5618-0763-5:¥8.80

R47-53　040681
当代中国护理荟萃/霍杰,计惠民主编.—北京:中国医药科技出版社,1995.10.—488页;26cm
ISBN 7-5067-1509-0:¥40.00

R47-62　040682
全国护士执业考试应试指南/国家医学考试中心主编.—北京:中国医药科技出版社,1995.2.—432页;26cm
ISBN 7-5067-1378-0:¥25.00

R47-62　040683
新编实用护理手册/陶志鹏,赵淮主编.—昆明:云南科技出版社,1995.11.—169页;19cm
ISBN 7-5416-0743-6:¥8.00

R471　040684
护理心理学/梁光霞主编;曹和安等编.—2版.—上海:上海医科大学出版社,1995.10.—128页;26cm
ISBN 7-5627-0280-2:¥10.40

R471　040685
基础护理学/李军,陈义成主编.—北京:中国医药科技出版社,1995.10.—141页;26cm
医学院校教材
ISBN 7-5067-1435-3:¥8.56

R472　040686
常用护理技术/贺兰香主编.—郑州:河南人民出版社,1995.9.—105页;26cm
中等卫生学校教材 供社区医学、妇幼卫生专业用
ISBN 7-215-03540-9:¥4.80

R472　040687
临床护理技术指导/郑连娣,侯惠兰主编.—海口:海南出版社,1995.9.—218页;19cm
ISBN 7-80617-311-0:¥12.00

R472　040688
卫生所护士的日常工作规范/南京人口管理干部学院,美国开发培训研究所编.—南京:东南大学出版社,1995.8.—72页;20cm
妇女卫生自学教材(九)
全套书共10册,总定价:30.00元
ISBN 7-81050-043-0:¥0.00

R472　040689
中西医护理技术操作规程/姚淑芬,王传珠主编.—沈阳:辽宁科学技术出版社,1995.2.—195页;19cm
ISBN 7-5381-1958-2:¥6.50

①R472②R459.7　040690
综合医院护理常规及急诊急救操作规程/赵玉英主编.—呼和浩特:内蒙古人民出版社,1995.10.—285页;19cm
ISBN 7-204-01913-X:¥14.00

R473　040691
老年护理学/曾熙媛主编.—北京:中国医药科技出版社,1995.12.—218页;26cm.—(21世纪护理发展丛书)
ISBN 7-5067-1532-5:¥20.00

R473.2　040692
家庭护理保健/刘炎玲主编;吴韬等编写.—南昌:江西高校出版社,1995.2.—269页;19cm.—(现代家庭医疗保健实用丛书)
ISBN 7-81033-424-7:¥5.20

R473.2　040693
现代家庭护理/李梦樱主编;中国医科大学第一附属医院护理部编.—沈阳:辽宁科学技术出版社,1995.8.—217页;19cm
辽宁电视台电视讲座教材
ISBN 7-5381-2208-7:¥7.00

R473.2-44　040694
家庭护理200问/王雪云等编著.—北京:学苑出版社,1995.4.—158页;19cm.—(健康·生活丛书)
ISBN 7-5077-0688-5:¥4.50

R473.5　040695
内科疾病护理/赵静轩,韩忠福主编.—北京:北京医科大学、中国协和医科大学联合出版社,1995.4.—719页;19cm.—(医院护理质量管理丛书;1)
ISBN 7-81034-379-3:¥28.80

R473.6 040696

骨科护理学/杜克,王守志主编.—北京:人民卫生出版社,1995.7.—756页;26cm

ISBN 7-117-02202-7(精装):¥64.80

R473.6 040697

外科护理临床实习指导/邵更成等主编.—郑州:河南医科大学出版社,1995.6.—318页;19cm

临床实习系列教材 中专护理专业用

ISBN 7-81048-005-7:¥8.20

R473.72-62 040698

儿科疾病家庭护理指南/安之璧等编著.—上海:上海辞书出版社,1995.8.—172页;19cm

ISBN 7-5326-0335-0:¥6.00

R473.74 040699

精神病的家庭康复治疗与护理/郭沈昌,丘东友编著.—汕头:汕头大学出版社,1995.7.—152页;19cm.—(汕头大学精神医学丛书;2)

ISBN 7-81036-082-5:¥5.50

R473.74 040700

精神科护理学/王祖承主编.—上海:上海科学技术出版社,1995.1.—68页;26cm.—(上海市中等卫生学校护士专业(四年制)丛书)

ISBN 7-5323-3725-1:¥4.20

R473.74-44 040701

瘫痪病人护理120问/金凤英主编;刘凤英等编.—北京:金盾出版社,1995.6.—180页;19cm

ISBN 7-5082-0030-6:¥4.90

R473.76 040702

眼耳鼻咽喉科护理学/蒋泽琪,徐国主编.—上海:上海科学技术出版社,1995.1.—138页;26cm.—(上海市中等卫生学校护士专业四年制丛书)

ISBN 7-5323-3714-6:¥7.90

R49 康复医学

R49 040703

常见慢性疾病的康复与保健/王成,张键主编.—北京:中国农业出版社,1995.8.—309页;20cm

ISBN 7-109-04044-5:¥15.00

R49-62 040704

常见病出院康复指南/王益平等主编.—上海:上海科学技术出版社,1995.7.—362页;19cm

ISBN 7-5323-3761-8:¥12.60

R49-62 040705

康复指南:内科分册/荣大为等主编.—长春:长春出版社,1995.12.—209页;19cm

ISBN 7-80604-449-3:¥10.00

R49-62 040706

现代康复医学诊疗手册/殷秀珍,黄永禧主编.—北京:北京医科大学、中国协和医科大学联合出版社,1995.8.—317页;19cm.—(临床医师诊疗全书/才文彦,朱学骏主编)

ISBN 7-81034-485-4(精装):¥19.80

R49-62 040707

现代康复医学诊疗手册/殷秀珍,黄永禧主编.—北京:北京医科大学、中国协和医科大学联合出版社,1995.8.—317页;19cm.—(临床医师诊疗全书/才文彦,朱学骏主编)

ISBN 7-81034-484-6:¥15.00

R493 040708

百病心理平衡疗法/杨俏田等编著.—太原:山西科学技术出版社,1995.10.—165页;19cm.—(百病独特疗法丛书)

ISBN 7-5377-1176-3:¥6.00

R5 内科学

R5 040709

内科急症学/刘亦选等主编.—广州:广东高等教育出版社,1995.6.—220页;26cm

高等医药院校教材 供中医专业用

ISBN 7-5361-1744-2:¥9.00

R5 040710

内科危重病学/成埙等主编.—乌鲁木齐:新疆科技卫生出版社,1995.10.—799页;26cm

ISBN 7-5372-0647-3(精装):¥64.00

R5 040711

内科学/马维藩主编.—郑州:河南人民出版社,1995.9.—353页;26cm

中等卫生学校教材 供社区医学、妇幼卫生专业用

ISBN 7-215-03536-0:¥15.30

R5 040712

内科学/刘锦洪主编;陈国莹等编.—南宁:广西科学技术出版社,1995.10.—332页;26cm

中等卫生职业学校教材 供医士专业用

ISBN 7-80619-255-7:¥17.80

R5 040713

内科学新理论与新技术/戴瑞鸿,林果为主编.—上海:上海科技教育出版社,1995.4.—402页;26cm

ISBN 7-5428-1065-0(精装):¥40.50

R5 040714

内科治疗矛盾/杨秉辉,张希德主编.—上海:上海科技教育出版社,1995.10.—394页;20cm

ISBN 7-5428-1089-8:¥20.10

R5 040715

农村实用内科学/杜伯辰等主编.—郑州:河南医科大学出版社,1995.12.—453页;26cm

乡村医生培训系列教材

ISBN 7-81048-047-2:¥23.13

R5 040716

实用内科百题/马济顺主编;马庆春等编著.—北京:外文出版社:海豚出版社,1995.1.—179页;19cm.—(实用医学百题丛书/夏亚钦主编)

ISBN 7-80051-995-3:¥5.80

R5 040717

西医内科学/曾诚厚主编.—北京:中国中医药出版

社,1995.9.—254 页;26cm
高等医药院校教材 供专科中医学专业用
ISBN 7-80089-496-7:¥16.00

R5　040718
现代保健——内科疾病防治/韩志贞,冯备主编.—郑州:中原农民出版社,1995.9.—403 页;19cm
全套 5 册,总定价:55.00 元
ISBN 7-80538-736-2:¥0.00

R5　040719
现代急诊内科学/陈国伟主编.—2 版.—广州:广东科技出版社,1995.10.—763 页;26cm
ISBN 7-5359-1477-2:¥55.00

R5　040720
现代内科学　上卷/方圻主编.—北京:人民军医出版社,1995.8.—2070 页;26cm
ISBN 7-80020-508-8(精装):¥216.00

R5　040721
现代内科学　下卷/方圻主编.—北京:人民军医出版社,1995.8.—2071~3831 页;26cm
ISBN 7-80020-509-6(精装):¥182.00

R5　040722
中西医结合实用内科学/裴正学主编.—兰州:甘肃科学技术出版社,1995.3.—933 页;26cm
ISBN 7-5424-0539-X(精装):¥60.00

R5-1　040723
现代内科研究与进展/贾民谊,李彬之主编.—天津:天津科学技术出版社,1995.8.—553 页;26cm
ISBN 7-5308-1921-6:¥60.00

R5-44　040724
内科学多选题/戴瑞鸿,林果为主编.—上海:上海医科大学出版社,1995.6.—495 页;19cm
ISBN 7-5627-0252-7:¥13.30

R5-54　040725
中国内科年鉴　1994 /陈思聪,李石主编.—上海:上海科学技术文献出版社,1995.3.—496 页;26cm
ISBN 7-5439-0562-0(精装):¥60.00

R5-62　040726
实习医师手册:内科分册/孙显明主编;遵义医学院临床部编写.—贵阳:贵州科技出版社,1995.4.—232 页;19cm
ISBN 7-80584-432-1:¥6.00

R5-62　040727
实用中西医结合内科手册/樊培恒,乔富渠主编.—西安:陕西科学技术出版社,1995.10.—408 页;19cm
ISBN 7-5369-2282-5:¥12.00

R5-62　040728
现代中西医结合实用内科手册/程丑夫,王钟林主编.—长沙:湖南科学技术出版社,1995.7.—578 页;20cm
ISBN 7-5357-1653-9(精装):¥22.50

R504　040729
常见内科疾病检查诊断指南/程丑夫主编;谭圣娥等编.—长沙:湖南科学技术出版社,1995.2.—410 页;19cm
ISBN 7-5357-1603-2:¥9.50

R504　040730
危重急症的诊断与治疗:内科学/王德炳,张树基主编.—北京:中国科学技术出版社,1995.1.—876 页;26cm
ISBN 7-5046-1236-7:¥59.00

R504-62　040731
内科疾病诊疗思维指南/苗志敏等主编.—青岛:青岛海洋大学出版社,1995.12.—530 页;26cm
ISBN 7-81026-766-3:¥28.50

R504-62　040732
脏器功能衰竭中西医诊治指南/陈维法,姜秀春主编.—北京:中国医药科技出版社,1995.6.—286 页;19cm
ISBN 7-5067-1386-1:¥10.80

R504-62　040733
最新内科诊疗手册/姚希贤,李彬之主编.—天津:天津科学技术出版社,1995.10.—946 页;19cm
ISBN 7-5308-1708-6(精装):¥45.00

R505　040734
难治性内科疾病的治疗/赵宗礼著.—太原:山西科学技术出版社,1995.3.—420 页;19cm
ISBN 7-5377-1010-4:¥7.50

R505　040735
内科现代治疗方案/贝政平主编.—上海:百家出版社,1995.12.—749 页;20cm
ISBN 7-80576-566-9(精装):¥48.00

R51 传染病

R51　040736
传染病学/高沁昌主编;韦福邦等编.—南宁:广西科学技术出版社,1995.9.—158 页;26cm
中等卫生职业学校教材 供医士专业用
ISBN 7-80619-246-8:¥9.00

R51　040737
传染病学/王勤环,郭雁宾主编.—北京:北京医科大学、中国协和医科大学联合出版社,1995.12.—197 页;26cm
医学高等专科学校教材
ISBN 7-81034-543-5:¥13.80

R51　040738
传染病学/聂刚基主编;杜树美等编.—开封:河南大学出版社,1995.8.—189 页;26cm
中等卫生学校教材 供社区医学、妇幼卫生专业用
ISBN 7-81041-244-2:¥7.85

①R51②R741　040739
神经系统感染性疾病/赵明伦等主编.—上海:上海科学技术出版社,1995.6.—262 页;26cm
ISBN 7-5323-3599-2:¥19.40

R51-53　040740
现代传染病文集　第三卷/林永焕主编.—北京:中国科学技术出版社,1995.6.—676 页;26cm

ISBN 7-5046-2019-X: ¥43.00

R512.34 **040741**

实用森林脑炎病学:蜱媒脑炎/王梦祥等编著.—北京:中国林业出版社,1995.7.—137页;19cm

ISBN 7-5038-1488-8: ¥6.80

R512.6 **040742**

病毒性肝病研究与实践/张建营等主编.—北京:中国科学技术出版社,1995.10.—457页;20cm

ISBN 7-5046-2045-9: ¥14.80

R512.6 **040743**

病毒性肝炎速效防治/马云桂编著.—上海:上海科学技术文献出版社,1995.3.—61页;19cm

ISBN 7-5439-0570-1: ¥2.80

R512.6 **040744**

乙肝的危害与中西医防治/冯元,谌业华编著.—成都:四川科学技术出版社,1995.12.—177页;19cm

ISBN 7-5364-1346-7: ¥7.50

R512.8 **040745**

肾综合征出血热/曾庆友主编;于庆涛等编著.—哈尔滨:哈尔滨出版社,1995.12.—254页;19cm

ISBN 7-80557-905-9: ¥9.80

①R512.8②R692 **040746**

流行性出血热与急性肾功能衰竭/丁一生,袁静编著.—贵阳:贵州科技出版社,1995.6.—147页;19cm

ISBN 7-80584-364-3: ¥7.00

R512.91 **040747**

艾滋病100问/屠云人,杨维中主编.—成都:四川辞书出版社,1995.11.—167页;19cm

ISBN 7-80543-514-6: ¥5.00

R512.91 **040748**

艾滋病防治与中医药/李洪,马文飞主编;河南省中山皮肤病性病艾滋病研究院编.—南京:江苏科学技术出版社,1995.8.—209页;19cm

ISBN 7-5345-1972-1: ¥11.00

R512.91 **040749**

艾滋病流行概况/世界卫生组织著;郝连杰等译.—北京:人民卫生出版社,1995.3.—136页;30cm

ISBN 7-117-02184-5: ¥0.00

R512.91 **040750**

爱滋病病毒和肿瘤病毒的致病分子生物学基础和治疗前景/刘富林,刘乐群编.—北京:北京工业大学出版社,1995.3.—81页;20cm

ISBN 7-5639-0403-4: ¥3.0

R512.91 **040751**

当代艾滋病/董立俊编著.—乌鲁木齐:新疆科技卫生出版社,1995.11.—114页;19cm

ISBN 7-5372-0660-0: ¥6.00

R512.91 **040752**

全球艾滋病新闻　1993年　第2期/世界卫生组织编;许华等译.—北京:人民卫生出版社,1995.2.—24页;30cm

ISBN 7-117-02192-6: ¥0.00

R512.91 **040753**

全球艾滋病新闻　1993年　第3期/世界卫生组织编;余忠等译.—北京:人民卫生出版社,1995.3.—22页;29cm

ISBN 7-117-02207-8: ¥0.00

R512.91 **040754**

全球艾滋病新闻　1993年　第4期/世界卫生组织编;雷丽,吕正霞译.—北京:人民卫生出版社,1995.3.—19页;29cm

ISBN 7-117-02219-1: ¥0.00

R516.704 **040755**

布鲁氏菌病实验诊断的非特异性反应及其鉴别/尚德秋等主编.—北京:海洋出版社,1995.10.—278页;19cm

ISBN 7-5027-3812-6: ¥10.00

R517.205-62 **040756**

炭疽防治手册/梁旭东主编.—北京:中国农业出版社,1995.5.—110页;19cm

ISBN 7-109-04075-5: ¥4.40

R52　结核病

R52 **040757**

国外结核病防治进展/刘洪宝主编;白瑞华等编.—天津:天津科学技术出版社,1995.9.—166页;19cm

ISBN 7-5308-1951-8: ¥6.50

R52 **040758**

结核病新概念/张敦熔编著.—北京:中国农业科技出版社,1995.8.—482页;26cm

ISBN 7-80026-940-X: ¥35.00

R53　寄生虫病

R53 **040759**

人体寄生虫学/陈佩惠主编.—4版.—北京:人民卫生出版社,1995.4.—301页;26cm

高等医药院校教材 供基础、预防、临床、口腔医学类专业用

ISBN 7-117-00024-4: ¥12.40

R532.21 **040760**

昆山市血防志/吴圣薇主编;《昆山市血防志》编纂委员会编.—上海:上海科学技术文献出版社,1995.9.—287页:照片;20cm.—(昆山市地方志丛书)

ISBN 7-5439-0858-1: ¥25.00

R532.21 **040761**

血吸虫病的防治:世界卫生组织专家委员会第二次报告/世界卫生组织编;郝连杰等译.—北京:人民卫生出版社,1995.11.—78页;24cm.—(世界卫生组织技术报告丛书;830)

ISBN 7-117-02310-4: ¥0.00

R532.3 **040762**

实用囊虫病学/马云详等主编.—北京:中国医药科技出版社,1995.8.—431页:图;19cm

ISBN 7-5067-1417-5: ¥15.00

R532.32 **040763**

棘球蚴病基础/王虎，赵明编著.—西宁：青海人民出版社，1995.5.—195页；19cm

ISBN 7-225-01004-2：￥8.50

R532.32　　　　　　　　　　　　　　　　　　040764

实用包虫病外科学/孙家骏等主编.—西宁：青海人民出版社，1995.9.—203页；26cm

ISBN 7-225-01082-4：￥18.00

R54　心脏、血管疾病

R54　　　　　　　　　　　　　　　　　　040765

尿毒症性心血管疾病/李少波，卢森辉主编.—北京：中国社会出版社，1995.7.—290页；20cm

ISBN 7-80088-647-6：￥11.80

R54　　　　　　　　　　　　　　　　　　040766

心血管疾病现代治疗/黄元铸，李俭春主编.—南京：江苏科学技术出版社，1995.12.—398页；26cm

ISBN 7-5345-2017-7：￥26.00

R54　　　　　　　　　　　　　　　　　　040767

中西医结合实用心血管病学/孔繁立，王振亮主编.—南京：东南大学出版社，1995.12.—450页；26cm

ISBN 7-81050-102-X：￥30.00

①R54②R743　　　　　　　　　　　　　　　　040768

微量元素与心脑血管疾病/赵德山主编.—哈尔滨：黑龙江科学技术出版社，1995.3.—356页；20cm

ISBN 7-5388-2797-8：￥12.50

R54-05　　　　　　　　　　　　　　　　　040769

临床疾病与心脏/刘福喜等主编.—天津：天津科技翻译出版公司，1995.8.—295页；26cm

ISBN 7-5433-0777-4：￥20.50

R54-1　　　　　　　　　　　　　　　　　040770

心血管病学前沿研究/傅良雄主编.—上海：上海科学技术文献出版社，1995.6.—391页；20cm.—(科学技术前沿丛书)

ISBN 7-5439-0499-3：￥26.50

R54-1　　　　　　　　　　　　　　　　　040771

心血管疾病危险因素：科学研究的新领域/世界卫生组织编；李昊等译.—北京：人民卫生出版社，1995.9.—51页；24cm.—(世界卫生组织技术报告丛书；841)

ISBN 7-117-02308-2：￥0.00

R54-44　　　　　　　　　　　　　　　　　040772

心血管疾病咨询/白曼颐等编著.—北京：新时代出版社，1995.7.—170页；20cm.—(自我保健知识丛书)

ISBN 7-5042-0262-2：￥7.80

①R54-49②R56-49　　　　　　　　　　　　040773

家庭保健顾问：循环系统、呼吸系统/吴益明等著.—北京：中国青年出版社，1995.1.—130页；19cm

ISBN 7-5006-1713-5：￥4.10

R54-62　　　　　　　　　　　　　　　　　040774

心血管病综合征诊疗手册/王振华，陈林祥主编.—长沙：湖南科学技术出版社，1995.6.—439页；20cm.—(现代医学案头参考书系)

ISBN 7-5357-1655-5(精装)：￥17.60

R54-64　　　　　　　　　　　　　　　　　040775

临床心血管疾病图表解/杨波编著.—沈阳：辽宁科学技术出版社，1995.4.—367页；26cm

ISBN 7-5381-1979-5：￥25.00

R540.4　　　　　　　　　　　　　　　　　040776

导管消融治疗学/李忠诚等主编.—天津：天津科学技术出版社，1995.12.—285页；26cm

ISBN 7-5308-1728-0(精装)：￥45.00

R540.4　　　　　　　　　　　　　　　　　040777

多普勒超声心动图诊断入门/夏德义，邹玉臣主编.—哈尔滨：黑龙江科学技术出版社，1995.12.—190页；20cm

ISBN 7-5388-2950-4：￥9.80

R540.4　　　　　　　　　　　　　　　　　040778

马里奥特实用心电图学：第九版/(美)瓦格纳(Wagner，G.S.)著；李为民，傅世英主译.—哈尔滨：黑龙江科学技术出版社，1995.11.—368页；26cm

ISBN 7-5388-2714-5：￥65.00

R540.4　　　　　　　　　　　　　　　　　040779

现代临床心电图精义/梁德惠，李新华主编.—北京：中国医药科技出版社，1995.9.—186页；26cm

ISBN 7-5067-1232-6：￥17.00

R540.4　　　　　　　　　　　　　　　　　040780

新编临床心电图识读/阎保国主编.—北京：金盾出版社，1995.12.—184页；19cm

ISBN 7-5082-0077-2：￥6.50

R540.4　　　　　　　　　　　　　　　　　040781

心电图精萃/张文博等主编.—北京：科学技术文献出版社，1995.10.—369页；20cm

ISBN 7-5023-2527-1：￥20.00

R540.4　　　　　　　　　　　　　　　　　040782

心电学易错概念及进展/李春雨等主编.—济南：黄河出版社，1995.9.—315页；19cm

ISBN 7-80558-607-1：￥12.00

R540.4　　　　　　　　　　　　　　　　　040783

心血管病鉴别诊断学/陈灏珠主编.—合肥：安徽科学技术出版社，1995.12.—566页；20cm

ISBN 7-5337-1130-0：￥18.00

R540.4　　　　　　　　　　　　　　　　　040784

心血管疾病药物诊断/王立祥，王发强主编.—北京：人民军医出版社，1995.5.—152页；19cm

ISBN 7-80020-553-3：￥8.50

R540.4　　　　　　　　　　　　　　　　　040785

心脏的临床检查/华琦，陈秉良主编.—北京：人民卫生出版社，1995.7.—566页：照片；26cm

ISBN 7-117-02193-4(精装)：￥52.60

R540.4-62　　　　　　　　　　　　　　　　040786

超声心动图诊断手册/(美)雷诺兹(Reynolds，T.)著；陈江华等译.—哈尔滨：黑龙江科学技术出版社，1995.2.—173页；19cm

ISBN 7-5388-2438-3：￥10.80

R540.4-62　　　　　　　　　　　　　　　　040787

临床心电图诊断手册/杜建友编.—昆明：云南民族出版社，1995.12.—105页；26cm

云南中医自学成才辅导书
ISBN 7－5367－1067－4：￥9.80

R540.4－62　040788
实用心电图诊断手册/赵易主编.—杭州：浙江科学技术出版社，1995.12.—183页；19cm
ISBN 7－5341－0735－0（精装）：￥17.00

R540.4－62　040789
现代心电图诊断手册/邵耕，吴树燕主编.—北京：北京医科大学、中国协和医科大学联合出版社，1995.8.—300页；19cm.—（临床医师诊疗全书·第二辑/才文彦，朱学骏主编）
ISBN 7－81034－482－X：￥13.90

R540.4－62　040790
现代心电图诊断手册/邵耕，吴树燕主编.—北京：北京医科大学、中国协和医科大学联合出版社，1995.8.—300页；19cm.—（临床医师诊疗全书·第二辑/才文彦，朱学骏主编）
ISBN 7－81034－483－8（精装）：￥18.70

R540.4－64　040791
心电向量图图谱/高秉新编著.—北京：北京医科大学、中国协和医科大学联合出版社，1995.2.—337页；26cm
ISBN 7－81034－418－8（精装）：￥38.00

R540.4－64　040792
心电向量图图谱/高秉新编著.—北京：北京医科大学、中国协和医科大学联合出版社，1995.2.—337页；26cm
ISBN 7－81034－419－6：￥31.00

R540.597　040793
现代心血管病急症学/杨修义等主编.—成都：四川科学技术出版社，1995.8.—393页；26cm
ISBN 7－5364－3156－2：￥26.00

R540.597　040794
心血管病急症诊疗手册/焦克荣，郑德林主编译.—沈阳：辽宁科学技术出版社，1995.8.—311页；26cm
ISBN 7－5381－2017－3：￥20.00

R541　040795
简明心脏病学/张仁尧，胡大一编著.—北京：人民卫生出版社，1995.2.—236页；19cm
ISBN 7－117－02164－0（精装）：￥9.90

R541　040796
简明心脏病治疗学/李振波等主编.—上海：上海医科大学出版社，1995.10.—245页；19cm
ISBN 7－5627－0285－3：￥15.00

R541　040797
临床心脏病急症/郭明等主编.—北京：中国科学技术出版社，1995.7.—239页；19cm
ISBN 7－5046－2010－6：￥9.80

R541　040798
实用心血管急症/曲鹏等主编.—大连：大连出版社，1995.7.—285页；26cm
ISBN 7－80612－178－1：￥19.80

R541　040799
心功能不全/杨尚印等主编.—北京：华夏出版社，1995.11.—626页；20cm
ISBN 7－5080－0940－1：￥23.40

R541　040800
心脏病学/毛焕元，杨心田主编.—北京：人民卫生出版社，1995.5.—1561页：照片；26cm
ISBN 7－117－02128－4（精装）：￥109.20

R541　040801
猝死/钱剑安，蒋健主编.—上海：上海科学技术出版社，1995.1.—301页；19cm
ISBN 7－5323－3632－8：￥12.70

R541.4　040802
冠心病的防治与康复/史云峰编著.—上海：上海科学普及出版社，1995.9.—385页；20cm
ISBN 7－5427－0967－4：￥14.00

R541.4　040803
冠心病诊治进展/张明哲主编.—赤峰：内蒙古科学技术出版社，1995.12.—285页；19cm
ISBN 7－5380－0344－4：￥15.50

R541.4　040804
现代冠心病/邵耕主编.—北京：北京医科大学、中国协和医科大学联合出版社，1995.1.—667页；26cm
ISBN 7－81034－296－7：￥68.00

R541.405　040805
中西医治疗冠心病/王宪波等编著.—北京：中国中医药出版社，1995.7.—267页；19cm
ISBN 7－80089－412－6：￥8.50

R541.7　040806
快速性心律失常/吴书林等主编.—广州：华南理工大学出版社，1995.5.—251页；26cm
ISBN 7－5623－0811－X：￥50.00

R541.7　040807
实用心律失常学/杨菊贤，王福军主编.—成都：成都科技大学出版社，1995.7.—396页；20cm
ISBN 7－5616－3083－2：￥17.50

R541.7　040808
心律失常的心电图诊断/禹鲁民等编.—合肥：安徽科学技术出版社，1995.1.—146页；13×9cm
ISBN 7－5337－1121－1：￥3.00

R541.7　040809
心律失常电治疗/郭涛主编.—昆明：云南科技出版社，1995.9.—421页；26cm
ISBN 7－5416－0744－4：￥30.00

R541.7　040810
心痛与心悸/郑勇等编著.—北京：中国中医药出版社，1995.2.—171页；19cm.—（实用中西医结合证治丛书/赵田雍，汪卫东主编）
ISBN 7－80089－386－3：￥5.50

R541.7－62　040811
临床心律失常手册/符诗英，陈广平编著.—海口：海南出版社，1995.3.—231页；19cm
ISBN 7－80590－996－2：￥6.80

R541.705　040812
心律失常现代治疗学/李庚山，黄从新主编.—北京：中国科学技术出版社，1995.12.—521页；26cm

ISBN 7-5046-2105-6(精装)：¥97.00

R542.1　040813

心包疾病的诊断治疗进展/纪承寅等主编.—济南：黄河出版社，1995.12.—277页；19cm

ISBN 7-80558-563-6：¥13.40

R542.4　040814

感染性心内膜炎/樊万福著.—广州：暨南大学出版社，1995.12.—123页；20cm

ISBN 7-81029-523-3：¥6.50

R543　040815

肾素-血管紧张素系统与现代医学/赵世民等主编.—济南：山东大学出版社，1995.9.—337页；20cm

ISBN 7-5607-1536-2：¥15.00

R543.3　040816

血栓性疾病/叶辉等主编.—北京：中国科学技术出版社，1995.8.—316页；19cm

ISBN 7-5046-2026-2：¥14.00

R543.5　040817

脂蛋白与动脉粥样硬化/王克勤主编.—北京：人民卫生出版社，1995.8.—455页；20cm

ISBN 7-117-02236-1：¥22.80

R544.1　040818

高血压防治210问/张声，李维绥编著.—福州：福建科学技术出版社，1995.12.—150页；19cm.—(家庭百病不求人丛书)

ISBN 7-5335-0965-X：¥5.40

R544.1-44　040819

高血压病自我保健百问/余天泰等编著.—北京：科学技术文献出版社，1995.8.—208页；19cm

ISBN 7-5023-2479-8：¥7.80

R544.101　040820

得了高血压怎么办/周胜利，周凌云编著.—哈尔滨：黑龙江科学技术出版社，1995.5.—90页；19cm.—(病友丛书/王桂照主编)

ISBN 7-5388-2470-7：¥3.30

R544.101-44　040821

老年高血压病防治问答/巩连生编著.—北京：北京出版社，1995.4.—148页；19cm

ISBN 7-200-02543-7：¥5.00

R55　血液及淋巴系疾病

R552　040822

血液病现代诊断与治疗/张绍林等主编.—郑州：河南医科大学出版社，1995.11.—374页；26cm

ISBN 7-81048-045-6：¥29.40

R552-62　040823

实用血液病手册/杨国元编著.—武汉：湖北科学技术出版社，1995.7.—379页；19cm

ISBN 7-5352-1684-6：¥8.80

R554　040824

紫癜/史英杰等编著.—北京：中国中医药出版社，1995.2.—58页；19cm.—(实用中西医结合证治丛书/赵田雍，汪卫东主编)

ISBN 7-80089-385-5：¥3.00

R56　呼吸系及胸部疾病

R56　040825

现代胸科疾病的诊断与治疗/张锦垣等主编.—北京：北京科学技术出版社，1995.4.—340页；26cm

ISBN 7-5304-1712-6(精装)：¥28.00

①R56②R655　040826

胸部急症学/徐教瑜等主编.—济南：济南出版社，1995.7.—633页；20cm

ISBN 7-80572-923-9：¥24.00

R562.2　040827

慢性支气管炎防治218问/吕凤英等编著.—福州：福建科学技术出版社，1995.11.—127页；19cm.—(家庭百病不求人丛书)

ISBN 7-5335-0962-5：¥4.90

R562.2　040828

支气管哮喘的中西医诊治/李素云，周庆伟主编.—郑州：中原农民出版社，1995.10.—469页；20cm

ISBN 7-80538-798-2：¥16.80

R562.2　040829

支气管哮喘门诊/唐佩文编.—杭州：浙江科学技术出版社，1995.10.—164页；19cm.—(专家门诊丛书)

ISBN 7-5341-0867-5：¥8.00

R562.2　040830

支气管炎防治150问/陈惠中等编著.—北京：金盾出版社，1995.2.—194页；19cm

ISBN 7-80022-964-5：¥3.90

R563　040831

肺科临床三百问/于文成等主编.—青岛：青岛出版社，1995.6.—321页；20cm

ISBN 7-5436-1141-4：¥9.90

R563　040832

肺循环电阻抗学与心脏病的鉴别诊断/鲁昌珍编著.—武汉：湖北科学技术出版社，1995.1.—304页；20cm

ISBN 7-5352-1629-3(精装)：¥28.00

R563　040833

高原肺科临床病例分析/陈铁男主编.—拉萨：西藏人民出版社，1995.5.—568页；19cm

ISBN 7-223-00719-2(精装)：¥15.00

R563.8　040834

慢性阻塞性肺病呼吸衰竭/朱继先等编著.—北京：人民卫生出版社，1995.8.—196页；19cm

ISBN 7-117-02242-6：¥7.10

R563.808　040835

呼吸机临床应用手册/陈少贤编著.—上海：上海医科大学出版社，1995.7.—204页；19cm

ISBN 7-5627-0259-4：¥10.50

R57　消化系及腹部疾病

R57 040836
内镜术与胃肠疾病/孟祥中编著.—兰州:甘肃科学技术出版社,1995.3.—331页;20cm
ISBN 7-5424-0549-7:¥13.60

R57 040837
胃肠道疾病的中西医论治/李红明等主编.—郑州:中原农民出版社,1995.8.—446页;20cm
ISBN 7-80538-703-6:¥14.60

R57 040838
胃肠道造影原理与诊断/尚克中,陈九如主编.—上海:上海科学技术文献出版社,1995.5.—433页;26cm
ISBN 7-5439-0679-X(精装):¥100.00

①R57-49②R69-49 040839
家庭保健顾问:消化系统、泌尿系统/夏泽民等著.—北京:中国青年出版社,1995.1.—167页;19cm
ISBN 7-5006-1714-3:¥4.70

R57-55 040840
斯堪的那维亚胃肠病学杂志 1995年 第9卷 第1期/上海市消化疾病研究所,上海第二医科大学编.—上海:上海科学技术文献出版社,1995.1.—64页;26cm
ISBN 7-5439-0854-9:¥0.00

R57-55 040841
斯堪的那维亚胃肠病学杂志 1995年 第9卷 第2期/上海市消化疾病研究所,上海第二医科大学编.—上海:上海科学技术文献出版社,1995.2.—128页;26cm
ISBN 7-5439-0855-7:¥0.00

R57-62 040842
新编消化系统疾病诊疗手册/梁浩主编;丁秀婷等编.—北京:金盾出版社,1995.2.—374页:彩照;26cm
ISBN 7-80022-921-1(精装):¥29.00

R570.2 040843
临床消化病理生理学/李永渝主编.—贵阳:贵州科技出版社,1995.10.—441页;26cm
ISBN 7-80584-485-2:¥24.00

R570.4 040844
消化病超声影像诊断/刘厚勤等主编.—济南:黄河出版社,1995.7.—277页;20cm
ISBN 7-80558-623-3:¥13.50

R573 040845
慢性胃炎与消化性溃疡家庭自疗/王崇文编著.—南昌:江西科学技术出版社,1995.6.—113页;19cm.—(慢性病家庭治疗丛书)
ISBN 7-5390-0906-3:¥4.50

R573-44 040846
胃病200问/黄继臣等编著.—南京:江苏科学技术出版社,1995.7.—200页;19cm.—(健康咨询丛书)
ISBN 7-5345-1960-8:¥6.90

R573-64 040847
上消化道内镜原色图谱集/晋佩禹主编.—北京:龙门书局,1995.1.—152页;26cm
ISBN 7-80111-046-3(精装):¥145.00

R573.01 040848
胃病防治和食疗100法/乔模主编.—北京:中国医药科技出版社,1995.5.—181页;19cm.—(常见病防治和食疗100法系列)
ISBN 7-5067-1257-1:¥5.80

R573.3 040849
帮您防治胃炎及消化性溃疡/宋国培主编;中华医学会审编.—长春:吉林科学技术出版社,1995.6.—194页;19cm.—(家庭白皮书99系列)
ISBN 7-5384-1505-X:¥6.30

R574 040850
肛肠病治疗与研究:第八届中华全国中医药学会肛肠学术会议论文选编/丁义江主编.—南京:东南大学出版社,1995.10.—589页;26cm
ISBN 7-81050-064-3:¥50.00

R574 040851
肛肠疾病防治110问/赵昂之编著.—南昌:江西科学技术出版社,1995.10.—128页;19cm
ISBN 7-5390-0943-8:¥4.80

R574.04 040852
下消化道疾病电子肠镜图析100例/梁浩主编;刘凡等编著.—北京:金盾出版社,1995.12.—227页;19cm
ISBN 7-5082-0103-5:¥34.90

R574.62-44 040853
腹泻病防治365问/王永怡,虞爱华主编;魏振满等编.—北京:金盾出版社,1995.5.—245页;19cm
ISBN 7-5082-0015-2:¥5.80

R575 040854
肝病治疗药物精萃/张德财主编.—沈阳:辽宁科学技术出版社,1995.3.—289页;20cm
ISBN 7-5381-1952-3(精装):¥19.80

R575 040855
肝胆病临床研究/周宜强等主编.—北京:中国医药科技出版社,1995.9.—352页;26cm
ISBN 7-5067-1480-9:¥40.00

R575 040856
肝与肝病/李又平编著.—银川:宁夏人民教育出版社,1995.2.—120页;19cm
ISBN 7-80596-107-7:¥3.00

R575 040857
肝脏病学/梁扩寰主编.—北京:人民卫生出版社,1995.8.—1028页;26cm
ISBN 7-117-02197-7(精装):¥98.10

R575 040858
实用肝病防治/刘永丰等编著.—上海:上海科学技术文献出版社,1995.12.—161页;19cm
ISBN 7-5439-0801-8:¥9.00

R575 040859
实用黄疸病学/徐忠立,周慕英主编.—北京:中国医药科技出版社,1995.12.—1304页;26cm
ISBN 7-5067-1210-5(精装):¥120.00

①R575②R247.1 040860
肝病饮食调养150问/杨明等编著.—北京:金盾出版社,1995.9.—161页;19cm

ISBN 7-5082-0038-1:¥4.90

①R575②R256.43 040861

胁痛/朱海云等编著.—北京:中国中医药出版社,1995.2.—138页;19cm.—(实用中西医结合证治丛书/赵田雍,汪卫东主编)

ISBN 7-80089-382-0:¥4.50

R575-44 040862

王伯祥教授答肝病患者/张赤志,聂广主编.—北京:中国工人出版社,1995.5.—186页;19cm

ISBN 7-5008-1775-4:¥8.00

R575-62 040863

胆道系统疾病诊疗指南/刘思明主编.—沈阳:辽宁科学技术出版社,1995.9.—168页;19cm

ISBN 7-5381-2106-4:¥4.20

R575.02 040864

实用肝脏病理学/张泰和,周晓军主编.—上海:上海科学技术文献出版社,1995.5.—122页:照片;26cm

ISBN 7-5439-0633-3:¥25.00

R575.05 040865

肝胆肾结石与溶石疗法/沈明兴主编.—上海:上海医科大学出版社,1995.7.—151页;19cm

ISBN 7-5627-0274-8:¥6.50

R575.09 040866

肝病患者的饮食及保养/胡步虚著.—西安:陕西人民出版社,1995.11.—146页;19cm.—(热爱生命丛书/石大璞主编)

ISBN 7-224-03857-1:¥5.20

R575.1-44 040867

肝炎300问/方之勋等编著.—南京:江苏科学技术出版社,1995.7.—298页;19cm.—(健康咨询丛书)

ISBN 7-5345-1946-2:¥9.80

R575.101 040868

得了肝炎怎么办/崔莳主编.—哈尔滨:黑龙江科学技术出版社,1995.5.—189页;19cm.—(病友丛书/王桂照主编)

ISBN 7-5388-2470-7:¥5.80

R575.101 040869

肝炎防治策略/黄自存著.—深圳:海天出版社,1995.10.—134页;19cm

ISBN 7-80615-246-6:¥13.80

R575.105 040870

肝炎的治疗与康复/张春涛主编.—上海:上海中医药大学出版社,1995.7.—138页;19cm

ISBN 7-81010-285-0:¥6.70

R575.105 040871

肝炎与食疗/雷永乐编著.—广州:广东人民出版社,1995.9.—161页;19cm

ISBN 7-218-02006-2:¥6.30

R575.6-44 040872

胆石症200问/刘仁庆编著.—南京:江苏科学技术出版社,1995.1.—220页;19cm.—(健康咨询丛书)

ISBN 7-5345-1873-3:¥6.00

R575.6-44 040873

胆石症防治240问/顾万清主编;王燕生等编著.—北京:金盾出版社,1995.2.—160页;19cm

ISBN 7-80022-953-X:¥3.80

R58 内分泌腺疾病及代谢病

R58-62 040874

常见内分泌疾病诊疗手册及118问/许海峰,朱秀萍编著.—昆明:云南人民出版社,1995.4.—128页;19cm

ISBN 7-222-01756-9:¥3.00

R580.597 040875

内分泌急诊/党双培编著.—兰州:甘肃文化出版社,1995.10.—139页;19cm

ISBN 7-80608-144-5:¥4.90

R581 040876

甲状腺疾病的诊断与治疗/薛耀明主编;乐颖影等编.—北京:人民军医出版社,1995.9.—292页;19cm

ISBN 7-80020-570-3:¥13.80

R586 040877

肾上腺疾病诊断与治疗学/罗邦尧主编;尹端六等编.—上海:上海科技教育出版社,1995.2.—236页;26cm

ISBN 7-5428-0920-2(精装):¥29.00

R587.1 040878

帮您防治糖尿病/潘孝仁,征革凡主编.—长春:吉林科学技术出版社,1995.3.—169页;19cm.—(家庭白皮书99系列)

ISBN 7-5384-1491-6:¥4.50

R587.1 040879

糖尿病保健百问/高忠梁主编.—上海:上海科学技术出版社,1995.1.—266页;19cm

ISBN 7-5323-3598-4:¥7.40

R587.1 040880

糖尿病实际/刘国良,谢明主编.—北京:华艺出版社,1995.6.—293页;19cm

ISBN 7-80039-969-9:¥13.50

R587.1 040881

糖尿病自我防治235问/白永清编著.—太原:山西科学技术出版社,1995.6.—168页;19cm

ISBN 7-5377-1125-9:¥6.00

R587.1 040882

怎样防治糖尿病/张腊梅,成金罗编著.—上海:上海文化出版社,1995.9.—158页;19cm.—(怎么办丛书)

ISBN 7-80511-723-3:¥5.80

R587.1-44 040883

糖尿病知识问答/孙明友主编.—哈尔滨:黑龙江科学技术出版社,1995.12.—284页;19cm

ISBN 7-5388-2974-1:¥15.00

R587.1-62 040884

糖尿病保健手册/田林红,宁英远编著.—兰州:甘肃科学技术出版社,1995.11.—138页;19cm

ISBN 7-5424-0580-2:¥6.80

R587.1-62 040885

糖尿病防治指南/陈朝秀主编.—大连:大连出版社,

1995.5.—142页;19cm
ISBN 7-80612-169-2: ¥5.80

R587.101 040886
得了糖尿病怎么办/程丽华,阴慧清主编.—哈尔滨:黑龙江科学技术出版社,1995.5.—121页;19cm.—(病友丛书/王桂照主编)
ISBN 7-5388-2470-7: ¥4.10

R587.101 040887
糖尿病防治和食疗100法/陆纪宏等主编.—北京:中国医药科技出版社,1995.5.—174页;19cm.—(常见病防治和食疗100法系列)
ISBN 7-5067-1251-2: ¥6.50

R587.101 040888
中国糖尿病防治特色/高彦彬主编.—哈尔滨:黑龙江科学技术出版社,1995.1.—811页;26cm.—(糖尿病系列丛书)
ISBN 7-5388-2352-2: ¥19.20

R587.105 040889
糖尿病饮食治疗学/翁孝钢等主编.—北京:中国中医药出版社,1995.7.—648页;19cm
ISBN 7-80089-444-4: ¥23.00

①R587.105②R247.1 040890
糖尿病的饮食治疗和运动疗法/俞茂华编著.—上海:上海医科大学出版社,1995.9.—49页:图;19cm
ISBN 7-5627-0281-0: ¥6.90

R588 040891
更年期综合征/吕肖锋等编著.—北京:科学出版社,1995.8.—122页;19cm
ISBN 7-03-004726-5: ¥4.80

R589.2 040892
脂类代谢与临床/杨孝斋,孟三宏主编.—上海:上海科学技术出版社,1995.1.—509页;19cm
ISBN 7-5323-3205-5: ¥14.00

R589.2-62 040893
减肥指南/王秀德等编.—北京:中国农业出版社,1995.10.—159页;19cm
ISBN 7-109-03962-5: ¥8.70

R589.201 040894
肥胖病防治155问/林益川等编著.—福州:福建科学技术出版社,1995.9.—136页;19cm.—(家庭百病不求人丛书)
ISBN 7-5335-0944-7: ¥4.80

R589.4 040895
水、电解质和酸碱平衡与临床/肖耀来等主编.—济南:山东大学出版社,1995.8.—383页;20cm
ISBN 7-5607-1492-7: ¥12.00

R589.7-44 040896
痛风200问/何戎华编著.—南京:江苏科学技术出版社,1995.7.—143页;19cm.—(健康咨询丛书)
ISBN 7-5345-1958-6: ¥5.40

R59 全身性疾病

R591.1 040897
碘缺乏病/牟云强,谷震主编.—哈尔滨:黑龙江科学技术出版社,1995.1.—130页;19cm
ISBN 7-5388-2700-5: ¥4.80

R591.1 040898
警钟长鸣:中国碘缺乏病的防治:汉英对照/殷大奎主编.—北京:中国人口出版社,1995.5.—85页;29cm
ISBN 7-80079-272-2: ¥60.00

R591.1-43 040899
碘缺乏病师资培训教程/庞志刚,曹建威主编.—哈尔滨:黑龙江教育出版社,1995.12.—127页;26cm
ISBN 7-5316-2922-4: ¥16.00

R591.1-44 040900
补钙知识200问/高长平主编.—沈阳:沈阳出版社,1995.12.—292页;19cm
ISBN 7-5441-0448-6: ¥10.00

R591.1-53 040901
中国氟研究文选/魏赞道主编.—贵阳:贵州科技出版社,1995.3.—447页;26cm
ISBN 7-80584-437-2: ¥60.00

R591.41 040902
维生素A缺乏症及其后果:监测和控制现场指南:第三版/(美)Sommer,A.著;世界卫生组织编.—北京:人民卫生出版社,1995.12.—65页:彩照;24cm
ISBN 7-117-02326-0: ¥0.00

R592 040903
家庭老年医学全书/周冠虹主编.—上海:上海科学技术出版社,1995.8.—413页;20cm.—(家庭保健系列丛书)
ISBN 7-5323-3403-1(精装): ¥19.20

R592 040904
老年常见病防治与四季保养/张雍德,代红樱编.—北京:中央民族大学出版社,1995.3.—312页;19cm.—(家庭医护必备丛书)
ISBN 7-81001-733-0: ¥7.50

R592 040905
老年医学/袁鸿江主编.—成都:四川科学技术出版社,1995.9.—624页;26cm
ISBN 7-5364-3109-0: ¥50.00

R592 040906
实用临床老年医学/张志文,陈友蓉主编.—北京:中国人口出版社,1995.4.—518页;26cm
ISBN 7-80079-266-8: ¥36.00

R592 040907
医学老年学:衰老与长寿/童坦君,张宗玉主编.—北京:人民卫生出版社,1995.10.—649页;26cm
ISBN 7-117-02222-1(精装): ¥63.80

R592 040908
中老年常见病预防和治疗/侯丽君主编.—北京:中国物资出版社,1995.4.—366页;19cm
ISBN 7-5047-1057-1: ¥10.80

①R592②R161.7 040909
修复医疗:延长生命的新探索/耿洪森著.—合肥:安徽科学技术出版社,1995.8.—238页;19cm

ISBN 7-5337-1216-1: ¥7.80

R593.21 040910

风湿病学/蒋明等主编.—北京:科学出版社,1995.4.—2册(2082页):彩照;26cm.—(现代临床医学丛书)

ISBN 7-03-004294-8(精装): ¥198.50

R593.21 040911

现代风湿病学/姚凤祥等主编.—北京:人民军医出版社,1995.5.—654页;26cm

ISBN 7-80020-503-7(精装): ¥62.00

R593.21-44 040912

风湿病和关节炎300问/郭文正编著.—天津:天津科学技术出版社,1995.11.—253页;19cm

ISBN 7-5308-1823-6: ¥9.90

R593.21-44 040913

风湿病问答/张鸿逵,李兴福主编.—济南:山东科学技术出版社,1995.7.—400页;19cm

ISBN 7-5331-1556-2: ¥12.70

R593.220.1 040914

类风湿性关节炎防治和食疗100法/陈仁,杨英编著.—北京:中国医药科技出版社,1995.5.—163页;19cm.—(常见病防治和食疗100法系列)

ISBN 7-5067-1246-6: ¥5.80

R595 040915

急性中毒荟萃/李华伟等主编.—北京:中国人事出版社,1995.7.—525页;19cm

ISBN 7-80076-610-1: ¥15.00

R595 040916

有毒化学物质中毒诊断与治疗/株洲化工厂职工医院省化工急性中毒救援抢救中心编.—长沙:湖南科学技术出版社,1995.6.—166页;19cm

ISBN 7-5357-1780-2: ¥5.90

R595 040917

中毒治验集锦/王念夫主编.—郑州:中原农民出版社,1995.10.—635页;19cm

ISBN 7-80538-797-4: ¥19.60

R595.3 040918

药源性急症与防治/解斌等主编.—北京:人民卫生出版社,1995.10.—393页;19cm

ISBN 7-117-02295-7: ¥16.30

R595.7 040919

实用食源性疾病学/任大礼,刘士礼主编.—济南:山东大学出版社,1995.4.—607页;20cm

ISBN 7-5607-1488-9: ¥19.00

R6 外科学

R6 040920

常见外科病的防治/陈国锐著.—广州:暨南大学出版社,1995.12.—183页;19cm.—(教授门诊系列丛书)

ISBN 7-81029-474-1: ¥8.00

R6 040921

临床外科学/林治瑾主编.—天津:天津科学技术出版社,1995.6.—2册(2344页);26cm

ISBN 7-5308-1727-2(精装): ¥168.00

R6 040922

农村实用外科学/邵更成等主编.—郑州:河南医科大学出版社,1995.12.—419页;26cm

乡村医生培训系列教材

ISBN 7-81048-000-6: ¥29.00

R6 040923

普通外科诊疗常规/黄逵庭等主编.—北京:北京医科大学、中国协和医科大学联合出版社,1995.4.—670页;19cm.—(住院医师培训丛书)

ISBN 7-81034-456-0: ¥19.00

R6 040924

普外医师临床指导/陈守经主编.—上海:上海科学技术文献出版社,1995.10.—419页;26cm

ISBN 7-5439-0872-7: ¥54.50

R6 040925

实用浅表外科与美容手术/张福奎主编.—北京:人民军医出版社,1995.9.—232页;26cm

ISBN 7-80020-542-8: ¥28.00

R6 040926

外科基本功/张挽华主编;徐文怀等编著.—2版.—天津:天津科学技术出版社,1995.10.—664页;26cm

ISBN 7-5308-0136-8(精装): ¥60.00

R6 040927

外科临床实习指导/邵更成等主编.—沈阳:辽宁科学技术出版社,1995.5.—434页;19cm

中等卫生学校教材

ISBN 7-5381-1987-6: ¥11.90

R6 040928

外科学/吕树森主编;邵更成等编写.—2版.—北京:人民卫生出版社,1995.3.—529页;26cm

全国中等卫生学校教材 供医士、放射医士专业用

ISBN 7-117-00209-3: ¥18.50

R6 040929

外科学/邵更成主编;赵希舜等编写.—郑州:河南医科大学出版社,1995.7.—438页;26cm

中等卫生学校教材 供社区医学、妇幼卫生专业用

ISBN 7-81048-016-2: ¥18.50

R6 040930

外科学/李绍仁主编.—南宁:广西科学技术出版社,1995.11.—347页;26cm

中等卫生职业学校教材 供医士专业、妇幼医士专业、护士专业用

ISBN 7-80619-257-3: ¥18.80

R6 040931

外科学/徐文怀,张文杰主编.—北京:北京医科大学、中国协和医科大学联合出版社,1995.12.—593页;26cm

ISBN 7-81034-497-8: ¥38.80

R6 040932

外科学/裘法祖主编.—4版.—北京:人民卫生出版社,1995.11.—937页;26cm

高等医药院校教材 供基础、预防、临床、口腔医学类

专业用
ISBN 7-117-00235-2:¥40.70

R6　040933
西医外科学概论/许相文主编.—北京:中国中医药出版社,1995.8.—150页;26cm
高等医药院校教材 供专科中医学专业用
ISBN 7-80089-494-0:¥10.00

R6　040934
现代保健——外科疾病防治/赵绛波等主编.—郑州:中原农民出版社,1995.9.—330页;19cm
ISBN 7-80538-736-2:¥11.00

R6-4　040935
外科教学研究与实践/邵更成等主编.—济南:黄河出版社,1995.7.—398页;20cm
ISBN 7-80558-615-2:¥22.00

R6-44　040936
外科学及护理考题解/颜鸿斌主编.—上海:上海医科大学出版社,1995.3.—354页;19cm
ISBN 7-5627-0245-4:¥10.50

R6-44　040937
外科学应试题解/杨成旺编.—北京:中国医药科技出版社,1995.8.—368页;20cm.—(医药学自学指南/许志忠,程振芳主编)
ISBN 7-5067-0922-8:¥10.80

R6-54　040938
中国外科年鉴:1993~1994/仲剑平,马永江主编.—上海:上海科学技术文献出版社,1995.12.—392页;26cm
ISBN 7-5439-0818-2(精装):¥50.00

R6-62　040939
临床袖珍手册:外科/吴树强主编.—上海:上海医科大学出版社,1995.3.—460页;19cm
ISBN 7-5627-0231-4:¥9.90

R6-62　040940
实习医师手册:外科分册/褚先秋,余志豪主编;遵义医学院临床部编写.—贵阳:贵州科技出版社,1995.4.—295页;19cm
ISBN 7-80584-433-X:¥7.10

R6-62　040941
现代中西医结合实用外科手册/李彪,吴金术主编.—长沙:湖南科学技术出版社,1995.10.—579页;20cm
ISBN 7-5357-1652-0(精装):¥22.50

R604　040942
实用外科诊断基础/张学琦等编著.—北京:中国科学技术出版社,1995.8.—311页;26cm
ISBN 7-5046-2034-3:¥14.80

R605　040943
实用小外科/钱寒山,康素荣著.—北京:北京科学技术出版社,1995.3.—385页;20cm
医生必读·家庭必备
ISBN 7-5304-1727-4:¥13.60

R605.97　040944
急救外科学/杨振宪等主编.—天津:天津科技翻译出版公司,1995.8.—312页;26cm
ISBN 7-5433-0822-3(精装):¥42.20

R605.97　040945
实用外科危重病急救/关则望主编.—北京:中国医药科技出版社,1995.12.—370页;20cm.—(当代急诊医学急救系列;3)
ISBN 7-5067-1481-7:¥14.00

R605.97-65　040946
创伤医疗急救规程/陈铮主编.—上海:上海医科大学出版社,1995.4.—211页;19cm
ISBN 7-5627-0228-4:¥9.80

R61　外科手术学

R61-52　040947
手术学全集:妇产科卷/黎介寿,吴孟超主编;傅才英等分主编.—北京:人民军医出版社,1995.3.—506页;26cm
ISBN 7-80020-472-3(精装):¥62.00

R61-52　040948
手术学全集:心血管外科卷/黎介寿,吴孟超主编;汪曾炜等分主编.—北京:人民军医出版社,1995.10.—845页;26cm
ISBN 7-80020-467-7(精装):¥98.00

R61-52　040949
手术学全集:胸外科卷/黎介寿,吴孟超主编;黄孝迈分主编.—北京:人民军医出版社,1995.7.—427页;26cm
ISBN 7-80020-466-9(精装):¥60.00

R61-64　040950
实用手术图解全书:普通外科手术图解/夏穗生,杜竞辉主编.—南京:江苏科学技术出版社,1995.12.—688页;26cm
ISBN 7-5345-2011-8(精装):¥83.00

R614　040951
临床袖珍手册:麻醉/梁伟民,潘银英主编.—上海:上海医科大学出版社,1995.10.—316页;19cm
ISBN 7-5627-0275-6:¥12.30

R614-61　040952
英汉汉英麻醉学词汇/王保国主编;刘进等编写.—北京:中国科学技术出版社,1995.4.—359页;19cm
ISBN 7-5046-1954-X(精装):¥35.00

R615　040953
外科艺术时代:手术技巧与外科艺术/黄凤瑞著.—北京:科学普及出版社,1995.2.—219页;20cm
ISBN 7-110-03864-5:¥11.00

①R616.2②R683　040954
创伤骨科与显微外科/陈中伟主编.—上海:上海科学技术出版社,1995.12.—819页;26cm.—(医师文库)
ISBN 7-5323-3497-X(精装):¥78.80

R617　040955
器官移植学/侯宗昌等编著.—北京:中国医药科技出版社,1995.5.—709页;20cm

ISBN 7-5067-1087-0: ¥28.00

R617　040956
器官移植学/夏穗生主编.—上海:上海科学技术出版社,1995.11.—329页;26cm.—(医师文库)
ISBN 7-5323-3802-9(精装): ¥35.80

R619　040957
实用引流术/张景华主编.—郑州:中原农民出版社,1995.9.—256页;20cm
ISBN 7-80538-788-5: ¥9.00

R62 整形外科学

R622　040958
美容外科手术技巧和并发症的防治/孙福田主编.—青岛:青岛出版社,1995.8.—327页;20cm
ISBN 7-5436-1342-5: ¥12.50

R622　040959
美容外科学/朱志祥编著.—哈尔滨:黑龙江教育出版社,1995.9.—197页;19cm
ISBN 7-5316-2760-4: ¥12.00

R622　040960
实用整容外科手术学/杨晓惠,李健宁主编.—2版.—北京:人民卫生出版社,1995.4.—627页:照片;20cm
ISBN 7-117-01472-5(精装): ¥56.70

①R622②TS974　040961
美容师:初级、中级、高级/《职业技能鉴定教材》、《职业技能鉴定指导》编审委员会编.—北京:中国劳动出版社,1995.10.—183页;20cm
职业技能鉴定教材·职业技能鉴定指导
ISBN 7-5045-1660-0: ¥10.00

①R622②TS974　040962
美容师:初级、中级、高级/《职业技能鉴定教材》、《职业技能鉴定指导》编审委员会编.—北京:中国劳动出版社,1995.9.—491页;20cm
职业技能鉴定教材·职业技能鉴定指导
ISBN 7-5045-1655-4: ¥18.00

R622-62　040963
实用医疗美容手册/赵玲玲主编.—长沙:湖南科学技术出版社,1995.8.—310页;19cm
ISBN 7-5357-1666-0: ¥9.80

R622-64　040964
整形外科手术图解/张涤生,冷永成主编.—南京:江苏科学技术出版社,1995.11.—767页;26cm.—(实用手术图解全书)
ISBN 7-5345-2001-0(精装): ¥90.00

R63 外科感染

R632.1　040965
褥疮治疗和预防/侯春林主编.—上海:上海科学技术出版社,1995.5.—141页;26cm
ISBN 7-5323-3762-6: ¥28.00

R64 创伤外科学

R64　040966
创伤诊疗学/张铁良主编.—天津:天津科技翻译出版公司,1995.7.—493页;26cm.—(现代急诊丛书)
ISBN 7-5433-0784-7(精装): ¥46.00

R64　040967
工矿工伤事故与现场救护/高崇旺著.—北京:科学普及出版社,1995.9.—97页;19cm
ISBN 7-110-03293-0: ¥4.50

R641-62　040968
交通事故创伤现场急救手册/黎永盛主编;海口市红十字会编.—海口:海南出版社,1995.7.—66页;19cm
机动车驾驶员卫生救护训练教材
ISBN 7-80617-266-1: ¥0.00

R644　040969
烧伤治疗学/黎鳌主编.—2版.—北京:人民卫生出版社,1995.8.—689页;26cm
ISBN 7-117-02211-6(精装): ¥68.40

R644　040970
实用烧伤学/刘桐林主编;殷忠俊等编.—北京:科学技术文献出版社,1995.10.—278页;26cm
ISBN 7-5023-2292-2: ¥22.50

R644　040971
现代烧伤治疗/许伟石主编.—北京:北京科学技术出版社,1995.7.—228页;26cm
ISBN 7-5304-1752-5(精装): ¥21.00

①R644②R655.3　040972
吸入性损伤与机械通气/郭光华等主编.—南昌:江西高校出版社,1995.10.—172页;20cm
ISBN 7-81033-479-4: ¥14.80

R65 外科学各论

R65-64　040973
胸心外科手术图解/石美鑫主编.—南京:江苏科学技术出版社,1995.11.—597页;26cm.—(实用手术图解全书)
ISBN 7-5345-1999-3(精装): ¥73.00

R651-64　040974
神经外科手术图解/史玉泉,刘承基主编.—南京:江苏科学技术出版社,1995.11.—669页;26cm.—(实用手术图解全书)
ISBN 7-5345-2002-9(精装): ¥80.00

R651.1　040975
颅脑外伤知识126问/赵继宗主编.—北京:华夏出版社,1995.5.—116页;19cm
ISBN 7-5080-0524-4: ¥5.00

R651.1　040976
现代脑损伤/江基尧,朱诚编著.—上海:上海科学技术文献出版社,1995.12.—189页;20cm
ISBN 7-5439-0853-0: ¥15.00

R654　040977

实用血管外科学及护理学/董国祥主编.—北京:中国医药科技出版社,1995.6.—275页;26cm
ISBN 7-5067-1363-2(精装):¥36.00

R654.2-64　040978
心脏外科技术图谱/郭加强主编.—杭州:浙江科学技术出版社,1995.12.—629页;29cm
ISBN 7-5341-0765-2(精装):¥120.00

R655　040979
胸部结核外科学/李遂莹主编.—天津:天津科技翻译出版公司,1995.4.—293页;26cm
ISBN 7-5433-0690-5:¥15.50

R655.8　040980
乳房外科学/朱锡琪,李玉珠主编.—上海:上海医科大学出版社,1995.6.—271页:照片;20cm
ISBN 7-5627-0250-0:¥10.80

R655.8　040981
乳房整形外科学=Plastic surgery of the breast/刘立刚,宋儒耀编著.—北京:科学出版社,1995.1.—195页;26cm
ISBN 7-03-003769-3:¥48.00

R656　040982
肠外瘘/黎介寿主编;尹路等编著.—北京:人民军医出版社,1995.10.—316页;26cm
ISBN 7-80020-563-0(精装):¥46.00

R656　040983
腹部创伤诊治进展/魏茂源等主编.—天津:天津科学技术出版社,1995.12.—425页;20cm
ISBN 7-5308-1975-5:¥15.60

R656　040984
腹部外科手术经验文集/夏穗生等主编.—沈阳:沈阳出版社,1995.8.—451页;26cm.—(中国医学专家经验文库)
ISBN 7-5441-0423-0(精装):¥80.00

R656　040985
腹部外科诊治经验与教训/胡永熹著.—北京:人民军医出版社,1995.10.—176页;19cm
ISBN 7-80020-555-X:¥9.50

R656　040986
腹腔镜外科理论与实践/陈训如,(新加坡)Mack,P.主编.—昆明:云南科技出版社,1995.6.—530页;26cm
ISBN 7-5416-0719-3(精装):¥48.00

R656　040987
腹腔镜外科学基础/周汉新主编.—武汉:武汉出版社,1995.10.—257页;20cm
ISBN 7-5430-1408-4:¥17.00

R656　040988
肝胆胰脾外科进展/陈孝平,郭奉云主编.—武汉:湖北科学技术出版社,1995.10.—375页;20cm
ISBN 7-5352-1735-4:¥15.00

R657.1　040989
实用肛肠病学/杨远荣主编.—武汉:湖北科学技术出版社,1995.6.—225页;19cm
ISBN 7-5352-1646-3:¥9.80

R657.3　040990
肝脏·门静脉高压症外科/张晓华,吕新生主编;王义等编写.—长沙:湖南科学技术出版社,1995.6.—545页;20cm.—(实用普通外科丛书/吕新生,韩明总主编)
ISBN 7-5357-1612-1:¥19.50

R657.4　040991
胆道外科学基础/李清潭主编;李金福等编著.—西宁:青海人民出版社,1995.10.—168页;26cm
ISBN 7-225-01103-0:¥16.00

①R657.4②R969　040992
胆道药理学/徐叔云主编.—合肥:安徽科学技术出版社,1995.1.—298页;20cm
ISBN 7-5337-0965-9:¥9.50

R657.5　040993
现代胰腺外科学/秦保明主编.—开封:河南大学出版社,1995.4.—595页;26cm
ISBN 7-81041-130-6:¥40.00

R657.5　040994
胰腺外科手术学/田雨霖主编.—沈阳:沈阳出版社,1995.12.—397页;26cm.—(中国医学专家经验文库)
ISBN 7-5441-0436-2(精装):¥70.00

R658　040995
手的修复与再造/顾玉东著.—上海:上海医科大学出版社,1995.12.—277页:彩图;26cm.—(手功能重建丛书)
ISBN 7-5627-0287-X(精装):¥71.70

R658　040996
四肢显微血管外科学/于仲嘉著.—上海:上海科学技术出版社,1995.11.—357页:图;26cm
ISBN 7-5323-3772-3(精装):¥80.00

R68　骨科学

R68　040997
当代中国骨科临床与康复/曹建中等主编.—北京:中国医药科技出版社,1995.6.—978页;26cm
ISBN 7-5067-1345-4(精装):¥75.00

R68　040998
骨科常见并发症与防治/李学民等编著.—东营:石油大学出版社,1995.8.—315页;26cm
ISBN 7-5636-0718-8:¥16.80

R68　040999
骨科正误　第三册/孙庆寿等主编.—北京:人民卫生出版社,1995.4.—576页;19cm
ISBN 7-117-02163-2:¥20.00

R68　041000
骨矿与临床/赵玉堂主编.—济南:黄河出版社,1995.8.—535页;20cm
ISBN 7-80558-565-2:¥18.00

R68　041001
现代骨科临床/汤成华等主编.—北京:中国医药科技出版社,1995.4.—809页;26cm
ISBN 7-5067-1371-3(精装):¥110.00

R68　041002

现代骨科显微手术学/范启申,王成琪主编.—北京:人民军医出版社,1995.5.—607页;26cm
ISBN 7-80020-502-9(精装):¥62.00

R68 041003
中国骨科临床诊治/朱建防等主编.—北京:中国医药科技出版社,1995.3.—524页;26cm
ISBN 7-5067-1347-0(精装):¥60.00

R68-53 041004
柳海峰骨科医学文集/柳海峰著.—天津:天津科学技术出版社,1995.5.—309页;20cm
ISBN 7-5308-1406-0:¥15.00

R68-64 041005
骨科手术图解/李承球,朱盛修主编.—南京:江苏科学技术出版社,1995.12.—1862页;26cm.—(实用手术图解全书)
ISBN 7-5345-2012-6(精装):¥202.00

R681.5 041006
脊柱疾病诊断与治疗/曹维编著.—郑州:中原农民出版社,1995.1.—146页;19cm
ISBN 7-80538-713-3:¥5.00

R681.5 041007
颈肩腰腿痛的防治/郭德荣,郭浩主编.—北京:中国华侨出版社,1995.11.—335页;19cm
ISBN 7-80120-020-9:¥10.00

R681.5 041008
现代腰椎外科学/贾连顺,李家顺主编.—上海:上海远东出版社,1995.10.—498页;26cm
ISBN 7-80613-106-X(精装):¥45.00

R681.5 041009
腰椎间盘突出症/胡有谷主编.—2版.—北京:人民卫生出版社,1995.7.—371页;26cm
ISBN 7-117-02246-9(精装):¥37.80

R681.501 041010
颈肩痛防治和食疗100法/陶惠宁编著.—北京:中国医药科技出版社,1995.10.—223页;19cm.—(常见病防治和食疗100法系列)
ISBN 7-5067-1245-8:¥8.00

R682.2 041011
脊髓灰质炎后遗畸形的康复外科学/( )Krol,J.编;徐新六,金之欣译.—北京:人民卫生出版社,1995.8.—107页;30cm
供区医院用
ISBN 7-117-02266-3:¥0.00

R683 041012
股骨颈骨折/廖永华编著.—西安:陕西科学技术出版社,1995.4.—136页;19cm
ISBN 7-5369-2290-6:¥3.80

R683 041013
中国接骨学/尚天裕主编.—天津:天津科学技术出版社,1995.5.—394页;26cm
ISBN 7-5308-1768-X(精装):¥58.80

R683 041014
中华医道:骨伤专辑/胡月樵,李宜谋主编.—北京:中国中医药出版社,1995.6.—946页;26cm
ISBN 7-80089-372-3(精装):¥88.00

R684.3 041015
肩关节周围炎的研究与治疗/张涛主编;王伽荣等编.—西安:陕西科学技术出版社,1995.3.—296页;26cm
ISBN 7-5369-1120-3:¥26.00

R684.3 041016
肩周炎/李平华,杨绍兴主编;李凤美等编.—北京:人民军医出版社,1995.11.—106页;19cm
ISBN 7-80020-589-4:¥6.00

①R684.3②R593.21 041017
疼痛:关节炎和风湿病患者生活指南/(英)汉普顿(Hampton,J.)著;施桂英,袁国华译.—北京:解放军出版社,1995.1.—77页;19cm
ISBN 7-5065-2481-3:¥0.00

R686.3 041018
肌筋膜疼痛综合症诊断和治疗:解决颈肩腰腿痛的真诠 = Myofascial Pain Syndrome Diagnosis and Management/朱濒著.—西安:陕西人民教育出版社,1995.2.—257页;19cm
ISBN 7-5419-6113-2:¥5.60

R687-64 041019
骨科手术图谱/董中主编;董中,唐英翰编;张向光绘.—北京:人民卫生出版社,1995.7.—682页;26cm
ISBN 7-117-02204-3(精装):¥57.90

R687.3 041020
骨科内固定:第三版/( )Muller,M.E.等著;荣国威等译.—北京:人民卫生出版社,1995.10.—518页;26cm
ISBN 7-117-02290-6:¥130.00

R69 泌尿科学

R69 041021
女性泌尿系统/南京人口管理干部学院,美国开发培训研究所编.—南京:东南大学出版社,1995.8.—27页;20cm
妇女卫生自学教材(二)
全套书共10册,总定价:30.00元
ISBN 7-81050-043-0:¥0.00

R69-64 041022
泌尿外科手术图解/谢桐等主编.—南京:江苏科学技术出版社,1995.12.—631页;26cm.—(实用手术图解全书)
ISBN 7-5345-2013-4(精装):¥77.00

R690.4 041023
常用尿流动力学检查技术/石炳毅,廖利民编著.—北京:中国人口出版社,1995.2.—86页;20cm
ISBN 7-80079-253-6:¥12.50

R691 041024
实用中西医结合泌尿男科学/李曰庆主编;丁述等编.—北京:人民卫生出版社,1995.2.—350页;26cm
ISBN 7-117-02169-1(精装):¥28.20

R692 041025

肾炎与肾功能不全家庭自疗/皇甫术等编著.—南昌:江西科学技术出版社,1995.9.—175页;19cm.—(慢性病家庭治疗丛书)
ISBN 7-5390-0934-9: ¥6.80

R692　041026
肾综合征出血热/孙万邦主编;杨朝艳等编著.—贵阳:贵州科技出版社,1995.12.—189页;26cm
ISBN 7-80584-494-1: ¥14.00

R692　041027
实用肾脏病学/陈香美主编.—北京:北京医科大学、中国协和医科大学联合出版社,1995.10.—544页;26cm
ISBN 7-81034-565-6(精装): ¥64.00

R692　041028
中西医结合肾脏病诊疗学/王自敏主编.—郑州:河南医科大学出版社,1995.9.—326页;20cm
ISBN 7-81048-028-6: ¥16.00

R692　041029
中西医结合肾脏病诊治与研究/黄玉玺,洪钦国主编.—广州:广东高等教育出版社,1995.7.—355页;26cm
ISBN 7-5361-1713-2: ¥30.00

R692-64　041030
图解式肾脏病鉴别诊断学/李国斌等主编.—广州:暨南大学出版社,1995.9.—223页;19cm
ISBN 7-81029-421-0: ¥12.00

R692.01　041031
肾炎尿毒症防治和食疗100法/邱模炎编著.—北京:中国医药科技出版社,1995.5.—208页;19cm.—(常见病防治和食疗100法系列)
ISBN 7-5067-1248-2: ¥5.80

R692.3　041032
肾活检临床病理诊断/周庚寅主编.—天津:天津科学技术出版社,1995.12.—188页:图;26cm
ISBN 7-5308-1874-0: ¥22.80

R692.5-44　041033
肾功能衰竭防治300问/朱宁主编;朱莉等编著.—北京:金盾出版社,1995.12.—207页;19cm
ISBN 7-5082-0096-9: ¥7.50

R692.6　041034
肾小球疾病及其进展/郭如轩,李红主编.—郑州:河南医科大学出版社,1995.10.—397页;20cm
ISBN 7-81048-036-7: ¥15.00

R693　041035
尿路结石防治150问/李玲等编著.—北京:金盾出版社,1995.10.—130页;19cm
ISBN 7-5082-0065-9: ¥3.80

R697　041036
男科医生悄悄话/康跃凡,郑明主编.—厦门:鹭江出版社,1995.10.—232页;19cm.—(医生对你悄悄说丛书)
ISBN 7-80610-237-X: ¥7.00

R697　041037
男性必读:前列腺病防治指南/李超,李卫真著.—北京:中国医药科技出版社,1995.9.—184页;19cm
ISBN 7-5067-1365-9: ¥9.00

R697　041038
前列腺疾病的诊断与治疗/伍锐敏,何锦森编著.—北京:人民卫生出版社,1995.5.—122页;19cm
ISBN 7-117-02196-9: ¥4.70

R697　041039
实用中西医男科精要/毕焕洲等主编.—哈尔滨:黑龙江教育出版社,1995.12.—226页;26cm
ISBN 7-5316-2840-6: ¥11.60

R697-53　041040
中外男科荟萃:1995年贵阳国际男性学研讨会论文集/青成言,安崇辰主编.—贵阳:贵州科技出版社,1995.3.—362页;26cm
ISBN 7-80584-408-9: ¥38.00

R697-62　041041
男性病征识别及处理指南/香港医学会编.—杭州:浙江科学技术出版社;香港:朗文出版亚洲有限公司,1995.10.—133页;29cm.—(朗文家庭医生)
ISBN 7-5341-0803-9: ¥25.00

R697.01　041042
男科病防治和食疗100法/潘整中编著.—北京:中国医药科技出版社,1995.1.—205页;19cm.—(常见病防治和食疗100法系列)
ISBN 7-5067-1279-2: ¥5.80

R698　041043
当代男子性功能失常诊疗学/樊中州编著.—北京:中国人口出版社,1995.4.—370页;19cm
ISBN 7-80079-209-9: ¥19.00

R698　041044
性功能障碍研究新进展/李日庆,张素斋主编.—北京:华夏出版社,1995.4.—303页;19cm
ISBN 7-5080-0695-X: ¥9.80

R698　041045
阳萎的基础与临床研究/胡礼泉,薛兆英主编.—武汉:湖北科学技术出版社,1995.5.—468页;20cm
ISBN 7-5352-1656-0(精装): ¥20.00

R698　041046
遗精与阳痿/王端义等编著.—北京:中国中医药出版社,1995.2.—118页;19cm.—(实用中西医结合证治丛书/赵田雍,汪卫东主编)
ISBN 7-80089-383-9: ¥4.00

R699-62　041047
泌尿外科诊疗手册/朱有华主编.—北京:人民卫生出版社,1995.1.—796页;19cm
ISBN 7-117-02155-1(精装): ¥29.70

R699-62　041048
实用泌尿外科手册/俞天麟主编.—北京:人民军医出版社,1995.5.—677页;19cm
ISBN 7-80020-520-7(精装): ¥36.00

R71　妇产科学

R71　041049

妇产科学/赵克忠主编;刘枕厚等编写.—3版.—北京:人民卫生出版社,1995.3.—255页;26cm

全国医学专科学校教材 供临床医学专业用

ISBN 7-117-00190-9:￥9.40

R71　041050

妇产科学/范黎凯主编;冯兴藻等编.—开封:河南大学出版社,1995.7.—267页;26cm

中等卫生学校教材 供社区医学、妇幼卫生专业用

ISBN 7-81041-234-5:￥11.00

R71　041051

妇产科学/何幼明主编.—南宁:广西科学技术出版社,1995.9.—238页;26cm

中等卫生职业学校教材 供医士、妇幼医士、护士专业用

ISBN 7-80619-247-6:￥13.00

R71　041052

妇产科学/郭燕燕,杨秀芳主编.—北京:北京医科大学、中国协和医科大学联合出版社,1995.8.—271页;26cm

ISBN 7-81034-488-9:￥18.50

R71　041053

妇科病的中西医治疗/盛丹菁,朱南孙主编.—上海:上海中医药大学出版社,1995.7.—390页;20cm.—(全国星火计划丛书·乡村医生临床实用丛书)

ISBN 7-81010-273-7:￥18.30

R71　041054

农村实用妇产科学/范黎凯主编.—郑州:河南医科大学出版社,1995.11.—160页;26cm

乡村医生培训系列教材

ISBN 7-81048-048-0:￥8.88

R71　041055

现代保健——妇儿疾病防治/高耀洁主编.—郑州:中原农民出版社,1995.4.—399页;19cm

ISBN 7-80538-736-2:￥11.00

R71　041056

一级转诊机构产科保健基本要素/世界卫生组织编;丁少峰等译.—北京:人民卫生出版社,1995.2.—60页;26cm

ISBN 7-117-02191-8:￥0.00

R71-1　041057

21世纪妇产科展望/乔玉环,杨平主编.—郑州:河南医科大学出版社,1995.11.—217页;19cm

ISBN 7-81048-038-3:￥9.25

R71-62　041058

女性病征识别及处理指南/香港医学会编.—杭州:浙江科学技术出版社;香港:朗文出版亚洲有限公司,1995.10.—149页;29cm.—(朗文家庭医生)

ISBN 7-5341-0802-0:￥25.00

R71-62　041059

实习医师手册:妇产科分册/朱青主编;遵义医学院临床部编写.—2版.—贵阳:贵州科技出版社,1995.4.—133页;19cm

ISBN 7-80584-434-8:￥3.20

R710.4　041060

妇产科症状鉴别诊断学/段如麟,陈解民主编;全军妇产优生专业组编.—北京:人民军医出版社,1995.3.—630页;26cm

ISBN 7-80020-496-0(精装):￥58.00

R710.4　041061

实用妇产科超声诊断学/吴钟瑜著.—2版(修订版).—天津:天津科技翻译出版公司,1995.11.—406页:插图;26cm

ISBN 7-5433-0855-X:￥48.00

R710.5　041062

妇产科病最新治疗 (2)/吕兴东等主编.—天津:天津科技翻译出版公司,1995.4.—582页;19cm

ISBN 7-5433-0728-6:￥13.00

R710.5　041063

中西医结合治疗难治妇产科病的良方妙法/黎烈荣,刘凤云主编.—北京:中国医药科技出版社,1995.2.—804页;19cm.—(良方妙法系列)

ISBN 7-5067-1328-4:￥25.00

R711 妇科学

R711　041064

常见妇科病的防治/张秀俊著.—广州:暨南大学出版社,1995.12.—192页;19cm.—(教授门诊系列丛书)

ISBN 7-81029-434-2:￥8.00

R711　041065

妇科检查/南京人口管理干部学院,美国开发培训研究所编.—南京:东南大学出版社,1995.8.—41页;20cm

妇女卫生自学教材(三)

全套书共10册,总定价:30.00元

ISBN 7-81050-043-0:￥0.00

R711　041066

妇科医生悄悄话/陈宇涵,郑明主编.—厦门:鹭江出版社,1995.10.—276页;19cm.—(医生对你悄悄说丛书)

ISBN 7-80610-236-1:￥8.50

R711　041067

女性常见病防治与保健/吴明华,徐云芬编.—北京:中央民族大学出版社,1995.3.—333页;19cm.—(家庭医护必备丛书)

ISBN 7-81001-735-7:￥7.90

R711　041068

女性生殖系统/南京人口管理干部学院,美国开发培训研究所编.—南京:东南大学出版社,1995.8.—42页;20cm

妇女卫生自学教材(一)

全套书共10册,总定价:30.00元

ISBN 7-81050-043-0:￥0.00

R711-44　041069

实用妇科百题/岳开琴主编;门淑兰等编著.—北京:外文出版社:海豚出版社,1995.1.—138页;19cm.—

(实用医学百题丛书/夏亚钦主编)
ISBN 7-80051-997-X: ¥5.60

R711-49 041070
常见妇女病的防治/张定中编著.—西安:陕西人民出版社,1995.11.—95页;19cm.—(热爱生命丛书/石大璞主编)
ISBN 7-224-03896-2: ¥4.00

R711.05 041071
现代妇科治疗学/郑惠国,梁素娣主编.—广州:广东科技出版社,1995.6.—387页;26cm.—(现代临床医学丛书)
ISBN 7-5359-1394-6: ¥30.00

R711.5 041072
女性性功能障碍诊疗学/李曰庆等主编.—北京:人民卫生出版社,1995.9.—312页;20cm
ISBN 7-117-02250-7: ¥14.90

R711.51-44 041073
月经病问答/程泾主编.—石家庄:河北科学技术出版社,1995.7.—151页;19cm.—(中西医结合妇科系列丛书;1)
ISBN 7-5375-1507-7: ¥4.80

R711.6 041074
不育夫妇之友/涂冰,孙丽云编著.—北京:人民军医出版社,1995.10.—171页;19cm.—(患者之友丛书)
ISBN 7-80020-577-0: ¥9.00

R711.6 041075
不孕、不育治疗学/陈如钧,江鱼主编.—上海:上海科学技术出版社,1995.12.—213页;26cm
ISBN 7-5323-3739-1(精装): ¥20.00

R711.6 041076
不孕不育症300问/周文隆主编.—南京:江苏科学技术出版社,1995.1.—275页;19cm.—(健康咨询丛书)
ISBN 7-5345-1865-2: ¥6.60

R711.604-44 041077
不孕症诊治问答/张令浩主编.—上海:学林出版社,1995.7.—193页;19cm
ISBN 7-80616-114-7: ¥7.80

R713 妇科手术

R713 041078
妇产科保留功能性手术/罗丽兰,顾美皎主编.—北京:人民卫生出版社,1995.6.—477页;19cm
ISBN 7-117-02212-4: ¥16.10

R713-64 041079
妇科手术图解/张惜阴主编.—南京:江苏科学技术出版社,1995.12.—427页;26cm.—(实用手术图解全书)
ISBN 7-5345-2014-2(精装): ¥56.00

R713.5-64 041080
实用计划生育手术图解/赵万春主编.—北京:中国人口出版社,1995.4.—85页;19cm
ISBN 7-80079-252-8: ¥4.00

R714 产科学

R714 041081
初次妊娠与育儿/苗淑新等编译.—北京:人民卫生出版社,1995.1.—401页;19cm
ISBN 7-117-02136-5: ¥12.10

R714 041082
生育宝典/(日)雨森良彦监修;于进江,刘峰等译.—济南:山东友谊出版社,1995.8.—314页:图;26cm
ISBN 7-80551-709-6: ¥36.00

①R714②R722.1 041083
坐月子常识与新生儿保健300问/王丽茹等编著.—北京:人民军医出版社,1995.4.—259页;19cm
ISBN 7-80020-511-8: ¥9.00

R714-49 041084
婴儿的诞生:如何准备迎接婴儿的来临/( )Amy B. Tuteur, M.D.编著.—广州:广东人民出版社;香港:纬辉电子出版公司,1995.12.—226页:图;26cm.—(环保·生活·健康系列)
ISBN 7-218-01656-1: ¥58.00

R714.1 041085
定时妊娠法/(日)市川茂孝著;季生译.—海口:海南出版社,1995.1.—174页;19cm
ISBN 7-80590-990-3: ¥6.00

R714.21 041086
早孕流产及并发症的治疗/南京人口管理干部学院,美国开发培训研究所编.—南京:东南大学出版社,1995.8.—39页;20cm
妇女卫生自学教材(七)
全套书共10册,总定价:30.00元
ISBN 7-81050-043-0: ¥0.00

R714.5 041087
胎儿超声心动图学/盛铁仁等编译.—兰州:甘肃科学技术出版社,1995.1.—94页:图谱;26cm
ISBN 7-5424-0543-8: ¥12.00

R714.5 041088
胎教必读/宋维炳,贾晓芳著.—北京:北京工业大学出版社,1995.8.—148页:照片;19cm
ISBN 7-5639-0450-6: ¥5.00

R714.5-62 041089
胎教指南/赵霞,赵丽编著.—北京:北京科学技术出版社,1995.3.—215页;19cm
ISBN 7-5304-1702-9: ¥7.50

R715 临床优生学

R715 041090
聪明孩子怎么来/范林贵,马建国主编;蔡华普等编.—太原:山西科学技术出版社,1995.1.—266页;19cm.—(家庭实用医疗保健丛书)
ISBN 7-5377-1102-X: ¥6.00

R715.3 041091
健康怀孕 40 周/马骏主编.—济南:山东科学技术出版社,1995.10.—229 页;19cm
ISBN 7-5331-1557-0: ¥7.90

R715.3 041092
实用孕产妇大全/黄禾编著.—兰州:甘肃民族出版社,1995.10.—393 页;19cm
ISBN 7-5421-0336-9: ¥13.00

R715.3 041093
优生优育指导:孕产妇的良师益友 /丛克家主编;王汝淇等编.—北京:中国农业出版社,1995.4.—240 页;19cm
ISBN 7-109-03651-0: ¥7.80

R715.3 041094
孕产妇必备/碧姚编译.—广州:广东旅游出版社,1995.3.—177 页;19cm
ISBN 7-80521-498-0: ¥5.50

R715.3 041095
孕产妇必读/郑名超编著.—上海:百家出版社,1995.8.—42 页;19cm
ISBN 7-80576-547-2: ¥4.00

R715.3 041096
孕产妇之友/陈解民,陆康民编著.—北京:人民军医出版社,1995.11.—184 页;19cm.—(患者之友丛书)
ISBN 7-80020-588-6: ¥9.50

R715.3 041097
孕妇及家属应知应会/张定中编著.—西安:陕西人民出版社,1995.11.—77 页;19cm.—(热爱生命丛书/石大璞主编)
ISBN 7-224-03856-3: ¥3.50

R715.3 041098
孕妇营养菜谱/常娥编著.—广州:广州出版社,1995.2.—209 页;19cm.—(优生优育丛书)
ISBN 7-80592-221-7: ¥6.20

R715.3 041099
最新孕产妇手册/古伟文等著.—广州:暨南大学出版社,1995.1.—197 页;19cm
ISBN 7-81029-373-7: ¥10.00

R715.3-61 041100
孕产妇生活全书/日本红十字会医疗中心产科编著;陆小左等译.—天津:天津科学技术出版社,1995.12.—337 页:彩图;20cm
ISBN 7-5308-1942-9: ¥12.80

R72 儿科学

R72 041101
儿科精粹/周嘉荣主编.—兰州:甘肃民族出版社,1995.10.—509 页;20cm
ISBN 7-5421-0395-4: ¥18.50

R72 041102
儿科临床用药荟萃/高嵩玲,张雷家主编.—北京:中国科学技术出版社,1995.8.—315 页;19cm
ISBN 7-5046-1895-0: ¥13.00

R72 041103
儿科学/吴述曾主编.—2 版.—北京:人民卫生出版社,1995.10.—270 页;26cm
全国中等卫生学校教材 供医士、妇幼医士、助产士专业用
ISBN 7-117-00206-9: ¥12.50

R72 041104
儿科学/张有主编.—北京:光明日报出版社,1995.10.—191 页;26cm
临床医学专业自学考试用书
ISBN 7-80091-734-7: ¥11.80

R72 041105
儿科学/唐文盛主编;曾筱玲等编.—南宁:广西科学技术出版社,1995.9.—238 页;26cm
中等卫生职业学校教材 供医士、妇幼医士专业用
ISBN 7-80619-256-5: ¥13.00

R72 041106
儿科学/孔繁亭主编.—北京:中国医药科技出版社,1995.10.—225 页;26cm
医学院校教材
ISBN 7-5067-1440-X: ¥12.75

R72 041107
儿科学/叶自雯主编;艾仙云等编.—开封:河南大学出版社,1995.8.—231 页;26cm
中等卫生学校教材 供社区医学、妇幼卫生专业用
ISBN 7-81041-241-8: ¥9.50

R72 041108
儿童常见病防治与护理/杨莉,杨志敏编.—北京:中央民族大学出版社,1995.3.—316 页;19cm.—(家庭医护必备丛书)
ISBN 7-81001-734-9: ¥7.60

R72 041109
国外儿科学新进展/李永昶等主编.—沈阳:东北大学出版社,1995.4.—388 页;26cm
ISBN 7-81006-960-8: ¥29.00

R72 041110
实用儿科危重病学/朱长连,冯红旗主编.—郑州:河南医科大学出版社,1995.7.—411 页;26cm
ISBN 7-81048-017-0: ¥24.00

R72 041111
太阳冉冉升起:婴幼儿常见病的防治/雷红主编.—北京:华夏出版社,1995.1.—240 页;19cm.—(母爱丛书/冯淑芝主编)
ISBN 7-5080-0495-7: ¥6.60

R72 041112
婴儿常见的一般疾病/何雅怡编.—广州:广州出版社,1995.12.—238 页;13×9cm
ISBN 7-80592-364-7: ¥6.00

R72-44 041113
儿童常见病患 160 问/胡正编著.—南京:江苏科学技术出版社,1995.8.—298 页; 19cm.—(健康咨询丛书)
ISBN 7-5345-1973-X: ¥10.30

R72－44　041114

实用儿科百题/赵萍主编.—北京:海豚出版社:外文出版社,1995.1.—168页;19cm.—(实用医学百题丛书/夏亚钦主编)

ISBN 7－80051－965－1:¥5.80

R72－61　041115

儿童常见病自诊自养大全/樊永平,王庆国主编.—北京:中国书籍出版社,1995.4.—566页;19cm

ISBN 7－5068－0225－2:¥14.50

R72－62　041116

宝宝常见病家庭防治350招/王会来,付淑文主编.—天津:天津科技翻译出版公司,1995.9.—379页;19cm

ISBN 7－5433－0407－4:¥10.00

R72－62　041117

实习医师手册:儿科分册/谈漪主编;遵义医学院临床部编写.—2版.—贵阳:贵州科技出版社,1995.4.—92页;19cm

ISBN 7－80584－435－6:¥2.60

R72－62　041118

实用儿科手册/浙江医科大学编.—杭州:浙江科学技术出版社,1995.5.—889页;19cm

ISBN 7－5341－0695－8(精装):¥32.00

R72－62　041119

小儿常见病家庭防治护理指南/王文强编著.—西安:陕西人民出版社,1995.11.—162页;19cm.—(热爱生命丛书/石大璞主编)

ISBN 7－224－03895－4:¥5.70

R72－62　041120

最新儿科诊疗手册/沈柏均,傅曾矩主编.—天津:天津科学技术出版社,1995.2.—825页;19cm

ISBN 7－5308－1639－X(精装):¥31.00

R720　041121

最新儿科诊疗标准/金武官,颜伟波编.—上海:上海科学技术文献出版社,1995.6.—444页;19cm

ISBN 7－5439－0515－9:¥19.80

R720.1　041122

儿童常见病的防治与护理/杨柳主编.—北京:中国人口出版社,1995.6.—257页;19cm

ISBN 7－80079－271－4:¥7.30

R720.4－62　041123

儿童病征识别及处理指南.—杭州:浙江科学技术出版社;香港:朗文出版亚洲有限公司,1995.10.—132页;30cm.—(朗文家庭医生)

ISBN 7－5341－0801－2:¥25.00

R720.5　041124

儿科病最新治疗　(3)/邓静主编.—天津:天津科技翻译出版公司,1995.4.—334页;19cm

ISBN 7－5433－0654－9:¥8.60

R720.5　041125

儿科治疗学/孔祥和,马沛然主编.—北京:人民卫生出版社,1995.10.—347页;26cm

ISBN 7－117－02230－2(精装):¥31.00

R720.597　041126

儿科急症学/仲惟昆主编.—武汉:湖北科学技术出版社,1995.10.—568页;26cm

ISBN 7－5352－1613－7(精装):¥75.00

R720.597　041127

儿科危重急症液体治疗学/朱佳锋等主编.—北京:中国科学技术出版社,1995.12.—454页;20cm

ISBN 7－5046－2212－5:¥24.00

R725　041128

小儿常见难治疾病的治疗/郑国雄主编.—青岛:青岛出版社,1995.12.—354页;20cm

ISBN 7－5436－1339－5:¥12.80

R725　041129

小儿内科学/许积德主编.—3版.—北京:人民卫生出版社,1995.4.—518页;26cm

高等医药院校教材 供儿科医学专业用

ISBN 7－117－00148－8:¥19.30

R725.1　041130

小儿传染病学/董永绥主编.—2版.—北京:人民卫生出版社,1995.4.—198页;26cm

高等医药院校教材 供儿科医学专业用

ISBN 7－117－00150－X:¥8.10

R725.6　041131

小儿常见呼吸道疾病防治问答/冯益真等主编.—济南:山东大学出版社,1995.6.—278页;19cm

ISBN 7－5607－1499－4:¥7.80

R725.605　041132

小儿哮喘治疗指南/吴曙粤编著.—南宁:广西民族出版社,1995.8.—170页;19cm

ISBN 7－5363－3044－8:¥9.80

R725.7　041133

儿童直肠及肛门疾病学/(瑞士)Scharli, A. F.,(瑞士)Gebbers, J.著;吕翔译.—济南:山东科学技术出版社,1995.10.—127页;27cm

ISBN 7－5331－1558－9(精装):¥45.00

R725.7　041134

小儿消化系统疾病防治200问/黄东生,赵传明主编;王靖等编.—北京:金盾出版社,1995.3.—133页;19cm

ISBN 7－80022－419－8:¥3.10

R726　041135

小儿外科学/佘亚雄主编.—3版.—北京:人民卫生出版社,1995.4.—277页;26cm

高等医药院校教材 供儿科医学专业用

ISBN 7－117－00149－6:¥11.00

R726.05　041136

小儿外科疾病家庭诊治/杨超著.—沈阳:辽宁科学技术出版社,1995.3.—254页;19cm

ISBN 7－5381－2126－9:¥8.50

R726.14　041137

实用小儿麻醉学/( )Saint－Maurice, C.等主编;胡同增等译.—北京:人民卫生出版社,1995.10.—425页;20cm

ISBN 7－117－02248－5:¥20.00

R726.83　041138

小儿骨折与脱位处理/李世民，李德达主编；郭焕春等编.—北京：人民卫生出版社，1995.5.—154页；20cm
ISBN 7-117-02206-X：¥6.90

R726.834.1　041139
儿童肘部骨折脱位/唐志宁编著.—广州：广东科技出版社，1995.12.—209页；26cm
ISBN 7-5359-1598-1(精装)：¥35.00

R73 肿瘤学

R73　041140
癌症能治愈/徐昌文主编.—上海：上海医科大学出版社，1995.6.—142页；19cm
ISBN 7-5627-0258-6：¥5.80

R73-44　041141
癌症可防可治：癌症防治知识问答1000题/郑树主编.—杭州：浙江大学出版社，1995.12.—396页；19cm
ISBN 7-308-01647-1：¥12.80

R73-53　041142
著名肿瘤外科专家李树玲论文选集/李树玲著.—天津：天津科学技术出版社，1995.1.—449页；26cm
ISBN 7-5308-1628-8(精装)：¥135.00

R73-62　041143
现代肿瘤学诊疗手册/黄信孚，林本耀主编.—北京：北京医科大学、中国协和医科大学联合出版社，1995.8.—526页；19cm.—(临床医师诊疗全书·第二辑/才文彦，朱学骏主编)
ISBN 7-81034-468-4：¥23.20

R73-62　041144
现代肿瘤学诊疗手册/黄信孚，林本耀主编.—北京：北京医科大学、中国协和医科大学联合出版社，1995.8.—526页；19cm.—(临床医师诊疗全书·第二辑/才文彦，朱学骏主编)
ISBN 7-81034-469-2(精装)：¥28.00

R73-62　041145
最新抗癌指南/刘长年著.—北京：人民卫生出版社，1995.4.—287页；19cm
ISBN 7-117-02162-4(精装)：¥13.00

R730.1　041146
癌症预防与早期发现/刘凤云，王美岭主编.—济南：黄河出版社，1995.8.—298页；20cm
ISBN 7-80558-617-9：¥12.00

R730.2-64　041147
肿瘤病理学电镜图谱/刘复生主编.—北京：北京医科大学、中国协和医科大学联合出版社，1995.11.—356页；26cm
ISBN 7-81034-563-X(精装)：¥59.00

R730.3-61　041148
英汉标记免疫分析词汇/杨永青，邵鹤生主编.—北京：原子能出版社，1995.1.—249页；19cm
ISBN 7-5022-1066-0：¥16.00

R730.4　041149
癌症的早期发现与早期诊断/宋家明，郝建军主编.—北京：中国中医药出版社，1995.3.—225页；19cm
ISBN 7-80089-421-5：¥7.00

R730.44　041150
肿瘤影象诊断学/石木兰等主编.—合肥：安徽科学技术出版社，1995.11.—381页：图；26cm
ISBN 7-5337-1087-8(精装)：¥85.00

R730.5　041151
癌症的中西医最新对策/李佩文主编.—北京：中国中医药出版社，1995.9.—594页；19cm
ISBN 7-80089-465-7：¥22.60

R730.5　041152
晚期恶性肿瘤的中西医结合治疗/杨钧主编.—北京：中国中医药出版社，1995.5.—255页；19cm
ISBN 7-80089-428-2：¥8.00

R730.5　041153
现代癌症生物治疗学/曹广文，杜平主编.—北京：人民军医出版社，1995.11.—448页；26cm
ISBN 7-80020-567-3(精装)：¥59.00

R730.5　041154
肿瘤治验录/梁秀清著.—太原：山西科学技术出版社，1995.2.—305页；20cm
ISBN 7-5377-1044-9：¥9.50

R730.5-61　041155
临床肿瘤综合治疗大全/张宗岐主编.—北京：奥林匹克出版社，1995.3.—646页；20cm
ISBN 7-80067-254-9：¥26.80

R730.52　041156
治癌验方400/李明哲编.—南京：江苏科学技术出版社，1995.4.—166页；19cm
ISBN 7-5345-1912-8：¥5.00

R730.53　041157
癌症的电化学治疗/辛育龄主编.—北京：人民卫生出版社，1995.11.—228，32页：彩图；26cm
ISBN 7-117-02278-7(精装)：¥41.80

R730.55　041158
肿瘤放射治疗学/许昌韶主编；高耀明，俞志英编.—北京：原子能出版社，1995.11.—299页；26cm
高等教育试用教材
ISBN 7-5022-1419-4：¥15.80

R730.56　041159
肿瘤外科学/华积德主编.—北京：人民军医出版社，1995.9.—2593页；26cm
ISBN 7-80020-482-0(精装)：¥280.00

R730.58　041160
中西医结合治验30种癌症/唐续元等主编.—北京：科学技术文献出版社，1995.4.—484页；19cm
ISBN 7-5023-2387-2：¥16.50

R730.59　041161
面对着死神的请柬：一个癌症患者对气功治病的体会与研究/李世铭著.—北京：人民体育出版社，1995.8.—162页；19cm
ISBN 7-5009-1200-5：¥5.80

R730.59　041162
自体造血干细胞移植/达万明主编；王存邦等编

写.—兰州:甘肃科学技术出版社,1995.5.—252页;26cm
ISBN 7-5424-0559-4(精装):¥29.50

R735　041163
中西医结合实用消化系肿瘤学/王冠庭主编.—上海:上海科技教育出版社,1995.12.—467页;20cm
ISBN 7-5428-1180-0:¥17.60

R735.1　041164
食管癌防治100问/梁浩主编.—北京:金盾出版社,1995.8.—151页;19cm
ISBN 7-5082-0047-0:¥5.00

R735.2　041165
胃癌的化学治疗/李春启,张秀荣编著.—北京:中国医药科技出版社,1995.11.—267页;20cm
ISBN 7-5067-1488-4(精装):¥38.00

R735.3　041166
实用直肠肿瘤诊断与治疗/刘忠,王连荣主编.—哈尔滨:黑龙江科学技术出版社,1995.12.—167页;19cm
ISBN 7-5388-2919-9:¥10.80

R737.3　041167
现代妇科肿瘤学新进展/陈惠祯,周云峰主编.—武汉:湖北科学技术出版社,1995.10.—178页;26cm
ISBN 7-5352-1701-X:¥14.50

①R737.9-44②R655.8-44　041168
乳腺癌和乳腺病100问答/游恺涛编著.—北京:北京医科大学、中国协和医科大学联合出版社,1995.9.—138页;19cm
ISBN 7-81034-540-0:¥6.00

R738.1　041169
骨肿瘤X线诊断学/王玉凯主编.—北京:人民卫生出版社,1995.4.—422页;26cm
ISBN 7-117-02176-4(精装):¥38.00

R739.4　041170
颅底外科学/土止敏主编.—上海:上海科学技术出版社,1995.12.—272页;20cm
ISBN 7-5323-3674-3(精装):¥19.00

R739.7　041171
眼眶肿瘤学/韩仪敏编著.—兰州:甘肃科学技术出版社,1995.11.—336页;20cm
ISBN 7-5424-0583-7(精装):¥18.00

R74 神经病学与精神病学

R74-12　041172
中国现代神经精神病学发展概况/陈学诗,陈秀华主编.—北京:中国科学技术出版社,1995.7.—636页;26cm
ISBN 7-5046-1949-3(精装):¥70.00

R741 神经病学

R741　041173
临床袖珍手册:神经内科/姚景莉主编.—上海:上海医科大学出版社,1995.10.—205页;19cm
ISBN 7-5627-0279-9:¥8.20

R741　041174
脑研究前沿/姚志彬,陈以慈主编.—广州:广东科技出版社,1995.5.—467页;26cm
ISBN 7-5359-1380-6(精装):¥40.00

R741　041175
森田疗法与新森田疗法/(日)大原浩一,(日)大原健士郎著;崔玉华,方明昭译.—北京:人民卫生出版社,1995.3.—145页;19cm
ISBN 7-117-02203-5:¥5.60

R741　041176
神经病的中西医结合疗法/高维滨编著.—北京:中国医药科技出版社,1995.2.—280页;26cm
ISBN 7-5067-1107-9:¥18.50

R741　041177
神经疾病临床答疑/周继武,赵坤主编.—北京:科学技术文献出版社,1995.8.—325页;20cm
ISBN 7-5023-2383-X:¥9.80

R741　041178
神经系统疾病的分子生物学基础/吴希如,陈清棠主编;张迺蘅等编著.—北京:北京医科大学、中国协和医科大学联合出版社,1995.2.—257页;26cm
ISBN 7-81034-453-6:¥23.00

R741　041179
实用神经系统感染医学/曾贵金等主编.—天津:天津科技翻译出版公司,1995.9.—417页;26cm
ISBN 7-5433-0820-7(精装):¥36.00

R741-62　041180
神经系统疾病中西医诊疗手册/孙忠人主编.—哈尔滨:黑龙江科学技术出版社,1995.12.—495页;19cm
ISBN 7-5388-2951-2:¥22.50

R741-62　041181
实用神经内科诊疗手册/孙福,贾锐主编.—沈阳:辽宁科学技术出版社,1995.9.—221页;19cm
ISBN 7-5381-2105-6:¥5.40

R741.04　041182
神经系统疾病定位诊断及检查方法/孙申田主编.—哈尔滨:黑龙江科学技术出版社,1995.8.—210页;26cm
ISBN 7-5388-2754-4:¥15.00

R741.04　041183
神经系统疾病定位诊断学:解剖、生理、临床/( )Duus,P.著;刘宗惠等译.—北京:海洋出版社,1995.12.—342页;26cm
ISBN 7-5027-1794-3:¥88.00

R741.041　041184
昏迷/王鸿祥,娄季宇主编.—北京:中国人口出版社,1995.7.—360页;20cm
ISBN 7-80079-279-X:¥17.00

R741.041　041185
头痛/张银霞等编著.—北京:中国中医药出版社,1995.2.—123页;19cm.—(实用中西医结合证治丛书/赵田雍,汪卫东主编)

ISBN 7－80089－388－X：¥4.50

R741.044　　041186

脑诱发电位学/张明岛等编著.—上海：上海科技教育出版社，1995.12.—497页；26cm

ISBN 7－5428－1161－4(精装)：¥52.00

R741.05　　041187

神经系统疾病诊断学/丁铭臣著.—太原：山西科学技术出版社，1995.2.—764页：图；26cm

ISBN 7－5377－1054－6(精装)：¥68.00

R741.059.7　　041188

神经科急症诊断治疗学/杨明山等主编.—武汉：湖北科学技术出版社，1995.4.—597页；26cm

ISBN 7－5352－1253－0(精装)：¥38.00

R742　　041189

脑的保健/施裕森著.—上海：复旦大学出版社，1995.3.—253页；19cm.—(名医话保健丛书)

ISBN 7－309－01485－5：¥7.80

R742　　041190

新生儿常见颅内病变的影像诊断和防治/陈惠金著.—上海：上海科学技术出版社，1995.9.—64页：插图；26cm

ISBN 7－5323－3876－2：¥21.70

R742.1　　041191

癫痫病学/解学孔主编.—北京：人民卫生出版社，1995.2.—532页；26cm

ISBN 7－117－01180－7(精装)：¥48.90

R742.4　　041192

肝豆状核变性/杨任民主编；马忻等编撰.—合肥：安徽科学技术出版社，1995.1.—328页；20cm

ISBN 7－5337－1084－3：¥9.80

R743　　041193

老年脑血管病学/周盛年等主编.—北京：中国科学技术出版社，1995.1.—262页；20cm

ISBN 7－5046－1838－1：¥8.90

R743　　041194

脑血管病防治趣谈/王慕一，张崇凡主编；高旭光等编.—沈阳：沈阳出版社，1995.1.—193页；20cm

ISBN 7－5441－0233－5：¥5.00

R743　　041195

脑血管疾病的基础与临床/芮德源主编.—哈尔滨：黑龙江人民出版社，1995.8.—800页；26cm

ISBN 7－207－02731－1(精装)：¥68.00

R743－05　　041196

微量元素与心脑血管疾病/赵德山主编；鲍善芬等编.—哈尔滨：哈尔滨出版社，1995.3.—356页；20cm

ISBN 7－80557－810－9：¥12.50

R743－53　　041197

中国脑血管病治疗专家论集/郭玉璞等主编.—沈阳：沈阳出版社，1995.9.—401页；20cm.—(中国医学专家经验文库)

ISBN 7－5441－0422－2：¥20.00

R743－61　　041198

英汉脑血管疾病词汇/张国瑾等主编；《国外医学脑血管疾病分册》编辑部编.—北京：海洋出版社，1995.9.—433页；19cm

ISBN 7－5027－1775－7：¥19.00

R743.01　　041199

得了脑血管病怎么办/陈士谟主编.—哈尔滨：黑龙江科学技术出版社，1995.5.—127页；19cm.—(病友丛书/王桂照主编)

ISBN 7－5388－2470－7：¥4.20

R743.3　　041200

图解脑中风的防治与康复/张峻斌，周立群主编；张能杰绘.—北京：华夏出版社，1995.12.—200页；19cm

ISBN 7－5080－0837－5：¥12.80

R743.3　　041201

中风/姜春声等主编.—延吉：东北朝鲜民族教育出版社，1995.10.—213页；26cm

ISBN 7－5437－1949－5：¥13.30

R743.3　　041202

中风/张凯，万黎编著.—北京：中国中医药出版社，1995.2.—148页；19cm.—(实用中西医结合证治丛书/赵田雍，汪卫东主编)

ISBN 7－80089－380－4：¥4.50

R743.3　　041203

中风论/(清)熊笏著；汤希孟，程淑娟校注.—南昌：江西科学技术出版社，1995.10.—49页；19cm

ISBN 7－5390－0953－5：¥3.00

R743.3　　041204

中风症的诊断与治疗/姜子云著.—北京：新时代出版社，1995.1.—228页；20cm.—(自我保健知识丛书)

ISBN 7－5042－0234－7：¥9.20

R743.3－62　　041205

中风病防治指南/赵建国等编著.—天津：天津科学技术出版社，1995.12.—219页；13cm

ISBN 7－5308－1819－8(精装)：¥8.50

R743.3－62　　041206

中风防治新法手册/吴运泉，马秀琴编著.—北京：科学出版社，1995.4.—464页；19cm

ISBN 7－03－004638－2：¥15.80

R747.2　　041207

偏头痛防治120问/冯周琴等编著.—北京：金盾出版社，1995.9.—105页；19cm

ISBN 7－5082－0066－7：¥3.20

R748　　041208

儿童多动症百问/王永午，王香民主编.—上海：上海科技教育出版社，1995.12.—164页；19cm

ISBN 7－5428－1200－9：¥7.00

R748　　041209

儿童行为障碍矫正与治疗/朱贵升编著.—沈阳：辽宁科学技术出版社，1995.5.—118页；19cm

ISBN 7－5381－2116－1：¥5.00

R748　　041210

孩子为何注意力不集中：儿童多动症的诊断与治疗/苏渊主编；王永午等编著.—北京：人民军医出版社，1995.11.—173页；19cm.—(学生保健丛书)

ISBN 7－80020－549－5：¥7.00

R748　　041211

小儿癫痫:现代概念与临床治疗/王丽编著.—北京:北京医科大学、中国协和医科大学联合出版社,1995.1.—238 页;20cm
ISBN 7-81034-375-0:¥9.80

①R748②R749.94 041212
儿童神经精神病学/何伋等主编.—天津:天津科学技术出版社,1995.3.—443 页;26cm
ISBN 7-5308-1651-9:¥22.00

R749 精神病学

R749 041213
得了精神疾病怎么办/张聪沛主编.—哈尔滨:黑龙江科学技术出版社,1995.5.—213 页;19cm.—(病友丛书/王桂照主编)
ISBN 7-5388-2470-7:¥5.90

R749 041214
精神病学/何伋等主编.—济南:山东科学技术出版社,1995.7.—620 页;26cm
ISBN 7-5331-1608-9:¥30.00

R749 041215
精神病学/沈渔邨主编.—3 版.—北京:人民卫生出版社,1995.10.—236 页;26cm
高等医药院校教材 供基础、预防、临床、口腔医学类专业用
ISBN 7-117-00200-X:¥11.20

R749 041216
癫狂梦醒:精神疾病漫话/杨华渝著.—3 版(增补版).—北京:人民卫生出版社,1995.7.—329 页;19cm
ISBN 7-117-00799-0:¥13.10

R749-44 041217
常见精神病防治 120 问/黄希顺主编;彭金玲等编.—北京:金盾出版社,1995.4.—148 页;19cm
ISBN 7-80022-998-X:¥3.90

R749-44 041218
精神疾病问答/胡杰一主编.—北京:科学普及出版社,1995.9.—168 页;19cm
ISBN 7-110-03292-2:¥6.80

R749-62 041219
现代精神病学诊疗手册/侯沂,舒良主编;李从培等编写.—北京:北京医科大学、中国协和医科大学联合出版社,1995.9.—355 页;19cm.—(临床医师诊疗全书·第二辑/才文彦,朱学骏主编)
ISBN 7-81034-466-8:¥16.30

R749-62 041220
现代精神病学诊疗手册/侯沂,舒良主编;李从培等编写.—北京:北京医科大学、中国协和医科大学联合出版社,1995.9.—355 页;19cm.—(临床医师诊疗全书·第二辑/才文彦,朱学骏主编)
ISBN 7-81034-467-6(精装):¥21.10

R749.04 041221
ICD-10 精神与行为障碍分类:研究用诊断标准/世界卫生组织编;刘平等译.—北京:人民卫生出版社,1995.6.—242 页;24×16cm
ISBN 7-117-02220-5:¥0.00

R749.055 041222
心理医生/熊永厚著.—重庆:重庆大学出版社,1995.5.—198 页;19cm
ISBN 7-5624-1066-6:¥6.80

R749.055 041223
心理治疗的基本技巧:个别心理治疗的构成/(美)贝特曼著;岳冬梅,李晓白译.—沈阳:辽宁教育出版社,1995.2.—346 页;20cm
著者原题:伯纳德·D.贝特曼
ISBN 7-5382-3881-6(精装):¥15.00

R749.055 041224
综合心理治疗/(加拿大)努布罗茨(Knobloch,F.),(加拿大)努布罗茨(Knobloch,J.)著;陈德柔译.—汕头:汕头大学出版社,1995.12.—297 页;20cm
ISBN 7-81036-070-1:¥18.00

R749.057 041225
实用催眠心理疗法/傅安球著.—上海:上海人民出版社,1995.6.—283 页;20cm
ISBN 7-208-01977-0:¥12.00

R749.059-62 041226
常见精神疾病家庭康复指南/殷德升,王明华主编.—北京:新华出版社,1995.8.—243 页;19cm
ISBN 7-5011-2936-3:¥9.80

R749.09-62 041227
精神疾病社区防治管理康复手册/张明园主编;瞿光亚等编写.—上海:上海医科大学出版社,1995.10.—279 页;19cm
ISBN 7-5627-0282-9:¥9.70

R749.1 041228
脑老化与老年痴呆 第一卷:老年痴呆与系统工程/郑观成主编.—上海:上海科学技术文献出版社,1995.8.—361 页;20cm
ISBN 7-5439-0655-4:¥25.00

R749.4 041229
抑郁症/郑瞻培编著.—上海:上海医科大学出版社,1995.11.—63 页;19cm.—(专家门诊咨询丛书)
ISBN 7-5627-0307-8:¥4.60

R749.94 041230
儿童精神障碍及行为问题的矫正/杨晓玲主编.—北京:华夏出版社,1995.5.—246 页;20cm.—(特殊教育参考丛书/陈云英主编)
ISBN 7-5080-0532-5:¥11.40

R75 皮肤病学与性病学

R75 041231
常见皮肤病及性病防治/佟菊贞著.—广州:暨南大学出版社,1995.12.—185 页;19cm.—(教授门诊系列丛书)
ISBN 7-81029-473-3:¥8.00

R75 041232

皮肤性病学/朱学骏,崔顺斌主编.—北京:北京医科大学、中国协和医科大学联合出版社,1995.9.—186页:彩图;26cm
ISBN 7-81034-494-3:￥16.00

①R75②R622　041233
现代实用皮肤性病学及美容学/方跃明,王金良主编.—上海:华东理工大学出版社,1995.12.—688页;26cm
ISBN 7-5628-0648-9(精装):￥68.00

R75-44　041234
皮肤疹病防治100问/乐光熙,袁光友编著.—北京:金盾出版社,1995.12.—153页;19cm
ISBN 7-5082-0080-2:￥5.90

R75-64　041235
临床皮肤病及性病彩色图谱/丁素先,纪黎明主编;纪华安等编.—天津:天津科学技术出版社,1995.3.—257页;26cm
ISBN 7-5308-1662-4(精装):￥168.00

R750.4　041236
皮肤病性病实验诊断学/张信江主编.—贵阳:贵州科技出版社,1995.2.—368页;26cm
ISBN 7-80584-431-3:￥19.80

R751　041237
皮肤常见病的外治/刘巧主编.—北京:中国轻工业出版社,1995.8.—191页;19cm
ISBN 7-5019-1756-6:￥9.80

R751　041238
损容性皮肤病的诊断与治疗/刘爱民;赵东滨主编.—北京:中国中医药出版社,1995.3.—218页;19cm
ISBN 7-80089-420-7:￥7.00

R751-62　041239
中老年常见皮肤病诊疗指南/王发友编著.—北京:新时代出版社,1995.6.—137页;20cm.—(自我保健知识丛书)
ISBN 7-5042-0251-7:￥7.30

R751-64　041240
皮肤病彩色图谱:汉英文对照/赵辨等主编.—南京:江苏科学技术出版社,1995.11.—301页;26cm
ISBN 7-5345-2016-9(精装):￥218.00

R758.22　041241
接触性皮炎/李林峰编著.—北京:北京医科大学、中国协和医科大学联合出版社,1995.10.—208页;19cm
ISBN 7-81034-533-8:￥9.50

R758.71-44　041242
毛发疾病防治130问/陈志仁等编著.—北京:金盾出版社,1995.3.—102页;19cm
ISBN 7-80022-994-7:￥2.90

R759　041243
性病的自我诊断与家庭自疗/张志清等主编.—南昌:江西科学技术出版社,1995.4.—327页:照片;20cm
ISBN 7-5390-0894-6(精装):￥15.00

R759　041244
性病防治/高耀洁等主编.—郑州:中原农民出版社,1995.9.—295页;19cm.—(现代保健)
ISBN 7-80538-736-2:￥11.00

R759　041245
性病医生悄悄话/张君坦,郑明主编.—厦门:鹭江出版社,1995.9.—238页;19cm.—(医生对你悄悄说丛书)
ISBN 7-80610-238-8:￥7.20

R759　041246
性病诊断治疗/陈永锋,张木有主编.—广州:广东科技出版社,1995.8.—275页:彩图;19cm
ISBN 7-5359-1496-9:￥15.00

R759　041247
性传播疾病的防治/吴和平主编.—贵阳:贵州科技出版社,1995.3.—318页;19cm
ISBN 7-80584-424-0:￥7.50

R759　041248
阴道感染和性病/南京人口管理干部学院,美国开发培训研究所编.—南京:东南大学出版社,1995.8.—67页;20cm
妇女卫生自学教材(四)
全套书共10册,总定价:30.00元
ISBN 7-81050-043-0:￥0.00

①R759②R512.91　041249
帮您防治性病及艾滋病/郑志伟,吴永浩主编.—长春:吉林科学技术出版社,1995.6.—127页;19cm
ISBN 7-5384-1506-8:￥3.50

R759-64　041250
实用性病诊疗图谱/何成雄编著.—福州:福建科学技术出版社,1995.12.—183页;26cm
ISBN 7-5335-0957-9(精装):￥60.00

R759.01-62　041251
常见性传播疾病防治工作手册/纪奎滨等主编.—哈尔滨:黑龙江科学技术出版社,1995.2.—183页;19cm
ISBN 7-5388-2719-6:￥6.00

R76 耳鼻咽喉科学

R76　041252
耳鼻咽喉科学/滕学敬等主编.—天津:天津科学技术出版社,1995.9.—620页;26cm
全国十六所高等医学院校协编教材 供医学、儿科、口腔、卫生、眼耳鼻咽喉专业用
ISBN 7-5308-1928-3:￥28.00

R76　041253
耳鼻咽喉科学/黄选兆主编.—4版.—北京:人民卫生出版社,1995.9.—317页:彩图;26cm
高等医药院校教材 供基础、预防、临床、口腔医学类专业用
ISBN 7-117-00198-4:￥15.50

R76　041254
五官科学/廖树森主编;田骋等编.—开封:河南大学出版社,1995.7.—425页;26cm
中等卫生学校教材 供社区医学、妇幼卫生专业用
ISBN 7-81041-233-7:￥16.85

R76　041255
五官科学/杜志华等主编.—北京:中国医药科技出版社,1995.10.—275页;26cm
医学院校教材
ISBN 7-5067-1432-9:¥16.25

R76　041256
五官科学/谭家学主编;谭家学,彭伟明编.—南宁:广西科学技术出版社,1995.9.—149页;26cm
中等卫生职业学校教材 供医士专业、妇幼专业、护士专业用
ISBN 7-80619-243-3:¥9.00

R76-55　041257
(瑞典)耳鼻喉科学报:中文版　1995　(1)/李学敏主编.—上海:上海科学技术文献出版社,1995.10.—64页;26cm
ISBN 7-5439-0881-6:¥0.00

R76-55　041258
(瑞典)耳鼻喉科学报:中文版　1995　(2)/李学敏主编.—上海:上海科学技术文献出版社,1995.12.—128页;26cm
ISBN 7-5439-0895-6:¥0.00

R76-62　041259
临床袖珍手册:耳鼻喉科/王正敏主编.—上海:上海医科大学出版社,1995.1.—203页;19cm
ISBN 7-5627-0243-8:¥6.20

R76-64　041260
耳鼻咽喉-头颈外科手术图解/王直中,钱永忠主编.—南京:江苏科学技术出版社,1995.10.—749页;26cm.—(实用手术图解全书)
ISBN 7-5345-2000-2(精装):¥89.00

R762　041261
激光耳鼻咽喉科学/袁树声,徐国祥主编;刘秋润等编.—广州:广东科技出版社,1995.4.—255页;19cm.—(激光医学系列丛书/徐国祥主编)
ISBN 7-5359-1381-4:¥10.00

①R762②R61　041262
耳鼻咽喉头颈外科手术学/黄鹤年主编.—上海:上海科学技术出版社,1995.12.—476页;26cm
ISBN 7-5323-3601-8(精装):¥43.20

①R762②R779.6　041263
鼻眼相关外科学/卜国铉编著.—北京:人民卫生出版社,1995.1.—254页;20cm
ISBN 7-117-01176-9:¥11.00

R764-64　041264
耳部望诊彩色图谱/刘绍武主编.—天津:天津科技翻译出版公司,1995.12.—85页:彩图;29cm
ISBN 7-5433-0833-9(精装):¥75.00

R765.04　041265
临床鼻科学/王荣光等主编.—石家庄:河北科学技术出版社,1995.6.—318页:图;26cm
ISBN 7-5375-1396-1(精装):¥35.00

R766.14　041266
咽炎防治110问/张红激,刘瑞娟编著.—北京:金盾出版社,1995.12.—84页;19cm
ISBN 7-5082-0112-4:¥3.30

R767.92　041267
实用语言治疗学/吴海生,蔡来舟主编.—北京:人民军医出版社,1995.11.—396页;26cm
ISBN 7-80020-528-2(精装):¥45.00

R767.92　041268
音声言语疾病防治概要/梁美庚等主编.—济南:济南出版社,1995.9.—302页;20cm
ISBN 7-80572-908-5:¥9.80

R768.2　041269
消化内镜学/李益农,陆星华主编.—北京:科学出版社,1995.1.—641页;26cm.—(现代临床医学丛书)
ISBN 7-03-004294-8(精装):¥168.00

R77 眼科学

R77　041270
出血性眼病的诊治/韦秀菊等主编.—北京:中国中医药出版社,1995.9.—305页;19cm
ISBN 7-80089-489-4:¥12.00

R77　041271
瞳孔与危重病/赵家胜编著.—汕头:汕头大学出版社,1995.6.—110页;19cm
ISBN 7-81036-073-6:¥6.50

R77　041272
眼病诊治/陈庆魁主编;方宝康等编.—西安:陕西科学技术出版社,1995.1.—292页:彩图;19cm
ISBN 7-5369-0617-X:¥6.90

R77　041273
眼睛保健知识问答/杨长才编著.—乌鲁木齐:新疆科技卫生出版社,1995.7.—123页;19cm
ISBN 7-5372-1036-5:¥6.00

R77　041274
眼科常见病/吴曙光等主编.—长春:吉林科学技术出版社,1995.12.—265页;19cm
ISBN 7-5384-1590-4(精装):¥19.50

R77-61　041275
汉英眼科词汇=Chinese-English Glossary of Ophthalmology/王国军等主编.—天津:天津科学技术出版社,1995.3.—360页;19cm
ISBN 7-5308-1667-5:¥10.20

R77-61　041276
眼科冠名病征词汇/杨启平,回金泉主编.—西宁:青海人民出版社,1995.12.—265页;19cm
ISBN 7-225-01202-9(精装):¥16.80

R77-62　041277
实用眼科医护手册/周金华等主编.—郑州:中原农民出版社,1995.6.—345页;19cm
ISBN 7-80538-708-7:¥10.50

R77-62　041278
实用眼科诊疗手册/何守志主编.—北京:人民军医出版社,1995.10.—851页;19cm
ISBN 7-80020-551-7(精装):¥45.00

R77-62 041279
新编眼科临床手册/李志辉主编;王文伟等编.—北京:金盾出版社,1995.10.—410页:照片;26cm
ISBN 7-80022-950-5(精装):¥39.00

R77-64 041280
视疗图谱/吴成槐著.—沈阳:辽宁民族出版社,1995.5.—1册;19×26cm
ISBN 7-80527-521-1:¥26.00

R770.1-64 041281
眼睛保健操/区防疫站学校卫生科编文;余亚万摄.—2版.—南宁:接力出版社,1995.8.—1张;77×53cm.—(接力挂图世界)
¥2.50

R773.4-64 041282
临床眼底病彩色图谱/魏景文主编.—天津:天津科技翻译出版公司,1995.7.—241页;29cm
ISBN 7-5433-0739-1(精装):¥175.00

R774.1 041283
视网膜病临床和基础研究/张惠蓉主编.—太原:山西科学技术出版社,1995.10.—372页:图;26cm
ISBN 7-5377-1175-5:¥30.00

R775 041284
青光眼的诊断与治疗/(美)Theodore Krupin著;杜蜀华译.—北京:人民卫生出版社,1995.7.—269页;20cm
ISBN 7-117-02221-3:¥13.30

R775 041285
青光眼学/钱茂生编著.—银川:宁夏人民出版社,1995.10.—226页;26cm
ISBN 7-227-01456-8:¥25.00

R777.4 041286
斜视新概念/牛兰俊编著.—北京:北京医科大学、中国协和医科大学联合出版社,1995.11.—212页;20cm
ISBN 7-81034-496-X:¥10.00

R777.5 041287
眼眶疾病/刘雄粪,刘贻芳主编;叶春彬等编著.—广州:广东高等教育出版社,1995.12.—228页;19cm
ISBN 7-5361-1739-6:¥7.80

R778 041288
眼科屈光学/徐广第编著.—北京:军事医学科学出版社,1995.5.—287页;26cm
ISBN 7-80121-009-3:¥20.00

R778.05 041289
现代眼屈光手术学/柳林主编.—北京:人民军医出版社,1995.11.—294页;26cm
ISBN 7-80020-575-4(精装):¥45.00

R778.101 041290
得了近视怎么办/崔浩主编.—哈尔滨:黑龙江科学技术出版社,1995.5.—90页;19cm.—(病友丛书/王桂照主编)
ISBN 7-5388-2470-7:¥3.30

R778.3 041291
隐形眼镜知多少/谢培英编.—北京:人民卫生出版社,1995.12.—47页;19cm
ISBN 7-117-02337-6:¥2.80

①R778.3-62②TS959.6-62 041292
眼镜卫生学手册/刘桂刚,武秀兰主编.—济南:山东友谊出版社,1995.10.—270页;19cm
ISBN 7-80551-733-9:¥12.00

R779.140.4 041293
现代影像学眼异物定位/李文华主编.—济南:济南出版社,1995.12.—180页;26cm
ISBN 7-80629-013-3(精装):¥55.00

R779.6 041294
实用小儿眼病手术治疗学/苏明山,黄力主编.—济南:山东科学技术出版社,1995.6.—385页;20cm
ISBN 7-5331-1595-3:¥15.00

R779.6 041295
眼部美容外科手术学/丁芷林主编.—北京:北京出版社,1995.4.—125页:彩照;26cm
ISBN 7-200-02552-6(精装):¥25.00

R779.6-62 041296
现代眼科门诊手术指南/吴乐正,高汝龙主编.—北京:人民卫生出版社,1995.9.—296页;20cm
ISBN 7-117-02257-4:¥14.20

R779.6-64 041297
眼科手术图解/卞春及,嵇训传主编.—南京:江苏科学技术出版社,1995.10.—250页;26cm.—(实用手术图解全书)
ISBN 7-5345-2003-7(精装):¥37.00

R779.64 041298
眼部成形学/赵光喜编著.—北京:人民卫生出版社,1995.6.—301页;26cm
ISBN 7-117-02198-5(精装):¥30.20

R779.64 041299
眼成形:美容手术学/刘世民编著.—沈阳:辽宁科学技术出版社,1995.6.—252页;19cm
ISBN 7-5381-1997-3:¥8.80

R78 口腔科学

R78 041300
健齿与牙病防治/韩玉秀,魏晗宇编著.—上海:上海科学普及出版社,1995.5.—177页;19cm
ISBN 7-5427-0929-1:¥6.00

R78 041301
口腔科学/毛祖彝主编.—3版.—北京:人民卫生出版社,1995.4.—155页;26cm
高等医药院校教材 供基础、预防、临床医学类专业用
ISBN 7-117-00153-4:¥6.70

R78 041302
口腔伤病防治120问/孙万华编著.—北京:金盾出版社,1995.3.—133页;19cm
ISBN 7-80022-978-5:¥4.00

R78 041303
实用中西医结合口腔病学/王守儒等主编.—北京:中国中医药出版社,1995.10.—690页;19cm

ISBN 7-80089-456-8: ¥26.00

R78-62 041304

现代口腔科诊疗手册/俞光岩，王嘉德主编.—北京：北京医科大学、中国协和医科大学联合出版社，1995.8.—673页；19cm.—(临床医师诊疗全书·第二辑/才文彦，朱学骏主编)

ISBN 7-81034-465-X(精装): ¥35.00

R78-62 041305

现代口腔科诊疗手册/俞光岩，王嘉德主编.—北京：北京医科大学、中国协和医科大学联合出版社，1995.8.—673页；19cm.—(临床医师诊疗全书·第二辑/才文彦，朱学骏主编)

ISBN 7-81034-464-1: ¥30.00

R780.1 041306

氟化物及口腔卫生：世界卫生组织专家组的报告/世界卫生组织编；刘莹译.—北京：人民卫生出版社，1995.12.—33页；24cm.—(世界卫生组织技术报告丛书；846)

ISBN 7-117-02341-4: ¥0.00

R780.1 041307

口腔卫生保健初级教程/杨明达主编.—杭州：浙江科学技术出版社，1995.10.—146页；26cm

ISBN 7-5341-0753-9: ¥15.00

R780.2 041308

口腔微生物学/刘正主编.—南京：南京出版社，1995.4.—156页；19cm

ISBN 7-80614-167-7: ¥7.00

R781 041309

蒋大夫谈牙/蒋泽先，李钰荣编著.—南昌：21世纪出版社，1995.3.—116页；13cm.—(口袋丛书)

ISBN 7-5391-0875-4: ¥1.30

R781 041310

口腔内科学/张举之主编.—3版.—北京：人民卫生出版社，1995.10.—408页：彩图；26cm

高等医药院校教材 供口腔医学类专业用

ISBN 7-117-00197-6: ¥20.50

R781.05 041311

镶牙基本技术/陈诚秀等编著.—北京：金盾出版社，1995.9.—139页：彩图；19cm

ISBN 7-5082-0024-1: ¥5.00

R781.05-64 041312

中国人恒牙及根管形态图谱/岳保利，吴友农主编.—北京：世界图书出版公司，1995.1.—81页；26cm

ISBN 7-5062-2183-7: ¥19.80

R781.5 041313

现代口腔念珠菌病学/白天玺，张庆华编著.—北京：人民军医出版社，1995.10.—296页；26cm

ISBN 7-80020-543-6(精装): ¥50.00

R782 041314

激光口腔、颌面外科学/顾锡荣，徐国祥主编；王泽长等编.—广州：广东科技出版社，1995.8.—267页；19cm.—(激光医学丛书；7/徐国祥主编)

ISBN 7-5359-1421-7: ¥15.00

R782 041315

口腔颌面外科学/邱蔚六主编.—3版.—北京：人民卫生出版社，1995.10.—439页；26cm

高等医药院校教材 供口腔医学专业用

ISBN 7-117-00146-1: ¥21.20

R782 041316

颌面部外伤手术与整形/王佩玉，潘淑勤主编.—济南：山东大学出版社，1995.10.—153页；26cm

ISBN 7-5607-1400-5: ¥15.00

R782-64 041317

口腔颌面外科手术图解/邱蔚六，张道珍主编.—南京：江苏科学技术出版社，1995.10.—623页；26cm.—(实用手术图解全书)

ISBN 7-5345-2004-5(精装): ¥76.00

R782.05 041318

口腔冷冻外科学/宋欣等主编.—济南：山东科学技术出版社，1995.10.—238页；19cm

ISBN 7-5331-1657-7: ¥16.00

R782.1 041319

牙周外科手术学/张蕴惠主编.—上海：上海科学技术出版社，1995.9.—115页；20cm

ISBN 7-5323-3748-0: ¥6.80

R782.2 041320

唇腭裂的序列治疗/王光和主编.—北京：人民卫生出版社，1995.6.—389页：照片；20cm

ISBN 7-117-02195-0(精装): ¥25.50

R783.1 041321

口腔材料学/陈治清主编.—北京：人民卫生出版社，1995.10.—197页；26cm

高等医药院校教材 供口腔医学专业用

ISBN 7-117-00196-8: ¥10.60

R783.5-62 041322

口腔正畸手册/段银钟，刘进才编著.—西安：陕西科学技术出版社，1995.12.—222页；19cm

ISBN 7-5369-2439-9: ¥11.00

R787-44 041323

老年人牙病防治130问/张晔缨主编；余彤等编著.—北京：金盾出版社，1995.12.—149页；19cm

ISBN 7-5082-0100-0: ¥6.00

R788-44 041324

儿童牙齿保健常识问答/杨柳主编.—北京：中国人口出版社，1995.6.—127页；19cm

ISBN 7-80079-274-9: ¥3.70

R788.01 041325

儿童口腔保健常识/王兴义，王金飞编著.—北京：中国劳动出版社，1995.7.—144页；19cm

ISBN 7-5045-1742-9: ¥9.80

R8 特种医学

R81 041326

放射学　中册/刘赓年等主编.—北京：人民卫生出版社，1995.1.—343页；26cm

ISBN 7-117-02156-X: ¥24.00

R81　　041327
核医学/周申主编;王浩丹等编.—4版.—北京:人民卫生出版社,1995.5.—237页;26cm
高等医药院校教材 供基础、预防、临床、口腔医学类专业用
ISBN 7-117-00202-6:¥9.60

R81　　041328
临床核医学/何广仁主编;刘永昌等编.—北京:原子能出版社,1995.11.—324页;26cm
高等教育试用教材
ISBN 7-5022-1391-0:¥15.80

R81　　041329
实验核医学/江一民,马祥杰主编;许玉杰等编.—北京:原子能出版社,1995.11.—231页;26cm
高等教育试用教材
ISBN 7-5022-1384-8:¥12.80

R81　　041330
实用介入放射学/刘炳环等主编.—哈尔滨:黑龙江科学技术出版社,1995.4.—330页;26cm
ISBN 7-5388-2769-2:¥39.00

①R81②R142　　041331
核医学基础与放射防护/芦春林主编.—北京:北京医科大学、中国协和医科大学联合出版社,1995.8.—216页;26cm
ISBN 7-81034-486-2:¥15.20

R81-61　　041332
汉英核医学词汇/朱国泓,林汉主编.—北京:原子能出版社,1995.1.—400页;19cm
ISBN 7-5022-0946-8:¥14.00

R81-61　　041333
简明核医学辞典/卢正福,郑钧正编.—上海:上海科学技术出版社,1995.1.—289页;19cm
ISBN 7-5323-3051-6:¥13.80

R81-62　　041334
现代核医学诊疗手册/潘中允主编.—北京:北京医科大学、中国协和医科大学联合出版社,1995.8.—382页;19cm.—(临床医师诊疗全书·第二辑/才文彦,朱学骏主编)
ISBN 7-81034-481-1(精装):¥22.60

R81-62　　041335
现代核医学诊疗手册/潘中允主编.—北京:北京医科大学、中国协和医科大学联合出版社,1995.8.—382页;19cm.—(临床医师诊疗全书·第二辑/才文彦,朱学骏主编)
ISBN 7-81034-480-3:¥17.80

R814　　041336
放射诊断学征象/陈凡主编.—上海:同济大学出版社,1995.10.—408页:图片;26cm
ISBN 7-5608-1605-3:¥60.00

R814-62　　041337
放射诊断实用手册/王莉,吴元佐主编.—乌鲁木齐:新疆科技卫生出版社,1995.4.—423页;19cm
ISBN 7-5372-1049-7:¥12.80

R814.3　　041338
X线特殊检查技术/于兹喜等主编.—东营:石油大学出版社,1995.11.—168页;26cm
ISBN 7-5636-0619-X:¥18.00

R814.4-62　　041339
现代放射学诊疗手册/李松年等主编.—北京:北京医科大学、中国协和医科大学联合出版社,1995.12.—660页;19cm.—(临床医师诊疗全书·第二辑/才文彦,朱学骏主编)
ISBN 7-81034-473-0(精装):¥34.50

R814.4-62　　041340
现代放射学诊疗手册/李松年等主编;王仪生等编写.—北京:北京医科大学、中国协和医科大学联合出版社,1995.12.—660页;19cm.—(临床医师诊疗全书·第二辑/才文彦,朱学骏主编)
ISBN 7-81034-472-2:¥29.50

R814.42　　041341
简明实用CT诊断学/彭仁罗等主编.—长沙:湖南科学技术出版社,1995.4.—297页:照片;26cm
ISBN 7-5357-1741-1:¥36.00

R814.42　　041342
实用CT影像技术学/石明国主编.—西安:陕西科学技术出版社,1995.9.—323页;26cm
ISBN 7-5369-2382-1:¥29.00

R816　　041343
血管内介入治疗学/刘作勤等主编.—济南:山东大学出版社,1995.7.—253页;图;26cm
ISBN 7-5607-1379-3(精装):¥18.80

R816.104　　041344
头部CT诊断学/吴恩惠主编.—2版.—北京:人民卫生出版社,1995.9.—302页;28cm
ISBN 7-117-02243-4(精装):¥47.20

R817　　041345
生物医学标记示踪技术/王浩丹,周申主编.—北京:人民卫生出版社,1995.12.—357页;26cm
ISBN 7-117-02249-3(精装):¥38.00

R817.1　　041346
放射自显影示踪学/朱寿彭著.—北京:原子能出版社,1995.10.—160页;19cm
ISBN 7-5022-1352-X:¥6.00

R817.1　　041347
实用临床RIA与PCR检测/王自正主编.—北京:原子能出版社,1995.6.—199页;26cm
ISBN 7-5022-1400-3:¥19.50

R818　　041348
放射损伤与防护/刘克良,姜德智编.—北京:原子能出版社,1995.11.—270页;26cm
高等教育试用教材
ISBN 7-5022-1393-7:¥13.90

①R818.73②R818.03　　041349
铀毒理学/刘树铮等著.—北京:原子能出版社,1995.6.—326页;20cm
ISBN 7-5022-1328-7:¥13.50

R82　　041350
军人精神卫生保健常识/张志斌主编.—乌鲁木齐:

新疆科技卫生出版社,1995.1.—455 页;19cm
ISBN 7-5372-0639-2:￥9.80

R82-62 041351
训练伤防治手册/武警新疆总队后勤部卫生处编.—乌鲁木齐:新疆人民出版社,1995.3.—114 页;13×9cm
内部发行
ISBN 7-228-03383-3:￥2.50

R821-62 041352
军人实用健康指南/汪求知,王征爱主编;广州军区爱国卫生运动委员会办公室编.—北京:人民军医出版社,1995.5.—217 页;19cm
ISBN 7-80020-531-2:￥8.50

R823-09 041353
中国人民解放军护理发展简史/孙明德主编;中国人民解放军总后勤部卫生部编.—北京:人民军医出版社,1995.11.—299 页:照片;19cm
ISBN 7-80020-592-4:￥20.00

R87 041354
实用运动医学/曲绵域等主编.—北京:北京科学技术出版社,1995.12.—1017 页;26cm
ISBN 7-5304-1772-X(精装):￥160.00

R87 041355
运动医学/王鸿翔主编.—长沙:湖南师范大学出版社,1995.8.—77 页;26cm
高等师范院校专科体育教育专业课程
ISBN 7-81031-454-8:￥6.50

R873 041356
运动损伤的诊疗与预防/陈国耀编著.—桂林:广西师范大学出版社,1995.4.—162 页;19cm
ISBN 7-5633-2013-X:￥5.50

R874 041357
舞蹈保健手册/王维刚著.—北京:人民音乐出版社,1995.8.—177 页;20cm
ISBN 7-103-01266-0:￥9.40

R9 药学

R9 041358
生命元素与药物应用研究/蔡载熙等主编.—北京:中国科学技术出版社,1995.9.—316 页;26cm
ISBN 7-5046-2066-1:￥52.00

R9 041359
药物学/叶象权主编.—广州:广东科技出版社,1995.3.—264 页;26cm
中等医学教材 供护理、助产专业用
ISBN 7-5359-1471-3:￥13.80

R9 041360
药学科学/国家自然科学基金委员会生命科学部主编.—北京:中国林业出版社,1995.6.—190 页;19cm.—(生命科学展望丛书;3)
ISBN 7-5038-1448-9:￥10.00

①R9②H771 041361
药学拉丁语/王锡荣主编.—北京:学苑出版社,1995.8.—203 页;26cm
普通高等中医院校协编教材
ISBN 7-5077-1015-7:￥12.00

R9-11 041362
药学科学:自然科学学科发展战略调研报告/国家自然科学基金委员会编.—北京:科学出版社,1995.5.—97 页;20cm
ISBN 7-03-004719-2:￥10.00

R9-41 041363
全国执业药师资格考试大纲/国家医药管理局编写.—北京:中国医药科技出版社,1995.3.—30 页;20cm
ISBN 7-5067-1380-2:￥3.90

R9-44 041364
药师考试多选题集　(上)/倪广才,王信主编.—北京:学苑出版社,1995.6.—262 页;26cm
ISBN 7-5077-0403-3:￥47.00

R9-44 041365
药物学、药理学教学目标与达标检测/叶象权等主编.—广州:广东人民出版社,1995.8.—241 页;26cm
供护理、社区医学等专业用
ISBN 7-218-01666-9:￥12.00

R9-54 041366
中国药学年鉴　1994/彭司勋主编;《中国药学年鉴》编辑委员会编.—北京:中国医药科技出版社,1995.6.—366 页;26cm
ISBN 7-5067-1395-0(精装):￥45.00

R9-62 041367
医院药师实用指南/严宝霞主编.—北京:北京医科大学、中国协和医科大学联合出版社,1995.1.—584 页;19cm
ISBN 7-81034-452-8:￥18.00

R914 041368
基础药物设计学/陈芬儿主编.—武汉:华中理工大学出版社,1995.11.—395 页;26cm
ISBN 7-5609-1198-6:￥24.00

R92 药典、药方集(处方集)、药物鉴定

R921.2 041369
中华人民共和国药典:1995 年版　二部/中华人民共和国卫生部药典委员会编.—北京:化学工业出版社;广州:广东科技出版社,1995.9.—1156,190 页;26cm
ISBN 7-5025-1527-5(精装):￥280.00

R921.2 041370
中华人民共和国药典:1995 年版　二部:临床用药须知/吴珏,袁士诚主编;中华人民共和国卫生部药典委员会编.—北京:化学工业出版社,1995.11.—749 页;26cm
ISBN 7-5025-1549-6(精装):￥98.00

R921.2 041371

中华人民共和国药典:1995年版 一部/中华人民共和国卫生部药典委员会编.—广州:广东科技出版社,1995.8.—646页;26cm+附各种索引
ISBN 7-5359-1540-X(精装):¥170.00

R927 041372
假劣药品外观检查与快速鉴别/李莉等主编.—哈尔滨:黑龙江科学技术出版社,1995.11.—280页;19cm
ISBN 7-5388-2883-4:¥13.50

R927.11 041373
中西药片剂散剂的生产质量管理/王晓丽主编;何朝媛等编写.—贵阳:贵州科技出版社,1995.3.—300页;19cm
ISBN 7-80584-482-8:¥18.50

R93 生药学

R93 041374
生药学/徐国钧主编.—2版.—北京:人民卫生出版社,1995.5.—480页;26cm
高等医药院校教材 供药学类专业用
ISBN 7-117-00027-9:¥18.60

R93 041375
生药学/乔传卓等主编.—上海:同济大学出版社,1995.12.—477页;26cm
供药学、中药专业用
ISBN 7-5608-1614-2:¥25.00

R94 药剂学

R943-62 041376
上海市医院制剂手册/章国钧等主编;中国药学会上海分会编.—3版.—上海:上海科学技术出版社,1995.8.—609页;20cm
ISBN 7-5323-3736-7(精装):¥22.80

R943-65 041377
中国医院制剂规范/中华人民共和国卫生部药政局编.—2版.—北京:中国医药科技出版社,1995.5.—258,79页;26cm
ISBN 7-5067-1374-8(精装):¥42.00

R944.1-62 041378
常见粉针剂溶解稀释手册/傅能常主编.—2版.—贵阳:贵州科技出版社,1995.4.—130页;19cm
ISBN 7-80584-480-1:¥5.00

R95 药事组织

R95 041379
药事管理学/张熙主编.—2版.—银川:宁夏人民出版社,1995.6.—395页;20cm
ISBN 7-227-00852-5:¥7.50

R952-53 041380
全国医院药剂科管理论文选编/卫生部药政管理局,中国药房杂志社编.—北京:中国医药科技出版社,1995.9.—256页;28cm
ISBN 7-5067-1482-5:¥55.00

R96 药理学

R96 041381
现代临床药理学/郭瑞臣,傅平主编.—赤峰:内蒙古科学技术出版社,1995.3.—606页;26cm
ISBN 7-5380-0271-5:¥35.00

R96 041382
药理学/杨煜荣主编.—北京:光明日报出版社,1995.10.—222页;26cm
临床医学专业自学考试用书
ISBN 7-80091-735-5:¥13.80

R96 041383
药理学/杨镇铭主编;吕文略等编.—南宁:广西科学技术出版社,1995.9.—238页;26cm
中等卫生职业学校教材 供医士、妇幼专业、护士专业用
ISBN 7-80619-242-5:¥13.00

R96 041384
药理学/鲍淑娟等主编.—贵阳:贵州科技出版社,1995.3.—309页;26cm
供医学专科用
ISBN 7-80584-440-2:¥16.00

R96 041385
药理学/吴景时主编.—3版.—北京:人民卫生出版社,1995.4.—257页;26cm
全国医学专科学校教材 供临床医学专业用
ISBN 7-117-00082-1:¥9.60

R96 041386
药理学/张远,傅定一主编.—2版.—北京:北京医科大学、中国协和医科大学联合出版社,1995.2.—257页;26cm
ISBN 7-81034-462-5:¥14.60

R96 041387
药理学/邵伯芹,刘善慧主编.—北京:中国医药科技出版社,1995.10.—359页;26cm
医学院校教材
ISBN 7-5067-1433-7:¥18.45

R96 041388
药理学/戴培主编.—郑州:河南人民出版社,1995.3.—315页;26cm
中等卫生学校教材 供社区医学、妇幼卫生专业用
ISBN 7-215-03445-3:¥12.50

R96 041389
药理学/郭季安等主编.—沈阳:辽宁科学技术出版社,1995.6.—418页;26cm
全国成人高等医学院校教材 供临床医学、药学、预防医学、口腔医学、护理学专业用
ISBN 7-5381-2147-1:¥19.80

R96-43 041390

药理学实验教程/关利新等主编;郝希俊等编写.—牡丹江:黑龙江朝鲜民族出版社,1995.10.—200 页;19cm
高等医学院校协编教材
ISBN 7-5389-0594-4: ¥7.00

R961-49 041391
药物的奥秘/( )GESINA L. LONGENECKER, PH. D. 编著.—广州:广东人民出版社;香港:纬辉电子出版公司,1995.12.—143 页:图;26cm.—(环保·生活·健康系列)
ISBN 7-218-01657-X: ¥39.00

R964 041392
精神药物的临床应用和副作用/张继志,吉中孚主编.—2 版.—北京:人民卫生出版社,1995.9.—290 页;19cm
ISBN 7-117-02253-1: ¥11.60

R969 041393
临床药物学基础/徐持华主编;刘英等编.—郑州:河南医科大学出版社,1995.7.—197 页;26cm
乡村医生培训系列教材
ISBN 7-81048-019-7: ¥10.95

R969 041394
日常用药禁忌 400 例/侯连兵等编.—广州:广东科技出版社,1995.3.—309 页;19cm
ISBN 7-5359-1414-4: ¥8.20

R969.3 041395
家居合理用药/张振弘主编;张泽宇编著.—广州:广东科技出版社,1995.6.—369 页;19cm.—(家居保健丛书;1)
ISBN 7-5359-1416-0: ¥12.50

R969.3-44 041396
家庭合理用药 365 问/张瑞芳,郑自强主编;刘新等编.—北京:中国医药科技出版社,1995.2.—286 页;19cm.—(家庭健康一日一问丛书)
ISBN 7-5067-1277-6: ¥8.80

R969.3-62 041397
临床合理用药手册/汤光等编著.—杭州:浙江科学技术出版社,1995.1.—1204 页;19cm
ISBN 7-5341-0665-6(精装): ¥35.00

R97 药品

R97 041398
家庭药箱/孙运德主编.—北京:华艺出版社,1995.8.—270 页;20cm
ISBN 7-80039-953-2: ¥11.70

R97 041399
实用医护用药便览/孙涛等主编.—天津:天津科学技术出版社,1995.9.—422 页;19cm
ISBN 7-5308-1924-0: ¥12.00

R97 041400
新编临床药物应用/董卫平等主编.—北京:中国科学技术出版社,1995.8.—500 页;19cm
ISBN 7-5046-2040-8: ¥13.60

①R97②R817 041401
核药学/范我,强亦忠主编;龚佳玲等编.—北京:原子能出版社,1995.11.—231 页;26cm
高等教育试用教材
ISBN 7-5022-1399-6: ¥12.00

R97-61 041402
英汉临床药物最新词汇/徐占兴,田海明主编.—合肥:安徽科学技术出版社,1995.4.—520 页;18cm
ISBN 7-5337-1122-X: ¥12.00

R97-62 041403
基本药物使用手册/卢恕,薛佩华主编;上海市第六人民医院编著.—上海:上海科学技术文献出版社,1995.9.—314 页;19cm
ISBN 7-5439-0681-4: ¥11.50

R97-62 041404
家庭用药指南/徐辰蕙主编.—南昌:江西高校出版社,1995.2.—130 页;19cm.—(现代家庭医疗保健实用丛书)
ISBN 7-81033-425-5: ¥4.00

R97-62 041405
简明实用药物手册/蓝太富主编.—成都:四川科学技术出版社,1995.11.—1178 页;19cm
ISBN 7-5364-3033-7: ¥35.50

R97-62 041406
精选新药手册/于丽璇,车胜荣主编.—西安:陕西科学技术出版社,1995.1.—672 页;20cm
ISBN 7-5369-2178-0: ¥14.50

R97-62 041407
临床各科最新药物手册/张国仪等编著.—北京:科学出版社,1995.4.—759 页;20cm
ISBN 7-03-004071-6(精装): ¥43.00

R97-62 041408
临床药物手册/陈钟英等主编.—3 版.—上海:上海科学技术出版社,1995.8.—972 页;19cm
ISBN 7-5323-3495-3(精装): ¥27.40

R97-62 041409
临床药物手册:中、拉、英药名对照/田文艺,宋清茂编著.—2 版.—长沙:湖南科学技术出版社,1995.10.—1484 页;19cm.—(现代医学案头参考书系)
ISBN 7-5357-1584-2(精装): ¥52.00

R97-62 041410
上海市公费劳保药品应用指南/武建国主编;《上海市公费劳保药品应用指南》编写组编.—上海:上海科学技术出版社,1995.11.—601 页;26cm
ISBN 7-5323-4090-2(精装): ¥56.50

R97-62 041411
实用新药手册/赵克健主编.—天津:天津科学技术出版社,1995.2.—557 页;19cm
ISBN 7-5308-1648-9(精装): ¥30.00

R97-62 041412
新编临床实用药物手册/吴唐庆主编;王立民等编.—南宁:广西科学技术出版社,1995.12.—545 页;19cm

ISBN 7-80619-271-9(精装): ¥22.20

R97-62　041413

新编袖珍药物手册/张心中主编.—青岛:青岛海洋大学出版社,1995.12.—460页;10×14cm

ISBN 7-81026-780-9(精装): ¥10.50

R97-62　041414

新编药品家庭使用手册/孙立群主编.—2版(修订本).—北京:学苑出版社,1995.6.—553页;19cm

ISBN 7-5077-0494-7(精装): ¥20.00

R97-62　041415

袖珍家庭药物手册/王烈,章正儒主编.—上海:上海科学技术文献出版社,1995.6.—477页;19cm

ISBN 7-5439-0627-9: ¥19.80

R97-62　041416

药物大全/徐军等编著.—上海:上海中医药大学出版社,1995.5.—1183页;20cm

ISBN 7-81010-263-X(精装): ¥49.50

R97-65　041417

上海市药品标准:1993年版/上海市卫生局编.—上海:上海科学技术出版社,1995.11.—347页;26cm

ISBN 7-5323-3850-9(精装): ¥60.00

R972　041418

心血管药理学进展:1994~1995年/陈维洲等主编.—北京:人民卫生出版社,1995.6.—290页;19cm

ISBN 7-117-02258-2: ¥10.30

R972-44　041419

心血管病防治用药知识160问/刘国树主编;吕小川等编著.—北京:金盾出版社,1995.8.—211页;19cm

ISBN 7-5082-0046-2: ¥5.80

R977　041420

现代生化药物/李良铸编著.—沈阳:辽宁科学技术出版社,1995.4.—189页;19cm

ISBN 7-5381-1898-5: ¥5.70

R978-62　041421

常用抗微生物药物应用指南/岳炳岩编.—天津:天津科学技术出版社,1995.8.—144页;19cm

ISBN 7-5308-1935-6: ¥4.00

R979.1-62　041422

新编抗肿瘤药物手册/韩芍亭编著.—济南:山东科学技术出版社,1995.5.—632页;19cm

ISBN 7-5331-1546-5: ¥23.00

R985　041423

抗菌药物的儿科临床应用/孙立荣等主编.—青岛:青岛海洋大学出版社,1995.8.—277页;19cm

ISBN 7-81026-759-0: ¥8.60

R985-62　041424

实用儿科药物手册/沈刚主编;中国药学会医院药学专业委员会儿科药学专业组编.—上海:上海科学技术文献出版社,1995.10.—661页;19cm

ISBN 7-5439-0724-0(精装): ¥28.00

R987　041425

泰利必妥R(氧氟沙星)滴耳剂综述/王直中主编.—北京:人民卫生出版社,1995.3.—28页;26cm

ISBN 7-117-02209-4: ¥6.60

R99　毒物学(毒理学)

①R99-33②R392-33　041426

免疫毒理学实验技术/薛彬主编.—北京:北京医科大学、中国协和医科大学联合出版社,1995.10.—158页;20cm

ISBN 7-81034-539-7: ¥9.30

R99-61　041427

英汉毒理学词典/江泉观主编.—北京:化学工业出版社,1995.9.—329页;19cm

ISBN 7-5025-1526-7(精装): ¥20.00

R99-61　041428

英汉毒物学词汇/史志诚等编.—西安:西北大学出版社,1995.4.—184页;19cm

ISBN 7-5604-0888-5: ¥12.00

R991　041429

毒物分析答疑/王洪林等编著.—沈阳:东北大学出版社,1995.1.—236页;19cm

ISBN 7-81006-923-3: ¥9.00

R996　041430

海洛因成瘾与现代治疗/姜佐宁主编.—北京:科学出版社,1995.1.—317页;20cm

ISBN 7-03-004520-3: ¥15.00

S 农业科学

S 041431

农林牧技术推广/叶羽等编.—呼和浩特:内蒙古教育出版社,1995.3.—466页;19cm

内蒙古自治区职业高中林学专业选开课教材

ISBN 7-5311-2518-8:¥5.60

S 041432

农业科学技术应用/于留成等主编.—东营:石油大学出版社,1995.4.—418页;19cm

ISBN 7-5636-0643-2:¥15.80

S-092 041433

授时通考校注 第四册/马宗申校注;姜义安参校.—北京:中国农业出版社,1995.5.—419页;20cm

ISBN 7-109-02918-2(精装):¥18.25

S-092 041434

中国古代耕织图:汉英对照/王潮生主编;中国农业博物馆编.—北京:中国农业出版社,1995.12.—228页:图版;26cm.—(中国农业博物馆丛书)

ISBN 7-109-03758-4(精装):¥45.00

S-12 041435

1980~1994获农业部科学技术进步奖项目名录/平继明主编;农业部科学技术司编.—北京:中国农业出版社,1995.12.—273页;26cm

ISBN 7-109-04113-1:¥67.50

S-12 041436

1994年全国农牧渔业"丰收计划"种植业项目技术实施方案/农业部农业司编.—北京:中国农业出版社,1995.5.—401页;20cm

ISBN 7-109-03917-X:¥7.70

S-12 041437

北方半干旱地区高效农业/谭成君主编.—北京:中国农业出版社,1995.8.—686页;20cm

ISBN 7-109-03898-X:¥17.20

S-12 041438

农业实用新技术/张占山主编.—北京:中国农业科技出版社,1995.12.—561页;19cm

ISBN 7-80026-995-7:¥18.50

S-12 041439

希望之路 1994:沈阳效益农业/王世伟主编;沈阳市科学技术委员会编.—沈阳:东北大学出版社,1995.10.—222页;20cm

ISBN 7-81006-975-6:¥11.50

S-3 041440

陇东高原半湿润偏旱区农业综合发展研究/王吉庆等编著.—兰州:甘肃科学技术出版社,1995.5.—257页;26cm

ISBN 7-5424-0558-6:¥15.00

S-3 041441

沃野撷英:首批国家农业技术推广研究员成就录/农业部人事劳动司主编.—北京:中国农业出版社,1995.7.—553页;20cm

ISBN 7-109-04135-2:¥18.20

S-4 041442

现代化与农业新生代/詹慧龙主编.—南昌:江西科学技术出版社,1995.8.—263页;20cm

ISBN 7-5390-0926-8:¥7.88

S-4 041443

中国农科教结合问题研究/孙翔主编;中国农学会编.—北京:中国农业出版社,1995.10.—214页;26cm

ISBN 7-109-04223-5:¥25.00

S-40 041444

华北大学农学院史记:1939~1949/华北大学农学院院史编委会编.—北京:中国农业出版社,1995.8.—203页;20cm

ISBN 7-109-04120-4:¥8.00

S-40 041445

西北高等农林教育史/储常林主编.—北京:中国农业出版社,1995.8.—270页;26cm

ISBN 7-109-03954-4:¥20.00

S-40 041446

中国普通高等农业学校要览/毛达如主编.—北京:中国农业大学出版社,1995.12.—729页:彩图;26cm

ISBN 7-81002-716-6(精装):¥115.00

S-43 041447

高等农业技术师范教育专业技能教程/傅兴国,杨怀森主编.—北京:中国农业科技出版社,1995.12.—401页;26cm

高等农业技术师范院校教材

ISBN 7-80119-038-6:¥16.60

S-43 041448

农民实用技术教育读本/中华人民共和国农业部编.—北京:中国农业出版社,1995.10.—240页;20cm

ISBN 7-109-04255-3:¥7.80

S-49 041449

第二次绿色革命:21世纪的农业/刘荣乐编著.—北京:科学技术文献出版社,1995.7.—244页;19cm.—(21世纪科普教育丛书/卢嘉锡等主编)

ISBN 7-5023-2508-5:¥9.50

S-49 041450

高效农业新技术/马占元,周曰荣主编.—石家庄:河北科学技术出版社,1995.2.—322页;20cm

ISBN 7-5375-1415-1:¥8.50

S-49 041451

农业小博士/张爱民,岳平主编.—北京:中国华侨出

版社,1995.12.—195 页;19cm.—(现代科技与人文大观/崔惟琳,潘承洞主编)

ISBN 7-80120-030-6:¥7.60

S-53 041452

山西省高产优质高效农业论文集/陈铭主编;山西省科学技术协会编.—北京:中国科学技术出版社,1995.8.—574 页;20cm

ISBN 7-5046-1987-6:¥30.00

S-55 041453

农业科学集刊　第二集:农作物原生质体培养专辑/简玉瑜主编;华南农业大学、《农业科学集刊》编辑委员会编.—北京:中国农业出版社,1995.5.—182 页;26cm

ISBN 7-109-04010-0:¥20.00

S-61 041454

齐民要术:白话全译/(后魏)贾思勰著;梁乐,许蕻译.—成都:巴蜀书社,1995.9.—524 页;20cm.—(中国四大古典实用百科名著)

ISBN 7-80523-714-X:¥19.80

S-61 041455

中国花鸟鱼虫荟萃/李祖清等著.—成都:四川科学技术出版社,1995.11.—677 页:彩图;20cm

ISBN 7-5364-1154-5:¥25.00

S-61 041456

中国农业百科全书:农业历史卷/中国农业百科全书总编辑委员会农业历史卷编辑委员会,中国农业百科全书编辑部编.—北京:中国农业出版社,1995.12.—508 页;26cm

ISBN 7-109-03011-3(精装):¥70.00

S-62 041457

农业实用技术手册/广东省农业委员会科教处,广东省农业科学院科研处编.—广州:广东科技出版社,1995.7.—319 页;19cm

ISBN 7-5359-1476-4:¥11.00

S1　农业基础科学

S1 041458

农业概论/王承志主编;农牧厅科教处编.—郑州:中原农民出版社,1995.12.—372 页;19cm

河南农业中专教材

ISBN 7-80538-702-8:¥10.50

S1-53 041459

中国西南地区土壤肥料论文集/李坤阳等主编.—昆明:云南科技出版社,1995.2.—236 页;26cm

ISBN 7-5416-0694-4(精装):¥29.00

S1-53 041460

中国西南地区土壤肥料论文集/李坤阳等主编.—昆明:云南科技出版社,1995.2.—236 页;26cm

ISBN 7-5416-0664-2:¥24.00

S14　肥料学

S14 041461

肥料学/沈阳农业大学编.—沈阳:辽宁科学技术出版社,1995.3.—198 页;26cm

高等农业院校试用教材 农学、园艺、植保、园林、蚕学、气象等专业用

ISBN 7-5381-1995-7:¥10.00

S143.2 041462

磷酸铝锶与磷肥施用问题/王少仁,夏培桢著.—北京:中国农业科技出版社,1995.11.—238 页;19cm

ISBN 7-80026-970-1:¥6.20

S143.3 041463

钾素营养及施肥技术/慕成功等主编.—北京:中国农业科技出版社,1995.5.—238 页;19cm

ISBN 7-80026-874-8:¥7.80

S143.3 041464

农业中的钾/(美)芒森(Munson,R.D.)主编;范钦桢等译.—北京:科学出版社,1995.6.—1104 页;26cm

书名原文:Potassium in Agriculture

ISBN 7-03-004599-8(精装):¥115.00

S143.7 041465

微量元素营养与微肥施用/刘武定主编.—北京:中国农业出版社,1995.10.—144 页;26cm

全国高等农业院校教材 土壤植物营养专业用

ISBN 7-109-03720-7:¥7.75

S143.8 041466

如何用好植物生长调节剂/陈周前,刘春莲编著.—合肥:安徽科学技术出版社,1995.10.—124 页;19cm.—(高效农业技术丛书·农作物种植类/王昭耀主编)

ISBN 7-5337-1228-5:¥4.40

S143.8 041467

水稻育苗壮秧剂研制与推广/金姬善主编.—牡丹江:黑龙江朝鲜民族出版社,1995.11.—93 页;19cm

ISBN 7-5389-0602-9:¥3.80

S143.8 041468

植物生长发育的化学控制/潘瑞炽,李玲著.—广州:广东高等教育出版社,1995.4.—244 页;20cm

ISBN 7-5361-1723-X:¥10.00

S143.8-53 041469

ABT 应用技术论文　第 4 集/王涛等主编.—北京:中国林业出版社,1995.12.—437 页;26cm

ISBN 7-5038-1591-4:¥45.00

S147 041470

农作物配方施肥/慕成功,郑义编著.—北京:中国农业科技出版社,1995.3.—385 页;19cm

ISBN 7-80026-825-X:¥12.00

S15　土壤学

S15 041471

热带土壤的定位研究/高粱著.—天津:天津科技翻译出版公司,1995.9.—128 页;20cm

ISBN 7-5433-0778-2:¥8.80

S15 041472

土壤动力水文学及其应用/余新晓著.—北京:中国林业出版社,1995.6.—212页;19cm
ISBN 7-5038-1386-5:¥15.00

S15 041473
土壤圈:土壤圈物质循环与农业和环境/赵其国主编.—南京:江苏科学技术出版社,1995.4.—359页;26cm
ISBN 7-5345-1876-8:¥25.00

S15 041474
土壤学/黎成厚主编.—贵阳:贵州教育出版社,1995.3.—192页;26cm
高等农业教育农学类专业教材
ISBN 7-80583-635-3:¥9.80

S15 041475
湘北红壤低丘岗地农业持续发展研究:1991~1994/彭廷柏,肖庆元主编.—北京:科学出版社,1995.8.—216页;26cm.—(中国生态系统研究网络丛书)
ISBN 7-03-004832-6:¥19.60

S15 041476
中国的土壤/张俊民等编著.—北京:商务印书馆,1995.3.—191页;19cm.—(中国自然地理知识丛书)
ISBN 7-100-01486-7:¥7.70

①S15-1②Q945.1-1 041477
土壤与植物营养研究新动态 第三卷/张福锁等主编.—北京:中国农业出版社,1995.12.—402页;20cm
ISBN 7-109-04282-0:¥18.00

S15-53 041478
林景亮论文选/《林景亮论文选》编委会编.—福州:福建科学技术出版社,1995.11.—317页;20cm
ISBN 7-5335-0933-1(精装):¥21.00

S153 041479
植物营养的土壤化学/王敬国编著.—北京:北京农业大学出版社,1995.10.—192页;26cm
全国高等农业院校教材 土壤与植物营养专业用
ISBN 7-81002-724-7:¥9.80

S153.6 041480
吉林省土壤元素背景值研究/孟宪望,李生智主编.—北京:科学出版社,1995.11.—237页;26cm
ISBN 7-03-005188-2:¥15.50

S154.6 041481
土壤昆虫学/罗益镇,崔景岳主编.—北京:中国农业出版社,1995.11.—495页;26cm
ISBN 7-109-03633-2:¥83.00

S155.92 041482
中国土种志 第四卷/全国土壤普查办公室编.—北京:中国农业出版社,1995.2.—806页;26cm.—(当代科技重要著作·农业领域)
ISBN 7-109-03485-2(精装):¥85.00

S155.92 041483
中国土种志 第五卷/朱克贵主编;全国土壤普查办公室编.—北京:中国农业出版社,1995.12.—886页;26cm.—(当代科技重要著作·农业领域)
ISBN 7-109-03787-8(精装):¥122.00

S155.925.2 041484
山东土壤基层分类与应用/施洪云,李友忠主编;万广华等编.—北京:中国林业出版社,1995.12.—280页;20cm
ISBN 7-5038-1577-9:¥13.80

S155.926.1 041485
河南土种志/秦宏德主编;河南省土壤肥料工作站,河南省土壤普查办公室编著.—北京:中国农业出版社,1995.3.—525页;26cm
ISBN 7-109-03618-9(精装):¥75.00

S156 041486
林周县低产田改造综合技术研究/关树森编著.—拉萨:西藏人民出版社,1995.5.—221页:彩图;26cm
ISBN 7-223-00795-8:¥25.00

S156 041487
中国东北西部退化土地治理/王春裕,陈宣庆著.—北京:地质出版社,1995.9.—218页;19cm
ISBN 7-116-01902-2:¥5.80

S156.4 041488
内陆盐碱土开发治理/董振国等著.—北京:中国农业科技出版社,1995.11.—320页;26cm
ISBN 7-80119-069-6:¥22.50

S156.6 041489
红壤丘陵区农业发展研究/中国农业科学院红壤实验站主编.—北京:中国农业科技出版社,1995.6.—363页;26cm
ISBN 7-80026-904-3:¥28.00

S157 041490
黄土高原水土保持实践与研究/于德文主编;黄河水利委员会黄河上中游管理局编.—郑州:黄河水利出版社,1995.12.—317页;26cm
ISBN 7-80621-017-2:¥37.50

S157 041491
黄土高原植物根系与土壤抗冲性/李勇著.—北京:科学出版社,1995.11.—133页;26cm
ISBN 7-03-004734-6:¥18.00

S157 041492
水土保持规划/李友仁主编.—北京:水利电力出版社,1995.8.—140页;26cm
中等专业学校教材
ISBN 7-120-02152-4:¥5.40

S157 041493
水土保持简明知识/涂强,余承源主编.—沈阳:东北大学出版社,1995.4.—220页;19cm
ISBN 7-81006-961-6:¥11.80

S157 041494
水土保持学/王礼先主编.—北京:中国林业出版社,1995.7.—612页;26cm
全国高等林业院校试用教材
ISBN 7-5038-1432-2:¥28.90

S157 041495
小流域水土流失与综合治理遥感监测/李壁成主编.—北京:科学出版社,1995.1.—308页;26cm
ISBN 7-03-004321-9:¥25.00

S157 041496

小流域水土流失综合防治/于怀良,杜天彪主编.—太原:山西科学技术出版社,1995.3.—456页;26cm
ISBN 7-5377-1037-6:￥30.00

S157　041497
泽被集/郭志贤著.—西安:陕西科学技术出版社,1995.3.—262页;19cm
ISBN 7-5369-2318-X:￥6.00

①S157②TV882.2　041498
长江中上游水土保持及环境保护/王礼先,(美)布鲁克斯(Brooks,K.N.)主编.—北京:中国林业出版社,1995.8.—260页;26cm
ISBN 7-5038-1538-8:￥26.00

S157-53　041499
水土保持持续发展:第三次全国水土保持学术讨论会论文集/中国水土保持学会编.—北京:中国林业出版社,1995.12.—429页;26cm
ISBN 7-5038-1570-1:￥33.00

S157.1　041500
山区水土流失因素综合研究/朱安国,林昌虎编著.—贵阳:贵州科技出版社,1995.7.—135页;26cm
ISBN 7-80584-418-6:￥20.00

S157.2　041501
长江源头区水土保持研究:孟宗沟小流域综合治理试点/王海宁主编.—西宁:青海人民出版社,1995.6.—126页;19cm
ISBN 7-225-01049-2:￥4.10

S157.2　041502
黄土高原地区不同类型区水土保持综合治理模式研究与评价/常茂德等编著.—西安:陕西科学技术出版社,1995.6.—207页;26cm
ISBN 7-5369-2354-6:￥19.80

S158　041503
《土壤肥料学》学习指导与习题/刘连生,谷盛元主编.—长沙:湖南科学技术出版社,1995.8.—180页;19cm
中等农业学校辅助教材
ISBN 7-5357-1813-2:￥6.80

S158　041504
土壤肥料学/刘克锋,韩劲编著.—北京:中国建筑工业出版社,1995.7.—124页;26cm.—(园林植物·营建·管理丛书)
ISBN 7-112-02591-5:￥10.00

S158　041505
土壤肥料学/江苏省淮阴农业学校主编.—2版.—北京:中国农业出版社,1995.5.—263页;26cm
全国中等农业学校教材 农学类专业用
ISBN 7-109-03258-2:￥9.90

S158　041506
土壤环境与作物施肥/王景宏主编.—北京:中国农业科技出版社,1995.12.—359页;20cm
ISBN 7-80119-106-4:￥20.00

S158-53　041507
土壤养分状况系统研究法学术讨论会论文集　(5)/金继运主编.—北京:中国农业科技出版社,1995.9.—190页;26cm.—(现代农业与肥料系列丛书)
ISBN 7-80026-994-9:￥22.00

S158.3　041508
土壤与植物营养研究新动态　第二卷/张福锁等主编.—北京:中国农业出版社,1995.8.—373页;20cm
ISBN 7-109-03963-3:￥13.50

S159.241.4　041509
洛川县耕地质量评价/王志建主编.—西安:陕西科学技术出版社,1995.10.—144页;26cm
ISBN 7-5369-2409-7:￥28.00

S159.253　041510
江苏土壤/喻长新,李桂荣主编;江苏省土壤普查办公室编著.—北京:中国农业出版社,1995.1.—589页;26cm
ISBN 7-109-02973-5(精装):￥70.00

S159.255　041511
湖州土壤/范俊方,王伯先主编;《湖州土壤》编委会,湖州市农业局编.—杭州:浙江科学技术出版社,1995.12.—255页;26cm.—(浙江土壤系列丛书;6)
ISBN 7-5341-0757-1:￥25.00

S159.255　041512
浙江海岛土壤/浙江省土肥站编.—杭州:杭州大学出版社,1995.8.—128页;26cm
ISBN 7-81035-782-4:￥7.50

S159.265　041513
广东海岛土壤/朱世清等编著.—广州:广东科技出版社,1995.6.—151页;26cm.—(广东海岛资源综合调查)
ISBN 7-5359-1518-3:￥15.00

S16 农业气象学

S16　041514
高优农业气象适用技术/邓振镛主编;胡敬松等编著.—北京:气象出版社,1995.9.—240页;20cm
ISBN 7-5029-1930-9:￥12.00

S16　041515
热带作物气象学/施健主编.—北京:中国农业出版社,1995.10.—195页;26cm
全国高等农业院校教材 热带作物、热带果树等专业用
ISBN 7-109-03711-8:￥10.35

S16　041516
人工增雨和人工防雹/党积明编著.—西宁:青海人民出版社,1995.8.—168页;19cm
ISBN 7-225-01052-2:￥4.50

S162　041517
中国三北地区农业气候生产潜力及开发利用对策研究/高素华主编.—北京:中国气象出版社,1995.7.—218页;26cm
ISBN 7-5029-1983-X:￥18.00

S162.22　041518
中国热带亚热带西部山区农业气候/《中国热带亚热

带西部丘陵山区农业气候资源及其合理利用研究》课题协作组著.—北京:中国气象出版社,1995.5.—267页;26cm

ISBN 7-5029-1881-7:¥17.80

S162.4 041519

干旱与农业/赵聚宝,李克煌主编.—北京:中国农业出版社,1995.8.—430页;20cm

ISBN 7-109-03393-7(精装):¥22.90

S162.8 041520

中国农业气候资源及主要农作物产量变化图集/高素华主编.—北京:气象出版社,1995.4.—147页;26cm

ISBN 7-5029-1889-2:¥15.80

S163 041521

农业气象预测系统/卢志光主编.—北京:气象出版社,1995.4.—146页;26cm

ISBN 7-5029-1532-X:¥8.90

S165 041522

农谚集锦/张宝戈,孙业强主编;冯宜勇等编写.—北京:中国农业出版社,1995.12.—193页;17×9cm

ISBN 7-109-04117-4:¥5.50

S18 农业生物学

S181 041523

草地农业生态学/任继周主编.—北京:中国农业出版社,1995.5.—181页;26cm

全国高等农业院校教材 草原和畜牧专业用

ISBN 7-109-02963-8:¥7.00

S181 041524

长沙市农村生态建设总体规划研究:1991~2000/胡炳炀主编.—长沙:湖南科学技术出版社,1995.6.—360页:彩照;26cm

ISBN 7-5357-1871-X(精装):¥35.00

S181 041525

农业与环境协调发展/张彭福,张乃明主编.—北京:中国农业科技出版社,1995.10.—195页;19cm

ISBN 7-80119-045-9:¥12.00

S181 041526

热带农业生态学/胡耀华主编.—北京:中国农业出版社,1995.5.—229页;26cm

全国高等农业院校教材 热带作物、果树、植物保护专业用

ISBN 7-109-03305-8:¥9.15

S181 041527

生态农业实用模式/刘玉萃,周哲身主编.—郑州:黄河水利出版社,1995.11.—273页;19cm

ISBN 7-80621-021-0:¥9.50

S181 041528

中国新疆玛纳斯河流域农业生态环境资源保护与合理利用研究/袁国映等主编.—乌鲁木齐:新疆科技卫生出版社,1995.8.—210页;26cm

ISBN 7-5372-1105-1:¥38.00

S181-44 041529

生态农业180问/卞有生编著.—北京:中国环境科学出版社,1995.3.—221页;19cm

ISBN 7-80093-710-0:¥6.50

S181-53 041530

中国生态农业适用模式与技术/王玉庆主编;国家环境保护局编.—北京:中国环境科学出版社,1995.9.—255页;26cm

ISBN 7-80093-745-3:¥20.00

S2 农业工程

S2-54 041531

中国农业机械年鉴 1995/鹿中民主编;中国农业机械年鉴编辑委员会编.—北京:机械工业出版社,1995.12.—268页:彩照;26cm

ISBN 7-111-04954-3(精装):¥80.00

S21 农业动力、能源

S21 041532

北方农村能源生态模式/农业部环保能源司,辽宁省农村能源办公室编.—北京:中国农业出版社,1995.8.—218页;20cm

ISBN 7-109-03970-6:¥9.00

S214.3 041533

北方日光温室的建造与应用/于广建主编.—哈尔滨:哈尔滨船舶工程学院出版社,1995.11.—87页;19cm.—(农村奔小康丛书)

ISBN 7-81007-616-7:¥3.80

S216 041534

生物质能工程/万仁新主编.—北京:中国农业出版社,1995.5.—229页;26cm

全国高等农业院校教材 农村能源开发利用专业用

ISBN 7-109-03101-2:¥8.80

S216.4 041535

农家沼气实用技术/李长生编著.—北京:金盾出版社,1995.4.—116页;19cm

ISBN 7-80022-831-2:¥3.00

S219 041536

拖拉机驾驶员读本/山东省农业机械管理局编.—济南:山东友谊出版社,1995.9.—506页;19cm

ISBN 7-80551-737-1:¥9.80

S219 041537

新编小型拖拉机驾驶员读本/赵耀主编.—北京:中国农业出版社,1995.12.—677页;19cm

ISBN 7-109-03796-7:¥13.00

S219.0 041538

中原系列拖拉机驾驶员读本/崔安国等主编.—郑州:中原农民出版社,1995.11.—172页;19cm

ISBN 7-80538-809-1:¥5.00

S219.03-64 041539

SH-500、504**型拖拉机零件图册**:汉英对照/上海拖拉机内燃机公司编.—上海:上海科学技术出版社,

1995.12.—252 页;19×26cm
ISBN 7-5323-4175-5: ¥29.50

S219.07　041540
拖拉机技术保养与故障排除/张岳宗主编.—南京:江苏科学技术出版社,1995.7.—186 页;19cm
ISBN 7-5345-1956-X: ¥5.00

S219.6　041541
新编东风-12 型手扶拖拉机驾驶员读本/杜顺仪主编.—南京:江苏科学技术出版社,1995.1.—438 页
ISBN 7-5345-1877-6: ¥11.00

S22 农业机械及农具

S22　041542
农业机械/张峰奇等编.—呼和浩特:内蒙古教育出版社,1995.4.—318 页;19cm
内蒙古自治区职业中学教材
ISBN 7-5311-2375-4: ¥3.90

S22-61　041543
英汉农业机械工程词典/曹元寿主编.—北京:中国农业出版社,1995.10.—1396 页;19cm
ISBN 7-109-01898-9(精装): ¥70.00

S220　041544
农业机械基础/湖南省农业机械化学校主编.—2 版.—北京:中国农业出版社,1995.5.—392 页;19cm
全国中等农业学校教材 农业经济管理专业用
ISBN 7-109-03324-4: ¥7.00

S220.7　041545
农机修理/舒力平主编;何志诚,白长城编.—新 1 版.—长沙:湖南科学技术出版社,1995.10.—162 页
中等职业技术学校教材
ISBN 7-5357-1947-3: ¥7.00

S220.7　041546
农业机械修理学/杨秋荪编著.—北京:中国农业出版社,1995.2.—349 页;20cm
ISBN 7-109-02943-3: ¥18.00

S220.7-61　041547
农机具使用维修大全/藉国宝等编著.—北京:中国农业科技出版社,1995.12.—386 页;19cm
ISBN 7-80026-877-2: ¥12.50

S223.5　041548
铺膜播种机械和残膜回收机械/叶良中等著.—乌鲁木齐:新疆科技卫生出版社,1995.1.—181 页;20cm
ISBN 7-5372-0960-X: ¥8.00

S225.3　041549
实用小型联合收割机技术/天津市农业机械管理局主编.—北京:中国农业出版社,1995.9.—73 页;19cm
ISBN 7-109-03995-1: ¥4.70

S229　041550
农用三轮运输车/董端先等编著.—北京:中国农业出版社,1995.8.—238 页;20cm
ISBN 7-109-04060-7: ¥7.90

S23 农业机械化

S23　041551
农村机电/全国职业高中种植、畜禽养殖类专业教材编写组编.—北京:高等教育出版社,1995.5.—325 页;20cm
全国职业高中国家教委规划教材 种植、畜禽养殖类专业
ISBN 7-04-005221-0: ¥6.10

S232　041552
拖拉机与农业机械/韩树清等主编 .—大连:辽宁师范大学出版社,1995.2.—2 册;19cm
拖拉机驾驶员培训理科教材
ISBN 7-81042-063-1: ¥16.80

S233.1　041553
机械化土壤耕作/沈昌蒲主编.—北京:中国农业出版社,1995.10.—125 页;26cm
全国高等农业院校教材 农学、农机、农田水利、农业土壤专业用
ISBN 7-109-03443-7: ¥6.80

S233.71　041554
水稻作业机械使用维护与故障排除/赵新军主编;崔七星等编著.—北京:金盾出版社,1995.11.—198 页;19cm
ISBN 7-5082-0083-7: ¥5.90

S24 农业电气化

S24　041555
农村电气化基础知识/南俊星主编;东北电业管理局《农村电气化基础知识》编写组编.—修订本.—沈阳:辽宁科学技术出版社,1995.9.—668 页;19cm
ISBN 7-5381-2029-7: ¥20.00

S24　041556
农业电力工程/吴承祜主编.—北京:中国农业出版社,1995.10.—243 页;26cm
全国高等农业院校教材 农业电气化自动化专业用
ISBN 7-109-03366-X: ¥12.40

S24-53　041557
农电优秀论文集/宋岱主编.—北京:北京科学技术出版社,1995.2.—2 册;26cm
ISBN 7-5304-1736-3: ¥24.00

S27 农田水利

S27　041558
华北地区节水型农业技术/胡毓骐等编著.—北京:中国农业科技出版社,1995.12.—338 页;26cm
ISBN 7-80119-043-2(精装): ¥50.00

S27　041559
农田水利/李永善,陈珍平编.—北京:水利电力出版社,1995.7.—216 页;19cm
灌排工程工(初、中、高级工)技术等级考核培训教材
ISBN 7-120-02079-X: ¥9.40

S271-53　041560

节水农业应用基础研究进展/石元春等主编.—北京:中国农业出版社,1995.12.—214页;26cm
ISBN 7-109-04318-5:¥20.00

S274 041561
非充分灌溉原理/陈亚新,康绍忠编.—北京:水利电力出版社,1995.9.—171页;26cm
高等学校教材
ISBN 7-120-02218-0:¥6.50

S274 041562
灌溉工程经营管理/李甲林编著.—兰州:甘肃教育出版社,1995.9.—288页;20cm
ISBN 7-5423-0549-2:¥11.00

S274 041563
灌区管理/李恒士主编.—哈尔滨:黑龙江科学技术出版社,1995.5.—301页;19cm
ISBN 7-5388-2795-1:¥9.50

S274 041564
中国污水灌溉与环境质量控制/李森照等编著.—北京:中国气象出版社,1995.5.—120页;26cm
ISBN 7-5029-1870-1:¥11.00

S274.4 041565
中国主要作物需水量与灌溉/陈玉民等编著.—北京:水利电力出版社,1995.2.—376页;26cm.—(全国星火计划丛书)
ISBN 7-120-02100-1(精装):¥40.00

S275-44 041566
节水丰产技术问答/中国农业科学院农田灌溉研究所编著.—北京:科学普及出版社,1995.10.—200页;19cm.—(农民实用技术丛书/王连铮主编)
ISBN 7-110-03972-2:¥7.50

S277 041567
农村供水与凿井/杨振刚编.—北京:中国农业出版社,1995.10.—203页;26cm
全国高等农业院校教材
ISBN 7-109-03600-6:¥10.55

S277.1 041568
小型泵站/倪元成编.—北京:水利电力出版社,1995.7.—316页;19cm
灌排工程工(初、中、高级工)技术等级考核培训教材
ISBN 7-120-02080-3:¥10.60

S277.2 041569
找水打井/於益民编.—北京:水利电力出版社,1995.7.—190页;19cm
灌排工程工(初、中、高级工)技术等级考核培训教材
ISBN 7-120-02081-1:¥8.50

S277.2-62 041570
机井技术手册/陈梅芬主编;水利部农村水利司编.—北京:中国水利水电出版社,1995.12.—642页;26cm.—(全国星火计划丛书)
ISBN 7-80124-047-2(精装):¥54.00

S277.2-62 041571
农用机井工程手册/张振华,董华平主编.—太原:山西科学技术出版社,1995.2.—1124页;26cm
ISBN 7-5377-1073-2(精装):¥80.00

S277.9 041572
喷灌喷头理论与设计/李世英编著.—北京:兵器工业出版社,1995.10.—349页;20cm
ISBN 7-80038-919-7:¥11.50

S279.222 041573
河北省黑龙港地区农田水平衡及缺水对策/黄让堂等编著.—北京:北京科学技术出版社,1995.3.—278页;26cm
ISBN 7-5304-1746-0:¥30.00

S279.242 041574
河套灌区改造扩建与农业综合开发/张钧超著.—北京:中国科学技术出版社,1995.6.—300页;20cm
ISBN 7-5046-1420-3:¥30.00

S289-53 041575
黄土高原地区露天煤矿土地复垦研究论文集　第一集/安太堡露天煤矿土地复垦协作组编.—北京:中国科学技术出版社,1995.8.—119页;26cm
ISBN 7-5046-2021-1:¥15.00

S3 农学(农艺学)

S3 041576
田间试验和生物统计/北京市农业学校主编.—北京:中国农业出版社,1995.10.—169页;26cm
全国中等农业学校教材 农学专业用
ISBN 7-109-03529-8:¥9.05

S3 041577
一优两高种植业/张鸿芳主编.—2版.—杭州:浙江科学技术出版社,1995.12.—211页;20cm.—(农村奔小康指南丛书)
ISBN 7-5341-0873-X:¥8.00

S3-0 041578
农学概论/刘殿英主编;山东农业大学编.　北京:中国林业出版社,1995.9.—213页;26cm
ISBN 7-5038-1547-7:¥13.00

S3-33 041579
两高一优农业新技术/王海峰,潘金生主编.—兰州:兰州大学出版社,1995.6.—185页;19cm
ISBN 7-311-00877-8:¥3.80

S3-33 041580
农业科技推广新技术/周茂林,宋海太主编.—北京:中国农业科技出版社,1995.8.—266页;20cm
ISBN 7-80119-013-0:¥15.00

S3-33 041581
农业推广学/吕文安编著.—沈阳:辽宁科学技术出版社,1995.2.—394页;20cm
ISBN 7-5381-1990-6:¥12.00

S3-33 041582
设施农业新技术/马占元,周曰荣主编.—石家庄:河北科学技术出版社,1995.6.—313页;20cm.—(大棚天地;1)
ISBN 7-5375-1498-4:¥8.50

S3-43 041583

农艺　上册/贺汉林主编.—新1版.—长沙:湖南科学技术出版社,1995.10.—312页;19cm
中等职业技术学校教材
ISBN 7-5357-1954-6:￥6.80

S3-43　041584
农艺　下册/贺汉林主编.—新1版.—长沙:湖南科学技术出版社,1995.10.—369页;19cm
中等职业技术学校教材
ISBN 7-5357-1955-4:￥8.00

S3-53　041585
全国第二届青年农学学术年会论文集/中国农学会主编.—北京:中国农业科技出版社,1995.8.—842页;26cm
ISBN 7-80026-964-7:￥50.00

S31 作物生物学原理、作物栽培技术与方法

S31　041586
多维时空全息协调理论专集:作物全息栽培学基础/郁明谏,李淑珍著.—北京:北京农业大学出版社,1995.11.—76页;26cm
ISBN 7-81002-748-4:￥15.00

S31　041587
植物生理与农业研究/程炳嵩主编.—北京:中国农业科技出版社,1995.8.—425页;26cm
ISBN 7-80026-719-9:￥40.00

S31　041588
作物栽培学各论:北方本/王树安主编.—北京:中国农业出版社,1995.10.—484页;26cm
全国高等农业院校教材 农学类各专业用
ISBN 7-109-03653-7:￥23.85

S31-44　041589
作物生长发育与人工进化技术原理浅释/孙家柱主编.—北京:中国农业科技出版社,1995.10.—176页;19cm
ISBN 7-80026-981-7:￥4.90

S312　041590
作物生物化学/韩锦峰,董钻主编.—北京:中国农业出版社,1995.5.—388页;20cm
全国高等农业院校教材 农学类、食品加工类专业用
ISBN 7-109-03180-2:￥8.65

S32 作物品种与品种资源

S32　041591
甘肃省农作物优良品种/陶于洪主编.—北京:中国农业科技出版社,1995.5.—203页;19cm
ISBN 7-80026-883-7:￥7.50

S329.2　041592
湖南省农作物品种志/荣冶粗等主编;湖南省农业厅等编著.—长沙:湖南科学技术出版社,1995.4.—933页:彩图;26cm
ISBN 7-5357-1739-X(精装):￥80.00

S329.2　041593
江西省农业品种资源及名特优新产品概要/江西省计划委员会,江西省农业区划委员会编写.—南昌:江西科学技术出版社,1995.7.—471页;20cm
ISBN 7-5390-0913-6:￥15.00

S329.2　041594
湘西土家族苗族自治州农作物品种志/湘西土家族苗族自治州种子管理站、种子公司编著.—北京:中国农业科技出版社,1995.10.—885页:彩照;20cm
ISBN 7-80119-041-6(精装):￥35.00

S329.2　041595
中国主要农作物种质资源地理分布图集:汉英对照/曹永生等编著.—北京:中国农业出版社,1995.10.—450页;26×36cm
ISBN 7-109-04007-0(精装):￥190.00

S33 作物遗传育种与良种繁育

S33　041596
种子蛋白质基因工程/赵文明著.—西安:陕西科学技术出版社,1995.1.—118页;26cm
ISBN 7-5369-0249-2:￥9.50

S33　041597
作物灰色育种学/郭瑞林著.—北京:中国农业科技出版社,1995.12.—434页;20cm
ISBN 7-80026-987-6:￥16.00

S33　041598
作物遗传与育种学　下册:作物育种和良种繁育/江苏省南通农业学校主编.—北京:中国农业出版社,1995.5.—337页;19cm
全国中等农业学校教材 农学类专业用
ISBN 7-109-03350-3:￥6.25

S33　041599
作物育种与育种新技术/林建兴主编.—北京:科学出版社,1995.8.—299页;26cm
ISBN 7-03-004801-6:￥45.00

①S33②S813　041600
育种原理与方法/吴昌谋编著.—桂林:广西师范大学出版社,1995.12.—266页;20cm
ISBN 7-5633-2017-2:￥9.50

S33-33　041601
作物育种学实验/申宗坦主编.—北京:中国农业出版社,1995.5.—169页;26cm
全国高等农业院校教材 农学、植物保护专业用
ISBN 7-109-03098-9:￥6.45

S330　041602
遗传育种学/赵志立等编.—北京:中国农业出版社,1995.8.—462页;26cm
ISBN 7-109-04053-4:￥45.00

S334.5　041603
高产不是梦:粮棉油雄性不育杂种优势的基础研究/

李竞雄，周洪生主编.—长沙：湖南科学技术出版社，1995.4.—169页；20cm.—(攀登计划普及丛书；14)
ISBN 7-5357-1675-X：¥9.80

S334.5　041604
农作物杂种优势利用/刁现民，魏建昆编著.—北京：高等教育出版社，1995.11.—182页；19cm.—(全国星火计划丛书·现代农村科技致富丛书/魏建昆主编)
兼作农业职业中学教学用书
ISBN 7-04-005160-5：¥5.95

S335　041605
诱发突变与作物改良/王琳清主编.—北京：原子能出版社，1995.12.—456页；26cm
ISBN 7-5022-1302-3：¥46.00

S338　041606
1993国际种子检验规程/李家义等译.—上海：上海科学技术出版社，1995.5.—260页；26cm
ISBN 7-5323-3842-8：¥15.00

S339.3　041607
种质资源低温保存原理和技术/陈叔平编著.—北京：中国农业科技出版社，1995.2.—222页；26cm
ISBN 7-80026-839-X：¥15.00

S34　耕作学与有机农业

S34　041608
农作物高产农机农艺综合实用配套技术/晏国生，毕文平主编.—北京：中国计量出版社，1995.7.—450页；20cm
ISBN 7-5026-0801-X：¥18.50

S343.1　041609
旱地农业研究/刘树庆，张立峰主编.—北京：中国科学技术出版社，1995.7.—225页；26cm
ISBN 7-5046-1997-3：¥16.00

S344.3　041610
看图学习高效立体种植/李忠德等编撰.—济南：山东科学技术出版社，1995.9.—129页；19cm.—(高产优质高效农业实用新技术图解丛书/董忠堂，潘大陆主编)
ISBN 7-5331-1644-5：¥3.95

S344.3　041611
粮菜多熟制配套栽培技术/张朝品，陈文朴编著.—成都：四川科学技术出版社，1995.5.—74页；19cm.—(科技兴农适用技术丛书)
ISBN 7-5364-1013-1：¥2.20

S344.3　041612
青海温暖灌区间套复种技术研究/唐明鑫主编.—西宁：青海人民出版社，1995.2.—163页；20cm
ISBN 7-225-01011-5：¥6.50

S35　播种、栽植

S35　041613
种植专业技能训练：试用本/全国职业高中种植类专业教材编写组编.—北京：高等教育出版社，1995.4.—202页；20cm
全国职业高中国家教委规划教材 种植类专业
ISBN 7-04-005269-5：¥4.40

S36　田间管理

S365　041614
甘肃农田杂草与化学防除/曹庆等编著.—北京：中国农业出版社，1995.12.—434页；20cm
ISBN 7-109-04065-8：¥19.50

S365　041615
农田杂草及防除/吕德滋，李香菊编著.—北京：高等教育出版社，1995.11.—237页；19cm.—(全国星火计划丛书·现代农村科技致富丛书/魏建昆主编)
农业职业中学教学用书
ISBN 7-04-005132-X：¥7.55

S37　农产品收获、加工及贮藏

S37　041616
农产品加工学/董绍华，陈健初主编；叶兴乾，孙庆泉编.—天津：天津科学技术出版社，1995.12.—565页；20cm
ISBN 7-5308-1820-1：¥12.50

S37　041617
农产品贮藏与加工：试用本/全国职业高中种植类专业教材编写组编.—北京：高等教育出版社，1995.4.—205页；20cm
全国职业高中国家教委规划教材 种殖类专业
ISBN 7-04-005220-2：¥4.40

S39　农产副业技术

S39　041618
白家农家致富指南：白、汉文对照/洶理漫选编；繁柔桑译.—昆明：云南民族出版社，1995.12.—126页；19cm.—(云南民族科普丛书)
ISBN 7-5367-1122-0：¥3.00

S39　041619
农村科技致富实例/周继新，李兴德主编.—北京：农村读物出版社，1995.8.—347页；19cm
ISBN 7-5048-2434-8：¥9.80

S39　041620
农民致富新技术150项/文德贵编著.—武汉：湖北科学技术出版社，1995.7.—290页；19cm.—(农村实用新科技丛书/孙济中主编)
ISBN 7-5352-1702-8：¥7.60

①S39②I25　041621
致富先锋/李俊康主编.—南宁：广西人民出版社，1995.10.—232页；19cm
ISBN 7-219-03063-0：¥5.50

S4 植物保护

S4　041622
植物保护概论/管致和主编.—北京:北京农业大学出版社,1995.10.—282页;26cm
全国高等农业院校教材 农经、气象、土化、植物专业用
ISBN 7-81002-714-X:￥14.10

S4　041623
植物保护基础/雷新云等编写.—北京:农业出版社,1995.4.—168页;26cm
中央农业广播电视学校教材
ISBN 7-109-03731-2:￥5.60

S4-092　041624
广西植物保护史/孙莆昌主编.—南宁:广西人民出版社,1995.11.—380页;20cm.—(广西农业史丛书)
ISBN 7-219-03119-X:￥12.00

S4-49　041625
庄稼医院/王海燕等编著.—郑州:海燕出版社,1995.6.—57页;20cm.—(农村娃科普系列丛书/葛纪谦主编)
ISBN 7-5350-1320-1:￥1.40

S4-49　041626
庄稼诊所:农作物的田间诊断与调控/臧士国主编.—北京:中国农业科技出版社,1995.8.—293页;19cm
ISBN 7-80026-890-X:￥9.80

S4-53　041627
植物保护研究进展:中国科学技术协会第二届青年学术年会卫星会议、第二届全国青年植物保护科技工作者学术讨论会论文集/周大荣主编;中国植物保护学会编.—北京:中国科学技术出版社,1995.9.—500页;26cm
ISBN 7-5046-2052-1:￥52.00

S4-61　041628
植物保护辞典/丁锦华等主编.—南京:江苏科学技术出版社,1995.11.—1136页:彩图;19cm
ISBN 7-5345-2009-6(精装):￥58.00

S4-62　041629
庄稼医院植保手册/张志德,李鑫编著.—西安:陕西科学技术出版社,1995.7.—290页;19cm.—(科技兴农实用新技术丛书/林季周主编)
ISBN 7-5369-2218-3:￥7.00

①S41-31②S45　041630
杂草种子鉴定图说　第一册/张则恭,郭琼霞编著.—北京:中国农业出版社,1995.12.—362页:彩照;20cm
ISBN 7-109-04076-3:￥26.00

S42 气象灾害及其预防

S42　041631
云南省农业自然灾害区划/谢应齐,杨子生编著.—北京:中国农业出版社,1995.6.—271页;26cm
ISBN 7-109-03761-4:￥15.00

S426　041632
果树寒害与防御/朱佳满主编;刘国惠等编著.—北京:金盾出版社,1995.10.—149页;19cm
ISBN 7-5082-0106-X:￥4.90

S426　041633
农作物冷害的研究/王书裕编著.—北京:气象出版社,1995.5.—246页;19cm
ISBN 7-5029-1880-9:￥6.70

S43 病虫害及其防治

S43　041634
害虫种群系统的控制/庞雄飞,梁广文著.—广州:广东科技出版社,1995.6.—212页;26cm.—(当代科技重要著作·农业领域)
ISBN 7-5359-1300-8(精装):￥25.00

S43-53　041635
植物病虫害生物学研究进展:植物病虫害生物学国家重点实验室研究论文选/何礼远主编.—北京:中国农业科技出版社,1995.12.—415页;26cm
ISBN 7-80119-084-X:￥65.00

S431　041636
粮油作物病虫鼠害预测预报/张左生主编.—上海:上海科学技术出版社,1995.9.—303页;26cm
ISBN 7-5323-3737-5:￥29.80

S431　041637
粮油作物病虫鼠害预测预报/张左生主编.—上海:上海科学技术出版社,1995.9.—303页;26cm
ISBN 7-5323-4092-9(精装):￥36.00

S432.1　041638
植物病理学/(美)Agrios, G.N.著;陈永萱等译.—3版.—北京:中国农业出版社,1995.5.—423页;26cm
全国高等农业院校教材 植保和植病专业用
ISBN 7-109-03230-2:￥15.40

S432.1　041639
植物诱导抗病性:原理和研究/董汉松主编.—北京:科学出版社,1995.5.—456页;26cm
ISBN 7-03-004652-8(精装):￥49.00

S432.1-34　041640
山东植物病理研究/山东植物病理学会编.—北京:中国农业科技出版社,1995.10.—370页;26cm
ISBN 7-80119-056-4:￥30.00

S432.2　041641
植物病原菌抗药性概论/杨谦著.—哈尔滨:黑龙江科学技术出版社,1995.1.—195页;20cm
ISBN 7-5388-2511-8:￥8.60

S432.2　041642
植物免疫学/李振岐主编.—北京:中国农业出版社,1995.5.—211页;26cm
全国高等农业院校教材 植物保护、植物病理专业用
ISBN 7-109-03141-1:￥8.10

S432.4 041643
植物病毒分类和鉴定的原理及方法/安德荣等编著.—西安:陕西科学技术出版社,1995.11.—207页;26cm
ISBN 7-5369-2438-0:¥23.60

S433.2 041644
山西蝗虫/张经元主编;山西省植物保护植物检疫总站编.—太原:山西科学技术出版社,1995.12.—206页:彩图;26cm
ISBN 7-5377-1099-6(精装):¥62.00

S435 041645
农作物病虫害防治/尹奉谆等编.—乌鲁木齐:新疆青少年出版社:新疆科技卫生出版社,1995.2.—59页;13cm.—(新疆农业技术推广丛书)
ISBN 7-5371-2025-0:¥1.00

S435 041646
新疆农作物病害/尹玉琦,李国英主编.—乌鲁木齐:新疆科技卫生出版社,1995.2.—297页;26cm
ISBN 7-5372-1012-8:¥17.00

S435 041647
烟茶病虫害防治/孙恢鸿等编写;周至宏,李永禧绘图.—南宁:广西科学技术出版社,1995.5.—84页;19cm.—(实用植保彩图说)
ISBN 7-80619-193-3:¥5.15

S435-44 041648
粮食经济作物病害防治问答/张传模,李林编著.—石家庄:河北科学技术出版社,1995.2.—163页;19cm.—(农业科技十万问·植物保护篇/薛福绥主编)
ISBN 7-5375-1423-2:¥3.80

S435.1 041649
麦、稻病虫综合防治/曹庆主编.—兰州:甘肃科学技术出版社,1995.7.—319页;19cm
ISBN 7-5424-0557-8:¥9.50

S435.11 041650
水稻病虫草害防治图册/陈树仁等编著.—合肥:安徽科学技术出版社,1995.7.—235页:照片;20cm
ISBN 7-5337-1138-6:¥8.80

S435.11 041651
水稻细菌性条斑病及其防治/王汉荣等编著.—上海:上海科学技术出版社,1995.11.—182页;19cm
ISBN 7-5323-3855-X:¥9.00

S435.11 041652
杂交制种稻粒黑粉病及其综合防治/李安祥,李慈厚编著.—北京:中国农业出版社,1995.8.—163页;19cm
ISBN 7-109-03973-0:¥8.80

S435.12-53 041653
麦田植保系统工程的研究/赵美琦主编.—北京:北京农业大学出版社,1995.8.—149页;26cm
ISBN 7-81002-719-0:¥11.50

S435.135 041654
玉米螟综合防治技术/周大荣,何康来主编;文丽萍等编著.—北京:金盾出版社,1995.10.—102页;19cm
ISBN 7-5082-0097-7:¥5.00

S435.6 041655
经济作物病虫害防治 上册/王长盛主编;唐耀光,吕国勇编.—新1版.—长沙:湖南科学技术出版社,1995.10.—270页;19cm
中等职业技术学校教材
ISBN 7-5357-1940-6:¥5.90

S435.6 041656
经济作物病虫害防治 下册/王长盛主编;唐耀光,吕国勇编.—新1版.—长沙:湖南科学技术出版社,1995.10.—271~628页;19cm
中等职业技术学校教材
ISBN 7-5357-1941-4:¥7.70

S435.6 041657
糖油作物病虫害防治/广西农业科学院植物保护研究所编绘.—南宁:广西科学技术出版社,1995.5.—80页:图;19cm.—(实用植保彩色图说)
ISBN 7-80619-194-1:¥6.00

S435.62 041658
棉花病虫害综合治理新途径研究:基础调查及实用技术研究/朴永范等编著.—北京:科学出版社,1995.2.—102页;20cm
ISBN 7-03-004648-X:¥9.50

S435.62 041659
棉铃虫综合防治/郭予元主编.—北京:金盾出版社,1995.6.—137页:彩图;19cm.—(全国星火计划丛书)
ISBN 7-5082-0070-5:¥4.90

S435.622 041660
棉铃虫抗药性及其治理/沈晋良,吴益东编著.—北京:中国农业出版社,1995.7.—310页;20cm
ISBN 7-109-04116-6:¥18.50

S435.622 041661
棉铃虫综合防治技术/江苏省植物保护站编.—南京:江苏科学技术出版社,1995.6.—51页;19cm
ISBN 7-5345-1942-X:¥2.30

S435.622 041662
棉铃虫综合防治技术进展/姜瑞中主编;农业部全国植物保护总站编.—北京:中国农业出版社,1995.5.—167页;19cm
ISBN 7-109-03989-7:¥7.50

S435.65 041663
油料作物病害/张明厚主编.—北京:中国农业出版社,1995.10.—245页;19cm
全国高等农业院校教材 植物保护专业用
ISBN 7-109-03694-4:¥6.40

S435.65-44 041664
油料作物病虫害防治问答/杨崇良,李长松编著.—石家庄:河北科学技术出版社,1995.2.—182页;19cm.—(农业科技十万问·植物保护篇/薛福绥主编)
ISBN 7-5375-1424-0:¥3.80

S435.655 041665
油葵G101高产栽培与加工技术/张民权编著.—西安:陕西科学技术出版社,1995.2.—75页;19cm
ISBN 7-5369-0789-3:¥2.85

S435.67 041666

药用植物病害/陆家云主编.—北京:中国农业出版社,1995.5.—174页;26cm

全国高等农业院校教材 植保、植病专业用

ISBN 7-109-03253-1:¥6.60

S435.67 **041667**

药用植物害虫/吴振廷主编.—北京:中国农业出版社,1995.5.—344页;19cm

全国高等农业院校教材 值保和农学专业用

ISBN 7-109-03316-3:¥6.30

S435.673 **041668**

食用菌主要病虫害及其防治/郑其春等编著.—北京:中国农业出版社,1995.10.—239页;19cm

ISBN 7-109-03910-2:¥9.80

S436.3 **041669**

保护地蔬菜医生/中国农学会编.—北京:科学普及出版社,1995.2.—220页;19cm.—(蔬菜实用技术丛书)

ISBN 7-110-03772-X:¥10.00

S436.3 **041670**

蔬菜病虫害防治新编:十字花科、葫芦科、食用菌/雷蕾,尹贤贵编写.—重庆:重庆出版社,1995.12.—96页;19cm.—(乡村农技员绿色丛书·蔬菜专辑/辜文育主编)

ISBN 7-5366-3352-1:¥2.80

S436.3 **041671**

蔬菜病虫害及其防治/河南省农业厅科教处主编;程亚樵等编著.—北京:中国农业出版社,1995.9.—227页;19cm

ISBN 7-109-04167-0:¥7.80

S436.3 **041672**

温室大棚蔬菜病虫害诊断与防治技术/刘品贤主编.—北京:中国农业出版社,1995.2.—293页;19cm

ISBN 7-109-03622-7:¥6.60

S436.3 **041673**

云南反季蔬菜病害诊断及防治/杨家鸾等编著.—昆明:云南科技出版社,1995.8.—79页;19cm.—(云南星火丛书)

ISBN 7-5416-0725-8:¥6.80

S436.3 **041674**

中国主要蔬菜抗病育种进展/李树德主编.—北京:科学出版社,1995.11.—702页:彩图;26cm

ISBN 7-03-005101-7(精装):¥80.00

①S436.3②S451 **041675**

蔬菜病虫草害防治手册/刘树生等主编.—北京:中国农业出版社,1995.9.—347页:照片;20cm

ISBN 7-109-03977-3:¥21.20

S436.3-44 **041676**

蔬菜病虫害防治新技术问答/李丽明主编.—沈阳:辽宁科学技术出版社,1995.3.—181页;19cm

ISBN 7-5381-2113-7:¥5.00

S436.3-64 **041677**

特种蔬菜病虫害防治彩色图册/周其林等编著.—长沙:湖南科学技术出版社,1995.6.—156页;13×19cm.—(农业病虫防治丛书)

ISBN 7-5357-1616-4:¥7.80

S436.41 **041678**

辣椒茄子病虫害防治新技术/李宝栋等编著.—北京:金盾出版社,1995.2.—71页:彩照;19cm

ISBN 7-80022-987-4:¥2.20

S436.412-64 **041679**

番茄病虫害防治图册/李研学,陈静主编.—沈阳:辽宁科学技术出版社,1995.7.—27页:照片;19cm

ISBN 7-5381-2169-2:¥4.80

S436.421-64 **041680**

黄瓜病虫害防治图册/李丽明,邢岩主编.—沈阳:辽宁科学技术出版社,1995.7.—27页:照片;19cm

ISBN 7-5381-2168-4:¥4.80

S436.6 **041681**

北方果树病虫害防治/曹子刚主编.—北京:中国农业出版社,1995.6.—203页:照片;26cm

ISBN 7-109-03665-0:¥30.00

S436.6 **041682**

果树病虫害防治/肖健民主编.—长沙:湖南科学技术出版社,1995.10.—388页;19cm

ISBN 7-5357-1874-4:¥10.00

S436.6 **041683**

果树病虫害防治/王江柱,董金皋主编.—北京:中国农业出版社,1995.12.—355页;20cm

ISBN 7-109-04300-2:¥23.50

S436.6 **041684**

果树病虫害及其防治/河南省农业厅科教处主编;程亚樵等编著.—北京:中国农业出版社,1995.9.—231页;19cm

ISBN 7-109-04168-9:¥7.80

S436.6 **041685**

果园病虫害综合防治历/王克等编著.—北京:中国林业出版社,1995.1.—74页;19cm

ISBN 7-5038-1412-8:¥2.70

S436.6 **041686**

杂果病虫害防治/广西农业科学院植物保护研究所编绘.—南宁:广西科学技术出版社,1995.5.—89页:图;19cm.—(实用植保彩色图说)

ISBN 7-80619-195-X:¥6.70

S436.6-44 **041687**

农家果园用药问答/李光武,袁灵恩编著.—北京:中国农业出版社,1995.12.—138页;19cm.—(新编农村实用科技文库)

ISBN 7-109-04067-4:¥7.60

S436.6-62 **041688**

高寒区林果病虫害防治手册/马力农,赵岷阳编著.—兰州:兰州大学出版社,1995.7.—84页;19cm

ISBN 7-311-00872-7:¥2.80

S436.6-64 **041689**

苹果、梨、桃病虫害防治:实用农业科技彩色图说/刘玉升等编著.—北京:中国农业出版社,1995.12.—76页;20cm

ISBN 7-109-03612-X:¥12.00

S436.611.1 **041690**

苹果主要病害防治/王克,曹素云编著.—沈阳:辽宁科学技术出版社,1995.8.—67页;彩图;19cm.—(农村致富金钥匙丛书·果树类)
ISBN 7-5381-2195-1:¥7.00

S436.611.2　　**041691**
苹果主要害虫防治/刘兵,朴春树编著.—沈阳:辽宁科学技术出版社,1995.8.—41页;彩图;19cm.—(农村致富金钥匙丛书·果树类)
ISBN 7-5381-2197-8:¥5.50

S436.612.1　　**041692**
梨树主要病害防治/王克主编.—沈阳:辽宁科学技术出版社,1995.8.—31页;彩图;19cm.—(农村致富金钥匙丛书·果树类)
ISBN 7-5381-2198-6:¥5.20

S436.612.2　　**041693**
梨树主要害虫防治/周玉书,刘兵编著.—沈阳:辽宁科学技术出版社,1995.8.—43页;彩图;19cm.—(农村致富金钥匙丛书·果树类)
ISBN 7-5381-2196-X:¥5.50

S436.62　　**041694**
李杏樱桃病虫害防治/冯明祥,窦连登主编.—北京:金盾出版社,1995.8.—185页;彩图;19cm
ISBN 7-5082-0069-1:¥8.00

S436.631.1　　**041695**
葡萄主要病害防治/赵奎华等编著.—沈阳:辽宁科学技术出版社,1995.8.—57页;彩图;19cm.—(农村致富金钥匙丛书·果树类)
ISBN 7-5381-2199-4:¥5.80

S436.64　　**041696**
板栗害虫及其防治/侯清敏主编.—石家庄:河北科学技术出版社,1995.2.—163页;19cm
ISBN 7-5375-1414-3:¥4.20

S436.64　　**041697**
核桃病虫害防治/司胜利主编.—北京:金盾出版社,1995.5.—91页;19cm
ISBN 7-5082-0013-6:¥3.70

S436.64-64　　**041698**
干果病虫害原色图谱/刘开启,徐洪富主编.—济南:山东科学技术出版社,1995.10.—140页;彩照;19cm
ISBN 7-5331-1632-1:¥35.00

S436.65　　**041699**
枣树病虫害防治/任国兰主编;司胜利等编著.—北京:金盾出版社,1995.5.—91页;彩图;19cm
ISBN 7-5082-0016-0:¥3.30

S44 鸟兽害及其防治

S44　　**041700**
广西鼠害防治/广西壮族自治区植保总站编.—南宁:广西科学技术出版社,1995.9.—112页:图;19cm
ISBN 7-80619-254-9:¥3.90

S44　　**041701**
农田害鼠防除/福建省农业厅主编;张宜绪等编著.—福州:福建科学技术出版社,1995.1.—98页;19cm.—(优高农业新技术丛书)
ISBN 7-5335-0856-4:¥2.50

S45 有害植物及其清除

S451　　**041702**
农田杂草抗药性:产生机理、测定技术、综合治理/黄建中等编著.—北京:中国农业出版社,1995.8.—378页;20cm.—(中国博士专著·农业领域/农业部教育司主编)
ISBN 7-109-03610-3:¥17.50

S451.2-62　　**041703**
化学除草实用技术手册/薛光等编著.—北京:中国农业科技出版社,1995.3.—406页;20cm
ISBN 7-80026-840-3:¥15.00

S48 农药防治

S48　　**041704**
农药剂型及助剂应用/张保民等主编.—郑州:中原农民出版社,1995.12.—221页;19cm
ISBN 7-80538-808-3:¥7.50

S48　　**041705**
农用抗生素和微生物杀虫剂/周启,王道本主编.—北京:中国农业出版社,1995.5.—248页;26cm
全国高等农业院校教材 微生物专业用
ISBN 7-109-03287-6:¥9.35

S48-44　　**041706**
农药使用技术问答/薛福绥等编著.—石家庄:河北科学技术出版社,1995.2.—164页;19cm.—(农业科技十万问·植物保护篇/薛福绥主编)
ISBN 7-5375-1429-1:¥3.80

S481　　**041707**
害虫的抗药性/(美)塔巴什尼可(Tabashnik,B.E.),(　)劳什(Roush,R.T.)主编;芮昌辉等译.—北京:化学工业出版社,1995.7.—366页;19cm
书名原文:Pesticide Resistance in Arthropods
ISBN 7-5025-1528-3:¥23.00

S482　　**041708**
果园新农药/辽宁省植物保护站编.—沈阳:辽宁科学技术出版社,1995.8.—122页;19cm.—(农村致富金钥匙丛书·果树类)
ISBN 7-5381-2192-7:¥4.50

S482　　**041709**
农药使用技术/陈勇奎等编著.—上海:上海科学普及出版社,1995.7.—394页;19cm
中国农村致富技术函授大学安徽省校农民技术员培训教材
ISBN 7-5427-0958-5:¥11.00

S482-62　　**041710**
新农药应用指南/张文吉等编著.—北京:中国林业出版社,1995.3.—238页;19cm

ISBN 7-5038-1322-9: ¥6.60

S482.2 041711

杀菌剂毒理学/林孔勋主编.—北京:中国农业出版社,1995.5.—154页;26cm

全国高等农业院校教材 植保、植病专业用

ISBN 7-109-03338-4: ¥6.05

S482.3 041712

有机磷农药化学/陈茹玉,刘纶祖编著.—上海:上海科学技术出版社,1995.8.—208页;24×16cm.—(科学专著丛书)

ISBN 7-5323-3511-9(精装): ¥25.40

S482.4-64 041713

除草剂药害图谱/吴汉章,潘以楼编著.—南京:江苏科学技术出版社,1995.3.—265页:彩图;20cm

ISBN 7-5345-1904-7: ¥39.00

S482.6 041714

有害生物熏蒸及其他处理实用技术/徐国淦主编.—北京:中国农业出版社,1995.9.—394页;20cm

ISBN 7-109-04009-7: ¥30.00

S5 农作物

S5 041715

高产优质高效种植模式100例/蒋观真等编著.—上海:上海科学技术文献出版社,1995.8.—236页;19cm

ISBN 7-5439-0713-5: ¥12.80

S5 041716

江苏旱作科学/贺观钦主编;江苏省农学会编.—南京:江苏科学技术出版社,1995.9.—414页;26cm

ISBN 7-5345-1988-8: ¥35.00

S5 041717

外因与作物的品质/谭彦邦编著 .—长沙:湖南师范大学出版社,1995.4.—274页;20cm

ISBN 7-81031-413-0: ¥7.00

S5 041718

作物栽培学/于振文主编;山东农业大学编著.—北京:中国农业出版社,1995.8.—362页;26cm

ISBN 7-109-04094-1: ¥22.00

S5 041719

作物栽培学/董树亭主编;山东农业大学编著.—北京:中国农业出版社,1995.8.—284页;26cm

ISBN 7-109-04093-3: ¥15.00

S5-33 041720

吨粮田技术实践/陶久铭,张华建主编.—北京:中国农业出版社,1995.8.—122页;19cm

ISBN 7-109-04071-2: ¥8.00

S5-33 041721

棉麦两熟双高产理论与实践/施培等著.—北京:原子能出版社,1995.6.—129页:照片;20cm

ISBN 7-5022-1396-1: ¥4.34

S5-33 041722

现代化吨粮技术与实践:小麦、玉米、水稻/宋秉彝主编.—北京:中国农业科技出版社,1995.6.—349页;26cm

ISBN 7-80026-901-9: ¥30.00

S5-33 041723

作物栽培学实验指导/四川农业大学等主编.—贵阳:贵州科技出版社,1995.6.—176页;26cm

西南区农业院校教材

ISBN 7-80584-481-X: ¥10.00

S502 041724

农作物新品种300个/张名昌等编.—太原:山西科学技术出版社,1995.1.—159页;19cm.—(农村科技致富丛书)

ISBN 7-5377-1062-7: ¥3.80

S51 禾谷类作物

S510.4 041725

稻茬麦少、免耕机条播/陈维新等主编.—南京:江苏科学技术出版社,1995.2.—184页;19cm.—(农村青年致富系列丛书)

ISBN 7-5345-1892-X: ¥5.20

S510.9 041726

储粮机械通风实用技术/孙鹤年编著.—杭州:浙江科学技术出版社,1995.12.—261页;20cm

ISBN 7-5341-0751-2: ¥18.00

S510.99 041727

农作物秸秆营养价值及其利用/邢廷铣主编;方热军等编著.—长沙:湖南科学技术出版社,1995.12.—238页;19cm

ISBN 7-5357-1919-8: ¥10.00

S511 041728

水稻旱育稀植超高产栽培实用新技术/申廷秀等主编.—北京:中国农业出版社,1995.7.—201页;19cm

ISBN 7-109-04134-4: ¥7.00

S511 041729

水稻群体质量理论与实践/凌启鸿主编.—北京:中国农业出版社,1995.12.—306页;26cm

ISBN 7-109-04313-4: ¥35.00

S511 041730

水稻实用栽培技术/樊康美等编.—乌鲁木齐:新疆青少年出版社:新疆科技卫生出版社,1995.2.—59页;13cm.—(新疆农业技术推广丛书)

ISBN 7-5371-2024-2: ¥1.00

S511 041731

水稻田间诊断与高产栽培/李爱国编著.—长沙:湖南科学技术出版社,1995.6.—147页:图;19cm

ISBN 7-5357-1689-X: ¥4.80

S511 041732

水稻叶龄模式的应用/凌启鸿主编.—修订本.—南京:江苏科学技术出版社,1995.10.—230页;20cm

ISBN 7-5345-1996-9: ¥9.80

S511 041733

水稻栽培与病虫害防治:北方本/中央农业广播电视学校主编.—北京:中国农业出版社,1995.3.—231页;

20cm
初等农业技术教育培训教材:试用 农学专业用
ISBN 7-109-03213-2: ¥7.20

S511 041734
水稻栽培与病虫害防治:南方本/中央农业广播电视学校主编.—北京:中国农业出版社,1995.3.—211页;20cm
初等农业技术教育培训教材:试用 农学专业用
ISBN 7-109-03212-4: ¥6.60

S511 041735
杂交稻高产高效益栽培/费槐林,胡国文主编;王德仁等编著.—北京:金盾出版社,1995.9.—149页:照片;19cm
ISBN 7-5082-0095-0: ¥5.20

S511 041736
中国特种稻/赵则胜等主编.—上海:上海科学技术出版社,1995.3.—534页;20cm
ISBN 7-5323-3658-1: ¥23.00

S511-09 041737
中国稻作史/游修龄编著.—北京:中国农业出版社,1995.3.—412页;20cm.—(中国传统文化研究丛书)
ISBN 7-109-03107-1: ¥15.00

S511.019.274 041738
云南稻作/蒋志农主编.—昆明:云南科技出版社,1995.3.—267页;26cm
ISBN 7-5416-0702-9(精装): ¥26.00

S511.029.2 041739
中国北方粳稻品种志/耿文良,冯瑞英主编.—石家庄:河北科学技术出版社,1995.10.—315页;20cm
ISBN 7-5375-1512-3: ¥10.50

S511.03 041740
水稻育种新技术研究与进展/伏军等著.—长沙:湖南科学技术出版社,1995.6.—272页;20cm
ISBN 7-5357-1777-2: ¥12.00

S511.03 041741
杂交水稻大面积制种高产应用技术/陈大洲主编.—南昌:江西科学技术出版社,1995.4.—117页;19cm
ISBN 7-5390-0895-4: ¥2.80

S511.032 041742
水稻生理育种/王永锐编著.—北京:科学技术文献出版社,1995.6.—520页;19cm
ISBN 7-5023-2449-6: ¥17.00

S511.033 041743
水稻超高产育种生理基础/陈温福等编著.—沈阳:辽宁科学技术出版社,1995.4.—244页;20cm
ISBN 7-5381-2111-0: ¥9.00

S511.035.2 041744
光敏感核不育水稻育性转换机理与应用研究/李泽炳主编.—武汉:湖北科学技术出版社,1995.10.—620页;20cm.—(当代科技重要著作·农业领域)
ISBN 7-5352-1269-7(精装): ¥30.00

S512 041745
CIMMYT麦类改良进展/何中虎,庞家智主编.—北京:中国农业科技出版社,1995.6.—129页;26cm
ISBN 7-80026-894-2: ¥12.00

S512 041746
麦类新品种与栽培新技术/杨赞林,马传喜编著.—合肥:安徽科学技术出版社,1995.10.—130页;19cm.—(高效农业技术丛书·农作物种植类/王昭耀主编)
ISBN 7-5337-1243-9: ¥4.60

S512 041747
小麦穗粒重研究/胡廷积等主编;河南省小麦高稳优低研究推广协作组编.—北京:中国农业出版社,1995.9.—243页;26cm
ISBN 7-109-04074-7: ¥22.30

S512.03 041748
太谷核不育小麦在育种中的应用/邓景扬主编.—北京:科学出版社,1995.11.—137页;26cm
ISBN 7-03-004792-3: ¥19.00

S512.04 041749
西藏麦类作物丰产模式栽培/王远禄等编著.—北京:中国农业科技出版社,1995.12.—220页:彩照;26cm
ISBN 7-80119-000-9(精装): ¥58.00

S512.04 041750
小麦高产精密播种/张波屏著.—北京:中国农业出版社,1995.12.—173页;19cm.—(全国星火计划丛书)
ISBN 7-109-03795-9: ¥8.80

S512.1 041751
春小麦栽培与病虫害防治/中央农业广播电视学校主编.—北京:中国农业出版社,1995.3.—169页;20cm
初等农业技术教育培训教材:试用 农学专业用
ISBN 7-109-03133-0: ¥5.60

S512.1 041752
冬小麦栽培与病虫害防治/中央农业广播电视学校主编.—北京:中国农业出版社,1995.3.—187页;20cm
初等农业技术教育培训教材:试用 农学专业用
ISBN 7-109-03163-2: ¥6.00

S512.1 041753
小麦节水高产研究/兰林旺,周殿玺主编.—北京:北京农业大学出版社,1995.12.—142页;26cm
ISBN 7-81002-747-6: ¥11.50

S512.104 041754
冬小麦实用栽培技术/戚鹤年等编.—乌鲁木齐:新疆青少年出版社:新疆科技卫生出版社,1995.2.—58页;13cm.—(新疆农业技术推广丛书)
ISBN 7-5371-2022-6: ¥1.00

S512.104 041755
小麦栽培新技术/王志良主编.—青岛:青岛出版社,1995.10.—107页;19cm.—(农业实用新技术丛书)
ISBN 7-5436-1357-3: ¥3.80

S512.132-63 041756
中国小麦遗传资源目录:1987~1993/中国农业科学院作物品种资源研究所麦类室编.—北京:中国农业出版社,1995.5.—405页;19×26cm
ISBN 7-109-03723-1: ¥15.00

S512.3 041757

无原花色素大麦/杨煜峰著.—杭州:杭州大学出版社,1995.5.—203页;20cm

ISBN 7-81035-767-0:¥5.60

S513　041758

特种玉米的栽培与加工/刘正编.—合肥:安徽科学技术出版社,1995.10.—91页;19cm.—(高效农业技术丛书·农作物种植类/王昭耀主编)

ISBN 7-5337-1247-1:¥3.60

S513　041759

玉米高产实用栽培技术/李时清等编.—乌鲁木齐:新疆青少年出版社:新疆科技卫生出版社,1995.2.—59页;13cm.—(新疆农业技术推广丛书)

ISBN 7-5371-2026-9:¥1.00

S513　041760

玉米高产原理与栽培新技术/郝建平等编著.—北京:中国农业科技出版社,1995.11.—516页;20cm

ISBN 7-80119-051-3:¥19.50

S513　041761

玉米栽培生理/胡昌浩主编.—北京:中国农业出版社,1995.5.—130页;26cm

全国高等农业院校教材 农学专业用

ISBN 7-109-03234-5:¥5.20

S513　041762

玉米栽培与病虫害防治/中央农业广播电视学校主编.—北京:中国农业出版社,1995.3.—180页;20cm

初等农业技术教育培训教材:试用 农学专业用

ISBN 7-109-03105-5:¥5.90

S513-44　041763

杂交玉米高效益栽培技术问答/吴景锋主编.—北京:科学普及出版社,1995.11.—165页;19cm.—(农民实用技术丛书/王连铮主编)

ISBN 7-110-03978-1:¥7.50

S513.032　041764

优质蛋白玉米/石德权主编.—北京:中国科学技术出版社,1995.7.—434页;20cm

ISBN 7-5046-1685-0:¥25.00

S515.024-63　041765

中国谷子及其它粟类作物遗传资源目录:1991~1995/中国农业科学院作物品种资源研究所主编.—北京:中国农业出版社,1995.12.—389页;26cm

ISBN 7-109-04279-0:¥39.00

S516.02　041766

中国黍稷优异种质资源的筛选利用/王星玉主编.—北京:中国农业科技出版社,1995.11.—171页;26cm

ISBN 7-80119-022-X:¥19.60

S53 薯类作物

S532　041767

马铃薯栽培生理/门福义,刘梦芸编著.—北京:中国农业出版社,1995.9.—355页;20cm

ISBN 7-109-03678-2:¥22.50

S54 饲料作物、牧草

S54　041768

中国饲用植物志　第五卷/贾慎修主编;中国饲用植物志编辑委员会编.—北京:中国农业出版社,1995.5.—388页;20cm

ISBN 7-109-03139-X(精装):¥22.50

①S54②S828.5　041769

高效种草养猪技术/崔国文等编著.—哈尔滨:东北林业大学出版社,1995.11.—95页;19cm.—(农村奔小康丛书)

ISBN 7-81008-595-6:¥3.60

S541　041770

中国苜蓿/耿华珠等编著.—北京:中国农业出版社,1995.10.—209页:照片;26cm

ISBN 7-109-03636-7(精装):¥28.00

S56 经济作物

S562　041771

棉花实用栽培技术/娄春恒等编.—乌鲁木齐:新疆青少年出版社:新疆科技卫生出版社,1995.2.—56页;13cm.—(新疆农业技术推广丛书)

ISBN 7-5371-2021-8:¥1.00

S562　041772

棉花优化成铃及其调控/高璆主编.—南京:江苏科学技术出版社,1995.1.—297页;19cm.—(农村青年致富系列丛书)

ISBN 7-5345-1887-3:¥7.80

S562　041773

棉花栽培与病虫害防治:北方本/中央农业广播电视学校主编.—北京:中国农业出版社,1995.3.—198页;20cm

初等农业技术教育培训教材:试用 农学专业用

ISBN 7-109-03128-4:¥6.40

S562　041774

棉花栽培与病虫害防治:南方本/中央农业广播电视学校主编.—北京:中国农业出版社,1995.3.—213页;20cm

初等农业技术教育培训教材:试用 农学专业用

ISBN 7-109-03093-8:¥6.80

S562　041775

新疆棉花高产栽培技术/新疆维吾尔自治区党委农工部等编.—乌鲁木齐:新疆人民出版社,1995.3.—25页;19cm.—(农村奔小康丛书)

ISBN 7-228-03179-2:¥1.10

S562　041776

优质棉花栽培技术/孙光华编著.—合肥:安徽科学技术出版社,1995.1.—216页;13×9cm

ISBN 7-5337-1144-0:¥2.90

S562.01　041777

棉花优质高产的定量计算和决策:电脑种棉花/肖荧南,戴逸民编著.—合肥:中国科学技术大学出版社,

1995.10.—287页;20cm
ISBN 7-312-00577-2:¥9.80

S562.04 041778
棉花种植新技术/陈海亮,金秀菊编.—合肥:安徽科学技术出版社,1995.3.—136页;19cm.—(高效农业技术丛书·农作物种植类/王昭耀主编)
ISBN 7-5337-1071-1:¥3.80

S563 041779
优质麻类栽培/李爱青编.—合肥:安徽科学技术出版社,1995.8.—55页;19cm.—(高效农业技术丛书·农作物种植类/王昭耀主编;李成荃分主编)
ISBN 7-5337-0962-4:¥2.00

S565.019.253 041780
江苏油作科学/傅寿仲,朱耕如主编;江苏省农学会编.—南京:江苏科学技术出版社,1995.11.—590页:图;26cm
ISBN 7-5345-2006-1:¥50.00

S565.099 041781
花生芝麻加工技术/黄凤洪编著.—北京:金盾出版社,1995.6.—166页;19cm
ISBN 7-80022-988-2:¥4.30

S565.1 041782
大豆栽培与病虫害防治/中央农业广播电视学校主编.—北京:中国农业出版社,1995.3.—165页;20cm
初等农业技术教育培训教材:试用 农学专业用
ISBN 7-109-03114-4:¥5.50

S565.1 041783
大豆重迎茬研究/许艳丽,韩晓增主编.—哈尔滨:哈尔滨工程大学出版社,1995.7.—159页;26cm
ISBN 7-81007-414-8:¥12.60

S565.1 041784
大豆重迎茬种植新技术/韩晓增等编著.—哈尔滨:哈尔滨工程大学出版社,1995.11.—109页;19cm.—(农村奔小康丛书)
ISBN 7-81007-617-5:¥4.40

S565.1-64 041785
中国大豆损伤粒图解:汉英对照/栾凤侠,卢波编著.—北京:中国农业出版社,1995.5.—40页;20cm
ISBN 7-109-03987-0:¥25.00

S565.2 041786
花生新品种与栽培新技术/周可金,夏英萍编.—合肥:安徽科学技术出版社,1995.10.—82页;19cm.—(高效农业技术丛书·农作物种植类/王昭耀主编)
ISBN 7-5337-1251-X:¥3.20

S565.2 041787
花生栽培与病虫害防治/中央农业广播电视学校主编.—北京:中国农业出版社,1995.3.—180页;20cm
初等农业技术教育培训教材:试用 农学专业用
ISBN 7-109-03162-4:¥5.60

S565.4 041788
优质杂交油菜/伍昌胜编著.—武汉:湖北科学技术出版社,1995.7.—150页;19cm
ISBN 7-5352-1703-6:¥7.80

S565.4 041789
杂交油菜的育种与利用/傅廷栋主编.—武汉:湖北科学技术出版社,1995.6.—177页;26cm
ISBN 7-5352-1652-8:¥9.80

S566.1 041790
实用甘蔗生产技术指导/庞雄礼,陆章流编著.—南宁:广西科学技术出版社,1995.5.—125页;19cm
ISBN 7-80619-199-2:¥3.20

①S566.1②TS244 041791
甘蔗栽培与制糖技术/云南省红河州教委教研室等编.—昆明:云南教育出版社,1995.6.—330页;19cm
ISBN 7-5415-1031-9:¥5.00

S566.1-09 041792
广西甘蔗史/覃蔚谦编著.—南宁:广西人民出版社,1995.2.—278页;20cm.—(广西农业史丛书)
ISBN 7-219-02954-3:¥7.00

S566.302.9 041793
中国甜菜品种资源目录:1991~1995/中国农业科学院甜菜研究所主编.—北京:中国农业出版社,1995.12.—61页;26cm
ISBN 7-109-04309-6:¥10.00

S567 041794
高效益中草药引种栽培与加工/刘敏华等编.—合肥:安徽科学技术出版社,1995.10.—76页;19cm.—(高效农业技术丛书·农作物种植类/王昭耀主编)
ISBN 7-5337-1224-2:¥2.90

S567 041795
中药材栽培与加工/熊和平,卢祖生主编;王印香等编写.—南昌:江西科学技术出版社,1995.1.—243页;19cm
ISBN 7-5390-0765-6:¥5.80

①S567②S865.4 041796
中国药材栽培与饲养 第一册/国家医药管理局中药材情报中心站编著.—广州:广东科技出版社,1995.8.—419页:彩照;19cm
ISBN 7-5359-1459-4:¥15.80

S567.029.2 041797
中国中药区划/中国药材公司编著.—北京:科学出版社,1995.6.—634页;26cm.—(中国中药资源丛书/张洪魁主编)
ISBN 7-03-004687-0(精装):¥80.00

S567.1 041798
肉桂栽培与药用/陆善旦编著.—南宁:广西科学技术出版社,1995.2.—56页;19cm.—(农家摇钱树丛书)
ISBN 7-80619-109-7:¥1.60

S567.1 041799
主要木本药材丰产栽培/蒲淑芬等编著.—西安:陕西科学技术出版社,1995.7.—90页;19cm.—(科技兴农实用新技术丛书/林季周主编)
ISBN 7-5369-2219-1:¥2.90

S567.3 041800
冬虫夏草类:生态、培植、应用/王国栋主编;房定亚等编写.—北京:科学技术文献出版社,1995.8.—307页;20cm
ISBN 7-5023-2480-1:¥13.50

S567.3　041801
菇类栽培新技术/周协光等编著.—长沙:湖南科学技术出版社,1995.9.—212页;19cm.—(食用菌栽培丛书)
ISBN 7-5357-1716-0:¥6.80

S567.3　041802
药用菌栽培新技术/杨建武等编著.—长沙:湖南科学技术出版社,1995.9.—214页;19cm.—(食用菌栽培丛书)
ISBN 7-5357-1717-9:¥6.90

①S567.5②R282.71　041803
中国西洋参/刘铁城主编.—北京:人民卫生出版社,1995.7.—304页;20cm
ISBN 7-117-02259-0(精装):¥22.50

S571　041804
茶园工/农业部工人技术培训教材编审委员会编.—北京:中国农业出版社,1995.10.—327页;20cm
工人技术培训统编教材
ISBN 7-109-03347-3:¥12.50

S571.1　041805
茶树生物学/潘根生主编.—北京:中国农业出版社,1995.5.—215页;26cm
全国高等农业院校教材 茶学和农林各专业用
ISBN 7-109-03229-9:¥8.25

S571.1　041806
中国名茶图谱:绿茶篇/施海根主编.—上海:上海文化出版社,1995.5.—159页:彩图;26cm
ISBN 7-80511-755-1(精装):¥45.00

S571.1　041807
中国普洱茶:汉英对照/西双版纳傣族自治州人民政府,西双版纳傣族自治州茶叶学会编.—昆明:云南美术出版社,1995.12.—287页:彩照;33cm
ISBN 7-80586-241-9(精装):¥498.00

S571.1-61　041808
茶业大全/潘根生主编.—北京:中国农业出版社,1995.6.—411页;20cm.—(新编农业实用科技全书)
ISBN 7-109-03553-0:¥12.00

S571.1-61　041809
中国茶学辞典/张堂恒主编;《中国茶学辞典》编纂委员会编.—上海:上海科学技术出版社,1995.10.—505页;26cm
ISBN 7-5323-3357-4(精装):¥52.00

S571.101　041810
茶树生态学/王镇恒主编.—北京:中国农业出版社,1995.10.—250页;26cm
全国高等农业院校教材 茶学专业用
ISBN 7-109-03476-3:¥12.60

S571.109.9　041811
茶的综合利用/蒋作明等编著.—重庆:西南师范大学出版社,1995.12.—294页;19cm
ISBN 7-5621-1448-X:¥14.50

S572　041812
国际烟草透视/时钟烈主编.—北京:中国轻工业出版社,1995.1.—414页;19cm
ISBN 7-5019-1698-5:¥17.00

S572　041813
烤烟生产原理/(美)Collins,W.K.,(美)Hawks,S.N.著;陈江华,杨国安译.—北京:科学技术文献出版社,1995.8.—246页;20cm
ISBN 7-5023-2472-0:¥13.00

S572　041814
烤烟实用技术手册/胡世亨主编;中国经济写作研究会贵州组,赫章县烟草学会编.—贵阳:贵州科技出版社,1995.9.—69页;19cm
ISBN 7-80584-487-9:¥3.50

S572　041815
烤烟栽培与调制/杨培森等编著.—福州:福建科学技术出版社,1995.4.—112页;19cm
ISBN 7-5335-0907-2:¥4.10

S572　041816
烤烟栽培与烘烤实用技术问答/宁康明等编著.—武汉:湖北科学技术出版社,1995.12.—111页;19cm.—(农村实用新科技丛书/孙济中主编)
ISBN 7-5352-1794-X:¥5.30

S572　041817
香料烟栽培技术/赵之福等主编.—昆明:云南民族出版社,1995.3.—167页:彩照;26cm
ISBN 7-5367-1014-3(精装):¥30.00

①S572②TS44　041818
集光栽培烘烤烟叶/陈继峰等编著.—北京:气象出版社,1995.10.—66页;19cm
ISBN 7-5029-1963-5:¥2.30

①S572②TS44　041819
烟草栽培与烘烤/云南省农村智力开发办公室组织编写.—昆明:云南教育出版社,1995.6.—94页;19cm
云南省职业技术教材
ISBN 7-5415-1015-7:¥1.40

①S572②TS44　041820
优质烤烟栽培及烘烤技术/易念游,余和明编著.—成都:四川科学技术出版社,1995.10.—91页;19cm.—(科技兴农适用技术丛书/四川省科学技术委员会主编)
ISBN 7-5364-2992-4:¥3.70

①S572②TS44　041821
云南白肋烟栽培与调制/雷永和,施永超主编.—昆明:云南科技出版社,1995.1.—189页:照片;26cm
ISBN 7-5416-0708-8:¥22.00

S572.06　041822
贵州烤烟土壤条件与优质烤烟的施肥/陈迅主编.—贵阳:贵州科技出版社,1995.7.—241页;20cm
ISBN 7-80584-441-0:¥13.00

S572.06　041823
云南烟草中微肥营养与土壤管理/雷永和主编;云南省烟草科学研究所,云南省土壤肥料测试中心编.—昆明:云南科技出版社,1995.1.—121页:彩图;26cm
ISBN 7-5416-0709-6:¥23.00

S573　041824
花椒高产栽培技术/曹雅宁等编著.—太原:山西科

学技术出版社,1995.3.—75页;19cm.—(农村科技致富丛书)
ISBN 7-5377-1065-1:¥2.50

S573 041825
香料植物栽培与加工/孙家延编著.—合肥:安徽科学技术出版社,1995.10.—151页;19cm.—(高效农业技术丛书·农作物种植类/王昭耀主编)
ISBN 7-5337-1277-3:¥5.45

S6 园艺

S6-53 041826
湖南园艺研究/熊兴耀,向德明主编;湖南省园艺学会编.—长沙:湖南科学技术出版社,1995.9.—322页;26cm
ISBN 7-5357-1864-7:¥32.50

S6-53 041827
园艺学年评　第1卷　1995/张大鹏主编;中国园艺学会,北京农业大学编.—北京:科学出版社,1995.8.—179页;26cm
ISBN 7-03-004948-9:¥14.00

S6-53 041828
中国科学技术协会第二届青年学术年会园艺学论文集/韩振海等主编.—北京:北京农业大学出版社,1995.8.—786页;26cm
ISBN 7-81002-730-1:¥80.00

S6-61 041829
汉维园艺词典/廖一飞主编;祝韶春等编.—乌鲁木齐:新疆人民出版社,1995.9.—624页;20cm
ISBN 7-228-02635-7(精装):¥17.80

S6-62 041830
果树、蔬菜、花卉植物手册:汉英对照/周其明著.—广州:广东科技出版社,1995.10.—498页;26cm
ISBN 7-5359-1373-3:¥80.00

S60 041831
水生植物种养技术/徐桂珍等编著.—合肥:安徽科学技术出版社,1995.7.—144页;19cm.—(高效农业技术丛书·农作物种植类/李成荃主编)
ISBN 7-5337-1195-5:¥5.50

S60 041832
园艺概论/张海水等主编.—北京:中国农业出版社,1995.8.—343页;19cm
ISBN 7-109-04037-2:¥9.15

S60 041833
中国北方庭院园艺实用技术/李连国,李雄主编.—沈阳:辽宁民族出版社,1995.8.—333页;19cm
ISBN 7-80527-552-1:¥8.60

S601 041834
果蔬采后生理/刘道宏主编.—北京:农业出版社,1995.5.—132页;26cm
全国高等农业院校教材
ISBN 7-109-03295-7:¥5.35

S602.4 041835
高效创汇农副产品开发指南/崔大忱主编;烟台市农业局编著.—济南:山东科学技术出版社,1995.3.—482页;19cm
ISBN 7-5331-1523-6:¥14.00

S603 041836
蔬菜采种和育苗技术/汪炳良,董伟敏编著.—上海:上海科学技术出版社,1995.3.—219页;19cm.—(现代园艺实用技术丛书 /林伯年,蒋有条主编)
ISBN 7-5323-3523-2:¥5.60

S62 温室园艺

S62 041837
高效节能日光温室园艺:蔬菜果树花卉栽培新技术/张真和主编.—北京:中国农业出版社,1995.12.—429页;19cm
ISBN 7-109-04248-0:¥15.00

S625 041838
棚室蔬菜高效栽培技术/沈善铜编著.—南京:江苏科学技术出版社,1995.5.—253页;19cm.—(菜篮子工程技术丛书)
ISBN 7-5345-1920-9:¥6.60

S625 041839
棚室蔬菜栽培与病虫防治/姜培增主编.—哈尔滨:黑龙江科学技术出版社,1995.12.—178页;19cm
ISBN 7-5388-2917-2:¥11.60

S626 041840
保护地蔬菜栽培技术/张振武主编.—北京:高等教育出版社,1995.5.—359页;19cm
全国职业中学试用教材
ISBN 7-04-005222-9:¥5.55

S626 041841
节能日光温室蔬菜栽培/宁夏回族自治区农业建设委员会,宁夏实施"231工程"领导小组办公室编.—银川:宁夏人民出版社,1995.11.—203页;19cm.—(九头狼丛书·科学普及系列)
宁夏实施"231工程"暨科教扶贫教材
ISBN 7-227-01536-X:¥5.00

S626 041842
节能日光温室蔬菜栽培/亢立等编著.—太原:山西科学技术出版社,1995.1.—142页;19cm.—(农村科技致富丛书)
ISBN 7-5377-1069-4:¥4.50

S626-44 041843
小拱棚蔬菜栽培问答/卢育华等编著.—石家庄:河北科学技术出版社,1995.2.—180页;19cm.—(农业科技十万问·蔬菜篇/何启伟主编)
ISBN 7-5375-1448-8:¥3.80

S627 041844
日光温室与黄瓜栽培/张福墁编著.—北京:中国林业出版社,1995.2.—64页;19cm
ISBN 7-5038-1389-X:¥2.80

S63 蔬菜园艺

S63　041845
北方旱地蔬菜栽培技术/韦锁屯等编.—太原:山西经济出版社,1995.3.—274页;19cm
ISBN 7-80577-807-8:¥11.00

S63　041846
出口创汇蔬菜高产栽培与加工大全/宋元林,陈顺才主编.—北京:中国农业科技出版社,1995.5.—256页;26cm
ISBN 7-80026-844-6:¥26.00

S63　041847
淡季蔬菜高产栽培新技术/张志斌编著.—北京:中国农业出版社,1995.7.—242页;19cm
ISBN 7-109-03827-0:¥8.95

S63　041848
露地蔬菜栽培:北方双主作区/中央农业广播电视学校主编.—北京:中国农业出版社,1995.3.—299页;20cm
初等农业技术教育培训教材:试用 蔬菜专业用
ISBN 7-109-03144-6:¥8.90

S63　041849
露地蔬菜栽培技术/宁夏回族自治区农业建设委员会,宁夏回族自治区实施"231工程"领导小组办公室编.—银川:宁夏人民出版社,1995.10.—290页;19cm.—(九头狼丛书·科学普及系列)
宁夏实施"231工程"暨科教扶贫教材
ISBN 7-227-01459-2:¥6.65

S63　041850
名特蔬菜栽培/沈火林等编著.—北京:中国农业出版社,1995.10.—273页;20cm
ISBN 7-109-03916-1:¥15.00

S63　041851
名特优蔬菜栽培技术/孔庆东主编.—武汉:湖北科学技术出版社,1995.6.—278页;19cm.—(实用蔬菜栽培技术丛书)
ISBN 7-5352-1667-6:¥7.20

S63　041852
名特优新蔬菜栽培/施展,汪社宽编.—合肥:安徽科学技术出版社,1995.7.—121页;19cm.—(高效农业技术丛书·蔬菜栽培类/王昭耀主编;卢健林分主编)
ISBN 7-5337-1221-8:¥4.50

S63　041853
名优蔬菜新品种/中国农学会编.—北京:科学普及出版社,1995.2.—246页;19cm.—(蔬菜实用技术丛书)
ISBN 7-110-03770-3:¥8.50

S63　041854
实用蔬菜加工新技术/高锡永,胡军编著.—上海:上海科学技术出版社,1995.3.—202页;19cm.—(现代园艺实用技术丛书/林伯年,蒋有条主编)
ISBN 7-5323-3522-4:¥6.50

S63　041855
蔬菜病害防治/林晓民主编.—西安:陕西科学技术出版社,1995.6.—299页;20cm
ISBN 7-5369-2351-1:¥8.40

S63　041856
蔬菜良种繁育原理和技术/吴淑芸,曹辰兴编著.—北京:中国农业出版社,1995.3.—322页;20cm
ISBN 7-109-03688-X:¥11.00

S63　041857
蔬菜栽培/河南省农业厅科教处主编;孙新政等编著.—北京:中国农业出版社,1995.9.—317页;19cm
ISBN 7-109-04169-7:¥7.80

S63　041858
特菜生产200问/祖茂增,李建伟编著.—北京:中国农业出版社,1995.6.—157页;19cm.—(蔬菜两高一优栽培新技术/吴国兴,张真和主编)
ISBN 7-109-03849-1:¥5.70

S63　041859
特种蔬菜栽培技术/杨庆炎主编.—北京:高等教育出版社,1995.3.—107页;19cm
ISBN 7-04-005149-4:¥3.75

S63　041860
特种蔬菜栽培技术/封槐松,文国强主编;中国农学会编.—北京:科学普及出版社,1995.2.—210页;19cm.—(蔬菜实用技术丛书)
ISBN 7-110-03771-1:¥7.00

S63　041861
无土育苗与蔬菜无土栽培/张伽成等编.—合肥:安徽科学技术出版社,1995.8.—75页;19cm.—(高效农业技术丛书·农作物种植类/王昭耀主编;李成荃分主编)
ISBN 7-5337-0961-6:¥2.50

S63　041862
稀特蔬菜栽培技术/郭素英等编著.—太原:山西科学教育出版社,1995.1.—148页:彩图;19cm.—(农村科技致富丛书)
ISBN 7-5377-1056-2:¥7.50

S63　041863
稀有蔬菜种植技术/贾子珍,白音德力格尔编著.—赤峰:内蒙古科学技术出版社,1995.10.—537页;19cm
ISBN 7-5380-0310-X:¥15.90

S63　041864
辛辣蔬菜栽培技术/同延龄等编.—西安:陕西科学技术出版社,1995.7.—164页;19cm.—(科技兴农实用新技术丛书/林季周主编)
ISBN 7-5369-2217-5:¥4.40

S63　041865
洋蔬菜栽培/张胜民,鲍雅娟编著.—合肥:安徽科学技术出版社,1995.10.—100页;19cm.—(高效农业技术丛书·蔬菜栽培类/王昭耀主编)
ISBN 7-5337-1196-3:¥4.00

S63　041866
珍稀名优蔬菜80种/李式军,刘凤生编著.—北京:中国农业出版社,1995.3.—283页;19cm
ISBN 7-109-03662-6:¥8.00

S63　041867

珍稀蔬菜的营养与栽培/郭清秀等主编.—郑州:中原农民出版社,1995.8.—97页;19cm.—(农业新技术丛书)

ISBN 7-80538-784-2:¥2.95

S63-44　041868

名特新稀蔬菜栽培问答/焦自高,何启伟编著.—石家庄:河北科学技术出版社,1995.2.—151页;19cm.—(农业科技十万问·蔬菜篇/何启伟主编)

ISBN 7-5375-1450-X:¥3.80

S63-44　041869

生菜、莴笋、花椰菜、绿菜花生产160问/滕人贵,韩明珠编著.—北京:中国农业出版社,1995.6.—209页;19cm.—(蔬菜两高一优栽培新技术丛书/吴国兴,张真和主编)

ISBN 7-109-03840-8:¥7.40

S63-44　041870

蔬菜科技致富500问/顾兴芳等编.—北京:中国农业科技出版社,1995.7.—367页;19cm

ISBN 7-80026-952-3:¥10.00

S63-44　041871

蔬菜品种及育苗问答/何启伟等编著.—石家庄:河北科学技术出版社,1995.2.—158页;19cm.—(农业科技十万问·蔬菜篇/何启伟主编)

ISBN 7-5375-1447-X:¥3.80

S63-44　041872

蔬菜栽培新技术问答/卢育华,魏来璠编著.—石家庄:河北科学技术出版社,1995.2.—167页;19cm.—(农业科技十万问·蔬菜篇/何启伟主编)

ISBN 7-5375-1411-9:¥3.80

S63-49　041873

漫步蔬菜王国/张绍文编著.—郑州:海燕出版社,1995.6.—59页;20cm.—(农村娃科普系列丛书/葛纪谦主编)

ISBN 7-5350-1322-8:¥1.50

S63-62　041874

出口创汇蔬菜生产指南/中国科普作家协会农林委员会主编;侍守江等编著.—北京:中国农业出版社,1995.3.—237页;19cm.—(新编农村实用科技文库)

ISBN 7-109-03696-0:¥5.90

S63-62　041875

简明蔬菜栽培技术指南/湖北省农业科学院蔬菜研究室编著.—武汉:湖北科学技术出版社,1995.12.—119页;19cm.—(农村实用新科技丛书/孙济中主编)

ISBN 7-5352-1775-3:¥5.20

S63-62　041876

蔬菜种植技术大全/陆子豪主编.—北京:北京出版社,1995.9.—914页;19cm

ISBN 7-200-02361-2:¥24.50

S63-62　041877

蔬菜种植技术大全/陆子豪主编.—北京:北京出版社,1995.9.—914页;19cm

ISBN 7-200-02359-0(精装):¥28.60

S630.2　041878

蔬菜种质资源概论/周长久主编.—北京:北京农业大学出版社,1995.8.—210页;26cm

全国高等农业院校教材 蔬菜、园艺专业用

ISBN 7-81002-702-6:¥8.00

S630.32　041879

蔬菜良种繁育原理与技术/王爱民主编;王生有等编.—北京:中国农业出版社,1995.3.—358页;20cm

ISBN 7-109-03604-9:¥9.30

①S630.32②F724.723　041880

蔬菜良种繁育与营销管理/徐跃进等编著.—武汉:湖北科学技术出版社,1995.5.—302页;19cm.—(农村实用新科技丛书)

ISBN 7-5352-1695-1:¥7.00

S630.4　041881

蔬菜育苗大全/葛晓光主编.—北京:中国农业出版社,1995.7.—310页;20cm.—(新编农业实用科技全书)

ISBN 7-109-03733-9:¥11.50

①S630.4②TS972.1　041882

花色蔬菜栽培和食用方法/顾元龙,黄丹枫主编.—上海:上海科学技术出版社,1995.3.—37页;19cm

ISBN 7-5323-3815-0:¥12.00

S630.6　041883

蔬菜施肥新技术/杨永清,王雪冲编著.—北京:中国农业出版社,1995.9.—112页;19cm.—(作物施肥技术丛书)

ISBN 7-109-03923-4:¥5.50

S630.9　041884

果蔬的采后生理及保鲜/李卓杰编著.—广州:中山大学出版社,1995.6.—354页;19cm

ISBN 7-306-00989-3:¥12.00

S632　041885

生姜、马铃薯、芋头高效益栽培/朱来志编著.—合肥:安徽科学技术出版社,1995.10.—108页;19cm.—(高效农业技术丛书·蔬菜栽培类/王昭耀主编)

ISBN 7-5337-1276-5:¥4.10

S632　041886

生姜、山药、芋头生产100问/高中强,王连建编著.—北京:中国农业出版社,1995.7.—118页;19cm.—(蔬菜两高一优栽培新技术/吴国兴,张真和主编)

ISBN 7-109-03846-7:¥4.60

S632.9　041887

魔芋栽培与加工技术/何家庆编著.—合肥:安徽科学技术出版社,1995.9.—344页;19cm.—(高效农业技术丛书·农作物种植类)

ISBN 7-5337-1124-6:¥9.50

S633　041888

温室大棚韭菜、芹菜、蒜苗高产优质栽培/胡素菊,张昕编著.—沈阳:辽宁科学技术出版社,1995.8.—145页;19cm.—(农村致富金钥匙丛书·蔬菜类)

ISBN 7-5381-2186-2:¥6.00

S633-44　041889

葱蒜类生产200问/张景华,齐玉英编著.—北京:中国农业出版社,1995.7.—178页;19cm.—(蔬菜两高一

优栽培新技术丛书/吴国兴,张真和主编)
ISBN 7-109-03844-0: ¥6.30

S633.3 041890
新法种韭菜/冯光宇,冯健雄编著.—天津:天津科学技术出版社,1995.11.—69页;19cm
ISBN 7-5308-1834-1: ¥3.00

S633.4 041891
大蒜高产优质高效实用栽培技术/郑世发等编.—武汉:湖北科学技术出版社,1995.5.—83页;19cm.—(农村实用新科技丛书/孙济中主编)
ISBN 7-5352-1685-4: ¥2.80

S634 041892
白菜类蔬菜栽培/卢健林,杨善庆编著.—合肥:安徽科学技术出版社,1995.10.—77页;19cm.—(高效农业技术丛书·蔬菜栽培类/王昭耀主编)
ISBN 7-5337-1274-9: ¥3.30

S635 041893
甘蓝、花椰菜栽培/朱世东等编著.—合肥:安徽科学技术出版社,1995.10.—102页;19cm.—(高效农业技术丛书·蔬菜栽培类/王昭耀主编)
ISBN 7-5337-1220-X: ¥3.60

S635 041894
甘蓝类蔬菜优质高效栽培技术/丁万霞等编著.—南京:江苏科学技术出版社,1995.10.—99页;19cm.—(菜篮子工程技术丛书)
ISBN 7-5345-1995-0: ¥4.30

S635 041895
甘蓝实用栽培技术/朱宗元,殷玉华编著.—南昌:江西科学技术出版社,1995.6.—83页;19cm.—(科技兴农丛书·种植业)
ISBN 7-5390-0907-1: ¥3.50

S635-44 041896
结球甘蓝、花椰菜、青花菜丰产栽培技术问答/孙培田等编.—北京:科学普及出版社,1995.8.—87页;19cm.—(农民实用技术丛书/王连铮主编)
ISBN 7-110-03970-6: ¥5.00

S636 041897
绿叶蔬菜大棚栽培/汪李平编著.—合肥:安徽科学技术出版社,1995.10.—125页;19cm.—(高效农业技术丛书·蔬菜栽培类/王昭耀主编)
ISBN 7-5337-1222-6: ¥4.20

S636-44 041898
绿叶菜类生产150问/康贵奇等编著.—北京:中国农业出版社,1995.6.—182页;19cm.—(蔬菜两高一优栽培新技术丛书/吴国兴,张真和主编)
ISBN 7-109-03838-6: ¥6.50

S636.2 041899
生菜(叶用莴苣)高产优质栽培实用技术/张福墁编著.—北京:中国林业出版社,1995.10.—32页;19cm
ISBN 7-5038-1456-X: ¥3.20

S636.3 041900
百天种芹菜/赵万里,王锡勤编著.—天津:天津科学技术出版社,1995.11.—105页;19cm
ISBN 7-5308-1340-4: ¥2.70

S636.3 041901
芹菜高产优质栽培实用技术/沈火林编著.—北京:中国林业出版社,1995.10.—52页;19cm
ISBN 7-5038-1452-7: ¥3.80

S636.3-44 041902
芹菜生产150问/于长坤,杨春玲编著.—北京:中国农业出版社,1995.7.—195页;19cm.—(蔬菜两高一优栽培新技术丛书/吴国兴,张真和主编)
ISBN 7-109-03837-8: ¥6.70

S641 041903
番茄辣椒茄子良种/胡是麟,袁珍珍编著.—北京:金盾出版社,1995.3.—133页:彩照;19cm
ISBN 7-5082-0006-3: ¥5.90

S641 041904
番茄辣椒茄子优质高效栽培技术/余文贵等编著.—南京:江苏科学技术出版社,1995.10.—142页;19cm.—(菜篮子工程技术丛书)
ISBN 7-5345-1998-5: ¥5.60

S641 041905
茄果类蔬菜大棚栽培/汪维云,林以敬编著.—合肥:安徽科学技术出版社,1995.11.—110页;19cm.—(高效农业技术丛书·蔬菜栽培类/王昭耀主编)
ISBN 7-5337-1252-8: ¥4.00

S641 041906
温室大棚茄子、辣椒高产优质栽培/白福年等编著.—沈阳:辽宁科学技术出版社,1995.8.—114页;19cm.—(农村致富金钥匙丛书·蔬菜类)
ISBN 7-5381-2185-4: ¥5.50

S641.1 041907
杭茄系列品种及其栽培技术/杭州市蔬菜科学技术研究所编著.—上海:上海科学技术出版社,1995.9.—41页;19cm
ISBN 7-5323-4072-4: ¥2.30

S641.1 041908
茄子生产150问/高玉英编著.—北京:中国农业出版社,1995.7.—156页;19cm.—(蔬菜两高一优栽培新技术/吴国兴,张真和主编)
ISBN 7-109-03843-2: ¥5.70

S641.2 041909
番茄高产优质栽培实用技术/任华中编著.—北京:中国林业出版社,1995.10.—75页;19cm
ISBN 7-5038-1455-1: ¥3.80

S641.2 041910
番茄生产150问/曲丰金,王礼编著.—北京:中国农业出版社,1995.7.—171页;19cm.—(蔬菜两高一优栽培新技术/吴国兴,张真和主编)
ISBN 7-109-03841-6: ¥6.30

S641.2 041911
温室大棚番茄高产优质栽培/商学惠,曲丰金编著.—沈阳:辽宁科学技术出版社,1995.8.—77页:彩图;19cm.—(农村致富金钥匙丛书·蔬菜类)
ISBN 7-5381-2184-6: ¥5.00

S641.3-44 041912
辣椒生产150问/许士林,刘艳芳编著.—北京:中国

农业出版社,1995.6.—173页;19cm.—(蔬菜两高一优栽培新技术丛书/吴国兴,张真和主编)
ISBN 7-109-03839-4:¥6.30

S642 041913
佛手瓜、南瓜、冬瓜生产100问/刘书亭等编著.—北京:中国农业出版社,1995.8.—57页;19cm.—(蔬菜两高一优栽培新技术/吴国兴,张真和主编)
ISBN 7-109-03842-4:¥3.10

S642 041914
瓜类蔬菜大棚栽培/汪维云编著.—合肥:安徽科学技术出版社,1995.10.—59页;19cm.—(高效农业技术丛书·蔬菜栽培类/王昭耀主编)
ISBN 7-5337-1261-7:¥2.50

S642-44 041915
黄瓜、西葫芦生产180问/赵日庄,李秀美编著.—北京:中国农业出版社,1995.7.—227页;19cm.—(蔬菜两高一优栽培新技术丛书/吴国兴,张真和主编)
ISBN 7-109-03836-X:¥7.80

①S642.02②S643.02 041916
瓜类豆类蔬菜良种/袁珍珍,胡是麟编著.—北京:金盾出版社,1995.4.—151页;19cm
ISBN 7-5082-0032-2:¥5.00

S642.04 041917
黄瓜、冬瓜、苦瓜优质高效栽培技术/杨荣昌编著.—南京:江苏科学技术出版社,1995.3.—103页;19cm.—(菜篮子工程技术丛书)
ISBN 7-5345-1906-3:¥3.20

S642.2 041918
黄瓜高产优质栽培实用技术/许勇,杨月英编著.—北京:中国林业出版社,1995.10.—48页;19cm
ISBN 7-5038-1457-8:¥3.60

S642.2 041919
黄瓜新品种四季栽培/苏崇森等编著.—西安:陕西科学技术出版社,1995.7.—90页;19cm.—(科技兴农实用新技术丛书 /林季周主编)
ISBN 7-5369-2215-9:¥2.90

S642.2 041920
黄瓜栽培实用技术大全/陶正平主编.—北京:中国农业出版社,1995.10.—211页:彩图;20cm
ISBN 7-109-04051-8:¥11.75

S642.2 041921
温室大棚黄瓜高产优质栽培/亢树华,王秀华编著.—沈阳:辽宁科学技术出版社,1995.8.—67页:彩图;19cm.—(农村致富金钥匙丛书·蔬菜类)
ISBN 7-5381-2183-8:¥5.00

S642.204 041922
黄瓜嫁接栽培技术问答/张同臣,董书增编著.—北京:中国农业出版社,1995.11.—102页;19cm
ISBN 7-109-04046-1:¥3.50

S642.9 041923
苦瓜与佛手瓜高产优质栽培实用技术/许勇,杨月英编著.—北京:中国林业出版社,1995.10.—31页;19cm
ISBN 7-5038-1453-5:¥3.20

S643 041924
豆类蔬菜生产150问/王永利等编著.—北京:中国农业出版社,1995.5.—134页;19cm.—(蔬菜两高一优栽培新技术/吴国兴,张真和主编)
ISBN 7-109-03845-9:¥5.00

S643 041925
豆类蔬菜栽培/唐述文等编著.—合肥:安徽科学技术出版社,1995.10.—106页;19cm.—(高效农业技术丛书·蔬菜栽培类/王昭耀主编)
ISBN 7-5337-1260-9:¥3.60

S643 041926
主要豆类蔬菜栽培技术/刁阳隆编著.—南京:江苏科学技术出版社,1995.8.—115页;19cm.—(菜篮子工程技术丛书)
ISBN 7-5345-1978-0:¥5.00

S644.4 041927
香椿芽(叶)菜高产优质栽培实用技术/王德恒编著.—北京:中国林业出版社,1995.10.—36页;19cm
ISBN 7-5038-1454-3:¥3.60

S645-44 041928
水生蔬菜生产200问/陈庆生编著.—北京:中国农业出版社,1995.8.—130页;19cm.—(蔬菜两高一优栽培新技术丛书/吴国兴,张真和主编)
ISBN 7-109-03847-5:¥5.50

S646 041929
八种食用菌速生高产栽培新技术/潘崇环编.—北京:中国农业出版社,1995.5.—181页;19cm.—(全国星火计划丛书)
ISBN 7-109-03649-9:¥6.90

S646 041930
食用菌栽培/王立泽等编著.—2版(增订版).—合肥:安徽科学技术出版社,1995.1.—499页:图;19cm
ISBN 7-5337-0016-5:¥11.50

S646 041931
食用菌栽培 上册:纯菌种·蘑菇·草菇·平菇/王立泽等编著.—合肥:安徽科学技术出版社,1995.10.—178页;19cm.—(高效农业技术丛书·蔬菜栽培类/王昭耀主编)
ISBN 7-5337-1279-X:¥5.60

S646 041932
食用菌栽培 下册:猴头·竹荪·茯苓·灵芝·天麻/王立泽等编著.—合肥:安徽科学技术出版社,1995.10.—499页;19cm.—(高效农业技术丛书·蔬菜栽培类/王昭耀主编)
ISBN 7-5337-1281-1:¥4.80

S646 041933
食用菌栽培 中册:榆黄蘑·凤尾菇·香菇·金针菇·黑木耳·银耳/王立泽等编著.—合肥:安徽科学技术出版社,1995.10.—348页;19cm.—(高效农业技术丛书·蔬菜栽培类/王昭耀主编)
ISBN 7-5337-1280-3:¥5.40

S646 041934
食用菌栽培及其污染防治/丁凤珍,姚萍编著.—北京:高等教育出版社,1995.3.—142页;19cm.—(全国星火计划丛书·现代农村科技致富丛书)

兼作农业职业中学教学用书

ISBN 7-04-005155-9:￥4.15

S646 041935

食用菌制种与栽培/郭炳冉等主编.—济南:山东大学出版社,1995.6.—379页;20cm

ISBN 7-5607-1490-0:￥8.80

S646 041936

食用菌周年生产技术/杨瑞长编著.—北京:金盾出版社,1995.12.—195页;19cm

ISBN 7-5082-0113-2:￥6.70

S646 041937

四季种菇200问/李志超等编著.—北京:中国农业出版社,1995.8.—364页;19cm.—(蔬菜两高一优栽培新技术/吴国兴,张真和主编)

ISBN 7-109-03848-3:￥9.80

S646-44 041938

食用菌高产栽培500问/周永才等编著 .—南京:江苏科学技术出版社,1995.1.—356页;19cm

ISBN 7-5345-1869-5:￥8.50

S646.04 041939

食用菌塑料大棚周年栽培技术/杨瑞长,陈国良编著.—上海:上海科学技术出版社,1995.3.—245页;19cm

ISBN 7-5323-3525-9:￥6.80

S646.04 041940

食用菌栽培学/凌丽娟主编.—北京:中国农业科技出版社,1995.7.—229页;26cm

ISBN 7-80026-922-1:￥14.00

S646.1 041941

蘑菇高产栽培400问/刘崇汉编著.—南京:江苏科学技术出版社,1995.10.—396页;19cm

ISBN 7-5345-1994-2:￥13.40

S646.1 041942

蘑菇实用栽培法:双孢蘑菇栽培/闽粤边区《蘑菇实用栽培法》编写组编著.—北京:中国林业出版社,1995.7.—78页;19cm

ISBN 7-5038-1516-7:￥3.00

S646.1 041943

香菇袋栽新技术/丁湖广编著.—福州:福建科学技术出版社,1995.11.—166页;19cm

ISBN 7-5335-0809-2:￥5.20

S646.6 041944

北方黑木耳代料高产栽培技术/杜庭树编著.—北京:中国农业出版社,1995.10.—108页;19cm

ISBN 7-109-03887-4:￥6.30

S646.6 041945

耳类栽培新技术/喻初权等编著.—长沙:湖南科学技术出版社,1995.9.—155页;19cm.—(食用菌栽培丛书)

ISBN 7-5357-1717-9:￥5.20

S65 蓏果园艺

S65 041946

西瓜、甜瓜优质高效栽培新技术/羊杏平编著.—南京:江苏科学技术出版社,1995.7.—239页;19cm.—(菜篮子工程技术丛书)

ISBN 7-5345-1952-7:￥8.00

S651 041947

西瓜丰产栽培图说/高新一等编著.—北京:中国林业出版社,1995.5.—150页;19cm

ISBN 7-5038-1443-8:￥4.70

S651 041948

杂交西瓜栽培/仇恒通编著.—合肥:安徽科学技术出版社,1995.10.—118页;19cm.—(高效农业技术丛书·蔬菜栽培类/王昭耀主编)

ISBN 7-5337-1288-9:￥4.40

S66 果树园艺

S66 041949

甘肃果树志/甘肃省农业科学院果树研究所编著.—北京:中国农业出版社,1995.5.—487页;26cm

ISBN 7-109-02132-7(精装):￥72.50

S66 041950

果树工:北方本/农业部工人技术培训教材编审委员会编.—北京:中国农业出版社,1995.3.—464页;20cm

工人技术培训统编教材

ISBN 7-109-03577-8:￥12.50

S66 041951

果树旱作与节水栽培/李光晨编著.—北京:中国农业出版社,1995.10.—225页;19cm

ISBN 7-109-03779-7:￥11.00

S66 041952

果树试验与统计/王丽雪主编.—北京:中国农业出版社,1995.5.—274页;26cm

全国高等农林专科统编教材 果树专业用

ISBN 7-109-03349-X:￥10.15

S66 041953

果树学概论:南方本/林铮主编.—北京:中国农业出版社,1995.10.—206页;26cm

全国高等农业院校教材 农学、林学、食品、农经类专业用

ISBN 7-109-03643-X:￥10.75

S66 041954

果树栽培/河南省农业厅科教处主编;李道德等编著.—北京:中国农业出版社,1995.9.—379页;19cm

ISBN 7-109-04172-7:￥8.80

S66 041955

果树栽培技术/中德合作山东粮援项目办公室编.—济南:黄河出版社,1995.3.—501页;20cm

ISBN 7-80558-557-1:￥14.00

S66 041956

果树栽培学/刘景等主编.—郑州:中原农民出版社,1995.2.—392页;20cm

ISBN 7-80538-710-9:￥11.20

S66 041957

果树周年管理技术/罗建谱主编.—长沙:湖南科学技术出版社,1995.7.—334页;19cm

ISBN 7-5357-1713-6:¥5.80

S66 041958

梨、杏、葡萄栽培技术/宁夏回族自治区农业建设委员会,宁夏实施"231工程"领导小组办公室编.—银川:宁夏人民出版社,1995.11.—131页;19cm.—(九头狼丛书·科学普及系列)

宁夏实施"231工程"暨科教扶贫教材

ISBN 7-227-01537-8:¥3.70

S66 041959

云南果树栽培实用技术/张兴旺编著.—2版.—昆明:云南科技出版社,1995.6.—331页;19cm

ISBN 7-5416-0519-0:¥8.80

S66-33 041960

果树扦插繁殖/涂翠琴编著.—南昌:江西科学技术出版社,1995.8.—107页;19cm

ISBN 7-5390-0921-7:¥4.00

S66-44 041961

果农生产技术咨询800问/汪景彦主编.—北京:中国农业出版社,1995.1.—494页;19cm

ISBN 7-109-03955-2:¥17.00

S66-44 041962

果树优良品种问答/王凤才等编著.—石家庄:河北科学技术出版社,1995.2.—199页;19cm.—(农业科技十万问·果树篇/刘振岩主编)

ISBN 7-5375-1451-8:¥3.80

S66-44 041963

果树育苗与建园问答/刘志坚等编著.—石家庄:河北科学技术出版社,1995.2.—197页;19cm.—(农业科技十万问·果树篇/刘振岩主编)

ISBN 7-5375-1452-6:¥3.80

S66-44 041964

苹果、山楂、板栗栽培问答/周润生等编著.—石家庄:河北科学技术出版社,1995.2.—196页;19cm.—(农业科技十万问·果树篇/刘振岩主编)

ISBN 7-5375-1456-9:¥3.80

S66-62 041965

实用果农手册/山西省林业厅主编.—北京:中国农业出版社,1995.2.—399页;19cm

ISBN 7-109-03613-8:¥8.90

S660.2 041966

果树名优新品种/张殿高,李喜森编著.—沈阳:辽宁科学技术出版社,1995.11.—122页:彩照;19cm.—(农村致富金钥匙丛书·果树类)

ISBN 7-5381-2187-0:¥7.40

S660.2 041967

落叶果树种质资源学/中华人民共和国农业部教育司主编;韩振海等编著.—北京:中国农业出版社,1995.3.—356页;20cm.—(中国博士专著·农业领域)

ISBN 7-109-03625-1:¥16.00

S660.3 041968

果树生殖学导论/吕柳新,林顺权编著.—北京:中国农业出版社,1995.7.—212页;20cm

ISBN 7-109-04020-8:¥13.60

S660.4 041969

果树嫁接16法/马宝焜等编摄.—北京:中国农业出版社,1995.7.—40页:彩照;19cm.—(实用农业科技彩色图说)

ISBN 7-109-03611-1:¥7.50

S660.5 041970

果树开花结实生理和调控技术/吴邦良等编著.—上海:上海科学技术出版社,1995.12.—529页;19cm

ISBN 7-5323-3803-7:¥17.00

S660.5 041971

果园除草技术/唐梁楠,杨秀瑗编著.—北京:金盾出版社,1995.1.—152页;19cm

ISBN 7-80022-961-0:¥4.30

S660.5 041972

十二种果树整形修剪图解/刘光生编著.—北京:中国农业出版社,1995.3.—350页;19cm

ISBN 7-109-03426-7:¥8.90

S660.5-44 041973

果树整形修剪问答/王淑贞等编著.—石家庄:河北科学技术出版社,1995.2.—199页;19cm.—(农业科技十万问·果树篇/刘振岩主编)

ISBN 7-5375-1454-2:¥3.80

S660.9 041974

果品贮藏保鲜实用技术/蒋如生等编著.—天津:天津科学技术出版社,1995.10.—133页;19cm

ISBN 7-5308-1812-0:¥4.80

S660.9-44 041975

果品采后技术问答/沈元枫等编著.—石家庄:河北科学技术出版社,1995.2.—130页;19cm.—(农业科技十万问·果树篇/刘振岩主编)

ISBN 7-5375-1455-0:¥3.80

S661.1 041976

短枝型苹果实用栽培技术/李炳智主编.—西安:陕西科学技术出版社,1995.7.—163页;19cm.—(科技兴农实用新技术丛书/林季周主编)

ISBN 7-5369-2019-9:¥4.40

S661.1 041977

红富士苹果栽培技术/宁夏回族自治区农业建设委员会,宁夏实施"231工程"领导小组办公室编.—银川:宁夏人民出版社,1995.11.—159页;19cm.—(九头狼丛书·科学普及系列)

宁夏实施"231工程"暨科教扶贫教材

ISBN 7-227-01539-4:¥4.20

S661.1 041978

刘德良寒地苹果高产技术/刘德良,刘金俊著.—牡丹江:黑龙江朝鲜民族出版社,1995.12.—81页;19cm

ISBN 7-5389-0613-4:¥9.90

S661.1 041979

苹果丰产栽培图说/马绍伟,董中强主编;张慧梅等编著.—北京:中国林业出版社,1995.5.—179页;19cm

ISBN 7-5038-1444-6:¥4.80

S661.1 041980

苹果密植早丰新技术/刘兴治主编.—沈阳:辽宁科学技术出版社,1995.11.—132 页;19cm.—(农村致富金钥匙丛书·果树类)
ISBN 7-5381-2189-7:¥5.00

S661.1　041981
苹果树高接换种技术/卜万锁,王永忠编著.—太原:山西科学技术出版社,1995.1.—62 页;19cm.—(农村科技致富丛书)
ISBN 7-5377-1049-X:¥1.60

S661.1　041982
苹果树修剪入门/孙锡本编著.—沈阳:辽宁科学技术出版社,1995.8.—195 页;19cm.—(农村致富金钥匙丛书·果树类)
ISBN 7-5381-2188-9:¥6.20

S661.1　041983
苹果无病毒苗木繁育技术/郑金城等编著.—北京:中国农业出版社,1995.8.—141 页;19cm
ISBN 7-109-04124-7:¥6.20

S661.1　041984
苹果新品种及矮化密植技术/郭兆年主编;陈怡编著.—北京:金盾出版社,1995.6.—136 页:照片;19cm
ISBN 7-5082-0041-1:¥4.70

S661.1　041985
苹果新品种优质高产技术/马骥,徐呈祥编著.—兰州:甘肃科学技术出版社,1995.7.—357 页;20cm
ISBN 7-5424-0561-6:¥12.80

S661.1　041986
苹果新品种整形修剪技术/张殿高编著.—沈阳:辽宁科学技术出版社,1995.8.—120 页;19cm.—(农村致富金钥匙丛书·果树类)
ISBN 7-5381-2191-9:¥4.30

S661.1　041987
苹果优良新品种原色图谱/过国南等摄撰.—北京:中国农业出版社,1995.3.—32 页:彩照;20cm
ISBN 7-109-03786-X:¥8.80

S661.1　041988
苹果园综合管理与经营/惠毓坤,陈宏等编著.—北京:中国农业出版社,1995.8.—275 页;19cm
ISBN 7-109-04084-4:¥9.60

S661.1　041989
优质苹果生产与经营新技术/张绍铃等编著.—北京:中国农业出版社,1995.10.—256 页;19cm
ISBN 7-109-03978-1:¥9.95

S661.105　041990
苹果树剪枝图解/张殿高编著.—修订本.—沈阳:辽宁科学技术出版社,1995.3.—385 页;19cm
ISBN 7-5381-1911-6:¥8.60

S661.2　041991
梨密植早丰新技术/刘兴治等编著.—沈阳:辽宁科学技术出版社,1995.8.—102 页;19cm.—(农村致富金钥匙丛书·果树类)
ISBN 7-5381-2190-0:¥5.00

S661.2　041992
梨生产原理与技术/董存田主编.—北京:中国农业科技出版社,1995.6.—335 页;20cm
ISBN 7-80026-909-4:¥8.40

S661.2　041993
梨树矮化密植栽培/贾敬贤主编;陈长兰等编著.—北京:金盾出版社,1995.10.—169 页:图;19cm
ISBN 7-5082-0091-8:¥5.50

S661.206　041994
梨树施肥新技术/李良瀚,张丽洁编著.—北京:中国农业出版社,1995.4.—112 页;19cm.—(作物施肥技术丛书)
ISBN 7-109-03565-4:¥3.50

S661.9　041995
苹果梨栽培技术/李新力,郭永臣主编.—长春:吉林教育出版社,1995.10.—131 页;19cm.—(世界银行贷款项目技术培训丛书)
ISBN 7-5383-2669-3:¥6.50

S662　041996
桃、杏、樱桃栽培问答/王凤才等编著.—石家庄:河北科学技术出版社,1995.2.—172 页;19cm.—(农业科技十万问·果树篇/刘振岩主编)
ISBN 7-5375-1421-6:¥3.80

S662.1　041997
日光温室桃栽培技术/李宝田,李晓春编著.—沈阳:沈阳出版社,1995.10.—157 页;19cm.—(科技兴农致富系列书/冯传玺,董加耕主编)
ISBN 7-5441-0465-6:¥8.00

S662.1　041998
桃果优质高产栽培技术/李郁等编著.—西安:陕西科学技术出版社,1995.7.—184 页;19cm.—(科技兴农实用新技术丛书 /林季周主编)
ISBN 7-5369-2221-3:¥4.70

S662.1　041999
桃树栽培/曾佩三编著.—2 版.—北京:中国农业出版社,1995.9.—166 页;19cm.—(果树栽培丛书)
ISBN 7-109-03918-8:¥8.20

S662.105　042000
桃树整形修剪/傅耕夫,段良骅编著.—2 版.—北京:中国农业出版社,1995.7.—113 页;19cm
ISBN 7-109-03932-3:¥4.95

S662.105　042001
桃树整形修剪图解/张鹏,魏连贵编著.—北京:金盾出版社,1995.8.—89 页;19cm
ISBN 7-5082-0089-6:¥2.70

S662.5-44　042002
大樱桃栽培技术问答/滕人贵,韩明珠主编.—北京:中国农业出版社,1995.3.—150 页;19cm
ISBN 7-109-03654-5:¥4.10

S663.1　042003
葡萄丰产新技术/严大义等编著.—沈阳:辽宁科学技术出版社,1995.8.—127 页;19cm.—(农村致富金钥匙丛书·果树类)
ISBN 7-5381-2194-3:¥4.60

S663.1　042004
葡萄整形修剪和病虫防治技术/张克俊主编.—北

京:中国林业出版社,1995.5.—176 页;19cm
ISBN 7-5038-1422-5: ¥7.00

S663.1-64 042005
葡萄栽培图解/严大义等编著.—沈阳:辽宁科学技术出版社,1995.4.—140 页;19cm
ISBN 7-5381-2124-2: ¥7.20

S663.9 042006
猕猴桃栽培技术图解/田文杰等编著.—西安:陕西科学技术出版社,1995.11.—71 页;19cm
ISBN 7-5369-2347-3: ¥2.70

S664.2 042007
板栗早实丰产栽培技术/姜国高主编.—北京:中国林业出版社,1995.8.—197 页;19cm
ISBN 7-5038-1485-3: ¥6.80

S665.101 042008
果林农业生态地质研究:金丝小枣农业生态地质环境/邵时雄等著.—北京:科学出版社,1995.8.—95 页;26cm
ISBN 7-03-004684-6: ¥16.00

S665.2 042009
月柿丰产栽培技术与加工/蒋汉钧,刘桂秀编著.—桂林:广西师范大学出版社,1995.6.—194 页;19cm.—(科教兴农丛书)
ISBN 7-5633-2026-1: ¥4.50

S665.2 042010
最新都柿栽培与贮藏加工技术/丁晓东,睢薇编著.—哈尔滨:哈尔滨船舶工程学院出版社,1995.11.—148 页;19cm.—(农村奔小康丛书)
ISBN 7-81007-614-0: ¥5.60

S665.4 042011
石榴丰产栽培图说/周翔陆主编.—北京:中国林业出版社,1995.9.—180 页;19cm
ISBN 7-5038-1489-6: ¥6.80

S666 042012
椪柑栽培技术/邓毓华等编写.—南昌:江西科学技术出版社,1995.1.—169 页;19cm.—(科技兴农丛书·种植业)
ISBN 7-5390-0766-4: ¥3.80

S666-53 042013
经济林果发展·柑桔熟期配套研究论文集/沈兆敏主编.—北京:中国农业科技出版社,1995.1.—201 页;26cm
ISBN 7-80026-856-X: ¥12.50

S666-62 042014
简明柑桔生产常用表手册/沈兆敏,刘发荣主编.—成都:四川科学技术出版社,1995.4.—169 页;19cm
ISBN 7-5364-3044-2: ¥5.00

S667.1 042015
荔枝丰产栽培/黄东光,陈毓龄编著.—广州:广东高等教育出版社,1995.12.—168 页;19cm.—(农村文化丛书)
ISBN 7-5361-1840-6: ¥13.00

S667.7 042016
芒果高产栽培/逯万兵,刘岩编著.—北京:金盾出版社,1995.2.—116 页:彩照;19cm
ISBN 7-80022-984-X: ¥3.60

S668.1 042017
香蕉优质高产栽培/黄秉智编著.—北京:金盾出版社,1995.6.—137 页:照片;19cm
ISBN 7-5082-0037-3: ¥5.40

S668.4 042018
草莓栽培/黎世昌编著.—2 版(修订版).—合肥:安徽科学技术出版社,1995.10.—73 页;19cm.—(高效农业技术丛书·花果林生产类/王昭耀主编)
ISBN 7-5337-1254-4: ¥2.90

S668.4 042019
草莓栽培技术/郭亚英编著.—太原:山西科学技术出版社,1995.6.—62 页;19cm.—(农村科技致富丛书)
ISBN 7-5377-1076-7: ¥2.50

S668.4 042020
现代草莓栽培/王忠和编著.—青岛:青岛出版社,1995.10.—131 页;19cm.—(农业实用新技术丛书)
ISBN 7-5436-1350-6: ¥4.50

S668.4 042021
最新草莓栽培与保鲜加工技术/于泽源编著.—哈尔滨:哈尔滨工程大学出版社,1995.11.—99 页;19cm.—(农村奔小康丛书)
ISBN 7-81007-615-9: ¥4.28

S68 观赏园艺

S68 042022
北方花卉栽培技术与应用/车代弟编.—哈尔滨:哈尔滨船舶工程学院出版社,1995.11.—122 页;19cm.—(农村奔小康丛书)
ISBN 7-81007-613-2: ¥4.75

S68 042023
草本花卉/王莲清,刘丽和编著.—北京:中国青年出版社,1995.4.—99 页:彩图;20cm.—(家居花卉丛书/孟庆武,钟青主编)
ISBN 7-5006-1850-6: ¥8.40

S68 042024
观叶花卉/石宝铮编著.—北京:中国青年出版社,1995.4.—112 页:彩图;20cm.—(家居花卉丛书/孟庆武,钟青主编)
ISBN 7-5006-1843-3: ¥8.50

S68 042025
花卉/彭学苏编著.—2 版.—合肥:安徽科学技术出版社,1995.10.—211 页;19cm.—(高效农业技术丛书·花果林生产类)
ISBN 7-5337-1133-5: ¥7.20

S68 042026
花卉技艺/福州教育学院编.—北京:中国社会出版社,1995.9.—49 页;26cm
ISBN 7-80088-695-6: ¥3.20

S68 042027
花镜/(清)陈淏子辑;伊钦恒校注.—2 版(修订

版).—北京:中国农业出版社,1995.2.—452页;20cm.—(中国农书丛刊·园艺之部)
ISBN 7-109-03585-9:¥12.20

S68 042028
花木鉴赏200篇/张俊朴等编著.—北京:中国建筑工业出版社,1995.6.—320页:彩图;20cm
ISBN 7-112-02517-6:¥17.50

S68 042029
家庭常见花卉栽培技艺/吴曼霖等编.—济南:山东科学技术出版社,1995.8.—109页:彩图;26cm
ISBN 7-5331-1609-7:¥19.80

S68 042030
家庭养花·护花/陶萍,漠非编著.—长沙:湖南科学技术出版社,1995.7.—315页:彩图;19cm.—(家庭休闲情趣丛书)
ISBN 7-5357-1512-5:¥10.80

S68 042031
家庭养花与插花/李正应等编著.—北京:科学技术文献出版社,1995.9.—238页;19cm
ISBN 7-5023-2296-5:¥10.00

S68 042032
礼品花卉/申志毅编著.—沈阳:辽宁美术出版社,1995.12.—92页:图版;26cm
ISBN 7-5314-1350-7:¥19.80

S68 042033
切花·养花300例/翟洪武编著.—天津:天津科学技术出版社,1995.2.—332页:图;20cm
ISBN 7-5308-1649-7:¥8.00

S68 042034
四季名优花卉栽培技术/金波等编著.—北京:农村读物出版社,1995.1.—206页;19cm.—(优质高产农产品生产技术丛书)
ISBN 7-5048-2105-5:¥5.40

S68 042035
鲜切花生产技术/昆明市科学技术协会编著.—昆明:云南科技出版社,1995.10.—163页;19cm
ISBN 7-5416-0759-2:¥8.60

S68 042036
新编家庭养花500题/裘文达编写.—南昌:江西科学技术出版社,1995.6.—324页:彩照;20cm
ISBN 7-5390-0817-2:¥14.80

S68 042037
新潮花卉/李少球编著.—广州:广东科技出版社,1995.2.—94页:彩图;20cm
ISBN 7-5359-1430-6:¥15.00

S68 042038
园林树木学/南京林业学校主编.—北京:中国林业出版社,1995.6.—490页;19cm
全国中等林业学校试用教材
ISBN 7-5038-1362-8:¥8.80

S68 042039
园林植物开发研究/张俊朴著.—北京:中国城市出版社,1995.6.—411页:彩照;20cm
ISBN 7-5074-0764-0:¥15.00

S68 042040
珍奇花卉栽培/黄智明编著.—广州:广东科技出版社,1995.5.—108页:彩图;26cm
ISBN 7-5359-1398-9:¥20.80

S68 042041
中国园林花卉/邵忠,邵键编著.—苏州:苏州大学出版社,1995.1.—251页;26cm
ISBN 7-81037-105-3:¥19.50

①S68②J525 042042
切花栽培与保鲜及插花艺术/金波,秦魁杰编著.—北京:中国林业出版社,1995.8.—164页:彩图;19cm
ISBN 7-5038-1441-1:¥9.80

S68-44 042043
养花技术500问/蔡顺清,龚夏霞编著.—上海:上海科学技术出版社,1995.12.—489页;19cm
ISBN 7-5323-3793-6:¥15.00

S68-62 042044
新编养花实用指南/金波等编著.—北京:中国农业出版社,1995.8.—270页;20cm
ISBN 7-109-03853-X:¥15.25

S68-64 042045
花卉识别与栽培图册/北京林业大学园林学院花卉教研室编著.—合肥:安徽科学技术出版社,1995.7.—476页;17×19cm
ISBN 7-5337-1127-0:¥29.00

①S680.3②S436.8 042046
花卉繁殖与病虫害防治/石宝铮等编著.—北京:中国青年出版社,1995.4.—124页:彩图;20cm.—(家居花卉丛书/孟庆武,钟青主编)
ISBN 7-5006-1848-4:¥8.90

S682 042047
宿根球根花卉/李玉瑛编著.—北京:中国青年出版社,1995.4.—91页:彩图;20cm.—(家居花卉丛书/孟庆武,钟青主编)
ISBN 7-5006-1845-X:¥8.20

S682.2 042048
小苍兰研究:世界十大切花之一/秦文英,林源祥著.—上海:上海科学技术出版社,1995.1.—109页;19cm
ISBN 7-5323-3754-5:¥3.70

S682.31 042049
滇兰综艺/杨云编著.—昆明:云南科技出版社,1995.2.—149页:彩图;20cm
ISBN 7-5416-0657-X:¥15.80

S682.31 042050
峨眉山兰花:中国峨眉山国际四季兰展览特辑/陈远星编著.—成都:四川美术出版社,1995.8.—32页;26cm
ISBN 7-5410-0985-7:¥38.00

S682.31 042051
国兰拾粹/吴应祥著.—昆明:云南科技出版社,1995.2.—153页:彩照;19cm
ISBN 7-5416-0790-8:¥18.00

S682.31 042052

云南兰花的识别、鉴赏与收藏/潘光华著.—昆明:云南科技出版社,1995.6.—135页:彩照;19cm
ISBN 7-5416-0668-5:¥16.00

S682.31　042053
中国兰花:品种、欣赏、栽培/李少球等编著.—广州:广东科技出版社,1995.1.—98页:照片;26cm
ISBN 7-5359-1085-8:¥50.00

S685　042054
木本花卉/杨松龄编著.—北京:中国青年出版社,1995.4.—126页:彩图;20cm.—(家居花卉丛书/孟庆武,钟青主编)
ISBN 7-5006-1851-4:¥8.90

S686　042055
观果花卉/石宝锌编著.—北京:中国青年出版社,1995.4.—103页:彩图;20cm.—(家居花卉丛书/孟庆武,钟青主编)
ISBN 7-5006-1844-1:¥8.40

S687.3　042056
攀援花卉/胡浙星等编著.—北京:中国青年出版社,1995.4.—96页:彩图;20cm.—(家居花卉丛书/孟庆武,钟青主编)
ISBN 7-5006-1846-8:¥8.10

S688　042057
果树盆栽与盆景技艺/王兆毅编著.—北京:中国林业出版社,1995.6.—120页:彩照;19×22cm
ISBN 7-5038-1313-X:¥14.00

S688.1　042058
家庭盆景制作/江鼎康编著.—上海:上海科学技术文献出版社,1995.6.—295页;19cm
ISBN 7-5439-0647-3:¥8.80

S688.1　042059
盆景/马文其编著.—北京:中国青年出版社,1995.4.—102页:彩图;20cm.—(家居花卉丛书/孟庆武,钟青主编)
ISBN 7-5006-1852-2:¥8.40

S688.1　042060
怎样制作盆景/张鲁归,梅慧敏编著.—上海:上海文化出版社,1995.12.—196页;19cm.—(怎么办丛书)
ISBN 7-80511-784-5:¥7.10

S688.1　042061
中国岭南盆景=LingNan Bonsal of China/吴培德主编;《中国岭南盆景》编委会编.—广州:广东科技出版社,1995.1.—269页:彩照;29cm
ISBN 7-5359-1392-X(精装):¥168.00

S688.1　042062
中国盆景:欣赏与创作/马文其,魏文富编著.—北京:金盾出版社,1995.10.—86页:照片;26cm
ISBN 7-5082-0050-0:¥50.00

S688.1　042063
中华园艺:花汉民盆景集:汉英对照/花永怒编著;陈远山等摄影.—南京:江苏美术出版社,1995.5.—90页:彩照;26cm
ISBN 7-5344-0472-X:¥52.00

S688.1-61　042064
花卉盆景实用大典/孟庆武,刘师汉主编.—北京:中国青年出版社,1995.7.—620页;20cm
ISBN 7-5006-1603-1(精装):¥36.40

S688.2　042065
花卉装饰/刘丽和编著.—北京:中国青年出版社,1995.4.—102页:彩图;20cm.—(家居花卉丛书/孟庆武,钟青主编)
ISBN 7-5006-1847-6:¥8.40

S688.4　042066
草坪学/孙吉雄主编.—北京:中国农业出版社,1995.10.—170页;26cm
全国高等农业院校教材 草原、观赏园艺专业用
ISBN 7-109-03500-X:¥9.25

S688.4　042067
草坪与地被植物/胡中华,刘师汉编著.—北京:中国林业出版社,1995.5.—222页:彩照;21×19cm
ISBN 7-5038-1395-4:¥18.00

S7 林业

S7　042068
当代林业技术/赵体顺等主编.—郑州:黄河水利出版社,1995.12.—647页;26cm
ISBN 7-80621-038-5:¥49.50

S7　042069
国外林业技术考察报告选编　1994/杨禹畴,吴志民主编.—哈尔滨:东北林业大学出版社,1995.12.—214页;26cm
ISBN 7-81008-614-6:¥8.00

S7　042070
森林的作用与地位/林业部科技司主编.—北京:中国林业出版社,1995.12.—53页;20cm
ISBN 7-5038-1580-9:¥5.00

S7　042071
资源效用型林业研究/黄鹤羽等著.—北京:中国林业出版社,1995.1.—285页;26cm
ISBN 7-5038-1396-2:¥28.00

S7-09　042072
中国林业科学技术史/熊大桐主编.—北京:中国林业出版社,1995.2.—460页:照片;26cm
ISBN 7-5038-1387-3(精装):¥50.00

S7-33　042073
林业试验设计/续九如,黄智慧编著.—北京:中国林业出版社,1995.3.—194页;26cm
全国高等林业院校试用教材
ISBN 7-5038-1361-X:¥6.55

S7-4　042074
全国林业教育统计资料:1993~1994/安丰杰主编;中华人民共和国林业部人事教育司编.—哈尔滨:东北林业大学出版社,1995.10.—392页;19cm
ISBN 7-81008-589-1:¥10.40

S7-4　042075
全国林业教育统计资料:1994~1995/安丰杰主编;

中华人民共和国林业部人事教育司编.—哈尔滨:东北林业大学出版社,1995.12.—445页;19cm
ISBN 7-81008-660-X: ¥13.00

S7-4 042076
在曲折道路上前进:忆山西林校三十一年/唐任远编著.—太原:山西教育出版社,1995.5.—142页;19cm
ISBN 7-5440-0811-8: ¥6.00

S7-49 042077
大森林的未来:21世纪的林业/宋朝枢等编著.—北京:科学技术文献出版社,1995.7.—197页;19cm.—(21世纪科普教育丛书/卢嘉锡等主编)
ISBN 7-5023-2509-3: ¥9.00

S7-53 042078
林业学术研究/郑文忠,孟祥彬主编.—哈尔滨:黑龙江科学技术出版社,1995.10.—631页;20cm
ISBN 7-5388-2874-5: ¥30.00

S7-53 042079
踏遍青山 风采依然:内蒙古林业勘察设计院建院45周年纪念文集/《踏遍青山 风采依然》编委会编.—呼和浩特:内蒙古人民出版社,1995.8.—392页;26cm
ISBN 7-204-02849-X: ¥50.00

S7-53 042080
中国青年绿色论坛:中国林学会第3届青年学术研讨及成果展示会论文精选/张守攻主编.—北京:中国林业出版社,1995.6.—299页;26cm
ISBN 7-5038-1495-0: ¥38.00

S7-54 042081
中国林业年鉴　1994/中华人民共和国林业部编纂.—北京:中国林业出版社,1995.11.—509页:彩照;26cm
ISBN 7-5038-1521-3(精装): ¥72.00

S71　林业基础科学

S711 042082
实用林业统计/孙建成主编.—北京:中国林业出版社,1995.9.—282页;19cm
ISBN 7-5038-1494-2: ¥10.00

①S711②S75 042083
森林动态模拟:兼论红松林的优化经营/邵国凡等著.—北京:中国林业出版社,1995.10.—159页;26cm
ISBN 7-5038-1564-7(精装): ¥46.00

S714.924.5 042084
新疆山地森林土壤/新疆维吾尔自治区林业厅编著.—乌鲁木齐:新疆科技卫生出版社,1995.4.—495页:彩图;26cm
ISBN 7-5372-1109-4(精装): ¥15.00

S716 042085
经济林气象/王利溥编著.—昆明:云南科技出版社,1995.12.—637页;26cm.—(当代科技重要著作·农业领域)
ISBN 7-5416-0791-6(精装): ¥60.00

S717.2 042086
中国的森林/丁建民,徐廷弼编著.—北京:商务印书馆,1995.3.—204页;19cm.—(中国自然地理知识丛书)
ISBN 7-100-01487-5: ¥7.60

S717.21 042087
北京郊区古树名木志/施海主编.—北京:中国林业出版社,1995.8.—204页:彩照;26cm
ISBN 7-5038-1487-X: ¥36.00

S717.222 042088
河北古树志/河北省林学会编著.—石家庄:河北科学技术出版社,1995.9.—96页:照片;26cm
ISBN 7-5375-1484-4: ¥38.00

S717.225 042089
中条山树木志/《中条山树木志》编委会编.—北京:中国林业出版社,1995.6.—621页;26cm
ISBN 7-5038-1417-9(精装): ¥40.00

S717.264-53 042090
始兴森林资源和林政管理示范点文集/王战荣等主编.—北京:中国林业出版社,1995.6.—207页;26cm
ISBN 7-5038-1518-3: ¥10.00

S717.273-62 042091
贵州树木手册/李永康著.—北京:中国林业出版社,1995.10.—746页;20cm
ISBN 7-5038-1401-2(精装): ¥45.00

①S717.274②J426.74 042092
云南名木古树/王民主编;云南省林业厅,云南省林学会编.—芒市:德宏民族出版社,1995.2.—220页;29cm
ISBN 7-80525-252-1(精装): ¥188.00

S718.5 042093
森林生态与经营学/易宗文主编;湖南省林业学校等编.—北京:中国林业出版社,1995.2.—424页;19cm
全国中等林业学校试用教材 森林保护专业用
ISBN 7-5038-1365-2: ¥7.00

S718.5 042094
西藏高原森林生态研究/徐凤翔等著.—沈阳:辽宁大学出版社,1995.6.—308页:照片;26cm
ISBN 7-5610-3001-0: ¥49.00

S718.5 042095
中国红树林研究与管理/范航清,梁士楚主编.—北京:科学出版社,1995.7.—208页;26cm
ISBN 7-03-004821-0: ¥17.90

S718.5-05 042096
森林生态经济学/张建国主编.—哈尔滨:东北林业大学出版社,1995.12.—197页;26cm
全国高等林业院校试用教材
ISBN 7-81008-663-4: ¥12.60

S718.52 042097
中国红树林环境生态及经济利用/林鹏,傅勤编著.—北京:高等教育出版社,1995.3.—95页:彩图;26cm
ISBN 7-04-005461-2: ¥9.70

S718.55 042098
江西大岗山森林生态系统结构与功能规律定位研究

(一)/蒋有绪等著.—北京:中国林业出版社,1995.12.—179页;26cm
ISBN 7-5038-1555-8:¥19.00

S718.6-49　**042099**
百兽乐园趣闻/张天来著.—修订版.—合肥:安徽少年儿童出版社,1995.5.—154页;19cm.—(小学生精品书库·文化教育类)
ISBN 7-5397-1244-9:¥4.00

S718.63-49　**042100**
鸟国之谜/张天来著.—修订版.—合肥:安徽少年儿童出版社,1995.5.—185页;19cm.—(小学生精品书库·文化教育类)
ISBN 7-5397-1243-0:¥4.50

S718.8　**042101**
林木菌根研究/花晓梅主编.—北京:中国科学技术出版社,1995.6.—376页;26cm
ISBN 7-5046-1995-7:¥50.00

S718.81　**042102**
东北林区锈菌与锈病/薛煜主编.—哈尔滨:东北林业大学出版社,1995.12.—153页;26cm
ISBN 7-81008-725-8:¥12.00

S72　造林学、造林技术

S72　**042103**
陇南主要经济树木造林设计/柴发熹主编.—兰州:甘肃民族出版社,1995.12.—147页;19cm
ISBN 7-5421-0345-8:¥4.90

S722　**042104**
中国林木育种区/顾万春著.—北京:中国林业出版社,1995.9.—147页;26cm
ISBN 7-5038-1559-0:¥30.00

S723　**042105**
园林苗圃学/龚学堃等编著.—北京:中国建筑工业出版社,1995.11.—142页;26cm.—(园林植物·营建·管理丛书)
ISBN 7-112-02595-8:¥12.00

S723.1　**042106**
种苗学/梁玉堂主编.—北京:中国林业出版社,1995.6.—363页;26cm
ISBN 7-5038-1491-8:¥18.80

①S724②S725.1　**042107**
广西南部林地土壤与适生树种/杨继镐等编著.—北京:中国林业出版社,1995.12.—228页;26cm
ISBN 7-5038-1493-4:¥25.00

S725.3　**042108**
中国森林立地类型/詹昭宁主编;《中国森林立地类型》编写组编著.—北京:中国林业出版社,1995.5.—1438页:彩照;26cm
ISBN 7-5038-1484-5(精装):¥140.00

S725.71　**042109**
苗木全封闭造林技术研究/邓琢人主编.—哈尔滨:东北林业大学出版社,1995.12.—222页;19cm
ISBN 7-81008-659-6:¥8.50

S725.72　**042110**
飞机播种造林新技术/张景春,张重忱主编.—北京:中国林业出版社,1995.12.—145页;26cm
ISBN 7-5038-1588-4:¥25.00

①S727-34②R184.38-34　**042111**
中国新林种:抑螺防病林研究/彭镇华,江泽慧著.—北京:中国林业出版社,1995.9.—148页:照片;26cm
ISBN 7-5038-1541-8(精装):¥60.00

①S727-53②R184.38-53　**042112**
兴林灭螺论文选集/江泽慧主编.—北京:中国林业出版社,1995.8.—327页;26cm
ISBN 7-5038-1542-6:¥38.00

S727.2　**042113**
福建沿海防护林/黄平江主编;福建省沿海防护林体系建设工程指挥部办公室编.—福州:福建科学技术出版社,1995.2.—338页;20cm
ISBN 7-5335-0854-8:¥16.00

S727.2　**042114**
黄土高原渭北生态经济型防护林体系建设模式研究/罗伟祥主编.—北京:中国林业出版社,1995.12.—256页;26cm
ISBN 7-5038-1579-5:¥35.00

S727.22　**042115**
水土保持经济植物实用开发技术/郭廷辅主编.—郑州:黄河水利出版社,1995.7.—406页;20cm
ISBN 7-80621-010-5:¥14.00

S727.3　**042116**
经济林育种学/胡芳名,龙光生主编.—北京:中国林业出版社,1995.5.—329页;26cm
全国高等林业院校试用教材 经济林专业用
ISBN 7-5038-1363-6:¥11.85

S727.3　**042117**
经济林栽培学/王德全主编.—北京:中国林业出版社,1995.9.—322页;26cm
全国中等林业学校试用教材
ISBN 7-5038-1501-9:¥16.15

S727.4-53　**042118**
全国薪炭林研讨会文集/林业部造林绿化和森林经营司,中国林学会主编.—北京:中国林业出版社,1995.1.—286页;26cm
ISBN 7-5038-1404-7:¥25.00

S728.1　**042119**
矿山废地复垦与绿化/周树理主编.—北京:中国林业出版社,1995.5.—216页;26cm
ISBN 7-5038-1471-3:¥20.00

S728.3　**042120**
半干旱地区造林学/赵荣慧主编.—北京:北京农业大学出版社,1995.11.—282页;20cm
ISBN 7-81002-717-4:¥12.50

S728.6　**042121**
海南岛清澜港红树林发展动态研究/郑德璋等著.—广州:广东科技出版社,1995.12.—137页;26cm
ISBN 7-5359-1611-2:¥12.00

S73 绿化建设

S731　　042122
行道树·草坪的配置与设计/孟平,余皖苏编著.—合肥:安徽科学技术出版社,1995.10.—76页;19cm
ISBN 7-5337-1199-8:¥4.50

①S731②S79　　042123
园林树木学/高润清编著.—北京:中国建筑工业出版社,1995.7.—178页;26cm.—(园林植物、营建、管理丛书)
ISBN 7-112-02594-X:¥12.00

S731.2　　042124
城市绿化的生态效益/符气浩主编.—北京:中国林业出版社,1995.12.—170页;19cm
ISBN 7-5038-1586-8:¥10.00

S732.45-64　　042125
绿染新疆:汉、维吾尔文对照/买合木提·买买提主编;新疆维吾尔自治区林业厅编辑.—乌鲁木齐:新疆美术摄影出版社,1995.8.—165页:彩照;29cm
ISBN 7-80547-319-6:¥98.00

S732.65　　042126
绿色丰碑/广东省绿化委员会办公室等编.—广州:广东人民出版社,1995.1.—288页;20cm
ISBN 7-218-01758-4:¥12.00

S75 森林经营学、森林计测学、森林经理学

S75　　042127
森林经营学/叶镜中,孙多编著.—北京:中国林业出版社,1995.11.—168页;26cm
全国高等林业院校试用教材
ISBN 7-5038-1428-4:¥8.85

S75　　042128
森林资源经营管理模型的建立与应用/赵道胜主编.—北京:中国林业出版社,1995.5.—149页;26cm
ISBN 7-5038-1419-5:¥20.00

S754　　042129
长江上游高山高原林区迹地生态与营林更新技术/王金锡等编著.—北京:中国林业出版社,1995.1.—198页;26cm
ISBN 7-5038-1368-7:¥15.00

S757　　042130
森林调查学/马建维等编著.—哈尔滨:东北林业大学出版社,1995.4.—500页;20cm
ISBN 7-81008-534-4:¥19.60

S757　　042131
数量森林经理学/于政中主编;袁嘉祖等编写.—北京:中国林业出版社,1995.5.—462页;26cm
全国高等林业院校试用教材
ISBN 7-5038-1360-1:¥16.55

S757.2　　042132
抽样技术/宋新民编著.—北京:中国林业出版社,1995.10.—220页;26cm
全国高等林业院校试用教材
ISBN 7-5038-1429-2:¥11.10

S757.2　　042133
迪庆森林遥感分析/迪庆藏族自治州林业局等著;李芝喜,和强主编.—昆明:云南科技出版社,1995.5.—81页:彩照;26cm
ISBN 7-5416-0669-3(精装):¥25.00

S757.2　　042134
森林抽样调查/陈玉琪编著.—兰州:甘肃民族出版社,1995.1.—239页;26cm
ISBN 7-5421-0364-4:¥8.80

S758.3　　042135
原条量材设计技术/胡明俊等主编.—牡丹江:黑龙江朝鲜民族出版社,1995.4.—194页;19cm
ISBN 7-5389-0583-9:¥5.60

S758.5　　042136
林分自然稀疏理论及应用/刘君然著.—北京:中国林业出版社,1995.3.—180页;19cm
ISBN 7-5038-1447-0:¥5.80

S759.8　　042137
森林蔬菜　(上)/刘良源等编著.—南昌:江西科学技术出版社,1995.4.—293页;19cm
ISBN 7-5390-0898-9:¥7.60

S759.9　　042138
森林奇观/张天来著.—修订版.—合肥:安徽少年儿童出版社,1995.5.—228页;19cm.—(小学生精品书库·文化教育类)
ISBN 7-5397-1242-2:¥5.00

①S759.9-05②F307.2　　042139
保护区经济学:效益与成本新探/(美)迪克松(Dixon,J.A.),( )谢尔曼(Sherman,P.B.)著;邱锦生等译.—北京:中国林业出版社,1995.8.—135页;26cm
内部发行
ISBN 7-5038-1526-4:¥0.00

S759.9-65　　042140
自然保护区管理、评价指南与建设技术规范/张更生等编著.—北京:中国环境科学出版社,1995.11.—145页;19cm
ISBN 7-80093-795-X:¥6.50

S759.91　　042141
中国森林公园旅游/王毓峰主编.—北京:中国林业出版社,1995.3.—207页:彩照;19cm.—(森林旅游指南丛书;2)
ISBN 7-5038-1451-9:¥20.00

S759.992　　042142
高黎贡山国家自然保护区/西南林学院等主编.—北京:中国林业出版社,1995.5.—395页:彩照;26cm
ISBN 7-5038-1416-0(精装):¥38.00

S759.992　　042143
黄河三角洲自然保护区科学考察集/赵延茂,宋朝枢主编.—北京:中国林业出版社,1995.12.—281页;

26cm.—(自然保护区系列丛书)
ISBN 7－5038－1534－5(精装):¥50.00

S759.992 042144
中国的自然保护区/李文华,赵献英编著.—北京:商务印书馆,1995.3.—299页;19cm.—(中国自然地理知识丛书)
ISBN 7－100－01490－5:¥9.70

S759.992－53 042145
中国自然保护区建设与发展学术研讨会文集/中国野生动物保护协会,中国生态学会主编.—北京:中国林业出版社,1995.12.—191页;26cm
ISBN 7－5038－1578－7:¥32.00

S76 森林保护学

S76 042146
中国航空护林/郑林玉,任国祥主编.—北京:中国林业出版社,1995.2.—239页;20cm
ISBN 7－5038－1420－9:¥7.50

S762.3 042147
森林防火基础知识/文定元主编.—北京:中国林业出版社,1995.1.—316页;26cm
森林防火培训教材
¥15.00

S762.3 042148
森林火灾遥感监测评价:理论及技术应用/赵宪文主编.—北京:中国林业出版社,1995.10.—204页:彩图;26cm
ISBN 7－5038－1568－X:¥35.00

S762.3 042149
生物防火研究/陈存及等主编.—哈尔滨:东北林业大学出版社,1995.5.—271页;26cm
ISBN 7－81008－545－X:¥20.00

S763 042150
森林病虫害防治方法/《森林病虫害防治方法》编写组编写.—北京:中国林业出版社,1995.3.—330页;26cm
全国中等林业学校试用教材
ISBN 7－5038－0991－4:¥10.95

S763 042151
森林病虫害防治学/邹德靖,傅必明编著.—北京:中国农业出版社,1995.12.—219页;26cm
中央农业广播电视学校教材 林业专业
ISBN 7－109－04162－X:¥9.55

S763.1 042152
森林病害流行与治理/李传道编著.—北京:中国林业出版社,1995.4.—189页;20cm
ISBN 7－5038－1446－2:¥9.00

S763.35 042153
华北经济树种主要蛀虫及其防治/崔巍,高宝嘉主编;马凤新等编;张若江绘.—北京:中国林业出版社,1995.4.—210页:彩照;19cm
ISBN 7－5038－1425－X:¥15.00

S763.38 042154
中国松材线虫病的流行与治理/杨宝君等编.—北京:中国林业出版社,1995.8.—319页;26cm
ISBN 7－5038－1490－X:¥20.00

S763.42 042155
美国白蛾综合防治技术/王助鹏主编;沈阳市森林病虫害防治检疫站编.—沈阳:辽宁科学技术出版社,1995.5.—77页;19cm
ISBN 7－5381－2177－3:¥4.40

S763.722.3 042156
中国樟树害虫/李友恭等著.—北京:中国林业出版社,1995.9.—170页;26cm
ISBN 7－5038－1468－3:¥21.00

S77 森林工程、森林机械

S771.8 042157
森林资源调查、动态监测、信息管理系统的研究/游先祥主编.—北京:中国林业出版社,1995.5.—175页;26cm
ISBN 7－5038－1349－0:¥12.80

S776 042158
林业机械设备安全技术/戴英伟主编.—哈尔滨:东北林业大学出版社,1995.12.—240页;26cm
全国高等林业院校试用教材
ISBN 7－81008－623－5:¥16.00

S776.0 042159
林业机械测试技术/王钧玺主编.—北京:中国林业出版社,1995.4.—228页;26cm
全国高等林业院校试用教材 林业机械、木工机械专业用
ISBN 7－5038－1413－6:¥8.40

S776.05 042160
林业机械制造工艺学/金振亚主编.—哈尔滨:东北林业大学出版社,1995.12.—399页;26cm
全国高等林业院校试用教材
ISBN 7－81008－611－1:¥23.80

S78 森林采运与利用

S781 042161
改善林产品结构提高合理造材水平问题的研究/刘晋浩主编.—北京:中国林业出版社,1995.11.—116页;26cm
ISBN 7－5038－1571－X:¥11.00

S782 042162
森林采运工程学/张殿忠主编.—呼和浩特:内蒙古人民出版社,1995.4.—358页;26cm
森林工程专业适用
ISBN 7－204－02800－7:¥25.00

S782.53 042163
木材水路运输/祁济棠等编著.—北京:中国林业出版社,1995.10.—436页;20cm

ISBN 7-5038-1482-9(精装):¥30.00

S789　042164

采伐剩余物利用学/史济彦主编.—哈尔滨:东北林业大学出版社,1995.5.—213页;20cm

ISBN 7-81008-551-4:¥10.00

S79 森林树种

S79　042165

浙江省名特优经济树种栽培技术/黎章矩等编著.—北京:中国林业出版社,1995.5.—445页;20cm

ISBN 7-5038-1445-4:¥18.00

S791.182　042166

红皮云杉人工林培育理论与技术/吕庆生,王振宇主编.—哈尔滨:东北林业大学出版社,1995.12.—201页;19cm

ISBN 7-81008-613-8:¥6.50

S791.22　042167

长白松林/樊俊主编.—北京:中国林业出版社,1995.3.—217页;19cm

ISBN 7-5038-1276-1:¥10.00

S791.22　042168

日本落叶松育林学/田志和主编.—北京:北京农业大学出版社,1995.6.—192页;20cm

ISBN 7-81002-705-0:¥8.50

S791.247.02　042169

阔叶红松林/王业蘧等著.—哈尔滨:东北林业大学出版社,1995.12.—503页;20cm

ISBN 7-81008-679-0:¥25.00

S791.28　042170

秃杉/王挺良著.—北京:中国林业出版社,1995.6.—176页;19cm

ISBN 7-5038-1481-0:¥12.00

S792.11　042171

甘肃杨树/刘榕,史元增主编.—兰州:兰州大学出版社,1995.5.—344页:彩图;26cm

ISBN 7-311-00879-4:¥25.00

S792.11　042172

杨树研究进展:1991～1995/王世绩主编.—北京:中国林业出版社,1995.12.—413页;26cm

ISBN 7-5038-1585-X:¥35.00

S792.260.6　042173

刺槐林多目标经营管理技术/毕君主编.—北京:中国林业出版社,1995.9.—232页;19cm

ISBN 7-5038-1523-X:¥8.50

S792.390.2　042174

雷州短轮伐期桉树生态系统研究/曾天勋主编.—北京:中国林业出版社,1995.10.—241页;26cm

ISBN 7-5038-1565-5:¥28.00

S792.43　042175

泡桐研究进展/李宗然主编.—北京:中国林业出版社,1995.11.—259页;26cm

ISBN 7-5038-1576-0:¥20.00

S792.43　042176

泡桐遗传改良/熊耀国主编.—北京:中国科学技术出版社,1995.8.—350页;26cm

ISBN 7-5046-1948-5:¥35.00

S792.43　042177

泡桐优质干材培育/李发主编.—北京:中国林业出版社,1995.12.—194页;19cm

ISBN 7-5038-1535-3:¥10.00

S795　042178

竹子分类学/方伟主编.—北京:中国林业出版社,1995.10.—105页;26cm

全国高等林业院校试用教材

ISBN 7-5038-1436-5:¥5.65

S795.03　042179

云南竹类资源及其开发利用/西南林学院等编著.—昆明:云南科技出版社,1995.9.—144页;28cm.—(当代科技重要著作.农业领域)

ISBN 7-5416-0792-4:¥20.00

S795.08　042180

竹业开发/吴旦人主编.—长沙:湖南科学技术出版社,1995.1.—337页;20cm.—(竹业丛书)

ISBN 7-5357-0660-6:¥9.80

S8 畜牧、兽医、狩猎、蚕、蜂

S8　042181

动物与养殖　中册/张才龙,葛敖川主编.—上海:华东理工大学出版社,1995.10.—204页;19cm

ISBN 7-5628-0568-7:¥5.90

S8　042182

经济动物养殖:试用本/全国职业高中畜禽养殖类专业教材编写组编.—北京:高等教育出版社,1995.3.—338页;20cm

全国职业高中国家教委规划教材 畜禽养殖类专业

ISBN 7-04-005272-5:¥7.45

S8　042183

畜牧兽医基础/农业部畜牧兽医总站主编;陈燕美等编著 .—2版.—北京:中国农业出版社,1995.10.—252页;20cm

全国农民技术资格证书培训统编教材

ISBN 7-109-04066-6:¥8.85

S8　042184

畜牧兽医实用技术/辽宁省畜牧局主编.—北京:中国农业出版社,1995.7.—434页;20cm

辽宁省农民技术资格培训试用教材

ISBN 7-109-03805-X:¥12.00

S8　042185

畜禽繁育基础/邢献忠主编;邢献忠,张静逸编.—新1版.—长沙:湖南科学技术出版社,1995.10.—287页;19cm

中等职业技术学校教材

ISBN 7-5357-1948-1:¥6.20

S8　042186

畜禽生产:试用本/全国职业高中畜禽养殖类专业教材编写组编.—北京:高等教育出版社,1995.3.—573页;20cm
全国职业高中国家教委规划教材 畜禽养殖类专业
ISBN 7-04-005161-3:¥10.30

S8 042187
畜禽养殖专业技能训练:试用本/全国职业高中畜禽养殖类专业教材编写组编.—北京:高等教育出版社,1995.4.—225页;20cm
全国职业高中国家教委规划教材 畜禽养殖类专业
ISBN 7-04-005223-7:¥4.85

S8-49 042188
给我一点爱:怎样喂养小动物/王建华著.—上海:上海古籍出版社,1995.5.—88页;19cm.—(学生乐园/吕型伟主编)
ISBN 7-5325-1905-8:¥3.40

S8-62 042189
畜禽规模养殖指南/张建文主编;何明渊等编.—兰州:甘肃民族出版社,1995.12.—322页;19cm
ISBN 7-5421-0410-1:¥7.50

S81 普通畜牧学

S81 042190
畜牧基础/四川省宜宾农业学校主编.—2版.—北京:中国农业出版社,1995.5.—382页;19cm
全国中等农业学校教材 农业经济管理专业用
ISBN 7-109-03359-7:¥6.95

S81 042191
一优两高畜牧业/吴金先主编.—2版.—杭州:浙江科学技术出版社,1995.12.—261页;20cm.—(农村奔小康指南丛书)
ISBN 7-5341-0874-8:¥10.00

S81-0 042192
生态畜牧业的理论与实践/蒋树威主编.—北京:中国农业出版社,1995.10.—123页;26cm
ISBN 7-109-03830-0:¥12.40

S81-32 042193
畜牧试验统计/俞渭江,郭卓元编著.—贵阳:贵州科技出版社,1995.1.—313页;20cm
ISBN 7-80584-346-5:¥8.80

S81-64 042194
山东畜牧:英汉对照/山东省畜牧局,山东画报社编.—济南:山东画报出版社,1995.6.—89页:彩照;29cm
ISBN 7-80603-032-8:¥58.00

S811.1 042195
贵州气候与养殖业/贵州农民技术培训教材编辑委员会编.—贵阳:贵州科技出版社,1995.1.—176页;19cm
贵州农民技术培训教材
ISBN 7-80584-345-7:¥4.20

S812 042196
草地调查与规划学实习指导/刘德福主编.—北京:中国农业出版社,1995.10.—141页;26cm
全国高等农业院校教材 草原专业用
ISBN 7-109-03669-3:¥7.55

S812 042197
草地学/北京农业大学主编.—2版.—北京:中国农业出版社,1995.5.—392页;26cm
全国高等农业院校教材 畜牧专业用
ISBN 7-109-03138-1:¥14.30

S812 042198
草原毒害杂草及其防除/石定燧主编.—北京:中国农业出版社,1995.5.—83页;26cm
全国高等农业院校教材 草原、畜牧专业用
ISBN 7-109-03363-5:¥3.60

S812 042199
高寒草甸生态系统 第4集/中国科学院海北高寒草甸生态系统定位站编著.—北京:科学出版社,1995.8.—418页;26cm.—(中国生态系统研究网络丛书)
ISBN 7-03-004679-X:¥32.00

S812 042200
中国的草原/张明华编著.—北京:商务印书馆,1995.3.—133页;19cm.—(中国自然地理知识丛书)
ISBN 7-100-01488-3:¥6.10

S812.4 042201
草原灌溉/刘承吉主编;水利部牧区水利科学研究所编著.—北京:水利电力出版社,1995.3.—207页;26cm
ISBN 7-120-02113-3:¥28.20

S812.5 042202
草业系统工程理论与应用/安宝林主编.—北京:中国农业科技出版社,1995.11.—199页;26cm
ISBN 7-80026-988-4:¥20.00

S813 042203
家畜遗传资源学纲要/常洪主编.—北京:中国农业出版社,1995.5.—185页;26cm
全国高等农业院校教材 畜牧、动物遗传育种专业用
ISBN 7-109-03325-2:¥7.00

S815 042204
宠物的繁殖和饲养技术/《宠物的繁殖和饲养技术》编写组编.—北京:中国农业出版社,1995.9.—139页;19cm.—(快速脱贫养殖技术丛书)
ISBN 7-109-03814-9:¥6.60

S815 042205
宠物杂谈/白忠懋编著.—上海:上海科技教育出版社,1995.10.—270页;20cm
ISBN 7-5428-1151-7:¥13.40

S815 042206
家的宠物/西南选编;陆钧撰文.—杭州:浙江人民美术出版社,1995.3.—64页;26cm.—(星期天丛书)
ISBN 7-5340-0511-6:¥11.60

S815 042207
家养宠物全典/程绪珂主编.—上海:上海文化出版社,1995.6.—274页:彩照;20cm
ISBN 7-80511-762-4(精装):¥25.60

S815 042208

经济动物饲养/湖北省农科教材编审委员会主编;成恒祝等编著.—北京:中国农业出版社,1995.5.—316页;19cm

ISBN 7-109-03949-8:¥12.50

S815　　　042209

山丘畜禽实用养殖技术/郑启坤等编著.—成都:四川科学技术出版社,1995.5.—97页;19cm.—(科技兴农适用技术丛书)

ISBN 7-5364-3025-6:¥2.40

S815　　　042210

养禽养兔/郑翔星编 .—长沙:湖南科学技术出版社,1995.10.—381页;19cm

中等职业技术学校教材

ISBN 7-5357-1949-X:¥8.20

S815-44　　　042211

特种动物饲养问答/郑世太,董忠堂编著.—石家庄:河北科学技术出版社,1995.2.—173页;19cm.—(农业科技十万问·动物饲养篇/王立铭主编)

ISBN 7-5375-1435-6:¥3.80

S815-49　　　042212

广阔天地显身手:禽畜鱼虾养殖/金作玺,王世民编著;陈建设绘.—济南:明天出版社,1995.4.—153页;20cm.—(全国小学生课外丛书/李仲汉主编)

全套书共120册,总定价385.00元

ISBN 7-5332-2142-7:¥0.00

S816　　　042213

快速养猪、鸡饲粮配方精选/刘子权等编著.—南昌:江西科学技术出版社,1995.1.—298页;19cm.—(科技兴农丛书)

ISBN 7-5390-0774-5:¥6.80

S816　　　042214

生物技术在饲料工业中的应用:第九、十届奥特奇公司年会论文集选译/(美)莱恩斯(Lyons,T.P.),(美)杰奎斯(Jacques,K.A.)主编;周鼎年译.—北京:中国农业出版社,1995.5.—297页;26cm

ISBN 7-109-03890-4:¥40.00

S816　　　042215

饲料毒物与卫生学/袁慧主编.—长沙:湖南科学技术出版社,1995.4.—217页;26cm

ISBN 7-5357-1748-9:¥10.80

S816　　　042216

饲料加工/赵海主编;劳动部教材办公室组织编写.—北京:中国劳动出版社,1995.12.—125页;19cm

全国就业训练粮油专业统编教材

ISBN 7-5045-1751-8:¥8.00

S816　　　042217

畜禽营养与饲料/罗正玮编.—长沙:湖南科学技术出版社,1995.10.—289页;19cm

中等职业技术学校教材

ISBN 7-5357-1931-7:¥6.20

S816-44　　　042218

饲料与营养问答/党佩珍等编著.—石家庄:河北科学技术出版社,1995.2.—172页;19cm.—(农业科技十万问·动物饲养篇/王立铭主编)

ISBN 7-5375-1437-2:¥3.80

S816.5　　　042219

秸秆畜牧业/郭庭双主编.—上海:上海科学技术出版社,1995.3.—232页;20cm

ISBN 7-5323-3832-0:¥10.80

S816.71　　　042220

农畜矿物质营养/倪可德等编译.—上海:上海科学技术文献出版社,1995.2.—514页;19cm

ISBN 7-5439-0353-9:¥17.00

S82 家畜

S82　　　042221

家畜环境卫生学/戚咸理编.—长沙:湖南科学技术出版社,1995.12.—350页;19cm

中等职业技术学校教材

ISBN 7-5357-1930-9:¥7.50

S82　　　042222

家畜育种学/焦骅主编.—北京:中国农业出版社,1995.5.—229页;26cm

全国高等农林专科统编教材 畜牧专业用

ISBN 7-109-02992-1:¥8.80

S82　　　042223

六畜饲养秘法/黄太茂,黄文郁编著.—南宁:广西科学技术出版社,1995.3.—85页;19cm.—(农家摇钱树丛书)

ISBN 7-80619-174-7:¥2.50

S82　　　042224

马、驴、骡的饲养管理/田家良编著.—北京:金盾出版社,1995.12.—103页:彩图;19cm

ISBN 7-5082-0130-2:¥4.50

S82　　　042225

民间相畜经/黄太茂,黄文郁编著.—南宁:广西科学技术出版社,1995.3.—74页;19cm.—(农家摇钱树丛书)

ISBN 7-80619-112-7:¥2.15

S821　　　042226

养马学/辽宁省锦州畜牧兽医学校主编.—2版.—北京:中国农业出版社,1995.10.—151页;19cm

全国中等农业学校教材 畜牧专业用

ISBN 7-109-03596-4:¥4.15

S823　　　042227

牛生产学/邱怀主编.—北京:中国农业出版社,1995.5.—273页;26cm

全国高等农业院校教材 畜牧、兽医专业用

ISBN 7-109-03170-5:¥10.20

S823　　　042228

养牛实用技术/宁夏回族自治区农业建设委员会,宁夏回族自治区实施“231工程”领导小组办公室编.—银川:宁夏人民出版社,1995.10.—206页;19cm.—(九头狼丛书·科学普及系列)

宁夏实施“231工程”暨科教扶贫教材

ISBN 7-227-01458-4:¥5.80

S823 042229

优质肉牛生产技术/蒋洪茂编著.—北京:中国农业出版社,1995.10.—289页:彩图;19cm

ISBN 7-109-04021-6:¥10.00

S823 042230

育肥牛实用技术/熊丕礼编.—乌鲁木齐:新疆青少年出版社:新疆科技卫生出版社,1995.2.—44页;13cm.—(新疆农业技术推广丛书)

ISBN 7-5371-2019-6:¥1.00

S823.4-53 042231

科学养牛之路:邱怀教授论文选/《科学养牛之路》编纂委员会编.—北京:中国农业出版社,1995.10.—475页:照片;26cm

ISBN 7-109-04244-8:¥30.00

S823.9 042232

李福成易地育肥肉牛技术/桑润滋等主编.—北京:中国农业出版社,1995.5.—102页;19cm

ISBN 7-109-03858-0:¥4.50

S823.9 042233

肉牛快速育肥实用技术/李英,李建国主编.—石家庄:河北科学技术出版社,1995.1.—187页;19cm.—(科技兴农丛书)

ISBN 7-5375-1371-6:¥3.90

S823.9 042234

肉牛生产实用技术/周礼贤主编;赵祥增等编写.—天津:天津科技翻译出版公司,1995.5.—192页;19cm.—(全国星火计划丛书)

ISBN 7-5433-0752-9:¥6.50

S823.9 042235

实用肉牛学/冯仰廉等著.—4版.—北京:科学出版社,1995.6.—439页:图版;19cm.—(全国星火计划丛书)

ISBN 7-03-004628-5:¥25.00

S823.9 042236

实用养肉牛技术/王彪等编著.—沈阳:辽宁科学技术出版社,1995.8.—112页;19cm.—(农村致富金钥匙丛书·畜禽饲养类)

ISBN 7-5381-2206-0:¥4.20

S823.9 042237

现代肉牛饲养技术/朱广祥主编.—北京:中国农业科技出版社,1995.12.—222页;20cm

ISBN 7-80026-972-8:¥9.00

①S823.9②TS251 042238

现代肉牛生产及产品加工/邱怀主编.—西安:陕西科学技术出版社,1995.11.—474页;20cm

ISBN 7-5369-2419-4:¥20.00

S824 042239

骆驼的生态生理及繁殖/赵兴绪著.—兰州:甘肃科学技术出版社,1995.9.—268页;20cm

ISBN 7-5424-0560-8:¥12.50

S826 042240

科学养羊问答/于宗贤主编.—北京:中国农业出版社,1995.12.—306页;19cm.—(全国星火计划丛书)

ISBN 7-109-03909-9:¥14.50

S826 042241

绵羊育肥实用技术/余雄编.—乌鲁木齐:新疆青少年出版社:新疆科技卫生出版社,1995.2.—49页;13cm.—(新疆农业技术推广丛书)

ISBN 7-5371-2020-X:¥1.00

S826 042242

羊生产学/赵有璋主编.—北京:中国农业出版社,1995.5.—261页;26cm

全国高等农业院校教材 畜牧专业用

ISBN 7-109-03321-X:¥11.10

S826 042243

养羊实用技术/王永顺,杨德新主编.—长春:吉林教育出版社,1995.10.—149页;19cm.—(世界银行贷款项目技术培训丛书)

ISBN 7-5383-2668-5:¥6.50

S826 042244

养羊学/新疆伊犁畜牧学校主编.—2版.—北京:中国农业出版社,1995.10.—261页;19cm

全国中等农业学校教材

ISBN 7-109-03552-2:¥6.95

S826.8 042245

甘肃滩羊与开发利用/蒋克平编著.—兰州:兰州大学出版社,1995.11.—196页;20cm

ISBN 7-311-00910-3:¥7.80

S826.8 042246

中国美利奴羊的品系繁育/刘守仁等编著.—乌鲁木齐:新疆科技卫生出版社,1995.12.—103页:照片;19cm

ISBN 7-5372-1127-2:¥6.80

S826.9 042247

肉羊高效益饲养技术/冯维祺等编著.—北京:金盾出版社,1995.6.—130页;彩照;19cm.—(全国星火计划丛书)

ISBN 7-5082-0052-7:¥3.90

S828 042248

百日出栏养猪法/戴荣衮主编;章海洋等编写.—南昌:江西科学技术出版社,1995.8.—113页;19cm

ISBN 7-5390-0922-5:¥4.00

S828 042249

高效养猪技术/朱明显编著.—沈阳:辽宁科学技术出版社,1995.8.—164页;19cm.—(农村致富金钥匙丛书·畜禽饲养类)

ISBN 7-5381-2200-1:¥5.50

S828 042250

科学养猪经验技术/《科学养猪经验技术》编写组编.—北京:中国农业出版社,1995.9.—177页;19cm.—(快速脱贫养殖技术丛书)

ISBN 7-109-03813-0:¥8.40

S828 042251

快速高效养猪新技术/陈世凯编著.—北京:中国致公出版社,1995.8.—125页;19cm.—(农村适用新技术丛书)

ISBN 7-80096-064-1:¥5.00

S828 042252

农村养猪实用技术/云南省农村智力开发办公室,云南省畜牧兽医学校编.—昆明:云南教育出版社,1995.7.—160页:图片;19cm
云南省职业技术教材
ISBN 7-5415-1044-0:¥2.70

S828　042253
省粮节能快肥养猪技术/刘守怀主编.—成都:四川科学技术出版社,1995.3.—121页;19cm.—(农户养猪致富必读)
ISBN 7-5364-3063-9:¥3.00

S828　042254
实用养猪技术/全国畜牧兽医总站主编;熊远著等编著.—北京:中国农业出版社,1995.10.—266页;20cm
全国农民技术资格证书培训统编教材
ISBN 7-109-04149-2:¥9.30

S828　042255
养猪实用新技术/王林云主编.—南京:江苏科学技术出版社,1995.5.—181页;19cm.—("菜篮子"工程技术丛书)
ISBN 7-5345-1918-7:¥5.00

S828　042256
养猪新法/赵凤翔,傅耀荣编著.—北京:中国农业出版社,1995.5.—324页;20cm
ISBN 7-109-03802-5:¥9.50

S828　042257
养猪学/罗贵恒编.—长沙:湖南科学技术出版社,1995.10.—147页;19cm
中等职业技术学校教材
ISBN 7-5357-1933-3:¥3.60

S828　042258
养猪与猪病/史孝孔等主编.—北京:中国农业科技出版社,1995.12.—225页;20cm
ISBN 7-80026-973-6:¥9.00

S828　042259
养猪与猪病防治/席克奇等编著.—北京:中国农业出版社,1995.8.—217页;19cm
ISBN 7-109-03801-7:¥7.00

S828　042260
怎样养好母猪/黄家良编著.—南宁:广西科学技术出版社,1995.2.—61页;19cm.—(农家摇钱树丛书)
ISBN 7-80619-108-9:¥1.70

S828　042261
猪的饲料和饲养/吴晋强编著.—2版.—合肥:安徽科学技术出版社,1995.5.—284页;19cm
ISBN 7-5337-1183-1:¥8.20

S828　042262
猪生产学/陈润生主编.—北京:中国农业出版社,1995.12.—173页;26cm
全国高等农业院校教材 畜牧、动物科学专业用
ISBN 7-109-03825-4:¥9.25

S828-44　042263
高效养猪技术300问/郭宝忠编著.—合肥:安徽科学技术出版社,1995.10.—179页;19cm.—(高效农业技术丛书·畜禽和经济动物养殖类/王昭耀主编)
ISBN 7-5337-1248-X:¥5.80

S828-44　042264
科学养猪问答/武英等编著.—石家庄:河北科学技术出版社,1995.2.—162页;19cm.—(农业科技十万问·动物饲养篇/王立铭主编)
ISBN 7-5375-1432-1:¥3.80

S828.4　042265
供港活大猪的饲养与经营管理/代广军主编.—北京:北京农业大学出版社,1995.9.—240页;20cm
ISBN 7-81002-721-2:¥12.00

S828.4　042266
养猪新技术/李生前编著.—福州:福建科学技术出版社,1995.2.—234页;19cm
ISBN 7-5335-0865-3:¥6.10

S828.5　042267
猪的营养/宋育主编.—北京:中国农业出版社,1995.5.—333页;26cm
全国高等农业院校教材 动物营养及饲料加工专业、畜牧专业和养殖专业用
ISBN 7-109-03248-5:¥12.35

①S828.5②S831.5　042268
猪鸡常用饲料配方/张洪翔编著.—沈阳:辽宁科学技术出版社,1995.8.—132页;19cm.—(农村致富金钥匙丛书·畜禽饲养类)
ISBN 7-5381-2204-4:¥4.70

S828.8　042269
中国姜曲海猪/姜曲海猪育种科研协作组编著.—南京:江苏科学技术出版社,1995.2.—86页;26cm
ISBN 7-5345-1889-X:¥17.00

S828.8　042270
中国金华猪/中国金华猪编委会编著.—上海:上海科学技术出版社,1995.1.—115页;26cm
ISBN 7-5323-3715-4:¥18.80

S828.9　042271
瘦肉型猪高效饲养技术/孙道军主编.—西安:陕西科学技术出版社,1995.7.—156页;19cm.—(农民快速致富丛书)
ISBN 7-5369-2214-0:¥4.50

S828.9　042272
香猪饲养/李天中,赵建东主编.—北京:中国农业出版社,1995.12.—135页;19cm.—(快速脱贫养殖技术丛书)
ISBN 7-109-03835-1:¥6.60

S829.1　042273
长毛兔高产饲养新技术/严建刚等编著.—上海:上海科学技术出版社,1995.3.—240页;19cm.—(现代畜禽生产新技术丛书/曹霄主编)
ISBN 7-5323-3515-1:¥6.10

S829.1　042274
长毛兔高效益饲养技术/陶岳荣等编著.—北京:金盾出版社,1995.10.—210页:照片;19cm
ISBN 7-5082-0098-5:¥7.50

S829.1　042275
看图科学养兔/柳尧波等编撰.—济南:山东科学技

术出版社,1995.10.—79页;19cm.—(高产优质高效农业实用新技术图解丛书/董忠堂,潘大陆主编)

ISBN 7-5331-1677-1:¥2.75

S829.1 042276

农家养兔技术/韩俊彦,梁宏新编著.—沈阳:辽宁科学技术出版社,1995.8.—158页;19cm.—(农村致富金钥匙丛书·畜禽饲养类)

ISBN 7-5381-2205-2:¥5.40

S829.1 042277

肉兔高产饲养新技术/钱鹤良等编著.—上海:上海科学技术出版社,1995.3.—201页;19cm.—(现代畜禽生产新技术丛书)

ISBN 7-5323-3516-X:¥5.50

S829.1 042278

实用科学养兔/车伕编著.—青岛:青岛出版社,1995.10.—167页;19cm.—(农业实用新技术丛书)

ISBN 7-5436-1348-4:¥4.80

S829.1 042279

养兔法/徐立德,蔡流灵编著.—2版.—北京:中国农业出版社,1995.9.—382页;19cm

ISBN 7-109-00097-4:¥12.00

S829.1 042280

养兔实用技术/么素梅,奇剑林主编.—呼和浩特:远方出版社,1995.5.—219页;19cm

ISBN 7-80595-079-2:¥8.80

S829.1-44 042281

科学养兔问答/钟瑭,武英编著.—石家庄:河北科学技术出版社,1995.2.—175页;19cm.—(农业科技十万问·动物饲养篇/王立铭主编)

ISBN 7-5375-1434-8:¥3.80

S829.2 042282

狗的驯养与繁殖/张一玲等编著.—南宁:广西科学技术出版社,1995.3.—166页:照片;19cm

ISBN 7-80619-188-7:¥5.10

S829.2 042283

家庭养狗百问百答/徐福南等编著.—上海:上海科学技术文献出版社,1995.5.—158页;19cm

ISBN 7-5439-0648-1:¥7.40

S829.2 042284

名犬玩赏、鉴别、饲养、防病/吴金节等编著.—合肥:安徽科学技术出版社,1995.6.—145页:照片;26cm

ISBN 7-5337-1132-7:¥35.00

S829.2 042285

犬体解剖学/李育良主编.—西安:陕西科学技术出版社,1995.1.—156页;26cm

ISBN 7-5369-2259-0:¥10.00

S829.2 042286

肉狗饲养/钟华龙,王军翔编著.—北京:中国农业出版社,1995.12.—125页;19cm.—(快速脱贫养殖技术丛书)

ISBN 7-109-03833-5:¥6.30

S829.2 042287

肉用狗养殖/李天中,东方龙主编.—北京:科学技术文献出版社,1995.12.—196页;19cm.—(名特优水产畜禽养殖技术丛书)

ISBN 7-5023-2532-8:¥8.40

S829.2 042288

肉用犬人工养殖技术/安汝生,孙跃岐编著.—哈尔滨:东北林业大学出版社,1995.11.—102页;19cm.—(农村奔小康丛书)

ISBN 7-81008-596-4:¥3.85

S829.2 042289

世界著名爱犬彩色图鉴/华修国编著.—上海:上海科学技术出版社,1995.1.—201页:彩图;20cm

ISBN 7-5323-3652-2:¥28.90

S829.2-62 042290

玩赏犬养护指南/刘庆恩,张凤安主编.—沈阳:辽宁人民出版社,1995.4.—200页;19cm

ISBN 7-205-03239-3:¥5.00

S829.2-62 042291

养犬指南/华世坚,泽蓓编译.—北京:中国农业出版社,1995.12.—148页:彩图;19cm

ISBN 7-109-03690-1:¥21.75

S829.3-61 042292

实用养猫大全/肖希龙主编.—北京:中国农业出版社,1995.1.—298页:图;20cm

ISBN 7-109-03544-1:¥12.00

S829.3-62 042293

实用养猫手册/漆身起等编著.—南昌:江西科学技术出版社,1995.6.—233页;彩图;20cm

ISBN 7-5390-0903-9:¥12.00

S83 家禽

S83 042294

高产鸭鹅的饲养/林其騄主编.—修订本.—南京:江苏科学技术出版社,1995.4. 272页;19cm

ISBN 7-5345-1921-7:¥7.15

S83 042295

家禽生产学/杨山主编.—北京:中国农业出版社,1995.10.—187页;26cm

全国高等农业院校教材 畜牧专业用

ISBN 7-109-03708-8:¥11.00

S83 042296

家禽饲养与提高产蛋技术/刘文奎,周勤宣主编.—北京:中国农业出版社,1995.8.—248页;19cm

ISBN 7-109-03775-4:¥9.40

S83 042297

实用禽蛋孵化新法/张伟编著.—北京:中国农业科技出版社,1995.8.—243页;20cm

ISBN 7-80026-913-2:¥19.30

S83 042298

养禽学/山东省畜牧兽医学校主编.—2版.—北京:中国农业出版社,1995.10.—285页;19cm

全国中等农业学校教材 畜牧专业用

ISBN 7-109-03658-8:¥7.45

S83-092 042299

中国养禽史/谢成侠编著.—北京:中国农业出版社,1995.2.—198页;20cm
ISBN 7-109-03506-9(精装):¥11.80

S831　042300
鸡的饲料和饲养/吴晋强编著.—合肥:安徽科学技术出版社,1995.1.—255页;19cm
ISBN 7-5337-0966-7:¥6.20

S831　042301
家庭养鸡致富绝招/陈梦林,韦永梅编著.—南宁:广西科学技术出版社,1995.1.—60页;19cm.—(农家摇钱树丛书)
ISBN 7-80619-111-9:¥1.80

S831　042302
快速高效养鸡新技术/郭书普,王道中编著.—北京:中国致公出版社,1995.8.—223页;19cm
ISBN 7-80096-060-9:¥5.20

S831　042303
实用养鸡技术/王晓霞等编著.—北京:中国农业出版社,1995.11.—288页:彩照;20cm
全国农民技术资格证书培训统编教材
ISBN 7-109-04203-0:¥8.85

S831　042304
土法高效养鸡技术/《土法高效养鸡技术》编写组编.—北京:中国农业出版社,1995.10.—171页;19cm.—(快速脱贫养殖技术丛书)
ISBN 7-109-03815-7:¥8.10

S831　042305
养鸡场生产技术及管理/钱大方主编.—北京:北京农业大学出版社,1995.5.—342页;20cm
ISBN 7-81002-707-7:¥13.50

S831　042306
养鸡生产实用技术/李辉等编.—乌鲁木齐:新疆青少年出版社:新疆科技卫生出版社,1995.2.—58页;13cm.—(新疆农业技术推广丛书)
ISBN 7-5371-2018-8:¥1.00

S831.8　042307
蛋鸡饲养技术/白修明,白波编著.—沈阳:辽宁科学技术出版社,1995.8.—129页;19cm.—(农村致富金钥匙丛书·畜禽饲养类)
ISBN 7-5381-2202-8:¥4.60

S831.8　042308
七彩山鸡饲养技术/丁卫星编.—上海:上海科学普及出版社,1995.11.—203页;19cm.—(全国星火计划丛书)
ISBN 7-5427-0985-2:¥7.50

S831.8　042309
肉鸡高产饲养新技术/方厚生等编著.—上海:上海科学技术出版社,1995.3.—254页;19cm.—(现代畜禽生产新技术丛书)
ISBN 7-5323-3517-8:¥7.80

S831.8　042310
肉鸡生产新技术/王生雨主编.—2版.—济南:山东科学技术出版社,1995.5.—319页;19cm
ISBN 7-5331-1587-2:¥7.95

S831.8　042311
肉仔鸡饲养/席克奇等编著.—北京:科学普及出版社,1995.1.—193页;19cm
ISBN 7-110-03963-3:¥4.50

S831.8　042312
优质三黄鸡饲养技术/缪宪纲主编.—2版.—广州:广东科技出版社,1995.3.—250页;19cm
附"优质肉鸡研讨会"论文选辑
ISBN 7-5359-1467-5(精装):¥0.00

S831.8-44　042313
雉鸡(七彩山鸡)养殖100问/施时新编著.—杭州:浙江科学技术出版社,1995.2.—210页;19cm
ISBN 7-5341-0712-1:¥6.00

S834　042314
北京鸭生产实用技术/陈明益,洪秀筠编著.—北京:北京科学技术出版社,1995.5.—148页;19cm
ISBN 7-5304-1274-4:¥4.90

S834　042315
养鸭实用新技术/杜文兴主编.—南京:江苏科学技术出版社,1995.9.—133页;19cm.—(菜篮子工程技术丛书)
ISBN 7-5345-1985-3:¥5.30

S834　042316
养鸭小窍门100例/王连胡,柳思祥编著.—北京:农村读物出版社,1995.1.—175页;19cm
ISBN 7-5048-2128-4:¥4.70

S835　042317
快速养鹅技术/包世增等编.—广州:广东科技出版社,1995.12.—114页;19cm
ISBN 7-5359-1549-3:¥5.50

S835　042318
肉用仔鹅高产饲养新技术/曹胃等编著.—上海:上海科学技术出版社,1995.3.—208页;19cm.—(现代畜禽生产新技术丛书 /曹胃主编)
ISBN 7-5323-3518-6:¥5.60

S836　042319
肉鸽饲养管理与疾病防治/祝锋群主编;张新国等编著.—北京:中国农业科技出版社,1995.4.—164页;19cm
ISBN 7-80026-888-8:¥4.50

S836　042320
肉鸽饲养及食用/张献礼等编著.—合肥:安徽科学技术出版社,1995.8.—128页;19cm.—(高效农业技术丛书·畜禽和经济动物养殖类)
ISBN 7-5337-1200-5:¥4.80

S836　042321
天使之谜:关于鸽子奥秘的科学分析/马玉琛著.—北京:中国林业出版社,1995.12.—242页;19cm
ISBN 7-5038-1584-1:¥11.00

S836　042322
新编肉鸽饲养法/吴高升编著.—北京:中国农业出版社,1995.9.—151页;19cm
ISBN 7-109-03947-1:¥7.00

S836-61　042323

实用养鸽词典/顾澄海主编.—上海:上海辞书出版社,1995.11.—262页:彩图;20cm

ISBN 7-5326-0320-2(精装):¥20.00

S836-62　　**042324**

新编信鸽手册/顾澄海主编.—上海:上海科学技术出版社,1995.7.—290页:照片;20cm

ISBN 7-5323-3773-1:¥15.70

S839　　**042325**

特禽实用饲养技术/张宏伟,肖锐主编.—哈尔滨:黑龙江人民出版社,1995.3.—517页;19cm

ISBN 7-207-00286-1:¥14.20

S839　　**042326**

鹌鹑饲养及产品加工/周桃鸿编著.—长沙:湖南科学技术出版社,1995.12.—129页;19cm.—(新兴养殖技术丛书)

ISBN 7-5357-1617-2:¥4.50

S85 兽医学

S85　　**042327**

动物疾病防治/于船主编;中国兽医杂志编委会编.—北京:北京农业大学出版社,1995.9.—647页;26cm

ISBN 7-81002-709-3:¥48.00

S85-61　　**042328**

英汉兽医词典/陈凌风主编 .—北京:中国农业出版社,1995.10.—2251页;20cm

ISBN 7-109-02211-0(精装):¥120.00

S85-62　　**042329**

动物医生手册/蒋金书主编;北京农业大学动物医学院编著.—北京:北京农业大学出版社,1995.11.—622页;20cm

ISBN 7-81002-713-1:¥29.00

S85-62　　**042330**

畜牧兽医技术手册/匡宗武主编.—长沙:湖南科学技术出版社,1995.5.—926页;19cm

ISBN 7-5357-1542-7:¥29.50

S851　　**042331**

动物检疫与检验/王东安,王臣滨主编.—北京:中国科学技术出版社,1995.11.—736页;20cm

ISBN 7-5046-1958-2(精装):¥26.00

S851　　**042332**

动物卫生监督与检疫/王志君主编.—北京:中国农业出版社,1995.10.—836页;20cm

ISBN 7-109-03857-2:¥28.00

S851　　**042333**

畜禽新病预防与控制/刘立人等编著.—上海:上海科学技术出版社,1995.3.—257页;19cm.—(现代畜禽生产新技术丛书 /曹霄主编)

ISBN 7-5323-3520-8:¥6.90

S851.36-62　　**042334**

畜禽消毒手册 /佘锐萍,刘铁斌编著 .—北京:中国农业科技出版社,1995.8.—64页;19cm.—(全国农业新技术产品传播网丛书)

ISBN 7-80026-984-1:¥4.00

S851.4-62　　**042335**

兽医卫生检疫手册/匡宗武主编;湖南省兽医卫生监督检验所编.—长沙:湖南科学技术出版社,1995.3.—291页;19cm

ISBN 7-5357-1669-5:¥6.80

S851.924.1　　**042336**

陕西省畜禽疫病志:1949～1991/史志诚主编;陕西省农业厅编著.—西安:陕西科学技术出版社,1995.2.—301页;26cm

ISBN 7-5369-2378-3(精装):¥25.00

S852.1　　**042337**

畜禽解剖生理/伍云波主编;何正湘等编.—新1版.—长沙:湖南科学技术出版社,1995.10.—288页;19cm

中等职业技术学校教材

ISBN 7-5357-1926-0:¥6.30

S852.2　　**042338**

家畜生态学/李震钟主编;于文翰等编著.—2版.—北京:农业出版社,1995.8.—167页;26cm

全国高等农业院校教材 畜牧、兽医专业用

ISBN 7-109-03367-8:¥6.75

S852.3　　**042339**

动物疾病诊断病理学/陈怀涛主编.—北京:中国农业出版社,1995.5.—381页;26cm

ISBN 7-109-03617-0:¥27.90

S852.3　　**042340**

家畜病理学/辽宁省锦州畜牧兽医学校主编.—2版.—北京:中国农业出版社,1995.5.—333页;19cm

全国中等农业学校教材 兽医专业适用

ISBN 7-109-03153-5:¥6.25

S852.3　　**042341**

兽医临床病理学/王小龙主编.—北京:中国农业出版社,1995.10.—246页;26cm

全国高等农业院校教材 兽医、实验动物专业用

ISBN 7-109-03684-7:¥12.80

S852.6　　**042342**

动物微生物学/杨本升等主编.—长春:吉林科学技术出版社,1995.8.—1111页;26cm

ISBN 7-5384-1532-7(精装):¥78.50

S852.6　　**042343**

兽医微生物学/周继明主编;鞠广义等编.—2版.—北京:中国农业出版社,1995.5.—366页;19cm

全国中等农业学校教材 兽医、兽医卫生检验专业用

ISBN 7-109-03387-2:¥6.80

S852.7　　**042344**

畜禽寄生虫病学/宁长申等主编.—北京:北京农业大学出版社,1995.9.—348页;26cm

ISBN 7-81002-720-4:¥16.50

S853　　**042345**

中兽医学/湖南省长沙农业学校主编.—2版.—北京:中国农业出版社,1995.10.—496页;19cm

全国中等农业学校教材 兽医专业用

ISBN 7-109-03345-7: ¥12.40

S853　042346

中兽医诊断学/黑龙江省畜牧兽医学校主编.—2版.—北京:中国农业出版社,1995.5.—235页;19cm

全国中等农业院校教材 中兽医专业用

ISBN 7-109-03502-6: ¥4.45

S853.1　042347

中兽医基础理论/山西省畜牧兽医学校主编.—2版.—北京:中国农业出版社,1995.10.—274页;19cm

全国中等农业学校教材 中兽医专业用

ISBN 7-109-03561-1: ¥5.15

S853.61　042348

兽医针灸治疗/王清兰,张泉鑫编著.—南昌:江西科学技术出版社,1995.6.—301页;20cm.—(当代科技重要著作·农业领域)

ISBN 7-5390-0899-7: ¥9.50

S853.74　042349

兽医中药药理学/陈正伦主编.—北京:中国农业出版社,1995.5.—183页;26cm

全国高等农业院校教材 中兽医专业用

ISBN 7-109-03601-4: ¥7.00

S853.9　042350

兽医草药土法良方/张湘昭等编著.—合肥:安徽科学技术出版社,1995.4.—286页;19cm.—(高效农业技术丛书·畜禽和经济动物养殖类/王昭耀主编)

ISBN 7-5337-1176-9: ¥8.00

S854　042351

动物园动物疾病防治学/张柳良主编.—北京:中国农业出版社,1995.10.—121页;26cm

全国高等农业院校教材 兽医、实验动物等专业用

ISBN 7-109-03470-4: ¥7.00

S854.4　042352

兽医X线诊断学/陈白希主编.—北京:中国农业出版社,1995.5.—266页:照片;26cm

全国高等农业院校教材 兽医专业用

ISBN 7-109-03511-5: ¥37.55

S854.4　042353

兽医临床诊断学/青海省湟源畜牧学校主编.—2版.—北京:中国农业出版社,1995.5.—266页:照片;19cm

全国中等农业学校教材 兽医专业用

ISBN 7-109-03455-0: ¥7.85

S854.4-62　042354

兽医微生物实验诊断手册/廖延雄主编.—北京:中国农业出版社,1995.3.—769页;20cm

ISBN 7-109-03396-1: ¥29.50

S854.5-44　042355

畜禽常见病防治技术问答/刘大义,瞿自明主编.—北京:科学普及出版社,1995.11.—191页;19cm.—(农民实用技术丛书/王连铮主编)

ISBN 7-110-03986-2: ¥7.50

S855　042356

动物传染病学/费恩阁主编.—长春:吉林科学技术出版社,1995.8.—701页;26cm

ISBN 7-5384-1533-5(精装): ¥50.00

S855　042357

家畜传染病学/张绍贤主编;丁振伟等编.—2版.—北京:中国农业出版社,1995.5.—456页;19cm

全国中等农业学校教材 兽医专业、兽医卫生检验专业用

ISBN 7-109-03328-7: ¥8.30

S856　042358

家畜遗传病学/施启顺编著.—北京:中国农业出版社,1995.5.—222页;26cm

全国高等农业院校教材 动物遗传育种、畜牧、兽医专业用

ISBN 7-109-03187-X: ¥8.40

S856　042359

兽医内科学/陈云,黄义强主编 .—重庆:西南师范大学出版社,1995.5.—325页;26cm

农业高等院校协作教材:南方本

ISBN 7-5621-1306-8: ¥15.00

S856.5　042360

动物矿物质营养代谢与疾病/王宗元等编著.—上海:上海科学技术出版社,1995.11.—544页;19cm

ISBN 7-5323-3774-X: ¥18.00

S857.1　042361

家畜外科及产科学/孟庆寿主编;方德俊等编.—2版.—北京:中国农业出版社,1995.5.—424页;19cm

全国中等农业学校教材 兽医专业用

ISBN 7-109-03341-4: ¥7.75

S857.12　042362

中国畜禽阉割术/丁国均等编著;四川省养猪研究所《中国畜禽阉割术》编写组编.—成都:四川科学技术出版社,1995.8.—153页:彩图;20cm

ISBN 7-5364-3041-8: ¥10.00

S858　042363

广东省畜禽疫病:1949~1989/广东省畜牧局,《广东省畜禽疫病》编委会编.—广州:广东科技出版社,1995.1.—383页;26cm

内部发行

ISBN 7-5359-1386-5: ¥0.00

S858　042364

犬猫兔病速效防治技术/傅胜才编著.—长沙:湖南科学技术出版社,1995.11.—140页;19cm.—(兽医普及丛书/匡宗武主编)

ISBN 7-5357-1703-9: ¥4.80

S858　042365

畜禽疾病防治:试用本/全国职业高中畜禽养殖类专业教材编写组编.—北京:高等教育出版社,1995.5.—476页;20cm

全国职业高中国家教委规划教材 畜禽养殖类专业

ISBN 7-04-005270-9: ¥10.50

S858　042366

畜禽疫病防治　上册/刘思慎主编.—长沙:湖南科学技术出版社,1995.10.—258页;19cm

中等职业技术学校教材

ISBN 7-5357-1945-7: ¥5.70

S858　042367
畜禽疫病防治　下册/刘思慎主编.—新1版.—长沙:湖南科学技术出版社,1995.10.—256页;19cm
中等职业技术学校教材
ISBN 7-5357-1946-5:¥5.70

S858-62　042368
幼畜幼禽疾病防治手册/郑明球,蔡宝祥主编.—上海:上海科学技术出版社,1995.4.—469页;19cm
ISBN 7-5323-3504-6(精装):¥15.50

S858.2　042369
看图防治家畜常见病/徐学孟等编撰.—济南:山东科学技术出版社,1995.9.—89页;19cm.—(高产优质高效农业实用新技术图解丛书/董忠堂,潘大陆主编)
ISBN 7-5331-1643-7:¥3.00

S858.23-44　042370
牛病防治600问/李怀安等编.—合肥:安徽科学技术出版社,1995.7.—392页;19cm.—(高效农业技术丛书·畜禽和经济动物养殖类)
ISBN 7-5337-1123-8:¥9.00

S858.23-64　042371
牛病防治彩色图册/林大木,康正林编著;林林等绘.—长沙:湖南科学技术出版社,1995.9.—152页;13×19cm.—(农业病虫防治丛书)
ISBN 7-5357-1701-2:¥7.90

S858.28　042372
猪病防治技术/沈国顺,李雪梅编著.—沈阳:辽宁科学技术出版社,1995.8.—107页;19cm.—(农村致富金钥匙丛书·畜禽饲养类)
ISBN 7-5381-2201-X:¥4.10

S858.28　042373
猪病防治新技术/郑宗赞,郑艳晖编著.—福州:福建科学技术出版社,1995.12.—152页;19cm
ISBN 7-5335-0963-3:¥4.80

S858.28　042374
猪病免疫与防治技术/郑世军,杨汉春主编.—北京:北京农业大学出版社,1995.11.—172页;19cm
ISBN 7-81002-727-1:¥7.00

S858.28-64　042375
猪病防治图册/郭书普,王道中编著.—3版.—北京:中国致公出版社,1995.3.—135页;19cm.—(农村适用新技术丛书)
ISBN 7-80096-077-3:¥4.60

S858.3　042376
禽流感/甘孟侯主编.—北京:北京农业大学出版社,1995.5.—134页;20cm
ISBN 7-81002-706-9:¥7.80

S858.3-44　042377
鸡鸭鹅病防治问答/韩照明等编著.—石家庄:河北科学技术出版社,1995.2.—163页;19cm.—(农业科技十万问·兽医卫生篇/刘冠群主编)
ISBN 7-5375-1442-9:¥3.80

S858.3-52　042378
新编禽病全集/顾建洪主编.—北京:中国经济出版社,1995.5.—440页;19cm
ISBN 7-5017-2754-6:¥14.00

S858.31　042379
鸡病防治实用手册/叶岐山等编著.—2版.—合肥:安徽科学技术出版社,1995.6.—304页:彩图;19cm
ISBN 7-5337-1175-0:¥9.80

S858.31　042380
鸡病防治新编/席克奇编著.—北京:中国农业科技出版社,1995.10.—304页:彩照;19cm
ISBN 7-80026-983-3:¥12.00

S858.31　042381
鸡病防治新技术/林世棠,葛颐昌编著.—福州:福建科学技术出版社,1995.4.—226页;19cm
ISBN 7-5335-0892-0:¥6.20

S858.31　042382
鸡病临诊病理解剖学诊断/栾承贵主编.—兰州:甘肃民族出版社,1995.3.—214页:彩照;19cm
ISBN 7-5421-0359-8:¥9.80

S858.31　042383
鸡病诊断与治疗/马兴树,阎志民编著.—北京:中国农业出版社,1995.12.—216页;19cm
ISBN 7-109-04194-8:¥9.00

S858.31　042384
养鸡与鸡病防治/史孝孔主编.—北京:中国农业出版社,1995.3.—388页;19cm
ISBN 7-109-03673-1:¥9.60

S858.31　042385
最新鸡病诊治/何生虎,杨春生主编.—银川:宁夏人民教育出版社,1995.9.—232页;19cm
ISBN 7-80596-150-6:¥7.80

S858.31-44　042386
鸡病防治200问/徐兰芳主编;沈秋姑等编著.—南昌:江西科学技术出版社,1995.10.—282页;19cm
ISBN 7-5390-0952-7:¥9.50

S858.31-64　042387
简明鸡病防治图说/赵余放主编.—北京:中国农业出版社,1995.9.—252页:照片;19cm
ISBN 7-109-04092-5:¥12.00

S858.31-64　042388
实用鸡病图解/王廷富,房海主编.—石家庄:河北科学技术出版社,1995.4.—106页:彩图;19cm
ISBN 7-5375-1408-9(精装):¥16.00

S858.39　042389
鸽病防治技术/杨连楷编著　.—北京:金盾出版社,1995.8.—167页:彩图;19cm
ISBN 7-5082-0054-3:¥5.60

S859　042390
常用兽药使用方法/江铭炎等编.—上海:上海科学技术出版社,1995.3.—323页;19cm.—(现代畜禽生产新技术丛书　/曹霄主编)
ISBN 7-5323-3521-6:¥8.70

S859　042391
兽医生物制品学/刘宝全主编.—北京:中国农业出版社,1995.10.—302页;26cm
全国高等农业院校教材　兽医、兽医公共卫生专业用

ISBN 7-109-03749-5: ¥15.60

S859.7 042392

新编兽医药理学/赵彦雪主编.—北京:北京农业大学出版社,1995.12.—122页;26cm

ISBN 7-81002-736-0: ¥11.00

S859.79-65 042393

美国兽用生物制品质量标准:1994年版/张万清,蒋厚生译.—北京:中国农业科技出版社,1995.9.—195页;19cm

ISBN 7-80026-989-2: ¥12.00

S86 狩猎、野生动物驯养

①S863②S937 042394

中国国家重点保护水生野生动物/汪小炎主编.—北京:中国科学技术出版社,1995.1.—232页;19cm

ISBN 7-5046-1916-7: ¥10.00

S863-64 042395

湖北省重点保护野生动物图谱/肖华方主编;湖北省林业厅等编著.—武汉:湖北科学技术出版社,1995.10.—301页:彩照;20cm

ISBN 7-5352-1738-9(精装): ¥60.00

S864 042396

野味家养实用技术/《野味家养实用技术》编写组编.—北京:中国农业出版社,1995.9.—140页;19cm.—(快速脱贫养殖技术丛书)

ISBN 7-109-03812-2: ¥6.60

S864.5 042397

野禽饲养学/孙森等主编.—哈尔滨:东北林业大学出版社,1995.12.—212页;26cm

全国高等林业院校试用教材

ISBN 7-81008-647-2: ¥13.80

S865.2 042398

海狸鼠养殖技术/邵家民编.—合肥:安徽科学技术出版社,1995.4.—46页;19cm.—(高效农业技术丛书·畜禽和经济动物养殖类)

ISBN 7-5337-0896-2: ¥2.00

S865.2 042399

狐貉獭兔饲养技术/刘石泉,周吉薇编写.—南昌:江西科学技术出版社,1995.1.—127页;19cm.—(科技兴农丛书·养殖业)

ISBN 7-5390-0777-X: ¥3.00

S865.2 042400

水貂养殖技术/李忠宽等编著.—北京:金盾出版社,1995.10.—167页;19cm

ISBN 7-5082-0092-6: ¥5.00

S865.3 042401

画眉和百灵鸟的驯养/尹祚华等编著.—北京:金盾出版社,1995.6.—71页;19cm

ISBN 7-80022-576-3: ¥2.80

S865.3 042402

小型宠物的饲养与保健/张振兴主编.—南京:江苏科学技术出版社,1995.2.—172页;19cm

ISBN 7-5345-1885-7: ¥6.10

S865.3-64 042403

家庭笼养鸟饲育图说/杨廷梓编.—北京:中国林业出版社,1995.3.—176页;19cm

ISBN 7-5038-1344-X: ¥8.00

S865.4 042404

看图养殖药用经济动物/董维光等编绘.—济南:山东科学技术出版社,1995.10.—64页;19cm.—(高产优质高效农业实用新技术图解丛书/董忠堂,潘大陆主编)

ISBN 7-5331-1676-3: ¥2.40

S865.4 042405

全蝎养殖/赵耀辉编著.—北京:中国农业出版社,1995.12.—54页;19cm.—(快速脱贫养殖技术丛书)

ISBN 7-109-03834-3: ¥4.00

S865.4 042406

药用动物饲养学/孙森等主编.—哈尔滨:东北林业大学出版社,1995.12.—286页;26cm

全国高等林业院校试用教材

ISBN 7-81008-645-6: ¥18.30

S865.4 042407

药用动物养殖技术/《药用动物养殖技术》编写组编.—北京:中国农业出版社,1995.10.—164页;19cm.—(快速脱贫养殖技术丛书)

ISBN 7-109-03811-4: ¥7.80

S865.4 042408

药用昆虫养殖/王林瑶,张立峰编著.—北京:金盾出版社,1995.2.—193页;19cm

ISBN 7-80022-972-6: ¥5.80

S865.4 042409

麝鼠养殖和取香技术/佟煜人等编著.—北京:金盾出版社,1995.7.—118页;19cm

ISBN 7-5082-0042-X: ¥3.50

S865.9 042410

鸵鸟饲养/李学德等编著.—北京:中国农业出版社,1995.10.—93页:彩图;19cm

ISBN 7-109-04258-8: ¥9.40

S866 042411

野生动物的狩猎与保护/果真著.—兰州:甘肃人民出版社,1995.8.—240页;19cm

ISBN 7-226-01501-3: ¥13.50

S88 蚕桑

S88 042412

红壤栽桑与养蚕/楼定中,吴小星编著.—武汉:湖北科学技术出版社,1995.8.—202页:图;19cm

ISBN 7-5352-1730-3: ¥12.80

S88 042413

养蚕新技术/章孟夫,王宏编著.—成都:四川科学技术出版社,1995.10.—60页;19cm.—(科技兴农适用技术丛书/四川省科学技术委员会主编)

ISBN 7-5364-0997-4: ¥2.20

S88　042414
养蚕新技术/黄士卿编著.—成都:四川科学技术出版社,1995.1.—64页;19cm.—(全国星火计划丛书)
ISBN 7-5364-2714-X:¥1.50

S88　042415
养蚕学/浙江省嘉兴农业学校主编.—2版.—北京:中国农业出版社,1995.5.—272页;19cm
全国中等农业学校教材 蚕桑专业用
ISBN 7-109-02800-3:¥5.10

S88-44　042416
栽桑养蚕问答/倪松年,朱竞若编著.—3版.—南京:江苏科学技术出版社,1995.2.—246页;19cm
ISBN 7-5345-1880-6:¥0.00

S881.2　042417
蚕的生理生化/钱惠田主编.—北京:中国农业出版社,1995.11.—156页;26cm
全国高等农业院校教材 蚕桑专业用
ISBN 7-109-03752-5:¥8.80

S881.2　042418
蚕体解剖生理学/浙江省绍兴市农业学校主编.—2版.—北京:中国农业出版社,1995.5.—128页:图;26cm
全国中等农业学校教材 蚕桑专业用
ISBN 7-109-03264-7:¥6.75

S883　042419
桑蚕饲养技术/杨仁政编著.—北京:金盾出版社,1995.4.—90页;19cm
ISBN 7-80022-945-9:¥2.40

S884　042420
蚕病防治技术/黄可威,郭锡杰编著.—北京:金盾出版社,1995.4.—101页;19cm
ISBN 7-80022-985-8:¥2.80

S884　042421
蚕病学/朱志立主编;夏耀编.—2版.—北京:中国农业出版社,1995.5.—229页;19cm
全国中等农业学校教材 蚕桑专业用
ISBN 7-109-02903-4:¥4.35

S884　042422
蚕病诊断和防治/赵祖康等编著.—上海:上海科学普及出版社,1995.11.—124页;19cm
ISBN 7-5427-1003-6:¥4.50

①S884.7②Q959.708　042423
辽宁蚕区鸟类/辽宁省蚕业科学研究所编著.—沈阳:辽宁科学技术出版社,1995.10.—164页:彩照
ISBN 7-5381-2241-9:¥25.00

S886　042424
蚕茧收烘技术/柳德康编著.—北京:金盾出版社,1995.4.—180页;19cm
ISBN 7-80022-986-6:¥4.20

S888　042425
桑树优质丰产新技术/吴仁儒编著.—成都:四川科学技术出版社,1995.10.—62页;19cm.—(科技兴农适用技术丛书/四川省科学技术委员会主编)
ISBN 7-5364-1014-X:¥2.30

S888.3　042426
桑树良种苗木繁育技术/倪国孚,陈爱玉编著.—北京:金盾出版社,1995.2.—92页;19cm
ISBN 7-80022-976-9:¥2.30

S888.4　042427
桑树高产栽培技术/龚垒等编著.—北京:金盾出版社,1995.2.—150页;19cm
ISBN 7-80022-959-9:¥3.40

S888.7　042428
桑树病虫害防治技术/田立道,吴福安编著.—北京:金盾出版社,1995.5.—200页;19cm
ISBN 7-5082-0003-9:¥4.90

S888.7　042429
桑树病虫害防治学/杭荣华主编;浙江嘉兴农业学校编.—2版.—北京:中国农业出版社,1995.5.—292页
全国中等农业学校教材 蚕桑专业用
ISBN 7-109-03323-6:¥7.55

S888.7　042430
桑树病虫预测预报/吴开明等主编.—成都:四川科学技术出版社,1995.9.—314页;19cm
ISBN 7-5364-3185-6:¥9.50

S89 养蜂、益虫饲养

S89　042431
养蜂技术/黄文诚编著.—北京:金盾出版社,1995.4.—169页;19cm
ISBN 7-5082-0014-4:¥3.90

S892　042432
蜜蜂育种学/邵瑞宜主编.—北京:中国农业出版社,1995.5.—167页;26cm
全国高等农业院校教材 蜂学专业用
ISBN 7-109-03356-2:¥6.45

S896-62　042433
蜂产品消费指南/王振山等编著.—北京:中国农业科技出版社,1995.12.—88页;19cm
ISBN 7-80119-078-5:¥3.50

S897　042434
蜜粉源植物学/柯贤港主编.—北京:中国农业出版社,1995.5.—226页;26cm
全国高等农业院校教材 蜂学专业用
ISBN 7-109-03336-8:¥8.65

S9 水产、渔业

S9　042435
水产通论/胡鹤永主编.—北京:中国农业出版社,1995.10.—180页;26cm
全国高等农业院校教材
ISBN 7-109-03670-7:¥9.60

①S9②D922.4　042436
渔政知识全书/王诗成主编.—济南:山东友谊出版社,1995.12.—931页;20cm
ISBN 7-80551-796-7(精装):¥48.00

S9-53　042437
全国首届青年水产学术研讨会论文集/中国水产学会编.—上海:同济大学出版社,1995.4.—557页;26cm
ISBN 7-5608-1571-5:¥60.00

S9-61　042438
英汉渔业词典/贾建三主编.—北京:中国农业出版社,1995.7.—1578,36页;20cm
ISBN 7-109-03904-8(精装):¥78.00

S917　042439
海产动物胚胎学/集美水产学校主编.—北京:中国农业出版社,1995.5.—123页;26cm
全国中等水产学校教材 海水养殖专业用
ISBN 7-109-03283-3:¥4.80

S922.75　042440
西藏鱼类及其资源/西藏自治区水产局主编.—北京:中国农业出版社,1995.7.—162页:彩图;26cm
ISBN 7-109-04111-5:¥28.00

S93 水产资源

S93　042441
楚雄彝族自治州水域环境和渔业资源/徐伟毅主编;楚雄彝族自治州环境保护委员会等编.—昆明:云南科技出版社,1995.12.—232页;26cm
ISBN 7-5416-0720-7(精装):¥38.00

S931　042442
渔业资源与渔场/集美水产学校主编.—北京:中国农业出版社,1995.5.—171页;26cm
全国中等水产学校教材 海洋渔业专业用
ISBN 7-109-03092-X:¥6.50

S931-44　042443
渔业资源评估习题集/詹秉义编著.—北京:中国农业出版社,1995.10.—81页;26cm
全国高等农业院校教材 渔业资源与管理和水生生物专业用
ISBN 7-109-03660-X:¥4.75

S931.1　042444
鱼类生态学原理/张显理,黄全福编.—银川:宁夏人民教育出版社,1995.7.—148页;26cm
ISBN 7-80596-197-2:¥12.50

S932.4　042445
渔业资源评估/詹秉义编著.—北京:中国农业出版社,1995.10.—353页;26cm
全国高等农业院校教材 渔业资源与管理和水生生物专业用
ISBN 7-109-03638-3:¥17.65

S932.6-53　042446
贝类学论文集　第五、六辑/中国贝类学会编辑.—青岛:青岛海洋大学出版社,1995.10.—185页;26cm
ISBN 7-81026-733-7:¥20.00

S94 水产保护学

S94　042447
鱼鳖龟鳅鳝蛙虾蟹蚌病速效防治技术/桑明强主编,康惠编著.—长沙:湖南科学技术出版社,1995.11.—145页;19cm.—(兽医普及丛书)
ISBN 7-5357-1705-5:¥4.80

S941　042448
鱼病防治实用技术/宋关碧编写.—重庆:重庆出版社,1995.12.—110页;19cm.—(农村水产养殖实用技术丛书)
ISBN 7-5366-3356-4:¥3.80

S941-53　042449
鱼病学研究论文集　第二辑/中国科学院水生生物研究所鱼病学研究室编.—北京:海洋出版社,1995.10.—208页:图版;26cm
ISBN 7-5027-1573-8:¥20.00

S947.1　042450
鳖病及其防治/杨先乐等编著.—北京:中国农业科技出版社,1995.9.—240页:彩图;19cm
ISBN 7-80026-908-6:¥29.50

S95 水产工程

S954.1　042451
渔场学/胡杰主编.—北京:中国农业出版社,1995.10.—240页;26cm
全国高等农业院校教材 海洋渔业和渔业资源专业用
ISBN 7-109-03385-6:¥13.80

S955.1　042452
中国鱼池生态学研究/朱学宝,施正峰主编.—上海:上海科学技术出版社,1995.12.—216页:图;26cm
ISBN 7-5323-3814-2(精装):¥39.70

S955.4　042453
经济蛙类生态学及养殖工程/李鹄鸣,王菊凤著.—北京:中国林业出版社,1995.8.—202页;26cm.—(蛇蛙研究丛书;6)
ISBN 7-5038-1465-9:¥15.00

S96 水产养殖技术

S96　042454
科技兴渔/施主佑著.—广州:中山大学出版社,1995.2.—307页;20cm
ISBN 7-306-00951-6:¥12.00

S96　042455
名特优水产品病害防治技术/蒋雪英,魏泽能编著.—合肥:安徽科学技术出版社,1995.10.—122页;19cm.—(高效农业技术丛书·水产养殖类/王昭耀主编)
ISBN 7-5337-1253-6:¥4.20

S96　042456
名特优新水产品养殖实用技术/杨成俊,钱晓明主编.—北京:中国农业科技出版社,1995.10.—347页;

19cm
ISBN 7-80026-951-5: ¥11.50

S96 042457
实用养鱼技术/涂福命，王宾贤编著.—2版.—长沙：湖南科学技术出版社，1995.3.—252页；19cm.—(专业养殖技术丛书)
ISBN 7-5357-0331-3: ¥6.80

S96 042458
新兴水产品的养殖技术/《新兴水产品的养殖技术》编写组编.—北京：中国农业出版社，1995.10.—169页；19cm.—(快速脱贫养殖技术丛书)
ISBN 7-109-03810-6: ¥7.80

S96 042459
一优两高水产业/吕来清主编.—2版.—杭州：浙江科学技术出版社，1995.12.—139页；20cm.—(农村奔小康指南丛书)
ISBN 7-5341-0875-6: ¥6.00

S96 042460
鱼虾贝养殖高产技术/谢忠明主编.—北京：中国农业出版社，1995.11.—351页；19cm
ISBN 7-109-03555-7: ¥15.90

S96-62 042461
养鱼致富技术手册/胡保同主编.—北京：中国农业出版社，1995.6.—866页；20cm
ISBN 7-109-03379-1: ¥29.50

S962 042462
海水鱼虾蟹贝人工育苗/丛季珠主编；农业部工人技术培训教材编审委员会编.—北京：中国农业出版社，1995.10.—232页；20cm
工人技术培训统编教材
ISBN 7-109-03797-5: ¥9.70

S962 042463
鱼苗鱼种繁殖与培育技术/庄佩兰，李荣军编著.—南京：江苏科学技术出版社，1995.7.—153页；20cm.—(菜篮子工程技术丛书)
ISBN 7-5345-1961-6: ¥5.50

S963-53 042464
鱼虾类营养研究进展：中英文对照/林鼎，萧锡延主编.—广州：中山大学出版社，1995.10.—422页；26cm
ISBN 7-306-01061-1: ¥80.00

S963.2 042465
海洋生物饵料培养/农业部工人技术培训教材编审委员会编.—北京：中国农业出版社，1995.5.—114页；20cm
工人技术培训统编教材
ISBN 7-109-03788-6: ¥6.30

S963.2 042466
生物饵料培养/陈明耀主编.—北京：中国农业出版社，1995.10.—187页；26cm
全国高等农业院校教材 海水养殖专业用
ISBN 7-109-03730-4: ¥9.80

S963.7 042467
鱼用配合饲料/王道尊编著.—北京：中国农业出版社，1995.5.—212页：彩照；19cm
ISBN 7-109-03486-0: ¥11.50

S964 042468
淡水养鱼高产新技术/张列士，薛镇宇主编；柯鸿文等编.—2版.—北京：金盾出版社，1995.12.—486页；19cm
ISBN 7-5082-0121-3: ¥14.90

①S964②S974 042469
千岛湖渔业：淡水鱼类养殖与捕捞/孙燕生等著.—北京：中国林业出版社，1995.11.—200页；19cm
ISBN 7-5038-1572-8: ¥13.00

S964.7 042470
高密度小网箱养鱼/蒋雪英，魏泽能编.—合肥：安徽科学技术出版社，1995.7.—73页；19cm.—(高效农业技术丛书·水产养殖类/赵乃刚主编)
ISBN 7-5337-1201-3: ¥3.50

S964.7 042471
网箱养鱼高产新技术/王玉堂编著.—北京：农村读物出版社，1995.1.—188页；19cm.—(优质高产农产品生产技术丛书)
ISBN 7-5048-2122-5: ¥5.30

S965.117 042472
高体型异育银鲫养殖/蒋军编.—合肥：安徽科学技术出版社，1995.7.—62页；19cm.—(高效农业技术丛书·水产养殖类/王昭耀主编；赵乃刚分主编)
ISBN 7-5337-1211-0: ¥2.70

S965.117 042473
高体型异育银鲫养殖技术/吴建清，张兆利编著.—武汉：武汉出版社，1995.7.—122页；19cm.—(淡水名、优、特、新品种养殖丛书)
ISBN 7-5430-1348-7: ¥4.80

S965.125 042474
罗非鱼养殖/申德林编.—合肥：安徽科学技术出版社，1995.10.—111页；19cm.—(高效农业技术丛书·水产养殖类/王昭耀主编)
ISBN 7-5337-1226-9: ¥4.20

S965.125 042475
罗非鱼养殖技术/袁善卿，张列士编著.—北京：金盾出版社，1995.7.—104页；19cm
ISBN 7-5082-0045-4: ¥3.20

S965.128 042476
南方大口鲶、斑点叉尾鮰养殖技术/蒋雪英等编著.—合肥：安徽科学技术出版社，1995.7.—51页；19cm.—(高效农业技术丛书·水产养殖类/赵乃刚主编)
ISBN 7-5337-1208-0: ¥2.70

S965.19 042477
淡水白鲳养殖技术/李亦华编.—福州：福建科学技术出版社，1995.8.—81页；19cm.—(全国星火计划丛书)
ISBN 7-5335-0946-3: ¥2.80

S965.19 042478
乌鱼养殖/曹克驹编著.—北京：科学技术文献出版社，1995.7.—117页；19cm.—(名特优水产畜禽养殖技术丛书)

ISBN 7－5023－2289－2: ¥4.50

S965.19　　**042479**

鳜鱼、乌鳢养殖技术/童文彪等编著.—合肥:安徽科学技术出版社,1995.7.—59页;19cm.—(高效农业技术丛书·水产养殖类/赵乃刚主编)

ISBN 7－5337－1212－9: ¥3.00

S965.19　　**042480**

鳜鱼养殖技术/樊启学,王卫民编著.—北京:金盾出版社,1995.4.—105页;19cm

ISBN 7－5082－0008－X: ¥2.90

S965.19　　**042481**

鳜鱼养殖与增殖技术/龚世园编著.—北京:科学技术文献出版社,1995.8.—164页;19cm.—(名特优水产畜禽养殖技术丛书)

ISBN 7－5023－2491－7: ¥6.00

S965.223　　**042482**

鳗鱼养殖加工和检验/黄慕让主编.—北京:中国轻工业出版社,1995.4.—281页;19cm

ISBN 7－5019－1739－6: ¥29.80

S965.224　　**042483**

银鱼移植与捕捞技术/王玉芬,盖玉欣编著.—北京:金盾出版社,1995.12.—58页;19cm

ISBN 7－5082－0125－6: ¥2.50

S965.331　　**042484**

淡水白鲳养殖/赵振山等编著.—北京:科学技术文献出版社,1995.7.—235页;19cm.—(名特优水产畜禽养殖技术丛书)

ISBN 7－5023－2293－0: ¥7.00

S965.331　　**042485**

淡水白鲳养殖技术/张家波编著.—北京:金盾出版社,1995.3.—103页;19cm

ISBN 7－80022－989－0: ¥3.30

S965.8－44　　**042486**

家庭养鱼百问/俞宗德编写.—上海:上海科技教育出版社,1995.3.—142页;19cm

ISBN 7－5428－1053－7: ¥4.70

S965.8－61　　**042487**

实用养金鱼大全/李素梅主编.—北京:中国农业出版社,1995.3.—329页:彩照;20cm

ISBN 7－109－03526－3: ¥12.30

S966　　**042488**

特种水产养殖实用技术/吴宗文编著.—北京:中国农业出版社,1995.8.—232页;19cm

ISBN 7－109－04033－X: ¥8.50

S966.1　　**042489**

蟹虾高产养殖技术100题/周秋白编著.—南昌:江西科学技术出版社,1995.6.—182页;19cm.—(科技兴农丛书·养殖业)

ISBN 7－5390－0908－X: ¥6.00

S966.12　　**042490**

罗氏沼虾青虾养殖技术/丁凤琴等编著.—合肥:安徽科学技术出版社,1995.10.—57页;19cm.—(高效农业技术丛书·水产养殖类/王昭耀主编)

ISBN 7－5337－1215－3: ¥1.80

S966.16　　**042491**

黑龙江省河蟹养殖技术/崔国文,陈雅君编著.—哈尔滨:东北林业大学出版社,1995.11.—56页;19cm.—(农村奔小康丛书)

ISBN 7－81008－592－1: ¥2.40

S966.16　　**042492**

养蟹问答/赵仁宣,赵亮著.—修订本.—北京:农村读物出版社,1995.7.—104页;19cm

ISBN 7－5048－2632－4: ¥4.00

S966.16　　**042493**

中华绒螯蟹养殖技术/丁玉娟,万明科编著.—武汉:武汉出版社,1995.2.—154页;19cm.—(淡水名、优、特、新品种养殖丛书/马鹤海主编)

ISBN 7－5430－1245－6: ¥8.60

S966.23　　**042494**

河蚌育珠新技术/童文彪等编.—合肥:安徽科学技术出版社,1995.7.—66页;19cm.—(高效农业技术丛书·水产养殖类/王昭耀主编)

ISBN 7－5337－1194－7: ¥3.00

S966.28　　**042495**

白玉蜗牛养殖技术问答/张玉友著.—北京:新华出版社,1995.3.—143页;19cm

ISBN 7－5011－2803－0: ¥4.50

S966.3　　**042496**

经济蛙类的高效养殖/陈国英,凌跃进编.—合肥:安徽科学技术出版社,1995.7.—96页;19cm.—(高效农业技术丛书·水产养殖类/王昭耀主编)

ISBN 7－5337－1193－9: ¥4.00

S966.3　　**042497**

美国青蛙养殖新技术/彭吉生,胡巨林编写.—南昌:江西科学技术出版社,1995.1.—72页;19cm.—(科技兴农丛书)

ISBN 7－5390－0776－1: ¥2.50

S966.3　　**042498**

牛蛙养殖新技术/吴锦藻著.—南京:江苏科学技术出版社,1995.1.—131页;19cm.—(菜篮子工程技术丛书)

ISBN 7－5345－1893－8: ¥4.00

S966.3－44　　**042499**

牛蛙、棘胸蛙、青蛙、虎纹蛙养殖技术100问/吴高升编著.—杭州:浙江科学技术出版社,1995.1.—73页;19cm

ISBN 7－5341－0724－5: ¥2.50

S966.4　　**042500**

黄鳝高密度快速养殖技术/周天元,赵淑芬著.—上海:上海科学普及出版社,1995.11.—217页;19cm.—(全国星火计划丛书)

ISBN 7－5427－0982－8: ¥8.00

S966.4　　**042501**

怎样养殖黄鳝和泥鳅/石传翠,岳粹纯编著.—2版.—合肥:安徽科学技术出版社,1995.1.—181页;19cm.—(高效农业技术丛书·水产养殖类/王昭耀主编)

ISBN 7－5337－0094－5: ¥4.80

S966.5 042502

甲鱼的繁殖和快速育肥/赵乃刚,王永东编著.—合肥:安徽科学技术出版社,1995.10.—61页;19cm.—(高效农业技术丛书·水产养殖类/王昭耀主编)

ISBN 7-5337-1285-4:¥3.00

S966.5 042503

绿毛龟养殖/许正元等编著.—北京:金盾出版社,1995.9.—75页;19cm

ISBN 7-5082-0084-5:¥2.90

S966.5 042504

养鳖实用新技术/王光荣,段亚利编著.—太原:山西科学技术出版社,1995.8.—135页;19cm.—(农村科技致富丛书)

ISBN 7-5377-1136-4:¥4.80

①S966.5②R247.1 042505

甲鱼乌龟的人工饲养技术及食疗/顾博贤编著.—北京:中国农业科技出版社,1995.10.—196页;19cm

ISBN 7-80026-893-4:¥7.80

S966.5-44 042506

养鳖百问/蒋立科等编著.—北京:高等教育出版社,1995.9.—104页;19cm

ISBN 7-04-005358-6:¥3.45

S967.6-44 042507

海水增养殖技术问答/谢忠明主编.—北京:中国农业出版社,1995.2.—710页;20cm

ISBN 7-109-03351-1:¥29.50

S968 042508

海产品养殖加工新技术/魏利平等编著.—济南:山东科学技术出版社,1995.5.—627页;19cm

ISBN 7-5331-1538-4:¥20.00

S968 042509

海水鱼虾蟹养殖/农业部工人技术培训教材编审委员会编.—北京:中国农业出版社,1995.6.—174页;20cm

工人技术培训统编教材

ISBN 7-109-03907-2:¥7.90

S968.22 042510

科学养虾/于恩洪主编.—北京:气象出版社,1995.10.—137页;19cm

ISBN 7-5029-1904-X:¥5.50

①S968.22②S966.12 042511

海水淡水虾类高产养殖技术/王玉堂等编著.—北京:农村读物出版社,1995.1.—195页;19cm.—(优质高产农产品生产技术丛书)

ISBN 7-5048-2125-X:¥4.90

S968.3 042512

贝类养殖学/山东省水产学校主编.—北京:中国农业出版社,1995.5.—373页;26cm

全国中等水产学校教材 海水养殖专业用

ISBN 7-109-02944-1:¥13.50

S968.3 042513

海水贝类养殖/农业部工人技术培训教材编审委员会编.—北京:中国农业出版社,1995.6.—212页;20cm

工人技术培训统编教材

ISBN 7-109-03882-3:¥9.00

S968.4 042514

海藻养殖/农业部工人技术培训教材编审委员会编.—北京:中国农业出版社,1995.5.—277页;20cm

工人技术培训统编教材

ISBN 7-109-03789-4:¥10.90

S968.4 042515

海藻养殖/山东省水产学校主编.—北京:中国农业出版社,1995.5.—252页;26cm

全国中等水产学校教材 海洋养殖专业用

ISBN 7-109-03329-5:¥9.35

S968.4 042516

海藻育苗/丛季珠主编;农业部工人技术培训教材编审委员会编.—北京:中国农业出版社,1995.10.—226页;20cm

工人技术培训统编教材

ISBN 7-109-03908-0:¥9.50

S968.4 042517

裙带菜石花菜养殖学概论/李宏基著.—青岛:青岛出版社,1995.3.—463页;20cm

ISBN 7-5436-1225-9:¥20.00

S97 渔捞

S97 042518

甲板/陈学章主编;农业部渔业局,上海市水产总公司编.—北京:中国农业出版社,1995.3.—261页;20cm

全国渔业船舶普通船员技术培训统编教材

ISBN 7-109-03726-6:¥10.40

S973.3 042519

四季垂钓/王长工著.—南昌:江西科学技术出版社,1995.6.—149页;19cm

ISBN 7-5390-0904-7:¥5.80

T　工业技术

T-09　042520

技术史　第六卷　(下):二十世纪　(二):1900～1950/(英)辛格(Singer,C.)等主编;王平等译.—成都:成都科技大学出版社,1995.5.—379页;20cm

ISBN 7-5616-3064-6:¥14.80

T-092　042521

中国工业技术史/祝慈寿著.—重庆:重庆出版社,1995.6.—1477页;20cm

ISBN 7-5366-2849-8(精装):¥61.30

①T-12②G644　042522

河海大学科技进展:1991～1995/赵光恒主编.—南京:河海大学出版社,1995.10.—209页;26cm

ISBN 7-5630-0919-1:¥20.00

T-29　042523

中华人民共和国工人技术等级标准:对外经济贸易行业/对外贸易经济合作部、劳动部颁发.—北京:中国对外经济贸易出版社,1995.5.—55页;19cm

ISBN 7-80004-452-1:¥2.50

T-29　042524

中华人民共和国工人技术等级标准:航空工业/劳动部,航空工业总公司颁发.—北京:航空工业出版社,1995.7.—540页;19cm

ISBN 7-80046-915-8:¥16.00

T-29　042525

中华人民共和国工人技术等级标准:航天工业/劳动部,中国航天工业总公司联合颁发.—北京:宇航出版社,1995.6.—743页;19cm

ISBN 7-80034-825-3(精装):¥40.00

T-29　042526

中华人民共和国工人技术等级标准:核工业　上册/中华人民共和国劳动部、中国核工业总公司联合颁发.—北京:原子能出版社,1995.9.—599页;19cm

内部发行

ISBN 7-5022-1370-8(精装):¥27.00

T-29　042527

中华人民共和国工人技术等级标准:核工业　下册/中华人民共和国劳动部、中国核工业总公司联合颁发.—北京:原子能出版社,1995.8.—177页;19cm

ISBN 7-5022-1370-8(精装):¥9.00

T-29　042528

中华人民共和国工人技术等级标准:机械工业:通用部分/机械工业部编.—北京:机械工业出版社,1995.5.—278页;19cm

ISBN 7-111-04543-2:¥15.00

T-29　042529

中华人民共和国工人技术等级标准:烟草工业/郁源培主编;劳动部,国家烟草专卖局编.—昆明:云南科技出版社,1995.9.—213页;19cm

ISBN 7-5416-0739-8(精装):¥10.00

T-29　042530

中华人民共和国工人技术等级标准:中医药/劳动部,国家中医药管理局颁发.—北京:中国中医药出版社,1995.10.—406页;19cm

ISBN 7-80089-471-1:¥19.50

T-49　042531

话说新科技革命中的工业/毕德成等编著.—北京:中国华侨出版社,1995.12.—2册;19cm.—(现代科技与人文大观/崔惟琳,潘承洞主编)

ISBN 7-80120-031-4:¥16.90

T-61　042532

常用英汉日科技词典/傅师汉等主编.—北京:中国计量出版社,1995.4.—1345页;20cm

ISBN 7-5026-0711-0(精装):¥78.00

T-62　042533

工程师通用手册/邬伯翔主编.—修订版.—南京:江苏科学技术出版社,1995.9.—1364页;26cm

ISBN 7-5345-1983-7(精装):¥110.00

T-632　042534

95高新技术产品精选/陈兴荣主编.—北京:中国环境科学出版社,1995.5.—259页;26cm

ISBN 7-80093-766-6:¥27.00

T-651　042535

进入国际市场的通行证——94最新ISO9000/潘书祥主编.—北京:中国人事出版社,1995.1.—198页;26cm

ISBN 7-80076-655-1:¥48.00

T-651　042536

流通领域电子数据交换规范=EANCOM　上册/中国物品编码中心编译.—北京:中国物价出版社,1995.9.—3册(1240页);26cm

ISBN 7-80070-497-1:¥128.00

T-651　042537

塑料工业国际标准　ISO/TC 61:1987～1993/化工部晨光化工研究院成都分院,化工部成都有机硅研究中心编译.—北京:中国轻工业出版社,1995.3.—825页;26cm

ISBN 7-5019-1680-2(精装):¥100.00

T-652　042538

社会公共安全产品设计基础标准实用手册/公安部技术监督委员会办公室编.—北京:中国标准出版社,1995.12.—496页;30cm

ISBN 7-5066-1158-9:¥60.00

T-652　042539

水泥设备标准手册/杨祥坤等编.—北京:中国建材工业出版社,1995.6.—471页;30cm

ISBN 7-80090-405-9:¥44.80

T-652　　**042540**

中华人民共和国标准目录　1994　下册/陈宽基主编.—北京:中国标准出版社,1995.8.—546页;30cm

ISBN 7-5066-1113-9:¥51.00

①T-652②D920.9　　**042541**

中国城市建设标准规范与政策法规大全/中国计划出版社,建设部编.—北京:中国计划出版社,1995.5.—3册(2432页);26cm

ISBN 7-80058-317-1:¥198.00

①T-652②TH17　　**042542**

机械动力设备修理复杂系数与检修定额/刘开业等主编.—西安:西北工业大学出版社,1995.12.—984页;26cm.—(机械动力设备维修技术规范;3)

ISBN 7-5612-0687-9:¥140.00

T-652.1　　**042543**

紧固件基础国家标准汇编　1994/全国紧固件标准化技术委员会编.—北京:中国标准出版社,1995.4.—360页;30cm

ISBN 7-5066-1036-1:¥30.00

T-652.1　　**042544**

中国国家标准汇编　(184)　GB14242~14279.—北京:中国标准出版社,1995.1.—748页;30cm

ISBN 7-5066-1028-0:¥45.00

T-652.1　　**042545**

中国国家标准汇编　(184)　GB14242~14279/中国标准出版社总编室编.—北京:中国标准出版社,1995.1.—748页;30cm

ISBN 7-5066-1027-2(精装):¥50.00

T-652.1　　**042546**

中国国家标准汇编　(185)　GB14280~14352/中国标准出版社编.—北京:中国标准出版社,1995.1.—828页;30cm

ISBN 7-5066-1050-7(精装):¥50.00

T-652.1　　**042547**

中国国家标准汇编　(185)　GB14280~14352/中国标准出版社编.—北京:中国标准出版社,1995.1.—828页;30cm

ISBN 7-5066-1051-5:¥45.00

T-652.1　　**042548**

中国国家标准汇编　(186)　GB14353~14396.—北京:中国标准出版社,1995.3.—837页;30cm

ISBN 7-5066-1059-0(精装):¥50.00

T-652.1　　**042549**

中国国家标准汇编　(186)　GB14353~14396.—北京:中国标准出版社,1995.3.—837页;30cm

ISBN 7-5066-1060-4:¥45.00

T-652.1　　**042550**

中国国家标准汇编　(187)　GB14397~14456/中国标准出版社编.—北京:中国标准出版社,1995.1.—796页;30cm

ISBN 7-5066-1061-2(精装):¥50.00

T-652.1　　**042551**

中国国家标准汇编　(187)　GB14397~14456/中国标准出版社编.—北京:中国标准出版社,1995.1.—796页;30cm

ISBN 7-5066-1062-0:¥45.00

T-652.1　　**042552**

中国国家标准汇编　(188)　GB14457~14467/中国标准出版社编.—北京:中国标准出版社,1995.1.—855页;30cm

ISBN 7-5066-1052-1(精装):¥50.00

T-652.1　　**042553**

中国国家标准汇编　(188)　GB14457~14467/中国标准出版社编.—北京:中国标准出版社,1995.1.—855页;30cm

ISBN 7-5066-1053-1:¥45.00

T-652.1　　**042554**

中国国家标准汇编　(189)　GB14468~14520/中国标准出版社总编室编.—北京:中国标准出版社,1995.4.—740页;30cm

ISBN 7-5066-1079-5(精装):¥50.00

T-652.1　　**042555**

中国国家标准汇编　(189)　GB14468~14520/中国标准出版社总编室编.—北京:中国标准出版社,1995.4.—740页;30cm

ISBN 7-5066-1080-9:¥45.00

T-652.1　　**042556**

中国国家标准汇编　(190)　GB14521~14582/中国标准出版社总编室编.—北京:中国标准出版社,1995.4.—758页;30cm

ISBN 7-5066-1082-5:¥50.00

T-652.1　　**042557**

中国国家标准汇编　(190)　GB14521~14582/中国标准出版社总编室编.—北京:中国标准出版社,1995.4.—758页;30cm

ISBN 7-5066-1081-7(精装):¥55.00

T-652.1　　**042558**

中国国家标准汇编　(191)　GB14583~14665/中国标准出版社总编室编.—北京:中国标准出版社,1995.7.—726页;30cm

ISBN 7-5066-1104-X:¥60.00

T-652.1　　**042559**

中国国家标准汇编　(191)　GB14583~14665/中国标准出版社总编室编.—北京:中国标准出版社,1995.7.—726页;30cm

ISBN 7-5066-1103-1(精装):¥65.00

T-652.1　　**042560**

中国国家标准汇编　(192)　GB14666~14719/中国标准出版社总编室编.—北京:中国标准出版社,1995.5.—773页;30cm

ISBN 7-5066-1094-9:¥60.00

T-652.1　　**042561**

中国国家标准汇编　(192)　GB14666~14719/中国标准出版社总编室编.—北京:中国标准出版社,1995.5.—773页;30cm

ISBN 7-5066-1093-0(精装):¥65.00

T-652.1 042562

中国国家标准汇编 (193) GB 14720~14733/中国标准出版社总编室编.—北京:中国标准出版社,1995.5.—713页;30cm

ISBN 7-5066-1092-2:¥60.00

T-652.1 042563

中国国家标准汇编 (193) GB14720~14733/中国标准出版社总编室编.—北京:中国标准出版社,1995.5.—713页;30cm

ISBN 7-5066-1091-4(精装):¥65.00

T-652.1 042564

中国国家标准汇编 (194) GB14733~14813/中国标准出版社总编室编.—北京:中国标准出版社,1995.5.—768页;30cm

ISBN 7-5066-1099-X:¥60.00

T-652.1 042565

中国国家标准汇编 (194) GB14733~14813/中国标准出版社总编室编.—北京:中国标准出版社,1995.5.—768页;30cm

ISBN 7-5066-1098-1(精装):¥65.00

T-652.1 042566

中国国家标准汇编 (195) GB14814~14866/中国标准出版社总编室编.—北京:中国标准出版社,1995.7.—777页;30cm

ISBN 7-5066-1111-2:¥60.00

T-652.1 042567

中国国家标准汇编 (195) GB14814~14866/中国标准出版社总编室编 .—北京:中国标准出版社,1995.7.—777页;30cm

ISBN 7-5066-1110-4(精装):¥65.00

T-652.1 042568

中国国家标准汇编 (196) GB14867~14913 /中国国家标准出版社总编室编 .—北京:中国标准出版社,1995.7.—708页;30cm

ISBN 7-5066-1125-2(精装):¥65.00

T-652.1 042569

中国国家标准汇编 (196) GB14867~14913 /中国国家标准出版社总编室编 .—北京:中国标准出版社,1995.7.—708页;30cm

ISBN 7-5066-1126-0:¥60.00

T-652.1 042570

中国国家标准汇编 (197) GB14914~14980/中国标准出版社总编室编.—北京:中国标准出版社,1995.7.—758页;30cm

ISBN 7-5066-1128-7:¥60.00

T-652.1 042571

中国国家标准汇编 (197) GB14914~14980/中国标准出版社总编室编 .—北京:中国标准出版社,1995.7.—758页;30cm

ISBN 7-5066-1127-9(精装):¥65.00

T-652.1 042572

中国国家标准汇编 (198) GB14981~15048 /中国标准出版社总编室编.—北京:中国标准出版社,1995.8.—719页;30cm

ISBN 7-5066-1139-2:¥60.00

T-652.1 042573

中国国家标准汇编 (198) GB14981~15048 /中国国家标准出版社总编室编 .—北京:中国标准出版社,1995.8.—719页;30cm

ISBN 7-5066-1138-4(精装):¥65.00

T-652.1 042574

中国国家标准汇编 (199) GB15049~15092 /中国国家标准出版社总编室编 .—北京:中国标准出版社,1995.8.—755页;30cm

ISBN 7-5066-1141-4:¥60.00

T-652.1 042575

中国国家标准汇编 (199) GB15049~15092 /中国国家标准出版社总编室编 .—北京:中国标准出版社,1995.8.—755页;30cm

ISBN 7-5066-1140-6(精装):¥65.00

T-652.1 042576

中国强制性国家标准汇编:电工卷(1)/中国标准出版社编.—北京:中国标准出版社,1995.2.—753页;30cm

ISBN 7-5066-1013-2(精装):¥55.00

T-652.1 042577

中国强制性国家标准汇编:电工卷(1)/中国标准出版社编.—2版.—北京:中国标准出版社,1995.12.—842页;30cm

ISBN 7-5066-1172-4(精装):¥78.00

T-652.1 042578

中国强制性国家标准汇编:电工卷(2).—北京:中国标准出版社,1995.2.—720页;30cm

ISBN 7-5066-1014-0(精装):¥53.00

T-652.1 042579

中国强制性国家标准汇编:电工卷(2)/中国标准出版社编.—2版.—北京:中国标准出版社,1995.12.—864页;30cm

ISBN 7-5066-1173-2(精装):¥78.00

T-652.1 042580

中国强制性国家标准汇编:电工卷(3)/中国标准出版社编.—北京:中国标准出版社,1995.2.—784页;30cm

ISBN 7-5066-1015-9(精装):¥56.50

T-652.1 042581

中国强制性国家标准汇编:电工类(4)/中国标准出版社编.—北京:中国标准出版社,1995.2.—751页;30cm

ISBN 7-5066-1016-7(精装):¥55.00

T-652.1 042582

中国强制性国家标准汇编:电子及信息技术卷/中国标准出版社编.—北京:中国标准出版社,1995.2.—530页;30cm

ISBN 7-5066-1019-1(精装):¥45.00

T-652.1 042583

中国强制性国家标准汇编:机械卷(1)/中国标准出版社编.—北京:中国标准出版社,1995.2.—666页;

30cm

ISBN 7-5066-1017-5(精装):¥49.00

T-652.1 **042584**

中国强制性国家标准汇编:机械卷(1)/中国标准出版社编.—2版.—北京:中国标准出版社,1995.12.—690页;30cm

ISBN 7-5066-1169-4(精装):¥66.00

T-652.1 **042585**

中国强制性国家标准汇编:机械卷(2)/中国标准出版社编.—北京:中国标准出版社,1995.2.—537页;30cm

ISBN 7-5066-1018-3(精装):¥42.0

T-652.1 **042586**

中国强制性国家标准汇编:机械卷(2)/中国标准出版社编.—2版.—北京:中国标准出版社,1995.12.—570页;30cm

ISBN 7-5066-1170-8(精装):¥57.00

T-652.1 **042587**

中国强制性国家标准汇编:通信、广播、仪器、仪表卷/中国标准出版社编.—北京:中国标准出版社,1995.2.—494页;30cm

ISBN 7-5066-1020-5(精装):¥40.00

T-652.1 **042588**

中国强制性国家标准汇编:综合卷(1)/中国标准出版社编.—北京:中国标准出版社,1995.4.—691页;30cm

ISBN 7-5066-0897-9(精装):¥61.00

T-652.1 **042589**

中华人民共和国国家标准:钢框胶合板模板技术规程 JGJ96-95/中国建筑科学研究院主编.—北京:中国建筑工业出版社,1995.8.—39页;20cm

¥2.30

T-652.1 **042590**

中华人民共和国国家标准:建筑抗震设防分类标准 GB 50223—95/中华人民共和国建设部主编.—北京:中国建筑工业出版社,1995.12.—35页;20cm

¥2.50

T-652.1 **042591**

中华人民共和国国家标准:建筑内部装修设计防火规范 GB5022-95/中华人民共和国公安部主编.—北京:中国建筑工业出版社,1995.10.—36页;20cm

¥2.10

T-652.1 **042592**

中华人民共和国国家标准目录及信息总汇 1994(上):中英文对照/国家技术监督局标准化司,中国技术监督情报研究所编.—北京:中国标准出版社,1995.2.—903页;30cm

ISBN 7-5066-1069-8:¥88.00

①T-652.1②TH131-65 **042593**

紧固件产品国家标准汇编 1994/全国紧固件标准化技术委员会编.—北京:中国标准出版社,1995.7.—966页;30cm

ISBN 7-5066-1035-3:¥70.00

①T-652.1②TM343-65 **042594**

GB12497-1995**《三相异步电动机经济运行》国家强制性标准宣贯教材**/张春镐主编;标准修订小组编.—北京:中国标准出版社,1995.7.—113页;30cm

ISBN 7-5066-1134-1:¥18.00

①T-652.1②X-65 **042595**

环境保护国家标准汇编:1989~1994/中国标准出版社第二编辑室编.—北京:中国标准出版社,1995.6.—1071页;30cm

ISBN 7-5066-1074-4:¥85.00

T-652.12 **042596**

俄罗斯强制认证商品法规及标准汇编 第四册/中国国家进出口商品检验局编译.—北京:中国轻工业出版社,1995.6.—965页;26cm

ISBN 7-5019-1824-4:¥120.00

T-652.2 **042597**

1993**年交通行业水运标准汇编**/交通部标准计量研究所编.—北京:人民交通出版社,1995.8.—247页;29cm

ISBN 7-114-02118-6:¥30.00

T-652.2 **042598**

1994**年交通行业水运标准汇编**/交通部标准计量研究所编.—北京:人民交通出版社,1995.11.—248页;29cm

ISBN 7-114-02169-0:¥32.00

T-652.2 **042599**

邮电通信网技术体制中国公用消息处理系统(MHS)**总技术要求**:电子邮件部分:暂行规定 TZ007-94/邮电部数据通信技术研究所起草.—北京:人民邮电出版社,1995.2.—175页;26cm

内部文件

ISBN 7-115-05577-7:¥20.00

T-652.2 **042600**

运输船舶劳动定员标准/中华人民共和国劳动部,中华人民共和国交通部发布.—北京:人民交通出版社,1995.12.—1册;29cm

ISBN 7-114-02260-3:¥8.80

T-652.2 **042601**

中华人民共和国测绘行业标准:地籍测绘规范 GH5002-94/国家测绘局发布.—北京:中国林业出版社,1995.1.—35页;26cm

¥7.80

T-652.2 **042602**

中华人民共和国测绘行业标准:地籍图图式 GH5003-94/国家测绘局发布.—北京:中国林业出版社,1995.1.—43页;26cm

¥9.80

T-652.2 **042603**

中华人民共和国城镇建设行业标准:供水用斜管 CJ/T35-91/中华人民共和国建设部发布.—北京:中国建筑工业出版社,1995.10.—5页;26cm

¥1.00

T-652.2 **042604**

中华人民共和国地震行业标准:工程场地地震安全性评价工作规范 DB001-94/国家地震局震害防御司

主编.—北京:地震出版社,1995.1.—50页;20cm
ISBN 7-5028-0280-0:¥4.00

T-652.2　042605
中华人民共和国电力行业标准:火力发电厂供水水文地质勘测技术规程　DL/T5034-94/电力工业部东北电力设计院主编.—北京:水利电力出版社,1995.2.—74页;20cm
¥6.60

T-652.2　042606
中华人民共和国电力行业标准:轴流式水轮机埋件安装工艺导则　DL/T5037-94/葛洲坝工程局机电建设公司主编.—北京:水利电力出版社,1995.4.—28页;20cm
¥3.10

T-652.2　042607
中华人民共和国电力行业标准:灯泡贯流式水轮发电机组安装工艺导则　DL/T5038-94/湖南省水电安装工程公司主编.—北京:水利电力出版社,1995.6.—62页;20cm
¥5.70

T-652.2　042608
中华人民共和国电力行业标准:电力建设安全工作规程:架空电力线路部分　DL5009·2-94/中国电机工程学会电力建设安全技术分委会主编.—北京:水利电力出版社,1995.3.—58页;20cm
¥5.50

T-652.2　042609
中华人民共和国电力行业标准:电力设备典型消防规程　DL5027-93/上海电力工业局主编.—北京:水利电力出版社,1995.2.—139页;20cm
¥11.50

T-652.2　042610
中华人民共和国电力行业标准:电业生产事故调查规程　DL558-94.—北京:水利电力出版社,1995.2.—118页;19cm
¥12.00

T-652.2　042611
中华人民共和国电力行业标准:高压送电线路对无线电台影响设计规定　DL/T5040-95/西南电力设计院主编.—北京:中国电力出版社,1995.12.—13页;20cm
¥2.60

T-652.2　042612
中华人民共和国电力行业标准:河流水电规划编制规范　DL/T5042-95/成都勘测设计研究院主编.—北京:中国电力出版社,1995.11.—34页;20cm
¥4.30

T-652.2　042613
中华人民共和国电力行业标准:火力发电厂采暖通风与空气调节设计技术规定　DL/T5035-94/东北电力设计院主编.—北京:水利电力出版社,1995.3.—173页;20cm
¥13.80

T-652.2　042614
中华人民共和国电力行业标准:火力发电厂设计技术规程　DL5000-94/电力工业部华东电力设计院主编.—2版.—北京:水利电力出版社,1995.1.—378页;20cm
¥21.50

T-652.2　042615
中华人民共和国电力行业标准:水利水电工程钢闸门制造安装及验收规范　DL/T 5018-94　/中国水利水电长江葛洲坝工程局机电建设公司主编　.—北京:水利电力出版社,1995.5.—150页;20cm
¥12.00

T-652.2　042616
中华人民共和国电力行业标准:水利水电工程启闭机制造、安装及验收规范　DL/T5019-94/电力工业部中南勘测设计研究院主编.—北京:中国电力出版社,1995.11.—71页;20cm
¥7.80

T-652.2　042617
中华人民共和国电力行业标准:送电线路对电信线路危险影响设计规程　DL5033-94/电力工业部西南电力设计院主编.—北京:水利电力出版社,1995.2.—58页;20cm
¥5.20

T-652.2　042618
中华人民共和国电力行业标准:转桨式转轮组装与试验工艺导则　DL/T5036-94/葛洲坝工程局机电建设公司主编.—北京:水利电力出版社,1995.4.—29页;20cm
¥5.50

T-652.2　042619
中华人民共和国交通行业标准:海船航海图书资料配备要求　JT/T95-94/中华人民共和国交通部发布.—北京:人民交通出版社,1995.10.—4页;30cm
¥3.00

T-652.2　042620
中华人民共和国通信行业标准:No.7信令网工程设计暂行规定　YD5005-94/邮电部计划建设司主编.—北京:人民邮电出版社,1995.5.—34页;20cm
ISBN 7-115-05665-X:¥3.50

T-652.2　042621
中华人民共和国通信行业标准:本地电话网通信管道与通道工程设计规范 YD5007-95/邮电部计划建设司主编.—北京:北京邮电大学出版社,1995.7.—36页;20cm
ISBN 7-5635-0222-X:¥3.40

T-652.2　042622
中华人民共和国通信行业标准:本地电话网用户线线路工程设计规范 YD5006-95/邮电部计划建设司主编.—北京:北京邮电大学出版社,1995.7.—96页;20cm
ISBN 7-5635-0226-2:¥7.00

T-652.2　042623
中华人民共和国通信行业标准:长·市话交换局房设计参考平面图册 YD/T5001-94/邮电部设计院,上海

邮电设计院编制.—北京:人民邮电出版社,1995.1.—85页;20cm
ISBN 7-115-05541-6:¥8.00

T-652.2 042624
中华人民共和国通信行业标准:城市居住区建筑电话通信设计安装图集 YD5010-95/邮电部计划建设司主编.—北京:北京邮电大学出版社,1995.7.—72页;26cm
ISBN 7-5635-0231-9:¥16.00

T-652.2 042625
中华人民共和国通信行业标准:电报、传真设备安装工程施工及验收技术规范 YD5011-95/邮电部计划建设司主编.—北京:北京邮电大学出版社,1995.7.—52页;20cm
ISBN 7-5635-0230-0:¥4.40

T-652.2 042626
中华人民共和国通信行业标准:电信专用房屋设计规范 YD5003-94/邮电部计划建设司主编.—北京:人民邮电出版社,1995.5.—39页;20cm
ISBN 7-115-05666-8:¥4.00

T-652.2 042627
中华人民共和国通信行业标准:光缆线路对地绝缘指标及测试方法 YD5012-95/邮电部计划建设司主编.—北京:北京邮电大学出版社,1995.7.—14页;20cm
ISBN 7-5635-0225-4:¥2.60

T-652.2 042628
中华人民共和国通信行业标准:数字微波(PDH部分)接力通信工程设计规范 YD5004-94/邮电部计划建设司主编.—北京:人民邮电出版社,1995.5.—45页;20cm
ISBN 7-115-05667-6:¥4.50

T-652.2 042629
中华人民共和国通信行业标准:通信电缆配线管道图集:试用本/邮电部计划建设司主编.—北京:北京邮电大学出版社,1995.7.—20页;26cm
ISBN 7-5635-0224-6:¥5.00

T-652.2 042630
中华人民共和国通信行业标准:通信电缆通道图集:试用本/邮电部北京设计院主编.—北京:北京邮电大学出版社,1995.7.—30页;26cm
ISBN 7-5635-0229-7:¥6.30

T-652.2 042631
中华人民共和国通信行业标准:邮件处理中心工程设计规范 YD5013-95/邮电部计划建设司主编.—北京:北京邮电大学出版社,1995.7.—61页;20cm
ISBN 7-5635-0223-8:¥4.80

T-652.2 042632
中华人民共和国通信行业标准:邮件转运站工程设计规范 YD5008-95/邮电部计划建设司主编.—北京:北京邮电大学出版社,1995.7.—30页;20cm
ISBN 7-5635-0227-0:¥3.10

T-652.2 042633
中华人民共和国通信行业标准:邮政通信设备安装工程施工及验收暂行技术规定 第一册:推式悬挂输送机 YD5009-95/邮电部计划建设司主编.—北京:北京邮电大学出版社,1995.7.—73页;20cm
ISBN 7-5635-0228-9:¥5.50

T-652.2 042634
中华人民共和国行业标准:城市地下管线探测技术规程 CJJ 61-94/上海岩土工程勘察设计研究院主编.—北京:中国建筑工业出版社,1995.9.—87页;20cm
¥4.60

T-652.2 042635
中华人民共和国行业标准:城市粪便处理厂(场)设计规范 CJJ 64-95/武汉城市建设学院主编.—北京:中国建筑工业出版社,1995.12.—44页;20cm
¥2.50

T-652.2 042636
中华人民共和国行业标准:城市污水处理厂运行、维护及其安全技术规程 CJJ60-94/天津市纪庄子污水处理厂主编.—北京:中国建筑工业出版社,1995.10.—112页;20cm
¥5.70

T-652.2 042637
中华人民共和国行业标准:低压管道输水灌溉工程技术规范:井灌区部分 SL/T153—95/中国水利水电科学研究院主编.—北京:水利电力出版社,1995.8.—50页;20cm
¥6.00

T-652.2 042638
中华人民共和国行业标准:地下管线电磁法探测规程 YB/T9027-94.—北京:冶金工业出版社,1995.5.—23页;20cm
¥2.00

T-652.2 042639
中华人民共和国行业标准:房屋渗漏修缮技术规程 CJJ62-95/南京市房产管理局主编.—北京:中国建筑工业出版社,1995.12.—76页;20cm
¥6.00

T-652.2 042640
中华人民共和国行业标准:港口工程环境保护设计规范 JTJ 231-94/交通部第二航务工程勘察设计院主编.—北京:人民交通出版社,1995.10.—52页;20cm
¥10.00

T-652.2 042641
中华人民共和国行业标准:公路工程施工安全技术规程 JTJ 076-95/黑龙江省公路桥梁建设总公司主编.—北京:人民交通出版社,1995.10.—126页;20cm
¥12.00

T-652.2 042642
中华人民共和国行业标准:公路工程施工监理规范 JTJ 077-95/中华人民共和国交通部工程建设监理总站主编.—北京:人民交通出版社,1995.8.—254页;20cm
附条文说明
¥26.00

T-652.2　　042643
中华人民共和国行业标准:公路路基路面现场测试规程　JTJ 059-95/交通部公路科学研究所主编.—北京:人民交通出版社,1995.10.—188页;20cm
¥13.50

T-652.2　　042644
中华人民共和国行业标准:公路隧道施工技术规范　JTJ042-94/交通部重庆公路科学研究所主编.—北京:人民交通出版社,1995.8.—273页;20cm
附条文说明
¥20.00

T-652.2　　042645
中华人民共和国行业标准:混凝土泵送施工技术规程　JGJ/T10—95/中国建筑科学研究院主编.—北京:中国建筑工业出版社,1995.10.—63页;20cm
¥3.00

T-652.2　　042646
中华人民共和国行业标准:机械工厂年时基数设计标准　JBJ2-95/机械工业部第二设计研究院主编.—北京:机械工业出版社,1995.12.—38页;20cm
ISBN 7-111-04854-7:¥5.00

T-652.2　　042647
中华人民共和国行业标准:建筑桩基技术规范　JGJ94-95/中国建筑科学研究院主编.—北京:中国建筑工业出版社,1995.6.—278页;20cm
¥16.00

T-652.2　　042648
中华人民共和国行业标准:聚乙烯燃气管道工程技术规程　CJJ63—95/中国建筑技术研究院主编.—北京:中国建筑工业出版社,1995.10.—44页;20cm
¥2.40

T-652.2　　042649
中华人民共和国行业标准:冷轧带肋钢筋混凝土结构技术规程:JGJ95-95/中国建筑科学研究院主编 .—北京:中国建筑工业出版社,1995.10.—68页;20cm
¥3.00

T-652.2　　042650
中华人民共和国行业标准:煤矿安装工程质量检验评定标准条文说明　MT5010-95/原中国统配煤矿总公司基建局主编.—北京:煤炭工业出版社,1995.10.—108页;20cm
ISBN 7-5020-1218-4:¥9.00

T-652.2　　042651
中华人民共和国行业标准:煤矿井巷工程质量检验评定标准　MT5009-94/原中国统配煤矿总公司基建局主编.—北京:煤炭工业出版社,1995.3.—175页;20cm
ISBN 7-5020-1084-X:¥8.90

T-652.2　　042652
中华人民共和国行业标准:内河航道维护技术规范　JTJ287-94/长江航道局主编.—北京:人民交通出版社,1995.10.—91页;20cm
¥15.00

T-652.2　　042653
中华人民共和国行业标准:喷灌用塑料管基本参数及技术条件　SL/T96-1994/中华人民共和国水利部发布.—北京:中国水利水电出版社,1995.8.—11页;30cm
ISBN 1580124.3:¥3.00

T-652.2　　042654
中华人民共和国行业标准:柔性路面设计参数测定方法标准　CJJ/T59-94/北京市市政设计研究院主编.—北京:中国建筑工业出版社,1995.10.—130页;20cm
¥6.50

T-652.2　　042655
中华人民共和国行业标准:水工(专题)模型试验规程　SL156~165-95/中华人民共和国水利部发布.—北京:中国水利水电出版社,1995.12.—121页;20cm
1995.7.21发布 1995.7.21实施
¥13.00

T-652.2　　042656
中华人民共和国行业标准:水利水电工程钢闸门设计规范　SL74-95/中华人民共和国水利部发布.—北京:中国水利水电出版社,1995.10.—188页;20cm
1995.5.8发布 1995.10.1实施
¥19.00

T-652.2　　042657
中华人民共和国行业标准:水运工程建设标准编写规定　JTJ200-95/交通部基建管理司主编.—北京:人民交通出版社,1995.10.—45页;20cm
¥10.00

T-652.2　　042658
中华人民共和国行业标准:水闸技术管理规程　SL75—94/水利部水利管理司,江苏省水利厅主编.—北京:水利电力出版社,1995.4.—46页;20cm
¥5.00

T-652.2　　042659
中华人民共和国行业标准:组合钢模板质量检验评定标准 YB/T9251-94.—北京:冶金工业出版社,1995.5.—43页;20cm
¥1.90

T-652.2　　042660
中华人民共和国行业标准目录　上册　1994/陈宽基主编;《中华人民共和国行业标准目录》编委会编.—北京:中国标准出版社,1995.6.—1055页;30cm
ISBN 7-5066-1066-3:¥80.00

①T-652.2②F407.890.6　　042661
烟草工业劳动定额定员系列标准/国家烟草专卖局,中国烟草总公司编.—昆明:云南科技出版社,1995.9.—138页;26cm
ISBN 7-5416-0740-1(精装):¥15.00

①T-652.2②TF4-65　　042662
黑色冶金工业标准汇编:焦化产品及其试验方法　1995/冶金工业部信息标准研究院原材料室,中国标准出版社第二编辑室编.—北京:中国标准出版社,1995.11.—845页;30cm
ISBN 7-5066-1123-6:¥77.00

①T-652.2②TF4-65　042663
黑色冶金工业标准汇编:矿产品、原料及其试验方法 1995/冶金工业部信息标准研究院原材料室,中国标准出版社第二编辑室编.—北京:中国标准出版社,1995.11.—751页;30cm
ISBN 7-5066-1122-8:¥71.00

①T-652.2②TM-65　042664
电力工业标准汇编:水电卷:规划、工程造价/陈宗樑主编;中国电力企业联合会标准化部编.—北京:水利电力出版社,1995.7.—450页;26cm
ISBN 7-120-02148-6(精装):¥37.00

①T-652.2②TM-65　042665
电力工业标准汇编:水电卷:环保与安全/陈宗樑主编;中国电力企业联合会标准化部编.—北京:水利电力出版社,1995.4.—794页;26cm
ISBN 7-120-02149-4(精装):¥62.00

①T-652.2②TM-65　042666
电力工业标准汇编:水电卷:机电及自动化/中国电力企业联合会标准化部编.—北京:水利电力出版社,1995.5.—2册;26cm
ISBN 7-120-02134-6(精装):¥151.00

①T-652.2②TM-65　042667
电力工业标准汇编:水电卷:金属结构/陈宗樑主编;中国电力企业联合会标准化部编.—北京:水利电力出版社,1995.6.—736页;26cm
ISBN 7-120-02150-8(精装):¥59.00

①T-652.2②TM-65　042668
电力工业标准汇编:水电卷:勘测/陈宗樑主编;中国电力企业联合会标准化部编.—北京:水利电力出版社,1995.4.—2册;26cm
ISBN 7-120-02143-5(精装):¥175.00

①T-652.2②TM-65　042669
电力工业标准汇编:水电卷:施工/陈宗樑主编;中国电力企业联合会标准化部编.—北京:水利电力出版社,1995.4.—1065页;26cm
ISBN 7-120-02146-X(精装):¥79.00

①T-652.2②TM-65　042670
电力工业标准汇编:水电卷:水工/中国电力企业联合会标准化部编.—北京:水利电力出版社,1995.2.—2册(1539页);26cm
ISBN 7-120-02133-8(精装):¥110.00

①T-652.2②TM-65　042671
电力工业标准汇编:水电卷:通用技术标准/陈宗樑主编;中国电力企业联合会标准化部编.—北京:水利电力出版社,1995.9.—824页;26cm
ISBN 7-120-02151-6(精装):¥75.00

T-652.3　042672
山东省标准:暖通空调设计节能技术暂行规定 DBJ14-BT2-94/杨志宽主编.—济南:黄河出版社,1995.6.—2册;20cm
ISBN 7-80558-611-X:¥10.00

T-652.3　042673
沈阳市建设标准:钢筋混凝土——砖组合墙结构技术规程　SYJB2—95/沈阳市城乡建设委员会设计科研处主编.—沈阳:辽宁科学技术出版社,1995.9.—16页;20cm
ISBN 7-5381-2239-7:¥6.00

T-652.3　042674
沈阳市建设标准:燃气输配工程施工验收规程 SYJB 3—95/沈阳市煤气公司主编.—沈阳:辽宁科学技术出版社,1995.11.—92页;20cm
ISBN 7-5381-2262-1:¥8.00

T-652.6　042675
工程建设规范汇编　(57):混凝土工程规范/中国建筑工业出版社编.—北京:中国建筑工业出版社,1995.2.—598页;19cm
ISBN 7-112-02459-5:¥16.50

T-652.6　042676
中华人民共和国电力工业部电力安全监察规定.—北京:中国电力出版社,1995.12.—7页;19cm
¥1.40

T-652.6　042677
中华人民共和国电力工业部电力生产安全工作规定.—北京:中国电力出版社,1995.12.—19页;19cm
¥2.50

T-652.6　042678
中华人民共和国电力工业部电力系统多种经营安全管理工作规定.—北京:中国电力出版社,1995.12.—10页;19cm
¥2.10

T-652.6　042679
中华人民共和国电力工业部计量检定规程:电测量变送器　JJG(电力)01-94/中华人民共和国电力工业部主编.—北京:水利电力出版社,1995.4.—106页;20cm
¥8.90

T-652.6　042680
中华人民共和国国家计量检定规程汇编:厂矿常用 1994/中国计量出版社编.—北京:中国计量出版社,1995.6.—736页;20cm
ISBN 7-5026-0744-7:¥25.00

T-652.6　042681
中华人民共和国国家计量检定规程汇编:电磁(五) 1993~1994/国家技术监督局计量司量值传递处编.—北京:中国计量出版社,1995.7.—192页;20cm
ISBN 7-5026-0784-6:¥8.00

T-652.6　042682
中华人民共和国国家计量检定规程汇编:流量(三):1991~1994/国家技术监督局计量司量值传递处编.—北京:中国计量出版社,1995.11.—261页;20cm
ISBN 7-5026-0833-8:¥11.00

T-652.6　042683
中华人民共和国国家计量检定规程汇编:温度(五):1993~1994/国家技术监督局计量司量值传递处编.—北京:中国计量出版社,1995.11.—199页;20cm
ISBN 7-5026-0834-6:¥8.50

T-652.6　042684
中华人民共和国机械工业部计量检定规程汇编:

1993.—北京：中国计量出版社，1995.2.—652页；20cm
ISBN 7-5026-0718-8：¥35.00

T-652.6　042685
中华人民共和国建设部部门计量检定规程：超声流量计（传播速度差法、多普勒法）　JJG（建设）0002-94/中国计量科学研究院起草.—北京：中国建筑工业出版社，1995.7.—13页；20cm
¥0.70

①T-652.6②TB4　042686
机械动力设备维修技术规范　（二）：机械动力设备保养规范/刘永富，马万斌主编.—西安：西北工业大学出版社，1995.3.—172页；26cm
ISBN 7-5612-0686-0：¥18.00

①T-652.6②TB4　042687
机械动力设备维修技术规范　（一）：机械动力设备操作规程/边树铭等主编.—西安：西北工业大学出版社，1995.3.—88页；26cm
ISBN 7-5612-0685-2：¥12.00

T-655.12　042688
俄罗斯强制认证商品法规及标准汇编　第二册/中国国家进出口商品检验局编译.—北京：中国轻工业出版社，1995.6.—777页；26cm
ISBN 7-5019-1821-X：¥100.00

T-655.12　042689
俄罗斯强制认证商品法规及标准汇编　第六册（上）/中国国家进出口商品检验局编译.—北京：中国轻工业出版社，1995.7.—635页；26cm
ISBN 7-5019-1835-X：¥65.00

T-655.12　042690
俄罗斯强制认证商品法规及标准汇编　第三册/中国国家进出口商品检验局编译.—北京：中国轻工业出版社，1995.6.—888页；26cm
ISBN 7-5019-1813-9：¥110.00

T-655.12　042691
俄罗斯强制认证商品法规及标准汇编　第五册/中国国家进出口商品检验局编译.—北京：中国轻工业出版社，1995.7.—670页；26cm
ISBN 7-5019-1820-1：¥60.00

①T-652.2②TF4-65　042692
黑色冶金工业标准汇编：炭素制品及其试验方法1995/冶金工业部信息标准研究院原材料室，中国标准出版社第二编辑室编.—北京：中国标准出版社，1995.11.—346页；30cm
ISBN 7-5066-1124-4：¥33.00

TB　一般工业技术

TB-53　042693
中国机械工程学会第四次工业工程学术会议论文集/中国机械工程学会工业工程分会著.—天津：天津科学技术出版社，1995.4.—485页；26cm
ISBN 7-5308-0412-X：¥50.00

TB1　工程基础科学

TB1　042694
工程研究方法及测试技术/曲祖源编著.—武汉：武汉工业大学出版社，1995.5.—260页；20cm
ISBN 7-5629-0990-3：¥7.60

TB11　042695
电力专业工程数学/刘建中主编.—北京：水利电力出版社，1995.9.—308页；26cm
ISBN 7-120-02263-6：¥25.00

TB11　042696
高等工程数学/于寅编著.—2版.—武汉：华中理工大学出版社，1995.6.—601页；20cm
研究生用书
ISBN 7-5609-0977-9：¥14.50

TB11　042697
工程数学/魏竹轩等编.—北京：人民邮电出版社，1995.10.—376页；20cm
邮电高等学校专科教材
ISBN 7-115-05641-2：¥12.00

TB11　042698
工程数学：线性代数/刘佳昌主编.—哈尔滨：东北林业大学出版社，1995.12.—199页；19cm
高等学校教材
ISBN 7-81008-619-7：¥6.50

TB11　042699
工程数学解疑与提高/靳菲曼等编.—西安：西北大学出版社，1995.9.—319页；19cm
ISBN 7-5604-0916-4：¥7.80

TB11　042700
简明工程数学：线性代数与概率论/熊汉斌主编.—沈阳：东北大学出版社，1995.4.—299页；19cm
成人高校专科教学用书
ISBN 7-81006-949-7：¥10.00

TB11　042701
离散变量结构优化设计/孙焕纯等著.—大连：大连理工大学出版社，1995.10.—286页；20cm.—（大连理工大学教授学术丛书'95卷）
ISBN 7-5611-1129-0（精装）：¥15.00

①TB11②O151.2　042702
线性代数：工程数学/朱金寿等编.—武汉：华中理工大学出版社，1995.12.—214页；20cm
ISBN 7-5609-1208-7：¥6.00

TB11-44　042703
工程数学达标训练/李寿贵等主编.—武汉：武汉工业大学出版社，1995.7.—138页；26cm.—（大学工科基础课程达标训练丛书）
ISBN 7-5629-0989-X：¥8.00

TB11-44　042704
工程数学典型试题分析/胡晶编.—北京：学苑出版社，1995.5.—226页；19cm
ISBN 7-80060-195-1：¥5.50

TB11-44　042705

工程数学解题方法/湖北工学院数学教研室主编.—武汉:华中理工大学出版社,1995.9.—234页;26cm
ISBN 7-5609-1158-7:¥14.00

TB112　042706
工程数学:解析函数与积分变换/田申主编.—哈尔滨:东北林业大学出版社,1995.12.—345页;20cm
高等工科院校教材
ISBN 7-81008-625-1:¥12.00

TB114.2　042707
工业工程/张礼镇编著.—北京:科学出版社,1995.10.—276页;26cm
ISBN 7-03-005054-1:¥22.00

TB114.2　042708
控制工程导论/周雪琴,张洪才编.—2版(修订本).—西安:西北工业大学出版社,1995.5.—313页;26cm
高等学校教材
ISBN 7-5612-0735-2:¥14.20

TB114.2　042709
统计质量控制　(10):数表/陈国铭主编;杨丽春编.—北京:中国石化出版社,1995.3.—209页;20cm
ISBN 7-80043-563-6:¥7.00

TB114.2　042710
统计质量控制　(4):控制图/陈国铭主编;崔廷铨编.—北京:中国石化出版社,1995.3.—177页;20cm
ISBN 7-80043-557-1:¥7.00

TB114.2　042711
统计质量控制　(5):方差分析/陈国铭主编;杨丽春编.—北京:中国石化出版社,1995.3.—156页;20cm
ISBN 7-80043-558-X:¥6.00

TB114.2　042712
统计质量控制　(6):实验设计/陈国铭主编;饶上建,田从金编.—北京:中国石化出版社,1995.3.—227页;20cm
ISBN 7-80043-559-8:¥8.50

TB114.2　042713
统计质量控制　(7):相关和回归分析/陈国铭主编;郭耀曾编.—北京:中国石化出版社,1995.3.—225页;20cm
ISBN 7-80043-560-1:¥8.50

TB114.2　042714
统计质量控制　(8):抽样检验/陈国铭主编;张祖荫,邱以玲编.—北京:中国石化出版社,1995.3.—513页;20cm
ISBN 7-80043-561-X:¥17.00

TB114.2　042715
统计质量控制　(9):统计方法应用演示50例/陈国铭编.—北京:中国石化出版社,1995.3.—168页;20cm
ISBN 7-80043-562-8:¥6.50

TB114.2　042716
现代质量管理统计　上册/朴圣炫,韩之农著.—长春:吉林大学出版社,1995.5.—301页;20cm
ISBN 7-5601-1710-4:¥10.00

TB114.3　042717
可靠性·维修性·保障性总论/杨为民主编.—北京:国防工业出版社,1995.5.—408页;20cm.—(可靠性·维修性·保障性丛书;1)
ISBN 7-118-01424-9:¥20.30

TB114.3　042718
可靠性工程/韩卓立主编.—银川:宁夏人民出版社,1995.10.—118页;20cm
ISBN 7-227-01494-0:¥4.25

TB114.3　042719
可靠性工程/刘珍妮等著;中国航天工业总公司质量技术监督部、人事劳动教育部组织编写.—北京:宇航出版社,1995.9.—284页;26cm
ISBN 7-80034-819-9:¥23.00

TB114.3　042720
可靠性工程基础/刘品主编.—北京:中国计量出版社,1995.10.—195页;26cm
高等学校适用教材
ISBN 7-5026-0773-0:¥14.00

TB114.3　042721
可靠性设计与分析/陆廷孝,郑鹏洲主编.—北京:国防工业出版社,1995.9.—471页;20cm.—(可靠性·维修性·保障性丛书;2)
ISBN 7-118-01451-6:¥18.70

TB114.3　042722
可靠性试验技术/何国伟主编.—北京:国防工业出版社,1995.12.—207页;20cm.—(可靠性·维修性·保障性丛书;3)
ISBN 7-118-01452-4:¥12.20

TB114.3　042723
可靠性数据的收集与分析/贺国芳主编.—北京:国防工业出版社,1995.12.—231页;20cm.—(可靠性·维修性·保障性丛书;6)
ISBN 7-118-01454-0:¥11.70

TB114.3　042724
敏感性数据分析与可靠性评定/刘宝光著.—北京:国防工业出版社,1995.6.—181页;20cm
ISBN 7-118-01378-1(精装):¥9.60

TB114.3　042725
维修性设计与验证/甘茂治主编.—北京:国防工业出版社,1995.8.—248页;20cm.—(可靠性·维修性·保障性丛书;4)
ISBN 7-118-01425-7:¥13.50

TB114.3　042726
以故障为中心的工程可靠性/杨志飞等著.—北京:国防工业出版社,1995.12.—242页;20cm
ISBN 7-118-01524-5:¥10.50

TB114.3　042727
综合保障工程/马绍民主编.—北京:国防工业出版社,1995.12.—296页;20cm.—(可靠性·维修性·保障性丛书;5)
ISBN 7-118-01453-2:¥15.00

①TB114.3②TH17　042728
以可靠性为中心的维修/(英)莫布雷(Moubray,J.)著;石磊,谷宁昌译.—北京:机械工业出版社,1995.

12.—307页;20cm
ISBN 7-111-04758-3(精装):¥24.00

TB114.3-53　042729
全国第五届可靠性学术会议论文集/曹晋华主编;中国运筹学会可靠性专业学会编.—北京:机械工业出版社,1995.10.—343页;26cm
ISBN 7-111-04859-8:¥0.00

TB114.3-62　042730
可靠性及维修性工程手册　下册/曾天翔主编.—北京:国防工业出版社,1995.3.—580页;26cm
ISBN 7-118-01249-1(精装):¥46.50

TB114.3-62　042731
可靠性维修性可用性评估手册/潘吉安编著.—北京:国防工业出版社,1995.12.—507页;20cm.—(中国工程物理研究院科技丛书;19)
ISBN 7-118-01523-7:¥19.80

TB115　042732
边界元数值方法及其工程应用/姚寿广编著.—北京:国防工业出版社,1995.3.—278页;19cm
ISBN 7-118-01310-2:¥10.00

TB115　042733
工程有限单元法/吴敏哲,赵桂平编著.—西安:陕西科学技术出版社,1995.5.—340页;20cm
ISBN 7-5369-2317-1:¥10.80

TB12　042734
工程力学/乔雅敏主编.—哈尔滨:哈尔滨出版社,1995.12.—2册(412页);26cm
ISBN 7-80557-886-9:¥24.00

TB12　042735
工程力学/黄志平编.—北京:人民交通出版社,1995.5.—358页;26cm
ISBN 7-114-02093-7:¥14.70

TB12　042736
工程力学/曲智中主编.—北京:水利电力出版社,1995.4.—220页;26cm
中等专业学校教材
ISBN 7-120-02112-5:¥8.30

TB12　042737
工程力学/党锡康等编.—南京:东南大学出版社,1995.7.—294页;26cm
机械工业中等专业教育机械制造专业系列教材
ISBN 7-81050-026-0:¥14.45

TB12　042738
工程力学:静力学/杨晓翔编.—哈尔滨:哈尔滨工程大学出版社,1995.12.—244页;20cm
ISBN 7-81007-632-9:¥8.90

TB12　042739
工程力学:理论力学/庄立球编.—北京:高等教育出版社,1995.4.—326页;20cm
高等学校工程专科教材
ISBN 7-04-005209-1:¥6.70

TB12　042740
工程力学基础/郑耀松,杨傅华编.—北京:水利电力出版社,1995.7.—198页;19cm
灌排工程工(初、中、高级工)技术等级考核培训教材
ISBN 7-120-02076-5:¥8.80

TB12　042741
工程力学基础/彭匡宪编.—哈尔滨:哈尔滨工程大学出版社,1995.12.—149页;26cm
造船厂技校教材
ISBN 7-81007-624-8:¥8.25

TB12　042742
工程力学教程/赵诒枢等编.—武汉:华中理工大学出版社,1995.2.—316页;20cm
ISBN 7-5609-1070-X:¥5.70

TB12-4　042743
力学与工程师培养/徐秉业等编.—北京:北京理工大学出版社,1995.2.—193页;19cm
ISBN 7-81013-992-4:¥8.00

TB12-43　042744
工程力学简明教程/赵关康,张国民主编.—2版.—北京:机械工业出版社,1995.10.—305页;26cm
ISBN 7-111-04700-1:¥19.40

TB12-53　042745
力学与工程/王洪纲主编.—昆明:云南科技出版社,1995.3.—271页;26cm
ISBN 7-5416-0638-3:¥22.00

TB123　042746
工程随机振动/方同著.—北京:国防工业出版社,1995.5.—364页;20cm
ISBN 7-118-01368-4(精装):¥16.00

TB123　042747
振动工程　(下)/黄怀德主编.—北京:宇航出版社,1995.12.—411页;20cm.—(导弹与航天丛书·液体弹道导弹与运载火箭系列;30)
内部发行
ISBN 7-80034-830-X(精装):¥19.00

TB125　042748
工程弹性力学/(美)薄理士(Boresi,A.P.),张建平著;王惠德等译.—北京:科学出版社,1995.1.—571页;20cm
书名原文:Elasticity in Engineering Mechanics
ISBN 7-03-004078-3:¥22.80

TB125　042749
应用弹塑性力学/徐秉业,刘信声著.—北京:清华大学出版社,1995.9.—582页;20cm
ISBN 7-302-01800-6:¥16.00

TB126　042750
工程流体力学/祁德庆编著.—上海:同济大学出版社,1995.6.—226页;26cm
ISBN 7-5608-1535-9:¥7.10

TB126　042751
工程流体力学/崔海清主编;石在虹等编.—北京:石油工业出版社,1995.9.—314页;26cm
ISBN 7-5021-1601-X:¥17.50

TB126　042752
工程流体力学/孙文策主编.—大连:大连理工大学出版社,1995.12.—225页;26cm

ISBN 7-5611-1098-7:¥15.00

①TB126②TH 042753
流体力学 泵与风机/陈兴华主编.—2版.—北京:水利电力出版社,1995.5.—217页;26cm
ISBN 7-120-02330-6:¥11.70

①TB126②TH 042754
流体力学 泵与风机/许玉望主编.—北京:中国建筑工业出版社,1995.11.—320页;26cm
高等专科学校试用教材
ISBN 7-112-02565-6:¥15.80

TB126-43 042755
工程流体力学/刘惠枝主编.—大连:大连海事大学出版社,1995.10.—214页;26cm
高等学校教材
ISBN 7-5632-0901-8:¥18.80

TB18 042756
工效学/何杏清,朱勇国主编.—北京:中国劳动出版社,1995.11.—277页;20cm
劳动经济管理专业高等教育教材
ISBN 7-5045-1707-0:¥12.00

TB18 042757
人体动作尺寸图集/(日)小原二郎编;张福昌译.—济南:山东美术出版社,1995.10.—143页;26cm.—(设计家丛书)
ISBN 7-5330-0922-3:¥26.00

①TB18②R338.4 042758
中国人类工效学学会第三次学术年会暨中外驾驶适性与神经行为学学术会议论文集/金会庆主编.—合肥:安徽人民出版社,1995.11.—915页;20cm
ISBN 7-212-01279-3:¥30.00

TB2 工程设计与测绘

TB2 042759
测绘新技术及其应用/郭达志等编著.—徐州:中国矿业大学出版社,1995.8.—197页;26cm
高等学校规划教材
ISBN 7-81040-402-4:¥11.50

TB2 042760
设计·效益/陶济著.—杭州:浙江人民美术出版社,1995.1.—148页;26cm.—(现代工业设计丛书)
ISBN 7-5340-0519-1:¥28.00

TB2 042761
设计——现代主义之后/(英)沙克拉(Thackara,J.)编著;卢杰,朱国勤译.—上海:上海人民美术出版社,1995.1.—255页;20cm
书名原文:Design after modernism beyond the object
据泰姆士·哈得逊出版社1988年版译出
ISBN 7-5322-0868-0:¥8.10

TB21 042762
产品 设计 现代生活:工业设计的发展历程/卢永毅,罗小未编.—北京:中国建筑工业出版社,1995.10.—231页:照片;26cm
ISBN 7-112-02559-1:¥22.00

TB21 042763
工业产品艺术造型设计/王介民主编.—北京:清华大学出版社,1995.2.—188页:图;26cm
ISBN 7-302-01660-7:¥9.60

TB21 042764
工业造型设计/庞志成等编著.—哈尔滨:哈尔滨工业大学出版社,1995.12.—213页;26cm
ISBN 7-5603-1122-9:¥14.80

TB21 042765
国外产品造型设计精选/许喜华,文晖编.—杭州:浙江科学技术出版社,1995.5.—121页;29cm
ISBN 7-5341-0833-0:¥58.00

TB21 042766
设计策划/沈祝华著.—济南:山东美术出版社,1995.10.—221,16页;26cm.—(设计家丛书/张福昌,耿本清主编)
ISBN 7-5330-0923-1:¥40.00

TB21 042767
设计过程与方法/沈祝华,米海妹编著.—济南:山东美术出版社,1995.10.—228页:图;26cm.—(设计家丛书/张福昌,耿本清主编)
ISBN 7-5330-0825-1:¥38.00

TB21 042768
现代设计/沈榆编著.—上海:上海科技教育出版社,1995.8.—152页;26cm.—(现代设计丛书/陈平主编)
ISBN 7-5428-1045-6:¥18.20

TB21 042769
现代试验设计优化方法/栾军编著.—上海:上海交通大学出版社,1995.3.—276页;26cm
ISBN 7-313-01411-2:¥10.40

①TB21②TP391.72 042770
工程CAD/李启炎主编.—北京:机械工业出版社,1995.12.—206页;26cm
计算机辅助设计(CAD)应用工程统一培训教材
ISBN 7-111-04922-5:¥16.00

TB21-05 042771
工业美术学/曹钢,曹舜丽著.—天津:天津科学技术出版社,1995.5.—331页:彩照;20cm
ISBN 7-5308-1721-3:¥14.00

TB21-09 042772
简明世界设计史:工业设计卷/刘发全编著.—沈阳:辽宁大学出版社,1995.4.—185页:图;19cm
高等美术院校教材
ISBN 7-5610-2964-0:¥12.00

TB21-09 042773
设计史/朱铭,荆雷著.—济南:山东美术出版社,1995.10.—2册(542页);26cm.—(设计家丛书/张福昌,耿本清主编)
ISBN 7-5330-0924-X:¥78.00

TB21-09 042774
世界现代设计史:1864~1996/王受之著.—广州:新世纪出版社,1995.12.—335页;26cm.—(王受之设计丛书;1/伍时雄,孔雁主编)

ISBN 7-5405-1245-8：￥150.00

TB21-53　**042775**

设计与时代：中国首届国际工业设计研讨会论文集/尹青山等主编.—北京：中国建材工业出版社，1995.5.—431页；26cm

ISBN 7-80090-104-1：￥58.00

TB21-64　**042776**

产品造型设计实例图集/谢庆森等主编.—天津：天津大学出版社，1995.9.—121页；26cm.—(工业设计丛书)

ISBN 7-5618-0682-5：￥46.00

TB22　**042777**

工程测量/谢壮武主编.—哈尔滨：东北林业大学出版社，1995.12.—294页；26cm

全国中等林业学校试用教材 工程类

ISBN 7-81008-622-7：￥17.50

TB22　**042778**

工程测量学/李青岳，陈永奇主编.—2版(修订版).—北京：测绘出版社，1995.5.—428页；26cm

普通高等教育测绘类规划教材

ISBN 7-5030-0782-6：￥15.50

TB22　**042779**

陀螺理论及在工程测量中的应用/王洪兰编著.—北京：国防工业出版社，1995.2.—260页；20cm

ISBN 7-118-01296-3：￥12.00

①TB22②TP274　**042780**

工程测试与信息处理实验/杜润生，卢文祥编.—武汉：华中理工大学出版社，1995.11.—126页；26cm.—(机电一体化系列)

ISBN 7-5609-1189-7：￥7.50

TB23　**042781**

工程制图/龚春元主编.—西安：西北工业大学出版社，1995.2.—342页；26cm

ISBN 7-5612-0730-1：￥13.00

TB23　**042782**

工程制图/武瑞之主编.—西安：西北工业大学出版社，1995.7.—224页；26cm

ISBN 7-5612-0792-1：￥14.50

TB23　**042783**

工程制图/高俊亭等主编.—北京：高等教育出版社，1995.5.—256页；26cm

高等学校教材 电子与信息类、管理工程类等专业用

ISBN 7-04-005212-1：￥8.95

TB23　**042784**

工程制图/方礼龙，孙玉良主编.—北京：化学工业出版社，1995.8.—236页；26cm

成人高等教育教学用书

ISBN 7-5025-1560-7：￥14.50

TB23　**042785**

工程制图/石焕增主编.—北京：北京理工大学出版社，1995.5.—217页；26cm

高等学校工科电子类规划教材

ISBN 7-81013-952-5：￥12.00

TB23　**042786**

工程制图/方亦元主编.—沈阳：东北大学出版社，1995.8.—283页；26cm

高等工程专科学校用书

ISBN 7-81006-998-5：￥17.50

TB23　**042787**

工程制图习题集/刘秀芩主编.—2版.—北京：中国铁道出版社，1995.9.—100张；19×26cm

中等专业学校教材

ISBN 7-113-01998-6：￥8.20

TB23　**042788**

工程制图学习指导　上册/樊振旺主编.—西安：西北工业大学出版社，1995.2.—118页；26cm

样书缺下册

ISBN 7-5612-0750-6：￥13.80

TB23　**042789**

工业设计制图/木均华，张宝刚编著.—北京：兵器工业出版社，1995.9.—161页；26cm

ISBN 7-80038-931-6：￥16.80

TB23　**042790**

画法几何及工程制图/孙福祥，施开祥编.—北京：人民邮电出版社，1995.8.—317页；26cm

邮电高等函授教材

ISBN 7-115-05454-1：￥23.00

TB23　**042791**

画法几何及工程制图/任长春主编.—长春：吉林大学出版社，1995.8.—268页；26cm

ISBN 7-5601-1765-1：￥15.50

TB23　**042792**

画法几何及工程制图/郑家骧，薛广兰主编.—济南：山东科学技术出版社，1995.8.—345页；26cm

高等学校教材

ISBN 7-5331-1566-X：￥16.00

TB23　**042793**

画法几何与工程制图/戴富美等主编.—哈尔滨：哈尔滨工程大学出版社，1995.9.—459页；26cm

高等学校教材 机械类专业用

ISBN 7-81007-641-8：￥19.80

TB23　**042794**

画法几何与工程制图习题集/杨欣欣等主编.—哈尔滨：哈尔滨工程大学出版社，1995.9.—201页；19×26cm

高等学校教材 机械类专业用

ISBN 7-81007-641-8：￥10.00

TB23　**042795**

图学应用/林大钧著.—上海：华东理工大学出版社，1995.8.—336页；26cm

ISBN 7-5628-0570-9：￥25.00

TB23-44　**042796**

工程制图习题集/郭光立主编.—西安：西北工业大学出版社，1995.8.—76页；19×26cm

ISBN 7-5612-0787-5：￥8.50

TB23-44　**042797**

工程制图习题集/高俊亭，王德文编.—北京：高等教育出版社，1995.3.—50页；26×36cm

高等学校教材 电子与信息类、管理工程类等专业用
ISBN 7-04-005213-X: ¥4.55

TB23-44 042798
工程制图习题集/王香云主编.—济南:山东科学技术出版社,1995.8.—65页;26×38cm
ISBN 7-5331-1635-6: ¥12.50

TB23-44 042799
工程制图习题集/孙玉良,方礼龙主编.—北京:化学工业出版社,1995.8.—101页;19×26cm
成人高等教育教学用书
ISBN 7-5025-1542-9: ¥12.50

TB23-44 042800
工程制图习题集/方亦元主编.—沈阳:东北大学出版社,1995.8.—123页;19×26cm
高等工程专科教学用书
ISBN 7-81006-998-5: ¥7.50

TB23-44 042801
工程制图习题集/石焕增主编.—北京:北京理工大学出版社,1995.5.—57页;26×37cm
高等学校工科电子类规划教材
ISBN 7-81045-021-2: ¥7.00

TB23-44 042802
画法几何及工程制图习题集/孙福祥编.—北京:人民邮电出版社,1995.7.—188页;19×26cm
邮电高等函授教材
ISBN 7-115-05695-1: ¥16.00

TB23-44 042803
画法几何及工程制图习题集/吴经纬主编.—济南:山东科学技术出版社,1995.8.—99页;26×38cm
高等学校教材
ISBN 7-5331-1565-1: ¥14.00

TB24 042804
工业设计模型制作工艺/周忠龙编著.—北京:北京理工大学出版社,1995.9.—214页;20cm
ISBN 7-81045-022-0: ¥9.00

TB3 工程材料学

TB3 042805
材料化学导论/丁马太编著.—厦门:厦门大学出版社,1995.1.—325页;20cm.—(南强丛书)
ISBN 7-5615-0986-3: ¥8.20

TB3 042806
第三届中日材料表面技术研讨会(中国方面)论文集/中国铁道学会编.—成都:西南交通大学出版社,1995.10.—202页;26cm
ISBN 7-81022-829-3: ¥35.00

①TB3②TG 042807
工程材料及金属热加工基础/金南威主编.—北京:航空工业出版社,1995.6.—415页;26cm
ISBN 7-80046-877-1: ¥22.00

TB3-53 042808
国家高技术新材料领域1993年学术交流论文选集:先进材料进展/国家高技术新材料领域专家委员会编.—北京:科学出版社,1995.2.—299页;26cm
ISBN 7-03-004367-7(精装): ¥30.00

TB3-61 042809
材料科学技术百科全书/《材料科学技术百科全书》编辑委员会编.—北京:中国大百科全书出版社,1995.11.—2册(1407页):彩图;26cm
ISBN 7-5000-5365-7(精装): ¥320.00

TB30 042810
工程材料的断裂与疲劳/邓增杰,周敬恩编著.—北京:机械工业出版社,1995.6.—271页;26cm
ISBN 7-111-04571-8: ¥20.00

TB301 042811
材料力学/孙仁博,王天明主编.—北京:中国建筑工业出版社,1995.4.—371页;26cm
ISBN 7-112-02529-X: ¥18.20

TB301 042812
材料力学/王恩东主编.—北京:冶金工业出版社,1995.8.—509页;20cm
ISBN 7-5024-1728-1: ¥15.80

TB301 042813
材料力学/洪次坤等编.—北京:水利电力出版社,1995.5.—338页;26cm
高等学校教材 专科适用
ISBN 7-120-02141-9: ¥12.30

TB301 042814
材料力学　(Ⅱ)/吕英民主编.—东营:石油大学出版社,1995.10.—176页;26cm
高等学校教材
ISBN 7-5636-0731-5: ¥16.00

TB301 042815
材料力学教程/王复兴,王书贵主编;马崇山等编著.—北京:中国轻工业出版社,1995.1.—604页;26cm
ISBN 7-5019-1691-8: ¥20.00

TB301 042816
材料力学教程　(Ⅰ)/范钦珊编著.—北京:高等教育出版社,1995.10.—421页;26cm
高等学校教材
ISBN 7-04-005403-5: ¥18.65

TB301 042817
材料力学实验原理及方法/潘信吉,何蕴增主编.—哈尔滨:哈尔滨工程大学出版社,1995.3.—224页;20cm
ISBN 7-81007-488-1: ¥6.20

TB301 042818
材料力学学习指导与测试/王泉祥等主编.—东营:石油大学出版社,1995.3.—338页;20cm
高等学校教学参考书
ISBN 7-5636-0615-7: ¥8.00

TB301 042819
工程材料本构方程/龚晓南等编著.—北京:中国建筑工业出版社,1995.9.—293页;20cm
ISBN 7-112-02614-8: ¥13.50

TB301 042820

应用材料力学/肖敬勋主编.—北京:中国建材工业出版社,1995.2.—261页;26cm
ISBN 7-80090-213-7:￥20.00

TB301　042821
中等专业学校材料力学练习册/刘森,张浩编.—北京:高等教育出版社,1995.4.—107页;26cm
ISBN 7-04-005211-3:￥4.30

TB301-33　042822
材料力学实验/材料力学实验联合编写组编.—北京:北京经济学院出版社,1995.4.—100页;19cm
ISBN 7-5638-0483-8:￥3.80

TB301-42　042823
材料力学学习指导书/陈大轮编.—北京:高等教育出版社,1995.5.—141页;20cm
中等专业学校教学参考书
ISBN 7-04-005079-X:￥3.00

TB301-44　042824
材料力学客观性概念题集/穆能伶等主编.—成都:西南交通大学出版社,1995.8.—209页;19cm
ISBN 7-81022-846-3:￥7.30

TB302.3-53　042825
材料与结构疲劳进展/童小燕主编.—北京:航空工业出版社,1995.11.—335页;26cm
ISBN 7-80046-875-5:￥19.95

TB304　042826
设备腐蚀与防护/秦熊浦主编;樊水潮等编.—西安:西北工业大学出版社,1995.12.—165页;26cm
高等学校教材
ISBN 7-5612-0761-1:￥9.70

TB32　042827
非金属材料/罗瑞堂主编.—北京:石油工业出版社,1995.10.—186页;26cm
中等专业学校教学用书
ISBN 7-5021-1427-0:￥14.50

TB324　042828
功能高分子材料/蓝立文主编.—西安:西北工业大学出版社,1995.6.—150页;26cm
高等学校教材
ISBN 7-5612-0744-1:￥8.10

TB324　042829
竹纤维增强树脂复合材料及其微观形貌/冼杏娟等著.—北京:科学出版社,1995.6.—214页;20cm
ISBN 7-03-004477-0(精装):￥21.80

①TB324②O63　042830
高分子材料学/王公善编著.—上海:同济大学出版社,1995.9.—312页;20cm
ISBN 7-5608-1456-5:￥6.40

TB33　042831
复合材料入门/(日)大谷杉郎著;纪桂荣译.—北京:冶金工业出版社,1995.12.—180页;20cm
ISBN 7-5024-1790-7:￥10.00

TB33　042832
复合材料学/周祖福主编.—武汉:武汉工业大学出版社,1995.11.—286页;26cm
高等学校试用教材
ISBN 7-5629-1058-8:￥14.00

TB33　042833
先进复合材料/刘茂森,涂江平编著.—杭州:浙江大学出版社,1995.12.—147页;19cm
ISBN 7-308-01716-8:￥5.50

TB331　042834
金属基复合材料/于春田主编.—北京:冶金工业出版社,1995.5.—198页;26cm
高等学校教学用书
ISBN 7-5024-1622-6:￥7.80

TB332　042835
纤维复合材料:纤维、基体、力学性能/肖长发编著.—北京:中国石化出版社,1995.8.—309页;19cm
ISBN 7-80043-574-1:￥10.00

TB333　042836
陶瓷——金属复合材料/李荣久主编.—北京:冶金工业出版社,1995.12.—386页;20cm
ISBN 7-5024-1591-2:￥16.00

TB39　042837
功能材料/田莳编著.—北京:北京航空航天大学出版社,1995.8.—248页;26cm
ISBN 7-81012-556-7:￥12.60

TB4 工业通用技术与设备

TB4　042838
工业设备化学清洗技术/焦庆祝等编著.—北京:石油工业出版社,1995.6.—277页;19cm
ISBN 7-5021-1479-3:￥9.80

TB4　042839
模糊诊断理论及其应用/吴今培编著.—北京:科学出版社,1995.6.—263页;19cm
ISBN 7-03-004513-0:￥14.80

TB41　042840
爆破工/李云国编.—3版.—北京:中国铁道出版社,1995.12.—113页;10×13cm.—(铁路基建工人常识问答)
ISBN 7-113-02133-6:￥3.40

TB41　042841
爆破与爆炸技术/刘祖亮等编著.—南京:江苏科学技术出版社,1995.5.—246页;26cm
ISBN 7-5345-1919-5:￥16.50

TB41　042842
导爆管起爆技术/娄德兰编.—北京:中国铁道出版社,1995.8.—174页;19cm
ISBN 7-113-01982-X:￥6.00

①TB41-62②U455.7-62　042843
爆破与锚喷工程实用技术手册/沈芙河编著.—北京:中国计划出版社,1995.3.—488页;19cm
ISBN 7-80058-374-0:￥17.00

TB42　042844
实用密封技术问答/马长福编著.—北京:金盾出版

社,1995.5.—222 页;19cm
ISBN 7-80022-973-4: ¥5.00

TB44　042845
粉粒体技术基础/郭康权编著.—西安:西北大学出版社,1995.5.—187 页;20cm
ISBN 7-5604-0889-3: ¥8.95

TB48　042846
包装·设计·印刷/赵秀萍,许明飞编著.—北京:印刷工业出版社,1995.6.—478 页:彩图;20cm
ISBN 7-80000-183-0: ¥24.50

TB48　042847
包装材料及制品/王余良等编.—北京:中国轻工业出版社,1995.12.—499 页;20cm.—(包装技术丛书)
ISBN 7-5019-1838-4: ¥28.00

TB48-44　042848
包装技术问答/李基洪等编.—北京:中国轻工业出版社,1995.1.—447 页;20cm
ISBN 7-5019-1690-X: ¥29.00

TB482.2　042849
包装结构设计/孙诚等编著.—北京:中国轻工业出版社,1995.4.—491 页;20cm.—(包装技术丛书)
ISBN 7-5019-1741-8: ¥18.50

TB482.2　042850
纸容器设计/王国伦编著.—哈尔滨:黑龙江美术出版社,1995.12.—89 页;26cm.—(教材丛书/陈汉民主编)
ISBN 7-5318-0319-4: ¥23.00

TB497　042851
技术监督与管理/国家技术监督局宣传教育司编.—北京:中国计量出版社,1995.9.—539 页;26cm
技术监督与管理干部培训教材
ISBN 7-5026-0821-4: ¥39.60

TB5 声学工程

TB52　042852
电声测量技术/陆庆法,李克文编著.—北京:电子工业出版社,1995.5.—496 页;19cm
电子工业工人技术等级培训教材 电子元件专业
ISBN 7-5053-2692-9: ¥20.00

TB53　042853
环境噪声控制/李家华主编.—北京:冶金工业出版社,1995.11.—145 页;26cm
高等学校教学用书
ISBN 7-5024-1688-9: ¥8.10

TB53　042854
机械噪声的测试分析与减振降噪技术/王太勇编著.—北京:机械工业出版社,1995.6.—228 页;26cm
ISBN 7-111-04713-3: ¥26.80

TB564　042855
水声无源材料技术概要/缪荣兴,宫继祥编著.—杭州:浙江大学出版社,1995.10.—325 页;20cm
ISBN 7-308-01614-5: ¥14.10

TB6 制冷工程

TB6　042856
制冷原理与制冷设备/张祉祐主编;常鸿寿等编著.—北京:机械工业出版社,1995.8.—294 页;26cm
制冷技术培训系列教材
ISBN 7-111-04628-5: ¥19.80

TB61　042857
绿色环保制冷剂 HFC-134a 热物理性质/朱明善等著.—北京:科学出版社,1995.5.—145 页;26cm
ISBN 7-03-004543-2(精装): ¥28.80

TB652　042858
电冰箱空调器用压缩机维修/邱兴永编著.—北京:人民邮电出版社,1995.6.—230 页;19cm.—(家用电器维修丛书)
ISBN 7-115-05628-5: ¥8.00

TB657　042859
冷藏与空气调节/张祉祐主编.—北京:机械工业出版社,1995.10.—195 页;26cm
制冷技术培训系列教材
ISBN 7-111-04749-4: ¥16.00

TB657　042860
制冷空调原理及应用/韩宝琦,李树林主编.—北京:机械工业出版社,1995.4.—537 页;26cm
ISBN 7-111-04400-2: ¥32.00

TB657　042861
制冷设备的安装与管理/张祉祐主编;张学助等编著.—北京:机械工业出版社,1995.8.—204 页;26cm
制冷技术培训系列教材
ISBN 7-111-04572-6: ¥14.00

TB657　042862
中小型冷库技术原理·安装·调试·维修·管理/李明忠,孙兆礼编著.—上海:上海交通大学出版社,1995.7.—546 页;26cm
制冷中级技工培训"应知"教材
ISBN 7-313-01334-5: ¥38.00

TB657　042863
最新空调制冷设备安装使用维修大全/康浩,高崧主编.—北京:地震出版社,1995.12.—509 页;26cm
ISBN 7-5028-1161-3(精装): ¥78.00

TB657-62　042864
新编空调制冷设备电路分析及检修手册/白亚南等主编.—北京:宇航出版社,1995.8.—344 页;26cm
ISBN 7-80034-753-2: ¥48.00

TB657-63　042865
制冷空调设备产品样本/机械工业部编.—北京:机械工业出版社,1995.12.—688 页;26cm
ISBN 7-111-04643-9: ¥65.00

TB66　042866
空调用制冷技术/李树林主编.—北京:机械工业出版社,1995.12.—253 页;26cm
ISBN 7-111-04800-8: ¥17.00

TB66　042867

实用空调制冷技术:电冰箱·空调机·汽车空调器/梁荣光编著.—广州:广东科技出版社,1995.2.—242页;26cm
ISBN 7-5359-1352-0:¥15.00

TB66　042868
制冷工/初级职业技术教育培训教材编审委员会主编.—上海:上海科学技术出版社,1995.9.—163页;19cm
初级职业技术教育培训教材
ISBN 7-5323-3158-X:¥4.00

TB66　042869
制冷与空调实用技术手册/范际礼等编著.—沈阳:辽宁科学技术出版社,1995.9.—394页;26cm
ISBN 7-5381-2133-1(精装):¥40.00

TB7 真空技术

TB7　042870
真空低温技术与设备/徐成海等编著.—北京:冶金工业出版社,1995.4.—268页;26cm
ISBN 7-5024-1671-4:¥25.80

TB7　042871
真空技术/金懋昌编著.—南京:东南大学出版社,1995.5.—221页;26cm
高等学校工科电子类规划教材
ISBN 7-81050-007-4:¥19.50

TB8 摄影技术

TB8　042872
模糊摄影/卓昌勇著.—沈阳:辽宁美术出版社,1995.9.—229页:照片;19cm
ISBN 7-5314-1227-6:¥23.00

TB811　042873
光的造型/王伟国著.—沈阳:辽宁美术出版社,1995.7.—290页:照片;20cm
北京电影学院图片摄影专业系列教材
ISBN 7-5314-1249-7:¥25.60

TB811　042874
曝光技术与技巧/屠明非著.—沈阳:辽宁美术出版社,1995.7.—206页:照片;20cm
北京电影学院图片摄影专业系列教材
ISBN 7-5314-1251-9:¥18.80

TB811-62　042875
摄影照明技巧指南/韩丛耀编译.—南京:江苏人民出版社,1995.8.—266页;19×17cm.—(光与影摄影艺丛)
ISBN 7-214-01396-7:¥25.00

TB82　042876
小型摄象机摄录技巧/石书库编著.—太原:山西科学技术出版社,1995.8.—147页;20cm
ISBN 7-5377-1063-5:¥6.00

TB84　042877
感光材料应用基础/马松年编著.—沈阳:辽宁美术出版社,1995.7.—310页:彩图;20cm
北京电影学院图片摄影专业系列教材
ISBN 7-5314-1250-0:¥22.60

TB852.1　042878
135照相机的使用和拍摄技巧/李以恭,董介人编著.—南京:江苏科学技术出版社,1995.8.—178页:彩图;19cm
ISBN 7-5345-1977-2:¥10.50

TB852.1　042879
现代相机　第二辑/《现代相机》编辑部编.—广州:岭南美术出版社,1995.1.—64页;29cm
ISBN 7-5362-1205-4:¥18.50

TB852.1　042880
新编家用照相机、摄像机实用指南:基础知识、选购和使用/康浩,高崧主编.—北京:地震出版社,1995.6.—406页;19cm
ISBN 7-5028-1107-9:¥16.30

TB852.1　042881
照相机及其使用/沙占祥著.—沈阳:辽宁美术出版社,1995.7.—273页;20cm
北京电影学院图片摄影专业系列教材
ISBN 7-5314-1248-9:¥16.00

TB852.1　042882
照相机维修技巧/吴杰编著.—太原:山西科学技术出版社,1995.1.—238页;19cm
ISBN 7-5377-1043-0:¥6.50

TB852.1　042883
照相机性能使用取景知识200问/清华等编著.—北京:中国华侨出版社,1995.6.—250页;19cm
ISBN 7-80074-660-7:¥8.00

TB861　042884
彩色摄影/张宝安著 .—修订本.—福州:福建科学技术出版社,1995.5.—220页;19cm.—(摄影丛书)
ISBN 7-5335-0916-1:¥10.30

TB861-44　042885
彩色摄影问答/谷威编著.—太原:山西科学技术出版社,1995.2.—95页:彩图;19cm
ISBN 7-5377-1048-1:¥8.00

TB877.1　042886
全息散斑计量学/方强,陈家璧著.—北京:科学出版社,1995.7.—378页;20cm
ISBN 7-03-004509-2:¥21.80

TB88　042887
暗室特技艺术/张宝安著.—上海:上海人民美术出版社,1995.3.—159页:图;20cm.—(摄影小百科丛书)
ISBN 7-5322-1265-3:¥12.00

TB88　042888
彩色照片家庭制作指南/孙守管著.—南京:江苏人民出版社,1995.8.—92页;19×17cm.—(光与影摄影艺丛)
ISBN 7-214-01531-5:¥10.00

TB88　042889
实用简易彩色暗房技术:汉英对照/彭忠民编著;张

冲译.—长沙:湖南科学技术出版社,1995.8.—402页:彩照;20cm
ISBN 7-5357-1837-X(精装):¥25.00

TB9 计量学

TB9 042890
测量设备的计量确认体系宣贯指南:GB/T19022·1~1994(idt ISO 10012—1:1992)/陈渭主编;国家技术监督局标准化司、计量司组编.—北京:中国计量出版社,1995.5.—329页;19cm
ISBN 7-5026-0802-8:¥13.50

TB9 042891
科学计量学:指标·模型·应用/梁立明著.—北京:科学出版社,1995.10.—237页;20cm
ISBN 7-03-004816-4:¥16.00

TB9-092 042892
湖北省计量志/《湖北省计量志》编纂委员会编.—北京:中国计量出版社,1995.12.—482页:彩照;20cm
ISBN 7-5026-0837-0(精装):¥58.00

TB9-61 042893
计量学辞典:汉英对照/鲁绍曾主编.—北京:中国计量出版社,1995.10.—1530页;26cm
ISBN 7-5026-0745-5(精装):¥180.00

TB91 042894
常用量和单位表/国家技术监督局单位制办公室,中国标准出版社编.—北京:中国标准出版社,1995.5.—1张;77×53cm
ISBN 7-5066-1076-0:¥6.00

TB91 042895
常用量和单位表/国家技术监督局单位制办公室,中国标准出版社编.—北京:中国标准出版社,1995.5.—1张;42×30cm
根据国家标准 GB3100~3102—93《量和单位》编制
ISBN 7-5066-1077-9:¥2.00

TB91 042896
新编物理量单位基础/中国计量测试学会科普与教育工作委员会组编.—北京:中国计量出版社,1995.10.—275页;20cm
ISBN 7-5026-0734-X:¥11.00

TB91-49 042897
各种各样的计量单位/赵启泰,李彦芬编著;林开开绘.—济南:明天出版社,1995.4.—119页;20cm.—(全国小学生课外丛书/李仲汉主编)
全套书共120册,总定价:385.00元
ISBN 7-5332-2142-7:¥0.00

TB91-62 042898
量和单位国家标准实用手册:1994年修订本/傅宝琴主编.—北京:中国标准出版社,1995.7.—357页;20cm
ISBN 7-5066-1008-6:¥20.00

TB91-62 042899
量和单位简明手册/李慎安编.—北京:中国计量出版社,1995.8.—616页;10×14cm
ISBN 7-5026-0724-2:¥12.00

TB91-64 042900
法定计量单位换算表.—南宁:接力出版社,1995.7.—1张;77×53cm.—(接力挂图世界)
¥2.50

TB937 042901
流量测量及补偿技术/程贺编著.—北京:化学工业出版社,1995.5.—238页;19cm
ISBN 7-5025-1358-2:¥9.60

TB937 042902
天然气流量计量/张永红主编.—北京:石油工业出版社,1995.5.—168页;26cm
ISBN 7-5021-1465-3:¥13.80

TB95 042903
水声计量测试技术/郑士杰等编著.—哈尔滨:哈尔滨工程大学出版社,1995.1.—445页;20cm
ISBN 7-81007-511-X:¥12.50

TD 矿业工程

TD 042904
矿业工程测试技术/和心顺等编著.—北京:煤炭工业出版社,1995.2.—143页;26cm
高等学校规划教材
ISBN 7-5020-1025-4:¥5.50

TD 042905
矿业系统工程/辛镜敏,蒋国安主编.—北京:煤炭工业出版社,1995.3.—324页;26cm
高等学校规划教材
ISBN 7-5020-1020-3:¥11.70

TD1 矿山地质与测量

TD17 042906
矿山测绘/黄盛发等编.—北京:煤炭工业出版社,1995.10.—333页;26cm
高等学校规划教材
ISBN 7-5020-1158-7:¥16.80

TD17-62 042907
金属矿山测量手册/苏瑞祥主编;中国有色金属工业总公司《金属矿山测量手册》编委会编.—长沙:湖南科学技术出版社,1995.11.—852页;26cm
ISBN 7-5357-1891-4(精装):¥90.00

TD175 042908
生产矿井测量/孔昭璧,杨世清编.—北京:煤炭工业出版社,1995.11.—343页;26cm
高等学校规划教材
ISBN 7-5020-1157-9:¥16.90

TD175 042909
最优化测井解释/雍世和编.—东营:石油大学出版社,1995.5.—268页;26cm
ISBN 7-5636-0598-3(精装):¥29.00

TD177　042910
矿体几何学:习题及题解/何新义,陈汉华编.—北京:煤炭工业出版社,1995.3.—130页;26cm
高等学校规划教材
ISBN 7-5020-1074-2: ¥5.00

TD2 矿山设计与建设

TD21　042911
矿山建设专业设计指导书/吴振东,姜玉松主编.—徐州:中国矿业大学出版社,1995.5.—73页;26cm
高等学校规划教材
ISBN 7-81040-375-3: ¥3.05

TD214　042912
矿井广义可靠性设计理论/马云东,孙宝铮著.—北京:煤炭工业出版社,1995.5.—131页;20cm
ISBN 7-5020-1150-1: ¥7.25

TD214　042913
矿井优化设计的解耦理论及应用/王新华等著.—长沙:中南工业大学出版社,1995.7.—232页;19cm
ISBN 7-81020-758-X: ¥8.00

①TD22②TU272　042914
地基开采沉陷及其地表建筑/颜荣贵著.—北京:冶金工业出版社,1995.1.—284页;26m
ISBN 7-5024-1567-X: ¥15.00

TD231.1　042915
第四届国际岩石爆破破碎学术会议论文集/(奥)罗斯马尼思(Rossmanith, H.P.)著;中国工程爆破协会译校组译.—北京:冶金工业出版社,1995.12.—525页;26cm
ISBN 7-5024-1799-0: ¥66.00

TD235　042916
爆破工/王林超,赵裕国编.—北京:煤炭工业出版社,1995.1.—231页;19cm
煤矿安全技术培训统编教材(九)
ISBN 7-5020-1122-6: ¥6.15

TD235.2　042917
爆破材料管理工/周学友,刘守成编写.—北京:煤炭工业出版社,1995.5.—144页;19cm
煤矿安全技术培训统编教材(十)
ISBN 7-5020-1184-6: ¥5.10

TD235.21　042918
矿用炸药/成新法编著.—北京:煤炭工业出版社,1995.10.—263页;19cm
ISBN 7-5020-1207-9: ¥9.80

TD26　042919
煤矿井巷工程质量检验评定标准讲座/毛光宁,葛仁国编.—北京:煤炭工业出版社,1995.4.—358页;26cm
ISBN 7-5020-1141-2: ¥40.00

TD262.6　042920
塌陷活动区凿井技术/郑是立等编著.—北京:煤炭工业出版社,1995.5.—154页;19cm
ISBN 7-5020-1120-X: ¥7.50

TD3 矿山压力与支护

TD3　042921
膨胀岩与巷道稳定/杨庆编著.—北京:冶金工业出版社,1995.5.—114页;19cm
ISBN 7-5024-1708-7: ¥6.00

TD31　042922
彩准巷道矿压理论及应用/马念杰,侯朝炯著.—北京:煤炭工业出版社,1995.10.—216页;20cm
ISBN 7-5020-1192-7: ¥11.70

TD31　042923
矿井多煤层开采围岩应力分析与设计优化/史元伟等著.—北京:煤炭工业出版社,1995.9.—292页;20cm
ISBN 7-5020-1262-1: ¥25.00

TD324　042924
冲击地压及其防治/赵本钧主编.—北京:煤炭工业出版社,1995.6.—582页;20cm
ISBN 7-5020-1037-8: ¥19.00

TD326　042925
矿压模型试验与测量技术/李兴传等编著.—北京:煤炭工业出版社,1995.8.—356页;19cm
ISBN 7-5020-1198-6: ¥12.00

TD327　042926
矿山开采沉陷及其损害防治/王金庄等编著.—北京:煤炭工业出版社,1995.12.—227页;26cm
ISBN 7-5020-1231-1: ¥18.30

TD35-61　042927
中国矿山支护技术大全/王继良主编.—南京:江苏科学技术出版社,1995.9.—1397页;26cm
ISBN 7-5345-1984-5(精装): ¥120.00

TD353　042928
巷道支架壁后充填技术/王悦汉等著.—北京:煤炭工业出版社,1995.8.—192页;20cm
ISBN 7-5020-1203-6: ¥11.90

TD355　042929
液压支架/阴崇儒等编著.—太原:山西科学技术出版社,1995.4.—199页;26cm.—(煤矿工人技术培训丛书/张连玺主编)
ISBN 7-5377-0961-0: ¥9.50

TD4 矿山机械

TD4　042930
建井机械/佘时仲主编.—北京:煤炭工业出版社,1995.5.—331页;26cm
中等专业学校规划教材
ISBN 7-5020-1082-3: ¥11.90

TD4　042931
矿山机械与设备用油/林济猷,阎杏町编著.—北京:中国石化出版社,1995.9.—579页;26cm
ISBN 7-80043-518-0: ¥34.00

TD4　042932
中国岩土钻掘设备/中国地质机械仪器工业总公司,

中国地质矿产经济研究院编.—北京:地震出版社,1995.6.—190页;26cm
ISBN 7-5028-1241-5:¥46.00

TD403 042933
矿山机械液压传动/李昌熙,乔石主编.—修订版.—北京:煤炭工业出版社,1995.3.—311页;26cm
高等学校规划教材
ISBN 7-5020-1026-2:¥11.30

TD42 042934
液压传动与采掘机械/白杰平,马晴和主编.—北京:煤炭工业出版社,1995.9.—316页;26cm
高等学校规划教材
ISBN 7-5020-1079-3:¥15.95

TD421-43 042935
地下工程施工机械/房延贤,刘学山主编.—徐州:中国矿业大学出版社,1995.10.—222页;26cm
高等学校规划教材
ISBN 7-81040-442-3:¥11.10

TD421.2 042936
钻车凿岩用中大直径钎头/张国桦等著.—武汉:中国地质大学出版社,1995.6.—121页;26cm
ISBN 7-5625-0978-6:¥12.00

TD421.6 042937
采煤机/刘混举等编.—太原:山西科学技术出版社,1995.6.—484页;26cm.—(煤矿工人技术培训丛书/张连玺主编)
ISBN 7-5377-0962-9:¥18.00

TD45-53 042938
第三届全国选矿设备学术会议论文集/第三届全国选矿设备学术会议筹委会编.—北京:冶金工业出版社,1995.9.—364页;26cm
ISBN 7-5024-1695-1:¥30.00

TD452 042939
筛分机械/严峰等编著.—北京:煤炭工业出版社,1995.2.—259页;19cm
ISBN 7-5020-1030-0:¥9.50

TD5 矿山运输与设备

TD5 042940
装载机械/高湖海主编.—北京:冶金工业出版社,1995.5.—271页;26cm
高等专科学校教学用书
ISBN 7-5024-1616-1:¥10.30

TD524 042941
窄轨电机车司机/张迺俊编写.—北京:煤炭工业出版社,1995.6.—205页;19cm
煤矿安全技术培训统编教材(十八)
ISBN 7-5020-1189-7:¥5.80

TD53 042942
矿井提升设备/张复德编.—北京:煤炭工业出版社,1995.5.—319页;26cm
煤矿技工学校通用教材
ISBN 7-5020-1090-4:¥17.50

TD53 042943
矿井提升设备/孙玉蓉,周法孔主编.—北京:煤炭工业出版社,1995.1.—226页;26cm
高等学校规划教材
ISBN 7-5020-1107-2:¥8.75

TD53 042944
主提升机操作工/米发金编.—北京:煤炭工业出版社,1995.4.—165页;19cm
煤矿安全技术培训统编教材(十七)
ISBN 7-5020-1130-7:¥5.80

TD534 042945
矿山提升机/周兴安,罗德龙编.—长沙:湖南科学技术出版社,1995.9.—314页;26cm
提升机司机安全技术培训教材
ISBN 7-5357-1863-9:¥16.00

TD6 矿山电工

TD6 042946
采区电钳工/李纪等编.—北京:煤炭工业出版社,1995.4.—187页;19cm
煤矿安全技术培训统编教材(十五)
ISBN 7-5020-1139-0:¥6.45

TD6-44 042947
煤矿电工学题库与题解/李智明主编;安仁宝等编写.—北京:煤炭工业出版社,1995.9.—186页;26cm
煤矿技工学校试用教材
ISBN 7-5020-1180-3:¥9.90

TD6-62 042948
煤矿电工手册 第一分册:电机与电器/顾永辉,范廷瓒主编.—修订本.—北京:煤炭工业出版社,1995.12.—2册;26cm
ISBN 7-5020-1040-8(精装):¥227.00

TD61 042949
矿山供电/佟浚澄等编.—徐州:中国矿业大学出版社,1995.5.—289页;26cm
中等专业学校规划教材
ISBN 7-81040-342-7:¥15.00

TD61 042950
矿山供电设备实习指导书/穆连生等编.—徐州:中国矿业大学出版社,1995.7.—186页;26cm
中等专业学校规划教材
ISBN 7-81040-344-3:¥6.90

TD63-43 042951
机电设备管理/张恩惠,刘晓峰编.—徐州:中国矿业大学出版社,1995.12.—146页;26cm
中等专业学校规划教材
ISBN 7-81040-491-1:¥8.00

TD64 042952
标准轨工业电机车电机和电器/吴仕凯编著.—北京:煤炭工业出版社,1995.4.—200页;26cm
煤矿技工学校试用教材

ISBN 7-5020-1078-5：¥10.60

TD672　042953

矿业微机应用/赵瑞荣编著.—北京：冶金工业出版社，1995.5.—131页；26cm

ISBN 7-5024-1684-6：¥14.00

TD7 矿山安全与劳动保护

TD7　042954

安全监察员/王树玉编写.—北京：煤炭工业出版社，1995.5.—312页；19cm

煤矿安全技术培训统编教材(六)

ISBN 7-5020-1167-6：¥7.50

TD7　042955

机电区(队)长/朱仁镇等编.—北京：煤炭工业出版社，1995.4.—329页；19cm

煤矿安全技术培训统编教材(四)

ISBN 7-5020-1145-5：¥8.30

TD7　042956

矿山安全监察论文集　(Ⅱ)：煤矿事故查处篇/杨富，欧阳伶静主编.—北京：煤炭工业出版社，1995.2.—304页；19cm

ISBN 7-5020-0976-0：¥11.50

TD7　042957

矿山安全系统工程/李新东主编.—北京：煤炭工业出版社，1995.6.—180页；26cm

高等学校规划教材

ISBN 7-5020-1126-9：¥6.75

TD7　042958

煤矿安全工程设计/朱银昌，侯贤文主编.—北京：煤炭工业出版社，1995.7.—772页；26cm

ISBN 7-5020-1096-3：¥63.00

TD7　042959

煤矿安全文件汇编　第一辑/煤炭部安全司编.—北京：煤炭工业出版社，1995.7.—354页；19cm

ISBN 7-5020-1205-2：¥15.00

①TD7②TD263.2　042960

掘进班(组)长/陈炳华编.—北京：煤炭工业出版社，1995.1.—299页；19cm

煤矿安全技术培训统编教材(八)

ISBN 7-5020-1119-6：¥7.50

①TD7②TD5　042961

运输区(队)长/谢百群等编写.—北京：煤炭工业出版社，1995.2.—253页；19cm

煤矿安全技术培训统编教材(五)

ISBN 7-5020-1127-7：¥6.90

①TD7②TD53　042962

信号把钩工/郑传义编.—北京：煤炭工业出版社，1995.1.—169页；19cm

煤矿安全技术培训统编教材(二十)

ISBN 7-5020-1111-0：¥4.95

①TD7②TD534　042963

绞车操作工/肖调燕等编.—北京：煤炭工业出版社，1995.1.—148页；19cm

煤矿安全技术培训统编教材(十九)

ISBN 7-5020-1112-9：¥4.10

①TD7②TD82　042964

采煤班(组)长/李华光等编.—北京：煤炭工业出版社，1995.1.—261页；19cm

煤矿安全技术培训统编教材(七)

ISBN 7-5020-1121-8：¥7.30

TD712　042965

瓦斯检查工/运宝珍等编.—北京：煤炭工业出版社，1995.1.—287页；19cm

煤矿安全技术培训统编教材(十一)

ISBN 7-5020-1118-8：¥7.30

TD713　042966

防治煤与瓦斯突出细则/中华人民共和国煤炭工业部制定.—北京：煤炭工业出版社，1995.3.—67页；19cm

ISBN 7-5020-1023-8：¥2.60

TD714　042967

矿井防尘理论及技术/赵益芳主编.—北京：煤炭工业出版社，1995.3.—216页；26cm

ISBN 7-5020-1099-8：¥13.20

TD714　042968

矿山粉尘防治技术/李新东等编著.—西安：陕西科学技术出版社，1995.7.—208页；26cm

ISBN 7-5369-2363-5：¥14.80

TD72　042969

通风区(队)长/徐凤根等编写.—北京：煤炭工业出版社，1995.5.—352页；19cm

煤矿安全技术培训统编教材(三)

ISBN 7-5020-1160-9：¥9.90

TD72-39　042970

矿井通风微机程序设计与应用/沈斐敏主编.—北京：煤炭工业出版社，1995.8.—291页；26cm

ISBN 7-5020-1138-2：¥18.60

TD72-65　042971

矿井通风安全监测装置使用管理规定/中华人民共和国煤炭工业部制定.—北京：煤炭工业出版社，1995.11.—21页；19cm

ISBN 7-5020-1276-1：¥1.90

TD723　042972

矿井测风工/胡献伍，展良荣编写.—北京：煤炭工业出版社，1995.5.—266页；19cm

煤矿安全技术培训统编教材(十二)

ISBN 7-5020-1182-X：¥7.20

TD724　042973

矿井通风系统分析与优化/傅贵等编著.—北京：机械工业出版社，1995.9.—246页；20cm

ISBN 7-111-04829-6：¥12.00

TD75　042974

高硫矿井内因火灾防治理论与技术/吴超，孟廷让著.—北京：冶金工业出版社，1995.6.—128页；19cm

ISBN 7-5024-1682-X：¥8.00

TD76　042975

安全仪器监测工/刘洪等编.—北京:煤炭工业出版社,1995.4.—183 页;19cm
煤矿安全技术培训统编教材(十四)
ISBN 7-5020-1115-3: ¥5.85

TD77 042976
矿山救护工/朱振明等编写.—北京:煤炭工业出版社,1995.5.—368 页;19cm
煤矿安全技术培训统编教材(十三)
ISBN 7-5020-1140-4: ¥9.20

TD77-65 042977
煤矿救护规程/中华人民共和国煤炭工业部制定.—北京:煤炭工业出版社,1995.9.—219 页;13cm
ISBN 7-5020-1250-8(精装): ¥6.80

TD79 042978
煤矿职工自主保安/潘兴友主编.—北京:煤炭工业出版社,1995.1.—121 页;19cm
ISBN 7-5020-1116-1: ¥4.80

TD8 矿山开采

TD8 042979
滁州矿产资源开发利用指南/周锦贵,李杰主编.—合肥:安徽科学技术出版社,1995.8.—96 页;20cm
ISBN 7-5337-1232-3: ¥6.68

TD8 042980
矿产综合利用工程/胡应藻编著.—长沙:中南工业大学出版社,1995.11.—218 页;19cm
ISBN 7-81020-799-7: ¥5.60

TD8 042981
世界采矿技术的发展与中国铁矿增产的途径/焦玉书著.—沈阳:东北大学出版社,1995.9.—898 页;20cm
ISBN 7-81006-972-1: ¥36.00

TD80 一般性问题

TD801 042982
采矿工程概论/郭福君主编.—东营:石油大学出版社,1995.8.—301 页;26cm
ISBN 7-5636-0617-3: ¥18.00

TD803 042983
放矿理论基础/刘兴国主编.—北京:冶金工业出版社,1995.5.—152 页;26cm
高等学校教学用书
ISBN 7-5024-1618-8: ¥6.10

TD803 042984
非煤矿床地下开采/付国彬,王振启编.—北京:煤炭工业出版社,1995.3.—162 页;26cm
高等学校规划教材
ISBN 7-5020-1083-1: ¥6.10

TD804 042985
露天开采设计原理/云庆夏主编.—北京:冶金工业出版社,1995.5.—231 页;26cm
高等学校教学用书
ISBN 7-5024-1619-6: ¥8.90

TD82 煤矿开采

TD82 042986
掘进区(队)长/王明新,展良荣等编写.—北京:煤炭工业出版社,1995.5.—352 页;19cm
煤矿安全技术培训统编教材(二)
ISBN 7-5020-1183-8: ¥8.60

TD82 042987
开采方法/杨恩德主编.—北京:煤炭工业出版社,1995.10.—229 页;26cm
中等专业学校规划教材
ISBN 7-5020-1170-6: ¥11.65

TD82-12 042988
1996~2000 煤炭工业 100 推技术资料汇编:续编/《100 推技术资料汇编》(续编)编委会编.—北京:煤炭工业出版社,1995.6.—198 页:彩照;26cm
ISBN 7-5020-1201-X: ¥38.00

TD82-65 042989
煤矿采、制、化工人技术操作规程/李爱和等编.—北京:煤炭工业出版社,1995.5.—151 页;19cm
煤矿工人技术操作规程
ISBN 7-5020-0812-8: ¥5.50

TD823 042990
放顶煤工作面设备与开采技术/高荣,庄玉伦主编.—北京:冶金工业出版社,1995.3.—251 页;19cm
ISBN 7-5024-1674-9: ¥12.00

TD823 042991
煤炭采掘专利技术/郑青林编译.—北京:煤炭工业出版社,1995.12.—122 页;26cm
ISBN 7-5020-0971-X: ¥12.70

TD823.1 042992
煤层(群)上行开采技术/汪理全,李中颃著.—北京:煤炭工业出版社,1995.8.—196 页;19cm
ISBN 7-5020-1209-5: ¥6.00

TD823.2 042993
松软围岩煤层开采/段克信主编.—北京:煤炭工业出版社,1995.11.—281 页;26cm
高等学校规划教材
ISBN 7-5020-1208-7: ¥14.50

TD823.25 042994
放顶煤开采技术与放顶煤液压支架/杨振复,罗恩波主编.—北京:煤炭工业出版社,1995.7.—297 页;26cm
ISBN 7-5020-1142-0: ¥22.00

TD823.25 042995
厚煤层放顶煤开采设备与技术/赵宏珠,石平五编.—北京:煤炭工业出版社,1995.12.—289 页;20cm
ISBN 7-5020-1191-9: ¥17.30

TD824.6 042996
华北型煤田矿井防治水决策系统/武强,金玉洁著.—北京:煤炭工业出版社,1995.11.—218 页;26cm
ISBN 7-5020-1211-7: ¥21.80

TD824.7　042997
边坡稳定/廖国华主编.—北京:冶金工业出版社,1995.5.—128页;26cm
高等学校教学用书
ISBN 7-5024-1596-3:¥5.30

TD85 金属矿开采

TD853.391　042998
金属矿山矿柱回采实践/徐树岚等编著.—长沙:中南工业大学出版社,1995.11.—124页;26cm
ISBN 7-81020-804-7:¥15.00

TD863　042999
岩金矿床地下采矿方法/刘力编著.—西安:陕西科学技术出版社,1995.4.—279页;20cm
ISBN 7-5369-2266-3:¥12.00

TD87 非金属矿开采

TD871　043000
构造地应力场分析在四川马踏盐矿开发中的应用/蔡本俊等著.—北京:地质出版社,1995.7.—72页;26cm
ISBN 7-116-01751-8:¥6.80

TD9 选矿

TD9-62　043001
选矿施工图设计手册/张启溶主编;《选矿施工图设计手册》编委会编.—长沙:湖南科学技术出版社,1995.8.—3册;26cm
ISBN 7-5357-1648-2:¥165.00

TD91　043002
选矿流变学及其应用/杨小生,陈荩著.—长沙:中南工业大学出版社,1995.5.—234页;20cm
ISBN 7-81020-749-0:¥15.00

TD921　043003
矿物加工颗粒学/曾凡,胡永平编著.—徐州:中国矿业大学出版社,1995.8.—494页;26cm
ISBN 7-81040-264-1:¥35.00

TD922　043004
随机过程在流膜选矿中的应用/王卫星著.—北京:科学出版社,1995.3.—178页;19cm
ISBN 7-03-004451-7:¥10.40

TD923　043005
浮选理论与选冶实践/梁经冬著.—北京:冶金工业出版社,1995.10.—519页;20cm
ISBN 7-5024-1753-2:¥28.00

TD925.6　043006
化学选矿/刘慧纳主编.—北京:冶金工业出版社,1995.5.—165页;26cm
高等学校教学用书
ISBN 7-5024-1571-8:¥6.50

TD928.1　043007
选煤厂设计/肖海明编.—北京:煤炭工业出版社,1995.3.—176页;26cm
中等专业学校规划教材
ISBN 7-5020-1060-2:¥6.60

TD928.1　043008
选煤厂设计/李寻主编.—北京:煤炭工业出版社,1995.10.—353页;26cm
高等学校规划教材
ISBN 7-5020-1137-4:¥17.90

TD928.9　043009
选矿自动化/苏震编著.—2版.—北京:冶金工业出版社,1995.11.—180页;26cm
高等学校教学用书
ISBN 7-5024-1698-6:¥10.40

TD94　043010
选煤厂工人必读/于尔铁主编;袁思贤等编著.—北京:煤炭工业出版社,1995.5.—381页;20cm
ISBN 7-5020-1076-9:¥12.80

TD94　043011
选煤厂获最佳经济效益方法的研究/李忠信编著.—北京:煤炭工业出版社,1995.6.—218页;19cm
ISBN 7-5020-1101-3:¥7.50

TD953　043012
山东金矿工艺矿物学概论/刘成义编.—北京:冶金工业出版社,1995.5.—285页;20cm
ISBN 7-5024-1630-7:¥13.00

TD985　043013
非金属矿深加工/孙宝岐等编著.—北京:冶金工业出版社,1995.6.—299页;26cm
ISBN 7-5024-1703-6:¥23.00

TE 石油、天然气工业

TE　043014
石油工业通论/陈鸿璠主编.—北京:石油工业出版社,1995.7.—262页;26cm
ISBN 7-5021-1345-2:¥20.00

TE　043015
中国石油天然气总公司标准设计系统参数汇编　第一册/中国石油天然气总公司基建局编.—东营:石油大学出版社,1995.5.—1册;28×38cm
ISBN 7-5636-0691-2:¥25.00

TE-12　043016
石油科技进展/张延庆等主编.—东营:石油大学出版社,1995.9.—1310页;26cm
ISBN 7-5636-0703-X(精装):¥150.00

TE-49　043017
石油的找、采、用/河北省石油学会科普委员会编.—北京:石油工业出版社,1995.2.—332页;20cm
ISBN 7-5021-1422-X:¥12.60

TE-53　043018

大庆科技论文精选：1960～1995 年在国际会议及国外刊物上发表的科技论文/王德民主编.—北京：石油工业出版社，1995.9.—536 页；26cm
ISBN 7-5021-1572-2(精装)：¥62.00

TE-53　043019
大庆科技论文精选：1960～1995 年在国际会议及国外刊物上发表的科技论文/王德民主编；大庆石油管理局科技处编.—北京：石油工业出版社，1995.9.—536 页；26cm
ISBN 7-5021-1572-2：¥40.00

TE-53　043020
第五次国际石油工程会议论文集/中国石油学会编.—北京：国际文化出版公司，1995.10.—2 册（1186 页）；26cm
ISBN 7-80105-328-1：¥60.00

TE-53　043021
石油知识文萃/石宝珩，葛泰生主编.—北京：石油工业出版社，1995.8.—432 页；20cm
ISBN 7-5021-1534-X：¥18.00

TE-53　043022
中原油田科技论文集：1975～1995/车卓吾主编.—北京：石油工业出版社，1995.9.—802 页；26cm
ISBN 7-5021-1561-7(精装)：¥78.00

TE-532　043023
第十四届世界石油大会文集/中国石油天然气总公司信息研究所主编.—北京：石油工业出版社，1995.9.—410 页：照片；26cm
ISBN 7-5021-1590-0：¥48.00

TE-61　043024
汉英俄维石油技术词典/尼亚孜·阿不都拉主编.—北京：石油工业出版社，1995.12.—1782 页；26cm
ISBN 7-5021-1501-3(精装)：¥88.00

TE-61　043025
石油名词　1994/石油名词审定委员会编.—北京：科学出版社，1995.10.—475 页；26cm
ISBN 7-03-004583-1：¥33.00

TE-61　043026
英汉石油大辞典：地球物理勘探与测井分册/《英汉石油大辞典：地球物理勘探与测井分册》编写组编.—北京：石油工业出版社，1995.1.—332；125 页；19cm
ISBN 7-5021-0859-9(精装)：¥22.00

TE-61　043027
英汉石油大辞典：海洋石油工程分册/《英汉石油大辞典：海洋石油工程分册》编写组编.—北京：石油工业出版社，1995.4.—232，68 页；19cm
ISBN 7-5021-1117-4(精装)：¥15.00

TE-61　043028
英汉石油大辞典：油田开发与开采分册/《英汉石油大辞典：油田开发与开采分册》编写组编.—北京：石油工业出版社，1995.6.—342，94 页；19cm
ISBN 7-5021-1146-8(精装)：¥21.00

TE-61　043029
英汉石油缩略辞典/郑昌锭主编.—北京：石油工业出版社，1995.6.—640 页；19cm
ISBN 7-5021-1404-1：¥32.00

TE1 石油、天然气地质与勘探

TE1　043030
石油工程中的模糊数学方法/李燕杰，卿路编著.—哈尔滨：黑龙江科学技术出版社，1995.10.—226 页；20cm.—(应用工程数学基础丛书/武俊德，赵贵主编)
ISBN 7-5388-2871-0：¥10.00

TE1-53　043031
大庆油田勘探开发研究论文集/大庆石油管理局勘探开发研究院编.—北京：石油工业出版社，1995.9.—527 页；26cm
ISBN 7-5021-1521-8：¥30.00

TE1-53　043032
胜利复式油气区勘探开发论文集/胜利油田地学开拓者基金会编.—北京：石油工业出版社，1995.10.—147 页；26cm
ISBN 7-5021-1562-5：¥18.00

TE11　043033
国外现代油藏管理文集/唐世荣等编译.—北京：石油工业出版社，1995.12.—220 页；26cm
ISBN 7-5021-1658-3：¥15.00

①TE11②F426.22　043034
管理 技术 效益/陈寿康，李学田主编.—北京：地质出版社，1995.12.—169 页；26cm.—(油气勘探丛书；1)
ISBN 7-116-01984-7：¥14.50

TE14　043035
采油地质/任惠光，王凤刚主编.—2 版.—北京：石油工业出版社，1995.6.—293 页；26cm
石油技工学校教材
ISBN 7-5021-1369-X：¥22.00

TE15　043036
测井地质及油气评价新技术/李国平等编著.—北京：石油工业出版社，1995.10.—113 页；26cm
ISBN 7-5021-1492-0：¥9.80

TE15　043037
毛管理论在测井解释中的应用：毛管电动力学与多孔性岩石/原海涵著.—北京：石油工业出版社，1995.6.—104 页；26cm
ISBN 7-5021-1370-3：¥8.00

TE15　043038
生产测井/孙先汉编.—北京：石油工业出版社，1995.3.—280 页；26cm
中等专业学校教学用书
ISBN 7-5021-1090-9：¥9.50

TE15　043039
生产测井仪器分析与解释/大庆生产测井研究所编译.—北京：石油工业出版社，1995.2.—95 页；26cm
ISBN 7-5021-1214-6：¥5.50

TE15　043040
生产测井资料解释方法/大庆生产测井研究所编译.—北京：石油工业出版社，1995.6.—205 页；26cm

ISBN 7-5021-1507-2: ¥15.00

TE15 **043041**

石油测井信息数字传输原理与系统/付鑫生主编;中国石油天然气总公司教材编译室编.—北京:石油工业出版社,1995.2.—161页;26cm

高等学校教学用书

ISBN 7-5021-1044-5: ¥6.35

TE15 **043042**

油气田开发测井技术与应用/《油气田开发测井技术与应用》编写组编.—北京:石油工业出版社,1995.9.—544页;26cm

ISBN 7-5021-1271-5: ¥38.00

TE15 **043043**

自然伽马能谱测井原理及应用/黄隆基等编著.—北京:石油工业出版社,1995.12.—229页;26cm.—(测井工程师进修丛书)

ISBN 7-5021-1361-4: ¥18.00

TE15-62 **043044**

测井资料分析手册/车卓吾主编.—北京:石油工业出版社,1995.12.—823页;26cm

ISBN 7-5021-1407-6: ¥58.00

TE19 **043045**

灰色系统理论在石油工业中的应用/刘德华,王越之编著.—北京:石油工业出版社,1995.10.—279页;20cm

ISBN 7-5021-1550-1: ¥12.00

TE19 **043046**

微机原理及在石油工业中的应用/李显荣主编.—东营:石油大学出版社,1995.7.—458页;26cm.—(计算机应用系列丛书)

ISBN 7-5636-0639-4: ¥25.00

TE19 **043047**

油气勘探工程新进展 (一)/丁贵明等编.—北京:石油工业出版社,1995.8.—228页;26cm

ISBN 7-5021-1553-6: ¥20.00

①TE19②F224.7 **043048**

石油工业常用数理统计方法/李璗等编著.—北京:石油工业出版社,1995.12.—384页;20cm

ISBN 7-5021-1546-3: ¥20.00

TE2 钻井工程

TE21-62 **043049**

钻井数据手册:第六版:经扩编和更新:中英文对照/法国石油研究院编;王子源等译.—北京:地质出版社,1995.10.—542页;19cm

ISBN 7-116-01842-5(精装): ¥29.00

TE24 **043050**

石油钻井生产实践指导书:浅井/李忠义,杨太东主编.—北京:石油工业出版社,1995.8.—145页;26cm

石油技工学校试用教材

ISBN 7-5021-1380-0: ¥11.00

TE24 **043051**

石油钻井生产实践指导书:深井/崔振江主编.—北京:石油工业出版社,1995.4.—267页;26cm

石油技工学校试用教材

ISBN 7-5021-1254-5: ¥19.00

TE24 **043052**

钻井工艺技术基础/王瑞和编.—东营:石油大学出版社,1995.2.—188页;26cm

ISBN 7-5636-0610-6: ¥11.00

TE242 **043053**

钻井基本操作训练指导书/王建学,刘永春主编;中国石油天然气总公司劳资局组织编写.—北京:石油工业出版社,1995.10.—216页;26cm

石油技工学校统编教材

ISBN 7-5021-1419-X: ¥16.00

TE242-53 **043054**

中原油田钻井技术论文集:1975~1995/李允子等编.—北京:石油工业出版社,1995.8.—484页;26cm

ISBN 7-5021-1525-0: ¥35.00

TE243 **043055**

定向钻井/(英)英格里斯(Inglis,T.A.)著;苏义脑等译.—北京:石油工业出版社,1995.8.—317页;19cm

ISBN 7-5021-1281-2: ¥15.00

TE243 **043056**

定向钻井理论与实践/余志清等编著.—西安:陕西科学技术出版社,1995.12.—201页;26cm

ISBN 7-5369-2473-9: ¥22.00

TE244 **043057**

大庆油田取心工艺技术/梁宝昌编著.—哈尔滨:哈尔滨工业大学出版社,1995.12.—247页;19cm

ISBN 7-5603-1119-9: ¥12.00

TE254 **043058**

钻井液固相控制技术与设备/龚伟安著.—北京:石油工业出版社,1995.4.—328页;26cm

ISBN 7-5021-1204-9: ¥23.00

TE257 **043059**

水平井完井和增产措施技术/李志明,郑志忠译.—北京:石油工业出版社,1995.11.—150页;26cm

ISBN 7-5021-1640-0: ¥10.50

TE258 **043060**

保护油气层技术/赵敏等编著.—北京:石油工业出版社,1995.4.—194页;19cm

ISBN 7-5021-1450-5: ¥5.80

TE3 油气田开发与开采

TE3 **043061**

开发早期油藏描述——一个中生代砂砾岩典型油藏剖析/张博全等著.—武汉:中国地质大学出版社,1995.12.—155页;26cm

ISBN 7-5625-1023-7: ¥12.00

TE3 **043062**

水平井开采技术/万仁溥等编译.—北京:石油工业出版社,1995.3.—713页;20cm

ISBN 7-5021-1158-1: ¥24.00

TE3 043063

油气田开发期地球物理监测技术/(俄)库兹涅佐夫(Кузнецов,Г.С.)等著;常熹,郝志兴译.—北京:石油工业出版社,1995.9.—228页;20cm

ISBN 7-5021-1580-3: ¥9.80

TE311 043064

石油及天然气物性预测/白执松,罗光熹编著.—北京:石油工业出版社,1995.6.—362页;26cm

ISBN 7-5021-1444-0: ¥18.80

TE319 043065

黑油模型在油田开发中的应用/袁奕群,袁庆峰编著.—北京:石油工业出版社,1995.10.—199页;26cm

ISBN 7-5021-1401-7: ¥15.00

①TE319②TU855 043066

大型计算机监控系统/史忠科等编著.—北京:科学出版社,1995.12.—177页;26cm

ISBN 7-03-004600-5: ¥19.30

TE34 043067

辽河断陷湖盆碎屑岩开发储层研究/张学汝,牛仲仁主编.—北京:石油工业出版社,1995.7.—260页;26cm

ISBN 7-5021-1420-3: ¥20.00

TE34 043068

实用油藏工程/(美)史密斯(Smith,C.R.)等著;岳清山等译.—北京:石油工业出版社,1995.6.—578页;26cm

ISBN 7-5021-1366-5: ¥38.00

TE34 043069

中国五类气藏开发模式/冈秦麟主编;《中国五类气藏开发模式》编写组编著.—北京:石油工业出版社,1995.10.—323页;26cm.—(气藏开发模式丛书)

ISBN 7-5021-1336-3: ¥24.00

TE34-53 043070

大庆油田油藏工程论文集/黑龙江省石油学会油藏工程学会编.—北京:石油工业出版社,1995.9.—479页;26cm

ISBN 7-5021-1577-3: ¥25.00

TE344 043071

裂缝油藏评价的试井分析/(美)达普拉特(Da Prat,G.)著;孙庆和等译.—北京:石油工业出版社,1995.10.—138页;26cm.—(石油科学进展;27)

ISBN 7-5021-1582-X: ¥15.00

TE35 043072

采油地面操作 卷一/(美)契林盖里(Chilingarian,G.V.)等著;黄兆武等译 .—北京:石油工业出版社,1995.3.—655页;26cm.—(石油科学进展;19A)

ISBN 7-5021-1169-7: ¥30.00

TE35 043073

采油工/中国石油天然气总公司劳资局编.—北京:石油工业出版社,1995.12.—292页;26cm

石油工人技术等级培训教材

ISBN 7-5021-1566-8: ¥24.00

TE35 043074

采油生产实践指导书/高厚朴主编.—北京:石油工业出版社,1995.9.—193页;26cm

石油技工学校试用教材

ISBN 7-5021-1374-6: ¥15.00

TE35 043075

国外近期采油工程技术选编/胡博仲主编.—哈尔滨:黑龙江人民出版社,1995.9.—224页;26cm

ISBN 7-207-03314-1: ¥22.85

TE35-53 043076

采油工程/大庆石油管理局科技处编.—北京:石油工业出版社,1995.9.—191页;26cm.—(大庆油田开发建设三十五周年科技进步系列丛书;6)

ISBN 7-5021-1574-9: ¥12.00

TE355-44 043077

采油技术问答/胡博仲主编.—北京:石油工业出版社,1995.8.—190页;19cm

ISBN 7-5021-1506-4: ¥10.00

TE357 043078

国外剩余油研究/程绍志等编译.—北京:石油工业出版社,1995.12.—263页;26cm

ISBN 7-5021-1642-7: ¥36.80

TE357 043079

河间油田砂岩油藏剩余油分布研究/张金亮等著.—西安:陕西科学技术出版社,1995.12.—98页:图版;26cm

ISBN 7-5369-2440-2: ¥10.00

TE357.1 043080

水力压裂技术新发展/(美)吉德利(Gidley,J.L.)等著;蒋阗等译.—北京:石油工业出版社,1995.12.—1312页;20cm.—(美国石油工程师学会专论丛书)

ISBN 7-5021-1167-0: ¥46.00

TE357.4 043081

表面活性剂及其在油气田中的应用/王云峰等编著.—北京:石油工业出版社,1995.6.—293页;26cm

ISBN 7-5021-1251-0: ¥20.00

TE357.4 043082

三次采油/大庆石油管理局科技处编.—北京:石油工业出版社,1995.9.—250页;26cm.—(大庆油田开发建设三十五周年科技进步系列丛书;5)

ISBN 7-5021-1576-5: ¥12.00

TE357.44 043083

油田热采蒸汽分配技术/(美)钱思复著;齐高岱译.—东营:石油大学出版社,1995.2.—288页;20cm

ISBN 7-5636-0588-6: ¥15.00

TE357.46 043084

碱水驱/(苏)格尔布洛夫(Горбунов,А.Т.),(苏)布钦柯夫(Бученков,Л.Н.)著;崔耀南,金衍泰译.—北京:石油工业出版社,1995.1.—207页;19cm

ISBN 7-5021-1171-9: ¥12.00

TE357.46 043085

聚合物驱油实用工程方法/马世煜著.—北京:石油工业出版社,1995.1.—140页;26cm

ISBN 7-5021-1395-9: ¥18.00

TE357.46 043086

微乳液理论及其应用/李干佐等编著.—北京:石油

工业出版社,1995.10.—394页;20cm
ISBN 7-5021-1303-7:¥19.00

TE357.6 043087
稳油控水专辑/中国石油天然气总公司开发生产局编著.—北京:石油工业出版社,1995.6.—328页;26cm
ISBN 7-5021-1278-2:¥23.00

TE357.6 043088
油田堵水调剖译文集/( )常等著;刘翔鹗等译.—北京:石油工业出版社,1995.8.—197页;26cm
著者原题:P.M.常
ISBN 7-5021-1393-2:¥12.00

TE357.6-33 043089
大庆油田开发先导性矿场试验/刘恒,高树棠编著.—北京:石油工业出版社,1995.8.—299页;26cm
ISBN 7-5021-1584-6:¥25.00

TE357.9 043090
微生物提高石油采收率/(美)唐纳森(Donaldson.E.C.)等著;金静芷等译.—北京:石油工业出版社,1995.4.—143页;26cm.—(石油科学进展;22)
ISBN 7-5021-1211-1:¥18.00

TE37 043091
国外六类气藏开发模式及工艺技术/冈秦麟主编;《国外六类气藏开发模式及工艺技术》编写组编著.—北京:石油工业出版社,1995.12.—193页;26cm.—(气藏开发模式丛书)
ISBN 7-5021-1441-6:¥20.00

TE372 043092
凝析气藏开发工程/杨宝善编著.—北京:石油工业出版社,1995.2.—306页;26cm.—(油气田开发进修丛书)
ISBN 7-5021-1220-0:¥20.00

①TE38②X74 043093
油气田环境保护/张兴儒主编.—北京:石油工业出版社,1995.1.—581页;20cm
ISBN 7-5021-1354-1:¥18.00

TE6 石油、天然气加工工业

TE62-62 043094
炼油工程师手册/侯芙生主编.—北京:石油工业出版社,1995.4.—1528页;26cm
ISBN 7-5021-1321-5:¥118.00

TE624 043095
炼油工艺基础/吕逸华编.—北京:中国石化出版社,1995.5.—377页;19cm
石油化工技工学校统编教材
ISBN 7-80043-553-9:¥6.00

TE624.4 043096
催化裂化工艺与工程/陈俊武,曹汉昌主编.—北京:中国石化出版社,1995.2.—1035页;26cm
ISBN 7-80043-537-7(精装):¥120.00

TE624.9 043097
原油深度加工过程催化剂/(俄)涅费多夫(Нефедов,Б.К.)等著;李奉孝,黄志渊译.—北京:中国石化出版社,1995.8.—348页;19cm
ISBN 7-80043-580-6:¥11.00

TE626.4 043098
润滑脂应用基础/胡性禄编.—北京:中国石化出版社,1995.3.—262页;19cm
ISBN 7-80043-530-X:¥8.00

TE626.5 043099
溶剂油/张广林编.—北京:中国石化出版社,1995.3.—160页;19cm.—(石油产品应用知识丛书)
ISBN 7-80043-534-2:¥5.50

TE626.8-62 043100
沥青改质分析方法手册/(加)Joseph K. Liu,(加)Harry E. Gunning等著;刘安建译.—北京:石油工业出版社,1995.11.—197页;20cm
ISBN 7-5021-1641-9:¥6.80

TE626.9 043101
环烷酸与石油磺酸镁/李淑贞,杨俊杰编译.—北京:石油工业出版社,1995.12.—48页;19cm
ISBN 7-5021-1509-9:¥4.00

TE64 043102
燃气制造工艺学/高福烨主编.—北京:中国建筑工业出版社,1995.6.—362页;26cm
高等学校推荐教材
ISBN 7-112-02434-X:¥13.00

TE645 043103
油田气处理/张鸿仁,张松编著.—北京:石油工业出版社,1995.9.—482页;20cm.—(油田油气水处理技术丛书)
ISBN 7-5021-1269-3:¥17.00

TE65-34 043104
石油化工分析基础知识问答/张金锐,伍意玉主编.—北京:中国石化出版社,1995.7.—373页;19cm
ISBN 7-80043-548-2:¥12.00

TE68-62 043105
石油化工厂设备检修手册　第七分册:加热炉/代有凡主编;罗弘等编.—北京:中国石化出版社,1995.2.—576页;26cm
ISBN 7-80043-539-3:¥38.00

TE683 043106
石油化工过程节能方法和技术/陈安民编著.—北京:中国石化出版社,1995.12.—326页;26cm
ISBN 7-80043-584-9:¥21.00

TE687 043107
中国石油化工总公司职业安全卫生管理制度　1995年.—2版.—北京:中国石化出版社,1995.6.—326页;19cm
ISBN 7-80043-593-8:¥4.00

TE8 石油、天然气储存与运输

TE8 043108
炼油厂油品储运技术与管理/田士良编.—北京:中

国石化出版社,1995.7.—330页;26cm

ISBN 7-80043-567-9:¥20.00

TE8-44 043109

油气集输岗位操作技术问答/贾宗贤,潘修沼编著.—北京:石油工业出版社,1995.5.—327页;26cm

ISBN 7-5021-1311-8:¥28.00

TE83 043110

原油流变学与输油工艺/罗塘湖著.—北京:石油工业出版社,1995.7.—218页;20cm

ISBN 7-5021-1467-X:¥10.00

TE832 043111

管道输油工模块式技能培训教材/中国石油天然气管道局组织编写.—北京:石油工业出版社,1995.4.—186页;26cm

ISBN 7-5021-1416-5:¥25.00

TE832 043112

输配气管网的模拟与分析/江茂泽等编著.—北京:石油工业出版社,1995.1.—541页;20cm

ISBN 7-5021-1162-X:¥19.00

TE835 043113

现代大型油船实务/任德俊编著.—大连:大连海事大学出版社,1995.4.—316页;26cm

ISBN 7-5632-0709-0:¥28.00

TE86 043114

油气集输基础知识/姜毓敏主编.—北京:石油工业出版社,1995.6.—250页;19cm

ISBN 7-5021-1482-3:¥10.00

TE86-53 043115

油田后期地面建设配套技术文集/《油田后期地面建设配套技术文集》编委会编.—东营:石油大学出版社,1995.3.—307页;26cm

ISBN 7-5636-0644-0:¥16.50

TE863-62 043116

油田油气集输设计技术手册　下册/《油田油气集输设计技术手册》编写组编.—北京:石油工业出版社,1995.3.—897页;26cm

ISBN 7-5021-1153-0(精装):¥68.00

TE863-62 043117

油田油气集输设计技术手册　下册/《油田油气集输设计技术手册》编写组编.—北京:石油工业出版社,1995.3.—897页;26cm

ISBN 7-5021-1153-0:¥58.00

TE868 043118

油田开发中的结垢机理及其防治技术/朱义吾等编著.—西安:陕西科学技术出版社,1995.4.—257页;20cm

ISBN 7-5369-2320-1:¥9.00

TE9 石油机械设备与自动化

TE9 043119

油田设备/苏玉春主编.—北京:机械工业出版社,1995.5.—188页;26cm

ISBN 7-111-04480-0:¥38.00

TE907 043120

石油矿场设备修理/王锡光编.—北京:石油工业出版社,1995.3.—275页;26cm

中等专业学校教学用书

ISBN 7-5021-1268-5:¥10.00

TE92 043121

钻井机械/赵怀文,陈智喜主编.—北京:石油工业出版社,1995.6.—522页;26cm

高等学校教学用书 钻井专业用

ISBN 7-5021-1107-7:¥17.00

TE92 043122

钻井机械/符明理,张芝孝主编.—2版.—北京:石油工业出版社,1995.9.—302页;26cm

石油技工学校教材

ISBN 7-5021-1396-7:¥19.00

TE920.2 043123

钻井机械的设计计算/陈如恒,沈家骏编著.—北京:石油工业出版社,1995.6.—328页;26cm

高等学校教学用书

ISBN 7-5021-1093-3:¥11.00

TE925 043124

套管设计基础/(美)拉比亚(Rabia,H.)著;华仲篪,王林译.—北京:石油工业出版社,1995.12.—295页;20cm

ISBN 7-5021-1282-0:¥12.00

TE93 043125

采油机械/王忠主编.—北京:石油工业出版社,1995.9.—177页;26cm

中等专业学校教学用书

ISBN 7-5021-1290-1:¥8.00

TE933 043126

复合天轮式长冲程抽油机/王当芳等编著.—北京:石油工业出版社,1995.3.—185页;26cm

ISBN 7-5021-1456-4:¥12.00

TE938 043127

油气工业监控与数据采集(SCADA)系统/(英)威廉(Williams,R.I.)著;陈刚等译.—北京:石油工业出版社,1995.12.—444页;26cm

ISBN 7-5021-1480-7:¥70.00

①TE951.02②U662.2 043128

移动式平台设计/潘斌编.—上海:上海交通大学出版社,1995.11.—148页;26cm

普通高等教育船舶类规划教材

ISBN 7-313-01557-7:¥8.30

TE96 043129

化工炼油设备/卞庆生主编.—北京:机械工业出版社,1995.11.—118页;26cm.（国外机械工业基本情况）

ISBN 7-111-04898-9:¥50.00

TE960.7 043130

设备现场安装技术/李文绮主编;宋磊,卢丽平编.—北京:中国石化出版社,1995.9.—186页;26cm

ISBN 7-80043-576-8:¥12.00

①TE962②P619.25　043131
塔填料产品及技术手册/徐崇嗣主编;中国化工装备总公司,上海工程技术大学组织编写.—北京:化学工业出版社,1995.5.—713页;19cm
ISBN 7-5025-1480-5(精装):¥33.50

TE968-62　043132
石油化工装置过程控制设计手册/孟繁荣主编.—北京:中国石化出版社,1995.11.—435页;26cm
ISBN 7-80043-566-0(精装):¥35.00

TF 冶金工业

TF　043133
金属生产过程/刘宗周编.—成都:西南交通大学出版社,1995.7.—181页;26cm
ISBN 7-81022-770-X:¥9.50

TF0 一般性问题

TF01　043134
现代冶金热能理论与应用/鞠幼华著.—长春:吉林科学技术出版社,1995.2.—348页;20cm.—(青年科学家文库)
ISBN 7-5384-1484-3(精装):¥15.50

TF01　043135
冶金热力学/朱吉庆编著.—长沙:中南工业大学出版社,1995.12.—344页;20cm
ISBN 7-81020-823-3:¥12.00

TF01　043136
冶金热力学/李文超主编.—北京:冶金工业出版社,1995.11.—266页;26cm
高等学校教学用书
ISBN 7-5024-1696-X:¥13.60

TF061.2　043137
冶金炉热工与设计/王守德编著.—西安:陕西科学技术出版社,1995.12.—467页;20cm
ISBN 7-5369-1540-3:¥16.50

TF1 冶金技术

TF11　043138
溶液中金属及其他有用成分的提取/《溶液中金属及其他有用成分的提取》编委会编.—北京:冶金工业出版社,1995.10.—582页;26cm
ISBN 7-5024-1660-9:¥55.00

TF111　043139
金属材料冶炼工艺学/王惠主编.—北京:冶金工业出版社,1995.5.—178页;26cm
高等学校教学用书
ISBN 7-5024-1609-9:¥7.00

TF12　043140
粉末冶金基础理论与新技术/黄培云等著.—长沙:中南工业大学出版社,1995.12.—234页;20cm.—(有色金属材料丛书)
ISBN 7-81020-827-6(精装):¥20.00

TF12　043141
自蔓延高温合成技术和材料/殷声主编.—北京:冶金工业出版社,1995.9.—269页;26cm
ISBN 7-5024-1713-3:¥29.80

TF124.5　043142
宝钢烧结生产工艺/钱植仪等编著.—哈尔滨:黑龙江科学技术出版社;北京:冶金工业出版社,1995.6.—241页;20cm.—(宝钢生产技术系列丛书;4/张俊杰主编)
ISBN 7-5388-2456-1:¥28.00

TF3 冶金机械、冶金生产自动化

TF30-65　043143
冶金设备制造通用技术条件标准汇编/冶金部冶金机电标准化技术委员会编.—北京:中国标准出版社,1995.3.—329页;30cm
ISBN 7-5066-1044-2:¥26.00

TF307　043144
冶金机械安装与维护/谷士强主编.—北京:冶金工业出版社,1995.5.—201页;26cm
高等学校教学用书
ISBN 7-5024-1615-3:¥7.80

TF31　043145
钢铁厂过程测量及控制仪表/李福进主编.—北京:冶金工业出版社,1995.12.—331页;20cm.—(冶金实用技术丛书)
ISBN 7-5024-1764-8:¥13.50

TF325.6　043146
高炉冶炼过程控制模型/杨天钧,徐金梧著.—北京:科学出版社,1995.5.—216页;20cm
ISBN 7-03-004381-2:¥15.00

TF4 钢铁冶炼

TF4　043147
钢铁生产概论/李常源主编.—沈阳:辽宁科学技术出版社,1995.2.—275页;20cm
ISBN 7-5381-1978-7:¥8.50

TF4-33　043148
钢铁冶金实验技术和研究方法/徐南平主编.—北京:冶金工业出版社,1995.5.—261页;26cm
高等学校教学用书
ISBN 7-5024-1624-2:¥10.00

TF4-61　043149
钢铁辞典/吕其春主编;中国金属学会,冶金部钢铁研究总院编.—北京:中国物价出版社,1995.7.—671页;20cm
ISBN 7-80070-456-4(精装):¥80.00

TF5 炼铁

TF5　043150
化铁工:试用/劳动部培训司组织编写.—北京:中国劳动出版社,1995.3.—249页;19cm
全国就业训练机械类统编教材
ISBN 7-5045-1609-0:¥7.10

TF526　043151
高炉焦炭/傅永宁编著.—北京:冶金工业出版社,1995.9.—236页;20cm
ISBN 7-5024-1719-2:¥10.00

TF53　043152
高炉炼铁/张玉柱编著.—北京:冶金工业出版社,1995.12.—300页;20cm.—(冶金实用技术丛书)
ISBN 7-5024-1747-8:¥12.40

TF538.6　043153
高炉喷煤/余琨等著.—沈阳:东北大学出版社,1995.4.—127页;26cm
ISBN 7-81006-959-4:¥25.00

TF54　043154
中小高炉炼铁生产及管理/张瑞菡等编.—北京:冶金工业出版社,1995.9.—313页;20cm
ISBN 7-5024-1781-8:¥15.00

TF7 炼钢

TF71-44　043155
转炉炼钢基础:转炉炼钢工问答308例/柯玲著.—北京:测绘出版社,1995.12.—408页;19cm
ISBN 7-5030-0833-4:¥15.00

TF724　043156
氧气顶吹转炉炼钢/冯聚和主编.—北京:冶金工业出版社,1995.6.—291页;20cm.—(冶金实用技术丛书)
ISBN 7-5024-1701-X:¥11.80

TF741　043157
特种熔炼/丁永昌,徐增启编著.—北京:冶金工业出版社,1995.11.—231页;20cm
高等学校教学用书
ISBN 7-5024-1694-3:¥7.30

TF741.5　043158
现代电弧炉炼钢/李士琦等编著.—北京:原子能出版社,1995.11.—347页;20cm.—(特殊钢丛书)
ISBN 7-5022-1407-0:¥25.00

TF777　043159
连续铸钢/郭廷钢编著.—北京:冶金工业出版社,1995.6.—152页;20cm.—(冶金实用技术丛书)
ISBN 7-5024-1707-9:¥6.50

TF8 有色金属冶炼

TF8　043160
有色金属及合金熔炼与铸锭/王海波,朗锡君编著.—西安:陕西科学技术出版社,1995.4.—311页;20cm
ISBN 7-5369-2231-0:¥12.00

TF8　043161
有色金属进展/陈革涛等主编.—长沙:中南工业大学出版社,1995.10.—2册;26cm
内部使用
ISBN 7-81020-789-X(精装):¥0.00

TF806　043162
有色冶金炉/孟柏庭编.—2版(修订版).—长沙:中南工业大学出版社,1995.12.—347页;26cm
ISBN 7-81020-824-1:¥24.00

TF806.3　043163
火焰炉/陆钟武主编.—北京:冶金工业出版社,1995.5.—279页;26cm
高等学校教学用书
ISBN 7-5024-1607-2:¥10.70

TF81-62　043164
重有色金属冶炼设计手册:锡锑汞贵金属卷/孙倬主编;北京有色冶金设计研究总院等编.—北京:冶金工业出版社,1995.8.—829页;26cm
ISBN 7-5024-1668-4(精装):¥90.00

TF811.01　043165
铜冶金学/朱祖泽,马克毅编著.—昆明:云南科技出版社,1995.8.—179页;26cm
ISBN 7-5416-0732-0:¥9.80

TF821　043166
电解炼铝/王勤,潘广俭编.—北京:冶金工业出版社,1995.11.—335页;20cm
中等专业学校教学用书
ISBN 7-5024-1692-7:¥10.20

TF821　043167
氧化铝生产/王庆义主编.—北京:冶金工业出版社,1995.11.—267页;20cm
中等专业学校教学用书
ISBN 7-5024-1691-9:¥8.30

TF821.03　043168
铝电解/邱竹贤主编.—2版.—北京:冶金工业出版社,1995.5.—379页;20cm
高等学校教学用书
ISBN 7-5024-1608-0:¥8.70

TF821.03　043169
现代大型预焙槽生产技术/青铝人编著.—沈阳:东北大学出版社,1995.3.—371页;26cm
ISBN 7-81006-939-X:¥24.80

TF830.3　043170
金银提取技术/黄礼煌编著.—北京:冶金工业出版社,1995.12.—381页;20cm
ISBN 7-5024-1742-7:¥16.00

①TF831-61②TD863-61　043171
黄金生产加工技术大全/李培铮,吴延之编著.—长沙:中南工业大学出版社,1995.12.—785页;20cm
ISBN 7-81020-822-5:¥30.00

TF833　043172
铂族金属化学冶金理论与实践/陈景著.—昆明:云南科技出版社,1995.2.—304页;20cm
ISBN 7-5416-0531-X:¥15.00

TF845　043173
稀土　上册/徐光宪主编.—2版.—北京:冶金工业出版社,1995.8.—870页;20cm
ISBN 7-5024-1678-1(精装):¥66.00

TF845　043174
稀土　下册/徐光宪主编.—2版.—北京:冶金工业出版社,1995.12.—699页;20cm
ISBN 7-5024-1584-X(精装):¥47.00

TF845　043175
稀土　中册/徐光宪主编.—2版.—北京:冶金工业出版社,1995.8.—499页;20cm
ISBN 7-5024-1680-3(精装):¥37.00

TG 金属学、金属工艺

TG　043176
工程材料及机械制造基础/郑章耕主编.—北京:兵器工业出版社,1995.5.—347页;26cm
高等学校教材
ISBN 7-80038-833-6:¥15.35

TG　043177
工程材料与金属热加工/杜民声等编.—南京:东南大学出版社,1995.7.—300页;26cm
机械工业中等专业教育机械制造专业系列教材
ISBN 7-81050-037-6:¥15.00

TG　043178
金属工艺学　(1):机械工程材料/高为国,肖智清主编.—长沙:湖南科学技术出版社,1995.10.—169页;26cm
ISBN 7-5357-1876-0:¥7.90

TG　043179
金属工艺学　上册:热加工部分/王雅然,王希平编.—北京:高等教育出版社,1995.5.—196页;26cm
中等专业学校教材 工科热加工类专业通用
ISBN 7-04-005047-1:¥7.60

TG　043180
金属工艺学实验与练习/郭奕棣,丁建生主编.—北京:机械工业出版社,1995.5.—147页;26cm
普通中等专业学校试用教材
ISBN 7-111-04444-4:¥7.45

TG-43　043181
《金工实习》"应知"纲要/李崇杰,叶卫保编著.—东营:石油大学出版社,1995.7.—67页;26×37cm
ISBN 7-5636-0708-0:¥9.00

TG-43　043182
金工实习教材/李卓英等编.—北京:北京理工大学出版社,1995.1.—250页;26cm
ISBN 7-81013-971-1:¥11.00

TG-43　043183
金属工艺学实习教材/陈洪勋,张学仁主编.—北京:机械工业出版社,1995.5.—123页;26cm
高等学校教材
ISBN 7-111-04437-1:¥6.40

TG-43　043184
金属加工实习教材/毛志康等编.—北京:航空工业出版社,1995.1.—368页;26cm
ISBN 7-80046-800-3:¥19.50

TG-44　043185
工程材料及机械制造基础习题集:金属工艺学习题集/陈锡琦主编;中国纺织大学等编.—2版.—北京:高等教育出版社,1995.3.—76页;26cm
高等学校教材
ISBN 7-04-005215-6:¥3.20

TG-45　043186
金工实习与实验/朱福顺等主编.—长沙:湖南科学技术出版社,1995.12.—228页;26cm
工程材料及机械制造基础
ISBN 7-5357-1892-2:¥15.50

TG-62　043187
最新实用机械加工手册/《最新实用机械加工手册》编写组编.—广州:广东科技出版社,1995.6.—2册(1181页);19cm
ISBN 7-5359-1290-7(精装):¥50.00

TG1 金属学、热处理

TG1　043188
国内外金属材料及热处理技术现状与发展/谭家俊,李国俊主编.—北京:国防工业出版社,1995.11.—249页;19cm
ISBN 7-118-01487-7:¥12.30

TG1　043189
金属材料及热处理/孙广锡主编.—西安:西北大学出版社,1995.8.—226页;26cm
高等学校教材
ISBN 7-5604-0919-9:¥12.50

TG1　043190
金属结构制造与安装/张政主编.—北京:水利电力出版社,1995.11.—190页;26cm
高等学校教材 专科适用
ISBN 7-120-02408-6:¥9.60

TG1　043191
金属学及热处理/李方连主编.—北京:冶金工业出版社,1995.5.—239页;26cm
中等专业学校教学用书
ISBN 7-5024-1592-0:¥9.30

TG1　043192
金属学及热处理实验/王佩韦主编.—北京:机械工业出版社,1995.5.—95页;26cm
普通中等专业教育机电类规划教材
ISBN 7-111-04300-6:¥5.20

TG1　043193

热加工工艺基础/陆名彰,任光福主编.—长沙:湖南科学技术出版社,1995.10.—254页;26cm.—(工程材料及机械制造基础)
ISBN 7-5357-1756-X:¥17.50

①TG1②TH2 043194
金属结构设计/杨达夫主编.—北京:水利电力出版社,1995.11.—379页;26cm
高等学校教材
ISBN 7-120-02411-6:¥18.60

TG11 043195
金属学原理/胡德林主编.—西安:西北工业大学出版社,1995.6.—310页;26cm
高等学校教材
ISBN 7-5612-0742-5:¥16.00

TG11-43 043196
金属学教程/钟家湘等编著.—北京:北京理工大学出版社,1995.10.—393页;20cm
ISBN 7-81045-030-1:¥14.00

TG111.5 043197
贝氏体相变理论/李承基著.—北京:机械工业出版社,1995.1.—109页;19cm.—(高新技术丛书)
ISBN 7-111-04374-X:¥6.50

TG113.25 043198
超塑性/崔建忠编著.—石家庄:河北教育出版社,1995.11.—273页;20cm.—(高科技教育丛书)
ISBN 7-5434-2206-9:¥10.60

TG113.25 043199
金属机械零件力学性能试验手册/姚启均编.—北京:兵器工业出版社,1995.8.—276页;26cm
ISBN 7-80038-853-0:¥22.00

TG113.25 043200
金属力学性能/束德林主编.—2版.—北京:机械工业出版社,1995.10.—234页;26cm
普通高等教育机电类规划教材
ISBN 7-111-04625-0:¥10.60

TG113.25 043201
金属韧性破坏的细观力学及其应用研究/郑长卿等著.—北京:国防工业出版社,1995.9.—218页;20cm
ISBN 7-118-01420-6(精装):¥14.40

TG113.25 043202
金属塑性变形原理/苏玉芹主编.—北京:冶金工业出版社,1995.11.—247页;26cm
高等专科学校教学用书
ISBN 7-5024-1689-7:¥12.80

TG115.2 043203
高纯金属和半导体材料分析/蔡绍勤主编;有色金属工业分析丛书编辑委员会编.—北京:冶金工业出版社,1995.11.—365页;20cm.—(有色金属工业分析丛书;8)
ISBN 7-5024-1726-5:¥16.00

TG115.21 043204
光学金相技术实验指导书/李宝银等编.—天津:天津大学出版社,1995.4.—44页;26cm
ISBN 7-5618-0756-2:¥2.00

TG115.28 043205
机械检测与诊断技术/年大中主编.—北京:中国铁道出版社,1995.10.—212页;19cm
中等专业学校试用教材
ISBN 7-113-02010-0:¥4.10

TG13 043206
三元合金相图/胡德林,张帆编著.—西安:西北工业大学出版社,1995.11.—192页;26cm
高等学校教材
ISBN 7-5612-0763-8:¥10.00

TG14 043207
钒钛铸铁与钒钛铸钢/许光奎,陈景琚编著.—北京:冶金工业出版社,1995.10.—168页;26cm
ISBN 7-5024-1733-8:¥22.50

TG14 043208
金属材料/罗瑞堂编.—北京:石油工业出版社,1995.5.—196页;26cm
中等专业学校教学用书
ISBN 7-5021-1277-4:¥8.00

TG14-62 043209
机械工程材料性能数据手册/《机械工程材料性能数据手册》编委会编.—北京:机械工业出版社,1995.4.—906页;26cm
ISBN 7-111-04313-8(精装):¥65.00

TG14-62 043210
节约金属材料手册/顾海澄,何家文主编.—北京:机械工业出版社,1995.10.—650页;26cm
ISBN 7-111-04771-0(精装):¥85.00

TG14-62 043211
新编国际常用金属材料手册/王超然,胡传炘主编.—北京:北京工业大学出版社,1995.1.—600页;26cm
ISBN 7-5639-0377-1(精装):¥58.00

TG14-62 043212
新编国际常用金属材料手册:续集/胡传炘,王超然主编.—北京:北京工业大学出版社,1995.6.—1228页;26cm
ISBN 7-5639-0440-9(精装):¥65.00

TG141-62 043213
袖珍黑色金属材料手册/《袖珍黑色金属材料手册》编写组编著.—合肥:安徽科学技术出版社,1995.2.—1040页;11×14cm.—(袖珍工具库丛书)
ISBN 7-5337-1060-6(精装):¥14.00

TG142-62 043214
世界常用钢材手册/李智诚等编.—北京:中国物资出版社,1995.4.—884页;26cm
ISBN 7-5047-0787-2(精装):¥79.00

TG142-62 043215
新编世界钢铁牌号手册:中外对照·新旧对照/邓召义,姚振甫主编.—北京:机械工业出版社,1995.5.—1595页;20cm
ISBN 7-111-04670-6(精装):¥75.00

TG142.1 043216
钢的强韧化机理与技术途径/张树松,仝爱莲编著.—北京:兵器工业出版社,1995.12.—509页;19cm

高等学校教材
ISBN 7-80038-961-8:￥12.60

TG142.33　043217
管线钢:组织·性能·焊接行为/高惠临编著.—西安:陕西科学技术出版社,1995.1.—208页;26cm
ISBN 7-5369-2242-6:￥17.00

TG142.71　043218
不锈钢/陆世英等编著.—北京:原子能出版社,1995.9.—592页;20cm.—(特殊钢丛书)
ISBN 7-5022-1369-4:￥35.00

TG143　043219
铸铁物理冶金理论与应用/翟启杰编著.—北京:冶金工业出版社,1995.7.—168页;20cm
ISBN 7-5024-1712-5:￥10.00

TG143　043220
铸铁冶金/沈定钊等编著.—北京:冶金工业出版社,1995.11.—233页;20cm
ISBN 7-5024-1732-X:￥12.80

TG143.49　043221
蠕墨铸铁的干摩擦/张永振等著.—北京:科学出版社,1995.7.—190页;26cm
ISBN 7-03-004709-5:￥26.00

TG146-62　043222
袖珍有色金属材料手册/《袖珍有色金属材料手册》编写组编著.—合肥:安徽科学技术出版社,1995.7.—799页;10×14cm.—(袖珍工具库丛书)
ISBN 7-5337-1061-4(精装):￥16.00

TG146.2　043223
铝及铝合金型材与制品/黎桂英,何红征编.—广州:广东科技出版社,1995.5.—642页:图;19cm
ISBN 7-5359-1395-4:￥20.00

TG146.3-65　043224
黄金标准汇编/冶金工业部信息标准研究院原材料室,中国标准出版社第二编辑室编.—北京:中国标准出版社,1995.9.—402页;30cm
ISBN 7-5066-1088-4:￥35.00

TG15　043225
热处理工:初级/尹莲娥主编;中国兵器工业总公司教育局,江南机器厂编著.—北京:机械工业出版社,1995.8.—1册;26cm
模块式技能培训系列教材
ISBN 7-111-04564-5:￥15.00

TG15　043226
热处理工艺及设备计算/莫之民,韩睿师编.—上海:上海交通大学出版社,1995.4.—114页;26cm
高等学校教学参考用书
ISBN 7-313-00990-9:￥9.00

TG15　043227
热处理生产基础/陈文珠主编.—北京:机械工业出版社,1995.10.—121页;26cm
普通中等专业教育机电类规划教材
ISBN 7-111-04686-2:￥7.00

TG15-53　043228
第六届全国热处理大会论文集/中国机械工程学会热处理分会编.—北京:兵器工业出版社,1995.8.—444页;26cm
ISBN 7-80038-878-6:￥60.00

TG155.92　043229
炉内气氛及计算机测控应用/王振清,张建华编著.—北京:北京航空航天大学出版社,1995.8.—277页;20cm
ISBN 7-81012-566-4:￥7.30

TG156　043230
热处理工艺方法300种/雷廷权,傅家骐编.—2版.—北京:机械工业出版社,1995.10.—536页;19cm
ISBN 7-111-03611-5:￥18.00

TG156.99-34　043231
激光热处理优化控制研究/李俊昌著.—北京:冶金工业出版社,1995.12.—266页;20cm
ISBN 7-5024-1752-4(精装):￥30.50

TG158　043232
热处理车间设备与设计/臧尔寿主编.—北京:冶金工业出版社,1995.5.—287页;26cm
高等学校教学用书
ISBN 7-5024-1623-4:￥10.80

TG162.71　043233
轴承热处理工技能/中国轴承工业协会、职工教育委员会教材编审室统编.—北京:机械工业出版社,1995.9.—258页;26cm
轴承行业工人操作技能教材
ISBN 7-111-04598-X:￥17.80

TG17　043234
腐蚀与防护全书:有色金属的耐腐蚀性及其应用/中国腐蚀与防护学会主编;朱祖芳等编著.—北京:化学工业出版社,1995.6.—314页;20cm
ISBN 7-5025-1446-5:￥16.50

TG17　043235
高温腐蚀及耐高温腐蚀材料/朱日彰等编著.—上海:上海科学技术出版社,1995.8.—352页;26cm
ISBN 7-5323-3804-5:￥22.90

TG17　043236
金属腐蚀与防护/田永奎编.—北京:机械工业出版社,1995.5.—159页;26cm
普通高等教育机电类规划教材
ISBN 7-111-04413-4:￥6.60

TG171　043237
金属腐蚀学/陈鸿海主编.—北京:北京理工大学出版社,1995.12.—337页;26cm
普通高等教育兵工类规划教材
ISBN 7-81045-074-3:￥17.30

TG172　043238
金属的局部腐蚀:点腐蚀·缝隙腐蚀·晶间腐蚀·成分选择性腐蚀/中国腐蚀与防护学会主编;杨武等编著.—北京:化学工业出版社,1995.1.—358页;20cm.—(腐蚀与防护全书)
ISBN 7-5025-1359-0:￥15.50

TG174.3　043239
恒电量技术及在腐蚀测量中的应用/赵常就编著.—

北京:国防工业出版社,1995.7.—202页;20cm
ISBN 7-118-01396-X(精装):¥10.90

TG174.4 043240
离子镀技术与设备/沈延山等编著.—大连:大连海事大学出版社,1995.11.—191页;26cm
ISBN 7-5632-0932-8:¥15.00

TG174.4 043241
涂料防腐蚀技术300问/王泳厚,刘杏慈编著.—北京:金盾出版社,1995.9.—343页;19cm
ISBN 7-5082-0011-X:¥9.90

TG174.443 043242
钢材的热浸镀铝/刘邦津编著.—北京:冶金工业出版社,1995.10.—283页;20cm
ISBN 7-5024-1590-4:¥16.00

TG175 043243
金属表面工程学/刘江南主编.—北京:兵器工业出版社,1995.12.—249页;26cm
ISBN 7-80038-970-7:¥13.50

TG175 043244
金属表面工艺/张继世,刘江编.—北京:机械工业出版社,1995.6.—108页;26cm
ISBN 7-111-04472-X:¥9.50

TG175-62 043245
简明表面处理工手册/林春华等编.—北京:机械工业出版社,1995.2.—627页;19cm
ISBN 7-111-04349-0(精装):¥27.00

TG2 铸造

TG2-092 043246
中国铸造技术史:古代卷/田长浒主编.—北京:航空工业出版社,1995.1.—235页:照片;26cm
ISBN 7-80046-825-9:¥45.00

TG221 043247
呋喃树脂自硬砂实用技术/谢明师主编.—北京:机械工业出版社,1995.10.—515页;19cm
ISBN 7-111-04652-8:¥25.00

TG232.1-44 043248
冲天炉问答/周继扬编著.—2版.—北京:机械工业出版社,1995.4.—393页;19cm
ISBN 7-111-04319-7:¥18.00

TG24 043249
艺术铸件的制作技术/方正春等编著.—北京:国防工业出版社,1995.1.—176页;19cm
ISBN 7-118-01302-1:¥6.45

TG241 043250
压铸模设计/伍建国,屈华昌主编.—北京:机械工业出版社,1995.10.—210页;26cm
ISBN 7-111-04690-0:¥15.00

TG249.6 043251
实型真空铸造/王家藩等编著.—北京:兵器工业出版社,1995.7.—241页;19cm
ISBN 7-80038-844-1:¥10.00

TG28-62 043252
铸造车间和工厂设计手册/《铸造车间和工厂设计手册》编委会编.—北京:机械工业出版社,1995.8.—620页;26cm
ISBN 7-111-04500-9(精装):¥53.00

TG29-65 043253
中外有色金属及合金铸件标准/李传栻,张九民主编;北京有色金属铸造厂编.—北京:机械工业出版社,1995.8.—298页;26cm
ISBN 7-111-04548-3:¥25.00

TG3 金属压力加工

TG30 043254
塑性成型新技术及其力学原理/刘助柏著.—北京:机械工业出版社,1995.2.—278页;19cm.—(高新技术丛书)
ISBN 7-111-04385-5:¥14.00

TG305 043255
塑性成形设备/李培武,杨文成主编.—北京:机械工业出版社,1995.5.—348页;26cm
普通高等专科教育机电类规划教材
ISBN 7-111-04426-6:¥13.05

TG305 043256
压力加工设备/熊及滋主编.—北京:冶金工业出版社,1995.5.—205页;26cm
高等学校教学用书
ISBN 7-5024-1611-0:¥7.90

TG31 043257
金属塑性成形原理/万胜狄主编.—北京:机械工业出版社,1995.10.—214页;26cm
高等学校教材
ISBN 7-111-04692-7:¥12.00

TG31-61 043258
英汉锻压科技词汇/颜寿葵,周大隽编.—北京:地震出版社,1995.3.—472页;19cm
ISBN 7-5028-1146-X:¥23.00

TG312 043259
实用冲压设计技术/王同海等编著.—北京:机械工业出版社,1995.4.—270页;26cm
ISBN 7-111-04379-0:¥19.80

TG316 043260
锻造工艺学/吕炎主编;刘海华等编写.—北京:机械工业出版社,1995.5.—301页;26cm
普通高等教育机电类规划教材
ISBN 7-111-04425-8:¥11.40

TG316.5 043261
轴承锻压工技能/中国轴承工业协会、职工教育委员会教材编审室统编.—北京:机械工业出版社,1995.11.—158页;26cm
轴承行业工人操作技能教材
ISBN 7-111-04655-2:¥17.00

TG33 043262
轧钢/刘战英主编.—北京:冶金工业出版社,1995.9.—353页;20cm.—(冶金实用技术丛书)

ISBN 7-5024-1725-7:¥14.40

TG33-62 043263

实用轧钢技术手册/杨宗毅主编.—北京:冶金工业出版社,1995.4.—682页;20cm

ISBN 7-5024-1532-7(精装):¥50.00

TG332 043264

型钢孔型设计/白光润主编.—北京:冶金工业出版社,1995.5.—168页;26cm

高等学校教学用书

ISBN 7-5024-1606-4:¥6.70

TG333.17 043265

高铬铸铁轧辊的力学性能/王久彬,李庆春编著.—北京:国防工业出版社,1995.2.—107页;19cm

ISBN 7-118-01293-9:¥4.40

TG333.6 043266

高速轧机线材生产/乔德庸,李曼云主编;《高速轧机线材生产》编写组编著.—北京:冶金工业出版社,1995.11.—528页;26cm

ISBN 7-5024-1740-0:¥49.00

TG334.9 043267

带钢冷连轧机过程控制计算机及应用软件设计/李庆尧,杨弘鸣编著.—北京:冶金工业出版社,1995.10.—311页;26cm.—(现代钢铁工业技术)

ISBN 7-5024-1722-2:¥29.50

TG334.9 043268

现代带钢冷连轧机的自动化/唐谋凤编著.—北京:冶金工业出版社,1995.8.—312页;26cm.—(现代钢铁工业技术)

ISBN 7-5024-1721-4:¥30.00

TG335 043269

钢材的控制轧制和控制冷却/王有铭等编.—北京:冶金工业出版社,1995.5.—227页;26cm

高等学校教学用书

ISBN 7-5024-1593-9:¥8.70

①TG335.13-44②TF777-44 043270

小型连轧及近终形连铸500问/梁爱生主编.—北京:冶金工业出版社,1995.12.—379页;19cm

ISBN 7-5024-1744-3:¥18.00

TG335.5 043271

板带材生产原理与工艺/王廷溥主编.—北京:冶金工业出版社,1995.11.—219页;26cm

高等学校教学用书

ISBN 7-5024-1693-5:¥11.50

TG335.5 043272

冷轧窄带钢生产/李虎兴等编著.—北京:冶金工业出版社,1995.6.—327页;20cm

ISBN 7-5024-1679-X:¥15.80

TG356.45 043273

钢丝绳断丝定量检测原理与技术/杨叔子等著.—北京:国防工业出版社,1995.7.—244页;20cm

ISBN 7-118-01404-4(精装):¥12.80

TG376.3 043274

冷温挤压技术/吴诗惇编著.—北京:国防工业出版社,1995.9.—193页;26cm

ISBN 7-118-01287-4:¥15.60

TG38 043275

冲压工:初级/中国兵器工业总公司教育局,江南机器厂编著.—北京:机械工业出版社,1995.8.—1册;26cm

模块式技能培训系列教材

ISBN 7-111-04621-8:¥15.00

TG38 043276

实用钣金工/夏巨谌等编著.—北京:机械工业出版社,1995.12.—271页;26cm

ISBN 7-111-04650-1:¥20.00

①TG38-43②TH133.3-43 043277

轴承冲压工技能/中国轴承工业协会职工教育委员会教材编审室统编.—北京:机械工业出版社,1995.1.—241页;26cm

轴承行业工人操作技能教材

ISBN 7-111-04310-3:¥15.00

TG38-62 043278

实用钣金工手册/苏仁等编.—北京:航空工业出版社,1995.10.—417页;26cm

ISBN 7-80046-913-1:¥38.00

TG385.1 043279

冲压塑压设备概论/任建伟,王南根编著.—西安:西安电子科技大学出版社,1995.12.—149页;26cm

中等专业学校工科电子类教材

ISBN 7-5606-0377-7:¥8.00

TG386 043280

冷冲压工艺及模具设计/刘心治主编.—重庆:重庆大学出版社,1995.4.—216页;26cm

高等工科院校系列教材

ISBN 7-5624-0977-3:¥9.00

TG386-44 043281

冷冲压技术问答　上册/彭建声编著.—2版.—北京:机械工业出版社,1995.6.—600页;20cm

ISBN 7-111-04394-4:¥24.00

TG39 043282

特种塑性成形/王仲仁主编.—北京:机械工业出版社,1995.5.—180页;26cm

普通高等教育机电类规划教材

ISBN 7-111-04381-2:¥7.15

TG4 焊接、金属切割及粘接

TG4 043283

焊接概论/薛迪甘主编.—3版.—北京:机械工业出版社,1995.10.—234页;19cm

普通高等教育机电类规划教材

ISBN 7-111-04697-8:¥5.40

TG4 043284

金属的焊接与切割/程绪贤主编.—东营:石油大学出版社,1995.2.—259页;26cm

石油高校统编教材

ISBN 7-5636-0590-8:¥18.00

TG401 043285
焊接冶金学:基本原理/张文钺主编.—北京:机械工业出版社,1995.10.—316页;26cm
普通高等教育机电类规划教材
ISBN 7-111-04412-6:¥13.80

TG401 043286
焊接冶金学:金属焊接性/周振丰主编.—北京:机械工业出版社,1995.10.—190页;26cm
普通高等教育机电类规划教材
ISBN 7-111-04665-X:¥8.70

TG404 043287
焊接结构工程/章应霖主编.—北京:水利电力出版社,1995.11.—218页;26cm
高等学校教材
ISBN 7-120-02385-3:¥10.90

TG404 043288
焊接结构工程强度/霍立兴编著.—北京:机械工业出版社,1995.4.—372页;26cm
ISBN 7-111-04354-5:¥28.00

TG404 043289
焊接结构制造/宇永福主编.—北京:机械工业出版社,1995.8.—226页;26cm
普通高等专科教育机电类教材
ISBN 7-111-04733-8:¥14.80

TG409 043290
焊接结构生产工艺、机械化与自动化:图册/(俄)库尔金(Куркин,С.А.)等著;关桥等译.—北京:机械工业出版社,1995.7.—342页;26cm
ISBN 7-111-04479-7:¥36.00

TG43 043291
焊接设备/王仆凡主编.—北京:水利电力出版社,1995.5.—247页;26cm
技工学校教材
ISBN 7-120-02331-4:¥13.20

TG434.4 043292
逆变理论与弧焊逆变器/黄石生著.—北京:机械工业出版社,1995.5.—237页;26cm
ISBN 7-111-04653-6:¥14.50

TG44 043293
焊工/宁明栋,高保存主编;张学益等编著.—太原:山西科学技术出版社,1995.1.—151页;19×26cm.—(机械工人技术图解系列丛书)
ISBN 7-5377-0945-9:¥10.00

TG44 043294
焊工/周震,刘金山主编.—沈阳:东北大学出版社,1995.12.—438页;26cm
锅炉压力容器培训考核教材
ISBN 7-81054-021-1:¥29.00

TG44 043295
焊接工/郝连义主编.—北京:中国铁道出版社,1995.8.—76页;26cm
工人岗位培训教材(增补教材)
ISBN 7-113-01979-X:¥5.40

TG44 043296
焊接工艺学/成汉华主编.—北京:水利电力出版社,1995.5.—221页;26cm
技工学校教材
ISBN 7-120-02320-9:¥11.80

TG44 043297
维修焊接技术/万国伟编著.—上海:百家出版社,1995.9.—241页;19cm
ISBN 7-80576-561-8:¥9.00

TG44-44 043298
初级电焊工应知应会问答/张静政等编.—2版.—上海:上海交通大学出版社,1995.1.—540页;20cm
ISBN 7-313-01372-8:¥17.50

TG44-44 043299
焊工考试问答/何伟龙,汤聚法编.—北京:人民交通出版社,1995.5.—115页;20cm
ISBN 7-114-02111-9:¥10.00

TG44-62 043300
焊接工作者信息手册/何瑞芳,陈裕川主编.—北京:机械工业出版社,1995.10.—541页:图;26cm
ISBN 7-111-04066-X:¥46.20

TG441.7 043301
焊接检验/宗培言主编.—北京:机械工业出版社,1995.7.—156页;26cm
普通高等专科教育机电类教材
ISBN 7-111-04714-1:¥8.50

TG442 043302
金属熔焊工艺/康云武主编.—北京:水利电力出版社,1995.11.—249页;26cm
高等学校教材 专科适用
ISBN 7-120-02391-8:¥12.40

TG443 043303
电焊工:初级/唐立权,周海清主编;中国兵器工业总公司教育局,江南机器厂编著.—北京:机械工业出版社,1995.9.—1册;26cm
模块式技能培训系列教材
ISBN 7-111-04567-X:¥30.00

TG443 043304
电焊工:高级工/安装工人技术等级培训教材编委会组织编写.—北京:中国建筑工业出版社,1995.9.—588页;19cm
安装工人技术等级培训教材
ISBN 7-112-02139-1:¥16.50

TG443 043305
电焊工基本技术/高忠民编著.—北京:金盾出版社,1995.1.—297页;19cm
ISBN 7-80022-955-6:¥6.30

TG443-44 043306
中级电焊工应知应会问答/张静政等编.—2版.—上海:上海交通大学出版社,1995.10.—591页;20cm
ISBN 7-313-01373-6:¥21.80

TG444 043307
逆变焊接与切割电源/赵家瑞编著.—北京:机械工业出版社,1995.12.—327页;26cm
ISBN 7-111-04916-0:¥29.00

TG444　043308
最新手工电弧焊技术培训/大庆油田焊接研究与培训中心编著.—北京:机械工业出版社,1995.3.—467页;20cm
ISBN 7-111-04558-0:¥16.50

TG456　043309
高能密度焊/刘金合主编.—西安:西北工业大学出版社,1995.6.—146页;26cm
高等学校教材
ISBN 7-5612-0743-3:¥7.60

TG457　043310
有色金属焊接/顾曾迪等编著.—2版.—北京:机械工业出版社,1995.1.—418页;19cm
ISBN 7-111-04350-2:¥12.80

TG457.1　043311
金属材料焊接/宇永福,张德生主编.—北京:机械工业出版社,1995.5.—279页;26cm
普通高等专科教育机电类规划教材
ISBN 7-111-04430-4:¥10.65

TG457.11　043312
高锰钢辙叉的焊接修复/张文忠,徐振越编.—北京:中国铁道出版社,1995.8.—82页;19cm
ISBN 7-113-01985-4:¥3.10

TG457.5-62　043313
焊工培训指南:锅炉压力容器的焊接/刘廷贵主编;抚顺市锅炉压力容器检验研究所编.—2版.—北京:机械工业出版社,1995.9.—551页;19cm
ISBN 7-111-04662-5:¥18.00

TG483　043314
空气等离子切割机及其应用/张孟荣主编.—南京:河海大学出版社,1995.12.—264页;19cm
ISBN 7-5630-0947-7:¥4.40

TG5 金属切削加工及机床

TG5　043315
机械加工常识/熊高伟主编;昆明市教育委员会教研室编.—北京:高等教育出版社,1995.5.—161页;26cm
中等职业技术学校试用教材
ISBN 7-04-005284-9:¥5.45

TG501　043316
金属切削理论与技术的新进展/袁哲俊主编.—武汉:华中理工大学出版社,1995.10.—340页;26cm
ISBN 7-5609-1215-X(精装):¥68.00

TG501　043317
金属切削原理与刀具/吴善元等编著.—北京:机械工业出版社,1995.6.—289页;26cm
高等学校适用教材
ISBN 7-111-04701-X:¥18.00

①TG501②TG71　043318
金属切削原理与刀具/朱明臣主编.—北京:机械工业出版社,1995.11.—231页;26cm
职工高等工业专科学校试用教材
ISBN 7-111-04709-5:¥13.00

①TG501②TG71　043319
金属切削原理与刀具/丁振明等编.—2版.—北京:国防工业出版社,1995.9.—214页;26cm
中等专业高等专科学校规划教材
ISBN 7-118-01433-8:¥8.00

TG501-33　043320
金属切削原理课程实验/赵芝眉,丁儒林主编.—2版.—北京:机械工业出版社,1995.10.—51页;26cm
普通高等教育机电类规划教材
ISBN 7-111-04189-5:¥4.00

TG502　043321
机械加工工艺装备/张普礼等编.—南京:东南大学出版社,1995.7.—276页;26cm
机械工业中等专业教育机械制造专业系列教材
ISBN 7-81050-027-9:¥13.50

TG502　043322
金属切削机床/周均民主编.—北京:中国铁道出版社,1995.3.—207页;26cm
中等专业学校试用教材
ISBN 7-113-01840-8:¥8.10

TG502　043323
金属切削机床/朱志宏等编.—南京:东南大学出版社,1995.6.—306页;26cm
机械工业中等专业教育机械制造专业系列教材
ISBN 7-81050-060-0:¥15.20

①TG502-42②TG71-42　043324
《机床与刀具》教学指导书/杨斌编.—广州:华南理工大学出版社,1995.8.—148页;26cm
广播电视中专用书
ISBN 7-5623-0878-0:¥14.00

TG502.3　043325
机械加工工艺装备/吴善元,饶华球编著.—北京:机械工业出版社,1995.7.—186页;26cm
高等工科院校适用
ISBN 7-111-04540-8:¥13.80

TG502.35　043326
机床电气控制/王炳实主编.—北京:机械工业出版社,1995.5.—293页;26cm
普通高等专科教育机电类规划教材
ISBN 7-111-04419-3:¥11.05

TG502.35　043327
机床电气自动控制/国培光编著.—西安:西北大学出版社,1995.4.—111页;26cm
ISBN 7-5604-0883-4:¥7.50

TG502.35　043328
机床数控技术/刘文信,孔学礼主编.—北京:机械工业出版社,1995.7.—173页;26cm
高等学校教材
ISBN 7-111-04639-0:¥12.00

TG506　043329
机械加工工艺基础/刘继林等主编.—长沙:湖南科学技术出版社,1995.10.—144页;26cm.—(工程材料及机械制造基础)

ISBN 7-5357-1757-8:¥10.00
TG506 043330
机械加工工艺基础/龚庆寿主编.—北京:机械工业出版社,1995.10.—220页;26cm
高等专科学校教材
ISBN 7-111-04672-2:¥12.20
TG506 043331
机械加工技术问题处理集锦/刘凤棣,孙鲁主编.—北京:机械工业出版社,1995.12.—298页;19cm
ISBN 7-111-04774-5:¥10.50
TG506.7-62 043332
常用金属材料切削数据手册/中国石油物资装备总公司等编著.—北京:石油工业出版社,1995.6.—300页;26cm
ISBN 7-5021-1305-3(精装):¥25.00
TG51 043333
车工/杨允福主编;李敦亮等编著.—太原:山西科学技术出版社,1995.1.—150页;19×26cm.—(机械工人技术图解系列丛书)
ISBN 7-5377-0959-9:¥10.00
TG53 043334
镗工:初级/汤旭升主编;中国兵器工业总公司教育局、江南机器厂编著.—北京:机械工业出版社,1995.9.—1册;26cm
模块式技能培训系列教材
ISBN 7-111-04568-8:¥28.50
TG54 043335
铣工/李培勇主编;何同瑞等编著.—太原:山西科学技术出版社,1995.1.—153页;19×26cm.—(机械工人技术图解系列丛书)
ISBN 7-5377-0953-X:¥10.00
TG54 043336
铣工:初级/王循主编;中国兵器工业总公司教育局,江南机器厂编著.—北京:机械工业出版社,1995.9.—1册;26cm
模块式技能培训系列教材
ISBN 7-111-04563-7:¥27.50
TG55 043337
刨工:初级/李素芳主编;中国兵器工业总公司教育局、江南机器厂编著.—北京:机械工业出版社,1995.9.—1册;26cm
模块式技能培训系列教材
ISBN 7-111-04559-9:¥22.00
TG58 043338
磨工:初级/谭新应主编;中国兵器工业总公司教育局、江南机器厂编著.—北京:机械工业出版社,1995.9.—1册;26cm
模块式技能培训系列教材
ISBN 7-111-04633-1:¥29.50
TG580.67 043339
珩磨原理与实践/李立编著.—天津:天津大学出版社,1995.6.—123页;20cm
ISBN 7-5618-0754-6:¥5.00
TG63 043340
刻划照相光刻/曹向群等著.—上海:上海科学技术出版社,1995.12.—504页;20cm
ISBN 7-5323-3597-6:¥18.00
TG65 043341
组合机床/裘愉弢主编.—北京:机械工业出版社,1995.12.—39页;26cm.—(国外机械工业基本情况)
ISBN 7-111-04765-6:¥20.00
TG659 043342
机床的数字控制技术/王永章等编著.—哈尔滨:哈尔滨工业大学出版社,1995.7.—305页;26cm
ISBN 7-5603-1091-5:¥18.50
TG659 043343
机床电气控制/项毅等编.—南京:东南大学出版社,1995.6.—163页;26cm
机械工业中等专业教育机械制造专业系列教材
ISBN 7-81050-014-7:¥8.50
TG659 043344
机床数控系统故障检测及维修/刘希金主编.—北京:兵器工业出版社,1995.2.—348页;26cm
ISBN 7-80038-837-9:¥29.50
TG659 043345
加工中心设计与应用/廉元国,张永洪编著.—北京:机械工业出版社,1995.11.—144页;26cm
ISBN 7-111-04753-2:¥14.00
TG659 043346
实用数控加工技术/《实用数控加工技术》编委会编.—北京:兵器工业出版社,1995.4.—814页;26cm
ISBN 7-80038-843-3(精装):¥90.00
TG659 043347
数控技术/林东编.—北京:北京理工大学出版社,1995.5.—240页;26cm
中等专业学校工科电子类规划教材
ISBN 7-81045-013-1:¥14.00
TG659 043348
数控技术与应用/林其骏主编.—北京:机械工业出版社,1995.2.—265页;26cm
全国高等教育自学考试教材 机电类专业
ISBN 7-111-04489-4:¥12.30
TG659 043349
五坐标联动数控技术/全荣著.—长沙:湖南科学技术出版社,1995.7.—222页;20cm
ISBN 7-5357-1658-X(精装):¥12.50
TG659-44 043350
数控加工程序编制习题集与题解/林洁主编.—西安:西北大学出版社,1995.5.—112页;19cm
ISBN 7-5604-0886-9:¥5.50
TG659-62 043351
国产数控机床选用指南/机械工业部机械基础装备司,中国机床总公司编.—北京:机械工业出版社,1995.8.—610页;26cm
ISBN 7-111-04807-5:¥78.00
TG66 043352
特种加工新技术/余承业等编著.—北京:国防工业出版社,1995.1.—497页;20cm

ISBN 7-118-01291-2(精装): ¥19.80

TG66-61　043353
中、英、法、德、日、俄特种加工术语词典/王至尧,楚振斌主编.—北京:科学技术文献出版社,1995.9.—580页;19cm
ISBN 7-5023-2608-1(精装): ¥45.00

TG663　043354
超声加工及其应用/张云电著.—北京:国防工业出版社,1995.9.—221页;26cm
ISBN 7-118-01480-X: ¥17.60

TG665　043355
先进激光加工技术/王续跃,杨金奎编著.—北京:机械工业出版社,1995.12.—123页;26cm
ISBN 7-111-05053-3: ¥15.00

TG7 刀具、磨料、磨具、夹具、模具、手工具

TG7-62　043356
标准工具管理使用技术手册/陈宏钧主编.—北京:机械工业出版社,1995.3.—789页;26cm
ISBN 7-111-04465-7(精装): ¥76.00

TG7-62　043357
简明工具制造计算手册/吴秀峰编著.—北京:机械工业出版社,1995.9.—302页;19cm
ISBN 7-111-04588-2: ¥14.00

TG71　043358
刀具制造中的几何理论及其应用/唐余勇,董敏著.—哈尔滨:哈尔滨工业大学出版社,1995.7.—143页;19cm
ISBN 7-5603-1092-3: ¥6.00

TG75　043359
机床夹具设计/余光国等主编.—重庆:重庆大学出版社,1995.12.—228页;26cm
高等工科院校系列教材
ISBN 7-5624-0880-7: ¥13.00

TG75-62　043360
金属切削机床夹具设计手册/浦林祥主编.—2版.—北京:机械工业出版社,1995.12.—1062页;26cm
ISBN 7-111-04600-5(精装): ¥95.00

TG76　043361
工模具制造工艺学/姚开彬等编.—西安:西安电子科技大学出版社,1995.12.—293页;26cm
中等专业、高等专科学校工科电子类教材
ISBN 7-5606-0374-2: ¥14.70

TG76　043362
模具 CAD/CAM/陈剑鹤,黄诚驹编.—南京:东南大学出版社,1995.12.—152页;26cm
中等专业学校工科电子类规划教材
ISBN 7-81050-110-0: ¥13.00

TG76　043363
模具设计与制造/阎其凤主编.—北京:机械工业出版社,1995.11.—397页;26cm
职工高等工业专科学校试用教材
ISBN 7-111-04711-7: ¥21.20

TG76　043364
模具设计与制造/党根茂等编.—西安:西安电子科技大学出版社,1995.12.—282页;26cm
高等学校工科电子类教材
ISBN 7-5606-0381-5: ¥14.00

TG76　043365
现代模具技术:模具 CAD/CAM 技术/《现代模具技术》编委会编.—北京:国防工业出版社,1995.6.—217页;26cm.—(现代模具技术丛书)
ISBN 7-118-01375-7: ¥17.90

TG76　043366
注射成型模具设计 108 例:第二版/(德)林纳(Lindner,E.),(德)恩格(Unger,P.)编;荣迺珊,徐正宝译.—北京:中国轻工业出版社,1995.7.—262页;26cm
ISBN 7-5019-1740-X: ¥34.50

TG76-62　043367
模具实用技术设计综合手册/王树勋主编.—广州:华南理工大学出版社,1995.6.—1234页;26cm
ISBN 7-5623-0796-2(精装): ¥198.00

TG76-64　043368
典型实用模具图册/王一梅主编.—2版(修订版).—南京:江苏科学技术出版社,1995.8.—130页;26×37cm
ISBN 7-5345-1197-6: ¥19.80

TG8 公差与技术测量及机械量仪

TG8　043369
测量技术/翟轰等编.—南京:东南大学出版社,1995.5.—135页;26cm
机械工业中等专业教育机械制造专业系列教材
ISBN 7-81050-011-2: ¥7.10

TG8　043370
公差配合与技术测量/徐茂功主编.—北京:机械工业出版社,1995.10.—164页;26cm
职工高等工业专科学校试用教材
ISBN 7-111-04710-9: ¥9.60

TG8-44　043371
公差与检测实验和习题集/王恒杰编.—北京:中国铁道出版社,1995.7.—60页;26cm
ISBN 7-113-02041-0: ¥6.00

TG80　043372
互换性与测量技术基础/廖念钊主编.—2版(修订本).—北京:中国计量出版社,1995.5.—199页;26cm
高等学校试用教材
ISBN 7-5026-0700-5: ¥11.00

TG801　043373
互换性与测量技术基础/赵容主编.—沈阳:辽宁科学技术出版社,1995.7.—238页;26cm
ISBN 7-5381-2157-9: ¥14.00

TG801　043374

几何量公差与检测实验指导书/甘永立主编.—2版.—上海:上海科学技术出版社,1995.2.—87页;26cm
ISBN 7-5323-3687-5:¥2.70

TG801-44 043375
公差与配合问答/傅成昌编著.—2版.—北京:机械工业出版社,1995.9.—255页;19cm
ISBN 7-111-03534-8:¥8.00

TG801-44 043376
几何量公差与检测习题试题集/甘永立主编.—3版.—上海:上海科学技术出版社,1995.4.—104页;26cm
ISBN 7-5323-3716-2:¥3.10

TG82 043377
角度测量/蒋作民等编著.—北京:机械工业出版社,1995.3.—321页;26cm
ISBN 7-111-04317-0:¥25.00

TG83 043378
形状和位置误差检测/甘永立主编.—北京:国防工业出版社,1995.2.—267页;26cm
ISBN 7-118-01304-8(精装):¥20.30

TG85-65 043379
公英制连接螺纹标准手册/姜繁等编.—2版.—北京:中国标准出版社,1995.9.—201页;26cm
ISBN 7-5066-0486-8:¥25.00

TG9 钳工工艺、装配工艺

TG9 043380
铆接装配工练习/航空工业首届工人技能比赛组委会办公室编.—北京:航空工业出版社,1995.5.—69页;26cm.—(航空工业首届工人技能比赛指导丛书)
ISBN 7-80046-918-2:¥5.00

TG9 043381
钳工/宁明栋,高保存主编;高霞等编著.—太原:山西科学技术出版社,1995.1.—179页;19×26cm.—(机械工人技术图解系列丛书)
ISBN 7-5377-0964-5:¥12.00

TG9 043382
钳工:初级/李素芳等主编;中国兵器工业总公司教育局、江南机器厂编著.—北京:机械工业出版社,1995.9.—1册;26cm
模块式技能培训系列教材
ISBN 7-111-04593-9:¥30.00

TG9-43 043383
钳工教学实习/刘洪禧主编.—北京:人民交通出版社,1995.5.—114页;26cm
交通技工学校通用教材 汽车驾驶、汽车修理、汽车钣金、汽车电工专业用
ISBN 7-114-02052-X:¥7.00

TG934 043384
去毛刺技术手册/秦宗旺等编著.—北京:宇航出版社,1995.4.—158页;26cm
ISBN 7-80034-755-9:¥10.60

TG936 043385
实用钣制构件展开技术/李华编著.—北京:中国轻工业出版社,1995.10.—288页;26cm
ISBN 7-5019-1776-0:¥28.00

TG936 043386
钣件放样展开新解/张春英著.—石家庄:河北科学技术出版社,1995.9.—493页;26cm
ISBN 7-5375-1480-1:¥48.00

TG936 043387
钣金展开下料数学方法/李梦觉著.—南昌:江西科学技术出版社,1995.8.—379页;20cm
ISBN 7-5390-0927-6:¥15.00

TG936-62 043388
常用钣金工管道展开实用手册/陆鑫隆等编著.—上海:华东理工大学出版社,1995.12.—536页;19×26cm
ISBN 7-5628-0646-2:¥42.00

TG938 043389
铆工:初级/中国兵器工业总公司教育局,江南机器厂编著.—北京:机械工业出版社,1995.8.—1册;26cm
模块式技能培训系列教材
ISBN 7-111-04566-1:¥29.50

TG938 043390
铆工工艺学/湖南省建筑技工学校等编.—北京:中国建筑工业出版社,1995.6.—277页;26cm
建设类技工学校教材
ISBN 7-112-02443-9:¥13.00

TG946 043391
安装钳工/宿玉民编.—3版.—北京:中国建筑工业出版社,1995.8.—687页;19cm.—(安装工人技术学习丛书)
ISBN 7-112-02477-3:¥19.50

TG947 043392
机修钳工技能/徐英祥主编.—北京:航空工业出版社,1995.1.—240页;26cm
工人岗位技能培训系列教材
ISBN 7-80046-758-9:¥11.00

TG947-62 043393
简明机修钳工手册/宫德润,陈在襄编.—北京:机械工业出版社,1995.11.—518页;19cm
ISBN 7-111-04646-3(精装):¥24.00

TH 机械、仪表工业

TH 043394
机械电子技术/徐元昌编著.—上海:同济大学出版社,1995.11.—412页;26cm
ISBN 7-5608-1434-4:¥33.00

TH 043395
机械电子学/柳昌庆,刘玠主编.—徐州:中国矿业大学出版社,1995.10.—294页;26cm
ISBN 7-81040-428-8:¥16.80

①TH②TN 043396

机电一体化技术基础及应用/黄筱调,赵松年编著.—北京:机械工业出版社,1995.5.—199页;26cm
普通高等教育机电类规划教材
ISBN 7-111-04431-2:¥7.85

①TH②TN　043397
机电电子学/迟钦河等主编.—西安:西安交通大学出版社,1995.4.—204页;26cm
ISBN 7-5605-0643-7:¥7.50

TH-39　043398
机电一体化技术/季维发等编著.—北京:电子工业出版社,1995.10.—353页;26cm
高等学校工科电子类规划教材
ISBN 7-5053-2820-4:¥17.50

TH-39　043399
机电一体化继续教育科目指南资料汇编/机械工程师进修学院编.—北京:机械工业出版社,1995.6.—27页;20cm
ISBN 7-111-04782-6:¥2.50

TH-39　043400
机电一体化实用技术/徐志毅主编.—上海:上海科学技术文献出版社,1995.4.—319页;26cm
ISBN 7-5439-0697-X:¥28.80

TH-4　043401
机械工业普通高等专科教育发展与改革/沙彦世主编.—南京:东南大学出版社,1995.3.—258页;20cm
ISBN 7-81050-002-3:¥10.00

TH-43　043402
机电产品　(上)/中国石油物资装备总公司编.—北京:石油工业出版社,1995.12.—607页;19cm
石油企业仓库保管工技术培训统编教材 第四册
本书分上下册,总定价:18.00元
ISBN 7-5021-1587-0:¥0.00

TH-44　043403
精密机械习题集/王仲彬编.—北京:北京理工大学出版社,1995.5.—193页;20cm
ISBN 7-81045-000-X:¥6.00

TH-44　043404
首届中国青年奥林匹克技能竞赛机械行业竞赛专辑/《首届中国青年奥林匹克技能竞赛机械行业竞赛专辑》编委会编.—北京:机械工业出版社,1995.7.—165页:彩照;26cm
ISBN 7-111-04644-7:¥13.50

TH-53　043405
童忠钫论文选集/陈子辰主编.—杭州:浙江大学出版社,1995.11.—329页;20cm
ISBN 7-308-01546-7:¥15.00

①TH-61②TN　043406
汉英机电工程词典/曹元寿主编.—北京:海洋出版社,1995.5.—892页;26cm
ISBN 7-5027-3972-6(精装):¥98.00

①TH-61②TN　043407
汉英机电企业常用词汇/郭镇邦主编.—北京:兵器工业出版社,1995.3.—792页;19cm
ISBN 7-80038-813-1(精装):¥60.00

TH-62　043408
机械产品质量与检验标准手册:动力机械与锅炉卷/《机械产品质量与检验标准手册》编委会编.—北京:机械工业出版社,1995.8.—757页;26cm
ISBN 7-111-04404-5(精装):¥68.00

TH-62　043409
机械产品质量与检验标准手册:通用机械与设备卷/《机械产品质量与检验标准手册》编委会编.—北京:机械工业出版社,1995.8.—971页;26cm
ISBN 7-111-04401-0(精装):¥84.00

TH-62　043410
机械产品质量与检验标准手册:通用加工机械与设备卷/《机械产品质量与检验标准手册》编委会编.—北京:机械工业出版社,1995.6.—591页;26cm
ISBN 7-111-04339-1(精装):¥65.00

TH-62　043411
机械产品质量与检验标准手册:通用零部件卷　下册/《机械产品质量与检验标准手册》编委会编.—北京:机械工业出版社,1995.2.—1281页;26cm
ISBN 7-111-04202-6(精装):¥78.00

TH11　机械学

TH11　043412
机械基础/辽宁省农用机电学校主编.—北京:中国农业出版社,1995.5.—285页;26cm
全国中等农业学校教材 农村电气化专业用
ISBN 7-109-03246-9:¥10.60

TH11　043413
机械基础/蒋丽敏编.—北京:国防工业出版社,1995.1.—122页;26cm
ISBN 7-118-01343-9:¥9.30

TH11　043414
机械基础/金芸兰主编.—北京:人民交通出版社,1995.6.—199页;26cm
交通技工学校通用教材 汽车修理、汽车钣金专业用
ISBN 7-114-02055-4:¥12.00

TH11　043415
机械基础/陶春然,柴象伦编.—北京:水利电力出版社,1995.4.—262页;26cm
中等专业学校教材
ISBN 7-120-02135-4:¥9.70

TH11　043416
可靠性评定与分析及其在机械工业中的应用/万涤生编著.—北京:中国标准出版社,1995.12.—443页;20cm
ISBN 7-5066-1046-9:¥19.00

TH11-44　043417
机械基础习题集/袁训礼,毕树斌主编.—北京:水利电力出版社,1995.5.—124页;19×26cm
ISBN 7-120-02156-7:¥8.60

TH11-44　043418
机械基础习题集及答案/金芸兰主编.—北京:人民

交通出版社,1995.6.—140页;26cm
交通技工学校通用教材 汽车修理、汽车钣金专业用
ISBN 7-114-02115-1:¥8.50

TH111　　043419
机械原理/黄茂林等主编.—重庆:重庆大学出版社,1995.7.—217页;26cm
高等工科院校系列教材
ISBN 7-5624-0975-7:¥11.50

TH111　　043420
机械原理/杨玉泉主编.—北京:北京理工大学出版社,1995.2.—286页;26cm
ISBN 7-81013-970-3:¥13.55

TH111　　043421
机械原理及机械零件/朱文之主编;交通部电视中专教材编审委员会编.—北京:人民交通出版社,1995.8.—238页;26cm
交通部电视中等专业学校试用教材
ISBN 7-114-02183-6:¥15.00

TH111　　043422
机械原理课程设计指导/张永安主编;徐锦康等编著.—北京:高等教育出版社,1995.10.—111页;26cm
高等学校工程专科教材
ISBN 7-04-005216-4:¥6.00

TH111　　043423
机械原理与机械零件练习册/王昌明主编.—北京:高等教育出版社,1995.10.—72页;26cm
中等专业学校教材
ISBN 7-04-005406-X:¥4.20

TH112　　043424
机构精确度/石则昌,刘深厚编著.—北京:高等教育出版社,1995.7.—259页;26cm
高等学校教学参考书
ISBN 7-04-004149-9:¥12.00

TH112　　043425
机构设计学/符炜主编.—长沙:中南工业大学出版社,1995.5.—339页;26cm
ISBN 7-81020-748-2:¥21.00

TH112　　043426
机械设计课程设计/孙宝钧主编.—北京:机械工业出版社,1995.10.—211页;26cm
职工高等工业专科学校试用教材
ISBN 7-111-04707-9:¥12.00

TH112.1　　043427
连杆机构设计/华大年等编著;机构设计丛书编审委员会编.—上海:上海科学技术出版社,1995.10.—477页;20cm.—(机构设计丛书)
ISBN 7-5323-3866-5:¥23.80

TH112.1　　043428
平面连杆机构运动综合/唐家玮,马喜川编著.—哈尔滨:哈尔滨工业大学出版社,1995.9.—226页;19cm
ISBN 7-5603-1126-1:¥10.00

TH112.2　　043429
凸轮机构设计/石永刚,徐振华编著.—上海:上海科学技术出版社,1995.10.—488页;20cm.—(机构设计丛书)
ISBN 7-5323-3829-0:¥24.20

TH113　　043430
机械力学与机构设计/李向明,刘德仿主编.—南京:东南大学出版社,1995.8.—320页;26cm
高等专科学校试用教材
ISBN 7-81050-105-4:¥23.80

TH113　　043431
机械系统的载荷识别方法与应用/吴淼,黄民编著.—徐州:中国矿业大学出版社,1995.12.—182页;20cm
ISBN 7-81040-456-3:¥9.00

TH113.1　　043432
机械振动/张建民编.—武汉:中国地质大学出版社,1995.11.—163页;26cm
高等学校教材
ISBN 7-5625-1014-8:¥8.35

TH113.2　　043433
机械工程测试技术基础/黄长艺,严普强主编.—2版.—北京:机械工业出版社,1995.10.—248页;26cm
普通高等教育机电类规划教材
ISBN 7-111-04673-0:¥11.10

TH113.2　　043434
机械结构动态分析与设计/王建中,周亚明编著.—武汉:武汉工业大学出版社,1995.9.—266页;26cm
ISBN 7-5629-1016-2:¥20.00

①TH117②TH136　　043435
摩擦学与密封件/广州机床研究所编.—北京:机械工业出版社,1995.4.—135页;26cm.—(国外机械工业基本情况)
ISBN 7-111-04485-1:¥45.00

TH117.2　　043436
弹性流体动力润滑及其应用/张鹏顺,陆思聪编.—北京:高等教育出版社,1995.7.—476页;20cm
高等学校教学参考书
ISBN 7-04-004268-1:¥17.30

TH12 机械设计、计算与制图

TH122　　043437
电子精密机械设计/徐祥和等编著.—2版.—北京:国防工业出版社,1995.5.—331页;26cm
高等学校工科电子类规划教材
ISBN 7-118-01354-4:¥12.00

TH122　　043438
机械 CAD/黄尧民主编.—北京:机械工业出版社,1995.3.—184页;26cm
计算机辅助设计(CAD)应用工程统一培训教材
ISBN 7-111-04607-2:¥16.00

TH122　　043439
机械计算机辅助设计/张秀英,关俊良主编.—北京:煤炭工业出版社,1995.10.—195页;26cm
高等学校规划教材

ISBN 7-5020-1156-0:￥9.95

TH122 043440

机械结构概率设计/胡宗武,乐晓斌编著.—上海:上海交通大学出版社,1995.9.—376页;20cm

ISBN 7-313-01544-5:￥11.30

TH122 043441

机械精度设计的理论概率法/张新义著.—北京:机械工业出版社,1995.3.—183页;19cm

ISBN 7-111-04470-3:￥7.30

TH122 043442

机械设计、机械设计基础课程设计/王昆等主编.—北京:高等教育出版社,1995.12.—211页;26cm

高等学校教材

ISBN 7-04-005405-1:￥10.20

TH122 043443

机械设计程序与结构/吴柏枝著.—北京:科学出版社,1995.5.—174页;26cm

ISBN 7-03-004302-2(精装):￥24.50

TH122 043444

机械设计基础/杨斌久主编.—延吉:延边大学出版社,1995.9.—270页;26cm

ISBN 7-5634-0805-3:￥13.00

TH122 043445

机械设计基础/孙宝钧主编.—北京:机械工业出版社,1995.10.—329页;26cm

职工高等工业专科学校试用教材

ISBN 7-111-04708-7:￥18.40

TH122 043446

机械设计基础/李世慈,黄鸿学主编.—3版.—北京:高等教育出版社,1995.4.—196页;26cm

中等专业学校教材

ISBN 7-04-005119-2:￥7.10

TH122 043447

机械设计基础/沈继飞主编;上海交通大学等编.—上海:上海科学技术出版社,1995.8.—328页;26cm

ISBN 7-5323-3827-4:￥21.70

TH122 043448

机械设计基础/王大康等主编.—北京:北京工业大学出版社,1995.12.—541页;20cm

ISBN 7-5639-0460-3:￥12.00

TH122 043449

机械设计基础/黄华梁,彭文生主编.—2版.—北京:高等教育出版社,1995.12.—349页;26cm

高等学校教材

ISBN 7-04-005408-6:￥15.75

TH122 043450

机械设计基础/李纪仁主编.—北京:水利电力出版社,1995.11.—308页;26cm

高等学校教材

ISBN 7-120-02384-5:￥15.20

TH122 043451

机械设计基础/王昌明等编.—南京:东南大学出版社,1995.7.—359页;26cm

机械工业中等专业教育机械制造专业系列教材

ISBN 7-81050-038-4:￥17.50

TH122 043452

机械设计课程设计/刘安俊等主编.—武汉:华中理工大学出版社,1995.8.—230页;26cm

高等学校机械设计系列教材

ISBN 7-5609-1191-9:￥10.50

TH122 043453

机械设计课程设计/邓荣斌,张宁主编.—哈尔滨:东北林业大学出版社,1995.12.—164页;26cm

高等学校教材

ISBN 7-81008-640-5:￥12.80

TH122 043454

机械设计课程设计/朱如鹏,郭学陶主编.—北京:航空工业出版社,1995.12.—211页;26cm

ISBN 7-80046-934-4:￥11.40

TH122 043455

机械设计课程设计/辛有华主编.—济南:山东大学出版社,1995.11.—340页;26cm

ISBN 7-5607-1555-9:￥19.80

TH122 043456

机械设计学/鲁明山等著.—北京:北京航空航天大学出版社,1995.12.—196页;26cm

ISBN 7-81012-612-1:￥10.50

TH122 043457

机械设计学习与应试指南/唐蓉城主编.—天津:天津大学出版社,1995.12.—365页;20cm

ISBN 7-5618-0752-X:￥15.00

TH122 043458

机械设计原理/邹慧君主编.—上海:上海交通大学出版社,1995.8.—309页;26cm

ISBN 7-313-01501-1:￥19.80

TH122 043459

机械优化设计/王正为,先梅开主编.—徐州:中国矿业大学出版社,1995.10.—122页;26cm

高等学校规划教材

ISBN 7-81040-425-3:￥8.80

TH122 043460

机械优化设计方法/陈立周主编.—2版.—北京:冶金工业出版社,1995.5.—217页;26cm

高等学校教学用书

ISBN 7-5024-1617-X:￥8.50

TH122 043461

机械优化设计建模与优化方法评价/万耀青等著.—北京:北京理工大学出版社,1995.10.—321页;20cm

ISBN 7-81045-052-2:￥9.95

TH122 043462

计算机辅助机械设计与绘图 FORTRAN 语言实例/王昌禄主编.—北京:机械工业出版社,1995.1.—272页;26cm

ISBN 7-111-04033-3:￥22.00

TH122 043463

轻工机械优化设计/梁基照编著.—广州:华南理工大学出版社,1995.9.—287页;20cm

ISBN 7-5623-0840-3:￥10.00

TH122－42 **043464**
《机械设计基础》教学指导书/李江编.—广州:华南理工大学出版社,1995.8.—149页;26cm
广播电视中专用书
ISBN 7－5623－0886－1:¥14.00

TH122－62 **043465**
机械设计课程设计指南/王庆祺等编.—长沙:湖南科学技术出版社,1995.7.—215页;26cm
高等学校教材
ISBN 7－5357－1800－0:¥18.00

TH122－62 **043466**
机械设计师实用手册/周开勤等主编.—天津:天津科学技术出版社,1995.5.—902页;26cm
ISBN 7－5308－1410－9(精装):¥62.00

TH122－62 **043467**
机械设计手册/汝元功,唐照民主编;西安交通大学机械原理及机械设计教研室,东南大学机械原理及机械设计教研室编.—北京:高等教育出版社,1995.12.—758页;26cm
高等学校教材
ISBN 7－04－005407－8:¥32.65

TH122－62 **043468**
新编机械设计师手册　上册/徐灏主编.—北京:机械工业出版社,1995.3.—1册;26cm
ISBN 7－111－04181－X(精装):¥96.00

TH122－62 **043469**
新编机械设计师手册　下册/徐灏主编.—北京:机械工业出版社,1995.4.—1册;26cm
ISBN 7－111－04182－8(精装):¥114.00

TH123 **043470**
机械工人专业计算/双元制培训机械专业理论教材编委会编.—北京:机械工业出版社,1995.8.—281页;26cm
双元制培训机械专业理论教材
ISBN 7－111－04536－X:¥20.00

TH126 **043471**
画法几何及机械制图/周良德主编.—长沙:湖南科学技术出版社,1995.8.—450页;26cm
高等学校教材
ISBN 7－5357－1786－1:¥24.00

TH126 **043472**
画法几何及机械制图/同济大学机械制图教研室编.—上海:同济大学出版社,1995.4.—387页;26cm
ISBN 7－5608－1365－8:¥20.00

TH126 **043473**
画法几何及机械制图/王惠娟,徐绍良主编.—延吉:延边大学出版社,1995.12.—217页;26cm
非机械类各专业用
ISBN 7－5634－0792－8:¥19.98

TH126 **043474**
画法几何及机械制图/常学谦主编;大连海事大学制图教研室编.—3版.—北京:人民交通出版社,1995.5.—317页;26cm
高等学校教材 非机械类专业
ISBN 7－114－02003－1:¥9.80

TH126 **043475**
画法几何及机械制图/王惠娟,徐绍良主编.—延吉:延边大学出版社,1995.12.—114页;19×26cm
非机械类各专业习题用
ISBN 7－5634－0792－8:¥19.98

TH126 **043476**
画法几何及机械制图学习指南/赵森南主编.—徐州:中国矿业大学出版社,1995.6.—244页;26cm
高等学校教学用书
ISBN 7－81040－368－0:¥12.00

TH126 **043477**
画法几何与机械制图/陈明道主编.—北京:机械工业出版社,1995.11.—310页;26cm
职工高等工业专科学校试用教材
ISBN 7－111－04705－2:¥17.80

TH126 **043478**
机械制图/吴孝先主编.—沈阳:辽宁大学出版社,1995.9.—343页;26cm
高等学校工程专科教材 机械类、近机类各专业通用
ISBN 7－5610－3045－2:¥18.00

TH126 **043479**
机械制图/任志聪等编.—南京:东南大学出版社,1995.8.—2册;26cm
机械工业中等专业教育机械制造专业系列教材
ISBN 7－81050－041－4:¥31.00

TH126 **043480**
机械制图:非机类/西北工业大学工程制图教研室编.—西安:西北工业大学出版社,1995.6.—240页;26cm
高等学校教材 附机械制图习题集1册
ISBN 7－5612－0785－9:¥21.00

TH126 **043481**
计算机绘图/崔永军,袁长东编.—北京:水利电力出版社,1995.11.—331页;26cm
高等学校教材
ISBN 7－120－02368－3:¥16.30

TH126 **043482**
计算机绘图原理及绘图软件的应用/朱泽平等主编.—北京:机械工业出版社,1995.11.—200页;26cm
高等学校适用教材
ISBN 7－111－04921－7:¥15.00

TH126 **043483**
趣味制图/金大鹰主编.—北京:机械工业出版社,1995.10.—159页;19×26cm
ISBN 7－111－04674－9:¥17.00

TH126 **043484**
制图基础与机械制图/屡成等编著.—上海:上海交通大学出版社,1995.7.—309页;26cm
高等工业学校教材
ISBN 7－313－01434－1:¥18.60

①TH126②TM02 **043485**
机械制图与电气制图/技工学校电子类专业教材编审委员会组织编写.—2版.—北京:中国劳动出版社,

1995.6.—201页;26cm
全国技工学校电子类通用教材
ISBN 7-5045-1619-8: ¥10.20

①TH126②TP391.4 043486
计算机绘图/石教英等主编.—北京:机械工业出版社,1995.3.—214页;26cm
计算机辅助设计(CAD)应用工程统一培训教材
ISBN 7-111-04604-8: ¥18.00

TH126-42 043487
技工学校电工类机械制图课教学参考书/王继国等编写.—北京:中国劳动出版社,1995.5.—95页;19cm
ISBN 7-5045-1634-1: ¥2.90

TH126-43 043488
机械制图教程/亓丰珉主编.—济南:山东科学技术出版社,1995.8.—282页;26cm
非机械类专业用
ISBN 7-5331-1598-8: ¥10.00

TH126-44 043489
画法几何及机械制图习题集/李莉莉,戴立玲主编.—长沙:湖南科学技术出版社,1995.8.—174页;19×26cm
高等学校教材
ISBN 7-5357-1817-5: ¥9.90

TH126-44 043490
画法几何及机械制图习题集/朱泗芳等编.—长沙:湖南科学技术出版社,1995.7.—110页;37cm
高等学校教材
ISBN 7-5357-1787-X: ¥14.00

TH126-44 043491
画法几何及机械制图习题集/大连海事大学制图教研室编.—3版.—北京:人民交通出版社,1995.2.—120页;19×26cm
高等学校教材 非机械类专业
ISBN 7-114-02004-X: ¥4.10

TH126-44 043492
画法几何与机械制图习题集/陈明道主编.—北京:机械工业出版社,1995.10.—187页;19×26cm
职工高等工业专科学校试用教材
ISBN 7-111-04706-0: ¥11.20

TH126-44 043493
机械制图与电气制图(第二版)习题集/技工学校电子类专业教材编审委员会组织编写.—北京:中国劳动出版社,1995.4.—97页;19×26cm
全国技工学校电子类通用教材
ISBN 7-5045-1620-1: ¥8.90

TH126.1 043494
机械工人识图/宁明栋主编;那利和等编著.—2版.—太原:山西科学技术出版社,1995.1.—145页;19×26cm.—(工人识图系列丛书)
ISBN 7-5377-0754-5: ¥10.00

TH126.1 043495
机械识图/李立群主编.—北京:人民交通出版社,1995.7.—156页;26cm
交通系统技工学校通用教材 汽车驾驶专业用
ISBN 7-114-02073-2: ¥10.00

TH126.1 043496
看机械图十讲/吕金铎编著.—北京:机械工业出版社,1995.1.—116页;26cm
ISBN 7-111-04278-6: ¥7.50

TH126.1-44 043497
机械识图习题集/李立群主编.—北京:人民交通出版社,1995.7.—103页;18×26cm
交通技工学校通用教材 汽车驾驶专业用
ISBN 7-114-02147-X: ¥6.50

TH126.1-44 043498
机械识图习题集答案/李立群主编.—北京:人民交通出版社,1995.6.—103页;18×26cm
交通技工学校通用教材 汽车驾驶专业用
ISBN 7-114-02114-3: ¥6.50

TH13 机械零件及传动装置

TH13 043499
机械传动可靠性理论与应用/黄洪钟编著.—北京:中国科学技术出版社,1995.11.—216页;26cm
ISBN 7-5046-2102-1: ¥18.80

TH13 043500
机械零件/张绍甫,徐锦康主编.—2版.—北京:机械工业出版社,1995.10.—299页;26cm
高等专科学校试用教材
ISBN 7-111-04694-3: ¥16.20

TH13 043501
精密机械零件与部件/任亿君等编著.—成都:电子科技大学出版社,1995.1.—372页;26cm
中等专业学校工科电子类规划教材
ISBN 7-81043-288-5: ¥13.75

TH13 043502
液压传动与气动技术/樊正祥等编.—西安:陕西科学技术出版社,1995.11.—226页;26cm
高等学校教材
ISBN 7-5369-2412-7: ¥20.00

TH13 043503
液压与气压传动/袁承训主编.—北京:机械工业出版社,1995.10.—241页;26cm
职工高等工业专科学校试用教材
ISBN 7-111-04704-4: ¥13.40

TH13-44 043504
机械零件习题解/王玉崑等编著.—北京:中国水利水电出版社,1995.11.—373页;20cm
ISBN 7-80124-097-9: ¥11.00

TH13-62 043505
机械零件工艺性手册/蔡兰主编.—北京:机械工业出版社,1995.5.—694页;26cm
ISBN 7-111-04296-4(精装): ¥62.00

TH13-62 043506
机械零件手册/贾耀卿主编.—北京:中国标准出版社,1995.9.—1308页;26cm

ISBN 7－5066－0737－9(精装)：¥98.00

TH13－62　043507

现代机械传动手册/《现代机械传动手册》编辑委员会编.—北京：机械工业出版社，1995.4.—1015 页；26cm

ISBN 7－111－04458－4(精装)：¥75.00

TH131.3　043508

螺纹联接设计与计算/卜炎编.—北京：高等教育出版社，1995.7.—212 页；20cm

高等学校教学参考书

ISBN 7－04－004099－9：¥6.20

TH132.41－62　043509

谐波齿轮传动技术手册/范又功，曹炳和编著.—北京：国防工业出版社，1995.6.—307 页；26cm

ISBN 7－118－01321－8(精装)：¥26.40

TH132.413　043510

渐开线内齿轮副的设计与计算/杨兰春编著.—北京：机械工业出版社，1995.6.—315 页；20cm

ISBN 7－111－04451－7：¥17.00

①TH132.416②TH132.417　043511

圆弧齿圆柱齿轮传动/陈谌闻主编；陈荣增等编著.—北京：高等教育出版社，1995.2.—202 页；20cm

ISBN 7－04－004297－5：¥8.50

TH132.425　043512

煤矿机械行星齿轮传动理论与实践/沈慧芬编著.—北京：煤炭工业出版社，1995.7.—195 页；19cm

ISBN 7－5020－1212－5：¥9.80

TH132.45－62　043513

链轮设计制造应用手册/王义行主编；中国机械工程学会机械传动分会链传动专业委员会，常州市链轮厂编.—北京：机械工业出版社，1995.3.—482 页；20cm

ISBN 7－111－04582－3：¥19.00

TH132.45－65　043514

最新国际链条链轮标准(ISO/TC100)译文汇编/中国链传动标准化技术委员会秘书处，苏州环球链传动有限公司编.—北京：机械工业出版社，1995.10.—189 页；26cm

ISBN 7－111－04817－2：¥16.00

TH132.46－64　043515

宝钢减速器图册/王太辰主编.—北京：机械工业出版社，1995.8.—333 页；26×37cm

ISBN 7－111－04732－X：¥145.00

TH133.3　043516

轴承检查工技能/中国轴承工业协会职工教育委员会教材编审室编.—北京：机械工业出版社，1995.5.—265 页；26cm

轴承行业工人操作技能教材

ISBN 7－111－04396－0：¥16.00

TH133.3－62　043517

中国轴承新旧型号对照手册/《中国轴承新旧型号对照手册》编写组编.—北京：兵器工业出版社，1995.3.—561 页；20cm

ISBN 7－80038－845－X：¥37.00

TH133.33　043518

滚动轴承振动监测与诊断：理论、方法、系统/梅宏斌著.—北京：机械工业出版社，1995.11.—136 页；26cm

ISBN 7－111－04784－2：¥18.00

TH134　043519

阀门销售和采购人员必读/孙晓霞编著.—北京：机械工业出版社，1995.6.—215 页；19cm

ISBN 7－111－04587－4：¥7.60

TH134－62　043520

电站治金石化轻纺工业专用阀门手册　(2)/黄日新主编.—北京：机械工业出版社，1995.3.—1088 页；26cm

ISBN 7－111－04560－2(精装)：¥90.00

TH136　043521

机械产品胶接密封技术实用手册/吴民达主编.—沈阳：辽宁科学技术出版社，1995.5.—584 页；20cm

ISBN 7－5381－2115－3(精装)：¥60.00

TH136－44　043522

实用机械密封技术问答/王汝美编.—北京：中国石化出版社，1995.11.—215 页；19cm

ISBN 7－80043－569－5：¥7.00

TH137　043523

液压测试技术/吴良宝，倪善生编.—上海：上海交通大学出版社，1995.6.—199 页；26cm

普通高等教育船舶类规划教材

ISBN 7－313－01487－2：¥7.70

TH137　043524

液压冲击机构研究·设计/何清华等著.—长沙：中南工业大学出版社，1995.12.—179 页；26cm

ISBN 7－81020－829－2：¥26.00

TH137　043525

液压传动/武华，米伯林主编.—哈尔滨：黑龙江教育出版社，1995.10.—272 页；26cm

高等农业院校试用教材

ISBN 7－5316－2495－8：¥15.80

TH137　043526

液压传动/刘家振主编.—北京：水利电力出版社，1995.5.—191 页；26cm

技工学校教材

ISBN 7－120－02318－7：¥10.40

TH137　043527

液压传动/佟玲主编.—北京：中国农业科技出版社，1995.2.—225 页；26cm

ISBN 7－80026－886－1：¥14.00

TH137　043528

液压传动/廖家璞主编.—北京：北京航空航天大学出版社，1995.12.—209 页；26cm

ISBN 7－81012－593－1：¥14.00

TH137　043529

液压传动技术教程/盛东初，冯淑华主编.—北京：北京理工大学出版社，1995.6.—193 页；26cm

ISBN 7－81013－995－9：¥11.00

TH137　043530

液压件使用与维修技术大全/马玉贵主编.—北京：中国建材工业出版社，1995.1.—2004 页；26cm

ISBN 7-80090-336-2(精装):¥140.00

TH137　043531
液压系统故障与维修/楚学忠主编.—牡丹江:黑龙江朝鲜民族出版社,1995.4.—260页;19cm
ISBN 7-5389-0584-7:¥5.80

TH137　043532
液压系统设计·调节失误实例分析/官忠范等编著.—北京:机械工业出版社,1995.11.—257页;19cm
ISBN 7-111-04750-8:¥12.00

TH137　043533
液压与气动/吴丛,蒲钟佑编.—北京:北京理工大学出版社,1995.9.—259页;26cm
中等专业学校工科电子类规划教材
ISBN 7-81045-042-5:¥14.50

TH137　043534
液压与液力传动/唐银启主编.—2版.—大连:大连海事大学出版社,1995.7.—242页;26cm
交通系统中等专业学校教材
ISBN 7-5632-0237-4:¥22.80

TH137-61　043535
实用液压机械故障排除与修理大全/陆望龙编著.—长沙:湖南科学技术出版社,1995.10.—583页;26cm
ISBN 7-5357-1595-8(精装):¥39.00

TH137-62　043536
国内外液压气动系统接头手册/姜繁主编.—北京:中国标准出版社,1995.3.—415页;26cm
ISBN 7-5066-0887-1:¥29.00

TH137-62　043537
袖珍液压气动手册/宋学义主编.—北京:机械工业出版社,1995.3.—1835页;20cm
ISBN 7-111-04456-8(精装):¥65.00

TH138　043538
气压传动与控制/吴振顺主编.—哈尔滨:哈尔滨工业大学出版社,1995.9.—249页;26cm
普通高等教育船舶类规划教材
ISBN 7-5603-0989-5:¥16.80

TH138-62　043539
气动工程手册/吴筠主编;《气动工程手册》编委会编.—北京:国防工业出版社,1995.8.—1079页;26cm
ISBN 7-118-01477-X(精装):¥100.00

TH14 机械制造用材料

TH14　043540
工程材料/赵越超,孟繁盛主编.—长沙:湖南科学技术出版社,1995.10.—212页;26cm.—(工程材料及机械制造基础)
ISBN 7-5357-1884-1:¥14.20

TH14-62　043541
机械工程材料实用手册/方昆凡,黄英主编.—沈阳:东北大学出版社,1995.7.—1462页;26cm
ISBN 7-81006-897-0(精装):¥148.00

TH16 机械制造工艺

TH16　043542
《机械制造工艺学》学习指导/杨德卿主编.—北京:海洋出版社,1995.9.—125页;26cm
ISBN 7-5027-1654-8:¥12.00

TH16　043543
机械工艺基础/孙希羚主编;张月雨,宋春枝编.—北京:北京理工大学出版社,1995.6.—178页;26cm
中等专业学校工科电子类规划教材
ISBN 7-81045-025-5:¥10.50

TH16　043544
机械加工工艺学/范崇洛等编.—南京:东南大学出版社,1995.12.—203页;26cm
机械工业中等专业教育机械制造专业系列教材
ISBN 7-81050-081-3:¥10.55

TH16　043545
机械加工基础/师国政等编.—南京:东南大学出版社,1995.7.—225页;26cm
机械工业中等专业教育机械制造专业系列教材
ISBN 7-81050-028-7:¥11.00

TH16　043546
机械制造工艺学/张龙勋主编.—北京:机械工业出版社,1995.8.—149页;26cm
高等工科院校适用
ISBN 7-111-04534-3:¥9.80

TH16　043547
机械制造工艺学/王先逵主编.—北京:机械工业出版社,1995.11.—336页;26cm
普通高等教育机电类规划教材
ISBN 7-111-04785-0:¥14.40

TH16　043548
机械制造工艺学学习指导、及习题解题分析/朱银寿等主编.—沈阳:东北大学出版社,1995.2.—152页;26cm
高等学校教材
ISBN 7-81006-758-3:¥9.80

TH16　043549
机械制造工艺与装备/曾鸿森主编.—北京:中国农业出版社,1995.11.—134页;26cm
全国中等农业院校教材 非机械专业用
ISBN 7-109-03545-X:¥7.15

TH16　043550
机械制造基础/孙琳如,史保萱编.—太原:山西科学技术出版社,1995.1.—276页;26cm
高等学校教学用书 非机械类专业用
ISBN 7-5377-1039-2:¥13.00

TH16　043551
机械制造基础/荆学俭,许本枢主编.—济南:山东大学出版社,1995.8.—201页;26cm
高等学校试用教材
ISBN 7-5607-1506-0:¥13.80

TH16　043552

机械制造基础/吕烨,屈丽主编.—哈尔滨:哈尔滨工程大学出版社,1995.6.—217页;26cm
ISBN 7-81007-640-X:¥13.80

TH16 043553
机械制造理论与实践:机床夹具设计/华玉培,王效岳主编.—青岛:青岛海洋大学出版社,1995.9.—199页;26cm
ISBN 7-81026-757-4:¥12.30

TH16 043554
机械制造理论与实践:机械制造工艺/华玉培等主编.—青岛:青岛海洋大学出版社,1995.12.—240页;26cm
ISBN 7-81026-825-2:¥15.50

TH16 043555
现代制造技术/于久安,郭黎滨主编.—哈尔滨:哈尔滨工程大学出版社,1995.11.—199页;26cm
ISBN 7-81007-631-0:¥17.00

①TH16②TG 043556
现代制造技术:第七届全国生产工程学术大会暨现代制造技术青年学术研讨会论文集/中国机械工程学会生产工程分会编.—大连:大连理工大学出版社,1995.9.—3册(847页);26cm
ISBN 7-5611-1053-7:¥90.00

①TH16②TG306 043557
机械制造科学:热加工/国家自然科学基金委员会编.—北京:科学出版社,1995.12.—201页:彩图;20cm.—(自然科学学科发展战略调研报告)
ISBN 7-03-004390-1:¥19.50

①TH16②TG75 043558
机械制造工艺及夹具/孙佩琪编.—西安:陕西科学技术出版社,1995.4.—206页;26cm
ISBN 7-5369-2295-7:¥12.80

①TH16②TG75 043559
机械制造工艺与夹具设计指导/张进生主编.—北京:机械工业出版社,1995.9.—117页;26cm
ISBN 7-111-04731-1:¥9.00

①TH16②TU 043560
工程技术基础/全国注册资产评估师考试辅导教材编写组编.—北京:经济科学出版社,1995.11.—363页;20cm
全国注册资产评估师考试辅导教材之三
ISBN 7-5058-0886-9:¥16.50

TH16-43 043561
机械制造工艺学/李云主编;王宝贵等编.—北京:机械工业出版社,1995.1.—397页;26cm
中等专业学校教材
ISBN 7-111-04384-7:¥18.50

TH16-43 043562
机械制造工艺学/上海市大专院校机械制造工艺学协作组编著.—2版(修订本).—福州:福建科学技术出版社,1995.1.—340页;26cm
华东地区大专院校教材
ISBN 7-5335-0002-4:¥17.60

TH16-44 043563
机械制造工艺学习题集/陈榕,王树兜编著.—2版(修订本).—福州:福建科学技术出版社,1995.1.—123页;26cm
华东地区大专院校教材
ISBN 7-5335-0003-2:¥7.70

TH16-44 043564
机械制造工艺学习题集/李益民主编.—2版.—北京:机械工业出版社,1995.5.—196页;19cm
普通高等教育机电类规划教材
ISBN 7-111-04418-5:¥5.15

TH16-53 043565
全国高等专科学校机制专业协会优秀论文集:1990~1994年.—北京:机械工业出版社,1995.3.—160页;26cm
ISBN 7-111-04703-6:¥20.00

TH16-61 043566
德英法汉机械制造术语辞典　第九分册/彭晋龄主编;中国机械工程学会生产工程分会编译.—北京:中国标准出版社,1995.9.—151页;21cm
ISBN 7-5066-1148-1:¥10.00

TH162 043567
机械制造工艺设计指导/马正元主编.—沈阳:东北大学出版社,1995.2.—226页;26cm
高等学校教材
ISBN 7-81006-759-1:¥12.80

TH164 043568
计算机辅助制造技术/沈斌,钱增新编著.—北京:高等教育出版社,1995.7.—97页;20cm
ISBN 7-04-004296-7:¥3.35

TH165 043569
柔性制造技术的理论与实践/张曙等编著.—西安:西安交通大学出版社,1995.12.—261页;20cm
ISBN 7-5605-0788-3:¥6.00

TH165 043570
柔性制造系统/谭益智主编;《柔性制造系统》编委会编著.—北京:兵器工业出版社,1995.5.—305页;26cm
ISBN 7-80038-891-3:¥32.00

TH165 043571
现代制造系统/罗振璧,朱耀祥编.—北京:机械工业出版社,1995.3.—253页;26cm
全国高等教育自学考试教材 工业工程专业
ISBN 7-111-04691-9:¥15.00

TH165-62 043572
柔性制造系统设计指南/吴盛济等编著.—北京:兵器工业出版社,1995.4.—273页;20cm
ISBN 7-80038-869-7:¥10.00

①TH166②TH165 043573
计算机集成与柔性制造/王宁生主编.—北京:航空工业出版社,1995.12.—174页;26cm
ISBN 7-80046-935-2:¥9.50

TH17 运行与维修

TH17 043574
机电设备状态监测与故障诊断技术/张安华主编.—西安:西北工业大学出版社,1995.3.—319页;26cm
ISBN 7-5612-0770-0:¥17.50

TH17 043575
机电修理/陈又玲,解海滨编.—北京:中国农业出版社,1995.1.—202页;26cm
中央农业广播电视学校试用教材 机电专业用
ISBN 7-109-03569-7:¥6.15

TH17 043576
机械故障诊断基础/廖伯瑜主编.—北京:冶金工业出版社,1995.11.—207页;26cm
高等学校教学用书
ISBN 7-5024-1699-4:¥11.00

TH17 043577
机械设备安装与维修/钱榴云主编.—长沙:湖南科学技术出版社,1995.10.—278页;26cm
ISBN 7-5357-0960-5:¥20.00

TH17 043578
实用设备修理技术/周树等主编;中国机电装备维修与改造技术协会组织编写.—长沙:湖南科学技术出版社,1995.12.—703页;26cm
ISBN 7-5357-1802-7(精装):¥58.00

TH18 机械工厂(车间)

TH181 043579
设施规划与设计/王家善等编.—北京:机械工业出版社,1995.8.—253页;26cm
全国高等教育自学考试教材 工业工程专业
ISBN 7-111-04881-4:¥18.00

TH181 043580
设施规划与物流分析课程设计指导书/程国全编.—北京:机械工业出版社,1995.8.—88页;26cm
全国高等教育自学考试教材 工业工程专业
ISBN 7-111-04882-2:¥7.00

TH182 043581
机械设备安装技术/奥靖远等编.—成都:四川科学技术出版社,1995.3.—434页;26cm
建筑安装企业专业管理人员岗位培训教材
ISBN 7-5364-2888-X:¥18.00

TH182 043582
机械设备安装维修/孙俊兰主编.—北京:中国民航出版社,1995.12.—203页;26cm
高等学校教学用书
ISBN 7-80110-055-7:¥16.00

TH2 起重运输机械

TH2 043583
起重运输机械概论/石永铎主编.—大连:大连理工大学出版社,1995.7.—144页;26cm
普通高等教育机电类规划教材
ISBN 7-5611-0984-9:¥9.00

TH2 043584
起重运输与工程机械文集:纪念长沙铁道学院工程机械专业成立30周年/李飞鹏主编;长沙铁道学院工程机械教研室编.—成都:西南交通大学出版社,1995.12.—147页;26cm
ISBN 7-81022-884-6:¥15.00

TH21 043585
起重工/赵爱时主编.—北京:中国铁道出版社,1995.9.—495页;19cm
铁路职工岗位培训统编教材
ISBN 7-113-02026-7:¥15.00

TH21 043586
起重技术与安全/贺小明,李柏安主编.—武汉:武汉测绘科技大学出版社,1995.8.—296页;26cm
ISBN 7-81030-415-1:¥23.50

TH213.607 043587
起重举升汽车维护与修理/姚铁城编者.—北京:科学技术文献出版社,1995.3.—156页;26cm.—(汽车维修系列丛书/戚殿萱主编)
ISBN 7-5023-2391-0:¥12.00

TH222.022-62 043588
气垫带式输送机设计选型手册/王世钧,任文斗编著.—北京:化学工业出版社,1995.4.—73页;26cm
ISBN 7-5025-1479-1:¥7.60

TH226.07-62 043589
推式悬挂输送设备维护手册/邮电部邮政总局主编.—北京:人民邮电出版社,1995.3.—325页;20cm.—(邮政设备维护手册)
ISBN 7-115-05558-0:¥14.00

TH235.023 043590
承载缆索的许用荷重法计算/周玉申编著.—北京:机械工业出版社,1995.8.—159页;19cm
ISBN 7-111-04599-8:¥8.50

TH24 043591
装卸车机司机/丁训诗主编.—北京:中国铁道出版社,1995.11.—372页;19cm
铁路职工岗位培训统编教材
ISBN 7-113-02108-5:¥16.50

TH24 043592
装卸工/李焕省主编.—北京:中国铁道出版社,1995.9.—357页;19cm
铁路职工岗位培训统编教材
ISBN 7-113-02050-X:¥12.50

TH242 043593
内燃叉车司机/葛士隽等主编.—北京:中国铁道出版社,1995.12.—553页;19cm
铁路职工岗位培训统编教材
ISBN 7-113-02102-6:¥18.80

TH3 泵

①TH3②TH43 043594

泵与风机/徐晓云主编.—北京:水利电力出版社,1995.11.—167页;26cm
中等专业学校教材
ISBN 7-120-02344-6:¥8.70

①TH3②TK73 043595
泵和水轮机的内流测试分析/杨敏官编著.—北京:兵器工业出版社,1995.12.—234页;20cm
ISBN 7-80038-952-9:¥8.00

TH3-33 043596
泵试验理论与方法/汤跃,金立江编著.—北京:兵器工业出版社,1995.10.—218页;20cm
ISBN 7-80038-953-7:¥7.50

TH3-44 043597
泵操作与维修技术问答/黄希贤编.—北京:中国石化出版社,1995.5.—133页;19cm
ISBN 7-80043-578-4:¥5.00

TH3-62 043598
现代泵技术手册/关醒凡编著.—北京:宇航出版社,1995.9.—806页;26cm
ISBN 7-80034-797-4(精装):¥90.00

TH31 043599
扬水设备/铁道部机务局组织编写.—北京:中国铁道出版社,1995.12.—645页;19cm.—(铁路给水职工学习丛书)
ISBN 7-113-01964-1:¥17.50

TH310.7 043600
潜水电泵的使用与维修/李世煌等编著.—北京:机械工业出版社,1995.9.—251页;19cm.—(全国星火计划丛书)
ISBN 7-111-04698-6:¥9.00

TH311-62 043601
苏尔寿离心泵手册/瑞士苏尔寿兄弟有限公司泵分部编;陈振铭,糜若虚译.—上海:上海科学技术文献出版社,1995.3.—324页;20cm
ISBN 7-5439-0556-6:¥16.80

TH32 043602
回转式容积泵理论与设计/林洪义编著.—北京:兵器工业出版社,1995.10.—254页;20cm
ISBN 7-80038-954-5:¥8.50

TH4 气体压缩与输送机械

TH443 043603
轴流风机/杨诗成编.—北京:水利电力出版社,1995.11.—77页;26cm
高等学校教材
ISBN 7-120-02394-2:¥4.20

TH45 043604
压缩机/沈阳气体压缩机研究所等主编.—北京:机械工业出版社,1995.8.—278页;26cm.—(国外机械工业基本情况)
ISBN 7-111-04789-3:¥48.50

TH45-61 043605
英汉容积式压缩机词汇/陆岳兴编.—北京:科学出版社,1995.1.—160页;19cm
ISBN 7-03-004347-2(精装):¥9.80

TH452 043606
离心式压缩机技术问答/王书敏编.—北京:中国石化出版社,1995.6.—164页;19cm
ISBN 7-80043-545-8:¥5.50

①TH455②TH3 043607
回转式压缩机与泵:共轭件啮合动态测试/熊则男,乔宗亮编著.—北京:机械工业出版社,1995.4.—324页;20cm
ISBN 7-111-04398-7:¥20.00

TH49 043608
锅炉压力容器安全法规文件汇编/郎宏图主编;辽宁省劳动厅锅炉压力容器安全监察处编.—大连:大连理工大学出版社,1995.10.—1346页;26cm
ISBN 7-5611-1073-1(精装):¥88.00

TH49 043609
新型绕带式压力容器/朱国辉,郑津洋著.—北京:机械工业出版社,1995.2.—540页;20cm
ISBN 7-111-04340-5:¥28.00

TH49 043610
压力容器安全运行与管理/扬州市劳动局锅炉科,扬州市锅炉压力容器学会编著.—2版.—合肥:安徽科学技术出版社,1995.1.—240页;19cm
ISBN 7-5337-0983-7:¥4.40

TH49 043611
压力容器使用管理与安全运行/谢亚东主编.—北京:原子能出版社,1995.12.—198页;26cm
ISBN 7-5022-1436-4:¥17.50

TH49-44 043612
气瓶检验与充装人员考试习题集/王俊,刘金山主编.—大连:大连理工大学出版社,1995.5.—242页;26cm
ISBN 7-5611-1011-1:¥18.00

TH490.22 043613
压力容器分析设计基础/贺匡国编著.—北京:机械工业出版社,1995.12.—239页;20cm
ISBN 7-111-04773-7:¥14.00

TH6 专用机械

TH6 043614
工程机械/徐光璧主编.—北京:水利电力出版社,1995.6.—226页;26cm
中等专业学校教材
ISBN 7-120-02136-2:¥8.30

TH7 仪器、仪表

TH701 043615
精密测量中的误差补偿技术/谭久彬著.—哈尔滨:哈尔滨工业大学出版社,1995.6.—140页;19cm

ISBN 7-5603-1087-7: ¥8.00

TH707 043616

现代分析测试技术/付兴吉,刘福纯主编.—大连:辽宁师范大学出版社,1995.4.—298页;19cm

ISBN 7-81042-004-6: ¥10.00

TH714.513 043617

电子钟表原理、检修与制作/李钟实编.—北京:人民邮电出版社,1995.5.—309页;19cm

ISBN 7-115-05405-3: ¥9.00

TH714.52 043618

机械、电子手表的原理与检修/乐秀威编著.—北京:科学技术文献出版社,1995.5.—270页;19cm

ISBN 7-5023-2404-6: ¥9.50

TH714.52 043619

世界名表博览/李开祥主编.—北京:中国商业出版社,1995.1.—72页:彩图;26cm

ISBN 7-5044-2827-2: ¥32.00

TH715.1-44 043620

精密天平检修问答/幸建全编著.—北京:国防工业出版社,1995.8.—173页;19cm

ISBN 7-118-01395-1: ¥7.20

TH715.107-62 043621

电子衡器使用与维修手册:汽车衡·地上衡·吊钩秤/唐文炳主编.—北京:中国计量出版社,1995.6.—147页;26cm

ISBN 7-5026-0762-5: ¥12.00

TH72 043622

坐标测量机精度检测方法及标准/朱从贵等编译.—武汉:湖北科学技术出版社,1995.12.—261页;26cm

ISBN 7-5352-1758-3: ¥60.00

TH73 043623

机械振动测量原理与测量仪器/李立编著.—天津:天津科学技术出版社,1995.2.—355页;20cm

ISBN 7-5308-0176-7: ¥11.80

TH740.2 043624

实用光学设计方法与现代光学系统/张登臣,郁道银编著.—北京:机械工业出版社,1995.7.—400页;26cm.—(高新技术丛书)

ISBN 7-111-04627-7: ¥42.00

TH740.2 043625

现代光学设计方法/袁旭沧编著.—北京:北京理工大学出版社,1995.9.—281页;20cm

ISBN 7-81045-047-6: ¥13.00

TH740.4 043626

光学材料与辅料/查立豫等编著.—北京:兵器工业出版社,1995.4.—211页;26cm

高等学校教材

ISBN 7-80038-826-3: ¥8.00

TH744.307 043627

光干涉测量技术/吴震等编著.—北京:中国计量出版社,1995.7.—517页;20cm

ISBN 7-5026-0735-8: ¥20.00

TH761 043628

光电大地测量仪器学:习题、实验、检测、维修及操作部分/周丙申等编.—徐州:中国矿业大学出版社,1995.4.—203页;26cm

高等学校规划教材

ISBN 7-81040-362-1: ¥7.60

TH761.2 043629

红外测距仪原理及检测/杨德麟等编著.—2版.—北京:测绘出版社,1995.6.—350页;26cm

ISBN 7-5030-0824-5: ¥28.00

TH773 043630

医用内窥镜:原理、结构、维修与保养/郑振亚主编;张静等编著.—天津:天津科技翻译出版公司,1995.6.—443页;26cm

ISBN 7-5433-0810-X: ¥39.50

TH774 043631

医用大型X线机系统/王溶泉主编.—北京:人民军医出版社,1995.10.—701页;26cm

全国医学院校生物医学工程专业协编教材

ISBN 7-80020-569-X: ¥50.00

①TH774②O571 043632

核物理与核医学仪器/黄宗祺,陆文栋主编;祝向群编著.—北京:原子能出版社,1995.11.—230页;26cm

高等教育试用教材

ISBN 7-5022-1410-0: ¥12.00

TH81 043633

热工仪表检修工:试用/劳动部培训司编写.—北京:中国劳动出版社,1995.2.—332页;19cm

全国就业训练机械类统编教材

ISBN 7-5045-1611-2: ¥9.50

TH814-64 043634

差压型流量计/翟秀贞等编著.—北京:中国计量出版社,1995.9.—368页;19cm.—(计量检定参考丛书)

ISBN 7-5026-0737-4: ¥14.50

TH82 043635

过程机械量仪表/张宏勋编.—2版.—北京:冶金工业出版社,1995.5.—176页;26cm

高等学校教学用书

ISBN 7-5024-1595-5: ¥7.00

TH825 043636

设备故障的振动识别方法与实例/牛明忠等编著.—北京:冶金工业出版社,1995.1.—106页;19cm

ISBN 7-5024-1656-0: ¥4.00

TH83 043637

实验分析仪器/李双新主编.—北京:地质出版社,1995.6.—2册;20cm.—(地质技术装备丛书;第五、六卷·科技生产力应用决策读物)

干部选读

本丛书共6卷,总定价:43.00元

ISBN 7-116-01844-1: ¥0.00

TH830.1 043638

分析仪器电子技术/杨一德等编著.—北京:北京理工大学出版社,1995.8.—557页;20cm

普通高等教育兵工类规划教材

ISBN 7-81045-003-4: ¥18.50

TH84 043639

质谱仪器/徐贞林,汪曦编著.—北京:机械工业出版社,1995.12.—102页;26cm
ISBN 7-111-04790-7:¥13.00

TH85　043640
指示电测仪表的理论与设计/费正生主编.—北京:机械工业出版社,1995.3.—482页;26cm
ISBN 7-111-04284-0:¥37.70

TH86　043641
自动显示技术及仪表/高勤主编.—西安:西北工业大学出版社,1995.8.—287页;26cm
中等专业学校教材
ISBN 7-5612-0789-1:¥16.50

TH860.2　043642
自动化仪表及装置设计基础/王家祯著.—北京:中国电力出版社,1995.5.—217页;26cm
ISBN 7-80125-009-5(精装):¥21.00

TH878-62　043643
X射线探测仪器使用维修技术手册/张再实主编.—长春:吉林科学技术出版社,1995.7.—239页;26cm
ISBN 7-5384-1528-9:¥20.00

TH89　043644
检测仪器电路实验/王欣海编.—北京:航空工业出版社,1995.3.—76页;26cm
ISBN 7-80046-888-7:¥3.40

TJ 武器工业

TJ-61　043645
兵器工业科学技术辞典:装甲车辆/张书文主编;《兵器工业科学技术辞典》编辑委员会编.—北京:国防工业出版社,1995.4.—332页;26cm
ISBN 7-118-01240-8:¥24.80

TJ-61　043646
兵器工业科学技术辞典:综合/游首先主编;《兵器工业科学技术辞典》编辑委员会编.—北京:国防工业出版社,1995.7.—298页;26cm
ISBN 7-118-01342-0:¥27.80

TJ0 一般性问题

TJ0　043647
现代兵器概论/王尔林,张德智主编.—北京:兵器工业出版社,1995.7.—494页;26cm
普通高等教育兵工类规划教材
ISBN 7-80038-888-3:¥28.50

TJ011　043648
弹丸发射动力学/郭锡福,申国太编著.—北京:兵器工业出版社,1995.12.—303页;26cm
普通高等教育兵工类规划教材
ISBN 7-80038-969-3:¥15.30

TJ011　043649
火炮流体力学数值方法/高树滋等编著.—北京:兵器工业出版社,1995.12.—390页;26cm
ISBN 7-80038-934-0:¥26.00

TJ012.1　043650
内弹道学/鲍廷钰,邱文坚编著.—北京:北京理工大学出版社,1995.3.—242页;26cm
普通高等教育兵工类规划教材
ISBN 7-81045-002-6:¥9.40

TJ012.2　043651
膛口抑制技术/谭兴良,孔德仁著.—北京:兵器工业出版社,1995.8.—366页;19cm
内部发行
ISBN 7-80038-880-8:¥15.00

TJ012.2　043652
膛炸分析技术/朱道佺,马廷萱主编.—北京:国防工业出版社,1995.3.—157页;20cm
ISBN 7-118-01415-X:¥10.00

TJ012.3　043653
底部排气弹外弹道学/郭锡福编著.—北京:国防工业出版社,1995.3.—340页;20cm
ISBN 7-118-01315-3(精装):¥16.50

TJ013　043654
弹道导弹精度分析概论/沙钰等著.—长沙:国防科技大学出版社,1995.6.—214页;20cm
ISBN 7-81024-314-4:¥10.00

TJ013　043655
远程火箭精度分析与评估/张金槐主编;贾沛然等编著.—长沙:国防科技大学出版社,1995.5.—413页;20cm
ISBN 7-81024-321-7(精装):¥18.00

TJ2 枪械

TJ22　043656
世界步枪博览/赵鹏奎主编.—北京:国防工业出版社,1995.7.—173页:彩图;26cm.—(世界枪械博览丛书)
ISBN 7-118-01444-3:¥22.00

TJ3 火炮

TJ3　043657
火炮反后坐装置设计/高树滋等编著.—北京:兵器工业出版社,1995.12.—508页;26cm
普通高等教育兵工类规划教材
ISBN 7-80038-977-4:¥25.40

TJ3　043658
炮架及总体设计/孙远孝,潘学文编著.—北京:兵器工业出版社,1995.12.—268页;26cm
火炮系列教材;5
ISBN 7-80038-937-5:¥13.35

TJ303　043659
现代火炮自动机技术/梁世瑞编著.—北京:兵器工业出版社,1995.4.—229页;26cm
内部发行

ISBN 7-80038-831-X: ¥20.00

TJ391　043660

国外反导舰炮武器系统/《国外反导舰炮武器系统》编委会编.—北京:国防工业出版社,1995.9.—354页;26cm

ISBN 7-118-01318-8: ¥42.50

TJ399　043661

电炮原理/王莹,肖峰编著.—北京:国防工业出版社,1995.3.—443页;26cm

ISBN 7-118-01300-5: ¥30.50

TJ4 弹药、引信、火工品

TJ41　043662

弹药靶场试验/翁佩英等编著.—北京:兵器工业出版社,1995.12.—243页;26cm

普通高等教育兵工类规划教材

ISBN 7-80038-940-5: ¥12.80

TJ41　043663

相似与弹药模化/欧阳楚萍等编著.—北京:兵器工业出版社,1995.4.—152页;26cm

普通高等教育兵工类规划教材

ISBN 7-80038-834-4: ¥5.85

TJ410.5　043664

枪弹药筒制造工艺学/孙镇和编著.—北京:北京理工大学出版社,1995.12.—283页;26cm

普通高等教育兵工类规划教材

ISBN 7-81045-103-0: ¥14.70

TJ413　043665

塑料弹带/史永高,陈阳泉著.—西安:陕西科学技术出版社,1995.1.—162页;19cm

ISBN 7-5369-2277-9: ¥7.80

TJ415　043666

火箭弹设计理论/季宗德等编著.—北京:兵器工业出版社,1995.12.—397页;26cm

普通高等教育兵工类规划教材

ISBN 7-80038-964-2: ¥19.70

TJ6 水中兵器

TJ63　043667

鱼雷制导规律及命中精度/詹致祥著.—西安:西北工业大学出版社,1995.6.—319页;20cm

ISBN 7-5612-0773-5: ¥30.00

TJ630.2　043668

鱼雷一体化设计:原理与方法/刘海军等编著.—西安:西北工业大学出版社,1995.6.—238页;26cm

ISBN 7-5612-0783-2: ¥12.00

TJ630.5　043669

鱼雷动力机械制造工艺学/李诚人主编;胡培民等编.—西安:西北工业大学出版社,1995.12.—283页;26cm

普通高等教育船舶类规划教材

ISBN 7-5612-0856-1: ¥14.20

TJ7 火箭、导弹

TJ76　043670

弹头的载荷与强度/徐孝诚编著.—北京:宇航出版社,1995.12.—182页;26cm

中国运载火箭技术研究院研究生教材 内部教材

ISBN 7-80034-762-1: ¥25.00

TJ760.13　043671

多体系统发射动力学/芮筱亭等著.—北京:国防工业出版社,1995.5.—207页;20cm

ISBN 7-118-01359-5(精装): ¥11.30

TJ761.1　043672

防空导弹测试技术与遥测系统应用设计/李岩,杨洪柱主编.—北京:宇航出版社,1995.12.—584页;20cm.—(导弹与航天丛书·防空导弹系列;71)

内部发行

ISBN 7-80034-873-3(精装): ¥25.00

TJ761.1　043673

防空导弹武器系统电子对抗技术/彭望泽主编.—北京:宇航出版社,1995.12.—607页;20cm.—(导弹与航天丛书·防空导弹系列;63)

内部发行

ISBN 7-80034-827-X(精装): ¥25.00

TJ761.1　043674

防空导弹武器系统仿真/方辉煜主编.—北京:宇航出版社,1995.8.—771页;20cm.—(导弹与航天丛书·防空导弹系列;64)

内部发行

ISBN 7-80034-688-9(精装): ¥30.00

TJ761.1　043675

防空导弹武器系统总体设计和试验/陈怀瑾主编.—北京:宇航出版社,1995.12.—599页;20cm.—(导弹与航天丛书·防空导弹系列;56)

内部发行

ISBN 7-80034-771-0(精装): ¥24.50

TJ761.1　043676

防空导弹引信设计及仿真技术/梁棠文主编.—北京:宇航出版社,1995.12.—640页;20cm.—(导弹与航天丛书·防空导弹系列;75)

内部发行

ISBN 7-80034-826-1(精装): ¥26.00

TJ761.1　043677

防空导弹制导雷达跟踪系统与显示控制/秦忠宇,翁祖荫主编.—北京:宇航出版社,1995.12.—465页;20cm.—(导弹与航天丛书·防空导弹系列;81)

内部发行

ISBN 7-80034-818-0(精装): ¥21.00

TJ761.3　043678

推力矢量控制伺服系统/朱忠惠主编.—北京:宇航出版社,1995.11.—744页;20cm.—(导弹与航天丛书·固体弹道导弹系列;52)

内部发行
ISBN 7-80034-866-0(精装):¥30.80

TJ761.5 043679
飞航导弹结构设计/刘庆楣主编.—北京:宇航出版社,1995.12.—589页;20cm.—(导弹与航天丛书·飞航导弹系列;98)
内部发行
ISBN 7-80034-772-9(精装):¥25.00

TJ761.5 043680
飞航导弹战斗部与引信/曹柏桢主编.—北京:宇航出版社,1995.9.—575页;20cm.—(导弹与航天丛书·飞航导弹系列;110)
内部发行
ISBN 7-80034-842-3(精装):¥24.00

TJ762 043681
防空导弹总体设计/于本水主编.—北京:宇航出版社,1995.11.—573页;20cm.—(导弹与航天丛书·防空导弹系列;65)
内部发行
ISBN 7-80034-764-8(精装):¥24.00

TJ765.3 043682
飞航导弹红外导引头/钟任华主编.—北京:宇航出版社,1995.9.—489页;20cm.—(导弹与航天丛书·飞航导弹系列;109)
内部发行
ISBN 7-80034-777-X(精装):¥21.00

TJ765.3 043683
目标和环境的光学特性/徐根兴主编.—北京:宇航出版社,1995.8.—314页;20cm.—(导弹与航天丛书·防空导弹系列;93)
内部发行
ISBN 7-80034-832-6(精装):¥16.00

TJ765.3 043684
无线电制导/刘隆和等编著.—北京:国防工业出版社,1995.11.—388页;20cm.—(火力与指挥控制技术丛书;4)
ISBN 7-118-01393-5(精装):¥18.80

TJ768.4 043685
防空导弹武器指挥控制通信系统/陈瑞源主编.—北京:宇航出版社,1995.8.—376页;20cm.—(导弹与航天丛书·防空导弹系列;62)
内部发行
ISBN 7-80034-776-1(精装):¥18.00

TJ9 核武器及其他特种武器与防护设备

TJ95 043686
激光技术在兵器工业中的应用/魏光辉等编著.—北京:兵器工业出版社,1995.7.—340页;26cm
ISBN 7-80038-841-7:¥33.00

TK 动力工程

TK0 一般性问题

TK01 043687
过程集成节能技术及应用/(英)林和甫等著;郑丕谔译.—天津:天津大学出版社,1995.9.—272页;20cm
著者原题:B.林和甫
ISBN 7-5618-0786-4:¥10.00

TK01 043688
能源与我们/鲍云樵编著.—上海:上海科技教育出版社,1995.10.—284页;20cm.—(国民科技教育丛书/邓伟志主编)
ISBN 7-5428-1060-X:¥13.00

TK01 043689
能源转换及有效利用/湖北省工程热物理学会,湖南省工程热物理学会编著.—武汉:武汉测绘科技大学出版社,1995.10.—194页;26cm
ISBN 7-81030-417-8:¥20.00

TK01 043690
企业能源管理/李金玉,郝玉福主编.—北京:机械工业出版社,1995.10.—137页;26cm
普通高等教育机电类规划教材
ISBN 7-111-04135-6:¥7.80

TK01 043691
全过程系统能量优化综合/姚平经主编.—大连:大连理工大学出版社,1995.12.—336页;20cm.—(大连理工大学教授学术丛书·'95卷)
ISBN 7-5611-1094-4:¥16.00

TK01-49 043692
清洁新能源:21世纪的能源/胡成春编著.—北京:科学技术文献出版社,1995.7.—191页;19cm.—(21世纪科普教育丛书/卢嘉锡等主编)
ISBN 7-5023-2513-1:¥9.00

TK05 043693
动力设备力学基础/徐明主编.—北京:原子能出版社,1995.11.—290页;20cm
高等教育试用教材
ISBN 7-5022-1431-3:¥7.50

TK05 043694
有限元及其在动力机械中的应用/吕继汉编.—大连:大连理工大学出版社,1995.12.—269页;26cm
普通高等教育船舶类规划教材
ISBN 7-5611-1063-4:¥10.00

TK05 043695
中小型发动机维修技术数据大全/甄凯玉主编.—北京:机械工业出版社,1995.10.—554页;26cm
ISBN 7-111-04684-6:¥28.00

TK1 热力工程、热机

TK1 043696
热工保护与顺序控制/王志祥主编.—北京:水利电力出版社,1995.11.—234页;26cm

高等学校教材 专科适用
ISBN 7-120-02419-1:¥11.70

TK1　043697
热工与气动参数测量/林其勋主编;魏福清等编.—西安:西北工业大学出版社,1995.12.—165页;26cm
高等学校教材
ISBN 7-5612-0756-5:¥8.70

①TK1②F062.4　043698
动力工程热经济学/王加璇,张恒良编.—北京:水利电力出版社,1995.5.—186页;26cm
高等学校教材
ISBN 7-120-02275-X:¥6.90

TK1-53　043699
节能热工文集/牛泽群编著.—北京:冶金工业出版社,1995.12.—391页;20cm
ISBN 7-5024-1776-1:¥18.00

TK11 热能

TK11　043700
热工测量原理及其现代技术/张秀彬编著.—上海:上海交通大学出版社,1995.3.—360页;26cm
ISBN 7-313-01325-6:¥13.40

TK11　043701
热能转换与利用系统/丁乐群编著.—天津:天津科技翻译出版公司,1995.9.—228页;26cm.—(现代企业管理丛书)
ISBN 7-5433-0766-9:¥13.40

TK12 热力工程理论

TK12　043702
传热学与工程热力学实验指导书/周悦英,魏秉武编著.—武汉:华中理工大学出版社,1995.4.—120页;19cm
ISBN 7-5609-1106-4:¥3.30

TK12　043703
工程热力学和传热学/詹宗勉主编.—4版.—大连:大连海事大学出版社,1995.7.—320页;26cm
高等学校教材
ISBN 7-5632-0773-2:¥30.80

TK121　043704
工程热物理与能源利用/国家自然科学基金委员会编.—北京:科学出版社,1995.3.—205页;20cm.—(自然科学学科发展战略调研报告)
ISBN 7-03-004391-X:¥13.50

TK122　043705
热工理论基础/孙军编.—北京:中国林业出版社,1995.6.—226页;26cm
ISBN 7-5038-1477-2:¥14.00

TK122　043706
热工学基础/范惠民主编.—北京:中国建筑工业出版社,1995.11.—281页;26cm
中等专业学校试用教材
ISBN 7-112-02577-X:¥15.30

TK123　043707
工程热力学/朱明善等编著.—北京:清华大学出版社,1995.7.—478页;20cm
ISBN 7-302-01721-2:¥10.60

TK123　043708
工程热力学/施明恒,李鹤立编.—南京:东南大学出版社,1995.9.—258页;26cm
ISBN 7-81050-051-1:¥14.20

TK124　043709
传热学/盛义平,孙蓟泉主编.—哈尔滨:东北林业大学出版社,1995.8.—301页;19cm
高等学校教材
ISBN 7-81008-576-X:¥9.80

TK124　043710
传热学/俞佐平,陆煜编.—3版.—北京:高等教育出版社,1995.5.—316页;20cm
高等学校教材
ISBN 7-04-005214-8:¥6.55

TK124　043711
传热学/姚仲鹏等编.—北京:北京理工大学出版社,1995.12.—308页;26cm
ISBN 7-81045-059-X:¥15.80

TK124　043712
沸腾和凝结/施明恒等编著.—北京:高等教育出版社,1995.6.—401页;20cm
ISBN 7-04-004298-3:¥15.10

TK124-53　043713
传热学的研究与进展:杨世铭教授从教五十周年暨七十寿辰纪念文集/陶文铨等编.—北京:高等教育出版社,1995.9.—302页;26cm
ISBN 7-04-005512-0:¥40.60

TK16 燃料与燃烧

TK16　043714
燃料与燃料概论/胡震岗,黄信仪编.—北京:清华大学出版社,1995.10.—147页;26cm
ISBN 7-302-01799-9:¥8.60

TK17 工业用热工设备

TK17　043715
发达国家工业窑炉节能技术/谢仲华编著.—上海:华东理工大学出版社,1995.7.—168页;26cm
ISBN 7-5628-0579-2:¥18.00

TK17　043716
换热器内流体诱发振动/程林著.—北京:科学出版社,1995.8.—150页;20cm
ISBN 7-03-004671-4(精装):¥13.80

TK17　043717
换热器运行导论/程林等著.—北京:科学出版社,

1995.3.—230 页;20cm
ISBN 7-03-004468-1(精装):¥16.80

TK17 043718
换热设备的污垢与对策/杨善让,徐志明著.—北京:科学出版社,1995.9.—274 页;20cm
ISBN 7-03-004697-8(精装):¥25.80

TK17 043719
热管与热管换热器设计基础/黄问盈编著.—北京:中国铁道出版社,1995.11.—149 页;19cm
ISBN 7-113-02067-4:¥5.20

TK17-64 043720
半导体器件散热器图册/王健石主编.—北京:中国标准出版社,1995.3.—333 页;20cm
ISBN 7-5066-1085-X:¥15.00

TK2 蒸汽动力工程

TK21-64 043721
水和水蒸气热力性质图表/严家騄,余晓福著.—北京:高等教育出版社,1995.5.—48 页;26cm+附图
高等学校教材
ISBN 7-04-004568-0:¥7.10

TK22 043722
工业锅炉/张永照等编.—2 版.—北京:机械工业出版社,1995.10.—469 页;26cm
ISBN 7-111-03657-3:¥28.00

TK22 043723
锅炉工读本/湖北省锅炉压力容器学会编著.—武汉:湖北科学技术出版社,1995.9.—422 页;19cm
锅炉工培训教材
ISBN 7-5352-1689-7:¥10.00

TK22 043724
锅炉及锅炉房设备/奚士光等编著.—北京:中国建筑工业出版社,1995.6.—298 页;26cm
高等学校推荐教材
ISBN 7-112-02433-1:¥11.30

TK22-44 043725
锅炉工考试习题集/林志宏等主编.—沈阳:辽宁科学技术出版社,1995.6.—90 页;19cm
ISBN 7-5381-2146-3:¥4.20

TK222-62 043726
锅炉计算手册/宋贵良主编.—沈阳:辽宁科学技术出版社,1995.10.—3 册;26cm
ISBN 7-5381-1902-7(精装):¥330.00

TK223 043727
锅炉辅助设备/李军编.—西安:西安交通大学出版社,1995.7.—193 页;26cm
ISBN 7-5605-0674-7:¥7.50

TK223.25 043728
制粉系统设计与运行/贾鸿祥主编.—北京:水利电力出版社,1995.5.—262 页;20cm
ISBN 7-120-02353-5:¥10.90

TK223.3 043729
空气预热器原理与计算/章成骏主编.—上海:同济大学出版社,1995.2.—240 页;20cm
ISBN 7-5608-1537-5:¥8.00

TK223.5 043730
高压给水加热器/蔡锡琮编著.—北京:水利电力出版社,1995.6.—381 页;19cm
ISBN 7-120-02342-X:¥13.10

TK223.5 043731
锅炉水处理初步设计/丁桓如编.—北京:水利电力出版社,1995.11.—127 页;26cm
高等学校教材
ISBN 7-120-02383-7:¥6.60

TK227 043732
锅炉设备运行技术/甘肃省电力工业局,河南省电力工业局编.—北京:中国电力出版社,1995.10.—492 页;19cm
发电厂和变电所运行高级工培训教材
ISBN 7-80125-025-7:¥26.90

TK227 043733
锅炉运行/辽宁省电力工业局编.—北京:水利电力出版社,1995.3.—449 页;26cm
地方电厂岗位运行培训教材
ISBN 7-120-02339-X:¥27.00

TK228 043734
高压汽包锅炉腐蚀的防止/(苏)Вайнман,А.Б.著;钱达中,彭珂如译.—北京:水利电力出版社,1995.11.—193 页;20cm
ISBN 7-120-00529-4:¥6.80

TK229 043735
工业锅炉安全与技术/胜利石油管理局编.—济南:山东人民出版社,1995.12.—514 页;20cm.—(安全技术教育读本/王安山等主编)
ISBN 7-209-01833-6:¥18.00

TK229.1 043736
常压热水锅炉/鹿道智等编著.—大连:大连理工大学出版社,1995.8.—279 页;19cm
ISBN 7-5611-1031-6:¥12.00

TK229.6 043737
流化床燃烧技术/刘德昌,阎维平主编.—北京:水利电力出版社,1995.11.—160 页;26cm
高等学校教材
ISBN 7-120-02400-0:¥8.30

TK26 043738
汽轮机设备无除氧器系统/(俄)叶菲莫契金(Ефимочкин,Г.И.)著;郑德澍等译.—北京:水利电力出版社,1995.5.—254 页;19cm
ISBN 7-120-02346-2:¥9.65

TK26-39 043739
微机在汽轮机中的应用/陈旭等编.—北京:水利电力出版社,1995.5.—164 页;26cm
高等学校教材
ISBN 7-120-02329-2:¥6.10

TK263.7 043740
汽轮机调节及保护系统/马承民主编;东北电业管理

局生产部,沈阳东电动力调节保护技术研究所编.—沈阳:东北大学出版社,1995.12.—249页;26cm
ISBN 7-81054-050-5:¥29.50

TK264.2　043741
安全系统工程在汽轮机中的应用/裘烈钧,孙奉仲编.—北京:水利电力出版社,1995.11.—149页;26cm
高等学校教材
ISBN 7-120-02392-6:¥7.70

TK267　043742
汽轮机设备运行技术/甘肃省电力工业局,河南省电力工业局编.—北京:中国电力出版社,1995.11.—638页;19cm
发电厂和变电所运行高级工培训教材
ISBN 7-80125-026-5:¥26.70

TK267　043743
汽轮机运行/辽宁省电力工业局编.—北京:水利电力出版社,1995.4.—396页;26cm
地方电厂岗位运行培训教材
ISBN 7-120-02341-1:¥25.00

TK268　043744
新编汽轮机检修工艺/王金田,王焱编著.—北京:机械工业出版社,1995.4.—214页;26cm
ISBN 7-111-04493-2:¥17.50

TK3　热工量测和热工自动控制

TK3　043745
动态测试技术/宋又祥主编.—北京:水利电力出版社,1995.11.—193页;26cm
高等学校教材
ISBN 7-120-02367-5:¥9.80

TK3　043746
热工仪表与自动调节/赵恒侠,李玉云编.—北京:中国建筑工业出版社,1995.11.—199页;26cm
高等专科学校试用教材
ISBN 7-112-02560-5:¥10.20

TK31　043747
锅炉测试技术/曹子栋编著.—西安:西安交通大学出版社,1995.8.—215页;26cm
ISBN 7-5605-0769-7:¥7.90

TK31　043748
热工测量及仪表/吴永生,方可人编.—2版.—北京:水利电力出版社,1995.5.—327页;26cm
高等学校教材
ISBN 7-120-02332-2:¥11.90

TK31　043749
热工测量及仪表/凃钰生主编.—北京:水利电力出版社,1995.11.—348页;26cm
ISBN 7-120-02417-5:¥18.20

TK31　043750
热工测量新技术/冯圣一编.—北京:水利电力出版社,1995.11.—118页;26cm
高等学校教材
ISBN 7-120-02345-4:¥6.20

TK32　043751
热工过程自动控制系统/殷树德编.—北京:水利电力出版社,1995.11.—257页;26cm
中等专业学校教材
ISBN 7-120-02366-7:¥12.80

TK32-62　043752
热工控制设计简明手册/王志祥,朱祖涛编.—北京:水利电力出版社,1995.11.—188页;26cm
高等学校教材
ISBN 7-120-02352-7:¥9.60

TK321　043753
系统辨识与建模/张玉铎编.—北京:水利电力出版社,1995.11.—150页;26cm
高等学校教材
ISBN 7-120-02396-9:¥7.70

TK321　043754
自动调节原理/王钟蒙主编.—北京:水利电力出版社,1995.11.—220页;26cm
中等专业学校教材
ISBN 7-120-02362-4:¥11.00

TK4　内燃机工程

①TK4②TP391.72　043755
CAD在内燃机工程中的应用/谈荣望主编.—成都:西南交通大学出版社,1995.9.—158页;26cm
ISBN 7-81022-721-1:¥10.80

TK401　043756
内燃机计算燃烧学/解茂昭著.—大连:大连理工大学出版社,1995.12.—254页;26cm
普通高等教育船舶类规划教材
ISBN 7-5611-1116-9:¥9.67

TK401　043757
内燃机振动与噪声控制/朱孟华编著.—北京:国防工业出版社,1995.10.—190页;26cm
普通高等教育船舶类规划教材
ISBN 7-118-01356-0:¥9.80

TK402-62　043758
内燃机课程设计指南/张宗杰主编.—武汉:华中理工大学出版社,1995.12.—150页;26cm
普通高等教育船舶类规划教材
ISBN 7-5609-1276-1:¥8.30

TK42　043759
495系列柴油机零件图册/潍坊柴油机厂编.—济南:山东科学技术出版社,1995.10.—84页;21×30cm
ISBN 7-5331-1614-3:¥5.00

TK42　043760
柴油机燃油喷射技术/刘全林主编.—北京:中国铁道出版社,1995.3.—191页;26cm
高等学校教学参考书
ISBN 7-113-01831-9:¥18.10

TK42-64　043761

295A型柴油机零件图册/上海拖拉机内燃机公司编.—上海:上海科学技术出版社,1995.8.—55页;19×26cm
ISBN 7-5323-4086-4:¥10.00

TK423.5 043762
柴油机增压及其优化控制/顾宏中,邬静川编著.—上海:上海交通大学出版社,1995.8.—210页;26cm
普通高等教育船舶类规划教材
ISBN 7-313-01479-1:¥8.10

TK5 特殊热能及其机械

TK51-49 043763
捕捉太阳能/孟文编著.—北京:北京少年儿童出版社,1995.1.—102页;19cm.—(少年现代科学技术丛书·第一辑)
ISBN 7-5301-0415-2:¥3.40

TK7 水能、水力机械

TK7 043764
水力机械优化设计和计算机辅助分析/沈祖诒等编著.—南京:河海大学出版社,1995.12.—367页;26cm.—(水力发电工程进展丛书)
ISBN 7-5630-0959-0:¥30.00

TK73 043765
水轮机/左光璧主编.—北京:水利电力出版社,1995.9.—313页;26cm
中等专业学校教材
ISBN 7-120-02236-9:¥15.40

TK73 043766
水轮机调节及辅助设备/林亚一主编.—2版.—北京:水利电力出版社,1995.9.—269页;26cm
中等专业学校教材
ISBN 7-120-02228-8:¥9.80

TK730 043767
水轮机调节系统原理、试验与故障处理/常兆堂等编著.—北京:中国电力出版社,1995.9.—365页;20cm
ISBN 7-80125-008-7(精装):¥20.90

TL 原子能技术

TL 043768
核工业生产概论/李民权编.—北京:原子能出版社,1995.6.—344页;26cm
高等教育试用教材
ISBN 7-5022-1146-2:¥13.00

TL-24 043769
中国核科技报告:CNIC-00924 BRIUG-0020:锆石特征及铀含量在铀成矿远景评价中的意义/李耀崧等著;中国核情报中心编.—北京:原子能出版社,1995.2.—14页;26cm
ISBN 7-5022-1342-2:¥

TL-24 043770
中国核科技报告:CNIC-00925 IAE-0141:化合物半导体GaAs CdTe核辐射探测器/丁洪林等著;中国核情报中心编.—北京:原子能出版社,1995.1.—9页;26cm
ISBN 7-5022-1313-9:¥

TL-24 043771
中国核科技报告:CNIC-00926 CU-0001:反应堆压力容器法兰密封分析程序系统:瞬态耦合热弹塑性接触分析/李润方等著;中国核情报中心编.—北京:原子能出版社,1995.3.—18页;26cm
ISBN 7-5022-1314-7:¥

TL-24 043772
中国核科技报告:CNIC-00929 SINRE-0050:烧结Gd2O3-UO2芯块吸湿性研究/张惠英等著;中国核情报中心编.—北京:原子能出版社,1995.2.—8页;26cm
ISBN 7-5022-1344-9:¥

TL-24 043773
中国核科技报告:CNIC-00930 SIP-0079:用MW等离子体对聚四氟乙烯表面接枝共聚改性/文允鉴等著;中国核情报中心编.—北京:原子能出版社,1995.3.—9页;26cm
ISBN 7-5022-1335-X:¥

TL-24 043774
中国核科技报告:CNIC-00931 CIRP-0010:某核设施周围地区环境生态学研究/秦苏云等著;中国核情报中心编.—北京:原子能出版社,1995.3.—12页;26cm
ISBN 7-5022-1340-6:¥

TL-24 043775
中国核科技报告:CNIC-00932 SIP-0080:在SWIP-RFP装置反场箍缩的实验结果/张鹏等著;中国核情报中心编.—北京:原子能出版社,1995.2.—8页;26cm
ISBN 7-5022-1338-4:¥

TL-24 043776
中国核科技报告:CNIC-00933 IAE-0143:宽脉冲高功率速调管快速保护系统/王修龙等著;中国核情报中心编.—北京:原子能出版社,1995.2.—8页;26cm
ISBN 7-5022-1333-3:¥

TL-24 043777
中国核科技报告:CNIC-00934 CPIDI-0001:核压力容器密封环弹塑性大变形有限元分析/肖学见,陈如欣著;中国核情报中心编.—北京:原子能出版社,1995.12.—14页;26cm
ISBN 7-5022-1337-6:¥

TL-24 043778
中国核科技报告:CNIC-00935 IAE-0144:用可离解冠醚萃取铀和钍的研究/杜鸿善著;中国核情报中心编.—北京:原子能出版社,1995.3.—7页;26cm
ISBN 7-5022-1341-4:¥

TL-24 043779
中国核科技报告:CNIC-00936 SINRE-0051:医用钇-90发生器的研制/程作用等著;中国核情报中心编.—北京:原子能出版社,1995.5.—8页;26cm
ISBN 7-5022-1359-7:¥0.00

TL－24　043780

中国核科技报告：CNIC－00938 SINRE－0052：反应堆燃料组件棒束流场的激光测试和计算/胡俊，邹尊予著；中国核情报中心编．—北京：原子能出版社，1995．2．—9页；26cm

ISBN 7－5022－1343－0：¥0.00

TL－24　043781

中国核科技报告：CNIC－00939 SMC－0114：乳铁蛋白的分离及其放射免疫测定的临床应用/张亦忠等著；中国核情报中心编．—北京：原子能出版社，1995．2．—8页；26cm

ISBN 7－5022－1346－5：¥

TL－24　043782

中国核科技报告：CNIC－00940 TSHU－0003：中性膦类萃取剂萃取四价铀的动力学研究/林舟等著；中国核情报中心编．—北京：原子能出版社，1995．4．—10页；26cm

ISBN 7－5022－1362－7：¥0.00

TL－24　043783

中国核科技报告：CNIC－00942 CSNAS－0087：辐射诱变改造杂交籼稻恢复系的研究/郭光荣等著；中国核情报中心编．—北京：原子能出版社，1995．3．—10页；26cm

ISBN 7－5022－1363－5：¥0.00

TL－24　043784

中国核科技报告：CNIC－00944 IAE－0145；复数Lorenz－Haken系统中的超混沌同步及其控制/方锦清著；中国核情报中心编．—北京：原子能出版社，1995．3．—21页；26cm

ISBN 7－5022－1345－7：¥0.00

TL－24　043785

中国核科技报告：CNIC－00947 IAPCM－0023：武器用钚的控制及其核查问题/张会，杜祥琬著；中国核情报中心编．—北京：原子能出版社，1995．3．—17页；26cm

ISBN 7－5022－1339－2：¥

TL－24　043786

中国核科技报告：CNIC－00951 GRINM－0001：高温烧结法制备钛铁涂层的研究/胡永海著；中国核情报中心编．—北京：原子能出版社，1995．3．—12页；26cm

ISBN 7－5022－1334－1：¥0.00

TL－24　043787

中国核科技报告：CNIC－00954 SINRE－0053：电子辐照时奥氏体不锈钢的空洞胀行为/盛钟琦等著；中国核情报中心编．—北京：原子能出版社，1995．4．—8页；26cm

ISBN 7－5022－1364－3：¥0.00

TL－24　043788

中国核科技报告：CNIC－00955 SINRE－0055：分光光度法测定UO －Gd O 烧结芯块O/M比研究/梅晓辉等著；中国核情报中心编．—北京：原子能出版社，1995．6．—10页；26cm

ISBN 7－5022－1360－0：¥0.00

TL－24　043789

中国核科技报告：CNIC－00958 ECBGE－0001：求同回归法及其在铀资源预测中的应用/曹会模著；中国核情报中心编．—北京：原子能出版社，1995．3．—11页；26cm

ISBN 7－5022－1336－8：¥0.00

TL－24　043790

中国核科技报告：CNIC－00959 RINPO－0012：压水堆核电站蒸汽发生器二次侧的清洗与检查/丁训慎著；中国核情报中心编．—北京：原子能出版社，1995．5．—8页；26cm

ISBN 7－5022－1373－2：¥0.00

TL－24　043791

中国核科技报告：CNIC－00961 SUINST－0011：医用核素In提取工艺的方法研究/周德海著；中国核情报中心编．—北京：原子能出版社，1995．5．—12页；26cm

ISBN 7－5022－1375－9：¥0.00

TL－24　043792

中国核科技报告：CNIC－00964 NFE－0008：两种干燥方式对ADU和UO芯块制造的影响/伍志明，胡正杰著；中国核情报中心编．—北京：原子能出版社，1995．5．—19页；26cm

ISBN 7－5022－1374－0：¥0.00

TL－24　043793

中国核科技报告：CNIC－00975 SNERDI－0027：核级工艺管道支吊架系列的研制/茅成章，史介民著．—北京：原子能出版社，1995．12．—7页；26cm

ISBN 7－5022－1440－2：¥0.00

TL－24　043794

中国核科技报告：CNIC－00976 XJU－0004：钠冷快堆核电厂瞬态特性及固有安全性研究/朱继洲等著；中国核情报中心编．—北京：原子能出版社，1995．6．—14页；26cm

ISBN 7－5022－1392－9：¥0.00

TL－24　043795

中国核科技报告：CNIC－00977 BICM－0013：细菌氧化再生液逆流淋浸铀矿石的技术和应用/陈仕安著；中国核情报中心编．—北京：原子能工业出版社，1995．8．—10页；26cm

ISBN 7－5022－1358－9：¥0.00

TL－24　043796

中国核科技报告：CNIC－00982 BINE－0027：核废物混凝土桶的研制/温英惠著；中国核情报中心编．—北京：原子能出版社，1995．6．—11页；26cm

ISBN 7－5022－1377－5：¥0.00

TL－24　043797

中国核科技报告：CNIC－00990 BNIF－0008：BH3105型高灵敏中子剂量当量仪/汲长松等著；中国核情报中心编．—北京：原子能出版社，1995．10．—13页；26cm

ISBN 7－5022－1401－1：¥0.00

TL－24　043798

中国核科技报告：CNIC－00995 SMC－0121：铀矿粉对肺泡巨噬细胞的损伤及其保护的研究/周立人等著；中国核情报中心编．—北京：原子能出版社，1995．10．—8页；26cm

ISBN 7-5022-1416-X: ¥0.00

TL-24 043799

中国核科技报告:CNIC-00998 QNPC-0004:秦山核电站二回路凝结水净化混床树脂再生试验/许美景,董黎明著;中国核情报中心编.—北京:原子能出版社,1995.12.—10页;26cm

ISBN 7-5022-1414-3: ¥0.00

TL-24 043800

中国核科技报告:CNIC-01027 BRIUG-0027:康滇地轴中南段元古界地层中钠交代岩铀矿化类型特征/钱法荣著.—北京:原子能出版社,1995.12.—7页;26cm

ISBN 7-5022-1439-9: ¥0.00

TL-49 043801

核电探秘/延军编著.—上海:少年儿童出版社,1995.3.—131页;19cm.—(少年现代科学技术丛书·第一辑)

ISBN 7-5324-2442-1: ¥3.90

TL-53 043802

戴传曾论文选集/孙祖训主编;《戴传曾论文选集》编辑委员会编.—北京:原子能出版社,1995.10.—223页;26cm

ISBN 7-5022-1387-2(精装): ¥50.00

TL-54 043803

中国原子能科学研究院年报 1994/孙祖训主编.—北京:科学出版社,1995.12.—259页;26cm

ISBN 7-03-005036-3: ¥15.00

TL-7 043804

中国核科技报告文摘 1994:CNIC-00950/中国核情报中心编.—北京:原子能出版社,1995.2.—96页;26cm

ISBN 7-5022-1292-2: ¥

TL24 043805

核燃料后处理工学/姜圣阶等编著.—北京:原子能出版社,1995.12.—501页;26cm

ISBN 7-5022-1424-0(精装): ¥68.00

TL326 043806

含有铀-235、钚-239和铀-233的各种系统的临界数据/(美)帕克斯顿(Paxton,H.C.),(美)波诺沃斯特(Pruvost,N.L.)著;马彦富等译.—北京:原子能出版社,1995.10.—134页;26cm

ISBN 7-5022-1435-6: ¥15.00

TL36 043807

核反应堆控制/傅龙舟主编.—北京:原子能出版社,1995.11.—331页;20cm

高等教育试用教材

ISBN 7-5022-1430-5: ¥8.50

①TL75②X50 043808

中国核设施非放污染物环境影响及公众健康危害评价/张永兴主编.—北京:原子能出版社,1995.12.—330页;26cm

ISBN 7-5022-1300-7: ¥42.50

TL81 043809

电离辐射探测器/安继刚编著.—北京:原子能出版社,1995.5.—299页;26cm

ISBN 7-5022-1332-5: ¥19.95

TL84 043810

工业中的核测量/(匈牙利)罗萨(Rozsa,S.)著;纪裕盈,尚秀兰译.—北京:原子能出版社,1995.6.—196页;26cm

ISBN 7-5022-1385-6: ¥20.00

TL92-62 043811

放射性同位素工业示踪指南/卢玉楷等译.—北京:原子能出版社,1995.10.—221页;26cm

国际原子能机构第316号技术报告

ISBN 7-5022-1067-9: ¥39.00

TL929 043812

电离辐射源与效应/中国核工业总公司安防环保卫生局,中国辐射防护学会译.—北京:原子能出版社,1995.3.—941页;26cm

联合国原子辐射效应科学委员会1993年向联合国大会提交的报告和科学附件

ISBN 7-5022-1330-9: ¥128.00

TL94 043813

放射性废物管理 (四)= Radioactive Waste Management/王显德,李学群主编.—北京:原子能出版社,1995.6.—158页;26cm

ISBN 7-5022-1354-6: ¥13.60

TL94-53 043814

铀矿冶剂量限制体系应用和废物安全管理译文集/潘英杰,刘光发译.—北京:原子能出版社,1995.11.—203页;19cm

ISBN 7-5022-1422-4: ¥15.00

TL941 043815

高放废液玻璃固化电熔炉技术/孙东辉等编著.—北京:原子能出版社,1995.3.—406页;26cm

ISBN 7-5022-1298-1: ¥25.00

TM 电工技术

TM 043816

常用电气设备/李德钜编.—天津:天津科学技术出版社,1995.9.—295页;26cm

ISBN 7-5308-1718-3: ¥20.00

TM 043817

电工必读/王忠祥编 .—青岛:青岛出版社,1995.5.—287页;19cm

特种作业人员安全技术培训考核教材

ISBN 7-5436-1178-3: ¥7.80

TM 043818

电工操作技术/陈景涛编.—深圳:海天出版社,1995.11.—610页;19cm.—(城乡实用新技能丛书)

ISBN 7-80615-280-6: ¥23.00

TM 043819

电工及电气设备/华孝敏主编.—北京:水利电力出版社,1995.9.—290页;26cm

高等学校教材 专科适用

ISBN 7-120-02237-7: ¥14.30

TM 043820

电工及电子技术基础/曹敬民,赵芝鸿主编.—北京:北京出版社,1995.4.—618页;20cm

中央国家机关机电专业培训教材

ISBN 7-200-02574-7: ¥21.00

TM 043821

电工技术/李清新主编.—北京:机械工业出版社,1995.10.—253页;26cm

职工高等工业专科学校试用教材

ISBN 7-111-04712-5: ¥15.00

TM 043822

电工技术:电工学(I)/肖广润,周惠领主编.—3版.—武汉:华中理工大学出版社,1995.11.—249页;26cm

高等学校教材

ISBN 7-5609-1228-1: ¥12.80

TM 043823

电工技术:电工学(Ⅰ)/杨宝权,刘建荣主编.—东营:石油大学出版社,1995.12.—366页;20cm

高等学校教学用书

ISBN 7-5636-0687-4: ¥12.40

TM 043824

电工技术基础/佘兆铭等编著.—昆明:云南大学出版社,1995.10.—411页;26cm

ISBN 7-81025-522-3: ¥25.00

TM 043825

电工技术基础/刘芳田主编.—北京:中国铁道出版社,1995.9.—230页;20cm

ISBN 7-113-02061-5: ¥9.20

TM 043826

电工技术基础/邱锦瑞主编.—合肥:中国科学技术大学出版社,1995.8.—321页;20cm

ISBN 7-312-00658-2: ¥7.00

TM 043827

电力电子技术/杨威,张金栋主编.—重庆:重庆大学出版社,1995.6.—200页;26cm

高等工科院校系列教材

ISBN 7-5624-0980-3: ¥9.60

TM 043828

电气设备试验技术/王浩主编.—北京:水利电力出版社,1995.4.—108页;26cm

技工学校教材

ISBN 7-120-02296-2: ¥6.10

TM 043829

电子技术:电工学(Ⅱ)/于善清,单亦先主编.—东营:石油大学出版社,1995.12.—339页;20cm

高等学校教学用书

ISBN 7-5636-0687-4: ¥11.40

TM 043830

房建工人技术标准学习及考工问答:电工/王静宜主编;陈伟编写.—北京:中国铁道出版社,1995.9.—80页;19cm

ISBN 7-113-02019-4: ¥3.10

TM 043831

近代交流调速/佟纯厚主编.—2版.—北京:冶金工业出版社,1995.5.—228页;26cm

高等学校教学用书

ISBN 7-5024-1625-0: ¥8.70

TM 043832

农村电工实用技能/魏朝钰主编.—北京:中国水利水电出版社,1995.10.—109页;19cm

ISBN 7-80124-032-4: ¥7.00

TM 043833

少年电工入门/唐旭东,王祥秋编.—福州:福建科学技术出版社,1995.4.—126页;20cm

ISBN 7-5335-0910-2: ¥4.80

TM 043834

实用电工基础/林启瑜编.—厦门:鹭江出版社,1995.7.—163页;26cm

ISBN 7-80610-187-X: ¥8.60

TM 043835

实用电工技术应用/黄志勇主编.—广州:广州出版社,1995.9.—619页;19cm

ISBN 7-80592-312-4: ¥23.00

TM 043836

实用电工学/王建东主编.—北京:中国农业出版社,1995.10.—261页;26cm

全国高等农林专科学校统编教材 农产品加工和轻工类专业用

ISBN 7-109-03546-8: ¥13.35

TM 043837

新编实用电工技术 /孙怀川编著;郑维径,丁久量增订.—2版(增订版).—合肥:安徽科学技术出版社,1995.5.—570页;26cm

ISBN 7-5337-1027-4: ¥30.00

TM 043838

油矿实用电工基础/金敬东主编.—北京:石油工业出版社,1995.3.—218页;26cm

石油技工学校教材

ISBN 7-5021-1194-8: ¥15.00

①TM②TN 043839

电子电工技术基础/张德昌,杨机令主编.—北京:地质出版社,1995.12.—327页;26cm

高等理工院校教材

ISBN 7-116-01969-3: ¥21.50

①TM②TN01 043840

电工与电子技术基础/盛传鼎主编.—北京:水利电力出版社,1995.11.—396页;26cm

中等专业学校教材

ISBN 7-120-02159-1: ¥19.30

TM-09 043841

电工科技简史/王先冲著 .—北京:高等教育出版社,1995.10.—130页;20cm

ISBN 7-04-005341-1: ¥4.15

TM-33 043842

电工电子实验/王乃斌主编 .—北京:机械工业出版社,1995.9.—206页;26cm

高等学校教材
ISBN 7-111-04857-1: ¥16.90

TM-33 043843
电工技术实验/高有华,刘守华主编;宫天夫等编.—北京:机械工业出版社,1995.3.—103页;26cm
高等学校教材
ISBN 7-111-04578-5: ¥8.50

TM-33 043844
电气设备预防性试验方法/叶柱光,蔡安信编著.—贵阳:贵州科技出版社,1995.5.—205页;26cm
ISBN 7-80584-474-7: ¥19.00

TM-43 043845
电工技术教程/王汇平,李雅琴主编.—长春:吉林大学出版社,1995.6.—2册;26cm
ISBN 7-5601-1841-0: ¥46.00

TM-43 043846
电工培训教材/李洪治主编.—沈阳:辽宁科学技术出版社,1995.7.—333页;19cm
ISBN 7-5381-2156-0: ¥9.60

TM-43 043847
农村实用电工/孙红英主编;常继大等编.—新1版.—长沙:湖南科学技术出版社,1995.10.—466页;19cm
中等职业技术学校教材
ISBN 7-5357-1932-5: ¥9.80

TM-44 043848
电工技术解题指导/李瀛主编.—成都:西南交通大学出版社,1995.8.—105页;26cm
ISBN 7-81022-828-5: ¥6.80

TM-44 043849
电工实用技术问答/刘强,黄志勇主编.—广州:华南理工大学出版社,1995.11.—721页;19cm
ISBN 7-5623-0938-8: ¥26.80

TM-44 043850
进网用户电工培训技术问答/《进网用户电工培训技术问答》编写组编.—北京:中国电力出版社,1995.8.—569页;20cm
ISBN 7-80125-018-4: ¥19.00

TM-44 043851
新编农村电工实用技术问答/翟世隆,向绍新编著.—北京:水利电力出版社,1995.11.—517页;20cm
ISBN 7-120-02192-3: ¥26.00

TM-45 043852
技工学校电工生产实习课教学参考书/姚作武主编.—北京:中国劳动出版社,1995.4.—160页;19cm
ISBN 7-5045-1633-3: ¥3.50

TM-49 043853
电工入门/沈悦阳等编写.—杭州:浙江科学技术出版社,1995.12.—192页;19cm
ISBN 7-5341-0755-5: ¥9.00

TM-49 043854
漫话农村用电/史国栋编著.—郑州:海燕出版社,1995.6.—80页;20cm.—(农村娃科普系列丛书/葛纪谦主编)
ISBN 7-5350-1319-8: ¥1.80

TM-61 043855
电工技术词典:德·英·俄·汉/胡庆生主编.—北京:机械工业出版社,1995.2.—924页;26cm
ISBN 7-111-03879-7(精装): ¥95.00

TM-62 043856
电气工程师技术基础自检手册/孔凡才主编.—北京:机械工业出版社,1995.4.—374页;26cm
ISBN 7-111-04312-X: ¥25.00

TM-62 043857
实用电工手册/李耀祖,刘光源主编.—上海:上海科技教育出版社,1995.10.—668页;19cm.—(实用技术手册;D)
ISBN 7-5428-1024-3(精装): ¥34.00

TM-62 043858
新编实用电工操作维修手册/张之兵主编.—广州:广州出版社,1995.9.—493页;19cm
ISBN 7-80592-314-0: ¥19.00

TM-62 043859
最新实用电工技术与操作手册/章沛伦编.—汕头:汕头大学出版社,1995.12.—447页;20cm
ISBN 7-81036-086-8: ¥24.00

①TM-62②TN-62 043860
常用电工电子技术手册/吕砚山主编.—北京:化学工业出版社,1995.1.—1583页;26cm
ISBN 7-5025-1412-0(精装): ¥120.00

TM-64 043861
电工图解手册/张启明编著.—南昌:江西高校出版社,1995.3.—295页;13×19cm
ISBN 7-81033-445-X(精装): ¥11.80

TM-64 043862
图解电工技术300问/漆仁速,傅恩锡编著.—天津:天津科学技术出版社,1995.4.—216页;20cm
ISBN 7-5308-1663-2: ¥8.00

TM0 一般性问题

TM05 043863
电工实用线路范例/李耀南主编.—广州:华南理工大学出版社,1995.10.—305页;19cm
ISBN 7-5623-0904-3: ¥12.00

TM05 043864
电气安装工:高级工/钱大治,赵志修主编;吕兴灿等编.—北京:中国建筑工业出版社,1995.9.—452页;19cm
安装工人技术等级培训教材
ISBN 7-112-02135-9: ¥14.00

TM05 043865
电气安装工:中级工/钱大治,赵志修主编;沈超等编.—北京:中国建筑工业出版社,1995.9.—510页;19cm
安装工人技术等级培训教材
ISBN 7-112-02125-1: ¥16.50

TM05　043866
电气调整工:高级工/安装工人技术等级培训教材编委会组织编写.—北京:中国建筑工业出版社,1995.9.—370页;19cm
安装工人技术等级培训教材
ISBN 7-112-02137-5:¥12.50

TM05　043867
电气调整工:中级工/安装工人技术等级培训教材编委会组织编写.—北京:中国建筑工业出版社,1995.9.—412页;19cm
安装工人技术等级培训教材
ISBN 7-112-02127-8:¥14.00

TM05-65　043868
电气装置安装工程施工及验收规范汇编　上册/中国计划出版社编.—北京:中国计划出版社,1995.6.—558页;20cm
ISBN 7-80058-379-1(精装):¥35.00

TM07　043869
维修电工:初级/张茂红,孙金娜主编;中国兵器工业总公司教育局,江南机器厂编著.—北京:机械工业出版社,1995.9.—1册;26cm
模块式技能培训系列教材
ISBN 7-111-04569-6:¥29.50

TM07　043870
维修电工练习/航空工业首届工人技能比赛组委会办公室编.—北京:航空工业出版社,1995.5.—74页;26cm.—(航空工业首届工人技能比赛指导丛书)
ISBN 7-80046-918-2:¥5.00

①TM07-39②TP277　043871
故障诊断学及其在电工中的应用/姜建国等著.—北京:科学出版社,1995.6.—148页;26cm
ISBN 7-03-004501-7:¥21.00

TM08　043872
低压用户电气安全技术/黄益荪,石仁华主编.—上海:上海科学技术出版社,1995.12.—401页;19cm
ISBN 7-5323-3810-X:¥13.00

TM08　043873
电气防火实用技术/杨有启,叶增禄主编.—北京:北京经济学院出版社,1995.4.—319页;19cm
培训教材
ISBN 7-5638-0479-X:¥9.30

TM08-62　043874
电气安全技术手册/李世林主编.—北京:中国计量出版社,1995.12.—505页;26cm
ISBN 7-5026-0743-9:¥38.00

TM08-65　043875
电工产品国际安全认证与电气安全标准/朱德基等编写;国家技术监督局标准化司电气信息处编.—北京:中国标准出版社,1995.5.—79页;26cm
ISBN 7-5066-1071-X:¥8.00

TM1 电工基础理论

TM1　043876
电工学/许宝发等编.—上海:华东理工大学出版社,1995.6.—358页;26cm
ISBN 7-5628-0574-1:¥22.00

TM1　043877
电工学/许宝发等编.—上海:华东理工大学出版社,1995.12.—319页;26cm
中专适用
ISBN 7-5628-0630-6:¥23.00

TM1　043878
电工学/林增主编.—北京:水利电力出版社,1995.8.—247页;26cm
中等专业学校教材
ISBN 7-120-01750-0:¥9.10

TM1　043879
电工学基本教程/唐介主编.—大连:大连理工大学出版社,1995.4.—285页;26cm
ISBN 7-5611-0983-0:¥17.80

TM1　043880
电工原理/杨芳春主编.—北京:煤炭工业出版社,1995.1.—468页;26cm
高等学校规划教材
ISBN 7-5020-1080-7:¥16.50

TM1　043881
电路分析及磁路　下册/王生春主编.—重庆:重庆大学出版社,1995.2.—299页;19cm
高等工科院校系列教材
ISBN 7-5624-0979-X:¥6.80

TM1　043882
电路及磁路学习指导/汤放奇主编.—北京:气象出版社,1995.3.—337页;19cm
ISBN 7-5029-1863-9:¥7.90

TM1　043883
建筑电工学/王明昌主编.—重庆:重庆大学出版社,1995.5.—312页;26cm
ISBN 7-5624-1016-X:¥14.00

①TM1②TN01　043884
电工学与工业电子学/王运哲等编写.—南京:东南大学出版社,1995.8.—329页;26cm
机械工业中等专业教育机械制造专业系列教材
ISBN 7-81050-044-9:¥16.00

TM1-33　043885
《电工学》实验指导书/劳动部教材办公室组织编写.—北京:中国劳动出版社,1995.12.—42页;26cm
全国技工学校机械类通用教材教学辅导用书
ISBN 7-5045-1792-5:¥4.50

TM1-33　043886
电工基础实验指导书/江家麟,宁超主编.—2版.—北京:高等教育出版社,1995.5.—165页;26cm
高等学校教材
ISBN 7-04-005202-4:¥5.65

TM1-33　043887
电工学基础实验及应用/刘重轩等编.—北京:中国纺织出版社,1995.3.—118页;26cm

ISBN 7-5064-1147-4: ¥6.90

TM1-33 043888

电工学实验/吴道悌,王建华主编;西安交通大学电工学教研室编.—2版.—北京:高等教育出版社,1995.5.—195页;26cm

高等学校教材

ISBN 7-04-005201-6: ¥7.20

TM1-33 043889

电工学实验指导书/井健康,刘祖其编.—成都:电子科技大学出版社,1995.6.—129页;26cm.—(中等专业学校实验指导丛书;1)

非电专业适用

ISBN 7-81043-255-9: ¥7.00

TM1-42 043890

电工学学习指导书/李西平编.—北京:中央广播电视大学出版社,1995.2.—168页;26cm

中央广播电视大学教材

ISBN 7-304-01155-6: ¥7.60

TM1-43 043891

电工基础基本教学目标与训练/吴兴云,陈琴芳主编;上海市中等专业学校电工基础协作组编.—北京:高等教育出版社,1995.4.—283页;20cm

中等专业学校教材

ISBN 7-04-005152-4: ¥5.35

TM1-44 043892

电工基础习题册/尹益新,沈蓬编写.—北京:中国劳动出版社,1995.2.—95页;19×26cm

全国技工学校电子类通用教材

ISBN 7-5045-1621-X: ¥4.70

TM11-62 043893

实用电工计算手册/赵家礼,安顺合编.—北京:机械工业出版社,1995.11.—976页;20cm

ISBN 7-111-04645-5: ¥38.00

TM13 043894

电路/常福海等编.—北京:煤炭工业出版社,1995.10.—331页;26cm

高等学校规划教材

ISBN 7-5020-1164-1: ¥16.35

TM13-33 043895

电路基础实验/曹彦芳主编.—2版.—北京:高等教育出版社,1995.4.—231页;26cm

中等专业学校教材

ISBN 7-04-005203-2: ¥8.20

TM13-33 043896

电路基础实验与实习/柳寅书编.—北京:人民邮电出版社,1995.5.—286页;19cm

邮电中等专业学校教材

ISBN 7-115-05461-4: ¥6.50

TM13-33 043897

电路与系统实验/王洁生等编.—成都:西南交通大学出版社,1995.12.—231页;19cm

ISBN 7-81022-871-4: ¥7.00

TM131 043898

线性电路/吴玉玉编.—南京:东南大学出版社,1995.5.—353页;20cm

ISBN 7-81050-018-X: ¥11.50

TM131 043899

线性电路分析/田丰等编.—东营:石油大学出版社,1995.1.—279页;26cm

高等学校教学用书

ISBN 7-5636-0642-4: ¥15.90

TM133 043900

电路分析/王贻月主编.—大连:大连理工大学出版社,1995.7.—2册;20cm

ISBN 7-5611-1028-6: ¥16.50

TM133 043901

工程电路分析/(美)Hayt, W. H.(美)Kemmerly, J. E.著;叶国恭译.—长沙:湖南科学技术出版社,1995.5.—313页;26cm

ISBN 7-5357-1761-6: ¥17.00

TM15 043902

电磁场理论/全泽松编著.—成都:电子科技大学出版社,1995.12.—391页;26cm

高等学校工科电子类规划教材

ISBN 7-81043-387-3: ¥19.75

TM15 043903

电磁场理论/冯亚伯编著.—成都:电子科技大学出版社,1995.9.—371页;26cm

高等学校工科电子类规划教材

ISBN 7-81043-263-X: ¥13.80

TM15 043904

电磁场理论基础/钟顺时,钮茂德编著.—西安:西安电子科技大学出版社,1995.6.—310页;26cm

高等学校工科电子类教材

ISBN 7-5606-0355-6: ¥13.60

TM15 043905

简明电磁场/葛真等编.—重庆:重庆大学出版社,1995.6.—213页;26cm

ISBN 7-5624-0984-6: ¥11.00

TM152 043906

实用短路电流计算/李德钜编.—天津:天津科学技术出版社,1995.8.—225页;19cm

ISBN 7-5308-1731-0: ¥7.45

TM2 电工材料

TM2 043907

电池材料/梁鹏翔主编.—北京:电子工业出版社,1995.3.—476页;20cm

电子工业工人技术等级培训教材

ISBN 7-5053-2694-5: ¥25.00

TM207 043908

电力工业的腐蚀与防护/中国腐蚀与防护学会主编;窦照英编著.—北京:化学工业出版社,1995.2.—257页;20cm.—(腐蚀与防护全书)

ISBN 7-5025-1215-2: ¥10.90

TM212 043909

无机电介质/李标荣等编.—武汉:华中理工大学出版社,1995.12.—199 页;26cm
高等学校工科电子类规划教材
ISBN 7-5609-1238-9:¥10.50

①TM216②TM862　043910
高压绝缘子和避雷器/刘跃凌主编.—北京:机械工业出版社,1995.5.—145 页;26cm.—(国外机械工业基本情况)
ISBN 7-111-04631-5:¥50.00

TM242　043911
电碳/陆玉峻主编.—北京:机械工业出版社,1995.10.—114 页;26cm.—(国外机械工业基本情况)
ISBN 7-111-04809-1:¥45.00

TM247　043912
电力电缆结构设计原理/刘子玉,王惠明编.—西安:西安交通大学出版社,1995.10.—320 页;26cm
ISBN 7-5605-0775-1:¥11.50

TM248　043913
电缆工:初级/安颖芬主编.—北京:中国铁道出版社,1995.8.—90 页;19cm
铁路职工岗位培训统编教材
ISBN 7-113-01974-9:¥3.30

TM248　043914
电缆工:中级/安颖芬主编.—北京:中国铁道出版社,1995.8.—195 页;19cm
铁路职工岗位培训统编教材
ISBN 7-113-01973-0:¥6.00

TM3 电机

TM3　043915
电机及电力拖动基础/谈代秀主编.—北京:水利电力出版社,1995.5.—284 页;26cm
中等专业学校教材
ISBN 7-120-02325-X:¥10.35

TM3　043916
电机学/叶东编.—天津:天津科学技术出版社,1995.2.—514 页;26cm
高等学校教材
ISBN 7-5308-1752-3:¥24.70

TM3　043917
电机学/许实章主编.—3 版.—北京:机械工业出版社,1995.5.—429 页;26cm
普通高等教育机电类规划教材
ISBN 7-111-04424-X:¥15.95

TM3　043918
电机学/周鹗主编.—3 版.—北京:水利电力出版社,1995.5.—480 页;26cm
高等学校教材
ISBN 7-120-02334-9:¥17.25

TM3　043919
电机学/沈世锐主编.—北京:北京出版社,1995.4.—293 页;20cm
中央国家机关机电专业培训教材
ISBN 7-200-02573-9:¥11.00

TM3　043920
电机学/杨玉荣,孙庆本主编.—长春:吉林大学出版社,1995.12.—409 页;26cm
高等学校教学用书
ISBN 7-5601-1877-1:¥19.80

TM3　043921
电机学　下册/朱东起主编.—北京:中央广播电视大学出版社,1995.2.—235 页;26cm
中央广播电视大学教材
ISBN 7-304-01160-2:¥10.45

TM3　043922
电机与传动/杨芳春主编.—北京:煤炭工业出版社,1995.5.—406 页;26cm
高等学校规划教材
ISBN 7-5020-1168-4:¥19.50

TM3　043923
电机与电气控制/谭维瑜主编.—北京:机械工业出版社,1995.5.—296 页;26cm
普通中等专业教育机电类规划教材
ISBN 7-111-04421-5:¥11.25

TM3　043924
电机与控制/朱承庆等编著.—南京:东南大学出版社,1995.10.—286 页;26cm
中等专业学校工科电子类规划教材
ISBN 7-81050-066-X:¥23.80

TM3　043925
电机与拖动基础/辽宁省农业工程学校主编.—北京:中国农业出版社,1995.5.—343 页;26cm
全国中等农业学校教材 农村电气化、机电等专业用
ISBN 7-109-03377-5:¥12.50

TM3　043926
面向 21 世纪的中国电机工程技术:'96 中国电机工程学会第四届青年学术会议论文集/黄其励主编.—沈阳:辽宁科学技术出版社,1995.8.—1019 页;26cm
ISBN 7-5381-2057-2:¥80.00

①TM3-42②TM4-42　043927
技工学校电机与变压器课教学参考书/龚如林编.—2 版.—北京:中国劳动出版社,1995.3.—179 页;19cm
ISBN 7-5045-1630-9:¥4.00

TM3-43　043928
电机实验教程/徐云官主编.—北京:水利电力出版社,1995.11.—147 页;26cm
高等学校教材
ISBN 7-120-02413-2:¥7.60

TM3-44　043929
电机节能技术问答:磁性槽楔与磁性槽泥的应用/赵家礼编.—北京:水利电力出版社,1995.8.—204 页;19cm
ISBN 7-120-02373-X:¥7.90

TM3-61　043930
简明汉英英汉电机工程词汇/褚庆忠,杨万青主编.—哈尔滨:哈尔滨工业大学出版社,1995.12.—444

电力出版社,1995.10.—129页;19cm
ISBN 7-80125-082-6:¥7.00

TM7-65 **044021**
电力系统规程合订本/电力工业部安全监察及生产协调司汇编.—北京:中国电力出版社,1995.11.—234页;19cm
ISBN 7-80125-045-1:¥21.70

TM711 **044022**
电力系统分析 上册/诸骏伟主编.—北京:水利电力出版社,1995.11.—176页;26cm
高等学校教材
ISBN 7-120-02389-6:¥8.90

TM711 **044023**
电力系统分析 下册/夏道止主编.—北京:水利电力出版社,1995.11.—197页;26cm
高等学校教材
ISBN 7-120-02390-X:¥10.00

TM711 **044024**
电力系统谐波分析/宋文南,刘宝仁编.—北京:水利电力出版社,1995.11.—147页;26cm
高等学校教材
ISBN 7-120-02430-2:¥7.50

TM712 **044025**
电力系统稳定/韩祯祥著.—北京:中国电力出版社,1995.5.—195页;26cm
ISBN 7-80125-010-9(精装):¥19.80

TM712 **044026**
电力系统稳态分析/陈珩著.—2版.—北京:水利电力出版社,1995.11.—286页;26cm
ISBN 7-120-02414-0:¥14.20

TM715 **044027**
电力系统负荷建模/鞠平,马大强著.—北京:水利电力出版社,1995.6.—184页;19cm
ISBN 7-120-02360-8:¥6.70

TM72 **044028**
内外线电工:初级/黄建生主编;中国兵器工业总公司教育局、江南机器厂编著.—北京:机械工业出版社,1995.9.—1册;26cm
模块式技能培训系列教材
ISBN 7-111-04570-X:¥27.00

TM726.3 **044029**
架空线路机械计算与施工/高松,丁毓山主编.—沈阳:辽宁科学技术出版社,1995.4.—306页;26cm
ISBN 7-5381-1974-4:¥18.00

TM727.1 **044030**
农村电力网规划/钱国安主编.—北京:中国农业出版社,1995.10.—192页;20cm
全国高等农业院校教材 农业电气化自动化专业用
ISBN 7-109-03793-2:¥6.15

TM727.3 **044031**
工厂供电技术/慕志恒,张卫星主编.—济南:山东大学出版社,1995.9.—368页;26cm
ISBN 7-5607-1526-5:¥23.50

TM727.3 **044032**
工业企业供电/印丕勤主编.—武汉:武汉工业大学出版社,1995.12.—429页;26cm
建材院校试用教材
ISBN 7-5629-1029-4:¥27.50

TM727.3 **044033**
油田电网优化与节能技术/戴超仁等编著.—北京:石油工业出版社,1995.12.—339页;26cm
ISBN 7-5021-1391-6:¥25.00

TM73 **044034**
电力通信网计算机监测系统/陈淑荣著.—北京:中国电力出版社,1995.10.—250页;19cm
ISBN 7-80125-014-1:¥8.80

TM73 **044035**
电力系统县级调度管理/胡学孟主编.—北京:中国农业科技出版社,1995.12.—150页;26cm
ISBN 7-80119-077-7:¥12.80

TM73 **044036**
电力线载波机及电力线载波通道测试技术/王金保,王治平编.—北京:中国电力出版社,1995.11.—172页;26cm
ISBN 7-80125-015-X:¥11.50

TM732 **044037**
电力系统运行管理/蔡洋主编.—北京:水利电力出版社,1995.8.—156页;26cm
高等学校教材
ISBN 7-120-02212-1:¥5.90

①TM732②TM86 **044038**
电力系统运行及过电压保护/河南省电力工业局编.—北京:中国电力出版社,1995.9.—356页;19cm
发电厂和变电所运行高级工培训教材 火电厂、水电厂和变电所共用
ISBN 7-80125-024-9:¥16.70

TM734 **044039**
电力系统计算机调度自动化/提兆旭,陈赤培编.—上海:上海交通大学出版社,1995.7.—188页;26cm
ISBN 7-313-01454-6:¥7.30

TM734 **044040**
配电自动化开关设备/王章启,顾霓鸿编.—北京:水利电力出版社,1995.6.—350页;19cm
ISBN 7-120-02359-4:¥12.00

TM743 **044041**
电力系统数字仿真/黄家裕等编.—北京:水利电力出版社,1995.5.—227页;26cm
高等学校教材
ISBN 7-120-02274-1:¥8.40

TM75 **044042**
10-500kV **架空电力线路杆塔**/胡定超主编;四川省电力工业局、四川省电机工程学会编著.—成都:四川科学技术出版社,1995.5.—137,26页;29cm
ISBN 7-5364-3084-1:¥105.00

TM75 **044043**
电力线路结构/黄东惠主编.—北京:水利电力出版社,1995.2.—97页;26cm
高等学校教材

ISBN 7-120-02123-0:￥3.90
TM76 044044
电力系统自动化/李先彬主编.—3版.—北京:水利电力出版社,1995.11.—251页;26cm
高等学校教材
ISBN 7-120-02377-2:￥12.60
TM76 044045
电力系统自动装置原理/杨冠城主编.—2版.—北京:水利电力出版社,1995.11.—190页;26cm
高等学校教材
ISBN 7-120-02407-8:￥9.60
TM761 044046
电力系统无功功率与有功功率控制/何利铨,邱国跃编著.—重庆:重庆大学出版社,1995.4.—189页;26cm
ISBN 7-5624-0985-4:￥9.80
TM762 044047
协调控制与给水全程控制/刘吉臻主编.—北京:水利电力出版社,1995.11.—137页;26cm
高等学校教材
ISBN 7-120-02363-2:￥7.30
TM769 044048
电力企业计算机管理信息系统　第二册:计划、设计、工程管理信息系统/吴凤书主编;李云智等编.—北京:中国电力出版社,1995.12.—184页;26cm
ISBN 7-80125-031-1:￥15.00
TM769 044049
电力企业计算机管理信息系统　第三册:电力生产管理信息系统/吴凤书主编;许祥 等编.—北京:中国电力出版社,1995.12.—241页;26cm
ISBN 7-80125-032-X:￥16.40
TM769 044050
电力系统的微机保护/屠强等编著.—哈尔滨:哈尔滨出版社,1995.10.—425页;26cm
ISBN 7-80557-891-5(精装):￥120.00
TM769 044051
电力系统计算程序及其实现/陈亚民编.—北京:水利电力出版社,1995.11.—262页;26cm
高等学校教材
ISBN 7-120-02343-8:￥13.00
TM769 044052
供配电系统CAD方法与应用/冯林桥等编.—武汉:华中理工大学出版社,1995.6.—275页;20cm
ISBN 7-5609-1086-6:￥8.00
TM769 044053
专家系统及其在电力系统中的应用/杨以涵等编.—北京:水利电力出版社,1995.11.—158页;26cm
高等学校教材
ISBN 7-120-02350-0:￥8.10
TM77 044054
变电所继电保护及自动装置/河南省电力工业局编.—北京:中国电力出版社,1995.9.—412页;19cm
发电厂和变电所运行高级工培训教材
ISBN 7-80125-020-6:￥17.80
TM77 044055
电力系统继电保护原理与运行分析　上册/张志竟,黄玉铮编.—北京:水利电力出版社,1995.11.—263页;26cm
高等学校教材
ISBN 7-120-02415-9:￥13.20
TM77 044056
电力系统继电保护原理与运行分析　下册/王广延,吕继绍编.—北京:水利电力出版社,1995.11.—310页;26cm
高等学校教材
ISBN 7-120-02416-7:￥15.20
TM77 044057
电网继电保护的计算机辅助分析/米麟书,江世芳编.—北京:水利电力出版社,1995.11.—153页;26cm
高等学校教材
ISBN 7-120-02378-0:￥7.90
TM77 044058
高压电网继电保护原理与技术/朱声石著.—2版.—北京:中国电力出版社,1995.8.—366页;26cm
ISBN 7-80125-039-7(精装):￥33.30
TM774 044059
集成电路继电保护/宋从矩,姚晴林编.—北京:水利电力出版社,1995.11.—147页;26cm
高等学校教材
ISBN 7-120-02405-1:￥7.50

TM8 高电压技术

TM8 044060
高电压工程/邱毓昌等编.—西安:西安交通大学出版社,1995.4.—200页;26cm
ISBN 7-5605-0673-9:￥7.50
TM8 044061
高电压技术/宋执诚主编.—北京:水利电力出版社,1995.11.—187页;26cm
高等学校教材 专科适用
ISBN 7-120-02376-4:￥9.60
TM84 044062
电气绝缘在线检测技术/严璋编 .—北京:水利电力出版社,1995.11.—124页;26cm
高等学校教材
ISBN 7-120-02406-X:￥6.60
TM85 044063
高电压设备绝缘与故障分析/郭喜庆主编.—北京:水利电力出版社,1995.11.—148页;26cm
高等学校教材
ISBN 7-120-02374-8:￥7.50
TM86 044064
电力系统过电压/朱子述编.—上海:上海交通大学出版社,1995.10.—195页;26cm
ISBN 7-313-01491-0:￥10.30
TM862 044065
接地技术/杜松怀编.—北京:中国农业出版社,

1995.5.—190 页；19cm
ISBN 7－109－03859－9：¥9.50

TM866　044066
电力系统过电压分析与计算/胡国根编.—北京：水利电力出版社，1995.5.—121 页；26cm
高等学校教材
ISBN 7－120－02130－3：¥4.70

TM89　044067
高电压技术的应用/余存仪主编.—北京：水利电力出版社，1995.11.—122 页；26cm
高等学校教材
ISBN 7－120－02355－1：¥6.40

TM91 独立电源技术

TM910.7　044068
新型 UPS 不间断电源原理与维修技术/李成章，王淑芳编著.—北京：电子工业出版社，1995.3.—349 页；26cm
ISBN 7－5053－2881－6：¥26.00

TM912.105　044069
铅蓄电池化成工操作技能/宋昭润，冯继富编.—北京：机械工业出版社，1995.—137 页；19cm
铅蓄电池制造专业工人中高级操作技能培训教材
ISBN 7－111－04741－9：¥6.50

TM912.105　044070
铅蓄电池混橡工操作技能/戴淑华编.—北京：机械工业出版社，1995.7.—110 页；19cm
铅蓄电池制造专业工人中高级操作技能培训教材
ISBN 7－111－04744－3：¥5.70

TM912.105　044071
铅蓄电池生极板制造工操作技能/马林编.—北京：机械工业出版社，1995.7.—135 页；19cm
铅蓄电池制造专业工人中高级操作技能培训教材
ISBN 7－111－04740－0：¥6.00

TM912.105　044072
铅蓄电池微孔橡胶隔板工操作技能/李建科，马天敏编.—北京：机械工业出版社，1995.7.—242 页；19cm
铅蓄电池制造专业工人中高级操作技能培训教材
ISBN 7－111－04746－X：¥9.80

TM912.105　044073
铅蓄电池铸型工操作技能/刘壮毅，王文明编.—北京：机械工业出版社，1995.7.—118 页；19cm
铅蓄电池制造专业工人中高级操作技能培训教材
ISBN 7－111－04741－9：¥5.20

TM92 电气化、电能应用

TM92　044074
电力用户服务指南/天津市电力工业局编.—天津：天津人民出版社，1995.10.—254 页；20cm
ISBN 7－201－02380－2：¥10.00

TM92　044075
电气防火/钱振杰主编；《电气防火》编写组编.—北京：群众出版社，1995.11.—534 页；20cm
公安消防部队指挥学校统编试用教材
ISBN 7－5014－1370－3：¥23.20

TM92　044076
电气实验技术　下册/滕国仁主编.—北京：煤炭工业出版社，1995.11.—231 页；26cm
高等学校规划教材
ISBN 7－5020－1245－1：¥12.40

TM92　044077
工业电气自动化/王威主编.—北京：中国商业出版社，1995.8.—311 页；26cm
高等学校工科试用教材
ISBN 7－5044－2685－7：¥19.50

TM92　044078
鉴定法规与安全用电常识/何基稳，谢日彬主编.—南宁：广西民族出版社，1995.6.—193 页；26cm
广西职业技能培训与鉴定丛书电工 第一册 初、中、高级电工用
ISBN 7－5363－3021－9：¥14.00

TM92　044079
现代家庭用电和节电 200 问/张万奎编著.—北京：科学出版社，1995.12.—158 页；19cm
ISBN 7－03－004920－9：¥10.00

TM92－62　044080
现代家庭用电指南/周久海等主编.—北京：金城出版社，1995.6.—412 页；19cm
ISBN 7－80084－117－0：¥12.80

TM921　044081
电力拖动/尚艳华主编.—北京：电子工业出版社，1995.5.—302 页；26cm
职业学校电子教材 实用电子技术专业用
ISBN 7－5053－2874－3：¥16.00

TM921.1　044082
电力拖动直流调速系统/张世铭，王振和主编.—2 版.—武汉：华中理工大学出版社，1995.1.—291 页；20cm
ISBN 7－5609－0360－6：¥5.40

TM921.5　044083
工厂电气控制技术/李振安主编.—重庆：重庆大学出版社，1995.6.—171 页；26cm
高等工科院校系列教材
ISBN 7－5624－0982－X：¥7.90

TM921.5　044084
工厂电气自动控制/赵凤金编著.—武汉：武汉工业大学出版社，1995.12.—201 页；26cm
ISBN 7－5629－1054－5：¥13.00

TM921.5－42　044085
技工学校电力拖动控制线路课教学参考书/谌正君等编.—2 版.—北京：中国劳动出版社，1995.6.—130 页；19cm
ISBN 7－5045－1631－7：¥3.40

TM921.51　044086
变频器应用手册/吴忠智，吴加林编著.—北京：机械

工业出版社,1995.7.—387页;20cm

ISBN 7-111-04637-4: ¥23.00

TM921.52　044087

电气传动的脉宽调制控制技术/吴守箴,臧英杰著.—北京:机械工业出版社,1995.1.—238页;20cm.—(电气自动化新技术丛书)

ISBN 7-111-04453-3: ¥12.00

①TM921.54②TP275　044088

现代交流伺服系统/秦忆等编著.—武汉:华中理工大学出版社,1995.1.—140页;26cm

ISBN 7-5609-1071-8: ¥5.38

TM922　044089

牵引电机/童春辉主编.—北京:中国铁道出版社,1995.4.—205页;26cm

高等学校专科试用教材

ISBN 7-113-01931-5: ¥7.60

TM923.01-62　044090

照明技术手册/朱小清主编.—北京:机械工业出版社,1995.11.—729页;26cm

ISBN 7-111-04555-6: ¥68.00

TM923.33　044091

二十一世纪新光源:场致发光/吴伊居等编著.—北京:中国科学技术出版社,1995.2.—152页;19cm

ISBN 7-5046-1314-2: ¥8.00

①TM924.76②G306.7　044092

微波加热工艺及国外专利精选/王绍林编著.—北京:专利文献出版社,1995.11.—148页;26cm

ISBN 7-80011-175-X: ¥15.80

TM925　044093

电冰箱与空调机/王宏元,陈国梁编写.—重庆:重庆出版社,1995.6.—118页;19cm.—(家电百事通丛书/吴耕主编)

ISBN 7-5366-3046-8: ¥4.00

TM925　044094

家电常用高频电路/杨昌义,林时昌编著.—成都:四川民族出版社,1995.5.—271页;26cm

ISBN 7-5409-1524-2: ¥14.50

TM925　044095

家庭用电指南/高玉奎,孙玉林主编.—天津:天津科学技术出版社,1995.2.—370页;19cm

ISBN 7-5308-1571-7: ¥12.00

TM925　044096

家用电器中的微电脑/胡有为主编.—北京:高等教育出版社,1995.10.—162页;26cm

中等职业教育用书

ISBN 7-04-005424-8: ¥11.90

TM925　044097

家用电热、电动器具原理与故障分析、检修/杜德昌等编 .—北京:机械工业出版社,1995.5.—160页;26cm.—(工人技术等级标准〈家用电器维修专业〉考核辅导丛书)

ISBN 7-111-04264-6: ¥14.00

TM925　044098

家用电子电器原理、应用与维修/袁宇正主编.—北京:人民邮电出版社,1995.6.—308页;26cm

ISBN 7-115-05610-2: ¥20.00

TM925　044099

家用制冷设备原理与故障分析、检修/李援瑛主编.—北京:机械工业出版社,1995.5.—238页;26cm.—(工人技术等级标准〈家用电器维修专业〉考核辅导丛书)

ISBN 7-111-04322-7: ¥14.50

TM925　044100

进口居家电器电路精选/吴南岩编.—福州:福建科学技术出版社,1995.4.—115页;26cm

ISBN 7-5335-0893-9: ¥8.80

TM925　044101

现代家用电器/徐士毅,肖广润编著.—2版.—武汉:华中理工大学出版社,1995.4.—478页;20cm

ISBN 7-5609-0663-X: ¥12.50

TM925　044102

现代家用电器/王相环编著.—贵阳:贵州教育出版社,1995.12.—287页;20cm

ISBN 7-80583-739-2: ¥12.00

TM925-44　044103

新潮家电555问/黄签名,李艳编著.—北京:金盾出版社,1995.12.—354页;19cm

ISBN 7-5082-0090-X: ¥11.00

TM925-61　044104

家用电器实用维修基础·方法·技巧大全/高雨春等编著.—北京:电子工业出版社,1995.8.—844页;26cm.—(全国家用电器维修培训补充读物;32)

ISBN 7-5053-3023-3: ¥66.00

TM925-62　044105

百种家用电器实用手册/李耀奎编著.—北京:人民邮电出版社,1995.1.—551页;20cm

ISBN 7-115-05451-7: ¥18.60

TM925-62　044106

电冰箱空调器零部件实用手册/黄良辅编著.—北京:人民邮电出版社,1995.11.—543页;26cm.—(家用电器维修丛书)

ISBN 7-115-05763-X: ¥38.00

TM925-62　044107

家用电器常用集成电路代换手册/庄跃辉,舒妙飞编著.—北京:人民邮电出版社,1995.5.—491页;26cm

ISBN 7-115-05539-4(精装): ¥40.00

TM925-62　044108

最新家用电器选购·使用·维护大全/王殿元等编著.—北京:新时代出版社,1995.10.—576页;19cm

ISBN 7-5042-0276-2: ¥21.20

TM925.0　044109

家庭实用电器电路分析与维修技术/上海市电子电器技术协会,上海市闸北区业余大学编著.—上海:上海科学普及出版社,1995.2.—347页;26cm.—(家用电器维修丛书)

ISBN 7-5427-0867-8: ¥18.50

TM925.05　044110

家庭电气安装与维修/方大千,郑鹏编著.—福州:福

建科学技术出版社,1995.1.—387页;19cm

ISBN 7-5335-0827-0:￥8.50

TM925.07 044111

16种家用电器实用维修技术/张炳秀等编著.—沈阳:辽宁科学技术出版社,1995.1.—452页;19cm.—(家用电器维修丛书)

ISBN 7-5381-2073-4:￥13.00

TM925.07 044112

大家电维修技术/蒲士修编著.—深圳:海天出版社,1995.11.—496页;19cm.—(城乡实用新技能丛书)

ISBN 7-80615-283-0:￥19.30

TM925.07 044113

电冰箱、空调器修理技术和经验/杨东斌等编著.—北京:电子工业出版社,1995.1.—175页;26cm

ISBN 7-5053-2748-8:￥9.80

TM925.07 044114

电冰箱空调器检修实例/顾久康编著;梁杏雄等编.—上海:上海交通大学出版社,1995.3.—249页;26cm

初级制冷技工应知应会参考教材

ISBN 7-313-01425-2:￥14.20

TM925.07 044115

家用电器常见故障检修表解大全/李勇帆编著.—长沙:湖南科学技术出版社,1995.3.—384页;26cm

ISBN 7-5357-1567-2:￥26.00

TM925.07 044116

家用电器维修技术精选:制冷、洗衣机、小家电/虞国平主编.—北京:电子工业出版社,1995.9.—402页;26cm.—(家电维修技术精华丛书;8)

ISBN 7-5053-3007-1:￥27.00

TM925.07 044117

小家电维修技术/刘国艺编.—深圳:海天出版社,1995.11.—409页;19cm.—(城乡实用新技能丛书)

ISBN 7-80615-284-9:￥16.10

TM925.07 044118

新潮家用电热器具:结构 使用 维修/晓明等编著.—北京:科学技术文献出版社,1995.8.—419页;26cm

ISBN 7-5023-2288-4:￥30.00

TM925.07 044119

中华人民共和国家用电器维修工培训方案:试行/国内贸易部颁发.—北京:人民邮电出版社,1995.8.—115页;19cm

ISBN 7-115-05755-9:￥5.00

TM925.07-62 044120

新编实用家庭电器维修保养手册/李耀南主编.—广州:广州出版社,1995.9.—494页;19cm

ISBN 7-80592-309-4:￥18.00

TM925.1 044121

家用空调器:原理·结构·安装·维修/徐德胜,顾久康编著.—上海:上海科学技术文献出版社,1995.9.—413页;26cm

初级制冷工培训与自学教材 附微电脑控制电路图7套

ISBN 7-5439-0809-3:￥29.80

TM925.1 044122

家用空调器使用维修问答/金德宣主编.—成都:电子科技大学出版社,1995.10.—356页;19cm

ISBN 7-81043-131-5:￥11.80

TM925.1 044123

家用空调器原理、选择、安装、使用及维修/刘宪英等编著.—重庆:重庆出版社,1995.5.—371页;20cm.—(高档家电丛书)

ISBN 7-5366-3093-X:￥12.60

TM925.1 044124

家用空调器原理·检测·维修技术/刘学志等编著.—济南:黄河出版社,1995.3.—182页;26cm.—('90年代家用电器实用丛书;2)

ISBN 7-80558-586-5:￥12.80

TM925.1 044125

空调与制冷设备/王润如,王乐如编著.—长春:长春出版社,1995.1.—323页;19cm.—(家用电器使用维修丛书/张今才主编)

ISBN 7-80604-101-X:￥9.50

TM925.1 044126

实用空调设备维修/(美)卡瑞斯特著;王世洪等译.—北京:机械工业出版社,1995.6.—294页;19cm

著者原题:安托尼·J.卡瑞斯特

ISBN 7-111-04408-8:￥10.50

TM925.1 044127

图解小型空调器:使用、安装与维修/OHM社编;邸更岩译.—北京:科学出版社,1995.10.—197页;20cm.—(OHM科学丛书)

ISBN 7-03-004675-7:￥20.00

TM925.1 044128

新型电风扇原理与维修/荣俊昌编著.—北京:高等教育出版社,1995.4.—204页;26cm

ISBN 7-04-005135-4:￥12.00

TM925.1-44 044129

家用空调器200问/马惠民编著.—上海:上海科学技术出版社,1995.7.—177页;19cm

ISBN 7-5323-3798-7:￥6.50

TM925.2 044130

家用电冰箱常见故障判断及维修/陈国樑编写.—南昌:江西科学技术出版社,1995.6.—124页;20cm

ISBN 7-5390-0905-5:￥5.00

TM925.5 044131

家庭厨房电器/杨国安,滕惟东编写.—重庆:重庆出版社,1995.6.—139页;19cm.—(家电百事通/吴耕主编)

ISBN 7-5366-3047-6:￥4.60

TM925.5 044132

现代厨房电器使用与维修/时继功主编;刘瑞屏等编著.—北京:人民邮电出版社,1995.4.—329页;26cm.—(家用电器维修丛书)

ISBN 7-115-05530-0:￥21.00

①TM925.5②TS972.1 044133

微波炉及美食烹饪/刘杭生编著.—北京:人民邮电

出版社,1995.10.—356页;19cm.—(家电用户顾问丛书)
ISBN 7-115-05784-2: ¥12.00

TM93 电气测量技术及仪器

TM93 044134
常用仪器仪表维修技术精选/沙占友主编.—北京:电子工业出版社,1995.8.—390页;26cm.—(家电维修技术精华丛书;7)
ISBN 7-5053-3026-8: ¥26.50

TM93 044135
电工测量/李贤桃主编.—武汉:中国地质大学出版社,1995.12.—174页;26cm
ISBN 7-5625-1044-X: ¥10.50

TM93 044136
电子测量学/王永生编著.—西安:西北工业大学出版社,1995.3.—237页;26cm
高等学校教材
ISBN 7-5612-0732-8: ¥11.00

TM93 044137
电子测量仪器:原理及应用/(美)Robert A·Witte著;何小平译.—北京:清华大学出版社,1995.2.—228页;26cm
ISBN 7-302-01752-2: ¥14.00

TM93 044138
电子测量与仪器/技工学校电子类专业教材编审委员会组织编写.—2版.—北京:中国劳动出版社,1995.5.—210页;26cm
全国技工学校电子类通用教材
ISBN 7-5045-1617-1: ¥10.50

TM93 044139
电子元件测量与仪表/陆希明主编.—北京:电子工业出版社,1995.2.—283页;19cm
电子工业工人技术等级培训教材 电子元件专业
ISBN 7-5053-2691-0: ¥11.00

TM93 044140
现代电子测量基础/张伦等编.—北京:中国计量出版社,1995.8.—423页;20cm
ISBN 7-5026-0736-6: ¥15.00

TM93-61 044141
电子测量仪器实用大全/管致中主编;《电子测量仪器实用大全》编委会编.—南京:东南大学出版社,1995.8.—1700页;26cm
ISBN 7-81050-036-8(精装): ¥168.00

TM930 044142
实用无线电维修测试基础/聂在强,迟朋亘编 .—北京:机械工业出版社,1995.5.—213页;26cm.—(工人技术等级标准〈家用电器维修专业〉考核辅导丛书)
ISBN 7-111-04397-9: ¥14.00

TM930.12 044143
时域有限差分法 FDTD Method/高本庆编著.—北京:国防工业出版社,1995.3.—331页;20cm
ISBN 7-118-01311-0(精装): ¥16.10

TM930.7 044144
常用电子仪表的使用与维护/梅郇主编.—北京:人民邮电出版社,1995.9.—341页;26cm.—(无线电爱好者丛书/牛田佳主编)
ISBN 7-115-05734-6: ¥24.00

TM930.8 044145
电气实验技术 上册/滕国仁等主编;王凤霞,黄梅编写.—北京:煤炭工业出版社,1995.9.—246页;26cm
高等学校规划教材
ISBN 7-5020-1223-0: ¥13.20

TM933.2 044146
新型数字电压表原理与应用/沙占友等著.—北京:国防工业出版社,1995.5.—445页;26cm
ISBN 7-118-01392-7: ¥34.00

TM933.4 044147
复费率电能表技术/毛善国,朱新建编著.—长沙:国防科技大学出版社,1995.9.—221页;26cm
ISBN 7-81024-353-5: ¥20.00

TM936-43 044148
磁性测量/陆大川编著.—北京:电子工业出版社,1995.3.—177页;19cm
电子工业工人技术等级培训教材
ISBN 7-5053-2726-7: ¥9.00

TM936.2 044149
磁通门技术/张学孚,陆怡良著.—北京:国防工业出版社,1995.5.—378页;20cm
ISBN 7-118-01402-8(精装): ¥18.30

TM938.1 044150
万用电表新颖线路/梁正著.—济南:黄河出版社,1995.6.—136页;19cm
ISBN 7-80558-610-1: ¥6.80

TM938.1-62 044151
万用表使用维修手册/李东炜等编.—北京:中国计量出版社,1995.9.—369页;26cm
ISBN 7-5026-0739-0: ¥29.00

TM938.44 044152
高压电容电桥的使用与检定/王乐仁编著.—北京:中国计量出版社,1995.4.—207页;19cm.—(计量检定参考丛书)
ISBN 7-5026-0730-7: ¥9.00

TN 无线电电子学、电信技术

TN 044153
电子技术/史仪凯主编;向平等编.—西安:西北工业大学出版社,1995.9.—474页;20cm
ISBN 7-5612-0810-3: ¥12.00

TN 044154
电子技术基础/赵文成主编;辽宁广播电视中等专业学校编.—北京:高等教育出版社,1995.4.—419页;20cm
成人中等专业学校教材

ISBN 7-04-005229-6: ¥8.60

TN **044155**

电子技术基础/许经鸾主编.—北京:煤炭工业出版社,1995.9.—371页;26cm

中等专业学校规划教材

ISBN 7-5020-1136-6: ¥18.20

TN **044156**

电子技术基础/王至正等编.—2版.—北京:高等教育出版社,1995.8.—419页;26cm

高等学校教材

ISBN 7-04-005245-8: ¥18.65

TN **044157**

电子技术基础/周良权主编;傅恩锡等编.—北京:科学技术文献出版社,1995.8.—401页;26cm

高等学校工程专科教材

ISBN 7-5023-2557-3: ¥24.00

TN **044158**

电子技术基础/雷远振,杨伦铭主编.—成都:四川科学技术出版社,1995.9.—317页;26cm

高等学校教材

ISBN 7-5364-3193-7: ¥15.80

TN **044159**

电子技术基础/王乃厚主编.—合肥:中国科学技术大学出版社,1995.7.—378页;20cm

ISBN 7-312-00622-1: ¥7.80

TN **044160**

电子技术基础/江吟清著.—武汉:华中理工大学出版社,1995.7.—299页;26cm

中等专业学校工科电子类规划教材

ISBN 7-5609-1064-5: ¥10.80

TN **044161**

电子技术基础:模拟部分/虞光楣主编.—北京:北京工业大学出版社,1995.3.—483页;19cm

ISBN 7-5639-0409-3: ¥9.80

TN **044162**

模拟电子技术基础学习与解题指导/刘传菊主编.—哈尔滨:黑龙江教育出版社,1995.4.—575页;19cm

高等学校教材

ISBN 7-5316-2540-7: ¥11.80

TN **044163**

新编少年无线电入门/郑寿安,潘平仲编.—福州:福建科学技术出版社,1995.1.—294页;19cm

ISBN 7-5335-0855-6: ¥8.10

TN **044164**

自然科学学科发展战略调研报告:电子学与信息系统/国家自然科学基金委员会编.—北京:科学出版社,1995.11.—145页;20cm

ISBN 7-03-004724-9: ¥13.00

TN-18 **044165**

实用电子专利技术300例/谢启林,王薇编.—北京:电子工业出版社,1995.8.—578页;26cm

ISBN 7-5053-2755-0: ¥40.00

TN-33 **044166**

电子技术基础实验/叶致诚,唐冠宗编.—北京:高等教育出版社,1995.10.—337页;26cm

高等学校工程专科教材

ISBN 7-04-005376-4: ¥15.25

TN-33 **044167**

电子技术基础实验与实习/邮电部教育司主编.—北京:人民邮电出版社,1995.2.—257页;19cm

邮电技工学校教材

ISBN 7-115-05531-9: ¥7.00

TN-33 **044168**

电子技术实验/龚淑秋,何乃茹主编.—北京:机械工业出版社,1995.2.—67页;26cm

高等学校教材

ISBN 7-111-04577-7: ¥5.50

TN-33 **044169**

电子技术实验与课程设计/毕满清主编.—北京:机械工业出版社,1995.10.—170页;26cm

高等学校教材

ISBN 7-111-04811-3: ¥12.00

TN-33 **044170**

电子技术选修实验/钟长华等编著.—北京:清华大学出版社,1995.9.—217页;26cm

ISBN 7-302-01825-1: ¥10.80

TN-33 **044171**

模拟与数字电子技术基础实验/李义府主编.—长沙:中南工业大学出版社,1995.10.—137页;26cm

ISBN 7-81020-794-6: ¥9.50

TN-42 **044172**

技工学校电子技术基础课教学参考书/李南阳主编.—2版.—北京:中国劳动出版社,1995.5.—162页;19cm

ISBN 7-5045-1632-5: ¥4.20

TN-43 **044173**

电子技术基础/刘芳田主编.—北京:中国铁道出版社,1995.11.—259页;20cm

ISBN 7-113-02134-4: ¥9.80

TN-43 **044174**

电子技术教程:导读篇/王振海主编.—长春:吉林大学出版社,1995.6.—181页;26cm

ISBN 7-5601-1842-9: ¥23.30

TN-43 **044175**

电子技术教程:教材篇/杨今才主编.—长春:吉林大学出版社,1995.6.—197页;26cm

ISBN 7-5601-1842-9: ¥23.30

TN-44 **044176**

电子技术基础知识500问/许茂祖等编.—北京:人民邮电出版社,1995.7.—389页;26cm

ISBN 7-115-05455-X: ¥25.00

TN-44 **044177**

电子技术习题集/仉进主编;马德云等编写.—北京:中国劳动出版社,1995.3.—101页;19cm

高级电工培训教材

ISBN 7-5045-1604-X: ¥2.40

TN-49 **044178**

电子世界的奥秘/于今昌主编.—长春:吉林大学出

版社,1995.1.—264页;19cm.—(知识宝库丛书)
ISBN 7-5601-1658-2: ¥6.50

TN-49 044179
收音机、录音机、黑白电视机原理与维修/刘利国等编.—贵阳:贵州科技出版社,1995.10.—621页;19cm
ISBN 7-80584-419-4: ¥18.80

TN-49 044180
无线电爱好者丛书 (上):业余无线电通信制作改进修理/电子文摘报社,家庭电子杂志社编.—成都:成都科技大学出版社,1995.4.—226页;26cm
ISBN 7-5616-2992-3: ¥17.00

TN-49 044181
无线电爱好者丛书 (下):电源乐器游戏制作改进修理/电子文摘报社,家庭电子杂志社编.—成都:成都科技大学出版社,1995.4.—233页;26cm
ISBN 7-5616-2992-3: ¥16.00

TN-49 044182
无线电爱好者丛书 (中):仪器仪表工具制作改进修理/电子文摘报社,家庭电子杂志社编.—成都:成都科技大学出版社,1995.4.—187页;26cm
ISBN 7-5616-2992-3: ¥13.00

TN-55 044183
无线电与电视:1994年合订本/无线电与电视编辑部编.—上海:上海科学技术出版社,1995.—1册;26cm
ISBN 7-5323-3759-6: ¥15.00

TN-61 044184
电子工程师手册/电子工程师手册编辑委员会编.—北京:机械工业出版社,1995.4.—2册;26cm
ISBN 7-111-04178-X(精装): ¥198.00

TN-62 044185
卡拉OK厅音响、电视与灯光:工程设计与操作指南/熊建设编著.—成都:四川科学技术出版社,1995.3.—408页;26cm
ISBN 7-5364-2852-9: ¥24.00

①TN-62②TM-62 044186
电子工程师技术手册/( )增田主编;陈太一等译.—北京:机械工业出版社,1995.12.—1册;26cm
著者原题:F.F.增田
ISBN 7-111-04527-0(精装): ¥98.00

TN-64 044187
无线电爱好者实用资料图表集 (2)/黄健昌等编.—北京:人民邮电出版社,1995.1.—642页;26cm
ISBN 7-115-05303-0: ¥35.00

TN0 一般性问题

TN0 044188
电子精密机械导论/党根茂主编.—西安:西安电子科技大学出版社,1995.5.—299页;26cm
高等学校工科电子类教材
ISBN 7-5606-0321-1: ¥10.90

TN0 044189
电子设备结构与工艺/吴汉森主编.—北京:北京理工大学出版社,1995.11.—298页;26cm
中等专业学校工科电子类规划教材
ISBN 7-81045-043-3: ¥24.00

TN0 044190
无线电自学窍门和制作技巧2000例/王绪忠主编;夏晓红等编写.—长沙:湖南科学技术出版社,1995.8.—745页;20cm
ISBN 7-5357-1667-9: ¥25.60

TN0 044191
物理电子技术材料与工艺/史月艳等编.—北京:国防工业出版社,1995.11.—238页;26cm
高等学校工科电子类规划教材
ISBN 7-118-01447-8: ¥12.05

TN01 044192
电工电子学/刘鸿国主编.—北京:警官教育出版社,1995.2.—440页;19cm
ISBN 7-81027-640-9: ¥17.80

TN014 044193
无线电技术基础/赵忠仁等编著.—北京:中国广播电视出版社,1995.8.—285页;26cm
ISBN 7-5043-2720-4: ¥17.00

TN015 044194
电磁场微波技术与天线/盛振华编著.—西安:西安电子科技大学出版社,1995.12.—255页;26cm
高等学校工科电子类教材
ISBN 7-5606-0371-8: ¥13.00

TN015 044195
微波辐射测量技术及应用/张祖荫,林士杰著.—北京:电子工业出版社,1995.2.—206页;26cm
ISBN 7-5053-2778-X: ¥16.00

TN015 044196
微波工程基础/吕善伟编著.—北京:北京航空航天大学出版社,1995.9.—356页;20cm
ISBN 7-81012-567-2: ¥11.00

TN015 044197
微波技术/吴宏雄,丘秉生编著.—广州:中山大学出版社,1995.3.—257页;26cm
ISBN 7-306-00944-3: ¥16.00

TN015 044198
微波技术与天线/赵姚同,周希朗编.—南京:东南大学出版社,1995.9.—343页;26cm
高等学校工科电子类规划教材
ISBN 7-81050-048-1: ¥29.50

TN015 044199
微波原理/吴正娴编.—武汉:武汉大学出版社,1995.11.—319页;20cm
ISBN 7-307-02142-0: ¥9.70

TN015 044200
微波原理与技术/陈秉钧等编.—长春:吉林大学出版社,1995.12.—274页;26cm
ISBN 7-5601-1860-7: ¥15.00

TN02 044201
电子工程制图/张书琴主编.—西安:西安电子科技大学出版社,1995.12.—200页;26cm

中等专业学校教材 附习题集 1 册
ISBN 7-5606-0373-4: ¥21.80

TN02-62 044202
电子设备可靠性热设计指南/徐维新等编著.—北京:电子工业出版社,1995.3.—184 页;19cm
ISBN 7-5053-2663-5: ¥8.00

TN03 044203
电磁兼容原理与设计/王定华,赵家升编著.—成都:电子科技大学出版社,1995.5.—279 页;26cm
高等学校工科电子类规划教材
ISBN 7-81043-266-4: ¥10.60

TN04 044204
电子材料与元件/朱余钊编著.—成都:电子科技大学出版社,1995.11.—216 页;26cm
中等专业学校工科电子类规划教材
ISBN 7-81043-262-1: ¥11.30

TN05 044205
实用电子小制作 150 例/杨邦文编著.—北京:人民邮电出版社,1995.3.—181 页;26cm.—(电子爱好者制作丛书;1)
ISBN 7-115-05529-7: ¥12.00

TN07 044206
通讯办公设备维修技术/吴大羽编.—深圳:海天出版社,1995.11.—593 页;19cm.—(城乡实用新技能丛书)
ISBN 7-80615-286-5: ¥22.00

TN1 真空电子技术

TN103 044207
电力电子新器件及其应用技术/王志良主编.—北京:国防工业出版社,1995.6.—238 页;26cm
ISBN 7-118-01450-8: ¥21.20

TN103 044208
多碱光电阴极:机理、特性与应用/常本康著.—北京:机械工业出版社,1995.6.—232 页;19cm
ISBN 7-111-04663-3: ¥12.50

①TN103②O64 044209
真空电子器件化学/梁振海主编.—北京:电子工业出版社,1995.3.—339 页;20cm
电子工业工人技术等级培训教材·真空电子器件专业教材
ISBN 7-5053-2728-3: ¥16.00

TN103-62 044210
通用线性电子器件数据手册/美国国家半导体公司编;王戌瑞等译.—北京:科学出版社,1995.9.—1 册;23cm
ISBN 7-03-004095-3: ¥110.00

TN105 044211
真空电子器件制造工艺/郝永言,严文俊主编.—北京:电子工业出版社,1995.5.—541 页;20cm
电子工业工人技术等级培训教材 真空电子器件专业教材
ISBN 7-5053-2725-9: ¥22.00

TN12-43 044212
微波铁氧体材料与器件/张国荣主编.—北京:电子工业出版社,1995.5.—194 页;19cm
电子工业工人技术等级培训教材·磁性材料专业教材
ISBN 7-5053-2695-3: ¥10.00

TN141-62 044213
现代图象元器件及设备指南/张云熙编著.—北京:国防工业出版社,1995.8.—339 页;20cm
ISBN 7-118-01381-1: ¥14.30

TN2 光电子技术、激光技术

TN201 044214
光学传感与测量/安毓英,曾小东编 .—北京:电子工业出版社,1995.4.—268 页;26cm
高等学校工科电子类规划教材
ISBN 7-5053-2737-2: ¥9.60

TN206 044215
光电检测技术/高稚允,高岳编著.—北京:国防工业出版社,1995.6.—471 页;20cm
ISBN 7-118-01320-X: ¥20.60

TN206 044216
光电检测技术/罗先和等编著.—北京:北京航空航天大学出版社,1995.6.—207 页;26cm
ISBN 7-81012-545-1: ¥10.50

TN21 044217
红外系统/杨宜禾等编著.—2 版.—北京:国防工业出版社,1995.10.—327 页;26cm
高等学校工科电了类规划教材
ISBN 7-118-01430-3: ¥16.15

TN21 044218
红外系统/陈玻若编著.—北京:兵器工业出版社,1995.8.—272 页;26cm
普通高等教育兵工类规划教材
ISBN 7-80038-852-2: ¥10.00

TN21 044219
微光与红外成像技术/张敬贤等编著.—北京:北京理工大学出版社,1995.9.—284 页;26cm
普通高等教育兵工类规划教材
ISBN 7-81045-032-8: ¥19.00

TN24 044220
非线性光学频率变换及激光调谐技术/姚建铨著.—北京:科学出版社,1995.3.—410 页;26cm
ISBN 7-03-004291-3(精装): ¥37.00

TN24 044221
激光技术/蓝信钜主编.—武汉:华中理工大学出版社,1995.12.—278 页;26cm
高等学校、工科电子类规划教材
ISBN 7-5609-1266-4: ¥14.50

TN24 044222
激光器件与技术/刘敬海等编著.—北京:北京理工

大学出版社,1995.12.—312 页;26cm
ISBN 7-81045-058-1: ¥15.80

TN24　044223
激光微细加工/叶玉堂编著.—成都:电子科技大学出版社,1995.5.—295 页;19cm
ISBN 7-81043-236-2: ¥9.50

TN24-49　044224
创造奇迹的光:21 世纪的激光技术/雷仕湛编著.—北京:科学技术文献出版社,1995.7.—167 页;19cm.—(21 世纪科普教育丛书/卢嘉锡等主编)
ISBN 7-5023-2512-3: ¥9.00

TN241　044225
激光原理/周炳琨等编著.—北京:国防工业出版社,1995.4.—289 页;26cm
高等学校工科电子类规划教材
ISBN 7-118-01351-X: ¥10.50

TN247　044226
激光多普勒测量技术及其应用/孙渝生编著.—上海:上海科学技术文献出版社,1995.5.—216 页;19cm
ISBN 7-5439-0557-4: ¥14.50

TN248.6　044227
自由电子激光/惠钟锡,杨震华主编.—北京:国防工业出版社,1995.12.—437 页;20cm.—(全国高技术重点图书·激光技术领域)
ISBN 7-118-01466-4(精装): ¥26.60

TN25　044228
光纤光学/刘德明等编.—北京:国防工业出版社,1995.5.—267 页;26cm
高等学校工科电子类规划教材
ISBN 7-118-01357-9: ¥10.10

TN25　044229
光纤技术及应用/彭吉虎,吴伯瑜编著.—北京:北京理工大学出版社,1995.6.—247 页;20cm
ISBN 7-81045-010-7: ¥9.00

TN25　044230
介质传输光学/陈亚孚著.—北京:兵器工业出版社,1995.12.—517 页;19cm
高等学校教材
ISBN 7-80038-965-0: ¥13.00

TN27　044231
电子显示技术/张兴义编著.—北京:北京理工大学出版社,1995.10.—375 页;20cm
高等学校工科电子类规划教材
ISBN 7-81045-046-8: ¥12.80

TN29　044232
电子光学应用/肖士璋,冉启钧编.—成都:电子科技大学出版社,1995.4.—329 页;26cm
ISBN 7-81043-225-7: ¥13.50

TN29　044233
图像电子学基础/唐传尧编著.—北京:电子工业出版社,1995.10.—310 页;20cm
高等学校工科电子类规划教材
ISBN 7-5053-2976-6: ¥7.80

TN3 半导体技术

①TN3-62②TP3-62　044234
半导体器件选用指南/NEC 公司编;万芙蓉译.—北京:电子工业出版社,1995.9.—205 页;26cm
ISBN 7-5053-3148-5: ¥28.00

TN303　044235
电力半导体器件原理与设计/高金铠主编.—沈阳:东北大学出版社,1995.10.—309 页;26cm
ISBN 7-81054-008-4: ¥20.00

TN303　044236
现代功率电子技术/苏开才,毛宗源编著.—北京:国防工业出版社,1995.9.—286 页;26cm
ISBN 7-118-01306-4: ¥20.10

TN303　044237
最新功率半导体器件应用技术/何希才,尤克编.—北京:机械工业出版社,1995.3.—249 页;19cm
ISBN 7-111-04263-8: ¥10.00

TN303-1　044238
半导体器件研究与进展　(三)/王守武主编.—北京:科学出版社,1995.10.—446 页;19cm
ISBN 7-03-004428-2: ¥26.00

TN303-61　044239
半导体器件互换大全　(上)/金圣东主编;电子工业部半导体专业情报网编.—北京:电子工业出版社,1995.9.—1472 页;26cm
ISBN 7-5053-3062-4(精装): ¥138.00

TN303-61　044240
半导体器件互换大全　(下)/金圣东主编;电子工业部半导体专业情报网编.—北京:电子工业出版社,1995.9.—2697~3401 页;26cm
ISBN 7-5053-3064-0(精装): ¥72.00

TN303-61　044241
半导体器件互换大全　(中)/金圣东主编;电子工业部半导体专业情报网编.—北京:电子工业出版社,1995.9.—1473~2696 页;26cm
ISBN 7-5053-3063-2(精装): ¥118.00

TN303-62　044242
半导体器件、集成电路学生手册/安德宁编.—北京:人民邮电出版社,1995.1.—199 页;13×19cm
ISBN 7-115-05369-3: ¥6.20

TN304　044243
半导体器件材料/刘锦春等编.—北京:电子工业出版社,1995.4.—388 页;20cm
电子工业工人技术等级培训教材 半导体器件及集成电路
ISBN 7-5053-2727-5: ¥15.00

TN304.9　044244
半导体超晶格材料及其应用/唐昌鹤,杨树人编著.—北京:国防工业出版社,1995.12.—245 页;20cm
ISBN 7-118-01505-9(精装): ¥12.70

TN305.3　044245
离子束材料改性原理及工艺/陈宝清编著.—北京:

国防工业出版社,1995.3.—248 页;20cm
ISBN 7-118-01344-7(精装):¥13.30

TN305.7　044246
离子束技术及应用/刘金声编著.—北京:国防工业出版社,1995.3.—315 页;20cm
ISBN 7-118-01312-9(精装):¥15.80

TN32-61　044247
国内晶体管参数与代换大全/庄跃辉,舒建寅主编.—北京:人民邮电出版社,1995.3.—632 页;26cm
ISBN 7-115-05546-7(精装):¥48.00

TN32-62　044248
新编晶体管简明速查手册:三级管部分/张家峥主编.—北京:电子工业出版社,1995.12.—428 页;26cm
ISBN 7-5053-3033-0(精装):¥48.00

TN365　044249
半导体激光器/蔡伯荣等编.—北京:电子工业出版社,1995.10.—257 页;26cm
高等学校工科电子类规划教材
ISBN 7-5053-2822-0:¥13.50

TN384　044250
压电器件/吴毅强,邓忠华编著.—北京:电子工业出版社,1995.10.—275 页;26cm
中等专业学校工科电子类规划教材
ISBN 7-5053-2824-7:¥14.00

TN386　044251
TMOS 功率场效应晶体管原理及应用/沈耀忠等编.—北京:电子工业出版社,1995.11.—284 页;26cm.—(Motorola 集成电路应用技术丛书)
ISBN 7-5053-2996-0:¥35.00

TP391　044252
学用 WordPerfect for Windows /崔智,任葵编著.—北京:人民邮电出版社,1995.9.—157 页;20cm.—(计算机培训丛书)
ISBN 7-115-05688-9:¥8.00

TN4 微电子学、集成电路(IC)

TN4　044253
标准集成电子数据手册 CMOS 4000 系列电路/孙人杰,李智伦主编;集成电路手册编委会编.—北京:电子工业出版社,1995.10.—314 页;26cm.—(电子工程手册系列丛书)
ISBN 7-5053-3052-7(精装):¥38.00

TN4　044254
电子技术基础课程设计:中大规模集成电路应用/梁宗善编.—武汉:华中理工大学出版社,1995.1.—202 页;26cm
ISBN 7-5609-1027-0:¥8.30

TN4　044255
可编程专用集成电路原理、设计和应用/孟宪元编.—北京:电子工业出版社,1995.10.—280 页;26cm
ISBN 7-5053-3288-0:¥30.00

TN4　044256
模糊电子技术/鲍新福等编著.—上海:上海科技教育出版社,1995.10.—298 页;20cm
ISBN 7-5428-1125-8:¥13.00

TN4　044257
微电子技术概论/贾新章,郝跃编.—北京:国防工业出版社,1995.9.—175 页;26cm
高等学校工科电子类规划教材
ISBN 7-118-01432-X:¥6.65

TN4　044258
遥控彩色电视机集成电路及应用/孙景琪编译.—北京:人民邮电出版社,1995.7.—295 页;26cm
ISBN 7-115-05661-7:¥19.50

TN4　044259
最新集成电路应用 300 例/何希才,白广存编著.—北京:科学技术文献出版社,1995.7.—183 页;26cm
ISBN 7-5023-2047-4:¥16.00

TN4-61　044260
中国集成电路大全:电力电子技术与运动控制系统/《中国集成电路大全》编委会编.—北京:国防工业出版社,1995.12.—384 页;26cm
ISBN 7-118-01530-X(精装):¥36.60

TN4-61　044261
中国集成电路大全:高速 CMOS 集成电路/《中国集成电路大全》编委会编.—北京:国防工业出版社,1995.8.—762 页;26cm
ISBN 7-118-01328-5(精装):¥64.40

TN4-61　044262
中国集成电路大全:微波集成电路/《中国集成电路大全》编委会编.—北京:国防工业出版社,1995.5.—659 页;26cm
ISBN 7-118-01329-3(精装):¥55.00

TN4-62　044263
标准集成电路数据手册:集成稳压器/集成电路手册编委会编.—北京:电子工业出版社,1995.10.—300 页;26cm.—(电子工程手册系列丛书)
ISBN 7-5053-3207-4(精装):¥38.00

TN4-62　044264
电视专用集成电路手册/裴昌幸,陈健编.—北京:电子工业出版社,1995.11.—144 页;26cm.—(Motorola 集成电路应用技术丛书)
ISBN 7-5053-2993-6:¥20.00

TN4-62　044265
美国国家半导体公司通信电路手册/刘仁普主编.—北京:机械工业出版社,1995.9.—1 册;26cm
ISBN 7-111-04761-3:¥55.00

TN40-62　044266
国内日用家电集成电路数据手册/《国内日用家电集成电路数据手册》编写组编.—北京:人民邮电出版社,1995.6.—403 页;26cm
ISBN 7-115-05236-0(精装):¥32.00

TN402　044267
电路设计自动化/郦豪,后俊伟编著.—成都:电子科技大学出版社,1995.11.—242 页;26cm
高等学校工科电子类规划教材

ISBN 7-81043-270-2:¥12.60

TN402 044268

电子线路PSPICE分析与设计/赵雅兴主编.—天津:天津大学出版社,1995.12.—192页;26cm

ISBN 7-5618-0798-8:¥16.00

TN402 044269

专用集成电路设计/刘昌孝编.—北京:国防工业出版社,1995.5.—253页;26cm

高等学校工科电子类规划教材

ISBN 7-118-01352-8:¥9.95

TN405 044270

集成电路制造动力学理论与方法/郝跃编著.—石家庄:河北教育出版社,1995.11.—386页;20cm.—(高科技教育丛书)

ISBN 7-5434-2517-3:¥13.80

TN405 044271

微电子器件工艺/李乃平主编.—武汉:华中理工大学出版社,1995.8.—254页;26cm

ISBN 7-5609-1121-8:¥9.50

TN43 044272

半导体集成电路/张开华编.—南京:东南大学出版社,1995.7.—303页;26cm

高等学校工科电子类规划教材

ISBN 7-81050-000-7:¥21.00

TN43 044273

电机控制集成电路的原理和应用/李峻,张俊儒编著.—北京:冶金工业出版社,1995.10.—482页;19cm

ISBN 7-5024-1723-0:¥19.00

TN43 044274

现代通信系统集成电路使用手册/郭维编著.—北京:电子工业出版社,1995.10.—584页;26cm

ISBN 7-5053-3096-9:¥68.00

TN431.1 044275

集成电路原理与应用/洪志刚编著.—南京:东南大学出版社,1995.12.—264页;26cm

中等专业学校工科电子类规划教材

ISBN 7-81050-087-2:¥23.00

TN431.1 044276

模拟电路/郑应华编著.—昆明:云南科技出版社,1995.8.—309页;20cm

ISBN 7-5416-0747-9:¥12.00

TN431.1 044277

模拟集成电路/熊宝辉主编.—北京:水利电力出版社,1995.11.—273页;26cm

高等学校教材 专科适用

ISBN 7-120-02402-7:¥13.70

TN431.1 044278

模拟集成电路原理与应用/吴运昌编著.—广州:华南理工大学出版社,1995.9.—352页;26cm

ISBN 7-5623-0851-9:¥25.00

TN431.2 044279

AMD PAL/PALCE/MACH系列可编程逻辑器件设计、应用与数据手册/齐秋群,刚寒冰编著.—北京:电子工业出版社,1995.3.—446页;26cm

ISBN 7-5053-2888-3:¥40.00

TN431.2 044280

集成电路数据手册和设计应用:PAL和MACH电路/胡传国,夏仁霖主编;集成电路手册编委会编.—北京:电子工业出版社,1995.10.—1217页;26cm.—(电子工程手册系列丛书)

ISBN 7-5053-3178-7(精装):¥

TN431.2 044281

数字集成电路/杨志忠主编.—北京:水利电力出版社,1995.6.—347页;26cm

高等学校教材 专科适用

ISBN 7-120-02326-8:¥12.55

TN431.2 044282

数字技术教程/曹汉房,陈耀奎编著.—北京:电子工业出版社,1995.11.—351页;26cm

高等学校工科电子类规划教材

ISBN 7-5053-2974-X:¥17.40

TN431.2 044283

双极型和场效应晶体管/武世香编.—北京:电子工业出版社,1995.5.—358页;26cm

高等学校工科电子类规划教材

ISBN 7-5053-2736-4:¥13.50

TN431.2-61 044284

数字集成电路参数与代换大全/庄跃辉等编.—北京:电子工业出版社,1995.12.—1075页;26cm.—(电子工程手册系列丛书)

ISBN 7-5053-3216-3(精装):¥98.00

TN432 044285

功率MOSFET的应用/卢豫曾编著.—南京:东南大学出版社,1995.12.—250页;20cm

高等学院工科电子类规划教材

ISBN 7-81050-098-8:¥14.00

TN432-62 044286

表面安装集成电路数据手册 下册/左春英等主编;电子工程手册编委员会,集成电路手册分编委会编.—北京:电子工业出版社,1995.1.—1册;26cm.—(电子工程手册系列丛书)

ISBN 7-5053-2514-0(精装):¥86.00

TN432-62 044287

最新CMOS数字集成电路应用手册/张奋程编著.—广州:广东科技出版社,1995.4.—493页;26cm

ISBN 7-5359-1368-7:¥32.00

TN470.2 044288

VLSI设计导论/沈绪榜,杜敏编.—北京:高等教育出版社,1995.10.—196页;26cm

高等学校教材

ISBN 7-04-005382-9:¥9.50

TN6 电子元件、组件

TN61 044289

微波铁氧体新器件/魏克珠等编著.—北京:国防工业出版社,1995.8.—353页;20cm

ISBN 7-118-01374-9(精装):¥29.10

TN64 044290

电声设备:原理及维修/朱维仲主编.—北京:兵器工业出版社,1995.7.—250页;20cm

ISBN 7-80038-877-8:¥10.00

TN641 044291

传声器装调技术/程振芝编.—北京:电子工业出版社,1995.2.—266页;19cm

电子工业工人技术等级培训教材 电子元件专业

ISBN 7-5053-2667-8:¥12.00

TN7 基本电子电路

TN7 044292

常用电子电器电路600例/曲学基等编.—北京:电子工业出版社,1995.8.—613页;20cm.—(实用电子技术丛书)

ISBN 7-5053-2971-5:¥28.00

TN7 044293

电路分析/张永瑞,杨林耀编写.—西安:西安电子科技大学出版社,1995.10.—319页;26cm

高等学校工科电子类教材

ISBN 7-5606-0372-6:¥16.50

TN7 044294

电路学习指导/王淑敏,邓存贵编.—西安:西北工业大学出版社,1995.9.—277页;26cm

高等学校自学·复习·考研用书

ISBN 7-5612-0804-9:¥14.50

TN7 044295

电源电路/赵学泉,张国华编著.—北京:电子工业出版社,1995.3.—388页;20cm

新型电子电路应用指南

ISBN 7-5053-2535-3:¥16.00

TN7 044296

高频电子线路/俞家琦编.—3版.—西安:西安电子科技大学出版社,1995.11.—296页;26cm

中等专业学校教材

ISBN 7-5606-0379-3:¥15.60

TN7 044297

基本电子电路与仪器/宋开磻等编.—北京:中国铁道出版社,1995.2.—160页;26cm.—(应用电子学实验教程丛书;1)

ISBN 7-113-01890-4:¥10.00

TN702-39 044298

电子系统计算机辅助设计/史浩山,廉保旺编著.—西安:西北工业大学出版社,1995.12.—247页;26cm

高等学校教材

ISBN 7-5612-0752-2:¥14.00

TN707 044299

测试电路/曹继松,韩德苏编.—上海:上海交通大学出版社,1995.5.—229页;26cm

ISBN 7-313-01469-4:¥8.80

TN707 044300

电子线路与数字电路实验/屠元主编.—西安:西北工业大学出版社,1995.8.—190页;26cm

高等学校教材

ISBN 7-5612-0733-6:¥10.00

TN710 044301

低频电子线路/金宝琴主编.—北京:高等教育出版社,1995.4.—539页;20cm

高等学校工程专科教材

ISBN 7-04-005205-9:¥9.80

TN710 044302

电子电路基础/技工学校电子类专业教材编审委员会组织编写.—2版.—北京:中国劳动出版社,1995.5.—261页;26cm

全国技工学校电子类通用教材

ISBN 7-5045-1614-7:¥13.00

TN710 044303

电子电路基础 下册/刘毕成编.—广州:广东高等教育出版社,1995.9.—310页;20cm

广东省高中职业技术教材

ISBN 7-5361-1554-7:¥8.00

TN710 044304

电子电路基础:高性能模拟电路和电流模技术/张凤言编著.—2版.—北京:高等教育出版社,1995.5.—634页;26cm

ISBN 7-04-005204-0:¥21.20

TN710 044305

电子电路与调幅收音机/邓珏瑛等编著.—广州:广东科技出版社,1995.11.—339页;26cm

中山大学电子系家用电器维修技术培训教材

ISBN 7-5359-1479-9:¥24.80

TN710 044306

模拟电子电路实验及应用/郁汉琪,施伟编.—南京:东南大学出版社,1995.12.—178页;26cm

ISBN 7-81050-084-8:¥12.80

TN710 044307

模拟电子线路:低频部分/郑应光,王维平编著.—成都:电子科技大学出版社,1995.3.—444页;26cm

中等专业学校工科电子类规划教材

ISBN 7-81043-112-9:¥18.00

TN710 044308

模拟电子线路基础/傅丰林编.—西安:西安交通大学出版社,1995.3.—243页;26cm

高等学校工科电子类规划教材

ISBN 7-5605-0671-2:¥9.30

TN710 044309

实用电子电路大全 (四)/黎涛等编.—北京:电子工业出版社,1995.10.—846页;20cm

ISBN 7-5053-2468-3:¥25.00

TN710-44 044310

电子电路基础(第二版)习题册/郑仲渔编写.—北京:中国劳动出版社,1995.4.—85页;19×26cm

全国技工学校电子类通用教材

ISBN 7-5045-1615-5:¥3.90

TN710-62 044311

模拟电子线路解题指南/谢沅清,严国萍编著.—成都:电子科技大学出版社,1995.5.—205页;26cm
高等学校工科电子类规划教材
ISBN 7-81043-107-2:¥8.60

TN710.2　044312
CMOS模拟电路设计/( )艾伦(Allen,P.E.),( )霍尔伯格(Holberg,D.R.)著;王正华,叶小琳译.—北京:科学出版社,1995.3.—676页;20cm
ISBN 7-03-004273-5:¥32.00

TN710.2　044313
晶体管电路近似法/杨肃主编.—哈尔滨:哈尔滨工程大学出版社,1995.12.—174页;26cm
高等院校电类专业英语精读教材
ISBN 7-81007-607-8:¥13.50

TN710.9　044314
电子线路计算机辅助设计/鲍顺光编著.—南京:东南大学出版社,1995.8.—347页;26cm
ISBN 7-81050-050-3:¥20.00

TN710.9　044315
计算机辅助电路分析与程序设计/张珍华编著.—北京:人民邮电出版社,1995.2.—168页;26cm
ISBN 7-115-05491-6:¥14.00

TN710.9　044316
计算机在电路设计中的应用:模型综合与电路CAD/杨绍城主编.—成都:电子科技大学出版社,1995.8.—278页;26cm
ISBN 7-81043-139-0:¥15.80

①TN711②TN911　044317
网络、信号与系统/张永瑞等编著.—西安:西安电子科技大学出版社,1995.6.—290页;20cm
ISBN 7-5606-0382-3:¥14.00

TN712　044318
端齿盘分度装置/金令诚编著.—北京:国防工业出版社,1995.9.—253页;20cm
ISBN 7-118-01394-3(精装):¥13.10

TN713　044319
多维数字滤波器/杜锡钰等著.—北京:国防工业出版社,1995.1.—160页;20cm
ISBN 7-118-01290-4(精装):¥8.30

TN721.3　044320
电感(L)、电容(C)回路及应用/丁明芳编著.—合肥:中国科学技术大学出版社,1995.4.—182页;19cm
ISBN 7-312-00665-5:¥4.20

TN722　044321
跨导型放大器:原理·电路·应用/赵玉山编著.—北京:电子工业出版社,1995.3.—310页;20cm
ISBN 7-5053-2779-8:¥15.00

TN722.7　044322
仪表放大器应用技术/高光天主编.—北京:科学出版社,1995.8.—200页;28cm.—(ADI产品应用技术丛书)
ISBN 7-03-004803-2:¥25.00

TN74　044323
频率合成与锁相技术/戴逸民编著.—合肥:中国科学技术大学出版社,1995.2.—339页;20cm
ISBN 7-312-00620-5:¥8.50

TN74　044324
锁相与频率合成/张冠百编.—北京:电子工业出版社,1995.11.—202页;26cm
高等学校工科电子类规划教材
ISBN 7-5053-2827-1:¥10.50

TN76　044325
调制解调器原理及其应用/曾志民等编著.—北京:人民邮电出版社,1995.9.—373页;20cm.—(电信职工培训丛书)
ISBN 7-115-05727-3:¥14.00

TN76-62　044326
调制解调器实用手册/陈艳敏编.—北京:人民邮电出版社,1995.7.—314页;26cm
ISBN 7-115-05716-8:¥24.00

TN761　044327
集成电光调制理论与技术/陈福深编著.—北京:国防工业出版社,1995.5.—242页;20cm
ISBN 7-118-01362-5(精装):¥11.70

TN773　044328
通用变频器及其应用/满永奎等编著.—北京:机械工业出版社,1995.8.—382页;20cm.—(电气自动化新技术丛书)
ISBN 7-111-04766-4:¥17.00

TN78　044329
脉冲数字电路/黑龙江省农业机械化学校主编.—北京:中国农业出版社,1995.10.—209页;26cm
全国中等农业学校教材 企业电气化和计算机应用专业用
ISBN 7-109-03609-X:¥10.90

TN78　044330
脉冲与数字电路/张苹迦主编;张苹迦,胡家丰编.—北京:高等教育出版社,1995.5.—521页;20cm
高等学校工程专科教材
ISBN 7-04-005130-3:¥9.40

TN78　044331
脉冲与数字电路/何绪芃,曾发祚编.—成都:电子科技大学出版社,1995.2.—397页;26cm
ISBN 7-81043-028-9:¥17.80

TN78　044332
脉冲与数字电路/刘宁生,周哨山编著.—北京:中国广播电视出版社,1995.8.—379页;26cm
ISBN 7-5043-2712-3:¥22.00

TN78　044333
脉冲与数字电路实验/李保周,张有志编著.—济南:山东大学出版社,1995.12.—188页;26cm
ISBN 7-5607-1577-X:¥19.80

TN78-33　044334
脉冲与数字电路实验指导书/岳怡主编;董小强等编.—西安:西北工业大学出版社,1995.2.—169页;26cm
ISBN 7-5612-0684-4:¥8.50

TN79　044335

脉冲与数字技术导论/龚之春编.—北京:高等教育出版社,1995.10.—522页;20cm
ISBN 7-04-005402-7:¥13.90

TN79 044336
数字电路/朱永兴编.—北京:人民邮电出版社,1995.5.—426页;19cm
邮电中等专业学校教材
ISBN 7-115-05460-6:¥9.00

TN79 044337
数字电路/余辉定主编.—北京:人民邮电出版社,1995.10.—392页;20cm
邮电高等学校专科教材
ISBN 7-115-05644-7:¥12.50

TN79 044338
数字电路与逻辑设计/赵六骏,金良玉编.—北京:北京邮电大学出版社,1995.2.—284页;26cm
邮电高等函授教材
ISBN 7-5635-0207-6:¥15.30

TN79 044339
数字电路与逻辑设计/王树堃,徐惠民编著.—修订本.—北京:人民邮电出版社,1995.12.—513页;20cm
邮电高等学校教材
ISBN 7-115-05638-2:¥16.00

TN79 044340
数字电子技术/荣雅君,余琼芳主编.—北京:机械工业出版社,1995.5.—199页;26cm
高等学校教材
ISBN 7-111-04584-X:¥12.50

TN79 044341
数字电子技术基础/管玉国,刘绍谅主编.—长春:吉林大学出版社,1995.8.—390页;19cm
高等专科学校试用教材
ISBN 7-5601-1778-3:¥9.90

TN79 044342
数字逻辑电路/翟生辉等编.—西安:西安交通大学出版社,1995.6.—232页;26cm
高等学校工科电子类规划教材
ISBN 7-5605-0767-0:¥8.60

TN79 044343
数字逻辑电路/郭斌等编著.—北京:电子工业出版社,1995.2.—317页;20cm.—(新型电子电路应用指南)
ISBN 7-5053-2531-0:¥14.00

TN79-62 044344
青少年数字电路制作指南/林连魁编.—福州:福建科学技术出版社,1995.1.—256页;20cm
ISBN 7-5335-0861-0:¥8.20

TN8 无线电、电信设备

TN8-33 044345
现代无线电实验/北京大学无线电系信息传输与处理教研室编著.—北京:国防工业出版社,1995.3.—214页;26cm
ISBN 7-118-00388-3:¥15.70

TN80 044346
工人技术培训与考核习题集:无线电装调/陈森宝,殷复安主编;中国航天工业总公司人事劳动教育部组织编写.—北京:宇航出版社,1995.11.—177页;26cm
ISBN 7-80034-867-9:¥18.00

TN80-62 044347
通信线路常用设备和材料数据资料汇编/吴达金编.—北京:人民邮电出版社,1995.1.—716页;26cm
ISBN 7-115-05413-4:¥66.00

TN807 044348
家用通信设备维修技术精选/邓又强主编.—北京:电子工业出版社,1995.8.—289页;26cm.—(家电维修技术精华丛书;6)
ISBN 7-5053-3014-4:¥20.00

TN807 044349
实用无线电维修操作基础/陶宏伟主编.—北京:机械工业出版社,1995.5.—150页;26cm.—(工人技术等级标准〈家用电器维修专业〉考核辅导丛书)
ISBN 7-111-04269-7:¥12.00

TN807 044350
实用无线电维修技术基础/武绪廉主编.—北京:机械工业出版社,1995.5.—208页;26cm.—(工人技术等级标准〈家用电器维修专业〉考核辅导丛书)
ISBN 7-111-04352-9:¥12.50

TN807 044351
实用无线电维修理论基础/高士曾编.—北京:机械工业出版社,1995.5.—163页;26cm.—(工人技术等级标准〈家用电器维修专业〉考核辅导丛书)
ISBN 7-111-04262-X:¥12.00

TN82 044352
天线原理与设计/康行健编.—北京:国防工业出版社,1995.11.—335页;26cm
高等学校工科电子类规划教材
ISBN 7-118-01431-1:¥16.95

TN82 044353
线天线的宽频带技术/王元坤,李玉权编著.—西安:西安电子科技大学出版社,1995.6.—197页;26cm
高等学校工科电子类教材
ISBN 7-5606-0357-2:¥9.70

①TN85②TM938.1 044354
万用表检修新型收音机/傅建生,毛玉琴编著.—福州:福建科学技术出版社,1995.10.—291页;26cm
ISBN 7-5335-0938-2:¥18.00

①TN85②TN912.2 044355
收音机和收录机电路分析与维修技术/单锦星主编;上海市电子电器技术协会,上海市闸北区业余大学编著.—上海:上海科学普及出版社,1995.6.—361页;26cm.—(家用电器维修丛书/孔宪豪,王元熊主编)
ISBN 7-5427-0916-X:¥24.00

TN851 044356
现代收音机原理·调试·维修/刘天益编著.—北京:电子工业出版社,1995.1.—345页;26cm+附整机电路

图

全国家用电器维修培训补充读物 (28)

ISBN 7-5053-2753-4: ¥22.00

TN851 044357

怎样检修收音机/柯伟，施志民编著.—北京：人民邮电出版社，1995.5.—394页；19cm.—(全国星火计划丛书)

家用电器维修短期培训教材

ISBN 7-115-05570-X: ¥12.00

①TN851-64②TN912.2 044358

新编收音机小型收录放音机线路图集/《新编收音机小型收录放音机线路图集》编写组编.—北京：人民邮电出版社，1995.5.—367页；19×26cm

ISBN 7-115-05493-2: ¥38.00

TN86 044359

程控数字通信系统基础电源设备/徐曼珍编著.—北京：人民邮电出版社，1995.11.—437页；26cm.—(通信电源新技术与新设备丛书)

ISBN 7-115-05325-1: ¥45.00

TN86 044360

电源工/金佩英主编.—北京：中国铁道出版社，1995.10.—231页；19cm

铁路职工岗位培训统编教材

ISBN 7-113-02042-9: ¥7.50

TN86 044361

黑龙江通信电源维护与管理/唐义俊等主编.—哈尔滨：黑龙江人民出版社，1995.12.—152页；26cm

ISBN 7-207-03342-7: ¥12.00

TN86 044362

激光电源电路/梁国忠，梁作亮编著.—北京：兵器工业出版社，1995.12.—202页；26cm

普通高等教育兵工类规划教材

ISBN 7-80038-938-3: ¥10.15

TN86 044363

开关电源的设计与应用/赵效敏编.—上海：上海科学普及出版社，1995.9.—323页；26cm

ISBN 7-5427-0935-6: ¥21.00

TN86 044364

通信电源/黄济青编著.—北京：北京邮电大学出版社，1995.1.—269页；20cm

ISBN 7-5635-0190-8: ¥7.70

TN86 044365

通信电源/樊雅青编.—西安：陕西科学技术出版社，1995.5.—234页；20cm

ISBN 7-5369-2316-3: ¥9.50

TN86 044366

新型UPS不间断电源原理与维修技术/李成章，王淑芳编著.—北京：电子工业出版社，1995.3.—349页；26cm

ISBN 7-5053-2881-6: ¥26.00

TN86-64 044367

微机CRT开关电源及UPS线路图集/涂晓柯等编著.—长沙：湖南科学技术出版社，1995.11.—91页；38cm

ISBN 7-5357-1684-9: ¥13.00

TN91 通信

TN91 044368

电信概要/邮电部教育司主编.—北京：人民邮电出版社，1995.9.—275页；19cm

邮电技工学校教材

ISBN 7-115-05724-9: ¥9.50

TN91 044369

电信实用指南/邵玉明，郭宇春编.—北京：中国铁道出版社，1995.12.—405页；20cm

ISBN 7-113-02084-4: ¥15.00

TN91 044370

个人通信/朱近康编著.—北京：人民邮电出版社，1995.9.—123页；19cm.—(电信高技术普及丛书)

ISBN 7-115-05757-5: ¥5.50

TN91 044371

国外无线电通信设备图集 (3)：单边带电台、基地台控制器、无绳电话、BP机、“大哥大”/陈华灿等编.—福州：福建科学技术出版社，1995.1.—1册；26×37cm

ISBN 7-5335-0844-0: ¥30.00

TN91 044372

计算机通信接口技术/行治民主编.—北京：中国铁道出版社，1995.5.—206页；26cm

高等学校试用教材

ISBN 7-113-01902-1: ¥7.80

TN91 044373

警用通信/周江民，李龙禾主编.—北京：中国人民公安大学出版社，1995.8.—223页；20cm

内部发行

ISBN 7-81011-420-4: ¥7.5

TN91 044374

通信技术概论　上册/李文海等编.—北京：人民邮电出版社，1995.1.—366页；20cm

ISBN 7-115-05435-5: ¥12.50

TN91 044375

通信技术概论　下册/张政等编.—北京：人民邮电出版社，1995.1.—313页；20cm

ISBN 7-115-05448-7: ¥9.50

TN91 044376

现代通信/彭常编写.—重庆：重庆出版社，1995.6.—85页；19cm.—(家电百事通丛书/吴耕主编)

ISBN 7-5366-3051-4: ¥3.40

TN91 044377

现代通信系统原理/张新政编著.—北京：电子工业出版社，1995.11.—277页；26cm

ISBN 7-5053-3190-6: ¥25.00

TN91-39 044378

计算机通信/沈金龙著.—南京：东南大学出版社，1995.9.—246页；26cm

ISBN 7-81050-059-7: ¥17.00

TN91-49 044379

地球村:21世纪的邮电通信/彭虹编著.—北京:科学技术文献出版社,1995.7.—172页;19cm.—(21世纪科普教育丛书/卢嘉锡等主编)
ISBN 7-5023-2511-5:¥9.00

TN91-49　044380
全国优秀通信科普作品选编/中国通信学会科普读物研究会编.—北京:人民邮电出版社,1995.10.—262页;20cm
ISBN 7-115-05467-3:¥9.40

TN91-53　044381
21世纪通信/(英)戴维斯(Davies,D.E.N.)等编;黎荣龙等译.—北京:北京邮电大学出版社,1995.6.—261页;20cm
ISBN 7-5635-0232-7:¥11.00

TN91-61　044382
英汉通信与计算机保密技术词典/夏华等编.—北京:电子工业出版社,1995.8.—1274页;20cm
ISBN 7-5053-2878-6(精装):¥75.00

TN91-62　044383
工业企业通信:传输/全国通信工程标准技术委员会北京分会编著.—北京:人民邮电出版社,1995.10.—557页;26cm.—(电信工程设计手册;5-3)
ISBN 7-115-05737-0(精装):¥60.00

TN91-62　044384
摩托罗拉通信器件手册/刘仁普编译.—北京:机械工业出版社,1995.8.—1册;26cm
ISBN 7-111-04532-7:¥120.00

TN91-62　044385
无线通信常用数据/邮电部北京设计院编.—修订本.—北京:人民邮电出版社,1995.12.—680页;26cm.(电信工程设计手册;16)
ISBN 7-115-05756-7(精装):¥65.00

TN91-62　044386
现代通信集成电路应用技术手册　(上)/杨为理主编.—北京:电子工业出版社,1995.9.—1册;26cm
ISBN 7-5053-2992-8(精装):¥75.00

TN91-62　044387
新编实用通讯办公器材维修保养手册/金田主编.—广州:广州出版社,1995.9.—529页;19cm
ISBN 7-80592-311-6:¥18.00

TN91-62　044388
最新实用通讯器材维修与保养手册/宋洪林编.—汕头:汕头大学出版社,1995.12.—513页;20cm
ISBN 7-81036-088-4:¥24.00

TN911　044389
信号分析与处理/褚秦祥等编.—武汉:中国地质大学出版社,1995.9.—260页;26cm
高等学校试用教材
ISBN 7-5625-0977-8:¥13.00

TN911　044390
组合编码原理及应用/靳蕃,陈志编著.—上海:上海科学技术出版社,1995.6.—353页;24×15cm.—(科学专著丛书)
ISBN 7-5323-3657-3(精装):¥36.00

TN911.2　044391
奔向信息化:简述"三金工程"的历史意义/王直华等编著.—北京:电子工业出版社,1995.5.—167页;20cm.—(信息化工程系列丛书)
ISBN 7-5053-2958-8:¥9.00

TN911.2　044392
通信新媒体/日本新媒体研究会编;杨忠明,雷永山译.—北京:人民邮电出版社,1995.4.—109页;19cm
ISBN 7-115-05631-5:¥5.00

TN911.5　044393
异步转送方式/雷振明编.—北京:人民邮电出版社,1995.12.—100页;26cm
电信新技术培训系列教材
ISBN 7-115-05978-0:¥9.00

TN911.6　044394
扩谱技术/沈允春编著.—北京:国防工业出版社,1995.7.—298页;20cm
ISBN 7-118-01413-3(精装):¥14.80

TN911.6　044395
信号与系统/胡光锐编著.—上海:上海交通大学出版社,1995.10.—435页;26cm
ISBN 7-313-01459-7:¥21.60

TN911.6　044396
信号与系统/田璧元,何荣贵编著.—天津:天津科学技术出版社,1995.5.—331页;26cm
高等学校函授教材
ISBN 7-5308-1696-9:¥15.80

TN911.6　044397
信号与系统理论基础/高俊等编.—济南:山东大学出版社,1995.12.—365页;26cm
ISBN 7-5607-1563-X:¥19.80

TN911.7　044398
七号共路信令系统/糜正琨,陈锡生编著.—北京:人民邮电出版社,1995.1.—268页;26cm
ISBN 7-115-05374-X:¥19.00

TN911.7　044399
通信网的信令系统/勾学荣,温玫编著.—北京:人民邮电出版社,1995.11.—363页;20cm.—(电信职工培训丛书)
ISBN 7-115-05812-1:¥15.50

TN911.7　044400
现代电信交换基础/雷振明编著.—北京:人民邮电出版社,1995.1.—259页;20cm
ISBN 7-115-05475-4:¥9.00

TN911.7　044401
现代信号处理/张贤达著.—北京:清华大学出版社,1995.5.—590页;26cm
ISBN 7-302-01707-7:¥21.50

TN911.72　044402
DSP与实时数字信号处理/彭启琮等编著.—成都:电子科技大学出版社,1995.4.—281页;26cm
ISBN 7-81043-115-3:¥15.80

TN911.72　044403
多维数字信号处理/何振亚著.—北京:国防工业出

版社,1995.12.—407 页;20cm
ISBN 7-118-01494-X(精装):¥19.70

TN911.72　044404
数字信号处理/张元等编著.—北京:北京工业大学出版社,1995.11.—489 页;20cm
ISBN 7-5639-0466-2:¥12.00

TN911.72　044405
数字信号处理基础/王瑞英主编.—北京:中国铁道出版社,1995.4.—288 页;26cm
高等学校试用教材
ISBN 7-113-01901-3:¥10.90

TN911.72　044406
数字信号处理专论/王宏禹著.—北京:国防工业出版社,1995.5.—354 页;20cm
ISBN 7-118-01361-7(精装):¥16.60

TN911.72-43　044407
数字信号处理教程/程佩青编著.—2 版.—北京:清华大学出版社,1995.8.—433 页;26cm
本书原名《数字滤与快速傅里叶变换》。
ISBN 7-302-01836-7:¥20.00

TN912　044408
传输原理/詹道庸编.—西安:西安交通大学出版社,1995.6.—285 页;26cm
高等学校工科电子类规划教材
ISBN 7-5605-0730-1:¥10.20

TN912　044409
音响设备原理与维修/李永刚等编著.—北京:北京科学技术出版社,1995.4.—305 页;26cm
ISBN 7-5304-1617-0:¥18.00

TN912　044410
语音信号数字处理/杨行峻等编著.—北京:电子工业出版社,1995.8.—451 页;26cm
ISBN 7-5053-3147-7:¥45.00

TN912-62　044411
青少年音响电路制作指南/蔡坚勇编著.—福州:福建科学技术出版社,1995.5.—251 页;20cm
ISBN 7-5335-0902-1:¥8.70

TN912.12　044412
录音声学/林达悃著.—北京:中国电影出版社,1995.5.—396 页;20cm
影视技术教程系列
ISBN 7-106-00946-6:¥15.00

TN912.2　044413
CD 唱机实用技术大全/刘宪坤主编;张毅等编.—北京:人民邮电出版社,1995.1.—2 册(961 页);30cm
ISBN 7-115-05292-1(精装):¥120.00

TN912.2　044414
Hi-Fi 天地纵横/朱纬等著.—上海:上海人民出版社,1995.3.—129 页;26cm
ISBN 7-208-01937-1:¥11.80

TN912.2　044415
Hi-Fi 音响技术/梁华主编.—沈阳:辽宁科学技术出版社,1995.8.—460 页;26cm
ISBN 7-5381-2132-3(精装):¥38.00

TN912.2　044416
发烧音响入门/郝虹生,杜鹏编著.—北京:东方出版社,1995.5.—188 页;19×21cm.—(东方快车丛书)
ISBN 7-5060-0502-6:¥18.00

TN912.2　044417
家庭用组合音响设备的原理与维修技术/李永刚编著.—北京:新时代出版社,1995.10.—323 页;26cm.—(学一门手艺丛书)
ISBN 7-5042-0254-1:¥25.20

TN912.2　044418
家用卡拉 OK 组合音响的业余制作/彭妙颜编著.—北京:人民邮电出版社,1995.1.—299 页;26cm
ISBN 7-115-05379-0:¥18.00

TN912.2　044419
家用音响设备/裴俊凌编著.—长春:长春出版社,1995.3.—283 页;19cm.—(家用电器使用维修丛书/张今才主编)
ISBN 7-80604-100-1:¥7.50

TN912.2　044420
实用音响调控技巧/高雨春,唐继勇编著.—北京:北京工业大学出版社,1995.10.—476 页;26cm
ISBN 7-5639-0379-8:¥35.00

TN912.2　044421
新编收录机电路解说与故障分析、检修/宋贵林,李旭东编.—北京:机械工业出版社,1995.5.—184 页;26cm.—(工人技术等级标准〈家用电器维修专业〉考核辅导丛书)
ISBN 7-111-04324-3:¥12.00

TN912.2　044422
新编音响实用集成电路大全:附音响实用集成电路代换资料/黄州等编著.—北京:电子工业出版社,1995.5.—1026 页;26cm
全国家用电器维修培训补充读物
ISBN 7-5053-2904-9(精装):¥86.00

TN912.2　044423
音响设备原理与维修技术/王军伟主编;全国职业高中电子电器专业教材编写组编.—北京:高等教育出版社,1995.6.—509 页;26cm
全国职业高中国家教委规划教材 电子电器专业
ISBN 7-04-005294-6:¥17.45

①TN912.2②TN946　044424
实用音像指南:声学知识·视听技术·发烧搭配/张义忠编著.—北京:中国轻工业出版社,1995.10.—421 页;20cm
ISBN 7-5019-1679-9:¥16.00

TN912.2-62　044425
钻石音响的使用与维修手册/刘煌光等编著.—广州:中山大学出版社,1995.5.—85 页;26cm
ISBN 7-306-00990-7:¥14.50

TN912.22　044426
收录机与音响/马秀芳,李世铭编写.—重庆:重庆出版社,1995.6.—129 页;19cm.—(家电百事通/吴耕主编)
ISBN 7-5366-3049-2:¥4.30

TN912.22－62 044427
收录机故障速查手册/杨崇志,管玉国主编.—沈阳:辽宁科学技术出版社,1995.3.—916页;19cm
ISBN 7－5381－1901－9(精装):¥32.80

TN912.27 044428
发烧友　(10)/刘汉盛主编.—成都:四川科学技术出版社,1995.4.—128页;26cm
ISBN 7－5364－2866－9:¥8.80

TN912.27 044429
发烧友　(7)/《发烧友》编委会编.—成都:四川科学技术出版社,1995.1.—119页;26cm
ISBN 7－5364－2866－9:¥8.80

TN912.27 044430
发烧友　(8)/刘汉盛主编;《发烧友》编委会编著.—成都:四川科学技术出版社,1995.2.—124页:照片;26cm
ISBN 7－5364－2866－9:¥8.80

TN912.27－62 044431
音响集成电路简明应用代换手册/金正主编.—北京:人民邮电出版社,1995.7.—685页;26cm
ISBN 7－115－05547－5(精装):¥52.00

TN912.29 044432
收音、收录机、组合音响维修技术精选/刘宪坤主编.—北京:电子工业出版社,1995.8.—236页;26cm.—(家用维修技术精华丛书;1)
ISBN 7－5053－2991－X:¥16.50

TN912.29 044433
万用表检修音响220例/李栋鑫等编著.—北京:北京科学技术出版社,1995.7.—324页;19cm
ISBN 7－5304－1751－7:¥14.50

TN912.29 044434
组合音响的检修技法与258例/李勇帆编著.—北京:电子工业出版社,1995.8.—576页;26cm
ISBN 7－5053－2962－6:¥40.00

TN912.29－64 044435
进口小宝贝检修图集/蔡声镇等编.—福州:福建科学技术出版社,1995.7.—220页;26×38cm
ISBN 7－5335－0828－9:¥35.00

TN912.3 044436
隐Markov模型(HMM)及其在语音处理中的应用/谢锦辉著.—武汉:华中理工大学出版社,1995.4.—154页;20cm
ISBN 7－5609－1094－7:¥5.00

TN913 044437
NO.7信令系统的原理、测试与维护/邮电部软件中心主编.—北京:人民邮电出版社,1995.10.—181页;26cm
ISBN 7－115－05870－9:¥15.00

TN913 044438
总配线架的结构原理与使用维护/宁波有线电厂主编.—北京:人民邮电出版社,1995.1.—125页;19cm
ISBN 7－115－05476－2:¥4.80

TN913.2 044439
电信网路组织与管理/尹远裕等编著.—北京:人民邮电出版社,1995.7.—255页;20cm.—(电信职工培训丛书)
ISBN 7－115－05619－6:¥11.00

TN913.2 044440
计算机通信网络系统/李燕平等编.—石家庄:河北人民出版社,1995.5.—133页;26cm
全套共8册总定价为:150.00元
ISBN 7－202－01743－1:¥0.00

TN913.2 044441
计算机通信与RS－232接口实用指南/田学锋等编著.—北京:电子工业出版社,1995.9.—539页;26cm
ISBN 7－5053－2989－8:¥50.00

TN913.2 044442
现代通信网/王迎春,李文海编著.—北京:北京邮电大学出版社,1995.3.—407页;20cm
邮电高等函授教材
ISBN 7－5635－0175－4:¥11.00

TN913.24 044443
ATM技术:概念、原理和应用/孙海荣,李乐民编著.—成都:电子科技大学出版社,1995.10.—143页;26cm
ISBN 7－81043－392－X:¥9.50

TN913.24 044444
畅游信息高速公路/(美)Fisher.S.等著;吴燕军,柏璐译.—北京:海洋出版社,1995.7.—222页;26cm
ISBN 7－5027－4113－5:¥26.00

TN913.24 044445
电子数据交换与信息高速公路:EDI and NII/朱稼兴编著.—北京:北京航空航天大学出版社,1995.12.—458页;26cm
ISBN 7－81012－589－3:¥30.00

TN913.24 044446
数字网同步技术/部熙章编.—北京:人民邮电出版社,1995.12.—96页;26cm
电信新技术培训系列教材
ISBN 7－115－05997－7:¥9.10

TN913.24 044447
通向未来的信息高速公路/吕本富编著.—北京:北京大学出版社,1995.9.—181页;20cm
ISBN 7－301－02873－3:¥8.50

TN913.24 044448
信息高速公路/张宏科编著.—北京:人民邮电出版社,1995.5.—98页;19cm.—(电信高技术普及丛书)
ISBN 7－115－05626－9:¥5.00

TN913.24 044449
信息高速公路/李正男主编.—北京:电子工业出版社,1995.10.—237页;26cm
ISBN 7－5053－3100－0:¥18.00

TN913.24 044450
信息高速公路:国家信息基础结构/陈太一,陈常嘉编著.—北京:人民邮电出版社,1995.9.—246页;20cm
ISBN 7－115－05735－4:¥13.00

TN913.24 044451
信息高速公路透视/(美)沙利文－特瑞纳(Sullivan－

Trainor, M.)著;程时端等译.—北京:科学技术文献出版社,1995.7.—231 页;20cm
ISBN 7-5023-2460-7:¥20.00

TN913.24　　044452
信息高速公路知识普及读本/俞友康,何少波编著.—北京:改革出版社,1995.9.—210 页;19cm
ISBN 7-80072-705-X:¥8.00

TN913.24　　044453
异步传递方式:宽带 ISDN 技术/( )普瑞克(Prycker, M.d.)著;程时端,刘斌译.—北京:人民邮电出版社,1995.9.—379 页;20cm
ISBN 7-115-05786-9(精装):¥18.00

TN913.24　　044454
综合业务数字网技术及其应用/赵慧玲编著.—北京:人民邮电出版社,1995.1.—327 页;20cm
ISBN 7-115-05462-2:¥14.00

TN913.24-44　　044455
信息高速公路知识 100 题/广州电台《广州之声》编.—广州:广州出版社,1995.12.—168 页;19cm
ISBN 7-80592-342-6:¥9.80

TN913.24-62　　044456
INTERNET DOS **用户指南**/(美)Gardner.J.著;刘畅,徐旭译.—北京:海洋出版社,1995.6.—196 页;26cm
ISBN 7-5027-1776-5:¥19.00

TN913.24-64　　044457
信息高速公路图解/( )Eager, B.著;俞栋译.—北京:科学出版社:龙门书局,1995.7.—181 页;29cm
ISBN 7-03-004940-3:¥29.00

TN913.3　　044458
电缆工:高级/安颖芬主编.—北京:中国铁道出版社,1995.10.—159 页;19cm
铁路职工岗位培训统编教材
ISBN 7-113-01975-7:¥5.90

TN913.3　　044459
电缆工:基础/安颖芬主编.—北京:中国铁道出版社,1995.11.—382 页;19cm
铁路职工岗位培训统编教材
ISBN 7-113-01972-2:¥11.00

TN913.3　　044460
现代通信供电系统/张廷鹏,张海俊编著.—北京:人民邮电出版社,1995.1.—148 页;19cm.—(电信高技术普及丛书)
ISBN 7-115-05384-7:¥5.50

TN913.32　　044461
市话通信电缆/邮电部教育司编 .—北京:北京邮电学院出版社,1995.3.—430 页;20cm
岗位培训系列教材
ISBN 7-5635-0205-X:¥11.00

TN913.32　　044462
通信电缆线路及常见故障/张思连编著.—上海:复旦大学出版社,1995.3.—382 页;20cm
ISBN 7-309-01476-6:¥18.30

TN914　　044463
电信业务流量理论基础/张富编著.—北京:人民邮电出版社,1995.12.—291 页;20cm
邮电高等函授教材
ISBN 7-115-05937-3:¥13.00

TN914　　044464
智能网/龚双瑾,王鸿生编著.—北京:人民邮电出版社,1995.9.—304 页;20cm.—(电信职工培训丛书)
ISBN 7-115-05728-1:¥12.00

TN914.3　　044465
数字通信/刘少亭,付慧生编.—北京:煤炭工业出版社,1995.5.—322 页;26cm
高等学校规划教材
ISBN 7-5020-1086-6:¥11.60

TN914.3　　044466
数字通信/刘长年,石昭生编著.—北京:中国广播电视出版社,1995.7.—201 页;26cm
ISBN 7-5043-2733-6:¥12.00

TN914.3　　044467
数字通信原理/蔡国齐主编.—北京:水利电力出版社,1995.5.—238 页;26cm
中等专业学校教材
ISBN 7-120-02304-7:¥8.70

TN914.3　　044468
数字通信原理/王钦笙等编著.—北京:北京邮电大学出版社,1995.6.—454 页;20cm
ISBN 7-5635-0206-8:¥14.00

TN914.3　　044469
数字移动通信系统/杨留清等编著.—北京:人民邮电出版社,1995.5.—737 页;20cm.—(通信工程丛书)
ISBN 7-115-05543-2(精装):¥35.00

TN914.5　　044470
电子邮件/张荣,张保栋编著.—北京:人民邮电出版社,1995.10.—200 页;20cm.—(电信职工培训丛书)
ISBN 7-115-05764-8:¥9.20

TN915　　044471
有线电长途通信网维护与管理/沈阳军区司令部通信部编.—沈阳:白山出版社,1995.8.—319 页;19cm
ISBN 7-80566-423-4:¥9.70

TN915.6-62　　044472
电力线载波通信系统指南/赵伟编著.—昆明:云南科技出版社,1995.3.—247 页;26cm
ISBN 7-5416-0615-4:¥20.00

TN916-44　　044473
电话使用常识 200 问/张小玲主编.—北京:新世界出版社,1995.11.—142 页;19cm
ISBN 7-80005-292-3:¥5.80

TN916-44　　044474
电话用户百问百答/陈万夏,鲍伟卿编著.—天津:天津科学技术出版社,1995.1.—141 页;19cm
ISBN 7-5308-1641-1:¥3.40

TN916.2　　044475
S12 5X **版** No.7 **信令系统**/上海贝尔电话设备制造有限公司编.—北京:人民邮电出版社,1995.12.—177 页;26cm
ISBN 7-115-05890-3:¥19.00

TN916.2 044476
电话自动交换网/王鸿生,龚双瑾编著.—北京:人民邮电出版社,1995.10.—225页;20cm
ISBN 7-115-05618-8:¥10.00

TN916.2 044477
电信网最新控制技术:现代电话网No.7信号方式/张仲文编著.—北京:电子工业出版社,1995.12.—255页;26cm
ISBN 7-5053-3258-9:¥32.00

TN916.2 044478
县(市)本地自动电话网技术体制:试行:TZ002—94/邮电部电信传输研究所起草.—北京:人民邮电出版社,1995.2.—283页;26cm
ISBN 7-115-05540-8:¥30.00

TN916.3 044479
常用电话机电路分析与检修/熊瑞香,廖名俊编著.—北京:人民邮电出版社,1995.5.—597页;20cm
ISBN 7-115-05553-X:¥25.00

TN916.3 044480
电话机原理与维修技术/陈振源主编;全国职业高中电子电器类专业教材编写组编.—北京:高等教育出版社,1995.5.—310页;26cm
全国职业高中国家教委规划教材 电子电器类专业
ISBN 7-04-005278-4:¥15.40

TN916.3 044481
新型电话机的使用、原理与维修/蓝贤芳主编;李华生等编.—广州:广东科技出版社,1995.3.—395页:图;26cm
ISBN 7-5359-1393-8:¥28.00

TN916.3 044482
新型电话机原理、使用、维修/李天水编.—福州:福建科学技术出版社,1995.5.—164页;20cm
ISBN 7-5335-0887-4:¥6.50

TN916.3-62 044483
电话机大全/电子文摘报社,家庭电子杂志社编.—成都:成都科技大学出版社,1995.3.—696页;26cm
ISBN 7-5616-2727-0:¥45.00

TN916.3-64 044484
新编电话机电路图集 (六)/人民邮电出版社编.—北京:人民邮电出版社,1995.3.—379页;13×19cm
ISBN 7-115-05485-1:¥16.00

TN916.3-64 044485
新编电话机电路图集 (七)/人民邮电出版社编.—北京:人民邮电出版社,1995.12.—245页;13×19cm
ISBN 7-115-05971-3:¥11.00

TN916.32 044486
磁卡电话机原理使用与维修/薛鸿贵,李振华编著.—北京:人民邮电出版社,1995.11.—333页;26cm
ISBN 7-115-05810-5:¥28.00

TN916.4 044487
电话交换技术/陈维言编.—北京:人民邮电出版社,1995.10.—549页;19cm
邮电中等专业学校教材
ISBN 7-115-05640-4:¥11.00

TN916.427 044488
DMS系列程控交换机操作与维护/孟玉安编著.—北京:人民邮电出版社,1995.6.—566页;26cm
ISBN 7-115-05714-1:¥45.00

TN916.427 044489
S1240程控交换机软硬件测试技术/安徽省S1240维护服务中心编.—北京:人民邮电出版社,1995.10.—352页;26cm
ISBN 7-115-05741-9:¥28.00

TN916.427 044490
程控交换原理/林康琴等编著.—北京:北京邮电大学出版社,1995.7.—369页;26cm
邮电高等函授教材
ISBN 7-5635-0217-3:¥24.00

TN916.427 044491
程控数字交换技术原理/张文冬编.—北京:北京邮电大学出版社,1995.2.—262页;26cm
ISBN 7-5635-0198-3:¥16.00

TN916.427 044492
程控用户交换机原理使用与维修/涂承宇等编著.—北京:人民邮电出版社,1995.5.—179页;26cm
ISBN 7-115-05591-2:¥16.00

TN916.427 044493
电话机集成电路实用指南/邱明树编.—北京:电子工业出版社,1995.3.—541页;26cm
ISBN 7-5053-2622-8:¥34.00

TN916.427-61 044494
常用英汉DMS程控交换词汇/邢秦中等编.—北京:北京邮电大学出版社,1995.1.—654页;19cm
ISBN 7-5635-0203-3:¥16.50

TN916.427-62 044495
X系统程控交换机操作与维护手册/欧阳洪,彭俊编著.—北京:中国铁道出版社,1995.12.—165页;26cm
ISBN 7-113-02122-0:¥45.20

TN917 044496
电报终端设备/唐淑兰,袁育才编.—北京:人民邮电出版社,1995.5.—417页;19cm
邮电中等专业学校教材
ISBN 7-115-05370-1:¥8.50

TN917.8 044497
传真机实用维修技术/陈炳安编.—深圳:海天出版社,1995.11.—498页;19cm.—(城乡实用新技能丛书)
附录:复印机使用和维修
ISBN 7-80615-285-7:¥18.50

TN917.8 044498
传真机使用与维修350问/杨国治等编.—福州:福建科学技术出版社,1995.10.—409页;19cm
ISBN 7-5335-0930-7:¥11.40

TN917.8 044499
数字传真机原理及应用/唐力,聂秀英编著.—北京:人民邮电出版社,1995.7.—207页;26cm
ISBN 7-115-05694-3:¥16.00

TN917.8 044500
图文传真机原理使用与维修/冯治珂,宁馥编著.—

天津:天津科学技术出版社,1995.12.—266 页;26cm
ISBN 7-5308-1836-8: ¥25.00

TN917.8-62 044501
传真机维修使用指南/张俊荣,雷渭侣编著.—广州:广东科技出版社,1995.3.—566 页;26cm
ISBN 7-5359-1254-0: ¥29.00

TN919 044502
OSI 协议和计算机网/何永明,陈的虎编著.—北京:电子工业出版社,1995.5.—209 页;26cm
ISBN 7-5053-2920-0: ¥20.00

TN919 044503
数据通信/马宏杰主编.—北京:中国铁道出版社,1995.10.—263 页;26cm
高等学校试用教材
ISBN 7-113-02007-0: ¥10.00

TN919 044504
数据通信技术:第四版 /(美)Held,G.著;魏桂英等译.—北京:清华大学出版社,1995.10.—314 页;26cm
ISBN 7-302-02005-1: ¥35.00

TN919.3 044505
传输原理/邮电部教育司主编.—北京:人民邮电出版社,1995.7.—305 页;19cm
邮电技工学校教材
ISBN 7-115-05593-9: ¥10.00

TN919.5 044506
高速数据采集系统的原理与应用/沈兰荪编著.—北京:人民邮电出版社,1995.2.—286 页;20cm
ISBN 7-115-05404-5: ¥12.30

TN919.6 044507
EWSD 数字交换系统/孙志万,朱先觉编著.—北京:人民邮电出版社,1995.3.—345 页;20cm.—(电信职工培训丛书)
本书封面书名:EWSD 程控数字交换系统
ISBN 7-115-05474-6: ¥13.50

TN919.6 044508
电子数据互换——EDI/陈淑仪,殷元昌编著.—北京:人民邮电出版社,1995.1.—261 页;20cm
ISBN 7-115-05486-X: ¥10.20

TN919.6 044509
电子数据交换/朱稼兴编.—北京:人民邮电出版社,1995.11.—98 页;26cm
电信新技术培训系列教材
ISBN 7-115-05982-9: ¥8.50

TN919.6 044510
电子数据交换(EDI)技术与应用/龙守谌,李焕忠编著.—北京:人民邮电出版社,1995.1.—151 页;26cm
ISBN 7-115-05386-3: ¥12.00

TN919.8 044511
可视图文业务网/蒋林涛编著.—北京:人民邮电出版社,1995.4.—255 页;20cm
ISBN 7-115-05572-6: ¥10.00

TN919.8 044512
图像通信工程/中国通信学会主编;毕厚杰等编著.—修订本.—北京:人民邮电出版社,1995.10.—676 页;20cm.—(通信工程丛书)
ISBN 7-115-05477-0(精装): ¥30.00

TN92 无线通信

TN92 044513
消防通信/《消防通信》编写组编.—北京:群众出版社,1995.11.—349 页;20cm
公安消防部队指挥学校统编试用教材
ISBN 7-5014-1371-1: ¥15.20

TN92 044514
业余无线电通信/童效勇,陈方编著.—北京:人民邮电出版社,1995.2.—226 页;26cm
ISBN 7-115-05470-3: ¥16.00

①TN92-49②TP3-49 044515
地球越来越小:无线电与计算机/吕志孔,成淑琴编著.—北京:中国华侨出版社,1995.12.—197 页;19cm.—(现代科技与人文大观/崔惟琳,潘承洞主编)
ISBN 7-80120-034-9: ¥7.60

TN92-62 044516
JARL 业余无线电手册/日本业余无线电联盟著;徐坚等编译.—北京:人民邮电出版社,1995.8.—411 页;26cm
ISBN 7-115-05804-0: ¥38.00

TN924 044517
TW-42 超短波电台/姚冬莘编著 .—北京:中国铁道出版社,1995.4.—119 页;26cm
ISBN 7-113-01919-6: ¥9.20

TN924 044518
无线寻呼系统:原理、使用和维修/彭定远编著.—北京:电子工业出版社,1995.6.—308 页;20cm
ISBN 7-5053-2936-7: ¥14.00

TN925 044519
数字微波通信/邮电部教育司编 .—北京:北京邮电学院出版社,1995.8.—462 页;20cm
岗位培训系列教材
ISBN 7-5635-0221-1: ¥12.90

TN927 044520
数字卫星通信入门/(日)中谷清一郎,(日)正村达郎编著;陈爱萍译.—北京:人民邮电出版社,1995.8.—129 页;19cm
ISBN 7-115-05668-4: ¥6.00

TN927 044521
卫星地球站数字通信设备/陈振国等编著.—北京:人民邮电出版社,1995.3.—389 页;20cm.—(卫星通信地球站设备丛书)
ISBN 7-115-05542-4: ¥16.00

TN927 044522
卫星通信/邮电部教育司主编.—北京:人民邮电出版社,1995.5.—97 页;19cm
邮电生产人员岗位培训系列教材 邮电通信企业生产人员技术业务等级考核题解
ISBN 7-115-05501-7: ¥3.50

TN927　044523

卫星通信/储忠歧编著.—上海:上海交通大学出版社,1995.1.—216页;26cm

ISBN 7-313-01407-4:¥8.40

TN927　044524

新版小型卫星通信地球站用户手册/尚林主编;中国卫星通信广播电视用户协会编.—北京:电子工业出版社,1995.8.—475页;26cm

ISBN 7-5053-2934-0:¥50.00

TN927-62　044525

卫星通信常用资料手册/刘沈编 .—北京:人民邮电出版社,1995.8.—142页;26cm

ISBN 7-115-05732-X:¥15.50

TN929.1　044526

光纤导波:理论和元件/殷宗敏编著.—上海:上海交通大学出版社,1995.2.—195页;26cm

ISBN 7-313-01347-7:¥7.50

TN929.11　044527

光电线缆制造技术/王家祥主编.—北京:电子工业出版社,1995.3.—335页;26cm

电子工业工人技术等级培训教材

ISBN 7-5053-2637-6:¥22.80

TN929.11　044528

光缆通信线路/邮电部教育司编 .—北京:北京邮电学院出版社,1995.3.—540页;20cm

岗位培训系列教材

ISBN 7-5635-0214-9:¥13.00

TN929.11　044529

光缆线路/邮电部教育司主编.—北京:人民邮电出版社,1995.4.—295页;19cm

邮电技工学校教材

ISBN 7-115-05499-1:¥8.60

TN929.11　044530

光纤通信/李玲主编.—北京:人民邮电出版社,1995.10.—347页;20cm

邮电高等学校教材

ISBN 7-115-05639-0:¥11.00

TN929.11　044531

光纤通信导论/邱昆编著.—成都:电子科技大学出版社,1995.1.—240页;26cm.—(光纤通信丛书)

ISBN 7-81043-100-5:¥15.00

TN929.11　044532

光纤通信技术/杨同友,杨邦湘编著.—北京:人民邮电出版社,1995.2.—441页;20cm.—(电信职工培训丛书)

ISBN 7-115-05490-8:¥15.00

TN929.11　044533

光纤通信设计/杨浚明等编著.—天津:天津科学技术出版社,1995.11.—322页;26cm

ISBN 7-5308-1746-9:¥27.00

TN929.11-43　044534

光缆线路/邮电部教育司主编.—北京:人民邮电出版社,1995.2.—90页;19cm

邮电技工学校实习教材

ISBN 7-115-05433-9:¥3.00

TN929.11-61　044535

英汉光纤通信词典/张廷荣等编.—北京:人民邮电出版社,1995.7.—561页;19cm

ISBN 7-115-05726-5(精装):¥32.00

TN929.5　044536

GSM数字蜂窝移动通信/陈新编著.—北京:人民邮电出版社,1995.1.—271页;20cm

ISBN 7-115-05399-5:¥12.00

TN929.5　044537

GSM数字移动通信基础/(法)Mouly,M.,(法)Pautet,M.B.著;骆正彬译.—北京:电子工业出版社,1995.9.—176页;19cm

ISBN 7-5053-3244-9:¥12.00

TN929.5　044538

常用无线寻呼接收机(BP机)维修图集/田万成等编.—北京:人民邮电出版社,1995.6.—121页;26cm

ISBN 7-115-05632-3:¥18.00

TN929.5　044539

常用寻呼机(BP机)原理、使用与维修/胡晖,王颖编.—北京:人民邮电出版社,1995.8.—344页;20cm.—(移动通信技术丛书)

ISBN 7-115-05725-7:¥16.00

TN929.5　044540

大哥大移动电话原理使用维修大全 (上)/罗凡华等编.—成都:成都科技大学出版社,1995.5.—383页;26cm

ISBN 7-5616-2726-2:¥25.00

TN929.5　044541

大哥大用户手册/陈其友编.—2版(修订本).—北京:人民邮电出版社,1995.1.—181页;18×11cm

ISBN 7-115-05431-2:¥6.60

TN929.5　044542

对讲机原理、使用及维修图集 (二)/罗凡华编.—北京:人民邮电出版社,1995.2.—685页;26cm

ISBN 7-115-05385-5:¥45.00

TN929.5　044543

集群移动电话原理、使用与维护/钟章队编著.—北京:人民邮电出版社,1995.9.—246页;20cm.—(移动通信技术丛书)

ISBN 7-115-05729-X:¥12.00

TN929.5　044544

实用移动无线电通信/贾玉涛等编著.—北京:国防工业出版社,1995.2.—351页;26cm

ISBN 7-118-01242-4:¥23.40

TN929.5　044545

数字移动通信/郭梯云等编著.—北京:人民邮电出版社,1995.3.—645页;20cm.—(通信工程丛书)

ISBN 7-115-05489-4(精装):¥36.00

TN929.5　044546

数字移动通信/李承恕编著.—北京:人民邮电出版社,1995.9.—184页;19cm.—(电信高技术普及丛书)

ISBN 7-115-05798-2:¥7.00

TN929.5　044547

数字移动通信入门/(日)田中良一著;李伟屏译 .—北京:人民邮电出版社,1995.10.—145 页;19cm
ISBN 7-115-05796-6: ¥6.50

TN929.5　044548
无线电寻呼机的使用和修理/晓仁等编著.—北京:电子工业出版社,1995.11.—418 页;26cm
ISBN 7-5053-3061-6: ¥32.00

TN929.5　044549
无线电寻呼技术与设备的原理、选用、维修/彭定远等编著.—北京:人民邮电出版社,1995.6.—252 页;26cm
中央电视台电视讲座教材
ISBN 7-115-05565-3: ¥21.00

TN929.5　044550
寻呼机原理与实用维修技术/方大卫编著.—北京:人民邮电出版社,1995.5.—137 页;26cm
ISBN 7-115-05595-5: ¥12.00

TN929.5　044551
移动电话手持机使用手册　(一)/林天余编.—北京:人民邮电出版社,1995.5.—278 页;19cm
ISBN 7-115-05551-3: ¥10.00

TN929.5　044552
移动通信/郭梯云等编著.—西安:西安电子科技大学出版社,1995.9.—278 页;26cm
高等学校工科电子类教材
ISBN 7-5606-0390-4: ¥14.00

TN929.5　044553
移动通信交换原理及信号方式/穆士娟编著.—北京:人民邮电出版社,1995.1.—224 页;20cm
ISBN 7-115-05398-7: ¥9.50

TN929.5　044554
移动通信设备/田万成编著.—北京:人民邮电出版社,1995.3.—324 页;26cm
ISBN 7-115-05415-0: ¥25.00

TN929.5　044555
移动通信设台组网/陈国玳编著.—北京:人民邮电出版社,1995.12.—207 页;26cm
电信新技术培训系列教材
ISBN 7-115-05996-9: ¥18.00

TN929.5　044556
移动通信系统/祁玉生编著.—北京:人民邮电出版社,1995.1.—267 页;20cm
ISBN 7-115-05397-9: ¥11.00

TN929.5　044557
移动通信原理与应用/王世顺编著.—2 版(修订本).—北京:人民邮电出版社,1995.12.—426 页;20cm
ISBN 7-115-05939-X: ¥19.00

TN929.5　044558
移动通讯设备/王世顺编著.—北京:人民邮电出版社,1995.2.—550 页;20cm
ISBN 7-115-05573-4: ¥22.00

TN929.5-49　044559
移动通信/王红江编著.—北京:北京少年儿童出版社,1995.1.—81 页;19cm.—(少年现代科学技术丛书·第一辑)
ISBN 7-5301-0417-9: ¥3.00

TN929.5-62　044560
集群移动电话用户手册/钟章队编.—北京:人民邮电出版社,1995.12.—210 页;18cm
ISBN 7-115-05876-8: ¥8.00

TN929.5-62　044561
移动电话使用指南/张志勇等编著.—北京:人民邮电出版社,1995.6.—113 页;19cm
ISBN 7-115-05617-X: ¥4.80

TN94 电视

TN94　044562
彩色电视摄像机与录像机/徐梅林,王绥祥编著.—上海:复旦大学出版社,1995.12.—212 页;20cm.—(电视系列丛书)
ISBN 7-309-01597-5: ¥9.50

TN94　044563
电视技术与应用/冯淑芬等编著.—北京:兵器工业出版社,1995.12.—270 页;26cm
ISBN 7-80038-946-4: ¥28.50

TN94　044564
电视原理/葛真如编著.—北京:中国广播电视出版社,1995.6.—291 页;26cm
ISBN 7-5043-2717-4: ¥17.00

TN94　044565
电视原理/杭平华编著.—北京:电子工业出版社,1995.8.—310 页;19cm
ISBN 7-5053-3412-3: ¥12.60

TN94　044566
电视原理与接收机/李作民主编.—西安:西安电子科技大学出版社,1995.12.—270 页;26cm
中等专业学校教材
ISBN 7-5606-0378-5: ¥15.00

TN94　044567
电视制作技术:原理、设备与系统/郑利民,李亮编著.—北京:电子工业出版社,1995.8.—610 页;26cm
ISBN 7-5053-2937-5(精装): ¥66.00

TN94　044568
摄录放像机特殊易损件的修复技法及实例/李勇帆编著.—长沙:湖南科学技术出版社,1995.9.—534 页;26cm.—(最新实用家电修理丛书)
书名页上书名为:摄录放像机特殊易损件的检修技法及实例
ISBN 7-5357-1670-9: ¥32.50

TN94-62　044569
广播电视技术手册　第 7 分册:天线/李孝勖主编.—北京:国防工业出版社,1995.8.—566 页;26cm
ISBN 7-118-01371-4: ¥45.00

TN943　044570
有线电视系统工程设计、安装、调试、维护/郑枢明,林德耀编著.—福州:福建科学技术出版社,1995.

12.—292 页;26cm
ISBN 7-5335-0943-9: ¥17.60

TN946 044571
VHS 家用录像机原理与检修/石小法编著.—北京:科学出版社,1995.1.—411 页;26cm
ISBN 7-03-004263-8: ¥36.00

TN946 044572
家用录像机维修 1000 例/周师亮,王履镕主编.—增订版.—北京:中国广播电视出版社,1995.10.—743 页;26cm
ISBN 7-5043-0903-6: ¥49.00

TN946 044573
家用录象机故障速查手册/张向东编著.—沈阳:辽宁科学技术出版社,1995.7.—929 页;26cm
ISBN 7-5381-2138-2(精装): ¥67.40

TN946 044574
录放像机功能开发·电路改进·应急修理 478 例/李茂清等主编.—福州:福建科学技术出版社,1995.8.—254 页;26cm
ISBN 7-5335-0918-8: ¥16.60

TN946 044575
录像的使用与维护/魏明主编.—杭州:浙江科学技术出版社,1995.4.—228 页;20cm.—(图解家用电器使用与维护丛书)
ISBN 7-5341-0706-7: ¥6.90

TN946 044576
录像机快速检修 288 例/黄学华主编.—福州:福建科学技术出版社,1995.10.—517 页;26cm
ISBN 7-5335-0908-0: ¥28.00

TN946 044577
录像机软故障检修实例/卞德森主编.—福州:福建科学技术出版社,1995.12.—267 页;26cm
ISBN 7-5335-0934-X: ¥17.10

TN946 044578
录像机维修:1994 年合订本 (下)/《录像机维修》编辑部编著.—北京:电子工业出版社,1995.2.—574 页;26cm
ISBN 7-5053-2582-5: ¥17.00

TN946 044579
录像机维修技术精选/廖汇芳主编.—北京:电子工业出版社,1995.9.—275 页;26cm.—(家电维修技术精华丛书;4)
ISBN 7-5053-3029-2: ¥19.00

TN946 044580
录像机与影碟机/吴耕,杜根源编写.—重庆:重庆出版社,1995.6.—131 页;19cm.—(家电百事通/吴耕主编)
ISBN 7-5366-3050-6: ¥4.40

TN946 044581
录像机元器件故障应急修复和代换 200 例/陈有卿,扶桑编著.—北京:国防工业出版社,1995.1.—294 页;19cm.—(家用电器维修实例丛书)
ISBN 7-118-01298-X: ¥10.40

TN946 044582
录像机原理与检修/白春章主编.—北京:电子工业出版社,1995.8.—148 页;26cm
职业学校电子类教材 实用电子技术专业
ISBN 7-5053-2819-0: ¥9.80

TN946 044583
录像机原理与维修:录像机机械系统与电路详解/胡宝琳编著.—天津:天津科学技术出版社,1995.12.—410 页;26cm
ISBN 7-5308-1825-2: ¥30.00

TN946 044584
摄录机的使用与维护/魏明主编.—杭州:浙江科学技术出版社,1995.4.—303 页;20cm.—(图解家用电器使用与维护丛书)
ISBN 7-5341-0730-X: ¥8.80

TN946 044585
新编家用录像机电路解说与故障分析、检修/孟宪明等编.—北京:机械工业出版社,1995.5.—214 页;26cm.—(工人技术等级标准〈家用电器维修专业〉考核辅导丛书)
ISBN 7-111-04270-0: ¥12.00

TN946 044586
新型录像机电路解说与检修/林俊标编著.—福州:福建科学技术出版社,1995.12.—185 页;26cm
ISBN 7-5335-0952-8: ¥13.10

TN946 044587
怎样使用维修家用录像机/吴疆等编著.—北京:人民邮电出版社,1995.4.—362 页;19cm.—(全国星火计划丛书)
家用电器维修短期培训教材
ISBN 7-115-05495-9: ¥11.00

①TN946②J93 044588
摄、录、编技术与节目制作/张琦等编著.—北京:光明日报出版社,1995.4.—292 页;26cm
中央广播电视大学继续教育用书
ISBN 7-80091-639-1: ¥25.00

①TN946②TN948.41 044589
录像机与摄像机/张今才,张静编著.—长春:长春出版社,1995.1.—544 页;19cm.—(家用电器使用维修丛书/张今才主编)
ISBN 7-80604-084-6: ¥12.00

TN946-44 044590
家用录像机知识 120 问/武世鹏,董美云编著.—北京:国防工业出版社,1995.3.—253 页;20cm.—(家用电器知识丛书)
ISBN 7-118-01245-9: ¥9.90

TN946-61 044591
新英汉文献音像复制与存储技术词典/吴筑清等主编;《新英汉文献音像复制与存储技术词典》编委会编.—北京:航空工业出版社,1995.11.—535 页;19cm
ISBN 7-80046-925-5(精装): ¥38.00

TN946-62 044592
常用录像机的拆卸和元件参数代换手册 (2)/李玉全主编.—北京:电子工业出版社,1995.9.—398 页;26cm

ISBN 7-5053-3184-1: ¥28.00

TN946-62 044593

进口录像机调试检修手册/左长海供稿.—合肥:安徽科学技术出版社,1995.10.—548页;26cm

ISBN 7-5337-1278-1: ¥39.00

TN946-62 044594

卡拉OK录像机维修手册/朱燊权等编.—北京:电子工业出版社,1995.9.—316页;26cm

另附线路图1册

ISBN 7-5053-2717-8: ¥48.00

TN946-62 044595

录像机图集与维修指南:日立系列(3)/《录像机图集与维修指南》编委会编.—北京:电子工业出版社,1995.5.—382页;26cm

ISBN 7-5053-2281-8: ¥30.00

TN946-62 044596

录像机维修手册/曹国初主编;张晋安等编写.—重庆:重庆出版社,1995.10.—1075页;26cm

ISBN 7-5366-3055-7: ¥68.00

TN946-62 044597

录像机维修手册:松下(NV)系列/郝余平,任锐贞编著.—北京:机械工业出版社,1995.1.—662页;26×37cm

ISBN 7-111-03524-0: ¥115.00

TN946-62 044598

最新家用录放像机拆卸调整维修手册 (10):福奈VIP-3500/3000A/HC放像机/《最新家用录放像机拆卸调整维修手册》编写组编.—北京:人民邮电出版社,1995.1.—82页;29cm

ISBN 7-115-05356-1: ¥11.50

TN946-62 044599

最新家用录放像机拆卸调整维修手册 (11):三星S10放像机/《三星S10放像机》编写组编.—北京:人民邮电出版社,1995.1.—91页;29cm

ISBN 7-115-05358-8: ¥13.50

TN946-62 044600

最新家用录放像机拆卸调整维修手册 (1):紧日立VT-M888EM/DH录像机/《日立VT-M888EM/DH录像机》编写组编.—北京:人民邮电出版社,1995.1.—66页;29cm

ISBN 7-115-05344-8: ¥17.00

TN946-62 044601

最新家用录放像机拆卸调整维修手册 (2):夏普VC-K20N/VC-K38D放像机/《夏普VC-K20N/VC-K38D放像机》编写组编.—北京:人民邮电出版社,1995.1.—93页;29cm

ISBN 7-115-05345-6: ¥11.00

TN946-62 044602

最新家用录放像机拆卸调整维修手册 (3):夏普VC-A62DT录像机/《夏普VC-A62DT录像机》编写组编.—北京:人民邮电出版社,1995.1.—98页;29cm

ISBN 7-115-05346-4: ¥13.00

TN946-62 044603

最新家用录放像机拆卸调整维修手册 (4):夏普VC-H95录像机/《夏普VC-H95录像机》编写组编.—北京:人民邮电出版社,1995.1.—120页;29cm

ISBN 7-115-05347-2: ¥18.50

TN946-62 044604

最新家用录放像机拆卸调整维修手册 (5):夏普VT-1480D/2198D电视、录像一体机/《夏普VT-1480D/2198D电视、录像一体机》编写组编.—北京:人民邮电出版社,1995.1.—104页;29cm

ISBN 7-115-05348-0: ¥21.50

TN946-62 044605

最新家用录放像机拆卸调整维修手册 (6):松下NV-HD100MC/NV-HD80MC录像机/《最新家用录放像机拆卸调整维修手册》编写组编.—北京:人民邮电出版社,1995.1.—105页;29cm

ISBN 7-115-05351-0: ¥31.50

TN946-62 044606

最新家用录放像机拆卸调整维修手册 (7):松下NV-PD92MC放像机、NV-SD50MC录像机/田耕等编.—北京:人民邮电出版社,1995.1.—132页;29cm

ISBN 7-115-05352-9: ¥25.50

TN946-62 044607

最新家用录放像机拆卸调整维修手册 (8):松下NV-HD82MC录像机/《最新家用录放像机拆卸调整维修手册》编写组编.—北京:人民邮电出版社,1995.1.—86页;29cm

ISBN 7-115-05353-7: ¥18.50

TN946-62 044608

最新家用录放像机拆卸调整维修手册 (9):索尼SLV-X30DH录像机/《最新家用录放像机拆卸调整维修手册》编写组编.—北京:人民邮电出版社,1995.1.—79页:图;29cm

ISBN 7-115-05354-5: ¥21.00

TN948 044609

有线电视系统的工程设计、施工与调试/周家瑞编著.—广州:广东科技出版社,1995.6.—209页;19cm

ISBN 7-5359-1475-6: ¥7.50

TN948.41 044610

家用摄录一体机原理与维修/卢益民等编著.—重庆:重庆出版社,1995.10.—396页;20cm.—(高档家电丛书)

ISBN 7-5366-2671-1: ¥12.00

TN948.41 044611

摄录一体机图集与维修指南:松下系列(2)/李青等汇编.—北京:电子工业出版社,1995.6.—386页;26cm

ISBN 7-5053-2930-8: ¥35.00

TN948.41-62 044612

摄录放像机集成电路简明应用代换手册/金正主编.—北京:人民邮电出版社,1995.7.—605页;26cm

ISBN 7-115-05549-1(精装): ¥48.00

TN948.52-44 044613

用户电视接收天线技术问答200例/郑春迎编著.—北京:人民邮电出版社,1995.1.—295页;19cm

ISBN 7-115-05445-2: ¥9.00

TN948.55 044614

电视接收技术/胡瑞瑢编著.—北京:中国广播电视出版社,1995.8.—345 页;26cm
ISBN 7-5043-2749-2: ¥22.00

TN948.55 044615
卫星电视家庭接收装置的制作与调试/戴志贤主编.—福州:福建科学技术出版社,1995.10.—238 页;26cm
ISBN 7-5335-0937-4: ¥14.50

TN948.55 044616
卫星电视接收设备调试与维修/王志和等编著.—杭州:浙江科学技术出版社,1995.12.—225 页;26cm
ISBN 7-5341-0795-4: ¥28.00

TN949.1 044617
电视机/杨国安编写.—重庆:重庆出版社,1995.6.—125 页;19cm.—(家电百事通丛书/吴耕主编)
ISBN 7-5366-3048-4: ¥4.30

TN949.1 044618
电视机与游戏机/张今才编著.—长春:长春出版社,1995.3.—295 页;19cm.—(家用电器使用维修丛书/张今才主编)
ISBN 7-80604-099-4: ¥7.50

TN949.1 044619
卫星电视与有线电视技术/方学忠等编著.—北京:中国物资出版社,1995.4.—392 页;26cm
ISBN 7-5047-0954-9: ¥27.00

TN949.1-62 044620
电视集成电路简明应用代换手册/金正主编.—北京:人民邮电出版社,1995.7.—574 页;26cm
ISBN 7-115-05548-3(精装): ¥45.00

TN949.11 044621
黑白电视机故障检索/李建事,郑禄主编.—福州:福建科学技术出版社,1995.6.—551 页;26cm
ISBN 7-5335-0853-X: ¥28.70

TN949.11 044622
黑白电视机修理技术自学读本/胡斌,孙余凯编著.—北京:电子工业出版社,1995.8.—799 页;26cm.—(全国家用电器维修培训补充读物;39)
ISBN 7-5053-3132-9: ¥60.00

TN949.11 044623
进口黑白电视机线路全集/刘利国,陆魁玉编.—贵阳:贵州科技出版社,1995.6.—202 页;26×38cm
ISBN 7-80584-340-6: ¥39.80

TN949.11 044624
现代黑白电视机原理电路分析与检修方法/刘新生等主编.—北京:北京科学技术出版社,1995.11.—389 页;26cm
ISBN 7-5304-1742-8: ¥25.00

TN949.11 044625
新编黑白电视机电路解说与故障分析、检修/李振华,张峻峰编.—北京:机械工业出版社,1995.5.—310 页;26cm.—(工人技术等级标准〈家用电器维修专业〉考核辅导丛书)
ISBN 7-111-04265-4: ¥17.00

TN949.12 044626
PALIC 彩色电视机检修大全:续集/廖瑞人等编.—福州:福建科学技术出版社,1995.1.—658 页;26cm
附图 6 张
ISBN 7-5335-0815-7: ¥46.80

TN949.12 044627
彩电自装遥控器原理与技术/马义德,罗长印编著.—北京:电子工业出版社,1995.10.—159 页;26cm
ISBN 7-5053-3171-X: ¥14.00

TN949.12 044628
彩色电视机 (5)/全国家用电子产品维修管理中心编.—北京:电子工业出版社,1995.2.—215 页;26cm.—(全国家用电子产品维修资料丛书)
ISBN 7-5053-2525-6: ¥12.00

TN949.12 044629
彩色电视机故障实例图解/李福祥等编著.—北京:人民邮电出版社,1995.1.—142 页:彩图;26cm
ISBN 7-115-05318-9: ¥13.00

TN949.12 044630
彩色电视机遥控系统电路分析与检修/刘文孝编著.—北京:人民邮电出版社,1995.10.—242 页;26cm.—(无线电爱好者丛书/牛田佳主编)
ISBN 7-115-05783-4: ¥16.00

TN949.12 044631
彩色电视机遥控系统电路信号流程详解及故障分析/曹汉源编著.—北京:电子工业出版社,1995.8.—457 页;26cm.—(全国家用电器维修培训补充读物;34)
ISBN 7-5053-3024-1: ¥35.00

TN949.12 044632
彩色电视机遥控原理电路分析·维修·安装/袁杰等编著.—北京:电子工业出版社,1995.5.—171 页;26cm
全国家用电器维修培训补充读物
ISBN 7-5053-2903-0: ¥12.00

TN949.12 044633
彩色电视机遥控原理与检修/蒋秀欣编著.—北京:北京科学技术出版社,1995.6.—457 页;26cm
ISBN 7-5304-1743-6: ¥32.00

TN949.12 044634
彩色电视机元器件检修与代换:续/王锡胜编.—北京:电子工业出版社,1995.1.—412 页;26cm
ISBN 7-5053-2702-X: ¥26.00

TN949.12 044635
彩色电视机原理与检修/沈大林主编.—北京:电子工业出版社,1995.4.—361 页;26cm
职业学校电子类教材 实用电子技术专业用
ISBN 7-5053-2668-6: ¥18.00

TN949.12 044636
长城画龙新彩电 上册:原理、调试、维修/崔文林主编.—北京:电子工业出版社,1995.12.—147 页;26cm
ISBN 7-5053-3437-9: ¥16.00

TN949.12 044637
长城画龙新彩电 下册:长城画龙新彩电选用的集成电路(IC)介绍/崔文林主编.—北京:电子工业出版社,1995.12.—417 页;26cm
ISBN 7-5053-3438-7: ¥32.00

TN949.12 044638
画中画彩色电视技术/杨秀华等编著.—北京:人民邮电出版社,1995.11.—359页;26cm
ISBN 7-115-05743-5:¥28.00

TN949.12 044639
进口彩色电视机维修技术手册:乐声篇/郑启龙,李吉羊编.—广州:广东科技出版社,1995.3.—195页;26cm+附电路图
ISBN 7-5359-1372-5:¥16.00

TN949.12 044640
数字彩色电视接收机原理/李绍唐编著.—长沙:中南工业大学出版社,1995.4.—224页;26cm
ISBN 7-81020-742-3:¥14.00

TN949.12 044641
现代彩色电视技术名词术语详解/刘孙刚著.—北京:人民邮电出版社,1995.2.—281页;20cm
ISBN 7-115-05484-3:¥11.50

TN949.12 044642
新编彩色电视机电路解说与故障分析、检修/赵炳祺编.—北京:机械工业出版社,1995.5.—335页;26cm.—(工人技术等级标准〈家用电器维修专业〉考核辅导丛书)
ISBN 7-111-04420-7:¥17.50

TN949.12 044643
新型彩色电视机维修全集/李玉全编著.—北京:电子工业出版社,1995.6.—699页;26cm
ISBN 7-5053-3204-X:¥45.00

TN949.12 044644
新型彩色电视机原理与维修/赵志敏等编著.—北京:人民邮电出版社,1995.4.—392页;26cm
ISBN 7-115-05494-0:¥25.00

TN949.12 044645
遥控彩色电视机原理/陈贻范主编.—北京:机械工业出版社,1995.11.—217页;26cm
普通高等学校适用
ISBN 7-111-04760-5:¥14.00

TN949.12 044646
怎样检修彩色电视机/董政武编著.—北京:人民邮电出版社,1995.10.—434页;19cm.—(全国星火计划丛书)
家用电器维修短期培训教材
ISBN 7-115-05730-3:¥14.00

TN949.12-62 044647
彩电集成电路维修数据速查手册/王坦编.—上海:上海科学普及出版社,1995.11.—559页;26cm
ISBN 7-5427-0933-X:¥38.00

TN949.12-64 044648
复用彩色电视机线路图全集/天亦,子木主编.—北京:国防工业出版社,1995.2.—262页;38cm
ISBN 7-118-01089-8:¥35.00

TN949.12-64 044649
进口红外遥控彩色电视机线路全集/刘利国,陆魁玉编.—贵阳:贵州科技出版社,1995.7.—214页;26×38cm
ISBN 7-80584-342-2:¥44.80

TN949.12-64 044650
索尼家用视听产品电路图集:彩色电视机系列/索尼公司北京驻在员事务所家用电器技术服务本部供稿;北京现代经济信息与文化开发中心编.—北京:中国科学技术出版社,1995.1.—501页;26×38cm
ISBN 7-5046-1873-X:¥130.00

TN949.16 044651
大屏幕彩色电视机原理电路及维修/石邦恒编著.—成都:电子科技大学出版社,1995.11.—235页;26cm
ISBN 7-81043-290-7:¥15.50

TN949.16-52 044652
大屏幕彩色电视机维修全集 (1)/李玉全主编.—北京:电子工业出版社,1995.12.—345页;26cm
ISBN 7-5053-3418-2:¥30.00

TN949.16-64 044653
进口大屏幕彩色电视机维修电路图集:续一/《电子文摘报》社,《家庭电子》杂志社编.—成都:成都科技大学出版社,1995.12.—238页;26×38cm
ISBN 7-5616-3175-8:¥55.00

TN949.17 044654
高清晰度电视/门爱东等编著.—北京:人民邮电出版社,1995.10.—137页;19cm.—(电信高技术普及丛书)
ISBN 7-115-05797-4:¥6.00

TN949.194 044655
有线电视系统设计安装调试与维修/谷由石等编著.—北京:人民邮电出版社,1995.10.—397页;26cm
ISBN 7-115-05745-1:¥25.00

TN949.194 044656
中小型有线电视系统的设计与维修/胡廷纲,王成璞编著.—北京:金盾出版社,1995.12.—293页;19cm
ISBN 7-5082-0076-4:¥8.90

TN949.2 044657
应用电视/孙肇敏编著.—上海:复旦大学出版社,1995.10.—247页;20cm.—(电视系列丛书)
ISBN 7-309-01544-4:¥10.00

TN949.6 044658
电视测量原理/明军编著.—北京:航空工业出版社,1995.6.—130页;26cm
ISBN 7-80046-818-6:¥11.00

TN949.7 044659
电脑检修电视机·录象机:续一/李玉全,刘士杰主编.—北京:电子工业出版社,1995.12.—271页;26cm
ISBN 7-5053-2956-1:¥25.00

TN949.7 044660
电视机故障快速分析与检修/邸元春,张志安编著.—北京:北京科学技术出版社,1995.11.—331页;26cm
ISBN 7-5304-1739-8:¥23.50

TN949.7 044661
电视机维修:一九九四年合订本/《电视机维修》编辑部编著.—北京:电子工业出版社,1995.2.—334页;26cm

ISBN 7-5053-2639-2: ¥17.00

TN949.7 044662

电视机元器件检修大全 (上)/高雨春编.—成都:成都科技大学出版社,1995.5.—484页;26cm

ISBN 7-5616-2993-1: ¥31.00

TN949.7 044663

电视维修技术精选 (上):彩电/张殿阁主编.—北京:电子工业出版社,1995.8.—764页;26cm.—(家电维修技术精华丛书;2)

ISBN 7-5053-3006-3: ¥50.00

TN949.7 044664

电视维修技术精选 (下):黑白电视、有线电视、卫星电视/张殿阁主编.—北京:电子工业出版社,1995.8.—376页;26cm.—(家电维修技术精华丛书;3)

ISBN 7-5053-3031-4: ¥24.50

TN949.7 044665

集成电路电视机原理与维修/汪嘉福编著.—成都:电子科技大学出版社,1995.10.—299页;26cm

ISBN 7-81043-254-0: ¥21.00

TN949.7 044666

康佳电子产品维修指南/何汉民主编.—北京:电子工业出版社,1995.5.—376页;26cm

全国家用电器维修培训补充读物

ISBN 7-5053-3034-9: ¥25.00

①TN949.7②TN912.29 044667

进口电视机收录机维修经验汇编 (五)/杨光宗,冼有佳编.—广州:广东科技出版社,1995.7.—245页;19cm

ISBN 7-5359-1276-1: ¥6.80

TN95 雷达

TN951 044668

雷达原理/丁鹭飞,耿富录编.—2版(修订版).—西安:西安电子科技大学出版社,1995.6.—302页;26cm

高等学校工科电子类教材

ISBN 7-5606-0354-8: ¥13.20

TN958.4 044669

单脉冲跟踪测量雷达/张殷龙等编著.—北京:国防工业出版社,1995.2.—355页;26cm

ISBN 7-118-01347-1: ¥26.30

TN96 无线电导航

TN965 044670

无线电导航仪器/洪德本编著.—大连:大连海事大学出版社,1995.8.—271页;26cm

ISBN 7-5632-0875-5: ¥24.80

TN97 电子对抗

TN97 044671

电子控制设备抗干扰技术及其应用/张松春等编著.—2版.—北京:机械工业出版社,1995.9.—374页;26cm

ISBN 7-111-04595-5: ¥34.00

TN99 无线电电子学的应用

TN99 044672

实用声光控制电子装置制作精选200例/陈尔绍等编著.—北京:人民邮电出版社,1995.8.—323页;26cm.—(电子爱好者制作丛书;2)

ISBN 7-115-05624-2: ¥21.00

TN99-62 044673

实用电子装置业余制作手册/任致程主编.—北京:兵器工业出版社,1995.7.—391页;26cm

ISBN 7-80038-866-2: ¥40.00

TP 自动化技术、计算技术

TP-41 044674

微型计算机基础与应用、数控技术与应用、可编程控制器原理及应用自学考试大纲/全国高等教育自学考试指导委员会制订.—北京:高等教育出版社,1995.5.—76页;20cm

高等教育自学考试 机电一体化工程专业(专科)

ISBN 7-04-005489-2: ¥2.90

TP1 自动化基础理论

TP1-61 044675

英日汉自动化词典/张锡麟主编;孙珍芬等编写.—北京:机械工业出版社,1995.10.—350页;19cm

ISBN 7-111-04367-7: ¥21.00

TP13 044676

控制工程基础/姚伯威编.—成都:电子科技大学出版社,1995.2.—207页;26cm

ISBN 7-81043-015-7: ¥9.60

TP13 044677

模糊控制工程/章正斌编著.—重庆:重庆大学出版社,1995.6.—196页;26cm

ISBN 7-5624-0983-8: ¥9.80

TP13 044678

系统控制论:系统建模与系统分析/肖冬荣编著.—武汉:武汉工业大学出版社,1995.7.—278页;20cm

ISBN 7-5629-0984-9: ¥9.80

TP13 044679

现代控制理论/于渤编.—北京:水利电力出版社,1995.5.—194页;26cm

高等学校教材

ISBN 7-120-02270-9: ¥7.30

TP13 044680

现代控制论基础/王翼,王秀峰著.—北京:高等教育

出版社,1995.10.—568 页;20cm
ISBN 7-04-005378-0:¥15.05

TP13 044681
自动控制工程基础/余文杰等编.—广州:华南理工大学出版社,1995.9.—413 页;26cm
ISBN 7-5623-0838-1:¥22.50

TP13 044682
自动控制基础/沈裕康等编著.—2 版(修订版).—西安:西安电子科技大学出版社,1995.6.—306 页;26cm
高等学校工科电子类教材
ISBN 7-5606-0356-4:¥14.50

TP13 044683
自动控制原理/王鸿歌等编著.—长沙:中南工业大学出版社,1995.8.—339 页;26cm
ISBN 7-81020-764-4:¥19.50

①TP13②TN91 044684
控制与通信技术基础/邵大川编著.—北京:机械工业出版社,1995.8.—280 页;26cm
ISBN 7-111-04717-6:¥24.00

TP13-44 044685
自动控制原理习题集/陈舜青,过军主编.—南京:河海大学出版社,1995.3.—201 页;26cm
高等学校教学用书
ISBN 7-5630-0452-1:¥9.05

TP14 044686
信息技术标准化概论/宫向东主编.—北京:中国标准出版社,1995.1.—645 页;20cm
ISBN 7-5066-0762-X(精装):¥30.00

TP14-49 044687
信息世界的挑战:21 世纪的信息技术/赖茂生,陈建龙编著.—北京:科学技术文献出版社,1995.7.—200 页;19cm.—(21 世纪科普教育丛书/卢嘉锡等主编)
ISBN 7-5023-2510-7:¥9.00

TP18 044688
归纳逻辑与人工智能/王雨田,吴炳荣主编.—上海:中国纺织大学出版社,1995.9.—395 页;20cm
ISBN 7-81038-054-0:¥20.00

TP18 044689
人工神经网络原理:入门与应用/王伟编著.—北京:北京航空航天大学出版社,1995.10.—244 页;20cm
ISBN 7-81012-587-7:¥12.00

TP18 044690
人工智能基础/孙雅明编.—北京:水利电力出版社,1995.5.—120 页;26cm
高等学校教材
ISBN 7-120-02323-3:¥4.70

TP18 044691
人工智能原理/刘叙华,姜云飞编著.—长春:吉林大学出版社,1995.6.—162 页;26cm
ISBN 7-5601-1735-X:¥9.40

TP18 044692
神经网络原理及其应用/程相君等编著.—北京:国防工业出版社,1995.1.—204 页;20cm
ISBN 7-118-01297-1(精装):¥9.60

TP18 044693
视觉神经系统与分布式推理理论/郭宝龙,郭雷著.—西安:西安电子科技大学出版社,1995.3.—182 页;26cm.—(智能科学与非线性科学丛书)
ISBN 7-5606-0359-9:¥12.00

TP18 044694
问题求解的人工智能、神经网络方法/王士同,陈剑夫编著.—北京:气象出版社,1995.1.—328 页;19cm
ISBN 7-5029-1807-8:¥9.50

TP18 044695
知识工程原理/曹立明等编著.—徐州:中国矿业大学出版社,1995.12.—188 页;20cm
ISBN 7-81040-457-1:¥9.00

TP18 044696
智能管理/涂序彦等著 .—北京:清华大学出版社;南宁:广西科学技术出版社,1995.5.—129 页;26cm.—(中国计算机学会学术著作丛书)
ISBN 7-302-01801-4:¥9.00

TP18 044697
智能教学系统设计与实现/宋云娴,白鹏编.—北京:电子工业出版社,1995.11.—419 页;19cm.—(计算机辅助教育丛书)
ISBN 7-5053-3155-8:¥18.00

TP18 044698
智能系统的综合集成/戴汝为等主编.—杭州:浙江科学技术出版社,1995.12.—363 页;20cm.—(智能自动化丛书)
ISBN 7-5341-0846-2(精装):¥24.00

TP18 044699
自然语言理解:一种让机器懂得人类语言的研究/姚天顺等著.—北京:清华大学出版社;南宁:广西科学技术出版社,1995.12.—335 页;26cm.—(中文信息处理丛书)
ISBN 7-302-01911-8:¥32.00

TP2 自动化技术及设备

TP2 044700
工业自动化设备概论/朱玉超编.—西安:西安电子科技大学出版社,1995.12.—276 页;26cm
高等学校工科电子类教材
ISBN 7-5606-0370-X:¥14.00

①TP211②TH138.5 044701
气动元件及系统设计/北方工业大学流体传动与控制教研室,济南华能气动元器件公司编著.—北京:机械工业出版社,1995.9.—566 页;19cm
ISBN 7-111-04591-2:¥16.00

TP211-62 044702
机械电气设计简明手册/韩敬礼,仪垂杰主编.—北京:机械工业出版社,1995.5.—396 页;26cm
ISBN 7-111-04411-8:¥19.00

TP212 044703

传感技术/石利英,毕常青编著.—上海:同济大学出版社,1995.7.—206页;26cm

ISBN 7-5608-1556-1:¥12.00

TP212　044704

传感技术/钱浚霞,郑坚立编著.—杭州:浙江大学出版社,1995.10.—241页;26cm

ISBN 7-308-01621-8:¥12.00

TP212　044705

传感器原理/余瑞芬主编.—2版.—北京:航空工业出版社,1995.8.—344页;26cm

ISBN 7-80046-901-8:¥19.50

TP212　044706

传感器原理与应用/黄贤武,郑筱霞编.—成都:电子科技大学出版社,1995.6.—267页;26cm

高等学校工科电子类规划教材

ISBN 7-81043-113-7:¥10.20

TP212　044707

光纤传感原理与应用技术/崔三烈编著.—哈尔滨:哈尔滨工程大学出版社,1995.4.—333页;20cm

ISBN 7-81007-534-9:¥8.00

TP212　044708

机电工程测试技术/王建民等编.—北京:中国计量出版社,1995.10.—165页;26cm

高等学校适用教材

ISBN 7-5026-0772-2:¥12.00

TP212　044709

检测技术与自动化仪表/王一鸣主编.—北京:中国农业出版社,1995.11.—321页;26cm

全国高等农业院校教材 农业电气化与自动化专业用

ISBN 7-109-03491-7:¥16.15

TP212　044710

敏感元件/刘涛,陈鸣编.—南京:东南大学出版社,1995.12.—294页;20cm

中等专业学校工科电子类规划教材

ISBN 7-81050-118-6:¥15.00

TP212　044711

容栅传感器的研究与应用/徐科军著.—北京:清华大学出版社,1995.1.—155页;20cm

ISBN 7-302-01644-5:¥8.00

TP212　044712

实用新型传感器及其应用/徐开先主编;赵志诚等编写.—沈阳:辽宁科学技术出版社,1995.5.—537页;20cm

ISBN 7-5381-1981-7:¥13.00

TP212　044713

现代传感技术/金篆芷,王明时主编.—北京:电子工业出版社,1995.3.—392页;26cm

ISBN 7-5053-2714-3:¥29.80

TP212　044714

现代传感器原理及应用/贺安之,阎大鹏编著.—北京:宇航出版社,1995.6.—337页;20cm

ISBN 7-80034-770-2:¥15.00

TP212　044715

新型传感器技术及应用/刘广玉等编著.—北京:北京航空航天大学出版社,1995.6.—278页;26cm

ISBN 7-81012-546-X:¥14.00

TP212　044716

应变式传感器故障分析与修理/王云章著.—北京:中国计量出版社,1995.4.—293页;19cm

ISBN 7-5026-0732-3:¥12.00

TP212.02　044717

新型弹性敏感元件设计/樊人钧,刘广玉著.—北京:国防工业出版社,1995.5.—406页;20cm

ISBN 7-118-01275-0(精装):¥19.10

TP215　044718

气动与电动执行器/高芸主编.—北京:中国纺织出版社,1995.12.—212页;20cm

高等纺织院校教材

ISBN 7-5064-1151-2:¥18.00

TP216　044719

WS16智能化多头测微仪程序设计与应用/李徐来编著.—北京:中国计量出版社,1995.11.—113页;26cm

ISBN 7-5026-0742-0:¥9.80

TP216　044720

过程控制仪表/徐春山主编.—北京:冶金工业出版社,1995.5.—343页;26cm

高等学校教学用书

ISBN 7-5024-1612-9:¥12.70

TP216　044721

智能电子仪器及应用/王振伟编著.—长沙:中南工业大学出版社,1995.5.—196页;26cm

ISBN 7-81020-746-6:¥12.00

TP216　044722

智能化测量控制仪表原理与设计:单片微型计算机实用技术/徐爱钧编著.—北京:北京航空航天大学出版社,1995.11.—405页;26cm

ISBN 7-81012-617-2:¥32.00

TP216　044723

智能仪表原理、设计及调试:8位、16位单片机应用技术/季建华等编著.—上海:华东理工大学出版社,1995.4.—273页;26cm

ISBN 7-5628-0562-8:¥17.00

TP24　044724

机器人机械设计/龚振邦等编著.—北京:电子工业出版社,1995.11.—489页;26cm

高等学校工科电子类规划教材

ISBN 7-5053-2826-3:¥23.80

TP242-49　044725

机器人在招手/孙述庆编著.—修订版.—合肥:安徽少年儿童出版社,1995.5.—165页;19cm.—(小学生精品书库·文化教育类)

ISBN 7-5397-1253-8:¥4.00

TP242.2　044726

工业机器人设计/周伯英编著.—北京:机械工业出版社,1995.8.—101页;26cm

高等学校适用教材

ISBN 7-111-04715-X:¥7.00

TP242.6 044727
机器人智能控制/孙增圻主编.—太原:山西教育出版社,1995.2.—484页;20cm.—(高科技教育丛书)
ISBN 7-5440-0554-2:¥13.40

TP27 044728
网络与系统分析/杨芳春等主编.—北京:煤炭工业出版社,1995.12.—369页;26cm
高等学校规划教材
ISBN 7-5020-1261-3:¥18.30

TP27 044729
微机测控技术/金海明等编.—北京:煤炭工业出版社,1995.12.—254页;26cm
高等学校规划教材
ISBN 7-5020-1257-5:¥14.50

TP271 044730
集散控制系统原理及应用/俞金寿,何衍庆编著.—北京:化学工业出版社,1995.8.—243页;26cm
ISBN 7-5025-1529-1:¥25.00

TP271 044731
数字系统故障对策与可靠性技术/郑崇勋著.—北京:国防工业出版社,1995.5.—380页;20cm
ISBN 7-118-01373-0(精装):¥18.90

TP271-62 044732
惯性技术手册/许国祯主编;《惯性技术手册》编辑委员会编.—北京:宇航出版社,1995.12.—796页;26cm
ISBN 7-80034-813-X(精装):¥95.00

TP273 044733
CENTUM集散控制系统/黄道,张洪垠编著.—北京:化学工业出版社,1995.8.—386页;19cm.—(集散控制系统丛书)
ISBN 7-5025-1521-6:¥18.50

TP273 044734
μXL集散控制系统/张永德编著.—北京:化学工业出版社,1995.11.—275页;19cm.—(集散控制系统丛书)
ISBN 7-5025-1597-6:¥13.00

TP273 044735
反馈与控制/周思永,王士宏编.—2版.—北京:国防工业出版社,1995.11.—271页;26cm
高等学校工科电子类规划教材
ISBN 7-118-01441-9:¥13.55

TP273 044736
高级过程控制/顾钟文主编;孙优贤等编著.—杭州:浙江大学出版社,1995.11.—156页;26cm
ISBN 7-308-01343-X:¥11.00

TP273 044737
工程模糊控制/孙庚山,兰西柱编著.—北京:机械工业出版社,1995.11.—407页;19cm.—(高新技术丛书)
ISBN 7-111-04751-6:¥20.00

TP273 044738
过程计算机控制系统/傅信鉴主编;王新民等编.—西安:西北工业大学出版社,1995.12.—283页;26cm
高等学校教材
ISBN 7-5612-0764-6:¥16.00

TP273 044739
过程控制工程/冯品如主编.—北京:中国轻工业出版社,1995.5.—482页;26cm
高等学校轻工专业试用教材
ISBN 7-5019-1725-6:¥17.65

TP273 044740
过程控制及仪表/邵裕森主编.—修订版.—上海:上海交通大学出版社,1995.8.—354页;26cm
ISBN 7-313-01490-2:¥22.20

TP273 044741
过程控制系统工程设计/黄正慧等主编.—北京:科学出版社,1995.10.—224页;26cm
ISBN 7-03-004754-0:¥18.40

TP273 044742
机电控制工程/王积伟主编.—北京:机械工业出版社,1995.10.—311页;26cm
高等工科学校适用教材
ISBN 7-111-04678-1:¥19.50

TP273 044743
计算机控制技术与应用/陈金醮等编著.—长沙:中南工业大学出版社,1995.3.—193页;26cm
计算机基础教育系列教材
ISBN 7-81020-739-3:¥10.00

TP273 044744
计算机控制系统/吴捷编著.—广州:广东科技出版社,1995.2.—355页;20cm.—(现代控制理论及其应用丛书/关肇直,李伯天主编)
ISBN 7-5359-1273-7:¥12.00

TP273 044745
计算机控制系统及应用/苗秀敏,朱金钧编著.—北京:北京科学技术出版社,1995.4.—198页;26cm
ISBN 7-5304-1719-3:¥11.40

TP273 044746
计算机控制原理及其应用/江秀汉等编著.—西安:西安电子科技大学出版社,1995.8.—484页;26cm
高等学校教材
ISBN 7-5606-0393-9:¥22.50

TP273 044747
计算机控制原理与应用/张晋格,王卓军主编;王晓东等编著.—北京:电子工业出版社,1995.9.—375页;26cm
ISBN 7-5053-2947-2:¥29.00

TP273 044748
计算机模糊控制原理及应用/戎月莉编著.—北京:北京航空航天大学出版社,1995.4.—205页;20cm
ISBN 7-81012-550-8:¥7.50

TP273 044749
控制系统计算机仿真/刘英奇,石润波编著.—沈阳:东北大学出版社,1995.2.—206页;26cm
ISBN 7-81006-943-8:¥18.00

TP273 044750
控制系统计算机辅助分析/杨平主编.—北京:水利电力出版社,1995.11.—128页;26cm
高等学校教材

ISBN 7-120-02388-8: ¥6.80

TP273 **044751**

模糊控制原理与应用/诸静等著.—北京:机械工业出版社,1995.7.—629页;20cm.—(电气自动化新技术丛书)

ISBN 7-111-04671-4: ¥26.00

TP273 **044752**

模糊逻辑控制技术及其应用/窦振中编著.—北京:北京航空航天大学出版社,1995.7.—278页;26cm

ISBN 7-81012-581-8: ¥23.00

TP273 **044753**

模糊专家系统原理与设计/刘有才,刘增良编著.—北京:北京航空航天大学出版社,1995.3.—270页;26cm.—(模糊技术与应用丛书/刘增良主编)

ISBN 7-81012-531-1: ¥18.00

TP273 **044754**

微机控制技术及系统/刘均伯主编.—北京:水利电力出版社,1995.11.—141页;26cm

中等专业学校教材

ISBN 7-120-02371-3: ¥7.40

TP273 **044755**

智能控制系统及其应用/王顺晃,舒迪前编著.—北京:机械工业出版社,1995.1.—308页;20cm.—(电气自动化新技术丛书)

ISBN 7-111-04449-5: ¥15.80

TP273 **044756**

自动控制理论与设计/曹柱中,徐薇莉编.—修订版.—上海:上海交通大学出版社,1995.9.—354页;26cm

ISBN 7-313-01510-0: ¥13.10

TP273 **044757**

自动控制原理辅导与习题/谭得健等编.—徐州:中国矿业大学出版社,1995.1.—320页;26cm

高等学校规划教材

ISBN 7-81040-348-6: ¥11.60

TP273 **044758**

自适应控制系统/翁思义编.—北京:水利电力出版社,1995.11.—179页;26cm

高等学校教材

ISBN 7-120-02399-3: ¥9.10

TP273 **044759**

自适应模糊系统与控制:设计与稳定性分析/王立新著.—北京:国防工业出版社,1995.10.—260页;20cm

ISBN 7-118-01417-6(精装): ¥16.50

TP273-43 **044760**

自动控制原理/杨位钦,谢锡祺编著.—北京:电子工业出版社,1995.11.—484页;26cm

高等学校工科电子类规划教材

ISBN 7-5053-2825-5: ¥23.80

TP273.02 **044761**

控制系统的分析与设计/史忠科等编著.—西安:西北工业大学出版社,1995.4.—218页;26cm

ISBN 7-5612-0777-8: ¥16.00

TP274 **044762**

测量系统设计与应用/夏士智主编.—北京:机械工业出版社,1995.10.—245页;26cm

普通高等教育机电类规划教材

ISBN 7-111-04664-1: ¥12.80

TP274 **044763**

动态测试数据处理/林洪桦编著.—北京:北京理工大学出版社,1995.10.—999页;20cm

ISBN 7-81045-016-6: ¥43.80

TP274 **044764**

数据压缩的原理与应用/吴乐南编著.—北京:电子工业出版社,1995.2.—348页;26cm

ISBN 7-5053-2781-X: ¥26.00

TP274 **044765**

数据压缩技术及其应用/袁玫,袁文编著.—北京:电子工业出版社,1995.12.—157页;26cm.—(计算机科学大众丛书)

ISBN 7-5053-3253-8: ¥16.00

TP274 **044766**

自动检测技术/王绍纯主编.—2版.—北京:冶金工业出版社,1995.5.—279页;26cm

高等学校教学用书

ISBN 7-5024-1613-7: ¥10.70

TP276 **044767**

滑模变结构控制/王丰尧编著.—北京:机械工业出版社,1995.7.—351页;20cm.—(电气自动化新技术丛书)

ISBN 7-111-04609-9: ¥16.00

TP278 **044768**

自动化生产系统的开发技术/孙亚民,顾文达编著.—北京:兵器工业出版社,1995.4.—171页;26cm

ISBN 7-80038-801-8: ¥12.00

TP278 **044769**

自动生产线技术/天津电仪职大编.—北京:电子工业出版社,1995.11.—575页;26cm

ISBN 7-5053-3015-2: ¥54.00

TP29-62 **044770**

自动化工程技术与经济手册/冶金部预算定额站组织编写.—长沙:湖南科学技术出版社,1995.10.—673页;26cm

ISBN 7-5357-1840-X: ¥70.00

TP3 计算技术、计算机

TP3 **044771**

30天计算机入门/孙强华,史剑雄编.—2版.—合肥:中国科学技术大学出版社,1995.9.—269页;20cm.—(上机指南与屏幕英语系列;1)

ISBN 7-312-00707-4: ¥6.90

TP3 **044772**

从小学电脑:学习机程序设计入门及趣味程序集锦/曹为理,汤红官编著.—兰州:兰州大学出版社,1995.1.—119页;19cm

ISBN 7-311-00846-8: ¥4.60

TP3 044773
大学计算机·计算机文化基础/刘法胜,王化雨主编.—东营:石油大学出版社,1995.9.—264页;26cm
ISBN 7-5636-0720-X:¥18.00

TP3 044774
大学生与计算机/向宝坚,杨辉编.—银川:宁夏人民教育出版社,1995.8.—105页;26cm
ISBN 7-80596-171-9:¥6.80

TP3 044775
电脑基本概论/GOTOP编著;黄磊改写.—北京:电子工业出版社,1995.6.—174页;19cm.—(30分钟系列丛书)
ISBN 7-5053-2841-7:¥10.00

TP3 044776
电脑基础新知识/王鹤龙,吕丽民编著.—杭州:杭州大学出版社,1995.7.—149页;26cm.—(人人学电脑丛书/潘云鹤主编)
ISBN 7-81035-793-X:¥9.00

TP3 044777
电脑屏幕英语释义/李大学等编.—上海:复旦大学出版社,1995.12.—231页;26cm.—(家用电脑应用丛书/李大学主编)
ISBN 7-309-01554-1:¥17.00

TP3 044778
电脑趣话/叶永烈,凌启渝著.—上海:文汇出版社,1995.3.—136页;19cm.—(叶永烈专列)
ISBN 7-80531-339-3:¥6.30

TP3 044779
电脑使用技术500问/章国英,张乐之主编.—上海:上海科学技术出版社,1995.12.—426页;19cm
ISBN 7-5323-3800-2:¥13.60

TP3 044780
电脑应用基础教程/朱凯等编著.—北京:电子工业出版社,1995.5.—132页;26cm.—(计算机继续教育丛书)
ISBN 7-5053-2945-6:¥12.00

TP3 044781
电子&电脑:1994年合订本 9~12期/《电子&电脑》编辑部编.—北京:电子工业出版社,1995.2.—1册;26cm
ISBN 7-5053-2791-7:¥35.00

TP3 044782
电子计算机及应用/吴应光主编.—兰州:兰州大学出版社,1995.1.—285页;26cm
财经、金融类专业用书
ISBN 7-311-00850-6:¥15.80

TP3 044783
电子计算机实用干部读本/陶承德主编.—北京:中共中央党校出版社,1995.8.—241页;20cm
ISBN 7-5035-1222-9:¥8.20

TP3 044784
机关干部电脑操作速成/于功敬等编著.—北京:中国检察出版社,1995.4.—167页;26cm
ISBN 7-80086-296-8:¥18.00

TP3 044785
计算机爱好者 (上):计算机的选购使用操作/胡绪英等编著.—成都:成都科技大学出版社,1995.7.—467页;26cm
ISBN 7-5616-3046-8:¥31.00

TP3 044786
计算机爱好者 (中):针式打印机使用原理检修/张志刚编著.—成都:成都科技大学出版社,1995.8.—343页;26cm
ISBN 7-5616-3046-8:¥24.00

TP3 044787
计算机安全管理与实用技术/天津市公安局计算机管理监察处编.—天津:天津教育出版社,1995.2.—514页;26cm
ISBN 7-5309-2139-8:¥48.00

TP3 044788
计算机操作基础教程/刘振安等编著.—北京:人民邮电出版社,1995.6.—261页;20cm.—(计算机培训丛书)
ISBN 7-115-05674-9:¥12.00

TP3 044789
计算机操作实用教程/郑金玉,曹希立主编.—大连:大连理工大学出版社,1995.4.—113页;26cm
中等职业技术学校教材
ISBN 7-5611-0991-1:¥6.80

TP3 044790
计算机初级操作捷径/广州市职工大学编著.—广州:广东科技出版社,1995.12.—170页;26cm
ISBN 7-5359-1606-6:¥15.00

TP3 044791
计算机导论/李传林,姚青编著.—济南:山东大学出版社,1995.9.—299页;26cm
ISBN 7-5607-1513-3:¥17.80

TP3 044792
计算机导论/孟春宇主编;职业中学计算机专业系列教材编委会编.—重庆:重庆大学出版社,1995.8.—180页;20cm
职业中学计算机专业系列教材
ISBN 7-5624-1041-0:¥6.00

TP3 044793
计算机导论及程序设计语言(FORTRAN-77)习题及编程方法/冉社平编.—重庆:重庆大学出版社,1995.2.—174页;26cm
非计算机专业计算机基础教育、计算机等级考试系列教材
ISBN 7-5624-1023-2:¥8.00

TP3 044794
计算机等级考试题解与模拟试卷:一、二、三级/鞠九滨主编;杜永成等编.—长春:吉林大学出版社,1995.6.—317页;26cm.—(全国计算机等级考试丛书;1)
ISBN 7-5601-1724-4:¥19.80

TP3 044795
计算机概论/姜令嘉等主编.—济南:山东大学出版社,1995.8.—159页;26cm.—(经济管理类计算机应用

丛书;1)
ISBN 7－5607－1524－9: ¥11.50

TP3 044796

计算机概论及上机操作/杨有安主编.—武汉:华中理工大学出版社,1995.8.—208页;26cm
ISBN 7－5609－1157－9: ¥11.80

TP3 044797

计算机管理基础知识/蔡金荣主编.—长沙:湖南教育出版社,1995.6.—477页;19cm
ISBN 7－5355－2148－7: ¥15.00

TP3 044798

计算机基础/汪大菊等编著.—天津:天津大学出版社,1995.8.—295页;20cm
高等学校非计算机专业学生计算机二级考试用书
ISBN 7－5618－0742－2: ¥10.00

TP3 044799

计算机基础/卢中辉,庞中坚编.—北京:电子工业出版社,1995.3.—240页;26cm
中小学教师计算机培训教材
ISBN 7－5053－2839－5: ¥16.00

TP3 044800

计算机基础及操作/常士剑,柳渊主编.—大连:东北财经大学出版社,1995.12.—285页;26cm
全国财政系统公务员培训系列教材
ISBN 7－81044－127－2: ¥22.00

TP3 044801

计算机基础教程/杜习英等主编.—北京:中国致公出版社,1995.4.—205页;26cm
ISBN 7－80096－109－5: ¥14.80

TP3 044802

计算机基础实用教程/沈美莉,陈孟建编著.—北京:电子工业出版社,1995.10.—271页;26cm
ISBN 7－5053－3205－8: ¥19.50

TP3 044803

计算机基础与FORTRAN77程序设计/宋顺林主编.—南京:东南大学出版社,1995.9.—316页;26cm
ISBN 7－81050－031－7: ¥17.20

TP3 044804

计算机基础与应用/刘宏,李丽编著.—济南:山东人民出版社,1995.7.—276页;20cm
山东干部函授大学教材
ISBN 7－209－01781－X: ¥9.00

TP3 044805

计算机基础与应用/邵连刚主编.—沈阳:东北大学出版社,1995.12.—233页;26cm
财政系统在职干部培训系列教材
ISBN 7－81006－765－6: ¥15.00

TP3 044806

计算机基础知识/伍泽民,王书林主编.—成都:四川科学技术出版社,1995.10.—199页;26cm.—(中学生电脑丛书)
计算机中等职业教育等级考试教程
ISBN 7－5364－3159－7: ¥11.80

TP3 044807

计算机基础知识及应用/张艳主编.—徐州:中国矿业大学出版社,1995.9.—330页;26cm
ISBN 7－81040－405－9: ¥17.50

TP3 044808

计算机基础知识及应用/黄贤武,赵鹤鸣编.—北京:北京理工大学出版社,1995.9.—327页;26cm
计算机知识和应用能力等级考试教程
ISBN 7－81045－026－3: ¥23.00

TP3 044809

计算机基础知识与操作:一、二级/鞠九滨主编;刘淑芬等编.—长春:吉林大学出版社,1995.6.—294页;26cm.—(全国计算机等级考试丛书;2)
ISBN 7－5601－1725－2: ¥18.80

TP3 044810

计算机科学基础/彭沛著.—南京:东南大学出版社,1995.6.—400页;26cm
ISBN 7－81050－020－1: ¥17.80

TP3 044811

计算机培训实习与考核指导:初级/冯树椿主编;浙江省计算机应用能力培训考核办公室组编.—杭州:浙江人民出版社,1995.6.—87页;26cm
ISBN 7－213－01142－1: ¥7.00

TP3 044812

计算机屏幕英文信息分类详解与处理/宋如顺,姜乃松编著.—南京:南京师范大学出版社,1995.12.—202页;26cm
ISBN 7－81047－031－0: ¥16.00

TP3 044813

计算机入门/黄建华,勾京生编著.—北京:华龄出版社,1995.8.—143页;26cm
ISBN 7－80082－530　2: ¥9.80

TP3 044814

计算机实用教程/常明华,郑成增主编.—南京:河海大学出版社,1995.2.—231页;26cm
ISBN 7－5630－0815－2: ¥14.80

TP3 044815

计算机使用经验与常见故障维修/徐天祎等编.—北京:科学出版社,1995.4.—280页;26cm
ISBN 7－03－004622－6: ¥22.80

TP3 044816

计算机维护与编程技巧荟萃:《中国计算机报》维护与编程版优秀文章选编/《中国计算机报》编辑部编.—北京:电子工业出版社,1995.9.—800页;26cm
ISBN 7－5053－3219－8: ¥52.00

TP3 044817

计算机文化基础教程/陈凤兰,李凡主编.—南京:河海大学出版社,1995.8.—262页;26cm
计算机等级考试参考用书
ISBN 7－5630－0870－5: ¥19.80

TP3 044818

计算机系统应用教程 (二)/李仲麟等编.—广州:广东科技出版社,1995.10.—229页;26cm
ISBN 7－5359－1590－6: ¥18.00

TP3 044819

计算机系统应用教程 （一）/李振坤等编.—广州：广东科技出版社，1995.8.—196页；26cm
ISBN 7-5359-1542-6：¥15.00

TP3　044820
计算机应用/湖南省中等职业教育教材编审委员会编.—2版（修订版）.—长沙：湖南科学技术出版社，1995.4.—420页；19cm
中等职业学校教材
ISBN 7-5357-1187-1：¥8.10

TP3　044821
计算机应用初步/高传善等编 .—修订版.—上海：复旦大学出版社，1995.10.—296页；20cm.—（高校非计算机专业计算机等级考试教材丛书）
ISBN 7-309-01543-6：¥11.50

TP3　044822
计算机应用基础/柯建明，王慎训主编.—北京：中国商业出版社，1995.3.—176页；26cm
IBM-PC系列教材
ISBN 7-5044-1877-3：¥9.60

TP3　044823
计算机应用基础/马希荣，徐琪主编.—银川：宁夏人民出版社，1995.3.—237页；19cm
ISBN 7-227-01440-1：¥7.60

TP3　044824
计算机应用基础/李智慧编.—北京：中国铁道出版社，1995.2.—245页；26cm
ISBN 7-113-01967-6：¥16.60

TP3　044825
计算机应用基础/方树昌，叶其纲编著.—广州：华南理工大学出版社，1995.8.—301页；26cm
广播电视大学教材
ISBN 7-5623-0864-0：¥18.50

TP3　044826
计算机应用基础/朱儒荣等编.—西安：陕西科学技术出版社，1995.8.—246页；26cm
高等学校教材
ISBN 7-5369-2352-X：¥15.80

TP3　044827
计算机应用基础/钟电生等编著.—广州：暨南大学出版社，1995.3.—253页；26cm
ISBN 7-81029-377-X：¥18.00

TP3　044828
计算机应用基础/朱家骥等主编.—东营：石油大学出版社，1995.6.—3册；20cm
ISBN 7-5636-0710-2：¥35.00

TP3　044829
计算机应用基础/阮忠训主编.—上海：上海科学技术文献出版社，1995.5.—136页；26cm
浙江省中等师范学校教材：试用本
ISBN 7-5439-0748-8：¥6.80

TP3　044830
计算机应用基础/蔡希尧主编.—西安：西安电子科技大学出版社，1995.7.—498页；26cm
ISBN 7-5606-0391-2：¥25.50

TP3　044831
计算机应用基础/舒云星等编.—北京：石油工业出版社，1995.5.—136页；26cm
ISBN 7-5021-1448-3：¥8.00

TP3　044832
计算机应用基础/于之硕，刘永山主编.—哈尔滨：黑龙江科学技术出版社，1995.6.—202页；26cm
ISBN 7-5388-2808-7：¥13.80

TP3　044833
计算机应用基础/盛英力编著.—贵阳：贵州民族出版社，1995.7.—151页；26cm
ISBN 7-5412-0593-1：¥11.60

TP3　044834
计算机应用基础/李庆林编.—北京：中国农业出版社，1995.12.—166页；26cm
中央农业广播电视学校教材
ISBN 7-109-04205-7：¥7.40

TP3　044835
计算机应用基础/阳小华等编著.—长沙：中南工业大学出版社，1995.7.—194页；26cm
ISBN 7-81020-762-8：¥12.00

TP3　044836
计算机应用基础/王成钧等编著.—北京：中国物资出版社，1995.7.—421页；19cm
ISBN 7-5047-1076-8：¥15.50

TP3　044837
计算机应用基础/万林生等编著.—南昌：江西高校出版社，1995.9.—274页；26cm
高校非计算机专业试用教材
ISBN 7-81033-523-5：¥14.00

TP3　044838
计算机应用基础/何桥主编.—长春：吉林科学技术出版社，1995.9.—252页；26cm
吉林省普通高校计算机共同课推荐教材
ISBN 7-5384-1557-2：¥13.90

TP3　044839
计算机应用基础/张福堂主编.—延吉：延边大学出版社，1995.7.—163页；26cm
ISBN 7-5634-0795-2：¥10.00

TP3　044840
计算机应用基础/常初芳主编.—济南：山东科学技术出版社，1995.9.—190页；26cm
ISBN 7-5331-1659-3：¥13.00

TP3　044841
计算机应用基础/宋萍，吴德成主编.—沈阳：东北大学出版社，1995.7.—170页；26cm
ISBN 7-81006-983-7：¥12.00

TP3　044842
计算机应用基础/柳东根主编.—长春：吉林大学出版社，1995.12.—361页；26cm
ISBN 7-5601-1854-2：¥22.00

TP3　044843
计算机应用基础/周玉龙，辛运帏编著.—天津：南开大学出版社，1995.11.—132页；26cm

计算机大专教材系列
ISBN 7-310-00888-X: ¥10.00

TP3 044844
计算机应用基础/陈清学,郭清溥主编.—北京:军事医学科学出版社,1995.8.—376页;26cm
ISBN 7-80121-017-4: ¥27.00

TP3 044845
计算机应用基础/雷伍等编.—南京:东南大学出版社,1995.7.—135页;26cm
机械工业中等专业教育机械制造专业系列教材
ISBN 7-81050-025-2: ¥7.00

TP3 044846
计算机应用基础:电信类/刘祖同,吴红梅编.—北京:人民邮电出版社,1995.10.—340页;19cm
邮电中等专业学校教材
ISBN 7-115-05633-1: ¥7.00

TP3 044847
计算机应用基础:基本操作、WPS、Quick BASIC/李冠英等编著.—广州:中山大学出版社,1995.10.—271页;26cm
ISBN 7-306-00795-5: ¥18.00

TP3 044848
计算机应用基础教程/江西省中专计算机教研会编.—南昌:江西高校出版社,1995.6.—216页;26cm
ISBN 7-81033-515-4: ¥10.80

TP3 044849
计算机应用基础教程/潘小轰,高水英编著.—广州:中山大学出版社,1995.1.—172页;26cm
ISBN 7-306-00985-0: ¥9.80

TP3 044850
计算机应用基础教程/李省耕,蔡启先主编;黄同成等编.—北京:气象出版社,1995.5.—257页;26cm
计算机等级考试教材
ISBN 7-5029-1868-X: ¥13.80

TP3 044851
计算机应用基础教程/郜焕平主编.—北京:中国商业出版社,1995.1.—322页;26cm
ISBN 7-5044-2582-6: ¥14.80

TP3 044852
计算机应用基础教程/朱光,严晓虎编著.—上海:上海科学普及出版社,1995.5.—279页;26cm
计算机普及应用教材
ISBN 7-5427-0959-3: ¥15.00

TP3 044853
计算机应用基础教程/何克抗,李克东主编;国家教育委员会师范司组织编写.—北京:北京师范大学出版社,1995.1.—525页;26cm
高等师范学校理科试用教材
ISBN 7-303-03674-1: ¥22.80

TP3 044854
计算机应用基础教程/马丽华等编著.—北京:北京航空航天大学出版社,1995.8.—391页;26cm
ISBN 7-81012-549-4: ¥30.00

TP3 044855
计算机应用技术基础/朱继生等著.—北京:电子工业出版社,1995.10.—414页;26cm
ISBN 7-5053-2970-7: ¥28.00

TP3 044856
计算机应用与管理:普通高等教育学历证书三级管理系统/任善恂等编著.—昆明:云南大学出版社,1995.3.—239页;26cm
ISBN 7-81025-558-4: ¥10.00

TP3 044857
计算机应用原理/王振齐主编.—北京:中国商业出版社,1995.5.—460页;20cm
ISBN 7-5044-2766-7: ¥15.00

TP3 044858
计算机与数据库应用基础/徐继锋等编著.—沈阳:辽宁人民出版社,1995.6.—323页;20cm
高等学校计算机基础课系列教材
ISBN 7-205-03361-6: ¥8.50

TP3 044859
家用电脑选购·安装·配置及使用初步/何成彦等编著.—成都:电子科技大学出版社,1995.10.—191页;26cm.—(家用电脑系列丛书)
ISBN 7-81043-340-7: ¥12.00

TP3 044860
教学与辅导:计算技术专辑:1995级/中央农业广播电视学校主办.—北京:中国农业出版社,1995.7.—48页;26cm
农业经济管理、企业经营管理、会计统计与审计、贸易经济、市场营销专业用
ISBN 7-109-04137-9: ¥2.00

TP3 044861
全国计算机等级考试考试指导:二级:计算机基本知识/谭浩强主编;徐士良编著.—北京:清华大学出版社,1995.4.—106页;26cm
ISBN 7-302-01811-1: ¥9.00

TP3 044862
全国计算机一级考试快捷之路/倪彤等编著.—合肥:安徽科学技术出版社,1995.5.—182页;26cm
ISBN 7-5337-1198-X: ¥10.00

TP3 044863
三级考试:B类:计算机软件系统及其应用/胡礼和主编.—武汉:华中理工大学出版社,1995.4.—306页;26cm.—(计算机等级考试应考丛书)
ISBN 7-5609-1092-0: ¥18.00

TP3 044864
手把手学电脑/陶振宗著.—贵阳:贵州人民出版社,1995.6.—154页;26cm
ISBN 7-221-03925-9: ¥12.80

TP3 044865
怎样使用 Mac 计算机:续篇/(美)Pogue,D.著;郝继刚等译.—北京:电子工业出版社,1995.6.—299页;26cm.—(美国最畅销计算机傻瓜丛书)
ISBN 7-5053-2795-X: ¥40.00

TP3 044866
中国计算机用户:1994合订本/《中国计算机用户》编

辑部编.—北京:电子工业出版社,1995.2.—82 页;26cm

ISBN 7-5053-2806-9:¥38.00

TP3-41　　**044867**

计算机学科教学计划　1993/中国计算机学会教育委员会全国高等学校计算机研究会编.—北京:电子工业出版社,1995.7.—148 页;19cm+附配套教材简介

ISBN 7-5053-3217-1:¥7.00

TP3-41　　**044868**

普通高等学校文科专业计算机基础课程教学大纲:试行/高等学校文科专业计算机教学指导小组编.—北京:高等教育出版社,1995.8.—19 页;19cm

ISBN 7-04-005543-0:¥1.10

TP3-41　　**044869**

全国计算机等级考试:考试大纲/国家教育委员会考试中心编.—北京:高等教育出版社,1995.4.—211 页;20cm+附 1994 年笔试试卷

ISBN 7-04-005482-5:¥6.90

TP3-41　　**044870**

天津市高等学校计算机等级考试考试大纲/天津市普通高等学校计算机基础课程教学指导委员会编.—修订本.—天津:天津大学出版社,1995.9.—37 页;19cm

ISBN 7-5618-0770-8:¥2.00

TP3-43　　**044871**

电脑应用基础入门教程/俞俊浦等编.—西安:陕西科学技术出版社,1995.9.—245 页;26cm

全国计算机等级考试培训教材

ISBN 7-5369-2383-X:¥15.80

TP3-43　　**044872**

电子计算机应用基础教程/王忠浩等主编.—北京:中国商业出版社,1995.8.—272 页;26cm

ISBN 7-5044-2957-0:¥17.80

TP3-43　　**044873**

华码暨计算机应用简明教程/马玮编著.—杭州:杭州大学出版社,1995.2.—152 页;26cm

ISBN 7-81035-788-3:¥12.00

TP3-43　　**044874**

计算机等级考试指南/陈宝福编著.—北京:华语教学出版社,1995.1.—369 页;26cm

ISBN 7-80052-442-6:¥20.00

TP3-43　　**044875**

计算机基础教程/彭其美主编.—沈阳:东北大学出版社,1995.12.—146 页;26cm

ISBN 7-81054-020-3:¥8.80

TP3-43　　**044876**

计算机基础教程/吕其诚,王万学主编.—哈尔滨:哈尔滨工业大学出版社,1995.4.—265 页;26cm

非计算机专业系列教材

ISBN 7-5603-1071-0:¥14.00

TP3-43　　**044877**

计算机基础实用教程/李天侠主编.—天津:天津大学出版社,1995.9.—219 页;26cm

ISBN 7-5618-0795-3:¥20.00

TP3-43　　**044878**

计算机基础知识:试用本/全国职业高中商品营销专业教材编写组编.—上海:上海科技教育出版社,1995.6.—238 页;20cm

全国职业高中国家教委规划教材 商品营销专业

ISBN 7-5428-1102-9:¥6.20

TP3-43　　**044879**

计算机教程/肖德鑫主编.—2 版.—武汉:华中理工大学出版社,1995.8.—302 页;26cm

ISBN 7-5609-0853-5:¥14.00

TP3-43　　**044880**

计算机实践教程/吕淑萍主编.—哈尔滨:哈尔滨工程大学出版社,1995.2.—276 页;26cm

ISBN 7-81007-535-7:¥14.30

TP3-43　　**044881**

计算机实验教程:BASIC 语言分册/俞爱宗,孙学桐主编;孙学桐,洛勇平分主编.—延吉:东北朝鲜民族教育出版社,1995.6.—214 页;19cm

ISBN 7-5437-1950-9:¥6.90

TP3-43　　**044882**

计算机实验教程:DOS 与文字处理技术分册/俞爱宗,孙学桐主编;张云秋分主编.—延吉:东北朝鲜民族教育出版社,1995.6.—213 页;19cm

ISBN 7-5437-1950-9:¥6.90

TP3-43　　**044883**

计算机实验教程:FoxBASE+分册/俞爱宗,孙学桐主编;董德森分主编.—延吉:东北朝鲜民族教育出版社,1995.6.—233 页;19cm

ISBN 7-5437-1950-9:¥6.90

TP3-43　　**044884**

计算机实用教程/邓平之主编.—济南:山东人民出版社,1995.2.—344 页;20cm

高等学校管理专业系列教材

ISBN 7-209-01725-9:¥10.50

TP3-43　　**044885**

计算机实用教程:初级/沈阳市计算机应用能力培训考核工作办公室编.—沈阳:辽宁大学出版社,1995.8.—227 页;26cm

ISBN 7-5610-3036-3:¥18.00

TP3-43　　**044886**

计算机实用培训教程:初级/潘云鹤主编;浙江省计算机应用能力培训考核办公室组编.—杭州:浙江人民出版社,1995.5.—296 页;26cm

ISBN 7-213-01177-4:¥19.50

TP3-43　　**044887**

计算机一级教程实验指导/刘瑞挺主编;孙克忱,余金森编.—天津:南开大学出版社,1995.12.—238 页;26cm.—(计算机基础教育丛书)

ISBN 7-310-00894-4:¥16.50

TP3-43　　**044888**

计算机一级水平考试综合指导教程:习题、答案兼备/徐富荣主编.—广州:中山大学出版社,1995.5.—224 页;26cm

ISBN 7-306-01013-1:¥16.00

TP3-43　044889
计算机应用初级教程/宋声亮主编.—长沙:湖南科学技术出版社,1995.9.—179页;26cm
ISBN 7-5357-1866-3:¥20.00

TP3-43　044890
计算机应用国家等级考试培训教程:初级/许卫,周松编著.—南京:南京师范大学出版社,1995.12.—266页;26cm
ISBN 7-81047-038-8:¥18.00

TP3-43　044891
计算机应用基础教程/江邦人等编著.—苏州:苏州大学出版社,1995.8.—252页;26cm
江苏省普通高校计算机等级考试系列教材
ISBN 7-81037-157-6:¥15.50

TP3-43　044892
计算机应用基础教程/陈宝贤,杨克昌主编.—昆明:云南科技出版社,1995.7.—232页;26cm
ISBN 7-5416-0721-5:¥13.50

TP3-43　044893
计算机应用基础教程/中国计算机学会教育委员会中专学组浙江分会编.—杭州:浙江科学技术出版社,1995.9.—269页;26cm
ISBN 7-5341-0868-3:¥16.50

TP3-43　044894
计算机应用基础实验教程/方树昌,叶其纲编著.—广州:华南理工大学出版社,1995.10.—142页;26cm
广播电视大学教材
ISBN 7-5623-0916-7:¥10.00

TP3-43　044895
计算机应用及安全保护教程:初级/辽宁省计算机应用及安全保护能力考核办公室编.—沈阳:辽宁人学出版社,1995.8.—285页;26cm
ISBN 7-5610-3023-1:¥22.00

TP3-43　044896
计算机应用教程/曹宝香等编著.—北京:北京大学出版社,1995.9.—212页;26cm
ISBN 7-301-02894-6:¥15.50

TP3-43　044897
计算机应用教程/《计算机应用教程》编写组编.—天津:天津科学技术出版社,1995.5.—221页;26cm
ISBN 7-5308-1868-6:¥10.50

TP3-43　044898
计算机应用教程/郝性天主编.—成都:四川大学出版社,1995.12.—397页;26cm
中等职业技术学校非计算机专业试用教材
ISBN 7-5614-1290-8:¥25.00

TP3-43　044899
计算机应用能力培训教程:初级/郜荣春主编.—大连:大连理工大学出版社,1995.11.—222页;20cm
ISBN 7-5611-1068-5:¥10.00

TP3-43　044900
计算机应用培训教程:初级/庞云阶主编;吉林省计算机应用能力和外语培训领导小组办公室编.—长春:吉林科学技术出版社,1995.10.—260页;26cm.—(计算机应用能力和外语培训教学丛书)
ISBN 7-5384-1569-6:¥17.00

TP3-43　044901
青少年计算机应用简明教程/李金亮,李志卿主编.—天津:天津科学技术出版社,1995.11.—252页;19cm
ISBN 7-5308-1956-9:¥7.90

TP3-43　044902
全国计算机等级考试教程:一级:基础知识与操作技术/牛允鹏主编.—北京:电子工业出版社,1995.10.—419页;26cm
全国计算机等级考试电视教学用书
ISBN 7-5053-3297-X:¥32.00

TP3-43　044903
医用计算机基础/秦玉明主编.—上海:上海教育出版社,1995.1.—205页;26cm
上海市中等卫生学校护理专业(四年制)教材
ISBN 7-5320-4230-8:¥8.80

TP3-43　044904
中国人民解放军陆军学院计算机语言与应用教材 上册/总参谋部军训部编著.—长沙:国防科技大学出版社,1995.8.—207页;26cm
内部发行
ISBN 7-81024-344-6:¥0.00

TP3-43　044905
中国人民解放军陆军学院计算机语言与应用教材 下册/总参谋部军训部编著.—长沙:国防科技大学出版社,1995.8.—133页;26cm
内部发行
ISBN 7-81024-344-6:¥0.00

TP3-43　044906
最新电脑基础教程/王义端,巨建文主编.—太原:山西经济出版社,1995.7.—212页;26cm
ISBN 7-80577-872-8:¥18.00

TP3-44　044907
计算机等级考试模拟试题:一级/袁津生主编.—北京:机械工业出版社,1995.8.—164页;19cm
ISBN 7-111-04754-0:¥7.00

TP3-44　044908
计算机等级考试一级笔试模拟试题　第一辑/唐胜群,姚俊峰编.—武汉:武汉大学出版社,1995.3.—133页;26cm
ISBN 7-307-01927-2:¥7.80

TP3-44　044909
计算机实用问题解答/黄学俊等编著.—北京:人民邮电出版社,1995.6.—170页;20cm.—(计算机培训丛书)
ISBN 7-115-05691-9:¥9.00

TP3-44　044910
计算机问答精萃101/(美)Smith,G.,(美)Laporte,L.著;杨密等译 .—北京:电子工业出版社,1995.9.—121页;26cm
ISBN 7-5053-3211-2:¥19.50

TP3-44　044911

计算机应用能力考试试题分析与答疑/万金友,何学仪编.—上海:华东理工大学出版社,1995.4.—2册;26cm
九十年代上海紧缺人才培训工程教学系列配套参考书
ISBN 7-5628-0573-3:¥30.00

TP3-44 044912
计算机应用水平考试习题解答:一级/苏众编著.—长沙:湖南出版社,1995.7.—128页;26cm.—(实用电脑丛书)
ISBN 7-5438-1047-6:¥9.80

TP3-44 044913
家用电脑230问/刘进学等编.—北京:电子工业出版社,1995.1.—315页;19cm
ISBN 7-5053-2775-5:¥11.00

TP3-44 044914
江苏省普通高校非计算机学生计算机基础知识和应用能力等级考试大纲和样题/江苏省教育委员会编.—修订版.—苏州:苏州大学出版社,1995.5.—241页;26cm+附1993年、1994年试卷
ISBN 7-81037-136-3:¥10.20

TP3-44 044915
天津市高等学校计算机等级考试试题汇编:1993~1995/张宝瑚,王津玲编.—天津:天津大学出版社,1995.8.—266页;26cm
ISBN 7-5618-0779-1:¥17.00

TP3-44 044916
一、二级等级考试应试练习/周行明主编.—武汉:华中理工大学出版社,1995.5.—187页;26cm.—(计算机等级考试应考丛书)
ISBN 7-5609-1110-2:¥10.00

TP3-49 044917
电脑操作一点通/吴向东等编著.—福州:福建科学技术出版社,1995.5.—211页;26cm
ISBN 7-5335-0891-2:¥12.60

TP3-49 044918
电脑应用基础/邓邵奕,梁平主编.—南宁:广西人民出版社,1995.3.—190页;26cm
ISBN 7-219-02931-4:¥9.50

TP3-49 044919
古代洛书与计算机/李颖伯编写.—北京:语文出版社,1995.9.—111页;19cm.—(少年百科趣味知识丛书/张伯华主编)
ISBN 7-80126-000-7:¥4.70

TP3-49 044920
计算机初学入门/马锦芳编著.—兰州:甘肃民族出版社,1995.3.—313页;20cm
ISBN 7-5421-0353-9:¥12.80

TP3-49 044921
家用计算机:选购、应用、维护、升级/胡礼和主编;丁军等编.—武汉:湖北科学技术出版社,1995.12.—317页;26cm
ISBN 7-5352-1732-X:¥22.50

①TP3-49②J238.1 044922
漫话计算机/(美)戈尼克(Gonick,L.)著;竹欣译.—北京:新华出版社,1995.5.—241页;20cm.—(趣味科学卡通系列)
ISBN 7-5011-2838-3:¥11.80

TP3-53 044923
'95全国计算机新技术与高层次计算机继续教育论文集/张凤祥等主编.—成都:西南交通大学出版社,1995.8.—2册;26cm
全套书总定价:42.00元
ISBN 7-81022-837-4:¥0.00

TP3-53 044924
中国计算机学会教育委员会(专业)第七次代表大会暨1995年年会论文集/刘大有主编.—长春:吉林大学出版社,1995.7.—180页;26cm
ISBN 7-5601-1745-7:¥18.50

TP3-61 044925
Que计算机用户辞典/(美)Pfaffenberger,B.著;战晓苏等译.—北京:龙门书局,1995.7.—540页;19cm
ISBN 7-03-004962-4:¥23.00

TP3-61 044926
计算机知识辞典/傅平,郝庆新主编.—济南:济南出版社,1995.9.—576页;20cm.—(学生工具书系列/施国等主编)
ISBN 7-80572-961-1:¥18.00

TP3-61 044927
实用英汉计算机小词典/殷明玉等主编.—长春:北方妇女儿童出版社,1995.10.—378页;13cm
ISBN 7-5385-1095-8(精装):¥7.80

TP3-61 044928
图解彩色电脑词典/( )Graham,G.著;苏运霖译.—广州:岭南美术出版社,1995.12.—216页;26cm.—(3-D图像系列)
ISBN 7-5362-1318-2:¥150.00

TP3-61 044929
新英汉计算机词典/《新英汉计算机词典》编委会编.—北京:清华大学出版社,1995.3.—827页;19cm
ISBN 7-302-01652-6(精装):¥29.00

TP3-61 044930
最新计算机双解词典/(美)Gookin,D.等著;陆震纶等译.—北京:电子工业出版社,1995.3.—465页;20cm.—(美国最畅销计算机傻瓜丛书)
ISBN 7-5053-2770-4:¥28.00

①TP3-61②TN-61 044931
英汉计算机技术、电子技术缩略语词典/杨洪琴等编著.—天津:天津科学技术出版社,1995.10.—724页;19cm
ISBN 7-5308-1802-3(精装):¥38.00

TP3-62 044932
MULTIBUS I、局域网和BITBUS产品数据手册:开发工具/Intel公司著;曹德明等译.—上海:上海科学普及出版社,1995.5.—1册;26cm.—(Intel单板计算机系列手册;2)
ISBN 7-5427-0842-2:¥110.00

TP3-62 044933

必备家用电脑使用指南/(美)Steward,W.编著;钟道隆等译.—北京:电子工业出版社,1995.11.—201页;26cm
ISBN 7-5053-3214-7:¥26.00

TP3-62 044934
常用电脑备查手册/沈美莉,陈孟建编著.—杭州:杭州大学出版社,1995.9.—451页;26cm
ISBN 7-81035-816-2:¥39.00

TP3-62 044935
大学生上机指南/廉庆荣,孙大为编.—2版(修订版).—大连:大连理工大学出版社,1995.8.—177页;20cm
ISBN 7-5611-0110-4:¥6.00

TP3-62 044936
电脑速查实用手册/杨冲盛等编著.—广州:广东教育出版社,1995.4.—641页;20cm
ISBN 7-5406-2858-8(精装):¥25.00

TP3-62 044937
国家公务员计算机晋级考试手册/李辉等编著.—成都:成都科技大学出版社,1995.12.—198页;26cm
ISBN 7-5616-3199-5:¥15.80

TP3-62 044938
计算机应用能力(中级)考试指南/赵龙强,王芳编著.—上海:复旦大学出版社,1995.5.—216页;26cm
ISBN 7-309-01526-6:¥15.00

TP3-62 044939
计算机应用能力应试指南:初级、中级:附学习软件/高卫宇等编.—上海:上海交通大学出版社,1995.5.—111页;20cm
ISBN 7-313-01486-4:¥15.00

TP3-62 044940
英汉对照电脑屏幕常用词汇、短句手册/许永兴,刘绪恒编.—上海:华东理工大学出版社,1995.3.—157页;18cm
ISBN 7-5628-0558-X:¥5.80

TP30 044941
计算机基本原理与应用/徐展等编.—郑州:中原农民出版社,1995.3.—301页;19cm
ISBN 7-80538-706-0:¥7.00

TP30 044942
实用电脑装配与硬件测试技术/乔岗编著.—西安:西安电子科技大学出版社,1995.8.—324页;26cm
ISBN 7-5606-0388-2:¥19.50

TP30-43 044943
电脑操作及汉字 dBASE Ⅲ基础教程/关朵霏等编著.—广州:中山大学出版社,1995.9.—293页;26cm
ISBN 7-306-01055-7:¥18.50

TP301 044944
计算机基础及应用练习与上机指导/北京市成人教育教学研究室组编.—北京:北京工业大学出版社,1995.3.—106页;19cm
北京市成人中等专业学校教材
ISBN 7-5639-0429-8:¥3.00

TP301 044945
计算机应用教程上机实验指导:中级/上海市计算机应用能力考核办公室编.—上海:上海交通大学出版社,1995.9.—222页;26cm.—(九十年代上海紧缺人才培训工程教学系列丛书)
ISBN 7-313-01533-X:¥15.00

TP301 044946
计算机组成原理/刘子良等编著.—长春:吉林科学技术出版社,1995.3.—645页;19cm
ISBN 7-5384-1487-8:¥16.80

TP301 044947
轻松进入电脑王国:教你学电脑/邹贻明等编著.—成都:西南交通大学出版社,1995.11.—162页;26cm.—(普及电脑知识读物)
ISBN 7-81022-860-9:¥13.80

TP301 044948
图论及其在计算机科学中的应用/曹立明等著.—徐州:中国矿业大学出版社,1995.12.—170页;20cm
ISBN 7-81040-460-1:¥8.00

TP301.5 044949
结构复杂性原理/吕义忠,孙慧澄编著.—南京:南京大学出版社,1995.9.—189页;20cm
ISBN 7-305-02760-X:¥9.00

TP301.5 044950
算法与复杂性/卢开澄编著.—北京:高等教育出版社,1995.5.—324页;26cm
ISBN 7-04-005266-0:¥13.25

TP301.6 044951
非数值并行算法　第二册:遗传算法/刘勇等著.—北京:科学出版社,1995.1.—215页;20cm.—(计算方法丛书/冯康主编)
ISBN 7-03-004345-6:¥10.60

TP301.6 044952
计算方法/何明编著.—合肥:安徽大学出版社,1995.7.—219页;26cm
ISBN 7-81052-002-4:¥13.95

TP301.6 044953
计算方法/沈克精编著.—海口:海南国际新闻出版中心,1995.6.—336页;20cm
ISBN 7-80609-194-7:¥10.50

TP301.6 044954
计算方法/邵华开,陈仁华编著.—北京:石油工业出版社,1995.4.—247页;26cm
ISBN 7-5021-1459-9:¥14.50

TP301.6 044955
计算机常用算法/徐士良编著.—2版.—北京:清华大学出版社,1995.11.—373页;26cm.—(计算机基础教育丛书/谭浩强主编)
ISBN 7-302-01958-4:¥18.80

TP301.6 044956
计算机应用算法/林国顺主编.—大连:大连海事大学出版社,1995.8.—123页;26cm
ISBN 7-5632-0887-9:¥11.50

TP301.6 044957
数值计算方法/魏焕彩等编.—东营:石油大学出版

社,1995.7.—239页;20cm
ISBN 7-5636-0711-0:¥14.75

TP302.1 044958
高等计算机系统结构:并行性、可扩展性、可编程性/(美)Huang,K.著;王鼎兴等译.—北京:清华大学出版社;南宁:广西科学技术出版社,1995.8.—606页;26cm.—(中国计算机学会学术著作丛书)
ISBN 7-302-01875-8:¥36.00

TP302.1 044959
排队论与计算机系统设计/(日)吉冈良雄等著.—西安:陕西科学技术出版社,1995.11.—158页;20cm
ISBN 7-5369-2420-8(精装):¥10.80

TP302.4 044960
计算机图形学基础/唐泽圣等编著.—北京:清华大学出版社,1995.12.—300页;26cm
清华大学计算机系列教材
ISBN 7-302-02016-7:¥18.00

TP302.8 044961
计算机容错技术/胡谋主编.—北京:中国铁道出版社,1995.11.—377页;20cm
ISBN 7-113-02008-9:¥15.90

TP302.8-53 044962
第六届全国容错计算学术会议论文集/杨孝宗主编.—哈尔滨:黑龙江教育出版社,1995.8.—419页;26cm
ISBN 7-5316-2700-0:¥50.00

TP303 044963
Clipper**扩充函数库**:硬件篇/TSID工作室编著.—天津:天津科学技术出版社,1995.9.—674页;20cm.—(CLIPPER丛书)
ISBN 7-5308-1800-7:¥44.00

TP303 044964
红外触摸屏原理与编程/戎志刚等编著.—合肥:中国科学技术大学出版社,1995.3.—164页;26cm
ISBN 7-312-00590-X:¥18.00

TP303 044965
计算机硬件基础/陈致明等编.—北京:电子工业出版社,1995.8.—279页;20cm.—(计算机应用基础系列丛书)
ISBN 7-5053-3009-8:¥11.00

TP303 044966
计算机组成与结构/王爱英等编著.—2版.—北京:清华大学出版社,1995.7.—483页;26cm
清华大学计算机系列教材
ISBN 7-302-01788-3:¥21.00

TP303 044967
计算机组成原理/华良杰,马玉良编.—北京:国防工业出版社,1995.5.—261页;26cm
高等学校工科电子类规划教材
ISBN 7-118-01384-6:¥9.95

TP303 044968
计算机组成原理学习指导书/何晓新编.—北京:中央广播电视大学出版社,1995.10.—151页;26cm
中央广播电视大学教材
ISBN 7-304-01174-2:¥7.95

TP303 044969
三级考试:A类:计算机硬件系统及其应用/胡礼和主编.—武汉:华中理工大学出版社,1995.7.—399页;26cm.—(计算机等级考试应考丛书)
ISBN 7-5609-1103-X:¥22.50

TP303-44 044970
《计算机组成原理》习题集/唐朔飞编著.—北京:电子工业出版社,1995.7.—261页;20cm
ISBN 7-5053-2960-X:¥12.00

TP306 044971
开发过程调试技术/(美)Steve Maguire著;岳晋生等译.—北京:电子工业出版社,1995.8.—194页;19cm
ISBN 7-5053-3067-5:¥15.00

TP307 044972
打印机和显示器快捷修理288例/孙若真,杜德政编著.—哈尔滨:黑龙江科学技术出版社,1995.5.—166页;26cm
ISBN 7-5388-2624-6:¥9.80

TP307 044973
计算机、游戏机维修技术精选/陆孝如主编.—北京:电子工业出版社,1995.9.—448页;26cm.—(家电维修技术精华丛书;5)
ISBN 7-5053-3035-7:¥32.00

TP307 044974
计算机检修、升级半月通/(美)RON WHITE著;袁全超,张宗林译.—北京:电子工业出版社,1995.4.—164页;26cm
ISBN 7-5053-2884-0:¥22.00

TP307 044975
计算机软维修技术与实例/李人元编著.—北京:电子工业出版社,1995.1.—314页;26cm
ISBN 7-5053-2810-7:¥20.00

TP307 044976
计算机与电子设备集成电路插件板维修技术/肖双成等编著.—北京:北京大学出版社,1995.9.—159页;26cm
ISBN 7-301-02917-9:¥18.00

TP307 044977
图解PC系列机维修/(美)Hordeski,M.F.著;郝伟卫等译.—北京:电子工业出版社,1995.8.—294页;26cm
ISBN 7-5053-3066-7:¥38.00

TP307 044978
微机实用检修技术/姜有根编著.—北京:电子工业出版社,1995.8.—158页;26cm
全国家用电器维修培训教材
ISBN 7-5053-3022-5:¥14.00

TP307 044979
微型计算机系统板测试及维修/金光惠编著.—北京:人民邮电出版社,1995.10.—161页;26cm.—(微型计算机维修技术丛书/黄昌夺主编)
ISBN 7-115-05793-1:¥14.00

TP307 044980
微型计算机系统设备与维修/王志军主编.—西安:

西安电子科技大学出版社,1995.12.—455页;26cm
中等专业学校工科电子类教材
ISBN 7-5606-0368-8:¥22.75

TP307-62 **044981**
计算机系统实用快捷维修指南/聂元铭编著.—北京:人民邮电出版社,1995.10.—279页;26cm
ISBN 7-115-05844-X:¥20.00

TP309 **044982**
电脑病毒的检测治疗和预防/姜玉璋编著.—青岛:青岛出版社,1995.8.—198页;20cm.—(电脑快速入门丛书)
ISBN 7-5436-1370-0:¥8.50

TP309 **044983**
计算机安全/王锡林等编著.—北京:人民邮电出版社,1995.1.—328页;26cm
ISBN 7-115-05382-0:¥21.00

TP309 **044984**
计算机安全保密技术/张焕国等编著.—北京:机械工业出版社,1995.2.—235页;26cm
国家自然科学基金研究课题
ISBN 7-111-04414-2:¥18.80

TP309 **044985**
计算机病毒的检测与防治/刘清波等主编.—北京:警官教育出版社,1995.10.—197页;26cm
ISBN 7-81027-667-0:¥16.80

TP309 **044986**
计算机病毒清除技术/刘晓风著.—西安:陕西科学技术出版社,1995.6.—249页;26cm
ISBN 7-5369-2349-X:¥16.00

TP309 **044987**
计算机反病毒软件:STOP-VIRUS/马严编著.—北京:国防工业出版社,1995.3.—208页;26cm.—(最流行软件丛书/谭浩强主编)
ISBN 7-118-01288-2:¥14.00

TP309 **044988**
计算机系统、数据库系统和通信网络的安全与保密/蒋继洪,黄月江编著.—成都:电子科技大学出版社,1995.6.—387页;26cm.—(21世纪通信技术丛书)
ISBN 7-81043-203-6:¥28.00

TP309 **044989**
计算机信息系统安全与反病毒/王锡林,李瑞宏主编.—北京:电子工业出版社,1995.12.—363页;26cm.—(优秀计算机软件丛书/朱继生主编)
ISBN 7-5053-3194-9:¥35.00

TP309 **044990**
数据安全与软件加密技术/郑雪雪编著.—北京:人民邮电出版社,1995.6.—195页;26cm.—(计算机技术丛书)
ISBN 7-115-05693-5:¥18.00

TP309 **044991**
在接近零的境界:计算机技术的产物/吕郁薇,辛文宽编译.—兰州:甘肃科学技术出版社,1995.5.—232页;20cm
ISBN 7-5424-0540-3:¥8.50

TP309-62 **044992**
计算机信息系统安全保护工作手册/公安部计算机管理监察司,吉林省公安厅编.—长春:吉林人民出版社,1995.3.—185页;17×19cm
ISBN 7-206-02235-9:¥20.00

TP31 **044993**
程序员级高级程序员级软件知识/施伯乐主编.—3版.—北京:清华大学出版社,1995.4.—303页;26cm
中国计算机软件专业技术资格和水平考试统编辅导教材
ISBN 7-302-01055-2:¥14.50

TP31 **044994**
初级程序员软件考试应试指导/周必水主编;陈敏玲等编著.—杭州:杭州大学出版社,1995.6.—717页;26cm
中国计算机软件专业技术资格和水平考试辅导用书
ISBN 7-81035-761-1:¥46.00

TP31 **044995**
磁盘压缩技术及其应用/(美)哈里斯(Harris,M.)著;陈时飚等译.—北京:清华大学出版社,1995.3.—257页;26cm
书名原文:The Disk Compression Book
ISBN 7-302-01815-4:¥30.00

TP31 **044996**
大规模并行机程序并行化理论与技术/金国华,陈福接著.—北京:科学出版社,1995.1.—125页;26cm
ISBN 7-03-004365-0:¥12.40

TP31 **044997**
计算机软件出错信息大全:英汉对照/章国英,杨玉芳主编.—上海:同济大学出版社,1995.1.—310页;26cm
ISBN 7-5608-1521-9:¥19.00

TP31 **044998**
计算机软件基础/王盼卿等编著.—北京:电子工业出版社,1995.6.—200页;20cm.—(计算机应用基础系列丛书)
ISBN 7-5053-3010-1:¥8.00

TP31 **044999**
计算机软件技术基础/严隽薇等编著.—上海:同济大学出版社,1995.2.—217页;26cm
ISBN 7-5608-1502-2:¥8.20

TP31 **045000**
计算机软件技术基础/庞丽萍主编.—武汉:华中理工大学出版社,1995.9.—299页;26cm
ISBN 7-5609-1100-5:¥13.80

TP31 **045001**
计算机软件实践教程:应用软件部分/郭浩志主编.—2版.—西安:西安电子科技大学出版社,1995.7.—423页;26cm
高等学校工科电子类教材
ISBN 7-5606-0358-0:¥19.50

TP31 **045002**
计算机实用软件/高阳主编.—北京:电子工业出版社,1995.4.—329页;26cm

全国高等教育自学考试教材
ISBN 7-5053-3074-8: ¥24.50

TP31 045003
计算机与软件实用经验集锦 (一)/胡向荣等编.—北京:电子工业出版社,1995.3.—254页;26cm
ISBN 7-5053-2671-6: ¥18.00

TP31 045004
家庭电脑·常用软件高级技巧/吴子文,郭躬德编著.—福州:福建科学技术出版社,1995.6.—196页;20cm
ISBN 7-5335-0895-5: ¥7.60

TP31 045005
世界软件总汇/王尔乾主编.—北京:电子工业出版社,1995.8.—461页;26cm
ISBN 7-5053-3121-3: ¥85.00

TP31 045006
微机办公软件应用与开发技术/张景生等主编;丁廷福等编写.—北京:科学出版社,1995.1.—436页;26cm
ISBN 7-03-004046-5: ¥29.00

TP31 045007
微机管理常用软件/刘尔成等编著.—北京:中国计量出版社,1995.3.—362页;26cm
ISBN 7-5026-0738-2: ¥18.60

TP31-43 045008
微机操作系统与数据库系统教程:MS-DOS6·2与FOXBASE+/张宏杰编著.—广州:中山大学出版社,1995.8.—315页;26cm
ISBN 7-306-00965-6: ¥22.00

TP31-43 045009
文秘电脑实用教程/纪希禹,许宣伟编.—成都:电子科技大学出版社,1995.10.—348页;26cm
ISBN 7-81043-201-X: ¥19.80

TP31-61 045010
Visual Basic for Applications **程序设计大全**:用Visual Basic定制和开发Excel/(美)Jeff Webb著;沈伟等译.—北京:科学出版社:龙门书局,1995.9.—640页;26cm
ISBN 7-03-005076-2: ¥48.80

TP31-61 045011
微机通用软件大全/吕进等编写.—深圳:海天出版社,1995.1.—530页;20cm
ISBN 7-80615-076-5: ¥38.80

TP31-61 045012
英汉对照微软标准软件术语/微软公司北京代表处编.—北京:清华大学出版社,1995.1.—274页;13×19cm
ISBN 7-302-01653-4: ¥16.00

TP31-62 045013
NetBIOS,IPX,SPX C**程序员指南**/( )Schwaderer,W.D.著;徐光贤译.—北京:科学出版社:龙门书局,1995.10.—350页;26cm
ISBN 7-03-005013-4: ¥33.00

TP31-62 045014
家庭电脑实用软件手册/陆璇辉等编著.—杭州:浙江科学技术出版社,1995.10.—300页;26cm
ISBN 7-5341-0793-8: ¥28.00

TP31-62 045015
实用电脑通用软件使用指南/赵爱明等编著.—北京:中国物资出版社,1995.1.—301页;19cm
ISBN 7-5047-1005-9: ¥8.50

TP31-62 045016
微电脑常用软件便查手册:中、初级用户版/康东日主编;陈友等编著.—北京:清华大学出版社,1995.12.—507页;19cm
ISBN 7-302-02031-0: ¥21.00

TP31-62 045017
微机必备工具软件学用指南/张钟澍等编著.—成都:电子科技大学出版社,1995.6.—265页;26cm
ISBN 7-81043-213-3: ¥19.80

TP31-62 045018
微机常用软件上机指南/高秀珍,黄婧编著.—天津:天津科学技术出版社,1995.8.—207页;26cm
ISBN 7-5308-1813-9: ¥15.00

TP31-62 045019
中外办公·家用电脑常用软件使用手册:编辑+排版+管理+游戏/赵健雅等编著.—北京:航空工业出版社,1995.1.—614页;26cm
ISBN 7-80046-774-0: ¥36.80

TP31-62 045020
最新微机软件用户指南/温宜新等编.—北京:电子工业出版社,1995.6.—215页;26cm
ISBN 7-5053-2929-4: ¥18.00

TP311 045021
C语言程序设计和应用/谢金宝,张勇编.—上海:上海交通大学出版社,1995.7.—292页;26cm
定价含软盘
ISBN 7-313-01477-5: ¥26.00

TP311 045022
Clipper 5.0 **程序设计**/王强等编著.—北京:电子工业出版社,1995.1.—401页;26cm
ISBN 7-5053-2669-4: ¥26.00

TP311 045023
Macintosh **编程基础**/李秀编.—北京:清华大学出版社,1995.4.—266页;26cm
清华—苹果电脑培训中心系列教材
ISBN 7-302-01761-1: ¥30.00

TP311 045024
Macintosh **中级应用编程**/郑莉编.—北京:清华大学出版社,1995.4.—240页;26cm
清华—苹果电脑培训中心系列教材
ISBN 7-302-01731-X: ¥27.80

TP311 045025
Turbo C **程序设计技巧与应用实例**/陈国章编著.—天津:天津科学技术出版社,1995.5.—415页;26cm
ISBN 7-5308-1742-6: ¥36.00

TP311 045026
并发程序设计语言和模型/赵宏编著.—沈阳:东北大学出版社,1995.9.—227页;20cm

ISBN 7-81006-317-0:¥18.00

TP311　045027

电脑编程基础/陈知生主编.—北京:人民邮电出版社,1995.6.—193页;19cm.—(实用电脑丛书)

ISBN 7-115-05652-8:¥7.00

TP311　045028

电脑实用编程技巧与操作诀窍102例/李政人主编.—成都:电子科技大学出版社,1995.4.—344页;26cm

ISBN 7-81043-084-X:¥19.80

TP311　045029

多格式图像程序设计入门/刘传憬等编著.—北京:人民邮电出版社,1995.5.—404页;26cm.—(计算机技术入门提高精通系列丛书)

ISBN 7-115-05646-3:¥33.00

TP311　045030

高级多媒体程序设计/(美)Rimmer,S.著;杨士强等译.—北京:电子工业出版社,1995.10.—346页;26cm

含CD-ROM盘

ISBN 7-5053-3347-X:¥68.00

TP311　045031

计算机程序设计基础/王行言等编著.—北京:清华大学出版社,1995.9.—363页;26cm

清华大学计算机基础教育系列教材

ISBN 7-302-01894-4:¥18.00

TP311　045032

计算机软件技术基础/周佩德编著.—北京:电子工业出版社,1995.11.—208页;26cm

ISBN 7-5053-3283-X:¥16.00

TP311　045033

计算机软件设计基础/李续武,吴宁编著.—西安:西北工业大学出版社,1995.6.—197页;26cm

高等学校教材

ISBN 7-5612-0736-0:¥10.00

TP311　045034

计算机软件设计基础/王凤先主编.—保定:河北大学出版社,1995.12.—353页;26cm

河北省普通高等学校计算机基础教育系列教材

ISBN 7-81028-328-6:¥20.50

TP311　045035

任天堂游戏编程探密/于春,张新莲编著.—北京:电子工业出版社,1995.7.—394页;26cm

ISBN 7-5053-3228-7:¥28.00

TP311　045036

软件设计基础/崔俊芝等编著.—北京:高等教育出版社,1995.10.—268页;26cm

高等学校教材

ISBN 7-04-005385-3:¥12.35

TP311　045037

实用电脑编程技巧/李晓辉,刘宏著.—长沙:湖南出版社,1995.6.—171页;26cm.—(实用电脑丛书)

ISBN 7-5438-0979-6:¥12.20

TP311　045038

熟练编程一点通/梁先忠著.—北京:机械工业出版社,1995.8.—168页;26cm

ISBN 7-111-04542-4:¥18.00

TP311　045039

数据库管理系统内部结构及其C语言实现/唐常杰等著.—成都:电子科技大学出版社,1995.9.—381页;26cm

ISBN 7-81043-257-5:¥28.00

TP311　045040

微机常用软件使用方法/刘岩,李玲编著.—北京:人民邮电出版社,1995.7.—509页;26cm

ISBN 7-115-05611-0:¥38.00

TP311　045041

微机汉字与图形的显示及其接口程序设计/顾景文编著.—上海:同济大学出版社,1995.5.—270页;20cm

ISBN 7-5608-1532-4:¥10.30

TP311-43　045042

Turbo Pascal程序设计教程/张正瑜,荣新节主编.—青岛:青岛海洋大学出版社,1995.9.—276页;26cm

ISBN 7-81026-767-1:¥17.00

TP311-43　045043

Visual Basic 3·0程序设计自学教程/(美)Socha,J.,()Hall,D.著;夏春和等译.—北京:水利电力出版社,1995.4.—332页;26cm+附软盘

ISBN 7-120-02172-9:¥69.00

TP311-43　045044

程序设计教程——FoxBASE/崔来堂主编.—保定:河北大学出版社,1995.12.—314页;26cm

河北省普通高等学校计算机基础教育系列教材

ISBN 7-81028-331-6:¥19.00

TP311-43　045045

数据库基础与应用程序设计/潘林森编著.—重庆:重庆出版社,1995.7.—312页;20cm.—(微电脑使用教程丛书)

ISBN 7-5366-3005-0:¥10.00

TP311-62　045046

OLE2对象嵌入与链接技术程序设计参考手册　第一卷/(美)Corp,M.著;刘斌等译.—北京:电子工业出版社,1995.5.—719页;26cm

ISBN 7-5053-2676-7:¥80.00

TP311-62　045047

Visual Basic 3.0 for Windows程序设计指南/郑庆华主编;徐鹏,吴晖编.—西安:西安电子科技大学出版社,1995.1.—325页;26cm

ISBN 7-5606-0366-1:¥19.00

TP311-62　045048

客户/服务器应用程序开发指南/(美)Inmon,W.H.著;朱莉译.—修订版.—北京:电子工业出版社,1995.10.—127页;26cm

ISBN 7-5053-3257-0:¥18.00

TP311.1　045049

软件可靠性工程基础/蔡开元著.—北京:清华大学出版社,1995.9.—181页;26cm

ISBN 7-302-01807-3:¥12.00

TP311.11　045050

21 天学通 Windows 编程/(美)Calvert, C. 著;姚京松等译.—北京:电子工业出版社,1995.10.—686 页;26cm
ISBN 7-5053-3316-X: ¥89.00

TP311.11 045051
电脑编程入门/柯斌,底贵编著.—青岛:青岛出版社,1995.8.—286 页;20cm.—(电脑快速入门丛书)
ISBN 7-5436-1287-9: ¥10.50

TP311.11 045052
个人微机中文图形界面设计/胡冰乐编著.—福州:福建科学技术出版社,1995.4.—231 页;20cm
ISBN 7-5335-0883-1: ¥7.70

TP311.11 045053
计算方法与程序设计/顾宇华编.—哈尔滨:黑龙江科学技术出版社,1995.2.—228 页;19cm
ISBN 7-5388-2713-7: ¥10.90

TP311.11 045054
最新 CLIPPER 5.0~5.2 程序设计:编译型 DBASE 系列数据库管理系统/孙万军主编.—北京:北京航空航天大学出版社,1995.10.—382 页;26cm
ISBN 7-81012-552-4: ¥33.00

TP311.11-45 045055
程序设计上机指导/陈蓉西编.—北京:石油工业出版社,1995.6.—126 页;26cm
ISBN 7-5021-1357-6: ¥8.50

TP311.11-62 045056
PC 程序员手册:第二版/(美)Sanchez, J.,(美)Canton, M. P. 著;曾凡奎等译.—北京:电子工业出版社,1995.9.—414 页;26cm
ISBN 7-5053-3227-9: ¥54.00

TP311.11-62 045057
Windows Sockets 网络程序设计指南/蒋东兴,林鄂华编著.—北京:清华大学出版社,1995.12.—216 页;20cm
ISBN 7-302-01940-1: ¥8.80

TP311.12 045058
计算机数据结构十日谈/顾训穰,沈俊编著.—北京:电子工业出版社,1995.7.—230 页;20cm.—(计算机普及丛书)
ISBN 7-5053-2982-0: ¥11.50

TP311.12 045059
数据结构/陆松年等编著.—上海:上海交通大学出版社,1995.9.—264 页;26cm
ISBN 7-313-01478-3: ¥10.20

TP311.12 045060
数据结构/王晓蓉编著.—贵阳:贵州教育出版社,1995.8.—200 页;26cm
ISBN 7-80583-717-1: ¥13.50

TP311.12 045061
数据结构、算法及应用:程序设计基础/刘培玉,郑明春主编.—济南:山东大学出版社,1995.11.—239 页;26cm
ISBN 7-5607-1580-X: ¥15.00

TP311.12 045062
数据结构:C 语言版/江涛,钟宏编著.—北京:科学出版社,1995.2.—252 页;26cm
ISBN 7-03-004338-3: ¥12.80

TP311.12 045063
数据结构:用 C 语言描述/唐策善等编著.—北京:高等教育出版社,1995.4.—254 页;26cm
高等学校教材
ISBN 7-04-005265-2: ¥9.65

TP311.12 045064
数据结构入门/徐士良编.—北京:清华大学出版社,1995.2.—146 页;20cm.—(电脑速成系列丛书)
ISBN 7-302-01705-0: ¥4.80

TP311.12 045065
数据结构题例分析/朱静华,殷新春编著.—武汉:华中理工大学出版社,1995.8.—218 页;26cm
高等学校工科电子类规划教材
ISBN 7-5609-1156-0: ¥8.40

TP311.12 045066
数据结构习题集与解题指导/薛晓燕,王晓冬编著.—北京:科学技术文献出版社,1995.7.—315 页;26cm
ISBN 7-5023-2475-5: ¥28.00

TP311.12 045067
数据压缩技术原理与范例/(美)Nelson, M. 著;贾起东译.—北京:科学出版社:龙门书局,1995.9.—371 页;26cm
ISBN 7-03-004846-6: ¥35.80

TP311.12-43 045068
数据结构简明教程/徐孝凯编著.—北京:清华大学出版社,1995.4.—247 页;26cm
ISBN 7-302-01663-1: ¥13.80

TP311.13 045069
ACCESS 2.0 **快速入门**/TSID 工作室编著;陈岗改编.—北京:人民邮电出版社,1995.7.—325 页;26cm.—(计算机技术入门提高精通系列丛书)
ISBN 7-115-05585-8: ¥32.00

TP311.13 045070
Access 2.0 for Windows **自学教程**/(美)Siegel, C. 著;李明辉等译.—北京:水利电力出版社,1995.3.—328 页;26cm
ISBN 7-120-02171-0: ¥49.00

TP311.13 045071
Access **揭秘**/(美)Young, M. L. 著;黄世枫等译.—北京:电子工业出版社,1995.5.—378 页;26cm
ISBN 7-5053-3004-7: ¥48.00

TP311.13 045072
CLIPPER **扩充函数库**:绘图篇/TSID 工作室编著.—广州:广东科技出版社等,1995.5.—453 页;20cm.—(CLIPPER 丛书)
ISBN 7-5359-1455-1: ¥28.00

TP311.13 045073
CLIPPER **扩充函数库**:通讯篇/TSID 工作室编著.—北京:电子工业出版社,1995.5.—400 页;20cm.—(CLIPPER 丛书)

ISBN 7-5053-2867-0: ¥20.00

TP311.13 **045074**

CLIPPER 扩充函数库:网络篇 (上)/TSID工作室编著.—北京:电子工业出版社;天津:天津科学技术出版社;广州:广东科技出版社,1995.5.—303页;20cm.—(CLIPPER丛书)

ISBN 7-5053-2861-1: ¥16.00

TP311.13 **045075**

CLIPPER 扩充函数库:网络篇 (下)/TSID工作室编著.—广州:广东科技出版社等,1995.5.—397页;20cm.—(CLIPPER丛书)

ISBN 7-5359-1456-X: ¥24.50

TP311.13 **045076**

Client/Server 30 题/叶澔编著.—上海:上海交通大学出版社,1995.9.—75页;26cm

ISBN 7-313-01554-2: ¥10.00

TP311.13 **045077**

Clipper 5.X 中文数据库程序设计/吴德编著 .—上海:上海科学普及出版社,1995.3.—638页;26cm

ISBN 7-5427-0827-9: ¥35.00

TP311.13 **045078**

FOXBASE 关系数据库通用程序百例详解/牛树长编著.—北京:北京理工大学出版社,1995.11.—344页;26cm

ISBN 7-81045-023-9: ¥23.00

TP311.13 **045079**

FOXBASE 实用程序设计/吕英华,宋长龙主编.—长春:吉林科学技术出版社,1995.9.—255页;26cm

吉林省普通高校计算机共同课推荐教材

ISBN 7-5384-1556-4: ¥14.50

TP311.13 **045080**

FOXBASE 数据库原理与应用/王宪等编著;上海市中等职业教育中心组编.—上海:华东理工大学出版社,1995.9.—215页;26cm

计算机应用培训教程

ISBN 7-5628-0610-1: ¥15.00

TP311.13 **045081**

FOXBASE 数据库原理与应用/王宪等编著;上海市中等职业教育中心组编.—上海:华东理工大学出版社,1995.9.—215页;26cm

计算机应用培训教程

ISBN 7-5628-0610-1: ¥15.00

TP311.13 **045082**

FOXBASE 与关系数据库原理/李广弟编著.—北京:北京航空航天大学出版社,1995.7.—299页;26cm

ISBN 7-81012-580-X: ¥24.00

TP311.13 **045083**

FOXPRO 高级编程技巧/刘金文,张研编著 .—北京:中国铁道出版社,1995.4.—311页;26cm

配磁盘一个

ISBN 7-113-01918-8: ¥35.00

TP311.13 **045084**

FoxBASE 程序设计/王晓春等编著.—沈阳:东北大学出版社,1995.12.—284页;26cm

ISBN 7-81054-037-8: ¥19.50

TP311.13 **045085**

FoxBASE 程序设计与应用/张玉生主编.—太原:山西教育出版社,1995.9.—191页;26cm

ISBN 7-5440-0864-9: ¥15.00

TP311.13 **045086**

FoxBASE 数据库学与用/沈美莉,陈孟建编著.—杭州:杭州大学出版社,1995.6.—194页;26cm.—(人人学电脑丛书/潘云鹤主编)

ISBN 7-81035-798-0: ¥11.60

TP311.13 **045087**

FoxBASE 数据库应用/朱延美,吕明析主编.—徐州:中国矿业大学出版社,1995.12.—230页;26cm

ISBN 7-81040-464-4: ¥14.50

TP311.13 **045088**

FoxBASE+/鲁田喜编著.—广州:广东教育出版社,1995.8.—123页;20cm.—(电脑软件普及小丛书)

ISBN 7-5406-2846-4: ¥4.30

TP311.13 **045089**

FoxBASE+程序设计与应用/王玉昆主编.—成都:电子科技大学出版社,1995.8.—300页;26cm

ISBN 7-81043-332-6: ¥16.50

TP311.13 **045090**

FoxBASE+三周通/文忠等编著.—北京:机械工业出版社,1995.2.—384页;26cm.—(微机快速入门丛书)

ISBN 7-111-04476-2: ¥29.00

TP311.13 **045091**

FoxBASE+数据库及其应用/张义兰,李大学编著.—上海:复旦大学出版社,1995.4.—226页;26cm.—(家用电脑应用丛书/李大学主编)

ISBN 7-309-01409-X: ¥15.00

TP311.13 **045092**

FoxBASE+数据库应用/陈清学,魏彬主编.—北京:军事医学科学出版社,1995.8.—302页;26cm

ISBN 7-80121-014-X: ¥25.00

TP311.13 **045093**

FoxBASE+通用程序设计方法与技巧/徐尔贵著.—北京:国防工业出版社,1995.4.—295页;26cm

ISBN 7-118-01377-3: ¥20.00

TP311.13 **045094**

FoxBASE+应用程序设计技术/邵存蓓等编著.—上海:华东理工大学出版社,1995.8.—236页;26cm.—(计算机应用自学丛书/谭浩强主编)

ISBN 7-5628-0598-9: ¥16.00

TP311.13 **045095**

FoxBASE+与管理信息系统编程/宗大华等编著.—北京:国防工业出版社,1995.8.—259页;26cm

ISBN 7-118-01326-9: ¥19.50

TP311.13 **045096**

FoxBASE+关系型数据库/崔岚等编著.—徐州:中国矿业大学出版社,1995.11.—238页;26cm

ISBN 7-81040-449-0: ¥15.00

TP311.13 **045097**

FoxBASE 通用数据库管理程序设计技术/萧蔚等编

著.—上海:上海科学普及出版社,1995.5.—359页;26cm
ISBN 7-5427-0914-3:¥21.00

TP311.13　045098
FoxPro 2.5 For Windows **入门短平快**/田志良等编著.—昆明:云南大学出版社,1995.8.—173页;26cm
ISBN 7-81025-535-5:¥12.50

TP311.13　045099
FoxPro 2.5b **技术问答及其案例**/顾世山,王立本编著.—北京:电子工业出版社,1995.12.—216页;26cm.—(微软产品技术支持部系列丛书;3)
ISBN 7-5053-3241-4:¥29.00

TP311.13　045100
FoxPro 2.5b **中文版开发指南**/张文辅编著.—北京:清华大学出版社,1995.6.—323页;26cm.—(中文Windows系列软件丛书/熊桂喜主编)
ISBN 7-302-01880-4:¥28.00

TP311.13　045101
FoxPro 2.5、2.6 **及其程序设计**/郭盈发等编著.—西安:西安电子科技大学出版社,1995.4.—437页;26cm
ISBN 7-5606-0384-X:¥26.00

TP311.13　045102
FoxPro 2.5 **程序设计指南**:基础、技巧与实例/怡文,刘云主编.—北京:电子工业出版社,1995.2.—655页;26cm
ISBN 7-5053-2660-0:¥40.00

TP311.13　045103
FoxPro 2.6 for Windows **使用大全**/(美)Jacobsen,N.等著;程岗等译.—北京:科学出版社:龙门书局,1995.9.—795页;26cm
ISBN 7-03-004996-9:¥58.80

TP311.13　045104
FoxPro 2.6 **程序设计技巧**/汤庸等编著.—北京:人民邮电出版社,1995.9.—434页;26cm
ISBN 7-115-05840-7:¥36.00

TP311.13　045105
FoxPro 2.6 **信息系统常用程序设计和范例**/周鸿年,周民著.—杭州:杭州大学出版社,1995.7.—244页;26cm
ISBN 7-81035-792-1:¥16.00

TP311.13　045106
FoxPro FOR DOS **图例入门**/苏天风,林毓玲编著.—北京:清华大学出版社,1995.8.—322页;26cm.—(清华碁峰丛书)
含软件一盘
ISBN 7-302-01714-X:¥32.00

TP311.13　045107
FoxPro FOR WINDOWS **图例入门**/苏天风,林毓玲编著.—北京:清华大学出版社,1995.8.—308页;26cm.—(清华碁峰丛书)
含软件一盘
ISBN 7-302-01713-1:¥32.00

TP311.13　045108
FoxPro for Windows **高级程序设计技术**/陈宗兴编著;高峰等改编.—北京:海洋出版社,1995.2.—483页;26cm
ISBN 7-5027-4089-9:¥39.00

TP311.13　045109
FoxPro for Windows **实务设计**:基础篇/周建成著.—天津:天津科学技术出版社,1995.11.—383页;26cm
ISBN 7-5308-1888-0:¥59.00

TP311.13　045110
FoxPro for Windows **实务设计**:应用篇/周建成编.—天津:天津科学技术出版社,1995.11.—312页;26cm
ISBN 7-5308-1892-9:¥48.00

TP311.13　045111
FoxPro for Windows **小锦囊**/杨乾中等编著.—成都:电子科技大学出版社,1995.6.—270页;26cm
ISBN 7-81043-082-3:¥24.80

TP311.13　045112
FoxPro for Windows **应用系统开发方法与技术**/宫卫星,鲁岩编著.—大连:大连理工大学出版社,1995.12.—461页;26cm
ISBN 7-5611-1047-2:¥30.00

TP311.13　045113
FoxPro2.5 for Windows **编程与应用**/潘广和,刘位申编著.—北京:清华大学出版社,1995.3.—324页;26cm
ISBN 7-302-01822-7:¥28.00

TP311.13　045114
FoxPro2.5for DOS **的使用与编程**/葛世伦编著.—北京:科学出版社,1995.8.—361页;26cm
ISBN 7-03-004595-5:¥28.50

TP311.13　045115
FoxPro2.5 **编程指南**/杨俊安,钟子发编著.—合肥:安徽科学技术出版社,1995.3.—563页;26cm.—(计算机程序设计系列丛书)
ISBN 7-5337-1149-1:¥29.50

TP311.13　045116
FoxPro2.5 **程序设计技巧**/罗辉编著.—上海:上海科学普及出版社,1995.6.—430页;26cm
ISBN 7-5427-0965-8:¥26.50

TP311.13　045117
FoxPro2.5 **上机操作指导**/郝梦实等编著.—北京:电子工业出版社,1995.6.—467页;20cm
ISBN 7-5053-2963-4:¥18.00

TP311.13　045118
FoxPro2.5 **实用编程技术**/魏爽等编著.—北京:机械工业出版社,1995.11.—353页;26cm
ISBN 7-111-04794-X:¥42.00

TP311.13　045119
FoxPro2.5 **实用指南**/徐全生,朱广鹏主编.—沈阳:东北大学出版社,1995.6.—243页;26cm.—(微机应用速成丛书/齐志儒,李恩林主编)
ISBN 7-81006-831-8:¥16.80

TP311.13　045120
FoxPro2.5 **使用速成**/郑甫京编著.—北京:清华大学出版社,1995.11.—213页;26cm.—(流行软件速成丛书/沈金发主编)

ISBN 7-302-01988-6: ¥15.00

TP311.13 045121

FoxPro 程序设计与实例/刘吉昌等编.—北京:北京航空航天大学出版社,1995.10.—1075页;26cm.—(FoxPro 系列丛书)

ISBN 7-81012-606-7: ¥96.00

TP311.13 045122

FoxPro 实用入门/陈知生主编.—北京:人民邮电出版社,1995.6.—245页;19cm.—(实用电脑丛书)

ISBN 7-115-05653-6: ¥8.50

TP311.13 045123

Foxbase+程序设计及应用/吴德平,李朝庆编著.—长沙:湖南科学技术出版社,1995.8.—213页;26cm

ISBN 7-5357-1835-3: ¥16.80

TP311.13 045124

Microsoft Access 2 宝典/(美)Pary,N.等著;丘英,李双庆译.—北京:电子工业出版社,1995.4.—779页;26cm

ISBN 7-5053-2794-1: ¥105.00

TP311.13 045125

Microsoft Foxpro for Windows 屏幕产生器使用与透析/蔡方钦编著.—北京:清华大学出版社,1995.4.—443页;26cm.—(清华松岗系列丛书)

ISBN 7-302-01755-7: ¥53.00

TP311.13 045126

Microsoft Visual FoxPro 3·0 类和对象详解/沈刚强等编.—北京:北京航空航天大学出版社,1995.12.—222页;26cm.—(FoxPro 系列丛书)

ISBN 7-81012-626-1: ¥20.00

TP311.13 045127

Microsoft Visual Foxpro 3.0 函数和命令详解/沈刚强等编.—北京:北京航空航天大学出版社,1995.12.—712页;26cm.—(FoxPro 系列丛书)

ISBN 7-81012-627-X: ¥60.00

TP311.13 045128

ORACLE 7 使用技巧/北方交通大学自动化系统研究所编著.—北京:科学出版社,1995.10.—691页;26cm.—(ORACLE 数据库丛书)

ISBN 7-03-004782-6: ¥58.50

TP311.13 045129

ORACLE 关系数据库系统及其应用/王利群,柳清瑞编著.—沈阳:辽宁大学出版社,1995.12.—296页;26cm

ISBN 7-5610-3083-5: ¥24.00

TP311.13 045130

ORACLE 数据库技术/刘瑞挺,樊成编著.—北京:国防工业出版社,1995.1.—282页;26cm.—(最流行软件丛书/谭浩强主编)

ISBN 7-118-01313-7: ¥19.50

TP311.13 045131

ORACLE 数据库系统基础/俞盘祥编著.—北京:清华大学出版社,1995.4.—487页;26cm

ORACLE 系列教材之一

ISBN 7-302-01706-9: ¥38.00

TP311.13 045132

PC 系列机工具箱 (5)/胡春芳等编.—北京:电子工业出版社,1995.6.—339页;26cm

ISBN 7-5053-2901-4: ¥23.00

TP311.13 045133

SYBASE 关系数据库——SQL Server/杨孝如编著.—北京:国防工业出版社,1995.4.—108页;26cm.—(最流行软件丛书/谭浩强主编)

ISBN 7-118-01382-X: ¥9.30

TP311.13 045134

Sybase 数据库技术大全/陶浦洲,李强主编.—北京:科学出版社:龙门书局,1995.9.—832页;26cm

ISBN 7-03-004895-4: ¥69.00

TP311.13 045135

个人电脑数据库技术/袁振华,毛明编著.—北京:清华大学出版社,1995.5.—216页;26cm

ISBN 7-302-01849-9: ¥18.00

TP311.13 045136

关系数据库开发语言:INFORMIX-4GL/王碧华,瞿辉编著.—北京:北京理工大学出版社,1995.1.—346页;26cm

高等学校工科电子类规划教材

ISBN 7-81013-981-9: ¥16.50

TP311.13 045137

关系数据库原理与 FOXBASE 应用/于龙义,李玉昆主编.—大连:大连海事大学出版社,1995.7.—155页;26cm

ISBN 7-5632-0898-4: ¥14.00

TP311.13 045138

关系型数据库管理系统 FOXBASE 使用教程/崔子筠等编著.—上海:同济大学出版社,1995.5.—325页;26cm

ISBN 7-5608-1517-0: ¥18.00

TP311.13 045139

关系型数据库管理系统 FoxPro 应用与程序设计/苏仕华等编著.—北京:人民邮电出版社,1995.5.—242页;26cm.—(计算机技术丛书)

ISBN 7-115-05574-2: ¥19.00

TP311.13 045140

关系型数据库管理系统:IN F0RM IX-SQL & ESQL C/杨应辉主编;关振胜,柴振红编写.—北京:电子工业出版社,1995.10.—440页;26cm

ISBN 7-5053-2941-3: ¥36.00

TP311.13 045141

汉化 FoxBASE 语言的使用与操作/袁忠良等编著.—天津:天津大学出版社,1995.12.—238页;26cm

ISBN 7-5618-0832-1: ¥16.00

TP311.13 045142

汉字 FoxBASE+及程序设计/王道平等主编.—北京:兵器工业出版社,1995.1.—192页;26cm

ISBN 7-80038-870-0: ¥10.80

TP311.13 045143

汉字 FoxPro 原理及应用/陈福盈,王云宜编著.—长沙:中南工业大学出版社,1995.10.—251页;26cm

计算机基础教育系列教材

ISBN 7-81020-795-4: ¥18.00

TP311.13 **045144**

计算机等级考试辅导(二级)FoxBASE数据库管理系统/谭浩强主编.—北京:清华大学出版社,1995.5.—240页;26cm

ISBN 7-302-01858-8: ¥13.50

TP311.13 **045145**

计算机基础与FoxBASE+程序设计/安齐国等主编.—哈尔滨:哈尔滨工程大学出版社,1995.12.—266页;26cm

黑龙江省高等学校统编教材

ISBN 7-81007-661-2: ¥19.00

TP311.13 **045146**

计算机系统维护工具与数据修复技术/杨钦梁编著.—广州:中山大学出版社,1995.4.—301页;26cm

ISBN 7-306-00997-4: ¥20.00

TP311.13 **045147**

计算机应用基础与关系型数据库FoxBASE+/李薇,孙承英编著.—沈阳:东北大学出版社,1995.12.—223页;26cm

ISBN 7-81054-030-0: ¥16.40

TP311.13 **045148**

计算机语言实用程序与编程技巧:FoxPro数据库语言/韩庆兰编著.—长沙:中南工业大学出版社,1995.6.—194页;26cm

ISBN 7-81020-690-7: ¥11.00

TP311.13 **045149**

精通Microsoft Access 2/( )Simpson, A.著;李其军等译.—2版.—北京:电子工业出版社,1995.7.—480页;26cm

ISBN 7-5053-2955-3: ¥64.00

TP311.13 **045150**

空间数据结构研究/崔伟宏编著.—北京:中国科学技术出版社,1995.11.—225页;26cm

ISBN 7-5046-1835-7: ¥35.00

TP311.13 **045151**

面向对象数据库/何炎祥等编著.—武汉:武汉大学出版社,1995.12.—267页;20cm

ISBN 7-307-02068-8: ¥9.80

TP311.13 **045152**

轻松学习FoxPro/刘吉昌等编著.—北京:北京航空航天大学出版社,1995.10.—199页;26cm.—(FoxPro系列丛书)

ISBN 7-81012-607-5: ¥16.00

TP311.13 **045153**

全国计算机等级考试二级——FoxBASE数据库管理系统考试指导/谭浩强主编;周山芙编著.—北京:中国科学技术出版社,1995.5.—171页;26cm

ISBN 7-5046-1937-X: ¥12.50

TP311.13 **045154**

实用FoxPro2.0~2.6**详解**:DOS & Windows版/何希琼主编.—北京:电子工业出版社,1995.8.—574页;26cm.—(实用软件详解丛书)

ISBN 7-5053-3125-6: ¥38.00

TP311.13 **045155**

实用ORACLE系统开发和设计详解/陶辅周等主编.—北京:电子工业出版社,1995.3.—642页;26cm.—(实用软件详解丛书)

ISBN 7-5053-2892-1: ¥45.00

TP311.13 **045156**

实用编程技巧与范例FoxPro 2.6 for Windows/李光东编著.—北京:中国计量出版社,1995.8.—320页;26cm

ISBN 7-5026-0805-2: ¥25.00

TP311.13 **045157**

数据库管理及应用开发/沈佩娟,汤荷美编著.—北京:清华大学出版社,1995.4.—347页;26cm

ORACLE系列教材之三

ISBN 7-302-01737-9: ¥26.00

TP311.13 **045158**

数据库系统原理和技术/李幼文编著.—北京:科学技术文献出版社,1995.8.—192页;26cm

ISBN 7-5023-2486-0: ¥18.50

TP311.13 **045159**

数据库与数据库管理系统/王珊主编.—北京:电子工业出版社,1995.12.—446页;26cm.—(优秀计算机软件丛书)

ISBN 7-5053-3198-1: ¥40.00

TP311.13 **045160**

数据库原理与设计/张龙祥等编著.—成都:西南交通大学出版社,1995.4.—247页;26cm

ISBN 7-81022-785-8: ¥12.65

TP311.13 **045161**

微机FoxBASE**原理及程序设计**/孟繁昌主编.—北京:中国广播电视出版社,1995.8.—233页;26cm

ISBN 7-5043-2782-4: ¥16.00

TP311.13 **045162**

系统开发与微机数据库FoxBASE+/黄叔武主编;黄静等编著.—北京:北京经济学院出版社,1995.12.—268页;26cm

ISBN 7-5638-0522-2: ¥19.20

TP311.13 **045163**

学习掌握FoxPro 2.5 for Windows/(美)Jones, E.著;亦鸥翻译组译.—北京:科学出版社:龙门书局,1995.8.—488页;26cm

ISBN 7-03-006969-1: ¥49.00

TP311.13 **045164**

学用FoxBASE/秦俊,李玉奇编著.—北京:人民邮电出版社,1995.6.—176页;20cm.—(计算机培训丛书)

ISBN 7-115-05678-1: ¥9.00

TP311.13 **045165**

怎样使用汉字FoxBASE+/张延瑞编著.—上海:上海科学普及出版社,1995.2.—215页;26cm

ISBN 7-5427-0828-7: ¥14.00

TP311.13 **045166**

中文FoxPro 2.5b for Windows/谢金宝等编.—上海:上海交通大学出版社,1995.9.—167页;26cm.—(办公自动化丛书)

ISBN 7-313-01526-7: ¥15.00

TP311.13　045167

最新 FoxPro 2.6 for Windows 使用详解/梁杰等编著.—西安:西安电子科技大学出版社,1995.8.—310页;26cm

ISBN 7-5606-0397-1: ¥20.00

TP311.13-43　045168

FOXBASE **教程**:微机关系数据库管理系统/李琪主编.—西安:陕西人民出版社,1995.2.—271页;26cm

ISBN 7-224-01935-6: ¥12.60

TP311.13-43　045169

FOX **系列数据库实用教程**/廖兴祥主编.—成都:电子科技大学出版社,1995.11.—431页;26cm

ISBN 7-81043-228-1: ¥26.00

TP311.13-43　045170

FoxBASE+**实用教程**/杨绍先等编著.—武汉:武汉大学出版社,1995.11.—260页;26cm

计算机科学系列教程

ISBN 7-307-02031-9: ¥16.30

TP311.13-43　045171

FoxPro 2.5~2.6 for DOS **自学教程**/魏志毅编著.—成都:电子科技大学出版社,1995.8.—231页;26cm

ISBN 7-81043-249-4: ¥18.00

TP311.13-43　045172

FoxPro 2.5~2.6 for Windows **开发者指南**/张青山,王松主编.—成都:电子科技大学出版社,1995.4.—397页;26cm

ISBN 7-81043-234-6: ¥30.00

TP311.13-43　045173

FoxPro 2.5 **实用教程**/瓮正科编著.—北京:清华大学出版社,1995.5.—467页;26cm

ISBN 7-302-01863-4: ¥40.00

TP311.13-43　045174

FoxPro **关系数据库管理系统教程**/周根贵等编著.—杭州:杭州大学出版社,1995.12.—427页;26cm

ISBN 7-81035-876-6: ¥28.50

TP311.13-43　045175

关系数据库 ORACLE 6.0 教程/肖翔,王效毅编著.—北京:科学出版社,1995.1.—261页;26cm

ISBN 7-03-004023-6: ¥15.00

TP311.13-43　045176

关系数据库管理系统 FoxPro2.5 **实用指南**/曲智伟,姚宗杰编著.—北京:航空工业出版社,1995.3.—514页;26cm

ISBN 7-80046-855-0: ¥42.00

TP311.13-43　045177

数据库(FoxBASE+)教程/单启成等编著;江苏省教育委员会组织编写.—苏州:苏州大学出版社,1995.10.—274页;26cm

江苏省普通高校计算机等级考试系列教材

ISBN 7-81037-175-4: ¥17.00

TP311.13-43　045178

数据库系统教程/袁晓洁,徐雷编著.—天津:南开大学出版社,1995.11.—190页;26cm

计算机大专教材系列

ISBN 7-310-00889-8: ¥13.50

TP311.13-43　045179

数据库系统教程/张健沛等编著.—北京:中国铁道出版社,1995.8.—256页;26cm

ISBN 7-113-02094-1: ¥18.00

TP311.13-44　045180

FoxBase **基础知识及问题解答**/许远,何成彦编著.—成都:电子科技大学出版社,1995.8.—347页;26cm.—(计算机等级考试通用辅导教材系列;7)

ISBN 7-81016-181-4: ¥19.80

TP311.13-61　045181

实用数据库详解辞典/《实用数据库详解辞典》编写组编.—北京:科学出版社:龙门书局,1995.6.—1003页;26cm

ISBN 7-03-004818-0: ¥66.00

TP311.13-61　045182

数据库综合大辞典/何守才主编.—上海:上海科学技术文献出版社,1995.4.—748页;26cm

ISBN 7-5439-0597-3(精装): ¥84.00

TP311.13-62　045183

Access 2 **开发指南**/(美)Roger Jennings 著;陈华平等译.—2版.—北京:电子工业出版社,1995.6.—841页;26cm

含磁盘

ISBN 7-5053-2968-5: ¥98.00

TP311.13-62　045184

FoxPro 2.5 for Windows **使用指南**/(美)朗(Long,J.)著;郑甫京等译.—北京:清华大学出版社,1995.1.—783页;26cm

书名原文:FoxPro for Windows Developer

ISBN 7-302-01628-3: ¥79.00

TP311.13-62　045185

FoxPro 2.5 **开发人员手册**/( )Kalman,D.M.著;彭彭等译.—北京:海洋出版社,1995.1.—577页;26cm

ISBN 7-5027-4102-X: ¥62.00

TP311.13-62　045186

FoxPro 2.5b **中文版使用指南**/夏伟文编著.—北京:清华大学出版社,1995.10.—247页;26cm.—(中文Windows系列软件丛书)

ISBN 7-302-01942-8: ¥22.00

TP311.13-62　045187

FoxPro 2.6 **编程手册**/(美)格瑞弗(Griver,Y.A.)著;麦中凡等译.—北京:电子工业出版社,1995.6.—638页;26cm

ISBN 7-5053-2709-7: ¥82.00

TP311.13-62　045188

FoxPro Windows **多用户高级开发指南**/(美)Adams,P.,(美)Powell,J.著;董春雷等译.—北京:清华大学出版社,1995.4.—701页;26cm

ISBN 7-302-01871-5: ¥75.00

TP311.13-62　045189

FoxPro2.5 for Windows **高级应用程序开发指南**:如何开发全功能的 FoxPro2.5 应用程序/(美)King,N.著;王晓伟,张振宇译.—北京:电子工业出版社,1995.2.—

559 页;26cm + 附光盘一张
ISBN 7-5053-2765-8:￥72.00

TP311.13-62　　045190
Microsoft Access 2.0 可视化使用指南/(英)布鲁斯等著;李青等译.—北京:机械工业出版社,1995.12.—417 页;26cm
著者原题:华尔德·R.布鲁斯
ISBN 7-111-04865-2:￥54.00

TP311.13-62　　045191
ORACLE 7 技术手册/北方交通大学,自动化系统研究所编著.—北京:科学出版社,1995.11.—533 页;26cm.—(ORACLE 数据库丛书)
ISBN 7-03-004783-4:￥48.50

TP311.13-62　　045192
ORACLE7 使用与参考大全/(美)Koch,G.,( )Muller,R.著;欣力,时立新译.—北京:清华大学出版社,1995.8.—688 页;26cm
ISBN 7-302-01735-2:￥78.00

TP311.13-62　　045193
Sybase 开发者指南/(美)Worden,D.J.著;车敦仁等译.—北京:清华大学出版社,1995.10.—494 页;26cm
ISBN 7-302-01932-0:￥55.00

TP311.13-62　　045194
dBASE/FoxBASE/FoxPro 应试指南/李书涛,侯富民编著.—北京:北京理工大学出版社,1995.2.—349 页;19cm.—(全国计算机等级考试辅导丛书)
ISBN 7-81013-980-0:￥9.80

TP311.13-62　　045195
开放数据库互连:ODBC 2 使用大全/(美)Corporation,Q.著;孟小峰等译.—北京:清华大学出版社,1995.11.—355 页;26cm
ISBN 7-302-02035-3:￥40.00

TP311.13-62　　045196
客户/服务器数据库指南/(美)赛勒米(Salemi,O.)著;秦箕英译.—2 版.—北京:电子工业出版社,1995.12.—230 页;26cm
ISBN 7-5053-3315-1:￥30.00

TP311.3　　045197
关系数据库管理系统 dBASEⅢ dBASEⅢ + FOXBASE + 出错分析处理及程序设计技巧/罗伟其编著.—广州:中山大学出版社,1995.9.—397 页;26cm
ISBN 7-306-01033-6:￥29.00

TP311.5　　045198
FoxPro2.5 的使用与编程技术/何丁海等编著.—广州:广东科技出版社,1995.8.—290 页;26cm.—(PC 微机数据库管理系统)
ISBN 7-5359-1278-8:￥25.00

TP311.5　　045199
面向对象开发技术及其应用/陈涵生等编著.—上海:上海科学技术文献出版社,1995.3.—231 页;20cm
ISBN 7-5439-0563-9:￥16.00

TP311.5　　045200
软件工程引论/孙桂茹,越国瑞编著.—天津:南开大学出版社,1995.11.—193 页;26cm
计算机大专教材系列
ISBN 7-310-00880-4:￥14.00

TP311.5　　045201
软件加密解密技术及应用/雷方佳等编著.—长沙:中南工业大学出版社,1995.10.—215 页;26cm
计算机基础教育系列教材
ISBN 7-81020-782-2:￥13.00

TP311.5　　045202
软件界面和数据箱柔性生成:新一代软件设计方法、技术和应用/杜晓荣著.—合肥:中国科学技术大学出版社,1995.1.—287 页;26cm
ISBN 7-312-00649-3:￥18.00

TP311.5　　045203
微机实用工具软件及操作技巧/孟平编.—成都:西南交通大学出版社,1995.9.—189 页;26cm
ISBN 7-81022-835-8:￥13.00

TP311.5　　045204
微型计算机软件及其应用/陈增武主编.—杭州:浙江大学出版社,1995.12.—512 页;26cm.—(计算机等级考试系列丛书)
适用三级 B 类考试用书
ISBN 7-308-01654-4:￥32.00

TP311.5　　045205
现代有限元软件方法/崔俊芝,梁俊著.—北京:国防工业出版社,1995.5.—141 页;26cm
ISBN 7-118-01405-2:￥12.00

TP311.5　　045206
压缩软件速查手册/李小平编著.—北京:科学出版社,1995.12.—488 页;19cm
ISBN 7-03-004688-9:￥14.60

TP311.52　　045207
CAI 软件实用开发技术/黄荣怀,樊磊编著.—北京:电子工业出版社,1995.5.—222 页;26cm + 附磁盘 1 张
ISBN 7-5053-2873-5:￥34.00

TP311.52　　045208
面向系统的程序开发技术与实践/彭民德等编著.—北京:电子工业出版社,1995.3.—351 页;26cm
ISBN 7-5053-3013-6:￥26.00

TP311.52-62　　045209
Visual Basic 与 Windows API 接口大全 /(美)Appleman,D.著;郭勇等译.—北京:电子工业出版社,1995.2.—723 页;26cm
ISBN 7-5053-2807-7:￥70.00

TP311.56　　045210
Director 4 快速指南/(美)珀西兹基(Persidsky,A.),(美)科布勒(Kobler,H.)著;谢军秀译.—北京:中国水利水电出版社,1995.11.—169 页;26cm
书名原文:Director 4 for Macintosh
ISBN 7-80124-091-X:￥80.00

TP311.56　　045211
Motif 与图形用户界面开发工具/张倪等编著.—北京:清华大学出版社,1995.1.—651 页;26cm
科海培训中心系列教材
ISBN 7-302-01623-2:￥50.00

TP311.56　　045212

OLE2 对象链接与嵌入技术高级编程技术/(美)Brockschmidt,K.著;张起等译.—北京:电子工业出版社,1995.10.—822 页;26cm

ISBN 7-5053-2677-5:¥98.00

TP311.56　　045213

ORACLE SQL 表格工具、报表工具、菜单工具/刘金亭,苏红宇编.—北京:电子工业出版社,1995.11.—238 页;26cm

ORACLE7 应用开发工具系列教程之二

ISBN 7-5053-3324-0:¥30.00

TP311.56　　045214

ORACLE 应用系统开发工具/孙宏昌等编著.—北京:清华大学出版社,1995.6.—629 页;26cm

ORACLE 系列教材之二

ISBN 7-302-01793-X:¥46.00

TP311.56　　045215

PowerBuilder 开发技术与应用/李奇,常方哲编著.—北京:清华大学出版社,1995.9.—460 页;26cm

ISBN 7-302-02002-7:¥38.00

TP311.56　　045216

Windows 3.1 连接奥秘/王仲文等译.—北京:电子工业出版社,1995.10.—664 页;26cm

ISBN 7-5053-2918-9:¥86.00

TP311.56　　045217

常用工具软件的用法/修剑等编著.—青岛:青岛出版社,1995.6.—184 页;20cm.—(电脑快速入门丛书)

ISBN 7-5436-1286-0:¥6.60

TP311.56　　045218

工具软件一点通/杨世卿编著.—合肥:中国科学技术大学出版社,1995.9.—294 页;26cm

ISBN 7-312-00708 2:¥16.00

TP311.56　　045219

计算机公告牌服务(BBS)建造工具箱/(美)David Wolfe 著;白信人,冯文源译.—北京:电子工业出版社,1995.8.—266 页;26cm

含磁盘

ISBN 7-5053-3124-8:¥45.00

TP311.56　　045220

精通 Norton Utilities 8.0/TSID 工作室编著;张咏林改编.—北京:人民邮电出版社,1995.7.—306 页;26cm.—(计算机技术入门提高精通系列丛书)

ISBN 7-115-05587-4:¥30.00

TP311.56　　045221

看图例学 PC Tools 9.X/洪锦魁编著.—北京:清华大学出版社,1995.4.—371 页;26cm.—(清华松岗系列丛书)

ISBN 7-302-01773-5:¥38.00

TP311.56　　045222

摩典 Windows 工具库使用大全/马竹青,马松青编著.—北京:电子工业出版社,1995.10.—177,6 页;26cm

ISBN 7-5053-3175-2:¥16.00

TP311.56　　045223

微机实用工具软件使用技巧/兰亚佳等编.—成都:四川大学出版社,1995.9.—256 页;26cm

ISBN 7-5614-1174-X:¥19.00

TP311.56　　045224

压缩及 PCTOOLS 工具软件初步/孙强华编.—合肥:中国科学技术大学出版社,1995.4.—256 页;20cm.—(上机指南与屏幕英语系列;4)

ISBN 7-312-00626-4:¥7.40

TP311.56-62　　045225

Norton 8 实用程序使用指南/(美)Beth Slich 著;蒋曼英等译.—北京:电子工业出版社,1995.3.—273 页;26cm.—(美国最畅销计算机傻瓜丛书)

ISBN 7-5053-2774-7:¥35.00

TP311.56-62　　045226

OLE 2 对象链接与嵌入技术编程指南/(美)Corporation, M.著;覃社庭等译.—北京:电子工业出版社,1995.12.—338 页;26cm

ISBN 7-5053-3394-1:¥40.00

TP311.56-62　　045227

PC Tools TM 2 for Windows 使用指南/(美)Halliday,C.M.著;宋松等译.—北京:清华大学出版社,1995.7.—368 页;26cm

ISBN 7-302-01867-7:¥45.00

TP311.56-62　　045228

PC 工具软件使用指南/奚抗生,吉根林编著.—南京:南京大学出版社,1995.7.—245 页;26cm

ISBN 7-305-02783-9:¥20.80

TP312　　045229

386、486 及 Pentium 的数值编程/(美)Sanchez,J.,(美)Canton,M.P.著;刘吉峰,李慧军译.—北京:电子工业出版社,1995.10.—483 页;26cm

定价含磁盘

ISBN 7-5053-3038-1:¥66.00

TP312　　045230

BASIC 语言程序设计/张世昌,毛树桢编.—北京:电子工业出版社,1995.5.—294 页;26cm

职业学校电子类教材 计算机专业

ISBN 7-5053-2732-1:¥12.50

TP312　　045231

BASIC 语言程序设计/朱丽莉,关信主编.—长春:吉林科学技术出版社,1995.9.—182 页;26cm

吉林省普通高校计算机共同课程推荐教材

ISBN 7-5384-1558-0:¥11.50

TP312　　045232

BASIC 语言程序设计/周洪玉,刘书家主编.—哈尔滨:哈尔滨工业大学出版社,1995.6.—278 页;26cm

非计算机专业系列教材

ISBN 7-5603-1072-9:¥16.80

TP312　　045233

BASIC 语言程序设计方法与技巧/潘林森编著.—重庆:重庆出版社,1995.7.—312 页;20cm.—(微电脑使用教程丛书)

ISBN 7-5366-3004-2:¥10.50

TP312　　045234

BASIC 语言程序设计入门/殷新春，赵跃华编著.—北京：人民邮电出版社，1995.6.—206 页；20cm.—(计算机培训丛书)
ISBN 7-115-05680-3：¥10.00
TP312　045235
BASIC 语言基础教程/陈宝贤主编.—武汉：华中理工大学出版社，1995.8.—154 页；26cm
ISBN 7-5609-1175-7：¥9.00
TP312　045236
BASIC 语言及程序设计/刘晓林主编；任鲁英等编.—北京：京华出版社，1995.7.—219 页；26cm
青少年计算机系列教材 第二册
ISBN 7-80600-121-2：¥18.50
TP312　045237
BASIC 语言及程序设计方法/佘名高主编；王强等编著.—武汉：武汉测绘科技大学出版社，1995.11.—238 页；20cm
中学生电脑学习系列教材之二
ISBN 7-81030-400-3：¥7.10
TP312　045238
BASIC 语言简明教程/林卓然编著.—广州：中山大学出版社，1995.3.—377 页；19cm
ISBN 7-306-00946-X：¥9.80
TP312　045239
BASIC 语言教与学/陈孟建，沈美莉编著.—杭州：杭州大学出版社，1995.6.—185 页；26cm.—(人人学电脑丛书/潘云鹤主编)
ISBN 7-81035-797-2：¥11.00
TP312　045240
BASIC 语言实用程序/梁荣辉等著.—石家庄：河北教育出版社，1995.3.—237 页；26cm
ISBN 7-5434-2368-5：¥8.75
TP312　045241
Borland C++ 实用编程技巧/刘炳文编.—北京：清华大学出版社，1995.10.—373 页；26cm
ISBN 7-302-01952-5：¥22.50
TP312　045242
Borland C++3.1~4.0 Windows 应用程序界面设计/方旭等编.—北京：北京航空航天大学出版社，1995.4.—435 页；26cm
ISBN 7-81012-541-9：¥35.00
TP312　045243
Borland C++4.5 库函数详解/钱文广等编.—北京：北京航空航天大学出版社，1995.9.—360 页；26cm.—(Windows3.1 和 Windows95 系列丛书)
ISBN 7-81012-609-1：¥32.00
TP312　045244
Borland C++4 编程技巧与实例/(美)Potts，S.，(美)Monk，T.S.著；周宁等译.—北京：清华大学出版社，1995.6.—518 页；26cm
ISBN 7-302-01943-6：¥57.00
TP312　045245
Borland C++4 程序员必读/(美)Shammas，N.C.著；陈刚译.—北京：清华大学出版社，1995.5.—620 页；26cm
ISBN 7-302-01897-9：¥65.00
TP312　045246
Borland C++ Object Windows 程序设计实例/周志国等编.—北京：北京航空航天大学出版社，1995.11.—620 页；26cm.—(Windows3.1 和 Windows95 系列丛书)
ISBN 7-81012-601-6：¥50.00
TP312　045247
Borland C++程序设计：第二版/(美)艾泽尔(Ezzell，B.)著；李光志等译.—北京：电子工业出版社，1995.2.—411 页；26cm
ISBN 7-5053-2661-9：¥35.00
TP312　045248
Borland C++程序设计基础/刘海楼编著.—长春：吉林大学出版社，1995.3.—282 页；26cm
ISBN 7-5601-1696-5：¥17.30
TP312　045249
Borland C++开发 Windows 应用程序的技术与工具/顾铁成等编著.—南京：南京大学出版社，1995.4.—474 页；26cm.—(OOP 技术丛书)
ISBN 7-305-02346-9：¥28.00
TP312　045250
Borland C++实用技术入门精解：3.1~4.0/王松，张良治编.—成都：电子科技大学出版社，1995.3.—590 页；26cm
ISBN 7-81043-235-4：¥45.00
TP312　045251
Borland c++实用编程技术与范例/张力等编著.—北京：科学出版社，1995.1.—239 页；26cm.—(计算机软件应用系列)
ISBN 7-03-004251-4：¥18.80
TP312　045252
C 程序设计及应用软件开发技术/齐从谦著.—北京：中国科学技术出版社，1995.8.—310 页；26cm
ISBN 7-5046-1356-8：¥20.00
TP312　045253
C 程序设计题库与精解/陈朔鹰，陈英编著.—北京：科学出版社，1995.7.—252 页；26cm
ISBN 7-03-004382-0：¥20.00
TP312　045254
C 程序设计与错误分析/刘振安等编著.—修订版.—合肥：中国科学技术大学出版社，1995.8.—252 页；26cm
ISBN 7-312-00703-1：¥15.00
TP312　045255
C 程序设计与数据结构/戚桂杰等主编.—济南：山东大学出版社，1995.12.—194 页；26cm.—(经济管理类计算机应用丛书)
ISBN 7-5607-1585-0：¥16.00
TP312　045256
C 语言：二级/郑志毅，龚沛曾编著.—上海：上海科学技术出版社，1995.9.—153 页；26cm.—(高校计算机等级考试辅导丛书·非计算机专业/杭必政主编)
ISBN 7-5323-3970-X：¥11.60

TP312　045257

C 语言程序设计基础/曹兰斌等编.—北京:电子工业出版社,1995.8.—277 页;20cm.—(计算机应用基础系列丛书)

ISBN 7-5053-3012-8: ¥11.00

TP312　045258

C 语言基础教程/郭陵之编著.—昆明:云南大学出版社,1995.9.—196 页;26cm

ISBN 7-81025-586-X: ¥12.50

TP312　045259

C 语言教程/杜开珍,黄迪明编著.—北京:科学出版社,1995.3.—324 页;26cm.—(非计算机专业计算机系列丛书)

ISBN 7-03-004375-8: ¥23.00

TP312　045260

C 语言速成/严洪华等编著.—合肥:安徽科学技术出版社,1995.7.—200 页;26cm.—(计算机应用普及丛书)

ISBN 7-5337-1202-1: ¥15.00

TP312　045261

C++程序设计/(日)山下浩等著;李建译.—北京:科学出版社,1995.1.—383 页;26cm.—(OHM 科学丛书)

ISBN 7-03-003779-0: ¥28.00

TP312　045262

C++程序设计/张富编著.—北京:人民邮电出版社,1995.12.—470 页;20cm

邮电高等函授教材

ISBN 7-115-05771-0: ¥18.00

TP312　045263

C++程序设计语言/张素琴主编.—北京:清华大学出版社,1995.8.—474 页;26cm

ISBN 7-302-01734-4: ¥26.60

TP312　045264

C++程序设计语言教程:语言基础/麦中凡等著.—北京:北京航空航天大学出版社,1995.7.—354 页;26cm

ISBN 7-81012-578-8: ¥25.00

TP312　045265

C++矩阵运算类库与 Windows 应用软件/易忠亮著.—北京:清华大学出版社,1995.12.—387 页;26cm

ISBN 7-302-01941-X: ¥36.00

TP312　045266

C++通信实用程序/( )霍尔母斯(Holmes,M.),( )弗兰德斯(Flanders,B.)著;李莹,邬鹏飞译.—北京:电子工业出版社,1995.2.—552 页;26cm

ISBN 7-5053-2711-9: ¥70.00

TP312　045267

C++语言和面向对象有限元程序设计/孔祥安编著.—成都:西南交通大学出版社,1995.8.—287 页;26cm

ISBN 7-81022-819-6: ¥17.00

TP312　045268

CLIPPER 入门与设计/张译编著.—天津:天津科学技术出版社,1995.9.—577 页;20cm.—(CLIPPER 丛书)

ISBN 7-5308-1837-6: ¥38.00

TP312　045269

C++图形程序设计:C++接口与图形程序实例/严文等编著.—北京:科学出版社,1995.1.—350 页;26cm.—(计算机软件应用系列)

ISBN 7-03-004254-9: ¥29.90

TP312　045270

C++语言入门/邱龙,张巍著.—北京:清华大学出版社,1995.3.—203 页;26cm

ISBN 7-302-01724-7: ¥12.00

TP312　045271

C/C++快速进阶教程/( )Atkinson,L.,( )Atkinson,M.著;陈晰,梁帆译.—北京:科学出版社:龙门书局,1995.6.—620 页;26cm

ISBN 7-03-004912-8: ¥47.70

TP312　045272

C 程序设计教程/卜家岐,林贻侠编著.—北京:中国科学技术出版社,1995.3.—244 页;26cm.—(计算机教育丛书)

ISBN 7-5046-1358-4: ¥16.00

TP312　045273

C 和 C++图形程序设计基础/( )Finlay,M.著;曹康等译.—北京:科学出版社:龙门书局,1995.5.—294 页;26cm

附磁盘

ISBN 7-03-004834-2: ¥49.00

TP312　045274

C 及 C++程序设计/吕丽民等编著.—北京:人民邮电出版社,1995.5.—280 页;26cm

ISBN 7-115-05673-0: ¥22.00

TP312　045275

C 语言编程实践及实例荟萃/杨传杰,李继红编著.—合肥:安徽科学技术出版社,1995.6.—393 页;26cm.—(计算机程序设计系列丛书)

ISBN 7-5337-1203-X: ¥26.00

TP312　045276

C 语言程序设计/王森主编.—北京:电子工业出版社,1995.3.—168 页;26cm

职业学校电子类教材 计算机技术专业

ISBN 7-5053-2731-3: ¥9.50

TP312　045277

C 语言程序设计/刘方爱主编.—东营:石油大学出版社,1995.9.—210 页;26cm

ISBN 7-5636-0714-5: ¥14.00

TP312　045278

C 语言程序设计/于春凡编著.—天津:南开大学出版社,1995.11.—179 页;26cm

计算机大专教材系列

ISBN 7-310-00890-1: ¥13.50

TP312　045279

C 语言程序设计入门/刘振安,孙宝其编著.—北京:人民邮电出版社,1995.6.—243 页;20cm.—(计算机培

训丛书)
ISBN 7-115-05679-X: ¥11.00
TP312 045280
C语言高级实用编程技巧/林钧海,田沧海编著.—北京:电子工业出版社,1995.7.—230页;26cm
ISBN 7-5053-2913-8: ¥16.00
TP312 045281
C语言及其高级编程技术/于春凡编著.—天津:南开大学出版社,1995.6.—389页;26cm
ISBN 7-310-00806-5: ¥27.00
TP312 045282
C语言精要/唐龙,徐玉华编著.—北京:清华大学出版社,1995.2.—163页;26cm
ISBN 7-302-01680-1: ¥8.50
TP312 045283
C语言入门/赵春泉编.—长春:吉林科学技术出版社,1995.2.—301页;19cm.—(实用计算机入门丛书/庞云阶主编)
ISBN 7-5384-1378-2: ¥7.30
TP312 045284
C语言实践入门与上机操作:MSC 5.0篇/陈进等编著.—上海:上海交通大学出版社,1995.3.—116页;20cm.—(计算机应用入门丛书)
ISBN 7-313-01410-4: ¥5.00
TP312 045285
C语言实用软件界面技术/潘建华,卫跃文编著.—西安:西安电子科技大学出版社,1995.10.—224页;26cm
ISBN 7-5606-0407-2: ¥15.00
TP312 045286
C语言最新编程技巧200例/鲁沐浴主编.—北京:电子工业出版社,1995.1.—619页;26cm
ISBN 7-5053-2625-2: ¥45.00
TP312 045287
Delphi程序员必读/(美)Cornell,G.,(美)Strain,T.著;周关边译.—北京:科学出版社:龙门书局,1995.8.—175页;26cm
ISBN 7-03-005022-3: ¥18.00
TP312 045288
FORTRAN 77/90程序设计及软件基础/范贻明,沈雪勤主编.—北京:人民邮电出版社,1995.10.—305页;26cm.—(高等学校非计算机专业计算机基础教育丛书)
ISBN 7-115-05800-8: ¥21.00
TP312 045289
FORTRAN 77程序设计/董学美,王寿益主编.—武汉:华中理工大学出版社,1995.9.—287页;26cm
ISBN 7-5609-1066-1: ¥13.50
TP312 045290
FORTRAN 77程序设计实用教程/吴涵仁,朱世涛主编.—西安:西北工业大学出版社,1995.7.—296页;26cm
ISBN 7-5612-0788-3: ¥16.80
TP312 045291
FORTRAN语言:二级/金锦良,何特编著.—上海:上海科学技术出版社,1995.9.—177页;26cm.—(高校计算机等级考试辅导丛书·非计算机专业/杭必政主编)
ISBN 7-5323-3976-9: ¥13.70
TP312 045292
FORTRAN77程序设计/尹淑勤,傅宏主编.—长春:吉林科学技术出版社,1995.9.—242页;26cm
吉林省普通高校计算机共同课推荐教材
ISBN 7-5384-1559-9: ¥13.50
TP312 045293
FORTRAN常用算法程序集/徐士良编著.—2版.—北京:清华大学出版社,1995.12.—549页;26cm
ISBN 7-302-01947-9: ¥33.50
TP312 045294
FORTRAN程序设计入门/夏玲编.—北京:清华大学出版社,1995.11.—157页;20cm.—(电脑速成系列丛书)
ISBN 7-302-01854-5: ¥4.80
TP312 045295
MATLAB语言:演算纸式的科学工程计算语言/张培强主编.—合肥:中国科学技术大学出版社,1995.11.—315页;26cm
ISBN 7-312-00712-0: ¥22.00
TP312 045296
MS C/C++7.0程序设计/辜健飞等编译.—上海:同济大学出版社,1995.4.—488页;26cm
ISBN 7-5608-1508-1: ¥30.00
TP312 045297
Microsoft C/C++和Visual C++ C库函数和MFC库类详解/程文斌等编.—北京:北京航空航天大学出版社,1995.5.—831页;26cm
ISBN 7-81012-571-0: ¥58.00.
TP312 045298
Microsoft C自学读本/程文斌等编.—北京:北京航空航天大学出版社,1995.8.—281页;26cm
ISBN 7-81012-599-0: ¥23.00
TP312 045299
Microsoft Quick C程序设计/杨振生编著.—合肥:中国科学技术大学出版社,1995.8.—317页;26cm
ISBN 7-312-00681-7: ¥18.00
TP312 045300
PASCAL程序设计/陈世鸿,梁意文编著.—武汉:武汉大学出版社,1995.1.—238页;26cm.—(计算机科学系列教程)
ISBN 7-307-01899-3: ¥8.80
TP312 045301
PASCAL程序设计教程/朱敏编著.—南京:东南大学出版社,1995.8.—282页;26cm
江苏省普通高校计算机等级考试系列教材
ISBN 7-81050-030-9: ¥18.00
TP312 045302
PASCAL程序设计入门/徐士良编.—北京:清华大学出版社,1995.9.—148页;20cm.—(电脑速成系列丛书)

ISBN 7-302-01855-3: ¥4.80

TP312 045303

PASCAL 程序设计习题与选解:新编/郑启华编著.—北京:清华大学出版社,1995.12.—186 页;26cm

清华大学计算机系列教材

ISBN 7-302-01992-4: ¥10.00

TP312 045304

PASCAL 与数据结构/尚敏等编著.—沈阳:辽宁大学出版社,1995.10.—2 册;26cm

ISBN 7-5610-3144-0: ¥36.00

TP312 045305

PASCAL 语言:二级/罗凡,杜燕平编著.—上海:上海科学技术出版社,1995.9.—108 页;26cm.—(高校计算机等级考试辅导丛书·非计算机专业/杭必政主编)

ISBN 7-5323-3975-0: ¥10.80

TP312 045306

PASCAL 语言程序设计/陆倜等编著.—北京:航空工业出版社,1995.1.—366 页;26cm

ISBN 7-80046-854-2: ¥22.50

TP312 045307

PASCAL 语言程序设计/吴秣陵主编.—北京:中国科学技术出版社,1995.6.—237 页;26cm

高等学校非计算机专业计算机基础课程教材 高等学校非计算机专业计算机等级考试用书

ISBN 7-5046-1697-4: ¥15.00

TP312 045308

PASCAL 语言程序设计入门/殷新春,于向军编著.—北京:人民邮电出版社,1995.6.—234 页;20cm.—(计算机培训丛书)

ISBN 7-115-05681-1: ¥11.00

TP312 045309

Pascal 语言/庄燕文,俞咪华编著.—北京:北京大学出版社,1995.11.—321 页;19cm.—(微型计算机基础知识教育丛书)

ISBN 7-301-02911-X: ¥12.00

TP312 045310

QBasic 轻松编程/(美)Toupin, T.S.著;王嘉雨译.—北京:科学出版社:龙门书局,1995.9.—158 页;26cm.—(计算机 C/C++语言系列丛书)

ISBN 7-03-004941-1: ¥19.00

TP312 045311

QBasic 游戏软件实例与开发/鲍居武,徐新编著.—北京:清华大学出版社,1995.4.—251 页;26cm

ISBN 7-302-01753-0: ¥18.00

TP312 045312

Quick BASIC 程序设计/史智兴主编.—北京:中国农业科技出版社,1995.7.—308 页;26cm

计算机知识和应用能力等级考试实用教程

ISBN 7-80026-919-1: ¥12.00

TP312 045313

True BASIC 程序设计/李世民编著.—桂林:广西师范大学出版社,1995.2.—308 页;26cm

计算机教学通用教材

ISBN 7-5633-1986-7: ¥13.20

TP312 045314

True BASIC 语言/游金水主编.—成都:电子科技大学出版社,1995.2.—165 页;26cm

中等专业学校电子类教材

ISBN 7-81043-099-8: ¥7.50

TP312 045315

Turbo C 实务入门/魏献旺等编著.—北京:北京航空航天大学出版社,1995.12.—243 页;26cm

ISBN 7-81012-575-3: ¥25.00

TP312 045316

Turbo Pascal 编程技巧/曹文辉,张卫编著.—北京:原子能出版社,1995.4.—424 页;26cm

ISBN 7-5022-1251-5: ¥34.70

TP312 045317

Turbo Pascal 程序设计指南/李焱等编著.—北京:电子工业出版社,1995.10.—500 页;26cm

ISBN 7-5053-3305-4: ¥40.00

TP312 045318

Visual BASIC 傻瓜书/(美)Wang, W.著;钱培德,陆建明译.—北京:清华大学出版社,1995.5.—352 页;26cm.—(电脑神通傻瓜丛书)

ISBN 7-302-01782-4: ¥29.80

TP312 045319

Visual Basic 3.X For Windows 程序设计入门与提高/何立起编著;倪群改编.—北京:人民邮电出版社,1995.7.—668 页;26cm.—(计算机技术入门提高精通系列丛书)

ISBN 7-115-05586-6: ¥63.00

TP312 045320

Visual Basic 3 自学教程/刘庆华,姚毅编著.—北京:电子工业出版社,1995.8.—157 页;26cm

最新系列软件入门教程

ISBN 7-5053-3129-9: ¥14.00

TP312 045321

Visual Basic for Windows 编程入门/罗运模编著.—成都:电子科技大学出版社,1995.12.—174 页;26cm+附范例学习磁盘一盘

ISBN 7-81043-215-x: ¥25.00

TP312 045322

Visual Basic for Windows 程序设计基础/薛学勤编著.—北京:北京航空航天大学出版社,1995.11.—236 页;26cm

ISBN 7-81012-603-2: ¥21.00

TP312 045323

Visual Basic for Windows 语言参考详解/周民光等编.—北京:北京航空航天大学出版社,1995.12.—534 页;26cm.—(Visual Basic for Windows 系列丛书)

ISBN 7-81012-619-9: ¥46.00

TP312 045324

Visual Basic 编程入门/陈阿林等编著.—重庆:重庆出版社,1995.9.—233 页;26cm.—(Windows 技术丛书)

ISBN 7-5366-3162-6: ¥24.00

TP312 045325

Visual Basic 多媒体程序设计/廖肇弘,翁铭鑫编

著.—北京:清华大学出版社,1995.3.—193页;26cm.—(清华松岗系列丛书)

ISBN 7-302-01767-0:¥27.00

TP312　045326

Visual Basic使用速成/沈纪新,江英编.—北京:清华大学出版社,1995.11.—239页;26cm.—(流行软件速成丛书/沈金发主编)

ISBN 7-302-01983-5:¥16.50

TP312　045327

Visual Basic图形程序设计/(美)Stewart,R.W.著;冯建华等译.—北京:清华大学出版社,1995.10.—453页;26cm+附软盘1张

ISBN 7-302-02082-5:¥59.00

TP312　045328

Visual C++ 1.5入门及实例详解/(美)Perry,G.,(美)Ross,J.著;王青等译.—北京:电子工业出版社,1995.10.—521页;26cm

ISBN 7-5053-3222-8:¥65.00

TP312　045329

Visual C++ 面向对象的通用类与通用算法设计/魏宁等编著.—南京:南京大学出版社,1995.5.—295页;26cm.—(计算机及软件技术丛书/谢立主编)

ISBN 7-305-02703-0:¥20.00

TP312　045330

Visual C++2.0程序员必读/(美)Hipson,P.D.著;王敏等译.—北京:海洋出版社,1995.7.—380页;26cm

ISBN 7-5027-1778-1:¥45.00

TP312　045331

Visual C++程序设计精髓/( )Overland,B.R.著;张均宝译.—北京:科学出版社:龙门书局,1995.11.—256页;26cm

ISBN 7-03-004993-4:¥23.50

TP312　045332

Visual C++程序设计实务/(美)Steven Holzner著;程思远,黄光译.—北京:科学出版社:龙门书局,1995.9.—427页;26cm

ISBN 7-03-004971-3:¥39.00

TP312　045333

Visual C++实用大全/程文斌等编.—北京:北京航空航天大学出版社,1995.6.—804页;26cm

ISBN 7-81012-576-1:¥62.00

TP312　045334

VisualC++2使用指南/(美)Que Corporation著;李晓维等译.—北京:清华大学出版社,1995.9.—671页;26cm+磁卡

ISBN 7-302-01973-8:¥88.00

TP312　045335

Windows动态数据交换程序设计:用Visual C++& Microsoft C/C++/程铁皋等编著.—北京:北京航空航天大学出版社,1995.6.—644页;26cm

ISBN 7-81012-574-5:¥50.00

TP312　045336

Windows操作系统环境混合语言程序设计/(美)Telles,M.著;胡衡沅等译.—北京:电子工业出版社,1995.1.—298页;26cm

含磁盘一张

ISBN 7-5053-2835-2:¥58.00

TP312　045337

Windows程序设计:用Borland C++&Turbo C++ for Windows/章生立等编.—北京:北京航空航天大学出版社,1995.6.—708页;26cm

ISBN 7-81012-577-X:¥54.00

TP312　045338

Windows程序设计:用Microsoft C/C++和Visual C++/章生立等编.—北京:北京航空航天大学出版社,1995.5.—681页;26cm

ISBN 7-81012-569-9:¥49.00

TP312　045339

Windows动态数据交换程序设计:用Borland C++和Turbo C++ for Windows/程铁皋等编.—北京:北京航空航天大学出版社,1995.6.—787页;26cm

ISBN 7-81012-572-9:¥61.00

TP312　045340

Windows环境下的Visual C++MFC编程技术与实例/李奇,田舒编著.—北京:北京大学出版社,1995.5.—397页;26cm.—(Visual C++系列丛书;3)

ISBN 7-301-02828-8:¥49.00

TP312　045341

dBASE Ⅲ程序设计实用技巧/吴存孝编著.—北京:电子工业出版社,1995.3.—324页;20cm.—(成人教育系列丛书)

ISBN 7-5053-2863-8:¥13.50

TP312　045342

程序设计教程:BASIC/魏世泽主编.—保定:河北大学出版社,1995.12.—252页;26cm

河北省普通高等学校计算机基础教育系列教材

ISBN 7-81028-330-8:¥16.00

TP312　045343

程序设计教程:FORTRAN/范贻明主编.—保定:河北大学出版社,1995.12.—312页;26cm

河北省普通高等学校计算机基础教育系列教材

ISBN 7-81028-335-9:¥19.00

TP312　045344

高级C++语言程序设计技巧与实例/顾仁等编著.—北京:机械工业出版社,1995.12.—462页;26cm

ISBN 7-111-04822-9:¥42.00

TP312　045345

高级C语言程序设计技巧与实例/姚远等编.—北京:机械工业出版社,1995.8.—413页;26cm

ISBN 7-111-04541-6:¥35.00

TP312　045346

汉字dBASEⅢ应用基础/郑金玉等主编.—大连:大连理工大学出版社,1995.4.—155页;26cm

中等职业技术学校教材

ISBN 7-5611-0986-5:¥9.00

TP312　045347

即学即用C语言/(美)Swan,T.著;唐健,李凯译.—

北京：电子工业出版社，1995.3.—342页；26cm.—(即学即用丛书)
ISBN 7-5053-2767-4：¥45.00

TP312 045348
即学即用 DELPHI/(美)Matcho，J.，(美)Faulkner，D.著；陈一民等译.—北京：电子工业出版社，1995.12.—381页；26cm
ISBN 7-5053-3357-7：¥48.00

TP312 045349
计算机等级考试辅导：二级 BASIC 程序设计/谭浩强主编.—北京：清华大学出版社，1995.6.—202页；26cm
ISBN 7-302-01872-3：¥12.00

TP312 045350
计算机等级考试辅导：二级 PASCAL 程序设计/谭浩强主编.—北京：清华大学出版社，1995.5.—252页；26cm
ISBN 7-302-01842-1：¥14.00

TP312 045351
计算机等级考试辅导：二级：C 程序设计/谭浩强主编.—北京：清华大学出版社，1995.6.—293页；26cm
ISBN 7-302-01851-0：¥16.50

TP312 045352
计算机等级考试辅导：二级：FORTRAN 程序设计/徐士良，赵鸿德编著.—北京：清华大学出版社，1995.5.—270页；26cm.—(计算机等级考试辅导丛书/谭浩强主编)
ISBN 7-302-01835-9：¥15.00

TP312 045353
计算机二级水平考试综合指导教程：习题、答案兼备：高级语言程序设计/徐富荣主编.—广州：中山大学出版社，1995.9.—407页；26cm
ISBN 7-306-01053-0：¥28.00

TP312 045354
计算机高级语言精粹　上册/张延瑞主编.—北京：电子工业出版社，1995.10.—300页；26cm
计算机等级考试辅导教材
ISBN 7-5053-3050-0：¥25.00

TP312 045355
计算机高级语言精粹　下册/张延瑞主编.—北京：电子工业出版社，1995.10.—302页；26cm
计算机等级考试教材
ISBN 7-5053-3051-9：¥25.00

TP312 045356
计算机语言与应用/刘思扬主编；全国中等职业学校文秘专业教材编写组编.—北京：高等教育出版社，1995.4.—232页；26cm
国家教委规划教材 中等职业学校文秘专业
ISBN 7-04-005276-8：¥8.20

TP312 045357
计算语言学进展与应用/陈力为，袁琦主编.—北京：清华大学出版社，1995.10.—366页；26cm
ISBN 7-302-01998-3：¥56.00

TP312 045358
家庭电脑·PASCAL 语言入门/郭躬德等编著.—福州：福建科学技术出版社，1995.11.—187页；20cm.—(家庭电脑丛书)
ISBN 7-5335-0950-1：¥7.80

TP312 045359
家庭电脑学习机 BASIC 入门/荣刚编著.—南京：河海大学出版社，1995.12.—254页；19cm
最新家庭电脑学习机自学教材
ISBN 7-5630-0890-X：¥9.80

TP312 045360
精通 C 语言速成/李华凯，谢兴明编著.—北京：中国计量出版社，1995.9.—280页；26cm
ISBN 7-5026-0809-5：¥23.00

TP312 045361
精通 Visual Basic 3.0 for Windows/林丽等编著.—北京：人民邮电出版社，1995.8.—449页；26cm.—(计算机技术入门提高精通系列丛书)
ISBN 7-115-05767-2：¥37.00

TP312 045362
快快乐乐学 BASIC/奚立浩，郭大钟主编.—上海：上海交通大学出版社，1995.1.—102页；20cm.—(学电脑丛书/王颂赞，奚立浩主编)
ISBN 7-313-01450-3：¥4.30

TP312 045363
面向对象的程序设计与 C++教程/张国峰编著.—北京：电子工业出版社，1995.8.—389页；26cm
ISBN 7-5053-3011-X：¥28.00

TP312 045364
面向对象基础与 C++程序设计教程/徐德启，窦世成编著.—兰州：兰州大学出版社，1995.12.—254页；26cm
ISBN 7-311-00966-9：¥22.00

TP312 045365
巧学巧用 Visual C++2.X for Windows 95/钱子明，应晓主编 .—北京：电子工业出版社，1995.12.—393页；26cm
ISBN 7-5053-3338-0：¥40.00

TP312 045366
青少年 QBASIC 程序设计入门/方文祺编著.—天津：南开大学出版社，1995.9.—250页；26cm
ISBN 7-310-00864-2：¥16.00

TP312 045367
全国计算机等级考试考试指导：二级：C 程序设计/谭浩强主编.—北京：清华大学出版社，1995.5.—152页；26cm
ISBN 7-302-01810-3：¥12.00

TP312 045368
全国计算机等级考试考试指导：二级：FORTRAN 程序设计/谭浩强主编.—北京：清华大学出版社，1995.4.—217页；26cm
ISBN 7-302-01813-8：¥16.00

TP312 045369
实用 C 语言入门/游志男，赖森禄编著.—北京：科学出版社：龙门书局，1995.1.—272页；26cm
ISBN 7-03-004019-8：¥19.00

TP312　045370
实用C语言软件开发工具/李向荣,张宇编著.—北京:清华大学出版社,1995.7.—247页;26cm
复合版(含软盘)
ISBN 7-302-01826-X: ¥65.00

TP312　045371
实用Turbo C程序设计/吴陈主编.—南京:东南大学出版社,1995.3.—356页;26cm
ISBN 7-81023-201-0: ¥19.50

TP312　045372
使用Visual Basic开发数据库应用软件/宋琦凡,付敬平著.—北京:电子工业出版社,1995.4.—211页;26cm
ISBN 7-5053-3380-1: ¥19.00

TP312　045373
微机MS-FORTRAN 5.X教程/陆成主编.—北京:地质出版社,1995.8.—313页;26cm
ISBN 7-116-01928-6: ¥24.50

TP312　045374
微机BASIC、FOXBASE+、8088/80X86宏汇编、TURBO C语言、实用源程序集/曹尔强主编.—长春:吉林大学出版社,1995.7.—202页;26cm
ISBN 7-5601-1753-8: ¥12.80

TP312　045375
微机C语言基础与应用/王泰峰编著.—2版.—北京:中国铁道出版社,1995.3.—380页;26cm
ISBN 7-113-01907-2: ¥20.00

TP312　045376
学习C++的最佳途径/任光编.—大连:大连海事大学出版社,1995.2.—254页;19cm
ISBN 7-5632-0853-4: ¥9.80

TP312　045377
以FORTRAN为基础的仿真语言:CGPSS-F和CSI-MAN程序设计/王庆编著.—开封:河南大学出版社,1995.1.—343页;26cm
ISBN 7-81041-124-1: ¥10.50

TP312　045378
怎样学用Turbo C/程不功编著.—北京:人民邮电出版社,1995.8.—258页;26cm
ISBN 7-115-05697-8: ¥22.00

TP312　045379
掌握Microsoft Visual C++编程/( )Young,M.J.著;熊璋等译.—北京:电子工业出版社,1995.1.—714页;26cm
ISBN 7-5053-2369-5: ¥72.00

TP312　045380
最新C高级实用编程技术/白明编著.—长春:吉林大学出版社,1995.12.—171页;26cm.—(计算机实践与提高丛书;2)
ISBN 7-5601-1870-4: ¥12.00

TP312-43　045381
21天自学教程:Visual Basic 3.0/(美)格威切(Gurewich,N.),( )格威切(Gurewich,O.)著;张诚,索梅译.—北京:清华大学出版社,1995.6.—681页;26cm.—(清华松岗系列丛书)
ISBN 7-302-01775-1: ¥79.00

TP312-43　045382
C++实用培训教程/( )Swan,T.著;筱遐,王文林译.—北京:科学出版社:龙门书局,1995.7.—528页;26cm
ISBN 7-03-005052-5: ¥38.50

TP312-43　045383
FORTRAN语言程序设计教程/张金德主编.—杭州:浙江大学出版社,1995.12.—290页;26cm.—(计算机等级考试系列丛书)
适用二级考试用书
ISBN 7-308-01652-8: ¥19.00

TP312-43　045384
VISUAL BASIC语言(for Windows)实用教程/张后苏等编著.—长沙:中南工业大学出版社,1995.12.—201页;26cm
计算机基础教育系列教材
ISBN 7-81020-774-1: ¥15.00

TP312-43　045385
汉字FoxBASE+程序设计及应用/屈道良编著.—北京:中国商业出版社,1995.5.—202页;26cm
国内贸易部教育司推荐教材
ISBN 7-5044-1452-2: ¥12.75

TP312-51　045386
C语言程序设计及应用实例/杨潮编著.—北京:电子工业出版社,1995.10.—246页;26cm.—(计算机科学大众丛书)
ISBN 7-5053-3134-5: ¥20.00

TP312-61　045387
C语言数值算法程序大全/(美)Press,W.H.等著;傅祖芸等译.—2版.—北京:电子工业出版社,1995.10.—822页;26cm
ISBN 7-5053-2931-6: ¥88.00

TP312-62　045388
Borland C++ 4.5 For Windows编程指南/(美)Roetzheim,W.著;陈晓明等译.—北京:电子工业出版社,1995.6.—358页;26cm
ISBN 7-5053-3104-3: ¥46.00

TP312-62　045389
Borland C++ ObjectWindows程序设计指南/方旭等编.—北京:北京航空航天大学出版社,1995.10.—692页;26cm.—(Windows 3.1和Windows 95系列丛书)
ISBN 7-81012-592-3: ¥55.00

TP312-62　045390
Borland C++4编程指南:第三版/(美)Faison,T.著;沈金发等译.—北京:清华大学出版社,1995.9.—666页;26cm.—(清华松岗系列丛书)
ISBN 7-302-01776-X: ¥78.00

TP312-62　045391
C++使用手册/李长江等编.—北京:电子工业出版社,1995.10.—496页;26cm
ISBN 7-5053-2890-5: ¥40.00

TP312-62　045392

C语言应试指南/陈朔鹰等编著.—北京:北京理工大学出版社,1995.2.—386页;19cm.—(全国计算机等级考试辅导丛书)
ISBN 7-81013-979-7:￥9.80

TP312-62　045393
Microsoft C/C++7语言大全/(美)Murray,W.H.,( )Pappas,C.H.著;杨长虹等译.—北京:电子工业出版社,1995.6.—764页;26cm
ISBN 7-5053-2943-X:￥78.00

TP312-62　045394
Microsoft基本类库编程指南/(美)Holzner,S.著;张军等译.—北京:清华大学出版社,1995.3.—602页;26cm.—(清华松岗系列丛书)
ISBN 7-302-01665-8:￥69.00

TP312-62　045395
Visual Basic for Windows程序员Windows API参考手册/曾志民等编.—北京:科学出版社;龙门书局,1995.8.—660页;26cm
ISBN 7-03-004829-6:￥49.00

TP312-62　045396
Visual Basic程序员Windows API手册/周民光等编.—北京:北京航空航天大学出版社,1995.11.—683页;26cm
ISBN 7-81012-591-5:￥60.00

TP312-62　045397
Visual Basic高级应用指南/(美)曼斯菲尔德(Mansfield,R.)著;郭铁良等译.—北京:机械工业出版社,1995.12.—296页;26cm
含学习软盘
ISBN 7-111-04867-9:￥59.00

TP312-62　045398
Visual C++2编程指南/(美)Hyman,M.I.,( )Arnson,R.著;许燕等译.—北京:电子工业出版社,1995.10.—386页;26cm.—(美国最畅销傻瓜丛书)
ISBN 7-5053-3112-4:￥53.00

TP312-62　045399
Visual C++2.0可视化使用指南/(美)尼科莱森(Nicolaisen,N.)著;焦宗夏等译.—北京:机械工业出版社,1995.12.—609页;26cm
ISBN 7-111-04861-X:￥72.00

TP312-62　045400
Visual C++程序开发指南 (二):技术与方法/徐力等编著.—北京:科学出版社,1995.6.—453页;26cm.—(计算机软件应用系列)
ISBN 7-03-004935-7:￥37.70

TP312-62　045401
Visual C++程序开发指南 (三):类库使用参考/陈佳海等编著.—北京:科学出版社,1995.6.—435页;26cm.—(计算机软件应用系列)
ISBN 7-03-004934-9:￥36.40

TP312-62　045402
Visual C++程序开发指南 (四):实用高级编程技术/黄敏等编著.—北京:科学出版社,1995.6.—427页;26cm.—(计算机软件应用系列)
ISBN 7-03-004933-0:￥35.50

TP312-62　045403
Visual C++程序开发指南 (一):概念与实例/何亮等编著.—北京:科学出版社,1995.6.—525页;26cm.—(计算机软件应用系列)
ISBN 7-03-004351-0:￥43.90

TP312-62　045404
Visual C++程序员参考手册/王敏,韦诚编著.—北京:北京大学出版社,1995.1.—216页;26cm.—(Visual C++系列丛书;4)
ISBN 7-301-02744-3:￥25.00

TP312-62　045405
Visual C++使用指南/(美)Shammas,N.C.著;王国印,张赤红译.—北京:清华大学出版社,1995.5.—782页;26cm
著者原题:Namir Clement Shammas
ISBN 7-302-01794-8:￥79.00

TP312-62　045406
Visual C++手册/( )Pappas,C.H.,( )Murray,W.H.著;马力文,陈小军译.—北京:科学出版社;龙门书局,1995.3.—773页;26cm
ISBN 7-03-004749-4:￥89.00

TP312-62　045407
dBASE 5.0 for Windows可视化使用指南/(美)汤森德(Townsend,C.)著;龚秋莲等译.—北京:机械工业出版社,1995.12.—399页;26cm
含学习软盘
ISBN 7-111-04860-1:￥68.00

TP312-62　045408
常用C语言用法速查手册/《常用C语言用法速查手册》编写组编.—北京:龙门书局,1995.7.—994页;26cm
ISBN 7-03-004929-2:￥79.00

TP312-62　045409
串行通信C程序员指南:第二版/(美)Campbell,J.著;徐国定等译.—北京:清华大学出版社,1995.6.—709页;26cm
ISBN 7-302-01900-2:￥78.00

TP312BA　045410
青少年BASIC语言程序设计/殷新春等编著.—修订版.—合肥:中国科学技术大学出版社,1995.3.—397页;20cm
ISBN 7-312-00621-3:￥9.00

TP312C　045411
Borland C++ 4.0程序设计/方旭等编.—北京:北京航空航天大学出版社,1995.1.—704页;26cm
ISBN 7-81012-538-9:￥46.00

TP312C　045412
C语言程序设计/孙景等编著.—西安:陕西科学技术出版社,1995.3.—349页;26cm
财经类计算机应用系列教材
ISBN 7-5369-2264-7:￥15.60

TP312C　045413
C语言计算机游戏程序设计/(美)Marmelstein著;王

小虎，靳自愚译.—北京：科学出版社：龙门书局，1995.9.—359页；26cm
著者原题：Robert E. Marmelstein
ISBN 7-03-004867-9：￥39.00

TP312C 045414
C语言图形设计/刘振安，苏仕华编著.—北京：人民邮电出版社，1995.4.—231页；26cm.—（计算机技术丛书）
ISBN 7-115-05614-5：￥20.00

TP312C 045415
Turbo C **程序设计教程**/谭浩强等编著.—北京：人民邮电出版社，1995.2.—440页；26cm.—（高等学校计算机基础教育丛书/谭浩强主编）
ISBN 7-115-05492-4：￥25.00

TP312C 045416
Turbo C **程序设计速成**/邱雄编著.—福州：福建科学技术出版社，1995.4.—274页；26cm
ISBN 7-5335-0888-2：￥15.00

TP312C 045417
Turbo C **及其应用开发**/李文兵编著.—北京：电子工业出版社，1995.2.—265页；26cm
ISBN 7-5053-2973-1：￥18.00

TP312FO 045418
Fortran **程序设计语言和方法**/张金铭等编著.—上海：上海交通大学出版社，1995.3.—243页；20cm.—（计算机应用入门丛书）
ISBN 7-313-01391-4：￥8.80

TP313 045419
386/486汇编语言精要/邓洪涛编著.—北京：清华大学出版社，1995.6.—265页；26cm
ISBN 7-302-01828-6：￥16.00

TP313 045420
宏汇编语言程序设计：IBM PC（INTEL8086/8088）/魏长华等编著.—武汉：华中师范大学出版社，1995.3.—390页；26cm
ISBN 7-5622-1461-1：￥18.00

TP313 045421
宏汇编语言程序设计习题解析/王娟等编著.—天津：南开大学出版社，1995.12.—310页；26cm
ISBN 7-310-00829-4：￥22.00

TP313 045422
汇编语言程序设计自学教程/（美）Goodwin，M.著；周予滨，田学锋译.—北京：水利电力出版社，1995.1.—176页；26cm+附软盘
ISBN 7-120-02175-3：￥47.00

TP313-43 045423
80x86汇编语言教程/朱慧真编著.—北京：清华大学出版社，1995.9.—450页；26cm
ISBN 7-302-01999-1：￥35.00

TP313-61 045424
宏汇编语言 MASM 6 **实用大全**/东阳生等编著.—北京：科学出版社，1995.1.—657页；26cm.—（北京希望电脑公司计算机系列丛书）
ISBN 7-03-004047-3：￥55.00

TP313-62 045425
OS/2 2.1 **工作台** Shell **编程指南**/（美）Maruzzi，S.著；沈戈等译.—北京：电子工业出版社，1995.6.—580页；26cm
ISBN 7-5053-2990-1：￥68.00

TP314 045426
HP GL/2 **及** RTL **绘图仪语言编程指南**：HP-GL/2& RTL Reference Guide/美国惠普公司编；汤跃忠等译.—北京：清华大学出版社，1995.4.—292页；26cm
ISBN 7-302-01704-2：￥29.50

TP314 045427
The Best C/C++ Tips Ever **最优** C/C++ **编程秘诀**/（美）Porter，A.著；秦冬雷等译.—北京：电子工业出版社，1995.12.—326页；26cm
ISBN 7-5053-3133-7：￥36.00

TP314 045428
程序设计语言编译方法/肖军模编著.—2版.—大连：大连理工大学出版社，1995.6.—477页；19cm
高等学校教材
ISBN 7-5611-0099-X：￥12.00

TP315 045429
NOVELL Btrieve **开发者指南**/陈朔鹰等编.—2版.—北京：科学出版社，1995.1.—269页；26cm
ISBN 7-03-004027-9：￥13.00

TP315 045430
管理信息系统分析与设计/邝孔武编.—西安：西安电子科技大学出版社，1995.12.—204页；26cm
高等学校工科电子类教材
ISBN 7-5606-0375-0：￥10.80

TP315 045431
计算机决策支持系统/王众托等著.—北京：中国石化出版社，1995.6.—282页；26cm
ISBN 7-80043-541-5：￥17.00

TP315 045432
计算机数据恢复大全/（美）Kane，P.，（美）Hopkins，A.著；王潜等译.—北京：电子工业出版社，1995.5.—387页；26cm
ISBN 7-5053-2922-7：￥50.00

TP315 045433
统计分析软件 SAS **应用教程**/黄龙森，程茂金主编.—武汉：湖北科学技术出版社，1995.2.—405页；26cm
ISBN 7-5352-1675-7：￥20.80

TP316 045434
DOS 6 **开发者指南**/（美）Kyle，J.著；刘燕鸣，徐建新译.—北京：科学出版社：龙门书局，1995.2.—520页；26cm
ISBN 7-03-004748-6：￥59.00

TP316 045435
DOS 6.2 **入门**：含 DOS 6.0，6.2 和 6.21 /（美）米勒（Miller，A.R.）著；张水顺，梅英译.—北京：电子工业出版社，1995.3.—172页；26cm
ISBN 7-5053-2915-4：￥24.00

TP316 045436

DOS3.3 **操作系统与实用汉字信息处理**/秘自强等主编.—北京:中国林业出版社,1995.7.—208 页;26cm
ISBN 7-5038-1467-5:¥12.00

TP316　045437
DOS(1.0~6.22)**命令详解**/万致达编著.—北京:中国致公出版社,1995.1.—359 页;26cm
ISBN 7-80096-103-6:¥28.00

TP316　045438
DOS **操作系统**:非常规内存技术初探/(美)弗尼(Forney,J.)著;章含译.—北京:京华出版社,1995.4.—190 页;26cm
ISBN 7-80600-083-6:¥19.00

TP316　045439
DOS **操作系统快速入门**/徐敏,晓荔编著.—长春:长春出版社,1995.9.—222 页;26cm
ISBN 7-80604-368-3:¥15.00

TP316　045440
DOS **操作系统命令一览图表**/宋莉,辛蕊编.—北京:地质出版社,1995.3.—1 张;53×77cm
¥3.00

TP316　045441
DOS **和** Windows **综合使用大全**/( )Mattews,M.,( )Dobson,B.著;姜鹏,彭涛译.—北京:北京大学出版社,1995.5.—276 页;26cm
ISBN 7-301-02796-6:¥38.00

TP316　045442
DOS **揭秘**/(美)Simpson,A.著;邓召义等译.—北京:电子工业出版社,1995.5.—572 页;26cm
ISBN 7-5053-2948-0:¥75.00

TP316　045443
DOS **入门**/邮电部教育司主编.—北京:人民邮电出版社,1995.7.—320 页;19cm
邮电技工学校教材
ISBN 7-115-05627-7:¥11.00

TP316　045444
DOS **新版应用技术**:DOS 5.0、DOS 6.2/孙一平等编著.—北京:宇航出版社,1995.8.—189 页;26cm
ISBN 7-80034-757-5:¥16.80

TP316　045445
DOS **疑难解析**/王晓东,傅清祥编著.—福州:福建科学技术出版社,1995.11.—390 页;26cm
ISBN 7-5335-0948-X:¥22.90

TP316　045446
IBM-PC **中西文操作系统**/王海源编.—北京:电子工业出版社,1995.1.—369 页;20cm.—(成人教育系列丛书)
ISBN 7-5053-2747-X:¥14.50

TP316　045447
Lotus 1-2-3 R5 for Windows **中文版入门**/李启志编著.—北京:清华大学出版社,1995.11.—318 页;26cm.—(清华松岗系列丛书)
ISBN 7-302-01902-9:¥38.00

TP316　045448
MS-DOS/GOTOP 编著;惠蕙改写.—北京:电子工业出版社,1995.6.—176 页;19cm.—(30 分钟系列丛书)
ISBN 7-5053-2846-8:¥10.00

TP316　045449
MS-DOS 6.0(6.2)**命令速查**/杜国梁编.—北京:国防工业出版社,1995.6.—248 页;26cm
ISBN 7-118-01397-8:¥20.40

TP316　045450
MS—DOS6.2(**中文版**)**使用详解**/徐飞,张新元编著.—合肥:中国科学技术大学出版社,1995.1.—282 页;26cm
ISBN 7-312-00612-4:¥13.60

TP316　045451
Microsoft Office For Windows **使用教程**/(美)Stover,T.S.著;郑雨等译.—北京:电子工业出版社,1995.7.—294 页;26cm
ISBN 7-5053-3055-1:¥45.00

TP316　045452
Microsoft Win32 **程序员参考大全**　(二):系统服务、多媒体、系统扩展、应用程序须知/(美)Microsoft Corporation 著;欣力等译.—北京:清华大学出版社,1995.4.—690 页;26cm
ISBN 7-302-01684-4:¥79.00

TP316　045453
Microsoft Win32 **程序员参考大全**　(四):函数(H~Z)/美国微软公司著;张军等译.—北京:清华大学出版社,1995.5.—654 页;26cm
ISBN 7-302-01676-3:¥76.00

TP316　045454
Microsoft Win32 **程序员参考大全**　(五):消息、结构和宏/(美)Microsoft Corporation 著;欣力等译.—北京:清华大学出版社,1995.4.—572 页;26cm
ISBN 7-302-01677-1:¥64.00

TP316　045455
Microsoft Win32 **程序员参考大全**　(一):窗口管理和图形设备接口/(美)Microsoft Corporation 著;欣力等译.—北京:清华大学出版社,1995.4.—609 页;26cm
ISBN 7-302-01670-4:¥67.50

TP316　045456
Microsoft **前台产品释疑**:MS-DOS WINDOWS OFFICE/傅方方主编;微软产品技术支持部编.—北京:海洋出版社,1995.10.—146 页;26cm.—(Microsoft)
ISBN 7-5027-3918-1:¥16.80

TP316　045457
OS|2 2.1 **版快速入门**/张雪兰,孙颖译.—北京:电子工业出版社,1995.5.—87 页;26cm
ISBN 7-5053-2906-5:¥12.00

TP316　045458
PETER NORTON'S Windows NT **精粹**/(美)Norton,P.,(美)Kent,P.著;章立生,孙义译.—北京:海洋出版社,1995.6.—303 页;26cm
ISBN 7-5027-1636-X:¥35.00

TP316　045459
S1240 **程控交换设备软件测试手册**/王镇编著.—北京:人民邮电出版社,1995.12.—1579 页;26cm

ISBN 7-115-05660-9:¥112.00

TP316 045460

Turbo Pascal **实用大全**/周志强等编.—北京:北京航空航天大学出版社,1995.12.—963页;26cm

ISBN 7-81012-605-9:¥85.00

TP316 045461

Using Novell DOS 7 Novell DOS 7 **的使用**/(美)King,R.P.等著;吴庆宝等译.—北京:电子工业出版社,1995.6.—547页;26cm

ISBN 7-5053-2938-3:¥65.00

TP316 045462

Windows 3.1 **编程实例详解**/(美)Murray,W.H.,(美)Pappas,C.H.著;房贺祥等译.—北京:电子工业出版社,1995.4.—604页;26cm

含磁盘

ISBN 7-5053-2894-8:¥78.00

TP316 045463

Windows 3.1 **奥秘**:续篇/(美)利文斯顿(Livingston,B.)著;顾铁成译.—北京:清华大学出版社,1995.7.—482页;26cm

ISBN 7-302-01682-8:¥49.00

TP316 045464

Windows 3.1 **简明教程**:使用、工具和程序设计/刘万春等编著.—北京:北京理工大学出版社,1995.5.—339页;26cm

ISBN 7-81013-999-1:¥21.00

TP316 045465

Windows 3.1 **使用入门**/金东海等编著.—北京:国防工业出版社,1995.10.—182页;26cm.—(计算机应用丛书)

ISBN 7-118-01484-2:¥15.00

TP316 045466

Windows 3.1 **增强版** Windows for workgroups **学习指南**/致达编著.—北京:中国致公出版社,1995.5.—218页;26cm

ISBN 7-80096-122-2:¥16.00

TP316 045467

Windows 95 **简明指南**/( )Reisner,T.著;于春燕译.—北京:京华出版社,1995.4.—100页;26cm.—(Windows 95 系列)

ISBN 7-80600-082-8:¥15.00

TP316 045468

Windows 95 **揭秘**/(美)詹宁斯(Jennings,R.),(美)哈里斯(Harris,M.)著;章含等译 .—北京:京华出版社,1995.2.—296页;26cm.—(Windows 95 系列)

ISBN 7-80600-068-2:¥39.00

TP316 045469

Windows 95 **技术内幕**/(美)金(King,A.)著;熊桂喜等译.—北京:清华大学出版社,1995.6.—311页;26cm

ISBN 7-302-01893-6:¥39.00

TP316 045470

Windows 95 **技术应用**/段爱民等译.—北京:清华大学出版社,1995.10.—225页;26cm

ISBN 7-302-02013-2:¥22.00

TP316 045471

Windows 95 **开发指南**/(美)舒尔曼(Schulman,A.)著;吕天宇等译.—北京:电子工业出版社,1995.1.—468页;26cm

ISBN 7-5053-2897-2:¥75.00

TP316 045472

Windows NT 3.5 **与** Visual C++ **程序设计**/(美)Andrews,M.著;岳晋生等译.—北京:科学出版社:龙门书局,1995.1.—354页;26cm

附软盘1张

ISBN 7-03-004732-X:¥59.00

TP316 045473

Windows NT Server **实用教程**:Microsoft 网络操作系统/周苏主编.—天津:天津科学技术出版社,1995.2.—274页;26cm

ISBN 7-5308-1840-6:¥22.00

TP316 045474

Windows NT **深入浅出**/( )Shelldon,T.著;曹鲁湘等译.—北京:海洋出版社,1995.6.—349页;26cm

ISBN 7-5027-1539-8:¥39.00

TP316 045475

Windows NT **使用指南**/(美)斯廷森(Stinson,C.)著;郑全战等译.—北京:清华大学出版社,1995.10.—546页;26cm

ISBN 7-302-01890-1:¥66.00

TP316 045476

Windows NT3.1 **系统使用指南**/谢金宝等编著.—上海:上海科学技术文献出版社,1995.9.—256页;26cm

ISBN 7-5439-0691-X:¥24.80

TP316 045477

Windows NT **使用与参考大全**/(美)怀特(Wyatt,A.L.)著;郑全战等译.—北京:清华大学出版社,1995.5.—426页;26cm

ISBN 7-302-01688-7:¥49.00

TP316 045478

Windows **编程**/刘振安编著.—北京:人民邮电出版社,1995.8.—301页;20cm.—(计算机培训丛书)

ISBN 7-115-05684-6:¥14.50

TP316 045479

Windows **编程简明教程**/刘振安编著.—合肥:安徽科学技术出版社,1995.7.—232页;26cm

ISBN 7-5337-1210-2:¥13.00

TP316 045480

Windows **使用**/朱鹤翔编著.—北京:北京大学出版社,1995.6.—205页;19cm.—(微型计算机基础知识教育丛书/吴文虎主编)

ISBN 7-301-02502-5:¥6.80

TP316 045481

Windows **应用问答**/刘振安等编著.—北京:人民邮电出版社,1995.11.—219页;20cm.—(计算机培训丛书)

ISBN 7-115-05687-0:¥12.00

TP316 045482

Windows **中文平台**:中文之星 2.0 的使用/郭薇等编

著.—北京:电子工业出版社,1995.10.—153 页;26cm
ISBN 7-5053-3002-0: ¥13.00

TP316 045483
Windows3.1 **配置奥秘**/马宗奎,成栋译.—北京:电子工业出版社,1995.2.—574 页;26cm
ISBN 7-5053-2964-2: ¥75.00

TP316 045484
Windows3.1 **使用大全**:第二版/(美)Sheldon,T.著;吴华等译.—北京:电子工业出版社,1995.2.—575 页;26cm
ISBN 7-5053-2893-X: ¥66.00

TP316 045485
Windows3.1 **资源大全**/(美)Microsoft Corporation 著;熊桂喜等译.—北京:清华大学出版社,1995.3.—396 页;26cm
ISBN 7-302-01833-2: ¥48.00

TP316 045486
Windows95 **的崛起**/甄为华等译.—北京:电子工业出版社,1995.2.—136 页;26cm
ISBN 7-5053-2954-5: ¥20.00

TP316 045487
Windows95 **使用指南**/梁晋等编.—西安:西安电子科技大学出版社,1995.11.—260 页;26cm
ISBN 7-5606-0424-2: ¥17.00

TP316 045488
Windows **编程实践**/刘振安编著.—西安:西安电子科技大学出版社,1995.8.—259 页;26cm
ISBN 7-5606-0387-4: ¥16.50

TP316 045489
Windows **操作与使用**/张巨洪等编著.—北京:国防工业出版社,1995.7.—275 页;26cm.—(最流行软件丛书/谭浩强主编)
ISBN 7-118-01401-X: ¥22.90

TP316 045490
Windows **程 3.X 序设计入门**/邓锐编著.—北京:北京航空航天大学出版社,1995.12.—302 页;26cm
ISBN 7-81012-590-7: ¥26.00

TP316 045491
Windows **程序设计入门**/潘凌云编著.—北京:人民邮电出版社,1995.3.—179 页;26cm.—(计算机技术丛书)
ISBN 7-115-05537-8: ¥16.00

TP316 045492
Windows **核心技术及其综合应用**/陈宇红,陈淑宁编著.—合肥:中国科学技术大学出版社,1995.4.—498 页;26cm
ISBN 7-312-00591-8: ¥42.00

TP316 045493
Windows **汇编语言及系统程序设计**/(澳)Kauler,B.著;张豫夫,曹建文译.—北京:北京大学出版社,1995.11.—254 页;26cm
ISBN 7-301-02915-2: ¥34.00

TP316 045494
Windows **技术应用与软件开发**/薛定宇编著 .—沈阳:东北大学出版社,1995.3.—389 页;26cm
ISBN 7-81006-953-5: ¥22.80

TP316 045495
Windows **进阶**:上机操作与使用 1100 例　上册/徐力等编著.—北京:科学出版社,1995.3.—351 页;26cm.—(计算机软件应用系列)
ISBN 7-03-004352-9: ¥24.00

TP316 045496
Windows **进阶**:上机操作与使用 1100 例　下册/徐力等编著 .—北京:科学出版社,1995.4.—369 页;26cm.—(计算机软件应用系列)
ISBN 7-03-004353-7: ¥31.80

TP316 045497
Windows **快速入门**/吕凤翥等编著.—青岛:青岛出版社,1995.8.—336 页;20cm.—(电脑快速入门丛书)
ISBN 7-5436-1288-7: ¥11.80

TP316 045498
Windows **快速应用开发**/(美)Sarna,D.E.Y.,(美)Febish,G.J.著;隋红建等译.—北京:电子工业出版社,1995.7.—368 页;26cm
ISBN 7-5053-2786-0: ¥48.00

TP316 045499
Windows **屏幕英语释义**/汤庸等编.—北京:电子工业出版社,1995.10.—235 页;20cm
ISBN 7-5053-3127-2: ¥10.00

TP316 045500
Windows **入门**/王鹤龙,吕丽民编著.—杭州:杭州大学出版社,1995.7.—195 页;26cm.—(人人学电脑丛书/潘云鹤主编)
ISBN 7-81035-800-6: ¥12.00

TP316 045501
Windows **入门与中文之星 2.0 使用方法**/沙颂编著.—北京:中国计量出版社,1995.8.—176 页;26cm
ISBN 7-5026-0806-0: ¥15.00

TP316 045502
Windows **图文程序设计方法与实例**/严文等编著.—北京:科学出版社,1995.1.—385 页;26cm.—(计算机软件应用系列)
ISBN 7-03-004252-2: ¥28.80

TP316 045503
Windows **应用程序集成技术**/(美)Krumm,R.著;张小力等译.—北京:科学出版社:龙门书局,1995.1.—317 页;26cm+附软盘 1 张
ISBN 7-03-004731-1: ¥53.00

TP316 045504
Windows **中文版/进阶**/GOTOP 编著;张雅斌改写.—北京:电子工业出版社,1995.6.—176 页;19cm.—(30 分钟系列丛书)
ISBN 7-5053-2851-4: ¥10.00

TP316 045505
XENIX **系统入门**/祁梅,宋金珂编著.—北京:电子工业出版社,1995.12.—190 页;26cm.—(计算机科学大众丛书)
ISBN 7-5053-3136-1: ¥18.00

TP316　045506
X窗口系统图形用户界面开发工具实用程序设计/王浩等编.—南京:南京大学出版社,1995.2.—704页;29cm.—(计算机及软件技术丛书/谢立主编)
ISBN 7-305-02713-8:¥34.00

TP316　045507
操作系统教程/孙钟秀等编著.—2版.—北京:高等教育出版社,1995.12.—334页;20cm
高等学校教材
ISBN 7-04-005381-0:¥9.90

TP316　045508
操作系统实验教程/杨燕,尹治本编.—成都:西南交通大学出版社,1995.8.—111页;26cm
ISBN 7-81022-818-8:¥7.10

TP316　045509
操作系统实验与课程设计/庞丽萍编著.—武汉:华中理工大学出版社,1995.4.—116页;26cm
ISBN 7-5609-1072-6:¥6.00

TP316　045510
磁盘操作系统与文字处理技术/蒋翠清编著.—北京:中国商业出版社,1995.5.—224页;26cm
大中专技校电子计算机专业教材
ISBN 7-5044-1469-7:¥12.80

TP316　045511
高版本DOS及流行软件应用/苏仕华等编著.—合肥:安徽科学技术出版社,1995.9.—210页;26cm.—(计算机技术普及丛书)
ISBN 7-5337-1244-7:¥13.80

TP316　045512
高级DOS技术与技巧/凌志浩,侯庆祥主编.—上海:上海交通大学出版社,1995.8.—257页;26cm
ISBN 7-313-01545-3:¥18.50

TP316　045513
高级DOS应用详解/寇国华,于德福编著.—北京:人民邮电出版社,1995.10.—320页;20cm.—(家用电脑普及丛书)
ISBN 7-115-05747-8:¥14.00

TP316　045514
高级Windows程序设计技巧/鑫柯等编著.—北京:机械工业出版社,1995.3.—468页;26cm
ISBN 7-111-04573-4:¥34.00

TP316　045515
跟我学中文Windows 95/马军等编.—北京:北京航空航天大学出版社,1995.11.—410页;26cm.—(Windows95系列丛书)
ISBN 7-81012-622-9:¥36.00

TP316　045516
计算机汉字操作系统/吴洪森编著.—杭州:杭州大学出版社,1995.6.—151页;26cm.—(人人学电脑丛书/潘云鹤主编)
ISBN 7-81035-794-8:¥9.50

TP316　045517
计算机应用基础实验指导/贺晓敏编.—北京:人民邮电出版社,1995.12.—101页;26cm
ISBN 7-115-05830-X:¥8.00

TP316　045518
精通DOS6.2/冯焕清,周荷琴编著.—合肥:中国科学技术大学出版社,1995.6.—437页;26cm
ISBN 7-312-00713-9:¥23.80

TP316　045519
精通Microsoft Windows NT和NT Advanced Server/岳晋生等编.—北京:电子工业出版社,1995.1.—392页;26cm
ISBN 7-5053-2666-X:¥40.00

TP316　045520
精通Windows/刘贵春等编.—天津:南开大学出版社,1995.9.—277页;26cm
ISBN 7-310-00882-0:¥18.60

TP316　045521
精通微软Works3:Windows版/(美)科沃特(Cowart,R.)著;阎胜天等译.—北京:电子工业出版社,1995.6.—272页;26cm
ISBN 7-5053-2914-6:¥36.50

TP316　045522
看屏幕 学电脑:DOS、FoxBASE、WPS实验教程/吴洪森等编著.—上海:上海科学普及出版社,1995.8.—211页;26cm
ISBN 7-5427-0972-0:¥15.00

TP316　045523
看屏幕 学电脑:DOS、FoxBASE、WPS实验教程/吴洪森等编著.—上海:上海科学普及出版社,1995.8.—211页;26cm
ISBN 7-5427-0972-0:¥15.00

TP316　045524
看屏幕学DOS/肖建华等编著.—北京:科学技术文献出版社,1995.11.—166页;26cm.—(家用电脑基础·操作·维修丛书)
ISBN 7-5023-2565-4:¥15.00

TP316　045525
妙语话DOS:DOS的Murphy法则/( )Russel,C.著;程金环等译.—北京:电子工业出版社,1995.1.—207页;26cm
ISBN 7-5053-2784-4:¥28.00

TP316　045526
轻松学习Windows 95/周爽等编.—北京:北京航空航天大学出版社,1995.10.—370页;26cm.—(Windows95系列丛书)
ISBN 7-81012-616-4:¥30.00

TP316　045527
少年Windows/(美)翠布尼克(Trebnik,B.)著;吕凤翥,郭佑民译.—北京:北京大学出版社,1995.2.—151页;26cm
ISBN 7-301-02837-7:¥15.00

TP316　045528
实用DOS快速入门/潘海,高杰编.—昆明:云南大学出版社,1995.12.—97页;26cm
ISBN 7-81025-599-1:¥9.80

TP316　045529

图解 MS-DOS 入门/(日)茅野昌明著;彭斌编译.—北京:科学出版社,1995.2.—170页;26cm.—(OHM科学丛书)
ISBN 7-03-003778-2:¥22.00

TP316 045530
微机操作基础与数据库应用/杨荣华,陈冬娥主编.—北京:中国审计出版社,1995.7.—323页;26cm
ISBN 7-80064-381-6:¥16.00

TP316 045531
新编 MS-DOS 实用技术大全:V3.0~V6.22/刘英等编著.—西安:西北工业大学出版社,1995.5.—394页;26cm
ISBN 7-5612-0769-7:¥24.00

TP316 045532
学用 DOS(3.3~6.2)/刘振安,李维富编著.—北京:人民邮电出版社,1995.6.—177页;20cm.—(计算机培训丛书)
ISBN 7-115-05676-5:¥9.00

TP316 045533
中文 Windows 3.1 使用指导 /白雪峰等编著.—上海:复旦大学出版社,1995.10.—253页;26cm.—(办公用软件使用指导丛书)
ISBN 7-309-01599-1:¥18.00

TP316 045534
中文 Windows 工具软件实用技巧/金西编著.—西安:西安电子科技大学出版社,1995.9.—356页;26cm
ISBN 7-5606-0400-5:¥23.00

TP316 045535
中文 Windows 及其图文编辑技巧/李竹华,萧东编著.—北京:科学出版社,1995.1.—250页;26cm.—(计算机软件应用系列)
ISBN 7-03-004253-0:¥18.80

TP316 045536
中文 Windows 及其应用软件/王云宜主编.—长沙:中南工业大学出版社,1995.12.—239页;26cm
计算机基础教育系列教材
ISBN 7-81020-781-4:¥16.00

TP316 045537
中文 Windows 实用基础教程/张之超等编著.—北京:人民邮电出版社,1995.11.—249页;26cm.—(计算机技术丛书)
ISBN 7-115-05893-8:¥22.00

TP316 045538
中文 Windows 学与用/黄荔,张晞编著.—广州:广东科技出版社,1995.8.—162页;26cm.—(实用电脑软件丛书)
ISBN 7-5359-1528-0:¥15.00

TP316 045539
中西文 DOS6.0-6.22 使用指南及其接口规范/金西编著.—北京:中国致公出版社,1995.3.—488页;26cm
ISBN 7-80096-103-6:¥16.00

TP316 045540
中英文 Windows3.1 操作教程/穆安民,朱文嘉编著.—重庆:重庆大学出版社,1995.9.—196页;26cm
ISBN 7-5624-1037-2:¥16.80

TP316 045541
最新 Windows 及其应用自学教程/刘德才编著.—北京:北京航空航天大学出版社,1995.6.—440页;26cm
ISBN 7-81012-465-X:¥29.50

TP316 045542
最新电脑操作系统:从 DOS5.0 到 DOS6.2/郑存陆,陆以勤编著.—广州:广东科技出版社,1995.8.—362页;26cm
ISBN 7-5359-1422-5:¥26.00

TP316 045543
最新汉字操作系统与实用软件使用指南/王路敬主编.—北京:地震出版社,1995.10.—340页;26cm
ISBN 7-5028-1242-3:¥35.00

TP316 045544
最新文件压缩软件精华工具集/TSID 工作室编.—天津:天津科学技术出版社,1995.11.—341页;26cm
ISBN 7-5308-1891-0:¥35.00

TP316 045545
最新中文 Windows 入门要诀 100 则 /吴毓娟编著.—北京:清华大学出版社,1995.4.—356页;26cm.—(清华松岗系列丛书)
ISBN 7-302-01771-9:¥49.00

TP316-43 045546
MS-DOS 6.2 中文版自学教程/李竹华等编著.—北京:科学出版社:龙门书局,1995.9.—441页;26cm
ISBN 7-03-005014-2:¥39.00

TP316-43 045547
Microsoft Windows 中文处理培训教程/朱莉编著.—北京:地震出版社,1995.8.—610页;20cm.—(海王星丛书)
ISBN 7-5028-1268-7:¥49.00

TP316-43 045548
WS Windows3.X 软件开发实用教程/高青编著.—北京:中国铁道出版社,1995.4.—226页;26cm
ISBN 7-113-01909-9:¥18.00

TP316-43 045549
Windows NT 自学教程/(美)Rao, H. 著;常德功等译.—北京:水利电力出版社,1995.4.—308页;26cm
ISBN 7-120-02170-2:¥48.00

TP316-43 045550
Windows 使用教程/韩维桓等编.—天津:南开大学出版社,1995.4.—242页;26cm.—(计算机技术教育丛书)
ISBN 7-310-00820-0:¥17.50

TP316-43 045551
Windows 及其应用软件/赵金刚等编著.—天津:天津科学技术出版社,1995.3.—207页;26cm
中央电视台讲座教材
ISBN 7-5308-1841-4:¥19.00

TP316-43 045552
操作系统教程/王素华编著.—北京:人民邮电出版社,1995.10.—298页;26cm.—(计算机技术丛书)
ISBN 7-115-05815-6:¥26.00

TP316－43　045553
计算机操作系统基础及应用/潘林森编著.—重庆:重庆出版社,1995.7.—309页;20cm.—(微电脑使用教程丛书)
ISBN 7－5366－3083－2:¥10.00

TP316－43　045554
计算机操作系统教程/王万森等编著.—开封:河南大学出版社,1995.8.—303页;26cm
ISBN 7－81041－205－1:¥14.30

TP316－43　045555
微电脑基础与操作使用/潘林森编著.—重庆:重庆出版社,1995.7.—337页;20cm.—(微电脑使用教程丛书)
ISBN 7－5366－3003－4:¥11.00

TP316－43　045556
中文Windows 3.1～3.2使用教程/王燕编著.—北京:清华大学出版社,1995.6.—230页;26cm
ISBN 7－302－01898－7:¥20.00

TP316－49　045557
Windows 95 **入门**/(美)艾克伦(Acklen,L.)著;柏东译.—北京:京华出版社,1995.2.—118页;26cm.—(Windows 95系列)
ISBN 7－80600－062－3:¥18.00

TP316－49　045558
Windows **入门捷径与使用技巧**/范朝阳著.—北京:光明日报出版社,1995.4.—291页;19cm.—(起步丛书)
ISBN 7－80091－623－5:¥8.20

TP316－61　045559
DOS6.22 **实用大全**:第六版/(美)Perer Norton著;夏小禹等译.—北京:清华大学出版社,1995.8.—740页;26cm
ISBN 7－302－01962－2:¥70.00

TP316－61　045560
DOS **编程大全**/(美)Jamsa,K.著;钟显宏等译.—北京:电子工业出版社,1995.6.—610页;26cm
ISBN 7－5053－2942－1:¥68.00

TP316－61　045561
MS－DOS **百科全书**/刘德贵等编.—北京:电子工业出版社,1995.1.—1155页;26cm.—(微机系统百科)
ISBN 7－5053－2575－2:¥68.00

TP316－61　045562
Windows Sound System 2 **使用大全**/(美)Martin L. Moore,(美)Rick Brown著;曹鲁湘译.—北京:科学出版社:龙门书局,1995.7.—290页;26cm
ISBN 7－03－004995－0:¥34.00

TP316－61　045563
英汉 Windows **辞典**/(美)The Eddy Group编著;张豫夫等译.—北京:北京大学出版社,1995.5.—700页;26cm
个人计算机旁必备的参考书
ISBN 7－301－02732－X:¥88.00

TP316－62　045564
DOS 6.22 **使用手册**/郑全战,成秀珍编著.—北京:清华大学出版社,1995.9.—382页;26cm.—(清华松岗系列丛书)
ISBN 7－302－01928－2:¥48.00

TP316－62　045565
MS－DOS 1.0～6.0 **袖珍手册**/马荣增,王梓编.—北京:人民邮电出版社,1995.1.—640页;13cm
ISBN 7－115－05401－0(精装):¥17.00

TP316－62　045566
MS－DOS 5 **上机参考手册**/姚筱煌等编.—上海:上海科学普及出版社,1995.4.—469页;26cm
ISBN 7－5427－0946－1:¥26.00

TP316－62　045567
MS－DOS 6.21 **中西文操作系统实用技术手册**/卢波等编.—成都:电子科技大学出版社,1995.2.—324页;26cm
ISBN 7－81043－041－6:¥25.00

TP316－62　045568
MS－DOS6 **使用手册**/袁津生等编.—北京:机械工业出版社,1995.3.—368页;26cm
ISBN 7－111－04562－9:¥21.50

TP316－62　045569
MS－DOS **命令速查手册**/罗斌莉主编;何成彦,王保强编著.—成都:电子科技大学出版社,1995.9.—305页;26cm
ISBN 7－81043－305－9:¥22.80

TP316－62　045570
Microsoft DOS6.0－6.2 **用户指南**/李培清,梁振亚编著.—北京:北京大学出版社,1995.1.—205页;26cm
ISBN 7－301－02759－1:¥18.00

TP316－62　045571
OS/2 2·1 **学习指南**/(美)Dvorak,J.C.著;李国荣等译.—北京:电子工业出版社,1995.5.—634页;26cm
ISBN 7－5053－2988－X:¥65.00

TP316－62　045572
Paradox 5.0 for Windows **可视化使用指南**/(美)伯恩斯(Burns,P.J.)等著;刘宝江等译.—北京:机械工业出版社,1995.12.—441页;26cm
ISBN 7－111－04863－6:¥54.00

TP316－62　045573
Windows 3.1 **优化指南**/(美)Gookin,D.著;黎军英等译.—北京:清华大学出版社,1995.5.—222页;26cm
ISBN 7－302－01786－7:¥28.00

TP316－62　045574
Windows **程序员使用指南**　(五):ObjectWindows库/(美)沙姆斯(Shammas,N.C.)著;王敏,张津泉译.—北京:清华大学出版社,1995.5.—465页;26cm
ISBN 7－302－01763－8:¥51.50

TP316－62　045575
Windows **程序员使用指南**　(一):DLL和内存管理/(美)克莱因(Klein,M.)著;赵人任等译.—北京:清华大学出版社,1995.3.—434页;26cm
ISBN 7－302－01671－2:¥47.00

TP316－62　045576
Windows **实用编程指南**/刘振安,徐峰编著.—北京:人民邮电出版社,1995.5.—382页;26cm.—(计算机技

术丛书)
ISBN 7-115-05488-6: ¥32.00

TP316-62 045577
计算机常用操作手册/孙达传等编著.—北京:人民邮电出版社,1995.5.—333页;26cm.—(计算机技术丛书)
ISBN 7-115-05554-8: ¥28.00

TP316-62 045578
实用DOS操作系统命令速查手册/寇国华,卢山编著.—2版.—北京:人民邮电出版社,1995.8.—299页;20cm.—(家用电脑普及丛书)
ISBN 7-115-05750-8: ¥14.00

TP316-62 045579
微型计算机流行软件手册/邬宽廉,刘馥主编.—北京:清华大学出版社,1995.12.—1022页;26cm
ISBN 7-302-01784-0: ¥68.00

TP316-62 045580
中文Windows及常用软件使用指南/陈阿林,刘盛弘主编.—重庆:西南师范大学出版社,1995.9.—522页;26cm
ISBN 7-5621-1298-3: ¥38.00

TP316.1 045581
UNIX系统程序设计/黄祥喜编著.—广州:中山大学出版社,1995.10.—286页;26cm
ISBN 7-306-01071-9: ¥26.00

TP316.2 045582
实时系统中的可靠性技术/袁由光编著.—北京:清华大学出版社;南宁:广西科学技术出版社,1995.9.—184页;26cm.—(中国计算机学会学术著作丛书)
ISBN 7-302-01827-8: ¥12.80

TP317 045583
3D Studio技术精粹/(美)Elliott,S.D.等著;黄心渊等译.—北京:清华大学出版社,1995.3.—714页;26cm
ISBN 7-302-01738-7: ¥69.00

TP317 045584
X窗口系统图形用户界面开发工具实用程序设计/王浩等编.—南京:南京大学出版社,1995.2.—704页;26cm.—(计算机及软件技术丛书/谢立主编)
ISBN 7-305-02713-8: ¥34.00

TP317 045585
计算机常用软件使用教程/张连科主编.—长春:吉林大学出版社,1995.2.—335页;26cm
ISBN 7-5601-1677-9: ¥17.00

TP317 045586
精通串行通信/(美)戈夫顿(Gofton,P.W.)著;王仲文等译.—北京:电子工业出版社,1995.2.—174页;26cm
ISBN 7-5053-2707-0: ¥23.00

TP317 045587
轻松学用Mathcad/刘思燕编著.—北京:人民邮电出版社,1995.12.—448页;20cm.—(家用电脑普及丛书)
ISBN 7-115-05835-0: ¥19.00

TP317 045588
数据统计分析-SPSS/PC+原理及其应用/袁淑君,孟庆茂编著.—北京:北京师范大学出版社,1995.2.—363页;26cm.—(微型计算机实用技术丛书)
ISBN 7-303-03293-2: ¥30.00

TP317 045589
微机应用软件/马莲芬,徐其钧编著.—北京:北京大学出版社,1995.11.—374页;26cm
高等教育自学考试教材·高等教育国家文凭考试教材
ISBN 7-301-02935-7: ¥29.00

TP317-32 045590
SAS系统与基础统计分析/高惠璇等编译.—北京:北京大学出版社,1995.11.—225页;26cm
ISBN 7-301-02938-1: ¥25.00

TP319 045591
Microsoft Works for Windows使用详解/(美)Woodcock,J.著;张晓缨等译.—北京:电子工业出版社,1995.6.—279页;26cm
ISBN 7-5053-3040-3: ¥36.00

TP319 045592
电脑编辑和排版技术:编辑规范及华光方正排版技巧/张亚拉编著.—广州:广东科技出版社,1995.7.—163页;26cm
ISBN 7-5359-1506-X: ¥13.80

TP319 045593
科研通用电脑软件:SPSS/PC+·HG·WP/潘宝骏主编;阙少聪等编著.—福州:福建科学技术出版社,1995.10.—763页;20cm
ISBN 7-5335-0922-6: ¥25.00

TP319 045594
专业版简明指南　下册/覃伟中等译.—北京:电子工业出版社,1995.5.—289页;26cm
ISBN 7-5053-2983-9: ¥38.50

TP319-62 045595
家用电脑实用软件大全/杨正新主编.—北京:科学技术文献出版社,1995.12.—285页;26cm.—(家用电脑基础·操作·维修丛书)
ISBN 7-5023-2568-9: ¥28.00

TP32 045596
计算器实用操作技巧/汪传佳,王仁东著.—北京:中国农业出版社,1995.12.—461页;20cm
ISBN 7-109-04068-2: ¥22.00

TP323 045597
电子计算器使用维修大全/黄注春编著.—北京:电子工业出版社,1995.2.—395页;26cm
ISBN 7-5053-2570-1: ¥22.00

TP323 045598
袖珍电子计算器使用方法/李坤生主编.—西安:陕西科学技术出版社,1995.2.—192页;20cm
ISBN 7-5369-2262-0: ¥5.50

TP331.2 045599
数字逻辑/康秉臣,韩佩富编著.—长春:吉林科学技术出版社,1995.3.—417页;19cm
ISBN 7-5384-1490-8: ¥13.00

TP332 045600

Power PC 体系结构/( )Young.J.著;周予滨译.—北京:海洋出版社,1995.8.—227页;26cm
ISBN 7-5027-4120-8:¥23.00

TP332　　045601
PowerPC——概念、体系结构与设计/(美)Chakravarty,D.,Cannon,C.著;周长春等译.—北京:电子工业出版社,1995.6.—286页;26cm
ISBN 7-5053-3053-5:¥38.00

TP332　　045602
现代处理器的核心技术与基本结构/李晓明,程旭编著.—北京:电子工业出版社,1995.5.—253页;20cm.—(全国高技术重点图书·计算机技术领域)
ISBN 7-5053-2865-4:¥16.00

TP332.1　　045603
ALTERA 可编程逻辑器件及其应用/刘宝琴等编译.—北京:清华大学出版社,1995.4.—314页;26cm
ISBN 7-302-01804-9:¥40.00

TP332.1　　045604
可编程逻辑器件 PLE/黄德,季晓东编著.—北京:人民邮电出版社,1995.7.—98页;26cm
ISBN 7-115-05615-3:¥9.20

TP332.1　　045605
可编程逻辑器件的开发与应用/居悌编著.—北京:人民邮电出版社,1995.2.—281页;26cm
ISBN 7-115-05408-8:¥20.00

TP332.1　　045606
可编程逻辑器件与开发技术/周建民等编著.—北京:人民邮电出版社,1995.5.—156页;20cm
ISBN 7-115-05609-9:¥8.00

TP332.3　　045607
80C51 系列微控制器系统原理、功能集成与应用/邬宽明编著.—北京:北京航空航天大学出版社,1995.1.—254页;26cm
ISBN 7-81012-532-X:¥17.50

TP332.3　　045608
可编程控制器应用技术/魏志精主编.—北京:电子工业出版社,1995.7.—197页;26cm
ISBN 7-5053-2859-X:¥16.00

TP332.3　　045609
可编程控制器原理及应用　下册/汪晓光等编著.—北京:机械工业出版社,1995.11.—260页;26cm
ISBN 7-111-05003-7:¥24.00

TP332.3　　045610
可编程序控制器/郑瑜平主编;张云瑞等编.—北京:北京航空航天大学出版社,1995.12.—238页;20cm
ISBN 7-81012-608-3:¥10.00

TP332.3　　045611
可编程序控制器(PC)编程、应用和维修/杨士元等著.—北京:清华大学出版社,1995.2.—236页;26cm
ISBN 7-302-01690-9:¥14.00

TP332.3　　045612
可编程序控制器(PC)应用技术/陈金华等编著.—北京:电子工业出版社,1995.3.—301页;26cm
ISBN 7-5053-2370-9:¥19.80

TP332.3　　045613
可编程序控制器及其应用/谢树林,张德江主编.—哈尔滨:哈尔滨工程大学出版社,1995.11.—171页;26cm
ISBN 7-81007-629-9:¥9.80

TP332.3　　045614
可编程序控制器应用系统设计方法/李景学,金广业编著.—北京:电子工业出版社,1995.3.—152页;26cm
ISBN 7-5053-2877-8:¥9.80

TP332.3　　045615
可编程序控制器原理与应用/虞鹤松编著.—南京:东南大学出版社,1995.12.—199页;26cm
高等学校工科电子类规划教材
ISBN 7-81050-075-9:¥16.00

TP332.3-62　　045616
中国集成电路大全:可编程序控制器/《中国集成电路大全》编委会编.—北京:国防工业出版社,1995.9.—957页;26cm
ISBN 7-118-01400-1(精装):¥69.90

TP333　　045617
硬盘管理/GOTOP 编著;岳坤改写.—北京:电子工业出版社,1995.6.—176页;19cm.—(30分钟系列丛书)
ISBN 7-5053-2842-5:¥10.00

TP333-62　　045618
摩托罗拉动态存贮器手册/美国摩托罗拉公司编著;刘仁普译.—北京:机械工业出版社,1995.6.—1册;26cm
ISBN 7-111-04531-9:¥78.00

TP333.1　　045619
内存管理深入剖析/(美)Saxer,G.,(美)Sander,E.著;李谊瑞,周克昌译.—北京:电子工业出版社,1995.10.—133页;26cm
ISBN 7-5053-3243-0:¥19.00

TP333.3　　045620
实用磁盘工具软件的编制/赫建著.—北京:国防工业出版社,1995.7.—214页;26cm.—(计算机应用丛书)
ISBN 7-118-01491-5:¥17.80

TP333.4　　045621
CD-ROM 入门指南/(美)Parker,D.,(美)Starrett,B.著;汤庸等译.—北京:电子工业出版社,1995.12.—382页;20cm
ISBN 7-5053-3260-0:¥19.80

TP333.4　　045622
CD-ROM 手册/(美)Nadeau,M.著;吴坪等译.—北京:电子工业出版社,1995.7.—178页;26cm
ISBN 7-5053-3220-1:¥22.50

TP333.4-18　　045623
CD-ROM 专利文献/吴泉洲主编;中国专利局专利文献部编.—北京:专利文献出版社,1995.4.—112页;26cm
ISBN 7-80011-171-7:¥11.00

TP333.5　　045624

IC 卡实用化技术/李津生等编著.—北京:人民邮电出版社,1995.2.—197 页;20cm
ISBN 7-115-05478-9: ¥8.20

TP333.5-62　045625
中国集成电路大全:存储器集成电路/《中国集成电路大全》编委会编.—北京:国防工业出版社,1995.9.—640 页;26cm
ISBN 7-118-01403-6(精装): ¥53.40

TP334　045626
打印机的使用与维修指南/穆大明,陈永红编著.—北京:国防工业出版社,1995.3.—306 页;26cm.—(计算机应用丛书)
ISBN 7-118-01325-0: ¥22.50

TP334　045627
打印机应用大全/马良渝编著.—福州:福建科学技术出版社,1995.9.—386 页;26cm
ISBN 7-5335-0923-4: ¥20.60

TP334　045628
喷墨打印机原理与维修/曲志深编著.—北京:清华大学出版社,1995.5.—132 页;26cm
ISBN 7-302-01733-6: ¥8.80

TP334　045629
微机常用外部设备原理与维修/颜世科,李桂芬编著.—青岛:青岛海洋大学出版社,1995.12.—177 页;26cm
ISBN 7-81026-808-2: ¥12.00

TP334　045630
微机接口技术/杨廷善,王晓军编.—北京:北京邮电大学出版社,1995.7.—265 页;26cm
邮电高等函授教材
ISBN 7-5635-0213-0: ¥17.50

TP334-43　045631
计算机外部设备原理/陈其昌主编.—修订版.—北京:电子工业出版社,1995.10.—216 页;26cm
高等学校工科电子类规划教材
ISBN 7-5053-2823-9: ¥11.00

TP334-62　045632
打印机实用大全/朱聆编著.—北京:清华大学出版社,1995.6.—812 页;26cm
ISBN 7-302-01746-8: ¥46.00

TP334.2-62　045633
鼠标器程序设计指南/(美)Donovan,J.S.著;余雪丽等译.—北京:电子工业出版社,1995.6.—441 页;26cm
ISBN 7-5053-3120-5: ¥55.00

TP334.2-62　045634
最新鼠标应用手册/Logitech 公司原著;蒋松译.—北京:电子工业出版社,1995.2.—170 页;19cm
ISBN 7-5053-2387-3: ¥6.80

TP334.8　045635
电脑打字机原理、使用与维修/邱林等编著.—北京:电子工业出版社,1995.3.—191 页;26cm
ISBN 7-5053-2870-0: ¥13.50

TP335　045636
A/D 和 D/A 转换器应用手册/赵保经等编著.—上海:上海科学普及出版社,1995.3.—736 页;26cm
ISBN 7-5427-0807-4: ¥46.00

TP338　045637
分布阵列处理机(DAP)上的并行算法/程锦松著.—合肥:中国科学技术大学出版社,1995.8.—102 页;26cm
ISBN 7-312-00627-2: ¥7.60

TP338.8　045638
分布式系统与分布式算法/苏运霖著.—广州:暨南大学出版社,1995.5.—565 页;20cm.—(暨南学人丛书)
ISBN 7-81029-381-8(精装): ¥48.00

TP36　045639
16 位微型计算机原理及应用/朱宏兴编.—西安:西北工业大学出版社,1995.8.—256 页;26cm
ISBN 7-5612-0790-5: ¥15.00

TP36　045640
386/486 微型计算机系统原理与维修/朱传乃主编.—北京:人民邮电出版社,1995.1.—558 页;26cm
ISBN 7-115-05423-1: ¥38.00

TP36　045641
80X86 微型计算机原理及应用/易仲芳主编.—北京:电子工业出版社,1995.4.—408 页;26cm
ISBN 7-5053-2889-1: ¥24.00

TP36　045642
IBM 微机使用快易通/杨速章,业开编著.—广州:广东科技出版社,1995.3.—555 页;19cm
ISBN 7-5359-1388-1: ¥14.80

TP36　045643
Macintosh 使用基础/王行言,石碧编 .—北京:清华大学出版社,1995.4.—68 页;26cm
清华—苹果电脑培训中心系列教材
ISBN 7-302-01730-1: ¥7.20

TP36　045644
Macintosh 维修及故障排除法宝/(美)鲁宾(Rubin,C.)著;姚一鹏译.—北京:中国水利水电出版社,1995.10.—257 页;26cm
ISBN 7-80124-089-8: ¥48.00

TP36　045645
常用集成芯片使用/汤继华等编.—北京:北京理工大学出版社,1995.5.—394 页;20cm
中等专业学校工科电子类规划教材
ISBN 7-81013-989-4: ¥13.00

TP36　045646
常用微机操作实践与技巧/许龙飞,丘晓平编著.—2版(修订本).—广州:中山大学出版社,1995.3.—330 页;26cm
ISBN 7-306-00640-1: ¥16.00

TP36　045647
程序员圣典/(美)Norton,P.等著;袁全超等译.—北京:电子工业出版社,1995.3.—471 页;26cm
ISBN 7-5053-2674-0: ¥65.00

TP36　045648
电脑的维护与常用工具软件的使用/黄林编著.—杭

州:杭州大学出版社,1995.8.—184页;26cm.—(人人学电脑丛书/潘云鹤主编)
ISBN 7-81035-799-9:¥11.20

TP36 045649
电脑使用基础/修剑等编著.—青岛:青岛出版社,1995.6.—250页;20cm.—(电脑快速入门丛书)
ISBN 7-5436-1284-4:¥8.60

TP36 045650
电脑用户实用技巧集粹/陈德满主编.—北京:化学工业出版社,1995.2.—389页;26cm
ISBN 7-5025-1472-4:¥27.80

TP36 045651
跟我学用微电脑/俞金康,陈燕梅编著.—2版.—北京:科学出版社,1995.8.—337页;26cm.—(跟我学电脑丛书)
ISBN 7-03-004605-6:¥22.00

TP36 045652
画说电脑/初晓英编文;孙乐中绘.—济南:山东美术出版社,1995.5.—118页;26cm
ISBN 7-5330-0871-5:¥9.90

TP36 045653
家庭电脑:原理·使用·维护/朱耀庭主编.—天津:天津科技翻译出版公司,1995.5.—409页;20cm
ISBN 7-5433-0555-0:¥12.50

TP36 045654
家庭电脑入门/细木,和生编写.—重庆:重庆出版社,1995.6.—205页;19cm.—(家电百事通/吴耕主编)
ISBN 7-5366-3052-2:¥6.30

TP36 045655
家用电脑ABC:选型·操作·维护/赵冬生等编著.—北京:中国经济出版社,1995.1.—317页;26cm
ISBN 7-5017-3122-5:¥16.80

TP36 045656
家用电脑半月通/吴越编著.—杭州:浙江人民出版社,1995.12.—262页;26cm
ISBN 7-213-01156-1:¥18.00

TP36 045657
家用电脑的选购、使用与维护/齐春等编.—西安:西安电子科技大学出版社,1995.8.—225页;26cm
ISBN 7-5606-0385-8:¥14.50

TP36 045658
家用电脑的选购·配置·安装与维护/傅德政等编著.—北京:科学技术文献出版社,1995.12.—156页;26cm.—(家用电脑基础·操作·维修丛书)
ISBN 7-5023-2563-8:¥15.00

TP36 045659
家用电脑的选购与组装/张彤,姚淑薇编著.—北京:人民邮电出版社,1995.10.—175页;20cm.—(家用电脑普及丛书)
ISBN 7-115-05749-4:¥8.50

TP36 045660
家用电脑入门:选购、操作、维修/程崇炎,翟铭著.—2版.—北京:中国大百科全书出版社,1995.3.—197页;20cm
ISBN 7-5000-5103-4:¥6.00

TP36 045661
家用电脑实用全书/岳东等编.—北京:航空工业出版社,1995.6.—483页;26cm
ISBN 7-80046-853-4:¥38.00

TP36 045662
家用电脑实用指导/孙一霖编著.—北京:清华大学出版社,1995.8.—269页;26cm.—(清华松岗系列丛书)
ISBN 7-302-01853-7:¥21.00

TP36 045663
家用电脑使用速成/傅德政等编著.—北京:科学技术文献出版社,1995.9.—187页;26cm.—(家用电脑基础·操作·维修丛书)
ISBN 7-5023-2467-4:¥16.00

TP36 045664
家用电脑选购与使用指南/乔岗等编著.—西安:西北工业大学出版社,1995.4.—256页;26cm
ISBN 7-5612-0768-9:¥15.00

TP36 045665
家用电脑一万个怎么办/董力军主编.—北京:人民邮电出版社,1995.7.—1134页;26cm
ISBN 7-115-05420-7(精装):¥88.00

TP36 045666
家用电脑应用入门/曹凑贵编著.—北京:中国农业出版社,1995.3.—320页;19cm
家用电脑初学者必备参考书
ISBN 7-109-03482-8:¥9.20

TP36 045667
家用电脑指南/高福民主编.—长春:吉林大学出版社,1995.8.—273页;19cm
ISBN 7-5601-1790-2:¥9.00

TP36 045668
家用学习机及IBM微机教学辅助程序/杨肃著.—哈尔滨:东北林业大学出版社,1995.10.—90页;26cm
ISBN 7-81008-587-5:¥8.50

TP36 045669
快乐之家:家庭电脑操作平台/毛向辉编著.—上海:上海交通大学出版社,1995.7.—57页;19cm
全套定价:100.00元(附软盘)
ISBN 7-313-01534-8:¥0.00

TP36 045670
实用电脑自学读本:从零起步、运用自如/孔昭君,刘华杰编著.—北京:科学技术文献出版社,1995.9.—314页;20cm
ISBN 7-5023-2535-2:¥14.00

TP36 045671
实用家庭电脑/龚晓萍著.—长沙:湖南出版社,1995.10.—344页;26cm.—(实用电脑丛书)
ISBN 7-5438-1019-0:¥21.00

TP36 045672
使用微机必备知识与技能/郭福强编著.—乌鲁木齐:新疆青少年出版社,1995.10.—216页;26cm.—(计算机基础知识系列;A(1~4)/何桂萍主编)

ISBN 7-5371-2003-X: ¥15.00

TP36 045673

微电脑实用基础/鲍约赉等编.—上海:上海科学技术出版社,1995.12.—339页;26cm

ISBN 7-5323-3813-4: ¥29.00

TP36 045674

微电脑使用基础:操作系统及常用应用软件/刘晓林等编.—北京:京华出版社,1995.7.—170页;26cm

青少年计算机系列教材 第一册

ISBN 7-80600-120-4: ¥13.50

TP36 045675

微电脑应用基础/侯文永,梁晋清主编.—上海:上海交通大学出版社,1995.5.—229页;26cm

ISBN 7-313-01488-0: ¥15.00

TP36 045676

微电脑应用基础/侯紫达等编著.—北京:国防工业出版社,1995.8.—317页;26cm.—(微电脑学习与应用丛书/翁瑞琪主编)

ISBN 7-118-01428-1: ¥19.50

TP36 045677

微机操作基础计算机应用及程序设计基础实验/张谦舵,潘玉君主编.—哈尔滨:哈尔滨工程大学出版社,1995.9.—176页;19cm

ISBN 7-81007-574-8: ¥8.95

TP36 045678

微机操作基础知识/马成前编.—武汉:武汉大学出版社,1995.3.—152页;26cm

微型计算机操作入门教材

ISBN 7-307-01926-4: ¥8.90

TP36 045679

微机操作快速入门/任文斌主编.—北京:中国铁道出版社,1995.9.—222页;26cm

ISBN 7-113-02170-0: ¥18.90

TP36 045680

微机操作快速入门教程/尚武等编.—北京:电子工业出版社,1995.10.—211页;26cm

ISBN 7-5053-3165-5: ¥16.00

TP36 045681

微机操作实用教程/刘善平等编著.—北京:北京航空航天大学出版社,1995.6.—152页;26cm

ISBN 7-81012-559-1: ¥11.00

TP36 045682

微机常见故障诊断与排除的软件技术/谢深泉主编;唐东斌等编著.—北京:清华大学出版社,1995.5.—247页;26cm

ISBN 7-302-01791-3: ¥18.00

TP36 045683

微机的应用和开发:计算机应用基础/冯刚,李邦畿主编;何婷婷等编著.—武汉:武汉大学出版社,1995.7.—289页;26cm

ISBN 7-307-01985-X: ¥16.50

TP36 045684

微机基本操作/福州教育学院编.—北京:中国社会出版社,1995.9.—91页;26cm

ISBN 7-80088-696-4: ¥5.10

TP36 045685

微机及其应用基本教程/邝小平等编.—广州:中山大学出版社,1995.8.—283页;26cm

ISBN 7-306-01026-3: ¥18.50

TP36 045686

微机技术实践/谢瑞和等编著.—2版(修订版).—武汉:华中理工大学出版社,1995.5.—258页;20cm

ISBN 7-5609-1113-7: ¥6.60

TP36 045687

微机开关电源显示器电路图集　(一)/慕丕勋,冯桂林编.—北京:电子工业出版社,1995.1.—80页;29cm

ISBN 7-5053-2862-X: ¥48.00

TP36 045688

微机入门短平快/许后华编著.—修订版.—南京:南京大学出版社,1995.8.—183页;26cm

ISBN 7-305-02221-7: ¥15.00

TP36 045689

微机入门及使用基础/佘名高主编;刘康泽等编著.—武汉:武汉测绘科技大学出版社,1995.11.—209页;20cm

中学生电脑学习系列教材之一

ISBN 7-81030-401-1: ¥6.50

TP36 045690

微机软硬件操作技巧与病毒防治/蒋翠清编著.—北京:中国商业出版社,1995.6.—340页;26cm

大中专技校电子计算机专业教材

ISBN 7-5044-1446-8: ¥28.80

TP36 045691

微机升级与维修/(美)Rathbone, A.著;李焱等译.—北京:电子工业出版社,1995.5.—201页;26cm.—(美国最畅销计算机傻瓜丛书)

ISBN 7-5053-2769-0: ¥35.00

TP36 045692

微机实验指导及等级考试模拟样题/范贻明主编.—北京:人民邮电出版社,1995.2.—259页;26cm.—(高等学校非计算机专业计算机基础教育丛书)

ISBN 7-115-05483-5: ¥13.50

TP36 045693

微机实用技巧/《中国计算机用户》编辑部编.—北京:电子工业出版社,1995.2.—478页;26cm

ISBN 7-5053-2804-2: ¥28.00

TP36 045694

微机使用600个怎么办/刘清波等主编.—北京:警官教育出版社,1995.10.—216页;26cm

ISBN 7-81027-666-2: ¥18.80

TP36 045695

微机系统应用基础/梅建德,孙希芳编著.—2版.—北京:北京农业大学出版社,1995.1.—255页;26cm

ISBN 7-81002-682-8: ¥15.00

TP36 045696

微机系统应用基础:基础知识、文字处理、数据库/李大友主编.—北京:清华大学出版社,1995.7.—269页;26cm.—(计算机基础教育丛书/谭浩强等主编)

ISBN 7-302-01866-9: ¥16.00

TP36　　045697

微机系统应用基础教程/谭浩强主编.—北京:中央广播电视大学出版社,1995.2.—371页;26cm

ISBN 7-304-01153-X: ¥25.00

TP36　　045698

微机应用/郎奎建等编著.—哈尔滨:哈尔滨工程大学出版社,1995.9.—320页;26cm

ISBN 7-81007-599-3: ¥18.80

TP36　　045699

微机应用基础/李向阳等编著.—昆明:云南科技出版社,1995.7.—175页;26cm

ISBN 7-5416-0724-X: ¥9.80

TP36　　045700

微机应用基础/蒋大文主编.—长沙:湖南科学技术出版社,1995.9.—198页;26cm

ISBN 7-5357-1867-1: ¥11.50

TP36　　045701

微机应用基础/谷秀岩主编.—成都:电子科技大学出版社,1995.8.—295页;26cm.—(微机学习与提高丛书)

ISBN 7-81043-123-4: ¥16.50

TP36　　045702

微机应用基础/王和亭等编著.—太原:山西高校联合出版社,1995.10.—292页;26cm

微型计算机教材

ISBN 7-81032-826-3: ¥15.00

TP36　　045703

微机应用基础/张伟,伦立军主编.—哈尔滨:哈尔滨工程大学出版社,1995.12.—303页;26cm

黑龙江省高等学校统编教材

ISBN 7-81007-588-8: ¥19.80

TP36　　045704

微机应用基础/陈志恬主编.—南京:南京大学出版社,1995.8.—279页;26cm

ISBN 7-305-02839-8: ¥18.00

TP36　　045705

微机应用基础及FoxBASE+教程/宋文臣主编.—北京:电子工业出版社,1995.5.—259页;26cm

ISBN 7-5053-2951-0: ¥20.00

TP36　　045706

微机应用基础及常用软件/田孝文编.—成都:电子科技大学出版社,1995.3.—240页;26cm

高等学校计算机应用知识和能力一级教材

ISBN 7-81043-014-9: ¥10.80

TP36　　045707

微机应用基础教程/乔维声主编;周兆凯等编写.—武汉:武汉大学出版社,1995.8.—212页;26cm

ISBN 7-307-02007-6: ¥12.80

TP36　　045708

微机应用基础教程/刘士光主编.—北京:中国农业科技出版社,1995.4.—210页;26cm

ISBN 7-80026-898-5: ¥13.00

TP36　　045709

微机应用基础教程/刘炳文编著.—北京:人民邮电出版社,1995.10.—373页;26cm.—(高等学校计算机基础教育丛书/谭浩强主编)

ISBN 7-115-05571-8: ¥24.00

TP36　　045710

微机应用基础教程/微机系列丛书编委会编.—北京:兵器工业出版社,1995.6.—249页;26cm.—(微机系列丛书/孙岩庆,张建鲁主编)

ISBN 7-80038-908-1: ¥13.50

TP36　　045711

微机应用基础教程/王焕高,滕佳东编著.—大连:大连理工大学出版社,1995.10.—270页;26cm

ISBN 7-5611-1040-5: ¥16.00

TP36　　045712

微机应用基础教程/杨静等编著.—北京:国防工业出版社,1995.8.—167页;26cm

ISBN 7-118-01478-8: ¥12.60

TP36　　045713

微机应用基础培训教程/董志升主编.—北京:中国铁道出版社,1995.8.—424页;19cm

ISBN 7-113-02049-6: ¥16.70

TP36　　045714

微机应用及操作技法/黄润发等主编.—上海:上海远东出版社,1995.8.—288页;26cm

ISBN 7-80613-104-3: ¥25.00

TP36　　045715

微机应用教程/韩振等编著.—济南:黄河出版社,1995.12.—219页;26cm

ISBN 7-80558-664-0: ¥20.00

TP36　　045716

微机应用开发技术/赵尘等编著.—北京:中国林业出版社,1995.2.—384页;19cm

ISBN 7-5038-1230-3: ¥13.80

TP36　　045717

微机应用快速入门/孙中胜编著.—2版(修订版).—合肥:中国科学技术大学出版社,1995.12.—211页;26cm

ISBN 7-312-00744-9: ¥14.50

TP36　　045718

微机与单片机原理及应用/叶林章主编;上海中专计算机协作组编.—上海:复旦大学出版社,1995.8.—454页;26cm

ISBN 7-309-01558-4: ¥25.00

TP36　　045719

微机原理与应用/杨苏等编著.—北京:中国广播电视出版社,1995.8.—381页;26cm

ISBN 7-5043-2748-4: ¥22.00

TP36　　045720

微机原理与应用/潘名莲等编著.—成都:电子科技大学出版社,1995.11.—357页;26cm

高等学校工科电子类规划教材

ISBN 7-81043-264-8: ¥21.00

TP36　　045721

微型电子计算机应用教程/郭志强主编.—哈尔滨:

黑龙江教育出版社,1995.10.—315 页;19cm
ISBN 7-5316-2847-3:￥10.00

TP36 045722
微型机的组装·升级与维修/应喆编著.—西安:陕西科学技术出版社,1995.10.—256 页;26cm
ISBN 7-5369-2384-8:￥22.00

TP36 045723
微型计算机 IBM PC 应用基础/刘财兴等编.—广州:华南理工大学出版社,1995.1.—278 页;26cm
ISBN 7-5623-0773-3:￥14.80

TP36 045724
微型计算机:选型·组装·检测/李英壮主编.—大连:大连理工大学出版社,1995.7.—306 页;26cm.—(微型计算机普及教育丛书)
ISBN 7-5611-0988-1:￥20.00

TP36 045725
微型计算机操作基础/王建华,张晓兰主编.—哈尔滨:黑龙江教育出版社,1995.10.—414 页;19cm
专业技术人员计算机培训教材
ISBN 7-5316-2855-4:￥15.00

TP36 045726
微型计算机操作与使用技巧/袁津生等编.—北京:机械工业出版社,1995.11.—227 页;26cm
ISBN 7-111-04894-6:￥16.00

TP36 045727
微型计算机操作与文字处理技术/石炎生编著.—徐州:中国矿业大学出版社,1995.6.—420 页;26cm
ISBN 7-81040-378-8:￥29.50

TP36 045728
微型计算机常见屏幕信息详解/郜荣春主编.—大连:大连理工大学出版社,1995.7.—107 页;26cm.—(微型计算机普及教育丛书)
ISBN 7-5611-0987-3:￥10.00

TP36 045729
微型计算机的选购、组装与升级/张榕生编著.—北京:人民邮电出版社,1995.6.—346 页;20cm.—(计算机培训丛书)
ISBN 7-115-05690-0:￥15.00

TP36 045730
微型计算机基本原理和应用简明教程/黄伟其编著.—贵阳:贵州教育出版社,1995.8.—113 页;26cm
ISBN 7-80583-709-0:￥6.80

TP36 045731
微型计算机系统及其应用/朱一轨编著.—北京:中国农业出版社,1995.5.—356 页;26cm
全国高等农业院校教材 农业工程类专业用
ISBN 7-109-03627-8:￥13.05

TP36 045732
微型计算机系统及应用/解正瑞等编.—北京:中国科学技术出版社,1995.6.—402 页;26cm
高等学校非计算机专业计算机基础课程教材 高等学校非计算机专业计算机等级考试用书
ISBN 7-5046-1699-0:￥26.00

TP36 045733
微型计算机系统应用基础/陆倜等编著.—北京:航空工业出版社,1995.8.—215 页;26cm
ISBN 7-80046-906-9:￥16.00

TP36 045734
微型计算机系统应用基础/陆倜等编著.—北京:航空工业出版社,1995.8.—215 页;26cm
ISBN 7-80046-906-9:￥16.00

TP36 045735
微型计算机系统原理及应用/杨素行等编著.—北京:清华大学出版社,1995.9.—412 页;26cm
清华大学非计算机专业微机原理教材
ISBN 7-302-01961-4:￥20.00

TP36 045736
微型计算机应用操作基础/陈立潮等编著.—北京:国防工业出版社,1995.1.—329 页;26cm
ISBN 7-118-01407-9:￥20.00

TP36、 045737
微型计算机应用基础/于忠卓主编.—沈阳:辽宁人民出版社,1995.3.—233 页;26cm
成人高等教育会计学专业(专科)统编教材
ISBN 7-205-03270-9:￥11.20

TP36 045738
微型计算机应用基础/周山芙主编.—北京:中国商业出版社,1995.9.—186 页;26cm
ISBN 7-5044-3036-6:￥11.00

TP36 045739
微型计算机应用基础/袁津生主编.—北京:机械工业出版社,1995.8.—230 页;26cm
ISBN 7-111-04716-8:￥16.00

TP36 045740
微型计算机原理/唐瑞庭主编.—北京:人民邮电出版社,1995.2.—352 页;26cm
ISBN 7-115-05518-1:￥19.00

TP36 045741
微型计算机原理/技工学校电子类专业教材编审委员会组织编写.—2 版.—北京:中国劳动出版社,1995.6.—274 页;26cm
全国技工学校电子类通用教材
ISBN 7-5045-1622-8:￥13.20

TP36 045742
微型计算机原理/董珊编著.—北京:中国人民大学出版社,1995.8.—212 页;26cm
ISBN 7-300-02036-4:￥19.50

TP36 045743
微型计算机原理及接口技术/余雷声主编.—北京:化学工业出版社,1995.6.—462 页;26cm
高等专科学校教材
ISBN 7-5025-1455-4:￥19.80

TP36 045744
微型计算机原理及其应用/陈立周主编.—2 版.—北京:机械工业出版社,1995.5.—245 页;26cm
普通中等专业教育机电类规划教材
ISBN 7-111-04402-9:￥9.50

TP36 045745

微型计算机原理及应用/郑学坚,周斌编著.—2版.—北京:清华大学出版社,1995.8.—510页;26cm
非计算机类专业用教材
ISBN 7-302-01802-2:¥24.00

TP36　045746
微型计算机原理及应用/姜文兰,刘治平编.—天津:天津大学出版社,1995.7.—364页;20cm
ISBN 7-5618-0749-X:¥11.00

TP36　045747
微型计算机原理及应用实验指导/郑学坚,马力妮编著.—北京:清华大学出版社,1995.12.—280页;26cm
非计算机类专业用教材
ISBN 7-302-01967-3:¥14.50

TP36　045748
微型计算机原理实验指导/江琪编.—北京:人民邮电出版社,1995.2.—69页;26cm
ISBN 7-115-05527-0:¥5.00

TP36　045749
微型计算机原理与接口技术/吴永祥等编.—北京:煤炭工业出版社,1995.10.—349页;26cm
高等学校规划教材
ISBN 7-5020-1242-7:¥18.00

TP36　045750
微型计算机原理与应用/黄凤英主编.—北京:航空工业出版社,1995.1.—291页;26cm
ISBN 7-80046-878-X:¥10.90

TP36　045751
微型计算机原理与应用/贾超,杨庆源编著.—长春:吉林科学技术出版社,1995.6.—327页;26cm
ISBN 7-5384-1518-1:¥18.80

TP36　045752
微型计算机原理与应用/朱德森,温鹏编著.—武汉:华中理工大学出版社,1995.8.—257页;26cm
ISBN 7-5609-1187-0:¥14.00

TP36　045753
微型计算机原理与应用/肖金立编著.—北京:电子工业出版社,1995.4.—356页;26cm
职业学校电子类教材 计算机专业用
ISBN 7-5053-2730-5:¥15.20

TP36　045754
微型计算机组成原理/沈长姝等编.—长春:吉林科学技术出版社,1995.5.—2册(638页);19cm
ISBN 7-5384-1507-6:¥18.50

TP36　045755
现代家用办公电脑/萧训球,薛啸宇主编.—长沙:中南工业大学出版社,1995.10.—339页;26cm
ISBN 7-81020-790-3:¥28.00

TP36　045756
新编微机实用教程:微机办公自动化/王昌,胡铁燕主编.—西安:西安交通大学出版社,1995.2.—325页;20cm
ISBN 7-5605-0687-9:¥8.00

TP36　045757
新编微机应用基础教程/倪彤编著.—合肥:安徽科学技术出版社,1995.6.—158页;26cm
ISBN 7-5337-1197-1:¥11.00

TP36　045758
新编微机原理与操作使用/李辉,吕庆梅编.—北京:兵器工业出版社,1995.1.—334页;26cm
ISBN 7-80038-840-9:¥19.00

TP36　045759
学用电脑无师自通/石定河编著.—武汉:华中理工大学出版社,1995.11.—213页;26cm.—(进入电脑世界丛书)
ISBN 7-5609-1154-4:¥12.50

TP36　045760
怎样使用Mac计算机/(美)Pogue,D.著;苟娟琼等译.—北京:电子工业出版社,1995.6.—275页;26cm.—(美国最畅销计算机傻瓜丛书)
ISBN 7-5053-2798-4:¥36.00

TP36　045761
自己动手组装与维护电脑/柯志贤编著.—北京:清华大学出版社,1995.4.—263页;26cm.—(清华松岗系列丛书)
ISBN 7-302-01768-9:¥35.00

TP36　045762
最新家用电脑快速通/高山,广立主编.—北京:国防工业出版社,1995.10.—236页;26cm
ISBN 7-118-01456-7:¥26.80

TP36　045763
最新微机软硬件精选:有关自控实用技术/《最新微机软硬件精选》编写组编.—成都:电子科技大学出版社,1995.8.—445页;26cm
ISBN 7-81043-384-9:¥19.80

TP36　045764
最新微机实践与应用基础/毛宝安等编著.—长春:吉林大学出版社,1995.5.—331页;26cm.—(计算机实践与提高丛书)
ISBN 7-5601-1716-3:¥21.70

①TP36②G634.67　045765
微电脑初学大全:中小学生学电脑/钱汉臣主编.—重庆:西南师范大学出版社,1995.9.—303页;26cm
ISBN 7-5621-1321-1:¥19.80

TP36-43　045766
初学微机教程/李燕等编著.—北京:地质出版社,1995.7.—264页;26cm
ISBN 7-116-01823-9:¥15.80

TP36-43　045767
电脑培训实用教程/金千才等编著.—武汉:武汉大学出版社,1995.9.—216页;26cm
职业中专非计算机专业计算机基础课教学用书
ISBN 7-307-02038-6:¥16.80

TP36-43　045768
电脑实用教程/王章法,顾理生编著.—南京:河海大学出版社,1995.12.—279页;26cm
适用于等级考试、干部培训、电脑教学
ISBN 7-5630-0904-3:¥19.80

TP36-43　045769

电脑实用教程/张大方主编.一武汉:武汉大学出版社,1995.8.—248页;26cm
ISBN 7-307-02023-8:¥15.80

TP36-43 045770
电脑助手/刘孔海编著.—北京:中国人民公安大学出版社,1995.10.—124页;26cm
办公室、家庭微机精编教材
ISBN 7-81011-743-2:¥12.00

TP36-43 045771
家用电脑自学教程/谭浩强,刘炳文编著.—北京:国防工业出版社,1995.2.—320页;26cm.—(计算机应用丛书)
ISBN 7-118-01316-1:¥24.30

TP36-43 045772
微机操作高级培训教程/贺红,袁胜中主编.—济南:山东科学技术出版社,1995.8.—206页;26cm
ISBN 7-5331-1607-0:¥12.50

TP36-43 045773
微机操作基础教程/肖伟才主编.—哈尔滨:哈尔滨工业大学出版社,1995.11.—338页;26cm
ISBN 7-5603-1104-0:¥18.80

TP36-43 045774
微机操作人员培训教材/姜建敏等编.—成都:电子科技大学出版社,1995.4.—215页;26cm
ISBN 7-81043-226-5:¥12.80

TP35-43 045775
微机操作实用教程/刘树楹编.—北京:人民邮电出版社,1995.12.—250页;19cm
邮电部职工培训系列教材 生产人员用书
ISBN 7-115-05979-9:¥9.50

TP36-43 045776
微机培训教材:习题解答及上机操作/吴海军等编.—南京:东南大学出版社,1995.9.—168页;26cm
ISBN 7-81050-040-6:¥12.50

TP36-43 045777
微机实用基础教程/吕凤翥,李行编著.—北京:北京大学出版社,1995.11.—420页;20cm
北京大学成人教育文科类计算机教材
ISBN 7-301-02913-6:¥18.00

TP36-43 045778
微机实用教程/张凯慈等编著.—北京:华夏出版社,1995.5.—231页;26cm
中共北京市委党校、北京行政学院教材
ISBN 7-5080-0706-9:¥16.00

TP36-43 045779
微机实用教程/谢志强,曹桂新主编.—北京:中国商业出版社,1995.9.—249页;26cm
ISBN 7-5044-3040-4:¥17.80

TP36-43 045780
微机文档处理简明教程/杨开诚编著.—昆明:云南大学出版社,1995.4.—162页;26cm
ISBN 7-81025-552-5:¥9.80

TP36-43 045781
微机系统与操作基础教程/马瑞民,陈仁华主编.—北京:石油工业出版社,1995.12.—221页;26cm
高等学校教学用书
ISBN 7-5021-1637-0:¥11.50

TP36-43 045782
微机应用基础教程/王再平主编.—天津:天津科学技术出版社,1995.9.—256页;26cm
ISBN 7-5308-1898-8:¥18.00

TP36-43 045783
微机应用基础教程/李凤翔主编.—保定:河北大学出版社,1995.12.—313页;26cm
河北省普通高等学校计算机基础教育系列教材
ISBN 7-81028-329-4:¥19.00

TP36-43 045784
微机应用教程/马秋枫主编.—北京:测绘出版社,1995.8.—363页;26cm
文法专业
ISBN 7-5030-0802-4:¥22.80

TP36-43 045785
微机应用教程/崔进平等主编.—天津:天津科学技术出版社,1995.11.—398页;26cm
ISBN 7-5308-1948-8:¥25.00

TP36-43 045786
微机应用与操作教程/闫宏印等编著.—太原:山西高校联合出版社,1995.5.—355页;26cm
ISBN 7-81032-771-2:¥19.20

TP36-43 045787
微计算机实验教程/严家万等编著.—成都:电子科技大学出版社,1995.12.—383页;26cm
高等学校工科电子类规划教材
ISBN 7-81043-470-5:¥19.20

TP36-43 045788
微计算机应用速成教材/田胜立主编.—武汉:湖北科学技术出版社,1995.10.—278页;26cm.—(计算机培训教材系列)
ISBN 7-5352-1741-9:¥18.00

TP36-43 045789
微型计算机实用基础教程/刘卫华等编著.—兰州:兰州大学出版社,1995.1.—253页;26cm
ISBN 7-311-00849-2:¥15.00

TP36-43 045790
微型计算机应用入门/邮电部教育司主编.—北京:人民邮电出版社,1995.1.—293页;19cm
邮电技工学校教材
ISBN 7-115-05480-0:¥8.60

TP36-43 045791
微型计算机组装与维修基础教程/陈贡云编著.—长沙:中南工业大学出版社,1995.12.—212页;26cm
计算机基础教育系列教材
ISBN 7-81020-775-X:¥14.50

①TP36-43②C931.4-43 045792
微型计算机操作与办公自动化实用教程/胡金柱主编.—武汉:华中师范大学出版社,1995.4.—372页;26cm
计算机等级考试教材

ISBN 7-5622-1462-X: ¥18.00

TP36-44　045793

办公、家庭用微机速成实用问答/刘延新编著.—北京:中共中央党校出版社,1995.4.—188页;26cm

ISBN 7-5035-1141-9: ¥10.00

TP36-44　045794

家用电脑应用问答/寇国华,唐洪祥编著.—北京:人民邮电出版社,1995.10.—276页;20cm.—(家用电脑普及丛书)

ISBN 7-115-05746-X: ¥11.00

TP36-44　045795

微机操作实用问答/石素卿编著.—北京:金盾出版社,1995.12.—311页;19cm

ISBN 7-5082-0099-3: ¥9.90

TP36-44　045796

微型计算机操作与应用问答/王路敬编著.—上海:上海交通大学出版社,1995.4.—253页;26cm

ISBN 7-313-01468-6: ¥15.00

TP36-49　045797

"小朋友"学电脑/陈文慧,蒋硕编.—北京:清华大学出版社,1995.3.—232页;20cm.—(电脑速成系列丛书)

ISBN 7-302-01633-X: ¥8.80

TP36-49　045798

电脑的自述/司有和编著.—修订版.—合肥:安徽少年儿童出版社,1995.5.—154页;19cm.—(小学生精品书库:文化教育类)

ISBN 7-5397-1252-X: ¥4.00

TP36-49　045799

电脑启蒙/江文哉主编;李忠,江东编著.—上海:上海交通大学出版社,1995.10.—181页;26cm

ISBN 7-313-01515-1: ¥10.80

TP36-49　045800

电脑入门/陈德香等编著.—南京:江苏少年儿童出版社,1995.8.—2册;19cm.—(少年科学知识大金库)

ISBN 7-5346-1441-4: ¥9.00

TP36-49　045801

电脑学习机两周通/王福源等编著.—北京:人民邮电出版社,1995.1.—188页;19cm

ISBN 7-115-05447-9: ¥6.50

TP36-49　045802

家庭电脑入门/林东著.—福州:福建科学技术出版社,1995.1.—219页;26cm

ISBN 7-5335-0863-7: ¥11.70

TP36-49　045803

少年学电脑/张森主编.—杭州:浙江少年儿童出版社,1995.5.—4册;19cm

ISBN 7-5342-1279-0: ¥16.50

①TP36-49②G898　045804

电玩一族　第1辑:攻关技巧/廖公主编.—北京:航空工业出版社,1995.10.—64页;26cm

ISBN 7-80046-975-1: ¥5.50

①TP36-49②G898　045805

电玩一族　第2辑:攻略详解/廖公主编.—北京:航空工业出版社,1995.12.—62页;26cm

ISBN 7-80046-975-1: ¥5.50

①TP36-49②G898　045806

电玩一族　第3辑:秘技指南/廖公主编.—北京:航空工业出版社,1995.12.—62页;26cm

ISBN 7-80046-975-1: ¥5.50

TP36-62　045807

1995计算机购买者指南/(美)Dvorak,J.C.编著;沈祥,张玉忠译.—北京:电子工业出版社,1995.4.—417页;26cm

ISBN 7-5053-2950-2: ¥46.00

TP36-62　045808

IBM微机屏幕提示信息英汉对照速查手册/杨速章编.—广州:广东科技出版社,1995.11.—772页;19cm

ISBN 7-5359-1389-X: ¥29.80

TP36-62　045809

便携式微机选用指南/赵晓山编著.—北京:科学出版社,1995.1.—156页;26cm

ISBN 7-03-004350-2: ¥14.00

TP36-62　045810

常用电脑的选择与使用指南/陈福盈,牛丽娜编.—长沙:中南工业大学出版社,1995.7.—256页;26cm

ISBN 7-81020-778-4: ¥15.00

TP36-62　045811

常用电脑实用技术速成指南/牛力编著.—西安:陕西科学技术出版社,1995.2.—192页;26cm.—(陕西电子计算机系列丛书)

ISBN 7-5369-2254-X: ¥13.60

TP36-62　045812

电脑操作袖珍手册/李小平编著.—北京:科学出版社,1995.12.—385页;19cm

ISBN 7-03-004692-7: ¥14.00

TP36-62　045813

电脑导购指南/陈知生主编.—北京:人民邮电出版社,1995.5.—166页;19cm.—(实用电脑丛书)

ISBN 7-115-05650-1: ¥6.00

TP36-62　045814

家庭电脑:使用与学习指南/常登平,肖亚成主编.—重庆:重庆出版社,1995.3.—327页;26cm.—(高档家电丛书)

ISBN 7-5366-3045-X: ¥24.80

TP36-62　045815

家庭电脑实用指南/蔡正林,张明编著.—2版.—南京:河海大学出版社,1995.4.—402页;19cm

ISBN 7-5630-0657-5: ¥9.80

TP36-62　045816

家用电脑实用手册/寇国华等编著.—北京:电子工业出版社,1995.10.—368页;26cm

ISBN 7-5053-3043-8: ¥25.00

TP36-62　045817

家用电脑使用指南/罗运模,谢志敏编著.—武汉:华中理工大学出版社,1995.7.—223页;26cm

ISBN 7-5609-1120-X: ¥13.00

TP36－62 045818

家用电脑使用指南/韦学纯编著.—北京:电子工业出版社,1995.10.—339 页;26cm

ISBN 7－5053－3078－0:￥26.00

TP36－62 045819

微机个人用户手册/《微机个人用户手册》编写组编.—成都:电子科技大学出版社,1995.4.—252 页;26cm

ISBN 7－81043－244－3:￥14.80

TP36－62 045820

微机选购与安装设置指南/刘航等编.—北京:中国财政经济出版社,1995.4.—190 页;26cm

ISBN 7－5005－2533－8:￥20.00

TP36－62 045821

微型计算机基本操作指南/刘金锋主编.—北京:北京理工大学出版社,1995.6.—443 页;26cm

ISBN 7－81045－018－2:￥24.00

TP36－62 045822

现代微机办公操作指南/莫忠学编著.—北京:人民邮电出版社,1995.4.—466 页;19cm

ISBN 7－115－05545－9:￥15.00

TP36－62 045823

英汉微机屏幕信息实用手册/李国全等编著.—天津:天津科技翻译出版公司,1995.10.—170 页;26cm

ISBN 7－5433－0827－4:￥11.00

TP36－64 045824

图解电脑/(英)Maran,R.编著;郑国焱译.—广州:岭南美术出版社,1995.11.—203 页;26cm.—(3－D 图像系列)

ISBN 7－5362－1319－0:￥150.00

TP360.27 045825

微机系统软件分析/朱禹著.—北京:北京航空航天大学出版社,1995.8.—192 页;26cm

ISBN 7－81012－551－6:￥17.00

TP360.3 045826

微机硬件使用与维护手册/( )Rosch,W.L.著;李增民等译.—北京:科学出版社:龙门书局,1995.10.—862 页;26cm

ISBN 7－03－004970－5:￥59.95

TP360.3 045827

微型计算机的结构与维护/韩祖德等编著.—北京:北京大学出版社,1995.6.—291 页;19cm.—(微型计算机基础知识教育丛书/吴文虎主编)

ISBN 7－301－02497－5:￥9.50

TP360.3 045828

微型计算机组成原理/戚琦等编著.—成都:电子科技大学出版社,1995.11.—404 页;26cm

中等专业学校工科电子类规划教材

ISBN 7－81043－265－6:￥23.50

TP360.7 045829

PC 系列微机维护与升级大全/陈建平等编译.—福州:福建科学技术出版社,1995.1.—313 页;26cm

ISBN 7－5335－0833－5:￥16.60

TP360.7 045830

电脑常见故障维修/姜玉璋,梦彤编著.—青岛:青岛出版社,1995.8.—241 页;20cm.—(电脑快速入门丛书)

ISBN 7－5436－1289－5:￥9.60

TP360.7 045831

电脑维修/GOTOP 编著;惠蕙改写.—北京:电子工业出版社,1995.6.—176 页;19cm.—(30 分钟系列丛书)

ISBN 7－5053－2843－3:￥10.00

TP360.7 045832

电脑维修实践/陈知生主编.—北京:人民邮电出版社,1995.6.—208 页;19cm.—(实用电脑丛书)

ISBN 7－115－05658－7:￥7.50

TP360.7 045833

家用电脑常见故障快速识别及排除/高崧,康浩主编.—北京:地震出版社,1995.12.—259 页;26cm

ISBN 7－5028－1176－1:￥23.50

TP360.7 045834

实用电脑维护和常见故障处理/潘晓山编著.—长沙:湖南出版社,1995.7.—190 页;26cm.—(实用电脑丛书)

ISBN 7－5438－1036－0:￥12.90

TP360.7 045835

实用微机维护和常见故障排除/邓汉平主编;王文岱等编著.—武汉:武汉大学出版社,1995.1.—134 页;26cm.—(实用微机操作技术速成丛书;3)

ISBN 7－307－01903－5:￥9.60

TP360.7 045836

微机检修技术/尹菊坤,邓文华编著.—成都:西南交通大学出版社,1995.7.—139 页;26cm

ISBN 7－81022－759－9:￥8.50

TP360.7 045837

微型计算机维护与检修入门/辛国平等编著.—长春:吉林科学技术出版社,1995.7.—195 页;19cm.—(实用计算机入门丛书/庞云阶主编)

ISBN 7－5384－1385－5:￥4.50

TP360.7 045838

微型计算机维修实验教程/项湜伍编著.—上海:上海科学普及出版社,1995.5.—408 页;26cm

ISBN 7－5427－0913－5:￥25.00

TP360.7 045839

新编微机系统分析及实用维修技术 300 例/吴虹等编著.—北京:中国致公出版社,1995.3.—276 页;26cm

ISBN 7－80096－102－8:￥19.60

TP360.7 045840

自己动手修电脑/杨世卿编著.—合肥:中国科学技术大学出版社,1995.2.—342 页;26cm

ISBN 7－312－00666－3:￥18.00

TP360.9 045841

电脑病毒防治/陈知生主编.—北京:人民邮电出版社,1995.6.—165 页;19cm.—(实用电脑丛书)

ISBN 7－115－05657－9:￥6.00

TP360.9 045842

微机病毒防治技巧/郑杰钊,莫日华编著.—广州:广

东科技出版社,1995.8.—441 页;19cm
ISBN 7-5359-1470-5:￥13.80

TP361　045843
微机电路基础/曲尔光等编著.—太原:山西高校联合出版社,1995.10.—234 页;26cm
微型计算机教材
ISBN 7-81032-826-3:￥13.50

TP361-62　045844
新编微机常用集成电路手册/朱家维等编.—北京:电子工业出版社,1995.7.—832 页;26cm
ISBN 7-5053-2656-2:￥66.00

TP361-62　045845
中国集成电路大全:超级微型计算机集成电路/《中国集成电路大全》编委会编.—北京:国防工业出版社,1995.9.—1078 页;26cm
ISBN 7-118-01365-X(精装):￥80.70

TP362.3　045846
80C51 系列小型微控制器原理、应用和开发/邬宽明编著.—北京:北京航空航天大学出版社,1995.9.—233 页;26cm
ISBN 7-81012-586-9:￥19.00

TP364　045847
80486/80386 系统原理与接口大全　(上):80386 系统原理/艾德才等编著.—北京:清华大学出版社,1995.8.—261 页;26cm
ISBN 7-302-01856-1:￥16.00

TP364　045848
80486/80386 系统原理与接口大全　(中):接口技术/艾德才等编著.—北京:清华大学出版社,1995.9.—481 页;26cm
ISBN 7-302-01859-6:￥28.00

TP364　045849
IBM PC 微机原理及接口技术/田艾平等编.—北京:煤炭工业出版社,1995.11.—523 页;26cm
高等学校规划教材
ISBN 7-5020-1179-X:￥25.30

TP364　045850
微机接口技术/陈汝全等编著.—成都:电子科技大学出版社,1995.6.—233 页;26cm
高等学校工科电子类规划教材
ISBN 7-81043-246-X:￥13.00

TP364　045851
微机接口与输入输出过程通道/史福元编著.—北京:科学技术文献出版社,1995.9.—219 页;26cm
ISBN 7-5023-2595-6:￥17.80

TP364　045852
微机与接口/孙德文编.—上海:上海交通大学出版社,1995.8.—246 页;26cm
ISBN 7-313-01506-2:￥23.20

TP364　045853
微型计算机接口技术/吕景瑜编著.—北京:科学出版社,1995.8.—280 页;26cm
高等院校计算机专业系列教材
ISBN 7-03-004759-1:￥25.00

TP368-62　045854
笔记本电脑实用指南/李涛,楚立斌主编.—北京:电子工业出版社,1995.2.—299 页;26cm
ISBN 7-5053-2609-0:￥17.00

TP368.1　045855
16 位微型计算机原理与接口/李信编著.—天津:南开大学出版社,1995.12.—227 页;26cm
计算机大专教材系列
ISBN 7-310-00891-X:￥15.30

TP368.1　045856
386 系列数据手册·应用说明·开发工具/美国 Intel 公司著;曹振羽等译.—上海:上海科学普及出版社,1995.4.—2 册(1354 页);26cm.—(Intel 微处理器系列手册;2)
本书与英特尔计算机技术有限公司合作出版
ISBN 7-5427-0806-6:￥160.00

TP368.1　045857
486 系列数据手册·应用说明·开发工具/美国 Intel 公司著;周红群等译.—上海:上海科学普及出版社,1995.3.—2 册(890 页);26cm.—(intel 微处理器系列手册;1)
本书与英特尔计算机技术有限公司合作出版
ISBN 7-5427-0804-X:￥115.00

TP368.1　045858
8098 单片机原理及应用技术/陈建铎编著.—北京:电子工业出版社,1995.2.—397 页;26cm
ISBN 7-5053-2553-1:￥22.50

TP368.1　045859
8098 单片机原理与应用系统设计/闵华清编著;全国高等学校计算机基础教育研究会组织编写.—上海:华东理工大学出版社,1995.7.—135 页;26cm.—(计算机应用自学丛书/谭浩强主编)
ISBN 7-5628-0576-8:￥9.00

TP368.1　045860
DP——851 单片机系统实用教程/吴文虎等编著.—北京:电子工业出版社,1995.10.—206 页;26cm
ISBN 7-5053-3089-6:￥17.00

TP368.1　045861
Intel 16 位单片机/孙涵芳主编.—北京:北京航空航天大学出版社,1995.11.—636 页;26cm
ISBN 7-81012-526-5:￥53.00

TP368.1　045862
Intel 8XC196MC/MD 高档单片机原理及实用设计/何熙文等编著.—大连:大连理工大学出版社,1995.12.—241 页;26cm
ISBN 7-5611-1038-3:￥18.00

TP368.1　045863
MC68HC 11 单片机开发技术/邵贝贝,程建平著.—北京:清华大学出版社,1995.1.—132 页;26cm
ISBN 7-302-01703-4:￥8.00

TP368.1　045864
MC68HC05 MC68HC11 单片机与开发应用/李哲英主编.—北京:中国铁道出版社,1995.8.—182 页;26cm.—(应用电子学实验教程丛书;2)

ISBN 7－113－01996－X: ¥13.80

TP368.1 045865

MCS96 MC68 单片机原理与应用/李哲英等编著.—北京:清华大学出版社,1995.5.—280页;26cm

ISBN 7－302－01805－7: ¥16.00

TP368.1 045866

MOTOROLA M68HC16 系列 16 位单片机及其应用/齐秋群,刚寒冰编著.—北京:机械工业出版社,1995.3.—380页;26cm

ISBN 7－111－04409－6: ¥25.00

TP368.1 045867

MOTOROLA MC68HC05SR3 单片微型机原理及开发应用/余永权主编;孙尽尧等编.—广州:广东高等教育出版社,1995.12.—241页;26cm

ISBN 7－5361－1791－4: ¥18.00

TP368.1 045868

PSD3 系列可编程单片机通用外围接口芯片原理编程及应用/颜荣江等编著.—北京:人民邮电出版社,1995.6.—500页;26cm

ISBN 7－115－05613－7: ¥35.00

TP368.1 045869

SAMSUNG(三星)单片机原理及应用/朱晓强编著.—上海:复旦大学出版社,1995.4.—384页;26cm.—(单片机系列丛书)

ISBN 7－309－01511－8: ¥22.00

TP368.1 045870

Super SICE 通用单片机仿真器及其应用/涂时亮,张友德等编.—上海:复旦大学出版社,1995.9.—246页;26cm

ISBN 7－309－01471－5: ¥17.00

TP368.1 045871

单片机接口技术/王修才,刘祖望编著.—上海:复旦大学出版社,1995.10.—183页;26cm

ISBN 7－309－01557－6: ¥14.00

TP368.1 045872

单片机模糊逻辑控制/余永权,曾碧编著.—北京:北京航空航天大学出版社,1995.7.—523页;26cm

ISBN 7－81012－525－7: ¥40.00

TP368.1 045873

单片机原理与应用/徐雅斌主编.—沈阳:辽宁科学技术出版社,1995.8.—214页;26cm

ISBN 7－5381－2114－5: ¥14.95

TP368.1 045874

单片微机接口与系统设计/高明编著.—哈尔滨:哈尔滨工业大学出版社,1995.8.—146页;26cm

ISBN 7－5603－1085－0: ¥9.50

TP368.1 045875

单片微机十日谈/陈章龙主编.—北京:电子工业出版社,1995.12.—406页;20cm.—(计算机普及丛书)

ISBN 7－5053－2966－9: ¥19.50

TP368.1 045876

单片微机原理系统设计与开发应用/万福君等编著.—合肥:中国科学技术大学出版社,1995.11.—422页;26cm

ISBN 7－312－00659－0: ¥20.00

TP368.1 045877

多微处理器系统设计及其实例/侯伯亨编著.—西安:西安电子科技大学出版社,1995.9.—183页;26cm

ISBN 7－5606－0394－7: ¥12.00

TP368.1－43 045878

MCS 系列单片机及接口实用教程/武庆生,仇梅编著.—成都:电子科技大学出版社,1995.1.—247页;26cm

ISBN 7－81043－298－2: ¥14.50

TP368.1－62 045879

COP8 系列 8 位单片计算机技术应用手册/刘仁普主编.—北京:电子工业出版社,1995.10.—1册;26cm

ISBN 7－5053－3231－7: ¥98.00

TP368.1－62 045880

MCS－96 系列十六位单片微机实用手册/梁合庆,梁韬编著.—北京:电子工业出版社,1995.1.—440页;26cm

ISBN 7－5053－1467－X: ¥30.00

TP368.2 045881

MCS 8098 单片微机技术基础/张振远等编著.—北京:气象出版社,1995.4.—223页;26cm

ISBN 7－5029－1900－7: ¥14.60

TP368.2 045882

MCS (R)51 微控制器系列用户指南/吴玉平译.—北京:电子工业出版社,1995.10.—330页;26cm

ISBN 7－5053－3027－6: ¥28.00

TP368.2 045883

MULTIBUS Ⅱ和 iSBX 总线产品数据手册·应用说明·开发工具/美国 Intel 公司著;曹德明等译.—上海:上海科学普及出版社,1995.6.—1册;26cm.—(Intel 单板计算机系列手册;1)

ISBN 7－5427－0841－4: ¥130.00

TP368.3 045884

PC－E500 袖珍计算机原理及其开发和应用/南方测绘仪器公司编著.—北京:测绘出版社,1995.11.—364页;26cm

ISBN 7－5030－0740－0: ¥36.00

TP368.3 045885

PC 奥秘/(美)哈里德(Halliday, C. M.)著;钱进等译.—北京:清华大学出版社,1995.6.—456页;26cm

ISBN 7－302－01681－X: ¥46.00

TP368.3 045886

PC 机操作与应用/罗可编著.—长沙:湖南科学技术出版社,1995.10.—325页;26cm

ISBN 7－5357－1790－X: ¥19.80

TP368.3 045887

PC 机应用速成/李春富编著.—天津:天津科学技术出版社,1995.4.—250页;26cm

ISBN 7－5308－1753－1: ¥13.40

TP368.3 045888

PC 机在测量和控制中的应用/王彤编.—哈尔滨:哈尔滨工业大学出版社,1995.8.—228页;26cm

ISBN 7－5603－1098－2: ¥15.00

TP368.3　045889
PC兼容机应用速成与技巧/张积东等编著.—哈尔滨:黑龙江科学技术出版社,1995.9.—243页;26cm
ISBN 7-5388-2635-1:¥17.00

TP368.3　045890
PC傻瓜书/(美)高凯(Gookin,D.)著;郑方等译.—北京:清华大学出版社,1995.5.—269页;26cm.—(电脑神通傻瓜丛书)
ISBN 7-302-01692-5:¥22.80

TP368.3　045891
PC微机应用基础/唐先余,唐凯编著.—成都:四川大学出版社,1995.7.—319页;26cm
ISBN 7-5614-1163-4:¥18.00

TP368.3　045892
PC系列微机与磁盘操作系统基础/方思行,唐定原编.—广州:华南理工大学出版社,1995.12.—218页;26cm
会计电算化系列教材
ISBN 7-5623-0940-X:¥15.00

TP368.3　045893
Peter Norton PC问题解答:第二版/(美)Norton,P.,(美)Jourdain,R.著;周少柏,钟向群译.—北京:清华大学出版社,1995.3.—347页;26cm
全新版本适用DOS 6·DOS和Windows重要参考
ISBN 7-302-01834-0:¥38.00

TP368.3　045894
奔腾586PC系统结构与操作指南/蔡建新编著.—北京:北京大学出版社,1995.5.—194页;26cm
ISBN 7-301-02846-6:¥24.00

TP368.3　045895
多媒体个人计算机/徐光祐等编著.—北京:人民邮电出版社,1995.7.—199页;26cm.—(计算机技术丛书)
ISBN 7-115-05560-2:¥18.00

TP368.3　045896
个人微机快速入门/朱克勤等编著.—北京:人民邮电出版社,1995.7.—310页;26cm
ISBN 7-115-05620-X:¥28.00

TP368.3　045897
个人微机实用技巧111/叶东毅等编.—福州:福建科学技术出版社,1995.1.—299页;20cm
ISBN 7-5335-0878-5:¥9.40

TP368.3　045898
绿色PC:可行的实践与选择/米东等译.—北京:电子工业出版社,1995.7.—174页;26cm
ISBN 7-5053-3054-3:¥26.00

TP368.3　045899
图解PC机升级指南/(美)Jamsa,K.著;罗四维等译.—北京:电子工业出版社,1995.10.—265页;26cm
ISBN 7-5053-3309-7:¥30.00

TP368.3-55　045900
个人电脑:1994年合订本/《个人电脑》编辑部编.—北京:电子工业出版社,1995.3.—110页;29cm
ISBN 7-5053-2949-9:¥25.00

TP368.3-61　045901
PC机系统大全/夏德深等主编.—南京:东南大学出版社,1995.1.—608页;26cm
ISBN 7-81023-949-X:¥38.00

TP368.3-61　045902
个人电脑实用英汉辞典/胡开文,江雪琴编译.—广州:广东旅游出版社,1995.4.—726页;19cm
ISBN 7-80521-566-9:¥29.80

TP387　045903
智能卡技术与应用/段丽斌编著.—北京:电子工业出版社,1995.11.—273页;19cm.—(金字工程系列丛书·信息高速公路普及系列)
ISBN 7-5053-2961-8:¥12.00

TP39　045904
DOS、汉字输入与编辑/卞昭浚等编著.—天津:天津科学技术出版社,1995.8.—183页;26cm
ISBN 7-5308-1886-4:¥15.00

TP39　045905
电脑实用技巧/陈知生主编.—北京:人民邮电出版社,1995.5.—161页;19cm.—(实用电脑丛书)
ISBN 7-115-05656-0:¥6.00

TP39　045906
电脑应用入门/陈知生主编.—北京:人民邮电出版社,1995.6.—155页;19cm.—(实用电脑丛书)
ISBN 7-115-05649-8:¥6.00

TP39　045907
电脑娱乐世界/陈知生主编.—北京:人民邮电出版社,1995.6.—183页;19cm.—(实用电脑丛书)
ISBN 7-115-05655-2:¥6.50

TP39　045908
多媒体系统原理与应用/胡晓峰等编著.—北京:人民邮电出版社,1995.6.—335页;26cm.—(计算机技术丛书)
ISBN 7-115-05629-3:¥28.00

TP39　045909
国内外多媒体动态与技术/王建平,苏多多主编.—北京:中国青年出版社,1995.2.—158页;26cm
ISBN 7-5006-1951-0:¥14.80

TP39　045910
计算机操作及文字处理/王晓春,刘思炜主编.—沈阳:辽宁科学技术出版社,1995.8.—223页;26cm
ISBN 7-5381-2211-7:¥15.00

TP39　045911
计算机操作入门/陈维琳编著.—上海:上海辞书出版社,1995.10.—206页;26cm
ISBN 7-5326-0346-6:¥12.80

TP39　045912
计算机初级应用/王乃国主编.—苏州:苏州大学出版社,1995.8.—199页;26cm
计算机等级考试参考用书
ISBN 7-81037-142-8:¥13.00

TP39　045913
计算机等级考试上机指导:二级、三级B/匙彦斌主编.—天津:天津大学出版社,1995.10.—236页;26cm
ISBN 7-5618-0806-2:¥16.00

TP39 045914

计算机基础应用教程/曲忠庆主编.—西安:陕西科学技术出版社,1995.7.—261 页;26cm

ISBN 7-5369-2355-4: ¥17.80

TP39 045915

计算机基础与应用/刘祚昱主编.—北京:军事科学出版社,1995.2.—318 页;26cm

军队院校教材

ISBN 7-80021-825-2: ¥14.80

TP39 045916

计算机控制在林业中的应用/王守忠主编.—哈尔滨:东北林业大学出版社,1995.12.—284 页;26cm

全国高等林业院校试用教材

ISBN 7-81008-631-6: ¥17.80

TP39 045917

计算机配置初始化与系统优化/徐飞编著.—合肥:中国科学技术大学出版社,1995.9.—372 页;20cm.—(上机指南与屏幕英语系列;3)

ISBN 7-312-00704-X: ¥9.90

TP39 045918

计算机上机操作指导:初级/邵宗山编著.—上海:华东理工大学出版社,1995.1.—86 页;26cm

计算机操作工培训教材

ISBN 7-5628-0556-3: ¥5.00

TP39 045919

计算机实用操作技术/王菲菲编著.—济南:济南出版社,1995.1.—338 页;26cm

ISBN 7-80572-894-1: ¥16.00

TP39 045920

计算机实用基础:DOS 基本知识、WPS、DBASEⅢ/杨华等主编.—北京:冶金工业出版社,1995.9.—221 页;19cm

ISBN 7-5024-1778-8: ¥9.80

TP39 045921

计算机实用技术/廖翊希编.—长沙:湖南科学技术出版社,1995.7.—278 页;19cm

ISBN 7-5357-1795-0: ¥9.00

TP39 045922

计算机应用实习指导/湖南省中等职业教育教材编审委员会编审.—修订版.—长沙:湖南科学技术出版社,1995.11.—54 页;19cm

中等职业学校教材

ISBN 7-5357-1195-2: ¥1.30

TP39 045923

家庭电脑实用技术技巧集粹/游洪跃主编.—成都:电子科技大学出版社,1995.8.—248 页;26cm

ISBN 7-81043-364-4: ¥19.80

TP39 045924

家用电脑操作入门/潘永柏编著.—北京:电子工业出版社,1995.5.—311 页;26cm.—(计算机普及读物)

ISBN 7-5053-2939-1: ¥18.00

TP39 045925

实用多媒体技术瘝其 C 语言实现/郝杰等编著.—北京:电子工业出版社,1995.11.—537 页;26cm

ISBN 7-5053-3131-0: ¥40.00

TP39 045926

微机操作和实用软件/张玉林编著.—西安:陕西科学技术出版社,1995.5.—179 页;26cm

ISBN 7-5369-0197-6: ¥9.50

TP39 045927

微机操作基础与文字处理/陈鹤鸣主编;林焕平等编.—福州:福建科学技术出版社,1995.1.—177 页;26cm

中等专业学校非计算机专业教材

ISBN 7-5335-0870-X: ¥11.10

TP39 045928

微机操作与文字处理/吴琳主编.—成都:西南财经大学出版社,1995.8.—221 页;26cm

中等专业学校教材

ISBN 7-81017-918-7: ¥15.80

TP39 045929

微机操作与英文译释/马光胜,李明新编著.—哈尔滨:哈尔滨船舶工程学院出版社,1995.12.—406 页;19cm

ISBN 7-81007-565-9: ¥12.80

TP39 045930

微型机系统应用基础/孙家啟编著.—北京:高等教育出版社,1995.10.—233 页;26cm

高等学校教材

ISBN 7-04-005384-5: ¥11.05

TP39 045931

微型计算机操作技术/劳动部教材办公室组编.—北京:中国劳动出版社,1995.4.—153 页;26cm

全国就业训练办公自动化专业统编教材

ISBN 7-5045-1668-6: ¥8.00

TP39 045932

微型计算机操作实习/技工学校电子类专业教材编审委员会组织编写.—2 版.—北京:中国劳动出版社,1995.6.—172 页;26cm

全国技工学校电子类通用教材

ISBN 7-5045-1624-4: ¥8.80

TP39 045933

微型计算机应用技术/黄国建等编著.—上海:上海交通大学出版社,1995.12.—194 页;26cm

普通高等教育船舶类规划教材

ISBN 7-313-01583-6: ¥15.00

TP39 045934

微型计算机应用技术 (上)/李福成等主编.—哈尔滨:黑龙江人民出版社,1995.12.—282 页;26cm

ISBN 7-207-03421-0: ¥23.00

TP39 045935

微型计算机应用技术 (下)/李福成等主编.—哈尔滨:黑龙江人民出版社,1995.12.—339 页;26cm

ISBN 7-207-03421-0: ¥23.00

TP39 045936

微型计算机应用技术 (中)/李福成等主编.—哈尔滨:黑龙江人民出版社,1995.12.—315 页;26cm

ISBN 7-207-03421-0: ¥23.00

TP39　045937
怎样用电脑管家务做功课玩游戏:家用电脑软件介绍/吴越著.—北京:华文出版社,1995.4.—340页;26cm
ISBN 7-5075-0420-4:¥18.00

TP39-43　045938
计算机应用技术教程/陈宏明,李云峰主编.—长沙:湖南科学技术出版社,1995.8.—400页;26cm
计算机应用技术等级考核培训教材
ISBN 7-5357-1819-1:¥25.00

TP39-44　045939
电子计算机上机实习与习题/《电子计算机上机实习与习题》编写组编.—北京:中国商业出版社,1995.12.—4册;26cm
ISBN 7-5044-2912-0:¥23.20

TP39-44　045940
计算机应用水平考试习题解答:一级/苏众编著.—长沙:湖南出版社,1995.7.—128页;26cm.—(实用电脑丛书)
ISBN 7-5438-1038-7:¥9.80

TP39-53　045941
第三届全国计算机应用学术交流大会论文集　下册.—北京:电子工业出版社,1995.4.—1871页;26cm
ISBN 7-5053-3094-2:¥0.00

TP39-61　045942
MAC微机实用大全/(美)Aker,S.Z.著;石祥生,翟炯译.—北京:电子工业出版社,1995.8.—599页;26cm
ISBN 7-5053-2923-5:¥79.00

TP39-61　045943
WPS汉字输入速查字典/赵恒友编著.—成都:电子科技大学出版社,1995.4.—361页;19cm.—(电脑汉字编码丛书)
ISBN 7-81016-164-4:¥9.80

TP39-62　045944
计算机应用水平测试手册/北京市高等教育局编.—北京:中国科学技术出版社,1995.10.—162页;19cm
1996年北京地区普通高等学校非计算机专业学生
ISBN 7-5046-2092-0:¥3.80

TP391　045945
MS中文版WORD5.0从入门到精通/刘盛弘等编著.—重庆:重庆出版社,1995.9.—218页;26cm.—(Windows技术丛书)
ISBN 7-5366-3160-X:¥24.00

TP391　045946
Microsoft Word 6.0/5.0(中文版)图文编排技术与实例/冯林等编著.—成都:电子科技大学出版社,1995.6.—245页;26cm
ISBN 7-81043-108-0:¥28.00

TP391　045947
Microsoft(R) Word 6 for Macintosh(R)使用教程/刘颖等译.—北京:电子工业出版社,1995.10.—267页;26cm
定价含磁盘价钱
ISBN 7-5053-3261-9:¥43.00

TP391　045948
PEⅡ/PEⅢ/GOTOP编著;岳坤改写.—北京:电子工业出版社,1995.7.—176页;19cm.—(30分钟系列丛书)
ISBN 7-5053-2847-6:¥10.00

TP391　045949
WORD 6.0 For Windows中文版快速入门/苏天风,林毓玲编著.—北京:人民邮电出版社,1995.11.—363页;26cm.—(计算机技术入门提高精通系列丛书)
ISBN 7-115-05881-4:¥35.00

TP391　045950
WPS 6·0F轻松入门/朱建国编.—成都:电子科技大学出版社,1995.8.—224页;26cm
ISBN 7-81043-363-6:¥17.00

TP391　045951
WPS和五笔字型教程/苏仕华,雷捷编著.—北京:人民邮电出版社,1995.6.—161页;20cm.—(计算机培训丛书)
ISBN 7-115-05677-3:¥9.00

TP391　045952
WPS看图速成/陈凯等编.—北京:清华大学出版社,1995.2.—203页;26cm
ISBN 7-302-01614-3:¥18.00

TP391　045953
WPS培训教程/吴德编著.—上海:上海科学普及出版社,1995.6.—722页;26cm
ISBN 7-5427-0943-7:¥39.50

TP391　045954
WPS七日通/底贵等编著.—青岛:青岛出版社,1995.6.—166页;20cm.—(电脑快速入门丛书)
ISBN 7-5436-1285-2:¥6.00

TP391　045955
WPS速成教程/郑嘉,敬彩霞编.—西安:西北工业大学出版社,1995.5.—123页;26cm
ISBN 7-5612-0784-0:¥8.00

TP391　045956
Word 5.0 for Windows中文版使用指南/王川宝编著.—北京:人民邮电出版社,1995.5.—472页;26cm.—(计算机技术入门提高精通系列丛书)
ISBN 7-115-05582-3:¥39.00

TP391　045957
Word 6 for Windows学习捷径/(美)Shelley,O.编著.—北京:清华大学出版社,1995.7.—283页;26cm
ISBN 7-302-01944-4:¥32.00

TP391　045958
Word for Windows 5.0实例应用技巧/吉讯资讯著.—北京:北京大学出版社,1995.5.—355页;23×19cm
ISBN 7-301-02743-5:¥42.00

TP391　045959
Word for Windows 5.0中文版——易学易用专辑/詹凤莲著.—天津:天津科学技术出版社,1995.11.—378页;26cm
ISBN 7-5308-1894-5:¥52.00

TP391　045960

Word for Windows **使用速成**/林志峰,罗海文编著.—北京:清华大学出版社,1995.10.—174 页;26cm.—(流行软件速成丛书/沈金发主编)
ISBN 7-302-01982-7:¥12.50

TP391　045961
WordPerfect 6.1 for Windows **入门捷径**/(美)Kulik,R.N.,( )Wilcox,A.A.著;傅祖芸等译.—北京:电子工业出版社,1995.7.—178 页;26cm
ISBN 7-5053-3213-9:¥24.00

TP391　045962
WordPerfect 6 **奥秘**/(美)Parker,R.C.,(美)Holzgang,D.A.著;秦笃烈译.—北京:电子工业出版社,1995.4.—509 页;26cm
ISBN 7-5053-2799-2:¥65.00

TP391　045963
Word **中文版**/GOTOP 编著;蒋步星,董春改写.—北京:电子工业出版社,1995.7.—176 页;19cm.—(30 分钟系列丛书)
ISBN 7-5053-2853-0:¥10.00

TP391　045964
Word **中文版看图速成**/王红梅编著.—北京:清华大学出版社,1995.4.—356 页;26cm
ISBN 7-302-01612-7:¥29.00

TP391　045965
表形码学习操作指南/魏宗燕,阎志勇编著.—北京:中国铁道出版社,1995.5.—256 页;26cm
附软盘一张
ISBN 7-113-01952-8:¥30.00

TP391　045966
常用的汉字输入方法/王国印,刘培勇编著.—北京:清华大学出版社,1995.1.—312 页;26cm
ISBN 7-302-01619-4:¥15.00

TP391　045967
电脑操作实用技巧 200 例/潘啸皋主编.—上海:上海交通大学出版社,1995.7.—160 页;26cm.—(计算机应用入门丛书)
ISBN 7-313-01453-8:¥10.30

TP391　045968
电脑操作与五笔字型教程/李延放主编.—2 版(修订版).—广州:广东高等教育出版社,1995.11.—201 页;26cm
ISBN 7-5361-1636-5:¥15.80

TP391　045969
电脑打字教程/何德耀主编.—2 版.—广州:中山大学出版社,1995.7.—155 页;26cm
电脑操作员(打字员)技术等级培训、考核教材
ISBN 7-306-01004-2:¥12.00

TP391　045970
电脑打字教程/何德耀编著.—广州:中山大学出版社,1995.4.—155 页;26cm
电脑操作员(打字员)技术等级培训、考核教材
ISBN 7-306-01004-2:¥12.00

TP391　045971
电脑屏幕信息与处理对策/周行明主编.—武汉:华中理工大学出版社,1995.7.—137 页;26cm.—(进入电脑世界丛书)
ISBN 7-5609-1151-X:¥8.00

TP391　045972
电脑写作/李大学,周娅编.—上海:复旦大学出版社,1995.10.—231 页;26cm.—(家用电脑应用丛书/李大学主编)
ISBN 7-309-01439-1:¥17.00

TP391　045973
电脑写作手册/陈建文编著.—南京:南京大学出版社,1995.10.—248 页;19cm
ISBN 7-305-02866-5:¥11.50

TP391　045974
电脑应用快速入门:文字处理与事务管理/王森等编.—北京:国防工业出版社,1995.1.—159 页;26cm.—(计算机应用丛书)
ISBN 7-118-01314-5:¥11.30

TP391　045975
电脑中外文万能输入法/吴越编著.—北京:学苑出版社,1995.7.—249 页;26cm
电脑桌面办公自学教材
ISBN 7-5077-1032-7:¥17.50

TP391　045976
电脑中文明珠/(美)何步基著.—南昌:江西高校出版社,1995.7.—129 页;26cm
ISBN 7-81033-524-3:¥9.00

TP391　045977
电脑中文系统操作手册/刘关键等编.—2 版.—成都:四川大学出版社,1995.10.—288 页;26cm
ISBN 7-5614-1109-X:¥19.80

TP391　045978
多媒体半月通/(美)Holsinger,E.著;刘海,石冬青译.—北京:电子工业出版社,1995.12.—182 页;26cm
ISBN 7-5053-3313-5:¥23.00

TP391　045979
多媒体电脑大全/李飞编著.—成都:成都科技大学出版社,1995.12.—198 页;26cm
ISBN 7-5616-3169-3:¥14.80

TP391　045980
多媒体关键技术规范:MPEG 运动图象压缩编码标准:ISO/IEC 11172 /杨品等译.—北京:机械工业出版社,1995.9.—281 页;26cm
ISBN 7-111-04763-X:¥34.00

TP391　045981
多媒体技术及其系统工程/陈廷标,刘凯编.—南京:东南大学出版社,1995.9.—390 页;26cm
ISBN 7-81050-058-9:¥27.00

TP391　045982
多媒体技术及其应用/何圣静编著.—北京:北京理工大学出版社,1995.10.—312 页;26cm
ISBN 7-81045-062-X:¥23.00

TP391　045983
多媒体技术入门/卢山编著.—北京:人民邮电出版社,1995.10.—212 页;20cm.—(家用电脑普及丛书)

ISBN 7-115-05748-6:¥9.60

TP391 045984

多媒体计算机:开发平台及项目制作/朱亦梅主编.—上海:上海交通大学出版社,1995.10.—257页;26cm

ISBN 7-313-01505-4:¥15.00

TP391 045985

多媒体计算机技术及其应用/杨学良主编.—北京:电子工业出版社,1995.2.—192页;26cm

ISBN 7-5053-2670-8:¥13.50

TP391 045986

多媒体计算机入门与使用/方志鹏编著;夏雨改编.—北京:清华大学出版社,1995.9.—111页;26cm+磁卡

ISBN 7-302-01963-0:¥30.00

TP391 045987

多媒体计算机软件开发环境与工具/潘金贵等编著.—南京:南京大学出版社,1995.5.—308页;26cm.—(多媒体计算机技术丛书/张福炎主编)

ISBN 7-305-02789-8:¥28.00

TP391 045988

多媒体入门/孙其梅等编著.—青岛:青岛出版社,1995.9.—213页;20cm.—(电脑快速入门丛书)

ISBN 7-5436-1290-9:¥9.50

TP391 045989

多媒体设计工具与应用/罗纶新编著.—北京:清华大学出版社,1995.4.—166页;26cm.—(清华松岗系列丛书)

ISBN 7-302-01774-3:¥23.00

TP391 045990

多媒体实用技术:图像分册/王新成编著.—成都:电子科技大学出版社,1995.6.—439页;26cm

ISBN 7-81016-205-5:¥21.80

TP391 045991

多媒体新技术简明教程/王岚主编;刘光然等编著.—天津:天津人民出版社,1995.12.—308页;20cm

ISBN 7-201-02475-2:¥15.50

TP391 045992

多媒体用户界面设计:有效的人机对话策略:第二版/(美)Shneiderman,B.著;郎宗楙等译.—上海:上海科学普及出版社,1995.8.—418页;26cm

ISBN 7-5427-0801-5:¥40.00

TP391 045993

多媒体与 CD-ROM/林福宗,陆达编著.—北京:清华大学出版社,1995.3.—451页;26cm

ISBN 7-302-01686-0:¥26.00

TP391 045994

多媒体与 CD-ROM 傻瓜书/(美)雷斯本(Rathbone,A.)著;王涛,黄维真译.—北京:清华大学出版社,1995.6.—255页;26cm.—(电脑神通傻瓜丛书)

ISBN 7-302-01840-5:¥24.80

TP391 045995

高级文字处理软件 Word 6.0 应用与开发/陈希红,杨文龙编.—西安:西安电子科技大学出版社,1995.8.—335页;26cm

ISBN 7-5606-0367-X:¥19.00

TP391 045996

跟我学用微电脑办公/宁玲编著.—北京:科学出版社,1995.2.—212页;26cm.—(跟我学电脑丛书)

干部培训教材

ISBN 7-03-004418-5:¥15.00

TP391 045997

跟我学中文 Word 6.0/李亚军编著.—北京:中国计量出版社,1995.9.—219页;26cm

ISBN 7-5026-0811-7:¥17.00

TP391 045998

跟我学自然码/郭志强,周志农著.—北京:科学出版社,1995.8.—279页;26cm.—(跟我学电脑丛书)

ISBN 7-03-004604-8:¥19.00

TP391 045999

汉字输入方法/陈知生主编.—北京:人民邮电出版社,1995.5.—144页;19cm.—(实用电脑丛书)

ISBN 7-115-05651-X:¥5.50

TP391 046000

汉字输入一点通/彭经民著.—北京:电子工业出版社,1995.1.—280页;19cm

ISBN 7-5053-2584-1:¥7.50

TP391 046001

汉字输入与文字处理/郑敏等编.—西安:陕西科学技术出版社,1995.4.—241页;20cm

ISBN 7-5369-2319-8:¥7.60

TP391 046002

汉字输入与文字处理/全国高等学校计算机基础教育研究会组织编写;徐安东编著.—上海:华东理工大学出版社,1995.12.—205页;26cm.—(计算机应用自学丛书/谭浩强主编)

ISBN 7-5628-0649-7:¥15.00

TP391 046003

汉字信息处理教程/冯万君编著.—大连:大连海事大学出版社,1995.7.—347页;20cm

ISBN 7-5632-0914-X:¥12.80

TP391 046004

华夏码:声形笔顺四角码计算机汉字输入法/马洪著.—杭州:杭州大学出版社,1995.6.—112页;20cm

ISBN 7-81035-812-X:¥10.00

TP391 046005

会写汉字,就能输入:写字式汉字输入法:鸿钟码/姚鸿滨,柳德钟著.—修订版.—上海:上海交通大学出版社,1995.3.—306页;20cm

ISBN 7-313-01424-4:¥10.70

TP391 046006

活用 WORD5.0for Windows 中文版/张国祥,郭姮劭编著;刘昭改编.—北京:人民邮电出版社,1995.6.—259页;26cm.—(计算机技术入门提高精通系列丛书)

ISBN 7-115-05581-5:¥26.00

TP391 046007

计算机操作与上机指导培训教程　上册/王路敬,李政编著.—北京:清华大学出版社,1995.8.—284页;

26cm

ISBN 7-302-01937-1: ¥24.00

TP391　**046008**

计算机汉字编码手册/唐蜜等编著.—成都:四川人民出版社,1995.9.—465页;26cm

ISBN 7-220-02792-3: ¥38.00

TP391　**046009**

计算机汉字常用输入方法/陈孟建,沈美莉编著.—杭州:杭州大学出版社,1995.7.—172页;26cm.—(人人学电脑丛书/潘云鹤主编)

ISBN 7-81035-795-6: ¥10.20

TP391　**046010**

计算机汉字录入及编辑技术/佘名高主编;胡卫国等编著.—武汉:武汉测绘科技大学出版社,1995.11.—196页;20cm

中学生电脑学习系列教材之三

ISBN 7-81030-399-6: ¥6.50

TP391　**046011**

计算机汉字输入与排版技术/夏静等编.—2版.—武汉:华中理工大学出版社,1995.6.—183页;26cm

ISBN 7-5609-0838-1: ¥10.50

TP391　**046012**

计算机基础知识和汉字报表系统/周树杰,张洪瀚主编.—哈尔滨:东北林业大学出版社,1995.6.—227页;26cm

ISBN 7-81008-555-7: ¥16.00

TP391　**046013**

计算机文字处理与FoxBASE+程序设计教程/吴良占等编著.—北京:人民邮电出版社,1995.3.—339页;26cm.—(计算机技术丛书)

ISBN 7-115-05538-6: ¥25.00

TP391　**046014**

计算机文字录入处理员技术等级考试题解/吴克忠主编.—北京:清华大学出版社,1995.7.—202页;26cm

ISBN 7-302-01886-3: ¥12.50

TP391　**046015**

计算机文字录入处理员培训教材:初、中级/钟玉琢主编.—北京:中华工商联合出版社,1995.2.—170页;26cm

ISBN 7-80100-116-8: ¥15.00

TP391　**046016**

计算机文字与图表处理/吴良占编著.—杭州:杭州大学出版社,1995.6.—166页;26cm.—(人人学电脑丛书/潘云鹤主编)

ISBN 7-81035-796-4: ¥10.00

TP391　**046017**

计算机应用基础实验/张小康,潘史扬主编.—广州:广东高等教育出版社,1995.10.—144页;26cm

广东省成人高等专科试用教材

ISBN 7-5361-1762-0: ¥13.50

TP391　**046018**

计算机原理、操作与文字处理/李菊莲等编著.—2版(修订版).—西安:西安电子科技大学出版社,1995.6.—202页;26cm

ISBN 7-5606-0365-3: ¥10.80

TP391　**046019**

计算机中文处理实用技术/邱红等编著.—合肥:安徽大学出版社,1995.7.—119页;26cm

ISBN 7-81052-003-2: ¥8.50

TP391　**046020**

家用电脑操作入门训练/吕奇恩,钱晓菁编著.—北京:科学出版社:龙门书局,1995.9.—197页;26cm

ISBN 7-80111-049-8: ¥16.50

TP391　**046021**

键盘指法练习与流行汉字输入法/周淞海等编著.—合肥:安徽科学技术出版社,1995.9.—157页;26cm.—(计算机技术普及丛书)

ISBN 7-5337-1239-0: ¥10.80

TP391　**046022**

看图学习Microsoft Word 7.0 for Windows 95/程健等编.—北京:北京航空航天大学出版社,1995.12.—305页;26cm.—(Microsoft Office系列丛书)

ISBN 7-81012-631-8: ¥27.00

TP391　**046023**

模糊信息优化处理技术及其应用/黄崇福,王家鼎著.—北京:北京航空航天大学出版社,1995.2.—241页;26cm.—(模糊技术与应用丛书/刘增良主编)

ISBN 7-81012-530-3: ¥16.00

TP391　**046024**

实用WPS编辑技巧/姜灵敏著.—长沙:湖南出版社,1995.6.—167页;26cm.—(实用电脑丛书)

ISBN 7-5438-0981-8: ¥11.90

TP391　**046025**

实用电脑汉字输入技术与操作/李耀南主编.—深圳:海天出版社,1995.10.—267页;26cm

ISBN 7-80615-224-5: ¥16.80

TP391　**046026**

实用多媒体电脑/龚铁强编.—长沙:湖南出版社,1995.11.—268页;26cm.—(实用电脑丛书)

ISBN 7-5438-1093-X: ¥16.90

TP391　**046027**

实用汉字操作系统大全/李亦何编著.—上海:上海交通大学出版社,1995.10.—379页;26cm

ISBN 7-313-01448-1: ¥23.90

TP391　**046028**

实用汉字输入、打印和显示方法/齐仲修等编著.—青岛:青岛出版社,1995.6.—146页;20cm.—(电脑快速入门丛书)

ISBN 7-5436-1283-6: ¥5.40

TP391　**046029**

实用文字录入及DOS操作速成/邓汉平主编;陈丽萍等编著.—武汉:武汉大学出版社,1995.1.—136页;26cm.—(实用微机操作技术速成丛书;1)

ISBN 7-307-01901-9: ¥9.60

TP391　**046030**

微机操作实用教程/何立慧编著.—兰州:兰州大学出版社,1995.12.—337页;26cm

办公自动化培训教材

ISBN 7-311-00972-3：¥26.80

TP391　　046031

微机操作训练指导/张炳炎，张琪编．—西安：西北工业大学出版社，1995.5.—245页；26cm

ISBN 7-5612-0766-2：¥15.00

TP391　　046032

微机操作与中西文处理/王永生等编著．—北京：北京航空航天大学出版社，1995.12.—299页；26cm

ISBN 7-81012-573-7：¥25.00

TP391　　046033

微机与中文打字速成/徐尔贵编．—北京：国防工业出版社，1995.6.—145页；26cm

ISBN 7-118-01369-2：¥12.30

TP391　　046034

微机中文信息处理/卢威池编著．—北京：中国气象出版社，1995.7.—157页；26cm

ISBN 7-5029-1890-6：¥10.80

TP391　　046035

微机字表编辑和数据处理技术/陈荣山等编著．—福州：福建科学技术出版社，1995.8.—297页；26cm

ISBN 7-5335-0955-2：¥16.00

TP391　　046036

微型计算机101键盘指法练习卡/人民邮电出版社编．—北京：人民邮电出版社，1995.5.—1张；23×52cm

ISBN 7-115-05612-9：¥2.50

TP391　　046037

微型计算机操作员录入员培训教材/刘尊全主编．—3版．—北京：清华大学出版社，1995.9.—513页；26cm

ISBN 7-302-01879-0：¥28.00

TP391　　046038

微型计算机基本操作、录入与排版技术/周南岳主编．—北京：高等教育出版社，1995.8.—361页；26cm

中等职业学校教材 含初级程序员、劳动部门职业技能鉴定培训

ISBN 7-04-005423-X：¥19.70

TP391　　046039

微型计算机键盘录入法/邮电部教育司主编．—北京：人民邮电出版社，1995.5.—242页；19cm

邮电技工学校教材

ISBN 7-115-05524-6：¥7.20

TP391　　046040

微型计算机文字处理/杨金锋，杨辉编著．—北京：电子工业出版社，1995.6.—180页；26cm．—（计算机科学大众丛书）

ISBN 7-5053-2657-0：¥15.00

TP391　　046041

五笔字型汉字输入与编辑排版基础教程/陈江新主编．—2版．—南宁：广西教育出版社，1995.10.—162页；26cm

ISBN 7-5435-1889-9：¥9.00

TP391　　046042

五笔字型三日通/黄涤非编著．—成都：电子科技大学出版社，1995.10.—263页；19cm＋附《新华字典》五笔字型速查表

ISBN 7-81043-220-6：¥8.50

TP391　　046043

五笔字型速成自学教程/李修宇，范并思编著．—上海：上海科学普及出版社，1995.2.—188页；26cm

ISBN 7-5427-0915-1：¥12.00

TP391　　046044

五笔字型与WPS上机练习指导/杨俊辉编．—上海：上海科学普及出版社，1995.9.—107页；26cm

ISBN 7-5427-1002-8：¥8.00

TP391　　046045

肖码易学快速中文输入法/肖水清著．—2版．—北京：北京经济学院出版社，1995.8.—61页；26cm

ISBN 7-5638-0488-9：¥5.50

TP391　　046046

写信用电脑：101种预置商业书信模式：中英对照/（ ）Michael，（ ）Fitzgerald，C.著；张怡琮译．—广州：广东人民出版社，1995.12.—225页；21×29cm．—（新一代电脑秘书系列）＋附中英文版磁碟1张

ISBN 7-218-01669-3：¥150.00

TP391　　046047

新编微机应用快速入门/徐德培主编．—北京：水利电力出版社，1995.1.—291页；19cm

企业管理人员及机关干部适用

ISBN 7-120-02105-2：¥11.30

TP391　　046048

新一代中文文字与表格处理软件CCED5.0/周山芙著．—北京：国防工业出版社，1995.3.—114页；26cm．—（最新流行软件丛书/潭浩强主编）

ISBN 7-118-01391-9：¥9.50

TP391　　046049

形声快码汉字输入法：漫画版/王尧世著．—上海：学林出版社，1995.1.—132页；20cm

ISBN 7-80616-099-X：¥20.00

TP391　　046050

形意三码：汉字输入法的革命/罗英辉，张亚拉著．—广州：中山大学出版社，1995.10.—238页；20cm

ISBN 7-306-01062-X：¥11.00

TP391　　046051

学用WORD6.0中文版/郭姮劭编著；刘昭改编．—北京：人民邮电出版社，1995.12.—342页；26cm．—（计算机技术入门提高精通系列丛书）

ISBN 7-115-05878-4：¥33.00

TP391　　046052

学用中文之星/夏鹏编著．—北京：人民邮电出版社，1995.8.—201页；20cm．—（计算机培训丛书）

ISBN 7-115-05768-0：¥10.00

TP391　　046053

智能拼音输入法及智能编辑排版系统/上海富士电气公司汉卡事业部编著．—上海：同济大学出版社，1995.4.—110页；26cm

ISBN 7-5608-1413-1：¥7.70

TP391　　046054

中文Word 6.0 for Windows文字及图表编辑/高水英，莫日华编著．—广州：中山大学出版社，1995.12.—215

页;26cm
ISBN 7-306-01077-8:¥19.00

TP391 046055
中文 Word for Windows 操作入门/罗运模编著.—成都:电子科技大学出版社,1995.4.—127页;26cm
ISBN 7-81043-221-4:¥10.00

TP391 046056
中文 Word 学与用/陈继良等编著.—广州:广东科技出版社,1995.12.—245页;26cm.—(实用电脑软件丛书)
ISBN 7-5359-1546-9:¥21.50

TP391 046057
中文之星 2.0 高级使用技巧/沙颂著.—北京:清华大学出版社,1995.2.—374页;26cm
ISBN 7-302-01796-4:¥48.00

TP391 046058
中文之星 2.0 图示操作教程/吴德编著.—上海:上海科学普及出版社,1995.7.—511页;26cm
ISBN 7-5427-0984-4:¥33.00

TP391 046059
中英文电脑打字/李万县编著.—北京:中国社会出版社,1995.9.—179页;26cm
ISBN 7-80088-624-7:¥12.80

TP391 046060
纵横汉字系统:缩编本/纵横汉字信息技术研究所编著.—北京:清华大学出版社,1995.6.—306页;26cm
ISBN 7-302-01857-X:¥28.00

TP391 046061
纵横汉字系统简明教程/纵横汉字信息技术研究所编著.—北京:清华大学出版社,1995.7.—93页;19cm
ISBN 7-302-01950-9:¥7.90

TP391 046062
最新计算机应用与实践/徐雨清,刘勇编.—兰州:兰州大学出版社,1995.4.—341页;26cm
ISBN 7-311-00861-1:¥22.00

TP391 046063
最新中文 Word 6.0 使用指南/陶治等编著.—西安:西安电子科技大学出版社,1995.9.—319页;26cm
ISBN 7-5606-0406-4:¥21.00

①TP391②H126.1 046064
计算机中文速记处理员手写中文速记处理员职业技能标准和鉴定规范:试行/中华人民共和国劳动部职业技能鉴定中心颁布.—北京:清华大学出版社,1995.9.—22页;19cm
ISBN 7-302-01901-0:¥3.80

TP391-43 046065
Microsoft Word 6 实用教程/彭杜栋编著.—合肥:中国科学技术大学出版社,1995.9.—391页;26cm
ISBN 7-312-00734-1:¥36.00

TP391-43 046066
多媒体技术基础教程/王加阳等编著.—长沙:中南工业大学出版社,1995.11.—146页;26cm
ISBN 7-81020-780-6:¥10.00

TP391-43 046067
微机基本操作与文字处理速成教程/李广东,刘有军编著.—2版.—北京:航空工业出版社,1995.9.—256页;26cm
ISBN 7-80046-951-4:¥18.00

TP391-44 046068
计算机文字录入处理员技能培训考核习题集/刘英主编.—北京:西苑出版社,1995.6.—163页;26cm
国家劳动部计算机文字录入处理员技能培训、考核、竞赛指定用书
ISBN 7-80108-045-9:¥19.80

TP391-61 046069
计算机汉字输入编码字典/杨森主编.—合肥:中国科学技术大学出版社,1995.12.—681页;19cm
ISBN 7-312-00743-0(精装):¥32.00

TP391-61 046070
计算机中文输入常用编码字典/丁海椒,陈汉忠编.—南京:南京大学出版社,1995.1.—674页;29cm
ISBN 7-305-02707-3(精装):¥60.00

TP391-61 046071
五笔字型汉语字典/刘万革,刘丽梅主编.—长春:吉林大学出版社,1995.5.—829页;19cm
ISBN 7-5601-1701-5:¥19.50

TP391-61 046072
五笔字型汉字词汇编码字典/赵纲香编.—上海:华东理工大学出版社,1995.12.—212页;20cm
ISBN 7-5628-0629-2:¥11.80

TP391-62 046073
Macintosh 微机操作指南/(美)Pole,L.著;罗静初等译.—北京:电子工业出版社,1995.10.—313页;26cm
ISBN 7-5053-2984-7:¥42.00

TP391-62 046074
Microsoft Word for Windows 使用与参考大全/(美)Campbell,M.著;吕林,罗冰译.—北京:清华大学出版社,1995.6.—581页;26cm
ISBN 7-302-01754-9:¥65.00

TP391-62 046075
PC 多媒体应用指南/王纪成等编著;赵军改编.—北京:清华大学出版社,1995.9.—308页;26cm
ISBN 7-302-01964-9:¥38.00

TP391-62 046076
Photoshop 3.0 快速指南/(美)温曼(Weinmann,E.),(美)劳里克斯(Lourekas,P.)著;关静峰译.—北京:中国水利水电出版社,1995.11.—223页;26cm
书名原文:Photoshop 3 for Macintosh
ISBN 7-80124-088-X:¥96.00

TP391-62 046077
Word 中文版使用指南/段然,王红梅编著.—北京:清华大学出版社,1995.4.—270页;26cm.—(中文 Windows 系列软件丛书)
ISBN 7-302-01806-5:¥25.00

TP391-62 046078
常用汉字输入编码速查手册/钟海龙编.—广州:广东科技出版社,1995.12.—721页;13cm
ISBN 7-5359-1539-6:¥13.80

TP391-62　046079
电脑应用指南/马云等著.—上海:华东师范大学出版社,1995.9.—308页;20cm
ISBN 7-5617-1337-1:￥14.20

TP391-62　046080
多媒体开发指南/(美)Perry,P.著;陈向群等译.—北京:清华大学出版社,1995.9.—784页;26cm.—(清华松岗系列丛书)
ISBN 7-302-01777-8:￥90.00

TP391-62　046081
多媒体使用指南/王西靖等编著.—上海:华东师范大学出版社,1995.12.—85页;26cm
ISBN 7-5617-1474-2:￥8.20

TP391-62　046082
计算机应用指南/夏劲松编著.—合肥:中国科学技术大学出版社,1995.4.—533页;26cm.—(计算机应用系列)
ISBN 7-312-00684-1:￥28.80

TP391-62　046083
新编电脑打字多用手册/陶怡主编;胡云启等编.—北京:中国妇女出版社,1995.8.—314页;26cm
ISBN 7-80016-746-1:￥20.00

TP391-64　046084
电脑实用操作及五笔字型输入画解/邓怡等主编.—武汉:湖北科学技术出版社,1995.10.—227页;26cm
ISBN 7-5352-1739-7:￥14.50

TP391.4　046085
3D Studio(3.0~4.0)**技术与应用**/黄心渊,左正兴编著.—北京:清华大学出版社,1995.11.—395页;26cm
ISBN 7-302-02046-9:￥35.00

TP391.4　046086
Borland C++**图形编辑软件的设计与实现**/周升锋编著.—北京:清华大学出版社,1995.11.—305页;26cm
ISBN 7-302-01953-3:￥19.50

TP391.4　046087
C**语言成像与光线追踪程序设计**/(美)沃特金森等著;刘颖译.—北京:科学出版社:龙门书局,1995.8.—367页;26cm
著者原题:C.D.沃特金森
ISBN 7-03-004847-4:￥46.00

TP391.4　046088
CCED 5.0**看图速成**/周山芙编著.—2版.—北京:清华大学出版社,1995.10.—237页;26cm
ISBN 7-302-02018-3:￥20.00

TP391.4　046089
CorelDRAW 5 **从入门到精通**:Windows版/(美)Rick Altman著;李力坚等译.—北京:电子工业出版社,1995.10.—583页;26cm
ISBN 7-5053-3075-6:￥78.00

TP391.4　046090
CorelDRAW! 5**"实战"篇**/张国祥,郑世伦编著.—北京:清华大学出版社,1995.12.—281页;26cm.—(清华松岗系列丛书)
ISBN 7-302-01905-3:￥38.00

TP391.4　046091
CorelDRAW! 5**基础篇**/张国祥编著.—北京:清华大学出版社,1995.12.—299页;26cm.—(清华松岗系列丛书)
ISBN 7-302-01904-5:￥35.00

TP391.4　046092
CorelDRAW! 5**使用大全**/(美)Coburn,F.D.著;张清,张雅滨译.—北京:科学出版社:龙门书局,1995.5.—705页;26cm
ISBN 7-03-005030-4:￥59.00

TP391.4　046093
CorelDRAW! **技术精粹**/(美)格雷(Gray,D.)著;夏小禹等译.—北京:清华大学出版社,1995.3.—375页;26cm
书名原文:Inside CorelDRAW! 4.0,Special Edition
ISBN 7-302-01816-2:￥39.00

TP391.4　046094
C**语言绘图与计算机仿真技术**/王强如,李兰友主编.—北京:北京航空航天大学出版社,1995.12.—324页;26cm
ISBN 7-81012-560-5:￥28.00

TP391.4　046095
C**作图与**C**汉字技术**/王士元编著.—天津:天津大学出版社,1995.9.—322页;26cm
ISBN 7-5618-0805-4:￥22.00

TP391.4　046096
EGA VGA TVGA **高级微机图形编程指南与实例**/陶伟等编著.—北京:科学出版社,1995.1.—539页;26cm.—(微机图形图象与CAD系列丛书)
ISBN 7-03-004028-7:￥31.00

TP391.4　046097
Excel 5 for Windows **大全**/( ) Hallberg,B.著;刘畅等译.—北京:海洋出版社,1995.7.—1004页;26cm
ISBN 7-5027-4109-7:￥86.00

TP391.4　046098
Excel 5.0 for Windows **自学教程**/(美)Weingarten,J.著;覃社庭译.—北京:水利电力出版社,1995.2.—204页;26cm
ISBN 7-120-02173-7:￥30.00

TP391.4　046099
Excel 5.0 for Windows **中文版易学易用专辑**/詹凤莲著.—天津:天津科学技术出版社,1995.11.—326页;26cm
ISBN 7-5308-1893-7:￥48.00

TP391.4　046100
Excel **中文版**/GOTOP编著;李长来改写.—北京:电子工业出版社,1995.6.—176页;19cm.—(30分钟系列丛书)
ISBN 7-5053-2852-2:￥10.00

TP391.4　046101
Illustrator 5.5 **实用指南**/张明真编著.—北京:国际文化出版公司,1995.9.—184页:彩图;26cm.—(苹果电脑设计丛书/王力中,何跃华主编)

ISBN 7-80105-308-7:¥160.00

TP391.4 046102

MS 中文版 Excel 5.0 **从入门到精通**/王茂忠,王仕平编著.—重庆:重庆出版社,1995.9.—208 页;26cm.—(windows 技术丛书)

ISBN 7-5366-3161-8:¥23.00

TP391.4 046103

Microsoft Excel 5 **应用开发技术精解**/(美)Eric Wells著;王华译.—北京:清华大学出版社,1995.11.—489页;26cm+附软盘1张

ISBN 7-302-02057-4:¥60.00

TP391.4 046104

Microsoft PowerPoint 4 for Windows **功能详解**/华腾等编著.—北京:电子工业出版社,1995.11.—510 页;26cm

ISBN 7-5053-3282-1:¥42.00

TP391.4 046105

Microsoft PowerPoint 4 for Windows **使用教程**/(美)Johnson,S.著;赵卉玲,石淼译.—北京:电子工业出版社,1995.6.—294 页;26cm

ISBN 7-5053-2875-1:¥45.00

TP391.4 046106

Microsoft PowerPoint 4 for Windows **使用指南**/(美)萨格曼(Sagman,S.W.)著;黄建江等译.—北京:清华大学出版社,1995.9.—366 页;26cm

ISBN 7-302-01909-6:¥44.80

TP391.4 046107

Microsoft PowerPoint 4 for Windows **使用指南**/(美)萨格曼(Sagman,S.W.)著;黄建江等译.—北京:清华大学出版社,1995.9.—366 页;26cm

ISBN 7-302-01909-6:¥44.80

TP391.4 046108

Photoshop 2.5 **快速入门**/刘需立等编著.—北京:人民邮电出版社,1995.8.—192 页:彩图;26cm.—(计算机技术入门提高精通系列丛书)

ISBN 7-115-05765-6:¥25.00

TP391.4 046109

Power Point/GOTOP 编著;曾明改写.—北京:电子工业出版社,1995.4.—176 页;19cm.—(30 分钟系列丛书)

ISBN 7-5053-2854-9:¥10.00

TP391.4 046110

Windows 3.1 **图形编程技术**/丁嘉种等译.—北京:电子工业出版社,1995.4.—354 页;26cm

ISBN 7-5053-2818-2:¥35.00

TP391.4 046111

Windows **环境下图形图像程序设计**/潘志庚编著.—北京:清华大学出版社,1995.3.—467 页;26cm

ISBN 7-302-01780-8:¥38.00

TP391.4 046112

电脑绘画排版/陈知生主编.—北京:人民邮电出版社,1995.6.—133 页;19cm.—(实用电脑丛书)

ISBN 7-115-05654-4:¥5.50

TP391.4 046113

电脑绘图入门:电脑实用美术设计/刘国香,刘月华编著.—青岛:青岛出版社,1995.8.—204 页;20cm.—(电脑快速入门丛书)

ISBN 7-5436-1291-7:¥8.60

TP391.4 046114

电脑图形设计/迪尚等编.—杭州:浙江人民美术出版社,1995.2.—48 页;26cm.—(现代设计;25)

ISBN 7-5340-0601-5:¥19.50

TP391.4 046115

动画模拟系统/冯惠军等编著.—北京:北京航空航天大学出版社,1995.12.—367 页;26cm

ISBN 7-81012-579-6:¥32.00

TP391.4 046116

分形图形学/( )Barnsley,M.F.等著;和风译.—北京:海洋出版社,1995.7.—248 页;26cm

ISBN 7-5027-4103-8:¥37.00

TP391.4 046117

跟我学 Corel DRAW 5.0 /李济琛编著.—成都:电子科技大学出版社,1995.5.—370 页;26cm.—(微机最新软件应用开发丛书)

ISBN 7-81043-243-5:¥28.00

TP391.4 046118

跟我学中文 Lotus 1-2-3/宋超仁编著.—北京:中国计量出版社,1995.9.—134 页;26cm

ISBN 7-5026-0810-9:¥11.00

TP391.4 046119

活用 Excel5.0for Windows **中文版**/江高举编著;周晓津改编.—北京:人民邮电出版社,1995.5.—260 页;26cm.—(计算机技术入门提高精通系列丛书)

ISBN 7-115-05583-1:¥26.00

TP391.4 046120

即学即用 CorelDRAW! 5/(美)Paulson,E.主编;宋建云等译.—北京:电子工业出版社,1995.12.—712 页;26cm

ISBN 7-5053-3209-0:¥89.00

TP391.4 046121

计算机动画技术/施寅主编.—北京:清华大学出版社,1995.9.—320 页;26cm

ISBN 7-302-01881-2:¥21.00

TP391.4 046122

计算机动画理论与实践/(美)Thalmann,N.M.,(美)Thalmann,D.著;罗以文译.—北京:海洋出版社,1995.6.—209 页;26cm

ISBN 7-5027-4101-1:¥29.00

TP391.4 046123

计算机动画原理与制作技术/于金辉,李一兵编著.—北京:清华大学出版社,1995.12.—313 页;19cm

ISBN 7-302-01885-5:¥11.00

TP391.4 046124

计算机辅助设计与绘图/李铭才编著.—广州:华南理工大学出版社,1995.11.—300 页;26cm

ISBN 7-5623-0934-5:¥21.00

TP391.4 046125

计算机绘图/谢兆学等编著.—上海:上海交通大学出版社,1995.6.—175 页;26cm

ISBN 7-313-01482-1：¥11.70

TP391.4　046126

计算机绘图基础/司徒妙年，陈星铭编著.—上海：同济大学出版社，1995.10.—135页；26cm

ISBN 7-5608-1466-2：¥15.00

TP391.4　046127

计算机绘图及应用/王守发等主编.—长春：吉林大学出版社，1995.12.—302页；26cm

ISBN 7-5601-1880-1：¥20.00

TP391.4　046128

计算机绘图软件 CorelDRAW 实用指南/辜健飞，辛达雅编.—上海：同济大学出版社，1995.4.—234页；26cm

ISBN 7-5608-1503-0：¥18.50

TP391.4　046129

计算机图形半月通/(美)Prosise，J.著；陈晓明，郑莉萍译.—北京：电子工业出版社，1995.2.—137页；26cm

ISBN 7-5053-2887-5：¥19.00

TP391.4　046130

计算机图形显示技术/王知衍等编著.—2版.—哈尔滨：哈尔滨工程大学出版社，1995.7.—357页；20cm

ISBN 7-81007-200-5：¥12.00

TP391.4　046131

计算机图形学/孙家广，杨长贵编著.—北京：清华大学出版社，1995.5.—569页；26cm

ISBN 7-302-01708-5：¥29.00

TP391.4　046132

简报制作工具：Microsoft Power Point 3.0 基础教程/陈开军等编写.—北京：科学出版社，1995.1.—331页；26cm.—(Windows应用程序系列)

ISBN 7-03-004018-X：¥29.00

TP391.4　046133

科技视幻三维立体图/王资岳编绘.—昆明：云南美术出版社，1995.1.—64页；19×26cm

ISBN 7-80586-160-9：¥28.80

TP391.4　046134

科学计算与工程设计可视化论文与译文集/科学计算与工程设计可视化学术交流会论文编辑委员会编.—北京：北京工业大学出版社，1995.4.—245页；26cm

ISBN 7-5639-0436-0：¥15.00

TP391.4　046135

轻松学 CorelDRAW/巷峰公司编著.—北京：清华大学出版社，1995.9.—363页；20cm.—(清华巷峰丛书)

ISBN 7-302-01712-3：¥20.00

TP391.4　046136

三维立体画精品/亦然编.—北京：华语教学出版社，1995.—24页；23×26cm

ISBN 7-80052-473-6：¥13.80

TP391.4　046137

三维立体画精品欣赏/今朝，晓燕编.—北京：中国物资出版社，1995.1.—24页；23×26cm

ISBN 7-5047-0809-7：¥13.80

TP391.4　046138

三维立体画珍品/亦然编.—北京：华语教学出版社，1995.—24页；23×26cm

ISBN 7-80052-472-8：¥13.80

TP391.4　046139

声霸原理与应用/敬万钧，袁宏春译.—北京：电子工业出版社，1995.2.—355页；26cm

ISBN 7-5053-2710-0：¥46.00

TP391.4　046140

实用电脑动画技巧入门/徐长青，翟晓东编著.—长春：吉林科学技术出版社，1995.3.—289页；19cm.—(实用计算机入门丛书/庞云阶主编)

ISBN 7-5384-1386-3：¥7.20

TP391.4　046141

实用图像分析与处理技术/田捷等编著.—北京：电子工业出版社，1995.1.—323页；26cm

ISBN 7-5053-2566-3：¥22.00

TP391.4　046142

数字图像处理导论/赵荣椿等编著.—西安：西北工业大学出版社，1995.6.—263页；26cm

ISBN 7-5612-0737-9：¥14.00

TP391.4　046143

条码印制技术/陈晓平编著.—北京：清华大学出版社，1995.3.—242页；26cm

ISBN 7-302-01659-3：¥16.80

TP391.4　046144

图像工程/张春华，李星文主编.—保定：河北大学出版社，1995.6.—270页；26cm

ISBN 7-81028-304-9：¥16.00

TP391.4　046145

图像理解/王润生著.—长沙：国防科技大学出版社，1995.10.—397页；20cm.—(信息处理丛书)

ISBN 7-81024-313-6：¥16.80

TP391.4　046146

图形大师技巧/(美)Oliver，D.等著；刘海等译.—北京：电子工业出版社，1995.11.—622页；26cm

ISBN 7-5053-3167-1：¥88.00

TP391.4　046147

微机实用绘图方法与技巧/杨昂岳主编.—长沙：国防科技大学出版社，1995.12.—300页；26cm

ISBN 7-81024-361-6：¥26.00

TP391.4　046148

微机实用文字图形处理技术/平原，方中编著.—北京：电子工业出版社，1995.4.—259页；26cm

全国家用电器维修培训补充读物

ISBN 7-5053-2902-2：¥20.00

TP391.4　046149

微型计算机绘图及编程方法/王淑贞等编著.—北京：电子工业出版社，1995.11.—276页；26cm.—(计算机科学大众丛书)

ISBN 7-5053-3135-3：¥24.00

TP391.4　046150

微型计算机绘图理论与实践/童秉枢等编著.—北京：清华大学出版社，1995.9.—229页；26cm

ISBN 7-302-01785-9：¥14.50

TP391.4　046151

学用 PowerPoint/汪涛编著.—北京:人民邮电出版社,1995.11.—236页;20cm.—(计算机培训丛书)
ISBN 7-115-05842-3:¥13.00

TP391.4 046152
用C++设计二维、三维分形图形程序/( )Finlay,M.,( )Blanton,K.A.著;曹康等译.—北京:科学出版社:龙门书局,1995.1.—261页;26cm
附软盘1张
ISBN 7-03-004828-8:¥48.00

TP391.4 046153
最新三维立体图画/金星编.—北京:农村读物出版社,1995.1.—96页;26cm
ISBN 7-5048-2509-3:¥32.80

TP391.4-43 046154
计算机绘图教程/沈建华等编著.—上海:同济大学出版社,1995.9.—200页;26cm
全国CAD应用培训网络工程设计中心培训统编教材
ISBN 7-5608-1457-3:¥18.00

TP391.4-43 046155
计算机绘图教程/谢步瀛,龚沛曾编著.—上海:同济大学出版社,1995.7.—185页;26cm
ISBN 7-5608-1566-9:¥6.50

TP391.4-43 046156
计算机图形学教程/沈伟烈主编.—北京:航空工业出版社,1995.8.—240页;26cm
ISBN 7-80046-905-0:¥14.50

TP391.4-44 046157
电子表格技术基础知识及问题解答/许远等编著.—成都:电子科技大学出版社,1995.5.—281页;26cm
计算机等级考试通用辅导教材系列之六
ISBN 7-81016-181-4:¥12.50

TP391.4-62 046158
Excel 5.0 **中文版使用指南**/冯建华等编著.—北京:清华大学出版社,1995.8.—219页;26cm.—(中文Windows系列软件丛书)
ISBN 7-302-01895-2:¥20.00

TP391.4-62 046159
Excel 5.0 **中文版实用操作手册**/任炳裕编著.—北京:人民邮电出版社,1995.6.—284页;26cm.—(计算机技术入门提高精通系列丛书)
ISBN 7-115-05584-X:¥28.00

TP391.4-62 046160
Excel 5.0 **中文版使用指南**/金方艾编著.—北京:北京大学出版社,1995.10.—240页;26cm
ISBN 7-301-02848-2:¥27.00

TP391.4-62 046161
Microsoft Excel 5 **工作表函数手册**/美国Microsoft公司著;方中译.—北京:清华大学出版社,1995.4.—227页;26cm
包含中文版函数
ISBN 7-302-01862-6:¥28.00

TP391.4-62 046162
黑白 Photoshop **简明指南**/(美)里奇(Rich,J.),(美)博泽克(Bozek,S.)著;彭松译.—北京:中国水利水电出版社,1995.11.—77页;26cm
书名原文:Photoshop in Black and White,2nd Edition
ISBN 7-80124-090-1:¥68.00

TP391.6 046163
计算机辅助外语教学与研究/章国英主编.—上海:上海外语教育出版社,1995.6.—237页;20cm.—(外语教育技术丛书)
ISBN 7-81009-989-2:¥7.00

TP391.7 046164
CAD/CAM **技术概论:计算机辅助设计与制造**/冯辛安,葛巧琴主编.—北京:机械工业出版社,1995.3.—190页;26cm
计算机辅助设计(CAD)应用工程统一培训教材
ISBN 7-111-04606-4:¥17.00

TP391.7 046165
CAD/CAM **曲线和曲面造型**/( )Hosaka,M.著;冉瑞江,田洪霞译.—北京:海洋出版社,1995.9.—319页;26cm
ISBN 7-5027-4110-0:¥43.00

TP391.7 046166
机械 CAD/CAM **技术概论**/孙文焕等编著.—西安:西安电子科技大学出版社,1995.7.—186页;26cm
电子工业部CAD技术培训系列教材
ISBN 7-5606-0364-5:¥11.50

TP391.72 046167
Auto CAD R12/R13 **应用C程序设计:机械CAD编程方法与实例**/王福军编著.—北京:电子工业出版社,1995.8.—364页;26cm
ISBN 7-5053-3161-2:¥30.00

TP391.72 046168
AutoCAD ADS-C **程序设计实务**/Autotools工作群编著.—北京:清华大学出版社,1995.12.—264页;26cm.—(清华松岗系列丛书)
ISBN 7-302-01906-1:¥32.00

TP391.72 046169
AutoCAD C **语言高级编程**/方铁编著.—北京:清华大学出版社,1995.1.—375页;26cm
ISBN 7-302-01765-4:¥21.00

TP391.72 046170
CAD **基础及应用**/周济,戴同主编.—北京:机械工业出版社,1995.3.—159页;26cm
计算机辅助设计(CAD)应用工程统一培训教材
ISBN 7-111-04605-6:¥14.00

TP391.72 046171
MicroSiation 5.0 **从入门到精通**/(美)Olson,N.A.著;方挺译.—北京:海洋出版社,1995.8.—583页;26cm
ISBN 7-5027-4116-X:¥49.00

TP391.72 046172
(微机软件)银河通用机械 CAD **系统——YHMCAD使用大全**/潘存云,尚建忠著.—长沙:国防科技大学出版社,1995.7.—317页;26cm
机械CAD培训教材
ISBN 7-81024-339-X:¥30.00

TP391.72　　046173
工艺图的计算机绘制方法及实例/王昌禄主编;王昌福等编.—北京:机械工业出版社,1995.8.—435 页;26cm.—(计算机辅助工艺设计丛书)
ISBN 7-111-04468-1:¥29.50

TP391.72　　046174
绘图软件 AutoCAD/舒明玉,梁珣编著.—北京:国防工业出版社,1995.1.—239 页;26cm.—(最流行软件丛书/谭浩强主编)
ISBN 7-118-01299-8:¥16.50

TP391.72　　046175
机械 CAD 技术基础/孙文焕等编著.—西安:西安电子科技大学出版社,1995.11.—217 页;26cm
电子部 CAD 技术培训系列教材
ISBN 7-5606-0363-7:¥13.20

TP391.72　　046176
计算机辅助工艺设计(CAPP)/赵汝嘉主编.—北京:机械工业出版社,1995.3.—139 页;26cm
计算机辅助设计(CAD)应用工程统一培训教材
ISBN 7-111-04608-0:¥13.00

TP391.72　　046177
计算机辅助绘图基础/陈冠清编著.—北京:清华大学出版社,1995.4.—263 页;19cm
ISBN 7-302-01759-X:¥8.00

TP391.72　　046178
计算机辅助设计/张锡安主编.—北京:兵器工业出版社,1995.8.—218 页;26cm
高等学校教材
ISBN 7-80038-922-7:¥14.50

TP391.72　　046179
计算机辅助设计技术与应用/杨竞衡主编.—北京:机械工业出版社,1995.8.—275 页;20cm.—(电气自动化新技术丛书)
ISBN 7-111-04767-2:¥13.00

TP391.72　　046180
计算机辅助设计与绘图/黄红武等编著.—长沙:湖南科学技术出版社,1995.8.—304 页;26cm
高等学校教材
ISBN 7-5357-1838-8:¥19.00

TP391.72　　046181
计算机图形处理原理与 CAD 应用技术/刘子建等编著.—2 版.—长沙:湖南科学技术出版社,1995.9.—358 页;26cm
ISBN 7-5357-1079-4:¥24.00

TP391.72　　046182
深入剖析 AutoCAD 13 for Windows/( )Soen,F.等著;阮红等译.—北京:科学出版社:龙门书局,1995.7.—1067 页;26cm
ISBN 7-03-004923-3:¥98.00

TP391.72　　046183
微机 CAD 教程/唐林德主编.—哈尔滨:黑龙江科学技术出版社,1995.9.—226 页;26cm
ISBN 7-5388-2840-0:¥25.00

TP391.72　　046184
微型计算机绘图及 AutoCAD/徐宗钤等主编.—天津:南开大学出版社,1995.8.—394 页;26cm
ISBN 7-310-00808-1:¥26.80

TP391.72　　046185
用 C 开发 Auto CAD 12.0-ADS 程序设计指南/于乃江编.—北京:国防工业出版社,1995.9.—249 页;26cm
ISBN 7-118-01390-0:¥12.30

TP391.72　　046186
怎样开发 AutoCAD R12 /苏鸿根等编著.—2 版.—北京:清华大学出版社,1995.3.—572 页;26cm
Auto CDA R12 新编教程
ISBN 7-302-01823-5:¥46.00

TP391.72　　046187
怎样使用 AutoCAD R12/苏鸿根等编著.—北京:清华大学出版社,1995.3.—505 页;26cm
AutoCAD R12 新编教程
ISBN 7-302-01824-3:¥42.00

TP391.72-62　　046188
AutoCAD Release 13 参考手册/(美)Maxey,R.A.,( )Olson,E.W.著;李建明译.—北京:科学出版社:龙门书局,1995.10.—554 页;26cm
ISBN 7-03-005068-1:¥59.00

TP391.72-62　　046189
新编 AutoCAD12.0 用户实用指南/郭淑芬主编;王延荣等编著.—北京:科学出版社,1995.2.—780 页;26cm.—(计算机绘图软件应用丛书)
ISBN 7-03-004417-7:¥55.00

TP391.73　　046190
计算机辅助塑性成形/马泽恩主编.—西安:西北工业大学出版社,1995.5.—262 页;26cm
高等学校教材
ISBN 7-5612-0734-4:¥14.00

TP391.73　　046191
计算机辅助制造/杜裴等编著.—北京:北京航空航天大学出版社,1995.12.—212 页;26cm
ISBN 7-81012-629-6:¥10.60

TP391.9　　046192
GPSS/H 实例分析/侯炳辉编著.—北京:清华大学出版社,1995.9.—163 页;20cm
ISBN 7-302-01864-2:¥8.20

TP391.9　　046193
系统辨识与仿真/曾广达编著.—成都:电子科技大学出版社,1995.6.—224 页;26cm
高等学校工科电子类规划教材
ISBN 7-81043-106-4:¥8.65

TP391.9　　046194
系统设计与仿真/顾启泰编著.—北京:清华大学出版社,1995.7.—295 页;26cm
ISBN 7-302-01762-X:¥14.00

TP391.9　　046195
应用仿真技术/顾启泰著.—北京:国防工业出版社,1995.9.—435 页;20cm
ISBN 7-118-01367-6(精装):¥19.60

TP392　　046196

Clipper 5.2 **实用大全**/金连甫编著.—北京:电子工业出版社,1995.12.—605页;26cm
ISBN 7-5053-3039-X:¥58.00

TP392　　**046197**
工程数据库技术/郑怀远主编.—北京:机械工业出版社,1995.12.—206页;26cm
计算机辅助设计(CAD)应用工程统一培训教材
ISBN 7-111-04816-4:¥16.00

TP392　　**046198**
开放式数据库互连 ODBC 方案集粹/(美)Signore,R.等著;侯雪萍译.—北京:电子工业出版社,1995.12.—292页;26cm
ISBN 7-5053-3163-9:¥42.00

TP392　　**046199**
科学与工程计算常用算法程序库:C语言版/陈进等编著.—上海:上海交通大学出版社,1995.7.—404页;26cm.—(计算机应用入门丛书)
ISBN 7-313-01413-9:¥29.50

TP392　　**046200**
知识库系统原理及其应用/曹文君编著.—上海:复旦大学出版社,1995.8.—333页;20cm
ISBN 7-309-01472-3:¥12.00

TP393　　**046201**
Microsoft Windows NT Workstation 3.5 **使用教程**/美国Catapult公司著;张海等译.—北京:电子工业出版社,1995.12.—302页;26cm+附磁盘一张
ISBN 7-5053-3181-7:¥45.00

TP393　　**046202**
NetWare 3.12 **入门捷径**/(美)Wilcox,A.A.著;徐良贤等译.—北京:电子工业出版社,1995.4.—127页;26cm
ISBN 7-5053-2957-X:¥18.00

TP393　　**046203**
NetWare 386 **技术大全**/陈鸣编著.—北京:人民邮电出版社,1995.5.—670页;26cm.—(计算机技术丛书)
ISBN 7-115-05452-5:¥55.00

TP393　　**046204**
NetWare 4 **实用管理大全**/(美)Siyan,K.著;木杉等译.—北京:海洋出版社,1995.10.—991页;26cm
NerWare培训教程
ISBN 7-5027-4119-4:¥69.00

TP393　　**046205**
NetWare 4.X **升级指南**/( )Siyan,K.著;黄精英译.—北京:海洋出版社,1995.8.—771页;26cm
ISBN 7-5027-4111-9:¥83.00

TP393　　**046206**
NetWare **组网工具箱大全**/(美)Clarke,D.J.著;胡衡沅等译.—北京:电子工业出版社,1995.11.—412页;26cm
ISBN 7-5053-2981-2:¥48.00

TP393　　**046207**
NetWare4.X **使用手册**:管理篇/胥国维编著.—北京:清华大学出版社,1995.4.—315页;26cm
清华松岗系列丛书
ISBN 7-302-01770-0:¥40.00

TP393　　**046208**
NetWare **高级使用技术**/(美)西杨(Siyan,K.)著;刘达民等译.—2版.—北京:清华大学出版社,1995.8.—762页;26cm
ISBN 7-302-01790-5:¥82.00

TP393　　**046209**
Novell Net Ware 3.12 **管理员手册**/(美)林德伯格(Lindberg,K.J.P.)著;钱野译.—北京:龙门书局,1995.11.—180页;26cm
ISBN 7-80111-081-1:¥35.00

TP393　　**046210**
Windows NT **应用程序设计**/( )Murray,W.H.,( )Pappas,C.H.著;于春燕译.—北京:海洋出版社,1995.5.—533页;26cm
ISBN 7-5027-4093-7:¥58.00

TP393　　**046211**
计算机·通信·网络/刘侠,吴更生编著.—广州:中山大学出版社,1995.8.—161页;26cm.—(电脑步步高丛书;8)
ISBN 7-306-01032-8:¥15.00

TP393　　**046212**
计算机互连大全/(美)Derfler,F.J.著;石祥生译.—3版.—北京:电子工业出版社,1995.7.—295页;26cm
ISBN 7-5053-3105-1:¥41.00

TP393　　**046213**
计算机互连大全:第三版/(美)Derfler,F.J.编著;石祥生译.—北京:电子工业出版社,1995.7.—295页;26cm
ISBN 7-5053-3105-1:¥41.00

TP393　　**046214**
计算机网络/杨明福主编.—北京:电子工业出版社,1995.5.—288页;26cm
全国高等教育自学考试教材
ISBN 7-5053-3166-3:¥22.60

TP393　　**046215**
计算机网络/仝兆岐主编.—2版(修订版).—东营:石油大学出版社,1995.6.—282页;26cm.—(计算机应用系列丛书)
ISBN 7-5636-0605-X:¥18.80

TP393　　**046216**
计算机网络技术及应用/彭澎,张国林编著.—北京:北京科学技术出版社,1995.6.—196页;26cm
ISBN 7-5304-1747-9:¥12.50

TP393　　**046217**
计算机网络与通信/芮廷先主编.—北京:中国财政经济出版社,1995.11.—305页;20cm
高等财经院校试用教材
ISBN 7-5005-2788-8:¥8.80

TP393　　**046218**
计算机网络与通信十日谈/施润身编.—北京:电子工业出版社,1995.12.—309页;20cm.—(计算机普及丛书)
ISBN 7-5053-3279-1:¥14.00

TP393　　**046219**

计算机网络原理与技术/丁正铨,许祖谦编著.—2版.—成都:四川大学出版社,1995.4.—254页;26cm
ISBN 7-5614-0280-5:¥17.50
TP393　046220
客户/服务器系统入门必读/(美)Renaud,P.E.著;唐涛等译.—北京:电子工业出版社,1995.6.—247页;26cm
ISBN 7-5053-2979-0:¥35.00
TP393　046221
客户/服务器应用开发指南:使用PAL和C++/(美)Ayer,S.J.著;王广益等译.—北京:电子工业出版社,1995.10.—129页;26cm
ISBN 7-5053-3203-1:¥18.00
TP393　046222
客户机/服务策略/( )Vaskevitch,D.著;曾明等译.—北京:电子工业出版社,1995.8.—311页;26cm
ISBN 7-5053-2916-2:¥43.00
TP393　046223
客户机/服务器结构与应用程序设计/(美)Schank,J.D.著;罗强,肖巍译.—北京:电子工业出版社,1995.2.—254页;26cm.—(Novell指南)
ISBN 7-5053-2909-X:¥26.00
TP393　046224
实用网络管理技术/冯明编著.—北京:人民邮电出版社,1995.11.—264页;26cm
ISBN 7-115-05811-3:¥26.00
TP393　046225
实用网络规划与管理/(美)Rigney,S.著;尹京堂等译.—北京:电子工业出版社,1995.11.—178页;26cm
ISBN 7-5053-3237-6:¥26.00
TP393　046226
使用NetWare的综合企业网/(美)Ziegler,K.著;谢希仁等译.—北京:电子工业出版社,1995.12.—260页;26cm
ISBN 7-5053-3206-6:¥35.00
TP393　046227
微型计算机网络原理及应用/阮家栋,俞丽和主编.—上海:中国纺织大学出版社,1995.9.—225页;26cm
ISBN 7-81038-064-8:¥18.80
TP393　046228
新型计算机工作站编程环境/伍颖文等编.—天津:南开大学出版社,1995.3.—309页;26cm
ISBN 7-310-00681-X:¥26.00
TP393　046229
信息高速公路:通向人类新时代的坦途/孔晓宁著.—北京:人民日报出版社,1995.1.—161页;19cm
ISBN 7-80002-708-2:¥4.50
TP393　046230
信息高速公路与多媒体技术基础教程/陈汝全等编.—成都:电子科技大学出版社,1995.9.—360页;26cm
ISBN 7-81043-346-6:¥21.70
TP393　046231
组网技术入门指南/(美)Gibbs,M.著;黎洪松等译.—北京:海洋出版社,1995.8.—228页;26cm
ISBN 7-5027-1638-6:¥27.00
①TP393②C931.4　046232
计算机网络与办公自动化/区益善等编著.—北京:电子工业出版社,1995.8.—356页;26cm
ISBN 7-5053-3098-5:¥25.00
①TP393②TN913.23　046233
全球"信息高速公路":跨世纪的宏伟工程/李相超,祝朝安编著.—北京:科学技术文献出版社,1995.5.—215页;20cm
ISBN 7-5023-2474-7:¥9.50
①TP393②TN913.23　046234
日本多媒体高速公路战略/(日)石井孝利著;刘岳元等译.—上海:上海交通大学出版社,1995.11.—129页;20cm
ISBN 7-313-01567-4:¥13.50
①TP393②TN913.23　046235
信息高速公路/张煦著.—上海:上海交通大学出版社,1995.9.—260页;20cm
ISBN 7-313-01511-9:¥6.20
①TP393②TN913.23　046236
信息高速公路与社会发展/董小英,张海华编著.—北京:中国经济出版社,1995.8.—334页;19cm
ISBN 7-5017-3509-3:¥9.50
TP393-53　046237
计算机网络技术与应用:中国计算机用户协会网络分会95年会论文集/张公忠主编 .—北京:电子工业出版社,1995.7.—405页;26cm
ISBN 7-5053-3259-7:¥38.00
TP393-62　046238
网络入门指南 /( )Bobola.D.T.著;陈河南,贺军译.—北京:海洋出版社,1995.8.—210页;26cm.—(傻瓜系列丛书)
ISBN 7-5027-4118-6:¥19.00
TP393-64　046239
网络图解/(美)Kee.E.著;刘华译.—北京:海洋出版社,1995.6.—209页;28cm
ISBN 7-5027-1777-3:¥35.00
TP393.1　046240
Novell NetWare 4使用与参考大全/(美)Sheldon,T.著;刘开宇,姚宗杰译.—北京:清华大学出版社,1995.11.—528页;26cm
ISBN 7-302-01931-2:¥64.00
TP393.1　046241
Novell NetWare网络速成/夏春和,闻丹岩编.—北京:清华大学出版社,1995.11.—159页;26cm
ISBN 7-302-01945-2:¥11.00
TP393.1　046242
Novell网络工程的规划和设计/顾红编著.—北京:科学出版社,1995.1.—269页;26cm.—(北京希望电脑公司计算机技术丛书)
ISBN 7-03-004029-5:¥19.00
TP393.1　046243

Novell 网络规划安装与管理/倪群等编著.—北京：人民邮电出版社，1995.11.—636页；26cm.—(计算机技术入门提高精通系列丛书)

ISBN 7-115-05590-4：¥56.00

TP393.1 046244

Novell 网络实际操作：基础篇/陈明德编著；倪朝改编.—北京：人民邮电出版社，1995.5.—273页；26cm.—(计算机技术入门提高精通系列丛书)

ISBN 7-115-05588-2：¥28.00

TP393.1 046245

Novell 网络实际操作：提高篇/陈明德编著；倪朝改编.—北京：人民邮电出版社，1995.6.—312页；26cm.—(计算机技术入门提高精通系列丛书)

ISBN 7-115-05589-0：¥31.00

TP393.1 046246

Novell 网实用组网技术/刘有信编著.—北京：人民邮电出版社，1995.6.—374页；26cm.—(计算机技术丛书)

ISBN 7-115-05526-2：¥31.00

TP393.1 046247

Novell 网与 FoxPro 数据库基础及综合编程/赵恒永等编著.—北京：航空工业出版社，1995.6.—250页；26cm

ISBN 7-80046-859-3：¥17.50

TP393.1 046248

Novell 指南：NrtWare 局域网分析/(美)Chappell, L. A.，( )Hakes, D. E. 著；张淞芝等译.—2版.—北京：电子工业出版社，1995.5.—424页；26cm+带磁盘2张

ISBN 7-5053-2910-3：¥80.00

TP393.1 046249

Novell 指南：多协议网络互连/(美)Chappell, L. A.，(美)Spicer, R. L. 著；韩臻等译.—北京：电了工业出版社，1995.2.—191页；26cm

ISBN 7-5053-2911-1：¥38.00

TP393.1 046250

Unix 和 NetWare 网络的集成/(美)Gaskin, J. E. 著；张拥军等译.—北京：电子工业出版社，1995.3.—201页；26cm.—(NOVELL 指南)

ISBN 7-5053-2912-X：¥28.00

TP393.1 046251

局域网新技术与标准/(美)Madron, T. W. 著；熊伟华等译.—北京：电子工业出版社，1995.12.—242页；26cm

ISBN 7-5053-3302-X：¥30.00

TP393.1 046252

局域网性能问答/(美)Held, G. 著；张文旭译.—北京：电子工业出版社，1995.5.—135页；26cm

含磁盘1张

ISBN 7-5053-3090-X：¥30.00

TP393.1 046253

实用 LAN Server 4.0 网络指南 /(美)Nance, B. 著；石祥生译.—北京：电子工业出版社，1995.8.—258页；26cm

ISBN 7-5053-3238-4：¥36.00

TP393.1 046254

无线局域网：技术、问题和策略/(美)Davis, P. T.，(美)McGuffin, C. R. 著；刘德贵等译.—北京：电子工业出版社，1995.10.—186页；26cm

ISBN 7-5053-3226-0：¥22.00

TP393.1-43 046255

NOVELL 网络基础教程/石奇光，朱凯编著.—北京：电子工业出版社，1995.7.—114页；26cm.—(计算机继续教育丛书/朱凯主编)

ISBN 7-5053-2946-4：¥10.00

TP393.1-62 046256

Novell NetWare 4 使用指南/(美)Lawrence, B. 著；夏春和等译.—北京：清华大学出版社，1995.9.—747页；26cm

ISBN 7-302-01850-2：¥85.00

TP393.4 046257

Iiternet 基础教程/张钟主编.—北京：科学技术文献出版社，1995.12.—179页；26cm

ISBN 7-5023-2607-3：¥18.00

TP393.4 046258

Iiternet 傻瓜书/(美)列维斯(Levine, J.)等著；高翔等译.—北京：清华大学出版社，1995.4.—306页；26cm.—(电脑神通傻瓜丛书)

ISBN 7-302-01693-3：¥22.80

TP393.4 046259

Internet 导引/(美)Comer, D. E. 著；马志强，廖卫东译.—北京：清华大学出版社，1995.6.—236页；26cm

ISBN 7-302-01899-5：¥22.00

TP393.4 046260

Internet 实用教程/鞠九滨等编.—长春：吉林大学出版社，1995.7.—231页；26cm.—(Internet 实用丛书；1)

ISBN 7-5601-1740-6：¥24.00

TP393.4 046261

Internet 实用指南/王卫国等编著.—成都：电子科技大学出版社，1995.11.—297页；26cm

ISBN 7-81043-438-1：¥24.00

TP393.4 046262

Internet 速查手册/(美)Levine, J. R.，(美)Young, M. L. 著；唐健，李凯译.—北京：电子工业出版社，1995.3.—215页；19cm.—(美国最畅销计算机傻瓜丛书)

ISBN 7-5053-2768-2：¥14.00

TP393.4 046263

Internet 网及其使用/曾明编著.—北京：人民邮电出版社，1995.10.—186页；19cm

ISBN 7-115-05754-0：¥7.50

TP393.4 046264

Internet 网络信息工具大全/熊长青等著.—北京：军事医学科学出版社，1995.8.—214页；20cm

ISBN 7-80121-013-1：¥16.00

TP393.4 046265

Internet 资源与使用/马鸿飞编著.—西安：西安电子科技大学出版社，1995.10.—202页；26cm

ISBN 7-5606-0399-8：¥14.00

TP393.4 046266

电子邮件使用指南/(美)Larry Morris 著;赵军,忻宏杰译.—北京:清华大学出版社,1995.4.—352 页;26cm
ISBN 7-302-01861-8:¥38.00

TP393.4 046267
跟我学 Internet/(美)Hoffman,P. 著;亦鸥翻译组译.—北京:科学出版社:龙门书局,1995.9.—206 页;26cm
ISBN 7-03-005042-8:¥23.00

TP393.4-62 046268
Internet **参考大全**/(美)Hahn,H.,( )Stout,R.著;亦鸥翻译组译 .—北京:科学出版社:龙门书局,1995.8.—591 页;26cm
ISBN 7-03-004968-3:¥69.00

TP393.4-62 046269
Internet **使用大全**/(美)William,A.T.等著;廖卫东等译.—北京:清华大学出版社,1995.5.—618 页;26cm
含软盘一盘
ISBN 7-302-01887-1:¥90.00

TP393.4-62 046270
Internet **使用手册**/王伶等编著.—北京:人民邮电出版社,1995.10.—196 页;26cm
ISBN 7-115-05758-3:¥17.00

TP399 046271
计算机应用基础实验指导:电信类/葛连升编.—北京:人民邮电出版社,1995.10.—134 页;19cm
邮电中等专业学校教材
ISBN 7-115-05637-4:¥3.50

TP399 046272
决策支持系统与智能决策支持系统/马芸生,杜俊俐编著.—北京:中国纺织出版社,1995.6.—244 页;26cm
ISBN 7-5064-1153-9:¥38.00

TP7 遥感技术

TP7 046273
遥感概论/吕国楷等编.—2 版(修订本).—北京:高等教育出版社,1995.5.—198 页:图;26cm
高等学校教材
ISBN 7-04-005193-1:¥7.95

TP7-1 046274
遥感科学新进展=New Progress of Remote Sensing Science /中国科学院遥感应用研究所编.—北京:科学出版社,1995.4.—346 页;26cm
ISBN 7-03-004625-0:¥30.00

TP75 046275
遥感数字图像分析/谢葳编著.—成都:西南交通大学出版社,1995.3.—146 页;19cm
ISBN 7-81022-788-2:¥4.50

TP75 046276
遥感图像处理与应用/宁书年等编著.—北京:地震出版社,1995.6.—169 页;26cm
ISBN 7-5028-1246-6:¥15.00

TP751.2 046277
植被光学遥感模型与植被结构参数化/李小文,王锦地著.—北京:科学出版社,1995.12.—118 页;26cm
ISBN 7-03-005017-7:¥28.00

TP79 046278
城市遥感/孙天纵,周坚华主编.—上海:上海科学技术文献出版社,1995.3.—409 页;26cm
ISBN 7-5439-0428-4:¥28.00

TP79 046279
遥感的魔力/葛碧如等编著.—长春:吉林教育出版社,1995.2.—153 页:彩图;19cm.—(金字塔丛书)
ISBN 7-5383-2466-6:¥5.90

TP79 046280
资源遥感纲要/郑威,陈述彭主编.—北京:中国科学技术出版社,1995.6.—458 页;26cm
ISBN 7-5046-2063-7:¥50.00

①TP79②P91 046281
遥感分析方法与 GIS 技术/徐建华等编著.—兰州:甘肃科学技术出版社,1995.9.—232 页;20cm
ISBN 7-5424-0572-1:¥8.00

①TP87②V556.1 046282
遥测遥控技术/李正廉,王钢编著.—哈尔滨:哈尔滨工业大学出版社,1995.4.—152 页;26cm
ISBN 7-5603-1093-1:¥11.00

TQ 化学工业

TQ 046283
49 种实用化工产品制造技术/张文富等编著.—北京:金盾出版社,1995.11.—214 页;19cm
ISBN 7-5082-0073-X:¥7.00

TQ 046284
化工设计/傅启民编著.—合肥:中国科学技术大学出版社,1995.3.—184 页;26cm
ISBN 7-312-00606-X:¥10.00

TQ 046285
实用化工产品开发及制造工艺/戴国登,莫尊理主编.—长沙:湖南科学技术出版社,1995.4.—455 页;19cm
ISBN 7-5357-1619-9:¥13.00

TQ-43 046286
工业化学概论/段世铎主编.—北京:高等教育出版社,1995.10.—334 页;20cm
高等学校教材
ISBN 7-04-005390-X:¥9.30

TQ-61 046287
化工百科全书　第 9 卷:聚合机理和方法——空间化学/《化工百科全书》编辑委员会编 .—北京:化学工业出版社,1995.6.—981 页;26cm
ISBN 7-5025-0846-5(精装):¥98.00

TQ-61 046288
化学工程名词　1995/全国自然科学名词审定委员会公布;化工名词审定委员会编.—北京:科学出版社,1995.12.—131 页;26cm

ISBN 7－03－004856－3：¥15.00

TQ－65　046289

化学工业标准汇编：染料、染料中间体及助剂　1995/化工部染料标准化技术归口单位编.—北京：中国标准出版社，1995.11.—979页；30cm

ISBN 7－5066－1112－0：¥95.00

TQ－65　046290

化学工业标准汇编：涂料与颜料　（上）　1995/中国标准出版社编.—北京：中国标准出版社，1995.11.—757页；30cm

ISBN 7－5066－1075－2：¥69.00

TQ－65　046291

化学工业标准汇编：涂料与颜料　（下）　1995/中国标准出版社编.—北京：中国标准出版社，1995.11.—627页；30cm

ISBN 7－5066－1097－3：¥58.00

TQ－65　046292

化学工业标准汇编：无机化工　1994/中国标准出版社编.—北京：中国标准出版社，1995.3.—1095页；30cm

ISBN 7－5066－1054－X：¥68.50

TQ－65　046293

化学工业标准汇编：橡胶原材料　（上）　1995/化工部橡胶物化方法标准化技术归口单位编.—北京：中国标准出版社，1995.11.—931页；30cm

ISBN 7－5066－1120－1：¥78.00

TQ－65　046294

化学工业标准汇编：橡胶原材料　（下）　1995/化工部橡胶物化方法标准化技术归口单位编.—北京：中国标准出版社，1995.11.—901页；30cm

ISBN 7－5066－1121－X：¥76.00

TQ－65　046295

化学工业标准汇编：有机化工　1994/中国标准出版社编.—北京：中国标准出版社，1995.5.—1275页；30cm

ISBN 7－5066－1045－0：¥90.00

TQ0　一般性问题

TQ013.1　046296

化工热力学/童景山主编；高光华等编著.—北京：清华大学出版社，1995.6.—375页；26cm

ISBN 7－302－01736－0：¥14.00

TQ014　046297

工业分析/康云月主编.—北京：北京理工大学出版社，1995.9.—410页；20cm

普通高等教育兵工类规划教材

ISBN 7－81045－044－1：¥14.50

TQ014　046298

实用工业分析/陆为林编著.—南京：东南大学出版社，1995.3.—287页；26cm

ISBN 7－81050－004－X：¥22.00

①TQ014②O653　046299

化工分析/孔祥生编.—北京：中国石化出版社，1995.4.—323页；19cm

石油化工技工学校统编教材

ISBN 7－80043－565－2：¥5.50

TQ014－41　046300

分析工人技术理论培训教学计划与教学大纲/化学工业部人事教育司，化学工业部教育培训中心编.—北京：化学工业出版社，1995.1.—83页；19cm

ISBN 7－5025－1486－4：¥5.00

TQ014－43　046301

工业化学分析工/劳动部培训司组织编写.—北京：中国劳动出版社，1995.5.—334页；19cm

全国工人中级技术考核培训教材

ISBN 7－5045－1718－6：¥9.50

TQ015　046302

化工工艺计算/崔英德，蒋家俊编著.—广州：华南理工大学出版社，1995.8.—2册(559页)；20cm

高等院校教学参考书

ISBN 7－5623－0889－6：¥16.80

①TQ015②TQ056.1　046303

化工测量及仪表课程设计/孙良振编.—北京：化学工业出版社，1995.5.—228页；19cm

中等专业学校试用教材

ISBN 7－5025－1460－0：¥3.50

TQ015－64　046304

化工数据导引/王福安主编.—北京：化学工业出版社，1995.10.—371页；26cm

ISBN 7－5025－1565－8：¥36.00

TQ016　046305

化工原理实验/大连理工大学化工原理教研室编.—大连：大连理工大学出版社，1995.9.—120页；26cm

ISBN 7－5611－1037－5：¥9.00

TQ016　046306

化学工艺专业综合实验/吕守信主编.—北京：化学工业出版社，1995.10.—200页；20cm

中等专业学校试用教材

ISBN 7－5025－1583－6：¥6.30

TQ016.8　046307

化验室组织与管理/马桂铭主编.—北京：化学工业出版社，1995.3.—195页；19cm

中等专业学校教材

ISBN 7－5025－1444－9：¥3.80

TQ02　046308

化工原理/王忠厚，王少辉主编.—北京：中国轻工业出版社，1995.6.—313页；26cm

技工学校轻工专业试用教材

ISBN 7－5019－1761－2：¥29.50

TQ02　046309

化工原理　上册/陆美娟主编.—北京：化学工业出版社，1995.8.—252页；26cm

成人高等教育教学用书

ISBN 7－5025－1545－3：¥13.80

TQ02　046310

化工原理　上册/徐文熙主编.—上海：华东师范大

学出版社,1995.8.—288页;26cm
ISBN 7-5617-1361-4:¥16.80

①TQ02②TQ08　046311
化工设计/王静康主编.—北京:化学工业出版社,1995.6.—453页;26cm
高等学校教材
ISBN 7-5025-1454-6:¥13.70

TQ02-53　046312
第四届世界化学工程会议论文集:2000年战略/中国化工学会化学工程专业委员会编.—北京:化学工业出版社,1995.3.—357页;26cm
ISBN 7-5025-1418-X:¥35.00

TQ02-53　046313
顾毓珍教授科学论文集/顾毓珍著.—上海:华东理工大学出版社,1995.12.—143页;20cm
ISBN 7-5628-0634-9:¥25.00

TQ02-62　046314
工厂实用化学分析手册/鄢国强编.—北京:机械工业出版社,1995.5.—540页;19cm
ISBN 7-111-04488-6(精装):¥18.00

TQ028　046315
分离工程/刘芙蓉主编.—西安:陕西科学技术出版社,1995.11.—193页;26cm
ISBN 7-5369-2421-6:¥12.50

TQ028　046316
化工分离过程/陈洪钫,刘家祺编.—北京:化学工业出版社,1995.5.—284页;26cm
高等学校教材
ISBN 7-5025-1453-8:¥8.50

TQ029　046317
物料粉碎理论/张智铁主编.—长沙:中南工业大学出版社,1995.9.—191页;19cm
ISBN 7-81020-767-9:¥10.00

TQ03　046318
化学反应工程分析/袁渭康,朱开宏编著.—上海:华东理工大学出版社,1995.6.—364页;20cm
ISBN 7-5628-0549-0:¥22.00

TQ05-62　046319
石油化工厂设备检修手册　第七分册:加热炉/代有凡主编;罗弘等编.—北京:烃加工出版社,1995.2.—576页;26cm
ISBN 7-80043-547-4(精装):¥45.00

TQ050.2　046320
典型化工设备机械设计指导/茅晓东,李建伟编著.—上海:华东理工大学出版社,1995.8.—168页;26cm
ISBN 7-5628-0567-9:¥13.00

TQ050.2　046321
化工设备优化设计/邢慧明等编著.—广州:华南理工大学出版社,1995.8.—316页;20cm
ISBN 7-5623-0799-7:¥11.00

TQ050.2　046322
化工制图/张淑荣,王守发主编.—延吉:延边大学出版社,1995.3.—208页;26cm
ISBN 7-5634-0741-3:¥9.80

TQ050.6　046323
化工机械制造/徐明文主编.—北京:化学工业出版社,1995.3.—217页;26cm
中等专业学校教材
ISBN 7-5025-1360-4:¥6.50

TQ050.7　046324
化工机械安装修理/楼宇新编.—北京:化学工业出版社,1995.5.—276页;26cm
中等专业学校试用教材
ISBN 7-5025-1459-7:¥8.40

TQ050.7-41　046325
检修工人技术理论培训教学计划与教学大纲/化学工业部人事教育司,化学工业部教育培训中心编.—北京:化学工业出版社,1995.1.—326页;19cm
ISBN 7-5025-1488-0:¥12.00

①TQ050.9-62②TG17-62　046326
腐蚀数据与选材手册/左景伊,左禹编著.—北京:化学工业出版社,1995.10.—1302页;20cm
ISBN 7-5025-1536-4(精装):¥71.00

TQ051.21-62　046327
浆体管道输送设备实用选型手册/钱桂华,曹晰主编;《浆体管道输送设备实用选型手册》编委会编.—北京:冶金工业出版社,1995.11.—556页;26cm
ISBN 7-5024-1749-4:¥55.00

TQ051.302-62　046328
化工压力容器设计取证指南/卓震等编著.—北京:化学工业出版社,1995.10.—342页;19cm
ISBN 7-5025-1516-X:¥16.20

TQ053　046329
压力容器及化工设备　上册/陈国理主编.—2版.—广州:华南理工大学出版社,1995.5.—393页;26cm
ISBN 7-5623-0070-4:¥19.50

TQ056.8　046330
化工自动化工程毕业设计/张德泉编.—北京:化学工业出版社,1995.10.—209页;26cm
中等专业学校教材
ISBN 7-5025-1553-4:¥12.00

TQ062　046331
化工工艺设计概论/侯文顺,张柏钦主编.—北京:化学工业出版社,1995.8.—251页;26cm
中等专业学校试用教材
ISBN 7-5025-1558-5:¥13.60

TQ062　046332
精细化工产品配方与实用技术/杨先麟等主编.—武汉:湖北科学技术出版社,1995.3.—650页;26cm
ISBN 7-5352-1481-9:¥30.00

TQ062　046333
精细化工产品配方与制造　第二册/朱洪法编著.—北京:金盾出版社,1995.7.—229页;19cm
ISBN 7-5082-0025-X:¥6.50

TQ062　046334
精细化工工艺学/宋启煌主编.—北京:化学工业出

版社,1995.6.—376页;26cm
高等学校教学用书
ISBN 7-5025-1578-X: ¥24.80

TQ062 046335
精细化工基本生产技术及其应用/广东工学院精细化工教研室编.—广州:广东科技出版社,1995.8.—437页;26cm
ISBN 7-5359-1370-9: ¥30.00

TQ062 046336
精细化工配方与生产技术问答/文瑞明,吴鑫德主编.—长沙:湖南科学技术出版社,1995.12.—590页;19cm
ISBN 7-5357-1732-2: ¥18.20

TQ062 046337
精细化工应用配方之二——2600例/黄志超,许栋强主编.—广州:广东科技出版社,1995.2.—894页;19cm
ISBN 7-5359-1267-2: ¥24.00

TQ062-62 046338
精细化工手册　(下)/冯胜主编.—广州:广东科技出版社,1995.3.—1044页;26cm
ISBN 7-5359-1350-4: ¥32.00

TQ064 046339
有色金属精细化工产品生产与应用/舒万艮主编.—长沙:中南工业大学出版社,1995.12.—612页;20cm.—(星火计划丛书·新编实用化工小商品配方与生产丛书/田荣璋主编)
ISBN 7-81020-820-9: ¥25.00

TQ07 046340
新编实用化工小商品产品规格及检验方法/周春山,熊兴安主编.—长沙:中南工业大学出版社,1995.12.—548页;19cm.—(全国星火计划丛书)
ISBN 7-81020-821-7: ¥18.00

TQ07 046341
致富化工产品生产技术/萧莹,龙明武主编.—合肥:安徽科学技术出版社,1995.8.—462页;19cm
ISBN 7-5337-1085-1: ¥14.50

TQ072 046342
104种实用化工产品配方与制造/陈三斌编著.—北京:金盾出版社,1995.6.—279页;19cm
ISBN 7-5082-0012-8: ¥6.60

TQ072 046343
化工小产品实用技术　(五)/张文富,李文融主编.—天津:天津科学技术出版社,1995.10.—313页;19cm
ISBN 7-5308-1804-X: ¥8.50

TQ072 046344
农用化学品/化工部农药信息站等编.—北京:化学工业出版社,1995.1.—556页;20cm.—(化工产品手册)
ISBN 7-5025-1254-3(精装): ¥25.00

TQ072-62 046345
国际化学品安全卡手册　第一卷/欧洲共同体委员会,国际化学品安全署编;国家环境保护局译.—北京:化学工业出版社,1995.5.—754页;26cm
ISBN 7-5025-1493-7(精装): ¥75.00

TQ08 046346
化工厂的设计与改造:典型例选及其解析/刘道德等编著.—长沙:中南工业大学出版社,1995.8.—454页;20cm.—(全国星火计划丛书)
ISBN 7-81020-765-2: ¥16.00

TQ085 046347
工业用水处理技术/叶婴齐主编.—上海:上海科学普及出版社,1995.10.—235页;26cm
ISBN 7-5427-0874-0: ¥20.00

①TQ085②TK223.5 046348
化学水处理技术问答/宋业林编.—北京:中国石化出版社,1995.7.—207页;19cm
ISBN 7-80043-544-X: ¥7.00

TQ086 046349
化工安全技术基础/李景惠主编;黑龙江省化工学校等编.—北京:化学工业出版社,1995.7.—166页;20cm
化工中等专业学校试用教材
ISBN 7-5025-1546-1: ¥5.00

TQ086.5 046350
危险化学品安全标签大全/周国泰,吕海燕主编.—北京:中国石化出版社,1995.4.—2册(2125页);26cm
ISBN 7-80043-570-9(精装): ¥260.00

TQ11 基本无机化学工业

TQ110.6 046351
无机化工工艺学　(一):合成氨/陈五平主编.—2版.—北京:化学工业出版社,1995.5.—385页;20cm
高等学校教材
ISBN 7-5025-1452-X: ¥7.70

TQ113.28-62 046352
小合成氨厂工艺技术与设计手册　上册/梅安华主编.—北京:化学工业出版社,1995.4.—969页;26cm
ISBN 7-5025-1451-1(精装): ¥80.00

TQ113.28-62 046353
小合成氨厂工艺技术与设计手册　下册/梅安华主编.—北京:化学工业出版社,1995.3.—786页;26cm
ISBN 7-5025-1469-4(精装): ¥70.00

TQ114 046354
氯碱化工生产工艺:氯碱分册/陆忠兴,周元培主编.—北京:化学工业出版社,1995.3.—218页;26cm
ISBN 7-5025-1482-1: ¥18.00

TQ114 046355
氯碱生产安全操作与事故/邱庠墉主编;化学工业部技术监督司,中国化工安全卫生技术协会组织编写.—北京:化学工业出版社,1995.11.—475页;19cm
ISBN 7-5025-1598-4: ¥25.00

TQ114.1 046356
纯碱生产工艺与设备计算/王楚主编.—北京:化学工业出版社,1995.10.—745页;20cm
纯碱行业人员进修教材 (六)·工程技术人员读本

ISBN 7-5025-1554-2: ¥29.00

TQ115 046357

无机盐工艺学/周有英主编.—北京:化学工业出版社,1995.6.—352页;20cm
高等学校教材
ISBN 7-5025-1456-2: ¥8.00

TQ13 金属元素的无机化合物化学工业

①TQ132.3②TD865 046358

锶的利用与开发/高延林主编;冀康平等编著.—西宁:青海人民出版社,1995.6.—183页;20cm
ISBN 7-225-01012-3: ¥6.00

TQ133.1 046359

铝化学及其应用/黄福堂等编.—天津:天津大学出版社,1995.7.—164页;20cm
ISBN 7-5618-0762-7: ¥6.60

TQ15 电化学工业

TQ153 046360

电镀工操作技能与考核/机械工业部统编.—北京:机械工业出版社,1995.1.—215页;26cm
机械工人操作技能培训教材 中级工适用
ISBN 7-111-04777-X: ¥16.00

TQ153-44 046361

实用电镀问题解答/王士逯编.—2版.—北京:机械工业出版社,1995.11.—153页;19cm
ISBN 7-111-04757-5: ¥6.00

TQ16 电热工业、高温制品工业

TQ164.3 046362

人造石英晶体制造/宫桂英等编.-北京:电子工业出版社,1995.4.-223页;19cm
电子工业工人技术等级培训教材 电子元件专业
ISBN 7-5053-2602-3: ¥7.80

TQ164.8 046363

等离子体喷射法气相生长金刚石/李惠琪等著.-北京:煤炭工业出版社,1995.8.-166页;20cm
ISBN 7-5020-1213-3: ¥5.80

TQ17 硅酸盐工业

TQ171.1 046364

玻璃钢拉挤工艺与制品/岳红军主编.—北京:科学出版社,1995.11.—132页;20cm
ISBN 7-03-005072-X(精装): ¥20.00

TQ171.1 046365

玻璃工业节能技术/夏大全,赵从旭主编.—北京:中国建材工业出版社,1995.8.—210页;19cm.—(建材工业节能技术丛书)
ISBN 7-80090-262-5: ¥12.80

TQ171.6 046366

玻璃风化及其防止法/高名岑编著.—武汉:武汉工业大学出版社,1995.12.—273页;20cm
ISBN 7-5629-1064-2: ¥8.00

TQ171.73 046367

光学玻璃工艺学/王连发,赵墨砚编著.—北京:兵器工业出版社,1995.4.—154页;26cm
ISBN 7-80038-830-1: ¥5.93

TQ172-61 046368

新编英汉水泥技术词汇/石必孝,车卡佳主编.—武汉:武汉工业大学出版社,1995.12.—885页;19cm
ISBN 7-5629-1025-1(精装): ¥38.50

TQ172-65 046369

水泥检验常用标准手册 1995/方德瑞主编.—北京:中国标准出版社,1995.5.—391页;30cm
ISBN 7-5066-1107-4: ¥42.00

TQ172.1 046370

水泥及其原材料化学分析/中国建材科学研究院水泥所编著.—北京:中国建材工业出版社,1995.1.—353页;26cm
ISBN 7-80090-375-3(精装): ¥33.50

TQ172.6 046371

水泥悬浮预热与窑外分解技术/刘述祖编著.—武汉:武汉工业大学出版社,1995.10.—256页;26cm.—(建材企业技术丛书)
建材院校教学用书
ISBN 7-5629-1038-3: ¥17.00

①TQ172.8②TP273 046372

水泥厂中央控制室微机及仪表/黄稳山,何坚强主编.—武汉:武汉工业大学出版社,1995.12.—192页;26cm.—(建材工业技术丛书)
建材院校教学用书
ISBN 7-5629-1049-9: ¥15.00

TQ174-09 046373

东亚窑业技术发展与交流史研究/熊海堂著.—南京:南京大学出版社,1995.1.—343页:图;26cm
ISBN 7-305-02769-3(精装): ¥70.00

TQ174-09 046374

东亚窑业技术发展与交流史研究/熊海堂著.—南京:南京大学出版社,1995.1.—343页:图;26cm
ISBN 7-305-02769-3(精装): ¥70.00

TQ174.4 046375

陶瓷材料学/周玉著.—哈尔滨:哈尔滨工业大学出版社,1995.10.—511页;20cm
ISBN 7-5603-1099-0: ¥22.00

TQ175.1 046376

耐火材料技术与发展 第二集/王泽田等编.—北京:冶金工业出版社,1995.11.—258页;26cm
ISBN 7-5024-1755-9: ¥22.00

TQ175.6 046377

耐火材料机械设备/李锦文主编.—2版.—北京:冶

金工业出版社,1995.5.—195页;26cm
高等学校教学用书
ISBN 7-5024-1568-8:¥7.60

TQ175.71 **046378**
MgO-C质耐火材料/王诚训编著.—北京:冶金工业出版社,1995.10.—198页;20cm
ISBN 7-5024-1727-3:¥9.80

TQ175.71 **046379**
镁铬铝系耐火材料/王诚训,张义先编著.—北京:冶金工业出版社,1995.12.—170页;20cm
ISBN 7-5024-1818-0:¥9.80

TQ175.74 **046380**
熔融耐火材料/高心魁编著.—北京:冶金工业出版社,1995.11.—187页;20cm
ISBN 7-5024-1794-X:¥9.80

TQ2 基本有机化学工业

TQ2-41 **046381**
有机化工工人技术理论培训教学计划与教学大纲/化学工业部人事教育司,化学工业部教育培训中心编.—北京:化学工业出版社,1995.1.—375页;19cm
ISBN 7-5025-1487-2:¥13.00

TQ203 **046382**
有机化工反应工程/屠雨恩等编著.—北京:中国石化出版社,1995.9.—498页;19cm
ISBN 7-80043-550-4:¥16.00

①TQ204②TQ072 **046383**
有机化工原料/司航主编.—2版.—北京:化学工业出版社,1995.1.—1179页;20cm.—(化工产品手册)
ISBN 7-5025-1257-8(精装):¥45.00

TQ221.21 **046384**
丙烯衍生物工学/张旭之等主编.—北京:化学工业出版社,1995.5.—496页;26cm.—(石油化工工学丛书)
ISBN 7-5025-1500-3(精装):¥50.00

TQ221.21 **046385**
乙烯衍生物工学/张旭之等主编.—北京:化学工业出版社,1995.7.—647页;26cm.—(石油化工工学丛书)
ISBN 7-5025-1498-8(精装):¥58.00

TQ223.12 **046386**
丁辛醇生产工艺/朱传芳等编著.—上海:华东理工大学出版社,1995.12.—214页;19cm
ISBN 7-5628-0632-2:¥15.00

TQ31 高分子化合物工业(高聚物工业)

TQ315 **046387**
高分子材料加工机械设计理论基础及应用/翟淦波,黄有发主编.—广州:华南理工大学出版社,1995.11.—221页;26cm
ISBN 7-5623-0802-0:¥15.00

TQ32 合成树脂与塑料工业

TQ32 **046388**
腐蚀与防护全书:合成树脂及玻璃钢/中国腐蚀与防护学会主编;李国莱等编著.—2版(修订版).—北京:化学工业出版社,1995.5.—279页;20cm
ISBN 7-5025-1484-8:¥13.00

TQ32-62 **046389**
塑料工业实用手册　上册/丁浩主编.—北京:化学工业出版社,1995.5.—1772页;20cm
ISBN 7-5025-1330-2(精装):¥75.00

TQ320 **046390**
塑料配方设计及应用900例/段予忠,徐凌秀编著.—北京:中国石化出版社,1995.9.—216页;19cm
ISBN 7-80043-571-7:¥7.00

①TQ320.4-62②TQ330.38-62 **046391**
塑料橡胶助剂手册/吕世光编.—北京:中国轻工业出版社,1995.9.—982页;26cm
ISBN 7-5019-1713-2(精装):¥98.00

TQ320.5 **046392**
塑料机械设计/北京化工大学,华南理工大学编.—2版.—北京:中国轻工业出版社,1995.12.—627页;26cm
高等学校轻工专业试用教材
ISBN 7-5019-1770-1:¥33.60

TQ320.6-62 **046393**
塑料配方手册/王善勤主编.—北京:中国轻工业出版社,1995.9.—539页;20cm
ISBN 7-5019-1656-X:¥30.00

TQ320.66 **046394**
塑料成型工艺及模具设计/陈嘉真主编.—北京:机械工业出版社,1995.10.—291页;26cm
高等学校教材
ISBN 7-111-04693-5:¥17.00

TQ320.66 **046395**
塑料成型工艺与模具设计/屈华昌主编.—北京:机械工业出版社,1995.10.—333页;26cm
高等专科学校教材
ISBN 7-111-04689-7:¥19.00

TQ320.66 **046396**
塑料成型和模具设计/张中元主编.—北京:航空工业出版社,1995.12.—417页;26cm
ISBN 7-80046-936-0:¥25.20

TQ320.66 **046397**
塑料注射成型技术/钟志雄编著.—2版(修订本).—广州:广东科技出版社,1995.9.—356页;19cm
ISBN 7-5359-1481-0:¥12.00

TQ320.66 **046398**
塑料注射模具设计计算简明手册/张荫朗编著.—北京:中国石化出版社,1995.9.—162页;19cm

ISBN 7-80043-564-4: ¥5.50

TQ320.66 **046399**

注塑模设计/张克惠编著.—西安:西北工业大学出版社,1995.1.—307页;26cm

ISBN 7-5612-0677-1: ¥14.80

TQ320.66-62 **046400**

实用塑料成型技术手册/石安富,龚云表编.—上海:上海科技教育出版社,1995.10.—355页;19cm.—(实用技术手册;S)

ISBN 7-5428-1072-3(精装): ¥21.00

TQ320.66-62 **046401**

塑料成型加工手册/钱知勉等编.—上海:上海科学技术文献出版社,1995.6.—510页;26cm

ISBN 7-5439-0454-3(精装): ¥45.00

TQ320.72 **046402**

塑料薄膜的印刷与复合/陈昌杰等主编.—北京:化学工业出版社,1995.10.—219页;19cm

ISBN 7-5025-1555-0: ¥10.00

①TQ322.4②TQ327.1 **046403**

合成树脂及玻璃钢/中国腐蚀与防护学会主编;李国莱等编著.—2版(修订版).—北京:化学工业出版社,1995.5.—279页;20cm.—(腐蚀与防护全书)

ISBN 7-5025-1484-8: ¥17.00

TQ327.1 **046404**

纤维增强材料/段富明主编.—武汉:武汉工业大学出版社,1995.5.—170页;19cm

玻璃钢技工系列教材

ISBN 7-5629-0958-X: ¥8.20

TQ33 橡胶工业

TQ33-41 **046405**

橡胶工人技术理论培训教学计划与教学大纲/化学工业部人事教育司,化学工业部教育培训中心编.—北京:化学工业出版社,1995.1.—274页;19cm

ISBN 7-5025-1489-9: ¥11.00

TQ33-61 **046406**

英汉橡胶工业词汇/高叔衡编.—北京:中国石化出版社,1995.2.—847页;19cm

ISBN 7-80043-546-6(精装): ¥32.00

TQ33-62 **046407**

橡胶工业手册 第十分册:工厂设计/涂毓贤等主编.—2版(修订版).—北京:化学工业出版社,1995.6.—641页;26cm

ISBN 7-5025-1485-6(精装): ¥60.00

TQ330 **046408**

橡胶工业分析/任秉光主编.—北京:化学工业出版社,1995.3.—126页;26cm

化工职业技术教育教材

ISBN 7-5025-1383-3: ¥8.80

TQ34 化学纤维工业

TQ342 **046409**

碳纤维及其复合材料/贺福,王茂章著.—北京:科学出版社,1995.2.—319页;26cm

ISBN 7-03-004226-3: ¥23.00

TQ342-62 **046410**

聚酯纤维手册/贝聿泷,徐炽编.—2版.—北京:中国纺织出版社,1995.8.—488页;20cm

ISBN 7-5064-0608-X(精装): ¥30.00

TQ35 纤维素质的化学加工工业

TQ351 **046411**

林产化学工艺学/王庆六主编.—北京:中国林业出版社,1995.12.—214页;26cm

全国高等林业院校教材 非林产化学加工专业用

ISBN 7-5038-1433-0: ¥10.90

TQ41 溶剂与增塑剂的生产

TQ413.13 **046412**

气雾剂技术/蒋国民主编.—上海:复旦大学出版社,1995.10.—678页;20cm

ISBN 7-309-01588-6: ¥35.00

TQ42 试剂与纯化学品的生产

TQ421-61 **046413**

化学试剂标准大全/瞿彩莉主编;化学工业部化学试剂标准化技术归口单位,化学工业部化学试剂质量监测中心编写.—北京:化学工业出版社,1995.8.—674页;26cm

ISBN 7-5025-1533-X(精装): ¥118.00

TQ422 **046414**

荧光增白剂及其应用/宋波等编著.—上海:华东理工大学出版社,1995.12.—119页;20cm

ISBN 7-5628-0643-8: ¥10.00

TQ423 **046415**

表面活性剂的物理化学原理/郑忠,胡纪华编著.—广州:华南理工大学出版社,1995.3.—215页;26cm

工科研究生用书

ISBN 7-5623-0825-X: ¥16.80

TQ423 **046416**

表面活性剂合成与工艺/李宗石等编 .—2版.—北京:中国轻工业出版社,1995.7.—324页;26cm

ISBN 7-5019-1754-X: ¥24.00

TQ423.4 **046417**

特种表面活性剂/蒋文贤编著.—北京:中国轻工业出版社,1995.7.—186页;20cm.—(精细化学品丛书)

ISBN 7-5019-1750-7: ¥12.00

TQ423.9-62 **046418**

表面活性剂应用手册/刘程等主编.—2版.—北京:化学工业出版社,1995.8.—881页;26cm

ISBN 7-5025-1535-6(精装):¥82.00

TQ424.1 046419

煤制活性炭及污染治理/曹玉登主编.—北京:中国环境科学出版社,1995.12.—314页;19cm

ISBN 7-80093-832-8:¥12.50

TQ426 046420

催化剂设计/崔圣范等编著.—长春:吉林科学技术出版社,1995.11.—511页;19cm

ISBN 7-5384-1577-7:¥28.00

TQ426 046421

石油化工催化剂基础知识/朱洪法编著.—北京:中国石化出版社,1995.9.—452页;19cm

ISBN 7-80043-552-0:¥14.00

TQ426.8 046422

钴-钼耐硫变换催化剂/肖席珍,赵学信主编.—北京:化学工业出版社,1995.1.—170页;19cm.—(化工获奖科研成果丛书)

ISBN 7-5025-1433-3:¥8.40

①TQ426.95②TE62 046423

石油化工过程催化作用/黄仲涛等编著.—北京:中国石化出版社,1995.10.—375页;26cm

ISBN 7-80043-583-0:¥24.00

TQ43 胶粘剂工业

TQ43 046424

实用木材粘合剂生产与检验/翟怀凤,李东光编著.—北京:金盾出版社,1995.12.—293页;19cm

ISBN 7-5082-0087-X:¥9.40

①TQ43-62②TG49-62 046425

实用粘接手册/龚云表编.—上海:上海科技教育出版社,1995.10.—384页;19cm.—(实用技术手册;N)

ISBN 7-5428-1026-X(精装):¥22.30

TQ430.7-62 046426

胶粘剂用户小手册/王庆元等编.—北京:化学工业出版社,1995.6.—192页;19cm

ISBN 7-5025-1508-9:¥9.00

TQ437 046427

家庭实用胶粘剂及胶接技术/徐修成,殷立新编著.—北京:航空工业出版社,1995.9.—487页;19cm

ISBN 7-80046-887-9:¥15.80

TQ44 化学肥料工业

TQ441-43 046428

氮肥生产概论/赵忠祥主编.—北京:化学工业出版社,1995.12.—193页;26cm

高等学校教材 生产实习用

ISBN 7-5025-1506-2:¥11.20

①TQ444②S147.2 046429

复合肥的生产与施用/崔英德编.—北京:化学工业出版社,1995.5.—291页;19cm

ISBN 7-5025-1450-3:¥11.50

TQ45 农药工业

TQ45 046430

农药概论/韩熹莱主编.—北京:北京农业大学出版社,1995.6.—239页;26cm

全国高等农业院校教材 农药专业用

ISBN 7-81002-697-6:¥12.20

TQ450-62 046431

农药残留量实用检测方法手册 第一卷/农业部农药检定所编.—北京:中国农业科技出版社,1995.3.—623页;20cm

ISBN 7-80026-803-9(精装):¥36.00

TQ46 制药化学工业

TQ460.31 046432

药物合成反应/何敬文主编.—北京:中国医药科技出版社,1995.12.—473页;26cm

中等专业学校教材

ISBN 7-5067-1476-0:¥24.00

TQ460.4 046433

药剂辅料大全/罗明生,高天惠主编.—成都:四川科学技术出版社,1995.1.—928页;26cm

ISBN 7-5364-2397-7(精装):¥60.00

TQ52 炼焦化学工业

TQ52 046434

化产工艺学/库咸熙主编.—北京:冶金工业出版社,1995.5.—209页;26cm

高等学校教学用书

ISBN 7-5024-1570-X:¥8.00

TQ520 046435

炼焦学/姚昭章主编.—2版(修订版).—北京:冶金工业出版社,1995.5.—405页;26cm

高等学校教学用书

ISBN 7-5024-1605-6:¥14.90

TQ520.6 046436

焦化工艺学/周敏等编.—徐州:中国矿业大学出版社,1995.9.—276页;26cm

高等院校规划教材

ISBN 7-81040-421-0:¥13.70

TQ522.15 046437

改良焦炉生产与污染防治/李绍京,沈为清主编.—太原:山西科学技术出版社,1995.10.—240页;20cm

环保实用技术推广应用培训教材

ISBN 7-5377-1198-4:¥18.00

TQ53 煤化学及煤的加工利用

TQ534 046438

洁净煤技术示范计划评介/美国能源部矿物能源助理部长办公室编;陈德敏,王昌贤译.—重庆:重庆大学出版社,1995.3.—266页;19cm
书名原文:Clean Coal Technology Demonstration Program
ISBN 7-5624-0589-1:¥6.50

TQ54 煤炭气化工业

TQ54　046439
煤的气化与应用/沙兴中,杨南星编著.—上海:华东理工大学出版社,1995.8.—451页;26cm
ISBN 7-5628-0584-9:¥40.00

TQ54-61　046440
英汉煤气工业词汇/上海市煤气公司编.—上海:上海外语教育出版社,1995.10.—894页;19cm
ISBN 7-81046-066-8(精装):¥40.00

TQ546.5　046441
煤气低温甲醇洗工艺/薛佩珍主编.—北京:中国科学技术出版社,1995.12.—230页;26cm
ISBN 7-5046-2113-7:¥23.50

TQ56 爆炸物工业、火柴工业

TQ56　046442
民用爆破器材新进展　(4)/中国民用爆破器材学会编.—北京:兵器工业出版社,1995.9.—344页;26cm
ISBN 7-80038-911-1:¥30.00

TQ560.1　046443
炸药爆炸理论/惠君明,陈天云编.—南京:江苏科学技术出版社,1995.1.—336页;26cm
ISBN 7-5345-1871-7:¥24.00

TQ562　046444
火药装药设计原理/王泽山等著.—北京:兵器工业出版社,1995.6.—276页;26cm
普通高等教育兵工类规划教材
ISBN 7-80038-875-1:¥10.60

TQ563　046445
起爆药实验/刘自汤,劳允亮编著.—北京:北京理工大学出版社,1995.5.—211页;26cm
普通高等教育兵工类规划教材·火工与烟火技术系列教材
ISBN 7-81013-997-5:¥8.15

TQ564　046446
炸药结晶工艺学及其应用/叶毓鹏等编著.—北京:兵器工业出版社,1995.7.—181页;19cm
ISBN 7-80038-864-6:¥7.50

TQ61 染料及中间体工业

TQ61　046447
染料·有机颜料/化学工业部染料工业科技情报中心站编.—2版.—北京:化学工业出版社,1995.1.—1441页;20cm.—(化工产品手册)
ISBN 7-5025-1256-X(精装):¥58.00

TQ64 油脂和蜡的化学加工工业、肥皂工业

TQ64　046448
脂质化学与工艺学/萧安民编著.—北京:中国轻工业出版社,1995.1.—204页;20cm
ISBN 7-5019-1704-3:¥12.00

TQ641　046449
油脂化学/韩国麒著.—郑州:河南科学技术出版社,1995.3.—392页;20cm
ISBN 7-5349-1675-5(精装):¥25.00

TQ641　046450
植物油料化学及油脂化学/沈丹平主编.—北京:中国商业出版社,1995.5.—2册(605页);19cm
中等粮食学校教材
ISBN 7-5044-2347-5:¥24.80

TQ645.1　046451
工业油化学基础:天然油脂技术综论/(德)迪克曼(Dieckelmann,G.),(德)海因茨(Heinz,H.J.)编著;顾季寅等译.—北京:中国轻工业出版社,1995.9.—154页;26cm
ISBN 7-5019-1792-2:¥30.00

TQ648　046452
肥皂、甘油及常用原料分析汇编/庄玉九,金凤鸣编.—北京:中国轻工业出版社,1995.2.—314页;20cm
ISBN 7-5019-1697-7:¥25.00

TQ65 香料及化妆品工业

TQ65　046453
香料化学与工艺学:天然、合成、调合香料/何坚,孙宝国编著.—北京:化学工业出版社,1995.10.—655页;20cm
ISBN 7-5025-1547-X:¥28.00

TQ65　046454
药用植物化妆品/张齐明,陈智芳编著.—广州:华南理工大学出版社,1995.5.—200页;19cm
ISBN 7-5623-0698-2:¥8.50

TQ657　046455
实用香精配方/王建新等编.—北京:中国轻工业出版社,1995.12.—248页;20cm
ISBN 7-5019-1849-X:¥25.00

TQ658　046456
化妆品科学　上册/阎世翔编著.—北京:科学技术文献出版社,1995.11.—314页;26cm
ISBN 7-5023-2504-2:¥30.00

TQ9 其他化学工业

TQ9　046457

生物化工产品生产技术/王荣富,周可金编著.—合肥:安徽科学技术出版社,1995.6.—215页;19cm.—(高效农业技术丛书·综合类)

ISBN 7-5337-1184-X:¥7.00

TQ91　046458

亚热带农产品的化学加工/张运明等编著.—重庆:重庆大学出版社,1995.3.—197页;26cm

ISBN 7-5624-0879-3:¥9.60

TQ92　046459

发酵工艺原理/熊宗贵主编.—北京:中国医药科技出版社,1995.7.—427页;26cm

普通高等教育药学类规划教材

ISBN 7-5067-1373-X:¥25.00

TQ920.1　046460

微生物工程概论/刘如林编著.—天津:南开大学出版社,1995.10.—472页;26cm

ISBN 7-310-00794-8:¥29.00

TS 轻工业、手工业

TS-63　046461

中国轻工业产品全书:1993~1994/中国轻工业产品全书编辑委员会编.—北京:中国轻工业出版社,1995.1.—968页:图;26cm

ISBN 7-5019-1688-8(精装):¥198.00

TS04　046462

轻工业热力设备/轻工业部广州轻工业学校编.—北京:中国轻工业出版社,1995.5.—261页;26cm

中等专业学校轻工专业试用教材

ISBN 7-5019-1722-1:¥10.05

TS04-62　046463

轻工业技术装备手册　第1卷/胡楠主编;中国轻工总会编.—北京:机械工业出版社,1995.11.—1311页;26cm

ISBN 7-111-04935-7(精装):¥153.00

TS1 纺织工业、染整工业

TS1-09　046464

陕西纺织科学技术志:上古~1990/陕西省纺织工业总公司编.—西安:陕西科学技术出版社,1995.9.—403页:彩图;26cm.—(陕西地方志丛书)

ISBN 7-5369-2389-9(精装):¥60.00

TS1-61　046465

纺织物资大全　上册/上海市纺织工业局供销处,上海纺织物资供应公司编.—北京:中国纺织出版社,1995.8.—949页;20cm

ISBN 7-5064-1111-3(精装):¥85.00

TS101.92　046466

纱线强力与伸长率测试及应用/宋湛华等编.—北京:中国纺织出版社,1995.6.—159页;26cm

ISBN 7-5064-1149-0:¥18.00

TS102.52　046467

仿丝型纤维及其加工应用/王希岳等编著.—北京:中国石化出版社,1995.8.—411页;19cm.—(差别化纤维丛书)

ISBN 7-80043-549-0:¥18.00

TS102.6　046468

改性纤维与特种纤维/张树钧等编著.—北京:中国石化出版社,1995.10.—406页;26cm

ISBN 7-80043-496-6:¥25.00

TS103.22　046469

E7/5型精梳机的使用与维修/周金冠主编.—北京:中国纺织出版社,1995.5.—117页;26cm

ISBN 7-5064-1143-1:¥8.80

TS103.23-64　046470

FA506型棉纺环锭细纱机保全图册/经纬纺织机械厂产品开发部编著.—北京:中国纺织出版社,1995.7.—282页;26cm

ISBN 7-5064-1145-8:¥30.00

TS103.33　046471

PAT型喷气织机/李欣等编著.—北京:中国纺织出版社,1995.3.—303页;19cm

ISBN 7-5064-1140-7:¥12.00

TS103.33　046472

新型喷射织机织造/肖建宇,晏雄主编.—上海:中国纺织大学出版社,1995.12.—164页;20cm

ISBN 7-81038-065-6:¥12.80

TS103.6　046473

纤维和纺织品的测试原理与仪器/李汝勤等编著.—上海:中国纺织大学出版社,1995.8.—546页;20cm

ISBN 7-81038-052-4:¥20.00

TS104　046474

纺纱原理/于修业主编.—北京:中国纺织出版社,1995.3.—243页;26cm

高等纺织院校教材

ISBN 7-5064-1123-7:¥23.00

TS105　046475

机织工程　下册/姜怀主编.—北京:中国纺织出版社,1995.6.—336页;26cm

高等纺织专科学校教材

ISBN 7-5064-1068-0:¥28.50

TS107.4　046476

衣用纺织品质量分析与检验/万融编著.—北京:化学工业出版社,1995.7.—423页;19cm

ISBN 7-5025-1514-3:¥25.00

①TS108.6②TU83　046477

空调与除尘/潘大绅等编著.—北京:中国纺织出版社,1995.5.—478页;19cm.—(棉纺织生产工人技术读本)

ISBN 7-5064-1069-9:¥15.00

TS11　046478

棉织/刘樾身等编著.—2版.—北京:中国纺织出版社,1995.12.—264页;19cm.—(纺织工业知识丛书)

ISBN 7-5064-0173-8:¥9.80

TS11　046479

棉织原理/黄故主编;中国纺织总会教育部组织编写.—北京:中国纺织出版社,1995.5.—250页;26cm
高等纺织院校教材
ISBN 7-5064-1127-X:¥18.00

TS11　046480
棉织原理/黄故主编;中国纺织总会教育部组织编写.—北京:中国纺织出版社,1995.5.—250页;26cm
高等纺织院校统编教材
ISBN 7-5064-1126-1:¥22.00

TS112.2　046481
棉纺设备/陆再生主编;中国纺织总会教育部组织编写.—北京:中国纺织出版社,1995.11.—265页;26cm
高等纺织院校教材
ISBN 7-5064-1144-X:¥23.00

TS112.3　046482
棉织设备/黄故主编;中国纺织总会教育部组织编写.—北京:中国纺织出版社,1995.5.—234页;26cm
高等纺织院校教材
ISBN 7-5064-1127-X:¥18.00

TS112.3　046483
织布保全/刘华实,魏泰编著.—2版.—北京:中国纺织出版社,1995.5.—353页;19cm
棉纺织保全技工教材
ISBN 7-5064-0115-0:¥15.00

TS112.6　046484
棉花水杂测试仪器/《棉花水杂测试仪器》编写组编.—北京:中国财政经济出版社,1995.3.—198页;19cm
中等供销学校教材
ISBN 7-5005-2498-6:¥5.60

TS114.2　046485
棉纺工艺原理/陆再生主编.—北京:中国纺织出版社,1995.5.—288页;26cm
高等纺织院校教材
ISBN 7-5064-1124-5:¥23.00

TS135.1　046486
精纺毛织物生产工艺与设计/夏景武,秦云主编.—北京:中国纺织出版社,1995.5.—319页;19cm
ISBN 7-5064-1105-9(精装):¥38.00

①TS14②TS190.644　046487
丝绢织染概论/王晓春等编;中国纺织总会教育部组织编写.—北京:中国纺织出版社,1995.6.—672页;19cm
中等纺织专业学校教材
ISBN 7-5064-0927-5:¥28.00

TS143.2　046488
制丝工艺化学/陈德基编;中国纺织总会教育部组织编写.—北京:中国纺织出版社,1995.11.—369页;19cm
中等纺织专业学校教材
ISBN 7-5064-0928-3:¥15.00

TS145　046489
丝织技术集/裘愉发编著.—北京:中国纺织出版社,1995.12.—441页;19cm
ISBN 7-5064-1161-X:¥20.00

TS154　046490
涤纶长丝生产/李允成等编著.—2版.—北京:中国纺织出版社,1995.2.—652页;19cm
ISBN 7-5064-0297-1:¥26.00

TS18-62　046491
针织工程手册:染整分册/《针织工程手册》编委会编.—北京:中国纺织出版社,1995.2.—830页;20cm
ISBN 7-5064-1071-0:¥30.00

TS184.5　046492
针织缝纫工艺/李世波,金惠琴编著.—2版.—北京:中国纺织出版社,1995.12.—342页;20cm
ISBN 7-5064-0316-1:¥16.00

TS190.2　046493
纺织染整助剂手册/陈溥,王志刚编.—北京:中国轻工业出版社,1995.8.—526页;20cm
ISBN 7-5019-1752-3:¥29.00

TS190.2　046494
染化药剂/刘正超编著.—2版(修订本).—北京:中国纺织出版社,1995.6.—978页;20cm
ISBN 7-5064-0248-3(精装):¥70.00

TS190.644-62　046495
丝绸染整手册/陆锦昌,方纫芝主编.—2版.—北京:中国纺织出版社,1995.12.—1204页;20cm
ISBN 7-5064-1103-2(精装):¥80.00

TS194.1　046496
中国蓝印花布:汉英对照/中国蓝印花布馆编著.—北京:北京工艺美术出版社,1995.1.—126页;26cm
ISBN 7-80526-142-3:¥50.00

TS2 食品工业

TS2　046497
农户实用食品加工技术/张丽萍等编著.—哈尔滨:东北林业大学出版社,1995.11.—94页;19cm.—(农村奔小康丛书)
ISBN 7-81008-591-3:¥3.60

TS2-32　046498
中外食品发展概况统计/张志义主编.—北京:中国物资出版社,1995.8.—795页;20cm
ISBN 7-5047-0995-6:¥31.80

TS2-53　046499
中国科协第二届青年学术年会食品科学论文集/胡小松主编.—北京:学苑出版社,1995.10.—397页;26cm
ISBN 7-5077-1065-3:¥30.00

TS2-61　046500
食品反相关专业科技日语外来语词汇大全:日英汉对照/吴家源等编著.—北京:中国物资出版社,1995.2.—1983页;19cm
ISBN 7-5047-1009-1(精装):¥198.00

TS2-62　046501
食品加工技术、工艺和配方大全:续集　2　(上)/刘

宝家等编.—北京:科学技术文献出版社,1995.11.—508 页;26cm
ISBN 7-5023-2483-6: ¥27.50

TS2-62 046502
食品加工技术、工艺和配方大全:续集 2 (下)/刘宝家等编.—北京:科学技术文献出版社,1995.11.—484 页;26cm
ISBN 7-5023-2485-2: ¥27.70

TS2-62 046503
食品加工技术、工艺和配方大全:续集 2 (中)/刘宝家等编.—北京:科学技术文献出版社,1995.11.—454 页;26cm
ISBN 7-5023-2484-4: ¥27.70

TS20-33 046504
试验设计方法/林维宣主编;大连轻工业学院等合编.—大连:大连海事大学出版社,1995.12.—340 页;20cm
高等院校试用教材
ISBN 7-5632-0939-5: ¥15.80

TS201 046505
食品工业新技术及应用/揭广川,贡汉坤主编.—北京:中国轻工业出版社,1995.10.—278 页;20cm
ISBN 7-5019-1808-2: ¥16.80

TS201 046506
食品营养与卫生/王尔茂主编 .—北京:中国轻工业出版社,1995.12.—328 页;20cm
ISBN 7-5019-1839-2: ¥18.80

TS201.1 046507
林产食品加工工艺学/邓毓芳主编;蒋俊兰等编写.—北京:中国林业出版社,1995.5.—381 页;26cm
全国高等林业院校试用教材
ISBN 7-5038-1384-9: ¥14.05

TS201.1 046508
食品工程原理及应用/王海主编.—北京:机械工业出版社,1995.4.—305 页;26cm
ISBN 7-111-04636-6: ¥20.00

TS201.1 046509
食品工程原理及应用/王海主编.—北京:机械工业出版社,1995.4.—305 页;26cm
ISBN 7-111-04636-6: ¥20.00

TS201.1 046510
食品工程原理及应用/王海主编.—北京:机械工业出版社,1995.4.—305 页;26cm
ISBN 7-111-04636-6: ¥20.00

TS201.1 046511
植物蛋白工艺学/杜长安,陈复生主编.—北京:中国商业出版社,1995.8.—258 页;26cm
ISBN 7-5044-2931-7: ¥18.80

TS201.2 046512
食品化学/刘玺玉主编.—长春:吉林大学出版社,1995.11.—351 页;19cm
ISBN 7-5601-1835-6: ¥10.00

TS201.2 046513
食品生物化学/郭志钧编著.—西安:西北大学出版社,1995.3.—253 页;26cm
高等学校教材
ISBN 7-5604-0891-5: ¥15.60

TS201.2 046514
食品生物化学/宁正祥,赵谋明编著.—广州:华南理工大学出版社,1995.6.—404 页;26cm
食品系列教材
ISBN 7-5623-0675-3: ¥19.00

TS201.2-53 046515
微量元素与食物链:首届国际微量元素与食物链研讨会论文集精选/陈义风,黄甲喜主编.—北京:中国商业出版社,1995.6.—678 页;20cm
ISBN 7-5044-2658-X: ¥29.00

TS201.3 046516
食品微生物学/杨洁彬等编著.—2 版.—北京:北京农业大学出版社,1995.9.—248 页;26cm
ISBN 7-81002-701-8: ¥15.50

TS201.3 046517
新编食品微生物学/张文治编著.—北京:中国轻工业出版社,1995.12.—384 页;26cm
ISBN 7-5019-1773-6: ¥30.00

TS201.4 046518
食用营养学/姚汉亭主编.—北京:中国农业出版社,1995.5.—149 页;26cm
全国高等农业院校教材 农产品贮藏与加工、食品工程等专业用
ISBN 7-109-03281-7: ¥5.90

①TS201.4②R151 046519
功能性食品/郑建仙编著.—北京:中国轻工业出版社,1995.8.—587 页;20cm
ISBN 7-5019-1790-6: ¥34.80

TS201.6 046520
现代食品加工卫生管理/杨明亮主编.—武汉:武汉大学出版社,1995.9.—258 页;19cm
ISBN 7-307-02047-5: ¥8.50

①TS201.6②D922.16 046521
食品卫生知识培训教材/李秀男,徐广成主编.—延吉:东北朝鲜民族教育出版社,1995.2.—270 页;26cm
供食品卫生监督人员、食品从业人员使用
ISBN 7-5437-1901-0: ¥13.00

TS201.6-65 046522
食品卫生国家标准汇编 (2)/中国预防医学科学院标准处编.—2 版.—北京:中国标准出版社,1995.6.—387 页;30cm
ISBN 7-5066-0530-9: ¥25.00

TS201.6-65 046523
食品卫生国家标准汇编 (3)/中国预防医学科学院标准处编.—北京:中国标准出版社,1995.6.—507 页;30cm
ISBN 7-5066-1105-8: ¥43.00

TS203 046524
食品机械原理与设计/陆振曦,陆守道主编.—北京:中国轻工业出版社,1995.5.—432 页;26cm
高等学校轻工专业试用教材

ISBN 7－5019－1726－4：¥15.90

TS205.7　046525

食用冷冻工艺学实验指导/沈月新主编.—北京：中国农业出版社，1995.5.—50页；26cm

全国高等农业院校教材 制冷与冷藏技术等专业用

ISBN 7－109－03402－X：¥2.00

TS207　046526

食品商品与检验/高真主编.—北京：中国轻工业出版社，1995.11.—486页；19cm

ISBN 7－5019－1822－8：¥19.00

TS207－62　046527

食品质量感官鉴别指南/傅德成，孙瑛主编；王小勋等编著.—北京：中国标准出版社，1995.2.—372页；19cm

ISBN 7－5066－1064－7：¥11.00

TS207－65　046528

澳大利亚食品标准法规汇编/澳大利亚国家食品管理局编；《澳大利亚食品标准法规汇编》翻译委员会译.—北京：中国轻工业出版社，1995.9.—324页；26cm

ISBN 7－5019－1797－3：¥58.00

TS21　046529

粮食加工基础/阮少兰主编.—北京：中国商业出版社，1995.9.—313页；26cm

ISBN 7－5044－2684－9：¥19.80

TS210.4　046530

谷物与大豆食品工艺学/吴加根主编.—北京：中国轻工业出版社，1995.11.—582页；20cm

ISBN 7－5019－1807－4：¥34.00

TS211.2　046531

荞麦品质与加工/魏益民著.—北京：世界图书出版公司北京公司，1995.6.—70页；20cm

ISBN 7－5062－2172－1：¥21.90

TS213.2　046532

广东点心/林颐楠，张玉玲编著.—北京：金盾出版社，1995.11.—66页：彩图；19cm

ISBN 7－5082－0111－6：¥7.20

TS213.2－64　046533

十二生肖糕点制作图解/王树亭编著.—北京：中国旅游出版社，1995.7.—132页：彩图；26cm

ISBN 7－5032－1099－0：¥65.00

TS218　046534

保健食品1001/何长风主编.—北京：中国青年出版社，1995.5.—476页；19cm.—（1001系列）

ISBN 7－5006－1826－3：¥13.20

TS224－43　046535

植物油厂工艺设计/李殿宝主编.—北京：中国商业出版社，1995.2.—340页；19cm

中等粮食学校教材

ISBN 7－5044－2348－3：¥14.80

TS225.1　046536

食用植物油制取/彭富桃主编；劳动部教材办公室组织编写.—北京：中国劳动出版社，1995.12.—96页；19cm

全国就业训练粮油专业统编教材

ISBN 7－5045－1754－2：¥6.50

TS229－43　046537

植物油厂综合利用/彭渝翔主编.—北京：中国商业出版社，1995.2.—427页；19cm

中等粮食学校教材

ISBN 7－5044－2351－3：¥14.80

TS241　046538

甜菜制糖工业分析/梁景武主编.—北京：中国轻工业出版社，1995.10.—489页；20cm

中等专业学校轻工专业试用教材

ISBN 7－5019－1764－7：¥15.80

TS244　046539

甜菜制糖工艺学/张光一主编.—北京：中国轻工业出版社，1995.10.—509页；20cm

中等专业学校轻工专业试用教材

ISBN 7－5019－1768－X：¥16.90

TS249　046540

甘蔗糖业综合利用和环境保护/邓碧怡主编.—北京：中国轻工业出版社，1995.5.—301页；20cm

中等专业学校轻工专业试用教材

ISBN 7－5019－1723－X：¥6.85

TS251　046541

贵州主要畜产品加工技术/贵州农民技术培训教材编辑委员会编.—贵阳：贵州科技出版社，1995.12.—218页；19cm

贵州农民技术培训教材

ISBN 7－80584－486－0：¥7.50

TS251　046542

畜禽产品加工：试用本/全国职业高中畜禽养殖类专业教材编写组编.—北京：高等教育出版社，1995.5.—200页；20cm

全国职业高中国家教委规划教材 畜禽养殖类专业

ISBN 7－04－005271－7：¥4.30

TS251.4　046543

肉及肉制品加工工艺/德力格尔桑主编.—呼和浩特：内蒙古人民出版社，1995.8.—279页；19cm

ISBN 7－204－02723－X：¥8.50

TS251.6　046544

实用香肠加工工艺/韩青荣编著.—天津：天津科学技术出版社，1995.2.—165页：图；19cm

ISBN 7－5308－0326－3：¥11.80

TS251.7　046545

动物性食品卫生学/崔言顺等主编；刁有祥等编著.—北京：中国林业出版社，1995.9.—483页；20cm

ISBN 7－5038－1539－6：¥13.60

TS252.3　046546

乳品生产常用设备/张麟麟编.—北京：中国轻工业出版社，1995.6.—150页；19cm.—（全国星火计划丛书）

ISBN 7－5019－1700－0：¥10.00

TS253　046547

蛋与蛋制品工艺学/周永昌主编.—北京：中国农业出版社，1995.9.—284页；26cm

ISBN 7－109－03934－X：¥20.30

TS254.5　046548
水产品加工新技术/张万萍主编.—北京:中国农业出版社,1995.12.—152页;19cm
ISBN 7-109-04217-0:¥7.00

TS254.7　046549
水产品检验分析/江苏省连云港水产学校主编.—北京:中国农业出版社,1995.5.—149页;26cm
全国中等水产学校教材 水产品加工专业用
ISBN 7-109-03284-1:¥5.70

TS255.3　046550
果蔬产品加工工艺学/陈学平主编.—北京:中国农业出版社,1995.5.—230页;26cm
全国高等农业院校教材 农产品贮藏与加工专业用
ISBN 7-109-03314-7:¥8.80

TS255.3　046551
果蔬加工技术212例/狄玉振等编著.—北京:中国轻工业出版社,1995.11.—502页;19cm
ISBN 7-5019-1766-3:¥30.00

TS255.3-44　046552
果品蔬菜贮藏加工问答/商训生主编.—北京:中国农业出版社,1995.3.—206页;19cm
ISBN 7-109-03773-8:¥9.10

TS255.4　046553
果品加工工艺技术/刘光铨,江南生编著.—昆明:云南科技出版社,1995.10.—219页;26cm
ISBN 7-5416-0775-4:¥25.00

TS255.44　046554
现代果蔬汁加工工艺学/胡小松等编著.—北京:中国轻工业出版社,1995.8.—333页;26cm
ISBN 7-5019-1746-9:¥40.00

TS255.5　046555
蔬菜加工新技术/蔡同一,倪元颖主编;中国农学会编.—北京:科学普及出版社,1995.2.—222页;19cm.—(蔬菜实用技术丛书)
ISBN 7-110-03773-8:¥7.00

TS262　046556
世界名酒及鸡尾酒无酒精饮品的调制/王清等编著.—北京:中国农业出版社,1995.12.—143页:彩图;19cm
ISBN 7-109-03823-8:¥9.00

TS262　046557
外国名酒欣赏/刘瑞光主编.—北京:中国商业出版社,1995.10.—76页;29cm
ISBN 7-5044-2974-0:¥98.00

①TS262②TS972.1　046558
美酒佳肴/王圣果,桑凝选编;工化等撰文.—杭州:浙江人民美术出版社,1995.3.—60页;26cm.—(星期天丛书)
ISBN 7-5340-0582-5:¥12.80

TS262.2　046559
酒精与蒸馏酒工艺学/章克昌主编.—北京:中国轻工业出版社,1995.1.—577页;26cm
ISBN 7-5019-1706-X:¥38.00

TS262.2　046560
酒精制品的生产与配方/许开天等编.—北京:中国轻工业出版社,1995.11.—1175页;20cm
ISBN 7-5019-1655-1:¥78.00

TS262.3　046561
白酒工业新技术/康明官编.—北京:中国轻工业出版社,1995.5.—325页;19cm
ISBN 7-5019-1742-6:¥20.00

TS262.3　046562
白酒生产工艺/劳动部教材办公室组织编写.—北京:中国劳动出版社,1995.3.—188页;26cm
全国就业训练酿造专业统编教材
ISBN 7-5045-1716-X:¥10.00

TS262.3　046563
小曲白酒酿造法/吴建平编著.—北京:中国轻工业出版社,1995.10.—227页;19cm
ISBN 7-5019-1772-8:¥12.00

TS262.3　046564
中国名优白酒酿造与研究/熊子书著.—北京:中国轻工业出版社,1995.12.—357页;19cm
ISBN 7-5019-1814-7:¥25.00

TS262.3-44　046565
白酒勾兑技术问答/李大和编著.—北京:中国轻工业出版社,1995.4.—257页;19cm
ISBN 7-5019-1735-3:¥16.00

TS262.5　046566
啤酒酿造技术概要/张志强编著.—北京:中国轻工业出版社,1995.5.—226页;19cm
ISBN 7-5019-1730-2:¥12.00

TS262.6　046567
葡萄酒酿造技术概论/彭德华著.—北京:中国轻工业出版社,1995.9.—266页;19cm
ISBN 7-5019-1758-2:¥13.50

TS262.6　046568
葡萄酒生产工艺/劳动部教材办公室组织编写.—北京:中国劳动出版社,1995.5.—144页;26cm
全国就业训练酿造专业统编教材
ISBN 7-5045-1717-8:¥8.20

TS262.6　046569
现代葡萄酒工艺学/李华著.—西安:陕西人民出版社,1995.12.—230页;26cm
ISBN 7-224-04005-3:¥36.00

TS262.6-62　046570
葡萄酒工业手册/朱宝镛主编.—北京:中国轻工业出版社,1995.5.—761页:彩图;20cm
ISBN 7-5019-1307-2(精装):¥48.00

①TS262.91②R247.1　046571
养生美酒妙方/孟传贵编著.—北京:人民体育出版社,1995.2.—391页;彩图;20cm.—(吃与养生丛书)
ISBN 7-5009-1138-6:¥16.00

①TS262.91②R247.1　046572
中国药酒谱/王晓鹤等编著.—北京:科学技术文献出版社,1995.3.—370页;20cm.—(中国食疗药疗精华丛书/卢祥之主编)
ISBN 7-5023-2386-4:¥15.50

TS262.98 046573

鸡尾酒的鉴赏和调制/黄晓军,谢建华编著.—上海:上海文化出版社,1995.5.—69页:彩图;26cm

ISBN 7-80511-717-9:¥17.00

TS262.98 046574

鸡尾酒调制/孙双权,孟令玺编著.—海口:南海出版公司,1995.4.—172页:彩照;19cm

ISBN 7-5442-0255-0:¥6.80

TS262.98 046575

鸡尾酒调制图谱/张宁主编;锦江集团教育培训中心编.—上海:上海科学技术文献出版社,1995.5.—95页;26cm

ISBN 7-5439-0644-9:¥38.00

TS262.98 046576

中外鸡尾酒的调制/郁华,李伟天编著.—广州:广东科技出版社,1995.1.—160页:彩图;20cm

ISBN 7-5359-1387-3:¥23.00

①TS262.98②TS27 046577

酒水调制技法鉴赏:鸡尾酒、红茶、咖啡/剑鹰等编著.—贵阳:贵州科技出版社,1995.1.—158页:彩照;26cm

ISBN 7-80584-411-9(精装):¥89.00

TS264.2-62 046578

味精工业手册=Handbook of MSG Industry/于信令主编.—北京:中国轻工业出版社,1995.4.—1021页;20cm

ISBN 7-5019-1699-3:¥45.00

TS27 046579

家庭保健饮品/曾文红主编.—北京:中国人口出版社,1995.3.—220页;19cm

ISBN 7-80079-282-X:¥6.50

TS27-44 046580

饮料和冷饮生产技术260问/李基洪主编.—北京:中国轻工业出版社,1995.8.—547页;20cm

ISBN 7-5019-1767-1:¥36.00

TS27-44 046581

饮料生产技术问答/赵晋府等编著.—北京:中国轻工业出版社,1995.9.—224页;19cm.—(全国星火计划丛书)

ISBN 7-5019-1798-1:¥12.00

①TS272-61②G122-61 046582

中国茶典/罗庆芳主编;《中国茶典》编委会编.—贵阳:贵州人民出版社,1995.10.—2册(2480页);20cm

ISBN 7-221-04270-5(精装):¥148.00

①TS272.5-44②R247.1 046583

饮茶与养生400问/党毅编著.—北京:中国医药科技出版社,1995.1.—445页;19cm

ISBN 7-5067-1227-X:¥15.00

TS275 046584

家庭自制果蔬饮料/陈泽宇编著.—福州:福建科学技术出版社,1995.9.—120页;19cm

ISBN 7-5335-0935-8:¥4.50

TS275 046585

水果蔬菜饮料的家庭调制/罗曼等编著.—合肥:安徽科学技术出版社,1995.7.—201页:照片;19cm.—(家庭饮食天地丛书;4)

ISBN 7-5337-1204-8:¥6.50

①TS275.1②P641.5 046586

饮用天然矿泉水/车用太,鱼金子编著.—北京:地震出版社,1995.11.—117页;19cm

ISBN 7-5028-1237-7:¥6.80

TS3 制盐工业

TS392 046587

卤水化工/马欣华主编.—北京:化学工业出版社,1995.5.—318页;19cm

ISBN 7-5025-1499-6:¥24.00

TS4 烟草工业

①TS4②F760.4 046588

烟草商品养护/余校芳编著.—长沙:湖南出版社,1995.12.—322页;20cm

ISBN 7-5438-1141-3:¥22.00

TS43 046589

SUPER9卷接机组:机械分册/曾德骐主编;云南省烟草工业研究所编.—昆明:云南教育出版社,1995.4.—375页;26cm

烟草工业设备技术培训教材

ISBN 7-5415-0945-0:¥24.30

TS44 046590

烟叶烘烤实用技术/甘在德,周国生编著.—长沙:湖南科学技术出版社,1995.5.—64页;19cm.—(快速致富丛书)

ISBN 7-5357-1762-4:¥2.00

TS44 046591

优质烤烟生产的钾素与微素/曹志洪主编.—北京:中国农业科技出版社,1995.9.—243页;26cm

ISBN 7-80119-048-3:¥22.00

TS44-43 046592

烟叶分级教程/于华堂等主编.—北京:科学技术文献出版社,1995.8.—174页;19cm

ISBN 7-5023-2545-X:¥14.00

TS452 046593

卷烟产品设计的理论与技术/毛长兴主编.—北京:中国轻工业出版社,1995.2.—501页;19cm

ISBN 7-5019-1664-0:¥19.00

TS5 皮革工业

TS529-62 046594

国外皮革化工材料手册/丁海燕等编译.—北京:中国轻工业出版社,1995.1.—590页;20cm

ISBN 7-5019-1696-9:¥35.00

TS54 046595

制革工艺学/吴恩培主编.—北京:中国轻工业出版社,1995.12.—745 页;20cm
中等专业学校轻工专业试用教材
ISBN 7－5019－1774－4:¥23.70

TS563 046596
精美皮包 800 例/戴京等编.—北京:中国纺织出版社,1995.7.—64 页:彩图;26cm
ISBN 7－5064－1154－7:¥23.00

TS565 046597
针织人造毛皮后整理/秦慧琛编.—北京:中国纺织出版社,1995.11.—93 页;19cm
ISBN 7－5064－1165－2:¥6.50

TS6 木材加工工业、家具制造工业

TS6 046598
德国木材加工机械工业/谭守侠编著.—北京:中国林业出版社,1995.5.—288 页;30cm
ISBN 7－5038－1449－7:¥88.00

TS642 046599
木制品加工机床/王国才编著.—哈尔滨:东北林业大学出版社,1995.11.—2 册;26cm
ISBN 7－81008－597－2:¥24.00

TS65 046600
木工/李云国编.—3 版.—北京:中国铁道出版社,1995.10.—122 页;10×13cm.—(铁路基建工人常识问答)
ISBN 7－113－02035－6:¥2.40

TS65－62 046601
木工简要手册/刘建邦编著.—上海:上海科学技术文献出版社,1995.1.—373 页;19cm
ISBN 7－5439－0535－3:¥20.00

①TS653②S781.9 046602
中国竹材工业化利用/张齐生等著.—北京:中国林业出版社,1995.7.—255 页;20cm
ISBN 7－5038－1399－7:¥10.80

TS653.6 046603
中密度纤维板制造/徐咏兰主编.—北京:中国林业出版社,1995.12.—256 页;20cm
ISBN 7－5038－1398－9:¥12.60

TS664 046604
安乐窝/金龙编.—杭州:浙江人民美术出版社,1995.2.—96 页;26cm.—(今日生活系列丛书)
ISBN 7－5340－0574－4:¥16.00

TS664 046605
创意雅居:个性、情调家居大参考/汤泳,钟卫东编著.—杭州:浙江人民出版社,1995.12.—70 页:彩图;26cm
ISBN 7－213－01320－3:¥18.00

TS664 046606
家具设计/雷达编著.—杭州:中国美术学院出版社,1995.3.—122 页;26cm.—(环境艺术设计丛书)
ISBN 7－81019－387－2:¥17.50

TS664 046607
家具与装饰　(1)/康海飞主编.—上海:上海科学技术出版社,1995.8.—96 页:彩图;29cm
ISBN 7－5323－3791－X:¥33.00

TS664 046608
家具制作/邹玉诚编著.—2 版.—天津:天津科学技术出版社,1995.9.—279 页;26cm
ISBN 7－5308－0368－9:¥18.00

TS664 046609
流行家具精华/阎宏伟编.—沈阳:辽宁科学技术出版社,1995.7.—48 页:彩图;26cm
ISBN 7－5381－2174－9:¥18.00

TS664 046610
现代东方精美家具/赵荣铨,吴亚芳编著.—合肥:安徽科学技术出版社,1995.2.—115 页;29cm
ISBN 7－5337－1134－3:¥43.00

TS664 046611
现代家私大观/温兰基主编.—深圳:海天出版社,1995.9.—120 页:彩图;29cm
ISBN 7－80615－251－2:¥48.80

TS664 046612
新潮家具与室内装饰/邵晓文,吴超群主编.—沈阳:辽宁科学技术出版社,1995.9.—112 页:图;26cm.—(家庭装饰装修丛书)
ISBN 7－5381－2162－5(精装):¥42.00

TS664 046613
新潮家具制作图集/康海飞等编.—上海:上海科学技术出版社,1995.4.—116 页;19×26cm
ISBN 7－5323－3792－8:¥8.60

TS664 046614
新式家具图集/王玉容,张帝树主编.—北京:中国建筑工业出版社,1995.4.—214 页:彩图;26cm
ISBN 7－112－02463－3:¥21.00

TS664－64 046615
现代多用途书橱图册/邬树德编著.—合肥:安徽科学技术出版社,1995.12.—112 页;26cm
ISBN 7－5337－1259－5:¥22.00

TS664－64 046616
中华家私博览　1995 年　第一期/《中华家私博览》编委会编　.—北京:企业管理出版社,1995.9.—108 页:彩图;29cm
ISBN 7－80001－613－7:¥50.00

TS7 造纸工业

TS7 046617
制浆造纸工艺/王忠厚,邢军主编.—北京:中国轻工业出版社,1995.6.—324 页;26cm
技工学校造纸专业试用教材
ISBN 7－5019－1760－4:¥27.50

TS727 046618
造纸工业中的合成聚合物/卢秀萍,韩英素编著 .—

天津:天津大学出版社,1995.10.—350页;20cm
ISBN 7-5618-0837-2:¥16.00

TS73 046619
制浆造纸设备腐蚀与防护/冯拉俊编.—北京:中国轻工业出版社,1995.6.—199页;20cm
ISBN 7-5019-1732-9:¥9.50

TS73 046620
制浆造纸设备与操作/王忠厚主编.—北京:中国轻工业出版社,1995.6.—354页;26cm
技工学校造纸专业试用教材
ISBN 7-5019-1765-5:¥37.00

TS74 046621
纸机压辊的受力分析及查图求解/解德厚著.—北京:中国轻工业出版社,1995.6.—449页;26cm
高等学校轻工专业试用教材
ISBN 7-5019-1636-5:¥16.55

TS743 046622
硫酸盐法制浆/(苏)聂伯宁(Непенин,Ю.Н.)著;刘长恩译.—北京:中国轻工业出版社,1995.12.—572页;20cm
ISBN 7-5019-1803-1:¥32.00

TS77 046623
制浆造纸化验与物检/王中厚主编.—北京:中国轻工业出版社,1995.6.—298页;26cm
技工学校造纸专业试用教材
ISBN 7-5019-1759-0:¥25.50

TS8 印刷工业

TS8 046624
激光及其在印刷工业上的应用/张纯,张实践编著.—北京:印刷工业出版社,1995.5.—357页;20cm
ISBN 7-80000-186-5:¥18.00

TS8 046625
印刷色彩学/杜功顺编著.—北京:印刷工业出版社,1995.8.—138页;26cm
普通高等教育印刷工程类规划教材 本科
ISBN 7-80000-194-6:¥13.00

TS8-09 046626
江苏图书印刷史/倪波,穆纬铭主编.—南京:江苏人民出版社,1995.12.—389页;20cm.—(出版史志丛书)
ISBN 7-214-01579-X:¥14.00

TS802.3 046627
丝网印刷油墨/阎素斋编著.—北京:印刷工业出版社,1995.3.—465页;20cm
ISBN 7-80000-184-9:¥18.00

TS803 046628
汉字打印机设计原理/陈其昌,谢仕聘编著.—武汉:华中理工大学出版社,1995.2.—180页;26cm
高等学校教材
ISBN 7-5609-1028-9:¥6.90

TS804-44 046629
彩色桌面出版技术问答/张秋实等编.—北京:印刷工业出版社,1995.8.—219页;20cm
ISBN 7-80000-182-2:¥12.00

TS812 046630
电子排版技术/楠天健编著.—北京:清华大学出版社,1995.12.—321页;26cm
ISBN 7-302-01933-9:¥25.00

TS812 046631
电子排版系统实用指南:方正、华光系统/白和芳主编.—北京:清华大学出版社,1995.4.—469页;26cm
ISBN 7-302-01700-X:¥28.00

TS812 046632
华光方正排版实例大全:经验技巧/曹玉俊编著.—西安:西安交通大学出版社,1995.2.—209页;26cm
ISBN 7-5605-0718-2:¥15.00

TS812 046633
拣字工/罗树宝编著.—北京:印刷工业出版社,1995.8.—140页;19cm.—(印刷工人技术等级达标丛书)
ISBN 7-80000-190-3:¥7.50

TS815 046634
凸版印刷工/王清溪,田宝林编著.—北京:印刷工业出版社,1995.8.—135页;19cm.—(印刷工人技术等级达标丛书)
ISBN 7-80000-188-1:¥7.60

TS82-62 046635
彩色印前处理技术手册/褚庭亮,史瑛编著.—北京:印刷工业出版社,1995.8.—204页;19cm
ISBN 7-80000-180-6:¥10.00

TS823 046636
平版晒版工/杨保育编著.—北京:印刷工业出版社,1995.8.—126页;19cm.—(印刷工人技术等级达标丛书)
ISBN 7-80000-189-X:¥7.00

TS825-62 046637
现代平版印刷设备手册/田如茹,袁金盛编著.—北京:印刷工业出版社,1995.5.—139页;26cm
ISBN 7-80000-174-1:¥12.50

TS827 046638
胶印工艺技术读本/肖道钧编著.—北京:印刷工业出版社,1995.5.—273页;20cm
ISBN 7-80000-185-7:¥13.00

TS879 046639
国际通用英文打字/郝楚编译.—修订本.—上海:上海交通大学出版社,1995.6.—205页;26cm
ISBN 7-313-01460-0:¥10.70

TS879 046640
实用英文打字教程/刘庆华,申国丽主编.—济南:山东大学出版社,1995.4.—273页;26cm
ISBN 7-5607-1466-8:¥14.50

TS879 046641
现代实用英文打字/谢洪发编著.—上海:上海科学技术出版社,1995.6.—150页;26cm
ISBN 7-5323-3885-1:¥8.60

TS879 046642

英文打字/武丽娜编著.—济南:黄河出版社,1995.12.—138页;26cm
ISBN 7-80558-684-5: ¥14.50

TS879 046643
英文打字:电视教程/金绳曾编著.—上海:上海外语教育出版社,1995.4.—173页;20cm.—(电视片系列丛书)
ISBN 7-81046-011-0: ¥4.60

TS879 046644
英文打字速成/谢恩娟等编著.—上海:上海外语教育出版社,1995.10.—60页;26cm
ISBN 7-81046-025-0: ¥5.50

TS879-43 046645
打字训练教程/周淞梅,盛昱编著.—北京:人民邮电出版社,1995.6.—175页;20cm.—(计算机培训丛书)
ISBN 7-115-05675-7: ¥9.00

TS879-43 046646
英文打字/职业高中金融专业教材编写组编.—上海:上海科技教育出版社,1995.7.—71页;26cm
职业高中金融专业教材:试用本
ISBN 7-5428-1128-2: ¥4.90

TS88 046647
潘小庆书装艺术/潘小庆作.—南京:江苏人民出版社,1995.7.—95页;21×19cm
ISBN 7-214-01523-4: ¥48.00

TS88 046648
书籍装帧设计/余秉南编著.—哈尔滨:黑龙江美术出版社,1995.12.—49页:彩图;26cm.—(中央工艺美术学院装潢设计艺术系教材丛书/陈汉民主编)
ISBN 7-5318-0312-7: ¥19.80

TS91 五金制品工业

TS914-62 046649
实用五金手册/上海五金机械总公司编;祝燮权主编.—5版.—上海:上海科学技术出版社,1995.12.—1册;13cm
实用技术类
ISBN 7-5323-3903-3(精装): ¥23.00

TS914-62 046650
五金手册/邹振戌等编.—北京:机械工业出版社,1995.10.—1363页;19cm
ISBN 7-111-04497-5(精装): ¥48.00

TS914-62 046651
最新常用五金手册/张英云等编写.—南昌:江西科学技术出版社,1995.8.—1088页;19cm
ISBN 7-5390-0820-2(精装): ¥35.00

TS93 工艺美术制品工业

TS932.3 046652
青田石雕瑰宝:汉英文对照/董秉弟著、摄影.—上海:上海科学技术文献出版社,1995.6.—88页;29cm
ISBN 7-5439-0810-7: ¥176.00

TS933 046653
宝玉石快速鉴定/邓燕华,邓珞华编著.—北京:中国书籍出版社,1995.3.—258页:彩图;29cm+附宝玉石快速鉴定卡片一套
ISBN 7-5068-0306-2(精装): ¥228.00

TS933 046654
华夏奇石/顾鸣塘著.—上海:上海文化出版社,1995.10.—201页:彩照;20cm.—(中国民间收藏精编丛书/孙逊,蔡国声主编)
ISBN 7-80511-753-5: ¥17.80

TS933 046655
奇石大观/刘清涌编著.—广州:岭南美术出版社,1995.2.—136页:彩照;20cm
ISBN 7-5362-1199-6: ¥24.00

TS933 046656
实用宝石加工工艺学/包德清编著.—武汉:中国地质大学出版社,1995.4.—232页;19cm
ISBN 7-5625-0999-9: ¥4.40

TS933 046657
实用宝玉石品鉴/李琦,刘宁波著.—长沙:湖南出版社,1995.7.—125页;19cm
ISBN 7-5438-1013-1: ¥6.70

TS933 046658
天然宝石人工改善及检测的原理与方法/吕新彪,李珍编著.—武汉:中国地质大学出版社,1995.10.—170页;26cm
ISBN 7-5625-0994-8: ¥15.50

TS933 046659
有机宝石与投资指南/周佩玲编著.—武汉:中国地质大学出版社,1995.2.—276页;20cm
ISBN 7-5625-0970-0: ¥19.80

TS933 046660
中国历代观赏石精品100件赏析/钟陵强主编;顾鸣塘等撰稿.—济南:山东科学技术出版社,1995.12.—205页;29cm.—(工艺的·美术的·文物的·中华艺术精品100丛书;10)
ISBN 7-5331-1577-5: ¥138.00

TS933-62 046661
宝玉石鉴定指南/董振信编著.—北京:地震出版社,1995.4.—409页;26cm
ISBN 7-5028-1218-0(精装): ¥78.00

TS933.2 046662
宝石的传说与鉴赏/张庆麟编著.—上海:上海教育出版社,1995.5.—310页:照片;19cm
ISBN 7-5320-3918-8: ¥8.50

TS933.2 046663
宝石优化处理与现代测试技术/彭明生编著.—北京:科学出版社,1995.6.—172页:图版;26cm
ISBN 7-03-004434-7: ¥35.00

TS933.2 046664
红宝石、蓝宝石、尖晶石与宝石商贸/王顺金编著.—武汉:中国地质大学出版社,1995.10.—218页:彩照;20cm

ISBN 7-5625-1035-0: ¥13.00

TS934.3　046665

金银首饰:鉴定·选购·维护/朱中一编著.—武汉:中国地质大学出版社,1995.9.—108页:照片;20cm

ISBN 7-5625-1019-9: ¥8.00

TS934.3　046666

首饰世界的奥妙/丁兴旺,丁旭芳编著.—北京:中国青年出版社,1995.9.—129页:彩图;17×12cm.—(我的丛书/丁兴旺主编)

ISBN 7-5006-1829-8: ¥6.10

TS934.3　046667

珠宝五百问/田树谷编著.—北京:地质出版社,1995.1.—242页;19cm

ISBN 7-116-01732-1: ¥18.00

TS934.3　046668

珠宝与首饰/汤素仁等编著.—武汉:武汉工业大学出版社,1995.12.—257页;20cm

ISBN 7-5629-1203-3: ¥12.00

TS934.3-62　046669

珠宝首饰购买指南/程敏清等编著.—武汉:中国地质大学出版社,1995.12.—102页:彩照;20cm

ISBN 7-5625-1029-6: ¥12.50

TS935　046670

刺绣抽纱技法/李永平编著.—北京:金盾出版社,1995.5.—118页;26cm

ISBN 7-80022-999-8: ¥18.90

TS935　046671

家庭织绣 218/邢庆华编著.—南京:江苏人民出版社,1995.5.—116页;21×19cm

ISBN 7-214-01465-3: ¥24.00

TS935.5　046672

600种彩色图案编结花样/梅华主编.—上海:上海科学技术出版社,1995.12.—101页;26cm

ISBN 7-5323-3994-7: ¥19.00

TS935.5　046673

爱心编织/吉星,万宝编.—济南:山东人民出版社,1995.8.—120页:彩图;26cm

ISBN 7-209-01818-2: ¥18.00

TS935.5　046674

第三届母与子"小图杯"手编纯毛毛衣大赛作品精选/上海恒源祥绒线公司,国际羊毛局编.—北京:中国纺织出版社,1995.6.—96页:彩照;26cm

ISBN 7-5064-1155-5: ¥18.00

TS935.5　046675

钩针编织新花样 300/《钩针编织新花样300》编写组编.—济南:山东美术出版社,1995.9.—152页:彩图;26cm

ISBN 7-5330-0914-2: ¥22.80

TS935.5　046676

勾编流行新款/刘玉,梁天主编.—哈尔滨:哈尔滨出版社,1995.10.—118页:彩图;26cm.—(现代流行服饰焦点丛书)

ISBN 7-80557-832-X(精装): ¥20.00

TS935.5　046677

花结编折/谭永健,叶朔苓编著.—广州:广东科技出版社,1995.9.—61页:彩图;19cm

ISBN 7-5359-1589-2: ¥8.00

TS935.5　046678

家庭手编毛衫:花样新作288款/周绮等编绘.—北京:中国轻工业出版社,1995.9.—72页;26cm

ISBN 7-5019-1832-5: ¥14.50

TS935.5　046679

饰物编折/徐枫等编.—2版.—广州:广东科技出版社,1995.10.—61页:彩图;19cm

ISBN 7-5359-0799-7: ¥8.80

TS935.5　046680

新编上海钩针编结300例/乔以以编著 .—3版.—北京:金盾出版社,1995.5.—114页;26cm

ISBN 7-80022-242-X: ¥8.50

TS935.5　046681

最新700种彩色棒针编结花样/姚惠芳等编著.—上海:上海科学技术出版社,1995.3.—189页:彩照;26cm

ISBN 7-5323-3785-5: ¥19.80

TS935.5-64　046682

棒针编织花样 688/朱琴等编.—上海:上海科学技术文献出版社,1995.4.—188页:彩照;26cm

ISBN 7-5439-0637-6: ¥19.80

TS935.5-64　046683

彩色棒针编结图案精选/静勇,凤宝编.—上海:上海科学技术文献出版社,1995.5.—86页:彩照;26cm.—(彩色编结图案系列丛书)

ISBN 7-5439-0638-4: ¥19.80

TS935.52　046684

棒针新花样/陈望江编.—北京:中国商业出版社,1995.—128页:彩图;26cm

ISBN 7-5044-1778-5: ¥13.80

TS935.52　046685

编织精品屋/南村编.—海口:海南国际新闻出版中心,1995.3.—128页;26cm

ISBN 7-80609-096-7: ¥18.50

TS935.52　046686

编织新天地:龚君红绒线嵌花编织新作选/龚君红著.—北京:中国轻工业出版社,1995.9.—56页;26cm

ISBN 7-5019-1718-3: ¥22.00

TS935.52　046687

大哥大编织/荣华编.—北京:中国商业出版社,1995.—136页:彩照;26cm

ISBN 7-5044-1935-4: ¥16.80

TS935.52　046688

儿童编织快乐岛/金阳,海索等设计;韩剑秋等摄.—杭州:浙江人民出版社,1995.2.—79页;26cm

ISBN 7-213-01213-4: ¥15.00

TS935.52　046689

绒线编结花样 888/乔以以编著.—北京:金盾出版社,1995.3.—292页;26cm

ISBN 7-80022-798-7: ¥28.00

TS935.52　046690

绒线编织大全　(下):钩针888例/东方编著.—成

都:四川辞书出版社,1995.10.—240页;26cm
图案集
ISBN 7-80543-502-2:¥36.80

TS935.52 046691
绒线配色图案精品/安田秋子,金志弘编著.—北京:华艺出版社,1995.8.—96页:彩图;26cm
ISBN 7-80039-905-2:¥17.80

TS935.52 046692
小织物集锦/晓凌等编.—北京:国际文化出版公司,1995.8.—124页:照片;26cm.—(新世纪编织系列)
ISBN 7-80105-233-1:¥18.60

TS935.52 046693
新潮女子编织/毛孝弢设计.—杭州:浙江人民出版社,1995.10.—55页:彩照;26cm
ISBN 7-213-01210-X:¥16.80

TS935.52 046694
最新流行手工编织:儿童织物/梁笠姝,程鑫编.—成都:四川科学技术出版社,1995.9.—143页:图;26cm
ISBN 7-5364-1153-7:¥19.80

TS935.52 046695
最新毛编花样大全/晓珞选编.—北京:国际文化出版公司,1995.10.—125页:彩照;26cm
ISBN 7-80105-271-4:¥19.80

TS935.52 046696
最新绒线编织款色图案技法/百川一舟编.—北京:华艺出版社,1995.8.—96页;26cm
ISBN 7-80039-955-9:¥18.80

TS939 046697
巧手巧制/王晓林,潮汐选编;白虹,鲍凌撰文.—杭州:浙江人民美术出版社,1995.3.—72页;26cm.—(星期天丛书)
ISBN 7-5340-0505-1:¥13.80

TS94 服装工业、制鞋工业

TS941 046698
'95上海国际服装文化节会刊/夏钟瑞主编;'95上海国际服装文化节组委会办公室《上海服饰》编辑部编.—上海:上海科学技术出版社,1995.2.—68页;29cm
¥50.00

TS941 046699
服装结构制图与加工工艺/上海市电视中等专业学校编.—北京:高等教育出版社,1995.10.—364页;26cm
ISBN 7-04-005433-7:¥17.40

TS941 046700
服装原型裁剪与制作/魏立达编著.—北京:中国轻工业出版社,1995.2.—50页;26cm
ISBN 7-5019-1733-7:¥6.60

TS941 046701
家庭实用服装大全/董长忠主编;燕燕等编著.—西安:陕西人民美术出版社,1995.8.—208页;26cm
ISBN 7-5368-0761-9:¥19.80

TS941 046702
裤装的基型裁剪法及新款设计/苏石民,蒋锡根编著.—上海:上海科学技术出版社,1995.1.—128页:彩照;26cm
ISBN 7-5323-3531-3:¥12.00

TS941 046703
时装局部设计与裁剪500例:领、袖、胸型专集/俞英,张同编著.—南京:江苏科学技术出版社,1995.1.—253页:彩图;26cm
ISBN 7-5345-1870-9:¥23.50

TS941 046704
实用服装画大全/于国瑞著.—北京:中国轻工业出版社,1995.5.—164页:彩图;26cm
ISBN 7-5019-1657-8:¥29.00

TS941 046705
新潮一族:流行时装巧制作/沈维莉等编.—沈阳:辽宁科学技术出版社,1995.3.—80页;26cm
ISBN 7-5381-1950-7:¥15.00

①TS941②TS974 046706
服饰与美容丛书 (5):春潮/上海市服装总公司,上海时装报社主编.—上海:上海文化出版社,1995.2.—72页;29cm
ISBN 7-80511-767-5:¥6.80

①TS941②TS974 046707
服饰与美容丛书 (7):秋风/上海服装(集团)有限公司,上海时装报社主编.—上海:上海文化出版社,1995.9.—72页:照片;29cm
ISBN 7-80511-769-1:¥7.50

①TS941②TS974 046708
服饰与美容丛书 (8):冬云/上海服装(集团)有限公司,上海时装报社主编.—上海:上海文化出版社,1995.12.—72页:图;29cm
ISBN 7-80511-770-5:¥7.50

TS941-09 046709
西洋服装设计简史/赵春霞编著.—济南:山东科学技术出版社,1995.7.—169页:彩图;26cm
ISBN 7-5331-1602-X:¥15.00

TS941-09 046710
西洋服装史/李当岐编著.—北京:高等教育出版社,1995.9.—251页:彩图;26cm
ISBN 7-04-005432-9:¥19.10

TS941-09 046711
中国服装史/黄能馥,陈娟娟编著.—北京:中国旅游出版社,1995.5.—396页;26cm
ISBN 7-5032-1158-X:¥28.00

TS941-43 046712
女装纸样和缝制教程 (1):纸样·设计基础编/刘瑞璞编著.—北京:中国纺织出版社,1995.5.—240页:彩图;26cm
ISBN 7-5064-1119-9:¥18.00

TS941.1 046713
服饰概论/贾汶傧编著.—哈尔滨:黑龙江教育出版社,1995.3.—132页:彩照;26cm.—(服饰系列丛书/贾

汶傧主编)

ISBN 7-5316-1896-6: ¥24.50

TS941.1 046714

服饰美学/吴永著.—哈尔滨:黑龙江教育出版社,1995.3.—206页:彩照;26cm.—(服饰系列丛书/贾汶傧主编)

ISBN 7-5316-1836-2: ¥18.00

TS941.1 046715

服饰色彩/张殊琳著.—哈尔滨:黑龙江教育出版社,1995.3.—88页:彩照;26cm.—(服饰系列丛书/贾汶傧主编)

ISBN 7-5316-1878-8: ¥20.50

TS941.1 046716

服饰文化的昨天和今天:"天山杯"国际服装研讨会文集/潘坤柔主编;中国服装研究设计中心编.—北京:中国轻工业出版社,1995.9.—297页:彩照;26cm

ISBN 7-5019-1744-2: ¥50.00

TS941.1 046717

服装构成基础/吴士元著.—哈尔滨:黑龙江教育出版社,1995.3.—176页:照片;26cm.—(服饰系列丛书/贾汶傧主编)

ISBN 7-5316-1886-9: ¥16.80

TS941.1 046718

服装配色原理/王祖江编著.—济南:山东美术出版社,1995.5.—104页;26cm

ISBN 7-5330-0852-9: ¥22.00

TS941.1 046719

服装心理学概论/赵平,吕逸华编著.—北京:中国纺织出版社,1995.9.—183页;20cm

ISBN 7-5064-1177-6: ¥8.50

TS941.1 046720

上海服饰　1995　上卷:珍藏本/《上海服饰》编辑部编.—上海:上海科学技术出版社,1995.9.—1册;26cm

ISBN 7-5323-3905-X: ¥16.80

TS941.1 046721

世界时装广告/丰文等编.—杭州:浙江人民美术出版社,1995.2.—48页;26cm.—(现代设计;24)

ISBN 7-5340-0600-7: ¥19.50

TS941.1 046722

体型与着装/叶红主编.—杭州:浙江科学技术出版社,1995.12.—62页:彩图;29cm

ISBN 7-5341-0761-X: ¥18.00

①TS941.1②B834.3 046723

戴帽的诀窍/(美)蒙克(Munker,D.)著;王星娜译.—北京:中国青年出版社,1995.8.—92页;19cm.—(风采系列丛书)

ISBN 7-5006-1822-0: ¥3.60

①TS941.1②B834.3 046724

围巾的妙用/(美)斯特拉利(Straley,C.)著;乐源,爱农译.—北京:中国青年出版社,1995.8.—63页;19cm.—(风采系列丛书)

ISBN 7-5006-1821-2: ¥3.10

TS941.2 046725

DI国际超前服装设计与预测:'96春夏女装/(英)DI国际信息公司编著;北京天海联商务咨询有限责任公司译.—北京:中国轻工业出版社,1995.10.—124页;30cm

ISBN 7-5019-1868-6: ¥180.00

TS941.2 046726

服装结构设计与疵病补正技术/张文斌编著.—北京:中国纺织出版社,1995.4.—296页;26cm

ISBN 7-5064-1110-5: ¥16.00

TS941.2 046727

服装结构制图/全国职业高中服装类专业教材编写组编.—2版.—北京:高等教育出版社,1995.10.—235页;26cm

全国职业高中国家教委规划教材 服装类专业

ISBN 7-04-005430-2: ¥11.05

TS941.2 046728

服装设计:全国美术院校考生范画/冯海等设计.—石家庄:河北美术出版社,1995.1.—43页;25×26cm

ISBN 7-5310-0679-0: ¥24.00

TS941.2 046729

服装设计效果图技法/鲁闽著.—北京:中国轻工业出版社,1995.10.—104页:彩图;26cm

ISBN 7-5019-1800-7: ¥22.00

TS941.2 046730

服装细部设计/(英)DI国际信息公司编著;中国纺织科技信息研究所兴纺纺织开发公司译.—上海:上海科学技术出版社,1995.4.—188页;26cm

ISBN 7-5323-3953-X: ¥16.00

TS941.2 046731

量体裁衣:人体服装设计汇编/郑赞文编著.—合肥:安徽美术出版社,1995.9.—92页;26cm

ISBN 7-5398-0391-6: ¥16.00

TS941.2 046732

无缝天衣/胥佩娜著.—北京:中国纺织出版社,1995.2.—79页:彩照;26cm

ISBN 7-5064-1134-2: ¥29.00

TS941.2 046733

休闲马甲/陈蓓编著.—济南:山东美术出版社,1995.7.—80页:彩图;26cm

ISBN 7-5330-0886-3: ¥18.20

TS941.2 046734

休闲夏装/陈蓓编著.—济南:山东美术出版社,1995.6.—100页:彩图;26cm

ISBN 7-5330-0887-1: ¥18.20

TS941.2 046735

中国时装画:首届中国时装画艺术大赛作品技法评述/杨庆主编.—北京:中国轻工业出版社,1995.8.—124页;26×26cm

ISBN 7-5019-1682-9: ¥50.00

TS941.3 046736

中国钮扣/叶大兵主编.—北京:中国书籍出版社,1995.3.—160页;19cm

ISBN 7-5068-0173-6: ¥6.50

TS941.3-61 046737

时髦服饰品制作大全/王国梁等编著.—上海:上海

科学技术出版社,1995.7.—184页:彩图;26cm
ISBN 7-5323-3231-4:¥15.00

TS941.4 046738
服装材料/全国职业高中服装类专业教材编写组编.—2版.—北京:高等教育出版社,1995.8.—100页;26cm
全国职业高中国家教委规划教材 服装类专业
ISBN 7-04-005429-9:¥5.50

TS941.4 046739
服装材料学/秦寄岗编著.—哈尔滨:黑龙江教育出版社,1995.3.—183页:彩照;26cm.—(服饰系列丛书/贾汶傧主编)
ISBN 7-5316-1876-1:¥18.00

TS941.5 046740
299U型圆头锁眼机/何永明等编著.—北京:中国纺织出版社,1995.6.—115页;26cm
ISBN 7-5064-1156-3:¥15.00

TS941.5 046741
服装设备使用常识/朱崇玺主编;全国职业高中服装类专业教材编写组编.—北京:高等教育出版社,1995.3.—87页;26cm
全国职业高中国家教委规划教材 服装类专业
ISBN 7-04-005232-6:¥3.70

TS941.5-44 046742
家用缝纫机使用与维修问答/范震威编.—2版(修订本).—西安:陕西科学技术出版社,1995.4.—145页;19cm
ISBN 7-5369-0503-3:¥3.60

TS941.6 046743
198款流行服装裁剪法/吉成编著.—哈尔滨:黑龙江美术出版社,1995.5.—250页;26cm
ISBN 7-5318-0283-X:¥18.80

TS941.6 046744
裁剪缝制一日一通/苑敬民,王建荣编著.—南昌:江西科技出版社,1995.1.—262页;26cm
ISBN 7-5390-0773-7:¥14.80

TS941.6 046745
服装缝制实用技术/孙熊著.—北京:金盾出版社,1995.9.—225页:彩照;26cm
ISBN 7-5082-0040-3:¥19.00

TS941.6 046746
服装结构制图/邓婉球主编.—广州:广东高等教育出版社,1995.7.—249页;26cm
广东省高中职业技术教材
ISBN 7-5361-1590-3:¥16.50

TS941.6 046747
服装量裁缝烫技艺图解手册/包昌法编绘.—北京:中国纺织出版社,1995.3.—449页;26cm
ISBN 7-5064-1099-0:¥18.00

TS941.6 046748
家庭高档服装的洗涤与熨烫/朱振之编.—济南:山东科学技术出版社,1995.6.—66页:彩图;26cm
ISBN 7-5331-1585-6:¥17.80

TS941.6 046749
精品时装裁剪/金元编著.—济南:济南出版社,1995.4.—183页:彩图;26cm
ISBN 7-80572-928-X:¥20.88

TS941.6 046750
立体裁剪的魔功/张素华,靳向东编著.—北京:中国物资出版社,1995.4.—126页;26cm
ISBN 7-5047-1003-2:¥12.00

TS941.6 046751
青岛童装裁剪/李述田,李春霞编著.—青岛:青岛出版社,1995.1.—166页;26cm
ISBN 7-5436-1224-0:¥14.00

TS941.6 046752
实用服装裁剪·缝制·熨烫·打板·推档技术/欧阳心力编著.—长沙:湖南科学技术出版社,1995.4.—185页;26cm
ISBN 7-5357-1618-0:¥12.80

TS941.6 046753
图解时装制作入门:秋冬篇/马琳,乔恩编.—北京:华艺出版社,1995.10.—128页:彩图;26cm
ISBN 7-80039-901-X:¥21.80

TS941.6 046754
最新服装系列裁剪:季氏速算法/季鑫主编.—南京:江苏科学技术出版社,1995.5.—259页;26cm
ISBN 7-5345-1917-9:¥15.40

TS941.6-62 046755
实用女装缝制手册/史林,宋文雯编著.—上海:上海科学技术出版社,1995.5.—150页;26cm
ISBN 7-5323-3783-9:¥10.00

TS941.6-64 046756
888款简易服装裁剪图:丽人装辑/高录田等编绘.—北京:中国轻工业出版社,1995.3.—208页:彩图;26cm
ISBN 7-5019-1745-0:¥16.50

TS941.6-64 046757
888款简易服装裁剪图:四季男装辑/李大鸿编绘.—北京:中国轻工业出版社,1995.12.—79页;26cm
ISBN 7-5019-1601-2:¥10.00

TS941.7 046758
'95秋色怡人:服装新款　第十一集/美开乐编译部编.—广州:广州出版社,1995.9.—1册:彩图;26cm
ISBN 7-80592-321-3:¥15.00

TS941.7 046759
贝贝新毛衣/刘晓建等编.—杭州:浙江人民美术出版社,1995.12.—112页:彩照;26cm.—(今日生活丛书)
ISBN 7-5340-0638-4:¥22.80

TS941.7 046760
布尔达时装世界　(1)/德国安妮·布尔达出版社编.—北京:中国轻工业出版社,1995.2.—90页:纸样;26cm.—(世界时装与服饰丛书)
ISBN 7-5019-1748-5:¥22.80

TS941.7 046761
布尔达时装世界　(2)/《布尔达时装世界》编译组编译.—北京:中国轻工业出版社,1995.5.—90页:彩照;

28cm.—(世界时装与服饰丛书)
ISBN 7-5019-1782-5: ¥22.80
TS941.7　046762
布尔达时装世界　(3)/《布尔达时装世界》编译组编译.—北京:中国轻工业出版社,1995.8.—90页:彩图;26cm.—(世界时装与服饰丛书)
ISBN 7-5019-1783-3: ¥22.80
TS941.7　046763
布尔达时装世界　(4)/《布尔达时装世界》编译组编译.—北京:中国轻工业出版社,1995.11.—86页;29cm.—(世界时装与服饰丛书)
ISBN 7-5019-1784-1: ¥22.80
TS941.7　046764
衬衫·背心 200 款/晓路编.—宁波:宁波出版社,1995.1.—123页:图;26cm
ISBN 7-80602-040-3: ¥18.50
TS941.7　046765
衬衫新款 288/简晓芳等编.—北京:国际文化出版公司,1995.5.—119页:照片;26cm
ISBN 7-80105-228-5: ¥18.80
TS941.7　046766
成人毛衫/王晓玲等编.—北京:国际文化出版公司,1995.8.—118页:彩照;26cm.—(新世纪编织系列)
ISBN 7-80105-221-8: ¥
TS941.7　046767
大衣·风衣精品世界/东方木编.—上海:上海科学普及出版社,1995.11.—47页;26cm
ISBN 7-5427-1004-4: ¥19.80
TS941.7　046768
大衣风衣精品屋/卫东,蓉蓉编.—上海:上海科学技术文献出版社,1995.5.—108页:彩照;26cm
ISBN 7-5439-0641-4: ¥19.80
TS941.7　046769
大衣与时装/山川编.—杭州:中国美术学院出版社,1995.11.—128页:彩照;26cm
ISBN 7-81019-458-5: ¥27.80
TS941.7　046770
东方风韵毛衣新款/曹梦著.—北京:金盾出版社,1995.11.—112页:彩图;26cm
ISBN 7-5082-0116-7: ¥14.50
TS941.7　046771
东方女装.—杭州:中国美术学院出版社,1995.1.—112页:彩图;26cm
ISBN 7-81019-372-4: ¥17.80
TS941.7　046772
东方时装之苑/陈虹编.—成都:四川人民出版社,1995.12.—84页;26cm
ISBN 7-220-03010-X: ¥24.80
TS941.7　046773
都市丽人　(1):欧陆名牌荟萃/新加坡志正马出版有限公司编.—北京:中国轻工业出版社,1995.10.—95页:彩图;29cm.—(世界时装与服饰丛书)
ISBN 7-5019-1862-7: ¥19.00
TS941.7　046774
多彩提花棒针衫/翁琦等编.—福州:福建科学技术出版社,1995.3.—136页;26cm
ISBN 7-5335-0881-5: ¥14.60
TS941.7　046775
儿童棒针衫图案集/吴燕,荣官编 .—上海:上海科学普及出版社,1995.10.—82页;26cm
ISBN 7-5427-1015-X: ¥19.50
TS941.7　046776
儿童毛衫/王晓玲等编.—北京:国际文化出版公司,1995.8.—102页:彩照;26cm.—(新世纪编织系列)
ISBN 7-80105-226-9: ¥18.90
TS941.7　046777
儿童毛衣编织花样/邵晓文等编译.—2版.—沈阳:辽宁人民出版社,1995.1.—104页:彩照;26cm
ISBN 7-205-01713-0: ¥13.70
TS941.7　046778
儿童毛衣编织花样/邵晓文等编译.—2版.—沈阳:辽宁人民出版社,1995.1.—104页:彩照;26cm
ISBN 7-205-01713-0: ¥16.50
TS941.7　046779
儿童毛衣精编/马莉,戴卫编.—北京:华艺出版社,1995.8.—143页:彩图;26cm
ISBN 7-80039-904-4: ¥19.80
TS941.7　046780
儿童毛衣图案精选　第二集/靳一石主编.—2版.—北京:金盾出版社,1995.1.—96页;26cm
ISBN 7-80022-446-5: ¥7.90
TS941.7　046781
儿童毛衣图案精选　第四集/靳一石主编.—北京:金盾出版社,1995.7.—96页:照片;26cm
ISBN 7-5082-0068-3: ¥10.50
TS941.7　046782
儿童新款毛衣/张兵编.—沈阳:辽宁民族出版社,1995.12.—111页:彩图;26cm
ISBN 7-80527-536-X: ¥18.70
TS941.7　046783
风格时装大展:女人梦/刘传芳编.—沈阳:沈阳出版社,1995.5.—2册;28cm
ISBN 7-5441-0384-6: ¥25.80
TS941.7　046784
服装与配饰/胡天虹编著.—广州:广东科技出版社,1995.4.—92页:彩图;26cm
ISBN 7-5359-1367-9: ¥33.80
TS941.7　046785
高品味女士套装/晓凌等编著.—北京:国际文化出版公司,1995.10.—2册:彩照;26cm
ISBN 7-80105-259-5: ¥29.60
TS941.7　046786
国际时装新款　(Ⅱ)/萧言,李晓梅主编.—哈尔滨:哈尔滨出版社,1995.10.—117页;26cm.—(现代流行焦点丛书)
ISBN 7-80557-831-1: ¥20.00
TS941.7　046787
好来西服饰系列/北京市商助装饰有限公司编.—北

京:中国商业出版社,1995.7.—1册;24×26cm

ISBN 7-5044-2934-1:¥48.00

TS941.7 046788

花季女装/李维平主编.—上海:上海人民出版社,1995.1.—95页;26cm

ISBN 7-208-01837-5:¥17.50

TS941.7 046789

家庭手编毛衫:编织基本技巧及实例/孙婷婷等编.—北京:中国轻工业出版社,1995.10.—138页:彩图;26cm

ISBN 7-5019-1788-4:¥13.80

TS941.7 046790

经典衬衫/章永红,黄国芬编绘.—杭州:浙江摄影出版社,1995.3.—96页:图;26cm.—(摩登丛书)

ISBN 7-80536-295-5:¥16.00

TS941.7 046791

可爱宝贝毛衣80集/张兵编.—沈阳:辽宁民族出版社,1995.12.—111页:彩图;26cm

ISBN 7-80527-535-1:¥18.70

TS941.7 046792

裤装精品:都市女性服饰/周平编;张婵娟绘.—杭州:浙江科学技术出版社,1995.4.—68页:彩照;26cm

ISBN 7-5341-0822-5:¥15.00

TS941.7 046793

丽人时装屋/南村编.—海口:海南国际新闻出版中心,1995.3.—128页;26cm

ISBN 7-80609-041-X:¥18.50

TS941.7 046794

流行时装创意精华/傅力敏主编.—北京:气象出版社,1995.6.—174页:照片;26cm

ISBN 7-5029-1818-3:¥14.80

TS941.7 046795

毛衫·花案编织特辑/李维等编著.—北京:中国轻工业出版社,1995.8.—160页:彩照;26cm

ISBN 7-5019-1818-X:¥16.80

TS941.7 046796

毛衫新款编织/宗声等编.—北京:中国轻工业出版社,1995.10.—116页:彩图;26cm

ISBN 7-5019-1833-3:¥15.80

TS941.7 046797

毛衣精品:女装/南洋,张珏编.—济南:山东画报出版社,1995.9.—176页:彩图;26cm

ISBN 7-80603-040-9:¥24.80

TS941.7 046798

毛衣精品:男装/南洋,张珏编.—济南:山东画报出版社,1995.9.—176页:彩图;26cm

ISBN 7-80603-040-9:¥24.80

TS941.7 046799

美开乐服装新款 (9)/美开乐编译部编.—广州:广州出版社,1995.1.—1册;26cm

ISBN 7-80592-231-4:¥15.00

TS941.7 046800

迷人毛衫/晓爽主编;《迷人毛衫》编写组编著.—北京:学苑出版社,1995.7.—113页:彩图;26cm

ISBN 7-5077-0550-1:¥16.50

TS941.7 046801

名牌童装编织/吴薇薇编.—杭州:浙江摄影出版社,1995.8.—112页:彩图;26cm

ISBN 7-80536-340-4:¥21.20

TS941.7 046802

名品时装系列:中老年装/东言等编著.—上海:上海远东出版社,1995.12.—28,92页;26cm

ISBN 7-80613-197-3:¥15.00

TS941.7 046803

摩登毛衫精粹:男士专辑/晓凡主编.—哈尔滨:哈尔滨出版社,1995.3.—63页:照片;26cm

本套书共5册,总定价:90.00元

ISBN 7-80557-800-1:¥0.00

TS941.7 046804

摩登毛衫精粹:妻子专辑/晓凡等主编.—哈尔滨:哈尔滨出版社,1995.3.—63页:照片;26cm

本套书共5册,总定价:90.00元

ISBN 7-80557-800-1:¥0.00

TS941.7 046805

摩登毛衫精粹:少女专辑/晓凡等主编.—哈尔滨:哈尔滨出版社,1995.3.—63页:照片;26cm

本套书共5册,总定价:90.00元

ISBN 7-80557-800-1:¥0.00

TS941.7 046806

摩登毛衫精粹:倩侣专辑/晓凡等主编.—哈尔滨:哈尔滨出版社,1995.3.—63页:照片;26cm

本套书共5册,总定价:90.00元

ISBN 7-80557-800-1:¥0.00

TS941.7 046807

摩登毛衫精粹:靓女专辑/晓凡等主编.—哈尔滨:哈尔滨出版社,1995.3.—63页:照片;26cm

本套书共5册,总定价:90.00元

ISBN 7-80557-800-1:¥0.00

TS941.7 046808

男毛衣编织花样/吴松键等编译.—沈阳:辽宁人民出版社,1995.3.—104页:彩照;26cm

ISBN 7-205-03277-6:¥13.70

TS941.7 046809

女毛衣编织花样/李珍香等编译.—2版.—沈阳:辽宁人民出版社,1995.1.—104页:彩照;26cm

ISBN 7-205-02805-1:¥13.70

TS941.7 046810

女性着装顾问/包铭新主编.—北京:金盾出版社,1995.2.—68页;26cm

ISBN 7-80022-941-6:¥8.90

TS941.7 046811

青年毛衣60款/沈霞丽著.—北京:金盾出版社,1995.10.—103页:彩图;26cm

ISBN 7-5082-0102-7:¥12.50

TS941.7 046812

清纯少女装/韩冰山等编.—济南:山东科学技术出版社,1995.3.—96页:彩照;29cm

ISBN 7-5331-1534-1:¥17.80

TS941.7　046813
裙装精品屋/敏华编.—上海:上海科学技术文献出版社,1995.4.—53 页;26cm
ISBN 7-5439-0640-6: ¥19.80

TS941.7　046814
三分钟着装/羽舒编.—杭州:中国美术学院出版社,1995.4.—79 页:彩图;26cm
ISBN 7-81019-343-0: ¥15.80

TS941.7　046815
时尚编织女衫 228 款/萧男编.—北京:中国商业出版社,1995.9.—126 页:彩图;26cm
ISBN 7-5044-2922-8: ¥20.80

TS941.7　046816
时尚编织童衫 218 款/萧男编.—北京:中国商业出版社,1995.9.—110 页:彩图;26cm
ISBN 7-5044-2924-4: ¥20.80

TS941.7　046817
时尚马甲/钱豫强等摄影;绿怡等设计.—杭州:浙江人民美术出版社,1995.4.—72 页:彩照;26cm.—(今日生活丛书)
ISBN 7-5340-0578-7: ¥14.50

TS941.7　046818
时装精品/南洋编;郑重图.—济南:山东画报出版社,1995.6.—168 页:彩照;26cm
ISBN 7-80603-028-X: ¥19.80

TS941.7　046819
时装精品总汇/南洋编.—海口:南海出版公司,1995.7.—168 页:彩图;26cm
ISBN 7-5442-0483-9: ¥19.80

TS941.7　046820
实用手袋制作精选/张今洁,魏秀珍编.—长春:长春出版社,1995.7.—94 页;26cm
ISBN 7-80604-228-8: ¥15.00

TS941.7　046821
实用小挂件制作精选/张今洁等编.—长春:长春出版社,1995.7.—94 页;26cm
ISBN 7-80604-228-8: ¥15.00

TS941.7　046822
室内装饰织物设计与制作:窗帘·床饰/尹家琅等著.—合肥:安徽科学技术出版社,1995.11.—62 页;26cm
ISBN 7-5337-1249-8: ¥19.80

TS941.7　046823
手编毛衣精品:实地花/李源等编.—北京:华艺出版社,1995.9.—96 页:彩图;26cm
ISBN 7-80039-903-6: ¥17.00

TS941.7　046824
四季女装精品屋/陆炜怡编.—上海:上海科学技术文献出版社,1995.4.—125 页:彩图;26cm
ISBN 7-5439-0639-2: ¥19.80

TS941.7　046825
四季裙装/王鸣编.—沈阳:辽宁科学技术出版社,1995.3.—130 页:彩图;26cm
ISBN 7-5381-1733-4: ¥15.00

TS941.7　046826
夏季的娇妍:衬衣/李坤颖等编译.—沈阳:辽宁人民出版社,1995.6.—128 页:彩图;26cm
ISBN 7-205-03291-1: ¥15.70

TS941.7　046827
夏季的飘逸:裙/胥敏等编译.—沈阳:辽宁人民出版社,1995.6.—104 页:彩图;26cm
ISBN 7-205-03293-8: ¥15.70

TS941.7　046828
夏季的柔美:连衣裙/刘凡等编译.—沈阳:辽宁人民出版社,1995.6.—120 页:彩图;26cm
ISBN 7-205-03290-3: ¥15.70

TS941.7　046829
夏季的娉婷:休闲装/胥敏等编译.—沈阳:辽宁人民出版社,1995.6.—120 页:彩图;26cm
ISBN 7-205-03294-6: ¥15.70

TS941.7　046830
夏季的婀娜:女套装/宋文艺等编译.—沈阳:辽宁人民出版社,1995.6.—120 页:彩图;26cm
ISBN 7-205-03292-2: ¥15.70

TS941.7　046831
夏日的浪漫:夏季女装精品/来汶阳编.—杭州:浙江摄影出版社,1995.3.—96 页;26cm.—(摩登丛书)
ISBN 7-80536-292-0: ¥16.00

TS941.7　046832
夏日情怀——服装新款　第十集/美开乐编译部编.—广州:广州出版社,1995.6.—1 册:彩图;26cm
ISBN 7-80592-273-X: ¥15.00

TS941.7　046833
夏意秋韵/高顿,秋伊编.—杭州:浙江人民美术出版社,1995.2.—108 页;26cm
ISBN 7-5340-0435-7: ¥16.00

TS941.7　046834
小博士毛衣/陈蓓编著.—济南:山东美术出版社,1995.12.—112 页:彩图;26cm
ISBN 7-5330-0959-2: ¥22.80

TS941.7　046835
小博士毛衣编织图案/陈培编著.—济南:山东美术出版社,1995.12.—152 页;19×26cm
ISBN 7-5330-0958-4: ¥22.80

TS941.7　046836
小太阳毛衣精品/南洋编.—海口:南海出版公司,1995.11.—136 页:彩照;26cm
ISBN 7-5442-0338-7: ¥22.80

TS941.7　046837
小天使毛衣:0~12 岁/布谷编.—广州:岭南美术出版社,1995.10.—96 页:彩图;26cm
ISBN 7-5362-1299-2: ¥17.80

TS941.7　046838
新潮布艺/白雪,魏莉主编;刘咏等编写.—哈尔滨:哈尔滨出版社,1995.7.—2 册;26cm
ISBN 7-80557-811-7: ¥50.00

TS941.7　046839
新潮时装:毛衣/南洋编;郑重图.—济南:山东画报

出版社,1995.2.—95页:彩照;26cm.—(倩女时装系列)

ISBN 7-80603-019-0:¥9.98

TS941.7 046840

新潮时装:裙裤/南洋编;郑重图.—济南:山东画报出版社,1995.2.—95页:彩照;26cm.—(倩女时装系列)

ISBN 7-80603-019-0:¥9.98

TS941.7 046841

新潮时装:上衣/南洋编;郑重图.—济南:山东画报出版社,1995.2.—96页:彩照;26cm.—(倩女时装系列)

ISBN 7-80603-019-0:¥9.98

TS941.7 046842

新潮时装:套装/南洋编;郑重图.—济南:山东画报出版社,1995.2.—95页:彩照;26cm.—(倩女时装系列)

ISBN 7-80603-019-0:¥9.98

TS941.7 046843

新潮一族:流行棒针衫巧编织/董素梅等编.—沈阳:辽宁科学技术出版社,1995.3.—80页;26cm

ISBN 7-5381-1951-5:¥15.00

TS941.7 046844

新潮职业女装/王鸣编.—沈阳:辽宁科学技术出版社,1995.3.—134页;彩照;26cm

ISBN 7-5381-1734-2:¥15.00

TS941.7 046845

新款春秋时装/宋丽香等编.—沈阳:沈阳出版社,1995.8.—96页:彩图;29cm

ISBN 7-5441-0425-7:¥23.80

TS941.7 046846

新款女装精选/伯伦等编著.—北京:中国商业出版社,1995.5.—133页:彩照;26cm.—(实用服装大全系列丛书)

ISBN 7-5044-2379-3:¥18.80

TS941.7 046847

新款裙装120例/杨洋编.—北京:中国商业出版社,1995.4.—96页:彩图;26cm

ISBN 7-5044-1907-9:¥13.80

TS941.7 046848

新款童装精选/郭成等编著.—北京:中国商业出版社,1995.5.—111页:彩照;26cm.—(实用服装大全系列丛书)

ISBN 7-5044-2384-X:¥18.80

TS941.7 046849

新魅力马甲精品/邵晓文等编译.—沈阳:辽宁人民出版社,1995.1.—80页:彩图;26cm

ISBN 7-205-03197-4:¥12.60

TS941.7 046850

休闲服装/白露选编;暇农撰文.—杭州:浙江人民美术出版社,1995.3.—72页;26cm.—(星期天丛书)

ISBN 7-5340-0514-0:¥14.80

TS941.7 046851

休闲装精品:都市女性服饰/余静,周平编;吕健绘.—杭州:浙江科学技术出版社,1995.8.—71页;26cm

ISBN 7-5341-0862-4:¥16.00

TS941.7 046852

雅威特时装/常州雅威特制衣有限公司编著.—北京:中国纺织出版社,1995.3.—24页:彩照;25×26cm.—(现代名牌服饰丛书)

ISBN 7-5064-1109-1:¥19.50

TS941.7 046853

雅装/时梅选编.—杭州:浙江摄影出版社,1995.1.—104页;26cm.—(摩登丛书)

ISBN 7-80536-296-3:¥17.80

TS941.7 046854

婴幼儿装家庭裁剪与制作/王海亮主编.—北京:金盾出版社,1995.12.—136页:彩图;26cm

ISBN 7-5082-0138-8:¥15.00

TS941.7 046855

幼儿毛衫/晓媛编.—北京:国际文化出版公司,1995.8.—160页:彩图;26cm.—(新世纪编织系列)

ISBN 7-80105-232-3:¥19.80

TS941.7 046856

职业女性艺术着装:春夏致韵/吕元利等编.—沈阳:辽宁科学技术出版社,1995.9.—96页;26cm

ISBN 7-5381-2179-X:¥22.00

TS941.7 046857

职业女性艺术着装:秋冬风雅/吕元利等编.—沈阳:辽宁科学技术出版社,1995.9.—112页;26cm

ISBN 7-5381-2180-3:¥22.00

TS941.7 046858

职业女装获奖新款:首届"蒙妮莎"杯全国职业女装设计大赛获奖作品/李欣主编.—北京:人民美术出版社,1995.4.—101页;26cm

ISBN 7-102-01506-2:¥18.00

TS941.7 046859

职业装精品:都市女性服饰/余静,周平编;吕健,隋萍绘.—杭州:浙江科学技术出版社,1995.10.—79页:彩图;26cm

ISBN 7-5341-0861-6:¥18.00

TS941.7 046860

中国名牌时装 第二集/应舟主编;中华历代服饰文化研究会《中国名牌时装》编辑部编.—北京:金盾出版社,1995.6.—103页;26cm

ISBN 7-5082-0044-6:¥13.40

TS941.7 046861

装苑:东京女装 第八集/《上海服饰》编辑部编译.—上海:上海科学技术出版社,1995.11.—119页;26cm

ISBN 7-5323-3789-8:¥15.00

TS941.7 046862

装苑:东京女装 第五辑/朱琴等译.—上海:上海科学技术出版社,1995.2.—119页:彩图;29cm

ISBN 7-5323-3460-0:¥12.00

TS941.7 046863

自己动手做夏装/上海文化出版社编.—上海:上海

文化出版社,1995.7.—99 页:彩照;26cm
ISBN 7-80511-793-4:¥12.60

TS941.7 046864
最新棒针衫精选 100 款/周颖等编.—厦门:鹭江出版社,1995.10.—160 页:彩图;26cm
ISBN 7-80610-139-X:¥16.80

TS941.7 046865
最新国际流行时装 (A)/木隶选编.—北京:国际文化出版公司,1995.9.—141 页;彩图;26cm
ISBN 7-80105-291-9:¥20.00

TS941.7 046866
最新国际流行时装 (Ⅱ)/金贞子选编.—北京:国际文化出版公司,1995.3.—156 页;26cm
ISBN 7-80105-034-7:¥18.80

TS941.7 046867
最新国际流行时装 (Ⅲ)/金贞子编.—北京:国际文化出版公司,1995.4.—141 页:照片;26cm
ISBN 7-80105-198-X:¥18.80

TS941.7 046868
最新国际流行时装:秋冬 (B)/木隶选编.—北京:国际文化出版公司,1995.12.—124 页:彩图;26cm
ISBN 7-80105-340-0:¥20.80

TS941.7 046869
最新秋冬时装精品/朴英子编 .—北京:国际文化出版公司,1995.12.—141 页:彩图;26cm
ISBN 7-80105-341-9:¥21.80

TS941.7 046870
最新童装款式与裁剪 188 例/福建科学技术出版社编.—福州:福建科学技术出版社,1995.—164 页:彩照;26cm
ISBN 7-5335-0920-X:¥18.10

TS941.7 046871
最新小博士毛衣 268 款:0~15 岁/阿玲编著.—天津:天津科学技术出版社,1995.12.—135 页:彩图;26cm
ISBN 7-5308-1967-4:¥21.80

TS941.7 046872
做女人真好:丝巾发饰篇/陈萍编.—北京:光明日报出版社,1995.12.—79 页:彩图;26cm.—(光明生活系列;1)
ISBN 7-80091-753-3:¥19.50

TS941.7 046873
潇洒男装:首届乐腾达男装设计制作大奖赛获奖作品选/蔡村主编;乐腾达织造有限公司编.—北京:金盾出版社,1995.4.—95 页;26cm
ISBN 7-5082-0022-5:¥12.00

TS941.7 046874
妩媚的裙/浙江摄影出版社编.—杭州:浙江摄影出版社,1995.3.—80 页:彩图;26cm.—(摩登丛书)
ISBN 7-80536-298-X:¥16.00

TS941.7 046875
靓女秋冬装·大衣精品 368 款/泰吉编.—拉萨:西藏人民出版社,1995.10.—172 页:彩图;26cm
ISBN 7-223-00895-4:¥24.80

①TS941.7②TS974 046876
服饰与美容/上海市服装总公司,上海时装报社主编.—上海:上海文化出版社,1995.5.—72 页;28cm.—(夏雨丛书;6)
ISBN 7-80511-768-3:¥7.50

①TS941.7②TS974 046877
瑞丽服饰美容 (1)/《瑞丽服饰美容》编译组编译.—北京:中国轻工业出版社,1995.8.—88 页;28cm.—(世界时装与服饰丛书)
ISBN 7-5019-1801-5:¥13.50

①TS941.7②TS974 046878
职业女性的服饰美容/李伊宁编著.—北京:中国妇女出版社,1995.12.—152 页;19cm.—(职业女性丛书/张默主编)
ISBN 7-80131-008-X:¥7.00

TS943 046879
鞋讯 第二辑/广州八达经济发展有限公司编.—广州:广东科技出版社,1995.6.—160 页;29cm
ISBN 7-5359-1561-2:¥128.00

TS943 046880
鞋讯 第三辑/广州八达经济发展有限公司编.—广州:广东科技出版社,1995.9.—160 页;29cm
ISBN 7-5359-1562-0:¥128.00

①TS943.1②B834.3 046881
穿鞋的技巧/(美)诺曼(Norman,S.)著;吴象婴译.—北京:中国青年出版社,1995.8.—92 页;19cm.—(风采系列丛书)
ISBN 7-5006-1823-9:¥3.60

TS943.7 046882
皮鞋精品廊辑 (2)/于百计,郭明编.—北京:中国轻工业出版社,1995.7.—80 页:图版;26cm
ISBN 7-5019-1816-3:¥50.00

TS943.7 046883
皮鞋式样设计 800 款/中一贝,白宙丹编绘.—北京:中国轻工业出版社,1995.5.—172 页:图;26cm
ISBN 7-5019-1796-5:¥58.00

TS943 046884
鞋讯 第一辑/甘华昌,黄庆津主编.—广州:广东科技出版社,1995.3.—126 页;29cm
ISBN 7-5359-1499-3:¥128.00

TS943.7-64 046885
世界名鞋集'95/'96 春夏流行鞋款/广州市八达经济发展有限公司制作.—广州:广州出版社,1995.1.—2 册:图版;29cm
ISBN 7-80592-235-7:¥380.00

TS95 其他轻工业、手工业

TS951 046886
中国古代的文房四宝/邓瑞全编著.—北京:北京科学技术出版社,1995.1.—139 页;19cm.—(中国历史知识全书·灿烂文化/朱仲玉主编)
ISBN 7-5304-1659-6:¥3.90

TS951.4　　046887

电传打字机原理与维修/黄克俊主编.—北京:电子工业出版社,1995.5.—261页;26cm

电子工业工人技术等级培训教材·电子整机专业教材

ISBN 7-5053-2722-4:¥20.00

TS951.4　　046888

复印机经销和维修手册/康靖国,李晓宁编著.—桂林:广西师范大学出版社,1995.3.—316页;26cm

ISBN 7-5633-1994-8:¥50.00

TS951.4　　046889

复印机使用与维修400问/杨国治等编.—福州:福建科学技术出版社,1995.1.—489页;19cm

ISBN 7-5335-0843-2:¥13.00

TS951.4　　046890

静电复印机的维护与维修/李世文编著.—北京:原子能出版社,1995.2.—87页;19cm

ISBN 7-5022-1263-9:¥3.50

TS951.4　　046891

静电复印机原理与维修/姜有根主编;全国职业高中电子电器类专业教材编写组编.—北京:高等教育出版社,1995.9.—197页;26cm

全国职业高中国家教委规划教材 电子电器类专业

ISBN 7-04-005425-6:¥9.75

TS951.4　　046892

静电复印技术400问:静电复印机选购、使用、维修指南/包学诚主编;包政等编.—上海:上海交通大学出版社,1995.10.—282页;20cm

ISBN 7-313-01492-9:¥10.40

TS951.4　　046893

文印工作/葛颂编.—长沙:湖南科学技术出版社,1995.11.—174页;19cm

中等职业技术学校教材

ISBN 7-5357-1929-5:¥5.10

TS951.4-62　　046894

静电复印机检修调试技术手册/《静电复印机检修调试技术手册》编写组编.—北京:人民邮电出版社,1995.5.—932页;26cm

ISBN 7-115-05450-9:¥58.00

①TS956②J522　　046895

中外灯具造型2000例/张万鸿编绘.—上海:上海画报出版社,1995.12.—331页;17×19cm.—(知识画库)

ISBN 7-80530-175-1:¥12.80

①TS956②TU238　　046896

中外霓虹灯装饰1000例/蔚樟富主编.—杭州:浙江科学技术出版社,1995.9.—276页:彩图;26cm

ISBN 7-5341-0787-3(精装):¥120.00

TS958　　046897

布绒玩具设计与工艺/孙莉主编.—北京:中国轻工业出版社,1995.10.—179页:彩照;26cm

ISBN 7-5019-1789-2:¥16.50

TS958　　046898

大型电子游戏机原理及维修/张素彪编著.—成都:电子科技大学出版社,1995.12.—271页;26cm

ISBN 7-81043-200-1:¥17.00

TS958　　046899

电子玩具制作精选/赵奇等编.—长春:长春出版社,1995.5.—324页;19cm

ISBN 7-80604-179-6:¥9.50

TS958　　046900

电子游戏机原理及维修方法/唐桂明著.—上海:复旦大学出版社,1995.1.—148页;26cm

ISBN 7-309-01398-0:¥10.00

TS958　　046901

玩具制作精选/张今洁等编.—长春:长春出版社,1995.7.—94页;26cm

ISBN 7-80604-228-8:¥15.00

TS959.2　　046902

竹编/严士荣主编;俞樟根,徐华铛编.—上海:上海科技教育出版社,1995.8.—108页;26cm.—(编结技术丛书/卓晴君,马立主编)

ISBN 7-5428-1203-3:¥8.90

TS959.3　　046903

新编家具油漆:涂饰方法及装饰工艺/任宗发等主编.—南京:江苏科学技术出版社,1995.9.—555页;19cm

ISBN 7-5345-1989-6:¥18.20

TS959.3　　046904

油漆涂装技术1000问/俞磊,周永祥编.—2版(修订本).—杭州:浙江科学技术出版社,1995.12.—813页;19cm

ISBN 7-5341-0756-3:¥32.00

TS97 生活供应技术

TS97　　046905

HOW:秋日风采/郝铭鉴,(日)佐山重三主编.—上海:上海文化出版社,1995.—144页:彩照;29cm

ISBN 7-80511-822-1:¥18.00

TS97　　046906

生活巧购212/金峰主编;刘晓爱等编.—北京:中国经济出版社,1995.4.—181页;19cm.—(生活好运说丛书)

ISBN 7-5017-3382-1:¥4.50

TS97　　046907

生活小窍门/云秋,丁丁编.—杭州:浙江人民出版社,1995.6.—237页;19cm

ISBN 7-213-01204-5:¥6.50

TS97　　046908

现代农家生活指导/江苏省农林厅科教处主编;马荣棠等编著.—北京:中国农业出版社,1995.8.—275页;20cm

ISBN 7-109-04083-6:¥9.60

TS97　　046909

新编生活小窍门/浅儿编.—北京:国际文化出版公司,1995.5.—224页;19cm

ISBN 7-80105-268-4:¥7.60

TS97-49 046910

生活谬误 313/金峰主编;韩文祥等编.—北京:中国经济出版社,1995.4.—205页;19cm.—(生活好运说丛书)

ISBN 7-5017-3384-8:¥4.50

TS97-61 046911

现代家庭生活实用百科全书 (1):家政娱乐卷/李文刚主编;温榅分卷主编.—沈阳:辽宁民族出版社,1995.12.—331页;20cm

全套8卷,总定价:168.00元

ISBN 7-80527-575-0(精装):¥0.00

TS97-61 046912

现代家庭生活实用百科全书 (2):家教美育卷/李文刚主编;易军分卷主编.—沈阳:辽宁民族出版社,1995.12.—336页;20cm

全套8卷,总定价:168.00元

ISBN 7-80527-575-0(精装):¥0.00

TS97-61 046913

现代家庭生活实用百科全书 (3):家居美化卷/李文刚主编;徐丽雅分卷主编.—沈阳:辽宁民族出版社,1995.12.—332页;20cm

全套8卷,总定价:168.00元

ISBN 7-80527-575-0(精装):¥0.00

TS97-61 046914

现代家庭生活实用百科全书 (4):美容服饰卷/李文刚主编;王纯菲分卷主编.—沈阳:辽宁民族出版社,1995.12.—337页;20cm

全套8卷,总定价:168.00元

ISBN 7-80527-575-0(精装):¥0.00

TS97-61 046915

现代家庭生活实用百科全书 (5):家宴美食卷/李文刚主编;徐丽雅分卷主编.—沈阳:辽宁民族出版社,1995.12.—323页;20cm

全套8卷,总定价:168.00元

ISBN 7-80527-575-0(精装):¥0.00

TS97-61 046916

现代家庭生活实用百科全书 (6):保健养生卷/李文刚主编;李湘分卷主编.—沈阳:辽宁民族出版社,1995.12.—334页;20cm

全套8卷,总定价:168.00元

ISBN 7-80527-575-0(精装):¥0.00

TS97-61 046917

现代家庭生活实用百科全书 (7):电器养护卷/李文刚主编;张福昌分卷主编.—沈阳:辽宁民族出版社,1995.12.—335页;20cm

全套8卷,总定价:168.00元

ISBN 7-80527-575-0(精装):¥0.00

TS97-61 046918

现代家庭生活实用百科全书 (8):宠物花卉卷/李文刚主编;刘东杰分卷主编.—沈阳:辽宁民族出版社,1995.12.—339页;20cm

全套8卷,总定价:168.00元

ISBN 7-80527-575-0(精装):¥0.00

TS972 046919

趣谈饮食/施连方编著.—北京:党建读物出版社,1995.12.—108页;19cm.—(华夏知识趣谈丛书)

ISBN 7-80098-156-8:¥4.20

①TS972②G122 046920

辽宁独特食品三十九绝/吕国璋,李君主编.—沈阳:辽宁民族出版社,1995.12.—149页:彩图;19cm

ISBN 7-80527-520-3:¥12.80

①TS972②G122 046921

中国烹饪走向世界/李笑梅,才伟编著.—沈阳:辽宁人民出版社,1995.5.—177页;19cm.—(中国烹饪文化丛书/高国枢主编)

ISBN 7-205-03105-2:¥4.50

TS972-09 046922

中国淮扬饮食文化史/章仪明主编.—青岛:青岛出版社,1995.5.—226页:彩照;26cm.—(中华饮食文库)

ISBN 7-5436-1048-5(精装):¥58.00

TS972-61 046923

家庭厨房百科知识/伍国文等编撰.—2版(修订本).—上海:上海文化出版社,1995.2.—707页;20cm.—(五角丛书·豪华本/何承伟主编)

ISBN 7-80511-460-9:¥17.90

TS972-61 046924

英汉餐饮词典/陈丕琮编.—上海:上海译文出版社,1995.6.—888页;19cm

ISBN 7-5327-1391-1(精装):¥35.00

TS972.1 046925

百花争艳:首届元达杯全国青年厨师冷拼雕刻大赛获奖作品选/张仁庆主编;李方宇等摄影.—沈阳:辽宁科学技术出版社,1995.9.—130页:彩图;26cm

ISBN 7-5381-2158-7(精装):¥50.00

TS972.1 046926

冰箱食谱/上海文化出版社编.—3版.—上海:上海文化出版社,1995.5.—87页;19cm

ISBN 7-80511-027-1:¥3.40

TS972.1 046927

菜系简介/杜兴保主编.—沈阳:辽宁人民出版社,1995.5.—180页;19cm.—(中国烹饪文化丛书/高国枢主编)

ISBN 7-205-03111-7:¥4.50

TS972.1 046928

菜肴围边技巧/张旭东编著.—北京:金盾出版社,1995.12.—59页:彩图;19cm

ISBN 7-5082-0140-X:¥9.70

TS972.1 046929

菜肴围边造型技巧/薄奉久主编.—沈阳:辽宁科学技术出版社,1995.3.—93页:彩照;26cm

ISBN 7-5381-2100-5(精装):¥35.00

TS972.1 046930

餐厅调配集锦/赵仁荣主编.—上海:上海文化出版社,1995.12.—96页:彩图;21×17cm

ISBN 7-80511-825-6:¥20.00

TS972.1 046931

潮州菜图文全解一百例/梁小青主编;张树和摄影.—北京:中国旅游出版社,1995.5.—110页;

26cm.—(中国名菜图文全解丛书)
ISBN 7-5032-1000-1:¥55.00

TS972.1　046932
吃蛋百变法/蔡丽容著.—成都:四川科学技术出版社;香港:勤+缘出版社,1995.1.—152页;19cm.—(吃的百变法丛书)
ISBN 7-5364-2971-1:¥4.50

TS972.1　046933
吃鸡百变法/蔡丽容编著.—成都:四川科学技术出版社;香港:勤+缘出版社,1995.1.—165页;19cm.—(吃的百变法丛书)
ISBN 7-5364-2971-1:¥5.00

TS972.1　046934
厨师大全/鲁克才等编著.—北京:中国旅游出版社,1995.10.—712页;20cm
ISBN 7-5032-1161-X:¥25.00

TS972.1　046935
楚天风味/武清高编著.—武汉:武汉大学出版社,1995.11.—239页:彩图;19cm
ISBN 7-307-02072-6:¥14.50

TS972.1　046936
川鲁粤菜中菜/久生编著.—北京:中国商业出版社,1995.6.—200页;19cm
ISBN 7-5044-2333-5:¥5.50

TS972.1　046937
淡水鱼百变法/蔡丽容著.—成都:四川科学技术出版社;香港:勤+缘出版社,1995.1.—159页;19cm.—(吃的百变法丛书)
ISBN 7-5364-2971-1:¥4.70

TS972.1　046938
豆腐百变法/蔡丽容著.—成都:四川科学技术出版社;香港:勤+缘出版社,1995.1.—148页;19cm.—(吃的百变法丛书)
ISBN 7-5364-2971-1:¥4.50

TS972.1　046939
豆类保健食谱/罗俊卿等编著.—上海:上海远东出版社,1995.10.—207页;19cm
ISBN 7-80613-161-2:¥7.80

TS972.1　046940
豆制品菜谱200例/斐南,思怡编.—海口:南海出版公司,1995.2.—98页;19cm
ISBN 7-5442-0274-7:¥2.80

TS972.1　046941
豆制品菜肴精制200味/邵建华著.—上海:上海科学普及出版社,1995.7.—259页;19cm
ISBN 7-5427-0957-7:¥11.00

TS972.1　046942
儿童高营养菜点/赵淑霞主编.—北京:中国林业出版社,1995.3.—218页;19cm
ISBN 7-5038-1343-1:¥8.00

TS972.1　046943
儿童营养食谱/何瑞泉主编.—广州:华南理工大学出版社,1995.1.—376页;20cm
ISBN 7-5623-0789-X:¥18.00

TS972.1　046944
儿童营养食谱/杨柳主编.—北京:中国人口出版社,1995.6.—340页;19cm
ISBN 7-80079-273-0:¥9.40

TS972.1　046945
芳香花卉美味大众食谱/王增编著.—北京:人民军医出版社,1995.4.—142页;19cm.—(滋补食谱丛书)
ISBN 7-80020-532-0:¥5.50

TS972.1　046946
福建菜图文全解一百例/郑云著.—北京:中国旅游出版社,1995.9.—98页:彩图;26cm.—(中国名菜图文全解丛书)
ISBN 7-5032-1003-6:¥55.00

TS972.1　046947
福建菜图文全解一百例/郑云著.—北京:中国旅游出版社,1995.9.—98页:彩图;26cm.—(中国名菜图文全解丛书)
ISBN 7-5032-0278-5(精装):¥70.00

TS972.1　046948
福州风味小吃/胡冀闽编著.—福州:海潮摄影艺术出版社,1995.10.—92页;20cm
ISBN 7-80562-345-7:¥8.00

TS972.1　046949
瓜类百变法/蔡丽容编著.—成都:四川科学技术出版社;香港:勤+缘出版社,1995.1.—157页;19cm.—(吃的百变法丛书)
ISBN 7-5364-2971-1:¥5.30

TS972.1　046950
瓜蔬雕刻精选/李秀荣,李树林著.—北京:中国商业出版社,1995.8.—54页:彩图;19cm
ISBN 7-5044-2587-7:¥15.00

TS972.1　046951
怪菜:食花、食异、知青菜/卢郎著.—重庆:重庆出版社,1995.7.—252页;19cm
ISBN 7-5366-3202-9:¥7.60

TS972.1　046952
广东菜:续二:烹调技法/庄汉城,黎丽甜编著.—广州:广东科技出版社,1995.2.—217页;19cm
ISBN 7-5359-1266-4:¥6.80

TS972.1　046953
广东风味菜:潮州菜:汉英对照/李曾鹏展著.—广州:广东科技出版社,1995.8.—124页:照片;20cm
ISBN 7-5359-1483-7:¥16.80

TS972.1　046954
广东风味菜:海鲜:汉英对照/李曾鹏展著.—广州:广东科技出版社,1995.6.—127页:彩图;20cm.—(广东风味菜系列)
ISBN 7-5359-1484-5:¥12.80

TS972.1　046955
广东客家菜/王华主编.—广州:广东科技出版社,1995.10.—188页;19cm
ISBN 7-5359-1572-8:¥8.50

TS972.1　046956
广东美食/张家昌,肖青整理.—广州:广东科技出版

社,1995.1.—604 页;19cm
ISBN 7-5359-1363-6: ¥14.80

TS972.1 046957
广东名菜 (一)/许其和编著.—广州:广东科技出版社,1995.2.—120 页:彩图;26cm
ISBN 7-5359-1413-6(精装):¥68.00

TS972.1 046958
果蔬雕刻·菜肴围边/林晖编著;福建敬业酒店管理有限公司编.—福州:福建科学技术出版社,1995.7.—92 页:彩图;20cm.—(名菜精华丛书/陈建新主编)
ISBN 7-5335-0911-0: ¥14.00

TS972.1 046959
海鲜名菜 168 例/丁文编.—合肥:安徽美术出版社,1995.9.—79 页:彩图;26cm
ISBN 7-5398-0425-4: ¥23.80

TS972.1 046960
韩国料理/沈阳正昌宾馆编.—沈阳:辽宁科学技术出版社,1995.4.—104 页;26cm.—(世界美食丛书)
ISBN 7-5381-2136-6: ¥25.00

TS972.1 046961
黑色食谱/朱海涛,耿越主编.—济南:山东科学技术出版社,1995.10.—206 页:彩图;19cm
ISBN 7-5331-1654-2: ¥8.00

TS972.1 046962
湖南菜图文全解一百例/孙连捷主编;劳动大厦餐饮部编著.—北京:中国旅游出版社,1995.7.—110 页:彩图;26cm.—(中国名菜图文全解丛书)
ISBN 7-5032-0306-4(精装):¥70.00

TS972.1 046963
湖南菜图文全解一百例/孙连捷主编;劳动大厦餐饮部编著.—北京:中国旅游出版社,1995.7.—110 页:彩图;26cm.—(中国名菜图文全解丛书)
ISBN 7-5032-0995-X: ¥55.00

TS972.1 046964
淮扬菜图文全解一百例/丁章华主编.—北京:中国旅游出版社,1995.7.—110 页:彩图;26cm.—(中国名菜图文全解丛书)
ISBN 7-5032-0999-2: ¥55.00

TS972.1 046965
淮扬菜图文全解一百例/丁章华主编.—北京:中国旅游出版社,1995.7.—110 页:彩图;26cm.—(中国名菜图文全解丛书)
ISBN 7-5032-0303-X(精装):¥70.00

TS972.1 046966
家常川味菜/可嘉编著.—北京:中国商业出版社,1995.6.—156 页;19cm.—(可嘉温馨系列家常家谱)
ISBN 7-5044-2625-3: ¥4.80

TS972.1 046967
家常凉拌菜/可嘉编著.—北京:中国商业出版社,1995.6.—156 页;19cm.—(可嘉温馨系列家常家谱)
ISBN 7-5044-2625-3: ¥4.80

TS972.1 046968
家常面点制作 60 种/张玉林,岳华坤编著.—北京:金盾出版社,1995.3.—60 页;19cm
ISBN 7-5082-0000-4: ¥5.70

TS972.1 046969
家常汤粥谱/可嘉编著.—北京:中国商业出版社,1995.6.—156 页;19cm.—(可嘉温馨系列家常家谱)
ISBN 7-5044-2625-3: ¥4.80

TS972.1 046970
家常小炒精选/王素芳编著.—广州:华南理工大学出版社,1995.3.—362 页;19cm
ISBN 7-5623-0845-4: ¥10.80

TS972.1 046971
家常正宗川菜/李乐清编著.—太原:山西科学技术出版社,1995.6.—248 页:照片;19cm.—(美味家常菜系列丛书)
ISBN 7-5377-1118-6: ¥9.80

TS972.1 046972
家常正宗粤菜/陈实,张明编著.—太原:山西科学技术出版社,1995.6.—220 页:照片;19cm.—(美味家常菜系列丛书)
ISBN 7-5377-1119-4: ¥9.80

TS972.1 046973
家常炝炒菜/可嘉编著.—北京:中国商业出版社,1995.6.—156 页;19cm.—(可嘉温馨系列家常家谱)
ISBN 7-5044-2625-3: ¥4.80

TS972.1 046974
家庭菜点大观/祝宝钧主编.—2 版.—杭州:浙江科学技术出版社,1995.8.—761 页:照片;19cm
ISBN 7-5341-0741-5: ¥19.50

TS972.1 046975
家庭海味菜制作/郝祖涛编著.—济南:山东科学技术出版社,1995.12.—266 页;19cm
ISBN 7-5331-1685-2: ¥10.00

TS972.1 046976
家庭鲁粤川苏菜制作/赵健民,金洪霞编著.—济南:山东科学技术出版社,1995.11.—264 页:彩图;19cm
ISBN 7-5331-1682-8: ¥10.00

TS972.1 046977
家庭美食 .—杭州:浙江摄影出版社,1995.1.—72 页;26cm.—(摩登丛书)
ISBN 7-80536-301-3: ¥16.80

TS972.1 046978
家庭牛羊肉菜谱 300 例/张哲普,邢志兰编.—北京:中国农业科技出版社,1995.3.—166 页;19cm
ISBN 7-80026-743-1: ¥5.50

TS972.1 046979
家庭烹调第一书/何荣显编著.—长春:吉林科学技术出版社,1995.4.—618 页;19cm
ISBN 7-5384-1489-4: ¥14.80

TS972.1 046980
家庭素菜谱/曾文红主编.—北京:中国人口出版社,1995.3.—391 页;19cm
ISBN 7-80079-281-1: ¥11.00

TS972.1 046981
家庭素菜制作/王忠民,侯秀英编著.—济南:山东科学技术出版社,1995.12.—235 页:彩图;19cm

ISBN 7-5331-1687-9:¥10.00

TS972.1 046982

家庭西餐/姚鸣春,田嘉禄编著.—成都:四川科学技术出版社,1995.9.—240页:彩图;19cm.—(家庭烹饪丛书)

ISBN 7-5364-2909-6:¥8.00

TS972.1 046983

家庭小炒/卢平,一苇编.—广州:广东旅游出版社,1995.1.—151页;20cm.—(生活饮食系列)

ISBN 7-80521-553-7:¥6.50

TS972.1 046984

家宴冷餐谱/苗大林编著.—北京:金盾出版社,1995.11.—151页:彩照;19cm

ISBN 7-5082-0082-9:¥6.50

TS972.1 046985

家宴套餐百款/许春英等编著.—北京:中国轻工业出版社,1995.8.—127页;19cm

ISBN 7-5019-1785-X:¥5.50

TS972.1 046986

节假日菜谱/王永岚主编.—北京:中国青年出版社,1995.4.—300页:彩照;19cm.—(家庭现代生活知识荟萃)

ISBN 7-5006-1678-3:¥6.60

TS972.1 046987

锦绣前程:全国青年厨师冷拼大奖赛优秀作品选/张仁庆主编.—北京:中国轻工业出版社,1995.8.—107页:照片;26cm

ISBN 7-5019-1841-4:¥48.00

TS972.1 046988

精选古代食谱今译/刘竞等编著.—沈阳:辽宁人民出版社,1995.5.—178页;19cm.—(中国烹饪文化丛书/高国枢主编)

ISBN 7-205-03113-3:¥4.70

TS972.1 046989

冷菜·拼盘艺术/陈冰编著;福建敬业酒店管理有限公司编.—福州:福建科学技术出版社,1995.6.—60页:彩图;20cm.—(名菜精华丛书/陈建新主编)

ISBN 7-5335-0900-5:¥10.00

TS972.1 046990

冷菜拼摆图文全解一百例/孙连捷主编;劳动大厦餐饮部编著.—北京:中国旅游出版社,1995.5.—110页:彩图;26cm.—(中国名菜图文全解丛书)

ISBN 7-5032-0245-9:¥55.00

TS972.1 046991

冷菜拼摆图文全解一百例/孙连捷主编;劳动大厦餐饮部编著.—北京:中国旅游出版社,1995.5.—110页;26cm.—(中国名菜图文全解丛书)

ISBN 7-5032-1004-4(精装):¥70.00

TS972.1 046992

冷菜制作与食品雕刻/张荣春编.—北京:高等教育出版社,1995.4.—148页;20cm

国家教委规划教材 中等职业学校中餐烹饪专业

ISBN 7-04-005280-6:¥4.00

TS972.1 046993

辽宁烹饪名师/辽宁省商业饮食服务工人考核委员会,辽宁省饮食服务公司编.—沈阳:辽宁科学技术出版社,1995.11.—144页;26cm

ISBN 7-5381-2234-6(精装):¥50.00

TS972.1 046994

绿色食谱/朱海涛,耿越主编.—济南:山东科学技术出版社,1995.10.—293页:彩图;19cm

ISBN 7-5331-1655-0:¥10.00

TS972.1 046995

满汉全席记略/林苛步编著.—上海:上海交通大学出版社,1995.10.—209页;20cm

ISBN 7-313-01508-9:¥12.80

TS972.1 046996

美味家常菜/新华编.—北京:中国商业出版社,1995.4.—96页:照片;26cm

ISBN 7-5044-2297-5:¥18.00

TS972.1 046997

美味家庭晚餐/封长虎编著.—上海:上海科学技术文献出版社,1995.12.—321页;19cm

ISBN 7-5439-0787-9:¥8.80

TS972.1 046998

美味汤谱/刘永生主编;刘家伟等编.—北京:农村读物出版社,1995.4.—325页;19cm

ISBN 7-5048-2399-6:¥8.80

TS972.1 046999

面点制作技术/鲍治平主编.—北京:高等教育出版社,1995.4.—188页;20cm

国家教委规划教材 中等职业学校中餐烹饪专业

ISBN 7-04-005282-2:¥4.20

TS972.1 047000

名菜精华:中国十大菜系及地方名菜选/周三金编著. 北京:金盾出版社,1995.3. 309页;19cm

ISBN 7-80022-975-0:¥7.00

TS972.1 047001

名优风味菜/杨中编著.—沈阳:辽宁科学技术出版社,1995.10.—103页:彩图;26cm

ISBN 7-5381-2222-2:¥38.00

TS972.1 047002

拿手菜400例/白厚军,汪苏编.—北京:中国农业出版社,1995.12.—245页;19cm

ISBN 7-109-03798-3:¥11.00

TS972.1 047003

女性滋补养颜食谱/冰晶编.—广州:广东旅游出版社,1995.2.—156页;20cm.—(生活饮食系列)

ISBN 7-80521-554-5:¥6.80

TS972.1 047004

烹调技巧/梁树等编.—石家庄:河北科学技术出版社,1995.2.—178页;19cm.—(现代家庭生活小经验丛书)

ISBN 7-5375-1418-6:¥4.80

TS972.1 047005

烹饪概论/瞿弦音主编.—北京:高等教育出版社,1995.3.—160页;20cm

国家教委规划教材 中等职业学校中餐烹饪专业

ISBN 7-04-005285-7:¥3.95

TS972.1　047006

烹饪工艺大趋势:剖面叠合立体象形图解/刘平著.—北京:中国商业出版社,1995.2.—130页:彩图;26cm

ISBN 7-5044-2208-8:¥32.00

TS972.1　047007

烹饪美术/田伟主编.—北京:高等教育出版社,1995.8.—69页:照片;26cm

国家教委规划教材 中等职业学校中餐烹饪专业

ISBN 7-04-005356-X:¥7.80

TS972.1　047008

烹饪一绝集粹/周世其,宛树邦编著.—沈阳:辽宁人民出版社,1995.5.—151页;19cm.—(中国烹饪文化丛书/高国枢主编)

ISBN 7-205-03106-0:¥4.20

TS972.1　047009

烹饪原料加工技术/唐美雯主编;全国中等职业学校烹饪专业教材编写组编.—北京:高等教育出版社,1995.4.—127页:彩图;20cm

国家教委规划教材 中等职业学校中餐烹饪专业

ISBN 7-04-005283-0:¥4.30

TS972.1　047010

烹饪原料知识/孙一慰主编.—北京:高等教育出版社,1995.3.—261页;20cm

国家教委规划教材 中等职业学校中餐烹饪专业

ISBN 7-04-005231-8:¥5.90

TS972.1　047011

千款家常菜/新月等编著.—北京:中国轻工业出版社,1995.2.—468页;19cm

ISBN 7-5019-1694-2:¥15.80

TS972.1　047012

千味巧手/赵小敏,谭勇军编著.—成都:四川少年儿童出版社,1995.11.—137页;19cm.—(中学校园文化活动实用丛书)

ISBN 7-5365-1545-6:¥4.30

TS972.1　047013

巧手料理三餐乐/西乔等编.—北京:中国林业出版社,1995.9.—74页;19cm

ISBN 7-5038-1288-5:¥4.80

TS972.1　047014

切雕盘饰技法鉴赏:水果·蔬菜/剑鹰等编著.—贵阳:贵州科技出版社,1995.1.—158页:彩照;26cm

ISBN 7-80584-410-0(精装):¥89.00

TS972.1　047015

全能健康菜谱/赵玉编著.—海口:海南出版社,1995.7.—271页;19cm

ISBN 7-80617-170-3:¥8.20

TS972.1　047016

群龙戏珠:龙的造型菜点一百例/刘仁庆,刘恩海主编.—北京:中国旅游出版社,1995.11.—151页:彩图;19cm

ISBN 7-5032-1203-9:¥18.00

TS972.1　047017

热菜·海鲜类/陈建新主编;金星编著.—福州:福建科学技术出版社,1995.7.—60页:彩照;20cm.—(名菜精华)

ISBN 7-5335-0899-8:¥10.00

TS972.1　047018

热菜·肉禽类/陈建新主编;金星编著.—福州:福建科学技术出版社,1995.6.—58页:彩照;20cm.—(名菜精华)

ISBN 7-5335-0898-X:¥10.00

TS972.1　047019

热菜·素菜类/陈建新主编;金星编著.—福州:福建科学技术出版社,1995.6.—60页:彩照;20cm.—(名菜精华)

ISBN 7-5335-0897-1:¥10.00

TS972.1　047020

三口之家美食谱/东文编著.—武汉:武汉出版社,1995.8.—128页;19cm

ISBN 7-5430-1389-4:¥5.20

TS972.1　047021

上班族晚餐/胡慧乔著.—广州:广州出版社,1995.6.—177页;19cm

ISBN 7-80592-277-2:¥7.00

TS972.1　047022

上海菜图文全解一百例/李伯荣编著.—北京:中国旅游出版社,1995.8.—111页:彩图;26cm.—(中国名菜图文全解丛书)

ISBN 7-5032-1178-4:¥55.00

TS972.1　047023

上海菜图文全解一百例/李伯荣编著.—北京:中国旅游出版社,1995.8.—111页:彩图;26cm.—(中国名菜图文全解丛书)

ISBN 7-5032-1177-6(精装):¥70.00

TS972.1　047024

上海名厨邢宗恩花式冷盘集锦/李承智主编.—上海:上海文化出版社,1995.12.—90页:彩图;21×17cm

ISBN 7-80511-836-1:¥20.00

TS972.1　047025

省时简便菜精选/滕虹等编著.—北京:中国轻工业出版社,1995.1.—374页:彩图;19cm

ISBN 7-5019-1720-5:¥12.00

TS972.1　047026

时新菜肴家庭制法/张宁主编;锦江集团教育培训中心编著.—上海:上海中医药大学出版社,1995.12.—117页:照片;19cm

ISBN 7-81010-301-6:¥10.40

TS972.1　047027

时新快餐菜谱/纪成主编.—北京:中国林业出版社,1995.2.—163页;19cm

ISBN 7-5038-1450-0:¥7.00

TS972.1　047028

食品雕刻精华:北京首届食品雕刻大赛获奖作品集:汉英对照/石麒主编.—北京:国防大学出版社,1995.2.—111页:彩图;26cm.—(东方美食大系丛书)

ISBN 7-5626-0660-9:¥46.00

TS972.1 **047029**

食品雕刻与花色拼盘制作/戚应昊编著.—2版.—合肥:安徽科学技术出版社,1995.3.—230页:彩照;20cm

ISBN 7-5337-1174-2:¥9.00

TS972.1 **047030**

食品雕刻与冷拼艺术/赵惠源著.—2版(修订本).—北京:中国商业出版社,1995.7.—266页:彩图;20cm

ISBN 7-5044-0136-6:¥14.20

TS972.1 **047031**

食用菌美味大众食谱/王增编著.—北京:人民军医出版社,1995.4.—123页;19cm.—(滋补食谱丛书)

ISBN 7-80020-529-0:¥6.00

TS972.1 **047032**

实用菜谱精选:鲁菜300例/何畏编.—长春:吉林科学技术出版社,1995.10.—220页:彩照;19cm

ISBN 7-5384-0655-7:¥7.50

TS972.1 **047033**

实用家庭沙拉制作84例/翟俊杰,李乃尔编著.—北京:中国农业出版社,1995.5.—73页;19cm

ISBN 7-109-03648-0:¥3.25

TS972.1 **047034**

实用食品雕刻:水果切刻集/毛景海著.—沈阳:辽宁民族出版社,1995.12.—48页;26cm

ISBN 7-80527-592-0:¥14.00

TS972.1 **047035**

世界烹饪知识/王光慈,陈宗道主编.—北京:中国旅游出版社,1995.5.—175页;19cm

ISBN 7-5032-1005-2:¥4.90

TS972.1 **047036**

蔬食斋随笔别集:禽畜鸟兽篇/聂凤乔著.—太原:山西经济出版社,1995.4.—187页;20cm

ISBN 7-80577-858-2:¥8.00

TS972.1 **047037**

水产品巧做/耿晓明主编;赵福海等编写.—北京:中国林业出版社,1995.2.—176页;19cm

ISBN 7-5038-1341-5:¥7.00

TS972.1 **047038**

四季常用补品/晓龙编.—广州:广东旅游出版社,1995.1.—352页:彩图;20cm.—(生活饮食系列)

ISBN 7-80521-551-0:¥7.50

TS972.1 **047039**

四季老火靓汤/潘秀丽选编.—广州:广州出版社,1995.12.—133页;19cm

ISBN 7-80592-338-8:¥4.90

TS972.1 **047040**

素菜精粹/《素菜精粹》编写组编著.—北京:学苑出版社,1995.9.—212页;19cm

ISBN 7-5077-0859-4:¥7.60

TS972.1 **047041**

素食集锦/尚仁编著.—银川:宁夏人民出版社,1995.9.—62页:彩图;26cm

ISBN 7-227-01506-8:¥9.80

TS972.1 **047042**

特味小吃200例/白军厚,汪苏编著.—北京:中国农业出版社,1995.9.—166页;19cm

ISBN 7-109-03799-1:¥7.80

TS972.1 **047043**

甜品百变法/蔡丽容著.—成都:四川科学技术出版社;香港:勤+缘出版社,1995.1.—128页;19cm.—(吃的百变法丛书)

ISBN 7-5364-2971-1:¥3.90

TS972.1 **047044**

图解面点制作.—北京:中国连环画出版社,1995.9.—61页:彩图;26cm

ISBN 7-5061-0669-8:¥22.80

TS972.1 **047045**

微波炉食谱/程红斌编著.—广州:广东旅游出版社,1995.10.—205页;20cm

ISBN 7-80521-590-1:¥10.50

TS972.1 **047046**

现代家庭厨艺大全/舒池主编.—武汉:湖北辞书出版社,1995.5.—443页;20cm.—(新世纪生活系列)

ISBN 7-5403-0172-4:¥12.00

TS972.1 **047047**

现代美食菜谱大全/古辛主编.—武汉:湖北辞书出版社,1995.5.—443页;20cm.—(新世纪生活系列)

ISBN 7-5403-0173-2:¥12.00

TS972.1 **047048**

湘菜集锦/石荫祥编著.—长沙:湖南科学技术出版社,1995.3.—601页;20cm

ISBN 7-5357-1578-8:¥19.80

TS972.1 **047049**

小餐馆菜谱与烹调技艺/祝宝钧等编著.—2版.—杭州:浙江科学技术出版社,1995.6.—520页:彩图;20cm

ISBN 7-5341-0742-3:¥20.00

TS972.1 **047050**

新编大众菜谱198例/王维坤主编.—沈阳:辽宁科学技术出版社,1995.3.—108页:彩照;26cm

ISBN 7-5381-1999-X:¥17.00

TS972.1 **047051**

新编大众调料妙用1000法/尹伊主编.—天津:天津科技翻译出版公司,1995.4.—487页;19cm.—(新编大众菜谱系列)

ISBN 7-5433-0772-3:¥9.50

TS972.1 **047052**

新编大众面点198例/周洪喜主编.—沈阳:辽宁科学技术出版社,1995.3.—102页:彩照;26cm

ISBN 7-5381-1998-1:¥17.00

TS972.1 **047053**

新编大众面条饺子1000种/刘傲阳主编.—天津:天津科技翻译出版公司,1995.4.—467页;19cm.—(新编大众菜谱系列)

ISBN 7-5433-0772-3:¥9.50

TS972.1 **047054**

新编大众汤粥1000种/刘傲阳主编.—天津:天津科

技翻译出版公司,1995.4.—460页;19cm.—(新编大众菜谱系列)
ISBN 7-5433-0772-3:¥9.50

TS972.1　047055
新编大众鱼虾菜1000种/刘傲阳主编.—天津:天津科技翻译出版公司,1995.4.—493页;19cm.—(新编大众菜谱系列)
ISBN 7-5433-0772-3:¥9.50

TS972.1　047056
新编大众滋补1000种/刘傲阳主编.—天津:天津科技翻译出版公司,1995.4.—463页;19cm.—(新编大众菜谱系列)
ISBN 7-5433-0772-3:¥9.50

TS972.1　047057
新编家常菜谱/灵隽,恒亮编写.—上海:上海科学技术文献出版社,1995.2.—198页;19cm
ISBN 7-5439-0642-2:¥5.80

TS972.1　047058
新潮粤菜:汉英对照/东方美食大系丛书编写组编.—北京:中国商业出版社,1995.6.—96页:照片;26cm.—(东方美食大系/石麒,王岐主编)
ISBN 7-5044-2343-2:¥38.00

TS972.1　047059
新法食雕与拼摆技艺/李加乐编著.—北京:中国轻工业出版社,1995.4.—310页;20cm
ISBN 7-5019-1034-0:¥13.50

TS972.1　047060
新派川菜/陈清华,陈清友编写.—重庆:重庆出版社,1995.10.—215页:彩图;19cm
ISBN 7-5366-3239-8:¥8.30

TS972.1　047061
新派食雕与菜肴集锦/武录山著.—乌鲁木齐:新疆美术摄影出版社,1995.5.—104页:彩照;19cm
ISBN 7-80547-279-3:¥9.80

TS972.1　047062
星期天家庭菜谱:中、西餐/燕稼编.—北京:中国商业出版社,1995.12.—469页;19cm
附烹调基本知识
ISBN 7-5044-2958-9:¥16.60

TS972.1　047063
学烹饪:菜肴制作/朱炳元主编;新亚(集团)上海饮食服务学校编.—杭州:浙江摄影出版社,1995.4.—79页;26cm
ISBN 7-80536-251-3:¥16.00

TS972.1　047064
野味珍禽菜谱/王春林,何正芳编著.—上海:上海科学技术文献出版社,1995.11.—207页;19cm
ISBN 7-5439-0743-7:¥9.80

TS972.1　047065
玉溪风味菜谱/赵金诚主编;玉溪地区商业局,玉溪市商业局编.—昆明:云南民族出版社,1995.2.—315页:彩照;19cm
ISBN 7-5367-0961-7:¥12.00

TS972.1　047066
正宗潮菜/韩建平主编.—昆明:云南人民出版社,1995.7.—180页;19cm
ISBN 7-222-01796-8:¥8.80

TS972.1　047067
中餐烹调技术/周妙林主编.—北京:高等教育出版社,1995.4.—170页;20cm
国家教委规划教材 中等职业学校中餐烹饪专业
ISBN 7-04-005281-4:¥4.20

TS972.1　047068
中餐烹调师晋级考核菜点300例/杜兆生主编.—沈阳:辽宁科学技术出版社,1995.7.—266页;19cm
ISBN 7-5381-2224-9:¥8.50

TS972.1　047069
中国菜肴大典:禽鸟虫蛋卷/王子辉主编.—青岛:青岛出版社,1995.5.—877页;26cm.—(中华饮食文库)
ISBN 7-5436-1247-X(精装):¥218.00

TS972.1　047070
中国菜肴大典:畜兽产品卷/王子辉主编.—青岛:青岛出版社,1995.5.—688页;26cm.—(中华饮食文库)
ISBN 7-5436-1274-7(精装):¥178.00

TS972.1　047071
中国餐馆菜:点心篇/李伯彤,刘丽青编.—贵阳:贵州科技出版社,1995.3.—90页:彩照;20cm
ISBN 7-80584-426-7:¥18.00

TS972.1　047072
中国餐馆菜:海鲜篇/李伯彤,刘丽青编.—贵阳:贵州科技出版社,1995.3.—90页:照片;20cm
ISBN 7-80584-426-7:¥18.00

TS972.1　047073
中国餐馆菜:鸡鸭篇/李伯彤,刘丽青编.—贵阳:贵州科技出版社,1995.3.—90页:彩照;20cm
ISBN 7-80584-426-7:¥18.00

TS972.1　047074
中国餐馆菜:肉食篇/李伯彤,刘丽青编.—贵阳:贵州科技出版社,1995.3.—90页:彩照;20cm
ISBN 7-80584-426-7:¥18.00

TS972.1　047075
中国餐馆菜:素食篇/李伯彤,刘丽青编.—贵阳:贵州科技出版社,1995.3.—90页:彩照;20cm
ISBN 7-80584-426-7:¥18.00

TS972.1　047076
中国餐馆菜:汤羹篇/李伯彤,刘丽青编.—贵阳:贵州科技出版社,1995.3.—90页:彩照;20cm
ISBN 7-80584-426-7:¥18.00

TS972.1　047077
中国典故名菜百例续篇/孙汉文,张仁庆编著.—北京:中国旅游出版社,1995.2.—137页;19cm.—(中国美食丛书)
ISBN 7-5032-1129-6:¥4.80

TS972.1　047078
中国古今豆腐名菜荟萃/杜博韬编著.—哈尔滨:哈尔滨船舶工程学院出版社,1995.8.—139页;19cm

ISBN 7-81007-547-0:¥5.00

TS972.1　047079

中国火锅菜集萃/马凤琴,徐广泽编.—北京:北京理工大学出版社,1995.6.—397页;19cm

ISBN 7-81045-006-9:¥11.00

TS972.1　047080

中国面点史/邱庞同著.—青岛:青岛出版社,1995.5.—191页:彩照;26cm.—(中华饮食文库)

ISBN 7-5436-1276-3(精装):¥58.00

TS972.1　047081

中国名菜谱:黑龙江风味/杨东起主编;黑龙江省服务局,黑龙江省烹饪协会编写.—北京:中国财政经济出版社,1995.2.—276页:彩图;26cm

ISBN 7-5005-2736-5:¥30.00

TS972.1　047082

中国名菜荟萃:全国厨师培训班优秀作品选　(2)/张仁庆主编.—北京:中国轻工业出版社,1995.6.—145页:彩图;20cm

ISBN 7-5019-1763-9:¥28.00

TS972.1　047083

中国烹饪走向新世纪:第二届中国烹饪学术研讨会论文选集/中国烹饪协会编.—北京:经济日报出版社,1995.1.—367页:彩图;20cm

ISBN 7-80036-728-2:¥19.80

TS972.1　047084

中国食经:热菜/翟弦音,冉先德主编.—北京:中国友谊出版公司,1995.4.—528页;26cm

ISBN 7-5057-0827-9(精装):¥78.00

TS972.1　047085

中国筵席宴会大典/陈光新编著.—青岛:青岛出版社,1995.5.—832页;26cm.—(中华饮食文库)

ISBN 7-5436-1226-7(精装):¥198.00

TS972.1　047086

中华传统风味小吃/亮中等编.—北京:地质出版社,1995.11.—422页;19cm

ISBN 7-116-01665-1:¥12.50

TS972.1　047087

中华野菜食谱/孙进柱主编.—北京:人民出版社,1995.11.—548页:彩照;20cm

ISBN 7-01-002218-6:¥28.00

TS972.1　047088

中华野味野菜谱/蔡光焰编著.—北京:中国农业科技出版社,1995.8.—195页;19cm

ISBN 7-80026-838-1:¥6.80

TS972.1　047089

中华粥谱/蔡光焰编.—北京:中国农业科技出版社,1995.2.—167页;19cm

ISBN 7-80026-837-3:¥5.50

TS972.1　047090

中式烹饪/赵建民等编著.—济南:黄河出版社,1995.5.—3册;20cm

中式烹调师培训教材

ISBN 7-80558-603-9:¥28.00

TS972.1　047091

中式烹饪:实习菜谱/李志刚编著.—济南:黄河出版社,1995.5.—388页;20cm

中式烹调师培训教材

ISBN 7-80558-604-7:¥12.00

TS972.1　047092

中西点心/陈建新主编;林国珊编著.—福州:福建科学技术出版社,1995.7.—60页:彩照;20cm.—(名菜精华)

ISBN 7-5335-0901-3:¥10.00

TS972.1　047093

中州美食/邓成学主编;《中州美食》编委会编.—北京:现代出版社,1995.4.—490页:照片;20cm

ISBN 7-80028-269-4(精装):¥28.00

TS972.1　047094

滋补炖品:中英对照/李曾鹏展著.—广州:广东科技出版社,1995.8.—126页:彩图;126cm.—(广东风味菜系列)

ISBN 7-5359-1486-1:¥16.80

TS972.1　047095

最佳简易套餐365/叶连海,郝淑秀主编;《最佳简易套餐365》编写组编著.—北京:学苑出版社,1995.5.—386页;19cm

ISBN 7-5077-0861-6:¥12.50

TS972.1　047096

最新儿童营养菜谱/林平编著.—广州:广州出版社,1995.10.—203页;19cm

ISBN 7-80592-323-X:¥8.00

TS972.1　047097

最新烹饪实用手册/马开良著.—南京:江苏人民出版社,1995.8.—265页;19cm

ISBN 7-214-01537-4:¥9.50

TS972.1　047098

筵席设计及菜单书法/林粤生编著.—广州:华南理工大学出版社,1995.11.—117页;20cm

ISBN 7-5623-0930-2:¥38.00

①TS972.1②I277.3　047099

名食传说/宛树邦编著.—沈阳:辽宁人民出版社,1995.5.—216页;19cm.—(中国烹饪文化丛书/高国枢主编)

ISBN 7-205-03104-4:¥5.50

①TS972.1②K892.445　047100

新疆美食/楼望皓编著.—乌鲁木齐:新疆美术摄影出版社,1995.5.—302页:照片;19cm

ISBN 7-80547-272-6:¥15.80

①TS972.1②Q949.91　047101

美味野菜/李寿乔,邵小明编著.—北京:新时代出版社,1995.1.—167页:照片;19cm

ISBN 7-5042-0228-2:¥6.80

①TS972.1②R153.2　047102

小朋友的菜谱和营养/谢祥鳌等编著.—广州:广州出版社,1995.11.—164页:彩图;19cm

ISBN 7-80592-341-8:¥7.30

①TS972.1②R153.2　047103

小学生营养食谱手册/于若木主编.—上海:上海辞

书出版社,1995.12.—498 页;19cm.—(营养食谱丛书)
ISBN 7-5326-0372-5: ¥16.90

①TS972.1②R247.1　　047104
营养汤谱:家庭自制保健汤 300 例/党毅,张仁庆编著.—北京:经济日报出版社,1995.9.—205 页;19cm.—(中国食文化丛书)
ISBN 7-80127-050-9: ¥19.20

TS972.1-41　　047105
技工学校中式烹调专业教改教学计划与教学大纲/劳动部教材办公室组织编写.—北京:中国劳动出版社,1995.7.—111 页;19cm
ISBN 7-5045-1626-0: ¥5.00

TS972.1-43　　047106
西式面点师:初级、中级、高级/《职业技能鉴定教材》编审委员会,《职业技能鉴定指导》编审委员会编.—北京:中国劳动出版社,1995.9.—242 页;20cm
职业技能鉴定教材·职业技能鉴定指导
ISBN 7-5045-1661-9: ¥10.00

TS972.1-43　　047107
西式烹调师:初级、中级、高级/《职业技能鉴定教材》、《职业技能鉴定指导》编审委员会编.—北京:中国劳动出版社,1995.10.—233 页;20cm
职业技能鉴定教材·职业技能鉴定指导
ISBN 7-5045-1662-7: ¥10.00

TS972.1-43　　047108
中级烹调师培训教材/何荣显主编 .—长春:吉林科学技术出版社,1995.4.—633 页;19cm
ISBN 7-5384-1488-6: ¥16.80

TS972.1-43　　047109
中式面点师:初级、中级、高级/《职业技能鉴定教材》编审委员会,《职业技能鉴定指导》编审委员会编.—北京:中国劳动出版社,1995.8.—310 页;20cm
职业技能鉴定教材·职业技能鉴定指导
ISBN 7-5045-1658-9: ¥11.50

TS972.1-43　　047110
中式烹调师:初级、中级、高级/《职业技能鉴定教材》编审委员会,《职业技能鉴定指导》编审委员会编.—北京:中国劳动出版社,1995.7.—484 页;20cm
职业技能鉴定教材·职业技能鉴定指导
ISBN 7-5045-1659-7: ¥18.50

TS972.1-61　　047111
餐桌菜典:安徽风味/袁洪业,李荣惠主编;《安徽风味》编写组编.—青岛:青岛出版社,1995.4.—189 页;19cm
ISBN 7-5436-1259-3: ¥8.00

TS972.1-61　　047112
餐桌菜典:福建风味/袁洪业,李荣惠主编;《福建风味》编写组编.—青岛:青岛出版社,1995.4.—244 页;19cm
ISBN 7-5436-1265-8: ¥10.00

TS972.1-61　　047113
餐桌菜典:广东风味/袁洪业,李荣惠主编;《广东风味》编写组编.—青岛:青岛出版社,1995.4.—255 页;19cm
ISBN 7-5436-1267-4: ¥9.50

TS972.1-61　　047114
餐桌菜典:湖南风味/袁洪业,李荣惠主编;《湖南风味》编写组编.—青岛:青岛出版社,1995.4.—213 页;19cm
ISBN 7-5436-1261-5: ¥8.80

TS972.1-61　　047115
餐桌菜典:烹饪百诀/袁洪业,李荣惠主编;《烹饪百诀》编写组编.—青岛:青岛出版社,1995.4.—200 页;19cm
ISBN 7-5436-1260-7: ¥8.00

TS972.1-61　　047116
餐桌菜典:山东风味/袁洪业,李荣惠主编;郑宝俊编.—青岛:青岛出版社,1995.4.—200 页;19cm
ISBN 7-5436-1266-6: ¥8.50

TS972.1-61　　047117
餐桌菜典:四川风味/袁洪业,李荣惠主编;《四川风味》编写组编.—青岛:青岛出版社,1995.4.—234 页;19cm
ISBN 7-5436-1264-X: ¥10.00

TS972.1-61　　047118
餐桌菜典:苏扬风味/袁洪业,李荣惠主编;《苏扬风味》编写组编.—青岛:青岛出版社,1995.4.—283 页;19cm
ISBN 7-5436-1258-5: ¥10.00

TS972.1-61　　047119
餐桌菜典:西餐风味/袁洪业,李荣惠主编;林承步编著.—青岛:青岛出版社,1995.4.—318 页;19cm
ISBN 7-5436-1262-3: ¥12.00

TS972.1-61　　047120
餐桌菜典:浙江风味/袁洪业,李荣惠主编;《浙江风味》编写组编.—青岛:青岛出版社,1995.4.—200 页;19cm
ISBN 7-5436-1263-1: ¥8.50

TS972.1-61　　047121
中国菜肴大典:海鲜水产卷/王子辉主编.—青岛:青岛出版社,1995.1.—69,1090,69 页;26cm.—(中华饮食文库)
ISBN 7-5436-1241-0(精装): ¥258.00

TS972.1-61　　047122
中国砂锅菜大全/马凤琴,徐广泽编.—北京:北京理工大学出版社,1995.6.—514 页;19cm
ISBN 7-81045-005-0: ¥12.50

TS972.1-64　　047123
彩色图解四季菜谱/寿端兮著.—杭州:浙江科学技术出版社,1995.1.—119 页;28cm
ISBN 7-5341-0736-9: ¥39.00

TS972.1-64　　047124
家宴菜谱/宋国纪主编;王宇等编 .—杭州:浙江科学技术出版社,1995.1.—70 页;26cm
ISBN 7-5341-0823-3: ¥19.80

TS972.1-64　　047125
特色点心图谱/张宁主编;锦江集团教育培训中心编.—上海:上海科学技术文献出版社,1995.5.—117

页;26cm
ISBN 7-5439-0643-0:¥43.00

TS972.1-64　**047126**

中国名厨名菜名点图谱/吴春主编.—上海:上海科学技术文献出版社,1995.7.—277页:彩照;29cm
ISBN 7-5439-0645-7(精装):¥148.00

TS972.23　**047127**

餐巾折花/姜松龄,祝宝钧编著.—杭州:浙江人民出版社,1995.3.—139页:彩照;26cm
ISBN 7-213-01230-4:¥16.00

TS972.23　**047128**

餐巾折花246例/《餐巾折花246例》编写组编.—北京:中国商业出版社,1995.7.—255页:彩图;19cm
ISBN 7-5044-2122-7:¥16.80

TS974　**047129**

15种最新国际流行发型设计/《15种最新国际流行发型设计》编写组编.—北京:人民中国出版社,1995.9.—80页:彩照;29cm
ISBN 7-80065-559-8:¥33.60

TS974　**047130**

长发造型与梳理技巧　(上)/(加)杰弗瑞(Jeffery, A.),(加)特娜(Terner, V.)编著;天禾译.—北京:中国商业出版社,1995.3.—93页;18×17cm
ISBN 7-5044-2540-0:¥11.80

TS974　**047131**

长发造型与梳理技巧　(下)/(加拿大)杰弗瑞(Jeffery, A.)编著;天禾译.—北京:中国商业出版社,1995.3.—110页;18×17cm
ISBN 7-5044-2656-3:¥11.80

TS974　**047132**

春夏秋冬美容/任力编著.—北京:国际文化出版公司,1995.3.—124页:彩照;26cm
ISBN 7-80105-200-5:¥38.00

TS974　**047133**

发饰与美发/刘克宁等编 .—北京:中国轻工业出版社,1995.7.—96页:照片;28cm
ISBN 7-5019-1787-6:¥18.80

TS974　**047134**

发型设计200/阿丹编.—天津:天津科学技术出版社,1995.11.—56页;29cm
ISBN 7-5308-1960-7:¥32.00

TS974　**047135**

发髻精粹/冯秀玲,刘明慈编著 .—哈尔滨:黑龙江科学技术出版社,1995.3.—96页:照片;26cm
ISBN 7-5388-2697-1:¥38.00

TS974　**047136**

妇女形象美的塑造/张丽芳,周季平著.—北京:中国妇女出版社,1995.9.—162页;19cm
ISBN 7-80016-487-X:¥6.80

TS974　**047137**

国际尖端美发:短发、盘发发型/宋丽娜编著.—上海:上海交通大学出版社,1995.8.—153页:彩图;29cm
ISBN 7-313-01542-9:¥78.00

TS974　**047138**

国际尖端美发:中长发、辫发、婚礼发型/宋丽娜编著.—上海:上海交通大学出版社,1995.8.—153页:彩图;29cm
ISBN 7-313-01543-7:¥78.00

TS974　**047139**

国际美容造形　第2辑/毕淑敏主编.—上海:上海科学普及出版社,1995.6.—119页:彩照;29cm
ISBN 7-5427-0969-0:¥28.00

TS974　**047140**

国际美容造形　第3辑/毕淑敏,(日)出羽健一主编.—上海:上海科学普及出版社,1995.—119页:彩图;29×21cm
ISBN 7-5427-0995-X:¥28.00

TS974　**047141**

国际美容造形　第4辑/毕淑敏,(日)山本晃之主编.—上海:上海科学普及出版社,1995.12.—119页:彩照;29cm
ISBN 7-5427-0998-4:¥28.00

TS974　**047142**

果菜健康美容百宝箱/(新加坡)郑华编著.—北京:现代出版社,1995.2.—176页;29cm
ISBN 7-80028-252-X(精装):¥190.00

TS974　**047143**

化妆精典/苏镜心,李临池编著.—杭州:中国美术学院出版社,1995.3.—95页;14×11cm
ISBN 7-81019-401-1:¥10.00

TS974　**047144**

回溯发型/《回溯发型》编写组编.—北京:人民中国出版社,1995.9.—80页:彩照;29cm
ISBN 7-80065-557-1:¥33.60

TS974　**047145**

假日美容/白虹选编.—杭州:浙江人民美术出版社,1995.10.—56页:彩图;26cm.—(星期天丛书)
ISBN 7-5340-0512-4:¥14.80

TS974　**047146**

剪发美集:长短发修剪技巧/人民中国出版社编.—北京:人民中国出版社,1995.9.—80页;29cm.—(国际标榜发型丛书)
ISBN 7-80065-556-3:¥33.60

TS974　**047147**

美容技术/劳动部教材办公室组织编写.—北京:中国劳动出版社,1995.11.—65页:彩图;26cm
全国就业训练美容专业统编教材
ISBN 7-5045-1746-1:¥18.00

TS974　**047148**

色彩与纹理:染发的艺术.—北京:人民中国出版社,1995.9.—79页;29cm.—(国际标榜发型丛书)
ISBN 7-80065-558-X:¥33.60

TS974　**047149**

上海流行发型/上海新亚(集团)技术服务公司,上海美发美容协会编 .—北京:金盾出版社,1995.11.—130页:彩照;26cm
ISBN 7-5082-0094-2:¥20.00

TS974　**047150**

时尚发型:英汉对照.—上海:上海人民美术出版社,1995.1.—80页:照片;38cm+手册
ISBN 7-5322-1417-6:¥100.00

TS974　047151
实用发型设计与梳理/毛晓晶著.—沈阳:春风文艺出版社,1995.11.—100页:彩照;26cm
ISBN 7-5313-1543-2:¥19.80

TS974　047152
实用美容大全/张丽芳主编.—北京:星球地图出版社,1995.11.—381页;20cm
ISBN 7-80104-008-2:¥16.00

TS974　047153
王黎馨教你做晚妆发型/王黎馨主编.—哈尔滨:哈尔滨出版社,1995.6.—58页:彩照;29cm
ISBN 7-80557-798-6:¥48.00

TS974　047154
现代美容技巧/胡兰生编著;胡建生摄影.—北京:金盾出版社,1995.6.—89页;26cm
ISBN 7-5082-0029-2:¥18.00

TS974　047155
怎样选用化妆品:护肤护发美容/傅冠民等编著.—北京:华龄出版社,1995.1.—70页:彩图;26cm
ISBN 7-80082-382-2:¥12.80

TS974　047156
自然养颜美容术/杜杰慧编著.—北京:中国妇女出版社,1995.9.—96页:彩图;26cm
ISBN 7-80016-385-7:¥35.00

TS974　047157
自我护肤技艺/余静译.—杭州:浙江科学技术出版社,1995.10.—159页;10×13cm
ISBN 7-5341-0856-X:¥16.00

TS974　047158
自我形象设计/徐晶著.—北京:北京大学出版社,1995.6.—127页:照片;21cm
ISBN 7-301-02824-5:¥68.00

TS974　047159
最新国际流行剪发烫发技艺/(美)Young,K.等著;禹天安,孟方译.—北京:高等教育出版社,1995.5.—119页;26cm
ISBN 7-04-005295-4:¥8.20

TS974　047160
最新流行辫型/齐东明编.—长春:吉林科学技术出版社,1995.1.—48页;26cm
ISBN 7-5384-1472-X:¥13.50

TS974　047161
最新流行发型/齐东明,吴维编.—长春:吉林科学技术出版社,1995.1.—48页;26cm
ISBN 7-5384-1471-1:¥13.50

TS974　047162
靓女发型/晓凡主编;刘莉等编写.—哈尔滨:哈尔滨出版社,1995.4.—2册:彩图;26cm
ISBN 7-80557-805-2:¥50.00

①TS974②B834.3　047163
女人·美丽的蜕变/陈玲玲著.—上海:上海人民美术出版社,1995.11.—87页;29cm
ISBN 7-5322-1529-6:¥58.00

①TS974②R161　047164
东西方美容化妆荟萃/碧落主编.—北京:中国物资出版社,1995.6.—195页;19cm
ISBN 7-5047-1100-4:¥7.80

①TS974②R168　047165
护肤精典/苏镜心编著.—杭州:中国美术学院出版社,1995.3.—95页;14×11cm
ISBN 7-81019-400-3:¥10.00

①TS974②R275.905　047166
美容祛斑100法/刘晓燕等编著.—北京:中国医药科技出版社,1995.5.—188页;19cm.—(常见病防治和食疗100法系列)
ISBN 7-5067-1252-0:¥5.80

TS974-43　047167
美发师:初级、中级、高级/《职业技能鉴定教材》编审委员会,《职业技能鉴定指导》编审委员会编.—北京:中国劳动出版社,1995.7.—277页;20cm
职业技能鉴定教材·职业技能鉴定指导
ISBN 7-5045-1656-2:¥11.50

TS976　047168
打扮36忌/柳萍编著;李欣绘.—北京:中国经济出版社,1995.8.—215页:图;19cm.—(新编36忌丛书)
ISBN 7-5017-1948-9:¥8.80

TS976　047169
家庭生活技巧1001/齐平我,肖里主编.—北京:中国青年出版社,1995.4.—550页;19cm.—(1001系列丛书)
ISBN 7-5006-1827-1:¥15.30

TS976　047170
家务事绝、窍、妙500招/胡祥明主编;孙旭东编.—北京:科学普及出版社,1995.1.—110页;26cm.—(家庭生活指南系列丛书;3)
ISBN 7-110-03850-5:¥5.90

TS976　047171
健康美　第1册/《健康美》编辑部编.—北京:中国商业出版社,1995.7.—112页;27cm.—(女人家丛书)
ISBN 7-5044-2405-6:¥8.00

TS976　047172
农村孩子的小窍门/梅慕良编著;刘丹绘.—济南:明天出版社,1995.4.—152页;20cm.—(全国小学生课外丛书/李仲汉主编)
全套书共120册,总定价385.00元
ISBN 7-5332-2142-7:¥0.00

TS976　047173
生活小指南/(美)布朗(Brown,H.J.)著;顾秋山等译.—哈尔滨:黑龙江人民出版社,1995.8.—148页;19cm
ISBN 7-207-02753-2:¥8.00

TS976　047174
生活新窍门/杜存武,刘雁行编.—西安:陕西科学技术出版社,1995.7.—122页;19cm.—(科技兴农实用新技术丛书/林季周主编)

ISBN 7-5369-2224-8:￥3.80

TS976 **047175**

现代家政/蒋爱群,张蓉编著.—北京:中国农业出版社,1995.2.—237页;20cm

ISBN 7-109-03615-4:￥7.80

TS976 **047176**

职业女性的家庭管理/沈兰萍编著.—北京:中国妇女出版社,1995.12.—149页;19cm.—(职业女性丛书/张默主编)

ISBN 7-80131-009-8:￥7.00

①TS976②Z228 **047177**

最新生活秘方800法/李萍,武维恒主编.—北京:中国工人出版社,1995.3.—383页;26cm

ISBN 7-5008-1757-6:￥19.50

TS976-62 **047178**

96家庭理财年册/沈阳合作银行编.—沈阳:白山出版社,1995.10.—82页;19cm

ISBN 7-80566-443-9:￥6.50

TS976-62 **047179**

家庭实用大全/文心编著.—北京:中国商业出版社,1995.10.—353页;20cm

ISBN 7-5044-3051-X:￥14.60

TU 建筑科学

TU **047180**

建设部科技成果推广项目简介汇编　1995/建设部科技发展司,建设部科技发展促进中心编.—北京:中国建筑工业出版社,1995.5.—294页;26cm

ISBN 7-112-02622-9:￥16.50

TU **047181**

建筑概论/姜丽荣等主编.—北京:中国建筑工业出版社,1995.8.—189页;26cm

高等学校教学用书

ISBN 7-112-02615-6:￥13.00

TU **047182**

建筑工程概论/周勇主编.—南昌:江西高校出版社,1995.8.—341页;26cm

ISBN 7-81033-526-X:￥24.80

TU **047183**

建筑工程概论/徐春兰主编.—北京:中国商业出版社,1995.12.—471页;19cm

全国财经类高等专科学校投资经济(管理)学科教材

ISBN 7-5044-3134-6:￥18.20

TU **047184**

怎样当好建筑施工员/俞宾辉主编.—修订本.—济南:山东科学技术出版社,1995.5.—715页;26cm

ISBN 7-5331-1491-4:￥34.00

TU-05 **047185**

建筑企业实用公共关系艺术/徐长山主编;吴然等编著.—北京:中国铁道出版社,1995.4.—222页;20cm

ISBN 7-113-01995-1:￥8.00

TU-05 **047186**

土楼与中国传统文化/林嘉书著.—上海:上海人民出版社,1995.6.—386页:彩图;20cm

ISBN 7-208-01764-6:￥20.00

TU-09 **047187**

历史建筑之谜/李原,向大济编著.—上海:上海远东出版社,1995.10.—316页;19cm.—(21世纪人才文库·科学馆)

ISBN 7-80613-084-5:￥13.50

TU-092 **047188**

泉州市建筑志/张千秋主编;泉州市建委修志办公室编.—北京:中国城市出版社,1995.12.—487页:彩照;26cm.—(福建省泉州市地方志丛书)

ISBN 7-5074-0785-3(精装):￥250.00

TU-092 **047189**

中国古代建筑艺术/赵擎寰,郭玉兰编著.—北京:北京科学技术出版社,1995.1.—154页;19cm.—(中国历史知识全书/朱仲玉主编)

ISBN 7-5304-1677-4:￥3.90

TU-092 **047190**

中国建筑精粹/王希华著.—合肥:安徽少年儿童出版社,1995.10.—314页;20cm.—(中国传统文化精粹丛书/钱念孙主编)

ISBN 7-5397-1158-2(精装):￥8.70

TU-092 **047191**

中国建筑与园林:天人合一的构架世界/王三山著.—武汉:湖北人民出版社,1995.4.—146页;19cm.—(青少年文史库/王余光,王三山主编)

ISBN 7-216-01674-2:￥4.80

TU-092 **047192**

住宅与我们/李彤,张琰编著.—上海:上海科技教育出版社,1995.10.—184页;20cm.—(国民科技教育丛书/邓伟志主编)

ISBN 7-5428-1061-8:￥9.60

①TU-092②G122 **047193**

居家文化/尹国均编著.—北京:中国经济出版社,1995.3.—141页;19cm.—(雅俗文化书系·赏鉴类/严平主编)

ISBN 7-5017-3238-8:￥6.60

①TU-092②TU241.5-09 **047194**

居民史论与文化:中国传统民居国际学术研讨会论文集/陆元鼎主编.—广州:华南理工大学出版社,1995.6.—238页;26cm

ISBN 7-5623-0870-5:￥30.00

TU-092.2 **047195**

和谐成趣的中国建筑/韩雪临著.—沈阳:辽宁古籍出版社,1995.5.—193页;19cm.—(中华民族优秀传统文化丛书·艺术卷/赵宪章主编)

本卷8册,总定价:43.00元

ISBN 7-80507-280-9:￥0.00

TU-092.31 **047196**

楚国土木工程研究/王崇礼著.—武汉:湖北科学技术出版社,1995.10.—277页;26cm

ISBN 7-5352-1752-4:￥25.00

TU-092.44 **047197**

营造法式/(宋)李诫编.—影印本.—北京:中国书店,1995.5.—8册;29cm

ISBN 7-80568-012-4(线装):¥950.00

TU-092.49　047198

故宫建筑揭秘/姜舜源著.—北京:紫禁城出版社,1995.8.—158页:彩图;20cm.—(清宫史丛书)

ISBN 7-80047-202-7:¥8.50

TU-092.5　047199

河南近代建筑史/刘征远主编;河南近代建筑史编辑委员会编著.—北京:中国建筑工业出版社,1995.7.—412页;26cm

ISBN 7-112-02623-7(精装):¥50.00

TU-092.5　047200

商丘近代建筑史/杨瑞奇,朱明伦著.—郑州:中州古籍出版社,1995.3.—202页;20cm.—(河南省专业志丛书)

ISBN 7-5348-1211-9:¥12.80

TU-092.5　047201

中国近代建筑总览:大连篇/汪坦,(日)藤森照信总主编;眭庆曦等主编.—北京:中国建筑工业出版社,1995.12.—130页;28cm

ISBN 7-112-02607-5:¥25.00

TU-092.5　047202

中国近代建筑总览:沈阳篇/汪坦,(日)藤森照信总主编;陈伯超等主编.—北京:中国建筑工业出版社,1995.12.—129页;28cm

ISBN 7-112-02608-3:¥25.00

TU-092.5　047203

中国近代建筑总览:营口篇/曹汛等主编.—北京:中国建筑工业出版社,1995.12.—88页;28cm

ISBN 7-112-02656-3:¥20.00

TU-092.6　047204

叩开鲁班的大门:中国营造学社史略/林洙著.—北京:中国建筑工业出版社,1995.10.—151页;28cm

ISBN 7-112-02619-9:¥26.00

TU-092.8　047205

新疆民居/严大椿主编;新疆土木建筑学会编著.—北京:中国建筑工业出版社,1995.8.—307页;26cm

ISBN 7-112-02373-4(精装):¥45.00

TU-49　047206

从洞穴到高楼大厦/陆莹,孙玲编著.—石家庄:河北教育出版社,1995.6.—81页;19cm.—(小科学家丛书/葛翠琳主编)

ISBN 7-5434-1956-4:¥2.80

TU-49　047207

现代建筑/孙承元编著.—2版.—上海:上海科学技术出版社,1995.3.—145页;19cm.—(少年现代科学技术丛书·第一辑)

ISBN 7-5324-0871-X:¥4.30

TU-53　047208

中国土木工程学会第七届年会暨茅以升诞辰100周年纪念会论文集/孙钧主编.—上海:同济大学出版社,1995.10.—558页;26cm

ISBN 7-5608-1585-5(精装):¥100.00

TU-54　047209

中国建筑业年鉴　总第6卷　1994/《中国建筑业年鉴》编委会编.—北京:中国建筑工业出版社,1995.1.—546页;26cm

ISBN 7-112-02490-0(精装):¥75.00

TU-55　047210

建筑师　(62)/《建筑师》编辑部编.—北京:中国建筑工业出版社,1995.2.—112页;30cm

ISBN 7-112-02455-2:¥12.00

TU-55　047211

建筑师　(63)/王伯扬主编;《建筑师》编辑部编.—北京:中国建筑工业出版社,1995.4.—112页:彩图;30cm

ISBN 7-112-02499-4:¥12.00

TU-55　047212

建筑师　(64)/王伯扬主编;《建筑师》编辑部编.—北京:中国建筑工业出版社,1995.6.—112页;30cm

ISBN 7-112-02500-1:¥12.00

TU-55　047213

建筑师　(65)/王伯扬主编;《建筑师》编辑部编.—北京:中国建筑工业出版社,1995.8.—112页:照片;30cm

ISBN 7-112-02630-X:¥12.00

TU-55　047214

建筑师　(66)/王伯扬主编;《建筑师》编辑部编.—北京:中国建筑工业出版社,1995.10.—112页;30cm

ISBN 7-112-02638-5:¥12.00

TU-55　047215

建筑师　(67)/王伯扬主编　.—北京:中国建筑工业出版社,1995.12.—112页:彩图;30cm

ISBN 7-112-02639-3:¥12.00

TU-65　047216

工程建设规范汇编　(56):城镇规划与设计规范/中国建筑工业出版社编.—北京:中国建筑工业出版社,1995.2.—521页;19cm

ISBN 7-112-02458-7:¥15.80

TU-65　047217

工程建设规范汇编　(58):工程施工规范/中国建筑工业出版社编.—北京:中国建筑工业出版社,1995.3.—693页;19cm

ISBN 7-112-02470-6:¥21.00

TU-65　047218

工程建设规范汇编　(59):建筑设计规范/中国建筑工业出版社编.—北京:中国建筑工业出版社,1995.3.—659页;19cm

ISBN 7-112-02471-4:¥21.00

TU-8　047219

葛如亮建筑艺术/葛如亮著.—上海:同济大学出版社,1995.4.—215页;26cm

ISBN 7-5608-1492-1:¥19.80

TU-8　047220

中国古今建筑鉴赏辞典/孙大章主编.—石家庄:河北教育出版社,1995.11.—1393页;20cm

ISBN 7-5434-2059-7(精装):¥37.90

TU－8　047221
中西建筑艺术比较/刘天华著.—沈阳:辽宁教育出版社,1995.7.—473页:照片;19cm
ISBN 7－5382－1600－6:￥12.00

TU－856　047222
环境艺术设计/邓庆尧著.—济南:山东美术出版社,1995.10.—322,16页;26cm.—(设计家丛书)
ISBN 7－5330－0926－6:￥53.00

TU－856　047223
外国现代环境艺术/张荣生,张世椿编著.—哈尔滨:黑龙江美术出版社,1995.2.—89页:彩照;29cm
ISBN 7－5318－0245－7:￥45.00

TU－856　047224
中外建筑环境设计1000例/乐嘉龙主编.—杭州:浙江科学技术出版社,1995.3.—347页;26cm
ISBN 7－5341－0786－5(精装):￥90.00

TU－86　047225
西欧建筑风格史话/李鸥,杨丽著.—北京:北京大学出版社,1995.11.—180页:彩照;20cm
ISBN 7－301－01723－5:￥14.50

①TU－86②TU238　047226
古典风格与现代装饰/安昌奎,韩志丹主编.—沈阳:辽宁科学技术出版社,1995.1.—146页:彩照;26cm.—(实用建筑装饰设计丛书)
ISBN 7－5381－1934－5(精装):￥38.00

TU－862　047227
客家土楼民居/黄汉民编著.—福州:福建教育出版社,1995.10.—165页;20cm.—(客家文化丛书/谢重光主编)
ISBN 7－5334－1941－3:￥9.50

TU－862　047228
清小式建筑/苗冠峰著.—北京:北京工业大学出版社,1995.7.—89页:照片;19cm
ISBN 7－5639－0441－7:￥3.00

TU－862　047229
万国建筑博览漫步:天津小洋楼/崔世昌编著.—天津:天津科学技术出版社,1995.4.—85页:彩照;26cm
ISBN 7－5308－1759－0:￥11.80

TU－862　047230
湘西城镇与风土建筑/魏挹澧等编.—天津:天津大学出版社,1995.5.—242页;25×25cm
ISBN 7－5618－0704－X(精装):￥60.00

TU－862　047231
漳州名胜与古建筑/陈成南主编.—天津:天津科学技术出版社,1995.4.—123页:彩照;26cm.—(丝绸之路建筑文化丛书)
ISBN 7－5308－1701－9(精装):￥50.00

TU－87　047232
古建筑与木质文物维护指南:木结构防腐及化学加固/陈允适,李武编著.—北京:中国林业出版社,1995.12.—224页;19cm
ISBN 7－5038－1511－6:￥12.80

TU－88　047233
笔锋下的瞬间:张文忠建筑画选/张文忠绘.—北京:中国建筑工业出版社,1995.12.—82页;27×23cm
ISBN 7－112－02661－X(精装):￥75.00

TU－88　047234
法国建筑环境设计/陈永昌著.—北京:中国建筑工业出版社,1995.6.—154页:图;26cm.—(当代世界建筑设计丛书)
ISBN 7－112－02495－1(精装):￥66.00

TU－88　047235
建筑雕塑与壁画/段有瑞著.—天津:天津大学出版社,1995.10.—102页;26cm
ISBN 7－5618－0758－9:￥38.00

TU－88　047236
建筑画　(19)/王伯扬主编;《建筑画》编辑部编.—北京:中国建筑工业出版社,1995.10.—64页;26cm
ISBN 7－112－02605－9:￥11.00

TU－88　047237
建筑画　(20)/王伯扬主编;《建筑画》编辑部编.—北京:中国建筑工业出版社,1995.12.—64页;26cm
ISBN 7－112－02680－6:￥11.00

TU－88　047238
建筑配景画图集/高雷编绘.—南京:东南大学出版社,1995.10.—256页;19×21cm
ISBN 7－81050－034－1:￥18.00

TU－88　047239
室内建筑绘画图集/韩中杰著.—沈阳:辽宁民族出版社,1995.3.—118页;19×21cm
ISBN 7－80527－483－5:￥39.50

TU－88　047240
童寯建筑画/童寯绘.—天津:天津科学技术出版社,1995.12.—150页;29cm.—(中国著名建筑师画系)
ISBN 7－5308－1871－6(精装):￥100.00

TU－88　047241
现代建筑画选　(16):单德启钢笔建筑画/《现代建筑画选》编委会主编;单德启编著.—天津:天津科学技术出版社,1995.4.—164页;21×19cm
ISBN 7－5308－1757－4:￥15.80

TU－88　047242
现代建筑画选　(17):漆德琰水彩画:汉英对照/《现代建筑画选》编委会主编;漆德琰编著.—天津:天津科学技术出版社,1995.12.—116页;21×19cm
ISBN 7－5308－1758－2:￥21.60

TU－88　047243
中外建筑画1000例:续集/乐嘉龙主编.—杭州:浙江科学技术出版社,1995.3.—380页;26cm
ISBN 7－5341－0851－9(精装):￥95.00

①TU－88②F719－64　047244
中国一流饭店/王伯扬主编;国家旅游局旅行社饭店管理司,中国建筑工业出版社编.—北京:中国建筑工业出版社,1995.9.—4册;29×22cm
ISBN 7－112－02098－0(精装):￥498.00

TU－881　047245
世界建筑百图/李璜编.—北京:中国城市出版社,1995.5.—100页;19×21cm.—(世界建筑与环境艺术百图系列/陈同滨,文璐主编)

ISBN 7-5074-0702-0:¥39.80

TU-881　047246

现代建筑钢笔表现图集/孙礼军,李维立编.—天津:天津大学出版社,1995.8.—110页;20×19cm.—(现代设计丛书;3)

ISBN 7-5618-0790-2:¥9.00

①TU-881②J224　047247

潘玉琨建筑画选:美丽的蒙特利尔/潘玉琨编著.—北京:中国建筑工业出版社,1995.9.—128页:图;26cm.—(建筑速写与构思丛书)

ISBN 7-112-02092-1:¥25.00

TU-881.2　047248

鼓浪屿建筑概览/蔡望怀主编.—厦门:鹭江出版社,1995.12.—128页:彩照;28cm

ISBN 7-80610-282-5(精装):¥180.00

TU-881.2　047249

凝固的乐章/上海市建筑业联合会编.—上海:上海科学技术文献出版社,1995.11.—92页:彩图;29cm

ISBN 7-5439-0892-1:¥50.00

TU-881.2　047250

上海建筑博览:上海建筑物·城市雕塑·园林装饰画/李树德编绘.—上海:上海科学普及出版社,1995.2.—82页;20×19cm

ISBN 7-5427-0869-4:¥10.00

TU-881.2　047251

时代·空间/陈世民著;张翅主编.—北京:中国建筑工业出版社,1995.12.—390页:图;29cm

ISBN 7-112-02722-5:¥268.00

TU-881.2　047252

走向辉煌:发展中的新时期中国建筑业光荣与使命/建设部办公厅,《世界建筑》杂志社编著.—天津:天津科学技术出版社,1995.—315页;29cm

ISBN 7-5308-1962-3(精装):¥320.00

TU-881.3　047253

中东中亚新建筑/林鹰编著 .—天津:天津大学出版社,1995.7.—348页;26cm

ISBN 7-5618-0741-4(精装):¥38.00

TU-881.313　047254

日本建筑精品/韩春生编.—济南:山东科学技术出版社,1995.8.—332页;29cm

ISBN 7-5331-1533-3(精装):¥260.00

TU-881.5　047255

欧洲新建筑/陈伯超,王英迪编.—北京:中国建筑工业出版社,1995.11.—186页;26cm.—(当代世界建筑设计丛书)

ISBN 7-112-02611-3(精装):¥80.00

TU-882　047256

西藏民居/陈履生编著.—北京:人民美术出版社,1995.5.—138页;19cm.—(西藏艺术丛书)

ISBN 7-102-01458-9:¥18.00

TU-882　047257

湘西民居/何重义等编.—北京:中国建筑工业出版社,1995.5.—119页:图;26×23cm

ISBN 7-112-02074-3(精装):¥33.00

TU-882　047258

湘西民居/赵振兴著.—长沙:湖南美术出版社,1995.4.—234页;25×26cm.—(湖南民间美术丛书)

ISBN 7-5356-0727-6:¥58.00

TU-883　047259

新编建筑花格图案/郑祖源主编.—福州:福建科学技术出版社,1995.6.—190页:图;26cm

ISBN 7-5335-0894-7:¥13.50

TU-884　047260

国外建筑装饰图形3000例/黄志民等编.—长春:吉林美术出版社,1995.9.—158页;26cm.—(万国图案系列)

ISBN 7-5386-0467-7:¥16.00

TU-884　047261

上海建筑装饰:汉英对照/《上海建筑装饰》集团编.—上海:上海教育出版社,1995.12.—261页;30×30cm

ISBN 7-5320-4776-8(精装):¥518.00

TU-884　047262

室内设计表现图集:陈六汀作品选/陈六汀设计.—成都:四川美术出版社,1995.12.—1册;26×27cm

ISBN 7-5410-1084-7:¥50.00

TU-884　047263

紫禁城宫殿建筑装饰:内檐装修图典:中、英、日文对照/故宫博物院古建管理部编.—北京:紫禁城出版社,1995.6.—331页;38cm

ISBN 7-80047-205-1(精装):¥0.00

TU-885　047264

西夏佛塔/雷润泽等编著.—北京:文物出版社,1995.7.—300页;35cm.—(中国古代建筑)

ISBN 7-5010-0834-5(精装):¥0.00

TU1 建筑基础科学

TU111.4　047265

建筑节能与供暖/郑茂余编著.—哈尔滨:黑龙江科学技术出版社,1995.5.—298页;19cm

ISBN 7-5388-2791-9:¥8.00

TU111.4　047266

建筑节能与供暖/郑茂余编著.—哈尔滨:黑龙江科学技术出版社,1995.5.—298页;19cm

ISBN 7-5388-2791-9:¥8.00

TU112.4　047267

室内声学设计原理及其应用/(德)Cremer,L.,( )Muller,H.A.著;王季卿等译.—上海:同济大学出版社,1995.10.—712页;26cm

ISBN 7-5608-1370-4:¥68.00

TU113　047268

光的空间设计/迪尚等编.—杭州:浙江人民美术出版社,1995.1.—48页;26cm.—(现代设计;26)

ISBN 7-5340-0608-2:¥19.50

TU113-62　047269

建筑灯具与装饰照明手册/陈小丰编著.—北京:中

国建筑工业出版社,1995.7.—501 页:彩照;26cm
ISBN 7-112-02528-1(精装):¥46.00

TU113.6　047270
灯光装饰艺术/李树阁,张书鸿编写.—沈阳:辽宁科学技术出版社,1995.11.—240 页:彩照;26cm
ISBN 7-5381-2171-4:¥50.00

TU113.6　047271
现代装饰灯具与变幻灯光/甄立新,程啸飞编著.—北京:人民邮电出版社,1995.1.—230 页;19cm
ISBN 7-115-05465-7:¥7.00

①TU113.6②TM923.302　047272
现代灯饰/王肖生等编著.—北京:金盾出版社,1995.3.—67 页;26cm
ISBN 7-80022-977-7:¥25.00

TU115　047273
建筑的色彩造型/罗文媛著.—北京:中国建筑工业出版社,1995.12.—170 页;26cm
ISBN 7-112-02659-8:¥80.00

TU17　047274
电脑建筑表现图:制作·应用·技法/赵曼,(英)布朗(Brown,A.)编著.—哈尔滨:黑龙江科学技术出版社,1995.12.—164 页;26cm
ISBN 7-5388-2865-6:¥48.00

TU17　047275
计算机辅助施工项目管理/朱嫣主编.—北京:中国建筑工业出版社,1995.1.—217 页;26cm
全国建筑施工企业项目经理培训教材
ISBN 7-112-02536-2:¥11.00

TU17　047276
建设领域计算机应用软件成果汇编/建设部科学技术司,建设部信息中心编 .—北京:中国建筑工业出版社,1995.10.—104 页;29cm
ISBN 7-112-02709-8:¥12.00

TU19 建筑勘测

TU198　047277
测量放线工基本技术/陈代华编著.—北京:金盾出版社,1995.1.—137 页;19cm
ISBN 7-80022-956-4:¥3.30

TU198　047278
基桩与场地检测技术/刘明贵等主编.—武汉:湖北科学技术出版社,1995.6.—290 页;26cm
ISBN 7-5352-1663-3:¥40.00

TU198　047279
建筑工程测量/郑庄生编 .—北京:中国建筑工业出版社,1995.11.—232 页;26cm
中等专业学校试用教材
ISBN 7-112-02576-1:¥11.70

TU2 建筑设计

TU2　047280
当代世界先锋建筑的设计观念:变异·软化·背景·启迪/曾坚编著.—天津:天津大学出版社,1995.12.—104 页:彩照;26cm.—(建筑文化论丛)
ISBN 7-5618-0774-0:¥38.00

TU2　047281
房屋建筑学应试 500 题/廖有顺编.—长沙:中南工业大学出版社,1995.12.—101 页;19cm
ISBN 7-81020-809-8:¥4.50

TU2　047282
计算机辅助建筑设计教程:CAAD/张旭编著.—武汉:武汉大学出版社,1995.10.—202 页;26cm
ISBN 7-307-02060-2:¥10.85

TU2　047283
建筑创作理论/余卓群编著.—重庆:重庆大学出版社,1995.10.—109 页;26cm
ISBN 7-5624-1067-4:¥8.80

TU2　047284
建筑设计资料集　(7)/蔡镇钰主编.—2 版.—北京:中国建筑工业出版社,1995.1.—192 页;29cm
ISBN 7-112-02270-3(精装):¥33.00

TU2　047285
时代·空间/陈世民著.—北京:中国建筑工业出版社,1995.12.—390 页;29cm
ISBN 7-112-02721-7(精装):¥368.00

TU2　047286
现代环境设计表现图技法/崔平平编著.—长沙:湖南美术出版社,1995.4.—192 页:彩图;26cm.—(设计表现技法丛书)
ISBN 7-5356-0728-4:¥21.50

TU2　047287
展开放样/陕西省建筑安装技工学校主编.—北京:中国建筑工业出版社,1995.6.—189 页;26cm
建设类技工学校教材
ISBN 7-112-02439-0:¥9.00

TU2　047288
中国中小城市优秀建筑设计精选/黄国新,陈保胜主编.—上海:同济大学出版社,1995.5.—185 页;26cm
ISBN 7-5608-1504-9:¥75.00

TU2-53　047289
建筑创作与科研论文集:1993~1994 年度:汉英对照/华南理工大学建筑设计研究院编著.—广州:岭南美术出版社,1995.6.—161 页:图;29cm
ISBN 7-5362-1258-5:¥188.00

TU2-65　047290
现行建筑设计规范大全/中国建筑工业出版社编.—2 版.—北京:中国建筑工业出版社,1995.5.—6 册;19cm
ISBN 7-112-02491-9:¥98.00

TU201　047291
建筑设计方法学/张钦楠著.—西安:陕西科学技术出版社,1995.12.—198 页;26cm.—(当代土木建筑科技丛书/许溶烈主编)
ISBN 7-5369-2322-8(精装):¥18.80

TU201　047292

建筑造型设计/安昌奎,韩志丹主编.—沈阳:辽宁科学技术出版社,1995.1.—138页:彩照;26cm.—(实用建筑装饰设计丛书)
ISBN 7-5381-1929-9(精装):¥38.00

TU204　047293
画法几何及建筑制图/乐荷卿主编.—长沙:湖南科学技术出版社,1995.8.—474页;26cm
本科"建筑工程专业"系列教材
ISBN 7-5357-1781-0:¥35.00

TU204　047294
画法几何及土建、水利制图复习自测题集/徐约素等主编.—上海:同济大学出版社,1995.11.—105页;26×38cm
ISBN 7-5608-1464-6:¥14.00

TU204　047295
计算机辅助建筑设计:AutoCAD/卫兆骥等编.—南京:东南大学出版社,1995.7.—304页;26cm.—(工程CAD丛书/邢汉承主编)
ISBN 7-81050-029-5:¥19.00

TU204　047296
建筑图学　上册/廖远明主编.—北京:中国建筑工业出版社,1995.8.—175页;26cm
ISBN 7-112-02634-2:¥9.60

TU204　047297
建筑图学　下册/廖远明主编.—北京:中国建筑工业出版社,1995.12.—332页;26cm
ISBN 7-112-02731-4:¥21.00

TU204　047298
建筑制图与识图/宋莲琴等编.—2版.—北京:清华大学出版社,1995.7.—320页;19cm.—(全国星火计划丛书)
土建工长(技术员)培训教材
ISBN 7-302-01643-7:¥9.80

TU204　047299
建筑装饰画/董汉铭绘编.—北京:中国建筑工业出版社,1995.7.—108页;26cm
ISBN 7-112-02510-9:¥45.00

TU204-44　047300
画法几何及建筑制图习题集/孙山河主编.—长沙:湖南科学技术出版社,1995.7.—166页;19×26cm
"建筑工程专业"系列教材
ISBN 7-5357-1782-9:¥11.00

TU204-44　047301
建筑图学习题·作业集　下册/廖远明主编.—北京:中国建筑工业出版社,1995.12.—48页;26×37cm
ISBN 7-112-02732-2:¥9.80

TU204-44　047302
建筑图学习题作业集　上册/廖远明主编.—北京:中国建筑工业出版社,1995.8.—44页;26×38cm
ISBN 7-112-02635-0:¥9.60

TU204-44　047303
建筑阴影和透视习题集/黄钟琏编著.—2版.—上海:同济大学出版社,1995.3.—1页;26×38cm
ISBN 7-5608-1557-X:¥8.00

TU204-44　047304
建筑制图习题集/张力等编.—哈尔滨:哈尔滨工业大学出版社,1995.2.—58页;26×38cm
ISBN 7-5603-1074-5:¥7.00

TU205　047305
建筑模型折纸/傅凯等编著.—南京:江苏美术出版社,1995.12.—120页;26cm.—(设计系列丛书;3)
ISBN 7-5344-0504-1:¥38.00

TU206　047306
国外现代城市设计精选/金广君编著.—哈尔滨:黑龙江科学技术出版社,1995.11.—234页;25×26cm
ISBN 7-5388-2863-X:¥145.00

TU206　047307
建筑设计信息图集　(1)/李雄飞,巢元凯编.—天津:天津大学出版社,1995.6.—338页:照片;26cm
ISBN 7-5618-0748-1(精装):¥48.00

TU206　047308
建筑设计信息图集　(2)/李雄飞,巢元凯主编.—天津:天津大学出版社,1995.12.—368页;26cm
ISBN 7-5618-0823-2(精装):¥68.00

TU206　047309
天津大学学生建筑设计竞赛作品选集/天津大学建筑系编.—天津:天津大学出版社,1995.9.—282页;25×26cm
ISBN 7-5618-0804-6:¥40.00

TU206　047310
现代别墅设计精选/黄壬年编著.—南京:江苏科学技术出版社,1995.6.—111页:彩图;28cm
ISBN 7-5345-1938-1(精装):¥75.00

TU206-64　047311
快速建筑设计图集　(下)/李雄飞,巢元凯主编.—北京:中国建筑工业出版社,1995.5.—465页;30cm
ISBN 7-112-02480-3(精装):¥69.00

TU22　047312
采动区砌体结构房屋变形控制设计/仲继寿著.—北京:煤炭工业出版社,1995.7.—276页;19cm
ISBN 7-5020-1129-3:¥14.85

TU22　047313
房屋构造/杨金铎编著.—2版.—北京:清华大学出版社,1995.2.—371页;19cm.—(全国星火计划丛书/杨浚主编)
土建工长(技术员)培训教材
ISBN 7-302-01574-0:¥10.40

TU22　047314
房屋建筑学　上册/李祯祥主编.—北京:中国建筑工业出版社,1995.11.—263页;26cm
中等专业学校试用教材
ISBN 7-112-02570-2:¥13.20

TU22　047315
房屋建筑学　下册/林恩生主编;林恩生,陈卫华编.—北京:中国建筑工业出版社,1995.11.—230页;26cm
中等专业学校试用教材
ISBN 7-112-02571-0:¥11.50

TU225 047316

楼面、地面的设计及施工/陈尧启等编著.—上海:上海科学技术文献出版社,1995.6.—296 页;26cm

ISBN 7-5439-0559-0:¥30.00

TU238 047317

300 例居室色彩巧搭配/金帆主编.—长春:吉林科学技术出版社,1995.3.—104 页:彩图;26cm

ISBN 7-5384-1483-5(精装):¥38.00

TU238 047318

宾馆·商场装潢设计/卜炜编著.—南京:江苏人民出版社,1995.3.—90 页:彩图;21×19cm

ISBN 7-214-01449-1:¥25.00

TU238 047319

窗帘装饰 200 款/浙江省室内装饰公司编.—杭州:浙江科学技术出版社,1995.4.—70 页:彩图;26cm.—(室内装饰丛书)

ISBN 7-5341-0743-1:¥19.50

TU238 047320

环境色彩设计/朱伟编著.—杭州:中国美术学院出版社,1995.3.—114 页;26cm.—(环境艺术设计丛书)

ISBN 7-81019-385-6:¥21.50

TU238 047321

家庭装饰设计的色彩及实例/徐北村主编.—北京:中国建筑工业出版社,1995.3.—120 页:彩照;26cm

ISBN 7-112-02248-7:¥11.00

TU238 047322

家庭装潢与价格估算/陆飞,赵洪波编撰.—南京:江苏美术出版社,1995.11.—1 册;26cm

ISBN 7-5344-0502-5(精装):¥40.00

TU238 047323

建筑艺术与室内设计　1994　(2)/(意)蓝普尼亚尼主编;尹红彬等译.—北京:中国建筑工业出版社,1995.3.—132 页:图;33cm

著者原题:维托里奥·马尼亚戈·蓝普尼亚尼

ISBN 7-112-02494-3:¥29.00

TU238 047324

建筑艺术与室内设计:中、意文对照/(意)兰普尼亚尼主编;李让等译.—北京:中国建筑工业出版社,1995.9.—128 页;33cm

著者原题:维托里奥·马尼亚戈·兰普尼亚尼

ISBN 7-112-02618-0:¥48.00

TU238 047325

建筑装饰构造/张剑敏等编.—北京:中国建筑工业出版社,1995.6.—199 页;26cm

建筑装饰施工企业施工员岗位培训教材

ISBN 7-112-02540-0:¥11.00

TU238 047326

建筑装饰构造资料集/陈保胜,陈忠华主编.—北京:中国建筑工业出版社,1995.6.—2 册:彩图;29cm

ISBN 7-112-02482-X(精装):¥85.00

TU238 047327

建筑装饰设计/马怡红等编.—北京:中国建筑工业出版社,1995.6.—175 页:彩图;26cm

建筑装饰施工企业施工员岗位培训教材

ISBN 7-112-02539-7:¥14.00

TU238 047328

建筑装饰设计与构造图集　(1)/吴平主编.—北京:中国建筑工业出版社,1995.4.—180 页;26cm

ISBN 7-112-02468-4(精装):¥58.00

TU238 047329

今日深圳建筑与施工图/阚曙彬,汪家玉主编.—天津:天津大学出版社,1995.3.—156 页;26cm

ISBN 7-5618-0735-X(精装):¥68.00

TU238 047330

居室美化装饰设计/乐嘉龙,阚兆江执笔;李伟一等编绘.—长春:吉林科学技术出版社,1995.4.—156 页:彩图;26cm

中央电视台教育节目用书

ISBN 7-5384-1497-5:¥18.80

TU238 047331

居室装饰与装修/龙佳乐主编;魏明等编绘.—北京:新时代出版社,1995.3.—108 页:彩图;26cm.—(学一门手艺丛书)

ISBN 7-5042-0235-5:¥9.20

TU238 047332

居室装修与陈设 300 例/乐嘉龙主编;张正伟等编绘.—北京:气象出版社,1995.1.—122 页:彩照;26cm

ISBN 7-5029-1721-7:¥16.00

TU238 047333

日本室内设计与装修　(1):设计潮流:汉、英文对照/(日)内田繁等著;孙日明译.—南宁:广西美术出版社;日本株式会社六耀社,1995.9.—245 页;30cm

全套书共 4 册,总定价:1280.00 元

ISBN 7-80582-876-8(精装):¥0.00

TU238 047334

日本室内设计与装修　(2):餐馆·酒吧·俱乐部:汉、英文对照/(日)内田繁等著;孙日明译.—南宁:广西美术出版社;日本株式会社六耀社,1995.9.—245 页;30cm

全套书共 4 册,总定价:1280.00 元

ISBN 7-80582-877-6(精装):¥0.00

TU238 047335

日本室内设计与装修　(3):商店·展厅类:汉、英文对照/(日)内田繁等著;孙日明译.—南宁:广西美术出版社;日本株式会社六耀社,1995.9.—245 页;30cm

全套书共 4 册,总定价:1280.00 元

ISBN 7-80582-878-4(精装):¥0.00

TU238 047336

日本室内设计与装修　(4):宾馆·写字楼·公寓:汉、英文对照/(日)内田繁等著;孙日明译.—南宁:广西美术出版社;日本株式会社六耀社,1995.9.—245 页;30cm

全套书共 4 册,总定价:1280.00 元

ISBN 7-80582-879-2(精装):¥0.00

TU238 047337

设计思维与表达/吴家骅著.—杭州:中国美术学院出版社,1995.3.—112 页;26cm.—(环境艺术设计丛书)

ISBN 7-81019-386-4: ¥16.50

TU238　**047338**

世界室内设计细部图集/程明主编 .—上海:上海交通大学出版社,1995.1.—1册;26cm

ISBN 7-313-01471-6(精装): ¥268.00

TU238　**047339**

室内设计表现图:中央工艺美术学院环境艺术研究设计所专集.—北京:中国建筑工业出版社,1995.7.—67页;26×23cm

ISBN 7-112-02519-2: ¥45.00

TU238　**047340**

室内效果图表现技法/俞雄伟编著.—杭州:中国美术学院出版社,1995.3.—112页;26cm.—(环境艺术设计丛书)

ISBN 7-81019-388-0: ¥22.50

TU238　**047341**

室内装修实例/木成选编.—杭州:浙江摄影出版社,1995.4.—109页;26cm.—(摩登丛书)

ISBN 7-80536-293-9: ¥19.80

TU238　**047342**

图解居室装潢制作大全/李子朴等编著.—2版.—上海:上海科学技术出版社,1995.2.—350页:彩图;26cm

ISBN 7-5323-3723-5: ¥28.00

TU238　**047343**

外部空间设计/安昌奎,韩志丹主编.—沈阳:辽宁科学技术出版社,1995.1.—138页:彩照;26cm.—(实用建筑装饰设计丛书)

ISBN 7-5381-1933-7(精装): ¥38.00

TU238　**047344**

现代家具与居室布置/童兆祥主编.—上海:上海科技教育出版社,1995.3.—40页:照片;26cm

ISBN 7-5428-1081-2: ¥12.00

TU238　**047345**

现代建筑装饰设计实例　(1):室内设计90例/合时出版(香港)有限公司编.—广州:广东科技出版社,1995.5.—240页;29cm

ISBN 7-5359-1503-5(精装): ¥120.00

TU238　**047346**

现代居室的空间与色彩/慎铁刚主编.—天津:天津大学出版社,1995.4.—130页;26cm

ISBN 7-5618-0647-7(精装): ¥48.00

TU238　**047347**

现代居室装修:餐厅·厨房·洗手间·浴室/贺定君等编.—福州:福建科学技术出版社,1995.11.—98页:彩照;26cm

ISBN 7-5335-0958-7(精装): ¥47.00

TU238　**047348**

现代居室装修:门厅·客厅·卧室·书房/贺定君等编.—福州:福建科学技术出版社,1995.11.—108页:彩照;26cm

ISBN 7-5335-0956-0(精装): ¥50.00

TU238　**047349**

现代室内外效果图集/李维立,鞠国强编.—天津:天津大学出版社,1995.4.—88页;21×19cm.—(现代设计丛书;2)

ISBN 7-5618-0743-0: ¥22.00

TU238　**047350**

小店面装璜/沈宝龙编著;刘小雯等摄影.—杭州:浙江人民美术出版社,1995.12.—96页:彩照;26cm.—(装璜设计丛书)

ISBN 7-5340-0653-8: ¥28.00

TU238　**047351**

新编上海家庭布置100例/力扬策划;张克勤等摄影.—上海:上海人民美术出版社,1995.9.—80页;26cm

ISBN 7-5322-1490-7: ¥19.80

TU238　**047352**

新空间:室内装饰/叶军主编;《新空间》编辑委员会编.—北京:科学出版社,1995.12.—70页;29cm.—(室内装饰设计专业丛书)

ISBN 7-03-003776-6: ¥30.00

TU238　**047353**

展示设计/朱淳编著.—杭州:中国美术学院出版社,1995.3.—130页;26cm.—(环境艺术设计丛书)

ISBN 7-81019-384-8: ¥18.50

TU238　**047354**

中外居室情趣1000例/傅元宏主编.—杭州:浙江科学技术出版社,1995.5.—306页:彩照;26cm

ISBN 7-5341-0849-7(精装): ¥95.00

TU238　**047355**

中外商店装饰1000例/傅元宏主编.—杭州:浙江科学技术出版社,1995.5.—290页:照片;26cm

ISBN 7-5341-0850-0(精装): ¥140.00

TU238　**047356**

朱仁普建筑室内效果图精选/朱仁普绘.—济南:山东美术出版社,1995.5.—31张;26cm

ISBN 7-5330-0844-8: ¥36.00

TU238　**047357**

自己动手美化新居/乐嘉龙主编;魏明等编著.—北京:中国轻工业出版社,1995.4.—68页:彩照;26cm.—(生活装饰艺术系列丛书;2)

ISBN 7-5019-1585-7: ¥23.00

TU238　**047358**

最新现代实用室内外装璜装饰:室内部分/林源,温雪选编.—北京:中国商业出版社,1995.5.—92页;26cm

全套书共2册,总定价:45.00元

ISBN 7-5044-2188-X: ¥0.00

TU238　**047359**

最新现代实用室内外装璜装饰:室外部分/林源,温雪选编.—北京:中国商业出版社,1995.5.—55页;26cm

全套书共2册,总定价:45.00元

ISBN 7-5044-2188-X: ¥0.00

①TU238②F426.9　**047360**

辽宁室内装饰大全　(一)/梁胜予,张秀时主编.—沈阳:辽宁美术出版社,1995.7.—114页;29cm

ISBN 7-5314-1330-2: ¥110.00

TU238-62 047361

建筑装饰实用手册 (1):建筑装饰设计/中国建筑装饰协会编.—北京:中国建筑工业出版社,1995.8.—394页:照片;26cm

ISBN 7-112-02091-3(精装): ¥41.00

TU238-64 047362

环境与装饰:张锡明环境装饰设计作品集/张锡明等编.—昆明:云南美术出版社,1995.5.—108页;29cm

ISBN 7-80586-125-X: ¥78.00

TU238-64 047363

室内装饰/李韬,苏群主编.—哈尔滨:哈尔滨出版社,1995.6.—2册;26cm

ISBN 7-80557-809-5: ¥100.00

TU24 047364

高级民用建筑装修设计图集:宾馆/华东地区建筑标准设计协作办公室组编.—上海:上海科学技术文献出版社,1995.5.—263页;19×26cm.—(现代建筑设计经典丛书;1)

ISBN 7-5439-0732-1: ¥46.00

TU24 047365

高级民用建筑装修设计图集:公共建筑/彭圣钦等编.—上海:上海科学技术文献出版社,1995.5.—225页;19×26cm.—(现代建筑设计经典丛书;2)

ISBN 7-5439-0731-3: ¥52.00

TU24 047366

民用建筑规划设计定额指标/中国勘察设计协会技术经济委员会编.—北京:中国计划出版社,1995.12.—434页;26cm

ISBN 7-80058-426-7: ¥35.00

TU24 047367

现代办公楼设计/翁如璧编著.—北京:中国建筑工业出版社,1995.9.—165页;26cm.—(建筑设计理论丛书)

ISBN 7-112-02598-2: ¥16.00

TU24-49 047368

有头脑的房子:21世纪的建筑/邱连璋编著.—北京:科学技术文献出版社,1995.7.—211页;19cm.—(21世纪科普教育丛书/卢嘉锡等主编)

ISBN 7-5023-2515-8: ¥9.00

TU241 047369

建筑实录篇 (1)/中国城市住宅小区建设试点丛书编委会编.—北京:中国建筑工业出版社,1995.1.—268页:图;26×23cm.—(中国城市住宅小区建设试点丛书/高拯主编)

ISBN 7-112-02431-5: ¥140.00

TU241 047370

居住建筑快速设计图集/石铁矛主编.—沈阳:辽宁科学技术出版社,1995.4.—400页;26cm

ISBN 7-5381-2135-8(精装): ¥38.00

TU241 047371

居住模式与跨世纪住宅设计/赵冠谦,林建平主编;《中国城市小康住宅研究》科研组编.—北京:中国建筑工业出版社,1995.8.—167页;26cm

ISBN 7-112-02538-9: ¥11.50

TU241 047372

民用房屋设计与施工/江景波,贾岗主编.—2版.—上海:上海科学技术出版社,1995.5.—486页;26cm

ISBN 7-5323-3585-2(精装): ¥31.30

TU241 047373

现代住宅设计大全:卫生空间卷/周燕珉著.—北京:中国建筑工业出版社,1995.12.—193页;26cm

ISBN 7-112-02646-6(精装): ¥100.00

TU241 047374

小康型住宅设计/李家鸿主编;浙江省建设厅编.—杭州:浙江科学技术出版社,1995.8.—357页;19×26cm

ISBN 7-5341-0866-7: ¥50.00

TU241-44 047375

住宅建筑基本知识100问/杨月禄编.—武汉:武汉工业大学出版社,1995.12.—138页;19cm

ISBN 7-5629-1045-6: ¥5.50

TU241-64 047376

住宅建筑设计经典/文世华主编.—沈阳:辽宁科学技术出版社,1995.3.—184页:彩照;26cm.—(世界建筑与室内设计丛书)

ISBN 7-5381-1963-9(精装): ¥60.00

①TU241-64②TU238-64 047377

新潮私宅设计与室内装饰/赵晓群等编.—沈阳:辽宁科学技术出版社,1995.3.—112页:照片;26cm

ISBN 7-5381-1949-3: ¥20.00

TU241.1 047378

当代别墅与小住宅/刘顺校编.—天津:天津科学技术出版社,1995.9.—165页:彩图;26cm

ISBN 7-5308-1847-3(精装): ¥38.00

TU241.1 047379

花园别墅与独院住宅/宋泽方,周逸湖编著.—北京:中国建筑工业出版社,1995.9.—123页:彩照;26cm

ISBN 7-112-02475-7: ¥42.00

TU241.4 047380

农村建筑设计与施工/秦淑玲等编.—3版.—西安:陕西科学技术出版社,1995.4.—259页;19×26cm

ISBN 7-5369-1745-7: ¥14.80

TU241.4 047381

现代乡村住宅设计与装饰/秦淑玲等编著.—西安:陕西人民美术出版社,1995.10.—70页:彩照;26cm

ISBN 7-5368-0722-8: ¥21.00

TU241.4-49 047382

怎样建造农村新居/刘立新等编著.—郑州:海燕出版社,1995.6.—63页;20cm.—(农村娃科普系列丛书/葛纪谦主编)

ISBN 7-5350-1321-X: ¥1.55

TU241.5 047383

中国传统民居与文化 (三)/李长杰主编.—北京:中国建筑工业出版社,1995.8.—159页;26cm

ISBN 7-112-02465-X: ¥21.00

①TU241.5②G122 047384

中国穆斯林民居文化/马平,赖存理著.—银川:宁夏

人民出版社,1995.12.—252页;20cm
ISBN 7-227-01541-6:¥10.00

TU242-64　047385
公共建筑设计经典/文世华主编.—沈阳:辽宁科学技术出版社,1995.3.—184页:彩照;26cm.—(世界建筑与室内设计丛书)
ISBN 7-5381-1962-0(精装):¥60.00

TU244.3-64　047386
北京高等学校建筑图集/《北京高等学校建筑图集》编委会主编.—北京:航空工业出版社,1995.12.—198页;29cm
ISBN 7-80046-984-0(精装):¥198.00

TU245-62　047387
体育设施建设指南　上册/张汝栋编.—北京:人民体育出版社,1995.1.—301页;26cm
ISBN 7-5009-1151-3:¥28.00

TU245-62　047388
体育设施建设指南　下册/张汝栋编著.—北京:人民体育出版社,1995.1.—371页;26cm
ISBN 7-5009-1152-1:¥32.00

TU247　047389
商业建筑立面装饰/安昌奎,韩志丹主编.—沈阳:辽宁科学技术出版社,1995.1.—138页:彩照;26cm.—(实用建筑装饰设计丛书)
ISBN 7-5381-1930-2(精装):¥38.00

TU247　047390
中国大城市商业建筑门头设计　(1):餐饮类/郭洪兰编;李东禧等摄影.—北京:中国建筑工业出版社,1995.2.—155页;26cm.—(商业建筑门头设计丛书)
ISBN 7-112-02273-8:¥68.00

TU247　047391
中国大城市商业建筑门头设计　(2):服务类·公司类/郭洪兰编;李东禧等摄影.—广州:广东科技出版社,1995.2.—155页;26cm.—(商业建筑门头设计丛书)
ISBN 7-5359-1369-5:¥68.00

TU247　047392
中国大城市商业建筑门头设计　(3):商店类/王玉容,徐纺编;李东禧等摄影.—郑州:河南科学技术出版社,1995.2.—155页;26cm.—(商业建筑门头设计丛书)
ISBN 7-5349-1559-7:¥68.00

TU247　047393
中国大城市商业建筑门头设计　(4):娱乐类·其它类/徐纺,王玉容编;李东禧等摄影.—天津:天津科学技术出版社,1995.2.—159页:彩图;26cm.—(商业建筑门头设计丛书)
ISBN 7-5308-1862-7:¥68.00

TU247-64　047394
商业建筑设计经典/文世华主编.—沈阳:辽宁科学技术出版社,1995.3.—184页:彩照;26cm.—(世界建筑与室内设计丛书)
ISBN 7-5381-1964-7(精装):¥60.00

TU247.2　047395
商店店面设计/乐嘉龙主编.—杭州:浙江科学技术出版社,1995.5.—126页:彩图;26cm.—(商店装饰系列书)
ISBN 7-5341-0853-5:¥18.00

TU247.2　047396
商店建筑装饰设计资料集/乐嘉龙主编.—北京:中国建筑工业出版社,1995.4.—547页;29cm
ISBN 7-112-02476-5(精装):¥60.00

TU247.2　047397
商业店堂设计/安昌奎,韩志丹主编.—沈阳:辽宁科学技术出版社,1995.1.—122页:彩照;26cm.—(实用建筑装饰设计丛书)
ISBN 7-5381-1927-2(精装):¥38.00

TU247.2　047398
时装屋/安昌奎,蔡强主编.—沈阳:辽宁科学技术出版社,1995.1.—133页:彩照;26cm.—(实用建筑装饰设计丛书)
ISBN 7-5381-1931-0(精装):¥38.00

TU247.3　047399
餐厅·酒吧/安昌奎,蔡强主编.—沈阳:辽宁科学技术出版社,1995.1.—148页:彩照;26cm.—(实用建筑装饰设计丛书)
ISBN 7-5381-1932-9(精装):¥38.00

TU247.4　047400
宾馆酒店工程设计手册/梁华等编著.—北京:中国建筑工业出版社;沈阳:辽宁科学技术出版社,1995.10.—883页;26cm
ISBN 7-5381-2131-5:¥59.80

TU248.6　047401
澳门国际机场工程:技术篇/杨联正主编;中国港湾建设总公司澳门国际机场工程总经理部编.—广州:广东科技出版社,1995.12.—578页;29cm
内部发行
ISBN 7-5359-1593-0:¥0.00

TU249-43　047402
仓厂建筑概论/袁亦珍主编.—北京:中国商业出版社,1995.5.—247页;19cm
中专技工学校试用教材
ISBN 7-5044-2345-9:¥14.80

①TU261②S625　047403
温室大棚建造与环境调节/亢树华等编著.—沈阳:辽宁科学技术出版社,1995.8.—125页;19cm.—(农村致富金钥匙丛书·蔬菜类)
ISBN 7-5381-2182-X:¥5.00

TU268　047404
旅游建筑设计经典/文世华主编.—沈阳:辽宁科学技术出版社,1995.3.—184页:彩照;26cm.—(世界建筑与室内设计丛书)
ISBN 7-5381-1965-5(精装):¥60.00

TU27　047405
单层厂房结构/黄兴棣,邱洪兴编.—3版.—北京:中国建筑工业出版社,1995.7.—326页;19cm.—(建筑结构基本知识丛书)
ISBN 7-112-02526-5:¥9.00

TU271.1 047406
水电站建筑物结构分析/董毓新,李彦硕著.—大连:大连理工大学出版社,1995.12.—380页;20cm.—(大连理工大学教授学术丛书·95卷)
ISBN 7-5611-1146-0(精装):¥20.00

TU273 047407
钢铁厂设计原理 下册/李传薪主编.—北京:冶金工业出版社,1995.5.—320页;26cm
高等学校教学用书
ISBN 7-5024-1621-8:¥11.90

TU276.1 047408
水泥厂建设前期工作参考资料/罗澍军编著.—武汉:武汉工业大学出版社,1995.7.—180页;26cm.—(建材企业技术丛书)
建材院校教学用书
ISBN 7-5629-1037-5:¥15.00

TU276.99 047409
发酵工厂工艺设计概论/吴思方主编.—北京:中国轻工业出版社,1995.9.—345页;26cm
ISBN 7-5019-1757-4:¥30.00

TU277.2 047410
丝绸厂设计/苏州丝绸工学院,浙江丝绸工学院编.—北京:中国纺织出版社,1995.6.—459页;20cm
高等纺织院校教材
ISBN 7-5064-1120-2:¥20.00

TU3 建筑结构

TU3 047411
建筑结构 上册/郭继武,龚伟编.—北京:中国建筑工业出版社,1995.11.—415页;26cm
中等专业学校试用教材
ISBN 7-112-02566-4:¥20.30

TU3 047412
建筑结构 下册/龚伟,郭继武编.—北京:中国建筑工业出版社,1995.11.—331页;26cm
中等专业学校试用教材
ISBN 7-112-02567-2:¥16.50

TU3 047413
建筑结构抗震设计/高振世等编著.—北京:中国建筑工业出版社,1995.1.—311页;26cm
ISBN 7-112-02461-7:¥14.40

TU3 047414
建筑结构学习指南与题集/罗福午编著.—北京:清华大学出版社,1995.6.—142页;26cm
ISBN 7-302-01723-9:¥5.70

TU3-43 047415
建筑结构/郭继武等编.—2版.—北京:清华大学出版社,1995.8.—591页;19cm.—(全国星火计划丛书)
土建工长(技术员)培训教材
ISBN 7-302-01642-9:¥16.80

TU3-65 047416
现行建筑结构规范大全/中国建筑工业出版社编.—2版.—北京:中国建筑工业出版社,1995.5.—6册;19cm
ISBN 7-112-02492-7:¥106.00

TU31 047417
结构机理与有限基本构件法/丁大钧著.—南京:河海大学出版社,1995.3.—167页;19cm
ISBN 7-5630-0781-4:¥15.00

TU31-53 047418
结构工程学的研究现状和趋势/那向谦,沈祖炎主编.—上海:同济大学出版社,1995.1.—463页;26cm
ISBN 7-5603-1553-7:¥60.00

TU311 047419
建筑力学/虞季森编.—北京:中国建筑工业出版社,1995.6.—360页;26cm
高等学校试用教材
ISBN 7-112-02450-1:¥12.90

TU311 047420
结构力学/郑有畛主编.—上海:同济大学出版社,1995.9.—294页;26cm
ISBN 7-5608-1565-0:¥12.70

TU311 047421
结构力学/雷克昌主编.—北京:水利电力出版社,1995.10.—330页;26cm
高等学校教材 专科适用
ISBN 7-120-02222-9:¥16.20

TU311 047422
结构力学复习与习题分析/徐新济,冯虹编.—上海:同济大学出版社,1995.11.—289页;26cm
ISBN 7-5608-1551-0:¥14.80

TU311 047423
结构力学题解及考试指南/邓秀泰等主编;樊友景等编著.—北京:中国建材工业出版社,1995.1.—328页;26cm
ISBN 7-80090-298-6:¥19.50

TU311 047424
力学·结构·造型/丁慎思等编著.—武汉:武汉工业大学出版社,1995.5.—302页;26cm
高等学校建筑学专业试用教材
ISBN 7-5629-0980-6:¥17.80

①TU311②TU501 047425
建筑力学/张兆棣等编.—2版.—北京:清华大学出版社,1995.2.—285页;19cm.—(全国星火计划丛书)
土建工长(技术员)培训教材
ISBN 7-302-01598-8:¥8.40

TU311-44 047426
结构力学习题解答·建筑力学 第三分册/蓝宾亮编著.—武汉:中国地质大学出版社,1995.5.—123页;26cm
高等学校教材
ISBN 7-5625-1009-1:¥7.98

TU311.3-53 047427
结构工程与振动研究报告集 (2)/陈志鹏,沈聚敏主编.—北京:清华大学出版社,1995.4.—177页;26cm
ISBN 7-302-01726-3:¥13.60

TU311.3-53　047428
结构工程与振动研究报告集　(3)/沈聚敏,陈志鹏主编.—北京:清华大学出版社,1995.4.—126页;26cm
ISBN 7-302-01727-1:¥9.50

TU311.41　047429
建筑结构CAD软件设计/袁迎曙等编著.—北京:地震出版社,1995.7.—244页;26cm
ISBN 7-5028-1025-0:¥20.00

TU312　047430
房屋结构灾害检测与加固/朱伯龙等编著.—上海:同济大学出版社,1995.11.—134页;26cm
ISBN 7-5608-1452-2:¥12.00

TU312　047431
支挡结构设计手册/尉希成编著.—北京:中国建筑工业出版社,1995.9.—276页;26cm
ISBN 7-112-02613-X:¥16.50

TU317　047432
建筑结构检测/张亚非编著.—武汉:武汉工业大学出版社,1995.7.—137页;26cm
高等学校试用教材
ISBN 7-5629-0991-1:¥9.00

TU318　047433
单层工业厂房结构设计/赵建昌等编著.—兰州:甘肃教育出版社,1995.11.—175页;26cm
高等工科院校教学用书
ISBN 7-5423-0536-0:¥16.80

TU318　047434
工程结构优化设计方法/李来义编著.—天津:天津大学出版社,1995.11.—177页;26cm
ISBN 7-5618-0835-6:¥18.10

TU318　047435
建筑结构耐火设计/路春森等编著.—北京:中国建材工业出版社,1995.7.—237页;20cm
ISBN 7-80090-421-0:¥15.00

TU318　047436
建筑结构设计/宋占海编著.—北京:中国建筑工业出版社,1995.6.—381页;26cm
高等学校教学用书
ISBN 7-112-02448-X:¥13.70

TU318　047437
结构设计原理　上册/许克宾主编.—北京:中国铁道出版社,1995.1.—188页;26cm
高等学校专修科试用教材
ISBN 7-113-01869-6:¥7.40

TU318　047438
结构设计原理　下册/余传禧主编.—北京:中国铁道出版社,1995.6.—154页;26cm
高等学校专修科试用教材
ISBN 7-113-01948-X:¥6.30

TU318-62　047439
建筑结构构造设计手册/牛晓荣,应芬芳编著.—北京:中国建筑工业出版社,1995.9.—373页;26cm
ISBN 7-112-02481-1(精装):¥50.00

TU318-62　047440
建筑结构新旧设计规范对照应用手册/沈在康编著.—北京:中国建材工业出版社,1995.3.—1575页;26cm
ISBN 7-80090-330-3(精装):¥120.00

TU352-53　047441
土木工程防灾国家重点实验室论文集:1991~1992/朱伯龙主编.—上海:同济大学出版社,1995.7.—156页;26cm
ISBN 7-5608-1555-3:¥12.00

TU352.1　047442
房屋结构抗震设计理论与实例/吕西林等编著.—上海:同济大学出版社,1995.1.—316页;26cm
ISBN 7-5608-1543-X:¥24.00

TU352.1　047443
建筑物抗震/陈俊,文良谟编.—北京:水利电力出版社,1995.6.—345页;20cm
ISBN 7-120-02364-0:¥14.20

TU352.104　047444
建筑结构抗震设计/袁锦根主编;邓荣飞等编.—长沙:湖南科学技术出版社,1995.8.—199页;26cm
ISBN 7-5357-1821-3:¥13.00

TU352.4　047445
防水工程技术/北京市第六建筑工程公司,湖南省建筑技工学校编.—北京:中国建筑工业出版社,1995.11.—134页;26cm
建设类技工学校教材
ISBN 7-112-02581-8:¥10.00

TU352.4　047446
一流式革新防水技术　第二册:装配式结构防水技术汇编/张忠雄等编著.—上海:上海科学技术文献出版社,1995.5.—341页;26cm.—(一流式工程技术丛书)
ISBN 7-5439-0755-0(精装):¥150.00

TU352.4　047447
一流式革新防水技术　第一册/张忠雄著.—上海:上海科学技术文献出版社,1995.5.—142页;26cm.—(一流式工程技术丛书)
ISBN 7-5439-0660-0(精装):¥48.00

TU356　047448
网架结构设计与施工:规程应用指南 /网架结构设计与施工规程编制组编著.—北京:中国建筑工业出版社,1995.8.—267页;20cm
ISBN 7-112-02561-3:¥8.50

TU364　047449
砌体结构/东南大学,郑州工学院编.—2版.—北京:中国建筑工业出版社,1995.11.—179页;26cm
高等学校推荐教材
ISBN 7-112-02564-8:¥9.10

TU364　047450
砌体结构/王庆霖主编;白国良等编著.—北京:中国建筑工业出版社,1995.9.—246页;26cm.—(建筑工程教学辅导丛书)
ISBN 7-112-02562-1:¥13.50

TU364　047451

砌体结构抗震设计原理及计算实例/李崇仁编著.—昆明:云南科技出版社,1995.10.—198页;26cm
ISBN 7-5416-0763-0:¥16.80

TU364.04　047452
砌体房屋结构设计实例集/焦彬如主编;汪树中等编写.—北京:中国建筑工业出版社,1995.7.—164页;20cm
ISBN 7-112-02511-7:¥5.60

TU37　047453
混凝土结构及砌体结构　上册/滕智明,朱金铨编著.—北京:中国建筑工业出版社,1995.11.—339页;26cm
高等学校推荐教材
ISBN 7-112-02586-9:¥16.80

TU37　047454
混凝土结构及砌体结构　下册/罗福午等编著.—北京:中国建筑工业出版社,1995.11.—339页;26cm
高等学校推荐教材
ISBN 7-112-02587-7:¥16.80

TU37　047455
混凝土结构与砌体结构/王萍主编.—大连:大连理工大学出版社,1995.2.—2册;26cm
ISBN 7-5611-0976-8:¥30.00

TU370.2　047456
混凝土结构加固技术/万墨林,韩继云编著.—北京:中国建筑工业出版社,1995.3.—165页;20cm
ISBN 7-112-02473-0:¥6.00

TU370.4　047457
混凝土结构设计/孙慧中等编著.—北京:地震出版社,1995.4.—189页;26cm
ISBN 7-5028-1110-9:¥13.00

TU370.4　62　047458
简明混凝土结构设计手册/涂鸣等主编.—北京:中国建筑工业出版社,1995.12.—582页;26cm
ISBN 7-112-02651-2(精装):¥50.00

TU375　047459
钢筋混凝土设计的极限状态理论/(英)休斯(Hughes,B.P.)著;俞同华等译.—3版.—上海:同济大学出版社,1995.6.—423页;26cm
ISBN 7-5608-1334-8:¥38.00

TU375　047460
钢筋混凝土与砖石结构/张建仁,朱剑桥主编.—长沙:湖南科学技术出版社,1995.7.—278页;26cm
ISBN 7-5357-1799-3:¥19.00

TU375　047461
钢筋混凝土与砖石特种结构/华南理工大学建筑结构教研组编.—2版.—广州:华南理工大学出版社,1995.11.—337页;26cm.—(建筑工程系列书)
ISBN 7-5623-0139-5:¥16.50

TU375.3　047462
设置混凝土柱砖砌体结构设计与施工规程:DBJ 43/T006-95:试行/湖南大学主编.—长沙:湖南大学出版社,1995.12.—39页;20cm
ISBN 7-81053-032-1:¥4.00

TU378　047463
现代PRC结构设计/孙宝俊编著.—南京:南京出版社,1995.7.—348页;20cm
ISBN 7-80614-163-4:¥15.00

TU391-62　047464
钢结构工程技术手册/叶德安编.—武汉:华中理工大学出版社,1995.2.—866页;26cm
ISBN 7-5609-0885-3(精装):¥95.00

TU391-62　047465
建筑钢结构设计手册　上册/赵熙元主编.—北京:冶金工业出版社,1995.12.—800页;26cm
ISBN 7-5024-1543-2(精装):¥70.00

TU391-62　047466
建筑钢结构设计手册　下册/赵熙元主编.—北京:冶金工业出版社,1995.12.—879页;26cm
ISBN 7-5024-1564-5(精装):¥78.00

TU392-64　047467
建筑结构设计施工图集:钢结构/喻立安主编.—北京:中国建筑工业出版社,1995.8.—371页;28cm
ISBN 7-112-02553-2(精装):¥49.00

TU393.2　047468
高层钢结构工程质量控制/高校良编著.—北京:中国计划出版社,1995.7.—408页;19cm
ISBN 7-80058-380-5:¥14.00

TU4　土力学、地基基础工程

TU4　047469
基础工程400例:技术与经济观点　上册/蒋国澄主编.—北京:中国科学技术出版社,1995.4.—774页;26cm
ISBN 7-5046-1330-4:¥55.80

TU4　047470
土力学及基础工程/陈希哲主编.—北京:中央广播电视大学出版社,1995.10.—434页;26cm
中央广播电视大学教材
ISBN 7-304-01171-8:¥29.55

TU4　047471
土力学及基础工程学习指导书/郭鸿,朱起红编.—北京:中央广播电视大学出版社,1995.7.—115页;26cm
中央广播电视大学教材
ISBN 7-304-01172-6:¥6.35

TU4　047472
岩土工程勘察与评价/张喜发主编.—长春:吉林科学技术出版社,1995.10.—936页;26cm
ISBN 7-5384-1462-2:¥68.00

TU4　047473
岩土工程数值计算方法/刘汉东等编著.—郑州:黄河水利出版社,1995.12.—235页;26cm
ISBN 7-80621-042-3:¥24.00

TU4　047474
岩土力学与工程/李俊杰主编.—大连:大连理工大

学出版社,1995.9.—2册(750页);26cm
ISBN 7-5611-1035-9:¥40.00

TU4-53　047475
第三届华东地区岩土力学学术讨论会、21世纪的岩土力学专题讨论会论文集/廖济川主编.—武汉:华中理工大学出版社,1995.9.—472页;26cm
ISBN 7-5609-1214-1:¥58.00

①TU4-53②P315.9-53　047476
岩土力学·地震工程·水库地震:论文集/常宝琦编著.—广州:华南理工大学出版社,1995.10.—286页;26cm
ISBN 7-5623-0946-9:¥20.00

TU412　047477
建筑场地岩土工程勘察基础/彭承光等编著.—北京:地震出版社,1995.7.—160页:图;26cm
ISBN 7-5028-0817-5:¥15.00

TU414　047478
建筑地基与土工试验标准规范汇编/中国计划出版社编.—北京:中国计划出版社,1995.8.—746页;26cm
ISBN 7-80058-383-X(精装):¥85.00

TU43　047479
饱和砂土瞬态动力学特性与机理分析/谢定义,张建民著.—西安:陕西科学技术出版社,1995.10.—183页;26cm
ISBN 7-5369-2294-9:¥32.00

TU43　047480
极限分析与土体塑性/陈惠发著;詹世斌译.—北京:人民交通出版社,1995.8.—378页;26cm
ISBN 7-114-02173-9:¥38.00

TU43　047481
流变力学原理及其在岩土工程中的应用/周德培等编著.—成都:西南交通大学出版社,1995.12.—229页;26cm
ISBN 7-81022-875-7:¥15.00

TU43　047482
现代工程岩土力学基础/丁学馥著.—北京:科学出版社,1995.2.—360页;20cm
ISBN 7-03-004299-9:¥14.20

TU447　047483
软土地基处理/吴邦颖等编著.—北京:中国铁道出版社,1995.9.—301页;20cm.—(地基与基础丛书)
ISBN 7-113-01984-6:¥15.20

TU45　047484
计算岩体力学:理论与实践/沈新普等编著.—北京:中国环境科学出版社,1995.4.—152页;19cm
ISBN 7-80093-732-1:¥6.00

TU45　047485
软岩力学/缪协兴,陈智纯著.—徐州:中国矿业大学出版社,1995.6.—237页;20cm
ISBN 7-81040-420-2:¥9.80

TU45　047486
岩石力学新概念与开挖结构优化设计/于学馥等著.—北京:科学出版社,1995.4.—203页;20cm
ISBN 7-03-004342-1:¥14.70

TU45-53　047487
中国科协第二届青年学术年会第三届全国青年岩石力学与工程学术研讨会论文集/中国岩石力学与工程学会、青年工作委员会编.—成都:西南交通大学出版社,1995.7.—454页;26cm
ISBN 7-81022-814-5(精装):¥60.00

TU457　047488
复杂条件下围岩稳定性与岩体动态施工力学/朱维申,何满潮著.—北京:科学出版社,1995.7.—440页;20cm
ISBN 7-03-004536-X:¥26.80

TU457　047489
岩石边坡工程:长江三峡西陵峡链子崖危岩体稳定性研究/哈秋舲,张永兴著.—重庆:重庆大学出版社,1995.6.—100页;26cm
ISBN 7-5624-1038-0:¥12.00

TU46　047490
地下水位与环境岩土工程/周健等编著.—上海:同济大学出版社,1995.12.—225页;20cm
ISBN 7-5608-1550-2:¥12.00

TU47　047491
地基与基础/沈克仁主编;方丽芬等编.—北京:中国建筑工业出版社,1995.11.—227页;26cm
中等专业学校试用教材
ISBN 7-112-02572-9:¥11.50

TU47　047492
中国锚固与注浆工程实录选/梁炯鋆主编;中国岩石力学与工程学会,岩石锚固与注浆技术专业委员会编.—北京:科学出版社,1995.9.—305页;26cm
ISBN 7-03-005009-6:¥40.00

TU470-62　047493
地基基础实用设计施工手册/金问鲁主编.—北京:中国建筑工业出版社,1995.11.—463页;26cm
ISBN 7-112-02649-0(精装):¥35.00

TU473　047494
桩基检测技术指南/刘明贵等编.—北京:科学出版社,1995.10.—550页;26cm
ISBN 7-03-005029-0:¥60.00

TU473.1　047495
桩基工程/段新胜,顾湘编著.—2版.—武汉:中国地质大学出版社,1995.6.—248页;26cm
ISBN 7-5625-0950-6:¥14.80

TU473.1-62　047496
桩基工程手册/《桩基工程手册》编写委员会编.—北京:中国建筑工业出版社,1995.9.—920页;26cm
ISBN 7-112-02552-4(精装):¥64.00

TU473.2　047497
沉基坑支护工程设计技术/黄强编著.—北京:中国建材工业出版社,1995.5.—240页;26cm
ISBN 7-80090-402-4:¥25.00

TU473.2-62　047498
深基坑支护结构实用内力计算手册/黄强编著.—北京:中国建筑工业出版社,1995.10.—382页;26cm
ISBN 7-112-02616-4(精装):¥36.00

TU5 建筑材料

TU5　047499
建筑材料/李业兰编.—北京:中国建筑工业出版社,1995.11.—315页;26cm
中等专业学校试用教材
ISBN 7-112-02575-3:¥15.60

TU5　047500
建筑材料/吴慧敏主编.—长沙:湖南科学技术出版社,1995.8.—233页;26cm
本科"建筑工程专业"系列教材
ISBN 7-5357-1820-5:¥16.50

TU5　047501
建筑材料/云南工业大学等编.—重庆:重庆大学出版社,1995.6.—253页;26cm
ISBN 7-5624-1026-7:¥13.50

TU5　047502
建筑材料/纪士斌,陈巧云编.—北京:清华大学出版社,1995.4.—303页;19cm.—(全国星火计划丛书)
土建工长(技术员)培训教材
ISBN 7-302-01634-8:¥8.90

TU5　047503
建筑材料/符芳主编.—南京:东南大学出版社,1995.11.—312页;26cm
ISBN 7-81050-071-6:¥18.00

TU5　047504
建筑材料/张丕和主编.—2版.—北京:中国水利水电出版社,1995.9.—200页;26cm
中等专业学校教材
ISBN 7-80124-033-2:¥7.50

TU5　047505
建筑材料学/徐家保主编.—2版.—广州:华南理工大学出版社,1995.4.—339页;26cm.—(建筑工程系列书)
ISBN 7-5623-0096-8:¥18.00

TU5-54　047506
建筑材料与设备指南年鉴　1995/蒋协炳,廖淑勤主编.—北京:中国建筑工业出版社,1995.3.—410页;28cm
ISBN 7-112-02588-5:¥120.00

TU5-62　047507
基本建设材料换算手册/潘书东编.—大连:大连出版社,1995.10.—445页;20cm
ISBN 7-80612-193-5:¥20.00

TU5-62　047508
建筑部城市住宅小区建设试点推荐产品实用手册/建筑部城市住宅小区建设试点办公室编.—北京:中国建筑工业出版社,1995.1.—252页;26cm
ISBN 7-112-02464-1:¥15.00

TU5-62　047509
建筑材料实用配方手册/姚治邦编著.—修订版.—南京:河海大学出版社,1995.2.—423页;26cm
ISBN 7-5630-0076-3:¥35.00

TU5-62　047510
新编建筑三材手册/魏明等编写.—杭州:浙江科学技术出版社,1995.8.—266页;26cm
ISBN 7-5341-0731-8:¥24.00

TU504-61　047511
现行建筑材料规范大全:修订缩印本/中国建筑工业出版社编.—北京:中国建筑工业出版社,1995.6.—1937页;26cm
ISBN 7-112-02512-5(精装):¥130.00

TU513-62　047512
新编建筑五金手册/佳隆,晓乐主编.—杭州:浙江科学技术出版社,1995.12.—789页:彩图;26cm
ISBN 7-5341-0852-7(精装):¥70.00

TU52　047513
上海市粉煤灰应用技术手册/刘巽伯主编.—上海:同济大学出版社,1995.12.—304页;20cm
ISBN 7-5608-1643-6:¥24.00

TU528　047514
预制混凝土构件生产与质量检验/金孝权等编.—南京:东南大学出版社,1995.12.—296页;20cm
ISBN 7-81050-093-7:¥14.00

TU528-62　047515
混凝土实用手册/龚洛书主编.—2版.—北京:中国建筑工业出版社,1995.5.—1055页;20cm
ISBN 7-112-02487-0(精装):¥42.50

TU528.01　047516
混凝土碱-骨料反应:坝工混凝土专论　(一)/刘崇熙,刘梓芸著.—广州:华南理工大学出版社,1995.12.—418页;29cm
ISBN 7-5623-0948-5(精装):¥83.00

TU528.06　047517
混凝土制品工艺及设备/孔人英主编.—武汉:武汉工业大学出版社,1995.9.—348页;26cm
中等专业学校试用教材
ISBN 7-5629-1046-4:¥17.00

TU528.33　047518
硅粉混凝土及其应用/惠荣炎,王秀军编著.—北京:中国铁道出版社,1995.8.—151页;19cm.—(混凝土现代技术丛书)
ISBN 7-113-01969-2:¥5.40

TU528.410.1　047519
聚合物改性水泥混凝土/梁乃兴著.—北京:人民交通出版社,1995.12.—140页;26cm
ISBN 7-114-02237-9:¥15.00

TU56　047520
建筑装饰材料/陈保胜编.—北京:中国建筑工业出版社,1995.6.—162页;26cm
建筑装饰施工企业施工员岗位培训教材
ISBN 7-112-02542-7:¥11.60

TU56　047521
建筑装饰材料工艺/罗玉萍,王立久编著.—大连:大连理工大学出版社,1995.8.—272页;26cm
ISBN 7-5611-1030-8:¥16.00

TU56－62　047522
建筑装饰材料实用手册/饶勃主编.—北京:中国建筑工业出版社,1995.4.—1230页;26cm
ISBN 7－112－02496－X(精装):¥64.00

TU56－62　047523
建筑装修新材料简明手册/叶海云等编.—广州:广东科技出版社,1995.4.—469页;26cm
ISBN 7－5359－1327－X:¥25.00

TU6 建筑施工机械和设备

TU6　047524
工程机械/刘树山,陆怀民主编.—哈尔滨:哈尔滨工程大学出版社,1995.3.—218页;26cm
ISBN 7－81007－538－1:¥15.00

TU6　047525
建筑机械基础/纪士斌,范同顺编.—2版.—北京:清华大学出版社,1995.4.—278页;19cm.—(全国星火计划丛书)
土建工长(技术员)培训教材
ISBN 7－302－01640－2:¥8.40

TU6－65　047526
现行建筑机械规范大全:缩印本/中国建筑工业出版社编.—修订本.—北京:中国建筑工业出版社,1995.6.—1334页;26cm
ISBN 7－112－02520－6(精装):¥91.00

TU607　047527
中小型机械操作工工艺学/江西省建筑工程技工学校,上海市第七建筑工程公司技工学校编.—北京:中国建筑工业出版社,1995.11.—228页;26cm
建设类技工学校教材
ISBN 7－112－02582－6:¥16.00

①TU64②F471.269－62　047528
罗泰克手册/周厚贵主译;中国葛洲坝集团公司译.—北京:中国水利水电出版社,1995.7.—456页;26cm
ISBN 7－80124－063－4(精装):¥98.00

TU7 建筑施工

TU7　047529
房屋建筑施工与修缮/廖代广,郑瑞棠编著.—长沙:湖南科学技术出版社,1995.4.—276页;19cm
房地产专业系列教材
ISBN 7－5357－1740－3:¥10.00

TU7　047530
建筑师技术经济与管理读本:试用/徐大图主编;全国注册建筑师管理委员会组织编写.—北京:中国建筑工业出版社,1995.8.—320页;26cm
国家人事部建设部认定一级注册建筑师培训教材
ISBN 7－112－02676－8:¥27.00

TU7　047531
建筑施工/江西省建筑工程技工学校等编.—北京:中国建筑工业出版社,1995.6.—230页;26cm
建设类技工学校教材
ISBN 7－112－02441－2:¥11.00

TU7　047532
建筑施工操作小窍门/张久佩,张榜年编.—北京:中国建筑工业出版社,1995.5.—142页;19cm
ISBN 7－112－02488－9:¥4.80

TU7　047533
建筑施工工艺标准/广州市建筑总公司编.—北京:中国建筑工业出版社,1995.7.—487页;26cm
ISBN 7－112－02546－X:¥25.00

TU7－41　047534
全国建筑施工企业项目经理培训考试大纲/全国建筑施工企业项目经理培训教材编写委员会编.—北京:中国建筑工业出版社,1995.1.—69页;26cm
全国建筑施工企业项目经理培训教材
ISBN 7－112－02537－0:¥4.00

TU7－44　047535
房建工人技术标准学习及考工问答:管道工、水道部分/王静宜主编;张如双编写.—北京:中国铁道出版社,1995.9.—109页;19cm
ISBN 7－113－02021－6:¥4.20

TU7－44　047536
房建工人技术标准学习及考工问答:管道工:暖气部分/王静宜主编;王淑久编写.—北京:中国铁道出版社,1995.12.—155页;19cm
ISBN 7－113－02057－7:¥5.60

TU7－44　047537
房建工人技术标准学习及考工问答:木工/王静宜主编;郭新杰编写.—北京:中国铁道出版社,1995.9.—182页;19cm
ISBN 7－113－02040－2:¥6.10

TU7－44　047538
房建工人技术标准学习及考工问答:油漆工/王静宜主编;宿永红编写.—北京:中国铁道出版社,1995.11.—95页;19cm
ISBN 7－113－02068－2:¥4.00

TU7－62　047539
普通房建施工简明手册/王鸿喜编.—2版.—北京:中国铁道出版社,1995.2.—400页;19cm
ISBN 7－113－01854－8(精装):¥15.00

TU71　047540
施工项目管理概论/丛培经主编.—北京:中国建筑工业出版社,1995.1.—180页;26cm
全国建筑施工企业项目经理培训教材
ISBN 7－112－02531－1:¥10.00

TU71　047541
现代工程建设管理/(英)哈里斯(Harless,F.),(英)麦卡费(Macfee,R.)著;吴之明等译.—北京:清华大学出版社,1995.2.—503页;20cm.—(国外工程造价管理丛书;1)
书名原文:Modern construction Management
ISBN 7－302－01729－8:¥20.00

TU71－43　047542

施工项目质量与安全管理/全国建筑施工企业项目经理培训教材编写委员会编.—北京:中国建筑工业出版社,1995.1.—194页;26cm
全国建筑施工企业项目经理培训教材
ISBN 7-112-02534-6:¥11.00

TU71-62 047543
建筑工程施工监理手册/欧震修主编.—北京:中国建筑工业出版社,1995.1.—633页;20cm
ISBN 7-112-02457-9:¥20.00

TU711 047544
工程建设质量检验评定标准大全/中国计划出版社编.—北京:中国计划出版社,1995.9.—1527页;26cm
ISBN 7-80058-389-9(精装):¥145.00

TU711 047545
建筑工程施工及验收规范汇编/中国计划出版社编.—北京:中国计划出版社,1995.4.—1110页;26cm
ISBN 7-80058-369-4:¥68.00

TU711 047546
建筑工程施工及验收规范条文说明汇编/中国计划出版社编.—北京:中国计划出版社,1995.8.—431页;26cm
ISBN 7-80058-384-8:¥35.00

TU711 047547
土木建筑国家级工法汇编:1993~1994年度/吴之乃主编;建设部建筑业司编.—北京:中国建筑工业出版社,1995.9.—350页;26cm
ISBN 7-112-02632-6:¥28.00

TU711 047548
现行建筑施工规范大全/中国建筑工业出版社编.—2版.—北京:中国建筑工业出版社,1995.5.—6册;19cm
ISBN 7-112-02493-5:¥105.00

TU711-61 047549
现行建筑设备规范大全:修订缩印本/中国建筑工业出版社编.—北京:中国建筑工业出版社,1995.7.—843页;26cm
ISBN 7-112-02551-6(精装):¥60.00

TU712 047550
建筑安装工程施工技术资料编审手册/王立信主编.—石家庄:河北科学技术出版社,1995.1.—1038页;26cm
ISBN 7-5375-1398-8(精装):¥68.00

TU712 047551
建筑工程事故处理与预防/江见鲸等编著.—北京:中国建材工业出版社,1995.5.—260页;26cm
ISBN 7-80090-314-1:¥27.00

TU712 047552
建筑工程质量解答/王莉莉,耿琦编著.—天津:天津社会科学院出版社,1995.6.—215页;20cm
ISBN 7-80563-531-5:¥8.50

TU712-62 047553
建筑安装单位工程观感质量评定手册/李士轩主编.—北京:中国建筑工业出版社,1995.6.—269页;26cm
ISBN 7-112-02544-3(精装):¥22.50

TU712-62 047554
施工企业应用指南:ISO9000《质量管理和质量保证》系列标准/赵丕熙编著.—北京:科学技术文献出版社,1995.9.—263页;26cm
ISBN 7-5023-2505-0:¥22.50

TU714 047555
安装企业安全施工管理与安全技术/杨立雪等编;建设部人事教育劳动司,中国安装协会组织编写.—成都:四川科学技术出版社,1995.4.—474页;19cm
建筑安装企业专业管理人员岗位培训教材
ISBN 7-5364-2893-6:¥13.50

TU72 047556
建筑安装施工企业报表大全/《建筑安装施工企业报表大全》编写组编.—北京:中国建筑工业出版社,1995.1.—400页;28cm
ISBN 7-112-02427-7:¥25.00

TU72-62 047557
全国常用标准图实物工程量手册/叶运烈等主编.—北京:中国计划出版社,1995.8.—457页;26cm
ISBN 7-80058-387-2(精装):¥60.00

TU721 047558
工程项目施工组织与管理/张守义等主编.—北京:中国铁道出版社,1995.8.—329页;20cm
ISBN 7-113-02112-3:¥13.60

TU721 047559
建筑施工组织/吴根宝主编;王舒静等编.—北京:中国建筑工业出版社,1995.11.—195页;26cm
中等专业学校试用教材
ISBN 7-112-02573-7:¥9.80

TU721 047560
建筑施工组织管理200问/田永复编著. 广州:广东科技出版社,1995.2.—428页;19cm
ISBN 7-5359-1385-7:¥12.80

TU721 047561
建筑施工组织与管理/李建华等编.—2版.—北京:清华大学出版社,1995.7.—235页;19cm.—(全国星火计划丛书)
土建工长(技术员)培训教材
ISBN 7-302-01740-9:¥7.50

TU721 047562
建筑施工组织与管理/钟荣川编.—北京:中国建材工业出版社,1995.2.—364页;20cm
ISBN 7-80090-369-9:¥16.00

TU721 047563
施工组织设计与进度管理/全国建筑施工企业项目经理培训教材编写委员会编.—北京:中国建筑工业出版社,1995.1.—191页;26cm
全国建筑施工企业项目经理培训教材
ISBN 7-112-02533-8:¥11.00

TU722 047564
建筑安装工程劳动定额·建筑装饰工程劳动定额/建设行业劳动定额标准化技术委员会主编.-合肥:安徽科学技术出版社,1995.1.-569页;14×20cm

中华人民共和国劳动和劳动安全行业标准
ISBN 7-5337-1155-6:￥29.80

TU722　047565
中华人民共和国建设部全国统一建筑工程基础定额:土建:GJD-101-95/中华人民共和国建设部标准定额司主编.-北京:中国计划出版社,1995.12.-2册(1081页);20cm
￥65.00

TU723　047566
安装工程预算/张金和,李子俊主编.-济南:山东友谊出版社,1995.11.-188页;26cm
ISBN 7-80551-794-0:￥14.50

TU723　047567
编制建筑与装饰工程预算问答/田永复编著.—北京:中国建筑工业出版社,1995.1.—493页;20cm
ISBN 7-112-02420-X:￥15.00

TU723　047568
工程预算丛书/张月明等主编.—长沙:湖南科学技术出版社,1995.7.—5册;19cm
包括《工程预算材料手册》等5册
ISBN 7-5357-1683-0(精装):￥100.00

TU723　047569
湖南省市政工程单位估价表/唐金华,陈焱炎主编.—长沙:湖南科学技术出版社,1995.9.—4册;14×20cm
ISBN 7-5357-1865-5(精装):￥80.00

TU723　047570
吉林省建筑工程定额解释/吉林省建设厅编.—长春:吉林科学技术出版社,1995.6.—118页;19cm
ISBN 7-5384-1514-9:￥8.00

TU723　047571
建筑工程定额与预算/于忠诚编.—北京:中国建筑工业出版社,1995.11.—257页;26cm
中等专业学校试用教材
ISBN 7-112-02574-5:￥12.80

TU723　047572
建筑工程定额与预算/赵玉槐,卞秀庄编.—2版.—北京:清华大学出版社,1995.6.—243页;19cm.—(全国星火计划丛书)
土建工长(技术员)培训教材
ISBN 7-302-01739-5:￥7.80

TU723　047573
建筑工程概预算编制技巧/王维如编著.—上海:同济大学出版社,1995.12.—137页;26cm
ISBN 7-5608-1476-X:￥11.50

TU723　047574
建筑工程造价计算手册/王伟编.—广州:华南理工大学出版社,1995.12.—663页;19cm
ISBN 7-5623-0937-X:￥25.00

TU723　047575
建筑与装饰工程量计算问答/何连峰等编.—北京:中国建筑工业出版社,1995.10.—313页;19cm
ISBN 7-112-02620-2:￥12.00

TU723　047576
建筑装饰工程定额与预算/纪恩成,郑智广编著.—沈阳:辽宁科学技术出版社,1995.7.—236页;26cm
ISBN 7-5381-2139-0:￥14.90

TU723　047577
建筑装饰工程预算/朱维益,张少伟编著.—西安:陕西科学技术出版社,1995.4.—178页;19cm
ISBN 7-5369-2064-4:￥4.80

TU723　047578
建筑装饰工程预算/陈保胜,郑丽敏编.—北京:中国建筑工业出版社,1995.6.—116页;26cm
建筑装饰施工企业施工员岗位培训教材
ISBN 7-112-02543-5:￥8.00

TU723　047579
建筑装饰与安装工程预算/刘玉辉等编.—南京:东南大学出版社,1995.6.—275页;26cm
ISBN 7-81050-016-3:￥18.00

TU723　047580
煤炭工业建设工程造价管理:土建工程篇/杨舜臣主编;煤炭工业部规划发展司组织编写.—北京:煤炭工业出版社,1995.4.—379页;26cm
ISBN 7-5020-1093-9:￥23.50

TU723　047581
民用机场工程预算定额/四川省建设工程造价管理总站主编.—北京:中国计划出版社,1995.1.—591页;20cm
(精装):￥59.00

TU723　047582
全国统一安装工程预算定额:山西省价目表　第八册:给排水、采暖、煤气工程/《全国统一安装工程预算定额》编写组编.—太原:山西科学技术出版社,1995.7.—223页;14×20cm
全套书14册,总定价:200.00元
ISBN 7-5377-1181-X:￥0.00

TU723　047583
全国统一安装工程预算定额:山西省价目表　第二册:电气设备安装工程/《全国统一安装工程预算定额》编写组编.—太原:山西科学技术出版社,1995.7.—486页;14×20cm
全套书14册,总定价:200.00元
ISBN 7-5377-1181-X:￥0.00

TU723　047584
全国统一安装工程预算定额:山西省价目表　第九册:通风、空调工程/《全国统一安装工程预算定额》编写组编.—太原:山西科学技术出版社,1995.7.—162页;14×20cm
全套书14册,总定价:200.00元
ISBN 7-5377-1181-X:￥0.00

TU723　047585
全国统一安装工程预算定额:山西省价目表　第六册:工艺管道工程/《全国统一安装工程预算定额》编写组编.—太原:山西科学技术出版社,1995.7.—597页;14×20cm
全套书14册,总定价:200.00元
ISBN 7-5377-1181-X:￥0.00

TU723　　047586

全国统一安装工程预算定额:山西省价目表　第三册:送电线路工程/《全国统一安装工程预算定额》编写组编　.—太原:山西科学技术出版社,1995.7.—203页;14×20cm

全套书14册,总定价:200.00元

ISBN 7-5377-1181-X:¥0.00

TU723　　047587

全国统一安装工程预算定额:山西省价目表　第十册:自动化控制装置及仪表工程/《全国统一安装工程预算定额》编写组编　.—太原:山西科学技术出版社,1995.7.—191页;14×20cm

全套书14册,总定价:200.00元

ISBN 7-5377-1181-X:¥0.00

TU723　　047588

全国统一安装工程预算定额:山西省价目表　第十二册:炉窑砌筑工程/《全国统一安装工程预算定额》编写组编　.—太原:山西科学技术出版社,1995.7.—268页;14×20cm

全套书14册,总定价:200.00元

ISBN 7-5377-1181-X:¥0.00

TU723　　047589

全国统一安装工程预算定额:山西省价目表　第十三册:刷油、绝热、防腐蚀工程/《全国统一安装工程预算定额》编写组编　.—太原:山西科学技术出版社,1995.7.—260页;14×20cm

全套书14册,总定价:200.00元

ISBN 7-5377-1181-X:¥0.00

TU723　　047590

全国统一安装工程预算定额:山西省价目表　第十五册:化学工业设备安装工程/《全国统一安装工程预算定额》编写组编　.—太原:山西科学技术出版社,1995.7.—715页;14×20cm

全套书14册,总定价:200.00元

ISBN 7-5377-1181-X:¥0.00

TU723　　047591

全国统一安装工程预算定额:山西省价目表　第十一册:工艺金属结构工程/《全国统一安装工程预算定额》编写组编　.—太原:山西科学技术出版社,1995.7.—170页;14×20cm

全套书14册,总定价:200.00元

ISBN 7-5377-1181-X:¥0.00

TU723　　047592

全国统一安装工程预算定额:山西省价目表　第一册:机械设备安装工程/《全国统一安装工程预算定额》编写组编　.—太原:山西科学技术出版社,1995.7.—500页;14×20cm

全套书14册,总定价:200.00元

ISBN 7-5377-1181-X:¥0.00

TU723　　047593

全国统一安装工程预算定额浙江省单位估价表　1994年/浙江省建筑定额站主编.—北京:中国计划出版社,1995.12.—4册;13×19cm

¥160.00

TU723　　047594

全国统一房屋修缮工程预算定额/北京市市政管理委员会主编.—北京:中国计划出版社,1995.12.—14册;13×19cm

ISBN 7-80058-440-2:¥186.00

TU723　　047595

山西省建筑工程预算定额.—太原:山西科学技术出版社,1995.6.—2册(859页);13×19cm

ISBN 7-5377-1168-2:¥45.00

TU723　　047596

山西省建筑装饰(装潢)工程预算定额/范成文等编.—太原:山西科学技术出版社,1995.7.—225页;13×19cm

ISBN 7-5377-1183-6:¥15.00

TU723　　047597

四川省市政工程计价定额:SGD3-95/四川省建设工程造价管理总站编.—成都:四川科学技术出版社,1995.7.—505页;19×13cm

ISBN 7-5364-3178-3:¥42.00

TU723　　047598

四川省维修工程计价定额:SGD4-95/四川省建设工程造价管理总站编.—成都:四川科学技术出版社,1995.7.—316页;19×13cm

ISBN 7-5364-3179-1:¥28.00

TU723　　047599

土木工程施工合同条件(FIDIC条款)概论/高晓兵,谢庆平主编.—北京:中国铁道出版社,1995.9.—200页;19cm

ISBN 7-113-02074-7:¥8.00

TU723　　047600

预算与施工组织/林锷主编.—北京:中国建筑工业出版社,1995.6.—296页;26cm

中等专业学校试用教材

ISBN 7-112-02436-6:¥10.80

TU723　　047601

浙江省建筑工程预算定额　1994/陈鸿逵,汪亚峰主编;浙江省建筑定额站主编.—北京:中国计划出版社,1995.12.—2册;26cm

(精装):¥180.00

TU723　　047602

中华人民共和国建设部全国统一建筑工程预算工程量计算规则:土建工程:GJDGZ-101-95　/中华人民共和国建设部标准定额司主编.—北京:中国计划出版社,1995.12.—44页;20cm

¥5.00

TU723　　047603

住宅工程造价快速计算法/刘同书主编.—北京:中国审计出版社,1995.12.—263页;26cm

ISBN 7-80064-396-4:¥20.00

①TU723②F407.9　　047604

工程建设概预算编制办法选编/中华人民共和国建设部标准定额研究所编.—北京:北京科学技术出版社;南昌:江西科学技术出版社,1995.1.—718页;26cm

ISBN 7-5304-1697-9(精装):¥70.00

①TU723②F407.9　047605
施工项目成本管理/全国建筑施工企业项目经理培训教材编写委员会编.—北京:中国建筑工业出版社,1995.1.—169页;26cm
全国建筑施工企业项目经理培训教材
ISBN 7-112-02535-4:¥10.00

TU723-43　047606
工程招投标与合同管理/全国建筑施工企业项目经理培训教材编写委员会编.—北京:中国建筑工业出版社,1995.1.—212页;26cm
全国建筑施工企业项目经理培训教材
ISBN 7-112-02532-X:¥11.00

TU723-62　047607
实用安装工程概预算手册/邵华乔主编;中华人民共和国建设部标准定额研究所编.—北京:北京科学技术出版社;南昌:江西科学技术出版社,1995.1.—3册;26cm
ISBN 7-5304-1696-0(精装):¥280.00

TU731.2　047608
架子工/李云国编.—3版.—北京:中国铁道出版社,1995.12.—90页;10×13cm.—(铁路基建工人常识问答)
ISBN 7-113-02132-8:¥2.90

TU74　047609
建筑施工技术/任继良等编.—北京:清华大学出版社,1995.4.—331页;19cm.—(全国星火计划丛书)
土建工长(技术员)培训教材
ISBN 7-302-01751-4:¥9.80

TU74　047610
建筑施工技术/宁仁岐,刘宗仁主编.—哈尔滨:黑龙江科学技术出版社,1995.12.—375页;26cm
ISBN 7-5388-2957-1:¥36.00

TU74　047611
建筑施工技术　上册/卢循主编.—北京:中国建筑工业出版社,1995.11.—391页;26cm
中等专业学校试用教材
ISBN 7-112-02568-0:¥19.20

TU74　047612
建筑施工技术　下册/郁伍芳主编;郁伍芳,方兆伟编.—北京:中国建筑工业出版社,1995.11.—166页;26cm
中等专业学校试用教材
ISBN 7-112-02569-9:¥8.50

TU746-62　047613
房屋维修养护管理手册/李信主编;北京房地产业协会编.—北京:中国建筑工业出版社,1995.12.—519页;26cm
ISBN 7-112-02660-1(精装):¥45.00

TU746.3　047614
房屋增层改造加固工程/张聚山,王俊林编著.—郑州:黄河水利出版社,1995.12.—195页;26cm
ISBN 7-80621-044-X:¥17.80

TU746.5　047615
拆除控制爆破技巧/陈华腾等著.—沈阳:辽宁科学技术出版社,1995.10.—147页;19cm
ISBN 7-5381-2245-1:¥13.50

TU75　047616
工程做法注释/王璞子主编;故宫博物院古建部编.—北京:中国建筑工业出版社,1995.5.—499页;38cm
ISBN 7-112-02320-3(精装):¥90.00

TU751.9　047617
大量石方松动控制爆破新技术/何广沂著.—北京:中国铁道出版社,1995.3.—295页;20cm
ISBN 7-113-01877-7:¥16.80

TU753.3　047618
低应变瞬态锤击桩基无损动测技术/张献民,刘国辉编著.—北京:地质出版社,1995.11.—144页;20cm
ISBN 7-116-01903-0:¥8.00

TU753.3　047619
桩基振动分析与质量监测/柳祖亭等编著.—南京:东南大学出版社,1995.12.—307页;26cm
ISBN 7-81050-101-1:¥24.00

TU754　047620
砌石工/李云国编.—3版.—北京:中国铁道出版社,1995.12.—87页;10×13cm.—(铁路基建工人常识问答)
ISBN 7-113-02131-X:¥2.80

TU754.2　047621
房建工人技术标准学习及考工问答:瓦工/王静宜主编;谭惠斌编写.—北京:中国铁道出版社,1995.11.—148页;19cm
ISBN 7-113-02056-9:¥5.40

TU754.2　047622
瓦工/李云国编.—2版.—北京:中国铁道出版社,1995.10.—116页;10×13cm.—(铁路基建工人常识问答)
ISBN 7-113-02034-8:¥2.30

TU754.2　047623
瓦工手册/侯君伟编.—北京:中国建筑工业出版社,1995.9.—532页;19cm
ISBN 7-112-02617-2:¥19.00

TU755　047624
混凝土工基本技术/尹国元编著.—北京:金盾出版社,1995.10.—215页;19cm
ISBN 7-5082-0028-4:¥5.50

TU755-62　047625
混凝土结构工程施工及验收手册/国振喜,张之书主编.—北京:冶金工业出版社,1995.12.—1061页;26cm
ISBN 7-5024-1704-4(精装):¥95.00

TU755.2　047626
现代模板工程/杨宗放,郭正兴编著.—北京:中国建筑工业出版社,1995.1.—223页;20cm.—(建筑施工工程师技术丛书)
ISBN 7-112-02279-7:¥7.50

TU755.2-62　047627
〔新版〕**模板及支撑工程实务手册**/日本临时设施工业会编;牛清山,陈凤英译校.—北京:地震出版社,

1995.10.—307 页;19cm

ISBN 7-5028-1216-4: ¥18.00

TU755.3 047628

钢筋工/李云国编.—3 版.—北京:中国铁道出版社,1995.10.—100 页;9×13cm.—(铁路基建工人常识问答)

ISBN 7-113-02036-4: ¥2.10

TU755.3 047629

钢筋工　上册/中国铁路工程总公司组织编写.—北京:中国铁道出版社,1995.3.—327 页;26cm

工人岗位培训教材

ISBN 7-113-01882-3: ¥13.20

TU755.3 047630

钢筋工工艺学/江西省建筑工程技工学校编.—北京:中国建筑工业出版社,1995.11.—190 页;26cm

建设类技工学校教材

ISBN 7-112-02579-6: ¥13.00

TU755.3 047631

钢筋工基本技术/叶刚编著.—北京:金盾出版社,1995.6.—246 页;19cm

ISBN 7-5082-0017-9: ¥6.00

TU758 047632

安装工程质量控制检验与评定/建设部人事教育劳动司,中国安装协会组织编写.—成都:四川科学技术出版社,1995.3.—368 页;26cm

建筑安装企业专业管理人员岗位培训教材

ISBN 7-5364-2892-8: ¥19.00

TU758 047633

建筑安装工程施工组织设计集粹/郭宪忠,张以宁主编.—北京:金盾出版社,1995.1.—1141 页;26cm

ISBN 7-5028-1187-7: ¥75.00

TU758-62 047634

建筑安装工程安全生产文明施工资料手册/潘全祥主编.—北京:中国建筑工业出版社,1995.10.—402 页;26cm

ISBN 7-112-02624-5(精装): ¥40.00

TU758-62 047635

建筑安装工程施工技术资料手册/潘全祥主编;《建筑安装工程施工技术资料手册》编写组编.—北京:中国建筑工业出版社,1995.3.—1011 页;26cm

ISBN 7-112-02460-9(精装): ¥54.00

TU758-65 047636

山东省建筑安装工程施工操作规程:装饰篇:DBJ14——WB21/山东省建筑工程管理局编.—济南:山东科学技术出版社,1995.8.—245 页;19cm

ISBN 7-5331-1629-1: ¥6.50

TU758.15 047637

简明结构吊装手册/余厚极编.—北京:中国建筑工业出版社,1995.5.—250 页;26cm

ISBN 7-112-02489-7(精装): ¥17.50

TU758.7 047638

建筑电气工程图识读与绘制/杨光臣主编.—北京:中国建筑工业出版社,1995.12.—238 页;26cm

ISBN 7-112-02655-5: ¥15.00

TU758.7-62 047639

实用水电安装维修手册/黄利勇编.—广州:广东科技出版社,1995.5.—703 页;26cm

ISBN 7-5359-1365-2: ¥40.00

TU758.7-64 047640

建筑电气工程安装·设计·材料图册/李东明编.—北京:地震出版社,1995.1.—556 页;19×26cm

ISBN 7-5028-1188-5: ¥45.00

TU759 047641

图解木工操作技术/纪恭,万里英编绘.—北京:中国建筑工业出版社,1995.7.—363 页;19cm.—(图解建筑工人操作技术丛书)

ISBN 7-112-02558-3: ¥11.00

TU767 047642

厨房·餐厅·卫生间装饰装修技巧/王长国主编.—沈阳:辽宁科学技术出版社,1995.9.—130 页:彩图;26cm.—(家庭装饰装修丛书;1)

ISBN 7-5381-2165-X(精装): ¥42.00

TU767 047643

地面装修/邱戟,王喆编.—杭州:浙江科学技术出版社,1995.2.—30 页:彩照;19cm.—(实用居室装修丛书)

ISBN 7-5341-0828-4: ¥3.60

TU767 047644

顶棚装修/邱戟,王喆编.—杭州:浙江科学技术出版社,1995.2.—30 页:彩照;19cm.—(实用居室装修丛书)

ISBN 7-5341-0830-6: ¥3.60

TU767 047645

建筑装饰工程施工/陈保胜等编.—北京:中国建筑工业出版社,1995.6.—170 页;26cm

建筑装饰施工企业施工员岗位培训教材

ISBN 7-112-02541-9: ¥10.60

TU767 047646

建筑装饰工快速入门/佳隆,晓乐编绘.—北京:宇航出版社,1995.12.—308 页;19cm.—(建筑装修快速入门丛书)

ISBN 7-80034-856-3: ¥13.00

TU767 047647

建筑装饰施工工艺/天津市第三建筑工程公司技工学校编.—北京:中国建筑工业出版社,1995.9.—191 页;26cm

建筑综合装饰技术工人培训教材

ISBN 7-112-02645-8: ¥13.00

TU767 047648

居室饰物 /邱戟,王喆编.—杭州:浙江科学技术出版社,1995.3.—30 页:彩照;19cm.—(实用居室装修丛书)

ISBN 7-5341-0740-7: ¥3.60

TU767 047649

客厅·书房·门厅装饰装修技巧/王长国主编.—沈阳:辽宁科学技术出版社,1995.9.—138 页:彩图;26cm.—(家庭装饰装修丛书;2)

ISBN 7-5381-2163-3(精装): ¥42.00

TU767 047650
墙面装修/邱戟,王喆编.—杭州:浙江科学技术出版社,1995.2.—30页:彩照;19cm.—(实用居室装修丛书)
ISBN 7-5341-0829-2:¥3.60

TU767 047651
室内装饰施工技术/黄瑞先主编.—北京:高等教育出版社,1995.5.—313页;26cm
中等职业技术教育用书
ISBN 7-04-005208-3:¥10.85

TU767 047652
室内装修工程/中南林学院编.—哈尔滨:东北林业大学出版社,1995.12.—158页;26cm
全国高等林业院校试用教材 室内与家具设计专业用
ISBN 7-81008-628-6:¥10.25

TU767 047653
卧室装饰装修技巧/王长国主编.—沈阳:辽宁科学技术出版社,1995.9.—130页:彩图;26cm.—(家庭装饰装修丛书;3)
ISBN 7-5381-2164-1(精装):¥42.00

TU767 047654
现代家庭装修与工料分析/朱维益编.—北京:中国建筑工业出版社,1995.11.—190页;20cm
ISBN 7-112-02641-5:¥11.00

TU767 047655
油漆工工艺学/上海市房地产技工学校等编.—北京:中国建筑工业出版社,1995.11.—225页;26cm
建设类技工学校教材
ISBN 7-112-02580-X:¥16.00

TU767 047656
装饰工程质量通病防治手册/王华生等编.—北京:中国建筑工业出版社,1995.5.—524页;20cm
ISBN 7-112-02483-8:¥17.50

TU767 047657
最新建筑高级装饰施工与报价/朱志杰主编.—北京:中国建筑工业出版社,1995.7.—1051页:彩照;26cm
ISBN 7-112-02557-5(精装):¥100.00

TU767-62 047658
建筑装饰声控·光控·电控手册/李恩林,刘玉阶主编.—北京:中国计划出版社,1995.9.—1126页;26cm
ISBN 7-80058-400-3(精装):¥135.00

TU767-62 047659
最新建筑装饰材料与施工预算手册/张晶主编.—南昌:江西科学技术出版社,1995.5.—551页:照片;26cm
ISBN 7-5390-0900-4(精装):¥98.00

TU8 房屋建筑设备

TU8 047660
建筑设备工程/王继明,王敬威编著.—北京:地震出版社,1995.4.—285页;26cm
清华大学土木工程系按新规范编写专业用书
ISBN 7-5028-1119-2:¥20.00

TU8 047661
暖、卫、煤气、通风空调建筑设备分项工艺标准/辽宁省建设厅编.—北京:中国建筑工业出版社,1995.12.—541页;19cm
ISBN 7-112-02653-9:¥19.00

TU8 047662
暖卫与通风工程施工技术/张闻民,王绍民主编.—北京:中国建筑工业出版社,1995.6.—364页;26cm
中等专业学校试用教材
ISBN 7-112-02437-4:¥13.00

①TU8②F407.9 047663
岗位培训计划与培训大纲/建设部人事教育劳动司编著.—成都:四川科学技术出版社,1995.3.—100页;19cm
建筑安装企业专业管理人员岗位培训教材
ISBN 7-5364-2895-2:¥3.60

①TU8②TN8 047664
现代建筑电子工程设计技术/赵济安编著.—上海:同济大学出版社,1995.7.—558页;26cm
ISBN 7-5608-1567-7:¥33.00

TU8-43 047665
建筑水电知识/田会杰等编.—2版.—北京:清华大学出版社,1995.8.—315页;19cm.—(全国星火计划丛书)
土建工长(技术员)培训教材
ISBN 7-302-01741-7:¥9.80

TU81 047666
管道工程制图与识图/上海市工业设备安装公司编.—北京:中国建筑工业出版社,1995.6.—224页;26cm
建设类技工学校教材
ISBN 7-112-02440-4:¥10.60

TU81 047667
管道施工技术/张宪吉主编.—北京:高等教育出版社,1995.5.—238页;26cm
中等职业技术教育用书
ISBN 7-04-005207-5:¥13.70

TU81-44 047668
管道安装与维修技术问答/程光明编著.—北京:机械工业出版社,1995.6.—199页;19cm
ISBN 7-111-04448-7:¥6.50

TU821 047669
城市供水系统的计算机调度与设计/仲伟俊著.—南京:东南大学出版社,1995.10.—205页;20cm
ISBN 7-81050-063-5:¥12.00

TU821.2 047670
水表装修工/应启明,刘德荣编.—北京:中国建筑工业出版社,1995.5.—234页;19cm
城市供水行业等级工培训教材
ISBN 7-112-02453-6:¥6.00

TU83 047671
通风工/张学助编.—2版.—北京:中国建筑工业出

版社,1995.8.—725 页;19cm.—(安装工人技术学习丛书)

ISBN 7-112-02478-1:¥17.00

TU83　047672

通风与空调技术基础/四川省攀枝花市建筑技术工人学校等编.—北京:中国建筑工业出版社,1995.6.—285 页;26cm

建设类技工学校教材

ISBN 7-112-02438-2:¥13.50

TU831　047673

高层建筑空调设计/柴慧娟等编著.—北京:中国建筑工业出版社,1995.8.—272 页;19cm.—(现代建筑空调技术丛书)

ISBN 7-112-02610-5:¥8.20

TU831　047674

计算机房空调设计/陈重文,倪友刚编著.—北京:中国建筑工业出版社,1995.10.—270 页;19cm.—(现代建筑空调技术丛书)

ISBN 7-112-02627-X:¥7.50

TU831　047675

旅馆建筑空调设计/何耀东,何青编著.—北京:中国建筑工业出版社,1995.11.—202 页;19cm.—(现代建筑空调技术丛书)

ISBN 7-112-02631-8:¥6.80

TU831-62　047676

空气调节设计手册/电子工业部第十设计研究院主编.—2 版.—北京:中国建筑工业出版社,1995.11.—844 页;26cm

ISBN 7-112-02626-1(精装):¥60.00

TU832.1　047677

锅炉供暖运行技术与管理/温丽主编;全国房地产科技情报网供暖专业网编著.—北京:清华大学出版社,1995.9.—387 页;26cm

ISBN 7-302-01957-6:¥26.00

TU832.2　047678

锅炉与锅炉房设备/夏喜英主编.—北京:中国建筑工业出版社,1995.6.—218 页;26cm

中等专业学校试用教材

ISBN 7-112-02421-8:¥8.00

TU833　047679

家用热水暖气/王荣光,张志刚编著.—北京:中国铁道出版社,1995.9.—99 页;19cm

ISBN 7-113-02024-0:¥3.60

TU833　047680

热水供暖技术/西亚庚等编.—北京:中国建筑工业出版社,1995.10.—455 页;20cm

ISBN 7-112-02545-1:¥18.60

TU834　047681

实用通风空调风道计算法/冯永芳编著.—北京:中国建筑工业出版社,1995.10.—296 页;20cm

ISBN 7-112-02628-8:¥13.50

TU85　047682

怎样阅读电气工程图/何利民,尹全英编.—2 版.—北京:中国建筑工业出版社,1995.8.—353 页;26cm

ISBN 7-112-02486-2:¥22.00

TU85-65　047683

建筑电气工程师常用规范选/中国建筑工业出版社编.—北京:中国建筑工业出版社,1995.2.—3 册(2072 页);19cm

ISBN 7-112-02456-0:¥56.00

TU857　047684

电梯的使用与维修/刘佩武等编.—北京:机械工业出版社,1995.2.—155 页;19cm

ISBN 7-111-04314-6:¥6.00

TU857　047685

电梯驾驶员 MES 培训教材/劳动部职业技能开发司组织编写.—北京:中国劳动出版社,1995.1.—176 页;26cm

ISBN 7-5045-1602-3:¥8.50

TU857　047686

电梯与自动扶梯:原理、结构、安装、测试/朱昌明等编著.—上海:上海交通大学出版社,1995.10.—419 页;26cm

ISBN 7-313-01088-5:¥27.60

TU892-62　047687

高层建筑消防设计手册/蒋永琨主编.—上海:同济大学出版社,1995.3.—1340 页;26cm

ISBN 7-5608-1484-5(精装):¥98.00

TU9 地下建筑

TU9　047688

地下工程/翁家杰主编.—北京:煤炭工业出版社,1995.5.—198 页;26cm

高等学校规划教材

ISBN 7-5020-1085-8:¥7.30

TU97 高层建筑

TU971　047689

高层建筑概论/沈蒲生著.—长沙:湖南科学技术出版社,1995.3.—209 页;20cm.—(高层建筑施工培训丛书;1)

ISBN 7-5357-1721-7:¥8.80

TU972　047690

简明高层钢筋混凝土结构设计手册/李国胜编.—北京:中国建筑工业出版社,1995.9.—553 页;26cm

ISBN 7-112-02503-6(精装):¥35.00

TU972-64　047691

高层建筑快速设计图集/乐嘉龙主编.—北京:机械工业出版社,1995.6.—207 页:彩照;26cm

ISBN 7-111-04533-5:¥29.00

TU972-64　047692

高层建筑设计资料图集/邵松,林少强主编;《高层建筑设计资料图集》编辑组编.—沈阳:辽宁科学技术出版社,1995.10.—388 页;29cm

ISBN 7-5381-2223-0(精装):¥48.00

TU973　047693
钢筋混凝土高层建筑结构设计/赵西安编著.—2版.—北京:中国建筑工业出版社,1995.9.—789页;26cm
ISBN 7-112-02525-7(精装):¥56.00

TU973-62　047694
高耸结构设计手册/王肇民主编.—北京:中国建筑工业出版社,1995.11.—1055页;26cm
ISBN 7-112-02621-0(精装):¥75.00

TU974　047695
高层建筑基础工程施工/饶天赞,曹喜仁编著.—长沙:湖南科学技术出版社,1995.10.—383页;20cm.—(高层建筑施工培训丛书;3)
ISBN 7-5357-1804-3:¥14.80

TU974　047696
高层建筑施工组织与管理/肖洪著.—长沙:湖南科学技术出版社,1995.4.—264页;20cm.—(高层建筑施工培训丛书;7)
ISBN 7-5357-1722-5:¥9.80

TU974　047697
高层建筑主体混凝土结构施工/邓铁军等编著.—长沙:湖南科学技术出版社,1995.10.—418页;20cm.—(高层建筑施工培训丛书;4)
ISBN 7-5357-1805-1:¥17.80

TU976-62　047698
高层建筑电气设计及电气设备选择手册/戴瑜兴主编.—长沙:湖南科学技术出版社,1995.4.—2册(2084页);26cm
ISBN 7-5357-1533-8(精装):¥150.00

TU976-65　047699
高层民用建筑设计防火规范图文释解/马恒等编著.—北京:群众出版社,1995.10.—118页;20cm
ISBN 7-5014-1398-3:¥5.00

TU98 区域规划、城镇规划

TU981　047700
建设经验篇 (1)/中国城市住宅小区建设试点丛书编委会编.—北京:中国建筑工业出版社,1995.1.—205页:题字;26×23cm.—(中国城市住宅小区建设试点丛书/高拯主编)
ISBN 7-112-02432-3:¥20.00

TU981　047701
区域规划/何芳编著.—上海:百家出版社,1995.12.—125页;26cm.—(中国房地产丛书/夏克强主编)
ISBN 7-80576-447-6:¥11.40

TU982.29　047702
乡镇规划/金兆森主编.—北京:中国农业出版社,1995.10.—150页;26cm
全国高等农业院校教材 农业建筑与环境工程专业用
ISBN 7-109-03454-2:¥8.10

TU984　047703
城市管理论/乌兰力沙克著.—北京:人民出版社,1995.3.—282页;20cm
ISBN 7-01-002098-1:¥11.00

TU984　047704
城市规划与设计原理/王惠岩,刘学铭著.—长春:吉林大学出版社,1995.3.—376页;20cm
ISBN 7-5601-1693-0:¥10.40

TU984　047705
城市设计的环境伦理学/(美)格兰尼(Golany,G.S.)著;张哲译.—沈阳:辽宁人民出版社,1995.10.—166页;24cm
ISBN 7-205-03424-8(精装):¥28.00

TU984　047706
建筑与规划/余庆康编著.—北京:中国建筑工业出版社,1995.11.—317页;20cm.—(土木建筑工程继续教育丛书)
ISBN 7-112-02637-7:¥14.20

TU984.1　047707
中国女城市规划师=CHINESE WOMAN URBAN PLANNERS/中国城市规划学会编.—北京:中国建筑工业出版社,1995.2.—229页;20cm
ISBN 7-112-02508-7:¥9.10

TU984.11　047708
城市总体规划原理/肖秋生主编.—北京:人民交通出版社,1995.6.—145页;26cm
高等学校教材 交通工程、公路与城市道路专业用
ISBN 7-114-01991-2:¥4.50

TU984.11-34　047709
城市外部空间开发规划研究/黄亚平著.—武汉:武汉大学出版社,1995.12.—264页;26cm
ISBN 7-307-02089-0:¥18.80

TU984.2　047710
地理信息系统及其在城市规划与管理中的应用/宋小冬,叶嘉安著.—北京:科学出版社,1995.10.—143页;26cm
ISBN 7-03-004865-2:¥28.00

TU984.2　047711
中国城市:模式与演进/胡俊著.—北京:中国建筑工业出版社,1995.10.—188页;19×26cm
ISBN 7-112-02601-6:¥15.00

TU984.2　047712
中国城市化道路与城市建设/包宗华著.—北京:中国城市出版社,1995.3.—273页;20cm
ISBN 7-5074-0697-0:¥15.00

TU984.2　047713
中国小城镇建设/潘秀玲著.—北京:中国科学技术出版社,1995.1.—502页;20cm
ISBN 7-5046-1398-3:¥15.00

①TU984.2②K928.7　047714
中国历史文化名城保护与规划/阮仪三主编.—上海:同济大学出版社,1995.5:—417页;26cm
ISBN 7-5608-1587-1:¥38.00

TU984.21　047715
走向近代化的北京城:城市建设与社会变革/史明正

著;王业龙,周卫红译.—北京:北京大学出版社,1995.11.—309页:照片;20cm

ISBN 7-301-02937-3(精装):¥30.00

TU984.23 **047716**

规划探索与展望/姜国祥,汤士安主编.—沈阳:辽宁大学出版社,1995.10.—368页;20cm.—(东北城市规划建设丛书/汤士安主编)

ISBN 7-5610-3059-2:¥11.50

TU984.253 **047717**

盐城市郊区城乡建设志 /曹茂文主编;盐城市郊区建设局编著.—南京:江苏人民出版社,1995.3.—467页;20cm

ISBN 7-214-01457-2(精装):¥40.00

TU984.263.4 **047718**

大冶城乡建设志/黄振余主编;大冶城乡建设志编纂委员会编.—北京:中国建筑工业出版社,1995.6.—322页:彩图;26cm.—(中华人民共和国地方志·湖北省)

ISBN 7-112-02602-4(精装):¥35.00

TU984.264.3 **047719**

衡阳市建设志/唐存正主编;衡阳市建设志编纂委员会编.—长沙:湖南出版社,1995.7.—499页;26cm

ISBN 7-5438-1016-6(精装):¥65.00

TU984.265 **047720**

广东省增城市城市规划:1994~2010 /广东省增城市人民政府,广东省增城市规划局编.—广州:广东人民出版社,1995.12.—605页:彩图;29cm

ISBN 7-218-02052-6(精装):¥180.00

TU984.267 **047721**

广西壮族自治区桂林市城市建设管理志/周绍文主编;桂林市城市建设管理局编.—北京:中国建筑工业出版社,1995.10.—269页;30cm.—(中华人民共和国地方志)

ISBN 7-112-02599-0(精装):¥200.00

TU984.274 **047722**

云南省二级中心城市布局、建设、功能研究/张荐华主编.—昆明:云南大学出版社,1995.6.—215页;20cm.—(云南发展研究丛书)

ISBN 7-81025-520-7:¥8.00

TU984.313 **047723**

日本城市建设动向与政策/王殿武编译.—沈阳:白山出版社,1995.10.—164页;19cm

ISBN 7-80566-446-3:¥10.00

TU985 **047724**

城市园林绿地规划/杨赉丽主编.—北京:中国林业出版社,1995.12.—348页;26cm

全国高等林业院校试用教材

ISBN 7-5038-1437-3:¥17.10

TU986 **047725**

景观园林新论/艾定增等主编.—北京:中国建筑工业出版社,1995.3.—306页;26cm

ISBN 7-112-02466-8:¥14.50

TU986 **047726**

园林规划设计/辽宁省林业学校主编.—北京:中国林业出版社,1995.7.—189页;26cm

全国中等林业院校试用教材

ISBN 7-5038-1438-1:¥6.45

TU986 **047727**

园林造景设计技法/李志君著.—北京:中国环境科学出版社,1995.1.—318页;26cm

ISBN 7-80093-811-5:¥68.00

①TU986②S731.2 **047728**

园林生态经济发展战略研究/《园林生态经济发展战略研究》课题组编.—北京:中国科学技术出版社,1995.9.—167页;20cm

ISBN 7-5046-2053-X:¥13.50

TU986.1-64 **047729**

世界名园百图/时文编.—北京:中国城市出版社,1995.5.—100页;19×21cm.—(世界建筑与环境艺术百图系列/陈同滨,文璐主编)

ISBN 7-5074-0701-2:¥39.80

TU986.2 **047730**

园林规划设计/胡长龙主编.—北京:中国农业出版社,1995.5.—386页;26cm

全国高等农业院校教材 观赏园艺、园林、旅游、环境设计专业用

ISBN 7-109-02962-X:¥14.15

TU986.2 **047731**

园林设计/李征编著.—北京:中国建筑工业出版社,1995.11.—112页;26cm.—(园林植物·营建·管理丛书)

ISBN 7-112-02593-1:¥10.00

TU986.3 **047732**

园林机械/程祥之主编.—北京:中国林业出版社,1995.12.—409页;26cm

全国高等林业院校试用教材 林业机械和木工机械专业用

ISBN 7-5038-1431-4:¥20.10

TU986.4-64 **047733**

中国园林建筑图集/宗维城绘.—北京:中国书籍出版社,1995.1.—230页;26cm

ISBN 7-5068-0387-9(精装):¥70.00

TU986.4-64 **047734**

中国园林建筑图集/宗维城绘.—北京:中国书籍出版社,1995.1.—230页;26cm

ISBN 7-5068-0388-7:¥58.00

TU986.621 **047735**

圆明园园林艺术/何重义,曾昭奋编著.—北京:科学出版社,1995.9.—532页;29×23cm

ISBN 7-03-000202-4(精装):¥680.00

TU986.621-64 **047736**

世界公园:汉、英、日对照/新时代出版社编.—北京:新时代出版社,1995.3.—80页;29cm

ISBN 7-5042-0239-8:¥30.00

TU986.625.1 **047737**

跨越世纪:鲁迅公园建园百年纪念文集/花以友主编.—上海:华东理工大学出版社,1995.12.—113页;28cm

ISBN 7-5628-0639-X: ¥10.00

TU99 市政工程

TU99 047738

村镇公用工程建设简明实用教程/张万方主编;宋建武等编著.—北京:中国建筑工业出版社,1995.6.—585页;20cm

ISBN 7-112-02556-7: ¥16.80

TU99-44 047739

市政工程施工技术问答/樊宝运主编.—郑州:黄河水利出版社,1995.5.—166页;19cm

ISBN 7-80621-003-2: ¥6.00

TU99-62 047740

市政工程施工手册 第二卷:专业施工技术 (一)/金友昌主编;北京市市政工程局编.—北京:中国建筑工业出版社,1995.12.—1362页:照片;26cm

ISBN 7-112-02730-6(精装): ¥98.00

TU991 047741

给水工程/吴赳赳等编.—2版.—北京:中国建筑工业出版社,1995.11.—348页;26cm

中等专业学校试用教材

ISBN 7-112-02578-8: ¥17.20

TU991 047742

给水工程/严煦世,范瑾初主编.—3版.—北京:中国建筑工业出版社,1995.6.—523页;26cm

高等学校推荐教材

ISBN 7-112-02426-9: ¥18.60

TU991 047743

给水排水工程施工/田会杰主编.—2版.—北京:中国建筑工业出版社,1995.6.—258页;26cm

中等专业学校试用教材

ISBN 7-112-02425-0: ¥9.40

TU991 047744

供水工程管理/田家山主编;水利部农村水利司编.—北京:水利电力出版社,1995.4.—156页;20cm

乡镇供水工程技术培训教材 第五分册

ISBN 7-120-02200-8: ¥8.20

TU991 047745

供水设备维修电工/蒋瑞敏等编.—北京:中国建筑工业出版社,1995.5.—505页;19cm

城市供水行业等级工培训教材

ISBN 7-112-02474-9: ¥12.00

TU991 047746

水厂与净水工艺/田家山主编;水利部农村水利司编.—北京:水利电力出版社,1995.2.—255页;20cm

乡镇供水工程技术培训教材 第三分册

ISBN 7-120-02164-8: ¥13.20

TU991-62 047747

给水排水工程快速设计手册 (1):给水工程/严煦世主编.—北京:中国建筑工业出版社,1995.7.—426页;26cm

ISBN 7-112-02485-4(精装): ¥29.00

TU991.01 047748

供水工程规划/田家山主编;水利部农村水利司编.—北京:水利电力出版社,1995.4.—115页;20cm

乡镇供水工程技术培训教材 第一分册

ISBN 7-120-02176-1: ¥6.80

TU991.02 047749

供水系统设计/田家山主编;水利部农村水利司编.—北京:水利电力出版社,1995.4.—247页;20cm

乡镇供水工程技术培训教材 第二分册

ISBN 7-120-02163-X: ¥12.60

TU991.05 047750

供水工程施工与设备安装/田家山主编;水利部农村水利司编.—北京:水利电力出版社,1995.4.—209页;20cm

乡镇供水工程技术培训教材 第四分册

ISBN 7-120-02160-5: ¥11.20

TU991.2 047751

流动电流及其在混凝控制中的应用/崔福义,李圭白著.—哈尔滨:黑龙江科学技术出版社,1995.12.—244页;20cm

ISBN 7-5388-2889-3: ¥12.80

TU991.39 047752

工业管道中的水锤/王学芳等著.—北京:科学出版社,1995.8.—365页;20cm

ISBN 7-03-004660-9(精装): ¥28.80

TU991.6 047753

水泵运行工/朱澈主编;徐敬申等编.—北京:中国建筑工业出版社,1995.5.—360页;19cm

城市供水行业等级工培训教材

ISBN 7-112-02454-4: ¥9.00

TU991.62 047754

民用与工业建筑各类水泵自动控制图集/庞传贵,李陆峰编著.—北京:水利电力出版社,1995.3.—159页;26cm

ISBN 7-120-02129-X: ¥19.00

TU991.64-62 047755

节约用水原理及方法指南/董辅祥,董欣东主编.—北京:中国建筑工业出版社,1995.11.—300页;26cm

ISBN 7-112-02636-9(精装): ¥30.00

TU995-62 047756

城市冷、暖、汽三联供手册/曾志诚主编.—北京:中国建筑工业出版社,1995.10.—492页;26cm

ISBN 7-112-02625-3: ¥33.00

TU996 047757

城市燃气工人技术等级培训大纲:试行/建设部人事教育劳动司编.—北京:中国建筑工业出版社,1995.11.—236页;26cm

城市燃气工人技术培训教材

ISBN 7-112-02708-X: ¥18.00

TU998.1 047758

建筑防火/郭益生主编;《建筑防火》编写组编.—北京:群众出版社,1995.9.—457页;20cm

公安消防部队指挥学校统编试用教材

ISBN 7-5014-1368-1: ¥20.40

TU998.1 047759
旅馆、饭店消防知识/胡建国主编;付智敏等编.—北京:警官教育出版社,1995.11.—150页;19cm.—(消防安全实用知识丛书)
ISBN 7-81027-627-1:¥10.00

TU998.1 047760
消防工程设计施工技术/孙荣国等编著.—兰州:甘肃科学技术出版社,1995.9.—534页;26cm
ISBN 7-5424-0574-8:¥38.80

TU998.1 047761
消防供水/张学魁主编;《消防供水》编写组编.—北京:群众出版社,1995.9.—574页;20cm
公安消防部队指挥学校统编试用教材
ISBN 7-5014-1369-X:¥25.20

TU998.1-43 047762
消防安全基础知识/杨隽主编.—长春:吉林科学技术出版社,1995.5.—884页;19cm
法人代表、专兼职防火人员、重点工种培训教材
ISBN 7-5384-1502-5:¥26.00

TU998.1-49 047763
十万火迹:安徽消防纵议/晋传银主编.—合肥:安徽人民出版社,1995.8.—195页;19cm
ISBN 7-212-01235-1:¥5.80

TU998.13 047764
火灾报警器/而师玛乃·花铁森编著.—北京:原子能出版社,1995.8.—174页:彩图;19cm.—(核仪器仪表丛书/上海市原子核学会主编)
ISBN 7-5022-1405-4:¥7.00

TU998.13 047765
建筑灭火器配置设计手册/唐祝华主编.—上海:上海科学技术出版社,1995.6.—137页;26cm
ISBN 7-5323-3749-9:¥10.00

TU998.13 047766
消防技术装备/陈明主编;《消防技术装备》编写组编.—北京:群众出版社,1995.9.—606页;20cm
公安消防部队指挥学校统编试用教材
ISBN 7-5014-1372-X:¥26.20

TU998.192-54 047767
中国火灾统计年鉴 1995/李世雄主编;公安部消防局编.—北京:群众出版社,1995.8.—363页;26cm
ISBN 7-5014-1312-6:¥25.00

TU998.4-62 047768
上海市防汛手册/史良才主编;上海市防汛指挥部编著.—上海:上海科学技术出版社,1995.3.—216页;20cm
ISBN 7-5323-3743-X(精装):¥18.00

TV 水利工程

TV-092 047769
大理白族自治州水利志/曹承曾主编;大理白族自治州水利电力局编.—昆明:云南民族出版社,1995.12.—348页:彩照;26cm
ISBN 7-5367-1059-3(精装):¥50.00

TV-092 047770
德清县水利志/《德清县水利志》编纂委员会编.—杭州:杭州大学出版社,1995.12.—422页:照片;26cm
ISBN 7-81035-778-6(精装):¥35.00

TV-092 047771
东光县水利志/《东光县水利志》编纂委员会编.—北京:水利电力出版社,1995.6.—170页;26cm
ISBN 7-120-02179-6(精装):¥33.00

TV-092 047772
都匀市水利志/许安治主编;都匀市水利电力局水利志编纂领导小组编.—贵阳:贵州教育出版社,1995.5.—332页:照片;26cm
ISBN 7-80583-716-3(精装):¥45.00

TV-092 047773
洱源县水利志/赵铸纪主编;洱源县水利电力局编.—昆明:云南大学出版社,1995.3.—340页:照片;26cm
ISBN 7-81025-479-0:¥0.00

TV-092 047774
丰宁水利志/屈志成,叶国春主编;丰宁满族自治县水利水保局编.—北京:团结出版社,1995.12.—373页:彩照;26cm.—(河北省水利史志丛书)
ISBN 7-80061-900-1(精装):¥25.00

TV-092 047775
衡水地区水利志/董忆锋主编;衡水地区水利志编纂委员会编.—石家庄:河北人民出版社,1995.12.—494页;26cm.—(河北省水利史志丛书)
ISBN 7-202-01827-6(精装):¥95.00

TV-092 047776
湖州市水利志/韩延庆主编;《湖州市江河水利志》编纂委员会编.—北京:中国大百科全书出版社,1995.9.—698页:彩图;26cm
ISBN 7-5000-5461-0(精装):¥96.00

TV-092 047777
江西省水利志/汤维增等主编;江西省水利厅编.—南昌:江西科学技术出版社,1995.10.—641页:彩照;26cm.—(江西省志丛书/张伊总纂)
ISBN 7-5390-0956-X(精装):¥95.00

TV-092 047778
螺河水利志/广东省陆丰县《螺河水利志》编纂领导小组编.—广州:广东科技出版社,1995.11.—181页:彩照;26cm
ISBN 7-5359-1575-2:¥0.00

TV-092 047779
宁蒗彝族自治县水利志/宁蒗彝族自治县水电局,宁蒗县委史志办公室编.—昆明:云南大学出版社,1995.8.—174页:彩照;26cm.—(云南省地方志丛书)
ISBN 7-81025-589-4(精装):¥30.00

TV-092 047780
唐山水利史/刘进举主编.—石家庄:河北人民出版社,1995.12.—424页;20cm
ISBN 7-202-01924-8(精装):¥21.50

TV-092 047781

天津水利志　卷六：塘沽区水利志/祝子明主编；塘沽区水利志编纂委员会编.—天津：天津科学技术出版社，1995.7.—239页：彩图；26cm
ISBN 7-5308-0198-8(精装)：¥48.60

TV-092　047782
万全县水利志/张日东主编；《万全县水利志》编委会编.—北京：中国气象出版社，1995.4.—218页；26cm.—(河北省水利史志丛书)
ISBN 7-5029-1878-7(精装)：¥18.00

TV-092　047783
仪征水利志/杭虎主编；仪征水利局编.—南京：江苏科学技术出版社，1995.9.—213页；26cm
ISBN 7-5345-1992-6(精装)：¥50.00

TV-092　047784
张家港市水利志/钱中俊主编；张家港市水利志编纂委员会编.—南京：河海大学出版社，1995.1.—278页；26cm
ISBN 7-5630-0770-9(精装)：¥40.00

TV-53　047785
华北水利水电学院校友论文集　第一辑/赵中极主编.—北京：中国水利水电出版社，1995.10.—359页；26cm
ISBN 7-80124-099-5：¥40.00

TV-53　047786
麦乔威论文集/《麦乔威论文集》编辑委员会编.—郑州：黄河水利出版社，1995.4.—215页；26cm
ISBN 7-80621-002-4：¥12.00

TV-53　047787
水利水电工程学理论与应用：第四次全国水电中青年科技干部学术报告会暨第六届全国水利水电工程学青年学术讨论会论文集/丁留谦，柴方昆主编.—北京：中国科学技术出版社，1995.10.—561页；26cm
ISBN 7-5046-2030-0(精装)：¥60.00

TV-62　047788
实用水利技术手册/田富编著.—北京：中国水利水电出版社，1995.12.—820页；19cm
ISBN 7-80124-022-7：¥43.00

TV1　水利工程基础科学

①TV1②P64　047789
中小型水利水电工程地质/郭见扬等编著.—2版.—北京：水利电力出版社，1995.6.—363页；26cm
ISBN 7-120-02154-0：¥29.80

TV12　047790
水电站工程水文/王维第等编著.—南京：河海大学出版社，1995.12.—336页；26cm.—(水力发电工程进展丛书)
ISBN 7-5630-0926-4：¥30.00

TV121　047791
产汇流理论/芮孝芳主编.—北京：水利电力出版社，1995.5.—170页；26cm
高等学校教材
ISBN 7-120-02118-4：¥6.40

TV13　047792
河口动力学/黄胜，卢启苗编著.—北京：水利电力出版社，1995.6.—412页；20cm
ISBN 7-120-01761-6(精装)：¥29.00

TV13　047793
水力学　上册/董曾南主编；清华大学水力学教研组编.—4版.—北京：高等教育出版社，1995.7.—711页；20cm
高等学校教材
ISBN 7-04-005144-3：¥23.00

TV13　047794
水力学教程/李鉴初，杨景芳主编.—北京：高等教育出版社，1995.8.—653页；20cm
ISBN 7-04-005346-2：¥19.00

①TV13②U442.3　047795
水力学及桥涵水文/叶镇国主编.—北京：人民交通出版社，1995.12.—356页；26cm
高等学校(专科)试用教材　公路与城市道路、桥梁工程专业用
ISBN 7-114-02126-7：¥10.70

TV13-44　047796
水力学基本理论与典型题解/史仲乾编.—西安：陕西科学技术出版社，1995.1.—149页；19cm
ISBN 7-5369-1672-8：¥3.80

TV131.4　047797
计算水力学/周雪漪编著.—北京：清华大学出版社，1995.9.—472页；20cm
ISBN 7-302-01916-9：¥12.00

TV131.4　047798
水利计算及水资源规划/叶秉如主编.—北京：水利电力出版社，1995.4.—190页；26cm
高等学校教材
ISBN 7-120-02139-7：¥7.00

TV131.4-62　047799
水利水电工程设计洪水计算手册/水利部长江水利委员会水文局，水利部南京水文水资源研究所主编.—北京：水利电力出版社，1995.10.—515页；26cm
ISBN 7-120-02125-7(精装)：¥58.00

TV135　047800
闸坝工程水力学与设计管理/毛昶熙等编.—北京：水利电力出版社，1995.2.—271页；26cm
ISBN 7-120-02067-6：¥27.50

TV136　047801
水泵及水泵站习题实验课程设计指导书/王涛主编.—北京：水利电力出版社，1995.6.—157页；26cm
高等学校教材
ISBN 7-120-02101-X：¥5.90

TV136　047802
水力机械流动理论/林汝长编著.—北京：机械工业出版社，1995.5.—221页；26cm
普通高等教育机电类规划教材
ISBN 7-111-04315-4：¥8.65

TV14　047803

高含沙水流及泥石流/王明甫主编.—北京:水利电力出版社,1995.9.—120页;26cm
高等学校教材
ISBN 7-120-02205-9:¥4.60

TV14 047804
河流泥沙/艾益龄主编.—北京:水利电力出版社,1995.8.—96页;26cm
中等专业学校教材
ISBN 7-120-02217-2:¥3.70

TV14 047805
黄土地区流域水沙模拟概念模型与应用/包为民著.—南京:河海大学出版社,1995.8.—170页;20cm
ISBN 7-5630-0845-4:¥3.40

TV14 047806
明渠挟沙水流运动的力学和统计规律/胡春宏,惠遇甲著.—北京:科学出版社,1995.5.—343页;20cm.—(博士丛书)
ISBN 7-03-004549-1:¥21.60

TV14-53 047807
第二届全国泥沙基本理论研究学术讨论会论文集/曾庆华主编;中国水利学会泥沙专业委员会编.—北京:中国建材工业出版社,1995.10.—636页;26cm
ISBN 7-80090-425-3:¥98.00

TV14-53 047808
河南省首届泥沙研究讨论会论文集/张红武,姚文艺主编.—郑州:黄河水利出版社,1995.5.—229页;26cm
ISBN 7-80621-037-7:¥12.60

TV152 047809
新疆头屯河流域山地侵蚀与减沙治理研究/陈亚宁等著.—乌鲁木齐:新疆人民出版社,1995.12.—237页;26cm
ISBN 7-228-03857-6:¥28.00

TV21 水资源调查与水利规划

TV21 047810
环境水利/刘家麟主编.—北京:水利电力出版社,1995.4.—114页;26cm
中等专业学校教材
ISBN 7-120-02114-1:¥4.40

TV21 047811
水资源系统分析与规划/张永平,陈惠源编.—北京:水利电力出版社,1995.9.—128页;26cm
高等学校教材
ISBN 7-120-02219-9:¥5.00

TV21 047812
水资源综合规划/唐德善,王锋主编.—南昌:江西高校出版社,1995.1.—178页;26cm
ISBN 7-81033-458-1:¥11.80

TV21 047813
现代水利论/(日)志村博康著;刘福林译.—北京:水利电力出版社,1995.6.—331页;19cm
ISBN 7-120-02250-4:¥15.00

TV211.1 047814
水资源核算/韩国刚等著.—北京:科学出版社,1995.7.—64页;26cm
ISBN 7-03-004683-8:¥10.00

TV211.1 047815
水资源评价/张明泉,曾正中编著.—兰州:兰州大学出版社,1995.2.—363页;26cm
ISBN 7-311-00845-X:¥18.80

TV213.4 047816
黄河水资源保护科技成果与论文选编/赵沛伦主编;黄河流域水资源保护局编.—郑州:黄河水利出版社,1995.6.—295页;26cm
ISBN 7-80621-034-2:¥15.00

①TV213.4②X321 047817
官厅水系水源保护北京市自然保护史志/刘燕生编著.—北京:中国环境科学出版社,1995.6.—172页;19cm
ISBN 7-80093-751-8:¥7.50

TV214 047818
小型工程水力计算/徐永祺,朱积庆编.—北京:水利电力出版社,1995.7.—229页;19cm
灌排工程工(初、中、高级工)技术等级考核培训教材
ISBN 7-120-02077-3:¥10.00

TV22 水工勘测、设计

TV22 047819
水利工程测量/陈锦武编.—北京:水利电力出版社,1995.7.—201页;19cm
灌排工程工(初、中、高级工)技术等级考核培训教材
ISBN 7-120-02075-7:¥9.00

TV222 047820
水工试验设计/陈惠玲编著.—南京:河海大学出版社,1995.10.—72页;19cm
ISBN 7-5630-0925-6:¥8.00

TV222 047821
水利工程制图/杨昌龄,童正心编.—北京:水利电力出版社,1995.7.—185页;19cm
灌排工程工(初、中、高级工)技术等级考核培训教材
ISBN 7-120-02074-9:¥8.40

TV222-64 047822
水工设计图集/吴媚玲主编.—北京:水利电力出版社,1995.4.—96页;26×37cm
高等学校教材
ISBN 7-120-02144-3:¥7.50

TV223 047823
地基与地基处理/张顺联,王永大编.—北京:水利电力出版社,1995.7.—140页;19cm
灌排工程工(初、中、高级工)技术等级考核培训教材
ISBN 7-120-02082-X:¥6.60

TV223.3-53 047824
全国首届岩石锚固与注浆学术会议论文集/全国岩

石锚固与注浆学术会议论文集编委会编.—乌鲁木齐:新疆科技卫生出版社,1995.8.—294页;26cm
ISBN 7-5372-1114-0:¥38.00

TV3 水工结构

TV31　047825
水工结构分析与计算机应用/潘家铮主编.—北京:北京科学技术出版社,1995.8.—546页;26cm
ISBN 7-5304-1773-8(精装):¥66.00

TV34　047826
水工钢结构/武汉水利电力大学等编.—3版.—北京:水利电力出版社,1995.6.—262页;26cm
高等学校教材
ISBN 7-120-02071-4:¥9.50

TV4 水工材料

TV4　047827
水利工程质量管理与检测/窦宜,陶秀珍编著.—南京:河海大学出版社,1995.8.—396页;20cm
ISBN 7-5630-0846-2:¥23.50

TV4-62　047828
水工建筑材料常用配方/姚治邦编著.—3版.—南京:河海大学出版社,1995.1.—304页;26cm
ISBN 7-5630-0076-3(精装):¥34.00

TV5 水利工程施工

TV5　047829
小型水利工程施工/何佩德,徐永年编.—北京:水利电力出版社,1995.7.—243页;19cm
灌排工程工(初、中、高级工)技术等级考核培训教材
ISBN 7-120-02073-0:¥10.60

TV5-65　047830
水利水电施工技术规范汇编:续编/刘松深主编;水利部建设司编.—北京:水利电力出版社,1995.1.—2册;19cm
ISBN 7-120-02208-3(精装):¥50.00

TV51　047831
水利水电工程概预算编制手册/屈承德等编著.—西安:陕西科学技术出版社,1995.12.—217页;26cm
ISBN 7-5369-2449-6:¥16.00

TV542　047832
定向爆破筑坝/黄元清,黄自瑾编著.—西安:陕西科学技术出版社,1995.10.—192页;19cm
ISBN 7-5369-1424-5:¥9.60

TV6 水利枢纽、水工建筑物

TV6　047833
水工建筑物/郭宗闵主编.—2版.—北京:水利电力出版社,1995.8.—455页;26cm
中等专业学校教材
ISBN 7-120-02235-0:¥16.30

TV6　047834
水工建筑物/陈德亮主编.—3版.—北京:水利电力出版社,1995.10.—388页;26cm
高等学校教材 供农田水利工程专业用
ISBN 7-120-02210-5:¥19.00

TV6　047835
水工建筑物　上册/左东启等主编.—南京:河海大学出版社,1995.7.—495页;26cm
ISBN 7-5630-0838-1:¥34.00

TV6　047836
小型水工建筑物/陈美扬等编.—北京:水利电力出版社,1995.7.—256页;19cm
灌排工程工(初、中、高级工)技术等级考核培训教材
ISBN 7-120-02078-1:¥10.90

TV6　047837
小型水利工程管理/李焕章编.—北京:水利电力出版社,1995.7.—130页;19cm
灌排工程工(初、中、高级工)技术等级考核培训教材
ISBN 7-120-02083-8:¥6.30

TV632　047838
迈向二十一世纪的理性思考:涪陵三峡经济研讨会论文荟萃/曾南廷等主编.—重庆:西南师范大学出版社,1995.8.—125页;20cm
ISBN 7-5621-1351-3:¥6.80

TV632.41　047839
洛惠渠志/《洛惠渠志》编纂委员会编.—西安:陕西人民出版社,1995.7.—378页:照片;26cm.—(陕西地方志·水利志丛书)
ISBN 7-224-03783-4(精装):¥50.00

TV632.45　047840
新疆科技兴水实例　第一册/张学魁,林仁亨主编;新疆维吾尔自治区水利厅,新疆维吾尔自治区水利学会编.—乌鲁木齐:新疆科技卫生出版社,1995.2.—409页;20cm
ISBN 7-5372-0931-6:¥10.50

TV632.61　047841
黄河三门峡水利枢纽运用与研究/杨庆安等主编.—郑州:河南人民出版社,1995.7.—387页;26cm
ISBN 7-215-03359-7(精装):¥56.00

TV632.63　047842
导流与截流/王家柱主编.—北京:水利电力出版社,1995.6.—346页;26cm.—(葛洲坝工程丛书;4)
ISBN 7-120-02119-2:¥34.00

TV632.63　047843
高峡出平湖:长江三峡工程/林一山主编.—北京:中国青年出版社,1995.9.—355页;20cm
ISBN 7-5006-1930-8:¥15.20

TV632.63　047844
施工组织与管理/贺修银主编.—北京:水利电力出版社,1995.8.—257页;26cm.—(葛洲坝工程丛书;11)
ISBN 7-120-02122-2:¥26.50

TV632.63 047845

土石方工程施工/陈笑霖主编.—北京:水利电力出版社,1995.8.—230页;26cm.—(葛洲坝工程丛书;12)

ISBN 7-120-02165-6:¥23.00

TV632.63 047846

闸、坝与电站建筑物/董士镛主编.—北京:水利电力出版社,1995.5.—265页;26cm.—(葛洲坝工程丛书;5)

ISBN 7-120-02121-4:¥27.00

TV632.63-54 047847

中国三峡建设年鉴 1994/《中国三峡建设年鉴》编纂委员会编.—北京:中国三峡出版社,1995.12.—348页:彩图;26cm

ISBN 7-80099-100-8(精装):¥300.00

TV64 047848

水土建筑物专题:复杂坝基和地下结构/陆述远主编.—北京:水利电力出版社,1995.9.—183页;26cm

高等学校教材

ISBN 7-120-02234-2:¥9.20

TV64-09 047849

坝工技术史/朱诗鳌著.—北京:水利电力出版社,1995.5.—437页;20cm

ISBN 7-120-02097-8:¥31.50

TV642.4 047850

大坝事故与安全·拱坝/汝乃华,姜忠胜编著.—北京:中国水利水电出版社,1995.10.—339页;26cm

ISBN 7-80124-045-6:¥28.80

TV66-64 047851

一字闸工程图集/沈红膺,马玉松主编;内蒙古自治区水利厅编.—北京:水利电力出版社,1995.2.—82页;26×37cm

ISBN 7-120-02213-X:¥15.00

TV67 047852

乡镇供水/颜振元等编.—北京:水利电力出版社,1995.7.—221页;19cm

灌排工程工(初、中、高级工)技术等级考核培训教材

ISBN 7-120-02084-6:¥9.60

TV68 047853

跨流域调水运行管理:中国南水北调东线工程实例研究/刘国纬等著.—北京:中国水利水电出版社,1995.9.—191页;20cm

ISBN 7-80124-039-1:¥15.00

TV697 047854

小型水库管理人员培训辅导指南/水利部水利管理司编.—北京:中国水利水电出版社,1995.9.—249页;19cm

ISBN 7-80124-069-3:¥12.00

TV7 水能利用、水电站工程

TV734.4 047855

水电站调压室/刘启钊,彭守拙编.—北京:水利电力出版社,1995.9.—214页;26cm

高等学校教材

ISBN 7-120-02227-X:¥10.70

TV734.4 047856

水电站机组控制计算机仿真/徐枋同,李植鑫编.—北京:水利电力出版社,1995.9.—136页;26cm

高等学校教材

ISBN 7-120-02229-6:¥5.30

TV734.4 047857

水电站控制理论基础/白家骢,陈正初编.—北京:水利电力出版社,1995.8.—208页;26cm

高等学校教材

ISBN 7-120-02185-0:¥7.70

TV735 047858

水力机组辅助设备/陈存祖,吕鸿年编.—北京:水利电力出版社,1995.9.—211页;26cm

高等学校教材 专科适用

ISBN 7-120-02204-0:¥7.90

TV736 047859

水电站自动化/楼永仁等编.—北京:水利电力出版社,1995.10.—266页;26cm

高等学校教材 专科适用

ISBN 7-120-02225-3:¥13.20

TV737 047860

泵站经济运行/刘超编.—北京:水利电力出版社,1995.9.—136页;26cm

高等学校教材

ISBN 7-120-02230-X:¥5.10

TV741 047861

大型泵站机组安装与检修/杜刚海主编.—北京:水利电力出版社,1995.5.—159页;26cm

高等学校教材

ISBN 7-120-02116-8:¥6.10

TV742 047862

湖北中型水电站建设与管理/何永松主编;湖北省计划委员会等编.—武汉:湖北科学技术出版社,1995.11.—171页;26cm

ISBN 7-5352-1761-3(精装):¥40.00

TV743 047863

抽水蓄能电站/李惕先等编.—北京:水利电力出版社,1995.8.—246页;26cm

高等学校教材

ISBN 7-120-02188-5:¥9.00

TV752.63 047864

隔河岩水电站/《隔河岩水电站》编委会编.—北京:水利电力出版社,1995.3.—649页:彩照;26cm

ISBN 7-120-02224-5(精装):¥60.00

TV752.633 047865

葛洲坝工程的决策:林一山治水文集 (二)/杨世华主编.—武汉:湖北科学技术出版社,1995.6.—345页;20cm

ISBN 7-5352-1653-6(精装):¥16.00

TV8 治河工程与防洪工程

TV856－53　047866
黄河河口治理总结暨学术研讨会论文集/黄河口治理研究所编.—郑州:黄河水利出版社,1995.12.—150页;26cm
ISBN 7－80621－018－0:￥15.00

①TV861②P642.22　047867
典型层状岩体高边坡稳定分析与工程治理/邹成杰主编.—北京:水利电力出版社,1995.5.—207页:照片;26cm
ISBN 7－120－02153－2(精装):￥32.00

TV87　047868
防汛抢险技术/刘思光主编.—大连:大连理工大学出版社,1995.3.—187页;26cm
ISBN 7－5611－0858－3:￥9.00

TV87　047869
中国古代城市防洪研究/吴庆洲著.—北京:中国建筑工业出版社,1995.8.—334页;20cm
ISBN 7－112－02530－3:￥14.50

①TV882②F426.9　047870
驯水集/刘兆伦著.—广州:广东科技出版社,1995.5.—506页:照片;20cm
ISBN 7－5359－1501－9:￥25.00

TV882－51　047871
中国江河防洪丛书:珠江卷/薛建枫主编.—北京:水利电力出版社,1995.9.—475页;20cm
ISBN 7－120－02166－4(精装):￥35.00

TV882.1　047872
东营市黄河志:1855～1988/王锡栋主编;黄河水利委员会黄河河口管理局编.—济南:齐鲁书社,1995.3.—440页:彩照;26cm
ISBN 7－5333－0458－6(精装):￥40.00

TV882.1　047873
黄河下游的河性/尹学良著.—北京:中国水利水电出版社,1995.12.—426页;20cm
ISBN 7－80124－050－2:￥32.00

TV882.1－61　047874
黄河河防词典/水利部黄河水利委员会编.—郑州:黄河水利出版社,1995.11.—297,29页;19cm
ISBN 7－80621－020－2(精装):￥24.00

TV882.2　047875
三峡工程对生态与环境的影响及对策研究/陈国阶等著.—北京:科学出版社,1995.9.—332页;26cm.—(三峡工程与生态环境)
ISBN 7－03－004534－3:￥25.00

TV882.3　047876
新中国治淮纪略/李伯星,唐涌源编著 .—合肥:黄山书社,1995.11.—352页;20cm
ISBN 7－80535－046－9:￥19.80

TV882.821　047877
海河志·大事记/《海河志》编纂委员会编.—北京:中国水利水电出版社,1995.12.—303页;26cm
ISBN 7－80124－040－5(精装):￥40.00

TV882.855　047878
瓯江志/瓯江志编纂委员会编.—北京:水利电力出版社,1995.3.—248页;26cm.—(浙江省江河志丛书)
ISBN 7－120－02321－7(精装):￥23.00

U 交通运输

U-05 047879

交通与我们/潘振锋等编著.—上海:上海科技教育出版社,1995.10.—206页;20cm.—(国民科技教育丛书/邓伟志主编)

ISBN 7-5428-1063-4:¥10.30

U-44 047880

交通工业/交通部人事劳动司编.—北京:人民交通出版社,1995.8.—729页;20cm.—(交通行业工人技术考核问答丛书)

ISBN 7-114-02106-2:¥25.50

U-61 047881

英汉公共交通综合技术词典/康健,平志刚主编.—北京:中国物资出版社,1995.8.—640页;19cm

ISBN 7-5047-1103-9(精装):¥48.00

U1 综合运输

U11 047882

交通运输安全管理干部读本/蔡策主编;江苏省交通厅安全委员会,江苏省交通安全技术服务中心编.—北京:人民交通出版社,1995.1.—172页;19cm

ISBN 7-114-02057-0:¥5.90

U121 047883

都市道路交通管理:实践与探索/许培星著.—上海:上海人民出版社,1995.12.—174页;20cm

ISBN 7-208-02158-9:¥10.80

①U141②F840.63 047884

国际运输与保险/严启明,雷荣迪主编.—北京:中国人民大学出版社,1995.9.—383页;20cm

全国高等教育自学考试教材

ISBN 7-300-02094-1:¥13.90

U17 047885

管道工/李云国编.—2版.—北京:中国铁道出版社,1995.12.—152页;10×13cm.—(铁路基建工人常识问答)

ISBN 7-113-02059-3:¥2.70

U173.2-64 047886

河南省低压管道输水灌溉工程管件图集/河南省农田水利水土保持技术指导站,河南水利科学研究所编.—济南:黄河出版社,1995.11.—64页;26×37cm

ISBN 7-80621-040-7:¥20.00

U2 铁路运输

U2-1 047887

铁路科技新知识/华茂昆等主编.—北京:中国铁道出版社,1995.10.—536页;20cm

ISBN 7 113 02216 2:¥19.50

U2-4 047888

铁路奠基工程:全国铁路教育工作会议文件汇编/铁道部教育卫生司编.—北京:中国铁道出版社,1995.5.—290页:照片;20cm

ISBN 7-113-01991-9:¥12.00

U2-49 047889

铁路知识趣谈/上海市铁道学会编.—上海:上海教育出版社,1995.5.—224页;20cm

ISBN 7-5320-4229-4:¥7.50

U2-53 047890

甘泉:郑州铁路分局论文集锦/郑州铁路分局党委编.—北京:中国铁道出版社,1995.12.—465页;20cm

ISBN 7-113-02262-6:¥20.80

U21 铁路线路工程

U212.2 047891

测量工/中国铁路工程总公司组织编写.—北京:中国铁道出版社,1995.7.—319页;26cm

工人岗位培训教材

ISBN 7-113-01983-8:¥18.10

U212.24 047892

摄影测量与遥感在铁道工程中的应用/陈绍光等编著.—北京:测绘出版社,1995.2.—277页;20cm.—(工程测量经验丛书)

ISBN 7-5030-0756-7:¥18.00

U212.24 047893

铁路测量/张延寿主编.—成都:西南交通大学出版社,1995.4.—238页;26cm

ISBN 7-81022-793-9:¥11.50

U212.24 047894

铁路测量/邱国屏主编.—2版.—北京:中国铁道出版社,1995.11.—342页;26cm

中等专业学校教材

ISBN 7-113-01792-4:¥12.70

①U212.3②U291 047895

铁路设计方案比选/张志尧,周立新主编.—成都:西南交通大学出版社,1995.10.—145页;19cm

ISBN 7-81022-861-7:¥5.50

U213.1 047896

路基/巫锡畴,吴邦颖主编.—北京:中国铁道出版社,1995.11.—182页;26cm

高等学校教材

ISBN 7-113-02113-1:¥7.20

U213.8　047897
道口与道口管理/汪根荣主编.—北京:中国铁道出版社,1995.5.—166页;19cm
铁路职工岗位培训教材
ISBN 7-113-02025-9:¥6.20

U213.9　047898
铁路无缝线路/广钟岩主编;高慧安等编著.—2版(修订版).—北京:中国铁道出版社,1995.7.—430页;20cm
ISBN 7-113-01970-6(精装):¥18.20

U215.1　047899
工程队队长和领工员/喻乐之,刘竞先主编.—北京:中国铁道出版社,1995.12.—247页;19cm
施工企业岗位培训参考教材
ISBN 7-113-02120-4:¥9.70

U216　047900
铁路工人技术标准学习及考工问答:线路工:初级/史鸿湘,崔建初编.—北京:中国铁道出版社,1995.12.—76页;19cm
ISBN 7-113-02145-X:¥4.10

U216　047901
铁路工人技术标准学习及考工问答:线路工:高级/陈幼平,田时超编.—北京:中国铁道出版社,1995.12.—131页;19cm
ISBN 7-113-02147-6:¥6.40

U216　047902
铁路工人技术标准学习及考工问答:线路工:中级/沈相宙编.—北京:中国铁道出版社,1995.12.—118页;19cm
ISBN 7-113-02146-8:¥5.80

U216-44　047903
线路工养路基本知识问答/陈文俊,戴来廷编.—北京:中国铁道出版社,1995.12.—193页;19cm
ISBN 7-113-02093-3:¥6.60

U216-44　047904
线路维修作业技术问答/朱远镇,潘魁铎编著.—北京:中国铁道出版社,1995.1.—120页;19cm
ISBN 7-113-01911-0:¥4.30

U216.42　047905
铁路曲线及曲线养护/吴耀庭主编;池奉林等编著.—北京:中国铁道出版社,1995.12.—199页;20cm
ISBN 7-113-02116-6:¥8.30

U216.6　047906
动力稳定车/赵凤德主编.—北京:中国铁道出版社,1995.12.—156页;26cm
铁路职工岗位培训统编教材
ISBN 7-113-02083-6:¥11.70

U22 电气化铁路

U22　047907
电气化铁路基本知识/北京军区交通战备领导小组办公室编.—北京:中国铁道出版社,1995.7.—318页:彩图;20cm
内部使用
ISBN 7-113-01965-X:¥0.00

U223.5　047908
高速铁路牵引供电技术研究:论文集/杨建国主编.—北京:中国铁道出版社,1995.11.—380页;26cm
ISBN 7-113-02248-0:¥51.00

U225　047909
接触网工/中国铁路工程总公司组织编写.—北京:中国铁道出版社,1995.11.—237页;26cm
工人岗位培训教材
ISBN 7-113-02098-4:¥17.00

U225-44　047910
接触网工技术问答350题/张万里编.—北京:中国铁道出版社,1995.6.—247页;19cm
ISBN 7-113-01986-2:¥7.40

U227.2　047911
电气化铁路施工组织与管理/铁道部电气化工程局第一工程处编.—北京:中国铁道出版社,1995.3.—509页;19cm
ISBN 7-113-01933-1:¥14.30

U23 特种铁路

U238　047912
高速铁路/张国宝,徐行方主编.—成都:西南交通大学出版社,1995.3.—267页;19cm
ISBN 7-81022-783-1:¥8.50

U238　047913
高速铁路安全技术研讨会论文集/中国铁道学会主编.—北京:中国铁道出版社,1995.7.—261页;26cm
ISBN 7-113-02079-8:¥25.00

U26 机车工程

U260.331　047914
车轴断裂失效分析图谱/宋子濂等编著.—北京:中国铁道出版社,1995.8.—299页;26cm
ISBN 7-113-01987-0(精装):¥30.00

U260.331　047915
铁道车辆轮对及轴承的结构与检修/尹桂江编.—北京:中国铁道出版社,1995.11.—147页;26cm
ISBN 7-113-02105-0:¥12.00

U260.351　047916
120型空气制动机/夏寅荪等编著.—北京:中国铁道出版社,1995.8.—143页;26cm
ISBN 7-113-01980-3:¥13.10

U262　047917
内燃机车总体及走行部/孙竹生,鲍维千主编.—3版.—北京:中国铁道出版社,1995.3.—312页;26cm
高等学校教材
ISBN 7-113-01843-2:¥12.00

U262-64　047918

东风4B型内燃机车彩色图册/邵光祖主编.—北京:中国铁道出版社,1995.8.—33页;26×37cm
ISBN 7-113-01976-5:¥30.00

U262-65 **047919**

中华人民共和国铁道部北京型内燃机车段修规程.—北京:中国铁道出版社,1995.6.—156页;13×9cm
ISBN 7-113-02005-4:¥4.50

U262-65 **047920**

中华人民共和国铁道部东风4c型内燃机车段修规程.—北京:中国铁道出版社,1995.6.—164页;13×9cm
ISBN 7-113-01940-4:¥4.20

U262-65 **047921**

中华人民共和国铁道部东风5型内燃机车段修规程.—北京:中国铁道出版社,1995.6.—152页;13×9cm
ISBN 7-113-01990-0:¥4.50

U262-65 **047922**

中华人民共和国铁道部东风7型内燃机车段修规程.—北京:中国铁道出版社,1995.6.—151页;13×9cm
ISBN 7-113-01988-9:¥4.50

U262-65 **047923**

中华人民共和国铁道部东风8型内燃机车段修规程.—北京:中国铁道出版社,1995.6.—153页;13×9cm
ISBN 7-113-01989-7:¥4.50

U264.6 **047924**

韶山3型电力机车电气故障的判断和处理/雷金成编.—北京:中国铁道出版社,1995.3.—200页;19cm
ISBN 7-113-01892-0:¥5.40

U264.91 **047925**

电力机车控制/乔增凯主编.—北京:中国铁道出版社,1995.5.—167页;26cm
中等专业学校教材
ISBN 7-113-02807-1:¥16.00

U268.47 **047926**

东风5型内燃机车乘务员/赵金武主编.—北京:中国铁道出版社,1995.12.—315页;19cm
铁路职工岗位培训统编教材
ISBN 7-113-02109-3:¥12.50

U269.6 **047927**

电力机车检修工艺/兰州铁路运输技工学校编.—北京:中国铁道出版社,1995.11.—217页;26cm
铁路技工学校教材
ISBN 7-113-02235-9:¥13.60

U269.6-65 **047928**

中华人民共和国铁道部8G型电力机车段修规程.—北京:中国铁道出版社,1995.12.—130页;13×9cm
¥6.60

U269.6-65 **047929**

中华人民共和国铁道部8K型电力机车段修规程.—北京:中国铁道出版社,1995.12.—136页;13cm
¥6.60

U27 车辆工程

U270.38 **047930**

铁道车辆空调与制冷装置/马汉纶主编.—北京:中国铁道出版社,1995.3.—312页;26cm
中等专业学校试用教材
ISBN 7-113-01997-8:¥13.10

U270.6 **047931**

车辆钳工/铁道部车辆局编.—2版(修订版).—北京:中国铁道出版社,1995.4.—396页;19cm.—(铁路车辆部门工人技术问答丛书)
ISBN 7-113-01879-3:¥10.40

U270.7-65 **047932**

中华人民共和国铁道部铁道车辆轮轴探伤工艺规程.—北京:中国铁道出版社,1995.10.—107页;17×11cm
ISBN 7-113-02183-2:¥7.40

U271-64 **047933**

国产铁路客车图集/葛立美主编.—北京:中国铁道出版社,1995.5.—600页;26×37cm
ISBN 7-113-02038-0(精装):¥150.00

U272 **047934**

解放CA1040系列轻型货车构造与维修/宋允祁,王中亭编.—长春:吉林科学技术出版社,1995.1.—179页;19×26cm
ISBN 7-5384-1449-5:¥8.80

U272-65 **047935**

中华人民共和国铁道部铁路货车运用维修规程.—北京:中国铁道出版社,1995.9.—92页;17×11cm
ISBN 7-113-02164-6:¥4.20

U279 **047936**

铁路货车与站修/王士铠主编;佟玉良等编.—北京:中国农业出版社,1995.12.—314页;20cm
ISBN 7-109-04207-3:¥18.50

U28 铁路通信信号

U284 **047937**

铁道信号遥控技术基础/陈玉年主编.—北京:中国铁道出版社,1995.6.—199页;26cm
高等学校教材
ISBN 7-113-01954-4:¥7.80

U284 **047938**

铁路信号概论/陈广存主编.—北京:中国铁道出版社,1995.5.—421页;20cm
ISBN 7-113-01917-X:¥20.00

U284 **047939**

信号工:驼峰信号/孙力主编.—北京:中国铁道出版社,1995.3.—463页;26cm
铁路职工岗位培训统编教材
ISBN 7-113-01935-8:¥19.80

U284 047940
信号工:信号工基础/刘铁民主编.—北京:中国铁道出版社,1995.8.—357页;26cm
铁路职工岗位培训统编教材
ISBN 7-113-02070-4:¥19.60

U284 047941
信号工:修配所/安双元编.—北京:中国铁道出版社,1995.11.—139页;26cm
铁路职工岗位培训统编教材
ISBN 7-113-02142-5:¥12.00

U284.36 047942
6502**电气集中设备与操作**/岳学魁编.—成都:西南交通大学出版社,1995.3.—163页;19cm
ISBN 7-81022-787-4:¥6.00

U284.36 047943
微机联锁系统技术/赵志熙编著.—北京:中国铁道出版社,1995.8.—242页;19cm
ISBN 7-113-02032-1:¥9.80

U284.6 047944
现代化驼峰设计/刘彦邦等编著.—北京:中国铁道出版社,1995.8.—315页;19cm
高等学校试用教材
ISBN 7-113-02018-6:¥6.30

U284.92 047945
铁道部电务局信号中修管理办法.—北京:中国铁道出版社,1995.12.—81页;19cm
ISBN 7-113-02227-8:¥4.30

U285 047946
铁路工程施工技术手册:通信/铁道部通信信号总公司主编.—2版.—北京:中国铁道出版社,1995.11.—854页;20cm
ISBN 7-113-01994-3(精装):¥35.20

U285 047947
铁路专用通信/王维汉主编.—北京:中国铁道出版社,1995.3.—174页;26cm
高等学校专科试用教材
ISBN 7-113-01922-6:¥7.20

U285.19 047948
通信工:明线/鹿连弟主编.—北京:中国铁道出版社,1995.11.—236页;19cm
铁路职工岗位培训统编教材
ISBN 7-113-02023-2:¥8.10

U285.6 047949
铁路无线列车调度电台主要电特性维修测量方法:《铁路无线通信技术维护规则》附件四/铁道部电务局编.—北京:中国铁道出版社,1995.6.—29页;19cm
ISBN 7-113-02031-3:¥2.50

U29 铁路运输管理工程

U29 047950
铁道运输管理的数学模型及算法/李致中等著.—武汉:华中理工大学出版社,1995.11.—246页;20cm
ISBN 7-5609-1204-4:¥8.50

U292.1 047951
铁路中间站站长必读/贾会涛编.—北京:企业管理出版社,1995.3.—636页;20cm
ISBN 7-80001-069-4:¥13.00

U292.2 047952
编组站调车自动控制/吴芳美编.—北京:中国铁道出版社,1995.3.—187页;26cm
高等学校教材
ISBN 7-113-01863-7:¥7.10

U293.1 047953
95~97**京沪厦线旅游时刻表**.—北京:中国铁道出版社,1995.7.—127页;17×10cm
ISBN 7-113-02158-5:¥3.50

U293.1 047954
成都铁路局旅客列车时刻表/成都铁路局客运处供稿.—北京:中国铁道出版社,1995.9.—1张;18×77cm
1995年9月1日修订
ISBN 7-113-01711-3:¥1.50

U293.1 047955
上海铁路局旅客列车时刻表　1995/上海铁路局客运处供稿.—北京:中国铁道出版社,1995.10.—41页;19cm
1995年10月11日修订
ISBN 7-113-02182-4:¥1.50

U293.1-62 047956
全国旅客列车时刻手册:1995~1996/高伟毅编.—北京:中国物资出版社,1995.6.—287页;20cm
ISBN 7-5047-1074-1:¥10.30

U294 047957
铁路货运常识200题/董克勇主编.—北京:中国铁道出版社,1995.6.—181页;19cm
ISBN 7-113-01949-8:¥6.00

U294-44 047958
铁路货运考工题库/李殿柱主编.—长春:吉林人民出版社,1995.8.—605页;19cm
ISBN 7-206-02298-7:¥15.50

U294-63 047959
国际铁路货物联运通用货物品名表.—北京:中国铁道出版社,1995.4.—445页;26cm
ISBN 7-113-01939-0:¥22.70

U294.2 047960
装卸值班员/钱大海等主编.—北京:中国铁道出版社,1995.11.—563页;19cm
铁路职工岗位培训统编教材
ISBN 7-113-02073-9:¥22.60

①U294.2②TH24 047961
电瓶叉车司机/许晋良主编.—北京:中国铁道出版社,1995.9.—427页;19cm
铁路职工岗位培训统编教材
ISBN 7-113-02045-3:¥14.80

U294.2-65 047962
中华人民共和国铁道部铁路货物装载加固规则.—2版.—北京:中国铁道出版社,1995.6.—62页;19cm

ISBN 7-113-02110-7: ¥2.10

U294.3 047963

铁路集装运输/索占鸿主编.—北京:中国铁道出版社,1995.6.—207 页;26cm

高等学校教学参考书

ISBN 7-113-02013-5: ¥13.40

U294.8-65 047964

中华人民共和国铁道部铁路危险货物运输管理规则:铁运(1995)104 号.—2 版.—北京:中国铁道出版社,1995.9.—139 页;19cm

ISBN 7-113-01759-2: ¥5.50

U298 047965

接发列车安全/方晨等编.—北京:中国铁道出版社,1995.8.—276 页;19cm

ISBN 7-113-02054-2: ¥9.20

U4 公路运输

U4 047966

桥隧工/刘修炜主编.—北京:中国铁道出版社,1995.9.—651 页;19cm

铁路职工岗位培训统编教材

ISBN 7-113-02020-8: ¥18.30

U4-4 047967

中国公路教育发展战略/交通部教育司《中国公路教育发展战略》课题组编.—大连:大连海事大学出版社,1995.7.—198 页;26cm

内部发行

ISBN 7-5632-0884-4: ¥35.00

U41 道路工程

U41 047968

道路工程/徐家钰,程家驹编著.—上海:同济大学出版社,1995.8.—458 页;26cm

ISBN 7-5608-1573-1: ¥16.00

U41 047969

道路工程经济分析与决策/李杰编著.—北京:人民交通出版社,1995.10.—413 页;20cm

ISBN 7-114-02202-6: ¥22.00

U41 047970

公路工程概论/李宇峙主编 .—武汉:华中理工大学出版社,1995.11.—275 页;20cm

ISBN 7-5609-1160-9: ¥7.50

U41 047971

公路工程建设管理文件汇编/交通部公路管理司编.—增订本.—北京:人民交通出版社,1995.10.—412 页;20cm

ISBN 7-114-02151-8(精装): ¥20.00

U41-65 047972

公路工程建设标准、规范、定额汇编 (二)/交通部公路管理司编.—北京:人民交通出版社,1995.9.—173 页;20cm

ISBN 7-114-02172-0(精装): ¥32.00

U41-65 047973

公路工程建设标准、规范、定额汇编 (一)/交通部公路管理司编.—北京:人民交通出版社,1995.6.—336 页;20cm

ISBN 7-114-02129-1(精装): ¥20.00

U41-65 047974

交通部公路交通工程综合试验场主体工程施工及验收技术规程/交通部公路科学研究所编.—北京:地质出版社,1995.5.—161 页;20cm

ISBN 7-116-01911-1: ¥12.00

U411 047975

公路工程结构可靠度理论及其应用/张建仁,张起森编著.—北京:人民交通出版社,1995.9.—289 页;19cm

ISBN 7-114-02158-5: ¥13.00

U412.3 047976

城市道路交叉口规划与设计/宋培抗编.—天津:天津大学出版社,1995.5.—154 页;26cm

ISBN 7-5618-0706-6: ¥28.00

U412.3 047977

道路交叉设计/冯桂炎编著.—长沙:湖南科学技术出版社,1995.4.—166 页:彩照;26cm

ISBN 7-5357-1547-8: ¥13.60

U412.3 047978

高次曲线在高等级公路线形中的应用/苏州市高速公路建设指挥部编.—上海:同济大学出版社,1995.8.—107 页;26cm

ISBN 7-5608-1514-6: ¥12.00

U415 047979

公路机械化施工现代管理技术/王国安主编.—北京:人民交通出版社,1995.8.—244 页;20cm

ISBN 7-114-02152-6: ¥13.00

U415 047980

公路施工组织及概预算/张起森主编.—北京:人民交通出版社,1995.5.—175 页;26cm

ISBN 7-114-02187-9: ¥16.00

U415 047981

一流式革新道路铺修技术 第一篇/张忠雄等编著.—上海:上海科学技术文献出版社,1995.10.—528 页:照片;26cm.—(一流式工程技术丛书)

ISBN 7-5439-0662-7(精装): ¥218.00

U415.1 047982

公路工程管理/邢凤歧主编;交通部电视中专教材编审委员会编.—北京:人民交通出版社,1995.11.—239 页;26cm

交通电视中等专业学校试用教材

ISBN 7-114-02203-4: ¥15.00

U415.12 047983

道路工程质量评定与检测/鲍明伟,张海涛编著.—哈尔滨:东北林业大学出版社,1995.11.—148 页;26cm

ISBN 7-81008-594-8: ¥9.80

U415.5 047984

施工机械概论/狄赞荣编.—北京:人民交通出版社,1995.6.—248 页;26cm

ISBN 7-114-02092-9: ¥22.00

U416.2　047985

现代路面工程学/卓知学,李嘉编著.—长沙:湖南科学技术出版社,1995.4.—357页;26cm

ISBN 7-5357-1546-X: ¥25.00

U416.212.01　047986

纤维加固土路面基层的研究与应用/陈晔,张起森编著.—北京:人民交通出版社,1995.9.—190页;19cm

ISBN 7-114-02166-6: ¥12.50

U416.216　047987

钢纤维混凝土新型路面设计与施工/蒙云著.—重庆:重庆大学出版社,1995.7.—246页;20cm

ISBN 7-5624-1142-5: ¥11.00

U416.216　047988

水泥混凝土路面研究/交通部水泥混凝土路面推广组编.—北京:人民交通出版社,1995.11.—243页;26cm

ISBN 7-114-02189-5: ¥20.00

U416.223　047989

半刚性路面温度应力分析/吴赣昌著.—北京:科学出版社,1995.10.—190页;20cm

ISBN 7-03-004670-6: ¥12.00

U418.3　047990

公路筑养路机械保修规程　第五分册:起重运输机械/中国公路学会筑路机械学会主编.—北京:人民交通出版社,1995.11.—399页;20cm

ISBN 7-114-02179-8: ¥23.50

U418.4　047991

公路养护　(三)/交通部人事劳动司编.—北京:人民交通出版社,1995.7.—348页;20cm.—(交通行业工人技术考核问答丛书)

ISBN 7-114-02156-9: ¥12.40

U418.4　047992

公路养护　(四)/交通部人事劳动司编.—北京:人民交通出版社,1995.9.—481页;20cm.—(交通行业工人技术考核问答丛书)

ISBN 7-114-02170-4: ¥16.80

U418.6　047993

水泥混凝土路面修补技术/李华等编著.—北京:人民交通出版社,1995.10.—162页;20cm

ISBN 7-114-02181-X: ¥14.00

U44 桥涵工程

U44　047994

桥梁工程/王序森,唐寰澄编著.—北京:中国铁道出版社,1995.12.—1059页;26cm

ISBN 7-113-01754-1(精装): ¥100.00

U44-53　047995

'95预应力混凝土连续梁和刚构桥学术会议论文集/范立础等著.—上海:同济大学出版社,1995.7.—584页;26cm

ISBN 7-5608-1458-1(精装): ¥100.00

U44-53　047996

中国公路学会桥梁和结构工程学会一九九五年桥梁学术讨论会论文集/戴竞主编;中国公路学会桥梁和结构工程学会,广东省公路学会编.—北京:人民交通出版社,1995.10.—475页;26cm

ISBN 7-114-02248-4: ¥40.00

U441　047997

桥梁结构分析与程序设计/张海龙编著.—武汉:华中理工大学出版社,1995.3.—136页;26cm

ISBN 7-5609-1073-4: ¥8.50

U442.3　047998

桥渡/刘有录著.—郑州:黄河水利出版社,1995.6.—211页;26cm

ISBN 7-80621-009-1: ¥15.00

U442.3　047999

桥涵水力水文/裴学研,石振武主编.—哈尔滨:东北林业大学出版社,1995.12.—193页;26cm

ISBN 7-81008-644-8: ¥15.00

U443.2　048000

连续桥面简支梁桥墩台计算实例/袁伦一编.—北京:人民交通出版社,1995.3.—210页;19cm

ISBN 7-114-02034-1: ¥9.60

U448.11　048001

人行天桥的设计与施工/廖顺庠编著.—上海:同济大学出版社,1995.4.—183页;26cm

ISBN 7-5608-1487-5: ¥18.00

U448.23　048002

刚构-连续组合梁桥/王文涛主编.—北京:人民交通出版社,1995.10.—311页;26cm

ISBN 7-114-02149-6: ¥26.00

U448.24　048003

斜梁结构分析/夏淦,邵容光著.—南京:江苏科学技术出版社,1995.9.—447页;20cm

ISBN 7-5345-1987-X: ¥24.00

U448.25　048004

大跨度吊桥/刘健新,胡兆同编著.—北京:人民交通出版社,1995.4.—166页;26cm

ISBN 7-114-02150-x: ¥15.00

U448.252.5　048005

吊桥设计技术/沈华春编著.—北京:人民交通出版社,1995.12.—115页;19cm

ISBN 7-114-02230-1: ¥6.00

U448.35　048006

桥梁计算示例集:预应力混凝土刚架桥/徐光辉主编.—北京:人民交通出版社,1995.12.—234页;26cm

高等学校试用教材 公路与城市道路工程、桥梁工程专业用

ISBN 7-114-02127-5: ¥7.30

U448.42　048007

曲线梁桥计算/孙广华著.—北京:人民交通出版社,1995.2.—276页;19cm

ISBN 7-114-01985-8: ¥14.00

①U448.43②TU352.2　048008

大跨度桥梁和高层建筑抗风研究/奚绍中主编.—成

都:西南交通大学出版社,1995.5.—135 页:图;26cm
ISBN 7-81022-811-0: ¥6.20

U45 隧道工程

U45 048009
隧道工 第三册/中国铁路工程总公司组织编写.—北京:中国铁道出版社,1995.8.—174 页;26cm
工人岗位培训教材
ISBN 7-113-02037-2: ¥9.70

U45 048010
隧道工 第四册/中国铁路工程总公司组织编写.—北京:中国铁道出版社,1995.10.—149 页;26cm
工人岗位培训教材
ISBN 7-113-02062-3: ¥8.80

U45 048011
隧道工程/陈豪雄,殷杰主编.—北京:中国铁道出版社,1995.12.—193 页;26cm
高等学校专修科试用教材
ISBN 7-113-02129-8: ¥7.80

U45 048012
隧道力学数值方法/潘昌实主编.—北京:中国铁道出版社,1995.6.—395 页;26cm
高等学校教学参考书
ISBN 7-113-01903-X: ¥19.00

U45 048013
铁路工程设计技术手册:隧道/铁道部第二勘测设计院主编.—2 版(修订版).—北京:中国铁道出版社,1995.6.—791 页;26cm
ISBN 7-113-01529-8(精装): ¥56.40

U45-53 048014
铁路隧道及地下工程:铁路工程建设科技动态报告文集 1995/铁道部建设司铁路隧道和地下工程科技信息中心编.—成都:西南交通大学出版社,1995.10.—315 页;26cm
ISBN 7-81022-857-9: ¥28.00

U455.6 048015
隧道爆破现代技术/齐景岳等编著.—北京:中国铁道出版社,1995.8.—321 页;20cm
ISBN 7-113-01971-4(精装): ¥19.60

U459.1 048016
铁路工程施工技术手册:隧道 上册/铁道部第二工程局主编.—2 版.—北京:中国铁道出版社,1995.10.—431 页;20cm
ISBN 7-113-01992-7(精装): ¥19.60

U459.1 048017
铁路工程施工技术手册:隧道 下册/铁道部第二工程局主编.—2 版.—北京:中国铁道出版社,1995.10.—549 页;20cm
ISBN 7-113-01993-5(精装): ¥23.60

U459.5 048018
世界最宏伟地下工程:英法海峡隧道/邓德全编著.—北京:人民交通出版社,1995.8.—70 页;19cm
ISBN 7-114-02153-4: ¥3.50

U46 汽车工程

U46-39 048019
汽车工程电子新技术/李令举主编.—北京:人民交通出版社,1995.3.—273 页;26cm
ISBN 7-114-02068-6: ¥19.00

U46-61 048020
汽车技术英文缩略语词典/罗锦陵,周宏湖编.—上海:上海交通大学出版社,1995.5.—123 页;17×9cm.—(汽车维修与配件丛书)
ISBN 7-313-01499-6: ¥9.50

U46-61 048021
英汉日汽车工程词典/王秉愚,陈炎编.—北京:北京理工大学出版社,1995.6.—914 页;20cm
ISBN 7-81045-012-3: ¥55.00

U461 048022
汽车性能与使用技术/周青国主编.—北京:人民交通出版社,1995.11.—253 页;26cm
ISBN 7-114-02200-X: ¥22.00

U461.1 048023
汽车拖拉机有限元法基础/龚培康编.—北京:机械工业出版社,1995.10.—150 页;26cm
高等学校教材
ISBN 7-111-04614-5: ¥8.30

U462 048024
汽车设计/张洪欣主编.—2 版.—北京:机械工业出版社,1995.5.—257 页;26cm
高等学校教材
ISBN 7 111 01291 7: ¥9.90

U462.1 048025
汽车现代设计制造/龚微寒主编.—北京:人民交通出版社,1995.8.—551 页;26cm
ISBN 7-114-02077-5(精装): ¥48.00

U462.3 048026
汽车结构抗疲劳设计/郦明等著.—合肥:中国科学技术大学出版社,1995.10.—227 页;20cm
ISBN 7-312-00673-6: ¥9.00

U463 048027
汽车·配件/九州广告公司编.—广州:华南理工大学出版社,1995.5.—218 页:彩图;29cm
ISBN 7-5623-0869-1: ¥80.00

U463 048028
汽车构造/杨信主编.—北京:人民交通出版社,1995.7.—303 页;26cm
交通技工学校通用教材 汽车修理与汽车驾驶专业用
ISBN 7-114-02103-8: ¥17.50

U463 048029
汽车构造/上海市教育局等编.—2 版.—上海:上海科学技术出版社,1995.6.—244 页;26cm
职业高中汽车维修专业系列教材

ISBN 7-5323-3697-2: ¥8.95

U463　048030

中外汽车构造图册:发动机分册(一)/蒋兴阁主编.—长春:吉林科学技术出版社,1995.7.—70页;26×38cm

ISBN 7-5384-1461-4: ¥14.00

U463-44　048031

汽车构造习题集及答案/杨信主编.—北京:人民交通出版社,1995.6.—93页;26cm

交通技工学校通用教材 汽车修理和汽车驾驶专业用

ISBN 7-114-02096-1: ¥6.50

U463-62　048032

国产·进口现代汽车轴承对照手册/吕承湛编.—长沙:湖南科学技术出版社,1995.2.—469页;26cm.—(最新汽车修理丛书)

ISBN 7-5357-1446-3: ¥29.00

U463-62　048033

汽车配件经营手册/罗锦陵等编.—上海:上海交通大学出版社,1995.4.—1册;26cm.—(汽车维修与配件丛书)

ISBN 7-313-01455-4(精装): ¥128.00

U463-64　048034

北京吉普切诺基汽车配件及互换图册/《北京吉普切诺基汽车配件及互换图册》编写组编.—北京:机械工业出版社,1995.5.—382页;26cm

ISBN 7-111-04597-1: ¥29.80

U463-64　048035

汽车构造图解/(日)出射忠明著;郝长文等译.—长春:吉林科学技术出版社,1995.1.—225页;20cm.—(现代汽车、摩托车图解丛书)

ISBN 7-5384-1456-8: ¥12.50

U463-64　048036

四轮驱动汽车构造图解/(日)庄野欣司著;刘茵,潘力本译.—长春:吉林科学技术出版社;香港:香港万里机构出版有限公司,1995.1.—199页;21cm.—(现代汽车、摩托车图解丛书)

ISBN 7-5384-1457-6: ¥10.60

U463-64　048037

现代轿车结构原理与维修挂图:现代轿车车身设备与钣金/郑利苗编.—广州:广东科技出版社,1995.4.—11张;53×77cm

ISBN 7-5359-1493-4: ¥28.00

U463-64　048038

现代轿车结构原理与维修挂图:现代轿车底盘/郑利苗编.—广州:广东科技出版社,1995.4.—7张;53×77cm

ISBN 7-5359-1492-6: ¥20.00

U463-64　048039

现代轿车结构原理与维修挂图:现代轿车发动机/郑利苗编.—广州:广东科技出版社,1995.2.—10张;53×77cm

ISBN 7-5359-1457-8: ¥30.00

U463.03-61　048040

英汉汽车零部件名称词典/李家骥编.—北京:人民交通出版社,1995.4.—87页;13×10cm

ISBN 7-114-02078-3: ¥2.50

U463.03-64　048041

ZL40、50型系列装载机配件图册/山东临沂工程机械股份有限公司编.—济南:山东科学技术出版社,1995.6.—112页;21×30cm

ISBN 7-5331-1572-4: ¥13.00

U463.1-64　048042

汽车车身底盘图解/日本GP企画室编;宋桔桔,董国良译.—长春:吉林科学技术出版社;香港:香港万里机构出版有限公司,1995.1.—221页;21cm.—(现代汽车、摩托车图解丛书)

ISBN 7-5384-1455-X: ¥11.90

U463.212　048043

自动变速箱与ABS原理与维修技术/徐向阳主编.—哈尔滨:黑龙江科学技术出版社,1995.12.—283页;20cm.—(现代汽车维修技术丛书)

ISBN 7-5388-2897-4: ¥14.80

U463.22　048044

液压与液力传动/李根全,李玉珍主编.—沈阳:沈阳出版社,1995.9.—215页;26cm

交通系统中等专业学校统编教材

ISBN 7-5441-0444-3: ¥12.00

U463.341.07　048045

汽车轮胎行驶性能与测试/崔胜民,余群编著.—北京:机械工业出版社,1995.11.—173页;26cm

ISBN 7-111-04779-6: ¥14.50

U463.402　048046

汽车转向制动系设计/唐宇明编著.—南京:东南大学出版社,1995.5.—305页;20cm

ISBN 7-81050-001-5: ¥11.00

U463.52　048047

汽车制动防抱装置(ABS)构造与原理/(日)ABS株式会社编;李朝禄,刘荣华译.—北京:机械工业出版社,1995.9.—172页;19cm

ISBN 7-111-04613-7: ¥7.00

U463.6　048048

车身电器原理与维修技术/徐向阳主编.—哈尔滨:黑龙江科学技术出版社,1995.12.—277页;20cm.—(现代汽车维修技术丛书)

ISBN 7-5388-2897-4: ¥14.60

U463.6　048049

进口汽车电气设备使用、保养与维修:前苏联及东欧车型分册/吴铁庄,周良生编著.—北京:机械工业出版社,1995.4.—176页;26cm+图纸

ISBN 7-111-04389-8: ¥14.50

U463.6　048050

汽车电工自学读本/吴基安编著.—北京:金盾出版社,1995.6.—556页;19cm

ISBN 7-80022-983-1: ¥13.50

U463.6　048051

汽车电气设备/卢文民主编.—北京:人民交通出版社,1995.6.—174页;26cm

交通技工学校通用教材 汽车驾驶、汽车修理、汽车电工专业用

ISBN 7-114-02104-6:¥9.80

U463.6　048052

汽车电气设备/上海市教育局等编.—2版.—上海:上海科学技术出版社,1995.6.—162页;26cm

职业高中汽车维修专业系列教材

ISBN 7-5323-3696-4:¥6.90

U463.6　048053

汽车电子技术与传感器/董辉编.—北京:北京理工大学出版社,1995.11.—387页;19cm

ISBN 7-81045-057-3:¥16.00

U463.6　048054

汽车维修电工基础/上海市教育局等编.—上海:上海科学技术出版社,1995.6.—102页;26cm

职业高中汽车维修专业系列教材

ISBN 7-5323-3695-6:¥4.00

U463.6　048055

图解汽车新电器构造、使用与维护/吴桑,乔利白编著.—北京:科学出版社,1995.2.—219页;26cm

ISBN 7-03-004372-3:¥18.80

U463.6　048056

现代汽车电器及其维修/马淑芝,侯志辉编著.—上海:上海科学技术出版社,1995.6.—184页;26cm

ISBN 7-5323-3757-X:¥10.30

U463.6　048057

中外汽车电器修理工艺/广州军区汽车技工训练大队编著.—长沙:湖南科学技术出版社,1995.10.—306页;26cm.—(最新汽车修理丛书)

ISBN 7-5357-1682-2:¥18.80

U463.6　048058

中外汽车电气故障速查与排除/邱恩俊,康保国编著.—沈阳:辽宁科学技术出版社,1995.4.—300页;19cm

ISBN 7-5381-1976-0:¥8.00

U463.6　048059

中外汽车电系故障排除100例/阎秀钟编著.—北京:北京理工大学出版社,1995.3.—270页;19cm.—(汽车使用维修丛书)

ISBN 7-81045-008-5:¥7.50

U463.6-44　048060

汽车电气设备习题集及答案/卢文民主编.—北京:人民交通出版社,1995.4.—92页;26cm

交通技工学校通用教材 汽车驾驶、汽车修理、汽车电工专业用

ISBN 7-114-02072-4:¥5.90

U463.6-45　048061

汽车电气设备拆装实习/卢文民主编.—北京:人民交通出版社,1995.6.—75页;26cm

交通技工学校通用教材 汽车驾驶、汽车修理、汽车电工专业用

ISBN 7-114-02105-4:¥5.00

U463.6-62　048062

拉达轿车电气设备维修指南/赵凤杰等编著.—沈阳:辽宁科学技术出版社,1995.3.—97页;19cm

ISBN 7-5381-2128-5:¥5.40

U463.62-62　048063

现代轿车电路图大全 (1)/林春阳,秦毅主编.—北京:人民交通出版社,1995.9.—303页;28cm

ISBN 7-114-02174-7:¥31.00

U463.63　048064

汽车蓄电池/张万奎编著.—北京:人民交通出版社,1995.12.—231页;19cm

ISBN 7-114-02193-3:¥10.00

U463.64　048065

丰田、日产、三菱、日立、波许汽车点火装置原理与检修/董辉编.—北京:北京理工大学出版社,1995.7.—350页;19cm

ISBN 7-81045-037-9:¥11.20

U463.85　048066

汽车空调/黄湘豪主编.—长春:吉林科学技术出版社,1995.6.—163页;19cm

ISBN 7-5384-1508-4:¥8.50

U463.85　048067

汽车空调使用维修240问/王堃玉,芮天胜编.—福州:福建科学技术出版社,1995.4.—434页;20cm

ISBN 7-5335-0871-8:¥15.50

U463.85　048068

实用汽车空调技术/王运朋编.—广州:广东科技出版社,1995.2.—401页;26cm

ISBN 7-5359-1362-8:¥20.80

U463.85　048069

现代汽车空调器原理·检测维修技术/刘学志等编著.—济南:黄河出版社,1995.6.—252页;26cm

ISBN 7-80558-596-2:¥15.00

U464　048070

汽车电子控制系统的原理与检修:电喷发动机部分/王遂双等编.—北京:北京理工大学出版社,1995.8.—319页;26cm

ISBN 7-81045-039-5:¥22.00

U464　048071

汽车发动机原理/程宏编著.—北京:清华大学出版社,1995.4.—144页;20cm

ISBN 7-302-01699-2:¥4.80

U464　048072

现代汽车电子控制系统构造原理与故障诊断(上):发动机部分/邹长庚,赵琳主编.—北京:北京理工大学出版社,1995.8.—264页;26cm

现代汽车电子技术培训教材

ISBN 7-81045-056-5:¥21.00

U464　048073

中外汽车发动机修理工艺/唐艺编著.—长沙:湖南科学技术出版社,1995.1.—360页;26cm

ISBN 7-5357-1534-6:¥15.50

U464-62　048074

中外汽车易损零配件实用互换手册:发动机分册/姜阔主编.—长春:吉林科学技术出版社,1995.2.—226页;26cm

ISBN 7-5384-1486-X: ¥15.00

U464-64　048075

汽车发动机图解/日本GP企画室编;刘若南,潘力本译.—长春:吉林科学技术出版社;香港:香港万里机构出版有限公司,1995.1.—228页;21cm.—(现代汽车、摩托车图解丛书)

ISBN 7-5384-1454-1: ¥12.10

U464.12　048076

汽车发动机现代设计/徐兀编著.—北京:人民交通出版社,1995.8.—419页;26cm

ISBN 7-114-02076-7(精装): ¥42.00

U464.136　048077

汽车发动机电子燃油喷射系统原理及维修技术/赵桂范等主编.—哈尔滨:哈尔滨工业大学出版社,1995.9.—149页;26cm

ISBN 7-5603-1108-3: ¥15.00

U464.171　048078

汽油机燃油系的维修/甄凯玉编著.—北京:金盾出版社,1995.4.—289页;19cm

ISBN 7-80022-962-9: ¥5.90

U464.172-44　048079

车用柴油机使用维修300问/黎绍依,叶梅兰编著.—北京:金盾出版社,1995.2.—330页;19cm

ISBN 7-80022-958-0: ¥6.50

U464.235　048080

微型汽车电系维修330答疑/郭启唐主编.—北京:人民交通出版社,1995.10.—219页;19cm

ISBN 7-114-02211-5: ¥10.35

U464.9　048081

电控汽油喷射发动机原理与维修技术/徐向阳主编.—哈尔滨:黑龙江科学技术出版社,1995.12.—264页;20cm.—(现代汽车维修技术丛书)

ISBN 7-5388-2897-4: ¥14.00

U465　048082

汽车材料及金属加工/丁丰荣主编.—北京:人民交通出版社,1995.6.—200页;26cm

交通技工学校通用教材 汽车修理与汽车钣金专业用

ISBN 7-114-02081-3: ¥12.30

U465　048083

汽车常用材料及加工工艺/上海市教育局等编.—2版.—上海:上海科学技术出版社,1995.6.—107页;26cm

职业高中汽车维修专业系列教材

ISBN 7-5323-3641-7: ¥4.30

U465-44　048084

汽车材料及金属加工习题集及答案/丁丰荣主编.—北京:人民交通出版社,1995.5.—52页;26cm

交通技工学校通用教材 汽车修理与汽车钣金专业用

ISBN 7-114-02094-5: ¥4.20

U467　048085

汽车试验与检测/鲍晓峰主编.—北京:机械工业出版社,1995.2.—180页;26cm

ISBN 7-111-04561-0: ¥15.00

U467　048086

汽车拖拉机试验学/李杰敏主编.—2版.—北京:机械工业出版社,1995.5.—195页;26cm

普通高等教育机电类规划教材

ISBN 7-111-04359-6: ¥7.70

U467.4　048087

汽车噪声控制/何渝生主编.—北京:机械工业出版社,1995.10.—117页;26cm

高等学校教材

ISBN 7-111-04695-1: ¥6.80

U469　048088

名车志/骆兆添主编.—上海:上海译文出版社,1995.—111页;28×22cm

ISBN 7-5327-1848-4: ¥0.00

①U469②U483　048089

世界名车博览/姚卫编.—合肥:安徽科学技术出版社,1995.2.—80页;28cm

ISBN 7-5337-1044-4: ¥35.00

U469-62　048090

最新用车购车指南/宁春生主编.—北京:宇航出版社,1995.12.—339页;19cm

ISBN 7-80034-793-1: ¥12.00

U469-64　048091

全球车族:最新车族精品珍藏本/姚红编.—沈阳:沈阳出版社,1995.8.—80页:彩图;28×21cm

ISBN 7-5441-0412-5: ¥32.80

U469.1　048092

客车钣焊技术/周方寿等编著.—上海:同济大学出版社,1995.5.—267页;26cm

ISBN 7-5608-1570-7: ¥20.00

U469.1-62　048093

黄海牌DD6111系列大型客车使用与维修手册/林凯元主编;丹东汽车制造厂编.—北京:机械工业出版社,1995.3.—155页;26cm.—(汽车使用与维修丛书)

ISBN 7-111-04580-7: ¥15.00

U469.1-64　048094

丰田考斯特客车检修图册　上篇:发动机/许顺锭编.—上海:上海交通大学出版社,1995.2.—1册;26cm.—(汽车维修与配件丛书)

ISBN 7-313-01442-2: ¥45.00

U469.1-64　048095

丰田考斯特客车检修图册　下篇:车身、底盘、车身电器与空调/许顺锭编.—上海:上海交通大学出版社,1995.5.—1册;28cm.—(汽车维修与配件丛书)

ISBN 7-313-01489-9: ¥96.00

U469.11　048096

奥迪100型轿车使用与维修手册/丛守智主编.—北京:机械工业出版社,1995.8.—287页;26cm.—(汽车使用与维修丛书)

ISBN 7-111-04638-2: ¥20.00

U469.11　048097

奥迪轿车构造、使用与维修/李卫平编.—北京:中国物资出版社,1995.9.—240页;26cm

ISBN 7-5047-1113-6: ¥22.75

U469.11　048098

大发·夏利汽车常见故障的诊断、排除与维修/刘耀平主编.—北京:宇航出版社,1995.10.—160页;19cm.—(汽车维修技术系列丛书)

ISBN 7-80034-780-X: ¥7.00

U469.11　048099

国产客车小轿车保养及常见故障排除/刘春生,徐崴主编;柯肇晴等编写.—北京:中国轻工业出版社,1995.7.—341页;19cm

ISBN 7-5019-1681-0: ¥15.00

U469.11　048100

国产微型汽车常见故障的诊断、排除与维修/宁春生主编.—北京:宇航出版社,1995.9.—215页;19cm.—(汽车维修技术系列丛书)

ISBN 7-80034-785-0: ¥9.80

U469.11　048101

轿车维护与修理/孙婉娟等编著.—北京:科学技术文献出版社,1995.5.—548页:彩照;26cm.—(汽车维修系列丛书)

ISBN 7-5023-2439-9: ¥42.50

U469.11　048102

轿车新型设备结构与使用维修/张豫南,王宪成编著.—北京:金盾出版社,1995.11.—397页;19cm

ISBN 7-5082-0093-4: ¥11.50

U469.11　048103

进口轿车检测维修数据手册/郭绍斌,徐桂珍编.—北京:人民交通出版社,1995.12.—300页;26cm

ISBN 7-114-02195-X: ¥26.00

U469.11　048104

上海桑塔纳轿车日常保养与故障排除/项乔君,袁诚著.—北京:解放军出版社,1995.10.—170页;19cm.—(汽车驾驶员丛书)

ISBN 7-5065-2642-5: ¥8.00

U469.11　048105

世界名牌轿车赏评/徐兴尧主编;李卓森,张君媛编著.—长春:吉林科学技术出版社,1995.4.—127页:彩照;26cm

ISBN 7-5384-1470-3: ¥36.00

U469.11　048106

天津夏利、大发汽车日常保养与故障排除/袁诚,项乔君著.—北京:解放军出版社,1995.10.—188页;19cm.—(汽车驾驶员丛书)

ISBN 7-5065-2643-3: ¥8.00

U469.11　048107

图解夏利轿车电气维修/宁新民,乐强编著.—北京:人民交通出版社,1995.4.—166页;19×26cm

ISBN 7-114-02048-1: ¥12.50

U469.11　048108

夏利TJ7100、TJ7100U型轿车构造、使用与维修/汤子兴等编著.—北京:人民交通出版社,1995.11.—186页;26cm

ISBN 7-114-02210-7: ¥14.00

U469.11-49　048109

世界名牌轿车趣谈/宋少恢编.—北京:中国物资出版社,1995.2.—195页;17×19cm

ISBN 7-5047-0665-5(精装): ¥22.00

U469.11-62　048110

标致轿车使用维修手册/丁鸣朝等编.—北京:北京理工大学出版社,1995.12.—362页;19cm

ISBN 7-81045-066-2: ¥15.50

U469.11-62　048111

桑塔纳轿车使用与维修手册/李炳泉主编;郭禧光等编.—北京:机械工业出版社,1995.9.—238页;26cm.—(汽车使用与维修丛书)

ISBN 7-111-04590-4: ¥15.00

U469.11-62　048112

天津夏利/华利(大发)微型汽车维修手册/吴基安,张国容编.—北京:中国物资出版社,1995.11.—674页;26cm

ISBN 7-5047-1078-4: ¥48.00

U469.11-63　048113

南京依维柯轻型汽车使用说明书/跃进汽车集团公司编.—3版.—北京:人民交通出版社,1995.10.—110页;14×20cm

ISBN 7-114-02258-1: ¥9.00

U469.11-64　048114

世界名牌轿车图鉴/德国MPI出版公司编.—北京:中国大百科全书出版社,1995.4.—108页;29cm

ISBN 7-5000-5155-7: ¥39.80

U469.11-64　048115

一代车王/王力,孙强选编.—长春:长春出版社,1995.11.—70页;26cm

ISBN 7-80604-291-1: ¥29.80

U469.2　048116

东风EQ1092载货车故障排除/袁诚,项乔君著.—北京:解放军出版社,1995.10.—169页;19cm.—(汽车驾驶员丛书)

ISBN 7-5065-2641-7: ¥8.00

U469.2　048117

国产货车保养与常见故障排除/姚遵恩等编著.—北京:中国轻工业出版社,1995.7.—586页;19cm

ISBN 7-5019-1653-5: ¥21.80

U469.2　048118

解放CA1092载货车故障排除/项乔君,袁诚著.—北京:解放军出版社,1995.10.—162页;19cm.—(汽车驾驶员丛书)

ISBN 7-5065-2640-9: ¥8.00

U469.2　048119

五十铃N系列轻型载货汽车配件互换手册/周宏湖编.—上海:上海交通大学出版社,1995.5.—278页;19×26cm.—(汽车维修与配件丛书)

ISBN 7-313-01439-2: ¥25.00

U469.2　048120

五十铃汽车使用与维修/丁鸣朝等编.—北京:北京理工大学出版社,1995.10.—367页;19cm

ISBN 7-81045-055-7: ¥15.00

U469.2　048121

中型卡车应急快修307例/郁增德主编.—长春:吉林科学技术出版社,1995.9.—193页;19cm.—(汽车车主系列)

ISBN 7-5384-1562-9:¥6.00

U469.2-62　**048122**

BJ1041轻型载货汽车使用与维修手册/王介波等编.—北京:机械工业出版社,1995.5.—297页;26cm.—(汽车使用与维修丛书)

ISBN 7-111-04360-X:¥19.00

U469.2-62　**048123**

解放牌CA1091载货汽车使用与维修手册/吴颖,安崇博编.—北京:机械工业出版社,1995.3.—206页;26cm.—(汽车使用与维修丛书)

ISBN 7-111-04395-2:¥12.80

U469.2-62　**048124**

解放牌汽车实用手册/程学田编.—2版.—北京:机械工业出版社,1995.1.—497页;13×19cm

ISBN 7-111-04268-9:¥16.00

U469.3　**048125**

北京切诺基吉普车日常保养与故障排除/项乔君,袁诚著.—北京:解放军出版社,1995.10.—187页;19cm.—(汽车驾驶员丛书)

ISBN 7-5065-2644-1:¥8.00

U469.3　**048126**

切诺基吉普车结构与使用维修/董克发,杜菊芳编著.—北京:金盾出版社,1995.5.—163页;19cm

ISBN 7-5082-0009-8:¥4.50

U469.3　**048127**

越野汽车维护与修理/任恒山等编著.—北京:科学技术文献出版社,1995.4.—248页:彩图;26cm.—(汽车维修系列丛书/戚殿萱主编)

ISBN 7-5023-2411-9:¥22.80

U469.6　**048128**

冷藏保温汽车维护与修理/章镛初,殷国柱编著.—北京:科学技术文献出版社,1995.2.—135页:彩照;26cm.—(汽车维修系列丛书)

ISBN 7-5023-2258-2:¥20.80

U471　**048129**

驾驶适性/金会庆著.—合肥:安徽人民出版社,1995.10.—451页;24cm

ISBN 7-212-01262-9(精装):¥28.00

U471　**048130**

卡玛兹汽车使用与维修/陆永华等编.—北京:人民交通出版社,1995.7.—427页;20cm

ISBN 7-114-02041-4:¥17.50

U471　**048131**

卡玛兹汽车使用与维修/陆永华等编.—北京:人民交通出版社,1995.7.—427页;20cm

ISBN 7-114-02041-4:¥17.50

U471　**048132**

农用运输车驾驶员读本/任永涵主编;四川省农业工程学会编.—北京:中国农业出版社,1995.12.—424页;20cm

ISBN 7-109-04013-5:¥19.50

U471　**048133**

汽车安全驾驶与安全管理800问/秦蔚民等编著.—北京:北京理工大学出版社,1995.7.—501页;19cm

ISBN 7-81045-024-7:¥13.00

U471　**048134**

汽车拆装实习/杨信主编.—北京:人民交通出版社,1995.5.—97页;26cm

交通技工学校通用教材 汽车驾驶与汽车修理专业用

ISBN 7-114-02070-8:¥6.40

U471　**048135**

汽车驾驶与维修/冰魂主编.—北京:中国标准出版社,1995.10.—428页;20cm

ISBN 7-5066-1130-9:¥25.00

U471　**048136**

汽车驾驶与维修518问/苏慧青编著.—北京:机械工业出版社,1995.10.—419页;20cm

ISBN 7-111-04667-6:¥16.00

U471　**048137**

汽车驾驶员与车辆检测/王成宝,赵惠民编著.—大连:大连理工大学出版社,1995.11.—220页;19cm

ISBN 7-5611-1055-3:¥8.70

U471-44　**048138**

新型日本汽车使用维修常识问答/曹国良,陆永华编.—北京:人民交通出版社,1995.5.—342页;19cm

ISBN 7-114-02051-1:¥12.00

U471-62　**048139**

汽车运用指南/李卫平编.—北京:中国物资出版社,1995.7.—492页;13×19cm

ISBN 7-5047-0597-7:¥20.10

U471.1　**048140**

汽车驾驶　(一)/交通部人事劳动司编.—北京:人民交通出版社,1995.3.—168页;20cm.—(交通行业工人技术考核问答丛书)

ISBN 7-114-02013-9:¥6.30

U471.1　**048141**

汽车驾驶教学实习/邵佳明主编.—北京:人民交通出版社,1995.6.—130页;26cm

交通技工学校通用教材 汽车驾驶专业用

ISBN 7-114-02102-X:¥8.50

U471.1　**048142**

汽车驾驶理论/刘奎文主编.—北京:人民交通出版社,1995.6.—121页;26cm

交通技工学校通用教材 汽车驾驶专业用

ISBN 7-114-02074-0:¥7.30

U471.1　**048143**

汽车驾驶训练/金耀先等编著.—北京:长征出版社,1995.3.—419页;20cm

ISBN 7-80015-333-9:¥11.40

U471.1　**048144**

汽车运行故障急救技巧/张健生编著.—北京:农村读物出版社,1995.5.—243页;19cm

ISBN 7-5048-2565-4:¥10.40

U471.1　**048145**

自学汽车驾驶入门/刘民主编.—武汉:湖北辞书出版社,1995.6.—369页;20cm.—(新世纪生活系列)
ISBN 7-5403-0174-0:¥12.00

U471.1-43　　048146
汽车驾驶培训教材/袁诚著.—北京:解放军出版社,1995.12.—578页:彩图;19cm.—(汽车驾驶员丛书)
ISBN 7-5065-2639-5:¥18.80

U471.1-44　　048147
汽车驾驶理论习题集及答案/刘奎文主编.—北京:人民交通出版社,1995.6.—37页;26cm
交通技工学校通用教材 汽车驾驶专业用
ISBN 7-114-02101-1:¥3.40

U471.1-64　　048148
汽车驾驶常识图解/龚金元编著.—北京:金盾出版社,1995.6.—180页;19cm
ISBN 7-80022-990-4:¥6.00

U471.3　　048149
初级汽车驾驶员读本/葛成福等主编;沈阳交通技术学校编.—2版(修订本).—沈阳:辽宁科学技术出版社,1995.1.—252页;19cm
ISBN 7-5381-1891-8:¥8.00

U471.3　　048150
高级汽车驾驶员培训考核问题汇编/徐雨田等编.—北京:北京理工大学出版社,1995.1.—106页;19cm
ISBN 7-81045-004-2:¥4.00

U471.3　　048151
机动车驾驶员导读/张平等编著.—哈尔滨:黑龙江科学技术出版社,1995.4.—538页;19cm
ISBN 7-5388-2736-6:¥14.00

U471.3　　048152
汽车驾驶员安全防护与保健/胡智庆等编著.—长春:吉林科学技术出版社,1995.5.—318页;19cm
ISBN 7-5384-1500-9:¥8.00

U471.3　　048153
汽车驾驶员读本/唐艺编著.—3版(修订本).—长沙:湖南科学技术出版社,1995.11.—372页;20cm
ISBN 7-5357-0144-2:¥8.90

U471.3　　048154
汽车驾驶员考证、复验指导/金诚仁,张凯良主编.—沈阳:辽宁科学技术出版社,1995.10.—628页;19cm
ISBN 7-5381-2172-2:¥22.00

U471.3-43　　048155
广东机动车驾驶员考试教材/广东省公安厅交通警察总队主编.—广州:广东教育出版社,1995.9.—227页;26cm
ISBN 7-5406-3214-3:¥25.00

U471.3-43　　048156
汽车驾驶员培训教材/陆兴洲主编.—沈阳:辽宁人民出版社,1995.9.—533页;20cm
ISBN 7-205-03442-6:¥22.00

U471.3-43　　048157
汽车驾驶员培训教材　上册/果长林主编;马金红等编.—3版.—天津:天津科学技术出版社,1995.9.—272页:图;26cm
ISBN 7-5308-0558-4:¥13.50

U471.3-44　　048158
汽车驾驶员初级技术培训教材复习题解/山西省公安厅交通警察总队编.—太原:山西教育出版社,1995.2.—140页;19cm
ISBN 7-5440-0547-X:¥4.50

U471.3-44　　048159
汽车驾驶员岗位技能答疑:初、中、高三等级/郭恩德主编.—北京:人民交通出版社,1995.6.—586页;19cm
ISBN 7-114-02042-2:¥25.00

U471.3-62　　048160
机动车驾驶员使用手册/田玉国主编;山东省公安厅交通警察总队编.—济南:济南出版社,1995.10.—16页;29cm
ISBN 7-80572-989-1:¥8.00

U472　　048161
进口汽车的构造与修理　上册/桂林陆军学院汽车士官训练大队编.—2版.—长沙:湖南科学技术出版社,1995.4.—506页;26cm.—(最新汽车修理丛书)
ISBN 7-5357-0518-9:¥29.00

U472　　048162
进口汽车的构造与修理　下册/桂林陆军学院汽车士官训练大队编.—2版.—长沙:湖南科学技术出版社,1995.4.—459页;26cm.—(最新汽车修理丛书)
ISBN 7-5357-0650-9:¥27.00

U472　　048163
汽车维修机械基础/上海市教育局等编.—上海:上海科学技术出版社,1995.6.—222页;26cm
职业高中汽车维修专业系列教材
ISBN 7-5323-3693-X:¥8.15

U472　　048164
汽车维修机械制图/上海市教育局等编.—2版.—上海:上海科学技术出版社,1995.6.—171页;26cm
职业高中汽车维修专业系列教材
ISBN 7-5323-3685-9:¥6.50

U472　　048165
汽车维修职业道德/上海市教育局等编.—2版.—上海:上海科学技术出版社,1995.6.—58页;26cm
职业高中汽车维修专业系列教材
ISBN 7-5323-3688-3:¥2.50

U472　　048166
实用汽车维修与保养.—海口:海南摄影美术出版社,1995.12.—422页;19cm
ISBN 7-80571-920-9:¥16.80

U472　　048167
实用汽车维修与检测技术/于建淑等编著.—北京:人民交通出版社,1995.12.—323页;20cm
ISBN 7-114-02194-1:¥16.00

U472-44　　048168
汽车维修调试技术问答/金力群等编.—北京:机械工业出版社,1995.4.—223页;19cm
ISBN 7-111-04399-5:¥7.50

U472-62　　048169
新编实用汽车维修保养手册/谢峰主编.—广州:广

州出版社，1995.9.—583 页；19cm
ISBN 7-80592-313-2：¥23.00

U472-62　048170
最新实用汽车维修与保养手册/骆遥编.—汕头：汕头大学出版社，1995.2.—609 页；20cm
ISBN 7-81036-089-2：¥24.00

①U472-62②U483-62　048171
家用汽车摩托车维修保养手册/盛谊淇等编著.—北京：华文出版社，1995.6.—349 页；20cm
ISBN 7-5075-0000-4：¥14.80

U472.3　048172
汽车维修全面质量管理/上海市教育局等编.—2 版.—上海：上海科学技术出版社，1995.6.—78 页；26cm
职业高中汽车维修专业系列教材
ISBN 7-5323-3692-1：¥3.20

U472.3-44　048173
汽车维修企业管理习题集及答案/张弟宁主编.—北京：人民交通出版社，1995.12.—95 页；26cm
交通技工学校通用教材 汽车修理专业用
ISBN 7-114-02241-7：¥6.70

U472.4　048174
初级汽车维修工/辽宁省交通厅运输管理局编.—沈阳：辽宁科学技术出版社，1995.12.—269 页；26cm
汽车维修工岗位培训系列教材
ISBN 7-5381-2263-X：¥25.00

U472.4　048175
丰田、三菱、日产、五十铃汽车维修手册/丁鸣朝等编著.—北京：北京理工大学出版社，1995.7.—504 页；19cm.—(汽车使用维修丛书)
ISBN 7-81045-020-4：¥14.50

U472.4　048176
国产新型汽车维修/顾尚忠编著.—2 版(修订版).—合肥：安徽科学技术出版社，1995.8.—288 页；26cm
ISBN 7-5337-1157-2：¥18.00

U472.4　048177
国产新型汽车运行故障的诊断与排除/田沛然等编著.—上海：上海科学技术出版社，1995.8.—344 页；19cm
ISBN 7-5323-3756-1：¥10.80

U472.4　048178
汽车、农用运输车、汽车列车故障诊断与修理/郭正康主编.—长沙：湖南科学技术出版社，1995.5.—323 页；20cm
ISBN 7-5357-1590-7：¥9.80

U472.4　048179
汽车发动机故障与维修问答/华道生主编.—北京：机械工业出版社，1995.9.—360 页；19cm
ISBN 7-111-04685-4：¥14.00

U472.4　048180
汽车故障的判断、处理与节油/沈文达编.—北京：人民交通出版社，1995.9.—126 页；19cm
ISBN 7-114-02155-0：¥6.00

U472.4　048181
汽车故障诊断/戚扬，韩北山编著.—2 版.—北京：人民交通出版社，1995.5.—603 页；19cm
ISBN 7-114-02039-2：¥19.00

U472.4　048182
汽车汽油机电子控制装置故障诊断与维修/龚瑞庚编.—北京：人民交通出版社，1995.10.—144 页；26cm
ISBN 7-114-02180-1：¥14.80

U472.4　048183
汽车维护与故障排除/董国平主编.—北京：人民交通出版社，1995.6.—361 页；26cm
交通技工学校通用教材 汽车驾驶与汽车修理专业用
ISBN 7-114-02097-X：¥20.00

U472.4　048184
汽车维护与故障诊断/陈海平，张凯良编.—北京：机械工业出版社，1995.11.—346 页；19cm
ISBN 7-111-04699-4：¥12.00

U472.4　048185
汽车维修/交通部教育司组织编写.—北京：人民交通出版社，1995.2.—384 页；26cm
中央电视台教育节目用书 汽车维修技术培训教材
ISBN 7-114-02089-9：¥25.00

U472.4　048186
汽车维修　(六)/交通部人事劳动司编.—北京：人民交通出版社，1995.5.—296 页；20cm.—(交通行业工人技术考核问答丛书)
ISBN 7-114-02017-1：¥10.20

U472.4　048187
汽车维修　(十)：汽车维修钳工、汽车维修镗磨工/交通部人事劳动司编.—北京：人民交通出版社，1995.12.—306 页；20cm.—(交通行业工人技术考核问答丛书)
ISBN 7-114-02007-4：¥10.70

U472.4　048188
汽车维修　(十三)/交通部人事劳动司编.—北京：人民交通出版社，1995.1.—359 页；20cm.—(交通行业工人技术考核问答丛书)
ISBN 7-114-02006-6：¥12.60

U472.4　048189
汽车维修焊工钣金工实用技术 /温海龙，杨清秀编著.—沈阳：东北大学出版社，1995.6.—281 页；19cm
ISBN 7-81006-958-6：¥11.80

U472.4　048190
汽车维修机械制图习题集/上海市教育局等编 .—上海：上海科学技术出版社，1995.6.—149 页；19×26cm
职业高中汽车维修专业系列教材
ISBN 7-5323-3694-8：¥6.35

U472.4　048191
汽车维修技术/景山，骆遥编.—深圳：海天出版社，1995.11.—571 页；19cm.—(城乡实用新技能丛书)
ISBN 7-80615-282-2：¥21.30

U472.4　048192

汽车维修小经验小窍门 300/陈哲和，赵德臻编著.—福州：福建科学技术出版社，1995.10.—291 页；19cm
ISBN 7-5335-0928-5：￥9.10

U472.4　　048193
汽车修理/上海市教育局等编 .—2 版.—上海：上海科学技术出版社，1995.6.—286 页；26cm
职业高中汽车维修专业系列教材
ISBN 7-5323-3698-0：￥10.50

U472.4　　048194
汽车修理工艺/姜年强主编.—北京：人民交通出版社，1995.7.—334 页；26cm
交通技工学校通用教材 汽车修理专业用
ISBN 7-114-02091-0：￥18.50

U472.4　　048195
汽车修理与故障诊断/于振洲主编.—北京：科学出版社，1995.6.—524 页；20cm
ISBN 7-03-004528-9：￥21.50

U472.4　　048196
现代汽车检修大全/陈明慧主编.—福州：福建科学技术出版社，1995.6.—1059 页；26cm
ISBN 7-5335-0836-X：￥53.80

U472.4　　048197
现代汽车新结构·使用与维修/吴际璋主编.—北京：中国物资出版社，1995.7.—311 页；19cm
ISBN 7-5047-1067-9：￥12.50

U472.4　　048198
新编汽车修理：底盘分册/于振洲主编.—3 版.—长春：吉林科学技术出版社，1995.5.—353 页；19cm
ISBN 7-5384-1493-2：￥9.50

U472.4　　048199
新编汽车修理：电气设备分册/于振洲主编.—3 版.—长春：吉林科学技术出版社，1995.5.—310 页；19cm
ISBN 7-5384-1499-1：￥9.50

U472.4　　048200
新编汽车修理：发动机分册/于振洲主编.—3 版.—长春：吉林科学技术出版社，1995.5.—349 页；19cm
ISBN 7-5384-1498-3：￥9.50

U472.4　　048201
新型汽车故障的排除方法/董克发，杜菊芳编著.—北京：机械工业出版社，1995.8.—362 页；19cm
ISBN 7-111-04601-3：￥11.50

U472.4　　048202
新型汽车修理方法 222 例 /董克发编著.—2 版.—北京：金盾出版社，1995.8.—478 页；19cm
ISBN 7-5082-0049-7：￥12.00

U472.4　　048203
新型汽车修理实用技术/刘鼎钟等编著.—太原：山西科学技术出版社，1995.2.—368 页；20cm
ISBN 7-5377-1059-7：￥12.00

U472.4　　048204
新型小汽车电器系统检修技术　(1)/杜颖等编著.—北京：电子工业出版社，1995.6.—235 页；26cm
ISBN 7-5053-3193-0：￥20.00

U472.4　　048205
中级汽车修理工自学读本/宋森，宋璟杨编著.—北京：金盾出版社，1995.8.—1049 页；19cm
ISBN 7-80022-991-2：￥26.00

U472.4　　048206
中外汽车维修技术图解大全/孙仲铭等编著.—长春：吉林科学技术出版社，1995.1.—690 页；26cm
ISBN 7-5384-1475-4：￥32.80

U472.4-43　　048207
汽车维修钣金工初级技术培训教材/汽车运输职工教育研究会主编.—上海：上海科学技术出版社，1995.3.—194 页；26cm
ISBN 7-5323-3682-4：￥8.10

U472.4-44　　048208
汽车维护与故障排除习题集及答案/董国平主编.—北京：人民交通出版社，1995.6.—158 页；26cm
交通技工学校通用教材 汽车驾驶与汽车修理专业用
ISBN 7-114-02059-7：￥9.10

U472.4-44　　048209
汽车维修工技术等级考核考试复习题集：初、中级工应知部分/交通部教育司组织编写.—北京：人民交通出版社，1995.11.—97 页；26cm
ISBN 7-114-02272-7：￥15.00

U472.4-44　　048210
汽车修理工艺习题集及答案/姜年强主编.—北京：人民交通出版社，1995.6.—107 页；26cm
交通技工学校通用教材 汽车修理专业用
ISBN 7-114-02095-3：￥7.00

U472.4-61　　048211
进口日本汽车修理规范大全：底盘辑/陆永华主编；方才春等编.—北京：人民交通出版社，1995.8.—1189 页；19cm
ISBN 7-114-01842-8(精装)：￥48.00

U472.4-62　　048212
国内外汽车维修实用手册/王耀斌主编.—天津：天津科学技术出版社，1995.5.—1086 页；26cm
ISBN 7-5308-1699-3(精装)：￥49.00

U472.4-62　　048213
简明汽车修理工手册/崔永春等编.—北京：机械工业出版社，1995.8.—559 页；19cm
ISBN 7-111-04565-3(精装)：￥20.00

U472.4-62　　048214
进口汽车维修常用词汇英汉对照手册/李文军主编.—北京：中国物资出版社，1995.8.—209 页；9×13cm
ISBN 7-5047-0727-9：￥8.00

U472.4-62　　048215
最新汽车维修手册/戴冠军主编.—北京：宇航出版社，1995.6.—2 册(2125 页)；26cm
ISBN 7-80034-767-2(精装)：￥398.00

①U472.4-62②F426.471-62　　048216
北京汽车维修服务指南/北京利圣达信息公司编.—

北京:中国档案出版社,1995.8.—314 页:彩图;26cm
ISBN 7-80019-547-3: ¥88.00

U472.4-64　　**048217**
汽车摩托车电路故障检修图集/黄家伟,黎振濠编著.—广州:广东科技出版社,1995.5.—241 页;26×38cm
ISBN 7-5359-1490-X: ¥35.00

U472.4-64　　**048218**
汽车视情修理图解/谢云里编.—北京:人民交通出版社,1995.4.—244 页;18×26cm
ISBN 7-114-01947-5: ¥18.00

U472.9　　**048219**
大功率汽车发动机故障智能诊断/石博强,李畅著.—北京:冶金工业出版社,1995.5.—97 页;20cm
ISBN 7-5024-1705-2: ¥6.00

U472.9　　**048220**
汽车诊断与检测技术/张建俊主编.—北京:人民交通出版社,1995.12.—280 页;26cm
高等专科学校通用教材 汽车运用工程专业
ISBN 7-114-02125-9: ¥8.60

U472.9　　**048221**
汽车质量与安全检测/明平顺,杨万福主编.—北京:人民交通出版社,1995.11.—287 页;26cm
ISBN 7-114-02196-8: ¥28.00

U48 其他道路运输工具

U483　　**048222**
'95 超级摩托车/姜广明,张翼编.—大连:大连出版社,1995.9.—1 册;26cm
ISBN 7-80612-175-7: ¥28.00

U483　　**048223**
常用摩托车维修手册:木兰 50·玉河 50·嘉陵 50·JH70·CY80·QS90/刘德华等编.—济南:山东科学技术出版社,1995.5.—549 页;19cm
ISBN 7-5331-1520-1: ¥14.00

U483　　**048224**
进口、国产摩托车构造及维修图解/刘自成,钱少飞主编.—南昌:江西科学技术出版社,1995.8.—604 页;26cm
ISBN 7-5390-0918-7: ¥35.00

U483　　**048225**
进口和国产摩托车使用与维修实用大全/张建军主编.—北京:学苑出版社,1995.9.—723 页;20cm
ISBN 7-5077-0624-9: ¥28.00

U483　　**048226**
进口摩托车结构特点与故障诊断/黄友宁等编著.—南宁:广西民族出版社,1995.9.—622 页;19cm
ISBN 7-5363-2986-5: ¥23.00

U483　　**048227**
摩托车保养修理不求人/艾兆虎等编.—北京:中国华侨出版社,1995.2.—345 页;20cm
ISBN 7-80074-987-8: ¥7.80

U483　　**048228**
摩托车常见故障检修 365 问/李奇荣,杨培信编.—福州:福建科学技术出版社,1995.10.—571 页;19cm
ISBN 7-5335-0925-0: ¥16.20

U483　　**048229**
摩托车大世界/姚红编.—沈阳:沈阳出版社,1995.5.—80 页:彩图;28×21cm
ISBN 7-5441-0380-3: ¥32.80

U483　　**048230**
摩托车构造驾驶与维修/唐艺编.—北京:机械工业出版社,1995.1.—179 页;26cm
培训教材
ISBN 7-111-04533-X: ¥12.00

U483　　**048231**
摩托车故障分析与排除/《摩托车》编辑部编.—北京:人民邮电出版社,1995.2.—301 页;20cm.—(摩托车实用技术丛书)
ISBN 7-115-05508-4: ¥14.00

U483　　**048232**
摩托车故障排除实例　(下):250~750 毫升系列/王振选,龙熙涛著.—北京:人民邮电出版社,1995.1.—235 页;20cm
ISBN 7-115-05443-6: ¥9.00

U483　　**048233**
摩托车技术/《摩托车》编辑部编.—北京:人民邮电出版社,1995.2.—714 页;20cm.—(摩托车实用技术丛书)
ISBN 7-115-05505-X: ¥28.00

U483　　**048234**
摩托车驾驶技术技能训练/王明建主编.—北京:北京体育大学出版社,1995.8.—323 页;19cm
ISBN 7-81003-975-X: ¥10.50

U483　　**048235**
摩托车驾驶与安全/《摩托车》编辑部编.—北京:人民邮电出版社,1995.2.—264 页;20cm.—(摩托车实用技术丛书)
ISBN 7-115-05510-6: ¥12.00

U483　　**048236**
摩托车鉴赏与维修大全/阳红编.—海口:海南出版社,1995.4.—143 页;26cm
ISBN 7-80617-137-1: ¥13.80

U483　　**048237**
摩托车实用经验/《摩托车》编辑部编.—北京:人民邮电出版社,1995.4.—439 页;20cm.—(摩托车实用技术丛书)
ISBN 7-115-05509-2: ¥19.00

U483　　**048238**
摩托车使用保养与典型故障排除/田文江,道克森编写.—北京:北京理工大学出版社,1995.9.—173 页;26cm
ISBN 7-81045-050-6: ¥13.00

U483　　**048239**
摩托车使用与保养/《摩托车》编辑部编.—北京:人民邮电出版社,1995.2.—404 页;20cm.—(摩托车实用

技术丛书)
ISBN 7-115-05507-6:¥17.00
U483　048240
摩托车维修/《摩托车》编辑部编.—北京:人民邮电出版社,1995.2.—398页;20cm.—(摩托车实用技术丛书)
ISBN 7-115-05506-8:¥17.00
U483　048241
摩托车维修技术/高俊林,景山编.—深圳:海天出版社,1995.11.—485页;19cm.—(城乡实用新技能丛书)
ISBN 7-80615-281-4:¥17.30
U483　048242
摩托车修理:中级/职业技术教育培训教材编审委员会主编.—上海:上海科学技术出版社,1995.10.—316页;19cm
职业技术教育培训教材
ISBN 7-5323-3763-4:¥10.00
U483　048243
摩托车疑难故障排除与应急方法/张怀军等编著.—天津:天津科学技术出版社,1995.10.—194页;19cm
ISBN 7-5308-1815-5:¥9.80
U483　048244
台湾产摩托车维修手册/吴南岩等编.—福州:福建科学技术出版社,1995.10.—554页;19cm
ISBN 7-5335-0906-4:¥16.40
U483　048245
现代摩托车电气维修与调整/辛长平编.—北京:人民交通出版社,1995.1.—236页;19cm
ISBN 7-114-01791-X:¥8.50
U483　048246
现代摩托车维修技术/李奇荣等著.—北京:电子工业出版社,1995.5.—376页;26cm
ISBN 7-5053-2907-3:¥26.00
U483　048247
怎样使用保养助动车/曹卫清,卢柏民编著.—上海:上海文化出版社,1995.11.—108页;19cm.—(怎么办丛书)
ISBN 7-80511-787-X:¥4.50
U483　048248
中外名牌摩托车电路图全集/湖南科学技术出版社编.—2版(增订版).—长沙:湖南科学技术出版社,1995.6.—277页;26cm
ISBN 7-5357-1525-7:¥25.00
U483　048249
坐式摩托车构造·使用·维修/中国南方航空动力机械公司编　.—北京:航空工业出版社,1995.2.—239页;19cm
ISBN 7-80046-889-5:¥9.60
U483-29　048250
1994~1995年中国摩托车行业名录/摩托车图书编辑部编.—北京:人民邮电出版社,1995.6.—271页;19cm
ISBN 7-115-05648-X:¥10.00
U483-44　048251
摩托车电气系统检修问答/刘文举著.—北京:人民邮电出版社,1995.5.—251页;20cm
ISBN 7-115-05563-7:¥10.00
U483-62　048252
进口摩托车电路图册:50~1500mL/《进口摩托车电路图册》编写组编.—北京:中国商业出版社,1995.8.—153页;19×26cm
中国摩托车售后服务系列工具书
ISBN 7-5044-2450-1:¥15.00
U483-62　048253
摩托车零部件图解集　(6)/王宗耀等编.—北京:人民邮电出版社,1995.7.—470页;19×26cm
ISBN 7-115-05715-X:¥32.00
U483-62　048254
摩托车维修图解手册　(4)/《摩托车》编辑部编.—北京:人民邮电出版社,1995.10.—534页;26cm
ISBN 7-115-05742-7:¥39.50
U483-62　048255
日本摩托车维修手册系列:通用篇/摩托车图书编辑部编.—北京:人民邮电出版社,1995.10.—358页;29cm
ISBN 7-115-05787-7:¥35.00
U483-62　048256
实用摩托车驾驶员手册/李存杰主编.—北京:机械工业出版社,1995.10.—606页;19cm
ISBN 7-111-04660-9(精装):¥26.00
U483-62　048257
新编实用摩托车维修保养手册/钟海宁主编.—广州:广州出版社,1995.10.—426页;19cm
ISBN 7-80592-310-8:¥18.00
U483-62　048258
最新实用摩托车维修与保养手册/张之滨编.—汕头:汕头大学出版社,1995.2.—420页;20cm
ISBN 7-81036-094-9:¥24.00
U483-64　048259
摩托车发动机图解/(日)辻司编著;刘若南,刘茵译.—长春:吉林科学技术出版社;香港:香港万里机构出版有限公司,1995.1.—286页;21cm.—(现代汽车、摩托车图解丛书)
ISBN 7-5384-1452-5:¥14.80
U483-64　048260
摩托车构造图解/(日)出射忠明著;耿存喜译.—长春:吉林科学技术出版社,1995.1.—189页;20cm.—(现代汽车、摩托车图解丛书;3)
ISBN 7-5384-1453-3:¥10.70
U483-64　048261
摩托车驾驶技术图解/(日)村井真,(日)辻司著;顾时光译.—长春:吉林科学技术出版社;香港:香港万里机构出版有限公司,1995.1.—195页;21cm.—(现代汽车、摩托车图解丛书)
ISBN 7-5384-1451-7:¥10.60
U483-64　048262
摩托车零部件图解集　(5)/王宗耀编.—北京:人民邮电出版社,1995.7.—635页;19×26cm

ISBN 7-115-05528-9:￥38.00

U483-64　048263

摩托车零部件图解集　(7)/《摩托车》杂志编辑部编.—北京:人民邮电出版社,1995.11.—267页;19×26cm

ISBN 7-115-05751-6:￥21.00

U483-64　048264

摩托车维修图解手册　(3)/董家康著.—北京:人民邮电出版社,1995.6.—330页;26cm

ISBN 7-115-05550-5:￥23.00

U483-64　048265

图解进口摩托车维修手册:125~750ML/董家康等编.—北京:中国商业出版社,1995.8.—592页;20cm.—(中国摩托车售后服务系列工具书)

ISBN 7-5044-2400-5:￥32.00

U483-64　048266

图解摩托车零部件手册/李雪娟等编.—2版.—福州:福建科学技术出版社,1995.9.—638页;19×26cm

ISBN 7-5335-0924-2:￥44.90

U483-64　048267

中国摩托车拆装图册:125~750ML/《中国摩托车拆装图册》编写组编.—北京:中国商业出版社,1995.8.—880页;20cm.—(中国摩托车售后服务系列工具书)

ISBN 7-5044-2453-6:￥45.00

U483-64　048268

中国摩托车拆装图册:50~100mL/《中国摩托车拆装图册》编写组编.—北京:中国商业出版社,1995.8.—917页;20cm.—(中国摩托车售后服务系列工具书)

ISBN 7-5044-2449-8:￥46.00

U483-64　048269

中国摩托车电路图册:50~750mL/《中国摩托车电路图册》编写组编.—北京:中国商业出版社,1995.8.—248页;19×26cm

中国摩托车售后服务系列工具书

ISBN 7-5044-2451-X:￥25.00

U483-64　048270

中外摩托车电路图集　(3)/《摩托车》编辑部编.—北京:人民邮电出版社,1995.12.—148页;37cm

ISBN 7-115-05894-6:￥24.00

U483-64　048271

中英日文对照摩托车零部件图解/王宗耀编译.—北京:人民邮电出版社,1995.5.—139页;20cm

ISBN 7-115-05616-1:￥7.00

U483-64　048272

坐式摩托车图册/王庆瑗主编;王彦琦等编.—北京:金盾出版社,1995.11.—46页;26cm

ISBN 7-5082-0063-2:￥20.00

U484　048273

自行车保养与维修/福州教育学院编.—北京:中国社会出版社,1995.9.—53页;26cm

ISBN 7-80088-697-2:￥3.20

U489　048274

双力三轮农用运输车/时书龙主编;山东聊城运输机械厂编.—济南:山东科学技术出版社,1995.10.—208页;19cm.—(三轮农用运输车驾驶员必读丛书)

ISBN 7-5331-1526-0:￥4.60

U49　交通工程与公路运输技术管理

U491　048275

道路交通控制/乐寿长主编;汪大胜等编.—长沙:湖南科学技术出版社,1995.5.—312页;20cm

ISBN 7-5357-1752-7:￥9.80

U491　048276

道路交通控制工程/荆便顺编著.—北京:人民交通出版社,1995.5.—223页;26cm

ISBN 7-114-02083-X:￥18.00

U491　048277

道路交通系统工程基础/马鹤龄编著.—北京:人民交通出版社,1995.10.—353页;20cm

ISBN 7-114-02206-9:￥18.00

U491　048278

高等级公路交通安全知识/李建霖编写.—贵阳:贵州科技出版社,1995.4.—281页;19cm

ISBN 7-80584-438-0:￥12.00

U491　048279

高速公路行车指南/王亚军,江永贝编.—北京:机械工业出版社,1995.8.—178页;19cm

ISBN 7-111-04538-6:￥7.00

U491　048280

交通工程学基础/刘建军主编;韩凤春等编.—北京:人民交通出版社,1995.7.—264页;26cm

ISBN 7-114-02148-8:￥16.00

U491　048281

交通管理与控制/杨佩昆,张树升编.—北京:人民交通出版社,1995.12.—187页;26cm

高等学校试用教材 交通工程专业用

ISBN 7-114-02120-8:￥6.00

U491　048282

交通优化工程/郭学书编著.—北京:中国物资出版社,1995.1.—294页;26cm

ISBN 7-5047-0978-6:￥19.50

U491　048283

中国道路交通和交通管理/王建勇著.—北京:警官教育出版社,1995.5.—489页;20cm

ISBN 7-81027-605-0:￥18.00

U491-61　048284

道路交通管理常用词语汇释/安徽省公安厅交通警察总队编写.—合肥:安徽人民出版社,1995.12.—233页;19cm

ISBN 7-212-01278-5:￥9.00

U491-62　048285

机动车司机北京行车实用手册/望天星,陆鸣主编.—北京:中国世界语出版社,1995.9.—224页;19cm

ISBN 7-5052-0287-1:￥19.80

U491－62 **048286**
辽宁驾驶员行车指南/吕向，于一心主编；辽宁省公安交通警察总队编.—沈阳：辽宁科学技术出版社，1995.12.—143页；13×19cm
ISBN 7－5381－2274－5：¥10.00

U491－62 **048287**
四川行车指南/王寿春等主编；四川省公安厅交通警察总队，中外投资企业报社编.—重庆：重庆出版社，1995.10.—294页；19cm
ISBN 7－5366－3288－6：¥17.00

U491－62 **048288**
中国道路安全行车指南/刘希柏等编.—北京：经济日报出版社，1995.8.—617页；20cm.—(驾驶员必读丛书)
ISBN 7－80127－011－8：¥22.80

U491－64 **048289**
道路交通管理条例图解/沈阳市公安局交通警察支队宣传处编.—沈阳：辽宁大学出版社，1995.10.—169页；19cm
ISBN 7－5610－3057－6：¥10.00

U491.3 **048290**
道路交通事故处理/田汝红，张洁主编.—北京：中国环境科学出版社，1995.8.—480页；19cm
ISBN 7－80093－841－7：¥19.00

U491.3 **048291**
交通事故透析/朱玉坤编著.—北京：人民交通出版社，1995.9.—328页；19cm
ISBN 7－114－02224－7：¥12.00

U491.3 **048292**
交通事故物证勘查和检验/李琼瑶，王启明著.—北京：中国人民公安大学出版社，1995.10.—828页；20cm
ISBN 7－81011－697－5：¥25.00

U491.3 **048293**
交通事故现场勘验照相/周武著.—北京：警官教育出版社，1995.1.—277页；19cm
内部发行
ISBN 7－81027－587－9：¥12.80

U491.3－62 **048294**
道路交通伤亡事故检验手册/季少岩等编著－杭州：浙江科学技术.—杭州：浙江科学技术出版社，1995.3.—361页；19cm
ISBN 7－5341－0655－9：¥18.20

U491.3－66 **048295**
全国道路交通事故统计资料汇编　1995/公安部交通管理局编.—北京：群众出版社，1995.8.—65页；26cm
ISBN 7－5014－1385－1：¥8.00

U491.4 **048296**
高架道路行车指南/钱达仁，许培星主编；上海市公安局交警总队高架支队，上海市内环线管理所编.—上海：上海文化出版社，1995.6.—47页；19cm
ISBN 7－80511－809－4：¥4.00

U491.4 **048297**
交通法规/上海市公安局交通警察总队编.—上海：上海交通大学出版社，1995.4.—303页；19cm
机动车驾驶员读本
ISBN 7－313－01445－7：¥19.80

U491.4 **048298**
汽车交通安全/梁来增主编.—北京：人民交通出版社，1995.5.—125页；26cm
交通技工学校通用教材 汽车驾驶专业用
ISBN 7－114－02058－9：¥7.30

U491.4－44 **048299**
汽车交通安全习题集及答案/梁来增主编.—北京：人民交通出版社，1995.4.—48页；26cm
交通技工学校通用教材 汽车驾驶专业用
ISBN 7－114－02071－6：¥4.00

U491.8－62 **048300**
加油站管理手册/曲训江主编；辽宁省石油总公司，辽宁省石油销售集体企业协会编.—沈阳：沈阳出版社，1995.10.—404页；26cm
ISBN 7－5441－0464－8：¥23.00

U491.9 **048301**
城市轨道车辆噪声及其控制/苗彦英主编.—北京：北京科学技术出版社，1995.12.—375页；19cm
ISBN 7－5304－1801－7：¥16.00

U491.9 **048302**
汽车·环境与健康/张长春，孙平主编.—北京：中国环境科学出版社，1995.4.—220页；19cm
交通环保教材
ISBN 7－80093－762－3：¥7.00

①U491.9②X323 **048303**
交通环境学概论/赵章元主编.—北京：中国环境科学出版社，1995.2.—233页；19cm
ISBN 7－80093－721－6：¥9.60

U492.3 **048304**
汽车货运　(一)/交通部人事劳动司编.—北京：人民交通出版社，1995.5.—306页；20cm.—(交通行业工人技术考核问答丛书)
ISBN 7－114－02010－4：¥10.60

U492.3－44 **048305**
汽车运输管理知识习题集及答案/马步进主编.—北京：人民交通出版社，1995.4.—59页；26cm
交通技工学校通用教材 汽车驾驶专业用
ISBN 7－114－02047－3：¥4.50

U492.4 **048306**
城市出租汽车行业管理与运营服务/崔树森主编.—长春：长春出版社，1995.10.—447页；20cm
ISBN 7－80604－386－1：¥20.00

U492.4 **048307**
汽车客运：汽车客运调度员等8个工种/交通部人事劳动司编.—北京：人民交通出版社，1995.2.—193页；20cm.—(交通行业工人技术考核问答丛书)
ISBN 7－114－02009－0：¥7.80

U492.8 **048308**
高速公路安全行车必读/陕西省高等级公路公安交警支队编著.—西安：陕西科学技术出版社，1995.1.—267页；19cm

ISBN 7-5369-2270-1: ¥10.00

U495 048309

公路桥梁电算/杨炳成编著.—北京:人民交通出版社,1995.3.—360页;26cm

ISBN 7-114-02035-X: ¥19.80

U6 水路运输

U6-43 048310

水运工程合同管理/交通部基本建设质量监督总站组织编写;刘志杰等编著 .—北京:国防工业出版社,1995.3.—169页;26cm

水运工程监理培训统编教材:试用

ISBN 7-118-01442-7: ¥12.00

U6-43 048311

水运工程监理概论/交通部基本建设质量监督总站组织编写;刘茂汉,刘敏编著 .—北京:国防工业出版社,1995.4.—153页;26cm

水运工程监理培训统编教材:试用

ISBN 7-118-01461-3: ¥12.00

U6-43 048312

水运工程监理文件汇编/交通部基本建设质量监督总站组织编写.—北京:国防工业出版社,1995.3.—123页;26cm

水运工程监理培训统编教材:试用

ISBN 7-118-01446-X: ¥9.50

U6-43 048313

水运工程进度控制/交通部基本建设质量监督总站组织编写;许立山,刘敏编著.—北京:国防工业出版社,1995.3.—160页;26cm

水运工程监理培训统编教材:试用

ISBN 7-118-01427-3: ¥12.30

U6-43 048314

水运工程质量控制/交通部基本建设质量监督总站组织编写;何泗南,周福田编著.—北京:国防工业出版社,1995.4.—165页;26cm

水运工程监理培训统编教材:试用

ISBN 7-118-01469-9: ¥12.40

U61 航道工程

U616-44 048315

航道疏浚 (一)/交通部人事劳动司编.—北京:人民交通出版社,1995.12.—207页;20cm.—(交通行业工人技术考核问答丛书)

ISBN 7-114-02226-3: ¥7.80

U621.2-49 048316

大运河/庄辉明著.—上海:上海古籍出版社,1995.8.—100页:照片;19cm.—(中华文明宝库/李国章,马樟根主编)

ISBN 7-5325-1886-8: ¥6.80

U64 通航建筑物及助航设备

U644 048317

航标航测 (二)/交通部人事劳动司编.—北京:人民交通出版社,1995.5.—189页;20cm.—(交通行业工人技术考核问答丛书)

ISBN 7-114-02062-7: ¥7.50

U644 048318

航标航测 (一)/交通部人事劳动司编.—北京:人民交通出版社,1995.5.—234页;20cm.—(交通行业工人技术考核问答丛书)

ISBN 7-114-02061-9: ¥9.50

U644-62 048319

国际航标协会助航指南/国际航标协会(IALA)编;王英志译.—2版.—大连:大连海事大学出版社,1995.3.—262页;20cm

ISBN 7-5632-0565-9: ¥14.80

U65 港口工程

U651 048320

港口规划与布置/洪承礼主编.—北京:人民交通出版社,1995.5.—205页;26cm

ISBN 7-114-02056-2: ¥14.00

U653 048321

现代港口机械技术/李士瀛等著.—北京:人民交通出版社,1995.6.—313页;20cm

ISBN 7-114-02110-0(精装): ¥18.00

U653 048322

淤泥质峡道地区深水港的泊稳与淤积/周起舞著.—杭州:杭州大学出版社,1995.9.—125页;20cm

ISBN 7-81035-847-2: ¥15.00

U653.92 048323

港口起重机械/蒋国仁主编.—大连:大连海事大学出版社,1995.10.—304页;26cm

ISBN 7-5632-0915-8: ¥26.80

U655 048324

航务工程 (三)/交通部人事劳动司编.—北京:人民交通出版社,1995.9.—341页;20cm.—(交通行业工人技术考核问答丛书)

ISBN 7-114-02067-8: ¥12.00

U656 048325

港口水工建筑物/陈万佳主编.—北京:人民交通出版社,1995.6.—531页;26cm

ISBN 7-114-02064-3: ¥29.50

U657.3 048326

港口水工建筑物抗震/金崇磐,王云球编著.—北京:人民交通出版社,1995.12.—105页;26cm

高等学校试用教材 港口及航道工程专业用

ISBN 7-114-02119-4: ¥3.50

U659.2 048327

京唐港/赵凤君,王长胜主编;唐山市政协文史资料委员会,京唐港务局编.—北京:社会科学文献出版社,

1995.12.—414 页;彩照;20cm
ISBN 7-80050-727-0:¥18.00

U66 船舶工程

U66 048328
船艺/许仁澄主编 .—大连:大连海事大学出版社,1995.11.—326 页;26cm
水运高等学校教材 江海船舶驾驶专业用
ISBN 7-5632-0605-1:¥27.80

U66-61 048329
汉英船舶近海工程词典/何志刚,袁随善主编.—上海:上海科学技术文献出版社,1995.5.—2026 页;19cm
ISBN 7-5439-0741-0(精装):¥85.00

U66-65 048330
船舶与海洋工程法规/裘泳铭,顾敏童编.—上海:上海交通大学出版社,1995.7.—216 页;26cm
普通高等教育船舶类规划教材
ISBN 7-313-01429-5:¥8.30

U661 048331
船舶可靠性工程导论/易宏主编;张祖卫等编著.—北京:国防工业出版社,1995.3.—380 页;20cm
ISBN 7-118-01307-2:¥15.30

U661 048332
船舶原理/费爽秋主编.—大连:大连海事大学出版社,1995.4.—152 页;26cm
ISBN 7-5632-0604-3:¥5.80

①U661.1②U667.4 048333
挠性部件力学导论/缪国平编著.—上海:上海交通大学出版社,1995.9.—113 页;26cm
ISBN 7-313-01513-5;¥6.50

U661.2-65 048334
国际海事组织关于 IMO 文件包括的所有船舶的完整稳性规则/国际海事组织编;中华人民共和国船舶检验局译.—北京:人民交通出版社,1995.12.—148 页;20cm
ISBN 7-114-02263-8:¥24.00

U661.3 048335
船舶阻力/邵世明等编.—北京:国防工业出版社,1995.4.—212 页;26cm
普通高等教育船舶类规划教材
ISBN 7-118-01350-1:¥8.30

U662 048336
船舶设计数学模型/王世连,李树范编著.—大连:大连理工大学出版社,1995.1.—214 页;20cm
普通高等教育船舶类规划教材
ISBN 7-5611-0951-2:¥4.25

U662 048337
舰船产品可靠性工程:可靠性设计/吴德铭主编;荆兆寿等编著.—哈尔滨:哈尔滨工程大学出版社,1995.12.—651 页;26cm
ISBN 7-81007-556-X(精装):¥60.00

U662.2 048338
船体强度与结构设计/王杰德等著.—北京:国防工业出版社,1995.4.—334 页;26cm
普通高等教育船舶类规划教材
ISBN 7-118-01360-9:¥12.45

U662.2 048339
船体制图/杨永祥等编.—哈尔滨:哈尔滨工程大学出版社,1995.11.—178 页;19×26cm
普通高等教育船舶类规划教材
ISBN 7-81007-590-X:¥10.90

U662.2 048340
船体制图/孟宪章等编.—哈尔滨:哈尔滨工程大学出版社,1995.11.—142 页;19×26cm
中等专业学校统编教材
ISBN 7-81007-621-3:¥8.40

U662.9 048341
计算机辅助船体建造/王勇毅,董守富主编.—北京:人民交通出版社,1995.12.—223 页;26cm
普通高等教育船舶类规划教材 船舶工程专业用
ISBN 7-114-02123-2:¥7.00

U664.1 048342
船舶动力装置安装工艺学/赵汝斌等编.—北京:国防工业出版社,1995.5.—197 页;26cm
普通高等教育船舶类规划教材
ISBN 7-118-01348-X:¥7.30

U664.1 048343
船用锅炉与汽轮机/陈义亮主编.—大连:大连海事大学出版社,1995.6.—339 页;26cm
高等学校教材
ISBN 7-5632-0609-4:¥26.80

U664.12 048344
船舶内燃机设计/陈大荣主编.—北京:国防工业出版社,1995.10.—459 页;26cm
普通高等教育船舶规划教材
ISBN 7-118-01437-0:¥22.75

U664.121-44 048345
船舶柴油机试题 3000 详解/刘茂东编著.—大连:大连海事大学出版社,1995.8.—532 页;26cm
ISBN 7-5632-0872-0:¥44.80

U664.16 048346
低速大扭矩液压马达/甄少华主编.—北京:人民交通出版社,1995.12.—154 页;26cm
普通高等教育船舶类规划教材 流体传动及控制专业
ISBN 7-114-02121-6:¥4.80

U664.3 048347
船舶推进/王国强,盛振邦编著.—修订本.—上海:上海交通大学出版社,1995.9.—309 页;26cm
ISBN 7-313-01522-4:¥14.80

U664.5 048348
船舶辅机/张存有编.—大连:大连海事大学出版社,1995.1.—240 页;19cm
未满 750KW 海船考试用轮机培训教材
ISBN 7-5632-0763-5:¥9.10

U664.5 048349

船舶辅机学　上册/卢士勋,韩厚德编著.—北京:科学出版社,1995.3.—285页;26cm
ISBN 7-03-004696-X:¥16.80

U664.81　048350
阿法拉伐现代技术:分油机分册/吴恒,李浩基编译.—大连:大连海事大学出版社,1995.4.—200页;26cm
ISBN 7-5632-0611-6:¥20.00

U664.82　048351
船舶特种装置控制系统/金鸿章,李国斌编著.—北京:国防工业出版社,1995.10.—212页;26cm
普通高等教育船舶类规划教材
ISBN 7-118-01436-2:¥11.10

U665　048352
船舶电气/武云晶,尹永隆编.—大连:大连海事大学出版社,1995.1.—161页;19cm
未满750KW海船考试用轮机培训教材
ISBN 7-5632-0763-5:¥6.40

U665　048353
船用单边带通信设备/苏殿泉主编.—大连:大连海事大学出版社,1995.9.—319页;26cm
ISBN 7-5632-0900-X:¥33.80

U666-65　048354
交通通信导航标准汇编　(一)/交通部通信导航标准化技术委员会编.—北京:中国标准出版社,1995.9.—424页;30cm
ISBN 7-5066-1131-7:¥40.00

U666.12　048355
计算机控制及在导航系统中的应用/谈振藩等编著.—哈尔滨:哈尔滨工程大学出版社,1995.12.—205页;26cm
ISBN 7-81007-637-X:¥10.70

U668.2-62　048356
船舶工程金属材料实用手册/中国船舶工业物资总公司等编.—北京:中国标准出版社,1995.4.—600页;30cm
ISBN 7-5066-1012-4:¥39.50

U671.8-62　048357
船舶焊接手册/《船舶焊接手册》编写委员会编.—北京:国防工业出版社,1995.8.—822页;26cm
ISBN 7-118-01438-9(精装):¥59.60

U672-61　048358
袖珍汉俄修船词典/杨庆余,马庆增编.—北京:机械工业出版社,1995.5.—390页;13cm
ISBN 7-111-04635-8(精装):¥10.00

U672.1　048359
液货舱清洗技术/姜殿明,钱闵编译.—大连:大连海事大学出版社,1995.5.—185页;26cm
油船船员特殊训练教材
ISBN 7-5632-0831-3:¥16.80

U672.7　048360
轮机修理工艺/山东省水产学校主编.—北京:中国农业出版社,1995.5.—173页;26cm
全国中等水产学校教材 轮机管理专业用
ISBN 7-109-03348-1:¥6.60

U674.4　048361
制冷、电气、加工机械/农业部渔业局,上海市水产总公司编.—北京:中国农业出版社,1995.5.—386页;20cm
全国渔业船舶普通船员技术培训统编教材
ISBN 7-109-03671-5:¥14.40

U674.7　048362
舰艇指控系统的理论基础/董志荣著.—北京:国防工业出版社,1995.8.—574页;20cm.—(火力与指挥控制技术丛书;3)
ISBN 7-118-01358-7(精装):¥26.20

U674.76　048363
潜艇操纵性/施生达编.—北京:国防工业出版社,1995.4.—265页;26cm
普通高等教育船舶类规划教材
ISBN 7-118-01349-8:¥9.95

U675　048364
地文航海:航海技术(Ⅰ)/王成伯主编.—北京:中国农业出版社,1995.10.—173页:图;26cm
全国高等农业院校教材 海洋渔业专业用
ISBN 7-109-03599-9:¥21.25

U675-02　048365
航海技术辩证法/冯兴耿著.—大连:大连海事大学出版社,1995.4.—194页;20cm
ISBN 7-5632-0860-7:¥9.80

U675-4　048366
中国航海教育发展战略/交通部教育司《中国航海教育发展战略》课题组编.—大连:大连海事大学出版社,1995.7.—288页;26cm
内部发行
ISBN 7-5632-0884-4:¥35.00

U675.6　048367
GPS用户指南/任茂东,刘迈编著.—大连:大连海事大学出版社,1995.1.—266页;20cm
ISBN 7-5632-0802-X:¥20.00

U675.7　048368
船舶通信与导航　1995/刘人杰主编;中国航海学会通信导航专业委员会编.—大连:大连海事大学出版社,1995.10.—291页;26cm
ISBN 7-5632-0821-6:¥50.00

U675.75　048369
船舶无线电技术基础/王素云编.—大连:大连海事大学出版社,1995.12.—238页;26cm
高等学校教材
ISBN 7-5632-0810-0:¥22.80

U676　048370
中国当代救助打捞史/《中国当代救助打捞史》编委会编.—北京:人民交通出版社,1995.5.—381页;20cm
ISBN 7-114-02136-4(精装):¥25.00

U676.2-44　048371
海船船员考试试题汇编:驾驶分册:1994年度/中国海事咨询服务中心编.—大连:大连海事大学出版社,1995.5.—473页;26cm

ISBN 7－5632－0865－8:￥37.80

U676.2－44　048372

海船船员考试试题汇编:驾驶分册:1995年度/中国海事咨询服务中心编.—大连:大连海事大学出版社,1995.12.—400页;26cm

ISBN 7－5632－0865－8:￥33.80

U676.2－44　048373

海船船员考试试题汇编:轮机分册:1994年度/中国海事咨询服务中心编.—大连:大连海事大学出版社,1995.5.—229页;26cm

ISBN 7－5632－0864－X:￥19.80

U676.2－44　048374

海船船员考试试题汇编:轮机分册:1995年度/中国海事咨询服务中心编.—大连:大连海事大学出版社,1995.11.—193页;26cm

ISBN 7－5632－0864－X:￥16.80

U676.4　048375

轮机概论/韩来贵编.—大连:大连海事大学出版社,1995.12.—92页;26cm

交通系统中等专业教材 海船驾驶专业用

ISBN 7－5632－0907－7:￥8.80

U676.4　048376

轮机管理/毛道彬主编.—大连:大连海事大学出版社,1995.7.—249页;26cm

ISBN 7－5632－0764－3:￥24.80

U676.4　048377

轮机基础理论/吴孟余主编.—北京:科学出版社,1995.9.—357页;26cm

海船轮机长、轮机员考证教材

ISBN 7－03－003996－3:￥22.80

U676.4　048378

轮机机工实践/安家岐主编.—大连:大连海事大学出版社,1995.4.—140页;26cm

轮机机工培训教材

ISBN 7－5632－0602－7:￥11.80

U676.8　048379

GMDSS全球海上遇险与安全系统/杨广治编著.—2版(修订版).—大连:大连海事大学出版社,1995.1.—237页;26cm

ISBN 7－5632－0141－6:￥19.80

U676.8　048380

海上急救/关桂莲等编.—大连:大连海事大学出版社,1995.9.—149页;19cm

船员"四证"训练教材

全套书共4册,总定价:22.50元

ISBN 7－5632－0904－2:￥0.00

U676.8　048381

海上求生/刘锦程编.—大连:大连海事大学出版社,1995.9.—102页;19cm

船员"四证"训练教材

全套书共4册,总定价:22.50元

ISBN 7－5632－0904－2:￥0.00

U676.8　048382

救生艇筏操纵/宫玉广编.—大连:大连海事大学出版社,1995.8.—118页;19cm

船员"四证"训练教材

全套书共4册,总定价:22.50元

ISBN 7－5632－0904－2:￥0.00

U69 水路运输技术管理

U692　048383

船舶管理实务/雷海著.—北京:海洋出版社,1995.6.—572页;26cm

ISBN 7－5027－1632－7(精装):￥58.00

U692.1　048384

国际海事组织1972年国际集装箱安全公约:1992年版:汉英对照/中华人民共和国船舶检验局译.—北京:人民交通出版社,1995.2.—102页;20cm

ISBN 7－114－02090－2:￥10.50

U692.7　048385

中华人民共和国船舶检验局内河船舶吨位丈量规范 1995.—北京:人民交通出版社,1995.8.—13页;19cm

自1995年10月1日起施行

ISBN 7－114－02177－1:￥3.40

U692.7－65　048386

中华人民共和国船舶检验局内河气垫船检验暂行规定 1995/中华人民共和国船舶检验局制定.—北京:人民交通出版社,1995.8.—89页;26cm

自1995.10.1起施行

ISBN 7－114－02176－3:￥15.00

U693　048387

港口作业方式:水上过驳/聂嘉玉,陈迨五编著.—北京:人民交通出版社,1995.6.—284页;20cm

ISBN 7－114－02109－7:￥12.00

U697.33－62　048388

世界航线/雷海主编.—北京:人民交通出版社,1995.1.—670页;26cm

ISBN 7－114－01839－8(精装):￥150.00

U698－62　048389

国际油船安全操作指南汇编/钱闵编译.—大连:大连海事大学出版社,1995.10.—262页;26cm

油船船员培训操作指导参考书

ISBN 7－5632－0885－2:￥22.80

U698.3　048390

危险货物意外事故应急指南/薛富德主编.—大连:大连海事大学出版社,1995.10.—463页;20cm

ISBN 7－5632－0777－5:￥21.80

U698.4　048391

船舶消防/谷春国编.—大连:大连海事大学出版社,1995.8.—212页;19cm

船员"四证"训练教材

全套书共4册,总定价:22.50元

ISBN 7－5632－0904－2:￥0.00

V 航空、航天

V-28 048392

航空航天博物馆/王钟强,刘润宝主编.—郑州:河南教育出版社,1995.5.—294页:彩照;28cm.—(当代博物馆丛书)

ISBN 7-5347-1392-7:¥94.00

V-40 048393

北航校友通讯 1995 上册/北京航空航天大学校友总会编.—北京:北京航空航天大学出版社,1995.10.—269页;20cm

ISBN 7-81012-596-6:¥5.00

V1 航空、航天技术的研究与探索

V11 048394

神奥的宇宙与天外来客/陈功富主编.—哈尔滨:哈尔滨工业大学出版社,1995.6.—639页;20cm

ISBN 7-5603-1079-6:¥28.00

V11 048395

谁是飞碟的主人/河流编.—兰州:甘肃科学技术出版社,1995.6.—292页;19cm.—(飞碟探索丛书)

ISBN 7-5424-0554-3:¥8.00

V2 航空

V2-4 048396

面向21世纪的航空教育:航空教育专辑/师启人,李嘉瑶主编;中国航空教育学会编.—北京:航空工业出版社,1995.5.—262页;19cm

ISBN 7-80046-858-5:¥10.00

V2-49 048397

人类的翅膀/熊绍铮,刘治编著.—石家庄:河北教育出版社,1995.9.—91页;19cm.—(小科学家丛书/葛翠琳主编)

ISBN 7-5434-1956-4:¥2.95

V21 048398

飞行器系统辨识/蔡金狮等著.—北京:宇航出版社,1995.6.—585页;20cm

ISBN 7-80034-699-4(精装):¥25.00

V21 048399

飞行器原理与工艺/朱明等编.—西安:西北工业大学出版社,1995.9.—223页;26cm

ISBN 7-5612-0802-2:¥12.50

V211 048400

现代飞机设计中的空气动力学/朱自强等编.—北京:北京航空航天大学出版社,1995.2.—201页;20cm

ISBN 7-81012-540-0:¥7.50

V211.52 048401

直升机动力学设计/张晓谷主编.—北京:航空工业出版社,1995.12.—135页;26cm

ISBN 7-80046-206-4:¥7.60

V211.7 048402

空气动力学实验技术/王铁城主编;吴志成等编.—修订版.—北京:航空工业出版社,1995.8.—226页;26cm

ISBN 7-80046-904-2:¥11.00

V212 048403

飞行器飞行力学/吕学富主编;陆毓峰等编.—西安:西北工业大学出版社,1995.6.—193页;26cm

高等学校教材

ISBN 7-5612-0728-X:¥7.25

V215 048404

结构疲劳与断裂/傅祥炯主编;刘文挺等编.—西安:西北工业大学出版社,1995.12.—221页;26cm

高等学校教材

ISBN 7-5612-0753-0:¥11.20

V215.5 048405

飞机噪声基础/唐狄毅等著.—西安:西北工业大学出版社,1995.1.—193页;26cm

ISBN 7-5612-0679-8:¥12.00

V22-62 048406

飞机结构可靠性分析与设计指南/中国航空科学技术研究院编著.—西安:西北工业大学出版社,1995.9.—463页;26cm

ISBN 7-5612-0815-4(精装):¥50.00

V221-62 048407

复合材料飞机结构耐久性/损伤容限设计指南/沈真主编;中国航空研究院编.—北京:航空工业出版社,1995.12.—338页;26cm

ISBN 7-80134-052-3:¥80.00

V222 048408

飞机复合材料结构设计与制造/(美)牛春匀著;西安飞机工业公司译.—西安:西北工业大学出版社,1995.8.—517页;26cm

ISBN 7-5612-0779-4:¥45.00

V222 048409

飞机零构件设计/魏志毅主编.—北京:航空工业出版社,1995.8.—147页;26cm

ISBN 7-80046-170-X:¥7.30

V228 048410

航空动力装置控制:元件部分/曾俊英主编.—北京:航空工业出版社,1995.8.—241页;26cm

ISBN 7-80046-919-0:¥9.20

V231.9 048411
航空发动机强度振动测试技术/李其汉等编著.—北京:北京航空航天大学出版社,1995.9.—155页;26cm
ISBN 7-81012-547-8: ¥8.20

V233.2 048412
航空燃料加注及质量控制/章泽华编.—北京:国防工业出版社,1995.3.—205页;19cm
ISBN 7-118-01363-3: ¥8.20

V233.7 048413
航空推进系统控制/樊思齐等编著.—西安:西北工业大学出版社,1995.12.—325页;26cm
高等学校教材
ISBN 7-5612-0759-X: ¥16.00

V233.7 048414
民用航空发动机控制/许春生主编.—北京:中国民航出版社,1995.5.—277页;26cm
ISBN 7-80110-014-X: ¥30.00

V235.1 048415
航空燃气轮机燃烧与燃烧室/杜声同,严传俊编著.—西安:西北工业大学出版社,1995.12.—124页;26cm
高等学校教材
ISBN 7-5612-0757-3: ¥6.50

V235.1 048416
航空燃气涡轮发动机/尚义编著.—北京:航空工业出版社,1995.8.—204页;26cm
ISBN 7-80046-894-1: ¥10.00

V240.2 048417
航空器材封存/黎远桢编著.—北京:中国民航出版社,1995.9.—133页;26cm
民航工人技术等级培训教材 航材专业
ISBN 7-80110-034-4: ¥13.40

V241.6-62 048418
航空传感器实用手册/孙希任主编;中国航空工业总公司《航空传感器实用手册》编委会编.—北京:机械工业出版社,1995.6.—786页;26cm
ISBN 7-111-04602-1(精装): ¥76.00

①V242.2②V442 048419
航空航天器供电系统/严仰光主编.—北京:航空工业出版社,1995.8.—301页;26cm
ISBN 7-80046-903-4: ¥14.00

V243.6-62 048420
世界飞机电子显示器手册/孙滨生编.—北京:航空工业出版社,1995.6.—581页:彩图;19cm
ISBN 7-80046-621-3: ¥42.00

V247 048421
航空综合火控系统导论/戴景晨等编著.—北京:北京航空航天大学出版社,1995.5.—232页;26cm
ISBN 7-81012-570-2: ¥16.00

V26-62 048422
航空制造工程手册:齿轮工艺/《航空制造工程手册》总编委会主编.—北京:航空工业出版社,1995.1.—815页;26cm
ISBN 7-80046-656-6: ¥80.00

V26-62 048423
航空制造工程手册:电子设备装配/《航空制造工程手册》总编委会主编;严世能分主编.—北京:航空工业出版社,1995.1.—554页;26cm
ISBN 7-80046-868-2(精装): ¥60.00

V26-62 048424
航空制造工程手册:飞机机械加工/《航空制造工程手册》总编委会主编;罗时大分主编.—北京:航空工业出版社,1995.1.—709页;26cm
ISBN 7-80046-867-4: ¥75.00

V26-62 048425
航空制造工程手册:机载设备环境试验/《航空制造工程手册》总编委会主编;熊敦礼分主编.—北京:航空工业出版社,1995.12.—531页;26cm
ISBN 7-80046-939-5: ¥70.00

V26-62 048426
航空制造工程手册:计算机辅助制造工程/《航空制造工程手册》总编委会主编;戴世然分主编.—北京:航空工业出版社,1995.1.—738页;26cm
ISBN 7-80046-876-3: ¥90.00

V26-62 048427
航空制造工程手册:金属结构件胶接/《航空制造工程手册》总编委会主编.—北京:航空工业出版社,1995.9.—418页;26cm
ISBN 7-80046-908-5: ¥60.00

V26-62 048428
航空制造工程手册:救生装备工艺/《航空制造工程手册》总编委会主编.—北京:航空工业出版社,1995.1.—843页;26cm
ISBN 7-80046-752-X(精装): ¥80.00

V261.2 048429
飞机钣金成形原理与工艺/翟平主编.—西安:西北工业大学出版社,1995.11.—248页;26cm
高等学校教材
ISBN 7-5612-0762-X: ¥12.40

V271.1-64 048430
波音737-300/500飞机维护训练手册 第三册:图/郭泰山等编译.—厦门:鹭江出版社,1995.4.—481页;26cm
内部发行
ISBN 7-80610-138-1: ¥0.00

V271.2-62 048431
运输类飞机适航标准技术咨询手册/郑作棣主编;中国航空工业总公司民机系统工程局组织编写.—北京:航空工业出版社,1995.4.—1册;26cm
ISBN 7-80046-879-8(精装): ¥70.00

V275-64 048432
世界现代直升机图册/国际航空杂志社主编.—北京:航空工业出版社,1995.9.—55页;24×21cm
ISBN 7-80046-970-0: ¥22.50

V321.3-33 048433
航空心理测验法/宋华森主编.—北京:中国民航出版社,1995.8.—218页;20cm
ISBN 7-80110-018-2: ¥12.00

V328　　048434
世界航空安全与事故分析　第一集/中国民航出版社选编.—北京:中国民航出版社,1995.12.—234 页;20cm
ISBN 7-80110-049-2:¥15.00

V328.1　　048435
人-机-环境系统工程生理学基础/陈信,袁修干主编.—北京:北京航空航天大学出版社,1995.10.—542页;26cm.—(飞行器人-机-环境系统工程系列专著)
ISBN 7-81012-611-3:¥54.00

V351.11　　048436
机场道面设计/冷培义等编著.—北京:人民交通出版社,1995.1.—648 页;26cm
ISBN 7-114-02087-2:¥34.50

V351.3　　048437
仓库设备机修/陈兵编著.—北京:中国民航出版社,1995.9.—303 页;26cm
民航工人技术等级培训教材 航材专业
ISBN 7-80110-005-0:¥24.30

V4　航天(宇宙航行)

V4-49　　048438
开发太空:21 世纪的航天技术/杨照德,高放编著.—北京:科学技术文献出版社,1995.7.—244 页;19cm.—(21 世纪科普教育丛书/卢嘉锡等主编)
ISBN 7-5023-2514-X:¥9.50

V4-53　　048439
中国空间科学进展:文集/胡文瑞等著.—北京:国防工业出版社,1995.12.—546 页;20cm.—(空间科学与应用丛书)
ISBN 7-118-01445-1(精装):¥25.40

V411.4　　048440
高超声速飞行器空气动力学/黄志澄编著.—北京:国防工业出版社,1995.12.—431 页;20cm
ISBN 7-118-01510-5(精装):¥20.20

V412.4　　048441
航天器轨道动力学与控制　(上)/杨嘉墀主编.—北京:宇航出版社,1995.12.—612 页;20cm.—(导弹与航天丛书·卫星工程系列;124)
内部发行
ISBN 7-80034-865-2(精装):¥25.00

V412.4　　048442
航天器姿态动力学/刘延柱著.—北京:国防工业出版社,1995.12.—383 页;20cm
ISBN 7-118-01517-2(精装):¥21.30

V423　　048443
导弹、航天器结构分析与设计/陈集丰主编;王道锦等编著.—西安:西北工业大学出版社,1995.10.—256页;26cm
高等学校教材
ISBN 7-5612-0755-7:¥12.90

V434　　048444
氢氧火箭发动机及其低温技术/朱森元编著.—北京:国防工业出版社,1995.12.—330 页;20cm
ISBN 7-118-01531-8(精装):¥15.60

V434　　048445
液体火箭发动机喷雾燃烧的理论、模型及应用/庄逢辰编著.—长沙:国防科技大学出版社,1995.7.—444页;20cm
研究生教材
ISBN 7-81024-337-3:¥15.00

V434　　048446
液体火箭发动机涡轮泵设计/张远君主编.—北京:北京航空航天大学出版社,1995.9.—205 页;26cm
ISBN 7-81012-548-6:¥10.50

V434　　048447
液体火箭发动机自动调节/(俄)格列克曼(Гликмон,Б.Ж.)著;顾明初等译.—北京:宇航出版社,1995.3.—336 页;20cm
ISBN 7-80034-765-6(精装):¥21.00

V435　　048448
固体火箭发动机材料与工艺/丘哲明主编.—北京:宇航出版社,1995.11.—480 页;20cm.—(导弹与航天丛书·固体推进技术专著;152)
内部发行
ISBN 7-80034-768-0(精装):¥21.00

V524.3　　048449
空间真空技术/达道安主编.—北京:宇航出版社,1995.9.—585 页;20cm.—(导弹与航天丛书·卫星工程系列;145)
ISBN 7-80034-695-1(精装):¥24.00

V526　　048450
空间交会对接技术/林来兴编著.—北京:国防工业出版社,1995.9.—264 页;20cm
ISBN 7-118-01406-0:¥14.40

V556　　048451
导弹卫星测控总体设计/刘蕴才主编;国防科工委测量通信总体研究所编.—北京:国防工业出版社,1995.4.—565 页;20cm
ISBN 7-118-01468-0(精装):¥0.00

V557-65　　048452
空间数据系统标准建议书:CCSDS 蓝皮书/空间数据系统咨询委员会编;邓丽芳,郑尚敏译.—北京:航空工业出版社,1995.12.—240 页;26cm
ISBN 7-80046-983-2:¥38.50

V56　　048453
现代测控原理/张鸣瑞等编著.—北京:北京航空航天大学出版社,1995.9.—353 页;20cm
ISBN 7-81012-489-7:¥9.00

X　环境科学、劳动保护科学（安全科学）

X-01 048454
环境保护文件选编:1988~1992/国家环境保护局办公室编.—北京:中国环境科学出版社,1995.6.—824页;26cm
ISBN 7-80093-724-0:¥60.00

X-01 048455
选择还是放弃:荷兰国家环境政策计划/国家环境保护局译.—北京:中国环境科学出版社,1995.8.—184页;26cm
ISBN 7-80093-764-X:¥15.00

X-01 048456
中国环境与发展国际合作委员会文件汇编　(二)/国家环境保护局,国际合作委员会秘书处编.—北京:中国环境科学出版社,1995.8.—205页;25×18cm
ISBN 7-80093-809-3:¥35.00

X-12 048457
包头环境保护志/《包头环境保护志》编委会编.—呼和浩特:内蒙古人民出版社,1995.5.—397页;20cm.—(包头市地方志丛书)
ISBN 7-204-02794-9:¥25.00

X-4 048458
中国中小学环境教育优秀论文集/唐宝贤主编.—北京:中国环境科学出版社,1995.6.—186页;20cm
ISBN 7-80093-756-9:¥6.00

X-43 048459
环境科学基础教程/关伯仁主编;郭怀成等编.—北京:中国环境科学出版社,1995.8.—322页;26cm
ISBN 7-80093-814-X:¥27.50

X-49 048460
SOS——地球在呼喊/曹淑贞编著.—北京:中国华侨出版社,1995.12.—150页;19cm.—(现代科技与人文大观/崔惟琳,潘承洞主编)
ISBN 7-80120-033-0:¥8.90

X-49 048461
环境故事百则/杭炳森,沈元祺主编.—北京:中国环境科学出版社,1995.3.—177页;19cm
ISBN 7-80093-717-8:¥4.80

X-54 048462
绿色全球年鉴　1995/挪威弗里德约夫·南森研究所编;中国国家环境保护局译.—北京:中国环境科学出版社,1995.11.—373页;26cm
ISBN 7-80093-874-3(精装):¥0.00

X1　环境科学基础理论

X1 048463
环境学概论/刘培桐主编.—2版(修订版).—北京:高等教育出版社,1995.5.—279页;26cm
高等学校教材
ISBN 7-04-005200-8:¥9.70

X1 048464
为了绿色的地球/张宝珍著.—北京:世界知识出版社,1995.11.—190页;19cm.—(世界知识青年丛书)
ISBN 7-5012-0690-2:¥6.50

X11 048465
环境数学/钱钟范,刁颖敏编著.—北京:中国环境科学出版社,1995.2.—382页;20cm
国家环境保护局岗位培训教材
ISBN 7-80093-548-5:¥12.00

X121 048466
环境声学基础/孙广荣,吴启学编著.—南京:南京大学出版社,1995.3.—220页;26cm
ISBN 7-305-02765-0:¥10.80

X13 048467
环境分析/樊祥熹编.—北京:首都师范大学出版社,1995.12.—159页;26cm
ISBN 7-81039-610-2:¥16.00

X13 048468
环境化学/董升山主编.—东营:石油大学出版社,1995.9.—352页;20cm
ISBN 7-5636-0722-6:¥12.00

X13 048469
环境化学进展/王连生编著.—北京:化学工业出版社,1995.4.—530页;19cm
ISBN 7-5025-1481-3:¥26.00

X13 048470
土壤环境元素化学/王云等编著.—北京:中国环境科学出版社,1995.10.—394页;26cm
ISBN 7-80093-784-4:¥32.00

X141 048471
第三届全国环境工程地质学术研讨会论文集/韩文峰主编.—兰州:甘肃民族出版社,1995.8.—268页;26cm
ISBN 7-5421-0389-X:¥28.00

X141 048472
典型人类工程活动与地质环境相互作用研究　(二)/王思敬主编.—北京:地震出版社,1995.3.—156页;

26cm

ISBN 7-5028-1221-0: ¥8.00

X141　048473

关中盆地环境水文地质问题:地下水系统环境演化效应及环境影响评价研究 /田春声等著.—西安:陕西科学技术出版社,1995.7.—153页;26cm

ISBN 7-5369-2325-2: ¥8.88

X141　048474

环境工程地质学导论/刘传正著.—北京:地质出版社,1995.12.—218页;26cm

ISBN 7-116-01974-X: ¥24.00

X141　048475

环境水文地质学/田春声编著.—西安:陕西科学技术出版社,1995.5.—225页;26cm

高等学校教材

ISBN 7-5369-2432-1: ¥19.50

X142　048476

环境地球化学:整体论方法/(美)福蒂斯丘(Fortescue,J.A.C.)著;李世玢,潘树荣译.—北京:高等教育出版社,1995.10.—265页;26cm

ISBN 7-04-000878-5: ¥16.85

X142　048477

陆地生态系统中的重金属/许嘉琳,杨居荣编著.—北京:中国环境科学出版社,1995.6.—449页;20cm

ISBN 7-80093-711-9: ¥25.00

X142　048478

中国科学院地球化学研究所环境地球化学国家重点实验室特辑:1988~1994/刘东生等编.—北京:中国环境科学出版社,1995.7.—171页;26cm

ISBN 7-80093-823-9: ¥13.00

X142-53　048479

环境地球化学应用研究论文集/中国地质科学院生物环境地球化学研究中心编.—北京:地质出版社,1995.8.—179页;26cm

ISBN 7-116-01909-X: ¥11.80

X144　048480

珠江及沿岸环境研究 = Environmental Research in Pearl River and Coastal Areas/黄创俭等编.—广州:广东高等教育出版社,1995.3.—192页;26cm

ISBN 7-5361-1620-9: ¥28.00

X17　048481

东湖生态学研究　(二)/刘建康主编.—北京:科学出版社,1995.10.—491页;26cm.—(中国生态系统研究网络丛书)

ISBN 7-03-004926-8: ¥62.00

X17　048482

沙漠生态系统研究　1995年　第1集/刘家琼等编著.—兰州:甘肃科学技术出版社,1995.3.—187页;26cm

ISBN 7-5424-0551-9: ¥12.00

X171　048483

复合污染生态学/周启星著.—北京:中国环境科学出版社,1995.12.—127页;26cm

ISBN 7-80093-879-4: ¥16.00

X171　048484

生态与我们/陶家祥,李堃宝编著.—上海:上海科技教育出版社,1995.10.—158页;20cm.—(国民科技教育丛书/邓伟志主编)

ISBN 7-5428-1059-6: ¥8.60

①X171②Q14　048485

胶州湾生态学研究　(一)/董金海,焦念志主编.—北京:科学出版社,1995.7.—205页;26cm.—(中国生态系统研究网络丛书)

ISBN 7-03-004896-2: ¥19.60

X192　048486

环境系统工程/韦鹤平编著.—北京:中国环境科学出版社,1995.2.—534页;20cm

国家环境保护局岗位培训教材

ISBN 7-80093-758-5: ¥18.00

X192　048487

人-机-环境系统工程研究进展　第二卷/龙升照主编.—北京:北京科学技术出版社,1995.7.—341页;26cm

ISBN 7-5304-1767-3: ¥35.00

X196　048488

当代资源环境与经济增长:95国际资源环境与经济增长学术研讨会论文集/吴大青等主编.—武汉:华中理工大学出版社,1995.10.—409页;26cm

ISBN 7-5609-1223-0: ¥50.00

X196　048489

环境保护型企业论/日本环境厅地球环境经济研究会编著;张坤民,欧阳讷译.—北京:中国环境科学出版社,1995.8.—160页;19cm

ISBN 7-80093-813-1: ¥6.90

X196　048490

环境经济学/倪兆球编著.—广州:广东教育出版社,1995.5.—265页;20cm

ISBN 7-5406-2801-4: ¥8.60

X196　048491

环境经济学/厉以宁,章铮著.—北京:中国计划出版社,1995.9.—220页;20cm

ISBN 7-80058-393-7: ¥11.00

X196　048492

环境与发展经济学/戴星翼著.—上海:立信会计出版社,1995.4.—206页;20cm.—(经济新论文丛/伍柏麟主编)

ISBN 7-5429-0262-8: ¥10.50

X196　048493

就业、竞争力和环境规章:什么是问题的症结/(美)莱皮托(Repetto,R.)著;程伟雪,黎勇译.—北京:中国环境科学出版社,1995.12.—69页;19cm

ISBN 7-80093-866-2: ¥5.00

X2 环境综合研究

X2　048494

生存与发展:地球伦理学/王伟主笔.—北京:人民出

版社,1995.12.—315 页;20cm
ISBN 7-01-002257-7:￥16.40

X2　048495
我们的星球　1995 年　第 7 卷　第 4 期/UNEP 编;国家环境保护局国际司译.—北京:中国环境科学出版社,1995.—35 页:照片;29cm
ISBN 7-80093-846-8:￥0.00

X2　048496
我们的星球摘要　第 6 卷　第 5 期/UNEP 编;王翊亭译.—北京:中国环境科学出版社,1995.8.—7 页:照片;23cm
ISBN 7-80093-847-6:￥0.00

X21　048497
地下水与环境/沈继方,高云福编著.—武汉:中国地质大学出版社,1995.10.—107 页;26cm
高等学校试用教材
ISBN 7-5625-0995-6:￥5.75

X21-62　048498
地球环境手册/(日)不破敬一郎主编;全浩等译.—北京:中国环境科学出版社,1995.8.—603 页:彩图;20cm
ISBN 7-80093-851-4(精装):￥50.00

X24　048499
环境优生学/安笑兰,符绍莲主编.—北京:北京医科大学、中国协和医科大学联合出版社,1995.8.—332 页;24cm.—(中国妇幼卫生系列丛书)
ISBN 7-81034-461-7:￥23.90

X24　048500
环境与我们/刘文,张书义编著.—上海:上海科技教育出版社,1995.10.—189 页;20cm.—(国民科技教育丛书/邓伟志主编)
ISBN 7-5428-1056-1:￥10.00

X24　048501
人地关系演进及其调控:全球变化、自然灾害、人类活动中国典型区研究/王劲峰等著.—北京:科学出版社,1995.10.—218 页;26cm
ISBN 7-03-005100-9:￥20.00

X24　048502
人口·资源·环境:中国面临的三大问题 /谢小帆等编著.—南昌:21 世纪出版社,1995.8.—148 页;19cm
ISBN 7-5391-0999-8:￥4.25

X24-49　048503
保护人类家园/朱志尧等编著.—北京:北京少年儿童出版社,1995.3.—153 页;19cm.—(少年现代科学技术丛书·第一辑)
ISBN 7-5301-0416-0:￥4.50

X24-49　048504
环保与生态/( )Gralla,P.编著.—广州:广东人民出版社;香港:纬辉电子出版公司,1995.12.—215 页:图;26cm.—(环保·生活·健康系列)
ISBN 7-218-01661-8:￥54.00

X24-53　048505
中国人口与环境　第二辑/中国社会学会人口与环境社会学专业委员会编.—北京:中国环境科学出版社,1995.5.—290 页;26cm
ISBN 7-80093-749-6:￥33.00

X3 环境保护管理

X3　048506
1995 年国家环境保护最佳实用技术汇编/国家环境保护局编.—北京:中国环境科学出版社,1995.8.—213 页;26cm
ISBN 7-80093-858-1:￥16.00

X3　048507
保护我们的地球村/《保护我们的地球村》编写组编写.—上海:上海科学技术文献出版社,1995.6.—108 页;19cm
ISBN 7-5439-0756-9:￥2.75

X3　048508
环境保护/张治元等编著.—西安:陕西科学技术出版社,1995.6.—292 页;20cm
ISBN 7-5369-2311-2:￥9.00

X3　048509
环境保护管理与污染治理/关坪主编.—北京:国防工业出版社,1995.8.—563 页;26cm
ISBN 7-118-01485-0:￥38.00

X3　048510
环境管理/杨贤智等编著.—北京:中国环境科学出版社,1995.2.—500 页;20cm
国家环境保护局岗位培训教材
ISBN 7-80093-759-3:￥17.00

X3　048511
环境问题:从中日比较与合作的观点看/刘大椿等著.—北京:中国人民大学出版社,1995.6.—292 页;20cm
ISBN 7-300-02072-0:￥9.80

X3　048512
同位素和辐射技术在环境保护中的应用/国际原子能机构编;伍庆昌等译.—北京:原子能出版社,1995.12.—370 页;26cm
ISBN 7-5022-1357-0:￥61.00

X3　048513
新观念 大趋势:全球环境保护的发展与启迪/曹凤中主编.—北京:中国环境科学出版社,1995.4.—422 页;20cm
ISBN 7-80093-729-1:￥16.50

X3-012　048514
国务院环境保护委员会文件汇编　(二)/国务院环境保护委员会秘书处编.—北京:中国环境科学出版社,1995.9.—650 页;20cm
ISBN 7-80093-789-5:￥35.00

X3-092　048515
中国环境保护史稿/罗桂环等主编.—北京:中国环境科学出版社,1995.8.—459 页;20cm
ISBN 7-80093-864-6:￥18.00

X3-49　048516

小清河上的警报:不重视环境保护就会毁了自己的家园/迟方编著;季宝义,李延如绘.—济南:明天出版社,1995.4.—121页;20cm.—(全国小学生课外丛书/李仲汉主编)

全套120册,总定价:385.00元

ISBN 7-5332-2142-7:¥0.00

X3-53　　**048517**

自然、文化、科技:中国环境保护的思考与探索/金鉴明著.—北京:中国环境科学出版社,1995.12.—323页;26cm

ISBN 7-80093-802-6:¥35.00

X3-61　　**048518**

英俄汉环境保护词汇/王文兴主编.—北京:中国环境科学出版社,1995.5.—1085页;19cm

ISBN 7-80093-530-2(精装):¥70.00

X3-62　　**048519**

中国环保产业设备大全　第一卷/中国环境科学出版社编.—北京:中国环境科学出版社,1995.9.—188页;26cm

ISBN 7-80093-844-1(精装):¥96.00

X32　　**048520**

环境规划/朱发庆编著.—武汉:武汉大学出版社,1995.10.—409页;20cm

ISBN 7-307-02056-4:¥10.36

X32　　**048521**

环境影响报告书汇编/冯成武,吴芳云主编.—东营:石油大学出版社,1995.12.—280页;26cm

ISBN 7-5636-0600-9:¥60.00

X32　　**048522**

中国环境保护21世纪/叶汝球主编;国家环境保护局编.—北京:中国环境科学出版社,1995.5.—269页;26cm

ISBN 7-80093-770-4(精装):¥42.00

X32-62　　**048523**

中国环保企事业单位名录及简介　第二分册/中国环境科学学会编.—北京:中国环境科学出版社,1995.10.—111页;26cm

ISBN 7-80093-763-1:¥9.80

X321　　**048524**

保护臭氧层:为了子孙万代/冯允恭主编;上海市科学技术委员会,上海市环境保护局编.—上海:上海科学技术文献出版社,1995.7.—263页;20cm

ISBN 7-5439-0773-9:¥16.00

X321　　**048525**

海南环境保护与发展战略/谢宗辉主编;海南省环境资源厅编.—海口:海南出版社,1995.11.—318页;20cm

ISBN 7-80617-280-7:¥12.00

X321　　**048526**

水域环境保护/刘天玉编.—大连:大连海事大学出版社,1995.4.—200页;26cm

ISBN 7-5632-0863-1:¥15.00

X321　　**048527**

中国湖泊环境/金相灿等著.—北京:海洋出版社,1995.5.—3册;26cm

ISBN 7-5027-4100-3:¥120.00

X321　　**048528**

自由港某些政策实施时期厦门市环境保护战略与对策/吴子琳,庄世坚主编;厦门市环境科学学会,厦门市环境保护局编.—厦门:鹭江出版社,1995.3.—214页;20cm

ISBN 7-80610-177-2:¥13.00

X321-62　　**048529**

乡镇环境规划指南/国家环境保护局自然保护司乡镇处编.—北京:中国环境科学出版社,1995.10.—158页;26cm

ISBN 7-80093-853-0:¥13.50

X322　　**048530**

化工环保概论/吕继奎主编.—北京:化学工业出版社,1995.8.—179页;20cm

中等专业学校试用教材

ISBN 7-5025-1564-X:¥6.50

X322　　**048531**

选煤厂环境保护/王志祥主编.—北京:煤炭工业出版社,1995.4.—218页;26cm

高等学校规划教材

ISBN 7-5020-1081-5:¥8.00

X37　　**048532**

生物多样性的开发利用:将遗传资源用于持续发展/( )里德(Reid,W.A.)等著;柯金良等译.—北京:中国环境科学出版社,1995.3.—328页;19cm

据World Resources Institute 1993年版译出

ISBN 7-80093-743-7:¥15.00

X37　　**048533**

台州海岛:浙江省台州地区海岛资源综合调查研究报告/郑米良,应维南主编;浙江省台州地区海岛资源综合调查领导小组办公室编.—北京:海洋出版社,1995.8.—179页;26cm

内部发行

ISBN 7-5027-1653-X:¥14.00

X37　　**048534**

中国丰富的自然资源/彭安玉著.—沈阳:辽宁古籍出版社,1995.5.—193页;19cm.—(中华民族优秀传统文化丛书·常识卷/胡阿祥,丁炳麟主编)

全套共8册,总定价:52.00元

ISBN 7-80507-279-5:¥0.00

X37　　**048535**

资源与我们/郑文艺,刘与任编著.—上海:上海科技教育出版社,1995.10.—209页;20cm.—(国民科技教育丛书/邓伟志主编)

ISBN 7-5428-1058-8:¥10.40

X37-51　　**048536**

中国自然资源丛书　(10):海洋卷/鹿守本主编;《中国自然资源丛书》编撰委员会编著.—北京:中国环境科学出版社,1995.3.—438页;20cm

ISBN 7-80093-733-X(精装):¥42.50

X37-51　　**048537**

中国自然资源丛书　(12):北京卷/高连生主编;《中

国自然资源丛书》编撰委员会编著.—北京:中国环境科学出版社,1995.1.—289页;20cm

ISBN 7-80093-696-1(精装):¥25.00

X37-51 048538

中国自然资源丛书　(14):河北卷/龚焕文主编;《中国自然资源丛书》编撰委员会编著.—北京:中国环境科学出版社,1995.12.—466页;20cm

ISBN 7-80093-689-9(精装):¥35.00

X37-51 048539

中国自然资源丛书　(15):山西卷/张奎主编;《中国自然资源丛书》编撰委员会编著.—北京:中国环境科学出版社,1995.9.—473页;20cm

ISBN 7-80093-752-6(精装):¥46.00

X37-51 048540

中国自然资源丛书　(17):辽宁卷/《中国自然资源丛书》编撰委员会编著.—北京:中国环境科学出版社,1995.12.—476页;20cm

ISBN 7-80093-797-6(精装):¥36.50

X37-51 048541

中国自然资源丛书　(18):吉林卷/暴学龙主编;《中国自然资源丛书》编撰委员会编著.—北京:中国环境科学出版社,1995.3.—436页;20cm

ISBN 7-80093-695-3(精装):¥35.00

X37-51 048542

中国自然资源丛书　(19):黑龙江卷/《中国自然资源丛书》编撰委员会编著.—北京:中国环境科学出版社,1995.12.—538页;20cm

ISBN 7-80093-750-X(精装):¥38.00

X37-51 048543

中国自然资源丛书　(20):上海卷/蔡来兴主编;《中国自然资源丛书》编撰委员会编著.—北京:中国环境科学出版社,1995.6.—282页;20cm

ISBN 7-80093-725-9(精装):¥28.00

X37-51 048544

中国自然资源丛书　(22):浙江卷/黄勇主编;《中国自然资源丛书》编撰委员会编著.—北京:中国环境科学出版社,1995.12.—414页;20cm

ISBN 7-80093-856-5(精装):¥35.00

X37-51 048545

中国自然资源丛书　(23):安徽卷/周本立主编;《中国自然资源丛书》编撰委员会编著.—北京:中国环境科学出版社,1995.12.—498页;20cm

ISBN 7-80093-825-5(精装):¥39.00

X37-51 048546

中国自然资源丛书　(24):福建卷/陈永庭主编;《中国自然资源丛书》编撰委员会编著.—北京:中国环境科学出版社,1995.12.—455页;20cm

ISBN 7-80093-817-4(精装):¥33.50

X37-51 048547

中国自然资源丛书　(25):江西卷/黄智权主编;《中国自然资源丛书》编撰委员会编著.—北京:中国环境科学出版社,1995.2.—525页;20cm

ISBN 7-80093-707-0(精装):¥46.00

X37-51 048548

中国自然资源丛书　(26):山东卷/王有邦主编;《中国自然资源丛书》编撰委员会编著.—北京:中国环境科学出版社,1995.12.—522页;20cm

ISBN 7-80093-810-7(精装):¥42.50

X37-51 048549

中国自然资源丛书　(27):河南卷/夏宗勇主编;《中国自然资源丛书》编撰委员会编著.—北京:中国环境科学出版社,1995.6.—483页;20cm

ISBN 7-80093-736-4(精装):¥38.50

X37-51 048550

中国自然资源丛书　(31):广西卷/《中国自然资源丛书》编撰委员会编著.—北京:中国环境科学出版社,1995.12.—369页;20cm

ISBN 7-80093-833-6(精装):¥28.00

X37-51 048551

中国自然资源丛书　(33):四川卷/付应铨主编;《中国自然资源丛书》编撰委员会编著.—北京:中国环境科学出版社,1995.12.—688页;20cm

ISBN 7-80093-818-2(精装):¥50.00

X37-51 048552

中国自然资源丛书　(34):贵州卷/扈伦主编;《中国自然资源丛书》编撰委员会编著.—北京:中国环境科学出版社,1995.4.—560页;20cm

ISBN 7-80093-722-4(精装):¥43.00

X37-51 048553

中国自然资源丛书　(36):西藏卷/《中国自然资源丛书》编撰委员会编著.—北京:中国环境科学出版社,1995.12.—474页;20cm

ISBN 7-80093-877-8(精装):¥38.50

X37-51 048554

中国自然资源丛书　(37):陕西卷/梁兴,赵荣主编;《中国自然资源丛书》编撰委员会编著.—北京:中国环境科学出版社,1995.12.—409页;20cm

ISBN 7-80093-824-7(精装):¥35.00

X37-51 048555

中国自然资源丛书　(38):甘肃卷/张忠敬主编;《中国自然资源丛书》编撰委员会编著.—北京:中国环境科学出版社,1995.4.—416页;20cm

ISBN 7-80093-715-1(精装):¥35.00

X37-51 048556

中国自然资源丛书　(3):水资源卷/《中国自然资源丛书》编撰委员会编著.—北京:中国环境科学出版社,1995.11.—540页;20cm

ISBN 7-80093-787-9(精装):¥35.00

X37-51 048557

中国自然资源丛书　(40):宁夏卷/李岳坤主编;《中国自然资源丛书》编撰委员会编著.—北京:中国环境科学出版社,1995.5.—277页;20cm

ISBN 7-80093-746-1(精装):¥20.00

X37-51 048558

中国自然资源丛书　(41):新疆卷/牛树华主编;《中国自然资源丛书》编撰委员会编著.—北京:中国环境科学出版社,1995.11.—428页;20cm

ISBN 7-80093-821-2(精装):¥32.00

X37－51　048559
中国自然资源丛书　(42):台湾卷/陈永山等主编;《中国自然资源丛书》编撰委员会编著.—北京:中国环境科学出版社,1995.6.—492页;20cm
ISBN 7－80093－741－0(精装):￥32.00

X37－51　048560
中国自然资源丛书　(5):气候卷/张家诚主编;《中国自然资源丛书》编撰委员会编著.—北京:中国环境科学出版社,1995.10.—618页;20cm
ISBN 7－80093－796－8(精装):￥43.00

X37－51　048561
中国自然资源丛书　(6):森林卷/施斌祥,卿建华主编;《中国自然资源丛书》编撰委员会编著.—北京:中国环境科学出版社,1995.12.—495页;20cm
ISBN 7－80093－859－X(精装):￥35.00

X37－51　048562
中国自然资源丛书　(7):草地卷/刘起主编;《中国自然资源丛书》编撰委员会编著.—北京:中国环境科学出版社,1995.12.—454页;20cm
ISBN 7－80093－788－7(精装):￥35.00

X37－51　048563
中国自然资源丛书　(9):野生动植物卷/金鉴明主编;《中国自然资源丛书》编撰委员会编著.—北京:中国环境科学出版社,1995.11.—237页;20cm
ISBN 7－80093－854－9(精装):￥20.00

X37－51　048564
中国自然资源丛书:内蒙古卷/乌日途主编;《中国自然资源丛书》编撰委员会编著.—北京:中国环境科学出版社,1995.2.—286页;20cm
ISBN 7－80093－692－9(精装):￥25.00

X37－51　048565
中国自然资源丛书:渔业卷/贾建三主编;《中国自然资源丛书》编撰委员会编著.—北京:中国环境科学出版社,1995.5.—379页;20cm
ISBN 7－80093－697－X(精装):￥31.00

X37－53　048566
资源、发展与环境保护:第三届海峡两岸环境保护学术研讨会论文集/钱易等主编.—北京:中国环境科学出版社,1995.8.—989页;26cm
ISBN 7－80093－840－9:￥98.00

X4　灾害及其防治

X4　048567
灾害事件的预防与自救:高等学校版/国家教育委员会高等教育司编.—北京:高等教育出版社,1995.10.—174页;20cm
ISBN 7－04－005559－7:￥5.80

X4　048568
灾害与我们/罗祖德,徐长乐编著.—上海:上海科技教育出版社,1995.10.—206页;20cm.—(国民科技教育丛书/邓伟志主编)
ISBN 7－5428－1062－6:￥10.50

X43　048569
广东省自然灾害地图集/《广东省自然灾害地图集》编辑委员会编.—广州:广东省地图出版社,1995.5.—290页;26cm
ISBN 7－80522－305－X(精装):￥186.00

X43　048570
京津唐地区2000年地质:自然灾害系统发展趋势预测和对策研究/何贤杰主编.—北京:地震出版社,1995.4.—257页;26cm
ISBN 7－5028－1252－0:￥18.00

X43　048571
人间正道历尽沧桑:影响人类生活的102次灾难/孟昭华主编.—北京:中国青年出版社,1995.11.—461页;20cm.—(人类纵览)
ISBN 7－5006－1833－6:￥19.30

X43　048572
中国灾情报告:1949～1995/国家统计局,民政部编.—北京:中国统计出版社,1995.12.—407页:照片;27cm
ISBN 7－5037－2038－7:￥92.00

X43　048573
中国自然灾害区划:灾害区划、影响评价、减灾对策/王劲峰等著.—北京:中国科学技术出版社,1995.10.—255页;26cm
ISBN 7－5046－2061－0:￥20.00

X43　048574
自然灾害与减灾防灾/谢应齐编著.—北京:农业出版社,1995.1.—171页;19cm
ISBN 7－109－03563－8:￥5.30

X43－53　048575
减灾与发展:河南省防灾减灾学术研讨会论文集/许志荣主编;河南省灾害防御协会编.—北京:地震出版社,1995.12.—157页;26cm
ISBN 7－5028－1261－X:￥15.00

X43－64　048576
中国重大自然灾害图丛/国家科委全国重大自然灾害综合研究组编制.—北京:科学出版社,1995.3.—7张;78×108cm
ISBN 7－03－004927－6:￥160.00

X5　环境污染及其防治

X5　048577
清洁生产论文集　第一辑/段宁,尹荣楼主编.—北京:中国环境科学出版社,1995.3.—175页;19cm
ISBN 7－80093－727－5:￥7.50

X5　048578
热动力装置的排气污染与噪声/赵坚行著.—北京:科学出版社,1995.10.—311页;20cm
ISBN 7－03－004743－5(精装):￥20.80

X5－39　048579
环境工程计算机技术应用/韦鹤平等编著.—北京:中国环境科学出版社,1995.2.—344页;20cm

国家环境保护局岗位培训教材
ISBN 7-80093-546-9:¥11.00

X50 048580

污染生态学原理/夏北成编著.—广州:广东科技出版社,1995.11.—160页;26cm
ISBN 7-5359-1624-4:¥8.00

X501-62 048581

重点工业污染源填报实用手册/宋力敏主编.—哈尔滨:东北林业大学出版社,1995.12.—158页;19cm
ISBN 7-81008-700-2:¥6.00

X503.1 048582

被动吸烟/汪德和主编;金闻博等编.—北京:中国轻工业出版社,1995.3.—169页;19cm
ISBN 7-5019-1728-0:¥10.00

X503.1 048583

环境污染物致突变性致癌性致畸性/袁宝珊,梁超轲主编.—兰州:兰州大学出版社,1995.4.—598页;20cm
ISBN 7-311-00863-8:¥12.50

X503.1 048584

环境与健康/朱骏武主编.—南京:东南大学出版社,1995.12.—257页;19cm
ISBN 7-81050-077-5:¥9.00

X505 048585

上海工业污染防治/顾百川主编;上海市经济委员会编.—上海:上海科技教育出版社,1995.9.—585页:照片;29cm
ISBN 7-5428-0947-4(精装):¥85.00

X506 048586

环境污染控制技术/张伟良等编著.—北京:中国环境科学出版社,1995.2.—350页;20cm
国家环境保护局岗位培训教材
ISBN 7-80093-812-3:¥12.00

X508 048587

欠缺的环节:发展中国家的技术与环境改善/(美)希顿(Heaton,G.R.J.)等著;张崇贤等译.—北京:中国环境科学出版社,1995.12.—86页;19cm
ISBN 7-80093-871-9:¥5.00

X51 048588

对全人类生命的威胁:全球性的大气侵袭/(美)南斯(Nance,J.J.)著;劳陇等译.—北京:中国环境科学出版社,1995.2.—228页;20cm
ISBN 7-80093-654-6(精装):¥19.50

X51 048589

煤烟型大气污染与防治/李寿官主编.—延吉:延边人民出版社,1995.6.—331页;19cm
ISBN 7-80599-226-6:¥10.00

X51 048590

脱硫技术/中国环境科学学会编.—北京:中国环境科学出版社,1995.11.—222页;26cm
ISBN 7-80093-889-1:¥40.00

X51-49 048591

玉宇澄清万里埃:大气环境的污染与治理/张学铭著.—广州:广东教育出版社,1995.12.—87页:彩图;21×19cm.—(迈向21世纪科普丛书/黄寿年等主编)
ISBN 7-5406-3407-3:¥10.00

X52 048592

水污染治理工程/黄铭荣,胡纪萃编著.—北京:高等教育出版社,1995.6.—362页;26cm
高等学校教材 大专试用教材
ISBN 7-04-005199-0:¥12.20

X522 048593

河流中重金属迁移转化数学模型/周孝通,黄廷林著.—西安:陕西科学技术出版社,1995.12.—283页;20cm
ISBN 7-5369-2083-0(精装):¥26.00

X524.6 048594

白洋淀区域水污染控制研究 第一集:水陆交错带水环境特征与调控机理/章申等著.—北京:科学出版社,1995.8.—248页;26cm
ISBN 7-03-004961-6:¥25.00

X53 048595

土壤污染与防治/杨景辉编著.—北京:科学出版社,1995.10.—441页;26cm
ISBN 7-03-004715-X:¥48.00

X55 048596

广东海岛环境质量/林祖亨,李国琪主编.—广州:广东科技出版社,1995.8.—207页;26cm.—(广东海岛资源综合调查/马应良主编)
ISBN 7-5359-1498-5:¥30.00

X7 三废处理与综合利用

X7 048597

三废治理与利用/《三废治理与利用》编委会编.—北京:冶金工业出版社,1995.2.—495页;26cm
ISBN 7-5024-1552-1:¥48.00

X7 048598

中国乡镇工业环境污染及其防治对策/国家环境保护局自然保护司编.—北京:中国环境科学出版社,1995.12.—212页;26cm
ISBN 7-80093-779-8:¥18.00

①X7②TK01 048599

清洁生产/席德立编著.—重庆:重庆大学出版社,1995.12.—295页;20cm.—(资源综合利用工程丛书)
ISBN 7-5624-1062-3:¥15.00

X703 048600

废水处理技术与应用/周鑫根编著.—杭州:浙江大学出版社,1995.12.—269页;20cm
ISBN 7-308-01663-3(精装):¥15.00

X703 048601

上海市合流污水治理一期工程现场水力试验研究/仲付维主编.—南京:河海大学出版社,1995.10.—158页;26cm
ISBN 7-5630-0848-9:¥15.00

X705 048602

固体废物安全排放技术/赫英臣著.—北京:煤炭工业出版社,1995.1.—246页;19cm

ISBN 7-5020-0853-5: ¥12.50

X792-62 048603

啤酒工业废水处理操作管理技术问答手册/冀贞泉主编.—北京:中国环境科学出版社,1995.9.—204页;19cm

ISBN 7-80093-769-0: ¥9.00

X793 048604

制浆造纸废水处理技术/谷英英编著.—昆明:云南科技出版社,1995.12.—138页;26cm

ISBN 7-5416-0544-1: ¥12.00

X793-53 048605

非木材造纸污染防治专辑/黄润斌主编.—北京:中国轻工业出版社,1995.9.—111页;19cm

ISBN 7-5019-1809-0: ¥5.50

X8 环境质量评价与环境监测

X8 048606

水利水电工程环境评价/叶守泽主编.—北京:水利电力出版社,1995.4.—100页;26cm

高等学校教材

ISBN 7-120-02068-4: ¥4.00

X82 048607

环境评价/杨贤智,杨海真编著.—北京:中国环境科学出版社,1995.2.—368页;20cm

国家环境保护局岗位培训教材

ISBN 7-80093-541-8: ¥12.00

X822-62 048608

环境评价手册 = Manual of Environmental Appraisal /英国海外开发署著;中国-欧共体农业技术中心译.—北京:中国农业出版社,1995.3.—120页;20cm

ISBN 7-109-03861-0: ¥10.00

X83 048609

环境监测/陆雍森等编著.—北京:中国环境科学出版社,1995.2.—700页;20cm

国家环境保护局岗位培训教材

ISBN 7-80093-760-7: ¥22.00

X83 048610

环境监测/奚旦立等编.—2版(修订本).—北京:高等教育出版社,1995.4.—424页;26cm

高等学校教材

ISBN 7-04-005399-3: ¥20.20

X83 048611

环境监测技术/吴邦灿编著.—北京:中国环境科学出版社,1995.12.—289页;26cm

ISBN 7-80093-870-0: ¥23.00

X83 048612

环境污染与监测/李绍英等编著.—2版.—哈尔滨:哈尔滨工程大学出版社,1995.8.—393页;20cm

ISBN 7-81007-331-1: ¥12.00

X83-62 048613

环境监理指南/栾天,吕殿录主编.—沈阳:辽宁科学技术出版社,1995.12.—764页;20cm

ISBN 7-5381-1984-1(精装): ¥34.00

X832 048614

河流的污染监测/沈韫芬等著.—北京:中国建筑工业出版社,1995.3.—308页;26cm

ISBN 7-112-02445-5: ¥16.00

X837.03 048615

中国放射性污染监测系统:监测数据公报:1987~1991/中华人民共和国卫生部卫生监督司编.—北京:人民卫生出版社,1995.7.—33页;26cm

ISBN 7-117-02279-5: ¥7.00

X87 048616

重大自然灾害遥感监测与评估集成系统/池天河等著.—北京:中国科学技术出版社,1995.12.—131页;26cm

ISBN 7-5046-2122-6: ¥30.00

X9 劳动保护科学(安全科学)

X9 048617

安全原理/陈宝智编著.—北京:冶金工业出版社,1995.5.—236页;20cm

ISBN 7-5024-1683-8: ¥15.00

X9 048618

安全原理与事故预测/韦冠俊编.—北京:冶金工业出版社,1995.11.—173页;26cm

高等学校教学用书

ISBN 7-5024-1687-0: ¥9.30

X9 048619

劳动安全卫生基础知识/林肖宁,王文奇主编.—北京:中国劳动出版社,1995.4.—470页;19cm

ISBN 7-5045-1727-5: ¥19.00

X9-62 048620

安全工程师手册/王玉元等主编.—成都:四川人民出版社,1995.3.—964页;26cm

ISBN 7-220-02701-X(精装): ¥126.00

X911 048621

劳动安全与心理/符文琛等编著 .—北京:中国标准出版社,1995.11.—339页;20cm

ISBN 7-5066-1119-8: ¥20.00

①X912②D441 048622

当代职业女性的劳动保护/赵健杰著.—北京:中国检察出版社,1995.1.—167页;19cm.—(当代职业女性丛书/侯梅先,赵健杰主编)

全套8册总定价:38·80元

ISBN 7-80086-264-X: ¥0.00

X913 048623

安全工程/陈立道,龚解华编著.—上海:百家出版社,1995.9.—522页;26cm

ISBN 7-80576-540-5: ¥60.00

X92-44 048624

《职工工伤与职业病致残程度鉴定标准》百题解答/赵华庭主编.—天津:天津社会科学院出版社,1995.7.—88页;19cm

ISBN 7-80563-308-1:¥2.50

X924　048625

安全监理手册/陈立道,龚解华主编.—上海:上海科学技术出版社,1995.6.—197页;20cm

ISBN 7-5323-3961-0:¥12.80

X925-62　048626

企业安全生产宣传教育手册/王月凤主编.—北京:中国劳动出版社,1995.4.—205页;20cm

ISBN 7-5045-1723-2:¥8.80

X928.06　048627

国内外劳动安全卫生典型重大伤亡事故案例/李富主编;劳动部职业安全卫生与锅炉压力容器监察局编.—北京:中国检察出版社,1995.4.—1625页;20cm

ISBN 7-80086-260-7(精装):¥58.00

X928.5　048628

化学突发事故风险评估的研究与应用/胡德福著.—北京:科学出版社,1995.3.—91页;20cm

ISBN 7-03-004401-0:¥9.60

X928.7　048629

119**火灾案例**/林丙斗,彭庆平主编.—济南:济南出版社,1995.4.—153页:照片;19cm

ISBN 7-80572-930-1:¥6.10

X928.7　048630

119**祝您平安**/徐耀标主编;李刚,傅海鹏编著.—上海:上海文化出版社,1995.6.—337页:彩照;20cm

ISBN 7-80511-754-3:¥13.30

X928.70-43　048631

火灾学简明教程/范维澄等编著.—合肥:中国科学技术大学出版社,1995.10.—561页;20cm

ISBN 7-312-00683-3:¥16.00

X928.702　048632

汽车油品重大火灾剖析/王德文编著.—南京:东南大学出版社,1995.6.—210页;19cm

ISBN 7-81023-207-X:¥6.80

X932　048633

交通防火防爆知识/李进兴主编;刘立文等编.—北京:警官教育出版社,1995.12.—144页;19cm.—(消防安全实用知识丛书)

ISBN 7-81027-628-X:¥10.00

X951　048634

运输安全系统工程/施其洲主编.—成都:西南交通大学出版社,1995.7.—129页;26cm

高等学校教学用书

ISBN 7-81022-827-7:¥8.00

X954　048635

林业安全系统工程/王述洋主编.—哈尔滨:东北林业大学出版社,1995.9.—296页;26cm

全国高等林业院校试用教材

ISBN 7-81008-586-7:¥14.50

Z 综合性图书

Z1 丛书

Z121 048636
传世藏书·集库·总集·全唐诗/羊春秋主编;(清)彭定求等编;《全唐诗》编委会整理.—海口:海南国际新闻出版中心,1995.9.—3册(3199页);19cm
ISBN 7-80609-170-X(精装):¥148.00

Z121 048637
古刻丛书:外十二种/(明)陶宗仪等撰.—上海:上海古籍出版社,1995.2.—1册;19cm.—(四库艺术丛书)
ISBN 7-5325-1842-6(精装):¥43.10

Z121 048638
集古录:外七种/(宋)欧阳修等撰.—上海:上海古籍出版社,1995.2.—878页;19cm.—(四库艺术丛书)
ISBN 7-5325-1844-2(精装):¥42.10

Z121 048639
来斋金石刻考略:外七种/(清)林侗等撰.—上海:上海古籍出版社,1995.2.—790页;19cm.—(四库艺术丛书)
ISBN 7-5325-1843-4(精装):¥38.90

Z121 048640
绛贴平:外七种/(宋)姜夔等撰.—上海:上海古籍出版社,1995.2.—713页;19cm.—(四库艺术丛书)
ISBN 7-5325-1841-8(精装):¥37.80

Z121.4 048641
茶香室丛钞/(清)俞樾撰;贞凡等点校.—北京:中华书局,1995.2.—4册(1945页);20cm.—(学术笔记丛刊)
ISBN 7-101-00931-X:¥82.20

Z122.313 048642
大连日报丛书/大连日报社主编.—北京:新华出版社,1995.9.—7册;20cm
包括《潮汐》、《彩贝》、《号角》、《帆影》、《涛声》、《航程》、《海霞》七册。
ISBN 7-5011-2832-4:¥180.00

Z126 048643
国学讲演录/章太炎著;傅杰校订.—上海:华东师范大学出版社,1995.12.—260页;20cm.—(二十世纪国学丛书)
ISBN 7-5617-1379-7:¥12.10

Z126 048644
经子解题/吕思勉著;陈引驰校订.—上海:华东师范大学出版社,1995.12.—211页;20cm.—(二十世纪国学丛书)
ISBN 7-5617-1377-0:¥9.90

Z126.2 048645
十三经格言警句白话解/赵永纪主编.—杭州:浙江古籍出版社,1995.12.—307页;20cm
ISBN 7-80518-281-7:¥14.00

Z126.27 048646
国学研究 第三卷/袁行霈主编;北京大学中国传统文化研究中心编.—北京:北京大学出版社,1995.12.—664页;26cm
ISBN 7-301-02930-6:¥68.00

Z126.277 048647
疑古集/王学曾著.—上海:上海古籍出版社,1995.11.—148页;20cm
ISBN 7-5325-1870-1:¥20.00

Z2 百科全书、类书

Z2-49 048648
青少年科学百科全书:译文/庄和玲等译.—上海:上海译文出版社,1995.6.—443页;28cm
ISBN 7-5327-1574-4(精装):¥260.00

Z22 048649
民生日用三大奇书/崔祝等编译.—沈阳:沈阳出版社,1995.8.—3册;20cm
包括《天工开物》等3册
ISBN 7-5441-0443-5:¥46.00

Z224 048650
梦溪笔谈:白话全译/(北宋)沈括著;阎嘉,周晓风译.—成都:巴蜀书社,1995.9.—506页;20cm.—(中国四大古典实用百科名著)
ISBN 7-80523-713-1:¥19.80

Z224 048651
闲情偶寄/(明)李渔著;立人校订.—北京:作家出版社,1995.7.—372页;20cm.—(明清性灵文学珍品)
ISBN 7-5063-0884-3:¥13.20

Z227 048652
广东百科全书/《广东百科全书》编委会编.—北京:中国大百科全书出版社,1995.11.—1120页:插图;26cm
ISBN 7-5000-5472-6(精装):¥315.00

Z228 048653
21世纪的中国/海飞,黄伯诚主编 .—北京:中国少年儿童出版社,1995.9.—276页;20cm
ISBN 7-5007-2610-4:¥10.50

Z228 048654
365问少儿知识小百科/高山,流水编著.—成都:四川少年儿童出版社,1995.11.—449页;19cm

ISBN 7-5365-1410-7(精装):¥14.50

Z228　048655

HOW:1995 年夏/郝铭鉴,(日)佐山重三主编;《HOW》编委会编.—上海:上海文化出版社,1995.—144 页;29cm

ISBN 7-80511-799-3:¥18.00

Z228　048656

百科知识十万个为什么:历史　(12)/刘曙,郭劲松编著.—南京:江苏科学技术出版社,1995.1.—365 页;19cm

ISBN 7-5345-1884-9:¥9.00

Z228　048657

彩图儿童知识宝库/巢扬编著;章观年等绘.—郑州:海燕出版社,1995.5.—3 册;29cm

ISBN 7-5350-1314-7(精装):¥0.00

Z228　048658

彩图儿童中国文化百科/张建一等编写;桑麟康等绘.—上海:少年儿童出版社,1995.7.—2 册;26cm

ISBN 7-5324-2658-0(精装):¥56.00

Z228　048659

大广角/阿春,邹狄编著.—西宁:青海人民出版社,1995.4.—2 册;26cm

ISBN 7-225-01010-7:¥7.20

Z228　048660

大世界基尼斯之最　(一)/杨启祥,朱延龄主编;上海大世界基尼斯总部编.—上海:上海画报出版社,1995.6.—84 页:彩照;26cm

ISBN 7-80530-164-6:¥25.00

Z228　048661

大众博览　第二辑/和平编选.—成都:四川人民出版社,1995.8.—2 册;26cm

ISBN 7-220-02909-8:¥9.00

Z228　048662

大众知识小百科/黄进先主编.—海口:南海出版公司,1995.12.—9 册;19cm

ISBN 7-5442-0645-9(盒装):¥100.00

Z228　048663

当今世界最新发现/华丰编著.—北京:中国经济出版社,1995.5.—204 页;19cm

ISBN 7-5017-3332-5:¥7.50

Z228　048664

都市夜文化/何祖敏主编.—合肥:黄山书社,1995.10.—428 页;20cm

ISBN 7-80535-617-3:¥12.80

Z228　048665

读友文摘精华本.—西安:陕西人民出版社,1995.2.—12 页;26cm

ISBN 7-224-01894-5:¥4.98

Z228　048666

读者参考丛书　(1)/《读者参考》编辑部编.—上海:学林出版社,1995.2.—160 页;20cm

ISBN 7-80616-086-8:¥3.50

Z228　048667

读者参考丛书　(2)/《读者参考》编辑部编.—上海:学林出版社,1995.4.—160 页;20cm

ISBN 7-80616-086-8:¥3.50

Z228　048668

读者参考丛书　(3)/《读者参考》编辑部编.—上海:学林出版社,1995.6.—159 页;20cm

ISBN 7-80616-088-4:¥3.50

Z228　048669

读者参考丛书　(4)/《读者参考》编辑部编.—上海:学林出版社,1995.8.—159 页;20cm

ISBN 7-80616-089-2:¥3.50

Z228　048670

读者参考丛书　(6)/《读者参考》编辑部编.—上海:学林出版社,1995.12.—160 页;20cm

ISBN 7-80616-091-4:¥3.50

Z228　048671

多彩生活/陈晓彬等编.—北京:中国农业出版社,1995.8.—362 页;19cm.—(海外博览丛书)

ISBN 7-109-03892-0:¥13.55

Z228　048672

儿童百万个为什么/邵仁年,张中良主编;珊丹等编文;毛小榆等绘图.—昆明:云南科技出版社,1995.8.—2 册;20cm

ISBN 7-5416-0730-4(精装):¥26.80

Z228　048673

儿童十万个怎么办/陈立君编著.—天津:天津科学技术出版社,1995.9.—6 册;19cm

ISBN 7-5308-1884-8:¥18.00

Z228　048674

怪奇妙趣事典/陈朝顺等编.—武汉:湖北人民出版社,1995.6.—427 页;19cm

ISBN 7-216-01719-6:¥15.00

Z228　048675

广州娱乐·消费·服务场所导引大全:1995~96 年版/新时代国际图片社组编.—广州:广东旅游出版社,1995.1.—345 页;29cm

ISBN 7-80521-568-5:¥200.00

Z228　048676

海内外文摘精华/刘之禹等编.—成都:四川文艺出版社,1995.4.—130 页;26cm

ISBN 7-5411-1303-4:¥5.80

Z228　048677

好:冬日神韵:1995 年冬/郝铭鉴,(日)佐山重三主编.—上海:上海文化出版社,1995.—144 页;29cm

ISBN 7-80511-837-X:¥18.00

Z228　048678

红玫瑰:读者精华:珍藏本/天籁选编.—海口:海南出版社,1995.2.—2 册;26cm

ISBN 7-80590-757-9:¥10.40

Z228　048679

居家生活小百科/胡学兰,胡芬芳编著.—北京:人民军医出版社,1995.2.—376 页;19cm

ISBN 7-80020-507-X:¥14.00

Z228　048680

快乐的星期六丛书　第一辑/少年儿童出版社编.—

上海:少年儿童出版社,1995.9.—10册;19cm
ISBN 7-5324-2849-4:¥36.50

Z228 048681
老年人百科知识荟萃/夏侯非,宇文编.—沈阳:辽宁大学出版社,1995.4.—356页;19cm
ISBN 7-5610-3015-0:¥10.00

Z228 048682
你知道它们的来历吗/禹成明,陈静波著.—修订版.—合肥:安徽少年儿童出版社,1995.5.—209页;19cm.—(小学生精品书库·文化教育类)
ISBN 7-5397-1255-4:¥5.00

Z228 048683
平民,你好!/黄先荣编.—贵阳:贵州人民出版社,1995.5.—77页;26cm
ISBN 7-221-03703-5:¥3.80

Z228 048684
趣闻·轶事·奇观/姚华飞,姚泓编.—昆明:晨光出版社,1995.11.—136页;19cm
ISBN 7-5414-1068-3:¥4.50

Z228 048685
人世百态/赵勇先,朱士骧主编.—北京:新华出版社,1995.6.—306页;19cm.—(世界最新趣闻丛书)
ISBN 7-5011-2842-1:¥14.80

Z228 048686
少男少女人生风采/张希玉主编.—武汉:湖北人民出版社,1995.6.—590页;19cm
ISBN 7-216-01716-1:¥16.80

Z228 048687
社会奇观/赵勇先,朱士骧主编.—北京:新华出版社,1995.6.—290页;19cm.—(世界最新趣闻丛书)
ISBN 7-5011-2844-8:¥14.80

Z228 048688
深圳旅游文化/李国金主编;《深圳旅游文化》编辑部编.—广州:广东旅游出版社,1995.5.—280页;29cm
ISBN 7-80521-586-3:¥180.00

Z228 048689
神秘大观/国洋编著.—成都:四川人民出版社,1995.12.—2册;20cm
ISBN 7-220-03047-9:¥25.60

Z228 048690
神奇大世界:有趣的百科知识/思源主编;金建楚绘.—上海:上海远东出版社,1995.12.—410页;29cm
ISBN 7-80613-144-2(精装):¥35.00

Z228 048691
神童万花筒.—哈尔滨:黑龙江美术出版社,1995.12.—1册;26cm
ISBN 7-5318-0341-0:¥15.80

Z228 048692
生活点子库/包泉万著.—成都:四川文艺出版社,1995.1.—208页;19cm
ISBN 7-5411-1139-2:¥5.80

Z228 048693
生日快乐纪念册/钟青编著.—北京:中国审计出版社,1995.2.—245页;19cm
ISBN 7-80064-355-7:¥9.00

Z228 048694
世界奇异之谜揭秘/方飞编著.—深圳:海天出版社,1995.12.—2册;20cm
ISBN 7-80615-192-3:¥38.00

Z228 048695
世界之谜/李辉编.—沈阳:辽宁民族出版社,1995.11.—315页;19cm.—(奇妙世界大观;3)
ISBN 7-80527-570-X:¥9.95

Z228 048696
世界之奇/李辉编.—沈阳:辽宁民族出版社,1995.11.—314页;19cm.—(奇妙世界大观;2)
ISBN 7-80527-570-X:¥9.95

Z228 048697
世界之最/李辉编.—沈阳:辽宁民族出版社,1995.11.—300页;19cm.—(奇妙世界大观;1)
ISBN 7-80527-570-X:¥9.95

Z228 048698
送给男孩子的礼物/许延风编著.—北京:知识出版社,1995.11.—218页;20×18cm
ISBN 7-5015-1208-6:¥24.00

Z228 048699
送给女孩子的礼物/于玉珍编著.—北京:知识出版社,1995.11.—230页;20×18cm
ISBN 7-5015-1282-5:¥24.00

Z228 048700
天下奇谈/张中良,许祖馨主编;馨芝等编文;高峰,永德绘图.—昆明:云南科技出版社,1995.8.—250页;20cm
ISBN 7-5416-0726-6:¥17.50

Z228 048701
天下奇闻录/吴仿甦编.—广州:广东人民出版社,1995.6.—325页;19cm
ISBN 7-218-01934-X:¥9.80

Z228 048702
文摘:珍藏本 第二卷/谷禾编选.—西宁:青海人民出版社,1995.11.—126页;26cm
ISBN 7-225-01125-1:¥8.60

Z228 048703
文摘:珍藏本 第一卷/谷禾编选.—西宁:青海人民出版社,1995.7.—142页;26cm
ISBN 7-225-01069-7:¥8.60

Z228 048704
文摘精萃:百合花号/田文等著.—成都:四川文艺出版社,1995.3.—80页;26cm
ISBN 7-5411-1167-8:¥3.60

Z228 048705
文摘精萃:野雏菊号/田文编著.—成都:四川文艺出版社,1995.3.—80页;26cm
ISBN 7-5411-1168-6:¥3.60

Z228 048706
误趣集萃/咸海等编.—北京:中国社会出版社,1995.6.—160页;19cm.—(消闲丛书)
ISBN 7-80088-530-5:¥6.00

Z228 048707
闲情小趣/王野主编;范震威等著.—哈尔滨:黑龙江美术出版社,1995.7.—505页;19cm
ISBN 7-5318-0279-1:¥11.00

Z228 048708
小灵通/叶永烈著.—修订版.—合肥:安徽少年儿童出版社,1995.5.—211页;19cm.—(小学生精品书库·文学艺术类)
ISBN 7-5397-1236-8:¥5.00

Z228 048709
小学生十万个难不倒/许祖馨,张中良主编.—昆明:云南科技出版社,1995.12.—2册;21cm
ISBN 7-5416-0774-6(精装):¥49.00

Z228 048710
小学生十万个为什么:最新版/张中良,许祖馨主编;馨芝等编文;毛小榆等绘.—北京:中国少年儿童出版社,1995.5.—2册;20cm
ISBN 7-5007-2541-8(精装):¥29.80

Z228 048711
小学生十万个知道吗?/张中良,许祖馨主编.—昆明:云南科技出版社,1995.11.—2册;21cm
ISBN 7-5416-0773-8(精装):¥49.00

Z228 048712
小学生自然百科/小学生自然百科编委会编.—杭州:浙江少年儿童出版社,1995.1.—6册;20cm
ISBN 7-5342-1319-3(精装):¥90.00

Z228 048713
新编百事通/周金品主编.—北京:中国林业出版社,1995.3.—164页;15×8cm
ISBN 7-5038-1462-4(精装):¥5.00

Z228 048714
新编少儿百科全书/吴新芳,信世军主编.—北京:新华出版社,1995.9.—5册;19cm
ISBN 7-5011-2990-8(精装):¥68.80

Z228 048715
新编十万个为什么精选本/候春洋选编;陈大元等绘.—上海:少年儿童出版社,1995.8.—78页;19cm
ISBN 7-5324-2669-5:¥3.55

Z228 048716
新编万事不求人/李福俊编.—郑州:中州古籍出版社,1995.1.—262页;19cm.—(万宝全书 下)
ISBN 7-5348-1314-X:¥5.95

Z228 048717
新编小学生十万个为什么 第一集:彩绘本/姜国均编文;宋建华等绘.—贵阳:贵州民族出版社,1995.10.—4册;26cm
ISBN 7-5412-0594-X:¥60.00

Z228 048718
新世纪千万个为什么/洪宇,刘林主编.—北京:京华出版社,1995.7.—878页;26cm
ISBN 7-80600-112-3(精装):¥65.00

Z228 048719
新知识趣谈/宋立,唐述英编著.—2版.—合肥:安徽少年儿童出版社,1995.5.—210页;19cm.—(小学生精品书库·文化教育类)
ISBN 7-5397-1251-1:¥5.00

Z228 048720
炎黄文化漫谈丛书/李耐因主编.—北京:人民日报出版社,1995.1.—20册;19cm
ISBN 7-80002-695-7:¥140.00

Z228 048721
知识集锦系列丛书/赵春雷主编.—南宁:广西民族出版社,1995.12.—10册;19cm
包括《知识集锦·物理》等10册
ISBN 7-5363-3118-5(盒装):¥40.00

Z228 048722
知识集锦系列丛书/赵春雷,冯奏韶主编.—南宁:广西民族出版社,1995.12.—10册;19cm
包括《知识集锦·数学》等10册
ISBN 7-5363-3105-3(盒装):¥40.00

Z228 048723
智力竞赛300题/许祖馨,张中良主编;毛小榆等绘.—昆明:云南科技出版社,1995.5.—142页;18×19cm.—(儿童百科知识丛书)
ISBN 7-5416-0682-0(精装):¥12.80

Z228 048724
中国的世界之最/吴瑊编著.—2版.—合肥:安徽少年儿童出版社,1995.5.—153页;19cm.—(小学生精品书库·思想品德类)
ISBN 7-5397-1224-4:¥4.00

Z228 048725
中国公民赴特区须知/刘殿玉主编.—北京:群众出版社,1995.1.—214页;19cm
ISBN 7-5014-1068-2:¥6.00

Z228 048726
中国孩子的疑问:生活常识篇/吴明编著;胡亦绘.—北京:中国少年儿童出版社,1995.8.—167页;20cm
ISBN 7-5007-2407-1:¥11.50

Z228 048727
中国文化知识精华/王建辉,易学金主编.—2版(修订本).—武汉:湖北人民出版社,1995.3.—1007页;19cm
ISBN 7-216-00681-X(精装):¥29.15

Z228 048728
中国中小学生百科全书/杨寄林主编.—哈尔滨:哈尔滨出版社,1995.9.—4册;20cm
ISBN 7-80557-787-0(精装):¥105.00

Z228 048729
中华世界之最/徐孝纯主编.—北京:光明日报出版社,1995.1.—278页;20cm
ISBN 7-80091-600-6:¥7.60

Z228 048730
中外待解之谜 (C)卷/兴南编著.—广州:广州出版社,1995.12.—80页;26cm
全书共2册,总定价:10.00元
ISBN 7-80592-188-1:¥0.00

Z228 048731
中外待解之谜 (D)卷/兴南编著.—广州:广州出

版社,1995.12.—80页;26cm
全书共2册,总定价:10.00元
ISBN 7-80592-188-1:¥0.00

Z228　　048732
自然之谜/赵勇先,朱士骧主编.—北京:新华出版社,1995.6.—275页;19cm.—(世界最新趣闻丛书)
ISBN 7-5011-2843-X:¥14.80

Z228　　048733
最新21世纪少年儿童百科/赵云飞等编译.—杭州:浙江少年儿童出版社,1995.12.—448页;26cm
ISBN 7-5342-1370-3(精装):¥100.00

①Z228-61②I267　　048734
玩味词典/易学金主编.—贵阳:贵州人民出版社,1995.11.—539页;20cm
ISBN 7-221-03776-0(精装):¥29.90

Z228-62　　048735
对外交流手册/王重农主编.—武汉:湖北人民出版社,1995.1.—767页;20cm
ISBN 7-216-01450-2:¥28.00

Z228-62　　048736
经商、出差、旅游简明信息手册/中国农村信息编辑部编.—北京:新时代出版社,1995.5.—428页;19cm
ISBN 7-5042-0257-6:¥11.70

Z228-62　　048737
宁夏办事指南/新华社宁夏分社编.—北京:新华出版社,1995.11.—239页:彩照;26cm
ISBN 7-5011-3006-X(精装):¥168.00

Z228-62　　048738
入沪指南:致来上海务工的兄弟姐妹/上海市外来流动人口管理协调小组组织编写.—上海:三联书店上海分店,1995.4.—236页;19cm
ISBN 7-5426-0841-X:¥5.00

Z228-62　　048739
深圳人手册/段亚兵主编;深圳市精神文明建设办公室,深圳经纬商务咨询公司编.—深圳:海天出版社,1995.9.—345页;20cm
ISBN 7-80615-220-2:¥24.80

Z228-62　　048740
退休生活指南/闽玲等编著.—北京:中国物资出版社,1995.4.—764页;19cm
ISBN 7-5047-0925-5:¥26.00

Z228-62　　048741
现代家庭万用事典/上海文化出版社编.—上海:上海文化出版社,1995.12.—1159页;26cm
ISBN 7-80511-502-8(精装):¥100.00

Z228-62　　048742
现代农家生活指南/孙文声主编.—北京:中国农业出版社,1995.5.—428页;19cm
ISBN 7-109-03770-3:¥10.80

Z228-62　　048743
新编读报手册　(三)/杜荣进等编.—杭州:浙江教育出版社,1995.6.—928页;20cm
ISBN 7-5338-1832-6(精装):¥33.00

Z228-62　　048744
职业女性手册/林华等编写.—上海:上海远东出版社,1995.7.—334页;20cm
ISBN 7-80613-049-7(精装):¥20.00

Z228-62　　048745
中国公民实用手册/方鲁主编.—北京:中国档案出版社,1995.7.—311页;19cm
ISBN 7-80019-498-1:¥12.00

Z228-62　　048746
重庆市民手册/任永发,赖炳福主编;中共重庆市委政策研究室,重庆市新闻出版局编写.—重庆:西南师范大学出版社,1995.4.—131页:彩照;19cm
ISBN 7-5621-1252-5:¥5.50

Z228-62　　048747
最新读报指南/柯愈春主编.—合肥:安徽科学技术出版社,1995.1.—605页;26cm
ISBN 7-5337-1009-6(精装):¥36.00

①Z228-62②Z92　　048748
沈阳人生活手册/刘克田主编;《沈阳人生活手册》编委会编.—沈阳:辽宁人民出版社,1995.6.—222页;24×12cm
ISBN 7-205-03353-5(精装):¥12.00

Z228-64　　048749
新编漫画十万个为什么/盛夏编;严东绘.—北京:国际文化出版公司,1995.10.—3册;20cm
ISBN 7-80105-310-9:¥31.80

Z231.3　　048750
日本之窗丛书:1995秋:日本生活天地/何萍主编.—上海:上海交通大学出版社,1995.—96页;29cm
ISBN 7-313-01571-2:¥18.00

Z231.3　　048751
日本之窗丛书:1995夏:日本时尚世界/何萍主编.—上海:上海交通大学出版社,1995.—96页;29cm
ISBN 7-313-01415-5:¥18.00

Z271.2　　048752
美国少年百科知识宝典/(美)廖库姆(Leokum, A.)著;李善泽等译.—北京:新华出版社,1995.1.—5册;20cm
书名原文:Tell me why
ISBN 7-5011-2787-5:¥48.00

Z3　辞典

Z32　　048753
辞海　1989年版:增补本/辞海编辑委员会编.—上海:上海辞书出版社,1995.12.—341页;26cm
ISBN 7-5326-0353-9(精装):¥28.00

Z32　　048754
实用文史词典/李玉江主编.—西安:陕西人民教育出版社,1995.7.—1570页;20cm
ISBN 7-5419-3008-3:¥54.00

Z32　　048755
数字合称百科名物辞典/常江编著.—北京:中国青年出版社,1995.5.—882页;20cm

ISBN 7-5006-1595-7(精装):￥35.00

Z32 048756

中国辞书大全/任宝祯主编.—济南:黄河出版社,1995.5.—908页;26cm

ISBN 7-80558-578-4(精装):￥89.00

Z32 048757

中国学生大辞典/包启新主编.—上海:少年儿童出版社,1995.8.—1232页;26cm

ISBN 7-5324-1868-5(精装):￥118.00

①Z32②D648 048758

精神文明辞书/冯连惠等主编.—修订版.—延吉:延边大学出版社,1995.5.—793页;26cm

ISBN 7-5634-0769-3(精装):￥68.00

Z4 论文集、全集、选集、杂著

Z42 048759

世纪文华/周洪林,夏林根编.—太原:山西教育出版社,1995.11.—967页;20cm

ISBN 7-5440-0580-1(精装):￥45.00

Z42 048760

新绿集:汕头大学青年教师优秀论文汇编/汕头大学青年教师科学研究会编 .—汕头:汕头大学出版社,1995.7.—269页;26cm

ISBN 7-81036-048-5:￥30.00

Z424.2 048761

全唐文补遗 第二辑/吴钢主编;陕西省古籍整理办公室编.—西安:三秦出版社,1995.5.—585,19页;26cm

ISBN 7-80546-915-6(精装):￥58.00

Z424.9 048762

戴震全集 第四册/戴震研究会等编纂.—北京:清华大学出版社,1995.4.—1791~2178页;20cm

ISBN 7-302-01511-2(精装):￥18.00

Z424.9 048763

清代学术名著述评/陈曼平,陈公望著.—济南:山东友谊出版社,1995.12.—280页;20cm

ISBN 7-80551-769-X:￥12.80

Z427 048764

不让集/刘菊香等主编.—长春:北方妇女儿童出版社,1995.8.—501页;20cm

ISBN 7-5385-1077-X:￥16.00

Z427 048765

东陆学林 第五辑/古明清主编;云南大学《东陆学林》编委会编.—昆明:云南大学出版社,1995.12.—2册;19cm.—(云南大学研究生论丛·国际经济与贸易研究生班专辑)

ISBN 7-81025-551-7:￥22.00

Z427 048766

教科研论丛/张永生,徐继铉主编.—北京:华艺出版社,1995.8.—516页;20cm

ISBN 7-80039-951-6:￥17.80

Z427 048767

探索:全国第二届青年学术年会卫星会议暨青岛市首届青年学术大会论文集/李乃胜主编.—青岛:青岛出版社,1995.4.—476页;26cm

ISBN 7-5436-1301-8:￥78.00

Z427 048768

袁翰青文集/袁翰青著.—北京:科学技术文献出版社,1995.9.—296页:照片;20cm

ISBN 7-5023-2610-3:￥16.00

Z427 048769

中国科学技术协会第二届青年学术年会四川卫星会议论文集/中国科学技术协会第二届青年学术年会四川卫星会议执行委员会编.—成都:西南交通大学出版社,1995.8.—2册;26cm

ISBN 7-81022-848-X(精装):￥238.00

Z429 048770

中国民间收藏集锦/朱卓鹏主编.—上海:上海人民出版社,1995.12.—732页;20cm

ISBN 7-208-02035-3:￥35.00

Z5 年鉴、年刊

Z5 048771

年鉴条目及编写研究/许家康等著.—南宁:广西人民出版社,1995.7.—147页;20cm

ISBN 7-219-03015-0:￥6.80

Z5 048772

世界知识年鉴:1994~1995年/世界知识出版社编.—北京:世界知识出版社,1995.1.—1018页;26cm

ISBN 7-5012-0698-8(精装):￥75.00

Z523.1 048773

辽宁年鉴 1995 总第13卷/张本勃主编;辽宁年鉴编辑委员会编.—北京:中国统计出版社,1995.8.—554,144页:彩图;26cm

ISBN 7-5037-1826-9(精装):￥80.00

Z523.11 048774

沈阳年鉴 1995/张荣茂主编;《沈阳年鉴》编委会编.—北京:中国统计出版社,1995.8.—643页:彩图;26cm

ISBN 7-5037-1902-8(精装):￥90.00

Z523.13 048775

抚顺年鉴 1995/抚顺市社会科学院编.—沈阳:辽宁人民出版社,1995.12.—434页;26cm

ISBN 7-205-03517-1(精装):￥60.00

Z523.13 048776

盘锦年鉴 1995/王发学主编;盘锦市地方志编纂委员会办公室编.—沈阳:沈阳出版社,1995.11.—546页;26cm

ISBN 7-5441-0499-0(精装):￥110.00

Z524.11 048777

西安年鉴 1995 总第三卷/王建廷,傅庚时主编;《西安年鉴》编纂委员会编.—西安:西安出版社,1995.8.—395页:彩图;26cm

ISBN 7-80594-224-2(精装):￥68.00

Z524.13　　048778
安康年鉴　1995/党忠存主编;安康市地方志编纂办公室编.—西安:三秦出版社,1995.12.—358页:彩照;26cm
ISBN 7-80546-964-4(精装):¥45.00

Z524.2　　048779
甘肃年鉴　1995/吴士起主编;甘肃省统计局编.—北京:中国统计出版社,1995.7.—728页:彩照;26cm
ISBN 7-5037-1848-X(精装):¥98.00

Z525.1　　048780
宝山年鉴　1995/上海市宝山区史志编纂委员会编.—北京:中国统计出版社,1995.7.—264页:彩照;26cm
ISBN 7-5037-1904-4(精装):¥70.00

Z525.13　　048781
浦东新区年鉴　1995/陈少能主编;《浦东新区年鉴》编辑委员会编.—上海:上海社会科学院出版社,1995.10.—353页:彩图;26cm
ISBN 7-80618-172-5(精装):¥88.00

Z525.2　　048782
德州年鉴　1994/张今三主编;山东省德州地区史志编纂委员会办公室编.—济南:齐鲁书社,1995.3.—360页:彩照;26cm
ISBN 7-5333-0460-8(精装):¥55.00

Z525.2　　048783
德州年鉴　1995/张今三主编;山东省德州市史志编纂委员会办公室编.—济南:齐鲁书社,1995.9.—337页;26cm
ISBN 7-5333-0484-5(精装):¥62.00

Z525.2　　048784
济南年鉴　1995/张福山主编;济南市史志办公室编.—济南:济南出版社,1995.9.—337页:彩图;26cm
ISBN 7-80572-980-8(精装):¥68.00

Z525.23　　048785
东营年鉴　1995/张萍,魏滋生主编;东营市地方史志编纂委员会办公室编.—济南:齐鲁书社,1995.10.—383页:彩照;26cm
ISBN 7-5333-0498-5(精装):¥60.00

Z525.23　　048786
青岛年鉴　1995/《青岛年鉴》编辑部编.—济南:山东友谊出版社,1995.10.—330页:彩图;26cm
ISBN 7-80551-738-X(精装):¥138.00

Z525.23　　048787
日照年鉴:1990~1994/日照市人民政府《日照年鉴》编纂委员会编.—济南:山东友谊出版社,1995.11.—638页:彩图;26cm
ISBN 7-80551-759-2(精装):¥95.00

Z525.23　　048788
泰安年鉴　1995　总第五卷/刘斌范,戴永和主编;泰安市人民政府《泰安年鉴》编辑部编.—北京:中国书籍出版社,1995.8.—351页:彩照;26cm
ISBN 7-5068-0483-2(精装):¥58.00

Z525.23　　048789
枣庄年鉴　1995/张守德主编;枣庄市地方史志编纂委员会编.—济南:齐鲁书社,1995.11.—235页:彩照;26cm
ISBN 7-5333-0503-5(精装):¥65.00

Z525.23　　048790
章丘三年鉴:1990~1992/杨积清主编;章丘市史志办公室编.—济南:济南出版社,1995.6.—359页:彩图;26cm
ISBN 7-80572-916-6(精装):¥80.00

Z525.23　　048791
周村年鉴:1986~1992/王荣修主编;山东省淄博市周村区年鉴编纂委员会编.—济南:齐鲁书社,1995.9.—518页:彩图;26cm
ISBN 7-5333-0474-8(精装):¥52.00

Z525.23　　048792
淄博年鉴　1995年/赵加洋主编;淄博年鉴编辑委员会编.—济南:齐鲁书社,1995.8.—450页:彩照;26cm
ISBN 7-5333-0488-8(精装):¥45.00

Z525.33　　048793
昆山年鉴:1988~1993/秦文淦主编;昆山市地方志编纂委员会编.—上海:上海科学技术文献出版社,1995.10.—505页:照片;26cm
ISBN 7-5439-0873-5:¥100.00

Z525.33　　048794
苏州新区年鉴　1995/谢鸣主编;苏州市苏州新区管理委员会编.—上海:上海人民出版社,1995.11.—247页:彩图;26cm
ISBN 7-208-02131-7(精装):¥98.00

Z525.34　　048795
丹徒年鉴　1995/《丹徒年鉴》编辑部编.—南京:江苏科学技术出版社,1995.10.—356页:彩照;26cm
ISBN 7-5345-1993-4(精装):¥55.00

Z525.34　　048796
金坛年鉴:1988~1993/卢光文等主编;金坛年鉴编纂委员会编.—南京:江苏古籍出版社,1995.12.—312页:彩图;26cm
ISBN 7-80519-659-1(精装):¥60.00

Z525.43　　048797
马鞍山年鉴　1995/陈波主编;《马鞍山年鉴》编辑部编.—合肥:黄山书社,1995.10.—308页:彩照;26cm
ISBN 7-80535-724-2(精装):¥60.00

Z525.5　　048798
浙江年鉴　1995/卢文舸,蒋巨峰主编;中国共产党浙江省委员会政策研究室等编.—杭州:浙江人民出版社,1995.8.—736页;26cm
ISBN 7-213-01318-1(精装):¥75.00

Z525.53　　048799
湖州年鉴　1995/张国耀,徐国平主编;《湖州年鉴》编辑部编辑 .—杭州:杭州大学出版社,1995.9.—291页:彩照;26cm
ISBN 7-81035-762-X(精装):¥50.00

Z525.54　　048800
苍南年鉴　1994/苍南县地方志编纂委员会编.—上海:上海远东出版社,1995.6.—599页:彩图;20cm

ISBN 7-80613-046-2(精装):¥60.00

Z525.64 **048801**

广丰年鉴:1986~1992/鲍小慧主编;广丰年鉴编纂委员会编.—北京:社会科学文献出版社,1995.5.—646页;26cm

ISBN 7-80050-651-7(精装):¥75.00

Z525.64 **048802**

于都年鉴:1986~1992/钟荣涵主编;于都县地方志办公室编.—北京:社会科学文献出版社,1995.5.—567页;26cm

ISBN 7-80050-651-7(精装):¥75.00

Z525.72 **048803**

龙岩地区年鉴 1993/福建省龙岩地区地方志编纂委员会编.—北京:中国大百科全书出版社,1995.2.—261页:彩照;26cm

ISBN 7-5000-5273-1(精装):¥40.00

Z525.72 **048804**

龙岩地区年鉴 1994/福建省龙岩地区地方志编纂委员会编 .—北京:方志出版社,1995.10.—328页:彩照;26cm

ISBN 7-80122-047-1(精装):¥55.00

Z525.73 **048805**

龙岩市年鉴 1994/胡祖洲总编;福建省龙岩市地方志编纂委员会编.—北京:方志出版社,1995.12.—678页:彩照;26cm

ISBN 7-80122-006-4(精装):¥80.00

Z526.1 **048806**

河南年鉴 1995/王之勤主编;《河南年鉴》编辑部编.—郑州:河南年鉴社,1995.9.—722页:彩照;26cm (精装):¥50.00

Z526.12 **048807**

驻马店地区年鉴 1994/河南省驻马店地区地方史志编纂办公室,《驻马店地区年鉴》编辑部编.—郑州:中州古籍出版社,1995.5.—352页:照片;26cm

ISBN 7-5348-1373-5(精装):¥55.00

Z526.13 **048808**

鹤壁年鉴 1993/鹤壁市地方史志编纂委员会编.—郑州:中州古籍出版社,1995.8.—302页;26cm

ISBN 7-5348-1389-1(精装):¥39.00

Z526.13 **048809**

辉县市年鉴:1994~1995/张海,刘甫智主编;辉县市史志编纂委员会编.—郑州:中州古籍出版社,1995.12.—823页:彩照;26cm

ISBN 7-5348-1419-7(精装):¥118.00

Z526.13 **048810**

开封年鉴 1995/彭富臣,孙月娥主编;《开封年鉴》编纂委员会编.—郑州:中州古籍出版社,1995.9.—452页:照片;26cm.—(河南专业志丛书)

ISBN 7-5348-1397-2(精装):¥70.00

Z526.13 **048811**

濮阳年鉴 1991/濮阳市地方史志编纂委员会编.—郑州:河南人民出版社,1995.1.—602页:彩图;26cm

ISBN 7-215-03059-8(精装):¥80.00

Z526.13 **048812**

濮阳年鉴 1994/陈新生,许占华主编;濮阳市地方史志编纂委员会办公室编.—郑州:中州古籍出版社,1995.9.—338页:彩照;26cm

ISBN 7-5348-1412-X(精装):¥80.00

Z526.13 **048813**

濮阳年鉴 1995/陈新生,许占华主编;濮阳市地方史志编纂委员会办公室编.—郑州:中州古籍出版社,1995.10.—357页:彩照;26cm

ISBN 7-5348-1418-9(精装):¥80.00

Z526.33 **048814**

荆沙年鉴 1995/袁承煊主编;荆沙年鉴编辑部编.—北京:中国三峡出版社,1995.10.—469页:彩照;27×19cm

ISBN 7-80099-111-3(精装):¥50.00

Z526.43 **048815**

衡阳年鉴 1995/黄福才主编;衡阳年鉴编辑委员会编.—长沙:湖南出版社,1995.10.—434页:彩照;26cm

ISBN 7-5438-1079-4(精装):¥65.00

Z526.53 **048816**

珠海年鉴 1995/陈健雄主编;珠海年鉴编纂委员会编.—珠海:珠海出版社,1995.11.—462页:彩照;26cm

ISBN 7-80607-133-4(精装):¥60.00

Z526.73 **048817**

柳州年鉴 1995/黄忠正主编;《柳州年鉴》编纂委员会编.—南宁:广西人民出版社,1995.10.—502页:彩图;26cm

ISBN 7-219-03115-7(精装):¥60.00

Z527.1 **048818**

四川年鉴 1995/雷喻义主编;四川年鉴社编辑.—成都:四川年鉴社,1995.11.—644页:彩照;26cm (精装):¥68.00

Z527.13-54 **048819**

南充市顺庆年鉴 1995/潘大德主编;《南充市顺庆年鉴》编纂委员会编.—成都:四川辞书出版社,1995.9.—287页:照片;26cm

ISBN 7-80543-488-3(精装):¥45.00

Z527.14 **048820**

岳池年鉴:1986~1992/金青禾主编;《岳池年鉴》编纂委员会编.—重庆:重庆出版社,1995.10.—529页:彩照;20cm

ISBN 7-5366-3281-9(精装):¥50.00

Z527.31 **048821**

贵阳年鉴 1995/薛常澄主编;《贵阳年鉴》编辑部编.—贵阳:贵州人民出版社,1995.12.—583页:彩照;26cm

ISBN 7-221-03999-2(精装):¥50.00

Z527.42 **048822**

德宏年鉴 1995/匡大一主编;《德宏年鉴》编辑部编辑 .—芒市:德宏民族出版社,1995.8.—383页;26cm

ISBN 7-80525-264-5(精装):¥50.00

Z527.42 **048823**

昭通地区年鉴 1995 总第10期/张荣才,杨孝全主编;云南省昭通地区年鉴编辑委员会编.—昆明:云南年鉴杂志社,1995.10.—415页:彩照;26cm

(精装):¥40.00

Z527.44　048824

绥江县年鉴　1995/李兴禄主编;绥江县地方志编纂委员会编.—成都:四川辞书出版社,1995.12.—193页:彩照;26cm

ISBN 7-80543-507-3(精装):¥25.00

Z527.44-54　048825

禄丰县年鉴　1993/禄丰县志办公室编著.—昆明:云南人民出版社,1995.12.—294页;19cm

ISBN 7-222-01644-9:¥10.25

Z6 期刊、连续性出版物

Z62　048826

现代与传统　1995年　第1辑　总第6辑　/何博传主编.—广州:岭南美术出版社,1995.—95页:彩图;29cm

ISBN 7-5362-1224-0:¥5.00

Z62　048827

现代与传统　1995年　第3辑　总第八辑/何博传主编.—广州:岭南美术出版社,1995.9.—96页;29cm

ISBN 7-5362-1298-4:¥5.00

Z62　048828

小主人画报　第一辑(6):我的朋友/《小主人》报社编.—深圳:海天出版社,1995.6.—24页;26cm

ISBN 7-80615-131-1:¥2.50

Z62　048829

小主人画报　第一辑(7):快乐的夏天/《小主人》报社编.—深圳:海天出版社,1995.7.—24页;26cm

ISBN 7-80615-131-1:¥2.50

Z62　048830

小主人画报　第一辑(8):圆圆的故事/《小主人》报社编.—深圳:海天出版社,1995.8.—24页;26cm

ISBN 7-80615-131-1:¥2.50

Z8 图书目录、文摘、索引

Z812.241-61　048831

陕西图书大辞典:1949～1992/李天增主编;陕西省新闻出版局图书管理处编.—西安:陕西人民出版社,1995.6.—1038页;20cm

ISBN 7-224-03862-8(精装):¥43.00

Z812.253　048832

江苏艺文志:南京卷/赵国璋主编;杨云海分卷主编;南京师范大学古文献整理研究所编.—南京:江苏人民出版社,1995.1.—2册(1318页);20cm.—(出版史志丛书)

ISBN 7-214-01393-2:¥45.00

Z812.253　048833

江苏艺文志:南通卷/南京师范大学古文献整理研究所编著.—南京:江苏人民出版社,1995.7.—456页;20cm.—(出版史志丛书)

ISBN 7-214-01518-8:¥17.00

Z812.253　048834

江苏艺文志:徐州卷·连云港卷/南京师范大学古文献整理研究所编著.—南京:江苏人民出版社,1995.6.—298页;20cm.—(出版史志丛书)

ISBN 7-214-01499-8:¥12.00

Z812.253　048835

江苏艺文志:盐城卷·淮阴卷/南京师范大学古文献整理研究所编著.—南京:江苏人民出版社,1995.7.—530页;20cm.—(出版史志丛书)

ISBN 7-214-01511-0:¥20.00

Z812.253　048836

江苏艺文志:扬州卷/赵国璋主编;封桂荣分卷主编;南京师范大学古文献整理研究所编.—南京:江苏人民出版社,1995.1.—2册(1390页);20cm.—(出版史志丛书)

ISBN 7-214-01381-9:¥45.00

Z812.44　048837

现存宋人著述总录/刘琳,沈治宏编著.—成都:巴蜀书社,1995.8.—530页;20cm

ISBN 7-80523-610-0(精装):¥94.00

Z812.6　048838

民国时期总书目:1911～1949:社会科学:总类部分/田大畏主编;李小文分主编;北京图书馆编.—北京:书目文献出版社,1995.6.—276,44页;26cm

ISBN 7-5013-1059-9(精装):¥34.00

Z812.6　048839

民国时期总书目:1911～1949:自然科学·医药卫生/田大畏主编;梁思叡,李志刚分主编;北京图书馆编.—北京:书目文献出版社,1995.11.—637页;26cm

ISBN 7-5013-1033-5(精装):¥66.00

Z835　048840

影响世界的100本书/邓蜀生等主编.—南宁:广西人民出版社,1995.9.—487页;20cm.—(世界100系列丛书)

ISBN 7-219-02988-8:¥16.00

Z838　048841

北京图书馆普通古籍总目　第十三卷:自然科学门/徐自强,薛英主编;鲍国强分主编;北京图书馆普通古籍组编.—北京:书目文献出版社,1995.5.—191,55页;26cm

ISBN 7-5013-1069-6(精装):¥28.00

Z838　048842

清代内府刻书目录解题/故宫博物院图书馆,辽宁省图书馆编著.—北京:紫禁城出版社,1995.9.—550页:彩图;26cm

ISBN 7-80047-172-1(精装):¥210.00

Z839.9　048843

世界历代禁书大全/肖峰,(美)斯帕恩(Spaan,M.)主编.—上海:上海书店出版社,1995.12.—808页;20cm

ISBN 7-80622-063-1(精装):¥39.80

Z842.49-51　048844

天禄琳琅书目/(清)于敏中等撰·**天禄琳琅书目后编**/(清)彭元瑞等撰·**绛云楼题跋**/(清)钱谦益撰·**绣谷亭薰习录**/(清)吴焯撰·**拜经楼藏书题跋记**/(清)吴寿暘

撰.—北京:中华书局,1995.8.—692,26页;26cm.—(清人书目题跋丛刊;10)

ISBN 7-101-01429-1(精装):¥106.00

Z852.7 048845

全国科技图书总览 1994/中国出版工作者协会科技出版工作委员会编.—北京:科学出版社,1995.6.—1219页;26cm

ISBN 7-03-004745-1(精装):¥88.00

Z852.7 048846

中国标准出版社图书目录:1993~1994/中国标准出版社年鉴编辑室编.—北京:中国标准出版社,1995.11.—194页;19cm

ISBN 7-5066-1132-5:¥10.00

Z862 048847

复旦大学教职员著译书目:理科分册/复旦大学教务处,复旦大学图书馆编.—上海:复旦大学出版社,1995.4.—158页;20cm

ISBN 7-309-01395-6:¥6.00

Z862.6 048848

胡适著译系年目录/季维龙编.—合肥:安徽教育出版社,1995.8.—298页;26cm

ISBN 7-5336-1672-3:¥17.50

Z87 048849

新华月报总目录 第三九九期~第五九〇期:1978~1993/新华月报社编.—北京:人民出版社,1995.4.—464页;26cm

ISBN 7-01-002119-8(精装):¥33.00

Z88:B942 048850

出三藏记集/(梁)释僧祐撰;苏晋仁,萧炼子点校.—北京:中华书局,1995.11.—587,112页;20cm.—(中国佛教典籍选刊)

ISBN 7-101-01037-7:¥32.00

Z88:D442 048851

近百年中国妇女论著总目提要/藏健,董乃强主编.—长春:北方妇女儿童出版社,1995.9.—668页;26cm

ISBN 7-5385-1090-7(精装):¥60.00

Z88:D731.26 048852

韩国研究日文文献目录:1912~1993/杭州大学图书馆,杭州大学韩国研究所编译.—杭州:杭州大学出版社,1995.12.—512页;20cm.—(韩国研究丛书·资料编;2/沈善洪主编)

ISBN 7-81035-854-5(精装):¥20.00

Z88:D923.4 048853

著作权研究文献目录汇编/杜学亮主编.—北京:中国政法大学出版社,1995.3.—393页;20cm

ISBN 7-5620-1344-6:¥11.00

Z88:F 048854

中国经济学图书目录:1900~1949年/谈敏主编.—北京:中国财政经济出版社,1995.12.—986页;20cm

ISBN 7-5005-2732-2:¥50.00

Z88:G256.23 048855

中国馆藏和刻本汉籍书目/王宝平主编.—杭州:杭州大学出版社,1995.2.—567,45页;20cm.—(日本文化研究丛书)

ISBN 7-81035-783-2:¥55.00

Z88:K879 048856

中国汉代画像石画像砖文献目录/深圳博物馆编.—北京:文物出版社,1995.5.—133页;19cm

ISBN 7-5010-0842-6:¥8.00

Z88:N 048857

国外科技核心期刊投稿大全:科技论文投稿金钥匙/张燕燕,程颖主编;大连理工大学图书馆编.—大连:大连理工大学出版社,1995.7.—360页;26cm

ISBN 7-5611-1004-9:¥28.00

Z88:P5 048858

中华人民共和国地质矿产部公开出版的地质成果 1994年/地质出版社成果编辑室编.—北京:地质出版社,1995.8.—227页;20cm

ISBN 7-116-01619-8:¥0.00

Z88:P73 048859

台湾海峡及其邻近海域海洋科学文献目录:1902~1994/国家海洋局第三海洋研究所编.—北京:海洋出版社,1995.6.—97页;26cm

ISBN 7-5027-4096-1:¥10.00

Z88:Q94 048860

中国植物学文献目录 第四册/王宗训主编;中国植物学会编.—北京:科学出版社,1995.12.—1463页;26cm

ISBN 7-03-001564-9:¥148.00

Z88:T-652.1 048861

中华人民共和国国家标准目录及信息总汇 1994(下):汉英文对照/国家技术监督局标准化司,中国技术监督情报研究所编.—北京:中国标准出版社,1995.2.—1677页;30cm

ISBN 7-5066 1070 1:¥76.00

Z88:TN2 048862

中外科技资料目录:激光·红外 第16辑/陈彩廷,糜正瑜主编;中科院上海光机所,上海技术物理所编辑.—上海:上海科学技术文献出版社,1995.—48页;26cm

ISBN 7-5439-0599-X:¥19.80

Z88:TN2 048863

中外科技资料目录:激光·红外 第18辑/陈彩廷,糜正瑜主编.—上海:上海科学技术文献出版社,1995.—48页;26cm

ISBN 7-5439-0601-7:¥19.80

Z88:TN2 048864

中外科技资料目录:激光·红外 第19辑/陈彩廷,糜正瑜主编.—上海:上海科学技术文献出版社,1995.—48页;26cm

ISBN 7-5439-0602-7:¥19.80

Z88:TN2 048865

中外科技资料目录:激光·红外 第20辑/陈彩廷,糜正瑜主编.—上海:上海科学技术文献出版社,1995.—48页;26cm

ISBN 7-5439-0603-1:¥19.80

Z88:TQ 048866

'92 中国化学化工期刊文献总录/王俊杰主编.—上海:上海科学技术文献出版社,1995.11.—649 页;26cm
ISBN 7-5439-0885-9:¥85.00

Z88:TQ　　048867
'93 中国化学化工期刊文献总录/王俊杰主编.—上海:上海科学技术文献出版社,1995.6.—605 页;26cm
ISBN 7-5439-0737-2:¥85.00

Z89　　048868
海内外首次文摘/文忠选编.—沈阳:春风文艺出版社,1995.10.—2 册;26cm
ISBN 7-5313-1544-0:¥12.00

Z89:C93　　048869
西方管理学名著提要/孙耀君主编.—2 版.—南昌:江西人民出版社,1995.5.—544 页;20cm
ISBN 7-210-01497-7(精装):¥18.00

Z89:F　　048870
《经济学动态》索引:1960~1995/《经济学动态》编辑部,博瑞琪经济战略研究所编.—北京:中共中央党校出版社,1995.10.—122 页;26cm
ISBN 7-5035-1034-7:¥15.00

Z89:F　　048871
商情文摘/文川选编.—沈阳:春风文艺出版社,1995.9.—2 册;26cm
ISBN 7-5313-1527-0:¥11.60

Z89:F832.33　　048872
中国农业银行联行行名行号索引簿/中国农业银行总行财务会计部编.—北京:中国物价出版社,1995.1.—194 页;26cm
ISBN 7-80070-438-6:¥20.00

Z89:G306.72　　048873
中国专利索引　第一、二分册　(上):1995.1~1995.6/专利文献出版社专利文献编辑室、制印中心编.—北京:专利文献出版社,1995.10.—2 册;26cm
全套书共 4 册,总定价:210.00 元
ISBN 7-80011-183-0(精装):¥0.00

Z89:G649.282.1　　048874
时代采风:全国八大报刊报道天津大学信息总汇:1978 年~1995 年 6 月/张昉主编;天津大学图书馆社科部编.—天津:天津大学出版社,1995.9.—170 页;26cm
ISBN 7-5618-0808-9:¥16.00

Z89:H0　　048875
语言学论文索引　1993/董树人主编.—北京:北京语言学院出版社,1995.3.—282 页;19cm
ISBN 7-5619-0514-9:¥8.00

Z89:I206.2　　048876
中国古典文学研究论文索引:1984.1~1985.12/中国社会科学院文学研　克玕际樽柿鲜冶.—北京:中华书局,1995.7.—611 页;20cm
ISBN 7-101-01180-2:¥27.00

Z89:I222.742　　048877
全唐诗索引:韩偓卷/栾贵明等编著.—北京:现代出版社,1995.8.—380 页;26cm
ISBN 7-80028-277-5(精装):¥48.00

Z89:I222.742　　048878
全唐诗索引:李白卷/栾贵明等编著.—北京:现代出版社,1995.8.—1333 页;26cm
ISBN 7-80028-273-2(精装):¥168.00

Z89:I222.742　　048879
全唐诗索引:刘长卿卷/栾贵明等编著.—北京:现代出版社,1995.8.—576 页;26cm
ISBN 7-80028-276-7(精装):¥74.00

Z89:I222.742　　048880
全唐诗索引:柳宗元卷/栾贵明等编著.—北京:现代出版社,1995.8.—386 页;26cm
ISBN 7-80028-272-4(精装):¥50.00

Z89:I222.742　　048881
全唐诗索引:孟郊卷/栾贵明等编著.—北京:现代出版社,1995.8.—600 页;26cm
ISBN 7-80028-274-0(精装):¥76.00

Z89:I222.742　　048882
全唐诗索引:沈佺期、宋之问卷/栾贵明等编著.—北京:现代出版社,1995.8.—559 页;26cm
ISBN 7-80028-275-9(精装):¥72.00

Z89:I222.742　　048883
全唐诗索引:王建卷/栾贵明等编著.—北京:现代出版社,1995.8.—492 页;26cm
ISBN 7-80028-278-3(精装):¥62.00

Z89:I222.742　　048884
全唐诗索引:张九龄卷/栾贵明等编著 .—北京:现代出版社,1995.8.—310 页;26cm
ISBN 7-80028-271-6(精装):¥40.00

Z89:K2　　048885
中国史学论文索引　第三编/中国社会科学院历史研究所编.—北京:中华书局,1995.11.—3 册;26cm
ISBN 7-101-01138-1:¥116.00

Z89:N031　　048886
自然辩证法文献目录索引:1949~1992/吕宏等主编.—天津:天津古籍出版社,1995.9.—269 页;26cm
ISBN 7-80504-465-1:¥18.80

Z89:N18　　048887
中国专利索引申请(专利)号/公开(告)号对照表:1994 年度/专利文献编辑室新技术开发室编.—北京:专利文献出版社,1995.3.—615 页;26cm
ISBN 7-80011-173-3:¥60.00

Z89:P315　　048888
辽宁省地震局科技论著摘要汇编:1970~1993/辽宁省地震局震害防御处编.—长春:吉林大学出版社,1995.3.—289 页;19cm
ISBN 7-5601-1699-X:¥6.50

Z89:TE9　　048889
国外石油钻采机械文献题录　1988 年/郑昌锭主编.—北京:石油工业出版社,1995.9.—215 页;26cm
ISBN 7-5021-1558-7:¥10.00

Z89:U46　　048890
汽车文献书目索引:1949~1994/陈秀英等编.—武汉:湖北科学技术出版社,1995.11.—566 页;20cm.—(特色图书馆丛书/周济洋主编)
ISBN 7-5352-1751-6:¥25.00

Z9 特殊出版物

Z9 048891

生日礼品书 11月/田美等编.—北京:中国社会出版社,1995.8.—30册;15cm

ISBN 7-80088-626-3(精装):¥360.00

Z9 048892

生日礼品书 12月/田美等编.—北京:中国社会出版社,1995.9.—31册;15cm

ISBN 7-80088-627-1(精装):¥372.00

Z93 048893

退离休人员纪念册/鲁平,田风编.—北京:中国物资出版社,1995.7.—312页;19cm

ISBN 7-5047-0895-X(精装):¥23.00

Z931 048894

毕业纪念册/靳山诗编.—北京:金盾出版社,1995.6.—58页;24×26cm

ISBN 7-5082-0035-7(精装):¥40.00

少数民族文字图书目录

本目录按《中国图书馆图书分类法》(第3版)"语言、文字"类——中国少数民族语言：H212/289顺序排列，同一语文的图书，按图书内容性质分类排列。

蒙古文图书

B2

蒙古哲学史：蒙古文/格·孟和主编；哈斯等著.—呼和浩特：内蒙古人民出版社，1995.12.—676页；20cm

ISBN 7-204-02961-5(精装)：¥30.00

①B949.2②K292.6

明镜：蒙古文/曹纳木整理、校注·鄂尔多斯考察记/(比利时)莫斯特莱(Mosteret, A.)著；曹纳木整理、校注.—北京：民族出版社，1995.4.—230页；20cm

ISBN 7-105-02158-6：¥5.20

C912.3

公共关系学：蒙古文/包山虎编.—沈阳：辽宁民族出版社，1995.4.—463页；20cm

高等学校教材

ISBN 7-80527-488-6：¥9.86

D2-0

邓小平文选 第二卷：蒙古文/邓小平著；中国民族语文翻译中心译.—2版.—北京：民族出版社，1995.1.—960页；19cm

ISBN 7-105-02362-7：¥12.50

D2-0

邓小平文选 第一卷：蒙古文/邓小平著；中国民族语文翻译中心译.—2版.—北京：民族出版社，1995.1.—834页；19cm

ISBN 7-105-02357-0：¥11.00

D220

中国共产党第十四届中央委员会第五次全体会议文件：蒙古文/中国民族语文翻译中心译.—北京：民族出版社，1995.10.—168页；20cm

ISBN 7-105-02557-3：¥4.40

D263

领导干部的楷模——孔繁森：蒙古文/中共中央组织部研究室编；民族出版社蒙文室译.—北京：民族出版社，1995.11.—278页；19cm

ISBN 7-105-02509-3：¥6.40

D61

邓小平同志建设有中国特色社会主义理论学习纲要：蒙古文/中共中央宣传部编；民族出版社译.—北京：民族出版社，1995.9.—150页；19cm

ISBN 7-105-02484-4：¥4.20

D61

中国社会主义建设：蒙古文/宝音义日格其主编.—沈阳：辽宁民族出版社，1995.4.—677页；20cm

高等学校教材

ISBN 7-80527-489-4：¥15.00

D619.26

新巴尔虎右旗繁荣发展五十年：1945~1995：蒙古文/米西格道尔吉编著.—海拉尔：内蒙古文化出版社，1995.10.—254页：彩照；26cm

ISBN 7-80506-467-9：¥50.00

D621.6

新中国国旗、国歌、国徽、国都、纪年的诞生：蒙古文/国家教委基础教育司编；额尔敦敖其尔译.—通辽：内蒙古少年儿童出版社，1995.5.—128页；19cm

ISBN 7-5312-0508-4：¥3.50

D623

政府工作报告：1995.3.5：蒙古文/李鹏报告；中国民族语文翻译中心译.—北京：民族出版社，1995.4.—64页；20cm

ISBN 7-105-02416-X：¥1.90

D90

法学：蒙古文/呼格吉勒图主编.—沈阳：辽宁民族出版社，1995.12.—879页；20cm

高等学校教材

ISBN 7-80527-533-5：¥18.98

①D922.104②D925.304

行政法与行政诉讼法教程：蒙古文/沙哈如编译.—呼和浩特：内蒙古人民出版社，1995.7.—476页；20cm

ISBN 7-204-03026-5：¥15.00

D922.664

水法知识：蒙古文/巴根编.—赤峰：内蒙古科学技术出版社，1995.9.—439页；19cm

ISBN 7-5380-0290-1：¥6.90

D926.13

司法文书：蒙古文/博·阿拉木斯编译.—呼和浩特：内蒙古人民出版社，1995.1.—435页；20cm

ISBN 7-204-02256-4：¥4.80

E283

民兵政治教育课本：蒙古文/总政治部群众工作部编.—北京：解放军出版社，1995.4.—150页；19cm

补充教材之一

ISBN 7-5065-2795-2：¥0.00

F729-53

蒙古族商业经济发展史研究论文集：蒙古文/陈献国主编；何金山译.—呼和浩特：远方出版社，1995.8.—314页；20cm

ISBN 7-80595-132-2：¥9.80

F84

保险知识:蒙古文/乌云台编.—赤峰:内蒙古科学技术出版社,1995.10.—271 页;19cm

ISBN 7-5380-0307-X: ¥5.20

G212.2

新闻评论学:蒙古文/莫·照日格图主编.—沈阳:辽宁民族出版社,1995.6.—365 页;20cm

高等学校教材

ISBN 7-80527-527-0: ¥7.80

G420-53

中小学教师论文集　(1):教学质量与教师关系:蒙古文/贡格尔著.—通辽:内蒙古少年儿童出版社,1995.3.—87 页;19cm

ISBN 7-5312-0501-7: ¥3.80

G420-53

中小学教师论文集　(2):浅谈目标教育:蒙古文/那顺德力格尔等著.—通辽:内蒙古少年儿童出版社,1995.3.—116 页;19cm

ISBN 7-5312-0501-7: ¥3.80

G613.4

幼儿学数　(1):蒙古文/内蒙古教育出版社编辑.—呼和浩特:内蒙古教育出版社,1995.5.—48 页;20cm

小班使用

ISBN 7-5311-2529-3: ¥1.70

G613.4

幼儿学数　(3):蒙古文/内蒙古教育出版社编辑.—呼和浩特:内蒙古教育出版社,1995.5.—48 页;20cm

大班使用

ISBN 7-5311-2542-0: ¥1.70

G623.1

九年义务教育全日制小学社会教学大纲:蒙古文/中华人民共和国国家教育委员会制订;内蒙古教育出版社译.—呼和浩特:内蒙古教育出版社,1995.6.—22 页;19cm

ISBN 7-5311-2548-X: ¥0.43

G623.1

九年义务教育五年制小学社会第二册(试用本)教师教学用书:蒙古文/人民教育出版社地理社会室编;仁钦道尔吉,萨仁高娃译.—呼和浩特:内蒙古教育出版社,1995.11.—223 页;19cm

ISBN 7-5311-2678-8: ¥3.40

G623.1

九年义务教育五年制小学社会第一册教师教学用书:蒙古文/人民教育出版社地理社会室编著;萨仁高娃,孟和巴特尔译.—呼和浩特:内蒙古教育出版社,1995.5.—213 页;19cm

ISBN 7-5311-2594-3: ¥2.35

G623.15

义务教育五年制小学思想品德第三册教学参考书:蒙古文/人民教育出版社政治室,北京市教育局教学研究部编著;内蒙古教育出版社译.—呼和浩特:内蒙古教育出版社,1995.5.—222 页;19cm

ISBN 7-5311-2577-3: ¥2.40

G623.15

义务教育五年制小学思想品德第四册教学参考书:蒙古文/人民教育出版社政治室,北京教育局教学研究部编著;内蒙古教育出版社译.—呼和浩特:内蒙古教育出版社,1995.11.—182 页;19cm

ISBN 7-5311-2679-6: ¥2.80

G623.5

九年义务教育五年制小学数学第三册教师教学用书:蒙古文/人民教育出版社小学数学室编著;内蒙古教育出版社译.—呼和浩特:内蒙古教育出版社,1995.5.—359 页;19cm

ISBN 7-5311-2573-0: ¥3.90

G623.5

九年义务教育五年制小学数学第四册教师教学用书:蒙古文/人民教育出版社小学数学室编著;内蒙古教育出版社译.—呼和浩特:内蒙古教育出版社,1995.12.—401 页;19cm

ISBN 7-5311-2703-2: ¥6.20

G623.6

九年义务教育五年制小学自然第三册教师教学用书:蒙古文/人民教育出版社生物自然室等编著;内蒙古教育出版社译.—呼和浩特:内蒙古教育出版社,1995.5.—101 页;26cm

ISBN 7-5311-2550-1: ¥2.55

G623.6

九年义务教育五年制小学自然第四册教师教学用书:蒙古文/人民教育出版社生物自然室等编著;内蒙古教育出版社译.—呼和浩特:内蒙古教育出版社,1995.11.—98 页;26cm

ISBN 7-5311-2664-8: ¥3.20

G623.8

义务教育五年制小学教材体育第一册教师教学用书:蒙古文/人民教育出版社体育室编著;内蒙古教育出版社译.—呼和浩特:内蒙古教育出版社,1995.5.—195 页;20cm

ISBN 7-5311-2595-1: ¥2.55

G624

九年义务教育五年制小学数学寒假作业:三年级:蒙古文/内蒙古教育出版社编.—呼和浩特:内蒙古教育出版社,1995.10.—64 页;19×26cm

ISBN 7-5311-2635-4: ¥1.85

G624

义务教育小学二年级数学寒假作业:蒙古文/内蒙古教育出版社编.—呼和浩特:内蒙古教育出版社,1995.10.—32 页;19×26cm

ISBN 7-5311-2629-X: ¥1.10

G624

义务教育小学一年级数学寒假作业:蒙古文/内蒙古教育出版社编.—呼和浩特:内蒙古教育出版社,1995.10.—24 页;19×26cm

ISBN 7-5311-2638-9: ¥0.87

G624.1

社会　第二册:蒙古文/人民教育出版社地理社会

室编著;内蒙古教育出版社译.—呼和浩特:内蒙古教育出版社,1995.12.—87页;21cm
九年义务教育五年制小学教科书
ISBN 7-5311-2662-1:¥3.70

G624.1
社会　第一册:蒙古文/人民教育出版社地理社会室编著;内蒙古教育出版社译.—呼和浩特:内蒙古教育出版社,1995.6.—88页;20cm
九年义务教育五年制小学教科书
ISBN 7-5311-2551-X:¥2.75

G624.15
思想品德　第六册:蒙古文/人民教育出版社政治室,北京市教育局教学研究部编著;内蒙古教育出版社编译.—呼和浩特:内蒙古教育出版社,1995.10.—56页;21cm
义务教育五年制小学课本
ISBN 7-5311-2651-6:¥2.50

G624.15
思想品德　第五册:蒙古文/人民教育出版社政治室,北京市教育局教学研究室编著.—乌鲁木齐:新疆教育出版社,1995.—56页;20cm
九年义务教育六年制小学教科书
ISBN 7-5370-2432-4:¥1.73

G624.15
思想品德　第五册:蒙古文/人民教育出版社政治室,北京市教育局教学研究部编著.—呼和浩特:内蒙古教育出版社,1995.5.—56页;20cm
义务教育五年制小学课本
ISBN 7-5311-2531-5:¥1.95

G624.24
小学生写作教程:蒙古文/满都冷编.—通辽:内蒙古少年儿童出版社,1995.8.—146页;19cm
ISBN 7-5312-0543-2:¥4.98

G624.29
查干陶鲁盖看图识字:蒙古文/春亮编;呼木吉乐图绘.—通辽:内蒙古少年儿童出版社,1995.6.—32页;19cm
ISBN 7-5312-0511-4:¥2.50

G624.29
蒙语文　第四册:蒙古文/辽宁教育学院蒙古文教材编译部编.—呼和浩特:内蒙古教育出版社,1995.11.—80页;20cm
东北三省蒙古族学校义务教育教科书:试用本
ISBN 7-5311-2644-3:¥2.80

G624.29
蒙语文　第四册:蒙古文/辽宁教育学院蒙古文教材编译部编.—呼和浩特:内蒙古教育出版社,1995.11.—80页;20cm
东北三省蒙古族学校义务教育教科书:试用本
ISBN 7-5311-2644-3:¥2.80

G624.29
小学语法基础知识:蒙古文/扎拉根白乙拉,那木拉编.—通辽:内蒙古少年儿童出版社,1995.5.—138页;19cm
ISBN 7-5312-0507-6:¥3.20

G624.29-61
小学生蒙文解释词典:蒙古文/陈希贵,图博编.—沈阳:辽宁民族出版社,1995.7.—244页;19cm
ISBN 7-80527-539-4:¥7.80

G624.5
九年义务教育五年制小学数学学生学具卡片　第六册:蒙古文/人民教育出版社小学数学室编著;内蒙古教育出版社译.—呼和浩特:内蒙古教育出版社,1995.10.—16张;19cm
ISBN 7-5311-2694-X:¥1.00

G624.5
九年义务教育五年制小学数学学生学具卡片　第五册:蒙古文/人民教育出版社小学数学室编著;内蒙古教育出版社译.—呼和浩特:内蒙古教育出版社,1995.5.—8张;19cm
ISBN 7-5311-2536-6:¥0.80

G624.5
数学　第六册:蒙古文/人民教育出版社小学数学室编著;内蒙古教育出版社译.—呼和浩特:内蒙古教育出版社,1995.10.—261页;20cm
九年义务教育五年制小学教科书
ISBN 7-5311-2683-4:¥4.70

G624.5
数学　第五册:蒙古文/人民教育出版社小学数学室编著;内蒙古教育出版社译.—呼和浩特:内蒙古教育出版社,1995.6.—239页;20cm
九年义务教育五年制小学教科书
ISBN 7-5311-2571-4:¥3.30

G624.5
小学数学模拟题指导与练习:蒙古文/白晓宝编著.—通辽:内蒙古少年儿童出版社,1995.4.—267页;19cm
ISBN 7-5312-0502-5:¥5.40

G624.5
小学数学应用题题解手册:蒙古文/特力更巴雅尔编译.—通辽:内蒙古少年儿童出版社,1995.4.—232页;19cm
ISBN 7-5312-0495-9:¥6.00

G624.6
自然　第六册:蒙古文/人民教育出版社生物自然室等编著;内蒙古教育出版社译.—呼和浩特:内蒙古教育出版社,1995.10.—72页;20cm
义务教育五年制小学教科书
ISBN 7-5311-2652-4:¥2.80

G624.6
自然　第五册:蒙古文/人民教育出版社生物自然室等编著.—乌鲁木齐:新疆教育出版社,1995.—48页;20cm
九年义务教育六年制小学教科书
ISBN 7-5370-2478-2:¥1.70

G624.6
自然　第五册:蒙古文/人民教育出版社生物自然室等编著;内蒙古教育出版社译.—呼和浩特:内蒙古

教育出版社,1995.6.—72页;20cm
义务教育五年制小学教科书
ISBN 7-5311-2540-4:¥2.10
G624.75
劳动:三年级第二学期:蒙古文.—呼和浩特:内蒙古教育出版社,1995.11.—77页;19cm
内蒙古自治区小学课本
ISBN 7-5311-2886-1:¥1.50
G633.2
九年义务教育初级中学试用课本思想政治二年级(上册)教学参考书:蒙古文/国家教委中学思想政治课教材编写组编;内蒙古教育出版社译.—呼和浩特:内蒙古教育出版社,1995.6.—800页;19cm
ISBN 7-5311-2596-X:¥8.30
G633.2
九年义务教育初级中学试用课本思想政治二年级(下册)教学参考书:蒙古文/国家教委中学思想政治课教材编写组编;内蒙古教育出版社译.—呼和浩特:内蒙古教育出版社,1995.11.—593页;19cm
ISBN 7-5311-2700-8:¥4.50
G633.3
中学语文教法:蒙古文/庆·昭日格图,满都拉编.—沈阳:辽宁民族出版社,1995.4.—565页;20cm
高等学校教材
ISBN 7-80527-487-8:¥11.98
G633.53
高级中学课本中国古代史(选修)教学参考书:蒙古文/人民教育出版社历史室编;内蒙古教育出版社译.—呼和浩特:内蒙古教育出版社,1995.6.—911页;19cm
ISBN 7-5311-2567-6:¥9.35
G633.53
高级中学中国近代现代史上册(必修)教学参考书:蒙古文/人民教育出版社历史室编;内蒙古教育出版社译.—呼和浩特:内蒙古教育出版社,1995.6.—296页;26cm
ISBN 7-5311-2601-X:¥6.35
G633.53
高级中学中国近代现代史下册(必修)教学参考书:蒙古文/人民教育出版社历史室编;内蒙古教育出版社译.—呼和浩特:内蒙古教育出版社,1995.11.—520页;26cm
ISBN 7-5311-2680-X:¥14.60
G633.62
九年义务教育三年制初级中学代数第二册教师教学用书:蒙古文/人民教育出版社中学数学室编著;内蒙古教育出版社译.—呼和浩特:内蒙古教育出版社,1995.6.—368页;26cm
ISBN 7-5311-2598-6:¥7.95
G633.62
九年义务教育三年制初级中学代数第一册(上)教师教学用书:蒙古文/人民教育出版社中学数学室编著;内蒙古教育出版社译.—呼和浩特:内蒙古教育出版社,1995.6.—452页;26cm
ISBN 7-5311-2599-4:¥9.60
G633.62
九年义务教育三年制初级中学代数第一册(下)教师教学用书:蒙古文/人民教育出版社中学数学室编著;内蒙古教育出版社译.—呼和浩特:内蒙古教育出版社,1995.11.—289页;26cm
ISBN 7-5311-2661-3:¥8.80
G633.63
义务教育三年制初级中学几何第二册教师教学用书:蒙古文/人民教育出版社中学数学室编著;内蒙古教育出版社译.—呼和浩特:内蒙古教育出版社,1995.6.—446页;26cm
ISBN 7-5311-2545-5:¥9.40
G633.8
高级中学化学(必修)第一册教学参考书:蒙古文/人民教育出版社化学室编;内蒙古教育出版社译.—2版.—呼和浩特:内蒙古教育出版社,1995.2.—624页;19cm
ISBN 7-5311-3058-0:¥9.80
G633.8
九年义务教育三年制初级中学化学教师教学用书 全一册:蒙古文/人民教育出版社化学室编著;内蒙古教育出版社译.—呼和浩特:内蒙古教育出版社,1995.11.—401页;26cm
ISBN 7-5311-2685-0:¥11.70
G633.91
九年义务教育三年制初级中学生物第二册教师教学用书:蒙古文/人民教育出版社生物自然室编著;内蒙古教育出版社译.—呼和浩特:内蒙古教育出版社,1995.6.—407页;26cm
ISBN 7-5311-2561-7:¥8.65
G633.91
九年义务教育三年制初级中学生物第一册(下)教师教学用书:蒙古文/内蒙古教育出版社译.—呼和浩特:内蒙古教育出版社,1995.11.—284页;26cm
ISBN 7-5311-2496-3:¥8.35
G633.96
九年义务教育三年制初级中学体育第一册教师教学用书:蒙古文/人民教育出版社体育室编著;内蒙古教育出版社译.—呼和浩特:内蒙古教育出版社,1995.6.—426页;20cm
ISBN 7-5311-2602-8:¥5.45
G634
帮你学集合:蒙古文/内蒙古教育出版社编译.—呼和浩特:内蒙古教育出版社,1995.3.—184页;19cm.—(中学生科学知识丛书)
ISBN 7-5311-2338-X:¥3.40
G634
高考复习指南:语文:蒙古文/特·宝音朝格拉,乌力吉编著.—沈阳:辽宁民族出版社,1995.4.—169页;19cm
ISBN 7-80527-495-9:¥4.50
G634
九年义务教育三年制中学教科书:地理　第二册:

蒙古文/人民教育出版社地理社会室编著.—乌鲁木齐:新疆教育出版社,1995.10.—161页;26cm

ISBN 7-5370-2594-0:￥5.45

G634

每日一刻钟:初三物理基本功训练:蒙古文/天津科学技术出版社《每日一刻钟》编写组编;内蒙古教育出版社译.—呼和浩特:内蒙古教育出版社,1995.3.—276页;19cm

ISBN 7-5311-2140-9:￥4.00

G634

义务教育初中二年级数学暑假作业:蒙古文.—呼和浩特:内蒙古教育出版社,1995.3.—24页;26cm

ISBN 7-5311-2515-3:￥0.85

G634

义务教育初中三年级数学寒假作业:蒙古文/内蒙古教育出版社编.—呼和浩特:内蒙古教育出版社,1995.10.—24页;26cm

ISBN 7-5311-2628-1:￥0.87

G634.2

初三政治综合练习:蒙古文/内蒙古自治区教育厅中小学学习指导丛书编委会编.—呼和浩特:内蒙古教育出版社,1995.12.—253页;19cm

ISBN 7-5311-2696-6:￥4.50

G634.3

初中语文复习目标与指导:蒙古文/李美荣等编著.—通辽:内蒙古少年儿童出版社,1995.4.—139页;19cm

ISBN 7-5312-0499-1:￥4.98

G634.39

义务教育三年制初中蒙语文生词解释:蒙古文/白音宝力高,罗德斯尔著.—呼和浩特:内蒙古人民出版社,1995.12.—181页;19cm

ISBN 7-204-02946-1:￥6.50

G634.51

九年义务教育三年制初级中学历史地图填充图册:世界历史　第二册:蒙古文/人民教育出版社历史室编;内蒙古教育出版社译.—北京:中国地图出版社,1995.9.—14页;19×26cm

ISBN 7-5031-1805-9:￥1.10

G634.51-44

中学生历史知识习题:蒙古文/白·巴特尔编.—通辽:内蒙古少年儿童出版社,1995.8.—346页;19cm

ISBN 7-5312-0552-1:￥3.80

G634.52

世界历史　第二册:蒙古文/人民教育出版社历史室编;内蒙古教育出版社译.—呼和浩特:内蒙古教育出版社,1995.11.—220页;26cm

九年义务教育三年制初级中学教科书

ISBN 7-5311-2653-2:￥5.85

G634.52

世界历史　第一册:蒙古文/人民教育出版社历史室编著;内蒙古教育出版社译.—呼和浩特:内蒙古教育出版社,1995.6.—270页;26cm

九年义务教育三年制初级中学教科书

ISBN 7-5311-2543-9:￥5.30

G634.52

世界历史地图册　第二册:蒙古文/中国地图出版社编制;内蒙古教育出版社译.—北京:中国地图出版社,1995.9.—21页;26cm

九年义务教育三年制初级中学试用

ISBN 7-5031-1803-2:￥1.90

G634.52

世界历史地图册　第一册:蒙古文/中国地图出版社编制;内蒙古教育出版社翻译.—北京:中国地图出版社,1995.3.—22页;26cm

九年义务教育三年制初级中学试用

ISBN 7-5031-1784-2:￥1.50

G634.55

初中地图册　第三册:蒙古文/中国地图出版社编制;内蒙古教育出版社翻译.—北京:中国地图出版社,1995.3.—16页;26cm

九年义务教育三年制初级中学试用

ISBN 7-5031-1785-X:￥1.20

G634.55

初中地图册　第四册:蒙古文/中国地图出版社编制;内蒙古教育出版社译.—北京:中国地图出版社,1995.9.—29页;26cm

九年义务教育三年制初级中学试用

ISBN 7-5031-1804-0:￥2.50

G634.6-44

义务教育初级中学数学课外习题集　第三集:蒙古文/人民教育出版社数学室编著;内蒙古教育出版社译.—呼和浩特:内蒙古教育出版社,1995.7.—419页;19cm

ISBN 7-5311-2597-8:￥5.45

G634.62

代数　第三册:蒙古文/人民教育出版社数学室编著;内蒙古教育出版社译.—呼和浩特:内蒙古教育出版社,1995.6.—335页;19cm

九年义务教育三年制初级中学教科书

ISBN 7-5311-2572-2:￥2.75

G634.63

几何　第三册:蒙古文/人民教育出版社中学数学室编著;内蒙古教育出版社译.—呼和浩特:内蒙古教育出版社,1995.6.—287页;19cm

九年义务教育三年制初级中学教科书

ISBN 7-5311-2574-9:￥2.55

G634.7

九年义务教育初中三年级物理综合练习:蒙古文/内蒙古自治区教育厅中小学学习指导丛书编委会编.—呼和浩特:内蒙古教育出版社,1995.12.—253页;19cm

ISBN 7-5311-2702-4:￥4.45

G634.7

九年义务教育三年制初级中学物理第二册实验册:蒙古文/人民教育出版社物理室编著;内蒙古教育出版社译.—呼和浩特:内蒙古教育出版社,1995.6.—22页;26cm

ISBN 7-5311-2544-7:￥1.55

G634.7

科学的发现　(六):太阳元素的发现:蒙古文/玉格译.—呼和浩特:内蒙古教育出版社,1995.4.—133页;19cm.—(中学生科学知识丛书)

ISBN 7-5311-2350-9:￥2.70

G634.7

科学的发现　(四):元素周期表的故事:蒙古文.—呼和浩特:内蒙古教育出版社,1995.3.—112页;19cm.—(中学生科学知识丛书)

ISBN 7-5311-2216-2:￥2.50

G634.7

物理　第二册:蒙古文/人民教育出版社物理室,中国教育学会物理教学研究会编著;内蒙古教育出版社译.—呼和浩特:内蒙古教育出版社,1995.5.—229页;26cm

九年义务教育三年制初级中学教科书

ISBN 7-5311-2592-7:￥5.15

G634.7-44

九年义务教育三年制初级中学物理第二册课外习题集:蒙古文/人民教育出版社物理室编著;内蒙古教育出版社译.—呼和浩特:内蒙古教育出版社,1995.6.—209页;19cm

ISBN 7-5311-2585-4:￥2.80

G634.8

化学　全一册:蒙古文/人民教育出版社化学室编著;内蒙古教育出版社译.—呼和浩特:内蒙古教育出版社,1995.6.—291页;26cm

九年义务教育三年制初级中学

ISBN 7-5311-2565-X:￥5.65

G634.8

化学学习方法·思维·训练:高中一年级:蒙古文/牧仁等编译.—呼和浩特:内蒙古教育出版社,1995.3.—488页;19cm

ISBN 7-5311-2322-3:￥5.85

G634.8

九年义务教育初级中学化学教与学指导:蒙古文/杜宝山等编.—通辽:内蒙古少年儿童出版社,1995.10.—270页;20cm

ISBN 7-5312-0555-6:￥7.20

G634.8

九年义务教育三年制初级中学化学实验册　全一册:蒙古文/人民教育出版社化学室编;内蒙古教育出版社译.—呼和浩特:内蒙古教育出版社,1995.6.—76页;26cm

ISBN 7-5311-2566-8:￥2.40

G634.8

九年义务教育三年制初中三年级化学综合练习:蒙古文/内蒙古自治区教育厅中小学学习指导丛书编委会编.—呼和浩特:内蒙古教育出版社,1995.12.—214页;19cm

ISBN 7-5311-2699-0:￥3.80

G634.951

音乐　第二册:蒙古文/内蒙古教育出版社编.—呼和浩特:内蒙古教育出版社,1995.11.—62页;26cm

义务教育三年制初级中学课本

ISBN 7-5311-2658-3:￥4.00

G634.951

音乐　第六册:蒙古文/内蒙古教育出版社编.—呼和浩特:内蒙古教育出版社,1995.11.—62页;26cm

义务教育三年制初级中学课本

ISBN 7-5311-2660-5:￥4.00

G634.951

音乐　第三册:蒙古文/内蒙古教育出版社编辑.—呼和浩特:内蒙古教育出版社,1995.5.—59页;26cm

义务教育三年制初级中学课本

ISBN 7-5311-2569-2:￥3.50

G634.951

音乐　第四册:蒙古文/内蒙古教育出版社编.—呼和浩特:内蒙古教育出版社,1995.11.—60页;26cm

义务教育三年制初级中学课本

ISBN 7-5311-2659-1:￥4.00

G634.951

音乐　第五册:蒙古文/内蒙古教育出版社编辑.—呼和浩特:内蒙古教育出版社,1995.5.—60页;26cm

义务教育三年制初级中学课本

ISBN 7-5311-2570-6:￥3.50

G634.951

音乐　第一册:蒙古文/内蒙古教育出版社编辑.—呼和浩特:内蒙古教育出版社,1995.5.—60页;26cm

义务教育三年制初级中学课本

ISBN 7-5311-2568-4:￥3.50

G642.477

优秀毕业论文选评:蒙古文/呼日勒沙编.—通辽:内蒙古少年儿童出版社,1995.9.—318页;20cm

ISBN 7　5312　0564　5:￥11.90

G806-44

体育常识百题:蒙古文/布和,乌云译.—呼和浩特:内蒙古教育出版社,1995.4.—268页;20cm

ISBN 7-5311-2442-4:￥5.30

G898.2

智力游艺:蒙古文/仁钦,巴图宝音译.—呼和浩特:内蒙古教育出版社,1995.4.—133页;19cm

ISBN 7-5311-2494-7:￥2.65

H152

写作基础:蒙古文/巴图吉日嘎拉,布日古德编著.—呼和浩特:内蒙古人民出版社,1995.12.—342页;20cm

ISBN 7-204-02908-9:￥13.00

H193

语文教学法:蒙古文/内蒙古教育出版社编辑.—呼和浩特:内蒙古教育出版社,1995.9.—363页;20cm

中等师范学校课本

ISBN 7-5311-2619-2:￥5.45

H194.4

小学生作文选:蒙古文/高力套编.—通辽:内蒙古少年儿童出版社,1995.8.—134页;19cm

ISBN 7-5312-0545-9:￥3.98

H194.5
文学　第三册:蒙古文.—呼和浩特:内蒙古教育出版社,1995.9.—270页;20cm
中等师范学校课本
ISBN 7-5311-2616-8:¥4.00
H194.5
文学　第一册:蒙古文.—呼和浩特:内蒙古教育出版社,1995.9.—232页;20cm
中等师范学校课本
ISBN 7-5311-2615-X:¥3.50
H194.5
中等师范学校文学阅读课本　第三册:蒙古文/内蒙古教育出版社编辑.—呼和浩特:内蒙古教育出版社,1995.9.—232页;20cm
ISBN 7-5311-2618-4:¥3.50
H194.5
中等师范学校文学阅读课本　第一册:蒙古文.—呼和浩特:内蒙古教育出版社,1995.9.—211页;20cm
ISBN 7-5311-2617-6:¥3.25
H194.5
中学生作文选:蒙古文/图布,敖其尔著评语.—呼和浩特:内蒙古人民出版社,1995.1.—111页;19cm
ISBN 7-204-02784-1:¥3.20
H212
《蒙古语》研究新探:蒙古文/德力格尔玛著.—沈阳:辽宁民族出版社,1995.3.—414页;19cm
ISBN 7-80527-493-2:¥12.00
H212.4
现代蒙古语动词句研究:蒙古文/宝·哈斯巴根著.—北京:民族出版社,1995.6.—299页;20cm
ISBN 7-105-02463-1:¥8.00
H212.5
科技农业经济写作:蒙古文/阿木古郎,托娅主编.—呼和浩特:内蒙古教育出版社,1995.4.—629页;20cm
ISBN 7-5311-2522-6:¥10.50
H212.6
蒙古译语词典:蒙古文/乌·满都夫整理校注.—北京:民族出版社,1995.1.—691页;20cm
ISBN 7-105-01879-8:¥21.00
H212.9
蒙古语言文学专业学生必读书简介:蒙古文/冬月编.—赤峰:内蒙古科学技术出版社,1995.9.—134页;19cm
ISBN 7-5380-0312-6:¥3.50
H212.94
儿童蒙语会话读本:蒙古文/阜新蒙古族自治县蒙古语文工作办公室组织编写.—通辽:内蒙古少年儿童出版社,1995.7.—2册;19cm
ISBN 7-5312-0538-6:¥10.40
H212.94
新三字经:蒙古文/额敦桑布译.—赤峰:内蒙古科学技术出版社,1995.5.—125页;20cm
ISBN 7-5380-0298-7:¥5.00
I0
文学概论:蒙古文/拉给苏荣主编.—赤峰:内蒙古科学技术出版社,1995.9.—402页;20cm
高等学校教材
ISBN 7-5380-0318-5:¥11.80
I0
文学概论:蒙古文/巴特尔,孟庆春编著.—通辽:内蒙古少年儿童出版社,1995.8.—580页;19cm
ISBN 7-5312-0514-9:¥16.00
I04
写作描写手册:蒙古文/玉荣编著.—通辽:内蒙古少年儿童出版社,1995.12.—415页;19cm
ISBN 7-5312-0546-7:¥10.80
I044
文学创作技巧:蒙古文/巴图吉日嘎拉,敖日布编著.—呼和浩特:内蒙古人民出版社,1995.11.—488页;20cm
ISBN 7-204-03113-X:¥15.20
I207.9
蒙古文学人物论:蒙古文/巴·苏和主编.—通辽:内蒙古少年儿童出版社,1995.8.—229页;19cm
ISBN 7-5312-0547-5:¥8.00
I207.9
蒙古文学史:蒙古文/纳·赛西雅拉图主编.—沈阳:辽宁民族出版社,1995.8.—844页;20cm
高等学校教材
ISBN 7-80527-526-2:¥18.96
I207.9
蒙古族文学史:当代:蒙古文/苏尤格主编.—沈阳:辽宁民族出版社,1995.6.—658页;20cm
高等学校教材
ISBN 7-80527-525-4:¥14.80
I207.9
蒙古族文学史:现代:蒙古文/苏尤格主编.—沈阳:辽宁民族出版社,1995.6.—337页;20cm
高等学校教材
ISBN 7-80527-525-4:¥7.86
I227
苍茫的故土:蒙古文/莫·哈斯曹都著.—呼和浩特:内蒙古教育出版社,1995.10.—278页;20cm
ISBN 7-5311-2511-0:¥7.50
I227
晨风:蒙古文/莫·塔木苏荣著.—通辽:内蒙古少年儿童出版社,1995.3.—115页;19cm
ISBN 7-5312-0486-X:¥3.80
I227
高·斯钦巴图诗选:蒙古文/高·斯钦巴图著 .—赤峰:内蒙古科学技术出版社,1995.9.—370页;20cm
ISBN 7-5380-0305-3:¥9.00
I227
军人之歌:蒙古文/斯琴毕力格著.—北京:民族出版社,1995.3.—159页;19cm
ISBN 7-105-02160-8:¥2.50
I227

青青塔穆奇长天:蒙古文/约·额尔敦陶克陶等著.—呼和浩特:内蒙古人民出版社,1995.7.—232页;20cm
ISBN 7-204-02851-1:¥8.00
I227
无名花的向往:蒙古文/马·贺希格吉日嘎拉著.—北京:民族出版社,1995.4.—186页;19cm
ISBN 7-105-02154-3:¥3.90
I227
向阳的戈壁:蒙古文/苏·赛音朝鲁等著;达·查干编.—呼和浩特:内蒙古人民出版社,1995.12.—149页;20cm
ISBN 7-204-02918-6:¥5.60
I23
爱:蒙古文/包金玉著.—呼和浩特:内蒙古人民出版社,1995.8.—212页;20cm
ISBN 7-204-02984-4:¥9.00
I247.5
大漠神雕:成吉思汗传:蒙古文/苏赫巴鲁著.—北京:民族出版社,1995.12.—632页;20cm
ISBN 7-105-02257-4:¥21.00
I247.5
海骝马:蒙古文/孟和著.—北京:民族出版社,1995.3.—232页;20cm
ISBN 7-105-02227-2:¥6.65
I247.5
杭爱好汉:蒙古文/安可琴夫(青伯)著.—北京:民族出版社,1995.6.—392页;20cm
ISBN 7-105-02229-9:¥8.30
I247.5
三座锡伯山:蒙古文/斯楞著.—海拉尔:内蒙古文化出版社,1995.3.—297页;20cm
ISBN 7-80506-486-5:¥15.00
I247.7
哈斯布拉格小说选:蒙古文/哈斯布拉格著.—呼和浩特:内蒙古人民出版社,1995.8.—388页;20cm
ISBN 7-204-02859-7:¥11.80
I25
爱的奉献:蒙古文/策·阿拉达尔图著.—呼和浩特:内蒙古教育出版社,1995.3.—348页;20cm
ISBN 7-5311-2254-5:¥7.25
I25
奉献者的足迹:蒙古文/奔布达拉志著.—海拉尔:内蒙古文化出版社,1995.2.—275页;19cm
ISBN 7-80506-393-1:¥6.00
I25
红墙里的瞬间:蒙古文/顾保孜著;其木德等译.—北京:民族出版社,1995.3.—528页;20cm
ISBN 7-105-02104-7:¥8.50
I253
蒙古语广播电视优秀作品选:蒙古文/吴新民等编.—呼和浩特:内蒙古教育出版社,1995.3.—386页;20cm
ISBN 7-5311-2510-2:¥8.45
I277.3
吉林蒙古族民间故事:蒙古文/胡·图力古尔,张杰子编.—通辽:内蒙古少年儿童出版社,1995.12.—190页;19cm
ISBN 7-5312-0505-X:¥4.80
I287.2
二十一世纪的花朵:蒙古文/博·巴彦都楞著.—通辽:内蒙古少年儿童出版社,1995.4.—272页;20cm
ISBN 7-5312-0386-3:¥9.80
I291.2
嘎林达拉莫日根:蒙古文/巴图搜集整理.—海拉尔:内蒙古文化出版社,1995.4.—151页;20cm
ISBN 7-80506-421-0:¥3.50
I291.2
金色的上都草原:蒙古文/夏·占布拉扎布著.—呼和浩特:内蒙古人民出版社,1995.12.—612页;20cm
ISBN 7-204-02944-5:¥20.00
I291.2
蒙古勒津安岱:蒙古文/那日苏著.—通辽:内蒙古少年儿童出版社,1995.11.—132页;19cm
ISBN 7-5312-0557-2:¥6.80
I291.28
孩子们的望远镜:蒙古文/阿拉坦巴干著.—通辽:内蒙古少年儿童出版社,1995.12.—297页;19cm
ISBN 7-5312-0518-1:¥8.00
I311.065
蒙古国现代文学概要:蒙古文/宝音德格吉勒夫,白钢编著.—通辽:内蒙古少年儿童出版社,1995.4.—361页;19cm
ISBN 7-5312-0500-9:¥10.80
I311.25
人:蒙古文/(蒙古)却诺木著;哈森高娃等转写.—海拉尔:内蒙古文化出版社,1995.2.—332页;20cm
ISBN 7-80506-432-6:¥10.00
J214
素描基础知识:蒙古文/呼木吉乐图编著.—通辽:内蒙古少年儿童出版社,1995.11.—257页;19cm
ISBN 7-5312-0548-3:¥11.80
J292.14
三笔书法:蒙古文/白永泽,戴晓志编著.—通辽:内蒙古少年儿童出版社,1995.6.—109页;26cm
ISBN 7-5312-0504-1:¥5.20
J642.211.2
蒙古贞民歌集　第三卷:蒙古文/阜新蒙古族自治县蒙古语文办公室主编;白宝权等编.—通辽:内蒙古少年儿童出版社,1995.8.—337页;19cm
ISBN 7-5312-0320-0:¥9.60
J642.211.2
蒙古族民歌集成　(五):蒙古文/中国民间文学集成内蒙古分卷编委会编.—海拉尔:内蒙古文化出版社,1995.5.—488页;26cm
ISBN 7-80506-433-4(精装):¥15.00
K281.2
蒙古族通史:蒙古文/内蒙古社科院历史所《蒙古族

通史》编写组编;民族出版社蒙古文编辑室译.—北京:民族出版社,1995.11.—3册(2096页);20cm
ISBN 7-105-02226-4(精装):¥66.00
K289
额济纳旧吐尔扈特旗札萨克君王塔旺嘉布文电集:蒙古文/牧仁整理注释.—赤峰:内蒙古科学技术出版社,1995.8.—273页;20cm
ISBN 7-5380-0284-7:¥6.50
K292.6
巴尔虎镶黄旗志:蒙古文/花赛·都嘎尔扎布著.—海拉尔:内蒙古文化出版社,1995.5.—345页;20cm
ISBN 7-80506-468-7:¥5.00
K292.6
金雁飞翔的热土　第一卷:蒙古文/策·哈斯毕力格图等编著.—呼和浩特:内蒙古人民出版社,1995.12.—2册:照片;20cm
ISBN 7-204-02965-8:¥48.50
K820.47
蒙元时期百人传:蒙古文/仓代编著.—海拉尔:内蒙古文化出版社,1995.7.—328页;20cm
ISBN 7-80506-422-9:¥9.00
K820.826
奠基石:蒙古文/孟和巴特尔,图·毕其格图编.—海拉尔:内蒙古文化出版社,1995.12.—425页;20cm
ISBN 7-80506-463-6:¥9.50
K828
梅日更葛根罗桑丹毕坚赞研究:蒙古文/巴·孟和著.—海拉尔:内蒙古文化出版社,1995.5.—690页;20cm.—(梅日更葛根研究丛书;3)
ISBN 7-80506-435-0:¥11.00
K892.312
阿拉善蒙古人:蒙古文/斯琴孟和编著.—北京:民族出版社,1995.7.—227页;20cm
ISBN 7-105-02256-6:¥5.00
K892.312
蒙古民俗学:蒙古文/哈·丹碧扎拉申主编.—沈阳:辽宁民族出版社,1995.4.—781页;20cm
高等学校教材
ISBN 7-80527-491-6:¥16.86
K892.426
昭乌达风情:蒙古文/徐世明主编;苏立德等译.—赤峰:内蒙古科学技术出版社,1995.9.—1108页:彩照;20cm
ISBN 7-5380-0264-2:¥29.00
K928.3
内蒙古名山:蒙古文/宝·福日来编著.—赤峰:内蒙古科学技术出版社,1995.2.—145页;19cm
ISBN 7-5380-0252-9:¥1.60
N49
神奇的物质世界:蒙古文/阿拉坦胡义嘎,乌云曹都编.—赤峰:内蒙古科学技术出版社,1995.9.—195页;19cm
ISBN 7-5380-0256-1:¥3.60
P195.2
1996～2000年历书:蒙古文/嘎拉仓尼玛等编.—赤峰:内蒙古科学技术出版社,1995.9.—161页;20cm
ISBN 7-5380-0292-8:¥3.40
P195.2
1996丙子年历书:蒙古文/内蒙古科学技术出版社编.—赤峰:内蒙古科学技术出版社,1995.7.—129页;20cm
ISBN 7-5380-0288-X:¥2.50
P195.2
1996丙子年农家历:蒙古文/包·乌恩编.—沈阳:辽宁民族出版社,1995.4.—125页;20cm
ISBN 7-80527-502-5:¥2.80
P195.2
1996年农历:丙子年:蒙古文/内蒙古人民出版社蒙文科学技术编辑室编.—呼和浩特:内蒙古人民出版社,1995.5.—302页;20cm
ISBN 7-204-02816-3:¥3.00
P931
地貌学:蒙古文/斯仁巴图,宝音主编.—沈阳:辽宁民族出版社,1995.4.—398页;26cm
高等学校教材
ISBN 7-80527-541-6:¥17.86
Q-49
动植物趣谈:蒙古文/那·恩和编著.—赤峰:内蒙古科学技术出版社,1995.1.—129页;19cm
ISBN 7-5380-0263-4:¥1.80
R289
方剂学:蒙古文/杨·阿敏主编.—沈阳:辽宁民族出版社,1995.4.—552页;20cm
ISBN 7-80527-492-4:¥12.68
R291.2
蒙药四字歌:蒙古文/阿拉坦松布尔著.—北京:民族出版社,1995.7.—252页;19cm
ISBN 7-105-02265-5:¥5.85
R291.2
蒙医临床治疗常规:蒙古文/海忠乃主编.—通辽:内蒙古少年儿童出版社,1995.3.—678页;20cm
ISBN 7-5312-0485-1:¥15.00
R291.2-62
蒙药手册:蒙古文/布和巴特尔,额尔敦宝力高编著.—沈阳:辽宁民族出版社,1995.11.—744页;19cm
ISBN 7-80527-569-6(精装):¥34.85
R291.2-62
蒙医临床手册:蒙古文/那木吉拉主编.—赤峰:内蒙古科学技术出版社,1995.5.—375页;19cm
ISBN 7-5380-0282-0:¥6.00
R32
解剖与组织胚胎学:蒙古文/乌云达来,孟克主编;戴宝山,布仁编写.—呼和浩特:内蒙古人民出版社,1995.10.—298页;26cm
内蒙古中等卫生学校教材
ISBN 7-204-02970-4:¥25.00
S219
小四轮拖拉机:蒙古文/银宝编.—赤峰:内蒙古科

学技术出版社,1995.5.—299 页;19cm
ISBN 7-5380-0262-6:¥4.50

S482-62

农药手册:蒙古文/色·塔木扎布,额尔都木图著.—北京:民族出版社,1995.6.—351 页;19cm
ISBN 7-105-02281-7:¥7.00

S7-61

简明林业辞典:蒙古文/巴音巴达日虎编译.—赤峰:内蒙古科学技术出版社,1995.10.—585 页;20cm
ISBN 7-5380-0261-8(精装):¥18.40

S823

养牛学:蒙古文/嘎尔迪编著.—沈阳:辽宁民族出版社,1995.5.—781 页:图;20cm
高等学校教材
ISBN 7-80527-490-8:¥19.80

S824

沙漠之舟:骆驼:蒙古文/苏格达尔扎布著.—北京:民族出版社,1995.7.—215 页;19cm
ISBN 7-105-02159-4:¥4.30

S831

养鸡:蒙古文/那顺巴图,额尔敦敖其尔编.—赤峰:内蒙古科学技术出版社,1995.7.—186 页;19cm
ISBN 7-5380-0291-X:¥2.70

S851.2

家畜环境卫生学:蒙古文/白金山,图布新译.—呼和浩特:内蒙古人民出版社,1995.12.—321 页;20cm
ISBN 7-204-02925-9:¥13.00

TS543

皮革鞣制:蒙古文/那生巴图编.—乌鲁木齐:新疆科技卫生出版社,1995.1.—132 页;19cm
ISBN 7-5372-0834-4:¥2.50

托忒蒙古文图书

F045.5

什么是社会主义市场经济:托忒蒙古文/马洪主编;道尔巴译.—乌鲁木齐:新疆人民出版社,1995.6.—584 页;20cm
ISBN 7-228-03338-8:¥7.00

K892.312

卫拉特民俗:托忒蒙古文/齐·艾仁才,特·那木吉拉编著.—乌鲁木齐:新疆人民出版社,1995.11.—417 页;20cm
ISBN 7-228-02935-6:¥11.60

N49

世界真奇妙:托忒蒙古文/杨井悠编写;查汗译.—乌鲁木齐:新疆人民出版社,1995.6.—279 页;19cm
ISBN 7-228-02983-6:¥8.00

N49

世界真奇妙:托忒蒙古文/杨井悠编写;查汗译.—乌鲁木齐:新疆人民出版社,1995.6.—279 页;19cm
ISBN 7-228-02983-6:¥8.00

胡都木蒙文图书

I227

卫拉特当代诗歌选:胡都木蒙文/孟克,乌兰格日勒编.—乌鲁木齐:新疆人民出版社,1995.11.—515 页;20cm
ISBN 7-228-03357-4:¥14.60

K820.845

卫拉特历史名人:胡都木蒙文/那·阿拉坦沙编著.—乌鲁木齐:新疆人民出版社,1995.9.—258 页;20cm
ISBN 7-228-02862-7:¥5.00

藏文图书

B5-61

西方哲学词典:藏文/才让道吉编译.—北京:民族出版社,1995.9.—232 页;20cm
ISBN 7-105-02392-9:¥8.50

B81

因明论证规律:藏文/祺吉·更登桑木旦著.—兰州:甘肃民族出版社,1995.3.—241 页;19cm
ISBN 7-5421-0349-0:¥6.10

B81

因明难解注释:藏文/南曹杰著;久美腾却乎校订;夏河县编译局整理.—兰州:甘肃民族出版社,1995.3.—111 页;19cm
ISBN 7-5421-0367-9:¥4.00

B94

入行论本注:藏文/喜瓦拉,达玛仁钦著.—西宁:青海民族出版社,1995.3.—474 页;19cm
ISBN 7-5420-0512-X:¥9.00

B941

中华大藏经:丹珠尔:对勘本　第八卷:藏文/中国藏学研究中心《大藏经》对勘局对勘.—北京:中国藏学出版社,1995.11.—1618 页;26cm
ISBN 7-80057-238-2(精装):¥0.00

B941

中华大藏经:丹珠尔:对勘本　第二卷:藏文/中国藏学研究中心《大藏经》对勘局对勘.—北京:中国藏学出版社,1995.8.—1505 页;26cm
附本 1 册
ISBN 7-80057-216-1(精装):¥0.00

B941

中华大藏经:丹珠尔:对勘本　第七卷:藏文/中国藏学研究中心《大藏经》对勘局对勘.—北京:中国藏学出版社,1995.11.—1705 页;26cm
ISBN 7-80057-236-6(精装):¥0.00

B941

中华大藏经:丹珠尔:对勘本　第三卷:藏文/中国藏学研究中心《大藏经》对勘局对勘.—北京:中国藏学出版社,1995.9.—1654 页;26cm
ISBN 7-80057-218-8(精装):¥0.00

B941
中华大藏经:丹珠尔:对勘本　第十卷:藏文/中国藏学研究中心《大藏经》对勘局对勘.—北京:中国藏学出版社,1995.12.—1481页;26cm
附本1册
ISBN 7-80057-242-0(精装):¥0.00
B946.6
集学论:藏文/(印)希瓦拉著;中国藏语系高级佛学院编.—北京:民族出版社,1995.7.—444页;20cm.—(藏文文选/中国藏语系高级佛学院主编)
据塔尔寺木刻版本整理
ISBN 7-105-02225-6:¥10.60
B946.6
密宗道次第广论:藏文/宗喀巴著.—西宁:青海民族出版社,1995.3.—621页;26cm
ISBN 7-5420-0504-9(精装):¥30.00
B947.2
楚布寺志:藏文/仁青白桑著.—北京:民族出版社,1995.7.—729页;20cm
ISBN 7-105-02387-2:¥17.50
B947.2
色拉寺简史:藏文/洛桑丹增著.—北京:民族出版社,1995.8.—64页;19cm
ISBN 7-105-02581-6:¥2.30
B947.2
西仓新寺志:藏文/恰日·嘎藏陀美著.—兰州:甘肃民族出版社,1995.7.—561页;20cm
ISBN 7-5421-0332-6:¥12.50
B949
历代智华嘉措传:藏文/更登却扎著.—兰州:甘肃民族出版社,1995.9.—130页;19cm
ISBN 7-5421-0399-7:¥5.50
B949.9
一百本生传:藏文/阿阇梨帕巴巴沃,噶玛·让穹多吉著;中国藏语系高级佛学院编.—北京:民族出版社,1995.6.—732页;20cm.—(藏文文选;22)
ISBN 7-105-02163-2:¥17.00
D2-0
邓小平文选　第二卷:藏文/邓小平著;中国民族语文翻译中心译.—2版.—北京:民族出版社,1995.1.—803页;19cm
ISBN 7-105-02363-5:¥10.80
D2-0
邓小平文选　第一卷:藏文/邓小平著;中国民族语文翻译中心译.—2版.—北京:民族出版社,1995.1.—692页;19cm
ISBN 7-105-02358-9:¥9.30
D220
中国共产党第十四届中央委员会第五次全体会议文件:藏文/中国民族语文翻译中心译.—北京:民族出版社,1995.10.—186页;20cm
ISBN 7-105-02558-1:¥4.80
D263
领导干部的楷模——孔繁森:藏文/中共中央组织部研究室编;民族出版社藏文室译.—北京:民族出版社,1995.11.—253页;19cm
ISBN 7-105-02508-5:¥5.50
D61
邓小平同志建设有中国特色社会主义理论学习纲要:藏文/中共中央宣传部,民族出版社译.—北京:民族出版社,1995.7.—180页;19cm
ISBN 7-105-02485-2:¥4.60
①D619②B947.2
布达拉　95(2):藏文.—北京:新星出版社,1995.—78页;19cm
ISBN 7-80102-403-6:¥6.80
①D619②B947.2
布达拉　(1):藏文.—北京:新星出版社,1995.—58页;19cm
ISBN 7-80102-401-X:¥6.80
①D619②B947.2
布达拉　(3):藏文.—北京:新星出版社,1995.3.—39页;19cm
ISBN 7-80102-468-0:¥6.80
①D619②B947.2
布达拉　(4):藏文.—北京:新星出版社,1995.4.—38页;19cm
ISBN 7-80102-470-2:¥6.80
D619.75
西藏巨变:藏文/西藏自治区政协文史资料研究委员会编;朗吉卓噶等译.—北京:民族出版社,1995.8.—699页:照片;20cm
ISBN 7-105-02482-8:¥24.00
D619.75
中国西藏:藏文/钟藏文著.—北京:五洲传播出版社,1995.—155页:彩照;18cm
ISBN 7-80113-068-5:¥0.00
D623
政府工作报告:藏文/李鹏报告.—北京:民族出版社,1995.4.—70页;20cm
ISBN 7-105-02417-8:¥1.90
E283
民兵政治教育课本:藏文/总政治部群众工作部编.—北京:解放军出版社,1995.4.—144页;19cm
补充教材之一
ISBN 7-5065-2796-0:¥0.00
F326.30
西藏畜牧业:走向市场的问题与对策:藏文/多吉欧珠和其美多吉译.—拉萨:西藏人民出版社,1995.10.—133页;20cm
ISBN 7-223-00840-7:¥6.00
G623.15
义务教育五年制、六年制小学思想品德第六册(实验本)教师教学用书:藏文/人民教育出版社政治室,北京市教育局教学研究部编著;西藏自治区教材编译局译.—拉萨:西藏人民出版社,1995.10.—250页;19cm
五省区协作教材

ISBN 7-223-00871-7: ¥2.60

G623.2

九年义务教育全日制西藏自治区小学课本语文第六册教学参考书:藏文/西藏自治区教材编译局编.—拉萨:西藏人民出版社,1995.9.—134页;19cm

ISBN 7-223-00865-2: ¥1.50

G623.2

九年义务教育全日制西藏自治区小学课本语文第五册教学参考书:藏文/西藏自治区教材编译局编.—拉萨:西藏人民出版社,1995.4.—129页;19cm

ISBN 7-223-00820-2: ¥1.40

G623.5

九年义务教育六年制小学数学第六册(实验本)教师教学用书:藏文/人民教育出版社数学室编著;西藏自治区教材编译局译.—拉萨:西藏人民出版社,1995.10.—168页;26cm

ISBN 7-223-00862-8: ¥3.60

G623.5

九年义务教育六年制小学数学第五册(实验本)教师教学用书:藏文/人民教育出版社数学室编著;西藏自治区教材编译局译.—拉萨:西藏人民出版社,1995.5.—418页;19cm

ISBN 7-223-00810-5: ¥4.10

G623.6

九年义务教育六年制小学自然第六册(试用)教师教学用书:藏文/人民教育出版社生物自然室等编著;西藏自治区教材编译局译.—拉萨:西藏人民出版社,1995.10.—117页;26cm

ISBN 7-223-00867-0: ¥2.70

G623.75

九年义务教育全日制小学劳动(乡土)课教学大纲:试用:藏文/西藏自治区教材审查委员会审定.—拉萨:西藏人民出版社,1995.5.—17页;19cm

ISBN 7-223-00828-8: ¥0.30

G624

小学课程同步练习册:数学　第十二册:藏文/益西卓玛译.—拉萨:西藏人民出版社,1995.3.—183页;19cm

ISBN 7-223-00803-2: ¥4.00

G624

小学课程同步练习册:数学　第十一册:藏文/益西卓玛译.—拉萨:西藏人民出版社,1995.3.—136页;19cm

ISBN 7-223-00856-3: ¥4.00

G624.15

思想品德　第六册:藏文/人民教育出版社政治室,北京教育局教学研究部编著;西藏自治区教材编译局译.—拉萨:西藏人民出版社,1995.10.—56页;21cm

五省区协作教材、九年义务教育六年制小学教科书

ISBN 7-223-00870-9: ¥2.80

G624.15

思想品德　第三册:藏文/人民教育出版社政治室,北京市教育局教学研究部编著;西藏自治区教材编译局译.—拉萨:西藏人民出版社,1995.3.—56页;20cm

ISBN 7-223-00650-1: ¥2.70

G624.15

思想品德　第五册:藏文/人民教育出版社政治室,北京市教育局教学研究部编著;西藏自治区教材编译局译.—拉萨:西藏人民出版社,1995.5.—56页;20cm

五省区协作教材 九年义务教育六年制小学教科书

ISBN 7-223-00827-X: ¥2.70

G624.29

语文　第六册:藏文/西藏自治区教材编译局编.—拉萨:西藏人民出版社,1995.7.—122页;21cm

九年义务教育全日制西藏自治区小学课本:试用本

ISBN 7-223-00852-0: ¥5.40

G624.29

语文　第五册:藏文/西藏自治区教材编译局编.—拉萨:西藏人民出版社,1995.4.—117页;20cm

九年义务教育全日制西藏自治区小学课本:试用本

ISBN 7-223-00826-1: ¥5.20

G624.5

数学　第六册:藏文/人民教育出版社数学室编著;西藏自治区教材编译局译.—拉萨:西藏人民出版社,1995.10.—149页;21cm

九年义务教育六年制小学教科书:试用本

ISBN 7-223-00863-6: ¥4.50

G624.5

数学　第五册:藏文/人民教育出版社数学室编著;西藏自治区教材编译局译.—拉萨:西藏人民出版社,1995.5.—136页;20cm

九年义务教育六年制小学教科书:试用本

ISBN 7-223-00806-7: ¥4.20

G624.6

自然　第五册:藏文/人民教育出版社生物自然室等编著;西藏自治区教材编译局译.—拉萨:西藏人民出版社,1995.4.—48页;20cm

九年义务教育六年制小学教科书

ISBN 7-223-00822-9: ¥2.40

G624.71

音乐　第三册:藏文/西藏自治区教材编译局编.—拉萨:西藏人民出版社,1995.5.—32页;26cm

五省区协作教材 九年义务教育全日制小学课本:乡土:试用本

ISBN 7-223-00832-6: ¥3.80

G624.71

音乐:简谱　第四册:藏文/人民教育出版社音乐室编著;西藏自治区教材编译局译.—拉萨:西藏人民出版社,1995.9.—36页;26cm

五省区协作教材九年义务教育六年制小学教科书

ISBN 7-223-00860-1: ¥2.60

G633.2

九年义务教育初级中学试用课本思想政治二年级(上册)教学参考书:藏文/国家教委中学思想政治课教材编写组编;西藏自治区教材编译局译.—拉萨:西藏人民出版社,1995.5.—942页;19cm

五省区协作教材

ISBN 7-223-00690-0: ¥13.60

G633.3

九年制义务教育西藏自治区初级中学汉语文第五册教学参考书:试用本:藏文/西藏自治区教材编译局编.—拉萨:西藏人民出版社,1995.4.—190页;19cm

ISBN 7-223-00802-4:¥3.00

G633.39

九年义务教育全日制西藏自治区初中课本藏语文第六册教学参考书:试用本:藏文/西藏自治区教材编译局编.—拉萨:西藏人民出版社,1995.10.—275页;19cm

ISBN 7-223-00869-5:¥2.80

G633.39

九年义务教育全日制西藏自治区初中课本藏语文第五册教学参考书:试用本:藏文/西藏自治区教材编译局编.—拉萨:西藏人民出版社,1995.4.—277页;19cm

ISBN 7-223-00804-0:¥4.10

G633.39

全日制高中课本藏语文第六册教学参考书:藏文/西藏自治区教材编译局编.—拉萨:西藏人民出版社,1995.9.—199页;19cm

五省区协作教材:试用本

ISBN 7-223-00864-4:¥3.40

G633.39

五省区协作教材全日制高中课本藏语文第五册教学参考书:试用本:藏文/西藏自治区教材编译局编.—拉萨:西藏人民出版社,1995.5.—299页;19cm

ISBN 7-223-00805-9:¥4.90

G633.55

九年义务教育三年制初级中学地理第三册(实验本)教师教学用书:藏文/人民教育出版社地理社会室编著;西藏自治区教材编译局译.—拉萨:西藏人民出版社,1995.5.—141页;26cm

五省区协作教材

ISBN 7-223-00687-0:¥4.50

G633.55

九年义务教育三年制初级中学地理第四册教师教学用书:藏文/人民教育出版社地理室编著;西藏自治区教材编译局译.—拉萨:西藏人民出版社,1995.10.—199页;26cm

ISBN 7-223-00868-9:¥4.20

G633.62

九年义务教育三年制初级中学代数第二册(试用本)教师教学用书:藏文/人民教育出版社数学室编著;西藏自治区教材编译局译.—拉萨:西藏人民出版社,1995.5.—424页;26cm

ISBN 7-223-00548-0:¥12.50

G633.63

九年义务教育三年制初级中学几何第二册(试用)教师教学用书:藏文/人民教育出版社数学室编著;西藏自治区教材编译局译.—拉萨:西藏人民出版社,1995.5.—578页;26cm

ISBN 7-223-00700-1:¥17.20

G634.2

九年义务教育全日制初级中学政治思想课本:试用本:三年级　全一册:藏文/国家教委中学思想政治课教材编写组编;西藏自治区教材编译局译.—拉萨:西藏人民出版社,1995.4.—408页;19cm

五省区协作教材

ISBN 7-223-00808-3:¥4.60

G634.2

思想政治:三年级　全一册:藏文/国家教委中学思想政治课教材编写组编;西藏自治区教材编译局译.—拉萨:西藏人民出版社,1995.4.—427页;19cm

五省区协作教材高级中学试用课本

ISBN 7-223-00819-9:¥6.70

G634.39

初级中学藏语文考试复习提纲:藏文/嘉杨智华,才让多杰编.—兰州:甘肃民族出版社,1995.3.—246页;20cm

五省区协作教材

ISBN 7-5421-0363-6:¥6.80

G634.39

语文　第六册:藏文/西藏自治区教材编译局编.—拉萨:西藏人民出版社,1995.8.—136页;19cm

五省区协作教材 全日制高中课本:试用本

ISBN 7-223-00846-6:¥3.00

G634.39

语文　第六册:藏文/西藏自治区教材编译局编.—拉萨:西藏人民出版社,1995.8.—176页;21cm

九年义务教育全日制西藏自治区初中课本:试用本

ISBN 7-223-00851-2:¥2.50

G634.39

语文　第六册:藏文/西藏自治区教材编译局编.—拉萨:西藏人民出版社,1995.8.—201页;19cm

西藏自治区中等师范学校课本:试用本

ISBN 7-223-00850-4:¥2.40

G634.39

语文　第五册:藏文/西藏自治区教材编译局编.—拉萨:西藏人民出版社,1995.4.—139页;19cm

全日制高中课本 五省区协作教材:试用本

ISBN 7-223-00807-5:¥2.70

G634.39

语文　第五册 :藏文/西藏自治区教材编译局编.—拉萨:西藏人民出版社,1995.4.—148页;20cm

九年义务教育全日制西藏自治区初中课本:试用本

ISBN 7-223-00809-1:¥2.20

G634.55

地理　第四册:藏文/人民教育出版社地理室编著;西藏自治区教材编译局译.—拉萨:西藏人民出版社,1995.10.—146页;26cm

五省区协作教材九年义务教育三年制初级中学教科书:试用本

ISBN 7-223-00689-7:¥4.30

G634.62

代数　第三册:藏文/人民教育出版社中学数学室编著;西藏自治区教材编译局译.—拉萨:西藏人民出版社,1995.5.—225页;26cm

九年义务教育三年制初级中学课本:试用本
ISBN 7-223-00834-2: ¥5.60

G634.63

几何　第三册:藏文/人民教育出版社中学数学室编著;西藏自治区教材编译局译.—拉萨:西藏人民出版社,1995.5.—188页;26cm
九年义务教育三年制初级中学教科书:试用本
ISBN 7-223-00833-4: ¥5.00

G634.8

化学　全一册:藏文/人民教育出版社中学化学室编著;西藏自治区教材编译局译.—拉萨:西藏人民出版社,1995.5.—303页;26cm
九年义务教育三年制初中级中学教科书:试用本
ISBN 7-223-00835-0: ¥7.20

G634.951

音乐　第三册:藏文/西藏自治区教材编译局编.—拉萨:西藏人民出版社,1995.3.—25页;26cm
五省区协作教材 九年义务教育初级中学课本:乡土:试用本
ISBN 7-223-00831-8: ¥3.40

G634.955

美术　第四册:藏文/人民教育出版社编著;西藏自治区教材编译局译.—拉萨:西藏人民出版社,1995.9.—39页;26cm
五省区协作教材九年义务教育三年制初级中学教科书
ISBN 7-223-00858-X: ¥3.60

H1-43

语文　第五册:藏文/西藏自治区教材编译局编.—拉萨:西藏人民出版社,1995.4.—224页;19cm
西藏自治区中等师范学校课本:试用本
ISBN 7-223-00821-0: ¥3.90

H136.3

格丹格言:藏文.—西宁:青海民族出版社,1995.3.—276页;19cm
ISBN 7-5420-0521-9: ¥4.70

H214.3

萨迦格言及注释:藏文/萨班·贡噶坚参等著.—西宁:青海民族出版社,1995.2.—473页;19cm
ISBN 7-5420-0520-0: ¥9.00

H214.4

藏语文法南点明鉴:藏文/嘉杨智华注释.—兰州:甘肃民族出版社,1995.5.—232页;20cm
ISBN 7-5421-0373-3: ¥7.00

H711.3

声明学论著注疏:藏文/堪布·才南木编著.—北京:民族出版社,1995.7.—562页;26cm
ISBN 7-105-02268-X: ¥34.00

I207.2

《诗词学明析》注释:藏文/嘉杨智华注释.—兰州:甘肃民族出版社,1995.5.—291页;20cm
ISBN 7-5421-0374-1: ¥8.50

I207.21

诗学修辞格范例与释难:藏文/青海省海南州民族师范学校藏文教研室编;夏玛尔格登丹增嘉措著.—西宁:青海民族出版社,1995.9.—167页;20cm
ISBN 7-5420-0537-5: ¥6.00

I207.9

评论智者喜颜:藏文/格桑益西著.—拉萨:西藏人民出版社,1995.7.—282页;19cm.—(西藏当代作家丛书)
ISBN 7-223-00812-1: ¥10.00

I217.2

母亲的恩情:藏文/次多著.—拉萨:西藏人民出版社,1995.7.—289页;19cm.—(西藏当代作家丛书)
ISBN 7-223-00816-4: ¥10.00

I222.742

唐诗三百首:藏文/(清)蘅塘退士编;平措次仁译.—北京:民族出版社,1995.6.—311页;19cm
ISBN 7-105-02430-5(精装): ¥10.30

I222.742

唐诗三百首:藏文/(清)蘅塘退士编;平措次仁译.—北京:民族出版社,1995.4.—311页;19cm
ISBN 7-105-02169-1: ¥6.50

I227

劝言珠串:藏文/益西丹增著.—拉萨:西藏人民出版社,1995.7.—172页;19cm
ISBN 7-223-00815-6: ¥6.50

I227

岩石的女儿:曼拉杰甫诗集:藏文/曼拉杰甫著.—兰州:甘肃民族出版社,1995.8.—174页;19cm
ISBN 7-5421-0394-6: ¥4.80

I227

迴文诗密蜂乐园:藏文/伦珠朗杰著.—拉萨:西藏人民出版社,1995.7.—225页;19cm.—(西藏当代作家丛书)
ISBN 7-223-00813-X: ¥8.80

I247.5

无形的绳索:藏文/拉巴顿珠著.—拉萨:西藏人民出版社,1995.7.—250页;19cm.—(西藏当代作家丛书)
ISBN 7-223-00811-3: ¥8.80

I247.8

羌塘美景:藏文/丹巴亚尔杰著.—拉萨:西藏人民出版社,1995.7.—303页;19cm.—(西藏当代作家丛书)
ISBN 7-223-00841-8: ¥10.50

I277.2

山南民间歌谣:藏文.—拉萨:西藏人民出版社,1995.1.—431页;20cm
ISBN 7-223-00767-2: ¥8.50

I277.291.4

庆典仪式歌:西藏歌谣集成:藏文/西藏歌谣编委会编.—北京:民族出版社,1995.7.—573页;20cm
ISBN 7-105-02474-7: ¥18.00

I291.4

大千世界:藏文/曲甘·完玛多杰编译.—兰州:甘肃民族出版社,1995.1.—195页;19cm

ISBN 7-5421-0355-5: ¥4.20

I291.4

黑风中的雄鹰:藏文/其美多吉著.—拉萨:西藏人民出版社,1995.8.—184页;19cm

ISBN 7-223-00885-7: ¥4.50

I291.4

诗镜注无畏狮吼:藏文/仁蚌巴·阿旺久扎著.—西宁:青海民族出版社,1995.4.—454页;20cm

ISBN 7-5420-0506-5: ¥9.00

I291.4

雪域情:藏文/扎西次仁著.—拉萨:西藏人民出版社,1995.5.—166页;19cm

ISBN 7-223-00766-4: ¥2.50

I291.47

华锐藏族民间文学集:藏文/乔高才让,旺绪多杰主编.—兰州:甘肃民族出版社,1995.8.—377页;19cm

ISBN 7-5421-0384-9: ¥6.80

J228.4

甲辰之战:藏文/次仁顿珠著;高士鸿,阿布绘.—拉萨:西藏人民出版社,1995.9.—120页;13×19cm

ISBN 7-223-00853-9: ¥3.00

J292.14

藏文书法:藏文/益西嘉措书写;甘肃省佛学院编.—兰州:甘肃民族出版社,1995.2.—59页;19×26cm

ISBN 7-5421-0309-1: ¥4.50

J642.1

校园歌曲一百首:藏文/夏吾才让编著.—西宁:青海民族出版社,1995.3.—275页;19cm

ISBN 7-5420-0477-8: ¥5.00

J648.301

新编札聂琴乐谱:藏文/札聂巴·次旺著.—拉萨:西藏人民出版社,1995.7.—79页;19cm

ISBN 7-223-00830-X: ¥5.00

K280.75

解放前那曲各部落简史:藏文/次仁多吉编写.—拉萨:西藏人民出版社,1995.5.—156页;19cm

ISBN 7-223-00792-3: ¥3.80

K281.4

藏族简史:藏文/周华著.—北京:民族出版社,1995.10.—470页;20cm

ISBN 7-105-02329-5: ¥11.70

K281.4

康木朵简史:藏文/丹玛·江永慈诚著.—兰州:甘肃民族出版社,1995.8.—165页;19×26cm

ISBN 7-5421-0378-4: ¥13.00

K281.4

浅谈藏学及其未来:藏文/念徐·钦绕威色著.—成都:四川民族出版社,1995.10.—152页;19cm

ISBN 7-5409-1294-4: ¥5.50

K297.5

西藏文史资料选辑　(18):藏文/江参等著;西藏自治区政协文史资料研究委员会编.—北京:民族出版社,1995.12.—296页;20cm

ISBN 7-105-02167-5: ¥7.50

K82

白若杂纳传:藏文/益扎尼博等著.—成都:四川民族出版社,1995.11.—332页;20cm

ISBN 7-5409-1064-X: ¥12.00

K892.314

颂辞汇编续集:藏文.—西宁:青海民族出版社,1995.7.—395页;13cm

ISBN 7-5420-0528-6: ¥4.20

K927.5

奇丽的风光、独特的资源:藏文/西藏那曲地区政协文史资料室编.—拉萨:西藏人民出版社,1995.7.—335页:照片;20cm

ISBN 7-223-00855-5: ¥13.00

K928.707.5

西藏石迹志选编:藏文/次仁班觉编.—拉萨:西藏藏文古籍出版社,1995.10.—414页;20cm

ISBN 7-80589-019-6: ¥9.00

K928.75

支扎寺志:藏文/夏智嘉措著.—西宁:青海民族出版社,1995.5.—180页;19cm

ISBN 7-5420-0529-4: ¥3.50

P195.2

藏历火鼠(1996)年历书:藏文/西藏藏医院星算研究所编;格多,丹增著.—成都:四川民族出版社,1995.10.—1册;9×26cm

ISBN 7-5409-1531-5: ¥3.50

P195.2

藏历火鼠年(1996)气象历书:藏文/芒日·格勒著.—西宁:青海民族出版社,1995.9.—1册;9×26cm

ISBN 7-5420-0532-4: ¥3.50

P195,2

西藏火鼠(1996)年历书:藏文/西藏自治区天文星算研究所编.—拉萨:西藏人民出版社,1995.8.—1册;9×26cm

ISBN 7-223-00842-3: ¥3.80

P195.2

西藏火鼠年(1996)历年:藏文/仁增编.—拉萨:西藏人民出版社,1995.6.—1册;9×26cm

ISBN 7-223-00836-9: ¥3.60

R247.4

藏密气功:藏文/玛尔巴译师等著;土登彭措编.—成都:四川民族出版社,1995.12.—484页;19cm

ISBN 7-5409-1353-3: ¥14.50

R281.475

藏药晶镜本草:藏文/嘎务著.—北京:民族出版社,1995.8.—455页:彩图;26cm

ISBN 7-105-02414-3(精装): ¥118.00

R291.4

藏医常药配方:藏文/扎西著.—拉萨:西藏人民出版社,1995.10.—305页;19cm

ISBN 7-223-00839-3: ¥10.00

R291.4

藏医根本医典详解:藏文/楞本嘉著.—兰州:甘肃

民族出版社,1995.10.—317页;20cm
ISBN 7-5421-0390-3:¥10.80
R291.4
藏医学总称释义:藏文/多杰编.—西宁:青海民族出版社,1995.9.—253页;19cm
ISBN 7-5420-0531-6:¥8.00
R291.4
藏医医诀难点精析:藏文/藏曼意喜桑布著.—兰州:甘肃民族出版社,1995.9.—114页;19cm
ISBN 7-5421-0396-2:¥5.20
R291.4
藏医源流史:藏文/丹巴嘉木措著.—兰州:甘肃民族出版社,1995.3.—192页;19cm
ISBN 7-5421-0370-9:¥8.50
R291.4
常用藏药采集手册:藏文/洛桑多吉著.—成都:四川民族出版社,1995.2.—96页;9×13cm
ISBN 7-5409-1444-0:¥1.90
R291.4
疾病诊断明镜:藏文/安果·南可桑格著;慈智木,丹增坚措整理.—兰州:甘肃民族出版社,1995.12.—261页;20cm
ISBN 7-5421-0407-1:¥7.00
S853
藏兽医甘露池:藏文/罗桑旦真著.—成都:四川民族出版社,1995.11.—702页;19cm
ISBN 7-5409-1541-2:¥18.50
Z228
藏族少儿百科知识问答:藏文/索南才让编著.—兰州:甘肃民族出版社,1995.11.—177页;19cm
ISBN 7-5421-0409-8:¥5.00

维吾尔文图书

A821.23
《唯物主义和经验批判主义》注释:维吾尔文/吐尔逊·克里木编.—乌鲁木齐:新疆人民出版社,1995.1.—167页;19cm
ISBN 7-228-01873-7:¥2.80
B0-0
哲学常识 上册:维吾尔文/人民教育出版社政治室编.—乌鲁木齐:新疆教育出版社,1995.6.—338页;19cm
中等师范学校思想政治教科书:试用本
ISBN 7-5370-2580-0:¥4.22
B0-0
哲学常识 下册:维吾尔文/人民教育出版社政治室编.—乌鲁木齐:新疆教育出版社,1995.10.—354页;19cm
中等师范学校思想政治教科书:试用本
ISBN 7-5370-2687-4:¥6.70
B84
心理学教程:维吾尔文/王振宇主编.—乌鲁木齐:新疆教育出版社,1995.6.—631页;20cm
中等师范学校教科书:试用本
ISBN 7-5370-2588-6:¥7.50
B848.6
血型与性格:维吾尔文/能见正比古编著;伊布拉音·巴拉提译.—喀什:喀什维吾尔文出版社,1995.1.—250页;19cm
ISBN 7-5373-0480-7:¥4.00
B96
朝觐手册:维吾尔文/阿布都热西提·艾乃吐拉大毛拉阿吉编.—乌鲁木齐:新疆人民出版社,1995.1.—182页;20cm
ISBN 7-228-03228-4:¥9.00
B96
伊斯兰教文化面面观:维吾尔文/中国社科院世界宗教研究所伊斯兰教研究室编;霍加阿布都拉·乌斯满译.—北京:民族出版社,1995.5.—316页;20cm
ISBN 7-105-02218-3:¥5.90
B969.2
新疆伊斯兰教史:维吾尔文/哈吉·努尔哈吉,陈国光著.—北京:民族出版社,1995.11.—496页;19cm
ISBN 7-105-02546-8(精装):¥14.15
C91
写给女孩:维吾尔文/(美)卡耐基著;阿布都萨拉木译.—乌鲁木齐:新疆青少年出版社,1995.4.—305页;19cm
ISBN 7-5371-1882-5:¥4.50
C934
成功的谋略:维吾尔文/文远编;苏利坦·吾斯曼,塔吉尼沙·托合提译.—喀什:喀什维吾尔文出版社,1995.3.—446页;19cm
ISBN 7-5373-0489-0:¥6.00
C96
人才学:维吾尔文/斯拉木江·希里甫著.—乌鲁木齐:新疆人民出版社,1995.3.—559页;20cm
ISBN 7-228-03182-2:¥7.00
C96
人生与成功:维吾尔文/亚尔穆汗麦提·塔义尔·图格鲁克编.—喀什:喀什维吾尔文出版社,1995.3.—167页;20cm
ISBN 7-5373-0483-1:¥3.00
D035
行政管理学概论:维吾尔文/伊米尔·哈木提编著.—乌鲁木齐:新疆人民出版社,1995.2.—578页;20cm
ISBN 7-228-03367:¥10.50
D2-0
邓小平文选 第二卷:维吾尔文/邓小平著;中国民族语文翻译中心译.—2版.—北京:民族出版社,1995.1.—967页;19cm
ISBN 7-105-02364-3:¥12.70
D2-0
邓小平文选 第一卷:维吾尔文/邓小平著;中国民族语文翻译中心译.—2版.—北京:民族出版社,

1995.1.—864页;19cm
ISBN 7-105-02359-7:¥11.30
D220
中国共产党第十四届中央委员会第五次全体会议文件:维吾尔文/中国民族语文翻译中心译.—北京:民族出版社,1995.10.—183页;20cm
ISBN 7-105-02559-X:¥4.80
D263
孔繁森:维吾尔文/李延海等著.—乌鲁木齐:新疆人民出版社,1995.5.—326页;19cm
ISBN 7-228-03432-5:¥8.50
D297-62
基层共青团工作实用知识手册:维吾尔文/李长江等主编;刘长明,肉孜·努尔译.—喀什:喀什维吾尔文出版社,1995.3.—476页;19cm
ISBN 7-5373-0484-X:¥8.00
D440
妇女与社会:维吾尔文/海力且木·斯拉木著.—乌鲁木齐:新疆人民出版社,1995.8.—368页;20cm
ISBN 7-228-03599-2(精装):¥13.60
①D61②D219
建设有中国特色社会主义理论和党章学习读本:维吾尔文/中共中央组织部组织局编;刘长明;买买提热依木译.—喀什:喀什维吾尔文出版社,1995.8.—285页;20cm
ISBN 7-5373-0503-X:¥5.00
D61-43
建设有中国特色社会主义理论教程:维吾尔文/南柱成,赵继峰主编;阿里木·阿布杜热依木,阿布杜哈里克·艾麦提译.—乌鲁木齐:新疆人民出版社,1995.7.—287页;26cm
ISBN 7-228-03257-8:¥20.00
①D619②D619.45
中国简况:古丝绸之路新貌——新疆维吾尔自治区的40年:维吾尔文.—北京:新星出版社,1995.—44页;18cm
ISBN 7-80102-288-2:¥2.82
D623
政府工作报告:维吾尔文/李鹏报告.—北京:民族出版社,1995.4.—75页;20cm
ISBN 7-105-02418-6:¥1.90
D630.9
反腐倡廉教育讲话:维吾尔文/中共中央纪检委宣传教育室编;亚生·哈提甫等译.—乌鲁木齐:新疆人民出版社,1995.1.—663页;20cm
ISBN 7-228-03190-3:¥9.80
D633-62
民族工作知识手册:维吾尔文/阿吾提·巴拉提编.—乌鲁木齐:新疆人民出版社,1995.5.—502页;20cm
ISBN 7-228-03236-5:¥9.00
D633.2
我国民族区域自治地方:维吾尔文/阿布都克里木·热合曼,海里目木·吾斯曼译.—乌鲁木齐:新疆人民出版社,1995.5.—172页;19cm
ISBN 7-228-03378-7:¥3.20
D914.01
刑法概论:维吾尔文/艾孜木·艾则孜著.—乌鲁木齐:新疆人民出版社,1995.8.—753页;20cm
ISBN 7-228-03362-0:¥12.70
D915.3
刑事诉讼法题要:维吾尔文/艾尔肯·伊布拉音,阿布都热合曼·胡达拜尔地著.—乌鲁木齐:新疆人民出版社,1995.12.—867页;20cm
ISBN 7-228-03478-3:¥23.10
D916.5
律师辩护词及代理词选编:维吾尔文/尔肯艾·艾买提著 .—乌鲁木齐:新疆人民出版社,1995.3.—469页;20cm
ISBN 7-228-03116-4:¥8.50
D920.9
中华人民共和国法律汇编:维吾尔文/买买提·玉素甫主编.—乌鲁木齐:新疆人民出版社,1995.8.—1280页;26cm
ISBN 7-228-03438-4(精装):¥150.00
D920.9
中华人民共和国法律汇编　1991:维吾尔文/全国人民代表大会常务委员会法制工作委员会编;中国民族语文翻译中心译.—北京:民族出版社,1995.6.—295页;20cm
ISBN 7-105-01849-6:¥4.50
D925.21
中国刑事诉讼法:维吾尔文/樊崇义主编;古丽娜孜·阿不力孜等译.—乌鲁木齐:新疆人民出版社,1995.4.—758页;20cm
ISBN 7-228-02811-2:¥12.00
E283
民兵政治教育课本:维吾尔文/总政治部群众工作部编.—北京:解放军出版社,1995.4.—163页;19cm
补充教材之一
ISBN 7-5065-2797-9:¥0.00
F045.5
什么是社会主义市场经济:维吾尔文/马洪主编;艾沙等译.—北京:民族出版社,1995.4.—705页;19cm
ISBN 7-105-02252-3:¥9.60
F091.3
西方经济学:维吾尔文/谢里甫伊明,吾买尔·拜克力主编.—乌鲁木齐:新疆人民出版社,1995.12.—397页;26cm
ISBN 7-228-03776-6:¥24.00
F20
经济管理学概论:维吾尔文/托和提·木拉提,艾利·阿布都拉著.—乌鲁木齐:新疆人民出版社,1995.1.—543页;20cm
ISBN 7-228-03308-6:¥9.40
F230
会计学原理及问答:维吾尔文/瓦尔斯江·阿布列孜编.—乌鲁木齐:新疆人民出版社,1995.2.—838页;

20cm
ISBN 7-228-03372-8:¥19.20
F270
现代企业管理:维吾尔文/米吉提·托乎提等编著.—乌鲁木齐:新疆科技卫生出版社,1995.6.—571页;20cm
ISBN 7-5372-1016-0:¥12.00
F279.313
从一无所有到巨万:维吾尔文/(日)和田一夫著;热依汗古丽·马木堤,曲伯庆译.—北京:民族出版社,1995.11.—216页;19cm
ISBN 7-105-02393-7:¥3.90
F426.22
新疆石油40年:维吾尔文/克拉玛依市局党委宣传部,克拉玛依市局文联编.—乌鲁木齐:新疆人民出版社,1995.8.—958页:照片;20cm
ISBN 7-228-03292-6:¥14.50
F713.5
做生意的窍门:维吾尔文/刘放编;穆罕买提·米茹拉译.—乌鲁木齐:新疆人民出版社,1995.3.—319页;19cm
ISBN 7-228-02905-4:¥5.70
F752.1
涉外经济管理概论:维吾尔文/杨引官,徐世义主编;艾海提·吐尼牙孜等译.—乌鲁木齐:新疆人民出版社,1995.6.—497页;20cm
ISBN 7-228-03422-8:¥8.70
G12
文化之友　(10):维吾尔文/喀什维吾尔文出版社编.—喀什:喀什维吾尔文出版社,1995.3.—214页;19cm
ISBN 7-5373-0485-8:¥4.00
G212
新闻采访与写作:维吾尔文/伊明江·沙的克著.—乌鲁木齐:新疆人民出版社,1995.7.—313页;19cm
ISBN 7-228-03390-6:¥7.10
G623.2-44
小学语文教学法问答:维吾尔文/图尔孙·祖木东,欧斯满·哈迪尔编.—喀什:喀什维吾尔文出版社,1995.5.—422页;19cm
ISBN 7-5373-0492-0:¥6.00
G623.29
六年制小学语文第十一册教学参考书:维吾尔文/阿不来提·哈斯木编.—乌鲁木齐:新疆教育出版社,1995.6.—256页;19cm
ISBN 7-5370-2567-3:¥2.64
G623.8
九年义务教育六年制小学体育　第二册:维吾尔文.—乌鲁木齐:新疆教育出版社,1995.6.—210页;19cm
教师教学用书
ISBN 7-5370-2564-9:¥2.23
G624
九年义务教育六年制小学二年级暑假作业:维吾尔文.—乌鲁木齐:新疆教育出版社,1995.6.—33页;26cm
ISBN 7-5370-2469-3:¥1.08
G624
九年义务教育六年制小学三年级寒假作业:维吾尔文.—乌鲁木齐:新疆教育出版社,1995.10.—38页;26cm
ISBN 7-5370-2612-2:¥1.20
G624.1
小学六年级法律常识:维吾尔文/多力坤译.—乌鲁木齐:新疆青少年出版社,1995.6.—62页;19cm
ISBN 7-5371-2139-7:¥1.80
G624.1
小学三年级法律常识:维吾尔文/多力坤·阿布都热依木译.—乌鲁木齐:新疆青少年出版社,1995.7.—51页;19cm
ISBN 7-5371-2136-2:¥1.60
G624.1
小学四年级法律常识:维吾尔文/亚库甫译.—乌鲁木齐:新疆青少年出版社,1995.6.—48页;19cm
ISBN 7-5371-2137-0:¥1.80
G624.1
小学五年级法律常识:维吾尔文/胡甫尔译.—乌鲁木齐:新疆青少年出版社,1995.6.—67页;19cm
ISBN 7-5371-2138-9:¥2.00
G624.15
思想品德　第六册:维吾尔文/人民教育出版社政治室,北京市教育局教学研究部编著.—乌鲁木齐:新疆教育出版社,1995.10.—56页;21cm
九年义务教育六年制小学教科书
ISBN 7-5370-2621-1:¥2.00
G624.15
思想品德　第五册:维吾尔文/人民教育出版社政治室,北京市教育局教学研究部编著.—乌鲁木齐:新疆教育出版社,1995.6.—56页;20cm
九年义务教育六年制小学教科书
ISBN 7-5370-2485-5:¥1.73
G624.15
小学生礼仪教育:维吾尔文/《小学生礼仪教育》编写委员会编;迪里夏提·苏力坦译.—乌鲁木齐:新疆科技卫生出版社,1995.6.—86页;19cm
ISBN 7-5372-1058-6:¥2.00
G624.2
汉语　第一册:维吾尔文/王明义等修订.—2版.—乌鲁木齐:新疆教育出版社,1995.6.—86页;20cm
六年制小学课本
ISBN 7-5370-2529-0:¥2.23
G624.2
语文　第十一册:维吾尔文/萨阿达提·伊明编.—乌鲁木齐:新疆教育出版社,1995.6.—282页;19cm
六年制小学课本
ISBN 7-5370-1497-3:¥1.96
G624.45
地理图册:维吾尔文/中国地图出版社编制;新疆教

育出版社译.—5版.—北京:中国地图出版社,1995.3.—30页;19cm
小学适用
ISBN 7-5031-1561-0:¥1.00

G624.5
九年义务教育六年制小学数学单元综合测试卷 第三册:维吾尔文/热夏提·帕尔沙编.—乌鲁木齐:新疆科技卫生出版社,1995.6.—62页;26cm
ISBN 7-5372-1082-9:¥2.50

G624.5
九年义务教育六年制小学数学单元综合测试卷 第五册:维吾尔文/迪里夏提·伊迪斯编.—乌鲁木齐:新疆科技卫生出版社,1995.6.—59页;26cm
ISBN 7-5372-1057-8:¥2.40

G624.5
九年义务教育六年制小学数学单元综合测试卷 第一册:维吾尔文/热米拉·阿布都热西提编.—乌鲁木齐:新疆科技卫生出版社,1995.6.—45页;26cm
ISBN 7-5372-1076-4:¥2.00

G624.5
九年义务教育六年制小学数学学生学具卡片 第五册:维吾尔文.—乌鲁木齐:新疆教育出版社,1995.6.—12张;19cm
ISBN 7-5370-2523-1:¥1.10

G624.5
六年制小学数学单元综合测试卷 第八册:维吾尔文/《数学测试卷》编写组编;帕提古力·哈斯木译.—乌鲁木齐:新疆科技卫生出版社,1995.1.—70页;26cm
ISBN 7-5372-0973-1:¥2.10

G624.5
六年制小学数学单元综合测试卷 第二册:维吾尔文/《数学测试卷》编写组编;吾尔古丽·玉素甫译.—乌鲁木齐:新疆科技卫生出版社,1995.1.—49页;26cm
ISBN 7-5372-0979-0:¥1.65

G624.5
六年制小学数学单元综合测试卷 第六册:维吾尔文/《数学测试卷》编写组编;吾布力·托呼提译.—乌鲁木齐:新疆科技卫生出版社,1995.1.—61页;26cm
ISBN 7-5372-0974-X:¥1.90

G624.5
六年制小学数学单元综合测试卷 第十册:维吾尔文/《数学测试卷》编写组编;塔依尔江·据马洪,热沙来提·艾山译.—乌鲁木齐:新疆科技卫生出版社,1995.1.—62页;26cm
ISBN 7-5372-0977-4:¥1.90

G624.5
六年制小学数学单元综合测试卷 第十二册:维吾尔文/《数学测试卷》编写组编;热衣拉·玉苏甫,茹贤·玉苏甫译.—乌鲁木齐:新疆科技卫生出版社,1995.1.—69页;26cm
ISBN 7-5372-0971-5:¥2.10

G624.5
六年制小学数学单元综合测试卷 第四册:维吾尔文/《数学测试卷》编写组编;吐尔逊古丽·哈斯木译.—乌鲁木齐:新疆科技卫生出版社,1995.1.—47页;26cm
ISBN 7-5372-0972-3:¥1.60

G624.5
数学 第六册:维吾尔文/人民教育出版社小学数学室编著.—乌鲁木齐:新疆教育出版社,1995.10.—175页;20cm
九年义务教育六年制小学教科书
ISBN 7-5370-2677-7:¥4.30

G624.5
数学 第十二册:维吾尔文.—乌鲁木齐:新疆教育出版社,1995.10.—169页;19cm
六年制小学课本
ISBN 7-5370-2669-6:¥1.62

G624.5
数学 第五册:维吾尔文/人民教育出版社小学数学室编著.—乌鲁木齐:新疆教育出版社,1995.6.—158页;20cm
九年义务教育六年制小学教科书
ISBN 7-5370-2556-8:¥3.88

G624.5
小学数学复习测试题 第三册:维吾尔文/热夏提·帕尔沙编.—乌鲁木齐:新疆科技卫生出版社,1995.6.—86页;26cm
ISBN 7-5372-1077-2:¥3.30

G624.5
小学数学复习测试题 第五册:维吾尔文/迪里夏提·伊迪力斯编.—乌鲁木齐:新疆科技卫生出版社,1995.6.—90页;26cm
ISBN 7-5372-1056-X:¥3.40

G624.5
小学数学复习测试题 第一册:维吾尔文/热米拉·阿布都热夏提编.—乌鲁木齐:新疆科技卫生出版社,1995.6.—98页;26cm
ISBN 7-5372-1060-8:¥3.60

G624.6
健康教育 第二册:维吾尔文.—乌鲁木齐:新疆科技卫生出版社,1995.6.—39页;19cm
九年义务教育六年制小学二年级试用课本
ISBN 7-5372-0654-6:¥0.65

G624.6
健康教育 第六册:维吾尔文.—乌鲁木齐:新疆科技卫生出版社,1995.6.—60页;19cm
九年义务教育六年制小学六年级试用课本
ISBN 7-5372-0658-9:¥0.70

G624.6
健康教育 第三册:维吾尔文.—乌鲁木齐:新疆科技卫生出版社,1995.6.—40页;19cm
九年义务教育六年制小学三年级试用课本
ISBN 7-5372-0655-4:¥0.65

G624.6
健康教育 第四册:维吾尔文.—乌鲁木齐:新疆科技卫生出版社,1995.6.—48页;19cm
九年义务教育六年制小学四年级试用课本

ISBN 7-5372-0656-2:￥0.70

G624.6

健康教育 第五册:维吾尔文.—乌鲁木齐:新疆科技卫生出版社,1995.6.—56页;19cm

九年义务教育六年制小学五年级试用课本

ISBN 7-5372-0657-0:￥0.70

G624.6

自然 第六册:维吾尔文.—乌鲁木齐:新疆教育出版社,1995.10.—48页;21cm

九年义务教育六年制小学教科书

ISBN 7-5370-2652-1:￥1.80

G624.6

自然 第五册:维吾尔文.—乌鲁木齐:新疆教育出版社,1995.6.—48页;20cm

九年义务教育六年制小学教科书

ISBN 7-5370-2525-8:￥1.70

G624.75

美术 第八册:维吾尔文.—乌鲁木齐:新疆教育出版社,1995.11.—32页;26cm

小学课本:试用本

ISBN 7-5370-2662-9:￥2.16

G624.75

美术 第九册:维吾尔文.—乌鲁木齐:新疆教育出版社,1995.6.—32页;26cm

小学课本:试用本

ISBN 7-5370-2538-X:￥2.00

G624.75

美术 第七册:维吾尔文.—乌鲁木齐:新疆教育出版社,1995.6.—32页;26cm

小学课本:试用本

ISBN 7-5370-2537-1:￥2.00

G624.75

美术 第十册:维吾尔文.—乌鲁木齐:新疆教育出版社,1995.11.—32页;26cm

小学课本:试用本

ISBN 7-5370-2663-7:￥2.16

G624.75

美术 第十二册:维吾尔文.—乌鲁木齐:新疆教育出版社,1995.11.—32页;26cm

小学课本:试用本

ISBN 7-5370-2664-5:￥2.16

G624.75

美术 第十一册:维吾尔文.—乌鲁木齐:新疆教育出版社,1995.6.—32页;26cm

小学课本:试用本

ISBN 7-5370-2539-8:￥2.00

G625.5

在家庭做个好孩子:维吾尔文/国家教委基础教育司编;亚森·艾沙译.—乌鲁木齐:新疆科技卫生出版社,1995.6.—161页;19cm.—(小学生日常行为规范指导丛书)

ISBN 7-5372-1083-7:￥3.00

G625.5

在社会做个好公民:维吾尔文/国家教委基础教育司编;尼加提·玉苏甫译.—乌鲁木齐:新疆科技卫生出版社,1995.6.—134页;19cm.—(小学生日常行为规范指导丛书)

ISBN 7-5372-1073-X:￥2.70

G625.5

在学校做个好学生:维吾尔文/国家教委基础教育司编;艾克拜尔·艾力译.—乌鲁木齐:新疆科技卫生出版社,1995.7.—146页;19cm.—(小学生日常行为规范指导丛书)

ISBN 7-5372-1147-7:￥2.90

G625.5

在组织做个好队员:维吾尔文/国家教委基础教育司编;迪力夏提·斯马依力,迪力夏提·苏力坦译.—乌鲁木齐:新疆科技卫生出版社,1995.6.—143页;19cm.—(小学生日常行为规范指导丛书)

ISBN 7-5372-1146-9:￥2.80

G631

影视片连环画册:中学卷:维吾尔文/国家教委基础教育司编;艾尔肯·沙地尔,古丽娜尔·夏依买尔旦译.—乌鲁木齐:新疆青少年出版社,1995.12.—375页;20cm

100部优秀爱国主义影视教育片活动课用书

ISBN 7-5371-2178-8:￥15.00

G634

九年义务教育初中二年级数学暑假作业:维吾尔文.—乌鲁木齐:新疆教育出版社,1995.5.—40页;26cm

ISBN 7-5370-2480-4:￥1.25

G634

九年义务教育初中二年级物理暑假作业:维吾尔文.—乌鲁木齐:新疆教育出版社,1995.5.—68页;26cm

ISBN 7-5370-2481-2:￥1.85

G634

九年义务教育初中三年级数学寒假作业:维吾尔文.—乌鲁木齐:新疆教育出版社,1995.10.—38页;26cm

ISBN 7-5370-2640-8:￥1.20

G634

九年义务教育初中三年级物理寒假作业:维吾尔文.—乌鲁木齐:新疆教育出版社,1995.10.—45页;26cm

ISBN 7-5370-2641-6:￥1.36

G634

九年义务教育初中三年级语文寒假作业:维吾尔文.—乌鲁木齐:新疆教育出版社,1995.10.—48页;26cm

ISBN 7-5370-2613-0:￥1.36

G634

九年义务教育三年制初中化学寒假作业:维吾尔文.—乌鲁木齐:新疆教育出版社,1995.10.—50页;26cm

ISBN 7-5370-2642-4:￥1.44

G634.25

中学生礼仪教育:维吾尔文/《中学生礼仪教育》编写委员会编;波斯坦古丽·哈怕尔,吐尔那尼·哈斯木译.—乌鲁木齐:新疆科技卫生出版社,1995.6.—145页;19cm

ISBN 7-5372-1081-0:¥2.80

G634.34

中学生写作指南:维吾尔文/亚森·伊明,吐拉甫编.—乌鲁木齐:新疆青少年出版社,1995.7.—252页;19cm

ISBN 7-5371-2140-0:¥5.50

G634.51

九年义务教育三年制初级中学历史地图填充图册:世界历史　第二册:维吾尔文/人民教育出版社历史室编.—乌鲁木齐:新疆教育出版社,1995.10.—27页;18×26cm

ISBN 7-5370-2592-4:¥2.00

G634.52

九年义务教育三年制初级中学世界历史地图填充图册　第一册:维吾尔文.—乌鲁木齐:新疆教育出版社,1995.6.—15页;18×26cm

ISBN 7-5370-2520-7:¥1.60

G634.52

世界历史　第二册:维吾尔文.—乌鲁木齐:新疆教育出版社,1995.10.—201页:彩图;26cm

九年义务教育三年制初级中学教科书

ISBN 7-5370-2688-2:¥5.50

G634.52

世界历史　第一册:维吾尔文.—乌鲁木齐:新疆教育出版社,1995.6.—236页:彩图;26cm

九年义务教育三年制初级中学教科书

ISBN 7-5370-2569-X:¥4.78

G634.53

九年义务教育三、四年制初级中学中国历史第四册练习册:维吾尔文.—乌鲁木齐:新疆教育出版社,1995.10.—222页;19cm

初中二年级下学期使用

ISBN 7-5370-2619-X:¥2.58

G634.53

中国革命史习题集　第二册:维吾尔文/杨牧编;艾拜都拉·穆合塔尔译.—乌鲁木齐:新疆青少年出版社,1995.12.—374页;19cm

ISBN 7-5371-2170-2:¥10.50

G634.53

中国革命史习题集　上册:维吾尔文/杨牧编;艾拜都拉·穆合塔尔译.—乌鲁木齐:新疆青少年出版社,1995.12.—490页;19cm

ISBN 7-5371-2169-9:¥13.00

G634.53

中国近代现代史　下册:必修:维吾尔文/人民教育出版社历史室编著.—2版.—乌鲁木齐:新疆教育出版社,1995.12.—210页;26cm

高级中学课本

ISBN 7-5370-2684-X:¥4.08

G634.53

中国历史　第三册:维吾尔文.—乌鲁木齐:新疆教育出版社,1995.6.—233页;26cm

九年义务教育三年制初级中学教科书

ISBN 7-5370-2583-5:¥4.85

G634.53

中国历史　第四册:维吾尔文.—乌鲁木齐:新疆教育出版社,1995.1.—311页;26cm

九年义务教育三年制初级中学教科书

ISBN 7-5370-2422-7:¥5.52

G634.53

中国历史　第四册:维吾尔文.—乌鲁木齐:新疆教育出版社,1995.10.—281页:彩图;26cm

九年义务教育三年制初级中学教科书

ISBN 7-5370-2681-5:¥6.48

G634.55

地理　下册:必修:维吾尔文.—2版.—乌鲁木齐:新疆教育出版社,1995.10.—325页;19cm

高级中学课本

ISBN 7-5370-2691-2:¥2.60

G634.55

地理　第二册:维吾尔文.—2版.—乌鲁木齐:新疆教育出版社,1995.10.—163页;26cm

九年义务教育三年制初级中学教科书

ISBN 7-5370-2125-2:¥4.38

G634.55

九年义务教育三年制、四年制初级中学(试用本)地理填充图册　第二册:维吾尔文.—2版.—乌鲁木齐:新疆教育出版社,1995.10.—22页;18×26cm

ISBN 7-5370-2648-3:¥1.20

G634.55

九年义务教育三年制初级中学地理第二册练习册:维吾尔文.—乌鲁木齐:新疆教育出版社,1995.10.—200页;19cm

ISBN 7-5370-2618-1:¥2.34

G634.55

九年义务教育三年制初级中学地理第三册练习册:维吾尔文.—乌鲁木齐:新疆教育出版社,1995.6.—215页;19cm

初中二年级上学期使用

ISBN 7-5370-2460-X:¥2.64

G634.55

九年义务教育三年制初级中学地理第四册练习册:维吾尔文.—乌鲁木齐:新疆教育出版社,1995.10.—287页;19cm

ISBN 7-5370-2651-3:¥3.22

G634.55

九年义务教育三年制初级中学地理第一册练习册:维吾尔文.—乌鲁木齐:新疆教育出版社,1995.6.—219页;19cm

ISBN 7-5370-2484-7:¥2.68

G634.59

新疆人口:维吾尔文/新疆维吾尔自治区教育委员会教研室编;斯拉吉订·依不拉音译.—乌鲁木齐:新疆科技卫生出版社,1995.7.—183页;19cm

ISBN 7-5372-1148-5:￥5.70

G634.6

九年义务教育三年制初级中学数学课外习题集 第二集 :维吾尔文.—乌鲁木齐:新疆教育出版社,1995.6.—347页;19cm

ISBN 7-5370-2435-9:￥4.13

G634.6

九年义务教育三年制初级中学数学学习卡片 第二套:维吾尔文.—乌鲁木齐:新疆教育出版社,1995.6.—16张;19cm

ISBN 7-5370-2509-6:￥1.20

G634.6

九年义务教育三年制初级中学数学学习卡片 第三套:维吾尔文.—乌鲁木齐:新疆教育出版社,1995.6.—16张;19cm

ISBN 7-5370-2558-4:￥1.20

G634.63

几何 第三册:维吾尔文/人民教育出版社中学数学室编著.—乌鲁木齐:新疆教育出版社,1995.6.—291页;19cm

九年义务教育三年制初级中学教科书

ISBN 7-5370-2577-0:￥2.28

G634.7

九年义务教育三年制初级中学物理第一册实验册:维吾尔文.—乌鲁木齐:新疆教育出版社,1995.6.—27页;26cm

ISBN 7-5370-2430-8:￥1.60

G634.91

初中生物第一册(上)单元综合测试卷:维吾尔文/亚森·吾布利哈斯木编.—乌鲁木齐:新疆科技卫生出版社,1995.7.—71页;26cm

ISBN 7-5372-1145-0:￥2.80

G634.91

初中生物第一册(下)单元综合测试卷:维吾尔文/姑丽巴哈尔·吾斯曼编.—乌鲁木齐:新疆科技卫生出版社,1995.6.—102页;26cm

ISBN 7-5372-1052-7:￥3.80

G634.91

九年义务教育三年制初级中学生物第二册实验报告册:维吾尔文.—乌鲁木齐:新疆教育出版社,1995.6.—71页;26cm

ISBN 7-5370-2431-6:￥2.30

G634.91

九年义务教育三年制初级中学生物第一册(下)练习册:维吾尔文.—乌鲁木齐:新疆教育出版社,1995.10.—113页;19cm

初中一年级下学期使用

ISBN 7-5370-2614-9:￥1.50

G634.91

九年义务教育三年制初级中学生物练习册 第一册:维吾尔文.—乌鲁木齐:新疆教育出版社,1995.6.—174页;19cm

ISBN 7-5370-2439-1:￥2.21

G634.91

生物 第一册(下):维吾尔文.—2版.—乌鲁木齐:新疆教育出版社,1995.10.—148页:彩图;26cm

九年义务教育三年制初级中学教科书

ISBN 7-5370-2675-0:￥4.46

G634.93

劳动技术 第三册:维吾尔文/新疆维吾尔自治区教委教学研究室编;艾孜孜,尼加提译.—乌鲁木齐:新疆青少年出版社,1995.7.—322页;19cm

ISBN 7-5371-2127-3:￥6.90

G634.93

劳动技术 第一册:维吾尔文/新疆维吾尔自治区教委教学研究室编著;努丽亚,艾尼译 .—乌鲁木齐:新疆青少年出版社,1995.6.—265页;19cm

ISBN 7-5371-2125-7:￥5.40

G72

1994年新疆维吾尔自治区成人高等学校与成人中专统一招生考试题与答案:维吾尔文/阿布都热扎克·沙依木等收集整理.—乌鲁木齐:新疆科技卫生出版社,1995.2.—176页;19cm

ISBN 7-5372-1018-7:￥3.75

G807.3

体育 第一册(下):维吾尔文/人民教育出版社体育室编.—乌鲁木齐:新疆教育出版社,1995.10.—200页;26cm

中等师范学校教科书:试用本

ISBN 7-5370-2683-1:￥6.72

G841.4

篮球规则 1992:维吾尔文/赛丽曼·艾力译.—乌鲁木齐:新疆科技卫生出版社,1995.1.—159页;19cm

ISBN 7-5372-0901-4:￥2.50

G842.2

排球训练:维吾尔文/吾买尔江·斯拉木编.—乌鲁木齐:新疆科技卫生出版社,1995.6.—163页;19cm

ISBN 7-5372-0956-1:￥3.10

H215

现代维吾尔语:维吾尔文/白克力·赛依提著.—乌鲁木齐:新疆人民出版社,1995.8.—158页;19cm

ISBN 7-228-03410-4:￥6.50

H215.5

实用写作知识:维吾尔文/阿里木江·阿西尔等编.—乌鲁木齐:新疆人民出版社,1995.6.—526页;20cm

ISBN 7-228-03391-4:￥12.50

H314

简明英语语法:维吾尔文/买买提吐尔逊·祖农编.—乌鲁木齐:新疆人民出版社,1995.7.—543页;20cm

ISBN 7-228-03499-6:￥12.00

I0

文学概论问答:维吾尔文/买买提艾力·哈德尔编.—喀什:喀什维吾尔文出版社,1995.10.—375页;20cm

ISBN 7-5373-0508-0:￥6.50

I17

外国幽默精选:维吾尔文/穆罕默德·伊明选译.—北京:民族出版社,1995.10.—137页;20cm

ISBN 7-105-02196-9: ¥4.00

I207.7

论维吾尔十二木卡姆与伊犁民歌:维吾尔文/格亚斯丁·巴拉提,阿布都克里木·吾斯曼著.—乌鲁木齐:新疆人民出版社,1995.9.—265页;20cm

ISBN 7-228-03474-0: ¥16.20

I207.9

高昌回鹘文学:维吾尔文/司马义·铁木尔著.—乌鲁木齐:新疆人民出版社,1995.9.—500页;20cm

ISBN 7-228-03427-9: ¥28.80

I207.9

论维吾尔民间文学:维吾尔文/买买提江·沙迪克著.—乌鲁木齐:新疆人民出版社,1995.4.—590页;20cm

ISBN 7-228-02841-4: ¥10.00

I222

巴亚孜:维吾尔文/买买提明·玉素甫,买买提吐尔逊·巴吾东编.—乌鲁木齐:新疆人民出版社,1995.9.—360页;20cm

ISBN 7-228-03756-1: ¥21.00

I222

尼扎勒抒情诗集:维吾尔文/阿布都热依木·尼扎勒著;买买提吐尔逊·巴吾东整理.—乌鲁木齐:新疆人民出版社,1995.9.—126页;20cm

ISBN 7-228-03757-X: ¥7.70

I222.7

祖胡利诗集:维吾尔文/祖胡利著;库尔班·巴拉提整理.—乌鲁木齐:新疆人民出版社,1995.9.—186页;20cm

ISBN 7-228-03755-3: ¥14.60

I227

艾尔西诗集:维吾尔文/霍加·加罕·艾尔西著;买买提吐尔逊·巴吾东整理.—乌鲁木齐:新疆人民出版社,1995.9.—295页;20cm

ISBN 7-228-03480-5: ¥17.60

I227

爱苦相依:维吾尔文/穆罕默德伊敏·伊本霍加木库里·黑尔喀提著;伊斯拉菲尔·玉苏甫,阿不都克尤木·霍加整理.—乌鲁木齐:新疆人民出版社,1995.9.—190页;20cm

ISBN 7-228-03453-8: ¥11.70

I227

爱情谱成的歌:诗集:维吾尔文/若孜·萨义提著.—喀什:喀什维吾尔文出版社,1995.5.—180页;20cm

ISBN 7-5373-0495-5: ¥3.50

I227

但愿别着邪:诗集:维吾尔文/阿布都色买提·何里力著.—喀什:喀什维吾尔文出版社,1995.7.—105页;19cm

ISBN 7-5373-0500-5: ¥2.50

I227

坎兰达尔诗集:维吾尔文/坎兰达尔著;伊斯拉菲尔·玉苏甫整理.—乌鲁木齐:新疆人民出版社,1995.9.—328页;20cm

ISBN 7-228-03462-7: ¥19.40

I227

离别之丘:阿比利江诗集:维吾尔文/阿比利江著.—北京:民族出版社,1995.9.—97页;19cm

ISBN 7-105-02402-X: ¥2.90

I227

良心的指示:诗集:维吾尔文/纳伊木·玉素甫著.—乌鲁木齐:新疆人民出版社,1995.8.—87页;19cm

ISBN 7-228-03487-2: ¥3.30

I227

麦合祖尼诗集:维吾尔文/司马义·麦合祖尼著;吐尔逊·吾守尔整理.—乌鲁木齐:新疆人民出版社,1995.9.—238页;20cm

ISBN 7-228-03481-3: ¥14.40

I227

麦西胡里诗集:维吾尔文/伊布拉音·麦西胡里著;买买提伊明·玉苏甫整理.—乌鲁木齐:新疆人民出版社,1995.9.—281页;20cm

ISBN 7-228-03490-1: ¥16.30

I227

纳克斯诗集:维吾尔文/沙比尔·伊本·阿布都卡德尔·纳克斯著;买买提吐尔迪·米尔孜艾合买提整理.—乌鲁木齐:新疆人民出版社,1995.9.—235页;20cm

ISBN 7-228-03463-5: ¥13.80

I227

鸟语:维吾尔文/伊布拉音·伊本·玉苏甫·和田尼著;阿布力米提·艾海提等整理.—乌鲁木齐:新疆人民出版社,1995.9.—301页;20cm

ISBN 7-228-03460-0: ¥17.60

I227

诺拜提诗集:维吾尔文/诺拜提著;买买提吐尔逊·巴吾东整理.—乌鲁木齐:新疆人民出版社,1995.9.—203页;20cm

ISBN 7-228-03467-8: ¥12.20

I227

葡萄架下的聊天:短诗、长诗集:维吾尔文/艾合买提·瓦义迪著.—喀什:喀什维吾尔文出版社,1995.11.—210页;19cm

ISBN 7-5373-0510-2: ¥4.00

I227

小人的自白:维吾尔文/阿布都热依木·艾克木著.—北京:民族出版社,1995.7.—194页;19cm

ISBN 7-105-02386-4: ¥4.50

I227

心声似火焰:诗集:维吾尔文/吾买尔·萨义提著.—喀什:喀什维吾尔文出版社,1995.6.—71页;19cm

ISBN 7-5373-0497-1: ¥1.50

I227

帐篷中吟诗:诗集:维吾尔文/海热提·阿布都拉·优里歧著;肉孜·萨伊提选编.—喀什:喀什维吾尔文出版社,1995.9.—140页;19cm

ISBN 7-5373-0505-6: ¥2.50

I233.7

木卡姆故乡的新春天：维吾尔文/买买提艾里·祖农著.—乌鲁木齐：新疆人民出版社，1995.9.—325页；20cm

ISBN 7-228-03471-6：¥19.00

I236.45

道德法庭：维吾尔文/加帕尔·哈斯木著.—北京：民族出版社，1995.3.—379页；19cm

ISBN 7-105-02172-1：¥7.00

I239.7

维吾尔族相声选：维吾尔文/热依木·玉素甫整理.—北京：民族出版社，1995.10.—453页；19cm

ISBN 7-105-02181-0：¥9.80

I247.5

悲伤的爱情：长篇小说：维吾尔文/买买提依明·西帕著.—乌鲁木齐：新疆人民出版社，1995.3.—430页；20cm

ISBN 7-228-03297-7(精装)：¥10.60

I247.5

吉乃斯特：维吾尔文/《喀什文学》编辑部编.—北京：民族出版社，1995.8.—383页；19cm

ISBN 7-105-02214-0：¥9.00

I247.5

骆驼蓬开花的时候：中篇小说集：维吾尔文/阿布拉·艾合米迪著.—喀什：喀什维吾尔文出版社，1995.6.—437页；20cm

ISBN 7-5373-0498-X：¥7.00

I247.5

迷茫世界：维吾尔文/夏依苏里坦著；阿不都热合满·艾里译.—乌鲁木齐：新疆人民出版社，1995.4.—449页；20cm

ISBN 7-228-03051-6：¥8.60

I247.5

神秘的乞丐：维吾尔文/古丽娜尔整理.—北京：民族出版社，1995.11.—387页；19cm

ISBN 7-105-02401-1：¥7.00

I247.5

中篇小说选：维吾尔文/亚森江·吾买尔，巴图尔江·达吾提著.—北京：民族出版社，1995.12.—409页；20cm

ISBN 7-105-02247-7：¥6.20

I247.7

公主脸上的污点：维吾尔文/阿依夏木·阿合买提著.—乌鲁木齐：新疆人民出版社，1995.11.—187页；19cm

ISBN 7-228-03366-3：¥5.80

I247.7

猎人的儿子：短篇小说选：维吾尔文/达吾提江·沙吾提著.—乌鲁木齐：新疆人民出版社，1995.4.—123页；19cm

ISBN 7-228-03341-8：¥2.40

I247.7

破镜上的形影：中短篇小说集：维吾尔文/吐拉甫·吾布力著.—喀什：喀什维吾尔文出版社，1995.12.—244页；20cm

ISBN 7-5373-0501-3：¥5.00

I247.7

饶舌的人：短篇小说选：维吾尔文/托合塔西·白克日著.—乌鲁木齐：新疆人民出版社，1995.6.—125页；19cm

ISBN 7-228-02828-7：¥2.80

I247.7

杀人犬：短篇小说选：维吾尔文/肉孜·吾守尔著.—乌鲁木齐：新疆人民出版社，1995.9.—216页；19cm

ISBN 7-228-03483-X：¥6.40

I247.7

神密的天宫：维吾尔文/乔法尼著.—北京：民族出版社，1995.4.—148页；19cm

ISBN 7-105-02170-5：¥3.20

I247.7

杏花盛开之时：维吾尔文/马利克·克维尔著.—乌鲁木齐：新疆人民出版社，1995.4.—250页；19cm

ISBN 7-228-02907-0：¥3.05

I247.7

哑女的心：短篇小说选：维吾尔文/艾则孜·萨吾提著.—乌鲁木齐：新疆人民出版社，1995.2.—158页；19cm

ISBN 7-228-03001-X：¥3.30

I247.8

夜深人静之时：维吾尔文/阿布都艾海提·卡的尔，吐尔逊江·木海买提著.—北京：民族出版社，1995.10.—155页；19cm

ISBN 7-105-02379-1：¥3.50

I25

权钱交易录：惊心动魄的反腐败内幕纪实：维吾尔文/西西编著；沙比尔等译.—北京：民族出版社，1995.4.—688页；20cm

ISBN 7-105-02171-3：¥8.25

I25

四通八大的和田路：维吾尔文/和田交通处编.—喀什：喀什维吾尔文出版社，1995.9.—378页；20cm

ISBN 7-5373-0506-4：¥6.50

I267

乳白色的襁褓：维吾尔文/穆·阿布力孜等著.—北京：民族出版社，1995.6.—159页；19cm

ISBN 7-105-02216-7：¥3.70

I277.3

十二属相趣谈：维吾尔文/梁国宁编；阿布都吾甫尔·塞衣丁译.—乌鲁木齐：新疆人民出版社，1995.3.—127页；19cm

ISBN 7-228-03305-1：¥2.80

I277.3

维吾尔民间故事精选　(1)：维吾尔文/艾海提·阿西木选编.—乌鲁木齐：新疆人民出版社，1995.9.—811页；19cm

ISBN 7-228-03217-9(精装)：¥18.00

I287.5

机智故事天天讲：维吾尔文/吕公主编.—乌鲁木

齐:新疆科技卫生出版社,1995.3.—208 页;19cm.—(故事大王精粹·第一辑)
ISBN 7-5372-0928-6:¥2.95

I287.5

帕米尔启示:维吾尔文/司马义·艾则孜著.—乌鲁木齐:新疆青少年出版社,1995.4.—88 页;19cm
ISBN 7-5371-1907-4:¥2.50

I287.5

善良故事天天讲:维吾尔文/吕公主编;地力夏提·买买提肉孜,艾尔肯·吾买尔译 .—乌鲁木齐:新疆科技卫生出版社,1995.3.—220 页;19cm.—(故事大王精粹·第一辑)
ISBN 7-5372-0909-X:¥3.10

I287.5

晚安故事 365:春:维吾尔文/张继楼主编;美丽克目·穆汗芪德等译.—乌鲁木齐:新疆科技卫生出版社,1995.3.—334 页;19cm
ISBN 7-5372-0939-1:¥4.30

I287.5

晚安故事 365:冬:维吾尔文/张继楼主编;司马义·卡德尔,买买提·阿布都拉译.—乌鲁木齐:新疆科技卫生出版社,1995.4.—309 页;19cm
ISBN 7-5372-0929-4:¥4.05

I287.5

晚安故事 365:秋:维吾尔文/张继楼主编;斯玛依·买买提等译.—乌鲁木齐:新疆科技卫生出版社,1995.2.—340 页;19cm
ISBN 7-5372-0908-1:¥4.44

I287.5

晚安故事 365:夏:维吾尔文/张继楼主编;迪力木拉题·卡斯木,吾特库尔·佝里力译 .—乌鲁木齐:新疆科技卫生出版社,1995.3.—283 页;19cm
ISBN 7-5372-0918-9:¥3.80

I287.5

小兵张嘎:维吾尔文/徐光耀著;阿尔斯兰·阿巴斯,艾尔肯·沙迪尔译.—乌鲁木齐:新疆青少年出版社,1995.12.—182 页;19cm
ISBN 7-5371-2174-5:¥5.40

I287.5

小萝卜头:维吾尔文/再娜甫·把拉提译.—乌鲁木齐:新疆青少年出版社,1995.12.—226 页;19cm
ISBN 7-5371-2179-6:¥6.30

I287.5

一天一个好故事　(1):维吾尔文/河北少年儿童出版社编;阿不力克木等译 .—乌鲁木齐:新疆科技卫生出版社,1995.1.—252 页;19cm
ISBN 7-5372-0923-5:¥3.45

I287.5

一天一个好故事　(2):维吾尔文/河北少年儿童出版社编;斯马义等译.—乌鲁木齐:新疆科技卫生出版社,1995.1.—236 页;19cm
ISBN 7-5372-0924-3:¥3.25

I287.5

一天一个好故事　(3):维吾尔文/陈燕俗编;努丽亚·热合曼,买买提吐尔逊译.—乌鲁木齐:新疆科技卫生出版社,1995.3.—230 页;19cm
ISBN 7-5372-0927-8:¥3.20

I287.5

一天一个好故事　(4):维吾尔文/艾尼瓦尔·卡得尔译.—乌鲁木齐:新疆科技卫生出版社,1995.3.—221 页;19cm
ISBN 7-5372-0920-0:¥3.05

I287.5

勇敢故事天天讲:维吾尔文/吕公主编;热依汗·那斯尔等译.—乌鲁木齐:新疆科技卫生出版社,1995.2.—233 页;19cm.—(故事大王精粹·第一辑)
ISBN 7-5372-0921-9:¥3.25

I287.5

智慧故事天天讲:维吾尔文/吕公主编;依布拉音·阿吾提译.—乌鲁木齐:新疆科技卫生出版社,1995.3.—241 页;19cm.—(故事大王精粹·第一辑)
ISBN 7-5372-1014-4:¥3.30

I291.5

拜合拉木与迪拉热木:维吾尔文/毛拉司迪克·叶尔坎迪著;买买提吐尔迪·米尔孜艾合买提整理.—乌鲁木齐:新疆人民出版社,1995.9.—223 页;20cm
ISBN 7-228-03456-2:¥13.10

I291.5

帕尔哈德与西琳:维吾尔文/毛拉司迪克·叶尔坎逊著;买买提吐尔迪·巴吾东整理.—乌鲁木齐:新疆人民出版社,1995.9.—290 页;20cm
ISBN 7-228-03455-4:¥16.90

I291.5

奇怪的孩子们:维吾尔文/(土耳其)乃森著;阿布都外力译.—乌鲁木齐:新疆青少年出版社,1995.12.—250 页;19cm

著者原题:阿齐兹·乃森
ISBN 7-5371-1492-7:¥6.00

I291.5

赛地伊斯坎德尔:维吾尔文/毛拉斯迪克·叶尔坎迪著;阿不都克尤木·霍加整理.—乌鲁木齐:新疆人民出版社,1995.9.—303 页;20cm
ISBN 7-228-03470-8:¥17.80

I291.5

思海拾零:维吾尔文/热依木·玉苏甫著.—乌鲁木齐:新疆人民出版社,1995.7.—80 页;18cm
ISBN 7-228-02719-1:¥1.85

I291.5

停止流动的河:维吾尔文/帕合尔丁·木沙著.—乌鲁木齐:新疆青少年出版社,1995.3.—143 页;19cm
ISBN 7-5371-2008-0:¥3.00

I291.5

银玲:维吾尔文/阿布力米提·托和提著.—乌鲁木齐:新疆青少年出版社,1995.8.—79 页;19cm
ISBN 7-5371-2153-2:¥1.80

I291.5

值壹仟金币的话:维吾尔文/色来·卡斯木收集整理.—乌鲁木齐:新疆青少年出版社,1995.6.—66 页;

19cm
ISBN 7－5371－1996－1：¥1.50
I291.547.5
悲伤的爱情：长篇小说：维吾尔文/买买提依明·西帕著．—乌鲁木齐：新疆人民出版社，1995.3.—430页；20cm
ISBN 7－228－03295－0：¥8.60
I411.45
蒙面人：维吾尔文/（埃及）热西德著；达吾提·阿孜译．—乌鲁木齐：新疆人民出版社，1995.7.—290页；19cm
著者原题：哈桑·热西德
ISBN 7－228－03454－6：¥4.75
I512.44
罪与罚：维吾尔文/（俄）陀斯妥耶夫斯基著；木沙江·艾孜孜译．—乌鲁木齐：新疆人民出版社，1995.3.—838页；20cm
ISBN 7－228－03161－X：¥9.50
I565.44
娜娜：维吾尔文/（法）左拉（Zola，E.）著；迪利夏提·苏里坦译．—乌鲁木齐：新疆人民出版社，1995.11.—635页；20cm
ISBN 7－228－03056－7：¥12.00
I712.45
诽谤与正义：外国名作家短篇小说选　（4）：维吾尔文/（美）伦敦著．—乌鲁木齐：新疆人民出版社，1995.2.—385页；19cm
著者原题：杰克·伦敦
ISBN 7－228－02855－4：¥4.20
J064
艺用人体解剖：维吾尔文/伊明江·阿布都热衣木编．—乌鲁木齐：新疆美术摄影出版社，1995.2.—148页；26cm
ISBN 7－80547－281－5：¥14.00
J206.4
美术解剖学知识：维吾尔文/努尔·穆罕麦德编．—喀什：喀什维吾尔文出版社，1995.4.—109页；20cm
ISBN 7－5373－0491－2：¥2.00
J206.4
艺用人体解剖：维吾尔文/伊明江·阿布都热衣木编．—乌鲁木齐：新疆美术摄影出版社，1995.2.—148页；26cm
ISBN 7－80547－281－5：¥14.00
J607
论木卡姆：维吾尔文/吐尔干·夏吾东著．—乌鲁木齐：新疆人民出版社，1995.9.—155页；20cm
ISBN 7－228－03469－4：¥9.70
J607
论维吾尔十二木卡姆的伊犁样式：维吾尔文/买买提依明·吾守尔著．—乌鲁木齐：新疆人民出版社，1995.9.—166页；20cm
ISBN 7－228－03452－X：¥10.20
J607
论维吾尔十二木卡姆的音乐结构特征：维吾尔文/苏来曼·依敏著．—乌鲁木齐：新疆人民出版社，1995.9.—240页；20cm
ISBN 7－228－03482－1：¥14.20
J607
木卡姆先驱们：维吾尔文/阿布都克里木·热合曼编．—乌鲁木齐：新疆人民出版社，1995.9.—318页；20cm
ISBN 7－228－03468－6：¥19.60
J607
维吾尔十二木卡姆弦律的特征：维吾尔文/努尔买买提·萨依提著．—乌鲁木齐：新疆人民出版社，1995.9.—400页；20cm
ISBN 7－228－03497－X：¥23.20
J607－53
刀郎麦西热甫木卡姆　（1）：维吾尔文/穆罕默德·吾斯曼著．—乌鲁木齐：新疆人民出版社，1995.9.—322页；20cm
ISBN 7－228－03464－3：¥19.20
J607－53
刀郎麦西热甫木卡姆　（2）：维吾尔文/穆塔力甫·色依提等著．—乌鲁木齐：新疆人民出版社，1995.9.—372页；20cm
ISBN 7－228－03489－9：¥21.60
J642.211.5
献给你一束花：歌曲选：维吾尔文/伊米提·卡吾力著．—乌鲁木齐：新疆人民出版社，1995.12.—126页；19cm
ISBN 7－228－03424－4：¥3.90
J722.221.5
维吾尔少儿舞蹈：维吾尔文/阿依夏木·巴斯提编著．—乌鲁木齐：新疆青少年出版社，1995.12.—197页；19cm
ISBN 7－5371－1937－6：¥7.00
J722.221.5
舞蹈学概论：维吾尔文/热娜·玛合苏德著．—乌鲁木齐：新疆人民出版社，1995.12.—169页；20cm
ISBN 7－228－02706－X：¥3.90
K281.5
维吾尔文化拾零：维吾尔文/马合木堤·再依地著．—北京：民族出版社，1995.12.—239页；19cm
ISBN 7－105－02385－6：¥4.70
K294
西域与古老文化：维吾尔文/克尤木·霍加著．—乌鲁木齐：新疆人民出版社，1995.4.—395页；20cm
ISBN 7－228－02695－0：¥7.20
K294.5
新疆三区革命大事记：维吾尔文/新疆三区革命史编纂委员会编；阿不都拉·阿吾提等译．—乌鲁木齐：新疆人民出版社，1995.8.—478页；20cm
ISBN 7－228－03601－8：¥13.50
K294.5
新疆文史资料选辑　（39）：维吾尔文/阿布力孜·穆罕默德·沙依拉木主编；中国人民政治协商会议新疆维吾尔自治区委员会文史资料委员会编．—乌鲁木

齐:新疆人民出版社,1995.5.—417页;20cm
内部发行
ISBN 7-228-03716-2:¥8.70
K294.53
阿克苏市志:维吾尔文/赵恒书主编;阿克苏市史志编纂委员会编.—北京:民族出版社,1995.9.—1230页:图;26cm
ISBN 7-105-02384-8(精装):¥250.00
K294.53
宝地和田:维吾尔文/《宝地和田》编委会编.—乌鲁木齐:新疆美术摄影出版社,1995.11.—454页:照片;26cm
ISBN 7-80547-110-X:¥65.00
K924.5
天山区概况:维吾尔文/乌鲁木齐市天山区史志办公室编;米力克等译 .—乌鲁木齐:新疆人民出版社,1995.4.—488页;20cm
ISBN 7-228-03443-0(精装):¥10.00
K928.6
佛国于阗:维吾尔文/李吟屏著;艾白都拉·阿克甫译.—乌鲁木齐:新疆人民出版社,1995.8.—421页;20cm
ISBN 7-228-03321-3:¥10.90
N49
现代科学技术基础知识:维吾尔文/宋健主编.—乌鲁木齐:新疆科技卫生出版社,1995.2.—578页;26cm
ISBN 7-5372-0926-X:¥16.00
O12
代数与初等函数　第一册:维吾尔文/人民教育出版社中学数学室编著.—乌鲁木齐:新疆教育出版社,1995.6.—533页;19cm
中等师范学校数学教科书:试用本
ISBN 7-5370-2585-1:¥7.15
O12
一部分数学定律:维吾尔文/吐尔逊·热依木编著.—喀什:喀什维吾尔文出版社,1995.1.—143页;19cm
ISBN 7-5373-0479-3:¥2.00
O123
几何　第一册:维吾尔文/人民教育出版社中学数学室编著.—乌鲁木齐:新疆教育出版社,1995.6.—317页;19cm
中等师范学校数学教科书:试用本
ISBN 7-5370-2584-3:¥4.45
O17-44
实变函数论与泛函分析习题解答:维吾尔文/吐尔洪江·阿布都克力木编著 .—乌鲁木齐:新疆科技卫生出版社,1995.5.—307页;19cm
ISBN 7-5372-0995-0:¥8.50
O4
物理学　第一册:维吾尔文.—乌鲁木齐:新疆教育出版社,1995.6.—480页;26cm
中等师范学校课本:试用本
ISBN 7-5370-2582-7:¥13.40
O4
物理易混易错概念规律的比较:维吾尔文/黄廷基编;阿布拉江·吾买尔等译.—喀什:喀什维吾尔文出版社,1995.5.—198页;19cm
ISBN 7-5373-0493-9:¥3.50
O4-33
中等师范学校物理学(试用本)实验册　第一册:维吾尔文.—乌鲁木齐:新疆教育出版社,1995.6.—31页;26cm
ISBN 7-5370-2438-3:¥1.60
P4-49
气象基础知识:维吾尔文/马木提·琼阿洪,阿不都肉苏力·阿克那扎尔编著.—乌鲁木齐:新疆科技卫生出版社,1995.1.—162页;19cm
ISBN 7-5372-0955-3:¥5.80
Q-43
生物学　第一册:维吾尔文/人民教育出版社生物自然室编.—乌鲁木齐:新疆教育出版社,1995.6.—456页:彩图;26cm
中等师范学校教科书:试用本
ISBN 7-5370-2536-3:¥11.80
Q1
生物:维吾尔文/王慧主编;胡尔西达译.—乌鲁木齐:新疆科技卫生出版社,1995.10.—241页;26cm
ISBN 7-5372-0664-3:¥12.60
Q152.45
新疆动植物:维吾尔文/李都等编写;亚森·吾布里哈斯木译 .—乌鲁木齐:新疆科技卫生出版社,1995.2.—207页;19cm
ISBN 7-5372-0996-9:¥3.00
Q4
生理学:维吾尔文/胡崎主编;关秀梅等译.—乌鲁木齐:新疆科技卫生出版社,1995.10.—377页;26cm
ISBN 7-5372-0661-9:¥19.60
Q94
植物学:维吾尔文/南京林业学校主编;阿合买提等译.—乌鲁木齐:新疆科技卫生出版社,1995.2.—304页;26cm
全国中等林业学校教材
ISBN 7-5372-0914-6:¥8.80
Q948.524.5
新疆密源植物及其利用:维吾尔文/米吉提·胡达拜尔地,玉米提·哈力克编著.—乌鲁木齐:新疆大学出版社,1995.9.—578页;20cm
ISBN 7-5631-0695-2:¥15.50
R161
名人健身法:维吾尔文/萨吾提·胡吉编.—喀什:喀什维吾尔文出版社,1995.7.—214页;19cm
ISBN 7-5373-0502-1:¥3.50
R161-44
人生保健500忌:维吾尔文/石云凤编著;吾甫尔·司马义译.—乌鲁木齐:新疆科技卫生出版社,1995.3.—413页;19cm
ISBN 7-5372-0892-1:¥5.90

R169.1

遗传与优生:维吾尔文/阿布都素甫尔·阿布都热依木编著.—喀什:喀什维吾尔文出版社,1995.3.—226页;19cm

ISBN 7-5373-0486-6:¥3.50

R174

宝宝喂养月月谈:维吾尔文/戴苏娜,张春改编著.—喀什:喀什维吾尔文出版社,1995.3.—397页;19cm

ISBN 7-5373-0487-4:¥5.50

R2-61

中国医学百科全书:维吾尔医学分卷　第六册:维吾尔文/《中国医学百科全书》维吾尔医学分卷办公室,新疆维吾尔自治区维吾尔医研究所组织编写.—乌鲁木齐:新疆科技卫生出版社,1995.8.—668页;26cm

ISBN 7-5372-0646-5:¥20.00

R244.1

按摩治疗:维吾尔文/那吉米丁·尼扎米丁等编.—乌鲁木齐:新疆科技卫生出版社,1995.2.—151页;19cm

ISBN 7-5372-0951-0:¥2.60

R247.1

食物养生200题:维吾尔文/孟庆轩,陈国珍编著;阿里木·伊得力斯,阿德力·伊不拉音消开提译.—喀什:喀什维吾尔文出版社,1995.11.—471页;19cm

ISBN 7-5373-0509-9:¥7.50

R291.5

诸病民间疗法:维吾尔文/阿吉阿布都热合曼·尼合买提编著.—喀什:喀什维吾尔文出版社,1995.3.—155页;19cm

ISBN 7-5373-0488-2:¥2.30

R291.5-61

简明维吾尔医详解辞典:维吾尔文/艾合买提江·司马义编著.—乌鲁木齐:新疆科技卫生出版社,1995.12.—170页;13×10cm

ISBN 7-5372-0684-8:¥2.50

R322

系统解剖考试参考资料问答:维吾尔文/阿不都吉力力等编著.—乌鲁木齐:新疆科技卫生出版社,1995.8.—330页;19cm

ISBN 7-5372-0675-9:¥7.90

R656.1

急性腹痛的外科诊断及治疗:维吾尔文/欧布勒哈斯木·吾麦尔编著.—喀什:喀什维吾尔文出版社,1995.8.—331页;19cm

ISBN 7-5373-0504-8:¥4.50

R730.23

环境与癌症:维吾尔文/伊明·哈斯木等编著.—喀什:喀什维吾尔文出版社,1995.11.—117页;19cm

ISBN 7-5373-0511-0:¥2.50

S219.1

小四轮拖拉机:结构、使用、保养:维吾尔文/阿不利孜·斯地克,阿吉买买提·披达编译.—乌鲁木齐:新疆科技卫生出版社,1995.10.—120页;19×26cm

ISBN 7-5372-1055-1:¥10.00

S233.3

农业机械田间作业系列标准:维吾尔文/新疆维吾尔自治区标准局编;新疆维吾尔自治区农械局译.—乌鲁木齐:新疆科技卫生出版社,1995.6.—150页;26cm

ISBN 7-5372-1053-5:¥9.50

①S54②S816.8

饲料生产与调制:维吾尔文/卢得仁编著;热依木江·斯力木,玛丽亚木·玉苏甫译.—喀什:喀什维吾尔文出版社,1995.3.—272页;19cm

ISBN 7-5373-0490-4:¥4.00

S567

维吾尔药材栽培技术:维吾尔文/阿不力米提·玉素甫阿吉著.—乌鲁木齐:新疆科技卫生出版社,1995.12.—107页;19cm

ISBN 7-5372-0676-7:¥3.50

S609

果品保鲜贮藏技术:维吾尔文/龙翰飞等编;阿布都克力木·沙吾提译.—乌鲁木齐:新疆科技卫生出版社,1995.1.—374页;19cm

ISBN 7-5372-0899-9:¥6.36

S722

林木育种学:维吾尔文/四川省林业学校主编;阿里木江·玉素甫等译.—乌鲁木齐:新疆科技卫生出版社,1995.3.—449页;26cm

全国中等林业学校教材

ISBN 7-5372-0907-3:¥14.40

S812.95

地方国营牧场的管理:维吾尔文/热依木江·赛里木编.—乌鲁木齐:新疆科技卫生出版社,1995.9.—79页;19cm

ISBN 7-5372-1138-8:¥2.30

S858

幼畜常见病及其防治:维吾尔文/艾海提·萨义提编著.—喀什:喀什维吾尔文出版社,1995.5.—149页;19cm

ISBN 7-5373-0494-7:¥2.50

TM07

初级维修电工工艺学:维吾尔文/国家机械工业委员会统编;吐达洪·艾尼,伊明江·热合木土拉译.—乌鲁木齐:新疆科技卫生出版社,1995.3.—365页;26cm

ISBN 7-5372-0944-8:¥12.30

TM6

电力生产常识:维吾尔文/水利电力科学技术情报研究所编;艾尼瓦尔·哈力克,刘国宝译.—乌鲁木齐:新疆科技卫生出版社,1995.7.—497页;19cm

ISBN 7-5372-0949-9:¥12.20

TN8

精选无线电小制作24例:维吾尔文/孙鹏年,郁静编著;斯马义·哈尔译.—乌鲁木齐:新疆科技卫生出版社,1995.1.—274页;19cm

ISBN 7-5372-0575-2:¥2.95

TP3

计算机应用基础:维吾尔文/卡哈尔阿不来编著.—乌鲁木齐:新疆科技卫生出版社,1995.11.—380页;26cm

ISBN 7-5372-0678-3:¥24.50

TP316

计算机操作技术:维吾尔文/艾尼·阿不拉等编著.—乌鲁木齐:新疆科技卫生出版社,1995.10.—389页;26cm

ISBN 7-5372-0677-5:¥25.00

TS974

美容秘诀:维吾尔文/倪宝禄编著;热孜万古丽·阿布里米提,拜热呢沙·玉苏甫译.—喀什:喀什维吾尔文出版社,1995.1.—207页;19cm

ISBN 7-5373-0476-9:¥2.50

TS976

《生活之友》精选:维吾尔文/图尔洪·欧布利哈斯木·伊里提孜编.—喀什:喀什维吾尔文出版社,1995.5.—388页;20cm

ISBN 7-5373-0496-3:¥5.00

Z228

人间百事通:维吾尔文/阿依夏木等译.—北京:民族出版社,1995.11.—505页;19cm

ISBN 7-105-02267-1:¥10.90

Z524.5

新疆年鉴 1994:维吾尔文/新疆维吾尔自治区地方志编纂委员会编.—乌鲁木齐:新疆人民出版社,1995.3.—1077页:彩照;26cm

ISBN 7-228-03227-6(精装):¥55.00

苗文图书

I277.3

苗族民间文学选读:川黔滇方言:苗文/贵州省民委民族语文办公室编;阿烺蒙,顾烺蒙搜集整理.—贵阳:贵州民族出版社,1995.11.—149页;19cm

ISBN 7-5412-0605-9:¥4.70

彝文图书

D2-0

邓小平文选　第三卷:彝文/邓小平著;中国民族语文翻译中心译.—成都:四川民族出版社,1995.10.—524页;19cm

ISBN 7-5409-1537-4:¥17.00

G624.15

思想品德　第二册:彝文/四川省教育委员会,凉山州教育委员会编译.—成都:四川民族出版社,1995.11.—56页;20cm

九年义务教育六年制小学彝文课本

ISBN 7-5409-1589-7:¥2.25

G624.2

语文　第二册:彝文/四川省教育委员会,凉山州教育委员会编译.—成都:四川民族出版社,1995.11.—78页;20cm

九年义务教育六年制小学彝文课本

ISBN 7-5409-1617-6:¥3.20

G634.55

地理　第二册:彝文/四川省教委,凉山州教委编译.—成都:四川民族出版社,1995.11.—134页;26cm

九年义务教育三年制初级中学彝文教科书

ISBN 7-5409-1628-1:¥4.50

I227

彝族欢歌:彝文/白友且,熊子古收集整理.—成都:四川民族出版社,1995.9.—166页;19cm

ISBN 7-5409-1520-X:¥3.90

Z228

少儿十万个为什么　(2):彝文/沙文忠译.—成都:四川民族出版社,1995.6.—365页;19cm

ISBN 7-5409-1427-0:¥8.50

朝鲜文图书

B0-0

哲学常识　上册:朝鲜文/人民教育出版社政治室编.—延吉:东北朝鲜民族教育出版社,1995.6.—153页;26cm

中等师范学校思想政治教科书:试用本

ISBN 7-5437-2200-3:¥11.00

B0-0

哲学常识　下册:朝鲜文/人民教育出版社政治室编.—延吉:东北朝鲜民族教育出版社,1995.11.—153页;26cm

中等师范学校思想政治教科书:试用本

ISBN 7-5437-2264-X:¥8.00

B84-49

趣味心理学:朝鲜文/裴正浩编.—延吉:延边人民出版社,1995.12.—137页;19cm

ISBN 7-80599-432-3:¥5.00

B844.1

心理学教程:朝鲜文/王振宇主编.—延吉:东北朝鲜民族教育出版社,1995.7.—273页;26cm

中等师范学校教科书:试用本

ISBN 7-5437-2199-6:¥20.00

C913.13

婚姻和性:朝鲜文/鲁朱哲主编.—牡丹江:黑龙江朝鲜民族出版社,1995.12.—297页;20cm

ISBN 7-5389-0532-4:¥12.50

D2-0

邓小平文选　第二卷:朝鲜文/邓小平著;中国民族语文翻译中心译.—2版.—北京:民族出版社,1995.1.—665页;19cm

ISBN 7-105-02366-X:¥8.90

D2-0

邓小平文选　第一卷:朝鲜文/邓小平著;中国民族语文翻译中心译.—2版.—北京:民族出版社,1995.

1.—561 页;19cm
ISBN 7-105-02361-9:¥7.60
D220
中国共产党第十四届中央委员会第五次全体会议文件:朝鲜文/中国民族语文翻译中心译.—北京:民族出版社,1995.10.—125 页;20cm
ISBN 7-105-02561-1:¥3.50
D263
领导干部的楷模——孔繁森:朝鲜文/中共中央组织部研究室编;民族出版社朝文室译.—北京:民族出版社,1995.11.—247 页;19cm
ISBN 7-105-02481-X:¥5.50
D442.64
女性生活秘诀:朝鲜文/金锦善等著.—牡丹江:黑龙江朝鲜民族出版社,1995.10.—276 页;20cm
ISBN 7-5389-0597-9:¥8.00
D61
邓小平同志建设有中国特色社会主义理论学习纲要:朝鲜文/中共中央宣传部编;民族出版社译.—北京:民族出版社,1995.9.—126 页;19cm
ISBN 7-105-02488-7:¥4.00
D619.343
和龙市情读本:朝鲜文/车光铁等编著;金永林编译.—延吉:延边人民出版社,1995.10.—151 页;19cm
ISBN 7-80599-404-8:¥5.80
D623
政府工作报告:1995.3.5:朝鲜文/李鹏报告;中国民族语文翻译中心译.—北京:民族出版社,1995.4.—47 页;20cm
ISBN 7-105-02420-8:¥1.90
D829.312
唐罗友好关系史:朝鲜文/赵相斗,崔干植著.—沈阳:辽宁民族出版社,1995.10.—396 页:图;20cm
ISBN 7-80527-537-8:¥24.00
F279.26
华延之路:朝鲜文/张存昌主编;安石峰等译 .—延吉:延边人民出版社,1995.5.—20 页;26cm
ISBN 7-80599-289-4:¥28.00
F715
发财秘决:朝鲜文/车石华编.—延吉:延边人民出版社,1995.11.—177 页;19cm
ISBN 7-80599-406-4:¥7.00
G122
中国朝鲜族文化现状研究:朝鲜文/金东和等主编.—牡丹江:黑龙江朝鲜民族出版社,1995.12.—296 页;20cm
ISBN 7-5389-0622-3:¥10.00
G212.2
新闻写作学:朝鲜文/崔相哲著.—延吉:延边大学出版社,1995.1.—261 页;20cm
ISBN 7-5634-0759-6:¥19.00
G222.2
播音员入门:朝鲜文/徐芳兴著.—延吉:延边人民出版社,1995.7.—401 页:照片;20cm
ISBN 7-80599-349-1:¥12.50
G613
学前班幼儿画册:常识　下册:朝鲜文/吉林省学前班教材编写组编;全春吉译.—延吉:延边人民出版社,1995.3.—36 页;17×19cm
ISBN 7-80599-269-X:¥3.00
G613
学前班幼儿画册:美工　下册:朝鲜文/吉林省学前班教材编写组编;全春吉译.—延吉:延边人民出版社,1995.3.—36 页;17×19cm
ISBN 7-80599-269-X:¥3.00
G613
学前班幼儿画册:数学　下册:朝鲜文/吉林省学前班教材编写组编;全春吉译.—延吉:延边人民出版社,1995.3.—36 页;17×19cm
ISBN 7-80599-269-X:¥3.00
G613
学前班幼儿画册:行为习惯　下册:朝鲜文/吉林省学前班教材编写组编;全春吉译.—延吉:延边人民出版社,1995.3.—32 页;17×19cm
ISBN 7-80599-269-X:¥3.00
G613
学前班幼儿画册:语言　下册:朝鲜文/吉林省学前班教材编写组编;全春吉译.—延吉:延边人民出版社,1995.3.—30 页;17×19cm
ISBN 7-80599-269-X:¥3.00
G613
学前儿童入学准备:数学:朝鲜文/延边人民出版社编辑.—延吉:延边人民出版社,1995.11.—160 页;26cm
ISBN 7-80599-286-X:¥8.50
G613.4
趣味数学:朝鲜文/朴熙俊等编译.—延吉:延边人民出版社,1995.2.—184 页;26cm
幼儿园用
ISBN 7-80599-197-9:¥8.50
G613.6
幼儿园美工补充教材:幼儿描画:朝鲜文/东北朝鲜民族教育出版社美音体编辑室编.—延吉:东北朝鲜民族教育出版社,1995.5.—70 页;17×19cm
ISBN 7-5437-2062-0:¥6.80
G613.6
幼儿园美工教师教学用书:朝鲜文/东北朝鲜民族教育出版社美音体编辑室编.—延吉:东北朝鲜民族教育出版社,1995.6.—129 页;19cm
中班、大班下学期用
ISBN 7-5437-2187-2:¥2.00
G620
小学教育学教程　上册:朝鲜文/人民教育出版社教育室编.—延吉:东北朝鲜民族教育出版社,1995.7.—245 页;26cm
中等师范学校教科书:试用本
ISBN 7-5437-2204-6:¥20.00
G620

小学教育学教程　下册：朝鲜文/人民教育出版社教育室编．—延吉：东北朝鲜民族教育出版社，1995．11．—236页；26cm
中等师范学校教科书：试用本
ISBN 7-5437-2263-1：¥18.00

G622.479
最新全国重点毕业升学考试预测试题：数学：朝鲜文/金辉，张朝译．—延吉：延边人民出版社，1995．2．—84页；26cm
ISBN 7-80599-221-5：¥4.90

G623.15
江西省小学试用课本思想品德教学参考书：一年级下学期：朝鲜文/江西省教委教学教材研究室编．—南昌：江西教育出版社，1995．12．—66页；19cm
ISBN 7-5392-2627-7：¥1.25

G623.15
义务教育小学思想品德第六册教师教学用书：朝鲜文/人民教育出版社政治室，北京市教育局教学研究部编著．—延吉：东北朝鲜民族教育出版社，1995．12．—175页；19cm
ISBN 7-5437-2305-0：¥2.80

G623.15
义务教育小学思想品德第五册教师教学用书：朝鲜文/人民教育出版社政治室，北京市教育局教学研究部编著．—延吉：东北朝鲜民族教育出版社，1995．7．—151页；19cm
ISBN 7-5437-2221-6：¥1.55

G623.2
义务教育小学汉语文第五册教师教学用书：朝鲜文/东北朝鲜民族教育出版社汉语文编辑室编．—延吉：东北朝鲜民族教育出版社，1995．7．—202页；19cm
ISBN 7-5437-2191-0：¥2.60

G623.29
小学朝鲜语文教学研究资料　（19）：朝鲜文/东北朝鲜民族教育出版社朝鲜语文编辑室编．—延吉：东北朝鲜民族教育出版社，1995．7．—241页；19cm
ISBN 7-5437-2219-4：¥5.00

G623.29
小学朝鲜语文教学研究资料　（20）：朝鲜文/东北朝鲜民族教育出版社朝鲜语文编辑室编．—延吉：东北朝鲜民族教育出版社，1995．12．—224页；19cm
ISBN 7-5437-2298-4：¥4.50

G623.29
义务教育小学朝鲜语文第二册教科书之友：朝鲜文/东北朝鲜民族教育出版社朝鲜语文编辑室编．—延吉：东北朝鲜民族教育出版社，1995．11．—209页；19cm
ISBN 7-5437-2251-8：¥3.55

G623.29
义务教育小学朝鲜语文第六册教科书之友：朝鲜文/东北朝鲜民族教育出版社朝鲜语文编辑室编．—延吉：东北朝鲜民族教育出版社，1995．11．—207页；19cm
ISBN 7-5437-2289-5：¥3.55

G623.29
义务教育小学朝鲜语文第六册教师教学用书：朝鲜文/东北朝鲜民族教育出版社朝鲜语文编辑室编．—延吉：东北朝鲜民族教育出版社，1995．12．—208页；26cm
ISBN 7-5437-2290-9：¥7.00

G623.29
义务教育小学朝鲜语文第三册挂图：朝鲜文/东北朝鲜民族教育出版社朝鲜语文编辑室编．—延吉：东北朝鲜民族教育出版社，1995．7．—80张；38×53cm
ISBN 7-5437-2185-6：¥80.00

G623.29
义务教育小学朝鲜语文第三册教科书之友：朝鲜文/东北朝鲜民族教育出版社朝鲜语文编辑室编．—延吉：东北朝鲜民族教育出版社，1995．5．—153页；19cm
ISBN 7-5437-2184-8：¥1.75

G623.29
义务教育小学朝鲜语文第四册教科书之友：朝鲜文/东北朝鲜民族教育出版社朝鲜语文编辑室编．—延吉：东北朝鲜民族教育出版社，1995．10．—175页；19cm
ISBN 7-5437-2270-4：¥3.05

G623.29
义务教育小学朝鲜语文第五册教科书之友：朝鲜文/东北朝鲜民族教育出版社朝鲜语文编辑室编．—延吉：东北朝鲜民族教育出版社，1995．7．—192页；19cm
ISBN 7-5437-2192-9：¥2.15

G623.29
义务教育小学朝鲜语文第五册教师教学用书：朝鲜文/东北朝鲜民族教育出版社朝鲜语文编辑室编．—延吉：东北朝鲜民族教育出版社，1995．6．—257页；26cm
ISBN 7-5437-2182-1：¥6.75

G623.5
小学数学教师　第二期（总第52期）：朝鲜文/东北朝鲜民族教育出版社理科编辑室编译．—延吉：东北朝鲜民族教育出版社，1995．6．—186页；19cm
ISBN 7-5437-2195-3：¥2.70

G623.5
小学数学教师　第三期（总第53期）：朝鲜文/东北朝鲜民族教育出版社理科编辑室编译．—延吉：东北朝鲜民族教育出版社，1995．11．—186页；19cm
ISBN 7-5437-2246-1：¥2.85

G623.5
小学数学教师　第四册（总第50期）：朝鲜文/东北朝鲜民族教育出版社数学编辑室编译．—延吉：东北朝鲜民族教育出版社，1995．1．—192页；19cm
ISBN 7-5437-2117-1：¥3.60

G623.5
小学数学教师　第四期（总第54期）：朝鲜文/东北朝鲜民族教育出版社理科编辑室编译．—延吉：东北朝鲜民族教育出版社，1995．12．—186页；19cm
ISBN 7-5437-2303-4：¥2.85

G623.5
小学数学教师　第一期（总第51期）：朝鲜文/东北朝鲜民族教育出版社数学编辑室编译．—延吉：东北朝鲜民族教育出版社，1995．3．—182页；19cm

ISBN 7－5437－2147－3：¥2.65

G623.5

义务教育小学数学第六册教师教学用书：朝鲜文/人民教育出版社小学数学室编著.—延吉：东北朝鲜民族教育出版社，1995.12.—231页；19cm

ISBN 7－5437－2307－7：¥3.95

G623.5

义务教育小学数学第四册教师教学用书：朝鲜文/人民教育出版社小学数学室编著.—延吉：东北朝鲜民族教育出版社，1995.1.—238页；19cm

ISBN 7－5437－2135－X：¥2.70

G623.5

义务教育小学数学第五册教师教学用书：朝鲜文/人民教育出版社小学数学室编著.—延吉：东北朝鲜民族教育出版社，1995.7.—226页；19cm

ISBN 7－5437－2228－3：¥2.60

G623.6

义务教育小学自然第六册教师教学用书：朝鲜文/人民教育出版社生物自然室等编.—延吉：东北朝鲜民族教育出版社，1995.12.—91页；26cm

ISBN 7－5437－2295－X：¥3.15

G623.6

义务教育小学自然第五册教师教学用书：朝鲜文/人民教育出版社生物自然室等编著.—延吉：东北朝鲜民族教育出版社，1995.6.—86页；26cm

ISBN 7－5437－2225－9：¥1.85

G623.71

义务教育小学课本音乐教学参考书：朝鲜文/东北朝鲜民族教育出版社美音体编辑室编.—延吉：东北朝鲜民族教育出版社，1995.11.—269页；26cm

1、2、3年级用

ISBN 7－5437－2208－9：¥6.65

G624

暑假作业：朝鲜文/李相万等编写.—延吉：东北朝鲜民族教育出版社，1995.3.—56页；19×26cm

义务教育小学二年级用

ISBN 7－5437－2150－3：¥1.60

G624

小学生活动：六年制：二年级上学期：朝鲜文/东北朝鲜民族教育出版社儿童图书编辑室译.—延吉：东北朝鲜民族教育出版社，1995.10.—36页；26cm

九年义务教育必修活动课学生用书

ISBN 7－5437－2279－8：¥3.30

G624

小学生活动：六年制：六年级上学期：朝鲜文/东北朝鲜民族教育出版社儿童图书编辑室译.—延吉：东北朝鲜民族教育出版社，1995.10.—36页；26cm

九年义务教育必修活动课学生用书

ISBN 7－5437－2284－4：¥3.30

G624

小学生活动：六年制：三年级上学期：朝鲜文/东北朝鲜民族教育出版社儿童图书编辑室译.—延吉：东北朝鲜民族教育出版社，1995.10.—36页；26cm

九年义务教育必修活动课学生用书

ISBN 7－5437－2281－X：¥3.30

G624

小学生活动：六年制：五年级上学期：朝鲜文/东北朝鲜民族教育出版社儿童图书编辑室译.—延吉：东北朝鲜民族教育出版社，1995.10.—36页；26cm

九年义务教育必修活动课学生用书

ISBN 7－5437－2282－8：¥3.30

G624

小学生活动：六年制：一年级上学期：朝鲜文/东北朝鲜民族教育出版社儿童图书编辑室译.—延吉：东北朝鲜民族教育出版社，1995.10.—36页；26cm

九年义务教育必修活动课学生用书

ISBN 7－5437－2277－1：¥3.30

G624

小学生活动：六年制：四年级上学期：朝鲜文.—延吉：东北朝鲜民族教育出版社，1995.10.—36页；26cm

九年义务教育必修活动课学生用书

ISBN 7－5437－2283－6：¥3.30

G624

义务教育小学教科书：体育与健康：朝鲜文/朝鲜民族中小学体育教材编写组编.—延吉：东北朝鲜民族教育出版社，1995.3.—192页；26cm

ISBN 7－5437－2161－9：¥6.50

G624.1

社会　第二册：朝鲜文/人民教育出版社地理社会室编著.—延吉：东北朝鲜民族教育出版社，1995.12.—108页；20cm

义务教育小学教科书

ISBN 7－5437－2306－9：¥1.75

G624.1

中国精神：朝鲜文/伍倍子主编.—延吉：东北朝鲜民族教育出版社，1995.3.　150页；19cm.—(小学生读本)

ISBN 7－5437－2178－3：¥2.50

G624.15

思想品德　第五册：朝鲜文/人民教育出版社政治室编著.—延吉：东北朝鲜民族教育出版社，1995.6.—59页；20cm

义务教育小学教科书

ISBN 7－5437－2209－7：¥1.55

G624.24

小学生写作花丛　(18)：朝鲜文/东北朝鲜民族教育出版社朝鲜语文编辑室编.—延吉：东北朝鲜民族教育出版社，1995.2.—300页；19cm

ISBN 7－5437－2148－1：¥4.50

G624.24

小学生写作花丛　(19)：朝鲜文/东北朝鲜民族教育出版社朝鲜语文编辑室编.—延吉：东北朝鲜民族教育出版社，1995.8.—298页；19cm

ISBN 7－5437－2180－5：¥4.50

G624.24

小学生写作花丛　(20)：朝鲜文/东北朝鲜民族教育出版社朝鲜语文编辑室编.—延吉：东北朝鲜民族教育出版社，1995.12.—268页；19cm

ISBN 7-5437-2301-8: ¥5.00

G624.29

朝鲜语文 第九册:朝鲜文/东北朝鲜民族教育出版社朝鲜语文编辑室编.—延吉:东北朝鲜民族教育出版社,1995.2.—156页;20cm

义务教育小学课本:实验本

ISBN 7-5437-2144-9: ¥1.90

G624.29

朝鲜语文 第十册:朝鲜文/东北朝鲜民族教育出版社朝鲜语文编辑室编.—延吉:东北朝鲜民族教育出版社,1995.11.—176页;20cm

义务教育小学课本:实验本

ISBN 7-5437-2273-9: ¥2.60

G624.29

朝鲜语文 第五册:朝鲜文/东北朝鲜民族教育出版社朝鲜语文编辑室编.—延吉:东北朝鲜民族教育出版社,1995.7.—159页;21cm

义务教育小学教科书

ISBN 7-5437-2165-1: ¥3.35

G624.29

义务教育小学朝鲜语文第六册练习集:朝鲜文/东北朝鲜民族教育出版社朝鲜语文编辑室编.—延吉:东北朝鲜民族教育出版社,1995.10.—118页;20cm

ISBN 7-5437-2249-6: ¥2.10

G624.29

义务教育小学朝鲜语文第六册书写练习册:朝鲜文/东北朝鲜民族教育出版社美音体编辑室编.—延吉:东北朝鲜民族教育出版社,1995.12.—70页;17×18cm

ISBN 7-5437-2294-1: ¥2.10

G624.29

义务教育小学朝鲜语文第三册书写练习册:朝鲜文/东北朝鲜民族教育出版社美音体编辑室编.—延吉:东北朝鲜民族教育出版社,1995.6.—82页;18×18cm

ISBN 7-5437-2201-1: ¥1.65

G624.29

义务教育小学朝鲜语文第五册练习集:朝鲜文/东北朝鲜民族教育出版社朝鲜语文编辑室编.—延吉:东北朝鲜民族教育出版社,1995.5.—19页;19cm

ISBN 7-5437-2166-X: ¥0.94

G624.29

义务教育小学朝鲜语文第五册书写练习册:朝鲜文/东北朝鲜民族教育出版社美音体编辑室编.—延吉:东北朝鲜民族教育出版社,1995.6.—82页;18×19cm

ISBN 7-5437-2210-0: ¥1.65

G624.29

义务教育小学朝鲜语文第一册书写练习册:朝鲜文/东北朝鲜民族教育出版社美音体编辑室编.—延吉:东北朝鲜民族教育出版社,1995.6.—132页;17×18cm

ISBN 7-5437-2193-7: ¥2.50

G624.29

义务教育小学朝鲜语文自读课本 第六册:少年的雄心:朝鲜文/东北朝鲜民族教育出版社朝鲜语文编辑室编.—延吉:东北朝鲜民族教育出版社,1995.11.—195页;20cm

ISBN 7-5437-2257-7: ¥3.35

G624.29

义务教育小学朝鲜语文自读课本 第五册:屏风之虎:朝鲜文/东北朝鲜民族教育出版社朝鲜语文编辑室编.—延吉:东北朝鲜民族教育出版社,1995.3.—185页;19cm

ISBN 7-5437-2156-2: ¥2.25

G624.45

地理图册:朝鲜文/中国地图出版社编制.—10版.—北京:中国地图出版社,1995.3.—30页;19cm

小学适用

ISBN 7-5031-1563-7: ¥1.00

G624.5

数学 第八册:朝鲜文/人民教育出版社小学数学室编著.—延吉:东北朝鲜民族教育出版社,1995.1.—234页;20cm

义务教育小学教科书

ISBN 7-5437-2115-5: ¥2.45

G624.5

数学 第九册:朝鲜文/人民教育出版社小学数学室编著.—延吉:东北朝鲜民族教育出版社,1995.7.—205页;20cm

义务教育小学教科书:实验本

ISBN 7-5437-2217-8: ¥2.05

G624.5

数学 第六册:朝鲜文/人民教育出版社小学数学室编著.—延吉:东北朝鲜民族教育出版社,1995.12.—178页;20cm

义务教育小学教科书

ISBN 7-5437-2308-5: ¥5.90

G624.5

数学 第十册:朝鲜文/人民教育出版社小学数学室编著.—延吉:东北朝鲜民族教育出版社,1995.12.—221页;20cm

义务教育小学教科书:实验本

ISBN 7-5437-2286-0: ¥2.95

G624.5

数学 第五册:朝鲜文/人民教育出版社小学数学室编著.—延吉:东北朝鲜民族教育出版社,1995.6.—149页;21cm

义务教育小学教科书

ISBN 7-5437-2063-9: ¥3.25

G624.5

算术学习漫画:初级:朝鲜文/安栋国编.—延吉:延边人民出版社,1995.9.—139页;19cm

ISBN 7-80599-381-5: ¥5.80

G624.5

算术学习漫画:高级:朝鲜文/安栋国编.—延吉:延边人民出版社,1995.9.—138页;19cm

ISBN 7-80599-381-5: ¥5.80

G624.5

算术学习漫画:中级:朝鲜文/安栋国编.—延吉:延边人民出版社,1995.9.—139页;19cm

ISBN 7-80599-381-5: ¥5.80

G624.5
小学数学奥林匹克训练题库:朝鲜文/方德彬,吴今淑译.—延吉:延边人民出版社,1995.3.—2册;19cm
ISBN 7-80599-220-7:¥15.00
G624.5
小学数学技能与思维训练　(10):朝鲜文/金釜主编.—延吉:延边大学出版社,1995.8.—138页;19cm
ISBN 7-5634-0802-9:¥4.50
G624.5
小学数学技能与思维训练　(11):朝鲜文/金釜主编.—延吉:延边大学出版社,1995.8.—133页;19cm
ISBN 7-5634-0802-9:¥3.50
G624.5
小学数学技能与思维训练　(12):朝鲜文/金釜主编.—延吉:延边大学出版社,1995.8.—109页;19cm
ISBN 7-5634-0802-9:¥4.50
G624.5
小学数学技能与思维训练　(1):朝鲜文/金釜主编.—延吉:延边大学出版社,1995.8.—95页;19cm
ISBN 7-5634-0802-9:¥3.50
G624.5
小学数学技能与思维训练　(2):朝鲜文/金釜主编.—延吉:延边大学出版社,1995.8.—96页;19cm
ISBN 7-5634-0802-9:¥4.50
G624.5
小学数学技能与思维训练　(3):朝鲜文/金釜主编.—延吉:延边大学出版社,1995.8.—124页;19cm
ISBN 7-5634-0802-9:¥3.50
G624.5
小学数学技能与思维训练　(4):朝鲜文/金釜主编.—延吉:延边大学出版社,1995.8.—103页;19cm
ISBN 7-5634-0802-9:¥4.50
G624.5
小学数学技能与思维训练　(5):朝鲜文/金釜主编.—延吉:延边大学出版社,1995.8.—130页;19cm
ISBN 7-5634-0802-9:¥3.50
G624.5
小学数学技能与思维训练　(6):朝鲜文/金釜主编.—延吉:延边大学出版社,1995.8.—89页;19cm
ISBN 7-5634-0802-9:¥4.50
G624.5
小学数学技能与思维训练　(7):朝鲜文/金釜主编.—延吉:延边大学出版社,1995.8.—111页;19cm
ISBN 7-5634-0802-9:¥3.50
G624.5
小学数学技能与思维训练　(8):朝鲜文/金釜主编.—延吉:延边大学出版社,1995.8.—103页;19cm
ISBN 7-5634-0802-9:¥4.50
G624.5
小学数学技能与思维训练　(9):朝鲜文/金釜主编.—延吉:延边大学出版社,1995.8.—128页;19cm
ISBN 7-5634-0802-9:¥3.50
G624.5
义务教育六年制小学数学训练指导　第五册:朝鲜文/吉林省教育学院编.—延吉:东北朝鲜民族教育出版社,1995.6.—172页;19cm
ISBN 7-5437-2220-8:¥1.65
G624.5
义务教育小学数学第一册训练指导:朝鲜文/吉林省教育学院编.—延吉:东北朝鲜民族教育出版社,1995.6.—170页;19cm
ISBN 7-5437-2167-8:¥1.65
G624.5
义务教育小学数学学生学具卡片　第六册:朝鲜文/人民教育出版社小学数学室编著.—延吉:东北朝鲜民族教育出版社,1995.12.—16张;20cm
ISBN 7-5437-2304-2:¥0.90
G624.5
义务教育小学数学学生学具卡片　第五册:朝鲜文/人民教育出版社小学数学室编著.—延吉:东北朝鲜民族教育出版社,1995.6.—23页;19cm
ISBN 7-5437-2216-X:¥1.80
G624.5
最新数学奥林匹克:朝鲜文/方德彬等译.—延吉:延边人民出版社,1995.2.—168页;19cm
小学四年级用
ISBN 7-80599-223-1:¥4.80
G624.5
最新数学奥林匹克:朝鲜文/方德彬等译.—延吉:延边人民出版社,1995.3.—233页;19cm
小学六年级用
ISBN 7-80599-223-1:¥4.80
G624.5
最新数学奥林匹克:朝鲜文/方德彬等译.—延吉:延边人民出版社,1995.3.—265页;19cm
小学五年级用
ISBN 7-80599-223-1:¥4.80
G624.5-61
小学数学辞典:朝鲜文.—延边:东北朝鲜民族出版社,1995.—506页;10×13cm
ISBN 7-5437-1953-3:¥7.80
G624.6
小学自然重难点测试题　第二册:朝鲜文/吴今淑等编译.—延吉:延边人民出版社,1995.2.—122页;19cm
ISBN 7-80599-198-7:¥3.00
G624.6
小学自然重难点测试题　第三册:朝鲜文/朴熙俊等译.—延吉:延边人民出版社,1995.8.—124页;19cm
ISBN 7-80599-198-7:¥3.00
G624.6
小学自然重难点测试题　第四册:朝鲜文/朴熙俊等编译.—延吉:延边人民出版社,1995.2.—122页;19cm
ISBN 7-80599-198-7:¥3.00
G624.6
小学自然重难点测试题　第五册:朝鲜文/金河范等编译.—延吉:延边人民出版社,1995.6.—133页;

19cm
ISBN 7-80599-198-7: ¥3.00
G624.6
自然　第六册:朝鲜文/人民教育出版社生物自然室等编著.—延吉:东北朝鲜民族教育出版社,1995.12.—48页;20cm
义务教育小学教科书
ISBN 7-5437-2297-6: ¥1.85
G624.6
自然　第五册:朝鲜文/人民教育出版社生物自然室等编.—延吉:东北朝鲜民族教育出版社,1995.7.—48页;20cm
义务教育小学教科书
ISBN 7-5437-2224-0: ¥1.25
G624.75
简笔画大全:朝鲜文/东北朝鲜民族教育出版社美音体编辑室编.—延吉:东北朝鲜民族教育出版社,1995.5.—110页;26cm
义务教育小学美术补充教材
ISBN 7-5437-1936-3: ¥7.00
G624.8
体育与健康:朝鲜文/中国朝鲜民族中小学体育教材编写组编.—3版.—延吉:东北朝鲜民族教育出版社,1995.6.—203页;19cm
小学课本 六年级用
ISBN 7-5437-0692-X: ¥2.20
G624.8
体育与健康:朝鲜文/中国朝鲜民族中小学体育教材编写组编.—3版.—延吉:东北朝鲜民族教育出版社,1995.6.—205页;19cm
小学课本 五年级用
ISBN 7-5437-0650-4: ¥2.00
G624.8
体育与健康:朝鲜文/中国朝鲜民族中小学体育教材编写组编.—3版.—延吉:东北朝鲜民族教育出版社,1995.6.—195页;19cm
小学课本 四年级用
ISBN 7-5437-0649-0: ¥1.95
G624.8
体育与健康:朝鲜文/中国朝鲜民族中小学体育教材编委会编写.—延吉:东北朝鲜民族教育出版社,1995.5.—182页;26cm
义务教育小学课本:试用本 五年级用
ISBN 7-5437-2198-8: ¥3.75
G633.3
义务教育初级中学汉语文第六册教师教学用书:朝鲜文/东北朝鲜民族教育出版社汉语文编辑室编.—延吉:东北朝鲜民族教育出版社,1995.3.—192页;26cm
ISBN 7-5437-2134-1: ¥4.90
G633.39
义务教育初级中学朝鲜语文第二册教科书之友:朝鲜文/东北朝鲜民族教育出版社朝鲜语文编辑室编.—延吉:东北朝鲜民族教育出版社,1995.6.—246页;19cm
ISBN 7-5437-2226-7: ¥2.50
G633.39
义务教育初级中学朝鲜语文第六册教科书之友:朝鲜文/东北朝鲜民族教育出版社朝鲜语文编辑室编.—延吉:东北朝鲜民族教育出版社,1995.9.—155页;19cm
ISBN 7-5437-2267-4: ¥2.65
G633.39
义务教育初级中学朝鲜语文第六册教师教学用书:朝鲜文/东北朝鲜民族教育出版社朝鲜语文编辑室编.—延吉:东北朝鲜民族教育出版社,1995.7.—260页;26cm
ISBN 7-5437-2174-0: ¥6.60
G633.39
义务教育初级中学朝鲜语文第三册教科书之友:朝鲜文/东北朝鲜民族教育出版社朝鲜语文编辑室编.—延吉:东北朝鲜民族教育出版社,1995.7.—160页;19cm
ISBN 7-5437-2183-X: ¥1.80
G633.39
义务教育初级中学朝鲜语文第四册教科书之友:朝鲜文/东北朝鲜民族教育出版社朝鲜语文编辑室编.—延吉:东北朝鲜民族教育出版社,1995.9.—179页;19cm
ISBN 7-5437-2227-5: ¥3.10
G633.39
义务教育初级中学朝鲜语文第四册教师教学用书:朝鲜文/东北朝鲜民族教育出版社朝鲜语文编辑室编.—延吉:东北朝鲜民族教育出版社,1995.1.—246页;26cm
ISBN 7-5437-2088-4: ¥5.50
G633.39
义务教育初级中学朝鲜语文第五册教科书之友:朝鲜文/东北朝鲜民族教育出版社朝鲜语文编辑室编.—延吉:东北朝鲜民族教育出版社,1995.11.—140页;19cm
ISBN 7-5437-2269-0: ¥2.45
G633.39
义务教育初级中学朝鲜语文第一册教科书之友:朝鲜文/东北朝鲜民族教育出版社朝鲜语文编辑室编.—延吉:东北朝鲜民族教育出版社,1995.5.—169页;19cm
ISBN 7-5437-2188-0: ¥1.90
G633.39-53
中国朝鲜语文教学研究会第五次年会论文集:朝鲜文/东北朝鲜民族教育出版社朝鲜语文编辑室编.—延吉:东北朝鲜民族教育出版社,1995.9.—303页;20cm
ISBN 7-5437-1946-0: ¥7.60
G633.46
义务教育初级中学日语第六册教师教学用书:朝鲜文/东北朝鲜民族教育出版社外语编辑室编.—延吉:东北朝鲜民族教育出版社,1995.12.—136页;19cm

ISBN 7-5437-2291-7: ¥2.50

G633.46

义务教育初级中学日语第五册教师教学用书:朝鲜文/东北朝鲜民族教育出版社外语编辑室编.—延吉:东北朝鲜民族教育出版社,1995.6.—181页;19cm

ISBN 7-5437-2197-X: ¥3.30

G633.46

义务教育初级中学日语第五册教师教学用书:朝鲜文/东北朝鲜民族教育出版社外语编辑室编.—延吉:东北朝鲜民族教育出版社,1995.6.—162页;19cm

ISBN 7-5437-2197-X: ¥2.10

G633.53

义务教育初级中学中国历史第二册教师教学用书:朝鲜文/人民教育出版社历史室编.—延吉:东北朝鲜民族教育出版社,1995.1.—414页;26cm

ISBN 7-5437-2081-7: ¥7.50

G633.8

九年义务教育全日制初级中学化学教学大纲:试用:朝鲜文.—延吉:东北朝鲜民族教育出版社,1995.4.—23页;20cm

ISBN 7-5437-2149-X: ¥0.42

G634

初中基础知识复习指导书:思想政治:朝鲜文/韩明龙,张敬东编.—延吉:东北朝鲜民族教育出版社,1995.12.—184页;20cm

ISBN 7-5437-2310-7: ¥5.20

G634

寒假作业:朝鲜文/许吉子等编写.—延吉:东北朝鲜民族教育出版社,1995.9.—56页;19×26cm

义务教育小学三年级用

ISBN 7-5437-2233-X: ¥2.00

G634

寒假作业:理科:朝鲜文/韩成文,孙铁洙编写.—延吉:东北朝鲜民族教育出版社,1995.9.—56页;19×26cm

义务教育初级中学二年级用

ISBN 7-5437-2232-1: ¥2.00

G634

寒假作业:理科:朝鲜文/崔光锡,李柱三编写.—延吉:东北朝鲜民族教育出版社,1995.9.—64页;19×26cm

义务教育初级中学三年级用

ISBN 7-5437-2240-2: ¥2.25

G634

寒假作业:文科:朝鲜文/金万洙等编写.—延吉:东北朝鲜民族教育出版社,1995.9.—56页;19×26cm

义务教育初级中学三年级用

ISBN 7-5437-2231-3: ¥2.00

G634

寒假作业:文科:朝鲜文/全承文等编写.—2版.—延吉:东北朝鲜民族教育出版社,1995.10.—44页;19×26cm

义务教育初级中学一年级用

ISBN 7-5437-1702-6: ¥1.65

G634

暑假作业:理科:朝鲜文/韩成文,孙铁洙编写.—延吉:东北朝鲜民族教育出版社,1995.4.—56页;19×26cm

义务教育初级中学一年级用

ISBN 7-5437-2142-2: ¥1.20

G634

暑假作业:理科:朝鲜文/崔光锡,孙铁洙编写.—延吉:东北朝鲜民族教育出版社,1995.3.—56页;19×26cm

义务教育初级中学二年级用

ISBN 7-5437-2137-6: ¥1.20

G634

暑假作业:文科:朝鲜文/金万洙等编写.—延吉:东北朝鲜民族教育出版社,1995.3.—48页;19×26cm

义务教育初级中学二年级用

ISBN 7-5437-2141-4: ¥1.05

G634

现行中学教材同步辅导与练习:数学:初中二年级:朝鲜文/李灿笋,郑泰善编译.—延吉:延边人民出版社,1995.8.—168页;26cm

ISBN 7-80599-334-3: ¥8.50

G634

现行中学教材同步辅导与练习:数学:初中一年级:朝鲜文/吴今淑,朴光明编译.—延吉:延边人民出版社,1995.8.—234页;26cm

ISBN 7-80599-339-4: ¥11.50

G634

现行中学教材同步辅导与练习:物理:初中二年级:朝鲜文/金河范编译.—延吉:延边人民出版社,1995.8.—143页;26cm

ISBN 7-80599-333-5: ¥6.90

G634

义务教育初中教材单元复习测试:代数　第二册:朝鲜文/《初中教材单元复习测试》编写组编.—2版.—延吉:东北朝鲜民族教育出版社,1995.5.—109页;26cm

ISBN 7-5437-2169-4: ¥5.50

G634

义务教育初中教材单元复习测试:代数　第一册(上):朝鲜文/《初中教材单元复习测试》编写组编.—延吉:东北朝鲜民族教育出版社,1995.5.—74页;26cm

ISBN 7-5437-2168-6: ¥3.50

G634

义务教育初中教材单元复习测试:代数　第一册(下):朝鲜文.—延吉:东北朝鲜民族教育出版社,1995.2.—74页;26cm

ISBN 7-5437-2151-1: ¥2.90

G634

义务教育初中教材单元复习测试:几何　第二册:朝鲜文/《初中教材单元复习测试》编写组编.—2版.—延吉:东北朝鲜民族教育出版社,1995.5.—95页;26cm

ISBN 7-5437-2170-8: ¥5.00

G634

义务教育初中教材单元复习测试:几何　第一册:朝鲜文/《初中教材单元复习测试》编写组编.—延吉:东北朝鲜民族教育出版社,1995.2.—45页;26cm

ISBN 7-5437-2152-X:¥2.60

G634

义务教育初中教材单元复习测试:物理　第一册:朝鲜文.—延吉:东北朝鲜民族教育出版社,1995.8.—158页;26cm

ISBN 7-5437-2213-5:¥7.00

G634.2

初中二年级思想政治指导与练习:朝鲜文/张敬东编.—2版.—延吉:东北朝鲜民族教育出版社,1995.11.—126页;19cm

ISBN 7-5437-2052-3:¥3.50

G634.2

初中一年级思想政治指导与练习:朝鲜文/韩明龙等编.—2版.—延吉:东北朝鲜民族教育出版社,1995.11.—87页;19cm

ISBN 7-5437-2053-1:¥2.60

G634.3

义务教育初级中学汉语文第六册词语补充注释:朝鲜文/东北朝鲜民族教育出版社汉语文编辑室编.—延吉:东北朝鲜民族教育出版社,1995.1.—91页;19cm

ISBN 7-5437-2140-6:¥1.10

G634.39

朝鲜语文　第六册:朝鲜文/东北朝鲜民族教育出版社朝鲜语文编辑室编.—延吉:东北朝鲜民族教育出版社,1995.1.—220页;20cm

义务教育初级中学教科书

ISBN 7-5437-2139-2:¥2.95

G634.39

朝鲜语文学习指导:朝鲜文/韩钟万等著.—延吉:延边人民出版社,1995.7.—394页;19cm

ISBN 7-80599-328-9:¥10.00

G634.39

义务教育初级中学朝鲜语文第六册练习集:朝鲜文/东北朝鲜民族教育出版社朝鲜语文编辑室编.—延吉:东北朝鲜民族教育出版社,1995.4.—98页;19cm

ISBN 7-5437-2162-7:¥1.10

G634.39

义务教育初级中学朝鲜语文自读课本　第六册:通信卫星:朝鲜文/东北朝鲜民族教育出版社朝鲜语文编辑室编.—延吉:东北朝鲜民族教育出版社,1995.3.—289页;19cm

ISBN 7-5437-2136-8:¥3.10

G634.39

义务教育初级中学朝鲜语文总复习资料:朝鲜文/东北朝鲜民族教育出版社朝鲜语文编辑室编.—延吉:东北朝鲜民族教育出版社,1995.12.—342页;19cm

ISBN 7-5437-2302-6:¥7.90

G634.41

义务教育初级中学英语练习册　第三册:朝鲜文/东北朝鲜民族教育出版社外语编辑室翻译.—延吉:东北朝鲜民族教育出版社,1995.6.—135页;26cm

ISBN 7-5437-2211-9:¥3.50

G634.41

英语　第三册:朝鲜文/东北朝鲜民族教育出版社外语编辑室翻译.—延吉:东北朝鲜民族教育出版社,1995.7.—152页;26cm

ISBN 7-5437-2238-0:¥3.25

G634.46

高中日语词汇集:朝鲜文/东北朝鲜民族教育出版社外语编辑室编.—2版.—延吉:东北朝鲜民族教育出版社,1995.8.—326页;19cm

ISBN 7-5437-1409-4:¥5.35

G634.46

高中日语复习指南:朝鲜文/东北朝鲜民族教育出版社外语编辑室编.—延吉:东北朝鲜民族教育出版社,1995.8.—244页;26cm

ISBN 7-5437-2239-9:¥11.50

G634.51

义务教育初级中学历史地图填充图册:世界历史　第二册:朝鲜文/人民教育出版社历史室编.—延吉:东北朝鲜民族教育出版社,1995.11.—14页;19×26cm

ISBN 7-5437-2272-0:¥0.90

G634.53

中国近代现代史　下册:必修:朝鲜文/人民教育出版社历史室编著.—2版.—延吉:东北朝鲜民族教育出版社,1995.12.—202页;26cm

高级中学课本

ISBN 7-5437-1805-7:¥5.20

G634.53

中国历史　第三册:朝鲜文/人民教育出版社历史室编著.—2版.—延吉:东北朝鲜民族教育出版社,1995.7.—219页;26cm

义务教育初级中学教科书

ISBN 7-5437-2026-4:¥4.40

G634.53

中国历史　第四册:朝鲜文/人民教育出版社历史室编.—2版.—延吉:东北朝鲜民族教育出版社,1995.12.—258页;26cm

义务教育初级中学教科书

ISBN 7-5437-2119-8:¥6.70

G634.55

地理　第二册:朝鲜文/人民教育出版社地理社会室编著.—2版.—延吉:东北朝鲜民族教育出版社,1995.12.—152页;26cm

义务教育初级中学教科书

ISBN 7-5437-1793-X:¥4.40

G634.55

地理　下册:必修:朝鲜文/人民教育出版社编.—3版.—延吉:东北朝鲜民族教育出版社,1995.12.—258页;20cm

高级中学课本

ISBN 7-5437-1038-2:¥3.25

G634.55

义务教育初级中学(试用本)地理填充图册　第三

册:朝鲜文/人民教育出版社,中国地图出版社编.—延吉:东北朝鲜民族教育出版社,1995.5.—18 页;19×26cm

ISBN 7-5437-2175-9:¥1.10

G634.6

义务教育三年制初级中学数学课外习题集　第三集:朝鲜文/人民教育出版社中学数学室编著.—延吉:东北朝鲜民族教育出版社,1995.7.—293 页;19cm

ISBN 7-5437-2215-1:¥2.80

G634.6

义务教育四年制初级中学数学课外习题集　第三集:朝鲜文/人民教育出版社中学数学室编著.—延吉:东北朝鲜民族教育出版社,1995.7.—237 页;19cm

ISBN 7-5437-2214-3:¥2.60

G634.62

代数　第三册:朝鲜文/人民教育出版社中学数学室,吉林省教育学院中学教研部编著.—延吉:东北朝鲜民族教育出版社,1995.6.—218 页;19cm

义务教育四年制初级中学教科书

ISBN 7-5437-2181-3:¥2.15

G634.62

代数　第三册:朝鲜文/人民教育出版社中学数学室编著.—延吉:东北朝鲜民族教育出版社,1995.6.—269 页;19cm

义务教育三年制初级中学教科书

ISBN 7-5437-2190-2:¥2.60

G634.63

几何　第二册:朝鲜文/人民教育出版社中学数学室,辽宁教育学院中学教研部编著.—延吉:东北朝鲜民族教育出版社,1995.7.—275 页;19cm

ISBN 7-5437-2179-1:¥2.65

G634.63

几何　第三册:朝鲜文/人民教育出版社中学数学室编著.—延吉:东北朝鲜民族教育出版社,1995.7.—268 页;19cm

义务教育三年制初级中学教科书

ISBN 7-5437-2206-2:¥2.65

G634.7

物理　第二册:朝鲜文/人民教育出版社物理室,中国教育学会物理教学研究会编.—延吉:东北朝鲜民族教育出版社,1995.8.—235 页;26cm

义务教育初级中学教科书

ISBN 7-5437-2223-2:¥4.70

G634.7

义务教育初级中学物理第一册课外习题集:朝鲜文/人民教育出版社物理室编著.—延吉:东北朝鲜民族教育出版社,1995.7.—230 页;19cm

ISBN 7-5437-2218-6:¥2.50

G634.7

义务教育初中物理第一册学习达标指南:朝鲜文/廉在成等主编.—延吉:东北朝鲜民族教育出版社,1995.7.—250 页;19cm

ISBN 7-5437-2252-6:¥4.80

G634.8

化学:朝鲜文/毛正文等编.—延吉:东北朝鲜民族教育出版社,1995.3.—278 页;19cm.—(义务教育初中基础知识复习丛书)

ISBN 7-5437-2321-2:¥5.50

G634.8

化学　全一册:朝鲜文/人民教育出版社化学室编著.—延吉:东北朝鲜民族教育出版社,1995.7.—249 页;26cm

义务教育初级中学教科书

ISBN 7-5437-2222-4:¥4.75

G634.8

义务教育初级中学化学学习指导:朝鲜文/李明求等编.—延吉:东北朝鲜民族教育出版社,1995.8.—207 页;19cm

ISBN 7-5437-2241-0:¥5.00

G634.91

生物　第一册(下):朝鲜文/人民教育出版社生物自然室编著.—2 版.—延吉:东北朝鲜民族教育出版社,1995.12.—158 页;26cm

义务教育初级中学教科书

ISBN 7-5437-1774-3:¥4.55

G634.91

义务教育初级中学生物第一册(下)实验报告册:朝鲜文/人民教育出版社生物自然室编著.—2 版.—延吉:东北朝鲜民族教育出版社,1995.11.—46 页;26cm

ISBN 7-5437-1775-1:¥1.90

G634.96

体育与健康:二年级:朝鲜文/中国朝鲜民族中小学体育教材编写组编.—3 版.—延吉:东北朝鲜民族教育出版社,1995.6.—253 页;19cm

初级中学教科书

ISBN 7-5437-0176-5:¥2.45

G634.96

体育与健康:三年级:朝鲜文/中国朝鲜民族中小学体育教材编写组编.—3 版.—延吉:东北朝鲜民族教育出版社,1995.6.—252 页;19cm

初级中学教科书

ISBN 7-5437-0497-8:¥2.45

G634.96

体育与健康:一年级:朝鲜文/中国朝鲜民族中小学体育教材编写组编.—3 版.—延吉:东北朝鲜民族教育出版社,1995.6.—281 页;19cm

初级中学教科书

ISBN 7-5437-0315-7:¥2.70

G639.28

光荣的 60 年:朝鲜文/《光荣的 60 年》编委会编.—延吉:延边人民出版社,1995.4.—76 页:照片;26cm

ISBN 7-80599-274-6:¥20.00

G759.2

中国朝鲜族教育的现状与未来:朝鲜文/崔相录等主编.—延吉:延边大学出版社,1995.6.—275 页;21cm

ISBN 7-5634-0776-6:¥10.00

G78

家庭教育学:朝鲜文.—延吉:东北朝鲜民族教育出

版社,1995.8.—330页;19cm
ISBN 7-5437-2230-5: ¥7.00
G78
适应未来的子女教育:朝鲜文/(韩国)郑春谟编.—牡丹江:黑龙江朝鲜民族出版社,1995.9.—249页;20cm
ISBN 7-5389-0582-0: ¥8.00
G807.2
小学体育理论与方法　全一册:朝鲜文/东北朝鲜民族教育出版社美音体编辑室编.—延吉:东北朝鲜民族教育出版社,1995.6.—397页;26cm
中等师范学校教科书:试用本
ISBN 7-5437-2160-0: ¥25.00
H018.4
口吃矫正妙法:朝鲜文/李成进,宋美玉著.—沈阳:辽宁民族出版社,1995.2.—139页:照片;20cm
ISBN 7-80527-470-3: ¥4.00
H033
《青春明信片》集锦:朝鲜文/李末玉,李莲玉编.—延吉:延边人民出版社,1995.10.—144页;19cm
ISBN 7-80599-393-9: ¥5.00
H136.3
精辟名言:朝鲜文/延光编译.—延吉:延边人民出版社,1995.6.—148页;19cm.—(中学生座右铭丛书;3)
ISBN 7-80599-322-X: ¥4.50
H136.3
同龄人锦言:朝鲜文/延光编译.—延吉:延边人民出版社,1995.6.—148页;19cm.—(中学生座右铭丛书;1)
ISBN 7-80599-321-1: ¥4.50
H136.3
无名人格言:朝鲜文/延光编译.—延吉:延边人民出版社,1995.6.—122页;19cm.—(中学生座右铭丛书;4)
ISBN 7-80599-324-6: ¥4.50
H136.3
最佳赠言:朝鲜文/延光编译.—延吉:延边人民出版社,1995.6.—128页;19cm.—(中学生座右铭丛书;2)
ISBN 7-80599-323-8: ¥4.50
H194.4
小学生优秀日记100篇:朝鲜文/东北朝鲜民族教育出版社儿童图书编辑室译.—延吉:东北朝鲜民族教育出版社,1995.1.—322页;19cm
ISBN 7-5437-2122-8: ¥0.00
H194.4
学生作文精彩描写　(下):朝鲜文/东北朝鲜民族教育出版社朝鲜语文编辑室编.—延吉:东北朝鲜民族教育出版社,1995.3.—365页;19cm
ISBN 7-5437-1852-9: ¥6.90
H194.5
中学生作文　(23):朝鲜文/东北朝鲜民族教育出版社朝鲜语文编辑室编.—延吉:东北朝鲜民族教育出版社,1995.1.—334页;19cm
ISBN 7-5437-2130-9: ¥5.00
H194.5
中学生作文　(24):朝鲜文/东北朝鲜民族教育出版社朝鲜语文编辑室编.—延吉:东北朝鲜民族教育出版社,1995.8.—195页;19cm
ISBN 7-5437-2194-5: ¥5.00
H194.5
中学生作文　(25):朝鲜文/东北朝鲜民族教育出版社朝鲜语文编辑室编.—延吉:东北朝鲜民族教育出版社,1995.10.—210页;20cm
ISBN 7-5437-2259-3: ¥5.00
H194.5
中学生作文选:朝鲜文/阿拉坦其其格编.—通辽:内蒙古少年儿童出版社,1995.8.—120页;19cm
ISBN 7-5312-0497-5: ¥3.50
H219-09
语言史:朝鲜文/北京大学朝鲜文化研究所编.—北京:民族出版社,1995.10.—827页;20cm.—(中国朝鲜民族文化史大系)
ISBN 7-105-02198-5(精装): ¥25.30
H219.9
阅读和写作　第二册:朝鲜文/东北朝鲜民族教育出版社朝鲜语文编辑室编.—延吉:东北朝鲜民族教育出版社,1995.10.—222页;19cm
中等师范学校朝鲜语文教科书:试用本
ISBN 7-5437-2256-9: ¥13.00
H219.9
阅读和写作　第一册:朝鲜文/东北朝鲜民族教育出版社朝鲜语文编辑室编.—延吉:东北朝鲜民族教育出版社,1995.8.—182页;19cm
中等师范学校朝鲜语文课本
ISBN 7-5437-2229-1: ¥12.00
H31
速成英语入门:朝鲜文/刘忠基编写.—延吉:延边人民出版社,1995.3.—244页;19cm
ISBN 7-80599-263-0: ¥8.00
I0-03
东西方比较文学的飨宴:朝鲜文/金官雄,金虎雄著.—延吉:东北朝鲜民族教育出版社,1995.10.—310页;20cm
ISBN 7-5437-1948-7: ¥9.00
I109
西方文学史　(上):朝鲜文/金宽雄著.—延吉:延边大学出版社,1995.10.—454页;20cm
两册定价:40.00元
ISBN 7-5634-0804-5: ¥0.00
I109
西方文学史　(下):朝鲜文/允镇著.—延吉:延边大学出版社,1995.10.—400页;20cm
两册定价:40.00元
ISBN 7-5634-0804-5: ¥0.00
I207.2
诗论与诗调论:朝鲜文/李相珏著.—延吉:东北朝

鲜民族教育出版社,1995.12.—211页;19cm

ISBN 7-5437-1956-8:¥6.70

I227

爱的奉献:朝鲜文/李正仁著.—延吉:延边人民出版社,1995.11.—151页;20cm

ISBN 7-80599-400-5:¥5.50

I227

悲欢离合在这里:朝鲜文/金东湖著.—延吉:延边人民出版社,1995.6.—190页;19cm

ISBN 7-80599-300-9:¥5.00

I227

故乡的泉水:金光国诗集:朝鲜文/金光国著.—延吉:延边人民出版社,1995.2.—200页;19cm

ISBN 7-80599-218-5:¥4.25

I227

牡丹江:朝鲜文/郑澈著.—沈阳:辽宁民族出版社,1995.11.—245页;19cm

ISBN 7-80527-584-X:¥7.00

I246.5

中国朝鲜族文学选集　(1):解放前小说文学篇(上):朝鲜文/北京大学朝鲜文化研究所编.—北京:民族出版社,1995.5.—819页:照片;20cm

ISBN 7-105-02054-7:¥14.30

I247.5

第三个黑影:朝鲜文/金兴柱编译.—延吉:延边人民出版社,1995.5.—2册;26cm

ISBN 7-80599-276-2:¥7.50

I247.5

皮毛癞的兵卒们:朝鲜文/李元吉著.—北京:民族出版社,1995.1.—645页;20cm

ISBN 7-105-01978-6:¥11.00

I247.5

破镜重圆:朝鲜文.—延吉:延边人民出版社,1995.8.—155页;26cm

ISBN 7-80599-315-7:¥7.50

I247.5

森林里的爱情:朝鲜文/程林等著;月夜,豆尔伊译.—延吉:延边人民出版社,1995.6.—218页;19cm

ISBN 7-80599-304-1:¥5.90

I247.7

滑雪场上的谋杀案:朝鲜文/柳燃山编.—延吉:延边人民出版社,1995.4.—2册;26cm

ISBN 7-80599-264-9:¥6.80

I247.7

借来的未婚妻:朝鲜文/黄长石等编.—延吉:延边人民出版社,1995.1.—79页;26cm

ISBN 7-80599-238-X:¥3.90

I247.7

梅花党覆灭记:朝鲜文.—延吉:延边人民出版社,1995.12.—2册;26cm

ISBN 7-80599-423-4:¥8.80

I247.7

嫂子和白痴哥哥:朝鲜文/张志敏著.—沈阳:辽宁民族出版社,1995.11.—268页;20cm

ISBN 7-80527-564-5:¥8.00

I247.7

死亡之吻:朝鲜文.—延吉:延边人民出版社,1995.12.—2册;26cm

ISBN 7-80599-420-X:¥9.00

I247.7

丈夫的"黄昏病"是这么治的:朝鲜文/延总女编译.—延吉:延边人民出版社,1995.3.—108页;26cm

ISBN 7-80599-245-2:¥5.00

I247.8

传统美德教育故事:朝鲜文/栾传大编著;黄昌柱译.—北京:民族出版社,1995.2.—261页;19cm

ISBN 7-105-02188-8:¥5.00

I247.8

故事里的逻辑:智慧的钥匙:朝鲜文/金得顺著.—延吉:延边人民出版社,1995.6.—414页;20cm

ISBN 7-80599-270-3:¥9.00

I247.8

讲不完的故事:朝鲜文/姜勇吉,朴正吉编.—延吉:延边人民出版社,1995.11.—2册;19cm

ISBN 7-80599-320-3:¥13.40

I247.8

抗日英才:朝鲜文/杨当,梦飞编写.—延吉:东北朝鲜民族教育出版社,1995.3.—174页;19cm.—(我爱中华丛书)

ISBN 7-5437-2177-5:¥3.60

I25

白桦:报告文学集:朝鲜文/黄长石著.—北京:民族出版社,1995.7.—343页;20cm

ISBN 7-105-02186-1:¥7.00

I25

海兰江之魂:朝鲜文/朴河林著.—延吉:延边人民出版社,1995.3.—282页;19cm

ISBN 7-80508-919-1:¥5.80

I25

失踪在新婚之夜:朝鲜文/黄张文编译.—延吉:延边人民出版社,1995.12.—123页;26cm

ISBN 7-80599-396-3:¥7.90

I25

幽谷幻情:朝鲜文.—延吉:延边人民出版社,1995.11.—2册;26cm

ISBN 7-80599-399-8:¥7.80

I25

诱惑的世界:报告文学集:朝鲜文/金英锦著.—北京:民族出版社,1995.2.—229页;20cm

ISBN 7-105-02185-3:¥4.90

I267

山外青天:朝鲜文/金哲著.—沈阳:辽宁民族出版社,1995.4.—301页;20cm

ISBN 7-80527-452-5:¥8.90

I277

一颗思念的心:朝鲜文/赵龙男著.—延吉:延边人民出版社,1995.8.—232页;20cm

ISBN 7-80599-338-6:¥6.80

I277.3
民间故事集　(1):朝鲜文/李文等编译.—延吉:延边人民出版社,1995.12.—92 页;19cm
ISBN 7-80599-426-9:￥3.50
I277.3
山中王与狐狸大臣:朝鲜文/全相勋著.—延吉:东北朝鲜民族教育出版社,1995.4.—275 页;19cm
ISBN 7-5437-2061-2:￥6.65
I277.8
哈哈哈真可笑　(1):朝鲜文/李龙德编.—延吉:延边人民出版社,1995.5.—54 页;26cm
ISBN 7-80599-285-1:￥3.20
I277.8
哈哈哈真可笑　(2):朝鲜文/李龙德编.—延吉:延边人民出版社,1995.5.—58 页;26cm
ISBN 7-80599-285-1:￥3.20
I277.8
哈哈哈真可笑　(3):朝鲜文/李龙德编.—延吉:延边人民出版社,1995.5.—58 页;26cm
ISBN 7-80599-285-1:￥3.20
I277.8
解题谜语:朝鲜文/延边人民出版社编辑.—延吉:延边人民出版社,1995.3.—228 页;19cm
ISBN 7-80599-247-9:￥5.80
I277.8
生活笑语集锦:朝鲜文/池燕编.—延吉:延边人民出版社,1995.8.—194 页;20cm
ISBN 7-80599-375-0:￥6.50
I277.8
幽默集成:朝鲜文/李圣烈编.—延吉:延边人民出版社,1995.10.—173 页;19cm
ISBN 7-80599-401-3:￥5.30
I287
波斯菊:朝鲜文/《少儿部》编.—延吉:延边人民出版社,1995.4.—104 页;26cm
ISBN 7-80599-265-7:￥5.00
I287-55
儿童世界　1995.6:朝鲜文/《儿童世界》编辑部编.—延吉:东北朝鲜民族教育出版社,1995.—96 页;26cm
ISBN 7-5437-2268-2:￥4.20
I287-55
儿童世界　双月刊:朝鲜文/《儿童世界》编辑部编.—延吉:东北朝鲜民族教育出版社,1995.4.—96 页;26cm
ISBN 7-5437-2207-0:￥4.20
I287-55
儿童世界　双月刊:朝鲜文/《儿童世界》编辑部编.—延吉:东北朝鲜民族教育出版社,1995.3.—96 页;26cm
ISBN 7-5437-1976-2:￥3.60
I287-55
儿童世界　双月刊:1995.1:朝鲜文/《儿童世界》编辑部编.—延吉:东北朝鲜民族教育出版社,1995.—96 页;26cm
ISBN 7-5437-2121-X:￥3.60
I287-55
儿童世界　双月刊:朝鲜文/《儿童世界》编辑部编.—延吉:东北朝鲜民族教育出版社,1995.5.—96 页;26cm
ISBN 7-5437-2234-8:￥4.20
I287.2
被吹捧的獾:朝鲜文/许斗男著.—延吉:延边人民出版社,1995.5.—149 页;19cm
ISBN 7-80599-305-X:￥3.90
I287.2
花儿笑,我也笑:朝鲜文/金应俊著.—延吉:东北朝鲜民族教育出版社,1995.2.—226 页;19cm
ISBN 7-5437-1876-6:￥4.30
I287.45
抗争的勇士们:朝鲜文/延边人民出版社编译 .—延吉:延边人民出版社,1995.4.—259 页;19cm.—(中华魂丛书;1)
ISBN 7-80599-261-4:￥6.00
I287.45
生日蜡灯:朝鲜文/郑文俊著.—延吉:延边人民出版社,1995.5.—220 页;19cm
ISBN 7-80599-273-8:￥4.80
I287.45
小朋友马蒂达:朝鲜文/崔福花编译.—延吉:延边人民出版社,1995.1.—253 页;19cm
ISBN 7-80599-266-5:￥6.40
I287.5
榜样们的故事:朝鲜文/童心著.—延吉:延边人民出版社,1995.6.—181 页;19cm
ISBN 7-80599-306-8:￥5.60
I287.5
革命的先驱:朝鲜文/延边人民出版社编译 .—延吉:延边人民出版社,1995.4.—301 页;19cm.—(中华魂丛书;2)
ISBN 7-80599-261-4:￥6.00
I287.5
画在裙子上的葡萄嘟噜:朝鲜文/延边人民出版社编辑.—延吉:延边人民出版社,1995.8.—223 页;19cm
ISBN 7-80508-374-2:￥5.50
I287.5
农夫与莲花公主:朝鲜文/崔俊收集整理.—延吉:延边人民出版社,1995.9.—251 页;19cm
ISBN 7-80599-316-5:￥6.50
I287.5
世界名著短篇集锦:朝鲜文/延边人民出版社编辑.—延吉:延边人民出版社,1995.8.—236 页;19cm
ISBN 7-80599-378-5:￥6.80
I287.5
为国争光的英杰们:朝鲜文/延边人民出版社编译.—延吉:延边出版社,1995.4.—260 页;19cm.—(中华魂丛书;3)
ISBN 7-80599-261-4:￥6.00

I287.7

白天闹鬼的村庄:朝鲜文.—延吉:延边人民出版社;韩国:(株)艺林堂,1995.5.—240页;19cm

ISBN 7-80599-283-5:¥5.20

I287.7

海棠花:朝鲜文/韩正春收集整理.—延吉:延边人民出版社,1995.6.—244页;19cm

ISBN 7-80599-310-6:¥5.90

I287.7

傻瓜们的行列:朝鲜文.—延吉:延边人民出版社;韩国:(株)艺林堂,1995.5.—214页;19cm

ISBN 7-80599-277-0:¥5.00

I287.7

童话世界　1995(2):朝鲜文/李永哲著.—沈阳:辽宁民族出版社,1995.6.—140页;19cm

ISBN 7-80527-486-X:¥3.50

I287.7

童话世界　1995(3):朝鲜文/李永哲著 .—沈阳:辽宁民族出版社,1995.9.—124页;19cm

ISBN 7-80527-559-9:¥3.50

I287.7

童话世界　1995(4):朝鲜文/李永哲著 .—沈阳:辽宁民族出版社,1995.12.—142页;19cm

ISBN 7-80527-576-9:¥3.50

I287.7

童话世界　1995(1):朝鲜文/李永哲著.—沈阳:辽宁民族出版社,1995.3.—154页;19cm

ISBN 7-80527-472-X:¥3.50

I287.7

智力谜语:朝鲜文/李英,金民编著.—牡丹江:黑龙江朝鲜民族出版社,1995.12.—157页;19cm

ISBN 7-5389-0609-6:¥4.50

I287.8

幼儿课外读物丛书:你们是谁:朝鲜文.—延吉:东北朝鲜民族教育出版社,1995.1.—7册;17×19cm

包括《你们是谁》等7册

ISBN 7-5437-2146-5(盒装):¥9.50

I287.8

幼儿课外读物丛书:种花的孩子:朝鲜文.—延吉:东北朝鲜民族教育出版社,1995.5.—7册;17×19cm

包括《种花的孩子》等7册

ISBN 7-5437-2196-1(盒装):¥12.50

I291.9

《繁星》特刊:朝鲜文.—延吉:东北朝鲜民族教育出版社,1995.2.—219页;20cm

ISBN 7-5437-1913-4:¥4.80

I291.9

阿里郎　(52):朝鲜文/《阿里郎》编辑室编辑.—延吉:延边人民出版社,1995.1.—322页;20cm

ISBN 7-80599-200-2:¥6.60

I291.9

阿里郎　(53):朝鲜文/《阿里郎》编辑部编.—延吉:延边人民出版社,1995.12.—288页;20cm

ISBN 7-80599-360-2:¥6.00

I291.9

爱神塔:朝鲜文/李哲龙著.—延吉:延边人民出版社,1995.7.—346页;20cm

ISBN 7-80599-309-2:¥6.50

I291.9

多彩的心灵:朝鲜文/崔虎,申贤哲编.—延吉:延边人民出版社,1995.3.—197页;19cm

ISBN 7-80599-254-1:¥5.60

I291.9

繁星　(50)　1995年第1期:朝鲜文/延边人民出版社编辑.—延吉:延边人民出版社,1995.1.—170页;20cm

ISBN 7-80599-222-3:¥3.00

I291.9

繁星　(52)　1995年第3期:朝鲜文/延边人民出版社编辑.—延吉:延边人民出版社,1995.5.—149页:图;20cm

ISBN 7-80599-284-3:¥3.00

I291.9

繁星　(53)　1995年第4期:朝鲜文/延边人民出版社编辑.—延吉:延边人民出版社,1995.7.—152页:图;20cm

ISBN 7-80599-331-9:¥3.60

I291.9

繁星　(54)　1995年第5期:朝鲜文/延边人民出版社编辑.—延吉:延边人民出版社,1995.7.—151页:图;20cm

ISBN 7-80599-337-8:¥3.60

I291.9

繁星　(55)　1995年第6期:朝鲜文/延边人民出版社编辑.—延吉:延边人民出版社,1995.11.—154页:图;20cm

ISBN 7-80599-373-4:¥3.60

I291.9

黑痣:朝鲜文/黑龙江新闻社文艺部编.—牡丹江:黑龙江朝鲜民族出版社,1995.4.—287页;19cm

ISBN 7-5389-0586-3:¥7.50

I291.9

金凤金先达:朝鲜文.—延吉:延边人民出版社,1995.8.—327页;19cm

ISBN 7-80599-371-8:¥7.80

I291.9

全世界笑哈哈:朝鲜文.—延吉:延边人民出版社,1995.12.—169页;19cm

ISBN 7-80599-351-3:¥5.20

I291.9

世界上最长的故事:朝鲜文.—延吉:延边人民出版社;韩国:(株)艺林堂,1995.12.—162页;19cm

ISBN 7-80599-353-X:¥5.20

I291.9

踏上征途:朝鲜文/金英今著.—牡丹江:黑龙江朝鲜民族出版社,1995.8.—287页;20cm

ISBN 7-5389-0591-X:¥6.80

I291.9

天安三岔路口的垂杨柳：朝鲜文/李昌仁收集、整理.—沈阳：辽宁民族出版社，1995.12.—344页；19cm
ISBN 7-80527-548-3：￥9.80
I291.9
天池里面的龙宫：朝鲜文/李未玉，李莲玉编.—延吉：延边人民出版社，1995.8.—238页；19cm
ISBN 7-80599-361-0：￥5.90
I291.9
图们江　（四）：朝鲜文/金吉连主编.—沈阳：辽宁民族出版社，1995.10.—573页；20cm
ISBN 7-80527-582-3：￥20.00
I291.9
新星：朝鲜文/多人著.—牡丹江：黑龙江朝鲜民族出版社，1995.5.—202页；19cm
ISBN 7-5389-0540-5：￥4.50
I291.9
汹涌的暗流：朝鲜文/金淳浩著.—牡丹江：黑龙江朝鲜民族出版社，1995.4.—349页；20cm
ISBN 7-5389-0569-3：￥8.80
I291.9
严峻的考验：朝鲜文/吕英俊口述；韩兑岳整理.—2版.—延吉：延边人民出版社，1995.9.—255页；19cm
ISBN 7-80599-392-0：￥5.00
I291.9
愚鲁的丞相之子：朝鲜文/延边人民出版社编.—延吉：延边人民出版社，1995.8.—224页；19cm
ISBN 7-80599-376-9：￥5.80
I291.98
不愿上学：朝鲜文.—延吉：延边人民出版社；韩国：(株)艺林堂，1995.12.—146页；19cm
ISBN 7-80599-350-5：￥5.20
I312.645
七朵玫瑰：朝鲜文/(韩国)金圣钟著.—牡丹江：黑龙江朝鲜民族出版社，1995.12.—327页；20cm
ISBN 7-5389-0605-3：￥9.80
I312.687
韩国童话：朝鲜文.—延吉：延边人民出版社；韩国：(株)艺林堂，1995.12.—175页；19cm
ISBN 7-80599-352-1：￥5.20
J0-02
艺术辨证法：朝鲜文/金海龙著.—牡丹江：黑龙江朝鲜民族出版社，1995.12.—228页；19cm
ISBN 7-5389-0604-5：￥12.80
J12-53
艺术论文集：朝鲜文/金德均著.—延吉：东北朝鲜民族教育出版社，1995.12.—169页；20cm
ISBN 7-5437-1957-6：￥5.00
J228.2
伊索寓言漫画　（1）：朝鲜文/许顺改编；全炳准绘.—延吉：延边人民出版社，1995.11.—204页；19cm
ISBN 7-80599-364-5：￥7.50
J228.2
伊索寓言漫画　（2）：朝鲜文/许顺改编；全炳准绘.—延吉：延边人民出版社，1995.11.—203页；19cm
ISBN 7-80599-364-5：￥7.50
J228.2
伊索寓言漫画　（3）：朝鲜文/许顺改编；全炳准绘.—延吉：延边人民出版社；韩国：(株)艺林堂，1995.11.—205页；19cm
ISBN 7-80599-364-5：￥7.50
J228.4
波特拉秀与尼鲁：朝鲜文/李向元绘.—牡丹江：黑龙江朝鲜民族出版社，1995.6.—146页；26cm
ISBN 7-5389-0588-X：￥8.50
J228.4
聪明的小貉　（11～15）：朝鲜文/朝鲜教育图书出版社，中国东北朝鲜民族教育出版社编.—延吉：东北朝鲜民族教育出版社，1995.5.—5册；19×18cm
ISBN 7-5437-1973-8：￥11.00
J228.4
聪明的小貉　（6～10）：朝鲜文/朝鲜教育图书出版社，中国东北朝鲜民族教育出版社编.—延吉：东北朝鲜民族教育出版社，1995.3.—5册；19×18cm
ISBN 7-5437-1972-X：￥11.00
J228.7
阿拉丁迷路特级：朝鲜文/张锡俊著、绘.—牡丹江：黑龙江朝鲜民族出版社，1995.6.—93页；19cm
ISBN 7-5389-0589-8：￥5.00
J228.7
阿拉丁魔计大脱险：朝鲜文/张锡俊著、绘.—牡丹江：黑龙江朝鲜民族出版社，1995.6.—93页；19cm
ISBN 7-5389-0589-8：￥5.00
J228.7
顶牛喜鹊：朝鲜文.—延吉：延边人民出版社，1995.7.—3册：图；19cm
ISBN 7-80599-336-X：￥15.80
J228.7
好小子：朝鲜文/梁福善等译.—延吉：延边人民出版社，1995.8.—6册；19cm
ISBN 7-80599-356-4：￥17.70
J228.7
环保小叮当　上卷：朝鲜文/莘夷编；金鲜花译.—延吉：延边人民出版社，1995.6.—132页；26cm
ISBN 7-80599-332-7：￥7.50
J228.7
环保小叮当　下卷：朝鲜文/莘夷编；朴熙俊译.—延吉：延边人民出版社，1995.6.—252页；26cm
ISBN 7-80599-332-7：￥7.50
J228.7
回转盘剑：朝鲜文.—延吉：延边人民出版社，1995.5.—76页；26cm
ISBN 7-80599-258-4：￥4.00
J228.7
绒毛坎肩：朝鲜文.—延吉：延边人民出版社，1995.5.—92页；26cm
ISBN 7-80599-257-6：￥5.00
J228.7
淘气小子：朝鲜文.—延吉：延边人民出版社，1995.

4.—4册;19cm

ISBN 7-80599-271-1:¥16.80

J228.7

小黑狗流浪记　(二):朝鲜文/东北朝鲜民族教育出版社儿童图书编辑室编.—延吉:东北朝鲜民族教育出版社,1995.5.—102页;26cm

ISBN 7-5437-2416-2:¥0.00

J228.7

小黑狗流浪记　(六):朝鲜文/东北朝鲜民族教育出版社儿童图书编辑室编.—延吉:东北朝鲜民族教育出版社,1995.6.—94页;26cm

ISBN 7-5437-2420-0:¥6.50

J228.7

小黑狗流浪记　(三):朝鲜文/东北朝鲜民族教育出版社儿童图书编辑室编.—延吉:东北朝鲜民族教育出版社,1995.6.—82页;26cm

ISBN 7-5437-2417-0:¥6.50

J228.7

小黑狗流浪记　(四):朝鲜文/东北朝鲜民族教育出版社儿童图书编辑室编.—延吉:东北朝鲜民族教育出版社,1995.6.—83页;26cm

ISBN 7-5437-2418-9:¥6.50

J228.7

小黑狗流浪记　(五):朝鲜文/东北朝鲜民族教育出版社儿童图书编辑室编.—延吉:东北朝鲜民族教育出版社,1995.6.—90页;26cm

ISBN 7-5437-2419-7:¥6.50

J228.7

小黑狗流浪记　(一):朝鲜文/东北朝鲜民族教育出版社儿童图书编辑室编.—延吉:东北朝鲜民族教育出版社,1995.5.—102页;26cm

ISBN 7-5437-2415-4:¥6.50

J292.14

中国朝鲜族师生书法作品选:朝鲜文.—延吉:东北朝鲜民族教育出版社,1995.3.—135页;26cm

ISBN 7-5437-1914-2:¥12.00

J607

中国朝鲜族民间音乐研究:朝鲜文/金南浩著.—牡丹江:黑龙江朝鲜民族出版社,1995.8.—233页;19cm

ISBN 7-5389-0595-2:¥8.20

J614.1

和声学:朝鲜文/石千秀编.—延吉:延边大学出版社,1995.12.—240页;20cm

ISBN 7-5634-0820-7(精装):¥12.00

J642

歌我祖国,唱我家乡:朝鲜文/中共延边州委宣传部,延边音乐家协会编.—延吉:延边人民出版社,1995.6.—127页;20cm

ISBN 7-80599-343-2:¥8.00

J642.211.9

朝鲜族抗日斗争歌曲选:朝鲜文/全正革搜集整理.—沈阳:辽宁民族出版社,1995.8.—95页;19cm

ISBN 7-80527-546-7:¥8.15

J642.211.9

方华作曲集:朝鲜文/方明玉著.—延吉:延边人民出版社,1995.12.—119页;19cm

ISBN 7-80599-424-2:¥5.50

K

历史学习指导:朝鲜文/《历史学习指导》编写组编著.—延吉:延边人民出版社,1995.12.—2册(620页);26cm

ISBN 7-80599-433-1:¥29.00

K265

抗日斗争50年:朝鲜文/金杨主编.—沈阳:辽宁民族出版社,1995.8.—719页;20cm

ISBN 7-80527-523-8(精装):¥25.00

K281.9

火种:朝鲜文/《中国朝鲜族历史足迹》丛书编委会编.—北京:民族出版社,1995.12.—810页:照片;20cm.—(中国朝鲜族历史足迹丛书;第二卷)

ISBN 7-105-02527-1(精装):¥25.00

K82-61

中国当代朝鲜族人名辞典:朝鲜文/郑判龙主编.—沈阳:辽宁民族出版社,1995.10.—581页;20cm

ISBN 7-80527-566-1(精装):¥40.00

K827.6

抗日勇士——金光植:朝鲜文/许永吉等著.—延吉:东北朝鲜民族教育出版社,1995.1.—316页;19cm

ISBN 7-5437-1896-0(精装):¥25.50

K828

现代中国朝鲜族女杰:朝鲜文/金扬主编.—北京:民族出版社,1995.1.—625页;20cm

ISBN 7-105-02269-8(精装):¥17.00

K833.126.63

昨日的惨败 今日的辉煌:朝鲜文/(韩国)金龙福著.—牡丹江:黑龙江朝鲜民族出版社,1995.2.—276页:照片;21cm

ISBN 7-5389-0574-X:¥10.00

K923.42

可爱的家乡延边:朝鲜文/黄昌洙主编.—延吉:延边人民出版社,1995.3.—242页;19cm

ISBN 7-80599-243-6:¥5.80

N49

儿童科学　1995(1):朝鲜文/延边人民出版社编辑.—延吉:延边人民出版社,1995.1.—32页;26cm

ISBN 7-80599-196-0:¥1.50

N49

儿童科学　1995(2):朝鲜文/延边人民出版社编辑.—延吉:延边人民出版社,1995.2.—32页;26cm

ISBN 7-80599-215-0:¥1.50

N49

儿童科学　1995(6):朝鲜文/延边人民出版社编辑.—延吉:延边人民出版社,1995.6.—32页;26cm

ISBN 7-80599-278-9:¥1.50

N49

儿童科学　1995(7、8):朝鲜文/延边人民出版社编辑.—延吉:延边人民出版社,1995.6.—64页;26cm

ISBN 7-80599-307-6:¥3.00

N49
儿童科学　(10):朝鲜文/延边人民出版社编辑.—延吉:延边人民出版社,1995.10.—32页;26cm
ISBN 7-80599-379-3:¥1.50

N49
儿童科学　(11):朝鲜文/延边人民出版社编辑.—延吉:延边人民出版社,1995.11.—32页;26cm
ISBN 7-80599-388-2:¥1.50

N49
儿童科学　(12):朝鲜文/延边人民出版社编辑.—延吉:延边人民出版社,1995.12.—32页;26cm
ISBN 7-80599-402-1:¥1.50

N49
儿童科学　(3):朝鲜文/延边人民出版社编辑.—延吉:延边人民出版社,1995.3.—32页;26cm
ISBN 7-80599-224-X:¥1.50

N49
儿童科学　(9):朝鲜文/延边人民出版社编辑.—延吉:延边人民出版社,1995.9.—32页;26cm
ISBN 7-80599-340-8:¥1.50

N49
世界之谜:朝鲜文/林哲编著.—延吉:延边人民出版社,1995.7.—147页;19cm
ISBN 7-80599-348-3:¥4.80

O1
数学奥林匹克:朝鲜文/尹仁哲著.—延吉:延边大学出版社,1995.8.—374页;20cm
ISBN 7-5634-0801-0:¥8.00

O6
化学　第一册:朝鲜文/人民教育出版社化学室编.—延吉:东北朝鲜民族教育出版社,1995.8.—193页;26cm
中等师范学校教科书:试用本
ISBN 7-5437-2212-7:¥15.00

P-49
宇宙、地球、地震:朝鲜文/全銮道等编著.—延吉:延边人民出版社,1995.1.—94页;19cm
ISBN 7-80599-189-1:¥3.00

P183-49
我们的地球:朝鲜文/金春龙编.—延吉:延边人民出版社,1995.12.—210页;20cm.—(科学史话丛书;1)
ISBN 7-80599-425-0:¥7.20

R291.9
东医秘方全书:朝鲜文/朴在九主编.—延吉:延边人民出版社,1995.2.—396页;20cm
ISBN 7-80599-219-3:¥14.00

R459.3-61
饮食疗法医典:朝鲜文/(韩)《主妇生活》编辑部编.—牡丹江:黑龙江朝鲜民族出版社,1995.9.—370页;26cm
ISBN 7-5389-0599-5:¥23.50

R54
心脏病的诊断与治疗:朝鲜文/金清秀著.—延吉:延边人民出版社,1995.8.—369页;19cm
ISBN 7-80599-208-8:¥7.70

TU-092
渤海建筑研究:朝鲜文/方学凤著.—延吉:延边大学出版社,1995.12.—335页;20cm
ISBN 7-5634-0839-8:¥20.00

哈萨克文图书

A752
毛泽东自述:哈萨克文/巴哈尔,阿力木江译.—北京:民族出版社,1995.4.—325页;20cm
ISBN 7-105-02066-0:¥6.50

A81
马克思主义原理:哈萨克文/国家教委社科司组编.—修订本.—奎屯:伊犁人民出版社,1995.3.—536页;26cm
高等学校马克思主义理论课通用教材
ISBN 7-5425-0165-8:¥9.20

B0-0
哲学常识　下册:哈萨克文/人民教育出版社政治室编.—乌鲁木齐:新疆教育出版社,1995.10.—328页;19cm
中等师范学校思想政治教科书:试用本
ISBN 7-5370-3628-9:¥3.78

D2-0
邓小平文选　第二卷:哈萨克文/邓小平著;中国民族语文翻译中心译.—2版.—北京:民族出版社,1995.1.—898页;19cm
ISBN 7-105-02365-1:¥11.90

D2-0
邓小平文选　第一卷:哈萨克文/邓小平著;中国民族语文翻译中心译.—2版.—北京:民族出版社,1995.1.—808页;19cm
ISBN 7-105-02360-0:¥10.80

D263
孔繁森:哈萨克文/李延海等著;艾特哈孜等译.—乌鲁木齐:新疆人民出版社,1995.5.—319页;19cm
ISBN 7-228-03479-1:¥7.50

D61
中国社会主义建设:哈萨克文/国家教委社科司组编.—奎屯:伊犁人民出版社,1995.3.—445页;26cm
高等学校马克思主义理论课通用教材
ISBN 7-5425-0162-3:¥9.10

①D619②D619.45
中国简况:古丝绸之路新貌——新疆维吾尔自治区的40年:哈萨克文.—北京:新星出版社,1995.—42页;18cm
ISBN 7-80102-289-0:¥2.82

①D633.2②H236
民族区域自治和语言问题:哈萨克文/托呼塔尔汗编著.—乌鲁木齐:新疆青少年出版社,1995.6.—384页;19cm
ISBN 7-5371-2114-1:¥6.80

D648

思想道德修养:哈萨克文/新疆维吾尔自治区党委教科部,新疆维吾尔自治区教育委员会编.—修订版.—奎屯:伊犁人民出版社,1995.—296页;26cm

高等学校马克思主义理论通用教材

ISBN 7-5425-0164-X:¥5.18

D920.9

中国妇女法律实用全书 (上):哈萨克文/马原主编;民族出版社哈文编辑室译.—北京:民族出版社,1995.12.—532页;20cm

ISBN 7-105-02405-4:¥12.90

E283

民兵政治教育课本:哈萨克文/总政治部群众工作部编.—北京:解放军出版社,1995.4.—142页;19cm

补充教材之一

ISBN 7-5065-2798-7:¥0.00

F045.5

什么是社会主义市场经济:哈萨克文/马洪主编;哈萨克文编辑室译.—北京:民族出版社,1995.1.—652页;19cm

ISBN 7-105-02262-0:¥9.60

G305

创造力:哈萨克文/(德)海纳特著;哈哈尔译.—乌鲁木齐:新疆青少年出版社,1995.12.—253页;19cm

ISBN 7-5371-2233-4:¥6.00

G41

数学德育故事:哈萨克文/张文忠编著;阿汉译.—乌鲁木齐:新疆科技卫生出版社,1995.4.—337页;19cm

ISBN 7-5372-0494-2:¥4.40

G451

辛勤的园丁:哈萨克文/杰肯编.—奎屯:伊犁人民出版社,1995.12.—449页;19cm

ISBN 7-5425-0188-7:¥8.90

G623.2

六年制小学课本语文第八册教学参考书:哈萨克文/波拉提·阿编写.—乌鲁木齐:新疆教育出版社,1995.10.—123页;19cm

ISBN 7-5370-2657-2:¥1.50

G623.2

六年制小学课本语文第七册教学参考书:哈萨克文/波拉提·阿编.—乌鲁木齐:新疆教育出版社,1995.6.—161页;19cm

ISBN 7-5370-2512-6:¥2.10

G623.2

六年制小学课本语文第七册教学参考书:哈萨克文/波拉提·阿编.—乌鲁木齐:新疆教育出版社,1995.6.—161页;19cm

ISBN 7-5370-2512-6:¥2.10

G623.2

六年制小学课本语文第十册教学参考书:哈萨克文/马含赞·阿编写.—乌鲁木齐:新疆教育出版社,1995.10.—143页;19cm

ISBN 7-5370-2658-0:¥2.52

G623.8

九年义务教育六年制小学体育 第二册:哈萨克文/人民教育出版社体育室编著.—乌鲁木齐:新疆教育出版社,1995.6.—158页;19cm

教师教学用书

ISBN 7-5370-2563-0:¥2.41

G624

九年义务教育六年制小学二年级暑假作业:哈萨克文/马合赞·阿编写.—乌鲁木齐:新疆教育出版社,1995.6.—33页;26cm

ISBN 7-5370-2463-4:¥1.08

G624

九年义务教育小学三年级寒假作业:哈萨克文.—乌鲁木齐:新疆教育出版社,1995.10.—45页;26cm

ISBN 7-5370-2611-4:¥1.28

G624.15

思想品德 第六册:哈萨克文/人民教育出版社政治室,北京市教育局教学研究部编著.—乌鲁木齐:新疆教育出版社,1995.10.—56页;21cm

九年义务教育六年制小学教科书

ISBN 7-5370-2659-9:¥2.00

G624.15

思想品德 第五册:哈萨克文/人民教育出版社政治室,北京市教育局教学研究部编著.—乌鲁木齐:新疆教育出版社,1995.6.—56页;20cm

九年义务教育六年制小学教科书

ISBN 7-5370-2485-5:¥1.73

G624.2

语文 第八册:哈萨克文/哈那菲亚编.—乌鲁木齐:新疆教育出版社,1995.10.—122页;19cm

六年制小学课本:试用本

ISBN 7-5370-2601-7:¥1.58

G624.2

语文 第六册:哈萨克文/古力夏编写.—2版.—乌鲁木齐:新疆教育出版社,1995.10.—106页;19cm

六年制小学课本:试用本

ISBN 7-5370-2595-9:¥1.42

G624.2

语文 第七册:哈萨克文/夏尔甫编.—乌鲁木齐:新疆教育出版社,1995.6.—121页;19cm

六年制小学课本:试用本

ISBN 7-5370-2571-1:¥1.10

G624.2

语文 第十册:哈萨克文.—2版.—乌鲁木齐:新疆教育出版社,1995.10.—157页;19cm

六年制小学课本:试用本

ISBN 7-5370-2597-5:¥1.78

G624.2

语文 第十二册:哈萨克文.—2版.—乌鲁木齐:新疆教育出版社,1995.10.—144页;19cm

六年制小学课本:试用本

ISBN 7-5370-2590-8:¥1.63

G624.2

语文 第四册:哈萨克文/巴合特汉编写.—2版.—

乌鲁木齐:新疆教育出版社,1995.10.—116页;19cm
六年制小学课本:试用本
ISBN 7-5370-2625-4:¥1.52
G624.29
语文　第十一册:哈萨克文/玛合赞编写.—乌鲁木齐:新疆教育出版社,1995.6.—152页;19cm
六年制小学课本:试用本
ISBN 7-5370-2566-5:¥1.18
G624.45
地理图册:哈萨克文/中国地图出版社编制;新疆教育出版社译.—5版.—北京:中国地图出版社,1995.3.—30页;19cm
小学适用
ISBN 7-5031-1562-9:¥1.00
G624.5
九年义教小学数学复习测试题　第三册:哈萨克文/北京市海淀区教育局小学教研室编;阿合木译.—乌鲁木齐:新疆科技卫生出版社,1995.5.—108页;26cm
ISBN 7-5372-1038-1:¥3.20
G624.5
九年义教小学数学复习测试题　第五册:哈萨克文/北京市海淀区教育局小学教研室编;图热别克译.—乌鲁木齐:新疆科技卫生出版社,1995.5.—108页;26cm
ISBN 7-5372-1027-6:¥3.20
G624.5
九年义教小学数学复习测试题　第一册:哈萨克文/北京市海淀区教育局小学教研室编;热西提译.—乌鲁木齐:新疆科技卫生出版社,1995.5.—113页;26cm
ISBN 7-5372-1030-6:¥3.40
G624.5
九年义务教育六年制小学数学学生学具卡片　第六册:哈萨克文/人民教育出版社数学室编著.—乌鲁木齐:新疆教育出版社,1995.10.—8张;19cm
ISBN 7-5370-2611-0:¥1.00
G624.5
六年制小学数学单元综合测试卷　第八册:哈萨克文/《数学测试卷》编写组编;哈力译.—乌鲁木齐:新疆科技卫生出版社,1995.1.—67页;26cm
ISBN 7-5372-0954-5:¥1.90
G624.5
六年制小学数学单元综合测试卷　第六册:哈萨克文/《数学测试卷》编写组编;杰木斯译.—乌鲁木齐:新疆科技卫生出版社,1995.1.—58页;26cm
ISBN 7-5372-0953-7:¥1.70
G624.5
六年制小学数学单元综合测试卷　第十册:哈萨克文/《数学测试卷》编写组编;巴塔宜译.—乌鲁木齐:新疆科技卫生出版社,1995.1.—60页;26cm
ISBN 7-5372-0966-9:¥1.70
G624.5
六年制小学数学单元综合测试卷　第十二册:哈萨克文/《数学测试卷》编写组编;吾梅提译.—乌鲁木齐:新疆科技卫生出版社,1995.1.—60页;26cm
ISBN 7-5372-0967-7:¥1.70
G624.5
六年制小学数学单元综合测试卷　第四册:哈萨克文/《数学测试卷》编写组编;库力恰提·祖番译.—乌鲁木齐:新疆科技卫生出版社,1995.1.—46页;26cm
ISBN 7-5372-0952-9:¥1.45
G624.5
数学　第六册:哈萨克文/人民教育出版社小学数学室编著.—乌鲁木齐:新疆教育出版社,1995.10.—162页;21cm
九年义务教育六年制小学教科书
ISBN 7-5370-2678-5:¥4.30
G624.5
数学　第十二册:哈萨克文/人民教育出版社数学室编.—2版.—乌鲁木齐:新疆教育出版社,1995.10.—134页;19cm
六年制小学课本
ISBN 7-5370-2603-3:¥1.54
G624.5
小学数学复习测试题　第九册:哈萨克文/北京市海淀区教育局小学教研室编;杰木斯译.—乌鲁木齐:新疆科技卫生出版社,1995.5.—99页;26cm
ISBN 7-5372-1031-4:¥2.90
G624.5
小学数学复习测试题　第七册:哈萨克文/北京市海淀区教育局小学教研室编;哈比译.—乌鲁木齐:新疆科技卫生出版社,1995.5.—101页;26cm
ISBN 7-5372-1026-8:¥3.10
G624.5
小学数学复习测试题　第十一册:哈萨克文/北京市海淀区教育局小学教研室编;哈力译.—乌鲁木齐:新疆科技卫生出版社,1995.5.—126页;26cm
ISBN 7-5372-1024-1:¥3.70
G624.5
小学数学目标单元检测　第五册:哈萨克文/黑扎木丁,杰木斯编译.—乌鲁木齐:新疆科技卫生出版社,1995.5.—89页;19cm
ISBN 7-5372-1040-3:¥1.50
G624.5
小学数学目标单元检测:六年制　第九册:哈萨克文/北京市海淀区教师进修学校编;巴塔宜译.—乌鲁木齐:新疆科技卫生出版社,1995.5.—95页;19cm
ISBN 7-5372-1025-X:¥1.55
G624.5
小学数学目标单元检测:六年制　第七册:哈萨克文/北京市海淀区教师进修学校编;沙吾列·热夏提译.—乌鲁木齐:新疆科技卫生出版社,1995.5.—84页;19cm
ISBN 7-5372-1033-0:¥1.40
G624.5
小学数学目标单元检测:六年制　第三册:哈萨克文/北京市海淀区教师进修学校编;古丽巴合提译.—乌鲁木齐:新疆科技卫生出版社,1995.5.—63页;19cm
ISBN 7-5372-1023-3:¥1.15

G624.6

健康教育　第二册:哈萨克文/李冬燕编写;布拉提译 .—乌鲁木齐:新疆青少年出版社,1995.6.—40页;19cm

九年义务教育六年制小学二年级试用课本

ISBN 7-5371-2116-8:¥1.40

G624.6

健康教育　第六册:哈萨克文/田金玲,高岩编;马依达希译.—乌鲁木齐:新疆青少年出版社,1995.6.—58页;19cm

九年义务教育六年制小学六年级试用课本

ISBN 7-5371-2120-6:¥1.80

G624.6

健康教育　第三册:哈萨克文/丁茗编;阿克木拜译.—乌鲁木齐:新疆青少年出版社,1995.6.—40页;19cm

九年义务教育六年制小学三年级试用课本

ISBN 7-5371-2117-6:¥1.40

G624.6

健康教育　第四册:哈萨克文/韩英田编;祖坎译.—乌鲁木齐:新疆青少年出版社,1995.6.—44页;19cm

九年义务教育六年制小学四年级试用课本

ISBN 7-5371-2118-4:¥1.50

G624.6

健康教育　第五册:哈萨克文/周丽华编写;阿苏别克译 .—乌鲁木齐:新疆青少年出版社,1995.6.—48页;19cm

九年义务教育六年制小学五年级试用课本

ISBN 7-5371-2119-2:¥1.55

G624.6

健康教育　第一册:哈萨克文/白炎编写;沙力译.—乌鲁木齐:新疆青少年出版社,1995.6.—42页;19cm

九年义务教育六年制小学一年级试用课本

ISBN 7-5371-2115-X:¥1.50

G624.6

自然　第六册:哈萨克文/人民教育出版社生物自然室等编著.—乌鲁木齐:新疆教育出版社,1995.10.—48页;21cm

九年义务教育六年制小学教科书

ISBN 7-5370-2631-9:¥1.80

G624.6

自然　第五册:哈萨克文/人民教育出版社生物自然室等编著.—乌鲁木齐:新疆教育出版社,1995.6.—48页;20cm

九年制义务教育六年制小学教科书

ISBN 7-5370-2499-5:¥1.70

G624.75

美术　第九册:哈萨克文.—乌鲁木齐:新疆教育出版社,1995.6.—32页;26cm

小学课本:试用本

ISBN 7-5370-2546-0:¥2.00

G624.75

美术　第七册:哈萨克文.—乌鲁木齐:新疆教育出版社,1995.6.—32页;26cm

小学课本:试用本

ISBN 7-5370-2545-2:¥2.00

G624.75

美术　第十册:哈萨克文.—乌鲁木齐:新疆教育出版社,1995.10.—32页;26cm

小学课本;试用本

ISBN 7-5370-2671-8:¥2.16

G624.75

美术　第十二册:哈萨克文.—乌鲁木齐:新疆教育出版社,1995.10.—32页;26cm

小学课本:试用本

ISBN 7-5370-2672-6:¥2.16

G624.75

美术　第十一册:哈萨克文.—乌鲁木齐:新疆教育出版社,1995.6.—32页;26cm

小学课本:试用本

ISBN 7-5370-2547-9:¥2.00

G634

初中二年级语文暑假作业:哈萨克文/波拉提·阿编写.—乌鲁木齐:新疆教育出版社,1995.5.—36页;26cm

ISBN 7-5370-2426-X:¥1.17

G634

九年义务教育初中二年级数学暑假作业:哈萨克文.—乌鲁木齐:新疆教育出版社,1995.5.—45页;26cm

ISBN 7-5370-2468-5:¥1.42

G634

九年义务教育初中二年级物理暑假作业:哈萨克文.—乌鲁木齐:新疆教育出版社,1995.6.—68页;26cm

ISBN 7-5370-2467-7:¥1.85

G634

九年义务教育初中三年级化学寒假作业:哈萨克文/贺扎木丁译.—乌鲁木齐:新疆教育出版社,1995.10.—51页;26cm

ISBN 7-5370-2643-2:¥1.44

G634

九年义务教育初中三年级物理寒假作业:哈萨克文.—乌鲁木齐:新疆教育出版社,1995.10.—35页;26cm

ISBN 7-5370-2624-6:¥1.12

G634

九年义务教育初中三年级语文寒假作业:哈萨克文/夏尔甫·玛夏太编写.—乌鲁木齐:新疆教育出版社,1995.10.—24页;26cm

ISBN 7-5370-2610-6:¥0.88

G634

九年义务教育三年制初中三年级数学寒假作业:哈萨克文.—乌鲁木齐:新疆教育出版社,1995.10.—43页;26cm

ISBN 7-5370-2616-5:¥1.28

G634.3
文科自学考试复习题解　(3):哈萨克文/海拉提等编.—乌鲁木齐:新疆人民出版社,1995.10.—281页;26cm
ISBN 7-228-03421-X:¥13.50
G634.3
文科自学考试复习题解　(4):哈萨克文/阿力木赛提等编.—乌鲁木齐:新疆人民出版社,1995.11.—263页;26cm
ISBN 7-228-03441-4:¥13.50
G634.3
语文　第三册:哈萨克文/波拉提·波怕衣编写.—乌鲁木齐:新疆教育出版社,1995.6.—313页;20cm
初级中学课本:试用本
ISBN 7-5370-2488-X:¥2.58
G634.3
怎样学好语文:高中部分:哈萨克文/乌拉力汗·胡尔曼哈力,波拉·波排编.—乌鲁木齐:新疆人民出版社,1995.1.—459页;19cm
ISBN 7-228-02979-8:¥4.60
G634.51
九年义务教育三年制初级中学历史地图填充图册:世界历史　第二册:哈萨克文/人民教育出版社历史室编.—乌鲁木齐:新疆教育出版社,1995.10.—27页;18×26cm
ISBN 7-5370-2593-2:¥2.00
G634.52
世界历史　第二册:哈萨克文/人民教育出版社历史室编著;那毕木汉,赛都阿哈斯译.—乌鲁木齐:新疆教育出版社,1995.10.—180页:彩图;26cm
九年义务教育三年制初级中学教科书
ISBN 7-5370-2655-6:¥5.50
G634.53
九年义务教育三、四年制初级中学中国历史第四册练习册:哈萨克文.—乌鲁木齐:新疆教育出版社,1995.10.—194页;19cm
初中二年级下学期使用
ISBN 7-5370-2617-3:¥2.30
G634.53
九年义务教育三年制初级中学中国历史练习册　第三册:哈萨克文.—乌鲁木齐:新疆教育出版社,1995.6.—233页;19cm
初中二年级上学期使用
ISBN 7-5370-2462-6:¥2.85
G634.53
中国近代现代史　下册:必修:哈萨克文/人民教育出版社历史室编著.—2版.—乌鲁木齐:新疆教育出版社,1995.10.—190页:彩图;26cm
高级中学课本
ISBN 7-5370-2620-3:¥4.08
G634.53
中国历史　第三册:哈萨克文.—乌鲁木齐:新疆教育出版社,1995.6.—217页:彩图;26cm
九年义务教育三年制初级中学教科书
ISBN 7-5370-2251-8:¥4.85
G634.53
中国历史　第四册:哈萨克文/人民教育出版社历史室编著.—乌鲁木齐:新疆教育出版社,1995.10.—266页:彩图;26cm
九年义务教育三年制初级中学教科书
ISBN 7-5370-2685-8:¥6.48
G634.55
地理　第二册:哈萨克文/人民教育出版社地理社会室编著;阿勒马斯等译.—2版.—乌鲁木齐:新疆教育出版社,1995.10.—167页:彩图;26cm
九年义务教育三年制初级中学教科书
ISBN 7-5370-2609-2:¥4.38
G634.55
地理　第一册:哈萨克文/人民教育出版社地理社会室编著.—2版.—乌鲁木齐:新疆教育出版社,1995.6.—145页;26cm
九年义务教育三年制初级中学教科书
ISBN 7-5370-2735-8:¥4.68
G634.55
地理　下册:必修:哈萨克文/人民教育出版社地理社会室编.—乌鲁木齐:新疆教育出版社,1995.10.—283页;19cm
高级中学课本
ISBN 7-5370-2605-X:¥2.60
G634.55
地理填充图册　第三册:哈萨克文/海尼西·哈玛仕译.—乌鲁木齐:新疆教育出版社,1995.6.—18页;19×26cm
九年义务教育三年制初级中学:试用本
ISBN 7-5370-2543-6:¥0.81
G634.55
九年义务教育三年制初级中学地理第二册练习册:哈萨克文/夏尔甫,阿勒马斯译.—乌鲁木齐:新疆教育出版社,1995.11.—233页;19cm
初中一年级下学期使用
ISBN 7-5370-2623-8:¥2.66
G634.55
九年义务教育三年制初级中学地理第三册练习册:哈萨克文.—乌鲁木齐:新疆教育出版社,1995.6.—213页;19cm
初中二年级上学期使用
ISBN 7-5370-2464-2:¥2.64
G634.55
九年义务教育三年制初级中学地理第四册练习册:哈萨克文/海尼西,哈米都拉译.—乌鲁木齐:新疆教育出版社,1995.10.—280页;19cm
初中二年级下学期使用
ISBN 7-5370-2644-0:¥3.14
G634.6
高中数学标准化习题集及解答:哈萨克文/米都汗,古丽纳尔编.—奎屯:伊犁人民出版社,1995.10.—126页;19cm
ISBN 7-5425-0207-7:¥5.20

G634.6

九年义务教育三年制初级中学数学课外习题集 第二册:哈萨克文/人民教育出版社中学数学室编著.—乌鲁木齐:新疆教育出版社,1995.10.—326页;19cm

ISBN 7-5370-2441-3:¥3.87

G634.6

九年义务教育三年制初级中学数学学习卡片 第二套:哈萨克文/人民教育出版社中学数学室等编.—乌鲁木齐:新疆教育出版社,1995.6.—16张;19cm

ISBN 7-5370-2559-2:¥1.20

G634.6

九年义务教育三年制初级中学数学学习卡片 第三套:哈萨克文/人民教育出版社中学数学室等编.—乌鲁木齐:新疆教育出版社,1995.6.—16张;19cm

ISBN 7-5370-2522-3:¥1.20

G634.63

几何 第三册:哈萨克文/人民教育出版社中学数学室编著.—乌鲁木齐:新疆教育出版社,1995.6.—268页;19cm

九年义务教育三年制初级中学教科书

ISBN 7-5370-2511-8:¥2.28

G634.7

九年义务教育三年制初级中学物理第一册课外习题集:哈萨克文/人民教育出版社物理室编著.—乌鲁木齐:新疆教育出版社,1995.6.—280页;19cm

ISBN 7-5370-2446-4:¥3.36

G634.7

九年义务教育三年制初级中学物理第一册实验册:哈萨克文/人民教育出版社物理室编著.—乌鲁木齐:新疆教育出版社,1995.3.—25页;26cm

ISBN 7-5370-2453-7:¥1.65

G634.8

化学 全一册:哈萨克文/人民教育出版社化学室编著.—乌鲁木齐:新疆教育出版社,1995.6.—257页;26cm

九年义务教育三年制初级中学教科书

ISBN 7-5370-2505-3:¥4.93

G634.8

化学计算手册:哈萨克文/古丽巴合提·哈里克编著.—奎屯:伊犁人民出版社,1995.11.—60页;19cm

ISBN 7-5425-0206-9:¥2.30

G634.91

九年义务教育三年制初级中学生物第二册练习册:哈萨克文/艾力,夏曼译.—乌鲁木齐:新疆教育出版社,1995.6.—208页;19cm

初中二年级使用

ISBN 7-5370-2443-X:¥2.60

G634.91

九年义务教育三年制初级中学生物第二册实验报告册:哈萨克文/人民教育出版社生物自然室编著;木巴尔译.—乌鲁木齐:新疆教育出版社,1995.6.—68页;26cm

ISBN 7-5370-2437-5:¥2.30

G634.91

九年义务教育三年制初级中学生物第一册(下)练习册:哈萨克文/贺扎木丁译.—乌鲁木齐:新疆教育出版社,1995.10.—107页;19cm

初中一年级下学期使用

ISBN 7-5370-2645-9:¥1.42

G634.91

九年义务教育三年制初级中学生物练习册 第一册(上):哈萨克文/贺扎木丁译.—乌鲁木齐:新疆教育出版社,1995.6.—189页;19cm

ISBN 7-5370-2444-8:¥2.38

G634.91

生物 第一册(下):哈萨克文/人民教育出版社生物自然室编著.—2版.—乌鲁木齐:新疆教育出版社,1995.10.—140页:彩图;26cm

九年义务教育三年制初级中学教科书

ISBN 7-5370-2627-0:¥4.46

G634.93

劳动技术 第二册:哈萨克文/新疆维吾尔自治区教委教学研究室编著;热马占等译.—乌鲁木齐:新疆青少年出版社,1995.6.—253页;19cm

九年义务教育初级中学教科书

ISBN 7-5371-2122-2:¥5.25

G634.93

劳动技术 第三册:哈萨克文/新疆维吾尔自治区教委教学研究室编著.—乌鲁木齐:新疆青少年出版社,1995.6.—310页;19cm

九年义务教育初级中学教科书

ISBN 7-5371-2123-0:¥6.50

G634.93

劳动技术 第一册:哈萨克文/新疆维吾尔自治区教委教学研究室编著;布拉提,帕里达译.—乌鲁木齐:新疆青少年出版社,1995.6.—279页;19cm

九年义务教育初级中学教科书

ISBN 7-5371-2121-4:¥5.70

G807.3

体育 第一册　第二本:哈萨克文/人民教育出版社体育室编;阿勒马斯等译.—乌鲁木齐:新疆教育出版社,1995.10.—206页;26cm

中等师范学校课本教科书:试用本

ISBN 7-5370-2606-8:¥6.84

G891.1

国际象棋教材 上册:哈萨克文/吐亚克著.—奎屯:伊犁人民出版社,1995.6.—156页;19cm

ISBN 7-5425-0178-X:¥6.50

H061

俄哈汉简明词典:哈萨克文/觉罗·德林编.—北京:民族出版社,1995.4.—403页;26cm

ISBN 7-105-01778-3:¥25.30

H236.5

哈萨克语修辞基础知识:哈萨克文/布拉提,博伯著.—乌鲁木齐:新疆青少年出版社,1995.6.—187页;19cm

ISBN 7-5371-2005-7:¥5.50

H236.59

汉哈翻译教程:哈萨克文/贺那亚提等编译.—乌鲁木齐:新疆科技卫生出版社,1995.2.—388页;26cm

新疆维吾尔自治区高等学校教材

ISBN 7-5372-0576-0:￥12.00

I11

世界文学选　(1):哈萨克文/帕提玛,萨吾列译.—奎屯:伊犁人民出版社,1995.11.—144页;19cm

ISBN 7-5425-0193-3:￥4.30

I217.2

报告文学、微型小说选:哈萨克文/苏丹著.—北京:民族出版社,1995.12.—248页;20cm

ISBN 7-105-02271-X:￥6.50

I22

永久的回忆:诗歌与叙事诗:哈萨克文/阿合波坎著;曼苏尔辑.—奎屯:伊犁人民出版社,1995.2.—101页;19cm

ISBN 7-5425-0159-3:￥3.50

I222.7

哈萨克叙事长诗选　(14):哈萨克文/新疆自治区民间文艺家协会编;哈布丁搜集整理.—北京:民族出版社,1995.7.—215页;20cm

ISBN 7-105-02178-0:￥4.80

I227

阿肯对唱选　(2):哈萨克文/贾玛丽汗主唱.—乌鲁木齐:新疆人民出版社,1995.12.—278页;20cm

ISBN 7-228-02838-4(精装):￥9.00

I227

爱情之歌:哈萨克文/多人集.—奎屯:伊犁人民出版社,1995.9.—48页;19cm

ISBN 7-5425-0187-9:￥2.00

I227

迪达尔和居帕尔:长诗集:哈萨克文/热孜旦著.—奎屯:伊犁人民出版社,1995.6.—228页;19cm

ISBN 7-5425-0174-7:￥6.20

I227

哈那斯与布勒巴代:哈萨克文.—奎屯:伊犁人民出版社,1995.10.—158页;19cm

ISBN 7-5425-0205-0:￥6.50

I227

哈萨克民风习俗诗集:哈萨克文/茹克娅,卡木那收编.—北京:民族出版社,1995.1.—677页;20cm

ISBN 7-105-01773-2:￥7.30

I227

良心:哈萨克文/古丽娜尔著.—奎屯:伊犁人民出版社,1995.10.—129页;19cm

ISBN 7-5425-0202-6:￥4.50

I227

生活:诗歌选集:哈萨克文/穆合哈里著.—奎屯:伊犁人民出版社,1995.11.—109页;19cm

ISBN 7-5425-0204-2:￥4.50

I227

旭日临窗:哈萨克文/达克力著.—北京:民族出版社,1995.1.—247页;19cm

ISBN 7-105-01885-2:￥2.75

I227

祝福:哈萨克文/乌兰别克编.—奎屯:伊犁人民出版社,1995.12.—84页;13cm

ISBN 7-5425-0209-3:￥2.10

I227

昴宿:诗歌集:哈萨克文/热马赞著.—奎屯:伊犁人民出版社,1995.9.—86页;19cm

ISBN 7-5425-0197-6:￥4.90

I247

失而复得的日记:短,中篇小说集:哈萨克文/托列哈孜著.—伊犁:伊犁人民出版社,1995.3.—129页;19cm

ISBN 7-5425-0166-6:￥3.40

I247

中短篇小说选:哈萨克文/吐尔逊艾力著.—北京:民族出版社,1995.6.—360页;19cm

ISBN 7-105-01716-3:￥3.25

I247.5

白山毕:长篇小说:哈萨克文/木合达尔汗著.—奎屯:伊犁人民出版社,1995.12.—473页;19cm

ISBN 7-5425-0208-5:￥12.00

I247.5

一首歌的故事:中篇小说:哈萨克文/巴扎尔别克·伊布来音著.—乌鲁木齐:新疆人民出版社,1995.10.—269页;19cm

ISBN 7-228-03767-7:￥7.20

I247.7

山不转水转:短篇小说:哈萨克文/胡山著.—奎屯:伊犁人民出版社,1995.10.—67页;19cm

ISBN 7-5425-0181-X:￥2.30

I247.7

铁匠的儿子:哈萨克文/吐尔森汗著.—奎屯:伊犁人民出版社,1995.11.—204页;19cm

ISBN 7-5425-0199-2:￥5.00

I247.7

灾难:短篇小说:哈萨克文/吐尔逊阿里著.—奎屯:伊犁人民出版社,1995.8.—201页;19cm

ISBN 7-5425-0176-3:￥6.00

I247.8

五彩缤纷的火焰与生物故事:哈萨克文/夏热甫汉·艾得尔斯编著.—奎屯:伊犁人民出版社,1995.11.—63页;19cm

ISBN 7-5425-0160-7:￥2.90

I25

人民公仆——巴斯拜:哈萨克文/叶鲁拜著.—奎屯:伊犁人民出版社,1995.12.—208页;19cm

ISBN 7-5425-0203-4:￥5.90

I251

草原风云:回忆录:哈萨克文/帕提汗·苏古尔巴也夫著.—乌鲁木齐:新疆人民出版社,1995.5.—243页;照片;20cm

ISBN 7-228-02993-3:￥3.70

I251

回忆阿拜:哈萨克文/阿布达别克编.—乌鲁木齐:新疆人民出版社,1995.8.—313页;20cm

ISBN 7-228-03404-X:¥8.00

I277.3

民间传说集:哈萨克文.—奎屯:伊犁人民出版社,1995.11.—145页;19cm

ISBN 7-5425-0192-5:¥4.30

I287.5

机灵鬼与捣蛋鬼　(1):哈萨克文/阿依甫著.—乌鲁木齐:新疆青少年出版社,1995.12.—202页;19cm

ISBN 7-5371-2242-3:¥6.00

I287.7

骑驴子的狼:哈萨克文/马语肯译.—奎屯:伊犁人民出版社,1995.12.—56页;19cm

ISBN 7-5425-0198-4:¥2.30

I293.6

克亚勒拜的幻想:哈萨克文/哈米提·努尔沙力别克著.—乌鲁木齐:新疆青少年出版社,1995.12.—84页;19cm

ISBN 7-5371-1905-8:¥2.25

I293.647.5

黎明:哈萨克文/塞力克著.—乌鲁木齐:新疆青少年出版社,1995.4.—257页;19cm

ISBN 7-5371-1881-3:¥7.80

I361.15

不幸的嘉玛丽:哈萨克斯坦共和国作家作品选:哈萨克文/米尔贾克夫等著.—乌鲁木齐:新疆人民出版社,1995.11.—356页;20cm

ISBN 7-228-03157-1:¥9.50

I561.74

伊索智慧寓言300篇:哈萨克文/(英)汤森特著;巴扎尔艾力译.—伊犁:伊犁人民出版社,1995.3.—162页;19cm

ISBN 7-5425-0168-2:¥3.80

J51

哈萨克图案的科学基础:哈萨克文/波拉提拜编.—乌鲁木齐:新疆科技卫生出版社,1995.3.—146页;13×19cm

ISBN 7-5372-0592-2:¥4.00

J528

大地的回音:哈萨克文/巴亚合买提·朱马拜编著.—乌鲁木齐:新疆美术摄影出版社,1995.3.—113页;26cm

ISBN 7-80547-280-7:¥24.95

J642.21

阿拜歌曲集:哈萨克文.—奎屯:伊犁人民出版社,1995.6.—112页;19cm

ISBN 7-5425-0175-5:¥3.80

J642.21

仙鹤:哈萨克文/加合斯别克著.—奎屯:伊犁人民出版社,1995.5.—183页;19cm

ISBN 7-5425-0201-8:¥7.30

K25

中国革命史:哈萨克文/国家教委社科司组编.—奎屯:伊犁人民出版社,1995.3.—526页;26cm

高等学校马克思主义理论课通用教材:试用本

ISBN 7-5425-0160-7:¥9.18

K294.5

新疆三区革命大事记:哈萨克文/新疆三区革命史编纂委员会编;木拉提等译.—乌鲁木齐:新疆人民出版社,1995.9.—476页;20cm

ISBN 7-228-03249-7:¥13.50

K825.2

达列里汗将军:哈萨克文/胡斯太著.—奎屯:伊犁人民出版社,1995.7.—364页;20cm

ISBN 7-5425-0177-1:¥8.50

O121.5

珠算科技知识:哈萨克文/全国珠算科技知识竞赛组织委员会编;马里开吉德等译.—奎屯:伊犁人民出版社,1995.1.—348页;26cm

ISBN 7-5425-0161-5:¥15.00

O123

几何　第一册:哈萨克文/人民教育出版社中学数学室编著.—乌鲁木齐:新疆教育出版社,1995.6.—324页;19cm

中等师范学校数学课本:试用本

ISBN 7-5370-2519-3:¥4.45

R173

女子青春秘决:哈萨克文/刘倩著;吾兰译.—乌鲁木齐:新疆科技卫生出版社,1995.12.—175页;19cm

ISBN 7-5372-0682-1:¥4.80

R293.6

哈医诊治:哈萨克文/毛里夏力甫著.—奎屯:伊犁人民出版社,1995.11.—104页;19cm

ISBN 7-5425-0196-8:¥4.80

R541

急性心脏病:哈萨克文/塔拉哈提著.—奎屯:伊犁人民出版社,1995.4.—119页;19cm

ISBN 7-5425-0163-1:¥2.60

R996

人类的大敌——毒品:哈萨克文/巴达力编著.—乌鲁木齐:新疆科技卫生出版社,1995.1.—157页;13cm

ISBN 7-5372-0552-3:¥1.15

S512.104

小麦栽培技术:哈萨克文/那加提,哈比都拉著.—奎屯:伊犁人民出版社,1995.3.—83页;19cm

ISBN 7-5425-0167-4:¥2.80

S54

新疆优良牧草栽培技术:哈萨克文/夏尔巴努编著.—乌鲁木齐:新疆科技卫生出版社,1995.5.—112页;19cm

ISBN 7-5372-0950-2:¥1.95

S81

新疆畜牧业:哈萨克文/塔林著.—北京:民族出版社,1995.4.—245页;19cm

ISBN 7-105-02174-8:¥4.30

S855.9

新疆畜禽寄生虫病防治:哈萨克文/王光雷等著;马

胡译.—奎屯:伊犁人民出版社,1995.4.—110页;19cm
ISBN 7-5425-0170-4: ¥3.50

Z228

塔甫合西别克的一千个问答:哈萨克文/阿依甫著.—奎屯:伊犁人民出版社,1995.12.—136页;19cm
儿童读物
ISBN 7-5425-0211-5: ¥4.90

柯尔克孜文图书

G634.55

九年义务教育三年制、四年制初级中学(试用本)地理填充图册　第二册:柯尔克孜文/人民教育出版社,中国地图出版社编.—乌鲁木齐:新疆教育出版社,1995.10.—21页;18×26cm
ISBN 7-5370-2649-1: ¥1.20

G624.15

思想品德　第六册:柯尔克孜文/人民教育出版社政治室,北京市教育局教学研究室编著.—乌鲁木齐:新疆教育出版社,1995.10.—56页;20cm
九年义务教育六年制小学教科书
ISBN 7-5370-2632-7: ¥2.00

G624.5

数学　第六册:柯尔克孜文/人民教育出版社小学数学室编著.—乌鲁木齐:新疆教育出版社,1995.10.—171页;21cm
九年义务教育六年制小学教科书
ISBN 7-5370-2679-3: ¥4.30

G624.5

数学　第十二册:柯尔克孜文/人民教育出版社数学室编.—乌鲁木齐:新疆教育出版社,1995.10.—136页;19cm
六年制小学课本
ISBN 7-5370-2598-3: ¥1.84

G624.5

数学　第五册:柯尔克孜文/人民教育出版社小学室编著.—乌鲁木齐:新疆教育出版社,1995.—156页;20cm
九年义务教育六年制小学教科书
ISBN 7-5370-2533-9: ¥3.88

G624.75

美术　第八册:柯尔克孜文.—乌鲁木齐:新疆教育出版社,1995.10.—32页;26cm
小学课本:试用本
ISBN 7-5370-2665-3: ¥2.16

G624.75

美术　第十册:柯尔克孜文.—乌鲁木齐:新疆教育出版社,1995.10.—32页;26cm
小学课本:试用本
ISBN 7-5370-2666-1: ¥2.16

G624.75

美术　第十二册:柯尔克孜文.—乌鲁木齐:新疆教育出版社,1995.10.—32页;26cm
小学课本:试用本
ISBN 7-5370-2667-X: ¥2.16

G633.3

中学语文和语法大纲:试行草案:柯尔克孜文/新疆维吾尔自治区教育委员会制订.—乌鲁木齐:新疆教育出版社,1995.6.—45页;19cm
ISBN 7-5370-2502-9: ¥0.74

G633.8

九年义务教育全日制初级中学化学教学大纲:试用:柯尔克孜文/中华人民共和国国家教育委员会制订.—乌鲁木齐:新疆教育出版社,1995.6.—39页;19cm
ISBN 7-5370-2428-6: ¥0.42

G634.3

语法　第三册:柯尔克孜文/马克来克·玉买尔拜编.—乌鲁木齐:新疆教育出版社,1995.6.—115页;19cm
初级中学课本
ISBN 7-5370-2503-7: ¥0.89

G634.39

语文　第三册:柯尔克孜文/托合提尼亚孜·阿布都拉编.—乌鲁木齐:新疆教育出版社,1995.—407页;20cm
ISBN 7-5370-2507-X: ¥2.55

G634.52

世界历史　第二册:柯尔克孜文/人民教育出版社历史室编著.—乌鲁木齐:新疆教育出版社,1995.10.—194页:彩图;26cm
九年义务教育三年制初级中学教科书
ISBN 7-5370-2656-4: ¥5.50

G634.52

世界历史　第一册:柯尔克孜文/人民教育出版社历史室编著.—乌鲁木齐:新疆教育出版社,1995.6.—222页;26cm
九年义务教育三年制初级中学教科书
ISBN 7-5370-2490-1: ¥4.78

G634.53

中国历史　第四册:柯尔克孜文/人民教育出版社历史室编著 .—2版.—乌鲁木齐:新疆教育出版社,1995.10.—263页:彩图;26cm
九年义务教育三年制初级中学教科书
ISBN 7-5370-2646-7: ¥6.48

G634.55

地理　第二册:柯尔克孜文.—2版.—乌鲁木齐:新疆教育出版社,1995.10.—158页:彩图;26cm
九年义务教育三年制初级中学课本
ISBN 7-5370-2633-5: ¥4.38

G634.63

几何　第三册:柯尔克孜文/人民教育出版社中学数学室编著.—乌鲁木齐:新疆教育出版社,1995.6.—256页;19cm
九年义务教育三年制初级中学教科书
ISBN 7-5370-2532-0: ¥2.28

G634.7

物理　第二册:柯尔克孜文.—乌鲁木齐:新疆教育出版社,1995.6.—240 页;26cm
九年义务教育三年制初级中学教科书
ISBN 7-5370-2551-7:¥5.13

G634.8
化学　第三册:选修:柯尔克孜文/人民教育出版社化学室编著.—乌鲁木齐:新疆教育出版社,1995.6.—233 页;19cm
高级中学课本
ISBN 7-5370-2494-4:¥1.60

G634.8
化学　全一册:柯尔克孜文/人民教育出版社化学室编著.—乌鲁木齐:新疆教育出版社,1995.6.—258 页;26cm
九年义务教育三年制初级中学教科书
ISBN 7-5370-2514-2:¥4.93

G634.91
生物　第二册:柯尔克孜文/人民教育出版社生物自然室编著.—2 版.—乌鲁木齐:新疆教育出版社,1995.6.—197 页;26cm
ISBN 7-5370-2734-X:¥6.69

G634.91
生物　第一册(下):柯尔克孜文/人民教育出版社自然室编著.—乌鲁木齐:新疆教育出版社,1995.10.—143 页:彩图;26cm
九年义务教育三年制初级中学教科书
ISBN 7-5370-2686-6:¥4.46

G634.91
生物:选修　全一册:柯尔克孜文/人民教育出版社生物自然室编.—乌鲁木齐:新疆教育出版社,1995.6.—412 页;19cm
高级中学课本
ISBN 7-5370-2501-0:¥1.75

H152
写作基本知识:柯尔克孜文/沙依提别克·阿力著.—乌鲁木齐:新疆人民出版社,1995.6.—240 页;19cm
ISBN 7-228-03153-9:¥3.80

H237-61
汉柯语言学词典:柯尔克孜文/尤丽都丝编.—乌鲁木齐:新疆人民出版社,1995.9.—246 页;20cm
ISBN 7-228-03345-0(精装):¥10.00

I207.9
柯尔克孜文学史　(2):近代、现代、当代部分:柯尔克孜文/曼拜特著.—乌鲁木齐:新疆人民出版社,1995.11.—580 页;20cm
ISBN 7-228-03835-5(精装):¥18.20

I227
玛纳斯　第八部:奇格台:柯尔克孜文/玉素甫·玛玛依演唱;托合托布比·伊沙克整理.—乌鲁木齐:新疆人民出版社,1995.8.—465 页;20cm
ISBN 7-228-03475-9(精装):¥13.00

I227
玛纳斯　第六部:阿斯力巴恰·别克巴恰　第三册:柯尔克孜文/玉素甫·玛玛依演唱;多力坤·吐尔迪整理.—乌鲁木齐:新疆人民出版社,1995.7.—443 页;20cm
ISBN 7-228-03385-X(精装):¥12.50

I227
玛纳斯　第七部:索木比列克:柯尔克孜文/玉素甫·玛玛依演唱;多力坤·吐尔迪整理.—乌鲁木齐:新疆人民出版社,1995.7.—535 页;20cm
ISBN 7-228-03457-0(精装):¥13.00

德宏傣文图书

I277.295.3
傣族情歌选:德宏傣文.—昆明:云南民族出版社,1995.12.—272 页;19cm
ISBN 7-5367-1062-3:¥6.00

I295.3
百花园　(6):德宏傣文.—昆明:云南民族出版社,1995.12.—135 页;19cm
ISBN 7-5367-1115-8:¥4.00

N49
学知识　(7):德宏傣文/孟成才等译.—昆明:云南民族出版社,1995.5.—88 页;19cm.—(云南少数民族科普丛书)
ISBN 7-5367-1015-1:¥1.50

S39
农村致富指南　(1):德宏傣文/艾保编;克炳珍,波瑞译.—昆明:云南民族出版社,1995.9.—89 页;19cm.—(云南民族科普丛书)
ISBN 7-5367-1088-7:¥2.00

西双版纳傣文图书

I295.3
独角牛:西双版纳傣文/康朗叫,刀桂英整理.—昆明:云南民族出版社,1995.9.—61 页;19cm
ISBN 7-5367-1047-X:¥1.80

哈尼文图书

H254
哈尼文课本:试用:哈尼文/杨泽华著.—昆明:云南民族出版社,1995.6.—145 页;19cm
ISBN 7-5367-1020-8:¥3.45

佤文图书

I287.7
中国童话精选:佤文/聂勒译.—昆明:云南民族出版社,1995.8.—126 页;19cm
ISBN 7-5367-1081-X:¥5.50

傈僳文图书

I295.6

牧歌:老傈僳文/祝发清搜集、整理.—昆明:云南民族出版社,1995.10.—65页;19cm

ISBN 7-5367-1090-9:¥2.50

R173

妇女更年期保健常识:老傈僳文/熊泰河译.—昆明:云南民族出版社,1995.12.—140页;19cm.—(云南民族科普丛书)

ISBN 7-5367-1082-8:¥3.00

R173

女性青春期保健常识:老傈僳文/荣凤妹译.—昆明:云南民族出版社,1995.11.—152页;19cm.—(云南民族科普丛书)

ISBN 7-5367-1084-4:¥3.50

R711-49

常见妇女病防治常识:老傈僳文/绞庆华译.—昆明:云南民族出版社,1995.12.—143页;19cm.—(云南民族科普丛书)

ISBN 7-5367-1083-6:¥3.20

S567.1

杜仲栽培技术:老傈僳文/李义忠译.—昆明:云南民族出版社,1995.12.—54页;19cm.—(云南民族科普丛书)

ISBN 7-5367-1134-4:¥2.00

I295.6

伐木建屋歌:新傈僳文/史富相搜集、整理.—昆明:云南民族出版社,1995.8.—80页;19cm

ISBN 7-5367-1050-X:¥2.50

纳西文图书

N49

科普知识　(3):纳西文/和洁珍编译.—昆明:云南民族出版社,1995.5.—121页;19cm

ISBN 7-5367-1007-0:¥3.50

S661.1

苹果栽培技术:纳西文/和跃东,赵庆莲编译.—昆明:云南民族出版社,1995.12.—126页;13×9cm

ISBN 7-5367-1228-6:¥2.50

拉祜文图书

H258

拉祜文扫盲课本:拉祜文/肖淑琼等编.—昆明:云南民族出版社,1995.6.—138页;19cm

ISBN 7-5367-1039-9:¥3.00

景颇文图书

I277.3

景颇族民间故事　(13):景颇文/沙红英等整理.—昆明:云南民族出版社,1995.12.—268页;19cm

ISBN 7-5367-1128-X:¥5.00

S-39

农村实用小科技:景颇文/云南人民广播电台民族部景颇语组编.—昆明:云南民族出版社,1995.12.—129页;19cm.—(云南民族科普丛书)

ISBN 7-5367-1126-3:¥4.00

外国文字图书目录

本目录按《中国图书馆图书分类法》(第3版)"语言、文字"类H3/9顺序排列,同一语文的图书,按图书内容性质分类排列。

英文图书

B932
中国诸神由来:英文/程曼超编著.—北京:外文出版社,1995.—241页;19cm
ISBN 7-119-00030-6:¥18.80

C924.25
中国人口:甘肃分册 1994:英文.—北京:中国财政经济出版社,1995.9.—222页;20cm
ISBN 7-5005-2592-3:¥0.00

C924.25
中国人口:宁夏分册 1995:英文.—北京:中国财政经济出版社,1995.9.—280页;20cm
ISBN 7-5005-2620-2:¥0.00

C924.25
中国人口:云南分册 1994:英文.—北京:中国财政经济出版社,1995.9.—299页;20cm
ISBN 7-5005-2604-0:¥0.00

C93-53
'95国际管理科学与工程文集:英文/鞠晓峰等著.—哈尔滨:哈尔滨工业大学出版社,1995.7.—593页;26cm
ISBN 7-5603-1082-6(精装):¥0.00

C93-53
信息时代的新管理典范:中国-加拿大管理教育交流项目第四届中、青年学术会议论文集:英文/林子铭等主编.—武汉:华中理工大学出版社,1995.7.—264页;26cm
ISBN 7-5609-1174-9:¥0.00

D2-0
邓小平文选 第二卷:英文/邓小平著.—2版.—北京:外文出版社,1995.—434页;22cm
ISBN 7-119-00642-8:¥35.70

D2-0
邓小平文选 第二卷:英文/邓小平著.—2版.—北京:外文出版社,1995.—434页;22cm
ISBN 7-119-00167-1(精装):¥39.00

D2-0
邓小平文选 第一卷:英文/邓小平著.—2版.—北京:外文出版社,1995.—373页;22cm
ISBN 7-119-01457-9:¥30.80

D2-0
邓小平文选 第一卷:英文/邓小平著.—2版.—北京:外文出版社,1995.—373页;22cm
ISBN 7-119-01456-0(精装):¥33.70

D441.3
95北京迎接联合国第四次世界妇女大会:英文/第四次世界妇女大会中国组委会宣传动员委员会暨北京周报社编.—北京:新星出版社,1995.—26页:彩照;18cm
ISBN 7-80102-418-4:¥2.76

D441.3
北京·联合国第四次世界妇女大会:英文/轩东伟编.—北京:五洲传播出版社,1995.11.—53页;19cm
ISBN 7-80113-097-9:¥0.00

D442
当代中国妇女地位:英文.—北京:北京大学出版社,1995.—402页;20cm
ISBN 7-301-02655-2(精装):¥0.00

D442.62
中国妇女教育:英文/韦钰主编.—北京:高等教育出版社,1995.7.—400页;23×17cm
ISBN 7-04-005538-4:¥0.00

D619
中国 1995:英文/秦石编.—北京:新星出版社,1995.—119页;20×11cm
ISBN 7-80102-357-9:¥0.00

D619
中国:事实与数字 1995:英文/北京周报社编.—北京:新星出版社,1995.—116页;19cm
ISBN 7-80102-335-8:¥4.00

D619
中国发展报告 1994:英文/国家统计局编.—北京:中国统计出版社,1995.3.—340页;26cm
ISBN 7-5037-1744-0:¥320.00

D619
中国简况:西藏人眼中的西藏——五人五话:英文.—北京:新星出版社,1995.—18页:彩照;18cm
ISBN 7-80102-258-0:¥2.82

D619
中国一瞥 (201):农村经济发展的曙光:英文/人民画报社编辑.—北京:新星出版社,1995.5.—1册:彩照;25cm
¥0.00

D619
中国一瞥 (202):新疆开拓对外贸易:英文/人民画报社编辑.—北京:新星出版社,1995.5.—1册:彩照;25cm
¥0.00

D619
中国一瞥 (203):'95金秋,相聚在北京:英文/人

民画报社编辑.—北京:新星出版社,1995.5.—1册:彩照;25cm
¥0.00
D619
中国一瞥　(204):卢沟桥畔:英文/人民画报社编辑.—北京:新星出版社,1995.5.—1册:彩照;25cm
¥0.00
D619
中国一瞥　(205):北京人的住房:英文/人民画报社编辑.—北京:新星出版社,1995.7.—1册:彩照;25cm
¥0.00
D619
中国一瞥　(206):世界屋脊上的日光城——拉萨:英文/人民画报社编辑.—北京:新星出版社,1995.7.—1册:彩照;25cm
¥0.00
D619
中国一瞥　(207):北京的名人故居:英文/人民画报社编辑.—北京:新星出版社,1995.7.—1册:彩照;25cm
¥0.00
D619
中国一瞥　(208):民族人才的摇篮:英文/人民画报社编辑.—北京:新星出版社,1995.7.—1册:彩照;25cm
¥0.00
D619
中国一瞥　(209):邮票上的中国古典文学名著:英文/人民画报社编辑.—北京:新星出版社,1995.8.—1册:彩照;25cm
¥0.00
D619
中国一瞥　(210):西子湖畔博物苑:英文/人民画报社编辑.—北京:新星出版社,1995.8.—1册:彩照;25cm
¥0.00
D619
中国一瞥　(211):世界文化与自然遗产:中国部分:英文/人民画报社编辑.—北京:新星出版社,1995.8.—1册:彩照;25cm
¥0.00
D619
中国一瞥　(212):北京胡同风景线:英文/人民画报社编辑.—北京:新星出版社,1995.8.—1册:彩照;25cm
¥0.00
D619
中国一瞥　(213):彩笔绘中国:英文/人民画报社编辑.—北京:新星出版社,1995.8.—1册:彩照;25cm
¥0.00
D619
中国一瞥　(214):中国——一个巨大的市场:英文/人民画报社编辑.—北京:新星出版社,1995.9.—1册;25cm
¥0.00
D619
中国一瞥　(215):中国民间美术:英文/人民画报社编辑.—北京:新星出版社,1995.10.—1册;25cm
¥0.00
D619
中国一瞥　(216):开放的中国:英文/人民画报社编辑.—北京:新星出版社,1995.9.—1册:彩照;25cm
¥0.00
D619
中国一瞥　(217):中国生态农业第一村:英文/人民画报社编辑.—北京:新星出版社,1995.9.—1册;25cm
¥0.00
D619
中国一瞥　(218):京城的异国风味:英文/人民画报社编辑.—北京:新星出版社,1995.9.—1册;25cm
¥0.00
D619
中国一瞥　(219):藏北草原:英文/人民画报社编辑.—北京:新星出版社,1995.10.—1册;25cm
¥0.00
D619
中国一瞥　(220):新兴的经济技术开发区:英文/人民画报社编辑.—北京:新星出版社,1995.10.—1册;25cm
¥0.00
D619
中国一瞥　(221):乐在天涯海角游:英文/人民画报社编辑.—北京:新星出版社,1995.11.—1册;25cm
¥0.00
D619
中国一瞥　(222):中国电影九十周年:英文/人民画报社编辑.—北京:新星出版社,1995.11.—1册;25cm
¥0.00
D619
中国一瞥　(223):为了人类共同的朋友:英文/人民画报社编辑.—北京:新星出版社,1995.11.—1册;25cm
¥0.00
①D619②B222
中国简况:孔子和他的儒学:英文.—北京:新星出版社,1995.—15页:彩照;18cm
ISBN 7-80102-438-9:¥2.82
①D619②B947.2
布达拉　95(1):英文.—北京:新星出版社,1995.—35页;19cm
ISBN 7-80102-400-1:¥4.80
①D619②B947.2
布达拉　95(2):英文.—北京:新星出版社,1995.—40页;19cm
ISBN 7-80102-402-8:¥4.80
①D619②B947.2
布达拉　(3):英文.—北京:新星出版社,1995.3.—

33 页;19cm
ISBN 7-80102-467-2:￥4.80
①D619②B947.2
布达拉 (4):英文.—北京:新星出版社,1995.4.—16 页;19cm
ISBN 7-80102-469-9:￥4.80
①D619②D442
中国简况:中国妇女的国际交往:英文.—北京:新星出版社,1995.—24 页:彩照;18cm
ISBN 7-80102-275-0:￥2.82
①D619②D619.1
中国简况:迈向二十一世纪的北京:英文.—北京:新星出版社,1995.—19 页:彩照;18cm
ISBN 7-80102-375-7:￥2.82
①D619②D619.45
中国简况:古丝绸之路新貌——新疆维吾尔自治区的 40 年:英文.—北京:新星出版社,1995.—29 页;18cm
ISBN 7-80102-282-3:￥2.82
①D619②D669.1
中国简况:当代中国人的恋爱、婚姻和家庭:英文.—北京:新星出版社,1995.—23 页:彩照;18cm
ISBN 7-80102-391-9:￥2.82
①D619②D669.7
中国简况:活跃的中国社区志愿服务:英文.—北京:新星出版社,1995.—24 页:彩照;18cm
ISBN 7-80102-327-7:￥2.82
①D619②D822
中国简况:中国重视与联合国的合作:英文.—北京:新星出版社,1995.—31 页:彩照;18cm
ISBN 7-80102-312-9:￥2.82
①D619②D922.2
中国简况:改革开放与经济立法:英文.—北京:新星出版社,1995.—20 页:彩照;18cm
ISBN 7-80102-366-8:￥2.82
①D619②F12
中国简况:交通、通信、能源基础设施建设:英文.—北京:新星出版社,1995.—23 页:彩照;18cm
ISBN 7-80102-342-0:￥2.82
①D619②F12
中国简况:中国的经济为什么能快速发展:英文.—北京:新星出版社,1995.—24 页;18cm
ISBN 7-80102-298-X:￥2.82
①D619②F126
中国简况:城乡居民的收入与支出:英文.—北京:新星出版社,1995.—17 页:彩照;18cm
ISBN 7-80102-305-6:￥2.82
①D619②F127
中国简况:环渤海经济圈的崛起:英文.—北京:新星出版社,1995.—23 页:彩照;18cm
ISBN 7-80102-445-1:￥2.82
①D619②F127.4
中国简况:具有广阔开发前景的中西部地区:英文.—北京:新星出版社,1995.—26 页:彩图;19cm
ISBN 7-80102-410-9:￥2.82
①D619②F276.7
中国简况:跨国公司在中国:英文.—北京:新星出版社,1995.—23 页:彩图;19cm
ISBN 7-80102-459-1:￥2.82
①D619②F279.21
中国简况:国有企业的改革:英文.—北京:新星出版社,1995.—27 页:彩图;19cm
ISBN 7-80102-452-4:￥2.82
①D619②F592
中国简况:如何到中国旅游:英文.—北京:新星出版社,1995.—34 页:彩照;18cm
ISBN 7-80102-382-X:￥2.82
①D619②F752.61
中国简况:"九五"进口目标:10000 亿美元:英文.—北京:新星出版社,1995.—22 页:彩图;19cm
ISBN 7-80102-471-0:￥2.82
①D619②G203
中国简况:得到精心保护的少数民族文化:英文.—北京:新星出版社,1995.—16 页:彩照;18cm
ISBN 7-80102-423-0:￥2.82
①D619②G649.21
中国简况:跨世纪的中国高教改革:英文.—北京:新星出版社,1995.—19 页:彩照;18cm
ISBN 7-80102-350-1:￥2.82
①D619②J12
中国简况:中国书画文化:英文.—北京:新星出版社,1995.—18 页:彩照;18cm
ISBN 7-80102-430-3:￥2.82
①D619②K152
中国简况:中国与第二次世界大战:英文.—北京:新星出版社,1995.—32 页:彩照;18cm
ISBN 7-80102-268-8:￥2.82
①D619②K854.3
中国简况:文明古国的文物保护:英文.—北京:新星出版社,1995.—24 页:彩照;18cm
ISBN 7-80102-291-2:￥2.82
①D619②X3
中国简况:12 亿中国人的环境保护:英文.—北京:新星出版社,1995.—28 页:彩照;18cm
ISBN 7-80102-320-X:￥2.82
D619.75
中国西藏:英文/钟藏文著.—北京:五洲传播出版社,1995.—94 页:彩照;18cm
ISBN 7-80113-065-0:￥0.00
D619.75
崛起在雪域高原:西藏三十年巨变:英文/李凯,赵新兵著 .—北京:五洲传播出版社,1995.—71 页:彩照;19×9cm.—(西藏丛书/金晖主编)
ISBN 7-80113-075-8:￥0.00
①D771.121②D033.3
加拿大与西方政治制度研究:英文/( )伯顿等编.—北京:外文出版社,1995.—198 页;19cm
著者原题:查尔斯·伯顿

ISBN 7-119-01767-5: ¥20.00

D916.3

中美检察制度比较研究:英文/何家弘著.—北京:中国检察出版社,1995.3.—464页;20cm

ISBN 7-80086-289-5: ¥28.00

D920.9

中华人民共和国法律汇编 1993:英文.—北京:科学出版社,1995.—385页;25cm

ISBN 7-03-004707-9(精装): ¥0.00

D922.294

中国商事法律要览:英文/谢朝华律师事务所编.—北京:法律出版社,1995.4.—453页;20cm

ISBN 7-5036-1614-8: ¥24.00

D922.294

中华人民共和国票据法:英文/中国人民银行会计司编译.—北京:中国金融出版社,1995.6.—58页;19cm

ISBN 7-5049-1450-9: ¥4.50

D927.658

香港刑法:英文/(英)罗德立(Roeback, D.)主编.—北京:北京大学出版社,1995.12.—408页;20cm

ISBN 7-301-02959-4(精装): ¥0.00

D993.5

美国海事案例评析:英文/张湘兰编著.—武汉:武汉大学出版社,1995.12.—308页;19cm

ISBN 7-307-02078-5: ¥15.00

F-52

经济学经典名著选粹:英文/张京鹏主编.—西安:陕西人民出版社,1995.10.—414页;20cm

ISBN 7-224-03998-5: ¥16.80

F014.3

中西价值教化范式比较研究:英文/包利民著.—杭州:杭州大学出版社,1995.12.—252页;20cm

ISBN 7-81035-818-9: ¥20.00

F113.2

国际经济技术合作:英文/桂国平编著.—武汉:武汉大学出版社,1995.11.—211页;20cm

ISBN 7-307-02034-3: ¥5.30

F127.51

浦东发展报告:1991~1994:英文/浦东改革与发展研究院编撰.—上海:上海人民出版社,1995.6.—56页;26cm

ISBN 7-208-02017-5: ¥30.00

F224.5

项目管理的时代:中国与世界:英文.—西安:西北工业大学出版社,1995.—559页;28cm

ISBN 7-5612-0803-0(精装): ¥150.00

F32-54

中国农业年鉴 1994:英文.—北京:中国农业出版社,1995.2.—403页;26cm

ISBN 7-109-03750-9(精装): ¥90.00

F338.23

以色列农业发展:农业产出的定量分析:英文/覃志豪编著.—北京:中国农业科技出版社,1995.12.—172页;20cm

ISBN 7-80119-094-7: ¥30.00

F42

中国的工业化和经济改革:英文/王慧炯,李善同著.—北京:新世界出版社,1995.—186页;20cm

ISBN 7-80005-260-5: ¥14.00

F429.9

工业地理:英文.—北京:科学出版社,1995.—619页;26cm

ISBN 7-03-004790-7(精装): ¥0.00

F76-53

第十届国际商品会议文集:英文.—北京:北京大学出版社,1995.—798页;26cm

ISBN 7-301-02897-0: ¥0.00

F832.0

中国金融展望 1995:英文/陈元主编.—北京:中国金融出版社,1995.4.—101页;26cm

ISBN 7-5049-1411-8: ¥70.00

G125

中国对全球文化研究的贡献:英文/叶笃正编.—北京:科学出版社,1995.11.—226页;26cm

ISBN 7-03-005035-5: ¥80.00

G451

中国英语教师的培训评估报告:英文/( )Tony Ward等编著.—上海:上海外语教育出版社,1995.3.—166页;20cm

ISBN 7-81046-010-2: ¥6.50

G852.11

太极拳初步:英文/李兴东编著.—北京:外文出版社,1995.—102页;20cm

ISBN 7-119-00171-X: ¥9.50

G852.11

吴式太极拳:英文/王培生,曾维祺编著.—2版.—北京:朝华出版社,1995.—234页;22×16cm

ISBN 7-5054-0427-X: ¥26.00

H3-53

第一届外语教学国际学术研讨会论文集:英文.—武汉:华中理工大学出版社,1995.7.—531页;26cm

ISBN 7-5609-1148-X(精装): ¥0.00

I242.4

三国演义:英文/(明)罗贯中著;罗慕士译.—北京:外文出版社,1995.—3册;18×11cm

ISBN 7-119-00590-1(盒装): ¥64.00

I242.4

西游记 第一卷:英文/(明)吴承恩著.—2版.—北京:外文出版社,1995.—575页;21cm

ISBN 7-119-00653-3(精装): ¥34.80

I247.5

裸野:英文/储福金著.—北京:中国文学出版社,1995.—258页;18×11cm.—(熊猫丛书)

ISBN 7-5071-0219-X: ¥0.00

I247.5

秋菊打官司:英文/陈源斌著.—北京:中国文学出版社,1995.—206页;19cm.—(熊猫丛书)

ISBN 7-5071-0277-7:¥15.00
I247.5
少年天子:英文/凌力著.—北京:中国文学出版社,1995.—672页;20cm.—(熊猫丛书)
ISBN 7-5071-0288-2:¥34.60
I247.7
空坟:英文/阿成著.—北京:中国文学出版社,1995.1.—170页;18×11cm.—(熊猫丛书)
ISBN 7-5071-0278-5:¥0.00
I267
花的节日:中国当代女作家散文选:英文/朱虹主编.—南京:译林出版社,1995.7.—183页;23cm
ISBN 7-80567-416-7:¥9.00
I561.44
鲁滨孙漂流记:英文/(英)笛福(Defoe,D.)著.—北京:商务印书馆,1995.10.—352页;19cm.—(英美文学名著丛书)
ISBN 7-100-01193-0:¥11.70
I561.44
劝导:英文/(英)奥斯丁(Austen,J.)著.—北京:商务印书馆,1995.10.—277页;18cm.—(英美文学名著丛书)
ISBN 7-100-01266-X:¥9.80
I561.45
爱情交易:英文/(英)魏丝顿(Weston,S.)著.—北京:外文出版社,1995.7.—188页;17cm.—(禾林英文言情小说丛书)
ISBN 7-119-01781-0:¥6.20
I561.45
补心假期:英文/(英)莫提摩(Mortimer,C.)著.—北京:外文出版社,1995.7.—218页;17cm.—(禾林英文言情小说丛书)
ISBN 7-119-01786-1:¥6.80
I561.45
船长之恋:英文/(英)温沃丝(Wentworth,S.)著.—北京:外文出版社,1995.7.—186页;17cm.—(禾林英文言情小说丛书)
ISBN 7-119-01784-5:¥6.20
I561.45
六月玫瑰:英文/(英)乔登(Jordan,P.)著.—北京:外文出版社,1995.7.—183页;17cm.—(禾林英文言情小说丛书)
ISBN 7-119-01790-X:¥6.20
I561.45
掳心定律:英文/(英)乔登(Jordan,P.)著.—北京:外文出版社,1995.7.—189页;17cm.—(禾林英文言情小说丛书)
ISBN 7-119-01783-7:¥6.20
I561.45
明月向晚春:英文/(英)马瑟(Mather,A.)著.—北京:外文出版社,1995.7.—181页;17cm.—(禾林英文言情小说丛书)
ISBN 7-119-01789-6:¥6.20
I561.45
实习新娘:英文/(英)尼尔斯(Neels,B.)著.—北京:外文出版社,1995.7.—186页;17cm.—(禾林英文言情小说丛书)
ISBN 7-119-01787-X:¥6.20
I712.44
弗洛斯河上的磨房:英文/(美)艾略特(Eliot,G.)著.—北京:商务印书馆,1995.10.—703页;19cm.—(英美文学名著丛书)
ISBN 7-100-01267-8:¥20.80
I712.44
呼啸山庄:英文/(美)勃朗特(Bronte,E.)著.—北京:商务印书馆,1995.10.—383页;19cm.—(英美文学名著丛书)
ISBN 7-100-01192-2:¥12.50
I712.44
野性的呼唤:白牙:英文/(美)伦敦(London,J.)著.—北京:商务印书馆,1995.10.—365页;19cm.—(英美文学名著丛书)
ISBN 7-100-01190-6:¥12.00
I712.45
恋恋穹苍:英文/(美)韦芙莉(Wauerly,S.)著.—北京:外文出版社,1995.7.—189页;17cm.—(禾林英文言情小说丛书)
ISBN 7-119-01788-8:¥6.20
I712.45
魔鬼情人:英文/(美)甘佩尔(Campbell,B.)著.—北京:外文出版社,1995.7.—188页;17cm.—(禾林英文言情小说丛书)
ISBN 7-119-01785-3:¥6.20
I712.45
蔬果爱情战:英文/(美)赖可蕾(Leclaire,D.)著.—北京:外文出版社,1995.7.—189页;17cm.—(禾林英文言情小说丛书)
ISBN 7-119-01782-9:¥6.20
J212
中国画入门:英文/何汉秋,邓军编绘 .—北京:外文出版社,1995.—71页;26cm
ISBN 7-119-00433-6:¥56.40
J228.3
中国年画:英文.—北京:文物出版社,1995.—1册:彩图;30cm
ISBN 7-5010-0854-X(精装):¥0.00
J292.11
中国书法入门:英文/郭伯南著.—北京:外文出版社,1995.—67页;26cm
ISBN 7-119-01435-8:¥40.00
J322
中国古代木刻与新兴木刻:英文/李桦著;左伯阳译.—北京:外文出版社,1995.—210页;31cm
ISBN 7-119-00388-7(精装):¥228.00
J426
在世界屋脊旅行:中国西藏旅游:英文/西藏旅游局,中国旅游出版社编著.—北京:中国旅游出版社,1995.2.—186页;27×28cm

ISBN 7-5032-1138-5(精装):¥138.00
J426.1
万里长城:〔摄影画册〕:英文/严秋白编.—北京:外文出版社,1995.—168页;26×23cm
ISBN 7-119-01464-1:¥75.00
J528.2
有趣的折纸:英文/吴树勋编.—北京:海豚出版社,1995.—1册;21×18cm
ISBN 7-80051-002-6:¥5.80
J821
京剧艺术欣赏:英文/潘侠风著.—北京:新世界出版社,1995.1.—252页:照片;21cm
ISBN 7-80005-091-2:¥36.00
K265
中国抗日战争画史:英文/张承钧,刘建业编著.—北京:外文出版社,1995.2.—132页;25×26cm
ISBN 7-119-01739-X:¥68.00
K265.6
南京大屠杀:英文/徐志耕著.—北京:中国文学出版社,1995.—307页:照片;20cm.—(熊猫丛书)
ISBN 7-5071-0302-1:¥32.00
K281.4
藏学在中国:英文/周源著.—北京:五洲传播出版社,1995.—43页:彩照;19×9cm.—(西藏丛书/金晖主编)
ISBN 7-80113-071-5:¥0.00
K825-61
中国社会科学家大辞典:英文/张岱年主编.—沈阳:辽宁大学出版社,1995.8.—1160页;26cm
ISBN 7-5610-2602-1(精装):¥325.00
K826.1
当代科技精英:英文.—北京:科学出版社,1995.—311页;24×16cm
ISBN 7-03-004659-5:¥0.00
K837.127
富兰克林自传:英文/(美)富兰克林(Franklin,B.)著.—北京:商务印书馆,1995.10.—195页;19cm.—(英美文学名著丛书)
ISBN 7-100-01265-1:¥7.70
K87-53
一座失踪王陵的发现:中国文物考古选集:英文.—北京:外文出版社,1995.—198页;19cm
ISBN 7-119-01540-0:¥13.80
K876.41
中国青铜器概说:英文/李学勤著.—北京:外文出版社,1995.—171页:彩图;31cm
ISBN 7-119-01387-4(精装):¥248.00
K878.8
震撼世界的造型瑰宝——秦俑:英文/冯声麒著.—北京:北京师范大学出版社,1995.6.—66页:彩图;26cm
ISBN 7-303-03591-5:¥0.00
①K928.75②B947.2
北京名刹:雍和宫:英文/雍和宫管理处编.—北京:中国连环画出版社,1995.7.—60页:彩照;19cm
ISBN 7-5061-0661-2:¥8.00
K928.945-62
新疆指南:英文/金晖主编.—北京:五洲传播出版社,1995.9.—72页:图;20cm
ISBN 7-80113-088-X:¥0.00
K928.975
漫游西藏100天:英文/(俄罗斯)奥夫钦尼柯夫(Ovchinnikov,V.)著.—北京:新世界出版社,1995.—101页:照片;20cm
ISBN 7-80005-295-8:¥28.00
K928.975
西藏旅游:揭开神秘的面纱:英文/李海瑞著.—北京:五洲传播出版社,1995.12.—35页:照片;19×11cm.—(西藏丛书/金晖主编)
ISBN 7-80113-101-0:¥0.00
K992.975
中国西藏旅游图:英文/西藏自治区测绘局编制.—成都:成都地图出版社,1995.—1张;38×78cm
ISBN 7-80544-290-8:¥0.00
N1
攀登计划项目介绍　(B):国家基础性研究重大关键项目介绍:英文/《攀登计划项目介绍》编委会编.—合肥:中国科学技术大学出版社,1995.5.—117页;26cm
ISBN 7-312-00692-2:¥10.00
N13
95亚洲科学技术与发展国际学术会议论文集:英文/何继善主编.—长沙:中南工业大学出版社,1995.9.—384页;26cm
ISBN 7-81020-786-5(精装):¥100.00
N49-64
为什么——动物篇:英文/陈效一等选编;施蔚绘.—北京:海豚出版社,1995.—1册;26cm.—(知识画册)
ISBN 7-80051-849-3:¥22.00
N49-64
为什么——人体篇:英文/陈效一等选编;蔡荣绘.—北京:海豚出版社,1995.—1册;26cm.—(知识画册)
ISBN 7-80051-850-7:¥22.00
N49-64
为什么——天地篇:英文/陈效一等选编;靳合德绘.—北京:海豚出版社,1995.—1册;26cm.—(知识画册)
ISBN 7-80051-847-7:¥22.00
N49-64
为什么——植物篇:英文/陈效一等选编;胡焕然绘.—北京:海豚出版社,1995.—1册;26cm.—(知识画册)
ISBN 7-80051-848-5:¥22.00
N53
科学探索:秦元勋文集:英文/秦元勋著.—北京:教育科学出版社,1995.1.—230页;26cm

ISBN 7－5041－1484－7：￥20.00

N94－53

“系统、控制、信息”方法论及应用国际学术会议论文集　第Ⅱ卷：英文/陈绵云编.—武汉：华中理工大学出版社，1995.3.—1332页；26cm

ISBN 7－5609－1108－0：￥0.00

O157.5

图的可嵌入性理论：英文/刘炎培著.—北京：科学出版社，1995.—398页；24×16cm

ISBN 7－03－004772－9（精装）：￥0.00

O357.4－53

第七届国际边界层和内层数值与近似方法会议论文集：英文/庄逢甘编.—北京：万国学术出版社，1995.6.—332页；26cm

ISBN 7－80003－240－X（精装）：￥92.00

O357.5

湍流研究进展：中日湍流研讨会论文集：英文/张兆顺，（日）三宅裕编.—北京：万国学术出版社，1995.3.—369页；26cm

ISBN 7－80003－239－6（精装）：￥0.00

①O48－53②TN4－53

第四届国际固体气件与集成电路会议论文集：英文.—北京：电子工业出版社，1995.10.—798页；23cm

ISBN 7－5053－3285－6（精装）：￥0.00

O57－54

中国科学院近代物理研究所和兰州重离子加速器国家实验室1994年年报：英文/罗亦孝等编著.—北京：原子能出版社，1995.7.—214页；26cm

ISBN 7－5022－1398－8：￥16.50

O69

计算机与应用化学：英文.—北京：科学出版社，1995.　105页；26cm

ISBN 7－03－005141－6：￥0.00

P－12

1991～1994 IUGG **中国国家报告**：大地测量学：英文/大地测量学和地球物理学中国国家委员会编.—北京：气象出版社，1995.7.—43页；26cm

ISBN 7－5029－1948－1：￥6.50

P－12

1991～1994 IUGG **中国国家报告**：地磁学和超高层大气物理学：英文/大地测量学和地球物理学中国国家委员会编.—北京：气象出版社，1995.7.—43页；26cm

ISBN 7－5029－1948－1：￥5.00

P－12

1991～1994 IUGG **中国国家报告**：地震学和地球内部的物理学：英文/大地测量学和地球物理学中国国家委员会编.—北京：气象出版社，1995.7.—122页；26cm

ISBN 7－5029－1948－1：￥15.00

P－12

1991～1994 IUGG **中国国家报告**：海洋物理学：英文/大地测量学和地球物理学中国国家委员会编.—北京：气象出版社，1995.7.—103页；26cm

ISBN 7－5029－1948－1：￥16.00

P－12

1991～1994 IUGG **中国国家报告**：火山学和地球内部化学：英文/大地测量学和地球物理学中国国家委员会编.—北京：气象出版社，1995.7.—87页；26cm

ISBN 7－5029－1948－1：￥14.00

P－12

1991～1994 IUGG **中国国家报告**：气象学和大气科学：英文/大地测量学和地球物理学中国国家委员会编.—北京：气象出版社，1995.7.—130页；26cm

ISBN 7－5029－1948－1：￥16.00

P－12

1991～1994 IUGG **中国国家报告**：水文科学：英文/大地测量学和地球物理学中国国家委员会编.—北京：气象出版社，1995.7.—20页；26cm

ISBN 7－5029－1948－1：￥4.00

P182－53

太阳物理：第三届中日太阳物理研讨会论文集：英文/汪景锈等编.—北京：万国学术出版社，1995.11.—333页；26cm

ISBN 7－80003－356－2（精装）：￥92.00

P315.01

数理地震学进展：英文.—北京：地震出版社，1995.—193页；26cm

ISBN 7－5028－1228－8：￥0.00

P548.2

青藏高原隆起与全球变化：英文/李吉均等著.—兰州：兰州大学出版社，1995.7.—207页；20cm

ISBN 7－311－00897－2：￥25.00

P617.2

中国矿床　第三册：英文/《中国矿床》编委会编著.—北京：地质出版社，1995.5.—343页；26cm

ISBN 7－116－01866－2（精装）：￥0.00

P618.41

南爱尔兰西卡布里地区铜矿化研究：英文/倪文著.—北京：北京科学技术出版社，1995.4.—204页：图版；26cm

书名原文：Copper Mineralization In West Carbery Area, Southern Ireland

ISBN 7－5304－1760－6（精装）：￥25.00

P618.84

一种新型铯矿床——西藏含铯硅华：英文/郑绵平等著.—北京：地质出版社，1995.1.—77页；26cm

ISBN 7－116－01797－6：￥

P734

南沙群岛与南海的海洋化学：英文.—北京：海洋出版社，1995.—376页；24cm

ISBN 7－5027－4135－6：￥0.00

P736－53

中国近海地质灾害与环境研究：英文/刘守全，梁名胜主编.—青岛：青岛海洋大学出版社，1995.7.—205页；29cm

ISBN 7－81026－740－X（精装）：￥0.00

Q1

区域生物多样性研究：概念、框架和方法：英文/裴盛基，（ ）Sajise, E.主编.—昆明：云南大学出版社，

1995.3.—295 页;29cm
ISBN 7-81025-508-8: ¥0.00
Q178
第六届陆相中生代生态系统与生物国际会议文集:英文/张文玲,王元青主编.—北京:海洋出版社,1995.—250 页;28cm
ISBN 7-5027-3898-3: ¥0.00
Q178.51
1994 年淡水生态与生物技术年报:中国淡水生态与生物技术重点实验室年报:英文/陈义玉编.—北京:万国学术出版社,1995.10.—148 页;26cm
ISBN 7-80003-349-X: ¥46.00
Q66-53
生物力学:第四届中、日、美、新加坡生物力学会议论文集:英文/杨桂通等编.—北京:万国学术出版社,1995.5.—459 页;26cm
ISBN 7-80003-336-8(精装): ¥89.00
Q7-33
分子生物学实验程序:英文.—北京:科学出版社,1995.—312 页;26cm
ISBN 7-03-005077-0(精装): ¥0.00
Q911.72
华夏古生物　第六集:英文.—北京:科学出版社,1995.—455 页:图版;29cm
ISBN 7-03-002816-3(精装): ¥0.00
Q914.2
中国化石植物解剖图:英文.—北京:科学出版社,1995.—132 页;24×21cm
ISBN 7-03-004900-4(精装): ¥0.00
Q939.5
菌物系统:真菌(地衣型与非地衣型)、卵菌和裸菌系统学与演化研究的国际性出版物　第七卷:英文/魏江春编.—北京:万国学术出版社,1995.1.—135 页;26cm
ISBN 7-80003-238-8: ¥0.00
Q939.5-53
第三届中日国际真菌学会议论文集:英文/中国微生物学会,日本医真菌学会编.—北京:万国学术出版社,1995.9.—236 页;26cm
ISBN 7-80003-347-3(精装): ¥69.00
Q94-339
第 11 届国际植物园协会会议录:英文/贺善安著.—北京:中国农业出版社,1995.2.—238 页;26cm
ISBN 7-109-04225-1(精装): ¥30.00
Q94-55
中国植物年报　第七卷:中国科学院植物研究所系统与进化植物学开放研究实验室年报:英文/陈心启,洪德元编.—北京:万国学术出版社,1995.12.—214 页;26cm
ISBN 7-80003-355-4: ¥94.00
Q941
中国地质时期植物群:英文/李星学主编.—广州:广东科技出版社,1995.8.—695,144 页:图;26cm
ISBN 7-5359-1537-X(精装): ¥65.00
Q948.2
中国植物志　第十六卷:英文.—北京:科学出版社,1995.—479 页;29cm
ISBN 7-03-005117-3(精装): ¥0.00
Q949.3
中国假尾孢菌:英文/郭英兰著.—北京:万国学术出版社,1995.—388 页;26cm
ISBN 7-80003-331-7(精装): ¥69.00
Q959.26
中国南部棘皮动物:英文.—北京:科学出版社,1995.—614 页;26cm
ISBN 7-03-004081-3(精装): ¥0.00
R199.2-54
中国卫生年鉴　1994:英文/陈敏章主编.—北京:人民卫生出版社,1995.5.—319 页;26cm
ISBN 7-117-02186-1(精装): ¥98.00
R2
中医方法论:英文/黄建平著.—北京:新世界出版社,1995.—191 页;20cm
ISBN 7-80005-266-4: ¥24.00
R2-43
中医中药教材　第二册:英文/国家中医药管理局编.—北京:新世界出版社,1995.—495 页;26cm
ISBN 7-80005-262-1(精装): ¥58.00
R2-43
中医中药教材　第一册:英文/国家中医药管理局编.—北京:新世界出版社,1995.—554 页;26cm
ISBN 7-80005-195-1(精装): ¥58.00
R22
中医精萃:英文/谢竹藩著.—北京:新世界出版社,1995.1.—158 页;23cm
ISBN 7-80005-228-1(精装): ¥28.00
R242
常见病中医治疗与忌口:英文/欧阳兵,顾真著;于文平译.—济南:山东科学技术出版社,1995.—443 页;20cm
ISBN 7-5331-1570-8: ¥61.00
R245-62
针灸治疗选穴手册:英文/耿俊英著.—北京:新世界出版社,1995.1.—349 页;23cm
ISBN 7-80005-181-1: ¥42.00
R246.3
针灸治疗妇科疾病:英文/侯景伦主编.—北京:北京科学技术出版社,1995.1.—169 页;26cm
ISBN 7-5304-1741-X: ¥44.60
R247.4
中国慧圆功:英文/妙胜著;周素平等译.—长春:吉林人民出版社,1995.10.—290 页;19cm
ISBN 7-206-02332-0: ¥9.50
R247.4-64
中国气功图谱:英文/余功保著.—北京:新世界出版社,1995.—155 页;22cm
ISBN 7-80005-247-8(精装): ¥30.00
R256.2

中医治疗心血管疾病:英文/侯景伦主编.—北京:学苑出版社,1995.8.—273页;26cm
ISBN 7-5077-1038-6:¥59.00
R259.441
中医治疗高血压病:英文/侯景伦主编.—北京:学苑出版社,1995.9.—342页;19cm
ISBN 7-5077-0996-5:¥59.50
R259.7
中医治疗消化系统疾病:英文/侯景伦,赵昕主编.—北京:学苑出版社,1995.10.—263页;26cm
ISBN 7-5077-0770-9:¥62.00
R272
中医治疗儿科疾病:英文/侯景伦,耿春娥主编.—北京:学苑出版社,1995.12.—383页;26cm
ISBN 7-5077-1137-4:¥64.60
R454.2
生物频谱的医学应用:英文/陈锟等编.—北京:人民卫生出版社,1995.9.—269页;26cm
ISBN 7-117-02187-X:¥35.30
R681-53
骨质疏松的进展　第二卷:第二届国际骨质疏松研讨会论文集:英文/刘忠厚,薛延编.—北京:万国学术出版社,1995.—954页;26cm
ISBN 7-80003-350-3(精装):¥185.00
R931.71
新编药用植物学:英文/林有润著.—北京:科学出版社,1995.—292页:彩图;26cm
ISBN 7-03-003789-8(精装):¥0.00
S233.71
水稻作业机械:英文/邵耀坚等编.—广州:广东科技出版社,1995.12.—237页;26cm
ISBN 7-5359-1543-4:¥0.00
S53-53
第一届中日甘薯马铃薯学术讨论会论文集:英文/刘庆昌,(日)国分祯二主编.—北京:北京农业大学出版社,1995.8.—440页;26cm
ISBN 7-81002-715-8(精装):¥75.00
S609-53
园艺作物采后技术国际讨论会论文摘要集:英文/中国园艺学会等编.—北京:中国农业科技出版社,1995.6.—81页;26cm
ISBN 7-80026-957-4:¥5.00
S609-53
园艺作物产后技术国际学术讨论会论文集:英文/中国园艺学会编著.—北京:中国农业科技出版社,1995.10.—440页;26cm
ISBN 7-80026-999-X:¥100.00
S717.1
尖峰岭热带林生态研究:英文.—北京:中国林业出版社,1995.—229页;20cm
ISBN 7-5038-1558-2:¥0.00
S722
亚太地区林木改良:英文/孙西环主编.—北京:中国林业出版社,1995.12.—329页;26cm
ISBN 7-5038-1590-6(精装):¥30.00
S78-53
速生材加工利用:英文/赵琦僧主编.—北京:中国林业出版社,1995.4.—707页;26cm
ISBN 7-5038-1317-2:¥175.00
S781.1
木材解剖学研究:国际树木解剖学和木材形成学术会议论文集:英文/吴树明编.—北京:万国学术出版社,1995.10.—251页;26cm
ISBN 7-80003-354-6(精装):¥69.00
S81-53
第二届利用当地资源发展畜牧业生产国际会议论文集:英文/郭庭双主编.—北京:中国林业出版社,1995.10.—423页;28×20cm
ISBN 7-5038-1569-8(精装):¥0.00
S853.61
中国兽医针灸学:英文/于船主编.—北京:中国农业出版社,1995.6.—304页;26cm
ISBN 7-109-03280-9(精装):¥80.00
①TB114.2②O346-53
国际失效分析与预防会议论文集:英文/陈昌麒等编.—北京:万国学术出版社,1995.6.—742页;30cm
ISBN 7-80003-337-6(精装):¥153.60
TB3-53
第二届国际新型工程材料微观结构与力学性能研讨会论文集:英文/徐秉业等编.—北京:万国学术出版社,1995.5.—558页;24cm
ISBN 7-80003-338-4(精装):¥103.00
TB324-53
中日双边高分子材料科学研讨会论文集:1995年9月21日~26日:英文/黄山著.—合肥:中国科学技术大学出版社,1995.—250页;26cm
ISBN 7-312-00733-3(精装):¥0.00
TB4-53
第一届国际测试研讨会议文集:英文/潘德恒编.—北京:万国学术出版社,1995.8.—962页;28cm
ISBN 7-80003-255-8:¥185.00
TE-53
大庆科技论文精选:1960~1995:英文.—北京:石油工业出版社,1995.9.—676页;26cm
ISBN 7-5021-1573-0(精装):¥0.00
TF046.4-53
第六届国际烧结科学与技术研讨会论文集:英文/李楠编.—北京:万国学术出版社,1995.—535页;26cm
ISBN 7-80003-348-1(精装):¥133.00
TG175-53
国际表面科学与工程会议论文集:英文/朱日彰编.—北京:万国学术出版社,1995.—633页;26cm
ISBN 7-80003-335-X(精装):¥81.00
TG2-53
第六十一届国际铸造会议论文集:英文/柳百成等编.—北京:万国学术出版社,1995.7.—600页;30cm
ISBN 7-80003-128-4(精装):¥139.00
TG3

金属成形新技术:英文/李培武,于士俊编著.—北京:机械工业出版社,1995.10.—179页;26cm
ISBN 7-111-04682-X:¥18.00

TH166-53
智能集成制造技术国际研讨会论文集:英文/钟秉林编.—南京:东南大学出版社,1995.3.—478页;26cm
ISBN 7-81023-278-9:¥60.00

TK-43
动力工程:英文/卜玉坤,于元方编著.—上海:上海外语教育出版社,1995.7.—154页;26cm
大学英语专业阅读精选系列教材
ISBN 7-81046-005-6:¥10.00

TK16
第三届国际煤燃烧合成论文集:英文.—北京:科学出版社,1995.—652页;26cm
ISBN 7-03-004954-3(精装):¥0.00

TL-24
中国核科技报告　CNIC-00985 ZU-0001:热释光剂量响应的非线性:英文/罗达玲,张纯祥著;中国核情报中心编.—北京:原子能出版社,1995.7.—11页;26cm
ISBN 7-5022-1361-9:¥0.00

TL-24
中国核科技报告　CNIC-00993 HCC-0001:核电站土建承包商对其内部分包商的管理:英文/蒋新国著;中国核情报中心编.—北京:原子能出版社,1995.10.—15页;26cm
ISBN 7-5022-1291-4:¥0.00

TL-24
中国核科技报告　CNIC-00994 IAE-0148:混合型波振器的研究:英文/马佑梧等著;中国核情报中心编.—北京:原子能出版社,1995.12.—12页;26cm
ISBN 7-5022-1412-7:¥0.00

TL-24
中国核科技报告　CNIC-00999 IAE-0147:高分辨率N型HPGe同轴探测器的研制及应用:英文/吴绍云著;中国核情报中心编.—北京:原子能出版社,1995.10.—11页;26cm
ISBN 7-5022-1413-5:¥0.00

TL-24
中国核科技报告　CNIC-01000 IAE-0146:控制棒失控抽出工况下MNSR反应堆瞬态特性的研究:英文/杨顺海著;中国核情报中心编.—北京:原子能出版社,1995.10.—8页;26cm
ISBN 7-5022-1411-9:¥0.00

TL-24
中国核科技报告　CNIC-01016 CNDC-0017 INDC(CPR)-036/L:核数据进展通讯:英文/刘廷进等著.—北京:原子能出版社,1995.12.—86页;26cm
ISBN 7-5022-1433-X:¥0.00

TL-24
中国核科技报告　CNIC-01024 SMC-0123:细胞信使与昼夜钟的偶联解析:英文/童健著;中国核情报中心编.—北京:原子能出版社,1995.12.—21页;26cm
ISBN 7-5022-1443-7:¥0.00

TL-324
中国核科技报告　CNIC-00965 CNDC-0016 INDC(CPR)-034/L:核数据进展通讯(13):英文/中国核数据中心编.—北京:原子能出版社,1995.6.—142页;26cm
ISBN 7-5022-1365-1:¥0.00

TL-54
中国原子能科学研究院年报　1993:英文/中国原子能科学研究院年报编辑部编.—北京:原子能出版社,1995.1.—241页;26cm
ISBN 7-5022-1329-5:¥0.00

TL52
北京串列加速器国家实验室进展报告:1992~1993:英文/中国原子能科学研究院年报编辑部编.—北京:原子能出版社,1995.1.—187页;26cm
ISBN 7-5022-1331-7:¥0.00

TL594-53
储存环中光束不稳定性研讨会论文集:英文/金玉明等著.—合肥:中国科学技术大学出版社,1995.3.—344页;26cm
ISBN 7-312-00676-0(精装):¥50.00

TM3-53
第二届中国国际电机会议论文集:英文/许大中,陈永校编.—北京:万国学术出版社,1995.8.—849页;30cm
ISBN 7-80003-054-7(精装):¥162.00

TN015
微波与毫米波传播:英文/谢益溪等著.—北京:万国学术出版社,1995.9.—526页;26cm
ISBN 7-80003-339-2(精装):¥133.00

TN2-53
1995国际光电子激光会议论文集:英文.—北京:电子工业出版社,1995.—444页;26cm
ISBN 7-5053-3284-8:¥0.00

TN6-53
国际电子元件与材料及敏感技术与执行机构会议论文集:英文/中国电子学会元件分会、敏感技术分会编.—北京:万国学术出版社,1995.9.—477页;28cm
ISBN 7-80003-352-X(精装):¥127.00

①TN927②TP7
卫星通信与遥感国际会议论文集:英文.—西安:陕西科学技术出版社,1995.—477页;28cm
ISBN 7-5369-2369-4:¥100.00

TP273
随机大系统的稳定性分析与镇定综合:英文.—北京:科学出版社,1995.—163页;24cm
ISBN 7-03-004497-5(精装):¥0.00

TP273-53
第二届亚太地区控制与测量学术会议文集:英文/沈春林等编.—北京:航空工业出版社,1995.5.—374页;30cm
ISBN 7-80046-910-7:¥100.00

TP274

关于高级并行处理技术的国际学术会议记录:1995年9月:英文.—北京:电子工业出版社,1995.9.—408页;26cm
ISBN 7-5053-3304-6:¥95.00

TP3-53

第十八届国际计算机与工业工程学术会议论文集:英文/中国机械工程学会编.—北京:机械工业出版社,1995.9.—2册(1513页);29cm
ISBN 7-111-04851-2(精装):¥0.00

TP319

1995年关于专家系统的亚太地区会议记录:英文.—北京:电子工业出版社,1995.—1044页;29cm
ISBN 7-5053-3092-6:¥0.00

TP391

'95北京神经原信息处理国际会议论文集:英文.—北京:电子工业出版社,1995.—2册(1072页);26cm
ISBN 7-5053-3355-0:¥0.00

TP391.9

系统仿真与科学计算:第三届北京国际系统仿真与科学计算会议论文集:英文/王行仁等编.—北京:万国学术出版社,1995.10.—655页;28cm
ISBN 7-80003-351-1(精装):¥150.00

TP722.6

微波遥感技术及其应用:英文.—北京:科学出版社,1995.—291页;26cm
ISBN 7-03-005093-2(精装):¥0.00

①TQ-53②TF-53

化工冶金文选　1995:英文.—北京:科学出版社,1995.—159页;26cm
ISBN 7-03-005098-3:¥0.00

①TQ-53②TF-53

化工冶金文选　1994:英文.—北京:科学出版社,1995.—170页;26cm
ISBN 7-03-004563-7:¥0.00

TQ056-53

第二届东亚化学敏感技术会议论文集:英文/中国电子学会元件分会,中国电子学会敏感技术分会编.—北京:万国学术出版社,1995.—330页;28cm
ISBN 7-80003-353-8(精装):¥116.00

TQ171-53

第十七届世界玻璃大会论文集　第二卷:玻璃形成和结构:英文/龚方田编.—北京:万国学术出版社,1995.9.—589页;20cm
ISBN 7-80003-341-4:¥83.00

TQ171-53

第十七届世界玻璃大会论文集　第六卷:玻璃制造、古玻璃:英文/龚方田编.—北京:万国学术出版社,1995.9.—530页;20cm
ISBN 7-80003-345-7:¥74.00

TQ171-53

第十七届世界玻璃大会论文集　第七卷:补充论文:英文/龚方田编.—北京:万国学术出版社,1995.9.—293页;20cm
ISBN 7-80003-346-5:¥41.00

TQ171-53

第十七届世界玻璃大会论文集　第三卷:玻璃的性能:英文/龚方田编.—北京:万国学术出版社,1995.—757页;20cm
ISBN 7-80003-342-2:¥105.00

TQ171-53

第十七届世界玻璃大会论文集　第四卷:玻璃表面、溶胶—凝胶玻璃:英文/龚方田编.—北京:万国学术出版社,1995.9.—547页;20cm
ISBN 7-80003-343-0:¥77.00

TQ171-53

第十七届世界玻璃大会论文集　第五卷:新型玻璃:英文/龚方田编.—北京:万国学术出版社,1995.9.—742页;20cm
ISBN 7-80003-344-9:¥103.00

TQ171-53

第十七届世界玻璃大会论文集　第一卷:邀请报告:英文/龚方田编.—北京:万国学术出版社,1995.—439页;20cm
ISBN 7-80003-340-6:¥63.00

TU4-53

土壤力学与基础工程　第一卷:第十届亚洲地区土壤力学与基础工程会议论文集:英文/会议技术委员会编.—北京:万国学术出版社,1995.8.—516页;28cm
ISBN 7-80003-030-X(精装):¥127.00

TU528-53

混凝土科学与应用技术新进展国际学术会议论文集:英文.—南京:东南大学出版社,1995.—1069页;26cm
ISBN 7-81050-033-3(精装):¥0.00

X-53

中国环境与发展国际合作委员会第三次会议论文集:英文/中国环境与发展国际合作委员会编委会秘书处编.—北京:中国环境科学出版社,1995.8.—422页;26cm
ISBN 7-80093-836-0:¥130.00

X145

中国近海地质灾害与环境研究:英文/刘守全,梁名胜主编.—青岛:青岛海洋大学出版社,1995.7.—205页;29cm
ISBN 7-81026-740-X:¥0.00

X24

地球·女人:英文/中国环境科学学会编著.—北京:中国环境科学出版社,1995.8.—238页;20cm
ISBN 7-80093-839-5:¥25.00

X321

长江三峡环境保护:英文.—北京:科学出版社,1995.—72页;26cm
ISBN 7-03-005170-X:¥0.00

X705-53

第二届亚洲废弃物处理与资源化学术讨论会论文集:英文/郑小明等著.—杭州:杭州大学出版社,1995.9.—283页;26cm
ISBN 7-81035-836-7:¥35.00

Z88:G643.8

北京图书馆国外博士学位论文目录:1982~1992:英文/丁路主编.—北京:书目文献出版社,1995.3.—690页;28cm

ISBN 7-5013-1210-9(精装):¥135.00

Z88:P

世界天文连续出版物目录:英文/黄璧坤编.—北京:科学出版社,1995.—210页;20cm

ISBN 7-03-004241-7:¥0.00

Z88:P5

中华人民共和国地质矿产部公开出版的地质成果　1994年:英文/地质出版社成果编辑室编.—北京:地质出版社,1995.8.—310页;20cm

ISBN 7-116-01624-4:¥0.00

Z89

《华中理工大学学报》英文摘要　1994:英文/《华中理工大学学报》编辑部编.—武汉:华中理工大学出版社,1995.5.—136页;26cm

ISBN 7-5609-1063-7:¥20.00

法文图书

B947.2-64

布达拉宫:法文/南卉编.—北京:中国世界语出版社,1995.8.—157页;29cm

ISBN 7-5052-0245-6(精装):¥138.00

D2-0

邓小平文选　第二卷:法文/邓小平著.—2版.—北京:外文出版社,1995.—455页;22cm

ISBN 7-119-00716-5:¥37.70

D2-0

邓小平文选　第一卷:1938~1965:法文/邓小平著.—2版.—北京:外文出版社,1995.—386页;22cm

ISBN 7-119-00953-2:¥32.40

D619

中国　1995:法文/秦石编.—北京:新星出版社,1995.—137页;20×11cm

ISBN 7-80102-358-7:¥0.00

D619

中国:事实与数字　1995:法文/北京周报社编.—北京:新星出版社,1995.—115页;19cm

ISBN 7-80102-336-6:¥7.00

D619

中国简况:西藏人眼中的西藏——五人五话:法文.—北京:新星出版社,1995.—25页:彩照;18cm

ISBN 7-80102-259-9:¥2.82

D619

中国一瞥　(201):农村经济发展的曙光:法文/人民画报社编辑.—北京:新星出版社,1995.5.—1册:彩照;25cm

¥0.00

D619

中国一瞥　(202):新疆开拓对外贸易:法文/人民画报社编辑.—北京:新星出版社,1995.5.—1册:彩照;25cm

¥0.00

D619

中国一瞥　(203):'95金秋,相聚在北京:法文/人民画报社编辑.—北京:新星出版社,1995.5.—1册:彩照;25cm

¥0.00

D619

中国一瞥　(204):卢沟桥畔:法文/人民画报社编辑.—北京:新星出版社,1995.5.—1册:彩照;25cm

¥0.00

D619

中国一瞥　(205):北京人的住房:法文/人民画报社编辑.—北京:新星出版社,1995.7.—1册:彩照;25cm

¥0.00

D619

中国一瞥　(206):世界屋脊上的日光城——拉萨:法文/人民画报社编辑.—北京:新星出版社,1995.7.—1册:彩照;25cm

¥0.00

D619

中国一瞥　(207):北京的名人故居:法文/人民画报社编辑.—北京:新星出版社,1995.7.—1册:彩照;25cm

¥0.00

D619

中国一瞥　(208):民族人才的摇篮:法文/人民画报社编辑.—北京:新星出版社,1995.8.—1册:彩照;25cm

¥0.00

D619

中国一瞥　(209):邮票上的中国古典文学名著:法文/人民画报社编辑.—北京:新星出版社,1995.8.—1册:彩照;25cm

¥0.00

D619

中国一瞥　(210):西子湖畔博物苑:法文/人民画报社编辑.—北京:新星出版社,1995.8.—1册:彩照;25cm

¥0.00

D619

中国一瞥　(211):世界文化与自然遗产:中国部分:法文/人民画报社编辑.—北京:新星出版社,1995.8.—1册:彩照;25cm

¥0.00

D619

中国一瞥　(212):北京胡同风景线:法文/人民画报社编辑.—北京:新星出版社,1995.8.—1册:彩照;25cm

¥0.00

D619

中国一瞥　(213):彩笔绘中国:法文/人民画报社编辑.—北京:新星出版社,1995.8.—1册:彩照;25cm

￥0.00

D619

中国一瞥　(214):中国——一个巨大的市场:法文/人民画报社编辑.—北京:新星出版社,1995.9.—1册;25cm

￥0.00

D619

中国一瞥　(215):中国民间美术:法文/人民画报社编辑.—北京:新星出版社,1995.10.—1册;25cm

￥0.00

D619

中国一瞥　(216):开放的中国:法文/人民画报社编辑.—北京:新星出版社,1995.9.—1册:彩照;25cm

￥0.00

D619

中国一瞥　(217):中国生态农业第一村:法文/人民画报社编辑.—北京:新星出版社,1995.9.—1册;25cm

￥0.00

D619

中国一瞥　(218):京城的异国风味:法文/人民画报社编辑.—北京:新星出版社,1995.9.—1册;25cm

￥0.00

D619

中国一瞥　(219):藏北草原:法文/人民画报社编辑.—北京:新星出版社,1995.10.—1册;25cm

￥0.00

D619

中国一瞥　(220):新兴的经济技术开发区:法文/人民画报社编辑.—北京:新星出版社,1995.10.—1册;25cm

￥0.00

D619

中国一瞥　(221):乐在天涯海角游:法文/人民画报社编辑.—北京:新星出版社,1995.11.—1册;25cm

￥0.00

D619

中国一瞥　(222):中国电影九十周年:法文/人民画报社编辑.—北京:新星出版社,1995.11.—1册;25cm

￥0.00

D619

中国一瞥　(223):为了人类共同的朋友:法文/人民画报社编辑.—北京:新星出版社,1995.11.—1册;25cm

￥0.00

①D619②B222

中国简况:孔子和他的儒学:法文.—北京:新星出版社,1995.—15页:彩照;18cm

ISBN 7-80102-439-7:￥2.82

①D619②D442

中国简况:中国妇女的国际交往:法文.—北京:新星出版社,1995.—28页:彩照;18cm

ISBN 7-80102-276-9:￥2.82

①D619②D619.45

中国简况:古丝绸之路新貌——新疆维吾尔自治区的40年:法文.—北京:新星出版社,1995.—32页;18cm

ISBN 7-80102-283-1:￥2.82

①D619②D669.1

中国简况:当代中国人的恋爱、婚姻和家庭:法文.—北京:新星出版社,1995.—26页:彩照;18cm

ISBN 7-80102-392-7:￥2.82

①D619②D669.7

中国简况:活跃的中国社区志愿服务:法文.—北京:新星出版社,1995.—20页:彩照;18cm

ISBN 7-80102-328-5:￥2.82

①D619②D822

中国简况:中国重视与联合国的合作:法文.—北京:新星出版社,1995.—23页:彩照;18cm

ISBN 7-80102-313-7:￥2.82

①D619②D922.2

中国简况:改革开放与经济立法:法文.—北京:新星出版社,1995.—24页:彩照;18cm

ISBN 7-80102-367-6:￥2.82

①D619②F12

中国简况:中国的经济为什么能快速发展:法文.—北京:新星出版社,1995.—20页:彩照;18cm

ISBN 7-80102-299-8:￥2.82

①D619②F126

中国简况:城乡居民的收入与支出:法文.—北京:新星出版社,1995.—14页:彩照;18cm

ISBN 7-80102-306-4:￥2.82

①D619②F127

中国简况:环渤海经济圈的崛起:法文.—北京:新星出版社,1995.—25页:彩照;18cm

ISBN 7-80102-446-X:￥2.82

①D619②F127.4

中国简况:具有广阔开发前景的中西部地区:法文.—北京:新星出版社,1995.—30页:彩图;19cm

ISBN 7-80102-411-7:￥2.82

①D619②F276.7

中国简况:跨国公司在中国:法文.—北京:新星出版社,1995.—28页:彩图;19cm

ISBN 7-80102-460-5:￥2.82

①D619②F279.21

中国简况:国有企业的改革:法文.—北京:新星出版社,1995.—28页:彩图;19cm

ISBN 7-80102-453-2:￥2.82

①D619②F592

中国简况:如何到中国旅游:法文.—北京:新星出版社,1995.—40页:彩照;18cm

ISBN 7-80102-383-8:￥2.82

①D619②F752.61

中国简况:"九五"进口目标:10000亿美元:法文.—北京:新星出版社,1995.—23页:彩图;19cm

ISBN 7-80102-472-9:￥2.82

①D619②G203

中国简况:得到精心保护的少数民族文化:法文.—北京:新星出版社,1995.—17页:彩照;18cm
ISBN 7-80102-424-9:¥2.82

①D619②G649.21
中国简况:跨世纪的中国高教改革:法文.—北京:新星出版社,1995.—24页:彩照;18cm
ISBN 7-80102-351-X:¥2.82

①D619②J12
中国简况:中国书画文化:法文.—北京:新星出版社,1995.—13页:彩照;18cm
ISBN 7-80102-431-1:¥2.82

①D619②K152
中国简况:中国与第二次世界大战:法文.—北京:新星出版社,1995.—35页:彩照;18cm
ISBN 7-80102-269-6:¥2.82

①D619②K854.3
中国简况:文明古国的文物保护:法文.—北京:新星出版社,1995.—20页:彩照;18cm
ISBN 7-80102-292-0:¥2.82

①D619②X3
中国简况:12亿中国人的环境保护:法文.—北京:新星出版社,1995.—36页:彩照;18cm
ISBN 7-80102-321-8:¥2.82

D619.75
崛起在雪域高原:西藏三十年巨变:法文/李凯,赵新兵著.—北京:五洲传播出版社,1995.12.—69页:照片;19×11cm.—(西藏丛书/金晖主编)
ISBN 7-80113-017-0:¥0.00

①H194.1②H195.5
中国文化 ABC——三字经:法文/朱晓亚译.—北京:外文出版社,1995.—305页;23cm
ISBN 7-119-01639-3:¥0.00

I242.3
蔡瑞虹忍辱报仇:《醒世恒言》作品选:法文/(明)冯梦龙编.—北京:外文出版社,1995.—388页;19cm
ISBN 7-119-00304-6:¥24.00

I247.5
少年天子:法文/凌力著.—北京:中国文学出版社,1995.3.—706页;20cm.—(熊猫丛书)
ISBN 7-5071-0284-X:¥36.00

J212
中国画入门:法文/何汉秋,邓军编绘.—北京:外文出版社,1995.—71页;26cm
ISBN 7-119-00434-4:¥56.40

J292.11
中国书法入门:法文/郭伯南著.—北京:外文出版社,1995.—67页;26cm
ISBN 7-119-01436-6:¥40.00

K265.6
南京大屠杀:法文/徐志耕著.—北京:中国文学出版社,1995.—339页:照片;20cm.—(熊猫丛书)
ISBN 7-5071-0296-3:¥32.00

K281.4
藏学在中国:法文/周源著.—北京:五洲传播出版社,1995.—43页:彩照;19×9cm.—(西藏丛书/金晖主编)
ISBN 7-80113-073-1:¥0.00

K876.41
中国青铜器概说:法文/李学勤著.—北京:外文出版社,1995.—171页:彩图;31cm
ISBN 7-119-01388-2(精装):¥248.00

K928.7
中国古代文化遗迹:法文/萧师铃主编.—北京:朝华出版社,1995.—286页;34×26cm
ISBN 7-5054-0409-1(精装):¥360.00

K928.74
故宫:法文/施永南,望天星编;曾培耿译.—北京:中国世界语出版社,1995.6.—158页;26cm
ISBN 7-5052-0268-5:¥60.00

K928.975
西藏旅游:揭开神秘的面纱:法文/李海瑞著.—北京:五洲传播出版社,1995.12.—35页:照片;19×11cm.—(西藏丛书/金晖主编)
ISBN 7-80113-102-9:¥0.00

R247.4-64
中国气功图谱:法文/余功保著.—北京:新世界出版社,1995.—156页;22cm
ISBN 7-80005-248-6(精装):¥30.00

德文图书

B947.2-64
布达拉宫:德文/南卉编.—北京:中国世界语出版社,1995.8.—157页;29cm
ISBN 7-5052-0244-8(精装):¥138.00

D619
中国　1995:德文/秦石编.—北京:新星出版社,1995.—137页;20×11cm
ISBN 7-80102-360-9:¥0.00

D619
中国:事实与数字　1995:德文/北京周报社编.—北京:新星出版社,1995.—129页;19cm
ISBN 7-80102-338-2:¥12.00

D619
中国简况:西藏人眼中的西藏——五人五话:德文.—北京:新星出版社,1995.—21页:彩照;18cm
ISBN 7-80102-261-0:¥2.82

D619
中国一瞥　(201):农村经济发展的曙光:德文/人民画报社编辑.—北京:新星出版社,1995.5.—1册:彩照;25cm
¥0.00

D619
中国一瞥　(202):新疆开拓对外贸易:德文/人民画报社编辑.—北京:新星出版社,1995.5.—1册:彩照;25cm
¥0.00

D619
中国一瞥　(203):'95金秋，相聚在北京：德文/人民画报社编辑.—北京：新星出版社，1995.5.—1册：彩照；25cm
¥0.00

D619
中国一瞥　(204):卢沟桥畔：德文/人民画报社编辑.—北京：新星出版社，1995.5.—1册：彩照；25cm
¥0.00

D619
中国一瞥　(205):北京人的住房：德文/人民画报社编辑.—北京：新星出版社，1995.7.—1册：彩照；25cm
¥0.00

D619
中国一瞥　(206):世界屋脊上的日光城——拉萨：德文/人民画报社编辑.—北京：新星出版社，1995.7.—1册：彩照；25cm
¥0.00

D619
中国一瞥　(207):北京的名人故居：德文/人民画报社编辑.—北京：新星出版社，1995.7.—1册：彩照；25cm
¥0.00

D619
中国一瞥　(208):民族人才的摇篮：德文/人民画报社编辑.—北京：新星出版社，1995.7.—1册：彩照；25cm
¥0.00

D619
中国一瞥　(209):邮票上的中国古典文学名著：德文/人民画报社编辑.—北京：新星出版社，1995.8.—1册：彩照；25cm
¥0.00

D619
中国一瞥　(210):西子湖畔博物苑：德文/人民画报社编辑.—北京：新星出版社，1995.8.—1册：彩照；25cm
¥0.00

D619
中国一瞥　(211):世界文化与自然遗产：中国部分：德文/人民画报社编辑.—北京：新星出版社，1995.8.—1册：彩照；25cm
¥0.00

D619
中国一瞥　(212):北京胡同风景线：德文/人民画报社编辑.—北京：新星出版社，1995.8.—1册：彩照；25cm
¥0.00

D619
中国一瞥　(213):彩笔绘中国：德文/人民画报社编辑.—北京：新星出版社，1995.8.—1册：彩照；25cm
¥0.00

D619
中国一瞥　(214):中国——一个巨大的市场：德文/人民画报社编辑.—北京：新星出版社，1995.9.—1册；25cm
¥0.00

D619
中国一瞥　(215):中国民间美术：德文/人民画报社编辑.—北京：新星出版社，1995.10.—1册；25cm
¥0.00

D619
中国一瞥　(216):开放的中国：德文/人民画报社编辑.—北京：新星出版社，1995.9.—1册：彩照；25cm
¥0.00

D619
中国一瞥　(217):中国生态农业第一村：德文/人民画报社编辑.—北京：新星出版社，1995.9.—1册；25cm
¥0.00

D619
中国一瞥　(218):京城的异国风味：德文/人民画报社编辑.—北京：新星出版社，1995.9.—1册；25cm
¥0.00

D619
中国一瞥　(219):藏北草原：德文/人民画报社编辑.—北京：新星出版社，1995.10.—1册；25cm
¥0.00

D619
中国一瞥　(220):新兴的经济技术开发区：德文/人民画报社编辑.—北京：新星出版社，1995.10.—1册；25cm
¥0.00

D619
中国一瞥　(221):乐在天涯海角游：德文/人民画报社编辑.—北京：新星出版社，1995.11.—1册；25cm
¥0.00

D619
中国一瞥　(222):中国电影九十周年：德文/人民画报社编辑.—北京：新星出版社，1995.11.—1册；25cm
¥0.00

D619
中国一瞥　(223):为了人类共同的朋友：德文/人民画报社编辑.—北京：新星出版社，1995.11.—1册；25cm
¥0.00

①D619②B222
中国简况：孔子和他的儒学：德文.—北京：新星出版社，1995.—19页：彩照；18cm
ISBN 7-80102-441-9：¥2.82

①D619②D442
中国简况：中国妇女的国际交往：德文.—北京：新星出版社，1995.—21页：彩照；18cm
ISBN 7-80102-278-5：¥2.82

①D619②D619.1
中国简况：迈向二十一世纪的北京：德文.—北京：新星出版社，1995.—19页：彩照；18cm
ISBN 7-80102-378-1：¥2.82

①D619②D619.45
中国简况：古丝绸之路新貌——新疆维吾尔自治区的40年：德文.—北京：新星出版社，1995.—29页；18cm
ISBN 7-80102-285-8：¥2.82
①D619②D669.1
中国简况：当代中国人的恋爱、婚姻和家庭：德文.—北京：新星出版社，1995.—18页：彩照；18cm
ISBN 7-80102-394-3：¥2.82
①D619②D669.7
中国简况：活跃的中国社区志愿服务：德文.—北京：新星出版社，1995.—15页：彩照；18cm
ISBN 7-80102-330-7：¥2.82
①D619②D822
中国简况：中国重视与联合国的合作：德文.—北京：新星出版社，1995.—28页：彩照；18cm
ISBN 7-80102-315-3：¥2.82
①D619②D922.2
中国简况：改革开放与经济立法：德文.—北京：新星出版社，1995.—23页：彩照；18cm
ISBN 7-80102-369-2：¥2.82
①D619②F12
中国简况：交通、通信、能源基础设施建设：德文.—北京：新星出版社，1995.—22页：彩照；18cm
ISBN 7-80102-345-5：¥2.82
①D619②F12
中国简况：中国的经济为什么能快速发展：德文.—北京：新星出版社，1995.—27页：彩照；18cm
ISBN 7-80102-301-3：¥2.82
①D619②F126
中国简况：城乡居民的收入与支出：德文.—北京：新星出版社，1995.—19页：彩照；18cm
ISBN 7-80102-308-0：¥2.82
①D619②F127
中国简况：环渤海经济圈的崛起：德文.—北京：新星出版社，1995.—25页：彩照；18cm
ISBN 7-80102-448-6：¥2.82
①D619②F127.4
中国简况：具有广阔开发前景的中西部地区：德文.—北京：新星出版社，1995.—27页：彩图；19cm
ISBN 7-80102-413-3：¥2.82
①D619②F276.7
中国简况：跨国公司在中国：德文.—北京：新星出版社，1995.—24页：彩图；19cm
ISBN 7-80102-462-1：¥2.82
①D619②F279.21
中国简况：国有企业的改革：德文.—北京：新星出版社，1995.—28页：彩图；19cm
ISBN 7-80102-455-9：¥2.82
①D619②F592
中国简况：如何到中国旅游：德文.—北京：新星出版社，1995.—32页：彩照；18cm
ISBN 7-80102-385-4：¥2.82
①D619②F752.61
中国简况："九五"进口目标：10000亿美元：德文.—北京：新星出版社，1995.—23页：彩图；19cm
ISBN 7-80102-474-5：¥2.82
①D619②G203
中国简况：得到精心保护的少数民族文化：德文.—北京：新星出版社，1995.—19页：彩照；18cm
ISBN 7-80102-426-5：¥2.82
①D619②G649.21
中国简况：跨世纪的中国高教改革：德文.—北京：新星出版社，1995.—28页：彩照；18cm
ISBN 7-80102-353-6：¥2.82
①D619②J12
中国简况：中国书画文化：德文.—北京：新星出版社，1995.—14页：彩照；18cm
ISBN 7-80102-433-8：¥2.82
①D619②K152
中国简况：中国与第二次世界大战：德文.—北京：新星出版社，1995.—33页：彩照；18cm
ISBN 7-80102-271-8：¥2.82
①D619②K854.3
中国简况：文明古国的文物保护：德文.—北京：新星出版社，1995.—24页：彩照；18cm
ISBN 7-80102-294-7：¥2.82
①D619②X3
中国简况：12亿中国人的环境保护：德文.—北京：新星出版社，1995.—40页：彩照；18cm
ISBN 7-80102-323-4：¥2.82
D619.75
中国西藏：德文/钟藏文著.—北京：五洲传播出版社，1995.—87页：彩照；18cm
ISBN 7-80113-067-7：¥0.00
D619.75
崛起在雪域高原：西藏三十年巨变：德文/李凯，赵新兵著 .—北京：五洲传播出版社，1995.—71页：彩照；19×9cm.—(西藏丛书/金晖主编)
ISBN 7-80113-077-4：¥0.00
J292.11
中国书法入门：德文/郭伯南著.—北京：外文出版社，1995.—67页；26cm
ISBN 7-119-01446-3：¥40.00
K281.4
藏学在中国：德文/周源著 .—北京：五洲传播出版社，1995.—43页：彩照；19×9cm.—(西藏丛书/金晖主编)
ISBN 7-80113-072-3：¥0.00
K876.41
中国青铜器概说：德文/李学勤著.—北京：外文出版社，1995.—171页：彩图；31cm
ISBN 7-119-01413-7(精装)：¥248.00
K928.7
中国古代文化遗迹：德文/萧师铃主编.—北京：朝华出版社，1995.—286页；34×26cm
ISBN 7-5054-0410-5(精装)：¥360.00
K928.7

中国旅游景点介绍:德文/宋端成等编译.—北京:中国旅游出版社,1995.9.—160页;20cm
ISBN 7-5032-0555-5:¥25.00

K928.701
北京:德文/刘俊雯编.—2版.—北京:外文图书出版社,1995.—211页;19cm
ISBN 7-119-00200-7:¥23.00

K928.701
古都北京:德文/阎崇年撰;张连根,陈汉丽译.—北京:朝华出版社,1995.—285页;37×26cm
ISBN 7-5054-0413-X(精装):¥320.00

K928.74
故宫:德文/施永南,望天星编;严隽旭等译.—北京:中国世界语出版社,1995.6.—158页;26cm
ISBN 7-5052-0265-0:¥60.00

K928.975
西藏旅游:揭开神秘的面纱:德文/李海瑞著.—北京:五洲传播出版社,1995.12.—35页:照片;19×11cm.—(西藏丛书/金晖主编)
ISBN 7-80113-103-7:¥0.00

西班牙文图书

D2-0
邓小平文选　第二卷:西班牙文/邓小平著.—2版.—北京:外文出版社,1995.—492页;22cm
ISBN 7-119-00629-0:¥40.50

D2-0
邓小平文选　第一卷:1938~1965:西班牙文/邓小平著.—2版.—北京:外文出版社,1995.—423页;22cm
ISBN 7-119-01428-5:¥34.80

D619
中国　1995:西班牙文/秦石编.—北京:新星出版社,1995.—131页;20×11cm
ISBN 7-80102-359-5:¥0.00

D619
中国:事实与数字　1995:西班牙文/北京周报社编.—北京:新星出版社,1995.—121页;19cm
ISBN 7-80102-337-4:¥10.00

D619
中国简况:西藏人眼中的西藏——五人五话:西班牙文.—北京:新星出版社,1995.—25页:彩照;18cm
ISBN 7-80102-260-2:¥2.82

D619
中国一瞥　(201):农村经济发展的曙光:西班牙文/人民画报社编辑.—北京:新星出版社,1995.5.—1册:彩照;25cm
¥0.00

D619
中国一瞥　(202):新疆开拓对外贸易:西班牙文/人民画报社编辑.—北京:新星出版社,1995.5.—1册:彩照;25cm
¥0.00

D619
中国一瞥　(203):'95金秋,相聚在北京:西班牙文/人民画报社编辑.—北京:新星出版社,1995.5.—1册:彩照;25cm
¥0.00

D619
中国一瞥　(204):卢沟桥畔:西班牙文/人民画报社编辑.—北京:新星出版社,1995.5.—1册:彩照;25cm
¥0.00

D619
中国一瞥　(205):北京人的住房:西班牙文/人民画报社编辑.—北京:新星出版社,1995.7.—1册:彩照;25cm
¥0.00

D619
中国一瞥　(206):世界屋脊上的日光城——拉萨:西班牙文/人民画报社编辑.—北京:新星出版社,1995.7.—1册:彩照;25cm
¥0.00

D619
中国一瞥　(207):北京的名人故居:西班牙文/人民画报社编辑.—北京:新星出版社,1995.7.—1册:彩照;25cm
¥0.00

D619
中国一瞥　(208):民族人才的摇篮:西班牙文/人民画报社编辑.—北京:新星出版社,1995.8.—1册:彩照;25cm
¥0.00

D619
中国一瞥　(209):邮票上的中国古典文学名著:西班牙文/人民画报社编辑.—北京:新星出版社,1995.8.—1册:彩照;25cm
¥0.00

D619
中国一瞥　(210):西子湖畔博物苑:西班牙文/人民画报社编辑.—北京:新星出版社,1995.8.—1册:彩照;25cm
¥0.00

D619
中国一瞥　(211):世界文化与自然遗产:中国部分:西班牙文/人民画报社编辑.—北京:新星出版社,1995.8.—1册:彩照;25cm
¥0.00

D619
中国一瞥　(212):北京胡同风景线:西班牙文/人民画报社编辑.—北京:新星出版社,1995.8.—1册:彩照;25cm
¥0.00

D619
中国一瞥　(213):彩笔绘中国:西班牙文/人民画报社编辑.—北京:新星出版社,1995.8.—1册:彩照;25cm

¥0.00

D619

中国一瞥　(214):中国——一个巨大的市场:西班牙文/人民画报社编辑.—北京:新星出版社,1995.9.—1册;25cm

¥0.00

D619

中国一瞥　(215):中国民间美术:西班牙文/人民画报社编辑.—北京:新星出版社,1995.10.—1册;25cm

¥0.00

D619

中国一瞥　(216):开放的中国:西班牙文/人民画报社编辑.—北京:新星出版社,1995.9.—1册:彩照;25cm

¥0.00

D619

中国一瞥　(217):中国生态农业第一村:西班牙文/人民画报社编辑.—北京:新星出版社,1995.9.—1册;25cm

¥0.00

D619

中国一瞥　(218):京城的异国风味:西班牙文/人民画报社编辑.—北京:新星出版社,1995.9.—1册;25cm

¥0.00

D619

中国一瞥　(219):藏北草原:西班牙文/人民画报社编辑.—北京:新星出版社,1995.10.—1册;25cm

¥0.00

D619

中国一瞥　(220):新兴的经济技术开发区:西班牙文/人民画报社编.—北京:新星出版社,1995.10.—1册;25cm

¥0.00

D619

中国一瞥　(221):乐在天涯海角游:西班牙文/人民画报社编.—北京:新星出版社,1995.11.—1册;25cm

¥0.00

D619

中国一瞥　(222):中国电影九十周年:西班牙文/人民画报社编.—北京:新星出版社,1995.11.—1册;25cm

¥0.00

D619

中国一瞥　(223):为了人类共同的朋友:西班牙文/人民画报社编.—北京:新星出版社,1995.11.—1册;25cm

¥0.00

①D619②B222

中国简况:孔子和他的儒学:西班牙文.—北京:新星出版社,1995.—13页:彩照;18cm

ISBN 7-80102-440-0:¥2.82

①D619②D442

中国简况:中国妇女的国际交往:西班牙文.—北京:新星出版社,1995.—26页:彩照;18cm

ISBN 7-80102-277-7:¥2.82

①D619②D619.1

中国简况:迈向二十一世纪的北京:西班牙文.—北京:新星出版社,1995.—21页:彩照;18cm

ISBN 7-80102-377-3:¥2.82

①D619②D619.45

中国简况:古丝绸之路新貌——新疆维吾尔自治区的40年:西班牙文.—北京:新星出版社,1995.—31页;18cm

ISBN 7-80102-284-X:¥2.82

①D619②D669.1

中国简况:当代中国人的恋爱、婚姻和家庭:西班牙文.—北京:新星出版社,1995.—23页:彩照;18cm

ISBN 7-80102-393-5:¥2.82

①D619②D669.7

中国简况:活跃的中国社区志愿服务:西班牙文.—北京:新星出版社,1995.—22页:彩照;18cm

ISBN 7-80102-329-3:¥2.82

①D619②D822

中国简况:中国重视与联合国的合作:西班牙文.—北京:新星出版社,1995.—20页:彩照;18cm

ISBN 7-80102-314-5:¥2.82

①D619②D922.2

中国简况:改革开放与经济立法:西班牙文.—北京:新星出版社,1995.—22页:彩照;18cm

ISBN 7-80102-368-4:¥2.82

①D619②F12

中国简况:交通、通信、能源基础设施建设:西班牙文.—北京:新星出版社,1995.—28页:彩照;18cm

ISBN 7-80102-344-7:¥2.82

①D619②F12

中国简况:中国的经济为什么能快速发展:西班牙文.—北京:新星出版社,1995.—24页:彩照;18cm

ISBN 7-80102-300-5:¥2.82

①D619②F126

中国简况:城乡居民的收入与支出:西班牙文.—北京:新星出版社,1995.—14页:彩照;18cm

ISBN 7-80102-307-2:¥2.82

①D619②F127

中国简况:环渤海经济圈的崛起:西班牙文.—北京:新星出版社,1995.—28页:彩照;18cm

ISBN 7-80102-447-8:¥2.82

①D619②F276.7

中国简况:跨国公司在中国:西班牙文.—北京:新星出版社,1995.—28页:彩图;19cm

ISBN 7-80102-461-3:¥2.82

①D619②F279.21

中国简况:国有企业的改革:西班牙文.—北京:新星出版社,1995.—28页:彩图;19cm

ISBN 7-80102-454-0:¥2.82

①D619②F592

中国简况:如何到中国旅游:西班牙文.—北京:新星出版社,1995.—42页:彩照;18cm

ISBN 7－80102－384－6：￥2.82
①D619②F752.61
中国简况：“九五”进口目标：10000亿美元：西班牙文.—北京：新星出版社，1995.—25页：彩图；19cm
ISBN 7－80102－473－7：￥2.82
①D619②G203
中国简况：得到精心保护的少数民族文化：西班牙文.—北京：新星出版社，1995.—20页：彩照；18cm
ISBN 7－80102－425－7：￥2.82
①D619②G649.21
中国简况：跨世纪的中国高教改革：西班牙文.—北京：新星出版社，1995.—23页：彩照；18cm
ISBN 7－80102－352－8：￥2.82
①D619②J12
中国简况：中国书画文化：西班牙文.—北京：新星出版社，1995.—15页：彩照；18cm
ISBN 7－80102－432－X：￥2.82
①D619②K152
中国简况：中国与第二次世界大战：西班牙文.—北京：新星出版社，1995.—35页：彩照；18cm
ISBN 7－80102－270－X：￥2.82
①D619②K854.3
中国简况：文明古国的文物保护：西班牙文.—北京：新星出版社，1995.—26页：彩照；18cm
ISBN 7－80102－293－9：￥2.82
①D619②X3
中国简况：12亿中国人的环境保护：西班牙文.—北京：新星出版社，1995.—35页：彩照；18cm
ISBN 7－80102－322－6：￥2.82
J228.4
小猫游公园：西班牙文/林颂英编文；姜成安绘.—北京：海豚出版社，1995.—1册；21×18cm
ISBN 7－80051－803－5：￥4.80
J228.4
雄鸡大叔：西班牙文/林颂英编文；梁培龙绘.—北京：海豚出版社，1995.—1册；21×18cm
ISBN 7－80051－800－0：￥9.50
J528.2
有趣的折纸：西班牙文/吴树勋编.—北京：海豚出版社，1995.—1册；21×18cm
ISBN 7－80051－472－2：￥5.80
N49－64
为什么——动物篇：西班牙文/陈效一等选编；施蔚绘.—北京：海豚出版社，1995.—1册；26cm.—(知识画册)
ISBN 7－80051－760－8：￥22.00
N49－64
为什么——人体篇：西班牙文/陈效一等选编；蔡荣绘.—北京：海豚出版社，1995.—1册；26cm.—(知识画册)
ISBN 7－80051－761－6：￥22.00
N49－64
为什么——天地篇：西班牙文/陈效一等选编；靳合德绘.—北京：海豚出版社，1995.—1册；26cm.—(知识画册)
ISBN 7－80051－799－3：￥22.00
N49－64
为什么——植物篇：西班牙文/陈效一等选编；胡焕然绘.—北京：海豚出版社，1995.—1册；26cm.—(知识画册)
ISBN 7－80051－798－5：￥22.00
R241.9
中国掌纹诊病：西班牙文/王晨霞原著；大升，芙蓉绘图；陈根生，施威译.—济南：山东友谊出版社，1995.12.—261页；20cm
ISBN 7－80551－788－6：￥56.00
R244.1
中国推拿疗法：西班牙文/王甫编著.—北京：外文出版社，1995.—106页；18cm
ISBN 7－119－00760－2：￥5.50

俄文图书

D2－0
邓小平文选　第二卷：俄文/邓小平著.—2版.—北京：外文出版社，1995.—553页；22cm
ISBN 7－119－00656－8：￥43.50
D2－0
邓小平文选　第一卷：俄文/邓小平著.—2版.—北京：外文出版社，1995.—488页；22cm
ISBN 7－119－01426－9：￥38.50
D619
中国　1995：俄文/秦石编.—北京：新星出版社，1995.—129页；20×11cm
ISBN 7　80102－362－5：￥0.00
D619
中国：事实与数字　1995：俄文/北京周报社编.—北京：新星出版社，1995.—122页；19cm
ISBN 7－80102－340－4：￥10.00
D619
中国简况：西藏人眼中的西藏——五人五话：俄文.—北京：新星出版社，1995.—26页：彩照；18cm
ISBN 7－80102－263－7：￥2.82
D619
中国一瞥　(201)：农村经济发展的曙光：俄文/人民画报社编辑.—北京：新星出版社，1995.5.—1册：彩照；25cm
￥0.00
D619
中国一瞥　(202)：新疆开拓对外贸易：俄文/人民画报社编辑.—北京：新星出版社，1995.5.—1册：彩照；25cm
￥0.00
D619
中国一瞥　(203)：'95金秋，相聚在北京：俄文/人民画报社编辑.—北京：新星出版社，1995.5.—1册：彩照；25cm

¥0.00

D619

中国一瞥 (204):卢沟桥畔:俄文/人民画报社编辑.—北京:新星出版社,1995.5.—1册:彩照;25cm

¥0.00

D619

中国一瞥 (205):北京人的住房:俄文/人民画报社编辑.—北京:新星出版社,1995.7.—1册:彩照;25cm

¥0.00

D619

中国一瞥 (206):世界屋脊上的日光城——拉萨:俄文/人民画报社编辑.—北京:新星出版社,1995.7.—1册:彩照;25cm

¥0.00

D619

中国一瞥 (207):北京的名人故居:俄文/人民画报社编辑.—北京:新星出版社,1995.7.—1册:彩照;25cm

¥0.00

D619

中国一瞥 (208):民族人才的摇篮:俄文/人民画报社编辑.—北京:新星出版社,1995.7.—1册:彩照;25cm

¥0.00

D619

中国一瞥 (209):邮票上的中国古典文学名著:俄文/人民画报社编辑.—北京:新星出版社,1995.8.—1册:彩照;25cm

¥0.00

D619

中国一瞥 (210):西子湖畔博物苑:俄文/人民画报社编辑.—北京:新星出版社,1995.8.—1册:彩照;25cm

¥0.00

D619

中国一瞥 (211):世界文化与自然遗产:中国部分:俄文/人民画报社编辑.—北京:新星出版社,1995.8.—1册:彩照;25cm

¥0.00

D619

中国一瞥 (212):北京胡同风景线:俄文/人民画报社编辑.—北京:新星出版社,1995.8.—1册:彩照;25cm

¥0.00

D619

中国一瞥 (213):彩笔绘中国:俄文/人民画报社编辑.—北京:新星出版社,1995.8.—1册:彩照;25cm

¥0.00

D619

中国一瞥 (214):中国——一个巨大的市场:俄文/人民画报社编辑.—北京:新星出版社,1995.9.—1册;25cm

¥0.00

D619

中国一瞥 (215):中国民间美术:俄文/人民画报社编辑.—北京:新星出版社,1995.10.—1册;25cm

¥0.00

D619

中国一瞥 (216):开放的中国:俄文/人民画报社编辑.—北京:新星出版社,1995.9.—1册:彩照;25cm

¥0.00

D619

中国一瞥 (217):中国生态农业第一村:俄文/人民画报社编辑.—北京:新星出版社,1995.9.—1册;25cm

¥0.00

D619

中国一瞥 (218):京城的异国风味:俄文/人民画报社编辑.—北京:新星出版社,1995.9.—1册;25cm

¥0.00

D619

中国一瞥 (219):藏北草原:俄文/人民画报社编辑.—北京:新星出版社,1995.10.—1册;25cm

¥0.00

D619

中国一瞥 (220):新兴的经济技术开发区:俄文/人民画报社编辑.—北京:新星出版社,1995.10.—1册;25cm

¥0.00

D619

中国一瞥 (221):乐在天涯海角游:俄文/人民画报社编辑.—北京:新星出版社,1995.11.—1册;25cm

¥0.00

D619

中国一瞥 (222):中国电影九十周年:俄文/人民画报社编辑.—北京:新星出版社,1995.11.—1册;25cm

¥0.00

D619

中国一瞥 (223):为了人类共同的朋友:俄文/人民画报社编辑.—北京:新星出版社,1995.11.—1册;25cm

¥0.00

D619

中国之窗 (1):俄文.—北京:新星出版社,1995.—34页;19cm

ISBN 7-80102-267-X:¥0.00

D619

中国之窗 (2):俄文.—北京:新星出版社,1995.—43页;20cm

ISBN 7-80102-319-6:¥0.00

D619

中国之窗 (3):俄文.—北京:新星出版社,1995.—46页;19×11cm

ISBN 7-80102-374-9:¥0.00

D619

中国之窗 (4):俄文.—北京:新星出版社,1995.—43页;20×11cm

ISBN 7-80102-407-9:¥0.00

D619

中国之窗 (5):俄文.—北京:新星出版社,1995.—51 页;20×11cm

ISBN 7-80102-408-7: ¥0.00

D619

中国之窗 (6):俄文.—北京:新星出版社,1995.—48 页;20×11cm

ISBN 7-80102-409-5: ¥0.00

①D619②B222

中国简况:孔子和他的儒学:俄文.—北京:新星出版社,1995.—26 页:彩照;18cm

ISBN 7-80102-443-5: ¥2.82

①D619②D442

中国简况:中国妇女的国际交往:俄文.—北京:新星出版社,1995.—28 页:彩照;18cm

ISBN 7-80102-280-7: ¥2.82

①D619②D619.1

中国简况:迈向二十一世纪的北京:俄文.—北京:新星出版社,1995.—21 页:彩照;18cm

ISBN 7-80102-380-3: ¥2.82

①D619②D619.45

中国简况:古丝绸之路新貌——新疆维吾尔自治区的 40 年:俄文.—北京:新星出版社,1995.—31 页;18cm

ISBN 7-80102-287-4: ¥2.82

①D619②D669.1

中国简况:当代中国人的恋爱、婚姻和家庭:俄文.—北京:新星出版社,1995.—27 页:彩照;18cm

ISBN 7-80102-396-X: ¥2.82

①D619②D669.7

中国简况:活跃的中国社区志愿服务:俄文.—北京:新星出版社,1995.—24 页:彩照;18cm

ISBN 7-80102-332-3: ¥2.82

①D619②D822

中国简况:中国重视与联合国的合作:俄文.—北京:新星出版社,1995.—32 页:彩照;18cm

ISBN 7-80102-317-X: ¥2.82

①D619②D922.2

中国简况:改革开放与经济立法:俄文.—北京:新星出版社,1995.—26 页:彩照;18cm

ISBN 7-80102-371-4: ¥2.82

①D619②F12

中国简况:交通、通信、能源基础设施建设:俄文.—北京:新星出版社,1995.—27 页:彩照;18cm

ISBN 7-80102-347-1: ¥2.82

①D619②F12

中国简况:中国的经济为什么能快速发展:俄文.—北京:新星出版社,1995.—20 页:彩照;18cm

ISBN 7-80102-303-X: ¥2.82

①D619②F126

中国简况:城乡居民的收入与支出:俄文.—北京:新星出版社,1995.—21 页:彩照;18cm

ISBN 7-80102-310-2: ¥2.82

①D619②F127

中国简况:环渤海经济圈的崛起:俄文.—北京:新星出版社,1995.—28 页:彩照;18cm

ISBN 7-80102-450-8: ¥2.82

①D619②F127.4

中国简况:具有广阔开发前景的中西部地区:俄文.—北京:新星出版社,1995.—31 页:彩图;19cm

ISBN 7-80102-415-X: ¥2.82

①D619②F276.7

中国简况:跨国公司在中国:俄文.—北京:新星出版社,1995.—29 页:彩图;19cm

ISBN 7-80102-464-8: ¥2.82

①D619②F279.21

中国简况:国有企业的改革:俄文.—北京:新星出版社,1995.—36 页:彩图;19cm

ISBN 7-80102-457-5: ¥2.82

①D619②F592

中国简况:如何到中国旅游:俄文.—北京:新星出版社,1995.—38 页:彩照;18cm

ISBN 7-80102-387-0: ¥2.82

①D619②F752.61

中国简况:"九五"进口目标:10000 亿美元:俄文.—北京:新星出版社,1995.—26 页:彩图;19cm

ISBN 7-80102-476-1: ¥2.82

①D619②G203

中国简况:得到精心保护的少数民族文化:俄文.—北京:新星出版社,1995.—22 页:彩照;18cm

ISBN 7-80102-428-1: ¥2.82

①D619②G649.21

中国简况:跨世纪的中国高教改革:俄文.—北京:新星出版社,1995.—30 页:彩照;18cm

ISBN 7-80102-355-2: ¥2.82

①D619②J12

中国简况:中国书画文化:俄文.—北京:新星出版社,1995.—20 页:彩照;18cm

ISBN 7-80102-435-4: ¥2.82

①D619②K152

中国简况:中国与第二次世界大战:俄文.—北京:新星出版社,1995.—34 页:彩照;18cm

ISBN 7-80102-273-4: ¥2.82

①D619②K854.3

中国简况:文明古国的文物保护:俄文.—北京:新星出版社,1995.—20 页:彩照;18cm

ISBN 7-80102-296-3: ¥2.82

①D619②X3

中国简况:12 亿中国人的环境保护:俄文.—北京:新星出版社,1995.—38 页:彩照;18cm

ISBN 7-80102-325-0: ¥2.82

V21

干线飞机空气动力学与飞行力学:俄文/(俄罗斯)比施根斯(Бюшгенс,Г.С.)主编.—北京:航空工业出版社,1995.8.—772 页;20cm

ISBN 7-80046-789-9(精装): ¥0.00

日文图书

B949.931.3

空海研究:日文/空海研究编辑委员会编.—福州:福建美术出版社,1995.5.—386页;20cm

ISBN 7-5393-0266-6:¥0.00

D23

中国共产党小史　上卷:日文/胡绳主编;中共中央党史研究室著;中共中央ML著作编译局译.—北京:外文出版社,1995.—450页;19cm

ISBN 7-119-01648-2(精装):¥25.00

D23

中国共产党小史　下卷:日文/胡绳主编;中共中央党史研究室著;中共中央ML著作编译局译.—北京:外文出版社,1995.—527页;19cm

ISBN 7-119-01650-4(精装):¥26.50

D619

中国　1995:日文/秦石编.—北京:新星出版社,1995.—105页;20×11cm

ISBN 7-80102-361-7:¥0.00

D619

中国:事实与数字　1995:日文/北京周报社编.—北京:新星出版社,1995.—114页;19cm

ISBN 7-80102-339-0:¥5.90

D619

中国简况:西藏人眼中的西藏——五人五话:日文.—北京:新星出版社,1995.—17页:彩照;18cm

ISBN 7-80102-262-9:¥2.82

D619

中国一瞥　(201):农村经济发展的曙光:日文/人民画报社编辑.—北京:新星出版社,1995.5.—1册:彩照;25cm

¥0.00

D619

中国一瞥　(202):新疆开拓对外贸易:日文/人民画报社编辑.—北京:新星出版社,1995.5.—1册:彩照;25cm

¥0.00

D619

中国一瞥　(203):'95金秋,相聚在北京:日文/人民画报社编辑.—北京:新星出版社,1995.5.—1册:彩照;25cm

¥0.00

D619

中国一瞥　(204):卢沟桥畔:日文/人民画报社编辑.—北京:新星出版社,1995.5.—1册:彩照;25cm

¥0.00

D619

中国一瞥　(205):北京人的住房:日文/人民画报社编辑.—北京:新星出版社,1995.7.—1册:彩照;25cm

¥0.00

D619

中国一瞥　(206):世界屋脊上的日光城——拉萨:日文/人民画报社编辑.—北京:新星出版社,1995.7.—1册:彩照;25cm

¥0.00

D619

中国一瞥　(207):北京的名人故居:日文/人民画报社编辑.—北京:新星出版社,1995.7.—1册:彩照;25cm

¥0.00

D619

中国一瞥　(208):民族人才的摇篮:日文/人民画报社编辑.—北京:新星出版社,1995.7.—1册:彩照;25cm

¥0.00

D619

中国一瞥　(209):邮票上的中国古典文学名著:日文/人民画报社编辑.—北京:新星出版社,1995.8.—1册:彩照;25cm

¥0.00

D619

中国一瞥　(210):西子湖畔博物苑:日文/人民画报社编辑.—北京:新星出版社,1995.8.—1册:彩照;25cm

¥0.00

D619

中国一瞥　(211):世界文化与自然遗产:中国部分:日文/人民画报社编辑.—北京:新星出版社,1995.8.—1册:彩照;25cm

¥0.00

D619

中国一瞥　(212):北京胡同风景线:日文/人民画报社编辑.—北京:新星出版社,1995.8.—1册:彩照;25cm

¥0.00

D619

中国一瞥　(213):彩笔绘中国:日文/人民画报社编辑.—北京:新星出版社,1995.8.—1册:彩照;25cm

¥0.00

D619

中国一瞥　(214):中国——一个巨大的市场:日文/人民画报社编辑.—北京:新星出版社,1995.9.—1册;25cm

¥0.00

D619

中国一瞥　(215):中国民间美术:日文/人民画报社编辑.—北京:新星出版社,1995.10.—1册;25cm

¥0.00

D619

中国一瞥　(216):开放的中国:日文/人民画报社编辑.—北京:新星出版社,1995.9.—1册:彩照;25cm

¥0.00

D619

中国一瞥　(217):中国生态农业第一村:日文/人民画报社编辑.—北京:新星出版社,1995.9.—1册;25cm

￥0.00

D619

中国一瞥　(218):京城的异国风味:日文/人民画报社编辑.—北京:新星出版社,1995.9.—1册;25cm

￥0.00

D619

中国一瞥　(219):藏北草原:日文/人民画报社编辑.—北京:新星出版社,1995.10.—1册;25cm

￥0.00

D619

中国一瞥　(220):新兴的经济技术开发区:日文/人民画报社编辑.—北京:新星出版社,1995.10.—1册;25cm

￥0.00

D619

中国一瞥　(221):乐在天涯海角游:日文/人民画报社编辑.—北京:新星出版社,1995.11.—1册;25cm

￥0.00

D619

中国一瞥　(222):中国电影九十周年:日文/人民画报社编辑.—北京:新星出版社,1995.11.—1册;25cm

￥0.00

D619

中国一瞥　(223):为了人类共同的朋友:日文/人民画报社编辑.—北京:新星出版社,1995.11.—1册;25cm

￥0.00

①D619②B222

中国简况:孔子和他的儒学:日文.—北京:新星出版社,1995.—24页:彩照;18cm

ISBN 7-80102-442-6:￥2.82

①D619②D442

中国简况:中国妇女的国际交往:日文.—北京:新星出版社,1995.—20页:彩照;18cm

ISBN 7-80102-279-3:￥2.82

①D619②D619.1

中国简况:迈向二十一世纪的北京:日文.—北京:新星出版社,1995.—17页:彩照;18cm

ISBN 7-80102-379-X:￥2.82

①D619②D619.45

中国简况:古丝绸之路新貌——新疆维吾尔自治区的40年:日文.—北京:新星出版社,1995.—32页;18cm

ISBN 7-80102-286-6:￥2.82

①D619②D669.1

中国简况:当代中国人的恋爱、婚姻和家庭:日文.—北京:新星出版社,1995.—21页:彩照;18cm

ISBN 7-80102-395-1:￥2.82

①D619②D669.7

中国简况:活跃的中国社区志愿服务:日文.—北京:新星出版社,1995.—19页:彩照;18cm

ISBN 7-80102-331-5:￥2.82

①D619②D822

中国简况:中国重视与联合国的合作:日文.—北京:新星出版社,1995.—33页:彩照;18cm

ISBN 7-80102-316-1:￥2.82

①D619②D922.2

中国简况:改革开放与经济立法:日文.—北京:新星出版社,1995.—18页:彩照;18cm

ISBN 7-80102-370-6:￥2.82

①D619②F12

中国简况:交通、通信、能源基础设施建设:日文.—北京:新星出版社,1995.—19页:彩照;18cm

ISBN 7-80102-346-3:￥2.82

①D619②F12

中国简况:中国的经济为什么能快速发展:日文.—北京:新星出版社,1995.—27页;18cm

ISBN 7-80102-302-1:￥2.82

①D619②F126

中国简况:城乡居民的收入与支出:日文.—北京:新星出版社,1995.—21页:彩照;18cm

ISBN 7-80102-309-9:￥2.82

①D619②F127

中国简况:环渤海经济圈的崛起:日文.—北京:新星出版社,1995.—19页:彩照;18cm

ISBN 7-80102-449-4:￥2.82

①D619②F127.4

中国简况:具有广阔开发前景的中西部地区:日文.—北京:新星出版社,1995.—21页:彩图;19cm

ISBN 7-80102-414-1:￥2.82

①D619②F276.7

中国简况:跨国公司在中国:日文.—北京:新星出版社,1995.—22页:彩图;19cm

ISBN 7-80102-463-X:￥2.82

①D619②F279.21

中国简况:国有企业的改革:日文.—北京:新星出版社,1995.—30页:彩图;19cm

ISBN 7-80102-456-7:￥2.82

①D619②F592

中国简况:如何到中国旅游:日文.—北京:新星出版社,1995.—30页:彩照;18cm

ISBN 7-80102-386-2:￥2.82

①D619②F752.61

中国简况:"九五"进口目标:10000亿美元:日文.—北京:新星出版社,1995.—21页:彩图;19cm

ISBN 7-80102-475-3:￥2.82

①D619②G203

中国简况:得到精心保护的少数民族文化:日文.—北京:新星出版社,1995.—17页:彩照;18cm

ISBN 7-80102-427-3:￥2.82

①D619②G649.21

中国简况:跨世纪的中国高教改革:日文.—北京:新星出版社,1995.—24页:彩照;18cm

ISBN 7-80102-354-4:￥2.82

①D619②J12

中国简况:中国书画文化:日文.—北京:新星出版社,1995.—25页:彩照;18cm

ISBN 7-80102-434-6:￥2.82

①D619②K152
中国简况:中国与第二次世界大战:日文.—北京:新星出版社,1995.—28页:彩照;18cm
ISBN 7-80102-272-6:¥2.82
①D619②K854.3
中国简况:文明古国的文物保护:日文.—北京:新星出版社,1995.—29页:彩照;18cm
ISBN 7-80102-295-5:¥2.82
①D619②X3
中国简况:12亿中国人的环境保护:日文.—北京:新星出版社,1995.—24页:彩照;18cm
ISBN 7-80102-324-2:¥2.82
F131.3
日本经济概论:日文/姜春枝编著.—延吉:延边大学出版社,1995.12.—194页;19cm
ISBN 7-5634-0819-3:¥12.00
F240
资本·财务·人的资源研究:日文/(日)桥本井乔著.—上海:上海人民出版社,1995.5.—273页;20cm
ISBN 7-208-01898-7(精装):¥0.00
F279.31
东亚企业经济　(上):中外合资企业经营:日文/(日)原口俊道,苏勇编著;(日)原口俊道,海沢洲译.—上海:上海译文出版社,1995.1.—170页;20cm
ISBN 7-5327-1647-3:¥0.00
F279.31
东亚企业经济　(下):日文/(日)原口俊道,苏勇编著.—上海:上海译文出版社,1995.5.—290页;20cm
ISBN 7-5327-1677-5:¥0.00
K313.07
日本学论丛　(Ⅶ):日文/北京日本学研究中心编.—北京:外语教学与研究出版社,1995.9.—299页;26cm
ISBN 7-5600-1052-0:¥25.00

阿拉伯文图书

D619
中国　1995:阿拉伯文/秦石编.—北京:新星出版社,1995.—1册;20×11cm
ISBN 7-80102-363-3:¥0.00
D619
中国一瞥　(201):农村经济发展的曙光:阿拉伯文/人民画报社编辑.—北京:新星出版社,1995.5.—1册:彩照;25cm
¥0.00
D619
中国一瞥　(202):新疆开拓对外贸易:阿拉伯文/人民画报社编辑.—北京:新星出版社,1995.5.—1册:彩照;25cm
¥0.00
D619
中国一瞥　(203):'95金秋,相聚在北京:阿拉伯文/人民画报社编辑.—北京:新星出版社,1995.5.—1册:彩照;25cm
¥0.00
D619
中国一瞥　(204):卢沟桥畔:阿拉伯文/人民画报社编辑.—北京:新星出版社,1995.5.—1册:彩照;25cm
¥0.00
D619
中国一瞥　(205):北京人的住房:阿拉伯文/人民画报社编辑.—北京:新星出版社,1995.7.—1册:彩照;25cm
¥0.00
D619
中国一瞥　(206):世界屋脊上的日光城——拉萨:阿拉伯文/人民画报社编辑.—北京:新星出版社,1995.7.—1册:彩照;25cm
¥0.00
D619
中国一瞥　(207):北京的名人故居:阿拉伯文/人民画报社编辑.—北京:新星出版社,1995.7.—1册:彩照;25cm
¥0.00
D619
中国一瞥　(208):民族人才的摇篮:阿拉伯文/人民画报社编辑.—北京:新星出版社,1995.7.—1册:彩照;25cm
¥0.00
D619
中国一瞥　(209):邮票上的中国古典文学名著:阿拉伯文/人民画报社编辑.—北京:新星出版社,1995.8.—1册:彩照;25cm
¥0.00
D619
中国一瞥　(210):西子湖畔博物苑:阿拉伯文/人民画报社编辑.—北京:新星出版社,1995.8.—1册:彩照;25cm
¥0.00
D619
中国一瞥　(211):世界文化与自然遗产:中国部分:阿拉伯文/人民画报社编辑.—北京:新星出版社,1995.8.—1册:彩照;25cm
¥0.00
D619
中国一瞥　(212):北京胡同风景线:阿拉伯文/人民画报社编辑.—北京:新星出版社,1995.8.—1册:彩照;25cm
¥0.00
D619
中国一瞥　(213):彩笔绘中国:阿拉伯文/人民画报社编辑.—北京:新星出版社,1995.8.—1册:彩照;25cm
¥0.00
D619
中国一瞥　(214):中国——一个巨大的市场:阿拉

伯文/人民画报社编辑.—北京:新星出版社,1995.9.—1册;25cm
¥0.00
D619
中国一瞥　(215):中国民间美术:阿拉伯文/人民画报社编辑.—北京:新星出版社,1995.10.—1册;25cm
¥0.00
D619
中国一瞥　(216):开放的中国:阿拉伯文/人民画报社编辑.—北京:新星出版社,1995.9.—1册:彩照;25cm
¥0.00
D619
中国一瞥　(217):中国生态农业第一村:阿拉伯文/人民画报社编辑.—北京:新星出版社,1995.9.—1册;25cm
¥0.00
D619
中国一瞥　(218):京城的异国风味:阿拉伯文/人民画报社编辑.—北京:新星出版社,1995.9.—1册;25cm
¥0.00
D619
中国一瞥　(219):藏北草原:阿拉伯文/人民画报社编辑.—北京:新星出版社,1995.10.—1册;25cm
¥0.00
D619
中国一瞥　(220):新兴的经济技术开发区:阿拉伯文/人民画报社编辑.—北京:新星出版社,1995.10.—1册;25cm
¥0.00
D619
中国一瞥　(221):乐在天涯海角游:阿拉伯文/人民画报社编辑.—北京:新星出版社,1995.11.—1册;25cm
¥0.00
D619
中国一瞥　(222):中国电影九十周年:阿拉伯文/人民画报社编辑.—北京:新星出版社,1995.11.—1册;25cm
¥0.00
D619
中国一瞥　(223):为了人类共同的朋友:阿拉伯文/人民画报社编辑.—北京:新星出版社,1995.11.—1册;25cm
¥0.00
①D619②D619.1
中国简况:迈向二十一世纪的北京:阿拉伯文.—北京:新星出版社,1995.—1册:彩照;18cm
ISBN 7-80102-398-6:¥2.82
①D619②D922.2
中国简况:改革开放与经济立法:阿拉伯文.—北京:新星出版社,1995.—1册:彩照;18cm
ISBN 7-80102-390-0:¥2.82
①D619②F12
中国简况:交通、通信、能源基础设施建设:阿拉伯文.—北京:新星出版社,1995.—1册:彩照;18cm
ISBN 7-80102-389-7:¥2.82
①D619②F276.7
中国简况:跨国公司在中国:阿拉伯文.—北京:新星出版社,1995.—1册:彩图;19cm
ISBN 7-80102-465-6:¥2.82
①D619②F592
中国简况:如何到中国旅游:阿拉伯文.—北京:新星出版社,1995.—1册:彩照;18cm
ISBN 7-80102-399-4:¥2.82
①D619②J12
中国简况:中国书画文化:阿拉伯文.—北京:新星出版社,1995.—1册:彩照;18cm
ISBN 7-80102-436-2:¥2.82

越南文图书

D619
荷花　(10):越南文.—北京:新星出版社,1995.—70页;19cm
ISBN 7-80102-406-0:¥2.71
D619
荷花　(11):越南文.—北京:新星出版社,1995.—70页;19cm
ISBN 7-80102-420-6:¥1.96
D619
荷花　(12):越南文.—北京:新星出版社,1995.—70页;19cm
ISBN 7-80102-421-4:¥2.71
D619
荷花　(1):越南文.—北京:新星出版社,1995.—70页:彩图;18cm
ISBN 7-80102-256-4:¥2.71
D619
荷花　(2):越南文.—北京:新星出版社,1995.—70页;18cm
ISBN 7-80102-257-2:¥1.96
D619
荷花　(3):越南文.—北京:新星出版社,1995.—70页;18cm
ISBN 7-80102-265-3:¥1.96
D619
荷花　(4):越南文.—北京:新星出版社,1995.—70页;18cm
ISBN 7-80102-266-1:¥1.96
D619
荷花　(5):越南文.—北京:新星出版社,1995.—70页;18cm
ISBN 7-80102-334-X:¥1.96
D619
荷花　(6):越南文.—北京:新星出版社,1995.—70

页;18cm
ISBN 7-80102-349-8:¥1.96

D619
荷花　(7):越南文.—北京:新星出版社,1995.—70页;18cm
ISBN 7-80102-373-0:¥1.96

D619
荷花　(8):越南文.—北京:新星出版社,1995.—70页;18cm
ISBN 7-80102-404-4:¥1.96

D619
荷花　(9):越南文.—北京:新星出版社,1995.—70页;18×11cm
ISBN 7-80102-405-2:¥1.96

印地文图书

J528.2
有趣的折纸:印地文/吴树勋编.—北京:海豚出版社,1995.—1册;21×18cm
ISBN 7-80051-998-8:¥5.80

葡萄牙文图书

D619
中国　1995:葡萄牙文/秦石编.—北京:新星出版社,1995.—137页;20×11cm
ISBN 7-80102-364-1:¥0.00

世界语图书

G894-63
世界语邮票目录:世界语/宋绳坦编译.—北京:中国世界语出版社,1995.—116页;18×9cm
ISBN 7-5052-0003-8:¥7.00

I18
老鼠嫁女:世界语/华积庆编.—北京:中国世界语出版社,1995.—60页;19cm
ISBN 7-5052-0138-7:¥4.50

I242.4
红楼梦:世界语/(清)曹雪芹著;谢玉明译.—北京:中国世界语出版社,1995.—582页:插图;20cm
ISBN 7-5052-0235-9(精装):¥42.00

全国出版社名录

本名录收录了截止到1999年的全国573家出版社。名录按照出版社社名的第一个汉语拼音顺序排列，介绍了社名、出版社前缀、社址、邮政编码、电话号码5项。

A

安徽大学出版社　7－81052　合肥市肥西路3号　230039　(0551)5115180－2670

安徽教育出版社　7－5336　合肥市跃进路1号　230061　(0551)2815552

安徽科学技术出版社　7－5337　合肥市跃进路1号　230061　(0551)2846184

安徽美术出版社　7－5398　合肥市金寨路381号九州大厦　230061　(0551)2655707

安徽人民出版社　7－212　合肥市金寨路381号九州大厦　230061　(0551)2657134

安徽少年儿童出版社　7－5397　合肥市跃进路1号　230061　(0551)2848105

安徽文艺出版社　7－5396　合肥市金寨路381号九州大厦　230061　(0551)2677139

B

巴蜀书社　7－80523　四川省成都市盐道街3号　610012　(028)6666503

白山出版社　7－80566　辽宁省沈阳市沈河区一经街一段浩然六里7号　110013　(024)23088689

百花文艺出版社　7－5306　天津市和平区张自忠路189号　300020　(022)27312758

百花洲文艺出版社　7－80579　江西省南昌市新魏路17号　330002　(0791)8513180

百家出版社　7－80576　上海市绍兴路5号　200020　(021)64370176

北方妇女儿童出版社　7－5385　长春市人民大街124号　130021　(0431)5642730

北方文艺出版社　7－5317　哈尔滨市道外区大方里小区105号楼　150020　(0451)2543640

北京出版社　7－200　北京市北三环中路6号　100011　(010)62016699

北京大学出版社　7－301　北京市海淀区北京大学内　100871　(010)62752032

北京工业大学出版社　7－5639　北京市朝阳区东郊九龙山　100022　(010)67392307

北京工艺美术出版社　7－80526　北京市朝阳区惠新东街8号2号楼　100029　(010)64973286

北京古籍出版社　7－5300　北京市北三环中路6号　100011　(010)62016699－2311

北京广播学院出版社　7－81004　北京市朝阳区定福庄东街1号　100024　(010)65779140

北京航空航天大学出版社　7－81012　北京市海淀区学院路37号　100083　(010)82317034

北京教育出版社　7－5303　北京市北三环中路6号　100011　(010)62016699－2244

北京科学技术出版社　7－5304　北京市西直门南大街16号　100035　(010)66160838

北京理工大学出版社　7－81013　北京市海淀区白石桥路7号　100081　(010)68419850

北京美术摄影出版社　7－80501　北京市北三环中路6号　100011　(010)62016699－2317

北京少年儿童出版社　7－5301　北京市北三环中路6号　100011　(010)62016699－2254

北京师范大学出版社　7－303　北京市新街口外大街19号　100875　(010)62208284

北京十月文艺出版社　7－5302　北京市北三环中路6号　100011　(010)62016699－2240

北京体育大学出版社　7－81003　北京市海淀区圆明园东路　100084　(010)62989437

北京图书馆出版社　7－5013　北京市西城区文津街7号　100034　(010)66126146

北京燕山出版社　7－5402　北京市东城区北河沿大街103号华奥商务楼　100006　(010)65240346

北京医科大学出版社　7－81034　北京市海淀区学院路38号北京医科大学内　100083　(010)62029848

北京邮电大学出版社　7－5635　北京市海淀区西土城路10号　100876　(010)62283567

北京语言文化大学出版社　7－5619　北京市海淀区学院路15号　100083　(010)82003391

北岳文艺出版社　7－5378　山西省太原市解放路46号楼　030002　(0351)4043025

兵器工业出版社　7－80132　北京市海淀区车道沟10号　100081　(010)68962544

C

测绘出版社　7－5030　北京市西城区三里河路50号　100045　(010)68597990

长城出版社　7－80017　北京市甘家口三里河路40号　100037　(010)66816910

长春出版社　7－80573　长春市建设街43号　130061　(0431)8569938

长虹出版公司　7－80063　北京市西城区平安里3号　100035　(010)66736683

长江文艺出版社　7－5354　武汉市汉口解放大道新育村33号　430022　(027)85443843

长征出版社　7－80015　北京市西城区阜外大街34号　100832　(010)68528059

晨光出版社　7－5414　昆明市书林街100号　650011　(0871)4109545

成都地图出版社　7－80544　成都市龙泉驿区建设路1号　610100　(028)4852177

成都科技大学出版社　7－5616　成都市磨子桥成都科技大学内　610065　(028)5401107

重庆出版社　7－5366　重庆市长江二路205号　400016　(023)68814009

重庆大学出版社　7－5624　重庆市沙坪坝正街174号重庆大学校内　400044　(023)65104174

春风文艺出版社　7－5313　沈阳市和平区北一马路108号　110001　(024)23255693

D

大连出版社　7－80612　辽宁省大连市西岗区长白街12号　116011　(0411)3621172

大连海事大学出版社　7－5632　辽宁省大连市甘井子区凌水桥　116024　(0411)4671611－9480

大连理工大学出版社　7－5611　辽宁省大连市甘井子区凌水桥　116024　(0411)4708843

大象出版社　7－5347　郑州市农业路73号　450002　(0371)5722399

大众文艺出版社　7－80094　北京市鼓楼大街75号　100009　(010)64002561

当代世界出版社　7－80115　北京市复兴路4号　100860　(010)68512277－2411

当代中国出版社　7－80092　北京市地安门西大街旌勇里8号　100009　(010)66187722－3119

党建读物出版社　7－80098　北京市海淀区万寿路西街甲7号　100036　(010)68278454

德宏民族出版社　7－80525　云南省德宏傣族景颇族自治州潞西县青年路15号　678400　(0692)2124877

地震出版社　7－5028　北京市海淀区民族学院南路9号　100081　(010)68423028

地质出版社　7－116　北京市海淀区学院路29号　100083　(010)82324505

第二军医大学出版社　7－81060　上海市翔股路800号　288433　(021)65347018－71153

电子工业出版社　7－5053　北京市海淀区万寿路173信箱　100036　(010)66708577

电子科技大学出版社　7－81065　成都市建设北路二段4号　610054　(028)3202642

东北财经大学出版社　7－81044　辽宁省大连市沙河口区黑石礁　116023　(0411)4671136

东北朝鲜民族教育出版社　7－5437　吉林省延吉市友谊路11号　133000　(0433)2913939

东北大学出版社　7－81054　沈阳市和平区文化路3号巷11号　110006　(024)23890881

东北林业大学出版社　7－81008　哈尔滨市南岗区和兴路26号　150040　(0451)2190899

东北师范大学出版社　7－5602　长春市人民大街138号　130024　(0431)5685085－93546

东方出版社　7－5060　北京市朝阳门内大街166号　100706　(010)65132966

东方出版中心　7－80627　上海市仙霞路335号　200335　(021)62417400

东南大学出版社　7－81050　南京市四牌楼2号　210018　(025)3793330

对外经济贸易大学出版社　7－81000　北京市朝阳区惠新东街12号　100029　(010)64492339

敦煌文艺出版社　7－80587　兰州市滨河东路290号　730030　(0931)8773238

E

二十一世纪出版社　7－5391　南昌市新魏路17号　330002　(0791)8500155

F

法律出版社 7－5036 北京市西三环北路105号首都师大科原大厦4层 100037 (010)88414122
方志出版社 7－80122 北京市丰台区西罗园邮电局7713信箱 100077 (010)87250925
福建教育出版社 7－5334 福州市梦山巷27号 350001 (0591)3726971
福建科学技术出版社 7－5335 福州市东水路76号 350001 (0591)7538472
福建美术出版社 7－5393 福州市东水路76号 350001 (0591)7533718
福建人民出版社 7－211 福州市东水路76号 350001 (0591)7553647
福建少年儿童出版社 7－5395 福州市东水路76号 350001 (0591)7537301
福建省地图出版社 7－80516 福州市华林路205号 350003 (0591)7850023
复旦大学出版社 7－309 上海市国权路579号 200433 (021)65104812

G

改革出版社 7－80072 北京市东城区安德里北街23号 100011 (010)64246777
甘肃教育出版社 7－5423 兰州市滨河东路290号 730000 (0931)8773263
甘肃科学技术出版社 7－5424 兰州市滨河东路290号 730000 (0931)8773239
甘肃民族出版社 7－5421 兰州市滨河东路290号 730000 (0931)8773273
甘肃人民出版社 7－226 兰州市滨河东路290号 730000 (0931)8773418
甘肃人民美术出版社 7－80588 兰州市滨河东路290号 730000 (0931)8773224
甘肃少年儿童出版社 7－5422 兰州市滨河东路290号 730000 (0931)8773225
甘肃文化出版社 7－80608 兰州市东岗西路196号5楼 730000 (0931)8811014
高等教育出版社 7－04 北京市东城区沙滩后街55号 100009 (010)64013182
工商出版社 7－80012 北京市丰台区花乡纪家庙 100071 (010)63720692
古吴轩出版社 7－80574 苏州市人民路乐桥憩桥巷 215002 (0512)5230641
光明日报出版社 7－80091 北京市宣武区永安路106号 100050 (010)63017788－438
广东高等教育出版社 7－5361 广州市广州大道北广州体育学院内 510076 (020)87552812
广东教育出版社 7－5406 广州市环市东水荫路11号 510075 (020)87776714
广东经济出版社 7－80632 广州市环市东水荫路11号 510075 (020)87757283
广东科技出版社 7－5359 广州市环市东水荫路11号 510075 (020)87769413
广东旅游出版社 7－80653 广州市中山一路30号之一 510600 (020)87776676
广东人民出版社 7－218 广州市大沙头四马路10号 510102 (020)83780181
广东省地图出版社 7－80522 广州市环市东路468号 510075 (020)87752473
广东世界图书出版有限公司 7－5062 广州市新港西路大江冲25号 510300 (020)86522185
广西教育出版社 7－5435 南宁市鲤湾路8号 530022 (0771)5851508
广西科学技术出版社 7－80565 南宁市东葛路38号 530022 (0771)5871850
广西美术出版社 7－80582 南宁市望园路9号 530022 (0771)5701332
广西民族出版社 7－5363 南宁市民族大道东段新竹小区3栋 530022 (0771)5851349
广西人民出版社 7－219 南宁市河堤路14号 530021 (0771)2804423
广西师范大学出版社 7－5633 广西桂林市中华路36号 541001 (0773)2828771
广州出版社 7－80655 广州市东风中路503号19楼 510045 (020)83551233
贵州教育出版社 7－80650 贵阳市中华北路289号 550001 (0851)6828457
贵州科学技术出版社 7－80584 贵阳市中华北路289号 550001 (0851)6828505
贵州民族出版社 7－5421 贵阳市中华北路289号 550001 (0851)6829260
贵州人民出版社 7－221 贵阳市中华北路289号 550001 (0851)6828454
国防工业出版社 7－118 北京市海淀区紫竹院南路23号 100044 (010)68427707
国防科技大学出版社 7－81024 长沙市砚瓦池正街47号 410073 (0731)4434601

国际文化出版公司　7－80049　北京市安定门内大街40号　100009　(010)64013415

国家行政学院出版社　7－80140　北京市海淀区厂洼街11号　100081　(010)68479022

H

哈尔滨出版社　7－80639　哈尔滨市南岗区贵新街170号(哈特购物广场)　150006　(0451)6225162

哈尔滨地图出版社　7－80529　哈尔滨市南岗区铁三街2号　150086　(0451)6689749

哈尔滨工程大学出版社　7－81007　哈尔滨市南岗区南通街145—11号楼　150009　(0451)2531683

哈尔滨工业大学出版社　7－5603　哈尔滨市南岗区教化街21号　150006　(0451)6414559

海潮出版社　7－80054　北京市西三环中路19号　100841　(010)66856359

海潮摄影艺术出版社　7－80562　福州市东水路76号　350001　(0591)7538749

海风出版社　7－80597　福州市鼓东路187号　350001　(0591)7032816

海南出版社　7－80645　海口市金盘开发区建设三横路2号　570216　(0898)6812767

海天出版社　7－80654　深圳市福田区彩田南路海天综合大厦　518026　(0755)2720234

海豚出版社　7－80051　北京市西城区百万庄路24号　100037　(010)68326332

海峡文艺出版社　7－80534　福州市东水路76号　350001　(0591)7536725

海燕出版社　7－5350　郑州市经七路21号　450002　(0371)3932972

海洋出版社　7－5027　北京市海淀区大慧寺路8号　100081　(010)62173671

汉语大词典出版社　7－5432　上海市新华路200号　200052　(021)62810661

杭州出版社　7－80633　杭州市体育场路286号　310003　(0571)5066367

杭州大学出版社　7－81035　杭州市天目山路34号　310028　(0571)8071224

航空工业出版社　7－80134　北京市安定门外小关东里14号　100029　(010)64918415

河北大学出版社　7－81028　保定市合作路1号河北大学内　071002　(0312)5018523

河北教育出版社　7－5434　石家庄市友谊北大街330号　050061　(0311)7756500－1009

河北科学技术出版社　7－5375　石家庄市和平西路新文里8号　050071　(0311)7041713

河北美术出版社　7－5310　石家庄市和平西路新文里8号　050071　(0311)7042501

河北人民出版社　7－202　石家庄市友谊北大街330号　050061　(0311)7756500－2809

河北少年儿童出版社　7－5376　石家庄市和平西路新文里8号　050071　(0311)7042467

河海大学出版社　7－5630　南京市西康路1号　210024　(025)3737852

河南大学出版社　7－81041　河南省开封市明伦街85号河南大学内　475001　(0378)2864481

河南科学技术出版社　7－5349　郑州市农业路73号　450002　(0371)5721450

河南美术出版社　7－5401　郑州市农业路73号　450002　(0371)5721756－410

河南人民出版社　7－215　郑州市农业路73号　450002　(0371)5728711

河南文艺出版社　7－80623　郑州市农业路73号　450002　(0371)5721756－458

河南医科大学出版社　7－81048　郑州市大学路40号　450052　(0371)6941734

黑龙江朝鲜民族出版社　7－5389　黑龙江省牡丹江市西三条路新立二道街35号　157000　(0453)6423943

黑龙江教育出版社　7－5316　哈尔滨市南岗区花园街158号　150001　(0451)2532136

黑龙江科学技术出版社　7－5388　哈尔滨市南岗区建设街41号　150001　(0451)3635613

黑龙江美术出版社　7－5318　哈尔滨市道里区安定街225号　150010　(0451)4270511

黑龙江人民出版社　7－207　哈尔滨市南岗区黄河路1号(宣庆小区1号楼)　150008　(0451)2308054

黑龙江少年儿童出版社　7－5319　哈尔滨市南岗区宣庆小区8号楼　150008　(0451)2314647

红旗出版社　7－5051　北京市沙滩北街2号　100727　(010)64037140

湖北辞书出版社　7－5403　武汉市武昌黄鹂路75号　430077　(027)86792595

湖北教育出版社　7－5351　武汉市汉口解放大道新育村33号　430022　(027)85443536

湖北科学技术出版社　7－5352　武汉市武昌黄鹂路75号　430077　(027)86792490

湖北美术出版社　7－5394　武汉市武昌黄鹂路75号　430077　(027)86778389

湖北人民出版社　7－216　武汉市汉口解放大道新育

村33号　430022　(027)85443623
湖北少年儿童出版社　7-5353　武汉市武昌黄鹂路75号　430077　(027)86792507
湖南大学出版社　7-81053　长沙市岳麓山　410082　(0731)8824050
湖南地图出版社　7-80552　长沙市韶山路131号　410007　(0731)5585423
湖南教育出版社　7-5355　长沙市韶山路81号　410007　(0731)5468303
湖南科学技术出版社　7-5357　长沙市展览馆路66号　410005　(0731)4420290
湖南美术出版社　7-5356　长沙市人民路61号　410011　(0731)5556749
湖南人民出版社　7-5438　长沙市银盆岭南路67号　410006　(0731)8882979
湖南少年儿童出版社　7-5358　长沙市展览馆路66号　410005　(0731)2227804
湖南师范大学出版社　7-81031　长沙市岳麓山路36号　410081　(0731)8884020
湖南文艺出版社　7-5404　长沙市银盆岭南路67号　410006　(0731)8883393
花城出版社　7-5360　广州市环市东水荫路11号　510075　(020)87783042
花山文艺出版社　7-80505　石家庄市和平西路新文里8号　050071　(0311)7044565
华东理工大学出版社　7-5628　上海市梅陇路130号　200237　(021)64252405
华东师范大学出版社　7-5617　上海市中山北路3663号　200062　(021)62450163
华龄出版社　7-80082　北京市西城区大红箩厂街23号　100034　(010)66174430
华南理工大学出版社　7-5623　广州市五山华南理工大学内24号楼　510641　(020)87113489
华文出版社　7-5057　北京市西城区府右街135号　100800　(010)63096781
华夏出版社　7-5080　北京市东直门外香河园北里4号　100028　(010)64663331
华艺出版社　7-80142　北京市朝内南小街前拐棒胡同1号　100010　(010)65127311
华语教学出版社　7-80052　北京市西城区百万庄大街24号　100037　(010)68326333
华乐出版社　7-80129　北京市海淀区翠微路2号　100036　(010)68210002
华中理工大学出版社　7-5609　武汉市武昌喻家山华中理工大学内　430074　(027)87542324
华中师范大学出版社　7-5622　武汉市武昌桂子山　430079　(027)87673245
化学工业出版社　7-80118　北京市朝阳区惠新里3号楼　100029　(010)64982493
黄河出版社　7-80558　济南市英雄山路19号　250002　(0531)2187212
黄河水利出版社　7-80621　郑州市顺河路黄委会综合大楼12层　450003　(0371)6302226
黄山书社　7-80535　合肥市金寨路381号九州大厦　230061　(0551)2657241

J

机械工业出版社　7-111　北京市百万庄路22号　100037　(010)68326677-2673
吉林大学出版社　7-5601　长春市解放大路125号　130023　(0431)8963113
吉林教育出版社　7-5383　长春市同志街55号　130021　(0431)5645968
吉林科学技术出版社　7-5384　长春市人民大街124号　130021　(0431)5635185
吉林美术出版社　7-5386　长春市人民大街124号　130021　(0431)5637187
吉林人民出版社　7-206　长春市人民大街124号　130021　(0431)5649684
吉林摄影出版社　7-80606　长春市人民大街124号　130021　(0431)5638387
吉林文史出版社　7-80626　长春市人民大街124号　130021　(0431)5634357
济南出版社　7-80629　济南市经七路251号　250001　(0531)6920407
暨南大学出版社　7-81029　广州市石牌暨南大学内75栋　510632　(020)85221583
江苏古籍出版社　7-80519　南京市中央路165号　210009　(025)6639310
江苏教育出版社　7-5343　南京市马家街31号　210009　(025)6635549
江苏科学技术出版社　7-5345　南京市中央路165号　210009　(025)6634269
江苏美术出版社　7-5344　南京市中央路165号　210009　(025)3303409
江苏人民出版社　7-214　南京市中央路165号　210009　(025)3304276
江苏少年儿童出版社　7-5346　南京市高楼门60号　210008　(025)3224259

江苏文艺出版社　7－5399　南京市高云岭 56 号　210009　(025)6631078
江西高校出版社　7－81033　南昌市洪都北大道 96 号　330046　(0791)8519894
江西教育出版社　7－5392　南昌市老贡院 8 号　330003　(0791)6217380
江西科学技术出版社　7－5390　南昌市新魏路 17 号　330002　(0791)8513098
江西美术出版社　7－80580　南昌市新魏路 17 号　330002　(0791)8512528
江西人民出版社　7－210　南昌市新魏路 17 号　330002　(0791)8511524
教育科学出版社　7－5041　北京市北三环中路 46 号　100088　(010)62375216
接力出版社　7－80581　南宁市园湖南路 9 号　530022　(0771)5864724
今日中国出版社　7－5072　北京市西城区百万庄路 24 号　100037　(010)68326057
金城出版社　7－80084　北京市朝阳区和平街 11 区 37 楼　100013　(010)64210004
金盾出版社　7－5082　北京市太平路 5 号　100036　(010)68276681
京华出版社　7－80600　北京市安定门外青年湖西里甲 1 号　100011　(010)64212310
经济管理出版社　7－80118　北京市新街口六条红园胡同 8 号　100035　(010)62243616
经济科学出版社　7－5058　北京市海淀区万泉河路 66 号　100086　(010)62568521
经济日报出版社　7－80036　北京市宣武区白纸坊东街 2 号　100054　(010)63567684
警官教育出版社　7－81062　北京市西城区木樨地南里公安大学 368 信箱　100038　(010)63480122
九洲图书出版社　7－80114　北京市西城区车公庄大街 6 号市委党校 2 号楼　100032　(010)68366741
军事科学出版社　7－80137　北京市海淀区青龙桥军事科学院内　100091　(010)66768017
军事医学科学出版社　7－80121　北京市海淀区太平路 27 号　100850　(010)68189377
军事谊文出版社　7－80150　北京市安定门外黄寺大街乙 1 号　100011　(010)66747981

K

喀什维吾尔文出版社　7－5373　新疆喀什市塔吾古孜路 14 号　844000　(0998)2613926
开明出版社　7－80077　北京市海淀区西三环北路 19 号　100081　(010)68917647
科学出版社　7－03　北京市东黄城根北街 16 号　100717　(010)64010643
科学技术文献出版社　7－5023　北京市复兴路 15 号　100038　(010)68515544
科学普及出版社　7－110　北京市海淀区白石桥路 32 号　100081　(010)62178877－4519
克孜勒苏柯尔克孜文出版社　7－5374　新疆阿图什市帕米尔路 76 号　845350　(0908)4224671
昆仑出版社　7－80040　北京市海淀区白石桥路 42 号　100081　(010)66801009

L

兰州大学出版社　7－311　兰州市天水路 216 号　730000　(0931)8412278
蓝天出版社　7－80081　北京市复兴路 14 号　100843　(010)66788133
漓江出版社　7－5407　广西桂林市南环路 159－1 号　541002　(0773)2832406
立信会计出版社　7－5429　上海市中山西路 2230 号　200233　(021)64287328
连环画出版社　7－5056　北京市东城区北总布胡同 32 号　100735　(010)65122371
辽海出版社　7－80638　沈阳市和平区民族北街 29 号　110001　(024)23414915
辽宁大学出版社　7－5610　沈阳市皇姑区崇山中路 66 号　110036　(024)86864613
辽宁画报出版社　7－80601　沈阳市皇姑区宁山中路 15 号　110031　(024)86271139
辽宁教育出版社　7－5382　沈阳市和平区北一马路 108 号　110001　(024)23261310
辽宁科学技术出版社　7－5381　沈阳市和平区北一马路 108 号　110001　(024)23236468
辽宁美术出版社　7－5314　沈阳市和平区民族北街 29 号　110001　(024)23833829
辽宁民族出版社　7－80644　沈阳市和平区北一马路 108 号　110001　(024)23266228
辽宁人民出版社　7－205　沈阳市和平区北一马路 108 号　110001　(024)23263316
辽宁少年儿童出版社　7－5315　沈阳市和平区北一马路 108 号　110001　(024)23871510
辽宁师范大学出版社　7－81042　大连市沙河口区黄河路 850 号　116022　(0411)4206774

岭南美术出版社　7－5362　广州市环市东水荫路 11 号　510075　(020)87771044

龙门书局　7－80111　北京市东皇城根北街 16 号　100717　(010)64019823

鹭江出版社　7－80610　厦门市莲花新村香莲里 15 号　361009　(0592)5058932

旅游教育出版社　7－5637　北京市朝阳区定福庄南里 1 号　100024　(010)65757795

M

煤炭工业出版社　7－5020　北京市朝阳区霞光里 8 号　100016　(010)64664845

民主与建设出版社　7－80112　北京市东城区东厂胡同 1 号　100006　(010)65275953

民族出版社　7－105　北京市和平里北街 14 号　100013　(010)64212794

明天出版社　7－5332　济南市经九路胜利大街 39 号　250001　(0531)2060055－4710

N

南方出版社　7－80609　海口市海府一横路 19 号华宇大厦 12 楼(1201 信箱)　570203　(0898)5371546

南方日报出版社　7－80652　广州市广州大道中 289 号　510601　(020)87374621

南海出版公司　7－5442　海口市机场路友利园大厦 B 座 3 楼　570203　(0898)5341727

南京出版社　7－80614　南京市北京东路 41 号　210008　(025)3604166

南京大学出版社　7－305　南京市汉口路 22 号　210093　(025)3303347

南京师范大学出版社　7－81047　南京市宁海路 122 号　210097　(025)3718677

南开大学出版社　7－310　天津市南开区卫津路 94 号　300071　(022)23502505

内蒙古大学出版社　7－81074　呼和浩特市新城区大学西路 1 号　010021　(0471)4954433－2462

内蒙古教育出版社　7－5311　呼和浩特市新城西街西护城河巷 30 号　010010　(0471)6961442

内蒙古科学技术出版社　7－5380　赤峰市红山区哈达街南一段 4 号　024000　(0476)8221409

内蒙古人民出版社　7－204　呼和浩特市新城西街 20 号　010010　(0471)6291162

内蒙古少年儿童出版社　7－5312　通辽市霍林河大街 24 号　028000　(0475)8237432

内蒙古文化出版社　7－80506　海拉尔市河东新春路 22 号　021008　(0470)8223602

宁波出版社　7－80602　浙江省宁波市苍水街 79 号　315000　(0574)7248444

宁夏人民出版社　7－227　银川市解放西街 47 号　750001　(0951)5045778

宁夏人民教育出版社　7－80596　银川市解放西街 47 号　750001　(0951)5014124

宁夏少年儿童出版社　7－80620　银川市解放西街 47 号　750001　(0951)5014284

农村读物出版社　7－5048　北京市朝阳区农展馆北路 2 号　100026　(010)65005894

Q

齐鲁书社　7－5333　济南市经九路胜利大街 39 号　250001　(0531)2060055－4520

企业管理出版社　7－80147　北京市海淀区紫竹院南路 17 号　100044　(010)68414644

气象出版社　7－5029　北京市海淀区白石桥路 46 号　100081　(010)68407112

青岛出版社　7－5436　山东省青岛市徐州路 77 号　266071　(0532)5814611

青岛海洋大学出版社　7－81026　山东省青岛市鱼山路 5 号　266003　(0532)2032558

青海民族出版社　7－5420　西宁市同仁路 10 号　810001　(0971)6143591

青海人民出版社　7－225　西宁市同仁路 10 号　810001　(0971)6143426

清华大学出版社　7－302　北京市海淀区清华大学内　100084　(010)62783061

群言出版社　7－80080　北京市东城区东厂胡同北巷 1 号　100006　(010)65265522

群众出版社　7－5014　北京市丰台区方庄芳星园三区 15 号楼 E 单元　100078　(010)67633344－303

R

人民出版社　7－01　北京市朝内大街 166 号　100706　(010)65132966

人民法院出版社　7－80056　北京市东交民巷 27 号　100745　(010)65131326

人民交通出版社　7－114　北京市和平里东街 10 号　100013　(010)64298485

人民教育出版社　7－107　北京市沙滩后街55号　100009　(010)64010373
人民军医出版社　7－80020　北京市复兴路22号甲3号　100842　(010)66886625
人民美术出版社　7－102　北京市东城区北总布胡同32号　100735　(010)65122371
人民日报出版社　7－80002　北京市朝阳区金台西路2号　100733　(010)65092508
人民体育出版社　7－5009　北京市崇文区体育馆路8号　100061　(010)67117673
人民卫生出版社　7－117　北京市丰台区方庄芳群园三区3号楼　100078　(010)67617309
人民文学出版社　7－02　北京市朝内大街166号　100705　(010)65252965
人民音乐出版社　7－103　北京市海淀区翠微路2号　100036　(010)68152933
人民邮电出版社　7－115　北京市崇文区夕照寺街14号　100061　(010)67132816
人民中国出版社　7－80065　北京市西城区车公庄大街3号　100044　(010)68358586
荣宝斋出版社　7－5003　北京市东城区北总布胡同32号　100052　(010)65122371

S

三环出版社　7－80564　海口市金盘开发区建设三横路2号　570216　(0898)6812767
三秦出版社　7－80546　西安市糖坊街俭家巷小区副3号楼　710003　(029)7263891
山东大学出版社　7－5607　济南市山大南路27号山东大学院内(新校)　250100　(0531)8565602
山东画报出版社　7－80603　济南市经九路胜利大街39号　250001　(0531)2060055－5424
山东教育出版社　7－5328　济南市经八路纬一路321号　250001　(0531)2904345
山东科学技术出版社　7－5331　济南市玉函路16号　250002　(0531)2065109
山东美术出版社　7－5330　济南市经九路胜利大街39号　250001　(0531)2060055－5210
山东人民出版社　7－209　济南市经九路胜利大街39号　250001　(0531)2060055－5009
山东省地图出版社　7－80532　济南市文化东路东首路北　250014　(0531)8937369
山东文艺出版社　7－5329　济南市经九路胜利大街39号　250001　(0531)2060055－7402
山东友谊出版社　7－80551　济南市经九路胜利大街39号　250001　(0531)2060055－7302
山西古籍出版社　7－80598　太原市建设南路15号　030012　(0351)4922096
山西教育出版社　7－5440　太原市建设南路15号　030012　(0351)4047491
山西经济出版社　7－80577　太原市建设南路15号　030012　(0351)4922059
山西科学技术出版社　7－5377　太原市建设南路15号　030012　(0351)4922100
山西人民出版社　7－203　太原市建设南路15号　030012　(0351)4922146
陕西科学技术出版社　7－5369　西安市北大街131号　710003　(029)7211894
陕西旅游出版社　7－5418　西安市长安路北段32号　710061　(029)5252285
陕西人民出版社　7－224　西安市北大街131号　710003　(029)7218117
陕西人民教育出版社　7－5419　西安市长安南路376号　710061　(029)5246643
陕西人民美术出版社　7－5368　西安市北大街131号　710003　(029)7262490
陕西师范大学出版社　7－5613　西安市长安路南段吴家坟　710062　(029)5251157
汕头大学出版社　7－81036　广东省汕头市汕头大学内　515063　(0754)2902248
商务印书馆　7－100　北京市王府井大街36号　100710　(010)65241571
商务印书馆国际有限公司　7－80103　北京市东城区史家胡同甲24号　100010　(010)65126990
上海财经大学出版社　7－81049　上海市中山北一路369号　200083　(021)65177656
上海辞书出版社　7－5326　上海市陕西北路457号　200040　(021)62475392
上海大学出版社　7－81058　上海市延长路149号　200072　(021)56331805
上海古籍出版社　7－5325　上海市瑞金二路272号　200020　(021)64371213
上海画报出版社　7－80530　上海市长乐路672弄33号　200040　(021)62474520
上海交通大学出版社　7－313　上海市番禺路877号　200030　(021)64383004
上海教育出版社　7－5320　上海市永福路123号　200031　(021)64377165
上海科技教育出版社　7－5428　上海市冠生园路393

号　200233　(021)64367970
上海科学技术出版社　7－5323　上海市瑞金二路450号　200020　(021)64736055
上海科学技术文献出版社　7－5439　上海市武康路2号　200031　(021)64370782
上海科学普及出版社　7－5427　上海市曹杨路500号10楼　200063　(021)62166293
上海人民出版社　7－208　上海市绍兴路54号　200020　(021)64335250
上海人民美术出版社　7－5322　上海市长乐路672弄33号　200040　(021)62474520
上海三联书店　7－5426　上海市钦州南路81号　200233　(021)64519008
上海社会科学院出版社　7－80515　上海市淮海中路622弄7号　200020　(021)63062622
上海世界图书出版公司　7－5062　上海市武定路555号　200040　(021)62150555
上海书店　7－80622　上海市福州路424号　200001　(021)63610416
上海书画出版社　7－80512　上海市钦州南路81号　200233　(021)64519012
上海外语教育出版社　7－81009　上海市中山北一路295号　200083　(021)65424982
上海文化出版社　7－80646　上海市绍兴路74号　200020　(021)64372608
上海文艺出版社　7－5321　上海市绍兴路74号　200020　(021)64372608
上海医科大学出版社　7－5627　上海市医学院路138号　200032　(021)64041900
上海译文出版社　7－5327　上海市延安中路955弄14号　200040　(021)62471217
上海音乐出版社　7－80553　上海市绍兴路74号　200020　(021)64372608
上海远东出版社　7－80613　上海市冠生园路393号　200233　(021)64833919
上海中医药大学出版社　7－81010　上海市徐汇区零陵路530号　200032　(021)64175039
少年儿童出版社　7－5324　上海市延安西路1538号　200052　(021)62823136
社会科学文献出版社　7－80050　北京市建国门内大街5号　100732　(010)65139963
沈阳出版社　7－5441　沈阳市沈河区南翰林路10号　110015　(024)24112447
生活·读书·新知三联书店　7－108　北京市东城区美术馆东街22号　100010　(010)64002730
石油大学出版社　7－5636　山东省东营市石油大学院内　257062　(0546)8392443
石油工业出版社　7－5021　北京市朝阳区安外安华里二区1号楼　100011　(010)64218729
时代文艺出版社　7－5387　长春市人民大街124号　130021　(0431)5638652
时事出版社　7－80009　北京市海淀区万寿寺甲2号　100081　(010)68797594
世界图书出版公司　7－5062　北京市朝内大街137号　100010　(010)64038373
世界图书出版公司北京公司　7－5062　北京朝内大街137号　(010)64010093
世界图书出版公司西安公司　7－5062　西安市南大街93号　710002　(029)7279677
世界知识出版社　7－5012　北京市东城区外交部街甲31号　100005　(010)65232695
首都经济贸易大学出版社　7－5638　北京市朝阳区红庙　100026　(010)65976790
首都师范大学出版社　7－81064　北京市西三环北路105号　100037　(010)68418521
书海出版社　7－80550　太原市建设南路15号　030012　(0351)4922146
蜀蓉棋艺出版社　7－80548　成都市二道桥街72号　610031　(028)7760934
四川辞书出版社　7－80543　成都市盐道街3号　610012　(028)6660600
四川大学出版社　7－5614　成都市望江路29号　610064　(028)5410311
四川教育出版社　7－5408　成都市盐道街3号　610012　(028)6672292
四川科学技术出版社　7－5364　成都市盐道街3号　610012　(028)6665025
四川美术出版社　7－5410　成都市盐道街3号　610012　(028)6661790
四川民族出版社　7－5409　成都市盐道街3号　610012　(028)6655644
四川人民出版社　7－220　成都市盐道街3号　610012　(028)6656552
四川少年儿童出版社　7－5365　成都市盐道街3号　610012　(028)6674380
四川文艺出版社　7－5411　成都市盐道街3号　610012　(028)6661494
苏州大学出版社　7－81037　江苏省苏州市十梓街1号　215006　(0512)5243310

T

台海出版社　7-80141　北京市北三环中路甲36号　100009　(010)62387035
太白文艺出版社　7-80605　西安市北大街131号　710003　(029)7263519
泰山出版社　7-80634　济南市经十路127号　250001　(0531)2062166-6125
天地出版社　7-80624　成都市盐道街3号　610012　(028)6715665
天津大学出版社　7-5618　天津市南开区卫津路92号　300072　(022)27405002
天津古籍出版社　7-80504　天津市和平区张自忠路189号　300020　(022)27308552
天津教育出版社　7-5309　天津市和平区张自忠路189号　300020　(022)27308555
天津科技翻译出版公司　7-5433　天津市南开区白堤路244号　300192　(022)23360032
天津科学技术出版社　7-5308　天津市和平区张自忠路189号　300020　(022)27312749
天津人民出版社　7-201　天津市和平区张自忠路189号　300020　(022)27304423
天津人民美术出版社　7-5305　天津市和平区马场道150号　300050　(022)23283358
天津社会科学院出版社　7-80563　天津市南开区迎水道7号　300191　(022)23668122
天津杨柳青画社　7-80503　天津市河西区佟楼三合里111号　300074　(022)23358299
同济大学出版社　7-5608　上海市四平路1239号　200092　(021)65981474
同心出版社　7-80593　北京市东城区东单西裱褙胡同34号　100734　(010)65298705
团结出版社　7-80130　北京市东黄城根南街84号　100006　(010)65244790

W

外国文学出版社　7-5016　北京市朝内大街166号　100705　(010)65138394
外文出版社　7-119　北京市阜外百万庄大街24号　100037　(010)68320579
外语教学与研究出版社　7-5600　北京市西三环北路19号　100081　(010)68917495
万国学术出版社　7-80003　北京市朝内大街137号　100010　(010)64038366
未来出版社　7-5417　西安市庆丰路91号　710082　(029)4280368
文化艺术出版社　7-5039　北京市丰台区万泉寺甲1号　100073　(010)63452006
文汇出版社　7-80531　上海市虎丘路50号　200002　(021)63211410-1425
文津出版社　7-80554　北京市北三环中路6号　100011　(010)62016699-2366
文物出版社　7-5010　北京市五四大街29号　100009　(010)64041761
文心出版社　7-80537　郑州市农业路73号　450002　(0371)5724651
武汉测绘科技大学出版社　7-81030　武汉市武昌珞喻路39号　430070　(027)87884577
武汉出版社　7-5430　武汉市江岸区北京路20号　430014　(027)82839616
武汉大学出版社　7-307　武汉市武昌珞珈山　430072　(027)87870651
武汉工业大学出版社　7-5629　武汉市武昌珞狮路14号　430070　(027)87651930
武汉水利电力大学出版社　7-81063　武汉市武昌东湖南路8号　430072　(027)87884555-2087
五洲传播出版社　7-80113　北京市北三环中路31号(凯奇大厦6层)　100088　(010)62048174

X

西安出版社　7-80594　西安市长安北路34号　710061　(029)5264555
西安地图出版社　7-80545　西安市友谊东路124号　710054　(029)7812606
西安电子科技大学出版社　7-5606　西安市太白南路2号　710071　(029)8232746
西安交通大学出版社　7-5605　西安市咸宁路28号　710049　(029)3268315
西北大学出版社　7-5604　西安市太白路1号　710069　(029)8303301
西北工业大学出版社　7-5612　西安市友谊西路127号　710072　(029)8495279
西泠印社　7-80517　杭州市东坡路90号　310006　(0571)7066706
西南财经大学出版社　7-81055　成都市光华村西南财经大学内　610074　(028)7353785
西南交通大学出版社　7-81057　成都市二环路北一

段　610031　(028)7604909
西南师范大学出版社　7－5621　重庆市北碚区天生路1号　400715　(023)68252131
西苑出版社　7－80108　北京市海淀区永定路7号　100039　(010)68173417
西藏人民出版社　7－223　拉萨市林廓北路20号　850000　(0891)6826116
西藏藏文古籍出版社　7－80589　拉萨市色拉路21号　850000　(0891)6323942
希望出版社　7－5379　太原市建设南路15号　030012　(0351)4922249
厦门大学出版社　7－5615　厦门市思明南路422号　361005　(0592)2186128
现代出版社　7－80028　北京市安外安华里504号　100011　(010)64257481
线装书局　7－80106　北京市朝阳区春秀路太平庄10号　100027　(010)64154348
新华出版社　7－5011　北京市宣武门西大街57号　100803　(010)63074407
新疆大学出版社　7－5631　乌鲁木齐市胜利路14号　830046　(0991)2862753－2656
新疆教育出版社　7－5370　乌鲁木齐市胜利路169号　830001　(0991)2852124
新疆科技卫生出版社(K)　7－5372　乌鲁木齐市延安路21号　830001　(0991)2885813
新疆科技卫生出版社(W)　7－5372　乌鲁木齐市龙泉街66号　830001　(0991)2828978
新疆美术摄影出版社　7－80547　乌鲁木齐市西虹路118号　830000　(0991)4520730
新疆青少年出版社　7－5371　乌鲁木齐市胜利路100号　830001　(0991)2870331
新疆人民出版社　7－228　乌鲁木齐市解放南路348号　830001　(0991)2825887
新蕾出版社　7－5307　天津市和平区张自忠路189号　300020　(022)27306905
新时代出版社　7－5042　北京市海淀区紫竹院南路23号　100044　(010)68427707
新世纪出版社　7－5405　广州市大沙头四马路10号　510102　(020)83791392
新世界出版社　7－80005　北京市西城区百万庄路24号　100037　(010)68327577
新星出版社　7－80085　北京市西城区百万庄路24号　100037　(010)68326331
星球地图出版社　7－80104　北京市北三环中路69号　100088　(010)66704515
学林出版社　7－80616　上海市钦州南路81号3楼　200233　(021)64519017
学习出版社　7－80116　北京市宣武区南新华街甲1号　100051　(010)63020930
学苑出版社　7－5077　北京市海淀区万寿路西街11号　100036　(010)68281490

Y

延边大学出版社　7－5634　吉林省延吉市公园路105号　133002　(0433)2532938
延边人民出版社　7－80648　吉林省延吉市友谊路11号　133000　(0433)2512222
羊城晚报出版社　7－80651　广州市东风东路733号　510085　(020)87776211
冶金工业出版社　7－5024　北京市沙滩嵩祝院北巷39号　100009　(010)64027926
伊犁人民出版社　7－5425　新疆奎屯市北京路504号　833200　(0992)3229246
译林出版社　7－80567　南京市中央路165号　210009　(025)3306500
印刷工业出版社　7－80000　北京市海淀区翠微路2号　100036　(010)68219966－341
宇航出版社　7－80144　北京市和平里滨河路1号　100013　(010)68372639
语文出版社　7－80126　北京市朝阳门内南小街51号　100010　(010)65253954
原子能出版社　7－5022　北京市海淀区阜成路43号　100037　(010)68417733－2301
远方出版社　7－80595　呼和浩特市新城区老缸房街15号　010010　(0471)4928108
岳麓书社　7－80520　长沙市新民路10号　410006　(0731)8884147
云南大学出版社　7－81025　昆明市翠湖北路52号　650031　(0871)5162823
云南教育出版社　7－5415　昆明市书林街133号　650011　(0871)3199265
云南科技出版社　7－5416　昆明市书林街133号　650011　(0871)3168541
云南美术出版社　7－80586　昆明市书林街133号　650011　(0871)3161124
云南民族出版社　7－5367　昆明市大观路39号　650032　(0871)5328047
云南人民出版社　7－222　昆明市书林街100号　650011　(0871)3165346

Z

朝花少年儿童出版社　7－5061　北京市东城区北总布胡同 32 号　100735　(010)65122371
朝华出版社　7－5054　北京市车公庄西路 35 号　100044　(010)68411973
浙江大学出版社　7－308　杭州市玉泉路 20 号　310027　(0571)7951478
浙江古籍出版社　7－80518　杭州市体育场路 347 号　310006　(0571)5170300
浙江教育出版社　7－5338　杭州市体育场路 347 号　310006　(0571)5170300
浙江科学技术出版社　7－5341　杭州市体育场路 347 号　310006　(0571)5170300
浙江人民出版社　7－213　杭州市体育场路 347 号　310006　(0571)5170300
浙江人民美术出版社　7－5340　杭州市体育场路 347 号　310006　(0571)5170300
浙江少年儿童出版社　7－5342　杭州市体育场路 347 号　310006　(0571)5170300
浙江摄影出版社　7－80536　杭州市西湖区葛岭路 1 号　310007　(0571)7053497
浙江文艺出版社　7－5339　杭州市体育场路 347 号　310006　(0571)5170300
知识出版社　7－5015　北京市阜成门北大街 17 号　100037　(010)68315533
中共党史出版社　7－80023　北京市海淀区颐和园路 35 号　100091　(010)64920475
中共中央党校出版社　7－5035　北京市海淀区大有庄 100 号中央党校内　100091　(010)62882930
中国 ISBN 中心　7－5076　北京市东四南大街 85 号　100703　(010)65124433－2603
中国标准出版社　7－5066　北京市西城区三里河北街 16 号　100045　(010)68533533
中国财政经济出版社　7－5005　北京市东城区大佛寺东街 8 号　100010　(010)64013338
中国城市出版社　7－5074　北京市朝阳区和平里西街 21 号　100013　(010)64235833
中国大百科全书出版社　7－5000　北京市阜成门北大街 17 号　100037　(010)68315533
中国大地出版社　7－80097　北京市海淀区大柳树路 19 号　100081　(010)62183495
中国档案出版社　7－80019　北京市西城区丰盛胡同 21 号　100032　(010)66183663
中国地图出版社　7－5031　北京市宣武区白纸坊西街 3 号　100054　(010)63529243
中国地质大学出版社　7－5625　武汉市武昌喻家山　430074　(027)87482761
中国电力出版社　7－80125　北京市西城区三里河路 6 号　100044　(010)68358031－364
中国电影出版社　7－106　北京市北三环东路 22 号　100013　(010)64299917
中国对外翻译出版公司　7－5001　北京市西城区太平桥大街 4 号　100810　(010)66168353
中国对外经济贸易出版社　7－80004　北京市安外大街东后巷 28 号　100710　(010)64212247
中国发展出版社　7－80087　北京市西城区赵登禹路金果胡同 8 号　100035　(010)66187127
中国法制出版社　7－80083　北京市西城区西单横二条 2 号　100031　(010)66062751
中国方正出版社　7－80107　北京市西城区育幼胡同甲 1 号　100813　(010)63099854
中国纺织出版社　7－5064　北京市东直门南大街 4 号　100027　(010)64168240
中国纺织大学出版社　7－81038　上海市延安西路 1882 号　200051　(021)62373669
中国妇女出版社　7－80131　北京市东城区史家胡同甲 24 号　100010　(010)65133158
中国工人出版社　7－5008　北京市东城区鼓楼外 45 号 100011　(010)62005029
中国广播电视出版社　7－5043　北京市复外大街 2 号广播电影电视局内　100866　(010)66092715
中国国际广播出版社　7－5078　北京市复兴门外大街 2 号　100866　(010)63049357
中国和平出版社　7－80037　北京市东城区和平里东街民旺甲 19 号　100013　(010)84252786
中国华侨出版社　7－80120　北京市朝阳区安定路 12 号　100028　(010)64443050
中国画报出版社　7－80024　北京市海淀区花园村车公庄西路 33 号　100044　(010)68412390
中国环境科学出版社　7－80135　北京市海淀区普惠南里 14 号　100036　(010)68164065
中国计划出版社　7－80058　北京市西城区月坛北小街 2 号 3 号楼　100837　(010)68034291
中国计量出版社　7－5026　北京市和平里西街甲 2 号　100013　(010)64275323
中国检察出版社　7－80086　北京市东城区东总布胡同 10 号　100005　(010)65126852
中国建材工业出版社　7－80090　北京市三里河路 11

号国家建材局内　100831　(010)68330284
中国建筑工业出版社　7-112　北京市百万庄建设部北配楼　100037　(010)68393005
中国金融出版社　7-5049　北京市宣武区广安门外小红庙南里3号　100055　(010)63260926
中国经济出版社　7-5017　北京市西城区百万庄北街3号　100037　(010)68319282
中国科学技术出版社　7-5046　北京市海淀区白石桥路32号　100081　(010)62178877-4320
中国科学技术大学出版社　7-312　合肥市金寨路96号　230026　(0551)3602900
中国矿业大学出版社　7-81070　江苏省徐州市中国矿业大学内　221008　(0516)3885767
中国劳动社会保障出版社　7-5045　北京市朝阳区惠新东街1号　100029　(010)64911180
中国林业出版社　7-5038　北京市西城区德内大街刘海胡同7号　100009　(010)66180373
中国旅游出版社　7-5032　北京市建国门内大街甲9号　100005　(010)65201014
中国盲文出版社　7-5002　北京市丰台区卢沟桥城内街39号　100072　(010)83895214
中国美术出版总社　北京市东城区北总布胡同32号　100735　(010)65122371
中国美术学院出版社　7-81019　杭州市南山路218号　310002　(0571)7978384
中国民航出版社　7-80100　北京市朝阳区光熙门北里甲31号楼　100028　(010)64279457
中国民主法制出版社　7-80078　北京市西交民巷23号　100805　(010)63093722
中国民族摄影艺术出版社　7-80069　北京市东城区和平里北街14号　100013　(010)64234411
中国农业出版社　7-109　北京市朝阳区农展馆北路2号　100026　(010)65005894
中国农业大学出版社　7-81002　北京市海淀区圆明园西路2号　100094　(010)62892618
中国农业科技出版社　7-80026　北京市海淀区白石桥路30号　100081　(010)68975144
中国青年出版社　7-5006　北京市东城区东四12条21号　100708　(010)64033812
中国轻工业出版社　7-5019　北京市东长安街6号　100740　(010)65121122-361
中国人口出版社　7-80079　北京市海淀区魏公村大慧寺12号　100081　(010)62183471
中国人民大学出版社　7-300　北京市海淀区海淀路157号　100080　(010)62511242
中国人民公安大学出版社　7-81011　北京市西城区木樨地南里公安大学院内　100038　(010)63272211
中国人民解放军出版社　7-5065　北京市西城区平安里3号　100035　(010)66736600
中国人民解放军国防大学出版社　7-5626　北京市海淀区红山口甲3号　100091　(010)66769240
中国人民解放军文艺出版社　7-5033　北京市海淀区白石桥路42号　100081　(010)66801014
中国人事出版社　7-80076　北京市朝阳区育慧里5号　100101　(010)64923937
中国三峡出版社　7-80099　北京市海淀区蔡公庄1号　100038　(010)68514842
中国商业出版社　7-5044　北京市宣武区报国寺1号　100053　(010)63014828
中国少年儿童出版社　7-5007　北京市东城区东四12条21号　100708　(010)64035735
中国社会出版社　7-80088　北京市西城区二龙路甲33号新龙大厦6层　100032　(010)66030950
中国社会科学出版社　7-5004　北京市鼓楼西大街甲158号　100720　(010)64031534
中国摄影出版社　7-80007　北京市东城区红星胡同61号　100005　(010)65257378
中国审计出版社　7-80064　北京市海淀区白石桥路甲4号　100086　(010)62187525
中国石化出版社　7-80043　北京市东城区安外大街58号　100011　(010)64241850
中国世界语出版社　7-5052　北京市阜外百万庄路24号　100037　(010)68329686
中国书店　7-80568　北京市宣武区琉璃厂西街57号　100052　(010)63035197
中国书籍出版社　7-5068　北京市丰台区太平桥西里38号楼　100073　(010)63455164
中国水利水电出版社　7-80124　北京市西城区三里河路6号　100044　(010)68354486
中国税务出版社　7-80117　北京市宣武区槐柏树后街21号　100053　(010)63184521
中国铁道出版社　7-113　北京市宣武区右安门西街8号　100054　(010)63549504
中国统计出版社　7-5037　北京市西城区月坛南街75号　100826　(010)63266600-30503
中国文联出版公司　7-5059　北京市农展馆南里10号　100026　(010)65003518
中国文史出版社　7-5034　北京市西城区太平桥大街23号　100811　(010)66053680
中国文学出版社　7-5071　北京市西城区百万庄路24

号　100037　(010)68326644－2364
中国物价出版社　7－80070　北京市西城区月坛北小街2号3号楼　100837　(010)68020336
中国物资出版社　7－5047　北京市西城区月坛北街25号　100834　(010)68392913
中国戏剧出版社　7－104　北京市海淀区北三环西路大钟寺南村甲81号　100086　(010)62251155－283
中国协和医科大学出版社　7－81072　北京市东单三条9号　100730　(010)65228583
中国言实出版社　7－80128　北京市西城区府右街2号　100017　(010)63099063
中国医药科技出版社　7－5067　北京市海淀区文慧园北路甲22号　100088　(010)62244204
中国友谊出版公司　7－5057　北京市朝阳区西坝河南里17号楼　100028　(010)64678009
中国藏学出版社　7－80057　北京市北四环东路131号　100101　(010)64917618
中国政法大学出版社　7－5620　北京市海淀区西土城路25号　100088　(010)62228801
中国致公出版社　7－80096　北京市太平桥大街4号　100034　(010)66168544
中国中医药出版社　7－80089　北京市朝阳区东兴路7号　100027　(010)64169517
中华地图学社　7－80031　上海市武宁路419号　200063　(021)62547655
中华工商联合出版社　7－80100　北京市东直门外新中街11号　100027　(010)64156451
中华书局　7－101　北京市丰台区太平桥西里38号　100073　(010)63459967
中南工业大学出版社　7－81020　长沙市麓山南路　410083　(0731)8879816
中山大学出版社　7－306　广州市新港西路中山大学内　510275　(020)84036565
中信出版社　7－80073　北京市朝阳区新源南路6号京城大厦5层　100004　(010)64661098
中央编译出版社　7－80109　北京市西单西斜街36号　100032　(010)66163377－618
中央广播电视大学出版社　7－304　北京市三里河路11号2区乙23号　100045　(010)68511268
中央民族大学出版社　7－81056　北京市海淀区白石桥路27号　100081　(010)68932218
中央文献出版社　7－5073　北京市西城区西四北大街前毛家湾1号　100017　(010)63095701－353
中医古籍出版社　7－80013　北京市东城区东直门内北新仓18号　100700　(010)64002949
中原农民出版社　7－80641　郑州市农业路73号　450002　(0371)5721756－638
中州古籍出版社　7－5348　郑州市农业路73号　450002　(0371)5714652
珠海出版社　7－80607　广东省珠海市吉大景乐路图书大厦4楼　519015　(0756)3354041
专利文献出版社　7－80011　北京市海淀区蓟门桥西土城路6号　100088　(010)62013342
紫禁城出版社　7－80047　北京市景山前街4号故宫博物院内　100009　(010)65132255－581
宗教文化出版社　7－80123　北京市东城区交道口北三条32号　100007　(010)64027526－2504
作家出版社　7－5063　北京市农展馆南里10号文联大楼4层　100026　(010)65004079

书名索引

一、本索引为分类目录中的书名索引。为了使书名索引不会过于臃肿庞杂,对分类目录中的中小学课本、教材图片、画页、宣传画、年历画、挂历、连环画册、交通图和技术标准,以及专门目录中的少数民族文字图书、外国文字图书中的书名均未收录。

二、本索引按书名款目的汉语拼音音序排列。

A

B

C

D

E

F

G

H

J

K

L

M

O

P

Q

R

S

W

X

Y

Z